Leupold/Wiebe/Glossner

IT-Recht
Recht, Wirtschaft und Technik
der digitalen Transformation

IT-Recht

Recht, Wirtschaft und Technik der digitalen Transformation

Herausgegeben von

Dr. Andreas Leupold, LL.M.
Rechtsanwalt, München

Prof. Dr. Andreas Wiebe, LL.M.
o. Professor an der Georg-August-Universität Göttingen

und

Silke Glossner, LL.M.
Richterin am Oberlandesgericht München

Bearbeitet von

Ernst Altweger, Rechtsanwalt, Steuerberater; *Dr. Lothar Baum,* Robert Bosch GmbH; *Johannes Baur,* WWU Münster; *Florian Beck,* Universität Göttingen; *Martin Becker,* Advice Partners GmbH; *Dr. Nefail Berjasevic,* Rechtsanwalt; *Jens-Daniel Braun,* Richter am OLG Frankfurt am Main; *Jonas Brügmann,* Universität Bayreuth; *Dr. Axel Freiherr v. d. Bussche,* Rechtsanwalt; *Prof. Dr. Kai Cornelius,* Rechtsanwalt; *Dr. Danja Domeier,* Rechtsanwältin; *Matthias Eichfeld,* Universität Göttingen; *Anika Eul,* Audi AG; *Silke Glossner,* Richterin am OLG München; *Prof. Dr. Norbert Gronau,* Universität Potsdam; *Dr. Nikolas Guggenberger,* Yale Law School; *Robert Hagen,* Universität Göttingen; *Jürgen Hartung,* Rechtsanwalt; *Dr. Arno Haselhorst,* Haselhorst Associates GmbH; *Dr. Till Heimann,* Rechtsanwalt; *Dr. Nina Heintzeler,* Richterin am LG München I; *Maximilian Heller,* FinCompare GmbH; *Dr. Céline Helmschrot,* Rechtsanwältin; *Maximilian Hermann,* Media Broadcast GmbH; *Felix Hilgert,* Rechtsanwalt; *Dr. Eduard Hofert,* Rechtsanwalt; *Dr. Thorsten Hofmann,* Advice Partners GmbH; *Dr. Walter Huber,* IBM Österreich GmbH; *Peter Huppertz,* Rechtsanwalt; *Vincent James,* vr-on GmbH; *Dr. Markus Kaulartz,* Rechtsanwalt; *Dr. Sara Elisa Kettner,* ConPolicy GmbH; *Prof. Dr. Dr. h.c. Frank Kirchner,* Deutsches Forschungszentrum für Künstliche Intelligenz; *Christian Koehler,* Strategy Engineers GmbH & Co. KG; *Prof. Dr. Stefan Korte,* TU Chemnitz; *Dr. Stefan Kühne,* Universität Leipzig, *Dr. Andreas Leupold,* Rechtsanwalt; *Dr. Kyrill Meyer,* Institut für digitale Technologien; *Friederike Morich,* eBay Group Services GmbH; *Dipl.-Inf. Thomas Müller,* IHK Dortmund; *Prof. Dr. Dr. Dr. h.c. Jivka Ovtcharova,* KIT Karlsruhe; *Stephan Peters,* Deposix Software Escrow GmbH; *Dr. Jens-Ullrich Pille,* Rechtsanwalt; *Boris Reibach,* Rechtsanwalt; *Florian Reichert,* Rechtsanwalt; *Marcel Rojahn,* Universität Potsdam; *Dr. Gregor Scheja,* Rechtsanwalt; *Dr. Tobias Schelinski,* Rechtsanwalt; *Dr. Marc Scheufen,* Ruhr-Universität Bochum; *Dr. Nico Schur,* Universität Göttingen; *Dr. Elke Schwager,* Vors. Richterin am LG München I; *Prof. Dr. Rolf Schwartmann,* TH Köln; *Johannes Sedlmeir,* Fraunhofer FIT; *Dr. Oliver Stiemerling,* ecambria systems GmbH; *Dr. Thomas Stögmüller,* Rechtsanwalt; *Prof. Dr. Christian Thorun,* ConPolicy GmbH; *Prof. Dr. Nils Urbach,* Universität Bayreuth; *Dr. Dirk Weber,* eBay Group Services GmbH; *Dr. Susan Wegner,* Lufthansa Industry Solutions GmbH & Co. KG; *Piet Weinreich,* MorphoSys AG; *Prof. Dr. Andreas Wiebe,* Universität Göttingen; *Kristina Wieddekind,* Rechtsanwältin; *Marc Wiesner,* LMU München; *Dr. Stephan Winklbauer,* Rechtsanwalt

4., überarbeitete und erweiterte Auflage 2021

C.H.BECK

Zitiervorschlag:
Leupold/Wiebe/Glossner/*Bearbeiter*, IT-Recht, Teil … Rn. …

www.beck.de

ISBN 978 3 406 74458 7

© 2021 Verlag C.H. Beck oHG
Wilhelmstraße 9, 80801 München
Druck und Bindung: Kösel GmbH & Co. KG
Am Buchweg 1, 87452 Altusried-Krugzell

Satz: 3w+p GmbH, Rimpar
Umschlaggestaltung: Druckerei C.H. Beck Nördlingen

chbeck.de/nachhaltig

Gedruckt auf säurefreiem, alterungsbeständigem Papier
(hergestellt aus chlorfrei gebleichtem Zellstoff)

Vorwort

Zu Beginn eines neuen Jahrzehnts erfreut sich die Frage stets besonderer Beliebtheit, welche Entwicklungen technischer, wirtschaftlicher, sozialer oder juristischer Natur das Potenzial haben, prägend für die kommenden Jahre zu werden. Einigkeit besteht unter den im Bereich IT und Recht Tätigen jedenfalls in einem Punkt: Die Digitale Transformation ist eine solche Entwicklung. Mit nachgerade exponentieller Sprengkraft hat sie das Potenzial, unser aller Lebenswirklichkeit in den nächsten Jahren grundlegend zu verändern. Autonomes Fahren, Künstliche Intelligenz, Cloud Services, e-Health – wenige Schlagworte genügen, um die neuen Fragestellungen, denen sich auch der Jurist stellen muss, plastisch werden zu lassen.

Für uns als Herausgeber und für alle Autoren dieses Handbuchs stellen sich also besondere Herausforderungen – gilt es doch, auch dieses Thema, das in so viele Bereiche hineinstrahlt, sachverständig und zugleich allgemein verständlich aufzubereiten. Dieses Buch soll Werkzeug und Hilfe nicht nur für Rechtsanwälte sein. Es wendet sich gerade auch an Justiziare und andere Entscheider, Chief Innovation und Chief Technology Officers in allen Unternehmen, welche die technische Entwicklung vorantreiben. Über den klassischen Handbuch-Ansatz hinaus soll das Werk auch innovative Themen aufgreifen, deren Bedeutung sichtbar ist und sich schnell in die Praxis entfalten wird. Daher war es Zeit für einen Wechsel aus der bewährten Reihe der Münchener Anwaltshandbücher in ein neues Format, das sich breiter aufstellt. Im neuen Erscheinungsbild können wir nun schwerpunktmäßig auch auf jene technischen Hintergründe und neuen Entwicklungen eingehen, die über das klassische IT-Recht hinausgehen.

Auch deshalb ist es eine besondere Freude für uns, dass es gelungen ist, Herrn Prof. Dr. Andreas Wiebe als neuen Mitherausgeber zu gewinnen. In der neuen Formation konnten wir nun unsere jeweilige Perspektive als Wissenschaftler und Forscher, als Industrieanwalt für neue Technologien und als Richterin in das neue Handbuch einbringen. Dies haben wir während des gesamten Entstehungsprozesses des Buches als besonderes Privileg empfunden. Der Dialog, den wir nun zu dritt mit den Autoren führen konnten, hat uns einmal mehr für die Sache begeistert, auch wenn die Aufgabe angesichts der großen Zahl an Autoren eine Herausforderung darstellte. Zugleich war es uns ein steter Ansporn, auch in dieser neuen Auflage die für die Praxis bestmöglichen Handreichungen für den Unternehmensalltag und die anwaltliche Beratungspraxis zusammenzustellen.

Die Autoren haben ihrerseits ihr besonderes Fachwissen und ihren persönlichen Blick auf die Dinge eingebracht. Zahlreiche Autoren hatten bereits maßgeblich zum Erfolg dieses Bandes in den drei Vorauflagen in der Reihe des Münchener Anwaltshandbuches beigetragen; neue Verfasser konnten wir nun für spannende Fragestellungen der digitalen Transformation dazugewinnen. Der umfassende Ansatz, den uns unsere Autoren mit der Vielfalt und Bandbreite ihrer Ideen ermöglicht haben, gibt diesem Handbuch einen ganz eigenen „Spin" und lässt diesen Band nun gleichermaßen vom Input der Praxis als auch von den neuesten Forschungsergebnissen profitieren.

Unser Dank gilt einmal mehr dem Verlag C.H.Beck, und ganz besonders Herrn Dr. Hans Dieter Beck, Herrn Dr. Johannes Wasmuth und Frau Elena Boettcher, die dieses neue Handbuch ermöglicht haben. Ein besonderer Dank gilt auch Herrn Matthias Eichfeld, Mitarbeiter am Lehrstuhl Wiebe in Göttingen, für seinen großen Einsatz und seine unermüdliche Unterstützung.

München und Göttingen im September 2020

Andreas Wiebe
Andreas Leupold
Silke Glossner

Bearbeiterverzeichnis

Herausgegeben von Dr. Andreas Leupold, LL.M., Rechtsanwalt, Prof. Dr. Andreas Wiebe, LL.M., und Silke Glossner, LL.M., Richterin am Oberlandesgericht

Bearbeitet von:

Ernst Altweger, Rechtsanwalt und Steuerberater, München
Dr. Lothar Baum, Robert Bosch GmbH, Leonberg
Johannes Baur, Hamburg
Florian Beck, Dipl.-Jur., Georg-August-Universität Göttingen
Martin Becker, Advice Partners GmbH, Berlin
Dr. Nefail Berjasevic EMBA, LL.M., Rechtsanwalt, Köln
Jens-Daniel Braun, Richter am Oberlandesgericht, Frankfurt am Main
Jonas Brügmann, Universität Bayreuth
Dr. Axel von dem Bussche, LL.M., Rechtsanwalt, Hamburg
Prof. Dr. Kai Cornelius, LL.M., Rechtsanwalt Frankfurt/Main
Dr. Danja Domeier, Rechtsanwältin, Starnberg
Matthias Eichfeld, Dipl.-Jur., Georg-August-Universität Göttingen
Anika Eul, Audi AG, Ingolstadt
Silke Glossner, LL.M., Richterin am Oberlandesgericht, München
Prof. Dr.-Ing. Norbert Gronau, Universität Potsdam
Dr. Nikolas Guggenberger, LL.M., Yale Law School
Robert Hagen, Dipl.-Jur., Georg-August-Universität Göttingen
Dr. Jürgen Hartung, Rechtsanwalt, Köln
Dr. Arno Haselhorst, Haselhorst Associates GmbH, Starnberg
Dr. Till Heimann, Rechtsanwalt, Frankfurt/Main
Dr. Nina Heintzeler, Richterin am Landgericht München I
Maximilian Heller, FinCompare GmbH
Dr. Céline Helmschrot, Rechtsanwältin, Hamburg
Maximilian Hermann, LL.M., Media Broadcast GmbH, Köln
Felix Hilgert, LL.M., Rechtsanwalt, Köln
Dr. Eduard Hofert, Rechtsanwalt, Hamburg
Dr. Thorsten Hofmann, Advice Partners GmbH, Berlin
Dr. Walter Huber, IBM Österreich GmbH, Wien
Peter Huppertz, LL.M., Rechtsanwalt, Düsseldorf
Vincent James, vr-on GmbH, München
Dr. Markus Kaulartz, Rechtsanwalt, München
Dr. Sara Elisa Kettner, ConPolicy GmbH, Berlin
Prof. Dr. Dr. h.c. Frank Kirchner, Universität Bremen
Christian Koehler, Strategy Engineers GmbH & Co. KG (SE), Hamburg
Prof. Dr. Stefan Korte, Dipl.-Kfm., Technische Universität Chemnitz
Dr. Stefan Kühne, Universität Leipzig
Dr. Andreas Leupold, LL.M., Rechtsanwalt, München
Dr. Kyrill Meyer, Universität Leipzig
Friederike Morich, LL.M., eBay Group Services GmbH, Dreilinden
Thomas Müller, Dipl. Wirtsch.-Inf., Dortmund
Prof. Dr. Dr.-Ing. Dr. h.c. Jivka Ovtcharova, Karlsruher Institut für Technologie
Stephan Peters, Dipl.-Inf., Deposix Software Escrow GmbH, München
Dr. Jens-Ullrich Pille, LL.M., Rechtsanwalt, Berlin
Boris Reibach, LL.M., Rechtsanwalt, Hamburg
Florian Reichert, Rechtsanwalt, Hamburg
Marcel Rojahn, M.Sc., Universität Potsdam

Bearbeiterverzeichnis

Dr. Gregor Scheja, Rechtsanwalt, Hamburg
Dr. Tobias Schelinski, Rechtsanwalt, Hamburg
Dr. Marc Scheufen, Ruhr-Universität Bochum
Dr: Nico Schur, Dipl.-Jur., Düsseldorf
Dr. Elke Schwager, Vorsitzende Richterin am Landgericht München I
Prof. Dr. Rolf Schwartmann, Technische Hochschule Köln
Johannes Sedlmeir, Universität Bayreuth
Dr. Oliver Stiemerling, ecambria systems GmbH, Köln
Dr. Thomas Stögmüller, LL.M., Rechtsanwalt, München
Prof. Dr. Christian Thorun, ConPolicy GmbH, Berlin
Prof. Dr. Nils Urbach, Universität Bayreuth
Dr. Dirk Weber, eBay Group Services GmbH, Dreilinden
Dr.-Ing. Susan Wegner, Lufthansa Industry Solutions GmbH & Co. KG, Hamburg
Piet Weinreich, MorphoSys AG, München
Prof. Dr. Andreas Wiebe, LL.M., Georg-August-Universität Göttingen
Kristina Wieddekind, Rechtsanwältin, Hamburg
Marc Wiesner, Ludwig-Maximilians-Universität München
Dr. Stephan Winklbauer, LL.M., Rechtsanwalt

Inhaltsübersicht

Vorwort	V
Bearbeiterverzeichnis	VII
Inhaltsverzeichnis	XIII
Abkürzungsverzeichnis	LIX

Teil 1. Hardware

Teil 2. Software

2.1	Rechtsschutz von Software	21
2.2	Rechtliche Einordnung von IT-Verträgen in der Praxis – Vertragstypologisierung	49
2.3	Softwareentwicklung und -anpassung	84
2.4	Softwarelizenzierung	120
2.5	Softwarepflege	168
2.6	Vertragsgestaltung bei Softwareüberlassung	184

Teil 3. Schutz von Datenbanken, Computerspielen und Webangeboten

Teil 4. Die öffentliche Vergabe von IT-Leistungen

Teil 5. E-Commerce

5.1	Die Grundregeln des elektronischen Geschäftsverkehrs	349
5.2	Spezifische Problemstellungen	415
5.3	Die Haftung für Inhalte im Netz	429
5.4	Der Online-Handel mit Lebensmitteln	459
5.5	Der Handel mit Arzneimitteln	490

Teil 6. Daten

6.1	Bedeutung von Daten für die Wirtschaft	517
6.2	Monetarisierung von Daten	530
6.3	Big Data – Chancen und Risiken der Verarbeitung großer, verteilter Datenmengen	542
6.4	Daten als Zahlungsmittel	548
6.5	Synthetische Daten	572
6.6	Schutz personenbezogener Daten im Rahmen eines Datenschutzmanagementkonzepts	583
6.7	Dateneigentum und Schutz von Maschinendaten	684
6.8	Know-how- und Geheimnisschutz von Daten	699
6.9	Datenverträge	722

Inhaltsübersicht

Teil 7. Informationsrecht
7.1 Rechtsgrundlagen und Haftungsfolgen in der IT-Sicherheit 735
7.2 Krisenmanagement bei Datenlecks 769

Teil 8. Kommunikationsnetze und Dienste
8.1 Marktregulierung 782
8.2 Frequenzordnung 838
8.3 Wegerechte 860
8.4 Netzneutralität 871
8.5 Roaming 890
8.6 Datenschutzrecht 895
8.7 Kundenschutz und Nummerierung 919

Teil 9. Künstliche Intelligenz
9.1 Technische Grundlagen 953
9.2 Autonomes Fahren 968
9.3 Technische Aspekte der Robotik und Künstlichen Intelligenz 991
9.4 IBM Watson 1001
9.5 Smart Contracts 1015
9.6 Grundlegende Rechtsfragen rund um KI 1027

Teil 10. Das (Industrial) Internet of Things
10.1 Das Industrial Internet of Things (IIOT) 1115
10.2 Connected Cars 1125
10.3 Smart Cities – Normativer Rahmen und die Entwicklung in Deutschland 1142
10.4 IoT für Endverbraucher im Smart Home 1152
10.5 Datenschutz und Datensicherheit im (I)IoT 1163
10.6 Zivilrechtliche Haftung im (Industrial) Internet of Things 1188

Teil 11. Cloud Computing
11.1 Cloud Computing – Vorteile und Risiken 1225
11.2 Cloud Computing – Servicemodelle 1233
11.3 Cloud Computing – Zertifizierung und Best Practice 1242
11.4 Rechtsfragen des Cloud Computing 1248

Teil 12. Digital Escrow

Teil 13. Digitalisierung im Gesundheitssektor: e-Health

Teil 14. Digitale Transformation in der Industrie
14.1 Industrieller 3D-Druck 1407

14.2 Blockchains 1419

14.3 Virtual Engineering & Remote Collaboration 1436

14.4 Arbeitsrechtliche Aspekte digitaler Transformation 1449

Teil 15. Social Media

15.1 Social Media im Arbeitsverhältnis 1489

15.2 Bewertungen im Internet 1495

15.3 Social Media und Datenschutz 1518

Teil 16. Kryptowährungen

16.1 Grundlegende technische, wirtschaftliche und rechtliche Aspekte 1551

16.2 Besteuerung von Gewinnen 1578

Teil 17. Augmented Reality

Teil 18. Verfahrens- und Prozessführung, alternative Streitbeilegung

Teil 19. Straf- und Strafprozessrecht

Begriffserklärungen 1729

Stichwortverzeichnis 1755

Inhaltsverzeichnis

Abkürzungsverzeichnis LIX

Teil 1. Hardware

A. Kauf von Hardware 2
    I. Vertragstypologische Einordnung 2
    II. Vorvertragliche Verpflichtungen 3
    III. Vertragliche Modalitäten 3
        1. Leistungsbeschreibung 3
        2. Einräumung von Garantien 4
        3. Mitwirkung des Kunden 4
    IV. Leistungsstörungen 5
B. Miete von Hardware (insbesondere Hardware-as-a-Service) 5
    I. Vertragstypologische Einordnung 5
        1. Allgemeines 5
        2. Hardware-as-a-Service 6
    II. Vertragliche Modalitäten 7
        1. Hauptleistungspflichten 7
        2. Rechtliche Vorteile der Hardware-Miete 8
        3. Gebrauchsüberlassung an Dritte 8
        4. Spezifische Regelungen für Hardware-as-a-Service 8
C. Leasing von Hardware 9
    I. Allgemeines 9
    II. Vertragliche Modalitäten 10
    III. Leistungsstörungen 10
    IV. Open-Source-Hardware 11
D. Hardwarewartung 13
    I. Korrektive Wartung 13
        1. Allgemeines 13
        2. Vertragstypologische Einordnung 13
        3. Vertragliche Modalitäten 14
    II. Predictive Maintenance oder vorbeugende Wartung 16
        1. Allgemeines 16
        2. Vertragstypologische Einordnung 16
        3. Automatisierung durch Smart Contracts und Zurechnungsproblematiken 16
        4. Vertragliche Modalitäten 18

Teil 2. Software

Teil 2.1 Rechtsschutz von Software

A. Schutz von Software 22
B. Softwareentwicklung und Rechtsschutz 22
C. Schutz von Computerprogrammen 23
    I. Ausdrucksformen 23
    II. Idee und Ausdruck 25

Inhaltsverzeichnis

III. Eigene geistige Schöpfung	26
IV. Darlegungs- und Beweislast	28
V. Weitere Schutzgegenstände	29
D. Verwertungsrechte, § 69c UrhG	30
I. Vervielfältigungsrecht, § 69c Nr. 1 UrhG	30
II. Bearbeitungsrecht, § 69c Nr. 2 UrhG	32
III. Verbreitungsrecht, § 69c Nr. 3 UrhG	33
IV. Öffentliche Wiedergabe und öffentliche Zugänglichmachung, § 69c Nr. 4 UrhG	34
E. Schrankenregelungen, § 69d UrhG	36
I. Allgemeines	36
II. Bestimmungsgemäße Benutzung, § 69d Abs. 1 UrhG	37
III. Sicherungskopie, § 69d Abs. 2 UrhG	39
F. Rechteinhaber	39
I. Urheber und Urhebergemeinschaft	39
II. Arbeitsverhältnis	40
G. Lizenzrechtliche Fragen	40
I. Einräumung von Nutzungsrechten	40
II. Wirksamkeit typischer Vertragsklauseln	42
1. Allgemeines	42
2. CPU- und verwandte Klauseln	42
3. Weitergabeklauseln	43
4. Netzwerkklauseln	43
5. Änderungsverbote	43
H. Weitere Schutzmöglichkeiten für Software	44
I. Patentschutz	44
II. Wettbewerbsrechtlicher Schutz	46
III. Markenrecht	47
IV. Designschutz	48

Teil 2.2 Rechtliche Einordnung von IT-Verträgen in der Praxis – Vertragstypologisierung

A. Überblick: IT-Verträge als schuldrechtliche Verträge iSd BGB	51
I. Grundsätzliches	51
II. Zusammengesetzte Verträge	52
III. Typengemischte Verträge	52
IV. Atypische Verträge	54
B. Vorfrage: Ist Software eine Sache iSd § 90 BGB?	54
C. Schritt 1: Kategorisierung der IT-Verträge	55
I. Abgrenzungsschwierigkeiten bei der „Überlassung" von Software	56
1. Abgrenzung zwischen Standardsoftware und Individualsoftware	56
2. Dauerhafte Überlassung versus zeitlich begrenzte Überlassung	57
3. Unterscheidungsansätze bei Misch- und Sonderformen	58
II. Schematische Übersicht zur Kategorisierung von IT-Verträgen	58
D. Schritt 2: Rechtliche Einordnung	58
I. Dauerhafte Überlassung von Standardsoftware	59
1. Kaufvertrag oder kaufähnlicher Vertrag	59
2. Schenkungsvertrag, zB bei Überlassung einer Demoversion	61

	II. Dauerhafte Überlassung von Individualsoftware	61
	1. Problem: § 650 BGB (§ 651 BGB aF)	61
	2. Behandlung des Problems in der Rechtsprechung	61
	3. Praxisorientierte Strategien zur Umgehung des § 650 BGB (§ 651 BGB aF)	62
	III. Softwareerstellungsverträge unter Einsatz von agilen Programmierungsmethoden	64
	1. Charakteristika	64
	2. Vertragstypologisierung	65
	IV. Implementierung und Anpassung von Standardsoftware	67
	V. Befristete Überlassung von Standard- und Individualsoftware	69
	1. Miete von Software	69
	2. Leasing von Software	70
	3. ASP	71
	4. Cloud Computing und herkömmliche „IT as a Service"-Leistungen	71
	5. Der Verleih von Software	71
	VI. Softwarepflege	72
	VII. Schematische Übersicht über IT-Verträge und deren rechtliche Einordnung	73
E.	Individualvereinbarung oder AGB	74
	I. Abgrenzung und Begriffsbestimmung	74
	1. AGB	74
	2. Individualvereinbarung	74
	3. Rahmenverträge	75
	II. Die Einbeziehung von AGB im IT-Vertragsrecht	76
	1. Voraussetzungen wirksamer Einbeziehung	76
	2. Wirksame Einbeziehung von AGB durch Clickwrap- und Shrinkwrap-Verträge?	76
	3. Weitere Sonderfälle	78
	III. Gestaltungsspielräume und Risiken	79
	IV. Besonderheiten bei grenzüberschreitenden IT-Verträgen; grenzüberschreitende Softwareüberlassung	80
F.	Unterschiedliche Interessenlagen der Parteien bei der Softwareüberlassung	81
	I. Hersteller	81
	II. Anwender	82
	III. Reseller	82

Teil 2.3 Softwareentwicklung und -anpassung

Teil 2.3.1. Vorgehensmodelle und IT-Projektmanagement

A.	Einführung	84
B.	Relevante Typen und Charakteristika von IT-Projekten	85
	I. Grad der Unsicherheit der Anforderungen	85
	II. Menge der technischen Unbekannten	86
	III. Umfang der Verwendung von Standardsoftware	86
C.	Das Wasserfallmodell: Eine werkvertragskompatible Vorgehensweise für IT-Projekte	87
D.	Typische Probleme bei der Projektdurchführung nach dem Wasserfallmodell	88

Inhaltsverzeichnis

E. Entwicklung alternativer Vorgehensweisen 89
    I. Das V-Modell 89
    II. Benutzer-zentriertes Design 90
    III. „Participatory" Design 90
    IV. Iteratives und zyklisches Design 91
    V. eXtreme Programming 92

F. Agile Vorgehensmodelle am Beispiel SCRUM 93
    I. Aufgabe der strengen Phasentrennung durch zyklische Wiederholung und Vermischung der Tätigkeiten 94
    II. Keine frühe Fixierung einer verbindlichen Leistungsbeschreibung, sondern eine dynamische Menge von Anforderungselementen mit „Product Owner" 94
    III. Regelmäßige Interaktion mit dem Kunden durch frühe, lauffähige Systemversionen 94

G. Anforderungen an die Vertragsgestaltung 95

Teil 2.3.2 Qualitätssicherung in der Softwareentwicklung

A. Einführung 97

B. Dimensionen der Softwarequalität 98
    I. Funktionale Angemessenheit 98
    II. Korrektheit 98
    III. Ordnungsmäßigkeit/Compliance 99
    IV. Benutzbarkeit und Barrierefreiheit 99
    V. Effizienz 100
    VI. Robustheit und Fehlertoleranz 100
    VII. Anpassbarkeit 100
    VIII. Wartbarkeit 100
    IX. Sicherheit 100

C. Maßnahmen der Qualitätssicherung 101
    I. Agile, zyklische und partizipative Vorgehensweisen 101
    II. Entwicklertests 101
    III. Testfallkataloge, Testdurchführung und Testdokumentation 101
    IV. Regressionstests und Testautomatisierung 102
    V. Code Reviews/Statische Codeanalyse 103
    VI. Penetrationstests 103
    VII. Audits und Zertifizierungen 103
    VIII. Kundentests/„Pre-Release"-Programme 103

D. Schlussbetrachtung 104

Teil 2.3.3 IT-Projekte

A. Geheimhaltungsvereinbarungen 106

B. Projektdokumentation: Lastenheft und Pflichtenheft 107
    I. Lastenheft 107
    II. Pflichtenheft 108

C. Allgemeine Projektpflichten und Regelungen zur Projektsteuerung und -organisation 109
    I. Allgemeine Projektpflichten 110
    II. Regelungen zur Projektsteuerung und -organisation 111

Inhaltsverzeichnis

D. Mitarbeiter	113
E. Change Requests	113
F. Rechtemanagement	115
G. Abnahme	115
H. Exit-Management	116
I. Rahmenvertrag	117
J. Besonderheiten bei agilen Methoden	118
I. Rahmenvertrag	118
II. Teilprojektvertrag	119

Teil 2.4 Softwarelizenzierung

Teil 2.4.1 Software-Vertriebs- und Lizenzmodelle

A. Einleitung	120
B. Software-Vertriebsmodelle	121
I. Das Distributor Modell (2-Tier Modell)	121
II. Das Value Added Reseller Modell	121
III. Software (ver)kaufen oder (ver)mieten?	121
1. Kaufsoftware	121
2. Softwaremiete, SaaS/ASP	122
C. Software-Lizenzmodelle	124
I. Named User Lizenz (oder „Authorized" User)	125
II. Named User Plus (Oracle)	126
III. Concurrent User oder „Floating" Lizenz	126
IV. Prozessorbasierte Lizenz (zB Oracle)	127
V. Pay per Use (oder Pay As You Go)	127
VI. PVU-Lizenz (IBM)	127
VII. RVU-Lizenz (IBM)	127
VIII. Full-Capacity/Sub-Capacity	128
IX. Server/CALs – Client Access Licenses (Microsoft)	129
D. Ausblick	130

Teil 2.4.2 Open Source Softwarelizenzen

A. Einleitung	132
I. Bedeutung von „Open-Source-Software"	132
II. Die Historie freier Software	132
III. Lizenztypen: Copyleft und Non-Copyleft	133
1. Strenges Copyleft	133
2. Schwaches oder beschränktes Copyleft	133
3. Non-Copyleft	133
IV. Urheberrechtliche Besonderheiten	134
B. Die GNU General Public License (GPL)	135
I. Wesentliche Bestimmungen der GPL v2	135
II. Wesentliche Bestimmungen der GPL v3	136
III. Viraler Effekt	137
IV. Outsourcing als Verbreitung im Sinne der GPL	138

Inhaltsverzeichnis

V. Anwendbarkeit des deutschen Rechts	138
1. Anwendbarkeit des AGB-Rechts auf die GPL	139
2. Inhaltskontrolle der GPL anhand des AGB-Rechts	139
VI. Nutzungsrechte bei Verwendung der GPL	140
VII. Rechtsprechung	141
C. GNU Lesser General Public License (LGPL)	143
I. Überblick Regelungsgehalt	143
II. Besonderheiten und Rechtsprechung	144
1. Lizenzrechtliche Besonderheiten	144
2. Rechtsprechung	145
D. Berkeley Software Distribution (BSD)	145
I. Überblick Regelungsgehalt	145
II. Besonderheiten	146
E. Lizenzkompatibilität	147
I. Problem	147
II. Lösung der Kompatibilitätsprobleme	147
1. Kompatibilitätsklauseln	147
2. Bibliotheken und LGPL	148
3. Trennung von Softwarekomponenten	148

Teil 2.4.3. Steuerliche Aspekte der Softwareüberlassung

A. Einleitung	151
B. Inländische Ertragsbesteuerung der grenzüberschreitenden Softwareüberlassung	151
I. Überlassung von Software durch Lizenzgeber im Ausland an Lizenznehmer im Inland	151
1. Einkünfte aus der Einräumung von Rechten	152
2. Einkünfte aus Softwareüberlassung und Dienstleistungen	156
3. Steuerabzug nach § 50 Absatz 1 Nr. 3 EStG	158
II. Überlassung von Software durch Lizenzgeber im Ausland mit inländischer Betriebsstätte an Lizenznehmer im Inland oder Ausland	159
C. Die internationale Besteuerung von Lizenzgebühren für grenzüberschreitende Softwareüberlassungen	159
I. Allgemeines	159
II. Lizenzgebühren im Sinne von Art. 12 OECD-MA	160
III. Besteuerung im Wohnsitzstaat und Quellenstaat	161
IV. Überlassung von Software durch inländischen Lizenzgeber an Lizenznehmer im In- und Ausland	162
D. Umsatzsteuerliche Aspekte der Softwareüberlassung	163
I. Lieferung oder sonstige Leistung	163
II. Softwareüberlassung auf Datenträgern	164
III. Softwareüberlassung ohne Datenträger	164
IV. Höhe des Steuersatzes	166
E. Gewerbesteuerliche Aspekte der Softwareüberlassung	166

Teil 2.5 Softwarepflege

Teil 2.5.1 Arten der Softwarewartung

A. Vorbemerkung	168

Inhaltsverzeichnis

B. Auslöser für Softwarewartung 170
C. Softwarewartung im Lebenszyklus von Software 173
D. Softwarewartungs-Prozess 175
E. Weiterer Regelungsbedarf bei Softwarewartung 177

Teil 2.5.2 Service Level Agreements
Teil 2.6 Vertragsgestaltung bei Softwareüberlassung

A. Dauerhafte Überlassung von Standardsoftware 187
   I. Rechte und Pflichten des Verkäufers 187
      1. Hauptleistungspflichten 187
      2. Pflicht zur Installation der Software? 188
      3. Pflicht zur Datenübernahme? 190
      4. Pflicht zur Herausgabe des Quellcodes? 190
   II. Rechte und Pflichten des Käufers 190
   III. Mängelansprüche 191
      1. Wann ist eine Software mangelhaft? 191
      2. Technische Programmsperren als Mangel 193
      3. Mängelansprüche 196
      4. Ausschluss der Gewährleistungsrechte durch § 377 HGB 198
   IV. Haftung 198
   V. Besonderheiten beim Softwarekauf als Verbrauchsgüterkauf 200
   VI. Einbindung von Open Source Software 200
   VII. Einbindung anderer proprietärer Softwarekomponenten 202
   VIII. Weitere Gestaltungsmöglichkeiten in AGB und ihre Grenzen .. 202
      1. Weitergabeverbote 202
      2. Audit-Rechte 205
      3. Netzwerkklauseln 206
      4. Verbot von Sicherungskopien 206
      5. CPU-Klauseln 206
      6. Registrierungspflichten 207
      7. Freistellungsklauseln 207
      8. Bestätigungsklauseln 208
B. Dauerhafte Überlassung von Software ohne Entgelt 208
   I. Kostenlose Software als Schenkung 208
   II. Rechte und Pflichten des Schenkenden 209
   III. Rechte und Pflichten des Beschenkten 210
   IV. Mängelansprüche 210
   V. Haftung 210
   VI. Gestaltungsmöglichkeiten in AGB 210
   VII. Insbesondere: Open Source Software 211
C. Dauerhafte Überlassung von Individualsoftware 212
   I. Rechte und Pflichten des Herstellers 212
      1. Erstellung und Überlassung des vereinbarten Werkes 212
      2. Übertragung notwendiger Nutzungsrechte 213
      3. Herausgabe des Quellcodes 214
      4. Weitere Pflichten des Herstellers 215
   II. Rechte und Pflichten des Bestellers 217
      1. Zahlung und Mitwirkung 217
      2. Abnahme 218

XIX

Inhaltsverzeichnis

III. Mängelansprüche	220
1. Mängelbegriff	220
2. Vor Abnahme	220
3. Nach Abnahme	221
IV. Grenzen und Gestaltungsmöglichkeiten in AGB	224
1. Allgemeine Regelungen für das Werkvertragsrecht	224
2. Weitergabeverbote	225
D. Miete von Software	226
I. Rechte und Pflichten des Vermieters	226
1. Befristete Überlassung von Standard- oder Individualsoftware	226
2. Miete von Software auf ASP-Basis	228
II. Rechte und Pflichten des Mieters	229
III. Mängelansprüche	229
IV. Grenzen und Gestaltungsmöglichkeiten in AGB	230
1. Ausschluss der Gewährleistung	230
2. Audit-Rechte	231
3. Besonderheiten beim ASP	231
E. Leasing von Software	231
F. Softwarepflege und Third Party Maintenance	232
I. Definition des Leistungsinhalts	233
II. Abgrenzung zwischen kostenpflichtiger Softwarepflege und entgeltloser Mängelbeseitigung	234
III. Abschlusszwang und Kündigungsverbot?	234

Teil 3. Schutz von Datenbanken, Computerspielen und Webangeboten

A. Besonderheiten des Schutzes immaterieller Güter	238
B. Rechtsschutz von Datenbanken	239
I. Datenbankbegriff	240
II. Urheberrechtlicher Schutz, § 4 Abs. 2 UrhG	241
III. Datenbankherstellerrecht, § 87a UrhG	242
1. Schutzvoraussetzungen	242
2. Schutzumfang	243
C. Urheberrechtlicher Schutz bei Webangeboten	250
I. Werk und Werkartenzuordnung	250
1. Schriftwerk, § 2 Abs. 1 Nr. 1 UrhG	251
2. Musikwerk, § 2 Abs. 1 Nr. 2 UrhG	252
3. Lichtbildwerk, § 2 Abs. 1 Nr. 5 UrhG	252
4. Filmähnliches Werk, § 2 Abs. 1 Nr. 6 UrhG	252
5. Darstellung wissenschaftlicher und technischer Art, § 2 Abs. 1 Nr. 7 UrhG	253
6. Werk der bildenden und der angewandten Kunst, § 2 Abs. 1 Nr. 4 UrhG	253
II. Schutzumfang des Urheberrechts	254
1. Verwertungshandlungen im Internet	254
2. Privatkopie	256
3. Störerhaftung	257
4. Zitatrecht	257
5. § 44a UrhG	258
6. Urheberpersönlichkeitsrecht	261

Inhaltsverzeichnis

D. Rechtlicher Schutz von Computerspielen	261
I. Computerspiele als hybride Werke	261
II. Schutz der einzelnen Bestandteile	262
1. Handlung und Regelwerk	262
2. Texte	263
3. Musik	263
4. Grafiken und Computeranimationen	263
5. Charaktere	263
6. Zwischensequenzen	264
III. Weitere Schutzmöglichkeiten	264
IV. Schutzumfang, insbesondere Schutz gegen Cheatbots	264

Teil 4. Die öffentliche Vergabe von IT-Leistungen

A. Einführung	271
I. Bedeutung des Vergaberechtes	272
II. Ursprung und Historie	272
III. Rechtsquellen	272
IV. Überblick: Ablauf eines Vergabeverfahrens	273
V. Vergaberechtliche Grundsätze	274
1. Wettbewerbsgrundsatz	275
2. Transparenzgebot	275
3. Gleichbehandlungsgebot, § 97 Abs. 2 GWB	275
4. Nationale Vergabe (Vergaben unterhalb der Schwellenwerte)	275
VI. Das vergaberechtliche Mandat	276
1. Auftraggeber	276
2. Bewerber/Bieter	276
3. Unterlegene Bieter	276
4. Erstplatzierter Bieter	277
5. Allgemeinheit	277
VII. Vergaberecht zwischen Verwaltungsrecht und Zivilrecht	277
B. Ausschreibungspflicht	277
I. Öffentlicher Auftraggeber gemäß §§ 98 ff. GWB	278
1. § 99 Nr. 1 und Nr. 3 GWB	278
2. § 99 Nr. 2 GWB	278
3. § 100 GWB: Sektorenauftraggeber	281
4. § 99 Nr. 4 GWB: Besondere Baumaßnahmen	282
II. Öffentlicher Auftrag im Sinne des § 103 GWB	282
1. Begriff	282
2. Konzessionen	282
3. Inhouse-Vergabe, § 108 Abs. 1–3 GWB	283
4. Vertragsänderungen, § 132 GWB	284
5. Formerfordernisse	284
6. Lieferauftrag, § 103 Abs. 2 GWB	284
7. Bauauftrag, § 103 Abs. 3 GWB	285
8. Dienstleistungsauftrag, § 103 Abs. 4 GWB	285
9. Abgrenzung	285
10. IT-Verträge	285
III. Ausnahmen vom Anwendungsbereich des Vergaberechts	286
IV. Schwellenwerte	286

Inhaltsverzeichnis

C. Anzuwendendes Verfahren/Verfahrensarten	287
I. Abgrenzung unterhalb/oberhalb der Schwellenwerte	287
1. Vergaben unterhalb der Schwellenwerte	287
2. Vergaben oberhalb der Schwellenwerte	287
II. Abgrenzung Sektorenbereich/„klassischer Auftraggeber" im Bereich oberhalb der Schwellenwerte	288
III. Abgrenzung VOB/A und VgV	288
1. Abweichungen der Regelungsbereiche	288
2. Freiberufliche Leistungen	288
3. Abgrenzung nach dem Schwerpunkt des Vertrages	288
4. Einordnung von Datenverarbeitungssystemen	288
IV. Die Sektorenverordnung (SektVO)	289
V. Verfahrensarten	290
D. Offenes Verfahren/Öffentliche Ausschreibung	290
I. Merkmale des Verfahrens	290
II. Voraussetzungen	291
E. Nicht offenes Verfahren/Beschränkte Ausschreibung	291
I. Merkmale des Verfahrens	291
II. Voraussetzungen	291
1. Eine zuvor durchgeführte öffentliche Ausschreibung brachte kein wirtschaftliches Ergebnis	292
2. Unverhältnismäßiger Aufwand einer öffentlichen oder beschränkten Ausschreibung	292
III. Ablauf	292
F. Verhandlungsverfahren/Verhandlungsvergabe/Freihändige Vergabe	293
I. Merkmale des Verfahrens	293
II. Voraussetzungen	293
1. Anpassung verfügbarer Lösungen, § 14 Abs. 3 Nr. 1 VgV	294
2. Konzeptionelle und innovative Lösungen, § 14 Abs. 3 Nr. 2 VgV	294
3. Verhandlungen erforderlich, § 14 Abs. 3 Nr. 3 VgV	294
4. Keine Beschreibbarkeit der Leistung, § 14 Abs. 3 Nr. 4 VgV	294
5. Auszuschließende Angebote im vorangegangenen Verfahren, § 14 Abs. 3 Nr. 5 VgV	295
6. Verhandlungsverfahren ohne vorherige Bekanntmachung, § 14 Abs. 4 Nr. 1–9 VgV	295
7. Verhandlungsvergabe mit und ohne Teilnahmewettbewerb gemäß § 8 Abs. 4 UVgO	297
III. Ablauf des Verhandlungsverfahrens	297
G. Wettbewerblicher Dialog	298
I. Merkmale des Verfahrens	298
II. Voraussetzungen	299
III. Ablauf des wettbewerblichen Dialogs, § 18 VgV	299
1. Teilnahmewettbewerb	299
2. Dialogphase	299
3. Angebotsphase	300
4. Kostenerstattung	300
5. Vertraulichkeit	300
H. Elektronische Verfahren	301
I. Das Dynamische Beschaffungssystem, §§ 22, 23 VgV	301
1. Begriff des dynamischen Beschaffungssystems	301

Inhaltsverzeichnis

    2. Ablauf einer Beschaffung durch ein dynamisches Beschaffungssystem 301
    3. Besondere Anforderungen an das dynamische Beschaffungssystem, § 25 VgV 301
  II. Elektronische Auktion 302

I. Rahmenvereinbarungen, § 103 Abs. 5 GWB 302
  I. Begriff der Rahmenvereinbarung 302
  II. Voraussetzungen der Ausschreibung einer Rahmenvereinbarung 303

J. Losweise Vergabe 303

K. Bekanntmachungs- und Berichtspflichten 305
  I. Bedeutung 305
  II. Anforderungen an die Bekanntmachung 305
  III. Widersprüche zwischen Bekanntmachung und Ausschreibungsunterlagen 306
  IV. Berichtspflichten 306

L. Leistungsbeschreibung und übrige Verdingungsunterlagen 306
  I. Bedeutung 306
  II. Dispositionsfreiheit des Auftraggebers 307
  III. Das Gebot der eindeutigen und erschöpfenden Leistungsbeschreibung 307
  IV. Funktionale Leistungsbeschreibung/Leistungsverzeichnis 308
  V. Risikoverteilung in der Leistungsbeschreibung 308
  VI. Lebenszykluskosten, § 31 Abs. 3 S. 2 VgV 309
  VII. Grundsatz der produktneutralen Ausschreibung 309
  VIII. Besonderheiten bei der IT-Vergabe 309
  IX. Ausschreibung von Open-Source-Software (OSS) 310

M. Vergabeunterlagen 310
  I. Anschreiben 311
  II. Bewerbungsbedingungen 311
  III. Vertragsunterlagen 311
    1. Inhalt der Vertragsbedingungen 311
    2. EVB-IT 311

N. Fristen 313
  I. Bewerbungsfrist 313
  II. Angebotsfrist 314
  III. Bindefrist 314
  IV. Rügefrist 315
  V. Frist zur Erhebung eines Nachprüfungsantrags 315

O. Wertungskriterien 315
  I. Bedeutung 315
  II. Anforderungen an Zuschlagskriterien 316
  III. Wertungsmatrix nach UfAB 2018 316
  IV. Bedeutung einer Präsentation oder Teststellung 317

P. Eignungsanforderungen und Eignungsprüfung 318
  I. Bedeutung 318
  II. Begriffe 318
    1. Fachkunde 318
    2. Leistungsfähigkeit 318
    3. Nichtvorliegen der Ausschlussgründe in §§ 123, 124 GWB 319
  III. Anforderungen an die Eignungsprüfung 320

Inhaltsverzeichnis

IV. Folgen des Fehlens von Unterlagen	321
V. Zeitpunkt für die Beurteilung der Eignung	321
VI. Zurechnung von Leistungsmerkmalen	322
Q. Eingang der Angebote/formale Prüfung der Angebote	322
R. Ausschlussgründe	323
I. Fakultative Ausschlussgründe	323
II. Zwingende Ausschlussgründe	323
1. Nicht form- und fristgerechte Angebote (Nr. 1)	323
2. Fehlen der geforderten oder der nachgeforderten Unterlagen (Nr. 2)	323
3. Fehlen einer Unterschrift bzw. einer elektronischen Signatur (§ 57 iVm § 53 Abs. 6 VgV)	324
4. Änderungen des Bieters an seinen Eintragungen (Nr. 3)	324
5. Änderungen oder Ergänzungen an den Verdingungsunterlagen (Nr. 4)	325
6. Nicht zugelassene Nebenangebote und Nebenangebote, die die verlangten Mindestanforderungen nicht erfüllen (Abs. 1 Nr. 6 und Abs. 2)	325
S. Zuschlag und Vorabinformation gemäß § 134 GWB	325
I. Bedeutung des Zuschlages	325
II. Bedeutung des § 134 GWB	326
III. Nichtigkeitsgründe, §§ 134, 138 BGB	326
T. Aufhebung der Ausschreibung	327
I. Aufhebungsgründe	327
1. Allgemeines	327
2. Kein den Ausschreibungsbedingungen entsprechendes Angebot (Nr. 1)	327
3. Wesentliche Änderung der Grundlagen des Vergabeverfahrens (Nr. 2)	328
4. Kein wirtschaftliches Ergebnis (Nr. 3)	328
5. Andere schwerwiegende Gründe (Nr. 4)	328
II. Folgen einer Aufhebung	328
III. Aufhebung der Aufhebung durch die Vergabekammer	328
IV. Aufgabe der Vergabeabsicht	329
V. Beantragung der Aufhebung des Vergabeverfahrens	329
VI. Schadensersatzansprüche	330
U. Bietergemeinschaften	330
I. Begriff der Bietergemeinschaft	330
II. Einsatzmöglichkeiten der Bietergemeinschaft	330
III. Voraussetzungen der Bietergemeinschaft	331
IV. Abgabe von Angeboten	332
V. Rechtschutz	332
VI. Nachträgliche Bildung einer Bietergemeinschaft	332
V. Nebenangebote	333
I. Begriff der Nebenangebote	333
II. Zulässigkeit von Nebenangeboten/Mindestanforderungen	333
1. Bekanntmachung	333
2. Mindestanforderungen	334
III. Wertung von Nebenangeboten	334

Inhaltsverzeichnis

- W. Vergabevermerk 334
    - I. Bedeutung 334
    - II. Inhalt 335
    - III. Zeitpunkt für die Erstellung des Vergabevermerks 336
    - IV. Aufbewahrungspflicht, § 8 Abs. 4 VgV 336
    - V. Rechtsfolge eines Verstoßes gegen die Dokumentationspflicht 337
- X. Projektantenproblematik und Einsatz externer Berater 337
    - I. Begriff 337
    - II. Grundsatz der Eigenverantwortlichkeit 337
    - III. Beteiligung von Projektanten am Wettbewerb 338
- Y. Rechtschutz 338
    - I. Einführung 338
    - II. Das Nachprüfungsverfahren: Primärrechtschutz bei der Vergabekammer 339
        1. Zulässigkeit des Nachprüfungsantrages 339
        2. Begründetheit des Nachprüfungsantrages 342
        3. Entscheidungsmöglichkeiten der Vergabekammer 342
        4. Wirkungen des Nachprüfungsantrages 342
        5. Beiladung, § 162 GWB 343
        6. Akteneinsichtsrecht, § 165 GWB 343
        7. Rücknahme des Nachprüfungsantrages 343
        8. Kosten eines Nachprüfungsverfahrens 344
    - III. Sofortige Beschwerde gemäß § 171 GWB als zweite Instanz 344
        1. Zulässigkeit der sofortigen Beschwerde 344
        2. Begründetheit der sofortigen Beschwerde 344
        3. Beiladung 344
        4. Zuschlagsverbot 344
    - IV. Eilverfahren im Vergaberecht 345
        1. Antrag nach § 169 Abs. 2 GWB an die Vergabekammer – vorzeitige Gestattung des Zuschlags 345
        2. Antrag nach § 169 Abs. 3 GWB an die Vergabekammer – vorläufige Maßnahmen gegen drohende Rechtsverletzungen 345
        3. Anträge nach § 169 Abs. 2 S. 5 bis 7 GWB beim Vergabesenat 345
        4. Antrag nach § 176 GWB – Vorabentscheidung über den Zuschlag 345
    - V. Primärrechtschutz unterhalb der Schwellenwerte 346
    - VI. Sekundärrechtschutz 346
- Z. De-Facto-Vergaben/EU-Vertragsverletzungsverfahren 346
    - I. De-Facto-Vergabe 346
    - II. EU-Vertragsverletzungsverfahren 347

Teil 5. E-Commerce

Teil 5.1 Die Grundregeln des elektronischen Geschäftsverkehrs

- A. Der Begriff und maßgebliche Rechtsnormen des Rechts des elektronischen Geschäftsverkehrs im weiteren Sinne 351
- B. Der Vertragsschluss im elektronischen Geschäftsverkehr 353
    - I. Der Vertragsschluss auf elektronischem Wege 353
        1. Die wirksame Willenserklärung 353
        2. Der objektive Tatbestand der Willensklärung 354
        3. Der subjektive Tatbestand der Willenserklärung 355

Inhaltsverzeichnis

    4. Die nicht gewollte Erklärung und die Möglichkeit der
Bestellkorrektur im elektronischen Geschäftsverkehr 357
    5. Die Abgabe der Willenserklärung 358
    6. Der Zugang der Willenserklärung 358
    7. Der Vertragsschluss 361
    8. Die Empfangsbestätigung 364
    9. Die Annahme 365
    10. Die Anfechtung als Lösungsmöglichkeit vom Vertrag 366
  II. Die Formvorschriften 370
    1. Einfache digitale Dokumente und die Schriftform 371
    2. Die elektronische Form im Sinne des § 126a BGB 371
    3. Die Textform des § 126b BGB 373
    4. Die Buttonpflicht – eine Formvorschrift? 374
  III. Stellvertretung und Missbrauchsfälle 375
    1. Genehmigung, Anscheins- und Duldungsvollmacht 375
    2. Beweislastfragen 378
  IV. Probleme des Minderjährigenrechts 379
    1. Die vertragliche Haftung des Minderjährigen 379
    2. Die deliktische Verantwortlichkeit 382
  V. Problemstellungen rund um Allgemeine Geschäftsbedingungen 385
    1. Die Verwendung von AGB und die Gefahr einer Abmahnung 385
    2. Das Vorliegen von AGB 386
    3. Die wirksame Einbeziehung von AGB bei Verträgen im Internet 386
    4. Die Inhaltskontrolle 388
    5. Die Einbeziehung von AGB von Plattformbetreibern – Drittwirkung fremder AGB 389
C. Die für den elektronischen Geschäftsverkehr besonders relevanten Bestimmungen des Verbraucher- und Kundenschutzes 390
  I. Die Pflichten im Fernabsatz 391
    1. Die Fernabsatzbestimmungen und die Gefahr einer Abmahnung 393
    2. Der Anwendungsbereich des Fernabsatzrechts 393
    3. Die Informationspflichten im Fernabsatz 398
    4. Das Widerrufsrecht 401
  II. Die Pflichten im elektronischen Geschäftsverkehr 407
    1. Anwendungsbereich 408
    2. Die Anforderungen im elektronischen Geschäftsverkehr mit Kunden 409
    3. Die Anforderungen im elektronischen Geschäftsverkehr mit Verbrauchern 411

Teil 5.2 Spezifische Problemstellungen

A. Der Betrieb des Online-Marktplatzes als steuerlicher Haftungsanlass 416
  I. Hintergrund der Regelungen 416
  II. Die neuen umsatzsteuerlichen Pflichten der Online-Marktplätze 417
  III. Umsetzungsaufwand und Unionsrechtsvereinbarkeit der §§ 22f, 25e UstG ... 418
B. Unterscheidung zwischen Unternehmern und Privaten als Verkäufer auf Online-Marktplätzen 419
C. Die Rolle von Bewertungssystemen auf Online-Marktplätzen 421
  I. Die Bedeutung von Bewertungssystemen 422
  II. Mögliche Missbrauchsrisiken 422
  III. Mögliche Kontrollmechanismen 423

D. Der Umgang mit rechtsmissbräuchlichen Verhaltensweisen von Nutzern auf
   Online-Marktplätzen 424
   I. AGB zur Gewährleistung des Vertragsschlusses 424
   II. Ausnahme: Rechtsmissbräuchliche Ausnutzung der
       Vertragsschlussmodalitäten 424
       1. Abbruchjagd durch Bieter 425
       2. Shill Bidding durch Verkäufer 426
   III. Handlungsmöglichkeiten des Online-Marktplatzes 427
E. Notwendigkeit zur Angabe einer Kontakt-Telefonnummer gem. § 312d Abs. 1
   S. 1 BGB? 427
   I. Zeitpunkt & Form der Information 427
   II. Angabe einer Telefonnummer 428

Teil 5.3 Die Haftung für Inhalte im Netz

A. Einleitung 431
B. Überblick 432
   I. Unionsrechtlicher Hintergrund 432
   II. Normzweck 432
   III. Der Anwendungsbereich des Telemediengesetzes 433
   IV. Filterfunktion der §§ 7–10 TMG 434
C. Die Haftung der Diensteanbieter 435
   I. Die Verantwortlichkeit und Haftung des Content-Providers, § 7 TMG 436
   II. Die Verantwortlichkeit und Haftung des Host-Providers, § 10 TMG 437
       1. Haftung durch Zu-eigen-Machen von fremden Informationen 437
       2. Haftung für fremde Informationen 440
   III. Die Haftung des Access-Providers, § 8 TMG 445
       1. Allgemeines 445
       2. Anwendungsbereich und Voraussetzungen der
          Haftungsprivilegierung 446
       3. Reichweite der Privilegierung, § 8 Abs. 1 S. 2 TMG 447
       4. Entfall der Privilegierung 447
       5. Privilegierung von WLAN-Betreibern, § 8 Abs. 3 TMG 448
       6. Anspruchsgegner des Sperranspruchs nach § 7 Abs. 4 TMG 449
       7. Konsequenzen für die Praxis 450
       8. Ausweitung der Verantwortlichkeit von (WLAN-) Access-Providern
          durch die Rechtsprechung 450
   IV. Die Haftung weiterer Diensteanbieter 454
       1. Haftung des Anschlussinhabers für illegales Filesharing 454
       2. Haftung des Suchmaschinenbetreibers für Suchergebnisse 456
       3. Haftung des Webseitenbetreibers für Hyperlinks 457
       4. Haftung des Merchants für Affiliate Partner 457

Teil 5.4 Der Online-Handel mit Lebensmitteln

A. Einführung 459
B. Das sichere Lebensmittel 461
   I. Das Lebensmittel 461
   II. Das sichere Lebensmittel 464
       1. Das Merkmal „gesundheitsschädlich" 464
       2. Das Merkmal „für den Verzehr ungeeignet" 465

Inhaltsverzeichnis

C. Die Pflichtinformationen über Lebensmittel 465
    I. Der Anwendungsbereich des Art. 14 Verordnung (EU) Nr. 1169/2011 466
    II. Die Informationspflichten bei vorverpackten Lebensmitteln 467
        1. Die zur Begründung von Informationspflichten nach Art. 14 Abs. 1 Verordnung (EU) Nr. 1169/2011 führenden Voraussetzungen 468
        2. Die Darstellung der Pflichtangaben 470
        3. Der Zeitpunkt, zu dem die Pflichtinformationen vorliegen müssen 471
        4. Der Umfang der Informationspflichten 472
    III. Die Informationspflichten bei „loser Ware" 476
    IV. Der Sonderfall „Automaten oder automatisierte Anlagen" 477

D. Weitere beim Onlinehandel mit Lebensmitteln gegenüber Verbrauchern bestehende Informationspflichten 478
    I. Die Angabe von Zahlungsbedingungen, Lieferbeschränkungen und Eigenschaften der Ware 478
    II. Die Angabe von Gesamtpreis, Grundpreis und Kosten 479
    III. Der Bestell-Button 480

E. Die Bewerbung von Lebensmitteln im Internet 480
    I. Das Verbot der Irreführung 481
    II. Nährwert- und gesundheitsbezogene Angaben 483
        1. Allgemeine Grundsätze 483
        2. Die nährwertbezogene Angabe 484
        3. Die gesundheitsbezogene Angabe 484
        4. Die Angabe über die Reduzierung eines Krankheitsrisikos 485
        5. Angaben über die Entwicklung und Gesundheit von Kindern 486

F. Die Überwachung des Onlinehandels 487

G. Rechtsfolgen bei Verstößen 488

Teil 5.5 Der Handel mit Arzneimitteln

A. Einleitung 492

B. Was ist ein Arzneimittel? 492
    I. Humanarzneimittel 492
    II. Abgrenzung zu anderen Produkten 493
    III. Veterinärarzneimittel 493
    IV. Wirkstoffe 493

C. Der eigene Auftritt im Internet 493
    I. Grundsätzliche Anforderungen 493
    II. Gemeinsamer Internetauftritt 494

D. Werbung 495
    I. Einleitung 495
    II. Imagewerbung 495
    III. Informationen 495
    IV. Produktbezogene Werbung 496
        1. Publikumswerbung und Werbung für Fachkreise 497
        2. Publikumswerbung für verschreibungspflichtige Arzneimittel 497
        3. Gesicherte Bereiche auf Webseiten 497
    V. Absolute Werbeverbote 498

E. Internetspezifische Werbemaßnahmen 499
    I. Pflichtangaben 499

Inhaltsverzeichnis

II. Einzelne Online-Werbeformen	500
1. Keyword Advertising	500
2. Hyperlinks	500
3. Banner, Wallpaper, Rectangle, Skyscraper, Button	501
4. Layer Ad (oder Flash Layer)	501
5. Banderole	501
6. Video-Anzeige	501
7. Eintrag in Online-Enzyklopädien	502
F. Social Media	502
I. Allgemeine Verpflichtungen	502
II. Pharmakovigilanz	503
III. Haftung/Verantwortlichkeit für Inhalte Dritter	504
IV. Äußerungen von Angehörigen des Unternehmens	505
V. Konkrete Anfragen	505
G. Elektronischer Versandhandel von Arzneimitteln	506
I. Einleitung	506
II. Deutsche Versandapotheke	507
1. Erforderliche Erlaubnis	507
2. Elektronische Verschreibung	508
3. Schutz vor Fälschungen	508
4. Fremdbesitzverbot	508
5. Beteiligungen an Apotheken	509
6. Abgabeverpflichtung	509
7. Qualitätssicherungssystem	510
8. Ausführungszeiten	511
9. Information über Arzneimittelrisiken	511
10. Zweitzustellung	511
11. Sendungsverfolgung	512
12. Transportversicherung	512
13. Elektronischer Handel	512
14. Versandräumlichkeiten	512
15. Fernabsatzverträge	512
16. Preisgestaltung	513
III. Ausländische Versandapotheke	513
1. Grundsätzliche Anforderungen	513
2. Arzneimittelpreisverordnung/Zuzahlungen	513
IV. Anforderungen an den Internet-Auftritt von Versandapotheken	514
V. Vertrieb über Handelsplattformen	514

Teil 6. Daten

Teil 6.1 Bedeutung von Daten für die Wirtschaft

A. Einleitung	517
B. Der Markt für Daten	518
C. Verwendung von Daten in der Wirtschaft	519
D. Digitalisierung von Produktion und Produkten	520
I. Vernetzung	520
II. Digitale Produkte	521
III. Digitale Produktion	522

Inhaltsverzeichnis

	IV. Digitale Wertschöpfungsketten	523
	V. Datensicherheit	525
E.	Digitale Ökosysteme	525
	I. Übersicht Ökosysteme	525
	II. Beispiel Automotive Ökosystem	525
	1. Verkehrsteilnehmer	526
	2. Plattformen	527
F.	Bedeutung von Daten	527
G.	Empfehlungen für Unternehmen	528

Teil 6.2 Monetarisierung von Daten

A.	Möglichkeiten der Datenmonetarisierung	530
	I. Interne Datenmonetarisierung	530
	II. Externe Datenmonetarisierung	531
B.	Digitalisierung in der Automobilindustrie	532
	I. Überblick Daten im Automobil	532
	II. Datenarten und -segmentierung	533
	III. Daten-Wertschöpfungskette	534
	IV. Daten-Plattformen	535
C.	Monetarisierung von Daten	537
	I. Datenbasiertes Geschäftsmodell	537
	II. Kundenauswahl	538
	III. Kundennutzen	538
	IV. Preismodell	539
	V. Rollout	540
D.	Zusammenfassung	541

Teil 6.3 Big Data – Chancen und Risiken der Verarbeitung großer, verteilter Datenmengen

A.	Big Data als Innovationstreiber in Wirtschaft und Wissenschaft	542
B.	Charakteristika von Big-Data-Anwendungen	544
	I. Volume (Datenmenge)	544
	II. Velocity (Geschwindigkeit)	544
	III. Variety (Vielfalt)	545
	IV. Veracity (Wahrhaftigkeit)	545
	V. Value (Erkenntnis- und Geschäftswert)	546
C.	Herausforderungen zur Realisierung von Big-Data-Anwendungen	546
	I. Technische Herausforderungen	546
	II. Datenschutzrechtliche Herausforderungen	547
D.	Künstliche Intelligenz – Perspektive für Big Data	547

Teil 6.4 Daten als Zahlungsmittel

A.	Hintergrund der Untersuchung	550
	I. Aktuelle Geschäftspraxis	550
	II. Aktuelle rechtliche Entwicklung	551
	III. Folgen der aktuellen Entwicklung	552

Inhaltsverzeichnis

B. Personenbezogene Daten als Leistungsgegenstand 553
    I. Klassifizierung von Daten 553
    II. Wert von Daten 553
    III. Disponibilität von Daten 554
        1. Hingabe personenbezogener Daten 555
        2. Die datenschutzrechtliche Einwilligung als Kommerzialisierungsinstrument 555
        3. Zwischenergebnis 557

C. Schuldrechtliche Einordnung von Daten als Zahlungsmittel 557
    I. Vertragstypus 557
    II. Verpflichtung zur Zahlung von Daten 558
        1. Vertragsschluss 558
        2. Schutz von Minderjährigen 558
        3. Rechtmäßigkeit der Verpflichtung 559
        4. Erfüllung durch Leistungshandlung oder Leistungserfolg 561
        5. Inhaltskontrolle 561
    III. Durchsetzbarkeit der Leistungspflicht 563
    IV. Widerruf der Einwilligung 564
        1. Dogmatisches Problem des jederzeitigen Widerrufs 564
        2. Auswirkungen des Widerrufs auf das zugrunde liegende Verpflichtungsgeschäft 565
    V. Leistungsstörung bei der Zahlung mit Daten 566
    VI. Rückabwicklung der Zahlung von Daten 567
    VII. Zwischenergebnis 567

D. Einschränkungen nach dem Vorbild der Unentgeltlichkeit 568

E. Diskussion der Folgefragen 569

F. Ergebnis 570

Teil 6.5 Synthetische Daten

A. Einleitung 572

B. Anonymisierung und Synthetisierung von Daten 574
    I. Randbedingungen 576
    II. Modellerstellung 577
        1. Vorverarbeitung 577
        2. Clustering, dh Entdeckung von Ähnlichkeiten in Datenstrukturen 577
        3. Lernen 578

C. Herstellung synthetischer Daten auf Basis von Modellen 578

D. Beispiel für die Synthetisierung von Bewegungsdaten 579

E. Testergebnisse 581

F. Schlussfolgerung 582

Teil 6.6 Schutz personenbezogener Daten im Rahmen eines Datenschutzmanagementkonzepts

A. Einleitung 587

B. Datenschutzorganisation 588
    I. Datenschutzbeauftragter 589
    II. Richtlinie zur Datenschutzorganisation 592

Inhaltsverzeichnis

III. Datenschutzverletzungen	594
1. Organisatorische Sicherstellung durch Richtlinie	594
2. Vorliegen einer Datenschutzverletzung	595
3. Risikoanalyse	596
4. Unterschiedliche Folgen hinsichtlich Melde- und Benachrichtigungspflicht nach Risikobewertung	597
5. Form	597
6. Frist	597
7. Dokumentation	598
8. Straf-/Bußgeldfreiheit	598
C. Dokumentation, Risikobewertung und Datenschutz-Folgenabschätzung	598
I. Verarbeitungsverzeichnis	598
1. Verzeichnis für Verantwortliche (Art. 30 Abs. 1 DS-GVO)	598
2. Verzeichnis für Auftragsverarbeiter (Art. 30 Abs. 2 DS-GVO)	599
3. Ausnahmen für kleine Organisationen (Art. 30 Abs. 5 DS-GVO)	599
4. Erweitertes Verarbeitungsverzeichnis	599
II. Rechenschaftspflicht	602
III. Risikobewertung und Datenschutz-Folgenabschätzung	603
1. Hohes Risiko für natürliche Personen	603
2. Regelbeispiele für hohe Risiken	607
3. Blacklist	607
4. Ausnahmen	608
5. Zeitpunkt und Altfälle	608
6. Durchführung	609
7. Vorherige Konsultation	610
D. Transparenz	612
I. Übersicht Informationspflichten	613
II. Rechtsfolgen	614
III. Informationspflichten in der anwaltlichen Praxis	614
IV. Umsetzung der Informationspflichten/Vorgehensweise	615
1. Erfassen der relevanten Sachverhalte	615
2. Konzeption der Informationserteilung	615
3. Anforderungen an die Datenschutzorganisation	617
V. Die Informationspflichten im Einzelnen	617
1. Allgemeine Anforderungen (Art. 12 DS-GVO)	617
2. Informationspflichten bei der Direkterhebung (Art. 13 DS-GVO)	619
3. Informationspflichten bei Dritterhebung (Art. 14 DS-GVO)	621
4. Besondere Hinweispflicht auf das Widerspruchsrecht (Art. 21 Abs. 4 DS-GVO)	621
5. Informationspflichten und AGB	621
6. Checkliste	622
E. Betroffenenrechte	623
I. Übersicht über die Betroffenenrechte	623
II. Rechtsfolgen	625
III. Betroffenenrechte in der anwaltlichen Praxis	625
IV. Gewährleistung der Betroffenenrechte – allgemeine Anforderungen an Verantwortliche	626
1. Anforderungen an die Datenschutzorganisation	626
2. Anforderungen an die IT-Systeme	629
V. Die Betroffenenrechte im Einzelnen	630
1. Recht auf Auskunft (Art. 15 DS-GVO)	630

Inhaltsverzeichnis

  2. Recht auf Berichtigung (Art. 16 DS-GVO) 632
  3. Recht auf Löschung (Art. 17 Abs. 1 DS-GVO) 633
  4. Recht auf Vergessenwerden (Art. 17 Abs. 2 DS-GVO) 634
  5. Recht auf Einschränkung der Verarbeitung (Art. 18 DS-GVO) 635
  6. Recht auf Datenübertragbarkeit (Art. 20 DS-GVO) 635
  7. Recht auf Widerspruch (Art. 21 DS-GVO) 637
  8. Mitteilungspflicht an Empfänger im Zusammenhang mit Berichtigung, Löschung und Einschränkung 637
  9. Recht auf Widerruf einer Einwilligung 638
  10. Checkliste 638
F. Offenlegung personenbezogener Daten gegenüber externen Empfängern 639
 I. Auftragsverarbeitung 639
  1. Abgrenzung Auftragsverarbeitung von Datenübermittlung 641
  2. Weisungsgebundenheit und Vertrag 642
  3. Weitere (Sub-) Auftragsverarbeiter 643
  4. Pflichten des Verantwortlichen 645
  5. Auftragsverarbeitung bei Berufsgeheimnisträgern 646
  6. Auftragsverarbeiter im Drittland 646
  7. Haftung 647
  8. Bußgelder 647
  9. Beispiele 647
 II. Gemeinsam Verantwortliche 648
  1. Abgrenzung zur Auftragsverarbeitung 650
  2. Vertragsinhalt 652
  3. Schadensersatz und Sanktionen 653
G. Einwilligung 653
 I. Übersicht Einwilligungen 654
 II. Rechtsfolgen 655
 III. Einwilligung in der anwaltlichen Praxis 655
 IV. Gestaltung von Einwilligungen und Prozessen 656
  1. Ermittlung der konkreten Datenverarbeitung 656
  2. Prüfung der Erforderlichkeit einer Einwilligung bzw. alternativer Rechtsgrundlagen 656
  3. Prüfung besonderer Anforderungen an die Einwilligung 659
  4. Gestaltung in besonderen Fällen (Verknüpfung mit anderen Erklärungen) 659
  5. Nachweis/Protokollierung 659
  6. Widerruf 660
 V. Einwilligungen: rechtliche Anforderungen im Einzelnen 661
  1. Freiwillig 661
  2. Für bestimmte Zwecke 662
  3. „In Kenntnis der Sachlage" 662
  4. Unmissverständlich 663
  5. Form 663
  6. Frist 663
  7. Einwilligung als AGB 664
  8. Besonderheiten bei Einwilligungen von Kindern 664
  9. Double-Opt-In 664
  10. Checkliste 664
H. Drittlandstransfers 665
 I. Angemessenheitsbeschluss der EU-Kommission 666

Inhaltsverzeichnis

II. Ausnahmen	667
1. Einwilligung	667
2. Erfüllung eines Vertrags mit der betroffenen Person	667
3. Erfüllung eines Vertrags im Interesse der betroffenen Person	667
4. Wichtige Gründe des öffentlichen Interesses	668
5. Geltendmachung von Rechtsansprüchen	668
6. Lebenswichtige Interessen	668
7. Öffentliche Register	669
8. Wahrung zwingender berechtigter Interessen des Verantwortlichen	669
III. Standardvertragsklauseln	669
IV. Verbindliche interne Datenschutzvorschriften	671
V. Genehmigte Verhaltensregeln oder Zertifizierungsmechanismen	671

I. Organisation für eine Umsetzung geeigneter technischer und organisatorischer Maßnahmen ... 671
   I. Gewährleistung der Sicherheit der Verarbeitung ... 671
      1. Pseudonymisierung und Verschlüsselung ... 672
      2. Integrität und Vertraulichkeit der Systeme und Dienste ... 673
      3. Verfügbarkeit und Belastbarkeit der Systeme und Dienste ... 673
      4. Überprüfung, Bewertung und Evaluierung der Wirksamkeit ... 674
      5. Nichtverkettung ... 674
      6. Transparenz ... 674
      7. Intervenierbarkeit ... 675
   II. Beschäftigten-Richtlinie zur Datensicherheit ... 675
   III. Löschung ... 677

J. Unterweisung und Sensibilisierung ... 677
   I. Übersicht zur Unterweisung und Sensibilisierung ... 678
   II. Rechtsfolgen ... 678
   III. Unterrichtung und Sensibilisierung in der anwaltlichen Praxis ... 679
   IV. Maßnahmen zur Unterrichtung und Sensibilisierung ... 679
      1. Verpflichtung von Personen, die Zugang zu Daten haben ... 679
      2. Sensibilisierung/Schulung ... 680
   V. Muster Verpflichtungserklärung Mitarbeiter ... 680

K. Auditplanung/Wirksamkeitskontrolle ... 682

Teil 6.7 Dateneigentum und Schutz von Maschinendaten

A. Rechte an Daten de lege lata ... 685
   I. Kurze Begriffsbestimmung: Daten und Informationen ... 685
   II. Urheberrecht ... 686
   III. Patentrecht ... 686
   IV. Datenbankherstellerrecht §§ 87a ff. UrhG ... 687
      1. Voraussetzung: Vorliegen einer Datenbank ... 687
      2. Voraussetzung: wesentliche Investition ... 689
      3. Wer ist Rechteinhaber bei Industrie 4.0? ... 690
      4. Schutzumfang ... 691
      5. Schutzdauer und „neue" Datenbank ... 692
      6. Fazit ... 693
   V. Strafrechtlicher und deliktischer Schutz ... 693
   VI. Vertragliche und technische Schutzmöglichkeiten ... 694

Inhaltsverzeichnis

B. Rechte an Daten de lege ferenda 695
    I. Ein zukünftiges Datenproduzentenrecht 695
        1. Konturen eines Leistungsschutzrechts 695
        2. Problembereiche 696
    II. Zugangsrechte 697
    III. Fazit 698

Teil 6.8 Know-how- und Geheimnisschutz von Daten

A. Einführung, Begrifflichkeiten 701
    I. Know-how-Schutz als Perspektive des Schutzes von Daten 701
    II. Know-how 702
    III. Schutz von Geschäftsgeheimnissen 703
        1. Begriff 703
        2. Überblick über die Schutzvoraussetzungen 703
        3. Schutzansatz des Geschäftsgeheimnisschutzes 704

B. Schutz von Daten als Geschäftsgeheimnisse 705
    I. Geheimsein 705
        1. Geheimsein der in den Daten enthaltenen Informationen .. 705
        2. Angriffsformen auf das Geheimnis 706
        3. Geschäftsgeheimnisschutz und Vernetzung 706
    II. Kommerzieller Wert 707
    III. Angemessene Geheimhaltungsmaßnahmen 708
    IV. Berechtigtes Interesse an der Geheimhaltung 709
    V. Zusammenfassung 710

C. Praktische Ausgestaltung des Geheimnisschutzes für Daten 710
    I. Organisatorische Maßnahmen 711
        1. Identifizierung des relevanten Know-hows, Schutzkonzept . 711
        2. Allgemeine Maßnahmen 711
        3. Besonderheiten in IT-Umgebungen 712
    II. Vertragliche Maßnahmen 712
        1. Vertragliche Maßnahmen als angemessene
           Geheimhaltungsmaßnahmen 712
        2. Inhalt von vertraglichen Geheimhaltungsvereinbarungen .. 713
    III. Technische Maßnahmen 714
        1. Technische Zugangsbeschränkungen 714
        2. Verschlüsselungstechnologien 714
        3. Angemessenheit, derzeitige Problemfelder 716

D. Verletzungshandlungen 718
    I. Überblick über erlaubte und rechtswidrige Handlungen 718
    II. Rechtsnatur 719

E. Zuordnung des Geschäftsgeheimnisses 720

Teil 6.9 Datenverträge

A. Allgemeines 723
    I. Einführung 723
    II. Überblick zur Vertragstypologie 724

B. Datenkauf 725
    I. Anwendbarkeit des Kaufvertragsrechts 725
        1. Daten als sonstiger Gegenstand 725

Inhaltsverzeichnis

2. Abgrenzung zum Datennutzungsvertrag	725
II. Erfüllung	726
III. Gewährleistungsrecht	726
IV. Rechtliche Grenzen, AGB-Recht	727
C. Zeitlich befristete Überlassung von oder Zugang zu Daten	728
I. Die Lizenzierung von Daten und Datenbeständen als unechte Lizenz	728
II. Ausgestaltung der Datenlizenz	730
1. Positives Benutzungsrecht an einem zu spezifizierenden Datenbestand	730
2. Nutzungsrechte	731
3. Zugang zu dem Datenbestand	731
4. Gegenleistung	731
5. Gewährleistungsrecht	732
III. Rechtliche Grenzen, AGB-Recht	732
D. Datenauswertung: Pflicht zur Auswertung als tätigkeitsbezogene Leistungspflicht	733
E. Abschließende Bemerkungen	734

Teil 7. Informationsrecht

Teil 7.1 Rechtsgrundlagen und Haftungsfolgen in der IT-Sicherheit

A. Einführung	736
B. Rechtsgrundlagen der IT-Sicherheit	737
I. Kurzdarstellung spezialgesetzlicher Rechtsquellen	737
II. Kurzdarstellung allgemeiner IT-sicherheitsrelevanter Rechtsgrundlagen	739
III. Grundlagen des IT-Strafrechts	739
IV. Das spezialgesetzliche IT-Sicherheitsrecht im Einzelnen	740
1. Das BSIG	740
2. Das Telemediengesetz	747
3. Das Telekommunikationsgesetz	750
4. Weitere branchenspezifische Spezialgesetze	753
V. Die allgemeinen Rechtsquellen des IT-Sicherheitsrechts	754
1. Allgemeine Sorgfaltspflichten hinsichtlich IT-Sicherheit im Unternehmen	755
2. Buchführungspflichten und IT-Sicherheit	761
3. Allgemeine Haftung für IT-Sicherheitsrechtsvorfälle	763
4. Schnittstellen von Datenschutz und IT-Sicherheit	767

Teil 7.2 Krisenmanagement bei Datenlecks

A. Einleitung	769
B. Wichtige Begriffe, Gegenstand und Maßnahmen des Krisenmanagements	770
I. Um was geht es? Begriffe, Definitionen, Erklärungen	770
1. Was ist eine Krise?	770
2. Was ist ein Datenleck und warum konstituiert es eine Krise?	771
3. Was ist Krisenmanagement?	772
4. Was ist Krisenkommunikation und Reputation?	772
II. Maßnahmen des Krisenmanagements	773
1. Prä-Krisenphase	773
2. Krisenphase	774

Inhaltsverzeichnis

   3. Post-Krisenphase 778
C. Praxisbeispiele gutes und schlechtes Krisenmanagement bei Datenlecks 778
  I. Mastercard 778
   1. Situation 778
   2. Reaktion 779
   3. Learnings 779
  II. Heise Verlagsgruppe 779
   1. Situation 779
   2. Reaktion 780
   3. Learnings 780

Teil 8. Kommunikationsnetze und Dienste
Teil 8.1 Marktregulierung

A. Gefahrenlage 783
B. Zielsetzung 784
C. Regelungsinhalt 785
  I. Verfahren der Marktregulierung 785
   1. Materiell-rechtliche Dimension 785
   2. Verfahrensrechtliche Dimension 792
  II. Zugangsregulierung 795
   1. Marktmachtabhängige Zugangsregulierung 795
   2. Marktmachtunabhängige Zugangsregulierung 800
  III. Entgeltregulierung 802
   1. Allgemeine Regeln der Entgeltregulierung 803
   2. Entgeltregulierung für Zugangsleistungen 809
   3. Entgeltregulierung für Endnutzerleistungen 820
  IV. Entflechtung 821
  V. Besondere Missbrauchsaufsicht 821
D. Durchsetzungsmechanismen 823
  I. Beteiligte Behörden 823
   1. Die BNetzA 823
   2. Das GEREK 824
  II. Verfahren 825
  III. Entscheidungen 826
  IV. Befugnisnormen 826
E. Rechtsbehelfsmöglichkeiten 828
  I. Spezialregeln für das Gerichtsverfahren 828
   1. Besonderheiten im Bereich Rechtsbehelfe 828
   2. Besonderheiten im Bereich Geheimnisschutz 829
  II. Prozessrechtliche Besonderheiten 831
   1. Auf Unionsebene 832
   2. Auf nationaler Ebene 832
   3. Gerichtliche Kontrolldichte 836
F. Verhältnis zu anderen Rechtsvorschriften 837

Teil 8.2 Frequenzordnung

A. Gefahrenlage 838

Inhaltsverzeichnis

B. Zielsetzung	839
C. Regelungsinhalt	839
I. Frequenzverordnung	839
1. Begriff der Frequenzzuweisung	839
2. Formelle Anforderungen	840
3. Materielle Anforderungen	840
II. Frequenzplan	841
1. Begriff der Frequenznutzung	841
2. Formelle Anforderungen an den Plan	841
3. Materielle Anforderungen an den Plan	842
III. Frequenzzuteilung	842
1. Anwendungsbereich	842
2. Zuteilungsvoraussetzungen	843
D. Durchsetzungsmechanismen	855
E. Rechtsbehelfsmöglichkeiten	857
I. Frequenzverordnung und -plan	857
II. Verwaltungsakte	857

Teil 8.3 Wegerechte

A. Gefahrenlage	860
B. Zielsetzungen	860
C. Regelungsinhalt	861
I. Wegerechte	861
1. Nutzung von Verkehrswegen	861
2. Nutzung von (privaten) Grundstücken	862
II. Mitnutzung öffentlicher Versorgungsnetze	863
1. Transparenzfördernde Informationsregeln	864
2. Vertragsbezogene Mitnutzungsregeln	866
3. Koordinierung von Bauarbeiten	867
D. Durchsetzungsmechanismen	867
E. Rechtsbehelfsmöglichkeiten	868
I. Wegerechtliche Streitigkeiten	868
II. Versorgungsnetzbezogene Streitigkeiten	869
F. Verhältnis zu anderen Vorschriften	869

Teil 8.4 Netzneutralität

A. Gefahrenlage	871
B. Zielsetzung	872
C. Regelungsinhalt	873
I. Begriff der Netzneutralität	873
II. Funktionsweise	874
1. Umfang	874
2. Einschränkungen	879
III. Dienste mit spezifischem Qualitätsniveau	882
1. Sinn und Zweck	882
2. Anforderungen	883
3. Einschränkungen	884

IV. Selbsthilfemechanismen zugunsten der Endnutzer 884
D. Durchsetzungsmechanismen 886
   I. BNetzA 886
      1. Umfang der Befugnisse 886
      2. Unionsrechtskonformität 887
   II. GEREK 887
E. Rechtsbehelfsmöglichkeiten 887
F. Verhältnis zu anderen Rechtsvorschriften 888
   I. Recht der Marktregulierung, §§ 9 ff. TKG 888
   II. Wettbewerbsrecht, Art. 101 f. AEUV 889
   III. Plattformregulierung 889

Teil 8.5 Roaming

A. Gefahrenlage 890
B. Zielsetzung 891
C. Regelungsinhalt 891
   I. Preisregulierung auf Großkundenebene 891
   II. Preisregulierung auf Endkundenebene 892
      1. Anwendungsbereich 892
      2. Umfang des Verbots 892
      3. Rechtfertigungsmöglichkeiten 893
D. Durchsetzungsmechanismen 894
E. Rechtsbehelfsmöglichkeiten 894

Teil 8.6 Datenschutzrecht

A. Gefahrenlage 895
B. Zielsetzung 895
C. Regelungsinhalt 897
   I. Schutz des Fernmeldegeheimnisses 897
      1. Schutzgegenstand 898
      2. Verpflichtungsadressaten 899
      3. Schutzumfang 899
   II. Schutz im Umgang mit personenbezogenen Daten 899
      1. Anwendungsbereich 900
      2. Datenverwendungsbefugnisse 900
      3. Teilnehmerrechte 907
      4. Umgang mit geschlossenen Benutzergruppen 909
   III. Vorschriften zur Wahrung der öffentlichen Sicherheit 909
      1. Unternehmerpflichten im Allgemeinen 909
      2. Auskunftsersuchen 912
      3. Vorratsdatenspeicherung 914
D. Durchsetzungsmechanismen 917
E. Rechtsbehelfsmöglichkeiten 918

Inhaltsverzeichnis

Teil 8.7 Kundenschutz und Nummerierung

- A. Kundenschutz durch das TKG 919
  - I. Allgemeines 919
  - II. Normadressaten 921
    1. Angebotsseite 921
    2. Nachfrageseite 921
  - III. Systematisierung der Kundenschutzbestimmungen des TKG 922
    1. Gewährleistung der Nutzbarkeit von Telekommunikationsdiensten 922
    2. Informationspflichten des Anbieters bei und nach Vertragsschluss 926
    3. Schutz des Kunden im Zusammenhang mit der Ermittlung und Inrechnungstellung der Verbindungsentgelte 931
    4. Begleitende Rechte und Pflichten 939
  - IV. Schlichtungsverfahren bei der BNetzA (§§ 47a, 145 TKG) 945
  - V. Schadensersatz und Unterlassung 945
- B. Nummerierung 946
  - I. Aufgaben der Nummerierung, § 66 TKG 946
  - II. Mehrwertdienstbezogener Kundenschutz 947
    1. Preisangabe, § 66a TKG 947
    2. Preisansage, § 66b TKG 948
    3. Preisanzeige, § 66c TKG 948
    4. Preishöchstgrenzen, § 66d TKG 949
    5. Verbindungstrennung, § 66e TKG 949
    6. Anwählprogramme (Dialer), § 66f TKG 950
    7. Auskunftsanspruch für (0)190er Rufnummern, Datenbank für (0)900er Rufnummern, § 66i TKG 950
    8. R-Gespräche, § 66j TKG 950
    9. Rufnummernübermittlung, § 66k TKG 951
    10. Warteschleifen, § 66g TKG 951
  - III. Befugnisse der BNetzA, § 67 TKG 952

Teil 9. Künstliche Intelligenz

Teil 9.1 Technische Grundlagen

- A. Der Hype um KI 953
- B. Definitionen 955
- C. Maschinelles Lernen 957
  - I. Statistische und Probabilistische Inferenz 960
    1. Klassifikation 960
    2. Regression 961
    3. Clustering 961
    4. Ausreißererkennung 961
  - II. Neuronale Netze 962
    1. Deep Learning 964
    2. Reinforcement Learning 966

Teil 9.2 Autonomes Fahren

- A. Einleitung 969
  - I. Die technische Entwicklung im Spannungsfeld von Politik, Recht und Ethik 970
  - II. Begriffliche Einordnung 971

III. Der aktuelle Entwicklungsstand	973
B. Technische Grundlagen	975
I. Umweltwahrnehmung und Lokalisierung	975
1. Perzeption	976
2. Kognition	978
3. Prädiktion	979
II. Planung und Steuerung	979
C. Künstliche Intelligenz als Grundlage für das autonome Fahren	980
D. Rechtliche Aspekte	982
I. Zulässigkeit und Zulassung	982
1. Völkerrecht (insbesondere UN/ECE-Regelungen)	982
2. Nationales Recht	986
II. Weitergehende Überlegungen (de lege ferenda)	989

Teil 9.3 Technische Aspekte der Robotik und Künstlichen Intelligenz

A. Einleitung	991
B. Kinematische Intelligenz	993
C. Algorithmische Intelligenz	996
I. Deep Learning	996
II. Manipulation der Umgebung	996
III. „Unzulänglichkeiten" der realen Welt	997
D. Grenzen der KI und Ausblick	998
I. Herausforderungen für kinematische Systeme	998
II. Grenzen der Berechenbarkeit	999
III. Auf dem Weg zu einer integrativen KI	1000

Teil 9.4 IBM Watson

A. Einführung und Überblick	1003
I. Entwicklung innerhalb IBM	1003
II. Der „Jeopardy! The IBM Challenge" Meilenstein	1004
III. Cognitive Computing	1005
B. AI Lifecycle Management Tools	1005
I. Entwicklung von Modellen	1006
1. Feature Engineering	1006
2. Learning Approaches	1006
3. Components of Learning Algorithm	1007
4. Types of Overfitting	1007
II. Lifecycle Management von Modellen	1008
III. Model/Data/Knowledge Management	1008
IV. Lösungen für das KI Lifecycle Management	1009
C. IBM Pre-Built Watson Applications	1009
I. Einführung	1009
II. Watson Speech to Text	1009
III. Watson Natural Language Understanding	1010
IV. Watson Discovery	1010
V. Watson Assistant	1011
VI. Watson Knowledge Studio	1011

Inhaltsverzeichnis

D. IBM Watson APIs 1011
    I. Einführung 1011
    II. Watson Visual Recognition 1012
    III. Watson Text to Speech 1012
    IV. Watson Language Translator 1012
    V. Watson Natural Language Classifier 1013
    VI. Watson Personality Insights 1013
    VII. Watson Tone Analyzer 1014

E. Fazit und Ausblick 1014

Teil 9.5 Smart Contracts

A. Einleitung 1015

B. Definitionsversuch und technische Hintergründe 1016

C. Smart Contracts in der Praxis – Digitalisierung des Vertragswesens 1018

D. Kritik an Smart Contracts 1019

E. Rechtliche Würdigung 1020
    I. Smart Contracts zur Leistungsdurchführung 1020
    II. Smart Contracts als Ausdruck des Parteiwillens 1020

F. Smart Contracts und Gesellschaftsrecht 1025

G. Smart Contract Dispute Resolution 1025

H. Zusammenfassung und Ausblick 1026

Teil 9.6 Grundlegende Rechtsfragen rund um KI

Teil 9.6.1 Patentrecht

A. Patentschutz von Künstlicher Intelligenz 1027
    I. KI als Schutzgegenstand 1028
    II. Patentfähigkeit 1028

B. Schutzfähigkeit technischer Erfindungen durch KI 1029

C. Ausblick 1031

Teil 9.6.2 Urheberrechtliche Fragen der KI

A. Künstliche Intelligenz und Urheberrecht 1033

B. Schutz von KI-Erzeugnissen de lege lata 1034
    I. Urheberrechtsschutz 1034
    II. Sui-generis-Schutz gemäß § 87a UrhG 1035
    III. Schutz des Tonträgerherstellers gemäß § 87a UrhG 1035

C. Schutz von KI-Erzeugnissen de lege ferenda 1036
    I. Die Ökonomische Analyse des Urheberrechts 1036
    II. Die KI selbst als Urheber 1037
    III. Der KI-Programmierer oder -Anwender als Urheber 1038

D. Ausblick 1039

Teil 9.6.3 Vertragsrecht

A. Einleitung 1040

Inhaltsverzeichnis

B. Künstliche Intelligenz in der Rechtspraxis 1041
C. Vertragsrechtliche Behandlung Künstlicher Intelligenz 1042
    I. Verträge mit einer Künstlichen Intelligenz 1042
    II. Vertragspraxis 1045
    III. Verträge über Künstliche Intelligenz 1045
        1. Entwicklungsverträge über KI 1046
        2. Nutzungsverträge über KI 1047
D. Haftungsbegrenzung 1048
E. Konfliktlösung 1049
F. Fazit 1050

Teil 9.6.4 Zivilrechtliche Haftung bei Einsatz von Robotern und Künstlicher Intelligenz

A. Einführung: Der Begriff der Künstlichen Intelligenz und das Haftungsrecht 1054
B. Entwicklungen auf europäischer Ebene 1059
C. Die zivilrechtliche Haftung für autonome Systeme am Beispiel selbstfahrender Fahrzeuge 1061
    I. Einführung 1061
    II. Bestimmung des Sorgfaltsmaßstabs bei autonomen Systemen ... 1063
    III. Vertragliche Haftung für Fehler autonomer Systeme 1066
        1. Die Haftung des Veräußerers eines autonomen Systems .. 1066
        2. Die Haftung des Betreibers/Nutzers autonomer Systeme . 1071
        3. Beschränkung der Haftung 1074
    IV. Außervertragliche Haftung für den Einsatz autonomer Systeme ... 1074
        1. Die Haftung des Herstellers 1074
        2. Die Haftung des Betreibers/Nutzers eines autonomen Systems ... 1099
D. Update des Haftungsrechts: Gefährdungshaftung und *ePerson* ante portas? ... 1108

Teil 10. Das (Industrial) Internet of Things

Teil 10.1 Das Industrial Internet of Things (IIOT)

A. Einleitung 1116
B. Technische Grundlagen 1116
    I. Das Industrial Internet of Things 1116
    II. Embedded Systems 1117
    III. Cyber-physische Systeme 1117
    IV. Big Data Analytics 1118
    V. Cloud Computing und Edge Computing 1118
    VI. Predictive Maintenance und künstliche Intelligenz 1119
C. Infrastrukturplattformen – Schlüsseltechnologien für die IoT-Kommunikation 1120
    I. Praxisbeispiel SAP HANA Cloud Plattform 1120
    II. Architekturmodell für IoT-Plattformen 1122
        1. Geräteschicht 1122
        2. Verbindungsschicht 1122
        3. Verarbeitungsschicht 1122
        4. Anwendungsschicht 1123

Inhaltsverzeichnis

       5. Sicherheitsschicht 1123
   III. Architekturkomponenten für IoT-Plattformen 1123
       1. Konnektivität und Normalisierung 1123
       2. Gerätemanagement 1123
       3. Datenbanken 1124
       4. Verarbeitung und Aktionsmanagement 1124
       5. Datenvisualisierung 1124
       6. Zusätzliche Werkzeuge 1124
       7. Analytics 1124
       8. Schnittstellen 1124
   IV. IIoT-Dienste 1124

Teil 10.2 Connected Cars

A. Einleitung 1126
B. Technische Grundlagen 1127
   I. Steuergeräte im Fahrzeug 1127
   II. Fahrerassistenzsysteme 1128
   III. Schnittstellen zum Fahrzeug 1129
C. Ausgewählte Anwendungsbereiche des Connected Car 1130
   I. Online-Dienste im Fahrzeug 1130
       1. eCall-Dienst 1130
       2. Weitere Beispiele für Online-Dienste 1131
   II. KFZ-Instandhaltung/-Wartung 1132
   III. Car2Car/Car2X-Kommunikation 1132
D. Datenschutzrechtliche Besonderheiten beim Connected Car 1135
   I. Anwendbares Recht 1135
   II. Fahrzeugdaten im Lichte der DS-GVO 1135
       1. Personenbezug von Fahrzeugdaten 1135
       2. Datenschutzrechtliche Verantwortlichkeit 1137
       3. Rechtsgrundlagen 1137
       4. Allgemeine Datenschutzprinzipien für vernetzte Fahrzeuge 1139
       5. Telematik-Versicherungen 1140

Teil 10.3 Smart Cities – Normativer Rahmen und die Entwicklung in Deutschland

A. Einleitung 1142
B. Definitionen von „Smart City" als Konzept für die digitale Stadtentwicklung 1143
C. Normative Rahmen und Förderung der Entwicklung von Smart Cities in Deutschland 1145
D. Smart-City-Rankings und der Handlungsbedarf in deutschen Städten 1147
   I. Indizes und Bewertungen der Entwicklung von Smart Cities 1147
   II. Der Handlungsbedarf in Deutschland 1148
   III. Die besondere Relevanz des Bausektors 1148
   IV. Framework für einen Smart-City-Entwicklungsansatz 1149
E. Fazit und Ausblick 1151

Teil 10.4 IoT für Endverbraucher im Smart Home

A. Einleitung 1153
B. Chancen und Herausforderungen des Smart Homes für Verbraucher 1155
C. Datenschutz und Datensicherheit im Smart Home aus Sicht der Verbraucher ... 1156
    I. Datenschutz 1156
        1. Heuristiken und kognitive Verzerrungen 1157
        2. Habituation 1157
        3. Selbstregulationsdefizite 1158
        4. Soziale Normen 1158
    II. Datensicherheit 1158
        1. Heuristiken und kognitive Verzerrungen 1159
        2. Voreinstellungen und Status Quo-Verzerrung 1160
        3. Selbstregulationsdefizite 1160
        4. Selbstüberschätzung und Optimismus-Voreingenommenheit 1160
D. Zusammenfassung und Handlungsempfehlungen 1160

Teil 10.5 Datenschutz und Datensicherheit im (I)IoT

A. Einführung 1163
B. Datenschutz im (I)IoT 1165
    I. Datenschutzrechtlicher Regelungsrahmen 1165
    II. Personenbezug als Ausgangspunkt 1166
        1. Information 1167
        2. Personenbezug der Information 1167
        3. Identifizierte oder identifizierbare Person 1168
        4. Besondere Kategorien personenbezogener Daten 1169
        5. Anonymisierung/Pseudonymisierung 1169
    III. Datenschutzrechtliche Verantwortlichkeit im (I)IoT 1171
        1. Normadressat 1172
        2. Entscheidungsbefugnisse über Zweck und Mittel 1172
        3. Alleinige oder gemeinsame Verantwortlichkeit 1173
    IV. Datenschutzkonforme Verarbeitung 1176
        1. Rechtmäßigkeit 1177
        2. Weitere wichtige Datenschutzgrundsätze im Anwendungsgebiet von (I)IoT 1181
    V. Folgen eines Verstoßes 1182
C. Datensicherheit 1183
    I. Verhältnis zu NIS-RL und BSIG 1183
    II. Technische und organisatorische Maßnahmen nach Art. 32 DS-GVO 1184
        1. Pseudonymisierung und Verschlüsselung 1184
        2. Belastbarkeit der Systeme 1185
    III. Auswahl der geeigneten Maßnahmen 1185
    IV. Abdingbarkeit des Art. 32 DS-GVO? 1186
D. Weitere Quellen 1186
E. Zusammenfassung und Ausblick 1187

Teil 10.6 Zivilrechtliche Haftung im (Industrial) Internet of Things

A. Das (Industrial) Internet of Things 1190

Inhaltsverzeichnis

B. Haftungsrechtliche Charakteristika des (I)IoT 1192
C. Die vertragliche Haftung bei vernetzten Systemen 1193
    I. Die Haftung des Veräußerers eines vernetzten Systems 1193
        1. Vertragsverhältnisse bei vernetzten Systemen 1193
        2. Vertragliche Haftung bei vernetzten Systemen 1200
    II. Die Haftung des Anbieters digitaler Dienste und Informationen 1210
    III. Die Haftung des Betreibers und des Nutzers eines vernetzten Systems 1212
D. Die außervertragliche Haftung bei vernetzten Systemen 1212
    I. Die Haftung des Herstellers eines vernetzten Systems 1213
        1. Anwendungsbereich 1213
        2. Produktfehler 1213
        3. Die digitale Deaktivierung des vernetzten Systems 1218
        4. Der Hersteller im (Industrial)Internet of Things 1219
        5. Die deliktische Produktbeobachtungspflicht 1219
        6. Die Darlegungs- und Beweislast 1221
    II. Die Haftung des Betreibers/Nutzers eines vernetzten Systems 1223

Teil 11. Cloud Computing

Teil 11.1 Cloud Computing – Vorteile und Risiken

A. Die Vorteile von Cloud Computing 1225
    I. Die Vorteile für das Unternehmen 1225
        1. Kosteneinsparungen durch Skaleneffekte 1226
        2. Mehr Flexibilität bei den Ressourcen und der Skalierung 1226
        3. Verbesserter Unternehmenswert 1226
        4. Verbesserte Sicherheit, Zuverlässigkeit und Governance 1226
    II. Die Vorteile für den Verbraucher 1227
        1. Die Verfügbarkeit neuer Dienste 1227
        2. Kostengünstigere oder kostenlose Dienste 1228
    III. Die Vorteile für die EU-Wirtschaften 1228

B. Die Risiken des Cloud Computing 1228
    I. Unzureichende Datentrennung 1229
    II. Mangelnde Vertraulichkeit 1229
    III. Die Beeinträchtigung der (Daten-)Integrität 1230
    IV. Das Risiko für die Datenverfügbarkeit 1230
    V. Die fehlende Revisionssicherheit 1231
    VI. Datenschutz und andere rechtliche Risiken 1232

Teil 11.2 Cloud Computing – Servicemodelle

A. Definitionen 1233
B. Die Einführung von Cloud Computing 1235
C. Die Servicemodelle 1236
    I. Software as a Service (SaaS) 1236
    II. Platform as a Service (PaaS) 1237
    III. Infrastructure as a Service (IaaS) 1237
D. Die Bereitstellungsmodelle 1238
    I. Private Cloud 1238
    II. Public Cloud 1239
    III. Hybride Cloud 1239

Inhaltsverzeichnis

E. Die Sicherheit und Zuverlässigkeit 1240

Teil 11.3 Cloud Computing – Zertifizierung und Best Practice

A. Cloud-Service Zertifizierungen als vertrauensbildende Maßnahme 1242

B. Die Cloud Computing Zertifizierung der EU-Kommission – CCSL und CCSM 1243

C. Die ISO/IEC 1243

D. Die Cloud Security Alliance (CSA) 1245

E. Die EuroCloud Deutschland_eco e.V. 1245

F. FedRAMP 1246

G. Der IT-Grundschutz des BSI für Cloud Services 1246

H. Zusammenfassung 1247

Teil 11.4 Rechtsfragen des Cloud Computing

Teil 11.4.1 Cloud Computing in der Insolvenz

A. Insolvenz des Cloud Providers 1248
   I. Vor Eintritt des Insolvenzfalls 1248
      1. Verfahrensgang bis zur Eröffnung des Insolvenzverfahrens 1249
      2. Vertragliches Lösungsrecht des Kunden 1249
      3. Erlangung einer Kopie der Daten 1250
      4. Schutz der Maßnahmen gegen Rechte des Insolvenzverwalters 1250
   II. Nach Eröffnung des Insolvenzverfahrens 1250
      1. Erfüllungswahlrecht des Insolvenzverwalters 1250
      2. Nutzung der Software 1251
      3. Aussonderungsrechte des Kunden 1252
      4. Weitere vertragliche Instrumente 1258
   III. Schlussfolgerungen und Formulierungsvorschläge 1258

B. Insolvenz des Kunden 1259

Teil 11.4.2 Datenschutz und Geheimnisschutz

A. Datenschutz beim Cloud Computing 1262
   I. Bestimmung des anwendbaren Datenschutzgesetzes 1262
      1. Örtlicher Anwendungsbereich 1263
      2. Sachlicher Anwendungsbereich 1264
      3. Auslegungshilfen der Aufsichtsbehörden zum Cloud Computing 1265
   II. Datenschutzrechtliche Erlaubnistatbestände für Cloud Computing 1267
      1. Auftragsverarbeitung 1267
      2. Gesetzliche Erlaubnistatbestände 1269
      3. Einwilligungserklärung 1270
   III. Gestaltung des Auftragsverarbeitungsvertrages 1271
      1. Form 1272
      2. Mindestkriterien nach § 11 Abs. 2 BDSG 1272
      3. Kontrolle des Auftragsverarbeiters und Dokumentation 1276
   IV. Technische und organisatorische Maßnahmen 1278
      1. Das grundsätzliche Vorgehen 1278
      2. Die Risiko-Analyse für das Cloud Computing 1278
      3. Mögliche Maßnahmen 1280

Inhaltsverzeichnis

    4. Sonstige Maßgaben für das Cloud Computing 1280
  V. Grenzüberschreitender Datenverkehr 1281
    1. Grundsätzliche Anforderungen beim Cloud Computing 1281
    2. Verbindliche Unternehmensregelungen 1282
    3. Ausnahmetatbestände 1282
    4. Verwendung des EU-US Privacy Shield 1283
    5. Besonderheiten bei Verwendung des EU Standardvertrags für Auftragsverarbeiter 1283
    6. Besondere Arten personenbezogener Daten 1284
  VI. Betroffenenrechte und Konsequenzen bei Verstößen 1285
    1. Betroffenenrechte 1285
    2. Behördliche Maßnahmen 1286
    3. Ansprüche auf Schadensersatz 1286
    4. Geldbußen 1287
B. Geheimnisschutz nach § 203 StGB beim Cloud Computing 1287
  I. Tatbestand und Problemstellung 1287
  II. Lösungsansätze für das Cloud Computing 1288
    1. Technisch-organisatorische Maßnahmen 1288
    2. Entbindung von der Verschwiegenheitsverpflichtung 1289
    3. Die Funktionsbetrachtung, „Gehilfen-Lösung" etc. 1290
    4. Auftragsverarbeitung 1290
    5. Die sonstige mitwirkende Person 1291
  III. Zusätzliche Anforderungen aus dem Berufsrecht 1292

Teil 11.4.3 Vertrags- und Urheberrecht

A. Einleitung 1294
B. Vertragsbeziehungen 1295
C. Vertragstypologische Einordnung 1295
D. Urheberrecht 1297
  I. Vervielfältigungsrecht (§ 69c Nr. 1 UrhG) 1297
    1. Verhältnis Softwarehersteller – Cloud Provider 1297
    2. Verhältnis Cloud Provider – Nutzer 1297
  II. Verbreitungs- und Vermietrecht (§ 69c Nr. 3 UrhG) 1298
  III. Recht der öffentlichen Zugänglichmachung (§ 69c Nr. 4 UrhG) 1299
    1. Verhältnis Softwarehersteller – Cloud Provider 1299
    2. Verhältnis Cloud Provider – Nutzer 1300
  IV. Bearbeitungsrecht (§ 69c Nr. 2 UrhG) 1302
    1. Verhältnis Softwarehersteller – Cloud Provider 1302
    2. Verhältnis Cloud Provider – Nutzer 1302
  V. Fehlerberichtigung 1303
  VI. Zusammenfassung 1304
    1. Verhältnis Softwarehersteller – Cloud Provider 1304
    2. Verhältnis Cloud Provider – Nutzer 1304
E. Anwendbares Recht 1305
  I. Anwendbares Vertragsrecht 1305
  II. Anwendbares Deliktsrecht 1306
  III. Anwendbares Urheberrecht 1307
F. Vertragspflichten des Cloud Providers 1308
  I. Leistungsbeschreibung 1308

Inhaltsverzeichnis

  II. Überlassung der SaaS-Anwendung 1309
  III. Erhaltung der SaaS-Anwendung im vertragsgemäßen Zustand 1309
  IV. Datenschutzkonformität 1310
  V. Nebenpflichten 1311
G. Pflichten des Nutzers 1311
  I. Vergütungspflicht 1311
  II. Nebenpflichten 1311
H. Wesentliche vertragliche Regelungen in SaaS-Verträgen 1312
  I. Service Level Agreement 1312
    1. Verfügbarkeit 1313
    2. Reaktions- und Wiederherstellungszeiten 1313
    3. Service Hotline 1314
    4. Pönalen 1314
  II. Haftung 1314
  III. Unterstützungsleistungen bei und nach Vertragsbeendigung 1314

Teil 12. Digital Escrow

A. Einführung 1317
  I. Technologischer Kontext 1317
  II. Die Kernelemente des Digital Escrow 1319
  III. Kommerziell-wirtschaftlicher Kontext 1320
B. Software Escrow – Grundlagen 1321
  I. Ursprung im klassischen Lizenzmodel: von Objektcode und Quellcode ... 1321
  II. Escrow löst inhärenten Interessenkonflikt für zwei oder mehr Parteien 1323
  III. Entstehungsgeschichte, Anbieterstruktur und mögliche
    Auswahlkriterien 1325
C. Escrow-Verträge 1327
  I. Angewandte Vertragspraxis und Vertragstypen 1327
  II. Vertragstypologische Einordnung und typische Vertragsklauseln 1329
  III. Insolvenzfestigkeit: rechtstheoretisch spannend, aber begrenzt
    praxisrelevant 1330
  IV. Escrow und Smart Contracts à la Blockchain 1332
D. Hinterlegungsmaterial, Übergabe und Verwahrung 1334
  I. Zusammenstellung des Hinterlegungsmaterials 1334
  II. Übergabe an den Escrow-Agenten 1335
  III. Verwahrung 1336
E. Technische Prüfungen, Gutachten und Garantien 1337
  I. Eingangs- und Vollverifizierungen 1337
  II. Technischer Exkurs – Softwareentwicklung 1338
F. Escrow coming of age: Evolution im digitalen Wandel 1340
  I. Einführung 1340
  II. Cloud oder SaaS/AaaS Escrow (Escrow-Kernelement Kategorie II) 1341
  III. IP Escrow (Escrow-Kernelement Kategorie III) 1344
  IV. Key Escrow (Escrow-Kernelement Kategorie IV) 1344
  V. Data Escrow (Escrow-Kernelement Kategorie V) 1345
  VI. KI Escrow (Escrow-Kernelement Kategorie VI) 1347
G. Fazit und Ausblick 1348

Inhaltsverzeichnis

Teil 13. Digitalisierung im Gesundheitssektor: e-Health

A. Die Digitalisierung des Gesundheitssektors 1354

B. Elektronische Gesundheitskarte, elektronische Patientenakte und weitere Entwicklungen 1355

C. Rechtlicher Rahmen für mHealth, Telemedizin und Gesundheitsportale 1358
  I. MHealth: Gesundheits-Apps und Wearable Devices 1358
    1. Begriff und Erscheinungsformen 1358
    2. Zivilrechtliche Aspekte 1359
    3. Medizinprodukterecht 1363
    4. Erstattungsfähigkeit von mHealth Anwendungen durch die Krankenkassen 1366
  II. Telemedizin 1367
    1. Begriff 1367
    2. Rechtlicher Rahmen der Telemedizin 1368
  III. Ratgebercommunities und Gesundheitsportale 1379

D. Haftung für e-Health Anwendungen 1381
  I. MHealth: Gesundheits-Apps und Wearable Devices 1381
    1. Haftung des Herstellers, des fernbehandelnden Arztes und der Zertifizierungsstelle für Gesundheitsschäden 1381
    2. Haftungserleichterungen und Haftungsausschluss 1389
  II. Telemedizin 1390
    1. Haftung des fernbehandelnden Arztes 1390
    2. Haftung des Betreibers einer digitalen Plattform für Telemedizin 1394
  III. Ratgebercommunities und Gesundheitsportale 1395

E. Verarbeitung von Patientendaten 1395
  I. Konzeption des Schutzes von Gesundheitsdaten 1395
  II. Verarbeitung der Gesundheitsdaten von Patienten nach der DS-GVO 1397
    1. Anwendungsbereich 1397
    2. Gesundheitsdaten 1397
    3. Rechtsgrundlage der Datenverarbeitung 1398
  III. Besonderheiten für bestimmte Fallgruppen 1399
    1. Apps und Wearables 1399
    2. Telemedizin 1400

Teil 14. Digitale Transformation in der Industrie

Teil 14.1 Industrieller 3D-Druck

A. Vorteile und Anwendungsfälle der additiven Fertigung 1408

B. Rechtsfragen der additiven Fertigung 1408
  I. Additive Fertigung von Ersatzteilen 1409
    1. Vermeidung von Schutzrechtsverletzungen 1409
    2. Produkthaftung für additiv gefertigte Bauteile 1412
  II. Haftung der Betreiber von Marktplätzen für 3D-Modelle 1416
  III. Schutz von Konstruktions- und Produktionsdaten 1417
  IV. Arbeitssicherheit in der additiven Fertigung 1418

Teil 14.2 Blockchains

A. Einführung 1420

B. Technische Grundlagen 1420
   I. Dezentralität 1422
   II. Blockchain-Varianten 1423
   III. Möglichkeiten nachträglicher Veränderung 1424
   IV. Token 1425
   V. Smart Contracts 1425

C. Rechtliche Fragestellungen im Einzelnen 1426
   I. Schutz personenbezogener Daten 1426
      1. Territorialer Anwendungsbereich der DS-GVO 1426
      2. Personenbezogene Daten 1426
      3. Verantwortlicher 1427
      4. Betroffenenrechte 1427
      5. Privacy by Design/Default 1428
   II. Schuldrecht 1428
   III. Kartellrecht 1429

D. Anwendungsgebiete 1431
   I. Industrie 1432
   II. Finanzsektor 1432
   III. Lieferketten und Logistik 1433
   IV. Stromtransfer 1434
   V. Versicherungswirtschaft 1434
   VI. Gesundheitssektor 1434
   VII. Kreativwirtschaft 1435

Teil 14.3 Virtual Engineering & Remote Collaboration

A. Einleitung 1436
B. Virtuelle Realität und immersive Umgebungen 1438
   I. Begriff der virtuellen Realität 1438
   II. Haupteigenschaften der virtuellen Realität 1438
   III. Lösungsansatz 1439

C. Zielsetzung des Virtual Engineering 1440

D. Methodische Grundlagen 1441
   I. Datenintegration 1441
   II. Arbeitsablauf 1442

E. Anwendungen des Virtual Engineering 1444
   I. Digitaler Zwilling 1445
   II. Smart Factory 1446

F. Zusammenfassung 1447

Teil 14.4 Arbeitsrechtliche Aspekte digitaler Transformation

A. Neue Formen von Arbeitszeit und -ort 1450
   I. Änderung des Arbeitsortes (Home Office, Remote Working etc.) 1450
      1. Qualifikation des Arbeitsortes 1451
      2. Vertragliche Ausgestaltung 1452
   II. Flexible Arbeitszeitmodelle 1454
      1. Starre gesetzliche Rahmenbedingungen 1454
      2. Arbeitszeiterfassung und Gesundheitsschutz 1455
      3. Gesetzliche Flexibilisierungsformen 1456

Inhaltsverzeichnis

B. Arbeitsrecht in der Transformation 1459
   I. Die Transformation in flexible Arbeitswelten 1459
      1. Ablösung klassischer Organisationsstrukturen 1459
      2. Betriebliche Mitbestimmung im Rahmen der digitalen Transformation 1460
      3. Übergreifende funktionale Zusammenfassungen 1466
   II. Der Betriebsbegriff in der Matrix 1468
   III. Arbeitsrechtliche Sonderprobleme der Matrix 1468
      1. Schaffung oder Anpassung einer Matrixorganisation 1468
      2. Strukturen und Zuständigkeiten bei Durchführung der Matrixorganisation 1470
      3. Anwendungsbereich von Betriebsvereinbarungen 1471
      4. Besonderheiten bezüglich personeller Einzelmaßnahmen 1471
      5. Kündigungsschutz in der Matrix 1473
      6. Datenschutzrechtliche Fragestellungen 1475
   IV. Besonderheiten Agiler Arbeitsweisen und flexibler Organisationsformen 1475
      1. Hierarchieformen („Shared Leadership") 1475
      2. Organisationsdesign (Kanban, Scrum, Lean etc.) 1475
      3. Fremdpersonaleinsatz und Agile Methoden 1476
      4. Bürokonzepte (Open Space, Desk-Sharing, Ruhe- und Teamplätze, Sozialräume) 1477
   V. Crowdworking 1477

C. Qualifikation und Weiterbildung 1478
   I. Ermittlung des Qualifizierungsbedarfs 1478
   II. Mitbestimmung bei der Durchführung beruflicher Qualifikationsmaßnahmen 1479
   III. Kompetenzverschiebungen und Anspruch auf Weiterbildung 1479
      1. Allgemeines 1479
      2. Kollektivrechtlich vermittelter Weiterbildungsanspruch? 1480
      3. Weiterbildungspflichten des Arbeitnehmers? 1481

D. Beschäftigtendatenschutz 1481
   I. Allgemeines 1481
   II. Rechtsgrundlagen 1481
      1. Gesetz 1482
      2. Kollektivregelung 1484
      3. Einwilligung 1484
   III. Sonderprobleme 1484
      1. Pre-employment-Screening von Bewerbern 1484
      2. Big-Data-Analysen im Bewerbungsverfahren 1487

Teil 15. Social Media

Teil 15.1 Social Media im Arbeitsverhältnis

A. Rechtslage und Praxisprobleme 1489
   I. Dispositionsbefugnis: Wem „gehört" ein Account? 1489
   II. Herausgabeansprüche: Nur unzureichende Gesetzeslage 1491
   III. Unterlassungsansprüche 1492
   IV. Schadenersatzansprüche 1493

B. Vertragsgestaltung 1494

Inhaltsverzeichnis

Teil 15.2 Bewertungen im Internet

A. Einführung 1496
    I. Sinn und Funktionsweise von Bewertungsangeboten 1496
    II. „Influencer"-Bewertungen und -Empfehlungen 1497

B. Zulässigkeit von Bewertungen im Internet 1498

C. Das Angreifen von Bewertungen im Internet 1501
    I. Unterlassungsanspruch aus § 1004 Abs. 1 BGB analog 1501
    II. Löschungsanspruch aus Art. 17 DS-GVO 1505

D. Haftung für Bewertungen 1506
    I. Haftung für eigene Bewertungen 1506
    II. Haftung für zu eigen gemachte Bewertungen 1506
    III. Haftung des Diensteanbieters für fremde Bewertungen 1507
        1. Notifizierung des Portalbetreibers 1508
        2. Prüfpflichten des Portalbetreibers 1509
        3. Neutralität des Portalbetreibers 1511
        4. Anspruch auf Wiedereinstellung von Bewertungen 1511
    IV. Probleme der Rechtsdurchsetzung 1511
    V. Stellungnahme 1514

E. Bewertungen und Wettbewerbsrecht 1514
    I. Bewertungsaufforderungen und Kundenzufriedenheitsumfragen ... 1514
    II. Irreführende Bewertungen 1515
    III. Haftung der Portalbetreiber als Mitbewerber 1516

Teil 15.3 Social Media und Datenschutz

A. Einführung 1519

B. Soziale Medien als Werkzeuge für Unternehmen – grundlegende datenschutzrechtliche Weichenstellungen 1522

C. Datenschutzrechtliche Vorgaben im Einzelnen 1523
    I. Anwendungsbereich 1523
        1. DS-GVO als maßgebliche datenschutzrechtliche Regelung ... 1523
        2. Anwendungsvoraussetzungen der DS-GVO 1526
    II. Verantwortlichkeit für den Datenumgang in sozialen Medien ... 1528
        1. Das Konzept der Verantwortlichkeit in der DS-GVO 1528
        2. Verantwortungsbereiche in sozialen Netzwerken 1532
    III. Rechtmäßigkeit der Verarbeitung in sozialen Netzwerken 1534
        1. Rechtsgrundlagen in sozialen Netzwerken 1534
        2. Erlaubnistatbestände im Verantwortungsbereich des Nutzers ... 1535
        3. Erlaubnistatbestände im Verantwortungsbereich des Fanpage-Betreibers 1536
        4. Erlaubnistatbestände im Verantwortungsbereich des Netzwerkanbieters 1536
        5. Umgang mit sensiblen Daten 1541
    IV. Betroffenenrechte 1542
        1. Informationspflichten 1543
        2. Löschungsrecht 1544
        3. Recht auf Datenübertragbarkeit 1545
    V. Weitere Pflichten für Verantwortliche 1547
        1. Gewährleistung der Datenschutzgrundsätze (Art. 5 DS-GVO) ... 1548

Inhaltsverzeichnis

    2. Datenschutz durch Technikgestaltung und durch
datenschutzfreundliche Voreinstellungen (Art. 25 DS-GVO) 1548
    3. Datenübermittlung in Drittländer nach Schrems II 1549

Teil 16. Kryptowährungen

Teil 16.1 Grundlegende technische, wirtschaftliche und rechtliche Aspekte

A. Einleitung 1552
B. Technische Grundlagen 1554
    I. Grundlegende Eigenschaften der Blockchain-Technologie 1554
        1. Ziel von DLT-Plattformen 1555
        2. Arten von DLT-Plattformen 1555
        3. Datenstruktur von Blockchains 1555
        4. Konsensmechanismen am Beispiel von Proof-of-Work 1557
    II. Abgeleitete Eigenschaften typischer Kryptowährungen 1559
        1. Single State of Truth 1559
        2. Skalierbarkeit 1560
        3. Energiebedarf 1560
        4. Grad an Dezentralisierung 1560
        5. Sicherheit des Protokolls 1560
        6. Praktische Unveränderbarkeit 1561
        7. Transparenz 1562
        8. Sicherheit der Private Keys 1562
C. Einordnung von Kryptowährungen und relevante Fragestellungen 1563
    I. Ökonomische Einordnung 1563
        1. Kryptowährungen von Zentralbanken 1564
        2. Geldfunktionen 1565
        3. Fazit zur ökonomischen Einordnung 1567
    II. Zivilrechtliche Einordnung 1568
        1. Kryptowährungen als „immaterielles Wirtschaftsgut" 1568
        2. Deliktischer Schutz von Kryptowährungen 1568
        3. Kryptowährungen in der Zwangsvollstreckung 1569
    III. Kapitalmarktrechtliche Einordung 1569
        1. Kryptowährungen weder Geld noch E-Geld 1569
        2. Kryptowährungen als Finanzinstrumente nach dem KWG 1569
        3. Kryptowährungen als Finanzinstrumente nach dem WpHG 1572
    IV. Rechtsbeziehungen zwischen den Beteiligten von DLT-Plattformen 1572
        1. Verhältnis zwischen den Nutzern einer DLT-Plattform 1573
        2. Verhältnis zwischen den Nutzern und den Entwicklern der Plattform 1573
    V. Datenschutzrecht 1574
        1. Personenbezogene Daten bei DLT-Transaktionen 1574
        2. Der Verantwortliche für die Verarbeitung von DLT-Transaktionen 1575
        3. Umsetzung von Lösch- und Berichtigungspflichten 1576
        4. Ausblick 1576

Teil 16.2 Besteuerung von Gewinnen

A. Einleitung 1579

Inhaltsverzeichnis

B. Abgrenzung zwischen Gewerbebetrieb (gewerblichem Kryptohandel) und privater Vermögensverwaltung 1580

C. Besteuerung von Gewinnen aus der Veräußerung von Kryptowährungen im Privatvermögen 1583
    I. Originärer Erwerb von Kryptowährungen mittels Mining 1584
    II. Derivativer Erwerb von Kryptowährungen 1586
        1. Derivativer Erwerb über Kryptobörsen 1586
        2. Derivativer Erwerb über Termingeschäfte mit Kryptowährungen 1587
        3. Derivativer Erwerb mittels Staking und Masternodes? 1587
        4. Derivativer Erwerb durch Lending? 1588
        5. Derivativer Erwerb durch Airdrop oder Faucet? 1588
        6. Derivativer Erwerb durch Abspaltung mittels Hard Fork? 1589
    III. Besteuerung von Veräußerungsgewinnen bei Vorliegen einer Anschaffung 1589
        1. Begriff der Veräußerung 1589
        2. Berechnung des Veräußerungsgewinns 1590
        3. Berechnung der steuerrelevanten Haltefrist 1591
        4. Dokumentation der Transaktionen durch den Steuerpflichtigen 1592
        5. Verfassungswidrigkeit der Besteuerung von Veräußerungsgewinnen? 1593

D. Die Besteuerung von Gewinnen aus Kryptowährungen im Betriebsvermögen 1594

E. Umsatzsteuerliche Aspekte 1596

Teil 17. Augmented Reality

A. Begriff und Anwendungsfälle der Augmented Reality 1601
    I. VR, AR und der Immersive Space 1601
    II. Anwendungsbeispiele für Augmented Reality 1602
        1. Einzelhandel und Vertrieb 1602
        2. Navigation/Fahrzeugsteuerung 1602
        3. Mobile Games 1603
        4. Medizin 1603
        5. Pflege 1604
        6. Sicherheit 1604

B. Datenschutz 1604
    I. Einsatz im privaten Bereich 1605
    II. Einsatz in der Öffentlichkeit 1605
        1. Datenerhebung und Transparenzgebot 1605
        2. Rechtsprechung zu Dashcams 1605
        3. Übertragbarkeit auf AR-Anwendungen 1606
        4. Fazit 1607
    III. Tracking des Nutzers 1607

C. Recht am eigenen Bild 1607
    I. Anwendungsbereich des KUG 1607
    II. Bildnisse 1608
        1. Grundsätzliches 1608
        2. Hinreichende Anonymisierung durch „Verpixelung" oder Augenbalken? 1608
        3. Handlungsformen 1609

Inhaltsverzeichnis

4. Einwilligungserfordernis und Ausnahmen	1609
D. Urheberrecht	1610
I. Vervielfältigung durch AR-Einsatz	1610
1. Vorübergehende Vervielfältigungshandlung (§ 44a UrhG)	1610
2. Panoramafreiheit (§ 59 UrhG)	1611
3. Privatkopie (§ 53 UrhG)	1612
4. Einwilligung des Rechteinhabers	1612
II. Bearbeitung durch Informationsanreicherung	1613
1. Grundsätzliche Bearbeitungsfreiheit	1613
2. Die Person des Bearbeiters	1614
E. Markenrecht	1614
I. Grundsätze des Markenschutzes	1614
II. Markennutzung in AR-Anwendungen	1615
F. Lauterkeitsrecht	1615
G. Arbeitsrechtliche Besonderheiten	1616
H. AR im Straßenverkehr	1617
I. Nutzung einer Videobrille	1617
II. Nutzung eines Head-up-Displays	1618
I. Haftung	1618
I. Schäden durch Verwendung von AR-Anwendungen	1618
II. Abwehransprüche gegen die Platzierung von AR-Gegenständen	1619
1. Inanspruchnahme der Spieler	1620
2. Inanspruchnahme der Anbieter	1620
3. Persönlichkeitsrecht: Beeinträchtigung durch Platzierung virtueller Items	1623

Teil 18. Verfahrens- und Prozessführung, alternative Streitbeilegung

A. Die Klage vor dem Zivilgericht	1627
I. Überlegungen zum Streitgegenstand sowie zur Eingrenzung und Darstellung des Prozessstoffes sowie zur Einreichung der Klage	1627
1. Eingrenzung des Prozessstoffes	1627
2. Die Darstellung in der Klage	1628
3. Die Einreichung der Klage im elektronischen Rechtsverkehr	1629
4. Das selbstständige Beweisverfahren	1630
II. Das zuständige Gericht	1631
1. Eröffnung des Rechtswegs zu den Zivilgerichten	1631
2. Der gewillkürte Gerichtsstand	1632
3. Der gesetzliche Gerichtsstand	1632
4. Die Geschäftsverteilung	1633
III. Überlegungen zur Beweisführung	1635
1. Allgemeines zur Beweisführung	1635
2. Die zulässigen Beweismittel	1637
IV. Überlegungen zu den Verfahrensbeteiligten	1641
1. Überlegungen zu den Parteien	1641
2. Überlegungen zu weiteren Verfahrensbeteiligten: die Streitverkündung	1643
V. Überlegungen zur Beendigung des Rechtsstreits durch Vergleich	1647

B. Einstweiliger Rechtsschutz 1647
    I. Voraussetzungen für den Erlass einer einstweiligen Verfügung 1648
        1. Verfügungsanspruch 1648
        2. Verfügungsgrund 1649
        3. Abmahnung 1649
    II. Verfahren 1650
        1. Zuständigkeit 1650
        2. Glaubhaftmachung 1650
        3. Schutzschrift 1651
        4. Mündliche Verhandlung und rechtliches Gehör 1651
        5. Vollziehung der einstweiligen Verfügung 1652
    III. Die Rechtsbehelfe 1652
        1. Rechtsbehelfe des Antragsstellers 1652
        2. Rechtsbehelfe des Antragsgegners 1653
        3. Anspruch auf Schadenersatz 1653
C. Alternative Streitbeilegung 1654
    I. Merkmale der alternativen Streitbeilegung 1654
        1. Freiwilligkeit 1655
        2. Wahl des Verfahrensführers 1655
        3. Flexible Verfahrensgestaltung 1655
    II. Die verschiedenen Verfahren 1657
        1. Schiedsgerichtsverfahren 1657
        2. Schiedsgutachten 1661
        3. Mediation 1662
        4. Schlichtung 1666

Teil 19. Straf- und Strafprozessrecht

A. Anwendbarkeit deutschen Strafrechts im Internet 1673
    I. Erfolgsort 1676
    II. Handlungsort 1679
B. Klassische Computerdelikte 1680
    I. Ausspähen von Daten 1680
        1. Rechtsgut und Datenbegriff 1681
        2. Tatbestand 1683
        3. Rechtswidrigkeit und Schuld 1687
        4. Konkurrenzen 1687
    II. Abfangen von Daten (§ 202b StGB) 1688
    III. Datenhehlerei (§ 202d StGB) 1690
        1. Überblick und Schutzgut 1690
        2. Tatbestand 1690
        3. Tatbestandsausschluss 1693
        4. Strafrahmenlimitierung und Strafantrag 1694
    IV. Datenveränderung und Computersabotage (§§ 303a, 303b StGB) 1694
        1. Datenveränderung 1694
        2. Computersabotage 1698
    V. Vorbereitung des Ausspähens und Abfangens von Daten (§ 202c StGB) 1700
        1. Allgemeines 1700
        2. Vorbereitungsstrafbarkeit nach Abs. 1 Nr. 1 1701
        3. Vorbereitungsstrafbarkeit nach Abs. 1 Nr. 2 insbesondere
           Hackertools 1702

Inhaltsverzeichnis

    4. Tathandlungen 1707
    5. Vorsatz 1707
  VI. Computerbetrug (§ 263a StGB) 1708
    1. Allgemeines 1708
    2. Tatbestand 1709
    3. Vorbereitung eines Computerbetruges (§ 263a Abs. 3 StGB) 1719
    4. Besonderheiten 1720

C. Elektronische Urkundendelikte 1721
  I. Fälschung beweiserheblicher Daten (§§ 269, 270 StGB) 1721
  II. Fälschung technischer Aufzeichnungen (§ 268 StGB) 1724
  III. Unterdrückung technischer Aufzeichnungen und beweiserheblicher Daten
    (§ 274 StGB) 1726

Begriffserklärungen 1729

Stichwortverzeichnis 1755

Abkürzungsverzeichnis

aA	andere(r) Ansicht
AAA	American Arbitration Association
AAL	Ambient Assisted Living
aaO	am angegebenen Ort
abl.	ablehnend
ABl.	Amtsblatt
ABl.	EG Amtsblatt der Europäischen Gemeinschaft
Abs.	Absatz
abw.	abweichend
ACC	Adaptive Cruise Control
ACE	Access Control Entry
AcP	Archiv für die civilistische Praxis (Zeitschrift)
ADM	Arbeitskreis Deutscher Markt- und Sozialforschungsinstitute e.V.
admin-C	administrativer Kontakt
ADR	Alternative Dispute Resolution
aE	am Ende
AEUV	Vertrag über die Arbeitsweise der Europäischen Union
aF	alte Fassung
AG	Amtsgericht/Aktiengesellschaft
AGB	Allgemeine Geschäftsbedingungen
AI	Artificial Intelligence
AJAX	Asynchronous Javascript
AktG	Aktiengesetz
ALS	Arbeitskreis Lebensmittelchemischer Sachverständiger
Alt.	Alternative
a. M.	anderer Meinung
AMG	Arzneimittelgesetz
ÄndG	Änderungsgesetz
Anh.	Anhang
Anm.	Anmerkung
AnpassungsG	Gesetz zur Anpassung gesundheitsrechtlicher Vorschriften an die Verordnung (EU) 2016/679
AO	Abgabenordnung
API	Application Programming Interface
ApoG	Gesetz über das Apothekenwesen
ApoBetrO	Apothekenbetriebsordnung
App	Application
AR	Augmented Reality
ARGE	Arbeitsgemeinschaft
ARPA (US)	Advanced Research Projects Agency
Art.	Artikel
ASP	Application Service Providing
Aufl.	Auflage
AÜG	Arbeitnehmerüberlassungsgesetz
AWSI	Amazon Web Services
BAG	Bundesarbeitsgericht
BB	Betriebs- Berater (Zeitschrift)
BBS	Bulletin Board Systemen
BBSR	Bundesministerium für Bau, Stadtentwicklung und Raumentwicklung

Abkürzungsverzeichnis

BCI	Brain Computer Interface
BCR	Binding Corporate Rules
Bd.	Band
BDO	Bundesdisziplinarordnung
BDOA	Bundesverband der Dienstleister für Online-Anbieter e.V.
BDSG	Bundesdatenschutzgesetz
beA	besonderes elektronisches Anwaltspostfach
BetrVG	Betriebsverfassungsgesetz
BfDI	Bundesbeauftragter für den Datenschutz und die Informationsfreiheit
BFH	Bundesfinanzhof
BGB	Bürgerliches Gesetzbuch
BGB-InfoV	BGB-Informationspflichten-Verordnung
BGBl.	Bundesgesetzblatt
BGH	Bundesgerichtshof
BGHZ	Bundesgerichtshof, Entscheidungssammlung in Zivilsachen
BHO	Bundeshaushaltsordnung
BIOS	Basic Input/Output System
BIP	Bruttoinlandsprodukt
BKartA	Bundeskartellamt
BLL	Bund für Lebensmittelrecht und Lebensmittelkunde e.V.
BMBF	Bundesministerium für Bildung und Forschung
BMELV	Bundesministerium für Ernährung, Landwirtschaft und Verbraucherschutz
BMI	Bundesministerium des Inneren
BMJ	Bundesministerium der Justiz
BMV-Ä	Bundesmantelvertrag Ärzte
BMVi	Bundesministeriums für Verkehr und digitale Infrastruktur
BMWi	Bundesministerium für Wirtschaft und Technologie
BND	Bundesnachrichtendienst
BNetzA	Bundesnetzagentur
BPjM	Bundesprüfstelle für jugendgefährdende Medien
BRAO	Bundesrechtsanwaltsordnung
BR-Drs.	Bundesrats-Drucksache
BSI	Bundesamt für Sicherheit in der Informationstechnik
bspw.	beispielsweise
BSDL	Berkeley Software Distribution Licenz
BTC	Bitcoin
BT-Drs.	Bundestags-Drucksache
BVB	Besondere Vertragsbedingungen für die Beschaffung von DV-Leistungen
BVerfG	Bundesverfassungsgericht
BVerfGE	Bundesverfassungsgericht, Entscheidungssammlung
BVerfGG	Bundesverfassungsgerichtsgesetz
BVerwG	Bundesverwaltungsgericht
BVErwGE	Bundesverwaltungsgericht, Entscheidungssammlung
BYOD	Bring your own device
bzw.	beziehungsweise
B2B	Business to Business
B2C	Business to Consumer
ca.	circa
CAIQ	Consensus Assessments Initiative Questionaire

Abkürzungsverzeichnis

CAM	Cooperative Awareness Message
CAL	Client Access Licence
CAVE	Cave Automatic Virtual Environment
C2C	Consumer to Consumer
CCC	Convention on Cybercrime
CCM	Cloud Control Matrix
CCRA	Cloud Computing Reference Architecture
CCSL	Cloud Certification Schemes List
CCDM	Cloud Certification Schemes Meta-Framework
CCM	Cloud Control Matrix
ccTLD	country code top-level domain
CD	Compact Disc
CD-ROM	Compact Disc-Read Only Memory
CERN	Conseil Européen pour la Recherche Nucléaire
CERN-OHL	CERN Open Hardware License
CGI	Common Gateway Interface
cic	culpa in contrahendo
C-IST	Cooperative Intelligent Transport Systems
CMI	Content Management
CMS	Content-Management-System
CPU	Central Processing Unit
CR	Computer und Recht (Zeitschrift)
CRI	Computer und Recht International (Zeitschrift)
CRM	Customer Relation Management
CSA	Computer Software Alliance; Cloud Security Alliance
CSG	CSA Security Guidance
C-SIG	Cloud Selected Industry Group on Certification
CSS	Cascading Style Sheets
DAC	Discretionary Access Control
DAO	Decentralized Autonomous Organization
DB	Der Betrieb (Zeitschrift)
DCHK	Domain Check
DENIC	Deutsches Network Information Center
DENM	Decentralised Environmental Notification Message
ders.	derselbe
DGRI	Deutsche Gesellschaft für Recht und Informatik
dh	das heißt
DHIK	Deutscher Industrie- und Handelskammertag
DiätV	Verordnung über diätetische Lebensmittel
dies.	dieselbe
DIN	Deutsche Industrie Norm
DIS	Deutsche Institution für Schiedsgerichtsbarkeit
DL-InfoV	Dienstleistungs-Informationspflichten-Verordnung
DL-RL	Dienstleistungs- Richtlinie
DLT	Distributed Ledger Technology
DMU	Digitaler Mock-Up
DNS	Domain Name System
DOCSIS	Data Over Cable Service Interface Specification
DoS	Denial of Service
DPMA	Deutsches Patent- und Markenamt
DPO	Data Privacy Officer
DRiZ	Deutsche Richterzeitung (Zeitschrift)

LXI

Abkürzungsverzeichnis

DS	Der Sachverständige (Zeitschrift)
DSB	Datenschutzbeauftragter, Datenschutz- Berater (Zeitschrift)
DS-GVO	Datenschutzgrundverordnung
DSMK	Datenschutzmanagementkonzept
DSL	Digital Subscriber Line
DSRI	Deutsche Stiftung für Recht und Informatik
DSRITB	Deutsche Stiftung für Recht und Informatik Tagungsband
DStR	Deutsches Steuerrecht (Zeitschrift)
DTAG	Deutsche Telekom AG
DuD	Datenschutz und Datensicherheit (Zeitschrift)
DV	Datenverarbeitung
DVG	Digitales Versorgungsgesetz
EA	Enterprise Agreement
ECP	European Cloud Partnership
ECU	European Currency Unit
DER	Event Data Recorder
EDV	Elektronische Datenverarbeitung
EG	Europäische Gemeinschaft
EGBGB	Einführungsgesetz zum BGB
eGK	elektronische Gesundheitskarte
EGV	Vertrag zur Gründung der Europäischen Gemeinschaft
EFTA	European Free Trade Association
EHUG	Gesetz über das elektronische Handelsregister und Genossenschaftsregister sowie das Unternehmensregister
EichG	Eichgesetz
eiDAS-Verordnung	Verordnung (EU) Nr. 910/2014 über elektronische Identifizierung und Vertrauensdienste für elektronische Transaktionen im Binnenmarkt
ENISA	European Network and Information Security Agency
entspr.	entsprechend
EP	Europäisches Parlament
ePA	Elektronische Patientenakte
ePerson	Electronic Person
ERG	European Regulators Group
ERPI	Enterprise Resource Planing
Erw.grd.	Erwägungsgrund
ESG	Energieeffizienzstrategie Gebäude
eSIM	embedded SIM
etc.	et cetera
ETSI	European Telecommunications Standards Institute
EU	Europäische Union
Eucon	Europäisches Institut für Conflict Management
EuGH	Europäischer Gerichtshof
EULA	End User License Agreement
EUPL	European Public License
EVB-IT	Ergänzende Vertragsbedingungen für die Beschaffung von IT-Leistungen
EVN	Einzelverbindungsnachweis
evtl.	eventuell
EWR	Europäischer Wirtschaftsraum

Abkürzungsverzeichnis

f., ff.	folgend(e)
FAQ	Frequently Asked Questions
FCIA	Fibre Channel Industry Association
FCoE	Fibre Channel over Ethernet
FedRAMP	Federal Risk and Authorization Management Program
FernAbsRL	Fernabsatzrichtlinie
FIN	Fahrzeugidentifikationsnummer
FISA	Foreign Intelligence Surveillance Act
Fn.	Fußnote
FPV	Fertigpackungsverordnung
FRAND	Fair, Reasonable And Non- Discriminatory
FST	Freiwillige Selbstkontrolle der Telefonmehrwertdienstleister
FTB/B	Fibre To The Building/Basement
FTT/C	Fibre To The Curb/Cabinet
FTT/H	Fibre To The Home
FTT/N	Fibre To The Node/Neighbourhood
FTP	File Transfer Protocol
GB	Gigabyte (10^9 Byte)
gem.	gemäß
GDD	Gesellschaft für Datenschutz und Datensicherheit
GDPdU	Grundsätze zum Datenzugriff und zur Prüfbarkeit digitaler Unterlagen
GEG	Gebäude-Energie-Gesetz
GeschGehG	Gesetz zum Schutz von Geschäftsgeheimnissen
GmbHG	Gesetz betreffend die Gesellschaften mit beschränkter Haftung
GenG	Genossenschaftsgesetz
GEREK	Gremium Europäischer Regulierungsstellen für elektronische Kommunikation
GewO	Gewerbeordnung
GG	Grundgesetz der Bundesrepublik Deutschland
ggf.	gegebenenfalls
GIF	Graphics Interchange Format
GfK	Gesellschaft für Konsumforschung
GKV	gesetzliche Krankenversicherung
GPL	General Public Licence
GPRS	General Packet Radio Service
GPS	Global Positioning System
GRCh	Charta der Grundrechte der Europäischen Union
GRUR	Gewerblicher Rechtsschutz und Urheberrecht (Zeitschrift)
GRUR-Int	Gewerblicher Rechtsschutz und Urheberrecht International (Zeitschrift)
GSAV	Gesetz für mehr Sicherheit in der Arzneimittelversorgung
GSK	IT-Grundschutzkatalog
gTLD	generische Top Level Domain
GVO	Gruppenfreistellungsverordnung
GWG	Geldwäschegesetz
GWB	Gesetz gegen Wettbewerbsbeschränkungen
Halbs.	Halbsatz
HansOLG	Hanseatisches Oberlandesgericht
HGB	Handelsgesetzbuch
HGÜ	Haager Übereinkommen über Gerichtsstandsvereinbarungen

Abkürzungsverzeichnis

HIPAA	Health Insurance Portability and Accountability Act
hM	herrschende Meinung
HMI	Human-Machine Interface
Hlbs.	Halbsatz
HR	Human Resources
Hrsg.	Herausgeber
HTML	Hypertext Markup Language
http	Hypertext Transfer Protokoll
https	Secure Hypertext Transfer Protocol
HWG	Gesetz über die Werbung auf dem Gebiete des Heilwesens (Heilmittelwerbegesetz)
Hz	Hertz (Frequenzeinheit)
IBAN	International Bank Account Number
IBM	International Business Machines Corp.
ICANN	Internet Corporation for Assigned Names and Numbers
ICC	International Chamber of Commerce
DIE	Integrated Development Environment
idF	in der Fassung
idR	in der Regel
IEC	International Electrotechnical Commission
IHK	Industrie- und Handelskammer
ILSVRC	Image Net Large-Scale Visual Recognition Challenge
IMAP	Internet Message Access Protocol
InsO	Insolvenzordnung
INTA	International Trademark Association
IIoT	Industrial Internet of Things
IoT	Internet of Things
IP	Intellectual Property; Internet Protocol; Internet Provider
IPR	Internationales Privatrecht
IPTV	Internet Protocol Television
IR-Marke	Internationale Marke
ISACA	Information Systems Audit and Control Association
ISDN	Integrated Services Digital Network
ISMS	BSI-Standard 100-1 Managementsysteme für Informationssicherheit
ISP	Internet Service Provider
ISO	International Organization for Standardization
ITaaS	IT as a Service
ITRB	Der IT- Rechtsberater (Zeitschrift)
ITU	International Telecommunication Union
IuKDG	Informations- und Kommunikationsdienstegesetz
IuK-Technik	Informations- und Kommunikationstechnik
IV	Informationsverarbeitung
iVm	in Verbindung mit
Jus	Juristische Schulung (Zeitschrift)
JRE	Java runtime environment
JTC	Joint Technical Committee
JZ	Juristenzeitung (Zeitschrift)
K & R	Kommunikation und Recht (Zeitschrift)
Kap.	Kapitel
KeL	Kosten der effizienten Leistungsbereitstellung

Abkürzungsverzeichnis

KfW	Kreditanstalt für Wiederaufbau
KG	Kammergericht
KI	Künstliche Intelligenz
KonzVgV	Konzessionsvergabeverordnung
KPI	Key Performance Indicators
KuG	Gesetz betreffend das Urheberrecht an Werken der bildenden Künste und der Photographie
KVz	Kabelverzweiger
KWG	Kreditwesengesetz
LAG	Landesarbeitsgericht
LAN	local area network
Lat.	Lateinisch
LBFG	Lebensmittel-, Bedarfsgegenstände- und Futtermittelgesetzbuch
LBS	Location Based Services
LCIA	London Court of International Arbitration
LG	Landgericht
LGPL	Lesser General Public Licence
lit.	Litera; Literatur
LMIV-E	Entwurf einer Verordnung des Europäischen Parlaments und des Rates betreffend die Information der Verbraucher über Lebensmittel
LMKV	Verordnung über die Kennzeichnung von Lebensmitteln
LMuR	Lebensmittel und Recht (Zeitschrift)
Ls.	Leitsatz
LTE	Long Term Evolution
M2M	machine to machine
MaRisk	Mindestanforderungen an das Risikomanagement der BaFin
MarkenG	Markengesetz
MBO-Ä	(Muster-)Berufsordnung für die in Deutschland tätigen Ärztinnen und Ärzte
MDR	Monatsschrift für Deutsches Recht (Zeitschrift); Medical Devices Regulation
MDStV	Mediendienstestaatsvertrag
MediationsG	Mediationsgesetz
MedR	Medizinrecht (Zeitschrift)
MHD	Mindesthaltbarkeitsdatum
MIDI	Musical Instruments Digital Interface
MISI	Management Information System
MitbestG	Mitbestimmungsgesetz
MMR	Multimedia und Recht (Zeitschrift)
MMS	Multimedia Messaging Service
MO/TO	Mail Order/Telephone Order
MPG	Medizinproduktegesetz
MPL	Mozilla Public License
MSISDN	Mobile Station International Subscriber Directory Number
MSOP	Microsoft Online Subscription Program
MüKo	Münchener Kommentar zum Bürgerlichen Gesetzbuch mit Nebengesetzen
mwN.	mit weiteren Nachweisen
MwSt.	Mehrwertsteuer

Abkürzungsverzeichnis

NemV	Verordnung über Nahrungergänzungsmittel
NEVADA	Neutral Extended Vehicle for Advanced Data Access
nF	neue Fassung
NGA	Next Generation Access
NGFW	Next Generation Firewall
NGN	Next Generation Networks
NIST	(US) National Institute for Standards and Technology
NJOZ	Neue Juristische Online Zeitung (Zeitschrift)
NJW	Neue Juristische Wochenschrift (Zeitschrift)
NJW-RR	NJW Rechtssprechungsreport Zivilrecht (Zeitschrift)
NKV	Verordnung über nährwertbezogene Angaben bei Lebensmitteln und die Nährwertkennzeichnung von Lebensmitteln
NN	Neuronales Netzwerk
No.	number
notw.	notwendig
Nr.	Nummer
N & R	Zeitschrift für Netzwirtschaft & Recht (Zeitschrift)
NStZ	Neue Zeitschrift für Strafrecht (Zeitschrift)
nv	nicht veröffentlicht
NVwZ	Neue Zeitschrift für Verwaltungsrecht (Zeitschrift)
NZA	Neue Zeitschrift für Arbeitsrecht (Zeitschrift)
NZA-RR	NZA Rechtsprechungsreport
NZBau	Neue Zeitschrift für Baurecht (Zeitschrift)
NZI	Neue Zeitschrift für Insolvenz- und Sanierungsrecht
OAN	Open Access Network
OBD	on board diagnosis/on board Diagnose
ODR-Verordnung	Verordnung über Online-Streitbeilegung in Verbraucherangelegenheiten
o. g.	oben genannt
OECD	Organisation für wirtschaftliche Zusammenarbeit und Entwicklung
OEM	Original Equipment Manufacturer
OHL	Open Hardware License
OLE	Objekt Linking and Embedding
OLG	Oberlandesgericht
ÖOGH	Österreichischer Oberster Gerichtshof
OSH	Open Source Hardware
OS-Plattform	Online Streitbeilegungsplattform
OSS	Open Source Software
OVG	Oberverwaltungsgericht
OWi	Ordnungswidrigkeit
OWiG	Ordnungswidrigkeitengesetz
P2P	Peer to Peer
PaaS	Platform as a Service
PartG	Gesetz über die Partnerschaftsgesellschaft
PatG	Patentgesetz
PAngV	Preisangabenverordnung
PB	Petabyte = 1015 Byte
PC	Personal Computer
PCI	DSS Payment Card Industrie Data Security Standard
PD	Public Domain

Abkürzungsverzeichnis

PDA	Personal Digital Assistant
PDF	Portable Document Format
PGP	Pretty Good Privacy
PharmR	Pharma Recht (Zeitschrift)
PHP	Hypertext Preprocessor
PII	Personally Identifiable Information
PIN	Personal Identification Number
PKI	Public Key Infrastructure
PKV	Private Krankenversicherung
PLM	Product Lifecycle Management
POP3	Post Office Protocol
PostG	Postgesetz
PPP	Public Private Partnership
PR	Public Relations
PreisKlG	Preisklauselgesetz
PrKG	Preisklauselgesetz
ProdhaftG	Produkthaftungsgesetz
PSTN	Public Switched Telephone Network
PVU	Processor Value Unit
QM	Qualitätsmanagement
RAM	Random Access Memory
RBÜ	Revidierte Berner Übereinkunft zum Schutz von Werken der Literatur und Kunst
RDV	Recht der Datenverarbeitung (Zeitschrift)
RFID	Radio Frequency Identification
RG	Reichsgericht
rkr.	rechtskräftig
RL	Richtlinie; Reinforcement Learning
Rn.	Randnummer
Rspr.	Rechtsprechung
RSS	Really Simple Syndication
RStV	Rundfunkstaatsvertrag
RSU	Road Side Unit
RTE	Run Time Environment = Laufzeitumgebung
RVG	Rechtsanwaltsvergütungsgesetz
RVU	Resource Value Unit
S.	Seite, Satz
s.	siehe
SaaS	Software as a Service
SAMPL	Secure Additive Manufacturing Platform
Schufa	Schutzgemeinschaft für Absatzfinanzierung
SDK	Software Development Kit
SEO	Search Engine Optimization
SektVO	Sektorenverordnung
SET	Secure Electronic Transaction
SGB	Sozialgesetzbuch
SHA	Secure Hash Algorithm
SigG	Signaturgesetz
SigV	Signaturverordnung
SIM	Subscriber Identity Module

Abkürzungsverzeichnis

SLA	Service Level Agreement
SLD	Second Level Domain
SMC	Secure Multiparty Computation
SMP	Symmetrisches Multiprozessorsystem/Significant Market Power
SMS	Short Message System
SMTP	Simple Mail Transfer Protocol
SOC	Service Organization Control
sog.	so genannt
SOM	Strategisch- Organisatorische Maßnahmen
SPS	Speicherprogrammierbare Steuerung
SSL	Secure Sockets Layer
SSNIP	Small but Significant Non transitory Increase in Price
StA	Staatsanwaltschaft
STAR	CSA Security, Trust & Assurance Registry
StGB	Strafgesetzbuch
stopp	Strafprozessordnung
StR	Strafrecht
StVG	Straßenverkehrsgesetz
str.	strittig
stRspr	ständige Rechtsprechung
StVG	Straßenverkehrsgesetz
SWIFT	Society for Worldwide Interbank Financial Telecommunication
TAL	Teilnehmeranschlussleitung
TAN	Transaktionsnummer
TAPR	Tucson Amateur Packet Radio
TAPR-OHL	Tucson Amateur Packet Radio Open Hardware License
TB	Terabyte (1012 Byte)
TCP	Transmission Control Protocol
TCP/IP	Transmission Control Protocol/Internet Protocol
TDDSG	Teledienstedatenschutzgesetz
TDG	Teledienstegesetz
TDRP	Transfer Dispute Resolution Policy
TDSV	Teledienstedatenschutzverordnung
TK	Telekommunikation
TKG	Telekommunikationsgesetz
TKMR	TeleKommunikations- und MedienRecht (Zeitschrift)
TK-Transparenzverordnung	Verordnung zur Förderung der Transparenz auf dem Telekommunikationsmarkt
TKÜV	Telekommunikationsüberwachungsverordnung
TLD	Top Level Domain
TMG	Telemediengesetz
TOM	Technisch Organisatorische Maßnahmen
TRIPS	Agreement on Trade Related Aspects of Intetellectual Property
TSVG	Terminservice- und Versorgungsgesetz
TT-GVO	Gruppenfreistellungsverordnung für Technologietransfervereinbarungen
TÜ	Telefonüberwachung
u.	und
ua	unter anderem
UDRP	Uniform Domain-Name Dispute-Resolution

Abkürzungsverzeichnis

UfAB	Unterlagen für Ausschreibung und Bewertung
UVgO	Unterschwellenvergabeordnung
UKlaG	Gesetz über Unterlassungsklagen bei Verbraucherrechts- und anderen Verstößen
UMTS	Universal Mobile Telecommunication System
UN	United Nations
UrhG	Urheberrechtsgesetz
URL	Uniform Resource Locator
USL	User Subscription License
USt.	Umsatzsteuer
UStG	Umsatzsteuergesetz
UTM	Unified Threat Management
uU	unter Umständen
UWG	Gesetz gegen den unlauteren Wettbewerb
Var.	Variante
VAR	Value-Added Reseller
vAw.	von Amts wegen
VDA	Verband der Automobilindustrie
VE	Virtual Engineering
VergabeR	Vergaberecht (Zeitschrift)
VerpackV	Verpackungsverordnung
VersR	Versicherungsrecht (Zeitschrift)
VG	Verwaltungsgericht
VGH	Verwaltungsgerichtshof
vgl.	vergleiche
VgV	Verordnung über die Vergabe öffentlicher Aufträge (Vergabeverordnung)
VIG	Gesetz zur Verbesserung der gesundheitsbezogenen Verbraucherinformation
VK	Vergabekammer
VKU	Verband kommunaler Unternehmen e.V.
VLAN	Virtuelles Lokales Netzwerk
VO	Verordnung
VOB	Vertragsordnung für Bauleistungen
VOF	Vertragsordnung für die Vergabe von freiberuflichen Leistungen
VOL	Vertragsordnung für Leistungen
VOF	Verdingungsordnung für freiberufliche Leistungen
VoIP	Voice over IP
Vol.	Volumenprozent
VOL/A	Verdingungsordnung für Leistungen, ausgenommen Bauleistungen, Teil A
VOL/B	Verdingungsordnung für Leistungen, ausgenommen Bauleistungen, Teil B
VPN	Virtual Private Network
VR	Virtual Reality; Visual Recognition
VSBG	Verbraucherstreitbeilegungsgesetz
VSVGV	Vergabeverordnung für die Bereiche Sicherheit und Verteidigung
VVG	Versicherungsvertragsgesetz
VwGO	Verwaltungsgerichtsordnung
WAN	Wide Area Network
WC3	World Wide Web Consortium

Abkürzungsverzeichnis

WD	Working Draft
WiKG	Gesetz zur Bekämpfung der Wirtschaftskriminalität
WIPO	Word Intellectual Property Organization
WLAN	Wireless Local Area Network
WM	Wertpapiermitteilungen (Zeitschrift)
WPhG	Wertpapierhandelsgesetz
WPPT	WIPO Performances and Phonograms Treaty
WRP	Wettbewerb in Recht und Praxis (Zeitschrift)
WUA	Welturheberrechtsabkommen
WWW	World Wide Web
XHTML	Extensible Hypertext Markup Language
Xls	Excel Sheet
XML	Extensible Markup Language
ZAK	Kommission für Zulassung und Aufsicht über die Landesmedienanstalten
ZAP	Zeitschrift für die Anwaltspraxis
zB	zum Beispiel
ZfBR	Zeitschrift für Baurecht
ZfPW	Zeitschrift für die Privatrechtswissenschaft
ZHR	Zeitschrift für das gesamte Handels- und Wirtschaftsrecht
Ziff.	Ziffer
ZInsO	Zeitschrift für das gesamte Insolvenz- und Sanierungsrecht
ZIP	Zeitschrift für Wirtschaftsrecht (Zeitschrift)
ZKDSG	Zugangskontrolldiensteschutz- Gesetz
ZPO	Zivilprozessordnung
ZPT	Zeitschrift für Post und Telekommunikation
ZR	Zivilrecht
zT	zum Teil
ZUM	Zeitschrift für Urheber- und Medienrecht (Zeitschrift)
ZUM-RD	Zeitschrift für Urheber- und Medienrecht Rechtsprechungsdienst (Zeitschrift)
zutr.	zutreffend
ZVG	Gesetz über die Zwangsversteigerung und Zwangsverwaltung
ZVglRWis	Zeitschrift für die Vergleichende Rechtswissenschaft
zZt	zur Zeit
ZZulV	Verordnung über die Zulassung von Zusatzstoffen zu Lebensmitteln zu technologischen Zwecken

Teil 1. Hardware

Übersicht

	Rn.
A. Kauf von Hardware	1
I. Vertragstypologische Einordnung	1
II. Vorvertragliche Verpflichtungen	4
III. Vertragliche Modalitäten	6
1. Leistungsbeschreibung	6
2. Einräumung von Garantien	11
3. Mitwirkung des Kunden	14
IV. Leistungsstörungen	15
B. Miete von Hardware (insbesondere Hardware-as-a-Service)	18
I. Vertragstypologische Einordnung	18
1. Allgemeines	18
2. Hardware-as-a-Service	19
II. Vertragliche Modalitäten	23
1. Hauptleistungspflichten	23
2. Rechtliche Vorteile der Hardware-Miete	27
3. Gebrauchsüberlassung an Dritte	29
4. Spezifische Regelungen für Hardware-as-a-Service	30
C. Leasing von Hardware	32
I. Allgemeines	32
II. Vertragliche Modalitäten	34
III. Leistungsstörungen	37
IV. Open-Source-Hardware	40
D. Hardwarewartung	46
I. Korrektive Wartung	46
1. Allgemeines	46
2. Vertragstypologische Einordnung	48
3. Vertragliche Modalitäten	50
II. Predictive Maintenance oder vorbeugende Wartung	58
1. Allgemeines	58
2. Vertragstypologische Einordnung	59
3. Automatisierung durch Smart Contracts und Zurechnungsproblematiken	60
4. Vertragliche Modalitäten	67

Literatur:

Ackermann, Toward Open Source Hardware, 34 U. Dayton L. Rev. (2009), 183; *Auer-Reinsdorff/Conrad* (Hrsg.), Handbuch IT- und Datenschutzrecht, München, 2. Aufl. 2016; *Bayern/Burri/Grant/Häusermann/Möslein/Williams,* Company Law and Autonomous Systems: A Blueprint for Lawyers, Entrepreneurs, and Regulators, 9 Hastings L.J. (2017), 135; *Borges,* Rechtliche Rahmenbedingungen für autonome Systeme, NJW 2018, 977; *Bräutigam/Klindt,* Industrie 4.0, das Internet der Dinge und das Recht, NJW 2015, 1137; *Faber/Griga/Groß,* Predictive Maintenance – Hürden und Chancen zur sinnvollen Nutzung von Maschinendaten, DS 2018, 299; *Groß/Gressel,* Entpersonalisierte Arbeitsverhältnisse als rechtliche Herausforderung – Wenn Roboter zu Kollegen und Vorgesetzten werden, NZA, 2016, 990; *Hartmann/Thier,* Typologie der Softwarepflegeverträge, CR 1998, 581; *Heckelmann,* Zulässigkeit und Handhabung von Smart Contracts, NJW 2018, 504; *Heinert/Sander,* Mit Blockchain auf dem Weg zur Smart Maintenance, FSBC Working Paper, September 2018, abrufbar unter http://explore-ip.com/2018_Blockchain-and-Smart-Maintenance.pdf; *Huppertz,* Open Source Hardware – Ein erster Überblick, CR 2012, 697; *Keßler,* Intelligente Roboter – neue Technologien im Einsatz – Voraussetzungen und Rechtsfolgen des Handelns informationstechnischer Systeme, MMR 2017, 589; *König,* Das fiktive, unentgeltliche Nutzungsrecht für jedermann, Göttingen, 2016; *Lapp,* Vertragsgestaltung zwischen vollständiger Leistungsbeschreibung, Garantie und sinnvoller Beschränkung der Gewährleistung, ITRB 2003, 42; *Möslein,* Smart Contracts im Zivil- und Handelsrecht, ZHR 2019, 254; Münchener Kommentar zum Bürgerliches Gesetzbuch, Säcker/Rixecker (Hrsg.), Band 6, 7. Aufl. 2017; *Palandt,* Bürgerliches Gesetzbuch, Bassenge/Brudermüller/Diedrichsen (Bearb.), 78. Aufl. 2019; *Pieper,* Wenn Maschinen Verträge schließen: Willenserklärungen beim Einsatz von Künstlicher Intelligenz, GRUR-Prax 2019, 298; *Redeker* (Hrsg.), Handbuch der IT-Verträge, 38. Lieferung; *Redeker,* IT-Recht, München, 6. Aufl.

2017; *Schaub*, Interaktion von Mensch und Maschine, JZ 2017, 342; *Schneider* (Hrsg.), Handbuch EDV-Recht, Köln, 5. Aufl. 2017; *Sosnitza*, Das Internet der Dinge – Herausforderung oder gewohntes Terrain für das Zivilrecht?, CR 2016, 764; *Specht/Herold*, Roboter als Vertragspartner? – Gedanken zu Vertragsabschlüssen unter Einbeziehung automatisiert und autonom agierender Systeme, MMR 2018, 40; *Spindler*, Roboter, Automation, künstliche Intelligenz, selbststeuernde Kfz- Braucht das Recht neue Haftungskategorien?, CR 2015, 766; *Sujecki*, Internationales Privatrecht und Cloud Computing aus europäischer Perspektive, K&R 2012, 312; *Taeger*, Die Entwicklung des IT-Rechts im Jahr 2016, NJW 2016, 3764; *Unni*, Fifty Years of Open Source Hardware Movement: An Analysis Through the Prism of Copyright Law, 40 S. Ill. U. L.J. (2016), 271; *Westphalen*, Der Leasingvertrag, Köln, 7. Aufl. 2015; *Wandtke/Bullinger*, Urheberrecht, München, 5. Aufl. 2019; *Wicker*, Vertragstypologische Einordnung von Cloud Computing-Verträgen – Rechtliche Lösungen bei auftretenden Mängeln, MMR 2012, 783; *Wiebe*, Die elektronische Willenserklärung, Tübingen, 2002.

A. Kauf von Hardware

I. Vertragstypologische Einordnung

1 Verträge über die dauerhafte Überlassung von Hardware unterfallen grundsätzlich dem Kaufrecht.[1] Dementsprechend folgen die Rechte und Pflichten der Vertragsparteien, einschließlich der Mängelansprüche, aus den §§ 433 ff. BGB. Gegenstand des Vertrages kann der Erwerb ganzer Hardware-Anlagen sein. In Betracht kommt aber auch die dauerhafte Überlassung von Hardware-Komponenten wie Hauptplatinen oder Grafikkarten.

2 Insbesondere bei größeren Hardware-Systemen werden häufig weitere Leistungen vereinbart, etwa die Installation und Wartung des jeweiligen Systems. Der werkvertragsrechtliche Charakter solcher Leistungen gibt dem Vertrag in aller Regel nicht sein Gepräge, was sich im Hinblick auf die Montageverpflichtung bereits aus § 434 Abs. 2 BGB ergibt. Sie ist vielmehr als eine vom Verkäufer zu erfüllende kaufvertragliche Nebenpflicht einzuordnen.[2] Demgegenüber kann ein gemischter Vertrag vorliegen, wenn weitere Leistungen wie die Wartung der Hardware-Anlage besonders hervorgehoben und eine gesonderte Vergütung vereinbart wird.[3] Nach Maßgabe des Kunden individuell angepasste Hardware-Systeme können hingegen dem Werkvertragsrecht unterfallen.[4] Ferner kann die Montage oder die Installation der Anlage einen derart überwiegenden Anteil am Gesamtvertrag einnehmen oder von den Vertragsparteien explizit als vertragliche Hauptleistungspflicht vereinbart worden sein, sodass das Verhältnis zwischen den Parteien als Werkvertrag zu klassifizieren ist.[5]

3 Die Einordnung des Vertragsverhältnisses als Kauf- oder Werkvertrag ist nicht nur Gegenstand theoretischer Erwägungen, sondern hat zum Teil eine erhebliche praktische Tragweite. Beispielsweise hat der Käufer einer Hardware-Anlage kein Recht auf Selbstvornahme, also das Recht zur eigenständigen Beseitigung eines Mangels, wie es dem Besteller eines Werks nach § 637 BGB samt Anspruch auf Vorschuss zusteht. Weiter steht nach § 439 Abs. 1 BGB lediglich dem Käufer ein Wahlrecht bei der Mängelbeseitigung zu. Nach werkvertraglichen Maßstäben kann hingegen der Unternehmer nach seiner Wahl den Mangel beseitigen oder ein neues Werk herstellen, § 635 Abs. 1 BGB.[6]

---

[1] Schneider/*Schneider/Kahlert*, Hardwarebeschaffungsverträge, Kapitel O, Rn. 19; Redeker/*Redeker*, Rn. 503; OLG Düsseldorf, CR 2000, 350; OLG München, CR 1992, 469.
[2] OLG Hamm, BeckRS 2006, 00581.
[3] Schneider/*Schneider/Kahlert*, Hardwarebeschaffungsverträge, Kapitel O, Rn. 19.
[4] BGH, NJW 1993, 1063.
[5] Redeker/*Schneider*, Hardware-Kauf, 38. Lieferung, Rn. 7.
[6] Schneider/*Schneider/Kahlert*, Hardwarebeschaffungsverträge, Kapitel O, Rn. 20.

II. Vorvertragliche Verpflichtungen

Vor Abschluss des Vertrages über die dauerhafte Überlassung von Hardware kann der Verkäufer im Einzelfall vorvertraglichen Aufklärungs- und Beratungspflichten unterworfen sein. Dies bestimmt sich im Rahmen einer Prüfung der Umstände des jeweiligen Einzelfalls.[7]

Die Rechtsprechung stellt auf einen Kanon von Kriterien ab, um das Bestehen und den Umfang von Beratungspflichten zu ermitteln. Insbesondere kann Beratungsbedarf durch Informationsasymmetrien zwischen den Vertragsparteien begründet werden. Allerdings kann ein solches Gefälle nicht grundsätzlich zu Lasten des Käufers angenommen werden, der in vielen Fällen über eine ebenso hohe Fachkunde verfügt wie der Verkäufer der Hardware selbst.[8] Weitere Gesichtspunkte, die eine vorvertragliche Beratungs- bzw. sogar Aufklärungspflicht hervorrufen können, ist die Nachfrage des Kunden nach bestimmten Modalitäten der Hardware oder die Hervorhebung konkreter Einsatzszenarien.[9] Beratungsdefizite können sich insbesondere in einer Über- oder Unterdimensionierung der Hardwareanlage manifestieren.[10]

III. Vertragliche Modalitäten

1. Leistungsbeschreibung

Vertragsgegenstand kann die Überlassung von Hardware-Komponenten oder einer Hardware-Anlage sein. Die Vertragsparteien sollten zur Vermeidung von Unklarheiten ausdrücklich vereinbaren, ob die Überlassung einer Gesamtanlage oder der Kauf einer Vielzahl von Einzelkomponente – aus Gründen der Zweckmäßigkeit in einem Vertrag gebündelt – geschuldet sein soll.[11] Eine besondere Bedeutung hat die umfassende Beschreibung der Einzelkomponenten, wenn die Vertragsparteien die Überlassung einer Gesamtanlage vereinbart haben.

Weitere Unklarheiten können im Zusammenhang mit der Einbeziehung einer **Betriebssoftware** – in der Regel einer OEM-Lieferung – bestehen. In dieser Hinsicht stellt sich ebenfalls die Frage, ob ein einheitlicher Vertrag über die Überlassung der Hardware sowie die Lieferung der Software vorliegt. Ein beide Bestandteile umfassender Kaufvertrag ist insbesondere dann anzunehmen, wenn ihre Überlassung nach dem Willen der Parteien auf einen bestimmten gemeinsamen Zweck ausgerichtet, dies in einer einheitlichen Vertragsurkunde geregelt[12] und die Zahlung eines Gesamtpreises geschuldet ist.[13] Sofern mit dem Hardware-Kaufvertrag auch Software überlassen wird, sollten die Vertragsparteien eine Regelung zur Einräumung der für die Nutzung erforderlichen Rechte vorsehen. Diesbezüglich setzen die Lizenzvorgaben des Anbieters der Software den Rahmen.[14]

Weiter ist eine Bedienungsanleitung, also eine **Dokumentation**, in jedem Fall Vertragsbestandteil. Sie muss dem Kunden hinreichende Informationen über die Anwendung der Hardware bereithalten. Die Nichtlieferung der Dokumentation ist demgegenüber als teilweise Nichterfüllung des Vertrages zu qualifizieren.[15] Die Dokumentation muss den Kunden dazu in die Lage versetzen, die Hardware eigenständig zu nutzen. Die geschuldete

---

[7] Auer-Reinsdorff/Conrad/*Stadler/Kast*, § 15 Rn. 14 ff.; Schneider/*Schneider/Kahlert*, Hardwarebeschaffungsverträge, Kapitel O, Rn. 31 ff.
[8] Schneider/*Schneider/Kahlert*, Hardwarebeschaffungsverträge, Kapitel O, Rn. 32.
[9] Auer-Reinsdorff/Conrad/*Stadler/Kast*, § 15 Rn. 14 ff.
[10] Schneider/*Schneider/Kahlert*, Hardwarebeschaffungsverträge, Kapitel O, Rn. 33 ff.
[11] Siehe für die Abgrenzung *OLG München*, CR 1992, 469, 470.
[12] Redeker/*Redeker*, Rn. 680 ff.
[13] Redeker/*Redeker*, Rn. 504, 690 ff.
[14] Auer-Reinsdorff/Conrad/*Stadler/Kast*, § 15 Rn. 40.
[15] *BGH*, CR 1993, 203; *OLG München*, CR 2006, 582.

Sprachfassung der Dokumentation sollte von den Vertragsparteien ausdrücklich in die Leistungsbeschreibung aufgenommen werden, um Unklarheiten zu vermeiden.[16]

9   Beim Kauf einer Gesamtanlage ist der Verkäufer in der Regel zur **Herstellung der Betriebsfähigkeit** verpflichtet, also zur Aufstellung sowie zur Installation bzw. zum Rollout der vertragsgegenständlichen Hardware beim Kunden.[17] Die Herstellung der Betriebsfähigkeit kann aber auch gesondert vom Kunden auf Grundlage eines eigenständigen Vertrages in Auftrag gegeben werden.[18]

10 Des Weiteren stellt sich die Frage, ob der Verkäufer auch die **Einweisung des Käufers** schuldet, wenn der Vertrag zu diesen Punkten keine ausdrückliche Regelung enthält. Dies hängt von einer Betrachtung der Umstände des jeweiligen Einzelfalls ab. In vielen Fällen wird die Einweisung aufgrund der beim Kunden vorhanden technischen Kenntnis nicht als Teil der Hauptpflichten anzunehmen sein.[19] Um Unklarheiten zu vermeiden, sollten die Vertragsparteien eine ausdrückliche Regelung in den Vertrag aufnehmen.[20]

2. Einräumung von Garantien

11 Der Verkäufer der Hardware kann dem Kunden Garantien selbständiger sowie unselbständiger Art einräumen. Bei fehlender ausdrücklicher Regelung ist die Zuordnung zu einer der beiden Kategorien durch Auslegung sämtlicher Umstände des Einzelfalls nach §§ 133, 157 BGB vorzunehmen, ob also lediglich die gesetzlichen Gewährleistungsrechte zu Gunsten des Kunden modifiziert oder dem Kunden hiervon unabhängig weitere Rechte eingeräumt werden sollen.[21]

12 Ein besonderes Augenmerk sollte auf die Ausgestaltung der Beschaffenheit der vertragsgegenständlichen Hardware nach § 434 Abs. 1 S. 1 BGB gesetzt werden. Denn eine Garantieübernahme kann ohne eine ausdrückliche Bezeichnung als solche im Einzelfall – mit weitrechenden Folgen für den Verkäufer – anzunehmen sein.[22] So genügen etwa die Formulierungen *„voll einstehen"* oder *„zusichern"*, um eine Regelung als Garantieübernahme zu qualifizieren.[23] Einer solchen vom Verkäufer im Einzelfall nicht gewünschten Klassifizierung der Beschreibung der Hardware kann über eine deutliche Differenzierung zwischen Beschaffenheitsvereinbarungen auf der einen Seite sowie Garantieübernahmen auf der anderen Seite entgegengewirkt werden.[24] Soll eine Garantie eingeräumt werden, sollte der Verkäufer ausdrücklich deren Umfang sowie die Rechtsfolgen für das Eintreten von Garantiefällen definieren.

13 Die Verkäufergarantie ist schließlich von einer **Herstellergarantie** abzugrenzen, die dem Kunden – durch den Hersteller nach § 311 BGB als eigenständigen Haftungsgrund eingeräumt – eine zu den gesetzlichen Gewährleistungsrechten hinzutretende zusätzliche Regressmöglichkeit bietet.[25]

3. Mitwirkung des Kunden

14 Einen weiteren Regelungsgegenstand bildet die Bestimmung etwaiger Mitwirkungspflichten des Kunden. Eine derartige Verpflichtung besteht im Hinblick auf die Abwicklung von Kaufverträgen grundsätzlich nicht.[26] Anders ist dies, wenn eine Installationspflicht des

---

[16] Redeker/*Schneider*, Rn. 15.
[17] Redeker/*Schneider*, Rn. 10; Schneider/*Schneider/Kahlert*, Hardwarebeschaffungsverträge, Kapitel O, Rn. 50.
[18] Schneider/*Schneider/Kahlert*, Hardwarebeschaffungsverträge, Kapitel O, Rn. 117.
[19] Redeker/*Schneider*, Rn. 10.
[20] Ausdrücklich vereinbart in *OLG Köln*, NJW-RR 1995, 1457.
[21] Auer-Reinsdorff/Conrad/*Stadler/Kast*, § 15 Rn. 34.
[22] Schneider/*Schneider/Kahlert*, Hardwarebeschaffungsverträge, Kapitel O, Rn. 241.
[23] Palandt/*Weidenkaff*, BGB, § 443 Rn. 5; siehe für die Abgrenzung auch *BGH*, NJW-RR 2010, 1329.
[24] Auer-Reinsdorff/Conrad/*Stadler/Kast*, § 15 Rn. 36; *Lapp*, ITRB 2003, 42, 43.
[25] Auer-Reinsdorff/Conrad/*Stadler/Kast*, § 15 Rn. 33.
[26] Schneider/*Schneider/Kahlert*, Hardwarebeschaffungsverträge, Kapitel O, Rn. 117.

Verkäufers besteht. Der Kunde hat dann die Voraussetzungen für die Einrichtung der Hardware zu schaffen, etwa die Zugangsverschaffung zu den betreffenden Räumlichkeiten, die Stromversorgung oder eine hinreichende Regulierung der Temperatur für den Betrieb der Hardware. Diese sollte durch entsprechende technische Vorgaben des Verkäufers vorgezeichnet werden und muss dem Kunden spätestens zum Zeitpunkt des Vertragsschlusses – etwa in Form von Anlagen zum Hardware-Kaufvertrag – mitgeteilt werden.[27]

IV. Leistungsstörungen

Im Hinblick auf die Mängelhaftung des Verkäufers steht in der Regel die **Beschaffenheitsvereinbarung** im Vordergrund. Die Eigenschaften der vertragsgegenständlichen Hardware werden in der Regel in einem Kaufschein (**„Order Form"**) beschrieben und bilden damit im Sinne von § 434 Abs. 1 S. 1 BGB den Maßstab für die Haftung des Verkäufers. Bei Fehlen einer solchen Beschaffenheitsvereinbarung können werbliche Äußerungen des Verkäufers, etwa im Hinblick auf die Zuverlässigkeit oder die Kompatibilität der Hardware, einen potentiellen Fallstrick bilden und nach § 434 Abs. 1 S. 3 iVm § 434 Abs. 2 S. 2 Nr. 2 BGB in den Vertrag einbezogen werden.[28] Entsprechend können auch Äußerungen einer Werbeagentur, die das Produkt als Gehilfin des Verkäufers im Internet in der oben beschriebenen Form vermarktet, wirken.[29]

15

Weiterhin ist der fehlerhafte Zusammenbau der Gesamtanlage durch den Verkäufer als Sachmangel einzuordnen. Gleiches gilt nach § 434 Abs. 2 S. 2 BGB für eine unsachgemäße Montage durch den Kunden, wenn sie auf einer mangelhaften **Montageanleitung** basiert. Hieraus ergeben sich weitere Anforderungen an die Dokumentation zur Hardware, deren Fehlerhaftigkeit im Allgemeinen einen Sachmangel der Gerätschaft selbst begründet.[30]

16

Eine weitere wesentliche Frage im Zusammenhang mit Leistungsstörungen ist die Differenzierung zwischen **Stück- und Gattungsschuld.** Sofern weder gebrauchte noch individuell nach Wünschen des Kunden konfigurierte Hardware den Vertragsgegenstand bildet, wird in der Regel eine Gattungsschuld anzunehmen sein. Die Einordnung ist nicht nur relevant im Hinblick auf die Frage der Verantwortlichkeit hinsichtlich des Beschaffungsrisikos, sondern auch die Möglichkeit und Zumutbarkeit der Nacherfüllung. Beim Vorliegen der Stückschuld verdichtet sich die Nacherfüllung nach § 439 Abs. 1 BGB in der Regel auf die Nachbesserung.[31]

17

B. Miete von Hardware (insbesondere Hardware-as-a-Service)

I. Vertragstypologische Einordnung

1. Allgemeines

Auf die entgeltliche und zeitlich beschränkte Überlassung von Hardware finden die **mietvertragsrechtlichen Vorschriften** Anwendung. Die Einbeziehung anderer vertraglicher Pflichten, etwa die Pflicht zur Installation der Anlage oder die Instruktion des Personals, ändert nichts an dieser vertragstypologischen Einordnung, sofern der Schwerpunkt der vertraglichen Leistung nach wie vor bei der entgeltlichen Nutzungsüberlassung auf Zeit liegt. Die Zahlung des Mietzinses in regelmäßigen Raten ist ebenfalls keine Voraussetzung

18

---

[27] Auer-Reinsdorff/Conrad/*Stadler/Kast*, § 15 Rn. 43.
[28] Auer-Reinsdorff/Conrad/*Stadler/Kast*, § 15 Rn. 23.
[29] Schneider/*Schneider/Kahlert*, Hardwarebeschaffungsverträge, Kapitel O, Rn. 175.
[30] Schneider/*Schneider/Kahlert*, Hardwarebeschaffungsverträge, Kapitel O, Rn. 176f.
[31] Schneider/*Schneider/Kahlert*, Hardwarebeschaffungsverträge, Kapitel O, Rn. 181.

für die Klassifizierung als Mietvertrag. Sie kann vielmehr auch in Form der Zahlung eines Gesamtbetrages für die vereinbarte Mietzeit erfolgen.[32] In vielen Fällen wird dem Mieter der Hardware überdies ein Ankaufsrecht eingeräumt. Bei Ausübung der Option wird der gezahlte Mietzins beim Mietkauf auf den zu zahlenden Kaufpreis angerechnet. Bis zur Ausübung der Kaufoption findet bei dieser Ausgestaltung Mietrecht Anwendung und wird von diesem Zeitpunkt an von den kaufrechtlichen Regelungen verdrängt.[33]

2. Hardware-as-a-Service

19   In der Praxis wird die konventionelle Hardware-Miete immer mehr von der Bereitstellung „virtueller Hardware" in Form des Geschäftsmodells **Hardware-as-a-Service** verdrängt. Das Konstrukt kann als sogenanntes Platform-as-a-Service auch die Überlassung von Software oder einer Software-Entwicklungsumgebung in Verbindung mit Speicherkapazitäten zum Gegenstand haben. Möglich ist aber auch die isolierte Überlassung von Speicher- bzw. Rechenkapazitäten in Form eines Infrastructure-as-a-Service oder die Auslagerung vollständiger Geschäftsprozesse als Business-Process-as-a-Service.[34]

20   Die vertragstypologische Einordnung eines Outsourcings von Hardware-Ressourcen – der Blick soll hier insbesondere auf die Bereitstellung von Hardwareinfrastruktur und weniger auf Appliances gerichtet werden – bestimmt sich insbesondere nach dem Leistungsgegenstand.[35] Vereinzelt wird dem Hardware-as-a-Service dienstvertraglicher Charakter beigemessen, etwa bei der Bereitstellung von Rechenleistung, wobei die Implementierung der virtuellen Infrastruktur als werkvertragliches Element eines im Ergebnis typengemischten Vertrages zu berücksichtigen sei.[36]

21   Mit Blick auf den Leistungsgegenstand ist allerdings die Anwendbarkeit der mietvertraglichen Regelungen jedenfalls im Hinblick auf die Hauptleistungspflichten vorzugswürdig, wenn der Kunde die Ressourcen des Anbieters beanspruchen möchte – denn hier steht die Gewährung der Sache zum Gebrauch im Vordergrund.[37] Der BGH hat beim Geschäftsmodell *„Application Service Providing"* die Gewährung der Online-Nutzung von Software für eine begrenzte Zeit als primären Leistungsgegenstand identifiziert und das Vertragsverhältnis konsequent den mietvertraglichen Regelungen unterworfen.[38]

22   Auch eine Vereinbarung über die Bereitstellung von Speicherkapazitäten – also der Nutzung eines Cloud-Dienstes – unterliegt den mietvertraglichen Vorschriften. Nach Auffassung des LG Mannheim, welches über Webhosting zu entscheiden hatte, sei die Überlassung und Zurverfügungstellung von Speicherkapazitäten mit der Überlassung von Geschäftsräumen vergleichbar.[39] Dies sei jedenfalls dann anzunehmen, wenn der Schwerpunkt der Leistung in der Möglichkeit zur Fernnutzung der bereitgestellten Ressourcen im Vordergrund liege. Der Rückgriff des Gerichts auf Umstände in physischen Mietverhältnissen kann zwar nicht sämtliche Besonderheiten virtueller Umgebungen ausreichend berücksichtigen. Der Klassifizierung als Mietverhältnis ist aber zuzustimmen. Denn in diesen Fällen bildet kein individuelles Werk den Leistungsgegenstand, sondern die Gewährung eines Gebrauchsvorteils an der vertragsgegenständlichen Hardware-Infrastruktur.[40] Der Wechsel auf alternative Infrastrukturen geht – wie vom LG Mannheim in der Gegenüberstellung mit physischen Mietverhältnissen hervorgehoben – mit signifikanten Aufwendungen einher. Die üblicherweise in Verträge über die Bereitstellung von Hardware-Infrastruktur

---

[32] Auer-Reinsdorff/Conrad/*Stadler/Kast,* § 15 Rn. 57.
[33] Auer-Reinsdorff/Conrad/*Stadler/Kast,* § 15 Rn. 58.
[34] Siehe für die Begrifflichkeiten mwN Schneider/*Schneider,* Kapitel U, Outsourcing Rn. 63.
[35] Redeker/*Schneider,* Rechenzentrumsvertrag, Rn. 32.
[36] *Sujecki,* K&R 2012, 312, 319.
[37] *Wicker,* MMR 2012, 783, 785.
[38] *BGH,* NJW 2007, 2394 Rn. 12 ff.
[39] *LG Mannheim,* Urt. v. 7.12.2010 – 11 O 273/10.
[40] Dazu bereits *BGH,* NJW-RR 1993, 178; *Wicker,* MMR 2012, 783, 786; aA hinsichtlich des Webhostings *OLG Düsseldorf,* MMR 2003, 474.

aufgenommenen dezidierten Regelungen zur Übertragung der Daten in eine andere Umgebung nach Vertragsbeendigung (**„Exit-Management"**) verdeutlichen die erhebliche Bedeutung dieses Umstandes. Kritisch zu hinterfragen ist allerdings die Anwendbarkeit mietvertraglicher Bestimmungen, welche physische Verhältnisse in konventionellen Mietverhältnissen mit Besitzverschaffungen in Bezug nehmen, etwa die verkürzten Verjährungsfristen des § 548 BGB.[41]

II. Vertragliche Modalitäten

1. Hauptleistungspflichten

Die **Hauptleistungspflicht** liegt in der Gewährung des Gebrauchs der vertragsgegenständlichen Sache. Die Modalitäten sind in vielen Fällen in einem Hardwareschein oder einer gesonderten Bestellung spezifiziert und werden über Bezugnahmen Vertragsbestandteil. Die Gebrauchsüberlassung umfasst die Installation der Hardware bis zur Herstellung der Betriebsbereitschaft sowie die Übergabe einer Dokumentation, welche die eigenständige Verwendung der Mietsache ermöglicht.[42] Weiter schließt die Hauptleistungspflicht des Vermieters die Erhaltung der Hardware ein – insofern ist der Abschluss einer Hardwarepflegevereinbarung im Unterschied zum Hardwarekauf grundsätzlich nicht erforderlich. Über die gesetzlichen Verpflichtungen hinausgehende überobligatorische Pflegeleistungen können aber in einem gesonderten Hardwarepflegevertrag zusätzlich gegen Entgelt vereinbart werden.

23

Dies gilt nicht nur für die zeitweise physische Überlassung einer Hardware-Anlage, sondern auch für die Bereitstellung von Hardware in virtueller Form als **Infrastructure-as-a-Service**. Der Mietvertrag erfordert nicht zwingend die Besitzverschaffung. Die Besitzverschaffung ist nur dann Teil der vertraglichen Hauptleistungspflicht des Vermieters, wenn der Gebrauch der Mietsache notwendig deren Besitz voraussetzt.[43] Im Fall des Infrastructure-as-a-Service ist § 535 Abs. 1 S. 1 BGB insofern nicht auf die Verschaffung exklusiver Verfügungsgewalt über die Hardware-Infrastruktur ausgerichtet, sondern auf die Gewährung des Zugangs zur Ressource.[44]

24

Die Hardware wird üblicherweise nicht im Mietvertrag selbst spezifiziert, sondern in einem separaten **Mietschein** oder Bestellschein. Beachtung finden sollte die Tatsache, dass die Mietsache im Eigentum des Vermieters verbleibt, sodass sich im Hinblick auf die spätere Rückgabe des Mieters sowie gegebenenfalls während der Mietzeit vorzunehmender Auswechslungen von Einzelkomponenten eine noch dezidiertere Beschreibung der Mietsache als im Fall eines Kaufs empfiehlt.[45]

25

Die **Mietzahlungspflicht** folgt aus § 535 Abs. 2 BGB. Die Leistung des Mietzinses kann in Form einer Einmalzahlung vereinbart werden. Im Fall der virtuellen Bereitstellung von Hardware-Infrastruktur kommt auch eine verbrauchsabhängige Vergütung für die Inanspruchnahme in Betracht.[46] Wenn der Vermieter darüber hinaus eine Anpassung des Mietzinses im Laufe des Mietverhältnisses vornehmen möchte, sind die Vorgaben des § 1 des PreisKlG zu beachten. In Betracht kommt insbesondere eine sogenannte Kostenelementeklausel, wonach der geschuldete Betrag insoweit von der Entwicklung der Preise oder Werte für Güter oder Leistungen abhängig gemacht werden darf, als diese die Selbstkosten des Gläubigers bei der Erbringung der Gegenleistung unmittelbar beeinflussen.[47]

26

---

[41] Auer-Reinsdorff/Conrad/*Strittmatter*, § 22 Rn. 30.
[42] Schneider/*Schneider/Kahlert*, Hardwarebeschaffungsverträge, Kapitel O, Rn. 317.
[43] *BGH*, MMR 2007, 243, 244.
[44] *Wicker*, MMR 2012, 783, 786.
[45] Schneider/*Schneider/Kahlert*, Hardwarebeschaffungsverträge, Kapitel O, Rn. 317.
[46] *Wicker*, MMR 2012, 783, 786.
[47] Siehe für Formulierungsvorschläge Auer-Reinsdorff/Conrad/*Stadler/Kast*, § 15 Rn. 67 f.

2. Rechtliche Vorteile der Hardware-Miete

27 Die rechtlichen **Vorteile** der Hardware-Miete bestehen für den Kunden darin, dass der Vermieter zur Gebrauchserhaltung und Instandsetzung verpflichtet ist. Die Verpflichtung umfasst – im Gegensatz zum Kaufrecht – auch Mängel, die bei Übergabe der Hardware-Anlage noch nicht vorhanden waren. Die weitrechenden Pflichten des Vermieters machen den Abschluss eines gesonderten Wartungs- und Pflegevertrages entbehrlich, sofern der Kunde nicht – wie oben beschrieben – einen darüberhinausgehenden Support oder andere überobligatorische Leistungen begehrt.[48] Wirtschaftlich sinnvoll kann die Eingehung eines Mietverhältnisses insbesondere vor dem Hintergrund der hohen Innovationsgeschwindigkeit im Bereich der Hardware sein, so dass die Rückgabe der Anlage, die im Eigentum des Vermieters verbleibt, gewünscht sein kann. Weitere Effizienzgewinne lassen sich über die Inanspruchnahme eines Infrastructure-as-a-Service erzielen, bei dem die Verschaffung der Verfügungsgewalt über die Hardware-Ressource entbehrlich ist.

28 Im Hinblick auf **vorvertragliche Aufklärungs- und Beratungspflichten** kann auf die Ausführungen zum Hardware-Kauf verwiesen werden. Das Konfliktpotential ist allerdings insofern geringer, als der Mieter sich durch Kündigung von der überlassenen Hardware-Anlage lösen kann.

3. Gebrauchsüberlassung an Dritte

29 Eine **Gebrauchsüberlassung an Dritte** ist dem Mieter aufgrund von § 540 Abs. 1 Satz 1 BGB ohne Erlaubnis des Vermieters nicht nur im Fall physisch bereitgestellter Hardware verwehrt – vielmehr stellt auch die Bereitstellung eines Online-Zugangs zur vertragsgegenständlichen Hardware-Infrastruktur eine Gebrauchsgewährung an Dritte dar.[49] Eine Drittüberlassung kann vom Vermieter schon deshalb unerwünscht sein, weil eine unkontrollierte Ausweitung des Nutzerkreises zu Performanceeinbußen bzw. Stabilitäts- und Sicherheitsproblemen führen kann.[50] Darüber hinaus kann die Lizenz für die auf der Hardware-Anlage laufenden Betriebssoftware auf eine bestimmte Anzahl von Nutzern beschränkt sein. Die Rechtsprechung hat die Frage, ob eine grundsätzliche Untersagung einer Untervermietung der Hardware formularmäßig wirksam vereinbart werden kann, lediglich im Kontext des Hardware-Leasings bejaht.[51] Vor dem Hintergrund des oben beschriebenen berechtigten Interesses des Vermieters an der Vermeidung eines sich ausweitenden Nutzerkreises wird ein formularmäßig vereinbartes Untervermietungsverbot auch im Rahmen der Hardware-Miete zulässig sein.[52]

4. Spezifische Regelungen für Hardware-as-a-Service

30 Im Zusammenhang mit der Inanspruchnahme von Hardware-as-a-Service werden in der Regel Vereinbarungen über den Umfang der Leistungserbringung in Form eines sogenannten **„Service Level Agreement"** getroffen. Denn geschuldet ist nicht die Überlassung einer betriebsfähigen Hardware-Anlage wie in konventionellen Mietverhältnissen, sondern *„was als Leistungssubstrat am Übergabepunkt ankommt und zwar unabhängig davon, ob es sich um Plattform-, Applikations- oder Infrastrukturleistungen handelt"*.[53] Vor diesem Hintergrund sollte die Leistungsbeschreibung in prozentualer Form die Verfügbarkeit der Hardware enthalten und hiervon Leistungsausfälle aufgrund von Wartungen oder höherer Gewalt ausnehmen. Weiterhin sollte die Vereinbarung nicht nur eine Verfügbarkeitsquote

---

[48] Auer-Reinsdorff/Conrad/*Stadler/Kast*, § 15 Rn. 55.
[49] Auer-Reinsdorff/Conrad/*Stadler/Kast*, § 15 Rn. 72.
[50] Auer-Reinsdorff/Conrad/*Stadler/Kast*, § 15 Rn. 73.
[51] *BGH*, NJW 1990, 3016.
[52] So auch Auer-Reinsdorff/Conrad/*Stadler/Kast*, § 15 Rn. 73.
[53] Auer-Reinsdorff/Conrad/*Strittmatter*, § 22 Rn. 97.

enthalten, sondern darüber hinaus einen bestimmten Zeitraum wie einen Monat oder ein Jahr als Bezugsgröße für die Verfügbarkeitszusage definieren. Die Definition der Messpunkte sollte berücksichtigen, dass zwischen der anbieterseitigen Hardware-Infrastruktur und dem IT-System des Kunden öffentliche Netzinfrastruktur liegt, die sich überwiegend außerhalb der Einflusssphäre des Anbieters befindet.[54]

Des Weiteren ist es sinnvoll, Regelungen über die **Datenrückgabe und die Datenlö-** 31 **schung** zu treffen, also explizite Bestimmungen darüber, welche Pflichten die Parteien im Rahmen des Exit-Managements treffen.[55] Insbesondere der Nutzer hat ein erhebliches Interesse an einer klaren Zuweisung der Verantwortlichkeit für die Datenrückgabe auf den Anbieter des Dienstes, die vorzunehmenden Handlungen, den zeitlichen Rahmen für den Datentransfer sowie die endgültige Löschung sämtlicher Kundendaten. Hierbei ist in die Erwägungen einzubeziehen, dass die Einrichtung alternativer Hardware-Infrastrukturen erheblich Zeit in Anspruch nehmen kann.[56] Ferner sollte explizit vereinbart werden, ob und unter welchen Umständen dem Kunden weitere Kosten im Rahmen des Exit-Managements entstehen können. Besondere regulatorische Anforderungen an die Regelung der Datenrückgabe und der Datenlöschung – die in einem gesondert abzuschließenden Vertrag zwischen Verantwortlichem und Auftragsverarbeiter zu erfüllen sind – folgen aus Art. 28 Abs. 3 lit. g DS-GVO, wenn personenbezogene Daten im Rahmen des Betriebs der Hardware-Anlage verarbeitet werden.

C. Leasing von Hardware

I. Allgemeines

Das **Leasing von Hardware** unterscheidet sich schon im Hinblick auf die beteiligten Par- 32 teien von regulären Mietverhältnissen. Es liegt ein Dreiecksverhältnis vor, im Rahmen dessen der Leasinggeber die Hardware von dem Hersteller oder Lieferanten erwirbt und dem Leasingnehmer zur Verfügung stellt. Die Beschaffung der Hardware nimmt der Leasinggeber im eigenen Namen nach den mit dem Leasingnehmer ausgehandelten Bedingungen vor, wenn der Leasinggeber nicht in einen schon zwischen Leasingnehmer und dem Lieferanten ausgehandelten Beschaffungsvertrag eintritt.[57]

Dem Leasingnehmer geht es bei dieser vertraglichen Ausgestaltung in der Regel um die 33 Finanzierung der Hardware, also um die Verteilung des Nutzungsentgeltes auf die vereinbarte Anzahl von Leasingraten.[58] Insofern folgt das Finanzierungsleasing dem Amortisationsprinzip.[59] In den meisten Fällen liegt ein sogenannter **Vollamortisationsvertrag** zwischen Leasinggeber und Leasingnehmer vor, bei dem der Leasingnehmer die vollständige Begleichung der Anschaffungs-, Neben- und Finanzierungskosten des Leasinggebers durch zu zahlende Raten herbeizuführen hat. Nach Ablauf der Leasingzeit hat der Leasingnehmer dem Leasinggeber die Hardware zurückzugeben, wenn kein Optionsrecht für Kauf oder Verlängerung vereinbart wurde.[60]

---

[54] Auer-Reinsdorff/Conrad/*Strittmatter*, § 22 Rn. 103 ff.
[55] Auer-Reinsdorff/Conrad/*Strittmatter*, § 22 Rn. 144 ff.
[56] Auer-Reinsdorff/Conrad/*Strittmatter*, § 22 Rn. 147.
[57] von Westphalen/*Gennen*, P. IT-Leasing (Hardware und/oder Software), Rn. 36.
[58] Redeker/*Gerlach*, Hardware-Miete/System-Miete, Rn. 16.
[59] Auer-Reinsdorff/Conrad/*Stadler*/*Kast*, § 15 Rn. 86.
[60] von Westphalen/*Gennen*, Rn. 18 ff.

II. Vertragliche Modalitäten

34 Ein Leasingvertrag ist nach ständiger Rechtsprechung des BGH den **mietvertraglichen Regelungen** zu unterwerfen.[61] Der Leasinggeber ist nach der Beschaffung der Hardware zur Gebrauchsüberlassung des Leasingobjekts in betriebsbereitem Zustand verpflichtet.[62] Dazu gehört auch die Bereitstellung einer die Verwendung der Hardware ermöglichenden Dokumentation.[63] In vielen Fällen handelt der Lieferant als Erfüllungsgehilfe des Leasinggebers im Sinne von § 278 BGB bei der Überlassung der Hardware.[64]

35 Nach Herstellung der Betriebsbereitschaft ist der Leasingnehmer zur Zahlung der Leasingraten an den Leasinggeber verpflichtet. An der Herstellung der Betriebsbereitschaft hat der Leasingnehmer in angemessener Weise mitzuwirken, also insbesondere die Verschaffung der Installationsvoraussetzungen über die Bereitstellung der notwendigen Räumlichkeiten und Anschlüsse.[65] Nach Ablauf der Leasingzeit ist der Leasingnehmer verpflichtet, die Hardware auf eigene Kosten und Gefahr zurückzuliefern.[66] Bei Verzögerungen der Rückgabe kann der Leasinggeber Vorhaltungsentschädigung nach § 546a BGB verlangen.

36 Umfassende Verpflichtungen im Rahmen der mit Leasingverträgen einhergehenden Abtretungskonstruktion hat zudem der **Lieferant** zu erfüllen. Wie beschrieben fungiert der Lieferant als Erfüllungsgehilfe des Leasinggebers bei der Gebrauchsüberlassung. Weiterhin ist der Lieferant Adressat etwaiger dem Leasingnehmer abgetretener Nacherfüllungsansprüche, sofern das Leasingobjekt mangelbehaftet ist. Des Weiteren werden **Beratungspflichten** in Leasingkonstellation in der Regel dem Lieferanten zugewiesen.[67] Sofern auf Grund einer Fehlberatung des Lieferanten Hardware beschafft wird, die nicht den Anforderungen des Leasingnehmers entspricht, kann der Lieferanten Ansprüchen des Leasingnehmers ausgesetzt sein – entweder auf Grundlage eines gesondert vereinbarten und vergüteten Beratungsvertrages oder aufgrund abgetretener Ansprüche.[68] Allerdings kann eine fehlerhafte Beratung durch den Lieferanten über § 278 BGB dem Leasinggeber zurechenbar sein, wenn die betreffenden Vorverhandlungen in dieser Form mit Wissen und Wollen des Leasinggebers geführt und gebilligt werden.[69]

III. Leistungsstörungen

37 Eine typische Abweichung gegenüber herkömmlichen Mietverhältnissen, die wirksam vereinbart werden kann, sieht vor, dass der Kunde in vielen definierten Fällen die **Gefahr für den Untergang oder die Zerstörung des Leasingobjekts** trägt. Das hieraus resultierende wirtschaftliche Risiko sollte der Leasingnehmer seinerseits über eine adäquate Versicherung und entsprechende Wartungsverträge adressieren.[70]

38 In der Praxis schließt der Leasinggeber außerdem in der Regel die **mietvertraglichen Gewährleistungsansprüche** aus und tritt dem Leasingnehmer die ihm gegen den Hersteller zustehenden kaufrechtlichen Mängelansprüche ab. Eine solche Konstruktion kann in Allgemeinen Geschäftsbedingungen sowohl im Verkehr zwischen Unternehmern als auch gegenüber Verbrauchern wirksam vereinbart werden.[71] Allerdings ist die Unwirksam-

---

[61] Dazu schon *BGH*, NJW 1989, 460.
[62] Schneider/*Schneider*/*Kahlert*, Hardwarebeschaffungsverträge, Kapitel O, Rn. 430.
[63] *BGH*, NJW 1993, 461.
[64] Schneider/*Schneider*/*Kahlert*, Hardwarebeschaffungsverträge, Kapitel O, Rn. 430.
[65] von Westphalen/*Gennen*, P. IT-Leasing (Hardware und/oder Software), Rn. 39.
[66] *BGH*, NJW 1989, 1730.
[67] Redeker/*Zahn*, Hardware-Leasing, Rn. 62.
[68] Auer-Reinsdorff/Conrad/*Stadler*/*Kast*, § 15 Rn. 97 f.; von Westphalen/*Gennen*, Rn. 47.
[69] Auer-Reinsdorff/Conrad/*Stadler*/*Kast*, § 15 Rn. 97; *BGH* CR 1996, 147.
[70] Schneider/*Schneider*/*Kahlert*, Hardwarebeschaffungsverträge, Kapitel O, Rn. 433; von Westphalen/*Gennen*, Rn. 36.
[71] *BGH*, NJW 2006, 1066.

C. Leasing von Hardware

keit des Gewährleistungsausschlusses anzunehmen, wenn nicht sämtliche Rechte abgetreten und insofern zu weitgehend Ansprüche ausgeschlossen wurden.[72] Zudem ist der Ausschluss der mietrechtlichen Gewährleistungsrechte nur wirksam, wenn die Abtretung vorbehaltlos, unmittelbar sowie unbedingt erfolgt und die Geltendmachung der Rechte nicht etwa unter Widerrufsvorbehalt des Leasinggebers gestellt wird.[73]

Weiter treffen den Leasinggeber gegenüber dem Lieferanten der Hardware im Fall eines Handelskaufs nach § 343 HGB **Untersuchungs- und Rügeobliegenheiten**. Diese kann der Leasinggeber in vielen Fällen nur schwer oder nicht erfüllen, da das Leasingobjekt unmittelbar an den Leasingnehmer geliefert wird. In der Konsequenz wird der Leasinggeber die Obliegenheiten in der Regel auf den Leasingnehmer überwälzen, um die rechtlichen und wirtschaftlichen Risiken zu adressieren. Rechtsfolge dieser Ausgestaltung ist, dass der Leasingnehmer das Leasingobjekt auf Mangelfreiheit zu untersuchen und gefundene Mängel gegenüber dem Lieferanten sowie – nach Maßgabe des Leasingvertrages – gegenüber dem Leasinggeber anzuzeigen hat.[74]

IV. Open-Source-Hardware

Den Prinzipien der Free-Software-Bewegung folgend geht die Idee der Open-Source-Hardware auf das von *Bruce Perens* verkündete „Open Hardware Certification Programme" aus dem Jahr 1997 zurück – einem Verfahren der Selbstzertifizierung von Hardware mit vollständig offengelegter Dokumentation. Grundgedanke ist die gemeinschaftliche Fortentwicklung quelloffener Projekte und die Abwehr von Versuchen, Arbeitsergebnisse proprietären Strukturen zu unterwerfen und damit der Entwicklergemeinschaft zu entziehen. Einzelnen Mitgliedern der Gemeinschaft soll die Möglichkeit genommen werden, auf diese Weise von den Früchten nicht-proprietärer Projektarbeit zu profitieren, ohne durch Offenlegung eigener Fortentwicklungen selbst einen Beitrag zu leisten. Arbeitsergebnisse sind deshalb wie oben beschrieben zu veröffentlichen. Sie sollen verbreitet, modifiziert und ohne Zweckbindung verwendet werden dürfen.[75]

Diese Grundgedanken finden sich sowohl bei der CERN-Open Hardware License (CERN-OHL) als auch bei der Tucson Amateur Public Radio Open Hardware License (TAPR-OHL) wieder – den **prominentesten Lizenzwerken** für Open-Source-Hardware.[76] Beide Regelungsversuche orientieren sich in ihrer Ausgestaltung an bestehenden Open-Source-Software-Lizenzen.[77] Folglich ergeben sich in vertraglicher Hinsicht vergleichbare Konsequenzen: Bei der Einbindung von Open-Source-Komponenten in kommerzielle Endprodukte ist etwa zu beachten, dass Baupläne, technische Zeichnungen oder Spezifikationen der Open-Source-Komponente offenzulegen sind. Ferner dürfen im Hinblick auf diese Komponenten die Nutzungsrechte nicht insofern eingeschränkt werden, dass lediglich die Verwendung mit dem jeweiligen Endprodukt gestattet wird. Allerdings bestehen im Hinblick auf die Entwicklung und Distribution zwischen Open-Source-Hardware und -Software erhebliche Unterschiede wirtschaftlicher und rechtlicher Natur.

In ökonomischer Hinsicht betrifft dies insbesondere die Herstellung der quelloffen entwickelten technischen Innovationen, also die tatsächliche Umsetzung der Dokumentation nach der konzeptionellen Phase. Während das Endprodukt im Fall von Software nahezu ohne Grenzkosten durch Kompilation des Quellcodes hergestellt werden kann, ist die Herstellung des Hardware-Endproduktes aus Konstruktionsplänen wesentlich komplexer und kostenintensiver. Sie erfordert – etwa im Fall von Elektronik – die Einschaltung von

---

[72] Redeker/*Redeker*, Rn. 619.
[73] Auer-Reinsdorff/Conrad/*Stadler/Kast*, § 15 Rn. 90.
[74] von Westphalen/*Gennen*, P. IT-Leasing (Hardware und/oder Software), Rn. 45.
[75] Eingehend *Ackermann*, U. Dayton L. Rev. 2009, 183, 186 ff.
[76] *König*, S. 34.
[77] *Huppertz*, CR 2012, 697, 698.

Leiterplattenproduzenten, welche die Entwürfe im Gerberformat oder anderen gängigen Layouts physisch umsetzen.[78] Die Entwicklung von Open-Source-Hardware bis zur Marktreife steht damit regelmäßig vor dem Hintergrund erheblicher Investitionskosten, ohne dass marktübliche Rückgriffsmöglichkeiten über die Regeln eines Gewährleistungsregimes im Zusammenhang mit Konstruktionsfehlern zur Verfügung stehen.

43 Insofern sind in der Sphäre von Open-Source-Hardware einerseits die Dokumentation, aber auch die nach Maßgabe der Konstruktionspläne gefertigte Hardware anderseits als Schutzgegenstände voneinander zu unterscheiden. Bezüglich beider wird in aller Regel kein Werk im Sinne von § 2 UrhG vorliegen. Im Hinblick auf das gefertigte Produkt kann der Hersteller sich jedenfalls auf Eigentum und die Schutzrechte in § 906 BGB stützen. Hingegen folgen die Darstellungen in technischen Zeichnungen regelmäßig DIN-Normen oder anderen Standards und erreichen deshalb keinen Grad von Individualität, welcher als geistige Schöpfung den Schutzbereich § 2 Abs. 1 Nr. 7 UrhG eröffnet. Denn die Vorschrift schützt nicht den wissenschaftlichen oder technischen Inhalt, sondern die Form der Darstellung.[79] Andererseits kann die nach Maßgabe der Dokumentation hergestellte Open-Source-Hardware unter Berücksichtigung der Geburtstagszugs-Entscheidung des BGH als Werk der angewandten Kunst im Sinne von § 2 Abs. 1 Nr. 4 UrhG schutzfähig sein.[80] Allerdings wird dies in der Regel – auch wenn nunmehr höchstrichterlich bestätigt die „kleine Münze" der angewandten Kunst geschützt sein kann – nicht der Fall sein. Denn der urheberrechtliche Schutz ist zu versagen, wenn die Gestaltung allein technischen oder funktional bedingten Merkmalen folgt, *„deren ästhetische Wirkung also allein dem Gebrauchszweck geschuldet ist".*[81] Im Ergebnis verbleibt der Schutz durch ein Patent- oder Geschmacksmuster- oder Designrechts nach entsprechender Anmeldung des Produktes. Dabei ist zu beachten, dass eine Veröffentlichung der Dokumentation oder der nach ihrer Maßgabe hergestellten Hardware vor Anmeldung beim DPMA dazu führt, dass sich die Schutzfähigkeit nachträglich nicht mehr herbeiführen lässt.[82]

44 Dies hat Auswirkungen auf die gerichtliche Durchsetzbarkeit der Lizenzbedingungen. Im Kontrast zur Open-Source-Software ist der Lizenznehmer im Fall von quelloffener Hardware lediglich schuldrechtlich dazu verpflichtet, die Lizenzbedingungen einzuhalten. Dementsprechend besteht bei Verletzung der Regelungen im Lizenzvertrag weder ein aus § 97 Abs. 1 UrhG folgender Unterlassungsanspruch noch ist ein solcher in den oben genannten Lizenzwerken der CERN- und TAPR-OHL ausdrücklich geregelt, sodass lediglich ein Anspruch auf Schadensersatz sowie die Möglichkeit der außerordentlichen Kündigung des Nutzungsvertrages verbleiben. Im Rahmen von Schadensersatzbegehren kann sich der Lizenzgeber überdies nicht auf den unter § 97 Abs. 1 UrhG geltenden Grundsatz der Lizenzanalogie berufen.[83] Überdies müsste der Lizenzgeber nach den allgemeinen Beweisregeln nachweisen, dass ein Vertragsschluss im Hinblick auf die Lizenzbedingungen zustande gekommen ist – auch dies dürfte im Streitfall mit erheblichen Schwierigkeiten verbunden sein.[84]

45 Weiter stellt sich die Frage nach der **Produkthaftung** des Entwicklers von Open-Source-Hardware gem. § 1 Abs. 1 S. 1 ProdHaftG in der konzeptionellen Phase, also vor Umsetzung der eigenen Dokumentation (etwa die Schaltpläne oder die CAD-Zeichnung im Fall von Elektronik). Eine Haftung für Dritten zur Verfügung gestellte Konstruktionspläne, nach deren Maßgabe ein Endprodukt hergestellt und in den Verkehr gebracht wurde, kommt nicht in Betracht, auch wenn später entstandene Schäden auf Fehler in den Plänen

---

[78] *Unni*, SIU. L. J. 2016, 271, 297; siehe für eine Gegenüberstellung der Fertigungsprozesse auch *Ackermann*, U. Dayton L. Rev. 2009, 183, 186 ff.
[79] *BGH*, NJW 1979, 1548.
[80] *König*, 2016, 35 f.; vgl. erwähntes Urteil *BGH*, GRUR 2014, 175.
[81] Wandtke/Bullinger/*Bullinger*, § 2, Rn. 96 unter Verweis auf *BGH*, ZUM 2012, 36.
[82] Siehe auch *König*, S. 35 f.
[83] Siehe zu diesen Defiziten der CERN- sowie TAPR-OHL *Huppertz*, CR 2012, 697, 701.
[84] *Hubbertz*, CR 2012, 697, 701.

zurückzuführen sind. Eine derartige Haftung käme nur dann in Betracht, wenn die Dokumentation, also die geistige Vorarbeit des Open-Source-Entwicklers, als Teilprodukt oder Grundstoff im Sinne von § 4 Abs. 1 ProdHaftG einzuordnen wäre. Nach überwiegender Auffassung sind Lizenzgeber aber nicht als Hersteller im Sinne des Gesetzes anzusehen.[85] Als Grundstoff oder Teilprodukt kommen nur bewegliche Sachen in Betracht, so dass Konstruktionspläne von diesen Begriffen nicht erfasst sind.[86]

D. Hardwarewartung

I. Korrektive Wartung

1. Allgemeines

Der **Begriff der „Wartung"** umfasst zum einen Maßnahmen der Instandhaltung, also 46 der vorbeugenden, proaktiven und vermehrt algorithmengestützten Vermeidung von Störungen oder Ausfällen. Vertragliche Gesichtspunkte eines solchen „Predictive Maintenance" werden im folgenden Abschnitt betrachtet. Zum anderen deckt der Begriff die Instandsetzung von Anlagen ab, also die Beseitigung von bereits eingetretenen Störungen an der betreffenden Hardware.[87] Zielsetzung ist die Erhaltung der Gebrauchsfähigkeit der Hardware über die in der Regel mehrjährige Nutzungsdauer und somit Vertragsgegenstand für Maßnahmen zur fallweisen Beseitigung auftretender Fehler und damit Wiederherstellung der Funktionalitäten der Hardware.[88]

Insbesondere beim langfristigen Einsatz einer erworbenen Anlage, für deren Betrieb erforderliche Ersatzteile lediglich beim Verkäufer oder Hersteller der betreffenden Hardware verfügbar sind oder die Wartung von besonderer beim Verkäufer vorhandenen Expertise abhängt, empfiehlt sich der Abschluss eines gesonderten Wartungsvertrages.[89] Soweit für den Betrieb der Hardware daher laufend Ersatz- oder Betriebsmittel notwendig sind, die nur über den Hersteller bzw. Verkäufer der Hardware verfügbar sind, wird empfohlen, entsprechende vertragliche Vereinbarungen über Art, Umfang und insbesondere Dauer der Versorgung mit den Ersatz-/Betriebsmitteln zu vereinbaren. Gerade bei länger im Einsatz befindlicher Hardware, die einer starken Abnutzung unterliegt und einen hohen Anschaffungspreis hat, ist dies wesentlich, um die getätigte Investition zu schützen. 47

2. Vertragstypologische Einordnung

In vertragstypologischer Hinsicht sind die Wartungsleistungen bei der korrektiven Wartung 48 überwiegend erfolgsbezogen, so dass die Vereinbarung häufig insgesamt den Regeln des Werkvertragsrechts unterstellt wird[90]. Dies entspricht auch der überwiegenden Auffassung in der Rechtsprechung, welche die §§ 633 ff. BGB anwendet.[91] Nach dem vom BGH auf Hardwarewartung übertragbaren Maßstab sind

---

[85] Siehe nur *BT-Drucks* 11/2447, 20; MüKo/*Wagner*, BGB, § 4 ProdHaftG Rn. 13; demgegenüber erwägt *Mayer*, VersR 1990, 691, 694, eine Haftung des Entwicklers der Konstruktionspläne, wenn das Produkt im Wesentlichen aus zur Verfügung gestelltem Material und ausschließlich nach bereitgestellten Plänen hergestellt wurde.
[86] Staudinger/*Oechsler*, BGB, § 4 ProdHaftG Rn. 11b, 16.
[87] Siehe für die Begrifflichkeiten Schneider/*Schneider/Kahlert*, Hardwarewartungsverträge, Kapitel P, Rn. 1 ff.
[88] Auer-Reinsdorff/Conrad/*Stadler/Kast*, § 15 Rn. 105.
[89] Auer-Reinsdorff/Conrad/*Stadler/Kast*, § 15 Rn. 118.
[90] Siehe nur mwN Schneider/*Schneider/Kahlert*, Rn. 48; Auer-Reinsdorff/Conrad/*Stadler/Kast*, § 15 Rn. 113.
[91] *OLG Düsseldorf*, CR 1988, 31; *OLG Karlsruhe*, CR 1987, 232, 233; *OLG München*, CR 1985, 138; *BGH*, NJW 1984, 2160; *BGH*, juris Rn. 30.

„Verträge über die ‚Wartung' oder ‚Pflege' von Software, EDV-Programmen oder Websites [...] als Werkverträge einzuordnen, soweit sie auf die Aufrechterhaltung der Funktionsfähigkeit und die Beseitigung von Störungen (und somit: auf einen Tätigkeitserfolg) gerichtet sind, wohingegen ihre Qualifizierung als Dienstvertrag nahe liegt, wenn es an einer solchen Erfolgsausrichtung fehlt und die laufende Serviceleistung (Tätigkeit) als solche geschuldet ist".[92]

49 Wenn lediglich die Inspektion und die im folgenden Abschnitt betrachtete vorbeugende Wartung geschuldet sind, kann ein Dienstvertrag anzunehmen sein.[93] Beachtung finden muss aber, dass nicht selten weitere Leistungen Bestandteile des Hardwarewartungsvertrages bilden, denen die Erfolgsbezogenheit in der Regel fehlen wird. Eine neben der Instandsetzung zu erbringende Beratungsleistung in Form einer Hotline unterfällt etwa regelmäßig den **dienstvertraglichen Vorschriften,** wenn die Vertragspartner nicht die erfolgreiche Störungsbeseitigung über die Inanspruchnahme dieser Beratungsleistung vereinbart haben.[94] Dies gilt auch für die **Ferndiagnose,** wohingegen die **Fernwartung** aufgrund seiner Erfolgsbezogenheit unter die §§ 633 ff. BGB zu subsumieren sein wird.[95] Im Hinblick auf solche Leistungsbündel wird in der Literatur von einem typengemischten Vertrag ausgegangen[96], wenn die werkvertraglichen Komponenten nicht überwiegen und damit der gesamte Vertrag von einem einheitlichen Erfolgsmoment geprägt ist.[97]

3. Vertragliche Modalitäten

50 Die Vertragspartner sollten in den **Leistungsbeschreibungen** das genaue Leistungsspektrum definieren, welches sich zwischen dem Angebot eines Ferndiagnosedienstes und der Durchführung sämtlicher Instandsetzungsarbeiten bewegen kann.[98] Insbesondere ist die vom Wartungsvertrag umfasste Hardware eindeutig zu beschreiben, also eine genaue Spezifikation der Hardware-Anlage oder -Komponente aufzunehmen. Besondere Relevanz hat dies, wenn der Betreiber der betreffenden Hardware weitere Anlagen anderer Hersteller nutzt oder sich der Wartungsvertrag lediglich auf eine von vielen Bestandteilen der Anlage beziehen soll.[99] Weiterhin sollten die Vertragspartner genau festlegen, welche Wartungsleistungen von der Pauschalpreisabrede umfasst sein sollen und welche Wartungsleistungen einer gesonderten Vergütung und ggf. einer gesonderten Beauftragung unterliegen.[100] Typischerweise werden etwa Störungen einer gesonderten Vergütung unterworfen, welche auf Umständen außerhalb des Einflussbereichs des Auftragnehmers beruhen, also etwa unsachgemäße Benutzung durch den Auftraggeber oder Einwirkungen von außen.[101]

51 Weiter sollte der Auftragnehmer nicht die Beseitigung der auftretenden Mängel oder Fehler verbindlich zusagen, sondern sich darüber hinaus vertraglich die **Möglichkeit der Fehlerumgehung** einräumen lassen, denn die Fehlerbeseitigung wird nicht in sämtlichen Fällen erfüllbar sein.[102] Insbesondere sollte von der Zusage Abstand genommen werden, die Anlage so zu warten, dass gar keine Störungen auftreten werden. Eine solche als Garantie qualifizierbare Zusage wird die Leistungskapazitäten des Auftragnehmers in der Regel überschreiten.[103]

---

[92] *BGH*, MMR 2010, 398 Rn. 28.
[93] Redeker/*Redeker*, Rn. 648.
[94] Auer-Reinsdorff/Conrad/*Stadler/Kast*, § 15 Rn. 113; Schneider/*Schneider/Kahlert*, Hardwarewartungsverträge, Kapitel P, Rn. 48; Redeker/*Lensdorf*, Hardware-Wartung, Rn. 29.
[95] Auer-Reinsdorff/Conrad/*Stadler/Kast*, § 15 Rn. 113 ff.
[96] Auer-Reinsdorff/Conrad/*Stadler/Kast*, § 15 Rn. 115; Schneider/*Schneider/Kahlert*, Hardwarewartungsverträge, Kapitel P, Rn. 118.
[97] Redeker/*Lensdorf*, Hardware-Wartung, Rn. 22.
[98] Redeker/*Lensdorf*, Hardware-Wartung, Rn. 8.
[99] Auer-Reinsdorff/Conrad/*Stadler/Kast*, § 15 Rn. 122.
[100] Schneider/*Schneider/Kahlert*, Hardwarewartungsverträge, Kapitel P, Rn. 85.
[101] Schneider/*Schneider/Kahlert*, Hardwarewartungsverträge, Kapitel P, Rn. 90.
[102] Redeker/*Redeker*, Rn. 637.
[103] Redeker/*Redeker*, Rn. 637.

D. Hardwarewartung

Weiterhin ist zur Vermeidung einer Doppelvergütung das **Verhältnis der Hardwarewartung zur Mängelhaftung** bei einem parallel abgeschlossenen Beschaffungsvertrag vertraglich zu regeln. Dies empfiehlt sich im Rahmen von AGB bereits, um eine potentielle Unwirksamkeit der Klausel nach § 308 Nr. 8 BGB und den Wegfall der Vergütung auszuschließen.[104] Die Vertragspartner sollten vor diesem Hintergrund eine eindeutige Abgrenzung zwischen der Hardwarewartung und der Mängelhaftung in die Vereinbarung aufnehmen. Beachtung finden sollte, dass im Fall der Hardware-Miete aufgrund Instandsetzungs- und Instandhaltungspflicht des Vermieters aus § 535 Abs. 1 S. 2 BGB in der Regel kein Raum für einen Hardwarewartungsvertrag verbleiben wird.[105] Anders ist dies, wenn die Vertragspartner sich im Hardwarewartungsvertrag auf Zusatzleistungen einigen, welche über die gesetzlichen Rechtspflichten der Parteien hinausgehen oder diese konkretisieren. Dies sind typischerweise Reaktions- oder Fehlerbeseitigungszeiten oder Verfügbarkeitszusagen.[106] In diesem Zusammenhang können zu Gunsten des Auftraggebers Vorgaben Rechtsfolgen für den Fall der Nichterfüllung der Vorgaben vereinbart werden, etwa die Festlegung einer pauschalierten Vertragsstrafe oder die Minderung der Wartungsgebühr als Sanktionierung.

52

Bei Auftreten von Störungen wird der Auftragnehmer in der Regel auf Grundlage einer **Störungsmeldung** des Auftraggebers tätig. Die Vertragspartner sollten die Vereinbarung aufnehmen, dass die Störung durch den Auftraggeber möglichst genau zu beschreiben und in dokumentationsfester Form – also etwa über bereitgestellte Kommunikationsschnittstellen oder in elektronischer Form – dem Auftragnehmer zu übermitteln ist. Demgegenüber entspricht die Vereinbarung der Schriftform aufgrund der Eilbedürftigkeit der Wartungsleistungen in der Regel nicht dem Interesse des Auftraggebers.[107]

53

Die **Reaktionszeiten** bei Eintritt von Störungen sollte in Form eines Service-Level-Agreement spezifisch von den Vertragspartnern geregelt werden, um Rechtsstreit über den Umfang des vom Auftraggeber geltend zu machenden Verzögerungsschadens zu vermeiden, welcher sich aus einem Ausfall der Anlage, aber auch einzelner Hardware-Komponenten ergeben kann. In diesem Zusammenhang kann es sinnvoll sein, Fehlerkategorien zu definieren und die Reaktionszeiten vom Schweregrad des Fehlers abhängig zu machen.

54

Die Vertragspartner können sich ferner hinsichtlich der **Verfügbarkeit** auf ein garantiertes Mindestmaß verständigen, wobei die Vereinbarung eines zu niedrigen Verfügbarkeitsniveaus mit einem Unwirksamkeitsrisiko einhergeht.[108] Allerdings begründet dies – ohne weitere Regelungen – eine verschuldensunabhängige Haftung des Auftragnehmers für die Unterschreitung der Zielwerte. Möglich ist in diesem Zusammenhang die Definition spezifischer Rechtsfolgen, die mit der Nichteinhaltung des Verfügbarkeitsgrades einhergehen, etwa in Form von Kürzungen bei der Wartungsgebühr.

55

Weiter sind in der Regel **Fälligkeitsvereinbarungen** Gegenstand von Wartungsverträgen. In Betracht kommt die Entrichtung der Wartungsgebühr im Voraus, zum Teil werden aber auch monatliche Zahlungen vereinbart.[109] Vor dem Hintergrund, dass ein Wartungsvertrag in den meisten Fällen als Werkvertrag zu klassifizieren ist und der Werklohn nach den gesetzlichen Bestimmungen erst nach Abnahme fällig ist, sind Vorauszahlungsverpflichtungen AGB-rechtliche Grenzen gesetzt. Unter Beachtung des Dauerschuldcharakters dürfte allerdings jedenfalls die Vereinbarung einer Vorauszahlung für ein Vierteljahr zulässig sein.[110]

56

---

[104] Dazu etwa Auer-Reinsdorff/Conrad/*Stadler/Kast*, § 15 Rn. 119 ff.; Schneider/*Schneider/Kahlert*, Hardwarewartungsverträge, Kapitel P, Rn. 39.
[105] Schneider/*Schneider/Kahlert*, Hardwarewartungsverträge, Kapitel P, Rn. 40.
[106] Auer-Reinsdorff/Conrad/*Stadler/Kast*, § 15 Rn. 122.
[107] Redeker/*Redeker*, Rn. 656.
[108] Schneider/*Schneider/Kahlert*, Hardwarewartungsverträge, Kapitel P, Rn. 105.
[109] Redeker/*Redeker*, Rn. 668.
[110] Redeker/*Redeker*, Rn. 669 unter Verweis auf *OLG München*, CR 1989, 283, welches eine quartalsweise Vorauszahlung als wirksam angesehen hat.

57 Die Möglichkeit der **Beendigung des Wartungsvertrages** ergibt sich aus den generellen Regelungen über Dauerschuldverhältnisse. In der Regel stellt die Beendigung der Nutzung der Anlage nach der Rechtsprechung keinen wichtigen Grund dar, welcher den Auftraggeber zur Auflösung des Wartungsvertrages berechtigen würde.[111] Nach Abmahnung im Sinne von § 314 Abs. 2 BGB kann der Auftraggeber seine außerordentliche Kündigung aber auf die mehrfache Überschreitung von Reaktionszeiten oder die mehrfache Schlechtleistung bei der Vornahme von Wartungsarbeiten stützen.[112] Typischerweise werden weitere Kündigungsmöglichkeiten und die Dauer des Vertrages vertraglich spezifiziert, wobei vor dem Hintergrund AGB-rechtlicher Wirksamkeit darauf zu achten ist, dass die für den Auftraggeber geltenden Kündigungsfristen nicht zu lang angesetzt sind.[113] Regelung finden sollte zudem die Möglichkeit von Teilkündigungen, wenn der Wartungsvertrag sich auf mehrere Hardware-Komponenten bezieht, die nach den gesetzlichen Bestimmungen nur im eingeschränkten Umfang möglich sind.[114]

II. Predictive Maintenance oder vorbeugende Wartung

1. Allgemeines

58 Die erheblichen Investitionskosten beim Einsatz von Hardwareanlagen erfordern eine hohe Verfügbarkeit der eingesetzten Maschinen. Vor diesem Hintergrund setzt die Wirtschaft vermehrt auf eine vorausschauende Wartung überlassener Hardware, das sogenannte „*Predictive Maintenance*". Zielsetzung dieser Methode ist, aus Betriebsdaten den Wartungsbedarf einer Anlage im Voraus präzise zu bestimmen, um einem Ausfall und den damit einhergehenden Umsatzeinbußen entgegen zu wirken. Einsatz finden hierfür an die jeweiligen Bauteile der Anlagen angebrachte „Cyber Physische Systeme"-Chips, welche in Echtzeit sowohl Maschinendaten als auch Umweltinformationen übermitteln, um auf Grundlage der gewonnenen Datenbestände Wartungsbedarf proaktiv adressieren zu können.[115]

2. Vertragstypologische Einordnung

59 Die vertragstypologische Einordnung eines solchen Dienstes hängt von seiner konkreten Ausgestaltung im jeweiligen Einzelfall ab. Sofern der Schwerpunkt des Vertrages in der prädiktiven Erkennung drohender Ausfälle und der Wartung liegt, ist die vertragliche Verbindung als **Dienstvertrag** zu klassifizieren, so dass nach § 611 BGB die ordnungsgemäße Erbringung des Dienstes nach dem geltenden Stand der Technik geschuldet ist. In dieser Hinsicht sollte explizit der maßgebliche Zeitpunkt vereinbart werden, auf den es bei der Beurteilung des technischen Maßstabes ankommen soll. Wenn die Vertragsparteien hingegen die Instandhaltung der Hardwareanlage in den Vordergrund stellen, ist die Beziehung mit erheblichen Konsequenzen – insbesondere der Verpflichtung zur Herbeiführung eines konkreten Erfolges und der Eröffnung eines Gewährleistungsregimes – als **Werkvertrag** im Sinne von § 633 BGB einzuordnen.[116] Insofern sollte ein besonderes Augenmerk auf die Ausgestaltung der geschuldeten Leistung gelegt werden.

3. Automatisierung durch Smart Contracts und Zurechnungsproblematiken

60 Bei Rahmenverträgen werden vermehrt technische Lösungen in Form von Smart Contracts angeboten, um bei Prozessen im Zusammenhang mit der Hardwarewartung einen hö-

---

[111] Redeker/*Redeker,* Rn. 661 mwN.
[112] Redeker/*Redeker,* Rn. 660; *Hartmann/Thier,* CR 1998, 581, 585.
[113] Redeker/*Redeker,* Rn. 660.
[114] Redeker/*Redeker,* Rn. 667.
[115] Eingehend *Faber/Griga/Groß,* DS 2018, 299, 300.
[116] *Faber/Griga/Groß,* DS 2018, 299, 301.

D. Hardwarewartung

heren Grad der Automatisierung zu erreichen und damit Ausfallzeiten zu verkürzen. Hier kann mit passender Sensorik die Erfüllung des Vertrages geprüft und die Zahlung initiiert werden.[117] Problematisch kann aber die rechtsgeschäftliche Einordnung von Erklärungen im Bereich der Machine-to-Machine-Kommunikation sein. Sofern die Technologie auch dazu genutzt werden soll, den Auftrag für die Instandsetzung oder die Bestellung neuer Bauteile für die betreffende Maschine zu initiieren, stellt sich die Frage, ob darin eine rechtswirksame, dem Verwender der Predictive-Maintenance-Anwendung zurechenbare Willenserklärung zu sehen ist.

Denn ein Vertrag setzt voraus, dass (mindestens) zwei inhaltlich übereinstimmende Willenserklärungen vorliegen, also ein Konsens der Vertragsparteien. Im Hinblick auf die für eine Vertragsbegründung erforderliche Willenserklärung – als Äußerung eines auf einen Rechtserfolg gerichteten Willens – ist zwischen dem inneren subjektiven und dem äußeren objektiven Erklärungstatbestand zu unterscheiden. Die äußere Komponente der Willenserklärung in Form eines dem Erklärenden zurechenbaren äußeren Verhaltens, welches darauf hindeutet, eine bestimmte Rechtsfolge herbeiführen zu wollen, liegt beim Einsatz eines Smart Contracts – trotz Verwendung einer Programmiersprache – vor.[118]

Im Zusammenhang mit dem inneren Tatbestand der Willenserklärung können sich je nach Grad der Automatisierung des Vorgangs vertragsrechtliche Probleme ergeben. Ausgangspunkt ist, dass der Smart Contract über ein im Voraus von den Parteien definiertes eindeutiges Kriterium wie die Betriebsdauer der Maschine einen Bestellvorgang oder eine andere Transaktion im Zusammenhang mit der Maschine initiiert. Hier lässt sich die innere Seite der Willenserklärung ohne Weiteres bejahen, weil die Anwendung lediglich den in technischer Form im Smart Contract festgehaltenen Parteiwillen in algorithmischer Form – gleichsam als blockchainbasierter Automat – vollstreckt.[119] Die vertragliche Ausgestaltung kann im Voraus über einen Rahmenvertrag in rechtssicherer Form festgehalten werden.

Demgegenüber ist die Zurechnung von Erklärungen autonom agierender Agenten problematisch, welche auf algorithmischer, für den menschlichen Anwender nicht mehr nachvollziehbarer Grundlage über Smart Contracts Transaktionen initiieren. Als technische Grundlage können solchen Transaktionen perspektivisch etwa selbstlernende Algorithmen in Verbindung mit Smart Contracts zugrunde gelegt werden.[120]

Sofern die Parteien im zugrundeliegenden Rahmenvertrag keine Regelungen im Rahmen der Rückabwicklungs- oder Schadensersatzregeln gefunden haben, stellt sich die Frage nach der Zurechnung über die gesetzlichen Bestimmungen. Denn im Kontext von Predictive-Maintenance-Lösungen könnten autonome Agenten für automatisierte Wartungsaufträge von den Anbietern des Wartungsdienstes selbst zur Verfügung gestellt werden. Die entsprechende Anwendung der Regelungen zur Übermittlung von Willenserklärungen durch Boten liegt in diesen Fällen aufgrund der Autonomie der Agenten fern.[121]

Allerdings sprechen die rechtsgeschäftlichen Grundsätze zur Blanketterklärung für die Zurechnung mittels Smart-Contract-Anwendungen abgegebener Willenserklärungen.[122] Verbindendes Element ist die willentliche Entäußerung einer inhaltlich unvollständigen Willenserklärung, die später durch einen Dritten vervollständigt werden soll, also gleichsam eine „Generalermächtigung"[123]. Weiterhin lässt sich das allgemeine Risikoprinzip heranziehen, um die Zurechnung der Erklärung zu begründen. Nach diesem Grundsatz muss

---

[117] Heinert/Sander, FSBC Working Paper September 2018, 7.
[118] Möslein, ZHR 2019, 254, 271.
[119] Taeger, NJW 2016, 3764, 3765; Heckelmann, NJW 2018, 504, 506; Möslein, ZHR 2019, 254, 272 ff.; Specht/Herold, MMR 2018, 40, 41 ff.
[120] Möslein, ZHR 2019, 254, 273 f.; allgemein zu autonomen Systemen Pieper, GRUR-Prax 2019, 298, 300; Borges, NJW 2018, 977, 978; Specht/Herold, MMR 2018, 40, 41.
[121] Specht/Herold, MMR 2018, 40, 43.
[122] Groß/Gressel, NZA, 2016, 990, 992; Möslein, ZHR 2019, 254, 273 f.
[123] Groß/Gressel, NZA 2016, 990, 992.

derjenige, welcher sich durch eine Handlung Vorteile verschaffen möchte, auch die damit verbundenen Nachteile in Kauf nehmen.[124] Den Risiken aus der Einschaltung autonomer Agenten ist mit entsprechenden technischen und organisatorischen Maßnahmen zu begegnen.

66   Weiterhin wird im Hinblick auf die Zurechnung die analoge Anwendung der Stellvertretungsregeln diskutiert. In diesem Zusammenhang wird auf die fehlende Haftungsmasse[125] bzw. schon auf das Fehlen eines Haftungssubjekts[126] bei einer falsus-procurator-Haftung nach § 179 BGB verwiesen.[127] In Verbindung mit der Lösung über das Stellvertreterrecht wird die Einbeziehung von autonomen Agenten in den Rahmen einer juristischen Person diskutiert.[128] Ferner wird vom Europäischen Parlament in Erwägung gezogen, autonomen Agenten eine Rechtspersönlichkeit zuzubilligen.[129]

4. Vertragliche Modalitäten

67   Der Vertrag über die Erbringung des Wartungsdienstes sollte überdies Regelungen über die **zu nutzende Infrastruktur** beim Datentransport enthalten. In der Regel wird die Datenkommunikation über das Mobilfunknetz mittels SIM-Karte abgewickelt, wenn die Netzqualität vor Ort den Anforderungen an einen störungsfreien Betrieb genügt[130]. Demgegenüber geht der Rückgriff auf das WLAN des Anlagenbetreibers mit erheblichen technischen Hürden – wie das Potential hoher Interferenzen- sowie regulatorischen Anforderungen einher. Insbesondere hat der Anlagenbetreiber hier unmittelbaren Zugriff auf die übermittelten Betriebsdaten, was regelmäßig den kommerziellen Interessen des Anbieters des Wartungsdienstes widersprechen wird.[131]

68   Insbesondere bei Pauschalpreisabreden sollte Wartungsbedarf vertraglich geregelt werden, welcher aus bekannten, möglicherweise häufig auftretenden Konstruktionsmängeln der Bauteile resultiert, um eine angemessene Risikoverteilung zu erreichen.[132] Überdies sollte eine vertragliche Abrede über die Verfügbarkeit des Predictive-Maintenance-Dienstes aufgenommen werden, weil in aller Regel eine durchgehende Verfügbarkeit technisch nicht realisierbar ist.[133] In der Regel wird dieser Umstand in einem Service-Level-Agreement adressiert, welches die Verfügbarkeitsquote des Dienstes und die Konsequenzen der Unterschreitung des Schwellenwertes regelt. Überdies sollten die Vertragspartner regeln, in welcher Form die Verfügbarkeit des Dienstes gemessen werden soll und einen genauen Messpunkt festlegen. Befindet sich der Messpunkt an den Cyber-Physische-Systeme-Chips selbst, wird in der Regel der Anbieter des Wartungsdienstes das Risiko der Datenübermittlung tragen. Wenn die Vertragspartner hingegen festlegen, dass am Sitz des Anbieters des Wartungsdienstes gemessen werden soll, verlagert sich dieses Risiko auf den Betreiber der Anlage.[134]

69   Weiter stellt sich die Frage, welche Konsequenzen ein Ausfall der Anlage haben soll, der sich nicht in den gesammelten Datenbeständen wiedergespiegelt hat. Ein solcher Vorfall

---

[124] Siehe schon *Wiebe*, 154 ff., 216 ff.; *Sosnitza*, CR 2016, 764, 767.
[125] *Bräutigam/Klindt*, NJW 2015, 1137, 1138.
[126] *Keßler*, MMR 2017, 589, 592.
[127] Analoge Anwendung *Specht/Herold*, MMR 2018, 40, 42 f.; *Bräutigam/Klindt*, NJW 2015, 1137, 1138; für die fehlende Haftungsmasse *Bräutigam/Klindt*, NJW 2015, 1137, 1138; fehlendes Haftungssubjekt *Keßler*, MMR 2017, 589, 592.
[128] *Möslein*, ZHR 2019, 254, 274; *Bayern/Burri/Grant/Häusermann/Möslein/Williams*, 9 Hastings L.J. 2017, 135.
[129] Entschließung des Europäischen Parlaments vom 16.2.2017 mit Empfehlungen an die Kommission zu zivilrechtlichen Regelungen im Bereich Robotik, 2015/2103(INL); siehe für Kritik an diesem Vorschlag *Schaub*, JZ 2017, 342, 348; *Spindler*, CR 2015, 766, 774 f.
[130] *Faber/Griga/Groß*, DS 2018, 299, 300.
[131] *Faber/Griga/Groß*, DS 2018, 299, 301.
[132] *Faber/Griga/Groß*, DS 2018, 299, 301.
[133] *Faber/Griga/Groß*, DS 2018, 299, 301.
[134] Siehe für die Spezifizierung des Messpunktes *Faber/Griga/Groß*, DS 2018, 299, 301.

kann sich sowohl aufgrund unzureichender Datenbestände oder mangelhafter Datenqualität ereignen, als auch mit einem erstmaligen Defekt eines Bauteils zusammenhängen, welcher für den Anbieter des Wartungsdienstes nicht zu antizipieren war.[135] Im Hinblick auf solche Konstellationen bietet sich die Aufnahme einer Verpflichtung der Vertragsparteien an, den Vorfall von einem unabhängigen akkreditierten Sachverständigen überprüfen zu lassen, um die Ursachen zu eruieren. Ferner können im Zusammenhang mit den jeweiligen Bauteilen zeitliche Rahmen für den Austausch in Abhängigkeit von der Ausfallwahrscheinlichkeit definiert werden, wobei der Anbieter des Wartungsdienstes sich im Rahmen seiner Ermessensentscheidung an zuvor vertraglich definierten Kriterien orientieren kann.[136] An einem solchen Katalog von Datenparametern müsste sich auch die Einbindung einer automatisierten, algorithmenbasierten Lösung messen.

---

[135] *Faber/Griga/Groß*, DS 2018, 299, 302.
[136] *Faber/Griga/Groß*, DS 2018, 299, 302.

Teil 2. Software

Teil 2.1 Rechtsschutz von Software

Übersicht

	Rn.
A. Schutz von Software	1
B. Softwareentwicklung und Rechtsschutz	2
C. Schutz von Computerprogrammen	5
I. Ausdrucksformen	5
II. Idee und Ausdruck	10
III. Eigene geistige Schöpfung	15
IV. Darlegungs- und Beweislast	21
V. Weitere Schutzgegenstände	26
D. Verwertungsrechte, § 69c UrhG	30
I. Vervielfältigungsrecht, § 69c Nr. 1 UrhG	31
II. Bearbeitungsrecht, § 69c Nr. 2 UrhG	36
III. Verbreitungsrecht, § 69c Nr. 3 UrhG	38
IV. Öffentliche Wiedergabe und öffentliche Zugänglichmachung, § 69c Nr. 4 UrhG	43
E. Schrankenregelungen, § 69d UrhG	50
I. Allgemeines	50
II. Bestimmungsgemäße Benutzung, § 69d Abs. 1 UrhG	53
III. Sicherungskopie, § 69d Abs. 2 UrhG	61
F. Rechteinhaber	63
I. Urheber und Urhebergemeinschaft	63
II. Arbeitsverhältnis	66
G. Lizenzrechtliche Fragen	68
I. Einräumung von Nutzungsrechten	68
II. Wirksamkeit typischer Vertragsklauseln	74
1. Allgemeines	74
2. CPU- und verwandte Klauseln	77
3. Weitergabeklauseln	80
4. Netzwerkklauseln	81
5. Änderungsverbote	82
H. Weitere Schutzmöglichkeiten für Software	83
I. Patentschutz	84
II. Wettbewerbsrechtlicher Schutz	91
III. Markenrecht	95
IV. Designschutz	97

Literatur:

Antoine, Entwurfsmaterial im Schutzsystem der Software-Richtlinie, CR 2019, 1; *Balzert,* Lehrbuch der Software-Technik, 2. Aufl. 2001; *Barnitzke/Möller/Nordmeyer,* Die Schutzfähigkeit graphischer Benutzeroberflächen nach europäischem und deutschem Recht, CR 2011, 277; *Blocher/Walter,* Computer Program Directive, in: Walter/v. Lewinsky (eds.), European Copyright Law, Oxford/New York 2010, chap. 5; *Ensthaler,* Der patentrechtliche Schutz von Computerprogrammen nach der BGH-Entscheidung „Steuerungseinrichtung für Untersuchungsmodalitäten", GRUR 2010, 1; *Grützmacher,* Lizenzgestaltung für neue Nutzungsformen im Lichte von § 69d UrhG, CR 2011, 485; *ders.,* Lizenzmetriken und Copyright – Ein Widerspruch?, ITRB 2017, 141; *Günther,* Änderungsrechte des Softwarenutzers, CR 1994, 321; *Harte-Bavendamm/Wiebe,* Urheberrecht, in: Kilian/Heussen (Hrsg.), Computerrechts-Handbuch, München 2003, Kap. 51; *Hartmann/Prinz,* Immaterialgüterrechtlicher Schutz von Systemen Künstlicher Intelligenz, WRP 2018, 1431; *Hoeren/Wehkamp,* Individualität im Quellcode? Softwareschutz und Urheberrecht, CR 2018, 1; *Hoppen,* Technische Schutzmaßnahmen bei Software – Verfahren zur Kontrolle der unberechtigten Nutzung, CR 2013, 9; *Kamlah,* Softwareschutz durch Patent- und Urheberrecht, CR 2010, 485; *Kubach,* Der Gebrauchtsoftware-Markt vier Jahre nach UsedSoft I, DSRITB 2016, 341; *Marly,* Urheberrechtsschutz für Software in der Europäischen Union, München 1995; *ders.,* Softwareüberlassungsverträge, 4. Aufl. 2004; *ders.,* Der Schutzgegenstand des urheberrechtlichen Softwareschutzes, GRUR 2012, 773, 776; *McGuire*, Beweismittelvorlage und Auskunftsanspruch nach der Richtlinie 2004/48/EG zur Durchsetzung der Rechte des geistigen Eigentums – Über den Umsetzungsbedarf im deutschen und österreichischen Prozessrecht, GRUR Int. 1/2005, 15; *Nebel/Stiemerling*, Aktuelle Programmiertechniken und ihr Schutz durch § 69a UrhG, CR 2016, 61; *Nemethova/Peters*, Patent als effektiver Schutz für Software-Produkte, DSRITB 2017, 409; *Jochen Schneider*, Handbuch des EDV-Rechts, 2003; *ders.*, Urheberrechtliche Probleme bei objektorientierten Programmen, in: Büllesbach/Heymann (Hrsg.), Informationsrecht 2000, Köln 2001, S. 143; *Jochen Schneider*, Handbuch des EDV-Rechts, 5. Aufl. 2017; *Jörg Schneider*, Softwarenutzungsverträge im Spannungsfeld von Urheber- und Kartellrecht, 1992; *Schwarz*, Rechtfertigen rechtsdogmatisch schwierige Fragen die Abschaffung von „Software-Patenten"?, GRUR 2014, 224; *Spindler/Schuster* (Hrsg.), Recht der elektronierten Medien, 4. Aufl. 2019; *Spindler*, Rechtsfragen bei open source, 2014; *Sraker/Wehkamp*, Individueller Quellcode, CR 2018, 699; *Wiebe*, User Interfaces und Immaterialgüterrecht, GRUR Int. 1990, 21; *ders.*, Rechtsschutz von Software in den neunziger Jahren, BB 1993, 1094; *ders.*, Know-how-Schutz von Computerprogrammen, Eine rechtsvergleichende Untersuchung des Schutzes in Deutschland und den U.S.A., München 1993; *Wolf*, Mögliche vertragliche Gestaltungen zur Weitergabe von Software nach „UsedSoft II", GRUR 2015, 142; *Zoebisch*, Technische Schutzrechte bei der Digitalisierung der Wirtschaft – Softwarepatente in Europa und den USA, DSRITB 2015, 695 ff.

A. Schutz von Software

1 Das Urheberrecht ist auch weltweit die praktisch wichtigste Schutzform für Computerprogramme. Ein wesentlicher Grund dafür ist der Bestand an internationalen Verträgen und Abkommen, der einen gewissen Mindestschutz garantiert. In Europa wurde mit der sog. **Computerprogramm-Richtlinie**[1] bereits 1991 der urheberrechtliche Schutz von Software harmonisiert.[2] Die Umsetzung erfolgte in §§ 69a–69g UrhG. Der Aufbau entspricht dabei weitgehend dem urheberrechtlichen Prüfungsschema: Schutzgegenstand (§ 69a UrhG), Verwertungsrechte (§ 69c UrhG), Schranken (§§ 69d, 69e UrhG), ergänzt durch Regelung der Inhaberschaft in Arbeits- und Dienstverhältnissen (§ 69b UrhG), besondere Rechtsfolgen (§ 69f UrhG), Verhältnis zu anderen Schutzrechten und Unabdingbarkeit (§ 69g UrhG), sowie die Übergangsvorschrift in § 137d UrhG. Diese Regelungen gehen den allgemeinen urheberrechtlichen Vorschriften vor. Zur Lückenfüllung wird aber vor allem auf § 2 Abs. 2, §§ 15–23, § 31 Abs. 5, § 43, §§ 53–54h, § 98 UrhG zurückgegriffen.[3] Das Urheberpersönlichkeitsrecht nach §§ 12–14 UrhG hat für Software keine praktische Bedeutung, ist aber theoretisch anwendbar.[4] Für die Umgehung technischer Schutzmaßnahmen gibt es eine Spezialvorschrift in § 69f. Abs. 2 UrhG, die den durch die RL 2001/79/EG eingeführten Regelungen der §§ 95a–d UrhG vorgeht.

B. Softwareentwicklung und Rechtsschutz

2 Die Entwicklung von Computerprogrammen durchläuft verschiedene **Phasen** der Konkretisierung, in denen bereits schutzfähiges Material entstehen kann.[5] Am Anfang steht eine Problemanalyse des Ist-Zustands sowie in der Anforderungsphase eine Sollanalyse der an das Programm zu stellenden Anforderungen, meist in enger Zusammenarbeit mit ei-

---

[1] RL des Rates v. 14.5.1991 über den Rechtsschutz von Computerprogrammen, ABl. EG Nr. L 122 v. 17.5. 1991, S. 142; GRUR Int. 1991, 545, kodifizierte Fassung RL 2009/24/EG v. 23.4.2009, ABlEG Nr. L 111/16 v. 5.5.2009.
[2] Zur Kritik am urheberrechtlichen Ansatz vgl. *Wiebe*, BB 1993, 1094, 1102.
[3] Vgl. im Einzelnen Wandtke/Bullinger/*Grützmacher*, § 69a UrhG Rn. 46 bis 89; *Dreier/Schulze/Dreier*, § 69a UrhG Rn. 32 bis 34.
[4] Wandtke/Bullinger/*Grützmacher*, Vor §§ 69a ff. UrhG Rn. 7.
[5] Vgl. auch *BGH*, CR 1985, 22, 29 = GRUR 1985, 1041, 1046 – Inkasso-Programm. Wandtke/Bullinger/*Grützmacher*, § 69a UrhG Rn. 54 f.; Koch, Software- und Datenbank-Recht, S. 227 ff.; vgl. aus programmiertechnischer Sicht *Balzert*, S. 51 ff.

nem Auftraggeber, die in einer Zusammenstellung der Programmfunktionen in einem Pflichtenheft resultiert.

Die Konzeptionsphase resultiert in einem Grobkonzept, in dem die vom Programm auszuführenden Funktionen entsprechend den gestellten Anforderungen strukturiert werden. Zur grafischen Darstellung dienen Flussdiagramme. Der Programmablauf wird dann in einem Feinkonzept, dem Programmablaufplan, dokumentiert. Es folgt dann die eigentliche **Kodierungsphase,** in der mittels einer Programmiersprache das Quellprogramm erstellt wird. Der Quellcode wird durch sog. Kompilation in ein Objektformat umgewandelt. Nach einer Testphase zur Fehlerbereinigung ist die Programmerstellung abgeschlossen.

Quellprogramm und Objektprogramm bilden das eigentliche **Computerprogramm.** Die sonstigen Produkte des Entwicklungsprozesses gehören zum weiteren Oberbegriff der Software. Für den Urheberrechtsschutz von Bedeutung ist, dass gerade in den frühen Phasen des Entwicklungsprozesses die für die individuellen Leistungen wichtigen Entscheidungen fallen. Ergibt sich insoweit ein urheberrechtlicher Schutz, so sind spätere Entwicklungsprodukte als Vervielfältigung oder Bearbeitung der früheren Ergebnisse anzusehen.[6] Dies ist praktisch vor allem von Bedeutung, wenn unterschiedliche Programmierer an den einzelnen Phasen mitgewirkt haben. Eine Ausnahme bildet hier das Pflichtenheft, das als Problemanalyse noch nicht auf den Lösungsweg bezogen ist und daher allenfalls ein Schutz als Schriftwerk gem. § 2 Abs. 1 Nr. 1 UrhG genießen kann.[7] Dies ist für das Entstehen von Rechten des Kunden, der an der Erstellung des Pflichtenhefts mitwirkt, von Bedeutung. In den letzten Jahren hat zudem die Entwicklung verschiedener Formen agiler Softwareentwicklung zunehmende Bedeutung erlangt.[8] Bei derartigen Formen der Projektentwicklung fehlt es an einer Trennung zwischen Planung- und Ausführungsphase. Es gibt zudem kein Pflichtenheft und der Leistungsgegenstand wird fortlaufend in der Entwicklung bestimmt. Die Softwareentwicklung erfolgt insgesamt auf bereits zeitlich früher Entwicklungsebene.[9]

C. Schutz von Computerprogrammen

I. Ausdrucksformen

§ 69a Abs. 1 UrhG schützt Computerprogramme „in jeder Gestalt", wobei der Gesetzgeber auf eine Definition verzichtet hat, um zu vermeiden, dass durch das Fortschreiten der Programmiertechnik Schutzlücken entstehen. Eine ältere **Definition** enthält § 1 der Mustervorschriften der WIPO aus dem Jahre 1977: *„eine Folge von Befehlen, die nach Aufnahme in einen maschinenlesbaren Träger fähig sind zu bewirken, dass eine Maschine mit informationsverarbeitenden Fähigkeiten eine bestimmte Funktion oder Aufgabe oder ein bestimmtes Ergebnis anzeigt, ausführt oder erzielt".*[10] Die Programmiertechnik hat sich inzwischen von linearen Abläufen gelöst, wie sich am Beispiel von Objektprogrammen zeigt. Diese sind einschließlich der abstrakten Klassen als Computerprogramme bzw. Entwurfsmaterial geschützt.[11] Das gleiche gilt für die Dialog- und Inferenzkomponente im Unterschied zu der Wissenskomponente

---

[6] Vgl. auch *BGH,* GRUR 1985, 1041, 1048 – Inkasso-Programm; Wandtke/Bullinger/*Grützmacher,* § 69a Rn. 8.
[7] Vgl. auch *OLG Köln,* GRUR-RR 2005, 303, wonach rein konzeptionelle Vorgaben noch keinen Schutz nach § 69a UrhG genießen.
[8] *Nebel/Siemerling* CR 2016, 61, 68; s. unten → Teil 2.3.1 Rn. 21 ff.
[9] *Wiebe* in Spindler/Schuster § 69a Rn. 10.
[10] GRUR 1979, 306; vgl. auch *OLG Hamburg,* CR 1998, 332, 333; *OLG Düsseldorf,* NJWE-WettR 2000, 61.
[11] Im Einzelnen Wandtke/Bullinger/*Grützmacher,* § 69a UrhG Rn. 20.

bei Expertensystemen.[12] Die WIPO-Mustervorschriften sind jedoch heute mit der Bezugnahme auf die Steuerungsfunktion von Computerprogrammen immer noch aktuell. KI lässt sich allerdings nur mit einer erweiterten Definition als Computerprogramm ansehen.[13]

6   Hauptanknüpfungspunkt für den Schutz von Computerprogrammen als Schriftwerke ist das **Quellformat,** bei dem das Programm in einer Programmiersprache als „Text" abgefasst ist. Der Objektcode als „Übersetzung" in eine maschinenlesbare Fassung stellt dann eine Vervielfältigung oder Bearbeitung dar. Der Schutz ist im Übrigen sehr weit zu verstehen. § 69a Abs. 2 UrhG stellt insoweit klar, dass alle Ausdrucksformen von Computerprogrammen geschützt sind. Programmteile sind hierbei eigenständig schutzfähig, sofern sie das Ergebnis einer eigenen geistigen Schöpfung des Urhebers sind.[14] Dies ist insbesondere für sog. Chunks relevant, also (Datei-) Fragmente in Peer-2-Peer-Tauschbörsen.[15] Hierbei muss dann einzelfallabhängig entschieden werden, ob dem jeweiligen Chunk bereits Werkqualität zukommt. Jedenfalls wenn die Gesamtdatei in einem sog. ISO-Container hochgeladen wird, kann man diese erst bei Vorhandensein aller Chunks entpacken, sodass auch erst dann der Nachweis der Individualität erbracht werden kann.[16]

7   Praxistipp:
Es ist unstreitig, dass es für den Urheberrechtsschutz nicht von Bedeutung ist, in welcher Programmiersprache das Programm geschaffen wurde und ob es im Quellcode oder Objektcode vorhanden ist. Daher muss in der Praxis keine exakte Zuordnung vorgenommen werden.

8   Abzugrenzen ist der Programmschutz vom Schutz von Webseiten und Datenbanken. In HTML oder XHTML und XML erstellte **Webseiten** können nicht als Computerprogramm angesehen werden, da es sich dabei um Beschreibungssprachen handelt, die keine Steuerung eines Programmablaufs bewirken bzw. nur bewirken, dass die enthaltenen multimedialen Elemente angezeigt werden.[17] Dies ist etwa für die Frage von Bedeutung, inwieweit der Einsatz von Werbeblockern einen Eingriff in ein geschütztes Programm darstellt.[18] Selbst wenn man eine Website als Computerprogramm ansieht, fehlt es jedenfalls an einem Eingriff in den Code.[19] Etwas anderes gilt für JAVA und PHP, die Steuerbefehle enthalten.[20] Dabei ist zwischen der kreativen Leistung beim Design der Seite und der Programmierleistung zu unterscheiden. Nur letztere unterfällt dem Programmschutz. Dass Darstellung und Programm zu unterscheiden sind, zeigt sich bereits technisch daran, dass dieselbe Bildschirmdarstellung mit verschiedenen Codes generiert werden kann.[21] Bei der nach § 4 Abs. 2 S. 2 UrhG geforderten Abgrenzung von Datenbanken kann man auf die gängige Unterscheidung des Datenbankverwaltungssystems von den sonstigen Elementen

---

[12] *LG Oldenburg,* CR 1996, 217, 218; *Koch/Schnupp,* CR 1989, 975 f.
[13] Vgl. *Hartmann/Prinz,* WRP 2018, 1431 ff.
[14] *OLG Frankfurt a. M.,* Urt. v. 29.10.2013 – 11 U 47/13.
[15] Hierzu ausführlich *Heckmann/Nordmeyer,* CR 2014, 41.
[16] *Heckmann/Nordmeyer* CR 2014, 41, 43; vgl. zu dieser Frage auch *LG Köln,* BECKRS 2018, 6557 Rn. 31.
[17] *OLG Hamburg,* ZUM-RD 2012, 664; *OLG Rostock,* GRUR-RR 2008, 1; *OLG Frankfurt a. M.,* GRUR-RR 2005, 299; Wandtke/Bullinger/*Grützmacher,* § 69a UrhG Rn. 18; *Ernst,* MMR 2001, 208, 211; *Schack,* MMR 2001, 9, 10; *OLG Düsseldorf,* CR 2000, 184; aA *Koch,* GRUR 1997, 417, 420; *Zscherpe,* MMR 1998, 404, 405; *Kreutzer,* MMR 2018, 639, 642; *Kühn/Koch* CR 2018, 648, 652; *Rauer/Ettig* K&R 2015, 452, 456.
[18] Vgl. *Kreutzer* MMR 2018, 639, 642.
[19] Vgl. etwa *OLG München,* GRUR 2017, 1147 Rn. 83 f.; *Nink,* CR 2017, 103, 109; *Kühn/Koch* CR 2018, 648, 653.
[20] Wandtke/Bullinger/*Grützmacher,* § 69a UrhG Rn. 18; *Kreutzer* MMR 2018, 639, 642; aA *Nebel/Siemerling* CR 2016, 61, 67.
[21] *Raubenheimer,* CR 1994, 69, 70; *Günther,* CR 1994, 611, 612; *Schlatter* in: Lehmann (Hrsg.), Rechtsschutz und Verwertung von Computerprogrammen, S. 169 Rn. 3, 70 ff.; *Koch,* GRUR 1991, 180 ff.

des Datenbanksystems zurückgreifen.²² Allgemein ist aufgrund moderner Programmiertechniken zunehmend einzelfallabhängig zu prüfen, inwieweit durch in Dateien ausgelagerte Programmteile Einfluss auf das Verhalten des Computers ausgeübt wird, so dass es sich bei diesen um schutzfähige Bestandteile des Computerprogramms handeln kann.²³

> **Praxistipp:** 9
> Die urheberrechtliche Schutzfähigkeit der Programmierung einer Webseite lässt sich nicht alleine aus der Benutzung einer bestimmten Programmiersprache oder bestimmter Programme begründen, sondern ist immer daran zu messen, inwieweit das erstellte Programm keine ganz einfache Gestaltung aufweist oder inwieweit es sich von anderen Programmen abgrenzt.²⁴ Dies gilt besonders dann, wenn das erstellte Programm auf einer Open Source Software basiert (→ Teil 2.4.2).

II. Idee und Ausdruck

Damit ist jedoch erst der erste Schritt der Feststellung der urheberrechtlichen Schutzfähigkeit getan. Bestimmte Elemente des Computerprogramms sind vom Schutz ausgenommen. Darunter fallen vor allem allgemeine Lehren und Methoden sowie die allgemeine Idee des Programms. § 69a Abs. 2 S. 2 UrhG unterscheidet zwischen ungeschützter Idee und geschütztem Ausdruck. Diese Unterscheidung entstammt dem angloamerikanischen Recht[25] und wurde dort in Form des dreistufigen „Levels of Abtraction"-Test angewandt.[26] Auf der ersten Stufe werden verschiedene **Abstraktionsebenen** differenziert, von der Kodierung zur Aufgabe des Programms als Ganzem und Bestimmung einer Ebene der Idee. Auf jeder Ebene wird dann geprüft, ob der Ausdruck durch die Idee bestimmt ist, also wie viel Gestaltungsfreiheit des Programmierers vorhanden war. Auf der dritten Stufe, schon im Rahmen der Verletzungsprüfung, werden die noch verbliebenen Elemente mit dem Verletzerprogramm im Hinblick auf wesentliche Übereinstimmungen verglichen. 10

Dieser Test lässt sich zunächst für den Fall nutzbar machen, dass das Computerprogramm nicht 1: 1 übernommen wurde, sondern die **Programmstruktur** nutzbar gemacht wurde, die zwischen der abstrakten Konzeption des Lösungswegs und dem konkreten Programmcode anzusiedeln ist. Geschützte Elemente können die Art der Aufteilung und Verzweigung von Unterprogrammen und Arbeitsroutinen und die Organisation des Programmablaufs darstellen, soweit sich diese nicht zwingend aus den Vorgaben ergeben.²⁷ 11

Vor allem beinhaltet diese Unterscheidung den Grundsatz der **Schutzfreiheit von Algorithmen.** Bei den Begrifflichkeiten ist allerdings Vorsicht geboten, da es verschiedene Begriffsbestimmungen gibt, die auch für die juristische Diskussion verwendet werden.²⁸ Man kann einerseits auf einzelne Programmschleifen abstellen, sodass umfangreichere Computerprogramme zahlreiche verschiedene Algorithmen enthalten. In der Informatik dagegen ist von einem Verständnis des Algorithmus als präzise abgefasste Verarbeitungsvorschrift auszugehen, die ein Problem in endlichen Rechenschritten auf bestimmte Weise löst.²⁹ In diese Richtung geht auch das Verständnis der Rechtsprechung, die unter einem 12

---

[22] *Wiebe/Funkat*, MMR 1998, 69 ff.; vgl. ferner Wandtke/Bullinger/*Grützmacher*, § 69a UrhG Rn. 16.
[23] Dazu eingehend *Nebel/Stiemerling* CR 2016, 61, 68.
[24] OLG Hamburg, MMR 2012, 832.
[25] *Czarnota/Hart*, Legal Protection of Computer Programs in Europe, S. 42.
[26] Computer Associates International v. Altai, 775 F. Supp. 544 (E.D.N.Y. 1991), CR 1992, 462, aff'd 982 F.2d 693 (2d Cir. 1992); Lotus Development Corp. v. Borland International, Inc., 799 F. Supp. 203 (D. Mass. 1992); dazu *Hoeren/Vossen*, K&R 2018, 79, 80.
[27] *BGH*, CR 1993, 752, 754 – Buchhaltungsprogramm; OLG Celle, CR 1994, 748; vgl. auch Wandtke/Bullinger/*Grützmacher*, § 69a UrhG Rn. 24; Dreier/Schulze/*Dreier*, § 69a UrhG Rn. 21.
[28] Vgl. auch *Marly*, Urheberrechtsschutz für Computersoftware in der Europäischen Union, S. 112 ff.; Junker/*Benecke*, Computerrecht Rn. 33.
[29] Wandtke/Bullinger/*Grützmacher*, § 69a UrhG Rn. 29; *Dreier/Schulze-Dreier*, § 69a UrhG Rn. 22.

„Algorithmus" offenbar „die in dem Computerprogramm berücksichtigte, sich auf einen vorgegebenen Rechner beziehende Rechenregel" versteht.[30]

13   In diesem Sinne weist der Algorithmus einen gewissen Abstraktionsgrad auf und ist von dem geschützten konkreten Programmcode zu unterscheiden. Insoweit ist er als **allgemeine Rechenregel** oder Methode vom urheberrechtlichen Schutz ausgenommen.[31] Der *BGH* hat Algorithmen in diesem abstrakten Sinne insoweit zur Schutzbegründung herangezogen, als es um die „Art und Weise der Implementierung und Zuordnung zueinander" geht.[32] In Anknüpfung an die Programmstruktur lässt sich dann für die Schutzfähigkeit abstellen auf die „Art, wie Unterprogramme Arbeitsroutinen, mit Verzweigungsanweisungen verknüpft werden u. ä.; dazu gehört auch die Verwendung von Algorithmen … in der Art und Weise der Implementierung und Zuordnung".

14   Ein weiterer Anwendungsbereich der Unterscheidung von Idee und Ausdruck betrifft die **Schnittstellen**. Diese können zwar nach § 69e UrhG Gegenstand der Erforschung durch sog. reverse engineering sein, wobei allerdings der Gesetzgeber recht enge Voraussetzungen vorgegeben hat. Jedoch lassen sich auch insoweit die keinem Urheberrechtsschutz unterliegenden allgemeinen Grundsätze und Methoden von deren konkreter Implementierung in einem Computerprogramm unterscheiden, wie der Gesetzgeber in § 69a Abs. 2 S. 2 UrhG ausdrücklich klargestellt hat.[33] Soweit es sich danach um einen geschützten Ausdruck solcher Schnittstelleninformationen handelt, dürfen diese nicht in ein anderes Computerprogramm übernommen werden. Für Entwurfsmaterial[34] und Computerspiele[35] gilt dagegen die Schutzfreiheit von Ideen.

III. Eigene geistige Schöpfung

15   In dem verbleibenden Bereich ist dann die zentrale Schutzvoraussetzung des Urheberrechts zu prüfen. Ein Werk im urheberrechtlichen Sinne setzt eine gewisse **Individualität** voraus. Nach § 69a Abs. 3 UrhG müssen auch Computerprogramme das Ergebnis einer eigenen geistigen Schöpfung sein. Die schöpferische Tätigkeit muss auch in einer wahrnehmbaren Formgestaltung ihren Ausdruck gefunden haben. Dies ist für das Quellprogramm sowie die anderen Ergebnisse des Erstellungsprozesses anzunehmen. Davon zu unterscheiden ist die Frage der Verkörperung auf einem Träger, für die die Möglichkeit einer mittelbaren Wahrnehmbarmachung mittels technischer Mittel ausreichend ist. Im Rahmen der Entwicklung und des Einsatzes von KI auch für die Programmierung wird sich in Zukunft vermehrt die Frage stellen, inwieweit aufgrund deren „selbstlernenden" Komponenten sich noch hinreichende individuelle Elemente der menschlichen Programmierer im erstellten Programm wiederfinden. Hier wird das Konzept der schöpferischen Ausdrucksform auf eine Probe gestellt.[36] Letztendlich wird man mangels menschlicher schöpferischer Leistung an die Einführung eines besonderen Leistungsschutzrechts denken müssen.[37]

---

[30] *BGH*, CR 1985, 22, 30 – Inkasso-Programm; *OLG Frankfurt a. M.*, GRUR 1983, 753, 755; *OLG Karlsruhe*, GRUR 1983, 300, 305.
[31] Wandtke/Bullinger/*Grützmacher*, § 69a UrhG Rn. 29; aA *Dreier/Schulze/Dreier*, § 69a UrhG Rn. 22; Haberstumpf in: Lehmann (Hrsg.), Kap. II Rn. 67 ff., der allerdings, S. 84, insoweit den „Entwurfsalgorithmus" vom „Implementationsalgorithmus" unterscheidet; siehe auch *Scheja* CR 2018, 485, der die Schutzmöglichkeiten für Algorithmen nach der neuen Geschäftsgeheimnis-RL aufzeigt.
[32] *BGH*, NJW 1991, 1231, 1233 – Betriebssystem.
[33] Wandtke/Bullinger/*Grützmacher*, § 69a UrhG Rn. 32 mwN.
[34] *OLG Köln*, GRUR-RR 2005, 303.
[35] *OLG Hamburg*, GRUR-RR 2013, 15; *LG Düsseldorf*, ZUM 2007, 559, 562.
[36] Vgl. zum Schutz von KI bzw. Neuronaler Netze *Hartmann/Prinz* DISRITB 2018, 769, 774 ff.
[37] Vgl. auch *Hetmank/Lauber-Rönsberg*, GRUR 2018, 574, 581; *Ehinger/Stiemerling*, CR 2018, 761, 769.

16 Die Rechtsprechung des *BGH* stellte vor Umsetzung der Computerprogramm-Richtlinie[38] sehr hohe Anforderungen an den Grad des individuellen Schaffens, die sog. **Schöpfungshöhe.** Vergleichsmaßstab war danach das Können eines Durchschnittsgestalters. Das rein Handwerksmäßige, die mechanisch-technische Aneinanderreihung und Zusammenfügung des Materials lag außerhalb jeder Schutzfähigkeit. Erst in einem erheblich weiteren Abstand sollte die untere Grenze der Urheberrechtsschutzfähigkeit beginnen, die ein deutliches Überragen der Gestaltungstätigkeit in Auswahl, Sammlung, Anordnung und Einteilung der Informationen und Anweisungen gegenüber dem allgemeinen Durchschnittskönnen voraussetzt.[39] Später stellte der *BGH* auf das „durchschnittliche Programmierschaffen" ab, wobei auch Wartung, kleine Anpassungen und Routinetätigkeiten einbezogen wurden.[40] Aus diesen strengen Anforderungen ergab sich, dass nur ein geringer Teil der Programme urheberrechtlich geschützt war. Zudem war es in der Praxis meist unmöglich, die Anforderungen konkret darzulegen.

17 Die Computerprogramm-Richtlinie hat diese Rechtsprechung obsolet gemacht; sie fordert nur das Vorliegen einfacher Individualität. Die überwiegende Meinung geht nunmehr von einem Schutz der sog. **kleinen Münze** aus.[41] Der *BGH* hat dies in der Entscheidung „Fash2000" bestätigt.[42] Ausgeschlossen ist danach nur eine einfache, routinemäßige Programmierleistung, die jeder Programmierer auf ähnliche Weise erbringen würde. Danach besteht eine tatsächliche Vermutung für den Schutz komplexer Programme. Nicht ganz klar ist allerdings, wie Komplexität nachzuweisen ist. Die in einem etwa zeitgleichen Verfahren vom österreichischen OGH herangezogenen Kriterien der Programmlänge und Zeilenanzahl sind aus informatiktechnischer Sicht die am wenigsten geeigneten Merkmale.[43]

18 Fraglos komplexer Natur sind sog. Expertensysteme, für die auch in der Vergangenheit bereits angenommen wurde, dass diese Kenntnisse und Fähigkeiten erfordern, die über dem Können eines Durchschnittsprogrammierers liegen und den Einsatz nicht alltäglicher Programmiertechniken erforderten.[44] Auch nach den nunmehr anzuwendenden Anforderungen muss beim Erstellen des Computerprogramms ein **Gestaltungsspielraum** vorhanden sein, um einfache Individualität begründen zu können. Dieser Gestaltungsspielraum muss dann mit Geschick und konzeptionellen Fähigkeiten ausgenutzt werden.[45] Soweit die Programmierung durch technische oder sachliche Zwänge vorgegeben ist, kann sich auch keine individuelle Leistung entfalten.[46] Ansonsten liegt die untere Grenze bei einer banalen, trivialen, routinemäßigen Tätigkeit, die noch nicht geschützt ist.[47]

19 Noch unter Geltung der früheren Rechtsprechung hatte der *BGH* folgende Gestaltungsspielräume bei **Betriebssystemen** angeführt: Wahl zwischen stapelverarbeitungsorientierter oder dialogorientierter Verarbeitung, Verwaltung von Plattenabschnitten im Hauptspeicher durch Anwendung wirtschaftlicher Methoden, Prüfsummenbescheinigungen mit unterschiedlichem, internem Zeitverhalten, individuelle Strukturen auf Grund unterschiedlicher Anordnung einzelner Funktionen innerhalb des Programms etc. Die Vielfalt der Variationsmöglichkeiten zeige sich darin, dass es für zahlreiche Datenverarbei-

---

[38] Richtlinie des Rates v. 14.5.1991 über den Rechtsschutz von Computerprogrammen, ABl. EG Nr. L 122 v. 17.5.1991, S. 142; GRUR Int. 1991, 545, kodifizierte Fassung RL 2009/24/EG v. 23.4.2009, ABlEG Nr. L 111/16 v. 5.5.2009.
[39] *BGH*, CR 1985, 22, 30 f.
[40] *BGH*, CR 1991, 150.
[41] Dreier/Schulze/*Dreier*, § 69a UrhG Rn. 26; *Ullmann*, CR 1992, 641, 642 f.; Wandtke/Bullinger/*Grützmacher*, § 69a UrhG Rn. 35 f., mit umfangreichen Nachweisen der Rspr.; aA *Brandi-Dohrn*, BB 1994, 658, 659.
[42] *BGH*, CR 2005, 854, 855 – Fash 2000.
[43] ÖOGH, 12.7.2005, Medien und Recht 2005, 379, 381 – TerraCAD.
[44] LG Oldenburg, CR 1996, 217, 219.
[45] Vgl. *Hoeren/Wehkamp*, CR 2018, 1 ff.; *Sraker/Wehkamp*, CR 2018, 699 ff.
[46] OLG Karlsruhe, GRUR 1994, 728, 729.
[47] *OLG Düsseldorf*, CR 1997, 337; *OLG Frankfurt a. M.*, CR 1998, 525; *OLG München*, CR 1999, 688, 689; OLG München, CR 2000, 429, 430.

tungsanlagen jeweils unterschiedliche Betriebssysteme mehrerer Hersteller gebe, die also auf ein und derselben Hardware eingesetzt werden können.[48]

20   Je stärker aber in der heutigen Programmiertechnik auf vorgefertigte Module und Programmbibliotheken zurückgegriffen wird und Programme nicht mehr von Grund auf neu erstellt werden, desto mehr verlagert sich das individuelle Schaffen in die **Konzeptphase**. Hier ist zu prüfen, inwieweit Sachzwänge und Standardisierung Gestaltungsspielräume einengen, zB bei objektorientierter Programmierung.[49] Bei den neueren Formen der **agilen Programmierung** stellen sich weitergehende Fragen. Obwohl die Beteiligten oft selbst von einer Art kollektivem Eigentum ausgehen, lassen sich die urheberrechtlichen Grundsätze auch bei diesen Programmierformen anwenden.[50] Soweit ein Beteiligter die Rolle des „denkenden" Partners, der andere die des Codierens hat („Driver"), liegt die kreative Leistung eher bei ersterem, soweit nicht die Codierung selbst individuelle Züge aufweist. Es gibt andere Konstellationen in denen dies schwieriger zu bestimmen ist.[51] Die zunehmende Einbindung des Auftraggebers führt meist nicht zu einer Miturheberschaft.

IV. Darlegungs- und Beweislast

21   Grundsätzlich liegt die Darlegungs- und Beweislast für die Schutzfähigkeit als ihm günstige Tatsache beim Rechtsinhaber. Zur früheren Rechtsprechung hatte der BGH verlangt, dass die den Schutz begründenden Elemente vom Kläger konkret und für den Nichtfachmann verständlich darzulegen seien, etwa mithilfe der Herstellerdokumentation oder durch theoretische Umschreibung im Schriftsatz.[52] Meist wurde ein **Sachverständiger** herangezogen, wobei dem Sachverständigen die Vorlage des Quellprogramms und sonstiger Programmunterlagen als Beurteilungsgrundlage dienen konnte.

22   Der BGH geht zumindest bei komplexen Programmen von einer **tatsächlichen Vermutung** für die Schutzfähigkeit aus.[53] Es obliegt dann dem Beklagten darzutun, dass es sich um eine gänzlich banale Programmierleistung handele oder lediglich fremdes Programmierschaffen übernommen werde. Ansonsten soll es im einstweiligen Verfügungsverfahren ausreichen, wenn eine „globale, pauschale Beschreibung des Programms, aus der hervorgeht, dass es sich nicht um eine völlig banale Gestaltung handelt und es nicht lediglich das Programm eines anderen nachahmt", vorgelegt wird.[54] Dazu reicht die Vorlage der Quelltexte.[55] Nur bei ernsthaften Anhaltspunkten für eine sehr einfache und triviale Gestaltung sollte eine nähere Darlegung des Inhalts bereits vom Rechtsinhaber verlangt werden.[56] Diese höheren Anforderungen der Schutzfähigkeit lassen sich etwa durch Vortrag zur Länge der ergänzenden Programmteile und der Komplexität der zu bewältigenden Aufgaben bewältigen.[57]

23   Geht es nicht um eine 1:1-Kopie, sondern eine Teilübernahme oder unfreie Bearbeitung von Software, so kommt es bei der Beweisführung auf zwei Schritte an: Zum einen muss dargelegt werden, welche Teile der Software überhaupt schutzfähig sind, zum anderen, dass genau diese Teile von dem Anspruchsgegner übernommen wurden. Aus prakti-

---

[48] BGH, CR 1991, 80, 83 – Betriebssystem.
[49] Wandtke/Bullinger/Grützmacher, § 69a UrhG Rn. 38.
[50] Vgl. zur Vertragsgestaltung Welkenbach, CR 2017, 639; Schneider, ITRB 2017, 36; Ernst, CR 2017, 285; Fuchs/Meierhöfer/Marsbach/Pahlow, MMR 2012, 527; Frank, CR 2011, 138; LG Wiesbaden CR 2017, 646f.; s. auch unten Teil 2.3.1. Rn. 54ff.
[51] Vgl. Wiebe in Spindler/Schuster § 69a Rn. 34f.
[52] BGH, CR 1991, 80, 82ff. – Betriebssystem.
[53] BGH, CR 2005, 854, 855 – Fash 2000.
[54] Dreier/Schulze/Dreier, § 69a UrhG Rn. 29; vgl. auch OLG München, CR 1999, 688; zu weitgehend KG, ZUM 2000, 1089.
[55] KG, CR 2010, 424, 425, wonach aber der bloße Binärcodevergleich nicht ausreichend ist.
[56] Begründung, BT-Drs. 12/4022, S. 10; vgl. auch das Beispiel bei Wandtke/Bullinger/Grützmacher, § 69a UrhG Rn. 40; Nachweis in aktueller Fassung nicht aufzufinden.
[57] OLG Frankfurt a. M., Urt. v. 29.10.2013 – 11 U 47/13.

scher Sicht von großer Bedeutung ist aber, wie diese Anforderungen zu erfüllen sind. Allein die Vorlage des Binärcodes reicht danach nicht aus. Vielmehr ist die Vorlage der Quelltexte des Ausgangsprogramms und des vermeintlich abgeleiteten Programms erforderlich, da sich die Urheberrechtsschutzfähigkeit einzelner Teile des Ausgangsprogramms nur dann hinreichend dartun und belegen lässt. Dies gilt auch für den zweiten Schritt des Darlegens einer Übernahme bestimmter Programmteile.[58] Übereinstimmungen bei den Benutzeroberflächen begründen noch keine Wahrscheinlichkeit der Übernahme der Programmstruktur.[59]

> **Praxistipp:** 24
> Allein durch die Vorlage der Quelltexte des Ausgangsprogramms und der Quelltexte oder des Binärcodes des nach dem Vorbringen des Rechteinhabers abgeleiteten Programms lässt sich hinreichend zuverlässig belegen, welche Teile des Ausgangsprogramms aufgrund welcher Umstände als schöpferische Eigenleistung Urheberrechtsschutz beanspruchen können; dies betrifft bereits die Darlegungsebene. Werden jedoch anstatt der Quelltexte lediglich die Binärcodes miteinander verglichen, scheitert nicht nur die Darlegung der Urheberrechtsschutzfähigkeit der Teilkomponenten, sondern auch notwendigerweise die Darlegung, dass und wodurch explizit diese urheberrechtlich geschützten Teil übernommen wurden.

In Bezug auf **objektorientierte Programme** hat das *OLG Hamburg* den Schutz von 25 48 Dateien einer Klassenbibliothek abgelehnt und eine Beschreibung als „in sich sehr komplex" nicht ausreichen lassen.[60] Auch eine nähere Beschreibung des insoweit zu lösenden Problems sowie die Vorlage des Quellcodes der 48 Dateien wurde nicht als ausreichend erachtet. Da das OLG dabei bereits von einem Schutz der „kleinen Münze" ausging, lässt sich daraus der Schluss ziehen, dass die Annahme einer tatsächlichen Vermutung im Bereich objektorientierter Programmierung sowie bei der Verwendung standardisierter Module nur sehr vorsichtig durchzuführen ist.

V. Weitere Schutzgegenstände

Benutzerhandbuch, Bedienerhandbuch und Wartungshandbuch enthalten Erläuterungen 26 über die Arbeitsweise und Anwendung des Programms und sind unter einer der Werkarten des § 2 Abs. 1 UrhG geschützt, vor allem Nr. 1 und Nr. 7. Anders ist dies nur zu beurteilen, wenn wesentliche Teile des Programmcodes wiedergegeben werden; dies wird in der Praxis jedoch selten der Fall sein.

Benutzeroberflächen können als eigenständige Werke geschützt sein[61] und stellen keine Ausdrucksform des Computerprogramms dar, auch wenn sie durch das Programm generiert werden.[62] Die schöpferische Leistung liegt beim Computerprogramm eher im Bereich der technischen Steuerung und Funktionalität, bei Bildschirmdarstellungen aber im Bereich der „Kommunikation" zwischen Mensch und Maschine und ihren verschiedenen Formen. Sie sind jeweils der Werkart zuzuordnen, die den Schwerpunkt der Gestaltung bildet. Hier ist an eine Einordnung als grafische Gestaltung nach § 2 Abs. 1 Nr. 7 UrhG 27

---

[58] *KG,* CR 2010, 424 mAnm Redeker.
[59] *OLG Karlsruhe,* CR 2010, 427, 432.
[60] *OLG Hamburg,* GRUR-RR 2002, 217, 218.
[61] *EuGH,* GRUR 2011, 220 – BSA/Kulturministerium; *OLG Düsseldorf,* MMR 2012, 760; CR 2000, 184; *LG Mannheim,* NJW-RR 1994, 1007 f.; Wandtke/Bullinger/*Grützmacher,* § 69a UrhG Rn. 14 mwN; Dreier/Schulze/*Dreier,* § 69a UrhG Rn. 16; vgl. auch Barnitzke/Möller/*Nordmeyer,* CR 2011, 277.
[62] *EuGH,* CR 2011, 221 – Bezpečnostní softwareová asociace Svaz softwareové ochrany./. Ministerstvo kultury; so aber *KG,* CR 2010, 424, 425; *OLG Karlsruhe,* CR 1994, 607, 610, das seine Meinung aber inzwischen explizit aufgegeben hat, s. Fn. 51; zust. *Koch,* GRUR 1995, 459, 465; Möhring/Nicolini/*Hoeren,* § 69a UrhG Rn. 6.

zu denken.⁶³ Dazu bedarf es bei einem Formular aber einer individuellen Gestaltung, die nicht durch sachliche Erfordernisse oder die technische Funktion vorgegeben ist und sich insbesondere in der Anordnung der Eingabefelder niederschlagen kann. Darüber hinaus kommt ein Schutz als Filmwerk, Laufbild sowie Lichtbildschutz in Betracht.⁶⁴ Eine besondere Art der Auswahl und Anordnung von Schlüsselwörtern kann auch die erforderliche Schöpfungshöhe aufweisen, wenn diese dazu führt, dass die Webseite von Suchmaschinen besonders hoch gerankt wird.⁶⁵ Auch ein geschmacksmusterrechtlicher Schutz erscheint grundsätzlich denkbar.⁶⁶

28   Als geschützte Ausdrucksform von Computerprogrammen sind nicht nur der Quell- und Objektcode umfasst, sondern auch weitere Formen der **Programmbeschreibung**. Das Entwurfsmaterial kann als Schutzgegenstand zunehmende Bedeutung erlangen.⁶⁷ Doch auch bei einem weiten Verständnis der Ausdrucksform eines Computerprogramms kann die Programmfunktionalität nicht zum Schutzgegenstand zählen, da sie nur vorgibt, welche Aufgabe durch die Maschine ausgeführt werden soll, die zu schützende geistige Schöpfung jedoch die Art und Weise der konkreten Umsetzung der Aufgabenstellung ist.⁶⁸

29   **Programmiersprachen** und **Dateiformate** sind grundsätzlich nicht vom Softwareschutz umfasst.⁶⁹ In Betracht kommt jedenfalls ein Schutz nach allgemeinem Urheberrecht, welches jedoch häufig nicht einschlägig sein wird, da bei Programmiersprachen und Dateiformaten kaum Raum für freie und kreative Entscheidungen besteht. Insofern handelt es sich hier wohl eher um allgemeine Lehren und Methoden, die grundsätzlich urheberrechtlich schutzfrei sind.

D. Verwertungsrechte, § 69c UrhG

30   Liegt ein geschütztes Computerprogramm vor, so verleiht das Urheberrecht dem Rechteinhaber ausschließliche **Rechte zur Verwertung** des Programms. Diese entsprechen denen, die allgemein in §§ 15 ff. UrhG vorgesehen sind, sind aber speziell in § 69c UrhG aufgeführt. § 69c UrhG ist im Zusammenhang mit den Beschränkungen in § 69d UrhG zu sehen. Beide bilden die Grundlage für die urheberrechtliche Bewertung von Klauseln in Softwareverträgen.

I. Vervielfältigungsrecht, § 69c Nr. 1 UrhG

31   Zunächst erhält der Rechteinhaber die Befugnis zur Kontrolle des Kopierens. Nach einem weiten Verständnis stellt ein **Vervielfältigungsstück** jede körperliche Festlegung des Werkes dar, die geeignet ist, dieses den menschlichen Sinnen auf irgendeine Weise unmittelbar oder mittelbar wahrnehmbar zu machen.⁷⁰ Dauerhafte Vervielfältigungsstücke umfassen Festplatte, CD-ROM, DVD, Diskette und Magnetband.⁷¹ Von diesen kann das Werk jedenfalls mittelbar durch Ausdruck oder Bildschirmanzeige sichtbar gemacht werden. Ge-

---

⁶³ *OLG Karlsruhe*, CR 2010, 427, 428.
⁶⁴ AA für Lichtbildschutz *OLG Hamm*, JurPC Web-Dok. 260/2004, Abs. 21, da die besondere Leistung in der Visualisierung fehle und es sich nicht um ein Bild handele, das unter Benutzung strahlender Energie erzeugt sei.
⁶⁵ *OLG Rostock*, GRUR-RR 2008, 1.
⁶⁶ Vgl. *Koch*, GRUR 1991, 180, 192; *Wiebe*, GRUR Int. 1990, 21, 33; Wandtke/Bullinger/*Grützmacher*, § 69g UrhG Rn. 7.
⁶⁷ Vgl. *Antoine*, CR 2019, 1 ff.
⁶⁸ *EuGH*, CR 2012, 428 – SAS Institute; *EuGH*, GRUR 2011, 220 – BSA/Kulturministerium.
⁶⁹ Vgl. *EuGH*, CR 2012, 428, Rn. 39 – SAS Institut.
⁷⁰ *BGH*, GRUR 1991, 449, 453 – Betriebssystem.
⁷¹ Vgl. auch *BGH*, GRUR 1994, 363, 365 – Holzhandelsprogramm.

schützt ist das Programm nicht nur gegen vollständige Übernahme, sondern auch gegen das Kopieren von **Teilen.** Allerdings muss dann der übernommene Teil für sich genommen die Voraussetzungen des Urheberrechtsschutzes erfüllen.[72] Dies wird nicht immer leicht nachzuweisen sein.

Auch flüchtige Vervielfältigungen verletzen das Recht des Urhebers. Dazu gehört das Laden in den **Arbeitsspeicher,** das stromabhängig ist und daher nicht zu einer dauerhaften Speicherung führt.[73] Umstritten war und ist die Einordnung des bloßen Programmlaufs, bei dem Teile des Programms fortlaufend in den Arbeitsspeicher geladen und „abgearbeitet" werden. In diesem Punkt unterscheiden sich Computerprogramme gravierend von herkömmlichen, papierbasierten Werken. So ist bei Büchern das bloße Lesen urheberrechtsfrei. Demgegenüber führt die technische Ausgestaltung bei Computerprogrammen dazu, dass bereits die einfache Nutzung dem Verwertungsrecht des Urhebers untersteht. Daher wurde von einer starken Meinung eine teleologische Reduktion dahingehend vertreten, den bloßen Programmlauf aus dem urheberrechtlichen Schutzumfang auszuscheiden.[74] Dies ist jedoch der Preis, den die Einordnung von Computerprogrammen in das Urheberrecht bedingt. Auch ist zu berücksichtigen, dass der Vervielfältigungsbegriff in § 69c UrhG mit den besonderen Schranken in § 69d und § 44a UrhG abgestimmt ist. Der weite Vervielfältigungsbegriff der Richtlinie lässt daher keine andere Möglichkeit, als den bloßen Programmlauf in den Schutzumfang von § 69c Nr. 1 UrhG einzubeziehen.[75]

Die bloße **Wiedergabe auf dem Bildschirm** beinhaltet demgegenüber keinerlei Speicherung und ist daher als solche nicht als urheberrechtliche Vervielfältigung anzusehen.[76] Da aber die Anzeige aus technischer Sicht eine vorherige Festlegung im Arbeitsspeicher voraussetzt, ist sie urheberrechtlich durch § 69c Nr. 1 UrhG zumindest mittelbar erfasst.[77]

Um den besonderen Gegebenheiten bei der Nutzung von Software aus technischer Sicht Rechnung zu tragen, sind einige Vorgänge, bei denen extrem kurze **Zwischenspeicherungen** erfolgen, wiederum aus dem Schutzumfang herausgenommen worden, weil sie keine eigenständige wirtschaftliche Nutzung ermöglichen. § 44a UrhG definiert diese allgemein für das Urheberrecht als solche Vorgänge, die „flüchtig oder begleitend sind und einen integralen und wesentlichen Teil eines technischen Verfahrens darstellen", wenn deren alleiniger Zweck es ist, eine Übertragung im Netz oder die Nutzung eines Werks zu ermöglichen und diese Handlungen „keine eigenständige wirtschaftliche Bedeutung" haben.[78] Nach Art. 1 Abs. 2a) bzw. Erwägungsgrund 50 der InfoRL[79] sollen allerdings die speziellen Regelungen der Computerprogrammrichtlinie unberührt bleiben. Für Computerprogramme gelten insoweit jedoch die gleichen Erwägungen wie für sonstige geschützte Werke in digitaler Form. Dies wird auch dadurch bestätigt, dass der Gesetzgeber in der

---

[72] *Schricker/Loewenheim/Spindler*, § 69c UrhG Rn. 10.
[73] *Dreier/Schulze/Dreier*, § 69c UrhG Rn. 8; *Wandtke/Bullinger/Grützmacher*, § 69c UrhG Rn. 5; *Schricker/Loewenheim/Spindler* § 69c UrhG Rn. 7; *Marly*, Softwareüberlassungsverträge, Rn. 163 ff.; aA *Hoeren/Schuhmacher*, CR 2000, 137, 142 ff.
[74] *Hoeren/Schuhmacher*, CR 2000, 137, 142 ff.; *Marly*, Softwareüberlassungsverträge, Rn. 188 ff.; *Haberstumpf*, GRUR 1986, 222, 234 und GRUR Int. 1992, 715 f.; *Brandi-Dohrn*, GRUR 1985, 179, 185; *Bauer*, CR 1985, 5, 9; *Lehmann*, GRUR Int. 1991, 330; *LG Mannheim*, CR 1999, 360; offengelassen in *BGH*, NJW 1994, 1216, 1217 – Holzhandelsprogramm.
[75] *OLG Celle*, CR 1994, 16; Schricker/Loewenheim/*Spindler*, § 69c UrhG Rn. 8; zum Streitstand vgl. Wandtke/Bullinger/*Grützmacher*, § 69c UrhG Rn. 7 mwN.
[76] *BGH*, GRUR 1991, 449, 453 – Betriebssystem.
[77] *Maaßen*, ZUM 1992, 338, 344.
[78] RL 2001/39/EG v. 22.5. 2001 zur Harmonisierung bestimmter Aspekte des Urheberrechts und der verwandten Schutzrechte, ABl. EG Nr. L 167 v. 22.6.2001, S. 10.
[79] Richtlinie 2001/29/EG des Europäischen Parlaments und des Rates v. 22.5.2001 zur Harmonisierung bestimmter Aspekte des Urheberrechts und der verwandten Schutzrechte in der Informationsgesellschaft, ABl. EG Nr. L 167 v. 22.6.2001, S. 10, abrufbar unter http://eur-lex.europa.eu/LexUriServ/LexUriServ.do?uri=OJ:L:2001:167:0010:0019:DE:PDF.

Info-Richtlinie den bereits bei Computerprogrammen zugrunde gelegten weiten Vervielfältigungsbegriff auch für sonstige geschützte Werke vorgegeben hat.[80]

35 Zu den danach aus dem Schutzumfang herausgenommenen technischen Vorgängen gehören nach Erwägungsgrund 33 der InfoRL das Browsing, also das Betrachten von Webseiten mittels eines Browserprogramms, sowie das Caching, also das Speichern heruntergeladener Seiten in einem temporären Speicher, was sowohl auf dem eigenen Rechner als auch auf einem sog. Proxy-Server erfolgen kann. Beim **Caching** entstehen jedoch Zwischenspeicherungen von längerer Dauer, so dass hier durchaus die Möglichkeit zusätzlicher Nutzungen bestehen kann und entsprechend zu differenzieren ist.[81] Für Computerprogramme ist bei Übertragung über das Netz vor allem das Routing von Bedeutung, also die Weiterleitung von Datenpaketen im Internet unter extrem kurzzeitiger Speicherung auf Zwischenrechnern. Hier kann man bereits aus technischer Sicht eine urheberrechtlich relevante Vervielfältigung verneinen, da die Dateien in kleine Elemente zerlegt werden, die nicht mehr als selbstständig schutzfähige Teile anzusehen sind.

II. Bearbeitungsrecht, § 69c Nr. 2 UrhG

36 Von Bedeutung für die Weiterentwicklung, Anpassung oder sonstige Veränderung von Computerprogrammen ist das Bearbeitungsrecht nach § 69c Abs. 1 Nr. 2 UrhG. Wie allgemein im Urheberrecht ist dabei eine Abgrenzung zur freien Benutzung nach § 24 UrhG vorzunehmen, bei der ein solcher Abstand zum Originalwerk gehalten wird, so dass dieses nicht mehr durchscheint, sondern nur noch als Anregung gedient hat. Die Bearbeitung muss nicht selbst eigenschöpferischen Charakter haben. Ist dies aber der Fall, erwirbt der Bearbeiter ein vom Ersturheber abhängiges **Bearbeiterurheberrecht.** Anders als bei sonstigen Werken ist nicht nur die Verbreitung, sondern bereits die Herstellung der Bearbeitung von der Zustimmung abhängig. Ein entsprechender Eingriff kann nachgewiesen werden durch Übereinstimmungen in Details, Fehlern oder überflüssigem Code, die sich nicht durch Programmiernotwendigkeiten erklären lassen.[82]

37 Zu den **Bearbeitungshandlungen** gehören die Portierung und Migration von Programmen sowie auch die Fehlerberichtigung, für die in § 69d Abs. 1 UrhG eine spezielle Schranke vorgesehen ist. Weiterhin umfasst sind Änderungen und Ergänzungen des Funktionsumfangs, Wartung, Upgrades und Updates.[83] Die Übersetzung des Quellcodes in den Objektcode und umgekehrt lässt sich zwar als Vervielfältigung ansehen, da sich nur die Darstellungsform ändert. Aus der Formulierung des § 69e Abs. 1 UrhG, der das Dekompilieren betrifft, lässt sich aber auch schließen, dass der Gesetzgeber darin eine Form der Umarbeitung gesehen hat.[84] Weiterhin fallen Übersetzungen von einer Programmiersprache in eine andere in den Anwendungsbereich. Auch ohne Veränderung der Programmsubstanz kann ein Eingriff in den Programmablauf durch externe Befehle eine Umarbeitung des Programms darstellen.[85] Schließlich kann es auch eine Umarbeitung darstellen, wenn programmiertechnisch eine technische Schutzmaßnahme, zB eine Dongle-Abfrage, umgangen oder entfernt wird.[86]

---

[80] Dreier/Schulze/*Dreier*, § 69c UrhG Rn. 9.
[81] Vgl. auch Schricker/Loewenheim/*Spindler*, § 69c UrhG Rn. 8.
[82] *OLG Hamburg*, CR 2012, 503 – Replay PSP; *OLG Frankfurt a. M.*, CR 1986, 13, 20f. – Baustatikprogramm.
[83] Wandtke/Bullinger/*Grützmacher*, § 69c UrhG Rn. 21.
[84] Dreier/Schulze/*Dreier*, § 69c UrhG Rn. 16; vgl. auch *EuGH*, GRUR 2012, 814 – DR und TV2 Danmark; *BGH*, GRUR 2002, 149, 151 – Wetterführungspläne II; *OLG Düsseldorf*, CR 2001, 371, 372.
[85] *OLG Hamburg*, CR 2012, 503 – Replay PSP; kritisch zu dieser weiten Auslegung *Spindler*, CR 2012, 417, 419ff. mwN.
[86] Eingehend dazu, auch zur Integration von Dongleabfragemodulen, Wandtke/Bullinger/*Grützmacher*, § 69c UrhG Rn. 23; vgl. ferner *OLG Karlsruhe*, NJW 1996, 2583; *OLG Düsseldorf*, CR 1997, 337; vgl. ferner *Raubenheimer*, CR 1996, 69ff.

III. Verbreitungsrecht, § 69c Nr. 3 UrhG

Ein weiteres Exklusivrecht im Urheberrecht ist das Recht zur Kontrolle der Verbreitung 38 des Originals sowie von Vervielfältigungsstücken nach § 69c Abs. 1 Nr. 3 UrhG. Eine wichtige Einschränkung besteht in der Beschränkung auf die Verbreitung körperlicher Werkstücke wie Disketten, CDs oder DVDs. Zu den umfassten Handlungen gehören das **öffentliche Anbieten** und **Inverkehrbringen** von Werkstücken. Nicht erfasst ist dagegen der private Bereich, also die Weitergabe in der Familie oder unter Freunden. Dagegen reicht bereits die Lieferbereitschaft gegenüber einer Einzelperson aus, soweit diese zur Öffentlichkeit gehört. Im Interesse eines effektiven Rechtsschutzes muss es auch genügen, wenn das Werkstück nach Bestellung hergestellt wird.[87] Inverkehrbringen bezeichnet jede Besitzüberlassung, durch die das Werkstück in die Öffentlichkeit gelangt.

Das ebenfalls unter das Verbreitungsrecht fallende **Vermieten** beinhaltet die entgeltliche 39 und zeitlich befristete Gebrauchsüberlassung. Die Abgrenzung erfolgt nicht nach vertragstypologischen Kategorien, sondern entscheidend ist die zeitlich befristete Überlassung.[88] Daher können auch der Kauf mit Rückgaberecht oder der Kauf auf Probe umfasst sein, was insbesondere für Shareware von Bedeutung ist.[89] Die Beschränkung auf die Überlassung körperlicher Werkexemplare schließt Rechenzentrums-, Outsourcing- und Application Service-Verträge von der Anwendbarkeit des Vermietrechts aus.[90]

Das Verbreitungsrecht wird beschränkt durch den sog. **Erschöpfungsgrundsatz**. Die- 40 ser gehört zu den grundlegenden Prinzipien des Immaterialgüterrechts und schafft einen Ausgleich zwischen den Verwertungsinteressen der Rechteinhaber und dem Interesse der Verbraucher und des Marktes an der Verkehrsfähigkeit des einzelnen Produkts. Ist ein Werkstück (1.) mit Zustimmung des Berechtigten (2.) im Wege der Veräußerung (3.) in Verkehr gebracht worden, kann der Rechteinhaber das Verbreitungsrecht an diesem Werkstück nicht mehr geltend machen. Dieser Grundsatz gilt national, aber auch bei Inverkehrbringen in der EU bzw. im EWR. Der Grundsatz der gemeinschaftsweiten Erschöpfung wurde aus Art. 28 EGV hergeleitet.[91] Er ist mittlerweile auch im sekundären Gemeinschaftsrecht fest verankert. Entgegen einer früheren Tendenz in Rechtsprechung und Literatur ist die Erschöpfungswirkung auf das Verbreitungsrecht beschränkt und gilt nicht für andere Verwertungsrechte.[92] Eine internationale Erschöpfung über den Bereich der EU und des EWR hinaus ist mangels Rechtsgrundlage nicht anzuerkennen.[93]

Die Voraussetzung der **Veräußerung** ist nur erfüllt, wenn der Berechtigte die Herr- 41 schaft über das betreffende Werkstück dauerhaft aufgibt. Dabei kommt es nicht auf die schuldrechtliche Einordnung des zu Grunde liegenden Vertrags an.[94] Die Versuche der Praxis, bei der Übertragung von Computerprogrammen die Erschöpfung durch entsprechende Gestaltung von Vertragsbestimmungen („Lizenzvertrag") zu umgehen, konnten daher nicht erfolgreich sein. Ist die Überlassung dagegen als befristete ausgelegt, sodass von einer Vermietung oder einem Verleihen auszugehen ist, so greift der Erschöpfungsgrundsatz nicht ein. Ansonsten hängt es von den vertraglichen Regelungen zu Nutzungsumfang,

---

[87] Wandtke/Bullinger/*Grützmacher*, § 69c UrhG Rn. 27; Schricker/Loewenheim, § 69c UrhG Rn. 22; Dreier/Schulze/*Schulze*, § 17 UrhG Rn. 13; aA noch *KG*, GRUR 1983, 174 – Videokassetten; *OLG Köln*, GRUR 1995, 265, 268 – Infobank; *LG München*, AfP 1996, 181, 183.
[88] Wandtke/Bullinger/*Grützmacher*, § 69c UrhG Rn. 74; zum Merkmal der Verfolgung von Erwerbszwecken vgl. Wandtke/Bullinger/*Grützmacher*, § 69c UrhG Rn. 78 f.; Dreier/Schulze/*Dreier*, § 17 UrhG Rn. 45.
[89] *BGH*, GRUR 1989, 417, 419 – Kauf mit Rückgaberecht; *BGH*, GRUR 2001, 1036, 1037 – Kauf auf Probe.
[90] Wandtke/Bullinger/*Grützmacher*, § 69c UrhG Rn. 75 f.; wohl auch Dreier/Schulze/*Dreier*, § 69c UrhG Rn. 36; aA Bartsch, CR 1994, 667, 671; *Koch*, ITRB 2001, 39, 41.
[91] *EuGH*, GRUR Int. 1971, 450, 454 – Polydor; *EuGH*, GRUR Int. 1981, 229, 231 – Gebührendifferenz II.
[92] Vgl. die Nachweise bei Dreier/Schulze/*Schulze*, § 17 UrhG Rn. 30.
[93] Schricker/Loewenheim/*Vogel*, § 17 UrhG Rn. 57 ff.
[94] *BGH*, GRUR 1995, 673, 675 f. – Mauerbilder.

Rückgabepflichten und weiteren Umständen ab, ob eine Kontrolle des Überlassenden weiterhin gegeben ist, die gegen das Vorliegen einer Überlassung spricht. Zu beachten ist dabei auch, dass weitgehende Beschränkungen des Nutzungsumfangs wegen Umgehung des Erschöpfungsgrundsatzes ebenso unwirksam sein können wie aus AGB- und kartellrechtlichen Gründen.[95] Schließlich ist auch das Markenrecht im Auge zu behalten. Bringt ein Softwarehändler Sicherungskopien in den Verkehr, die mit Echtheitszertifikaten versehen sind, die zuvor an von OEM-Partnern gelieferter Hardware befestigt waren, auf die die Software aufgespielt war, und befindet sich auf den Zertifikaten auch die Marke des Softwareherstellers, greift wegen § 24 Abs. 2 MarkenG der markenrechtliche Erschöpfungsgrundsatz nicht ein.[96]

42 **Praxistipp:**
Das Eingreifen des Erschöpfungsgrundsatzes lässt sich nicht dadurch umgehen, dass man den Vertrag als „Lizenzvertrag" bezeichnet.

IV. Öffentliche Wiedergabe und öffentliche Zugänglichmachung, § 69c Nr. 4 UrhG

43 Das Recht der **öffentlichen Wiedergabe** gem. §§ 69a Abs. 4, 15 Abs. 2 UrhG steht auch den Urhebern von Computerprogrammen zu.[97] Im Zuge der Umsetzung der Info-Richtlinie hat der deutsche Gesetzgeber im Wege der Klarstellung in Nr. 4 auch für Computerprogramme das Recht der öffentlichen Wiedergabe eingefügt.[98] Die wichtigste Form der öffentlichen Zugänglichmachung ist dabei ausdrücklich erwähnt. Damit können Übertragungen von Programmen im Internet vom Urheber kontrolliert werden. Allerdings muss das Merkmal der Öffentlichkeit erfüllt sein, sodass etwa eine E-Mail an einen Freund nicht darunter fällt, wohl aber eine solche an Bekannte, Arbeitskollegen und nicht persönlich bekannte Personen.

44 Weitere Verwertungsvorgänge im Zusammenhang mit der Nutzung des **Internet** als Vertriebskanal fallen unter das Vervielfältigungsrecht. Upload und Download sind mit einer vorübergehenden Speicherung im Arbeitsspeicher und meist auch mit einer dauerhaften Speicherung auf der Festplatte des Servers bzw. des Nutzerrechners verbunden. Das gleiche gilt für die Einstellung oder Übertragung von Computerprogrammen in ein Chat-Forum, Bulletin Board oder per E-Mail.

45 Lange strittig war die Anwendbarkeit des **Erschöpfungsgrundsatzes** auf die **Online-Übertragung**.[99] Der *EuGH* machte in der „**Used-Soft**"-Entscheidung klar, dass im vorliegenden Fall ein „**Erstverkauf** von Programmkopien" im Sinne der Richtlinie vorliege.[100] Somit sei der Erstkäufer einer entgeltpflichtigen Lizenz Eigentümer der heruntergeladenen Kopie. Des Weiteren soll sich der urheberrechtliche Erschöpfungsgrundsatz nicht nur auf verkörperte Werkstücke, sondern auch auf die **erste Kopie** der aus dem Internet heruntergeladenen Computerprogramme beziehen, da hierfür vor allem der Wille des europäischen Gesetzgebers der Computerprogramm-RL spräche, nicht zwischen körperlichen und unkörperlichen Programmkopien zu differenzieren.[101] Der *EuGH* bewertet die Online-Übertragung als funktionell der Aushändigung eines körperlichen Datenträgers gleichwertig. Bereits der Erstverkauf der Programmkopie ermögliche dem Hersteller, eine angemessene Vergütung zu erzielen. Eine Kontrolle auch der Weiterübertragung ginge

---

[95] Wandtke/Bullinger/*Grützmacher*, § 69c UrhG Rn. 65 ff.
[96] *BGH*, CR 2012, 295 Rn. 20 ff. – Unberechtigte Softwareüberlassung – Echtheitszertifikat.
[97] Wandtke/Bullinger/*Grützmacher*, § 69c UrhG Rn. 80.
[98] Gesetz zur Regelung des Urheberrechts in der Informationsgesellschaft v. 10.9.2003, BGBl. I S. 1774.
[99] Wandtke/Bullinger/*Grützmacher*, § 69c UrhG Rn. 35, 39; *Hoeren*, CR 2006, 573 mwN.
[100] *EuGH*, GRUR 2012, 908 Rn. 42 – UsedSoft.
[101] *EuGH*, GRUR 2012, 908 Rn. 55 – UsedSoft.

über das zur Wahrung des spezifischen Gegenstands Notwendige hinaus. Vor allem solle eine Abschottung von Märkten vermieden werden.

Eine wichtige Voraussetzung für die Erschöpfungswirkung geht dahin, dass der Ersterwerber beim Weiterverkauf alle vorhandenen Programmkopien auf seinen Rechnern **löschen muss**.[102] Das Argument, dass dies schwierig zu kontrollieren sei, weist der *EuGH* zurück, indem er darauf verweist, dass auch bei auf CD-ROM oder DVD gespeicherten Programmkopien die Nachprüfbarkeit schwierig sei. Zudem stellte der *EuGH* fest, dass auch ein zeitgleich abgeschlossener Wartungsvertrag den Eintritt der Erschöpfung nicht verhinderte. Deswegen erstrecke sich die Erschöpfung des urheberrechtlichen Verbreitungsrechts auch auf die **verbesserte und aktualisierte Software**. Dies gelte auch dann, wenn der Erwerber sich zu einem späteren Zeitpunkt entscheide, seinen Wartungsvertrag nicht zu verlängern.[103]

Der *BGH* schloss sich dem *EuGH* umfassend an.[104] Erschöpfung wird danach auch ausgelöst, wenn der Kunde die ihm von der Beklagten verkaufte Kopie des Computerprogramms von der Internetseite des Urheberrechtsinhabers auf seinen Computer herunterladen würde.[105] Die **Position des Erwerbers** aus § 69d Abs. 1 wird quasi übertragbar gestellt.[106] Anschließende Vervielfältigungen oder Veräußerungen sind dann durch diese Norm gedeckt.[107] Problematisch ist auch der **Zeitpunkt der Unbrauchbarmachung**. In UsedSoft III stellt der *BGH* aber fest, dass die Erschöpfungswirkung auch hinsichtlich der anzufertigenden Kopien der Computerprogramme gilt.[108] Jedenfalls muss die zurückbleibende Programmkopie in einem zeitlich engen Zusammenhang gelöscht werden, keinesfalls darf es zu einer dauerhaften Vermehrung der Kopien kommen.[109] Der Nachweis ist anhand von Logfiles oder anderen fälschungssicherer Dokumentation zu führen, auch verbunden mit Zeugenprotokollen.[110]

Eine **Eingrenzung der Erschöpfungswirkung** zugunsten der Hersteller in der Praxis erscheint vor allem durch die mit Software verbundenen Wartungsdienstleistungen möglich, denn der Rechtsinhaber kann die Bedingungen für die weitere Wartung der Gebrauchsoftware derart gestalten, dass der Zweiterwerber nicht in den Genuss zukünftiger Updates kommt.[111] Auch wird über den zunehmenden Einsatz technischer Schutzmechanismen diskutiert.[112] Schließlich führt die UsedSoft-Rechtsprechung wohl vermehrt zu einer Softwareüberlassung auf Zeit.[113] Jedoch stellt der *BGH* eine zeitlich begrenzte Überlassung der unbegrenzten Überlassung gleich, wenn das Computerprogramm nach Ablauf der Servicezeit automatisch deaktiviert und funktionsunfähig wird.[114]

Bereits vor der „UsedSoft"-Entscheidung hatte der *BGH* über einen Fall zu entscheiden, bei der eine Software nach Installation zwingend über ein **Benutzerkonto** auf den

---

[102] *EuGH*, GRUR 2012, 908 Rn. 78 f. – UsedSoft.
[103] *EuGH*, GRUR 2012, 908 Rn. 67 f. – UsedSoft.
[104] *BGH*, CR 2014, 168 – UsedSoft II; *OLG München*, MMR 2015, 397 Dazu ausführlich *Marly*, CR 2014, 145; *Schneider/Spindler*, CR 2014, 213. S. auch *BGH*, GRUR 2015, 772 – UsedSoft III; *BGH*, MMR 2015, 735 Rn. 30 ff. – Green-IT.
[105] *BGH*, CR 2014, 168 – UsedSoft II.
[106] *BGH*, CR 2014, 168 Rn. 46 – UsedSoft II; *BGH*, GRUR 2015, 772 Rn. 55 ff. – UsedSoft III.
[107] *BGH*, GRUR 2015, 772 Rn. 52 ff. – UsedSoft III.
[108] *BGH*, GRUR 2015, 772 Rn. 35 – UsedSoft III. Dazu *Schneider*, CR 2015, 413, 416.
[109] Die nach mehr als anderthalb Monaten vorgenommene Löschung durch ein externes Dienstleistungsunternehmen reicht nicht aus, vgl. *BGH*, MMR 2015, 735 Rn. 49 ff. – Green-IT. *Schneider*, CR 2015, 413, 416 f.; *Roth*, ZUM 2015, 981, 984.
[110] Vgl. Schricker/Loewenheim/*Loewenheim*/*Spindler*, § 69c Rn. 34.
[111] Vgl. *Senftleben*, NJW 2012, 2924, 2927; *Schneider*, CR 2015, 413, 417 f.; *OLG München*, MMR 2015, 397, 400. Zur Entwicklung des Marktes nach UsedSoft vgl. *Kubach*, DSRITB 2016, 341 ff.
[112] Ausführlich *Schneider/Spindler*, CR 2014, 213, 221 f.; *Marly*, CR 2014, 2014, 149.
[113] *Weisser/Färber*, MMR 2014, 364, 366 f.; *Marly*, CR 2014, 145, 147; *Scholz*, GRUR 2015, 142, 146; *Wolf*, GRUR 2015, 142 ff.
[114] *BGH*, MMR 2015, 735 Rn. 37 – Green-IT; kritisch *Stieper/Henke*, NJW 2015, 3548; dazu auch *Roth*, ZUM 2015, 981; *Kloth/Briske*, GRUR-Prax 2017, 228.

Internetserver des Herstellers zu registrieren war.[115] Durch die Lizenzbestimmungen wurde die Weitergabe des Benutzerkontos an Dritte untersagt. Der *BGH* sah **hier** keinen Verstoß gegen den Erschöpfungsgrundsatz, da es sich um eine rechtliche oder tatsächliche Einschränkung der Verkehrsfähigkeit handele, die nicht auf dem Verbreitungsrecht läge, sondern auf anderen Umständen wie der besonderen Gestaltung eines Werkstücks beruhe. Nicht zu verkennen ist aber, dass in der praktischen Konsequenz der Datenträger mit der Software vom Ersterwerber nicht mehr weiterverkauft werden kann. Damit sind weitere Umgehungsmöglichkeiten für die Erschöpfung eröffnet, die zu einer Ablehnung der Entscheidung führen müssen.[116] Der *BGH* ging später von einer Erschöpfung auch bei Veräußern des Computerprogramms durch Bekanntgabe des dem Box-Produkt zugeordneten Produktschlüssels aus, selbst wenn die Software als Box-Produkt erworben wurde (insofern keine Programmkopie zurückbleibt).[117] Dies wurde durch die Rechtsprechung im Folgenden allerdings je nach Einzelfall auch zurückhaltender bewertet.[118]

E. Schrankenregelungen, § 69d UrhG

I. Allgemeines

50   Angesichts der weit gefassten Ausschließlichkeitsrechte in § 69c UrhG enthält § 69d UrhG **spezifische Schrankenregelungen,** die auch den technischen Besonderheiten der Computerprogramme Rechnung tragen sollen. Die hier geregelten Fälle sind aber abschließend, sodass die allgemeinen Schranken der §§ 53 ff. UrhG zurücktreten.[119] Wichtigste Konsequenz ist, dass es für Computerprogramme **keine Erlaubnis der Privatkopie** gibt.

51   Die **dogmatische Einordnung** von § 69d UrhG ist nach wie vor ungeklärt.[120] Unter Rückbindung an die allgemeine urheberrechtliche Dogmatik wird die Regelung als Ausprägung des Zweckübertragungsgrundsatzes angesehen.[121] Für § 31 Abs. 5 UrhG ist es umstritten, ob es sich um eine reine Auslegungsregel handelt oder weitergehend um eine zwingende Inhaltsnorm.[122] Auch für § 69d Abs. 1 UrhG wird vertreten, es handele sich um eine Inhaltsnorm, die den materiellrechtlichen Inhalt einer Vertrags näher bestimmt.[123] Hingewiesen wird auch auf die Parallele zur Doktrin der implied license im US-amerikanischen Urheberrecht.[124]

---

[115] *BGH*, NJW 2010, 2661 – Half Life 2; vgl. dazu die Anm. *Paul/Albert*, K&R 2010, 584. Die Rechtsprechung gilt nach *KG Berlin*, MMR 2016, 340 erst recht, wenn ein Kunde das Spiel nicht auf einem körperlichen Träger, sondern von den Servern herunterlädt.

[116] Vgl. auch *Dreier/Schulze/Dreier*, § 69c Rn. 26a; *Marly*, CR 2014, 145, 149; *Schneider/Spindler*, CR 2014, 213, 221 f.; *Schneider*, CR 2015, 413, 421. In diese Richtung auch *Weisser/Färber*, MMR 2014, 364, 366, die den Bestand der Ansicht des *BGH* für fraglich halten. AA *KG Berlin*, MMR 2016, 340 (nach dem im konkreten Fall mangels Verkauf bereits eine Vergleichbarkeit mit der UsedSoft-Entscheidung fehle); *LG Berlin*, ZUM-RD 2014, 504, 508. Ablehnend zur Entscheidung auch Schricker/Loewenheim/*Loewenheim/Spindler*, § 69c Rn. 34 aE, auch mit Hinweisen zur praktischen Durchsetzbarkeit und datenschutzrechtlicher Problematik.

[117] *BGH*, MMR 2015, 735 Rn. 39 – Green-IT; *OLG Frankfurt a. M.*, MMR 2016, 692 Rn. 20; *OLG München*, MMR 2017, 633 Rn. 35. Siehe auch *Stieper/Henke*, NJW 2015, 3548, 3550; *Hilgert*, CR 2014, 354, 356 f.

[118] *BGH*, ZUM 2018, 182; *OLG München*, MMR 2017, 838 Rn. 76; *LG Berlin*, MMR 2014, 838. S. auch *KG*, GRUR-RR 2018, 106.

[119] Dreier/Schulze/*Dreier*, § 69d UrhG Rn. 3; nach Wandtke/Bullinger/*Grützmacher*, § 69a UrhG Rn. 84 f., kommt nur eine Anwendung von § 45 UrhG in Betracht.

[120] Vgl. *Grützmacher*, CR 2011, 485 ff.

[121] *OLG Karlsruhe*, CR 1996, 341, 342; *OLG Karlsruhe*, NJW-CoR 1996, 186; *LG Berlin*, ZD 2012, 276; *LG Düsseldorf*, CR 1996, 737, 738.

[122] Dreier/Schulze/*Schulze*, § 31 UrhG Rn. 114 f.

[123] *Pres*, Gestaltungsformen, S. 123 ff.

[124] *Marly*, Softwareüberlassungsverträge, Rn. 1006; Wandtke/Bullinger/*Grützmacher*, § 69d UrhG Rn. 3.

Im Ergebnis ist vor allem von Bedeutung, ob es für die Privilegierung des § 69d UrhG einer gesonderten Nutzungsrechtseinräumung bedarf oder dies allein vom Vorliegen einer „Berechtigung" iSd. § 69d UrhG abhängt.[125] Wenn man Letzteres (zutreffend) bejaht und dabei auf einen Erwerb im Einklang mit dem Verbreitungsrecht abstellt, so kommt der Regelung eine gewisse **Erschöpfungswirkung** zu.[126] § 69d UrhG lässt sich dann auch als gesetzliche Lizenz zur Absicherung dieser Erschöpfungswirkung ansehen.[127] Dann ist auch keine geschlossene Vertragskette zwischen Rechteinhaber und Erwerber zu fordern.[128]

II. Bestimmungsgemäße Benutzung, § 69d Abs. 1 UrhG

§ 69d Abs. 1 UrhG stellt sicher, dass trotz der weitreichenden Befugnisse des Urhebers die vertragsgemäße Nutzung nicht behindert wird. Berechtigter ist der Käufer ebenso wie der Lizenznehmer. Es kommt aber nicht auf eine vom Rechteinhaber ableitbare Nutzungsrechtseinräumung an. Dies hätte für den Vertrieb Probleme bei der Konstruktion einer durchgehenden Lizenzkette zur Folge, die dem Zweck der Regelung widersprechen. Entscheidend ist danach allein eine **„Berechtigung"**, die dann anzunehmen ist, wenn der Erwerb nicht gegen urheberrechtliche Vorschriften verstieß.[129] Auch ein nur schuldrechtliches Weitergabeverbot kann dem nicht entgegenstehen. Eine berechtigte Nutzung liegt auch vor, wenn sich der Nutzer auf eine zuvor eingetretene Erschöpfung des Verbreitungsrechts berufen kann. Dies hat der *EuGH* in der UsedSoft-Entscheidung bestätigt, wonach sich das Merkmal des „berechtigten Benutzers" nicht auf den ersten Erwerber beschränkt, der mit dem Hersteller einen Lizenzvertrag geschlossen hat, sondern wegen der Erschöpfungswirkung auch der zweite und jeder weitere Erwerber der Programmkopie erfasst wird.[130] Diese Berechtigung kann nicht vertraglich ausgeschlossen werden. Allerdings kann jeder weitere Erwerber nur in dem Umfang berechtigt sein wie der Ersterwerber. Der Umfang der berechtigten Nutzung für die weiteren „Berechtigten" in der Kette bestimmt sich daher nach dem Lizenzvertrag zwischen Urheber und Ersterwerber.[131] In gewissem Umfang können sich auch Dritte auf eine Nutzungsberechtigung des berechtigten Erwerbers berufen. Dies gilt für Familienmitglieder, Freunde und auch für Angestellte.[132]

Alle Handlungen, die zu einer vereinbarten Nutzung erforderlich sind, sind zulässig.[133] Mangels ausdrücklicher Vereinbarung soll es auf die dem wirtschaftlichen und technischen Nutzungszweck entsprechende **gewöhnliche Nutzung** ankommen. Hier wird man jeweils Wille und Interesse beider Seiten angemessen zur berücksichtigen haben. Die Erforderlichkeit liegt vor, wenn die bestimmungsgemäße Nutzung nicht auf andere Weise zumutbar herzustellen ist.[134]

Erlaubt sind alle erforderlichen Handlungen des Ladens, Laufenlassens und Speicherns. Dies umfasst auch die Speicherung auf einem externen Speichermedium. Zustimmungs-

---

[125] Zum Streitstand vgl. Wandtke/Bullinger/*Grützmacher*, § 69d UrhG Rn. 29 ff.; differenzierend Dreier/Schulze/*Dreier*, § 69d UrhG Rn. 2 aE, wonach für bestimmte Nutzungen eine gesonderte Nutzungsrechtseinräumung erforderlich sein soll.
[126] Wandtke/Bullinger/*Grützmacher*, § 69d UrhG Rn. 4, 24 ff.; *Blocher/Walter* in: Walter/v. Lewinsky (Hrsg.), European Copyright Law, 5.5.6.; *Baus*, MMR 2002, 114, 116.
[127] Wandtke/Bullinger/*Grützmacher*, § 69d UrhG Rn. 28; für Mischform zwischen gesetzlicher Lizenz und vertraglicher Auslegungsvorschrift Dreier/Schulze/*Dreier*, § 69d UrhG Rn. 2; vgl. auch *Hilty*, MMR 2003, 3, 9, 13 f.
[128] Wandtke/Bullinger/*Grützmacher*, § 69d UrhG Rn. 30.
[129] *Blocher/Walter* in: Walter/v. Lewinsky (Hrsg.), European Copyright Law, 5.5.10. ff.; Wandtke/Bullinger/*Grützmacher*, § 69d UrhG Rn. 30.
[130] *EuGH*, NJW 2012, 2565 – Usedsoft = GRUR 2012, 908 Rn. 80 ff; BGH, CR 2014, 168 Rn. 46 – UsedSoft II; *BGH*, GRUR 2015, 772 Rn. 55 ff. – UsedSoft III.
[131] *BGH*, GRUR 2014, 168 Rn. 74.
[132] Schricker/Loewenheim/*Spindler*, § 69d UrhG Rn. 4; nach Dreier/Schulze/*Dreier*, § 69d UrhG Rn. 6, ist dies eine Frage des Umfangs einer Gestattung durch den Berechtigten.
[133] Dreier/Schulze/*Dreier*, § 69d UrhG Rn. 7, auch zu den Grenzen einer Vereinbarung.
[134] Dreier/Schulze/*Dreier*, § 69d UrhG Rn. 11.

bedürftig ist aber die Installation auf mehreren Rechnern, die die zeitgleiche Mehrfachnutzung erlauben würde, etwa PC und Laptop.[135] Beim Netzwerkbetrieb als eigener Nutzungsart ist die zulässige Zahl der Client-Rechner meist vertraglich geregelt. Über einen „normalen" Netzwerkbetrieb hinaus gehen **neu entstandene Nutzungsarten** wie Rechenzentrums-, Outsourcing- und Application Service Providing[136] sowie SaaS. Ist ausdrücklich oder konkludent eine entsprechende Nutzung genehmigt bzw. zugrunde gelegt worden, so können auch Sicherheitsmaßnahmen wie das Vorhalten des Programms in einem „Fall-Back-System" zur bestimmungsgemäßen Nutzung gehören.[137] Auch die Schulung kann dazu gerechnet werden.[138]

56 § 69 Abs. 1 UrhG erwähnt ausdrücklich die **Fehlerberichtigung,** die den Einsatz von Tools umfasst und auch zur Ergänzung von Programmelementen führen kann.[139] Dazu gehört die Beseitigung von Viren, trojanischen Pferden, Programmfehlern und sonstigen Funktionsstörungen. Umfasst sind auch notwendige Änderungen zur Herstellung einer bestimmungsgemäßen Kompatibilität. Die Befugnis greift auch dann ein, wenn der Fehler erst nach Programmerwerb durch Virenverseuchung oder den Einsatz neuer Hardware aufgetreten ist. Grundsätzlich kann der Nutzer auch Dritte zur Fehlerbeseitigung einschalten.[140]

57 Auch die Beseitigung von Funktionsstörungen durch Einsatz von **Kopierschutzmechanismen** kann eine erlaubte Fehlerberichtigung darstellen.[141] Wegen des eindeutig entgegen stehenden Willens des Programmanbieters und der Missbrauchsgefahr ist aber die Beseitigung der Störung in Form der Entfernung etwa eines Dongles oder dessen Umgehung durch den Nutzer selbst in der Regel nicht erlaubt. Vielmehr muss zunächst der Programmhersteller um Abhilfe gebeten werden, und er kann sich dies auch vertraglich vorbehalten. Nur wenn dieser keine zumutbare Beseitigung vornimmt, weil er dazu nicht willens oder in der Lage ist, und die Entfernung des Dongles unabdingbar für die Nutzung ist, kommt eine Selbsthilfe in Betracht.[142]

58 Erlaubt sind auch bestimmungsgemäße **Umarbeitungen.**[143] Dies können Veränderungen im Rahmen der Konfiguration sowie eine Portierung zur Erhaltung der Nutzungsmöglichkeit sein.[144] Zulässig ist auch die Anpassung des Programms an geänderte Steuer- und Gebührensätze. Dagegen sind Wartungsarbeiten zur Verbesserung des Programms oder Nutzungserweiterungen meist nicht abgedeckt.

59 Die Rechtsprechung hat versucht, **Kriterien** zu entwickeln, die allgemein zur Konkretisierung von Abs. 1 herangezogen werden können. Dabei wurde auf den erkennbaren Willen des Programmerstellers abgestellt. Möglich sind danach Veränderungen, die das Programm in der vom Urheber intendierten Richtung fortentwickeln und nicht die Programmierleistung konterkarieren.[145] § 69d Abs. 1 UrhG stellt aber auf den Vertrag und dessen Zweck ab, sodass auch die Interessen und der Wille des Nutzers einzubeziehen sind.

---

[135] Wandtke/Bullinger/*Grützmacher,* § 69d UrhG Rn. 9; Dreier/Schulze/*Dreier,* § 69d UrhG Rn. 8; aA *Hoeren/Schumacher,* CR 2000, 137, 139.
[136] Wandtke/Bullinger/*Grützmacher,* § 69d UrhG Rn. 13; Dreier/Schulze/*Dreier,* § 69d UrhG Rn. 8.
[137] Wandtke/Bullinger/*Grützmacher,* § 69d UrhG Rn. 13.
[138] *OLG Düsseldorf,* CR 2002, 95, 96.
[139] *BGH,* GRUR 2000, 866, 868 – Programmfehlerbeseitigung.
[140] *BGH,* GRUR 2000, 866, 868 – Programmfehlerbeseitigung.
[141] *OLG Karlsruhe,* CR 1996, 341; *OLG Düsseldorf,* CR 1997, 337; *OLG München,* CR 1996, 11; *OLG München,* CR 1995, 663; *LG München I,* CR 1995, 669; *LG Mannheim,* NJW 1995, 3322; *König,* NJW 1995, 3293; *Raubenheimer,* CR 1996, 69.
[142] Vgl. auch Wandtke/Bullinger/*Grützmacher,* § 69d UrhG Rn. 22; Dreier/Schulze/*Dreier,* § 69d UrhG Rn. 9.
[143] *Lehmann,* NJW 1993, 1822; *Günther,* CR 1994, 321; *OLG Düsseldorf,* CR 2002, 95, 96.
[144] Ablehnend hinsichtlich der Portierung *Blocher/Walter* in: Walter/v. Lewinsky (Hrsg.), European Copyright Law, 5.5.36.
[145] *OLG Karlsruhe,* CR 1996, 341, 342; *OLG Düsseldorf,* CR 1997, 337, 338.

Die Ausnahme des Abs. 1 ist grundsätzlich dispositiv. Ein **zwingender Kern**[146] umfasst 60
aber alle technisch bedingt notwendigen Handlungen, um überhaupt eine Programmnutzung durchführen zu können, also die Installation, das Laden in den Arbeitsspeicher und den Programmlauf. Generelle Fehlerbeseitigungsverbote verstoßen ebenfalls gegen den zwingenden Kern. Der Hersteller kann selbst Fehlerbeseitigung anbieten, muss aber dem Nutzer die Möglichkeit einräumen, den Fehler durch Dritte beseitigen zu lassen, wenn er selbst dazu nicht willens oder in der Lage ist.[147] Weitere Regelungen hinsichtlich Art und Umfang der Nutzung sowie Änderungen und Verbesserungen des Programms sind dagegen als dispositiv anzusehen. Inzwischen stellt sich aber auch die Frage, inwieweit die in der Praxis herrschenden Lizenzmetriken sich so weit vom Urheberrecht entfernt haben, dass sich verstärkt die Frage der Wirksamkeit stellt.[148]

III. Sicherungskopie, § 69d Abs. 2 UrhG

Entsprechend dem Grundprinzip notwendiger Datensicherung erlaubt § 69d Abs. 2 UrhG 61
zwingend die Herstellung einer **Sicherungskopie**.[149] Auch das Recht der Anfertigung einer Sicherungskopie ist durch das Merkmal der Erforderlichkeit eingeschränkt. Diese ist nicht gegeben, wenn der Hersteller bereits eine Sicherungskopie mitliefert. Das Anbieten der Zusendung oder Überspielung einer Kopie durch den Hersteller im Bedarfsfall dürfte wegen der dadurch entstehenden zeitlichen Verzögerung, des Aufwands sowie möglicher Nachweisanforderungen wohl nicht ausreichen.[150] Ausnahmsweise kann auch mehr als eine einzige Sicherungskopie erforderlich sein. Dies kommt vor allem bei der Sicherung von Gesamtsystemen in Betracht.[151] Die Notwendigkeit der Erstellung einer einzigen Sicherungskopie dürfte in der Praxis aber der Regelfall sein.

Werden technische Schutzmaßnahmen eingesetzt, verhindern diese auch die Erstellung 62
von Sicherungskopien. Der Nutzer darf dann entsprechend der später eingefügten §§ 95a ff. UrhG zwar nicht den Kopierschutz in Selbsthilfe entfernen. Jedoch wird man dem Nutzer einen **Anspruch auf Entfernung** des Kopierschutzes zur Anfertigung einer zulässigen Sicherungskopie gegen den Hersteller zuerkennen müssen, die dann selbst wieder kopiergeschützt sein wird.[152]

F. Rechteinhaber

I. Urheber und Urhebergemeinschaft

Im Urheberrecht gilt das **Schöpferprinzip.** Urheber ist derjenige, der das Werk geschaf- 63
fen hat. Eine Übertragung des Urheberrechts ist ausgeschlossen, mit Ausnahme der Gesamtrechtsnachfolge im Erbfall. Möglich ist aber die Einräumung der Nutzungsrechte an natürliche oder juristische Personen. Letztlich verbleibt dem Urheber dann ein Kernbereich nicht übertragbarer persönlichkeitsrechtlicher Befugnisse.

---

[146] Vgl. auch Begründung RegE, BT-Drs. 12/4022, S. 12; *BGH*, GRUR 2000, 866, 868 – Programmfehlerbeseitigung.
[147] *BGH*, GRUR 2000, 866, 868 – Programmfehlerbeseitigung.
[148] Vgl. dazu *Grützmacher*, ITRB 2017, 141 ff.
[149] Zur Auslegung des Begriffs der Sicherungskopie siehe *Diedrich*, CR 2012, 69.
[150] Vgl. auch Wandtke/Bullinger/*Grützmacher*, § 69d UrhG Rn. 67, die schon den Aufwand der Mitteilung und des Verschickens des beschädigten Exemplars für unzumutbar halten; differenzierend Dreier/Schulze/*Dreier*, § 69d UrhG Rn. 16.
[151] Wandtke/Bullinger/*Grützmacher*, § 69d UrhG Rn. 69; Dreier/Schulze/*Dreier*, § 69d UrhG Rn. 17; aA Schricker/*Loewenheim*/Spindler, § 69d UrhG Rn. 16; *Lehmann*, NJW 1993, 1822, 1823.
[152] Wandtke/Bullinger/*Grützmacher*, § 69d UrhG Rn. 70; Dreier/Schulze/*Dreier*, § 69d UrhG Rn. 19.

64 Wirken mehrere Personen am Schaffen des Werkes mit, werden diese Miturheber nach § 8 UrhG. Bei Computerprogrammen ist der Fall besonders häufig, dass mehrere Personen nacheinander als Miturheber tätig sind.[153] Zwischen den **Miturhebern** entstehen eine Gesamthandsgemeinschaft und in der Regel auch eine Miturhebergesellschaft. Jeder Miturheber kann die Verletzung des Urheberrechts gem. § 8 Abs. 2 S. 3 UrhG selbstständig verfolgen. Bei Schadensersatzansprüchen muss er aber Leistung an alle verlangen; insoweit handelt es sich um eine gesetzliche Prozessstandschaft.[154]

65 Für die Verfolgung von Rechtsverletzungen von **Open Source Software** wird wegen der Vielzahl der beteiligten Programmierer eine Benennung aller Urheber fast unmöglich sein.[155] Eine gangbare Lösung des Problems der komplexen Rechtsinhaberschaft bietet eine Initiative der Free Software Foundation. Mittels Fiduciary License Agreements (www.fsfe.org/activities/ftf/fla.de.html) erfolgt eine Übertragung des Urheberrechts bzw. der ausschließlichen Rechte zur Vervielfältigung, Verbreitung, öffentlichen Wiedergabe und Bearbeitung. Die FSF Europe räumt dem Berechtigten dann ein einfaches Nutzungsrecht ein und verpflichtet sich im Übrigen, die ihr eingeräumten Rechte nur in Einklang mit der GPL auszuüben. Sollte sie dagegen verstoßen, fallen die eingeräumten Rechte automatisch an die Berechtigten zurück.

II. Arbeitsverhältnis

66 In den meisten Fällen erfolgt die Erstellung eines Computerprogramms im Rahmen eines Arbeits- oder Dienstverhältnisses. § 69b UrhG bestimmt als Spezialvorschrift zu § 43 UrhG, dass der **Arbeitgeber** vom Arbeitnehmer als Urheber im Wege des abgeleiteten Erwerbs die ausschließlichen Verwertungsrechte unbefristet erwirbt, soweit nicht vertraglich etwas anderes bestimmt ist.[156] Damit unterscheidet sich das deutsche Urheberrecht vom angloamerikanischen Urheberrecht, wo das gesamte Copyright übertragen werden kann.

67 Voraussetzung für den Übergang ist, dass der Programmierer das Programm „in Wahrnehmung seiner Aufgaben oder nach den Anweisungen seines Arbeitgebers" geschaffen hat. Das Programm muss nicht während der Arbeitszeiten entstanden sein. Nicht erfasst werden aber **rein privat erstellte** Programme, auch wenn Kenntnisse oder Arbeitsmittel aus dem Betrieb benutzt werden.[157]

G. Lizenzrechtliche Fragen

I. Einräumung von Nutzungsrechten

68 §§ 69c, 69d UrhG bilden die Grundlage für die Ausgestaltung von Softwareüberlassungs- und -nutzungsverträgen[158]. Der BGH hat ausdrücklich festgestellt, dass ein bestehender urheberrechtlicher Schutz auf die **vertragstypologische Einordnung** keinen Einfluss hat.[159] Es kommt also für die vertragsrechtliche Einordnung nicht darauf an, ob Urheberrechtsschutz besteht oder nicht.

---

[153] *BGH*, GRUR 1994, 39, 40 – Buchhaltungsprogramm; Dreier/Schulze/*Schulze*, § 8 UrhG Rn. 3; Schricker/*Loewenheim*, § 8 UrhG Rn. 6.
[154] Dreier/Schulze/*Schulze*, § 8 UrhG Rn. 21.
[155] *Spindler* in: Spindler (Hrsg.), Rechtsfragen bei open source, Kap. C Rn. 18 ff.; ausführlich zur Miturheberschaft und Aktivlegitimation bei freier Software siehe *Meyer*, CR 2011, 560; s. unten → Teil 2.4.2.
[156] Schricker/*Loewenheim*, § 69b UrhG Rn. 11.
[157] Dreier/Schulze/*Dreier*, § 69b UrhG Rn. 8; *OLG München*, CR 2000, 429; *LG München I*, CR 1997, 351; aA Wandtke/Bullinger/*Grützmacher*, § 69b UrhG Rn. 32.
[158] Vgl. auch *Winklbauer*, → Teil 2.4.1.
[159] *BGH*, CR 2006, 151 – ASP.

G. Lizenzrechtliche Fragen

69 Grundsätzlich, wenn auch nicht mit der gleichen Strenge wie im allgemeinen Zivilrecht, wird auch für das deutsche Urheberrecht der Trennungs- und **Abstraktionsgrundsatz** angewandt und zwischen der urheberrechtlich-dinglichen und der schuldrechtlichen Ebene unterschieden.[160] Urheberrechtliche Verbote und Prinzipien wirken auch auf die Zulässigkeit schuldrechtlich wirkender Vertragsklauseln ein. Mit urheberrechtlich-dinglicher Wirkung können Nutzungsbeschränkungen nur für solche Vertriebsformen wirksam abgesichert werden, die als eigenständige Nutzungsarten anzusehen sind.[161]

70 **Eigenständige Nutzungsarten** müssen nach der Verkehrsauffassung hinreichend klar abgrenzbar sowie wirtschaftlich-technisch als einheitlich und selbstständig anzusehen sein.[162] Unterhalb der dadurch gezogenen Grenze können Nutzungsbeschränkungen zwar grundsätzlich mit schuldrechtlicher Wirkung vereinbart werden, aber nicht mit dinglicher Wirkung gegenüber Dritten. Bei der Abgrenzung muss der Bezug zu bestimmten Absatz- und Vertriebswegen vorhanden sein. Eine Beschränkung auf bestimmte Personenkreise innerhalb eines Vertriebswegs („named user") ist ebenso wenig mit dinglicher Wirkung möglich wie auf bestimmte Formen des Gebrauchs beim Nutzer.[163]

71 Die Abgrenzung von Nutzungsarten für den Softwarevertrieb ist noch für viele **Vertriebsformen** streitig. Anerkannt ist zunächst, dass Demo- und Testversionen eine eigenständige Nutzungsart darstellen.[164] Demgegenüber sind Schulversionen technisch nicht von Endnutzerlizenzen zu unterscheiden, sondern unterliegen nur einer anderen Preisgestaltung.[165]

72 Update-Versionen sind dann eine eigenständige Nutzungsart, wenn bestimmte Versionen nur von bestimmten Händlern angeboten werden.[166] Bei Upgrade-Versionen muss zumindest eine technisch unterschiedliche Ausstattung gegeben sein, was nicht der Fall ist, wenn sich diese von einer Vollversion nur durch einen Aufkleber unterscheidet.[167] **OEM-Software** wird nur zusammen mit Hardware vertrieben. Wirtschaftlich handelt es sich um eine von der Vollversion hinreichend abgrenzbare Vertriebsform, vor allem, wenn in der Werbung und auf der Verpackung auf die Besonderheiten klar hingewiesen wird.[168] Der BGH hat diese Frage in der OEM-Entscheidung offen gelassen.[169]

73 Bei einem Betrieb von Software im **Netzwerk** ist zwischen Einzelplatz- und Mehrplatzsystemen zu unterscheiden.[170] Meist ermöglicht ein lokales oder unternehmensweites Netzwerk mit mehreren angeschlossenen Rechnern eine Parallelnutzung, die wirtschaftlich und technisch hinreichend von der Einplatznutzung zu unterscheiden ist und daher eine eigenständige Nutzungsart darstellt.[171] Gegenüber herkömmlichen Vertriebswegen stellt die Bereitstellung über das Internet eine eigenständige Nutzungsart dar.[172] Auch die Nutzung von Software als Rechenzentrumsleistung, im Wege des Outsourcing sowie in der Form des Application Service Providing und SaaS stellen jeweils eigenständige Nut-

---

[160] Zur Geltung des Kausalitätsprinzips vgl. Dreier/Schulze/*Schulze,* § 31 UrhG Rn. 18 f.
[161] Zur Anwendbarkeit von § 31 auf Computerprogramme vgl. Wandtke/Bullinger/*Grützmacher,* § 69c UrhG Rn. 83 mwN.
[162] *BGH,* GRUR 1992, 310, 311 – Taschenbuch-Lizenz; *BGH,* GRUR 2001, 153, 154 – OEM; *BGH,* GRUR 2003, 416, 418 – CPU-Klausel.
[163] Vgl. auch *Winklbauer,* → Teil 2.4.1 Rn. 21 ff.
[164] *OLG Düsseldorf,* CR 2002, 95, 96 f.; *KG,* ZUM 2000, 1089.
[165] *OLG Düsseldorf,* CR 2002, 95, 96 f.
[166] *OLG Frankfurt a. M.,* CR 1999, 7, 9; weitergehend *LG München I,* CR 1998, 141, 142.
[167] *LG München I,* CR 1998, 141, 142.
[168] *OLG Frankfurt a. M.,* CR 2000, 581, 582; *KG,* CR 1998, 137, 138; *KG,* GRUR 1996, 974, 975; *LG München I,* CR 1998, 141, 142.
[169] *BGH,* CR 2000, 651, 653 – OEM.
[170] Wandtke/Bullinger/*Grützmacher,* § 69d UrhG Rn. 10 f.
[171] *OLG Frankfurt a. M.,* CR 2000, 146, 150; Wandtke/Bullinger/*Grützmacher,* § 69c UrhG Rn. 50, § 69d UrhG Rn. 10; aA Dreier/Schulze/*Dreier,* § 69c UrhG Rn. 35; Hoeren/*Schuhmacher,* CR 2000, 137, 141 ff.; *Pres,* Gestaltungsformen, S. 156.
[172] Vgl. für andere Werkarten *LG München I,* ZUM 2000, 77, 79; *KG,* ZUM 2001, 485, 489; *OLG Hamburg,* ZUM 2002, 833, 835.

zungsarten dar, die technisch und wirtschaftlich gegenüber der herkömmlichen Nutzung, aber auch gegenüber der Netzwerknutzung hinreichende Unterscheidbarkeit aufweisen.[173]

II. Wirksamkeit typischer Vertragsklauseln

1. Allgemeines

74   Voraussetzung für die Wirksamkeit von Vertragsbedingungen[174] bei Softwareverträgen ist zunächst deren wirksame Vereinbarung. Das wird besonders für vom Hersteller beigefügte sog. Shrink-Wrap-Lizenzen abgelehnt, da diese bei Vertragsschluss dem Erwerber nicht vorliegen und das Aufreißen der Folie nicht als Annahmeerklärung gewertet werden kann. Weiterhin kommt die AGB-Kontrolle zur Anwendung. Leitbildfunktion haben dabei zum einen die Regelungen des zugrunde liegenden schuldrechtlichen Vertragstyps, etwa des Kaufvertragsrechts. Zum anderen sind grundlegende Prinzipien des Urheberrechts heranzuziehen, etwa der Erschöpfungsgrundsatz sowie die Regelung des § 69d UrhG.

75   Beschränkungen in Softwareüberlassungsverträgen unterliegen weiterhin der **kartellrechtlichen Kontrolle** nach Art. 101, 102 AEUV sowie §§ 14 ff. GWB. Softwareverträge sind von der Gruppenfreistellungsverordnung Nr. 772/2004 für Technologietransfervereinbarungen[175] erfasst. Zwar ist diese nur auf Verträge zwischen zwei Unternehmen anwendbar, man wird jedoch in bestimmtem Umfang von einer analogen Anwendbarkeit ausgehen können. Zulässig sind allgemein wohl Unterlizenzierungsverbote und Field-of-use-Klauseln, während Rücklizenzierungspflichten und Site-, Installations- und Gebäude-Lizenzen eher als kartellrechtswidrig angesehen werden. Differenziert sind Koppelungsbindungen zu beurteilen.

76   Die Vertikal-GVO 2790/1999[176] findet nur auf das Verhältnis zwischen Nutzer und Händler bei Shrink-Wrap-Lizenzverträgen Anwendung, weil man insoweit davon ausgeht, dass ein Lizenzvertrag direkt mit dem Hersteller zustande kommt. Eine Anwendung scheidet aus, wenn die Lizenzvereinbarung Hauptgegenstand der vertikalen Vereinbarung ist, was bei Softwareverträgen regelmäßig anzunehmen ist.

2. CPU- und verwandte Klauseln

77   In sog. **CPU-Klauseln (CPU = Central Processing Unit)** wird die Nutzung der Software auf einen ganz bestimmten, im Vertrag etwa mit der Seriennummer genau bezeichneten Rechner beschränkt („maschinenbasiert"). Ein anzuerkennendes Verwertungsinteresse des Urhebers liegt in der Beschränkung auf die gleichzeitige Nutzung nur auf einem Rechner und Ausschluss der gleichzeitigen Mehrfachnutzung, nicht aber der Beschränkung auf einen bestimmten Rechner.

78   Eine ähnliche Beurteilung trifft auch für Bindungen an eine bestimmte Rechnergröße oder -klasse zu, die den Umstieg auf eine andere Hardware unterbindet oder von einem zusätzlichen Entgelt abhängig macht **(„Upgrade-Klauseln")**. Die unterschiedliche Intensität der Nutzung der Software bei unterschiedlich leistungsstarker Hardware berührt nicht

---

[173] Wandtke/Bullinger/*Grützmacher*, § 69d UrhG Rn. 13; Dreier/Schulze/*Dreier*, § 69c UrhG Rn. 36; *J. Schneider*, EDV-Recht, M Rn. 4; *Bettinger/Scheffelt*, CR 2001, 727, 735 ff.
[174] Vgl. zum Thema *Polley*, CR 2004, 641; *Metzger*, NJW 2003, 1994; *Schuhmacher*, CR 2000, 641; *Moritz*, CR 1993, 257; *J. Schneider*, Softwarenutzungsverträge, S. 143 ff.
[175] Verordnung (EG) Nr. 772/2004 der Kommission v. 27.4.2004 über die Anwendung von Art. 81 EG-Vertrag auf Gruppen von Technologietransfer-Vereinbarungen, ABl. EG 2004 Nr. L 123, S. 11, sowie die Bekanntmachung der Kommission – Leitlinien über die Anwendung von Art. 81 EG-Vertrag auf Technologietransfer-Vereinbarungen, ABl. EG 2004 Nr. C 101, S. 2.
[176] Verordnung (EG) Nr. 2790/1999 der Kommission v. 22.12.1999 über die Anwendung von Artikel 81 Absatz 3 des Vertrages auf Gruppen von vertikalen Vereinbarungen und aufeinander abgestimmten Verhaltensweisen, ABL. EG Nr. L 336 v. 29.12.1999, S. 21, abrufbar unter http://eur-lex.europa.eu/LexUriServ/LexUriServ.do?uri=OJ:l:1999:336:0021:0025:de:PDF.

das urheberrechtlich geschützte Interesse des Softwareherstellers. Dem Nutzer würde aber die Möglichkeit genommen, auf eine neue Hardware umzusteigen. Bei kaufrechtlich ausgestalteten Transaktionen sind derartige Klauseln daher AGB-rechtlich unzulässig, verstoßen aber auch gegen den zwingenden Kern von § 69d Abs. 1 UrhG und sind auch kartellrechtlich bedenklich. Dies Problem kann auch bei prozessorbasierten Lizenzen auftreten, bei denen in verschiedener Form auf die Prozessorkerne Bezug genommen wird.[177]

Anders fällt die Beurteilung bei **Softwareüberlassung auf Zeit** aus. Der BGH hatte über einen Vertrag mit zeitlich befristeter Überlassung mit einer Kombination von anfänglicher Pauschalsumme und jährlicher Lizenzgebühr zu entscheiden, der mietrechtlich einzuordnen ist. Dem Mietrecht entspricht es durchaus, für eine höhere Nutzungsintensität eine höhere Vergütung zu verlangen. Demgegenüber sind die Verkehrsfähigkeit und die Dispositionsfreiheit des Nutzers nicht in gleichem Maße von Bedeutung. Hierunter wird man auch die „Abonnement"-Gestaltung fassen müssen.[178]

3. Weitergabeklauseln

Wie bereits zum Problem der „Gebrauchtsoftware" behandelt, widersprechen **Weitergabeverbote** oder Zustimmungsvorbehalte bei dauerhafter Überlassung dem Erschöpfungsgrundsatz und lassen sich auch nicht mit der kaufrechtlich begründeten Verfügungsfreiheit des Eigentümers vereinbaren. Zulässig sind Informationspflichten im Hinblick auf Name und Anschrift des Erwerbers oder eine Verpflichtung zur Weitergabe der Nutzungsbedingungen. Bei miet- oder pachtrechtlicher Überlassung können dem Erstnutzer nicht nur Rückgabepflichten, sondern auch Weitergabeverbote wirksam auferlegt werden.

4. Netzwerkklauseln

Bei einer Parallelnutzung in **Netzwerken** können jeweils gesonderte Lizenzen gefordert werden, wobei in der Praxis gestaffelte Gebühren je nach Zahl der angeschlossenen Rechner üblich sind. Zulässig sind sog. „Floating"- oder „Concurrent User"-Lizenzen, die die Höchstzahl der parallelen Nutzer festlegen. Diese sind wegen der geringeren Gefahr der Überlizenzierung eher zulässig als „Named User"-Lizenzen.[179] Demgegenüber dürften Klauseln, die das verarbeitete Datenvolumen begrenzen, wohl nicht dem kaufrechtlichen Leitbild entsprechen.

5. Änderungsverbote

Pauschale **Änderungsverbote** können wegen § 69d Abs. 1 UrhG gegen AGB-Recht sowie auch gegen Art. 101 AEUV verstoßen. Solche Klauseln konkretisieren den bestimmungsgemäßen Gebrauch, dienen aber auch der Sicherung geheimen Know-hows. Dazu gehören auch Verbote der Dekompilierung oder des Reverse Engineering, mit denen das Programm-Know-how jedenfalls teilweise erschlossen werden könnte. Diese können natürlich wirksam vereinbart werden, soweit auch §§ 69d Abs. 1, 69e UrhG entsprechende Handlungen untersagen. Soweit die Beauftragung von Dritten zur Fehlerbehebung zum „zwingenden Kern" gehört (II.4.2.), kann sie auch AGB-rechtlich nicht untersagt werden.

---

[177] Vgl. *Winklbauer*, → Teil 2.4.1 Rn. 27 f.
[178] Vgl. *Winklbauer*, → Teil 2.4.1 Rn. 17.
[179] Vgl. *Winklbauer*, → Teil 2.4.1 Rn. 21 ff.

H. Weitere Schutzmöglichkeiten für Software

83 Neben den urheberrechtlichen Sonderregelungen für Computerprogramme können **parallel** weitere Schutzrechte eingreifen, die aber an andere Aspekte bzw. Elemente der Software anknüpfen. Allerdings wird die vertragliche Regelungsfreiheit durch den zwingenden Charakter von § 69d Abs. 2, 3, § 69e UrhG sowie den zwingenden Kern von § 69d Abs. 1 UrhG eingeschränkt.

I. Patentschutz

84 Patentschutz setzt eine **technische Erfindung,** Neuheit, erfinderische Tätigkeit und gewerbliche Anwendbarkeit voraus. Die Erfindung muss beim Deutschen Patent- und Markenamt oder beim Europäischen Patentamt angemeldet werden und durchläuft dann ein formelles Erteilungsverfahren. Dieses ist einerseits zeitaufwändig und kostspielig, die Erteilung gibt aber Rechtssicherheit. Im IT-Bereich hat das Patent für den Schutz von Computerprogrammen sowie bestimmter Internetanwendungen Bedeutung.[180]

85 In den USA war bis zum Jahre 2008 die Erteilung von Softwarepatenten an der Tagesordnung.[181] In Europa erfolgt diese sehr viel restriktiver, entgegen dem öffentlichen Eindruck in der Diskussion zum gescheiterten Richtlinienvorschlag der EU[182] wurden aber ebenfalls eine Vielzahl softwarebezogener Patente erteilt. Dabei war lange Streitpunkt, inwieweit Software als technischer Gegenstand angesehen werden kann.[183] Hier ist die Lage immer noch unklar.[184] So wurde in **Grenzbereichen** wie bei Textverarbeitungsprogrammen noch zwischen der Verarbeitung von Zeichen in ihrer inhaltlichen Bedeutung als untechnischem Verfahren und der Verarbeitung von Steuerbefehlen als technischem Vorgang unterschieden.[185] In jüngerer Zeit scheint sich die grundsätzliche Patentfähigkeit von Software durchzusetzen.[186] Die treibende Kraft war dabei das Europäische Patentamt (EPA), das neben verfahrensbezogenen Erfindungen auch Patente auf Computerprogrammprodukte erteilt.[187] Der *BGH* hat sich dem mittlerweile angenähert.

86 Inzwischen hat der *BGH* noch einmal klargestellt, dass sowohl für den Patentierungsausschluss von Computerprogrammen nach § 1 Abs. 3 PatG als auch für die Merkmale der Neuheit und erfinderischen Tätigkeit die Lösung eines technischen Problems mit Hilfe eines programmierten Rechners erforderlich ist.[188] Der *BGH* hat dies plastisch so formuliert:

---

[180] Vgl. *Kamlah*, CR 2010, 485; *Nemethova/Peters*, DSRITB 2017, 409 ff.
[181] Mit der Entscheidung In re Bilski, 545 F.3d 943, 88 U.S.P.Q.2d 1385 (Fed. Cir. 2008), hat in den U.S.A. ein grundlegender Prozess des Überdenkens einer weiten Patentierung von Software eingesetzt; die Entscheidung des Supreme Courts, Bilski v. Kappos, 561 U.S. 1 (2010), hat allerdings noch keine entscheidende Weichenstellung für die Zukunft gebracht.
[182] Vorschlag für eine RL des Europäischen Parlaments und des Rates über die Patentierbarkeit computerimplementierter Erfindungen, KOM(2002) 92 endg. v. 20.2.2002, ABl. EG Nr. C 2002/151 v. 25.6.2002, S. 129; vgl. dazu *Sedlmaier*, Mitt. 2002, 97; *Röttinger*, CR 2002, 616.
[183] Zusammenfassend zuletzt BGH CR 2010, 493 ff. – Dynamische Dokumentengenerierung; vgl. weiterhin die Übersicht bei *Tauchert*, GRUR 1999, 829 ff.; *Krasser*, GRUR 2001, 959; *Anders*, GRUR 2001, 555; *Busche*, Mitt. 2001, 49; *Esslinger/Betten*, CR 2000, 18; *Klopmeier*, Mitt. 2002, 65; *Nack*, GRUR Int. 2000, 853; *Ohly*, CR 2001, 809; *Schölch*, GRUR 2001, 16; grundlegend *Horns*, GRUR 2001, 1.
[184] Vgl. zur aktuellen Situation *Ensthaler*, GRUR 2010, 1; *Teufel*, Mitt. 2009, 249 ff.; *Zoebisch*, DSRITB 2015, 695 ff.
[185] BGH, GRUR 1992, 36 – Chinesische Schriftzeichen; *EPA*, CR 1995, 214 (217); *EPA*, CR 1995, 205; *EPA*, CR 1995, 208.
[186] BGH, MMR 2000, 232 – „Logikverifikation", wobei neben dem Einsatz eines Rechners nicht mehr auf den Einsatz beherrschbarer Naturkräfte, sondern auf „auf technischen Überlegungen beruhende Erkenntnisse" abgestellt wurde; vgl. aber wieder BGH, GRUR Int. 2002, 323, 325 – Suche fehlerhafter Zeichenketten.
[187] *EPA*, CR 2000, 91, 93 – Computerprogrammprodukt/IBM; *BGH*, GRUR Int. 2002, 323 – Suche fehlerhafter Zeichenketten.
[188] Vgl. BGH, GRUR 2011, 610 – Webseitenanzeige.

H. Weitere Schutzmöglichkeiten für Software

„Nicht der Einsatz eines Computerprogramms selbst, sondern die Lösung eines technischen Problems mit Hilfe eines (programmierten) Rechners kann vor dem Hintergrund des Patentierungsverbotes eine Patentfähigkeit zur Folge haben".[189] Ein **technisches Mittel zur Lösung eines technischen Problems** liegt vor, wenn Gerätekomponenten modifiziert oder grundsätzlich abweichend adressiert werden. Gleiches gilt, wenn der Ablauf eines zur Problemlösung eingesetzten Datenverarbeitungsprogramms durch technische Gegebenheiten außerhalb der Datenverarbeitungsanlage bestimmt wird oder wenn die Lösung gerade darin besteht, ein Datenverarbeitungsprogramm so auszugestalten, dass es auf die technischen Gegebenheiten der Datenverarbeitungsanlage Rücksicht nimmt.[190] Dies wurde für ein Verfahren zur dynamischen Generierung strukturierter Dokumente bejaht,[191] da es durch sie ermöglicht werde, vom Client angeforderte strukturierte Dokumente auch auf Leitrechnern dynamisch zu generieren, die nicht über die für den Einsatz einer eher anspruchsvollen Laufzeitumgebung wie beispielsweise einer Java Virtual Machine erforderliche oder wünschenswerte Rechenkapazität verfügen. Das konkrete technische Problem lag hier in der besseren Ausnutzung begrenzter Ressourcen eines Servers, wobei auf die technischen Gegebenheiten der Datenverarbeitungsanlage Rücksicht zu nehmen war, so dass sich die Lehre hier eher an den Systemdesigner, der die Gesamtarchitektur des Systems im Auge hat, als an den Programmierer richtete.

Für die weiteren Patentierungsvoraussetzungen von **Neuheit** und **Erfindungshöhe** 87 sind nur **technische Lösungselemente** zu berücksichtigen.[192] In der Entscheidung „Wiedergabe topographischer Informationen" wurde eine neue Perspektivwahl für die Kartendarstellung nicht als Teil der technischen Lösung angesehen und der Patentanspruch daher mangels erfinderischer Tätigkeit abgelehnt.[193] Hinsichtlich des Kriteriums der Erfindungshöhe hatte der *BGH* über ein Verfahren zu entscheiden, welches kostengünstige Internettelefonie (also paketvermittelte Datenübertragung) in Echtzeit ermöglicht, also wie bei einer leitungsvermittelten Datenübertragung, welche für gewöhnlich hohe Ferngesprächskosten verursacht.[194] Dafür wurde das aus dem ISDN-Bereich bekannte Prinzip der Ersatzschaltung herangezogen. Der *BGH* hielt dieses Verfahren zwar für neu, allerdings durch den Stand der Technik nahe gelegt.

Höchst umstritten ist nach wie vor die Patentierbarkeit **geschäftlicher Anwendun-** 88 **gen.** Das *BPatG* hat 1999 ein Patent auf ein Verfahren zur automatischen Absatzsteuerung behandelt, bei dem es darum ging, automatisch die Preise für leicht verderbliche Waren in Abhängigkeit von der Nachfrage herauf- oder herabzusetzen.[195] Zutreffend lenkte das Gericht die Aufmerksamkeit weg von der Frage der Technizität und hin zu dem Problem der weiteren Schutzvoraussetzungen, nämlich der Neuheit und Erfindungshöhe. Für das angeführte System führte das BPatG aus, dass weder die Geschäftsmethode selbst noch die Übertragung des Verfahrens in eine automatisierte Umgebung hinreichende erfinderische Tätigkeit offenbarten.

Dieser Fall ist insofern typisch, als die technische Implementierung selbst häufig nicht 89 erfinderisch sein wird. Die Automatisierung stellt aber eine sinnvolle Abgrenzung des Ausnahmetatbestands für Geschäftsmethoden (§ 1 Abs. 2 PatG) zunehmend in Frage. Damit können auch neuartige Geschäftsmethoden im **Online-Bereich,** wie Internet-Auktionsverfahren durch ein Patent geschützt werden, wenn sie in ein „technisches Gewand" gekleidet werden. In der Entscheidung „Steuerung eines Pensionssystems"[196] wurde die soft-

---

[189] *BGH,* CR 2010, 493 – dynamische Dokumentengenerierung.
[190] *BGHZ* 185, 214 Rn. 27 = MMR 2010, 550 = CR 2010, 493 – dynamische Dokumentengenerierung.
[191] *BGH,* CR 2010, 493 ff. – Dynamische Dokumentengenerierung.
[192] *BGH,* MMR 2004, 780 = CR 2004, 648 – elektronischer Zahlungsverkehr; *BGH,* CR 2010, 493 – dynamische Dokumentengenerierung.
[193] *BGH,* CR 2011, 144 = GRUR 2011, 125 Rn. 33 ff. – Wiedergabe topografischer Informationen; kritisch dazu *Hössle,* CR 2011, 148 f.
[194] *BGH,* MMR 2010, 554 – Telekommunikations-Einrichtung.
[195] *BPatG,* CR 2000, 97 – Automatische Absatzsteuerung; vgl. auch *Ohly,* CR 2001, 809 ff.
[196] *EPA,* CRi 2001, 18 – Steuerung eines Pensionssystems.

wareimplementierte Ausführung eines Verfahrens zur Berechnung von Versicherungsbeiträgen beansprucht. Die Automatisierung stellte einen technischen Vorgang dar, war aber keine besondere erfinderische Leistung. Demgegenüber war die finanzmathematische Formel neuartig, aber beinhaltete nicht die Lösung einer technischen Aufgabe. Da im technischen Bereich keine erfinderische Leistung gegeben war, wurde die Patentfähigkeit vom EPA abgelehnt.

90   Bei Verfahrenserfindungen hat der Inhaber das ausschließliche Recht zur Anwendung des Verfahrens. Bei Produktansprüchen ist weitergehend bereits das Anbieten über das Netz als Patentverletzung anzusehen.[197] Allerdings ist die Benutzung zu rein privaten Zwecken gem. § 9 PatG vom **Schutzumfang** ausgenommen. Patentschutz und Urheberrechtsschutz bestehen parallel, was insbesondere beim Auseinanderfallen der Rechtsinhaber zu Problemen führen kann.[198]

II. Wettbewerbsrechtlicher Schutz

91   Ergänzend zum Urheberrecht kann auch der **ergänzende Leistungsschutz**[199] im Rahmen von §§ 3, 4 Abs. 1 Nr. 3 UWG nutzbar gemacht werden.[200] Wegen der regelmäßig erheblichen Investitionen in die Erstellung von Software wurde in einigen Fällen bereits die Übernahme selbst wegen des dadurch erlangten Vorsprungs im Wettbewerb als wettbewerbswidrige unmittelbare Leistungsübernahme angesehen.[201] Nach der Novellierung des UWG 2004 und 2008 ist allerdings für die Anwendung dieser Fallgruppe neben dem Urheberrecht wenig Raum.[202] Ansonsten kommt es auf das Vorliegen eines besonderen wettbewerblichen Umstands an, wobei in § 4 Nr. 3 UWG beispielhaft die Herkunftstäuschung, Rufausbeutung und das Erschleichen vertraulicher Informationen genannt sind. Der Anspruch wegen Herkunftstäuschung setzt eine gewisse Bekanntheit und Herkunftsfunktion voraus.[203] Eine Herkunftstäuschung kann jedoch ausgeschlossen werden, wenn sich die für die Softwarebeschaffung maßgeblichen Verkehrskreise genau über die angebotene Software informieren und bestimmte Umstände, etwa die Einbindung einer Bildschirmmaske in ein Softwarepaket, eine Täuschung weitgehend ausschließen.[204] Dazu gehört auch die Anbringung eines Logos. Der Einsatz einer Programmsperre zur Erlangung persönlicher Daten ohne vorherigen Hinweis kann gegen das Irreführungsverbot sowie das Verbot der Ausübung unzulässigen Zwangs verstoßen.[205]

92   Nutzbar gemacht werden kann auch der **Geheimnisschutz** nach §§ 17 ff. UWG aF, nunmehr § 1 ff. GeschGehG. In der Rechtsprechung ist der Geheimnisschutz vor allem bei Spielprogrammen relevant geworden. So wurde der jeweilige Stand eines Spielautomaten, der ausgespäht wurde, als relevantes Geheimnis angesehen.[206] Voraussetzung ist, dass das geheime Programm-Know-how nicht ohne größeren Aufwand und Mühe zu erlangen

---

[197] *Esslinger/Betten*, CR 2000, 18. Zur Patentverletzung in grenzüberschreitenden vernetzten Systemen vgl. *Schwarz*, GRUR 2014, 224 ff.
[198] Zur Schaffung eines Programms im Arbeitsverhältnis in diesem Fall *BGH*, GRUR 2002, 149 – Wetterführungspläne II; *Brandi-Dohrn*, CR 2001, 285.
[199] MüKo/*Wiebe*, UWG, 3. Aufl. 2020, § 4 Nr. 3 Rn. 20 ff.
[200] Wandtke/Bullinger/*Grützmacher*, § 69g UrhG Rn. 18 ff. m. umfangreichen wN; Schricker/*Loewenheim*, Vor. § 69a UrhG; zum wettbewerbsrechtlichen Schutz eines Expertensystems vgl. *LG Oldenburg*, GRUR 1996, 481, 485; zum wettbewerbsrechtlichen Schutz von Tablet-PCs hinsichtlich der äußeren Gestaltung vgl. *OLG Düsseldorf*, CR 2012, 224; *OLG Düsseldorf*, BeckRS 2012, 16129; *LG Düsseldorf*, CR 2012, 230 ff.; *Nemeczek*, WRP 2012, 1025 ff.; *Frank/Wehner*, CR 2012, 209 ff.
[201] *OLG Frankfurt a. M.*, GRUR 1989, 678, 680.
[202] Vgl. MüKo/*Wiebe*, UWG, § 4 Nr. 3 Rn. 24 ff.
[203] *OLG Karlsruhe*, CR 2010, 427, 430, wonach die wettbewerbliche Eigenart bei einem Marktanteil von 75 % gegeben war; *LG Köln*, CR 2010, 59, 60, das die Bekanntheit für ein an amerikanische Studenten gerichtetes soziales Netzwerk für den deutschen Markt verneint hat.
[204] *OLG Karlsruhe*, CR 2010, 427, 430.
[205] *OLG München*, CR 2001, 11.
[206] *BayObLG*, GRUR 1991, 694, 695 f.

ist. Das dürfte bei Verbreitung von Software nur im Objektformat der Fall sein.[207] Ein wichtiger Anwendungsbereich ist aber auch der Schutz vertraulichen Programm-Know-hows in vertraglichen Beziehungen, etwa im Arbeitsverhältnis oder im Rahmen von Vertragsverhandlungen oder auch bei Wartungsverträgen.

Der Know-how-Schutz, der **europaweit** lange allein durch nationales Recht gewährleistet wurde, ist durch die RL 2016/943/EU hinsichtlich der **Schutzvoraussetzungen** und des Schutzumfangs nunmehr **harmonisiert.**[208] Die Anforderungen der RL entsprechen weitgehend dem deutschen Recht, wobei anstatt eines subjektiven Geheimhaltungswillens nunmehr angemessene Geheimhaltungsmaßnahmen erforderlich sind, die rein objektiv zu bestimmen sind.[209] Demnach wird es auch nach Umsetzung der RL bei der grundsätzlichen Schutzfähigkeit von Computerprogrammen als Know-how bleiben, wenn das Know-how nicht ohne größeren Aufwand und Mühe zu erlangen ist. Unklar ist aber, welche Anforderungen an die angemessenen Geheimhaltungsmaßnahmen zu stellen sind, deren genaue Konturen wohl erst durch die Rechtsprechung herausgearbeitet werden.[210] Die Richtlinie wurde mittlerweile im Geschäftsgeheimnisgesetz (GeschGehG) umgesetzt.[211]

Für den Schutz von Computerprogrammen relevant und eine deutliche Abkehr von dem bisherigen deutschen Verständnis ist die Regelung zum **Reverse Engineering,** das nunmehr ausdrücklich **erlaubt** ist, Art. 3 Abs. 1 lit. b RL 2016/943/EU und § 3 Abs. 1 Nr. 2 GeschGehG.[212] Der Erwerb eines Geschäftsgeheimnisses gilt hiernach als rechtmäßig, wenn es durch Beobachtung, Untersuchung, Rückbau oder Testen eines Produkts oder Gegenstands erlangt wurde. Das Produkt oder der Gegenstand muss allerdings öffentlich verfügbar gemacht worden sein oder sich im rechtmäßigen Besitz des Erwerbers der Information befunden haben, der keiner rechtsgültigen Pflicht zur Beschränkung des Erwerbs des Geschäftsgeheimnisses unterliegt. Damit sind etwa vertragliche Verbote zur Einschränkung möglich.[213] Dennoch wird der Geheimnisschutz beim Reverse Engineering wesentlich eingeschränkt.

III. Markenrecht

Software ist auch markenrechtlich **schutzfähig,** wenn die Verpackung oder die Sicherungs-CD mit der Marke gekennzeichnet wird oder die Marke beim ersten Programmstart auf dem Bildschirm präsentiert wird.[214] Der Schutz ist allerdings leicht zu umgehen, in dem die Marke von der Verpackung oder aus dem Programmcode entfernt wird.

Anerkannt ist auch ein **Titelschutz,** da Computerprogramme in diesem Sinne als Werk ähnlich wie Bücher angesehen werden.[215] Der Titel betrifft nicht wie die Marke die Her-

---

[207] *Wiebe,* Know-how-Schutz von Computersoftware, S. 223 ff. mwN.
[208] Richtlinie 2016/943/EU des Europäischen Parlaments und des Rates vom 8.6.2016 über den Schutz vertraulichen Know-hows und vertraulicher Geschäftsinformationen (Geschäftsgeheimnisse) vor rechtswidrigem Erwerb sowie rechtswidriger Nutzung und Offenlegung, Abl. L 157, 15.6.2016, S. 1 ff. Zur Entwicklung der RL siehe *Hoeren/Münker,* WRP 2018, 150; *Lejeune,* CR 2016, 330.
[209] *Alexander,* WRP 2017, 1034 (1039); *Hauck,* NJW 2016, 2218 (2220); *Redeker/Pres/Gittinger,* WRP 2015, 681 (683); *Baranowski/Glaßl,* BB 2016, 2563 (2565); *Kalbfus,* GRUR 2016, 1009 (1011); *Heinzke,* CCZ 2016, 179 (181); *McGuire,* GRUR 2016, 1000 (1006); *Steinmann/Schubmehl,* CCZ 2017, 194 (197); *Kalbfus,* GRUR-Prax 2017, 391.
[210] Zu diesem Kriterium ausführlich *Kalbfus,* GRUR-Prax 2017, 391; *Hauck,* NJW 2016, 2218 (2220); *Steinmann/Schubmehl,* CCZ 2017, 194 (197 f.).
[211] Gesetz zum Schutz von Geschäftsgeheimnissen vom 18.4.2019, BGBl. I S. 466.
[212] *Alexander,* WRP 2017, 1034, 1041; *Kalbfus,* GRUR 2016, 1009, 1012; *Redeker/Pres/Gittinger,* WRP 2015, 681, 687; *Baranowski/Glaßl,* BB 2016, 2563, 2566; *Steinmann/Schubmehl,* CCZ 2017, 194, 198.
[213] *Baranowski/Glaßl,* BB 2016, 2563, 2566; *Steinmann/Schubmehl,* CCZ 2017, 194, 198; *Hoeren/Münker,* WRP 2018, 150, 153.
[214] Vgl. *BGH,* K&R 2012, 290 – Echtheitszertifikat m. Anm. Reinhard.
[215] Zum Titelschutz vgl. *Deutsch,* GRUR 2013, 113; BGH, GRUR 1998, 155 – PowerPoint; *BGH,* GRUR 1997, 902 – FTOS.

kunft, sondern bezeichnet den Inhalt des Programms. Beispiele für bekannte Titel sind „PowerPoint",[216] „WINCAD"[217] oder „conquest of the new world".[218]

IV. Designschutz

97 Soweit es um die Übernahme besonders gestalteter **Benutzeroberflächen** geht, kann auch der Designschutz angewandt werden. Dabei geht es nicht um die Programmierleistung, sondern um die besondere grafische Gestaltung.[219] Der Designschutz kann hier den urheberrechtlichen Schutz ergänzen.

98 Checkliste: Softwareschutz

1. Vorliegen eines Computerprogramms und
   Entweder: urheberrechtlicher Schutz der Software gem. § 69a UrhG:
   a) Schutz des Computerprogramms
      – Geschützt sind alle Ausdrucksformen eines Computerprogramms, § 69c Abs. 2 UrhG,
      – Vorliegen einer persönlichen geistigen Schöpfung, § 69a Abs. 3 UrhG
      – Nicht geschützt sind Ideen und Grundsätze, einschließlich der den Schnittstellen zugrunde liegenden Ideen und Grundsätze
   b) Verletzung eines Verwertungsrechts, § 69c UrhG
      – Vervielfältigungsrecht, § 69c Nr. 1 UrhG,
      – Bearbeitungsrecht, § 69c Nr. 2 UrhG,
      – Verbreitungsrecht, § 69c Nr. 3 UrhG,
      – Öffentliche Wiedergabe und öffentliche Zugänglichmachung, § 69c Nr. 4 UrhG
   c) Keine Schrankenbestimmungen anwendbar, §§ 69d, e UrhG
      – Notwendige Handlung zur Fehlerbehebung oder zur Herstellung der bestimmungsgemäßen Benutzung, Vervielfältigungsrecht, § 69d Abs. 1 UrhG,
      – Anfertigen einer Sicherungskopie, § 69d Abs. 2 UrhG,
      – Dekompilierung, wenn unerlässlich zur Herstellung der Interoperabilität, § 69e Abs. 1 UrhG,
2. Oder: urheberrechtlicher Schutz für sonstige Softwarebestandteile gem. § 2 UrhG
   – Schöpferische Gestaltung, § 2 Abs. 2 UrhG
   – Werkartzuordnung, § 2 Abs. 1 UrhG
3. Oder: weitere Schutzmöglichkeiten für Software
   – Patentschutz
   – Wettbewerbsrechtlicher Schutz,
   – Markenrecht,
   – Geschmacksmusterschutz

---

[216] *BGHZ* 135, 278.
[217] *OLG München,* CR 1995, 599.
[218] *OLG Hamburg,* CR 2001, 298.
[219] Zum geschmacksmusterrechtlichen Schutz von Tablet-PCs hinsichtlich der äußeren Gestaltung vgl. *OLG Düsseldorf,* CR 2012, 224; *OLG Düsseldorf,* BeckRS 2012, 16129; *LG Düsseldorf,* CR 2012, 230 ff.; *Nemeczek,* WRP 2012, 1025 ff.; *Frank/Wehner,* CR 2012, 209.

Teil 2.2 Rechtliche Einordnung von IT-Verträgen in der Praxis – Vertragstypologisierung

Übersicht

	Rn.
A. Überblick: IT-Verträge als schuldrechtliche Verträge iSd BGB	1
I. Grundsätzliches	4
II. Zusammengesetzte Verträge	6
III. Typengemischte Verträge	7
IV. Atypische Verträge	12
B. Vorfrage: Ist Software eine Sache iSd § 90 BGB?	14
C. Schritt 1: Kategorisierung der IT-Verträge	18
I. Abgrenzungsschwierigkeiten bei der „Überlassung" von Software	21
1. Abgrenzung zwischen Standardsoftware und Individualsoftware	22
2. Dauerhafte Überlassung versus zeitlich begrenzte Überlassung	27
3. Unterscheidungsansätze bei Misch- und Sonderformen	28
II. Schematische Übersicht zur Kategorisierung von IT-Verträgen	29
D. Schritt 2: Rechtliche Einordnung	30
I. Dauerhafte Überlassung von Standardsoftware	33
1. Kaufvertrag oder kaufähnlicher Vertrag	33
2. Schenkungsvertrag, zB bei Überlassung einer Demoversion	39
II. Dauerhafte Überlassung von Individualsoftware	40
1. Problem: § 650 BGB (§ 651 BGB aF)	40
2. Behandlung des Problems in der Rechtsprechung	42
3. Praxisorientierte Strategien zur Umgehung des § 650 BGB (§ 651 BGB aF)	43
III. Softwareerstellungsverträge unter Einsatz von agilen Programmiermethoden	51
1. Charakteristika	52
2. Vertragstypologisierung	54
IV. Implementierung und Anpassung von Standardsoftware	61
V. Befristete Überlassung von Standard- und Individualsoftware	67
1. Miete von Software	68
2. Leasing von Software	71
3. ASP	76
4. Cloud Computing und herkömmliche „IT as a Service"-Leistungen	77
5. Der Verleih von Software	78
VI. Softwarepflege	79
VII. Schematische Übersicht über IT-Verträge und deren rechtliche Einordnung	82
E. Individualvereinbarung oder AGB	83
I. Abgrenzung und Begriffsbestimmung	84
1. AGB	84
2. Individualvereinbarung	88
3. Rahmenverträge	91
II. Die Einbeziehung von AGB im IT-Vertragsrecht	92
1. Voraussetzungen wirksamer Einbeziehung	92
2. Wirksame Einbeziehung von AGB durch Clickwrap- und Shrinkwrap-Verträge?	94
3. Weitere Sonderfälle	101
III. Gestaltungsspielräume und Risiken	104
IV. Besonderheiten bei grenzüberschreitenden IT-Verträgen; grenzüberschreitende Softwareüberlassung	107
F. Unterschiedliche Interessenlagen der Parteien bei der Softwareüberlassung	110
I. Hersteller	111
II. Anwender	112
III. Reseller	115

Literatur:
Auer-Reinsdorff, Feststellung der versprochenen Leistung beim Einsatz agiler Projektmethoden – Agile Werte vs. vertragliche Vereinbarung abnahmefähiger Leistungsziele, ITRB 2010, 93; *Auer-Reinsdorff/Conrad,* Handbuch IT- und Datenschutzrecht, 3. Aufl. 2019; *Bartsch,* Das BGB und die modernen Vertragstypen, CR 2000, 3; *ders.,* Softwarepflege nach neuem Schuldrecht, NJW 2002, 1526; *v. Baum,* Die Gestaltung von Software-Maintenance-Verträgen in der internationalen Praxis, CR 2002, 705; *Bischof/Intveen,* Die neuen EVB-IT Dienstleistung, ITRB 2018, 163; *Bischof/Witzel,* Grundzüge des US-Vertragsrechts für die Gestaltung von IT-Verträgen, ITRB 2010, 168; *Bräutigam/Rücker,* Softwareerstellung und § 651 BGB – Diskussion ohne Ende oder Ende der Diskussion?, CR 2006, 361; *Buhler,* Wirksamkeit der GNU General Public License, DZWIR 2004, 391; *Cichon,* Internet-Verträge, 2. Aufl. 2005; *Frank,* Bewegliche Vertragsgestaltung für agiles Programmieren – Ein Vorschlag zur rechtlichen Abschichtung zwischen Planung und Realisierung, CR 2011, 138; *Fuchs/Meierhöfer/Morsbach/Pahlow,* Agile Programmierung – Neue Herausforderungen für das Softwarevertragsrecht? Unterschiede zu den „klassischen" Softwareentwicklungsprojekten, MMR 2012, 427; *Gerlach,* Praxisprobleme der Open-Source-Lizenzierung, CR 2006, 649; *Gottschalk,* Neues zur Abgrenzung zwischen AGB und Individualabrede, NJW 2005, 2493; *Hilty,* Die Rechtsnatur des Softwarevertrages – Erkenntnisse aus der Entscheidung des EuGH UsedSoft vs. Oracle, CR 2012, 625; *Hoeren,* IT-Vertragsrecht, Skriptum, Stand Oktober 2012; *Hoeren/Pinelli,* Agile Programmierung, MMR 2018, 199; *Hoeren/Spittka,* Aktuelle Entwicklungen des IT-Vertragsrechts – ITIL, Third Party Maintainance, Cloud Computing und Open Source Hybrids, MMR 2009, 583; *Intveen,* Rahmenberatungsverträge mit Softwareunternehmen, ITRB 2009, 67; *Jaeger/Metzger,* Open Source Software, 4. Aufl. 2016; *Junker,* Die Entwicklung des Computerrechts in den Jahren 2003/2004, NJW 2005, 2829; *Kilian/Heussen* (Hrsg.), Computerrechts-Handbuch, 34. Ergänzungslieferung, 2018; *Koch,* Computervertragsrecht, 7. Aufl. 2009; *ders.,* Agile Softwareentwicklung – Dokumentation, Qualitätssicherung und Kundenmitwirkung, ITRB 2010, 114; *Koch/Kunzmann/Müller,* Agile Softwareentwicklung und EVB-IT, MMR 2019, 707; *Kremer,* Gestaltung von Verträgen für agile Softwareerstellung, ITRB 2010, 283; *Kremer/Sander,* Der EVB-IT Systemvertrag – doch kein (einheitlicher Werkvertrag?, CR 2015, 146; *Kühn/Ehlenz,* Agile Werkverträge mit Scrum, CR 2018, 139; *Kunick/Patzak,* Issues to Consider When Licensing US Software in Germany, CRi 2007, 1; *Lehmann/Meents,* Handbuch des Fachanwalts Informationstechnologierecht, 2. Aufl. 2011; *Lejeune,* Shrinkwrap- und Clickwrap-Verträge in der Praxis, ITRB 2001, 263; *ders.,* Auswirkungen der Rom-I-Verordnung auf internationale IT-Verträge, ITRB 2010, 66; *Marly,* Praxishandbuch Softwarerecht, 7. Aufl. 2018; *Maume/Wilser,* Viel Lärm um nichts? Zur Anwendung von § 651 BGB auf IT-Verträge, CR 2010, 209; *Müller-Hengstenberg/Kirn,* Vertragscharakter des Application Service Providing-Vertrags, NJW 2007, 2370; *dies.,* Die technologischen und rechtlichen Zusammenhänge der Test- und Abnahmeverfahren bei IT-Projekten, CR 2008, 755; *dies.,* Überfordert die digitale Welt der Industrie 4.0 die Vertragstypen des BGB?, NJW 2017, 433; *Nägele/Jacobs,* Rechtsfragen des Cloud Computings, ZUM 2010, 281; *Piltz,* Neue Entwicklung im UN-Kaufrecht, NJW 2017, 2449; *Plaß,* Open Contents im deutschen Urheberrecht, GRUR 2002, 670; *Poder/Petri,* Neuer Mustervertrag der öffentlichen Hand für die Beschaffung von IT-Dienstleistungen: EVB-IT Dienstleistung, ITRB 2018, 63; *Pohle/Amman,* Über den Wolken … – Chancen und Risiken des Cloud Computing, CR 2009, 273; *Redeker,* IT-Recht, 6. Aufl. 2017; *ders.,* Allgemeine Geschäftsbedingungen und das neue Schuldrecht, CR 2006, 433; *ders.,* Software – ein besonderes Gut, NJW 2008, 2684; *Roth-Neuschild,* Vertragliche Absicherung der Verfügbarkeit bei Software as a Service, ITRB 2012, 67; *Runte,* Produktaktivierung, CR 2001, 657; *v. Schenck,* Gestaltung agiler Softwareverträge, MMR 2019, 139; *Schneider/Westphalen* (Hrsg.), Softwareerstellungsverträge, 2. Aufl. 2013; *Schneider,* Handbuch des EDV-Rechts, 5. Aufl. 2017; *ders.,* „Neue" IT-Projektmethoden und „altes" Vertragsrecht, ITRB 2010, 18; *ders.,* Softwareerstellung und Softwareanpassung – Wo bleibt der Dienstvertrag?, CR 2003, 317; *ders.,* Werkvertragsrecht für SCRUM-Verfahren, ITRB 2017, 36; *Schneider,* Vertragsschluss bei Schutzhüllenverträgen, CR 1996, 657; *Scholz/Haines,* Hardwarebezogene Verwendungsbeschränkungen in Standardverträgen zur Überlassung von Software, CR 2003, 393; *Schröder,* Softwareverträge, 4. Aufl. 2015; *Schröder/Stiemerling,* Agile Vorgehensweise in der Informationspraxis, ITRB 2019, 183; *Schulz/Rosenkranz,* Cloud Computing – Bedarfsorientierte Nutzung von IT-Ressourcen, ITRB 2009, 232; *ders.,* Wirksamkeit von typischen Klauseln in Softwareüberlassungsverträgen, CR 2000, 641; *Schweinoch,* Zur Frage der Anwendbarkeit von Kaufrecht auf Verträge über die Erstellung und Anpassung von Software, CR 2009, 640; *ders.,* Geänderte Vertragstypen in Software-Projekten, CR 2010, 1; *Sedlmeier/Kolk,* ASP – Eine vertragstypologische Einordnung, MMR 2002, 75; *Spindler,* Vertragsrecht der Internet-Provider, 2. Aufl. 2004; *Steuerberater Branchenhandbuch,* 214. Lfg., 2019; *Stichtenoth,* Softwareüberlassungsverträge nach dem Schuldrechtsmodernisierungsgesetz, K&R 2003, 105; *Welker/Schmidt,* Kündigung von Softwarepflegeverträgen durch sog. End-of-live-Schreiben, CR 2002, 873; *Wicker,* Vertragstypologische Einordnung von Cloud Computing-Verträgen – Rechtliche Lösungen bei auftretenden Mängeln, MMR 2012, 783; *Witte,* Entlokalisierung deutscher Softwareüberlassungsverträge, ITRB 2007, 190; *ders.,* Agiles Programmieren und § 651 BGB, ITRB 2010, 44; *Witzel,* Gewährleistung und Haftung in Application Service Providing-Verträgen, ITRB 2002, 183; *dies.,* Vertragsbeziehungen bei der Beschaffung von Open Source Software, ITRB 2016, 235.

A. Überblick: IT-Verträge als schuldrechtliche Verträge iSd BGB

Der Bearbeiter von IT-Verträgen, sei es als Verfasser oder als Begutachter, muss zunächst das zu erstellende oder zu untersuchende Vertragswerk rechtlich zuordnen. Diese auf den ersten Blick einfach erscheinende Aufgabe bereitet jedoch in der Praxis wegen der **Vielzahl der Erscheinungsformen von Verträgen** über Software, Hardware, Cloud-Lösungen sowie sonstigen IT-Leistungen und der häufig mangelnden „Greifbarkeit" der Vertragsgegenstände oftmals erhebliche Schwierigkeiten. Aufgrund der ständigen Fortentwicklungen in diesem Bereich erscheint dies geradezu zwangsläufig. Denn neue Formen des wirtschaftlichen Zusammenarbeitens und der Leistungserbringung erfordern häufig Vertragsgestaltungen, die mit den herkömmlichen Vertragstypen des historischen BGB-Gesetzgebers nicht mehr hinreichend erfasst werden können. Zuletzt ist diese Entwicklung durch die Vertriebs- und Zugangsmöglichkeiten für Software über das Internet, wie zuvorderst durch das Cloud Computing, befördert worden.

Verträge über die Erbringung von IT-Leistungen sind im Ausgangspunkt **schuldrechtliche Verträge iSd § 311 Abs. 1 BGB.** Sodann ist zu prüfen: Lassen sich die wesentlichen Elemente eines IT-Vertrages einem der im BGB normierten Vertragstypen zuordnen, so wenden der *BGH*[1] sowie der *EuGH*[2] ganz überwiegend diese **klassischen Vertragstypen des BGB** (zumindest entsprechend) auf IT-Verträge an. Diese Feststellung beantwortet jedoch noch nicht die komplizierte und wichtigere Frage, welcher der klassischen Vertragstypen des BGB im Einzelfall konkret einschlägig ist. Eine vertragstypologische Zuordnung ist daher zwingend geboten.

Auch für die **Inhaltskontrolle allgemeiner Geschäftsbedingungen** ist die vertragstypologische Einordnung von IT-Verträgen von entscheidender Bedeutung. Denn nur, wenn die Frage nach dieser Einordnung beantwortet ist, kann entschieden werden, ob eine Klausel mit der Natur des jeweils einschlägigen Vertragstyps unvereinbar ist (§ 307 Abs. 2 Nr. 2 BGB) oder von den wesentlichen Grundgedanken einer gesetzlich vorgesehenen Regelung abweicht (§ 307 Abs. 2 Nr. 1 BGB). Ebenso bedeutend ist die richtige vertragstypologische Zuordnung für die Frage des **anwendbaren Mängelrechts,** da dieses – vertragstypusabhängig – unterschiedliche Voraussetzungen und Rechtsfolgen haben kann.

I. Grundsätzliches

Die **Vertragstypologisierung** erfolgt hier dargestellt in **zwei Schritten.** Zunächst werden die in der Praxis üblichen IT-Verträge mit Blick auf ihren wesentlichen Vertragsgegenstand einzelfallübergreifend kategorisiert.[3] Die so gebildeten Kategorien sind entwicklungsoffen und sollen es ermöglichen auch künftige, heute noch nicht absehbare Formen des Leistungsaustausches verlässlich zuzuordnen. In einem zweiten Schritt folgt dann die eigentliche **rechtliche Zuordnung zu einem der gängigen BGB-Vertragstypen.**[4] Bei IT-Verträgen kommen dabei insbesondere die folgenden Vertragstypen in Betracht: Kaufvertrag, Mietvertrag, Werkvertrag und Dienstvertrag. Ferner existieren vertragliche Mischformen und Sonderformen. Aus didaktischen Gründen werden diese beiden Schritte getrennt voneinander vorgenommen, auch wenn dies in Schrifttum und Rechtsprechung häufig nicht in dieser Deutlichkeit erfolgt.

---

[1] Vgl. zB *BGH,* NJW-RR 2014, 1204 (Anwendung von Werkvertragsrecht auf Software-Anpassungsvertrag); stRspr seit *BGH,* NJW 1988, 406 (Anwendung von Kaufrecht auf dauerhafte Überlassung von Standardsoftware); ferner *OLG Frankfurt a. M.,* NJW-RR 1997, 555 und *OLG Celle,* NJW-RR 1993, 432 (Anwendung von Kaufrecht auf dauerhafte Überlassung von Standardsoftware); tabellarische Übersicht weiterer einschlägiger *BGH*-Entscheidungen (bis 2013) bei Schneider/*v. Westphalen/Schneider,* Teil B Rn. 55.
[2] Vgl. *EuGH,* 3.7.2012, C-128/11 = NJW 2012, 2565, 2566 – UsedSoft; krit. hierzu *Hilty,* CR 2012, 625.
[3] Überblick: → Rn. 18ff.
[4] Tabellarischer Überblick: → Rn. 82.

5 Hervorzuheben ist zudem, dass mit den gängigen **Schlagworten** wie zB „Softwareüberlassung" oder „Lizenzvereinbarung" noch keine rechtliche Einordnung des untersuchten Vertrags einhergeht.[5] Denn damit ist nur der Vertragsgegenstand – Software – bezeichnet, nicht aber die im Einzelfall zu erbringenden Leistungen der Parteien. Bei einer Softwareüberlassung kann es sich also ganz generell um die entgeltliche oder unentgeltliche Überlassung von Standardsoftware oder Individualsoftware sowie um die Überlassung auf Dauer oder aber auf Zeit handeln.

II. Zusammengesetzte Verträge

6 Im IT-Vertragsrecht begegnet man häufig allerdings auch Verträgen, in denen zahlreiche **unterschiedliche Einzelleistungen,** die man typischerweise verschiedenen Vertragstypen zuordnen würde, in einem Vertrag zusammengefasst werden. Hier ist wie folgt vorzugehen: Bei eigentlich getrennten und nur äußerlich in einer Vertragsurkunde zusammengefassten Verträgen (zB Erwerb einer Standardsoftware und gleichzeitige Vereinbarung eines Pflegevertrages für diese Software) kann jeder Vertrag für sich genommen typologisiert werden. Hier ist zudem genau zu prüfen, inwiefern diese Verträge im Hinblick auf ihre Wirksamkeit bzw. Beendigung ein gemeinsames Schicksal teilen, mit anderen Worten eine „rechtliche Einheit" bilden (sollen)[6] – wird zum Beispiel auch der Pflegevertrag unwirksam oder verliert er seine Geschäftsgrundlage (§ 313 BGB), wenn der Käufer wirksam vom Kaufvertrag zurücktritt? Die Rechtsprechung verlangt hierfür einen „Einheitlichkeitswillen", der vorliege, wenn „nach den Vorstellungen der Vertragsschließenden die Vereinbarungen nicht für sich alleine gelten, sondern gemeinsam miteinander stehen und fallen sollten."[7]

III. Typengemischte Verträge

7 Sehr häufig trifft man aber auch auf **typengeschmischte Verträge.** Paradebeispiele sind der ASP-Vertrag oder das Cloud Computing. Hier ist sodann zu klären, inwiefern es sich bei den verschiedenen geschuldeten Leistungen um **Hauptleistungen oder Nebenleistungen** handelt. Dies kann nur im Einzelfall entschieden werden. Die Bestimmung des einschlägigen Vertragsrechts erfolgt daran anschließend entweder nach der Absorptions- oder der Kombinationsmethode. Bei der **Absorptionsmethode** ist zunächst der Schwerpunkt des Vertrags zu ermitteln; das dem ermittelten Schwerpunkt entsprechende Recht verdrängt dann die Regeln der anderen evtl. in Betracht kommenden Vertragstypen.[8] Bei der **Kombinationsmethode** wird hingegen das für jede Leistungspflicht am besten passende Recht individuell angewandt. Ob im Einzelfall die Absorptions- oder die Kombinationsmethode zu bevorzugen ist, hängt erneut vom konkreten Vertragswerk und dem Willen der Parteien ab. So wird von den Gerichten bei der Beendigung eines typengemischten Schuldverhältnisses regelmäßig auf die Absorptionsmethode zurückgegriffen,[9] während bei auftretenden Leistungsstörungen das jeweilige der betroffenen Leistung entsprechende Vertragsrecht herangezogen wird.[10]

8 Handelt es sich bei einer geschuldeten Leistung nur um eine **Nebenpflicht,** die nichts am Gesamtgepräge eines Vertrages ändert (zB Versprechen des Verkäufers, die verkaufte Standardsoftware unentgeltlich auf dem Rechner des Käufers zu installieren; das Erstellen von Statistiken über die Häufigkeit der Abrufe einer Webseite im Rahmen eines Hosting-

---

[5] *Marly,* Rn. 663.
[6] Hierzu MüKo/*Emmerich,* BGB, § 311 Rn. 33.
[7] *OLG Köln,* Urt. v. 25.8.2000 – 19 U 80/99, Rn. 73 = CR 2001, 224 (nur Ls.).
[8] Hierzu MüKo/*Emmerich,* BGB, § 311 Rn. 28; Jauernig/*Stadler,* BGB, § 311 Rn. 30 und 33.
[9] *BAG,* NJW 1969, 1192.
[10] *BGH,* NJW 2008, 1072, 1073.

A. Überblick: IT-Verträge als schuldrechtliche Verträge iSd BGB

Vertrages[11]), bleibt es hinsichtlich der Hauptleistungspflicht bei dem hierfür ermittelten Vertragstypus. Sofern es im Rahmen der Nebenleistungen zu Störungen kommt, wird man das jeweils einschlägige Vertragsrecht anwenden können (Kombination).[12] Wenn sich die vereinbarten Nebenleistungen hingegen als **notwendige Vorbereitungs- bzw. Unterstützungshandlung zur Erfüllung der Hauptleistung** bzw. zur Erreichung des verfolgten Leistungszwecks des Vertrags darstellen, kann es zur umfassenden Anwendung des für die Hauptleistung ermittelten Vertragstyps auch auf die Nebenleistungspflichten ankommen (Absorption). Eine solche Schwerpunktbetrachtung stellt der BGH zum Beispiel beim sog. Internet-System-Vertrag an.[13] Kündigung und Rücktritt richten sich hingegen in aller Regel nach dem für die Hauptleistung ermittelten Vertragstyp (Absorption). Dies bedeutet insbesondere, dass die Geltendmachung von Schadenersatz statt der (ganzen) Leistung und die Ausübung von Rücktrittsrechten bei der Verletzung von Nebenleistungspflichten meist nicht ohne weiteres, sondern nur bei Hinzutreten zusätzlicher Voraussetzungen (zB Interessefortfall am Gesamtvertrag) möglich sein werden.[14]

Handelt es sich hingegen um mehrere in einem Vertrag verbundene, **gleichberechtigt nebeneinander stehende Hauptleistungspflichten,** ist regelmäßig davon auszugehen, dass das für jede Hauptleistungspflicht am besten passende Recht individuell angewendet wird (Kombination).[15] Sofern es um die Ermittlung der einschlägigen Normen im Rahmen der Beendigung eines solchen Vertrags geht, kann dies jedoch, wie soeben dargestellt, im Einzelfall anders zu bewerten sein. Komplizierter gestaltet sich die Bestimmung des anzuwendenden Vertragsrechts, sofern sich die einzelnen Hauptleistungspflichten nicht gedanklich trennen lassen, sondern mehrere Vertragscharakteristika in einer Hauptleistung „verschmelzen". In derartigen Konstellationen wird stets anhand der Umstände des Einzelfalls zu entscheiden sein. Insofern kommt der Auslegung von IT-Verträgen in der Praxis eine herausragende Rolle zu. 9

Vor diesem Hintergrund ist bei der **Vertragsgestaltung** insbesondere darauf zu achten, dass die Gewichtung mehrerer im Rahmen eines Vertrags zu erbringender Leistungen in der Leistungsbeschreibung deutlich voneinander abgegrenzt erfolgt.[16] Demnach sollte sich eindeutig erkennen lassen, was die geschuldete Hauptleistung darstellt und wobei es sich nur um unterstützende oder eben eigenständige Neben(leistungs)pflichten handelt. Die Gewichtung der einzelnen Vertragspflichten untereinander sollte dabei die im Einzelfall konkret verfolgten Interessen der Vertragsparteien widerspiegeln.[17] 10

> **Praxistipp:** 11
> Verschiedene Leistungen innerhalb eines Vertrags sollten in einzelnen Vertragsabschnitten erkennbar getrennt voneinander dargestellt werden. So wird zB bei einer Software-Implementierung regelmäßig zu unterscheiden sein zwischen:
> - Überlassung von Standardsoftware,
> - Individueller Anpassung sowie
> - anschließender Pflege der Anwendung, flankierend begleitet von
> - Beratungs- und Schulungsleistungen.

---

[11] Beispiel nach *Cichon*, Internet-Verträge, Rn. 239 bis 248 mit ausführlicher Diskussion der Behandlung von Nebenleistungspflichten im Hosting-Vertrag.
[12] Vgl. hierzu *BGH*, NJW 2016, 317, 320; *BGH*, NJW 2010, 150, 151; *BGH*, NJW 2007, 2394, 2395 (die zusätzlichen Leistungen in einem ASP-Vertrag seien ihrem jeweiligen Vertragstypus zuzuordnen); *BGH*, NJW 1975, 305, Ls.; krit. *Müller-Hengstenberg/Kirn*, NJW 2017, 433.
[13] Vgl. *BGH*, NJW 2010, 1449, 1451; bestätigt durch *BGH*, Urt. v. 8.1.2015 – VII ZR 6/14 = NJW-RR 2015, 469.
[14] Hierzu MüKo/*Ernst*, BGB, § 281 Rn. 144 bis 145, § 323 Rn. 12.
[15] MüKo/*Emmerich*, BGB, § 311 Rn. 30.
[16] Vgl. *Hoeren*, S. 109 bis 110.
[17] Vgl. *BGH*, NJW 2008, 1072, 1073.

IV. Atypische Verträge

12 Ist eine vertragstypologische Zuordnung im Einzelfall nicht möglich, so gilt für diese **atypischen Verträge** (zunächst nur) das **allgemeine Schuldrecht des BGB**.[18] Dabei ist aber zu beachten, dass das allgemeine Schuldrecht des BGB zB keine Regelungen für die Mängelgewährleistung enthält. Um dieses häufig nicht gewollte Ergebnis zu vermeiden wird daher auch empfohlen, die im Einzelfall passenden Bestimmungen des besonderen Schuldrechts (analog) anzuwenden.[19] Außerdem sollte ermittelt werden, inwiefern sich für einen bestimmten atypischen, aber dennoch häufig wiederkehrenden Vertrag schon eine gewisse Geschäftspraxis mit häufig verwendeten Mustern herausgebildet hat. Für diese **„verkehrstypischen Verträge"** existieren häufig verbreitete Musterverträge und Muster-AGB, auf die zurückgegriffen werden kann.[20]

13 **Praxistipp:**
Je weiter sich ein IT-Vertrag von den traditionellen Leitbildern des BGB über die Formen des Leistungsaustausches entfernt, desto mehr gewinnt eine sorgfältige Vertragsgestaltung an Bedeutung, die nicht nur Leistung und Gegenleistung berücksichtigt, sondern auch die Details der Schlechtleistung, die Gewährleistungsrechte und sonstige Ersatzansprüche zwischen den Parteien regelt.

B. Vorfrage: Ist Software eine Sache iSd § 90 BGB?

14 Wie schon aufgezeigt ist Software ein weiter Begriff, der sowohl materielle Komponenten (zB Benutzerhandbücher oder Datenträger), aber auch immaterielle Komponenten (insbes. das Computerprogramm selbst und die darin verkörperte Programmierleistung) umfasst. Vor diesem Hintergrund wird in der juristischen Literatur ein intensiver Streit darüber geführt, ob **Software als Sache im Sinne des § 90 BGB** zu qualifizieren sei.[21] Der Ausgang dieser Diskussion ist insbesondere relevant für die richtige Zuordnung von Verträgen über Individualsoftware zum Kaufrecht (§ 650 BGB – Lieferung einer herzustellenden *Sache*) oder Werkvertragsrecht (§ 631 BGB – Herstellung eines versprochenen *Werkes*).[22]

15 Es entspricht **ständiger Rechtsprechung des BGH,** dass ein auf einem Datenträger (zB CD-ROM, Diskette, USB-Stick, Festplatte) verkörpertes Computerprogramm eine körperliche Sache im Sinne des § 90 BGB ist.[23] Für den BGH ist die Verkörperung des eigentlich geistigen Produktes Software auf einem Datenträger entscheidend – auch ein Buch werde allein wegen seines geistigen Inhaltes gekauft und dennoch stehe die Sachqualität des Buches außer Frage. Nichts anderes gelte für Software.[24] Diesen Grundgedanken teilt jedenfalls in urheberrechtlicher Hinsicht seit dem Used-Soft-Urteil auch der EuGH.[25] Angesichts der Regelung des § 453 Abs. 1 BGB dürfte der Streit über Sachqualität von Software an praktischer Relevanz – trotz verbleibender Gegenstimmen, insbeson-

---

[18] MüKo/*Emmerich*, BGB, § 311 Rn. 26; Jauernig/*Stadler*, BGB, § 311 Rn. 27.
[19] Vgl. auch *Bartsch*, CR 2000, 3, 7 f. (Normen als „situativ zusammenstellbare Bausteine für die moderne Vertragswelt").
[20] Jauernig/*Stadler*, BGB, § 311 Rn. 25 nennt zB den ASP-Vertrag, aber auch generell „Software-Verträge" als Beispiel eines verkehrstypischen Vertrages.
[21] Ausführlich dazu *Schneider*, Teil M Rn. 680 bis 704; Kilian/Heussen/*Heydn*, Teil 3 Rn. 14 bis 29.
[22] Dazu siehe ausführlich → Rn. 70 f. sowie → Rn. 99 und → Rn. 104.
[23] *BGH*, NJW 2007, 2394 mzN; *BGH*, NJW 2000, 1415; ferner *BGH*, NJW 1993, 2436, 2437 f.; siehe auch *LG Oldenburg*, 13.1.2016 – 5 S 224/14; krit. MüKo/*Stresemann*, BGB, § 90 Rn. 25 mwN.
[24] *BGH*, NJW 2007, 2394, 2395 (Software als verkörperte geistige Leistung eines ASP-Vertrages).
[25] *EuGH*, Urt. v. 3.7.2012 – C-128/11 = MMR 2012, 586.

dere in der Literatur[26] – verloren haben. Der Anwendung der BGB-Vertragstypen steht also nicht die fehlende Sachqualität von Software entgegen.

Die mittlerweile etablierten Übertragungsformen für Software, nämlich die **unkörperliche Übertragung** über das Internet oder das Mobilfunknetz können dennoch Zweifel an der Anwendung des Kaufrechts wecken.[27] Denn dieses setzt die Besitzverschaffung an der Kaufsache voraus. Wechselt ein Datenträger den Besitzer, so ist dies problemlos eine Besitzverschaffung. Doch gilt dies auch, wenn das Programm unmittelbar aus dem Internet heruntergeladen wird, also kein körperlicher Gegenstand den Besitzer wechselt? Der BGH bejaht dies und will auch in diesen Fällen Kaufrecht, zumindest entsprechend, anwenden. Denn es komme nicht so sehr auf die Form der Übertragung an, sondern auf das **wirtschaftliche Endziel der Transaktion,** also die Nutzbarmachung des Programms auf dem System des Erwerbers. Dieses werde, unabhängig von der gewählten Übertragungsart, weiterhin erreicht.[28] Stimmen in der Literatur verneinen in diesen Fällen hingegen schon die Sachqualität der Software.[29]

Die Qualifizierung von Software als Sache bedeutet aber **nicht, dass der gutgläubige Eigentumserwerb von einem Nichtberechtigten** (§§ 932 ff. BGB) an Software möglich wäre. Denn gutgläubig kann nur das Eigentum an einer Sache erworben werden, nicht aber die in einer Software repräsentierten (urheberrechtlichen) Nutzungs- und Verwertungsrechte.[30] Veräußert also ein Nichtberechtigter einen Datenträger mit einer Software, so erwirbt der gutgläubige Käufer zwar das Eigentum an dem Datenträger (einer Sache), nicht aber die für die Verwendung der darauf gespeicherten Software notwendigen Nutzungsrechte. Gerade beim Erwerb von Gebrauchtsoftware ist daher der ursprüngliche Softwareüberlassungsvertrag von besonderer Bedeutung. Denn der dort eingeräumte Umfang an Nutzungsrechten ist das Maximum dessen, was der Inhaber an einen Dritten übertragen kann.

C. Schritt 1: Kategorisierung der IT-Verträge

Für eine sinnvolle Zuordnung der einzelnen IT-Verträge zu den einschlägigen Vertragstypen des BGB ist zunächst eine – **rechtlich unverbindliche – Kategorisierung** der in der Praxis häufigsten IT-Verträge sinnvoll.[31] Es ist also zu beachten, dass den hier für die Bezeichnung der einzelnen IT-Vertragstypen verwendeten Begriffen keine juristisch feststehende Bedeutung zukommt und folglich damit auch noch keine verbindliche Einordnung des untersuchten Vertragstyps einhergeht. Letzteres erfolgt erst in einem zweiten Schritt.

Für eine praxisgerechte Kategorisierung der IT-Vertragstypen ist ebenso wie in der darauf folgenden rechtlichen Einordnung insbesondere auf den **Vertragszweck** abzustellen. So lassen sich die in der Praxis gängigsten IT-Verträge meist ohne Weiteres kategorisieren.

> **Praxistipp:**
> Komplexe IT-Verträge bieten Gelegenheit für Missverständnisse. Das beginnt bereits mit der Bezeichnung, zB als „Lizenzvertrag", „Kooperationsvertrag" oder „IT-Rahmenver-

---

[26] ZB *Hilty,* CR 2012, 625, 636 f.; *Redeker,* NJW 2008, 2684, 2685 („kaum haltbar", „reine Fiktion"); Kilian/Heussen/*Heydn,* Teil 3 Rn. 27.
[27] Vgl. zB *Schröder,* S. 2, der erwartet, dass die auf die Verkörperung der Software abstellenden Stimmen künftig weniger zu Tragen kommen werden.
[28] *BGH,* NJW 2007, 2394, 2395; *BGH,* CR 1990, 24, 26 f. (Übertragung einer Software durch Kabel von der Festplatte des Verkäufers auf die Festplatte des Käufers); zum Ganzen *Koch,* S. 406 ff.
[29] So zB *Redeker,* Rn. 278 bis 286.
[30] S. *Marly,* Rn. 245; Dreier/Schulze/*Schulze,* UrhG, § 31 Rn. 24.
[31] Vgl. *Marly,* Rn. 663; *Stichtenoth,* K&R 2003, 105, 105 f.

trag", welche noch keine Rückschlüsse auf den Vertragstyp ermöglicht. Aber auch die Verwendung von einschlägigen Bezeichnungen wie „IT-Dienstvertrag" besagt noch lange nicht, dass der – allein maßgebliche – Vertragszweck diese Zuordnung auch erlaubt (vor allem Hersteller versuchen regelmäßig mit einer „Hinwendung zum Dienstvertragsrecht" die Rechtsfolgen des formal strengeren Werkvertragsrechts zu vermeiden). Insbesondere bei Verträgen, die von juristischen Laien aufgesetzt worden sind, sollte daher besonders gründlich ermittelt werden, ob die gewählten Bezeichnungen auch dem tatsächlich Gewollten entspricht.[32]

I. Abgrenzungsschwierigkeiten bei der „Überlassung" von Software

21 Eine Vielzahl von IT-Verträgen hat, ganz allgemein, die Überlassung von Software zum Gegenstand. Da, wie schon gezeigt, die Überlassung an sich noch keine juristische Einordnung bedeutet,[33] muss hier weiter differenziert und insbesondere zwischen dem Leistungsgegenstand (Überlassung von Standard- oder Individualsoftware), der Leistungsdauer (Überlassung auf Zeit oder auf Dauer) und der Gegenleistung (Entgeltlich oder unentgeltlich) unterschieden werden.

1. Abgrenzung zwischen Standardsoftware und Individualsoftware

22 Eine wichtige Unterscheidung ist, ob einer Vielzahl von Anwendern die Software als **Standardprodukt** überlassen wird (sog. Standardsoftware), oder ob es sich um eine **individuell herzustellende** (zu programmierende) **Software** für einen konkreten Anwender handelt (sog. Individualsoftware).[34] Diese Unterscheidung ist nicht nur im Hinblick auf die regelmäßig sehr unterschiedlich ausgestaltete Übertragung von urheberrechtlichen Nutzungsrechten entscheidend, sondern auch für die Qualifizierung des Vertrages als Kauf- oder Werkvertrag. Das Gesetz selbst definiert weder Standard- noch Individualsoftware näher. Lediglich die bei IT-Vergabeverfahren der öffentlichen Hand angewandten EVB-IT-Überlassung Typ A[35] halten eine Definition von Standardsoftware bereit:

„*Software (Programme, Programm-Module, Tools etc.) die für die Bedürfnisse einer Mehrzahl von Kunden am Markt und nicht speziell vom Auftragnehmer für den Auftraggeber entwickelt wurde, einschl. der zugehörigen Dokumentation.*"

23 Ein anschaulicheres Beispiel für die Unterscheidung zwischen Individual- und Standardsoftware bietet Marly: „Während ein speziell angefertigter Maßanzug nur einer bestimmten Person passen soll (= Individualsoftware), ist dies bei Konfektionsbekleidung (= Standardsoftware) nicht der Fall. Letztere soll den Bedürfnissen mehrerer Personen gerecht werden.[36] Individualsoftware wird also den Bedürfnissen des Kunden entsprechend erstellt. Standardsoftware dagegen ist zur mehrfachen Nutzung für unterschiedliche Kunden vorgesehen, ohne auf die Bedürfnisse eines einzelnen Kunden vorher angepasst zu werden. Auch wenn Software wegen ihrer spezifischen Funktionen nur von einem beschränkten

---

[32] Instruktiv *LG Köln*, Urt. v. 2.6.2010 – 28 O 77/06, Rn. 44 = BeckRS 2010, 14386 (in den vertraglichen Vereinbarungen wurde regelmäßig von „Kauf" gesprochen, der Vertrag stellte sich im Ergebnis aber als Miete dar).
[33] Siehe → Rn. 5.
[34] Zur Unterscheidung zwischen Individual- und Standardsoftware siehe *BGH*, NJW 1988, 406, 407.
[35] Ausführlich zu den Einkaufsbedingungen der Öffentlichen Hand bei der Beschaffung von IT-Leistungen → Teil 4; ausführlich zu den EVB-IT Dienstleistung *Bischof/Intveen*, ITRB 2018, 163 sowie *Poder/Petri*, ITRB 2018, 63.
[36] *Marly*, Rn. 672.

Kreis von Personen (zB den Mitgliedern eines bestimmten Berufszweiges) genutzt wird, kann es sich um Standardsoftware handeln.[37]

Zusätzliche Schwierigkeiten entstehen dann, wenn die Grenzen zwischen Standardsoftware und Individualsoftware verwischen. So mag ein Anwender zwar im Ausgangspunkt eine **standardisierte Software** erwerben, mit dem Hersteller aber (umfangreiche) **individuelle Änderungen** einzelner Eigenschaften der Software vereinbaren – sog. **Customizing** (zB Anpassung an das System des Anwenders, Ergänzung zusätzlicher Funktionen etc.). Umgekehrt kann der Hersteller einer ursprünglich individuellen Softwarelösung für einen bestimmten Kunden diese nachfolgend auch anderen Kunden anbieten wollen. Hier muss im Einzelfall differenziert werden: 24

– Wird **Individualsoftware,** die ursprünglich nur für einen Anwender entwickelt wurde, nun einem größeren und nicht beschränkten Kreis von Nutzern angeboten (Verkauf an alle Vertreter eines bestimmten Wirtschaftszweiges bzw. gar jedermann), so handelt es sich letztlich um die Überlassung einer Standardsoftware. Es können somit unterschiedliche Vertragstypen auf dieselbe Software anwendbar sein. Für den ursprünglichen Besteller einer individuellen Softwarelösung kann es sich um einen Werkvertrag handeln.[38] Für spätere Abnehmer derselben Individuallösung handelt es sich hingegen regelmäßig um einen Kauf- oder Mietvertrag. 25

– Wird **Standardsoftware** den Bedürfnissen des Anwenders angepasst, so kommt es auf den Umfang der Anpassungen und den Zeitpunkt der Anpassungen an. So hat das LG Landshut zB entschieden, dass aus einer Standardsoftware dann Individualsoftware wird, wenn die Änderungen so umfassend sind, dass die Standardsoftware nur noch als Basis anzusehen ist und das Programm eine so umfassende Änderung erfahren habe, dass es für eine anderweitige Nutzung nicht mehr verwendbar sei.[39] Im Übrigen bleibe es bei kleineren Änderungen im Auftrag des Kunden bei Standardsoftware. Auch der modulare Aufbau einer Software, deren genaue Zusammensetzung vom Käufer bestimmt wird, ändert nichts an ihrer Eigenschaft als Standardsoftware.[40] 26

2. Dauerhafte Überlassung versus zeitlich begrenzte Überlassung

Ein weiteres wichtiges **Unterscheidungskriterium** sowohl für Standard- als auch für Individualsoftware ist die **Dauer der zeitlichen Überlassung.** Wird die Soft- oder Hardware dauerhaft, oder nur begrenzt für einen bestimmten Zeitraum zur Verfügung gestellt? Dies ist den einschlägigen Verträgen nicht immer deutlich zu entnehmen und bedarf mitunter der Auslegung. Für eine Überlassung auf Dauer ist der Vertragszweck dahingehend auszulegen, dass die Parteien keine zeitlich begrenzte, sondern eine unbegrenzte Nutzung der Hard- bzw. Software durch den Anwender vereinbaren wollten. Demgegenüber soll der Anwender bei einer Überlassung auf Zeit diese ab einem gewissen Zeitpunkt nicht mehr benutzen dürfen, indem er dazu verpflichtet ist die überlassene Hard- bzw. Software entweder zurückzugeben oder – in der Praxis häufiger – zu löschen.[41] 27

---

[37] Hierzu *OLG Celle,* NJW-RR 1993, 432, 432 f. (Fachprogramm für den Einsatz in Fleischereibetrieben). In diesem Zusammenhang hat der *BGH* in einer älteren Entscheidung einmal von „Spezialsoftware" gesprochen (*BGH* NJW 1990, 3011, 3012), was eine zusätzliche Kategorie von Software neben der Individual- und Standardsoftware vermuten ließ. Dieser Begriff hat aber keine weitere rechtliche Bedeutung erlangt. Zum Ganzen *Marly,* Rn. 671.
[38] Siehe → Rn. 40 zur Frage, ob auf die Herstellung von Individualsoftware Werk- oder Kaufvertragsrecht Anwendung findet.
[39] *LG Landshut,* CR 2004, 19.
[40] So *OLG Köln,* CR 1997, 213.
[41] Vgl. *Marly,* Rn. 673.

3. Unterscheidungsansätze bei Misch- und Sonderformen

28 Bei den in der Praxis häufig anzutreffenden **Mischformen von IT-Verträgen** ist besondere Vorsicht geboten. Hier sind die einzelnen Vertragsbestandteile, die oftmals über Anlagen verknüpft nicht ohne weiteres erkennbar sein können, sorgfältig voneinander abzugrenzen. Geradezu üblich ist zB die Überlassung von Standardsoftware, verbunden mit einer Vereinbarung, die Software für eine bestimmte Zeit zu pflegen und sonstige Beratungsleistungen zu erbringen. Häufig muss Standardsoftware überdies individuell der IT-Umgebung des Anwenders angepasst werden. Insbesondere umfangreiche Projekte beinhalten naturgemäß eine Vielzahl von ineinander greifenden Leistungsverpflichtungen. Hier sollten die einzelnen Bestandteile des Vertrages gedanklich sauber getrennt und zunächst individuell, sodann aber auch in ihrem Gesamtkontext bewertet werden.

II. Schematische Übersicht zur Kategorisierung von IT-Verträgen

29 Die in der Praxis gängigsten IT-Verträge lassen sich somit wie folgt kategorisieren:
- Dauerhafte Überlassung
  - von Standardsoftware
  - von Individualsoftware
  - von Hardware
- Befristete Überlassung
  - von Standardsoftware
  - von Individualsoftware
  - von Hardware
- Pflege bzw. Wartung
  - von Software
  - von Hardware
- Beratung
  - zu Software
  - zu Hardware
- Mischformen
  - Anpassung von Standardsoftware
  - Software und/oder Hardwareüberlassung und Beratung
  - Softwareüberlassung und Pflege
  - IT-Outsourcing
  - Gekoppelte Hardware/Software-Verträge
- Sonderformen von IT-Verträgen
  - Quellcode-Überlassungverträge („Escrow Agreements")
  - Application Service Providing (ASP)
  - Software as a service (SaaS); Platform as a service (PaaS); Cloud Anwendungen
  - Schutzhüllenverträge („Clickwrap-Agreements")
  - IT-Forschungs- und Entwicklungsverträge (FuE-Vertrag).

D. Schritt 2: Rechtliche Einordnung

30 Nach Ermittlung der in der Praxis gängigen IT-Vertragskategorien erfolgt nun in einem zweiten Schritt deren **rechtliche Zuordnung** zu den vom Zivilrecht bereit gehaltenen **Vertragstypen**.[42] Häufig wird die rechtliche Zuordnung auf der Hand liegen und keiner

---

[42] Siehe aber zB *Schröder*, S. 4, der die tatsächliche Relevanz der vertragstypologischen Zuordnung von Softwareverträgen für überbewertet hält, da sich meist alle wesentlichen Regelungen im Vertrag selbst fänden.

vertieften Untersuchung bedürfen. So kann zB die Überlassung von Hardware auf Dauer regelmäßig problemlos als Kauf qualifiziert werden, oder eine reine Beratungstätigkeit als Dienstvertrag. Bei der Ableitung des rechtlichen Rahmens allein aus der Bezeichnung des jeweiligen Vertrages ist, wie bereits mitgeteilt, Vorsicht geboten. Die Bezeichnung eines Vertrags beispielsweise als „Softwarekauf" oder „Hardwaremiete" hat allenfalls Indizwirkung für die vertragstypologische Zuordnung, kann diese also nicht ersetzen und wird im Zweifel von dem durch Auslegung (§§ 133, 157 BGB) ermittelten tatsächlich Gewollten verdrängt.[43]

Schwierigkeiten bereitet jedoch vor allem die **rechtliche Zuordnung der Softwareüberlassung auf Dauer,** und zwar sowohl im Hinblick auf die Überlassung von Standard- als auch Individualsoftware. Naturgemäß bereiten auch Mischformen, in denen verschiedene Leistungen zusammengefasst werden, Schwierigkeiten.[44] Auf diese Sonderfälle wird im Folgenden näher eingegangen.

> **Praxistipp:**
> Insbesondere Softwareüberlassungsverträge US-amerikanischen Ursprungs enthalten häufig Kombinationen aus kauf- und mietvertragsrechtlichen Elementen. So gibt es Kombinationen bestehend aus einer einmaligen Vergütung verbunden mit einem Minimum von Pflichten auf Seiten des Veräußerers (Kaufvertrag?), aber dennoch begrenzter Laufzeit der übertragenen Lizenzen (Mietvertrag?).[45] Hier ist besondere Sorgfalt bei der rechtlichen Einordnung geboten. Handelt es sich dabei um AGB, und das ist sehr häufig der Fall, so wird sich diese fehlende Transparenz zu Lasten des Verwenders solcher Vertragsklauseln auswirken und kann diesem gegenüber argumentativ bei Vertragsverhandlungen entgegengehalten werden.

I. Dauerhafte Überlassung von Standardsoftware

1. Kaufvertrag oder kaufähnlicher Vertrag

Es liegt nahe, die dauerhafte Überlassung von Standardsoftware als **Kaufvertrag** iSd § 433 BGB zu qualifizieren. In der ursprünglichen Rechtsprechung hatte der BGH zur näheren Konkretisierung **Kriterien** entwickelt, bei deren Vorliegen die dauerhafte Überlassung von Standardsoftware als Kaufvertrag, zumindest aber als kaufähnlich anzusehen sei. Dies zog dann auch die Anwendung kaufvertraglicher Mängelgewährleistungsvorschriften nach sich.[46] Demnach musste der Veräußerer dem Anwender die Software gegen Einmalentgelt auf Dauer und zur freien Verfügung überlassen.[47] Das dritte Abgrenzungskriterium „zur freien Verfügung" ließ der BGH jedoch in der Folgezeit fallen. Längere Zeit blieb es bei der Überlassung auf Dauer gegen Einmalentgelt als maßgeblichen Kriterien. In der Vorlage-Entscheidung (UsedSoft I) rückte der BGH von diesem Ansatz jedoch ab und forderte nunmehr lediglich eine „unbefristete Nutzungsrechtseinräumung". Gleichzeitig rückte das Kriterium des Einmalentgelts in den Hintergrund.[48] Der EuGH stellte daraufhin fest, dass die unbefristete Einräumung wesentlich weiterreichender wäre und nicht mit „dauerhaft" gleichzusetzen sei. Hinsichtlich des Entgelts stellte der EuGH nur auf die Zahlung eines Entgelts ab, nicht thematisiert wurde die Frage der Mehrfachvergütung.[49] Im Endeffekt ist mit der Einräumung eines unbefristeten Nutzungsrechts nach EuGH und BGH nur eines

---
[43] Siehe zB *OLG Brandenburg,* Urt. v. 7.11.2007 – 7 U 142/06, Rn. 15 (Qualifizierung eines Softwareüberlassungsvertrages an Hand der von den Parteien gewählten Vertragsterminologie und der Präambel).
[44] Siehe → Rn. 28.
[45] Hierzu *Kunick/Patzak,* CRi 2007, 1, 3 f.
[46] *Marly,* Rn. 691.
[47] *BGH,* NJW 1988, 406, 407; Zusammenfassung bei *Schneider,* Rn. 112 bis 117.
[48] BGH v. 3.2.2011 – I ZR 129/08 = CR 2011, 223 – UsedSoft I.
[49] EuGH v. 3.7.2012 – C-128/11 = CR 2012, 498.

der drei ursprünglichen Abgrenzungskriterien für das Vorliegen eines Kaufvertrages verblieben.[50]

34   Bejaht man sodann mit dem BGH die **Sachqualität von Software,** steht der unmittelbaren Anwendung von Kaufrecht nichts entgegen. Verneint man die Sachqualität, so kommt man zu einem funktional gleichen Ergebnis über den Umweg des § 453 BGB (Software als „sonstiger Gegenstand") oder durch Bejahung eines kaufähnlichen Vertrages (§ 311 Abs. 1 BGB iVm den kaufrechtlichen Regelungen).[51]

35   Hinzuweisen ist auf die recht **pragmatische Herangehensweise des BGH** bei der Einordnung von Softwareüberlassungsverträgen in das Kaufrecht. Denn bei genauerer Betrachtung ließe sich die Anwendbarkeit des Kaufrechts insbesondere bei der Softwareüberlassung über das Internet in Frage stellen. So wird insbesondere kritisiert, dass es in diesen Fällen nicht zu einer für den Verkauf typischen Eigentumsverschaffung auf Erwerber- und Entäußerung auf Verkäuferseite komme. Der BGH betont vernünftigerweise mehr das wirtschaftliche Endziel der Transaktion, für das die Anwendung des Kaufrechts am besten geeignet sei.[52]

36   Gerade bei Gestaltungsformen, die den **Anschein eines Kaufvertrages** haben, ist darauf zu achten, inwiefern tatsächlich die dauerhafte Überlassung von Software beabsichtigt ist. Eine entsprechende Praxis ist seit einigen Jahren bei dem Vertrieb von Spielesoftware zu beobachten. So können sich Anwender zu marktüblichen (Kauf-)Preisen eine DVD eines Spiels kaufen. Allerdings enthält diese DVD nur einen Teil der Software, im Übrigen aber lediglich einen Zugangscode, vergleichbar mit einer Eintrittskarte. Um das Spiel benutzen zu können, muss sich der Anwender mit diesem Zugangscode auf dem Server des Herstellers registrieren. Dann wird ihm die für den Betrieb notwendige Software überspielt und er kann das Spiel benutzen. Alternativ können sich Anwender gegen Zahlung eines Entgelts auch unmittelbar auf dem Server anmelden ohne eine körperliche Kopie des Spiels im Handel zu erwerben. Aus den Benutzungsbedingungen des Herstellers ergibt sich oftmals, dass die Anwender lediglich ein kündbares Nutzungsrecht an der Software erhalten, ihnen die Software aber gerade nicht verkauft wurde.

37   Vereinzelt war ein solches Vertriebsmodell bereits Gegenstand von Gerichtsverfahren; so etwa in der Sache „Half-Life 2". Das LG und OLG Hamburg werteten diese Form der Softwareüberlassung nicht als Kaufvertrag, sondern hielten Dienstvertragsrecht für einschlägig.[53] Dies ist auch konsequent, denn selbst wenn der Datenträger zwar gekauft wurde, so erwarb der Anwender an der Software selbst doch nur ein zeitlich beschränktes Nutzungsrecht. Der BGH zeigte sich bezüglich dieser Frage jedoch ausdrücklich indifferent und erklärte sie für streitunerheblich.[54] Nichtsdestotrotz ist hier eine klare Tendenz dahingehend zu erkennen, die Zahlung eines Einmalentgelts im Zusammenhang mit dem Erwerb von Software nicht pauschal als Kaufvertrag zu klassifizieren.

38   Weitere Bedeutung erlangt der Kaufvertrag im Zusammenhang mit dem **dauerhaften Softwaredownload.** Im Gegensatz zu den oben beschriebenen Modellen erfolgt hier keine Übergabe eines verkörperten Datenträgers. Stattdessen wird die Software ausschließlich zum Download über das Internet freigegeben. Dabei kommt zwischen Server-Betreiber und dem Anwender ein Dienstvertrag im Sinne des § 611 BGB zustande. Dem (kommerziellen) Betreiber obliegt dabei die Sicherstellung der reibungslosen und virenfreien Verfügbarkeit der Software.[55] In Bezug auf die rechtliche Einordnung des eigentlichen Downloads kommt es angesichts der Klassifizierung von Software als Sache im Sinne des § 90 BGB darauf an, ob diese auf Zeit oder auf Dauer überlassen wird. Konsequenterweise

---

[50] Ausführlich: *Schneider,* Teil M, Rn. 112–117.
[51] Zum Ganzen schon → Rn. 14 bis 17.
[52] Hierzu schon → Rn. 16.
[53] Ausführlicher Sachverhalt bei *LG Hamburg,* Urt. v. 28.9.2007 – 324 O 871/06 und *OLG Hamburg,* Urt. v. 16.10.2008 – 10 U 87/07.
[54] *BGH,* NJW 2010, 2661, 2662 aE.
[55] Zu den Besonderheiten des nichtkommerziellen Server-Betreibers: *Marly,* Rn. 808.

handelt es sich bei der auf Dauer überlassenen Standardsoftware durch einen Download um einen Kaufvertrag.[56]

2. Schenkungsvertrag, zB bei Überlassung einer Demoversion

Wird Software dauerhaft und ohne Gegenleistung überlassen kann es sich um eine Schenkung handeln. Geschenkt wird hier ggf. der Datenträger, auf dem die Software verkörpert ist, außerdem das für die Benutzung der Software erforderliche Nutzungsrecht.[57]

II. Dauerhafte Überlassung von Individualsoftware

1. Problem: § 650 BGB (§ 651 BGB aF)

Probleme bei der rechtlichen Einordnung eines Vertrages zur Überlassung von Individualsoftware auf Dauer sind – mit erheblichen praktischen Auswirkungen – **ein Klassiker im Softwarevertragsrecht**.[58] **Nach altem Schuldrecht** wurden Verträge solcher Art vorwiegend als **Werkvertrag** oder aber als dem Werkvertrag nahestehenden **Werklieferungsvertrag** (§ 651 BGB bis 2002).[59] Seit der Schuldrechtsreform hingegen wird für Verträge über die Herstellung von Individualsoftware – auch für Vereinbarungen zwischen Unternehmen – gemäß § 650 BGB (§ 651 BGB aF) Kaufvertragsrecht angewandt.[60]

In der Praxis stieß die damalige „radikale Änderung der bisherigen Rechtslage"[61] auf **erheblichen Widerstand.** So fehlen im Kaufrecht zum Beispiel sowohl eine Abnahmeregelung als auch ausdrückliche Mitwirkungsregelungen für den Besteller. Das Kaufrecht bürdet dem Besteller dafür die Untersuchungs- und Rügepflicht nach § 377 HGB auf.[62] Außerdem hat der Käufer einer Software nicht das Recht zur Selbstvornahme. Der bloße vertragliche Ausschluss von Kaufvertrag und die vereinbarte Anwendbarkeit von **Werkvertragsrecht** löst dieses Problem nicht. Denn die rechtliche Zuordnung eines Vertrages zu den im BGB vorgesehenen Vertragstypen selbst unterfällt nicht mehr der Parteiautonomie.[63]

2. Behandlung des Problems in der Rechtsprechung

Der BGH hat zu diesem Problemkreis uneinheitlich Stellung genommen.[64] Der **7. Senat** entschied sich für die grundsätzliche Anwendbarkeit von **Kaufrecht**.[65] Dabei statuierte dieser ein **Regel-Ausnahme-Verhältnis,** wonach Werkvertragsrecht dann in Betracht käme, wenn die Planungsleistungen den Schwerpunkt des Vertrages bildeten.[66] Sowohl das das OLG München[67] als auch der **10. Senat des BGH** schlossen sich dieser Ansicht nachgelagert an.[68] Demgegenüber verneinte hingegen der **3. Senat des BGH** die Anwendung

---

[56] Zum Ganzen *Marly,* Rn. 805 bis 814.
[57] *Koch,* S. 423.
[58] Vgl. insoweit den passenden Titel des Aufsatzes von *Bräutigam/Rücker,* CR 2006, 361: „Softwareerstellung und § 651 BGB – Diskussion ohne Ende oder Ende der Diskussion?"; ferner *Maume/Wilser,* CR 2010, 209.
[59] Zur Diskussion vor der Schuldrechtsmodernisierung vgl. die kurze Zusammenfassung bei *Marly,* Rn. 676.
[60] Vgl. Palandt/*Sprau,* BGB, § 650 BGB Rn. 1.
[61] *Marly,* Rn. 677; *Kremer/Sander* CR 2015, 146, 151.
[62] *Schröder,* S. 6 bis 7.
[63] Vgl. zum Ganzen BeckOK/*Voit,* BGB, § 650 Rn. 24 bis 25 mwN (selbst eine Parteivereinbarung ablehnend); bejahend Palandt/*Sprau,* BGB, § 650 Rn. 1 („kommt ... in Betracht").
[64] Besprechung bei *Schweinoch,* CR 2009, 640; *ders.,* CR 2010, 1; kritische Auseinandersetzung mit der Rechtsprechung bei *Maume/Wilser,* CR 2010, 209.
[65] *BGH,* NJW 2009, 2877.
[66] *BGH,* NJW 2009, 2877, 2880.
[67] *OLG München,* CR 2010, 156, 157.
[68] *BGH,* Urt. v. 9.2.2010 – X ZR 82/07.

des § 650 BGB (§ 651 BGB aF). Es mangele an einer „Lieferung" der im Sachverhalt herzustellenden Sache, da die im Sachverhalt zu programmierende Website auf dem Server des Anbieters verbleibt.[69] Auch der 7. Senat des BGH teilte diese Einordnung „Lieferung" als Werkvertrag iSd §§ 631 ff. BGB.[70] Bei Anpassung der gelieferten Software an die Bedürfnisse des Auftraggebers geht der BGH inzwischen ebenfalls von einem Werkvertrag aus.[71] Auch das OLG Düsseldorf hat zuletzt die Akzentuierung weiter in Richtung des Werkvertragsrechts verschoben und gleichzeitig an das oben genannte Regel-Ausnahme-Verhältnis angeknüpft. Demnach soll die Herstellung beweglicher Sachen dann nicht unter § 650 BGB (§ 651 BGB aF) fallen, wenn das Gepräge des Vertrages nicht in erster Linie durch die Herstellung der beweglichen Sache, sondern in einem über diese Sache hinausgehenden Erfolg besteht.[72]

3. Praxisorientierte Strategien zur Umgehung des § 650 BGB (§ 651 BGB aF)

43 Für den **Anwalt in der Praxis** bieten sich zur Vermeidung des § 650 BGB (§ 651 BGB aF) sachgerechte Lösungen für die Parteien an, die häufig Werkvertragsrecht im Gepräge einer „agilen Vorgehensweise" bevorzugen. Vor dem Hintergrund der oben dargestellten Rechtsansicht des BGH ergibt sich einerseits die Möglichkeit, **planerisch/konzeptionelle Elemente** des Softwareerstellungsvertrages stärker zu betonen; andererseits, **werkvertragliche Elemente in den Kaufvertrag** miteinzubeziehen.

44 Erfolgversprechend scheint somit zunächst die **Betonung der Planungsleistung** des Softwareerstellungsvertrages zu sein. Wird den zu erbringenden planerischen und konzeptionellen Leistungen im Rahmen des Entwicklungsprozesses im Vergleich zur Lieferung der Software bei der Vertragsgestaltung entsprechend breiter Raum eingeräumt, so dass sie den Schwerpunkt des Vertrages bilden, kann dies ggf. zur Anwendbarkeit des Werkvertragsrechts führen.

45 Ein gewisser **Gestaltungsspielraum** besteht außerdem bei der **vertraglichen Modifizierung des einschlägigen Kaufrechts,** bis hin zu dessen textlicher Annäherung an das Werkvertragsrecht. Es könnte zB ein Aktivitäten- und Fristenplan vereinbart[73] oder ein Testverfahren in den Vertrag aufgenommen werden, welches im Ergebnis die fehlende Abnahme zu ersetzen sucht. Zu beachten ist ferner, dass Individualsoftware als nicht vertretbare Sache iSd § 650 S. 3 BGB (§ 651 BGB aF) angesehen werden muss, sodass ausgewählte werkvertragliche Vorschriften und Wertungen ohnehin ergänzend neben das anzuwendende Kaufrecht treten.[74] So ergeben sich bereits von Gesetzes wegen gewisse Mitwirkungs- und Verantwortungspflichten, wie auch ein Kündigungsrecht vor Vollendung des Werkes für den Besteller. Dabei verbleibt jedoch die für Softwareerstellungsverträge elementare Abnahme ungeregelt.

46 Bei der Erstellung von Individualsoftware für Unternehmen kann die Abnahme der Software auch abweichend von der gesetzlichen Situation einen zentralen Schritt in der Vertragsabwicklung darstellen.[75] Diese ist in IT-Projekten unentbehrlich, da die stets notwendige Erprobung der Software regelmäßig einige Zeit in Anspruch nimmt. Die Regelung des § 650 BGB (§ 651 BGB aF) wird diesem Bedürfnis nicht gerecht, weshalb eine vertragliche Regelung des Abnahmeverfahrens zwingend erforderlich ist.[76] Ist die Abnahme im Softwareerstellungsvertrag nicht geregelt, besteht für die Parteien erhebliche

---

[69] *BGH*, MMR 2010, 398, 400.
[70] *BGH*, MMR 2011, 455, 456; *BGH*, MMR 2011, 311, 311; *BGH*, NJW 2011, 915, 916.
[71] *BGH* Urt. v. 5.6.2014 – VII ZR 79/09 = MMR 2010, 398.
[72] Vgl. *OLG Düsseldorf*, 25.7.2014, I-22 U 192/13 = CR 2015, 215.
[73] Schneider/v. Westphalen/*Schneider*, Teil B Rn. 70 und Rn. 107.
[74] So auch *Marly*, Rn. 686; *Schweinoch*, CR 2010, 1, 3; vgl. ferner *BGH*, Urt. v. 9.2.2010 – X ZR 82/07, Rn. 8 aE.
[75] Schneider/v. Westphalen/*Redeker*, Teil D Rn. 194 f.
[76] Schneider/v. Westphalen/*Redeker*, Teil D Rn. 197.

D. Schritt 2: Rechtliche Einordnung

Rechtsunsicherheit. Nach der hier vertretenen Ansicht existieren daher auch unter der Geltung des § 650 BGB (§ 651 BGB aF) keine Bedenken dagegen, in Verträgen über die Erstellung einer Individualsoftware individualvertraglich eine Abnahme vorzusehen.[77]

Darüber hinaus lassen sich **individualvertraglich** sicherlich – insbesondere im B2B-Bereich – die weitestgehenden Abweichungen vom Kaufvertragsrecht vereinbaren. So sind die meisten tangierten kaufvertraglichen Vorschriften (zB § 446 BGB und § 377 HGB) grundsätzlich dispositiv.[78] Im B2C-Bereich ist darauf zu achten, dass es nicht zu einer Umgehung des Schutzbereichs des § 475 Abs. 1 BGB zum Nachteil des Verbrauchers kommt.[79] **47**

Bei der **AGB-rechtlichen Modifizierung** des Kaufrechts werden Grenzen durch das vertragliche Leitbild (§ 307 Abs. 2 BGB), außerdem das Verbot unangemessener Benachteiligung (§ 307 Abs. 1 S. 1 BGB) und überraschender Klauseln (§ 305c BGB) gesetzt. Beide können einschlägig sein, wenn AGB-rechtlich zB eine Abnahmeregelung in den Kaufvertrag eingeführt werden soll; eine solche wird insbesondere vor dem Hintergrund eines möglichen Wegfalls sämtlicher Gewährleistungsrechte bei einer vorbehaltlosen Abnahme gemäß § 640 Abs. 2 BGB in AGB kaum realisierbar sein. Ein genereller Ausschluss des § 650 BGB (§ 651 BGB aF) in AGB scheitert daran, dass die Wirksamkeit dieser Ausschlussklausel erst dann geprüft werden kann, wenn der Vertragstyp feststeht, dieser aber nicht anhand der zu prüfenden Ausschlussklausel ermittelt werden darf.[80] Wohl keinen Gestaltungsspielraum hat der Softwarehersteller bei **Verträgen mit Verbrauchern** iSd § 13 BGB, da der verbraucherschützende § 650 BGB (§ 651 BGB aF) insofern zwingend ist. **48**

> **Praxistipp:** **49**
> Lässt sich bei einem IT-Projekt sinnvoll eine Planungs- und Konzeptionsphase isolieren, so kann diese unter Betonung der planerischen konzeptionellen Aufgaben als Werkvertrag ausgestaltet werden. Die sich anschließende Lieferung der Software unterfiele aber weiterhin dem Kaufrecht. Jedenfalls ist der Mandant in solchen Fällen auf die einschlägige Rechtslage hinzuweisen. Sollte der Mandant dennoch eine Regelung nach Werkvertragsrecht wünschen, so sind die Haftungsrisiken des Beraters durch ausdrücklichen schriftlichen Hinweis auf die Problematik zu minimieren. Gerade wegen des nicht von der Hand zu weisenden Bedürfnisses der Anwender empfiehlt es sich aber, die Abnahme trotz § 650 BGB (§ 651 BGB aF) im Projektvertrag zu regeln. Sicherheitshalber sollte jedoch besser darauf verzichtet werden, an die Abnahme werkvertragliche Konsequenzen der Verjährung oder des vollständigen Wegfalls der Gewährleistungsrechte seitens des Bestellers zu knüpfen, die das Kaufrecht nicht zulässt; vielmehr sollte der genaue Zeitpunkt des Verjährungsbeginns (Zeitpunkt der Ablieferung im Kaufrecht oder Zeitpunkt der Abnahme im Werkvertragsrecht) offen gelassen oder hierzu ganz allgemein auf die gesetzliche Regelung verwiesen werden.[81] Bei Verträgen über die komplexe Anpassung von Standardsoftware sollte ebenso verfahren werden, da auch bei solchen Projekten für den Anwender der Software ein unabweisbares Bedürfnis für die Regelung der Abnahme besteht.

Wichtig ist abschließend noch einmal klarzustellen, dass die vorangegangene Diskussion solche IT-Verträge nicht erfasst, die als reine Werkverträge einzuordnen sind. Dies gilt vor allem bei den in der Praxis sehr häufig vorkommenden Individualleistungen, bei denen die Programmierleistungen an vom Kunden selbst zur Verfügung gestellter Software (zB im **50**

---

[77] Ebenso Schneider/v. Westphalen/*Redeker*, Teil D Rn. 205.
[78] *BGH*, NJW 1982, 1278; MüKo/*H.P. Westermann*, BGB, § 466 Rn. 2; Palandt/*Weidenkaff*, BGB, § 446 Rn. 3; Baumbach/Hopt/*Hopt*, HGB, § 377 Rn. 57; MüKo/*Grunewald*, HGB, § 377 Rn. 120.
[79] Vgl. BeckOK/*Faust*, BGB, § 446 Rn. 25; MüKo/*Lorenz*, BGB, § 476 Rn. 8.
[80] Schneider/v. Westphalen/*Schneider*, Teil B Rn. 60.
[81] Schneider/v. Westphalen/*Redeker*, Teil D Rn. 220.

Anschluss an den Erwerb einer Standardlösung) im Vordergrund stehen, nicht aber die Herstellung einer Sache (bzw. Software) im Sinne des § 650 BGB (§ 651 BGB aF).[82] Es ist also immer eine genaue Prüfung des Einzelfalles erforderlich.

III. Softwareerstellungsverträge unter Einsatz von agilen Programmierungsmethoden

51 Zeit- und Kostendruck haben Software(entwicklungs)methoden in den Vordergrund rücken lassen, die sich erheblich von klassischen Softwareerstellungsprojekten mit seinen Planungs- und Durchführungsphasen unterscheiden. Im Unterschied zum klassischen Wasserfallmodell, welches eine strikte Trennung zwischen Planungs- und Realisierungsphase vorsieht, kommt es beim Einsatz agiler Programmierung zu einer Abkehr von dieser strikten Trennung und in Folge dessen zu einem Vermischen der Verantwortungsbereiche der beteiligten Parteien.[83]

1. Charakteristika

52 Eine agile Ausgestaltung von Softwareerstellungsprojekten bietet sich an, wenn der Auftraggeber, etwa aufgrund mangelnder Kompetenz oder Erfahrungswerte, nicht in der Lage ist, einen technisch präzise definierten Anforderungskatalog (etwa in Form eines Lastenhefts) zu formulieren und deshalb auch nicht genau weiß, welche Spezifikationen die bestellte Software überhaupt aufweisen muss, um seinen Bedürfnissen zu entsprechen (regelmäßig dargestellt im Pflichtenheft).[84] Es gibt zahlreiche Methoden der agilen Programmierung; bei den Gängigsten dürfte es sich um „SCRUM" handeln.[85] Die nachfolgend verwendete Terminologie entspricht der SCRUM-Methode; sofern andere Programmierungsmethoden angewendet werden, können die Begriffe dementsprechend variieren. Agile Programmierungsmethoden zeichnen sich regelmäßig durch den **Verzicht auf ein rigides Spezifikationsprofil** (etwa in Form eines Pflichtenheftes) an die zu erstellende Software vor Beginn des Entwicklungsprozesses aus.[86] Eine isolierbare Planungsphase wird ebenfalls auf ein Minimum reduziert.[87] Vielmehr vollziehen sich „Artikulierung, Präzisierung und Verifizierung der Anforderungen" im laufenden Projekt,[88] meist durch enge Zusammenarbeit der Projektparteien und umfassende Einbindung des Auftraggebers in die Projektdurchführung.[89] So wächst im laufenden Prozess ein **stets aktualisiertes Anforderungsprofil** an die Software. Die zu erstellende Software wird logisch in Einzelteile zerlegt; jedes Fragment wird als „User Story" bezeichnet. Im Rahmen der User Stories kann der Auftraggeber zudem Änderungen bzw. Erweiterungen des Anforderungsprofils an die Software formulieren. Die User Stories mitsamt den Änderungswünschen werden in „Sprint Planning Meetings" zwischen dem Auftraggeber und dem Entwickler abgestimmt und gemeinsam ausgearbeitet. Ein „agiler" Softwareentwicklungsprozess erstreckt sich über mehrere kurze Zyklen (sog. Sprints) in denen die einzelnen User Stories umgesetzt werden.[90] Am Ende eines jeden Sprints erfolgt zwischen Auftraggeber und Entwickler eine Prüfung des realisierten Einzelteils der Software nach Maßgabe der zuvor konkretisierten

---

[82] *BGH*, CR 2001, 32; Schneider/v. Westphalen/*Schneider*, Teil B Rn. 44.
[83] Vgl. *Hoeren/Pinelli*, MMR 2018, 199.
[84] Vgl. *Fuchs/Meierhöfer/Morsbach/Pahlow*, MMR 2012, 427, 428.
[85] Zu einem kommentierten Vertragsentwurf nach Scrum siehe *v. Schenck*, MMR 2019, 139.
[86] *Frank*, CR 2011, 138.
[87] *Hoeren/Pinelli*, MMR 2018, 199.
[88] So *Schneider*, ITRB 2010, 18, 20.
[89] Zu verschiedenen Projektmethoden auch *Müller-Hengstenberg/Kirn*, CR 2008, 755 sowie Ausführungen von *Stiemerling* → Teil 2.3.1 Vorgehensmodelle und IT-Projektmanagement.
[90] *Kremer*, ITRB 2010, 283, 284; ausführlich zur agilen Methodik am Beispiel von Scrum *Kühn/Ehlenz*, CR 2018, 139; *Schröder/Stiemerling*, ITRB 2019, 183.

Anforderungen im Rahmen des Sprint Planning Meetings. Auf Grundlage des jeweils umgesetzten Fragments der Software erfolgt wiederum eine Anforderungsanalyse und -aktualisierung (sog. Sprint-Review).[91]

Trotz der verlockenden anfänglichen Zeit- und Kostenersparnis, ist **ausschließlich erfahrenen Auftraggebern** der Einsatz agiler Programmierungsmethoden zu empfehlen. So ist in der Beratungspraxis häufig zu beobachten, dass lediglich solche Auftraggeber über das notwendige Know-how verfügen, um ein agiles Softwareprojekt erfolgreich zum Abschluss bringen zu können. Diese Projektmethode bürdet dem Auftraggeber sehr weitreichende Mitwirkungspflichten auf und bindet regelmäßig beachtliche Zeit- und Arbeitskraftressourcen; ein Aufwand und vor allem eine Verantwortung, die unerfahrene und/oder kleinere Auftraggeber oftmals nicht tragen können bzw. diese fachlich sowie kapazitiv überfordern.

2. Vertragstypologisierung

Die vorstehend beschriebene Flexibilisierung der Projektentwicklung führt zu rechtlichen Problemen. Dies beginnt schon bei der vertragstypologischen Einordnung solcher IT-Projekte unter gleichzeitiger Beachtung der verfolgten Interessen der beteiligten Parteien, betrifft darüber hinaus aber auch Zurechnungs- und Verschuldensfragen, wenn sich im Nachhinein die erbrachte Leistung als mangelhaft herausstellt.[92] Trotz der eingangs erwähnten mangelnden Trennschärfe zwischen Planungs- und Durchführungsphase verbleibt es dennoch grundsätzlich bei der klassischen Rollenverteilung: Dem Auftraggeber steht somit die Konzeptionshoheit bei der Planung zu, während die Programmierungsleistungen allein dem Auftragnehmer obliegen.[93] Diese Verteilung der Verantwortungsbereiche gilt es in Verbindung mit den Interessen der Parteien unter Berücksichtigung der Besonderheiten von agilen Programmierungsmethoden und Wahrung der Vertragsparität im Rahmen der Vertragsgestaltung umzusetzen. Nichtsdestotrotz verbleibt anzumerken, dass eine pauschale Beantwortung der Frage hinsichtlich des passenden Vertragstyps für agile Softwareentwicklungsprojekte der Flexibilität und Vielzahl von verschiedenen Gestaltungsmöglichkeiten dieses Programmierungsansatzes nicht gerecht werden kann. Demnach ist eine genaue Prüfung der Umstände des Einzelfalls sowie der von den Parteien konkret verfolgten Interessen erforderlich.

Das Fehlen eines festgelegten Anforderungsprofils vor Beginn der Softwareentwicklung steht einer Ausgestaltung als **einheitlicher Werkvertrag** grundsätzlich nicht im Wege. So schuldet der Entwickler auch bei mangelnder Dezidiertheit des Anforderungsprofils bzw. wenn der Auftraggeber seinen Mitwirkungspflichten bei der stetigen Auskonturierung des Anforderungsprofils im Laufe des Projekts nicht nachkommt, immer noch eine Leistung mittlerer Art und Güte.[94] Oftmals wird sich eine werkvertragliche Ausgestaltung des Vertrags jedoch nicht realisieren lassen, da der Auftragnehmer kaum dazu bereit sein wird die Verantwortung für das Erreichen eines bestimmten Erfolgs zu übernehmen, sofern ein solcher bei Auftakt des Projekts nicht definiert worden ist.[95] So entspricht ein Werkvertrag grundsätzlich nicht den Charakteristika der agilen Programmierungsmethode, bei der sich die geschuldete Leistung erst im Laufe des Projekts herauskristallisiert.[96] Ist der Auftraggeber vor Beginn des Projekts hingegen in der Lage ein **hinreichend konkretes Anforderungsprofil – etwa in Form eines Lastenhefts** – zu formulieren, kann je nach den

---

[91] *Fuchs/Meierhöfer/Morsbach/Pahlow*, MMR 2012, 427, 428.
[92] *Koch/Kunzmann/Müller*, MMR 2019, 707.
[93] *Witte*, ITRB 2010, 44, 45; *Kremer*, ITRB 2010, 283, 286; LG Wiesbaden, Urt. v. 30.11.2016 – 11 O 10/15, Rn. 22; zum Urteil des LG Wiesbaden auch *Schneider*, ITRB 2017, 36.
[94] *Kremer*, ITRB 2010, 283, 286; *Schneider*, ITRB 2010, 18, 21; krit. *Koch*, ITRB 2010, 114, 118.
[95] Vgl. zur Vertragstypologisierung eines FuE-Vertrags BGH, CR 2003, 244, 245; *Frank*, CR 2011, 138, 140.
[96] Vgl. *Frank*, CR 2011, 138, 141.

konkreten Umständen im Einzelfall eine Realisierung im Rahmen eines einheitlichen Werkvertrags jedoch zweckdienlich und den Parteiinteressen angemessen sein. Geschuldet ist dann das Erreichen der Vorgaben des Lastenhefts, welches als herbeizuführender Erfolg iSd § 631 Abs. 2 BGB vertraglich vereinbart werden sollte. So genügen bereits funktionale Beschreibungen zur Annahme einer werkvertraglichen Erfolgsvereinbarung.[97] Vertraglich festgehalten werden sollte dabei zwingend aus Sicht des Auftraggebers, dass der Auftragnehmer die Verantwortung für die Realisierung der vertraglich bestimmten Anforderungen an die Software trägt.[98] Je nach Interessenlage im Einzelfall sollte vereinbart werden, dass das Anforderungsprofil im Laufe des Projekts aktualisiert und/oder ergänzt werden kann, ohne dass dies der Zustimmung des Auftragnehmers bedarf und ohne eine gesonderte Vergütungspflicht seitens des Auftraggebers auszulösen.[99] Der Weg zur Umsetzung der Vorgaben ist hingegen dem Auftragnehmer überlassen; ein Umstand der ebenfalls im Vertrag festgehalten werden sollte.[100] Die Abnahme der Software erfolgt dann nach Maßgabe der Vorgaben des Lastenhefts.

56 Eine **rein dienstvertragliche Ausgestaltung** würde zwar das anfänglich lückenhafte Anforderungsprofil an das Projekt und die starke Kooperation zwischen den Parteien berücksichtigen, entspricht jedoch im Regelfall nicht dem Interesse des Auftraggebers, da er bei einer solchen Konstellation dazu bereit sein müsste, das vollständige Risiko für die Fertigstellung der Software zu übernehmen.[101] Da die Realisierung der Softwareentwicklung beim Auftragnehmer verbleibt und dieser die dazu nötige Kompetenz aufweisen muss, wäre es zudem auch nicht interessengerecht, den Erfolg des Projekts in die Haftungssphäre des Auftraggebers zu verlagern. So schuldet der Auftragnehmer zwar auch bei einem Dienstvertrag eine Leistung mittlerer Art und Güte, jedoch führt eine Schlecht- oder Nichtleistung lediglich zu einer Schadensersatzpflicht; über Mängelansprüche verfügt der Auftraggeber hingegen nicht.[102]

57 Zur Austarierung dieser entgegenstehenden Interessen bietet sich ein weiteres Vertragskonstrukt an, bei der eine getrennte vertragliche Regelung zwischen Planungs- und Durchführungselement des Projekts erfolgt. So werden grundsätzliche Parameter bezüglich der Verfahrensweise in einem **Rahmenvertrag** mit (meist) dienstvertraglichem Charakter festgelegt. Der Rahmenvertrag bildet somit die Basis für die Zusammenarbeit und soll das Protokoll im Rahmen der einzelnen Sprints regeln. Die Realisierung der einzelnen Sprints, mit anderen Worten der einzelnen Evolutionszyklen der Software, wird hingegen in gesonderten, **werkvertraglich ausgestalteten Teilprojektverträgen** unter dem Schirm des Rahmenvertrags geregelt.[103] So kann einerseits die Flexibilität des Projekts und andererseits eine interessengerechte Verantwortungsverteilung gewahrt werden, indem die geschuldeten „Zwischenerfolge" der einzelnen Teilprojektverträge stets dem Planungsstand des Projekts entsprechend festgelegt werden.[104]

58 Bei einer werkvertraglichen Ausgestaltung eines (Teil-)Projekts stellt sich gleichermaßen das Problem hinsichtlich der **Anwendbarkeit des § 650 BGB (§ 651 BGB aF)** wie bei der klassischen Projektrealisierung.[105] Sofern nach Ansicht des 7. und 10. Senats des BGH eine der Herstellung der zu liefernden Sache vorgeschaltete Planungsphase gerade nicht ausreicht um die Anwendung des § 650 BGB (§ 651 BGB aF) zu verneinen, spricht für die Bejahung eines Werkvertrags, dass beim Einsatz agiler Programmierungsmethoden die zu erbringenden Planungsleistungen der Durchführung des Projekts nicht lediglich vorge-

---

[97] *BGH,* NJW 1997, 1772, 1772 f.
[98] Vgl. *BGH,* CR 2003, 244, 245.
[99] Vgl. *Auer-Reinsdorff,* ITRB 2010, 93, 94.
[100] Vgl. *Kremer,* ITRB 2010, 283, 288.
[101] *Fuchs/Meierhöfer/Morsbach/Pahlow,* MMR 2012, 427, 429.
[102] MüKo/*Busche,* BGB, § 631 Rn. 11.
[103] Ausführlich *Frank,* CR 2011, 138, 138 f.
[104] Diesem Ansatz ausdrücklich zustimmend: *v. Schenck,* MMR 2019, 139.
[105] Hierzu → Rn. 40 ff.

D. Schritt 2: Rechtliche Einordnung

lagert sind, sondern vielmehr einen integralen Bestandteil der gesamten Herstellungsphase bilden.[106] Ob die vom BGH geforderte Wesentlichkeitsschwelle in Bezug auf das Planungselement dadurch erreicht wird, kann jedoch bislang nicht hinreichend rechtssicher bejaht werden; eine entsprechende vertragliche Vorsorge ist folglich wie im Rahmen von klassischen Softwareerstellungsprojekten unumgänglich.[107]

Die dargestellte Diskussion war auch Gegenstand der jüngeren Rechtsprechung. So ging das LG Wiesbaden bei Software-Erstellungsverträgen im SCRUM-Verfahren von einem einheitlichen Werkvertrag aus. Das Gericht hatte in einem zum Projektverlauf verhandelten Vertragsentwurf einen Anknüpfungspunkt für die werkvertragliche Einordnung gesehen.[108] Das mit der Berufung befasste OLG Frankfurt a. M. betonte demgegenüber, dass eine vertragstypologische Einordnung dahinstehen könne. Vielmehr sei der streitbefindliche Vergütungsanspruch wegen einer klaren Ratenzahlungsvereinbarung sowohl bei Anwendung des Dienstvertragsrechts als auch bei Zugrundelegung des Werkvertragsrechts fällig.[109] Generell sei die Frage, ob ein Entgeltanspruch oder ein Werklohnanspruch für erbrachte Teilleistungen bestünde, im Einzelfall unter Berücksichtigung aller individueller Umstände sowie insbesondere der Absprachen im Parteiverhältnis zu beurteilen. 59

Praxistipp: 60
Bei IT-Projekten hat sich die agile Vorgehensweise mittlerweile als Standard etabliert, insbesondere beliebt beim Auftragsnehmer sowie der internen IT-Abteilung des Auftraggebers. Wird jedoch als eigentlicher Vorzug auch der Verzicht auf sorgfältige Planung sowie Vertragserstellung verstanden, sind Schwierigkeiten vorprogrammiert.
Spätestens bei der ersten Verzögerung fehlt es an verlässlichen Regelungen; Streitigkeiten zu Leistungsumfang, Terminen und Vergütungsanspruch belasten die Zusammenarbeit. Daher ist ein belastbarer Vertrag auch bei agiler Vorgehensweise unerlässlich.

IV. Implementierung und Anpassung von Standardsoftware

Häufig vereinbaren die Parteien neben der Überlassung von Standardsoftware **zusätzliche Leistungen,** wie vor allem die Verpflichtung, die Software auf dem Computersystem des Anwenders zu installieren bzw. anzupassen oder vom Kunden gewünschte Änderungen vorzunehmen. Dies erschwert die Einordnung eines solchen Vertrages in das Kaufrecht. Es wird auf den **Schwerpunkt** der vertraglichen Leistung abzustellen sein: Steht die Implementierungsleistung im Vordergrund (zB weil diese besonders schwierig oder umfangreich ist), so ist ein Erfolg, nämlich die Installation der Software geschuldet und es findet Werkvertragsrecht Anwendung.[110] Sind jedoch nur geringfügige Vorbereitungen an der Softwareumgebung des Erwerbers vorzunehmen, so bleibt es im Hinblick auf den Erwerb der Standardsoftware bei einer **Einordnung in das Kaufrecht.** Die zusätzlichen Leistungen, wie zB die Einrichtung der IT-Umgebung und Schulung von Personal ist ggf. als darüber hinausgehende und dann zusätzlich zu vergütende Leistung zu qualifizieren, im Übrigen aber eine bloße **Nebenabrede zum Hauptvertrag.** Eine genaue Abgrenzung und rechtliche Würdigung im Rahmen des jeweiligen Einzelfalls ist an dieser Stelle unerlässlich. 61

Vor der Schuldrechtsreform galt nach Ansicht des BGH für umfangreiche Anpassungen von Standardsoftware Werkvertragsrecht.[111] Nach der Schuldrechtsreform hat sich diesbezüglich nach der herrschenden Lehre keine Änderung ergeben, wenn – unter den Voraus- 62

---

[106] So auch *Fuchs/Meierhöfer/Morsbach/Pahlow,* MMR 2012, 427, 432; *Witte,* ITRB 2010, 44, 46; krit. *Frank,* CR 2011, 138, 143.
[107] Hierzu → Rn. 45 ff.
[108] *LG Wiesbaden,* MMR 2017, 561.
[109] *OLG Frankfurt a. M.,* MMR 2018, 100.
[110] Vgl. *BGH,* 5.6.2014, VII ZR 276/13, MMR 2014, 591, 592.
[111] *BGH,* NJW 1996, 2924; *BGH,* CR 2002, 93.

setzungen des § 631 BGB – die Software bereits beim Besteller vorhanden ist.[112] Davon geht offenbar selbstverständlich auch der BGH aus, indem er Anpassungsarbeiten an Software des Kunden ohne weiteren Begründungsaufwand dem Werkvertragsrecht zuordnet.[113]

63 Denkbar ist auch, dass insbesondere die **Anpassung von Standardsoftware** an die Wünsche des Erwerbers (Customizing) als **selbständiger (Werk-)Vertrag** neben dem eigentlichen Kaufvertrag ausgestaltet wird. Hiervon ist jedenfalls immer dann auszugehen, wenn der Erwerb der Standardsoftware und der Abschluss der Individualisierungsvereinbarung in zeitlichem Abstand voneinander erfolgen oder der Veräußerer der Standardsoftware nicht mit dem sich zur Anpassung der Software verpflichtenden Vertragspartner identisch ist. Diese Trennung birgt allerdings gewisse Risiken. Denn ist die Standardsoftware an sich fehlerfrei, scheitert aber die Anpassung, kann der Erwerber den Kaufvertrag über die Standardsoftware nicht rückgängig machen. Insofern sollte vertraglich zB ein Sonderrücktrittsrecht bei Fehlschlagen der Anpassungsleistungen vereinbart werden.[114]

64 Praxistipp:
Als Anwender ist darauf zu achten, dass eine vergütungspflichtige Anpassung möglichst werkvertragsrechtlich ausgestaltet wird; insbesondere ist die Vereinbarung einer Abnahme- und Verzugsregelung empfehlenswert. Beides ist in Anwenderverträgen regelmäßig nicht vorgesehen; hier dominieren in der Praxis (nur) dienstvertragsrechtlich ausgestaltete Verträge.

65 Bei Standardsoftware, die von dem Auftragnehmer besorgt und an die Bedürfnisse des Bestellers nicht nur unerheblich angepasst wird, gelten im Hinblick auf § 650 BGB im Rahmen der Vertragstypologisierung grundsätzlich dieselben Parameter wie bei der Erstellung von Individualsoftware.[115] Nach Ansicht des OLG München ist bei der Anpassung von Standardsoftware an die Bedürfnisse des Kunden § 650 BGB grundsätzlich nicht anwendbar, da die eigentliche Leistung nicht in der Lieferung einer beweglichen Sache, sondern vielmehr in der geistigen Schöpfung des Programms bzw. der Anpassung zu sehen ist.[116] Dies soll nach dem OLG Hamm jedoch nur gelten, wenn die Anpassung umfangreiche Änderungen und Programmierung einzelner Funktionen erfordert. Da in solchen Fällen das werkvertragliche Element des individuell geschuldeten Erfolges überwiegt, sei Werkvertragsrecht anzuwenden.[117] Das OLG Köln hat hingegen entschieden, dass in solchen Fällen grundsätzlich die Vorschriften des Kaufrechts Anwendung finden, auch wenn die Software den besonderen Bedürfnissen des Anwenders angepasst werden muss.[118] Aufgrund der uneinheitlichen Sichtweise der Gerichte ist eine vertragliche Vorsorge entsprechend den Ausführungen zu Softwareerstellungsverträgen unumgänglich.[119]

66 Praxistipp:
In der Praxis sollte bei der Vertragsgestaltung auf jeden Fall beachtet werden: Die rechtlichen Interessen des Softwareanbieters und des -anwenders unterscheiden sich bei der Anpassung von Software erheblich. Aus Sicht des Anwenders ist es ratsam, die Überlassung einer Standardsoftware und deren Anpassung in einem einheitlichen Vertrag zu regeln. Dies hat den Vorteil, dass bei Scheitern der Anpassung ein Rücktritt vom Vertrag

---

[112] *Junker*, NJW 2005, 2829, 2831 (mwN); *AG Brandenburg*, CR 2016, 713, 714 (mwN).
[113] *BGH*, NJW 2010, 2200, 2201.
[114] So zutreffend *Hoeren/Spittka*, MMR 2009, 583, 584f.
[115] Hierzu → Rn. 40ff.
[116] *OLG München*, CR 2010, 156, 157; vgl. auch *AG Brandenburg*, 8.3.2016 – 31 C 213/14 = CR 2016, 713.
[117] *OLG Hamm*, MMR 2006, 626, 627.
[118] *OLG Köln*, CR 2006, 440f.
[119] Hierzu → Rn. 45ff.

möglich ist und der Anwender sich auf diesem Wege auch der für ihn möglicherweise sinnlos gewordenen Software „entledigen" kann. Dementsprechend ist es aus Sicht des Anbieters dagegen ratsam, getrennte Verträge abzuschließen. Des Weiteren beginnt bei einem einheitlichen Vertrag die Verjährungsfrist erst nach Abschluss der Anpassungsarbeiten und dementsprechend später zu laufen. Dies wäre nicht der Fall, wenn es sich um zwei Verträge handeln würde. Hier richtet sich die Verjährungsfrist dann nach dem jeweiligen Vertrag. Schon aus Gründen einer besseren Übersichtlichkeit kann eine ausdrückliche rechtliche Zuordnung der einzelnen Leistungselemente sinnvoll sein, unterteilt in: Überlassung (= Kaufvertrag), Anpassung (= Werkvertrag), Pflege (= Dienst-/Werkvertrag als SLA), Beratung (= Dienstvertrag).

V. Befristete Überlassung von Standard- und Individualsoftware

Bei der befristeten Überlassung von Standard- und Individualsoftware kann es sich um einen Mietvertrag oder einen Leasingvertrag handeln. Erfolgt die Überlassung unentgeltlich, etwa als Demoversion zu Testzwecken, so kann es sich auch um einen Leihvertrag handeln. 67

1. Miete von Software

Die zeitliche beschränkte Überlassung von Software gegen Entgelt unterliegt nach herrschender Meinung dem **Mietvertragsrecht,** entweder direkt oder analog.[120] Die dogmatische Herleitung ist umstritten und wird zudem, da § 535 BGB von der Vermietung einer *Sache* ausgeht, auch durch die Diskussion um die Sacheigenschaft von Software tangiert.[121] Im Ergebnis besteht jedoch Einigkeit, dass Mietvertragsrecht Anwendung findet, wenn Software gegen (Mehrfach-)Vergütung und befristet überlassen wird.[122] Auch ein nur einmalig zu zahlender Betrag kann im Ergebnis als Mietzins verstanden werden.[123] Die nach § 546 BGB bestehende Pflicht zur Rückgabe der Mietsache wird aber in der Regel keine Bedeutung haben. Denn der Vermieter besitzt regelmäßig selbst noch eine digitale Kopie der Software, benötigt das dem Mieter überlassene Exemplar also nicht zurück. Für ihn relevanter sind hingegen Vorkehrungen, die sicherstellen, dass der Mieter nach Beendigung des Vertrages die Software faktisch nicht länger nutzen kann, zum Beispiel durch eine dann greifende Programmsperre.[124] 68

> **Praxistipp:** 69
> Die Beendigung der Softwarenutzung wird der Vermieter vorrangig durch technische Mittel (Einbau eines „expiration date") durchsetzen. Es sollten zur Sicherheit aber auch entsprechende vertragliche Vereinbarungen getroffen werden, wie zB Löschungspflichten, insbesondere aus datenschutzrechtlichen Gründen. Unproblematisch hingegen ist die Beendigung der Softwarenutzung bei cloud-basierten Lösungen; hier wird der Anbieter schlicht den Zugang sperren können.

Die Dauer der Befristung muss dabei nicht stets vertraglich festgelegt sein, sofern sich aus dem Vertrag hinreichend klar ergibt, dass eine Überlassung auf Dauer nicht gewollt ist. 70

---

[120] Unmittelbare Anwendung vgl. *LG Wuppertal,* CR 2002, 7; *LG Köln,* CR 1996, 154; MüKo/*Häublein,* BGB, § 535 Rn. 63 Fn. 4; BeckOK/*Ehlert,* BGB, § 535 Rn. 167. Entsprechende Anwendung *Koch,* S. 410f. (sofern kein Datenträger als Sachverkörperung der Software mitvermietet wird).
[121] Hierzu schon ab → Rn. 14.
[122] Vgl. *Schneider,* Teil R Rn. 510; *Scholz/Haines,* CR 2003, 393, 394;.
[123] So zB *LG Köln,* Urt. v. 2.6.2010 – 28 O 77/06, Rn. 43 (nv), Einmallizenzgebühr für die auf fünf Jahre befristete Berechtigung zur Nutzung einer Software.
[124] Hierzu *Marly,* Rn. 746.

Ausreichend ist es auch, wenn ein Vertrag „auf unbestimmte Zeit" abgeschlossen wurde.[125] Gerade bei Lizenzverträgen US-amerikanischen Ursprungs ist allerdings zu prüfen, ob damit nicht evtl. doch die Überlassung auf Dauer gewollt ist.

2. Leasing von Software

71 Beim Leasing handelt es sich typischerweise um ein **Dreiecksverhältnis** zwischen Hersteller, Leasinggeber und Leasingnehmer. Ein Leasingvertrag zeichnet sich dadurch aus, dass das Leasinggut (die Software) vom Leasinggeber vorfinanziert und dem Leasingnehmer zur Verfügung gestellt wird. Dieser zahlt im Gegenzug eine monatliche Rate und trägt die Gefahr von Untergang und Beschädigung sowie das Instandhaltungsrisiko der Leasingsache. Dafür bekommt der Leasingnehmer aber vom Leasinggeber die Mängelansprüche gegen den Hersteller übertragen. Typischerweise bestehen also zwei vertragliche Beziehungen zwischen erstens, dem Hersteller und Leasinggeber (Kaufvertrag), und zweitens, dem Leasinggeber und Leasingnehmer (Leasingvertrag).

72 Durch diese Verlagerung der Gefahrtragungspflicht unterscheidet sich der Leasingvertrag auch vom Mietvertrag. Von einem Kaufvertrag unterscheidet sich ein Leasingvertrag dadurch, dass es sich beim Leasingvertrag um ein Dauerschuldverhältnis handelt.[126]

73 Leasing existiert in den unterschiedlichsten Formen, wird im Wesentlichen aber in zwei Varianten angeboten.[127] Zu nennen ist hier zunächst das **Finanzierungsleasing.** Bei dieser Form des Leasings erwirbt der Leasinggeber das Investitionsgut (die Software) und überlässt es dem Leasingnehmer zur Nutzung. Das Leasinggut und dessen Hersteller sind oftmals zuvor vom Leasingnehmer ausgesucht worden. Die vom Leasingnehmer geleisteten Leasingraten ergeben in der Summe entweder den vollständigen Kaufpreis des Leasinggutes (Vollamortisationsvertrag) oder lediglich einen Teil des Kaufpreises (Teilamortisationsvertrag). Bei einem Teilamortisationsvertrag kann der Leasingnehmer verpflichtet sein, bei Vertragsende eine sog. Abschlusszahlung zu leisten, die der Differenz zwischen den gezahlten Leasingraten und dem ursprünglichen Kaufpreis entspricht. Im Gegenzug erhält der Leasingnehmer dann oftmals das Eigentum an dem Leasinggut.[128]

74 Im Unterschied zum Finanzierungsleasing existiert beim **Herstellerleasing** lediglich ein Vertragsverhältnis zwischen dem Hersteller des Leasinggutes und dem Leasingnehmer. Wie es der Name Herstellerleasing suggeriert, verleast der Hersteller das Leasinggut direkt an den Leasingnehmer statt es an ihn zu veräußern. Hierbei sind sowohl Voll- als auch Teilamortisationsverträge möglich.[129]

75 Auf Leasingverträge sind grundsätzlich die **mietvertraglichen Vorschriften** des BGB entsprechend anwendbar.[130] Früher war es umstritten, ob Software überhaupt leasingfähig sein könne. Mittlerweile bestehen nach herrschender Meinung gegen das Leasen von Software aber überhaupt keine Bedenken (mehr).[131]

---

[125] *LG Köln,* NJW-RR 1993, 822.
[126] *BGH,* CR 1988, 124; Palandt/*Weidenkaff,* BGB, Einf. v. § 535 Rn. 45.
[127] Vgl. hierzu die Übersicht bei *Koch,* S. 337 ff.
[128] Vgl. *OLG Koblenz* Urt. v. 27. 6. 2019 – 1 U 96/19 = BeckRS 2019, 12799. Allgemein zum Finanzierungsleasing MüKo/*Koch,* BGB, Finanzierungsleasing, Rn. 1.
[129] Allgemein zum Herstellerleasing MüKo/*Koch,* BGB, Finanzierungsleasing, Rn. 7 bis 9.
[130] Speziell zum Softwareleasing *BGH,* CR 2009, 79, 82; vgl. auch *OLG Düsseldorf,* Urt. v. 17. 6. 2004 – 10 U 22/04, Rn. 8 (nv); allgemein *BGH,* WM 1975, 1203; *BGH,* NJW 1995, 1019, 1021; *BGH,* ZIP 1995, 383, 386.
[131] *BGH,* NJW 1984, 2938; *BGH,* MMR 2009, 101, 103; *BGH,* NJW 2016, 397.

3. ASP

Die herrschende Meinung qualifiziert den ASP-Vertrag als Mietvertrag oder wendet Mietvertragsrecht zumindest analog an.[132] Insoweit handelt es sich um eine Weiterführung der BGH-Rechtsprechung, die den Rechenzentrumsvertrag ebenfalls als Mietvertrag eingeordnet hatte.[133] Sofern im Rahmen eines ASP-Vertrages weitere Leistungen vereinbart werden, die über die reine Nutzung der Software hinausgehen, handelt es sich jedoch um einen gemischten Vertrag. Die zusätzlichen Leistungen unterliegen dann dem Recht anderer einschlägiger Vertragstypen, die jeweils nach den gängigen Methoden zu ermitteln sind.[134] Dabei ist für den BGH die „verobjektivierte Kundenerwartung"[135] entscheidend, welche im Einzelfall auch zu einer Klassifizierung als Werkvertrag führen kann.[136]

76

4. Cloud Computing und herkömmliche „IT as a Service"-Leistungen

Ähnlich wie bei ASP-Verträgen stehen bei Cloud-Anwendungen ebenfalls die zeitweise Überlassung von Software (SaaS) und gegebenenfalls weiterer IT-Ressourcen (IaaS oder PaaS) gegen Entgelt im Vordergrund. Hierauf ist richtigerweise ebenfalls Mietvertragsrecht bzw. – wenn die Überlassung unentgeltlich erfolgt – das Recht der Leihe anwendbar.[137] So schuldet der Cloud Service Provider regelmäßig lediglich die Bereithaltung der vereinbarten Ressourcen und keinen darüber hinausgehenden konkreten Erfolg.[138] Dies gilt entsprechend für herkömmliche, nicht cloud-basierte ITaaS-Verträge. Darüber hinaus gehende Leistungen, wie zB Datensicherung, Backups, Support etc. können je nach Ausgestaltung aber auch nach Werk- bzw. Dienstvertragsrecht zu beurteilen sein.[139] Damit handelt es sich bei Cloud Computing- sowie herkömmlichen ITaaS-Verträgen um typengemischte Verträge.[140]

77

5. Der Verleih von Software

Wird Software zeitlich beschränkt, aber unentgeltlich überlassen, so kann es sich rechtlich um eine Leihe handeln (§ 598 BGB). Praktisch wird dies wohl am häufigsten bei der zeitweisen, unentgeltlichen Überlassung einer **Software zu Probezwecken** (sog. Demoversionen) der Fall sein.[141] Auch hier hängt es von der Sachqualität von Software ab, ob man die Vorschriften der Leihe unmittelbar oder nur entsprechend anwendet. Ähnlich wie bei der Vermietung von Software wird in der Praxis eine geliehene Software (bzw. ihr Datenträger) nach Ablauf der Nutzungszeit nur in den seltensten Fällen zurückgegeben werden, obwohl dies der Leihvertrag in § 604 Abs. 1 BGB vorsieht. Vielmehr wird die Software durch entsprechende Schutzvorkehrungen einfach nicht mehr benutzbar sein, was – wie beim Mietvertrag – schon genügt, um den Interessen des Verleihers gerecht zu werden.[142]

78

---

[132] *BGH*, CR 2007, 75, 75 f.; *OLG Hamburg*, Urt. v. 15.12.2012 – 4 U 85/11 (nv); *LG Mannheim*, Urt. v. 7.12.2010 – 11 O 273/10 (nv); Schneider/v. Westphalen/*Karger*, Teil A Rn. 120; *Sedlmeier/Kolk*, MMR 2002, 75, 78; differenziert *Witzel*, ITRB 2002, 183, 184; entgegen der hM Dienstvertragsrecht vorziehend *Redeker*, Rn. 1129 ff.
[133] *BGH*, NJW-RR 1993, 178; ähnlich Schneider/*Schneider*, Teil U Rn. 157.
[134] *Marly*, Rn. 1106; krit. *Müller-Hengstenberg/Kirn*, NJW 2007, 2370, 2370 2372; vgl. *Schneider*, Teil U Rn. 158 bis 159.
[135] Vgl. *BGH* 4.3.2010 – III ZR 79/09 = NJW 2010, 1449, 1450.
[136] Vgl. *LG Essen* v. 16.12.2016 – 16 O 174/16 = CR 2017, 427.
[137] *Wicker*, MMR 2012, 783, 784; *Roth-Neuschild*, ITRB 2012, 67, 68.
[138] *Wicker*, MMR 2012, 783, 786.
[139] *Schulz/Rosenkranz*, ITRB 2009, 232, 234; *Pohle/Ammann*, CR 2009, 273, 275; *Wicker*, MMR 2012, 783, 784 und 786; *Roth-Neuschild*, ITRB 2012, 67, 68; *Nägele/Jacobs*, ZUM 2010, 281, 284.
[140] Zu typengemischten Verträgen bereits → Rn. 7; vgl. noch im Einzelnen → Teil 11.
[141] Vgl. auch Redeker/*Karger*, 1.9 Software-Miete Rn. 18.
[142] Siehe hierzu aber auch *Koch*, S. 423, der die Rückgabepflicht als Kriterium für die Einordnung als Leihe heranzieht.

VI. Softwarepflege

79 In einem Softwarepflegevertrag verpflichtet sich eine Vertragspartei dazu, bestimmte Leistungen an der Software des Vertragspartners zu erbringen. Geschuldet sein kann zB Fehlerbeseitigung, Aktualisierung, Anpassung, Beratung oder technische Unterstützung. Softwarepflegeverträge werden entweder **Werkvertrags- oder Dienstvertragsrecht** unterliegen, abhängig davon, ob im Einzelfall ein konkreter Erfolg (zB Beseitigung von Fehler X oder Erhalt der Funktionsfähigkeit der Software für den Zeitraum X) oder eher eine auf Dauer angelegte Serviceleistung ohne konkrete Erfolgsausrichtung geschuldet ist.[143] Ein Teil der Literatur dagegen befürwortet die grundsätzliche Anwendung von Dienstvertragsrecht[144], während andere Autoren zwischen den einzelnen Pflegeleistungen unterscheiden und die Pflegeleistungen einzeln den jeweiligen Vertragstypen zuordnen.[145] Das Ergebnis der Vertragstypologisierung hat hier erhebliche Auswirkung auf die Mängelansprüche sowie die Verjährung.

80 Praxistipp:
Aus Sicht des Anwenders empfiehlt es sich, der Rechtsprechung zu folgen und bei erfolgsbezogenen Pflegeverträgen Werkvertragsrecht zu Grunde zu legen, bei auf Dauer angelegten Pflegeverträgen hingegen Dienstvertragsrecht.
Regelmäßig werden Pflegeleistungen oder -standards in sogenannten Service Level Agreements (SLAs) näher definiert; hier ist dann zu klären, ob die darin geregelten Rechtsfolgen abschließend sein sollen oder nicht. Das ist besonders relevant bei Mängeln, die sich weit über eine jeweilige Schlecht-Performance auswirken. Eine abschließende Regelung in den SLA würde sich dann als „versteckte Haftungsbegrenzung" auswirken können; insofern sind Begriffe wie „Schadenspauschale" für Unterschreiten der SLA zu vermeiden. Daneben sollte aus Anwendersicht die Erfolgsbezogenheit hinsichtlich der Fehlerbeseitigung begrifflich hervorgehoben werden, um in Zweifelsfällen mittels Auslegung die Anwendung von Werkvertragsrecht zu befördern.

81 Eine **Ausnahme** im Hinblick auf die Anwendung von Werkvertragsrecht besteht für die **Kündigung des Softwarepflegevertrages.** Eine Kündigung des Vertrages gemäß § 648 BGB (= § 649 BGB aF) ist wegen des Dauerschuldcharakters eines Softwarepflegevertrages nicht passend. Daher wendet die herrschende Meinung für die Kündigung, sofern vertraglich nicht abweichend geregelt, die Vorschriften des **Dienstvertragsrechtes** (§§ 620 ff. BGB) analog an.[146] Dementsprechend kann ein Softwarepflegevertrag unter Einhaltung der Kündigungsfristen der §§ 621 bis 623 BGB ordentlich, und unter den Voraussetzungen des § 626 BGB auch außerordentlich gekündigt werden. Die Rechtsprechung hat bezüglich dieser Beschränkung des freien Kündigungsrechts nach § 649 S. 1 BGB – zumindest in Rahmen von AGB – Bedenken geäußert.[147]

---

[143] *BGH*, MMR 2010, 398, 399; Steuerberater Branchenhandbuch/*Klein/Damm/Jasper*, Softwarehaus Teil B. Rn. 105.
[144] *Schneider*, CR 2003, 317, 322.
[145] Ausführlich *Schneider*, Teil S Rn. 122 bis 123; ferner *v. Baum*, CR 2002, 705, 707; *Bartsch*, NJW 2002, 1526, 1529.
[146] KG, CR 1986, 772, 773; *Welker/Schmidt*, CR 2002, 873, 874; *Marly*, Rn. 1058; Kilian/Heussen/*Moritz*, Teil 3 Rn. 205; *Redeker*, Rn. 662.
[147] Hierzu → Teil 2.6.

VII. Schematische Übersicht über IT-Verträge und deren rechtliche Einordnung

Die soeben kategorisierten IT-Verträge lassen sich im Regelfall wie folgt rechtlich zuordnen (Vertragstypologisierung)

82

Vertragsgegenstand	Vertragstypus
Dauerhafte Überlassung	
von Standardsoftware	Kaufvertrag/Schenkung
von Individualsoftware	Str. Kaufvertrag/Werkvertrag
von Hardware	Kaufvertrag
Befristete Überlassung	
von Standardsoftware	Mietvertrag/Leasing/Leihe
von Individualsoftware	Mietvertrag/Leasing/Leihe
von Hardware	Mietvertrag/Leasing/Leihe
Pflege und Wartung	
von Software	Werkvertrag, ggf. Dienstvertrag
von Hardware	Werkvertrag, ggf. Dienstvertrag
Beratung	
zu Software	Dienstvertrag, ggf. Werkvertrag
zu Hardware	Dienstvertrag, ggf. Werkvertrag
Mischformen	
Anpassung von Standardsoftware	Werkvertrag, ggf. Werklieferungsvertrag
Software- und Hardwareüberlassung und Beratung	Kaufvertrag iVm Werk-/Dienstvertrag
Softwareüberlassung und Pflege bzw. Hardwareüberlassung und Wartung	Kaufvertrag iVm Werk-/Dienstvertrag
Gekoppelte Hardware-Software Verträge	
Sonderformen	
Quellcode-Überlassungsverträge (Escrow Agreements)	Sui generis
Application Service Providing	Mietvertrag
ITaaS; Cloud Computing	Mietvertrag, ggf. Werk- und Dienstvertrag
Cloud Computing	Mietvertrag, ggf. Werkvertrag
Hosting	Mietvertrag, ggf. Werk- und Dienstvertrag

E. Individualvereinbarung oder AGB

83 Die **strengen Anforderungen der §§ 305 ff. BGB** machen eine sorgfältige Gestaltung von Standardklauseln notwendig. Fragestellungen der AGB-Kontrolle betreffen dabei nicht nur Verbraucherverträge, sondern – in eingeschränktem Umfang – über § 310 BGB auch die Vertragsbeziehungen zwischen Unternehmern. Letzteres ist trotz erheblicher praktischer Relevanz ein im B2B-Bereich – geradezu sträflich – vernachlässigter Umstand.

I. Abgrenzung und Begriffsbestimmung

1. AGB

84 Nach § 305 BGB sind allgemeine Geschäftsbedingungen alle für eine Vielzahl von Verträgen **vorformulierten Vertragsbedingungen,** die eine Vertragspartei (Verwender) der anderen Vertragspartei bei Abschluss eines Vertrages stellt. Gemäß § 305 S. 3 BGB liegen allgemeine Geschäftsbedingungen nicht vor, soweit die Vertragsbedingungen zwischen den Vertragsparteien im Einzelnen ausgehandelt sind.

85 Vertragsbedingungen, also Klauseln, die den Vertragsinhalt bilden, werden **gestellt** im Sinne des § 305 Abs. 1 S. 1 BGB, wenn eine Partei ein konkretes Einbeziehungsangebot macht.[148] Schon hier zeigt sich ein stets zu beachtender Punkt, dass nämlich AGB von *beiden Vertragsparteien* eingeführt werden können. Diese scheinbar triviale Feststellung hat weitreichende Konsequenzen sowohl für die Vertragsgestaltung an sich, als auch für die Wirksamkeit der Vertragsklauseln. Hierauf wird noch zurückzukommen sein.

86 Weiterhin muss die Vertragsbedingung **vorformuliert** sein. Dies ist der Fall, wenn sie für eine mehrfache Verwendung derart fixiert ist, dass sie wiederholt in einen Vertrag eingefügt werden kann.[149] Es ist unerheblich, ob die Klausel in Schrift- oder Textform (zB als Aufdruck auf der Verpackung einer Software) bzw. ausgedruckt (zB im Handbuch einer Software) oder nur als digitale Datei (abrufbar im Internet oder gespeichert auf dem Datenträger der Software) vorliegt. Der BGH hat es in diesem Zusammenhang sogar für ausreichend befunden, dass ein Angestellter die betreffende Klausel zur mehrfachen Verwendung auswendig gelernt hatte.[150] Die Art der Verkörperung kann aber Einfluss auf die Voraussetzungen der wirksamen Einbeziehung dieser AGB in einen Vertrag haben. So muss es zB für nur in digitaler Form angebotene AGB unter Umständen die Möglichkeit des Ausdruckes geben.[151]

87 Die Klausel muss in der Absicht vorformuliert sein, sie in einer **Vielzahl von Verträgen** zu verwenden. Die Absicht der Verwendung für drei Verträge wird insoweit schon als ausreichend erachtet.[152] Auch der erstmalige Verkauf einer Software unter Verwendung dieser Klausel kann also schon der AGB-Kontrolle unterliegen. Nicht erforderlich ist, dass die Klausel gegenüber einer einzigen Vertragspartei mehrfach verwendet wird. Eine allgemeine Mehrfachverwendung ist ausreichend und bei Standardsoftware wohl stets zu bejahen.

2. Individualvereinbarung

88 Den Gegenpol zu AGB bildet ein Individualvertrag. Ein solcher liegt vor, wenn die Vertragsbestimmungen im Einzelnen ausgehandelt sind (vgl. § 305 Abs. 1 S. 3 BGB). An das Aushandeln sind daher Ansprüche zu stellen. Dies liegt daran, dass diejenige Vertragspartei,

---

[148] *BGHZ* 130, 750; Palandt/*Grüneberg*, BGB, § 305 Rn. 10.
[149] *BGHZ* 115, 391, 394; Palandt/*Grüneberg*, BGB, § 305 Rn. 8.
[150] *BGH*, NJW 1988, 410.
[151] Hierzu → Rn. 92 ff.
[152] *BGH*, NJW 1998, 2286; *BGH*, NJW 2002, 138.

E. Individualvereinbarung oder AGB

die eine Vertragsformulierung vorschlägt, nicht „ungestraft" die Vertrags- bzw. Gestaltungsfreiheit der anderen Vertragspartei durch die Verwendung ihrer AGB beschränken können soll.

Das Aushandeln eines Vertrages oder einer einzelnen Vertragsklausel setzt daher mehr als bloßes Verhandeln voraus.[153] Nur wenn der Kerngehalt der Klausel oder des Vertrages vom Verwender ernsthaft zur Disposition gestellt wird, kann von einem Aushandeln gesprochen werden.[154] Aushandeln erfordert somit, dass der andere Vertragspartner die tatsächliche Möglichkeit haben muss, die Klauseln zu beeinflussen.[155] Es ist zwar auch unschädlich, wenn sich die Parteien am Ende darauf einigen, eine Klausel unverändert beizubehalten,[156] allerdings muss der Verwender tatsächlich bereit gewesen sein, die Klausel zu ändern – hierfür wird regelmäßig die ausführliche Erörterung der fraglichen Regelung verlangt.[157] Des Weiteren ist der Vertragspartner über den „Inhalt und die Tragweite der Klauseln im Einzelnen" zu belehren.[158]

89

Will man die AGB-rechtliche Kontrolle eines Vertrages vermeiden, ist ein wirkliches Aushandeln der Vertragsklauseln folglich unverzichtbar. Keineswegs genügt es, den Vertragspartner lediglich über die einzelnen Klauseln in ihrer auch wirtschaftlichen Tragweite aufzuklären und damit den Gesamtvertrag zu erörtern. Selbst die standardisierte Möglichkeit einzuräumen und sogar dazu aufzufordern, einzelne Streichungen im oder Ergänzungen des Vertragstexts vorzunehmen, wird nicht als Aushandeln im Sinne des Gesetzes gewertet.[159] Auch die Aufnahme einer Klausel, wonach der Unterzeichner bestätigt, dass der Vertrag im Einzelnen ausgehandelt worden wäre, ändert daran nichts.[160] Im B2B-Bereich sollte hingegen die Einräumung einer angemessenen Verhandlungsmöglichkeit genügen, welche es dem Vertragspartner ermöglicht, seine Rechte selbstverantwortlich wahrzunehmen.[161]

90

3. Rahmenverträge

Rahmenverträge finden meist bei längerfristigen Geschäftsbeziehungen Verwendung, zB bei IT-Projekten oder wenn absehbar ist, dass ein Auftraggeber im Verlauf der Zeit zahlreiche Einzelleistungen bei demselben Auftragnehmer bestellen wird. Der Rahmenvertrag regelt dann die allgemeinen Grundlagen der Zusammenarbeit, die Details des jeweiligen Einzelauftrages werden in entsprechenden Einzelvereinbarungen festgehalten. In der Praxis wird häufig der Soft- oder Hardwarelieferant ein schon existierendes Vertragsmuster für den Rahmenvertrag vorlegen. Bei den Bestimmungen eines Rahmenvertrages handelt es sich dann also um AGB, da sie vorgefertigt sind, einseitig gestellt werden und ihre mehrfache Verwendung vorgesehen ist.[162] Wurde der Rahmenvertrag hingegen individuell ausgehandelt, so liegt ein Individualvertrag und keine AGB vor.

91

---

[153] *BGH*, NJW 2000, 1110, 1111; *BGH*, NJW 2014, 1725, 1727.
[154] *BGH*, NJW 2000, 1100, 1111; *BGH*, NJW 2014, 1725, 1727.
[155] *BGH*, NJW 2002, 2388; *BGH*, NJW 2000, 1110; *BGH*, NJW 2014, 1725, 1727.
[156] Vgl. Schneider/v. Westphalen/*v. Westphalen*, Teil J Rn. 36 bis 40.
[157] *BGH*, NJW 2000, 1110, 1112; Palandt/*Grüneberg*, BGB, § 305 Rn. 20, dem folgend wohl auch Schneider/v. Westphalen/*v. Westphalen*, Teil J Rn. 40.
[158] *BGH*, NJW 2005, 2543, 2544; *Gottschalk*, NJW 2005, 2493, 2494; *Redeker*, CR 2006, 433, 437.
[159] Schneider/v. Westphalen/*v. Westphalen*, Teil J Rn. 33 bis 34.
[160] Schneider/v. Westphalen/*v. Westphalen*, Teil J Rn. 79.
[161] Palandt/*Grüneberg*, BGB, § 305 Rn. 22.
[162] Vgl. *Intveen*, ITRB 2009, 67; *KG Berlin*, Urt. v. 10.2.1997 – 22 U 7447/95, Rn. 49.

II. Die Einbeziehung von AGB im IT-Vertragsrecht

1. Voraussetzungen wirksamer Einbeziehung

92 Gemäß § 305 Abs. 2 BGB müssen drei Voraussetzungen für die Einbeziehung von AGB gegenüber Verbrauchern erfüllt sein: Der Verwender muss ausdrücklich auf seine AGB hinweisen bzw. – wenn dies nicht möglich ist – die AGB deutlich sichtbar aushängen (§ 305 Abs. 2 Nr. 1 BGB), der Vertragspartner muss eine zumutbare Möglichkeit der Kenntnisnahme der AGB haben (§ 305 Abs. 2 Nr. 2 BGB) und schließlich muss der Vertragspartner mit deren Einbeziehung einverstanden sein (§ 305 Abs. 2 BGB aE). In den für Verbraucher typischen Massengeschäften kommt es im Grunde nicht vor, dass der Endverkäufer, der häufig auch nur Weiterverkäufer und nicht Hersteller der Software ist, ausdrücklich auf bestimmte AGB hinweist oder diese auch nur im Verkaufsgeschäft aushängen. Vielmehr findet der Verbraucher die für eine Software relevanten AGB für gewöhnlich entweder auf der Verpackung der Software (sog. Shrinkwrap- oder Schutzhüllenvertrag) oder – wenn er die Software online gekauft und heruntergeladen hat – auf seinem Bildschirm (sog. Clickwrap-Vertrag). Ob auf diese Weise AGB tatsächlich wirksam einbezogen werden können, wird sogleich noch ausführlich erörtert.[163]

93 Die im Verhältnis zu Verbrauchern geltende Einbeziehungskontrolle gemäß § 305 Abs. 2, 3 BGB gilt nach § 310 Abs. 1 S. 1 BGB nicht gegenüber Unternehmern. Im **Verkehr zwischen Unternehmern** gelten **AGB** daher nur dann, wenn sie durch **rechtsgeschäftliche Einbeziehung** Vertragsbestandteil geworden sind.[164] Damit können aber zB auch durch ein kaufmännisches Bestätigungsschreiben allgemeine Geschäftsbedingungen wirksam Vertragsbestandteil werden. Dafür reicht es zwar nicht aus, dass zB auf der Rückseite des Bestätigungsschreibens die AGB abgedruckt oder die AGB kommentarlos dem Bestätigungsschreiben beigefügt sind. Wird hingegen ausdrücklich auf die AGB Bezug genommen, auch lediglich durch Verweis, werden die AGB Vertragsbestandteil.[165] Eine vertragliche Möglichkeit, eine solche Einbeziehung zu verhindern, bieten so genannte Abwehrklauseln.

2. Wirksame Einbeziehung von AGB durch Clickwrap- und Shrinkwrap-Verträge?

94 Kauft der Anwender Software im Internet und lädt sie direkt auf seinen Rechner, so wird er häufig vor der Benutzung der Software mit den AGB des Herstellers konfrontiert. Dies erfolgt meist durch Einblendung der AGB auf dem Bildschirm des Anwenders. Der Anwender muss, um fortfahren und die Software nutzen zu können, die AGB durch Mausklick auf einen entsprechenden Button oder Link akzeptieren. Gegen die Einbeziehung von AGB durch diese sog. **Clickwrap-Verträge** spricht grundsätzlich nichts, solange der Anwender in zumutbarer Weise (spätestens) bei Vertragsschluss von den AGB Kenntnis nehmen kann.[166] Tendenziell zu spät wäre es daher, wenn einem Anwender die AGB erst nach der Installation und beim erstmaligen Start einer schon gekauften Software präsentiert würden. Dann läge keine wirksame Einbeziehung vor.

95 **Shrinkwrap-Verträge** werden regelmäßig im Drei-Personenverhältnis relevant: Beteiligt sind der Endkunde, der Hersteller der Software sowie der Händler, der die Software an den Endkunden veräußert. Die Software ist meistens in einer durchsichtigen Kunststofffolie eingeschweißt und kann ohne das Öffnen der Verpackung nicht genutzt werden. Möglich ist auch, dass der entsprechende Datenträger versiegelt ist. Auf der Rückseite der

---

[163] Vgl. → Rn. 94 ff.
[164] Palandt/*Grüneberg*, BGB, § 305 Rn. 49.
[165] Palandt/*Grüneberg*, BGB, § 305 Rn. 52.
[166] Ausführlich zur Einbeziehung von AGB bei im Internet geschlossenen Verträgen Teil 2 Rn. 134 bis 144; ferner Spindler/*Spindler*, Teil IV Rn. 34.

E. Individualvereinbarung oder AGB

jeweiligen Verpackung befinden sich dann die AGB des Softwareherstellers. Der Endkunde wird durch einen Aufdruck darauf hingewiesen, dass er den jeweiligen AGB zustimmt, wenn er das Paket öffnet bzw. die Kunststofffolie entfernt. Der Endkunde soll also durch das Aufreißen der Verpackung („wrap") einen unmittelbaren Vertrag mit dem Hersteller abschließen.

Die **dogmatische Herleitung eines Vertragsschlusses** beim Schutzhüllenvertrag ist im Einzelnen **umstritten.** Vertreten wird insofern, dass es sich um einen eigenständigen Vertrag zwischen Hersteller und Käufer handelt oder aber um einen Vertrag zwischen Hersteller und Verkäufer zugunsten Dritter, des Kunden.[167] Aktuelle Rechtsprechung hierzu existiert derzeit nicht.[168] Vorzugswürdig erscheint dabei die Meinung, die von einem gesonderten Vertrag zwischen Hersteller und Endkunden ausgeht, der zusätzlich zu dem Vertragsverhältnis zwischen Endkunden und Händler besteht. Der Hersteller unterbreitet insoweit ein Angebot auf Einbeziehung seiner AGB an einen unbestimmten Personenkreis (die künftigen Käufer seiner Software) und verzichtet gemäß § 151 S. 1 BGB auf den Zugang der Annahmeerklärung des Endkunden. **96**

Allerdings bestehen **gewisse Zweifel** daran, ob auf diese Weise AGB des Herstellers überhaupt wirksam einbezogen werden können. Zum einen müsste man das **Aufreißen der Verpackung als (konkludente) Einverständniserklärung** des Käufers mit den AGB verstehen können. Der Käufer wird sich häufig aber gar nicht der rechtlichen Relevanz seiner Handlung bewusst sein. Denn der aus seiner Sicht maßgebliche Vertragsschluss fand beim Kauf der Software vom Händler statt.[169] Das Öffnen der Verpackung stellt dann eine bloß tatsächliche Benutzungshandlung dar, die notwendig ist, um die Software verwenden zu können.[170] Stimmen in der Literatur halten Schutzhüllenverträge daher für überraschend iSd § 305c BGB und folglich für unwirksam.[171] Ob ein entsprechend großer Hinweis auf der Verpackung des Programms ausreichend ist, um ein Erklärungsbewusstsein des Endkunden herbeizuführen, wird ebenfalls diskutiert.[172] Sind ferner die AGB nicht außen auf der Schutzhülle abgedruckt, sondern enthält die Schutzhülle nur den Hinweis, dass durch das Öffnen der Verpackung die innenliegenden AGB einbezogen werden, so hat der Verbraucher in diesem Fall auch schon keine Gelegenheit, die AGB vor Vertragsschluss zur Kenntnis zu nehmen und die Einbeziehung würde ebenfalls scheitern. **97**

Darüber hinaus kann das schlüssige Handeln nur dann als Vertragsannahme gewertet werden, wenn das Aufreißen der Verpackung nach Treu und Glauben vom Erklärungsempfänger als Willenserklärung gedeutet werden durfte.[173] Da der Kunde aber regelmäßig davon ausgeht, das Rechtsgeschäft zwischen ihm und dem Vertragshändler sei abschließend, fehlt es an einer entsprechenden Verkehrssitte. Zusätzlich wäre für den Abschluss eines Vertrages nach § 151 BGB erforderlich, dass auf den Zugang der Annahmeerklärung durch den Kunden nach der Verkehrssitte verzichtet werden kann. Auch dahingehend fehlt es an einer solchen Verkehrssitte.[174] Die wirksame Einbeziehung von AGB durch Schutzhüllenverträge ist daher zweifelhaft. **98**

Interessant ist in diesem Zusammenhang eine (nicht veröffentlichte) Entscheidung des **LG Hamburg.**[175] Der Hersteller vertrieb Spielesoftware auf DVD. Auf den DVD-Hüllen klebte der Hinweis, dass sich die Käufer für den Betrieb der Software später noch online **99**

---

[167] Ausführlich *Marly*, Rn. 995 bis 1007.
[168] Lediglich *OLG Stuttgart*, CR 1989, 685, 687, stellt am Rande lapidar fest, dass auch durch einen Shrink Wrap Vertrag AGB des Herstellers wirksam einbezogen werden können.
[169] Zutreffend *Lejeune*, ITRB 2001, 263, 264; ähnlich auch *Runte*, CR 2001, 657, 660; *Witzel*, ITRB 2016, 235, 237.
[170] Auer-Reinsdorff/Conrad/*Wiesemann*, § 24, Rn. 121; *Hoeren*, S. 398; aA mit ausführlicher Begründung *Doris Schneider*, CR 1996, 657.
[171] *Schumacher*, CR 2000, 641, 643.
[172] *Doris Schneider*, CR 1996, 657, 662.
[173] Auer-Reinsdorff/Conrad/*Wiesemann*, § 24 Rn. 121.
[174] Vgl. *BGH*, 14.10.2003 – XI ZR 101/02 = NJW 2004, 287, 288; *Marly*, Rn. 998.
[175] *LG Hamburg*, Urt. v. 28.9.2007 – 324 O 871/06 (nv).

registrieren und dann den besonderen Nutzungsbedingungen des Herstellers zustimmen mussten. Die Nutzungsbedingungen seien im Internet abrufbar. Diese Gestaltung entspricht zwar nicht den klassischen Shrink-Wrap-Verträgen, bei denen der Vertragsschluss schon unmittelbar beim Aufreißen der Schutzhülle erfolgen soll, denn hier handelte es sich lediglich um den Hinweis auf einen später noch notwendig werdenden Vertragsschluss. Das LG Hamburg nahm aber auch zur **Erwartungshaltung eines durchschnittlichen Verbrauchers beim Kauf** von (Spiele-)Software Stellung. Demnach würde ein Verbraucher die Hinweise auf der Verpackung einer Software generell beachten, da er die Verpackung zum Beispiel auch hinsichtlich der Mindestanforderungen für den Betrieb der Software untersuche.[176] Für die Diskussion um Shrink-Wrap-Verträge bedeutet dies: Käufer studieren die Verpackung von Software also in der Regel recht gründlich, so dass sie üblicherweise auch Hinweise auf Shrink-Wrap-Verträge zur Kenntnis nehmen dürften. Damit kann dann auch ein entsprechendes Erklärungsbewusstsein – zumindest bezüglich der auf der Verpackung der Software festgehaltenen Nutzungsbedingungen – des Käufers eher bejaht als verneint werden. In einem ähnlichen Zusammenhang wurde ein anderer Hersteller von Spielesoftware vom Bundesverband der Verbraucherzentralen und Verbraucherverbände aufgrund eines Wettbewerbsverstoßes abgemahnt. Er hatte es versäumt, auf der Spieleverpackung ausreichenden deutlich darauf hinzuweisen, dass für die Nutzung des Spiels eine dauerhafte Internetverbindung sowie eine feste Bindung an ein Benutzerkonto erforderlich waren.

100 Praxistipp:
Die Wirksamkeit von Schutzhüllenverträgen kann mangels verbindlicher Rechtsprechung nicht ohne Weiteres bejaht werden. Hierauf sollten Mandanten, die auf eine solche Vertragsgestaltung bestehen, hingewiesen werden. Bei der Gestaltung der Schutzhüllenverträge ist zusätzlich noch Folgendes zu berücksichtigen:
– Der Hinweis auf die AGB sollte möglichst groß, klar erkennbar und leicht verständlich auf der Schutzhülle angebracht sein.
– Es sollte ferner deutlich darauf hingewiesen werden, dass durch das Öffnen der Verpackung die AGB akzeptiert werden.
– Zumindest die wichtigsten AGB sollten so angebracht sein, dass der Kunde sie noch vor Öffnen der Verpackung zur Kenntnis nehmen kann.

3. Weitere Sonderfälle

101 Ein weiterer Sonderfall der Einbeziehung von AGB liegt vor, wenn beide Vertragsparteien auf ihre sich **(teilweise) widersprechenden AGB** verweisen. Während die frühere Rechtsprechung davon ausging, dass nur die AGB, auf die zuletzt verwiesen wurde, wirksam einbezogen würden (so genannte Theorie des letzten Wortes), wird dies heute anders beurteilt. Nunmehr gilt das Prinzip der Kongruenzgeltung. Danach werden die AGB der Vertragsparteien nur insoweit Vertragsbestandteil, als sie übereinstimmen.[177] Hinsichtlich der übrigen Bestimmungen der AGB ist ein Dissens (§§ 154, 155 BGB) anzunehmen. Die hiervon betroffenen Klauseln entfalten keine Wirkung. Entsprechend dem Rechtsgedanken des § 306 BGB wird die Wirksamkeit des restlichen Vertrages jedoch nicht berührt, sofern die Vertragsparteien übereinstimmend mit der Durchführung des Vertrages beginnen.[178]

102 Softwarehersteller aus dem englischsprachigen Ausland wollen häufig ihre auf Englisch formulierten AGB auch in Deutschland verwenden. Dies ist vor allem bei den weit verbreiteten **GNU GPL Nutzungsbedingungen** für Open Source Software der Fall, da

---

[176] *LG Hamburg*, Urt. v. 28.9.2007 – 324 O 871/06, S. 8 (nv).
[177] Palandt/*Grüneberg*, BGB, § 305 Rn. 54.
[178] Palandt/*Grüneberg*, BGB, § 305 Rn. 54.

E. Individualvereinbarung oder AGB

hier nur die englische Version als offiziell gilt. Dass GNU GPL Nutzungsbedingungen AGB sind und als solche generell in Verträge einbezogen werden können, ist gerichtlich bestätigt worden.[179] Für die Einbeziehung englischer AGB ist ausschlaggebend, ob in englischer Sprache abgefasste AGB von einem deutschen Vertragspartner in „zumutbarer Weise" zur Kenntnis genommen werden können (§ 305 Abs. 2 Nr. 2 BGB). Dies muss beim durchschnittlichen Endverbraucher wohl verneint werden,[180] kann bei Software, die sich an andere, insbesondere gewerbliche Kundenkreise richtet, aber je nach der Verbreitung von Englisch als Umgangssprache in diesen Verkehrskreisen durchaus auch bejaht werden.[181]

> **Praxistipp:** 103
> Gegenüber Endverbrauchern sollten AGB generell in Deutsch verwendet werden. In anderen Verkehrskreisen können hingegen, je nach der Verkehrssitte, AGB auch in Englisch verfasst sein. Im B2B-Bereich kann sich die grundsätzliche Anwendbarkeit des AGB-Rechts – insbesondere bei internationalen Vertragspartnern – als besonders scharfes Schwert in Vertragsverhandlungen und noch mehr bei nachgelagerten Streitigkeiten erweisen. Unliebsame Klauseln des Anwenders können mit Hinweis auf das strenge AGB-Recht leicht zu Fall gebracht werden. Insbesondere vor dem Hintergrund einer möglichen Auswirkung auch auf andere bestehende Vertragsbeziehungen durch Bekanntwerden der Unwirksamkeit einer wichtigen Klausel, zB eines massenhaft verwendeten „Master Service Agreement". Diese strategischen Möglichkeiten ergeben sich vielfach, weil B2B-Standardverträge vom Verwender in der Praxis in den seltensten Fällen gezielt AGB-konform ausgestaltet sind, weil bei der Ausgestaltung vielmehr wirtschaftliche Erwägungen im Vordergrund stehen, die mit strengen Vorgaben des AGB-Rechts oft nicht vereinbar sind. In der B2B-Praxis überwiegen daher nicht durchgängig AGB-konforme IT-Verträge.

III. Gestaltungsspielräume und Risiken

Individualvertragliche Regelungen sind nahezu unbegrenzt möglich und nur durch die Grenzen zwingenden Rechts (insbes. §§ 134, 138 BGB) beschränkt. Individualvertragliche Vereinbarungen werden also nur in Ausnahmefällen nichtig sein. Problematischer ist die Lage hingegen bei AGB, die, sofern sie gegen die Kataloge der §§ 305c bis 309 BGB verstoßen oder gemäß § 307 BGB maßgeblich vom Kern der gesetzlichen Regelung, auf die sie sich beziehen, abweichen, unwirksam sind. Eine geltungserhaltende Reduktion von AGB-Klauseln kommt nicht in Betracht. 104

> **Praxistipp:** 105
> Daher ist bei der Gestaltung von AGB darauf zu achten, nicht unnötig unterschiedliche Regelungen in einer einzigen Klausel zusammenzufassen. Es besteht sonst das Risiko, dass bei Unwirksamkeit des einen Teils auch der andere Teil der Klausel mit entfällt.

---

[179] Bejahend *LG Frankfurt a. M.*, ZUM-RD 2006, 525, 528; *LG München I*, GRUR-RR 2004, 350; *LG Hamburg*, Urt. v. 20.11.2017 – 308 O 343/15, Rn. 124.
[180] So zB *Plaß*, GRUR 2002, 670, 678 f.; aA *Gerlach*, CR 2006, 649, 653 und *Jaeger/Metzger*, Rn. 181: Der Anwender entscheide sich meist bewusst für ein englisches Programm, so dass er auch mit Englisch als Vertragssprache Vorlieb nehmen müsse.
[181] In diese Richtung *LG München I*, GRUR-RR 2004, 350 (Nutzungsbedingungen in Englisch seien dann kein Problem, wenn der Vertragspartner eine gewerbliche Softwarefirma ist); zustimmend *Buhlert*, DZWIR 2004, 391, 394 (lingua franca der Branche); *Kunick/Patzak*, CRi 2007, 1, 4; *Redeker/Brandi-Dohrn*, 1.2 Teil C Rn. 35.

106 Häufig, allerdings nicht unproblematisch, ist die Verwendung von **„Ergänzungsklauseln"** oder Leerräumen. Dabei handelt es sich um Klauseln, die an vorgegebenen Stellen nach einer Ergänzung durch den Vertragspartner verlangen. Mit der Verwendung solcher Klauseln wird versucht, den Anschein einer Individualvereinbarung zu erwecken (Beispiel: „Die Haftung ist begrenzt auf ... % des Vertragspreises oder ... Euro"[182]). Um tatsächlich eine Individualvereinbarung im Sinne des § 305 Abs. 1 S. 3 BGB darzustellen, muss jedoch, wie oben bereits dargestellt, der Kern der Klausel tatsächlich zur Disposition gestanden haben. Daher kann selbst die Verwendung von unvollständigen, noch zu ergänzenden Klauseln eine AGB darstellen. Dies ist insbesondere dann der Fall, wenn der Vertragspartner nur die Wahl zwischen bestimmten, vom AGB-Verwender bereits vorgegebenen Alternativen hat.[183] Der Charakter einer Klausel als AGB ändert sich also so lange nicht, wie die vorzunehmende Ergänzung den sachlichen Gehalt der Regelungen nicht beeinflusst.[184] Stattdessen muss die Klausel vom Kunden in seinen „rechtsgeschäftlichen Gestaltungswillen" aufgenommen worden sein.[185] Das Ausfüllen von Leerstellen kann daher nur dann als individualvertragliche Vereinbarung gelten, wenn es sich um eine selbstständige Ergänzung handelt, die den wesentlichen Inhalt der fraglichen Klausel bestimmt.

IV. Besonderheiten bei grenzüberschreitenden IT-Verträgen; grenzüberschreitende Softwareüberlassung

107 Bereits seit längerer Zeit finden Softwareüberlassungen abseits des tradierten Ladengeschäfts auch online statt. In den letzten Jahren ist dabei eine deutliche Zunahme grenzüberschreitender Geschäfte zu beobachten. Landesgrenzen spielen durch die zunehmende Internationalisierung eine immer geringere Rolle und so kommt es gerade bei Softwareüberlassungsverträgen häufig vor, dass die beiden Vertragspartner in unterschiedlichen Ländern beheimatet sind und einen **grenzüberschreitenden Softwareüberlassungsvertrag** abschließen. Wird zudem noch ein Reseller zwischengeschaltet, so kann es sein, dass der Erwerber im Land A, der Reseller im Land B und der Hersteller der Software im Land C ansässig sind. Technisch ist eine solche grenzüberschreitende Softwareüberlassung problemlos möglich, rechtlich werfen diese Verträge hingegen diverse Probleme auf.

108 Bei grenzüberschreitenden Verträgen stellt sich zuvorderst die Frage nach dem hierauf anwendbaren Recht. Dies bestimmt sich nach den Regeln des **internationalen Privatrechts**. Dabei sind die schuldrechtliche Ebene von Softwareüberlassungsverträgen und die urheberrechtliche Ebene zu unterscheiden. Generell gilt: Die Parteien können gemäß Art. 3 Abs. 1 S. 1 Rom I-VO auch in AGB die Anwendung eines bestimmten Rechts vereinbaren; gewisse Einschränkungen bestehen jedoch gemäß Art. 6 Abs. 2 Rom I-VO bei Verbraucherverträgen. Eine solche Rechtswahl kann ggf. auch noch später, zB beim Einspielen eines Updates für die Software erfolgen.[186] Wird keine Vereinbarung getroffen, so richtet sich das anwendbare Recht gemäß Art. 4 Abs. 1, 2 Rom I-VO nach der charakteristischen Leistung des Vertrages, also letztlich nach dem Land, in dem zB der Verkäufer, Werkhersteller oder Vermieter seinen Sitz hat. Bei Softwareüberlassungsverträgen ist dies in der Regel die Gewährung des Nutzungsrechts an der Software, sodass – zumindest im B2B-Bereich, sollte es in seltenen Fällen dazu keine vertragliche Abrede geben – das Recht des Landes zur Anwendung kommt, in dem der Verkäufer seinen Sitz hat.[187] Im

---

[182] Vgl. Schneider/v. Westphalen/*v. Westphalen*, Teil J Rn. 37 bis 39.
[183] *BGH*, r+s 2017, 259 Rn. 10 ff. bzgl. unterschiedl. Tarife bei der Berufsunfähigkeitsversicherung; Schneider/*v. Westphalen*, Teil J Rn. 63 bis 64.
[184] Vgl. *BGH*, NZBau 2016, 213 Rn. 26.
[185] *BGH*, NJW 2005, 2543 f.
[186] Vgl. *Piltz*, NJW 2017, 2449, 2451; vgl. *Witte*, ITRB 2007, 190 zu den Auswirkungen einer durch Update erfolgenden Rechtswahl auf den ursprünglichen Softwareüberlassungsvertrag.
[187] Zu Details siehe *Lejeune*, ITRB 2010, 66, 68.

B2C-Bereich ist wiederum gemäß Art. 6 Abs. 1 Rom I-VO auf den gewöhnlichen Aufenthaltsort des Verbrauchers abzustellen.

Häufig wird der Ersteller von AGB für Standardsoftware mit dem Wunsch des Herstellers konfrontiert sein, diese **AGB weltweit einheitlich** anwenden zu wollen. Dies ist wegen der unterschiedlichen Zulässigkeitsvoraussetzungen in den verschiedenen Ländern einerseits und der häufig sehr unterschiedlichen Rechtskultur andererseits praktisch nicht möglich – jedenfalls nicht, ohne das Risiko der Unwirksamkeit einzugehen. So sind zum Beispiel die typischerweise sehr weitgehenden und dort zulässigen Haftungs- und Gewährleistungsbeschränkungen in US-amerikanischen AGB nach deutschem Recht regelmäßig unwirksam. Eine Anpassung dieser Vertragsbedingungen an nationale Standards ist somit unerlässlich. Dabei sollte nicht nur nach dem am ehesten zutreffenden rechtlichen Äquivalent im deutschen Recht gesucht, sondern auch das hinter einer Klausel stehende besondere Interesse des Verwenders ermittelt werden, um eine möglichst angemessene Übertragung zu gewährleisten. Mehr Gestaltungsspielraum haben die Vertragsparteien natürlich bei Individualverträgen. Insgesamt ist bei IT-Unternehmen zu beobachten, dass diese zunehmend Verträge nach US-Recht abschließen.[188]

109

F. Unterschiedliche Interessenlagen der Parteien bei der Softwareüberlassung

Wie bei allen Austauschverträgen stehen sich auch bei Softwareüberlassungsverträgen die **unterschiedlichen Interessen der Vertragsparteien** gegenüber. Bei der Vertragsgestaltung müssen daher die Interessen des Herstellers einerseits und des Anwenders andererseits berücksichtigt werden. Eine Sonderrolle nimmt der Reseller ein.

110

I. Hersteller

Zur Erstellung der Software, egal ob Standard- oder Individualsoftware, betreibt der Hersteller zumeist einen beachtlichen **personellen und finanziellen Aufwand,** der durch den Verkauf der Software amortisiert werden soll. Problematisch dabei ist oftmals die allzu leichte Möglichkeit der Vervielfältigung einmal in Umlauf gebrachter Software, was künftige Erlöse des Herstellers aus Verkauf, Vermietung oder sonstigen Formen der entgeltlichen Überlassung schmälert. Insofern ist dem Hersteller daran gelegen, möglichst **umfangreiche Schutzmaßnahmen** gegen Softwarepiraterie zu ergreifen, etwa durch den Einbau von Programmsperren.[189] Er wird außerdem bestrebt sein, den Umfang der an den Anwender zu übertragenden Nutzungsrechte auf das notwendige Minimum zu beschränken, um sich selbst die größtmögliche Kontrolle über die Software vorzubehalten. Zusammengefasst liegen daher die Interessen des Herstellers in

111

– einer angemessenen Vergütung,
– dem Schutz vor unberechtigter Vervielfältigung und
– in der möglichst nur beschränkten Übertragung von Nutzungsrechten[190], selbst bei Überlassung von Individualsoftware, zB bei Anpassungsleistungen der Standardsoftware.

---

[188] Einen guten Überblick über die Grundzüge der IT-Vertragsgestaltung nach US-Recht geben *Bischof/Witzel,* ITRB 2010, 168.
[189] Zu Programmsperren (als möglichem Mangel der Software) siehe → Teil 2.6 Rn. 26 ff.
[190] *Marly,* Rn. 665.

II. Anwender

112 Die Interessen des Anwenders einer Software unterscheiden sich nicht maßgeblich von den Interessen eines Sachkäufers oder Sachmieters. Ihm ist daran gelegen, **ein seinen Zwecken adäquates Produkt** zu erhalten und möglichst ohne weitere Mitspracherechte durch den Softwarehersteller über das Softwareprodukt verfügen zu können. Beim Softwarekauf kann hierbei insbesondere auch die **Möglichkeit des Weiterverkaufs** von Interesse sein, zB wenn der Anwender wegen einer Umstellung seiner Geschäftstätigkeit keinen Bedarf mehr für die Software hat oder er mehr Lizenzen gekauft hat, als er später tatsächlich nutzen konnte.

113 Da der Vertragszweck in der **Nutzungsmöglichkeit der Software** liegt, ist es angesichts der heute zumeist komplexen Struktur von Computerprogrammen weiterhin von Interesse für den Anwender, dass er bei der Implementierung der Software unterstützt wird. Auch weitergehende vertragliche Beratungs- und Pflegeverpflichtungen des Herstellers können im Interesse des Anwenders sein.[191]

114 Praxistipp:
In besonderem Maße treten die gegenläufigen Interessenlagen an zwei Stellen auf: (i) Vereinbarung von SLA sowie (ii) Umfang und Einräumung von Nutzungsrechten bei Anpassung von Standardsoftware.

Bei den regelmäßig herstellerseitig vorformulierten Service-Level-Agreements (SLA) wird gern vollständig auf Haftungsregelungen bei Unterschreiten der SLA verzichtet; diese werden dann aber – auf Nachfrage des Anwenders – oftmals „nachgeliefert". Grundsätzlichere Konflikte treten bei der Frage des Umfangs der zu überlassenden Nutzungsrechte bei Implementierung von Standardsoftware auf. Der Hersteller bevorzugt die Übertragung nur einfacher Nutzungsrechte, denn er möchte durch die neu erworbenen Kenntnisse seiner Standardprodukte entsprechend erweitern. Der Anwender verlangt hingegen regelmäßig die Überlassung ausschließlicher Nutzungsrechte, weil er sich den – bezahlten – Wettbewerbsvorteil auch entsprechend sichern möchte. Dieser Konflikt lässt sich – ist er erst sorgfältig herausgearbeitet – oftmals durch eine kommerzielle Regelung auflösen.

III. Reseller

115 Die Beteiligung eines Resellers ist kein Spezifikum des Softwareüberlassungsvertrags, sondern findet sich in nahezu sämtlichen Bereichen des modernen Geschäftslebens.[192] Ein Reseller kauft typischerweise das zu vertreibende Produkt direkt beim Hersteller und verkauft es dann über sein Filialnetz weiter an Dritte. Der mit der Softwareüberlassung geplante Vertragszweck betrifft ihn nur mittelbar. Solange er rechtmäßig die Software weiterveräußern darf, sind seine Interessen hinreichend berücksichtigt; eine weitere „softwarevertragstypische" Schutzbedürftigkeit besteht nicht. Der Reseller hat gegenüber dem Hersteller regelmäßig aber ein besonderes Interesse, **Mängelhaftungsansprüche** seiner Endkunden ohne eigene Nachteile an den Hersteller **„durchreichen"** zu können. Insofern wird er darauf drängen, die Verjährungsfristen für die Mängelhaftung im Verhältnis zwischen ihm und dem Hersteller so zu gestalten, dass diese die gesamte Dauer der Verjährungsfrist des Endkunden gegenüber dem Reseller abdecken.

---

[191] Marly, Rn. 666.
[192] Marly, Rn. 602.

F. Unterschiedliche Interessenlagen der Parteien bei der Softwareüberlassung

Praxistipp: 116
In von Herstellern entworfenen Resellerverträgen befinden sich häufig Vertragsklauseln, die gegen kartellrechtliche Bestimmungen verstoßen (zB Gebietsbeschränkungen, Preisbindungen) und daher unwirksam sind. Dies wird bei der Prüfung solcher Verträge in der Praxis oftmals vernachlässigt, obschon Verstöße gegen das Kartellrecht zum Teil mit erheblichen Bußgeldern geahndet werden.

Teil 2.3 Softwareentwicklung und -anpassung
Teil 2.3.1. Vorgehensmodelle und IT-Projektmanagement

Übersicht
Rn.
- A. Einführung 1
- B. Relevante Typen und Charakteristika von IT-Projekten 6
  - I. Grad der Unsicherheit der Anforderungen 9
  - II. Menge der technischen Unbekannten 12
  - III. Umfang der Verwendung von Standardsoftware 14
- C. Das Wasserfallmodell: Eine werkvertragskompatible Vorgehensweise für IT-Projekte 18
- D. Typische Probleme bei der Projektdurchführung nach dem Wasserfallmodell ... 21
- E. Entwicklung alternativer Vorgehensweisen 26
  - I. Das V-Modell 29
  - II. Benutzer-zentriertes Design 31
  - III. „Participatory" Design 34
  - IV. Iteratives und zyklisches Design 36
  - V. eXtreme Programming 40
- F. Agile Vorgehensmodelle am Beispiel SCRUM 42
  - I. Aufgabe der strengen Phasentrennung durch zyklische Wiederholung und Vermischung der Tätigkeiten 50
  - II. Keine frühe Fixierung einer verbindlichen Leistungsbeschreibung, sondern eine dynamische Menge von Anforderungselementen mit „Product Owner" ... 51
  - III. Regelmäßige Interaktion mit dem Kunden durch frühe, lauffähige Systemversionen 53
- G. Anforderungen an die Vertragsgestaltung 54

Literatur:

Beck, Extreme Programming – das Manifest. Die revolutionäre Methode für Softwareentwicklung in kleinen Teams, 2000; *Boehm,* A Spiral Model of Software Development and Enhancement, in: IEEE Computer. Vol. 21, 5/1998, 61 ff.; *Fachgruppe Elektrotechnik und Informationstechnik im Bundesverband der öffentlich bestellten und vereidigten Sachverständigen,* Begutachtungsleitsatz „Standardsoftware" FG-EI BL 101–12/2017, 2019; *Gould,* Designing for Usability: Key Principles and What Designers Think. Communications of the ACM 1985, 28(3), S. 300 ff.; *Hoeren/Pinelli,* MMR 2018, 199 ff.; *Greenbaum,* A Design of One's Own: Towards Participatory Design in the US, DAIMI Report Series, 20, 1991; *Greenbaum/Kyng,* Design at Work: Cooperative Design of Computer systems, 1991; *Nolan/Draper,* User Centered System Design: New Perspectives on Human-Computer Interaction, 1986; *Sarre,* CR 2018, 198 ff.; *Stiemerling,* IT-Festpreisprojekte – Auswirkung von Festpreisvereinbarungen auf die Gestaltung von IT-Systemen", ITRB 2013, 217 ff.; *Witte,* Testmanagement und Softwaretest, 2016.

A. Einführung

1 IT-Projekte zur Entwicklung, Anpassung und Einführung von Software in Organisationen sind aus vielerlei Gründen äußerst anspruchsvolle Unterfangen, die zumeist wenig mit Bauprojekten und anderen, eher handwerklichen und normengeprägten Aufgabenstellungen zu tun haben, die das heutige Vertragsrecht über Jahrhunderte geprägt haben.

2 Mit der Ersteinführung oder auch nur der Veränderung einer bereits eingeführten Software werden typischerweise auch die bisherigen Abläufe in einer Organisation dahingehend geändert, dass eine bestimmte Arbeitsteilung zwischen Mensch und Computer festgelegt wird. Deren Erarbeitung ist keine stringente Anwendung von feststehenden Regeln oder Normen, sondern eher eine gestalterische, kreative Aufgabe, deren (subjektiver) Erfolg naturgemäß kaum justiziabel fixiert und garantiert werden kann.

3 Viele IT-Projekte gleichen insbesondere in frühen Phasen eher Forschungsprojekten, in denen Hypothesen über die aufgabenangemessene Gestaltung einer organisationsspezifi-

schen Digitalisierung entwickelt, getestet und oft auch wieder verworfen werden. Das klassische **„Wasserfallmodell"** mit einer klaren Phasentrennung von Anforderungsanalyse, Spezifikation, Entwicklung, Test und Inbetriebnahme ist für solche IT-Projekte eher nachteilig, so dass die Informatik in den letzten Jahrzehnten eine Vielzahl von alternativen Vorgehensmodellen und IT-Projektmanagementrahmenwerken entwickelt hat, die die notwendige Flexibilität in Projektzielsetzung und -ablauf durch eine Aufhebung der strengen Phasentrennung und intensive, kontinuierliche Interaktion mit dem Anforderer unterstützen. Diese Methoden werden heute allgemein unter dem Label „Agil" zusammenfasst.

Die passende vertragliche Abbildung eines IT-Projektes mit einer **agilen Vorgehensweise** in einem Auftraggeber-Auftragnehmer-Verhältnis stellt eine große Herausforderung dar, da viele der bekannten vertragsrechtlichen Instrumente und Institute in direkter Konkurrenz zu der durch agile Vorgehensmodelle postulierten Form der engen und vertrauensvollen Zusammenarbeit im Projekt stehen.

Auf der anderen Seite gibt es aber auch Typen von IT-Projekten, deren Charakteristika keine agile Vorgehensweise erfordern bzw. für die eine Agilität sogar schädlich sein kann. Aus diesem Grund ist es für eine angemessene rechtliche Bewertung und vertragliche Abbildung essentiell, vor der Entscheidung für ein Vorgehensmodell zunächst die relevanten Eigenschaften eines IT-Projekts zu erkennen.

B. Relevante Typen und Charakteristika von IT-Projekten

Es gibt sehr unterschiedliche Typen von IT-Projekten, angefangen von der reinen Individualsoftwareentwicklung über Integrationsprojekte, Entwicklung von Softwareprodukten, Anpassung und Einführung von Standardsoftware bis hin zu Projekten der künstlichen Intelligenz, in denen das Verhalten nicht ausdrücklich vorgegeben, sondern vom System selbst gelernt wird.

Für die Wahl des passenden Vorgehensmodells gibt es jedoch drei wesentliche Kriterien:
1. der Grad der Unsicherheit der Anforderungen,
2. die Menge der technischen Unbekannten und
3. der Umfang der Verwendung von Standardsoftware.

Die jeweilige Ausprägung dieser Kriterien bestimmt in einem konkreten Projekt die Art der notwendigen Zusammenarbeit im Projekt und insbesondere die elementar wichtige Aufgabe der Anforderungsanalyse.

I. Grad der Unsicherheit der Anforderungen

Ein Beispiel für einen geringen Grad der Anforderungsunsicherheit stellen Projekte dar, in denen etwa ein schon seit Jahren im Unternehmen eingesetztes System ohne fachliche Änderungen auf eine neue Technologie portiert werden soll. Hier bleiben die Rolle des Systems im Unternehmen und damit auch die wesentlichen Anforderungen an das System unverändert, so dass der Grad der Anforderungsunsicherheit gering ist.

Bei Projekten mit hoher Anforderungsunsicherheit kann ein Kunde vor Beginn des Projekts noch gar keine präzisen Anforderungen an das neue System artikulieren, da noch unklar ist, welche Rolle es in der Organisation des Kunden überhaupt spielen soll. Häufig offene Fragen sind dabei zB, welche Teilabschnitte von Unternehmensprozessen in Zukunft mit Unterstützung des IT-Systems abgewickelt werden können oder ob die geplante IT-Unterstützung eventuell sogar Geschäftsprozessänderungen notwendig macht. Große Projekte zeigen in verschiedenen Teilbereichen häufig unterschiedliche Grade der Anforderungsunsicherheit.

11   Eine wissenschaftliche Auseinandersetzung mit dem Zusammenhang von Vorgehensmodell und Anforderungsunsicherheit (siehe beispielsweise Trittmann et al., Sieg der Moderne über die Tradition?, Projektmanagement aktuell 4/2005, 10–15) zeigt, dass bei Projekten mit hoher Anforderungsunsicherheit zumindest zu Anfang oft ein agiles Vorgehensmodell sinnvoll ist, bei dem der Kunde sich nicht unnötig früh und unwiderruflich auf bestimmte Anforderungen festlegen muss, sondern in Form von frühen Prototypen in kurzen Abständen mit leicht änderbaren Versionen der Software konfrontiert wird, auf die er dann noch weitgehenden Einfluss nehmen kann. Erst wenn der Kunde durch die Vorführung der schrittweise verbesserten Prototypen eine genauere Vorstellung von der Rolle des neuen Systems im Unternehmen entwickelt hat, wird die Software fertig implementiert. Der Nachteil dieser Vorgehensweise besteht naturgemäß in der schlechten zeitlichen und finanziellen Planbarkeit. So lange man nicht weiß, welche Anforderungen ein System erfüllen soll, kann man naturgemäß Aufwand und Dauer des Softwareprojekts kaum einschätzen.

II. Menge der technischen Unbekannten

12   Es gibt IT-Projekte, bei denen vor allem die technische Umsetzung eine Herausforderung darstellt, da entweder innovative Lösungen für bestimmte Probleme gefunden werden müssen oder auch einfach technische Informationen zur Systemumgebung (insbesondere Partnersysteme) fehlen. Typische Beispiele sind hier Projekte mit sehr ambitionierten nicht-funktionalen Anforderungen an Datenmenge und Verarbeitungsgeschwindigkeit, Projekte mit hohen Flexibilitätsanforderungen, dh Anpassungsmöglichkeiten der Software nach Fertigstellung oder auch Projekte, die die Erstintegration von zwei Systemen erfordern. In diesen Fällen liegen die Unsicherheiten also auf der technischen Seite, woraus sich nachteilige Konsequenzen für den Projektverlauf ergeben können.

13   Kritisch ist insbesondere, dass solche Probleme oft erst zum Ende des Projekts hin sichtbar werden, wenn das System bereits so weit fertiggestellt ist, dass Tests mit Massendaten oder vielen Benutzern durchgeführt werden können oder zwei zu integrierende Systeme erstmals tatsächlich miteinander kommunizieren sollen. Wenn sich zu diesem Zeitpunkt herausstellt, dass grundlegende technische Entscheidungen im Projekt falsch waren, so hat das offensichtlich katastrophale Folgen für Zeitplan, Budget und Qualität. Oft muss dann ein Teil der bereits erstellten Software neu entwickelt oder dem Kunden mitgeteilt werden, dass bestimmte fachliche Anforderungen aus technischen Gründen überhaupt nicht umgesetzt werden können.

III. Umfang der Verwendung von Standardsoftware

14   Besteht im Projekt die Möglichkeit, Teile der verlangten Funktionalität durch bereits existierende Softwareprodukte abzudecken, so hat dies einen großen Einfluss auf den Prozess der Anforderungsanalyse.

15   Aus wirtschaftlicher Sicht ist der Einsatz eines Softwareprodukts nur dann sinnvoll, wenn es nicht zu stark angepasst werden muss und insbesondere der Wechsel auf die nächste Version des Produkts ohne komplette Neuentwicklung der durchgeführten Anpassungen möglich ist. Dann jedoch ergibt sich eine Reihe von Vorteilen[1]:
- **Geringere Kosten,** da die Entwicklungs- und Wartungsaufwände effektiv mit vielen anderen Anwendern geteilt werden.

---

[1] Siehe Begutachtungsleitsatz „Standardsoftware" der Fachgruppe Elektrotechnik und Informationstechnik im Bundesverband der öffentlich bestellten und vereidigten Sachverständigen, FG-EI BL 101:2020-05.

- **Höhere Qualität,** da typischerweise ein großer Anteil von Fehlern im Rahmen der früheren Nutzung bei anderen Anwendern bereits entdeckt und behoben wurde.
- **Geringere Aufwände** beim Anwender für Anforderungsanalyse, Spezifikation der Anforderungen und Einführung, da auf vorgefertigte Funktionalitäten zurückgegriffen wird.
- **Einfacher und kostengünstiger Zugang zu neuen Funktionen, Fehlerbehebungen und Änderungen** durch ständige Weiterentwicklung der Software durch den Anbieter auf Basis der Erfahrungen der Anwendergemeinschaft und vorausschauend (zB bei Gesetzesänderungen).

In der Projektpraxis wird allerdings häufig das problematische Vorgehen gewählt, bereits vor der Auswahl des Produkts eine detaillierte Anforderungsanalyse durchzuführen. Auf den ersten Blick erscheint es sinnvoll, sich vor einer solchen wichtigen Entscheidung intensiv mit den Anforderungen an das System zu beschäftigen. In der Praxis führt dies aber dazu, dass der Kunde seine Anforderungen wie für eine Individualsoftware im „produktfreien" Raum entwickelt und das ausgewählte Produkt später umfangreich angepasst werden muss, um die bereits im Einzelnen spezifizierten Anforderungen umsetzen zu können. Eine solche übermäßig angepasste Software ist nur schwer zu warten und Versionsupgrades werden teuer. Die Vorteile des Produkteinsatzes können also verloren gehen.

Im Kern liegt hier eine besondere Form der Anforderungsunsicherheit vor, da der Anbieter typischerweise die Kundenanforderungen seines Marktsegments gut kennt, ihm jedoch die speziellen, möglicherweise abweichenden Anforderungen eines konkreten Neukunden zunächst nicht transparent sind. Auf Seiten des Kunden fehlt typischerweise das Wissen um die konkreten im Standardprodukt reflektierten „Standardanforderungen", bezüglich derer sich die Frage stellt, ob die Organisation nicht auch mit den aus diesen Anforderungen resultierenden Produkteigenschaften arbeiten kann.

C. Das Wasserfallmodell: Eine werkvertragskompatible Vorgehensweise für IT-Projekte

Das Wasserfallmodell zeichnet sich durch eine strenge Trennung der Phasen aus, die typischerweise aus
- Anforderungsanalyse (Fachkonzept, Lastenheft),
- Systemspezifikation (Datenverarbeitungs-Konzept, Pflichtenheft),
- Entwicklung (Software + Dokumentation),
- Test (Testprotokoll) und
- Inbetriebnahme/Wartung (neue Releases)

bestehen. Diese Phasen haben die in Klammern stehenden (oder ähnlich benannten) abschließenden Ergebnisse, die dann jeweils die Grundlage für die nächste Phase bilden. Änderungen an den Arbeitsergebnissen früherer Phasen sind hier eher die Ausnahme, insbesondere, da die Phasen oft von verschiedenen Personen durchgeführt werden, die nach Abschluss der jeweiligen Phase andere Aufgaben bekommen und für das konkrete Projekt nicht mehr unbedingt zur Verfügung stehen. Manche Varianten sehen ein gewisses Feedback von einer Phase in die vorhergehende Phase vor, stehen aber auch vor dem Problem, Änderungen über mehrere vorherige Phasen hinweg zu berücksichtigen.

Diese Vorgehensweise eignet sich gut für die Abbildung als Werkvertrag, da der gewünschte „geschuldete Erfolg" umfassend nach Abschluss der Anforderungsanalyse schriftlich als Fachkonzept dokumentiert ist und typischerweise direkt als Leistungsbeschreibung vom Vertrag referenziert werden kann. In entsprechenden Projekten wird das Fachkonzept häufig von einem internen Team (bzw. einem Team eines anderen Dienstleisters) erstellt, während die technische Systemspezifikation, Entwicklung, Test, Inbetriebnahme und Wartung durch den externen Werkunternehmer geleistet werden.

20 Spätere Änderungen können über ein vertraglich definierbares „Anforderungsänderungsverfahren" (Change Requests) umgesetzt und so in ihren zeitlichen und wirtschaftlichen Auswirkungen auf den ursprünglichen Vertragsgegenstand als Vertragsänderung im Projekt berücksichtigt werden.

D. Typische Probleme bei der Projektdurchführung nach dem Wasserfallmodell

21 Während das Wasserfallmodell sich aufgrund der frühen umfassenden Anforderungsdokumentation naturgemäß gut für eine Umsetzung als Werkvertrag mit Leistungsbeschreibung, Festpreis und einem garantierten Liefertermin eignet, ist diese Art der Vorgehensweise jedoch für viele Projekte nicht sachgerecht, insbesondere bei einem hohen Grad von Anforderungsunsicherheit und/oder wesentlichen technischen Unbekannten.

22 Insbesondere bei IT-Projekten mit einem hohen Grad an Anforderungsunsicherheit auf Kundenseite ist es nachteilig, diese zu früh als Festpreisprojekt mit garantiertem Endtermin zu vereinbaren. Ein solches Vorgehen führt in der Praxis oft zu schwerwiegenden Problemen, da die dem Festpreis und -termin zugrundeliegende Leistungsbeschreibung entweder sehr ungenau ist oder sich im Projektverlauf herausstellt, dass die für die Leistungsbeschreibung wie auch immer erhobenen Anforderungen nicht valide sind, dh nicht mit den tatsächlichen Anforderungen der jeweiligen Organisation übereinstimmen. Während der zweite Fall meist zu Lasten des Kunden ausfällt, der die angeforderten Änderungen über „Change Requests" bezahlen und eine Projektverzögerung akzeptieren muss, führt eine ungenaue bzw. zu knappe Leistungsbeschreibung oft zu schweren Streitigkeiten mit ungewissem Ausgang, da es gerade bei Individualsoftwareprojekten kaum einen objektiven Maßstab für die in diesem Fall vorgesehene „mittlere Art und Güte" gibt.

23 Technische Unbekannte gehen bei Festpreisprojekten erfahrungsgemäß zumeist zu Lasten des Anbieters, da dieser typischerweise die Details der technischen Umsetzung der fachlichen Anforderungen festlegt. Stellt sich beispielsweise erst während des Projekts heraus, dass die Software die in den fachlichen Anforderungen in der Leistungsbeschreibung vorgesehene Antwortgeschwindigkeit nicht erreicht, weil die verwendeten Algorithmen auf der eingesetzten Hardware zu langsam sind, so muss der Anbieter sich die Frage gefallen lassen, warum er das nicht anders gemacht hat bzw. warum er der Leistungsbeschreibung zugestimmt hat.

24 Ein weiteres Problem[2] bei IT-Projekten, die gemäß Wasserfall als Festpreisprojekte durchgeführt werden, ist die strenge Aufgaben- und Interessenteilung nach Vertragsabschluss. Diese führt dazu, dass Auftragnehmer und Auftraggeber nicht (mehr) gemeinsam an der Gestaltung eines für den Auftraggeber optimalen Systems arbeiten, sondern im Wesentlichen der Auftragnehmer (berechtigterweise) bemüht ist, die in der Leistungsbeschreibung fixierten Anforderungen möglichst kostengünstig (dh profitabel) umzusetzen. Typischerweise kann der Auftraggeber nur über das Change-Request-Verfahren Änderungen in das Projekt „einspielen".

25 Steht der Auftragnehmer während der Spezifikations- oder Implementierungsphase eines solchen Projekts vor dem Problem, zwischen zwei noch offenen Gestaltungsalternativen wählen zu können, so muss er schon aus wirtschaftlichem Eigeninteresse die kostengünstigere Alternative wählen, nicht notwendigerweise die für den Auftraggeber bessere. Hier wird also die Gestaltungsmöglichkeit der Mitarbeiter des Auftragnehmers durch ökonomische Zwänge beschnitten.

---

[2] Siehe *Stiemerling*, IT-Festpreisprojekte – Auswirkung von Festpreisvereinbarungen auf die Gestaltung von IT-Systemen", ITRB 2013, 217 ff.

E. Entwicklung alternativer Vorgehensweisen

Die geschilderten Probleme der Durchführung von Projekten mit großen fachlichen und technischen Unsicherheiten gemäß der Wasserfallmethodik, insbesondere wenn diese mit verbindlichen Festpreisen und Terminen verbunden werden, haben innerhalb der letzten Jahrzehnte zur Entwicklung alternativer Ansätze geführt.

Diese Ansätze haben jeweils unterschiedliche Ursprungsmotivationen und methodische Schwerpunkte, laufen aber immer auf Versuche der Verbesserung der Qualität, der Kosten oder der Liefertermintreue der im Projekt entwickelten Softwaresysteme hinaus. Die im Folgenden diskutierten Vorgehensmodelle stellen eine Auswahl wesentlicher Meilensteine auf dem Weg zu den heute etablierten agilen Methoden dar:

- Das V-Modell: Betonung der Testphase im Wasserfallmodell
- User-centred design: Berücksichtigung der Anforderungen der Endanwender
- Participatory design: Mitwirkung von Arbeitern und Angestellten
- Iterative and cyclical design: Wiederholung von Phasen bzw. Auflösung der strengen Phasentrennung
- eXtreme Programming: Offene Kommunikation zwischen allen Beteiligten und frühe Erstellung von Prototypen als Kristallisationspunkt für Anforderungen.

Diese Modelle enthalten bereits Teilansätze der anschließend vorgestellten modernen Vorgehensweisen. Darüber hinaus gibt es noch eine ganze Reihe von sogenannten Projektmanagementrahmenwerken[3], die – oft unabhängig von einem bestimmten Anwendungskontext – die Vorgehensweisen, Kommunikationswege und Lieferdokumente in Projekten beschreiben. Im Folgenden liegt der Fokus auf IT-spezifischen Vorgehensmodellen.

I. Das V-Modell

Projekte nach dem V-Modell[4] laufen grundsätzlich noch nach dem strengen Wasserfallmodell ab. Der primäre Unterschied besteht in der wesentlich detaillierter vorgegebenen Testphase, die den zweiten Arm des „V" im V-Modell bildet, wie in Abbildung 1 gezeigt:

---

[3] Siehe beispielsweise PRINCE2: https://de.wikipedia.org/wiki/PRINCE2.
[4] Siehe https://www.cio.bund.de/Web/DE/Architekturen-und-Standards/V-Modell-XT/Haeufig-gestellte-Fragen/haeufig_gestellte_fragen_node.html#doc2157266bodyText3.

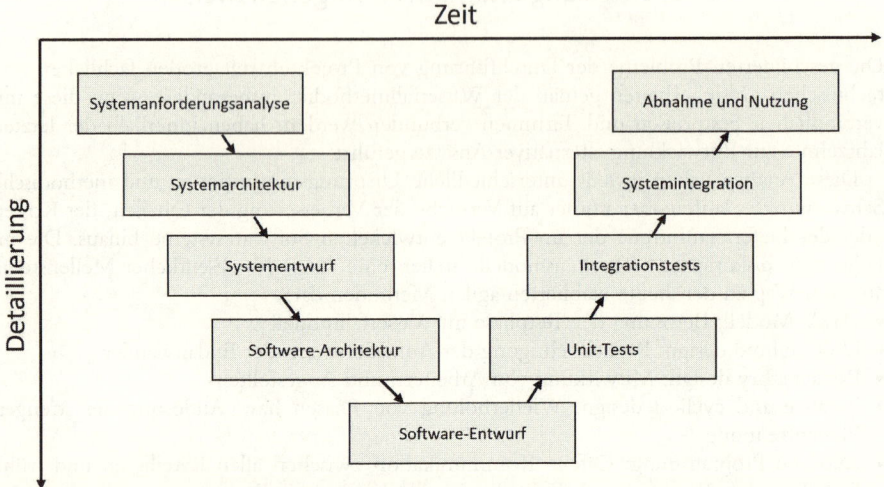

Abbildung 1: Grundsätzlicher Aufbau des V-Modells *M. Pätzold, S. Seyfert*[5]

30   Die vielen Testphasen im rechten Arm des „V" sind den entsprechenden Planungs- und Entwurfsphasen auf der linken Seite zugeordnet und sollen so zu einer besseren Abdeckung der Systemeigenschaften durch Tests auf allen Ebenen führen. Das V-Modell ist bei Aufträgen für den Bund ein oft verwendetes Modell.

II. Benutzer-zentriertes Design

31   Dieser Ansatz[6] basiert auf der Erkenntnis, dass Qualitätsmängel von Software ihre Ursache häufig darin haben, dass quasi „am grünen Tisch" an den Anforderungen der tatsächlichen Nutzer vorbeientwickelt wird und die Programmierer nur auf ihrer naturgemäß unvollständigen Vorstellung der Welt der Nutzer arbeiten.

32   Konsequenterweise stellt dieser Ansatz den Nutzer und sein Arbeitsumfeld in den Mittelpunkt der Überlegungen und arbeitet mit ausführlichen Analysen des Anwendungsfeldes und frühem Feedback von tatsächlichen Endanwendern des Systems.

33   Bei Verwendung eines solchen Ansatzes darf man aber nicht aus den Augen verlieren, dass die Endanwender nicht die einzige Quelle von Systemanforderungen sind und dass es auch noch andere Interessenträger und regulatorische Vorgaben gibt, die der Umsetzung einzelner Nutzerwünsche entgegenstehen (zB wenn der Nutzer gerne mehr Informationen über andere Nutzer sehen will, als ihm das Datenschutzrecht zugesteht).

III. „Participatory" Design

34   Auch bei diesem Ansatz[7] stehen die zukünftigen Nutzer eines Systems im Vordergrund, allerdings in ihrer Rolle als Arbeiter und Angestellte, die in einem betrieblichen Kontext

---

[5] https://commons.wikimedia.org/wiki/File:V-Modell.svg), „V-Modell", https://creativecommons.org/licenses/by-sa/3.0/de/legalcode.
[6] Siehe zB *Gould/Lewis*, Designing for Usability: Key Principles and What Designers Think. Communications of the ACM 1985, 28(3), S. 300–311, bzw. *Nolan/Draper*, (1986). User Centered System Design: New Perspectives on Human-Computer Interaction, Hillsdale, NJ: Lawrence Erlbaum Publishers.
[7] Siehe zB *Greenbaum/Kyng*, (eds) (1991). Design at Work: Cooperative Design of Computer systems. Hillsdale, NJ: Lawrence Erlbaum Publishers.

mit dem neuen System arbeiten „müssen". Hier hat sich insbesondere in Skandinavien früh ein Trend zur Mitbestimmung bei der Entwicklung, Anpassung und Einführung von informationsverarbeitenden Systemen in Unternehmen gezeigt, der mit leichten Änderungen in Kultur und Umsetzung inzwischen auch in vielen anderen Ländern[8] angekommen ist.

In manchen Unternehmen in Deutschland werden Mitarbeiter und Betriebsräte im Gegensatz zur „skandinavischen" Tradition häufig nicht in den eigentlichen Entwicklungs- bzw. Anpassungsprozess einer Software involviert, sondern erst bei der konkreten Einführung einbezogen. Im Hinblick auf eine aufgabenangemessene und effiziente Unterstützung von Arbeitsabläufen ist dies auch aus einer rein wirtschaftlichen Sichtweise nicht zielführend, da gerade die Endanwender einer Software wertvolle Hinweise für einen betriebswirtschaftlich sinnvollen Einsatz von Computersystemen liefern können.

IV. Iteratives und zyklisches Design

Eine ganz wesentliche Erkenntnis aus den Schwierigkeiten der Entwicklung von komplexen und innovativen Computersystemen mit dem Wasserfallmodell ist, dass im Projektverlauf neue Erkenntnisse gewonnen werden, Gestaltungsentscheidungen wieder verworfen werden und Kunden sich erst bei der intensiven Beschäftigung mit ersten Versionen einer einzuführenden Software über die genauen Anforderungen klar werden bzw. diese zu Projektbeginn in Ermangelung des Wissens um die Möglichkeiten von bestimmten Softwareprodukten und -technologien nicht ausreichend artikulieren können.

Dabei hat sich als hilfreich erwiesen, wenn man Anforderungsänderungen nicht als Ausnahme im Entwicklungsprozess („Change Request") sondern als normalen Teil der Entwicklung einer Software direkt in die Vorgehensweise integriert. Dies wird typischerweise erreicht, indem alle Tätigkeiten der Softwareerstellung (Anforderungsanalyse, Systementwurf, Entwicklung und Test) mehrfach hintereinander, also in mehreren gleichartigen Schritten (iterativ) ausgeführt werden. Dadurch, dass auf den „Test" wieder eine Phase der Validierung der Anforderungen folgt, in der auch Änderungen von bestehenden Anforderungen als Teil des normalen Projektablaufs berücksichtigt werden können, stellt sich eine einzelne Iteration als Zyklus dar, der mit dem nächsten Schritt erneut durchlaufen wird. Aus diesem Grund werden die entsprechenden Vorgehensweisen „iterativ und zyklisch" genannt.

In einem der ersten Vertreter dieser Vorgehensweise, dem Spiralmodell[9] von Barry Boehm, wird zudem die immer bessere Annäherung an das gewünschte Ergebnis (aber auch an die akkumulierten Gesamtkosten) durch eine spiralförmige Anordnung der schrittweisen Zyklendurchläufe visualisiert:

---

[8] Siehe zB *Greenbaum* (1991), A Design of One's Own: Towards Participatory Design in the US, DAIMI Report Series. 20.
[9] Siehe *Boehm*, A Spiral Model of Software Development and Enhancement. In: IEEE Computer. Vol. 21, Ausg. 5, Mai 1988, S. 61–72.

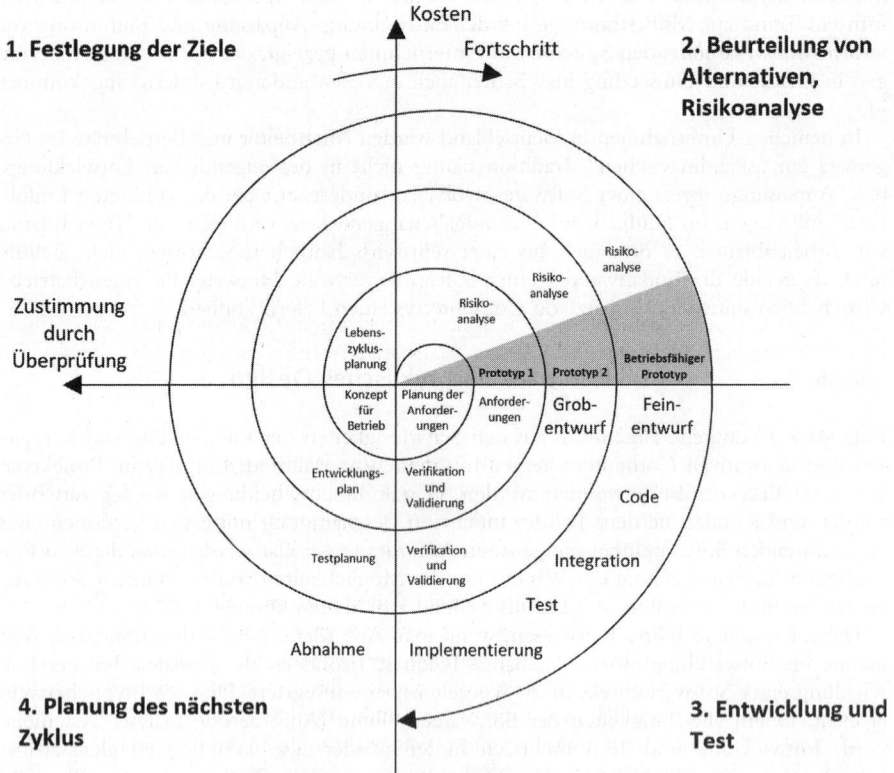

Abbildung 2: Visualisierung des Spiralmodells nach *Barry W. Boehm*[10]

39 Der Grundgedanke dieses Ansatzes ist es, genau den Risiken, die sich durch die frühen Festlegungen im Wasserfallmodell ergeben, durch eine im Modell vorgesehene Validierung und Änderbarkeit von Anforderungen zu begegnen. Aus diesem Grund wird dieses Entwicklungsmodell auch als risikogetriebenes Vorgehensmodell bezeichnet.

V. eXtreme Programming

40 Das Vorgehensmodell eXtreme Programming[11] stellt die Kommunikation der Projektbeteiligten und der Kunden sowie die schnelle Erzeugung laufender Software als Kristallisationspunkt der Anforderungen in den Mittelpunkt.

41 Dieser Ansatz ist stark an der Herstellung von optimalen persönlichen Arbeitsbedingungen der Entwickler orientiert und lehnt beispielsweise Überstunden als unproduktiv ab. Das Wissen um konkrete Anforderungen wird direkt aus Gesprächen mit Kunden gewonnen und nur rudimentär als sogenannte „User Stories" (zB „*Ich als Vertriebsmitarbeiter brauche einen Überblick über die Pipeline der aktuellen Kundenkontakte, um meine Arbeit besser planen zu können*") dokumentiert. Dadurch steckt wichtiges Projektwissen nur in den Köpfen der Beteiligten, wobei durch Praktiken wie „Paarprogrammierung" (zwei Entwickler sitzen

---

[10] Siehe *Boehm*, A Spiral Model of Software Development and Enhancement. In: IEEE Computer. Vol. 21, Ausg. 5, Mai 1988, S. 61–72, Grafik auf S. 64.

[11] Siehe *Beck*, Extreme Programming – das Manifest. Die revolutionäre Methode für Softwareentwicklung in kleinen Teams, Addison-Wesley, 2000.

gleichzeitig vor einem Computer) und „kollektiver Codebesitz" (es gibt keine Verantwortung von einzelnen Entwicklern für bestimmte Anteile der zu entwickelnden Software) versucht wird, Kopfmonopole zu verhindern.

F. Agile Vorgehensmodelle am Beispiel SCRUM

Nachdem in den 80er und 90er Jahren viele Erfahrungen mit der Anwendung der oben beschriebenen Alternativen zum klassischen Wasserfallmodell in Praxisprojekten gesammelt wurden, kristallisierte sich in der Entwicklergemeinschaft Anfang des neuen Jahrtausends ein gewisser Konsens über die sachgerechte Durchführung von Softwareentwicklungsprojekten heraus, dessen Grundpfeiler sich in dem bereits im Jahr 2001 von quasi allen prominenten Vertretern der bisher diskutierten Alternativen verfassten agilen Manifest wiederspiegeln.[12]

> Das agile Manifest fordert
> - Individuen und Interaktionen mehr als Prozesse und Werkzeuge
> - Funktionierende Software mehr als umfassende Dokumentation
> - Zusammenarbeit mit dem Kunden mehr als Vertragsverhandlung
> - Reagieren auf Veränderung mehr als das Befolgen eines Plans

Grundsätzlich stellen agile Vorgehensweisen den Menschen, Selbstverantwortung, gute Kommunikation und die Freude, ein funktionierendes gutes Stück Software zu liefern, in den Mittelpunkt und ausdrücklich *über* vertragliche Regelungen, Spezifikationen und detaillierte Projektpläne. Letztere werden zwar nicht vollkommen abgelehnt, aber in ihrer Bedeutung unmissverständlich hinter die erstgenannten Punkte gestellt.

Mit diesem Ansatz wird den in vielen Wasserfallprojekten auftretenden Problemen (→ Rn. 21 ff.) Rechnung getragen, dass die Anforderungen zumindest nicht zu Beginn des Projekts in der erforderlichen Detailtiefe spezifiziert werden können oder die Auftraggeber aufgrund fehlender Gestaltungskompetenz oft nicht in der Lage sind, die genaue Rolle eines Softwaresystems in der – angepassten – zukünftigen Organisation des Auftraggebers zu definieren.

Der dem agilen Gedanken zugrundeliegende gegenseitige Verzicht, die „Schuld" (und damit die Kosten) für Änderungen ausdrücklich auf die Parteien aufzuteilen – seien sie durch geänderte Anforderungen oder durch unpassende Implementierungen verursacht –, ermöglicht eine erheblich verbesserte Time to Market[13] und einen besseren Erfüllungsgrad der tatsächlichen, ggf. zu Projektbeginn sogar unbekannten Anforderungen, da die Auftraggeber und Auftragnehmer sich gerade in schwierigen Projekten nicht mit der Absicherung der eigenen kommerziellen und juristischen Position beschäftigen, sondern konstruktiv gemeinsam an der Lösung der auftretenden Herausforderungen arbeiten können. Der Preis hierfür ist naturgemäß die schwierig zu lösende Frage der sinnvollen Ausgestaltung der kommerziellen Abwicklung des Projekts und der Aufteilung von organisatorischer Verantwortung.[14]

Das agile Manifest beschreibt Prinzipien, welche in einem agilen Projekt die grundlegenden Leitlinien für die Zusammenarbeit aller Beteiligten darstellen. Es werden jedoch keine Vorgaben für konkrete Methoden oder Prozesse gemacht, so dass sich inzwischen eine große Menge von Methoden[15] und Mischformen herausgebildet hat, die als „agil"

---

[12] Vgl. Manifest für agile Softwareentwicklung, https://agilemanifesto.org/iso/de/manifesto.html.
[13] Vgl. How Agile process improves Time to Market, https://dharmendratiwari.com/how-agile-process-improves-time-to-market/.
[14] Vgl. zB *Sarre*, CR 2018, 198 ff.; *Hoeren/Pinelli*, MMR 2018, 199 ff.
[15] S. Agile Methoden im Vergleich, https://www.computerwoche.de/a/agile-methoden-im-vergleich,2352712.

klassifiziert werden können. Dazu gehören auch Methoden wie das oben beschriebenen eXtreme Programming, die heute unter dem Label „agil" weiterverwendet werden.

48 Dabei decken die diversen agilen Methoden aber nicht immer alle Aspekte eines IT-Projekts oder einer IT-Organisation ab. Es gibt zB Methoden, die sich – wie eXtreme Programming – auf das tatsächliche Programmieren fokussieren und Fragen des Anforderungsmanagements eher ausblenden. Eine besondere Stellung nimmt die Methode „Scrum"[16] ein. Scrum hat eine so große Marktdurchdringung erreicht, dass viele Begriffe aus Scrum – und manchmal sogar die Methode selbst – synonym für andere agile Vorgehensweisen und ihre Elemente verwendet werden.[17]

49 Trotzdem teilen die agilen Methoden gewisse aus den Vorgängermethodiken übernommene Grundelemente, die im Folgenden vorgestellt werden.

I. Aufgabe der strengen Phasentrennung durch zyklische Wiederholung und Vermischung der Tätigkeiten

50 Ein ganz wesentliches Merkmal der heutigen agilen Methoden ist die Auflösung der strengen Phasentrennung. Im Gegensatz zur Wasserfallmethodik mit ihren großen, streng getrennten und sich nicht wiederholenden Arbeitsphasen werden die Tätigkeiten in agilen Projekten in kleinere Einheiten, die in der Methodik SCRUM sog. **„Sprints"** aufgeteilt. Diese kleinen Arbeitspakete werden in kurzen Zyklen von meist ein oder zwei Wochen bearbeitet und dem Kunden als Zwischenergebnis (oft in Form eines lauffähigen Prototyps) vorgestellt. Das Produkt verbessert sich daher schrittweise und die Kunden haben die Möglichkeit, die eigenen Anforderungen auf Basis neuer – aus der Betrachtung des Prototypen gewonnener – Erkenntnisse zu revidieren.

II. Keine frühe Fixierung einer verbindlichen Leistungsbeschreibung, sondern eine dynamische Menge von Anforderungselementen mit „Product Owner"

51 Der Kunde übergibt dem Auftragnehmer keine bereits zu Projektbeginn (vermeintlich) vollständige Leitungsbeschreibung, sondern lässt den sogenannten „Product Owner" in seinem Auftrag immer wieder Anforderungen formulieren (zB User Stories in Form von zielgruppenspezifischen Anforderungen: *„Ich als Bankmitarbeiter will alle Kundendaten sehen, wenn der Kunde mir seine EC-Karte gibt, um den Kunden optimal beraten zu können."*) und ändern oder sogar entfernen. Der Product Owner steht dem Entwicklungsteam für Rückfragen zeitnah zur Verfügung und legt vorab Kriterien fest, unter welchen ein Arbeitspaket als erfolgreich bearbeitet gilt (in Scrum ist das die „Definition of Done").

52 Diese dynamische Menge von Anforderungen wird in der Praxis in unterschiedlichen Formen verwaltet, zB in Ticketsystemen oder auch speziellen Systemen für agile Projekte, die zB direkt die Objekte User Story, Sprint etc. kennen. Eine solche Werkzeugunterstützung ist jedoch nicht zwingend – es gibt auch Projekte, die das Anforderungsmanagement auf Whiteboards oder mit Klebezetteln in einem Projektraum organisieren.

III. Regelmäßige Interaktion mit dem Kunden durch frühe, lauffähige Systemversionen

53 Wie bei dem Ansatz des „eXtreme Programming" werden bei agilen Ansätzen typischerweise früh im Projekt lauffähige Prototypen entwickelt und dem Kunden vorgeführt, so

---

[16] Vgl. Home of Scrum, https://www.scrum.org/.
[17] Vgl. Projektmanagement-Glossar, https://www.projektmagazin.de/glossarterm/scrum.

dass dieser regelmäßig und in kurzen Abständen in die Entstehung der Software eingebunden ist. Er kann auf diese Weise Änderungsbedarf schnell erkennen, seine Anforderungen korrigieren und die gewünschten Änderungen (bis hin zum Projektabbruch) rasch einsteuern.

G. Anforderungen an die Vertragsgestaltung

Die Abkehr von einer verbindlichen Leistungsbeschreibung (zB in Form eines Fachkonzepts, das die Anforderungen nach Abschluss einer Analysephase früh im Projekt fixiert) und die Möglichkeiten (und Notwendigkeit), Änderungen ohne große Abstimmungen und kommerzielle Neuverhandlungen im Projekt zu berücksichtigen, macht die Vertragsgestaltung für die Umsetzung agiler Softwareprojekte in einem Auftraggeber-Auftragnehmer Verhältnis zu einer Herausforderung. 54

Typische, aus der gutachterlichen Praxis bekannte Konflikte bei der Umsetzung agiler Projekte und der Vertragsgestaltung bestehen darin, dass 55
- aus kaufmännisch motivierten Gründen versucht wird, **zu früh einen Festpreis** zu vereinbaren, wenn noch zu viele Gestaltungsentscheidungen offen sind,
- die **Verantwortung im Projekt im Widerspruch zur Rollendefinition der agilen Methodik verteilt wird** (zB indem ein Kundenmitarbeiter als „Product Owner" die Arbeitsinhalte jedes Sprints bestimmt, während der Auftragnehmer für den Gesamtlieferumgang verantwortlich gemacht wird) oder auch
- **vertragliche Regelungen essentielle Aspekte der agilen Methodik übersteuern** (wie zB Mali für in einem Scrum-Sprint nicht erledigte Aufgaben zu verlangen).

Insbesondere der letzte Punkt führt dazu, dass die Methodik nicht mehr wie angedacht funktioniert, beispielsweise indem die Mitarbeiter des Auftragnehmers bei drohenden finanziellen Konsequenzen versuchen, die Inhalte eines Sprints durch großzügige, aber kaum objektiv verifizierbare Aufwandsschätzungen klein zu halten, um so sicherzustellen, dass auf jeden Fall alle Inhalte eines Sprints umgesetzt und damit Mali vermieden werden. 56

Es liegt in der Natur der Sache, dass ein agiles Projekt immer mit einem gewissen Vertrauensvorschuss an die Projektmitarbeiter des Auftragnehmers startet, da sich das IT-Projekt eben nicht durch vorher im Detail definierte Inhalte und Leistungsziele vertraglich steuern lässt. Aus diesem Grund bietet es sich an, im Vertrag andere Instrumente zur Steuerung vorzusehen, beispielsweise durch asymmetrische Kündigungsrechte, die dem durch die fehlende initiale Leistungsbeschreibung „unterlegenen" Auftraggeber zumindest das Mittel des für ihn möglichst einfachen Projektabbruchs oder auch nur die Möglichkeit des Austausches einzelner Projektmitarbeiter des Auftragnehmers geben. 57

Wichtig ist auch, bei einem Projektabbruch den Zugriff auf die notwendigen Rechte an den bisherigen Arbeitsergebnissen sicherzustellen, so dass ein Dritter das Projekt übernehmen kann oder es von internen Mitarbeitern des Auftragnehmers weitergeführt werden kann. Ein solcher Übergang ist nicht einfach und ein Programmierer übernimmt auch nur äußerst ungern die Verantwortung für den Code eines anderen. Ohne Zugriff auf den Quellcode ist der Übergang allerdings schlicht unmöglich. 58

Ein weiteres Praxisproblem bei agilen Projekten mit externer Unterstützung ist, dass die Fremdkräfte dabei so eng in die Arbeitsorganisation integriert werden, dass die Gefahr besteht, dass sie sozialversicherungsrechtlich als Arbeitnehmer des Auftraggebers angesehen werden. Auch hier sind vertragliche Lösungen wichtig, um dieses für den Auftraggeber (Scheinselbständigkeit mit Rentenbeitragsnachzahlung) oder den Auftragnehmer (unzulässige Arbeitnehmerüberlassung) kostenträchtige Risiko auszuschließen oder abzumildern. 59

60 Zusammenfassend ist zu empfehlen, bei der vertraglichen Abbildung von agilen Projekten die Vorteile der Methodik nicht aus dem Auge zu verlieren und diese insbesondere nicht durch den Vertrag zu „übersteuern". Dabei müssen aber trotzdem „methoden-kompatibel" Kontroll- und Steuerungsinstrumente vorgesehen werden, die verhindern, dass die großen Freiheiten der agilen Vorgehensweise dazu führen, dass schwierige Aspekte des Projekts nicht bearbeitet und immer weiter nach hinten verschoben werden.

Teil 2.3.2 Qualitätssicherung in der Softwareentwicklung

Übersicht

	Rn.
A. Einführung	1
B. Dimensionen der Softwarequalität	4
I. Funktionale Angemessenheit	5
II. Korrektheit	7
III. Ordnungsmäßigkeit/Compliance	12
IV. Benutzbarkeit und Barrierefreiheit	14
V. Effizienz	16
VI. Robustheit und Fehlertoleranz	17
VII. Anpassbarkeit	18
VIII. Wartbarkeit	19
IX. Sicherheit	20
C. Maßnahmen der Qualitätssicherung	21
I. Agile, zyklische und partizipative Vorgehensweisen	22
II. Entwicklertests	23
III. Testfallkataloge, Testdurchführung und Testdokumentation	26
IV. Regressionstests und Testautomatisierung	31
V. Code Reviews/Statische Codeanalyse	33
VI. Penetrationstests	35
VII. Audits und Zertifizierungen	39
VIII. Kundentests/„Pre-Release"-Programme	40
D. Schlussbetrachtung	43

Literatur:
Fachgruppe Elektrotechnik und Informationstechnik im b.v.s. e.V., Begutachtungsleitsatz „Standardsoftware", 2019; *Witte*, Testmanagement und Softwaretest, 2016.

A. Einführung

Über keinen Aspekt von Software wird so häufig und so intensiv gestritten, wie über die Qualität. Im Gegensatz zur stark normengeprägten Welt des Handwerks und des Bauwesens gibt es bei der Softwareentwicklung wesentlich größere Freiheitsgrade und schnellere Innovationszyklen, so dass es wenig konkrete Vorgaben gibt, an denen Softwarequalität direkt objektiv gemessen werden könnte. 1

Hinzu kommt, dass Streitfälle ihre Ursache häufig nicht in objektiv fehlerhaften Berechnungen, sondern in der *Validität* der Software haben, dh der subjektiven Frage, ob die Software die *richtige* Software für einen bestimmten Anwendungskontext ist. 2

In Ermangelung konkreter Normen und Vorgaben auf der einen Seite und klar bestimmbaren, etablierten Marktüblichkeiten auf der anderen Seite laufen viele Streitfälle auf eine Bewertung der *Eignung* einer Software für eine konkrete, vertraglich vereinbarte bzw. herleitbare Verwendung hinaus. Aus diesem Grund ist es hilfreich, zunächst die Dimensionen zu betrachten, entlang derer sich die Eignung einer Software für einen bestimmten Anwendungskontext ermitteln lässt. Softwareherstellern steht eine Vielzahl von Methoden zur Verfügung, um diese Qualitätsdimensionen im Rahmen von Softwareentwicklungsprozessen zu berücksichtigen. 3

B. Dimensionen der Softwarequalität

4 Während Standards und Normen wenig konkrete Vorgaben zur Gestaltung von Software machen, sind die grundlegenden Dimensionen der Softwarequalität umfassend in der ISO-Normenreihe 25000[1] (und bereits älteren Werken wie der ISO 9126-1:2001[2]) beschrieben. Bei der Betrachtung der im Folgenden beschriebenen, an diese Normen angelehnten Qualitätsdimensionen, ist es wichtig, diese nicht als „absolute" oder binäre (ja/nein) Kriterien zu verstehen, sondern eher als graduelles Maß, das einer Software ihre Eignung nicht direkt abspricht, wenn Teilaspekte der Software in Bezug auf konkrete Aspekte hätten besser gestaltet werden können.

I. Funktionale Angemessenheit

5 Bei dieser Dimension geht es um die zentrale Frage der *Validität,* dh ob die Funktionen der Software für den Einsatz in einem konkreten Anwendungskontext *die richtigen Funktionen* sind. Diese Frage ist naturgemäß nur relativ zu einem konkreten Anwendungskontext zu beantworten und beinhaltet selbst dann subjektive Komponenten.

6 Beispielsweise ist bei einem System zur Kundenverwaltung eine Funktion zur Integration mit einer Telefonanlage denkbar (CTI = Computer Telephony Integration), die direkt beim Klingeln des Telefons anhand der übertragenen Rufnummer die Daten des anrufenden Kunden auf dem Bildschirm darstellt. Diese Funktion ist für Firmen, die kaum telefonischen Kundenkontakt haben, nicht wichtig, während Unternehmen mit vielen tausend Call-Center-Mitarbeitern damit viel Zeit und Geld sparen können. Ob diese Funktion nun im Rahmen der Softwareentwicklung implementiert werden soll oder nicht, hängt von der subjektiven Nutzenbewertung des die Software einsetzenden Unternehmens ab.

II. Korrektheit

7 Diese Dimension betrifft die Frage, ob eine konkrete Funktion korrekt umgesetzt wurde, dh für jede Eingabe das gewünschte Ergebnis liefert. Was genau das gewünschte Ergebnis ist, ist eine Frage der im vorherigen Abschnitt behandelten Frage der Validität der Software.

8 Während die Korrektheit einer Software, deren Funktionen vollständig und exakt – typischerweise durch mathematische Formeln – für alle möglichen Eingangswerte beschrieben werden kann und durch ausgewählte Testfälle (dh bestimmte Kombinationen von Eingangswerten) stichprobenartig überprüft werden kann, ist es außer in trivialen Fällen nicht möglich, die Korrektheit (also Fehlerfreiheit) einer Software abschließend zu beweisen oder durch umfassende Tests zu gewährleisten. Dies liegt an der auch bereits für kleine Computerprogramme zumeist untestbar großen möglichen Menge von verschiedenen Kombinationen von Eingabewerten.

9 **Beispiel:**
Ein Programm zur Rechnungserstellung nimmt 100 Einzelpositionen im Wertebereich von 1 Cent bis 10.000 Euro (also 1 Million mögliche Werte) als Eingabewerte entgegen, addiert diese, berechnet 19 % Mehrwertsteuer kaufmännisch gerundet und addiert diese Steuer abschließend zur Gesamtsumme. Selbst bei diesem verhältnismäßig kleinen Programm gibt es $1.000.000^{100}$ (als Zahl ist das eine 1 mit 10^6 Nullen) mögliche Kombinationen von Eingabewerten, die naturgemäß nicht vollständig getestet werden können.

---

[1] Siehe http://www.iso.org/iso/home/store/catalogue_ics/catalogue_detail_ics.htm?csnumber=64764.
[2] Siehe https://www.iso.org/standard/22749.html.

Das Programm ist trotzdem recht gut mit Stichproben testbar, da ein Entwickler weiß, dass Fehlerfälle häufig in den Randbereichen möglicher Eingabewerte auftreten, es aber in einem eher mathematisch geprägten Programm recht unwahrscheinlich ist, dass eine Multiplikation zur Berechnung der Mehrwertsteuer bei 100 EUR funktioniert und bei 200 EUR plötzlich nicht mehr.

Schwieriger wird das Testen bei Algorithmen, bei denen die berechneten Funktionen nicht unbedingt offensichtlich sind und zudem eine gewisse Fehlerrate aufgrund der häufig unstrukturierten und komplexen Aufgabenstellung in der Natur der Sache liegt. Dies ist beispielsweise bei trainierten neuronalen Netzen zur Bilderkennung der Fall, die ebenfalls auf untestbar großen Kombinationen von Bildpunktkombinationen operieren. Für eine ausgewählte Menge von Testbildern mit bekannten Inhalten kann eine „Erfolgsquote" ermittelt werden (zB 97 % korrekt erkannte Verkehrszeichen). Dies bedeutet aber nicht unbedingt, dass sich das System bei anderen Bildern aus dem *untestbar großen Raum der Möglichkeiten* genauso erfolgreich verhalten wird. Gerade bei neuronalen Netzen zeigt sich, dass die Auswahl der Trainings- und Testdaten oft nicht unbedingt repräsentativ ist, weshalb in solchen Fällen eine Beobachtung des Verhaltens des Systems im realen Betrieb mit realweltlichen Daten eine größere Bedeutung gewinnt als bei den wesentlich strukturierteren Eingangsdaten eines Buchhaltungssystems.

III. Ordnungsmäßigkeit/Compliance

Unter dem Begriff der Ordnungsmäßigkeit einer Software wird zumeist die Eigenschaft von rechnungslegungsrelevanten Systemen (wie Buchhaltungssystemen) bezeichnet, den von den Finanzbehörden geforderten Grundsätzen zur „ordnungsgemäßen Führung und Aufbewahrung von Büchern, Aufzeichnungen und Unterlagen in elektronischer Form sowie zum Datenzugriff" (GoBD[3]) zu genügen. Die Grundsätze beschreiben in einigen Punkten konkret die notwendigen Eigenschaften solcher Systeme, an anderen Punkten bleiben sie bewusst in Bezug auf die umzusetzenden Techniken vage, um den Fortschritt der Technik nicht immer wieder neu explizit abbilden zu müssen.

Allgemeiner kann man den Begriff auch im Sinne der englischen „Compliance" als grundsätzlich rechtskonforme Gestaltung von Software im Hinblick auf das Datenschutzrecht, das IT-Sicherheitsrecht oder andere Rechtsnormen mit Bezug auf Software verstehen.

IV. Benutzbarkeit und Barrierefreiheit

Unter Benutzbarkeit (engl. „Usability") versteht man eine ganz Reihe von Eigenschaften wie „schnelle Erlernbarkeit", „Selbsterklärungsfähigkeit", „effiziente Bedienbarkeit" (siehe DIN EN ISO 9241-110[4]), die an der Schnittstelle zum menschlichen Benutzer zum Tragen kommen. Dieser Bereich wird auch als **Software-Ergonomie** bezeichnet. Gerade in Streitfällen wird die Wesentlichkeit von Problemen und Fehlern in der Benutzbarkeit oft unterschätzt, da diese in der Theorie durch mehr Training oder „smartere" Benutzer kompensiert werden können. Dabei wird aber übersehen, dass viele Systeme gerade im Webbereich oder bei Apps quasi sofort ohne Training und ohne Benutzerhandbuch verständlich sein müssen, da sie sonst ihren Zweck nicht erfüllen können. Beispielsweise ist davon auszugehen, dass ein Online-Shop, für den der Konsument ein Benutzerhandbuch benötigt, nicht erfolgreich sein wird.

---

[3] Siehe https://www.bundesfinanzministerium.de/Content/DE/Downloads/BMF_Schreiben/Weitere_Steuerthemen/Abgabenordnung/2014-11-14-GoBD.html.
[4] Siehe https://de.wikipedia.org/wiki/ISO_9241.

15 Der Begriff der Barrierefreiheit[5] geht noch weiter und bezeichnet die Eigenschaft eines Computersystems, auch von Menschen mit unterschiedlichen Handicaps (zB Blindheit) zweckgemäß verwendet zu werden. Ein wichtiges Element der Barrierefreiheit ist in diesem Fall zB eine technische Umsetzung der Benutzeroberfläche, die ein „Vorlesen" durch spezielle Vorleseprogramme erlaubt. Diese Eigenschaft ist bei Oberflächen mit vielen grafischen Elementen nicht unbedingt gegeben.

V. Effizienz

16 Die Effizienz einer Software bezieht sich auf den Verbrauch der physischen Ressourcen im Rechner, wie zB Hauptspeicher, Prozessorzeit, Festplattenplatz oder auch Netzwerkkapazitäten. Eine effiziente Software verbraucht nicht unnötig Ressourcen und verursacht deshalb keine unnötigen Infrastrukturkosten. Aufgrund des enormen Preisverfalls bei Hardwarekomponenten hat diese Eigenschaft nicht die gleiche Wichtigkeit wie noch vor 30 Jahren.

VI. Robustheit und Fehlertoleranz

17 Diese Eigenschaft bezeichnet die Eigenschaft einer Software, mit Fehlern in ihrer Umgebung möglichst folgenfrei umzugehen. Ist beispielsweise die Netzverbindung ins Internet unterbrochen, sollte eine E-Mailsoftware nicht sofort abstürzen, sondern einfach auf die Wiederherstellung der Konnektivität warten, mit einer temporären Fehlermeldung für den Benutzer.

VII. Anpassbarkeit

18 Anpassbarkeit ist eine wichtige Eigenschaft für Standardsoftware, die bei verschiedenen Anwendern zum Einsatz kommen soll, die sich in ihren Anforderungen unterscheiden. Auch wenn verschiedene Nutzer beim gleichen Anwenderunternehmen die Software unterschiedlich verwenden müssen, kann Anpassbarkeit eine Lösung sein. Das System wird dabei typischerweise nicht von den ursprünglichen Entwicklern angepasst, sondern von spezialisierten Dienstleistern, Administratoren oder sogar den Endnutzern selbst.

VIII. Wartbarkeit

19 Im Gegensatz zur Anpassbarkeit einer Standardsoftware meint Wartbarkeit die effiziente und effektive Änderbarkeit einer beliebigen, auch individuell entwickelten Software im Quellcode durch Programmierer. Eine Einschränkung der Wartbarkeit kann beispielsweise durch unverständliche Namen für Variablen und Methoden im Programmcode gegeben sein.

IX. Sicherheit

20 Softwaresicherheit ist ein weites Feld, das grundsätzlich alle Eigenschaften der Software umfasst, die dazu dienen, mögliche Risiken für die Verfügbarkeit, Vertraulichkeit und Integrität von Daten sowie Verarbeitungsfunktionen zu minimieren. Typische Sicherheitsmaßnahmen in Software sind Zugriffskontrollsysteme, Verschlüsselung oder auch Routinen zur Löschung nicht mehr benötigter Daten.

---

[5] Rechtlich kodifiziert in BITV: https://www.gesetze-im-internet.de/bitv_2_0/BJNR184300011.html.

C. Maßnahmen der Qualitätssicherung

So vielfältig wie die Dimensionen der Softwarequalität sind auch die Arten von Maßnahmen[6], die bei Softwareentwicklungsprojekten zur Sicherung der angestrebten Qualität angewendet werden können. Auch bei diesen Maßnahmen ist festzuhalten, dass ihre Verwendung nicht verpflichtend ist – es muss immer im Einzelfall in einem Softwareprojekt geprüft werden, welche qualitativen Eigenschaften für den vorgesehenen Verwendungszweck wichtig sind.

I. Agile, zyklische und partizipative Vorgehensweisen

Insbesondere für die funktionale Angemessenheit der Software haben sich in der Praxis die im vorherigen Kapitel („Vorgehensmodelle und IT-Projektmanagement") beschriebenen agilen, zyklischen und insbesondere partizipativen Vorgehensweisen bewährt. Ein enger Kontakt mit den zukünftigen Nutzern und wiederholte, immer wieder änderbare, funktionale Prototypen erhöhen die Wahrscheinlichkeit, eine aufgabenangemessene Software zu produzieren, erfahrungsgemäß erheblich.

II. Entwicklertests

Programmierer entwickeln Software typischerweise nicht im „Blindflug", sondern schaffen sich eine eigene Testumgebung, in der sie das gerade bearbeitete Codestück zumindest auf seine Funktion testen können. Beispielsweise würde ein Entwickler zum Testen einer Funktion zur Mehrwertsteuerberechnung ein kleines Testprogramm schreiben, das die neu entwickelte Funktion mit ein paar Testdaten aufruft und das zurückgegebene Ergebnis auf dem Bildschirm anzeigt oder in ein Logfile schreibt. Dieses Testprogramm lässt der Entwickler während der Programmierung so lange laufen, bis es das von ihm erwartete Ergebnis erzielt.

Entwicklertests können zu allen Qualitäten einer Software durchgeführt werden, also zB auch dazu,
- ob eine Schnittstelle zu einem Drittsystem korrekt funktioniert (**Integrationstest**)
- ob die Software schnell genug läuft (**Performancetest**)
- wieviel Hauptspeicherplatz die Software verbraucht (**Effizienztest**).

Allerdings haben Entwicklertests die Einschränkung, dass ein Programmierer sich der Software nicht wie ein Dritter nähert, sondern in seiner eigenen Denkwelt verhaftet ist und bestimmte Arten, die Software zu verwenden, möglicherweise gar nicht berücksichtigt. Aus diesem Grund werden in den meisten Projekten zusätzlich zu den Entwicklertests Tests von Personen durchgeführt, die zumindest den zu testenden Codeteil nicht selbst entwickelt haben.

III. Testfallkataloge, Testdurchführung und Testdokumentation

Das klassische Testen besteht im ersten Schritt aus der Erstellung eines Testfallkatalogs, der im Idealfall alle Funktionen der Software in allen relevanten Nutzungsvarianten abdeckt. Typischerweise wird dieser Testfallkatalog aus der ausdrücklichen Anforderungsspezifikation, den nach Auffassung des Testers für die geplante Verwendung notwendigen Eigenschaften und bestimmten bei allen Systemen einer Anwendungsklasse üblichen Eigenschaf-

---

[6] Für einen guten Überblick siehe *Witte,* Testmanagement und Softwaretest, 2016.

ten zusammengestellt. Nicht zufällig sind dies sinngemäß genau die Ebenen, die auch in der rechtlichen Sachmangeldefinition im Kauf- bzw. Werkvertragsrecht zur Bestimmung der Abweichung von der Sollbeschaffenheit verwendet werden (§ 434 BGB bzw. § 633 BGB). An diesem Punkt besteht eine hohe konzeptionelle Kongruenz von Recht und Informatikpraxis.

27 Ein Testfall wird typischerweise durch folgende Angaben[7] beschrieben:
- Testgegenstand
- Testkonfiguration/-voraussetzung/-daten
- Testbeschreibung
- Bezug zu Anforderungen
- Priorität
- Weitere Details
- Soll-Ergebnis.

28 Diese Testfälle werden dann im Rahmen eines Systemtests durchgeführt. Dabei werden sowohl positive als auch negative Ergebnisse in einem *Testprotokoll* dokumentiert, wobei die negativen Testergebnisse in den meisten Projekten als „Fehler-Tickets" (dh als Datenobjekte in einer speziellen Datenbank zur Organisation von Softwareprojekten, zB Redmine) an die Entwickler kommuniziert werden.

29   Die vollständigen Testprotokolle spielen allerdings auch insbesondere mit den positiven Testergebnissen eine wichtige Rolle beim Nachweis der Ordnungsmäßigkeit einer Software, indem die Kongruenz der Dokumentation des Systems mit dem tatsächlichen Verhalten zu einem bestimmten Zeitpunkt dargestellt wird.

30   Ein Testprotokoll bezieht sich typischerweise auf eine ganz bestimmte Version der Software (dh aus technischer Sicht einen exakten Übersetzungstand (engl. „Build") aus einer Quellcodeversion). Wird die Software geändert (oder auch nur fehlerkorrigiert), müssen alle von dieser Änderung potenziell betroffenen Testfälle neu getestet werden.

IV. Regressionstests und Testautomatisierung

31 Da insbesondere von Dritten die internen Abhängigkeiten von Codeanteilen und Funktionen nicht durchschaubar sind, wird bei kritischen Systemen auch im Rahmen von kleinen Änderungen häufig die gesamte Testmenge neu durchgeführt. Diese wiederholten Tests zur Aufdeckung von neu verursachten Fehlern in bereits erstellten und vorher funktionierenden Programmteilen werden als **Regressionstests**[8] bezeichnet und stellen einen großen Kostenfaktor und Verzögerungspotential im Projekt dar, sodass insbesondere bei langlaufenden Projekten mit vielen Versionen und Softwareprodukten eine starke kaufmännische Motivation zur Testautomatisierung besteht.

32   Dazu müssen allerdings auch mit hohen Aufwänden die verschiedenen Arten von Testfällen automatisiert werden, zB durch spezielle Werkzeuge[9], mit denen die Interaktion eines Nutzers mit einer grafischen Benutzeroberfläche (inklusive Mausklicks und Eingaben) simuliert werden kann. Dies lohnt sich typischerweise nur bei Projekten mit vielen Regressionstests.

---

[7] Siehe *Witte,* Testmanagement und Softwaretest, 2016, S. 151 ff.
[8] Siehe auch https://de.wikipedia.org/wiki/Regressionstest.
[9] Siehe zB https://de.wikipedia.org/wiki/Liste_von_Software_f%C3%BCr_automatisierte_Softwaretests.

V. Code Reviews/Statische Codeanalyse

Während sich Eigenschaften wie „Effizienz", „Funktionalität" und „Geschwindigkeit" einer Software gut von außen („Black Box"-Test) überprüfen lassen, erfordern Aspekte wie „Wartbarkeit" oder auch die Suche nach möglichen „Hintertüren" (dh bewusst vom Programmierer offen gelassenen Angriffsmöglichkeiten wie einem immer funktionierenden Adminpasswort o.ä.) eine Durchsicht des Quellcodes bzw. auch eine automatische Analyse[10] des Codes. 33

Beispielsweise kann mit einer statischen Codeanalyse ein hoher Anteil von dupliziertem oder strukturgleichem Code (sogenannte „Clones") aufgedeckt werden, der das Beheben von Fehlern erheblich erschwert. 34

VI. Penetrationstests

Eine gerade bei sicherheitskritischen Anwendungen häufig durchgeführte Art des Tests ist der sogenannten Penetrationstest, bei dem ein Dritter (typischerweise ein „White-Hat-Hacker", dh ein nicht-krimineller IT-Experte im Auftrag von Unternehmen) versucht, von außen in ein Computersystem einzubrechen. 35

Ein Penetrationstest[11] kann mit unterschiedlichen angenommenen Zugriffsrechten durchgeführt werden. Gänzlich ohne Zugriffsrechte ist der „Angreifer" in der Rolle eines mit dem Internet verbundenen Nutzers, der zB nach offenen Ports sucht oder Systemkomponenten, bei denen noch die Standardzugriffsrechte voreingestellt sind (Passwort = „Sommer123", o.ä.). 36

Ein Angreifer mit den Zugriffsrechten eines normalen, angemeldeten Nutzers kann auch die erst nach einer solchen Anmeldung erreichbaren Systembestandteile auf eventuell vorhandene Sicherheitslücken testen. 37

Penetrationstests können auf allen technischen Ebenen durchgeführt werden. Beispielsweise zielen die Angriffe auf „offene Ports" auf die Ebene des Betriebssystems bzw. der betriebssystemnahen Dienste, während andere Angriffe sich mit der Ebene der eigentlichen Softwareanwendung beschäftigen. 38

VII. Audits und Zertifizierungen

Auch bei Audits und Zertifizierungen werden typischerweise Softwaretests durchgeführt, wobei der Testfallkatalog sich allerdings an den konkreten Zertifizierungs- bzw. Prüfkriterien des Audits orientiert und zumeist nur Teilaspekte der Software abprüft. 39

VIII. Kundentests/„Pre-Release"-Programme

Ein sensibles Feld sind die Tests mit Pilotkunden bzw. im Rahmen von sogenannten „Pre-Release"-Programmen. Gerade bei komplexer und kritischer Software wie Betriebssystemen oder umfangreichen kaufmännischen Systemen steht der Hersteller vor dem Problem, dass er nicht alle möglichen Kombinationen von Eingabewerten und Einsatzvarianten im Labor testen kann, so dass in ihrem Ablauf nicht vorgeplante Tests durch Pilotkunden bzw. Testkunden oft noch neue, auch kritische Fehler aufdecken. 40

Hier kommt es wesentlich auf die klare Kommunikation des Herstellers mit den Kunden an, die eine neue Version der Software zuerst ausgeliefert bekommen, damit diese die 41

---

[10] Siehe https://de.wikipedia.org/wiki/Statische_Code-Analyse.
[11] Siehe https://de.wikipedia.org/wiki/Penetrationstest_(Informatik).

noch „unreife" Software nicht in Bereichen einsetzen, in denen auftretende Fehler direkt existentielle oder kaufmännisch schmerzhafte Folgen haben.

42   Ein häufiger Streitgegenstand in der gutachterlichen Praxis[12] sind vermeintlich zu früh ausgelieferte Softwareversionen, deren Kunden sich als „ausgelagerte Testabteilung" fühlen, da sie viele Fehler entdecken, die auch bei internen Tests des Herstellers hätten gefunden werden können.

D. Schlussbetrachtung

43 Insbesondere um den Streit um die Verteilung der tatsächlichen Teststätigkeit zwischen Anbieter und Kunden zu vermeiden, bietet es sich an, bereits im IT-Projektvertrag die verschiedenen durchzuführenden Tests ausdrücklich zu benennen und den Parteien zuzuordnen. Dabei ist naturgemäß darauf zu achten, dass die jeweilige Partei die Tests auch sinnvoll durchführen kann. Beispielsweise ist für einen Integrationstest mit vorhandenen Systemen beim Kunden entweder ein direkter Zugriff auf diese Systeme (bzw. ihre Testinstallationen) notwendig oder die Bereitstellung von sogenannten „Mocks", dh Simulatoren, die sich so verhalten wie die Originalsysteme.

---

[12] Siehe Begutachtungsleitsatz „Standardsoftware" der Fachgruppe Elektrotechnik und Informationstechnik im b.v.s. e.V., 2019.

Teil 2.3.3 IT-Projekte

Übersicht

	Rn.
A. Geheimhaltungsvereinbarungen	1
B. Projektdokumentation: Lastenheft und Pflichtenheft	5
I. Lastenheft	6
II. Pflichtenheft	7
C. Allgemeine Projektpflichten und Regelungen zur Projektsteuerung und -organisation	13
I. Allgemeine Projektpflichten	14
II. Regelungen zur Projektsteuerung und -organisation	19
D. Mitarbeiter	25
E. Change Requests	27
F. Rechtemanagement	32
G. Abnahme	33
H. Exit-Management	36
I. Rahmenvertrag	38
J. Besonderheiten bei agilen Methoden	42
I. Rahmenvertrag	44
II. Teilprojektvertrag	49

Literatur:
Alexander, Gegenstand, Inhalt und Umfang des Schutzes von Geschäftsgeheimnissen nach der Richtlinie (EU) 2016/943, WRP 2017, 1034; *Auer-Reinsdorff/Conrad* (Hrsg.), Handbuch IT- und Datenschutzrecht, 3. Aufl. 2019; *Bamberger/Roth,* Beck'scher Onlinekommentar BGB, 52. Ed., 2019; *Bortz,* Auslegung und Gestaltung agiler Projektverträge: Vertragsrechtliche Analyse unter Berücksichtigung der verschiedenen Rollen in Scrum-Projekten, MMR 2018, 287; *Bräutigam* (Hrsg.), IT-Outsourcing und Cloud Computing, 4. Aufl. 2019; *Frank,* Bewegliche Vertragsgestaltung für agiles Programmieren – Ein Vorschlag zur rechtlichen Abschichtung zwischen Planung und Realisierung, CR 2011, 138; *Fuchs/Meierhöfer/Morsbach/Pahlow,* Agile Programmierung – Neue Herausforderungen für das Softwarevertragsrecht? Unterschiede zu den „klassischen" Softwareentwicklungsprojekten, MMR 2012, 427; *Harte-Bavendamm/Henning-Bodewig* (Hrsg.), Gesetz gegen unlauteren Wettbewerb (UWG), 4. Aufl. 2016; *Hengstler,* Gestaltung der Leistungs- und Vertragsbeziehung bei Scrum-Projekten – Umgang mit vertragsrelevanten Besonderheiten der Scrum-Methode, ITRB 2012, 113; *Henssler,* Fremdpersonaleinsatz durch On-Site-Werkverträge und Arbeitnehmerüberlassung – offene Fragen und Anwendungsprobleme des neuen Rechts, RdA 2017, 83; *Hoene,* Der Projektlenkungsausschuss, ITRB 2002, 276; *Hoeren/Pinelli,* Agile Programmierung: Einführung und aktuelle rechtliche Herausforderungen, MMR 2018, 199; *Hoeren,* IT-Vertragsrecht, Skriptum, Stand Oktober 2019; *Intveen/Gennen/Karger* (Hrsg.), Handbuch des Softwarerechts, 2018; *Intveen/Lohmann,* Das IT-Pflichtenheft, CR 2003, 640; *Intveen,* Vereinbarungen über die kundenspezifische Anpassung von Standard-Software, CR 2006, 239; *ders.,* Geheimhaltungsvereinbarungen bei IT-Projekten, ITRB 2007, 239; *ders.,* Einzelheiten zu Verträgen über die Erstellung von IT-Pflichtenheften, ITRB 2010, 238; *Jaeger,* GNU General Public License, CR 2019, 765; *Karger,* Desorganisierte Leistungsänderungen in IT-Verträgen, ITRB 2009, 18; *Koch,* Computervertragsrecht, 7. Aufl. 2009; *ders.,* Agile Softwareentwicklung – Dokumentation, Qualitätssicherung und Kundenmitwirkung, ITRB 2010, 114; *Koch,* Vereinbarungen über Verträge für agile Softwareerstellung, ITRB 2010, 283; *Kühn/Ehlenz,* Agile Werkverträge mit Scrum, CR 2018, 139; *Kurz,* Vertraulichkeitsvereinbarungen, 3. Aufl. 2013; *Lehmann/Meents* (Hrsg.), Handbuch des Fachanwalts für Informationstechnologierecht, 2. Aufl. 2011; *Müller-Hengstenberg/Kirn,* Die technologischen und rechtlichen Zusammenhänge der Test- und Abnahmeverfahren bei IT-Projekten, CR 2008, 755; *Palandt* (Hrsg.), Bürgerliches Gesetzbuch BGB, 78. Aufl. 2019; *Redeker* (Hrsg.), Handbuch der IT-Verträge, 39. Ergänzungslieferung, 2019; *ders.,* Von Dauerbrennern und neuen Entwicklungen im Recht der Leistungsstörungen, ITRB 2005, 700; *Roth,* Mitwirkungspflichten in EDV-Projekten, ITRB 2001, 194; *ders.,* Geheimhaltungsklauseln in IT-Verträgen – Hinweise zur Ausgestaltung wesentlicher Regelungspunkte, ITRB 2011, 115; *Sarre,* Kritische Schnittstellen zwischen der Projektmethodik „Scrum" und juristischer Vertragsgestaltung, CR 2018, 198; *Schneider/von Westphalen* (Hrsg.), Softwareerstellungsverträge, 2. Aufl. 2014; *Schneider* (Hrsg.), Handbuch des EDV-Rechts, 5. Aufl. 2017; *ders.,* „Neue" IT-Projektmethoden und „altes" Vertragsrecht, ITRB 2010, 18; *ders.,* Werkvertragsrecht für SCRUM-Verfahren, ITRB 2017, 36; *ders.,* Agile Vorgehensweisen in der Vertragspraxis, ITRB 2019, 213; *Vierkötter/Schneider,* Bestimmung der Höhe von Vertragsstrafen bei Wettbewerbsverstößen, ZAP 2019, 443; *Voigt/Herrmann/Felix,* Das neue Geschäftsgeheimnisgesetz – praktische Hinweise zu Umsetzungsmaßnahmen für Unternehmen, BB 2019, 142; *Willemsen/Mehrens,* Arbeitnehmerüberlassung versus Dienstleistung, NZA 2019, 1473; *Witte,* Agiles Programmieren und § 651 BGB, ITRB 2010, 44; *Witzel,* Abnahme

und Abnahmekriterien im IT-Projekt, ITRB 2008, 160; *ders.*, Vertragsgestaltung für Generalunternehmer in IT-Projekten: Vermeidung von Lücken und Umgang mit Tücken, CR 2018, 345; *Zahrnt*, Abschlusszwang und Laufzeit beim Softwarepflegevertrag, CR 2000, 205.

A. Geheimhaltungsvereinbarungen

1 Umfangreiche IT-Projekte setzen häufig voraus, dass dem Projektpartner umfangreiche Einblicke in die Betriebsinterna des Auftraggebers gewährt werden, da nur so der genaue Bedarf an IT-Leistungen bestimmt werden kann. Dabei können dem Auftragnehmer unter Umständen auch sensible Daten bekannt werden, die der Auftraggeber vor allem vor seinen Wettbewerbern geheim halten möchte. Auch der Auftragnehmer hat regelmäßig ein Geheimhaltungsinteresse an bestimmten Informationen, beispielsweise im Hinblick auf die Offenlegung seiner Preise oder von bestimmten Projektmethoden an seine Wettbewerber.

2 Daher sollte schon sehr frühzeitig, bestenfalls bei Beginn der Vorverhandlungen, eine **Geheimhaltungsvereinbarung** abgeschlossen werden.[1] Diese Geheimhaltungsvereinbarung sollte zunächst die geheim zu haltenden Unterlagen, Informationen und Daten beschreiben (zB „alle als ‚vertraulich' gekennzeichnete oder als solche erkennbare Unterlagen").[2] Soweit im Rahmen eines IT-Projekts auch Source Code überlassen wird, sollten sich Geheimhaltungspflichten auch auf diesen erstrecken. Dabei sollte darauf geachtet werden, dass die dem Auftraggeber hieran vertraglich und gesetzlich zustehenden Nutzungsrechte (im Hinblick auf § 69d UrhG) von den Geheimhaltungspflichten unberührt bleiben.[3]

3 Außerdem sollten ein **konkreter Verwendungszweck** für diese Informationen (zB „Verwertung nur im Rahmen und für die Zwecke des IT-Projekts") sowie ein grundsätzliches **Weitergabeverbot mit Ausnahmetatbeständen** (zB Weitergabe an Mitarbeiter und Subunternehmer auf „Need to Know"-Basis) vereinbart werden.[4] Insbesondere sollte darauf geachtet werden, dass diese Ausnahmetatbestände die Weitergabe der vertraulichen Informationen an **verbundene Unternehmen** (zB weitere Konzernunternehmen) ermöglicht, sofern dies für gewisse Arbeitsprozesse im Rahmen des Projekts oder die Nutzung von Projektergebnissen erforderlich ist; die verbundenen Unternehmen können im Vertrag auch enumerativ aufgenommen werden. Dies hat allerdings den Nachteil, dass eine Weitergabe von vertraulichen Informationen an später hinzukommende verbundene Unternehmen nicht ohne Weiteres möglich ist. Üblicherweise wird die Geheimhaltungspflicht auch über das Ende des IT-Projektes hinaus erstreckt. Diese sollte angemessen sein (üblicherweise 5–8 Jahre ab Projektende).

4 Für den Fall des Verstoßes gegen wesentliche Pflichten in einer Geheimhaltungsvereinbarung sollte auch eine **Vertragsstrafe** vereinbart werden, da die genaue Bezifferung eines durch den Bruch der Geheimhaltungspflicht verursachten Schadens trotz des neu eingeführten § 10 Abs. 2 GeschGehG[5] häufig nur schwer möglich sein wird.[6] Von der Vereinbarung einer Vertragsstrafe für jede Art von Verstoß gegen eine Pflicht aus einer Geheimhaltungsvereinbarung sollte jedoch abgesehen werden. Die Verhandlungen über eine

---

[1] Ausführlich *Intveen*, ITRB 2007, 239 ff.
[2] *Alexander*, WRP 2017, 1034, 1039; *Mayer*, MDR 2018, 245, 248; die Art der Kennzeichnung der Information findet auch Berücksichtigung im Rahmen der Wertung der Angemessenheit der Geheimhaltungsmaßnahme (zB durch vertragliche Sicherungsmechanismen) als Voraussetzung der Qualifizierung als Geschäftsgeheimnis iSv § 2 Nr. 1 lit. b GeschGehG, BT-Drs. 19/4724, 24 f.
[3] Vgl. ausführlich mit Formulierungsvorschlägen *Roth*, ITRB 2011, 115, 117 f.
[4] Intveen/Gennen/Karger/*Welkenbach/Bischof*, § 7 Teil B Rn. 23–25; *Kurz*, Rn. 194 ff., 204.
[5] *Voigt/Herrmann/Grabenschröer*, BB 2019, 142, 145.
[6] Ausländische Auftragnehmer sind oftmals Vertragsstrafen für den Bruch einer Geheimhaltungspflicht nicht gewohnt oder können diese aus buchhalterischen Gründen nicht akzeptieren. Ein Auftraggeber ist daher gut beraten, dies bei der Verhandlung einer Geheimhaltungsvereinbarung bzw. der Vertragsstrafe von vornherein zu berücksichtigen.

derartige Vertragsstrafe können zu erheblichen Irritationen auf Anbieterseite führen und zudem die Verhandlungen gerade am Anfang deutlich verlangsamen. Bei der Bemessung der Höhe der Vertragsstrafe muss zum einen darauf geachtet werden, dass diese angemessen ist, da es sonst zu einer Unwirksamkeit nach §§ 307 ff. BGB oder § 138 BGB kommen kann. Zum anderen darf die Höhe der Vertragsstrafe auch nicht zu niedrig bemessen sein. Eine zu niedrige Bemessung kann dazu führen, dass die Abgabe einer Unterwerfungserklärung, anders als es im Normalfall zu bejahen ist[7], die Wiederholungsgefahr nicht ausräumt.[8] In der Praxis kommt hier regelmäßig der „Neue Hamburger Brauch" zur Anwendung. Danach setzt der Gläubiger die Vertragsstrafe nach billigem Ermessen nach §§ 315, 316 BGB fest und der Schuldner kann diese Festsetzung dann gemäß §§ 315 Abs. 3, 319 BGB gerichtlich überprüfen lassen.[9] Das Gericht zieht als Kriterien im Rahmen der Überprüfung die Schwere und das Ausmaß der begangenen Zuwiderhandlung heran, die Gefährlichkeit für den Gläubiger, das Verschulden des Verletzers, dessen Interesse an weiteren gleichartigen Zuwiderhandlungen sowie die Vertragsstrafe als pauschalierten Schadensersatz.[10]

B. Projektdokumentation: Lastenheft und Pflichtenheft

Der Inhalt eines IT-Projekts, welches nach einer linearen Methode[11] durchgeführt wird, fußt im Wesentlichen auf zwei Beschreibungen, dem Lastenheft und dem Pflichtenheft. Beide Begriffe sind zwar – oftmals als einheitlicher IT-Projektvertrag – mit einander verbunden, da sie der Leistungsbestimmung innerhalb des IT-Projekts dienen. Wie sich aus den jeweiligen Definitionen durch die DIN 69901-5: 2009-01 ergibt, handelt es sich jedoch um unterschiedliche Arten der Beschreibung desselben Projektes.

I. Lastenheft

Das **Lastenheft** wird vom **Auftraggeber** erstellt. Entsprechend der Definition in DIN 69901-5: 2009-01 formuliert es die *„Gesamtheit der Forderungen an die Lieferungen und Leistungen eines Auftragnehmers"* und dient meistens als Grundlage zur Einholung von Angeboten verschiedener Auftragnehmer. Im Lastenheft definiert der Auftraggeber also, „was" er will. Da das Lastenheft auch ein Gradmesser für das Erreichen des mit dem IT-Projekt beabsichtigten Erfolges sein kann, sollte es möglichst detailliert sein und in jedem Fall folgende Punkte regeln:
– Das geplante Ergebnis des IT-Projektes und die jeweiligen Spezifikationen bzw. Eigenschaften der eingesetzten IT-Komponenten.
– Die technischen, zeitlichen und organisatorischen Rahmenbedingungen, die dem IT-Projekt zugrunde liegen, insbesondere die bereits vorhandene Systemlandschaft.
– Anforderungen an die Qualifikationen des Auftragnehmers (zB Zertifizierung).
– Anforderungen zur Erweiterbarkeit des in dem IT-Projekt zu erzielenden Ergebnisses, um zB bei Softwareprojekten zusätzliche Anwender die Software nutzen zu lassen oder die Software zukünftig mit einer anderen Systemlandschaft zu nutzen.

---

[7] StRspr, vgl. nur *BGH,* GRUR 2010, 355, 357.
[8] *BGH,* GRUR 2014, 595, 596.
[9] *BGH,* GRUR 2014, 595, 596; Harte-Bavendamm/Henning-Bodewig/*Brüning,* Kapitel 3 § 12 Rn. 202; *Vierkötter/Schneider,* ZAP 2019, 443, 444, 447.
[10] *OLG Düsseldorf,* 14.2.2019 – 15 U 20/18 Rn. 15 (mwN); *BGH,* 8.5.2014 – I ZR 210/12 Rn. 42.
[11] Vgl. dazu die Ausführungen von *Stiemerling* → Teil 2.3.1 (Vorgehensmodelle und IT-Projektmanagement).

II. Pflichtenheft

7   Aus dem **Pflichtenheft** soll sich ergeben, wie der Auftragnehmer das Projekt umzusetzen hat. Dies folgt aus der Definition in DIN 69901-5: 2009-01, nach der in einem Pflichtenheft „*die vom Auftragnehmer erarbeiteten Realisierungsvorgaben*" beschrieben werden und es dadurch Vorgaben für die „*Umsetzung des vom Auftraggeber vorgegebenen Lastenhefts*" enthält. Es beschreibt also die **fachlichen Anforderungen des Auftraggebers an das Ergebnis eines IT-Projekts.**[12] Das Pflichtenheft ist damit die zentrale Leistungsbeschreibung eines IT-Projektvertrages und gibt zugleich die „vereinbarte Beschaffenheit" (§ 633 Abs. 2 S. 1 BGB) des zu erstellenden Werks vor. Es dient üblicherweise als Referenz für die erfolgreiche Abnahme (sind alle Anforderungen des Pflichtenheftes erfüllt, kann die Abnahme nicht verweigert werden[13]) und für das Vorliegen bzw. Nichtvorliegen von Mängeln. Wegen dieser Bedeutung sollte dem Pflichtenheft besondere Aufmerksamkeit gewidmet werden. Der Umfang des Pflichtenheftes richtet sich dabei nach der Komplexität des umzusetzenden IT-Projekts.

8   Im Regelfall obliegt auch die **Erstellung** des Pflichtenheftes im Ausgangspunkt dem **Auftraggeber.**[14] Er trägt insoweit die Entwicklungskosten, außerdem das Risiko falscher Angaben innerhalb des Pflichtenhefts.[15] Da die Erstellung des Pflichtenheftes eine Obliegenheit des Auftraggebers ist, gelangt dieser in Gläubigerverzug, wenn er das Pflichtenheft nicht fristgerecht erstellt hat. Erstellt der Auftraggeber entgegen seinen vertraglichen Pflichten ein Pflichtenheft nicht, ist der Maßstab für die vertragsgemäße Erbringung der IT-Projektleistung der jeweilige Stand der Technik[16] und der für diese Leistung übliche Gebrauch.[17]

9   Allerdings trifft den **Auftragnehmer** eine gewisse **Mitwirkungspflicht,** deren genauer Umfang aber umstritten ist und vom jeweiligen Einzelfall abhängt. Diese Mitwirkungspflicht wird mit der höheren Fachkenntnis des Auftragnehmers begründet.[18] Das OLG Köln hat die Mitwirkungspflichten des Auftragnehmers insofern wie folgt zusammengefasst:

„*Der Anbieter muss zB von sich aus die innerbetrieblichen Bedürfnisse ermitteln, darauf drängen, dass der Anwender sie in einem Pflichtenheft niederlegt, für ihn erkennbare Unklarheiten und Bedürfnisse aufklären, bei der Formulierung der Aufgabenstellung mitwirken und einen Organisationsvorschlag zur Problemlösung unterbreiten.*"[19]

Kommt der Auftragnehmer dieser Anforderung nicht nach, besteht die Gefahr eines Verstoßes gegen Informations- und Beratungspflichten.[20] Typischerweise wird es somit dem Auftraggeber obliegen, zumindest seine Erwartungen zu definieren (zB „Zugriff über eine Software auf bis zu 5 Millionen Datensätze innerhalb 2 Sekunden" oder „Auslesen und Drucken von Adressdaten in einer bestimmten Reihenfolge"), während es Sache des Auftragnehmers ist, die Realisierbarkeit dieser Erwartungen zu prüfen, den Auftraggeber

---

[12] Ausführlich Schneider/*Schneider*, Teil M. Rn. 822 bis 890; ferner *Intveen/Lohmann*, CR 2003, 640ff. (mit Checkliste).
[13] Ggf. beauftragte Nachträge (sog. Change Requests, dazu → Teil 2.3.3 Rn. 27ff.) sind ebenfalls im Rahmen einer Abnahmeprüfung zu berücksichtigen.
[14] *OLG Köln*, NJW-RR 1993, 1529, 1530; *Koch*, S. 62; *Redeker*, CR 2005, 700, 701, jeweils für die Programmierung von Individualsoftware; *Intveen/Lohmann*, CR 2003, 640 und 642; *Intveen*, ITRB 2010, 238, 239.
[15] *OLG Köln*, NJW-RR 1993, 1529, 1530.
[16] *BGH*, CR 1992, 543, 544; *LG Köln*, CR 1994, 624, 625.
[17] Zum „üblichen Gebrauch" einer Software vgl. *Redeker*, CR 2005, 700, 703.
[18] *Redeker*, CR 2005, 700, 701.
[19] *OLG Köln*, NJW-RR 1999, 51, 52; *OLG Köln*, BeckRS 2005, 10355; zum Ganzen *Hoeren*, S. 242 bis 243.
[20] *OLG Schleswig*, BeckRS 2016, 114862 Rn. 31ff.

dementsprechend zu beraten und die hierfür erforderlichen technischen Anforderungen zu formulieren.

Oftmals wird zur **Erstellung des Pflichtenheftes** jedoch (auch) der **Auftragnehmer** vertraglich verpflichtet. Dies hat aus Sicht des Auftraggebers den **Vorteil,** dass er den regelmäßig für die Erstellung eines Pflichtenheftes notwendigen Sachverstand des Auftragnehmers mit in die anfängliche IT-Projektplanung einbeziehen kann. Häufig wird der Auftraggeber auch nicht in der Lage sein, die technischen Anforderungen an die von ihm gewollte IT genau zu definieren. Aus Sicht des Auftragnehmers ist diese frühzeitige Einbindung in das IT-Projekt ebenfalls positiv. Er reduziert die Gefahr, wegen fehlender Informationen durch den Auftraggeber in die Erbringung einer unmöglichen oder für ihn wirtschaftlich nachteiligen Leistung einzuwilligen und insoweit leistungsverpflichtet zu bleiben.[21]

Sofern der Auftragnehmer mit der Erstellung des Pflichtenheftes beauftragt wurde, handelt es sich um eine **werkvertragliche Hauptpflicht**.[22] Vom **OLG Düsseldorf** wird die Ansicht vertreten, dass die Beauftragung eines Auftragnehmers mit der Erstellung eines Pflichtenheftes gleichzeitig auch die Erstellung einer **Ist-Analyse** der Verhältnisse des Auftraggebers beinhaltet.[23] Hiergegen ist jedoch einzuwenden, dass Ist-Analyse und Pflichtenheft eine gänzlich unterschiedliche Funktion haben. Während das Pflichtenheft das zukünftige Projektergebnis vorgibt, beschreibt die Ist-Analyse die gegenwärtigen technischen und organisatorischen Rahmenbedingungen des Auftraggebers, die für die Umsetzung des Projekts relevant sind.[24] Die Erstellung der Ist-Analyse obliegt, wie auch die Erstellung des Pflichtenhefts, zunächst dem Auftraggeber.[25] Es ist daher nicht einzusehen, warum der Auftraggeber durch die Beauftragung eines Auftragnehmers mit der Erstellung des Pflichtenhefts sich gleichzeitig von Pflicht zur Erstellung der Ist-Analyse befreien sollte. Dies hätte eine nicht nachvollziehbare Besserstellung des Auftraggebers zur Folge. Demgemäß ist entgegen der Ansicht des OLG Düsseldorf davon auszugehen, dass die Erstellung eines Pflichtenheftes durch einen Auftragnehmer – ohne weitere vertragliche Vereinbarung – nicht die Erstellung einer Ist-Analyse beinhaltet.

Dem Auftraggeber sollte bewusst sein, dass die Arbeitsweisen von IT-Unternehmen sehr unterschiedlich ausfallen können, insbesondere wenn es um die Erstellung von Pflichtenheften geht.[26] Sofern der Auftraggeber ein vom ursprünglichen Auftragnehmer erstelltes Pflichtenheft durch einen Dritten im Rahmen eines IT-Projekts umsetzen lassen möchte, können daher in tatsächlicher Hinsicht entsprechende Umsetzungsprobleme eintreten.

> **Praxistipp:**
> Eine Beauftragung über die Erstellung eines Pflichtenhefts sollte stets eine Klausel enthalten, nach der das Pflichtenheft auch von fachkundigen Dritten verwendet werden können muss.

C. Allgemeine Projektpflichten und Regelungen zur Projektsteuerung und -organisation

Viele Probleme in der Umsetzung von größeren IT-Projekten sind auf fehlende oder unzureichende Vereinbarungen von **allgemeinen Projektpflichten** zurückzuführen. Ent-

---

[21] *OLG Köln,* NJW-RR 1993, 1529, 1530; *OLG Köln,* NJW-RR 1999, 51, 52 (Programmierung von Individualsoftware).
[22] *OLG Düsseldorf,* CR 1993, 361; *Intveen,* ITRB 2010, 238, 240.
[23] *OLG Düsseldorf,* CR 1993, 361.
[24] Auer-Reinsdorff/Conrad/*Conrad/Witzel,* Teil C § 18 Rn. 96.
[25] So auch Auer-Reinsdorff/Conrad/*Conrad/Witzel,* Teil C § 18 Rn. 96.
[26] *Intveen,* ITRB 2010, 238, 240.

sprechendes gilt für Lücken bei **Regelungen zur Projektsteuerung und -organisation.** Auf Regelungen mit der notwendigen Detailtiefe zu den allgemeinen Projektpflichten sowie der Projektsteuerung wird jedoch im Rahmen von Vertragsverhandlungen oftmals durch sämtliche Verhandlungspartner mit der Aussage verzichtet, man werde sich bei Bedarf schon „vernünftig einigen". Von dieser Herangehensweise ist dringend abzuraten.

I. Allgemeine Projektpflichten

14 Allgemeine Projektpflichten begleiten Auftragnehmer und Auftraggeber durchgängig während des gesamten IT-Projekts mittelbar und unmittelbar. Auftragnehmer und Auftraggeber tendieren naturgemäß dazu, derartige Pflichten zu ihren Gunsten (und zu Lasten des anderen Projektpartners) anzunehmen bzw. zu interpretieren, da die Übernahme von allgemeinen Projektpflichten mit erheblichem Zeit- und Kostenaufwand für den verpflichteten Vertragspartner verbunden sein kann. Gleichermaßen kann die Nichterfüllung von allgemeinen Projektpflichten durch einen Vertragspartner zu eben solchen Aufwänden bei dem anderen Vertragspartner führen.

15 Den **Mitwirkungspflichten des Auftraggebers,** genauer gesagt deren Erfüllung, kommt eine große Bedeutung bei der Umsetzung von IT-Projekten zu. Häufig wissen gerade mit IT-Projekten unerfahrene Auftraggeber gar nicht, welche Mitwirkungsleistungen von ihnen (oftmals stillschweigend) erwartet werden oder sie unterschätzen den mit der Erfüllung dieser Pflichten verbundenen Aufwand. Es empfiehlt sich daher, die wesentlichen Mitwirkungspflichten des Auftraggebers vertraglich genau zu definieren. In Betracht kommen hierfür beispielsweise Regelungen zur Beistellung von bestimmten Daten oder Informationen, zur Datensicherung und zum Zugang zu der IT-Infrastruktur des Auftraggebers durch den Auftragnehmer.

16 Die gelegentlich in der Praxis zu findende Regelung, dass die vertraglich aufgeführten Mitwirkungspflichten des Auftraggebers abschließend seien, sollte ein Auftragnehmer nicht akzeptieren. Aufgrund der Vielfältigkeit und Dynamik von IT-Projekten ist es unmöglich, jede auch nur möglicherweise relevante Mitwirkungspflicht bereits bei Vertragsabschluss abzusehen. Dagegen ist eine Pflicht des Auftragnehmers, den Auftraggeber rechtzeitig auf die Erfüllung seiner wesentlichen Mitwirkungspflichten hinzuweisen, sinnvoll. Der Auftraggeber weiß dann, wann er welche Mitwirkungspflichten zu erbringen hat und kann entsprechende Maßnahmen treffen, um den Projektzeitplan nicht zu gefährden.

17 Zu den ausdrücklich geregelten allgemeinen Projektpflichten beider Vertragspartner sollten auch gegenseitige **Hinweispflichten** zählen. Zwar gebieten bereits die gesetzlichen Aufklärungspflichten, die andere Vertragspartei rechtzeitig über neue oder geänderte Umstände, die für die Durchführung eines Vertrags relevant sind, zu informieren[27], doch hat es sich bei IT-Projekten bewährt, den Umfang dieser Pflichten und die Rechtsfolgen bei einem erteilten Hinweis ausdrücklich vertraglich zu regeln. Regelmäßig kommt es bei der Umsetzung von größeren IT-Projekten zu für beide Vertragspartner unerwarteten Hindernissen, die die Umsetzung des Projekts erschweren aber nur für einen Vertragspartner erkennbar sind. In der Projektrealität wird in diesen Fällen oftmals die Projektumsetzung ohne Information des anderen Vertragspartners weiterbetrieben, meistens in der falschen Annahme, dass dieser das Hindernis zwar kenne, aber keine Veranlassung sehe, sich dieses Hindernisses anzunehmen.

18 Einigen sollten die Vertragspartner sich auch vorab über die softwaregestützten **Projektwerkzeuge,** die sie für die Durchführung bzw. Koordination des Projekts gemeinsam einsetzen werden. Viele Auftragnehmer verwenden ausschließlich bestimmte Projektwerkzeuge. Sollten diese mangels Verfügbarkeit nicht durch den Auftraggeber genutzt werden können, ist der Auftragnehmer verpflichtet, entweder etwaige beim Auftraggeber vorhan-

---

[27] Palandt/*Grüneberg*, BGB § 242 Rn. 37.

dene Projektwerkzeuge ebenfalls zu verwenden (und ggf. auf eigene Kosten zu beschaffen) oder dem Auftraggeber die bevorzugten Projektwerkzeuge zu verschaffen. Beide Varianten können nicht nur mit Kosten verbunden sein, sie können insbesondere auch zu ersten Verzögerungen im Projektablauf führen, zumal neben der Einrichtung neuer Projektwerkzeuge auch die Einweisung von Mitarbeitern in die Verwendung der Projektwerkzeuge erforderlich sein kann.

II. Regelungen zur Projektsteuerung und -organisation

IT-Projekte erfordern ein hohes Maß an **Koordination und Steuerung**.[28] Ist dieses Maß nicht vorhanden, besteht die Gefahr einer Schieflage oder eines endgültigen Scheiterns des IT-Projekts.[29] Ursachen hierfür sind ebenfalls oftmals unterschiedliche Vorstellung der Vertragspartner von der eigenen Rolle und der Rolle des jeweils anderen Vertragspartners. Daneben müssen über einen langen Zeitraum eine Vielzahl von Leistungen des Auftragnehmers mit dem Auftraggeber umfangreich koordiniert und projektrelevante Detailfragen zwischen den Vertragspartnern (und den dann richtigen bzw. zuständigen Ansprechpartnern) erörtert werden. Schließlich gewährleistet nur eine ordnungsgemäße Projektsteuerung und -organisation, dass die Vertragspartner den jeweils aktuellen Stand der Projektumsetzung kennen und, soweit erforderlich, Maßnahmen ergreifen können, um Missständen entgegenzuwirken. Aus der Zuweisung der Erfolgsverantwortlichkeit an den Auftragnehmer in § 631 Abs. 1 BGB ergibt sich, dass zu seinen werkvertraglichen Pflichten auch die „Projektleitung" zählt.[30] Im Übrigen sind die gesetzlichen Regelungen in den §§ 631 ff. BGB nicht hilfreich, um hierauf eine derartige Projektsteuerung und -organisation fußen zu lassen. Demgemäß sollten IT-Projektverträge ein Minimum an entsprechenden Regelungen aufweisen.

19

Ein wesentliches Element der Projektsteuerung ist der Entwurf und laufende Aktualisierung eines **ordnungsgemäßen Projektplans**.[31] Da es sich bei dem Projektplan um ein wesentliches Werkzeug der Projektleitung handelt, ist nach der herrschenden Meinung der Auftragnehmer für dessen Entwurf und Aktualisierung verantwortlich.[32] Es handelt sich dabei um eine **Hauptleistungspflicht.** Dafür, dass den **Auftragnehmer** diese Pflicht trifft, spricht noch ein weiterer Grund: Der Auftragnehmer kann naturgemäß viel besser als der Auftraggeber beurteilen, welche Leistungen bzw. Leistungsschritte und Mitwirkungsleistungen innerhalb eines komplexen IT-Projekts wann erbracht werden müssen und insbesondere welche technischen und organisatorischen Abhängigkeiten diesbezüglich im Einzelnen bestehen. Gelegentlich versuchen Auftragnehmer sich ihrer Pflichten bezüglich des Projektplans durch entsprechende vertragliche Formulierungen zu entziehen. An dieser Stelle sollte der Auftraggeber wenig Kompromissbereitschaft zeigen und auf eine klare Zuordnung zum Pflichtenkreis des Auftragnehmers bestehen. Dem Auftragnehmer sollte jedoch insoweit entgegengekommen werden, als dass der Auftraggeber ihn bei dem Entwurf des Projektplans unterstützt. Sofern der Projektplan für den Auftraggeber akzeptabel ist, hat dieser ihn zu genehmigen, wodurch er zwischen den Vertragspartnern bindend wird.

20

---

[28] Lehmann/Meents/*Häuser*, Kap. 6 Rn. 88, 96.
[29] Ähnlich Auer-Reinsdorff/Conrad/*Conrad/Witzel*, Teil C § 18 Rn. 7 ff., 21, 163; Redeker/*Schmidt*, 6.1 Rn. 202.
[30] Ähnlich Auer-Reinsdorff/Conrad/*Conrad/Witzel*, Teil C § 18 Rn. 146.
[31] Schneider/v. Westphalen/*Witzel*, Teil H Rn. 75; Zum Inhalt eines Projektplans vgl. Auer-Reinsdorff/Conrad/*Sarre*, Teil A § 1 Rn. 581; Lehmann/Meents/*Häuser*, Kap. 6 Rn. 96.
[32] Lehmann/Meents/*Häuser*, Kap. 6, Rn. 95; Auer-Reinsdorff/Conrad/*Conrad/Schneider*, Teil C § 11 Rn. 64 bis 68; Schneider/v. Westphalen/*Schneider*, Teil C Rn. 330; *Roth*, ITRB 2001, 194, 197; *Intveen*, ITRB 2006, 239, 240; anders, aber ohne jeglichen Versuch einer Erklärung, LG Göttingen, 2.1.2019 – 3 O 77/13 (nv).

21   In komplexen IT-Projekten hat es sich bewährt, mindestens zwei Ausschüsse zur Steuerung des Projekts zu installieren. Bei diesen Ausschüssen handelt es sich zum einen um den **„Projektausschuss"**[33] und zum anderen um den **„Lenkungsausschuss"**[34]. Mitglieder des Projektausschusses sind üblicherweise Vertreter des Auftraggebers und des Auftragnehmers, die laufend und federführend mit der Umsetzung des Projekts betraut sind. Die Aufgabe dieses Ausschusses besteht im Wesentlichen in der Koordination des Projekts auf der Umsetzungsebene.[35] Dementsprechend tritt der Projektausschuss häufig während eines komplexen IT-Projekts zusammen.[36] Der Lenkungsausschuss tagt hingegen deutlich weniger häufig. Seine Mitglieder bestehen regelmäßig aus Mitgliedern des Managements beider Vertragspartner.[37] Zu den Aufgaben dieses Ausschusses gehören neben der Projektüberwachung und -steuerung auch das Herbeiführen solcher Entscheidungen, die sich nachhaltig auf das Projektbudget auswirken (beispielsweise Entscheidungen über Change Requests[38]).[39]

22   Mangels ausdrücklicher gesetzlicher Regelungen, auf die zurückgegriffen werden könnte, gilt es beim Entwurf von vertraglichen Regelungen zum Projektausschuss und zum Lenkungsausschuss eine ganze Reihe an Details zu beachten. Zunächst sollten die Vertragspartner festlegen, in welchen Intervallen der Projektausschuss mindestens zusammenkommen sollte und unter welchen Voraussetzungen der Lenkungsausschuss tagt. Es bietet sich dabei an, den Lenkungsausschuss vor bzw. nach projekterheblichen Terminen (zB Meilensteine, Zwischenabnahmen und Endabnahme) tagen zu lassen und zusätzlich innerhalb einer vertraglich ebenfalls zu spezifizierenden Frist auf den ausdrücklichen Wunsch einer der Vertragspartner hin. Die Vertragspartner sollten sich auch schon vorab auf den **Ort der Ausschusssitzungen** einigen, da abhängig von dem Ort die Teilnahme an den Sitzungen mit Zeit- und Kostenaufwand verbunden sein kann.[40] Aus diesem Grund sollte außerdem ausdrücklich vereinbart werden, ob der Auftragnehmer eine **Vergütung**[41] für die **Teilnahme an den Ausschusssitzungen** erhält oder nicht. Die Erfahrung hat gezeigt, dass Auftragnehmer anderenfalls, und häufig zur bösen Überraschung des Auftraggebers, die Teilnahme an den Ausschusssitzungen gegenüber dem Auftraggeber abrechnen.[42]

23   Die Ausschusssitzungen sollten zudem protokolliert werden. Demgemäß sollten die Vertragspartner vereinbaren, wer von ihnen für die Erstellung der **Protokolle** verantwortlich ist und wie der Ablauf für die Genehmigung dieser Protokolle ausgestaltet werden soll. Die rechtliche Bindungswirkung von genehmigten Protokollen hängt insbesondere davon ab, ob der IT-Projektvertrag bestimmte Anforderungen an Vertragsänderungen bzw. zusätzlichen Vereinbarungen enthält und inwieweit die Vertreter der Vertragspartner in den Ausschüssen über ausreichend Vertretungsmacht für Vertragsänderungen bzw. zusätzliche

---

[33] Wird auch als „Projektteam" bezeichnet, so zB in Lehmann/Meents/*Häuser*, Kap. 6 Rn. 82 ff.
[34] Wird auch als „Projektlenkungsausschuss" bezeichnet, so zB in Lehmann/Meents/*Häuser*, Kap. 6 Rn. 82, 86 ff.
[35] Vgl. dazu im Einzelnen Intveen/Gennen/Karger/*Klingbeil/Kohm*, § 20 Teil C Rn. 72; Lehmann/Meents/*Häuser*, Kap. 6 Rn. 83 bis 85; Redeker/*Schmidt*, 6.1 Rn. 203.
[36] Wöchentliche Ausschusssitzungen kommen, insbesondere am Anfang eines komplexen IT-Projekts, in der Praxis regelmäßig vor.
[37] *Witzel*, CR 2018, 345, 349.
[38] *Hoene*, ITRB 2002, 276, 277; *Karger*, ITRB 2009, 18, 20.
[39] Zu weiteren Einzelheiten zum Lenkungsausschuss, siehe *Hoene*, ITRB 2002, 276; Lehmann/Meents/*Häuser*, Kap. 6 Rn. 86 bis 87; Redeker/*Schmidt*, 6.1 Rn. 203 f.
[40] Projektausschusssitzungen werden mittlerweile häufig über Videokonferenzen, Skype, WebEx oder ähnlichen Diensten durchgeführt, wenn es bei beiden Vertragspartnern keinen Bedarf für ein persönliches Treffen gibt.
[41] Auch über die Kostentragungspflicht für Reisen, Übernachtungen und Spesen sollte eine ausdrückliche Einigung gefunden werden.
[42] Hierzu dürfte der Auftragnehmer ohne anderweitige Vereinbarung zumindest in Bezug auf eine Teilnahme an den Projektausschusssitzungen bei einer Abrechnung auf Stundenbasis berechtigt sein.

Vereinbarungen verfügen[43]. Im Interesse einer geordneten und rechtssicheren Projektdurchführung ist ratsam, in dem IT-Projektvertrag Regelungen aufzunehmen, die die rechtliche Bindungswirkung der Protokolle und die Voraussetzung hierfür adressiert.

Gerade bei internationalen IT-Projekten bietet es sich schließlich an, die **Projektsprache** von vornherein in den vertraglichen Regelungen festzuschreiben. Die gewählte Projektsprache sollte sich nicht nur für die Kommunikation der Vertragspartner während der eigentlichen Projektarbeit gelten, sondern auch für jede andere Kommunikation der Vertragspartner miteinander, also zB für anzufertigende Protokolle, Change Requests sowie Willenserklärungen. 24

D. Mitarbeiter

Oftmals steht und fällt ein Projekt mit den beiderseits zur Projektdurchführung betrauten Mitarbeitern; ein etwaiges Ausscheiden eines leitenden oder für das Projekt anderweitig wichtigen Mitarbeiters kann zu erheblich gesteigertem Zeit- und Kostenaufwand und im schlimmsten Fall zum Scheitern des Projekts führen. In diesem Zusammenhang sollten ebenfalls gewisse Anforderungen hinsichtlich der Mitarbeiter der Parteien (feste Anzahl, erforderliche Qualifikation usw.) festgelegt werden.[44] Darüber hinaus sollte eine Regelung über den Austausch von Mitarbeitern getroffen werden; beim Ausscheiden von „Schlüsselmitarbeitern" sollte gegebenenfalls sogar ein Sonderkündigungsrecht berücksichtigt werden. 25

Ein besonderes Augenmerk sollte auf die Vermeidung einer verdeckten Arbeitnehmerüberlassung gerichtet sein, da in diesem Fall empfindliche Rechtsfolgen drohen.[45] Nach § 1 Abs. 1 S. 2 AÜG werden Arbeitnehmer „zur Arbeitsleistung überlassen, wenn sie in die Arbeitsorganisation des Entleihers eingegliedert sind und seinen Weisungen unterliegen". Auf vertraglicher Ebene wird empfohlen, zwischen Auftragnehmer und Auftraggeber ausdrücklich zu vereinbaren, dass Arbeitnehmerüberlassung nicht beabsichtigt ist.[46] Mit dieser vertraglichen Regelung allein ist jedoch noch keine (verdeckte) Arbeitnehmerüberlassung ausgeschlossen. § 12 Abs. 1 S. 2 AÜG bestimmt, dass für das Vorhandensein einer Arbeitnehmerüberlassung nicht die rechtliche Einordung des Vertrages, auf dessen Grundlage die Leistungen durchgeführt werden, maßgeblich ist, sondern dessen tatsächliche Durchführung.[47] 26

E. Change Requests

Nur selten wird ein linear konzipiertes IT-Projekt so umgesetzt, wie es ursprünglich im Pflichtenheft vorgesehen war. So können sich zB die ursprünglichen Vorstellungen des 27

---

[43] Bräutigam/*Bräutigam*, Teil 13 Rn. 122 f., 132; Redeker/*Schmidt*, 6.1. Rn. 203 fordert eine uneingeschränkte Entscheidungsbefugnis der Mitglieder des Lenkungsausschusses als Voraussetzung für dessen Handlungsfähigkeit; zur Verbindlichkeit und Beweiswirkung von Projektprotokollen Redeker/*Schmidt*, 6.1. Rn. 205 und Bräutigam/*Bräutigam*, Teil 13 Rn. 122 f. sowie Lehmann/Meents/*Häuser*, Kap. 6 Rn. 90; mit einem Regelungsvorschlag der Zuständigkeit des Lenkungsausschusses für Vertragsanpassungen Redeker/*Bräutigam/Thalhofer*, 6.3 Rn. 13 § 7.
[44] *Hengstler*, ITRB 2012, 113, 115.
[45] Möglich sind ordnungswidrigkeitsrechtliche und möglicherweise sogar strafrechtliche Sanktionen (§§ 15 ff. AÜG), Unwirksamkeit des Arbeitsverhältnisses zwischen Auftragnehmer und seinem Mitarbeiter sowie Fiktion eines Arbeitsverhältnisses mit dem Auftraggeber, zusätzlich zu sozialversicherungs- und steuerrechtlichen Folgen (§ 28 e Abs. 2 SGB IV, §§ 19 Abs. 1, 42 d Abs. 6–8 EStG); *Willemsen/Mehrens*, NZA 2019, 1473.
[46] *Henssler*, RdA 2017, 83, 91.
[47] *Willemsen/Mehrens*, NZA 2019, 1473, 1474.

Auftraggebers als nicht realisierbar erweisen, das IT-Projekt soll auf andere Unternehmensteile des Auftraggebers erweitert werden oder die Parteien entdecken neue und kostengünstigere Lösungsmöglichkeiten. Der Auftraggeber wird dann die Anpassung des IT-Projekts an diese neuen Umstände verlangen; man spricht hier von sog. **Change Requests.**

28 Ein solcher Change Request muss von der Geltendmachung eines **Mangels** unterschieden werden. Diese **Unterscheidung** ist wichtig, denn zur Mängelbeseitigung ist der Hersteller verpflichtet, zur Erfüllung von Change Requests hingegen nicht. Die Mängelbeseitigung hat der Hersteller grds. kostenlos zu erbringen, für die Erfüllung von Change Requests kann er hingegen gemäß § 632 BGB eine zusätzliche Vergütung verlangen. Von einem Change Request ist immer dann auszugehen, wenn der Hersteller seine Leistungen nach dem Pflichtenheft zwar vereinbarungsgemäß erbringt, der Auftraggeber hiervon aber dennoch abweichen möchte und eine vertraglich noch nicht vorgesehene Leistung fordert.[48] Im Einzelfall, insbesondere dann, wenn das Pflichtenheft nicht existiert oder nur grobe Vorgaben enthält, kann die Abgrenzung sehr schwierig sein.

29 **Beispiel:**
Der Auftraggeber hat beim Hersteller eine Datenbanksoftware zur Verwaltung von Kundenkontakten in Auftrag gegeben und seine Wünsche in einem Pflichtenheft festgehalten. Bei einem Testlauf stellt der Auftraggeber fest, dass das Feld zur Eingabe der Adresse nur maximal zehn Zeichen erlaubt. Außerdem möchte der Auftraggeber ein zusätzliches Eingabefeld für kurze Notizen in die Datenbank integriert haben. Die Erweiterung des Adressfeldes ist Mängelbeseitigung, denn ein Adressfeld mit einer Kapazität von lediglich 10 Zeichen ist offensichtlich nicht für die gewöhnliche Verwendung geeignet. Die Integration eines zusätzlichen Eingabefeldes ist hingegen ein **Change Request**, denn dieses war ursprünglich nicht vorgesehen.

30 Change Requests können zu einer **erheblichen Verteuerung** eines IT-Projekts führen.[49] Oftmals besteht dann Streit zwischen Auftraggeber und Auftragnehmer, ob und inwieweit Change Requests überhaupt beauftragt wurden. Im Rahmen der Projektdurchführung kann es schnell passieren, dass der Auftragnehmer der Meinung ist, ein bestimmter Change Requests sei mündlich beauftragt worden, während der Auftraggeber nicht von einer mündlichen Beauftragung, sondern von einem unverbindlichen Gespräch ausgegangen ist.

31 Um Auseinandersetzungen über die Beauftragung von Change Requests vorzubeugen, sollte ein IT-Projektvertrag in jedem Fall genau regeln, dass Change Requests nur in **Textform** und unter Verwendung eines entsprechend vereinbarten **Change Request Formulars** beauftragt werden können. Des Weiteren sollte in dem IT-Projektvertrag festgehalten werden, welche Personen für den Auftraggeber und für den Auftragnehmer überhaupt berechtigt sind, Change Requests zu vereinbaren. Üblicherweise handelt es sich dabei immer auch um die Mitglieder des Lenkungsausschusses. Die Ausarbeitung bzw. Vorbereitung von Change Requests kann für den Auftragnehmer sehr aufwendig sein. Der Aufwand ist ohne gesonderte Regelung gemäß § 632 Abs. 3 BGB nicht durch den Auftraggeber zu vergüten, auch wenn die Durchführung des Change Requests nicht vereinbart wird. Dieser Umstand führt regelmäßig zu Frustrationen auf Seiten des Auftragnehmers. Ein guter Kompromiss zwischen den Interessen des Auftraggebers und des Auftragnehmers besteht darin, den Auftragnehmer zumindest dann für die Ausarbeitung bzw. Vorbereitung eines Change Requests zu **vergüten,** wenn die dafür vom Auftragnehmer aufgewendete Zeit ein vertraglich festgeschriebenes Mindestmaß übersteigt und der Change Requests anschließend nicht zwischen den Vertragsparteien vereinbart wird.

---

[48] Intveen/Gennen/Karger/*Jentzsch/Kremer,* § 2 Teil B Rn. 18.
[49] Gerüchteweise soll es auch unseriöse Auftragnehmer geben, die sich bewusst mit (zu) niedrigen Preisen um ein IT-Projekt bewerben, um dann später über die Durchführung von vielen Change Requests eine ansehnliche Gewinnmarge zu erzielen.

F. Rechtemanagement

Je umfangreicher ein IT-Projekt ist, desto wichtiger wird ein **sorgfältiges Rechtemanagement** der verschiedenen in das Projekt einfließenden Nutzungs- und Verwertungsrechte. Der Auftraggeber stellt zum Beispiel eigenes Material als Grundlage für das IT-Projekt zur Verfügung. Der Auftragnehmer kauft Standardsoftware von Dritten ein und verändert diese entsprechend den Wünschen des Auftraggebers. Außerdem beauftragt er einen externen Programmierer mit der Entwicklung einer individuellen Lösung für ein konkretes Problem. Der Programmierer wiederum greift auf Open Source Software zurück und verändert diese wunschgemäß. Im Rahmen des Rechtemanagements muss sichergestellt werden, dass für all diese Einzelleistungen die für das IT-Projekt erforderlichen Nutzungs- und Verwertungsrechte erfolgreich eingeholt werden können. Hier können schon kleine Fehler projektgefährdende Auswirkungen haben.[50] Daher sollte schon frühzeitig ein aktives Rechtemanagement betrieben werden, in dem alle für das IT-Projekt erforderlichen Nutzungsrechte erfasst und deren Einholung dokumentiert wird. In einigen Fällen bietet es sich an, den Auftragnehmer dahingehend zu verpflichten, auf solche Open-Source-Komponenten zu verzichten, die einen sog. Copyleft-Effekt auslösen, da ein Verstoß gegen Lizenzen, mit einem solchen Effekt je nach Lizenzregelung den Wegfall des Nutzungsrechts zulasten des Auftraggebers bedeuten können.[51] Bei der Einschaltung eines Subunternehmers sollten dem Auftragnehmer durch den Subunternehmervertrag die Rechte zugestanden werden, die dieser zur Vertragserfüllung gegenüber dem Auftraggeber sowie für Weiterentwicklung und Pflege der vom Subunternehmer erstellten Lösungen benötigt.[52]

G. Abnahme

Gemäß § 640 Abs. 1 S. 2 BGB kann die Abnahme wegen unwesentlicher Mängel nicht verweigert werden. Der Begriff des unwesentlichen Mangels ist für IT-Projekte nur bedingt geeignet. Verträge bei größeren Softwareprojekten enthalten daher regelmäßig **konkrete Regelungen über das Abnahmeverfahren,** um die gesetzlichen Regelungen auszufüllen. Dies hat gerade im Hinblick auf die durch § 651 BGB bedingten Unsicherheiten zur Anwendung des Kauf- bzw. Werkvertragsrechts auf Individualsoftware den Vorteil, dass durch die Vereinbarung konkreter die Abnahme (nicht) verhindernde Umstände Rechts- und Beweissicherheit geschaffen und der Streit um die Erheblichkeit eines Mangels ein Stück weit entschärft wird.[53]

> **Praxistipp:**
> Vertraglich sollte geregelt werden, dass beide Parteien an der Abnahme beteiligt sind. So können evtl. aufgetretene Fehler effektiver identifiziert und beseitigt werden. Des Weiteren sollte der Vertrag die Erstellung eines gemeinsamen Abnahmeprotokolls zur

---

[50] Vgl. nur OLG *Düsseldorf,* MMR 2009, 215 (der Vertrieb eines Computerspiels musste eingestellt werden, da einer der Miturheber seine Nutzungsrechte an einem von ihm entwickelten Teil der Software nicht wirksam auf den Hersteller übertragen hatte) und OLG *Hamm,* GRUR-RR 2008, 154 (Einstellung des Vertriebs einer Hotelsoftware ohne Copyrightvermerk, da der Programmierer der Software dem Vertreiber zwar „umfassende und ausschließliche" Nutzungsrechte eingeräumt hatte, hiervon aber nicht sein Urheberbenennungsrecht gemäß § 13 UrhG erfasst war).
[51] *Kühn/Ehlenz,* CR 2018, 139, 148; zur Umsetzung der GNU General Public License Anforderungen *Jaeger,* CR 2019, 765, 766 ff.
[52] *Witzel,* CR 2018, 345, 349.
[53] Zur Gestaltung von Abnahme- und Testverfahren bei IT-Projekten *Witzel,* ITRB 2008, 160; Schneider/*Schneider,* Teil Q Rn. 425; Intveen/Gennen/Karger/*Schmidt/Bierekoven,* § 18 Teil G Rn. 42 ff.; ferner *Müller-Hengstenberg/Kirn,* CR 2008, 755, 761 ff.; mit einem Gestaltungsvorschlag Schneider/v. Westphalen/*Witzel,* Teil G Rn. 337.

Beweisgewinnung vorsehen. Schließlich ist auch eine detaillierte Festlegung des Abnahmeverfahrens, insbesondere der Abnahmekriterien, ratsam. Der Auftraggeber sollte die ihm wichtigen Zielvorgaben möglichst genau definieren, so dass diese als Mindestvorgaben an die Funktionsfähigkeit der Software bei der Abnahme herangezogen werden können. Hierdurch lässt sich auch Streit darüber vermeiden, ob ein bestimmter Fehler wesentlich oder unwesentlich ist und zur Verweigerung der Abnahme berechtigt (vgl. § 640 Abs. 1 S. 2 BGB). Nicht zu empfehlen ist es dagegen, wenn in den Verträgen lediglich auf ein geplantes Abnahmeverfahren verwiesen wird, jedoch ohne weitere Spezifizierungen.

35 Sofern für die Projektdurchführung Meilensteine vereinbart wurden, sollte der Auftraggeber durch entsprechende Formulierungen sicherstellen, dass das Erreichen dieser Meilensteine keine Teilabnahme des Werks darstellt, sondern lediglich eine „technische Freigabe".[54] Dies gilt insbesondere, wenn das Erreichen der Meilensteine, wie so häufig, mit Teilzahlungspflichten des Auftraggebers verbunden ist.

H. Exit-Management

36 Bei langfristig angelegten IT-Projekten ist auch ein Exit-Management zu empfehlen, welches Vorkehrungen für die vorzeitige sowie die planmäßige Beendigung des IT-Projektes trifft. Hinsichtlich der **vorzeitigen Beendigung** des IT-Projekts (zB wegen Verzuges) sollten vor allem folgende Fragen geklärt werden: Wem stehen die bisher gewonnenen Arbeitsergebnisse zu? Inwiefern ist hierfür eine Vergütung zu zahlen? Häufig wird dem Auftragnehmer daran gelegen sein, das IT-Projekt dann mit einem neuen Vertragspartner zu beenden. Dieser sollte idealerweise nahtlos an die bisherigen Arbeiten anknüpfen können. Hierfür erforderlich ist, dass der Auftraggeber über alle relevanten Projektunterlagen verfügt und die bisherigen Entwicklungsschritte in nachvollziehbarer Form dokumentiert sind. Nach der **planmäßigen Beendigung** des IT-Projektes ist dem Auftraggeber vor allem daran gelegen, durch Pflegeleistungen den Wert seiner IT zu erhalten. Hier besteht ein gewisses Abhängigkeitsrisiko, da sich der Auftragnehmer naturgemäß am besten mit dem IT-Projekt auskennt und daher auch als Vertragspartner einer Pflegevereinbarung in Betracht kommt.

37 Praxistipp:
Es sollte während der Projektentwicklung darauf geachtet werden, dass das gesamte Projekt sorgfältig dokumentiert wird und dem Auftraggeber bei Abschluss des Projektes alle für die weitere Wartung und Pflege relevanten Unterlagen ausgehändigt werden. Dies betrifft insbesondere auch den Quellcode. Dies gilt vor allem auch für agile IT-Projekte, in deren Rahmen oftmals auf eine Dokumentation verzichtet werden soll. Eine entsprechende Verpflichtung zur Dokumentation des IT Projekts und Aushändigung der entsprechenden Unterlagen sollte demnach ausdrücklich vertraglich geregelt werden.

---

[54] Zu den Wirkungen einer Teilabnahme BeckOK BGB/*Voit,* § 640 BGB Rn. 19; zum Erfordernis einer rahmenvertraglichen Regelung bzgl. der Wirkung von Teilabnahmen Bräutigam/*Bräutigam,* Teil 13 Rn. 27 bis 29; zur Freigabe bei agilen Projekten *Schneider,* ITRB 2019, 213, 216.

I. Rahmenvertrag

Bei größeren IT-Projekten wird ein Rahmenvertrag abgeschlossen. Dieser enthält allgemeine Regelungen als **Grundlage für die Zusammenarbeit**. Darunter abzuschließende Einzelverträge regeln dagegen einzelne Aspekte des IT-Projekts, wie zum Beispiel die Implementierung einer Software, deren Wartung sowie Regelungen zu deren Support. Einer der **wesentlichen Vorteile** eines Rahmenvertrags ist es, dass die unterschiedlichen Regime, die für die Einzelleistungen gelten[55], dezidierter und strukturierter in den Einzelverträgen vereinbart werden können als es in einem einzigen Dokument der Fall wäre. Zudem steht bei Projektbeginn häufig der Umfang der Einzelleistungen noch nicht genau fest. Ist der Umfang im Laufe des Projekts klar, lassen sich die entsprechenden Einzelleistungen leicht vereinbaren[56]. 38

Aufgrund der Vielzahl an Vertragsgrundlagen bei Verwendung eines Rahmenvertrags sollten die Parteien unbedingt eine **Vertragshierarchie** zwischen Rahmen- und den Einzelverträgen festlegen. Wichtig ist auch zu bestimmen, ob der Rücktritt bzw. die Kündigung von einem Einzelvertrag auch zu einem Rücktritts- bzw. Kündigungsrecht in Bezug auf den Rahmenvertrag (und umgekehrt) und ggf. auch in Bezug auf andere Einzelverträge führen soll. Anderenfalls droht im Falle einer Auseinandersetzung für beide Vertragspartner mit Blick auf eine mögliche wirtschaftliche Einheit der Vertragswerke einige Rechtsunsicherheit[57]. 39

Der Rahmenvertrag sollte zumindest eine **Beschreibung des Projektziels** sowie gewisse technische und fachliche Vorgaben diesbezüglich beinhalten. Daneben sollte er neben Regelungen für den Entscheidungsfindungsprozess im Vorfeld der Einzelverträge, inklusive Kündigungsmöglichkeiten im Falle von Meinungsverschiedenheiten, auch den endgültigen **Fertigstellungstermin** für das IT-Projekt enthalten. Dieser sollte an eine **Gesamtabnahme des IT-Projekts** anknüpfen, bei der auch die unter den Einzelverträgen erbrachten Leistungen einer Abnahmeprüfung unterliegen.[58] Dies gilt freilich nur, soweit diese Einzelleistungen überhaupt abnahmefähig sind[59]. 40

Enthält der Rahmenvertrag Vergütungsregelungen sollten Zahlungspflichten des Auftraggebers bei einer Vergütung nach „Time and Material" von einer Vorlage einer Rechnung im Sinne von § 14 IV UStG sowie einer Beifügung sämtlicher Leistungsnachweise und ausgeführten Tätigkeiten abhängig sein.[60] 41

> **Praxistipp:** 42
> Eine Vergütung nach angefallenem Zeit- und Materialaufwand („Time and Material"-Basis) sollte aus Auftraggebersicht unbedingt vermieden werden. Vorzugswürdig ist die Vereinbarung von Höchstbeträgen, sofern sich die Parteien auf keinen Festpreis einigen können.

---

[55] Vgl. → Teil 2.2 Rn. 4 ff.
[56] Change Requests bieten sich demgegenüber für einen derartigen Fall weniger an, da mit diesen üblicherweise keine umfangreichen Regelungen vereinbart werden. Change Requests sind daher nur geeignet, wenn nach Vertragsschluss eine unerwartete Änderung eines vereinbarten Leistungsumfangs notwendig wird.
[57] Die Rechtsprechung tendiert dazu, eine wirtschaftliche Einheit von Verträgen, die für dasselbe IT-Projekt vereinbart wurden, anzunehmen. Vgl. dazu *BGH,* NJW 1988, 406 ff.; NJW 1990, 3011 ff.; NJW 1996, 1745 ff.; *OLG München,* CR 1985, 138, 139; *LG Bonn,* CR 2004, 414 ff.; allgemein zu den Anforderungen und Rechtsfolgen einer wirtschaftlichen Einheit *BGH,* NJW-RR 2007, 395, 396 mwN.
[58] So auch Auer-Reinsdorff/Conrad/*Conrad/Witzel,* Teil C § 18 Rn. 245; ebenso bei IT-Projekten nach der SCRUM-Methode *Schneider,* ITRB 2010, 18, 21; *Kremer,* ITRB 2010, 283, 288; *Sarre,* CR 2018, 198, 207.
[59] Die oftmals in einem Einzelvertrag unter einem Rahmenvertrag vereinbarten langfristigen Support- und Wartungsleistungen sind daher beispielsweise nicht Gegenstand einer Gesamtabnahme.
[60] *Kühn/Ehlenz,* CR 2018, 139, 149.

J. Besonderheiten bei agilen Methoden

42 Bei der Erstellung von Verträgen für IT-Projekte, die unter Einsatz agiler Methoden erstellt werden sollen, sind die Besonderheiten dieses Softwareentwicklungsmodells – vorliegend am Beispiel der SCRUM-Methode dargestellt – zu berücksichtigen.[61] So muss trotz oder gerade aufgrund der flexiblen Ausgestaltung des Projekts und der nicht mehr ganz trennscharfen Teilung in Planungs- und Realisierungsphase besonderes Augenmerk darauf gelegt werden, dass es dennoch grundsätzlich bei der **klassischen Rollenverteilung** bleibt: Dem Auftraggeber steht die Konzeptionshoheit bei der Planung zu, während die Programmierungsleistungen allein dem Auftragnehmer obliegen.[62] Diese **Verteilung der Verantwortungsbereiche** gilt es im Rahmen der Vertragsgestaltung – auch beim Einsatz agiler Projektstrukturen – aufrechtzuerhalten.

43 Ein einheitliches Vertragskonstrukt kann nicht sämtliche Facetten und Nuancen der agilen Programmierungsmethoden auffangen und rechtssicher regeln. Dennoch soll vorliegend dargestellt werden, welche Regelungskomplexe im Rahmen der Vertragsgestaltung berücksichtigt und zwischen den Parteien vereinbart werden sollten. Nachstehend erfolgt der Vorschlag eines Vertragskonstrukts, welches aus (I.) einem (meist) dienstvertraglich ausgestalteten Rahmenvertrag und (II.) einzelnen darunter fallenden werkvertraglichen Teilprojektverträgen, in denen die jeweiligen zu erstellenden Einzelteile des IT-Projekts (User Stories) umgesetzt werden, besteht.[63]

I. Rahmenvertrag

44 Wie auch bei einer herkömmlichen Projektmethode, bildet der Rahmenvertrag im agilen Vorgehen die **Grundlage für die Zusammenarbeit.** Es gelten insofern die entsprechenden Ausführungen hierzu entsprechend[64].

45 Ergänzend dazu sollte der Auftraggeber **Mindestanforderungen an das Projektergebnis** und kritische Funktionalitäten, welche vorliegen müssen, formulieren.[65] Darüber hinaus sollte festgelegt werden, wie viele **Entwicklungszyklen bis zur finalen Realisierung des Projekts** erwartet werden sowie eine Einschätzung hinsichtlich des erwarteten Zeit- und Kostenaufwands. Letztlich sollten bzgl. des Zeit- und Kostenaufwands Maximalgrenzen vertraglich festgeschrieben sowie Regelungen getroffen werden für den Fall, dass diese über- oder unterschritten werden.

46 Außerdem sollten die Vertragspartner sich in einem Rahmenvertrag bei agilen Projekten auf ein **Verfahren zur Durchführung der einzelnen Entwicklungszyklen**[66] im **Rahmen der Teilprojektverträge** einigen. Hierzu gehören insbesondere Vereinbarungen hinsichtlich der (Teil-) Abnahmemodalitäten der Arbeitsergebnisse der einzelnen Zyklen. Eine Vorlage für einen Teilprojektvertrag sollte zudem als Anhang in den Rahmenvertrag aufgenommen werden.

47 Agile Projektmethoden zeichnen sich in aller Regel durch einen Verzicht auf eine Dokumentation sowie ein Pflichtenheft aus. Jedoch ist **von einer vollständigen Befreiung des Auftragnehmers von der Dokumentationspflicht abzuraten.** So ist auch bei agilen IT-Projekten eine Entwicklungs- bzw. Projektdokumentation im Hinblick auf getroffene Entscheidungen, beteiligte Personen, Festlegung von Zielen und Anforderungen sowie von Verantwortungs- und Kompetenzbereichen, als auch getätigte Weisungen aus

---

[61] Vgl. → Teil 2.3.1 Rn. 42 ff. (Vorgehensmodelle und IT-Projektmanagement).
[62] *Witte,* ITRB 2010, 44, 45; *Kremer,* ITRB 2010, 283, 286; *LG Wiesbaden,* 30.11.2016 – 11 O 10/15 Rn. 22; zum Urteil des LG Wiesbaden auch *Schneider,* ITRB 2017, 36.
[63] *Frank,* CR 2011, 138, 141 f., *Bortz,* MMR 2018, 287, 288; *Hoeren/Pinelli,* MMR 2018, 199, 200.
[64] → Rn. 38 ff.
[65] Vgl. auch *Fuchs/Meierhöfer/Morsbach/Pahlow,* MMR 2012, 427, 429.
[66] Bei einem Vorgehen nach der SCRUM-Methode wären dies die sog. Sprints.

Beweisgründen unerlässlich. Weiterhin sollte die stetig aktualisierte und konturierte Leistungsbeschreibung dokumentiert werden, um später als Abnahmereferenz dienen zu können.[67] Im Allgemeinen sollte ein etwaiger Verzicht auf eine Dokumentation in jedem Fall vertraglich festgehalten werden. Darüber hinaus sollte dessen **Umfang** präzisiert werden, demnach ob beispielsweise eine Benutzerdokumentation, Quellcodedokumentation oder Projektdokumentation nicht geschuldet ist.[68] Ferner kann ein **Dokumentationsersatz in Form einer Online-Hilfe, eines Aktivitäten- und Fristenplans, von Tätigkeitsberichten usw.** vereinbart werden.[69]

> **Praxistipp:** 48
> Aufgrund der starken Involvierung des Auftraggebers sollte dieser sich darüber bewusst sein, dass ein agiles IT-Projekt auch für ihn sehr zeit- und arbeitsintensiv ist sowie fundiertes IT-Know-how bei ihm bzw. seinen Mitarbeitern voraussetzt. Gerade IT-unerfahrene Auftraggeber können somit schnell überfordert sein. Vor diesem Hintergrund sollten im Vorfeld die Vor- und Nachteile von agiler im Vergleich zur klassischen Projektausrichtung genau abgewogen werden.[70]

II. Teilprojektvertrag

In den Teilprojektverträgen wird die Durchführung der einzelnen Entwicklungszyklen geregelt. Auf Grundlage der vom Auftraggeber formulierten User Stories und den gemeinsam mit dem Entwickler verabschiedeten Planungsergebnissen vor Beginn eines jeden Entwicklungszyklus sollte jeder Einzelvertrag eine präzise Definition des konkret verfolgten Ziels sowie eine Festlegung des Zeit- und Kostenaufwands enthalten.[71] Der Auftragnehmer ist dann verantwortlich für das Erreichen des gemeinsam festgelegten Erfolgs und trägt das Risiko eines etwaigen Ausbleibens oder Mangels. 49

> **Praxistipp:** 50
> Im Rahmenvertrag sollte festgelegt werden, anhand welcher Leitlinie die Abnahmen zu erfolgen haben. So sollte im Rahmen der finalen Gesamtabnahme auf die zuletzt aktualisierte Leistungsbeschreibung zurückgegriffen werden.[72] Für die Teilabnahmen im Rahmen der Teilprojektverträge sollte auf die jeweiligen vom Auftraggeber formulierten User Stories und die gemeinsam mit dem Entwickler verabschiedeten Planungsergebnisse verwiesen werden.

---

[67] So auch *Kremer*, ITRB 2010, 283, 286; Auer-Reinsdorff/Conrad/*Conrad/Schneider*, Teil C § 11 Rn. 173.
[68] Vgl. auch *Koch*, ITRB 2010, 114, 117.
[69] *Schneider*, ITRB 2010, 18, 20; *Kremer*, ITRB 2010, 283, 286.
[70] So auch Hengstler, ITRB 2012, 113, 116; Auer-Reinsdorff/Conrad/*Conrad/Schneider*, Teil C § 11 Rn. 157.
[71] *Kühn/Ehlenz*, CR 2018, 139, 144.
[72] → Rn. 38 ff.

Teil 2.4 Softwarelizenzierung
Teil 2.4.1 Software-Vertriebs- und Lizenzmodelle

Übersicht

	Rn.
A. Einleitung	1
B. Software-Vertriebsmodelle	4
I. Das Distributor Modell (2-Tier Modell)	4
II. Das Value Added Reseller Modell	5
III. Software (ver)kaufen oder (ver)mieten?	6
1. Kaufsoftware	7
2. Softwaremiete, SaaS/ASP	9
C. Software-Lizenzmodelle	15
I. Named User Lizenz (oder „Authorized" User)	21
II. Named User Plus (Oracle)	22
III. Concurrent User oder „Floating" Lizenz	24
IV. Prozessorbasierte Lizenz (zB Oracle)	27
V. Pay per Use (oder Pay As You Go)	29
VI. PVU-Lizenz (IBM)	30
VII. RVU-Lizenz (IBM)	32
VIII. Full-Capacity/Sub-Capacity	33
IX. Server/CALs – Client Access Licenses (Microsoft)	39
D. Ausblick	42

Literatur:
Marly, Praxishandbuch Softwarerecht, 7. Aufl. 2018; *Pohle/Ammann*, Über den Wolken … – Chancen und Risiken des Cloud Computing, CR 2009, 273; *Probst*, Der Lizenzvertrag: Grundlagen und Einzelfragen, in: Jusletter 2.9.2013; *Redeker*, IT-Recht, 5. Aufl. 2012; *Gennen/Laue* in Redeker (Hrsg.), Handbuch der IT-Verträge; *Schneider*, Handbuch des EDV-Rechts, 5. Aufl. 2016; *Gräfin von Westerholt/Berger*, Der Application Service Provider und das neue Schuldrecht, CR 2002, 8.

A. Einleitung

1 Grundsätzlich ist Software ein Produkt wie jedes andere. Der Hersteller muss nach der Entwicklung dafür sorgen, dass durch den Vertrieb eine erfolgreiche Vermarktung der Anwendungen stattfindet. Dabei müssen aus ökonomischer Perspektive nicht nur die Kosten der Entwicklung wieder eingebracht, sondern nach Möglichkeit auch Gewinne erwirtschaftet werden. Nur dann besteht langfristig ein Anreiz für die weitere Tätigkeit und das Überleben des Software-Herstellers. Ein erfolgreicher Vertrieb ist damit nicht nur notwendig, sondern unabdingbar. Mit den theoretischen Konzepten der Vermarktung von Softwareprodukten beschäftigt sich der Softwarevertrieb. Grundsätzlich ist dabei der Begriff des Vertriebs umfassender, da dieser nicht nur den physischen Distributionsprozess meint, sondern auch alle begleitenden administrativen und organisatorischen Umstände der Verteilung der Software umfasst.

2 Welcher Vertriebsweg gewählt wird, hängt grundsätzlich vom Produkt bzw. dessen Eigenschaften ab. Ohne die Besonderheiten von Software zu berücksichtigen, ist zwischen direktem und indirektem Vertrieb zu unterscheiden:
- *Direkt:* Hier erfolgt der Verkauf des Produkts durch den Hersteller an den Endabnehmer ohne Zwischenschaltung anderer Handelsstufen. Ob es sich dabei um ein Unternehmen oder eine Privatperson handelt, spielt keine Rolle.
- *Indirekt:* Groß- und Einzelhandel spielen die Rolle eines Vertriebsmittlers.

Die wichtigsten indirekten Modelle sind das Distributor-Modell und das Value Added Reseller Modell:

B. Software-Vertriebsmodelle

I. Das Distributor Modell (2-Tier Modell)[1]

Ein Distributor erhält Software direkt von einem Softwareanbieter und verkauft diese Software an autorisierte Wiederverkäufer.[2] Die Beziehung zu autorisierten Wiederverkäufern wird vom Distributor abgewickelt. Der Mehrwert für den Wiederverkäufer als Kunden des Distributors besteht darin, dass letzterer den Vertriebsservice für Wiederverkäufer bereitstellt und er große Margen für die Wiederverkäufer bietet und Wiederverkäufer beim Verkauf der Lösungen unterstützt. Die Kundenbeziehung erfolgt direkt zu den Wiederverkäufern. Kundensegmente können in diesem generischen Distributor-Geschäftsmodell nicht ermittelt werden. Einnahmequellen sind Lizenz-, Support- und Wartungskosten, die von den Wiederverkäufern an den Distributor und von diesem an den Hersteller fließen. Dieses Modell bringt als Vorteil für den Hersteller eine signifikante Entlastung seiner Sales-Mannschaft, da sowohl der Distributor als auch der Wiederverkäufer wesentliche Pre-Sales als auch Post-Sales Funktionen übernehmen.

II. Das Value Added Reseller Modell

Ein Value-added Reseller (VAR) ist ein Unternehmen, das Zusatzfunktionen oder Dienstleistungen zu einer bestehenden (Standard-)Software hinzufügt und sie dann als integriertes Produkt oder als komplette „schlüsselfertige" Lösung weiterverkauft. Der Mehrwert kann aus professionellen Dienstleistungen wie Integration, Customizing, Beratung, Training und Implementierung resultieren oder durch die Entwicklung einer spezifischen Anwendung für das auf die Bedürfnisse des Kunden zugeschnittene Produkt erzielt werden, das dann als neues Paket weiterverkauft wird. VARs integrieren oft auch Plattform-Software in ihre eigenen Software-Produktpakete.

III. Software (ver)kaufen oder (ver)mieten?

Neben den verschiedenen Vertriebskanälen ist auch die Art des (zivilrechtlichen) Rechtsgeschäftes, das der Lizenzierung zugrunde liegt von besonderer Relevanz, hängt davon doch letztlich ab, welche urheberrechtlichen Verwertungsrechte damit verbunden sind und welche zeitliche Dimension diese haben.

1. Kaufsoftware

Die „ursprünglichste" Form der Softwarelizenzierung ist der Kauf von Softwareprodukten. Die Software wird samt einfachen Nutzungsrechten (in Österreich sog. Werknutzungsbe-

---

[1] Zu kartellrechtlichen Aspekten vgl. *Frank,* Die neue Gruppenfreistellungsverordnung für Technologietransfer-Vereinbarungen und ihre Relevanz für Informationstechnologie, CR 2014, 349 ff.; *Polley,* Softwareverträge und ihre kartellrechtliche Wirksamkeit, CR 2004, 641 ff.
[2] Zu den verschiedenen Erscheinungsformen vgl. *Marly* in *Marly,* Praxishandbuch Softwarerecht, Rn. 1070; *Grützmacher,* Das Recht des Softwarevertriebs – Eine Gegenüberstellung verschiedener Vertriebsformen, ITRB 2003, 199 ff.

willigung³, in der Schweiz „einfache Lizenz"⁴) gegen Zahlung einer einmaligen Vergütung („One Time Charge") auf Dauer zur Nutzung überlassen. Dieses Lizenzmodell fand und findet sowohl bei Standardsoftware als auch bei Individualsoftware Anwendung. Damit sind jedoch vor allem im B2B-Bereich Nachteile verbunden: Zu den meist recht hohen Anfangsinvestitionen (die in aller Regel bilanztechnisch aktiviert werden müssen) kommen in weiterer Folge auch noch Kosten für Wartung und Pflege hinzu. Außerdem ist das Modell sehr unflexibel: Lizenzen können nicht einfach zurückgegeben werden und liegen „brach"; sie können bloß als „Gebrauchtsoftware" weiterverkauft werden.

8   Wesentlich beim Kaufmodell ist auch, dass die Software typischerweise auf eigener Hardware des Lizenznehmers installiert wird. Den laufenden Betrieb und die Betreuung (Operation and Support) der IT-Infrastruktur übernimmt der Lizenznehmer selbst.

2. Softwaremiete, SaaS/ASP

9   Im Gegensatz zum Kaufmodell erwirbt der Lizenznehmer bei der Softwaremiete kein zeitlich unbeschränktes Nutzungsrecht, sondern lediglich ein Nutzungsrecht auf (bestimmte) Zeit. Typischerweise werden (annual oder monthly) „Subscriptions" oder „Abos" bezogen; das Recht zur Nutzung besteht solange gezahlt wird. Unternehmen ersparen sich so die hohen Anfangsinvestitionen für den Kauf der Softwarelizenzen. Dieses „On Demand" Modell wurde zunächst als Application Service Providing (ASP) und in der Folge als „Software as a Service" (SaaS) bezeichnet. Nach neuerer Ansicht⁵ bestehen beide Modelle nebeneinander und unterscheiden sich nach der Art der Architektur und dem Grad der Standardisierung: Das ASP Modell biete eine individuelle Lösung für jeden einzelnen User wohingegen das SaaS-Modell einen gleichartigen Standard für eine Vielzahl von Usern („multi-tenant") vorsehe, sodass jeder einzelne User dieselbe Version der Applikation erhalte.⁶

10 Die Softwareüberlassung selbst wurde dadurch selbstverständlich nicht zum Dienstleistungsvertrag; die Softwareüberlassung⁷ beruht vielmehr auf einem Mietvertrag⁸. Typische Hauptleistungspflicht ist die Gewährung der Online-Nutzung für eine bestimmte Zeit⁹ gegen Entgelt¹⁰. Daneben gibt es bei diesen Modellen aber sehr wohl Leistungskomponenten, die eine Dienstleistung darstellen,¹¹ etwa die Bereitstellung von Helpdesk-Leistungen, Update- und Pflegeleistungen, etc.¹²

11 Beiden Modellen, SaaS und ASP, ist gemeinsam, dass die Software nicht lokal beim Lizenznehmer, sondern bei einem externen Dienstleister betrieben wird und der Lizenznehmer sie online über eine Internetverbindung benutzt. Die gesamte Infrastruktur und die Software werden also vom Anbieter zur Verfügung gestellt, der Lizenznehmer nimmt le-

---

[3] Im österreichischen Urheberrecht werden die ausschließliche Nutzungsrechtseinräumung mit „Werknutzungsrecht" und die nicht ausschließliche Rechteeinräumung mit „Werknutzungsbewilligung" bezeichnet, vgl. § 24 Abs. 1 öUrhG.
[4] *Probst*, Jusletter 2.9.2013, Rn. 29 mwN.
[5] Vgl. *Gennen/Laue* in Redeker (Hrsg.), Handbuch der IT-Verträge, Kapitel 1.17 Rn. 7 mwN.
[6] Vgl. *Maksym/Babych*, SaaS vs. ASP (https://www.codementor.io/@maksymbabych/saas-vs-as-z6wx0gihn), abgerufen am 22.1.2020; aA *Sander*, Begriffswelt ASP und SaaS im Vergleich (https://www.codementor.io/@maksymbabych/saas-vs-as-z6wx0gihn), abgerufen am 22.1.2020.
[7] Zu den urheberrechtlichen Aspekten vgl. *Bräutigam/Thalhofer* in Bräutigam (Hrsg.), IT-Outsourcing und Cloud-Computing, Teil 14, Rn. 112 ff., insbes. Rn. 116.
[8] So die Judikatur ausdrücklich für den ASP-Vertrag *BGH* 15.11.2006 – XII ZR 120/04, CR 2007, 75 Rn. 11; 4.3.2010 – III ZR 79/09, CR 2010, 327 Rn. 19 – Internet-System-Vertrag I; aA *Redeker*, IT-Recht, Rn. 1131, der einen Dienstvertrag annimmt.
[9] *BGH* 15.11.2006 – XII ZR 120/04, CR 2007, 75 Rn. 13.
[10] Für den eher seltenen Fall, dass die Software unentgeltlich überlassen wird, liegt ein Leihvertrag vor, vgl. *v. Westerholt/Berger*, CR 2002, 81, 84.
[11] *Schneider*, Handbuch des EDV-Rechts, Teil M Rn. 33; *Pohle/Ammann*, CR 2009, 273, 275.
[12] So auch *Bräutigam/Thalhofer*, in Bräutigam (Hrsg.), IT-Outsourcing und Cloud-Computing, Teil 14, Rn. 126 ff., die auch in der Zurverfügungstellung von Rechenleistung eine Dienstleistung sehen.

B. Software-Vertriebsmodelle

diglich die Funktionen der Software in Anspruch. Dadurch entfällt der gesamte Aufwand im Zusammenhang mit der Installation und Betreuung der eigenen Systeme. Der Anbieter übernimmt sowohl die Kosten als auch die Verantwortung für den laufenden Betrieb der IT-Systeme. Der einzelne Nutzer benötigt nur noch seinen PC oder ein Notebook mit Internetanbindung und kann damit über den Webbrowser auf die Anwendungen zugreifen. Moderne SaaS-Lösungen haben neben der Browser-Funktion auch schon eigene Applikationen („Apps"), die zumeist auch ein Arbeiten mit lokal vorhandenen Daten im Offline-Modus ermöglichen.

Zu den beliebtesten **SaaS-Anwendungen** gehören Projektmanagement-Apps, Content-Management-Systeme (CMS), Programme für Finanzbuchhaltung, Aktenführung, eCommerce, Customer Relationship Management (CRM), Archivverwaltung und Personalplanung. Mussten Betriebe in der Vergangenheit oftmals mehrere Programme installieren und dafür Lizenzen kaufen und verwalten, wird das weitaus kundenfreundlichere SaaS-Modell immer beliebter.

a) Vorteile von SaaS

SaaS ist dabei, sich als attraktive Cloud-Lösung auf viele Bereiche auszubreiten, bietet es doch sowohl für Nutzer als auch für Unternehmen gegenüber installierter Software viele Vorteile:

- **Schnelle Inbetriebnahme und Bereitstellung der Software für Kunden:** Anstatt Software-Pakete zu versenden und Lizenzen zu vergeben, muss der Service lediglich „online gehen", um den Betrieb aufzunehmen.
- **Keine große Erstinvestition:**[13] Kostenvorteile sind einer der bekannten und offensichtlichsten Vorteile der Nutzung von Software als Dienstleistung für Unternehmen. Der Aufwand für den Kauf und die Installation der gesamten Software und IT-Infrastruktur im eigenen Haus entfällt, wenn die Software von einem Drittdienstleister gemietet wird. Die Zahlung erfolgt auf Basis „Pay As You Go" (dazu unten V.), die von der Nutzung der Infrastruktur abhängt.
- **Instandhaltung durch den Provider führt zur Entlastung des Lizenznehmers:** Die Wartung und Instandhaltung der gesamten Infrastruktur, von Hardware über Betriebssystem und Middleware bis zur eigentlichen Applikation selbst wird von dem Provider übernommen. Der Lizenznehmer braucht sich daher selbst nicht um Software-Installationen, Lizenzen, Updates oder Wartungen kümmern, sondern kann seinen Fokus auf andere Aufgaben ausrichten.
- **Leichte Zugänglichkeit:** Eine SaaS-Anwendung ist leicht zugänglich. Ein Computer und eine stabile Internetverbindung genügen, um auf die in der Cloud gehostete Software zuzugreifen und sie zu nutzen. Auf diese Weise kann die Anwendung problemlos auf jedem entfernten Desktop oder Mobiltelefon bereitgestellt und jederzeit und von überall genutzt werden.
- **Nutzung der Services stationär und mobil von unterschiedlichen Geräten aus:** Die Software muss nicht mehr zwingend an einem stationären Arbeitsplatz genutzt werden. Mit den Anmeldedaten können Nutzer die bereitgestellten Tools auch mobil oder von anderen Systemen aus nutzen. Dadurch kann SaaS-Software auch ohne weiteres für Außendienstmitarbeiter und im Home Office eingesetzt werden.
- **Einfache Skalierbarkeit:** Bei wachsender Nutzeranzahl im Kundenunternehmen besteht keine Notwendigkeit, zusätzliche Softwarelizenzen oder Serverplatz für die neuen Nutzer zu kaufen. Der Kunde muss lediglich die Subscription oder sein Abo für die SaaS-Anwendung aktualisieren, um die neuen Benutzer aufzunehmen.
- **Neue Funktionen und Updates werden erheblich schneller umgesetzt und integriert:** Da die Software auf Anbieterseite läuft, wird sie auch direkt vom Anbieter ge-

---

[13] *Gennen/Laue* in Redeker (Hrsg.), Handbuch der IT-Verträge, Kapitel 1.17 Rn. 18.

steuert. SaaS-Anwendungen werden ständig aktualisiert und es gibt nichts zu installieren, neue Funktionen und Korrekturen werden sofort verfügbar gemacht.
- **Nutzerorientiert:** Unternehmen zahlen keine Pauschalbeträge, sondern pro Nutzer oder bestimmte Verbrauchseinheiten. Gerade für kleinere Unternehmen waren Software-Lizenzen in der Vergangenheit gemessen an ihrer Größe oft zu teuer. Mit Bezahloptionen pro Nutzer/Verbrauchseinheit können die IT-Ausgaben effizient gesteuert werden.

b) Nachteile und Risiken von SaaS

14 Bei den Nachteilen und möglichen Risiken von SaaS handelt es sich zum Großteil um solche, die aufgrund der Neuheit dieses Geschäftsfeldes bestehen. Da sich dieses Geschäftsmodell aber rasant weiter entwickelt und durch den Konkurrenzdruck in allen Facetten Verbesserungen gemacht werden, wird bei Problemfeldern wie Datensicherheit und Performance kontinuierlich nachgebessert. Dennoch sollte man wissen, welche Bedenken mit SaaS verbunden sind:
- **Datensicherheit:** Dies ist eines der wichtigsten Anliegen für Unternehmen, die ein SaaS-basiertes Anwendungsmodell implementieren wollen. Probleme wie Identitäts- und Zugriffsmanagement müssen gelöst werden, bevor man die sensiblen Daten seines Unternehmens einem Provider überlässt. Insbesondere bei der Zugänglichkeit von einem mobilen Gerät müssen strenge Maßnahmen ergriffen werden, bevor sensible Daten jeglicher Art an den Diensteanbieter weitergegeben werden.
- **Gefahren durch Einstellung von Services:** Geht der Anbieter der SaaS insolvent oder wird aus sonstigen Gründen dazu gezwungen, den Service einzustellen, ist nicht nur die Weiterbenutzung der Software und Dienste unmöglich. Ebenso können theoretisch sämtliche Daten und Dokumente verloren gehen. Allerdings schalten sich SaaS Lösungen selten spontan ab, sondern die betreffenden Anbieter geben den Nutzern meist Zeit, ihre Datensätze und Dokumente auf anderen Datenträgern oder Servern zu sichern. In manchen Fällen geht ein Service in einen anderen über, wobei die Daten oft transferiert werden können.
- **Die Nutzung erfordert eine schnelle und konstante Internetverbindung:** Eine browserbasierte Anwendung, die auf einem entfernten Rechenzentrum ausgeführt wird, kann im Vergleich zu einer ähnlichen Anwendung, die auf dem lokalen Rechner eines Nutzers ausgeführt wird, an Leistung verlieren. Unternehmen müssen daher in eine schnelle und zuverlässige Internetverbindung investieren, um dieses Risiko möglichst zu minimieren. Die Überwachung der Leistung von SaaS-Anwendungen mit Hilfe von Software-Tools wäre ebenfalls zu empfehlen, da die Leistungsstandards hoch bleiben sollten.
- **Keine Nutzung der Software bei Downtime:** Ebenso lassen sich viele SaaS nicht benutzen, wenn der Anbieter seine Services vorübergehend vom Netz nehmen muss, etwa wegen geplanter Wartungsarbeiten oder ungeplanter Serverausfälle.

C. Software-Lizenzmodelle

15 Es gibt unzählige verschiedene Möglichkeiten Software zu lizenzieren. In den vergangenen Jahren gab es viele technische Entwicklungen, welche signifikante Auswirkungen auf den Einsatz von Software haben. Beispiele hierfür sind die Verbreitung des Internets, die Einführung von Mehrkernprozessoren oder Virtualisierungstechnologien.
16 Die Softwarehersteller reagieren darauf ganz unterschiedlich, zB mit Preisanpassungen, Umstellung von Lizenzierungsformen, Anpassung der Metriken, Neuinterpretationen von Lizenzierungsregeln oder ganz neuen Produkten.

C. Software-Lizenzmodelle 2

Die nachstehende Kurzliste enthält die bisher am häufigsten anzutreffenden Lizenzierungsarten. In weiterer Folge werden einige davon näher beleuchtet:
- **Gerät (Device)** – Auch bekannt als „maschinenbasiert". Die Lizenz ist an einen einzelnen Computer gebunden. Siehe zB das CAL-Modell weiter unten.
- **(Named) User** – Die Lizenz wird einem (benannten) Benutzer zugewiesen, der identifiziert werden muss, um sicherzustellen, dass die Lizenzvereinbarung gültig ist und die Lizenzbedingungen eingehalten werden.
- **Vernetzt (WAN & LAN)** – Eine Lizenz, die Maschinen umfasst, die sich auf derselben Netzwerkinfrastruktur befinden. Dies geschieht entweder im Wide Area Network oder in einer Local Area Network Struktur. Auch bekannt als „Concurrent License".
- **Abonnement (Benutzer oder Gerät)** – Die Software ist nur während des Abonnements verfügbar. Es bestehen keine Rechte zur Nutzung der Software vor oder nach der Vertragslaufzeit.
- **Abonnement „Cloud-basierte Credits"** – Cloud Credits sind die Maßeinheit, die erforderlich ist, um bestimmte Aufgaben oder Rechte zum Ausführen bestimmter vom Anbieter bereitgestellter Anwendungen auszuführen. Diese Anwendungen werden in der Cloud gehostet und sind in der Regel ein Abonnementmodell.
- **Open Source** – Lizenz und Software sind kostenlos erhältlich. Ermöglicht es Benutzern, die Software zu verwenden, zu teilen, zu kopieren und zu modifizieren. Scharf zu trennen von „Freeware".
- **Client-Zugriffslizenz (CAL, beinhaltet sowohl Geräte- als auch Benutzermetriken)** – Ermöglicht es Benutzern, eine Verbindung zur Serversoftware herzustellen, um die Funktionen der Software zu nutzen.
- **Kapazitätsbasierte Lizenz** – Die Lizenz basiert auf der Kapazität der CPU/Festplatte oder anderer Hardware-Konfigurationselemente.
- **Schriftartenlizenzen** – Schriftartenspezifische Lizenz. Bezogen auf die Schriften, die online oder intern von einem Unternehmen verwendet werden.
- **Freeware** – Die Lizenz erfordert keinen Kauf, aber die Urheberrechte liegen weiterhin beim Entwickler. Der Entwickler kann die Software in Zukunft verkaufen und verteilt den Quellcode dann nicht mehr.

Angesichts der jüngsten Trends bei der Softwarelizenzierung zeichnet sich ab, dass die Cloud-basierte Abonnementlizenzierung die beliebteste Methode der Softwarelizenzierung in der Zukunft sein wird. Die führenden Software-Hersteller haben sich bereits entweder für ein Abonnementlizenzmodell oder ein Cloud-basiertes Abonnementmodell entschieden. Während diese Lizenzmetrik für den Heimgebrauch und die breite Öffentlichkeit durchaus vorteilhaft ist, wird sie für Unternehmen teurer und schwieriger zu verwalten sein.

In der Unternehmensrealität sind Software-Lizenzmodelle, insbesondere jene der großen Anbieter, höchst komplex und nur für ausgewiesene Experten im Detail durchschaubar. Um bei ständig wechselnden Lizenzmetriken den Durchblick – und vor allem die korrekte Lizenzierung – zu behalten, werden in vielen Unternehmen bereits „Software Asset Manager" eingesetzt. Dies nicht zuletzt, um für Software License Audits der Hersteller gerüstet zu sein.

Nachstehend werden einige der populärsten Lizenzmetriken näher beschrieben. Angesichts der erwähnten Komplexität der Gesamtheit dieser Lizenzmodelle können hier nur einzelne wesentliche Aspekte ohne Anspruch auf Vollständigkeit aufgezeigt werden:

I. Named User Lizenz (oder „Authorized" User)

Bei dieser Lizenzierung werden die einzelnen Nutzer namentlich benannt und erhalten jeweils einen eigenen Zugang. Dieser ist speziell für einen Nutzer bestimmt und kann nicht auf andere Nutzer übertragen werden. Dadurch können zeitweise ungenutzte Lizenzen nicht von anderen Mitarbeitern genutzt werden. Allerdings kann die Software üblicherweise auf beliebig vielen Computern oder Servern installiert werden, und jeder autorisierte Nutzer kann gleichzeitig auf eine beliebige Anzahl von sog. Instanzen des Programms zugreifen. Es spielt dabei keine Rolle, ob die berechtigte Person die Software zu einem beliebigen Zeitpunkt auch tatsächlich aktiv nutzt oder nicht. Diese Art der Lizenzierung wird manchmal auch als **„per seat license"**, **„dedicated license"** oder **„anchored license"** bezeichnet. Im Falle von Kauflizenzen führt dieses Modell unweigerlich zu einer Überlizensierung, denn die Lizenzen von nicht mehr im Betrieb befindlichen Mitarbeitern können nicht weiter genutzt werden. Dies ist nur dann nicht der Fall, wenn Named User Lizenzen kostenfrei aktiviert und deaktiviert werden können.

II. Named User Plus (Oracle)

22 Bei der Lizenzierung in diesem Modell müssen alle Benutzer, die die Software des Herstellers verwenden, sowie alle maschinell betriebenen Geräte, die auf die Software zugreifen, lizenziert werden. Es gelten die folgenden Lizenzregeln:
- Wenn sich maschinell betriebene Geräte wie Sensoren mit der Software verbinden, müssen alle Geräte lizenziert werden.
- Wenn sich von natürlichen Personen betriebene Geräte wie Barcodescanner mit der Software verbinden, müssen alle Personen, die diese Geräte bedienen, lizenziert werden.
- Wenn sich maschinell betriebene Geräte und von natürlichen Personen betriebene Geräte mit der Software verbinden und sich gegenseitig ausschließen, müssen alle maschinellen Geräte und alle von Personen betriebenen Geräte lizenziert werden.

23 Für dieses Lizenzmodell fordert der Hersteller (Oracle) eine Mindestanzahl an Usern, die jedenfalls zu lizenzieren (und zu bezahlen) ist, unabhängig davon, ob eine solche Anzahl an Usern überhaupt existiert.

III. Concurrent User oder „Floating" Lizenz

24 Im Concurrent User Modell wird zwar auch der einzelne Nutzer als Basis der Lizenzierung herangezogen, allerdings zählt hier nur die Anzahl der Nutzer, die die Software **gleichzeitig** nutzen.[14] Beim Named User Modell hingegen zählt jeder Nutzer, egal ob er das System gerade nutzt oder nicht. Außerdem können die einzelnen Lizenzen nicht innerhalb des Unternehmens weitergegeben werden, weil jeder Nutzer seine eigene Lizenz hat.

25 Beim Concurrent User Modell dagegen ist die Lizenz von Mitarbeiter zu Mitarbeiter übertragbar und eine Überlizensierung damit weniger wahrscheinlich. Bei besonders hohem Arbeitsanfall können aber Engpässe auftreten, wenn mehr Mitarbeiter auf das System zugreifen wollen als Lizenzen vorhanden sind. Die Gesamtkosten sind auch in diesem Modell gut planbar und bei einem Mitarbeiterwechsel entstehen keine zusätzlichen Kosten oder Aufwände. Wie beim Named User Modell kann die Software auf beliebig vielen Computern oder Servern installiert werden, es zählt bloß der Zugriff darauf durch berechtigte Nutzer.

26 Das Modell funktioniert derart, dass eine begrenzte Anzahl von Lizenzen von einer größeren Anzahl von Nutzern nach dem Prinzip „First Come, First Served" geteilt wird: Mehrere Nutzer teilen sich eine definierte Anzahl von verfügbaren Lizenzen und wer zuerst auf die Software zugreift, kann sie nutzen, falls eine Lizenz verfügbar ist. Wenn ein autorisierter Nutzer die Software ausführen möchte, fordert er eine Lizenz aus einem zentralen Pool verfügbarer Lizenzen an, auf die eine definierte Anzahl von Nutzern gleichzei-

---

[14] Vgl. *Jones* unter https://www.brainsell.net/blog/2018/06/difference-between-named-and-concurrent-user-licenses/, abgerufen am 22.1.2020.

tig zugreifen kann. Wenn eine Lizenz verfügbar ist, wird diese aus dem Lizenzpool entfernt und die Software darf ausgeführt werden. Wenn keine Lizenz verfügbar ist, kann auf die Software nicht zugegriffen werden. Wenn ein Nutzer die Nutzung der Software beendet, wird die Lizenz an den Lizenzpool zurückgegeben und anderen autorisierten Nutzern zur Verfügung gestellt.

IV. Prozessorbasierte Lizenz (zB Oracle)

Ein Prozessor wird als Kennzahl in Umgebungen verwendet, in denen Benutzer nicht identifiziert und gezählt werden können. Das Internet ist eine typische Umgebung, in der es oft schwierig ist, Benutzer zu zählen. Diese Metrik kann auch verwendet werden, wenn die Anzahl von autorisierten Nutzern (Named User) sehr hoch ist und es für den Lizenznehmer kostengünstiger ist, die Software mit der Prozessormetrik zu lizenzieren. Die Anzahl der erforderlichen Lizenzen wird durch Multiplikation der Gesamtzahl der Kerne des Prozessors mit einem Kern-Prozessor-Lizenzfaktor bestimmt. Dabei gilt als Grundsatz: Je leistungsfähiger ein Prozessor ist, umso höher ist der jeweilige Lizenzfaktor. 27

Diese Lizenzierung bringt es mit sich, dass ein Wechsel der Hardware, auf der die Software läuft, unter Umständen signifikante Lizenzierungsdifferenzen nach sich zieht. Dabei kann es schnell passieren, dass der Lizenznehmer in eine Falsch- oder Unterlizenzierung hineinrutscht. Im Falle einer Lizenzprüfung kann das enorme finanzielle Auswirkungen haben. 28

V. Pay per Use (oder Pay As You Go)

Beim Pay per Use Modell erfolgt die Verrechnung in Abhängigkeit von der Inanspruchnahme der Leistung.[15] Wesentlich ist dabei die Berechnungsgrundlage: Zu zahlen ist etwa aufgrund erfolgter Transaktionen (bei eCommerce Plattformen), benutztem Speicherplatz (in Gigabytes oder Terabytes) oder Internet-Traffic. Dieses Verrechnungsmodell kommt typischerweise beim SaaS-Vertrieb zum Einsatz. 29

VI. PVU-Lizenz (IBM)

Eine Prozessor-Value-Unit („PVU") ist eine Maßeinheit zur Festlegung des Lizenzentgeltes von IBM Middlewareprodukten. Sie basiert auf dem Prozessortyp, der in Servern, auf denen die Software installiert wird, implementiert ist. Ein Lizenznehmer muss für jedes Produkt die erforderliche Anzahl Prozessor-Value-Units für den jeweiligen Prozessor erwerben, auf dem die Software installiert wird. 30

Wie viele PVUs erforderlich sind, ist von der Prozessortechnologie und von der Anzahl der für das Softwareprodukt verfügbaren Prozessoren abhängig. Im Rahmen der PVU-basierten Lizenzierung definiert IBM einen Prozessor als Prozessorkern auf einem Chip. Ein Dual-Core-Prozessorchip hat beispielsweise zwei Prozessorkerne. PVUs werden pro Kern, nicht pro Prozessor zugewiesen. 31

VII. RVU-Lizenz (IBM)

Die Resource Value Unit („RVU") ist eine Lizenzmetrik, die auf der Anzahl der aktivierten Prozessorkerne basiert, die dem Produkt zur Verfügung stehen. Ein aktivierter Prozessorkern ist ein Kern, der von einem Produkt verwaltet oder verwendet wird, unabhängig 32

---

[15] Vgl. *Rouse* unter https://www.brainsell.net/blog/2018/06/difference-between-named-and-concurrent-user-licenses/, abgerufen am 22.1.2020.

davon, ob die Kapazität des Prozessorkerns durch Virtualisierungstechnologien begrenzt werden kann.

VIII. Full-Capacity/Sub-Capacity

33 Sowohl im PVU-Lizenzmodell als auch im RVU-Lizenzmodell gibt es die Bepreisung nach Full-Capacity oder Sub-Capacity. Die Full-Capacity-Lizenzierung basiert auf der Gesamtzahl der Prozessorkerne in dem physischen Server, auf dem das Softwareprodukt installiert ist. Die Sub-Capacity-Lizenzierung ist nur in virtualisierten Umgebungen verfügbar. Für sie wird die höchste Anzahl an PVUs gewertet, die für die virtuelle Maschine, auf der das Softwareprodukt installiert ist, verfügbar sind, nicht die Gesamtzahl der PVUs auf dem physischen Server. Sie beziehen Lizenzen für den niedrigeren Wert: Sub-Capacity oder Full-Capacity.

34 Die Sub-Capacity-Lizenzierung kann die Lizenzgebühren deutlich senken, insbesondere bei einem Umstieg auf eine neuere Prozessorkerntechnologie. Virtuelle Maschinen oder Partitionen, die die verfügbare Prozessorkapazität beschränken, müssen jedoch mithilfe geeigneter Virtualisierungstechnologien erstellt werden.

35 Nachfolgendes Beispiel[16] zeigt dies sehr anschaulich:

> **Praxisbeispiel 1.1:** FullCapacity auf einem physischen Server
>
> Die Software IBM MQ ist auf einem Server installiert, der über zwei Intel Xeon 3400-Prozessoren verfügt, wovon jeder Prozessor mit acht Kernen ausgestattet ist (es sind insgesamt also 16 Kerne vorhanden).

36 Da die Umgebung nicht virtualisiert ist, findet die Sub-Capacity-Lizenzierung keine Anwendung. Die Full-Capacity-Lizenz wird als die höchste Anzahl an PVUs auf dem Server berechnet, auf dem die Software installiert ist. Diesem Prozessormodell sind entsprechend der PVU-Tabelle 70 PVUs pro Kern zugewiesen, wenn der Server über zwei Sockets verfügt. In der folgenden Tabelle ist dargestellt, wie die Kosten der Full-Capacity-Lizenz für die auf diesem Server installierte Software IBM MQ berechnet wird.

Beschreibung	Full-Capacity
Zu lizenzierende Kerne	16
PVUs pro Kern	70
Softwarekosten pro PVU	$ 50
Lizenzgebühr (pro Zeiteinheit, zB pro Monat)	16 × 70 × $50 = $56.000

Tabelle 1. Kosten der Full-Capacity-Lizenz für IBM MQ-Software

37 **Praxisbeispiel 2:** Sub-Capacity auf zwei virtuellen Maschinen
> Zwei virtuelle Maschinen („VM") werden auf einem Server implementiert, der über zwei Intel Xeon 3400-Prozessoren verfügt, wovon jeder Prozessor mit acht Kernen ausgestattet ist (es sind insgesamt also 16 Kerne vorhanden). Jeder VM werden acht virtuelle Kerne zugewiesen. Die WebSphere-Software wird nur auf der ersten virtuellen Maschine installiert und hat Zugriff auf acht Kerne. Die IBM MQ-Software wird auf beiden virtuellen Maschinen installiert und hat damit Zugriff auf 16 Kerne.

---

[16] Genehmigter Nachdruck aus dem IBM Knowledge Center (https://www.ibm.com/support/knowledgecenter/de/SS8JFY_9.2.0/com.ibm.lmt.doc/Inventory/overview/c_processor_value_unit_licenses.html), abgerufen am 10.11.2019; Copyright IBM.

C. Software-Lizenzmodelle

Diesem Prozessormodell sind entsprechend der PVU-Tabelle 70 PVUs pro Kern zugewiesen, wenn der Server über zwei Sockets verfügt. In der folgenden Tabelle ist dargestellt, wie die Kosten der Full-Capacity-Lizenz und der Sub-Capacity-Lizenz für die auf diesem Server installierte Software IBM MQ und WebSphere berechnet wird.

Beschreibung	Full-Capacity für IBM MQ- und WebSphere-Software	Sub-Capacity für IBM MQ-Software	Sub-Capacity für WebSphere-Software
Zu lizenzierende Kerne	16	16	8
PVUs pro Kern	70	70	70
Softwarekosten pro PVU	$ 50	$ 50	$ 50
Lizenzgebühr (pro Zeiteinheit, zB pro Monat)	16 × 70 × $50 = $56.000	16 × 70 × $50 = $56.000	8 × 70 × $50 = $28.000

Tabelle 2. Kosten der Full-Capacity-Lizenz und der Sub-Capacity-Lizenz für die Software IBM MQ und WebSphere

IX. Server/CALs – Client Access Licenses (Microsoft)

In diesem Modell lizenziert der Lizenznehmer zum einen die „User" oder „Devices" (Geräte) mittels Client Access Licenses („CALs") und zum anderen die notwendige Anzahl von Serverlizenzen. Je Serverumgebung werden dabei die virtuellen Betriebsumgebungen gezählt.

Eine Client Access License ist eine Lizenz, die den Zugriff auf bestimmte Microsoft-Serversoftware ermöglicht. CALs werden in Verbindung mit Microsoft Server-Softwarelizenzen verwendet, um Benutzern und Geräten den Zugriff auf und die Nutzung dieser Serversoftware zu ermöglichen. Auf der Server-Seite muss ein Unternehmen eine Microsoft Windows Server-Lizenz erwerben, um die Windows Server-Software auf dem physischen Server selbst zu installieren und auszuführen. Um den Benutzern oder Geräten die Rechte für den Zugriff auf die auf dem Server ausgeführte Windows Server-Software zu geben, müssen für diese Benutzer oder Geräte CALs erworben werden.

Es gibt drei verschiedene Möglichkeiten, CALs zu erwerben, je nach den Anforderungen eines Lizenznehmers der Serversoftware, für die er CALs erwerben will:
1. **User-CAL** – Eine User-CAL ermöglicht es einer einzelnen natürlichen Person, von beliebig vielen Geräten aus auf die Microsoft-Serversoftware zuzugreifen, wie beispielsweise von einem Arbeitscomputer, einem Heimcomputer, einem Laptop, einem Internet-Kiosk oder einem persönlichen digitalen Assistenten (PDA), ohne CALs für jedes Gerät erwerben zu müssen.
2. **Device-CAL** – Eine Geräte-CAL ist quasi die Umkehrung der User-CAL: Sie ermöglicht es einer beliebigen Anzahl von natürlichen Personen, über ein einziges Gerät auf die Microsoft-Serversoftware zuzugreifen.
3. **Prozessorlizenz** – Eine Prozessorlizenz beinhaltet den Zugriff für eine unbegrenzte Anzahl von Benutzern, die sich entweder innerhalb des lokalen Netzwerks (LAN) oder des Wide Area Network (WAN) oder außerhalb der Firewall verbinden können. Beim Erwerb von Prozessorlizenzen muss der Lizenznehmer keine zusätzlichen Serverlizenzen oder CALs erwerben. Bei der Verwendung von Prozessorlizenzen muss für jeden physischen Prozessor eine Prozessorlizenz erworben werden.

D. Ausblick

42 Softwareanbieter werden weiterhin neue Lizenzmetriken in die Softwarewelt einführen, da sie versuchen, so viel Umsatz wie möglich zu generieren und Softwarepiraterie soweit wie möglich zu verhindern. Während es für Hersteller völlig verständlich ist, gegen Piraterie vorzugehen, ist die Einführung komplizierter Software-Lizenzmetriken ohne angemessene Unterstützung oder Schulung der Lizenznehmer nicht möglich. Alle Änderungen an den Metriken für Softwarelizenzen, den Nutzungsbedingungen und den Preisen müssen klar und verständlich kommuniziert werden, damit der Lizenznehmer genau weiß, was seine Rechte und Pflichten sind und wieviel er zu zahlen hat.

Teil 2.4.2 Open Source Softwarelizenzen

Übersicht

	Rn.
A. Einleitung	1
I. Bedeutung von „Open-Source-Software"	1
II. Die Historie freier Software	2
III. Lizenztypen: Copyleft und Non-Copyleft	5
1. Strenges Copyleft	6
2. Schwaches oder beschränktes Copyleft	7
3. Non-Copyleft	9
IV. Urheberrechtliche Besonderheiten	11
B. Die GNU General Public License (GPL)	14
I. Wesentliche Bestimmungen der GPL v2	14
II. Wesentliche Bestimmungen der GPL v3	15
III. Viraler Effekt	16
IV. Outsourcing als Verbreitung im Sinne der GPL	18
V. Anwendbarkeit des deutschen Rechts	19
1. Anwendbarkeit des AGB-Rechts auf die GPL	20
2. Inhaltskontrolle der GPL anhand des AGB-Rechts	21
VI. Nutzungsrechte bei Verwendung der GPL	24
VII. Rechtsprechung	27
C. GNU Lesser General Public License (LGPL)	34
I. Überblick Regelungsgehalt	34
II. Besonderheiten und Rechtsprechung	35
1. Lizenzrechtliche Besonderheiten	35
2. Rechtsprechung	42
D. Berkeley Software Distribution (BSD)	43
I. Überblick Regelungsgehalt	43
II. Besonderheiten	48
E. Lizenzkompatibilität	51
I. Problem	51
II. Lösung der Kompatibilitätsprobleme	54
1. Kompatibilitätsklauseln	55
2. Bibliotheken und LGPL	60
3. Trennung von Softwarekomponenten	61

Literatur:

Andréewitch, Open Source und proprietäre Software: Das Verknüpfungsproblem, MR 2005, 240; *Auer-Reinsdorff/Conrad* (Hrsg.), Beck'sches Mandatshandbuch IT-Recht, 2011; *Auer-Reinsdorff/Conrad* (Hrsg.), Handbuch IT- und Datenschutzrecht, 3. Aufl. 2019; *Bork/Hoeren/Pohlmann* (Hrsg.), Recht und Risiko, Festschrift für Helmut Kollhosser, Bd. II, 2004; *Deike*, Open Source Software: IPR-Fragen und Einordnung ins deutsche Rechtssystem, CR 2003, 9; *Determann*, Softwarekombinationen unter der GPL, GRUR Int 2006, 645; *Dreier/Schulze* (Hrsg.), Urheberrechtsgesetz, 6. Aufl. 2018; *Fromm/Nordemann* (Hrsg.), Urheberrecht, 12. Aufl. 2018; *Funk/Zeifang*, Die neue GNU General Public License, CR 2007, 617; *Galetzka/Hackel*, Anmerkung zu einer Entscheidung des OLG Hamburg, Urteil vom 28.2.2019 (5 U 146/16) – Zur Darlegungslast bei Bearbeiterurheberrechten an Open Source Software. MMR 2019, 455; *Heinzke*, Open-Source-Software in Webapps, CR 2019, 697; *Heinzke/Burke*, Open-Source-Compliance, CCZ 2017, 56; *Hoppen/Thalhofer*, Der Einbezug von Open Source-Komponenten bei der Erstellung kommerzieller Software, CR 2010, 275; *Intveen/Gennen/Karger* (Hrsg.), Handbuch des Softwarerechts, 2018; *Jaeger*, Anmerkung zu einer Entscheidung des LG Köln, Urteil vom 17.7.2014 (14 O 463/13) – Unzulässige Umlizenzierung einer Open Source Software für Online Shops, CR 2014, 704; *Jaeger*, Praktische Umsetzung von Lizenzbedingungen der GNU General Public License (GPL) und Grenzen ihrer Durchsetzbarkeit, CR 2019, 765; *Jaeger/Metzger* (Hrsg.), Open Source Software, 4. Aufl. 2016; *Jaeger/Metzger*, Die neue Version 3 der GNU General Public License, GRUR 2008, 130; *Keppeler*, Wann erstreckt sich die GPLv2 auf eine komplexe Software „as a whole"?, CR 2015, 9; *Koch* (Hrsg.), Computervertragsrecht, 7. Aufl. 2009; *Kreutzer*, Anmerkung zu einer Entscheidung des LG München I, Urteil vom 19.5.2004 (21 O 6123/04) – Wirksamkeit der GNU General Public Licence (GPL) nach deutschem Recht, MMR 2004, 695; *Lapp*, Übertragung von Nutzungsrechten an einer Kombination von Open Source Software und proprietärer Software, ITRB 2007, 95; *Lejeune*, Rechtsprobleme bei der

Lizenzierung von Open Source Software nach der GNU GPL, ITRB 2003, 10; *Leupold/Glossner* (Hrsg.), Münchener Anwaltshandbuch IT-Recht, 3. Aufl. 2013; *Marly* (Hrsg.), Praxishandbuch Softwarerecht, 6. Aufl. 2014; *Palandt* (Hrsg.), Bürgerliches Gesetzbuch, 79. Aufl. 2020; *Redeker* (Hrsg.), IT-Recht, 6. Aufl. 2017; *Sobola*, Haftungs- und Gewährleistungsregelungen in Open Source Software-Lizenzbedingungen, ITRB 2011, 168; *Spindler*, Open Source Software auf dem gerichtlichen Prüfstand – Dingliche Qualifikation und Inhaltskontrolle, K&R 2004, 528; *Spindler/Wiebe*, Open Source-Vertrieb Rechteeinräumung und Nutzungsberechtigung, CR 2003, 873; *Sujecki*, Vertrags- und urheberrechtliche Aspekte von Open Source Software im deutschen Recht, JurPC Web-Dok 145/2005, Abs. 1–52; *Ulmer/Brandner/Hensen* (Hrsg.), AGB-Recht, 12. Aufl. 2016; *Wiebe/Heidinger*, Aktuelle Entwicklungen im Bereich der Open-Source Lizenzen, MR 2006, 258; *Witzel*, AGB-Recht und Open Source Lizenzmodelle, ITRB 2003, 175.

A. Einleitung

I. Bedeutung von „Open-Source-Software"

1   Die wirtschaftliche Bedeutung von sogenannter „Open-Source-Software" ist in den letzten Jahren kontinuierlich gestiegen. Open-Source-Software hat sich in der gesamten Softwarewirtschaft als alternatives Lizenzmodell durchgesetzt. Insbesondere durch die zunehmende Digitalisierung des Alltags sowie aller Bereiche des Wirtschaftslebens und der weiten Verbreitung des Betriebssystems „Linux", der wohl bekanntesten Open-Source-Software, wird die Relevanz von Open-Source-Software auch zukünftig weiter zunehmen. Aufgrund der lizenzvertraglichen Besonderheiten ist das Open-Source-Modell in juristischer Hinsicht allerdings sehr komplex und wirft einige rechtliche Probleme auf.

II. Die Historie freier Software

2   **„Open-Source-Software"** bezeichnet Software, die nach einer bestimmten Art von Lizenzmodellen weitergegeben wird, welche umfassende Freiheiten für die jeweiligen Nutzer gewähren. Die Bezeichnung hat also keinen unmittelbaren technischen Bezug. Programmiertechnisch muss sich Open-Source-Software nicht von anderer Software unterscheiden und ist auch nicht auf bestimmte Systemumgebungen beschränkt. Open-Source-Software ist bis zu einem gewissen Grad mit **Freeware** verwandt.[1] Wie diese darf sie – in den meisten Fällen – kostenfrei genutzt und weiterverbreitet werden. Allerdings darf Open-Source-Software – unter Beachtung weiterer Lizenzbedingungen – bearbeitet werden, während der Code bei Freeware regelmäßig nicht zur Bearbeitung freigegeben ist (sogenannte **„Closed-Source-Software"**). Ein weiteres zentrales Merkmal der Open-Source-Lizenzmodelle besteht darin, dass die Software in der Regel nur zusammen mit ihrem Quellcode weitergegeben werden darf.

3   Die Idee der freien Verfügbarkeit des Quellcodes geht zurück auf den Amerikaner Richard Stallman. Stallman gründete im Jahre 1985 als Mitarbeiter des Massachusetts Institute of Technology (MIT) die Free Software Foundation (FSF) mit dem Ziel, eine für jedermann frei zugängliche Alternative zum kommerziellen Betriebssystem Unix zu entwickeln. In diesem Zusammenhang formulierte er die Grundregeln für die Lizenzierung von Open-Source-Software, die sich in der ersten Version der bekanntesten Open-Source-Lizenz, der GNU General Public Licence (GPL) wiederfinden, welche er im Januar 1989 entwarf. Wesentliche Merkmale der GPL sind zum Einen das Recht zur freien Bearbeitung der Software sowie zum Anderen die Pflichten, die Software nur unentgeltlich und zu den Bedingungen der GPL weiterzugeben.

4   Die allgemeinen Lizenzpflichten, insbesondere die Informations- und Hinweispflichten, die die GPL den Lizenznehmern auferlegt, sind ebenfalls zu beachten. Hierzu sind bei Vervielfältigung und Verbreitung der Copyright-Vermerk sowie der Haftungsausschluss zu

---

[1] Vgl. *Jaeger/Metzger*, Open Source Software, S. 5 ff.

A. Einleitung

veröffentlichen und alle Vermerke, die sich auf die Lizenz beziehen, unverändert zu lassen. Fehlt zum Beispiel der Haftungsausschluss, liegt eine Verletzung der Lizenzbedingungen vor.[2] Bei einem Javascript-Programm können diese Verpflichtungen am leichtesten durch ein Einkopieren des Copyright-Vermerkes sowie des Lizenztextes mittels Kommentarfunktion in den Quellcode erfüllt werden.[3] Bei einem Angebot eines Programms zum Download im Internet kann der Lizenztext zum Beispiel auf der Website angegeben werden oder er ist vom Angebot aus unmittelbar, zum Beispiel durch Verlinkung, erreichbar.[4]

III. Lizenztypen: Copyleft und Non-Copyleft

Die Open-Source-Software-Lizenzen lassen sich aufgrund ihrer jeweiligen sog. „Copyleft-Klauseln" und des daraus resultierenden **„Copyleft-Effektes"** in verschiedene Lizenztypen einteilen:[5]

1. Strenges Copyleft

Bei einer Weiterentwicklung einer Software, die unter einer Lizenz mit einem strengen Copyleft steht, ist der Lizenznehmer verpflichtet, den Quellcode der Veränderungen oder Ergänzungen nur unter den Bedingungen der ursprünglichen Lizenz freizugeben und zu verbreiten.[6] Die bekannteste Lizenz mit einem strengen Copyleft ist die GPL (→ Rn. 14).

2. Schwaches oder beschränktes Copyleft

Demgegenüber lassen Klauseln mit schwachem oder beschränktem Copyleft Ausnahmen von der strengen Lizenzierungspflicht unter der Ursprungslizenz zu[7] und erlauben dem Nutzer, die weiterentwickelte oder kombinierte eigene Software auch unter einer anderen als der ursprünglichen Lizenz weiter zu vertreiben.[8]

In der Praxis häufig anzutreffende Lizenzen mit einem schwachen Copyleft sind beispielsweise die Lesser General Public Licence Version 3 (LGPL v3) (siehe hierzu unter C.)[9] sowie die Mozilla Public Licence (MPL).

3. Non-Copyleft

Lizenzen ohne Copyleft erlauben es dem Nutzer, die weiterentwickelte Software unter eine eigene, sogar auch proprietäre Lizenz zu stellen. Ferner muss auch der Quelltext der Software nicht der Allgemeinheit zur Verfügung gestellt werden.[10] Basismodell für die Lizenzen ohne Copyleft ist die sogenannte „Berkeley-Software-Distribution-Lizenz" (BSD-Lizenz) (→ Rn. 43).

Aus den verschieden Lizenztypen resultieren unterschiedliche Lizensierungspflichten. Wie oben bereits dargestellt wurde, sieht zB die GPL als typisches Beispiel für ein strenges Copyleft weitreichende Offenlegungs- und Rücklizenzierungspflichten bei der Weiterverbreitung und Bearbeitung von Open-Source-Software vor. Die ebenfalls weitverbreitete Mozilla Public License MPL, die man auch als Beispiel für eine Copyleft-Lizenz nennen

---

[2] *Jaeger,* CR 2019, 766, 768.
[3] *Heinzke,* CR 2019, 697, 702.
[4] *Jaeger,* CR 2019, 766, 767.
[5] *Heinzke/Burke,* Open-Source-Compliance, CCZ 2017, 56, 57; *Jaeger/Metzger,* Open Source Software, S. 25f.
[6] Auer-Reinsdorf/Conrad/*Kast,* Handbuch IT- und Datenschutzrecht, § 9 Rn. 13f.
[7] *Jaeger/Metzger,* Open Source Software, S. 27.
[8] *Jaeger/Metzger,* Open Source Software, S. 86.
[9] Die diversen Versionen der GNU LGPL sind abrufbar unter http://www.gnu.org/licenses/lgpl.html.
[10] *Jaeger/Metzger,* Open Source Software, S. 104.

kann, sieht grundsätzlich ähnliche Pflichten vor, erlaubt jedoch in stärkerem Maße eine Einbindung von proprietärem Quellcode. Die Lizenzen mit Copyleft verfügen insbesondere über Regelungen, die zum sogenannten **„viralen Effekt"** auch für proprietäre Softwarebestandteile führen können. Jede Bearbeitung einer Software, die ganz oder auch nur teilweise aus GPL-lizenziertem Code besteht, ist nämlich im Falle der Veröffentlichung oder Verbreitung ebenfalls der GPL zu unterstellen.[11] Dies kann zu einem rechtlichen Risiko werden, weil selbst die unbewusste Verwendung kleiner oder unbedeutender Code-Bestandteile von GPL-Software eine umfangreiche und gegebenenfalls kostenintensive Eigenentwicklung der GPL unterwerfen könnte.[12] Dieser Effekt ist freilich bei der GPL stärker als bei der MPL, so dass man im ersten Fall von „starkem Copyleft", im zweiten Fall von „schwachem Copyleft" spricht. Trotz der Unterschiede unterscheiden sich die GPL und die MPL in diesem Punkt grundlegend von den Non-Copyleft-Lizenzmodellen, für die die „Berkeley-Software-Distribution-Lizenz" (BSD-Lizenz) ein typisches Beispiel ist. Diese Open-Source-Lizenzen sehen zwar teilweise ähnliche Regelungen wie die GPL vor, so etwa bei der Gewährleistung und Haftung. Sie haben aber den entscheidenden Unterschied, dass sie keine Pflicht zur Rücklizenzierung des Quellcodes vorsehen, sondern dies lediglich in das Ermessen des jeweiligen Nutzers stellen. Daher haben sie insbesondere nicht den „viralen Effekt" zur Folge.[13] Es sollte daher im Einzelfall genau geprüft werden, inwieweit das jeweilige Open-Source-Lizenzmodell eine Pflicht zur Rücklizenzierung vorsieht bzw. das Risiko eines „viralen Effektes" birgt. Insgesamt bleibt im Zusammenhang mit Open-Source-Software festzuhalten, dass – jedenfalls bei Anwendbarkeit von deutschem Recht – nach wie vor gewisse Rechtsunsicherheiten für den jeweiligen Erwerber bzw. Nutzer solcher Software bestehen.[14]

IV. Urheberrechtliche Besonderheiten

11 Für Open-Source-Software bestehen auch im Bereich des Urheberrechts einige Besonderheiten. Open-Source-Software unterliegt zunächst – wie jede andere Software auch – den Bestimmungen der §§ 69a ff. UrhG[15], welche Spezialvorschriften für Computerprogramme enthalten. Bei Open-Source-Software wird jedoch selten ein einzelner Programmierer als Alleinentwickler auszumachen sein, da oftmals eine Vielzahl von Programmierern gleichzeitig oder nacheinander in diversen Projekten und „Communities" mit der Entwicklung bzw. Weiterentwicklung beschäftigt ist.[16] In der Regel sind alle an der Entwicklung beteiligten Programmierer dann als Miturheber im Sinne von § 8 UrhG einzustufen[17]. Die Beziehungen der verschiedenen Miturheber untereinander werden allerdings entscheidend durch die Regelungen der jeweiligen Lizenz vorbestimmt.

12 Eine weitere Besonderheit ergibt sich aus § 32 Abs. 3 S. 3 UrhG, wonach der Urheber unentgeltlich ein einfaches Nutzungsrecht für jedermann einräumen kann. Durch diese Open-Source- oder auch **„Linux-Klausel"** wird sichergestellt, dass etwaige Vergütungsansprüche der einzelnen Urheber bei Open-Source-Lizenzen auch wirksam ausgeschlossen sein können[18] und die Urheber keine zusätzliche Vergütung verlangen können[19]. Dadurch, dass der Urheber sich nicht darauf berufen kann, ihm stünde ein Entgelt zu, wenn er ein

---

[11] *Keppeler,* CR 2015, 9, 10; Auer-Reinsdorf/Conrad/*Kast,* Handbuch IT- und Datenschutzrecht, § 9 Rn. 47.
[12] *LG Berlin,* 8.11.2011 – 16 O 255/10, GRUR-RR 2012, 111 – „Surfsitter"; Dreier/Schulze/*Dreier,* UrhG § 69c Rn. 39.
[13] Vgl. hierzu *Lejeune,* ITRB 2003, 10 f.
[14] *Keppeler,* CR 2015, 9, 11 f.
[15] Dreier/Schulze/*Dreier,* UrhG § 69c Rn. 37.
[16] Auer-Reinsdorf/Conrad/*Kast,* Handbuch IT- und Datenschutzrecht, § 9 Rn. 16.
[17] Dreier/Schulze/*Dreier,* UrhG § 8 Rn. 2.
[18] Dreier/Schulze/*Dreier,* UrhG § 69c Rn. 38.
[19] Auer-Reinsdorf/Conrad/*Kast,* Handbuch IT- und Datenschutzrecht, § 9 Rn. 18.

einfaches Nutzungsrecht für jedermann bereitgestellt hat, wird dem Lizenznehmer die wirtschaftliche Unsicherheit genommen, dass er sich später geltend gemachten Ansprüchen auf Lizenzvergütung ausgesetzt sieht.[20]

Auch und gerade durch Einführung dieser Klausel wird deutlich, dass auch der Gesetzgeber die Bedeutung von Open-Source-Software erkannt und soweit akzeptiert hat. 13

B. Die GNU General Public License (GPL)

I. Wesentliche Bestimmungen der GPL v2

Die GPL v2 dürfte die aktuell weitverbreitetste Open-Source-Lizenz mit einem strengen Copyleft sein. Im Einzelnen umfassen die wesentlichen Bestimmungen der GPL v2 folgende Regelungen: 14

– Das bloße „Ablaufenlassen" des Programms wird gemäß Ziffer 0 Abs. 2 Satz 2 der GPL nicht eingeschränkt.
– Die Ziffern 1 und 2 beinhalten die Rechte der Lizenznehmer. Hiervon umfasst sind unter anderem ein Vervielfältigungs-, Verbreitungs-, Bearbeitungs- sowie Nutzungsrecht. Ob die GPL v2 auch ein Vermietrecht einräumt, ist umstritten, wird aber vielfach so vertreten.[21]
– Die Lizenznehmer sind gemäß Ziffer 1 Abs. 1 S. 2 verpflichtet, bei jeder Vervielfältigung und Verbreitung einen Copyright-Vermerk sowie einen Haftungsausschluss zu veröffentlichen und alle Vermerke, die sich auf die Lizenz beziehen, unverändert zu lassen.
– In Ziffer 1 Abs. 2 S. 2 werden die Rechte der Lizenznehmer unter die Bedingung gestellt, dass allen Empfängern mit jeder Kopie des Programms eine Kopie des Lizenztextes mitgeliefert wird. Zudem müssen die bestehenden Hinweise erhalten bleiben.
– Gemäß den Ziffern 1 und 3 wird die Nutzung der Software auch in **Embedded-Systemen** gestattet.
– Ziffer 2a) der GPL stellt klar, dass die geänderten Dateien einen Hinweis auf die vorgenommene Modifizierung und das Datum jeder Änderung aufweisen müssen.
– Ziffer 2b) enthält die sogenannte „Copyleft"-Klausel. Eine Änderung des Programms unter der GPL v2 oder ein eigenes Programm, welches GPL v2 Quellcode enthält, darf nur unter den Bedingungen der GPL v2 vertrieben werden.
– In Ziffer 3 werden die Möglichkeiten beschrieben, die bestehen, um dem Erwerber den Quellcode zugänglich zu machen. Zudem wird in Ziffer 3 Abs. 2 erläutert, was konkret als Quellcode mitgeliefert werden muss.
– Durch Ziffer 4 soll die Durchsetzung der in den vorangegangenen Ziffern enthaltenen Lizenzbedingungen gewährleistet werden. Jeder Versuch, eine Software unter Missachtung der GPL v2 zu kopieren, zu verändern, weiter zu lizenzieren oder zu verbreiten, beendet automatisch die Rechte aus der Lizenz.
– Laut Ziffer 6 S. 2 dürfen den Empfängern keine weiteren Beschränkungen auferlegt werden.
– Gemäß Ziffer 7 befreit auch der Umstand, dass jemandem durch Gerichtsurteile, Gerichtsbeschlüsse, Vergleiche oder Ähnlichem Bedingungen auferlegt werden, die den Bedingungen der GPL v2 widersprechen, nicht von den Verpflichtungen dieser Lizenz. Wenn die Einhaltung der Bestimmungen dieser Lizenz nicht möglich ist, darf das Programm gar nicht unter dieser Lizenz vertrieben werden.
– In Ziffer 8 wird beschrieben, dass Urheberrechtsinhaber eines Programms unter der GPL v2 eine geografische Beschränkung der Verbreitung des Programms angeben kön-

---

[20] Auer-Reinsdorf/Conrad/*Kast*, Handbuch IT- und Datenschutzrecht, § 9 Rn. 18.
[21] Vgl. *Jaeger/Metzger*, Open Source Software, S. 28 ff.

nen. Diese Beschränkung wird dann so behandelt, als wäre sie in dem Lizenztext niedergeschrieben.
– Ziffer 9 regelt, welche Version der GPL anwendbar ist.
– Ziffer 10 informiert darüber, dass Autoren von anderen freien Programmen, deren Bedingungen für die Verbreitung anders sind, um Erlaubnis zu bitten sind, um Teile des Programms, welches der GPL v2 unterliegt, zu verwenden.
– Ziffer 11 ordnet einen umfassenden Gewährleistungsausschluss an.
– Ziffer 12 bestimmt einen vollständigen Haftungsausschluss.

II. Wesentliche Bestimmungen der GPL v3

15 Die seit dem 1.7.2007 geltende Version 3 der GPL enthält gegenüber der Version 2 insbesondere neue Kompatibilitätsregelungen, Regelungen zum „Digital Rights Management (DRM)", Regelungen zur Vertragsbeendigung sowie eine explizite Regelung zu Softwarepatenten. Im Einzelnen umfassen die wesentlichen Bestimmungen der GPL v3 folgende Regelungen:
– In den Ziffern 0 und 1 werden die wesentlichen in der GPL verwendeten Begriffe definiert. Insbesondere umfasst die GPL durch die Verwendung des Begriffs „propagate" sämtliche dem Urheber vorbehaltenen Nutzungsarten.[22]
– Gemäß der Präambel gilt die GPL für die Anfertigung von Kopien sowie die Verbreitung und Veränderung der Software. Das bloße „Ablaufenlassen" ist gemäß Ziffer 2 Abs. 1 Satz 2 der GPL ausdrücklich zulässig.[23] Ziffer 2 Abs. 1 Satz 4 erkennt das urheberrechtlich vorgesehene Recht auf „fair use" – eine angemessene Benutzung – an.
– Neu in die GPL v3 aufgenommen ist die zeitliche Beschränkung in Ziffer 2, wonach die Lizenz nur für die Zeit gilt, in der das Werk urheberrechtlich geschützt ist. Danach kann die Software in jedem Fall frei genutzt werden. Zudem ist die Rechtseinräumung ausdrücklich unwiderruflich.
– Neu ist auch Ziffer 3 der GPL, die es unter Bezugnahme auf Art. 11 des am 20.12.1996 verabschiedeten WIPO-Urheberrechtsvertrages[24] verbietet, unter der GPL lizenzierte Software durch technische Schutzmaßnahmen einzuschränken. Damit dürfen auch DRM-Systeme, die GPL-Code nutzen, den Anwender nicht in der Nutzung des Quellcodes einschränken.
– In Ziffer 4 wird das Recht eingeräumt, unveränderte Kopien des Quellcodes der Software herzustellen und zu verbreiten. Die Kopien müssen aber einen Haftungsausschluss, einen Hinweis auf das Urheberrecht sowie Hinweise auf zusätzliche Lizenzpflichten im Sinne von Ziffer 7 enthalten. Ferner muss der Lizenztext der GPL beigefügt werden.
– Ziffer 5 betrifft Veränderungen von Programmen und deren Weitergabe. Dies ist nach der GPL gestattet. Es besteht ein umfassendes Bearbeitungsrecht. Nach Erstellung des veränderten Programms muss die Verbreitung der entsprechenden Programmkopien aber wieder den Bedingungen der GPL unterstellt werden, und die Einräumung der Nutzungsrechte darf gemäß Ziffer 10 nur unentgeltlich erfolgen. Darüber hinaus wird

---
[22] *Wiebe/Heidinger*, Medien und Recht 2006, S. 258 ff., S. 259.
[23] Das bloße „Ablaufenlassen" eines Computerprogramms stellt auch nach deutschem Urheberrecht keinen zustimmungspflichtigen Vervielfältigungsvorgang iSv § 69c Nr. 1 UrhG dar. Insoweit greift der Grundsatz, dass „die Benutzung eines Werkes" als solche kein urheberrechtlich relevanter Vorgang ist; vgl. *BGH*, 4.10.1990 – I ZR 139/89, GRUR 1991, 449, 453; *LG Mannheim*, 11.9.1998 – 7 O 142/98, ZUM-RD 1999, 210 ff.; *Koch*, Computervertragsrecht, S. 881 mwN; aA *Spindler* in: Intveen/Gennen/Karger, Handbuch des Softwarerechts, § 1 Rn. 23.
[24] Art. WIPO-Urheberrechtsvertrag lautet: „Pflichten in Bezug auf technische Vorkehrungen. Die Vertragsparteien sehen einen hinreichenden Rechtsschutz und wirksame Rechtsbehelfe gegen die Umgehung wirksamer technischer Vorkehrungen vor, von denen Urheber im Zusammenhang mit der Ausübung ihrer Rechte nach diesem Vertrag oder der Berner Übereinkunft Gebrauch machen und die Handlungen in Bezug auf ihre Werke einschränken, die die betreffenden Urheber nicht erlaubt haben oder die gesetzlich nicht zulässig sind."

die Reichweite der Geltung der GPL in Bezug auf das Endprodukt nach der Veränderung bestimmt. Danach erfasst die GPL im Grundsatz das gesamte veränderte Werk, also auch die Bestandteile, die neu hinzugefügt wurden.
- Ziffer 6 regelt die Weitergabe des Programms in der Form des ausführbaren Objektcodes. Hier muss ebenfalls der Quellcode oder ein für mindestens drei Jahre – oder solange wie Ersatzteile und Service angeboten werden – gültiges Angebot beigefügt werden, den Quellcode zu überlassen. Die Bereitstellung des Quellcodes zum Download im Internet genügt gemäß Ziffer 6b) Nr. 2 der GPL.
- Ziffer 7 geht über eine bloße Kompatibilitätsregelung hinaus und regelt die Zulässigkeit zusätzlicher, die Bedingungen der GPL ergänzender Bedingungen, wie etwa Gewährleistungsausschlüsse oder Haftungsbegrenzungen abweichend von den Ziffern 15 und 16 der GPL.
- Ziffer 8 Abs. 1 dient der Durchsetzung der in den vorangegangenen Ziffern enthaltenen Lizenzbedingungen. Jeder Versuch, eine Software unter Missachtung der GPL zu modifizieren oder zu verbreiten, soll automatisch den Verlust der Rechte aus der Lizenz nach sich ziehen. Dennoch sollen Dritte, die unter Geltung der GPL eine Lizenz erworben haben, diese behalten, solange sie selbst im Einklang mit der GPL handeln. Letztere Bestimmung ist im Zusammenhang mit Ziffer 10 zu verstehen, nach der bei der Weitergabe eines Programms oder eines hiervon abgeleiteten Werkes der Empfänger eine Lizenz vom ursprünglichen Lizenzgeber erwirbt. Demnach wird die Lizenz nicht im Sinne einer Unterlizenzierung weitergegeben, sondern soll nach der Konzeption der GPL immer wieder direkt vom Urheber abgeleitet werden.
- Ziffer 9 fingiert die Annahme der Lizenzbedingungen durch den Nutzer für den Fall, dass er ein der GPL unterstehendes Programm verändert oder weiterverbreitet.
- Ziffer 10 regelt die Behandlung von für ein Unternehmen erteilten Lizenzen bei einer Unternehmensnachfolge. Erstmalig trifft die GPL in der neuen Version in Ziffer 11 umfangreiche Regelungen zu Patenten, wie zum Beispiel die parallele Rechtseinräumung von Urheber- und Patentrechten. Insbesondere muss bei der Weiterverbreitung eine nichtausschließliche, weltweite und gebührenfreie Patentlizenz an den Bearbeitungen des Quellcodes gewährt werden.[25]
- Ziffer 14 regelt, welche Version der GPL anwendbar ist.
- Ziffer 15 ordnet einen umfassenden Gewährleistungsausschluss an.
- Ziffer 16 bestimmt einen vollständigen Haftungsausschluss.

III. Viraler Effekt

Der eingangs bereits erwähnte „virale Effekt" der GPL kann insbesondere auch dann auftreten, wenn in der Firmware, die der Steuerung der Hardware dient, Open Source Software verwendet wurde, die der GPL untersteht.[26] Es stellt sich dann das schwierige Abgrenzungsproblem, ab wann eine Softwarekombination von proprietärem (eigenentwickeltem) Code und GPL-Code als eine Bearbeitung im Sinne der GPL zu behandeln ist. Einigkeit besteht, dass die bloße gemeinsame Speicherung auf einem Datenträger noch nicht für eine solche Bearbeitung ausreicht.[27] Erforderlich soll vielmehr sein, dass die Kombination
- ausreichend dauerhaft ist,
- wesentliche und kreative Teile des GPL-Programms enthält,

---

[25] Siehe im Einzelnen hierzu *Funk/Zeifang*, CR 2007, 617, 623.
[26] Vgl. *LG Berlin*, 8.11.2011 – 16 O 255/10, GRUR-RR 2012, 111 – „Surfsitter", das die Rechte des Softwareherstellers damit auf wettbewerbsrechtliche Ansprüche reduziert; ausführlich zu den möglichen Rechten des Firmwareherstellers *Kreutzer*, CR 2012, 146 ff.
[27] *Keppeler*, CR 2015, 9, 10; *Jaeger/Metzger*, Open Source Software, S. 46.

17 – selbst hinreichend kreativ ist und
– inhaltliche Änderungen des GPL-Programms nach sich zieht.[28]

17 Heranzuziehen sind dabei auch technische Kriterien. So kann je nach technischer Einbettung der Open-Source-Komponenten und angewendeter Lizenz der „virale Effekt" durchaus durch eine entsprechende Softwarearchitektur umgangen werden.[29] Letztendlich kommt es in jedem Einzelfall aber auf die Verkehrsauffassung und eine wertende Gesamtbetrachtung an.[30] Leider trägt weder der Wortlaut der GPL v2 noch der der GPL v3 dazu bei, diese Auslegungsschwierigkeiten zu beseitigen. Erschwerend hinzu kommt noch, dass es für die eigentlichen Streitfragen im Zusammenhang mit dem „viralen Effekt" bislang keine aussagekräftige Rechtsprechung gibt. Gerade bei der Verwendung von GPL-lizenziertem Code als Embedded Software in Industrie 4.0 Projekten, zB für die Steuerung von Produktionsanlagen, entstehen dadurch nur schwer einzuschätzende Rechtsrisiken für den Vertrieb und die Nutzer derartiger Software. Infiziert der GPL-lizenzierte Code die vermeintlich proprietäre Steuerungssoftware und wird diese nicht unter Geltung der GPL vertrieben, liegt ein Lizenzverstoß vor, der in der Regel zu einem Verlust der Nutzungsrechte führt. Die Geltendmachung und Durchsetzung eines Unterlassungsanspruchs durch die Rechteinhaber könnte dann bei den Nutzern der Software auch zu einem Produktionsstillstand führen, der eheblich weitere Schäden auslösen könnte (entgangener Gewinn, etc.).

IV. Outsourcing als Verbreitung im Sinne der GPL

18 Es stellt sich zudem die Frage, ob bereits ein Outsourcing des Softwarebetriebs als Verbreitung im Sinne der GPL ausreicht (zB das Hosting einer Software durch einen Dienstleister in einem Rechenzentrum). Rechtsprechung zu diesem Thema existiert noch nicht.[31] Nach der GPL v2 führt bereits jede Verbreitung, also auch die „Weitergabe" von Software an einen Outsourcing-Dienstleister, zur Anwendung der GPL v2. Dies hat wiederum zur Folge, dass die Übertragung der Software auf den Anbieter nur bei Erfüllung der Vorgaben der GPL v2 wirksam erfolgen kann. Hierfür sind zumindest die Mitlieferung des Lizenztextes, die Anbringung des Copyrightvermerks, der Hinweis auf den Haftungsausschluss sowie die Zugänglichmachung des Quellcodes erforderlich. Die GPL v3 enthält dagegen in Ziffer 2 Abs. 2 nunmehr eine ausdrückliche Regelung für die Übertragung von Software an Outsourcing-Dienstleister. Hiernach sind der Betrieb sowie die Änderung der Software durch einen Outsourcing-Dienstleister ausschließlich für einen Kunden gestattet.

V. Anwendbarkeit des deutschen Rechts

19 Die GPL enthält keine Rechtswahlklausel, sodass sich die Frage nach der Anwendbarkeit von deutschem Recht stellt. Diese Frage ist schon deshalb berechtigt, weil die GPL in englischer Sprache gefasst ist und sich erkennbar an der im anglo-amerikanischen Rechtsraum üblichen Vertragsgestaltung orientiert,[32] so zum Beispiel gerade im Rahmen des Haftungs- und Gewährleistungsausschlusses in den Ziffern 15 und 16.[33] Ohne auf die in diesem Zusammenhang zu berücksichtigenden schwierigen kollisionsrechtlichen Fragen näher einzugehen[34], wird man im Ergebnis davon ausgehen können, dass in der Regel deutsches

---

[28] *Determann,* GRUR Int 2006, 645, 653.
[29] Vgl. zu den einzelnen technischen Einbeziehungsmöglichkeiten *Hoppen/Thalhofer,* CR 2010, 275, 276 ff.
[30] *Andréewitch,* in: Medien und Recht 2005, S. 240, 242.
[31] *Jaeger/Metzger,* Open Source Software, S. 144.
[32] *Keppeler,* CR 2015, 9, 13; *Jaeger/Metzger,* Open Source Software, S. 366 f.
[33] Auer-Reinsdorf/Conrad/*Kast,* Handbuch IT- und Datenschutzrecht, § 9 Rn. 60.
[34] *Jaeger/Metzger,* Open Source Software, S. 329 ff.; Auer-Reinsdorf/Conrad/*Kast,* Handbuch IT- und Datenschutzrecht, § 9 Rn. 56 ff.

Recht Anwendung finden wird, wenn sowohl auf Seiten des Lizenzgebers als auch auf Seiten des Lizenznehmers ein Unternehmen mit Sitz in Deutschland steht. Es ergeben sich nämlich weder aus der GPL selbst noch aus ihrer Entstehungsgeschichte Anhaltspunkt dafür, dass lediglich amerikanisches Recht Anwendung finden oder ausschließlich für Auslegungsfragen herangezogen werden soll.[35] Darüber hinaus findet deutsches Urheberrecht jedenfalls dann Anwendung, wenn die Software in Deutschland genutzt werden soll bzw. die urheberrechtlich relevante Handlung hier stattgefunden hat.[36]

1. Anwendbarkeit des AGB-Rechts auf die GPL

Ist im Einzelfall deutsches Recht maßgeblich, stellt sich die Frage, ob die AGB-rechtlichen Vorschriften der §§ 305 ff. BGB auf die GPL Anwendung finden. Da es sich bei der GPL um einen Mustervertrag handelt, der für eine Vielzahl von Anwendungsfällen konzipierte, vorformulierte Vertragsbedingungen im Sinne von § 305 Abs. 1 Satz 1 BGB enthält, finden die §§ 305 ff. BGB grundsätzlich Anwendung.[37] Als Verwender im Sinne des § 305 Abs. 1 Satz 2 BGB kommt nicht nur der weiterlizenzierende Urheber, sondern auch ein Händler bzw. Distributor von Open-Source-Software in Betracht.[38] Die Geltung der §§ 305 ff. BGB ist nicht nur bei der Weitergabe an Verbraucher im Sinne von § 13 BGB, sondern auch im Unternehmensverkehr zu berücksichtigen. Insoweit ist die sogenannte „Ausstrahlungswirkung" der Klauselverbote in §§ 308, 309 BGB angemessen auch im Unternehmensverkehr zu beachten. Dies bedeutet, dass der Lizenznehmer grundsätzlich gemäß § 305 Abs. 2 BGB bei Vertragsschluss auf die GPL Lizenzbedingungen hingewiesen werden muss oder er in anderer zumutbarer Weise von Ihnen Kenntnis nehmen konnte und mit der Geltung einverstanden war. Die Einbeziehungsregeln sind allerdings zugunsten des Vertragspartners großzügig auszulegen, damit sich ihre Schutzwirkung nicht in ihr Gegenteil verkehrt. Denn ohne Zustandekommen des Lizenzvertrages wäre der Anwender nicht zur Veränderung/Weitergabe der Software berechtigt.[39] Insgesamt sollte ein Anbieter, der seine Open-Source-Software an einen Erwerber auf Grundlage einer Open-Source-Lizenz weitergeben möchte, berücksichtigen, dass die Bestimmungen der GPL und auch der anderen verwendeten Open-Source-Lizenzen grundsätzlich der AGB-rechtlichen Inhaltskontrolle nach § 307 BGB unterliegen.

2. Inhaltskontrolle der GPL anhand des AGB-Rechts

a) Gewährleistungsausschluss

Der in Ziffer 11 der GPL v2 bzw. Ziffer 15 der GPL v3 geregelte Gewährleistungsausschluss ist im Ergebnis nach den §§ 305 ff. BGB unwirksam.[40] Die offensichtlich aus dem US-amerikanischen Rechtssystem stammenden Regelungen zur Beschränkung der Haftung für Sach- und Rechtsmängel („as is"-Regelung) lassen sich unter Berücksichtigung der §§ 305 ff. BGB nicht wirksam mit dem deutschen Recht vereinbaren. Selbst die Berücksichtigung des Umstandes, dass die Software in der Regel kostenfrei lizenziert wird, führt nicht dazu, dass der vollständige Gewährleistungsausschluss wirksam vereinbart werden könnte. Insoweit haftet nach deutschem Recht der Schenker für Sach- und Rechtsmängel der kostenfrei überlassenen Sache zumindest im Fall der Arglist, §§ 523, 524 BGB.

---

[35] Auer-Reinsdorf/Conrad/*Kast*, Handbuch IT- und Datenschutzrecht, § 9 Rn. 60.
[36] *Deike*, CR 2003, 9, 12.
[37] *LG Frankfurt a. M.*, 6.9.2006 – 2-6 O 224/06, ZUM-RD 2006, 525; *LG München I*, 19.5.2004 – 21 O 6123/04, MMR 2004, 693, 694; Bork/*Hoeren*/Pohlmann, FS Kollhosser, 2004, S. 229, 239; *Lapp*, ITRB 2007, 95, 97; *Spindler*, K&R 2004, 528, 532; *Sobola*, ITRB 2011, 168, 170; *Spindler/Wiebe*, CR 2003, 873 ff.; *Sujecki*, JurPC Web-Dok. 145/2005, Abs. 10; vgl. *Witzel*, ITRB 2003, 175 f. mwN.
[38] *Witzel*, ITRB 2003, 175, 176.
[39] *Kreutzer*, MMR 2004, 695, 697.
[40] *Sobola*, ITRB 2011, 168, 170; *Sujecki*, JurPC Web-Dok. 145/2005, Abs. 16.

Da jedoch Ziffer 11 der GPL v2 bzw. Ziffer 15 der GPL v3 eine entsprechende Einschränkung für den Fall der Arglist nicht enthält, ist die Regelung schon nach § 307 Abs. 2 BGB unwirksam.[41] Stellt man darauf ab, dass nicht Schenkungsrecht, sondern Kaufrecht Anwendung findet, etwa im Fall der Überlassung der Software durch einen Händler, kann gemäß §§ 307, 308 Nr. 8b BGB ein vollständiger Gewährleistungsausschluss erst recht nicht wirksam vereinbart werden.[42]

b) Haftungsausschluss der GPL

22 Die GPL, die LGPL sowie auch die anderen gängigen Open-Source-Lizenzen enthalten in der Regel einen vollständigen Haftungsausschluss zugunsten des Verwenders. Problematisch daran ist bereits, dass ein Haftungsausschluss für Vorsatz schon nach § 276 Abs. 3 BGB unzulässig und unwirksam ist. Auch der Ausschluss der Haftung bei grober Fahrlässigkeit kann nach § 309 Nr. 7 BGB in Allgemeinen Geschäftsbedingungen nicht wirksam vereinbart werden. Letzteres gilt im Übrigen auch im Unternehmensverkehr, da § 309 Nr. 7 BGB nach der Rechtsprechung des BGH aufgrund der Ausstrahlungswirkung über § 307 Abs. 2 BGB auch im Geschäftsverkehr zwischen Unternehmern Anwendung findet.[43] Schließlich ist der Ausschluss der Haftung für leichte Fahrlässigkeit aufgrund gefestigter Rechtsprechung und der Regelung in § 307 Abs. 2 Nr. 2 BGB nur möglich, soweit keine wesentlichen Vertragspflichten verletzt werden. Im Ergebnis ist daher der vollständige Haftungsausschluss zB in der Ziffer 12 der GPL v2 bzw. in Ziffer 16 der GPL v3 insgesamt unwirksam.[44] Letzteres führt dazu, dass für den Verwender der GPL uneingeschränkt die gesetzlichen Haftungsregelungen zur Anwendung kommen, wobei streitig ist, ob hier Schenkungsrecht (§§ 521, 523, 524 BGB) gilt.[45]

23 **Praxistipp:**

Zumindest bei der GPLv3 ist es gemäß Ziffer 7a) der GPLv3 grundsätzlich möglich, die Gewährleistungs- und Haftungsausschlüsse gemäß Ziffer 15 und 16 der GPLv3 abweichend zu regeln. Verwender der GPLv3 sollten daher durch eine gesonderte individuelle Vereinbarung mit dem jeweiligen Erwerber eine eigenständige Haftungs- und Gewährleistungsregelung treffen, um so nicht aufgrund der AGB-rechtlichen Unwirksamkeit dieser Regelungen den gesetzlichen Haftungs- und Gewährleistungsbestimmungen uneingeschränkt ausgesetzt zu werden. Bei der GPLv2 ist ein solches Vorgehen nicht möglich. Vielmehr dürfte dies als Abweichung von den zwingenden Gewährleistungs- und Haftungsausschlüssen gemäß Ziffer 11 und 12 der GPLv2 eine Lizenzverletzung darstellen.

VI. Nutzungsrechte bei Verwendung der GPL

24 Wie oben bereits dargestellt, stellt das bloße „Ablaufenlassen" eines Programms gemäß Ziffer 2 Abs. 1 Satz 2 der GPL v3 noch keine zustimmungspflichtige Vervielfältigungshandlung dar. Ein allgemeines Recht zur Vervielfältigung findet sich in den Ziffern 4, 5 und 6 der GPL v3 hinsichtlich des Quellcodes und der ausführbaren Form des veränderten bzw. unveränderten Programms. Letzteres stellt im Ergebnis die Einräumung des im Hinblick auf § 69c Nr. 1 UrhG notwendigen Rechts zur Vervielfältigung der Software dar. Das Recht des Erwerbers, Veränderungen an der Software im Sinne von § 69c Nr. 2 UrhG vorzunehmen, ergibt sich aus Ziffer 5 der GPL v3. Schließlich wird in den Zif-

---

[41] *Witzel*, ITRB 2003, 175, 179.
[42] Vgl. *Witzel*, ITRB 2003, 175, 179.
[43] Ulmer/Brandner/Hensen/*Fuchs*, AGB-Recht, § 307 Rn. 381; Palandt/*Grüneberg*, BGB § 307 Rn. 40.
[44] *Sobola*, ITRB 2011, 168, 170; *Sujecki*, JurPC Web-Dok. 145/2005, Abs. 18.
[45] Dagegen *Hoeren*, Bork/Hoeren/Pohlmann, FS Kollhosser, 2004, S. 229, 238.

fern 4, 5 und 6 der GPL v3 ebenfalls das Verbreitungsrecht nach § 69c Nr. 3 UrhG eingeräumt.

Die Besonderheit der Einräumung von Nutzungsrechten nach der GPL besteht allerdings darin, dass die Nutzungsrechte nach Ziffer 10 der GPL v3 nicht vom jeweiligen Lizenzgeber, sondern vom ursprünglichen Urheber der Software abgeleitet werden. Nach der Konzeption der GPL sollen daher keine „Lizenzketten" entstehen, sondern eine Vielzahl von auf denselben Urheber bezogenen Nutzungsrechten.[46] Dies ergibt sich auch aus Ziffer 8 Abs. 1 der GPL v3, wo geregelt ist, dass der Wegfall der Nutzungsrechte bei Verstoß eines Nutzers gegen die GPL keine Auswirkungen auf die bereits eingeräumten Nutzungsrechte Dritter hat, die die Software von dem vertragsbrüchigen Nutzer erhalten haben.

Abschließend ist im Zusammenhang mit der Einräumung von Nutzungsrechten anzumerken, dass bei Verwendung von GPL v2 lizensierter Software in der Literatur davor gewarnt wird, diese im Wege des Application Service Providing („ASP") oder Leasing zu nutzen bzw. zur Nutzung zur Verfügung zu stellen. Es ist an dieser Stelle darauf hinzuweisen, dass ASP in der Praxis weitgehend durch das Geschäftsmodell der Software as a Service („SaaS") abgelöst wurde.[47] Problematisch ist an der GPL im Zusammenhang mit ASP- bzw. SaaS-Lösungen, dass die GPL grundsätzlich keine entgeltliche Vermietung der Software erfasst, da für die Einräumung des Nutzungsrechts kein Entgelt verlangt werden darf. Insoweit ist jedenfalls für die GPL v2 umstritten, ob die Lizenzbedingungen der Nutzung im Wege von ASP- bzw. SaaS-Lizenzmodellen entgegenstehen oder ob das Verbreitungsrecht das Vermietungsrecht umfasst.[48] Zum Teil wird zumindest für Software, die vor Mitte der 1990er Jahre unter die GPL gestellt wurde, angenommen, dass eine Verbreitung im Wege von ASP- bzw. SaaS-Lizenzmodellen unzulässig sei. Begründet wird dies damit, dass es sich bei ASP/SaaS um eigenständige Nutzungsarten handeln soll, die erst seit Mitte der 1990er Jahre bekannt sind und daher eine Rechteeinräumung gemäß § 31 Abs. 4 UrhG aF schon gesetzlich untersagt war.[49] Vertreten wird auch, dass der Anbieter von ASP- bzw. SaaS-Lizenzmodellen oder auch Leasinggeber ein Entgelt ohnehin nur für seine sonstigen Leistungen – nicht jedoch für die Einräumung des Nutzungsrechts – verlangt, so dass kein Konflikt mit der GPL v2 besteht.[50] Nach Ziffer 6d) und e) der GPL v3 sind demgegenüber alle Formen der Online-Nutzung und Überlassung von Software, wie etwa SaaS-Anwendungen, ausdrücklich erlaubt.

VII. Rechtsprechung

Die Anzahl streitiger Verfahren zu Open-Source-Software ist immer noch überschaubar. In der Praxis kommt es zwar häufiger vor, dass die GPL Lizenzbedingungen verletzt werden (zB keine Mitlieferung des Lizenztextes, fehlender Haftungsausschluss, etc.). Diese Lizenzverstöße werden dann auch abgemahnt, führen aber seltener zu gerichtlichen Auseinandersetzungen, da sie zumeist außergerichtlich entschieden werden. Andererseits gibt es auch einige wenige Gerichtsentscheidungen, die sich mit Verletzungen der GPL auseinandersetzen.[51] Auch diese betreffen allerdings nicht die komplexen Fragen des „viralen Ef-

---

[46] *Heinzke/Burke*, Open-Source-Compliance, CCZ 2017, 56, 57; Auer-Reinsdorf/Conrad/*Kast*, Handbuch IT- und Datenschutzrecht, § 9 Rn. 18; *Jaeger/Metzger*, Open Source Software, S. 134.
[47] Auer-Reinsdorf/Conrad/*Kast*, Handbuch IT- und Datenschutzrecht, § 9 Rn. 60.
[48] *Sujecki*, JurPC/Web-Dok. 145/2005, Abs. 49.
[49] So *Jaeger/Metzger*, Open Source Software, S. 31 f.
[50] *Marly*, Praxishandbuch Softwarerecht, Rn. 987.
[51] LG München I, 19.5.2004 – 21 O 6123/04, MMR 2004, 693 ff.; *LG München I*, 12.7.2007 – 7 O 5245/07, BeckRS 2008, 1944; LG Berlin, 21.2.2006 – 16 O 134/06, BeckRS 2007, 16293; *LG Frankfurt a. M.*, 6.9.2006 – 2-6 O 224/06, ZUM-RD 2006, 525; vgl. allgemein zu den jeweiligen Rechten des Urhebers bei Open-Source-Lizenzverletzungen *Jaeger/Metzger*, Open Source Software, S. 173 ff.

fekts", sondern eher einfache Lizenzverletzungen oder Fragen der Berechnung von Schadensersatz.

28 Leider hat zuletzt das OLG Hamburg im Zusammenhang mit GPL-lizensierten Komponenten des „Linux" Betriebssystems einige interessante Fragen zum Copyleft-Effekt und „viralen Effekt" eher unbeantwortet gelassen[52]. Die Beklagte hatte sich ua darauf berufen, dass es sich bei der streitgegenständlichen Software um kein von Linux abgeleitetes Werk, sondern um ein von ihr unabhängig entwickeltes Werk handele. Da das Gericht aber, ebenso wie schon die Vorinstanz, im Wesentlichen darauf abstellte, dass der Kläger schon seine Aktivlegitimation nicht hinreichend dargetan und bewiesen habe, musste das OLG Hamburg die Fragen zur Reichweite des Copyleft-Effektes bei abgeleiteten Werken nicht näher prüfen.

29 Entschieden wurde in diesem Zusammenhang allerdings vom LG Halle, dass eine erneute Lizensierung nach Ziffer 8 Abs. 3 der GPL v3 eine bestehende Wiederholungsgefahr nicht beseitigt, wenn bereits ein Lizenzverstoß gegen die GPL v3 vorlag.[53] Die Einräumung der Möglichkeit der weiteren Nutzung der Lizenz gemäß Ziffer 8 Abs. 3 der GPL v3 bei Einstellung einer Lizenzverletzung innerhalb von 30 Tagen sei nicht dahingehend auszulegen, dass der Lizenzgeber damit zugleich auf seinen Rechtsanspruch auf Abgabe einer strafbewehrten Unterlassungserklärung verzichten wollte. Der Lizenzgeber habe trotzdem ein schützenswertes Interesse daran, weiteren Rechtsverstößen bereits nach dem ersten Rechtsverstoß nachhaltig vorzubeugen.

30 Auch bezüglich der unterschiedlichen Methoden der Schadensberechnung gibt es bereits einige wenige Urteile, die allerdings auch keine einheitliche Linie erkennen lassen. Ein Verstoß gegen die GPL stellt grundsätzlich eine Urheberechtsverletzung dar, die nicht nur zu einem Unterlassungsanspruch[54] und dem Verlust der Nutzungsrechte führt, sondern auch einen Schadensersatzanspruch zugunsten der Softwareentwickler auslösen kann. Trotz kostenfreier Zurverfügungstellung der Software unter dem jeweiligen Open-Source-Lizenzmodell soll die Schadensberechnung dabei nach der Lizenzanalogie grundsätzlich möglich bleiben.[55]

31 So hat das LG Bochum die Durchsetzung der Entwicklerrechte stärken wollen, indem es erstmals dem Grunde nach einen Schadensersatzanspruch wegen eines Lizenzverstoßes zuließ.[56] Eine Berechnung des Schadensersatzes soll dann anhand der Lizenzanalogie erfolgen können. Nach dieser Berechnungsart ist danach zu fragen, was vernünftige Vertragspartner als Vergütung für die Benutzungshandlung vereinbart hätten.[57] In der 2. Instanz hat das OLG Hamm allerdings der Berufung weitgehend stattgegeben und erkannt, dass kein Anspruch auf Schadensersatz wegen der Lizenzpflichtverletzung besteht.[58] Weitere Schadensersatzansprüche lehnte das Gericht mit der zutreffenden Begründung ab, dass der Klägerin kein Schaden entstanden sei. Bei der von der Klägerin gewählten Schadensberechnungsmethode der Lizenzanalogie sei der objektive Wert der Benutzungsberechtigung zu ermitteln, der gemäß § 287 Abs. 1 ZPO unter Würdigung aller Umstände des Einzelfalls durch das Gericht zu bemessen sei. Der objektive Wert könne hier aber nur mit Null bemessen werden, da die Klägerin auf die monetäre Verwertung ihres ausschließlichen Nutzungsrechts vollständig verzichtet habe.

---

[52] *Galetzka/Hackel*, Anmerkung zu OLG Hamburg, Urteil vom 28.2.2019 – 5 U 146/16, MMR 2019, 452.
[53] Vgl. *LG Halle*, 27.7.2015 – 4 O 133/15, ZUM 2016, 69.
[54] Vgl. hierzu bereits *LG München I*, 19.5.2004 – 21 O 6123/04, MMR 2004, 693, 694; *LG München I*, 12.7.2007 – 7 O 5245/07, BeckRS 2008, 1944.; *LG Berlin*, 21.2.2006 – 16 O 134/06, BeckRS 2007, 16293.
[55] *LG Bochum*, 20.1.2011 – 8 O 293/09, MMR 2011, 474f.; *LG Köln*, 17.7.2014 – 14 O 463/13, BeckRS 2014, 21007; abl. bei Creative Commons Lizenzen: *OLG Köln*, 31.10.2014 – 6 U 60/14, NJW 2015, 789, 794.
[56] *LG Bochum*, 20.1.2011 – 8 O 293/09, MMR 2011, 474f.
[57] Vgl. *Jaeger/Metzger*, Open Source Software, S. 177f.
[58] *OLG Hamm*, 13.6.2017, MMR 2017, 767ff.

Darüber hinaus wurde ein Anspruch auf Herausgabe des Verletzergewinns zugunsten des Rechtsinhabers bei einem Lizenzverstoß durch eine lizenzwidrige Umlizenzierung von der GPL auf die LGPL vom LG Köln dem Grunde nach bejaht[59]. Es handele sich hierbei nicht um einen Anspruch auf Ersatz eines konkret entstandenen Schadens. Vielmehr ziele der dem verletzten Rechtsinhaber zustehende Anspruch auf Herausgabe des Verletzergewinns in anderer Weise auf einen billigen Ausgleich des Vermögensnachteils, den der Rechtsinhaber erlitten habe, ab. Bei dem Verletzergewinn handelt es sich um denjenigen Gewinn, der auf der unbefugten Nutzung der Software beruht. Dessen Herausgabe an den Rechtsinhaber dient sowohl der Sanktionierung des schädigenden Verhaltens als auch der Prävention gegen eine erneute Verletzung.[60] Die Berechnung richte sich auch hier nach den bereits vom BGH entwickelten Grundsätzen, wonach der Verletzte durch die Herausgabe des Verletzergewinns so zu stellen ist, als hätte er ohne die Rechtsverletzung den gleichen Gewinn wie der Rechtsverletzer erzielt.[61]

Das LG Hamburg hat schließlich – soweit ersichtlich – das erste Urteil zur Berechnung der Höhe einer Vertragsstrafe bei der wiederholten Verletzung der GPL v2 gesprochen.[62] Das Gericht hatte mehrere Verstöße gegen die Lizenzpflichten der GPL v2 festgestellt. Insbesondere fehlten der Lizenztext sowie ein gesonderter Disclaimer. Nach erfolgter Abmahnung wurde eine strafbewehrte Unterlassungserklärung abgegeben. Da sich diese aber nicht nur auf die zuvor abgemahnten Produkte, sondern generell auf alle Produkte, die den Linux-Netzwerkstack und die Software „Netfilter" enthalten, bezog und die Lizenzpflichten bei allen Produkten nicht erfüllt wurden, lagen auch weiterhin Lizenzpflichtverletzungen vor. Die Entscheidung ist insbesondere deshalb von Interesse, da das Gericht sich auch dazu ausgesprochen hat, wann nur eine und wann mehrere einzelne Lizenzpflichtverstöße vorliegen. Eine einzige Verletzung liegt demnach vor, wenn die Lizenzpflichtverstöße, die bereits vor Abgabe der Unterlassungserklärung vorlagen, nicht abgestellt werden, wohingegen mehrere Verletzungen vorliegen, wenn bei einigen Produkten die abgemahnten Lizenzpflichten korrigiert worden sind, bei anderen Produkten jedoch nicht.[63]

C. GNU Lesser General Public License (LGPL)

I. Überblick Regelungsgehalt

Zeitgleich mit der Version 3 der GPL v3 wurde auch die LGPL v3 aktualisiert. Mit der Version 3 wurde die LGPL an die Version 3 der GPL angepasst[64]. Im Wesentlichen enthält die LGPL v3 folgende Regelungen:
- Die Ziffer 0 definiert die zusätzlichen, über die in der GPL verwendeten hinausgehenden Begriffe. Insbesondere wird der Begriff der „Bibliothek" definiert, welcher den Hauptanwendungsraum der LGPL darstellt.
- Nach Ziffer 1 darf ein betroffenes Werk gemäß den Ziffern 3 und 4 übertragen werden, ohne dass man an die Ziffer 3 der GPL v3 (s. o.) gebunden ist. Hierdurch wird sichergestellt, dass LGPL-Bibliotheken auch mit proprietärer Software zusammen verwendet werden können, die technische Schutzmaßnahmen enthalten oder zum Zweck eines technischen Schutzes verwendet werden. So besteht nicht die Gefahr, dass der Einsatzbereich der LGPL-Bibliotheken hierdurch eingeschränkt wird[65].

---

[59] Vgl. *LG Köln*, 17.7.2014 – 14 O 463/13, BeckRS 2014, 21007.
[60] *Jaeger*, CR 2014, 704, 706.
[61] Vgl. *BGH*, 2.11.2000 – I ZR 246/98, GRUR 2001, 329.
[62] *LG Hamburg*, 20.11.2017 – 308 O 343/15.
[63] *Jaeger* CR 2019, 765, 766 ff.
[64] Vgl. *Jaeger/Metzger*, Open Source Software, S. 99 f.
[65] Vgl. *Jaeger/Metzger*, Open Source Software, S. 99 f.

- Ziffer 2 regelt die Übertragung modifizierter Versionen der Bibliotheken unter der LGPL oder der GPL.
- Laut Ziffer 3 dürfen Objekt-Codes Material aus einer Header-Datei enthalten, die Teil einer Bibliothek ist. Unter festgelegten Voraussetzungen darf ein solcher Objekt-Code unter frei wählbaren Lizenzbedingungen übertragen werden, wenn ein Hinweis hinzugefügt wird, dass die Bibliothek in dem Objekt-Code verwendet wird und dass die Bibliothek und ihre Benutzung durch die LGPL abgedeckt wird sowie dem Objekt-Code ein Exemplar der GPL v3 und der LGPL v3 beigelegt wird.
- Nach Ziffer 4 kann ein „kombiniertes Werk", welches unter Ziffer 0 definiert wird, übertragen werden, wenn ein Hinweis hinzugefügt wird, dass die Bibliothek in dem Objekt-Code verwendet wird und dass die Bibliothek und ihre Benutzung durch die LGPL abgedeckt wird sowie dem Objekt-Code ein Exemplar der GPL v3 und der LGPL v3 beigelegt wird. Zudem muss, wenn ein Copyright-Hinweis angezeigt wird, ebenfalls ein Copyright-Hinweis für die Bibliothek und ein Verweis auf die LGPL v3 und die GPL v3 beigefügt werden. Des Weiteren muss entweder ein Minimalquelltext unter den Bedingungen der LGPL v3 weitergegeben werden oder es muss ein sog. geeigneter Shared-Library-Mechanismus verwendet werden. Je nach dem für welche dieser Möglichkeiten man sich entscheidet, müssen entsprechende Installationsinformationen zur Verfügung gestellt werden.
- Ziffer 5 regelt die mögliche Verlinkung von Bibliotheken unter den Voraussetzungen, dass der kombinierten Version der Bibliothek ein Exemplar des darauf basierenden Werkes beigelegt wird und dass ein Hinweis beigefügt wird, dass Teile der kombinierten Bibliothek ein auf der Bibliothek basierendes Werk darstellen.
- Ziffer 14 regelt, welche Version der GPL anwendbar ist.

II. Besonderheiten und Rechtsprechung

1. Lizenzrechtliche Besonderheiten

35 Die LGPL entspricht im Wesentlichen der GPL, enthält nur bezüglich Bibliotheken und deren besonderer Anforderungen einige Besonderheiten[66]. Der Hauptunterschied zur GPL ist, dass die Verpflichtungen der Nutzer bei Verwendung der GPL weitergehend als bei Verwendung der LGPL sind[67] und die Software unter der LGPL auch in proprietärer Software verwendet werden kann, was eine kommerzielle Nutzung vereinfacht. Proprietäre und Open-Source-Software können also gelinkt werden. Dies ist unter der LGPL auch möglich ohne dass Entwickler durch ein strenges Copyleft (wie beispielsweise unter der GPL) dazu gezwungen werden, den Quellcode der Teile der Software offenzulegen, die sie selbst unter dem Einsatz von finanzieller und personeller Mittel und Know-how entwickelt haben. Durch diese Möglichkeit sollte die Entwicklung von Bibliotheken und insgesamt die Akzeptanz von Open Source Software gesteigert werden.[68]

36 Bei der LGPL liegt gemäß Ziffer 2 der Version 3 lediglich ein schwacher Copyleft-Effekt vor, welcher in der Regel nur modifizierte Fassungen der Bibliotheken erfasst. Eine kommerzielle Nutzung von solchen Bibliotheken unter der LGPL in proprietärer Software dürfte daher unter den folgenden Voraussetzungen möglich sein:
- Nutzung der Bibliothek in unveränderter Form
- Einbindung durch dynamische Verlinkung („shared library")
- Möglichkeit zum Austausch der Bibliothek
- Beachtung von formalen Anforderungen und Hinweispflichten

---

[66] Vgl. Auer-Reinsdorf/Conrad/*Kast*, Beck'sches Mandatshandbuch IT-Recht, § 7 Rn. 21.
[67] *Jaeger/Metzger*, Open Source Software, S. 92 f.
[68] Auer-Reinsdorf/Conrad/*Kast*, Beck'sches Mandatshandbuch IT-Recht, § 7 Rn. 21.

Der Copyleft-Effekt erfasst nur Modifizierungen der Programm-Bibliotheken, sodass dieser nicht bei einer Nutzung der Programm-Bibliothek in unveränderter Form eingreift. 37

Im Fall der dynamischen Verlinkung der Programmroutinen aus der Bibliothek werden diese erst bei Ausführung der Software hinzugeladen und liegen ansonsten in abgrenzbarer Form nebeneinander vor, sodass hier kein „kombiniertes Werk" im Sinne der Lizenz vorliegt[69] und somit der Copyleft-Effekt nicht greift. 38

Die dynamisch verlinkte Bibliothek muss austauschbar und die proprietäre Software muss lauffähig bleiben[70]. 39

In formaler Hinsicht ist erforderlich, dass auf die Verwendung der Komponenten, die unter der LGPL lizenziert wurden, sowie auf die Anwendbarkeit der LGPL hingewiesen wird. Zudem muss – sollte im Programmlauf ein Copyright-Vermerk angezeigt werden – auch der Copyright-Hinweis der LGPL-Komponenten angezeigt werden. Ferner müssen die Lizenztexte der LGPL und die GPL der Software beigefügt werden[71]. 40

Der Quellcode der Bibliothek hingegen muss dann nicht mitgeliefert werden. 41

2. Rechtsprechung

Es wurde rechtskräftig entschieden, dass eine Umlizensierung in einen gänzlichen anderen Lizenztypus, beispielsweise von GPL in LGPL, unzulässig ist. Nach dem eindeutigen Wortlaut der Ziffer 14 der GPL v3 dürfe nur eine andere Lizenzversion desselben Typs gewählt werden, nicht aber ein andere Lizenztypus. Ein solcher gänzlich anderer Lizenztypus liegt bei der Weiterlizensierung einer Software, die der GPL unterliegt, unter der LGPL allerdings vor. Darüber hinaus werde hierdurch auch das in der Präambel der GPL zum Ausdruck kommende Prinzip des Copyleft unterlaufen. Hierunter ist eine Weitergabe nur erlaubt, wenn alle Änderungen ausschließlich unter den identischen oder im wesentlichen gleichen Lizenzbedingungen weitergegeben werden. Da unter der LGPL allerdings der Quellcode nur in geringerem Umfang offengelegt werden muss, als unter der GPL, sollen diese Voraussetzungen nicht vorgelegen haben[72]. 42

D. Berkeley Software Distribution (BSD)

I. Überblick Regelungsgehalt

Es werden drei Varianten der BSD-Lizenz verwendet, die nach der Anzahl der Lizenzklauseln unterschieden werden[73]: 43
- BSD-4-Clause: die Originalversion mit **„Werbe-Klausel"** in Klausel 3 und **„Werbeverbot"** in Klausel 4;
- BSD-3-Clause: die sogenannte „Revised Version" ohne Werbe-Klausel;
- BSD-2-Clause: die sogenannte „Simplified Version" ohne Werbe-Klausel und ohne Regelung über den Umgang mit dem Namen des Urhebers.

Die „Werbe-Klausel" sieht vor, dass auf die Universität Berkeley bei jeder Nennung der Software in der Werbung hingewiesen werden muss und hat folgenden Wortlaut: 44

„Alle Werbematerialien, die Eigenschaften oder Nutzung dieser Software erwähnen, müssen folgenden Hinweis: Dieses Produkt enthält von der Universität von Kalifornien, Berkeley, und Beitragsleistenden entwickelte Software."

---

[69] Vgl. *Jaeger/Metzger,* Open Source Software, S. 53 f.
[70] *Keppeler,* CR 2015, 9, 14.
[71] *Redeker,* IT-Recht, Rn. 91.
[72] Vgl. *LG Köln,* 17.7.2014 – 14 O 463/13, BeckRS 2014, 21007.
[73] Vgl. *Jaeger/Metzger,* Open Source Software, S. 102 f.

Da der Universität Berkeley nachfolgende Verwender die Klausel immer dahingehend abgeändert haben, dass sie den Namen der Universität durch ihren eigenen ersetzten, führte dies in der Verkettung dann dazu, dass eine Vielzahl von Werbeklauseln angehängt werden.[74]

45 Praxistipp:
Die BSD-4 Clause Lizenz regelt nicht, in welchen konkreten Werbematerialien und in welcher konkreten Gestaltung der Hinweis auf die Verwendung von der Universität Berkeley und „Beitragsleistenden" entwickelter Software erfolgen muss. Um das Risiko eines Verstoßes gegen die Lizenzbedingungen möglichst umfassend zu minimieren, sollte die Werbe-Klausel eher weit ausgelegt und der Hinweis in jegliche Art von Werbematerialien, insbesondere Produktbeschreibungen, Handbücher und Bedienungsanleitungen für Computerprogramme aufgenommen werden, die der BDS-4_Clause unterstehende Software enthalten.

46 In der Revised Version ist die dritte Klausel der Originalversion der BSD-Lizenz weggefallen. Der Lizenznehmer ist hierbei nicht verpflichtet, auf allen Werbematerialien einen Hinweis aufzunehmen, der auf die University of California, Berkeley verweist.

47 In der Simplified Version wird zusätzlich auch auf die vierte Klausel verzichtet, sodass es im Rahmen dieser auch möglich ist, bei Weiterentwicklungen auf die Namen der Urheber hinzuweisen, ohne dass deren schriftliche Genehmigung vorliegen muss.

II. Besonderheiten

48 Bei den BSD-Lizenzen handelt es sich um Lizenzen mit reiner Nutzungsrechtseinräumung und ohne Copyleft-Effekt.[75] Der Nutzer ist folglich frei in der Lizenzwahl bezüglich der von ihm weiterentwickelten Software.

49 Die Pflichten des Lizenznehmers sind daher überschaubar, er muss lediglich den Urhebervermerk, die Lizenzbestimmungen und den Haftungs- und Gewährleistungsausschluss ebenfalls mitverbreiten, wobei bei der Verbreitung im Objektcode diese Hinweise in der Dokumentation und/oder im anderen mitgelieferten Material enthalten sein müssen.[76]

50 Zu den Rechtsfolgen einer Verletzung der Pflichten der BSD oder anderer Non-Copyleft-Lizenzen gibt es bisher keine Rechtsprechung und die Lizenzen selber enthalten hierfür auch keinerlei Regelungen. Man wird aber davon ausgehen müssen, dass ohne ausdrückliche Regelung bei einer Lizenzverletzung kein automatischer Wegfall der Nutzungsrechte eintritt, wie etwa bei der GPL. Vielmehr wird bei diesen Lizenzen nur eine einfache Vertragsverletzung vorliegen.[77] Damit die urheberrechtlichen Ansprüche aus §§ 69f und 69a Abs. 4 iVm §§ 97ff. UrhG neben den allgemeinen schuldrechtlichen Ansprüchen gegen den Verletzer geltend gemacht werden können, wird der Lizenzvertrag daher gemäß § 314 Abs. 2 BGB wirksam gekündigt werden müssen.[78]

---

[74] *Jaeger/Metzger*, Open Source Software, S. 103f.
[75] Auer-Reinsdorf/Conrad/*Kast*, Beck'sches Mandatshandbuch IT-Recht, § 7 Rn. 23.
[76] *Jaeger/Metzger*, Open Source Software, S. 103f.
[77] *Jaeger/Metzger*, Open Source Software, S. 104.
[78] *Jaeger/Metzger*, Open Source Software, S. 173.

E. Lizenzkompatibilität

I. Problem

Bei der Kombination von unterschiedlichen Softwarekomponenten kann es in der modernen Softwareentwicklung dazu kommen, dass Quellcode und Softwarebibliotheken, die unterschiedlichen Open-Source-Lizenzen unterstehen, Verwendung finden sollen. Dann ist zu klären, unter welcher Open-Source-Lizenz das neu erstellte oder veränderte Softwareprodukt verbreitet werden kann. Wenn die jeweiligen Open-Source-Lizenzen allerdings nicht kompatibel sind, kann es auch dazu kommen, dass ein Vertrieb nicht rechtssicher durchgeführt werden kann. Letzteres ist in der Regel dann der Fall, wenn der Code von zwei unterschiedlichen Copyleft Lizenzen kombiniert wird (zB GPL v2 und CPL/EPL) oder der Code von einer Non-Copyleft Lizenz mit einer Copyleft-Lizenz (zB BSD-4-Clause mit der GPL v2, da letztere gerade keine Werbeklausel enthält)[79]. 51

Es stellt sich allerdings kein Kompatibilitätsproblem, wenn keine verbundene Software hergestellt wird, sondern die Softwarekomponenten eigenständig nebeneinander genutzt werden und nicht zu einem neuen Programm verbunden werden.[80] 52

Ebenfalls kein Problem besteht, wenn Lizenzen ohne Copyleft-Effekt miteinander verbunden werden, da diese beidseitig kompatibel sind. Sobald allerdings der Copyleft-Effekt zumindest einer Open-Source-Lizenz eingreift, kommt es zu schwierigen Problemen bezüglich der Kompatibilität.[81] 53

II. Lösung der Kompatibilitätsprobleme

Zur Lösung der Kompatibilitätsprobleme gibt es unterschiedliche Wege. Bei neueren Lizenzen wird das Problem der Kompatibilität mit anderen Lizenzen bereits bedacht und in besonderen Lizenzkompatibilitätsklauseln berücksichtigt. Da das Problem der Lizenzkompatibilität selbst zwischen den einzelnen GPL-Versionen besteht, sind insoweit Bemühungen erkennbar, Ausnahmen von dem strengen Copyleft-Prinzip umzusetzen.[82] Bei Verwendung der GPL v2 und der GPL v3 kann der Entwickler beispielsweise durch den Zusatz „or any later" die Lizenzierung unter jüngeren oder zukünftigen Versionen dieser Lizenz erlauben. Im Fall von Bibliotheken ist in der hierfür meist verwendeten LGPL-Lizenz eine Ausnahme vorgesehen, die eine größere Kompatibilität ermöglicht. 54

1. Kompatibilitätsklauseln

Kompatibilitätsklauseln weichen die strengen Copyleft-Effekte der Lizenzen zugunsten einer größeren Kompatibilität auf. So bestimmt zum Beispiel die GPL v3 in Ziffer 7 zusätzliche Bedingungen, die zusätzlich neben den Bedingungen der GPL v3 vereinbart werden können. Mit den erlaubten zusätzlichen Bedingungen in Ziffer 7 wird gestattet, dass einem Programm unter der GPL v3 ein Softwareteil unter einer anderen Open-Source-Lizenz hinzugefügt wird, wenn diese zweite Lizenz lediglich Pflichten vorsieht, die die GPL v3 ohnehin schon kennt und die ggf. zusätzlich in der Liste in Ziffer 7 aufgeführt sind. Hierdurch sind also weitergehende Bedingungen zugelassen, grundsätzlich müssen Weiterentwicklungen aber weiterhin unter der GPL v3 lizenziert werden.[83] 55

---

[79] Vgl. hierzu auch die Matrix „Überblick über die Lizenzkompatibilität einiger wichtiger Open Source Lizenzen" in *Jaeger/Metzger,* Open Source Software, S. 121.
[80] *Jaeger/Metzger,* Open Source Software, S. 119.
[81] *Fromm/Nordemann,* Urheberrecht, Nach § 69c UrhG, Anmerkungen zu GPL – (General Public License) Rn. 15a.
[82] Auer-Reinsdorf/Conrad/*Kast,* Handbuch IT- und Datenschutzrecht, § 9 Rn. 47.
[83] *Jaeger/Metzger,* Die neue Version 3 der GNU General Public License, GRUR 2008, 130, 132f.

56 Ziffer 13 der GPL v3 hingegen enthält eine echte Öffnungsklausel zugunsten der Kompatibilität mit der Affero General Public License, Version 3 (AGPL v3). Softwarekombinationen in welcher ein Teil unter der GPL v3 und ein Teil unter der AGPL v3 lizensiert werden müsste, dürfen insgesamt nur unter der AGPL v3 lizensiert werden. Begründet wird dies damit, dass die AGPL v3 GPL-ähnlich ist und ebenfalls einen Copyleft-Effekt beinhaltet, allerdings zusätzliche Pflichten bezüglich der Online Nutzung (zB Software as a Service) enthält, die bei der GPL v3 gerade nicht gelten.[84]

57 Ziffer 2b der LGPL v3 stellt ebenfalls eine Kompatibilitätsklausel dar[85], da hiernach ausdrücklich erlaubt wird, eine bearbeite Bibliothek auch unter der GPL zu verbreiten.

58 Die „European Union Public License" (EUPL), welche als europäische Antwort auf die stark amerikanisch geprägte GPL und als strenge Copyleft-Lizenz entwickelt wurde[86], enthält ebenfalls in Ziffer 5 eine Öffnungsklausel:

„Wenn der Lizenznehmer Bearbeitungen, die auf dem Werk und einem anderen Werk, das unter einer kompatiblen Lizenz lizenziert wurde, basieren, oder die Kopien dieser Bearbeitungen verbreitet oder zugänglich macht, kann dies unter den Bedingungen dieser kompatiblen Lizenz erfolgen."

Durch diese Klausel und einen entsprechenden Anhang, in dem die kompatiblen Lizenzen aufgeführt werden, wird die EUPL kompatibel zur GPL v2 und anderen Open-Source-Lizenzen.[87]

59 Zudem beinhalten sowohl die GPL v3 als auch die LGPL v3 eine „any later version"-Klausel, die es erlaubt, Software unter eine neuere Version derselben Lizenzart zu stellen.[88]

2. Bibliotheken und LGPL

60 Die LGPL wurde eigens zur Vermeidung von Kompatibilitätsproblemen bei der Nutzung von Bibliotheken erstellt und sieht eine Ausnahme zum strengen Copyleft-Effekt der GPL vor. Ziffer 2b der LGPL v3 erlaubt die Nutzung der Software auch unter der GPL v3. Umgekehrt ist eine Umlizensierung von der GPL v3 auf die LGPL v3 allerdings nicht möglich, da dies – wie bereits erläutert – nicht mit der Auslegung von Ziffer 14 der GPL v3 und dem Copyleft-Prinzip vereinbar wäre.[89]

3. Trennung von Softwarekomponenten

61 Sollte zwischen den Softwareteilen weiterhin eine Inkompatibilität bestehen und mit den oben dargestellten Lösungsmöglichkeiten keine Kompatibilität erreicht werden können, sollte die Möglichkeit erwogen werden, die Kompatibilität über eine Trennung der Softwarekomponenten in der Softwarearchitektur herzustellen. Ist dies möglich, sodass die Komponenten eigenständig unabhängig nebeneinanderstehen, besteht kein Kompatibilitätsproblem. Hier ist allerdings zu bedenken, dass umstritten und durch die Rechtsprechung im Detail noch ungeklärt ist, wann Komponenten so kombiniert sind, dass der Copyleft-Effekt des einen Teils den anderen Teil nicht erfasst. Zudem können sich die Kriterien für die Prüfung, ob eine ausreichende Trennung der Softwarekomponenten vorliegt, je nach Lizenztyp erheblich unterscheiden. So liegt bei der MPL beispielsweise bereits eine ausreichende Trennung vor, wenn die Softwarekomponenten in unterschiedli-

---

[84] *Jaeger/Metzger,* Die neue Version 3 der GNU General Public License, GRUR 2008, 130, 133.
[85] Siehe hierzu → Rn. 60.
[86] *Wiebe,* Münchener Anwaltshandbuch IT-Recht, 3. Aufl. 2013, Rn. 126.
[87] *Jaeger/Metzger,* Open Source Software, S. 354 f.
[88] Auer-Reinsdorf/Conrad/*Kast,* Handbuch IT- und Datenschutzrecht, § 9 Rn. 48 f.
[89] Vgl. LG Köln, 17.7.2014 – 14 O 463/13, BeckRS 2014, 21007.

E. Lizenzkompatibilität

chen Dateien vorhanden sind[90], wohingegen diese Frage bei der GPL nicht so einfach beantwortet werden kann und es zu schwierigen und durch die Rechtsprechung noch ungeklärten Abgrenzungsproblemen kommen kann.[91]

---

[90] *Jaeger/Metzger,* Open Source Software, S. 91, 119.
[91] *Jaeger/Metzger,* Open Source Software, S. 41 ff., 119.

Teil 2.4.3. Steuerliche Aspekte der Softwareüberlassung

Übersicht

	Rn.
A. Einleitung	1
B. Inländische Ertragsbesteuerung der grenzüberschreitenden Softwareüberlassung	6
I. Überlassung von Software durch Lizenzgeber im Ausland an Lizenznehmer im Inland	6
1. Einkünfte aus der Einräumung von Rechten	7
2. Einkünfte aus Softwareüberlassung und Dienstleistungen	25
3. Steuerabzug nach § 50 Absatz 1 Nr. 3 EStG	30
II. Überlassung von Software durch Lizenzgeber im Ausland mit inländischer Betriebsstätte an Lizenznehmer im Inland oder Ausland	35
C. Die internationale Besteuerung von Lizenzgebühren für grenzüberschreitende Softwareüberlassungen	37
I. Allgemeines	37
II. Lizenzgebühren im Sinne von Art. 12 OECD-MA	40
III. Besteuerung im Wohnsitzstaat und Quellenstaat	50
IV. Überlassung von Software durch inländischen Lizenzgeber an Lizenznehmer im In- und Ausland	55
D. Umsatzsteuerliche Aspekte der Softwareüberlassung	59
I. Lieferung oder sonstige Leistung	59
II. Softwareüberlassung auf Datenträgern	64
III. Softwareüberlassung ohne Datenträger	67
IV. Höhe des Steuersatzes	74
E. Gewerbesteuerliche Aspekte der Softwareüberlassung	78

Literatur:

Ackermann, Software: Beschränkte Steuerpflicht bei der grenzüberschreitenden Überlassung von Software, ISR 2016, 258; *Ehrmann/v. Wallis,* in: Hoeren/Sieber/Holznagel, Multimedia-Recht, Teil 27; *Holthaus,* Besteuerung von Rechteüberlassungen ins Inland und Steuerabzug gemäß § 50a Abs. 1 Nr. 3 EStG vor dem Hintergrund des geplanten BMF-Schreibens, IStR 2017, 729; *Kramer,* Die Spezialitätsklausel und der Betriebsstättenvorbehalt im Abkommensrecht, IStR 2013, 285; *Linn,* Beschränkte Steuerpflicht bei grenzüberschreitender Softwareüberlassung, WPg 2018, 914; *Martini/Valta,* Generalthema II: Withholding tax in the era of Beps, CIVs and digital economy, IStR 2018,623; *Mössner,* Steuerrecht international tätiger Unternehmen, 5. Aufl. 2018, S. 250 ff.; *Petersen,* Quellensteuer bei Softwareüberlassung, IStR 2016, 975; *ders.,* Quellensteuer bei Vertriebsrechten am Beispiel von Softwareunternehmen, IStR 2017,136; *Pinkernell,* Deutsche Steuerjuristische Gesellschaft Jahrbuch Band 42 (2019), Grenzüberschreitendes digitales Wirtschaften (Ertragsteuerrecht), 321; *ders.,* Cloud Computing – Besteuerung des grenzüberschreitenden B2B- und B2C-Geschäfts, Ubg 2012, 331; *ders.,* EuGH-Urteil im Fall UsedSoft gegen Oracle klärt steuerlichen Teilaspekt des grenzüberschreitenden Online-Softwarevertriebs, ISR 2012, 82 ff.; *ders.,* Digitale Wirtschaft – Aktuelle Themen aus Beratungspraxis und Steuerpolitik, Ubg 2018, 139; *Rapp,* Die gewerbesteuerliche Hinzurechnung im Zusammenhang mit digitalen Services und Produkten FR 2017, 563; *Schaumburg/Häck,* in: Schaumburg, Internationales Steuerrecht, 4. Aufl. 2017, S. 902 ff.; *Tappe,* Steuerliche Betriebsstätten in der „Cloud" – Neuere technische Entwicklungen im Bereich des E-Commerce als Herausforderung für den ertragsteuerlichen Betriebsstättenbegriff, IStR 2011,870; *Thiele,* Quellensteuerabzug bei Softwareüberlassung – Das neue BMF-Schreiben zu § 50a EStG im Kontext des Urheberrechts, DStR 2018, 274; *Thiele/Stelzer,* Die internationale Besteuerung von Lizenzgebühren für Softwareüberlassung – Das Abkommensrecht im Lichte des deutschen Urheberrechts, ISR 2018, 43; *Warnke,* Grenzüberschreitende Überlassung von Software und Datenbanken, EStB 2018, 70; *Wehmhörner,* Beschränkte Steuerpflicht und Steuerabzug im digitalen Zeitalter: Das BMF-Schreiben zur grenzüberschreitenden Überlassung von Software und Datenbanken, ISR 2018, 66; *ders.,* Lizenzvergütungen im Bann der Abzugsteuer – aktuelle BFH-Rechtsprechung zum total buy-out, ISR 2020, 35.

A. Einleitung

In Zeiten rasend voranschreitender Digitalisierung und Globalisierung des Wirtschaftslebens ist auch das Steuerrecht gefordert, mit dieser Entwicklung Schritt zu halten. Ausländischen Anbietern ist es aufgrund der weitgehenden Digitalisierung von Geschäftsprozessen und Produkten möglich, ohne Etablierung einer physischen Präsenz im Inland, digitale Produkte, wie Software[1] per Download oder im Wege des Application Service Providing (ASP) oder als „Software as a Service" („SAAS") ohne verkörperte Kopien zu überlassen.[2]

Die Geschäftstätigkeit wird „entmaterialisiert" und führt gleichzeitig zu einer Verlagerung der Wertschöpfung in den Bereich der immateriellen Wirtschaftsgüter, zu denen auch die Software[3] gehört.

So ist die grenzüberschreitende Überlassung von Software aus dem Wirtschafts- und Privatleben nicht mehr wegzudenken.[4] Aus deutscher steuerrechtlicher Sicht stellt sich in diesem Fall die Frage nach einer möglichen (beschränkten) Steuerpflicht eines ausländischen Anbieters (Lizenzgebers und Vergütungsgläubigers) und einer möglichen Quellensteuerabzugsverpflichtung seines inländischen Abnehmers (Lizenznehmers und Vergütungsschuldners)[5]. Grundsätzliche Voraussetzung neben dem Vorliegen inländischer Einkünfte nach § 49 EStG für einen Quellensteuereinbehalt ist, dass es sich bei den Lizenzgebühren für die Softwareüberlassung um Einkünfte aus einer zeitlich begrenzten Überlassung der Softwarenutzung oder des Rechts auf Nutzung handelt (Rechteüberlassung) und nicht um solche aus der Veräußerung der Vermögenssubstanz bzw. der endgültigen Rechteübertragung (Rechteveräußerung), selbst wenn diese der beschränkten Steuerpflicht (§ 49 Abs. 1 Nr. 2 Buchst. f, lit. bb EStG unterliegen sollte.[6]

Veranlasst durch die kontroversen Diskussionen um den Anwendungsbereich des § 49 Abs. 1 iVm § 50a Nr. 3 EStG[7] und die fortschreitende Digitalisierung hat das Bundesministerium der Finanzen zu der beschränkten Steuerpflicht und zum Steuerabzug bei grenzüberschreitender Überlassung von Software durch ausländische Anbieter mit Schreiben vom 27.10.2017 Stellung genommen.[8]

In den folgenden Ausführungen wird zunächst, jeweils unter Berücksichtigung der Aussagen des BMF Schreibens, die inländische Ertragsbesteuerung von Lizenzgebühren für Softwareüberlassungen durch ausländische Anbieter, sodann die internationale Ertragsbesteuerung im Lichte des Abkommensrechts, dargestellt.

B. Inländische Ertragsbesteuerung der grenzüberschreitenden Softwareüberlassung

I. Überlassung von Software durch Lizenzgeber im Ausland an Lizenznehmer im Inland

Überlässt ein im Ausland ansässiger Anbieter einem Lizenznehmer Software zur Nutzung im Inland, kann er mit seinen inländischen Einkünften nach § 49 Abs. 1 Nr. 2 lit. f oder

---

[1] Das Urheberrechtsgesetz kennt den Begriff der „Software" nicht und regelt stattdessen den Schutz von „Computerprogrammen". Im Folgenden wird aber der heute im Geschäftsverkehr häufiger benutzte Begriff der „Software" gleichbedeutend mit dem des urheberrechtlich geschützten Computerprogramms verwendet.
[2] *Pinkernell*, DStJG 42 (2019), 323 (331).
[3] *Pinkernell*, DStJG 42 (2019), 323.
[4] *Linn*, WPg 2018, 914.
[5] *Linn*, WPg 2018, 914; siehe §§ 50a Abs. 1 Nr. 3, 49 Abs. 1 Nr. 2f aa oder Nr. 6 EStG.
[6] § 50a Abs. 3 EStG; *Warnke*, EStB 2018, 70, 71.
[7] Zum Meinungstand vor Erlass des BMF-Schreibens *Petersen*, IStR 2016, 976 ff.
[8] BMF v. 27.10.2017, BStBl. I 2017, 1448.

Nr. 6 EStG der beschränkten Steuerpflicht unterliegen, sofern er nicht ohnehin unter den Voraussetzungen des § 49 Abs. 1 Nr. 2 lit. a EStG mit einer inländischen Betriebsstätte oder mit einem ständigen Vertreter der beschränkten Steuerpflicht unterliegt und die Rechteüberlassung dieser inländischen Betriebsstätte oder diesem ständigen Vertreter zuzurechnen ist.[9] Wie im Folgenden gezeigt, unterliegen Lizenzgebühren, die mit der Überlassung von Software an Lizenznehmer in Deutschland erzielt werden, aber nicht stets, sondern nur unter bestimmten Fällen einer solchen Quellensteuer im Inland.

1. Einkünfte aus der Einräumung von Rechten

7   Dass es sich bei der Software um eine Sache handelt[10] und schon deswegen keine Quellensteuerabzugspflichten bestehen, wird mittlerweile nur noch selten vertreten.[11] Software zählt vielmehr zu den in § 69a Abs. 1 UrhG angesprochenen Erscheinungsformen eines Computerprogramms, das gemäß §§ 2 Abs. 1, 69a Abs. 1 und 2 UrhG urheberrechtlichen Schutz genießt.[12]

8   Gemäß BMF-Schreiben liegt bei einer grenzüberschreitenden Nutzungsüberlassung von Software aber nur dann eine der Quellensteuer in Deutschland unterliegende „Überlassung" von Rechten vor, wenn dem Lizenznehmer an der Software umfassende Nutzungsrechte zur wirtschaftlichen Weiterverwertung eingeräumt werden.[13] Unter einer „Verwertung" in diesem Sinne versteht das BMF ein zielgerichtetes Tätigwerden des Lizenznehmers, um aus den (umfassend) überlassenen Nutzungsrechten selbst einen Nutzen zu ziehen.[14] Das vertraglich festgehaltene Interesse der Parteien muss dazu über den funktionalen Gebrauch der Software hinausgehen und eine eigenständige Einnahmeerzielung unmittelbar aus dem Nutzungsrecht ermöglicht werden.[15]

9   Im BMF-Entwurfschreiben vom 17.5.2017 wurde „Verwertung" noch als zielgerichtetes Tätigwerden definiert, um aus den überlassenen Rechten einen *finanziellen* Nutzen zu ziehen.[16] Dies entspricht auch der bisherigen Rechtsprechung des BFH zum Tatbestandsmerkmal der Verwertung im Kontext von § 49 EStG.[17] Die weitere Rechtsprechung des BFH zu diesem unbestimmten Rechtsbegriff bleibt abzuwarten.[18]

10 Ein Teil der Literatur vertritt in Fortentwicklung der BFH Rechtsprechung dagegen ein eher weites Begriffsverständnis der „Verwertung" im Sinne eines „Nutzens" oder einer „Nutzbarmachung" der Software.[19] Danach würde eine wirtschaftliche Verwertung auch den bestimmungsgemäßen Gebrauch der Software, also die Softwarenutzung lediglich für interne Geschäftsprozesse des Lizenznehmers erfassen.[20]

11 Eine rein betriebsinterne Nutzung der dem Lizenznehmer überlassenen Software kann aber nach der hier vertretenen Ansicht keine Quellenbesteuerung der damit vom Lizenzgeber im Inland erzielten Einkünfte auslösen, wenn sie nicht zugleich mit der Einräumung umfassender Nutzungsrechte verbunden ist. Das wird man aber nur dann annehmen können, wenn die Software der (eigenständigen) Einkünfteerzielung dienen kann.[21] Als Regelbeispiel für eine umfassende Nutzungsrechteinräumung nennt das BMF deshalb die

---

[9] *BMF* v. 27.10.2017, BStBl. I 2017, 1448 Rn. 1.
[10] So zuletzt *OFD München* vom 28.5.1998, BB 1998, 1401.
[11] *Petersen*, IStR 2016, 976.
[12] *Thiele*, DStR 2018, 274, 279.
[13] *BMF* v. 27.10.2017, BStBl. I 2017, 1448 Rn. 3.
[14] *BMF* v. 27.10.2017, BStBl. I 2017, 1448 Rn. 6.
[15] *Thiele*, DStR 2018, 274, 276.
[16] Entwurfschreiben des *BMF* v. 17.5.2017 – IV C5, S2300/12/10003: 004, Rn. 6.
[17] BFH v. 4.3.2009- I R 6/07; DStRE 2009, 797.
[18] *Thiele*, DStR 2018, 274, 276.
[19] *Pinkernell*, DStJG 42 (2019), 323, 332; *Holthaus*, IStR 2017, 729, 730.
[20] *Pinkernell*, DStJG 42 (2019), 323, 332.
[21] *Gosch* in Kirchhof, EStG § 50a Rn. 15a.

B. Inländische Ertragsbesteuerung der grenzüberschreitenden Softwareüberlassung

Einräumung von Vervielfältigungs-, Bearbeitungs-, Verbreitungs- und Veröffentlichungsrechten.[22]

Die dem Lizenznehmer eingeräumten Nutzungsrechte sind dagegen nicht umfassend, wenn die Nutzung der Softwarefunktionen im Vordergrund steht, also lediglich der bestimmungsgemäße Gebrauch der Software durch den Lizenznehmer selbst Vertragsgegenstand ist.[23] So unterfällt ein Lizenzvertrag nach der hier vertretenen Ansicht nicht der inländischen beschränkten Steuerpflicht, der dem inländischen Lizenznehmer nur solche Nutzungsrechte einräumt, die zur „bestimmungsgemäßen" Nutzung durch diesen in seinem eigenen Geschäftsbetrieb erforderlich sind. 12

Die steuerliche Beurteilung der Softwareüberlassung orientiert sich dabei an urheberrechtlichen Grundsätzen. Zwar ist in diesen Fallkonstellationen der Lizenzgeber und damit der Urheber im Ausland ansässig, für die Auslegung des deutschen Steuerrechts ist aber gleichwohl das deutsche Immaterialgüterrecht, wozu auch das Urheberrecht gehört, maßgebend.[24] Nach deutschem Verständnis sind die Urheberpersönlichkeitsrechte und -verwertungsrechte untrennbar mit der Person des Urhebers verknüpft (sog. Monistische Theorie). Diese stehen allein dem Urheber zu, der diese originären Rechte nicht abtreten, sondern Lizenznehmern lediglich Nutzungsrechte an seinen Verwertungsrechten, als derivative Rechte, auf Basis eines Lizenzvertrages einräumen kann.[25] Dieses beim Lizenznehmer aufgrund des vertraglichen Einwilligungsaktes (Gestattung durch Lizenzvertrag) konstitutiv entstehende Nutzungsrecht, berechtigt ihn je nach vertraglicher Ausgestaltung, abgeleitet und eingegrenzt vom jeweiligen Verwertungsrecht des Urhebers, wirtschaftlichen Nutzen aus dem Umgang mit dem Werk zu ziehen.[26] Grundsätzlich bedarf jede Verwertungshandlung der Zustimmung des Urhebers als Rechteinhaber. 13

Eine Ausnahme hiervon stellt die Vorschrift des § 69d Abs. 1 UrhG dar, die in bestimmten Fällen dem berechtigten Erwerber ein Nutzungsrecht, ipso iure, in Form einer gesetzlichen Lizenz, gewährt.[27] Diese Vorschrift gestattet Eingriffe in die urheberrechtlichen Verwertungsrechte von Computerprogrammen (§ 69c UrhG) zu Zwecken der bestimmungsgemäßen Benutzung. 14

Der bloße bestimmungsgemäße, funktionale Gebrauch und die entsprechende Verwendung der Software bedürfen keiner Erlaubnis des Rechtsinhabers, da dadurch nicht in die zustimmungsbedürftigen Verwertungsrechte des Urhebers eingegriffen wird.[28] Dieser Grundsatz liegt auch der Rechtsauffassung des BMF in seinem Schreiben vom 27.10.2017 zugrunde, als darin das Vorliegen von quellensteuerabzugspflichtigen inländischen Einkünften verneint wird, wenn überlassene Software lediglich bestimmungsgemäß gebraucht wird und deshalb die dem Lizenznehmer eingeräumten Nutzungsrechte nicht umfassend sind.[29] 15

Die Finanzverwaltung orientiert sich somit an der urheberrechtlichen Abgrenzung zwischen den zustimmungsbedürftigen und nicht zustimmungsbedürftigen Nutzungshandlungen gemäß §§ 69c, 69d UrhG.[30] 16

Die im BMF Schreiben aufgeführten Beispiele[31] für eine bestimmungsgemäße Nutzung zeigen auf, dass die dort beschriebenen Nutzungshandlungen keine Verwertungsrechte des Urhebers berühren und somit zustimmungsfrei sind. Zu diesen zustimmungsfreien Nutzungshandlungen zählt neben der Installation der vom Lizenzgeber erworbenen Softwarekopie auf dem Rechner des Lizenznehmers auch das Laden, Anzeigen und Ablaufenlassen 17

---
[22] Vgl. dazu auch *Thiele*, DStR 2018, 275.
[23] *BMF* v. 27.10.2017, BStBl. I 2017, 1448 Rn. 4.
[24] *Ackermann*, ISR 2016, 259; *Holthaus*, IStR 2017, 732; *Thiele*, DStR 2018, 274, 277.
[25] *Thiele*, DStR 20218, 274, 278.
[26] *Thiele*, DStR 2018, 274, 278.
[27] *Petersen*, IStR 2016, 976.
[28] *Thiele*, DStR 2018, 274, 278.
[29] *BMF* v. 27.12.2017, BStBl. I 2017, 1448 Rn. 4.
[30] *Pinkernell*, DStJG 42 (2019), 323, 332.
[31] *BMF* v. 27.10.2017, BStBl. I 2017, 1448 Rn. 13, 15, 17, 21.

auf dem Rechner des Lizenznehmers[32] und regelmäßig auch die Anfertigung einer Sicherungskopie durch eine zur Nutzung des Programms berechtigte Person.[33] Darüber hinausgehende Benutzungshandlungen wie die Bearbeitung und Vervielfältigung der Software, deren Verbreitung auf Datenträgern, zu denen auch die Weitergabe einer Softwarekopie an andere Konzerngesellschaften zählt, und deren öffentliche Zugänglichmachung im Internet sind dagegen dem Urheber vorbehalten, sofern sie dem Lizenznehmer nicht ausdrücklich vertraglich gestattet wurden.[34]

18   Praxisbeispiel:
Der Softwareanbieter Taxware Inc. mit Sitz in Seattle/USA bietet seine Software, ein Lohnbuchhaltungsprogramm auf Datenträgern und über seine deutschsprachige Website zum Herunterladen auch in Deutschland an. Die Firma Müller & Söhne lädt sich die Software im Webshop der Taxware Inc. herunter und zahlt die dafür in Rechnung gestellte Lizenzgebühr an den Lizenzgeber, um sie im eigenen Betrieb einzusetzen. Die Lizenzbedingungen der Taxware Inc. sehen vor, dass der Anwender lediglich eine Einzelplatzlizenz zum Laden, Anzeigen und Ablaufenlassen des Programms auf einem Arbeitsplatzcomputer erhält.

Die der Firma Müller & Söhne in Rechnung gestellte Lizenzgebühr unterliegt keiner Quellenbesteuerung in Deutschland, da dem Lizenznehmer keine umfassenden Nutzungsrechte eingeräumt worden sind, die ihm eine eigene wirtschaftliche Verwertung gestattet.

19   Ein bestimmungsgemäßer Gebrauch ist auch dann gegeben, wenn der inländische Lizenznehmer vom ausländischen Lizenzgeber mit dem Vertrieb der Software beauftragt ist, das Vertriebsrecht beschränkt sich dann aber in der Regel darauf, vom Lizenzgeber bezogene Kopien der Software unverändert ohne weitergehende Vervielfältigungs- und Bearbeitungsrechte an deutsche Abnehmer zu vertreiben. In diesem Fall ist das konkrete Werkexemplar (die Programmkopie) durch den Weiterverkauf der Software an den inländischen Lizenznehmer bereits in der Europäischen Union in den „Verkehr" gebracht worden, mit der Folge, dass sich das originäre Vertriebsrecht des Urhebers erschöpft hat und dieser somit Dritten die Weiterveräußerung der mit seiner Zustimmung in den Verkehr gebrachten Programmkopien nicht mehr untersagen kann (§ 69c Nr. 3 S. 2 UrhG). In der weiteren Veräußerung der zuvor mit Zustimmung des Lizenzgebers in den Verkehr gebrachten Softwareexemplare liegt demgemäß keine Verletzung des Verbreitungsrechts des ausländischen Lizenzgebers, eine Zustimmung des Lizenzgebers ist auch in diesem Fall nicht erforderlich.[35] Wie der BGH im Anschluss an die Entscheidung des EuGH vom 3.7.2012[36] klargestellt hat,[37] tritt diese Erschöpfungswirkung des Urheberrechts nicht nur dann ein, wenn der Nacherwerber einen Datenträger mit der „erschöpften" Kopie des Computerprogramms erhält; sondern auch dann, wenn der Nacherwerber die Kopie des Computerprogramms von der Internetseite des Urheberrechtsinhabers auf seinen Computer herun-

---

[32] *Wandtke/Bullinger/Grützmacher,* UrhG § 69d Rn. 9 mwN.
[33] Vgl. § 69d Abs. 2 UrhG.
[34] Missverständlich daher das *BMF*-Schreiben v. 27.10.2017, in dem behauptet wird, bloße Vervielfältigungshandlungen seien grundsätzlich urheberrechtlich nicht von der Zustimmung des Rechtsinhabers abhängig, soweit sie für den bestimmungsgemäßen Gebrauch einer Software nach § 69d Abs. 1 iVm § 69c Nr. 1 UrhG erforderlich sind. Dies ist zwar richtig, für den bestimmungsgemäßen Gebrauch ist die Vervielfältigung einer Software aber nur dann erforderlich, wenn der Lizenzvertrag dieses gestattet oder wenn die überlassene Software „speziell für den Einsatz in Netzwerken bzw. auf Mehrplatz-/Terminalsystemen ausgelegt" ist, so zutreffend *Wandtke/Bullinger/Grützmacher,* UrhG § 69d Rn. 10 mwN. Auch dann ist aber zu prüfen, ob die Software nach der Parteivereinbarung oder dem Vertragszweck nur für *einen* oder *mehrere* gleichzeitig weitere Nutzer („concurrent user") vom Lizenznehmer vervielfältigt werden darf.
[35] *Thiele,* DStR 2018, 274, 280.
[36] *EuGH,* 6.7.2012 – C-128/11, Oracle ./. Used Soft.
[37] *BGH,* 17.7.2013 – I ZR 129/08, BeckRS 2014, 2107.

B. Inländische Ertragsbesteuerung der grenzüberschreitenden Softwareüberlassung

terlädt. Zu einer Erschöpfung des Verbreitungsrechts kommt es allerdings nur dann, wenn die Softwarekopie dem Nacherwerber **im Wege der Veräußerung** und somit **dauerhaft** überlassen wird; das ausschließliche Recht des Urhebers zur zeitlich befristeten Überlassung seiner Software im Wege der Softwaremiete erschöpft sich also nicht.

Eine Erschöpfung des ausschließlichen Verbreitungsrechts des Urhebers oder Rechteinhabers an einer Software mit der Folge, dass deren Weitergabe an Dritte steuerlich als bestimmungsgemäßer Gebrauch behandelt werden kann, der keiner Zustimmung des Urhebers oder Rechteinhabers bedarf und keiner Quellenbesteuerung im Inland unterliegt, ist dann gegeben, wenn 20
- der Urheberrechtsinhaber seine Zustimmung zur Softwareüberlassung gegen Zahlung eines Entgelts erteilt hat, das es ihm ermöglichen soll, eine dem wirtschaftlichen Wert der Kopie seines Werkes entsprechende Vergütung zu erzielen;
- der Urheberrechtsinhaber dem Ersterwerber ein Recht eingeräumt hat, die Softwarekopie ohne zeitliche Begrenzung zu nutzen;
- Verbesserungen und Aktualisierungen, die das vom Nacherwerber heruntergeladene Computerprogramm gegenüber dem vom Ersterwerber heruntergeladenen Computerprogramm aufweist, von einem zwischen dem Urheberrechtsinhaber und dem Ersterwerber abgeschlossenen Wartungsvertrag gedeckt sind;
- der Ersterwerber seine Kopie unbrauchbar gemacht hat.[38]

Nicht mehr vom steuerlich bestimmungsgemäßen Gebrauch von Software gedeckt ist dagegen die Einräumung darüberhinausgehender Verbreitungs-, Vervielfältigungs-, Veröffentlichungs- und Bearbeitungsrechte zum Zweck der wirtschaftlichen Verwertung außerhalb des Betriebes des Lizenznehmers. Wird dem deutschen Vertriebsmittler eines ausländischen Softwareherstellers im Rahmen eines Softwarevertriebsvertrages das Recht zur Bearbeitung der Software und zur Verbreitung der von ihm in Ausübung dieses Rechts weiterentwickelten Software im Inland eingeräumt, so unterliegen die damit generierten Einkünfte des im Ausland ansässigen Softwareherstellers also dem Quellensteuereinbehalt durch den inländischen Lizenznehmer in Deutschland.[39] 21

Praxisbeispiel: 22
Der in Hamburg ansässige Verlag Print+Publish AG erwirbt von der Mediaware Inc. mit Sitz im US Bundesstaat Delaware ein Redaktionssystem zur Erstellung, Verwaltung und Veröffentlichung von redaktionellen Beiträgen in Printmedien und im Internet. Da die Mediaware Inc. noch keinen Vertrieb in Deutschland hat, sieht die Lizenzvereinbarung vor, dass die Print+Publish AG auch anderen Verlagen gegen Zahlung einer Lizenzgebühr auf Datenträgern dauerhaft zur Nutzung überlassen darf. Die von den Kunden der Print+Publish AG gezahlten Lizenzgebühren hat die Print+Publish AG nach Abzug eines Provisionsanteils an die Mediaware Inc. abzuführen und vierteljährlich über die von ihr mit dem Vertrieb des Programms in Deutschland erzielten Einnahmen abzurechnen.

Die von den Nutzern der Software an die Print+Publish AG gezahlten Lizenzgebühren zählen nach der vom BMF vertretenen Auffassung zu den von der Mediaware Inc. in Deutschland zu versteuernden Einkünften, da sie auf der Einräumung von Nutzungsrechten beruht, die der Print+Publish AG eine eigenständige Einnahmeerzielung unmittelbar aus dem ihr eingeräumten Nutzungsrecht ermöglichen.

---

[38] So *BGH*, 17.7.2013 – I ZR 129/08 (Ls.), BeckRS 2014, 2107.
[39] *BMF* v. 27.10.2017, BStBl. I 2017, 1448 Rn. 6 und 7.

22a **Praxistipp:**

Als grobe Faustformel für die Unterscheidung umfassender von nicht umfassenden Nutzungsrechteeinräumungen mag dabei Folgendes hilfreich sein: Die Nutzungsrechte sind unbeschadet von der Art der überlassenen Software (Standard- oder Individualsoftware) und der Form der Überlassung (Datenträger, Download, Internet) umfassend und die damit erzielten Einnahmen in Deutschland quellensteuerpflichtig, wenn sie bei „unautorisierter" Benutzung, also ohne Zustimmung des Urhebers bzw. Rechteinhabers, dessen Urheberrecht verletzen würden.[40]

23 Diese strikte Anlehnung der Finanzverwaltung an das Urheberrecht führt dazu, dass das typische grenzüberschreitende Massengeschäft mit Standardsoftware aus dem Tatbestand der inländischen Einkünfte herausgehalten wird und keiner Besteuerung in Deutschland unterliegt.[41]

24 Die wirtschaftliche Weiterverwertung der dem Lizenznehmer eingeräumten Nutzungsrechte löst außerdem nur dann eine Quellenbesteuerung in Deutschland aus, wenn sie in einer inländischen Betriebsstätte oder anderen inländischen Einrichtung erfolgt.[42] Ist dies der Fall, so kommt es allerdings nicht darauf an, ob es sich um die inländische Betriebsstätte des Lizenznehmers und Vergütungsschuldners oder um die Betriebstätte eines unabhängigen Vertriebsmittlers in Deutschland handelt. Auch differenzieren weder die beschränkte Steuerpflicht nach § 49 Abs. 1 Nr. 2 Buchstabe f oder Nr. 6 EStG noch die Quellensteuereinbehaltungspflicht nach § 50a Abs. 1 Nr. 3 EStG nach der Ansässigkeit des Vergütungsschuldners.[43] Dieser muss für die Abzugsverpflichtung nicht in Deutschland ansässig sein. Dies kann dazu führen, dass auch ausländische Lizenznehmer einer deutschen Quellensteuereinbehaltungspflicht unterliegen und dies auch dann, wenn sie über keine eigene Betriebstätte in Deutschland verfügen.[44]

2. Einkünfte aus Softwareüberlassung und Dienstleistungen

25 Sind neben der Softwareüberlassung weitere Dienstleistungen Gegenstand des Vertrages, so liegt ein gemischter Vertrag vor.[45] Bei Mischüberlassungen kommt es auf das Verhältnis der überlassenen Leistungen zueinander an,[46] das durch Auslegung des zugrundeliegenden Vertrages und der daraus resultierenden Interessengewichtung zu ermitteln ist.

26 Steht eine umfassende Rechteüberlassung zur wirtschaftlichen Weiterverwertung erkennbar und deutlich im Vordergrund, unterliegt die Vergütung insgesamt der beschränkten Steuerpflicht für Rechteüberlassungen.[47] Eine Quellensteuerabzugsverpflichtung entfällt bei einer nur untergeordneten Bedeutung der Nutzungsrechtsüberlassung, die bei 10% der Gesamtleistung fixiert wird.[48] Die Rechteüberlassung teilt dann steuerlich das Schicksal der Dienstleistung, die gesamte Vergütung unterliegt nicht der beschränkten Steuerpflicht (sofern die Dienstleistung nicht einer inländischen Betriebsstätte oder einem inländischen Vertreter des ausländischen Lizenzgebers zuzuordnen ist).[49] Im Zweifel und bei nicht genauer Zuordenbarkeit ist das vom Lizenznehmer für die Überlassung der Software gezahlte Entgelt aufzuteilen und der auf die Rechteüberlassung und die Dienste entfallende Anteil zu schätzen (§ 162 Abs. 1 AO).

---

[40] *Gosch* in Kirchhof, EStG § 50a Rn. 15a; *Thiele*, DStR 2018, 274, 278.
[41] *Pinkernell*, DStJG 42 (2019), 323, 331.
[42] *BMF* v. 27.10.2017, BStBl. I 2017, 1448 Rn. 6.
[43] *Linn*, WPg 2018, 914, 916.
[44] *Linn*, WPg 2018, 914, 916.
[45] *Thiele*, DStR 2018, 274, 276.
[46] *Gosch* in Kirchhof, EStG § 50a Rn. 15a.
[47] *BMF* v. 27.10.2017, BStBl. I 2017, 1448 Rn. 23.
[48] *Gosch* in Kirchhof, EStG § 50a Rn. 15a; *BMF* v. 27.10.2017, BStBl. I 2017, 1448 Rn. 23.
[49] *Thiele*, DStR 2018, 274, 276; *Martini/Valta*, IStR 2018, 623, 627.

B. Inländische Ertragsbesteuerung der grenzüberschreitenden Softwareüberlassung

Bedeutung gewinnt diese Gewichtung vor allem bei der steuerlichen Beurteilung des Steuerabzugs bei der Zugänglichmachung von Software im Internet. Das betrifft insbesondere das sog. „Application Service Providing" (ASP) und „Software as a Service" (SaaS), wo neben der Softwareüberlassung regelmäßig weitere Dienstleistungen (Datenhaltung, Datenverarbeitung, Pflege, Wartung, Beratung) erbracht werden.[50] Gemäß BMF-Schreiben können auch in Fällen internetbasierter Softwareüberlassungen inländische Einkünfte nach § 49 Abs. 1 Nr. 2 lit. f und Nr. 6 EStG vorliegen, wenn dem Lizenznehmer umfassende Nutzungsrechte zur wirtschaftlichen Weiterverarbeitung eingeräumt werden; dies gilt dann unabhängig davon, ob die Software auf einem in- oder ausländischen Server gespeichert ist.[51] Eine solche umfassende Nutzungsrechteeinräumung liegt aber bei ASP und SaaS Lösungen auch nach Auffassung des BMF nur dann vor, wenn und soweit die Vermietung der Software mit Zustimmung des Lizenzgebers durch ein in Deutschland ansässiges Unternehmen erfolgt, das dann in der Regel auch die laufende Kundenbetreuung übernimmt und mit den Anwendern die Service Level Agreements schließt. Nach einer in der Literatur vertretenen Ansicht spielt die Softwareüberlassung auch bei solchen Vertriebsmodellen dagegen in der Regel nur eine untergeordnete Rolle, da die Software nur zur Bereitstellung der ASP oder SaaS Dienste verwendet und damit nicht umfassend zur Verwertung überlassen werde.[52] Bei Fehlen einer inländischen Betriebsstätte des ausländischen Dienstanbieters liege daher in diesen Fällen weder eine beschränkte Steuerpflicht vor (mangels inländischer Einkünfte), noch sei Quellensteuer einzubehalten.[53]

27

> **Praxisbeispiel:**
>
> Wie im vorangegangenen Praxisbeispiel erwirbt der in Hamburg ansässige Verlag Print+Publish AG von der Mediaware Inc. mit Sitz im US Bundesstaat Delaware ein Redaktionssystem zur Erstellung, Verwaltung und Veröffentlichung von redaktionellen Beiträgen in Printmedien und im Internet. Da die Mediaware Inc. noch keinen Vertrieb in Deutschland hat, sieht die Lizenzvereinbarung vor, dass die Print+Publish AG auch anderen Verlagen gegen Zahlung einer Lizenzgebühr auf Datenträgern auch als Software as a Service („SaaS") dauerhaft zur Nutzung überlassen darf. Im Gegenzug muss die Print+Publish AG auch die Softwarepflege für die deutschen Anwender der Software übernehmen, erhält aber von der Mediaware Inc. regelmäßig kostenlose Updates zur Behebung von Programmfehlern sowie kostenpflichtige Upgrades zur Erweiterung des Funktionsumfangs, die sie ihren Kunden anbieten muss. Die von den Kunden der Print+Publish AG gezahlten Lizenzgebühren hat die Print+Publish AG nach Abzug eines Provisionsanteils an die Mediaware Inc. abzuführen und vierteljährlich über die von ihr mit dem Vertrieb des Programms in Deutschland erzielten Einnahmen abzurechnen. Die von den Kunden der Print+Publish für die Softwarepflege und die Bereitstellung eines Ticketsystems zur Meldung und Behebung von Softwarefehlern AG zu zahlende Vergütung beläuft sich auf etwa 40 % der von den Anwendern an die Print+Publish AG zu entrichtenden Gesamtvergütung.
>
> Die von den Nutzern der Software an die Print+Publish AG gezahlten Lizenzgebühren und Softwarepflegegebühren zählen nach der vom BMF vertretenen Auffassung zu den von der Mediaware Inc. in Deutschland erzielten Einkünften, die insgesamt der der beschränkten Steuerpflicht für Rechteüberlassungen unterliegen, da der Anteil der Lizenzgebühren an der von den Lizenznehmern in Deutschland zu zahlenden Gesamtvergütung 60 % der Gesamtvergütung beträgt.

28

---

[50] *BMF* v. 27.10.2017, BStBl. I 2017, 1448 Rn. 26.
[51] *BMF* v. 27.10.2017, BStBl. I 2017, 1448 Rn. 27.
[52] *Pinkernell*, Ubg 2012, 331, 334; *Ackermann*, FR 2016, 258, 262.
[53] *Martini/Valta*, IStR 2018, 623, 627.

29 Entgegen der oben erläuterten Auffassung der Finanzverwaltung ist „Software as a Service" aber nach einer überwiegenden Meinung im Schrifttum nicht als Einräumung eines Rechts sondern als gewerbliche Dienstleistung einzuordnen.[54] Es handelt sich nach dieser Auffassung bei der Vergütung für diese Dienstleistungen deshalb um Unternehmensgewinne iSd Art. 7 Abs. 1 des OECD-Musterabkommens (OECD-MA), die in dem Land zu versteuern ist, in dem die Betriebsstätte liegt, welche die Dienstleistung erbracht hat (sog. Betriebsstättenprinzip).[55]

3. Steuerabzug nach § 50 Absatz 1 Nr. 3 EStG

30 Liegen die oben genannten Voraussetzungen einer wirtschaftlichen Verwertung und nicht nur einer Nutzung der Software zur Verarbeitung eigener Geschäftsdaten im Betrieb des Lizenznehmers vor, unterliegt der im Ausland ansässige Anbieter/Lizenzgeber mit den Vergütungen aus der Softwareüberlassung im Inland der beschränkten Steuerpflicht (§§ 49 Abs. 1 Nr. 2 lit. f lit. aa und Nr. 6 EStG). Auf die Bruttovergütung (voller Betrag der Einnahmen)[56] wird dann in Deutschland eine Quellensteuer von 15% (zuzüglich Solidaritätszuschlag dh effektiv 15,825%) erhoben (§ 50a Abs. 2 S. 1 EStG). Die Quellensteuer hat dabei Abgeltungswirkung für die inländische Einkommensteuer oder Körperschaftsteuer (§ 50 Abs. 2 S. 1 EStG, § 32 Abs. 1 KStG).

31 Verfahrensrechtlich wird die Quellenbesteuerung in Deutschland im Wege des Steuerabzugs durch den Lizenznehmer als Vergütungsschuldner durchgeführt (§ 50a Abs. 1 Nr. 3 EStG). Dieser hat als Steuerpflichtiger (§ 33 Abs. 1 AO iVm § 50a Abs. 5 S. 4 EStG) die Steuer von der Vergütung einzubehalten und bei dem zuständigen Finanzamt anzumelden und abzuführen (Steueranmeldung nach § 168 AO). Diese Abzugssteuer auf Lizenzgebühren entsteht im Zeitpunkt des Zuflusses der Vergütungen an den ausländischen Vergütungsgläubiger (§ 50a Abs. 5 S. 1 EStG, § 73c EStDV iVm § 11 EStG). Eine eventuelle abkommensrechtliche Steuerfreiheit der Lizenzgebühren bzw. Reduzierung des Quellensteuersatzes im Inland (Art. 12 OECD-MA) kann nicht im Rahmen der Steueranmeldung geltend gemacht werden.[57]

32 Grundsätzlich ist die Quellensteuer also zunächst vom Vergütungsschuldner einzubehalten und abzuführen. Dies kann nur unterbleiben, wenn das Bundeszentralamt für Steuern auf Antrag des ausländischen Vergütungsgläubigers vor Zufluss der Vergütungen eine Freistellungsbescheinigung erteilt hat (Freistellungsverfahren nach § 50d Abs. 2 EStG).[58] Ist dies nicht vorher erfolgt, kann die vom Lizenznehmer einbehaltene Quellensteuer, die aufgrund einschlägigen Doppelbesteuerungsabkommens in Deutschland steuerfreie oder einem reduzierten Quellensteuersatz unterliegende Lizenzvergütung, auf Antrag des Vergütungsgläubigers ganz oder teilweise erstattet werden (Erstattungsverfahren nach § 50d Abs. 1 EStG).[59]

33 Bei unterbliebenem Steuerabzug ohne Freistellungsbescheinigung wegen Verkennung der Rechtslage kann die deutsche Finanzverwaltung die vom ausländischen Vergütungsgläubiger geschuldete Quellensteuer entweder vom Vergütungsschuldner (Lizenznehmer) durch Haftungsbescheid (§ 50a Abs. 5 S. 4 EStG) oder vom Vergütungsgläubiger (Lizenzgeber) durch Nachforderungsbescheid (§ 50a Abs. 5 S. 5 EStG) geltend machen.[60] Im Rahmen ihres Auswahlermessens zwischen Vergütungsschuldner und Vergütungsgläubiger berücksichtigt die Finanzverwaltung nur wie bzw. bei wem sie den Steueranspruch leichter durchsetzen kann.

---

[54] *Pinkernell*, DStJG 42 (2019), 323, 333; *Ackermann*, ISR 2016, 258, 262; *Tappe*, IStR 2011, 870, 873.
[55] Vgl. dazu https://wirtschaftslexikon.gabler.de/definition/betriebsstaettenprinzip-51550.
[56] BMF v. 27.10.2017, BStBl. I 2017, 1448 Rn. 10.
[57] *Bozza* in Schönfeld/Dietz, DBA Art. 12 Rn. 76.
[58] *Bozza* in Schönfeld/Dietz, DBA Art. 12 Rn. 76.
[59] *Bozza* in Schönfeld/Dietz, DBA Art. 12 Rn. 76.
[60] *Schmidt/Loschfelder*, EStG § 50a EStG Rn. 34; *Bozza* in Schönfeld/Dietz, DBA Art. 12 Rn. 78.

> Lizenzverträge sollten daher immer eine Steuerklausel enthalten, welche regelt, wie mit einer nachträglichen Feststellung einer Abzugsverpflichtung des Lizenznehmers umzugehen ist. Bei Zweifeln sollte immer vom Lizenznehmer vorsorglich eine Freistellungsbescheinigung beantragt werden.[61]

II. Überlassung von Software durch Lizenzgeber im Ausland mit inländischer Betriebsstätte an Lizenznehmer im Inland oder Ausland

Lizenzeinnahmen unterliegen der beschränkten Steuerpflicht als Einkünfte aus Gewerbebetrieb in Deutschland, wenn sie einer inländischen Betriebsstätte eines ausländischen gewerblichen (§ 49 Abs. 1 Nr. 2 lit. a EStG) oder freiberuflichen (§ 49 Abs. 1 Nr. 3 Hs. 2 EStG) Unternehmens zuzurechnen sind.[62] Die Unterscheidung zwischen einer zeitlich begrenzten Nutzungsüberlassung und der Veräußerung/Übertragung des Rechts selbst verliert dann an Bedeutung. In beiden Fällen handelt es sich um Betriebsstätteneinkünfte gemäß § 49 Abs. 1 Nr. 2 Buchstabe a EStG.

Die Lizenzeinnahmen aus der Rechteüberlassung müssen wirtschaftlich der im Inland befindlichen Betriebsstätte zuzurechnen sein. Dies ist im Allgemeinen gegeben, wenn das Recht (welches zB im Stammhaus entwickelt wurde) in das Vermögen der inländischen Betriebsstätte überführt wurde und die Art der Tätigkeit der Betriebsstätte eng mit der Lizenzvergabe zusammenhängt (funktionaler Zusammenhang).[63] Die inländische Besteuerung erfolgt hier nicht im Wege des Quellensteuerabzugs, sondern durch steuerliche Veranlagung des ausländischen Anbieters (§ 50 Abs. 1, Abs. 2 S. 2 Nr. 1 EStG) im Inland.

C. Die internationale Besteuerung von Lizenzgebühren für grenzüberschreitende Softwareüberlassungen

I. Allgemeines

Das internationale Abkommensrecht weist grundsätzlich das ausschließliche Besteuerungsrecht für Lizenzgebühren für grenzüberschreitende Softwareüberlassung dem Wohnsitzstaat/Ansässigkeitsstaat des Lizenzgebers als Empfänger der Vergütungen zu (Art 12 OECD-MA).[64] Art. 12 OECD-MA ist eine Spezialvorschrift, der grundsätzlich, vorbehaltlich des Betriebsstättenvorbehalts gemäß Art. 12 Abs. 3 OECD-MA, Vorrang im Verhältnis zu den anderen Vorschriften des OECD-Musterabkommens, insbesondere im Verhältnis zur Verteilungsnorm für Unternehmensgewinne (Art. 7 OECD-MA) zukommt.[65]

Liegen also Lizenzgebühren iSd Abkommensrechts vor, fallen diese unabhängig von ihrem Unternehmensbezug (gewerblich oder freiberuflich) grundsätzlich unter die Verteilungsnorm des Art. 12 OECD-MA (Art. 7 Abs. 4 OECD-MA).[66] Aufgrund des Betriebsstättenvorbehalts in Art. 12 Abs. 3 OECD-MA zählen die Lizenzgebühren aber dann wiederum zu den Unternehmensgewinnen, wenn der Lizenzgeber in dem Staat, aus dem die Lizenzgebühren stammen, eine Betriebsstätte unterhält und die Lizenzgebühren dieser Betriebsstätte zuzurechnen sind. Art. 7 Abs. 1 OECD-MA weist das Besteuerungsrecht dann dem Staat zu, in dem die Betriebsstätte belegen ist (siehe § 49 Abs. 1 Nr. 1 Buchstabe a EStG).

---

[61] Zu möglichen Regelungsinhalten solcher Steuerklauseln und weiteren Handlungsempfehlungen *Linn*, WPg 2018, 914, 919, 920.
[62] *Mösner*, Steuerrecht international tätiger Unternehmen, S. 250 Rn. 2.216; BMF v. 27.10.2017, BStBl. I 2017, 1448 Rn. 1.
[63] *Mösner*, Steuerrecht international tätiger Unternehmen, S. 251 Rn. 2.216.
[64] *Schaumburg/Häck* in Schaumburg, Internationales Steuerrecht, S. 902 Rn. 19.369.
[65] *Bozza* in Schönfeld/Dietz, DBA Art. 12 Rn. 15.
[66] *Thiele/Stelzer*, ISR 2018, 42, 44.

39 Zusammengefasst sind Unternehmensgewinne nach Art. 7 OECD-MA Einkünfte aus einer selbständigen Erwerbstätigkeit (der abkommensrechtliche Anwendungsbereich ist damit weiter als der Begriff der Einkünfte aus Gewerbebetrieb iSv § 15 EStG),[67] die nicht Nutzung unbeweglichen Vermögens darstellt (Art. 6 Abs. 4 OECD-MA), soweit diese Einkünfte nicht unter die für Dividenden, Zinsen und Lizenzgebühren speziellere Normen (Art. 10–12 OECD-MA) fallen.[68]

II. Lizenzgebühren im Sinne von Art. 12 OECD-MA

40 Der Vorrang der für Lizenzgebühren geltenden Verteilungsnorm des Art. 12 OECD-MA tritt grundsätzlich nur ein, wenn es sich bei den Vergütungen um Lizenzgebühren iSd Abkommensrechts handelt. Art. 12 Abs. 2 OECD-MA enthält eine abschließende Definition des Begriffs Lizenzgebühr.[69] Ein Rückgriff auf innerstaatliches Recht ist damit ausgeschlossen.[70]

41 Die abkommensrechtliche Definition der Lizenzgebühr in Art. 12 Abs. 2 OECD-MA ist weit, sie umfasst Vergütungen jeder Art (laufende, periodische, wiederkehrende Zahlungen, einmalige Zahlungen), die für die Benutzung von Urheberrechten an literarischen, künstlerischen oder wissenschaftlichen Werken, einschließlich kinematographischer Filme, von Patenten, Marken, Mustern oder Modellen, Plänen, geheimen Formeln oder Verfahren oder für die Mitteilung gewerblicher, kaufmännischer oder wissenschaftlicher Erfahrungen gezahlt werden (abgekürzt: umfasst sind alle Vergütungen, die als Gegenleistung für die Benutzung oder das Recht auf Benutzung von Urheberrechten, Patenten, gewerblichen Schutzrechten und Erfahrungen gezahlt werden).[71] Die Lizenzgegenstände selbst werden in Art. 12 OECD-MA nicht definiert, obwohl der in der Definition aufgeführte Katalog an Lizenzgegenständen abschließender Natur ist.[72] Deshalb gelangt Art. 3 Abs. 2 OECD-MA zur Anwendung, wonach jeder im Abkommen nicht definierte Ausdruck grundsätzlich die Bedeutung hat, die ihm nach dem innerstaatlichen Recht der Anwenderstaaten zukommt.[73] Für die Bestimmung des Begriffs Urheberrecht ist aus deutscher Sicht § 73a EStDV entscheidend,[74] wonach Urheberrechte die Rechte sind, die nach Maßgabe des Urheberrechts geschützt sind (§ 1 UrhG). Hierzu gehören nach § 2 Abs. 1 UrhG auch Computerprogramme. Software genießt in allen Mitgliedstaaten der OECD urheberrechtlichen Schutz.[75] Damit fällt Software grundsätzlich unter Art. 12 Abs. 2 OECD-MA obwohl sie dort nicht ausdrücklich als Lizenzgegenstand genannt wird.

42 Bei allen Vergütungen, gleich welcher Art, ob einmalig oder laufend, ungeachtet der jeweiligen Bemessungsgrundlage auf denen sie basieren, die ein Lizenzgeber bei grenzüberschreitender Softwareüberlassung für die Legitimation urheberrechtlicher Nutzungen vom Lizenzgeber erhält, ist Art. 12 OECD-MA einschlägig.[76]

43 Kennzeichnend auch für Lizenzgebühren im Sinne des Abkommensrechts ist, dass die Nutzungsüberlassung zeitlich begrenzt ist.[77] Eine dauerhafte Rechtseinräumung führt nicht zu im Inland zu versteuernden Lizenzgebühren. Ob eine zeitlich begrenzte Nutzung oder die Veräußerung eines Rechts vorliegt, beurteilt sich nach den vertraglichen Vereinbarun-

---

[67] *Thiele/Stelzer*, ISR 2018, 43, 44; *Kramer*, IStR 2013, 285, 288.
[68] *Schaumburg/Häck* in Schaumburg, Internationales Steuerrecht, Rn. 19.236.
[69] *Bozza* in Schönfeld/Ditz, DBA Art. 12 Rn. 81.
[70] *Schaumburg/Häck* in Schaumburg, Internationales Steuerrecht, Rn. 19.372.
[71] *Schaumburg/Häck* in Schaumburg, Internationales Steuerrecht, Rn. 19.372.
[72] *Bozza* in Schönfeld/Ditz, DBA Art. 12 Rn. 98.
[73] *Bozza* in Schönfeld/Ditz, DBA Art. 12 Rn. 99.
[74] *Thiele/Stelzer*, ISR 2018, 42, 45.
[75] *Wassermeyer* in Wassermeyer, Art. 12 OECD-MA A Rn. 12.2.
[76] *Thiele/Stelzer*, ISR 2018, 42, 45.
[77] *Bozza* in Schönfeld/Ditz, DBA Art. 12 Rn. 85.

gen.[78] Liegt ein Veräußerungsgeschäft vor, richtet sich dessen abkommensrechtliche Behandlung nach Art. 13 OECD-MA.

Nicht zu den Lizenzgebühren zählen die im Zusammenhang mit der Softwareüberlassung anfallenden Vergütungen für Beratung und technische Dienstleistungen.[79] Diese Vergütungen zählen vielmehr zu den Unternehmensgewinnen nach Art. 7 OECD-MA. 44

Bei gemischten Verträgen sind die Entgelte im Wege der Schätzung aufzuteilen, wenn eine andere Aufteilung nicht möglich ist und nicht ein Leistungsteil den gesamten Betrag dominiert.[80] 45

Zahlungen des Lizenznehmers sind abkommensrechtlich dann als Lizenzzahlungen iSv Art. 12 OECD-MA einzustufen, wenn sie für eine Handlung des Lizenznehmers geleistet werden, die ohne Erlaubnis in dessen Urheberrecht eingreifen.[81] Soll durch die Nutzungshandlung lediglich die Anwendung der Software und deren bestimmungsgemäßer Gebrauch ermöglicht werden, handelt es sich bei den dafür gezahlten Vergütungen nicht um Lizenzgebühren nach Art. 12 OECD-MA, sondern um Unternehmensgewinne nach Art. 7 OECD-MA, die abkommensrechtlich für einen Quellensteuerabzug außer Betracht bleiben.[82] Eine Unterscheidung hinsichtlich der Art der überlassenen Software und der Form ihrer Überlassung spielt abkommensrechtlich keine Rolle mehr.[83] 46

Das BMF Schreiben vom 27.10.2017 hat den urheberrechtlichen Hintergrund der steuerlichen Folgen von grenzüberschreitender Softwareüberlassung nach Abkommensrecht übernommen und umgesetzt, in dem sich die Beurteilung von Lizenzgebühren iSd §§ 49 Abs. 1 Nr. 2 lit. f, Nr. 6, 50a Abs. 1 Nr. 3 nach den gleichen Kriterien vollzieht.[84] Die im BMF Schreiben dargestellten Grundsätze können demnach auch für die Bestimmung von Lizenzgebühren nach Abkommensrecht herangezogen werden und umgekehrt. 47

Bei Lizenzzahlungen für grenzüberschreitende Softwareüberlassung zwischen verbundenen Unternehmen oder nahestehenden Dritten[85] gilt der Vorrang des Art. 12 OECD-MA nur insoweit, als sie der Höhe nach angemessen sind (Art. 12 Abs. 4 OECD-MA). Die Höhe der Lizenzzahlungen müssen einem Fremdvergleich standhalten („Dealing at arm's length"), um als angemessen anerkannt zu werden. 48

Überhöhte Lizenzbeträge werden entweder abkommensrechtlich vorwiegend als Dividenden (Art. 10 OECD-MA), als Unternehmensgewinne (Art. 7 OECD-MA) oder als Einkünfte einer sonstigen abkommensrechtlichen Verteilungsnorm zu qualifizieren sein.[86] Art. 12 OECD-MA gilt dann nur für den angemessenen Teil der Lizenzgebühren. 49

III. Besteuerung im Wohnsitzstaat und Quellenstaat

Art. 12 OECD-MA weist bei Lizenzgebühren das Besteuerungsrecht ausschließlich dem Wohnsitzstaat des Lizenzgebers zu. Der Wohnsitz-Ansässigkeitsstaat darf die Lizenzgebühren nach seinem innerstaatlichen Recht besteuern, ohne durch das Abkommen darin beschränkt zu sein.[87] 50

---

[78] *Schaumburg/Häck* in Schaumburg, Internationales Steuerrecht, Rn. 19.372.
[79] *Schaumburg/Häck* in Schaumburg, Internationales Steuerrecht, Rn. 19.373.
[80] *Bozza* in Schönfeld/Dietz, DBA Art. 12 Rn. 86.
[81] *Wassermeyer* in Wassermeyer, Art. 12 OECD-MA A Rn. 13.1 und B Art. 12 Rn. 63; *Thiele/Stelzer*, ISR 2018, 42, 46.
[82] *Thiele*, DStR 2018, 274, 281.
[83] *Ackermann*, ISR 2016, 258, 260.
[84] *Thiele*, DStR 2018, 274, 281.
[85] Für Zwecke der Auslegung § 1 Abs. 2 AStG und § 50g Abs. 2 Nr. 2 EStG.
[86] *Schaumburg/Häck* in Schaumburg, Internationales Steuerrecht, Rn. 19.371.
[87] *Pöllath/Lohbeck* in Vogel/Lehner, DBA Art. 12 OECD-MA Rn. 17.

51 Ist der Lizenzgeber in Deutschland ansässig, unterliegen die Lizenzgebühren im Rahmen der unbeschränkten Steuerpflicht des Lizenzgebers der „regulären" Besteuerung im Inland.[88]

52 Ein Besteuerungsrecht des Quellenstaates aus dem die Lizenzgebühren stammen, wird von Art. 12 Abs. 1 OECD-MA ausgeschlossen.[89] Das Doppelbesteuerungsabkommen (DBA) verbietet nicht die Erhebung von Quellensteuer. Ist nach innerstaatlichem Recht eine Quellensteuer auf Lizenzgebühren vorzunehmen, muss hiervon aber wegen Art. 12 Abs. 1 OECD-MA abgesehen werden oder die Quellensteuer vom Quellenstaat erstattet werden.[90] (in Deutschland: Erstattungsverfahren § 50d Abs. 1 EStG, Freistellungsverfahren § 50d Abs. 2 EStG oder Kontrollmeldeverfahren § 50 Abs. 5 EStG).

53 Abweichend von Art. 12 Abs. 1 OECD-MA sehen viele DBA mit Deutschland ein begrenztes Besteuerungsrecht des Quellenstaates vor.[91] Diese Steuer ist dann im Wohnsitzstaat des Lizenzgebers nach Art. 23A oder B OECD-MA anzurechnen.[92]

54 Ungeachtet der DBA Regelungen darf auf Lizenzzahlungen zwischen verbundenen Unternehmen in verschiedenen EU Mitgliedstaaten ab dem 1.1.2004 keine Quellensteuer erhoben werden.[93] Unabhängig vom jeweiligen DBA gilt insoweit ein Quellensteuersatz von 0%. Ist Deutschland der Quellenstaat und sind Lizenzgebühren an ein verbundenes Unternehmen in einem anderen Mitgliedstaat geflossen, wird die Quellensteuerfreiheit nach innerstaatlichem Recht verfahrensrechtlich durch § 50g EStG auf Antrag gewährleistet.[94]

IV. Überlassung von Software durch inländischen Lizenzgeber an Lizenznehmer im In- und Ausland

55 Die Abgrenzung der zeitlich befristeten Nutzungsüberlassung von der Rechteveräußerung spielt hauptsächlich im Rahmen grenzüberschreitender Softwareüberlassung eine Rolle, bei denen der inländische Lizenznehmer bei der Überlassung von Software durch einen ausländischen im Inland beschränkt steuerpflichtigen Lizenzgeber deutsche Quellensteuer einzubehalten und abzuführen hat.

56 Dieser Abgrenzung kommt bei Softwareüberlassungen, in denen der Lizenzgeber in Deutschland ansässig und damit unbeschränkt steuerpflichtig ist, nur eine eingeschränkte Bedeutung zu. Das Entgelt für die Softwareüberlassung unterliegt im Rahmen der unbeschränkten Steuerpflicht des im Inland ansässigen Anbieters der „regulären" inländischen Besteuerung.[95] Hat der inländische Anbieter die überlassene Software selbst hergestellt oder entgeltlich erworben und gehört diese zum inländischen Betriebsvermögen (und nicht zu einer Betriebsstätte im Ausland), stellen die Lizenzgebühren im Falle einer Rechteveräußerung in Deutschland steuerbares Veräußerungsentgelt dar, das entweder den Einkünften aus Gewerbebetrieb nach § 15 EStG oder den Einkünften aus selbständiger Tätigkeit nach § 18 EStG zugeordnet wird.[96] Ein bilanzierender inländischer Abnehmer hat die erworbene Software mit den Anschaffungskosten in der Regel als immaterielles und ab-

---

[88] *Bozza* in Schönfeld/Dietz, DBA Art. 12 OECD-MA Rn. 31.
[89] *Bozza* in Schönfeld/Dietz, Art. 12 OECD-MA Rn. 35.
[90] *Bozza* in Schönfeld/Dietz, Art. 12 OECD-MA Rn. 61.
[91] Übersicht zu den DBA mit Quellensteuersätzen bei *Pöllath/Lohbeck* in Vogel/Lehner, DBA Art. 12 OECD-MA Rn. 29.
[92] *Bozza* in Schönfeld/Dietz, Art. 12 OECD-MA Rn. 62.
[93] EU-Zins- und Lizenzgebühren-Richtlinie, ZiLiRL, RL 2003/49/EG v. 3.6.2003, Abl. EU 2003, Nr. L 157/49 v. 26.6.2003, zuletzt geändert durch RL 2006/98/EG v. 20.11.2006, Abl. EU 2006, Nr. L 363/129 v. 20.12.2006.
[94] *Bozza* in Schönfeld/Dietz, Art. 12 OECD-MA Rn. 34.
[95] *Bozza* in Schönfeld/Dietz, Art. 12 OECD-MA Rn. 31.
[96] Zu versteuern ist die Differenz zwischen Veräußerungsentgelt und Buchwert der aktivierten Software (Veräußerungsgewinn). Ist der Lizenznehmer im Ausland ansässig, weisen Art. 13 Abs. 2 bzw. Art. 7 Abs. 1 OECD-MA das Besteuerungsrecht Deutschland zu.

nutzbares Wirtschaftsgut[97] zu aktivieren und über die betriebsgewöhnliche Nutzungsdauer[98] linear abzuschreiben.

Im Falle einer zeitlich befristeten Überlassung von Software im Betriebsvermögen (Rechteüberlassung) erzielt der inländische Anbieter entweder laufende steuerbare Einkünfte aus Gewerbebetrieb nach § 15 EStG oder solche aus selbständiger Arbeit nach § 18 EStG.[99] Bei bilanzierenden inländischen Abnehmern ist die Vergütung für die Softwareüberlassung sofort abziehbare Betriebsausgabe. Mangels Anschaffungsvorgang ist die überlassene Software nicht in der Bilanz des Abnehmers zu aktivieren. Befindet sich die überlassene Software beim inländischen Anbieter im Privatvermögen, so bezieht dieser Einnahmen aus Vermietung und Verpachtung nach § 21 Abs. 1 S. 1 Nr. 3 EStG.[100]

Ist der Lizenznehmer im Ausland ansässig und ist die Software einer dortigen Betriebsstätte des inländischen Lizenzgebers zuordenbar, so hat der Belegenheitsstaat der Betriebsstätte grundsätzlich das Besteuerungsrecht unabhängig davon, ob es sich um eine Rechteüberlassung oder einen Rechtekauf handelt (Art. 12 Abs. 3, Art. 7 OECD-MA).

D. Umsatzsteuerliche Aspekte der Softwareüberlassung

I. Lieferung oder sonstige Leistung

Bei der Überlassung von Computerprogrammen ist umsatzsteuerlich zunächst zu prüfen, welche Leistung (Lieferung oder sonstige Leistung) vorliegt.[101] Dies hängt im Gegensatz zum Ertragssteuerrecht von der Art der Überlassung und von der Art der überlassenen Software ab.

Die Überlassung von Standardsoftware und sog. Updates auf Datenträgern ist grundsätzlich als Lieferung des leistenden Unternehmers anzusehen.[102] Die Überlassung von Individualsoftware, ungeachtet ob auf Datenträgern oder auf elektronischem Weg, stellt dagegen immer eine sonstige Leistung dar.[103]

Wird die Software auf elektronischem Weg überlassen, handelt es sich stets, ungeachtet ob Standard- oder Individualsoftware überlassen wird, um eine sonstige Leistung iSd § 3a Abs. 5 S. 2 Nr. 3 UStG. Begründet wird dies damit, dass der Empfänger die Software per Download direkt auf seine Anlage überspiele und es deshalb „in jedem Fall" an der Gegenständlichkeit der Leistung fehle.[104] Dem wird man zustimmen können, allerdings wird man für den heute ungleich öfter vorkommenden Fall der Überlassung von Software as a Service („SaaS") nichts anderes annehmen können, da es auch dieser an jeder Gegenständlichkeit fehlt.

Besteht die Hauptleistung der Überlassung von urheberrechtlich geschützter Software in der Einräumung von Nutzungsrechten, so handelt es sich bei dieser Leistung nicht um eine elektronische Dienstleistung, sondern um eine Einräumung von Urheberrechten und ähnlichen Rechten nach § 3a Abs. 4 S. 2 Nr. 1 UStG. Diese Unterscheidung ist dafür ausschlaggebend, ob der Regelsteuersatz von 19 % (bei elektronischer Dienstleistung) oder der ermäßigte Steuersatz von 7 % (bei Einräumung von Urheberrechten und ähnlichen Rechten) zur Anwendung kommt.

---

[97] *BFH*, XR 26/09, BStBl. 2011 II, 865; zu ERP Software *BMF* BStBl. 2005 I, 1012; nicht nur System- und Anwender-Individualsoftware (*BFH*, III R 76/90, BFHNV 1996, 643), sondern auch Anwender-Standardsoftware (*BFH*, XR 26/09, BStBl. 2011 I, 865) – Datenträger.
[98] Fünf Jahre, *BMF*, BStBl. 2005 I, 1025 Rn. 22.
[99] Liegen Lizenzgebühren iSv Art. 12 OECD-MA vor, hat der Ansässigkeitsstaat des Lizenzgebers das Besteuerungsrecht.
[100] *Kulosa/Schmidt*, EStG § 21 Rn. 106.
[101] *OFD Hannover* v. 14.2.2007, S 7240-37-StO 183, StED 2007, 221.
[102] Abschn. 3.5 Abs. 2 Nr. 1 UStAE.
[103] *Huschens* in Schwarz/Widmann/Radeisen, UStG § 12 Abs. 2 Nr. 7c UStG Rn. 81, Stand 12.4.2017.
[104] *Ehrmann/von Wallis* in Hoeren/Sieber/Holznagel, Multimedia-Recht, 49. EL Juli 2019, Teil 27 Rn. 233.

63 Eine umsatzsteuerliche Lieferung von Software deren Vergütung mit 19 % zu versteuern ist, kommt daher nur bei der Überlassung von Standardsoftware auf Datenträgern (zB DVD; CD) in Betracht.

II. Softwareüberlassung auf Datenträgern

64 Bei der Lieferung von Standardsoftware auf Datenträgern durch ein deutsches Unternehmen an ein Unternehmen, das in einem anderen EU-Mitgliedstaat ansässig ist, kann es sich bei Vorliegen der entsprechenden Voraussetzungen entweder um eine steuerfreie innergemeinschaftliche Lieferung nach §§ 4 Nr. 1b, 6a UStG (wenn die Lieferung von Deutschland aus erfolgt) oder um einen steuerbaren innergemeinschaftlichen Erwerb nach §§ 1 Nr. 5, 1a, 3d UStG (wenn die Lieferung nach Deutschland erfolgt) handeln.

65 Werden Datenträger mit Software in die EU an private Abnehmer versendet, unterliegt diese Lieferung bis zur Überschreitung der Lieferschwelle der deutschen Umsatzbesteuerung. Die Lieferschwelle ist überschritten, wenn beim Lieferer der Software in einen Mitgliedstaat der EU, der Gesamtbetrag der Entgelte, der diesen Lieferungen in diesen Mitgliedstaat zuzurechnen ist, den von diesem Mitgliedstaat jeweils festgesetzten Betrag (maßgebliche Lieferschwelle) im laufenden und vorangegangenen Jahr überschritten hat (§ 3c, Abs. 3 S. 1, S. 2 Nr. 2 UStG). Erst ab Überschreiten der Lieferschwelle verlagert sich die Steuerbarkeit in den anderen Mitgliedstaat mit der Folge, dass mit Umsatzsteuer des Empfängerlandes zu fakturieren und eine dortige Umsatzsteuerregistrierung und die Bestellung eines Fiskalvertreters zu erfolgen hat (§ 3c UStG; Fiskalvertretung entsprechend § 22a UStG im anderen Mitgliedstaat).

66 Wird der Datenträger mit Standardsoftware von Deutschland in ein Drittland geliefert, kann bei Vorliegen der entsprechenden Voraussetzungen und Nachweise, eine steuerfreie Ausfuhrlieferung vorliegen (§§ 4 Nr. 1a, 6 UStG, §§ 8 ff UStDV). Wird eine derartige Software nach Deutschland eingeführt, fällt Einfuhrumsatzsteuer an (§§ 1 Nr. 4, 5, 11, 21 UStG).

III. Softwareüberlassung ohne Datenträger

67 In allen anderen Fällen der Softwareüberlassung liegt eine sonstige Leistung vor. Bei einer Softwareüberlassung an einen Unternehmer (§ 2 UStG) bestimmt sich der Leistungsort dann danach, wo der Leistungsempfänger sein Unternehmen betreibt (§ 3a Abs. 2 UStG). Innerhalb der EU gilt für sonstige Leistungen, das sog. **Reserve-Charge-System** (§ 13b UStG), Steuerschuldner ist der unternehmerische Leistungsempfänger. Bei einer Softwareüberlassung an einen Unternehmer in einem anderen EU-Mitgliedstaat wird die sonstige Leistung im anderen EU-Mitgliedstaat als Leistungsort ausgeführt. Die Rechnungstellung erfolgt ohne Ausweis der deutschen Umsatzsteuer (unter Hinweis auf das Reserve-Charge-System). Der Empfänger im anderen EU-Mitgliedstaat schuldet die jeweilige Umsatzsteuer (gleichlautende Regelung wie § 13b UStG), hat aber in der gleichen Höhe einen **Vorsteuererstattungsanspruch**, sodass aus diesem Umsatzgeschäft keine Zahllast entsteht. Im umgekehrten Fall schuldet der deutsche unternehmerische Leistungsempfänger die Umsatzsteuer (§ 13b UStG), hat in derselben Höhe aber einen Vorsteuererstattungsanspruch (§ 15 Abs. 1 Nr. 4 UStG).

68 Bei Softwareüberlassung von deutschen Unternehmen an Unternehmen im Drittlandgebiet und umgekehrt, gilt ebenso als Leistungsort der Empfängerort. Im ersteren Fall ist die sonstige Leistung nicht steuerbar, da der Leistungsort im Ansässigkeitsstaat des Leistungsempfängers liegt. Gegebenenfalls unterliegt die Softwareüberlassung im Drittland der Umsatzbesteuerung. Der leistende Unternehmer müsste sich dann im Drittland für Umsatzsteuerzwecke registrieren lassen. Etwas Anderes gilt nur, wenn im Drittland auch das

D. Umsatzsteuerliche Aspekte der Softwareüberlassung

Reserve-Charge-Verfahren (Steuerschuldnerschaft des Leistungsempfängers) zur Anwendung kommt.

Im umgekehrten Fall liegt der Leistungsort der Softwareüberlassung in Deutschland. Hier gilt das Reserve-Charge-Verfahren. Die umsatzsteuerliche Behandlung unterscheidet sich dann nicht von der Variante, bei der ein EU-Unternehmen Software an ein deutsches Unternehmen überlässt. 69

Bei Softwareüberlassungen an private Abnehmer, die keine elektronischen Dienstleistungen darstellen, sondern als Einräumung von Urheberrechten und ähnlichen Rechten zu klassifizieren sind, ist danach zu differenzieren, ob der private Leistungsempfänger innerhalb der EU oder im Drittland seinen Wohnsitz hat. Erfolgt die Softwareüberlassung von einem Unternehmen in Deutschland an eine in der EU ansässigen Person, so ist diese sonstige Leistung in Deutschland steuerbar, die Rechnung hat deutsche Umsatzsteuer auszuweisen (§ 3a Abs. 1 UStG). Erfolgt eine derartige sonstige Leistung an eine im Drittland ansässige Privatperson, so wird diese Leistung an ihrem Wohnsitz oder Sitz, also im Drittland ausgeführt und ist dort auch steuerbar (§ 3a Abs. 4 S. 1, S. 2 Nr. 1 UStG). Der deutsche Leistungserbringer muss sich für Zwecke der Umsatzsteuer im Drittland registrieren lassen. 70

Bei Softwareüberlassungen, die elektronisch erbrachte Dienstleistungen[105] eines Unternehmens in Deutschland an Privatpersonen innerhalb der EU darstellen, liegt seit 1.1.2015 der Leistungsort immer dort, wo der private Leistungsempfänger seinen Wohnsitz, gewöhnlichen Aufenthalt oder Sitz hat (**Empfängerortprinzip** § 3a Abs. 5 UStG).[106] Seit 1.1.2019 gilt dieses Empfängerortprinzip nicht mehr automatisch für die elektronisch erbrachten Dienstleistungen, die ein Unternehmer erbringt, der nur in einem EU-Mitgliedstaat ansässig ist und dessen Dienstleistungen an private Personen in anderen EU-Ländern einen Schwellenwert von 10.000 EUR im vorangegangenen und laufenden Jahr nicht übersteigen (§ 3a Abs. 5 S. 3 UStG). Der leistende Unternehmer kann auf diese Regelung gegenüber dem Finanzamt verzichten und auch bei Unterschreiten dieses Schwellenwertes das Empfängerortprinzip gelten lassen (§ 3a Abs. 5 S. 4 UStG). 71

Im Falle des Überschreitens des Schwellenwerts oder des Verzichts bei Unterschreiten des Schwellenwerts muss sich der jeweils leistende Unternehmer in dem jeweiligen EU-Mitgliedstaat, in dem die Leistung erbracht wird, registrieren lassen. Zur Erleichterung für die im Binnenmarkt tätigen Unternehmer wurde das **Moss-Verfahren (Mini-One-Stop-Shop)** eingeführt,[107] das alternativ zur Umsatzsteuerregistrierung am Empfängerort möglich ist. 72

Bei dem sog. Mini-One-Stop-Shop handelt es sich um die Umsetzung eines Vorhabens der EU-Kommission zur Schaffung von Erleichterungen für die im Binnenmarkt tätigen Unternehmer. Es geht um die Errichtung einer einzigen Anlaufstelle in einem kleinen Anwendungsbereich zur Durchsetzung des Bestimmungslandprinzips. Anbieter von Telekommunikationsdienstleistungen, Rundfunk- und Fernsehdienstleistungen und auf elektronischem Weg erbrachten Dienstleistungen an Nichtunternehmer, die im Ansässigkeitsstaat ihrer Kunden weder ihren Sitz noch eine Betriebsstätte haben, können ihre dort steuerbaren Umsätze in ihrem Sitzstaat erklären und die entsprechenden Steuerbeträge entrichten.[108] Diese Mini-One-Stop-Shops (MOSS)-Regelung ermöglicht es Unternehmen in Deutschland, diese sonstigen Leistungen in der MOSS-Erklärung zu deklarieren. Die elektronische Meldung und Zahlung erfolgt dann an das Bundeszentralamt für Steuern. 73

---

[105] Siehe die Aufzählung bei *Korn* in Bunges, UStG § 3a Rn. 128, 128a.
[106] *Korn* in Bunges, UStG § 3a Rn. 115.
[107] § 18h UStG, Abschn. 18h 1 UStAE.
[108] Mini-One-Stop-Shop (MOSS), Zusammenfassung/Begriff; *Haufe Steuer-Office* Stand 20.10.2019.

IV. Höhe des Steuersatzes

74 Der Regelsteuersatz beträgt 19 % (§ 12 Abs. 1 UStG). Dieser ermäßigt sich auf 7 % für Umsätze aus der Einräumung, Übertragung und Wahrnehmung von Rechten, die sich aus dem Urheberrecht ergeben (§ 12 Abs. 2 Nr. 7 Buchstabe c UStG). Bei Computerprogrammen ist – umsatzsteuerlich – zwischen der Einräumung urheberrechtlicher Schutzrechte und der bloßen Überlassung von Programmen zu unterscheiden.[109]

75 Die Finanzverwaltung vertritt die Ansicht, dass die Überlassung von Software zur Benutzung Hauptbestandteil der wirtschaftlichen Gesamtleistung ist und die Übertragung urheberrechtlicher Nutzungsrechte nur eine Nebenleistung darstellt und somit die Überlassung grundsätzlich dem Regelsteuersatz unterliegt.[110]

76 Räumt jedoch der Urheber- und Leistungsberechtigte dem Leistungsempfänger die in § 69c S. 1 Nr. 1–4 UrhG bezeichneten Rechte auf Vervielfältigung und Verbreitung nicht nur als untergeordnete Nebenfolge ein, dann ist dieser Umsatz durch § 12 Abs. 2 Nr. 7 Buchstabe c UStG begünstigt.[111] Die Einräumung der urheberrechtlichen Nutzungsrechte muss Hauptbestandteil der einheitlichen Gesamtleistung sein.[112]

77 Ob dies der Fall ist, muss nach den Parteivereinbarungen im Lizenzvertrag und den tatsächlichen Leistungen bestimmt werden. Steht lediglich die bestimmungsgemäße Benutzung der Software im Vordergrund, ist § 12 Abs. 2 Nr. 7 Buchstabe c UStG nicht einschlägig, es bleibt bei der Besteuerung nach dem Regelsatz.

E. Gewerbesteuerliche Aspekte der Softwareüberlassung

78 Gemäß § 8 Abs. 1 Nr. 1 Buchstabe S 1 f GewStG sind grundsätzlich 25 % der Aufwendungen für die zeitlich befristete Überlassung von Rechten (insbesondere Konzessionen und Lizenzen) dem Gewinn aus Gewerbebetrieb hinzuzurechnen, sofern sie vorher bei der Ermittlung des Gewinns abgesetzt worden sind. Nach den gleich lautenden Erlassen der obersten Finanzbehörden der Länder vom 2.7.2012[113] sind Aufwendungen für die zeitlich befristete Überlassung von Software regelmäßig nach § 8 Nr. 1 Buchstabe f GewStG hinzuzurechnen.

79 Bisher ist die Finanzverwaltung davon ausgegangen, dass Zahlungen, die dem Quellensteuerabzug nach § 50a Abs. 1 Nr. 3 EStG unterlegen haben, auch der Hinzurechnung nach § 8 Nr. 1 Buchstabe f GewStG unterliegen.[114]

80 Das oben bereits ausführlich dargestellte BMF-Schreiben vom 27.10.2017 (BStBl. I 2017, 1448) nimmt leider nicht Stellung zu möglichen Auswirkungen ihrer drin darin getroffenen Aussagen auf die gewerbesteuerliche Hinzurechnung nach § 8 Nr. 1 Buchstabe f GewStG.[115] Somit hat dieses BMF-Schreiben vom 27.10.2017 keine unmittelbare Bedeutung für die gewerbesteuerliche Hinzurechnung nach § 8 Nr. 1 Buchstabe f GewStG. Insoweit bedarf es für die gewerbesteuerliche Beurteilung, ob eine zeitlich befristete Softwareüberlassung oder ein Rechtskauf vorliegt, einer eigenen gesonderten Prüfung.[116]

---

[109] *Huschens* in Schwarz/Widmann/Radeisen, UStG § 12 Abs. 2 Nr. 7c Rn. 76.
[110] *BMF* v. 22.12.1993 – IV C3 – S 93, BStBl. 1994 I 45; Abschn. 12.7 Abs. 1 S. 7ff. UStAE.
[111] *BFH*, USt v. 25.11.2004 – V R4/04, BStBl. 2005 II, 415; Abschn. 12.7 Abs. 1 Satz 8 UStAE.
[112] *Huschens* in Schwarz/Widmann/Radeisen, UStG § 12 Abs. 2 Nr. 7 Rn. 80.
[113] Gleichlautende Ländererlasse v. 2.7.2012, BStBl. 2012 I, 654 Rn. 33.
[114] *Maßbaum/Imhof*, FR 2018, 6.
[115] *Warnke*, EStB 2018, 70.
[116] *Pinkernell*, Ubg 2018, 139.

E. Gewerbesteuerliche Aspekte der Softwareüberlassung

In diesem Zusammenhang wäre es wünschenswert, dass die im BMF-Schreiben vom 27.10.2017 getroffenen Aussagen auch entsprechend für die Hinzurechnung nach § 8 Nr. 1 Buchstabe f GewStG gelten.[117]

Handelt es sich um Aufwendungen für digitalen Service und digitale Produkte, ist für die Hinzurechnung nach § 8 Nr. 1 Buchstabe f GewStG zu unterscheiden, ob bei derartigen Leistungen der Dienstleistungscharakter oder die Softwareüberlassung im Vordergrund steht. Regelmäßig dürfte bei derartigen Leistungen (vor allem bei Software as a Service) der Dienstleistungscharakter im Vordergrund stehen, sodass eine Hinzurechnung ausscheidet.[118]

---

[117] *Warnke*, EStB 2018, 70.
[118] *Rapp*, FR 2017, 563.

Teil 2.5 Softwarepflege

Teil 2.5.1 Arten der Softwarewartung

Übersicht

	Rn.
A. Vorbemerkung	1
B. Auslöser für Softwarewartung	18
C. Softwarewartung im Lebenszyklus von Software	31
D. Softwarewartungs-Prozess	38
E. Weiterer Regelungsbedarf bei Softwarewartung	46

Literatur:
Bayerlein, Praxishandbuch Sachverständigenrecht, 5. Aufl. 2015; *Boehm*, Wirtschaftliche Software-Produktion, 1986; *Bommer/Spindler/Barr*, Software-Wartung, 2008; *DIN EN ISO 9001:2015-11*, Qualitätsmanagementsysteme – Anforderungen (ISO 9001:2015); *Bundesamt für Sicherheit in der* Informationstechnik, ISO/IEC 26514:13, Systems and software engineering – Requirements for designers and developers of user documents, IT-Grundschutz-Kompendium – Edition 2019; *DIN EN ISO 9241-110*, Ergonomie der Mensch-System-Interaktion – Teil 110: Grundsätze der Dialoggestaltung; *IEEE 610.12-1990*, IEEE Standard Glossary of Software Engineering Terminology; *IEEE Standard for Software Maintenance* (IEE Std 1219-1998); *Sneed/Hasitschka/Teichmann*, Software Produktmanagement, 2005.

A. Vorbemerkung

1 Die hier unter Arten der Softwarewartung beschriebenen Aspekte der Softwarewartung stellen aus Sicht der Informatik relevante Sachverhalte der Softwarewartung dar. Darüber hinaus gehende, insbesondere rechtliche Aspekte zB des Leistungsschutz- oder Werkvertragsrechts werden nicht behandelt.

2 Die Wartung von Software soll sicherstellen, dass die zu wartende Software für einen zu vereinbarenden Zeitraum mit gleichbleibendem Funktionsumfang und Qualität (→ Rn. 47) genutzt werden kann. Die Auslöser, die Softwarewartung begründen, sind unter Rn. 19 ff. beschrieben.

3 Zur **Software** gehören Computerprogramme, Prozeduren und zugehörige Dokumentation und Daten in Bezug auf den Betrieb eines Computers Systems (Norm IEEE 610.12-1990). Alle genannten Bestandteile von Software unterliegen der Softwarewartung.

4 Ein **Computerprogramm** besteht aus Anweisungen zur Verarbeitung von Daten um (fachliche) Aufgaben zu erfüllen. Die Anweisungen werden idR in einer Programmiersprache von Programmierern verfasst. Es existiert auch Software, sogenannte Generatoren, die Anweisungen für ein Computerprogramm aufgrund von Eingaben, die die zu lösenden Aufgaben modellieren, erzeugen. Die von Programmieren erstellte oder von Generatoren erzeugte Ausgabe wird als Quelltext (Sourcecode) bezeichnet. Der Quelltext wird, um ein Computerprogramm ablaufen lassen zu können, in sogenannten ausführbaren Code (Executables) durch einen Compiler übersetzt.

5 **Prozeduren** sind Anweisungen, die die Nutzung von Computerprogrammen unterstützen (zB Installation von Software, Änderung von Datenstrukturen wg. geänderter Computerprogramme, Datensicherung). Mit Prozeduren werden immer wiederkehrende Arbeitsschritte bei der Administration von Computerprogrammen automatisiert.

6 Die **Dokumentation** beschreibt idR in textlicher und grafischer Form die Zusammenhänge, die zur Nutzung, Betrieb und ggf. Entwicklung von Computerprogrammen und Prozeduren erforderlich sind. Das Medium der Dokumentation ist nicht festgelegt. Anforderungen an die Dokumentation von Software werden durch die folgenden Normen und Regelwerke gestellt:

A. Vorbemerkung

Die EU-Datenschutz-Grundverordnung (DS-GVO) fordert in Art. 30 ein Verzeichnis von Verarbeitungstätigkeiten und stellt Anforderungen an die Dokumentation: Verarbeitungsverzeichnis mit Zweck der Verarbeitung, Benennung der personenbezogenen Daten (Attribute), Fristen für die Löschung von personenbezogenen Daten, Schnittstellendokumentation für Verarbeitung personenbezogener Daten durch Dritte, Beschreibung von Technisch-Organisatorischen-Maßnahmen (TOM). Die Informationen, die Nutzer von Standardsoftware zur Erfüllung der DS-GVO benötigen müssen vom Softwarehersteller schriftlich dokumentiert sein. Unter gewissen Umständen sind Unternehmen und Organisationen mit weniger als 250 Mitarbeitern von dieser Verpflichtung befreit.

Norm ISO/IEC 26514:13 Systems and software engineering – Requrements for designers and developers of user documentation. Diese Norm bietet ein Hilfsmittel Checklisten für Entwickler von Software Dokumentation, abgestimmt auf Zielgruppen und Aufgaben, zu erstellen. Dokumentation wird hier als eine substanzielle Komponente von nutzbarer Software („essential component of usable software products") definiert.

Norm DIN EN ISO 9241-110 Ergonomie der Mensch-System-Interaktion – Teil 110: Grundsätze der Dialoggestaltung. Diese Norm fordert ua, dass Computerprogramme für den Nutzer selbstbeschreibungsfähig sind. Während der Interaktion mit dem System sollte die Notwendigkeit, Benutzer-Handbücher und andere Externe Informationen heranzuziehen minimiert sein, heißt es dort. Das bedeutet, dass diese Norm Dokumentation als grundsätzlich erforderlich ansieht.

Anforderung des Bundesministeriums der Finanzen an Grundsätze ordnungsgemäßer DV-gestützter Buchführungssysteme (GoBD) für die steuerrechtlichen Anforderungen an eine ordnungsmäßige Buchführung und die Erfüllung von Aufzeichnungspflichten. Hier wird eine Verfahrensdokumentation gefordert, mit allgemeiner Beschreibung der Software, Anwenderdokumentation (zB maschinelle Verarbeitungsregeln, wie automatisierte Buchungen), Betriebsdokumentation und technischen einer Systemdokumentation.

Die IT Grundschutz-Kataloge des Bundesamtes für Sicherheit in der Informationsverarbeitung führen im Gefährdungskatalog unter der Ziffer G 2.27 die fehlende oder unzureichende Dokumentation auf. Als Beispiel für unzureichende Dokumentation führt nennt das BSI:

Wenn von einem Programm Arbeitsergebnisse in temporären Dateien zwischengespeichert werden, ohne dass dies ausreichend dokumentiert ist, kann dies dazu führen, dass die temporären Dateien nicht angemessen geschützt und vertrauliche Informationen offengelegt werden. Durch fehlenden Zugriffsschutz auf diese Dateien oder eine nicht korrekte physikalische Löschung der nur temporär genutzten Bereiche können Informationen Unbefugten zugänglich werden.

Daten für den Betrieb eines Computer Systems dienen der Steuerung und Nutzung von Parametern, die sich ändern können. Solche Daten können zB sein: Steuersätze, Geschäftsregeln, Grenzen für Datenmengen, Anzahl Nutzer, die parallel arbeiten. Diese Daten sind das Ergebnis von Einstellungen, die die Software an die Bedürfnisse der Nutzer und der Organisation, die die Software nutzt, anpasst. Diese Anpassung wird auch als Customizing bezeichnet. Durch das Customizing kann die Funktionsausführung von Computerprogrammen festgelegt werden, ohne dass es der Änderung eines Computerprogramms bedarf.

Aus technischer Sicht werden folgende Arten von Software unterschieden: **Anwendungssoftware,** die spezielle Anforderungen von Nutzern erfüllen soll (zB Rechnungswesen-Software, Labordatenauswertungs-Software, Textverarbeitung); **Systemsoftware,** die den Betrieb und die Wartung von Computersystemen ermöglichen soll (zB Betriebssystem, Datenbank-Software, Telekommunikations-Software); **Entwicklungssoftware,** mit der Software entwickelt werden soll (zB Compiler, Quellcodeverwaltungs-Software); **hardwaresteuernde Software** (zB BIOS, Urloader), wird unter Hardwarewartung behandelt.

14 Insbesondere für Anwendungssoftware wird unterschieden: **Standardsoftware,** die ohne Änderung der Software von unterschiedlichen Nutzern bzw. Nutzerorganisationen angewendet wird, **Individualsoftware,** die für Nutzer bzw. Nutzerorganisationen entwickelt wurde. Standardsoftware mit individuellen Anpassungen ist idR als Individualsoftware anzusehen. Weil Standardsoftware idR von mehreren Organisationen genutzt wird, ist die Wahrscheinlichkeit, dass Fehler entdeckt und dann im Rahmen der Softwarewartung beseitigt werden können höher, als das bei Individualsoftware der Fall ist. Wartungsaufwendungen, wie sie durch Auslöser nach → Rn. 19 ff. entstehen, verteilen sich bei Standardsoftware auf mehrere Nutzerorganisationen. Dadurch ist ein wirtschaftlicher Vorteil von Standardsoftware gegenüber Individualsoftware gegeben. Das betrifft sowohl die Aufwendungen für die Investition der erstmaligen Entwicklung, als auch die für die Wartung.

15 Bei der Entwicklung von Software ist der Begriff **Prototyp** immer gebräuchlicher. Nach der Norm IEEE 610.12-1990 ist ein Prototyp eine vorläufige Software, Formular oder Instanz eines Systems, das als Modell dient für spätere Stadien oder für das abschließende, komplette System. Prototypen dienen der Erprobung im Rahmen von frühen Phasen einer Softwareentwicklung und nicht einem Echteinsatz. Da manche Prototypen den Eindruck erwecken, als sei die Software bereits fertig, besteht die Versuchung den Aufwand bis zur Fertigstellung einer Software für den betrieblichen Einsatz zu unterschätzen. Von Prototypen als Modell einer Software ist das **Prototyping,** als einer Methode zur Entwicklung von Software zu unterscheiden. Dabei sollen Prototypen erkennen lassen, ob zukünftige Nutzer die Software akzeptieren. Prototyping kann auch der Erprobung von technischen Methoden oder Verfahren dienen. Prototypen sind keine Software, die gewartet werden kann, da sie Elemente aus der Entwicklungsphase einer Software sind.

16 Der **Begriff Softwarewartung** ist nicht genormt. Es werden auch die Begriffe Softwarepflege, Betreuung, Vollwartung, Maintenance, Full Support, Service Level Agreement verwendet. Entscheidend ist, nicht die Überschrift eines Vertrages, sondern seine Vereinbarungen.

17 Nach den allgemein anerkannten Regeln der Technik[1] kann heute erwartet werden, dass **Software wartungsfreundlich** ist. Das bedeutet, dass Änderungen an dem Verhalten der Software, die als Geschäftsvorfall vorhersehbar erforderlich werden, durch Nutzer vorgenommen werden können, ohne, dass ein Computerprogramm geändert werden muss. Solche Änderungen werden als Konfiguration bezeichnet und idR durch sogenannte Administratoren durchgeführt. Beispiele für vorhersehbare Änderungen von Software sind: geänderte Steuersätze, Anpassung von Druckstücken (Briefe, Formulare, Listen), Änderung der Aufbauorganisation, Höhe einer Mahngebühr, ablauforganisatorische Alternativen, soweit sie branchenüblich sind.

B. Auslöser für Softwarewartung

18 Software ist ein immaterielles Gut und unterliegt daher keiner stofflichen Abnutzung. Deshalb wird der Begriff „Wartung" hier im Sinn von „in Stand halten" benutzt. Software wird in dem Stand gehalten, dass sie dauerhaft genutzt werden kann. Die dauerhafte Nutzung von Software wird durch Ereignisse mit ihren Auslösern verhindert. Maßnahmen der Softwarewartung wirken dem entgegen. Die Art der Softwarewartung wird bestimmt durch die Auslöser, die Wartung von Software erfordern. Auslöser dafür, dass Software im Zeitablauf weiter genutzt werden kann, liegen in der zu wartenden Software selbst, in der Software- und Hardwareumgebung, in der die zu wartende Software betrieben wird, in der Software mit der die zu wartende Software erstellt wird (sogenannte Entwicklungssoft-

---
[1] *Bayerlein,* Praxishandbuch Sachverständigenrecht, § 10 Rn. 12.

B. Auslöser für Softwarewartung

ware), in Gesetzen, Verordnungen und Richtlinien sowie in der Aufbau- und Ablauforganisation der Organisation, die die zu wartende Software einsetzt. Im Einzelnen sind die Auslöser in → Rn. 19 ff. beschrieben. Vertragliche Vereinbarungen über den Umfang der Softwarewartung müssen die Parteien (wartungspflichtige und Software betreibende Partei) benennen.

Software ohne **Fehler,** gerade bei umfangreicher und dadurch komplexer Software, 19 gibt es nicht. Bei einer guten Organisation der Softwareindustrie kann man mit eins bis drei Restfehlern pro 1.000 Lines of Code rechnen.[2] In Anlehnung an die Qualitätsmanagement-Norm DIN EN ISO 9001 wird in der Informatik ein **Fehler als die Nichterfüllung einer Anforderung** beschrieben. Nicht jeder Fehler in einer Software hat die gleiche Auswirkung. Deshalb werden **Fehlerklassen** gebildet und je nach Fehlerklasse unterschiedliche Reaktionen auf den Fehler in einem SLA (→ Teil 2.5.2 Rn. 8 ff.) vereinbart. Fehlerklassen[3] auf der Basis der Norm IEE Standard Classifikation for Software Anomalies (IEEE Std 1044™ – 2009) stellt die folgende Tabelle dar. Dabei wurde die Bezeichnung „Mangel" durch „Fehler" ersetzt um eine Verwechslung mit dem Mangelbegriff im juristischen Sinn auszuschließen.

	Fehlerstufe			Einordnung
Instandhaltung	Urgent	= fataler Fehler	(1)	„Absturz"/Datenverlust/Schadensfall
	High	= verhindernd	(2)	Weitere Verarbeitung nicht möglich, keine Umgehungsmöglichkeit
	Medium	= erschwerend	(3)	Schwerer Fehler, Produktion gefährdet, Umgehung möglich
Fehlerkorrektur	Low	= störend	(4)	Leichter Fehler, Produktion nicht gefährdet
	Unknown	= zu klären	(5)	Nicht einzuordnen, leicht korrigierbar

Fehlerklassen, die sich an den betrieblichen Auswirkungen orientieren, können zB sein: 20
1. Betrieb der Software für alle Nutzer ist nicht möglich oder wesentliche Leistungen der Organisation können nicht erbracht werden oder nennenswerte Vermögensschäden unausweichlich und Lösung zur Umgehung des Fehlers sind nicht möglich (sog. Workaround).
2. Betrieb der Software für einen Teil der Nutzer ist nicht möglich oder Funktionen der Software stehen allen Nutzern eingeschränkt zur Verfügung und nennenswerte Vermögensschäden sind nicht zu erwarten und Umgehung des Fehlers ist möglich.
3. Auswirkung des Fehlers auf den Betriebsablauf ist nicht wesentlich und nur geringe negative finanzielle Auswirkungen zu erwarten und Umgehungslösung möglich oder nicht erforderlich.

Ausgehend von dem Begriff der Software (→ Rn. 3), der Computerprogramme, Prozeduren, und zugehörige Dokumentation und Daten in Bezug auf den Betrieb eines Computers umfasst, kann nicht nur ein Computerprogramm, sondern auch ein oder mehrere der anderen genannten Softwarebestandteile, insbesondere die Dokumentation, fehlerhaft sein.

Die zu wartende Software kann **Schnittstellen zu anderer Anwendungssoftware** 21 nutzen. Unabhängig davon, ob die andere Anwendungssoftware zu der zu wartenden Software gehört oder nicht, müssen Schnittstellen, wenn sie sich ändern, in der zu wartenden Software angepasst werden, damit die Funktionsfähigkeit der zu wartenden Software erhalten bleibt. Schnittstellen zwischen Software dienen dem Austausch von Daten. Jede Schnittstelle muss dabei aus technischer und fachlicher Sicht dokumentiert sein. Die tech-

---

[2] Bommer/Spindler/Barr, Software-Wartung.
[3] Sneed/Hasitschka/Teichmann, Software Produktmanagement, S. 168.

nische Sicht einer Schnittstelle beschreibt, wie die Informationen übertragen werden. Die fachliche Sicht einer Schnittstelle beschreibt welche Informationen ausgetauscht werden und aus welchem Wertevorrat die Informationen bestehen können. Sowohl eine technische als auch in eine fachliche Schnittstellenbeschreibung muss darstellen, wie mit Fällen umgegangen wird, in denen die erwarteten Verhaltensweisen der Schnittstelle des Computerprogramms mit dem Daten ausgetauscht werden, nicht wie vereinbart eintreten (sogenannte Fehlerbehandlung).

22 Schnittstellen zu anderer Anwendungssoftware (ungleich zu wartender Software) können sich durch die Weiterentwicklung oder Fehlerbeseitigung der zu wartenden Software oder der anderen Anwendungssoftware ändern. Auslöser für solche Änderungen können außerhalb des Einflussbereichs der Parteien, die einen Softwarewartungsvertrag abschließen, liegen.

23 Ein **Störfall** kann durch einen Fehler der zu wartenden Software ausgelöst werden. Ob eine Störung auf einen Fehler der zu wartenden Software zurückzuführen ist, kann oft erst nach einer Analyse der Störung festgestellt werden. Die wartungspflichtige Partei sollte verpflichtet werden an der Analyse einer Störung mitzuwirken, da der Betreiber der Software meist nicht über die Kenntnisse für eine Störfallanalyse verfügt. Wenn ein Fehler der zu wartenden Software vorliegt gilt → Rn. 19.

24 Jede zu wartende Software nutzt Systemsoftware. Durch die **Weiterentwicklung von Systemsoftware** kann es dazu kommen, dass die zu wartende Software geändert werden muss. Insbesondere, wenn Schnittstellen zwischen der zu wartenden Software und Systemsoftware von Änderungen betroffen sind, muss geprüft werden, ob die zu wartende Software an die geänderten Schnittstellen angepasst werden muss.

25 Weiterhin können Hersteller von Systemsoftware die **Wartung von Systemsoftware beenden** (abkündigen). Dann werden auch keine Fehler mehr in der abgekündigten Systemsoftware behoben. Die Organisation, die die zu wartende Software einsetzt, ist dann gezwungen eine neuere Version der Systemsoftware oder eine andere Systemsoftware einzusetzen. Dazu kann es erforderlich sein, dass die zu wartende Software angepasst werden muss. Die Abkündigung der Wartung für eine Systemsoftware erfolgt idR mit mehreren Monaten „Vorlauf", so dass ausreichend Zeit für die Anpassung der zu wartenden Software besteht. Auslöser für die Änderung von Systemsoftware liegen idR außerhalb des Einflussbereichs der Parteien, die einen Softwarewartungsvertrag abschließen.

26 Software wird mit Software erstellt, die als **Entwicklungssoftware** bezeichnet wird (→ Rn. 4). Die Weiterentwicklung von Entwicklungssoftware kann eine Änderung der zu wartenden Software oder der Systemsoftware erfordern. Der Hersteller der zu wartenden Software ist idR nicht der Hersteller der Entwicklungssoftware. Deshalb hat der Hersteller der zu wartenden Software keinen Einfluss auf den Zeitpunkt und die Änderung der Entwicklungssoftware.

27 Weiterhin können Hersteller von Entwicklungssoftware die **Wartung von Entwicklungssoftware beenden** (abkündigen). Dann werden auch keine Fehler mehr in der abgekündigten Entwicklungssoftware behoben. Der Hersteller der zu wartenden Software, die zu wartende Software entwickelt und wartet, ist dann gezwungen eine neuere Version der Entwicklungssoftware oder eine andere Entwicklungssoftware einzusetzen. Dazu kann es erforderlich sein, dass die zu wartende Software angepasst wird. Die Abkündigung der Wartung für eine Entwicklungssoftware erfolgt idR mit mehreren Monaten Vorlauf, so dass ausreichend Zeit für die Anpassung der zu wartenden Software besteht.

28 Wird eine **neue Hardware,** mit der die zu wartende Software betrieben wird, eingesetzt, kann es erforderlich sein, die zu wartende Software anzupassen. Für den Fall, dass die neue **Hardware über mehr Leistung** als die bisher eingesetzte verfügt und diese größere Leistung erst durch Änderung der zu wartenden Software genutzt werden kann, muss diese Änderung durchgeführt werden.

29 Wenn die zu wartende Software die Regeln von **Gesetzen, Verordnungen oder Richtlinien** abbildet und damit sogenannten regulatorischen Anforderungen genügt, muss

sie geändert werden, wenn sich Gesetze, Verordnungen oder Richtlinien ändern. Dies kann auch Änderungen in der zu wartenden Software auslösen, die nicht nur Funktionen der zu wartenden Software betreffen, sondern auch das sogenannte technische Design (Konstruktion der Software selbst). Als Beispiel ist hier die Datenschutz-Grundverordnung (DS-GVO) zu nennen, die in Art. 25 DS-GVO das Prinzip „Datenschutz durch Technikgestaltung" (Privacy by design) beinhaltet. Danach ist Software, die personenbezogene Daten verarbeitet, so zu gestalten, dass die Prinzipien der DS-GVO mit der zu wartenden Software verwirklicht werden. Was das bedeuten kann, soll hier an einem Beispiel aus dem Gesundheitswesen erläutert werden. Bereits vor dem Inkrafttreten der DS-GVO existierten im § 304 SGB V Fristen, nach denen Daten von Versicherten bei Krankenkassen, Kassenärztlichen Vereinigungen und Geschäftsstellen der Prüfungsausschüsse zu löschen sind. In § 304 Nr. 1 SGB V werden, je nachdem um welche Daten es sich handelt, als Aufbewahrungsfrist für einen Datentyp 10 Jahre und für einen anderen Datentyp vier Jahre vorgegeben. Zudem wird noch auf in Rechtsverordnungen enthaltene Aufbewahrungsfristen Bezug genommen. Wenn die Software, die die in § 304 SGB V bezeichneten Daten, bevor die DS-GVO Gültigkeit erlangte, so entwickelt wurde, dass Attribute der Versichertendaten mit unterschiedlichen Aufbewahrungsfristen, in einem Datensatz gespeichert wurden, können nach Ablauf der Aufbewahrungsfrist von vier Jahren und der daraus folgenden Löschung dieser Attribute, Lücken von Attributen in Datensätzen entstehen, mit der die Software nicht umgehen kann. Die Software muss nun so geändert werden, dass entweder die Software mit solchen Lücken umgehen kann oder die Organisation der Daten in sogenannten Datensätzen muss geändert werden. Beides hat erhebliche Aufwendungen für die Änderung der Software zur Folge. Die zeitlich begrenzte Aufbewahrung von Daten in § 304 SGB V bestand bereits vor Inkrafttreten der DS-GVO. Neu ist, dass die DS-GVO fordert, dass die Gestaltung, das Design der Software, diese Anforderungen bereits berücksichtigt.

Die zu wartende Software wird idR in der Aufbau- und Ablauforganisation (Prozessorganisation) einer Organisation betrieben. Bei **Änderungen der Aufbau- oder Ablauforganisation** (sogenannte Um- oder Neuorganisation) kann es erforderlich werden, dass die zu wartende Software geändert werden muss. Von einer wartungsfreundlichen Software kann heute erwartet werden, dass vorhersehbare aufbau- und ablauforganisatorische Änderungen sich durch die Nutzerorganisation mittels Konfiguration eigenständig administrieren lassen (→ Rn. 17). Die Grenze dieser Konfiguration ist erreicht, wenn sie so komplex wird, dass die Konfiguration einer Programmierung gleicht. Das kann dann der Fall sein, wenn sich Geschäftsregeln ändern, die mit einer Prädikatenlogik (logische Verknüpfungen) konfiguriert werden müssen. In diesem Fall kann es vorteilhaft sein, die zu wartende Software zu ändern.

C. Softwarewartung im Lebenszyklus von Software

Aus der Sicht des Nutzers bzw. der Nutzerorganisation stellt sich der **Lebenszyklus für die genutzte Software** wie in der folgenden Abbildung dar.

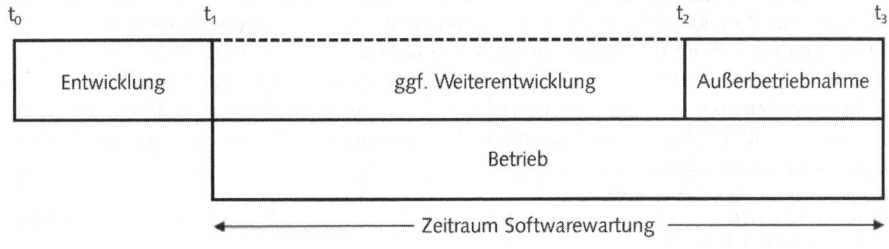

Zeitpunkt	Bedeutung
t_0	Beginn Entwicklung Individualsoftware bzw. Installation Standardsoftware
t_1	Ende Entwicklung Individualsoftware bzw. Installation Standardsoftware, Beginn Betrieb
t_2	Beginn Außerbetriebnahme, Ende Weiterentwicklung
t_3	Ende Betrieb und Außerbetriebnahme

Für den Zeitraum der Softwarenutzung (t_1 bis t_3) sollte die Softwarewartung sichergestellt werden.

32 Wenn Individualsoftware entwickelt wird, erfolgt das idR in der Form eines Projektes. Um den Termin zur Betriebsaufnahme einzuhalten, ist es dabei möglich und auch üblich, den Leistungsumfang der Individualsoftware, mit der der Betrieb aufgenommen wird (t_1), zu reduzieren. Die **ausstehenden Leistungsmerkmale der Individualsoftware** werden dann durch das Entwicklungsprojekt nach t_1 bereitgestellt. Bei diesem Vorgehen muss auf eine exakte Trennung zwischen den „nachzuliefernden" Leistungsmerkmalen aus dem Entwicklungsprojekt und den vereinbarten Leistungen aus der Softwarewartung geachtet werden.

33 Welche Auslöser → Rn. 19 ff. für die Änderung der zu wartenden Software zum Gegenstand eines Wartungsvertrages gemacht werden, ist zwischen den Parteien zu vereinbaren. Daraus ergibt sich dann die Abgrenzung zwischen Softwarewartung lt. der Wartungsvereinbarung und einer Weiterentwicklung der Software. Grundsätzlich zielt die Softwarewartung auf einen kontinuierlichen Betrieb der zu wartenden Software ab dem Zeitpunkt t_1, also dem Beginn des Betriebes. Wenn die zu wartende Software aus Gründen, die über die in → Rn. 19 ff. genannten hinausgehen, erweitert werden muss, ist von **Weiterentwicklung** auszugehen. Gründe für eine Weiterentwicklung können sein: Erhöhung des Mengengerüstes der zu verarbeitenden Daten oder Anzahl Nutzer der Software, signifikante Verringerung des Antwortzeitverhaltens, Änderung des Funktionsumfangs der Software, Veränderung der Systemverfügbarkeit (insbesondere bei Software, die über das Internet 24 Stunden an 365 Tagen/Jahr genutzt wird), Nutzung neuer Betriebssysteme oder Systemsoftware, zB für Telekommunikation, signifikante Erhöhung des Sicherheitsniveaus, Mandantenfähigkeit herstellen, Unterstützung von einer zu mehreren Sprachen, technologische Umstellung (zB von einer Client-Server- zu einer Browser-Architektur).

34 Wenn Software durch Wartung häufig geändert werden muss und für die damit verbundenen Änderungen jeweils nur eine kleine Zeitspanne zur Verfügung steht, kommt es häufig vor, dass diese Änderungen nicht im Rahmen Designs der Software erfolgen (können). Das führt dazu, dass eine solche Software eine unübersichtliche innere Struktur bekommt und Änderungen immer schwieriger werden. So kann bald der Punkt erreicht sein, an dem **Software saniert** werden muss. Dabei wird die Software so restrukturiert, dass sie einem geplanten Design entspricht. Die Sanierung von Software wird idR unabhängig von der Softwarewartung in einem separaten Projekt erfolgen.

35 Die Außerbetriebnahme einer zu wartenden Software ab Zeitpunkt t_2, bereitet idR den Einsatz einer neuen Software vor. Realistisch ist, dass sich die Datenstrukturen der zu wartenden Software und die der neuen Software unterscheiden. Für diesen Fall müssen die **Daten migriert** werden. Dafür wird Software entwickelt, die Daten aus der Struktur der zu wartenden Software in die Struktur der neuen Software überführt. Diese Software wird idR in einem Projekt erfolgen, das von der Wartung der Software unabhängig ist.

36 Bei der Betrachtung der Aufwendungen, die über den „Lebenszyklus" (t_0 bis t_3) der zu wartenden Software entstehen, kann angenommen werden, dass die Aufwendungen für die Softwarewartung während des Betriebs (t_1 bis t_3 ohne Außerbetriebnahme) zwischen 67 Prozent[4] und 79 Prozent[5] der gesamten Aufwendungen während des Lebenszyklus' ei-

---

[4] *Bommer/Spindler/Barr*, Software-Wartung.
[5] *Zarnakow/Scheeg/Brenner*, Untersuchung der Lebenszykluskosten von IT-Anwendungen, Wirtschaftsinformatik 46 (2004) 3, S. 181 ff.

ner Software ausmachen. Die Fokussierung bei der Einführung neuer Software auf die Investitionsaufwendungen mit den Entwicklungsaufwendungen geht aus wirtschaftlicher Sicht fehl, wenn etwa 2/3 der Aufwendungen während des Lebenszyklus' einer Software durch Betrieb und Wartung entstehen. Aufwandsreduzierend ist eine wartungsfreundliche Software zu entwickeln und dieses als Qualitätskriterium zu fordern.

Welchen Umfang der **Aufwand für die Softwarewartung** besitzt, hängt im Wesentlichen von den folgenden Faktoren ab: Komplexität der Software (Datenpunkte, Objektpunkte), Umfang von Änderungen des Quellcodes in LOC (Lines of Code), Reifegrad der zu wartenden Software, Produktivität der Entwicklungsumgebung (mit der Software erstellt wird). Der Aufwand wird zunächst in Personenmonaten bzw. Personenjahren festgestellt und dann mit den Personalaufwendungen je Monat oder Jahr in Geldbeträge gewandelt. Zur Ermittlung des Aufwands existieren Schätzverfahren. Das etablierte Schätzverfahren COCOMO (Constructive Cost Model) berücksichtigt den gesamten Lebenszyklus von Software und damit auch die Softwarewartung. Softwarewartung betrifft die Kosten der Software-Entwicklung; darunter verstehen wir die Höhe des Aufwands, der erforderlich ist, um von der Spezifikation der Softwareanforderungen bis zu einem erfolgreichen Softwareübernahmetest zu gelangen[6]. Eine vereinfachte Formel des COCOMO-Wartungskosten-Schätz-Modells lautet: 37

$$AMCE = ACT \times SDT$$

AMCE: Anual Maintenance Effort (jährlicher Wartungsaufwand in Personenmonaten)
ACT: Anuals Change Traffic (jährliche Änderungsrate des Quellcodes in Prozent)
STD: Software Development Time (Entwicklungsaufwand für Erstentwicklung in Personenmonaten)

Das Schätzverfahren COCOMO (aktuelle Version COCOMO II) berücksichtigt Einflussfaktoren und dazugehörige Metriken, die sich auf den Aufwand der Wartung von Software auswirken. Basis ist dabei die Anzahl der Codezeilen des Quelltextes.

D. Softwarewartungs-Prozess

Softwarewartung ist ein wesentlicher Teil aus dem Betrieb von IT-Umgebungen (Hardware, Software, People). Ab einer Menge von etwa 50 Nutzern ist es sinnvoll Prozesse für den Betrieb der IT-Umgebung zu nutzen. Dabei ist **ITIL (Information Technology Infrastructure Library)** als methodischer Rahmen für das Management und den Betrieb von IT-Umgebungen sehr verbreitet. Im 2019 ist die Version 4 von ITIL veröffentlicht worden. ITIL berücksichtigt Softwarewartung, geht aber darüber hinaus. Organisationen können sich die Übereinstimmung ihrer IT-Organisation mit dem ITIL-Framework durch eine Zertifizierung bestätigen lassen. Neben dieser Zertifizierung von Organisationen existiert eine personenbezogene Zertifizierung. Die Rechte von ITIL liegen bei AXELOS Limited GB. 38

Ergänzend und in Abwandlung von ITIL werden auch in der Softwarewartung agile Vorgehensweisen, wie Scrum und Kanban angewendet, die in → Teil 2.3.1 Rn. 42 beschrieben sind. 39

Die Norm IEEE Standard for Software Maintenance (IEE Std 1219-1998) definiert im Kapitel 4 „Software maintenance" die groben Schritte, die für jeden Änderungszyklus in der Softwarewartung durchlaufen werden. 40
a) Identifikation und Zuordnung des Auslösers der Wartung sowie Priorisierung
b) Analyse der fachlichen und/oder technischen Aufgabenstellung
c) Entwurf der zu ändernden Anteile der Software (Design)

---

[6] *Boehm*, Wirtschaftliche Software-Produktion.

d) Implementierung (im Wesentlichen, Änderung der Computerprogramme)
e) Regressions- und Systemtest
f) Akzeptanztests
g) Auslieferung der Änderungen

41 Diese Schritte sind alle notwendig und bedeutsam. Besonders hinzuweisen ist auf die Schritte e) und f), die sich mit Tests befassen. Die Norm IEEE 610.12-1990 definiert den Regressionstest als selektive Wiederholung von Tests des Softwaresystems oder Komponenten davon, um zu prüfen, ob Änderungen der Software der Grund für unerwünschtes Verhalten oder Abweichungen von der Spezifikation des Systems oder dessen Komponenten zeigen. Beim Regressionstest werden insbesondere die Bereiche der Software getestet, die von Änderungen betroffen sind. Nicht selten gibt es aber sogenannte „Seiteneffekte", bei denen sich das Verhalten der Software an Stellen ändert, die nicht geändert wurden. Das passiert aufgrund der Komplexität von Software. Deshalb ist ein **Systemtest** dringend anzuraten. Dabei hat es sich bewährt, mit sogenannten „Quickchecks" als Testfällen zu arbeiten, mit denen wesentliche Funktionen der Software getestet werden, ohne eine hohe Testabdeckung zu erreichen. Dieser Hinweis erfolgt, weil gerade bei der Korrektur von Fehlern, meist wenig Zeit für ein Wartungsintervall zur Verfügung steht. Dann wird schnell auf das Testen verzichtet, was nicht akzeptiert werden sollte. Der Akzeptanztest wird aus der Nutzersicht am besten von Nutzern selbst durchgeführt, um sicherzustellen, dass die Softwareänderung auch für Nutzer und aus fachlicher Sicht akzeptabel ist.

42 Die Auslieferung der Änderungen für den Betrieb erfolgt in folgenden Formen: **Full-Release** enthält umfangreiche Änderungen und ggf. eine Anpassung von Datenstrukturen, **Patch** (auch Hotfix) ist eine Korrekturmaßnahme mit geringem Änderungsumfang, der sich schnell installieren lässt.

43 Die Bedeutung des Testens im Rahmen der Wartung wird durch die folgende Aussage unterstrichen[7]: Die Kosten des Testens gehen aber nicht im gleichen Maße zurück wie die Kosten der Implementierung. Als Folge wird der Test zum größten Kostenfaktor in der Systemerhaltung und Weiterentwicklung mit einem Anteil von mindestens 50% der Release-Kosten.

44 Um angenommenes Fehlverhalten von zu wartender Software der Partei, die die Wartung durchführt, zu melden, sind mindestens die folgenden Angaben erforderlich[8]:

– Wo ist die Abweichung sichtbar geworden? (Ort)
– Worin besteht sie? (Beschreibung)
– Wie schwer ist sie? (Schwere)

Dazu kommen noch administrative Daten, die die Abwicklung erleichtern (Administration). Ergänzend sind noch fachliche Testfälle durch den Nutzer zu beschreiben, anhand derer Softwareentwickler feststellen können, dass die gemeldete Abweichung (Fehler) nicht mehr besteht.

45 Bei der Entwicklung und Wartung von Software hat sich der Begriff **Softwareprodukt** etabliert. Softwareprodukte sind das Ergebnis mehrerer Softwareprojekte, die neben- und hintereinander ablaufen. Produkte entstehen also schrittweise von Projekt zu Projekt. Jedes Projekt liefert also einen neuen Stand des Produktes.[9] Die Wartung von Software verändert ebenfalls das Softwareprodukt. Um den gesamten Lebenszyklus der Software als Produkt (→ Rn. 31) zu begleiten ist es vorteilhaft einen Produktmanager bzw. ein Produktmanagement zu etablieren. Neben der Verantwortung des Produktmanagers für ein Softwareprodukt ist es unerlässlich, ihn bzw. sie mit den erforderlichen Kompetenzen auszustatten.

---

[7] *Sneed/Hasitschka/Teichmann*, Software Produktmanagement.
[8] *Sneed/Hasitschka/Teichmann*, Software Produktmanagement.
[9] *Sneed/Hasitschka/Teichmann*, Software Produktmanagement.

E. Weiterer Regelungsbedarf bei Softwarewartung

Die zu **wartende Software**, die **Systemumgebung**, in der die zu wartende Software betrieben wird, und die **Entwicklungssoftware**, mit der die zu wartende Software erstellt wird, muss so beschrieben werden, dass sie eindeutig identifiziert werden kann. Zur Systemumgebung zählen Hardware, Systemsoftware und Anwendungssoftware, zu der die zu wartende Software Schnittstellen besitzt. Software wird idR identifiziert durch: Bezeichnung der Software, Versionsnummer, Hersteller bzw. Inhaber des Urheberrechts, Dokument(e), in denen der Leistungsumfang der Software beschrieben ist. Dokumente werden identifiziert durch Titel, Versionsnummer, Ausgabedatum, Versionsnummer. Hardware wird identifiziert durch: Bezeichnung der Hardware-Komponente, Hersteller, Typenbezeichnung des Herstellers, wesentliche Kenngrößen (zB Speicherkapazität, Bildschirmdiagonale, Übertragungsgeschwindigkeit, Anzahl Ports, Schnittstellen), Seriennummer. 46

Angelehnt an die Norm DIN ISO 9126 kann die **Qualität von Software** durch die folgenden Qualitätsdimensionen beschrieben werden: Funktionalität, Zuverlässigkeit, Benutzbarkeit (Usability), Effizienz, Änderbarkeit, Übertragbarkeit. Jede Qualitätsdimension kann mit Qualitätsindikatoren versehen werden, die messbar und damit feststellbar sein müssen. Für die Anwendung der zu wartenden Software wesentliche Qualitätsindikatoren sollten zwischen den Parteien vereinbart werden. Nur so kann der Erfolg von Softwarewartung festgestellt (gemessen) werden. 47

Beispielhaft sei hier die **Qualitätsdimension Zuverlässigkeit** genannt. Ein Indikator, mit dem die Zuverlässigkeit von Software festgestellt werden kann, ist die Verfügbarkeit der Software für den Nutzer in einem festgelegten Zeitraum. Die Verfügbarkeit als Anteil pro Zeitraum muss definiert werden. Es ist durchaus aus wirtschaftlichen Gesichtspunkten sinnvoll, differenzierte Verfügbarkeit zu vereinbaren. Das kann so geschehen, dass die Hauptfunktionen der Software in Klassen eingeteilt werden, für die dann unterschiedliche Verfügbarkeiten definiert werden. Die Software selbst ermittelt die Verfügbarkeit und speichert sie in einer Datenbank. So kann leicht im Nachgang festgestellt werden, welche Verfügbarkeiten für die einzelnen Klassen der Software erreicht wurden. Als Skala für den Qualitätsindikator Verfügbarkeit kann dann der Prozentwert der Verfügbarkeit in einem zuvor festgelegten Zeitraum sein. 48

Hat die wartungspflichtige Partei Korrekturen der zu wartenden Software erstellt und getestet, so müssen diese in den Betrieb der Software eingebracht werden. Die Prozesse dazu müssen zwischen den Parteien vereinbart werden. Dabei wird beschrieben, welche Partei welche Tätigkeit durchführt. Diese Prozesse müssen zum Gegenstand vertraglicher Vereinbarungen gemacht werden. Die Einbringung von Softwarekorrekturen wird idR im Rahmen des sogenannten **Releasemanagements** durchgeführt. Die Einbringung von Softwarekorrekturen ist in technischer und organisatorischer Sicht ein komplexes Vorhaben. Dabei sollte ein sogenanntes **Rückfallszenario** geplant werden. Für den Fall, dass eine Softwarekorrektur abgebrochen werden muss, stellt ein Rückfallszenario sicher, dass auf den Software- und Datenstand vor der Softwarekorrektur zurückgefallen werden und damit – vorerst – weitergearbeitet werden kann. 49

Wie unter den → Rn. 24 ff. dargestellt, existieren Auslöser für die Softwarewartung, deren Inhalt und Zeitpunkt nicht im Einflussbereich der Parteien liegen. Hierzu muss vereinbart werden, welche Partei welche **Auslöser für die Softwarewartung beobachtet** und die jeweils andere Partei darüber informiert. Das Ziel dieser Maßnahme ist, dass die wartungspflichtige Partei Softwarekorrekturen im Rahmen der Wartung planen und durchführen kann und die Partei, die die Software betreibt, die technischen und organisatorischen Voraussetzungen für die Installation der Softwarekorrekturen schaffen kann. Eine mögliche an dem jeweiligen Knowhow der Partei orientierte Aufteilung der Beobachtung der Auslöser von Softwareänderungen könnte sein: 50

- Beide Parteien: Fehler, Schnittstellen zu anderer Anwendungssoftware, Störfall, Gesetze, Verordnungen oder Richtlinien, Hardware;
- Wartungspflichtige Partei: Systemsoftware, Entwicklungssoftware;
- Partei, die zu wartende Software betreibt: Änderungen in der Aufbau- oder Ablauforganisation.

51 Im Rahmen von Softwarewartung ist eine intensive **Kommunikation** zwischen der wartungspflichtigen Partei und der die wartende Software betreibende Partei erforderlich. Art, Inhalt und Umfang der Kommunikation müssen vereinbart werden. Dabei geht es ua um telefonische Unterstützung (sogenannte Hotline), Auskünfte per Email, Nutzung von Wissensbasen, Schulung, Betrieb eines Ticketsystems.

Teil 2.5.2 Service Level Agreements

Literatur:
Auer-Reinsdorff/Conrad (Hrsg.), Handbuch IT- und Datenschutzrecht, 3. Aufl. 2019; *Borges* (Hrsg.), Cloud Computing, 2015; *Böse/Rockenbach,* Cloud Computing, MDR 2018, 70; *Bräutigam* (Hrsg.), IT-Outsourcing und Cloud Computing, 4. Aufl. 2019; *ders.,* SLA: In der Praxis alles klar?, CR 2004, 248; *Hartung/Stiemerling,* Effektive Service-Level-Kriterien, CR 2011, 617; *Hilber* (Hrsg.), Handbuch Cloud Computing, 2014; *Intveen,* SaaS-Verträge aus Auftraggebersicht, ITRB 2017, 243; *Kilian/Heussen* (Hrsg.), Computerrechts-Handbuch, 34. Ergänzungslieferung, 2018; *Köhler-Schute,* Industrie 4.0: ein praxisorientierter Ansatz, 2015; *Kraus,* Jede Millisekunde zählt – Service Level Agreements im Banken- und Börsensektor, DSRITB 2013, 891; *Malatidis,* „Co-Creation" und „Success as a Service" im Rahmen von (Standard)SaaS – Kein Standard für das BGB, ITRB 2017, 109; *Marly,* Praxishandbuch Softwarerecht, 7. Aufl. 2018; *Peter,* Verfügbarkeitsvereinbarung beim ASP-Vertrag, CR 2005, 404; *Redeker,* IT-Recht, 6. Aufl. 2017; *Rath,* Hinweise zur Ausgestaltung von Service Level Agreements (SLA), K&R 2007, 362; *Schumacher,* Service Level Agreements: Schwerpunkte bei IT- und Telekommunikationsverträgen, MMR 2006, 12; *Söbbing* (Hrsg.), Handbuch IT-Outsourcing, 4. Aufl. 2015; *Wicker,* Vertragstypologische Einordnung von Cloud Computing-Verträgen – Rechtliche Lösungen bei auftretenden Mängeln, MMR 2012, 783.

1 Die gesetzlich vorgesehenen Mängelgewährleistungsregelungen werden den besonderen Anforderungen moderner IT-Verträge häufig nicht gerecht. Fragen, ob zum Beispiel die technische Fehlfunktion einer Software einen juristischen Mangel darstellt, ob Pflegeleistungen ordnungsgemäß erbracht oder die Verfügbarkeit eines Dienstes schnell genug wiederhergestellt werden kann, lassen sich im IT-Bereich häufig nur schwer mit dem Gesetz beantworten. Da das Auftreten von Fehlern und deren standardisierte Behebung bei vielen Softwareanwendungen zum Tagesgeschäft des Anbieters gehören, wäre eine einzelfallbezogene Beseitigung jedes einzelnen Fehlers über die Gewährleistungsregelungen in der Praxis nur mit erheblichem Aufwand durchführbar und insofern schlicht nicht praktikabel. Bei dienstvertraglich ausgestalteten Leistungspflichten fehlen zudem schon jegliche Gewährleistungsrechte.

2 Die Praxis behilft sich daher mit sog. **Service Level Agreements** (SLAs).[1] In diesen SLAs vereinbaren die Vertragsparteien bestimmte quantitative und qualitative Merkmale der Leistungserbringung, die der Erbringer der IT-Leistungen erreichen muss. SLAs können daher sowohl als Konkretisierung der primären Leistungspflichten als auch als Ergänzung für etwaige Mängelansprüche relevant werden. Somit stellt sich ein SLA als **zentrales vertragliches Kontroll- und Steuerungsinstrument**[2] dar. Besondere Bedeutung haben SLAs bei Verträgen, in denen die Verfügbarkeit von IT-Leistungen Vertragsbestandteil ist, also zB bei Cloud Computing oder dem Outsourcing. Verbreitet sind SLAs auch in Wartungs- und Pflegeverträgen. Sie können aber auch für andere IT-Leistungen eingesetzt werden.

3 Für SLAs existiert weder eine gesetzliche Regelung noch ein allgemein verbindlicher Inhalt. In der Praxis haben sich somit unterschiedliche Verwendungen des Begriffs entwickelt. Je nach gewählter Akzentuierung ist folglich auch bei der vertragstypologischen Einordnung zu differenzieren. So können Service Level Agreements vor allem dienst- und ausnahmeweise auch werkvertragsrechtliche Elemente enthalten.[3] Wengleich es für SLAs keine festgelegten Vorgaben gibt, haben sich in der Praxis jedoch einige Kernelemente herausgebildet, die von den Parteien aus Praktikabilitätserwägungen regelmäßig herangezogen werden. In Anlehnung an *Kraus*[4] ergibt sich dazu folgende Auflistung:
– Beschreibung der vom Provider geschuldeten Leistungen
– Erforderliche Mitwirkungen und Beistellungen des Kunden
– Festlegung der Leistungsparameter (Service Levels)

---

[1] Ausführlich *Bräutigam,* CR 2004, 248 ff.; *Redeker,* IT-Recht, S. 202 ff., Rn. 641a bis 641d; *Böse/Rockenbach,* MDR 2018, 70, 71; *Schumacher,* MMR 2006, 12 ff.
[2] *Hartung/Stiemerling,* CR 2011, 617 ff.
[3] Auer-Reinsdorff/Conrad/*Conrad/Schneider,* Handbuch IT- und Datenschutzrecht, Teil C § 14 Rn. 101.
[4] *Kraus,* DSRI 2013, 891, 893.

- Sanktion bei Verletzung der vereinbarten Service Levels
- Messung der Service Levels und Reportingpflichten
- gegebenenfalls Vergütungsregelungen.

Bleibt der Vertragspartner hinter diesen Anforderungen zurück, liegt eine mangelhafte Leistungserbringung bzw. eine Pflichtverletzung vor.[5]

4   Abweichend von der oben dargestellten Auflistung können sich abhängig vom jeweiligen Vertragstyp für SLAs ganz verschiedene Inhalte ergeben: Die genaue Ausgestaltung eines SLA hängt von den individuellen Interessen der Vertragsparteien ab. Allerdings können insbesondere im Massengeschäft SLAs in der Regel selten auf den Wunsch des Kunden hin geändert werden.

5   Ein besonders wichtiges Service Level ist die **Verfügbarkeit** von IT-Leistungen, etwa: „99,8% Erreichbarkeit des Servers im Jahresmittel" oder „Telefonsupport werktags von 6 bis 18 Uhr".[6] Hier ist besonders auf eine genaue Definition und Ausgestaltung des Begriffs zu achten. So ist es regelmäßig im Interesse des Anbieters, bei der relevanten Bezugsgröße zur Ermittlung der Verfügbarkeit auf das Kalenderjahr (oder ein Vertragsjahr) abzustellen. Hierbei kann trotz längerer Ausfallzeiten am Stück eine auf den gesamten Bezugszeitraum errechnet hohe Verfügbarkeitsquote erreicht werden. Demgegenüber liegen möglichst kleine Bezugszeiträume im Interesse des Anwenders.[7] Pauschale Aussagen über die richtige Wahl des Bezugszeitraumes lassen sich schwerlich treffen. So sind deutlich kürzere Bezugszeiträume dann zu wählen, wenn sich um Hochverfügbarkeitssysteme handelt, deren Ausfall innerhalb kürzester Zeit einen Millionenschaden verursachen kann. Dies kann beispielsweise bei industriellen Fertigungsanlagen oder Handelssystemen von Banken der Fall sein.[8] Praktikabel kann auch die Kombination verschiedener Bezugszeiträume sein. So kann die Verfügbarkeit von 99% im Jahr, aber gleichzeitig von 98% in der Stunde vereinbart werden.[9]

6   Eine **Verfügbarkeit von 100%** wird meist nicht vereinbart, denn eine Nichtverfügbarkeit der Leistungen zB zu Wartungszwecken wäre dann nicht möglich, sofern hierfür nicht wiederum bestimmte Wartungszeiträume vereinbart sind. Nutzungsausfälle aufgrund vom Anbieter durchgeführter Instandhaltungsmaßnahmen sind vom Nutzer grundsätzlich hinzunehmen; dies sollte im Vorfeld vertraglich klargestellt werden, einschließlich einer Differenzierung, welche Gründe für die Nichtverfügbarkeit dem Anbieter anzulasten sind und welche nicht.[10]

7   Viele Fehler in der geschuldeten Leistung bzw. deren nicht vollständige Verfügbarkeit fallen zunächst nur dem Anwender, nicht aber dem Anbieter auf. Der Anwender hat also den Anbieter hierüber zu informieren. Zur Vermeidung von Missverständnissen bei der Fehleraufnahme und unnötigem Zeitverlust sollten die Vertragspartner vereinbaren, über welches Medium der Anbieter informiert wird. Bei größeren Anbietern ist mittlerweile üblich, dass der Anwender hierfür ein **Ticket-System** des Anbieters nutzt. Bei ausländischen Anbietern sollte sich zudem auf die **Sprache,** in der zwischen den Vertragspartnern kommuniziert wird, geeinigt werden.

8   Regelmäßig werden **Reaktionszeiten** in SLAs vereinbart. Im Rahmen der Reaktionszeiten hat der Anbieter mit der Analyse und Beseitigung von Störungen bzw. Fehlern zu beginnen. Hierzu gehört auch das Entgegennehmen der Störungsmeldung durch den Anwender. Die Reaktionszeiten richten sich üblicherweise nach der Kategorie des aufgetrete-

---

[5] Vgl. *BGH,* MMR 2013, 611 (Ausfall des Internetzugangs kann einen ersatzfähigen Vermögensschaden darstellen, ohne dass dem Inhaber des DSL-Anschlusses hierdurch Mehraufwendungen entstanden oder Einnahmen entgangen sind).
[6] *Malatidis,* ITRB 2017, 109, 113.
[7] Die Vertragspartner können maximal zulässige Ausfälle für bestimmte Zeiträume vereinbaren, Auer-Reinsdorff/Conrad/*Roth-Neuschild,* Handbuch IT- und Datenschutzrecht, Teil C § 13 Rn. 201.
[8] Bräutigam/*Bräutigam,* IT-Outsourcing und Cloud-Computing, Teil 13 Rn. 446.
[9] Bräutigam/*Bräutigam,* IT-Outsourcing und Cloud-Computing, Teil 13 Rn. 446.
[10] So auch *Wicker,* MMR 2012, 783, 787.

nen Fehlers: „Beginn der Beseitigung eines kritischen Fehlers (keine Nutzung möglich) innerhalb von 30 Minuten, Beginn der Beseitigung eines schweren Fehlers (Nutzung nur stark eingeschränkt möglich) innerhalb eines Werktages, Beginn der Beseitigung sonstiger Fehler (keine erhebliche Nutzungseinschränkung) innerhalb einer Arbeitswoche." Empfehlenswert ist, vom Anbieter bereits während der Reaktionszeit ein erstes Reporting zu verlangen.[11] Denkbar sind im Hinblick auf die Reaktionszeiten auch flexible Wahlmöglichkeiten. So hat der Anwender die Auswahl zwischen kostengünstigeren Standardleistungen, welche Reaktionen während der regulären Geschäftszeiten und Premiumleistungen, die einen Service „rund um die Uhr" anbieten.[12]

Die ebenfalls häufig vereinbarten **Behebungs- oder auch Beseitigungsfristen** beschreiben den Zeitraum, innerhalb dessen die Störung spätestens behoben sein muss. Die Dauer der Störungsbeseitigung sollte sich stufenweise an der Schwere des Mangels orientieren. Hier sollte der Grundsatz gelten, dass Störungen umso schneller beseitigt werden müssen, je schwerwiegender die Beeinträchtigung für die Geschäftsprozesse des Nutzers ist.[13] Gerade im Hinblick auf komplexe Software werden konkret formulierte Behebungszeiten von den Anbietern oft abgelehnt, da nicht alle Situationen vorhersehbar und schnell lösbar sind. Der Nutzer sollte hier auf sinnvolle, überprüfbare und zielgerichtete Maßnahmen achten. Um zu einem angemessenen Ausgleich der Interessen der Parteien zu gelangen, wird oft auf die Bereitstellung einer Übergangslösung („Workaround") vereinbart, sofern die Störung innerhalb der Behebungszeit nicht beseitigt werden kann.[14]

> **Praxistipp:**
>
> Die Vertragsparteien sollten genau vereinbaren, ab welchem Zeitpunkt die Reaktions- und Beseitigungsfristen beginnen, insbesondere, wenn ein Fehler außerhalb der eigentlichen Betriebszeiten des Anbieters gemeldet wird. Genauso sollten die Vertragsparteien regeln, ob eine Reaktions- und Beseitigungsfrist außerhalb der Betriebszeiten des Anbieters gehemmt wird, wenn die Beseitigung eines Fehlers innerhalb der Betriebszeiten nicht erfolgt ist.
>
> Bei SLAs zwischen grenzüberschreitenden Akteuren ist zudem darauf zu achten, welche Zeitzone für den Beginn der Reaktions- und Beseitigungszeiten zugrunde gelegt werden soll. So können Unklarheiten wegen Zeitverschiebungen oder abweichender Feiertage vermieden werden.

Allerdings bedarf es auch Regelungen, wie die Einhaltung der Service Levels überprüft werden kann.[15] Dabei ist zunächst darauf zu achten, die jeweiligen Messmethoden sowie die einzelnen Parameter des Messverfahrens, also insbesondere der **Messintervalle** und der **Messzeitpunkte,** vertraglich festzulegen.[16] In aller Regel dürfte dem Anwender die technische Zugriffsmöglichkeit zur Überprüfung der einzelnen Service Levels nicht möglich sein. So ist es grundsätzlich dem Anbieter selbst überlassen, die Einhaltung der eigenen Leistungspflichten zu beobachten **(Monitoring)** und nachzuverfolgen **(Tracking).**[17] Im Rahmen eines regelmäßigen – üblicherweise monatlichen – Reportings sind dem Anwender die Ergebnisse des Monitoring- und Tracking-Prozesses zu übermitteln.[18] Um hier die Interessen des Anwenders zu wahren, sollte die Beweis- und Substantiierungslast hinsichtlich der Richtigkeit der Messungen bei der mit der Durchführung der Messungen beauf-

---

[11] Vgl. Auer-Reinsdorff/Conrad/*Schneider,* Handbuch IT- und Datenschutzrecht, Teil C § 14 Rn. 147.
[12] Kilian/Heussen/*Wieczorek,* Computerrechts-Handbuch, Kap. 32.5 Rn. 29.
[13] Hilber/Intveen/*Hilber/Rabus,* Handbuch Cloud Computing Teil 2 IV, Rn. 207.
[14] Vgl. Auer-Reinsdorff/Conrad/*Conrad/Schneider,* Handbuch IT- und Datenschutzrecht, Teil C § 14 Rn. 150.
[15] Köhler-Schute/*Eckhardt,* Industrie 4.0: ein praxisorientierter Ansatz, S. 153.
[16] Bräutigam/*Bräutigam,* IT-Outsourcing und Cloud-Computing, Teil 13 Rn. 490.
[17] Vgl. *Schumacher,* MMR 2006, 12, 16.
[18] Vgl. Bräutigam/*Bräutigam,* IT-Outsourcing und Cloud Computing, Teil 13 Rn. 492.

tragten Partei – also des Anbieters – liegen. Grundsätzlich möglich ist auch, die Messungen an einen Dritten abzugeben.[19]

12   Ein umfassendes SLA enthält auch **Sanktionen** für den Fall, dass der Anbieter hinter seinen Leistungspflichten zurückbleibt. Gegenüber den gesetzlich vorgesehenen Sanktionen bietet dies erneut Effizienzgewinne – denn es entfällt zB die häufig schwierige Ermittlung der Höhe eines eingetretenen Schadens. Typische Regelungen sind zB die Pauschalierung von Minderung und Schadenersatz, die Vereinbarung einer Vertragsstrafe oder besondere Kündigungsrechte.[20] Sofern die einzeln vereinbarten IT-Leistungen für den Anwender unterschiedliche Relevanz aufweisen, können die Sanktionen als Eskalationsstufen ausgestaltet sein, wodurch die Verletzung wichtigerer Service Levels stärker sanktioniert werden kann.

> **Praxistipp:**
> Das Sanktionsregime in SLAs ist für den beratenden Anwalt von besonderer Bedeutung, da hier – unabhängig und häufig auch unabgestimmt vom eigentlichen Hauptvertrag – zusätzliche Haftungsregelungen vereinbart werden. Es ist insofern auf eine klare und widerspruchsfreie Abstimmung zwischen den allgemeinen Haftungsregelungen des Hauptvertrages und den besonderen Regelungen des SLA zu achten.

13   Bei der Verwendung von SLAs ist folglich deren **Verhältnis zu den Hauptleistungspflichten,** aber auch **zu den Gewährleistungs- und Haftungsregelungen** zu beachten.[21] Dies kann gerade im Hinblick auf Zugangs- und Verfügbarkeitsbeschränkungen problematisch sein. Denn standardmäßige Zugangsbeschränkungen können einem Haftungsausschluss für jegliches Vertretenmüssen entsprechen und daher vollständig unwirksam sein.[22] Daher sollten die SLAs so ausgestaltet sein, dass sie eindeutig keine Haftungsbegrenzung, sondern ausschließlich eine reine Leistungsbeschreibung darstellen.[23] SLAs können dann als **Teil der vertraglichen Leistungsbeschreibung** und nicht etwa als Gewährleistungs- oder Haftungsreduzierungen anzusehen sein. Denn bei entsprechender Ausgestaltung konkretisieren SLAs die vom Vertragspartner geschuldeten Leistungspflichten (zB nicht nur „Pflege", sondern „Pflege werktags von 6 bis 18 Uhr") und grenzen diese damit vom Mangel und sonstigen Pflichtverletzungen ab. Dies bedeutet auch, dass leistungsbeschreibende SLAs nicht AGB-rechtlich überprüfbar sind.[24] Anders ist dies hinsichtlich der in SLAs vereinbarten Sanktionen wie zum Beispiel einer Pauschalierung von Schadenersatz zu beurteilen – bei diesen haftungsbeschränkenden Regelungen sind zB die §§ 309 Nr. 5 lit. a und b BGB (bzw. als allgemeine Wertung im Rahmen von § 307 BGB) zu beachten.[25]

14   **Praxistipp:**
Als Teil der konkretisierenden Leistungsbeschreibung werden die SLAs regelmäßig vom Hersteller bereitgehalten. Ein Sanktionsregime für die Nichterreichung der vereinbarten Service Levels wird der Anwender in diesen SLAs meist vergeblich suchen. Solche Haftungsregelungen werden bisweilen erst auf ausdrückliche Nachfrage vom Hersteller zur Verfügung gestellt oder sind vom Anwender nötigenfalls selbst in den Vertrag zu verhandeln.

---

[19] *Hartung/Stiemerling,* CR 2011, 617, 623.
[20] Ausführlich *Schumacher,* MMR 2006, 12, 15 f.
[21] *Rath,* K&R 2007, 362, 365.
[22] Vgl. *BGH,* CR 2001, 181 ff. (eine Bank hatte ihren Kunden uneingeschränktes Online-Banking eingeräumt, sich in AGB aber eine Zugangsbeschränkung aus technischen und betrieblichen Gründen vorbehalten. Dies war unwirksam).
[23] *Bräutigam,* CR 2004, 248, 250; vgl. auch *Kraus,* DSRI 2013, 891, 892 f.
[24] Ausführliche Argumentation bei *Peter,* CR 2005, 404, 407 ff.; zustimmend *Marly,* Rn. 1108.
[25] *Schumacher,* MMR 2006, 12, 16.

Im letzteren Fall ist dem Anwender zu raten, selbst zusätzliche Haftungsregelungen für 15
das Nichterreichen der Service Levels einzufügen. Dies kann in Form von **Pönalen** oder
– leichter gegenüber dem Hersteller durchsetzbar – durch **festgelegte** Minderungsbeträge
erfolgen. Vorteilhaft ist die letztgenannte Möglichkeit vor allem bei den Leistungen, bei
deren Nicht- oder Schlechterfüllung keine wesentlichen Schäden entstehen können. Die
pauschale Reduzierung der Vergütung stellt außerdem für den Anwender eine besonders
nutzerfreundliche Möglichkeit dar, da dieser die vereinbarte Pauschale lediglich von der zu
bezahlenden Rechnung abziehen kann.[26] Demgegenüber erfüllen Vertragsstrafen und **pauschalierter Schadensersatz** einen anderen Zweck. Muss Druck auf die Erfüllung der
Leistungen ausgeübt werden, sind Vertragsstrafen das Mittel der Wahl, wohingegen sich
der pauschalierte Schadensersatz als Kompensation für durch die Nicht- oder Schlechterfüllung entstandenen Schäden eignet.[27] Pönale bilden in der Praxis jedoch eher die
Ausnahme. Bei der Vereinbarung pauschalierter Schadensersatzbeträge ist jedoch Vorsicht
geboten, denn diese haben – anders als die Pönale oder die Minderung – eine haftungsbeschränkende Wirkung, die sich bei schwerwiegenden Folgen wegen Nichterreichung eines
Service Levels entsprechend ungünstig auswirken kann.

Die weitreichendste Sanktion ist das Recht zur außerordentlichen Kündigung. Gerade 16
bei dauerhaften Vertragsbeziehungen wie Outsourcing-Verträgen oder Cloud Computing
hat keine Partei Interesse an einer vorzeitigen Beendigung der Vertragsbeziehung. Dennoch kann durch wiederholte oder besonders grobe Vertragsverstöße das Vertragsverhältnis
derart beeinträchtigt sein, dass die weitere Zusammenarbeit unzumutbar wird.[28]

Schließlich sind aus Anwendersicht sogenannte **„Bonus/Malus-Regelungen"** in Hersteller SLAs kritisch zu prüfen.[29] Bei Bonus/Malus-Regelungen handelt es sich um ein 17
System, welches neben einem „Malus" bei Nichterreichen des vereinbarten Service Levels
auch einen „Bonus" für das Übererfüllen eines Service Levels vorsieht. Boni und Mali
können dann untereinander „verrechnet" werden. Es ist schon fraglich, ob eine geschuldete Leistung überhaupt „übererfüllt" werden kann. Das eigentliche Problem stellt sich aber
dann, wenn ein „Malus" bei Nichterreichen eines besonders wichtigen Service Levels mit
einem „Bonus" für weniger bedeutende Service Levels verrechnet werden darf. Hierauf
sollte sich der Anwender nicht einlassen.

---

[26] Borges/Meents/*Meents*, Cloud Computing, S. 116, Rn. 162; *Schumacher*, MMR 2006, 12, 15.
[27] Borges/Meents/*Meents*, Cloud Computing, S. 117f., Rn. 164, 167.
[28] Vgl. Hilber/*Intveen/Hilber/Rabus*, Handbuch Cloud, Teil 2 IV, Rn. 365f.
[29] Vgl. *Intveen*, ITRB 2017, 243, 246.

Teil 2.6 Vertragsgestaltung bei Softwareüberlassung

Übersicht

	Rn.
A. Dauerhafte Überlassung von Standardsoftware	1
I. Rechte und Pflichten des Verkäufers	2
1. Hauptleistungspflichten	2
2. Pflicht zur Installation der Software?	7
3. Pflicht zur Datenübernahme?	14
4. Pflicht zur Herausgabe des Quellcodes?	15
II. Rechte und Pflichten des Käufers	16
III. Mängelansprüche	19
1. Wann ist eine Software mangelhaft?	19
2. Technische Programmsperren als Mangel	26
3. Mängelansprüche	36
4. Ausschluss der Gewährleistungsrechte durch § 377 HGB	44
IV. Haftung	47
V. Besonderheiten beim Softwarekauf als Verbrauchsgüterkauf	53
VI. Einbindung von Open Source Software	54
VII. Einbindung anderer proprietärer Softwarekomponenten	60
VIII. Weitere Gestaltungsmöglichkeiten in AGB und ihre Grenzen	61
1. Weitergabeverbote	62
2. Audit-Rechte	71
3. Netzwerkklauseln	73
4. Verbot von Sicherungskopien	74
5. CPU-Klauseln	75
6. Registrierungspflichten	79
7. Freistellungsklauseln	80
8. Bestätigungsklauseln	83
B. Dauerhafte Überlassung von Software ohne Entgelt	84
I. Kostenlose Software als Schenkung	84
II. Rechte und Pflichten des Schenkenden	88
III. Rechte und Pflichten des Beschenkten	90
IV. Mängelansprüche	91
V. Haftung	93
VI. Gestaltungsmöglichkeiten in AGB	94
VII. Insbesondere: Open Source Software	96
C. Dauerhafte Überlassung von Individualsoftware	100
I. Rechte und Pflichten des Herstellers	102
1. Erstellung und Überlassung des vereinbarten Werkes	102
2. Übertragung notwendiger Nutzungsrechte	104
3. Herausgabe des Quellcodes	107
4. Weitere Pflichten des Herstellers	113
II. Rechte und Pflichten des Bestellers	116
1. Zahlung und Mitwirkung	116
2. Abnahme	121
III. Mängelansprüche	128
1. Mängelbegriff	128
2. Vor Abnahme	131
3. Nach Abnahme	133
IV. Grenzen und Gestaltungsmöglichkeiten in AGB	148
1. Allgemeine Regelungen für das Werkvertragsrecht	149
2. Weitergabeverbote	152
D. Miete von Software	153
I. Rechte und Pflichten des Vermieters	155
1. Befristete Überlassung von Standard- oder Individualsoftware	155
2. Miete von Software auf ASP-Basis	161

Teil 2.6. Vertragsgestaltung bei Softwareüberlassung

Rn.

    II. Rechte und Pflichten des Mieters 167
    III. Mängelansprüche 169
    IV. Grenzen und Gestaltungsmöglichkeiten in AGB 171
        1. Ausschluss der Gewährleistung 173
        2. Audit-Rechte 175
        3. Besonderheiten beim ASP 176
E. Leasing von Software 177
F. Softwarepflege und Third Party Maintenance 182
    I. Definition des Leistungsinhalts 188
    II. Abgrenzung zwischen kostenpflichtiger Softwarepflege und entgeltloser Mängelbeseitigung 190
    III. Abschlusszwang und Kündigungsverbot? 191

Literatur:

Appl, Systembindungsklauseln im Softwarevertrag aus urheberrechtlicher Sicht, MR 2016, 73; *Auer-Reinsdorff/Conrad,* Handbuch IT- und Datenschutzrecht, 3. Aufl. 2019; *Bamberger/Roth/Hauck/Poseck,* Beck'scher Online Kommentar zum BGB, 53. Aufl. 2020; *Bartsch,* Softwarepflege nach neuem Schuldrecht, NJW 2002, 1526; *v. Baum,* Die Gestaltung von Software-Maintenance-Verträgen in der internationalen Praxis, CR 2002, 705; *Baus,* Verwendungsbeschränkung in Software-Überlassungsverträgen, Diss., Köln 2004; *Beyer,* ASP – Zweckmäßige Gestaltung von Service Level Agreements aus Sicht des Providers, ITRB 2006, 20; *Bischof/Witzel,* Softwarepflegeverträge – Inhalte und Problemstellungen, ITRB 2003, 31; *Bömer,* „Hinterlegung" von Software, NJW 1998, 3321; *Bräutigam,* SLA: In der Praxis alles klar? Optimale Konkretisierung von Umfang und Qualität geschuldeter Einzelleistung beim IT-Outsourcing, CR 2004, 248; *Bräutigam/Wiesemann,* Der BGH und der Erschöpfungsgrundsatz bei Software, CR 2010, 215; *Büdenbender,* Der Werkvertrag, JuS 2001, 625; *Conrad,* Wege zum Quellcode – Zu den Konsequenzen der Entscheidung des BGH v. 16.12.2003 – X ZR 129/01, ITRB 2005, 12; *Dreier/Schulze,* Urheberrechtsgesetz, 6. Aufl. 2018; *Ernst,* Die Verfügbarkeit des Source Codes – Rechtlicher Know-How-Schutz bei Software und Webdesign, MMR 2001, 208; *Fritzemeyer/Splittgerber,* Verpflichtung zum Abschluss von Softwarepflege- und Hardwarewartungsverträgen?, CR 2007, 209; *Funk/Wenn,* Der Ausschluss der Haftung für mittelbare Schäden in internationalen Softwareverträgen, CR 2004, 431; *Funk/Zeifang,* Die GNU General Public License, Version 3, CR 2007, 617; *Goldmann/Redecke,* Gewährleistung bei Softwarelizenzverträgen nach dem Schuldrechtsmodernisierungsgesetz, MMR 2002, 3; *Gramlich,* Mietrecht, 15. Aufl. 2019; *Grapentin/Ströbl,* Third party Maintenance: Abschlusszwang und Kopplungsverlangen, CR 2009, 137; *Grützmacher,* Das Recht des Softwarevertriebs – Eine Gegenüberstellung von Vertriebsformen, ITRB 2003, 199; *ders.,* Insolvenzfeste Softwarelizenz- und Softwarehinterlegungsverträge – Land in Sicht? Die Welten zwischen Mannheim und Karlsruhe, CR 2006, 289; *Haberstumpf,* Der Handel mit gebrauchter Software und die Grundlage des Urheberrechts, CR 2009, 345; *Hecht/Becker,* Unberechtigte Mängelrügen bei IT-Projekten – Rechte und Pflichten der Vertragspartner und Hinweise zur Vertragsgestaltung, ITRB 2009, 59; *Heckmann,* juris Praxiskommentar Internetrecht, 6. Aufl. 2019; *Heckmann/Rau,* „Gebrauchtsoftware" im unternehmerischen Geschäftsverkehr – Klauseln für den Umgang mit der aktuellen Rechtslage, ITRB 2009, 208; *Hengstler/Pfitzer,* Das wettbewerbsrechtliche Dilemma bei hybriden Softwareprojekten, K&R 2012, 169; *Heussen,* Unvermeidbare Softwarefehler – Neue Entlastungsmöglichkeiten für Hersteller, CR 2004, 1; *Hilty,* Die Rechtsnatur des Softwarevertrages – Erkenntnisse aus der Entscheidung des EuGH UsedSoft vs. Oracle, CR 2012, 625; *Hoeren,* IT-Vertragsrecht, Skriptum, Stand Oktober 2012; *ders.,* Softwareauditierung – Zur Zulässigkeit von Audit-Klauseln in IT-Verträgen, CR 2008, 409; *ders.,* Die Pflicht zur Überlassung des Quellcodes – Eine liberale Lösung des BGH und ihre Folgen, CR 2004, 721; *Hoeren/Schumacher,* Verwendungsbeschränkung in Softwareverträgen – Überlegungen zum Umfang des Benutzungsrechts bei Standardsoftware, CR 2000, 137; *Hoeren/Spittka,* Aktuelle Entwicklungen des IT-Vertragsrechts – ITIL, Third Party Maintainance, Cloud Computing und Open Source Hybrids, MMR 2009, 583; *Hoppen/Thalhofer,* Der Einbezug von Open-Spurce-Komponenten bei der Erstellung kommerzieller Software, CR 2010, 275; *Huppertz,* Handel mit Second-Hand-Software – Analyse der wesentlichen Erscheinungsformen aus urheber- und schuldrechtlicher Perspektive, CR 2006, 145; *Intveen,* Vertragsrechtliche Details zu Softwarepflegeverträgen – Hinweise zur Vermeidung intransparenter Regelungen, ITRB 2010, 90; *ders.,* Die Rechtsprechung des BGH zu Haftungsregeln in AGB – Rechtsprechungsüberblick und Auswirkungen auf die Vertragsgestaltung, ITRB 2007, 144; *Jaeger/Metzger,* Open Source Software, 5. Aufl. 2020; *dies.,* Open Source Software und deutsches Urheberrecht, GRUR Int. 1999, 839; *Kast/Schneider/Siegel,* Software Escrow, K&R 2006, 446; *Kaufmann,* Kündigung langfristiger Softwarepflegeverträge oder Abschlusszwang? Eine Analyse der Rechtsprechung und ihrer Auswirkungen auf die Vertragsgestaltung, CR 2005, 841; *Kilian/Heussen* (Hrsg.), Computerrechts-Handbuch, 34. Ergänzungslieferung 2018; *Kipker* (Hrsg.), Cybersecurity, 2020; *Koch,* Computervertragsrecht, 7. Aufl. 2009; *ders.,* Wirksame Vereinbarung von Kundenpflichten zur Software-,,Aktivierung", ITRB 2002, 43; *ders.,* Schlechtleistung bei softwarebezogener Nacherfüllung – Fehler in neuen Softwareversionen oder -updates, ITRB 2008, 131; *Koch/Kunzmann/Müller,* EVB-IT Erstellung: Gestaltungshinweise für agile Softwareentwicklungsverträge, MMR 2020, 8; *Koller/*

Kindler/Roth/Drüen, Handelsgesetzbuch, 9. Aufl. 2019; *Köhler/Bornkamm/Feddersen*, Gesetz gegen den unlauteren Wettbewerb, 38. Aufl. 2020; *Kreutzer*, Schutz technischer Maßnahmen und Durchsetzung von Schrankenbestimmungen bei Computerprogrammen, CR 2006, 804; *Lehmann*, Rechtsschutz und Verwertung von Computerprogrammen, 2. Aufl. 1993; *Loewenheim*, Handbuch des Urheberrechts, 3. Aufl. 2020; *Marly*, Praxishandbuch Softwarerecht, 7. Aufl. 2018; *Metzger*, Zur Zulässigkeit von CPU-Klauseln in Softwarelizenzverträgen, NJW 2003, 1994; *Metzger/Barudi*, Open Source in der Insolvenz – Die wichtigsten Konsequenzen einer Insolvenz des Lizenzgebers im Überblick, CR 2009, 557; *Moos*, Software-Lizenz Audits – Wirksamkeit und Umfang gesetzlicher und vertraglicher Pflichten zur Lizenzüberprüfung, CR 2006, 797; *Müller-Hengstenberg/Kirn*, Vertragscharakter des Application Service Providing-Vertrags, NJW 2007, 2370; *Ohly/Sosnitza*, Gesetz gegen den unlauteren Wettbewerb, 7. Aufl. 2016; *Palandt*, Bürgerliches Gesetzbuch, 79. Aufl. 2020; *Orthwein/Bernhard*, Mangelhaftigkeit von Software aufgrund Gesetzesänderung? Das Mehrwertsteuerpaket 2010 und seine Auswirkungen auf ERP-/Buchhaltungssoftware, CR 2009, 354; *Osterloh*, Inhaltliche Beschränkungen des Nutzungsrechts an Software, GRUR 2009, 311; *Peter*, Verfügbarkeitsvereinbarungen beim ASP-Vertrag – Beschreibung der Leistung oder mängelhaftungsbeschränkende Abrede?, CR 2005, 404; *Redeker*, IT-Recht, 7. Aufl. 2020; *ders.*, Handbuch der IT-Verträge, 40. Lieferung 2020; *ders.*, Freistellung von Ansprüchen Dritter beim Softwareerwerb, ITRB 2004, 69; *ders.*, Von Dauerbrennern und neuen Entwicklungen im Recht der Leistungsstörungen – Wie sich technische und gesetzgeberische Innovationen auf juristische Diskussionen ausgewirkt haben, CR 2005, 700; *ders.*, BGH: Haftung des Verkäufers bei Nacherfüllung, CR 2008, 617; *ders.*, CR 2010, 700; *Rössel*, Aufspaltung und Volumenlizenzen beim Gebrauchtsoftwarehandel, ITRB 2013, 28; *Runte*, Produktaktivierung, CR 2001, 657; *Saenger*, Zum Beginn der Verjährungsfrist bei kaufrechtlichen Gewährleistungsansprüchen, NJW 1997, 1945; *Säcker/Rixecker/Oetker/Limperg*, Münchener Kommentar zum Bürgerlichen Gesetzbuch, 8. Aufl. 2019; *Schäfer*, Anmerkung zu einer Entscheidung des LG Bochum, Urteil vom 20.1.2011 (8 O 293/09) – Zum Auskunftsanspruch und Schadensersatz bei Urheberrechtsverletzung an LGPL-Programmen, K&R 2011, 279; *Schmidt*, Münchener Kommentar zum Handelsgesetzbuch, 4. Aufl. 2018; *Schmidt-Futterer*, Mietrecht, 14. Aufl. 2019; *Schneider*, Handbuch des EDV-Rechts, 5. Aufl. 2017; *Schneider/Spindler*, Der Kampf um die gebrauchte Software – Revolution im Urheberrecht?, CR 2012, 489; *Schneider/v. Westphalen* (Hrsg.), Softwareerstellungsverträge, 2. Aufl. 2014; *Scholz/Haines*, Hardwarebezogene Verwendungsbeschränkungen in Standardverträgen zur Überlassung von Software, CR 2003, 393; *Schreibauer/Taraschka*, Service Legal Agreements für Softwarepflegeverträge, CR 2003, 557; *Schulz*, Dezentrale Softwareentwicklung und Softwarevermarktungskonzepte, 3. Aufl. 2008; *Schumacher*, Wirksamkeit von typischen Klauseln in Softwareüberlassungsverträgen, CR 2000, 641; *ders.*, Service Level Agreements: Schwerpunkt bei IT- und Telekommunikationsverträgen, MMR 2006, 12; *Schumann*, Die Auftragnehmerhaftung für Schutzrechtsverletzungen: Halbherziges angesichts des Schutzrechts-Booms, ZGS 2010, 115; *Schuster*, Haftung, Aufwendungsersatz und Rückabwicklung bei IT-Verträgen, CR 2011, 215; *Seffer/Horter*, Nebenleistungspflichten des Erstellers von Individualsoftware – Zu den Installations- und Lieferpflichten des Erstellers von Software-Erstellungsverträgen, ITRB 2005, 169; *Siegel*, Software-Escrow – Die konkreten Anforderungen an eine Quellcodehinterlegung in der Praxis, CR 2003, 941; *Specht*, Die Entwicklungen des IT-Rechts im Jahr 2017, NJW 2017, 3567; *Spindler/Schuster*, Recht der elektronischen Medien, 4. Aufl. 2019; *Stadler*, Garantien in IT-Verträgen nach der Schuldrechtsmodernisierung, CR 2006, 77; *Steinle*, Eine rechtliche Analyse der Softwarelizenzen von Webbrowsern, JurPC 139/2007; *Thode*, Die wichtigsten Änderungen im BGB-Werkvertragsrecht – Schuldrechtsmodernisierungsgesetz und erste Probleme – Teil I, NZBau 2002, 297; *v. Westphalen*, AGB-Recht im Jahr 2007, NJW 2008, 2234; *Wicker*, Vertragstypologische Einordnung von Cloud Computing-Verträgen – Rechtliche Lösungen bei auftretenden Mängeln, MMR 2012, 783; *Wimmers/Schulz*, Gebrauchthandel mit Softwarelizenzen, ZUM 2007, 162; *Witzel*, Gewährleistung und Haftung in Application Service Providing-Verträgen, ITRB 2002, 183; *Wuermeling*, Einsatz von Programmsperren – Zivil- und strafrechtliche Aspekte, CR 1994, 585; *Zahrnt*, Abschlußzwang und Laufzeit beim Softwarepflegevertrag, CR 2000, 205.

Im Folgenden werden die wichtigsten Elemente der oben herausgearbeiteten IT-Vertragskategorien eingehender erläutert, Fallstricke in der Praxis aufgezeigt und Lösungsoptionen vorgestellt. Die Perspektive ist dabei sowohl die des Erstellers eines IT-Vertrages als auch die des Überprüfers eines IT-Vertrages. Besonders wichtigen Vertragstypen ist eine kurze Checkliste zentraler Vertragsbestandteile vorangestellt, die bei der Vertragserstellung bzw. -überprüfung berücksichtigt werden sollten.

A. Dauerhafte Überlassung von Standardsoftware

> **Checkliste**: Die wichtigsten vertraglichen Regelungen 1
> Auf die dauerhafte Überlassung von Standardsoftware findet Kaufrecht Anwendung. Dabei sollte insbesondere auf die folgenden Punkte geachtet werden:
> - Verkäufer
> - Was ist geschuldet?
>   - Software und Nutzungsrechte
>   - Benutzerhandbuch
>   - Besteht Installationspflicht?
>   - Besteht Pflicht zur Datenmigration?
>   - Ist der Quellcode zu hinterlegen?
> - Käufer
>   - Zahlungspflicht
>   - Mitwirkungsobliegenheiten
>   - Mängel der Software
>   - Haftungsbeschränkungen
>   - Beschränkung der Nutzbarkeit der Software (CPU-Klauseln, Weiterveräußerungsverbot, Programmsperren)

I. Rechte und Pflichten des Verkäufers

1. Hauptleistungspflichten

Die Hauptleistungspflicht des Verkäufers von Standardsoftware ist es, dem Erwerber Eigentum an der **Software zu verschaffen.** Dies bedeutet: Übergabe und Übereignung eines Datenträgers, auf dem die Software gespeichert ist, oder aber die direkte Übertragung der Software auf einen Datenträger des Erwerbers, etwa per Download über das Internet.[1] Geschuldet ist regelmäßig die zum Zeitpunkt des Vertragsschlusses aktuellste im Handel erhältliche Version.[2] 2

Der Verkäufer muss dem Erwerber außerdem die für die Verwendung der Software erforderlichen **Nutzungsrechte einräumen.** Bei der dauerhaften Überlassung von Standardsoftware handelt es sich typischerweise um die Einräumung eines einfachen, nicht ausschließlichen **Nutzungsrechts auf Dauer.**[3] Die Einräumung eines zeitlich beschränkten Nutzungsrechtes wäre im Rahmen eines Kaufvertrages jedenfalls unzureichend,[4] hinsichtlich anderweitiger Beschränkungen des Nutzungsrechtes (CPU-Klauseln, Weiterveräußerungsverbot etc.) besteht Uneinigkeit.[5] 3

Der Verkäufer muss im Regelfall auch ein **Benutzerhandbuch** für die Software liefern.[6] Auch dies ist Hauptleistungspflicht. Fehlt die Dokumentation, so hat der Verkäufer seine Hauptleistungspflicht nur teilweise erfüllt.[7] Ist eine Dokumentation zwar vorhanden, 4

---

[1] *Baus*, S. 40.
[2] *Koch*, S. 436.
[3] Hierzu ausführlich: → Teil 2.1 Rn. 68 ff.
[4] Vgl. *OLG Karlsruhe*, 15.7.2003 – 14 U 140/01 Rn. 21 = CR 2004, 493 (Ls.), Lieferung eines Lizenzschlüssels, der eine dauerhaft erworbene Software nur für 30 Tage aktivierte.
[5] Hierzu sogleich → Rn. 58 ff.
[6] BGH, NJW 1993, 461 (462) (fehlendes Benutzerhandbuch bei kombiniertem Hardware-/Softwarekaufvertrag); BGH, NJW 1993, 2436 (2438), (fehlende Handbücher für ein Betriebssystem und Software konnten auch nicht durch Einweisung in die Programmabläufe ersetzt werden); LG Stuttgart, CR 2001, 585 (586) (mit grundsätzlichen Ausführungen zur Funktion des Benutzerhandbuches). Ausführlich zu Herstellerinstruktionen im Allgemeinen: *Schneider*, Teil M Rn. 1541 ff.
[7] BGH, NJW 1993, 461 (462); OLG Frankfurt a. M., CR 1994, 97; OLG Karlsruhe, CR 2003, 95 (96); *Redeker*, Kap. B, Rn. 540.

aber in wesentlichen Punkten fehlerhaft oder unvollständig, liegt hingegen ein Mangel an der Software vor.[8] Auf die Lieferung eines Benutzerhandbuches kann allenfalls im Hinblick auf den Adressatenkreis der verkauften Software verzichtet werden; nämlich dann, wenn davon auszugehen ist, dass die Erwerber sich auch ohne Benutzerhandbuch problemlos mit der Funktionsweise der Software vertraut machen werden.[9] Dies kann zB der Fall sein, wenn die Software selbst noch eine eingebaute Hilfefunktion hat und Benutzungshinweise während des Programmaufrufs erscheinen. Im Regelfall wird ein Benutzerhandbuch aber weder beim Verkauf von Software an Unternehmer und erst recht nicht beim Verkauf an Verbraucher entbehrlich sein.

5   Gerichtlich nur ansatzweise geklärt sind die **Anforderungen an die Präsentation des Benutzerhandbuches.** Muss dieses in ausgedruckter Form vorliegen, oder genügt es, eine digitale Version auf dem Datenträger der Software zu speichern bzw. das Handbuch über das Internet zum Abruf bereit zu halten? Kann das Handbuch evtl. auch nur als Hilfefunktion in die Software selbst integriert sein? Muss es in deutscher Sprache vorliegen, oder genügt eine englische Version? Man kann sich insofern nur an der Funktion des Handbuchs beim Softwarekauf orientieren: Es soll den Erwerber in die Lage versetzen, die Software umfassend nutzen zu können. Sofern dies ermöglicht wird, hat der Verkäufer einen gewissen Gestaltungsspielraum hinsichtlich des Benutzerhandbuches. Allerdings hat zB das LG Stuttgart entschieden, dass bei einem speziellen Warenwirtschafts- und Finanzbuchhaltungsprogramm, dessen Funktionen vollständig beherrscht werden müssten, das Handbuch in gedruckter Form vorliegen müsse.[10] Weder würde ein in die Software integriertes Online-Handbuch genügen, noch könne vom Erwerber der Software erwartet werden, dass sich dieser das ca. 1500-seitige Handbuch selbständig ausdrucke. Ein Online-Handbuch komme allenfalls bei bekannten und weit verbreiteten Standardprogrammen wie Microsoft Office in Betracht.[11] Das Handbuch wird üblicherweise auch in Deutsch vorliegen müssen,[12] jedenfalls bei Verträgen mit Verbrauchern.

6   Praxistipp:
Will der Verkäufer auf die Erstellung eines Benutzerhandbuches verzichten oder dieses in einer ganz bestimmten Form verbreiten, so sollte er dies (individual-)vertraglich festhalten. Denn dann gilt die Beschaffenheit (oder das Fehlen) des Handbuches als vertraglich vereinbart und stellt keinen Mangel mehr dar.

2. Pflicht zur Installation der Software?

7   Es besteht **keine Pflicht des Verkäufers** (unkomplizierte) Software auf dem System des Erwerbers zu installieren.[13] Dies entspricht dem Leitbild des Kaufvertrages, bei dem gerade nur Übergabe und Übereignung der Kaufsache, nicht aber auch deren Montage geschuldet ist. Eine solche Pflicht kann allenfalls bei Software angenommen werden, deren Installation äußerst komplex ist und auch dann nur unter Würdigung des Einzelfalles.[14]

8   Ist der **Verkäufer zur Installation der Software verpflichtet,** so ist genau zu **differenzieren:** Ergibt sich die Installationspflicht als zusätzliche Leistung aus einer vom Kauf-

---

[8] *OLG Köln,* CR 1996, 288 (fehlende Beschreibung eines alltäglichen, aber komplizierten Prozesses); vgl. auch *OLG München,* CR 2006, 582 (unvollständige Bedienungsanleitung für einen Whirlpool).
[9] *OLG Karlsruhe,* 15.7.2003 – 14 U 140/01 Rn. 22 = CR 2004, 493 (nur Ls.).
[10] *LG Stuttgart,* CR 2001, 585 (586).
[11] Ähnlich auch *LG Hannover,* CR 2000, 154 (bei übersichtlich aufgebauter und hinreichend selbsterklärender Software genügt Übergabe des Handbuchs auf Diskette).
[12] In diese Richtung *OLG Köln,* MDR 1995, 244 (245) (zu einem auf Englisch verfassten „Technical Manual"); ebenso *Schneider,* Teil M Rn. 1551.
[13] Vgl. *Redeker,* Kap. B, Rn. 537.
[14] Vgl. *OLG Hamm,* CR 1998, 202 (erstmalige Veräußerung eines umfangreichen Software-Pakets an einen neuen Kunden); ausführlich: *Koch,* S. 115.

A. Dauerhafte Überlassung von Standardsoftware

vertrag unabhängigen Vereinbarung, ist sie als Werkvertrag einzuordnen.[15] Der Verkäufer muss dann zwei Verträge erfüllen: Er erfüllt seine Pflicht aus dem Kaufvertrag schon durch Ablieferung der Software. Und er erfüllt seine Pflicht aus dem Werkvertrag durch die Installation der Software auf dem System des Erwerbers. Der Verkäufer kann für die Erfüllung jedes dieser Verträge eine entsprechende Gegenleistung verlangen.

> **Praxistipp:** 9
> Bei dieser rechtlichen Ausgestaltung sind Kauf- und Werkvertrag nicht miteinander verknüpft. Schlägt also die Installation fehl, muss der Käufer dennoch den geschuldeten Kaufpreis zahlen, da der Kaufvertrag für sich genommen ordnungsgemäß erfüllt wurde. Es empfiehlt sich daher, im Kaufvertrag ein Rücktrittsrecht für den Fall des Fehlschlagens der Installation zu vereinbaren.

Ergibt sich die **Installationspflicht** als Vereinbarung aus dem Kaufvertrag selbst, so muss geklärt werden, ob die Parteien dies als zusätzlich zu vergütende Leistung oder aber als Teil des durch den Kaufpreis abgedeckten Pflichtenprogramms des Verkäufers ansehen.[16] Besteht eine Pflicht des Verkäufers zur Installation einer komplexen Software, ist die Installation im Verhältnis zur Gesamtleistung als Nebenleistungspflicht zu werten.[17] Kann eine Nebenleistungspflicht nicht erfüllt werden, bleibt der Vertrag im Übrigen aber wirksam, es sei denn, der Kunde hat kein Interesse mehr an der Erbringung der Hauptleistung.[18] Trotz dieses werkvertraglichen Elementes ändert dies nichts an der Einordnung des Gesamtvertrages in das Kaufrecht.[19] Die Vornahme umfangreicher Installationsarbeiten kann jedoch dazu führen, dass die **Nebenpflicht** zu einer vertraglichen **Hauptpflicht** erstarkt. In diesem Fall unterliegt der Softwareüberlassungsvertrag sowohl kaufrechtlichen als auch werkvertraglichen Rahmenbedingungen. Die Installation der Software richtet sich dann – insbesondere im Hinblick auf Mängelansprüche – nach Werkvertragsrecht[20]

Unabhängig davon, welcher Rechtsgrund der Installationspflicht des Verkäufers zugrunde liegt, treffen auch den **Kunden Obliegenheiten** bei der vertragsgemäßen Installation der Software. Diese betreffen ua die Koordination der Installation mit Leistungen Dritter, die Überprüfung des Installationsziels sowie die Herstellung der erforderlichen Installationsvoraussetzungen. Den Verkäufer treffen des Weiteren Sicherungs- und Prüfpflichten im Hinblick auf die Kompatibilität der zu installierenden Software mit bereits bestehenden Komponenten.

Bei einem **Datenverlust** während der vom Verkäufer geschuldeten Installation trifft den Verkäufer die Beweislast, dass der Verlust nicht durch eine fehlerhafte Installation der Software entstanden ist.[21] Der Kunde hat aber aufgrund des überwiegenden Mitverschuldens selbst für den Datenverlust einzustehen, wenn er vor den Installationsarbeiten keine Datensicherung vorgenommen hat.[22]

Schließlich ist noch der **Unterschied** zwischen **Installation** und **Anpassung** zu beachten: Installation bedeutet das Aufspielen einer Software auf das System des Kunden, das

---

[15] Schneider/v. Westphalen/*Redeker*, Teil D Rn. 99.
[16] Vgl. *LG Nürnberg-Fürth*, BB 1992, Beilage 14/1992, 8.
[17] *OLG Brandenburg*, NJW-RR 1999, 850 (851); vgl. Schneider/v. Westfalen/*Redeker*, Teil D Rn. 99.
[18] Vgl. hierzu → Teil 2.2 Rn. 8f.
[19] *OLG Hamm*, 4.10.2005 – 19 U 51/05 Rn. 30 = IBR 2006, 138 (nur Ls.); vgl. ferner *OLG Brandenburg*, CR 2008, 763 (764f.) (zur Abgrenzung von Kauf- und Werkvertrag bei Überlassung einer Software unter Vereinbarung von Installationsleistungen und Anwendertraining).
[20] In diese Richtung *BGH*, NJW 1996, 2924 (Verkäufer schuldete auch die Implementation und Übertragung einer Software auf die neu angeschaffte EDV-Anlage. Der BGH bestätigte die Vorinstanzen, die auf diese vertragliche Pflicht Werkvertragsrecht anwendeten); *OLG Düsseldorf*, CR 1990, 122 (124).
[21] *BGH*, NJW 1996, 2924 (2927) (Verkäufer schuldete Installation und Implementierung eines Programms zur Datensicherung. Er unterließ aber die Überprüfung der Sicherungsroutine, so dass es zu Datenverlusten kam).
[22] *OLG Hamm*, MMR 2004, 487 (488).

den technischen Anforderungen der Software entspricht (Speicherplatz, Prozessorleistung, Betriebssystem, Leistungsfähigkeit der Grafikkarten etc.). Das Anpassen einer Software geht hierüber hinaus, geschuldet wäre hier zB auch die Änderung der Software um notwendige Kompatibilität mit dem System oder anderer Software des Erwerbers herzustellen. Ohne besondere vertragliche Vereinbarung schuldet der Verkäufer grundsätzlich lediglich die Installation der Software, nicht aber deren Anpassung.

3. Pflicht zur Datenübernahme?

14 Der Erwerber von Software möchte häufig seine Altdatenbestände auch mit der neuen Software nutzen können. Hierfür kann es erforderlich sein, dass die Altdatenbestände in ein neues Dateiformat umgewandelt werden, um eine Kompatibilität zur neuen Software herzustellen. Diese Konvertierungsarbeiten können oftmals sehr aufwendig und umfangreich sein. Daneben besteht das Risiko von Datenverlusten durch eine unsachgemäße Datenübernahme. Nach der herrschenden Meinung ist eine Pflicht zur **Altdatenübernahme** durch den Verkäufer nicht als vertragliche Nebenpflicht eines Softwarekaufvertrages anzusehen,[23] es sei denn, der Erwerber beauftragt den Verkäufer ausdrücklich mit der Datenübernahme. Hierbei handelt es sich dann um eine nach Werkvertragsrecht zu beurteilende Leistung.[24] Dagegen gelangt Kaufvertragsrecht zur Anwendung, wenn der Verkäufer dem Erwerber lediglich ein Konvertierungsprogramm zur Datenübernahme überlässt, welches nicht eigens für diesen Zweck entwickelt wurde.[25]

4. Pflicht zur Herausgabe des Quellcodes?

15 Nach absolut herrschender Ansicht besteht **keine Verpflichtung** des Verkäufers, dem Erwerber den **Quellcode** seiner Standardsoftware **herauszugeben**.[26] Dies ergibt sich bereits aus der allgemeinen Interessenlage von Verkäufer und Erwerber. Zunächst erwartet der Erwerber von Standardsoftware nicht, dass ihm der Quellcode überlassen wird. Denn diesen würde er nur benötigen, um die Software zu analysieren oder weiterzuentwickeln. Dies ist bei Standardsoftware jedoch nicht erforderlich, sofern Weiterentwicklungen und die Fehlerbehebung durch den Softwarehersteller in Form von Updates und Patches zur Verfügung gestellt werden.[27] Außerdem stellt der Quellcode für den Hersteller der Software einen erheblichen wirtschaftlichen Wert und das Resultat aufwändiger Programmierarbeiten dar. Dieser Wert ist durch den Kaufpreis einer Standardsoftware meist nicht einmal zu einem Bruchteil abgedeckt. Um diesen Vermögenswert zu erhalten, ist eine Geheimhaltung des Quellcodes unerlässlich. Demzufolge ist auch eine Klausel AGB-rechtlich unbedenklich, die die Herausgabepflicht eines Quellcodes für Standardsoftware ausschließt.[28]

II. Rechte und Pflichten des Käufers

16 Hauptleistungspflicht des Käufers ist die **Zahlung des Kaufpreises.** Sofern nicht abweichend bestimmt, ist diese Zahlung sofort fällig.

---

[23] *OLG Köln*, NJW-RR 1994, 1207 (1208); *Koch*, S. 114; aA wohl Schneider/von Westphalen/*Redeker*, Teil D Rn. 101 ff.
[24] Schneider/von Westphalen/*Redeker*, Teil D Rn. 107.
[25] Vgl. *Schneider*, Teil D Rn. 129.
[26] *OLG München*, CR 1992, 208 (209); *OLG Celle*, NJW-RR 1993, 432 (434); *LG Köln*, CR 2003, 484; *Hoeren*, S. 320; *Kast/Schneider/Siegel*, K&R 2006, 446; *Schneider*, Teil M Rn. 41 f.
[27] So auch *Ernst*, MMR 2001, 208 (209 f.); eine Überlassung des Quellcodes von Standardsoftware erfolgt allenfalls im Rahmen so genannter Quellcode-Hinterlegungsvereinbarung. Hierzu unten → Rn. 107 ff.; vgl. auch → Teil 12.
[28] *LG Köln*, CR 2003, 484.

Zulässig ist es, den Kunden in AGB zu verpflichten, den **Wechsel seiner Hardware** 17 dem Verkäufer mitzuteilen. In diesem Zusammenhang ist zu berücksichtigen, dass der Verkäufer der Software diese möglicherweise im Hinblick auf eine bestimmte Hardware-Ausstattung konzipiert und veräußert hat. Sofern die Software nunmehr auf einem anderen System läuft, könnte dies womöglich Auswirkungen auf die Leistungsfähigkeit der Software und dadurch möglicherweise auch auf die Mängelansprüche haben.[29]

Als unzulässig dürfte dagegen eine Klausel anzusehen sein, die den Käufer zum **Einspielen von Updates zur Fehlerbeseitigung** verpflichtet. Denn die Fehlerbeseitigung 18 obliegt dem Verkäufer (§ 439 Abs. 1 BGB), welcher in diesem Fall seine vertraglichen Mängelbeseitigungspflichten auf den Käufer abwälzen würde. Demgemäß ist eine derartige Klausel als unangemessene Benachteiligung im Sinne des § 307 Abs. 1 BGB zu werten. In der Praxis ist dennoch häufig zu beobachten, dass Hersteller Mängel einer Standardsoftware durch die Bereitstellung eines Updates beseitigen, welches die Kunden meist selbst aus dem Internet herunterladen und installieren sollen.

III. Mängelansprüche

1. Wann ist eine Software mangelhaft?

Die Mängelansprüche des Käufers gemäß § 437 BGB setzen einen Sach- oder Rechts- 19 mangel voraus (§§ 434, 435 BGB). Als Faustformel kann, wie bei jedem anderen Sachkauf auch, dann von einem **Sachmangel** gesprochen werden, wenn die „Ist-Beschaffenheit" negativ von der „Soll-Beschaffenheit" abweicht. In der „Soll-Beschaffenheit" kann entweder eine Beschaffenheitsvereinbarung im Sinne von § 434 Abs. 1 S. 1 BGB gesehen werden oder aber die nach dem Vertrag vorausgesetzte Verwendung der Software. Ein **Rechtsmangel** nach § 435 BGB setzt voraus, dass Dritte aufgrund eines eigenen Rechtes das Eigentum, den Besitz oder den Gebrauch des Kaufgegenstands beinträchtigen können. Im Gegensatz zum Sachmangel ist die Beeinträchtigung nicht am Verwendungszweck des Kaufgegenstandes, sondern an der objektiven Verkehrsanschauung zu ermitteln.[30] Die Komplexität von Software und ihre Abhängigkeit von einer sich häufig ändernden Hardwareumgebung macht es in der Praxis allerdings häufig schwierig zu bestimmen, ob Software im Einzelfall tatsächlich mangelhaft ist oder aus anderen Gründen nicht ordnungsgemäß funktioniert.[31]

Software ist unproblematisch dann mangelhaft, wenn bestimmte **zugesicherte Funk-** 20 **tionen** nicht ausgeführt werden können. Enthalten also zB die Produktbeschreibung oder der Vertrag konkrete Anforderungen an die Leistungsfähigkeit der Software, so führt ein Fehlen dieser Funktionen zur Mangelhaftigkeit.[32] Existiert keine konkrete Funktionsbeschreibung, so kommt es darauf an, ob die Software eine „übliche Beschaffenheit" hat. Dies kann nur im Einzelfall und im Vergleich mit für ähnliche Zwecke konzipierten Softwareprodukten festgestellt werden.[33]

---

[29] Vgl. *Appl*, MR 2016, 73 (79).
[30] Palandt/*Weidenkaff*, § 435 BGB Rn. 5.
[31] Auflistung zahlreicher Softwaremängel bei *Marly*, Rn. 1441 ff.; *Schneider*, Kap. M Rn. 1465 ff.
[32] Beispielsweise *LG Bonn*, CR 2007, 767 (768) (Vertraglich vereinbarte Funktionen – ordnungsgemäße Verarbeitung von Lieferabrufen und Datenexport – arbeiteten nur fehlerhaft); ferner *OLG Oldenburg*, 6.7. 2000 – 14 U 5/00 Rn. 31 f. (Lieferung einer Demoversion an Stelle der geschuldeten Vollversion kann – abhängig von den tatsächlichen Funktionsbeschränkungen der Demoversion – Mangel sein).
[33] Hierzu zB *OLG Köln*, ZGS 2003, 392 zu Anforderungen an die Funktionsfähigkeit einer Software für Arztpraxen; *OLG Oldenburg*, 6.7.2000, 14 U 5/00 Rn. 37 (bloß enttäuschte Erwartungen an den Funktionsumfang einer Software, die nicht Gegenstand konkreter Vereinbarungen waren, führen allein nicht zur Mangelhaftigkeit).

21 **Praxistipp:**

In der Praxis wird von Programmierern und Softwarehäusern häufig der Standpunkt vertreten, dass „Software nicht fehlerfrei sein kann". Dies mag aus technischer Sicht zutreffend sein.[34] Juristisch ist eine entsprechende Klausel aber ohne Belang. Denn für die Frage, ob eine Software rechtlich mangelhaft ist, kommt es einzig darauf an, ob die Software der vereinbarten Beschaffung entspricht bzw. ob sie sich für die gewöhnliche Verwendung eignet. Technische Unzulänglichkeiten der Software sind daher ausdrücklich und umfassend im Vertrag zu berücksichtigen. Die technischen Softwarefehler gehören dann zur vertraglich vereinbarten Beschaffenheit, so dass im juristischen Sinn kein Mangel mehr vorliegt. Andernfalls handelt es sich um eine negative Abweichung von der „Soll-Beschaffenheit"; die Software wäre also mangelhaft.

22 Kann der Verkäufer dem Erwerber nicht die **erforderlichen Nutzungsrechte** an der Software einräumen (zB weil es sich um eine Raubkopie handelt)[35], so leidet die Software an einem Rechtsmangel. Das gleiche gilt, wenn die Software Rechte Dritter (zB Marken- oder Urheberrechte) verletzt und daher nicht vertragsgemäß verwendet werden kann.[36]

23 Software ist stets auch von der jeweiligen **Betriebsumgebung** des Anwenders abhängig. Regelmäßig wird Software auch nur im Hinblick auf eine bestimmte Konfiguration entworfen. Es steht dem Softwarehersteller dabei grundsätzlich frei seine Software (nur) für eine bestimmte Hardwareumgebung oder ein bestimmtes Betriebssystem zu konzipieren. Erfüllt der Erwerber aber alle vom Hersteller gestellten Bedingungen, so muss die Software dann auch fehlerfrei laufen, anderenfalls liegt ein Mangel vor.[37] Da maßgeblicher Zeitpunkt für das Vorliegen eines Mangels der Zeitpunkt des Gefahrübergangs ist, muss die Software auch nur in diesem Zeitpunkt fehlerfrei laufen.[38] Spätere Änderungen etwa der Hardware oder des Betriebssystems des Anwenders muss der Verkäufer grundsätzlich nicht vorhersehen. Führen also Änderungen im Rechnersystem des Käufers dazu, dass die erworbene Software nun nicht mehr fehlerfrei läuft, so handelt es sich dabei nicht um einen Mangel der Software.

24 Gerade für Unternehmenssoftware ist von Bedeutung, dass alle aktuellen gesetzlichen Vorgaben berücksichtigt werden. Auch hier gilt im Rahmen eines Kaufvertrages, dass die Software lediglich die zum Zeitpunkt der Überlassung schon existierenden Gesetze berücksichtigen muss. **Spätere Gesetzesänderungen,** die eine Software nicht nachvollziehen kann (zB Erhöhung der Mehrwertsteuer, neue Anforderungen an die Lohnbuchhaltung oder an die Gestaltung von Rechnungen) führen also im Grundsatz nicht zur Mangelhaftigkeit der Software und müssen daher auch nicht im Wege kostenloser Gewährleistung beseitigt werden.[39] Etwas anderes kann allenfalls dann gelten, wenn schon zum Zeitpunkt der Überlassung eine baldige Änderung äußerer Umstände absehbar war, so zB wenn ein Lohnbuchhaltungsprogramm einen Monat vor einer bereits verkündeten Steueränderung verkauft wird, die neue Steueränderung aber vor Auslieferung nicht in dem Programm berücksichtigt werden konnte.

---

[34] Ausführlich zur Behandlung von unvermeidbaren Softwarefehlern: *Heussen,* CR 2004, 1.
[35] Hierzu *OLG Hamm,* CR 1991, 15 (16); *OLG Hamm,* 5.5.1999 – 13 U 256/98 Rn. 13 = OLGR Hamm 2000, 197.
[36] ZB *OLG Köln,* VersR 1999, 1430 (Verletzung eines fremden Markenrechts durch den Titel der Software).
[37] *LG Bonn,* ZGS 2004, 199 (200) (Softwarehersteller hatte Lauffähigkeit seiner Software auf der Hardware des Käufers bejaht, allerdings darauf hingewiesen, dass die Hardware am „untersten Kapazitätslimit" liege).
[38] Hierzu *LG Freiburg,* CR 2008, 556 (Die Firmware eines Druckers begann mehrere Monate nach Auslieferung fehlerhaft zu arbeiten, da diese inzwischen veraltet war. Das Gericht sah hierin keinen Mangel, denn maßgeblicher Zeitpunkt sei die Auslieferung des Druckers. Damals funktionierte die Firmware aber fehlerfrei).
[39] Ausführlich zur Mangelhaftigkeit von Software durch Änderung der Rechtslage: *Orthwein/Bernhard,* CR 2009, 354.

> **Praxistipp:**
> Können die Parteien absehen, dass sich für eine Software die äußeren Umstände regelmäßig ändern werden, so sollte vertraglich das Vorgehen bei notwendig werdenden Anpassungen geregelt werden. Insbesondere sollte klargestellt werden, ob diese dann noch zum kostenlosen (Gewährleistungs-)Service des Verkäufers gehören oder ob künftige Anpassungsleistungen gesondert zu vergüten sind. Insofern bietet sich zum Beispiel der Abschluss eines Pflegevertrages an. Die Parteien sollten auch erwägen, ob in diesen Fällen nicht eine mietvertragliche Lösung ihren Interessen besser entspricht als ein Kaufvertrag – denn dann ist der Softwarevermieter zur regelmäßigen Aktualisierung (Erhalt des gebrauchsgemäßen Zustandes) verpflichtet, erhält dafür aber auch einen regelmäßigen Mietzins.

25

2. Technische Programmsperren als Mangel

Bei Programmsperren handelt es sich um **technische Schutzmaßnahmen,** die der Ersteller in eine Software einbaut, um so deren (unberechtigte) Verwendung (meist durch nichtzahlende Dritte) zu verhindern. Häufig muss zB eine CD-ROM im Laufwerk des Rechners liegen um die Software nutzen zu können, oder die Software wird erst nach Eingabe eines Aktivierungscodes frei- bzw. wieder freigegeben. Neuere Konzepte, insbesondere im Bereich der Spielesoftware, sehen vor, dass der Anwender für die Dauer der Benutzung mit dem Internet und einem Server des Herstellers verbunden sein muss oder die Software nur in Kombination mit einem (kostenlos zu erstellenden) Benutzerkonto verwendet werden kann. Zu klären ist, ob eine solche Programmsperre einen Mangel der Software darstellt.[40]

26

a) Gegenüber Ersterwerber

Der Einbau einer Programmsperre in die Software kann einen **Sachmangel** im Sinne von § 434 BGB darstellen, wenn dem Ersterwerber die Existenz der Sperre bei Vertragsschluss nicht bekannt war. Unter Umständen kann das Verschweigen einer Programmsperre auch wettbewerbsrechtliche Konsequenzen haben.[41] Aber selbst wenn eine Programmsperre beim Erwerb der Software keine ausdrückliche Erwähnung gefunden hat, kann man ggf. unter Verweis auf die „**gewöhnliche Beschaffenheit**" von Software deren Mangelhaftigkeit bezweifeln. Denn es ist geradezu üblich, dass zum Beispiel bei der erstmaligen Inbetriebnahme einer Software ein Installationscode o. ä. eingegeben werden muss.[42] Stattet der Verkäufer den Erwerber mit dem Aktivierungscode aus, kann hierin kein Mangel gesehen werden.[43] Auch die Notwendigkeit, dauerhaft über das Internet mit einem Server des Herstellers verbunden zu sein bzw. die Software mit einem bestimmten Benutzerkonto zu verbinden[44], wird man – insbesondere wenn es sich um ITaaS- oder Cloud-Lösungen handelt – mittlerweile als „gewöhnliche Beschaffenheit" einer Software ansehen können. So sah der BGH die feste Bindung selbst einer auf Datenträger ausgelieferten Software an ein Benutzerkonto grundsätzlich als zulässig an.[45] Dies kann zu Authentifizierungs- und

27

---

[40] Ausführlich, insbes. zur „Produktaktivierung": *Runte,* CR 2001, 657; (auch) aus urheberrechtlicher Perspektive: *Koch,* CR 2002, 629.
[41] *OLG München,* MMR 2001, 395 (Verschweigen einer Programmsperre, die nach 25-maligem Aufruf der Software eine Registrierung des Verwenders erforderlich macht, ist irreführend iSd UWG).
[42] Ebenso: *Runte,* CR 2001, 657 (661).
[43] Vgl. *OLG Celle,* NJW-RR 1993, 432 (433) (eine Programmsperre in Form eines beim Start des Programms abgefragten Passworts und „Kryptoschutzes" war für sich genommen kein Mangel, allerdings verweigerte der Verkäufer die Herausgabe des Passwortes, so dass die Software nicht genutzt werden konnte. Dies wiederum stellte einen Mangel dar).
[44] So der Sachverhalt bei *BGH,* NJW 2010, 2661.
[45] *BGH,* NJW 2010, 2661 (2662 f.).

Abrechnungszwecken sogar erforderlich sein und entspricht somit auch dem Interesse des Erwerbers an einer sicheren Nutzung der von ihm erworbenen Software. Derartige Programmsperren können ferner zur legitimen Feststellung und Verhinderung von Urheberrechtsverletzungen eingesetzt werden. So betonte der EuGH im Rahmen der UsedSoft-Entscheidung ausdrücklich, dass technische Schutzmaßnahmen grundsätzlich zur Feststellung von Urheberrechtsverstößen durch unzulässige Vervielfältigungen zulässig sind.[46] Jedoch sollte der Hersteller dennoch durch entsprechende öffentliche Äußerungen (§ 434 Abs. 1 S. 3 BGB) oder **Hinweise auf der Verpackung** der Software über eine Benutzerkontobindung oder einen Onlinezwang aufklären.[47]

28   Allerdings liegt ein Mangel **jedenfalls dann** vor, wenn **die Programmsperre die Funktionalität der Software beeinträchtigt.**[48] In diesem Fall ist der Ersterwerber – sofern der Verkäufer nicht bereit ist, die Sperre zu entfernen – zur Geltendmachung der Gewährleistungsrechte und insbesondere zum Rücktritt nach §§ 437 Nr. 2, 440, 323, 326 Abs. 5 BGB berechtigt, da die Software nicht bestimmungsgemäß genutzt werden kann.[49] Entsprechende Wertungen haben das *Landgericht Wiesbaden*[50], das *Oberlandesgericht Celle*[51] und das *Oberlandesgericht Bremen*[52] getroffen.

29   Praxistipp:
Das Vorhandensein einer Programmsperre und ihre allgemeine Funktionsweise sollten vertraglich festgehalten werden, denn dann handelt es sich nicht um einen Mangel der Software, sondern vielmehr um deren (vereinbarte) Beschaffenheit.

b) Gegenüber Zweiterwerber

30   Programmsperren sollen aus Sicht des Herstellers die für den Hersteller wirtschaftlich unattraktive Weiterverwendung seiner Software durch einen Zweiterwerber verhindern. Das ist kein seltenes Phänomen: Für sog. **„Gebrauchtsoftware"** existiert in Anbetracht oftmals hoher Lizenzgebühren ein beträchtlicher Markt. Ein Zweiterwerber, dessen gebrauchte Software auf Grund einer Programmsperre nicht funktioniert, hat insofern nur drei Möglichkeiten: Er kann sich eine andere Software beschaffen, er kann durch Zahlung der vollen Lizenzgebühr beim Hersteller das Nutzungsrecht für die Software erwerben, oder er setzt sich mit dem Erstbesitzer bzw. Weiterveräußerer wegen des (von diesem ggf. verschwiegenen) Softwaremangels auseinander. Zur grundsätzlichen Zulässigkeit von Programmsperren gegenüber Zweiterwerbern äußerte sich der BGH recht eindeutig, indem er verneinte, dass Zweiterwerbern eine tatsächliche Nutzungsmöglichkeit der gebraucht erworbenen Software ermöglicht werden müsse.[53] Ob diese Ansicht in Anbetracht der

---

[46] *EuGH*, MMR 2012, 586 (590).
[47] In diese Richtung *Koch*, ITRB 2002, 43 (46).
[48] Vgl. einerseits *BGH*, NJW 1981, 2684 (2685) (Beeinträchtigung der Funktionalität durch „Verfallsdatum" verneint, da der Hersteller den Kunden mit einer Diskette zur Aufhebung des Verfallsdatums ausgestattet hatte) und andererseits *OLG Köln*, CR 2000, 354 (Die Programmsperre ließ sich nur durch Disketten aufheben, die sich im Besitz des Herstellers befanden); *Runte*, CR 2001, 657 (660 ff.); wohl auch *Grützmacher*, ITRB 2003, 199 (202).
[49] *BGH*, CR 1987, 358 (nachträglich eingebaute Programmsperre, die die Software verlangsamte und letztlich unbrauchbar machte, um den Vertragspartner zum Abschluss eines Wartungsvertrages zu bewegen).
[50] *LG Wiesbaden*, CR 1990, 651 (652) (nachträglicher Einbau eines Datumsschutzes um säumigen Vertragspartner zur Zahlung des Kaufpreises zu bewegen).
[51] *OLG Celle*, NJW-RR 1993, 432 (433) (Programmsperre mit Kryptoschutz bei Vorenthaltung des Passworts).
[52] *OLG Bremen*, CR 1997, 609 (610) (Der Hersteller hatte in von ihm verleaste Software ein Verfallsdatum eingebaut, dass nach Ablauf jeweils eines Jahres eine Programmsperre auslöste. Die Sperre konnte nur durch Eingabe eines vom Hersteller mitgeteilten Passwortes aufgehoben werden).
[53] *BGH*, NJW 2010, 2661 (2663).

durch den EuGH gestärkten Rechtsposition des Zweiterwerbers in Zukunft noch haltbar sein wird, ist jedoch nicht abzusehen.[54]

Einige **Instanzgerichte** haben den Einsatz von Programmsperren zur Erzwingung der neuerlichen Zahlung von Lizenzgebühren beim Nacherwerber **höchst kritisch** beurteilt. So wurde vertreten, dass eine Programmsperre eine widerrechtliche Drohung[55] bzw. eine sittenwidrige Schädigung nach § 826 BGB[56] darstellen kann. Wenn der Zweiterwerber zwar zunächst die Software verwenden kann und sich damit einen Datenbestand aufbaut, die Programmsperre dann aber nach einem gewissen Zeitraum der Benutzung greift und den Nacherwerber am Zugriff auf seine Daten hindert, so können sogar die Straftatbestände der Datenveränderung (§ 303a StGB) und der Computersabotage (§ 303b StGB) erfüllt sein.[57]

Der **BGH** hat indes entschieden, dass ein Softwarehersteller **nicht grundsätzlich** für den **Schaden** bei einem Zweitverwender **aufgrund einer Programmsperre** nach § 826 BGB **haftet**. Das Gericht sah den für eine Haftung nach § 826 BGB erforderlichen Vorsatz nicht gegeben, da der Einbau einer dem Ersterwerber bekannten Programmsperre ausschließlich die Weiterveräußerung der Software verhindern sollte und daher gerade nicht darauf gerichtet war, vorsätzlich einen Zweiterwerber zu schädigen. Daran änderte nach Ansicht des BGH auch der Umstand nichts, dass sich der Softwarehersteller weigerte, die Programmsperre ohne die Zahlung einer Lizenzgebühr aufzuheben. Er war nach Ansicht des BGH vielmehr gutgläubig, weil er aufgrund fehlender Rechtsprechung von einer Zulässigkeit der Programmsperre im Verhältnis von Hersteller zu Zweiterwerber ausgehen konnte.[58]

Die **Haftung des Herstellers** kam demnach nur nicht in Betracht, weil die Rechtsprechung bislang noch nicht über die Zulässigkeit einer Programmsperre entschieden hatte. Der BGH stellte somit in seinem Urteil einzig auf den fehlenden (Schädigungs-)Vorsatz des Softwareherstellers ab, äußerte sich aber nicht explizit zur grundsätzlichen Zulässigkeit einer Programmsperre. Daraus könnte sich zumindest indirekt ergeben, dass der BGH die Verwendung einer Programmsperre als unzulässig erachtet. Denn andernfalls hätte er – im Falle der Zulässigkeit einer Programmsperre – diesen Umstand zusätzlich gegen eine Haftung gemäß § 826 BGB angeführt und sich in seiner Argumentation nicht nur auf den fehlenden Vorsatz beschränkt.

Unabhängig von der rechtlichen Zulässigkeit einer Programmsperre ist allerdings zu beachten: Der Weiterveräußerer einer (gebrauchten) Software muss dem Erwerber für etwaige Mängel der Software, wie für eine die Weiterverwendung verhindernde Programmsperre, einstehen.

> **Praxistipp:**
> Dies sollte in der Vertragsgestaltung berücksichtigt werden, zB durch ausdrücklichen Hinweis auf die Existenz einer Programmsperre, was eine Qualifikation als Mangel ausschließen kann,[59] oder – schlimmstenfalls – durch die Vereinbarung eines einvernehmlichen Rückabwicklungsprozederes, wenn sich die Programmsperre als unüberwindbar herausstellt.

---

[54] Vgl. *EuGH*, MMR 2012, 586 (587).
[55] *LG Frankfurt a. M.*, CR 1999, 147 (149).
[56] *OLG Bremen*, CR 1997, 609 (610) (Einbau eines Verfallsdatums mit dem Ziel, den Weiterverkauf der Software ohne erneute Lizenzzahlung zu unterbinden).
[57] *LG Ulm*, CR 1989, 825 (826) (Einbau eines sog. Killer-Programms, das nach Zeitablauf die Nutzung einer Software und der damit verbundenen Daten unmöglich machte).
[58] *BGH*, NJW-RR 2000, 393; Vorinstanz: *OLG Bremen*, CR 1997, 609 (610).
[59] *Wuermeling*, CR 1994, 585 (593).

3. Mängelansprüche

36 Gemäß § 437 BGB stehen dem Käufer im Fall eines Mangels das Recht auf Nacherfüllung bzw. Nachlieferung (§ 439 BGB), Rücktritt (§§ 440, 323, 326 Abs. 5 BGB) oder Minderung (§ 441 BGB) sowie ein Recht auf Schadensersatz (§§ 440, 280, 281, 283, 311a BGB) oder Ersatz vergeblicher Aufwendungen (§ 284 BGB) zu. Hinsichtlich der Verjährung der Mängelansprüche gilt § 438 BGB. Der Anspruch auf Nacherfüllung bzw. Schadensersatz oder Aufwendungsersatz verjährt grundsätzlich in zwei Jahren nach Ablieferung der Software gemäß § 438 Abs. 1 Nr. 3 BGB.

37 Nach der Konzeption des Gesetzes hat der **Käufer** das **Wahlrecht** zwischen Nacherfüllung (Behebung des Mangels an der fehlerhaften Kopie der Software beim Käufer) oder Nachlieferung (Erhalt einer neuen – fehlerfreien – Kopie der Software).[60] Zulässig ist es allerdings, das Wahlrecht auszuschließen und die Art der Nacherfüllung bereits im Vorfeld festzulegen.[61]

38 Bei der Behebung von Fehlern einer Software kommen beide gesetzlich vorgesehenen Formen der Nacherfüllung in Betracht: Der Verkäufer kann zur **Nachbesserung** ein sog. Patch veröffentlichen, das er seinen Kunden auf einem Datenträger oder online zur Verfügung stellt. Die Kunden installieren dann dieses Patch, welches die fehlerhaften Programmstellen der Software durch fehlerfreien Code ersetzt. Wohl nur selten wird der Softwarehersteller die Fehlerbehebung selbst und vor Ort beim Käufer vornehmen. Häufig stellt der Verkäufer aber auch die gesamte Software selbst, nun aber in fehlerfreier Form, zur Verfügung, so dass seine Kunden ihr fehlerhaftes Softwareexemplar durch das fehlerfreie Exemplar ersetzen können. Dabei handelt es sich im Ausgangspunkt um die Nachlieferung einer mangelfreien Sache. Dass es sich genau genommen sogar um eine **Kombination aus Mängelbeseitigung** (denn meist wird es keine mangelfreien Exemplare einer Software geben) **und Nachlieferung** handelt, die vom Gesetz so nicht vorgesehen ist, schadet nicht.[62] Ebenso ist es möglich, an Stelle der ursprünglichen Version einer Software eine neuere Version als Nacherfüllung anzubieten, sofern dem Käufer hierdurch keine Nachteile (etwa nun höhere Leistungsanforderungen oder höhere Lizenzgebühren) entstehen.[63]

39 Ist das **Update** oder die neu gelieferte **Vollversion ebenfalls fehlerbehaftet,** so ist keine ordnungsgemäße Mängelgewährleistung erfolgt.[64] Dem Käufer stehen dann im Hinblick auf die erneut mangelhafte Sache ebenfalls Gewährleistungsrechte zu.[65] Gleichzeitig kann er auch die Sekundärrechte (Schadensersatz, Minderung, Rücktritt) im Hinblick auf die ursprünglich mangelhafte Software geltend machen.[66] Der eigentlich erforderliche Fristablauf ist ggf. gemäß § 440 S. 1 Var. 2, S. 2 BGB (Fehlschlagen der Nacherfüllung nach zwei erfolglosen Nachbesserungsversuchen) entbehrlich.

40 Die **Kosten der Mängelbeseitigung** sind grundsätzlich vom Verkäufer zu tragen (§ 439 Abs. 2 BGB), dh dieser muss die Kosten der Programmierung einer fehlerfreien Version bzw. Erstellung eines Patches, des Versands oder Downloads zum Kunden sowie der Installation tragen. Die Ersetzbarkeit von Installationskosten hat der BGH allerdings in einem auch auf IT-Verträge anwendbaren Urteil eingeschränkt: Demnach seien Installationskosten nur dann zu ersetzen, wenn den Verkäufer ein Verschulden für die mangelhafte

---

[60] Siehe aber *Redeker*, CR 2010, 700 (705) (das Wahlrecht sei letztlich nutzlos, da nur der Hersteller der Software in der Lage ist zu entscheiden wie der Mangel behoben werden kann).
[61] Palandt/*Grüneberg*, BGB § 309 Rn. 68; *Redeker*, CR 2010, 700 (705) hält auch die Übertragung des Wahlrechts auf den Hersteller für AGB-rechtlich zulässig, da dem Käufer nur ein nicht praktikables Recht entzogen werde.
[62] *Koch*, ITRB 2008, 131 (132).
[63] *Koch*, ITRB 2008, 131 (134).
[64] Vgl. BeckOK-BGB/*Faust*, § 439 Rn. 72 ff.
[65] BeckOK-BGB/*Faust*, § 439 Rn. 72.
[66] BeckOK-BGB/*Faust*, § 439 Rn. 72.

A. Dauerhafte Überlassung von Standardsoftware

Kaufsache treffe.[67] Dies gilt jedoch nicht im Rahmen von Verbraucherverträgen. Dort gehört sowohl der Ausbau der mangelhaften Sache als auch der Einbau der als Ersatz gelieferten Sache zu den Pflichten des Verkäufers im Rahmen der Nacherfüllung.[68] Da die Nacherfüllung bei Verbraucherverträgen über die Überlassung von Standardsoftware in der Regel wie soeben erwähnt durch den Download von Patches vollzogen wird, ist die finanzielle Belastung des Verkäufers durch die Nacherfüllung jedoch überschaubar. In der Literatur wird daher empfohlen, mit hohem Installationsaufwand verbundene IT-Produkte direkt beim Hersteller zu kaufen, da man diesem eher ein Verschulden für das mangelhafte IT-Produkt nachweisen kann als dem Reseller.[69]

Hohe Kosten entstehen häufig auch schon allein durch den Versuch herauszufinden, ob 41 die installierte Software tatsächlich mangelhaft ist, oder ob der Fehler in den Verantwortungsbereich des Käufers fällt.[70] Erweist sich die Software als mangelhaft, so muss der Verkäufer auch die **Kosten der Fehlerermittlung** tragen.[71] Erweist sie sich hingegen als nicht mangelhaft, so wird der Verkäufer versuchen, diese Kosten vom Käufer ersetzt zu bekommen. Der BGH hat in diesem Zusammenhang ausgeführt, dass der Käufer für ein unberechtigtes Mangelbeseitigungsverlangen nur dann schadenersatzpflichtig ist, wenn er fahrlässig verkannt hat, dass ein Mangel der Kaufsache nicht vorliegt.[72] Insofern wird man vom Käufer einer Software verlangen können, dass dieser im Rahmen seiner Möglichkeiten ermittelt, ob der vermeintliche Mangel aus seiner Verantwortungssphäre herrührt. Zu weit ginge es aber wohl, wenn man verlangte, dass der Käufer auch das Vorliegen eines Mangels nachweisen müsste, denn hierzu ist er wegen der Komplexität von Software häufig gar nicht in der Lage.[73]

Grundsätzlich ist der **Verkäufer** der Software, also der Vertragspartner des Käufers, zur 42 **Mängelgewährleistung** verpflichtet. Ist der Verkäufer auch Hersteller der Software, so kann er problemlos seiner Gewährleistungspflicht nachkommen. Problematischer ist hingegen die Nacherfüllung für den bloßen Weiterverkäufer bzw. Reseller. Wenn überhaupt, so ist dieser meist nur zur Nachlieferung durch Herausgabe einer neuen und fehlerfreien Kopie der Software in der Lage. Das Gesetz sieht hier eine **Gewährleistungskette** vor, in welcher der Softwarenutzer den Mangel gegenüber dem Verkäufer rügt und dieser wiederum den Mangel gegenüber dem Hersteller geltend macht. AGB, die dem Erwerber der Software suggerieren, Mängelansprüche nicht bei dem Verkäufer, sondern ausschließlich bei dem Softwarehersteller geltend machen zu können, sind ungültig.[74]

Nach § 309 Nr. 8 lit. b bb BGB ist es im Umkehrschluss jedoch zulässig, die Geltend- 43 machung von Rücktritts- und Minderungsrechten in AGB davon abhängig zu machen, dass die Nacherfüllung zuvor erfolglos verlief.[75] Allerdings muss das Recht zum Rücktritt und zur Minderung in diesen Fällen ohne Beschränkung eingeräumt werden.[76] Auch ein genereller Ausschluss der Rückgängigmachung des Vertrages ist AGB-rechtlich nicht zuläs-

---

[67] *BGH,* CR 2008, 617 (619 f.) (Verkäufer lieferte fehlerhafte Parkettstäbe, die einen nicht erkennbaren Produktionsfehler aufwiesen. Dieser wurde erst nach dem Verlegen erkennbar. Der Verkäufer schuldete nach Ansicht des BGH nur Nachlieferung fehlerfreier Parkettstäbe, nicht aber auch deren Verlegung); ebenso *BGH,* CR 2013, 16 (Ls.); vgl. *Redeker,* CR 2008, 617 (621) zur Anwendbarkeit auf IT-Verträge.
[68] *BGH,* CR 2013, 16 (Ls.).
[69] So *Redeker,* CR 2008, 617 (622).
[70] Anschaulich: *LG Kleve,* CR 2004, 732 (mehrere vom Käufer geltend gemachte „Mängel" eines Computers nebst Software waren am Ende auf Handlungen des Käufers zurückzuführen).
[71] So auch *Schneider,* Teil M Rn. 1375.
[72] *BGH,* NJW 2008, 1147 (1148) (Käufer rügte Mängel einer Lichtrufanlage ohne zu untersuchen, ob die Fehlfunktionen durch das Verhalten seiner Angestellten ausgelöst wurden. Dies hätte die im Verkehr erforderliche Sorgfalt aber verlangt).
[73] Ausführlich zu den Rechten und Pflichten der Vertragspartner in Bezug auf Mängelrügen: *Hecht/Becker,* ITRB 2009, 59.
[74] § 309 Nr. 8 lit. b bb BGB; *BGH,* NJW 1980, 2800.
[75] Für Verbraucherverträge sind dennoch §§ 474, 476 BGB zu beachten.
[76] *BGH,* NJW 1981, 1501; *BGH,* NJW-RR 1986, 52 (53).

sig.⁷⁷ Eine Festlegung der Anzahl der Nachverbesserungsversuche in diesem Zusammenhang ist nicht ohne Risiko. Hier hat der BGH eine Klausel, nach der ein Erwerber drei Nachbesserungsversuche hinzunehmen habe, als unwirksam erachtet.⁷⁸ Im Ergebnis dürfte es jedoch auf den Einzelfall ankommen.

4. Ausschluss der Gewährleistungsrechte durch § 377 HGB

44 Schließlich ist zwischen Literatur und Rechtsprechung strittig, ab wann verkaufte Software im Sinne des § 377 HGB bzw. § 438 Abs. 2 BGB als **„abgeliefert"** gilt. Die Beantwortung dieser Frage hat Auswirkungen auf den Beginn der Verjährungsfrist für Mängelansprüche bzw. – im B2B Bereich im höchsten Maße praxisrelevant – auf den Beginn der Untersuchungs- und Rügepflicht des § 377 HGB.

45 Nach einer Ansicht sollte die Software dann „abgeliefert" sein, wenn **ein im Wesentlichen ungestörter Probelauf** der Software erfolgt sei.⁷⁹ Eine andere Ansicht möchte das Vorliegen einer „Ablieferung" von einer ausführlichen und fehlerfreien Erprobungsphase der Software bei dem Käufer abhängig machen.⁸⁰ Der BGH ist beiden Ansichten entgegengetreten und vertritt die Auffassung, dass auf Softwarekaufverträge die gleichen Kriterien anzuwenden sind wie bei anderen beweglichen Kaufsachen. Eine Software gilt daher als „abgeliefert", wenn „sie in einer ihre Untersuchung ermöglichenden Weise **in den Machtbereich des Käufers gelangt** ist".⁸¹ Dies dürfte regelmäßig die Übergabe des Datenträgers sein.⁸²

46 Um die Wirkung des § 377 HGB zu vermeiden, muss der Käufer der Software diese untersuchen und festgestellte Mängel rügen. Wichtig ist eine hinreichend konkrete Rüge, die den genauen Mangel deutlich macht. Bloß pauschale Aussagen („Die Software arbeitet fehlerhaft") genügen regelmäßig nicht.⁸³

IV. Haftung

47 Die Frage des **Haftungsumfangs** ist bei Vertragsverhandlungen regelmäßig einer der wesentlichen Diskussionspunkte. Sofern keine AGB verwendet werden, es sich also um einen **Individualvertrag** handelt, besteht im Unternehmensverkehr ein weiter Gestaltungsspielraum. Lediglich eine Haftungsbegrenzung für vorsätzlich verursachte Schäden gemäß § 276 Abs. 3 BGB, für Ansprüche nach den Vorschriften des Produkthaftungsgesetzes (§ 14 ProdHaftG) sowie in Kauf- und Werkverträgen für Arglist und die Verletzung von Garantien (§ 444 BGB bzw. § 639 BGB) sind ausgeschlossen.

48 Mit einer gänzlich anderen Ausgangssituation ist jedoch der **Verwender von AGB** konfrontiert. Dessen Klauseln unterliegen dem strengen Maßstab der AGB-Kontrolle.⁸⁴ Dementsprechend ist der Gestaltungsspielraum einer den Verwender begünstigenden „Haftungsklausel" sehr gering. Hier gilt unter anderem:

---

[77] Hierzu *LG Karlsruhe*, CR 1996, 290 (Lieferung eines Updates für eine mangelhafte Software kann das Recht des Kunden auf Wandelung oder Minderung nicht wirksam ausschließen).
[78] *BGH*, NJW 1998, 677.
[79] *OLG Hamm*, CR 1992, 335 (336); *OLG Koblenz*, BB 1993, Beil. 13, 8; *OLG Köln*, NJW 1991, 2156 (2157).
[80] *OLG Düsseldorf*, CR 1989, 689 (690); *OLG Düsseldorf*, NJW 1989, 2627 (2628); *OLG Düsseldorf*, CR 1991, 538 (539).
[81] *BGH*, NJW 2000, 1415 (1416); so auch *Saenger*, NJW 1997, 1945 (1950); MüKo-BGB/*Westermann*, § 438 Rn. 25 f.; ähnlich Palandt/*Weidenkaff*, BGB, § 438 Rn. 15.
[82] Koller/Kindler/Roth/Drüen/*Roth*, HGB § 377 Rn. 6a.
[83] MüKo-HGB/*Grunewald*, § 377 Rn. 66; *OLG Köln*, CR 1997, 213 („pauschale und nicht näher dargelegte Unzufriedenheitsäußerungen" eines Käufers genügten im Rahmen von § 377 HGB nicht).
[84] Übersicht der Anforderungen des *BGH* an Haftungsklauseln in AGB bei *Intveen*, ITRB 2007, 144.

A. Dauerhafte Überlassung von Standardsoftware

- In AGB ist ein Haftungsausschluss für Vorsatz und grobe Fahrlässigkeit gemäß § 309 Nr. 7 lit. b BGB unzulässig. Im Umkehrschluss folgt daraus aber, dass somit zumindest ein Haftungsausschluss für leichte Fahrlässigkeit möglich ist.
- Eine Klausel, die jegliche Haftung für Schäden aus der Verletzung von Leben, Körper und Gesundheit beschränkt, ist gemäß § 309 Nr. 7 lit. a BGB ebenfalls unzulässig.
- Nach Rechtsprechung des BGH ist es möglich, bei Fahrlässigkeit die **Haftung für vertragsuntypische Schäden** in AGB **zu begrenzen**.[85] Eine Haftung ist nur bei der Verletzung sog. „Kardinalpflichten" zwingend. Der Begriff der „Kardinalpflicht" bezeichnet abstrakt solche Pflichten, deren Erfüllung die ordnungsgemäße Durchführung des Vertrages überhaupt erst ermöglicht und auf deren Einhaltung der Vertragspartner regelmäßig vertrauen darf.[86] Nach jüngerer Rechtsprechung des BGH sollte diese Erläuterung unbedingt in den Vertrag mit aufgenommen werden, da anderenfalls die Klausel wegen eines Verstoßes gegen das Transparenzgebot (§ 307 Abs. 1 S. 2 BGB) unwirksam sei.[87]

Die **Verjährungsfrist für Mängelansprüche** beim Softwarekauf beträgt grundsätzlich zwei Jahre und darf gegenüber Verbrauchern in AGB auf ein Jahr verkürzt werden, wenn die in den Klauselverboten des § 309 Nr. 7 lit. a und lit. b BGB aufgeführten Schadensersatzansprüche von der Verkürzung der Verjährungsfrist ausgenommen sind.[88] Ob diese Verjährungsfrist gegenüber Unternehmern wirksam in AGB verkürzt werden kann, ist angesichts dieser Rechtsprechung ebenfalls zweifelhaft und wird wohl von der herrschenden Meinung negiert.[89] Die Haftung für die Verletzung von Kardinalpflichten kann verkürzt werden, sofern es sich um leichte (und nicht einfache oder grobe) Fahrlässigkeit handelt.[90] Aus Sicht des Einkaufs erfreulich ist die in einem BGH-Urteil als zulässig erachtete AGB-Klausel, nach der die Verjährung von Mängelansprüchen erst innerhalb von drei Jahren erfolgen sollte.[91] Obwohl dieses BGH-Urteil nur die Klauseln eines Kaufvertrages betraf, dürfte diese Rechtsprechung auch auf Werkverträge zu übertragen sein. Denn als wesentliches Argument führte der BGH die Intention des Gesetzgebers an, im Rahmen der Schuldrechtsmodernisierung auch die Privatautonomie bei der Vereinbarung von längeren Verjährungsfristen zu unterstützen. Da dieser Grundsatz auch für Werkverträge gilt, wäre es nicht nachvollziehbar die Parteien beim Abschluss eines Werkvertrages anderen Restriktionen zu unterwerfen. 49

In Verträgen US-amerikanischer Herkunft ist oft eine **Differenzierung zwischen unmittelbaren und mittelbaren Schäden** zu finden, wobei Letztere in der Regel generell von der Haftung ausgeschlossen sind. Als mittelbare Schäden werden in der US-amerikanischen Rechtspraxis grundsätzlich sämtliche Schäden definiert, die sich nicht auf den Minderwert der tatsächlich erbrachten Vertragsleistung beschränken.[92] Diese Differenzierung zwischen unmittelbaren und mittelbaren Schäden ist dem deutschen Recht allerdings fremd und bereitet demnach Subsumtionsschwierigkeiten, da sich Haftungsregelungen im deutschen Rechtskreis in erster Linie nach Verschuldensvorwurf (Vorsatz bzw. Fahrlässigkeit) und nicht nach der eingetretenen Schadensart bestimmen.[93] Nach deutschem Rechtsverständnis müsste es sich bei mittelbaren Schäden um sämtliche Schäden handeln, die über das Äquivalenzinteresse iSd § 281 BGB des Gläubigers hinausgehen. Individualvertraglich ist aufgrund der dennoch bestehenden Unsicherheiten im Hinblick auf die Kategorisierung als „unmittelbarer" oder eben nur „mittelbarer" Schaden im Einzelfall zu empfehlen, eine entsprechende Definition so präzise wie möglich einzelvertraglich festzu- 50

---

[85] *BGH*, NJW 1985, 3016 (3018); *BGH*, DB 1993, 221 (222); *BGH*, CR 2012, 718 (Ls.).
[86] *BGH*, NJW 2002, 673 (674) mwN.
[87] *BGH*, NJW-RR 2005, 1496 (1500); s. auch *Redeker*, Teil 3.14 Rn. 171.
[88] Vgl. *BGH*, CR 2007, 351 (352); *Schneider*, Teil M Rn. 1445, 1461.
[89] S. nur Palandt/*Grüneberg*, BGB § 309 Rn. 55 mwN; vgl. auch *Schneider*, Teil M Rn. 1439.
[90] Palandt/*Grüneberg*, BGB § 309 Rn. 48, 50.
[91] *BGH*, NJW 2006, 47 (48).
[92] Teilweise kommen jedoch auch dort anderen Definitionen vor; hierzu *Funk/Wenn*, CR 2004, 481 (482) mwN.
[93] *Schuster*, CR 2011, 215 (218); *Funk/Wenn*, CR 2004, 481.

legen, falls eine Partei auf den Ausschluss von mittelbaren Schäden besteht. So können spätere Auslegungsstreitigkeiten unter Umständen vermieden werden.[94] Sofern eine solche Bestimmung deutschem AGB-Recht unterliegt, geht ein solch genereller Haftungsausschluss für mittelbare Schäden, unabhängig davon was man darunter im Einzelfall versteht, ohnehin über die soeben dargestellten möglichen Haftungsbegrenzungen im Rahmen von AGB hinaus und ist demnach unwirksam.[95]

51 Praxistipp:
Beharrt eine Vertragspartei auf den Haftungsausschluss für mittelbare Schäden, kann als Kompromiss der Ausschluss bestimmter Typen mittelbarer Schäden – zB entgangener Gewinn vereinbart werden.

52 Praxistipp:
Aus Anwendersicht kann es empfehlenswert sein, keine Haftungsregelung zu vereinbaren. In diesem Fall haftet der Hersteller – sofern sich aus der Auslegung des Vertrages nichts anderes ergibt – unbeschränkt nach den gesetzlichen Bestimmungen. Des Weiteren kann der Anwender nach der Rechtsprechung des BGH in Einkaufs-AGB die Verjährungsfrist für Mängelansprüche auf drei Jahre erweitern.

V. Besonderheiten beim Softwarekauf als Verbrauchsgüterkauf

53 Bei **Verträgen mit Verbrauchern** (§ 13 BGB) ist neben den §§ 305 ff. BGB insbesondere auch § 476 BGB – sowohl im Rahmen von AGB als auch individualvertraglich – zu beachten. § 476 BGB verbietet eine Umgehung der §§ 433 bis 435, 437, 439 bis 443 BGB sowie die Verkürzung der Verjährung der Mängelansprüche entsprechend § 437 BGB durch eine Vereinbarung zu Lasten des Verbrauchers. Für die Anwendung des § 476 Abs. 1 BGB ist es unerheblich, ob es sich bei dem Kaufgegenstand um gebrauchte oder um neue Software handelt.

VI. Einbindung von Open Source Software

54 Problematisch kann auch die **Einbindung von Open Source Komponenten** in ein proprietäres Programm sein.[96]
55 Hierbei ist zunächst zu beachten, dass sich zB nach der GNU GPL die Nutzungsbedingungen der Open Source Komponenten viral auch auf die übrigen Bestandteile des proprietären Programms ausdehnen können, dieses also insgesamt als Open Source eingestuft werden muss (sog. „**Viraler** bzw. **Copyleft Effekt**").[97] Eine derartige „**Infizierung**" hätte zur Konsequenz, dass zB der Quellcode des gesamten proprietären Programms offenzulegen ist und eine wirtschaftliche Verwertung nur noch sehr eingeschränkt möglich wäre.
56 Ein vertragsrechtliches Problem ergibt sich, falls der Entwickler das kommerzielle Programm nun unter **Verstoß gegen die „Copyleft-Klausel"** veräußert, da dies in der Regel zum Erlöschen der gewährten Nutzungsrechte an der Open Source Komponente führt

---

[94] So auch *Schuster*, CR 2011, 215 (218).
[95] S. auch → Rn. 61 ff.
[96] Zu den verschiedenen, auch für die rechtliche Bewertung relevanten, Formen der Einbeziehung von Open Source-Komponenten in proprietäre Software s. *Hoppen/Thalhofer*, CR 2010, 275.
[97] Ausführliche Diskussion der Voraussetzungen dieses viralen Effektes und bestehender Ausnahmen bei *Funk/Zeifang*, CR 2007, 617 (618 ff.) und *Hoppen/Thalhofer*, CR 2010, 275 ff.; hierzu auch *Gerlach*, CR 2006, 649 (650 f.).

A. Dauerhafte Überlassung von Standardsoftware

(so beispielsweise bei der GNU GPL).[98] Der **Entzug des Nutzungsrechts** hat zur Folge, dass der Veräußerer das von ihm entwickelte kommerzielle Programm nicht weiter vertreiben kann.[99] In vertraglicher Hinsicht bedeutet dies, dass der Veräußerer seine Vertragspflicht gegenüber dem Erwerber nicht wirksam erfüllen kann; sofern die Übergabe der Software bereits erfolgt ist, stellt der nachträgliche Wegfall der Nutzungsrechte des Veräußerers einen Rechtsmangel iSd § 435 S. 1 BGB dar.[100] Entsprechende Verstöße können jedoch durch Unterlassen des GNU GPL-widrigen Verhaltens geheilt werden.[101]

> **Praxistipp:** 57
> Um das Problem des viralen Effektes generell zu vermeiden, muss schon auf technischer Seite darauf geachtet werden, dass Open Source Software nur in einer Form eingebunden wird, die den viralen Effekt nicht auslöst. Dies setzt meist eine klare Trennung zwischen Open Source und anderen Bestandteilen der Software voraus.[102]

Vor diesem Hintergrund sollte auch bei der **Vertragsgestaltung** der Nutzungsbedingungen für das proprietäre Programm besonderes Augenmerk darauf gelegt werden, dass die vom Veräußerer entwickelte **proprietäre Komponente der Software sauber von der Open Source Komponente getrennt** wird.[103] So ist in der Regel der Veräußerer ohnehin dazu verpflichtet, den Erwerber auf die Einhaltung der Bestimmungen der jeweiligen Open Source Nutzungsbestimmungen zu verpflichten.[104] Gedanklich sowie vertraglich davon zu differenzieren ist eine weitere Nutzungsvereinbarung bezüglich der proprietären Komponente im Verhältnis zwischen Veräußerer und Erwerber. So sollte vertraglich abgebildet werden, dass sich lediglich die Rechteeinräumung an der proprietären Komponente nach der Vereinbarung zwischen Veräußerer und Erwerber richtet, während die Rechteeinräumung in Bezug auf die Open Source Komponente sich nach den jeweiligen Regelungen der Open Source Nutzungsbedingungen des Rechteinhabers bestimmt. Gleichermaßen sollte ebenfalls im Rahmen der Gewährleistungs- und Haftungsregelungen verfahren werden. Die OSS Nutzungsbedingungen enthalten oftmals AGB-rechtlich unzulässige und demnach unwirksame Beschränkungen in haftungs- und gewährleistungsrechtlicher Hinsicht. Gemäß § 306 Abs. 2 BGB treten die gesetzlichen Regelungen an deren Stelle. Vor diesem Hintergrund sollte im Vertrag deutlich betont werden, dass die Überlassung der Open Source Komponente schenkungsweise erfolgt. Dies kann gegebenenfalls dazu führen, dass die weniger strengen Haftungs- und Gewährleistungsregelungen des Schenkungsrechts im Gegensatz zu der weitreichenden Haftung und Gewährleistung des Kaufrechts im Falle von Leistungsstörungen, die durch die Open Source Komponente verursacht worden sind, zur Anwendung kommen.[105] Die Nutzungsbedingungen der jeweils verwendeten Open Source Software sollten der Nutzungsvereinbarung zwischen Veräußerer und Erwerber als Anlage beigefügt werden; auf diese kann dann hinsichtlich der einzelnen Regelungskomplexe Bezug genommen werden.

Bislang ungeklärt ist, ob die Verwendung von AGB-rechtlich unzulässigen Open Source Nutzungsbestimmungen darüber hinaus **wettbewerbsrechtliche Konsequenzen** nach sich ziehen kann.[106] So wird von der herrschenden Ansicht vertreten, dass es sich seit der

---

[98] *LG Frankfurt a. M.*, ZUM-RD 2006, 525 (528); *LG München I*, CR 2004, 774 (776); *LG Bochum*, CR 2011, 289 (290); *Funk/Zeifang*, CR 2007, 617 (623) (auflösend bedingte Einräumung der Nutzungsrechte); ausführlich zum urheberrechtlichen Hintergrund → Teil 2.1.
[99] *Schäfer*, K&R 2011, 279 f.
[100] Vgl. *Jaeger/Metzger*, Rn. 339, 353; BeckOK/*Faust*, BGB § 435 Rn. 5.
[101] *Funk/Zeifang*, CR 2007, 617 (623).
[102] Hierzu *Hoppen/Thalhofer*, CR 2010, 275 (280).
[103] *Redeker*, Kap. A Rn. 90, Kap. B Rn. 595b.
[104] *Hengstler/Pfitzer*, K&R 2012, 169.
[105] Zum Haftungsmaßstab siehe → Rn. 47; kritisch und einen einheitlichen Kaufvertrag annehmend *Redeker*, Kap. B Rn. 595b ff.
[106] Ausführlich hierzu *Hengstler/Pfitzer*, K&R 2012, 169 f.

Umsetzung der UGP-Richtlinie[107] bei den §§ 305 bis 309 BGB nunmehr um Marktverhaltensregelungen iSd § 3a UWG (§ 4 Nr. 11 UWG aF) handele.[108] Dies führe dazu, wie jüngst wieder höchstrichterlich im Zusammenhang mit § 307 BGB geklärt wurde, dass die Verwendung einer AGB-rechtlich unwirksamen Klausel unlauter ist und mithin einen Wettbewerbsverstoß iSd § 3a UWG darstellen kann.[109] Demnach würde ein Veräußerer durch die Einbeziehung von AGB-rechtlich unwirksamen Open Source Nutzungsbestimmungen stets einen Wettbewerbsverstoß begehen und wäre somit Unterlassungsansprüchen ausgesetzt.[110] Zur Umgehung des Problems wird – zumindest für den B2B-Bereich – vorgeschlagen, bereits im Rahmen der Vertragsgestaltung entsprechende Vorkehrungen zu treffen, damit die Open Source Nutzungsbestimmungen entweder (i) erst gar nicht in den Vertrag zwischen Veräußerer und Erwerber einbezogen werden oder (ii) sie im Falle ihrer Einbeziehung nicht deutschem (AGB)-Recht unterfallen: So könnte zunächst eine Mitwirkungspflicht für den Erwerber der proprietären Software dahingehend formuliert werden, dass er verpflichtet wäre, sich die jeweilige Open Source Komponente unmittelbar von deren Rechteinhaber zu beschaffen; ferner könnten sämtliche vertragliche Regelungen hinsichtlich Rechteeinräumung, Haftung und Gewährleistung in Bezug auf die Open Source Komponente bzw. sämtliche vertragliche Regelungen in denen auf die Open Source Nutzungsbestimmungen Bezug genommen wird, gemäß Art. 3 Abs. 1 S. 1 und 3 Rom I-VO einem anderen Rechtsregime unterworfen werden.[111]

VII. Einbindung anderer proprietärer Softwarekomponenten

60 Proprietäre Software kann ebenso auf proprietären Softwarekomponenten anderer Rechteinhaber aufbauen. Gleichermaßen wie die Einbindung von Open Source Komponenten in ein proprietäres Programm, bedarf regelmäßig auch die Einbindung anderer proprietärer Softwarekomponenten besonderer vertraglicher Berücksichtigung. So fordern zahlreiche Rechteinhaber entweder, dass bezüglich ihrer Softwarekomponente ein unmittelbarer Vertrag zwischen ihnen und dem Endkunden zu Stande kommt oder dass sich die Rechteeinräumung in Bezug auf ihre Softwarekomponente ausschließlich nach den von ihnen formulierten Nutzungsbestimmungen richtet. Letztlich ist so im Rahmen der Vertragsgestaltung – gleichermaßen wie soeben bei der Einbindung von Open Source Komponenten dargestellt – eine saubere Trennung zwischen der Softwarekomponente des Rechteinhabers und der des Veräußerers unerlässlich.[112]

VIII. Weitere Gestaltungsmöglichkeiten in AGB und ihre Grenzen

61 Im Folgenden werden einige typische AGB-Klauseln für Kaufverträge über Standardsoftware erläutert.

1. Weitergabeverbote

62 Weitergabeverbote sind das vertragliche Pendant zu den schon beschriebenen Programmsperren. Ziel ist also auch hier, die Verwendung der Software durch Dritte zu unterbinden – allerdings in diesem Fall durch eine vertragliche Vereinbarung. Dabei sind zwei Ebenen zu unterscheiden: Die schuldrechtliche und die dingliche (urheberrechtliche) Ebene. Bei

---

[107] RL 2005/29/EG über unlautere Geschäftspraktiken.
[108] *BGH*, GRUR 2012, 949 Rn. 47 (I ZR 45/11); *Hengstler/Pfitzer*, K&R 2012, 169 (173); Köhler/Bornkamm/Feddersen/*Köhler*, UWG, § 3a Rn. 1.288 f.; kritisch Ohly/Sosnitza/*Ohly*, § 3a Rn. 78a.
[109] *BGH*, WRP 2018, 434 Rn. 41 (I ZR 185/15); *Hengstler/Pfitzer*, K&R 2012, 169 (173).
[110] *Hengstler/Pfitzer*, K&R 2012, 169 (173).
[111] Ausführlich *Hengstler/Pfitzer*, K&R 2012, 169 (173).
[112] Hierzu → Rn. 58.

der Beurteilung der Wirksamkeit eines dinglichen Weiterveräußerungsverbotes für Software spielen komplizierte Fragen des Urheberrechts und insbesondere des Erschöpfungsgrundsatzes eine Rolle, die an anderer Stelle ausführlich aufgearbeitet werden und auf die hier nur in aller Kürze eingegangen wird.[113] Im Folgenden geht es daher allein um die Rechtmäßigkeit schuldrechtlicher Weiterveräußerungsverbote, die freilich selbst erheblich durch urheberrechtliche Wertungen beeinflusst sind.[114] Schuldrechtliche Weiterveräußerungsverbote stehen zwar der wirksamen Erfüllung eines – abredewidrig – geschlossenen Kaufvertrages über gebrauchte Software nicht entgegen, können aber – sofern sie wirksam sind – Schadenersatzpflichten des Weiterverkäufers gegenüber dem Hersteller begründen.

a) Weiterveräußerungsverbote

Unabhängig von urheberrechtlichen Fragestellungen sind **generelle Weiterveräußerungsverbote** in AGB **im Hinblick auf § 307 Abs. 2 BGB** schuldrechtlich **unwirksam**.[115] Das Leitbild des Kaufvertrages wird aus Sicht des Verkäufers durch die Pflicht bestimmt, dem Erwerber die Kaufsache zu übergeben und ihm das Eigentum an der Sache zu verschaffen. Ein Weitergabeverbot würde dazu führen, dass die mit der dauerhaften Überlassung der Software einhergehende Verfügungsfreiheit des Eigentümers beschränkt wird. Es verletzt daher einen wesentlichen Grundgedanken des Eigentumsrechts.[116] Ein zumindest schuldrechtlich wirksames Weiterveräußerungsverbot kann somit nur individualvertraglich vereinbart werden (vgl. § 137 S. 2 BGB).[117] Zu beachten ist aber, dass sich diese Wertungen nur auf das Verbot der Weiterveräußerung des Werkstücks (also zB des Datenträgers) beziehen – nur hinsichtlich dieses Werkstücks tritt gemäß § 69c Nr. 3 S. 2 UrhG die urheberrechtliche Erschöpfung des Weiterverbreitungsrechts ein. 63

Für unbedenklich hat der **BGH** in einer jüngeren Entscheidung hingegen folgende Ausgestaltung gehalten:[118] Anwender einer Software mussten sich, um die Software benutzen zu können, auf den Servern des Herstellers ein Benutzerkonto einrichten. Pro Softwarekopie (und nur mit dieser) konnte genau ein Benutzerkonto eingerichtet werden. Die AGB des Herstellers schlossen sodann zwar nicht den Weiterverkauf des Datenträgers aus, wohl aber die Weiterübertragung des Benutzerkontos. Damit war der Weiterverkauf der Software rechtlich betrachtet zwar möglich, wirtschaftlich aber in den meisten Fällen uninteressant, da dem Zweiterwerber nicht auch das notwendige Benutzerkonto des Ersterwerbers übertragen werden konnte, die Software für ihn also nicht benutzbar war. Der BGH sah hierin aber kein unzulässiges Weiterveräußerungsverbot, da der Erschöpfungsgrundsatz allein den freien Warenverkehr schütze, dieser aber durch die freie Handelbarkeit des Datenträgers nicht beeinträchtigt war. „Einschränkungen der tatsächlichen Verkehrsfähigkeit eines Werkstücks, die sich nicht aus dem Verbreitungsrecht des Urhebers als solchem ergeben" seien urheberrechtlich unbedenklich und AGB-rechtlich zulässig.[119] 64

Zulässig erscheint aber auch ein **Aufspaltungsverbot**, wonach ein aus verschiedenen Programmen bestehendes Softwarepaket nur „einheitlich und unter vollständiger und endgültiger Aufgabe der eigenen Nutzung" weiterveräußert werden darf.[120] Denn ein solches Aufspaltungsverbot betreffe nicht das (schon erschöpfte) urheberrechtliche Verbreitungsrecht des Softwareherstellers, sondern das nicht erschöpfte Vervielfältigungsrecht (§ 69c 65

---

[113] Hierzu ausführlich → Teil 3; ferner *Haberstumpf*, CR 2009, 345; *Bräutigam/Wiesemann*, CR 2010, 215; *OLG Frankfurt a. M.*, CR 2009, 423 und *OLG Düsseldorf*, CR 2009, 566 (beide zur Frage der Erschöpfung des Weiterverbreitungsrechts bei unkörperlich verbreiteter Software).
[114] Ausführlich, auch zur urheberrechtlichen Seite: *Huppertz*, CR 2006, 145; Musterklauseln bieten *Heckmann/Rau*, ITRB 2009, 208.
[115] *Hoeren*, S. 115 f.; *OLG Frankfurt a. M.*, NJW-RR 1997, 494.
[116] *Huppertz*, CR 2006, 145 (150); *Baus*, S. 228; *Marly*, Rn. 1594.
[117] *Haberstumpf*, CR 2009, 345 (349); *Heckmann/Rau*, ITRB 2009, 208 (209).
[118] *BGH*, NJW 2010, 2661.
[119] *BGH*, NJW 2010, 2661 (2663) Rn. 18 ff.
[120] *LG Mannheim*, CR 2010, 159 (160 f.); *OLG Karlsruhe*, ZUM-RD 2011, 590 (Ls.).

Ziff. 1 UrhG). Dies wurde auch vom EuGH – zumindest für eine Client-Server-basierte Software – bestätigt.[121] Teilweise wird indes eine Differenzierung zwischen dem Vertrieb von Software über ein Client-Server-System (Nutzerzahl-orientiert) und über Volumenlizenzen mit Master-Datenträger (Programmkopieanzahl-orientiert) diskutiert.[122] So sei nur bei einer Nutzerzahl-orientierten Lizenzierung die Aufspaltung eines Lizenzpakets verboten, da in diesem Modell mehrere Nutzer auf dieselbe Programmkopie zugreifen und es bei einer Aufspaltung des Lizenzpakets somit zu einer Erhöhung der Anzahl der in Verkehr gebrachten Programmkopien käme;[123] sofern es sich um eine Volumenlizenz handelt, sei eine Aufspaltung hingegen zulässig, da die Anzahl an in Verkehr gebrachten Programmkopien durch eine Aufspaltung nicht erhöht werde.[124] Dies hat nunmehr auch der BGH entschieden, unter der Voraussetzung, dass der Ersterwerber eine entsprechende Anzahl von Kopien unbrauchbar macht.[125]

66 Die Zulässigkeit von **modifizierten Übertragungsverboten** wird hingegen unterschiedlich beurteilt.[126] Als Orientierungspunkt mag eine Entscheidung des **OLG Bremen** aus dem Jahr 1997 dienen. In diesem Fall hatte der Lieferant AGB verwendet, die einen Zustimmungsvorbehalt für den Weiterverkauf seiner Software vorsahen. Das OLG Bremen entschied jedoch, dass ein solcher Zustimmungsvorbehalt in AGB wegen eines Verstoßes gegen den urheberrechtlichen Erschöpfungsgrundsatz unwirksam sei.[127] Zulässig wäre aber eine entsprechende individualvertragliche Vereinbarung.[128] Im Lichte dieses Urteils sollten auch die zahlreichen in der Praxis zu finden Gestaltungsmöglichkeiten für modifizierte Übertragungsverbote bewertet werden.

67 Verbreitet sind Klauseln, wonach der Softwarelieferant nur dann verpflichtet ist einer Weiterveräußerung zuzustimmen, wenn ihm der **Name und die Anschrift des Dritterwerbers** mitgeteilt werden. Im Hinblick auf die Entscheidung des OLG Bremen dürfte eine solche Klausel unwirksam sein, denn der Einwilligung des Softwarelieferanten bedarf es gerade nicht.[129]

68 Andere Klauseln machen die Weiterveräußerung davon abhängig, dass sich der Dritterwerber mit den **Vertragsbedingungen des Softwarelieferanten** einverstanden erklärt. Dies wird teilweise für zulässig erachtet,[130] ist aber umstritten.[131] Im Hinblick auf die restriktive Rechtsprechung des OLG Bremen wird man aber auch von der Unzulässigkeit einer derartigen Klausel ausgehen müssen.

69 **Zusätzliche Schwierigkeiten** entstehen dann, wenn die Software nicht in verkörperter Form übertragen wird, sondern ursprünglich als **Download** aus dem Internet gekauft wurde. So war die Erschöpfung des urheberrechtlichen Verbreitungsrechts bei einer unverkörperten Verbreitung durch den Urheber äußerst umstritten.[132] Nach dem Urteil des EuGH in der Sache „UsedSoft/Oracle" ist nunmehr zumindest dann von der Erschöpfung des Verbreitungsrechts auszugehen, sofern die Software zur unbefristeten Nutzung gegen

---

[121] *EuGH*, MMR 2012, 586 (Ls.); kritisch *Hilty*, CR 2012, 625 (632f.).
[122] Vgl. *Rössel*, ITRB 2013, 28 (29f.); *Schneider/Spindler*, CR 2012, 489 (496f.).
[123] Vgl. *EuGH*, MMR 2012, 586 (589).
[124] So etwa *OLG Frankfurt a. M.*, 18.12.2012 – 11 U 68/11, nv; Heckmann/*Heckmann/Paschke*, Kap. 3 Rn. 250; vgl. auch *Rössel*, ITRB 2013, 28 (29f.).
[125] *BGH*, GRUR 2015, 772 Rn. 45.
[126] Ausführlich *Marly*, Rn. 1631 ff.
[127] *OLG Bremen*, CR 1997, 609 (611); *LG Hamburg*, CR 2006, 812 (815) (zustimmend, aber nicht entscheidungserheblich); vgl. auch *Marly*, Rn. 1632; Besprechung bei *Wimmers/Schulz*, ZUM 2007, 162; *Huppertz*, CR 2006, 145 (150).
[128] *OLG Bremen*, CR 1997, 609 (611).
[129] So auch *Haberstumpf*, CR 2009, 345 (350); *Marly*, Rn. 1632; *Redeker*, ITRB 2013, 86 (69); aA Lehmann/ *Schmidt*, Kap. XV Rn. 71.
[130] *Polley*, CR 1999, 345 (354); *LG Frankfurt a. M.*, CR 2010, 571 (1. Ls., die Bedingungen eines Volumenlizenzvertrages betreffend).
[131] Vgl. *Schumacher*, CR 2000, 641 (649); *Huppertz*, CR 2006, 145 (150).
[132] Hierzu → Teil 2.1 Rn. 38.

A. Dauerhafte Überlassung von Standardsoftware

Zahlung eines einmaligen Entgelts überlassen wird.[133] Dieser Ansicht haben sich bereits die ersten deutschen Instanzgerichte angeschlossen.[134] Hiervon abweichende Bestimmungen in AGB werden demnach – entsprechend der Rechtslage bei der datenträgerbasierten Verbreitung – als unzulässig anzusehen sein. Letztlich bedeutet dies allerdings nicht, dass der Urheber eine Weiterübertragung technisch ermöglichen bzw. die geeignete Infrastruktur zur Verfügung stellen muss.

b) Weitervermietungsverbote

Die Weitervermietung[135] von Software zu Erwerbszwecken kann durch AGB wirksam untersagt werden.[136] Denn das Recht zur Vermietung von Software erschöpft sich gemäß § 69c Nr. 3 S. 2 UrhG bei der Veräußerung der Software nicht. Umstritten ist jedoch die AGB-rechtliche Zulässigkeit des Verbots von nicht zu Erwerbszwecken dienender Weitervermietung. **Nach einer Ansicht** soll eine solche Weitervermietungsklausel gemäß § 307 Abs. 2 BGB unwirksam sein. Argumentiert wird hier mit der Unvereinbarkeit eines solchen Verbots mit den gesetzlichen Grundgedanken der Eigentumsstellung des Erwerbers an der Software, da sich das Vermietrecht des Rechtsinhabers lediglich auf die den Erwerbszwecken dienende Weitervermietung bezieht.[137] Der Eigentümer wäre insoweit berechtigt, sofern keine Rechte Dritter und gesetzliche Vorgaben diesem entgegenstünden, den Besitz an der Sache einem Dritten zu überlassen. Dies gelte auch für Klauseln, die generell jegliche Art von Weitervermietung verbieten würden. Zwar sei das Verbot von Weitervermietung zu Erwerbszwecken zulässig, jedoch würde die Klausel als Folge des Verbots der geltungserhaltenden Reduktion von AGB insgesamt unwirksam sein.[138] **Nach anderer Ansicht** soll jedoch eine Klausel, die die unentgeltliche Softwarevermietung untersagt, nicht gegen § 307 BGB verstoßen.[139] Argumentiert wird damit, dass es aus Sicht des Verkäufers unerheblich ist, ob die Software entgeltlich oder unentgeltlich vermietet wird.

70

2. Audit-Rechte

Softwareverkäufer haben ein Interesse daran, die Einhaltung ihrer Lizenzbestimmungen, insbesondere im Hinblick auf die maximale Anzahl von Nutzern einer Software, kontrollieren zu können. Zu diesem Zweck enthalten Softwareüberlassungsverträge häufig sog. **Audit-Klauseln.** Demnach soll das Softwareunternehmen berechtigt sein, direkt beim Kunden vor Ort die verwendete Software auf eine vertragswidrige Nutzung zu untersuchen und dessen Bücher einzusehen. Höchstrichterliche Rechtsprechung zur Zulässigkeit entsprechender Klauseln gibt es bislang nicht.[140] Gleichwohl ist eine solche Klausel nach wohl herrschender Ansicht **unzulässig**, da sie mit den über § 307 Abs. 2 Nr. 1 BGB in das Vertragsrecht einfließenden Wertungen des Urheberrechts nicht vereinbar ist.[141] Denn im Urheberrecht habe der Gesetzgeber gerade von einem verdachtsunabhängigen Einsichtsrecht für Urheber abgesehen. § 101 UrhG zeige gerade, dass selbst bei Urheberrechtsverletzungen im gewerblichen Ausmaß allenfalls eine Auskunftspflicht in Betracht komme.

71

---

[133] *EuGH*, MMR 2012, 586 (Ls.).
[134] So etwa *OLG Frankfurt a. M.*, 18.12.2012 – 11 U 68/11, nv.
[135] Die entgeltliche Gebrauchsüberlassung ist im Urheberrecht keine Vermietung, sondern ein Verleih.
[136] *Heckmann/Rau*, ITRB 2009, 208 (209); *Marly*, Rn. 1646.
[137] *Marly*, Rn. 1651.
[138] *Schumacher*, CR 2000, 641 (649).
[139] *Baus*, S. 232.
[140] *Marly*, Rn. 1764.
[141] So *Marly*, Rn. 1764 (jedenfalls in der für die Praxis allein sinnvollen Ausgestaltung eines Besichtigungsrechts ohne Vorankündigung); ferner *Hoeren*, CR 2008, 409 (410), auch mit Kritik an *Moos*, CR 2006, 797 (801), der Audit-Klauseln abhängig von ihrer Ausgestaltung für wirksam hält.

> **72** **Praxistipp:**
> Denkbar sind aber andere Formen der Kontrolle, etwa durch einen unabhängigen und zur Verschwiegenheit verpflichteten Wirtschaftsprüfer oder durch Selbstauditierung, ggf. verbunden mit der Abgabe einer eidesstattlichen Versicherung.[142] Diese nicht so eingriffsintensive Regelung stößt auf weniger Bedenken und wird in der Regel wirksam sein.

3. Netzwerkklauseln

73 Netzwerkklauseln beschränken den Erwerber auf den Einsatz von Software an einem Arbeitsplatz, dh die **Verwendung der Software im Rahmen eines Netzwerkes ist untersagt.** Die herrschende Meinung geht davon aus, dass Netzwerkklauseln AGB-rechtlich zulässig sind.[143] Bei den Vertragsformulierungen ist zu beachten, dass das Verbot zur Nutzung der Software im Rahmen eines Netzwerkes nicht an netzwerkfähige Computer anknüpft, sondern an die Netzwerkfreigabe der einzelnen Rechner.[144]

4. Verbot von Sicherungskopien

74 Nach § 69d Abs. 2 UrhG kann die Erstellung einer Sicherungskopie nicht untersagt werden, wenn die Kopie für die **Sicherung der künftigen Softwarenutzung** erforderlich ist. Eine Vertragsklausel, die das Erstellen von erforderlichen Sicherungskopien grundsätzlich untersagt, ist daher nach §§ 69d Abs. 2, 69g Abs. 2 UrhG nichtig, soweit dem Nutzer nicht gleichzeitig eine Sicherungskopie überlassen wird.[145] Eine Klausel, die das Erstellen einer Sicherungskopie verbietet, ist jedoch entgegen der wohl herrschenden Literaturmeinung wirksam, wenn die Software auf CD-ROM oder DVD ausgeliefert wird.[146] Denn dem Sicherungsinteresse des Nutzers an der Software wird durch den ausgelieferten Datenträger genüge getan. Die gleiche Argumentation lässt sich auf Klauseln übertragen, die dem Nutzer die Möglichkeit einräumen, gegen ein Entgelt oder gegen Kaufnachweis eine Zweitkopie zu erhalten.[147] Diese Klauseln sind daher ebenfalls wirksam.

5. CPU-Klauseln

75 Durch die Verwendung einer **CPU-Klausel** versucht der Hersteller der Software diese an eine bestimmte Maschine zu binden und die Verwendung der Software auf einem anderen System zu unterbinden. Hiervon zu unterscheiden ist die sog. **Upgrade-Klausel,** bei der eine Software zwar auf einem neuen System installiert werden darf, hierfür aber eine zusätzliche Vergütung gezahlt werden soll.[148] Für den Erwerber der Software sind diese Klauseln misslich, da er seine Software entweder gar nicht (CPU-Klausel) oder nur gegen Zahlung eines weiteren Entgelts (Upgrade-Klausel) auf einem anderen System laufen lassen dürfte.

76 Die Rechtsprechung und die meisten Vertreter der Literatur gingen lange Zeit von einer Unzulässigkeit (Verstoß gegen § 307 Abs. 2 Nr. 2 BGB) vertraglich vereinbarter **Upgrade-Klauseln** bzw. **CPU-Klauseln** aus. Der BGH hat im Jahr 2003 jedoch entschieden, dass derartige Vertragsklauseln **nicht grundsätzlich** gegen §§ 305 ff. BGB verstoßen

---

[142] Vorschlag bei *Hoeren,* CR 2008, 409 (411).
[143] *Marly,* Rn. 1699 ff.; aA bei *Hoeren,* S. 98.
[144] Richtiger Hinweis bei *Baus,* S. 269.
[145] *Hoeren/Schumacher,* CR 2000, 137 (140).
[146] *Schulz,* S. 52; vgl. auch die Entscheidung des LG Bochum, CR 1998, 381, der jedoch ein Anerkenntnis des Beklagten zugrunde lag; anders *Kreutzer,* CR 2006, 804 (809).
[147] Vgl. auch *Marly,* Rn. 1577 ff.
[148] *Schneider,* Teil R Rn. 111; zu den (berechtigten) Interessen der Hersteller: *Grützmacher,* ITRB 2003, 279.

und folglich nicht immer **unzulässig** sind.[149] Allerdings ist die Bedeutung dieser Entscheidung für den Softwarekaufvertrag beschränkt: Das Urteil des BGH bezog sich nur auf Upgrade-Klauseln und nicht auf CPU-Klauseln generell, und dem Sachverhalt lag eine Softwareüberlassung auf der Grundlage eines Dauerschuldverhältnisses zugrunde (Miete). Inwieweit die Grundsätze des BGH auch für kaufvertraglich überlassene Software gelten könnten, ließ der BGH offen.[150] Die wohl überwiegende Meinung in der Literatur geht daher weiterhin von einer Unwirksamkeit von CPU-Klauseln bei Kaufverträgen aus.[151] Zumindest hinsichtlich Upgrade-Klauseln wird deren Zulässigkeit allerdings von einem Teil der Literatur bejaht.[152]

Eine **CPU-Klausel** kann nach Ansicht einiger Stimmen in der Literatur **ausnahmsweise** dann **wirksam** sein, wenn der Hersteller besondere Interessen geltend machen kann. Genannt werden in diesem Zusammenhang zB ein Vergütungsinteresse, der Schutz des Rufes des Herstellers (der beeinträchtigt sein soll, wenn die Software auf einem anderen Betriebssystem nur fehlerhaft läuft) und die Begrenzung des Piraterierisikos. Da § 307 Abs. 2 BGB lediglich eine Unwirksamkeitsvermutung aufstellt, können diese Interessen im Einzelfall unter Umständen eine CPU-Klausel rechtfertigen.[153] 77

> Praxistipp: 78
> CPU-Klauseln sind somit nur ausnahmsweise zulässig. Sollen sie zur Anwendung kommen, empfiehlt es sich, die Motivation des Verwenders auszuformulieren, so dass diese bei der nach § 307 Abs. 2 BGB stattfindenden Abwägung berücksichtigt werden kann.

6. Registrierungspflichten

Mit Registrierungspflichten versucht der Softwarehersteller einen Überblick über die Nutzer seiner Software zu behalten und so ein Stück weit unberechtigter Nutzung vorzubeugen. Registrierungspflichten haben meist eine technische Komponente, etwa in Form einer Programmsperre, die erst nach erfolgter Anmeldung aufgehoben wird,[154] und eine schuldrechtliche Komponente: Die AGB des Herstellers verpflichten den Erwerber der Software zur Registrierung. Auch schuldrechtlich sind derartige Klauseln wohl unwirksam, da sie gegen das Leitbild des Softwarekaufvertrages verstoßen.[155] Zusätzliche rechtliche Bedenken bestehen, wenn die Registrierung die Preisgabe personenbezogener Daten erforderlich macht.[156] 79

7. Freistellungsklauseln

Oftmals finden sich in Einkaufs-AGB sog. **Freihalteklauseln für die Verletzungen von Rechten Dritter**.[157] Nach diesen Freihalteklauseln ist ein Software-Anbieter verpflichtet, den Erwerber der Software von Ansprüchen Dritter wegen der Verletzung von geistigem 80

---

[149] *BGH*, NJW 2003, 2014 ff.
[150] Vgl. Spindler/Schuster/*Wiebe*, UrhG § 69d Rn. 35 f.
[151] S. Spindler/Schuster/*Wiebe*, UrhG § 69d Rn. 35; Dreier/Schulze/*Dreier*, UrhG § 69c Rn. 33; *Schneider*, Teil R Rn. 114; *Koch*, S. 910; *Grützmacher*, ITRB 2003, 279 (281); *Marly*, Rn. 1677; *Hoeren*, S. 114; s. auch *Metzger*, NJW 2003, 1994, der wohl für eine Zulässigkeit weicher CPU-Klauseln bei dauerhafter Softwareüberlassung plädiert.
[152] So auch *Scholz/Haines*, CR 2003, 393 (397); *Metzger*, NJW 2003, 1994 (1995).
[153] Vgl. *OLG Frankfurt a. M.*, CR 1994, 398; *Grützmacher*, ITRB 2003, 279 (281); ausführlich, aber eher kritisch: *Marly*, Rn. 1678 ff.
[154] Zur rechtlichen Behandlung von Programmsperren vgl. → Rn. 26 ff.
[155] *Marly*, Rn. 1746 ff.
[156] Vgl. *OLG München*, MMR 2001, 395 (eine bei Abschluss des Kaufvertrages nicht erkennbare Registrierungspflicht hielt das Gericht für irreführend und sittenwidrig, da die Zwangslage des Anwenders, der das Programm weiterverwenden wollte, ausgenutzt wurde).
[157] Allgemein dazu: *Redeker*, ITRB 2004, 69.

Eigentum unbefristet freizuhalten. Derartige Klauseln sind AGB-rechtlich nach § 307 Abs. 1 BGB unwirksam. Denn die Freihalteverpflichtung führt zu einer endlosen Verjährungsfrist für Mängelansprüche aufgrund von Rechtsmängeln an der Software und benachteiligt den Vertragspartner darüber hinaus häufig auch unangemessen stark, insbesondere dann, wenn sie zu einer verschuldensunabhängigen Haftung führt.[158]

81 Eine Variante dieser Freistellungsklausel enthalten regelmäßig **AGB internationaler Software-Anbieter.** Danach wird der Erwerber der Software von Ansprüchen Dritter zwar freigestellt. Voraussetzung für diese Freistellung ist jedoch, dass der Erwerber dem Software-Anbieter die „Kontrolle" über das Verfahren gegen den Dritten einräumt und die Prozessführung bzw. Auseinandersetzung mit dem Dritten dem Software-Anbieter vollständig überlässt. AGB-rechtlich ist diese **modifizierte Freistellungsklausel** jedoch ebenfalls nach § 307 Abs. 1 BGB unwirksam, da sie die (Rechts-) Mängelansprüche des Erwerbers unangemessen verkürzt.

82 Häufig finden sich Freistellungsklauseln **auch in AGB des Herstellers,** welche diese Klauseln oft ungeprüft aus englischsprachigen Klauseln einer US-Muttergesellschaft übernehmen. Der Hersteller verlängert dadurch ebenfalls faktisch die Gewährleistungsfrist für Rechtsmängel auf unbestimmte Zeit. Anders als auf Seiten des Anwenders von Software bestehen hier aber AGB-rechtlich weniger Bedenken.[159] Denn letztlich wirkt sich die Klausel nur zu Lasten ihres Anwenders aus. Auch hier kommt es aber auf die konkreten Formulierungen der Freistellungsklausel im jeweiligen Einzelfall an. Generell ist anzumerken, dass der Zusammenhang zwischen Freistellungsklauseln und Mängelgewährleistungsrechten häufig nicht erkannt wird und bisher auch in Rechtsprechung und Literatur noch keine umfassende Aufarbeitung erfolgt ist.

8. Bestätigungsklauseln

83 Eine Klausel, mit der der Käufer die Mangelfreiheit der Software bestätigt, ist im Verbraucherverkehr gemäß § 309 Nr. 12b) BGB im Ausgangspunkt unwirksam.[160] Lediglich reine Empfangsbekenntnisse, die sich allein auf die Tatsache des Erhalts beziehen, sind gemäß § 309 Nr. 12b 2. Hs. BGB wirksam, wenn sie gesondert unterschrieben werden. Auch im Unternehmerverkehr soll insofern nichts Anderes gelten. *Marly* will hingegen sog. Abnahmebestätigungen bei Leistung einer separaten Unterschrift für zulässig erachten – dabei handele es sich um die Bestätigung, dass die empfangene Leistung in der Hauptsache vertragsgemäß war.[161]

B. Dauerhafte Überlassung von Software ohne Entgelt

I. Kostenlose Software als Schenkung

84 Der Inhaber einer Software kann **verschiedene Gründe** haben, warum er diesen Vermögenswert unentgeltlich und dauerhaft einem Dritten überlassen will: So kann der Schenkende ganz altruistisch den Beschenkten bereichern wollen, etwa wenn der Inhaber einer nicht mehr benötigten kostenpflichtigen Software diese zur Nutzung an einen Dritten weiterreicht. Oder der Entwickler möchte seine Software generell unentgeltlich einem

---

[158] Vgl. *BGH*, CR 2006, 221 (224); *OLG Koblenz*, CR 2005, 655 (ein Internet-Provider verwendete eine Freistellungsklausel, die bei kundenfeindlichster Auslegung zu einer verschuldensunabhängigen und damit unzulässigen Haftung führte); ferner *Schumann*, ZGS 2010, 115 (120); Bedenken schon bei *Goldmann/Redecke*, MMR 2002, 3 (7).
[159] Vgl. *Stadler*, CR 2006, 77 (81); Musterklausel bei *Redeker*, ITRB 2004, 69 (70).
[160] Hierzu BeckOK-BGB/*Becker*, § 309 Nr. 12 Rn. 8 ff.; *LG Freiburg*, WuM 2008, 334 (335) (anfängliche Mängel einer Mietwohnung betreffend).
[161] *Marly*, Rn. 1918 ff.

möglichst breiten Kreis an Nutzern zur Verfügung stellen – dies ist gerade die Motivation hinter Open Source, Public Domain Software und Freeware. Sehr häufig verfolgt der Verschenkende aber auch wirtschaftliche Interessen: Er hofft, dass sich die Nutzer der kostenlos verfügbaren (und evtl. in ihrer Funktion beschränkten) Software nach einer gewissen Testphase für den Kauf der kostenpflichtigen Vollversion entscheiden oder kalkuliert mit Einnahmen aus vergütungspflichtigen Wartungs- und Pflegeverträgen.

Eine **Schenkung** im rechtlichen Sinn liegt vor, wenn ein Vertragspartner den anderen aus seinem Vermögen (**dauerhaft**) bereichert und sich beide darüber einig sind, dass diese Zuwendung **unentgeltlich** erfolgen soll (§ 516 Abs. 1 BGB). Wird Software kostenfrei zur Verfügung gestellt, so sollte stets durch **Auslegung** ermittelt werden, ob der Inhaber tatsächlich eine Schenkung beabsichtigt. Erforderlich ist hierfür, dass die Software auf Dauer und ohne Gegenleistung in das Vermögen eines anderen übergehen soll. In Betracht kommt dies vor allem für unter der GNU GPL vertriebene Open Source Software, aber auch für Public Domain Software und Freeware.[162] Selbstverständlich kann auch Software, die üblicherweise nur gegen Entgelt vertrieben wird, im Einzelfall schenkweise angeboten werden, zB als sog. Gebrauchtsoftware, die von ihrem ursprünglichen Erwerber nicht mehr benötigt wird, oder als Vorabversion zu Testzwecken bzw. als funktionsbeschränkte Demoversion. Gerade in letzterem Fall ist aber zu beachten: Ist die Nutzungsdauer der Demoversion zeitlich beschränkt, so handelt es sich nicht um eine Überlassung auf Dauer und damit auch nicht um eine Schenkung. Vielmehr liegt dann die Anwendung des Rechts der Leihe näher.[163] Gelegentlich gibt ein Hersteller Software aber auch generell frei, etwa wenn diese inzwischen veraltet ist und der Hersteller kein wirtschaftliches Verwertungsinteresse mehr hat. 85

Unter das Recht der Leihe fällt in der Regel auch **kostenfrei angebotene Clientsoftware,** die es dem Nutzer ermöglicht, Internet-basierte Spiele oder anderweitige Dienste – sowohl kostenfrei oder auch gebührenpflichtig – in Anspruch zu nehmen. So wird dem Nutzer in der Regel nur ein zeitlich begrenztes, kündbares Nutzungsrecht an der Clientsoftware, welches gedanklich vom Recht zur Nutzung des jeweiligen Dienstes zu trennen ist, eingeräumt. 86

Problematisch kann die Einordnung einer Softwareüberlassung in das Recht der Schenkung ferner dann sein, wenn der „Beschenkte" einen bestimmten **Geldbetrag**, etwa für die Kosten des Datenträgers oder den Arbeitsaufwand des Schenkers zahlen soll. Hier kommt es darauf an, ob sich dieser Geldbetrag als **Gegenleistung** für die Überlassung der Software darstellt (dann Kauf), oder nur zur Deckung der dem Schenkenden entstehenden Kosten dienen soll (dann weiterhin Schenkung).[164] 87

II. Rechte und Pflichten des Schenkenden

Der Schenkende ist verpflichtet, dem Beschenkten unentgeltlich und dauerhaft die Inhaberschaft an der Software zu verschaffen. Dies erfolgt dadurch, dass der Schenkende dem Beschenkten einen Datenträger mit der Software übergibt oder ihm auf andere Weise (insbes. Download) eine Kopie der Software verschafft. Hinzu kommt noch, dass der Schenkende dem Beschenkten ein entsprechendes **dauerhaftes Nutzungsrecht** an der Software verschaffen muss. Die maximale Reichweite des abtretbaren Rechts bestimmt sich dabei nach den Befugnissen des Schenkenden. 88

Bei der Bestimmung **zusätzlicher, nicht ausdrücklich vereinbarter Leistungspflichten des Schenkenden** ist Vorsicht geboten. Denn anders als im Kaufvertrag erhält der Schenkende gerade keine Gegenleistung, sondern wird altruistisch tätig. Daher wird man im Regelfall also weder die Übergabe eines Handbuches noch die Installation der 89

---
[162] Zu diesen Begriffen → Teil 2.4.2 Rn. 2 ff.
[163] S. → Teil 2.2 Rn. 78.
[164] Hierzu *Metzger/Jaeger*, GRUR Int 1999, 839 (847 f.).

Software verlangen können. Allenfalls wird man verlangen können, dass der Schenkende alle Handlungen vornimmt, die zum Vollzug der Schenkung erforderlich sind.

III. Rechte und Pflichten des Beschenkten

90 Die Schenkung erfolgt unentgeltlich. Der Beschenkte ist also gerade nicht zur Erbringung einer Gegenleistung verpflichtet.

IV. Mängelansprüche

91 Auch bei einem Schenkungsvertrag wird nach überwiegender Ansicht der Begriff des **Mangels** so wie im Kaufrecht bestimmt.[165] Allerdings ist der Schenkende gegenüber dem Verkäufer **privilegiert:** Er soll im Ausgangspunkt nicht für einen eventuellen Mangel der geschenkten Sache haften – vielmehr schuldet er die Sache nur in dem Zustand, in dem er sie besitzt, dh mit Ausnahme des § 524 Abs. 2 S. 1 BGB (Nachlieferungsanspruch bei einer nur der Gattung nach geschuldeten und noch zu besorgenden Sache – also zB die versprochene und im Handel erhältliche Standardsoftware) ist ein Anspruch des Beschenkten auf Nacherfüllung ausgeschlossen. Hat die Software einen Mangel, so muss der Beschenkte dies somit hinnehmen.

92 Die Mangelhaftigkeit einer geschenkten Software kann aber für eine eventuelle **Schadensersatzpflicht** des Schenkenden von Bedeutung sein. Kann der Schenkende dem Beschenkten das notwendige Nutzungsrecht nicht im versprochenen Umfang beschaffen, handelt es sich um einen Rechtsmangel. Ist die Funktionstauglichkeit der Software eingeschränkt, kann es sich um einen Sachmangel handeln.

V. Haftung

93 Das BGB privilegiert den Schenker auch haftungsrechtlich. Gemäß § 524 BGB haftet dieser nur dann für mangelbedingte Schäden, wenn er den Mangel kannte und gegenüber dem Beschenkten arglistig verschwiegen hat. Dem Schenker bekannte Bugs müssen dem Beschenkten gegenüber offengelegt werden. Aber selbst wenn dies der Fall ist, haftet der Schenker nur auf den Vertrauensschaden des Beschenkten, nicht aber auf den Erfüllungsschaden. Diese **Haftungserleichterung** erstreckt sich nicht nur auf Schäden, die durch den Mangel selbst entstehen, sondern – nach umstrittener Ansicht – auch auf Folgeschäden.[166] Hierzu gehört zB auch der Datenverlust durch fehlerhafte Software oder Schäden, die durch eine virenverseuchte Software entstanden sind. Gemäß § 523 BGB haftet der Schenkende für Rechtsmängel (insbes. entgegenstehende Urheberrechte!) nur bei Kenntnis. Im Übrigen ist der Haftungsmaßstab des Schenkers auf Vorsatz und grobe Fahrlässigkeit reduziert (§ 521 BGB).

VI. Gestaltungsmöglichkeiten in AGB

94 Der Schenkende mag ein Interesse daran haben, dass der Beschenkte die Software selbst ebenfalls nur unentgeltlich weitergibt, zum Beispiel um die wirtschaftliche Ausbeutung der finanziellen und geistigen Leistung des Schenkenden zu verhindern oder um generell den kostenfreien Zugang zu seiner Software zu gewährleisten. In einem Kaufvertrag wäre ein entsprechendes **Weiterverkaufsverbot** AGB-rechtlich (§ 307 Abs. 2 Nr. 1 BGB) nicht

---

[165] MüKo-BGB/*Koch*, § 524 Rn. 2; zum Mangelbegriff vgl. → Rn. 19 ff.
[166] Zum Ganzen MüKo-BGB/*Koch*, § 521 Rn. 7.

wirksam.¹⁶⁷ Auch ein Schenkungsvertrag zielt auf die dauerhafte Eigentumsverschaffung an Software, so dass man hier ebenfalls Zweifel an der Wirksamkeit eines Weiterverkaufsverbots haben könnte. Allerdings kann der Schenkende, anders als der Verkäufer, eher noch ein berechtigtes Interesse an der Beschränkung der entgeltlichen Weitergabe seiner Software geltend machen. Der Beschenkte hat zudem den wirtschaftlichen Wert der Software unentgeltlich, also ohne Einsatz eigener Mittel erhalten, so dass ein Weiterverkaufsverbot bei einer Gesamtbetrachtung keine unangemessene Benachteiligung des Beschenkten darstellt.¹⁶⁸ Hinsichtlich eines **Weitervermietungsverbotes** lassen sich ähnliche Erwägungen anstellen.

Gesetzlich haftet der Schenker schon nur für Vorsatz und grobe Fahrlässigkeit (§ 521 BGB). Ein noch weitergehender **vollständiger Haftungsausschluss** wird daher AGB-rechtlich kaum möglich sein.¹⁶⁹ Für Vorsatz haftet auch der Schenker grundsätzlich (§ 276 Abs. 3 BGB). Der Ausschluss von grober Fahrlässigkeit gegenüber Verbrauchern ist zudem gemäß § 309 Nr. 7b) BGB unwirksam. Aber auch gegenüber Unternehmern wird eine derartige Haftungsreduzierung wohl gemäß § 307 Abs. 2 Nr. 1 BGB unwirksam sein.

95

VII. Insbesondere: Open Source Software

Besondere Bedeutung im Bereich der unentgeltlichen Softwareüberlassung auf Dauer kommt Software zu, die unter einer **Open Source Lizenz** vertrieben wird.¹⁷⁰ Diese Form der Softwareüberlassung findet zunehmende Verbreitung und hat inzwischen auch eine nicht zu unterschätzende wirtschaftliche Bedeutung. An die Verwendung von Open Source Software knüpfen zahlreiche rechtliche Fragestellungen an, die im vorliegenden Kontext nicht näher erörtert werden können.¹⁷¹ Hier sei nur auf die wichtigsten vertragsrechtlichen Eckpunkte hingewiesen.

96

Open Source Software wird häufig unter den **Lizenzbedingungen der GNU GPL** vertrieben. Diese stellen vorformulierte Vertragsbedingungen, also AGB dar.¹⁷² Bei der Verwendung der GNU GPL Lizenzbedingungen als AGB ist zu berücksichtigen, dass diese sehr häufig nur in Englisch verwendet werden. Die Einbeziehung von auf Englisch formulierten AGB ist gegenüber Verbrauchern in der Regel unwirksam, gegenüber Unternehmen zumindest problematisch.¹⁷³

97

Alle gängigen Open Source Lizenzen enthalten einen **vollständigen Gewährleistungsausschluss.** Dies verstößt nach überwiegender Ansicht gegen das Klauselverbot des § 309 Nr. 8b lit. aa BGB bzw. gegen § 307 Abs. 2 Nr. 1 BGB. Insofern ist dieser Gewährleistungsausschluss **unwirksam.**¹⁷⁴ Auch der häufig zu findende Zusatz „soweit gesetzlich zulässig" ändert nichts an der Unwirksamkeit dieser Klauseln, da es im deutschen AGB-Recht **keine geltungserhaltende Reduktion** gibt. An die Stelle dieser unwirksamen Klausel treten dann die §§ 523, 524 BGB mit ihren ebenfalls weitgehenden Haftungserleichterungen.

98

Auch ein **vollständiger Haftungsausschluss,** wie er in den Open Source Bedingungen vorgesehen ist, verstößt gegen geltendes AGB-Recht, insbes. § 309 Nr. 7 BGB.¹⁷⁵ Dementsprechend gilt der gesetzliche Haftungsmaßstab des § 521 BGB, gehaftet wird also für Vorsatz und grobe Fahrlässigkeit.

99

---

¹⁶⁷ Hierzu → Rn. 62.
¹⁶⁸ So auch *Steinle,* JurPC 139/2007, Abs. 55 f.
¹⁶⁹ *Steinle,* JurPC 139/2007, Abs. 86 ff.
¹⁷⁰ Zur Definition → Teil 2.4.1 Rn. 17.
¹⁷¹ Umfassend: *Jaeger/Metzger;* speziell zu insolvenzrechtlichen Problemen der Verwendung von Open Source Software: *Metzger/Barudi,* CR 2009, 557.
¹⁷² Hierzu → Teil 2.4.2 Rn. 14.
¹⁷³ Ausführlich → Teil 2.4.2 Rn. 20.
¹⁷⁴ *Jaeger/Metzger,* Rn. 338, 339.
¹⁷⁵ *Hoeren,* S. 341.

C. Dauerhafte Überlassung von Individualsoftware

100 **Checkliste:** Die wichtigsten vertraglichen Regelungen

Findet auf die Erstellung und Überlassung von Individualsoftware Werkvertragsrecht Anwendung, sollte insbesondere auf die folgenden Punkte geachtet werden:
- Hersteller
  - Was ist geschuldet?
    - Erstellung und Überlassung von Software
    - Benutzerhandbuch
    - Soll auch der Quellcode herausgegeben werden?
    - Besteht eine Verpflichtung zur Installation oder Datenmigration?
- Besteller
  - Ist der Leistungsgegenstand hinreichend bestimmt?
  - Zahlungspflicht
  - Mitwirkungsobliegenheiten
  - Fixtermine, Verzugsregelungen
    - Ist die Erstellung eines Lastenheftes und Pflichtenheftes notwendig? Wer erstellt es?
    - Soll eine Quellcodehinterlegungsvereinbarung getroffen werden?

101 Wie schon gezeigt, gehört die **vertragstypologische Bestimmung** der dauerhaften Überlassung von Individualsoftware zu den schwierigsten Problemen des IT-Vertragsrechts.[176] Das Ergebnis dieser Diskussion hat Einfluss auf die Anforderungen an die vertragsmäße Erfüllung des Softwareüberlassungsvertrages, aber auch auf die Geltendmachung von Mängelansprüchen. Für die Anwendung von Kaufrecht wird auf den Abschnitt über die Überlassung von Standardsoftware verwiesen.[177] Die nachfolgenden Ausführungen gelten für die Fälle, in denen bei der dauerhaften Überlassung von Individualsoftware Werkvertragsrecht zur Anwendung kommt bzw. wenn werkvertragliche Elemente in einen Werklieferungsvertrag integriert werden sollen.

I. Rechte und Pflichten des Herstellers

1. Erstellung und Überlassung des vereinbarten Werkes

102 Findet Werkvertragsrecht Anwendung, schuldet der Hersteller dem Besteller die **Erstellung eines Werkes,** hier also die Programmierung einer Software, sowie deren **Überlassung.** Bei umfangreicheren Vorhaben kann der Hersteller auch noch weitere Leistungen schulden, wie zB die Anpassung von Produktionsprozessen, die Migration von Altdaten oder die Anpassung älterer Software.[178]

103 Zur Hauptleistungspflicht gehört auch die **Erstellung einer Dokumentation** für die Software.[179] Falls im Einzelfall auf eine Dokumentation verzichtet werden soll (zB bei agiler Programmierung), ist dies unbedingt vertraglich festzuhalten. Die Dokumentation muss so gestaltet sein, dass der Besteller mit der neuen Software arbeiten kann – es müssen also alle Funktions- und Bedienungsregeln im notwendigen Umfang enthalten sein und erläutert werden.[180] Außerdem müssen der Erstellungsvorgang und die Struktur des Programms

---

[176] S. → Teil 2.2 Rn. 1 ff.
[177] S. → Teil 2.6 Rn. 2.
[178] *Koch,* S. 483.
[179] *BGH,* NJW 2001, 1718 (1719) mit Verweis auf *BGH,* NJW 1993, 461 (einen Kaufvertrag betreffend); *Koch,* S. 482.
[180] *Hoeren,* S. 232.

beschrieben werden.[181] Informationen über die Möglichkeit von Programmänderungen sind dabei aber erforderlich, dies ginge über die bloße Beschreibung eines Programms hinaus.[182] Damit liegen die Anforderungen an die nach Werkvertragsrecht geschuldete Dokumentation über denen, die bei der Überlassung von Standardsoftware bestehen, denn dort ist regelmäßig nur eine Funktionsbeschreibung, nicht aber auch eine Entwicklungsdokumentation geschuldet. Anders als im Kaufrecht muss die Dokumentation allerdings auch nicht schon bei der Ablieferung der Software vorliegen, sondern erst bei Abschluss der Arbeiten.[183]

2. Übertragung notwendiger Nutzungsrechte

Der Hersteller schuldet ferner die **Übertragung entsprechender Nutzungsrechte** an der Software. Hier ist besondere Sorgfalt bei der Vertragsgestaltung geboten: Der Besteller der Software wird typischerweise die Übertragung eines ausschließlichen Nutzungsrechtes einfordern, denn er hat sich diese Software gerade hinsichtlich seiner individuellen Bedürfnisse programmieren lassen und zahlt hierfür regelmäßig einen entsprechend höheren Preis als für Standardsoftware.[184] Der Hersteller hingegen wird daran interessiert sein, nach Möglichkeit die eigentlich individuelle Software noch mehrmals an Dritte weiterveräußern zu können. Ist im Werkvertrag nichts anderes geregelt, so greift die urheberrechtliche Zweckübertragungslehre, wonach Nutzungsrechte im Zweifel nur in dem Umfang eingeräumt werden, wie es der Vertragszweck unbedingt erfordert (vgl. § 31 Abs. 5 UrhG).[185] Für die Zwecke eines Softwareerstellungsvertrages, der auf die dauerhafte Überlassung einer individuell angefertigten Software abzielt, genügt es daher im Regelfall, wenn der Hersteller dem Besteller ein zeitlich unbeschränktes, einfaches Nutzungsrecht einräumt.[186] Im Übrigen bleibt der Hersteller zur Weiterveräußerung der Software an Dritte berechtigt. Bei entsprechender Vertragsauslegung können dem Besteller unter Umständen aber auch sämtliche Rechte an der Software zustehen.[187] Hier kommt es entscheidend auf den Vertragszweck an. Eine Übertragung von Nutzungsrechten findet aber in der Regel solange nicht statt, wie das Programm nicht übergeben bzw. abgeliefert wurde.[188] Dies lässt sich damit rechtfertigen, dass der Hersteller auch keinen Anspruch auf Fertigstellung des Werkes hat, sondern bei vorzeitiger Kündigung des Vertrages durch den Besteller gemäß § 649 S. 1 BGB entsprechend § 649 S. 2 BGB nur anteilig zu vergüten ist.

104

> **Praxistipp:**
> Schon bei der Vertragsanbahnung ist darauf zu achten, dass die Übertragung von Nutzungsrechten in ausreichendem Umfang vereinbart wird. Insbesondere Besteller sind in dieser Hinsicht mitunter wenig sensibilisiert. Es bietet sich dabei eine Unterscheidung der dem IT-Projekt zugrunde liegenden „Materialien" (Software, Informationen, Know-how, Dokumentationen etc.) an und zwar an Hand folgender Kategorien:

105

---

[181] *OLG Oldenburg,* CR 1995, 662 (663).
[182] *OLG Oldenburg,* CR 1995, 662 (663) (das Gericht verneinte den Anspruch des Klägers auf Herausgabe einer sog. Schaltzeichenbibliothek, mit deren Hilfe der Besteller Programmänderungen hätte vornehmen können).
[183] *BGH,* CR 2001, 367.
[184] *Hoeren,* S. 232.
[185] Hierzu → Teil 2.1 Rn. 51.
[186] Vgl. *Schneider,* Teil Q Rn. 551 u. Rn. 556.
[187] Vgl. *OLG Karlsruhe,* CR 1987, 19 (20) (Der Programmierer führte die geschuldeten Arbeiten in den Räumen des Bestellers unter Mitwirkung von Angestellten des Bestellers durch und erhielt dafür einen Stundenlohn. Das Gericht hielt deshalb den Besteller für den Hersteller, nicht den Programmierer).
[188] *OLG Celle,* CR 1994, 681 (683) (Der Arbeitnehmer der Klägerin hatte vor Fertigstellung eines Softwareprojektes zur Beklagten gewechselt. Der Klägerin standen keine Rechte an den schon fertiggestellten Elementen des Softwareprojektes zu).

- „Hersteller-Material" (Material, das vom Hersteller schon erstellt war und nun für das IT-Projekt eingebracht wird),
- „Besteller-Material" (auch: „Auftraggeber-Material". Der Anteil, den der Besteller für das IT-Projekt beisteuert),
- „Arbeitsergebnis" (das Gesamtprodukt oder nur der Teil, der auf Basis der beiden vorstehenden Materialien erschaffen wurde; die sachgerechte Definition ist einzelfallabhängig).

Für diese drei Bestandteile ist die jeweilige Nutzungsrechtsübertragung zu regeln. Es sind dabei auch noch weitere Aufspaltungen denkbar. Abgrenzungsschwierigkeiten gibt es insbesondere bei Hersteller-Material, das nicht bereits vor Beginn des IT-Projektes als Basis dafür eingebracht, sondern während des Projektes vom Hersteller – (angeblich) unabhängig von dem IT-Projekt – erstellt und dann eingebracht worden ist.

106 Sofern dem Besteller das ausschließliche Nutzungsrecht an der entwickelten Software eingeräumt werden soll, enthält dies grundsätzlich auch das Recht **einfache Nutzungsrechte** an Dritte einzuräumen; der Rechteinhaber muss in eine solche Rechteeinräumung jedoch grundsätzlich einwilligen (§ 35 Abs. 1 UrhG). Sofern der Rechteinhaber die Nutzung der von ihm erstellten Software durch Dritte verhindern möchte, sollte ein grundsätzlicher Entzug der Einwilligung vertraglich bereits im Rahmen der Einräumung des Nutzungsrechts an den Besteller vereinbart werden. So ist in diesem Zusammenhang zu beachten, dass einmal erteilte einfache Nutzungsrechte grundsätzlich auch bei einem etwaigen Wegfall des ausschließlichen Nutzungsrechts im Verhältnis zwischen Rechteinhaber und Besteller bestehen bleiben.[189]

3. Herausgabe des Quellcodes

107 Bei der Erstellung von Individualsoftware hängt es von den **Umständen des Einzelfalles** ab, ob der Auftragnehmer auch die **Herausgabe des Quellcodes** an den Besteller schuldet.[190] Denn im Rahmen von Softwareerstellungsverträgen ist die Interessenlage anders als bei der Überlassung von Standardsoftware: Während bei der Standardsoftware die Einbehaltung des Quellcodes die mehrfache wirtschaftliche Verwertung der Software durch ihren Entwickler sichert, erfolgt bei Individualsoftware die wirtschaftliche Verwertung zunächst nur einmal, nämlich im Rahmen des Softwareerstellungsvertrages. Der Hersteller ist damit bei der Überlassung von Individualsoftware weniger schutzwürdig, zumal die Erstellung des Quellcodes von dem Erwerber veranlasst wurde.[191] Daher kann bei der dauerhaften Überlassung von Individualsoftware unter Umständen auch die Herausgabe des Quellcodes geschuldet sein.

108 Folglich hängt – sofern keine ausdrückliche vertragliche Regelung getroffen wurde – die Herausgabepflicht von den **Umständen des Einzelfalles** und dem Vertragszweck ab. Der BGH hat sich hierzu eingehend geäußert.[192] Demnach komme es vor allem auf zwei Punkte an:
- Vertragszweck
- Vergütungshöhe.

Zu fragen ist somit, ob der mit der Individualsoftware verfolgte Zweck auch die Herausgabe des Quellcodes erfordert. Beabsichtigt zB der Besteller die Software weiter zu vermarkten und soll er auch Wartungs- und Änderungsarbeiten durchführen können, so spricht dies dafür, dass auch die Herausgabe des hierfür notwendigen Quellcodes geschul-

---

[189] *BGH,* MMR 2012, 684 (Ls.); *BGH,* GRUR 2012, 914 (Ls.).
[190] *Koch,* S. 493 ff.; *Hoeren,* S. 321 ff.
[191] Ähnlich *Ernst,* MMR 2001, 208 (210).
[192] *BGH,* NJW-RR 2004, 782 f.; *BGH,* CR 1986, 377.

det ist.[193] Ferner kann anhand der Vergütungshöhe ermittelt werden, ob die Überlassung des Quellcodes im Zuge der Preisbildung einkalkuliert wurde. Leider hat der BGH offen gelassen, ob diese Kriterien kumulativ oder alternativ vorliegen müssen und wie sie zu gewichten sind.[194]

Haben die Parteien zusätzlich einen **Pflegevertrag**[195] vereinbart, so kann dies gegen eine Pflicht zur Herausgabe des Quellcodes sprechen, denn die Wartung und Weiterentwicklung der Software ist durch den Hersteller gesichert. Umgekehrt genügt das Fehlen eines Pflegevertrages allein aber nicht schon als Indiz für das Bestehen einer entsprechenden Herausgabepflicht.[196]

> **Praxistipp:**
> Beim Quellcode werden die **unterschiedlichen Interessen** von Hersteller und Besteller besonders deutlich. Der **Hersteller** hat das Interesse, auch bei Individualvereinbarungen, möglichst wenig von seinem „geistigen Eigentum" herauszugeben, bestenfalls sogar den Quellcode zu behalten. Zum einen bleibt dann der Besteller im Hinblick auf Weiterentwicklungen und Pflege an den Hersteller gebunden, zum anderen hat der Hersteller daneben die exklusive Möglichkeit der Mehrfachverwertung der erbrachten Leistung.

Der **Besteller** hingegen verlangt in der Regel, vollumfänglich in die Lage versetzt zu werden, ein in Auftrag gegebenes und entsprechend vergütetes Softwareprodukt auch unabhängig vom Hersteller weiterentwickeln und möglichst unbeschränkt nutzen zu können. Darüber hinaus hat er – und das ist weniger bekannt – gerade kein Interesse an einer Zweitverwertung der Software durch den Hersteller. Das gilt insbesondere in wettbewerbsintensiven Bereichen, in denen sich der Besteller den durch das Softwareprodukt verschafften Wettbewerbsvorteil gegenüber anderen Marktteilnehmern sichern möchte. Überdies fließen bei Softwareprojekten in mehr oder weniger großem Umfang eigene Ideen und Informationen („Know-how") des Bestellers ein; es wird also bis zu einem gewissen Grade ein gemeinsames Projekt geschaffen. Diesbezüglich hat der Auftraggeber über das Wettbewerbsinteresse hinaus auch ein Geheimhaltungsinteresse daran, dass die in Auftrag gegebene IT-Lösung nicht von Dritten genutzt wird. Hier sollte gegebenenfalls die Vereinbarung einer Geheimhaltungspflicht mit Vertragsstrafe erwogen werden.[197]

Eine Alternative zur Quellcodeherausgabe stellt aber ggf. die **Quellcodehinterlegung** (escrow) dar, die den Interessen von Besteller und Hersteller mit einer vermittelnden Lösung gerecht zu werden sucht.[198]

4. Weitere Pflichten des Herstellers

Auch bei der Überlassung von Individualsoftware besteht, wie schon im Falle von Standardsoftware, ohne entsprechende vertragliche Vereinbarung im Grundsatz **keine Pflicht zur Installation der Software** auf dem System des Bestellers.[199] Allerdings wird man dies häufiger als bei der Überlassung von Standardsoftware als konkludent geschuldet in den

---

[193] Ähnlich auch *LG Köln*, NJW-RR 2001, 1711 (Besteller sollte auch in der Lage sein, Änderungen am Programm durch Dritte ausführen zu lassen, hierfür war der Quellcode erforderlich); ferner *Redeker*, CR 2005, 700 (705).
[194] Insoweit berechtigte Kritik bei *Hoeren*, CR 2004, 721 (724) und *Conrad*, ITRB 2005, 12 (14).
[195] Hierzu → Rn. 142 ff.
[196] Hierzu *Koch*, S. 496; anders *LG Köln*, NJW-RR 2001, 1711, wobei der fehlende Wartungsvertrag nur einer von mehreren Gründen für die Herausgabe des Quellcodes war.
[197] Zur Geheimhaltungspflicht des Herstellers bei Softwareerstellungsverträgen vgl. *Marly*, Rn. 1418.
[198] Hierzu ab → Rn. 155 ff.
[199] *Koch*, S. 489.

Vertrag hineinlesen können:[200] Denn die Individualsoftware ist dem Erwerber weniger bekannt als Standardsoftware und verfügt zudem häufig auch nicht über die dort weit verbreiteten und einfach zu bedienenden Installationsroutinen. An die Bejahung der Pflicht zur Installation von Individualsoftware dürften daher, verglichen mit der Installation von Standardsoftware, geringere Anforderungen zu stellen sein. Der Besteller der Software hat demnach nicht wie bei einfacher Standardsoftware stets davon auszugehen, die Installation entweder selbst zu übernehmen oder gesondert bzw. ausdrücklich vereinbaren zu müssen.[201] Häufig ist dies aber Gegenstand ausdrücklich vereinbarter Leistungen.

114   Eine Pflicht, alte Datenbestände für die Nutzung mit der neuen Software in ein anderes Dateiformat zu übertragen, wird in der Regel ebenfalls nicht bestehen. Für die **Übernahme von Altdaten** gelten insoweit die bereits oben dargestellten Grundsätze.[202]

115   Einzelfallabhängig können den Hersteller **zusätzliche Pflichten** im Rahmen eines Softwareerstellungsvertrages treffen: Vorvertraglich ist der Hersteller als Teilhandlung der Werkerstellung verpflichtet, sich umfassend beim Besteller über dessen Anforderungen an die Software zu informieren und dessen Bedürfnisse in ein eventuell zu erstellendes Pflichtenheft einfließen zu lassen.[203] „Auch wenn Entwurf und Planung von dem Besteller stammen, darf der Werkunternehmer sie nicht unbesehen ausführen. Er ist vielmehr gehalten, sie mit dem von ihm nach dem Gegenstand des Vertrages erwarteten Fachwissen zu überprüfen und den Besteller gegebenenfalls auf mögliche Bedenken hinzuweisen."[204] Eine entsprechende Aufklärungs- und Beratungspflicht des Herstellers ergibt sich aus seiner überlegenen Sachkunde sowie insbesondere auch dann, wenn der Besteller dem Hersteller Unterlagen zu besonderen innerbetrieblichen Bedürfnissen zur Verfügung und gezielt Nachfragen in diese Richtung stellt.[205] Versäumt es der Hersteller, dieser Pflicht nachzukommen, ist er verantwortlich dafür, wenn einer Software die erforderliche Unkompliziertheit und Eignung für die individuellen Bedürfnisse des Bestellers fehlen.[206] Darüber hinaus hat der Hersteller den Besteller eingehend diesbezüglich zu beraten, ua im Hinblick auf Wirtschaftlichkeit und technische Machbarkeit des Einsatzes der zu erstellenden Software.[207] Verfügt der Hersteller nicht über ausreichende Erfahrung für die geschuldete Programmierleistung, hat er den Besteller auch hierüber aufzuklären.[208] Handelt es sich um ein Unternehmen, das viele verschiedene Softwareprodukte verkauft, werden allzu umfassende Aufklärungs- und Beratungspflichten jedoch im Zweifel nicht anzunehmen sein.[209] Denn auch Fachkundige unterliegen Aufklärungs- und Beratungspflichten nur insoweit, als dass diese ihnen auch tatsächlich zumutbar sind. Sie müssen daher nur über solche Ei-

---

[200] Vgl. *OLG Hamm*, CR 1998, 202 (Gegenstand war die Veräußerung eines umfangreichen Softwarepakets. Das Gericht ließ aber offen, ob auf diese Vereinbarung Kaufrecht oder Werkvertragsrecht Anwendung finden sollte.).
[201] *Seffe/Horter*, ITRB 2005, 169, 170; vgl. auch *Redeker*, Rn. 559.
[202] Siehe oben Rn. 14.
[203] *OLG Düsseldorf*, CR 1994, 351 – Hat sich der fachkundige Hersteller ein Bild von den innerbetrieblichen Bedürfnissen des Bestellers an die vereinbarte Software verschafft, stellen diese bekannten innerbetrieblichen Anforderungen grundsätzlich auch einen Teil der vereinbarten Beschaffenheit der Software dar; zum Pflichtenheft siehe → Teil 2.3.3 Rn. 7 ff.
[204] So der 2. Leitsatz von *BGH*, NJW-RR 1996, 789 (Lieferung einer für das Trocknen von Schüttgut untauglichen Heizungsanlage), hierzu *Heussen*, CR 2004, 1, 5.
[205] Vgl. *OLG Schleswig*, CR 2017, 83.
[206] *OLG Köln*, NJW-RR 1999, 51, 52 (Die Bestellerin hatte Angaben im Pflichtenheft eines Adressprogramms gemacht, deren technische Umsetzung zu im Geschäftsverkehr ungewöhnlichen Anreden führte. Die Herstellerin hätte dies nach Ansicht des Gerichts erkennen und die Bestellerin darauf hinweisen müssen).
[207] *Redeker*, Rn. 411 ff.; *Schneider*, Teil Q Rn. 86 ff., 91; *Marly*, Rn. 1384 ff.
[208] Vgl. etwa *BGH*, NJW 1984, 2938 (Unzulängliche Beratung hinsichtlich der Anschaffung einer EDV-Anlage).
[209] Vgl. *OLG Köln*, MMR 2020, 248 ff. im Zusammenhang mit Pflichten eines Elektronikhändlers bei Sicherheitslücken im Betriebssystem von Android-Smartphones.

II. Rechte und Pflichten des Bestellers

1. Zahlung und Mitwirkung

Der Besteller ist gemäß § 631 Abs. 1 BGB zur **Zahlung der vereinbarten Vergütung** für die Erstellung und Überlassung der Individualsoftware verpflichtet. Die Vergütung ist, wenn nichts anderes vereinbart wurde, erst mit erteilter Abnahme fällig.[211] Dies kommt in der Praxis allerdings nicht häufig vor, da gerade bei größeren Entwicklungen schon allein aus Liquiditätsgründen auf Seiten des Herstellers ein Bedarf für eine frühere Vergütung besteht.

Die Parteien sind auch frei darin, eine nach Zeit- und Arbeitsaufwand bemessene Vergütung zu vereinbaren („Time and Material"-Basis); dies spricht nicht gegen die Annahme eines Werkvertrags.[212] Allein die vereinbarte Vergütungsart ist kein taugliches Abgrenzungskriterium.[213] Die in der Praxis häufig bei kleineren oder mittelgroßen Herstellern anzutreffende Gegenansicht basiert in der Regel schlicht auf Rechtsunkenntnis. Einigen sich die Parteien auf eine Vergütung auf Grundlage von Zeit- und Arbeitsaufwand, ist insbesondere auf die Beibringung **nachvollziehbarer Nachweise** über den tatsächlich entstandenen Zeit- und Arbeitsaufwand zu achten.[214] Unter Umständen kann es sich daher anbieten, ein Muster eines entsprechenden Stundenzettels, gegebenenfalls mit Ausfüllhinweisen, als Anlage zum Vertrag aufzunehmen.

> **Praxistipp:**
> Aus Sicht des Bestellers ist es ratsam, im Softwareüberlassungsvertrag eine ratenweise Zahlung der Vergütung zu vereinbaren. Hierdurch behält der Besteller ein Druckmittel gegen den Hersteller. Kann die Software etappenweise entwickelt werden, könnte zB nach Erreichung des jeweiligen Milestones ein Teilbetrag fällig werden. Die Zahlung des Restbetrags wird jedoch spätestens bei Abnahme fällig.

Daneben treffen den Besteller im weiteren Umfang als bei der Überlassung von Standardsoftware **Mitwirkungspflichten**, die im Detail von den Besonderheiten des jeweiligen Vertrages abhängen. Zu diesen Mitwirkungspflichten können beispielsweise die Vorinstallation bestimmter Software, die Bereitstellung benötigter Informationen, die Benennung eines Ansprechpartners sowie die Durchführung eines Probelaufs[215] gehören. Unabhängig von den einzelvertraglichen Besonderheiten obliegt es im Ausgangspunkt auch dem Besteller, das Pflichtenheft und gegebenenfalls auch das Lastenheft zu erstellen.[216] Gerade die **Bereitstellung notwendiger Informationen** ist ein nicht zu unterschätzendes Element der Softwareentwicklung. Denn der Erfolg des Projekts hängt regelmäßig nicht nur von der Mitwirkung beider Parteien, sondern auch von deren erfolgreicher Kommunikation untereinander ab.

---

[210] *Redeker*, Rn. 414.
[211] Hierzu *AG Weißenburg*, ITRB 2003, 196 (eine vertragliche Vereinbarung, welche Fälligkeit der Vergütung bei „Übergabe" vorsah, wurde ausgelegt als Fälligkeit bei „Abnahme" meinend); *Kipker/Wiegand*, Kap. 7 Rn. 45.
[212] *BGH*, NJW 2009, 2199, 2200; CR 1993, 759, 760.
[213] *Auer-Reinsdorff/Conrad/Schneider*, Teil C § 11 Rn. 40; *Kipker/Wiegand*, Kap. 7 Rn. 28.
[214] Vgl. *OLG Celle*, NJW-RR, 2003, 1243, 1244.
[215] *LG Verden*, CR 1986, 26.
[216] *OLG Köln*, NJW-RR 1993, 1529, 1530; NJW-RR 1993, 1528, 1529; *Marly*, Rn. 1379.

> **120** **Praxistipp:**
> Die Praxis zeigt, dass bei vielen umfangreichen IT-Projekten der Leistungsgegenstand nicht hinreichend deutlich bestimmt ist. Es ist Aufgabe des Bestellers, eine entsprechende Konkretisierung herbeizuführen, zB durch Beauftragung des Herstellers mit der Erstellung eines Pflichtenheftes.
>
> Der Besteller sollte außerdem mindestens den Abnahmetermin ausdrücklich als Fristtermin vereinbaren und dazu auf einer Verzugsregelung bestehen, die gestaffelt nach der Dauer des Verzugs Vertragsstrafen vorsieht. Dabei steht weniger der Gedanke einer Kompensation im Vordergrund. Die Regel dient vielmehr als „Druckmittel" für eine pünktliche Fertigstellung. Der Hersteller wird dann entsprechend seine vorhandenen Ressourcen vorrangig einsetzen.

2. Abnahme

a) Rechtsgeschäftliche Abnahme gem. § 640 Abs. 1 S. 1 BGB

121 Die Abnahme ist die **Billigung des Werkes** durch den Besteller als im Wesentlichen vertragsgemäß (§ 640 Abs. 1 S. 1 BGB).[217] Für die Abnahme einer Software bedeutet dies, dass der Besteller diese auf der dafür vorgesehenen Betriebsumgebung ablaufen lässt und einer (erfolgreichen) Funktionsprüfung unterzieht.[218] Die rechtsgeschäftliche Abnahme im Sinne des § 640 Abs. 1 S. 1 BGB hat im Werkvertragsrecht eine wesentliche Bedeutung.[219] Sie konkretisiert das abgenommene Werk und ist ua maßgeblich für den Beginn der Verjährungsfrist für Mängelansprüche (§ 634a Abs. 2 BGB), den Ausschluss bekannter, nicht vorbehaltener Mängel (§ 640 Abs. 2 BGB) sowie die Fälligkeit der Vergütung (§ 641 BGB). Die Abnahme gehört zu den Hauptleistungspflichten des Bestellers.

122 Verweigert der Besteller zu Unrecht die Abnahme, kann der Hersteller nach erfolgloser Fristsetzung mit Ablehnungsandrohung vom Vertrag zurücktreten oder Schadensersatz wegen Nichterfüllung verlangen. Regelmäßig wird dem Hersteller aber schon mit § 640 Abs. 1 S. 2 BGB geholfen sein: Demnach steht es der Abnahme gleich, wenn eine vom Unternehmer hierfür gesetzte Frist verstreicht und der Besteller zur Abnahme verpflichtet war, dh die Software vertragsgemäß erstellt wurde. Eine Abnahme ist außerdem ggf. auch stillschweigend bzw. durch eine konkludente Handlung möglich. Dies ist bspw. der Fall, wenn der Besteller trotz erkannter Mangelhaftigkeit die Software dauerhaft verwendet.[220] Des Weiteren setzt eine stillschweigende Abnahme aber voraus, dass das Werk vollständig erbracht wurde und die Software nach einer gewissen Probephase mängelfrei gelaufen ist.[221]

123 Aufgrund der wesentlichen Bedeutung der Abnahme und ihrer bereits erwähnten Rechtsfolgen hinsichtlich Vergütung und Mängelansprüche streiten Hersteller und Besteller in der Praxis häufig gerade über das Vorliegen der Abnahmevoraussetzungen.[222] Das Gesetz konkretisiert die näheren Voraussetzungen und den Ablauf der Abnahme nämlich

---

[217] *OLG Hamm*, NJW 1989, 1041.
[218] Hierzu *OLG Düsseldorf*, CR 2002, 324 (Abnahme von Anwendersoftware nur, nachdem der Anwender die Software auf seiner Anlage in Betrieb genommen und einer Funktionskontrolle unterzogen hat).
[219] Die nach alter Rechtslage mögliche Fertigstellungsbescheinigung durch einen (externen) Sachverständigen gemäß § 641a BGB ist **zum 1.1.2009 entfallen**.
[220] *OLG München*, CR 1991, 19 (Produktive Verwendung einer fehlerhaften Software über einen Zeitraum von einem Jahr); so auch *Kipker/Wiegand*, Kap. 7 Rn. 47; ferner *LG Stuttgart*, ITRB 2001, 292 (Für eine konkludente Abnahme genügt es nicht, dass der Besteller kommentarlos die Datenträger entgegennimmt); *Hoeren*, S. 257 (Notbenutzung trotz erkannter Mängel stellt keine Abnahme dar).
[221] *OLG Düsseldorf*, CR 1989, 689, 690 (Treten bei einer EDV-Anlage im Abstand von ein bis zwei Wochen regelmäßig Fehler auf, liegt kein störungsfreier Ablauf vor); *OLG Köln*, CR 1999, 747, 748 (Der Besteller hatte zwar schon den Werklohn gezahlt, dennoch fortlaufend wesentliche Funktionsstörungen der Software gerügt – keine Abnahme); *LG Aachen*, CR 1993, 767.
[222] *Koch/Kunzmann/Müller*, MMR 2020, 8, 10.

C. Dauerhafte Überlassung von Individualsoftware

nicht.[223] Es bietet sich daher an, diese vertraglich näher auszugestalten. Verträge bei größeren Softwareprojekten enthalten regelmäßig solche **konkreten Regelungen über das Abnahmeverfahren.** Dies hat gerade im Hinblick auf die durch § 650 BGB bedingten Unsicherheiten zur Anwendung des Kauf- bzw. Werkvertragsrechts auf Individualsoftware[224] den Vorteil, dass durch die Vereinbarung konkreter, die Abnahme (nicht) verhindernder Umstände Rechts- und Beweissicherheit geschaffen und der Streit um die Erheblichkeit eines Mangels ein Stück weit entschärft wird.[225]

> **Praxistipp:** 124
> Vertraglich sollte geregelt werden, dass **beide Parteien** an der Abnahme beteiligt sind. So können evtl. aufgetretene Fehler effektiver identifiziert und beseitigt werden. Des Weiteren sollte der Vertrag die Erstellung eines gemeinsamen **Abnahmeprotokolls** zur Beweisgewinnung vorsehen. Schließlich ist auch eine detaillierte Festlegung des Abnahmeverfahrens, insbesondere der Abnahmekriterien, ratsam. Der Besteller sollte die ihm wichtigen Zielvorgaben möglichst genau definieren, sodass diese als Mindestvorgaben an die Funktionsfähigkeit der Software bei der Abnahme herangezogen werden können. Hierdurch lässt sich auch Streit darüber vermeiden, ob ein bestimmter Fehler wesentlich oder unwesentlich ist und zur Verweigerung der Abnahme berechtigt (vgl. § 640 Abs. 1 S. 2 BGB). Nicht zu empfehlen ist es dagegen, wenn in den Verträgen lediglich auf ein geplantes Abnahmeverfahren verwiesen wird, jedoch ohne weitere Spezifizierungen. Denn werden die Abnahmebedingungen erst kurz vor der Abnahme verhandelt, besteht für beide Parteien ein deutlich geringerer Verhandlungsspielraum. Darüber hinaus ist die Wahrscheinlichkeit einer solchen nachträglichen Einigung zwischen den Parteien deutlich geringer.

Die **vorbehaltlose Abnahme der Software** im Sinne des § 640 Abs. 3 BGB trotz 125
Kenntnis bestimmter Mängel führt zum **Verlust von Mängelansprüchen.** Dies betrifft zum einen die Rechte aus § 634 Nr. 1–3 BGB sowie die Einrede des § 641 Abs. 3 BGB. Der Besteller kann dann lediglich noch Schadensersatzansprüche gegen den Hersteller geltend machen.

Gelegentlich bietet es sich auch an, entsprechend § 641 Abs. 1 S. 2 BGB eine **Teilabnahme** 126
zu vereinbaren.[226] Dies kommt zum Beispiel in Betracht, wenn sich bestimmte Funktionen der Software problemlos trennen und individuell evaluieren lassen oder wenn die Softwareerstellung in mehreren selbstständigen Phasen erfolgt. Dann sollte jedoch im Vertrag klargestellt werden, dass diese Teilabnahmen eine vollständige Abnahme der Gesamtsoftware nicht ersetzen können. Der Vorteil einer solchen Teilabnahme liegt in der frühzeitigen Erkennbarkeit von Mängeln. Andererseits ergeben sich für den Besteller hinsichtlich seiner Mängelansprüche auch Nachteile, da dadurch der Beginn der Verjährung für die teilabgenommenen Leistungen in Gang gesetzt wird.[227] Des Weiteren steht dem Hersteller gemäß § 641 Abs. 1 S. 2 BGB nach einer Teilabnahme eine anteilige Vergütung zu.

b) Fingierte Abnahme nach § 640 Abs. 2 BGB

Gemäß § 640 Abs. 2 BGB **kann die Abnahme auch fingiert werden.** Dies setzt voraus, 127
dass das Werk abnahmefähig und abnahmereif ist und eine angemessene Frist zur Ab-

---

[223] *Kipker/Wiegand,* Kap. 7 Rn. 46.
[224] Vgl. *Kipker/Wiegand,* Kap. 7 Rn. 29 ff.
[225] Ausführlich zur Gestaltung von Abnahme- und Testverfahren bei IT-Projekten: *Witzel,* ITRB 2008, 160; ferner *Müller-Hengstenberg/Kirn,* CR 2008, 755, 761 ff.
[226] Außerhalb einer ausdrücklichen vertraglichen Vereinbarung hat der Hersteller keinen Anspruch auf Teilabnahme, *Hoeren,* S. 259.
[227] *Koch/Kunzmann/Müller,* MMR 2020, 8, 11.

nahme fruchtlos verstrichen ist. Ob der Besteller die Frist schuldlos verstreichen ließ oder nicht, spielt dabei keine Rolle, allerdings darf der Besteller die Abnahme innerhalb der gesetzten Frist nicht unter Angabe mindestens eines Mangels ausdrücklich verweigern.[228] Liegen diese Voraussetzungen vor, tritt die Fiktionswirkung des § 640 Abs. 2 BGB ein, die in ihren Rechtsfolgen der rechtsgeschäftlichen Abnahme gemäß § 640 Abs. 1 S. 1 BGB entspricht. Abnahmefiktionen und ihre Voraussetzungen können grundsätzlich auch schon individualvertraglich vereinbart werden.[229] Das ist besonders aus Sicht des Herstellers vorteilhaft, da so eindeutig geregelt wird, wann und unter welchen Voraussetzungen die Wirkung der Abnahme einsetzt. Unzulässig im Sinne des § 307 Abs. 1 BGB ist demgegenüber eine Klausel in AGB, nach der die Abnahme als durchgeführt fingiert wird.[230]

III. Mängelansprüche

1. Mängelbegriff

128 Gemäß **§ 633 Abs. 2 BGB** liegt ein Mängelansprüche auslösender Sachmangel vor, wenn das Werk von der vereinbarten oder der vertraglich vorausgesetzten Beschaffenheit abweicht oder sich nicht für die gewöhnliche Verwendung eignet. Existiert ein Pflichtenheft, so ist dessen Inhalt zunächst für die Bestimmung der Mangelhaftigkeit der Software maßgeblich.[231]

129 Nicht jede **Abweichung von der vereinbarten Beschaffenheit** muss aber zwangsläufig ein Mangel sein. Es kommt hier auf den Detailgrad der getroffenen Vereinbarung an. Wurde im Pflichtenheft zB nur ein bestimmtes Ziel formuliert und wählt der Auftragnehmer hierfür einen anderen Weg als den, den sich der Besteller vorgestellt hatte, so stellt dies für sich genommen noch keinen Mangel dar. Gleiches gilt, wenn zB das Pflichtenheft nur ungenau formuliert ist oder gar keine Anforderungen enthält. Fehlen entsprechende Abreden, so schuldet der Auftragnehmer eine Software, die dem Stand der Technik bei einem mittleren Ausführungsstandard entspricht.[232] Besonders im Falle von Individualsoftware kann es allerdings schwierig sein, einen allgemeingültigen Stand der Technik überhaupt festzustellen, anhand dessen die Mangelhaftigkeit des Werkes zu bemessen wäre.[233] Vor diesem Hintergrund sind die Wichtigkeit von dokumentierten Beschaffenheitsabreden und insbesondere auch die sorgfältige Erstellung eines Pflichtenhefts nicht zu unterschätzen.

130 Abzugrenzen ist der Begriff des Mangels ferner von den sogenannten **Change Requests** des Bestellers, zu deren Erfüllung der Hersteller gerade nicht verpflichtet ist und welche grundsätzlich in das finanzielle und Machbarkeitsrisiko des Bestellers fallen.[234]

2. Vor Abnahme

131 Der Besteller einer Software kann bei Vorliegen von Mängeln die **Abnahme verweigern,** vorausgesetzt, es handelt sich nicht nur um einen „unwesentlichen Mangel" (§ 640 Abs. 1 S. 2 BGB). Der Besteller ist bis dahin auch nicht zur Zahlung der Vergütung verpflichtet.[235] Dies gilt jedoch nicht bedingungslos. Kann die Software nicht vollständig überlassen werden, weil eine sich auf dem System des Bestellers befindliche andere Software hierfür

---

[228] *Palandt/Sprau,* BGB, § 640 Rn. 16; Nach der Modifizierung des § 640 BGB im Zuge der Reform des Bauvertragsrechts kommt es für die Abnahmefiktion nicht länger auf die Wesentlichkeit bestehender Mängel an, siehe MüKo/*Busche,* BGB, § 640 Rn. 26.
[229] *Kipker/Wiegand,* Kap. 7 Rn. 47.
[230] *OLG Hamm,* NJW 1989, 1041, 1042.
[231] Zur Projektdokumentation durch Pflichten- und Lastenheft siehe → Teil 2.3.3 Rn. 5 ff.
[232] *OLG Düsseldorf,* CR 1997, 732; MüKo/Busche, BGB, § 633 Rn. 37.
[233] *Redeker,* Rn. 338.
[234] Siehe zu Change Request allgemein und ihrer Abgrenzung zum Mangel bereits → Teil 2.3.3 Rn. 27 ff.
[235] *BGH,* NJW 1996, 1280, 1281; *BGH,* NJW-RR 1992, 1078.

geändert werden müsste, und kommt der Besteller einer entsprechenden Absprache zur Änderung der Software nicht nach, hat der Auftragnehmer unabhängig von Fertigstellung und Abnahme der Software einen Anspruch auf Zahlung seines Werklohns.[236]

Das Vorliegen von **erheblichen Mängeln** berechtigt den Besteller darüber hinaus, die **Lieferung eines neuen oder mängelfreien Werks** zu verlangen. Der Besteller muss sich also nicht auf eine bloße Beseitigung der Mängel einlassen.[237] Wann die Erheblichkeitsschwelle erreicht ist, kann nur im Einzelfall entschieden werden.[238] Zur Rechtssicherheit beitragen kann hier die zunehmend praktizierte, vorsorgliche Vereinbarung von „Mängelkategorien", an welchen im Streitfall auch die Abnahmereife der Software zu messen ist.[239] Scheidet eine Mängelbeseitigung aus und ist eine Neuherstellung unmöglich (§ 275 Abs. 1 BGB) oder nicht zumutbar (§ 275 Abs. 2, 3 BGB), verliert der Besteller auch den Anspruch auf Neuherstellung des Werkes. Alternativ ist der Besteller auch berechtigt, unter den Voraussetzungen der §§ 323 ff. BGB vom Vertrag zurückzutreten bzw. Schadensersatzansprüche (§§ 286 ff. BGB) geltend zu machen.

3. Nach Abnahme

Die **Abnahme** stellt eine **Zäsur** hinsichtlich der Geltendmachung von Mängeln dar.[240] Denn erklärt der Besteller in Kenntnis bestimmter Mängel die Abnahme, verliert er dadurch seine Mängelansprüche im Hinblick auf diese Mängel (§ 640 Abs. 3 BGB). Dem kann er nur dadurch vorbeugen, dass er sich seine Rechte im Hinblick auf die erkannten Mängel bei Abnahme ausdrücklich vorbehält.

Nach der Abnahme hat der Besteller gemäß §§ 634 Nr. 1, 635 BGB einen **Anspruch auf Nacherfüllung.** Der Hersteller kann nach § 635 Abs. 1 BGB wählen, ob er diesen durch Mängelbeseitigung oder Neuherstellung befriedigt. Gemäß § 635 Abs. 3 BGB kann der Hersteller jegliche Nacherfüllung verweigern, wenn sie nur zu unverhältnismäßigen Kosten erfolgen könnte, mit einem unverhältnismäßigen Aufwand verbunden wäre (§ 275 Abs. 2 BGB) oder unmöglich ist (§ 275 Abs. 1 BGB).

Hat der Besteller die Nacherfüllung verlangt und verstreicht eine entsprechende Frist dennoch fruchtlos, so verfügt der Besteller über die weiteren Sekundäransprüche. Die **Nacherfüllungsfrist** muss **angemessen** sein und richtet sich nach dem Einzelfall. Bei der Überlassung von Individualsoftware ist dementsprechend zu berücksichtigen, dass die Mängelbeseitigung sehr aufwendig und schwierig ausfallen kann. Eine zu kurze Frist würde daher den tatsächlichen Gegebenheiten nicht entsprechen und lediglich eine objektiv angemessene Frist in Gang setzen.[241] An eine zu lang bemessene Frist bleibt der Besteller jedoch gebunden, sie wird also nicht auf eine angemessene kürzere Frist reduziert.[242] Dies ist nachvollziehbar, da die Fristverlängerung Vertrauen bei dem Hersteller im Hinblick auf die ihm zur Verfügung stehende Zeit zur Mängelbeseitigung erzeugt (hat).

> **Praxistipp:**
> Bemisst man eine kurze Frist, steigt zwar der (psychologische) Druck auf den Hersteller. Gleichzeitig könnte diese Frist aber zu knapp bemessen sein. Die Festlegung der dann relevanten objektiven Frist führt in der Folge regelmäßig zu langwierigen Auseinandersetzungen. Eine angemessene Fristsetzung von Anfang an ist deshalb regelmäßig vorzuziehen. Da die Frist bindend ist, herrscht insoweit Klarheit zwischen den Parteien, was

---

[236] *OLG Köln*, CR 1996, 25, 26.
[237] *Marly*, Rn. 1391.
[238] So differenziert der BGH regelmäßig zwischen behebbaren und unbehebbaren Mängeln; ausführlich *Höpfner*, NJW 2011, 3698 f.
[239] *Auer-Reinsdorff/Conrad/Schneider*, Teil C § 11 Rn. 75; *Koch/Kunzmann/Müller*, MMR 2020, 8, 10.
[240] Vgl. *Koch/Kunzmann/Müller*, MMR 2020, 8, 9 f.
[241] *BGH*, NJW 1985, 2640, 2641.
[242] So auch MüKo/*Ernst*, BGB, § 323 Rn. 71.

insbesondere für die Geltendmachung von weiteren Mängelansprüchen einen Vorteil darstellt.

a) Selbstbeseitigungsrecht

137 Dem Besteller steht gemäß §§ 634 Nr. 2, 637 BGB ein **Selbstbeseitigungsrecht** zu, wenn der Hersteller mit der Nacherfüllung in Verzug ist und eine entsprechende Frist fruchtlos verstreicht. Der Besteller könnte also zB einen Dritten mit der Beseitigung von Mängeln der Software beauftragen. Allerdings wird dies praktisch wohl nur dann in Betracht kommen, wenn der Besteller auch Zugang zum Quellcode der Software hat. Im Kontext der Selbstvornahme des Mieters von Software hat das Landgericht Wuppertal in letzter Konsequenz auch eine Pflicht zur Herausgabe des hierfür erforderlichen Quellcodes nebst Dokumentation bejahen wollen.[243] Dies mag auch im ähnlich gelagerten werkvertragsrechtlichen Kontext gelten. Die freiwillige Offenlegung des Quellcodes im für die Selbstvornahme erforderlichen Umfang mag für den Hersteller außerdem wirtschaftlich günstig sein, da der Besteller die Selbstvornahme auf dessen Kosten durchführen (lassen) kann und so zumindest eine aufwändige Fehlersuche entfällt.[244] Sofern die Mängelbeseitigung fehlgeschlagen oder unzumutbar ist, bedarf es entsprechend § 637 Abs. 2 BGB keiner Fristsetzung mehr. Das Gleiche gilt für den Fall, dass der Hersteller die Mängelbeseitigung ernsthaft und endgültig verweigert hat oder der Werkvertrag ein Fixgeschäft darstellt, § 637 Abs. 2 BGB iVm § 323 Abs. 2 BGB. Das Selbstbeseitigungsrecht des Bestellers besteht nicht, wenn der Hersteller schon die Nacherfüllung wegen Unverhältnismäßigkeit gem. § 275 Abs. 2 oder 635 Abs. 3 BGB rechtmäßig verweigern konnte.[245]

b) Rücktritt und Minderung

138 Der Besteller kann entsprechend § 281 BGB nach fruchtlosem Ablauf einer angemessenen Frist zudem die vereinbarte Vergütung mindern oder vom Werkvertrag zurücktreten (§ 634 Nr. 3 BGB iVm §§ 636, 638 BGB). Beides sind Gestaltungsrechte, die das Vertragsverhältnis zwischen den Parteien endgültig verändern und folglich Auswirkungen auf die übrigen Mängelansprüche haben.[246] So lässt ein wirksamer Rücktritt den Nacherfüllungsanspruch, das Selbstbeseitigungsrecht und das Minderungsrecht erlöschen, während Schadensersatz gem. § 325 BGB weiterhin möglich bleibt.[247] Dagegen kann der Besteller nach erfolgreicher Minderung keinen Schadensersatz statt der Leistung mehr geltend machen und auch Aufwendungsersatz gem. § 284 BGB kann nicht länger verlangt werden.[248]

139 Im Hinblick auf die Ausübung des Rücktrittsrechts ist eine Fristsetzung gemäß § 636 BGB entbehrlich, wenn eine der Konstellationen der §§ 281 Abs. 2, 323 Abs. 2, 326 Abs. 5 BGB einschlägig ist oder der Hersteller entsprechend § 635 Abs. 3 BGB die Nacherfüllung ablehnt, diese unzumutbar oder fehlgeschlagen ist.

140 Sofern der **Mangel unerheblich** ist, verwehrt § 323 Abs. 5 S. 2 BGB die Rücktrittsmöglichkeit. Ein Rücktritt ist ebenfalls ausgeschlossen, wenn der Besteller den Mangel überwiegend zu verantworten hat (§ 323 Abs. 6 BGB), der Mangel während des Annahmeverzugs des Bestellers eintritt und der Mangel vom Hersteller nicht zu vertreten ist.

141 Fehlerbehaftete und voneinander unabhängige, abgrenzbare Komponenten einer Software berechtigen zum **Rücktritt vom gesamten Vertrag**, sofern der Besteller am Gesamtwerk kein Interesse mehr hat.[249] Dies ist im Hinblick auf spezielle Hardware unter

---

[243] *LG Wuppertal*, CR 2002, 7, 8; zum Sachverhalt siehe Rn. 305.
[244] Hierzu *Schneider*, Teil Q Rn. 470 ff.
[245] *Redeker*, Rn. 375.
[246] *Redeker*, Rn. 376.
[247] *Marly*, Rn. 1399.
[248] *BGH*, NJW 2018, 2863; *Marly*, Rn. 1400.
[249] Palandt/*Grüneberg*, BGB, § 323 Rn. 25 bis 26.

Umständen dann möglich, wenn eine entsprechende Individualsoftware nicht überlassen werden kann.[250]

c) Schadensersatz

Grundsätzlich kann der Besteller neben Minderung und Rücktritt auch **Schadensersatz** verlangen, sofern der Hersteller die Mangelhaftigkeit des Werkes zu vertreten hat (§ 634 Nr. 4 BGB). Der Hersteller hat zu beweisen, dass er den Mangel nicht **schuldhaft** verursacht hat. Hier entlastet ihn auch nicht, dass es sich bei der von ihm entwickelten Software um eine absolute Neuerung handelt.[251] Der Besteller kann entscheiden, ob er entweder die Software behalten und nur den Wertunterschied zwischen mangelfreier und mangelhafter Software (kleiner Schadensersatz) geltend machen möchte oder aber die Erstattung seines kompletten Schadens verlangt (großer Schadensersatz).

Zur Ausübung des Schadensersatzanspruchs statt der Leistung muss der Besteller gemäß § 281 Abs. 1 BGB dem Hersteller zuvor erfolglos eine Frist zur Nacherfüllung gesetzt haben. Dieser Grundsatz gilt nicht bei Vorliegen der Voraussetzungen der §§ 636, 281 Abs. 2, 323 Abs. 2 BGB bzw. des Fehlschlags der Nacherfüllung bzw. der Unzumutbarkeit der Nacherfüllung für den Besteller. An Stelle des Schadensersatzes statt der Leistung kann der Besteller gem. § 284 BGB auch den Ersatz seiner frustrierten Aufwendungen verlangen. Macht der Besteller aber von seinem Minderungsrecht Gebrauch, ist er an diese Erklärung gebunden und kann von dieser nicht wieder Abstand nehmen, indem er wegen desselben Mangels großen Schadensersatz (statt der ganzen Leistung) und folglich Rückgängigmachung des Kaufvertrages verlangt.[252]

d) Teilvergütungspflicht im Rahmen von § 645 BGB

Beim Scheitern eines Softwareerstellungsvertrages sollte auch § 645 BGB beachtet werden. Nach dieser Norm kann der Hersteller einen Teil seiner Vergütung verlangen, wenn das bestellte Werk noch vor der Abnahme aufgrund eines Stoffes oder einer Weisung des Bestellers unausführbar geworden ist. Da die Begriffe „Stoff" und „Weisung" weit verstanden werden, könnte hierunter zB auch eine ungeeignete Implementierungsumgebung für die Software fallen.[253]

e) Freies Kündigungsrecht gemäß § 648 S. 1 BGB

Bei Werkverträgen ist ferner das freie Kündigungsrecht des Bestellers gemäß § 648 S. 1 BGB zu beachten. Diese Regelung war, schon in der alten Gesetzesfassung in § 649 BGB aF, insbesondere im Rahmen der sog. „Internet-System-Verträge" häufig Gegenstand gerichtlicher Auseinandersetzungen.[254] So steht es dem Besteller frei, den Werkvertrag bis zur Vollendung des Werks ohne Grund zu kündigen. Gemäß § 648 S. 2 BGB steht dem Auftragnehmer jedoch die vereinbarte Vergütung abzüglich der durch die Kündigung ersparten Aufwendung und anderweitig erwirtschafteten Erwerbs zu.[255] Nach neuerer, umstrittener Ansicht des BGH müssen bis zum Zeitpunkt der Kündigung bereits erbrachte Teilleistungen allerdings vom Besteller abgenommen werden, damit der Vergütungsan-

---

[250] Ausführlich: *BGH*, NJW 1990, 3011, 3013 (Die Parteien eines gemischten Hardware-Software-Vertrages stritten darüber, ob das Fehlschlagen der Erstellung der geschuldeten Individualsoftware auch zum Rücktritt vom Kauf der Standardsoftware berechtige).
[251] *OLG Düsseldorf,* CR 1995, 269 (Ein neuartiges Finanzbuchhaltungsprogramm errechnete fehlerhafte Umsatzsteuerbeträge. Das OLG verneinte trotz Hinweis des Herstellers es handele sich um ein „Pilotprojekt" einen stillschweigenden Haftungsausschluss).
[252] *BGH,* NJW 2018, 2863; *Marly,* Rn. 1400; *Redeker,* Rn. 376.
[253] So *Hoeren,* S. 261.
[254] Vgl. *BGH,* MMR 2011, 455, 456; MMR 2011, 311, 311; NJW 2011, 915, 916; MMR 2015, 235 ff.; *LG Düsseldorf,* MMR 2016, 580 ff.
[255] Zur Berechnung Palandt/*Sprau,* BGB, § 648 Rn. 5 bis 7.

spruch nach § 648 S. 2 BGB fällig wird.[256] Voraussetzung des Vergütungsanspruchs ist ferner, dass die bis zur Kündigung erbrachten Teilleistungen mängelfrei sind.[257] Bezüglich der noch nicht erbrachten Leistungen trägt der Auftragnehmer die Darlegungslast bzgl. der Höhe des ihm zustehenden Zahlungsanspruchs.[258] Dies führt zwangsläufig dazu, dass er seine Kalkulationsgrundlage offenlegen muss.[259] Auf der Hand liegt, dass dies in der Praxis zu zahlreichen Problemen sowie erheblichem Aufwand führen kann, mithin ein enormes Risiko für den Hersteller darstellt. Gerade mittels einfacher Stundenzettel geführte Abrechnungen bereiten Herstellern in der Praxis oft erhebliche Schwierigkeiten.

146 Vergleichbare Schwierigkeiten bestehen häufig auch im Rahmen der Kündigung von Pauschalpreisverträgen. Der BGH stellt hier hohe Anforderungen an die darzulegende Bewertung der erbrachten Leistungen durch die Hersteller. Sind Anhaltspunkte, die der Bewertung der Leistung vorvertraglich zugrunde gelegt worden sind, nicht prüffähig oder nicht ergiebig, tragen die Hersteller hierfür das volle Risiko – es muss dann im Nachhinein im Einzelnen dargelegt werden, wie die erbrachten Leistungen unter Beibehaltung des Preisniveaus zu bewerten sind, und zwar derart, dass der einzelne Besteller sich sachgerecht gegen die geltend gemachten Teilvergütungsansprüche verteidigen kann.[260] In welchem Umfang eine Schlussrechnung konkret aufgeschlüsselt werden muss, um diesen Anforderungen zu entsprechen, ist eine Frage des Einzelfalls, die von den Einzelheiten der Vertragsgestaltung und -durchführung sowie in der Person des Bestellers liegenden Besonderheiten abhängig ist.[261]

147 Insofern ist es aus Sicht der Hersteller empfehlenswert, das Kündigungsrecht auszuschließen oder zumindest einzuschränken. Individualvertraglich ist § 648 BGB gänzlich dispositiv oder kann frei modifiziert werden, zB kann der Vergütungsanspruch pauschaliert werden.[262] In der Vereinbarung einer Mindestvertragslaufzeit ist grundsätzlich jedoch kein Ausschluss des freien Kündigungsrechts vor Ablauf des vereinbarten Zeitraums zu sehen.[263]

IV. Grenzen und Gestaltungsmöglichkeiten in AGB

148 **Praxistipp:**

Die **Bedeutung des AGB-Rechts** bei der Überlassung von Standardsoftware ist deutlich größer als bei der Überlassung von Individualsoftware. Zwar werden auch bei der Überlassung von Individualsoftware die Vertragsdokumente und entsprechend die darin enthaltenen Klauseln regelmäßig im Sinne des § 305 BGB vorgegeben, sodass die Klauseln einer AGB-Prüfung zugänglich sind. Jedoch sind hier individuelle Verhandlungen der Vertragspartner die Regel, sodass die verhandelten Klauseln als Individualvereinbarungen gelten und der AGB-Prüfung entzogen sind. Als Nachweis für das ernsthafte Aushandeln der einzelnen Klauseln sollten die Verhandlungen lückenlos dokumentiert werden.

1. Allgemeine Regelungen für das Werkvertragsrecht

149 Die zulässigen Gestaltungsmöglichkeiten von AGB bei werkvertraglichen Softwareüberlassungsverträgen unterliegen keinen Besonderheiten. Bei der Erstellung von AGB ist daher

---

[256] BGH, NJW 2006, 2476, 2476; s. auch *Palandt/Sprau*, BGB, § 648 Rn. 5; aA MüKo/*Busche*, BGB, § 648 Rn. 20.
[257] MüKo/*Busche*, BGB, § 648 Rn. 19.
[258] MüKo/*Busche*, BGB, § 648 Rn. 29.
[259] *BGH*, NJW 1999, 3261, 3262.
[260] *BGH*, NJW 2001, 521.
[261] *BGH*, NJW 1999, 1180; *BGH*, NJW 2001, 521.
[262] MüKo/*Busche*, BGB, § 648 Rn. 5.
[263] Vgl. *BGH*, MMR 2011, 311, 312; aA wohl *Specht*, NJW 2017, 3567, 3569.

C. Dauerhafte Überlassung von Individualsoftware

vor allen Dingen auf die Einschränkungen im Zusammenhang mit Haftungs- und Gewährleistungsausschlüssen nach §§ 309 Nr. 7 und Nr. 8b BGB zu achten. Im Zusammenhang mit Laufzeitvereinbarungen und Lösungsmöglichkeiten vom Vertrag sind zudem die Unzulässigkeit von unangemessen hohen Vergütungs- bzw. Aufwendungsersatzansprüchen gemäß § 308 Nr. 7 sowie von unangemessen hohem pauschaliertem Schadens- bzw. Wertminderungsersatz ohne ausdrückliches Zulassen des Gegenbeweises gemäß § 309 Nr. 5 BGB zu berücksichtigen.[264] Gemäß § 309 Nr. 9 BGB dürfen Dauerschuldverhältnisse keine Laufzeitvereinbarungen, die über die Länge von 2 Jahren hinausgehen, bzw. stillschweigende Vertragsverlängerungen für eine Dauer von mehr als 1 Jahr enthalten. Ferner ist im Werkvertragsrecht zu beachten, dass das freie Kündigungsrecht des § 648 S. 1 BGB nicht wirksam durch AGB beschränkt werden kann, sofern es sich um längerfristige Verträge handelt.[265] Gemäß § 639 BGB ist es außerdem unzulässig, Mängelansprüche auszuschließen, wenn Arglist vorliegt oder eine Garantie übernommen wurde; dies gilt für Individualvereinbarungen und AGB gleichermaßen. Im Gegensatz zum Kaufrecht soll es bei Werkverträgen jedoch zulässig sein, gegenüber Verbrauchern eine Verjährungsfrist für Mängelansprüche von einem Jahr zu vereinbaren.[266] Hierfür spricht, dass eine dem § 476 BGB entsprechende Regelung im Werkvertragsrecht nicht existiert.

Praxistipp:
Anders als der Verkäufer im Kaufrecht kann sich der Hersteller gemäß § 635 Abs. 1 BGB frei entscheiden, ob er das Werk neu herstellen oder den Mangel lediglich beseitigen möchte. Er sollte aber eine Festlegung auf eine dieser beiden Mängelbeseitigungen in AGB (was grundsätzlich möglich ist) vermeiden, da er sich so nur unnötig von vornherein binden würde.

Während bei Kaufverträgen gemäß § 440 S. 2 BGB die Nachbesserung nach dem erfolglosen zweiten Versuch als fehlgeschlagen gilt, besteht im Werkvertragsrecht eine entsprechende Vorschrift nicht. Demgemäß könnte davon ausgegangen werden, dass auch diesbezüglich ein weiterer Spielraum in AGB besteht. Die Rechtsprechung hat jedoch festgestellt, dass die Zulässigkeit der Beschränkung der Nachbesserungsversuche vom Einzelfall abhängig ist.[267]

2. Weitergabeverbote

Individualvertraglichen Vereinbarungen von Weitergabeverboten steht grundsätzlich nichts entgegen. Allenfalls könnten hier – in nur schwer vorstellbaren Konstellationen – allgemeine zivilrechtliche Beschränkungen wie §§ 138, 242 BGB greifen.[268] Etwas anderes könnte grundsätzlich für entsprechende formularvertragliche Vereinbarungen in AGB gelten. Jedenfalls mit einem Verstoß gegen das vertragliche Leitbild lässt sich die Unzulässigkeit eines Weitergabeverbotes von Software in den AGB von Werkverträgen nicht auf den ersten Blick rechtfertigen. Denn anders als beim Kaufvertrag gehört die Verschaffung des Eigentums (am Werk) ausgehend vom Wortlaut des § 631 BGB nicht zu den Hauptpflichten des Herstellers. Die herrschende Lehre nimmt jedoch unabhängig vom Wortlaut des § 631 BGB eine Eigentumsverschaffungspflicht des Herstellers an.[269] Demgemäß verstoßen im Rahmen von **AGB** vereinbarte **Weitergabeverbote** in der werkvertraglichen Soft-

---

[264] Können bei einer Pauschalisierung des Vergütungsanspruchs nach § 648 S. 2 BGB einschlägig sein.
[265] MüKo/*Busche*, BGB, § 648 Rn. 6.
[266] *Schneider*, Teil Q Rn. 443; *Hoeren*, S. 183.
[267] BGH, NJW 1998, 677, 678; *Hoeren*, S. 271.
[268] *Marly*, Rn. 1605.
[269] *Büdenbender*, JUS 2001, 625, 626; *Thode*, NZBau 2002, 297, 301; BeckOK/*Voit*, BGB, § 631 Rn. 62;, vgl. aber auch MüKo/*Busche*, BGB, § 633 Rn. 6 („Verschaffung" des Werkes nicht notwendig *identisch* mit Eigentumsübertragung).

wareüberlassung ebenfalls gegen § 307 Abs. 2 BGB und sind **unwirksam**.[270] Denn zum wesentlichen Grundgedanken des Eigentums zählt die Verfügungsfreiheit des Eigentümers, die durch ein Weitergabeverbot erheblich beschnitten wird.[271]

D. Miete von Software

153 Auf die **entgeltliche und befristete Überlassung von Software** findet **Mietvertragsrecht** Anwendung. Die Miete von Software bietet insbesondere kleinen und mittleren Unternehmen eine Reihe von **Vorteilen:** Da die Software ohne hohe Anfangsinvestitionen genutzt werden kann, wird die Liquidität des Unternehmens nicht so stark belastet. Weitere Kosten werden dadurch gespart, dass der Software-Hersteller verpflichtet ist, die Funktionsfähigkeit der Software sicherzustellen und somit notwendige Anpassungsmaßnahmen nicht zusätzlich vergütet werden müssen. Darüber hinaus ist gerade für kleinere Unternehmen der zukünftige Bedarf an Funktionalität und Leistungsfähigkeit von Software oftmals nicht genau vorhersehbar. Gekaufte Software kann daher schon nach kurzer Zeit nicht mehr ausreichend sein, mit der Folge weiterer Investitionen oder gar eines kompletten Neuerwerbs von Software. Die Aufwendungen für die bisher genutzte Software stehen dann in keinem Verhältnis zu ihrem bisherigen betriebswirtschaftlichen Nutzen. Dagegen ist die zeitweise Überlassung von Software ein Dauerschuldverhältnis, welches unter den jeweils vereinbarten Konditionen gekündigt oder hinsichtlich der überlassenen Software geändert werden kann. So ist es den Unternehmen eher möglich, flexibel auf ihren jeweiligen Bedarf an Software zu reagieren, ohne gleichzeitig hohe Investitionen in den Kauf eines Computerprogramms tätigen zu müssen.

154 Zunehmend an Bedeutung gewinnen auch moderne Formen der Softwaremiete, die üblicherweise unter dem Schlagwort **„Software as a Service"** kursorisch zusammengefasst werden.[272]

I. Rechte und Pflichten des Vermieters

1. Befristete Überlassung von Standard- oder Individualsoftware

155 Die Hauptleistungspflicht des Vermieters ist nach § 535 Abs. 1 S. 1 BGB die **Überlassung** und die **Gewährung des Gebrauchs der Mietsache,** hier also der Software. Ob es sich dabei um Standardsoftware oder Individualsoftware handelt, ist unerheblich. Die Mietsache ist in einem dem vertragsgemäßen Gebrauch entsprechenden Zustand zu überlassen (§ 535 Abs. 1 S. 2 BGB) und während der Vertragsdauer auch in diesem Zustand zu erhalten. Die Überlassung von Software erfolgt entweder durch die Übergabe des Datenträgers, oder, falls anders vereinbart, durch das Einspielen der Software auf das IT-System des Mieters über das Internet, jeweils zuzüglich einer ausreichenden Dokumentation.[273] Hauptleistungspflicht ist auch die Übertragung entsprechend ausreichender Nutzungsrechte an der Software. Anders als bei der Softwareüberlassung auf Dauer werden die Rechte im Rahmen eines Mietvertrages aber lediglich zeitlich beschränkt übertragen.

156 Praxistipp:
Der vertraglich vereinbarte Gebrauch ist in erster Linie maßgeblich für Art, Inhalt und Umfang der vom Vermieter geschuldeten Gebrauchsgewährung und nicht die Einhal-

---

[270] So auch *Baus*, S. 229.
[271] *Vgl. Marly*, Rn. 1613.
[272] Zur nicht trennscharfen Abgrenzung zwischen SaaS, ITaaS ASP und Cloud Computing → Teil 2.4.1 Rn. 9 ff.
[273] *Koch*, S. 410.

D. Miete von Software

> tung technischer Normen.[274] Es empfiehlt sich daher, den geplanten Einsatzbereich und die Funktionalität der zu mietenden Software möglichst genau zu beschreiben. Dies hat, wie auch schon beim Kauf, direkten Einfluss auf die Mängelansprüche.

Umstrittener als bei der Softwareüberlassung auf Dauer ist die Installationspflicht des Vermieters. Die Literatur geht überwiegend davon aus, dass ohne weitere vertragliche Regelung die mietrechtliche Überlassungspflicht nicht die **Pflicht des Vermieters zur Installation der Software**[275] oder einer Einweisung des Mieters in deren Funktionsweise beinhaltet.[276] Betont man hingegen mit einem Teil der Literatur, dass der Vermieter die Gebrauchsüberlassung der Software schuldet, und für den Gebrauch zunächst die Installation Voraussetzung ist, lässt sich unter Umständen auch eine Installationspflicht des Vermieters bejahen.[277] Bei der Beurteilung, ob eine Beratung des Mieters über die Software geschuldet ist, sollte vorzugswürdig im Einzelfall auf die Komplexität der Software, die Höhe des Mietzinses sowie die Vorkenntnisse des Mieters abgestellt werden.[278] 157

Die **Erhaltungspflicht** des Vermieters macht den Abschluss einer separaten Wartungs- oder Pflegevereinbarung eigentlich unnötig. Sie bezieht sich auf den im Vertragsschlusszeitpunkt geschuldeten Standard und verpflichtet den Vermieter, die Software im Hinblick darauf bis zum Ende der Mietzeit zu pflegen. Der Vermieter ist daher jedoch nicht verpflichtet, die vermietete Software durch Updates oder Upgrades jeweils dem sich weiterentwickelnden aktuellen technischen Stand anzupassen.[279] Hierfür muss vielmehr ein zusätzlicher Pflege- oder Wartungsvertrag abgeschlossen werden. 158

Ob eine **Anpassungspflicht** der Software dann besteht, wenn **äußere Umstände** die Nutzbarkeit der Software einschränken, ist umstritten und wird von der Rechtsprechung uneinheitlich beurteilt.[280] Das OLG Hamm hat eine Anpassungspflicht hinsichtlich eines Zahnarztsystems, welches nachträglich nicht mehr den kassenärztlichen Bestimmungen entsprach, verneint.[281]. Bei der Änderung der Mehrwertsteuer gilt wohl anderes.[282] Die Literatur bejaht grundsätzlich eine solche Anpassungspflicht jedenfalls im Rahmen von Gesetzesänderungen.[283] Dies wird aber wohl dann nicht gelten können, wenn die Umstände, welche die Nutzbarkeit der gemieteten Software einschränken, aus der Verantwortungssphäre des Mieters herrühren (zB Veränderung der Hardwarekonfiguration, Änderung der Geschäftsabläufe etc.). Die Erhaltungspflicht kann aus Vermietersicht wegen Materialermüdung jedoch jedenfalls den Austausch der Datenträger erfordern, die der Vermieter dem Mieter für die Vertragserfüllung überlassen hat.[284] Sofern der Mieter unter den Voraussetzungen des § 536a Abs. 2 BGB berechtigt ist, den Mangel an der Software selbst zu beseitigen, kann er vom Vermieter die Herausgabe des Quellcodes und der entsprechenden Dokumentation verlangen.[285] 159

Neben der genannten mietvertraglichen Hauptpflicht, der Gebrauchsüberlassung gegen Entgeltzahlung, ist einzelfallabhängig noch eine Vielzahl weiterer Punkte regelungsbedürftig. Besteht die Möglichkeit, dass die zu mietenden Komponenten zu einem späteren Zeitpunkt in ein (anderes) Netzwerk integriert werden sollen, ist es möglicherweise sinn- 160

---

[274] *BGH*, NZM 2005, 60.
[275] Vgl. *Redeker*, Kap. B, Rn. 598, 600.
[276] *Koch*, S. 451.
[277] *Koch*, S. 410.
[278] Vgl. *OLG Hamm*, 9.11.2004 – 7 U 30/04 Rn. 122; *OLG Hamburg*, NJW-RR 1988, 438; vgl. ferner *Koch*, S. 451 (ggf. stillschweigend vereinbarte Einweisungspflicht, wenn ein erkennbar unerfahrener Kunde die Software erwirbt).
[279] *OLG Stuttgart*, NJW-RR 1994, 952; Auer-Reinsdorff/Conrad/*Roth-Neuschild*, § 13 Rn. 73.
[280] *Redeker*, Kap. B, Rn. 603.
[281] *OLG Hamm*, CR 1990, 37 f.
[282] *LG Wuppertal*, CR 2002, 7 (8).
[283] So zB *Redeker*, Rn. 603; *Marly*, Rn. 1346; u. wohl auch *Koch*, S. 713 unter Verweis auf *LG Wuppertal*; so wohl auch Orthwein/*Bernhard*, CR 2009, 354 (357).
[284] *Marly*, Rn. 1346.
[285] *LG Wuppertal*, CR 2002, 7 (8); *Marly*, Rn. 1346.

voll, dem Mieter ein Änderungs- oder **Anpassungsrecht** einzuräumen. Sofern dies durch AGB geschieht, ist jedoch darauf zu achten, dass ein solches Recht mit der Pflicht des Vermieters korrespondiert, die Kompatibilität bzw. ursprünglich geschuldete Benutzbarkeit der Sache auch nach der (bewilligten) Änderung zu gewährleisten.[286]

2. Miete von Software auf ASP-Basis

161 Anders als bei der klassischen Softwaremiete verbleibt beim ASP die Software auf den Servern des ASP-Providers. Lediglich die Ergebnisse der Arbeitsprozesse der Software werden auf dem Bildschirm des Vertragspartners ausgegeben. Auf den ASP-Vertrag wendet die herrschende Meinung **Mietvertragsrecht** an.[287] Nach Ansicht des **BGH** steht dem auch nicht entgegen, dass der Mieter keinen Besitz an der Software erhält; diese verbleibt beim ASP-Provider. Hierauf komme es nicht an, denn im Rahmen eines Mietvertrages ist vorrangig Gebrauchsüberlassung geschuldet. Nur dann, wenn die Gebrauchsüberlassung den Besitz an einer Sache voraussetzt, ist auch die Besitzverschaffung geschuldet. Beim ASP-Vertrag ist dies nicht der Fall, denn der Vertragspartner kann auch ohne Besitzer der Software zu sein auf sie zugreifen.[288]

162 Auch beim ASP-Vertrag ist **Hauptleistungspflicht** die Ermöglichung des Gebrauchs einer bestimmten Software.[289] Anders als bei einem gewöhnlichen Mietvertrag ist hier aber noch zusätzlich folgendes zu beachten: Der ASP-Provider schuldet die **Gebrauchsüberlassung** auf seinem eigenen Server, dh dieser muss für den Vertragspartner über das Internet erreichbar sein, und zwar stets dann, wenn der Vertragspartner die Software gerade benutzen möchte (außer es sind vertraglich konkrete Nutzungszeiträume vereinbart worden). Die Erreichbarkeit der ASP-Server wird dabei typischerweise als sog. **Verfügbarkeitsquote** in **Service Level Agreements** festgelegt, Vertragsstrafen kompensieren eine darüber hinausgehende Unerreichbarkeit.[290] Eine 100 % Verfügbarkeit wird meist nicht vereinbart, denn dies würde ein Offlinenehmen der Software zB zu Wartungszwecken ausschließen, sofern hierfür nicht wiederum bestimmte Wartungszeiträume vereinbart sind. Nutzungsausfälle aufgrund von vom Anbieter durchgeführten Instandhaltungsmaßnahmen sind vom Nutzer grundsätzlich hinzunehmen; dies sollte im Vorfeld vertraglich klargestellt werden.[291]

163 Nicht Teil der Hauptleistungspflicht des ASP-Providers ist es hingegen, beim Vertragspartner die allgemeinen Voraussetzungen für den Zugriff auf seine Software zu schaffen. Dh für die Unterhaltung einer ausreichenden Internetverbindung und hinreichender Systemressourcen ist der Vertragspartner selbst verantwortlich. Deshalb wird die Verfügbarkeitsquote meist hinsichtlich eines bestimmten Übergabepunktes (typisch: Schnittstelle zwischen öffentlichem Internet und Netzwerk des ASP-Providers) definiert.

164 Ergänzend verpflichtet sich der ASP-Provider meist noch **zu zusätzlichen Leistungen** wie Fehlerbehebung, Updates, Datensicherung, Bereitstellung von Speicherplatz und Beratung. Insoweit handelt es sich bei einem ASP-Vertrag also typischerweise um einen aus mehreren Teilleistungen zusammengesetzten Vertrag. Die individuellen Vertragsbestandteile sind nach Ansicht des BGH dann nach dem Recht des für sie einschlägigen Vertragstypus zu beurteilen.[292]

---

[286] Vgl. *Schneider*, Teil R Rn. 534.
[287] *Marly*, Rn. 1105; *Müller-Hengstenberg/Kirn*, NJW 2007, 2370.
[288] So *BGH*, NJW 2007, 2394 (2395); vgl. ferner *BGH*, NJW 2010, 1449 (1450 f.).
[289] Ausführlich zu den verschiedenen denkbaren Pflichten im Rahmen eines ASP-Vertrages: *Witzel*, ITRB 2002, 183 ff.
[290] Hierzu → Teil 2.5.2 Rn. 15; ausführlich *Peter*, CR 2005, 404; *Beyer*, ITRB 2006, 20.
[291] So auch *Wicker*, MMR 2012, 783 (787).
[292] Speziell zu ASP *BGH*, NJW 2007, 2394 (2395); hierzu auch *Müller-Hengstenberg/Kirn*, NJW 2007, 2370 (2372).

> **Praxistipp:**
> Im ASP-Vertrag kommen somit zahlreiche Leistungen zusammen, ohne dass schon ein gefestigtes rechtliches Bild des Typus „ASP-Vertrag" existiert. Daher ist gerade bei der Gestaltung von ASP-Verträgen auf eine vollständige Beschreibung aller wesentlichen Vertragsleistungen zu achten.

165

Geregelt werden sollte auch der **Umgang mit den Daten,** die im Rahmen des ASP-Vertrages übertragen, erstellt und gespeichert werden. Hier sollte klargestellt werden, dass die Daten (weiterhin) dem Vertragspartner des ASP-Providers gehören. Werden personenbezogene Daten verarbeitet, sind in diesem Zusammenhang insbesondere auch datenschutzrechtliche Aspekte zu beachten.[293]

166

II. Rechte und Pflichten des Mieters

Wesentliche mietrechtliche Besonderheiten sind bei der befristeten Überlassung von Software nicht zu beachten. Hinsichtlich der **Festlegung des Mietzinses** ist darauf hinzuweisen, dass eine monatliche Zahlung zwar üblich, aber nicht zwingend ist. Insbesondere steht eine einmalige Zahlung für den gesamten Mietzeitraum der Annahme eines Mietvertrages nicht zwingend entgegen.[294] Allerdings sollte dann genau geprüft werden, ob die Parteien nicht doch Kaufrecht vereinbaren wollten.

167

Am Ende der Mietdauer ist der Mieter gemäß § 546 Abs. 1 BGB verpflichtet, dem Vermieter den **Mietgegenstand zurückzugeben.** Im Fall der Softwaremiete bezieht sich diese Rückgabepflicht auf den Datenträger mit der Mietsoftware, wenn der Vermieter dem Mieter den Datenträger zu Beginn des Mietverhältnisses überließ. Unabhängig von der Art der Gebrauchsüberlassung der Software ist der Mieter in jedem Fall außerdem verpflichtet, die Mietsoftware und mögliche Sicherungskopien[295] hiervon zu löschen.[296] Setzt der Mieter die Nutzung der Software nach Ende der Mietzeit fort, ist er dem Vermieter gegebenenfalls zu einer Entschädigung in Höhe des Mietzinses entsprechend § 546a BGB verpflichtet. Daten, die der Mieter im Laufe der Mietzeit mit der Software erstellt hat, dürfen von ihm auch nach der Mietzeit weiterhin – losgelöst von der Software – genutzt werden.

168

III. Mängelansprüche

Der **Vermieter haftet verschuldensunabhängig** für **Mängel** an der Mietsache vor ihrer Überlassung und verschuldensabhängig für spätere Mängel (§ 536a Abs. 1 BGB). Mängelansprüche im Mietrecht erfordern nach § 536 Abs. 1, 2 BGB einen Mangel am Mietgegenstand oder das Fehlen zugesicherter Eigenschaften. Die Tauglichkeit der Mietsache zum vertragsgemäßen Gebrauch muss dabei mindestens erheblich gemindert sein. Die in § 536 BGB geregelte Mietminderung tritt bei Vorliegen eines Sachmangels kraft Gesetzes ein und ist nicht etwa – wie das Gestaltungsrecht der Minderung im Kaufrecht – erst durch den Mieter geltend zu machen. Weitere Mängelansprüche des Mieters sind auf die Wiederherstellung der vertragsgemäßen Gebrauchstauglichkeit (§ 535 Abs. 1 BGB), Schadensersatz sowie Aufwendungsersatz gemäß § 536a BGB gerichtet.

169

---

[293] Ausführlich hierzu → Teil 6; ferner *Marly,* Rn. 1111 ff.
[294] *Koch,* S. 408.
[295] Wie bei der dauerhaften Überlassung von Standardsoftware ist die Erstellung von Sicherungskopien ohne entsprechende vertragliche Vereinbarung nicht erlaubt, wenn die Software auf CD-ROM oder DVD überlassen wird, hierzu → Rn. 74.
[296] So auch *Marly,* Rn. 1373.

170 Die **„heimliche" Installation einer Programmsperre** in die Mietsoftware ist nicht zulässig und stellt einen Mangel dar. Der Mieter ist dann zur fristlosen Kündigung des Vertrages berechtigt.[297] Programmsperren, die mit Kenntnis des Mieters eingebaut wurden und lediglich die Nutzbarkeit der Software auf die Vertragslaufzeit beschränken, sind dagegen nicht als Mangel anzusehen.[298]

IV. Grenzen und Gestaltungsmöglichkeiten in AGB

171 AGB in Mietverträgen unterliegen grundsätzlich weniger scharfen Restriktionen als AGB, die bei der dauerhaften Überlassung von Software verwendet werden. Dies ist auf die unterschiedlichen Leitbilder zurückzuführen, welche beiden Überlassungsarten zugrunde liegen: Bei der dauerhaften Überlassung von Software müssen sich die Klauseln daran messen lassen, ob der Erwerber mit der Software wie ein Eigentümer verfahren kann. Nach dem mietvertraglichen Leitbild ist der Vermieter lediglich verpflichtet, „die vermietete Sache dem Mieter in einem zum vertraglichen Gebrauch geeigneten Zustand zu überlassen und sie während der Mietzeit in diesem Zustande zu erhalten."[299]

172 Dementsprechend ist ein **vertragliches Weitergabeverbot bzw. Untervermietungsverbot** der Software in AGB wirksam. § 553 Abs. 1 BGB ist insoweit nicht anwendbar, da diese Vorschrift nur auf Wohnraummietverträge Anwendung findet. Auch CPU-Klauseln können wirksam in mietvertraglichen AGB vereinbart werden.[300] Das gleiche gilt für Netzwerkklauseln.[301] Gerade bei Softwaremietverträgen sind auch Klauseln verbreitet, die den Kunden dazu verpflichten den Wechsel seiner Hardware dem Vermieter anzuzeigen. Derartige Klauseln sind, wie auch bei der dauerhaften Überlassung von Standardsoftware, wirksam.

1. Ausschluss der Gewährleistung

173 Wegen eines Verstoßes gegen § 307 Abs. 1 Nr. 2 BGB unzulässig ist der vollständige Gewährleistungsausschluss.[302] Im Übrigen sind aber gewisse Einschränkungen zulässig, wie zB die Ausübung von Kündigungsrechten vom Fehlschlagen der Mängelbeseitigung abhängig zu machen oder die verschuldensunabhängige Mängelhaftung für anfängliche Mängel auszuschließen.[303]

174 Darüber hinaus erscheint eine **Beschränkung der mietrechtlichen Gebrauchserhaltungspflicht des Vermieters** (auf beispielsweise sechs Monate nach erstmaliger Überlassung der Software) als zulässig, sofern dem Nutzer im Gegenzug kostenlose Supportleistungen für die gesamte Vertragslaufzeit seitens des Providers vertraglich eingeräumt werden, die funktional dessen Erhaltungspflicht bezüglich der überlassenen Mietsache substituieren und durch welche somit der Erhalt der Mietsache sichergestellt wird. Im Falle eines nach Ablauf der Gewährleistungsfrist auftretenden Mangels kann der Nutzer somit aus dieser vertraglich festgehaltenen Supportpflicht des Providers die Behebung des Mangels verlangen; es kommt so im Ergebnis zu keiner Abweichung vom gesetzlichen Leitbild iSd § 307 Abs. 3 S. 1 BGB, mithin zu keiner unangemessenen Benachteiligung des Nutzers im AGB-rechtlichen Sinne.

---

[297] *BGH*, CR 1987, 358 (360); *OLG Düsseldorf,* NJW-RR 1993, 59.
[298] *BGH*, NJW 1981, 2684 (2685); *Wuermeling,* CR 1994, 585 (589).
[299] *BGH*, NJW-RR 2006, 84 (85); *OLG Hamm,* NJW 1981, 2362 (2363).
[300] *BGH*, NJW 2003, 2014 ff.; hierzu auch *Osterloh,* GRUR 2009, 311 (312).
[301] Redeker/*Gerlach,* Hdb. IT-Verträge, Teil. 1.9 Rn. 178.
[302] *Marly,* Rn. 1805.
[303] Zu den Beschränkungen vgl. *Marly,* Rn. 1805 ff; *Schneider,* Teil R Rn. 594 ff.

2. Audit-Rechte

Mehr noch als bei der Softwareüberlassung auf Dauer hat der Vermieter von Software ein Interesse daran, die vertragsgemäße Nutzung der Software kontrollieren zu können. Auch im Kontext des Mietrechts bestehen wegen der Wertungen des Urheberrechts zunächst gewisse Zweifel insbesondere an der Wirksamkeit von Audit-Klauseln, die unangekündigte Besichtigungen erlauben.[304] Allerdings sind dem Mietrecht gewisse Besichtigungsrechte des Vermieters nicht gänzlich fremd.[305] Bei entsprechender Ausgestaltung der Audit-Klauseln wird man im Rahmen eines Mietvertrages zu deren Wirksamkeit gelangen können.

175

3. Besonderheiten beim ASP

Im Rahmen von ASP-Verträgen ist insbesondere die Verwendung von Service Level Agreements zu beachten. Die darin enthaltenen Verfügbarkeitsquoten sind zwar typischerweise Leistungsbeschreibungen, die der AGB-Kontrolle entzogen sind, uU können diese aber auch als haftungs- bzw. gewährleistungsbeschränkende Klauseln interpretiert werden, die dann der AGB-Kontrolle zugänglich wären.[306]

176

E. Leasing von Software

Leasing wird im IT-Bereich häufig als Finanzierungsmöglichkeit gewählt, da es wenig Kapital bindet und die Leasingraten steuerlich voll absetzbar sind. Anders als bei einem reinen Mietvertrag trägt allerdings der Leasingnehmer das Risiko des Untergangs der geleasten Sache.[307] Typisch sind zB sog. **Bundle-Leasing-Verträge,** mit denen die Überlassung, Anpassung und Implementierung von Softwarelösungen (also im „bundle") finanziert wird.[308] Ein Leasingvertrag wird allgemein als atypischer Mietvertrag behandelt.[309]

177

IT-spezifische Besonderheiten für den Leasingnehmer und Leasinggeber **bestehen nicht.** Wie auch bei anderen Leasingverträgen besteht die Hauptpflicht des Leasinggebers folglich darin, dem Leasingnehmer die Software (bzw. Hardware) zu überlassen. Die Modalitäten richten sich regelmäßig nach Mietvertragsrecht. Der Leasingnehmer ist zur Zahlung der Leasingraten verpflichtet. Gleichzeitig treffen ihn die gleichen Mitwirkungspflichten wie bei einem Mietvertrag. Dies gilt beispielsweise für die Schaffung gegebenenfalls notwendiger Installationsvoraussetzungen.[310]

178

Sofern der Leasinggeber die **AGB des Lieferanten** in den Leasingvertrag einbeziehen möchte, hat dies ausdrücklich, unmissverständlich und klar zu erfolgen. Zudem muss dem Leasingnehmer die Möglichkeit der Kenntnisnahme dieser AGB verschafft werden. Der Leasinggeber kann nach § 278 BGB für eine schuldhafte Verletzung der Aufklärungs- und Hinweispflichten seines Lieferanten gegenüber dem Leasingnehmer haften, wenn der Lieferant mit Wissen und Wollen des Leasinggebers die Vorverhandlungen mit dem Leasingnehmer geführt hat.[311]

179

AGB-rechtlich werden typischerweise die mietrechtlichen **Mängelgewährleistungsrechte** zwischen Leasinggeber und Leasingnehmer ausgeschlossen. Im Gegenzug tritt der Leasinggeber dem Leasingnehmer die kaufrechtlichen Mängelgewährleistungsansprüche ab (oder überlässt sie ihm zur Ausübung im eigenen Namen), die dem Leasinggeber gegen

180

---

[304] Vgl. → Rn. 71.
[305] Vgl. zB Schmidt-Futterer/*Eisenschmid*, § 535 BGB Rn. 206 ff.; *Gramlich*, BGB § 535 Rn. 46.
[306] Hierzu → Rn. 61 ff.
[307] *Koch*, S. 327.
[308] Hierzu Hoeren/*Spittka*, MMR 2009, 583 (587).
[309] *BGH*, CR 2009, 79 (82); *Hoeren*, S. 289 f.
[310] Vgl. Redeker/*Gerlach*, Teil 1.9 Rn. 111.
[311] *BGH*, NJW 1985, 2258; CR 1996, 147.

den Lieferanten zustehen.³¹² Eine derartige Gestaltung ist bei Leasingverträgen üblich und zulässig.³¹³ Dies gilt auch gegenüber Verbrauchern. Erforderlich ist jedoch, dass dem Leasingnehmer sämtliche Mängelansprüche des Leasinggebers gegen den Lieferanten abgetreten werden. Sollte dies nicht der Fall sein, könnte die Klausel unwirksam sein.

181   AGB-rechtlich **unzulässig** ist aber eine zu weitgehende **Verlagerung des Erfolgsrisikos eines Leasingvertrages** vom Leasinggeber auf den Leasingnehmer. Der BGH hat zB eine Klausel für unwirksam gehalten, nach der sich der Leasinggeber ein Rücktrittsrecht ausbedungen hatte für den Fall, dass die finanzierte Implementierung einer Branchensoftware beim Leasingnehmer scheitern sollte. Außerdem verpflichtete die Klausel den Leasingnehmer alle bis dahin erbrachten Lieferungen des Lieferanten vom Leasinggeber zum Selbstkostenpreis zu erwerben und wieder in den Vertrag mit dem Lieferanten einzusteigen.³¹⁴ Der BGH sah hierin eine unangemessene Benachteiligung des Leasingnehmers, denn der Leasinggeber verlagerte die mit seiner Stellung einhergehenden Risiken mangelhafter Vertragserfüllung vollständig auf den Leasingnehmer. Besonders schwer falle dabei nach Ansicht des BGH ins Gewicht, dass für das Eingreifen dieser Klausel allein das Scheitern der Implementierung maßgeblich sein sollte, unabhängig vom Verschulden der beteiligten Parteien.³¹⁵

F. Softwarepflege und Third Party Maintenance

182   Softwarepflegeverträge sind sowohl für den Softwareanbieter als auch für den Anwender von **großer praktischer Bedeutung.** Ein Softwareanbieter kann bei Abschluss eines Softwarepflegevertrages auf eine langfristige (zusätzliche) Einnahmequelle vertrauen, die uU wirtschaftlich interessanter sein kann als der Vertrieb der Software selbst (zB bei Open Source Software).³¹⁶ Auch aus Anwendersicht sprechen viele Gründe für den Abschluss eines Softwarepflegevertrages, so zB die Sicherung und Erhaltung der Investitionen in die Software. Dabei ist zu berücksichtigen, dass ein Ausfall der Software im Einzelfall zu erheblichen Kosten für den Anwender führen kann. Darüber hinaus können Gesetzesänderungen eine Anpassung der Software erforderlich machen (zB Mehrwertsteuererhöhung bei Buchhaltungsprogrammen). Schließlich ist ein weiterer Aspekt die IT-Sicherheit. Durch die ständige Neuentwicklung von Computerviren und anderen Programmen, die ein IT-System empfindlich schädigen können, ist die ständige Pflege von IT-Systemen zwingend erforderlich. Auf Softwarepflegeverträge findet, je nach Ausgestaltung der Pflegeleistungen, entweder **Dienst- oder Werkvertragsrecht** Anwendung.

183   Als Vertragspartner eines Pflegevertrages kommt zunächst der Hersteller selbst in Betracht, der mit dem Verkauf der Standardsoftware häufig auch Pflegeleistungen „im Bundle" zu verkaufen versucht. Es existiert aber auch ein wachsender Markt für Anbieter von Wartungs- und Supportdienstleistungen durch Dritte, die sog. **Third Party Maintenance** erbringen. Derartige Pflegeleistungen durch Dritte sind gemäß § 69d UrhG grundsätzlich zulässig. Inwiefern sich ein Anwender für Pflegeleistungen unmittelbar vom Hersteller oder für Third Party Maintenance entscheidet, hängt von zahlreichen Faktoren ab. Zu beachten ist dabei vor allem, ob der Vertragspartner auch hinreichenden Zugriff auf die zu pflegende Software und insbesondere ihren Quellcode haben wird. Da eine Herausgabe-

---

[312] Vgl. *Koch*, S. 331; *Schneider*, Teil O Rn. 401.
[313] *BGH*, WM 1984, 1089 (1091).
[314] *BGH*, CR 2009, 79.
[315] Hierzu *Hoeren/Spittka*, MMR 2009, 583 (587); ferner *v. Westphalen*, NJW 2008, 2234 (2240f.) (auch § 305c Abs. 1 BGB heranziehend).
[316] S. den Sachverhalt von *OLG Karlsruhe*, CR 1999, 487 (die Beklagte hatte EDV-Programme kostenlos abgegeben, dies aber vom Abschluss eines monatlich zu vergütenden Pflegevertrages abhängig gemacht).

F. Softwarepflege und Third Party Maintenance

pflicht für den Quellcode in der Regel nicht existiert, kann dies der Third Party Maintenance erhebliche Grenzen setzen.

Wesentliche Vertragspflicht im Rahmen eines Softwarepflegevertrages ist die **Beseitigung von Funktionsstörungen** der Software sowie die Durchführung von Maßnahmen zur **Aufrechterhaltung des Betriebs**. Zu diesen Maßnahmen können unter anderem der Betrieb einer Hotline für bestimmte technische Fragen im Störungsfall, die Aktualisierung des Virenschutzes sowie das Bereitstellen von Updates oder Upgrades gehören. Soweit nichts anderes vereinbart wurde, beinhaltet die Bereitstellung von Updates und Upgrades nicht gleichzeitig auch die Pflicht zu deren Installation. Nicht geschuldet (jedenfalls nicht ohne ausdrückliche Vereinbarung) ist hingegen die Verbesserung oder Weiterentwicklung der Software, zB durch Ergänzung neuer Funktionen.[317]

184

> **Praxistipp:**
> Gegenstand des Vertrages sollte aus Anbietersicht nicht die verbindliche bzw. ausdrückliche Zusage der Mängelbeseitigung sein. Denn andernfalls könnte dies als Verfügbarkeitsgarantie ausgelegt werden, so dass der Anbieter der Softwarepflege verschuldensunabhängig haften würde.

185

Der Anwender hat bei einem Softwarepflegevertrag in erster Linie die Pflicht, die **Pflegeleistungen zu vergüten.** Diese Vergütung ist bei dienstvertraglicher Ausgestaltung des Pflegevertrages typischerweise auch dann geschuldet, wenn im entsprechenden Zeitraum Pflegearbeiten nicht erforderlich waren.[318] Denkbar ist aber auch eine eher werkvertragsorientierte Ausgestaltung der Vergütungspflicht, wonach nur dann eine Vergütung anfällt, wenn der Vertragspartner auch tatsächlich Pflegeleistungen erbracht hat. Schließlich sind auch Gestaltungen möglich, bei denen ein gewisser Pauschalbetrag monatlich gezahlt wird, ergänzt um eine aufwandsabhängige Vergütung.[319] Das vereinbarte Vergütungsmodell hat für die vertragstypologische Einordnung des Vertrags als Werk- oder Dienstvertrag keine Relevanz, sondern entfaltet diesbezüglich allenfalls Indizwirkung.[320]

186

> **Praxistipp:**
> Es sollte darauf geachtet werden, dass der Pflegevertrag erst dann beginnt, wenn die Software erfolgreich installiert bzw. abgenommen wurde. Anderenfalls besteht die Gefahr, dass die Gegenleistung für den Pflegevertrag zwar schon fällig ist, die Software aber zB wegen einer Verzögerung bei der Installation oder wegen eines Mangels noch gar nicht genutzt werden kann.

187

I. Definition des Leistungsinhalts

Die Leistungen des Dienstleisters müssen im Zweifelsfall gemäß § 243 Abs. 1 BGB „mittlerer Art und Güte" entsprechen. Für die Softwarepflege ist dieses Leistungskriterium jedoch kaum zu bestimmen. Daher sollte der **Maßstab** für die vertragsgemäße Erbringung von Pflegeleistungen in **Service Level Agreements** („SLAs") festgelegt werden.[321] In den SLAs werden Faktoren wie Qualität und Leistungszeit sowie der Leistungsumfang, deren Kontrolle durch Reporting sowie klare Vorgaben für die Beseitigung von Leistungsstörungen und Eskalationsprozesse vereinbart.[322] Möglich ist auch eine Verfügbarkeitsvereinbarung – dh der Vertragspartner hat seine Leistungen dann ordnungsgemäß erbracht, wenn

188

---

[317] *Koch*, S. 535.
[318] *LG Berlin*, ZUM-RD 2002, 296 (298).
[319] Zu verschiedenen Vergütungsformen *Intveen*, ITRB 2010, 90 (91).
[320] Vgl. *BGH*, NJW 2009, 2199 (2200).
[321] *Schreibauer/Taraschka*, CR 2003, 557 (558); hierzu → Teil 2.5.2.
[322] *Schumacher*, MMR 2006, 12 (13 ff.).

die von ihm zu pflegende Software für einen bestimmten Zeitraum produktiv genutzt werden konnte. Bei der Laufzeit des Pflegevertrages sollten sich die Parteien am erwarteten Einsatzzeitraum der zu pflegenden Software orientieren – eine **mehrjährige Mindestvertragslaufzeit** erscheint dabei empfehlenswert.[323]

189   Sofern die Vorgaben der SLAs nicht erreicht werden, vereinbaren die Parteien **Sanktionen** zu Lasten des Anbieters. Hier sind zu unterscheiden Sanktionen, die das Entgelt des Anbieters pauschal mindern, Vertragsstrafen sowie pauschalierter Schadensersatz.[324]

II. Abgrenzung zwischen kostenpflichtiger Softwarepflege und entgeltloser Mängelbeseitigung

190   Häufig wird zusammen mit dem Softwareüberlassungsvertrag auch eine Pflegevereinbarung getroffen. In der Praxis wird dann oftmals während der Dauer der Gewährleistungszeit die **Abgrenzung** zwischen **entgeltloser Mängelbeseitigung** einerseits und **zu vergütenden Softwarepflegearbeiten** andererseits problematisch. Sofern die Softwarepflege auch Tätigkeiten umfassen soll, die der Mängelbeseitigung dienen (können), wird in der Literatur überwiegend bezweifelt, dass die Pflege während der Gewährleistungszeit voll vergütet werden darf.[325] Ferner bereitet es während der Gewährleistungszeit Schwierigkeiten, einen festgestellten Mangel dem „richtigen" Vertrag zuzuordnen, also festzustellen, ob gegen eine vertragliche Pflicht aus dem Softwareüberlassungsvertrag oder den Pflegevertrag verstoßen wurde. Anknüpfungspunkt ist hier die Mängelursache. Liegt diese darin, dass die Software nicht ausreichend gepflegt wurde, liegt ein Verstoß gegen die softwarepflegevertraglichen Pflichten vor. Andernfalls kann der Besteller Mängelansprüche aus dem Softwareüberlassungsvertrag geltend machen.

III. Abschlusszwang und Kündigungsverbot?

191   Vereinzelt wird die Ansicht vertreten, dass der Softwareanbieter etwa aus § 242 BGB (hierzu sogleich), § 20 Abs. 1 GWB (Monopol des Herstellers auf den Quellcode der Software) oder aus seinem allgemeinen Marktverhalten **verpflichtet** sein kann, einen **Softwarepflegevertrag** mit dem Anwender **zu schließen**.[326] Außerhalb dieser (selbst zweifelhaften) Sonderfälle jedenfalls ist ein derartiger Anspruch mit der herrschenden Literaturmeinung abzulehnen.[327]

192   Spiegelbildlich versuchen auch Softwarehersteller gelegentlich ihre Kunden durchaus auch mit Nachdruck zum Abschluss von Wartungs- und Pflegeverträgen zu drängen. So wird zum Beispiel die Lieferung von Standard-Patches davon abhängig gemacht, dass der Anwender auch einen Pflegevertrag mit dem Hersteller abschließt.[328] Der Hersteller kann zwar grundsätzlich verschiedenartige Leistungen wie die Überlassung von Software sowie deren Pflege in einem Vertrag bündeln, denn es ist den Anwendern überlassen, ob sie diesen Vertrag abschließen möchten. Bei entsprechender Marktmacht des Herstellers setzt derartigem Koppelungsverlangen aber unter Umständen das Kartellrecht Grenzen.[329]

193   Umstritten ist schließlich, ob der Anbieter von Pflegeleistungen einen auf unbestimmte Zeit geschlossenen Pflegevertrag **vorzeitig,** dh vor Ablauf des erwarteten Lebenszyklus des zu wartenden Programms **ordentlich kündigen** kann. Nach einem Urteil des Land-

---

[323] So *Intveen,* ITRB 2010, 90 (92).
[324] Vgl. *Schumacher,* MMR 2006, 12 (14 f.); *Bräutigam,* CR 2004, 248 (251 f.).
[325] Vgl. *Marly,* Rn. 1051; *Bartsch,* NJW 2002, 1526 (1528).
[326] So *Zahrnt,* CR 2000, 205 (206).
[327] *Kilian/Heussen/Wieczorek,* Teil 32.5 Rn. 15; *Bischof/Witzel,* ITRB 2003, 31 (37); *Bartsch,* NJW 2002, 1526 (1529); *v. Baum,* CR 2002, 705 (709); *Fritzemeyer/Splittgerber,* CR 2007, 209 (212 ff.).
[328] Berichtet von *Grapentin/Ströbl,* CR 2009, 137.
[329] Ausführlich *Grapentin/Ströbl,* CR 2009, 137.

gerichts Köln soll dies nicht erlaubt sein. Denn gemäß § 242 BGB kann auch der Verkäufer von Industrieprodukten verpflichtet sein, Ersatzteile für die durchschnittliche Nutzungsdauer eines Produkts vorrätig zu halten. Demnach soll auch ein Softwareanbieter verpflichtet sein, die Software zumindest für den kompletten Lebenszyklus zu pflegen.[330] Das OLG Koblenz kam zu einem ähnlichen Ergebnis im Wege einer ergänzenden Vertragsauslegung, wonach das Recht zur ordentlichen Kündigung im konkreten Pflegevertrag ausgeschlossen gewesen sei.[331] Jedoch lässt sich weder aus dem Urteil des LG Köln noch aus dem Urteil des OLG Koblenz ein allgemeines Verbot für die Kündigung eines Softwarepflegevertrages entnehmen.[332] Beide Urteile bezogen sich ausdrücklich auf den jeweiligen Sachverhalt und stellten keine allgemein gültigen Grundsätze auf. Daher ist mit der herrschenden Meinung davon auszugehen, dass Softwareanbieter Softwarepflegeverträge grundsätzlich nach den allgemeinen Regeln kündigen können.[333]

---

[330] *LG Köln,* CR 1999, 218 (die Parteien hatten einen sich jährlich verlängernden Pflegevertrag mit 8-wöchiger Kündigungsfrist abgeschlossen, der Anbieter der Software wollte diesen sodann kündigen).
[331] *OLG Koblenz,* CR 1993, 626 (Der Hersteller der Software hatte sich in einem Kaufvertrag zur Pflege der überlassenen Software verpflichtet, sich im separat abgeschlossenen Pflegevertrag dann aber ein Sonderkündigungsrecht vorbehalten. Dies galt nach Ansicht des OLG aber als durch die Vereinbarung im Kaufvertrag ausgeschlossen.).
[332] So auch Schneider/v. Westphalen/*Peter,* Teil I Rn. 135 f.
[333] *OLG Koblenz,* CR 2005, 482 (483); *Marly,* Rn. 1057 ff. (Ausschluss allenfalls im Einzelfall bei rechtsmissbräuchlicher Ausübung); ähnlich *Schneider,* Teil S Rn. 299, 448 ff.; *Kaufmann,* CR 2005, 841 (845).

Teil 3. Schutz von Datenbanken, Computerspielen und Webangeboten

Übersicht

	Rn.
A. Besonderheiten des Schutzes immaterieller Güter	1
B. Rechtsschutz von Datenbanken	8
I. Datenbankbegriff	9
II. Urheberrechtlicher Schutz, § 4 Abs. 2 UrhG	16
III. Datenbankherstellerrecht, § 87a UrhG	18
1. Schutzvoraussetzungen	19
2. Schutzumfang	23
C. Urheberrechtlicher Schutz bei Webangeboten	42
I. Werk und Werkartenzuordnung	42
1. Schriftwerk, § 2 Abs. 1 Nr. 1 UrhG	45
2. Musikwerk, § 2 Abs. 1 Nr. 2 UrhG	47
3. Lichtbildwerk, § 2 Abs. 1 Nr. 5 UrhG	48
4. Filmähnliches Werk, § 2 Abs. 1 Nr. 6 UrhG	50
5. Darstellung wissenschaftlicher und technischer Art, § 2 Abs. 1 Nr. 7 UrhG	51
6. Werk der bildenden und der angewandten Kunst, § 2 Abs. 1 Nr. 4 UrhG	53
II. Schutzumfang des Urheberrechts	55
1. Verwertungshandlungen im Internet	55
2. Privatkopie	63
3. Störerhaftung	69
4. Zitatrecht	70
5. § 44a UrhG	71
6. Urheberpersönlichkeitsrecht	81
D. Rechtlicher Schutz von Computerspielen	82
I. Computerspiele als hybride Werke	82
II. Schutz der einzelnen Bestandteile	84
1. Handlung und Regelwerk	85
2. Texte	86
3. Musik	87
4. Grafiken und Computeranimationen	88
5. Charaktere	89
6. Zwischensequenzen	91
III. Weitere Schutzmöglichkeiten	92
IV. Schutzumfang, insbesondere Schutz gegen Cheatbots	93

Literatur:

Arlt, Ansprüche des Rechteinhabers bei Umgehung seiner technischen Schutzmaßnahmen, MMR 2005, 548; *Arnold,* Rechtmäßige Anwendungsmöglichkeiten zur Umgehung von technischen Kopierschutzmaßnahmen?, MMR 2008, 144; *Balzert,* Lehrbuch der Software-Technik, 2. Aufl. 2001; *Becker/Nikolaeva,* Das Dilemma der Cloud-Anbieter zwischen US Patriot Act und BDSG, CR 2012, 170; *Berger,* Der Schutz elektronischer Datenbanken nach der EG-Richtlinie vom 11.3.1996, GRUR 1997, 170; *Brüggemann,* Urheberrechtlicher Schutz von Computer- und Videospielen, CR 2015, 697; *Bullinger/Czychowski,* Digitale Inhalte: Werk und/oder Software? Ein Gedankenspiel am Beispiel von Computerspielen, GRUR 2011, 19; *Busch,* Zur urheberrechtlichen Einordnung der Nutzung von Streamingangeboten, GRUR 2011, 496; *Büscher/Müller,* Urheberrechtliche Fragestellungen des Audio-Video-Streamings, GRUR 2009, 558; *Cichon,* Urheberrechte an Webseiten, ZUM 1998, 897; *Conraths,* Der urheberrechtliche Schutz gegen Cheat-Software, CR 2016, 705; *Czychowski,* Der BGH und Computerspiele: Es verbleiben noch offene Fragen Zugleich Besprechung von BGH „World of Warcraft I", GRUR 2017, 362; *Dreier,* Urheberrecht auf dem Weg zur Informationsgesellschaft – Anpassung des Urheberrechts an die Bedürfnisse der Informationsgesellschaft, GRUR 1997, 859; *Eichelberger,* Vorübergehende Vervielfältigungen und deren Freistellung zur Ermöglichung einer rechtmäßigen Werknutzung im Urheberrecht – Zur Auslegung und Anwendung von Art. 2 lit. a InfoSoc-RL/§ 16 Abs. 1 UrhG und Art. 5 Abs. 1 lit. b InfoSoc-RL/§ 44a Nr. 2 UrhG nach EuGH, verb. Rs. C-403/08 u. C-429/08 – Football Association Premier League, K&R 2012, 393; *Ensthaler,* Der patentrechtliche

Schutz von Computerprogrammen nach der BGH-Entscheidung „Steuerungseinrichtung für Untersuchungsmodalitäten", GRUR 2010, 1; *Fangerow/Schulz,* Die Nutzung von Angeboten auf www.kino.to. Eine urheberrechtliche Analyse des Film-Streamings im Internet, GRUR 2010, 677; *Faustmann/Ramsperger,* Abmahnkosten im Urheberrecht, MMR 2010, 663; *Gaster,* Der Rechtsschutz von Datenbanken, 1999; *Grützmacher,* Urheber-, Leistungs- und Sui-generis-Schutz von Datenbanken – eine Untersuchung des europäischen, deutschen und britischen Rechts, 1999; *Haberstumpf,* Der Schutz elektronischer Datenbanken nach dem Urheberrechtsgesetz, GRUR 2003, 15; *Harte-Bavendamm/Wiebe,* Urheberrecht, in: Kilian/Heussen (Hrsg.), Computerrechts-Handbuch, 2003, Kap. 51; *Hecht/Kockentiedt,* Wettbewerbsrechtlicher Schutz von Online-Games gegen Cheatbots, CR 2009, 719; *Hentsch,* Die Urheberrechte der Publisher bei eSport, Vertragliche Ausgestaltung der Rechteeinräumung bei Computerspielen, MMR-Beil. 2018, 3; *Hofmann,* Die Schutzfähigkeit von Computerspielsystemen nach Urheberrecht, CR 2012, 281; *Kamps/Koops,* Online-Videorecorder im Lichte des Urheberrechts, CR 2007, 581; *Katko/Maier,* Computerspiele – die Filmwerke des 21. Jahrhunderts?, MMR 2009, 306; *Leistner,* Der Rechtsschutz von Datenbanken im deutschen und europäischen Recht, 2000; *ders.,* Einheitlicher europäischer Werkbegriff auch im Bereich der angewandten Kunst, GRUR 2019, S. 1114; *McGuire,* Beweismittelvorlage und Auskunftsanspruch nach der Richtlinie 2004/48/EG zur Durchsetzung der Rechte des geistigen Eigentums – Über den Umsetzungsbedarf im deutschen und österreichischen Prozessrecht, GRUR Int. 1/2005, 15; *Mittsdörffer/Gutfleisch,* Geo-Sperren – wenn Videoportale ausländische Nutzer aussperren. Eine urheberrechtliche Betrachtung, MMR 2009, 731; *Ott,* Haftung für Embedded Videos von YouTube und anderen Videoplattformen im Internet, ZUM 2008, 556; *Rauda,* Cheatbots in Computerspielen, Urheber-, wettbewerbs- und markenrechtliche Ansprüche gegen Schummelsoftware, MMR-Beil. 2019, 20; *Röttgen/Juelicher,* Der BOT, das unbekannte Wesen – Ein rechtlicher Überblick, DSRITB 2017, 227; *Rosenkranz,* Grenzen der urheberrechtlichen Störerhaftung des ausländischen Betreibers einer Online-Handelsplattform, IPRax 2007, 524; *Ruess,* „Just google it?" – Neuigkeiten und Gedanken zur Haftung der Suchmaschinenanbieter für Markenverletzungen in Deutschland und den USA, GRUR 2007, 198; *Schulze,* Urheberrecht und neue Musiktechnologien, GRUR 1994, 15; *ders.,* Urheber- und leistungsschutzrechtliche Fragen virtueller Figuren, ZUM 1997, 77; *ders.,* Aspekte zu Inhalt und Reichweite von § 19a UrhG, ZUM 2011, 2; *Jochen Schneider,* Handbuch des EDV-Rechts, Köln 2003; *Sieber/Höfiger,* Drittauskunftsansprüche nach § 101a UrhG gegen Internetprovider zur Verfolgung von Urheberrechtsverletzungen, MMR 2004, 575; *Sorge,* Zum Stand der Technik in der WLAN – Sicherheit, CR 2011, 273; *Spindler,* Europäisches Urheberrecht in der Informationsgesellschaft, GRUR 2002, 105; *ders.,* Haftung für private WLANs im Delikts- und Urheberrecht, CR 2010, 592; *Spindler/Schuster* (Hrsg.), Recht der elektronischen Medien, 4. Aufl. 2019; *Ullrich,* Webradioportale, Embedded Videos & Co. – Inline-linking und Framing als Grundlage urheberrechtlich relevanter (Anschluss-)Wiedergaben, ZUM 2010, 853, 861; *Ullmann,* EuGH v. 22.10.2010 – Rs. C-467/08 – Padawan/SGAE – und kein Ende, CR 2012, 288; *Wiebe,* Rechtsschutz von Datenbanken und europäische Harmonisierung, CR 1996, 198; *ders.,* Information als Schutzgegenstand im System des geistigen Eigentums, in: Fiedler/Ullrich (Hrsg.), Information als Wirtschaftsgut, 1997, S. 93; *ders.,* Europäischer Datenbankschutz nach William Hill – Kehrtwende zur Informationsfreiheit?, CR 2005, 235; *ders.,* Der virtuelle Videorekorder – Neue Dienste zwischen Privatkopie und öffentlicher Zugänglichmachung, CR 2007, 28; *ders.,* Vertrauensschutz und geistiges Eigentum am Beispiel der Suchmaschinen, GRUR 2011, 888; *ders.,* Providerhaftung in Europa: neue Denkanstöße durch den EuGH, Teil 1, WRP 2012, 1183; Teil 2, WRP 2012, 1335; *ders.,* Der Schutz von Datenbanken – ungeliebtes Stiefkind des Immaterialgüterrechts, CR 2014, 1; *Wiebe/Funkat,* Multimedia-Anwendungen als urheberrechtlicher Schutzgegenstand, MMR 1998, 69; *Wiebe/Leupold* (Hrsg.), Recht der elektronischen Datenbanken, Köln 2002 (Loseblatt); *Wieduwilt,* Cheatbots in Onlinespielen – eine Urheberrechtsverletzung?, MMR 2008, 715; *Zoebisch,* Technische Schutzrechte bei der Digitalisierung der Wirtschaft – Softwarepatente in Europa und den USA, DSRITB 2015, 695.

A. Besonderheiten des Schutzes immaterieller Güter

1 Mit dem Übergang zur Informationsgesellschaft und zur Wissensgesellschaft bekamen die rechtlichen Regelungen zum Umgang mit Informationen immer größere Bedeutung, Ein wichtiger Teil davon ist der Rechtsbereich, der Verfügungsrechte an Informationen konstituiert und ausgestaltet – das **Immaterialgüterrecht.** Die Verbreitung von Big Data, neuen Analysetools und KI stellt auch dieses Rechtsgebiet vor neue Herausforderungen.

2 **Informationen** unterscheiden sich von körperlichen Gegenständen durch eine Reihe von Besonderheiten, die auch für die rechtliche Behandlung von Bedeutung sind. Informationen können an vielen Orten gleichzeitig existieren, sie nutzen sich durch Gebrauch nicht ab. Ohne exklusive rechtliche Zuordnung könnte jeder Informationen frei nutzen, und es gäbe keine Märkte in diesem Bereich. Immaterialgüterrechtliche Ausschlussrechte sind daher erforderlich, um Informationen ihrer nützlichsten Verwendung zuzuführen. Das

Problem ist dann eher die Ausgestaltung im Detail. Allerdings ist das Ausschlussprinzip gerade durch das Internet grundsätzlich in Frage gestellt worden, wie die Bewegungen zu Open Source und Open Access zeigen.

Das Immaterialgüterrecht ist in seiner heutigen Form mit Gewerbefreiheit und Industrialisierung entstanden. Es basiert auf dem **Grundsatz des geistigen Eigentums,** wonach dem Schöpfer immaterieller Güter ein natürliches Anrecht auf Zuordnung dieses Gutes zusteht, das vom Staat nur noch anerkannt wird. Daraus resultiert auch der Grundsatz im Urheberrecht, dass neu entstehende Nutzungsformen wiederum dem Urheber zuzuordnen sind,[1] was gerade im Bereich der Entwicklung von IT von großer praktischer Bedeutung ist. Daneben steht auch die Anreizfunktion, wonach der Schöpfer als Anreiz für die Schaffung neuer Werke oder Erfindungen ein zeitlich begrenztes Ausschlussrecht bekommt, das ihm die Verwertung des informationellen Gutes und damit einen wirtschaftlichen Return erlaubt.

Das Immaterialgüterrecht gliedert sich in **verschiedene Schutzsysteme,** die jeweils durch eigene Gesetze ausgestaltet sind. Das Patentrecht dient dem Schutz technischer Erfindungen. Gleiches gilt für das Gebrauchsmusterrecht, das etwas geringere Anforderungen stellt und günstiger zu haben ist. Das Marken- und Kennzeichenrecht dient der Kennzeichnung von Waren und Dienstleistungen der Herkunft nach und hat große Bedeutung für Vertrieb und Marketing. Das Geschmacksmusterrecht schützt das Design von Produkten, das für die Vermarktung in bestimmten Bereichen immer wichtiger wird. Das Urheberrecht schützt individuelle geistige Schöpfungen und war ursprünglich für die schönen Künste gedacht. Heute erfasst es auch Computerprogramme, Datenbanken und Websites und ist damit auch zu einem gewerblichen Schutzrecht geworden.

Bereits seit dem 19. Jahrhundert ist das Immaterialgüterrecht durch **internationale Verträge** und Abkommen abgesichert. Diese garantieren einerseits einen gewissen Mindestschutz, zum anderen konstituieren sie den Grundsatz der Inländerbehandlung, wonach Ausländer bei der Gewährung von nationalen Schutzrechten nicht anders behandelt werden dürfen als Inländer. Jüngstes Beispiel ist das TRIPS-Abkommen im Rahmen der WTO.

In den letzten 20 Jahren hat zunehmend der **europäische Gesetzgeber** das Immaterialgüterrecht geregelt, was auch mit der gestiegenen wirtschaftlichen Bedeutung immaterieller Güter zu tun hat. Patentrecht, Markenrecht und Geschmacksmusterrecht wurden durch EU-Richtlinien harmonisiert und es bestehen auch europaweit einheitliche Gemeinschaftssysteme bzw. stehen solche kurz vor der Inkraftsetzung. Das Urheberrecht ist wegen der Unterschiede zwischen dem kontinentalen System und dem angloamerikanischen System noch wenig harmonisiert. Hier wurden bisher eher punktuell im IT-Bereich Richtlinien erlassen, und zwar für Computerprogramme (1991), Datenbanken (1996) und für die Verwertung im Internet (2001).

Nach dem Schutz von Computerprogrammen (Teil 2.1.) sollen im folgenden Kapitel der Schutz von Datenbanken, Webangeboten sowie Computerspielen als wichtigen Anwendungsbereichen des immaterialgüterrechtlichen Schutzes näher behandelt werden.

B. Rechtsschutz von Datenbanken

Neben Software wurden Datenbanken als zweite Säule der Informationsgesellschaft gesehen. Dementsprechend wurde deren immaterialgüterrechtlicher Schutz im Jahre 1996 durch die EG-RL 96/9/EG europaweit **harmonisiert.**[2] Grundvoraussetzung ist das Vorliegen einer Datenbank. Sind die Voraussetzungen dafür gegeben, ist der Schutz ein

---

[1] *BGHZ* 17, 266 – Grundig-Reporter; *BGH,* NJW 2002, 3393 – Elektronischer Pressespiegel.
[2] RL v. 11.3.1996 über den rechtlichen Schutz von Datenbanken, ABl. EG Nr. L 77/20 v. 27.3.1996, umgesetzt durch Art. 7 des IuKDG v. 22.7.1997, BGBl. I S. 1870.

Schutzrecht für den urheberrechtlichen Teil und in ein neues Sui-generis-Schutzrecht zum Schutz der Investitionen in Datenbanken aufgeteilt.

I. Datenbankbegriff

9 Eine **Datenbank** ist nach § 4 Abs. 2 iVm § 4 Abs. 1 UrhG eine Sammlung von Werken, Daten oder anderen unabhängigen Elementen, die systematisch und methodisch angeordnet und einzeln mit elektronischen oder anderen Mitteln zugänglich sind. In die Sammlung können nicht nur Werke im urheberrechtlichen Sinne, sondern auch jegliche Art wahrnehmbaren Materials, etwa Texte, Töne, Bilder, Zahlen und Daten eingestellt werden.[3]

10 Durch die Voraussetzung der **Unabhängigkeit der Elemente** werden solche Gestaltungen ausgegrenzt, die von vornherein für ein Ganzes geschaffen sind, inhaltliche Wechselbeziehungen aufweisen und so in ihrer Verschmelzung eine einheitliche Aussage bilden, während bei unabhängigen Elementen die in der Sammlung entstehende Individualität sozusagen „von außen" an die Elemente anknüpft und von den Einzelelementen getrennt ist.[4] Der EuGH hat in Übereinstimmung damit auf einen „selbstständigen Informationswert" und darauf abgestellt, dass sich die Elemente nicht voneinander trennen lassen, ohne dass der Wert des Inhalts beeinträchtigt wird.[5] Diese Abgrenzung ist relevant für den Schutz von **Websites**. Einzelne Webseiten sind zwar häufig aus verschiedenen multimedialen Elementen zusammengesetzt, sie stellen aber keine Datenbank dar, da „ihre Elemente nicht voneinander unabhängig, sondern von vornherein aufeinander bezogene Teile eines einheitlichen Werkes sind".[6] Etwas Anderes gilt für aus mehreren Webseiten bestehende Websites, deren durch Links verbundene Webseiten unabhängige Elemente darstellen können.[7]

11 Werden elektronische Datenbanken **online** angeboten, dann ändert diese Vertriebsform nichts am Charakter als Datenbank.[8] Eine Datenbank in diesem Sinne ist auch in der Zusammenstellung von Nachrichten auf einer Internetseite durch ein Verlagshaus zu sehen.[9] Das gleiche gilt für ein Online-Stellenangebot,[10] Telefonbücher,[11] Linksammlungen,[12] Sammlungen von Veranstaltungsdaten,[13] einen Online-Fahrplan der Bahn[14] sowie eine Automobil-Onlinebörse.[15] Für elektronische Märkte besonders wichtig sind elektronische

---

[3] *Schricker/Vogel*, UrhG § 87a Rn. 5f.
[4] Vgl. ferner *LG München I*, CR 2000, 389, 390 = NJW 2000, 2214, 2215, wonach Werke ausgeschlossen sind, deren Elemente ein „verbindendes Gewebe" bilden, etwa literarische und Musikwerke sowie im entschiedenen Fall einzelne Musik- und Tonspuren von „MIDI-Files".
[5] *EuGH*, C-604/10, Rn. 26 – Football Dataco Ltd. ua/Yahoo! UK Ltd., Football Dacato/Yahoo, Rn. 26 f.; *EuGH*, GRUR-Int 2005, 239, Rn. 32 f. – Fixtures Marketing Ltd v. Organismos prognostikon agonon podosfairou AE (OPAP); *EuGH*, GRUR 2012, 386 – Football Dataco Ltd. ua/Yahoo! UK Ltd. Football ua.
[6] *Öst.OGH*, 10.7.2001 – 4 Ob 155/01z – C-Villas; ähnlich *OGH*, MR 2001, 234 – Telering.at; vgl. auch *OLG Frankfurt a. M.*, GRUR-RR 2005, 299; *Leistner*, GRUR Int. 1999, 819, 824.
[7] Vgl. auch *Wiebe/Funkat*, MMR 1999, 69ff.; die hypermediale Verknüpfung lässt sich als systematisch-methodische Anordnung verstehen; vgl. auch *OLG Düsseldorf*, MMR 1999, 729, 731, für die Zusammenstellung von Branchen-Werbeseiten zu Werbezwecken.
[8] *OLG Hamburg*, JurPC Web-Dok. 147/2001, Abs. 12, sowie Vorinstanz *LG Hamburg*, CR 2000, 776, für ein medizinisches Online-Lexikon; *LG Köln*, JurPC Web-Dok. 211/2001, für eine Sammlung lyrischer Texte.
[9] Vgl. *LG München I*, MMR 2002, 58; vgl. auch *OLG Köln*, MMR 2001, 387, für eine Online-Datenbank mit Zeitungsartikeln.
[10] *LG Köln*, JurPC-Web-Dok. 138/2001, Abs. 18.
[11] *BGH*, GRUR 1999, 923 – TeleInfoCD.
[12] *LG Köln*, CR 2000, 400, 401.
[13] *KG*, CR 2000, 812.
[14] *LG Köln*, MMR 2002, 689.
[15] *BGH*, GRUR 2011, 1018 Rn. 32 – Automobil-Onlinebörse.

interaktive Produktkataloge, die auch Suchfunktionen wie bei herkömmlichen Datenbanken integrieren und ebenfalls für einen Datenbankschutz in Betracht kommen.

Die Reichweite des Datenbankschutzes zeigt sich beim Schutz von Stadtplänen, auch in analoger Form. Das LG München I hat zum Merkmal der **„Unabhängigkeit"** der Elemente Stadtpläne als Sammlung einer Vielzahl übereinanderliegender topografischer Einzeldaten gesehen, zB Wegenetz, bebaute Flächen oder die Lage und Gestalt öffentlicher Gebäude.[16] Auf Vorlage des BGH entschied der EuGH schließlich, dass Landkarten als Datenbanken schutzfähig sein können.[17] Eine bloße Minderung des Informationswerts bei Herauslösen einzelner Elemente stehe einer Qualifizierung als „unabhängige Elemente" nicht entgegen, da die Einfügung in die Datenbank den Wert zuvor erhöht habe. Es müsse lediglich ein selbständiger Informationswert verbleiben.[18] 12

Durch das Merkmal der einzelnen Zugänglichkeit sollen audiovisuelle, kinematografische, literarische oder musikalische Werke als solche vom Schutz als Datenbankwerk ausgenommen werden, da sie bereits als Einheit geschützt sind.[19] Ermöglicht werden kann die einzelne Zugänglichkeit durch ein technisches Mittel (elektronisches, elektromagnetisches, elektrooptisches Verfahren) oder ein anderes Mittel, wie ein Index, Inhaltsverzeichnis oder eine Gliederung.[20] 13

Das Merkmal der systematischen oder methodischen Anordnung dient der Abgrenzung von völlig ungestalteten „Datenhaufen".[21] Dabei ist nicht auf die physische Speicherung abzustellen, vielmehr kommt es hier auf die logische Gesamtsicht, das konzeptionelle Modell, schematisiert in einem Datenmodell an.[22] Als Mindestkriterium hat es für elektronische Datenbanken keine spürbare Abgrenzungsfunktion. 14

Der Schutz der Datenbank ist von dem ihres **Inhalts** zu unterscheiden. Entsprechend hat der EuGH klargestellt, dass ein Schutz als Datenbank auch dann in Betracht kommt, wenn der Inhalt selbst schutzfrei ist.[23] Ein Schutz der enthaltenen Daten als solche erfolgt daher nicht, sondern diese sind nur indirekt im Rahmen der Verwertungsrechte erfasst. 15

II. Urheberrechtlicher Schutz, § 4 Abs. 2 UrhG

Der urheberrechtliche Schutz als Datenbankwerk ist möglich, wenn eine individuell-schöpferische Auswahl oder Anordnung der Datenbankelemente festgestellt werden kann. An die **Individualität** dürfen keine zu hohen Anforderungen gestellt werden. Alltägliche, routinemäßige, rein handwerkliche Leistungen werden von der Rechtsprechung aber nicht als ausreichend angesehen.[24] Für die Zusammenstellung einer Liste mit Gedichttiteln wurde es etwa als hinreichend individuelle Auswahl angesehen, die „wichtigsten" Gedichte der Zeit zwischen 1730 und 1900 zu ermitteln und dabei ein statistisches Kriterium anzuwenden.[25] Die alphabetische Anordnung der Daten bei Adressen- und Fernsprechverzeich- 16

---

[16] *LG München I*, GRUR-RR 2010, 92, Rn. 84 bis 87; aA *OLG München*, CR 2013, 562, 562f., Rn. 43 bis 49.
[17] *EuGH*, GRUR 2015, 1187 – Verlag Esterbauer.
[18] *EuGH*, GRUR 2015, 1187, 1189, Rn. 27 – Verlag Esterbauer.
[19] Vgl. Erwägungsgrund 17 Datenbank-RL. Zum weiten Schutzumfang vgl. auch *Gaster*, CR 1997, 669, 673.
[20] *EuGH*, Rs. C-444/02, GRUR Int. 2005, 239, 241 Rn. 30 – Fixtures Marketing Ltd v. Organismos prognostikon agonon podosfairou AE (OPAP); *BGH*, GRUR 2011, 1018 Rn. 28 – Automobil-Onlinebörse.
[21] Vgl. *OLG Köln*, MMR 2007, 443; Schricker/Loewenheim/*Leistner*, § 4 UrhG Rn. 51; Schricker/Loewenheim/*Vogel*, § 87a UrhG Rn. 5.
[22] Erwägungsgrund 21 Datenbank-RL; vgl. *Wiebe/Funkat*, MMR 1998, 69, 72, mit Bezug auf *Vossen*, Datenmodelle, Datenbanksprachen und Datenbankmanagementsysteme, 2. Aufl. 1994, S. 23 ff.; *Leistner*, GRUR Int 1999, 823.
[23] *EuGH*, C-545/07, GRUR Int. 2009, 501 – Apis-Hristovich EOOD./. Lakorda AD.
[24] *OLG Düsseldorf*, CR 2000, 184; *OLG Hamburg*, MMR 2003, 45, 46: „Eine Auswahl oder Anordnung, die jeder so vornehmen würde".
[25] *BGH*, GRUR 2007, 685 – Gedichttitellisten I.

nissen kann dagegen nicht schutzbegründend wirken.[26] Aus technischer Sicht kommt für die Feststellung der Individualität vor allem die **Strukturleistung** im Bereich der **„Meta-Daten"** in Betracht.[27] Dabei ist das **Datenmodell** das strukturbestimmende Merkmal.[28] Bei Webangeboten gehört zur Struktur die nicht-lineare Informationsverkettung von Hypertext. Vor allem die Verknüpfung der einzelnen Seiten einer Website, die dieser ihre Struktur verleiht, kann individuelle Elemente enthalten und die gesamte Website damit als Datenbankwerk schutzfähig erscheinen lassen. Ansonsten ist auf nicht übliche Zugangs- und Abfragesysteme abzustellen.[29]

17 Zu beachten ist dabei jedoch, dass jeweils nur die Verwertung der geschützten Elemente Urheberrechte verletzen kann. Wird also die Website als Ganzes kopiert, dann wird auch die individuelle Struktur, die besondere Verknüpfung der Seiten übernommen. Werden dagegen nur **einzelne Seiten** kopiert, dann ist damit nicht die Strukturleistung betroffen, so dass kein urheberrechtlicher Anspruch begründet wird. Werden nur Teile eines Online-Lexikons oder einer Fachinformationssammlung übernommen, so ist zu prüfen, inwieweit die Teile die geschützte Strukturleistung erkennen lassen. Der Schutzumfang wird durch die urheberrechtlichen **Schrankenbestimmungen** begrenzt. Hier enthalten § 53 Abs. 5 sowie § 55a UrhG besondere Regelungen. Danach wird insbesondere die übliche Nutzung im Rahmen eines vertraglichen Zugangs abgesichert.

III. Datenbankherstellerrecht, § 87a UrhG

18 Das Urheberrecht kann dem steigenden Schutzbedürfnis von Informationsprodukten nicht mehr gerecht werden, da sich eine individuelle Auswahl oder Anordnung häufig nicht nachweisen lassen. Das gilt gerade bei Datenbanken, die Konventionen folgen oder auf Vollständigkeit angelegt sind. Von großer praktischer Bedeutung auch für Online-Angebote ist deshalb das **Sui-generis-Recht** oder Datenbankherstellerrecht.[30] Anders als das Urheberrecht dient das Sui-generis-Recht dem Schutz des Herstellers für seine beruflichen und finanziellen Investitionen in die Datenbank.

1. Schutzvoraussetzungen

a) Wesentliche Investition

19 Der Sui-generis-Schutz setzt eine „nach Art und Umfang **wesentliche Investition**" voraus. Dazu gehören die Kosten für die Beschaffung des Datenbankinhalts ebenso wie für die Datenaufbereitung sowie die Bereitstellung und Überprüfung der Datenbank.[31] Dazu werden allgemein auch die Kosten für die Beschaffung der für den Aufbau und Betrieb der Datenbank benötigten Computerprogramme gerechnet.[32] Zu berücksichtigen sind finanzielle und technische Mittel ebenso wie aufgewandte Zeit, Arbeit und Energie.[33]

20 Eine wesentliche Einschränkung erfährt der Sui-generis-Schutz durch die Rechtsprechung des EuGH, der eine strikte Abgrenzung der Aufwendungen für die **Generierung** der Daten von den Kosten der Beschaffung des Datenbankinhalts selbst durchführt.[34] Da-

---

[26] *BGH*, MMR 1999, 470, 471.
[27] *Wiebe/Funkat*, MMR 1998, 69, 72; *Gaster*, Rechtsschutz von Datenbanken, Rn. 142 ff.
[28] *Wiebe*, CR 1996, 198, 201.
[29] *OLG Frankfurt a. M.*, GRUR-RR 2005, 299.
[30] *Gaster*, CR 1997, 669, 671 ff.; *Wiebe*, CR 1996, 198, 203.
[31] *Schricker/Vogel*, § 87a UrhG Rn. 28.
[32] *KG*, MMR 2001, 171, 172.
[33] *EuGH*, C-444/02, Fixtures Marketing Ltd v. Organismos prognostikon agonon podosfairou AE (OPAP), Rn. 44.
[34] *EuGH*, C-203/02 of Nov. 9, 2004, The British Horseracing Board Ltd. V. William Hill Organization Ltd.; C-338/02, Fixtures Marketing Ltd v. Svenska Spel AB; C-444/02, Fixtures Marketing Ltd v. Organismos prognostikon agonon podosfairou AE (OPAP); C-46/02, Fixtures Marketing Ltd v. Oy Veikkaus Ab.

nach seien Kosten für die Generierung von neuen Daten nicht als Investitionen in die Beschaffung des Datenbankinhalts berücksichtigungsfähig. Um eine wesentliche Investition in die Datenbankherstellung zu begründen, müsse über die Aufwendungen für die Erzeugung der Daten hinaus ein selbstständiger Aufwand für die Sammlung und Überprüfung der Daten im Hinblick auf die Datenbank nachgewiesen werden. Diese Abgrenzung ist von wesentlicher Bedeutung für die Schutzfähigkeit von Roh- oder Maschinendaten (s. Teil 6.7). Gleiches gilt auch für die **Eingabe von Daten durch Nutzer**, etwa über ein Webformular. Der BGH stellte fest, dass es sich bei der Dateneingabe noch um die Phase der Datengenerierung handele, die für den Schutz des Datenbankherstellers nicht relevant ist.[35] Erst für die Erfassung der Daten durch die Software und deren folgende Darstellung sind die Kosten der Sammlung und Darstellung berücksichtigungsfähig. Das gilt auch für die Überprüfung der Daten auf ihre Einstellungsfähigkeit, die zu den Investitionen in die Überprüfung des Inhalts gerechnet werden können.

Ein wichtiger Anknüpfungspunkt für die Annahme einer wesentlichen Investition kann sich auch weiterhin aus der **Pflege** und **Aktualisierung** der Daten ergeben. Für Online-Datenbanken erlangt besonders die ständige Aktualisierung insoweit eine große Bedeutung.[36] Hinsichtlich der Wesentlichkeit im Hinblick auf den **Umfang der Investition** werden nur geringe Anforderungen gestellt. Überwiegend wird dies nur als Minimalanforderung zum Ausschluss von „Allerweltsinvestitionen" dienen.[37] Der BGH lässt es ausreichen, wenn keine „ganz unbedeutenden, von jedermann leicht zu erbringenden Aufwendungen" vorliegen. Hiernach können schon die Personalkosten für die Überprüfung der Bewertungen ausreichen, was auch unter Beweisgesichtspunkten eine gewisse Erleichterung darstellt.[38]

21

b) Hersteller als Rechteinhaber

Inhaber des Sui-generis-Rechts ist nicht wie im Urheberrecht derjenige, der die Datenbank konzipiert hat, sondern die Person, „die die Initiative ergreift und das **Investitionsrisiko** trägt".[39] Dies können natürliche oder juristische Personen sein. Daher kann die Inhaberschaft am Datenbankherstellerrecht und an einem parallelen Urheberrecht auseinanderfallen. Die Bestimmung der Herstellereigenschaft ist nicht immer ganz einfach. Praktisch bedeutsam ist, dass die Datenbankrichtlinie **„Auftragnehmer"** ausdrücklich ausklammert; sodass jedenfalls „Subunternehmer, welche nur innerhalb der Verantwortungssphäre des Auftraggebers handeln" nicht als Datenbankhersteller anzusehen sind.[40] Arbeitnehmer fallen ebenfalls nicht unter den Herstellerbegriff.

22

2. Schutzumfang

a) Verwertungsrechte

Während für den urheberrechtlichen Datenbankschutz der allgemeine urheberrechtliche Schutzumfang gilt, wurde für das neuartige Sui-generis-Recht der Schutzumfang besonders definiert. Die in § 87b Abs. 1 UrhG umschriebenen **Verwertungsrechte** entsprechen dem Urheberrecht und umfassen die Vervielfältigung, Verbreitung und öffentliche Wiedergabe einschließlich des Rechts der öffentlichen Zugänglichmachung. Für den Fall, dass

23

---

[35] *BGH*, CR 2011, 498 – Zweite Zahnarztmeinung II; vgl. dazu *Lüft*, GRURPrax 2011, 299 und *Wiebe*, GRURPrax 2011, 369.
[36] *LG Köln*, CR 1999, 593, 594; *LG Berlin*, CR 1999, 388.
[37] *Gaster*, Rechtsschutz von Datenbanken, Rn. 476, unter Bezugnahme auf Erwägungsgrund 19; vgl. auch *Berger*, GRUR 1997, 169, 173; aA *Fromm/Nordemann-Hertin*, § 87a UrhG Rn. 16: „substantielles Gewicht"; *Schack*, MMR 2001, 9, 12.
[38] *BGH*, CR 2011, 498, 499 – Zweite Zahnarztmeinung II; *BGH*, K&R 2011, 641 – Automobil-Onlinebörse.
[39] Erwägungsgrund 41 der DatenbankRL.
[40] *Gaster*, Rechtsschutz von Datenbanken, Rn. 485.

Datenbanken typischerweise nur die den Nutzer selbst betreffenden Datensätze bereitstellen, hat der BGH entschieden, dass auch diese einzelnen Vorgänge eine öffentliche Zurverfügungstellung darstellen, wenn die Nutzer in ihrer Gesamtheit eine Öffentlichkeit darstellen.[41] Das Recht der öffentlichen Wiedergabe ist nicht beschränkt auf die Erstveröffentlichung, sondern auch eine Kopie der Datenbank kann Gegenstand unzulässiger Verwertungshandlungen sein. Der EuGH hat unter Berufung auf Erwägungsgrund 43 betont, dass der Erschöpfungsgrundsatz nicht für die Online-Übermittlung gilt, und zwar auch nicht für ein vom Empfänger mit Zustimmung des Rechtsinhabers angefertigtes Vervielfältigungsstück.[42]

24 Der EuGH hat in mehreren Entscheidungen die **Reichweite** des Sui-generis-Rechts präzisiert.[43] Der EuGH geht bei der Auslegung von einem weiten Verständnis aus und begründet dies mit dem Ziel des Gesetzgebers, die erhebliche Investition dagegen zu schützen, dass ein Benutzer oder Wettbewerber sich die Ergebnisse dadurch aneignet, dass er die Datenbank oder einen wesentlichen Teil zu erheblich niedrigeren Kosten wiedererstellt als sie bei selbständiger Konzeption angefallen wären.[44] Es kommt danach für das Vorliegen einer Vervielfältigung allein darauf an, dass sich die Gesamtheit oder ein Teil der Datenbank **auf einem anderen Datenträger** als dem der Ursprungsdatenbank wiederfindet. Dabei ist es unerheblich, ob die Übertragung auf technischem Wege erfolgt oder mittels eines manuellen Verfahrens, etwa Abschreibens. Damit ist auch das sog. Screen Scraping erfasst, also etwa das bloße Abschreiben und auch das spätere Speichern der abgeschriebenen Daten, auch wenn es sich nicht um eine direkte technische Kopie handelt. Auch die bloße Bildschirmanzeige wird erfasst, wenn dazu die Übertragung auf einen anderen Datenträger erforderlich ist. Das bloße Browsen in einer Datenbank mit Speicherung der jeweiligen Daten nur im Arbeitsspeicher ist noch keine Verletzungshandlung, wohl aber die Speicherung auf der Festplatte.

25 Eine weitere Schutzgrenze bildet die **Zugänglichmachung** der Datenbank **gegenüber Dritten**. Bis zu diesem Zeitpunkt kann der Rechteinhaber den Zugang vorbehalten oder von bestimmten Voraussetzungen abhängig machen. Hat er aber die Datenbank einmal öffentlich zugänglich gemacht, ist das Abfragen „zu Informationszwecken" durch Dritte zulässig.

26 Praxistipp:

Ein Indiz für eine Übernahme stellt es dar, wenn die materiellen und technischen Merkmale des Inhalts der geschützten Datenbank auch im Inhalt der Datenbank eines anderen Herstellers auftauchen, wenn sich diese Übereinstimmung nicht durch andere Faktoren erklären lässt.

27 Ein wichtiger Unterschied des Sui-generis-Rechts zum Urheberrecht zeigt sich bei einer **Neuzusammenstellung** der Daten. Zutreffend hat der EuGH festgestellt, dass es nicht darauf ankommt, dass die Daten in der gleichen Form wie im Original dargestellt werden. Anders als das Urheberrecht, das bei wissenschaftlichen Werken stark auf die Übernahme in der gleichen Formgestaltung abstellt, geht es beim Sui-generis-Recht um den Schutz der Investition, der im gleichen Maße berührt ist, wenn die Daten nach der Übernahme in einer anderen Anordnung dargestellt werden.[45] Die Investition wird bereits

---

[41] *BGH*, MMR 2011, 188 = CR 2011, 43 – Autobahnmaut.
[42] *EuGH*, C-203/02 of Nov. 9, 2004, The British Horseracing Board Ltd. V. William Hill Organization Ltd, Rn. 59; aA mit Hinweis auf den primärrechtlichen Grundsatz der Warenverkehrsfreiheit Dreier/Schulze/ *Dreier*, § 87b UrhG Rn. 18. Zur Beschränkung der Erschöpfungswirkung auf das Verbreitungsrecht vgl. *BGH*, GRUR 2005, 940, 942 – Marktstudien.
[43] *EuGH*, C-304/07, CR 2009, 4 – Directmedia; *EuGH*, C-545/07, GRUR Int. 2009, 501 – Apis-Hristovich EOOD./. Lakorda AD.
[44] *EuGH*, C-304/07, CR 2009, 4 – Directmedia.
[45] *BGH*, CR 2011, 498 Rn. 31 – Zweite Zahnarztmeinung II; *BGH*, K&R 2011, 641 Rn. 38 – Automobil-Onlinebörse.

dann berührt, wenn Daten aus der Datenbank entnommen und in irgendeiner Form verwendet werden. Dadurch ergibt sich noch kein Schutz der Daten als solche, da diese auch anderweitig bezogen werden können und es nur um die Entnahme der Daten aus der geschützten Datenbank geht. Insoweit ist der Nachweis der Herkunft der Daten aus einer geschützten Datenbank für den Kläger zu führen.

b) Verwertung eines wesentlichen Teils, § 87b Abs. 1 S. 1 UrhG

Zusätzlich zu den so umschriebenen Verwertungshandlungen wird noch einmal nach Art und Umfang der Verwertung differenziert. Nach § 87b Abs. 1 Satz 1 UrhG umfasst das Recht des Datenbankherstellers zunächst die Verwertung eines **wesentlichen Teils** der Datenbank. In quantitativer Hinsicht ist abzustellen auf das entnommene Volumen im Verhältnis zum Volumen der gesamten Datenbank.[46] In qualitativer Hinsicht stellt der EuGH allein auf die in den entnommenen Teil geflossene selbstständig feststellbare Investition ab, so dass die Aktualität und der Wert der Daten keine Rolle spielen.[47] Hier hat der BGH zu Recht hervorgehoben, dass erhebliche Investitionen in die Änderung und Aktualisierung die Wesentlichkeit der Entnahme auch dann begründen können, wenn nur die vielleicht quantitativ unwesentlichen Änderungen übernommen werden.[48] Im konkreten Fall hatte die Beklagte einen Datenabgleich zwischen ihrer Datenbank und derjenigen der Klägerin durchgeführt und die Abweichungen in einer Liste festgehalten oder gleich in ihre Datenbank übernommen.[49] Schon die **einmalige Übernahme** aller Änderungen reichte nach Ansicht des BGH aus, um von der Übernahme eines wesentlichen Teils auszugehen. In **quantitativer** Hinsicht sah der BGH es als relevante Entnahme an, wenn 75 % der Informationen entnommen waren.[50] Bei einem Zehntel sei dagegen jedenfalls noch keine Wesentlichkeit gegeben.[51] Zwar bleibt offen, wo die Untergrenze zu ziehen ist, zumindest erhält die Praxis aber einen wichtigen Orientierungspunkt.

In diesem Zusammenhang stellt sich auch die Frage, wie **wiederholte Zugriffe** auf Datenbanken über das **Internet** zu bewerten sind, insbesondere in automatisierter Form. Anders als der BGH[52] sieht der EuGH das Anbieten einer Metasuchmaschine zum Durchsuchen einer Vielzahl von Online-Autobörsen anhand von Nutzern eingegebener Suchkriterien als Durchsuchen eines wesentlichen Teils der Datenbanken an.[53] Voraussetzung war im konkreten Fall, dass eine spezialisierte Metasuchmaschine dem Nutzer ein Suchformular zur Verfügung stellt, das im Wesentlichen dieselben Optionen wie das Suchformular der Datenbank bietet, die Suchanfragen der Endnutzer „in Echtzeit" in die Suchmaschine übersetzt, mit der die Datenbank ausgestattet ist, so dass alle Daten dieser Datenbank durchsucht werden, und dem Endnutzer die gefundenen Ergebnisse unter dem Erscheinungsbild ihrer Webseite präsentiert werden.[54] Weil die gesamte Datenbank dem Nutzer verfügbar gemacht werde, komme es nicht mehr auf die Zahl der tatsächlich gefundenen oder angezeigten Ergebnisse an. Auf die Schutzfreiheit der Abfrage könne sich nur der Nutzer berufen. Demgegenüber stelle die Operation der Suchmaschine eine öffentliche Verfügbarmachung der Datenbank und damit eine Weiterverwendung iSv Art. 7 Abs. 2 DatenbankRL dar. Konsequent angewendet würde dies generell die Anwendung von

---

[46] *EuGH*, C-203/02 of Nov. 9, 2004, The British Horseracing Board Ltd. V. William Hill Organization Ltd, Rn. 70; vgl. auch *LG München I*, MMR 2002, 58, 59.
[47] *EuGH*, C-203/02 of Nov. 9, 2004, The British Horseracing Board Ltd. V. William Hill Organization Ltd, Rn. 71 f., 77 f.
[48] *BGH*, 30.4.2009 – I ZR 191/05, NJW-RR 2009, 1558 = K&R 2009, 579 = MMR 2009, 615 = CR 2009, 735 = GRUR 2009, 852 – Elektronischer Zolltarif.
[49] *BGH*, CR 2009, 735, 738 – Elektronischer Zolltarif.
[50] *BGH*, MMR 2010, 31 – Gedichttitelliste II.
[51] *BGH*, CR 2011, 498, 499 – Zweite Zahnarztmeinung II.
[52] *BGH*, K&R 2011, 641 – Automobil-Onlinebörse; Vorinstanz *HansOLG Hamburg*, CR 2011, 47 – AUTO-BINGOOO II.
[53] *EuGH*, GRUR Int. 2014, 279 – Innoweb v. Wegener.
[54] *EuGH*, GRUR Int. 2014, 279 Rn. 53 f. – Innoweb v. Wegener.

§ 19a auf **Suchmaschinen** zur Folge haben. Bestimmend für die Entscheidung des EuGH war wohl, dass die Webseiten der jeweiligen Datenbankanbieter umgangen und diesem damit wirtschaftliche Einnahmen entzogen würden. Neben Metasuchmaschinen dürften auch Online-Reiseportale die auf ähnliche Weise Fluginformationen aus Flugdatenbanken im Wege des **„Screen Scraping"** entnehmen und ihren Nutzern zur Verfügung stellen, betroffen sein.[55]

c) Verwertung unwesentlicher Teile, § 87b Abs. 1 S. 2 UrhG

30 Lässt sich eine Entnahme wesentlicher Teile nicht feststellen, besteht ein Umgehungsschutz für Fälle, in denen durch fortdauernde Verwertung nur **unwesentlicher Teile** in der Gesamtheit betrachtet letztlich die gleiche Nutzungsintensität erreicht wird. Dazu bedarf es einer Bewertung in mehreren Schritten.

31 Zunächst muss die Nutzung unwesentlicher Teile **wiederholt und systematisch** erfolgen, was eine gewisse Planmäßigkeit erfordert, die in der Summe einer Verwertung wesentlicher Teile gleich zu bewerten ist.[56] Davon ist bei einem Angebot von Daten aus fremden Datenbanken im Internet auszugehen, wobei das Anbieten im Internet allein bereits als „systematisch" angesehen werden kann, etwa wenn Suchmaschinen des Übernehmers fortlaufend auf konkurrierende Angebote zugreifen und sich deren Inhalt zu Nutze machen.[57] Entscheidend ist dann, dass durch die **kumulative Wirkung** der Handlungen ein wesentlicher Teil des Inhalts der Datenbank wieder erstellt wird und dadurch die Investition des Herstellers schwerwiegend beeinträchtigt wird.[58] Die Bezugnahme auf die Investition führt zu einer sehr restriktiven Auslegung. Kaum in Einklang damit steht es, wenn der BGH in der fortlaufenden Entnahme kleiner Teile bereits dann eine Verletzung sieht, wenn die Summe dieser Entnahmen zwar unterhalb der Wesentlichkeitsschwelle bleibe, aber die fortlaufenden Entnahmehandlungen auf die Entnahme wesentlicher Teile „gerichtet" sind und im Fall ihrer Fortsetzung dazu führen würden.[59]

32 Weitere Voraussetzung für ein Verbot der Verwertung unwesentlicher Teile ist, dass diese entweder einer normalen Auswertung der Datenbank zuwiderläuft oder die berechtigten Interessen des Herstellers unzumutbar beeinträchtigt. Der **normalen Auswertung widerspricht** es, wenn ein Konkurrenzprodukt aufgebaut wird, das die Auswertung der Datenbank beeinträchtigen kann, oder sich der Verwerter den Abschluss eines Lizenzvertrags erspart.[60] Für die Annahme einer **unzumutbaren Beeinträchtigung** berechtigter Interessen ist noch stärker auf das **Amortisationsinteresse** abzustellen. Dieses ist auch dann berührt, wenn die Verwertung nicht für ein direktes Konkurrenzprodukt erfolgt, sondern für ein Mehrwertprodukt, das einen anderen Markt bedient, da der Hersteller auch an neuartigen Auswertungen beteiligt werden soll.[61] Unzumutbarkeit wird man entsprechend einer restriktiven Auslegung wohl erst dann annehmen können, wenn nicht nur der Gewinn verringert wird, sondern die Amortisation ernsthaft gefährdet ist und damit der Schutz der Investition unmittelbar relevant wird. Ein wichtiges Indiz wird dabei der

---

[55] So auch *Kahler/Helbig*, WRP 2012, 48, 51.
[56] *BGH*, MMR 2011, 676 – Zweite Zahnarztmeinung II; *Haberstumpf*, GRUR 2003, 14, 28.
[57] *LG Köln*, CR, 2000, 400, 401. Demgegenüber hat das *OLG Köln*, MMR 2001, 387, 390, das Merkmal „systematisch" auch bei Suchmaschinennutzung verneint, da kein „innerer Zusammenhang" zwischen den verschiedenen Aufrufen bestehe.
[58] *EuGH*, C-203/02 of Nov. 9, 2004, The British Horseracing Board Ltd. V. William Hill Organization Ltd, Rn. 87–94; *BGH*, GRUR 2011, 1018 Rn. 68 – Automobil-Onlinebörse.
[59] *BGH*, CR 2011, 498, 499 – Zweite Zahnarztmeinung II.
[60] *Schricker/Vogel*, § 87b UrhG Rn. 63 ff.; *Möhring/Nicolini/Decker*, § 87b UrhG Rn. 17; *Leistner*, GRUR Int. 1999, 819, 833 unter Hinweis auf Erwägungsgrund 42; vgl. auch *OLG Dresden*, ZUM 2001, 595, 597; *LG München I*, K&R 2002, 261, 264; *LG Köln*, MMR 2002, 689, 690; *LG Köln*, CR 2000, 400, 401.
[61] *Leistner*, GRUR Int. 1999, 833, unter Hinweis auf Erwägungsgrund 47; man kann darüber hinaus auch auf Erwägungsgrund 42 verweisen, wonach sich das Datenbankrecht nicht nur auf die Herstellung eines Konkurrenzprodukts bezieht.

Rückgang von Werbeeinnahmen darstellen.⁶² Weiterhin ist für den Vertrieb im Internet die Kundenbindung von besonderer Bedeutung.⁶³

Andererseits haben deutsche Gerichte oft ein **Allgemein- oder Nutzerinteresse** gegen die Annahme einer Verletzung angeführt.⁶⁴ So wurde in einem Fall das Webangebot der Antragsgegnerin auf Flugziele und -zeiten durchsucht und Datensätze einzelner Flugverbindungen auf die eigene Internetseite ausgelesen. Die insoweit durchzuführende Interessenabwägung fiel im Eilverfahren zugunsten der Beklagten aus, da die Antragstellerin mit ihrem Angebot ein berechtigtes Bedürfnis der Verbraucher befriedige, kostengünstige Angebot aufzufinden, und der Antragsgegnerin damit letztlich auch Kunden zuführe. Ob eine Berufung auf das Informationsinteresse von Verbrauchern und Allgemeinheit angesichts des Schutzzwecks des Datenbankherstellerrechts sowie der in § 87b Abs. 1 S. 2 UrhG vorgesehenen Interessenabwägung tragfähig ist, erscheint eher zweifelhaft.⁶⁵ Der EuGH stellt auch insoweit die **ökonomischen Interessen** stärker in den Vordergrund. Dies dürfte jedenfalls in einem B2B-Kontext eher zu einem Vorrang der wirtschaftlichen Interessen vor dem Interesse an einem freien Informationszugang führen. Zwar besteht auch hier ein erhebliches Informationsinteresse von Konkurrenten und anderen Unternehmen. Dieses ist aber primär wirtschaftlich begründet und liegt daher eher im Bereich des Schutzzwecks der Investitionen des Datenbankherstellers. 33

d) Schutz gegen das Setzen von Hyperlinks

Lange Zeit war umstritten, inwieweit das Setzen von **Hyperlinks** eine Verletzung des Urheberrechts an einer fremden verlinkten Seite oder des Datenbankherstellerrechts darstellen kann. Hier wurde eine unmittelbare Verletzung des Wiedergaberechts durch einfache Surface Links und sog. Deep Links, die auf eine Unterseite eines fremden Angebots verweisen, angenommen.⁶⁶ Der immer wieder ins Feld geführte Vergleich mit einer Fußnote in einer Veröffentlichung kann die urheberrechtliche Nutzungsintensität von Hyperlinks nicht angemessen erfassen. Diese ermöglichen unmittelbar das Auffinden und Kopieren des Dokuments. Dies ist ein technisch gegenüber Printmedien andersartiger Vorgang, der eine weitergehende „Qualität" aufweist und eine weitergehende inhaltliche Integration der fremden Seiten in das eigene Angebot ermöglicht. 34

Allerdings hat der BGH diese Auffassung in der grundlegenden „Paperboy"-Entscheidung zurückgewiesen und sogar die von der bis dahin hM vertretenen Störerhaftung des Linkproviders abgelehnt.⁶⁷ Der EuGH ist später zu dem Ergebnis gekommen, dass das Setzen eines Hyperlinks keine öffentliche Wiedergabe darstellt, wenn das verlinkte Werk frei zugänglich im Internet veröffentlicht wurde, sodass durch die Verlinkung kein neues Publikum erreicht wird.⁶⁸ Damit ist das Setzen von Hyperlinks sowohl urheberrechtlich als auch nach dem Sui-Generis-Schutz für Datenbanken **grundsätzlich frei.** Anders ist das Setzen eines Links dagegen dann zu beurteilen, wenn damit eine vom Berechtigten eingerichtete technische Schutzvorrichtung umgangen wird.⁶⁹ Als Fall der öffentlichen Zugänglichmachung ist auch sog. embedded content zu sehen, bei dem das Herunterladen von einer fremden Seite dem Nutzer verborgen bleibt.⁷⁰ Die Frage, ob das **Framing** anders als 35

---

⁶² *LG Berlin*, NJW-CoR 1999, 244; *LG Berlin*, CR 1999, 388, 389; *LG Köln*, CR 1999, 593, 595; *LG Köln*, K&R 1999, 40, 41, wo der Beklagte im Gegensatz zum Kläger kostenlos anbot.
⁶³ *LG Köln*, MMR 2002, 689, 690.
⁶⁴ *HansOLG Hamburg*, CR 2011, 47 – AUTOBINGOOO II; *OLG Frankfurt a. M.*, MMR 2009, 400 = CR 2009, 390; dazu *Deutsch*, GRUR 2009, 1027 ff.
⁶⁵ Vgl. auch *Kahler/Helbig*, WRP 2012, 48, 53 f.; *Wiebe*, CR 2014, 1 ff.
⁶⁶ *Wiebe* in Ernst/Vassilaki/Wiebe (Hrsg.), Hyperlinks, Kap B Rn. 31 ff.; iE ebenso für Deep Links *LG Köln*, JurPC Web-Dok. 1378/2001, Abs. 20, das allerdings fälschlicherweise das Verbreitungsrecht angewandt hat; vgl. ferner *Kindler*, K&R 2000, 265, 273; für Frames *Ott*, ZUM 2004, 357, 364.
⁶⁷ *BGH*, MMR 2003, 719, 723 – Paperboy.
⁶⁸ *EuGH*, GRUR 2014, 360, 361 Rn. 14 bis 30 – Svensson.
⁶⁹ *BGH*, GRUR 2011, 56, 58 Rn. 29 ff. – Session-ID; *BGH*, GRUR 2013, 818, 820 Rn. 24 – Die Realität.
⁷⁰ *OLG Düsseldorf*, Urt. v. 8. 11. 2011 – nv; *Üllrich*, ZUM 2010, 853, 861; aA *Ott*, ZUM 2008, 556, 559.

das Setzen von Hyperlinks als öffentliche Wiedergabe anzusehen ist, wurde dem EuGH zur Beantwortung vorgelegt und von diesem unter Bezugnahme auf seine Rechtsprechung zu Hyperlinks verneint, soweit sich die Wiedergabe nicht an ein neues Publikum richtet, das der Rechteinhaber nicht erfassen wollte, als er die ursprüngliche Wiedergabe erlaubte.[71] Hinsichtlich der noch offen gebliebenen Frage, wie das Framing unter Umgehung technischer Schutzmaßnahmen zu bewerten ist, hat sich der BGH erst kürzlich an den EuGH gewandt.[72]

36 Hinsichtlich einer **Verletzung des Datenbankherstellerrechts** durch Suchmaschinen und Links ist bei einer Interessenabwägung zu bedenken, dass die Nutzung konkurrierender Angebote zu einer Substitutionswirkung führen und den Zugriff auf das ursprüngliche Angebot entbehrlich machen kann. Der BGH verweist jedoch darauf, dass der Nutzer ja sogar angeregt werde, auf das Originalangebot zuzugreifen.[73] Der BGH verneinte eine Beeinträchtigung der normalen Auswertung der Datenbank der Klägerin nach § 87b Abs. 1 S. 2 UrhG mit dem Hinweis auf die quantitativ geringe Zahl der ausgewerteten und mitgeteilten Elemente („splitterhafte Kleinbestandteile"), die auch bei wiederholtem Zugriff die Nutzung der Datenbank nicht ersetzen sollen, sondern nur dazu anregen. Darüber hinaus betont er den grundsätzlichen Vorrang eines Interesses aller Beteiligten an einem schnellen Zugriff auf Informationen mittels Hyperlinks und an der Funktionsfähigkeit des Internets vor der Erzielung von Werbeeinnahmen.[74]

e) Schrankenbestimmungen § 87c UrhG

37 Der Richtliniengeber hat für das Sui-generis-Recht **spezielle Schranken** vorgegeben und dabei nur geringen Spielraum gelassen. Die allgemeinen Schranken sind daher auch nicht im Wege der Analogie heranzuziehen.[75] Auch eine Vergütungspflicht kommt nicht in Betracht. Erlaubt ist nach Abs. 1 die Vervielfältigung wesentlicher Teile der Datenbank zum privaten Gebrauch, allerdings nur bei nicht-elektronischen Datenbanken, und zum eigenen wissenschaftlichen Gebrauch sowie zur Veranschaulichung im Schulunterricht. Im Fall des Abs. 2 (Verfahren vor Gericht, Schiedsgericht, Behörde, Zwecke der öffentlichen Sicherheit) sind auch das Verbreitungsrecht und das Recht der öffentlichen Wiedergabe erfasst. Auch die neu eingeführte explizite Schranke für **Text und Data Mining** nach § 60d UrhG ist auf das Sui-generis-Recht anwendbar und hat große praktische Bedeutung.

38 Nach dem Wortlaut der Richtlinie kann nur der **rechtmäßige Benutzer** die Schranken in Anspruch nehmen. Allerdings hat der deutsche Gesetzgeber diese Regelung nicht ausdrücklich umgesetzt. Eine entsprechende Einschränkung ist jedoch zumindest im Wege der richtlinienkonformen Auslegung zugrunde zu legen.[76] Darunter fallen der Erwerb einer Kopie, an der sich das Verbreitungsrecht erschöpft hat, sowie die Nutzung mit Zustimmung des Rechteinhabers.[77] Außerdem ergibt sich aus Erwägungsgrund 34, dass der rechtmäßige Benutzer alle zur vertragsgemäßen Nutzung erforderlichen Handlungen vornehmen darf. Hier ist eine Analogie zu §§ 55a, 69d Abs. 1 UrhG möglich.[78]

39 Immer wichtiger wird die Verwertung von bei öffentlichen Institutionen gespeicherten Informationen, die häufig dem Schutz durch das Sui-generis-Recht unterliegen.[79] Insofern

---

[71] *EuGH*, MMR 2015, 46, 47 f., Rn. 14 bis 18 – Best Water International; bezugnehmend auf *EuGH*, GRUR 2014, 360, 361, Rn. 14 bis 30 – Svensson.
[72] *BGH*, ZUM 2019, 581 – Deutsche Digitale Bibliothek.
[73] *BGH*, MMR 2003, 719, 723 m. abl. Anm. *Wiebe*.
[74] Das Gericht führte als zusätzliches Argument an, der Werbetreibende könne ja die Werbebanner auf die betreffenden Unterseiten verlagern und dadurch die wirtschaftlichen Auswirkungen abmildern. Dem folgend für die wettbewerbsrechtliche Beurteilung *Sosnitza*, CR 2001, 693, 702 f.
[75] Vgl. Schricker/*Vogel*, UrhG § 87c Rn. 1; Dreier/Schulze-*Dreier*, UrhG § 87c Rn. 1.
[76] Fromm/Nordemann-*Hertin*, UrhG § 87c Rn. 3.
[77] Vgl. Dreier/Schulze/*Dreier*, UrhG § 87c Rn. 4.
[78] Vgl. Dreier/Schulze/*Dreier*, UrhG § 87c Rn. 4; *Raue/Bensinger*, MMR 1998, 507, 511.
[79] Vgl. auch *EuGH*, C-138/11, GRUR 2013, 191 – Compass-Datenbank.

B. Rechtsschutz von Datenbanken

ist es von großer Bedeutung, dass der BGH die analoge Anwendung der **Schutzfreiheit für amtliche Werke** nach § 5 UrhG angenommen hat.[80]

> **Checkliste: Datenbankschutz** 40
>
> 1. Vorliegen einer Datenbank § 4 UrhG
> und
> 2. Entweder urheberrechtlicher Schutz § 4 Abs. 2 UrhG:
>   a) Persönliche geistige Schöpfung
>   b) Verletzung Verwertungsrecht §§ 15 ff. UrhG
>   c) Keine Schrankenbestimmungen anwendbar, insbes. § 53 Abs. 5 UrhG, § 55a UrhG
> 3. Oder: Sui-Generis-Recht § 87a ff. UrhG
>   a) Nach Art und Umfang wesentliche Investition, § 87a UrhG, in:
>   – die Beschaffung des Datenbankinhalts,
>   – die Datenaufbereitung,
>   – die Bereitstellung und Überprüfung der Datenbank,
>   – die Beschaffung der für den Aufbau und Betrieb der Datenbank benötigten Computerprogramme
>   b) Verletzung eines Verwertungsrechts § 87b Abs. 1 UrhG
>   Vervielfältigung, Verbreitung, öffentliche Wiedergabe, öffentliche Zugänglichmachung, und
>   – Entnahme nach Art oder Umfang wesentlicher Teile, oder:
>   – Wiederholte und systematische Entnahme unwesentlicher Teile, § 87b Abs. 1 S. 2 UrhG und
>   – Der normalen Auswertung der Datenbank zuwiderlaufend, oder
>   – Unzumutbare Beeinträchtigung der berechtigten Interessen des Herstellers
>   c) Eingreifen einer Schrankenbestimmung
>   – Privater Gebrauch bei nichtelektronischer Datenbank, § 87c Abs. 1 UrhG
>   – Eigener wissenschaftlicher Gebrauch, § 87c Abs. 1 UrhG
>   – Veranschaulichung im Schulunterricht, § 87c Abs. 1 UrhG
>   – Verfahren vor Behörde, öffentliche Sicherheit, § 87c Abs. 2 UrhG
>   – Text und Data Mining, § 87c Abs. 1 Nr. 2 UrhG
>   – Schutzfreiheit amtlicher Werke, § 5 UrhG analog

> **Muster: Datenbank-Nutzungsvertrag** 41
> *Zwischen*
> ...
> *– Anbieter –*
> *und*
> ...
> *– Nutzer –*
>
> *§ 1 Vertragsgegenstand*
>
> *(1) Vertragsgegenstand ist die befristete Nutzung der auf der Website www....de zugänglichen Online-Datenbank des Anbieters durch den Kunden. Die vereinbarte Beschaffenheit der Online-Datenbank ergibt sich aus der beigefügten Anlage 1 sowie aus der Beschreibung auf der Website des Anbieters.*

---

[80] So in seinem Vorlagebeschluss an den *EuGH*, GRUR 2007, 500 Rn. 24; die Vorlage wurde 2008 zurückgezogen.

(2) Der Anbieter stellt dem Kunden die erforderlichen Zugangsdaten und Passwörter zur Verfügung. Sind in der Institution des Kunden mehrere Personen tätig, so erhält jeder berechtigte Nutzer eigene Zugangsdaten und ein eigenes Passwort.

§ 2 Gegenstand des Nutzungsrechts

(1) Gegenstand des Nutzungsrechts ist das einfache, zeitlich befristete, auf Dritte nicht übertragbare Recht des Kunden zur Nutzung der Online-Datenbank.

(2) Der Kunde darf die abgerufenen Daten nur für den eigenen Gebrauch verwenden. Der Kunde ist nicht berechtigt, Teile der Datenbank zu vervielfältigen, zu verbreiten oder öffentlich wiederzugeben. Dies gilt nicht, soweit unwesentliche Teile der Datenbank betroffen sind.

§ 3 Vergütung

Die Vergütung für die Nutzung der Online-Datenbank beträgt monatlich... Euro zuzüglich Umsatzsteuer. Die Vergütung wird für den jeweiligen Monat im Voraus am 3. Werktag eines jeden Monats fällig. Im ersten Monat des Nutzungszeitraums wird die Vergütung mit Bereitstellung der Zugangsdaten und des Passworts fällig.

§ 4 Gewährleistung

(1) Es gelten die Gewährleistungsvorschriften für das Mietrecht im Bürgerlichen Gesetzbuch, sofern nichts Abweichendes vereinbart ist.

(2) Der Kunde hat dem Anbieter auftretende Mängel, Störungen oder Schäden unverzüglich anzuzeigen. Das Kündigungsrecht des Kunden wegen Nichtgewährung des Gebrauchs nach § 543 Abs. 2 Nr. 1 BGB besteht nur, sofern die Beseitigung des Mangels durch den Anbieter nicht innerhalb angemessener Frist erfolgt oder als fehlgeschlagen anzusehen ist.

§ 5 Schutz der Zugangsdaten

Der Kunde ist verpflichtet, die Zugangsdaten und die Passwörter geheim zu halten sowie die unberechtigte Nutzung der Online-Datenbank durch Dritte zu verhindern. Der Kunde stellt sicher, dass die in seiner Institution tätigen Nutzer diese Verpflichtung ebenfalls einhalten.

§ 6 Laufzeit und Kündigung

Die Mindestlaufzeit des Nutzungsvertrags beträgt sechs Monate. Der Vertrag kann von beiden Seiten mit einer Kündigungsfrist von vier Wochen zum Ende des Bezugszeitraums gekündigt werden. Ohne Kündigung verlängert sich der Vertrag automatisch jeweils um weitere sechs Monate. Das Recht der Parteien, den Nutzungsvertrag bei Vorliegen eines wichtigen Grundes außerordentlich zu kündigen, bleibt unberührt.

C. Urheberrechtlicher Schutz bei Webangeboten

I. Werk und Werkartenzuordnung

42 Webangebote können in verschiedener Hinsicht ein urheberrechtlich **geschütztes Werk** darstellen. Dazu muss nach § 2 Abs. 2 UrhG ein Werk vorliegen, das einen gedanklichen Inhalt zum Ausdruck bringt und eine gewisse Individualität aufweist. Unerheblich sind dabei Umfang, Neuheit, Qualität und aufgewandte Kosten. Nach der Art des verwendeten Ausdrucksmittels unterscheidet § 2 Abs. 1 UrhG verschiedene Werkarten. Der Werkartenkatalog stellt aber nur eine beispielhafte Aufzählung dar, eine entsprechende Einordnung ist also nicht Voraussetzung für die Schutzfähigkeit. Die Rechtsprechung macht jedoch immer noch Unterschiede in den Anforderungen, vor allem hinsichtlich der Gestaltungshöhe. Besonders hohe Anforderungen gelten für Kunstwerke und Werke mit wissenschaft-

C. Urheberrechtlicher Schutz bei Webangeboten

lich-technischem Inhalt.[81] Weitere Besonderheiten gelten für Filmwerke, und – wie bereits dargestellt – für Datenbankwerke und Computerprogramme.

Webseiten können unter verschiedene der in § 2 Abs. 1 UrhG aufgeführten **Werkarten** eingeordnet werden.[82] Die multimediale Gestaltung ist gekennzeichnet durch die Kombination der verschiedenen Medien und deren rechnergesteuerte Integration.[83] Der „gemeinsame Bezug auf ein- und denselben Inhalt … (macht) die multimediale Gestaltung zu einem einheitlichen Werk" mit einheitlicher Individualität.[84] Aus urheberrechtlicher Sicht erfolgt dann jeweils eine Zuordnung zu der Werkart, die für das Gesamterscheinungsbild der Website prägend erscheint. Denkbar ist auch eine Zuordnung einzelner Teile zu unterschiedlichen Werkarten.[85]

43

Bei anderen **WWW-Diensten** kann ein Schutz als eigenständiges Werk wie bei Benutzeroberflächen in Betracht kommen, etwa für Menüs, die bei der Nutzung von Bulletin Board Systemen (BBS) angezeigt werden.[86] Sammlungen von Beiträgen in Newsgroups, Chat Rooms oder Mailinglists („Threads") werden wohl nur dann eine schöpferische Auswahl darstellen, wenn sie durch einen „Moderator" zusammengestellt sind.[87] Darüber hinaus können in eine Webseite einbezogene Elemente urheberrechtlich schutzfähig sein, sodass der Ersteller der Webseite sich die entsprechenden Rechte für das Anbieten im Internet sichern muss.

44

1. Schriftwerk, § 2 Abs. 1 Nr. 1 UrhG

Stehen Texte im Vordergrund, können Webseiten als **Schriftwerke** geschützt sein. Dazu ist zunächst erforderlich, dass der Text nach Sachgebiet und Umfang ausreichenden Spielraum für die Entfaltung individueller Merkmale lässt. Gegenüber anderen literarischen Werken, bei denen auch die sog. kleine Münze geschützt ist, stellt die Rechtsprechung bei Sprachwerken mit wissenschaftlichem und technischem Inhalt sehr hohe Anforderungen an das Maß schöpferischer Eigentümlichkeit.[88] Da hier die Darstellung häufig üblich ist oder wissenschaftlichen Konventionen folgt, wird oft ein Schutz nicht in Betracht kommen. Geschützt ist auch nicht der Inhalt als solcher, sondern die eigenschöpferische Art der Gedankenformung und -führung oder der Auswahl und Zusammenstellung des Materials. Bei **Webseiten** kommt unter dem Gesichtspunkt von Konzeption und Aufbau die Verknüpfung von Textelementen durch Hyperlinks als kreative Leistung in Betracht, die zur Schutzfähigkeit der Textelemente unter dem Gesichtspunkt der Gedankenführung und -formung des Inhalts beitragen kann.

45

Der EuGH hat in den letzten Jahren zunehmend einen **europäischen Werkbegriff** herausgebildet.[89] So hat er beispielsweise entschieden, dass Wörter als solche zwar nicht schutzfähig seien, wohl aber der Auszug aus einem Schriftwerk, wenn er die eigene geistige Schöpfung zum Ausdruck bringt. Das könne auch bei einem Auszug im Umfang von 11 Wörtern der Fall sein, auch wenn es sich um eine banale Nachrichtenmeldung hande-

46

---

[81] Zur Tendenz zu einheitlichen niedrigen Anforderungen vgl. Dreier/Schulze/*Schulze*, UrhG § 2 Rn. 32.
[82] Vgl. die Übersicht bei *Schack*, MMR 2001, 9, 10 f.; eingehend *Leistner/Bettinger*, Beilage CR 12/1999, 1, 8 ff.; zur Anwendung von Leistungsschutzrechten vgl. *Köhler/Arndt*, Recht des Internet, Rn. 352 ff.; *Plaß*, WRP 2000, 599, 604 f.
[83] Vgl. die Definition bei *Steinmetz*, S. 19.
[84] So *Schricker*, Informationsgesellschaft, S. 37.
[85] Vgl. Schricker/*Loewenheim*, § 2 UrhG Rn. 87, 95 f.
[86] *Koch*, GRUR 1997, 417, 420.
[87] Vgl. auch *Bechtold*, ZUM 1997, 427, 437.
[88] Schricker/*Loewenheim*, § 2 UrhG Rn. 104 ff. mwN.
[89] *EuGH*, C-5/08, Slg. 2009, I-6569, ZUM 2009, 945 Rn. 35 ff. – Infopaq International; *EuGH*, GRUR 2011, 220 Rn. 45 – BSA/Kulturministerium Rn. 45; EuGH C-403/08 und C-429/08, Slg. 2011, I-0000, Rn. 97 – Football Association Premier League ua; *EuGH*, C-145/10, Slg. 2011, I-0000, Rn. 87 – Painer; *EuGH*, C-604/10, Rn. 37 – Football Dataco Ltd. ua/Yahoo! UK Ltd., Football Dacato/Yahoo; vgl. dazu *Berger*, ZUM 2012, 353 ff.

le.⁹⁰ Hier steht eine weitere Absenkung der Anforderungen an die Individualität zu befürchten.

2. Musikwerk, § 2 Abs. 1 Nr. 2 UrhG

47 Auch bei Musikwerken werden nur geringe Anforderungen an die **Individualität** gestellt. Klassische Musik ist ebenso geschützt wie moderne Musik oder Schlager. Die Rechtsprechung ist auch bei einfachen „Arrangements" großzügig.⁹¹ Einzelne Töne oder Klänge sind ebenso wenig geschützt wie ein besonderer Sound.⁹² Etwas anderes gilt aber wegen der konkreten Ausformung für Melodien, wie auch aus § 24 Abs. 2 UrhG hervorgeht. Daher können auch Handy-Klingeltöne urheberrechtlichen Schutz genießen.⁹³

3. Lichtbildwerk, § 2 Abs. 1 Nr. 5 UrhG

48 Zu den auf Webseiten eingestellten Objekten gehören häufig **Fotografien.** Diese bilden eine eigene Werkart, bei der nur geringe Anforderungen an die schöpferische Leistung gestellt werden, sodass auch hier die „kleine Münze" geschützt ist.⁹⁴ Daher wird man nur noch das „Knipsen" ohne besondere gestalterische Überlegungen vom Werkschutz ausnehmen können. Ergänzend greift dann das Leistungsschutzrecht nach § 72 UrhG ein. Dies wird oft übersehen und hat zur Konsequenz, dass die Übernahme von Fotos immer zustimmungspflichtig ist, soweit nicht eine Schrankenregelung eingreift.

49 Geschützt sind auch Werke, die „ähnlich wie Lichtbildwerke geschaffen werden." Dazu gehören alle Verfahren, bei denen ein Bild unter Benutzung strahlender Energie erzeugt wird.⁹⁵ Ebenso wie einzelne Bilder aus Filmen können auch einzelne **Displays** oder Benutzeroberflächen eines Computerprogramms als Lichtbildwerke oder lichtbildähnliche Werke gem. § 2 Abs. 1 Nr. 5 UrhG geschützt sein oder Leistungsschutz nach § 72 UrhG genießen.⁹⁶ Daneben können einzelne Elemente von Displays gesondert schutzfähig sein. Auch digital bearbeitete Bilder stellen Lichtbildwerke oder Lichtbilder dar.

4. Filmähnliches Werk, § 2 Abs. 1 Nr. 6 UrhG

50 Schutz als Filmwerk oder filmähnliches Werk nach § 2 Abs. 1 Nr. 6 UrhG bzw. bei fehlender Schutzhöhe als Laufbilder gem. § 95 UrhG kann auch für multimediale Websites in Betracht kommen. Film ist die „bewegte Bild- oder Tonfolge, die durch Aneinanderreihung fotografischer oder fotografieähnlicher Einzelbilder den Eindruck des bewegten Bildes entstehen lässt".⁹⁷ Bei Websites müssen dann aber wohl Animationselemente mit einem Bewegungsablauf und der Kombination von Bild- und Tonfolgen bestimmend sein. In vielen Fällen wird man aber auch bei einem weiten Verständnis nicht mehr von einer bewegten Bildfolge sprechen können.⁹⁸

---

⁹⁰ *EuGH,* ZUM 2009, 945 – Infopaq.
⁹¹ Dreier/Schulze/*Schulze,* UrhG § 2 Rn. 139.
⁹² *Hoeren,* GRUR 1989, 11, 13; *Schulze,* ZUM 1994, 15, 17.
⁹³ *BGH,* NJW 2009, 774 – Handy-Klingeltöne für Mobiltelefone; *OLG Hamburg,* ZUM 2002, 480 – Handy-Klingelton.
⁹⁴ Dreier/Schulze/*Schulze,* UrhG § 2 Rn. 195.
⁹⁵ *BGHZ* 37, 1, 6 – AKI.
⁹⁶ Dreier/Schulze/*Schulze,* UrhG § 2 Rn. 200; aA Wandtke/Bullinger/*Grützmacher,* § 69g UrhG Rn. 6 mwN. Allgemein zur urheberrechtlichen Beurteilung der elektronischen Film- und Bildverarbeitung *Maaßen,* ZUM 1992, 338 ff.; *Kreile/Westphal,* GRUR 1996, 254 ff.; *Reuter,* GRUR 1997, 23 ff.
⁹⁷ *BGHZ* 26, 52, 55 – Sherlock Homes; Schricker/*Loewenheim,* § 2 UrhG Rn. 186.
⁹⁸ Wandtke/Bullinger-*Grützmacher,* § 69g UrhG Rn. 5; *Wiebe,* GRUR Int. 1990, 21, 31.

5. Darstellung wissenschaftlicher und technischer Art, § 2 Abs. 1 Nr. 7 UrhG

Die Werkart der Darstellungen wissenschaftlicher und technischer Art nach § 2 Abs. 1 Nr. 7 UrhG betrifft solche Werke, die primär der **Informationsvermittlung** dienen, deren Schutz aber allein auf die Form und Art der grafischen oder räumlichen Darstellung beschränkt ist.[99] Das in der Darstellung enthaltene technische und wissenschaftliche Gedankengut bleibt frei.[100] Darunter fallen Baupläne, Landkarten, naturwissenschaftliche Abbildungen und Formulare.[101] Der Nachbau der dargestellten Objekte ist ohne Verletzung möglich. 51

Eine Webseite kann in diese Werkart einzuordnen sein, wenn sie primär der Informationsvermittlung dient und vorwiegend grafische Gestaltungselemente enthält, etwa Bildzeichen und Piktogramme.[102] Da bei wissenschaftlichen und technischen Darstellungen naturgemäß keine großen Spielräume für kreatives Schaffen bestehen, lässt die Rechtsprechung bereits ein sehr **geringes Maß** der Eigentümlichkeit ausreichen, zieht den Schutzumfang aber entsprechend eng.[103] 52

6. Werk der bildenden und der angewandten Kunst, § 2 Abs. 1 Nr. 4 UrhG

Kunstwerke müssen nach der **Definition** des BGH „mit den Darlegungsmitteln der Kunst durch formgebende Tätigkeit hervorgebracht und vorzugsweise für die Anregung des ästhetischen Gefühls durch Anschauung bestimmt sei(n), und deren ästhetischer Gehalt einen solchen Grad erreicht (haben), dass nach der Auffassung der für Kunst empfänglichen und mit Kunstanschauungen einigermaßen vertrauten Verkehrskreise von einer künstlerischen Leistung gesprochen werden kann".[104] 53

An das Maß der persönlichen geistigen Schöpfung wurden im Bereich der angewandten Kunst **hohe Anforderungen** gestellt.[105] Anders als bei der bildenden Kunst, die sich durch ihre Zweckfreiheit von der angewandten Kunst unterscheidet, war die sog. „kleine Münze" bei Werken der angewandten Kunst nicht geschützt. Dies wurde damit begründet, dass mit dem Geschmacksmusterschutz ein „Unterbau" für Formgestaltungen im gewerblichen Bereich zur Verfügung stehe. Diese Rechtsprechung hat der BGH jedoch aufgegeben,[106] sodass nunmehr auch bei Werken der angewandten Kunst von einem Schutz der sog. „kleinen Münze" ausgegangen werden kann.[107] Aufgrund einer aktuellen Entscheidung des EuGH gilt mittlerweile auch europaweit ein einheitlicher Schutz von Werken der bildenden und der angewandten Kunst, sodass nun ein einheitlicher europäischer Werkbegriff zur Anwendung kommt.[108] Schutzfähig können visuelle Gestaltungselemente auf Webseiten sein, wenn sie mit bestimmten Funktionalitäten verbunden sind oder nur der „Verzierung" dienen. Schutz erlangen können weiterhin auch Computerkunst und Computergrafik.[109] 54

---

[99] Schricker/*Loewenheim*, UrhG § 2 Rn. 226.
[100] *BGH*, GRUR 1979, 464f. – Flughafenpläne; *BGH*, GRUR 1986, 434f. – Merkmalklötze.
[101] Schricker/*Loewenheim*, UrhG § 2 UrhG Rn. 234 ff.
[102] *OLG Braunschweig*, GRUR 1955, 205, wo Bildzeichen in einem Stadtplan, die bekannte Bauwerke darstellten, als schutzfähig betrachtet wurden, da besonders die kennzeichnenden Merkmale dabei herausgehoben wurden.
[103] *BGH*, CR 1988, 205, 208 – Topographische Landeskarten.
[104] RGZ 124, 68, 71; *BGH*, GRUR 1959, 385, 387; *BGH*, GRUR 1979, 332, 336.
[105] *BGH*, GRUR 1995, 581 – Silberdistel.
[106] *BGH*, GRUR 2014, 175 – Geburtstagszug.
[107] Dreier/Schulze/*Schulze*, UrhG § 2 Rn. 29; *Leistner*, GRUR 2014, 1145, 1147; *Obergfell*, GRUR 2014, 621, 624; Wandtke/Bullinger-*Bullinger*, UrhG § 2 Rn. 97.
[108] *EuGH*, GRUR 2019, 1185 – Cofemel; *Leistner*, GRUR 2019, 1114, 1116 ff.
[109] Vgl. *OLG Köln*, CR 2010, 223 – 3D-Messestände; Loewenheim/*Koch*, § 68 Rn. 6.

II. Schutzumfang des Urheberrechts

1. Verwertungshandlungen im Internet

55 Beim Angebot geschützter Werke im **Internet** sind verschiedene Verwertungsrechte berührt. Dazu gehören das Recht der Vervielfältigung, der Verbreitung körperlicher Werkstücke, der Bearbeitung und der öffentlichen Zugänglichmachung. Beim Upload und Download werden jeweils Vervielfältigungsstücke angefertigt. Wird ein Server freigeschaltet, dann greift für das Anbieten zum interaktiven Abruf das Recht der Zuverfügungstellung gemäß § 19a UrhG ein. Das Setzen von Hyperlinks ist grundsätzlich frei (→ Rn. 32 ff.).

56 Werden Vorschaubilder in der Trefferliste einer **Suchmaschine** verwendet **(Thumbnails)**, so liegt darin eine Inanspruchnahme von § 19a UrhG durch den Suchmaschinenbetreiber.[110] Dieser übt nach Ansicht des BGH, indem er die Vorschaubilder durch „crawler" aufsuche und auf seinen Rechnern vorhalte, die Kontrolle über die Bereithaltung der Werke aus. Der Umstand, dass erst der einzelne Internetnutzer durch Eingabe eines entsprechenden Suchworts bewirke, dass die von dem Suchmaschinenbetreiber vorgehaltenen Thumbnails abgerufen werden, berühre die Eigenschaft des Suchmaschinenbetreibers als Werknutzer iSv § 19a UrhG nicht.[111] Zudem handelt es sich nicht um Bearbeitungen oder sonstige Umgestaltungen der Werke iSv § 23 UrhG, da die Abbildung das Werk nur verkleinert darstelle und in seinen wesentlichen schöpferischen Zügen genauso gut erkennen lasse wie das Original.[112] Schon gar nicht liege hier eine freie Benutzung vor.[113] § 24 UrhG privilegiert allein eine selbstständige Neuschöpfung, die einen ausreichenden künstlerischen Abstand zum benutzten Werk aufweise. Davon könne wegen der rein maschinengesteuerten Zusammenstellung der Trefferliste und wegen der schlichten technischen Veränderung bei der Herstellung der Thumbnails nicht die Rede sein.[114]

57 Der BGH verneinte im entschiedenen Fall allerdings die Rechtswidrigkeit der öffentlichen Zugänglichmachung, da der Berechtigte in die rechtsverletzende Handlung **eingewilligt** habe. Eine solche Einwilligung setze keine auf den Eintritt dieser Rechtsfolge gerichtete rechtsgeschäftliche Willenserklärung voraus; vielmehr genüge es, wenn dem (schlüssigen) Verhalten die objektive Erklärung entnommen werden könne, der Berechtigte sei mit der Nutzung seiner Werke durch die Bildersuchmaschine einverstanden.[115] Der BGH stellt dabei auf den „Verständnishorizont" einer Suchmaschine ab und erstreckt die Einwilligung auch auf solche Bilder, die ein Dritter mit Zustimmung oder sogar ohne Zustimmung des Urhebers ins Netz gestellt hat, wenn nur eine allgemein Einwilligung in das Einstellen in das Internet vorliegt.[116]

58 Sog. **Pull-Dienste** bezeichnen **Abrufdienste,** bei denen der Nutzer den Akt der Zugänglichmachung steuert, indem er entscheidet, ob und ggf. welche Inhalte er zur Kenntnis nehmen will. Dies sind in erster Linie die üblichen **internetgestützten Informationsdienste** wie zB die Internet-Dienste der Zeitungen. Diese fallen unter § 19a UrhG. Erfasst sind auch **On-demand-Dienste,** bei denen der Nutzer ein Werk aus dem Internet anfordern kann.[117]

---

[110] *BGH,* GRUR 2010, 628, 629 – Vorschaubilder; ebenso Dreier/Schulze/*Dreier,* UrhG § 19a Rn. 6; *Ott,* ZUM 2009, 345.
[111] *BGH,* GRUR 2010, 628, 629 – Vorschaubilder.
[112] *BGH,* GRUR 2010, 628, 630 – Vorschaubilder; ebenso *Schack,* MMR 2008, 408, 415.
[113] *OLG Jena,* GRUR-RR 2008, 223, 224 – Thumbnails.
[114] *OLG Jena,* GRUR-RR 2008, 223, 224 – Thumbnails.
[115] *BGH,* GRUR 2010, 628, 631 – Vorschaubilder; krit. dazu *Spindler,* GRUR 2010, 785 ff.; *Wiebe,* GRUR 2011, 888 ff.
[116] *BGH,* CR 2012, 333 Rn. 29 ff. – Vorschaubilder II, dort auch zur Verteilung der Beweislast.
[117] Vgl. *OLG Stuttgart,* CR 2008, 319; *Klickermann,* MMR 2007, 7, 10 f.

C. Urheberrechtlicher Schutz bei Webangeboten

Bei **File-Sharing-Systemen** stellt der Nutzer Dateien zum Abruf für andere bereit. Auch diese unterfallen § 19a UrhG.[118] Im Fall eines **Internet-Videorecorders** hat der BGH ein öffentliches Zugänglichmachen durch den Dienstanbieter mit der Begründung verneint, dass sich dieses Recht auf die Bereithaltung eines Werkes zum Abruf durch Mitglieder der Öffentlichkeit von Orten und Zeiten ihrer Wahl beziehe.[119] Das sei bei einem an jedermann gerichteten Angebot zur Aufzeichnung und zum Abruf künftig ausgestrahlter und gespeicherter Sendungen noch nicht der Fall, weil sich das betreffende Werk zur Zeit des Angebots nicht in der Zugriffssphäre des Vorhaltenden befinde.[120] Der Abruf durch den Kunden erfolgt dann von für die Nutzer individuell eingerichteten Accounts. In der internen Weiterleitung an die Accounts kann allerdings eine Weitersendung nach § 20 bzw. § 87 Abs. 1 Nr. 1 Alt. 1 UrhG liegen.[121]

59

Von den Verwertungsrechten erfasst wird auch das sog. **Streaming**.[122] Dabei sind zwei verschiedene Kategorien von Streaming zu unterscheiden. Beim On-Demand-Streaming kann der Nutzer die Datenübertragung individuell zeit- und ortsunabhängig beginnen, während beim Livestreaming der Anbieter den Zeitpunkt des Streams bestimmt. Dieser wird an alle Nutzer gleichzeitig übertragen und kann nur einmalig genutzt werden.[123] Insofern ist das On-Demand-Streaming § 19a UrhG zuzuordnen, das Live-Streaming § 20 UrhG.[124] Diese Einordnung muss auch für die verschiedenen Formen des **Webradios** gelten. Simulcasts sind daher § 20 UrhG, Podcasts § 19a UrhG zuzuordnen.

60

> **Praxistipp:**
> Der EuGH[125] hat entschieden, dass ein Livestreaming von Fernsehsendungen im Internet europarechtswidrig ist, wenn nicht der Urheber seine Einwilligung erteilt hat; dies gilt auch dann, wenn die gestreamten Sendungen frei im Fernsehen verfügbar sind. Dieses Urteil des EuGH ist ein deutliches Signal zugunsten der Rechteinhaber, deren angemessene Vergütung der EuGH sicherstellen will.

61

Etwas anders stellt sich die Anwendbarkeit von § 19a UrhG dar, wenn es um Dienste geht, bei denen nicht der Nutzer, sondern der Verwerter die Zugänglichmachung steuert. Dazu gehören die **Push-Dienste,** bei denen Informationsdienste selbständig Nachrichten oder aktuelle Daten an ihre Abonnenten übertragen. Beim **Multicasting** wird ein Datenpaket innerhalb eines Netzes an mehrere, einzeln bezeichnete Empfänger geschickt. In diesen Fällen kann der Nutzer den Abruf nicht frei bestimmen. Stellt man für die Zugänglichmachung auf die Datenübermittlung ab, so ist diese Nutzung nicht, wie von § 19a UrhG verlangt, Mitgliedern der Öffentlichkeit von Orten und zu Zeiten ihrer Wahl möglich, da die Datenübertragung durch den Informationsanbieter und nicht vom Nutzer gesteuert wird.[126] Dennoch sprechen die besseren Argumente dafür, diese Dienste unter § 19a UrhG zu subsumieren.[127] Stellt man nach dem Wortlaut von § 19a UrhG darauf ab, dass Nutzer auf diese Inhalte nach deren Überspielung auf das jeweilige Empfangsgerät zu Zeiten ihrer Wahl zugreifen können, kommt eine Anwendung in Betracht.[128] Wirtschaft-

62

---

[118] Dreier/Schulze/*Dreier*, UrhG § 19a Rn. 6.
[119] *BGH*, GRUR 2009, 845, 847 – Internet-Videorecorder.
[120] *BGH*, GRUR 2009, 845, 847; aA *Wiebe*, CR 2007, 28, 33.
[121] *BGH*, CR 2013, 394 Rn. 40 ff. – Internet-Videorecorder II dort auch zur Geltendmachung des Zwangslizenzeinwands.
[122] *OLG Hamburg*, MMR 2009, 560; *OLG Hamburg*, ZUM 2009, 275; s. auch unten → Rn. 72 ff.
[123] Vgl. *Stieper*, MMR 2012, 12; *Büscher/Müller*, GRUR 2009, 558.
[124] Vgl. *Schulze*, ZUM 2011, 2, 4; *Büscher/Müller*, GRUR 2009, 558.
[125] *EuGH*, 7.3.2013 – C 607/11 – nv – TVCatchup Ltd.
[126] *Schack*, GRUR 2007, 639, 643; Wandtke/Bullinger/*Bullinger*, UrhG § 19a Rn. 30; zweifelnd Loewenheim/*Hoeren*, UrhR-HdB, 2. Aufl. 2010, § 21 Rn. 63.
[127] So auch Dreier/Schulz/*Dreier*, UrhG § 19a Rn. 10; aA Loewenheim/*Schwarz/Reber*, UrhR-HdB § 21 Rn. 79.
[128] So auch Dreier/Schulze/*Dreier*, UrhG § 19a Rn. 10.

lich sowie hinsichtlich der Interessenlage der Urheber, Verwerter und Nutzer spielt es keine Rolle, ob in erster Linie der Verwerter oder aber der Nutzer den Zeitpunkt steuert, zu dem das Werk ihm zur Kenntnis gelangt. Das Senderecht gem. § 20 UrhG erfasst diese Form der Werknutzung nicht, denn es stellt auf klassische Übertragungsformen ab und setzt voraus, dass das Programm zeitgleich gesendet wird.[129]

2. Privatkopie

63 Für die Vervielfältigung gelten verschiedene Schrankenbestimmungen. Wegen des Charakters als Ausnahmebestimmungen galt lange Zeit, dass diese grundsätzlich **eng auszulegen** sind. Zu beachten ist jedoch, dass die Interessen an der Nutzung des Werkes gleichrangig verfassungsrechtlich abgesichert sind. Die Schranken stellen daher eine Bestimmung von Inhalt und immanenten Grenzen des Urheberrechts dar. Der BGH berücksichtigt dementsprechend Drittinteressen und das Informations- und Nutzungsinteresse der Allgemeinheit.[130]

64 Die wichtigste Schranke ist die Anfertigung einer Kopie für den Privatgebrauch oder den sonstigen eigenen Gebrauch nach § 53 Abs. 1, 2 UrhG. Als Ausgleich erhält der Urheber einen Vergütungsanspruch nach § 54 UrhG gegen Hersteller der dort genannten Geräte und Speichermedien, welche zur Vornahme von Vervielfältigungshandlungen nach § 53 Abs. 1 bis 3 UrhG benutzt werden.[131] Eine **Privatkopie** liegt nach § 53 Abs. 1, 6 UrhG dann vor, soweit zur Vervielfältigung keine offensichtlich rechtswidrig hergestellte oder öffentlich zugänglich gemachte Vorlage verwendet wird und die erstellten Kopien nicht öffentlich verbreitet werden sollen. Öffentlichkeit ist gegeben, soweit der Kreis der Beteiligten nicht mehr als persönlich untereinander verbunden angesehen werden kann.

65 Die Teilnahme an **Tauschbörsen** und Peer-to-peer-Netzwerken beruht darauf, dass die Teilnehmer zugleich eigene Kopien zum Download durch andere Teilnehmer bereitstellen. Da eine öffentliche Verbreitung über das Internet bereits bei der Erstellung der Kopie beabsichtigt ist, lässt sich diese nicht mehr als Privatkopie ansehen. Das spätere Angebot zum Download verletzt dann auch § 53 Abs. 6 bzw. § 19a UrhG. Außerdem ist häufig davon auszugehen, dass bereits die Vorlage offensichtlich rechtswidrig erstellt wurde.

66 Im Rahmen der Schrankenbestimmungen kann der Nutzer eine Kopie auch **durch Dritte herstellen lassen** (§ 53 Abs. 1 S. 2 UrhG). Wegen der besonderen Gefährdung der Urheberinteressen ist dies aber nur in einem Umfang zulässig, bei dem der Dritte quasi an die Stelle des Kopiergeräts tritt.[132] Der Kunde muss die völlige Organisationshoheit über die Erstellung der Kopie behalten. Bietet der Dienst auch ein Rechercheelement an, sind die Grenzen der Privilegierung bereits überschritten. Eine etwas weitere Schranke gilt dagegen gem. § 60 Abs. 5 UrhG für **Bibliotheken,** denen die Vervielfältigung und Übermittlung einzelner Beiträge aus Zeitschriften und Zeitungen sowie bis zu 10 % eines erschienenen Werks gestattet ist.

67 Vor allem bei Online-Videorekordern stellt sich die Frage der **Herstellereigenschaft** bezüglich der einzelnen Kopie, die auch von Bedeutung für das Eingreifen der Privatkopieschranke ist. Die Auslegung kann nach Teilen von Rspr.[133] und Literatur[134] nicht nur unter bloßem Rückgriff auf den technischen Vorgang erfolgen, sondern ist anhand einer normativen Bewertung vorzunehmen, die sich insbesondere am Schutzzweck der Rege-

---

[129] Siehe auch *Dreier,* ZUM 2002, 28, 31; Wandkte/Bullinger/*Bullinger,* Urheberrecht, 5. Aufl. 2019, § 19a Rn. 16.
[130] BGHZ 154, 265 – Gies-Adler.
[131] Zur Rechtsprechung des EuGH zur Geräteabgabe vgl. *Ullmann,* CR 2012, 288 ff.; vgl. ferner B*VerfG*, CR 2011, 85 ff.; *BGH,* CR 2012, 702.
[132] BGH, GRUR 1997, 459 – CB-Infobank I; BGH, GRUR 1997, 464 – CB-Infobank II; BGH, GRUR 2009, 845, 847 – Internet-Videorekorder.
[133] *OLG Dresden,* K&R 2007, 278 sowie *OLG Köln,* GRUR-RR 2006, 5 – Personal Videorecorder.
[134] *Wiebe,* CR 2007, 28, 29 f.; *Kamps/Koops,* CR 2007, 581, 583.

lung ausrichtet. Der BGH bestimmt den Begriff des Herstellers jedoch allein nach einer technischen Bewertung.[135] Hersteller der Vervielfältigung sei derjenige, der diese körperliche Festlegung technisch bewerkstellige. Dabei sei es ohne Bedeutung, ob er sich dabei technischer Hilfsmittel bediene, selbst wenn diese von Dritten zur Verfügung gestellt werden. Dies sei primär der Kunde, der den Aufnahmevorgang auslöse, der dann vollautomatisch ablaufe.[136]

Fraglich ist auch die Einordnung eines Internetdienstes, der seinen Nutzern die Möglichkeit eröffnet, mittels einer Client Software die Live Streams von **Internetradios** hörbar zu machen und in speicherfähige MP3-Dateien umzuwandeln. Dabei kann gezielt ein bestimmtes Musikstück aus dem Internet angefordert, abgespielt und abgespeichert werden, ohne dass für den Nutzer die Quelle erkennbar ist, auf die die Software zur Bearbeitung der Anforderung zugreift. Dabei kommt es zu einer Vervielfältigung der jeweiligen Musikdatei.[137] Der Dienstleister ist dabei nicht als Hersteller der Vervielfältigung anzusehen, wenn er lediglich die technischen Hilfsmittel zur vollautomatischen Fertigung der Kopie liefert.[138] Hersteller ist vielmehr der Nutzer, dem in der Regel die Privatkopieschranke nach § 53 Abs. 1 S. 1 UrhG zu Gute kommt. Auch durch die Bereitstellung einer Software, die den Zugang zu frei zugänglichen Internetradios eröffnet, greift der Diensteanbieter nicht in das ausschließliche Recht der Urheber und Leistungsschutzberechtigten auf öffentliche Zugänglichmachung des Werkes gem. §§ 15 Abs. 1 S. 2 Nr. 2, 19a UrhG ein.[139] Werden Radiomitschnitte auf den Servern des Dienstanbieters abgelegt, die danach von den Nutzern abgerufen werden können, kommt es auf die technische Ausgestaltung an, ob darin eine Verletzung des Vervielfältigungsrechts des Urhebers durch den Dienstanbieter zu sehen ist[140] oder eine Bewertung wie beim Internet-Videorekorder angebracht ist. 68

3. Störerhaftung

Bei urheberrechtsverletzenden Angeboten ist es häufig schwierig, den eigentlichen Verletzer zur Rechenschaft zu ziehen. Dann ist es einfacher zu versuchen, den Diensteanbieter in die Verantwortung zu nehmen. Hier greifen die Grundsätze der Störerhaftung ein, die im Urheber-, Marken- und Wettbewerbsrecht eine große Bedeutung erlangt haben. Gleiches gilt für die Bereitstellung von Software, die Rechtsverletzungen in Peer-to-peer-Netzwerken ermöglicht (vgl. dazu eingehend Teil 5.3.). 69

4. Zitatrecht

Immer wieder missverstanden wird das Zitatrecht des § 51 UrhG. Dieses erlaubt nicht generell die Übernahme von kleinen Teilen eines fremden Werks, sondern nur dann, wenn ein **Zitatzweck** vorliegt. Die übernommene Stelle muss als Beleg, als kritische Bezugnahme oder zur Stützung der eigenen Position notwendig sein. Will man dagegen nur sein Angebot mit „fremden Federn" zusätzlich aufwerten, greift die Schranke nicht ein. Ansonsten ist bei literarischen Werken, Bildern und Filmen das Kleinzitat, bei wissenschaftlichen Werken das Großzitat zulässig. Es muss aber dann gem. § 63 UrhG die Quelle genannt werden. 70

---

[135] *BGH*, GRUR 2009, 845, 846 – Internet-Videorekorder.
[136] So auch *OLG Dresden*, MMR 2011, 610.
[137] *KG Berlin*, ITRB 2012, 126.
[138] *KG Berlin*, ITRB 2012, 126.
[139] *KG Berlin*, ITRB 2012, 126.
[140] *LG Köln*, MMR 2007, 610.

5. § 44a UrhG

71 Nach § 44a UrhG sind Vervielfältigungen iSv § 16 UrhG, die vorübergehend und **flüchtig** sind, vom Urheberrechtsschutz ausgenommen. Begleitend sind Vervielfältigungshandlungen, wenn sie einen Zwischenschritt auf dem Weg zur eigentlich bezweckten Nutzung des Werkes darstellen. Die Vervielfältigungshandlung muss integraler und wesentlicher Teil eines technischen Verfahrens sein und darf nicht um ihrer selbst willen erfolgen. Sie muss ein Zwischenstadium zu einer weitergehenden Nutzungshandlung nach § 44a Nr. 1 oder 2 UrhG bilden. Privilegiert sind insbesondere das „Caching" und das Downloaden auf einen Proxy-Server sowie das „Browsing" mit Hilfe des Arbeitsspeichers. Gleiches gilt für das Zwischenspeichern beim digitalen Fernsehen, da und soweit ihm keine eigenständige Bedeutung zukommt. Beim Caching wird allerdings jeweils im Einzelfall zu prüfen sein, inwieweit dadurch eine eigenständige wirtschaftliche Nutzung ermöglicht wird. Nicht erfasst werden die Aufnahme von Fernseh-Sendungen mit einem „Online-Videorekorder"[141] und die Anzeige von Miniaturansichten (Thumbnails) in Trefferlisten einer Suchmaschine.[142] Wegen der gleich gelagerten Interessenlage dürfte § 44a UrhG auch auf Computerprogramme anwendbar sein.[143]

72 Praktisch bedeutsam aber besonders umstritten ist die Frage, ob das **Streaming** unter § 44a UrhG fällt. Dazu ist zunächst ein Blick auf die **technischen** Feinheiten notwendig. Wenn der Nutzer einen Stream aktiviert, werden wiederholt Datenpakete an seinen Rechner übertragen, die mithilfe eines Clients decodiert und im Cache auf der Festplatte oder im RAM zwischengespeichert werden. Diese Zwischenspeicherung ist nötig, um Schwankungen der Übertragungsrate auszugleichen und Bildruckler zu vermeiden. Wenn nach Abspielen der einzelnen Datenpakete neue Datenpakete im Zwischenspeicher abgelegt und dadurch die bereits vorhandenen überschrieben werden, sodass am Ende des Streams keine komplette Datei zur Verfügung steht, handelt es sich um ein sog. **True-Streaming.** Werden aber die ankommenden Datenpakete derart gespeichert, dass nach Ende der Übertragung eine vollständige Datei vorhanden ist, handelt es sich um einen **progressiven Download**.

73 Betrachtet man diese Verfahren nun unter dem Gesichtspunkt der Merkmale von § 44a UrhG, entstehen zahlreiche Probleme. Eine bloß **vorübergehende Vervielfältigung** ist beim True-Streaming grundsätzlich gegeben, beim progressiven Download muss die jeweilige Einstellung des Clients beachtet werden. Wenn am Ende der Übertragung die vollständige Datei abgespeichert wird, liegt keine vorübergehende Vervielfältigung mehr vor, denn der Nutzer kann auf die Datei, die sich komplett in einem temporären Verzeichnis auf der Festplatte befindet, nach Belieben zugreifen, da diese nur durch Leerung des Browser-Cache gelöscht wird.[144] Für den Fall, dass erst mit dem Herunterfahren des Computers die im Zwischenspeicher abgelegte vollständige Datei gelöscht wird, wird teilweise noch eine vorübergehende Vervielfältigungshandlung angenommen.[145] Die Rechtsprechung macht das Eingreifen dieser Schranke davon abhängig, dass die Vervielfältigung nach Erfüllen ihrer Funktion automatisch gelöscht wird.[146] Doch spätestens mit Schließung des Abspielprogramms haben die Datenpakete ihre ursprüngliche Funktion erfüllt, weshalb die Privilegierung gem. § 44a Nr. 2 UrhG in diesem Fall nicht mehr eingreifen kann.[147]

74 Erforderlich ist weiterhin, dass die Nutzung **keine eigenständige wirtschaftliche Bedeutung** hat. Eine eigenständige wirtschaftliche Bedeutung liegt vor, wenn die gespeicherten Daten neue, eigenständige Nutzungsmöglichkeiten eröffnen, die über den mit der Werkwiedergabe als „rechtmäßige Nutzung" ohnehin verbundenen wirtschaftlichen Vor-

---

[141] *OLG Dresden*, NJOZ 2008, 160, 163 – Zeitversetztes Fernsehen.
[142] *OLG Jena*, MMR 2008, 408, 410; bestätigt von *BGH*, GRUR 2010, 628, 630 – Vorschaubilder.
[143] Dreier/Schulze-*Dreier*, UrhG § 44a Rn. 2; vgl. aber dort auch § 69d Rn. 3.
[144] Vgl. *Härting/Thiess*, WRP 2012, 1068, 1069; aA *Mitsdörffer/Gutfleisch*, MMR 2009, 731 Fn. 19.
[145] Vgl. *Busch*, GRUR 2011, 496, 501; Dreier/Schulze/*Dreier*, UrhG § 44a Rn. 4.
[146] *EuGH*, EuZW 2009, 655, 658 Rn. 64 f. – Infopaq.
[147] Vgl. *Stieper*, MMR 2012, 12, 15.

C. Urheberrechtlicher Schutz bei Webangeboten

teil hinausgehen.[148] Teils wird davon ausgegangen, das bereits die Möglichkeit, dass durch die Zwischenspeicherung von Datenpaketen ein verzögerungsfreies Vor- und Zurückspulen möglich ist, eine eigenständige wirtschaftliche Bedeutung begründet.[149] Dies widerspricht jedoch der o. g. Auffassung des EuGH, da das Zwischenspeichern ja notwendiger Bestandteil des technischen Verfahrens ist.[150] Auch sind die einzelnen Datenpakete, die durch das Streaming jeweils im Zwischenspeicher des Rechners abgelegt werden, nie isoliert und erneut verwertbar.[151] Jedoch erscheint dies aufgrund der oben beschriebenen Einstellungsmöglichkeiten bei einigen Clients durchaus möglich, was wiederum von einem Teil der Lehre für eine eigenständige wirtschaftliche Bedeutung als ausreichend angesehen wird.[152] Danach soll das Streaming generell nicht von der Privilegierung des § 44a UrhG umfasst sein. Dagegen spricht jedoch der Zweck von Art. 5 Abs. 1 InfoRL und damit auch von § 44a UrhG, da mit dieser Vorschrift gerade die Entwicklung und der Einsatz neuer Technologien gewährleistet werden soll.[153] Zudem wäre es auch nicht konsequent, einerseits den reinen Werkgenuss als rechtmäßige Nutzung im Sinne der Vorschrift anzuerkennen und dann aber das dafür nötige technische Verfahren als rechtswidrig zu beurteilen, nur weil die Möglichkeit einer technischen Manipulation besteht, die der überwiegende Teil der Nutzer mangels genauer Kenntnisse der Einstellungen und Manipulationsmöglichkeiten eines Clients nicht einmal kennt.[154]

Es ist daher eine **differenzierende Lösung** zu suchen, die an die verschiedenen Clients anknüpft. Wenn die Datenpakete direkt nach dem Abspielen oder spätestens mit Beenden des gesamten Abspielvorgangs automatisch gelöscht werden, liegt keine eigenständige wirtschaftliche Bedeutung vor.[155] Wenn der Client so konfiguriert ist, dass ein erneutes Zugreifen auf die im Cache befindliche Datei auch ohne Neustart des Streams möglich ist, kann von einer eigenständigen wirtschaftlichen Bedeutung ausgegangen werden.[156] In diesem Fall würde eine Privilegierung gem. § 44a Nr. 2 UrhG scheitern. 75

Auch die Anforderungen an das Merkmal der **rechtmäßigen Nutzung** sind noch nicht geklärt. Nach einer Ansicht soll es auf die Rechtmäßigkeit der Quelle ankommen.[157] Dagegen spricht aber, dass der Gesetzgeber auch in anderen Fällen nicht an die Rechtmäßigkeit der Quelle anknüpft.[158] Zudem stellt auch der EuGH nur auf die Rechtmäßigkeit des Empfangs ab.[159] Daher steht die Nutzung einer rechtswidrigen Quelle einer Privilegierung nicht entgegen. Streitig ist weiterhin, ob mit „Nutzung" auch der reine Werkgenuss gemeint ist, denn nur dann könnte das Zwischenspeichern der Datenpakete eine rechtmäßige Nutzung ermöglichen. 76

In der amtlichen Begründung zu § 44a UrhG wird auf den Erwägungsgrund 33 der InfoRL verwiesen, wonach eine Nutzung dann rechtmäßig sein soll, wenn sie vom Rechteinhaber zugelassen und nicht durch etwaige Gesetze beschränkt ist.[160] Dass der Erwägungsgrund negativ formuliert ist, kann man als Hinweis darauf sehen, dass Art. 5 Abs. 1 InfoRL mit „Nutzungen" nicht nur durch gesetzliche Schranken zugelassene Handlungen, sondern auch urheberrechtsfreie Handlungen umfassen will, da diese auch nicht durch 77

---

[148] *EuGH*, MMR 2011, 817, 823 Rn. 174 – Football Association Premier League/Murphy m. Anm. *Stieper*.
[149] *Radmann*, ZUM 2010, 387, 391; *Bott/Conrad/Joachim/Nordemann/Pilla*, GRUR Int 2011, 905, 912.
[150] *EuGH*, MMR 2011, 817, 823 Rn. 176 – Football Association Premier League/Murphy m. Anm. *Stieper*.
[151] Vgl. *Fangerow/Schulz*, GRUR 2010, 677, 680 f.; *Koch*, GRUR 2010, 574, 575.
[152] Dreier/Schulze/*Dreier*, UrhG § 44a Rn. 10; Schricker/*Loewenheim*, UrhG § 44a Rn. 13; *Fangerow/Schulz*, GRUR 2010, 677, 680.
[153] *EuGH*, MMR 2011, 817, 823 Rn. 179 – Football Association Premier League/Murphy m. Anm. *Stieper*; *EuGH*, GRUR-Int. 2012, 336 – Infopag II; *BGH*, CR 2013, 400, 401 – Internet-Videorecorder II.
[154] Vgl. *Stieper*, MMR 2012, 12, 16.
[155] So auch *Stieper*, MMR 2012, 12, 16.
[156] Wandtke/Bullinger/*Heerma*, § 16 UrhG Rn. 20.
[157] Vgl. *Radmann*, ZUM 2010, 387, 391.
[158] *Stieper*, MMR 2012, 12, 15; *Eichelberger*, K&R 2012, 393, 396; *Fangerow/Schulz*, GRUR 2010, 677, 681.
[159] *EuGH*, MMR 2011, 817, 823 Rn. 171 – Football Association Premier League/Murphy m. Anm. *Stieper*.
[160] BT-Drs. 15/38, 18.

Gesetze beschränkt sind.[161] Zudem verbleibt für die Vorschrift nur dann ein nennenswerter Anwendungsbereich, wenn auch der urheberrechtlich irrelevante Werkgenuss eine umfasste Nutzung ist.[162]

78 Inzwischen hat der EuGH entschieden, dass die vorübergehende Vervielfältigung eines Werkes beim Streaming **keine rechtmäßige Nutzung** iSd Art. 5 Abs. 1 lit. b InfoRL darstellt, wenn die Vorlage ohne die Erlaubnis des Rechteinhabers eingestellt wurde und der Nutzer hiervon **Kenntnis** hatte.[163] Durch das Abstellen auf die subjektive Kenntnis des Nutzers macht der EuGH deutlich, dass das Streamen rechtswidriger Inhalte nicht per se als illegal zu beurteilen ist. Im Gegenteil soll die Nutzung beim Streaming rechtswidriger Inhalte nur dann rechtswidrig sein, wenn dem Nutzer bewusst ist, dass er sich Zugang zu rechtswidrigen Streaming-Vorlagen verschafft.[164]

79 Das bedeutet auch, dass bei fehlender Kenntnis das Streamen durch § 44a UrhG abgedeckt sein kann. § 44a Nr. 2 UrhG, dem Art. 5 Abs. 1 lit. b InfoSoc-RL zu Grunde liegt, muss europarechtskonform dahingehend ausgelegt werden, dass das Streaming aus rechtswidrigen Quellen nicht mehr vom Sinn und Zweck der Norm umfasst ist, sofern der Nutzer hiervon Kenntnis hatte.[165] Fraglich ist jedoch, wann eine solche Kenntnis des Nutzers anzunehmen ist. Beim Streaming von unautorisierten Portalen, wie Kinox.to, auf denen Inhalte zum Abruf bereitgestellt werden, die aktuell sonst nur im Kino oder Pay-TV übertragen werden – also **offensichtlich rechtswidrig** sind –, wird davon auszugehen sein, dass die erforderliche Kenntnis des Nutzers von der Rechtswidrigkeit der Quelle vorliegt.[166] Denn es ist allgemein bekannt, dass die dort öffentlich zugänglich gemachten Inhalte rechtswidrig sind, sodass der Nutzer sich auch hier **freiwillig und in Kenntnis der Sachlage** zielgerichtet Zugang verschafft. Demgegenüber wird das Streaming illegaler Inhalte von überwiegend rechtmäßigen Streaming-Diensten wie Netflix, Amazon Prime Video oder Spotify auch zukünftig gem. § 44a Nr. 2 privilegiert sein, da es in diesen Fällen regelmäßig an der notwendigen Kenntnis des Nutzers fehlen wird.[167] Weniger eindeutig ist die Rechtslage nach wie vor bei der Nutzung weder offensichtlich rechtswidriger noch offensichtlich rechtmäßiger Streaming-Dienste. Ob der Nutzer in solchen Fällen Kenntnis von der Rechtswidrigkeit haben musste, ist jeweils nach den **Umständen des Einzelfalls** zu beurteilen.

80 Das Urteil des EuGH ist ein großer Schritt zur **Harmonisierung** des urheberrechtlichen Schutzes. Trotz alledem überzeugt das Urteil weder im Ergebnis noch in seiner Begründung. Ein systematischer Vergleich von Art. 5 Abs. 1 zu Art. 5 Abs. 2 lit. b InfoSoc-RL zeigt, dass die Rechtmäßigkeit der Nutzung nicht mit der Rechtmäßigkeit der Quelle gleichzusetzen ist. Der reine Konsum eines illegal veröffentlichten Werks muss deshalb unabhängig von der Quelle beurteilt werden. Die Auslegung des EuGH zu Art. 5 Abs. 1 InfoSoc-RL hat ohne Zweifel eine **gravierende Einschränkung der Nutzungsmöglichkeit des Internets** zur Folge.[168]

---

[161] *EuGH*, MMR 2011, 817, 823 Rn. 168 – Football Association Premier League/Murphy m. Anm. *Stieper*; *Mitsdörffer/Gutfleisch*, MMR 2009, 731, 733; *Bornhauser*, Anwendungsbereich und Beschränkungen des urheberrechtlichen Vervielfältigungsrechts im digitalen Kontext, Rn. 376.
[162] Vgl. *Poeppel*, Die Neuordnung der urheberechtlichen Schranken im digitalen Umfeld, S. 442 ff.; *Eichelberger*, K&R 2012, 393, 396.
[163] *EuGH*, GRUR 2017, 610 – Stichting Brein.
[164] *EuGH*, GRUR 2017, 610, 615, Rn. 70 – Stichting Brein, vgl. *Neubauer/Soppe*, GRUR 2017, 610, 616; *Stender-Vorwachs/Steege*, MMR 2017, 460, 466.
[165] So auch *Müller-Riemenschneider/Hermann*, EuR 2017, 571, 575; vgl. *Wagner*, GRUR 2016, 874, 881 f.
[166] So auch *Stender-Vorwachs/Steege*, MMR 2017, 460, 466.
[167] So wohl auch *LG Köln*, GRUR-RR 2014, 114; *LG Hamburg*, MMR 2014, 267; *Stender-Vorwachs/Steege*, MMR 2017, 460, 466; aA *Specht*, ZUM 2017, 582, 586 hält § 44a Nr. 2 UrhG auch bei nicht offensichtlich rechtswidrigen Quellen für nicht mehr anwendbar.
[168] So auch *Müller-Riemenschneider/Hermann*, EuR 2017, 571, 573.

6. Urheberpersönlichkeitsrecht

Die persönlichkeitsrechtlichen Befugnisse des Urhebers nach §§ 12–14 UrhG können auch für die Verwertung im Internet von Bedeutung sein. Das betrifft etwa das Recht auf **Namensnennung** nach § 13 UrhG. Dies ist gerade bei Fotografien praktisch relevant. Bei einer nicht genehmigten Verwendung von geschützten Fotografien in einer Informationsbroschüre, die auch im Rahmen der Internetpräsenz genutzt wird, steht dem Fotograf ein Anspruch zu, dass sein Name genannt wird.[169] Es kann zwar sein, dass dies technisch schwierig ist und daher ein Weglassen der Bezeichnung branchenüblich ist. Ein Hinweis könnte aber direkt am Foto oder auch durch einen entsprechenden Link erfolgen. Für den Download von Klingeltönen könnte ein entsprechender Hinweis beim Link angebracht werden.[170] Für das Weglassen des Urheberhinweises wurde eine Verdopplung der Lizenzgebühr zugesprochen.[171]

81

D. Rechtlicher Schutz von Computerspielen

I. Computerspiele als hybride Werke

Ein Video- bzw. Computerspiel beinhaltet zum einen ein dem Spiel zugrunde liegendes und das Spielgeschehen steuerndes Computerprogramm und zum anderen audiovisuelle Bestandteile.[172] Es zeichnet sich also durch eine technisch-künstlerische Doppelnatur aus, für die das Urheberrechtsgesetz keine passenden, einheitlichen Regeln bereithält.[173] Das zugrundeliegende Computerprogramm ist als Software nach §§ 69a ff. UrhG schutzfähig.[174] Die audiovisuellen Bestandteile sind in diesen Schutzbereich nicht mit eingeschlossen. Sie sind vielmehr als Filmwerke gem. § 2 Abs. 1 Nr. 6 UrhG selbständig geschützt.[175] Für die Einordnung als Film- bzw. filmähnliches Werk ist dabei unschädlich, dass der Spieler den Spielablauf beeinflussen kann, da alle möglichen Spieloptionen bereits vorher vom Programmierer festgelegt wurden.[176] Des Weiteren können auch einzelne Bestandteile eines Computerspiels als Sprach-, Musik-, Kunst- oder Lichtbildwerke bzw. als Laufbild geschützt sein.[177] Aufgrund der unterschiedlichen Bestandteile handelt es sich bei Computerspielen um sog. **hybride Werke**.[178] Unterhalb der Ebene des Urheberrechts kommt auch ein Schutz durch das Leistungsschutzrecht für Laufbilder nach §§ 94, 95 UrhG in Betracht.[179] Ergänzend hat bei Computerspielen auch das UWG in Form der Fallgruppe der unmittelbaren oder nachschaffenden Leistungsübernahme nach § 4 Nr. 3 UWG praktische Anwendung gefunden.

82

Der hybride Charakter von Computerspielen wirft Probleme auf, weil die allgemeinen urheberrechtlichen Vorschriften und die Spezialvorschriften für Computerprogramme nicht

83

---

[169] *OLG Düsseldorf*, GRUR-RR 2006, 393, 394.
[170] *OLG Hamburg*, GRUR-RR 2002, 249, 250.
[171] *OLG Düsseldorf*, GRUR-RR 2006, 393, 394; *LG Düsseldorf*, CR 2012, 819.
[172] *EuGH*, GRUR 2014, 255 Rn. 23 – Nintendo/PC-Box; *BGH*, GRUR 2013, 1035 Rn. 20 – Videospiel-Konsolen I; *BGH*, GRUR 2017, 266 Rn. 34 – World of Warcraft I.
[173] Vgl. *Brüggemann*, CR 2015, 697; *Poll/Brauneck*, GRUR 2001, 389, 390; *Ulbricht*, CR 2002, 317, 321.
[174] *EuGH*, GRUR 2014, 255 Rn. 23 – Nintendo/PC-Box; *BGH*, GRUR 2013, 1035 Rn. 20 – Videospiel-Konsolen I; *Brüggemann*, CR 2015, 697.
[175] *BGH*, GRUR 2017, 266 Rn. 34 – World of Warcraft I; *BGH*, GRUR 2013, 1035 Rn. 20 – Videospiel-Konsolen I; *Bullinger/Czychowski*, GRUR 2011, 19, 21; *Hofmann*, CR 2012, 281, 283.
[176] Vgl. *OLG Hamm*, NJW 1991, 2161; *Bullinger/Czychowski*, GRUR 2011, 19, 22 f.; *Katko/Maier*, MMR 2009, 306, 307; Wandtke/Bullinger/*Manegold*, Urheberrecht, § 2 Rn. 129.
[177] *BGH*, GRUR 2017, 266 Rn. 34 – World of Warcraft I; *BGH*, GRUR 2013, 1035 Rn. 20 – Videospiel-Konsolen I; *Hentsch*, MMR-Beilage 2018, 3, 3 f.
[178] *BGH*, GRUR 2013, 1035 Rn. 21 – Videospiel-Konsolen I; *Kreutzer*, CR 2007, 1, 2.
[179] Eingehend Wandtke/Bullinger/*Grützmacher*, UrhG § 69g Rn. 5.

immer kongruent sind.[180] Es stellt sich insbesondere die Frage, nach welchen Vorschriften das **Gesamtwerk** zu beurteilen ist, mithin, ob für Computerspiele die Regelungen über Computerprogramme und über die audiovisuellen Inhalte kumulativ zur Anwendung gelangen,[181] oder ob sich die Anwendbarkeit der Regelungen nach einer Schwerpunktbetrachtung[182] entscheidet.[183] Nach der wohl herrschenden Ansicht in der Literatur ist von einer parallelen Anwendbarkeit auszugehen und im Kollisionsfall einzelfallbezogen zu prüfen, welche Vorschrift den Interessen der Beteiligten am besten entspricht.[184]

II. Schutz der einzelnen Bestandteile

84 Grundsätzlich wird kein urheberrechtlicher Schutz für die Spielidee, das abstrakte Spielkonzept, das allgemeine Thema oder das Genre gewährt, sondern nur für die **konkrete Ausformung**.[185] In Betracht kommt jedoch ein urheberrechtlicher Schutz für einzelne Bestandteile eines Computerspiels, wenn die Voraussetzungen des § 2 Abs. 2 UrhG vorliegen. Die Anforderungen an die Individualität dürfen hier nicht zu hoch angesetzt werden.[186] Aufgrund der regelmäßig großen Gestaltungsspielräume, wird in den meisten Fällen ein Schutz gegeben sein.[187]

1. Handlung und Regelwerk

85 Die konkret individuelle Ausgestaltung der **Handlung** kann unter Anwendung der **Fabel-Rechtsprechung**[188] ein geschütztes Sprachwerk gem. § 2 Abs. 1 Nr. 1 UrhG darstellen.[189] Danach genießen auch solche Bestandteile und formbildende Elemente eines Werkes urheberrechtlichen Schutz, die im Gang der Handlung, in der Charakteristik der Rollenverteilung der handelnden Personen, der Ausgestaltung von Szenen und in der „Szenerie" des Romans liegen.[190] Bei ausreichender Komplexität und individueller Ausgestaltung können auch die Spielregeln – bei Gemeinfreiheit des zugrundeliegenden abstrakten Spielkonzepts – die Schutzschwelle überschreiten.[191] Die erforderliche schöpferische Eigenart braucht dabei nicht ausschließlich auf der sprachlichen Ausdrucksform beruhen, sondern kann sich auch aus einem auf individuelle Geistestätigkeit zurückzuführenden Gedankeninhalt ergeben.[192]

---

[180] Unterschiede bestehen etwa hinsichtlich Schrankenregelungen, Dienstwerken, Schutz technischer Schutzmaßnahmen, §§ 95a ff. UrhG im Gegensatz zu § 69f Abs. 2 UrhG, sowie der Erschöpfung im Online-Bereich. Vgl. *BGH*, GRUR 2013, 1035 – Videospiel-Konsolen I; *Brüggemann*, CR 2015, 697, 700; *Bullinger/Czychowski*, GRUR 2011, 19, 21 f.; *Hentsch*, MMR-Beilage 2018, 3, 4.
[181] *BGH*, GRUR 2013, 1035 Rn. 24 – Videospiel-Konsolen I; *LG München I*, MMR 2008, 839, 840 f.; *Bullinger/Czychowski*, GRUR 2011, 19, 21 f.; *Hofmann*, CR 2012, 281, 283; *Katko/Maier*, MMR 2009, 306.
[182] *Kreutzer*, CR 2007, 1, 3 ff.
[183] Für einen Überblick über die Ansichten zur Anwendbarkeit der Regelungen hinsichtlich technischer Schutzmaßnahmen siehe *BGH*, GRUR 2013, 1035 Rn. 21 ff. – Videospiel-Konsolen I; siehe für eine Übersicht zu den verschiedenen Ansichten *Brüggemann*, CR 2015, 697; *Hilgert*, CR 2014, 354.
[184] *Bullinger/Czychowski*, GRUR 2011, 19, 21; *Kuß/Schmidtmann*, K&R 2012, 782, 785. So wohl auch *Hilgert*, CR 2014, 354, 356 und *Katko/Maier*, MMR 2009, 306, 308. Vgl. auch BGH GRUR 2017, 266 Rn. 68 ff. – World of Warcraft I; dazu *Czychowski*, GRUR 2017, 362.
[185] *Brüggemann*, CR 2015, 697, 699; *Hofmann*, CR 2012, 281, 283; *Picot* in Auer-Reinsdorff/Conrad, Handbuch IT- und Datenschutzrecht, § 29 Rn. 8; vgl. *Schricker/Loewenheim*, UrhG § 2 UrhG 73.
[186] Zum Schutz der „kleinen Münze" siehe *OLG Hamburg*, GRUR 1983, 436 f.
[187] Vgl. Wandtke/Bullinger/*Grützmacher*, UrhG § 69g Rn. 4.
[188] *BGH*, GRUR 1959, 379, 381 – Gasparone; *BGH*, GRUR 1999, 984, 987 – Laras Tochter; *Oechsler*, GRUR 2009, 1101, 1104.
[189] *Picot* in Auer-Reinsdorff/Conrad, Handbuch IT- und Datenschutzrecht, § 29 Rn. 9.
[190] *Bullinger/Czychowski*, GRUR 2011, 19, 23 f.
[191] *Hofmann*, CR 2012, 281.
[192] *BGH*, GRUR 1962, 51, 52 – Zahlenlotto; vgl. *OLG München*, BeckRS 1993, 31151465; *LG Mannheim*, ZUM-RD 2009, 96, 99 – Urheberrechtsschutz an Würfelspielen; *LG Köln*, NJOZ 2010, 97, 98.

2. Texte

Die in einem Computerspiel enthaltenen **Texte** können ebenfalls als Sprachwerke iSd § 2 Abs. 1 Nr. 1 UrhG geschützt sein, wenn sie eine persönliche geistige Schöpfung darstellen. Dies kann insbesondere auf lange Textpassagen zutreffen, die der Spieler in der Spielwelt finden und komplett am Bildschirm lesen kann und die die Geschichte vorantreiben oder Hintergrundinformationen enthalten.[193] Kurze Informationstexte oder Beschreibungen überschreiten die erforderliche Schutzschwelle dagegen eher nicht.

3. Musik

Die **Soundtracks** und andere bei Computerspielen verwendete Musikstücke können gem. § 2 Abs. 1 Nr. 2 UrhG geschützt sein. Meistens sind die Soundtracks speziell für ein konkretes Computerspiel komponiert und tragen dazu bei, die gewünschte Atmosphäre des Spiels zu erzeugen, sodass in der Regel die erforderliche Schöpfungshöhe für den urheberrechtlichen Schutz als Musikwerk erreicht sein wird.

4. Grafiken und Computeranimationen

Grafiken und **Computeranimationen**, beispielsweise von virtuellen Spielwelten und Spielgegenständen, können als Werke der bildenden Kunst gem. § 2 Abs. 1 Nr. 4 UrhG geschützt sein, wenn ihr ästhetischer Gehalt als künstlerische Leistung angesehen werden kann.[194] Des Weiteren können auch Einzelbilder aus dem Computerspiel urheberrechtlich geschützte Werke nach § 2 Abs. 1 Nr. 4 UrhG darstellen.[195]

5. Charaktere

Die **Charaktere** eines Computerspiels oder sog. **Avatare** können unter Umständen über ihre äußere Darstellung hinaus als Gesamtcharakter urheberrechtlichen Schutz genießen.[196] Hier kann der urheberrechtliche Figurenschutz gem. § 2 Abs. 1 Nr. 4 UrhG fruchtbar gemacht werden.[197] Zu unterscheiden sind mehrere Schutzebenen, wobei man auf die Rechtsprechung zu Comics zurückgreifen kann. Danach sind die Voraussetzungen für den Schutz fiktiver Charaktere insbesondere die ausgeprägte Beschreibung der Charaktereigenschaften sowie die Beschreibung besonderer äußerlicher Merkmale.[198] Dabei wurde nicht nur die eigentliche Zeichnung und die **Comic-Figuren** als Kunstwerke angesehen, sondern eine Gesamtkreation in der Verbindung der äußeren Merkmale mit „inneren" Charaktereigenschaften, Umfeld, Geschichte angenommen und die „Comic-Persönlichkeit" der Figur urheberrechtlich geschützt.[199]

Eine besondere Rolle spielt in diesem Bereich die Abgrenzung zwischen einer Bearbeitung und einer **freien Benutzung** nach § 24 UrhG. Auch bei identischer Übernahme der äußeren Gestaltung nimmt die Rechtsprechung bei satirischer oder parodistischer Behandlung einen „inneren Abstand" an, der zu einer Bewertung als freie Benutzung führen kann.[200] Dabei spielt auch die Bedeutung des Grundrechts der Meinungsfreiheit eine besondere Rolle. Anders ist es dagegen zu beurteilen, wenn die Figuren und deren Umfeld

---

[193] *Bullinger/Czychowski*, GRUR 2011, 19, 24.
[194] *Picot* in Auer-Reinsdorff/Conrad, Handbuch IT- und Datenschutzrecht, § 29 Rn. 10.
[195] Wandtke/Bullinger/*Bullinger*, § 2 Rn. 121.
[196] *Picot* in Auer-Reinsdorff/Conrad, Handbuch IT- und Datenschutzrecht, § 29 Rn. 7.
[197] Allgemein *Schulze*, ZUM 1997, 77 ff.
[198] *Picot* in Auer-Reinsdorff/Conrad, Handbuch IT- und Datenschutzrecht, § 29 Rn. 7.
[199] BGH, GRUR 1994, 206, 207 – Alcolix; BGH, GRUR 1994, 191, 192 – Asterix-Persiflagen; mit Überblick auch zur internationalen Rechtslage *Ruijsenaars*, GRUR Int. 1993, 811 ff. sowie 918 ff.
[200] BGH, GRUR 1994, 206, 208 – Alcolix.

nur benutzt werden, um eine andere Aussage zu transportieren, die sich nicht mehr antithematisch mit dem Werk auseinandersetzt.

6. Zwischensequenzen

91 Viele Computerspiele enthalten **Zwischensequenzen,** sog. **Cutscenes.** Dabei handelt es sich um Filmszenen, die dazu dienen, die Story des Spiels voranzutreiben. Bei solchen Zwischensequenzen handelt es sich unabhängig davon, ob diese mit echten Schauspielern gedreht oder am Computer gerendert wurden, um Filmwerke iSd § 2 Abs. 1 Nr. 6 UrhG.[201] Am Computer gerenderte Szenen sind mit Zeichentrickfilmen vergleichbar.[202]

III. Weitere Schutzmöglichkeiten

92 Auch bei Computerspielen kommt ein ergänzender Schutz durch das Patentrecht, das Markenrecht sowie den ergänzenden Leistungsschutz und den Knowhow-Schutz in Betracht. Hier gilt das zum Schutz von Computerprogrammen oben Gesagte entsprechend (Teil 2.1. Rn. 5 ff.).

IV. Schutzumfang, insbesondere Schutz gegen Cheatbots

93 Besondere Probleme wirft der Einsatz von **Cheatbots** auf.[203] Der Einsatz von Cheatbots ist eine besonders ausgereifte **Methode des Cheatings.**[204] Es handelt sich um eine Software, die automatisiert periodisch wiederkehrende Aufgaben im Spiel ausführt, zum Beispiel Spielzüge automatisch ausführt, die Befehlseingabe verbessert oder virtuelle Ressourcen erwirtschaftet, ohne dabei auf die Bedienung durch einen Menschen angewiesen zu sein.[205] Dieser ist für Mitspieler wie für Hersteller gleichermaßen ein Ärgernis. Durch den Einsatz eines Cheatbots verschafft sich der Spieler wesentliche Vorteile und kommt im Spiel schneller voran, als seine Mitspieler.[206] Dadurch kann das Spiel für ehrliche Spieler weniger interessant werden.[207] Ein solcher Vorteil lässt sich auch monetarisieren, indem man auf bestimmten Internetplattformen weiterentwickelte Spielcharaktere oder virtuelle Ressourcen verkauft.[208]

94 Die Spieleanbieter haben ein großes Interesse daran, das Herstellen, Anbieten und Nutzen solcher Cheatbots zu verhindern. Ein wirksames Vorgehen gegen die Hersteller der Cheat-Software gestaltet sich schwierig. Da zu den Herstellern der Cheatbots in der Regel keine Vertragsbeziehungen bestehen, kommen insbesondere Anspruchsgrundlagen aus dem Urheberrecht in Betracht.

95 Die Hersteller von Cheatbots könnten das Vervielfältigungsrecht des Inhabers der Nutzungsrechte am Computerprogramm nach § 69c Nr. 1 UrhG sowie der übrigen betroffenen audiovisuellen Werke nach § 16 Abs. 1 UrhG verletzen. Um einen Cheatbot zu testen, muss die **Client-Software,** die der Spielehersteller zur Verfügung stellt, in den Arbeitsspeicher und Grafikspeicher des für den Test genutzten Computers geladen werden, sodass eine Vervielfältigungshandlung sowohl hinsichtlich des Computerprogramms als auch hinsichtlich der audiovisuellen Bestandteile des Spiels vorliegt.[209] Solche Vervielfälti-

---

[201] *Bullinger/Czychowski,* GRUR 2011, 19, 22.
[202] *Bullinger/Czychowski,* GRUR 2011, 19, 22.
[203] Vgl. *Conraths,* CR 2016, 705 ff.
[204] Vgl. *Wieduwilt,* MMR 2008, 715.
[205] *Rauda,* MMR-Beil. 2019, 20.
[206] *Hecht/Kockentiedt,* CR 2009, 719; *Rauda,* MMR-Beil. 2019, 20.
[207] *Hecht/Kockentiedt,* CR 2009, 719.
[208] *Rauda,* MMR-Beil. 2019, 20; *Röttgen/Juelicher,* DSRITB 2017, 227, 232.
[209] BGH, GRUR 2017, 266, 269 – World of Warcraft I; vgl. *Hentsch,* MMR-Beil. 2018, 3, 5; *Rauda,* MMR-Beil. 2019, 20, 21.

gungen im Rahmen der Entwicklung von Cheatbot-Software dienen **kommerziellen Zwecken** und sind somit nicht vom Zweck der Rechteeinräumung umfasst, § 31 Abs. 5 UrhG.[210]

Die Hersteller von Cheatbots könnten § 69d Abs. 3 UrhG für sich in Anspruch nehmen, wonach eine Software zur **Programmbeobachtung** und Analyse auch ohne die Zustimmung des Rechteinhabers vervielfältigt werden darf.[211] Nach dieser Vorschrift ist jedoch nur die Vervielfältigung des Computerprogramms und nicht die Vervielfältigung der audiovisuellen Werke erlaubt.[212] Es gibt auch keine entsprechende Regelung, die eine Vervielfältigung der in einem Computerspiel enthaltenen Werke erlaubt, um durch Beobachtung das Funktionieren des Computerspiels und die dem Computerspiel zugrunde liegenden Ideen und Grundsätze zu ermitteln.[213] Dementsprechend ergeben sich aufgrund der unerlaubten Vervielfältigungshandlungen Ansprüche auf Unterlassung und auf Schadensersatz aus §§ 97 Abs. 1 S. 1, 97 Abs. 2 UrhG.

Des Weiteren verhindern Cheatbots mittels technischer Tricks die Scan-Routinen des Computerspielprogramms, sodass es sich um „Vorrichtungen" iSd § 95a Abs. 3 UrhG oder um „Mittel" iSd § 69f Abs. 2 UrhG, die sich gegen Kopierschutzmaßnahmen richten, handeln könnte.[214] Gegen den Hersteller könnten dann Ansprüche aus § 99 UrhG iVm §§ 97, 98 UrhG sowie aus § 69f Abs. 2 UrhG geltend gemacht werden.

Bei den Cheatbots handelt es sich allerdings nur dann gem. § 69f Abs. 2 UrhG um „Mittel, die allein dazu bestimmt sind, die unerlaubte Beseitigung oder Umgehung technischer Programmschutzmechanismen zu erleichtern", wenn die Scan-Routine des Spielprogramms einen **Programmschutzmechanismus** darstellt. Dazu muss das Scannen Umgehungshandlungen automatisch verhindern.[215] Es reicht nicht aus, wenn zunächst nur der Betreiber informiert wird, der dann den entsprechenden Spieler bzw. Account sperren kann.[216] Des Weiteren muss der Cheatbot „allein dazu bestimmt" sein, die unerlaubte Umgehung zu ermöglichen, das heißt, er darf keinen anderen Bestimmungszweck haben.[217] Cheat Bots dienen primär der Spielerleichterung und nur ihre besonderen Funktionen dienen der Täuschung von Scan-Routinen. Insoweit müsste auf diese Umgehungsfunktion als „prüfungsrelevante Funktionen" abgestellt werden, um einen Anspruch aus § 69f Abs. 2 UrhG zu begründen.[218]

Zudem kann sich ein wettbewerbsrechtlicher Anspruch gegen die Hersteller von Cheatbots aus § 4 Nr. 4 UWG ergeben.[219] Die Cheatbots untergraben und verändern das Spiel durch die Missachtung der Spielregeln in unlauterer Weise, sodass der Spieleshersteller das Spiel nicht mehr mit dem vorgesehenen Inhalt vermarkten kann.[220] Der Erfolg eines Computerspiels steht und fällt damit, dass für alle Spieler die gleichen Bedingungen gelten.[221] Die Cheatbots verschaffen den sie nutzenden Spieler wesentliche Vorteile, wodurch die Chancengleichheit beeinträchtigt wird, beeinflussen damit das Spielerlebnis der anderen Spieler und greifen dadurch in das Konzept des Spiels ein.[222]

---

[210] *BGH*, GRUR 2017, 266, 270f. – World of Warcraft I; *Rauda*, MMR-Beil. 2019, 20, 21.
[211] *BGH*, GRUR 2017, 266, 271f. – World of Warcraft I; vgl. OLG München, BeckRS 2015, 119932; *Rauda*, MMR-Beil. 2019, 20, 21; *Röttgen/Juelicher*, DSRITB 2017, 227, 233 Fn. 27.
[212] *BGH*, GRUR 2017, 266, 273 – World of Warcraft I; *Rauda*, MMR-Beil. 2019, 20, 21.
[213] *BGH*, GRUR 2017, 266, 273 – World of Warcraft I; *Rauda*, MMR-Beil. 2019, 20, 21.
[214] *Wieduwilt*, MMR 2008, 715, 718.
[215] *Wieduwilt*, MMR 2008, 715, 718; vgl. Wandtke/Bullinger/*Grützmacher*, § 69f, Rn. 14.
[216] *Wieduwilt*, MMR 2008, 715, 718.
[217] *Wieduwilt*, MMR 2008, 715, 718; vgl. BT-Drs. 12/4022, 14; *Arnold*, MMR 2008, 144, 145; Wandtke/Bullinger/*Grützmacher*, UrhG § 69f Rn. 21.
[218] *Wieduwilt*, MMR 2008, 715, 718f.; vgl. *Arnold*, MMR 2008, 144, 145.
[219] *BGH*, GRUR 2017, 397 – World of Warcraft II; vgl. *Hecht*, CR 2009, 719, 722f. zu § 4 Nr. 10 UWG aF; *Rauda*, MMR-Beil. 2019, 20, 21f.
[220] *BGH*, GRUR 2017, 397, 403 – World of Warcraft II.
[221] *BGH*, GRUR 2017, 397, 403 – World of Warcraft II.
[222] *BGH*, GRUR 2017, 397, 403 – World of Warcraft II.

100 Markenrechtliche Ansprüche aus §§ 14, 19 MarkenG können sich ergeben, wenn die Cheatbot Software unter Verwendung der geschützten Marke des Computerspiels vertrieben wird.[223]

101 Aus dem virtuellen Hausrecht der Spielebetreiber, das aus §§ 903, 1004 BGB analog hergeleitet wird,[224] ergibt sich dagegen kein Anspruch auf Unterlassung der Herstellung, Nutzung und Verbreitung von Cheatbots.[225]

102 Den Nutzern sind die Verwendung von Cheatbots sowie der Handel von virtuellen Ressourcen mit echtem Geld, sog. **Real Money Trade** meistens durch AGB untersagt.[226] Mittels solcher AGB beschränkt der Rechteinhaber das von ihm eingeräumte Nutzungsrecht gem. § 31 Abs. 1 UrhG.[227] Allerdings ist die Nutzung von Cheatbots technisch nur schwer nachweisbar, sodass eine wirksame Kontrolle der Einhaltung dieser Nutzungsbedingungen durch die Nutzer nur sehr schwer und mit großem Aufwand möglich ist.[228]

---

[223] *BGH*, GRUR 2017, 397, 406f. – World of Warcraft II.
[224] *OLG München*, BeckRS 2015, 119932.
[225] *OLG München*, BeckRS 2015, 119932; *Rauda*, MMR-Beil. 2019, 20, 23.
[226] *Wieduwilt*, MMR 2008, 715, 716f.
[227] *Wieduwilt*, MMR 2008, 715, 717; vgl. Wandtke/Bullinger/*Wandtke*/*Grunert*, § 31 UrhG, Rn. 4.
[228] *Hecht/Kockentiedt*, CR 2009, 719, 721.

Teil 4. Die öffentliche Vergabe von IT-Leistungen

Übersicht

	Rn.
A. Einführung	1
I. Bedeutung des Vergaberechtes	3
II. Ursprung und Historie	4
III. Rechtsquellen	5
IV. Überblick: Ablauf eines Vergabeverfahrens	8
V. Vergaberechtliche Grundsätze	13
1. Wettbewerbsgrundsatz	14
2. Transparenzgebot	15
3. Gleichbehandlungsgebot, § 97 Abs. 2 GWB	16
4. Nationale Vergabe (Vergaben unterhalb der Schwellenwerte)	17
VI. Das vergaberechtliche Mandat	18
1. Auftraggeber	19
2. Bewerber/Bieter	20
3. Unterlegene Bieter	21
4. Erstplatzierter Bieter	22
5. Allgemeinheit	23
VII. Vergaberecht zwischen Verwaltungsrecht und Zivilrecht	24
B. Ausschreibungspflicht	25
I. Öffentlicher Auftraggeber gemäß §§ 98 ff. GWB	26
1. § 99 Nr. 1 und Nr. 3 GWB	27
2. § 99 Nr. 2 GWB	28
3. § 100 GWB: Sektorenauftraggeber	37
4. § 99 Nr. 4 GWB: Besondere Baumaßnahmen	39
II. Öffentlicher Auftrag im Sinne des § 103 GWB	40
1. Begriff	40
2. Konzessionen	42
3. Inhouse-Vergabe, § 108 Abs. 1–3 GWB	43
4. Vertragsänderungen, § 132 GWB	48
5. Formerfordernisse	50
6. Lieferauftrag, § 103 Abs. 2 GWB	51
7. Bauauftrag, § 103 Abs. 3 GWB	52
8. Dienstleistungsauftrag, § 103 Abs. 4 GWB	53
9. Abgrenzung	54
10. IT-Verträge	55
III. Ausnahmen vom Anwendungsbereich des Vergaberechts	56
IV. Schwellenwerte	57
C. Anzuwendendes Verfahren/Verfahrensarten	60
I. Abgrenzung unterhalb/oberhalb der Schwellenwerte	61
1. Vergaben unterhalb der Schwellenwerte	62
2. Vergaben oberhalb der Schwellenwerte	64
II. Abgrenzung Sektorenbereich/„klassischer Auftraggeber" im Bereich oberhalb der Schwellenwerte	65
III. Abgrenzung VOB/A und VgV	67
1. Abweichungen der Regelungsbereiche	67
2. Freiberufliche Leistungen	68
3. Abgrenzung nach dem Schwerpunkt des Vertrages	69
4. Einordnung von Datenverarbeitungssystemen	70
IV. Die Sektorenverordnung (SektVO)	71
V. Verfahrensarten	74
D. Offenes Verfahren/Öffentliche Ausschreibung	76
I. Merkmale des Verfahrens	76
II. Voraussetzungen	78

	Rn.
E. Nicht offenes Verfahren/Beschränkte Ausschreibung	79
I. Merkmale des Verfahrens	79
II. Voraussetzungen	81
1. Eine zuvor durchgeführte öffentliche Ausschreibung brachte kein wirtschaftliches Ergebnis	83
2. Unverhältnismäßiger Aufwand einer öffentlichen oder beschränkten Ausschreibung	84
III. Ablauf	85
F. Verhandlungsverfahren/Verhandlungsvergabe/Freihändige Vergabe	87
I. Merkmale des Verfahrens	87
II. Voraussetzungen	88
1. Anpassung verfügbarer Lösungen, § 14 Abs. 3 Nr. 1 VgV	90
2. Konzeptionelle und innovative Lösungen, § 14 Abs. 3 Nr. 2 VgV	91
3. Verhandlungen erforderlich, § 14 Abs. 3 Nr. 3 VgV	92
4. Keine Beschreibbarkeit der Leistung, § 14 Abs. 3 Nr. 4 VgV	93
5. Auszuschließende Angebote im vorangegangenen Verfahren, § 14 Abs. 3 Nr. 5 VgV	95
6. Verhandlungsverfahren ohne vorherige Bekanntmachung, § 14 Abs. 4 Nr. 1–9 VgV	96
7. Verhandlungsvergabe mit und ohne Teilnahmewettbewerb gemäß § 8 Abs. 4 UVgO	117
III. Ablauf des Verhandlungsverfahrens	118
G. Wettbewerblicher Dialog	122
I. Merkmale des Verfahrens	122
II. Voraussetzungen	124
III. Ablauf des wettbewerblichen Dialogs, § 18 VgV	125
1. Teilnahmewettbewerb	126
2. Dialogphase	127
3. Angebotsphase	129
4. Kostenerstattung	131
5. Vertraulichkeit	132
H. Elektronische Verfahren	133
I. Das Dynamische Beschaffungssystem, §§ 22, 23 VgV	133
1. Begriff des dynamischen Beschaffungssystems	133
2. Ablauf einer Beschaffung durch ein dynamisches Beschaffungssystem	134
3. Besondere Anforderungen an das dynamische Beschaffungssystem, § 25 VgV	135
II. Elektronische Auktion	138
I. Rahmenvereinbarungen, § 103 Abs. 5 GWB	139
I. Begriff der Rahmenvereinbarung	139
II. Voraussetzungen der Ausschreibung einer Rahmenvereinbarung	140
J. Losweise Vergabe	143
K. Bekanntmachungs- und Berichtspflichten	149
I. Bedeutung	149
II. Anforderungen an die Bekanntmachung	150
III. Widersprüche zwischen Bekanntmachung und Ausschreibungsunterlagen	151
IV. Berichtspflichten	153
L. Leistungsbeschreibung und übrige Verdingungsunterlagen	154
I. Bedeutung	154
II. Dispositionsfreiheit des Auftraggebers	157
III. Das Gebot der eindeutigen und erschöpfenden Leistungsbeschreibung	159
IV. Funktionale Leistungsbeschreibung/Leistungsverzeichnis	161
V. Risikoverteilung in der Leistungsbeschreibung	162
VI. Lebenszykluskosten, § 31 Abs. 3 S. 2 VgV	165
VII. Grundsatz der produktneutralen Ausschreibung	166
VIII. Besonderheiten bei der IT-Vergabe	167
IX. Ausschreibung von Open-Source-Software (OSS)	168

	Rn.
M. Vergabeunterlagen	170
I. Anschreiben	171
II. Bewerbungsbedingungen	172
III. Vertragsunterlagen	174
1. Inhalt der Vertragsbedingungen	175
2. EVB-IT	177
N. Fristen	190
I. Bewerbungsfrist	191
II. Angebotsfrist	192
III. Bindefrist	193
IV. Rügefrist	197
V. Frist zur Erhebung eines Nachprüfungsantrags	198
O. Wertungskriterien	199
I. Bedeutung	199
II. Anforderungen an Zuschlagskriterien	201
III. Wertungsmatrix nach UfAB 2018	203
IV. Bedeutung einer Präsentation oder Teststellung	206
P. Eignungsanforderungen und Eignungsprüfung	208
I. Bedeutung	208
II. Begriffe	209
1. Fachkunde	209
2. Leistungsfähigkeit	210
3. Nichtvorliegen der Ausschlussgründe in §§ 123, 124 GWB	211
III. Anforderungen an die Eignungsprüfung	219
IV. Folgen des Fehlens von Unterlagen	223
V. Zeitpunkt für die Beurteilung der Eignung	227
VI. Zurechnung von Leistungsmerkmalen	229
Q. Eingang der Angebote/formale Prüfung der Angebote	231
R. Ausschlussgründe	233
I. Fakultative Ausschlussgründe	234
II. Zwingende Ausschlussgründe	235
1. Nicht form- und fristgerechte Angebote (Nr. 1)	237
2. Fehlen der geforderten oder der nachgeforderten Unterlagen (Nr. 2)	238
3. Fehlen einer Unterschrift bzw. einer elektronischen Signatur (§ 57 iVm § 53 Abs. 6 VgV)	243
4. Änderungen des Bieters an seinen Eintragungen (Nr. 3)	244
5. Änderungen oder Ergänzungen an den Verdingungsunterlagen (Nr. 4)	245
6. Nicht zugelassene Nebenangebote und Nebenangebote, die die verlangten Mindestanforderungen nicht erfüllen (Abs. 1 Nr. 6 und Abs. 2)	246
S. Zuschlag und Vorabinformation gemäß § 134 GWB	247
I. Bedeutung des Zuschlages	247
II. Bedeutung des § 134 GWB	249
III. Nichtigkeitsgründe, §§ 134, 138 BGB	252
T. Aufhebung der Ausschreibung	254
I. Aufhebungsgründe	255
1. Allgemeines	256
2. Kein den Ausschreibungsbedingungen entsprechendes Angebot (Nr. 1)	257
3. Wesentliche Änderung der Grundlagen des Vergabeverfahrens (Nr. 2)	258
4. Kein wirtschaftliches Ergebnis (Nr. 3)	259
5. Andere schwerwiegende Gründe (Nr. 4)	260
II. Folgen einer Aufhebung	261
III. Aufhebung der Aufhebung durch die Vergabekammer	263
IV. Aufgabe der Vergabeabsicht	265
V. Beantragung der Aufhebung des Vergabeverfahrens	266
VI. Schadensersatzansprüche	267
U. Bietergemeinschaften	268

	Rn.
I. Begriff der Bietergemeinschaft	268
II. Einsatzmöglichkeiten der Bietergemeinschaft	269
III. Voraussetzungen der Bietergemeinschaft	272
IV. Abgabe von Angeboten	274
V. Rechtschutz	276
VI. Nachträgliche Bildung einer Bietergemeinschaft	277
V. Nebenangebote	278
I. Begriff der Nebenangebote	278
II. Zulässigkeit von Nebenangeboten/Mindestanforderungen	280
1. Bekanntmachung	280
2. Mindestanforderungen	281
III. Wertung von Nebenangeboten	283
W. Vergabevermerk	284
I. Bedeutung	284
II. Inhalt	286
III. Zeitpunkt für die Erstellung des Vergabevermerks	291
IV. Aufbewahrungspflicht, § 8 Abs. 4 VgV	292
V. Rechtsfolge eines Verstoßes gegen die Dokumentationspflicht	293
X. Projektantenproblematik und Einsatz externer Berater	296
I. Begriff	296
II. Grundsatz der Eigenverantwortlichkeit	297
III. Beteiligung von Projektanten am Wettbewerb	298
Y. Rechtschutz	300
I. Einführung	300
II. Das Nachprüfungsverfahren: Primärrechtschutz bei der Vergabekammer	301
1. Zulässigkeit des Nachprüfungsantrages	303
2. Begründetheit des Nachprüfungsantrages	319
3. Entscheidungsmöglichkeiten der Vergabekammer	320
4. Wirkungen des Nachprüfungsantrages	321
5. Beiladung, § 162 GWB	322
6. Akteneinsichtsrecht, § 165 GWB	323
7. Rücknahme des Nachprüfungsantrages	325
8. Kosten eines Nachprüfungsverfahrens	326
III. Sofortige Beschwerde gemäß § 171 GWB als zweite Instanz	328
1. Zulässigkeit der sofortigen Beschwerde	329
2. Begründetheit der sofortigen Beschwerde	330
3. Beiladung	331
4. Zuschlagsverbot	332
IV. Eilverfahren im Vergaberecht	333
1. Antrag nach § 169 Abs. 2 GWB an die Vergabekammer – vorzeitige Gestattung des Zuschlags	334
2. Antrag nach § 169 Abs. 3 GWB an die Vergabekammer – vorläufige Maßnahmen gegen drohende Rechtsverletzungen	335
3. Anträge nach § 169 Abs. 2 S. 5 bis 7 GWB beim Vergabesenat	336
4. Antrag nach § 176 GWB – Vorabentscheidung über den Zuschlag	337
V. Primärrechtschutz unterhalb der Schwellenwerte	338
VI. Sekundärrechtsschutz	339
Z. De-Facto-Vergaben/EU-Vertragsverletzungsverfahren	340
I. De-Facto-Vergabe	340
II. EU-Vertragsverletzungsverfahren	341

Literatur:

Antweiler, Chancen des Primärrechtsschutzes unterhalb der Schwellenwerte, VergabeR 2008, 352; *Berstermann/Petersen*, Der Konzern im Vergabeverfahren – Die Doppelbeteiligung auf Bewerber-/Bieterseite und auf Seiten der Vergabestelle sowie die Möglichkeit von „Chinese Walls", VergabeR 2006, 740; *Bischof*, Vergabe von IT-Leistungen: Das EU-weite Verhandlungsverfahren, ITRB 2005, 181; *Bischof/Stoye*, Vergaberechtliche Neuerungen für IT/TK-Beschaffungen der öffentlichen Hand – Das ÖPP-Beschleunigungsgesetz als erste Umsetzung des EU-Richtlinienpakets, MMR 2006, 138; *Bischoff,* Vollstreckung von Vergabekammerentscheidungen und Rechtsschutz gegen Vollstreckungsentscheidungen, VergabeR 2009, 433; *Brauer,* Das Verfahren vor der Vergabekammer, NZBau 2009, 297; *Braun,* Sekundärrechtsschutz unterhalb der Schwellenwerte?, VergabeR 2008, 360; *Braun/Petersen,* Präqualifikation und Prüfungssysteme, VergabeR 2010, 433; *Burbulla,* Aufhebung der Ausschreibung und Vergabenachprüfungsverfahren, ZfBR 2009, 134; *Conrad,* Der Rechtsschutz gegen die Aufhebung eines Vergabeverfahrens bei Fortfall des Vergabewillens, NZBau 2007, 287; *Demmel/Herten-Koch,* Vergaberechtliche Probleme bei der Beschaffung von Open-Source-Software, NZBau 2004, 187; *Dietlein,* Der Begriff des funktionalen Auftraggebers, NZBau 2002, 136; *Dreher,* Öffentlich-rechtliche Anstalten und Körperschaften im Kartellvergaberecht, NZBau 2005, 297; *Dreher/Hoffmann,* Die schwebende Wirksamkeit nach § 101b I GWB, NZBau 2010, 201; *Ehrig,* Die Doppelbeteiligung im Vergabeverfahren, VergabeR 2010, 11; *Frenz,* In-House-Geschäfte nach dem Urteil Sea, VergabeR 2010, 147; *Fritz,* Erfahrungen mit dem Wettbewerblichen Dialog in Deutschland, VergabeR 2008, 379; *Gabriel,* Neues zum Ausschluss von Bietern und Bietergemeinschaften wegen Mehrfachbeteiligungen: Einzelfallprüfung statt Automatismus, NZBau 2010, 225; *Gabriel/Voll,* Markterkundungen öffentlicher Auftraggeber im Grenzbereich zwischen Leistungsbestimmungsrecht und Ausschreibungspflicht, NZBau 2019, 83; *Grams,* Glaubhaftmachung des Anordnungsanspruches im einstweiligen Verfügungsverfahren bei unterschwelligen Vergaben, VergabeR 2008, 474; *Greb/Müller,* Kommentar zur SektVO, 2010; *Gröning,* Referenzen und andere Eignungsnachweise, VergabeR 2008, 721; *Heckmann,* IT-Vergabe, Open Source Software und Vergaberecht, CR 2004, 401; *ders.,* IT-Beschaffung der öffentlichen Hand zwischen Haushalts- und Marktpolitik, CR 2005, 711; *Heiermann,* Der wettbewerbliche Dialog, ZfBR 2005, 766; *Hölzl/Friton,* Entweder – Oder: Eignungs- sind keine Zuschlagskriterien, NZBau 2008, 307; *Höß,* Das 20%-Kontingent des Auftraggebers, VergabeR 2002, 19; *Knauff,* Neues europäisches Vergabeverfahrensrecht: Der wettbewerbliche Dialog, VergabeR 2004, 287; *Kühnen,* Das Verfahren vor dem Vergabesenat, NZBau 2009, 357; *Kulartz/Kus/Portz,* Kommentar zum GWB-Vergaberecht, 2. Aufl. 2009; *Kulartz/Kus/Marx/Portz/Prieß,* Kommentar zur VgV, 2017; *Kus,* Losvergabe und Ausführungskriterien, NZBau 2009, 21; *Leinemann,* Umgang mit Spekulationspreisen, Dumpingangeboten und Mischkalkulationen, VergabeR 2008, 346; *Lausen,* Die Unterschwellenvergabeordnung – UVgO, NZBau 2017, 3; *Lensdorf,* Die Vergabe von öffentlichen IT- und Outsourcing-Projekten – Neue Möglichkeiten durch die Vergabe im Wege des wettbewerblichen Dialogs?, CR 2006, 138; *Lensdorf/Steger,* Auslagerung von IT-Leistungen auf Public Private Partnerships – Privatisierung und Vergaberecht bei der Aufgabenverlagerung auf gemischtwirtschaftliche Unternehmen, CR 2005, 161; *Losch,* Akteneinsicht im Vergabeverfahren – ein Widerstreit zwischen Transparenzgebot und Geheimhaltungsschutz, VergabeR 2008, 739; *Meckler,* Grenzen der Verpflichtung zur Losvergabe nach vergaberechtlicher Rechtsprechung, NZBau 2019, 492; *Müller/Gerlach,* Open-Source-Software und Vergaberecht, CR 2005, 87; *Müller-Wrede,* VgV/UVgO Kommentar, 2017; *Ohle/Sebastiani,* Informationstechnologie und Vergabeverfahren – Beschaffung von Informationstechnologie und Informationstechnologie-Dienstleistungen durch die öffentliche Hand, CR 2003, 510;; *Pooth/Sudbrock,* Auswirkungen der Sektorenverordnung auf die Vergabepraxis in kommunalen Unternehmen, KommJur 2010, 442; *Pünder/Franzius,* Auftragsvergabe im wettbewerblichen Dialog, ZfBR 2006, 20; *Prieß,* Die Leistungsbeschreibung – Kernstück des Vergabeverfahrens (Teil 1 und Teil 2), NZBau 2004, 20 und 88; *Pünder/Schellenberg,* Vergaberecht, 3. Aufl. 2019; *Reidt/Stickler/Glahs,* Vergaberecht, Kommentar, 4. Aufl. 2018; *Reuber,* Kein allgemeines Bewerbungsverbot wegen Vorbefassung, VergabeR 2005, 271; *Roth,* Markterkundung, Vergabeverfahren ohne Bieter und die Bestimmungsfreiheit öffentlicher Auftraggeber, NZBau 2018, 77; *Terwiesche,* Ausschluss und Marktzutritt des Newcomers, VergabeR 2009, 26; *Tresselt/Braren,* Das Bieterkonsortium im Vergabewettbewerb, NZBau 2018, 392; *Vavra,* Die Vergabe von Dienstleistungskonzessionen, VergabeR 2010, 351; *Willenbruch/Wieddekind,* Kompaktkommentar Vergaberecht, 4 Aufl. 2017; *Wollenschläger,* Das EU-Vergaberegime für Aufträge unterhalb der Schwellenwerte, NVwZ 2007, 388.

A. Einführung

In dem folgenden Kapitel werden die IT-rechtlich relevanten Bestimmungen des Vergaberechts in den unterschiedlichen Konstellationen einer öffentlichen Ausschreibung dargestellt. Ziel der Darstellung ist es dabei, den Anwender mit den vergaberechtlichen Bestimmungen vertraut zu machen, die bei einer Beratung und Vertretung von IT-rechtlichen Ausschreibungen unverzichtbar sind. Es wird vor allem Wert auf eine Einführung in die vergaberechtliche Thematik gelegt; zur Vertiefung der IT-spezifischen Besonderheiten wird auf weitergehende Fachliteratur verwiesen. 1

Aus diesem Grund wird hauptsächlich der Bereich der VgV, also der Liefer- und Dienstleistungsbereich, behandelt sowie die Sektorenverordnung (SektVO). Da IT-Leistungen nur selten im Rahmen eines Bauvorhabens mitvergeben werden, wird die Vergabe 2 von Bauleistungen nach der VOB/A ausgeklammert. Die Gliederung des Kapitels folgt im Wesentlichen dem zeitlichen Ablauf einer Ausschreibung und einer Vergabe.

I. Bedeutung des Vergaberechtes

3 Das Vergaberecht ist das Recht, das die Beschaffung von Leistungen durch die öffentliche Hand regelt. Sobald der Staat, beziehungsweise staatsnahe Einrichtungen, am Markt auftreten, regelt das Vergaberecht das vom Auftraggeber zu beachtende Verfahren. An einem vergaberechtlich relevanten Tatbestand ist daher immer eine staatliche bzw. eine staatsnahe Einrichtung beteiligt. Das Vergaberecht soll einen diskriminierungsfreien Wettbewerb auf europäischer Ebene garantieren und grundsätzlich jedem interessierten Unternehmen der EU Zugang zum Markt gewähren. Der Anwendungsbereich des Vergaberechtes ist daher umfassend, etwaige Anwendungsbestimmungen wie zB §§ 98ff. GWB sind weit auszulegen.

II. Ursprung und Historie

4 Europarechtliche Relevanz erhielt das Vergaberecht in den 70er Jahren mit mehreren europäischen Binnenmarktregeln. Die sich daraus ergebenden Verpflichtungen wurden in der Bundesrepublik Deutschland zunächst im Haushaltsrecht und nach einer Beanstandung durch die EU im Vierten Teil des GWB umgesetzt. Seitdem ist das Vergaberecht ständigen Änderungen unterworfen. Im Jahre 2014 erließ die EU neue Richtlinien über die öffentliche Auftragsvergabe, die darauf folgend ins deutsche Recht umgesetzt wurden. Erst im Februar 2019 wurde eine neue Fassung der VOB/A veröffentlicht. Das Vergaberecht ist ständig im Fluss.

III. Rechtsquellen

5 Von Bedeutung in Deutschland ist zunächst das auf den europarechtlichen Vorgaben beruhende nationale Vergaberecht. Seit der Änderung im Jahre 2014 liegen den materiellen deutschen Regelungen drei europäische Richtlinien zugrunde. Zum einen die Richtlinie 2014/24/EU des Europäischen Parlaments und des Rates vom 26.2.2014 über die öffentliche Auftragsvergabe und zur Aufhebung der Richtlinie 2004/18/EG (im Folgenden: Vergaberichtlinie), Richtlinie 2014/25/EU des Europäischen Parlaments und des Rates vom 26.2.2014 über die Vergabe von Aufträgen durch Auftraggeber im Bereich der Wasser-, Energie- und Verkehrsversorgung sowie der Postdienste und zur Aufhebung der Richtlinie 2004/17/EG (im Folgenden: Sektorenrichtlinie) und die Richtlinie 2014/23/EU des Europäischen Parlaments und des Rates vom 26.2.2014 über die Konzessionsvergabe (im Folgenden: Konzessionsrichtlinie). Der Rechtsschutz findet seine Vorgabe in der Rechtsmittelrichtlinie[1], die durch die Richtlinie 2007/66/EG vom 11.12.2007[2] geändert worden ist. Bei Auslegungsfragen oder Zweifelsfällen des nationalen Rechts sollten die europäischen Vorgaben herangezogen werden. Die Richtlinien sind im 4. Teil des GWB umgesetzt worden (§§ 97ff. GWB). § 113 GWB enthält die Ermächtigung zum Erlass der

---

[1] Richtlinie 89/665/EWG des Rates v. 21.12.1989 zur Koordinierung der Rechts- und Verwaltungsvorschriften für die Anwendung der Nachprüfungsverfahren im Rahmen der Vergabe öffentlicher Liefer- und Bauaufträge und Richtlinie 92/13/EWG des Rates v. 25.2.1992 zur Koordinierung der Rechts- und Verwaltungsvorschriften für die Anwendung der Gemeinschaftsvorschriften über die Auftragsvergabe durch Auftraggeber im Bereich der Wasser-, Energie- und Verkehrsversorgung sowie im Telekommunikationssektor.
[2] Richtlinie 2007/66/EG des Europäischen Parlaments und des Rates v. 11.12.2007 zur Änderung der Richtlinien 89/665/EWG und 92/13/EWG des Rates im Hinblick auf die Verbesserung der Wirksamkeit der Nachprüfungsverfahren bzgl. der Vergabe öffentlicher Aufträge.

A. Einführung

Sektorenverordnung, der Konzessionsvergabeverordnung und der Vergabeverordnung, die wiederum die Vergabe- und Vertragsordnung für Bauleistungen für anwendbar erklärt. Dieses Kaskadenprinzip des deutschen Vergaberechtes führt zu Anwendungsschwierigkeiten, denn die Vergabe- und Vertragsordnung VOB/A, ist ihrerseits in mehrere Abschnitte unterteilt. Der erste Abschnitt betrifft nationale Vergaben, der zweite Abschnitt ist für europaweite Vergaben anwendbar, der 3. Abschnitt betrifft Vergaben im Verteidigungs- und Sicherheitsbereich. Die Abschnitte stehen unabhängig voneinander. Für die Beschaffungen von Sektorenauftraggebern gilt die Sektorenverordnung, für Vergaben im Bereich der Verteidigung und Sicherheit die Vergabeordnung Verteidigung und Sicherheit. Letztere verweist für den Bereich von Bauaufträgen in den 3. Teil der VOB/A.[3]

Unterhalb bestimmter festgelegter Schwellenwerte[4] ist der 4. Teil des GWB und damit auch die VgV, die SektVO, die KonzVgV sowie die VSVgV nicht anwendbar. Entscheidende Regelwerke für Vergaben unterhalb der Schwellenwerte sind für Bauvergaben der 1. Abschnitt der VOB/A und für Vergaben im Liefer- und Dienstleistungsbereich überwiegend die im Jahre 2017 geschaffene Unterschwellenvergabeordnung (UVgO), die jedoch nicht unmittelbar gelten, sondern von landesrechtlichen Anwendungsbefehlen abhängig sind. Soweit die UVgO in einigen Bundesländern noch nicht für anwendbar erklärt worden ist, gilt die VOL/A weiter. Eine Anwendungsverpflichtung für den 1. Abschnitt der VOB/A und in einigen Bundesländern der VOL/A bzw. überwiegend der UVgO ergibt sich – soweit sie sich ergibt – aus haushaltsrechtlichen bzw. landesrechtlichen Vorschriften. Auf landesrechtlicher Ebene existieren darüber hinaus häufig Landesvergabegesetze[5] sowie Erlasse und Verordnungen, zB Richtlinien zur Vermeidung des Erwerbs von Produkten aus ausbeuterischer Kinderarbeit.

Die Landesvergabegesetze treffen idR Regelungen zur Tariftreue/zum Mindestlohn und legen darüber hinaus Schwellenwerte fest, ab denen bei Vergabeverfahren unterhalb der Schwellenwerte ein Ausschreibungsverfahren durchgeführt werden muss. In den meisten Ländern existieren Bagatellgrenzen, unterhalb derer das Vergaberecht nicht zur Anwendung kommen muss.

IV. Überblick: Ablauf eines Vergabeverfahrens

Grundsätzlich gleicht jedes **Vergabeverfahren** einem einheitlichen Schema. Obwohl die einzelnen Verfahrensarten sowohl an den Auftraggeber als auch an die Bieter unterschiedliche Anforderungen stellen, besteht ein Grundkonzept, das jedem Verfahren zugrunde liegt.

Ein Ausschreibungsverfahren beginnt untechnisch gesprochen damit, dass der Auftraggeber einen Beschaffungsbedarf feststellt. Erst nachdem er konkretisiert hat, welche Leistungen er benötigt, beginnt die Ausschreibungsvorbereitung. Dem Auftraggeber ist zwar das anzuwendende Verfahren vorgeschrieben, er bleibt jedoch „Herr der Entscheidung", welche Leistung er beschaffen möchte.[6] Ob die konkrete Beschaffung, also der Beschaffungsgegenstand, erforderlich, sinnvoll oder gar überflüssig ist, ist vergaberechtlich nicht von Bedeutung. Dem Auftraggeber müssen die erforderlichen Haushaltsmittel zur Verfügung stehen, es muss eine sog. Ausschreibungsreife vorliegen. Im Wege einer unverbindlichen Markterkundung kann er sich einen Überblick über die Situation am Markt verschaffen. Aus dem Haushaltsrecht (zB § 7 Abs. 2 BHO) ergibt sich die Verpflichtung des

---

[3] Wie bereits ausgeführt wird der Bereich der VOB/A und auch der Bereich Verteidigung und Sicherheit vorliegend ausgeklammert.
[4] Die Schwellenwerte ergeben sich aus § 2 VgV. Die Schwellenwerte sind jedoch stetigen Änderungen unterworfen und werden von der EU regelmäßig neu festgelegt, so dass im Einzelfall zu prüfen ist, ob eine Anpassung stattgefunden hat, die in der VgV noch nicht abgebildet ist.
[5] Einen guten Überblick gibt Willenbruch/*Wieddekind*, Kompaktkommentar Vergaberecht.
[6] Siehe zB Entscheidung des *OLG Düsseldorf*, 1.8.2012 – Verg 10/12 – nv. Das *OLG Düsseldorf* hat in neueren Entscheidungen das Bestimmungsrecht des Auftraggebers stärker betont.

Wieddekind 273

Auftraggebers, vor Durchführung der Maßnahmen eine Wirtschaftlichkeitsuntersuchung durchzuführen, also der Frage nachzugehen, welche wirtschaftlichen Auswirkungen die Beschaffung haben wird. Erst, wenn diese Fragen positiv geklärt sind, beginnt das eigentliche (vergaberechtliche) Ausschreibungsverfahren.

10   Zunächst ist zu prüfen, ob überhaupt eine Ausschreibungsverpflichtung besteht. Eine solche existiert nur, wenn ein öffentlicher Auftraggeber einen öffentlichen Auftrag vergibt, der nicht von der Anwendung des Vergaberechts befreit ist. Liegt eine solche vor, ist zu entscheiden, welches Verfahrensrecht anwendbar ist Zu klären ist also, ob es sich um ein Verfahren oberhalb oder unterhalb der Schwellenwerte handelt, die VOB/A oder die VgV, „normales" Vergaberecht oder Sektorenvergaberecht bzw. Verteidigungs- und Sicherheitsvergaberecht anzuwenden ist und welche Verfahrensart gewählt werden soll. Im Rahmen der Erstellung der Leistungsbeschreibung und der übrigen Verdingungsunterlagen müssen Anforderungen an die Person des Bieters und an die Leistungen festgelegt werden. Es ist weiterhin zu bestimmen, ob eine einheitliche Ausschreibung oder eine Vergabe in Losen erfolgt, ob Nebenangebote zugelassen werden, welche zeitlichen Vorgaben einzuhalten sind, etc.

11   Nachdem die Bedingungen der Ausschreibung feststehen, hat der Auftraggeber im Wege einer Bekanntmachung, die entweder europaweit oder nur national erfolgen muss, über das Ausschreibungsverfahren zu informieren. Die Anforderungen an die Bekanntmachung ergeben sich aus der VgV. Aufgrund dieser Bekanntmachung fordern interessierte Bieter die Ausschreibungsunterlagen ab. Entweder geben sie im Anschluss daran ein Angebot ab oder bewerben sich um die Teilnahme an dem Ausschreibungsverfahren. Wird ein Teilnahmewettbewerb durchgeführt, erfolgt zu diesem Zeitpunkt eine Eignungsprüfung und eine Auswahl der Bewerber, die am weiteren Ausschreibungsverfahren beteiligt werden sollen. Die Angebote werden bei Eingang auf formale Fehler überprüft und dann in eine Wertung einbezogen. Im Rahmen der Wertung wird das wirtschaftlichste Angebot ausgewählt, das den Zuschlag erhalten soll. Den unterlegenen Bietern muss vor Zuschlagserteilung mitgeteilt werden, welcher Bieter den Zuschlag erhalten soll, damit unterlegene Bieter gegebenenfalls Rechtsschutz gegen die Zuschlagsentscheidung in Anspruch nehmen können. Nach einer Wartefrist von 15 Tagen bzw. einer verkürzten Frist von zehn Tagen bei elektronischer Information bzw. Information per Fax (siehe § 134 Abs. 2 GWB) kann der Zuschlag erteilt werden, wenn nicht vorher ein Nachprüfungsantrag gestellt wird.

12   Unterlegene Bieter können die Entscheidungen und damit auch die Wertung des Auftraggebers im Rahmen eines Nachprüfungsverfahrens angreifen. Das Nachprüfungsverfahren ist nur für Vergaben oberhalb der Schwellenwerte eröffnet und stellt ein eigenes Rechtsschutzsystem des Vergaberechtes dar. Unterhalb der Schwellenwerte ist die Rechtschutzfindung erschwert. Nach der Rechtsprechung ist bei Vergaben unterhalb der Schwellenwerte idR der Weg zu den Zivilgerichten eröffnet.

V. Vergaberechtliche Grundsätze

13   Das gesamte Vergaberecht und damit auch jedes Vergabeverfahren durchziehen die vergaberechtlichen Grundsätze des Wettbewerbs, der Transparenz und der Gleichbehandlung. Diese sind in § 97 GWB niedergelegt und finden sich darüber hinaus auch in vielen Bestimmungen der VgV und der VOB/A wieder. Für Vergaben oberhalb der Schwellenwerte gelten die Grundsätze über § 97 GWB. Außerhalb des sachlichen Anwendungsbereichs des Vergaberechts ergeben sich ähnliche Anforderungen aus den Grundfreiheiten des EG-Vertrags.

A. Einführung

1. Wettbewerbsgrundsatz

Der **Wettbewerbsgrundsatz** soll der Durchsetzung der europäischen Grundfreiheiten wie der Waren-, der Dienstleistungs- und der Niederlassungsfreiheit dienen. Er bildet zugleich Grundlage und Ziel des Vergaberechts. Das wettbewerbliche Ziel erfordert, dass bei Beschaffungen die Kräfte des Marktes zum Einsatz kommen und mehrere Bieter um den Auftrag konkurrieren. Des Weiteren soll sichergestellt werden, dass die Mittel der öffentlichen Hand sparsam eingesetzt werden, indem im Rahmen eines echten Wettbewerbes das günstigste Angebot ausgewählt wird. Wichtige Ausprägungen des Wettbewerbsprinzips sind zum Beispiel das Verbot der parallelen Beteiligung zweier Unternehmen mit identischer Geschäftsführung oder die parallele Beteiligung als Einzelbewerber und Mitglied einer Bietergemeinschaft in einem Ausschreibungsverfahren[7]. Denn in einem solchen Fall wäre ein Geheimwettbewerb nicht mehr gewährleistet und es bestünde die Gefahr der Preisabsprache, die wiederum einen echten Wettbewerb ausschließt. Auch die Abweichung des Auftraggebers von eigenen aufgestellten Bedingungen zu Gunsten eines Bieters stellt einen Verstoß gegen den Wettbewerbsgrundsatz zu Lasten der anderen Bieter dar.

2. Transparenzgebot

Das **Transparenzgebot** ist ein tragendes Prinzip in der Beschaffungstätigkeit der öffentlichen Hand. Es besagt, dass das Verfahren transparent gehalten werden muss, damit Bewerber und Bieter gleichbehandelt werden und jegliche staatliche Willkür ausgeschlossen ist. Es stellt einen Verstoß gegen das Transparenzgebot dar, wenn nicht alle Bieter den gleichen Informations- und Kenntnisstand besitzen. Insbesondere verlangt das Transparenzgebot eine umfassende Dokumentation aller wesentlichen Entscheidungen des Ausschreibungs- und Vergabeprozesses. Aus diesem Gebot resultiert daher unter anderem die Pflicht des Auftraggebers, einen umfassenden Vergabevermerk zu erstellen.

3. Gleichbehandlungsgebot, § 97 Abs. 2 GWB

Der **Gleichbehandlungsgrundsatz** verpflichtet den Auftraggeber, alle Bieter gleich zu behandeln. Er ist in allen Phasen des Vergabeverfahrens zu beachten. Der Auftraggeber hat seine Vergabeentscheidungen im Interesse eines funktionierenden Wettbewerbs auf willkürfreie, sachliche Erwägungen zu stützen. Alle Bieter müssen die gleichen Chancen auf den Zuschlag haben, für alle beteiligten Unternehmen müssen die gleichen Voraussetzungen gelten. Daher darf die Auswahl des wirtschaftlichsten Angebots nur anhand vorher festgelegter objektiver Kriterien erfolgen und nicht willkürlich oder nach vergabefremden Kriterien ohne Bezug zum Auftragsgegenstand. Aus dieser Anforderung resultiert zB die Pflicht des Auftraggebers, von ihm festgelegte Fristen zugunsten und auch zu Lasten jedes Bieters einzuhalten und nicht einseitig einen Bieter zu bevorzugen.

4. Nationale Vergabe (Vergaben unterhalb der Schwellenwerte)

Auch im Rahmen der nationalen Vergabe gelten die genannten Grundsätze. Diese lassen sich zum einen aus dem Verfassungsrecht herleiten, zum anderen aber auch aus dem europäischen Primärrecht. Die Regelungen des EU-Vertrages können unter gewissen Voraussetzungen auch bei **Vergaben unterhalb der Schwellenwerte** gelten, selbst wenn die Vergaberichtlinie, die Sektorenrichtlinie, die Konzessionsvergabeverordnung und auch der 4. Teil des GWB auf diese Vergaben keine Anwendung findet. Ein Auftraggeber ist daher auch bei nationalen Verfahren gehalten, ein transparentes und diskriminierungsfreies wettbewerbliches Verfahren durchzuführen. Da der Rechtsschutz des 4. Teils des GWB auf

---

[7] *Bersterman/Petersen*, VergabeR 2006, 740; *OLG Düsseldorf*, 16.11.2010 – Verg 50/10 – nv.

Vergaben unterhalb der Schwellenwerte jedoch nicht anwendbar ist, wird das Verfahren in der Regel nicht immer mit der gleichen Strenge geführt wie ein Ausschreibungsverfahren, dessen Auftragswert die maßgeblichen Schwellenwerte übersteigt.

VI. Das vergaberechtliche Mandat

18 Bei der Betreuung eines vergaberechtlichen Mandates entstehen unterschiedliche Ausgangssituationen. Für eine optimale Beratung muss stets die Interessenlage des jeweiligen Mandanten berücksichtigt werden.

1. Auftraggeber

19 Der Auftraggeber hat ein Interesse an der Durchführung eines rechtssicheren Verfahrens, das sowohl von den Bietern als auch von Dritten, zB dem Rechnungshof, politischen Gremien oder der EU, nicht angegriffen werden kann. Der Auftraggeber möchte am Ende seiner Ausschreibung einen möglichst vorteilhaften („wirtschaftlichen") Vertrag abschließen. Darüber hinaus hat er ein hohes Interesse daran, einen geeigneten Bieter zu beauftragen, der eine Gewähr für eine ordnungsgemäße und zügige Abwicklung bietet. Der öffentliche Auftraggeber hat eine Verantwortung gegenüber der Allgemeinheit. Fehlentscheidungen bei der Beschaffung können sich stets auch politisch auswirken. Der Berater des öffentlichen Auftraggebers muss daher besonderen Wert auf die Durchführung eines ordnungsgemäßen Vergabeverfahrens, das weder von Bietern noch von zB Rechnungsprüfungsämtern angegriffen werden kann, legen.

2. Bewerber/Bieter

20 Der Bewerber erhält nur dann eine Zuschlagschance, wenn er ein ordnungsgemäßes und vor allem wertungsfähiges Angebot abgibt. Um die Ausschreibung zu gewinnen, muss das Angebot zudem das „wirtschaftlichste" sein. Je nachdem, welche Wirtschaftlichkeitskriterien der Ausschreibung zugrunde liegen, kann es bei der Ermittlung der Wirtschaftlichkeit nur auf den Preis, aber auch auf zusätzliche Kriterien wie zB Serviceleistung oder Umweltgesichtspunkte ankommen. Der Bieter hat ein Interesse daran, dass der Ausschreibung keine Bestimmungen zugrunde gelegt werden, die ihn entweder im Vergabeverfahren oder bei der späteren Durchführung des abgeschlossenen Vertrages benachteiligen. Der Bewerber muss daher frühzeitig die Ausschreibungsunterlagen studieren und etwaige Benachteiligungen oder Ungereimtheiten gegenüber dem Auftraggeber geltend machen, ohne dabei jedoch die Vertrauensgrundlage zum Auftraggeber zu zerstören.

3. Unterlegene Bieter

21 Wenn nach der Wertung der Angebote der „Gewinner" der Ausschreibung feststeht, werden die übrigen Bieter zu unterlegenen Bietern. In einem etwaigen Nachprüfungsverfahren verfolgen diese das Interesse, sich den Zuschlag zu erstreiten. Sie müssen daher die Auswahl des Bieters oder Ähnliches in einem Rechtsschutzverfahren angreifen und sich damit gegen ihren „Kunden" stellen. Der Rat, ein Nachprüfungsverfahren einzuleiten, sollte daher nicht leichtfertig, sondern nur dann gegeben werden, wenn Anhaltspunkte für eine fehlerhafte Entscheidung des Auftraggebers vorliegen. Allerdings kann sich auch bei einer oberflächlich richtigen Vergabeentscheidung in der bei einem Nachprüfungsverfahren dem Antragsteller zustehenden Akteneinsicht in die Vergabeakten des Auftraggebers ergeben, dass ein Vergabefehler vorliegt. Ein vermeintlich aussichtsloses Nachprüfungsverfahren kann daher nach der Akteneinsicht durchaus erfolgversprechend werden.

4. Erstplatzierter Bieter

Der nach Angebotswertung erstplatzierte oder wirtschaftlichste Bieter hat ein Interesse 22
daran, seine Zuschlagsposition zu sichern. Dieses Interesse wird er in einem etwaigen Nachprüfungsverfahren als Beigeladener verfolgen. Stellt er eigene Anträge oder trägt durch bspw. umfangreiche Schriftsätze zum Verfahren bei, entsteht für ihn ein Kostenrisiko.

5. Allgemeinheit

Die Allgemeinheit hat ein Interesse an einer preiswerten und schnellen Vergabe, damit die 23
Durchführung öffentlicher Aufgaben stets gesichert ist. Diese Interessenlage der Allgemeinheit geht spätestens im Rechtsschutzverfahren in die gerichtlichen Überlegungen ein, nämlich dann, wenn über einen Eilantrag entschieden werden muss.

VII. Vergaberecht zwischen Verwaltungsrecht und Zivilrecht

Dogmatisch umstritten ist nach wie vor die Frage, ob das Vergaberecht dem Zivilrecht 24
oder dem Verwaltungsrecht zuzuordnen ist. Eindeutig und unumstritten ist, dass öffentliche Aufträge privatrechtliche Vorgänge aus dem Bereich der fiskalischen Staatstätigkeit sind. Ebenso eindeutig ist, dass die öffentliche Hand bei der Beschaffung von Waren, Dienstleistungen usw. öffentlich-rechtlichen Bindungen unterliegt, zum Beispiel aus dem Gleichheitsgrundsatz. Der Gesetzgeber hat im Jahre 1999 das Vergaberecht dadurch dem Zivilrecht zugeordnet, das er für das Nachprüfungsverfahren die Zuständigkeit der Oberlandesgerichte in Anlehnung an die Kartellrechtszuständigkeit bestimmt hat. Vielfach wird die Auffassung vertreten, im Vergaberecht sei die aus dem Subventionsrecht bekannte Zwei-Stufen-Theorie anwendbar. Auf der ersten Stufe stehe die öffentlich-rechtliche Frage, ob und wem ein Auftrag erteilt werden soll und auf der zweiten Stufe die zivilrechtliche Frage der Konditionen. Dieser Theorie hat das Bundesverfassungsgericht in seiner Entscheidung vom 13.6.2006[8] eine Absage erteilt, indem es den privatrechtlichen Gesamtcharakter der Vergaben betont hat. Das Bundesverwaltungsgericht[9] hat dem folgend entschieden, dass auch unabhängig von der GWB-Zuweisung der Rechtschutz in Vergabeangelegenheiten vor den Zivilgerichten zu suchen ist. Etwas anderes kann allerdings gelten, wenn der Abschluss eines öffentlich-rechtlichen Vertrages bezweckt wird. Danach muss davon ausgegangen werden, dass das Vergaberecht weitestgehend vom Zivilrecht bestimmt wird und die verwaltungsrechtlichen Einflüsse eher gering sind.

B. Ausschreibungspflicht

Eine Ausschreibungspflicht besteht nur, wenn ein öffentlicher Auftraggeber tätig wird, der 25
einen öffentlichen Auftrag vergibt. Eine Pflicht zur europaweiten Ausschreibung ist gegeben, wenn die Schwellenwerte gemäß § 106 GWB überschritten werden. Liegen die Auftragswerte unterhalb dieser Schwellenwerte, ist nur eine nationale Vergabe durchzuführen, für die die Regelungen des 4. Teils des GWB, der VgV, der SektVO, der KonzVgV und der VSVgV nicht gelten.

---

[8] *BVerfG*, VergabeR 2006, 871.
[9] *BVerwG*, VergabeR 2007, 337.

I. Öffentlicher Auftraggeber gemäß §§ 98 ff. GWB

26 Nur wenn eine Einrichtung handelt, die gemäß §§ 98, 99, 100 und 101 GWB als **öffentlicher Auftraggeber** anzusehen ist, muss ein Vergabeverfahren durchgeführt werden. Bei den klassischen öffentlichen Leistungsträgern, wie zum Beispiel Gebietskörperschaften, ist die Einordnung unproblematisch. Schwierigkeiten und Abgrenzungsprobleme ergeben sich aber häufig, wenn eine Einrichtung des privaten Rechts handelt, die in irgendeiner Art und Weise mit dem Staat verbunden ist. Als Hilfestellung zur Bestimmung der Eigenschaft als öffentlicher Auftraggeber kann in solchen Fällen die Überlegung dienen, ob eine besondere Staatsnähe gegeben ist, also der Staat irgendwie mit einem besonderen Einfluss sei es in finanzieller oder aufsichtsrechtlicher Art in Erscheinung tritt. In solchen Fällen ist die Eigenschaft als öffentlicher Auftraggeber wahrscheinlich.

1. § 99 Nr. 1 und Nr. 3 GWB

27 Nach § 99 Nr. 1 GWB sind Gebietskörperschaften und deren Sondervermögen öffentliche Auftraggeber. Gebietskörperschaften in der Bundesrepublik sind der Bund, die Länder und die Gemeinden.[10] Gemeindeverbände und Zweckverbände fallen unter § 99 Nr. 3 GWB.[11] Sondervermögen sind nicht rechtsfähige, dekonzentrierte Verwaltungsstellen, die haushaltsrechtlich und organisatorisch verselbstständigt sind.[12] Unter diesen Begriff sind die Eigenbetriebe der Gebietskörperschaften, nicht rechtsfähige Anstalten und andere Einheiten, sowie kommunale, nicht rechtsfähige Stiftungen des öffentlichen Rechts zu subsumieren[13]. Unter § 99 Nr. 3 GWB fallen neben den genannten Verbänden auch weitere Verbände, deren Mitglieder unter Nr. 1 oder Nr. 2 fallen, zB Abwasserzweckverbände, Wasserverbände, Abfallwirtschaftszweckverbände oder Verkehrszweckverbände. Erfasst werden aber auch Kooperationen zwischen den Bundesländern und von Bund und Ländern.[14]

2. § 99 Nr. 2 GWB

28 Die Einordnung einer Einrichtung als öffentlicher Auftraggeber gemäß § 99 Nr. 2 GWB stellt den problematischsten Teil der Bestimmung der Auftraggebereigenschaft dar. Nach dieser Norm ist eine Einrichtung öffentlicher Auftraggeber, wenn es sich um eine juristische Person des öffentlichen oder des privaten Rechts handelt, die zu dem besonderen Zweck gegründet wurde, im Allgemeininteresse liegende Aufgaben nichtgewerblicher Art auszuführen und die eine besondere Staatsnähe, sei es durch Finanzierung oder durch Beherrschung, aufweist. Die Tatbestandsmerkmale des § 99 Nr. 2 GWB sind in der Rechtsprechung bisher nicht abschließend geklärt. Daher bereitet die Einordnung oft Schwierigkeiten.

a) Juristische Personen des öffentlichen und des privaten Rechts

29 Zu den juristischen Personen des öffentlichen Rechts gehören die Körperschaften, die Anstalten und Stiftungen des öffentlichen Rechts.[15] Unter den Begriff der juristischen Person des Privatrechts fallen im Vergaberecht auch die Vorstadien von Gesellschaften wie zum Beispiel die Vor-GmbH oder die Vor-AG[16] sowie die GbR.[17] Auch bei Vorgründungsge-

---

[10] *Müller-Wrede*, § 1 VgV Rn. 14; Reidt/Stickler/Glahs/*Masing*, § 99 Rn. 11.
[11] *Müller-Wrede*, § 1 VgV Rn. 43.
[12] *Müller-Wrede*, § 1 VgV Rn. 15; Reidt/Stickler/Glahs/*Masing*, § 99 Rn. 12.
[13] Reidt/Stickler/Glahs/*Masing*, § 99 Rn. 11.
[14] *Müller-Wrede*, § 1 VgV Rn. 43.
[15] *Müller-Wrede*, § 1 VgV Rn. 18.
[16] Reidt/Stickler/Glahs/*Masing*, § 99 Rn. 21.
[17] *Müller-Wrede*, § 1 VgV Rn. 19.

sellschaften, der OHG oder der KG, wird vergaberechtlich das Merkmal der juristischen Person des privaten Rechts bejaht.[18]

b) Im Allgemeininteresse liegende Aufgabe nichtgewerblicher Art

Das Tatbestandsmerkmal der Erfüllung der im **Allgemeininteresse liegenden Aufgaben nicht gewerblicher Art** ist das zentrale und problematischste Merkmal des § 99 Nr. 2 GWB. Es gibt keine Legaldefinition, sodass insbesondere auf die europäische Rechtsprechung zurückgegriffen werden muss. Diese hat – wie auch die nationale Rechtsprechung – zur Bestimmung des Allgemeininteresses verschiedene Ansatzpunkte herausgearbeitet, die sämtlich kumulativ aber auch alternativ angewendet werden können. Es ist stets eine Einzelfallbetrachtung geboten. Im Allgemeininteresse liegende Aufgaben sind hoheitliche Befugnisse, die die Wahrnehmung der Belange des Staates und damit letztlich Aufgaben betreffen, welche der Staat selbst erfüllen oder bei denen er einen entscheidenden Einfluss behalten möchte.[19] Die Aufgabe muss objektiv gesehen mehreren Personen zugutekommen und im Dienst der allgemeinen Öffentlichkeit wahrgenommen werden.[20] Eine Indizwirkung kann die Rechtsform der Einrichtung haben. Handelt eine Einrichtung in einer öffentlich-rechtlichen Rechtsform, kann davon ausgegangen werden, dass die durchgeführten Aufgaben im Allgemeininteresse liegen.[21] Nicht erforderlich ist, dass der Auftraggeber ausschließlich Aufgaben erfüllt, die im Allgemeininteresse liegen.[22] Es ist ausreichend, wenn er auch solche staatlichen Aufgaben erfüllt. Beispiele für derartige Aufgaben sind: Betrieb von Kliniken als Teil der Daseinsversorgung, Aufgaben der Stadtentwicklung und der Wissenschaftsförderung, Flughafenbetrieb, Aufgaben der gesetzlichen Unfallversicherung, Betrieb eines Stromnetzes usw. Auch die Bereitstellung oder Beschaffung der für die Durchführung dieser Aufgaben notwendigen IT-Infrastruktur ist eine im Allgemeininteresse liegende Aufgabe.[23]

Das Tatbestandsmerkmal des Allgemeininteresses wird durch die Wendung der **Nichtgewerblichkeit** konkretisiert.[24] Nur wenn die im Allgemeininteresse liegenden Aufgaben nichtgewerblich durchgeführt werden, ist der Tatbestand des § 99 Nr. 2 GWB erfüllt. Denn bei einer gewerblichen Tätigkeit geht der europäische Gesetzgeber davon aus, dass sich der Auftraggeber ohnehin von wettbewerblichen Grundsätzen leiten lässt. Was als nichtgewerblich gilt, ist weder im GWB noch in den entsprechenden Verordnungen bzw. der Vergabe- und Vertragsordnung definiert. Merkmale für eine Nichtgewerblichkeit können – alternativ oder kumulativ – eine fehlende Gewinnerzielungsabsicht[25], das mangelnde Vorliegen von Wettbewerb oder die fehlende Nachfragebezogenheit der zu beschaffenden Leistung sein.[26] Das Merkmal der Nichtgewerblichkeit soll solche Unternehmen in das Vergaberecht einbeziehen, denen eine Sonderrolle auf dem Markt zukommt, die sich nicht wie jedes „normale nichtstaatliche" Unternehmen am Markt verhalten müssen. Dieses wird zum Beispiel bei kommunalen Krankenhausgesellschaften angenommen, die sich wegen eines Einflusses der Stadt noch nicht wie normale Marktteilnehmer in einem entwickelten Wettbewerb bewegen.[27]

---

[18] Reidt/Stickler/Glahs/*Masing*, § 99 Rn. 21.
[19] *EuGH*, VergabeR 2004, 182, 187; *EuGH*, 10.4.2008 – Rs. 10–393/06 – nv.
[20] *OLG Düsseldorf*, 6.7.2005 – Verg 22/05 – nv; Reidt/Stickler/Glahs/*Masing*, § 99 Rn. 32.
[21] Reidt/Stickler/Glahs/*Masing*, § 99 Rn. 36.
[22] *EuGH*, NJW 1998, 3261, 3262.
[23] *OLG Celle*, 14.9.2006 – 13 Verg 3/06 – nv; *VK Lüneburg*, 13.6.2006 – VgK-13/2006 – nv.
[24] *EuGH*, 22.5.2003 – Rs. C-18/01 – nv.
[25] *BayObLG*, NZBau 2004, 173, 174; *OLG Celle*, VergabeR 2007, 86.
[26] *Dietlein*, NZBau 2002, 136, 139f.
[27] *OLG München*, 26.6.2007 – Verg 6/07 – nv.

c) Gründungszweck

32 Die Vorschrift des § 99 Nr. 2 GWB verlangt weiterhin, dass die Einrichtung zu dem besonderen Zweck der Erfüllung im Allgemeininteresse liegender Aufgaben nichtgewerblicher Art gegründet wurde. Nach der Rechtsprechung kann aber auch bei einem fehlenden Gründungszweck eine Eigenschaft als öffentlicher Auftraggeber nach § 99 Nr. 2 GWB vorliegen, wenn eine Einrichtung solche Aufgaben später übernimmt.[28] Ausschlaggebend ist folglich, was das Unternehmen tatsächlich für Aufgaben durchführt. Der Gründungszweck kann sich aus der Satzung eines Unternehmens, aber auch aus dem Gründungsgesetz, aus verwaltungsrechtlichen Vorschriften oder Ähnlichem ergeben.[29]

d) Besondere Staatsnähe

33 Weiteres Tatbestandsmerkmal ist die besondere **Staatsnähe** der Einrichtung, die durch eine überwiegende Finanzierung oder eine Beherrschung durch einen klassischen staatlichen Auftraggeber hergestellt wird. Durch dieses Merkmal wird die besondere Staatsgebundenheit des Auftraggebers dokumentiert.

34 Eine überwiegende Finanzierung liegt vor, wenn die Einrichtung einzeln oder gemeinsam durch einen der unter § 99 Nr. 1 oder Nr. 3 GWB fallenden öffentlichen Auftraggeber zu mehr als 50 % finanziert wird.[30] Die Finanzierung bezieht sich auf den Aufgabenträger, nicht auf die einzelne staatliche Aufgabe.[31] Dabei kann die Finanzierung in verschiedenen Formen erfolgen. Neben der Bereitstellung von finanziellen Mittel, können auch Beteiligungen über Aktien oder die Bereitstellung von Materialien oder Sachleistungen eine Finanzierung darstellen. Auch Fördermittel oder Zuwendungen können Finanzierungsmittel im Sinne dieser Vorschrift sein.[32] Wichtig ist, ob der Finanzierung eine Gegenleistung gegenübersteht. Nur solche Mittel, die ohne Gegenleistung gewährt werden, stellen einen Finanzierungsbeitrag dar.[33]

35 Die Staatsnähe durch Beherrschung wird dadurch vermittelt, dass ein öffentlicher Auftraggeber nach § 99 Nr. 1 oder Nr. 3 GWB die Aufsicht über die Leitung der Einrichtung innehat oder mehr als die Hälfte der Mitglieder eines der zur Geschäftsführung oder zur Aufsicht bestimmten Organe bestimmt. Bezugspunkt für die durch die Beherrschung durch Aufsicht entstehende Staatsnähe ist die Frage, ob es der staatlichen Einrichtung gelingt, auf das betreffende Unternehmen Einfluss, insbesondere im Hinblick auf die Beschaffungstätigkeit, auszuüben.[34] Daher kann auch eine Fachaufsicht eine Beherrschung darstellen. In diesem Fall gelingt es der aufsichtführenden Behörde, auf die Tätigkeit der beaufsichtigten juristischen Person aktiv gestaltend einzuwirken.[35] Hinsichtlich der Rechtsaufsicht ist es in Rechtsprechung und Literatur umstritten, ob diese eine Beherrschung darstellen kann.[36] Dieses Problem ergibt sich insbesondere bei den gesetzlichen Krankenkassen. Da bei den gesetzlichen Krankenkassen aber eine besondere Staatsnähe über das Finanzierungsmerkmal vorliegt, hat der EuGH in seiner Entscheidung vom 11.6.2009[37] auf den Vorlagebeschluss des OLG Düsseldorf[38] die Frage des Vorliegens einer Staatsnähe bei einer Rechtsaufsicht offen gelassen.[39]

---

[28] *EuGH*, 12.12.2002 – C-470/99 – nv.
[29] Reidt/Stickler/Glahs/*Masing*, § 99 Rn. 25.
[30] *EuGH*, 3.10.2000, Slg. 2000, I-8035 Rn. 30.
[31] BayObLG, NZBau 2004, 623, 624; *Müller-Wrede*, § 1 VgV Rn. 33.
[32] *EuGH*, 3.10.2000 – C 380/98 – nv.; Reidt/Stickler/Glahs/*Masing*, § 99 Rn. 52.
[33] *EuGH*, VergabeR 2001, 111; *EuGH*, NJW 2009, 2927.
[34] *EuGH*, NZBau 2003, 287.
[35] OLG Düsseldorf, 6.7.2005 – Verg 22/05 – nv; *Müller Wrede*, § 1 VgV Rn. 38.
[36] OLG Düsseldorf, 6.7.2005 – Verg 22/05 – nv; OLG Düsseldorf, Beschl. v. 3.8.2011 – Verg 6/11 – nv; dagegen BayObLG, Beschl. v. 21.10.2004 – Verg 17/04 – nv; *Dreher*, NZBau 2005, 297, 300; differenzierend *Müller-Wrede*, § 1 VgV Rn. 38; Reidt/Stickler/Glahs/*Masing*, § 99 Rn. 56.
[37] *EuGH*, NJW 2009, 2427 = NVwZ 2009, 1025 = NZBau 2009, 520.
[38] OLG Düsseldorf, 23.5.2007 – Verg 50/06 – nv.

B. Ausschreibungspflicht

Unter „zur Geschäftsführung oder zur Aufsicht berufenen Organe" sind sowohl die gesetzlich vorgeschriebenen Vertretungs- und Aufsichtsorgane wie zB Geschäftsführung, Vorstand, Aufsichtsrat als auch die Organe zu verstehen, die ohne gesetzlichen Zwang eingerichtet wurden (zB Beirat einer GmbH). Entscheidend ist, dass es sich um ein Organ handelt, welches die Möglichkeit hat, auf die Geschäftsführungstätigkeit einen bestimmenden Einfluss auszuüben.[40] Bestehen mehrere Organe, wie zB Aufsichtsorgan und Geschäftsführung, ist es ausreichend, wenn die Stellen gem. § 99 Nr. 1–3 GWB mehr als die Hälfte eines der beiden Organe bestimmt haben.[41]

3. § 100 GWB: Sektorenauftraggeber

Literatur:
Anreiter, Qualitätssicherung im öffentlichen Verkehr durch Vergabe im Wettbewerb, Dissertation, Wien, 2005; *Greb/Müller* Kommentar zur SektVO 2010; 308; *Müller,* Verordnung über die Vergabe von Aufträgen der Trinkwasserversorgung und Energieversorgung, Sektorenverordnung (SektVO) – ein Überblick, VergabeR-Sonderheft 2010/302; *Opitz,* Die neue Sektorenverordnung, VergabeR 2009, 689; *Pooth/Sudbrock,* Auswirkungen der Sektorenverordnungen auf die Vergabepraxis in kommunalen Unternehmen, KommJur 2010, 446; *Rosenkötter/Plantiko,* Die Befreiung der Sektorentätigkeiten vom Vergaberechtsregime, NZBau 2010, 78; *Sitsen,* Die Sektorauftraggebereigenschaft privater Eisenbahnverkehrsunternehmen nach der Vergaberechtsreform 2016, VergabeR 2016, 553; *Tugendreich,* Freistellung vom Vergaberecht für den Strom- und Gaseinzelhandel, NZBau 2017, 387.

Ein besonderes Vergaberechtsregime wird für **Sektorenauftraggeber** geschaffen. Sektorenauftraggeber sind Einrichtungen, die auf einem bestimmten Gebiet (Beispiel: Energie) tätig sind und sich auf diesem Markt aufgrund der Gewährung von besonderen oder ausschließlichen Rechten in einem Wettbewerbsverhältnis bewegen können, das nicht den eigentlichen Marktbedingungen entspricht. Diese Einrichtungen werden dem Vergaberecht unterstellt, auch wenn sie keinen besonderen Bezug zur öffentlichen Hand aufweisen. Alternativ zum Vorliegen besonderer oder ausschließlicher Rechte kann sich die Eigenschaft als Sektorenauftraggeber auch aus der aus § 99 Nr. 2 GWB bekannten Staatsnähe ergeben. Als Sektorenauftraggeber gelten darüber hinaus auch Auftraggeber nach § 99 Nr. 1 bis 3 GWB, die auf einem der Sektorenbereiche Tätigkeiten ausüben[42].

Zu den Sektorenbereichen gehören die Trinkwasser- und Energieversorgung und der Verkehr. Die einzelnen Bereiche werden in § 102 GWB beschrieben. Besondere oder ausschließliche Rechte liegen gem. § 100 Abs. 2 GWB vor, wenn es sich um Rechte handelt, die von einer Behörde, einer oder mehreren privaten Einrichtungen auf dem Gesetzes- oder Verwaltungsweg gewährt werden und diesen die Erbringung einer Dienstleistung oder die Ausübung einer bestimmten Tätigkeit vorbehalten.[43] Das können zum Beispiel Wasserrechte, Wegerechte, Benutzungsrechte von Grundstücken und sonstige Ausschließlichkeitsrechte sein. Erforderlich sind Rechte, die den Einrichtungen eine marktbezogene Sonderstellung einräumen. Insbesondere die Stadtwerke zählen zu den Sektorenauftraggebern, aber auch Flughafenbetreiber oder Unternehmen der Deutschen Bahn-Gruppe können Sektorenauftraggeber im Sinne dieser Vorschrift sein. Sektorenauftraggeber haben gem. § 136 GWB, § 1 SektVO die spezielleren Regelungen des GWB und die SektVO anzuwenden. Im Gegensatz zu den „klassischen" Auftraggebern sieht die SektVO Verfahrenserleichterungen für alle Sektorenauftraggeber vor. So können zB gem. § 146 GWB die Auftraggeber zwischen den Verfahrensarten des offenen Verfahrens, des nicht offenen Verfahrens, des Verhandlungsverfahrens mit Teilnahmewettbewerb und des wettbewerblichen Dialogs frei wählen, welche Vergabeverfahrensart sie durchführen möchten. Lediglich

---

[39] *EuGH,* NJW 2009, 2427 = NVwZ 2009, 1025 = NZBau 2009, 520; für eine einzelfallbezogene Prüfung Pünder/Schellenberg/*Pünder,* § 99 Rn. 58.
[40] Pünder/Schellenberg/*Pünder,* § 99 Rn. 63.
[41] Müller-Wrede/*Badenhausen-Fähnle,* § 99 Rn. 73.
[42] *Pooth/Sudbrock,* KommJur 2010, 446.
[43] *VK Lüneburg,* 8.11.2002 – 24/02 – nv.

bei der Wahl des Verhandlungsverfahrens ohne Teilnahmewettbewerb und der Innovationspartnerschaft sind sie weiteren Voraussetzungen unterworfen. Damit kann auch das Verhandlungsverfahren, das unter den Verfahrensarten die größtmögliche Flexibilität bietet, ohne Vorliegen weiterer Voraussetzungen angewendet werden. Dieses ist bei den übrigen Auftraggebern nicht möglich.

4. § 99 Nr. 4 GWB: Besondere Baumaßnahmen

39 Eine Auftraggebereigenschaft liegt auch vor, wenn die Einrichtung bestimmte Baumaßnahmen ausführen soll, deren Errichtung von Auftraggebern gemäß § 99 Nr. 1 und Nr. 3 GWB zu mindestens 50 % subventioniert wird.

II. Öffentlicher Auftrag im Sinne des § 103 GWB

1. Begriff

40 **Öffentliche Aufträge** sind entgeltliche Verträge zwischen öffentlichen Auftraggebern im Sinne des § 99 GWB oder Sektorenauftraggebern gem. § 100 GWB und Unternehmen, die Liefer-, Bau- oder Dienstleistungen zum Inhalt haben. Ein öffentlicher Auftrag iSd § 103 GWB liegt nur vor, wenn Leistungen für den Auftraggeber erbracht werden, der Auftraggeber also auf Seiten der Nachfrage auftritt.[44] Die Verwendung des Wortes „Entgelt" soll hervorheben, dass der öffentliche Auftraggeber für den Erhalt einer Leistung eine Gegenleistung erbringen muss.[45] Der Begriff der Entgeltlichkeit ist weit auszulegen. Es ist jeder geldwerte Vorteil erfasst, auch wenn nicht Geldmittel zur Verfügung gestellt werden.[46] Damit fällt nahezu jede geldwerte Gegenleistung unter den Begriff des „entgeltlichen" Vertrages.

41 Bei der Beschaffung von Open Source Software (OSS) ist das Vorliegen des Merkmals der Entgeltlichkeit fraglich. Lädt sich der Auftraggeber lediglich freie Software von einem Server herunter, erbringt er für diesen Vorgang keine Gegenleistung. Damit liegt kein entgeltlicher Vertrag im Sinne des § 103 GWB vor.[47] In den meisten Fällen werden mit der Nutzung von OSS aber auch Anpassungsleistungen verbunden sein, die der Auftraggeber am Markt beschaffen muss. Selbst wenn also der tatsächliche Erwerb der OSS unentgeltlich und damit vergaberechtsfrei erfolgt, fallen die damit verbundenen Tätigkeiten unter den Begriff eines entgeltlichen Vertrags und damit unter die europaweite Ausschreibungspflicht – wenn die Schwellenwerte überschritten werden.

2. Konzessionen

Literatur:
Diemon-Wies, Vergabe von Konzessionen, VergabeR 2016, 162; *Goldbrunner,* Das neue Recht der Konzessionsvergabe, VergabeR 2016, 365; *Mösinger,* Die Dienstleistungskonzession: Wesen und Abgrenzung zu ausschreibungsfreien Verträgen, NZBau 2015, 545; *Prieß/Stein,* Die neue EU-Konzessionsvergaberichtlinie, VergabeR 2014, 499; *Schröder,* Das Konzessionsvergabeverfahren nach der RL 2014/23/EU, NZBau 2015, 351; *Siegel,* Das neue Konzessionsvergaberecht, NVwZ 2016, 1672 ff.

42 Eine andere Beurteilung ergibt sich, wenn der Auftragnehmer nicht eine geldwerte Leistung, sondern die Möglichkeit der Nutzung der von ihm errichteten bzw. gelieferten Leistung erhält. Diese Fallkonstellation bezeichnet man als **Konzession.** Während früher nur die Baukonzession vom Vergaberecht erfasst war, unterfällt seit der Reform des Verga-

---

[44] *BayObLG,* VergabeR 2002, 305.
[45] *BGH,* 1.12.2008 – XZB 31/08 – nv; Reidt/Stickler/Glahs/*Ganske,* § 103 Rn. 33.
[46] *BGH,* 1.12.2008 – XZB 31/08 – nv; *OLG Naumburg,* 3.11.2005 – 1 Verg 9/05 – nv; *OLG Düsseldorf,* NZBau 2005, 650.
[47] *Demmel Herten-Koch,* NZBau 2004, 187; *Müller/Gerlach,* CR 2005, 87, 88.

berechts im Jahre 2016 auch die Vergabe von Dienstleistungskonzessionen der Ausschreibungspflicht, jedenfalls dann, wenn der entsprechende Schwellenwert erreicht ist. Unterhalb der Schwellenwerte ist die Vergabe von Dienstleistungskonzessionen weiterhin vergaberechtsfrei möglich, es sei denn, aus landesrechtlichen Regelungen ergibt sich etwas anderes. Da die Schwellenwerte bei Konzessionsvergaben deutlich höher sind als bei klassischen Dienstleistungsaufträgen, kommt einer gewissenhaften Abgrenzung eine große Bedeutung zu. Das gilt insbesondere im Hinblick auf den Rechtsschutz. Denn bei der Vergabe von Dienstleistungskonzessionen unterhalb der Schwellenwerte ist kein Rechtsweg zu den Vergabekammern eröffnet.

3. Inhouse-Vergabe, § 108 Abs. 1–3 GWB

Literatur:
Bremke, Zum Wesentlichkeitskriterium bei Inhouse-Geschäften und zur vergaberechtlichen Relevanz von Vertragsänderungen, KommJur 2012, 128; *Brockhoff*, Öffentlich-öffentliche Zusammenarbeit nach den neuen Vergaberichtlinien, VergabeR 2014, 625 ff.; *Dabringhausen*, Die europäische Neuregelung der Inhouse-Geschäfte – Fortschritt oder Flop, VergabeR 2014, 512 ff.; *Deuster/Ristelhuber*, Direktvergaben an kommunale Aktiengesellschaften, VergabeR 2018, 99 ff.; *Gaus*, Der neue § 108 GWB. Die In-House-Vergabe in der kommunalen Konzernfamilie, VergabeR 2016, 418 ff.; *Gruneberg/Wilden*, Höhere Hürden für Inhouse-Geschäfte – Verschärfung des Wesentlichkeitskriteriums, VergabeR 2012, 149; *Hofmann*, Inhouse-Geschäfte nach dem neuen GWB, VergabeR 2016, 189 ff.; *Horstkotte/Hünemörder/Dimieff*, In-House-Vergaben an Tochtergesellschaften anderer Auftraggeber, VergabeR 2017, 697 ff.; *Losch*, Gestaltungsmöglichkeiten und rechtliche Grenzen ausschreibungsfreier Leistungsbeziehungen aufgrund von Inhouse-Gestaltungen, VergabeR 2016, 541 ff.

Es wird kein öffentlicher Auftrag vergeben, wenn der öffentliche Auftraggeber nicht mit einem Unternehmen einen Vertrag schließt, sondern mit einer internen Verwaltungseinheit. In diesem Fall des fehlenden Auftrittes am Markt liegt eine sogenannte Inhouse-Vergabe vor,[48] auf die die vergaberechtlichen Vorschriften nicht zur Anwendung kommen. Voraussetzung für das Vorliegen eines Inhouse-Geschäftes ist, dass die Gebietskörperschaft über die fragliche Einrichtung eine Kontrolle ausübt wie über ihre eigenen Dienststellen („Kontrollkriterium") und die Einrichtung zugleich ihre Tätigkeit im Wesentlichen für die Gebietskörperschaft oder die Körperschaft verrichtet, die ihre Anteile innehat („Wesentlichkeitskriterium" oder „Tätigkeitskriterium").[49]

43

Bisher war eine **Inhouse-Vergabe** ausgeschlossen, wenn an dem zu beauftragenden Unternehmen neben dem Auftraggeber auch ein privater Mitgesellschafter beteiligt war.[50] Dieses entsprach der Rechtsprechung des EuGH.[51] Durch die Vergaberechtsreform ist eine Inhouse-Vergabe nunmehr nur dann ausgeschlossen, wenn eine direkte Beteiligung eines Privaten an der Einrichtung besteht. Unschädlich sind darüber hinaus nicht beherrschende Formen der privaten Kapitalbeteiligung und Formen der privaten Kapitalbeteiligung ohne Sperrminorität, die durch gesetzliche Bestimmungen vorgeschrieben sind und die keinen maßgeblichen Einfluss auf die kontrollierte juristische Person vermitteln. Die Inhaberschaft des beauftragten Unternehmens reicht allerdings nicht immer aus. Vielmehr ist einzelfallbezogen zu prüfen, ob das auftragnehmende Unternehmen einer Kontrolle unterworfen ist, die es der auftraggebenden öffentlichen Stelle ermöglicht, diese Einrichtung zu kontrollieren und auf sie einzuwirken. Erforderlich ist dabei die Möglichkeit, sowohl auf die strategischen Ziele als auch auf die wichtigen Entscheidungen ausschlaggebenden Einfluss nehmen zu können.[52]

44

---

[48] BGHZ 148, 55, 61 f.; Reidt/Stickler/Glahs/*Ganske*, § 108 Rn. 5.
[49] *EuGH*, 19.4.2007 – C-295/05 – nv; *EuGH*, NZBau 2000, 90, 91; *EuGH*, NZBau 2005, 111, 115.
[50] *EuGH*, NZBau 2005, 111, 115.
[51] *EuGH*, 18.1.2007 – C-220/05 – nv; *EuGH*, 6.4.2006 – C-410/04 – nv; *EuGH*, 11.1.2005 – C-26/03 – nv.
[52] *EuGH*, NZBau 2005, 644, 649.

45 Mit der Änderung des GWB im Rahmen der Vergaberechtsreform sind auch die Voraussetzungen für vergaberechtsfreie Inhouse-Vergaben an Tochterunternehmen von Tochterunternehmen („Enkelkonstellation") sowie Inhouse-Vergaben an Schwesterngesellschaften, die über die gleiche Muttergesellschaft verfügen, geregelt worden.

46 Ein Unternehmen erbringt seine Leistung im Wesentlichen für den öffentlichen Auftraggeber, wenn mehr als 80 Prozent seiner Tätigkeiten der Ausführung von Aufgaben dienen, mit denen es von dem öffentlichen Auftraggeber oder von einer anderen juristischen Person, die von diesem kontrolliert wird, betraut wurde.

47 Folge einer Inhouse-Vergabe ist, dass der Auftraggeber keine Ausschreibung durchführen muss, weder nach vergaberechtlichen noch nach primärrechtlichen Grundsätzen. Bei einer Inhouse-Vergabe findet kein Wettbewerb statt, da der Auftrag die Sphäre des Auftraggebers nicht in Richtung freier Markt verlässt.

4. Vertragsänderungen, § 132 GWB

48 Auch **Vertragsänderungen** bestehender Verträge können „neue" öffentliche und damit ausschreibungspflichtige Verträge sein. Mit der Vergaberechtsreform ist mit § 132 GWB erstmals auch eine Regelung zur Vergaberechtspflichtigkeit von Vertragsänderungen in das geschriebene Recht aufgenommen worden. Bisher ergaben sich die Anforderungen aus der Rechtsprechung des EuGH bzw. der nationalen Gerichte. § 132 Abs. 1 GWB legt zunächst fest, dass jede wesentliche Änderung eines bestehenden Vertrages eine Verpflichtung zur Neuausschreibung bedingt. § 132 Abs. 1 S. 2 GWB enthält eine Definition der wesentlichen Änderung, in S. 3 werden Regelbeispiele aufgeführt. In § 132 Abs. 2 GWB sind Ausnahmen von der grundsätzlichen Verpflichtung der Durchführung eines neuen Vergabeverfahrens aufgeführt. Insbesondere sind wesentliche Vertragsänderungen vergaberechtsfrei möglich, wenn bereits im ursprünglichen Vertrag Optionen oder Verlängerungsklauseln vorhanden waren, von denen der öffentliche Auftraggeber Gebrauch macht. Allerdings dürfen die Änderungsoptionen nicht zu allgemein gehalten werden. Eine „pauschale" Änderungsklausel vermag die Anwendung des Vergaberechts bei einer auf dieser Klausel beruhenden Vertragsänderung nicht auszuschließen. Die Vertragsklausel muss konkret zulässige Vertragsänderungen benennen.[53] Dieses ergibt sich aus dem Wortlaut. Auch die Beauftragung zusätzlicher Leistungen in einem gewissen Umfang und unter den in der Norm dargestellten Voraussetzungen kann vergaberechtsfrei möglich sein.

49 Ist eine Vertragsänderung unzulässig, darf sie nicht vorgenommen werden. Es entsteht jedoch nicht automatisch eine neue Ausschreibungspflicht, da der Auftraggeber das bestehende Vertragsverhältnis zu den bisherigen Bedingungen fortführen kann, wenn er dieses möchte – es sei denn, es handelt sich um eine unzulässige Vertragsverlängerung. Nur wenn er an den Vertragsänderungen festhält, ist er auf Verlangen eines potenziellen Wettbewerbers zu verpflichten, eine Ausschreibung vorzunehmen.

5. Formerfordernisse

50 Eine bestimmte Form ist für den Abschluss von öffentlichen Aufträgen nicht vorgesehen.[54] Die Formerfordernisse richten sich nach den allgemeinen Regelungen, zum Beispiel der notariellen Form bei Grundstücken.

6. Lieferauftrag, § 103 Abs. 2 GWB

51 Ein öffentlicher **Lieferauftrag** liegt vor, wenn sich der Vertrag auf die Beschaffung von Waren bezieht. In § 103 Abs. 2 GWB werden Kauf-, Ratenkauf-, Leasing-, Miet- oder

---

[53] *OLG Düsseldorf,* 28.7.2011 – VII – Verg 20/11 – nv.
[54] Reidt/Stickler/Glahs/*Ganske,* § 103 Rn. 61.

Pachtverträge mit oder ohne Kaufoption genannt. Diese Aufzählung ist aber nicht abschließend.

7. Bauauftrag, § 103 Abs. 3 GWB

Gemäß § 103 Abs. 3 GWB liegt ein öffentlicher **Bauauftrag** vor, wenn der Vertrag die Ausführung oder die gleichzeitige Planung und Ausführung von Bauleistungen oder eines Bauwerkes zum Gegenstand hat, das Ergebnis von Tief- oder Hochbauarbeiten ist und eine wirtschaftliche oder technische Funktion erfüllt oder einer dem Auftraggeber unmittelbar wirtschaftlich zu Gute kommenden Bauleistung durch Dritte gemäß den vom Auftraggeber genannten Erfordernissen. 52

8. Dienstleistungsauftrag, § 103 Abs. 4 GWB

Ein **Dienstleistungsauftrag** wird gem. § 103 Abs. 4 GWB angenommen, wenn es sich um einen Vertrag handelt, der weder die Beschaffung von Leistungen noch Bauaufträge erfasst. Der Dienstleistungsauftrag stellt damit einen Auffangtatbestand dar. 53

9. Abgrenzung

Die Abgrenzung einzelner Verträge danach, ob Liefer-, Dienst- oder Bauleistungen vergeben werden, ist für das anzuwendende Vergaberecht von Bedeutung. Bei Bauaufträgen besteht eine Anwendungsverpflichtung der EU VOB/A, bei Liefer- und Dienstleistungsaufträgen der VgV, siehe § 2 VgV. Die Abgrenzung zwischen Bau- und Lieferleistungen erfolgt anhand § 2 VgV. Als Bauleistungen können auch den Vertrag ergänzende Lieferleistungen gelten. Dieses umfasst regelmäßig alle zur Herstellung, Instandhaltung oder Änderung einer baulichen Anleitung zu montierenden Bauteile, insbesondere die Lieferung und Montage maschineller und elektrotechnischer Einrichtungen. Einrichtungen, die jedoch von der baulichen Anlage ohne Beeinträchtigung der Vollständigkeit oder der Nutzbarkeit abgetrennt werden können und einem selbstständigen Nutzungszweck dienen, stellen eigenständige Lieferleistungen dar, selbst wenn sie mit der Bauleistung im Zusammenhang stehen. Umfasst ein Vertrag sowohl Bau- als auch Liefer- oder Dienstleistungen ist das anzuwendende Recht nach der Abgrenzungsregelung in § 110 GWB nach dem Hauptgegenstand zu bestimmen. Hauptgegenstand des Vertrages ist der Teil der Leistung, der für den Vertragsinhalt wesentlich prägend ist.[55] Zu berücksichtigen sind die wesentlichen vorrangigen Verpflichtungen, aber auch qualitative und quantitative Elemente. Lassen sich die einzelnen Leistungen klar voneinander trennen, dann ist umstritten, ob der Auftraggeber die Ausschreibung in verschiedenen Losen nach den verschiedenen Vertragstypen vorzunehmen hat oder nach seiner Wahl eine Gesamtvergabe nach dem Hauptgegenstand des Vertrages vornehmen kann.[56] 54

10. IT-Verträge

Bei der Ausschreibung von IT-Verträgen wird es sich in der Regel um einen öffentlichen Lieferauftrag oder einen Dienstleistungsauftrag handeln.[57] Bei der Lieferung von Hardware liegt ein Lieferauftrag vor. Ist Gegenstand des Vertrages die Entwicklung eines Datenverarbeitungssystems, wird ein Dienstleistungsauftrag anzunehmen sein. 55

---

[55] *BayObLG*, VergabeR 2002, 305, 306.
[56] Zum Meinungsstand Pünder/Schellenberg/*Pünder/Buchholtz*, § 110 GWB Rn. 4 ff.
[57] *EuGH*, 5.12.1989 – C-3/88 – nv.

III. Ausnahmen vom Anwendungsbereich des Vergaberechts

56 In § 107 ff. GWB sind Vertragsbeziehungen aufgezählt, für die das Vergaberecht nicht gilt. Diese Ausnahmetatbestände sind abschließend und eng auszulegen[58] und greifen in der überwiegenden Anzahl der Fälle nicht ein. Von Bedeutung im Rahmen der Ausschreibung von IT-Leistungen kann der sicherheitsrelevante Bereich sein. Gem. § 107 Abs. 2 GWB ist das Vergaberecht auf Aufträge nicht anwendbar, die den Auftraggeber dazu zwingen würden, im Zusammenhang mit dem Vergabeverfahren oder der Auftragsausführung Auskünfte zu erteilen, deren Preisgabe seiner Ansicht nach wesentlichen Sicherheitsinteressen der Bundesrepublik Deutschland im Sinne des Artikels 346 Absatz 1 Buchstabe a des Vertrags über die Arbeitsweise der Europäischen Union widerspricht.

IV. Schwellenwerte

57 Eine europaweite Ausschreibung muss nur erfolgen, wenn der Auftragswert die **Schwellenwerte** übersteigt. Die Schwellenwerte werden im nationalen Vergaberecht nicht mehr ausdrücklich beziffert, da diese von der EU regelmäßig neu festgesetzt werden. Seit der Reform findet sich daher in § 106 Abs. 2 GWB ein Verweis auf die entsprechenden Richtlinienvorschriften. Die Schwellenwerte gelten damit – anders als früher – immer sofort nach Anpassung durch die EU auch in der Bundesrepublik. Gem. § 106 Abs. 1 GWB, § 3 VgV beziehen sich die Schwellenwerte stets auf den Auftragswert ohne Mehrwertsteuer. Wird die Leistung nicht im Gesamtpaket, sondern in verschiedenen Losen ausgeschrieben, ist der Gesamtauftragswert entscheidend, § 3 Abs. 7 GWB. Der Auftraggeber darf jedoch gem. § 3 Abs. 9 GWB einzelne Lose von der Ausschreibungspflicht ausklammern, wenn das jeweilige Los im Baubereich einen Wert von 1 Mio. Euro und im Liefer- und Dienstleistungsbereich von 80.000,00 Euro nicht übersteigt und der addierte Wert der von der Ausschreibungspflicht ausgenommenen Lose 20 % des Gesamtwertes der Leistung nicht übersteigt. In Einzelfällen kann so ein Kontingent von 20 % eines Auftrags ohne Ausschreibung vergeben werden.

58 Die Schwellenwerte werden gemäß § 3 VgV durch eine Schätzung des späteren Gesamtauftragswertes ermittelt. Als Faustregel kann davon ausgegangen werden, dass jeweils der größtmögliche, an den späteren Auftragnehmer zu zahlende Gegenwert zugrunde zu legen ist. Auch Optionen und etwaige Vertragsverlängerungen müssen in der Bewertung berücksichtigt werden. Bei unbefristeten Dauerschuldverhältnissen oder Verträgen mit einer längeren Laufzeit als 48 Monate wird hingegen der Vertragswert aus den monatlichen Zahlungen multipliziert mit 48 angesetzt. Die Regelungen des § 3 VgV sind bei der Schwellenwertermittlung detailliert zu beachten.

59 Eine ordnungsgemäße Schätzung der Auftragswerte ist für das Vergabeverfahren von besonderer Bedeutung, jedenfalls dann, wenn das Erreichen der Schwellenwerte zweifelhaft ist. Ein europaweites Vergabeverfahren ist durchzuführen, wenn der Auftraggeber aufgrund einer nachvollziehbaren und belastbaren Schätzung von einem Überschreiten der Schwellenwerte ausgegangen ist.[59] Erreicht später der Auftragswert den Schwellenwert nicht, ist das unschädlich. Umgekehrt gilt dasselbe. Hat der Auftraggeber belastbar und nachvollziehbar einen Schwellenwert unterhalb des Schwellenwertes ermittelt und stellt sich später heraus, dass der tatsächliche Auftragswert oberhalb dieser Grenze liegt, lebt eine Ausschreibungsverpflichtung nicht deshalb wieder auf.[60] Ergibt die Schätzung einen Wert knapp unter dem maßgeblichen Schwellenwert ist bei der Dokumentation der Schwellenwertberechnung eine besondere Sorgfalt an den Tag zu legen. Da eine Nachprüfungsinstanz

---

[58] Reidt/Stickler/Glahs/*Ganske*, § 107 Rn. 41, 42.
[59] Müller-Wrede/*Radu*, § 3 VgV Rn. 141.
[60] *VK Bund*, 12.5.2003 – VK 2-20/03 – nv; *OLG Bremen*, 18.5.2006 – Verg 3/2005 – nv; *OLG Celle*, IBR 2010, 40.

prüft, ob der Auftraggeber in einer belastbaren und nachvollziehbaren Weise zu dem angegebenen Schwellenwert gelangt ist, sollte auf eine entsprechende Niederlegung der Berechnung in den Vergabeakten besonderer Wert gelegt werden.

C. Anzuwendendes Verfahren/Verfahrensarten

Wenn die Ausschreibungsverpflichtung für den Beschaffungsvorgang feststeht, ist das anwendbare Recht zu ermitteln und die Vergabeverfahrensart auszuwählen. 60

I. Abgrenzung unterhalb/oberhalb der Schwellenwerte

Je nachdem, ob die europaweiten Schwellenwerte erreicht werden, ist über das Haushaltsrecht bzw. andere landesrechtliche Regelungen der erste Abschnitt der VOB/A bei der Vergabe von Bauleistungen und die UVgO bei der Vergabe von Liefer- und Dienstleistungen oder das GWB, die VgV und der 2. Abschnitt der VOB/A (EU VOB/A) anzuwenden. 61

1. Vergaben unterhalb der Schwellenwerte

Für Vergaben unterhalb der Schwellenwerte ist der 4. Teil des GWB nicht anwendbar, sodass über diese Verweisungskette auch nicht die VgV oder die VOB/A zur Anwendung gelangen.[61] Allerdings sind auch unterhalb der Schwellenwerte Vergabeverfahren durchzuführen. Im Haushaltsrecht des Bundes und der Länder ist eine Anwendungsverpflichtung der Vertragsordnung bzw. der UVgO festgelegt, genauso wie in einigen Landesvergabegesetzen. So sind zum Beispiel in der BHO, in den LHO oder in gemeinderechtlichen Vorschriften Verweise auf die VOB/A bzw. die UVgO/VOL/A enthalten. Auch Verwaltungsanweisungen können eine Anwendungsverpflichtung der VOB/A und der VgV begründen. In vielen Bundesländern besteht zudem eine unterschiedliche Handhabung bei Vergaben des Landes und bei Vergaben durch die Gemeinden. In den meisten Ländern ist die Anwendung des ersten Abschnitts der VOB/A für alle Auftraggeber verbindlich vorgesehen, die Anwendung der Regelungen für die Vergabe von Liefer- und Dienstleistungen (UVgO oder VOL/A) wird für Gemeinden häufig lediglich empfohlen. 62

Auch wenn sich die Vorschriften des Ober- und Unterschwellenrechts nicht wesentlich unterscheiden, ist die fehlende Anwendbarkeit des 4. Teils des GWB auf Unterschwellenvergaben für den Rechtsschutz von erheblicher Bedeutung. Der Rechtsweg zu den Vergabekammern ist bei Vergaben unterhalb der Schwellenwerte versperrt. Hier kommen lediglich Rechtsmittel zu den Zivilgerichten in Betracht. 63

2. Vergaben oberhalb der Schwellenwerte

Oberhalb der Schwellenwerte sind der 4. Teil des GWB, die Vergabeverordnung (VgV), die Sektorenverordnung (SektVO), die Vergabeverordnung Verteidigung und Sicherheit (VSVgV), die Konzessionsvergabeverordnung (KonzVgV) und die Vergabe- und Vertragsordnung Bau (EU VOB/A) anzuwenden. 64

---

[61] Siehe zum Bereich der Vergabe unterhalb der Schwellenwerte vertiefend *Wollenschläger*, NVwZ 2007, 388.

II. Abgrenzung Sektorenbereich/„klassischer Auftraggeber" im Bereich oberhalb der Schwellenwerte

65 Auftraggeber gemäß § 99 GWB haben bei Vergaben den zweiten Abschnitt der VOB/A und die VgV anzuwenden.

66 Auftraggeber gemäß § 99 Nr. 1 bis 3 GWB, die Tätigkeiten auf dem Gebiet der Trinkwasserversorgung, der Stromversorgung, der Wärmeversorgung und im Bereich des Verkehrs ausführen sowie Auftraggeber nach § 100 GWB, müssen die Sonderregeln des GWB sowie die Sektorenverordnung anwenden.

III. Abgrenzung VOB/A und VgV

1. Abweichungen der Regelungsbereiche

67 Die VOB/A und die VgV unterscheiden sich in ihrem Regelungsgehalt nicht wesentlich, sodass es nahezu unerheblich ist, welche der beiden Regelungswerke einer Ausschreibung zugrunde gelegt wird.

2. Freiberufliche Leistungen

68 Im Rahmen der Vergaberechtsreform wurde die VOF, die bisher für die Vergabe freiberuflicher Leistungen galt, abgeschafft. Nunmehr unterfällt auch die Vergabe von freiberuflichen Leistungen den für alle Dienstleistungen geltenden Regelungen der VgV. Allerdings enthält diese Sonderregelungen für die Vergabe von Architekten- und Ingenieurleistungen. Im Unterschwellenbereich sieht die UVgO, anders als bisher die VOL/A, vor, dass freiberufliche Leistungen von ihrem Anwendungsbereich erfasst sind. Trotz der Einbeziehung der freiberuflichen Leistungen in das für alle Dienstleistungen geltende Vergaberecht sind die Änderungen im Vergleich zum bisherigen Recht nicht sehr erheblich. Ein wesentlicher Vorteil der VOF war die Möglichkeit der Vergabe der Leistungen im Verhandlungsverfahren. In den neuen Vorschriften wurden die Anwendungsvoraussetzungen für das Verhandlungsverfahren etwa für Aufträge mit konzeptionellen und innovativen Lösungen erweitert.

3. Abgrenzung nach dem Schwerpunkt des Vertrages

69 Liegen einem Auftrag sowohl Bauleistungen als auch Liefer- und Dienstleistungen zugrunde, ist die Entscheidung, ob die Regelungen der EU VOB/A oder der VgV anzuwenden sind davon abhängig, welche Leistung den Hauptgegenstand des Vertrages bildet. Der Hauptgegenstand des Vertrages ist stets einzelfallbezogen zu bestimmen und kann sich aus den finanziellen Bedingungen, aber auch aus der zeitlichen Dauer eines Vertragsverhältnisses ergeben.

4. Einordnung von Datenverarbeitungssystemen

70 Nach dem EuGH wird die Lieferung und Installation eines Datenverarbeitungssystems grundsätzlich als öffentlicher Lieferauftrag im Sinne des § 103 Abs. 2 GWB und nicht als Dienstleistungsauftrag im Sinne des § 103 Abs. 4 GWB einzuordnen sein. Dieses gelte selbst dann, wenn in einem solchen Vertrag zusätzliche Leistungen, wie zum Beispiel die Wartung und Fortentwicklung des Systems, vereinbart werden, solange der Wert der Nebenvereinbarungen nicht den der gelieferten Systeme wesentlich überwiegt.[62] Eine Trennung des Vertrages in einen öffentlichen Lieferauftrag nach § 99 Abs. 2 GWB hinsichtlich

---

[62] *EuGH*, 5.12.1989 – C-3/88 – nv.

der Lieferung der Systeme und in einen öffentlichen Dienstleistungsauftrag gemäß § 99 Abs. 4 GWB hinsichtlich der Wartung und Fortentwicklung, komme nicht in Betracht, da beide Aufträge in einem untrennbaren Zusammenhang stünden, denn Lieferung und Wartung könnten nicht von unterschiedlichen Firmen wahrgenommen werden.[63]

IV. Die Sektorenverordnung (SektVO)

Literatur:
Greb/Müller Kommentar zur SektVO 2010; Opitz, Die neue Sektorenverordnung, VergabeR 2009, 689; Rosenkötter/Plantiko, Die Befreiung der Sektorentätigkeiten vom Vergaberechtsregime, NZBau 2010, 78.

Beschaffungen von Sektorenauftraggebern im Sinne von § 100 GWB unterfallen den Bestimmungen der **Sektorenverordnung (SektVO),** die am 29.9.2009 in Kraft getreten ist und die alten Abschnitte 3 und 4 der VOB/A und VOL/A abgelöst hat. Im Wege der jüngsten Vergaberechtsreform wurde die SektVO erheblich verändert und in ihren Regelungen der neuen VgV angenähert. Die SektVO enthält eine Reihe von Regelungen, die mit denen der VgV vergleichbar sind und in § 13 SektVO eine wesentliche Sonderregelung. Danach können Sektorenauftraggeber bei der Vergabe öffentlicher Aufträge wählen zwischen einem offenen Verfahren, dem nicht-offenen Verfahren, dem Verhandlungsverfahren mit Teilnahmewettbewerb und dem wettbewerblichen Dialog. In bestimmten Fällen ist auch ein Verhandlungsverfahren ohne Bekanntmachung zulässig. In dieser Privilegierung liegt die eigentliche Bedeutung der SektVO, denn allen anderen öffentlichen Auftraggebern steht dieses Wahlrecht nicht zu. Hintergrund dieser Privilegierung ist, dass über § 100 GWB Unternehmen in den Regelungsbereich des Vergaberechts einbezogen werden, die nicht der öffentlichen Hand zuzuordnen sind, wohl aber eine öffentlich-rechtlich begründete Sonderstellung in den Bereichen der Trinkwasser- und Energieversorgung sowie des Verkehrs innehaben. 71

Kompliziert wird es dadurch, dass Auftraggeber gem. § 100 Abs. 1 GWB nur dann zu Sektorenauftraggebern, für die die SektVO ausschließlich anwendbar ist, werden, wenn sie eine Sektorentätigkeit ausüben. Führt ein Unternehmen, das im Sektorenbereich tätig ist und aufgrund der Gewährung ausschließlicher und besonderer Rechte zu einem Sektorenauftraggeber wird, eine Beschaffung in einem anderen, sektorenfremden Bereich aus, verliert es seine Eigenschaft als Sektorenauftraggeber und ist für diese Beschaffung nicht den Regularien des Vergaberechts unterworfen. Sektorenauftraggeber, die grundsätzlich Auftraggeber gem. § 99 Abs. 1 und 3 GWB sind, würden dann bei der Vergabe von sektorenfremden Tätigkeiten auf die Regelungen des „klassischen" Vergaberechts zurückfallen, müssten also das strengere Vergaberecht anwenden. In diesen Fällen sind auch Sektorenauftraggeber, ähnlich anderen privaten Auftraggebern, bei der Beschaffung keinen Verfahrensregularien unterworfen. IT-Vergaben können in diesen sektorenfremden Tätigkeitsbereich fallen. IT-Beschaffungen sind danach nur dann (ausschreibungspflichtige) Beschaffungen, wenn sie bei Sektorenauftraggebern im Rahmen von Sektorentätigkeiten anfallen, also im Zusammenhang mit der Trinkwasser- oder Energieversorgung oder dem Verkehr. Letzteres ist im Einzelfall zu untersuchen und ggf. im Nachprüfungswege festzustellen. 72

Weitere Voraussetzung für die Anwendung der SektVO ist, dass der betroffene Auftragswert oberhalb der Schwellenwerte im Sinne von § 106 Abs. 2 Nr. 2 GWB liegt. Zur Schätzung des Auftragswertes enthält § 2 SektVO ausführliche Regelungen, die denen des § 3 VgV in etwa entsprechen. Bei Aufträgen unterhalb dieser Schwellenwerte sind Sektorenauftraggeber in ihren Beschaffungsmaßnahmen frei. Dies gilt jedenfalls für private Sektorenauftraggeber, während die öffentliche Hand und ihre Unternehmen über die landes- 73

---

[63] EuGH, 5.12.1989 – C-3/88 – nv.

gesetzlichen Vorschriften und das aktuelle Haushaltsrecht ggf. die UVgO und die VOB/A anwenden müssen.

V. Verfahrensarten

74 Für die Vergabe von Leistungen stehen dem Auftraggeber verschiedene **Vergabeverfahrensarten** zur Verfügung. Unterhalb der Schwellenwerte sind dieses die „öffentliche Ausschreibung", die „beschränkte Ausschreibung" und die „freihändige Vergabe" (VOB/A) bzw. die „Verhandlungsvergabe" (UVgO). Oberhalb der Schwellenwerte sind die Verfahrensarten ähnlich ausgestaltet. Sie werden jedoch anders bezeichnet. Der öffentlichen Ausschreibung entspricht das „offene Verfahren", der beschränkten Ausschreibung das „nicht offene Verfahren", und statt der freihändigen Vergabe/Verhandlungsvergabe heißt der Terminus oberhalb der Schwellenwerte „Verhandlungsverfahren". Zusätzlich gibt es die Verfahrensarten „Wettbewerblicher Dialog" und „Innovationspartnerschaften". Letztere stellen besondere Verfahrensarten dar, die dem Auftraggeber eine große Freiheit bei der Bestimmung des Ausschreibungsgegenstandes und der Wertung der späteren Angebote bieten. Gemeinsam mit dem Auftraggeber können Lösungen bezüglich innovativer, noch nicht auf dem Markt verfügbarer Liefer-, Bau- und Dienstleistungen entwickelt werden. Das Verfahren des wettbewerblichen Dialogs ist ausweislich der Gesetzesbegründung insbesondere für die Ausschreibung von komplexen IT-Beschaffungen geschaffen worden. Gem. § 120 GWB steht dem Auftraggeber die elektronische Beschaffung im Wege der elektronischen Auktion oder als dynamisches elektronisches Beschaffungssystem zur Verfügung. Hierbei handelt es sich jedoch nicht um Verfahrensarten, sondern um besondere, auf elektronische Mittel gestützte Methoden der Ausschreibung.

75 Der Auftraggeber hat bei der Auswahl der Vergabeverfahrensart ein Wahlrecht zwischen dem offenen Verfahren (öffentliche Ausschreibung) und dem nichtoffenen Verfahren (beschränkte Ausschreibung). Der bisher geltende „Vorrang des offenen Verfahrens" bzw. der öffentlichen Ausschreibung wurde mit der Vergaberechtsreform aufgehoben. Ein Verhandlungsverfahren (Verhandlungsvergabe/freihändige Vergabe), ein wettbewerblicher Dialog oder eine Innovationspartnerschaft dürfen nur durchgeführt werden, wenn die Voraussetzungen in § 17 ff. VgV bzw. § 3a EU VOB/A erfüllt sind.

D. Offenes Verfahren/Öffentliche Ausschreibung

I. Merkmale des Verfahrens

76 Beim **offenen Verfahren** handelt es sich – wie bei der **öffentlichen Ausschreibung** – um ein streng formalisiertes Vergabeverfahren. Es gewährleistet den größten Wettbewerb, da sich grundsätzlich jedes interessierte Unternehmen auf die Ausschreibung bewerben kann, soweit es die Ausschreibungsbedingungen erfüllt.[64] Das offene Verfahren beginnt damit, dass der Auftraggeber eine Bekanntmachung mit wesentlichen Auftragsbedingungen veröffentlicht und die Stelle angibt, an der die Verdingungsunterlagen angefordert werden können. In der Bekanntmachung und/oder in den Verdingungsunterlagen wird eine Angebotsabgabefrist gesetzt. Bis zum Ablauf dieser Angebotsfrist dürfen die Bieter ihr Angebot einreichen, zu spät eingereichte Angebote werden zwingend ausgeschlossen. Zwischen den Bietern und dem Auftraggeber dürfen keine Verhandlungen stattfinden. Das Angebot muss so bezuschlagt werden, wie es abgegeben worden ist. Änderungen sind auf keinen Fall möglich.

---

[64] Reidt/Stickler/Glahs/*Ganske*, § 119 GWB Rn. 22.

Im offenen Verfahren erfolgt die Eignungsprüfung der Bieter während der Angebotsphase. Anhand des Angebots und der vorher vom Auftraggeber aufgestellten Eignungsanforderungen wird geklärt, ob der Bieter fachkundig, leistungsfähig, zuverlässig sowie gesetzestreu ist. Nur Angebote geeigneter Bieter dürfen auf die nächste Wertungsstufe vordringen und an der Auswahl des wirtschaftlichsten Angebotes beteiligt werden. Unter den Angeboten der geeigneten Bieter wird anhand der vorher bekannt gemachten Wertungskriterien das wirtschaftlichste Angebot ermittelt und für den Zuschlag ausgewählt.

II. Voraussetzungen

Für das offene Verfahren gelten keine besonderen Voraussetzungen, es stellt zusammen mit dem nicht offenen Verfahren eines der beiden Regelverfahren dar.

E. Nicht offenes Verfahren/Beschränkte Ausschreibung

I. Merkmale des Verfahrens

Das **nicht offene Verfahren** ist in der VgV nur als Verfahren mit vorherigem Teilnahmewettbewerb vorgesehen. Unterhalb der Schwellenwerte ist eine **beschränkte Ausschreibung** durchzuführen, die in besonderen Ausnahmefällen auch ohne öffentlichen Teilnahmewettbewerb durchgeführt werden darf, siehe § 11 UVgO. Bei einem nicht offenen Verfahren wird vom Auftraggeber nur eine begrenzte Anzahl von Unternehmen zur Angebotsabgabe aufgefordert. Hierin unterscheidet sich das Verfahren vom offenen Verfahren, bei dem sich jeder interessierte Bieter an der Ausschreibung beteiligen kann. Wird eine beschränkte Ausschreibung ohne Teilnahmewettbewerb durchgeführt, liegt es im Ermessen des Auftraggebers, welche Unternehmen er zur Teilnahme auffordert. Seine Entscheidung muss er in der Vergabeakte dokumentieren. Bei einem nicht offenen Verfahren mit Teilnahmewettbewerb werden in einem vorausgehenden Teilnahmewettbewerb die Unternehmen ausgesucht, die am nicht offenen Verfahren beteiligt werden. Im Teilnahmewettbewerb wird die Eignungsprüfung der Bieter quasi „vor die Klammer" gezogen. Im Teilnahmewettbewerb wird festgestellt, ob die Unternehmen geeignet, also zuverlässig, leistungsfähig und fachkundig sind und keine Ausschlussgründe vorliegen. Es wird die gleiche Prüfung durchgeführt, die im offenen Verfahren nach der Abgabe der Angebote erfolgt. Nur die Unternehmen, die im Teilnahmewettbewerb für geeignet befunden werden, also die Unternehmen, die den Teilnahmewettbewerb überstehen, dürfen sich am nicht offenen Verfahren beteiligen.

Wie auch im offenen Verfahren sind Verhandlungen zwischen den Bietern und dem Auftraggeber verboten.

II. Voraussetzungen

Neben dem offenen Verfahren stellt das nicht offene Verfahren ein Regelverfahren dar. Der Auftraggeber darf dieses frei wählen. Unterhalb der Schwellenwerte gilt das nur für die beschränkte Ausschreibung mit vorgeschaltetem Teilnahmewettbewerb. Eine beschränkte Ausschreibung ohne vorherigen Teilnahmewettbewerb darf nur durchgeführt werden, wenn die Voraussetzungen des § 8 Abs. 3 UVgO vorliegen. Diese Ausnahmetatbestände sind eng auszulegen.[65]

Bei Vorliegen folgender Voraussetzungen darf eine beschränkte Ausschreibung ohne vorherigen Teilnahmewettbewerb durchgeführt werden:

---

[65] *EuGH*, 8.4.2008 – Rs. C-337/05 – nv; *OLG Naumburg*, 10.11.2003 – 1 Verg 14/03 – nv.

1. Eine zuvor durchgeführte öffentliche Ausschreibung brachte kein wirtschaftliches Ergebnis

83 Eine beschränkte Ausschreibung ohne Teilnahmewettbewerb ist möglich, wenn eine öffentliche Ausschreibung durchgeführt worden ist und dieses zu keinem wirtschaftlichen Ergebnis geführt hat. Kein wirtschaftliches Ergebnis liegt vor, wenn alle Angebote zwingend oder fakultativ ausgeschlossen werden müssen, den Unternehmen die erforderliche Eignung fehlt oder unannehmbare Angebote abgegeben worden sind.[66] Nicht erfasst ist der Fall, dass der Auftraggeber das Ausschreibungsergebnis zu teuer findet oder der Auftraggeber die erforderlichen Haushaltsmittel nicht bereitgestellt hat.[67]

2. Unverhältnismäßiger Aufwand einer öffentlichen oder beschränkten Ausschreibung

84 Eine beschränkte Ausschreibung ohne Teilnahmewettbewerb darf auch dann erfolgen, wenn die Durchführung einer öffentlichen oder beschränkten Ausschreibung für den Auftraggeber oder die Bewerber einen Aufwand verursachen würde, der im Missverhältnis zu dem erreichbaren Vorteil oder dem Wert der Leistung stehen würde. Hierfür ist erforderlich, dass der Auftraggeber den Aufwand und den erreichbaren Vorteil vor der Durchführung der Ausschreibung prognostiziert.[68] Im Vergabevermerk ist seine Entscheidung umfassend zu dokumentieren.

III. Ablauf

85 Das nichtoffene Verfahren beginnt ebenso wie das offene Verfahren mit einer Bekanntmachung des Auftraggebers im Amtsblatt der EU. Anders als beim offenen Verfahren werden die Unternehmen aber nicht aufgefordert, ein Angebot abzugeben, sondern sich um die Teilnahme an einem späteren Verfahren zu bewerben. In der Bekanntmachung werden die wesentlichen Merkmale des Auftrages und die Auftragsbedingungen dargestellt und die Anforderungen und Kriterien aufgestellt, die die Bieter in ihrer Bewerbung berücksichtigen müssen. Der Teilnahmewettbewerb dient dazu, die Eignung der Bieter für die vorgesehene Ausschreibung zu überprüfen. Die Eignungsprüfung wird im Gegensatz zu einem offenen Verfahren vorgezogen. Die Eignung der Unternehmen wird geprüft und festgestellt, bevor in das eigentliche Ausschreibungsverfahren eingetreten wird. Eine Angebotsabgabe erfolgt noch nicht. In der Bewerbung stellen die Bieter dar, dass sie geeignet sind, den angekündigten Auftrag auszuführen. Anhand einer bekannt gemachten Bewertungsmatrix wählt der Auftraggeber aus den eingegangenen Bewerbungen die Unternehmen aus, die er am nicht offenen Verfahren beteiligt. Diesen Unternehmen werden in der Regel die Verdingungsunterlagen zusammen mit der Aufforderung übersandt, ein Angebot abzugeben. In der Regel werden drei bis fünf Bewerber ausgewählt. Die übrigen Bewerber müssen ein Absageschreiben erhalten. Gegen diese Absage steht den abgelehnten Bewerbern der Rechtsweg zu den Nachprüfungsinstanzen offen. Für die Angebotseinreichung der nach dem Teilnahmewettbewerb am Ausschreibungsverfahren zu beteiligenden Bieter bestimmt der Auftraggeber eine Frist. Ab diesem Zeitpunkt gleicht das nichtoffene Verfahren dem offenen Verfahren, denn die Bieter geben auf der Grundlage der Ausschreibungsunterlagen ein Angebot ab, über das mit dem Auftraggeber nicht verhandelt werden darf. Der Zuschlag muss auf das Angebot erfolgen, das der Bieter eingereicht hat.

---

[66] Müller-Wrede/*Hirsch/Kaelble*, UVgO § 8 Rn. 40.
[67] Müller-Wrede/*Hirsch/Kaelble*, UVgO § 8 Rn. 41.
[68] *OLG Naumburg*, 10.11.2003 – 1 Verg 14/03 – nv; Müller-Wrede/*Hirsch/Kaelble*, UVgO § 8 Rn. 46 ff.

Nach Eingang der Angebote erfolgt wie bei einem offenen Verfahren die Angebotswertung mit Ausnahme der Eignungsprüfung. Auch hier endet das Verfahren mit dem Zuschlag auf das wirtschaftlichste Angebot. 86

F. Verhandlungsverfahren/Verhandlungsvergabe/Freihändige Vergabe

Literatur:
Boesen, Der Übergang vom offenen Verfahren zum Verhandlungsverfahren, VergabeR 2008, 385; *Dobmann,* Das Verhandlungsverfahren – Eine Bestandsaufnahme, VergabeR 2013, 175 ff.; *Favier/Schüler,* Etablierte Regeln für das Verhandlungsverfahren mit Teilnahmewettbewerb auf dem Prüfstand des neuen Rechts, ZfBR 2016, 761 ff.; *Roth,* Zur Verbindlichkeit von Vertragsentwürfen in Verhandlungsverfahren, VergabeR 2009, 423; *Steiff,* Zu verfahrensrechtlichen Fragen des Verhandlungsverfahrens mit vorgeschaltetem Teilnahmewettbewerb, VergabeR 2010, 201 ff.; *Tschäpe,* Zur Anzahl der Teilnehmer während des Verhandlungsverfahrens, ZfBR 2014, 538 ff.; *Willenbruch,* Die Praxis des Verhandlungsverfahrens nach §§ 3a Nr. 1 VOB/A und VOL/A, NZBau 2003, 422.

I. Merkmale des Verfahrens

Das **Verhandlungsverfahren** stellt mit dem wettbewerblichen Dialog das flexibelste Verfahren dar. Im Gegensatz zum offenen und zum nicht offenen Verfahren ist es dem Auftraggeber – in vorgegebenen Grenzen – gestattet, nach Angebotsabgabe mit den Bietern über die Angebote zu verhandeln. Allerdings muss stets darauf geachtet werden, dass die Verhandlungen und die damit einhergehenden Änderungen nicht zu weitreichend sind.[69] Die Identität des Beschaffungsgegenstandes muss von Anfang bis Ende gewahrt sein.[70] Das Verhandlungsverfahren gliedert sich ebenfalls in einen Teilnahmewettbewerb und das eigentliche Verhandlungsverfahren. In sehr engen Ausnahmefällen ist ein Verhandlungsverfahren auch ohne vorherigen Teilnahmewettbewerb zulässig. 87

II. Voraussetzungen

Gem. § 14 Abs. 3 VgV darf der Auftraggeber unter bestimmten Voraussetzungen Aufträge im Verhandlungsverfahren mit Teilnahmewettbewerb oder im wettbewerblichen Dialog vergeben. Die Zulässigkeitsvoraussetzungen für ein Verhandlungsverfahren ohne vorherigen Teilnahmewettbewerb ergeben sich aus § 14 Abs. 4 VgV. Im Unterschwellenbereich ergeben sich die Voraussetzungen für die Anwendbarkeit einer **Verhandlungsvergabe** mit und ohne vorherigen Teilnahmewettbewerb aus § 8 Abs. 4 UVgO. Da die europaweiten Ausschreibungen den Schwerpunkt der Beratungstätigkeit bilden, wird im Folgenden nur auf das Verhandlungsverfahren eingegangen. Die Voraussetzungen in § 14 Abs. 3 und Abs. 4 VgV sind Ausnahmetatbestände und daher eng auszulegen.[71] Die Gründe für das Vorliegen der Ausnahmetatbestände sind im Vergabevermerk zu dokumentieren. Das Verhandlungsverfahren kann je nach Vorliegen der Voraussetzungen mit oder ohne vorherigen Teilnahmewettbewerb durchgeführt werden. Bei der **freihändigen Vergabe** kann ein Teilnahmewettbewerb vorangestellt werden. 88

Folgende Voraussetzungen müssen vorliegen, damit ein Verhandlungsverfahren mit vorherigem Teilnahmewettbewerb durchgeführt werden darf: 89

---

[69] Reidt/Stickler/Glahs/*Ganske,* § 119 Rn. 36.
[70] *OLG Dresden,* VergabeR 2005, 646, 650 f.; *OLG Naumburg,* 1.9.2004 – 1 Verg 11/04 – nv; *OLG Dresden,* NZBau 2003, 118, 119.
[71] Müller-Wrede/*Hirsch/Kaelble,* VgV § 14 Rn. 61.

1. Anpassung verfügbarer Lösungen, § 14 Abs. 3 Nr. 1 VgV

90 Ein Verhandlungsverfahren mit Teilnahmewettbewerb oder ein wettbewerblicher Dialog darf durchgeführt werden, wenn die Bedürfnisse des öffentlichen Auftraggebers nicht ohne die Anpassung bereits verfügbarer Lösungen erfüllt werden können. Dies wird gegeben sein, wenn der Auftraggeber kein Standardprodukt beschaffen möchte, sondern auf der Suche nach innovativen Lösungen ist und diese nicht ohne Verhandlungen über den Auftragsgegenstand gefunden werden dürften.[72]

2. Konzeptionelle und innovative Lösungen, § 14 Abs. 3 Nr. 2 VgV

91 Ein Verhandlungsverfahren mit vorgeschaltetem Teilnahmewettbewerb oder ein wettbewerblicher Dialog ist gem. § 14 Abs. 3 Nr. 2 VgV weiter zulässig, wenn der Auftragsgegenstand aus der Abfrage konzeptioneller oder innovativer Lösungen besteht. Dieser Ausnahmetatbestand überschneidet sich mit dem Ausnahmetatbestand in Nr. 1, so dass eine trennscharfe Abgrenzung nicht möglich ist. Dieser Ausnahmetatbestand könnte bei Großprojekten in der Informations- und Kommunikationstechnologie zum Tragen kommen.[73]

3. Verhandlungen erforderlich, § 14 Abs. 3 Nr. 3 VgV

92 Ein Verhandlungsverfahren mit Teilnahmewettbewerb oder ein wettbewerblicher Dialog darf nach § 14 Abs. 3 Nr. 3 VgV durchgeführt werden, wenn die Leistung aufgrund konkreter Umstände, die mit der Art, der Komplexität oder dem rechtlichen oder finanziellen Rahmen oder den damit einhergehenden Risiken zusammenhängen, nicht ohne vorherige Verhandlungen vergeben werden kann. Von einer Erforderlichkeit der Verhandlungen, die sich aus den konkreten Umständen ergeben müssen, ist auszugehen, wenn die Leistung andernfalls nicht vergeben werden kann.[74]

4. Keine Beschreibbarkeit der Leistung, § 14 Abs. 3 Nr. 4 VgV

93 Ein Verhandlungsverfahren mit Teilnahmewettbewerb oder ein wettbewerblicher Dialog sind nach § 14 Abs. 3 Nr. 3 VgV weiterhin zulässig, wenn die zu vergebende Leistung nicht unter Verweis auf eine Norm, eine Europäische Technische Bewertung, eine gemeinsame technische Spezifikation oder eine technische Referenz hinreichend beschrieben werden kann. Ist der Auftraggeber nicht in der Lage, eine hinreichende Leistungsbeschreibung auf der Grundlage technischer Normen zu erstellen, auf deren Grundlage jeder Bieter ein konkurrenzfähiges und vor allem vergleichbares Angebot abgeben kann, scheidet die Durchführung eines offenen oder nicht offenen Verfahrens aus.

94 Diese Ausnahmeregelung kann insbesondere bei der Ausschreibung von IT-Leistungen zur Anwendung kommen. Eine hinreichend bestimmbare Festlegung von vertraglichen Spezifikationen wird regelmäßig bei einer Neuprogrammierung wesentlicher Teile einer Software oder der Nachfrage komplexer IT-Systeme unmöglich sein. Eine detaillierte Vorgabe vertraglicher Spezifikationen könnte insoweit den Wettbewerb beschränken, da der Auftraggeber gar nicht weiß, welche Möglichkeiten bestehen. Es bestünde die Gefahr, dass er ein veraltetes System ausschreibt. Es empfiehlt sich daher, lediglich eine Aufgabenbeschreibung vorzugeben und die konkrete Leistung dem Verhandlungsverfahren vorzubehalten.[75] Bei der Beschaffung von Standard-Software wird dieser Tatbestand hingegen nicht gegeben sein.

---

[72] Siehe hierzu Müller-Wrede/*Hirsch/Kaelble*, VgV § 14 Rn. 64 ff.
[73] Siehe Erwägungsgrund 43 der Richtlinie 2014/24/EU.
[74] Müller-Wrede/*Hirsch/Kaelble*, VgV § 14 Rn. 88.
[75] *VK Düsseldorf*, 13. 5. 2002 – VK-7/2002-L – nv.

5. Auszuschließende Angebote im vorangegangenen Verfahren, § 14 Abs. 3 Nr. 5 VgV

Ein Verhandlungsverfahren mit Teilnahmewettbewerb bzw. ein wettbewerblicher Dialog darf gem. § 14 Abs. 3 Nr. 5 VgV durchgeführt werden, wenn in einem vorangegangenen offenen oder nicht offenen Verfahren keine oder nur Angebote eingegangen sind, die auszuschließen waren und die ursprünglichen Auftragsbedingungen nicht grundlegend geändert werden.[76] Werden alle Bieter des vorangegangenen Verfahrens, die geeignet waren und ein form- und fristgemäßes Angebot abgegeben haben, in das Verhandlungsverfahren einbezogen, kann auf den Teilnahmewettbewerb verzichtet werden. 95

6. Verhandlungsverfahren ohne vorherige Bekanntmachung, § 14 Abs. 4 Nr. 1–9 VgV

Ein Verhandlungsverfahren ohne vorherige Bekanntmachung kann unter den Bedingungen des § 14 Abs. 4 Nr. 1–9 VgV durchgeführt werden. Die dort genannten Ausnahmetatbestände sind abschließend und daher eng auszulegen.[77] Die aufgeführten Ausnahmetatbestände behandeln im Wesentlichen solche Konstellationen, bei denen eine vorherige Publizität wegen eines fehlenden Wettbewerbes keinen Sinn macht, zum Beispiel bei Ergänzungslieferungen, die vom ursprünglichen Auftragnehmer erbracht werden müssen. Die weiteren Ausnahmetatbestände der Vorschrift erlauben die Durchführung eines Verhandlungsverfahrens ohne vorherige Bekanntmachung, 96

– wenn in einem vorhergehenden offenen oder nichtoffenen Verfahren keine oder keine wirtschaftlichen Angebote abgegeben worden sind, sofern die ursprünglichen Bedingungen des Auftrags nicht grundlegend geändert wurden (Nr. 1), 97
– wenn der Auftrag nur von einem bestimmten Unternehmen erbracht werden kann (Nr. 2), weil entweder eine einzigartige künstlerische Leistung oder ein Kunstwerk erworben werden soll oder aus technischen Gründen kein Wettbewerb vorhanden ist oder wegen des Schutzes von ausschließlichen Rechten, 98
– soweit aus dringlichen zwingenden Gründen, die der Auftraggeber nicht voraussehen konnte, die vorgeschriebenen Fristen nicht eingehalten werden können, wobei die Umstände, die die zwingende Dringlichkeit begründen, auf keinen Fall dem Verantwortungsbereich des Auftraggebers entspringen dürfen (Nr. 3), 99
– es sich um Lieferung von Waren handelt, die nur zum Zwecke von Forschungen, Versuchen, Untersuchungen usw. hergestellt werden (Nr. 4), 100
– wenn es sich um zusätzliche Lieferleistungen des ursprünglichen Auftragnehmers handelt, die entweder zur teilweisen Erneuerung oder Erweiterung bereits erbrachter Leistungen bestimmt sind, und ein Wechsel des Unternehmens mit den in der Vorschrift aufgezählten Schwierigkeiten verbunden wäre (Nr. 5), 101
– bei auf einer Warenbörse notierten oder gekauften Waren (Nr. 6), 102
– wenn Liefer- oder Dienstleistungen zu besonders günstigen Bedingungen bei Lieferanten, die ihre Geschäftstätigkeit endgültig einstellen, oder bei Insolvenzverwaltern usw. erworben werden (Nr. 7), 103
– wenn im Anschluss an einen Planungswettbewerb gem. § 69 VgV ein Dienstleistungsauftrag nach den Bedingungen des Wettbewerbs vergeben werden muss (Nr. 8), 104
– bei einer Dienstleistung, die in der Wiederholung gleichartiger Leistungen besteht, sofern sie einem Grundentwurf entsprechen und dieser Entwurf Gegenstand des ersten Auftrages war, der in einem Vergabeverfahren mit Ausnahme eines Verhandlungsverfahrens ohne Teilnahmewettbewerb vergeben wurde (Nr. 9). 105

---

[76] Im Gegensatz zur Vorgängernorm nennt § 14 VgV diese Voraussetzung nicht mehr ausdrücklich. Ein Übergang in ein Verhandlungsverfahren ist gleichwohl nur möglich, wenn Auftragsgegenstand und Vergabebedingungen nicht wesentlich geändert wurden, siehe Müller-Wrede/*Hirsch*/*Kaelble*, VgV § 14 Rn. 123.
[77] *EuGH*, 13.1.2005 – C-84/03 – nv; *EuGH*, NZBau 2005, 49, 51.

106 Diese Ausnahmetatbestände sind eng auszulegen und greifen in der Praxis sehr selten ein.

107 Insbesondere darf nicht der Fehler gemacht werden, eine Vergabe auf eine besondere Dringlichkeit gem. § 14 Abs. 4 Nr. 3 VgV zu stützen, wenn der Auftraggeber sich erst sehr spät um die Durchführung eines Ausschreibungsverfahrens gekümmert hat. Die Dringlichkeit kann nur dann angenommen werden, wenn unvorhersehbare Ereignisse eintreten, zB Naturkatastrophen in Form von Überschwemmungen oder Ähnlichem.[78] Ein Berufen auf die Dringlichkeit erfordert das kumulative Vorliegen dreier Voraussetzungen. Es muss ein unvorhersehbares Ereignis eingetreten sein, das zu dringlichen zwingenden Gründen führt, die die Einhaltung der in anderen Verfahren vorgeschriebenen Fristen nicht zulassen. Ferner muss ein Kausalzusammenhang zwischen den unvorhergesehen Ereignissen und den sich daraus ergebenden dringlichen zwingenden Gründen vorliegen. Weiterhin muss eine Kausalität zwischen den dringlichen zwingenden Gründen und der Unmöglichkeit der Fristeneinhaltung bestehen.[79]

108 Bei der Ausschreibung von IT-Leistungen kann allerdings die Ausnahmevorschrift des § 14 Abs. 4 Nr. 2 lit. c) VgV relevant werden. Zwar ist auch diese sehr eng auszulegen. Das Bestehen eines Patentschutzes ist per se nicht ausreichend. Vielmehr ist Voraussetzung, dass auf Grund des Patentes nur ein Anbieter den Auftrag durchführen kann. Dieses ist bspw. nicht der Fall, wenn sich Dritte die patentgeschützten Produkte zB durch Einfuhr aus dem EU-Bereich besorgen können.[80] Ausweislich § 14 Abs. 6 VgV ist der Auftraggeber bereits im Rahmen der Auftragsgegenstandbestimmung verpflichtet, Alternativen und Ersatzlösungen zu prüfen.

109 Allerdings betont das OLG Düsseldorf[81] in mehreren Entscheidungen das Leistungsbestimmungsrecht des Auftraggebers, das zu einem Rückgriff auf den Ausnahmetatbestand des § 14 Abs. 4 Nr. 2 lit. c VgV führen kann. Der Auftraggeber sei nicht mehr in jedem Fall gezwungen, seiner Beschaffung einen „weiten" Produktmaßstab zugrunde zu legen. Nach dem OLG Düsseldorf ist die Auswahlentscheidung des Auftraggebers für ein bestimmtes Produkt hinzunehmen, wenn

110 – sie durch den Auftragsgegenstand sachlich gerechtfertigt ist,

111 – vom Auftraggeber dafür nachvollziehbare objektive und auftragsbezogene Gründe angegeben worden sind und die Bestimmung folglich willkürfrei getroffen worden ist,

112 – solche Gründe tatsächlich vorhanden (festzustellen und notfalls erwiesen) sind,

113 – die Bestimmung andere Wirtschaftsteilnehmer nicht diskriminiert.

114 Ferner bestehe keine Pflicht des Auftraggebers, sich durch überbordende Marktuntersuchungen ggf. unter Zuhilfenahme von sachverständiger Hilfe, einen Überblick über die in Betracht kommenden Leistungen zu verschaffen. Durch eine umfängliche Verobjektivierung der Beschaffungsentscheidung erhöhen sich sowohl der Zeitaufwand des Vergabeverfahrens als auch die Kosten beim öffentlichen Auftraggeber. Nachvollziehbare, objektive technische und wirtschaftliche Gründe für die Auswahl eines Beschaffungsgegenstandes können abzuwendende Risiken von Fehlfunktionen, Kompatibilitätsproblemen sowie von höherem Zeitbedarf sein. Wird der Beschaffungsgegenstand unter Maßgabe der zitierten Entscheidung des OLG Düsseldorf zulässig bestimmt, ist ein Rückgriff auf diesen Ausnahmetatbestand möglich, wenn es im Rahmen dieses Beschaffungsgegenstandes nur ein Unternehmen gibt, das den erforderlichen Auftrag durchführen kann.

115 **Praxistipp:**
Gerade im Bereich der IT-Ausschreibungen ist diese Entscheidung des OLG Düsseldorf von besonderer Bedeutung. Es würde viele Ausschreibungsverfahren erheblich erleich-

---

[78] VK Saarland, 14.10.2008 – 3 VK 2/08 – nv; OLG Celle, 29.10.2009 – 13 Verg 8/09 – nv.
[79] EuGH, 15.10.2009, Rs. C-275/08 – nv.
[80] OLG Düsseldorf, 20.10.2008 – VII-Verg 46/08 – nv.
[81] OLG Düsseldorf, 1.8.2012 – Verg 10/12 und 25.4.2012 – Verg 7/12.

F. Verhandlungsverfahren/Verhandlungsvergabe/Freihändige Vergabe   4

tern, wäre es dem Auftraggeber erlaubt, sich auf ein bestimmtes System festzulegen und insoweit den entsprechenden Auftragnehmer zu beauftragen. Ob diese Rechtsprechung jedoch weiter fortbestehen wird, bleibt abzuwarten.

Kritischer behandelt die VK Hessen[82] das Berufen auf die Ausnahmevorschrift. Danach rechtfertigt auch die Beschaffung von Softwarelizenzen, die auf bereits vorhandenen Lizenzen aufbauen, die Anwendung der Ausnahmevorschrift des Bestehens eines Patentschutzes eines Unternehmens. Denn anders als von der Ausnahmevorschrift vorgesehen, kann in diesem Fall nicht objektiv nur ein Unternehmen die Leistung erbringen, sondern der Auftraggeber hat sich bereits für ein bestimmtes Unternehmen und dessen Produkte entschieden. Der Auftraggeber habe die Möglichkeit, ein neues Produkt zu beschaffen, auch wenn das mit erhöhten Kosten und einem erheblichen Zeitaufwand verbunden ist.[83] Der Ausnahmetatbestand könne jedoch unter Umständen dann greifen, wenn Programme mit Schnittstellen zu einer vorhandenen Software nur von dem Inhaber der Ausschließlichkeitsrechte an der vorhandenen Software beschafft werden können bzw. wenn die Andockung der neuen Software an eine vorhandene nur unter Eingriff in die Programmstruktur und unter Verletzung von Urheberrechten möglich ist.[84] Jedoch sei zu beachten, dass der Auftraggeber, bevor er sich auf diese Ausnahmevorschrift beruft, eine sorgfältige Markterforschung durchzuführen hat und im Vergabevermerk niederlegen muss, warum nur ein Auftragnehmer zur Leistungserbringung im Stande sei.[85]   116

7. Verhandlungsvergabe mit und ohne Teilnahmewettbewerb gemäß § 8 Abs. 4 UVgO

Die Voraussetzungen in § 8 Abs. 4 UVgO für die Anwendung einer Verhandlungsvergabe sind ebenfalls als Ausnahmetatbestände eng auszulegen.[86] Auch sie stehen unter der Prämisse, dass bei diesen Leistungen eine öffentliche Ausschreibung oder eine beschränkte Ausschreibung nicht zweckmäßig oder unmöglich ist oder von vornherein kein wirklicher Wettbewerb in Betracht kommt.   117

III. Ablauf des Verhandlungsverfahrens

In der Regel ist dem Verhandlungsverfahren ein Teilnahmewettbewerb vorangestellt. Der Ablauf des Teilnahmewettbewerbs entspricht dem des nicht offenen Verfahrens. Es ist eine Bekanntmachung zu publizieren, auf die sich die Bieter bewerben. Nur die im Teilnahmewettbewerb ausgewählten Bewerber erreichen das eigentliche Verhandlungsverfahren. Die VgV enthält in § 17 detaillierte Anforderungen für die Durchführung eines Verhandlungsverfahrens.   118

Das Verhandlungsverfahren gilt als das flexibelste Verfahren. Dennoch ist auch das Verhandlungsverfahren kein rechtsfreier Raum. Von den allgemeinen Grundsätzen des Vergaberechts, die in § 97 GWB ihren Niederschlag gefunden haben, sind auch im Verhandlungsverfahren der Wettbewerbsgrundsatz, das Diskriminierungsverbot und der Transparenzgrundsatz zu beachten. Das bedeutet, alle Bieter sind gleich zu behandeln, müssen stets über den gleichen Informationsstand verfügen, Fristen und Termine müssen eingehalten werden, der Auftraggeber darf nicht einseitig von seinen Bedingungen abweichen usw.[87] Im Gegensatz zum offenen oder nicht offenen Verfahren ist es dem Auftraggeber   119

---

[82] *VK Hessen*, 27.4.2007 – 69d VK – 11/2007 – nv.
[83] *OLG Düsseldorf*, 1.8.2012 – Verg 10/12 – nv; siehe dazu *Tugendreich*, NZBau 2013, 90.
[84] *VK Hessen*, 27.4.2007 – 69d VK – 11/2007 – nv; Müller-Wrede/*Hirsch/Kaelble*, VgV § 14 Rn. 193.
[85] *EuGH*, 15.10.2009 – Rs. C-275/08 – nv; Müller-Wrede/*Hirsch/Kaelble*, VgV § 14 Rn. 173.
[86] Müller-Wrede/*Hirsch/Kaelble*, UVgO § 8 Rn. 55.
[87] *OLG Düsseldorf*, 18.6.2003 – Verg 15/03 – nv; *BayObLG*, VergabeR 2003, 186, 189.

beim Verhandlungsverfahren aber erlaubt, mit den Bietern über die Angebotsbedingungen und (eingeschränkt) auch über den Preis zu verhandeln.[88] Die Grenze der Verhandlung ist erreicht, wenn sich der Leistungsgegenstand ändert, also eine andere Leistung als ursprünglich ausgeschrieben beschafft wird.[89] In der Praxis ist die Abgrenzung zwischen einer veränderten Leistung und einer anderen Leistung oft schwer zu ziehen. Die wesentlichen Teile der Leistung müssen identisch bleiben. Anforderungen, die als feststehende Bedingungen formuliert wurden, dürfen auch in einem Verhandlungsverfahren nicht abgeändert werden. Dieses könnte anderen Bietern zum Nachteil gereichen. Sämtliche Verfahrensschritte müssen in einem Vergabevermerk dokumentiert werden.

120 Das Verhandlungsverfahren beginnt mit der Einreichung von Angeboten von den im Teilnahmewettbewerb ausgewählten Bewerbern. In einer ersten Verhandlungsrunde wird in der Regel mit jedem der Bieter über dessen Angebot gesprochen. Nach Abschluss der ersten Verhandlungsrunde wird der Bewerberkreis meistens eingeschränkt. Oftmals bietet sich die Verhandlung mit einem *„preferred bidder"* an, also mit einem Bieter, der vom Auftraggeber aufgrund seines Angebotes als Bestbieter ausgewählt wurde. Nur wenn es mit diesem Bieter zu keinem Vertragsabschluss kommt, wird auf die übrigen Bewerber zurückgegriffen. Der Auftraggeber kann auch bereits in der Bekanntmachung eine feste Anzahl von Verhandlungsrunden festlegen, durch die er mit sämtlichen Bietern gehen will. Voraussetzung für die Schmälerung des Bieterkreises und des Ausscheidens einzelner Angebote ist jedoch stets, dass die auszuscheidenden Angebote anhand der in den Ausschreibungsunterlagen festgelegten Wertungskriterien nicht so wirtschaftlich sind wie die anderen Angebote.

121 Der Zuschlag ist auch in einem Verhandlungsverfahren auf das wirtschaftlichste Angebot zu erteilen, wobei die Wirtschaftlichkeitskriterien in den Ausschreibungsbedingungen oder in der Bekanntmachung festzulegen sind.

G. Wettbewerblicher Dialog

Literatur:
Heiermann, Der wettbewerbliche Dialog, ZfBR 2005, 766; *Knauff,* Neues europäisches Vergabeverfahrensrecht: Der wettbewerbliche Dialog, VergabeR 2004, 287; *Müller/Winfried Veil,* Wettbewerblicher Dialog und Verhandlungsverfahren im Vergleich, VergabeR 2007, 298; *Pünder/Franzius,* Auftragsvergabe im wettbewerblichen Dialog, ZfBR 2006, 20; *Rechten,* Die Novelle des EU-Vergaberechts, NZBau 2004, 366; *Schröder,* Voraussetzungen, Strukturen und Verfahrensabläufe des Wettbewerblichen Dialogs in der Vergabepraxis, NZBau 2007, 216.

I. Merkmale des Verfahrens

122 Der **wettbewerbliche Dialog** wurde geschaffen, um dem Auftraggeber bei besonders komplexen Leistungen die Möglichkeit zu geben, die Vorschläge der Bieter in der Aufgabenbeschreibung zu berücksichtigen.

123 Er gliedert sich in zwei Phasen, die Dialogphase und die Angebotsphase. In der Dialogphase wird gemeinsam mit den Bietern eine Lösung zur Erreichung des mit der Ausschreibung bezweckten Ziels ermittelt. In der Angebotsphase legen die Auftragnehmer Angebote, über die eingeschränkt verhandelt werden kann, vor.

---

[88] *OLG Stuttgart,* 24.11.2008 – 10 U 97/08 – nv; Reidt/Stickler/Glahs/*Ganske,* § 119 Rn. 36.
[89] *OLG Dresden,* VergabeR 2005, 646, 650f.; *OLG Celle,* VergabeR 2002, 299, 301.

II. Voraussetzungen

Ein wettbewerblicher Dialog darf bei Vorliegen der Voraussetzungen des § 8 Abs. 3 VgV (siehe oben beim Verhandlungsverfahren) durchgeführt werden. Die Gesetzesbegründung zur Einführung des wettbewerblichen Dialoges nennt insbesondere die Erstellung von IT-Großprojekten als Anwendungsbereich. Gleichwohl muss selbstverständlich die Zulässigkeit der Wahl dieser Verfahrensart geprüft, begründet und vor allem dokumentiert werden. Da es sich auch bei dem wettbewerblichen Dialog um eine besondere Verfahrensart handelt, sind die Voraussetzungen des Tatbestandes eng auszulegen.

124

III. Ablauf des wettbewerblichen Dialogs, § 18 VgV

Der Ablauf des wettbewerblichen Dialogs wird in § 18 VgV detailliert beschrieben. Danach unterteilt sich der wettbewerbliche Dialog in verschiedene Abschnitte. Zunächst wird ein Teilnahmewettbewerb durchgeführt, in welchem die an dem späteren Verfahren beteiligten Bieter ausgewählt werden. Im Anschluss daran folgen Dialog- und Angebotsphase, in denen die Lösung gesucht und hierüber ein Angebot erstellt wird.

125

1. Teilnahmewettbewerb

Der wettbewerbliche Dialog beginnt mit einer europaweiten Bekanntmachung der Bedürfnisse und der Aufforderung des Auftraggebers zur Teilnahme am Teilnahmewettbewerb. Der Teilnahmewettbewerb entspricht in etwa dem Teilnahmewettbewerb beim nicht offenen und beim Verhandlungsverfahren.[90] Die Sieger des Teilnahmewettbewerbes werden zum wettbewerblichen Dialog eingeladen. Die Unternehmen erhalten eine Beschreibung, aus der sich weitere Anforderungen an die Leistung und das Verfahren ergeben. Nicht ausgewählte Unternehmen bekommen ein Absageschreiben.

126

2. Dialogphase

Der Dialog dient dem Auftraggeber dazu, gemeinsam mit den Unternehmen zu ermitteln, wie seine Bedürfnisse am besten erfüllt werden können. In der Dialogphase ist der Auftraggeber berechtigt, mit den ausgewählten Unternehmen alle Einzelheiten des Auftrages zu erörtern.[91] Dieses stellt eine Besonderheit gegenüber den anderen Verfahrensarten dar. Die Dialogteilnehmer können im Rahmen der Gespräche grundsätzliche Lösungsansätze für das Beschaffungsvorhaben darlegen und die Einzelheiten sowohl in technischer als auch in finanzieller oder rechtlicher Hinsicht erörtern. Während dieser gesamten Phase sind die vergaberechtlichen Grundsätze, wie der Gleichbehandlungsgrundsatz, der Transparenzgrundsatz und der Wettbewerbsgrundsatz, zu beachten.[92] Der Auftraggeber ist berechtigt, den wettbewerblichen Dialog in mehreren Phasen abzuwickeln. Im Verlauf der unterschiedlichen Phasen darf er die Zahl der Lösungen aber auch die Zahl der Teilnehmer sukzessive anhand der vorher mitgeteilten Zuschlagskriterien verringern.[93] In den einzelnen Dialogphasen darf der Auftraggeber zudem die Unternehmen zu Optimierungen ihrer Angebote und auch zur Abgabe weiterer Lösungsvorschläge auffordern.[94] Die Einteilung des Dialogs in verschiedene Phasen muss allerdings schon in der Bekanntmachung darge-

127

---

[90] Müller-Wrede/*Hirsch/Kaelble*, VgV § 14 Rn. 14.
[91] § 18 Abs. 5 VgV.
[92] Müller-Wrede/*Hirsch/Kaelble*, VgV § 18 Rn. 39.
[93] § 18 Abs. 6 VgV.
[94] Müller-Wrede/*Hirsch/Kaelble*, VgV § 18 Rn. 63.

stellt sein. Scheiden einzelne Lösungsvorschläge aus, sind die betreffenden Unternehmen zu informieren.[95]

128   Hat der Auftraggeber eine Lösung gefunden, ist der Dialog für beendet zu erklären. Gleiches gilt, wenn erkennbar ist, dass keine Lösung gefunden werden kann. Die Unternehmen sind über die Beendigung der Dialogphase zu informieren.

3. Angebotsphase

129   Wird eine Lösung gefunden, hat der Auftraggeber die verbliebenen Unternehmen aufzufordern, auf der Grundlage der eingereichten und in der Dialogphase näher ausgeführten Lösungen ein endgültiges Angebot abzugeben. Die sich nunmehr anschließende Angebotsphase ist dem Verhandlungsverfahren ähnlich. Die eingegangenen Angebote werden von der Vergabestelle geprüft und gewertet. Der Auftraggeber ist berechtigt, Präzisierungen, Klarstellungen und Ergänzungen zu dem Angebot zu verlangen.[96] Diese dürfen zwar grundsätzlich auch grundlegende Elemente des Angebotes betreffen,[97] jedoch nicht dazu führen, das Wettbewerbsergebnis zu verzerren oder Bieter zu diskriminieren. Die Angebote dürfen daher nicht derart abgeändert werden, dass sich die Wertungsreihenfolge anhand der bekannt gemachten Zuschlagskriterien ändert. Dieses wäre zB bei entscheidenden Preisverhandlungen der Fall.[98]

130   Die Auswahl des wirtschaftlichsten Angebotes hat anhand der vorher bekannt gemachten Zuschlagskriterien zu erfolgen. Nach Auswahl des wirtschaftlichsten Angebotes sind die übrigen Bieter über die beabsichtigte Zuschlagserteilung zu informieren. Wird kein Nachprüfungsantrag gestellt, schließt das Verfahren mit dem Zuschlag ab.

4. Kostenerstattung

131   Im Gegensatz zu den anderen Verfahren kann der Auftraggeber beim wettbewerblichen Dialog nach § 18 Abs. 10 VgV Prämien oder Zahlungen an die Teilnehmer des Dialogs vorsehen.

5. Vertraulichkeit

132   Problematisch bei der Durchführung eines wettbewerblichen Dialoges ist häufig, dass der Auftraggeber bei seiner Lösungsfindung verschiedene Angebote über unterschiedliche Lösungsansätze der Unternehmen erhält, die auch das spezielle Know-how eines jeden Bieterunternehmens abbilden. Da der Auftraggeber idR mit mehreren Bietern den wettbewerblichen Dialog durchführt, besteht die Gefahr, dass der Auftraggeber einzelnen Bietern von den Vorschlägen der anderen Bieter berichtet, um ein optimales Angebot zu erhalten. Zwar sieht § 18 Abs. 5 VgV vor, dass der Auftraggeber Lösungsvorschläge oder vertrauliche Informationen eines Unternehmens nicht ohne dessen Zustimmung an die anderen Unternehmen weitergibt, doch lässt sich eine 100%ige Vertraulichkeit in diesem Verfahren nicht garantieren. Es ist daher möglich, dass einzelne Bieterunternehmen von der Teilnahme eines wettbewerblichen Dialoges Abstand nehmen, um ihr Know-how zu schützen. Gegebenenfalls wäre der Mandant darüber aufzuklären.

---

[95] § 18 Abs. 6 VgV.
[96] § 18 Abs. 8 VgV.
[97] Müller-Wrede/*Hirsch/Kaelble*, VgV § 18 Rn. 101.
[98] *Rechten*, NZBau 2004, 366, 369.

H. Elektronische Verfahren

I. Das Dynamische Beschaffungssystem, §§ 22, 23 VgV

1. Begriff des dynamischen Beschaffungssystems

Das sog. dynamische Beschaffungssystem ist eine Form der elektronischen Vergabe, die in § 120 GWB und §§ 22, 23 VgV geregelt ist. Bei einem dynamischen Beschaffungssystem handelt es sich um ein vollelektronisches Beschaffungsinstrument, das die Nutzung einer elektronischen Plattform voraussetzt. Es ist eine Variante des nicht offenen Verfahrens, gegliedert in zwei Verfahrensabschnitte und wird als eine Art Rahmenvereinbarung in elektronischer Form angesehen. Das dynamische Beschaffungssystem soll die Auftragsvergabe bei gleichartigen und wiederkehrenden Beschaffungen erleichtern. Es ist für die Beschaffung von marktüblichen Waren und Leistungen vorgesehen.[99]

133

2. Ablauf einer Beschaffung durch ein dynamisches Beschaffungssystem

Bei der Auftragsvergabe über ein dynamisches Beschaffungssystem hat der Auftraggeber die Regelungen für ein nicht offenes Vergabeverfahren zu befolgen, § 22 Abs. 2 VgV. Sowohl bei der Einrichtung des dynamischen Beschaffungssystems als auch bei der späteren Auftragsvergabe muss der Auftraggeber ausschließlich elektronische Mittel verwenden, § 22 Abs. 3 VgV. Das dynamische Beschaffungssystem ist in Anlehnung an das nicht offene Verfahren in zwei Stufen unterteilt, den Teilnahmewettbewerb und dann das eigentliche Angebotsverfahren, das mit einer Aufforderung zur Angebotsabgabe an die Teilnehmer des dynamischen Beschaffungssystems startet. Da mithilfe des Systems nicht nur einmalig, sondern für einen längeren Zeitraum marktübliche Leistungen beschafft werden sollen, wird sich die zweite Stufe des Verfahrens, also die Angebotsaufforderung, wiederholen.[100] Der Auftraggeber ist verpflichtet, die Teilnehmer des dynamischen Beschaffungssystems vor jeder Einzelvergabe zur Angebotsabgabe aufzufordern. Zur Einrichtung eines dynamischen elektronischen Verfahrens beschreibt der Auftraggeber in der Bekanntmachung und den Vergabeunterlagen die Art der beabsichtigten Beschaffungen und gibt die erforderlichen Informationen zum Beschaffungssystem, zB zu der zur Teilnahme erforderlichen technischen Ausrüstung, § 23 Abs. 3 VgV. Insbesondere werden Eignungskriterien aufgestellt, die die teilnehmenden Unternehmen erfüllen müssen. Alle Unternehmen, die die Eignungskriterien erfüllen, werden zur Teilnahme am Beschaffungssystem zugelassen, § 22 Abs. 4 VgV. Dabei kann eine Teilnahme bereits bei der Eröffnung des dynamischen elektronischen Systems erfolgen, aber auch zu jedem späteren Zeitpunkt. Der Auftraggeber ist verpflichtet, jedem interessierten Unternehmen jederzeit den Zugang zu dem dynamischen Beschaffungssystem zu ermöglichen.

134

3. Besondere Anforderungen an das dynamische Beschaffungssystem, § 25 VgV

Zur Angebotserstellung haben die am dynamischen Beschaffungssystem beteiligten Unternehmen die Anforderungen des Auftraggebers aus der Bekanntmachung und den Vergabeunterlagen zu beachten. Dieses entspricht den Grundsätzen des nicht offenen Verfahrens.

135

Der Zugang zu den Vergabeunterlagen hat ausschließlich auf elektronischem Wege zu erfolgen. Die Zugangsmöglichkeit muss ab dem Zeitpunkt der Veröffentlichung der Bekanntmachung bis zur Beendigung des dynamischen elektronischen Verfahrens bestehen. Den Unternehmen dürfen keine Kosten entstehen.

136

---

[99] *Knauff*, Die Reform des europäischen Vergaberechts, EuZW 2004, 141 ff.
[100] Müller-Wrede/*Amelung*, VgV § 22 Rn. 6.

137 Die Frist für den Eingang der Angebote nach Aufforderung durch den Auftraggeber beträgt mindestens 10 Tage, wobei Kalendertage gemeint sind.[101] Der Auftraggeber darf eine längere Frist festlegen. Nach Angebotseingang wertet der Auftraggeber die eingegangenen Angebote anhand der bekannt gegebenen Zuschlagskriterien aus. Es gelten die Vorschriften der §§ 56 ff. VgV.

II. Elektronische Auktion

138 In § 120 GWB, §§ 25 ff. VgV hat der Gesetzgeber als weiteres Instrument zur Beschaffung eine **elektronische Auktion** vorgesehen.[102] Die elektronische Auktion kann im Rahmen eines offenen, eines nicht offenen oder eines Verhandlungsverfahrens vor der Zuschlagserteilung durchgeführt werden. Voraussetzung ist jedoch, dass die Leistung hinreichend präzise beschrieben ist und die Leistung mithilfe automatischer Bewertungsmethoden bewertet werden kann. Bei geistig-schöpferischen Leistungen ist bereits nach dem Gesetzeswortlaut die Durchführung einer elektronischen Auktion ausgeschlossen. Ziel der elektronischen Auktion ist es, dass sich die teilnehmenden Unternehmen gegenseitig unterbieten.

I. Rahmenvereinbarungen, § 103 Abs. 5 GWB

Literatur:
Franke, Rechtsschutz bei der Vergabe von Rahmenvereinbarungen, ZfBR 2006, 546; *Gröning*, „Das Konzept der neuen Koordinierungsrichtlinie für die Beschaffung durch Rahmenvereinbarungen", VergabeR 2005, 156; *Knauff*, Neues europäisches Vergabeverfahrensrecht: Rahmenvereinbarungen, VergabeR 2006, 24; *Kullack/Terner*, EU-Legislativpaket – Die neue „klassische" Vergabekoordinierungsrichtlinie – 1. Teil, ZfBR 2004, 244; *Machwirth*, Rahmenvereinbarungen nach der neuen VOL/A, VergabeR 2007, 385; *Rosenkötter*, Rahmenvereinbarungen mit Miniwettbewerb – Zwischenbilanz eines neuen Instruments, VergabeR 2010, S. 368, *von Gehlen/Hirsch*, Verbindliche Abnahmemengen auch bei Rahmenvereinbarungen?, NZBau, 2011, 736.

I. Begriff der Rahmenvereinbarung

139 **Rahmenvereinbarungen** sind öffentliche Aufträge, die ein oder mehrere Auftraggeber an ein oder mehrere Unternehmen vergeben können, um die Bedingungen für Einzelaufträge, die während eines bestimmten Zeitraumes vergeben werden sollen, festzulegen. Die Anforderungen an die Ausschreibung einer Rahmenvereinbarung ergeben sich aus § 103 Abs. 5 GWB und § 21 VgV. Rahmenvereinbarungen ermöglichen damit die Bündelung einer unbestimmten Anzahl von Einzelaufträgen unter einer Ausschreibung. Die erst später zu ermittelnden Bedarfe im Rahmen der Einzelaufträge können auf der Grundlage der Bedingungen der vergebenen Rahmenvereinbarung in einem vereinfachten Verfahren abgerufen werden.[103] Die Besonderheit der Rahmenvereinbarung gegenüber der Ausschreibung der Einzelaufträge besteht folglich darin, dass lediglich ein Verfahren durchgeführt werden muss, obwohl die abzurufende Menge noch nicht feststeht.[104] Die Rahmenvereinbarung schafft daher zunächst nur einen rechtlichen Rahmen, begründet aber noch keine konkrete Leistungspflicht.[105] Der Abschluss einer Rahmenvereinbarung hat den Vorteil, dass der Auftraggeber Verwaltungskosten und Aufwand bei der Ausschreibung der einzel-

---

[101] Müller-Wrede/*Amelung*, VgV § 25 Rn. 35.
[102] Siehe hierzu *Schröder*, Die elektronische Auktion nach § 101 IV 1 GWB – Rückkehr des Lizitationsverfahrens? NZBau 2010, 411.
[103] Müller-Wrede/*Poschmann*, VgV § 21 Rn. 1.
[104] VK Bund, 20.4.2006 – VK 1-19/06 – nv.
[105] Müller-Wrede/*Poschmann*, VgV § 21 Rn. 14.

nen Aufträge spart.¹⁰⁶ Nachteilig kann sich auswirken, dass die späteren Auftragnehmer nicht wissen, welche exakten Mengen der Auftraggeber abrufen wird, so dass sich diese Unsicherheit im Preis als Kalkulationsrisiko niederschlagen kann.¹⁰⁷

II. Voraussetzungen der Ausschreibung einer Rahmenvereinbarung

Besondere Zulässigkeitsvoraussetzungen für die Ausschreibung einer Rahmenvereinbarung existieren nicht. Die Rahmenvereinbarung stellt grundsätzlich nur eine besondere Art der Ausschreibung eines Auftrages dar und bildet keine eigene Vergabeverfahrensart. Die Ausschreibung einer Rahmenvereinbarung folgt in ihren Voraussetzungen der Ausschreibung eines „normalen" Auftrages nach dem GWB und der VgV. Die Ausschreibung einer Rahmenvereinbarung lässt sich daher in zwei Abschnitte unterteilen: die Ausschreibung der Rahmenvereinbarung selbst und die Vergabe der Einzelaufträge anhand der vorher mit der Ausschreibung der Rahmenvereinbarung festgelegten Bedingungen an die Unternehmen, die Vertragspartner der Rahmenvereinbarung sind. **140**

Wie in jedem anderen Ausschreibungsverfahren auch, ist der Auftraggeber verpflichtet, eine eindeutige und erschöpfende Leistungsbeschreibung zu erstellen, die Auftragsbedingungen festzulegen sowie Eignungs- und Zuschlagskriterien zu verfassen. Diese Ausschreibungsbedingungen beziehen sich sowohl auf die Rahmenvereinbarung als auch auf die spätere Vergabe der Einzelaufträge. Der Auftraggeber darf dieselbe Rahmenvereinbarung mit mehreren Unternehmen schließen, so dass auch bei der Vergabe der Einzelaufträge ein weiterer Wettbewerb erfolgen kann. **141**

Hat der Auftraggeber die Rahmenvereinbarung mit einem Unternehmen geschlossen, werden auf der zweiten Stufe die Einzelaufträge entsprechend der Bedingungen der Rahmenvereinbarung vergeben.¹⁰⁸ Auch beim Abschluss der Rahmenvereinbarung mit mehreren Unternehmen darf der Einzelauftrag ohne erneuten Aufruf zum Wettbewerb vergeben werden.¹⁰⁹ Er muss sich allerdings an die Bedingungen der Rahmenvereinbarung halten. Sind nicht alle Bedingungen in der Rahmenvereinbarung festgelegt worden, muss ein Aufruf zum Wettbewerb unter den Parteien der Rahmenvereinbarung erfolgen.¹¹⁰ Auf das dann wirtschaftlichste Angebot ist der Zuschlag für den Einzelauftrag zu erteilen. In der Regel darf die Laufzeit einer Rahmenvereinbarung höchstens vier Jahre betragen, es sei denn, es liegt ein im Gegenstand der Rahmenvereinbarung begründeter Sonderfall vor, § 21 Abs. 5 VgV. **142**

J. Losweise Vergabe

Literatur:

Boesen, Getrennt oder zusammen? – Losaufteilung und Gesamtvergabe nach der Reform des GWB in der Rechtsprechung, VergabeR 2011, 364; *Faßbender*, Die neuen Regelungen für eine mittelstandsgerechte Auftragsvergabe, NZBau 2010, 529; *Horn*, Losweise Vergabe – neue Spielregeln auch für die Gesamtvergabe?, NZBau 2011, 601; *Kus*, Losvergabe und Ausführungskriterien, NZBau 2009, 21; *Michallik*, Problemfelder bei der Berücksichtigung mittelständischer Interessen im Vergaberecht, VergabeR 2011, 683; *Ortner*, Das Gebot der Berücksichtigung mittelständischer Interessen im Vergaberecht, VergabeR 2011, 677.

In § 97 Abs. 4 GWB ist das Gebot der Berücksichtigung mittelständischer Interessen festgelegt.¹¹¹ Auch kleine und mittelständische Unternehmen sollen in der Lage sein, sich **143**

---

¹⁰⁶ *Gröning*, VergabeR 2005, 156, 157; *Knauff*, VergabeR 2006, 24.
¹⁰⁷ *Kullack/Terner*, ZfBR 2004, 244, 249.
¹⁰⁸ § 21 Abs. 3 S. 1 VgV.
¹⁰⁹ § 21 Abs. 4 Nr. 1 und Nr. 2 VgV.
¹¹⁰ § 21 Abs. 4 Nr. 3 VgV.
¹¹¹ *Burgi*, NZBau 2006, 606.

an Ausschreibungen zu beteiligen, und zwar ohne dass sie hierzu auf die Bildung von Bietergemeinschaft oder den Einsatz von Nachunternehmern zurückgreifen müssen. Aus diesem Grund wird die Verpflichtung zur **losweisen Vergabe** statuiert. Diese Verpflichtung zur Losbildung stellt das wichtigste Instrument zur Förderung des Mittelstandes dar. Losweise Vergabe bedeutet, dass der Gesamtauftrag in verschiedene Abschnitte unterteilt wird, die einzeln an ein Unternehmen vergeben werden können. Dieses ist selbstverständlich nur dann möglich, wenn sich die Leistung sinnvoll unterteilen lässt. Jeder Auftraggeber muss vor Beginn der Ausschreibung eine etwaige Losaufteilung prüfen. Das Ergebnis dieser Prüfung ist im Vergabevermerk zu dokumentieren, unabhängig davon, ob eine losweise oder eine Gesamtvergabe erfolgt. Die Vorschriften zur Losbildung sind bieterschützend.[112] Bieter haben einen Anspruch auf Beachtung der Regelungen zur Losvergabe. Das bedeutet, sie können vom Auftraggeber eine Prüfung verlangen, ob eine Losbildung möglich ist und können diese Entscheidung auch von einer Nachprüfungsinstanz überprüfen lassen. Die Unternehmen haben aber keinen Anspruch auf „passgenaue" Lose. Sie können vom Auftraggeber nicht verlangen, die Leistung so aufzuteilen, dass sie sich nicht nur bewerben können, sondern darüber hinaus auch optimale Voraussetzungen haben. Die Bieter haben auch keinen Anspruch auf eine Gesamtvergabe.[113] Die Ausnahmeregelung des Verzichts auf die Losvergabe bei wirtschaftlichen und technischen Erfordernissen dient ausschließlich dem Auftraggeber.

144 Der Auftraggeber ist verpflichtet, Fachlose und Teillose zu bilden. § 97 Abs. 4 GWB nennt die Fach- und Teillosvergabe kumulativ. Das bedeutet, der Auftraggeber ist verpflichtet, sowohl Fach- als auch Teillose zu bilden. Nur weil er eine Leistung bereits in Gebietslose unterteilt hat, darf er nicht grundsätzlich auf die Bildung von Fachlosen verzichten und umgekehrt.[114] Fachlose sind auch in Teillose und Teillose in Fachlose zu unterteilen. Allerdings wird von dem Auftraggeber nicht verlangt, die Lose soweit aufzuteilen, dass im Ergebnis eine unwirtschaftliche Zersplitterung vorliegt. Ist eine Leistung bereits in eine erhebliche Anzahl von Gebietslosen aufgeteilt worden, kann es geboten sein, eine weitere Unterteilung in Fachlose zu unterlassen. Dieses kommt aber jeweils sehr stark auf den Einzelfall an.

145 Bei einem **Fachlos** handelt es sich um eine Unterteilung der Gesamtleistungen in einzelne Fachgebiete oder Gewerke.[115] Bei einem **Teillos** wird der Auftrag mengenmäßig aufgeteilt. Die Leistung wird in quantitativ abgrenzbare Teilleistungen zerlegt.[116] Erfolgt eine Aufteilung nach gebietsbezogenen Gesichtspunkten, handelt es sich um ein Gebietslos. Dieses ist ein Unterfall des Teilloses.

146 Bei der IT-Vergabe ist zum Beispiel daran zu denken, Hardware- und Softwareleistungen, die einen Gesamtauftrag betreffen, in verschiedene Lose zu unterteilen. So kann am Ende Auftragnehmer A den Softwareteil erstellen, während Auftragnehmer B die Hardware liefert.

147 Es gilt im deutschen Vergaberecht ein Vorrang der Losvergabe, allerdings kann eine Gesamtvergabe aus wirtschaftlichen oder technischen Belangen möglich sein. Mehrere Lose dürfen zusammen vergeben werden, wenn wirtschaftliche oder technische Belange dieses erfordern.[117] Bei der Beurteilung, ob solche wirtschaftlichen oder technischen Belange vorliegen, steht dem Auftraggeber ein Beurteilungsspielraum zu.[118] Dies gilt auch für die Entscheidung über die konkrete Größe und Aufteilung der Lose. Die Anzahl und die Größe der einzelnen Lose müssen sich daran orientieren, dass sich kleinere und mittlere

---

[112] *OLG Düsseldorf*, 23.3.2011 – VII-Verg 63/10.
[113] *VK Brandenburg*, 13.8.2010 – VK 19/10; *VK Bund*, 29.9.2005 – VK 3-121/05.
[114] *OLG Koblenz*, 4.4.2012 – 1 Verk. 2/11.
[115] *OLG Düsseldorf*, 23.3.2011 – VII-Verk. 63/10.
[116] *VK Baden-Württemberg*, 11.2.2011 – 1 VK 02/11.
[117] *OLG Thüringen*, 6.6.2007 – 9 VerG 3/07 – nv; *OLG Düsseldorf*, 8.9.2004 – VerG 38/04 – nv.
[118] Pünder/Schellenberg/*Fehling*, GWB § 97 Rn. 1382.

Unternehmen um Teilaufträge bewerben können.[119] Der Auftraggeber ist jedoch nicht verpflichtet, sämtliche potenzielle Bewerber in den Bewerberkreis einzubeziehen.[120] Kleinunternehmen steht auch die Möglichkeit offen, sich in Bietergemeinschaften an der Ausschreibung zu beteiligen.

Die Ausschreibung der einzelnen Lose erfolgt zu gleichen oder unterschiedlichen Bedingungen. Jedes Los ist wie ein eigener Auftrag zu behandeln und daher nur an die Bedingungen gebunden, die für das Los festgelegt worden sind. Der Auftraggeber kann in den Ausschreibungsunterlagen bestimmen, ob sich ein Bieter auf ein Los, auf mehrere Lose, auf alle Lose oder sogar mit einem Preisnachlass auf alle Lose bewerben darf. Der Bieter hat diese Vorgaben des Auftraggebers in seiner Bewerbung abzubilden. Bewirbt sich ein Bieter auf mehrere Lose, obwohl der Auftraggeber das ausgeschlossen hat, darf nicht der Auftragnehmer wählen, welches Los er bedient, sondern es wird von einem zwingenden Ausschluss des Angebotes auf beide Lose auszugehen sein. 148

K. Bekanntmachungs- und Berichtspflichten

I. Bedeutung

Ein funktionierender Wettbewerb auf europäischer Ebene ist nur gewährleistet, wenn die Unternehmen von der beabsichtigten Ausschreibung auch Kenntnis erlangen. Daher sieht das europäische Vergaberecht eine Pflicht zur europaweiten Bekanntmachung von Aufträgen vor und nennt als Veröffentlichungsorgan das Supplement des Amtsblattes der Europäischen Union. Als Faustregel gilt, dass jeder Auftrag, der von europaweitem Interesse sein kann, auch europaweit auszuschreiben ist. Für die Ausschreibung von Liefer- und Dienstleistungen ist die Verpflichtung zur europaweiten Bekanntmachung in § 37 VgV niedergelegt. Für Vergaben unterhalb der Schwellenwerte sehen §§ 27 und 28 UVgO eine Veröffentlichung der Auftragsbekanntmachung auf den Internetseiten des Auftraggebers und zusätzlich in Tageszeitungen, auf Internetportalen usw. vor. § 28 Abs. 1 S. 3 UVgO verlangt, dass die elektronische Veröffentlichung über die Internetseite www.bund.de gefunden werden muss. Aus den primärrechtlichen Grundsätzen kann sich aber ergeben, dass auch bei Unterschwellenvergaben eine europaweite Bekanntmachung erforderlich ist, nämlich immer dann, wenn ein grenzüberschreitendes Interesse zu vermuten ist. 149

II. Anforderungen an die Bekanntmachung

Die in die Bekanntmachung aufzunehmenden Tatsachen ergeben sich aus § 28 Abs. 2 UVgO und § 37 VgV. Es sind Angaben zum Ausschreibungsgegenstand und zu den Ausschreibungsbedingungen zu tätigen. Ein potenzieller Bieter soll anhand der Bekanntmachung in der Lage sein, zu entscheiden, ob er sich um den jeweiligen Auftrag bewerben möchte und sich insbesondere der Aufwand der Bewerbung lohnt.[121] Daher muss bereits eine hinreichend genaue Beschreibung des Auftragsgegenstandes enthalten sein. Die in der Bekanntmachung dargestellten Eignungs- und Zuschlagskriterien sind für den Auftraggeber im weiteren Verlauf des Ausschreibungsverfahrens bindend.[122] Ein Fehler in einer Bekanntmachung kann dadurch korrigiert werden, dass eine erneute Bekanntmachung unter Berichtigung des Fehlers erfolgt.[123] Oberhalb der Schwellenwerte sind die in § 37 VgV 150

---

[119] *VK Baden-Württemberg*, 16.11.2001 – 1 VK 39/01 – nv.
[120] *OLG Schleswig-Holstein*, 4.5.2001 – 6 Verg 2/2001 – nv.
[121] *VK Sachsen*, 10.11.2006 – 1/SVK/096-06 – nv; *VK Bund*, 5.6.2003 – VK 2-42/03 – nv; *OLG Düsseldorf*, 2.5.2007 – Verg1/07 – nv.
[122] *OLG Düsseldorf*, 2.5.2007 – Verg1/07 – nv.
[123] *OLG Düsseldorf*, 2.5.2007 – Verg1/07 – nv.

benannten Bekanntmachungsmuster zu verwenden; unterhalb der Schwellenwerte ist der Auftraggeber freier. § 28 Abs. 2 UVgO nennt allerdings in die Bekanntmachung aufzunehmende Mindestinhalte.

III. Widersprüche zwischen Bekanntmachung und Ausschreibungsunterlagen

151 Die Bekanntmachung stellt im Vergabeverfahren die Leitentscheidung des Auftraggebers dar. Die Bedingungen der Bekanntmachung sind bindend und gehen im Falle eines Widerspruches zwischen Bekanntmachung und Ausschreibungsunterlagen den Ausschreibungsunterlagen vor.[124] Dieses ist in der Praxis nicht immer zielführend, da es Ausschreibungen gibt, bei denen der Bieter nicht über die Bekanntmachung, sondern auf direktem Wege von der Ausschreibung erfährt. Sind in den Verdingungsunterlagen Widersprüche zu der Bekanntmachung enthalten, fällt dieses solchen Bietern gar nicht auf. Dennoch unterliegen sie im späteren Verfahren einem Ausschluss, wenn sie zwingende Bedingungen der Bekanntmachung nicht einhalten.[125] Für den Auftraggeber ist es daher von besonderer Bedeutung, die Bekanntmachung sorgfältig abzufassen und auf eine Konformität mit den Ausschreibungsbedingungen zu achten.

152 Praxistipp:
Für den Bieter bedeutet das, dass er sich bei jeder Ausschreibung den Text der Bekanntmachung beschaffen sollte, und zwar unabhängig davon, ob es sich um eine nationale oder eine europaweite Bekanntmachung handelt.

IV. Berichtspflichten

153 Nach Abschluss des Ausschreibungsverfahrens hat der Auftraggeber gemäß § 39 VgV eine Bekanntmachung über den vergebenen Auftrag an das Amt für amtliche Veröffentlichungen in der europäischen Gemeinschaft zu senden. Auch hierfür hat er gem. § 39 Abs. 2 VgV ein Bekanntmachungsmuster der EU zu benutzen.

L. Leistungsbeschreibung und übrige Verdingungsunterlagen

I. Bedeutung

154 Die **Leistungsbeschreibung** stellt das Herzstück einer Ausschreibung dar. In der Leistungsbeschreibung werden gem. § 121 GWB die Anforderungen an die auszuschreibenden Leistungen, also den Beschaffungsgegenstand, festgelegt. Nach Zuschlagserteilung wird die Leistungsbeschreibung Vertragsbestandteil und bestimmt den Lieferumfang und damit die vertraglichen Grundlagen des Verhältnisses zwischen den Parteien.

155 Die Leistungsbeschreibung stellt überdies auch die Grundlage für einen echten Wettbewerb dar, denn nur, wenn die Leistungsbeschreibung umfassend und richtig ist, können die Bieter ein vergleichbares Angebot abgeben. Die Erstellung der Leistungsbeschreibung hat daher mit der größten Sorgfalt zu erfolgen. In Rahmen der VgV ergeben sich die an die Leistungsbeschreibung zu stellenden Anforderungen aus § 31 VgV. Im Unterschwellenbereich sind die Anforderungen in § 23 UVgO niedergelegt.

---

[124] *VK Bund*, 18.1.2007 – VK 3-150/06 – nv; *VK Bund*, 7.2.2007 – VK 3-07/07 – nv.
[125] *VK Bund*, 18.1.2007 – VK 3-150/06 – nv; *VK Bund*, 7.2.2007 – VK 3-07/07 – nv.

L. Leistungsbeschreibung und übrige Verdingungsunterlagen

Im Regelfall wird die Leistungsbeschreibung im Wege eines detaillierten Leistungsverzeichnisses erstellt, in dem die nachgefragte Leistung in einzelnen Positionen aufgeführt ist, zu denen die Bieter ihre Preise einzutragen haben. Ausnahmsweise darf anstelle der detaillierten Leistungsvorgabe eine funktionale Leistungsbeschreibung erfolgen. In dieser werden nur die Ziele mit den jeweiligen Mindestanforderungen definiert, die tatsächliche Vorgehensweise bleibt dem Bieter überlassen.

II. Dispositionsfreiheit des Auftraggebers

Bei der Erstellung der Leistungsbeschreibung ist der Auftraggeber insoweit frei, als er autonom bestimmt, welchen Bedarf er hat. Sowohl qualitativ als auch quantitativ ist es die eigenverantwortliche Entscheidung des Auftraggebers, die konkrete Leistung festzulegen.[126] Das Vergaberecht schreibt damit dem Auftraggeber nicht vor, was er zu beschaffen hat, sondern nur, auf welche Art und Weise.

Eine Ausnahme besteht allerdings im Hinblick auf die Energieeffizienz. In der Leistungsbeschreibung sollen die nach § 67 VgV bestimmte Anforderungen gestellt werden: Verlangt werden soll das höchste Leistungsniveau an Energieeffizienz und, soweit vorhanden, die höchste Energieeffizienzklasse im Sinne der Energieverbrauchskennzeichnungsverordnung. Das betrifft alle energieverbrauchsrelevanten Waren, technischen Geräte oder Ausrüstungen im Zusammenhang mit Lieferungen und Dienstleistungen, also auch insbesondere IT-Vergaben. § 67 Abs. 3 VgV legt fest, dass in der Leistungsbeschreibung zur Durchführung dieser Bedingungen konkrete Angaben zum Energieverbrauch und in geeigneten Fällen Analysen zu Lebenszykluskosten o. ä. von den Bietern zu fordern sind. Diese Informationen darf der Auftraggeber überprüfen, was insbesondere bei Zertifizierungen und Umwelt-Labeln von Bedeutung ist.

III. Das Gebot der eindeutigen und erschöpfenden Leistungsbeschreibung

Um einen umfassenden Wettbewerb zu gewährleisten, muss die Leistungsbeschreibung gemäß § 121 GWB eindeutig und erschöpfend sein. Das Gebot einer eindeutigen Leistungsbeschreibung verlangt, dass die zu erbringende Leistung so konkret dargestellt wird, dass alle Bewerber die Leistungsbeschreibung im gleichen Sinne verstehen können und die späteren Angebote miteinander vergleichbar sind.[127] Erschöpfend ist eine Leistungsbeschreibung, wenn keine Restbereiche mehr verbleiben, die der Auftraggeber nicht klar beschrieben hat.[128] Die Erfüllung dieser Kriterien gewährleistet die exakte Preisermittlung und eine Vergleichbarkeit der Angebote.[129] Eine Leistungsbeschreibung ist vergaberechtlich zu beanstanden, wenn sie unvollständig, fehlerhaft, unklar oder so formuliert ist, dass die Leistungen nicht kalkulierbar sind.[130] Ungenauigkeiten der Leistungsbeschreibung fallen in den Verantwortungsbereich des Auftraggebers.[131] Ist die Leistungsbeschreibung zu fehlerhaft, kann die Aufhebung der Ausschreibung eine Konsequenz sein.[132]

Bei der Beschaffung von Software gehört zu einer eindeutigen und erschöpfenden Leistungsbeschreibung daher nicht nur die Darstellung der Anwendung und Funktionen, die die Software haben soll, sondern darüber hinausgehend auch die Anforderungen an die

---

[126] *BayObLG*, VergabeR 2005, 349, 353.
[127] *BGH*, BauR 1997, 636; *OLG Düsseldorf*, 12.10.2011 – VII-Verg 46/11 – nv; *OLG Brandenburg*, 27.3.2012 – Verg W13/11 – nv; *OLG Celle*, VergabeR 2005, 654.
[128] *OLG Saarbrücken*, 29.9.2004 – 1 Verg6/04 – nv; *OLG Düsseldorf*, 12.10.2011 – VII-Verg 46/11 – nv.
[129] *OLG Düsseldorf*, VS 2005, 45; *VK Bund*, 1.2.2011 – VK 3-126/10 – nv.
[130] *VK Bund*, 28.4.2005 – VK-35/05 – nv; *OLG Schleswig*, 30.6.2005 – 6 Verg5/05 – nv; *Prieß*, NZBau 2004, 20, 22.
[131] *VK Baden-Württemberg*, 5.9.2005 – 1 VK 51/05 – nv; *VK Bund*, 29.2.2012 – VK 1-7/12 – nv.
[132] *VK Bund*, 28.4.2005 – VK 1-35/05 – nv; *OLG Schleswig*, 30.6.2005 – 6 Verg5/05 – nv.

technischen Besonderheiten, also Schnittstellen, Links und weitere technische Anforderungen. Es gilt, je komplexer die zu beschaffende Software, desto ausführlicher die Leistungsbeschreibung. Diese kann auch durch ein Pflichtenheft bzw. unter Bezugnahme auf ein Pflichtenheft durchgeführt werden.[133]

IV. Funktionale Leistungsbeschreibung/Leistungsverzeichnis

161 Der Auftraggeber kann seine Leistung gem. § 31 VgV technisch-konstruktiv beschreiben, also unter Vorgabe eines detaillierten Leistungsverzeichnisses,[134] oder auch funktional. In einer funktionalen Leistungsbeschreibung ist der Zweck der Leistung oder die Funktion darzulegen, so dass es Aufgabe des Bieters wird, die Einzelheiten zur Erreichung dieser Leistung bzw. dieses Zwecks zu entwickeln und anzugeben. So[135] kann der Auftraggeber das Know-how des Auftragnehmers nutzen.

V. Risikoverteilung in der Leistungsbeschreibung

162 Vor der Vergaberechtsreform 2009/2010 enthielt § 8 Nr. 1 Abs. 3 VOL/A aF das Verbot der Aufbürdung eines ungewöhnlichen Wagnisses. Dieses verbot dem Auftraggeber, dem Auftragnehmer ein ungewöhnliches Wagnis für Umstände und Ereignisse aufzubürden, auf die der Auftragnehmer keinen Einfluss nehmen und deren Einwirkung auf die Preise er nicht im Voraus schätzen konnte. Ob der Grundsatz trotz der Streichung weiter über die allgemeinen Vergabegrundsätze zur Anwendung kommen sollte, ist in Rechtsprechung und Literatur umstritten. Das OLG Düsseldorf, eines der prominentesten Vertreter der Vergabesenate hat in mehreren Entscheidungen festgestellt, die Streichung der Vorschrift zeige, dass das Verbot der Aufbürdung ungewöhnlicher Wagnisse nicht mehr gelte[136] und damit dem Auftragnehmer durchaus Risiken aufgebürdet werden dürfen. Andere Oberlandesgerichte[137] nehmen hingegen eine Fortgeltung unter Herleitung aus allgemeinen Grundsätzen weiterhin an.[138]

163 Praxistipp:
Der anwaltliche Berater sollte daher diese Anforderung an die Leistungsbeschreibung trotz der Streichung des Grundsatzes bei der Beratung sowohl von Auftraggebern als auch Bietern berücksichtigen. Bei der Beratung von Auftraggebern sollte dem Mandanten mitgeteilt werden, dass das Verbot gesetzlich nicht mehr vorgesehen ist, es aber die Möglichkeit gibt, dass einzelne Spruchkörper auf diesen Grundsatz zurückkommen und eine Regelung der Leistungsbeschreibung nach allgemeinen Grundsätzen unter Rückgriff der Rechtsprechung zur früheren Thematik angreifbar sein kann. Auf Bieterseite sollten etwaige Verstöße gegen diesen Grundsatz weiterhin gerügt werden.

164 Die adäquate und vergaberechtlich zulässige Risikoübertragung stellt an den Auftraggeber gewissen Anforderungen. Ausgehend von der früheren Regelung zum „ungewöhnlichen Wagnis" und der nach der Streichung dieses Rechtsgrundsatzes ergangenen Rechtsprechung wird man annehmen müssen, dass eine Risikoübertragung heute grundsätzlich möglich ist. Dieses gilt vor allem bei solchen Ausschreibungen, bei denen es gerade Teil

---

[133] VK Lüneburg, 12.4.2012 – 203-VgK-05/02 – nv; VK Hamburg, 30.7.2007 – VgK FB 6/07 – nv; VK Baden-Württemberg, 10.1.2011 – 1 VK 68/10 – nv.
[134] Pünder/Schellenberg, § 31 Rn. 26.
[135] VK Bund, 6.5.2005 – VK 3-28/05 – nv; BGH, NJW 1997, 61; OLG Naumburg, ZfBR 2003, 182.
[136] OLG Düsseldorf, 19.10.2011 – Verg 54/11 – nv; OLG Düsseldorf, 7.3.2012 – Verg 91/11 – nv.
[137] OLG Dresden, 2.8.2011 – W Verg 4/11 – nv; OLG Jena, 22.8.2011 – 9 Verg 2/11 – nv.
[138] Teilweise wird gefordert den Grundsatz wieder in die VgV aufzunehmen, so Pünder/Schellenberg, VgV § 31 Rn. 37.

des Leistungsgegenstandes ist, den Auftragnehmer gewisse Risiken übernehmen zu lassen.[139] In der Rechtsprechung ist anerkannt, dass die Ausschreibung einer sehr riskanten Leistung nicht per se verboten ist. Es existiert kein Rechtsgrundsatz, dass riskante Leistungen von einem Bieter nicht übernommen werden dürfen.[140] Auch leistungstypische Risiken eines Unternehmens, wie zum Beispiel technische Schwierigkeiten oder die Beschaffenheit der Materialien, können unproblematisch übertragen werden, genau wie die Risiken der Vertragserfüllung, des Verzuges und der Gewährleistung. Eine Grenze soll dort gezogen werden, wo die übertragenen Risiken ungewöhnlich und (vertrags-)atypisch werden. Weichen die übertragenen Pflichten von dem hergebrachten Bild der zu erbringenden Leistung bzw. des ausgeschriebenen Vertragstyps ab und stellen für den Auftragnehmer ein erhebliches Wagnis dar,[141] kann dieses unzulässig sein. Unzumutbar wäre zum Beispiel der Vorbehalt erheblicher, kalkulationsrelevanter Mengenschwankungen oder eine untypische Verteilung von Vertragsrisiken.[142]

VI. Lebenszykluskosten, § 31 Abs. 3 S. 2 VgV

Gemäß § 31 Abs. 3 S. 2 VgV können in der Leistungsbeschreibung auch Aspekte der Qualität, der Innovation und umweltbezogene Aspekte berücksichtigt werden, selbst wenn sie sich auf die eigentliche Leistungserfüllung nicht auswirken sondern eine andere Phase des **Lebenszyklus** eines Produktes betreffen, wie zB Produktion und Entsorgung. Die Aufnahme dieser Nachhaltigkeitsaspekte in das europäische Vergaberecht stellt eine Neuerung der Vergaberechtsreform dar. Allerdings müssen auch diese Aspekte mit dem Auftragsgegenstand in Verbindung stehen und dürfen nicht unverhältnismäßig sein.[143] 165

VII. Grundsatz der produktneutralen Ausschreibung

Gemäß § 31 Abs. 6 VgV, § 23 Abs. 5 UVgO herrscht im Vergaberecht das **Gebot der produktneutralen Ausschreibung.** Es ist dem Auftraggeber grundsätzlich untersagt, ein bestimmtes Produkt oder ein bestimmtes Erzeugnis auszuschreiben.[144] Hiervon darf in den Grenzen des § 31 Abs. 6 VgV, § 23 Abs. 5 UVgO eine Ausnahme gemacht werden, wenn die Ausschreibung eines bestimmten Produkts durch den Leistungsgegenstand gerechtfertigt ist. Darüber hinaus dürfen ausnahmsweise bestimmte Erzeugnisse oder Verfahren genannt werden, wenn eine Beschreibung durch hinreichend genaue, allgemein verständliche Bezeichnungen nicht möglich ist. In diesem Fall hat der Auftraggeber die Anforderung mit dem Zusatz zu versehen *„oder gleichwertig"*. Einen Verstoß gegen das Gebot der produktneutralen Ausschreibung hat der Bieter fristgemäß zu rügen, anderenfalls kann er sich auf diesen nicht mehr berufen. 166

VIII. Besonderheiten bei der IT-Vergabe

Das Gebot der produktneutralen Ausschreibung ist im Bereich der IT-Vergabe von erheblicher Bedeutung. Bestimmte Software kann zB aus Lizenzgründen nur von bestimmten Herstellern erstellt werden. Es ist daher stets zu überprüfen, ob eine Kompatibilität unterschiedlicher Produkte mit bereits vorhandener Anwendungssoftware oder Systemsoftware 167

---

[139] *Prieß*, NZBau 2004, 88.
[140] *OLG Düsseldorf*, 5.10.2001 – 28/01 – nv; *OLG Düsseldorf*, 5.10.2000 – Verg 14/00 – nv.
[141] *Prieß*, NZBau 2004, 88, 89.
[142] *Krohn*, NZBau 2013, 79, 84.
[143] Siehe Müller-Wrede/*Traupel*, VgV § 31 Rn. 53, 54.
[144] *Prieß*, NZBau 2004, 88, 92.

hergestellt werden kann.[145] Eine gute Hilfestellung geben die Leitfäden zur produktneutralen Ausschreibung, die die bitkom zusammen mit verschiedenen Bundesministerien erarbeitet hat. Derzeit gibt es ua Leitfäden für die Beschaffung von Druckern, Notebooks oder Desktops.[146]

IX. Ausschreibung von Open-Source-Software (OSS)

168 In der Literatur wird diskutiert, ob eine Ausschreibung von OSS vergaberechtlich überhaupt zulässig ist oder gegen den Grundsatz der produktneutralen Ausschreibung verstößt. OSS zeichnet sich dadurch aus, dass der Lizenzerwerb kostenfrei möglich und der Quellcode der Software offengelegt ist, was eine Anpassung des Programms an die individuellen Bedürfnisse des Nutzers möglich macht. Die Bedingung für die Nutzung der OSS ist aber, dass auch die abgeleitete Software frei zugänglich gemacht wird. Die Festlegung auf OSS könnte eine ungerechtfertigte Produktangabe sein.

169   Entscheidender Punkt ist, ob es sich bei den Lizenzbedingungen tatsächlich um ein bestimmtes Produkt handelt oder um eine Eigenschaft, die eine von dem Auftraggeber abgeforderte Leistung haben soll. Es lassen sich für beide Alternativen Argumente finden, doch spricht mehr dafür, dass es sich bei OSS um eine Eigenschaft der Leistung handelt, nicht um ein Produkt. Der Auftraggeber definiert seine Leistung, indem er es ablehnt, Lizenzgebühren zahlen zu wollen. Er beschreibt damit die von ihm zu beschaffende Leistung, entscheidet sich für eine bestimmte Art von Software. Mit der Wahl für OSS schränkt er daher die Leistung nicht auf ein bestimmtes Produkt ein, sondern entscheidet sich für eine spezielle Ausführung einer Leistung.[147] Diese Entscheidung dürfte von seiner Beschaffungsautonomie gedeckt sein.

M. Vergabeunterlagen

170 Die **Vergabeunterlagen** sind die Unterlagen, die die Bieter oder Bewerber vom Auftraggeber zum Vergabeverfahren erhalten. Die Vergabeunterlagen enthalten alle für das Vergabeverfahren erforderlichen Einzelheiten. Daher müssen in ihnen Informationen zum Ablauf des Verfahrens, zum Auftragsgegenstand und den Auftragsbedingungen, also der konkret zu erbringenden Leistung, vom Auftraggeber bereitgestellt werden. Gemäß § 29 VgV, § 21 UVgO bestehen die Vergabeunterlagen in der Regel aus dem Anschreiben (Aufforderung zur Angebotsabgabe/Abgabe von Teilnahmeanträgen), der Beschreibung der Einzelheiten der Durchführung des Verfahrens (Bewerbungsbedingungen) einschließlich der Eignungs- und Zuschlagskriterien, sofern diese nicht in der Bekanntmachung angegeben waren und den Vertragsunterlagen, die wiederum aus Leistungsbeschreibung und Vertragsbedingungen bestehen. Da der Auftraggeber mit den in den Vergabeunterlagen enthaltenen Vertragsbedingungen den Inhalt des späteren Vertragsverhältnisses festlegt[148], hat er auf eine besonders sorgfältige Formulierung der vertraglichen Bestimmungen zu achten. Allerdings sind die an die Vergabeunterlagen zu stellenden Anforderungen nicht ausschließlich in § 29 VgV bzw. § 21 UVgO enthalten. Viele weitere Normen treffen Bestimmungen darüber, welche Angaben der Auftraggeber in die Vergabeunterlagen aufzunehmen hat.

---

[145] *VK Lüneburg*, 12.4.2002 – 203 – VGK-05/2002 – nv; außerdem *Krohn*, NZBau 2013, 79.
[146] https://www.itk-beschaffung.de/Leitf%C3%A4den.
[147] *Demmel/Herten-Koch*, NZBau 2004, 187, 188.
[148] Müller-Wrede/*Gnittke/Hattig*, VgV § 29 Rn. 2.

M. Vergabeunterlagen 4

I. Anschreiben

Das **Anschreiben,** also die Aufforderung zur Angebotsabgabe bzw. Abgabe von Teilnah- 171
meanträgen, ist in der Regel lediglich ein Begleitschreiben, mit dem die interessierten Unternehmen aufgefordert werden, ein Angebot abzugeben. Es dient dazu, dem Unternehmen in einer Art Kurzfassung der Ausschreibung die Informationen zu übermitteln, die für den Entschluss, ein Angebot abzugeben, von Bedeutung sind.

II. Bewerbungsbedingungen

In den **Bewerbungsbedingungen** werden die Anforderungen an das Vergabeverfahren 172
festgelegt. Hier sind zB Fristen für die Einreichung von Angeboten, für die Abgabe von Nachweisen, Eignungs- und Zuschlagskriterien usw. festzulegen. Im Gegensatz zur Leistungsbeschreibung betreffen die Bewerbungsbedingungen die vergabeverfahrensbezogenen Anforderungen, also die Bedingungen, die für die Teilnahme am und die Durchführung des Ausschreibungsverfahrens gelten. Gem. § 29 Abs. 1 Nr. 2 VgV müssen die Eignungs- und Zuschlagskriterien, sofern diese nicht bereits in der Bekanntmachung angegeben worden sind, in den Bewerbungsbedingungen aufgeführt sein.

Weiterhin können der Verfahrensablauf, also zum Beispiel die Anzahl der Verhandlungs- 173
runden in einem Verhandlungsverfahren, die Auswahl einer bestimmten Anzahl von Bietern und weitere verfahrensbezogene Anforderungen festgelegt werden.

III. Vertragsunterlagen

Unter dem Begriff der **Vertragsunterlagen** werden die Leistungsbeschreibung und die 174
Vertragsbedingungen zusammengefasst.

1. Inhalt der Vertragsbedingungen

Gem. § 29 Abs. 2 VgV ist die VOL/B in den Vertrag einzubeziehen, es sei denn, der Aus- 175
schreibung liegt die Vergabe von freiberuflichen Leistungen bzw. Leistungen, die im Wettbewerb mit freiberuflich Tätigen angeboten werden, zugrunde. Darüber hinaus können „allgemeine", „zusätzliche", „ergänzende" oder „besondere" Vertragsbedingungen einbezogen werden. Gem. § 1 Nr. 2 VOL/B gehen besondere, ergänzende und zusätzliche Vertragsbedingungen den Regelungen der VOL/B vor.

Bei der IT-Vergabe ist an die Einbeziehung der **EVB-IT** zu denken, und zwar abge- 176
stimmt auf den jeweils zu beschaffenden Leistungsgegenstand.

2. EVB-IT

Im IT-Bereich sind ergänzende Vertragsbedingungen in diversen „Ergänzenden Vertrags- 177
bedingungen für die Beschaffung von IT-Leistungen" (EVB-IT) niedergelegt, die sich mit einzelnen Beschaffungskomponenten der komplexen IT-Beschaffung beschäftigen. Als EVB-IT stehen zur Verfügung:
– EVB-IT-Systemlieferung
– EVB-IT-System
– EVB-IT-Kauf
– EVB-IT-Dienstleistung
– EVB-IT-Überlassung Typ A
– EVB-IT Überlassung Typ B
– EVB-IT-Instandhaltung

- EVB-IT-Pflege S
- EVB-IT Erstellung
- EVB-IT Service.

Der Auftraggeber sollte bei der Verwendung der EVB-IT darauf achten, die Terminologie seiner Ausschreibungsunterlagen an die der EVB-IT anzupassen, um nicht in der späteren Vertragsabwicklung mit Auslegungsfragen konfrontiert zu werden.

178 Je nach konkretem Beschaffungsgegenstand geben diese Muster einen rechtlichen Rahmen vor und können in den Vertrag einbezogen werden. Damit können sie bei Einbeziehung in den Vertrag zu Allgemeinen Geschäftsbedingungen im Sinne der §§ 305 ff. BGB werden und damit einer Inhaltskontrolle unterliegen.

179 Durch die Verwaltungsvorschriften zur Bundeshaushaltsordnung bzw. zu den Landeshaushaltsordnungen ist die Anwendung der EVB-IT den Dienststellen des Bundes und der Länder vorgeschrieben.[149] Ob auch Auftraggeber auf Gemeindeebene zur Anwendung verpflichtet sind, ergibt sich aus den landesrechtlichen Vorschriften.

a) EVB-IT-Kauf

180 Der EVB-IT-Kauf betrifft Verträge über den Kauf von Hardware, gegebenenfalls einschließlich der Überlassung von Standardsoftware gegen Einmalvergütung zur unbefristeten Nutzung. Der EVB-IT-Kauf sieht im Gegensatz zu dem alten BVB-Kauf keine werkvertraglichen Leistungen wie Anpassungsleistungen vor. Regelungen zu werkvertraglichen Vereinbarungen wie zum Beispiel die Erklärung der Funktionsbereitschaft, Leistungsprüfungen sowie Abnahme enthält der EVB-IT-Kauf daher nicht. Sollen neben der Lieferung von Standardsoftware auch werkvertragliche Leistungen erbracht werden, so sollte der EVB-IT-Systemlieferungsvertrag gewählt werden.

b) EVB-IT-Dienstleistung

181 Der EVB-IT-Dienstleistungsvertrag ist anzuwenden, wenn der Schwerpunkt der vom Auftragnehmer geschuldeten Leistung in der Erbringung von Diensten liegt, wie etwa bei Schulungs-, Beratungs- oder sonstigen Unterstützungsleistungen.

c) EVB-IT-Überlassung Typ A

182 Wird Standardsoftware gegen Einmalvergütung zur unbefristeten Nutzung beschafft, ist der EVB-IT-Überlassung Typ A maßgeblich. Werden darüberhinausgehende werkvertragliche Leistungen erbracht, ist der EVB-IT-Systemvertrag oder der EVB-IT-Systemlieferungsvertrag anzuwenden.

d) EVB-IT-Überlassung Typ B

183 Im Gegensatz zum EVB-IT-Überlassung Typ A findet der EVB-IT-Überlassung Typ B für die zeitlich befristete Überlassung, also für die Miete von Standardsoftware, Verwendung.

e) EVB-IT-Instandhaltung

184 Die EVB-IT-Instandhaltung findet Anwendung bei Verträgen über Instandsetzung, Inspektion und Wartung von Hardware.

f) EVB-IT-Pflege S

185 Die EVB-IT-Pflege S kommen bei Verträgen über die Pflege von Standardsoftware zur Anwendung.

---

[149] Siehe zB Verwaltungsvorschrift zu § 55 BHO Ziffer 3.

g) EVB-IT-Systemvertrag

Der EVB-IT-Systemvertrag unterliegt einheitlich dem Werkvertragsrecht und betrifft Ausschreibungen, bei denen der Schwerpunkt der vertraglichen Leistungen in der Erstellung eines kompletten IT-Systems (Hardware, Software sowie Integrations- und Anpassungsleistungen einschließlich der Herbeiführung der Betriebsbereitschaft) liegt oder in der Erstellung von Individualsoftware.

h) EVB-IT-Systemlieferungsvertrag

Der EVB-IT-Systemlieferungsvertrag unterliegt insgesamt dem Kaufrecht und betrifft Ausschreibungen, bei denen der Schwerpunkt der vertraglichen Leistung die Lieferung von Standardsystemkomponenten und Standardsoftware ist. Im Unterschied zum Anwendungsbereich des EVB-IT-Systemvertrags wird keine Erstellung von Individualsoftware benötigt, zB zur Anpassung oder zur Herstellung der Betriebsbereitschaft. Der Wert der Anpassungsleistungen wie Aufstellung und Installation ist im Verhältnis zum Wert der Systemkomponenten deutlich geringer.

i) EVB-IT-Erstellung

Der EVB-IT-Erstellung kommt zur Anwendung bei werkvertraglichen Leistungen im Zusammenhang mit der Ausschreibung von Software. Anwendungsgebiete sind zum Beispiel die Erstellung oder Weiterentwicklung von Individualsoftware, die Anpassung von Software auf Quellcodeebene oder das individuelle Zupassen von Standardsoftware.

j) EVB-IT-Service

Der EVB-IT-Service wird verwendet zur Ausschreibung von Serviceleistungen an einem IT-System des Auftraggebers. Gegenstand dieses Vertrages kann auch die Pflege von Individualsoftware sein.

N. Fristen

Auch im Vergaberecht sind Fristen sowohl für die Auftraggeber- als auch für die Bieterseite von Bedeutung. Hierbei handelt es sich insbesondere um Angebotsfristen, um Fristen zur Abgabe von Teilnahmeanträgen (Bewerbungsfrist), aber auch um Nachfrage- und Rügefristen und um Fristen zur Erhebung eines Nachprüfungsantrages. Die Fristenregelungen finden sich verstreut über das gesamte Regelungswerk. Häufig werden in den Normen Mindestfristen festgelegt. In § 20 VgV wird dem Auftraggeber aufgegeben, die Fristen jeweils einzelfallbezogen zu bestimmen, um die Komplexität des Auftrags und die Zeit, die für die Ausarbeitung der Angebote erforderlich ist, zu berücksichtigen. Die Mindestfrist darf daher nur dann gewählt werden, wenn die Umstände des Einzelfalls das auch zulassen.

I. Bewerbungsfrist

Wird ein Teilnahmewettbewerb durchgeführt, beträgt die Bewerbungsfrist gemäß §§ 16 Abs. 2, 17 Abs. 2, 18 Abs. 3 VgV mindestens 30 Tage, gerechnet ab dem Tag nach der Absendung der Bekanntmachung. In bestimmten Fällen kann diese Frist auf 15 oder 10 Tage verkürzt werden.

II. Angebotsfrist

192 Die Frist zur Abgabe eines Angebotes beträgt beim offenen Verfahren gemäß § 15 Abs. 2 VgV mindestens 35 Tage, gerechnet ab dem Tag nach Absendung der Auftragsbekanntmachung. Beim nicht offenen Verfahren beträgt die Angebotsfrist mindestens 30 Tage, gerechnet ab dem Tag nach der Absendung der Aufforderung zur Angebotsabgabe. Diese Frist kann in besonderen Ausnahmefällen verkürzt werden. Beim Verhandlungsverfahren mit vorgeschaltetem Teilnahmewettbewerb beträgt die Mindestfrist zur Einreichung der Erstangebote gem. § 17 Abs. 6 VgV 30 Tage, gerechnet ab dem Tag nach der Absendung der Aufforderung zur Angebotsabgabe. Beim nicht offenen Verfahren und beim Verhandlungsverfahren können Auftraggeber und Bewerber die Angebotsfrist auch einvernehmlich festlegen, siehe zB § 16 Abs. 6 VgV. An die gestellten Fristen ist der Auftraggeber gleichermaßen gegenüber allen Bietern und Bewerbern gebunden.

III. Bindefrist

193 Das Ausschreibungsverfahren ist dadurch gekennzeichnet, dass die Bieter anhand der vorher festgelegten Leistungsbeschreibung ein Angebot abgeben, welches die rechtliche Qualität eines Angebotes nach § 145 BGB hat.[150] Der Auftraggeber soll in die Lage versetzt werden, seinerseits durch Zuschlagserteilung das Angebot eines Bieters anzunehmen, und zwar ohne weitere Ergänzungen oder Konkretisierungen. Dieses bedingt, dass der Auftragnehmer an sein Angebot gebunden sein muss, der Auftraggeber dieses also jederzeit innerhalb der **Bindefrist** annehmen kann. Da die Kalkulationen der Bieter in der Regel sehr knapp sind und sich auch auf den vom Auftraggeber vorgegebenen Leistungszeitraum beziehen, wird man den Bietern nicht abverlangen können, sich endlos an ein Angebot zu binden. Daher hat der Auftraggeber im Bekanntmachungsmuster unter Ziffer IV.2.6 eine Bindefrist anzugeben. Die Bindefrist bestimmt den Zeitraum, innerhalb dessen der Auftragnehmer an sein Angebot gebunden bleibt.

194 Obwohl Nachprüfungsverfahren in der Regel – gerade im Vergleich zu Gerichtsverfahren – schnell abgeschlossen werden, läuft häufig die in der Bekanntmachung festgelegte Bindefrist der Angebote während des Nachprüfungsverfahrens aus. Der Auftraggeber sollte in jedem Fall darauf achten, die Bindefrist vor deren Ablauf zu verlängern. Er ist jedoch auf die Zustimmung bzw. Einwilligung des Bieters angewiesen. Denn nach Ablauf der Bindefrist ist der Bieter nicht mehr an sein Angebot gebunden. Dieses kann dazu führen, dass bei der beabsichtigten Zuschlagserteilung kein zuschlagsfähiges Angebot mehr vorliegt, der Bieter also sein Angebot quasi zurücknimmt. Die Bindefrist kann auch nach ihrem Ablauf verlängert werden.[151] Wird ein Zuschlag auf ein Angebot erteilt, dessen Bindefrist abgelaufen ist, bedarf es der Bestätigung des Auftragnehmers über die Zuschlagserteilung, denn rechtlich stellt der Zuschlag auf ein solches Angebot ein neues Angebot dar, welches vom Bieter angenommen werden muss. Daher ist der Bieter verpflichtet, die Annahme des Angebotes, also die Zuschlagserteilung, zu bestätigen.[152]

195 Die Verlängerung der Bindefrist kann Mehrvergütungsansprüche des späteren Auftragnehmers auslösen. Der Auftraggeber trägt das Vergabeverfahrensrisiko. Er haftet für Zeitverzögerungen, die durch Nachprüfungsanträge oder andere zeitliche Verschiebungen, zB eine Verzögerung der Angebotswertung entstehen. Wird also die in den Vergabeunterlagen angegebene Zuschlags- und Bindefrist verlängert, kann dieses eine Haftung des öffentlichen Auftraggebers auslösen. Für den Baubereich hat der BGH[153] entschieden, dass

---

[150] *BayObLG*, 1.10.2001 – Verg 6/01 – nv; *OLG Thüringen*, 13.10.2006 – 9 Verg 4/06 – nv.
[151] *OLG Hamburg*, 25.2.2002 – 1 Verg 1/01 – nv.
[152] *OLG Thüringen*, 30.10.2006 – 9 Verg 4/06 – nv; *OLG Saarland*, 21.3.2006 – 4 O 51/05 – 79 – nv.
[153] *BGH*, NJW 2009, 2443 = NZBau 2009, 370; *BGH*, 10.9.2009 – VII ZR 152/09 – nv; *BGH*, NZBau 2010, 622; *BGH*, VergabeR 2010, 945; *BGH*, 8.3.2012 – VII ZR 202/09 – nv; *BGH*, ZfBR 2015, 361.

bei einer verlängerten Bindefrist Mehrvergütungsansprüche in Anlehnung an die Grundsätze des § 2 Nr. 5 VOB/B entstehen können. Ersatzfähig sind in diesem Fall jedoch nur die Mehrkosten, die ursächlich auf die Verschiebung zurückzuführen seien. Dieses werde durch die Differenz zwischen den tatsächlichen Kosten aufgrund der verschobenen Ausführungszeit und den hypothetischen Kosten nach der ursprünglich ausgeschriebenen Bauzeit ermittelt. Diese Rechtsprechung wird auch auf den Lieferbereich zu übertragen sein.

> **Praxistipp:** 196
> Bei einer Verlängerung der Bindefristen hat der Berater des Auftraggebers auf die Problematik und die möglichen Schadensersatzverpflichtungen hinzuweisen. Der Berater des Auftragnehmers hat solche Ansprüche ggf. durchzusetzen. Zuständig wären die Zivilgerichte. Eine gesonderte Zuständigkeit im Vergaberecht gibt es in diesem Fall nicht.

IV. Rügefrist

Gemäß § 160 Abs. 3 GWB ist Zulässigkeitsvoraussetzung des Nachprüfungsverfahrens, dass 197 der Bieter einen erkannten Vergabeverstoß vor Angebotsabgabe gegenüber dem Auftraggeber gerügt hat. Die **Rüge** hat innerhalb von 10 Kalendertagen und in den Fällen des Abs. 3 Nr. 2 und 3 GWB außerdem noch bis zum Ende der Angebots- bzw. Teilnahmefrist zu erfolgen.

V. Frist zur Erhebung eines Nachprüfungsantrags

Eine wichtige Frist ist die in § 160 Abs. 3 Nr. 4 GWB niedergelegte Frist für die Erhebung des Nachprüfungsantrages. Hat ein Bieter oder Bewerber einen Verstoß gegen Vergabevorschriften gerügt und erhält er vom Auftraggeber eine Mitteilung, dieser helfe dem geltend gemachten Verstoß nicht ab, hat der Bieter 15 Kalendertage Zeit, einen Nachprüfungsantrag zu stellen. Andernfalls ist dieser unzulässig. 198

O. Wertungskriterien

I. Bedeutung

Nach §§ 56 ff., 42 VgV bzw. §§ 41 ff. UVgO erfolgt die Wertung der Angebote oder Teilnahmeanträge in verschiedenen Wertungsstufen. Zunächst erfolgt die formale Prüfung. Auf der zweiten Wertungsstufe wird die Eignung der Bieter überprüft, auf der dritten Wertungsstufe wird ermittelt, ob der Angebotspreis in einem angemessenen Verhältnis zu der Leistung steht. Auf der vierten und letzten Wertungsstufe wird das wirtschaftlichste Angebot ermittelt. Die Wirtschaftlichkeit eines Angebotes lässt sich auf zwei Arten feststellen: Zum einen kann das preislich günstigste Angebot ausgewählt werden, zum anderen darf der Auftraggeber neben dem Preis auch weitere **Wertungskriterien** aufstellen.[154] Im Sinne eines diskriminierungsfreien Wettbewerbs muss der Auftraggeber die Wertung anhand vorher aufgestellter Kriterien vornehmen. Nachträglich dürfen diese Wertungskriterien nicht abgeändert werden. Bestimmt der Auftraggeber kein Kriterium, gilt der Preis. 199

Auch wenn der Auftraggeber andere Wertungskriterien als den Preis festlegt, behält der Preis eine übergeordnete Rolle.[155] Der Auftraggeber darf auf das Kriterium „Preis" weder 200

---

[154] *VK Lüneburg*, 8.5.2006 – VgK – 07/2006 – nv.
[155] *VK Lüneburg*, 8.5.2006 – VgK – 07/2006 – nv.

verzichten, noch es in der Bedeutung zu niedrig ansetzen.[156] In der Rechtsprechung wird teilweise verlangt, dass der Preis mit einem festen Prozentsatz in die Wertung eingehen muss.[157] Mehrere Wertungskriterien müssen bei der Wertung der Angebote zueinander in ein Verhältnis gebracht werden. Um die Wirtschaftlichkeit anhand der angegebenen Kriterien zu ermitteln, bestimmt der Auftraggeber eine Wertungsmatrix. In der Wertungsmatrix wird festgehalten, in welchem Verhältnis die Wertungskriterien zueinanderstehen sollen, zB kann festgelegt werden, dass der Preis zu 70 % in die Wertung eingehen soll, die Erreichbarkeit des Kundendienstes zu 20 % und die sonstigen Serviceleistungen zu 10 %. Auch an diese Festlegungen ist der Auftraggeber gebunden.

II. Anforderungen an Zuschlagskriterien

201 Gemäß § 127 GWB, § 58 Abs. 1 VgV bzw. § 43 Abs. 1 UVgO darf der Auftraggeber nur durch den Auftragsgegenstand gerechtfertigte **Zuschlagskriterien** festlegen. § 58 Abs. 2 VgV bzw. § 43 Abs. 2 UVgO nennen einige Zuschlagskriterien als Beispiele. Das bedeutet aber nicht, dass die Verwendung dieser Zuschlagskriterien bei jeder Ausschreibung zulässig ist. Der Auftragsbezug ist stets zu prüfen.[158] Gleichzeitig dürfen auch darüberhinausgehende Zuschlagskriterien verwendet werden. Weiterhin ist es auch zulässig, wenn der Auftraggeber mit den Zuschlagskriterien einen bestimmten Zweck, zum Beispiel die Förderung des Umweltschutzes oder sozialpolitische Zwecke verfolgt.[159] Die geforderten Zuschlagskriterien müssen in ihrer Einhaltung überprüfbar sein.[160] Unzulässig ist grundsätzlich die Vermischung von Eignungs- und Zuschlagskriterien. In der Angebotswertung darf nicht erneut berücksichtigt werden, von welchem Unternehmen das Angebot stammt, es also zB besonders leistungsfähig oder besonders erfahren ist.[161] Mit der Vergaberechtsreform ist eine Aufweichung des Grundsatzes des Verbots der Vermischung von Eignungs- und Zuschlagskriterien erfolgt. Nunmehr dürfen in engen Grenzen auch eignungsrelevante Punkte berücksichtigt werden, nämlich gem. § 58 Abs. 2 Nr. 2 VgV auch *„die Qualifikation und Erfahrung des mit der Ausführung des Auftrags betrauten Personals, wenn die Qualität des eingesetzten Personals erheblichen Einfluss auf das Niveau der Auftragsausführung haben kann."*

202 Gemäß § 58 Abs. 3 VgV und § 43 Abs. 6 UVgO ist der Auftraggeber verpflichtet, auch die Gewichtung der Zuschlagskriterien in der Bekanntmachung oder den Vergabeunterlagen anzugeben. Hiervon kann eine Ausnahme gemacht werden. Wenn die Gewichtung aus objektiven Gründen nicht möglich ist, gibt der Auftraggeber die Kriterien in absteigender Rangfolge an.

III. Wertungsmatrix nach UfAB 2018

203 Die „Unterlage für Ausschreibung und Bewertung von IT-Leistungen", **UfAB** 2018 des Bundesministeriums des Innern schlägt als Bewertungsmatrix die Richtwertmethode, die erweiterte Richtwertmethode sowie die reine Preiswertung vor. Die Richtwertmethode und die erweiterte Richtwertmethode sehen die Festlegung von Bewertungskriterien vor, die als Einzelkriterien in Kriteriengruppen gegliedert werden. Die sogenannten A-Kriterien sind solche, die das Angebot zwingend erfüllen muss. Sie sind daher als Wertungskrite-

---

[156] *VK Brandenburg*, 14.6.2007 – 1 VK 17/07 – nv.
[157] Siehe zu der Diskussion, ob und mit welchem Prozentsatz der Preis mindestens in die Angebotswertung eingehen muss, ua die Entscheidungen der *VK Lüneburg*, 17.3.2011 – VgK-65/10 – nv; *VK Sachsen*, 7.5.2007 – 1/SVK/027/07 – nv; *VK Bund*, 10.6.2005 – VK 2-36/05 – nv; *OLG Dresden*, 5.1.2001 – W Verg 11/00 – nv sowie *OLG Düsseldorf*, 25.5.2005 – VII-Verg 8/05 – nv, *OLG Düsseldorf*, 29.12.2001 – Verg 22/01 – nv.
[158] *EuGH*, 4.12.2003 – C-448/01 – nv.
[159] *EuGH*, 4.12.2003 – C-448/01 – nv.
[160] *EuGH*, 4.12.2003 – C-448/01 – nv.
[161] *VK Brandenburg*, 14.5.2007 – 2 VK 14/07 – nv; *EuGH*, 19.6.2003 – C-315/01 – nv.

rien im Grunde genommen gar nicht geeignet, da ein wertungsfähiges Angebot diese Kriterien ohnehin erfüllen muss. Die B-Kriterien sind die eigentlichen Bewertungskriterien im Sinne des § 58 Abs. 2 VgV, also solche, die in die Bewertungsmatrix eingehen. Die Kriteriengruppen und auch die einzelnen Kriterien sind mit Mindestpunktzahlen zu belegen. Die UfAB sieht abhängig vom Zielerfüllungsgrad verschiedene Wertebereiche vor. Bei der Wertung wird mit der einfachen Richtwertmethode für die Angebote jeweils ein Quotient aus Leistung und Preis gebildet, welcher als Richtwert für die Bestimmung des wirtschaftlichsten Angebots dient. Dafür wird die Gesamtsumme der ermittelten Leistungspunkte durch den Preis geteilt, was die Kennzahl für das Leistungs-/Preisverhältnis ergibt. Die Gesamtsumme der Leistungspunkte wird durch eine Multiplikation der Bewertungspunkte mit den Gewichtungspunkten erreicht.

Die erweiterte Richtwertmethode sieht als zusätzliche Option vor, dass bei nach der einfachen Richtwertmethode bewerteten Angeboten ein weiteres Entscheidungskriterium herangezogen wird. Nach der Ermittlung der Kennzahl des Leistungs-/Preisverhältnisses, werden die Angebote in einem zweiten Schritt innerhalb eines zuvor definierten Schwankungsbereiches, der zum Beispiel bei 5% der Kennzahl des führenden Angebotes liegen kann, durch eine Vorauswahl ausgewählt. Anhand des zuvor festgelegten Entscheidungskriteriums werden diese Angebote miteinander verglichen und das wirtschaftlichste Angebot ermittelt.[162]

Werden lediglich Standardprodukte beschafft, bei denen die Leistungsmerkmale (also die A-Kriterien) präzise beschrieben werden und voneinander differenziert werden können, kann zur Wertung auf die reine Preiswertung zurückgegriffen werden. In diesem Fall werden lediglich Ausschlusskriterien aufgestellt und auf die Bekanntgabe von Bewertungskriterien vollständig verzichtet. Der Zuschlag erfolgt dann auf das Angebot, das alle Ausschlusskriterien vollständig erfüllt und im Vergleich mit anderen Angeboten den günstigsten Preis bietet. Die Anwendung der vereinfachten Leistungs-/Preismethode ist daher vereinfacht ausgedrückt ein Ausschreibungsverfahren, bei dem alleiniges Zuschlagskriterium der Preis ist.

IV. Bedeutung einer Präsentation oder Teststellung

Bei einer IT-Ausschreibung kann die Durchführung einer Präsentation oder einer Teststellung, deren Ergebnis in die Angebotswertung einbezogen wird, ein sinnvolles Instrument sein. Für den Auftraggeber ist es von Bedeutung, sich von der Funktionstüchtigkeit der vom Bieter angebotenen Software bereits vor Zuschlagserteilung überzeugen zu können. Der Auftraggeber muss sich im Vorfeld darüber klar werden, welche Anforderungen an die Präsentation oder Teststellung gestellt werden, insbesondere hinsichtlich des Inhalts und des Aufwandes für die Bieter sowie die Frage nach der Vergütung und inwieweit und in welcher Form die Präsentation oder Teststellung in die Angebotswertung einbezogen wird. Die Durchführung einer Teststellung bzw. Präsentation, die in die Angebotswertung eingehen soll, ist zwingend in der Bekanntmachung anzugeben.[163] Die Teststellungen bzw. Präsentationen sind umfassend zu dokumentieren.[164] Außerdem ist streng darauf zu achten, dass für alle Bieter die gleichen Rahmenbedingungen (Zeit, Ort, Identität des Bewertungsgremiums) geschaffen werden, zB auch in zeitlicher Hinsicht.

Der Auftraggeber hat den geforderten Umfang der Teststellungen im Auge zu behalten. Die Anforderungen an die Bieter dürfen nicht zu umfangreich sein, da diese ansonsten unverhältnismäßig und damit unzulässig sein könnten. Das Risiko einer Unverhältnismäßigkeit lässt sich verringern, indem den Bietern die Teststellung bzw. Präsentation vergütet wird.

---

[162] Eine detaillierte Beschreibung der Richtwertmethoden findet sich ab Seite 579 der UfAB 2018.
[163] *VK Thüringen*, 5.3.2015 – 250-4003-819/2015-E-001-GRZ, Rn. 192.
[164] Siehe hierzu *OLG München*, 2.11.2012 – Verg26/12.

P. Eignungsanforderungen und Eignungsprüfung

I. Bedeutung

208 Gemäß § 22 GWB werden Leistungen nur an geeignete Bieter vergeben, die nicht nach den §§ 123, 124 GWB ausgeschlossen worden sind. Die **Eignung** unterteilt sich in die Begriffe der Fachkunde und der Leistungsfähigkeit. Seit der letzten Vergaberechtsreform ist die Zuverlässigkeit kein Bestandteil des Eignungsbegriffs mehr. Die Prüfungspunkte, die vor der Reform unter dem Punkt der Zuverlässigkeit geprüft wurden, werden nunmehr durch die Prüfung des Nichtvorliegens der Ausschlussgründe gem. §§ 123, 124 GWB abgedeckt. Materiellrechtlich haben sich daher durch die abweichende Formulierung keine Unterschiede ergeben. Auch die bisherige Rechtsprechung zur Eignung kann größtenteils unter Berücksichtigung der abweichenden Systematik herangezogen werden. Die Eignung wird gemäß §§ 57 Abs. 1, 42 VgV, § 42 UVgO im Rahmen der Wertung auf der zweiten Wertungsstufe geprüft. Nur geeignete Bieter dürfen für den Zuschlag vorgesehen werden. Eine besondere Eignung oder eine vergleichende Eignung („Wer ist geeigneter?") findet nicht statt.[165] Bei Verfahren, denen ein Teilnahmewettbewerb vorangestellt ist, wird die Eignungsprüfung vorgezogen. Sie findet nicht im Rahmen der Wertung der Angebote, sondern bereits im vorgeschalteten Teilnahmewettbewerb statt. Da der Teilnahmewettbewerb dazu dient, Bieter für ein nachfolgendes Verfahren auszuwählen, ist der Auftraggeber gehalten, Bieter aus dem Bewerberkreis auszuwählen. Im Gegensatz zur Wertung im Rahmen des §§ 57 Abs. 1, 42 VgV kann daher im Teilnahmewettbewerb berücksichtigt werden, ob Bewerber geeigneter sind als andere. Die Auswahl der geeigneten Bewerber im Teilnahmewettbewerb erfolgt anhand von vorher bekannt gegebenen Auswahlkriterien, die sich dem Wesen des Teilnahmewettbewerbs entsprechend, auf die Eignung der Bieter im Hinblick auf die konkret auszuschreibende Leistung beziehen. In §§ 44 ff. VgV sind verschiedene Nachweise aufgezählt, die von den Bietern zum Nachweis ihrer Eignung verlangt werden können. Während die vom Bieter bzw. Bewerber zu fordernden Unterlagen zum Nachweis der technischen und beruflichen Leistungsfähigkeit in § 46 VgV abschließend aufgezählt werden, nennt die VgV in § 45 zum Nachweis der wirtschaftlichen und finanziellen Leistungsfähigkeit nur Beispiele.

II. Begriffe

1. Fachkunde

209 Ein Unternehmen ist fachkundig, wenn es über die Kenntnisse verfügt, die zur fachgerechten Ausführung der Leistung erforderlich sind.[166] Die **Fachkunde** kann mit Referenzen nachgewiesen werden.

2. Leistungsfähigkeit

210 **Leistungsfähigkeit** eines Unternehmens liegt vor, wenn dieses über die personellen, kaufmännischen, technischen und finanziellen Mittel verfügt, die für die fachgerechte Ausführung des Auftrages notwendig sind.[167] Es wird zwischen der wirtschaftlichen und finanziellen Leistungsfähigkeit (§ 45 VgV) auf der einen Seite und der technischen und beruflichen Leistungsfähigkeit (§ 46 VgV) auf der anderen Seite unterschieden.

---

[165] *VK Bund*, 26.10.2004 – VK 1-177/04 – nv; *BGH*, 16.10.2001 – X ZR 100/99 – nv.
[166] *OLG Brandenburg*, 3.2.2004 – Verg W 9/03 – nv.
[167] *OLG Brandenburg*, 3.2.2004 – Verg W 9/03 – nv; *VK Lüneburg*, 15.9.2003 – 203-VgK-13/2003 – nv.

3. Nichtvorliegen der Ausschlussgründe in §§ 123, 124 GWB

Als weiterer Bestandteil der Eignungsprüfung muss der Auftraggeber das Nichtvorliegen von Ausschlussgründen gem. §§ 123, 124 GWB prüfen. In § 123 GWB sind zwingende Ausschlussgründe vorgesehen. Bei den Gründen in § 124 GWB steht dem Auftraggeber ein Ermessen zu, ob er tatsächlich einen Ausschluss verfügt. 211

§ 123 GWB erfasst im Wesentlichen Konstellationen, bei denen ein Unternehmen beziehungsweise eine Person, deren Verhalten dem Unternehmen zuzurechnen ist, eine Straftat begangen hat oder gegen das Unternehmen aufgrund einer Straftat eine Geldbuße festgesetzt wurde. Ferner ist der Ausschlussgrund der fehlenden Zahlung von Steuern, Abgaben oder Sozialversicherungsabgaben erfasst, § 123 Abs. 4 GWB. 212

Allerdings darf der Auftraggeber auch bei Vorliegen der Tatbestände des § 123 Abs. 1 und Abs. 4 GWB ausnahmsweise von einem zwingend Ausschluss absehen, nämlich wenn dies aus zwingenden Gründen des öffentlichen Interesses geboten ist. Weiterhin kann der Auftraggeber von einem Ausschluss absehen, wenn das Unternehmen eine Selbstreinigung nach § 125 GB durchgeführt hat. 213

Fakultative Ausschlussgründe im Sinne des § 124 GWB bestehen dann, wenn das Unternehmen 214
– gegen umwelt-, sozial- oder arbeitsrechtliche Verpflichtungen verstoßen hat (Abs. 1 Nr. 1),
– sich das Unternehmen in einer Insolvenz oder einem vergleichbaren Verfahren oder in Liquidation befindet oder sein Geschäft eingestellt hat (Abs. 1 Nr. 2),
– das Unternehmen eine schwere Verfehlung begangen hat, die seine Integrität infrage stellt (Abs. 1 Nr. 3),
– das Unternehmen eine wettbewerbsbeschränkende Vereinbarung getroffen hat (Abs. 1 Nr. 4),
– in den Fällen des Vorliegens eines Interessenkonfliktes auf Auftraggeberseite (Abs. 1 Nr. 5) und auf Bieterseite („Projektantenproblematik", Abs. 1 Nr. 6),
– wenn das Unternehmen eine wesentliche Anforderung bei der Ausführung eines früheren öffentlichen Auftrages erheblich oder fortdauernd mangelhaft erfüllt hat und dieses zu einer vorzeitigen Beendigung, zum Schadensersatz oder zu einer vergleichbaren Rechtsfolge geführt hat (Nr. 7),
– das Unternehmen eine schwerwiegende Täuschung gegenüber dem Auftraggeber begangen hat in Bezug auf Ausschlussgründen oder Eignungskriterien, es Auskunft zurückgehalten hat oder nicht in der Lage ist, die erforderlichen Nachweise zu übermitteln (Nr. 8) oder
– sich das Unternehmen wettbewerbswidrig verhalten hat, indem es versucht hat, die Entscheidungsfindung des öffentlichen Auftraggebers in unzulässiger Weise zu beeinflussen oder vertrauliche Informationen zu erhalten, durch die es unzulässige Vorteile beim Vergabeverfahren erlangt hat oder fahrlässig oder vorsätzlich irreführende Informationen übermittelt hat, die die Vergabeentscheidung des öffentlichen Auftraggebers erheblich beeinflussen können oder versucht hat solche Informationen zu übermitteln (Nr. 9).

Von besonderer Bedeutung ist der Ausschlussgrund des Abs. 1 Nr. 4, der wettbewerbsbeschränkenden Abrede. Hier kann es sich zum Beispiel um preisliche Absprachen oder die Ausnutzung eines Angebotskartells handeln.[168] 215

Für die Erfüllung des Tatbestands dieser Norm ist es ausreichend, wenn ein entsprechender Geheimwettbewerb nicht mehr gewährleistet ist. Gibt ein Bieter in Kenntnis des Angebotes eines anderen Bieters ein Angebot ab, kann bereits von einer „preislichen Absprache" gesprochen werden. In diesem Fall wissen die beteiligten Bieter um die spätere Wertungsreihenfolge. Vergaberechtlich verboten ist es daher, wenn sich ein Unternehmen in verschiedenen Konstellationen an einem Ausschreibungsverfahren beteiligt, etwa als 216

---

[168] *OLG Naumburg*, VergabeE C-14–10/00.

Einzelbewerber und Mitglied einer Bietergemeinschaft. In diesem Fall kennt das Unternehmen zwei Angebote, die in einem Ausschreibungsverfahren miteinander konkurrieren. Liegt eine solche Konstellation vor, wären sowohl das Angebot des Bieters als auch das Angebot der Bietergemeinschaft auszuschließen. Bei einer Doppelbeteiligung ist der Geheimwettbewerb als eine tragende Säule des Vergaberechtes nicht gewährleistet,[169] dh es ist davon auszugehen, dass die Bieter die Preise ihrer Angebote kannten, möglicherweise sogar abgesprochen haben. Zulässig ist es aber, zwei Angebote auf verschiedene Lose einer Ausschreibung abzugeben. Auch die Beteiligung eines Bieters als Einzelbieter und als Mitglied einer Bietergemeinschaft, die in derselben Ausschreibung Angebote für verschiedene Lose abgeben, ist möglich.

217 Möglich ist ein Ausschluss auch dann, wenn zwei unterschiedliche Unternehmen, bei denen aber eine Personenidentität in der Gesellschafter- und/oder Geschäftsführerebene vorliegt, ein Angebot auf dieselbe Leistung abgeben.[170] Der Auftraggeber muss prüfen, ob eine wettbewerbsbeschränkende Abrede besteht und die Angebote daher ausgeschlossen werden müssen.

218 Ein Unternehmen kann auch trotz Vorliegen eines Ausschlussgrundes gemäß §§ 123, 124 GWB zum Vergabeverfahren zugelassen werden, wenn dieses Unternehmen eine Selbstreinigung nach § 125 GWB durchgeführt hat. Liegen die Voraussetzungen des § 125 Abs. 1 GWB kumulativ vor, kann auf einen Ausschluss des Bewerbers oder Bieters verzichtet werden. Hierzu muss das Unternehmen zunächst eine Schadenswiedergutmachung geleistet haben, also zB eine Ausgleichszahlung geleistet, zur Aufklärung des Fehlverhaltens beigetragen haben und schließlich technische, organisatorische und personelle Maßnahmen umgesetzt haben.

III. Anforderungen an die Eignungsprüfung

219 Der Auftraggeber ist berechtigt, Kriterien festzulegen, anhand derer er die Eignung der Bieterunternehmen prüft. Dieses können im Bereich der Fachkunde beispielsweise Referenzen sein, im Bereich der Leistungsfähigkeit Bilanzen oder Jahresabschlüsse. Häufig werden auch Unbedenklichkeitsbescheinigungen des Finanzamtes und der Berufsgenossenschaften gefordert. Stets gilt, dass die festgesetzten Eignungskriterien verhältnismäßig und im Hinblick auf den Auftragsgegenstand gerechtfertigt sein müssen. In §§ 44, 45, 46 VgV sind Nachweise aufgeführt, die der Auftragnehmer verlangen darf. Der Auftraggeber ist verpflichtet, die Art der verlangten Nachweise bereits in der Bekanntmachung anzugeben, denn anhand der Bekanntmachung sollen die Bieter entscheiden, ob sie an einem Verfahren überhaupt teilnehmen.

220 Gemäß § 48 Abs. 2 VvG soll der Auftraggeber grundsätzlich Eigenerklärungen der beteiligten Unternehmen fordern. Fordert er Bescheinigungen oder sonstige Nachweise an, soll er solche verlangen, die vom Online-Dokumentenarchiv e-Certis abgedeckt sind. Bestehen Zweifel an der Richtigkeit einer von einem Bieter abgegebenen Eigenerklärung, muss ein Auftraggeber diesen Zweifeln nachgehen. Es ist nicht ausreichend, lediglich die Vollständigkeit der eingereichten Unterlagen zu überprüfen. Zumindest eine Plausibilitätsprüfung, ob die Angaben in der Eigenerklärung zutreffend sind, ist vorzunehmen. Ergeben sich weiterhin Zweifel, muss der Auftraggeber weitere Nachforschungen anstellen.[171]

221 Bei der Prüfung und Feststellung, ob ein Unternehmen geeignet ist, steht dem Auftraggeber ein Beurteilungsspielraum zu, der von den Nachprüfungsinstanzen nur auf Beurteilungsfehler überprüft werden kann.[172] Allerdings kann dieser Beurteilungsspielraum auf

---

[169] *OLG Düsseldorf*, VergabeR 2005, 117; *OLG Jena*, VergabeR 2004, 520.
[170] *VK Lüneburg*, 28.10.2008 – VgK-36/2009 – nv.
[171] *VK Bund*, 24.7.2009 – VK 3-151/09 – nv.
[172] *OLG Celle*, VergabeR 2004, 542.

P. Eignungsanforderungen und Eignungsprüfung

Null reduziert sein, wenn ein Bieter aufgrund fehlender Eignung zwingend vom Wettbewerb auszuschließen ist.[173]

Gem. § 48 Abs. 8 VgV müssen Auftraggeber auch Eignungsnachweise zulassen, die 222 durch Präqualifizierungsverfahren erworben worden sind.

IV. Folgen des Fehlens von Unterlagen

Reicht ein Unternehmen die geforderten Eignungsnachweise nicht vollständig ein, besteht 223 die Möglichkeit des Auftraggebers, diese nachzufordern, siehe § 56 Abs. 2 VgV. Der Auftraggeber hat dabei nach pflichtgemäßem Ermessen zu entscheiden, ob er von seinem Nachforderungsrecht Gebrauch macht. Die Ausübung dieser Entscheidung muss sich im Vergabevermerk nachvollziehen lassen. Gem. § 56 Abs. 2 S. 2 VgV kann der Auftraggeber diese Ermessensentscheidung vorwegnehmen und festlegen, dass er von der Nachforderungsmöglichkeit keinen Gebrauch machen wird. Dieses müsste er bereits in den Vergabeunterlagen niederlegen.

Reicht ein Unternehmen die Unterlagen nach Nachforderung nicht innerhalb der vom 224 Auftraggeber gesetzten Frist ein, unterliegt das Angebot gem. § 57 Abs. 1 Nr. 2 VgV dem Ausschluss. Aufgrund der Verwendung des Wortes „können" liegt es im Ermessen des Auftraggebers, ob er von dieser Nachforderungsmöglichkeit Gebrauch macht. Der Auftraggeber hat dabei nach pflichtgemäßem Ermessen zu entscheiden, ob er von seinem Nachforderungsrecht Gebrauch macht. Zu beachten ist jedoch, dass der Auftraggeber bei der Ausübung einer Nachforderungsmöglichkeit alle Bieter gleich zu behandeln hat. Er kann sein Ermessen nicht dahingehend ausüben, nur von Bieter A einen Nachweis nachzufordern, von Bieter B hingegen nicht. Sowohl die Ausübung als auch das Unterlassen einer Nachforderung ist im Vergabevermerk zu begründen. Die Ausübung dieser Entscheidung muss sich im Vergabevermerk nachvollziehen lassen.

Gem. § 56 Abs. 2 S. 2 VgV kann der Auftraggeber seine Ermessensentscheidung vor- 225 wegnehmen und festlegen, dass er von der Nachforderungsmöglichkeit keinen Gebrauch machen wird. Dieses müsste er bereits in den Vergabeunterlagen niederlegen.

Reicht ein Unternehmen die Unterlagen nach Nachforderung nicht innerhalb der vom 226 Auftraggeber gesetzten Frist ein, unterliegt das Angebot gem. § 57 Abs. 1 Nr. 2 VgV dem Ausschluss.

V. Zeitpunkt für die Beurteilung der Eignung

Im Rahmen eines Ausschreibungsverfahrens kann es vorkommen, dass ein zunächst geeig- 227 neter Bieter später seine Eignung verliert oder Eignungsmerkmale erst zu einem späteren Zeitpunkt vorliegen. Es ist umstritten, welcher Zeitpunkt für die Beurteilung der Eignung maßgeblich ist. Teilweise wird vertreten, die Eignung eines Auftragnehmers müsse erst zum Zeitpunkt der Ausführung des Auftrages vorliegen.[174] Nach einer anderen Auffassung müssen die Kriterien der Fachkunde und der Zuverlässigkeit bereits zum Zeitpunkt der Angebotsabgabe bzw. zum Zeitpunkt der Wertung des Angebotes vorliegen.[175] Nachträglich eintretende Umstände werden bei der Beurteilung nicht berücksichtigt. Die Leistungsfähigkeit hingegen müsse erst zum Zeitpunkt des Auftragsbeginns erfüllt sein.[176] Der Bieter soll nicht bereits vor Auftragserteilung verpflichtet sein, die entsprechenden Gerätschaften und Personal für die Erfüllung des Auftrages vorzuhalten.[177] Allerdings wird man

---

[173] *OLG Düsseldorf*, 16.5.2001, Verg 10/00 – nv.
[174] *OLG Düsseldorf*, 26.3.2012 – VII-Verg 4/12 – nv; *VG Halle*, 22.3.2012 – 3A 157/09 – nv.
[175] *OLG Hamm*, 12.9.2012 – 12 U 50/12 – nv.
[176] *OLG München*, VergabeR 2006, 113.
[177] *OLG München*, VergabeR 2006, 113; *OLG Hamburg*, NZBau 2002, 519.

in einem solchen Fall verlangen müssen, dass der Auftragnehmer erklärt, zum Zeitpunkt des Leistungsbeginns über die erforderlichen Mittel zu verfügen.

228 Fällt nach Eignungsprüfung aber noch vor Zuschlagserteilung eines der Eignungskriterien weg, begründen also Umstände die Annahme, dass das Unternehmen nicht (mehr) geeignet ist, ist das nach allen Auffassungen erheblich.[178] Der Auftraggeber hat in diesem Fall die Wertung zu wiederholen. Ein Vertrauensschutz des Bieters besteht insoweit nicht, da das Interesse der Allgemeinheit daran, dass nur geeignete Unternehmen die Leistungen ausführen, jedes Interesse des Bewerbers überwiegt.

VI. Zurechnung von Leistungsmerkmalen

229 Den Bietern steht bei Vergaben oberhalb der Schwellenwerte die Möglichkeit gemäß § 47 VgV offen, sich in Bezug auf die Leistungsfähigkeit und Fachkunde auf Fähigkeiten anderer Bieter zu berufen – und zwar unabhängig von der rechtlichen Beziehung dieser Unternehmen untereinander. Voraussetzung ist, dass der Bieter nachweisen kann, über die konkreten Mittel tatsächlich zu verfügen.[179] Die VgV nennt als Möglichkeit des Nachweises die Beibringung einer Verpflichtungserklärung. Durch diese Zurechnungsmöglichkeit können Unternehmen einen Markt erschließen, auf dem sie bisher über keine Erfahrungen verfügen. Auch strengere Eignungsanforderungen können so von neuen oder auch kleinen Unternehmen erfüllt werden. Der Auftraggeber hat im Rahmen der Angebotswertung zu prüfen, ob das Unternehmen, auf dessen Kapazitäten sich der Bieter beruft, tatsächlich die entsprechenden Eignungskriterien erfüllt und keine Ausschlussgründe vorliegen.

230 Eine weitere Möglichkeit für Newcomer, ins Geschäft zu kommen und sich notwendige Referenzen zu verschaffen, besteht darin, Geschäftsführer oder ehemaliges Leitungspersonal anderer Unternehmen „einzukaufen". Die Referenzen können personenbezogen zugerechnet werden, jedenfalls dann, wenn es sich um eine verantwortliche Person (Geschäftsführer, Bereichsleiter) handelt.

Q. Eingang der Angebote/formale Prüfung der Angebote

231 Wenn die Angebote eingegangen sind, werden sie im sog. Submissionstermin geöffnet. In vielen landesrechtlichen Bestimmungen ist vorgesehen, dass kein externer Berater bei der Öffnung der Angebote anwesend sein darf.

232 Gemäß § 55 Abs. 2 VgV sind im Submissionstermin mindestens zwei Vertreter des Auftraggebers anwesend. Diese öffnen die Angebote und dokumentieren die eingegangenen Angebote. Die Teilnahmeanträge und Angebote werden auf Vollständigkeit und fachliche Richtigkeit, Angebote zudem auf rechnerische Richtigkeit geprüft, § 56 Abs. 1 VgV. Ferner muss geprüft werden, ob einer der Ausschlussgründe des § 57 Abs. 1 VgV vorliegt. So sind Angebote auszuschließen, die nicht form- oder fristgerecht eingegangen sind, sofern der Bieter die Ursachen der Verspätung bzw. der fehlenden Ordnungsgemäßheit zu vertreten hat. Ferner sind Angebote auszuschließen, die nicht unterschrieben sind, bei denen Änderungen des Bieters an seinen Eintragungen nicht zweifelsfrei sind und bei denen Änderungen oder Ergänzungen an den Verdingungsordnungen vorgenommen worden sind. Danach erfolgt die Wertung der Angebote gemäß §§ 57 Abs. 1, 60, 58 VgV.

---

[178] *OLG Düsseldorf,* VergabeR 2005, 374; *OLG Düsseldorf,* 25.4.2012 – VII-Verg 61/11 – nv; *BayObLG,* VergabeR 2004, 87.
[179] *OLG Düsseldorf,* 28.6.2006 – Verg 18/06 – nv.

R. Ausschlussgründe

In der VgV und auch im übrigen Vergaberecht existieren zwingende und fakultative Ausschlussgründe. Zwingende **Ausschlussgründe** sind solche, bei denen ein Fehler zum zwingenden Ausschluss führt, ohne dass der Auftraggeber darauf einen Einfluss hätte.[180] Bei fakultativen Ausschlussgründen steht dem Auftraggeber ein Ermessens- bzw. Beurteilungsspielraum zu, ob er tatsächlich einen Ausschluss vornehmen will.[181]   233

I. Fakultative Ausschlussgründe

Fakultative Ausschlussgründe finden sich vor allem in § 124 GWB (siehe oben). In diesem Fall steht der Vergabestelle ein Ermessen zu, ob sie einen Ausschluss vornimmt oder das Angebot wertet. Im Einzelfall und unter Beachtung des Gleichbehandlungsgrundsatzes kann dieses Ermessen aber auf Null reduziert sein, sodass auch ein fakultativer Ausschlussgrund zu einem zwingenden wird.[182]   234

II. Zwingende Ausschlussgründe

Zwingende Ausschlussgründe sind vor allem in § 123 GWB (siehe oben) und in § 57 Abs. 1 VgV vorgesehen. Liegen diese Tatbestände vor, hat der Auftraggeber das Bieterunternehmen auszuschließen, und zwar auch dann, wenn der Auftraggeber zunächst den Ausschlussgrund übersehen hat und erst in einer späteren Phase des Ausschreibungsverfahrens auf diesen zurückkommt.[183] Ein schützenswertes Vertrauen des Bieters entsteht wegen des Gleichbehandlungsgrundsatzes insoweit nicht.[184]   235

Folgende zwingenden Ausschlussgründe werden in § 57 Abs. 1 Nr. 1–6 VgV genannt: 236

1. Nicht form- und fristgerechte Angebote (Nr. 1)

Verspätet oder nicht formgerecht eingegangene Angebote sind gem. § 57 Abs. 1 Nr. 1 VgV auszuschließen. Die Vergabestelle hat keine Möglichkeit, verspätete Angebote zuzulassen.[185] Eine Ausnahme ist nur möglich, wenn das Angebot des Bieters bereits in den Machtbereich des Auftraggebers gelangt ist und dieser die Weiterleitung verzögert.[186] Mit der elektronischen Übermittlung der Angebote sind die bisherigen Fallkonstellationen der verzögerten Übermittlung durch Botendienste nicht mehr relevant.   237

2. Fehlen der geforderten oder der nachgeforderten Unterlagen (Nr. 2)

Ein Angebot unterliegt dem zwingenden Ausschluss, wenn die Angebote nicht die geforderten oder nachgeforderten Unterlagen enthalten. Zu den unter dieser Norm genannten Unterlagen zählen alle Dokumente, die die Eignung oder das Angebot selbst betreffen, wie zum Beispiel Eigenerklärungen, Angaben, Bescheinigungen oder sonstige Nachweise.[187]   238

Grundsätzlich ist dieser Ausschlussgrund als zwingender Ausschlussgrund statuiert. Jedoch wird in § 57 Abs. 2 VgV festgelegt, dass ein Auftraggeber Erklärungen und Nach-   239

---

[180] Müller-Wrede/*Soudry*, § 57 VgV Rn. 13.
[181] Reidt/Stickler/Glahs/*Ley*, § 124 GWB Rn. 1.
[182] Reidt/Stickler/Glahs/*Ley*, § 124 GWB Rn. 226.
[183] *OLG Saarbrücken*, 5.7.2006 – 1 Verg 1/06 – nv; *OLG Schleswig*, 30.6.2005 – 6 Verg 5/05 – nv.
[184] *OLG Düsseldorf*, 30.6.2004 – VII – Verg 22/04 – nv; *OLG Jena*, BauR 2000, 388.
[185] *OLG Celle*, VergabeR 2007, 650, 652.
[186] *VK Sachsen*, 29.9.1999 – 1 VK 16/99 – nv.
[187] Müller-Wrede/*Soudry*, § 57 VgV Rn. 58.

weise, die bis zum Ablauf der Angebotsfrist nicht vorgelegt wurden, bis zum Ablauf einer zu bestimmenden Nachfrist nachfordern kann. Der Gleichbehandlungsgrundsatz kann zu einer Ermessensreduktion auf Null und damit zu einer Pflicht zur Nachforderung führen. Dieses wird zB dann der Fall sein, wenn bei zwei Bietern die gleichen Nachweise fehlen. Hier wird im Rahmen der Gleichbehandlung gefordert werden müssen, entweder beide Nachweise nachzufordern oder keinen.[188]

240 Praxistipp:

Das Zusammenspiel von Ermessensentscheidungen auf der einen Seite und dem Gleichbehandlungsgrundsatz auf der anderen Seite führt im Vergaberecht häufig zu Risiken. Dies gilt auch für die Nachforderungsmöglichkeit des § 56 Abs. 2 VgV. Entscheidet sich der Auftraggeber, nur einzelne Nachweise einzelner Bieter nachzufordern, könnten sich andere Bieter auf den Standpunkt stellen, es läge ein Verstoß gegen den Gleichbehandlungsgrundsatz vor. Entscheidet sich der Auftraggeber daher, von der Nachforderungsmöglichkeit Gebrauch zu machen, sollte er bei allen Bietern gleichermaßen alle Unterlagen nachfordern. In jedem Fall ist die Entscheidung des „Ob" und des Umfangs der Nachforderung ausführlich im Vergabevermerk zu begründen.

241 In der VgV ist keine Frist vorgegeben, innerhalb derer die Nachforderung zu erfolgen hat. Die Festlegung einer angemessenen Nachfrist liegt daher ebenfalls im Ermessen des Auftraggebers. Allerdings ist zu beachten, dass es sich um eine Nachfrist handelt, die Bieter also bereits Gelegenheit hatten, die entsprechenden Unterlagen beizubringen.

242 Nicht nachgefordert werden dürfen gem. § 56 Abs. 3 VgV fehlende Preisangaben. Dieses würde das Wettbewerbsergebnis verfälschen. Etwas anderes gilt nach § 56 Abs. 3 S. 2 VgV jedoch für unwesentliche Einzelpositionen, deren Einzelpreise den Gesamtpreis nicht verändern oder die Wertungsreihenfolge oder den Wettbewerb nicht beeinträchtigen. In diesem Fall können diese Angaben ebenfalls nachgefordert werden. In der ersten Alternative muss sich die Einzelposition aus einem ebenfalls abgegebenen Gesamtpreis rechnerisch ermitteln lassen. In der zweiten Alternative darf die fehlende Angabe keine wettbewerbliche Relevanz haben. Die Nachforderung dieser Einzelposition darf nicht dazu führen, dass sich die Wertungsreihenfolge nach Berücksichtigung der Einzelposition verschiebt. Im Ergebnis muss es sich also wirklich um eine Unachtsamkeit gehandelt haben, so dass eine Nachforderung lediglich die Vervollständigung im formalen Sinne, nicht jedoch der Ergänzung eines angebotenen Preises darstellt.

3. Fehlen einer Unterschrift bzw. einer elektronischen Signatur (§ 57 iVm § 53 Abs. 6 VgV)

243 Ein Angebot ist gemäß § 57 Abs. 1 iVm § 53 Abs. 6 VgV auszuschließen, wenn die Unterschrift bzw. die elektronische Signatur fehlt. Die Erteilung des Zuschlages stellt zivilrechtlich die Annahme eines Angebotes dar. Dieses kann selbstverständlich nur erfolgen, wenn das Angebot des Bieters rechtsverbindlich ist. Hierzu bedarf es aber einer Unterschrift.[189]

4. Änderungen des Bieters an seinen Eintragungen (Nr. 3)

244 Nimmt der Bieter Änderungen an seinen Eintragungen vor und ist nicht ersichtlich, welche Eintragung gelten soll, bedingt dieses den zwingenden Ausschluss des Bieters gemäß § 57 Abs. 1 Nr. 3 VgV. Vorsicht ist daher bei Verwendung von Tipp-Ex geboten.

---

[188] *OLG Frankfurt a. M.*, 6.3.2006 – 11 Verg 11/05 – nv.
[189] *OLG Jena*, BauR 2000, 388.

5. Änderungen oder Ergänzungen an den Verdingungsunterlagen (Nr. 4)

Einen zwingenden Ausschlussgrund stellt es auch dar, wenn der Bieter an den Vergabeunterlagen Änderungen oder Ergänzungen vornimmt. Ein häufiges Beispiel ist, dass der Auftraggeber im Leistungsverzeichnis ein Produkt oder eine Leistung fordert, die auf dem Markt nicht mehr zu beschaffen ist und der Bieter sich nicht anders zu helfen weiß, als diese Position durchzustreichen und die „richtige" Bezeichnung einzufügen. Dieses Vorgehen führt zum Ausschluss des Angebots des Bieters, denn es liegt eine Änderung an den Verdingungsunterlagen vor. Vielmehr müsste der Bieter im Rahmen einer Rüge den Auftraggeber hierauf hinweisen und eine Abänderung der Ausschreibungsunterlagen verlangen. In dem Moment, in dem der Bieter eigenmächtig Änderungen vornimmt, unterliegt sein Angebot dem Ausschluss.[190]

245

6. Nicht zugelassene Nebenangebote und Nebenangebote, die die verlangten Mindestanforderungen nicht erfüllen (Abs. 1 Nr. 6 und Abs. 2)

Gemäß § 35 Abs. 1 VgV hat der Auftraggeber anzugeben, ob Nebenangebote zugelassen sind. Fehlt eine entsprechende Angabe, sind Nebenangebote nicht zugelassen. Der Auftraggeber ist verpflichtet, dennoch angebotene Nebenangebote auszuschließen, auch wenn ihm das Nebenangebot grundsätzlich zusagt. Ebenfalls sind Nebenangebote auszuschließen, die die in den Ausschreibungsunterlagen geforderten Mindestanforderungen nicht erfüllen.

246

S. Zuschlag und Vorabinformation gemäß § 134 GWB

I. Bedeutung des Zuschlages

Die Zuschlagserteilung ist in § 58 VgV, § 127 GWB geregelt. Die Bedeutung des Zuschlags ist von erheblicher Bedeutung, da mit dem **Zuschlag** das Vergabeverfahren beendet ist und ein vergaberechtlicher Rechtsschutz nicht mehr in Anspruch genommen werden kann. Die Vergabeentscheidung des Auftraggebers steht damit fest. Umstritten ist, ob der Zuschlag auch gleichbedeutend mit dem Abschluss des zivilrechtlichen Vertrages ist. Dieses ist einzelfallabhängig zu entscheiden. Bei einigen Ausschreibungsverfahren muss nach der Zuschlagserteilung noch ein entsprechender Vertrag unterzeichnet werden, in anderen Verfahren bilden Ausschreibungsunterlagen und Angebot des Bieters die Vertragsgrundlage.

247

Nach Ablauf der Bindefrist ist der Bieter an sein Angebot nicht mehr gebunden. Die von dem Auftraggeber festgesetzte Bindefrist ist daher als Annahmefrist im Sinne des § 148 BGB zu verstehen.[191] Solange die Bindefrist läuft, kommt der Vertrag zustande, indem der Auftraggeber den Zuschlag erteilt. Ist diese Frist hingegen abgelaufen, stellt der Zuschlag des Auftraggebers rechtlich ein neues Angebot im Sinne des § 150 Abs. 1 BGB dar, das vom Bieter ausdrücklich angenommen werden muss.[192] In diesen Fällen weichen Zuschlag und Vertragsabschluss rechtlich voneinander ab.

248

---

[190] *BayObLG*, VergabeR 2005, 74; *OLG Koblenz*, ZfBR 2005, 208.
[191] Müller-Wrede/*Soudry*, § 57 VgV Rn. 46.
[192] *OLG Naumburg*, VergabeE C-14-11/04 – nv; *OLG Frankfurt a. M.*, 5.8.2003 – 11 Verg 1/02 – nv; *BayObLG*, NZBau 2000, 49.

II. Bedeutung des § 134 GWB

249 Um den Bietern eine Rechtsschutzmöglichkeit gegen eine beabsichtigte Zuschlagserteilung an ein drittes Unternehmen zu gewähren, sieht § 134 GWB für Vergaben oberhalb der Schwellenwerte vor, dass sämtliche unterlegenen Bieter vor Zuschlagserteilung über die beabsichtigte Vergabe zu informieren sind. Der Auftraggeber ist nach Absendung der Vorabinformation gemäß § 134 GWB für 15 Tage gehindert, den Zuschlag zu erteilen. Die Frist beginnt am Tag nach der Absendung der Vorabinformation, auf den Zugang beim Bieter kommt es nicht an. Gemäß § 134 Abs. 2 S. 3 GWB wird diese Frist auf 10 Kalendertage verkürzt, wenn die Vorabinformation per Fax oder auf elektronischem Wege versendet wird. Dieses wird der Regelfall sein. Führt der Auftraggeber dennoch vor Ablauf dieser Frist oder gar ohne ein Vorabinformationsschreiben einen Zuschlag herbei, ist der Vertrag gemäß § 135 GWB von Anfang an unwirksam.

250 Ein Nachprüfungsverfahren ist vor Zuschlagserteilung, also innerhalb der Wartefrist von zehn bzw. 15 Kalendertagen ab Absendung der Vorabinformation anzustrengen. Die Zustellung eines Nachprüfungsantrags beim Auftraggeber bewirkt wiederum ein Zuschlagsverbot, § 169 Abs. 1 GWB.

251 Die inhaltlichen Anforderungen an das Schreiben nach § 134 GWB sind gering. Nach § 134 Abs. 1 GWB soll der Auftraggeber über den Namen des Unternehmens, dessen Angebot angenommen werden soll, über die Gründe der vorgesehenen Nichtberücksichtigung des unterlegenen Angebots und über den frühesten Zeitpunkt des Vertragsschlusses unverzüglich in Textform informieren.[193] Selbst wenn aber die Informationsschreiben unvollständig sind, etwa der Grund der Nichtberücksichtigung nicht mitgeteilt wird, führt dies in der Regel nicht zur Unwirksamkeit der Vorabinformation, sondern nur zu einer Pflicht des Auftraggebers, seine Angaben zu ergänzen. Eine nachträgliche Heilung von Mängeln ist möglich.[194] Hat die Vorabinformation ihren Zweck erfüllt, nämlich die Information darüber, dass ein anderer Bieter bezuschlagt werden soll, ist dies ausreichend, um die Frist von 10 bzw. 15 Tagen in Gang zu setzen. Der Bieter sollte daher bei jeder Vorabinformation, die er erhält, und sei sie noch so fehlerhaft, Rechtsschutz in Anspruch nehmen, da ansonsten die Gefahr eines wirksamen Zuschlages besteht.

III. Nichtigkeitsgründe, §§ 134, 138 BGB

252 Neben einer Unwirksamkeit nach § 135 Abs. 1 GWB kann der Zuschlag auch gemäß § 134 BGB oder § 138 BGB nichtig sein. Dabei ist zu beachten, dass die vergaberechtlichen Normen keine gesetzlichen Normen im Sinne des § 134 BGB darstellen.[195] Ein Verstoß gegen vergaberechtliche Vorschriften stellt daher keinen Verstoß gegen ein gesetzliches Verbot dar.

253 Zur Nichtigkeit des Vertrages kann aber ein Verstoß gegen § 138 BGB führen. Nach dieser Vorschrift ist ein Rechtsgeschäft, das gegen die guten Sitten verstößt, nichtig und damit unwirksam. Allerdings wird nach der Rechtsprechung eine Sittenwidrigkeit nicht bereits dann angenommen, wenn der Auftraggeber den Zuschlag erteilt hat, obwohl ihm bekannt war, dass das Vergaberecht nicht oder nicht richtig angewendet worden ist. Eine sittenwidrige Vorgehensweise nur einer Vertragspartei reicht zur Annahme der Nichtigkeit nicht aus.[196] Erforderlich ist, dass der subjektive Tatbestand der Sittenwidrigkeit bei allen Vertragsparteien vorliegt. Das bedeutet, ein solcher Fall tritt erst dann ein, wenn Auftraggeber und Auftragnehmer kollusiv zusammenwirken und im Wege einer gezielten Schädigung des Wettbewerbs einen Vertrag schließen, obwohl dieser vergaberechtskonform nicht

---

[193] *VK Nordbayern*, 18.1.2011 – 21.VK-3194-36/11 – nv.
[194] *VK Sachsen*, 27.1.2003 – 1/SVK/123-02 – nv.
[195] *OLG Düsseldorf*, VergabeR 2004, 260ff.
[196] *OLG Celle*, 25.8.2005 – 13 VerG 8/05 – nv; *OLG Brandenburg*, 29.1.2002 – VerG W 8/01 – nv.

hätte geschlossen werden dürfen. Darüber hinaus wird verlangt, dass sich der Auftraggeber der Vergabepflichtigkeit bewusst ist bzw. sich einer entsprechenden Kenntnis verschließt. Nachvollziehbare Rechtsirrtümer sind unschädlich.[197]

T. Aufhebung der Ausschreibung

Neben dem Zuschlag kann auch die **Aufhebung der Ausschreibung** ein Vergabeverfahren beenden. Eine rechtmäßige Aufhebung bedarf eines der Aufhebungsgründe des § 63 VgV. Darüber hinaus ist eine Aufhebung auch dann möglich, wenn die Vergabestelle endgültig von einer Vergabe Abstand nimmt.[198] In diesem Fall können aber Schadensersatzansprüche der Bieter entstehen. 254

I. Aufhebungsgründe

In § 63 VgV sind verschiedene Aufhebungsgründe statuiert. Nach § 63 Abs. 1 Nr. 1–4 VgV dürfen Vergabeverfahren aufgehoben werden, wenn
– kein Angebot eingegangen ist, das den Bedingungen entspricht,
– sich die Grundlage des Vergabeverfahrens wesentlich geändert hat,
– kein wirtschaftliches Ergebnis erzielt wurde,
– andere schwerwiegende Gründe bestehen. 255

1. Allgemeines

Eine Aufhebung ist nur unter den in § 63 Abs. 1 VgV abschließend aufgezählten Gründen rechtmäßig.[199] Nur nachträgliche, nicht vorhersehbare Umstände oder solche, die der Auftraggeber zum Zeitpunkt der Einleitung des Vergabeverfahrens auch bei pflichtgemäßer Sorgfalt nicht hätte erkennen können, können als Gründe einer rechtmäßigen Aufhebung herangezogen werden.[200] Gemäß § 63 Abs. 1 VgV ist auch eine Teilaufhebung möglich. Da die Aufhebung den Ausnahmefall darstellen soll, sind die Aufhebungstatbestände des § 63 Abs. 1 VgV eng auszulegen.[201] 256

2. Kein den Ausschreibungsbedingungen entsprechendes Angebot (Nr. 1)

Gemäß § 63 Abs. 1 Nr. 1 VgV kann eine Ausschreibung aufgehoben werden, wenn kein den Bewerbungsbedingungen entsprechendes Angebot eingegangen ist, folglich kein Angebot vorliegt, das wertbar ist. Nicht wertbare Angebote sind solche, die ausgeschlossen werden müssen oder bei denen ein Zuschlag aufgrund der fehlenden Eignung des Bieters nicht möglich ist. Ebenfalls fallen Angebote, die nicht bezuschlagt werden dürfen, da ein unangemessenes Missverhältnis zwischen Leistung und Preis vorliegt, unter diesen Tatbestand.[202] 257

---

[197] Siehe zB *OLG Düsseldorf*, 30.4.2008 – Verg 23/08 – nv.
[198] *BGH*, VergabeR 2003, 313, 316; *BGH*, VergabeR 2003, 163, 165; *Müller-Wrede/Lischka*, VgV § 63 Rn. 21.
[199] *Müller-Wrede/Lischka*, VgV § 63 Rn. 25.
[200] *BGH*, VergabeR 2003, 163, 164; *BGH*, NJW 1998, 3636, 3637.
[201] *BGH*, NJW 1998, 3636, 3637.
[202] *Müller-Wrede/Lischka*, VgV § 63 Rn. 30.

3. Wesentliche Änderung der Grundlagen des Vergabeverfahrens (Nr. 2)

258 Ein Aufhebungsgrund liegt gemäß § 63 Abs. 1 Nr. 2 VgV vor, wenn sich die Grundlagen des Vergabeverfahrens wesentlich geändert haben und ein Zuschlag auf die ursprünglichen Ausschreibungsbedingungen nicht mehr möglich ist. Nicht zulässig ist eine Aufhebung nach § 63 Abs. 1 Nr. 2 VgV, wenn dem Auftraggeber nach Angebotserhalt gewahr wird, dass die eingegangenen Angebote die von ihm für die Vergabe bereitgestellten Haushaltsmittel überschreiten bzw. die Finanzierung ungesichert ist. Die Bieter können darauf vertrauen, dass ein Auftraggeber ein Vergabeverfahren nur einleitet, wenn er die Kosten für die Vergabe auch tragen kann.[203]

4. Kein wirtschaftliches Ergebnis (Nr. 3)

259 Gemäß § 63 Abs. 1 Nr. 3 VgV kann ein Vergabeverfahren aufgehoben werden, wenn die Ausschreibung zu keinem wirtschaftlichen Ergebnis geführt hat. Das Ergebnis eines Vergabeverfahrens ist dann nicht wirtschaftlich, wenn keines der Angebote ein günstiges Preis-Leistungs-Verhältnis bietet. Allerdings muss zur Vermeidung von Manipulationsgefahren eine nicht nur unerhebliche Unwirtschaftlichkeit gegeben sein.[204] Voraussetzung für die Begründung dieses Aufhebungsgrundes ist, dass der Auftraggeber eine belastbare Kostenschätzung angestellt hat.[205] Reichen die ihm daraufhin zugewiesenen Finanzmittel nicht, liegt ein Aufhebungsgrund vor.[206]

5. Andere schwerwiegende Gründe (Nr. 4)

260 Liegt keiner der aufgeführten Aufhebungsgründe vor, kann der Auffangtatbestand des § 63 Abs. 1 Nr. 4 VgV zum Tragen kommen. Danach ist eine Aufhebung des Vergabeverfahrens auch bei Vorliegen anderer schwerwiegender Gründe möglich. Diese Vorschrift ist als Ausnahmetatbestand eng auszulegen. Die anderen schwerwiegenden Gründe müssen in ihren Voraussetzungen und ihrem Gewicht den in § 63 Abs. 1 Nr. 1 bis Nr. 3 VgV aufgeführten Aufhebungsgründen gleichkommen.

II. Folgen einer Aufhebung

261 Die Aufhebung einer Ausschreibung bringt das Vergabeverfahren zum Abschluss, und zwar unabhängig davon, ob die Aufhebung rechtmäßig oder rechtswidrig war. Eine wirksame, aber rechtswidrige Aufhebung kann durch den Auftraggeber bzw. die Nachprüfungsinstanz wieder aufgehoben und das Verfahren an dem Punkt, an dem es sich vor der Aufhebung befunden hat, fortgeführt werden.[207]

262 Der Auftraggeber ist verpflichtet, seine Aufhebungsentscheidung zu dokumentieren, § 8 Abs. 2 Nr. 8 VgV. Nach § 63 Abs. 2 VgV ist er verpflichtet, den an dem Verfahren beteiligten Bietern die Aufhebung und die für die Aufhebung maßgeblichen Gründe mitzuteilen.

III. Aufhebung der Aufhebung durch die Vergabekammer

263 Den Bietern steht gegen die Aufhebung einer Ausschreibung Rechtsschutz zu den Vergabekammern zu. Die Vergabekammern sind berechtigt, die Rechtmäßigkeit der Aufhebung

---

[203] *BGH* zur VOB/A, VergabeR 2003, 163, 164.
[204] Müller-Wrede/*Lischka*, VgV § 63 Rn. 49.
[205] *OLG Frankfurt a. M.*, 28.6.2005 – 11 Verg 21/04 – nv.
[206] Müller-Wrede/*Lischka*, VgV § 63 Rn. 56.
[207] *BGH*, VergabeR 2003, 313, 315; *OLG Bremen*, VergabeR 2003, 175, 177.

einer Ausschreibung zu überprüfen und im Falle der Unrechtmäßigkeit die Wiederaufnahme des Verfahrens anzuordnen.[208] Die Anordnung der Fortführung des Verfahrens kann allerdings nur bei einer fortbestehenden Vergabeabsicht des Auftraggebers erfolgen.[209] Hat der Auftraggeber seine Vergabeabsicht endgültig aufgegeben, dann liegt uU zwar keine rechtmäßige Aufhebung vor, ein Kontrahierungszwang des Auftraggebers besteht aber nicht.[210] Der Auftraggeber macht sich allenfalls schadensersatzpflichtig.

Vor Einleitung eines Nachprüfungsverfahrens gegen die Aufhebung der Ausschreibung ist die Aufhebung der Ausschreibung gegenüber dem Auftraggeber zu rügen. Als Besonderheit ist in einem solchen Fall im Sinne einer „doppelten Rügeobliegenheit" zusätzlich auch die Durchführung eines etwaig neu eingeleiteten Vergabeverfahrens zu rügen.[211]

264

IV. Aufgabe der Vergabeabsicht

Eine Aufhebung der Ausschreibung ist auch dann möglich, wenn der Auftraggeber seine Vergabeabsicht endgültig aufgibt, er also endgültig und definitiv von dem ausgeschriebenen Vorhaben Abstand nimmt.[212] Ein Auftraggeber darf nicht gezwungen werden, einen Vertrag abzuschließen, den er nicht abschließen will. Über diese Möglichkeit versuchen Auftraggeber häufig, sich von einem unliebsamen Ausschreibungsergebnis zu lösen, etwa weil die Angebote insgesamt seine Erwartungen in preislicher Hinsicht nicht erfüllen oder der ihm genehme Bieter nicht zum Zuge kommt. In diesen Fällen versuchen sie, auf ein Verhandlungsverfahren ohne öffentlichen Teilnahmewettbewerb zurückzugreifen und dann im Wege der Verhandlungen den Preis weiter zu drücken bzw. den genehmen Bieter zu bezuschlagen. Dieses stellt eindeutig einen Verstoß gegen das Wettbewerbsprinzip und den Gleichbehandlungsgrundsatz dar und ist unzulässig. Leitet der Auftraggeber alsbald nach der Aufhebung ein neues Vergabeverfahren ein, ohne dass der Auftragsgegenstand verändert worden ist, so besteht der Vergabewille unstreitig fort.[213] Liegt eine erhebliche Abänderung der Art oder des Umfangs der Leistung vor, etwa wenn das ursprüngliche Vorhaben wegen fehlender Finanzmittel nicht realisiert werden kann, dann besteht der Vergabewille nicht fort.[214] In diesen Fällen ist es dem Auftraggeber aber untersagt, auf das Verhandlungsverfahren ohne öffentlichen Teilnahmewettbewerb zurückzugreifen. Er muss ein ganz neues Vergabeverfahren durchführen, unter Einhaltung sämtlicher Fristen, sämtlicher Veröffentlichungspflichten und vor allem unter Berücksichtigung des Vorrangs des offenen bzw. nicht offenen Verfahrens.

265

V. Beantragung der Aufhebung des Vergabeverfahrens

In einem Nachprüfungsverfahren kann auch ein Bieter die Aufhebung des Vergabeverfahrens beantragen. Ist die Ausschreibung mit so erheblichen Mängeln behaftet, dass eine Heilung nicht in Betracht kommt, stellt die Aufhebung der Ausschreibung manchmal das einzige Mittel dar, um einen vergaberechtskonformen Zustand herzustellen. Die Vergabekammer kann die Aufhebung der Ausschreibung als letztes Mittel anordnen.[215]

266

---

[208] *BGH,* VergabeR 2003, 313, 314.
[209] *BGH,* VergabeR 2003, 313, 316.
[210] *BGH,* VergabeR 2003, 163, 165; *OLG Düsseldorf,* ZfBR 2004, 202, 203.
[211] *OLG Koblenz,* VergabeR 2003, 448, 459; *VK Sachsen,* 10.5.2006 – 1/SVK/037-06 – nv.
[212] *OLG Düsseldorf,* 3.1.2005 – Verg 72/04 – nv.
[213] *VK Rheinland-Pfalz,* 10.10.2003 – VK 19/03 – nv.
[214] *OLG Celle,* VergabeR 2003, 455.
[215] *OLG Naumburg,* VergabeR 2004, 634, 641.

VI. Schadensersatzansprüche

267 Liegt eine rechtswidrige Aufhebung oder eine Aufhebung nach § 63 Abs. 1 Nr. 4 VgV vor, können dem Bieter Schadensersatzansprüche nach § 181 GWB oder aus § 311 Abs. 2 BGB zustehen. Der Schadensersatzanspruch nach § 181 GWB erstreckt sich auf das negative Interesse. Hierunter fallen lediglich die Kosten für die Vorbereitung des Angebotes und die Teilnahme an einem Vergabeverfahren. Bei einem Anspruch aus § 311 Abs. 2 BGB ist in der Regel auch nur das negative Interesse zu ersetzen. Ausnahmsweise kann aber auch der Ersatz des positiven Interesses in Betracht kommen, wenn der gleiche Auftragsgegenstand später erneut vergeben wird, obwohl das erste Verfahren aufgehoben worden ist. Allerdings ist zusätzliche Voraussetzung, dass der Bieter in dem ursprünglichen Verfahren den Zuschlag erhalten hätte, also das wirtschaftlichste Angebot abgegeben hat.[216]

U. Bietergemeinschaften

I. Begriff der Bietergemeinschaft

268 Eine **Bietergemeinschaft** ist der Zusammenschluss mehrerer Unternehmen, die sich an einem Ausschreibungsverfahren beteiligen und im Falle der Auftragserteilung eine Arbeitsgemeinschaft (ARGE) bilden. Die Bietergemeinschaft wird in der Regel als GbR an den Markt treten, da eine Gesellschaftsgründung in Form einer GmbH in dem frühen Stadium der Bewerbung um einen Auftrag zu aufwändig wäre. Daher bestimmt § 43 Abs. 3 VgV, dass der Auftraggeber bei einer Bietergemeinschaft eine bestimmte Rechtsform nur für den Fall der Auftragserteilung verlangen darf. Dieses steht ebenfalls unter dem Vorbehalt, dass die vorgegebene Rechtsform für die Durchführung des Auftrages notwendig ist. Bietergemeinschaften sind wie Einzelbewerber zu behandeln, § 43 Abs. 2 VgV.

II. Einsatzmöglichkeiten der Bietergemeinschaft

269 Die Einsatzmöglichkeiten für die Bildung von Bietergemeinschaften sind vielfältig. Kleinere und mittlere Unternehmen neigen dazu, sich in Bietergemeinschaften zusammenzuschließen, wenn der durchzuführende Auftrag von ihnen allein nicht geleistet werden kann. In diesem Fall stellt die Bildung einer Bietergemeinschaft ein Instrument zur Mittelstandsförderung dar. Auch bei fachübergreifenden Aufträgen ist die Bildung einer Bietergemeinschaft sinnvoll und häufig vom Auftraggeber gewollt, denn die Abstimmungsproblematiken bei der Ausführung von Leistungen fallen dann in den Risikobereich der Bietergemeinschaft.

270 Verfügt ein Unternehmen nicht über die hinreichende Eignung zur Durchführung eines Auftrages, stellt die Bietergemeinschaft eine Möglichkeit dar, sich Eignungsmerkmale eines anderen Unternehmens zurechnen zu lassen.[217] Mittlerweile hat dieser Einsatzbereich der Bietergemeinschaft an Bedeutung verloren, da § 47 VgV bestimmt, dass sich ein Unternehmen zum Nachweis der Leistungsfähigkeit und Fachkunde auch auf die Fähigkeiten anderer Unternehmen berufen kann, unabhängig von der Bindung an dieses Unternehmen.

271 Im Hinblick auf Referenzen stellt die Bietergemeinschaft eine gute Möglichkeit dar, den Markteintritt für Newcomer zu fördern. Newcomer, die sich mit einem erfahrenen Unternehmen zusammenschließen, können sich bei der Bewerbung auf die Referenzen

---

[216] *BGH*, VergabeR 2004, 480, 482; *BGH*, VergabeR 2003, 163, 165.
[217] *OLG Naumburg*, 13.4.2007 – 1 Verg 1/07 – nv.

des erfahrenen Unternehmens berufen[218] und bei einem Nachfolgeauftrag dann selbst die Referenz der Bietergemeinschaft als eigene Referenz angeben.

III. Voraussetzungen der Bietergemeinschaft

Die Bildung einer Bietergemeinschaft ist wegen § 1 GWB nur möglich, wenn ein Unternehmen allein die Leistung nicht erbringen kann. Seit einer Entscheidung des OLG Düsseldorf von 2011[219] sind die Voraussetzungen, die an die Bildung einer Bietergemeinschaft gestellt werden, wieder erhöht worden. Grundsätzlich verstößt die Bildung einer Bietergemeinschaft zwischen Unternehmen, die grundsätzlich zueinander im Wettbewerb stehen, gegen das Kartellverbot des § 1 GWB, wonach insbesondere Vereinbarungen zwischen Unternehmen, die eine Verhinderung, Einschränkung oder Verfälschung des Wettbewerbs bezwecken oder bewirken, verboten sind. Bisher wurde die Vereinbarung von Bietergemeinschaften auch zwischen Unternehmen, die untereinander im Wettbewerb stehen, grundsätzlich für zulässig gehalten, wenn ein Unternehmen die Leistung allein nicht erbringen konnte oder sich aus dem Zusammenschluss Vorteile ergaben.[220] In der Praxis kam es daher so gut wie nie vor, dass die Bildung einer Bietergemeinschaft für unzulässig erklärt wurde, denn Synergieeffekte ließen sich stets begründen. Das OLG Düsseldorf hat in der zitierten Entscheidung diese Anforderungen nunmehr verschärft. Danach muss sowohl eine objektive als auch eine subjektive Komponente erfüllt sein, um bei gleichartigen Unternehmen die Bildung einer Bietergemeinschaft für zulässig zu erklären. Einen schädigen Einfluss auf den Wettbewerb habe die Bietergemeinschaft dann nicht, wenn objektiv die beteiligten Unternehmen ein jedes für sich zu einer Teilnahme an der Ausschreibung und einem eigenständigen Angebot aufgrund ihrer betrieblichen oder geschäftlichen Verhältnisse, zB im Hinblick auf Kapazitäten, technische Einrichtungen und/oder fachliche Kenntnisse nicht in der Lage wären und erst der Zusammenschluss zu einer Bietergemeinschaft sie in die Lage versetzt, sich daran zu beteiligen.[221] In subjektiver Hinsicht muss hinzukommen, dass die Zusammenarbeit eine Unternehmensentscheidung ist, die zweckmäßig und kaufmännisch vernünftig ist.[222] Nach Ansicht des erkennenden Senats wird in einem solchen Fall durch die Zusammenarbeit der Wettbewerb nicht beschränkt, sondern aufgrund des gemeinsamen Angebotes gestärkt. Denn bei einem unterstellten Fehlen eines Zusammenschlusses würde überhaupt kein Angebot eingehen. Hinter dieser Zulässigkeitsvoraussetzung steht der Gedanke, dass man einen größtmöglichen Wettbewerb erhalten möchte und ein solcher nicht gewährleistet ist, wenn sich insbesondere große Unternehmen zu einer Bietergemeinschaft zusammenschließen. Kann die Bietergemeinschaft keine Gründe für ihren Zusammenschluss darlegen, ist ein Ausschluss der Bietergemeinschaft vom Wettbewerb wegen einer wettbewerbsbeschränkenden Verhaltensweise möglich.[223]

Praxistipp:
Bei der Bildung einer Bietergemeinschaft muss der Berater sowohl bei der Beratung auf Auftraggeber- als auch auf Bieterseite die Rechtsprechung kennen und auf etwaige Risiken hinweisen.

---

[218] *OLG Naumburg,* 13.4.2007 – 1 Verg 1/07 – nv.
[219] *OLG Düsseldorf,* 9.11.2011 – Verg 35/11 – nv.
[220] *OLG Frankfurt a. M.,* 27.6.2003 – 11 Verg 2/03 – nv; *VK Sachsen,* 19.7.2006 – 1/SVK/059-06 – nv; *BGH,* BauR 1984, 302.
[221] *OLG Düsseldorf,* 9.11.2011 – Verg 35/11 – nv.
[222] *OLG Düsseldorf,* 9.11.2011 – Verg 35/11 – nv.
[223] *OLG Frankfurt a. M.,* 27.6.2003 – 11 Verg 2/03 – nv; *OLG Koblenz,* VergabeR 2005, 527.

IV. Abgabe von Angeboten

274 Gem. § 53 Abs. 9 VgV haben Bietergemeinschaften in ihrem Angebot die Mitglieder der Bietergemeinschaft anzugeben sowie eines der Mitglieder als bevollmächtigten Vertreter für den Abschluss und die Durchführung des Vertrages zu benennen. In den meisten Ausschreibungsunterlagen ist daher eine Bietergemeinschaftserklärung enthalten, die mit Abgabe des Angebotes abgegeben werden muss und in welcher die Mitglieder der Bietergemeinschaft und ein Vertreter der Bietergemeinschaft zu benennen sind. Weiterhin wird in der Regel die Erklärung verlangt, dass die Mitglieder der Bietergemeinschaft gesamtschuldnerisch haften.

275 Unzulässig ist es, sich als Mitglied einer Bietergemeinschaft und als Einzelbieter auf eine Ausschreibung zu bewerben, jedenfalls dann, wenn es sich um dasselbe Los handelt. Bei unterschiedlichen Losen der gleichen Ausschreibung ist die Doppelbeteiligung möglich. Da es sich bei der Bietergemeinschaft um eine GbR handelt, kann bei einer unzulässigen Doppelbeteiligung ein Schadensersatzanspruch der übrigen Mitglieder der Bietergemeinschaft gegen das Bietergemeinschaftsmitglied entstehen.

V. Rechtschutz

276 Die Bietergemeinschaft muss Rechtschutz vor den Vergabekammern stets im Namen der Bietergemeinschaft in Anspruch nehmen.[224] Dies gilt auch für die Rügen. Liegt eine Vertretungserklärung vor, dann muss das Mitglied, das zur Vertretung der Bietergemeinschaft berechtigt wurde, im Namen und in Vollmacht der Bietergemeinschaft rügen bzw. den Nachprüfungsantrag stellen.[225] Zum Teil soll diese Verpflichtung so weit gehen, dass sogar Rügen von Einzelbietern, die vor Bildung der Bietergemeinschaft beim Auftraggeber eingegangen sind, von der Bietergemeinschaft wiederholt werden müssen.[226]

VI. Nachträgliche Bildung einer Bietergemeinschaft

277 Strittig ist, ob eine Bietergemeinschaft nachträglich gebildet werden kann, also nach Angebotsabgabe, aber vor Zuschlagserteilung.[227] Grundsätzlich wird dieses von den Vergabekammern und -senaten verneint, und zwar sowohl im offenen als auch im nicht offenen Verfahren. Denn das Verbot der Änderung von Angeboten umfasst auch die Identität des Bieters und damit die Zusammensetzung von Bietergemeinschaften.[228] Diskutiert wird die Möglichkeit eines späteren Zusammenschlusses jedoch für den Fall, dass beide Unternehmen am Wettbewerb beteiligt waren.[229] Gelegentlich wird dieses Instrument eingesetzt, wenn der Zweitbietende einen Nachprüfungsantrag stellt und sich die beiden Unternehmen im Nachprüfungsverfahren dergestalt vergleichen, dass sie den Auftrag nunmehr in einer Bietergemeinschaft durchführen. Hiergegen könnte streng genommen ein drittes

---

[224] *OLG Düsseldorf*, 13.3.2005 – Verg 101/04 – nv.
[225] Nach einer Entscheidung des *OLG Hamburg* sind einzelne Mitglieder einer Bietergemeinschaft dann antragsbefugt, wenn andere Mitglieder sich aus übergeordneten Gründen nicht an dem Nachprüfungsverfahren beteiligen wollen. Der Nachprüfungsantrag muss sich dann jedoch auf den Erhalt des Auftrages an die Bietergemeinschaft richten, *OLG Hamburg*, ZfBR 2004, 296, 297.
[226] *VK Sachsen*, 24.5.2007 – 1/SVK/029-07 – nv.
[227] *OLG Düsseldorf*, 24.5.2005 – Verg 28/05 – nv; *VK Saarland*, 9.3.2007 – 3 VK 1/2007 – nv; *Weyand*, IBR-Online-Kommentar, § 8 VOB/A Rn. 3839; dafür: *VK Lüneburg*, 12.6.2007 – VgK 23/2007 – nv, die bei einer Änderung der Zusammensetzung einer Bietergemeinschaft eine erneute Prüfpflicht hinsichtlich der Eignung durch den Auftraggeber statuiert.
[228] *OLG Düsseldorf*, 26.1.2005 – VII-Verg 45/04 – nv.
[229] *VK Südbayern*, 17.7.2001 – 23-06/01 – nv; für unzulässig halten dies wegen einer Beeinträchtigung des Wettbewerbs die *VK Hessen*, 30.7.2008 – 69 D-VK-34/08 – nv und *VK Bund*, 30.5.2006 – VK 2-29/06 – nv.

Unternehmen Vorbehalte geltend machen, da insoweit Zweifel an der Zulässigkeit der Bildung einer Bietergemeinschaft bestehen, da beide Unternehmen bereits vorher als Einzelbieter bewiesen haben, dass sie in der Lage sind, den Auftrag zu erfüllen. Selbstverständlich gilt bei einer nachträglichen Bildung einer Bietergemeinschaft der Preis des wirtschaftlichsten Angebotes.

V. Nebenangebote

I. Begriff der Nebenangebote

Unter einem **Nebenangebot**[230] versteht man ein Angebot, das eine andere als die in der Ausschreibung vorgesehene Art der Ausführung umfasst, aber das mit der Ausschreibung vorgesehene Ziel erreicht.[231] Durch die Möglichkeit, Nebenangebote abzugeben, macht sich der Auftraggeber das Know-how des Auftragnehmers zunutze, denn über das Nebenangebot kann der Auftragnehmer eine Leistung anbieten, an die der Auftraggeber möglicherweise nicht gedacht hat, etwa weil ihm die Erfahrung auf dem entsprechenden Gebiet fehlt. Als Hauptangebot kann das Nebenangebot nicht eingereicht werden, da es in diesem Fall den Verdingungsunterlagen nicht entsprechen würde und damit zwingend auszuschließen wäre. 278

Ein fehlerhaftes Hauptangebot kann grundsätzlich nicht als Nebenangebot gewertet werden. Denn an die Nebenangebote sind Mindestanforderungen aufzustellen, die der Bieter in seinem Nebenangebot abbilden muss. Daran wird es bei einem fehlerhaften Hauptangebot fehlen. Weiterhin ergibt sich aus den Ausschreibungsunterlagen häufig, dass Nebenangebote nur in Verbindung mit der Abgabe eines Hauptangebotes zugelassen sind. Daran würde es bei einem fehlerhaften Hauptangebot ebenfalls fehlen. Inhalte eines Nebenangebotes können Abweichungen von der Leistungsausführung sein, zum Beispiel die Ausführung mit einem anderen Softwaresystem, aber auch die Abweichung von vertraglichen Bestimmungen, bspw. Ausführungszeiten, Gewährleistungsfristen oder auch nur Preisnachlässe.[232] Nebenangebote sind auch dann zulässig, wenn bei einer Ausschreibung der Preis das einzige Zuschlagskriterium darstellt, siehe § 35 Abs. 2 S. 3 VgV. 279

II. Zulässigkeit von Nebenangeboten/Mindestanforderungen

1. Bekanntmachung

Gemäß § 35 VgV muss der Auftraggeber in der Bekanntmachung oder den Vergabeunterlagen angeben, ob er Nebenangebote zulässt. Nach der VgV kann diese Angabe zwar erst in den Verdingungsunterlagen erfolgen, das Bekanntmachungsmuster der EU sieht allerdings eine entsprechende Angabe vor. Da bei einem Widerspruch zwischen Ausschreibungsunterlagen und Bekanntmachung die Bekanntmachung vorrangig ist, wird dringend davon abgeraten, Nebenangebote erst durch die Ausschreibungsunterlagen zuzulassen. Hat der Auftraggeber die Zulassung von Nebenangeboten in der Bekanntmachung übersehen, müsste eine Berichtigung der Bekanntmachung durch eine weitere Bekanntmachung erfolgen. Ebenfalls sollte der Auftraggeber angeben, ob das Nebenangebot nur in Verbindung mit einem Hauptangebot abgegeben werden kann. An seine Entscheidung ist der Auftraggeber gebunden und darf wegen des Gleichbehandlungsgrundsatzes nicht mehr davon abweichen. 280

---

[230] *Freise*, NZBau 2006, 548.
[231] *OLG Düsseldorf*, 9.3.2011 – VII-Verg 52/10 – nv; *OLG Saarland*, 13.6.2012 – 1 U 357/11 – nv; *VK Lüneburg*, 2.8.2012 – VgK 24/12 – nv.
[232] *OLG Saarland*, 13.6.2012 – 1 U 357/11 – nv.

2. Mindestanforderungen

281 Gemäß § 57 Abs. 2 VgV ist der Auftraggeber verpflichtet, nur solche Nebenangebote zu berücksichtigen, die die von ihm verlangten Mindestanforderungen erfüllen. Eine vergleichende Wertung der Nebenangebote ist nur möglich, wenn der Auftraggeber angibt, welche Mindestbedingungen ein Nebenangebot erfüllen muss. Werden keine Mindestanforderungen aufgestellt, können Nebenangebote nicht gewertet werden und sind bereits aus formalen Gründen nicht zu berücksichtigen.[233]

282 Es war umstritten, ob die Mindestanforderungen lediglich formaler Natur sein können[234] oder auch technische Mindestanforderungen erforderlich sind.[235] Mittlerweile hat sich in der Rechtsprechung die Auffassung durchgesetzt, dass es sich um leistungsbezogene, technische Mindestanforderungen handeln muss und lediglich formale Mindestanforderungen nicht mehr ausreichend sind.[236] Unter die formalen Voraussetzungen fällt zum Beispiel die Anordnung, dass ein Nebenangebot in einem gesonderten Umschlag einzureichen ist, der als solcher gekennzeichnet wird. Technische Mindestanforderungen wirken sich leistungsbezogen aus, zum Beispiel die Anforderung, dass ein bestimmtes Softwaresystem kompatibel mit einer bereits bestehenden Anlage sein muss.

III. Wertung von Nebenangeboten

283 In einem ersten Schritt ist zu prüfen, ob der Auftraggeber Nebenangebote überhaupt zugelassen hat. Weiter muss das fragliche Nebenangebot die Mindestanforderungen erfüllen und damit gleichwertig mit der ausgeschriebenen Leistung sein. Sind diese Punkte erfüllt, ist das Nebenangebot darauf zu prüfen, ob es ein wirtschaftlicheres Angebot darstellt als die übrigen vorliegenden Angebote, und zwar unter Rückgriff auf die bekannt gemachten Zuschlagskriterien.

W. Vergabevermerk

I. Bedeutung

284 Die Bedeutung der Dokumentation eines Vergabeverfahrens kann gar nicht hoch genug eingeschätzt werden. Sowohl für den Bieter, der ein Vergabeverfahren bzw. einzelne Entscheidungen des Auftraggebers im Vergabeverfahren nachprüfen lassen will, als auch für den Auftraggeber selbst, der sich ggf. Korruptions- oder anderen Vorwürfen ausgesetzt sieht, kann der **Vergabevermerk** bzw. die Dokumentation des Vergabeverfahrens eine entscheidende Rolle spielen. Es ist daher jedem Auftraggeber zu raten, auf eine umfassende und zeitnahe Dokumentation besonderen Wert zu legen. Der Vergabevermerk, also die Dokumentation des Vergabeverfahrens, ist in § 8 VgV und unterhalb der Schwellenwerte in § 6 UVgO geregelt. Die Verpflichtung zur Erstellung einer Dokumentation sowie die Anforderungen an diese in den untergesetzlichen Vorschriften sind Ausfluss des Transparenzprinzips in § 97 Abs. 1 GWB. Es handelt sich hierbei um einen konkretisierten Unterfall der allgemeinen Pflicht der Verwaltung zur Aktenführung. Damit hat der Auftraggeber auch die Grundsätze der Aktenvollständigkeit und Aktenwahrheit zu beachten. Mit anderen Worten: Er darf im Vergabevermerk weder unwahre Behauptungen und Tatsachen aufnehmen, noch für ihn ggf. unangenehme Teile der Vergabeakte weglassen. Die Normen dienen weiterhin dazu, einen wirksamen Rechtsschutz sicherzustellen. Insbesondere

---

[233] *EuGH*, VergabeR 2004, 50.
[234] *OLG Schleswig*, VergabeR 2005, 357; *VK Lüneburg*, 11.1.2005 – 203-VGK-55/04 – nv.
[235] *BayObLG*, VergabeR 2004, 654; *OLG Koblenz*, ZfBR 2006, 813.
[236] *VK Lüneburg*, 25.2.2011 – VgK-70/10 (VgK-72/11) – nv.

durch das Akteneinsichtsrecht gemäß § 165 GWB können Bieter Einblick in den Vergabevermerk nehmen und die Entscheidungen des Auftraggebers nachvollziehen.

Weiterhin wird durch den Vergabevermerk der Vertragsschluss dokumentiert. Dieses kann im weiteren Verlauf der Vertragsabwicklung erhebliche Bedeutung erlangen, insbesondere wenn es sich um Verhandlungsverfahren handelt. Die Dokumentation dient zudem dazu, die haushaltsrechtliche Nachprüfung durch Rechnungsprüfungsämter bzw. durch Fördermittelgeber hinsichtlich der Einhaltung des haushaltsrechtlichen Grundsatzes der Sparsamkeit und Wirtschaftlichkeit zu garantieren. Auch im Zuwendungsbereich stellt der Vergabevermerk für den Zuwendungsempfänger ein wichtiges Instrument des Nachweises der ordnungsgemäßen Anwendung des Vergaberechts dar. Der Vergabevermerk dient der Dokumentation des gesamten Vergabeverfahrens und soll die einzelnen Stufen des Verfahrens, die getroffenen Maßnahmen und die Feststellungen und Begründungen der einzelnen Entscheidungen enthalten. Die Entscheidungen des Auftraggebers sollen nachvollziehbar und überprüfbar sein. Nur so ist ein willkürfreier Wettbewerb garantiert.[237] Für den Auftraggeber dient der Vergabevermerk auch dazu, etwaigen Korruptionsvorwürfen vorzubeugen. Bei einer ordnungsgemäßen, lückenlosen und nachvollziehbaren Dokumentation gibt es für Vorwürfe solcher Art keinen Raum.

II. Inhalt

Die vom Auftraggeber zu führende Vergabeakte besteht aus drei Bestandteilen. Zunächst ist gemäß § 8 Abs. 1 VgV eine fortlaufende Dokumentation zu erstellen, die die Meilensteine des Vergabeverfahrens dokumentiert. Darüber hinaus hat der Auftraggeber nach § 8 Abs. 2 VgV einen Vergabevermerk zu fertigen, dessen Mindestinhalte in § 8 Abs. 2 VgV aufgezählt sind. Schließlich sind gem. § 8 Abs. 4 VgV die Angebote, Teilnahmeanträge, Interessenbekundungen, Interessenbestätigungen inklusive Anlagen sowie Kopien von Verträgen ab einem bestimmten Auftragswert, zusammen mit der Dokumentation und dem Vergabevermerk aufzubewahren.

§ 8 Abs. 1 VgV ordnet die Dokumentation des Vergabeverfahrens an, soweit das „für die Begründung von Entscheidungen" erforderlich ist. In § 8 Abs. 1 VgV werden als in die Dokumentation aufzunehmende Vorgänge als Beispiele die gesamte Kommunikation mit den Unternehmen samt interner Beratung, die Vorbereitung der Auftragsbekanntmachung und der Vergabeunterlagen, Öffnung der Angebote, Teilnahmeanträge und Interessenbestätigungen, die Verhandlung und die Dialoge mit den teilnehmenden Unternehmen sowie die Gründe für Auswahlentscheidungen und den Zuschlag genannt. Auch die Verhandlungen und der Dialog mit den Bewerbern sollten umfassend im Verhandlungsprotokoll dokumentiert werden.

Die Dokumentation ist in Textform gem. § 126b BGB zu erstellen. In § 8 Abs. 2 VgV greift der Verordnungsgeber den Begriff des „Vergabevermerks" wieder auf, so wie er in den europäischen Richtlinien vorgesehen ist. Der Vergabevermerk gem. Abs. 2 ist Bestandteil der Dokumentation. Das bedeutet, neben den Inhalten nach § 8 Abs. 1 VgV sind in der Dokumentation des Vergabeverfahrens im Rahmen eines Vergabevermerks auch die Mindestanforderungen des Absatz 2 Nr. 1–12 aufzunehmen. Da der Wortlaut der Bestimmung ausdrücklich von Mindestinhalten spricht, ist davon auszugehen, dass im Bedarfsfall weitere Inhalte in den Vergabevermerk aufzunehmen sind. Ausweislich der Verordnungsbegründung muss der Vergabevermerk den vorgegebenen Mindestinhalt entweder direkt aufführen oder die entsprechenden Inhalte durch Bezugnahme auf beigefügte Anlagen kenntlich machen.

Bei den Angaben in § 8 Abs. 2 VgV handelt es sich überwiegend um Entscheidungen und Maßnahmen, bei denen dem Auftraggeber ein Beurteilungs- und Ermessensspiel-

---

[237] *OLG Düsseldorf,* 14.8.2003 – VII Verg 46/03 – nv.

raum zusteht wie zB die Darstellung der berücksichtigten oder abgelehnten Bewerber und den Gründen für ihre Auswahl bzw. Ablehnung. Sollten also über die Mindestangaben hinaus weitere Entscheidungen in den Vergabevermerk aufgenommen werden, müssten dieses wohl solche sein, bei denen dem Auftraggeber ebenfalls ein Wertungsspielraum zukommt. Die Detailtiefe des Vergabevermerks bestimmt sich vor dem Hintergrund des Transparenzgrundsatzes und des Gleichbehandlungsgebotes. Die in § 8 VgV aufgezählten Inhalte müssen in jedem Fall enthalten sein. Grundsätzlich ist darüber hinaus jede wesentliche Entscheidung des Auftraggebers und jeder Verfahrensschritt festzuhalten.[238] Bei Vorliegen von Beurteilungsspielraum und Ermessen besteht eine besondere Dokumentationspflicht, so dass insbesondere die Wertungsentscheidungen detailliert zu dokumentieren sind. In einem Nachprüfungsverfahren muss sich der Auftraggeber die Ausführungen des Vergabevermerks zurechnen lassen. Zu dokumentieren ist das gesamte Vergabeverfahren von der Feststellung des Beschaffungsbedarfes bis zur Zuschlagserteilung.

290 **Praxistipp:**

Der Berater sollte hier besonderes Augenmerk darauf legen, dass die Formulierungen des Vergabevermerks unzweifelhaft sind und bei Beurteilungs- und Ermessensfragen hinreichende Begründungen vorliegen. Ein Fehler in der Dokumentation ist ein ärgerlicher Fehler und kann im Ergebnis für den Auftraggeber und damit auch für den Berater unliebsame Konsequenzen nach sich ziehen, etwa dann, wenn ein Verfahrensabschnitt wiederholt werden muss oder gar das gesamte Verfahren aufgehoben wird.[239]

III. Zeitpunkt für die Erstellung des Vergabevermerks

291 Die Dokumentation gem. Abs. 1 hat von Beginn an zu erfolgen. Ein Vergabeverfahren beginnt in der Regel mit der nach außen tretenden Bekanntmachung des Vergabeverfahrens. Allerdings sind nach dem Wortlaut des § 8 Abs. 1 VgV auch der Bekanntmachung zeitlich vorgelagerte Verfahrensschritte wie zB die Vorbereitung der Auftragsbekanntmachung oder der Vergabeunterlagen zu dokumentieren. Der Wortlaut des § 8 Abs. 1 VgV ist daher dahingehend zu verstehen, dass eine Dokumentation ab der Entscheidung eines Auftraggebers, eine Beschaffung durchzuführen bzw. ab Feststellung des Beschaffungsbedarfs zu erfolgen hat. Die Dokumentation ist fortlaufend zu führen. Ausweislich der Begründung zu § 8 VgV unterscheidet sich die Dokumentation insoweit vom Vergabevermerk in Abs. 2. Denn dieser kann auch nach Abschluss des Vergabeverfahrens erstellt werden, während die Dokumentation im Laufe des Vergabeverfahrens geführt werden muss. In der Praxis wird der Vergabevermerk oft unzureichend geführt und muss, wenn ein Nachprüfungsantrag eingereicht wird, schnell ergänzt werden. Die Vergabekammer fordert nach Eingang eines Nachprüfungsantrages die Vergabeakten beim Auftraggeber an.

IV. Aufbewahrungspflicht, § 8 Abs. 4 VgV

292 Gem. § 8 Abs. 4 VgV besteht eine Aufbewahrungspflicht der Unterlagen gemäß Abs. 1, Abs. 2 und Abs. 4 für die Laufzeit des Vertrages, mindestens aber für drei Jahre ab dem Tag des Zuschlags. Aufzubewahren sind die Dokumentation gem. Abs. 1, der Vergabevermerk gem. Abs. 2, die Angebote, Teilnahmeanträge, Interessensbekundungen, Interessensbestätigungen und ihre Anlagen sowie Kopien aller abgeschlossenen Verträge, die mindestens einen Auftragswert von 1.000.000 EUR im Falle von Liefer- oder Dienstleistungsaufträgen und 10.000.000 EUR im Falle von Bauaufträgen haben.

---

[238] Müller-Wrede/*Fülling*, VgV § 8 Rn. 19.
[239] *VK Lüneburg*, 10.3.2003 – 203 – VGK-01/2003 – nv.

V. Rechtsfolge eines Verstoßes gegen die Dokumentationspflicht

Ein Nachprüfungsantrag kann nur dann auf einen Dokumentationsmangel gestützt werden, wenn sich dieser Mangel auf die subjektive Rechtsstellung des Antragstellers im Vergabeverfahren nachteilig ausgewirkt hat.[240] Ansonsten fehlt der für die Antragsbefugnis erforderliche Schaden. Umstritten ist in der Rechtsprechung und Literatur, ob Dokumentationsmängel im Nachprüfungsverfahren geheilt werden können. Eine Ansicht vertritt die Auffassung, eine Heilung sei nicht möglich. Zur Begründung führt sie an, andernfalls würde Bedeutung und Funktion des Vergabevermerks entwertet. Der Auftraggeber müsse auf eine ordnungsgemäße Dokumentation keinen Wert mehr legen, wenn diese im Nachprüfungsverfahren ohnehin ergänzt werden könne. Ebenfalls würden so Manipulationsmöglichkeiten Tür und Tor geöffnet, wenn im Nachhinein entsprechende Begründungen nachgeholt werden können. Die Gegenmeinung[241] lässt eine Heilung in engen Grenzen zu. Sie beruft sich insbesondere auf den Beschleunigungsgrundsatz und die Konzentrationsmaxime, die im Vergabenachprüfungsverfahren gelten. Eine Heilung wird insbesondere dann für zulässig erachtet, wenn eine Wiederholung des Verfahrensabschnittes genauso durchgeführt würde wie vorher und einzig die Dokumentation ergänzt würde.[242] Der BGH[243] lässt eine Heilung von Dokumentationsmängeln im Einzelfall im Hinblick auf die Schwere des Dokumentationsmangels zu. Aufgrund des Beschleunigungsgrundsatzes sei eine Wiederholung eines Verfahrensabschnitts nur erforderlich, wenn die Berücksichtigung der nachgeschobenen Dokumentation lediglich im Nachprüfungsverfahren nicht ausreiche, um eine wettbewerbskonforme Auftragserteilung zu gewährleisten.

Eine lückenhafte Dokumentation kann zu Beweiserleichterungen des Bieters führen. Der Auftraggeber muss bei Fehlen von dokumentierten Vorgängen den „bösen Anschein" der Vergabeakte widerlegen.

Sind Dokumentationsfehler so schwerwiegend, dass auch nach einer Zurückversetzung des Vergabeverfahrens keine vergaberechtskonforme Vergabe möglich ist, kommt als ultima ratio die Aufhebung des Vergabeverfahrens aufgrund von Dokumentationsmängeln in Betracht.[244]

X. Projektantenproblematik und Einsatz externer Berater

I. Begriff

Nicht selten ist bei einem Auftraggeber nicht ausreichend Know-how vorhanden, um komplexe Vergabeverfahren selbst durchführen zu können. Dieses betrifft sowohl den rechtlichen als auch den technischen Bereich. Es werden externe Berater eingesetzt.

II. Grundsatz der Eigenverantwortlichkeit

Der Auftraggeber ist verpflichtet, Entscheidungen im Vergabeverfahren selbst zu treffen. Er darf diese Entscheidungen nicht auf Dritte verlagern. Es gilt der Grundsatz der Eigenverantwortlichkeit des Auftraggebers.[245] Da der Auftraggeber aber möglicherweise nicht in der Lage ist, die Gründe für seine Entscheidungen zu erfassen, darf er sich zur Vorbereitung von Entscheidungen oder zur Erstellung der Leistungsbeschreibung externer Berater

---

[240] *OLG Düsseldorf* 17.3.2004, Verg 1/04.
[241] ZB *VK Rheinland-Pfalz*, 10.10.2014 – VK 1-25/14.
[242] *OLG Düsseldorf*, 23.3.2011 – VII Verg 63/10.
[243] *BGH*, 8.2.2011 – X ZB 4/10.
[244] *VK Sachsen*, 12.3.2003 – 1/SVK/010-03 – nv; *VK Sachsen-Anhalt*, 23.7.2004 – 1 VK LVwA 31/04 – nv.
[245] *VK Baden-Württemberg*, 10.1.2011 – 1 VK 69/10 – nv.

bedienen. Die letztliche Entscheidungsgewalt und Ausübung muss aber beim Auftraggeber liegen.

III. Beteiligung von Projektanten am Wettbewerb

298 Externe Berater möchten sich häufig auch an dem anschließenden Vergabeverfahren beteiligen. Durch eine umfangreiche Befassung mit dem Ausschreibungsthema und der Erstellung der Leistungsbeschreibung kann sich ein Wettbewerbsvorsprung einstellen, da der Berater einen deutlichen Informationsvorsprung besitzt. Darüber hinaus besteht die Gefahr, dass er das spätere Vergabeverfahren bei der Erstellung der Leistungsbeschreibung bereits zu seinen Gunsten beeinflusst. Dennoch ist in der Rechtsprechung, insbesondere des EuGH[246], anerkannt, dass ein grundsätzliches Beteiligungsverbot von **Projektanten** am Vergabeverfahren nicht zulässig ist, sondern stets eine Einzelfallentscheidung erfolgen muss. Selbst wenn eine Wettbewerbsverzerrung möglich wäre, ist der Auftraggeber zunächst verpflichtet, diese auf andere Weise als durch den Ausschluss des Projektanten zu beheben[247], etwa durch den Ausgleich eines etwaigen Informationsvorsprungs. Nur wenn keine anderen Maßnahmen in Betracht kommen, hat ein Ausschluss des Projektanten gem. § 124 Abs. 1 Nr. 6 GWB vom späteren Vergabeverfahren zu erfolgen. Voraussetzungen eines solchen Ausschlusses sind gem. § 7 Abs. 1 VgV:
(1) Unternehmen oder in Verbindung stehendes Unternehmen (VgV)
(2) Handlung: Beratung des Auftraggebers oder Beteiligung auf andere Art und Weise
(3) Zeitpunkt: Beratung oder Beteiligung auf andere Art und Weise an der Vorbereitung des Vergabeverfahrens
(4) Spätere Teilnahme des Unternehmens am Vergabeverfahren
(5) Gefahr der Wettbewerbsverzerrung bzw. Verfälschung.

299 Als Rechtsfolge ist der Auftraggeber zunächst verpflichtet, sicherzustellen, dass der Wettbewerb durch den Einsatz von Projektanten nicht verfälscht wird, § 7 Abs. 1 VgV bzw. § 5 Abs. 1 UVgO. Nur wenn es keine andere Möglichkeit als den Ausschluss des Projektanten gibt, um eine Wettbewerbsverfälschung zu vermeiden, kann dieser erfolgen. Dem auszuschließenden Unternehmen ist gem. § 7 Abs. 3 VgV vor der Ausschlussentscheidung die Möglichkeit zu geben, nachzuweisen, dass seine Beteiligung an der Vorbereitung des Vergabeverfahrens den Wettbewerb nicht verzerren kann. Die Tätigkeit des Projektanten sollte daher sorgfältig dokumentiert werden[248] und im Falle, dass der Projektant das wirtschaftlichste Angebot abgegeben hat, sorgfältig geprüft werden, ob dieses aus dem Umstand resultiert, dass der Projektant möglicherweise aufgrund der Vorbefassung einen Informations- und Wettbewerbsvorteil hatte.[249] Diese Prüfung und das Ergebnis der Prüfung sind im Vergabevermerk ebenfalls umfassend zu dokumentieren.

Y. Rechtschutz

I. Einführung

300 Das Vergaberecht verfügt im Bereich oberhalb der Schwellenwerte über ein eigenes Rechtsschutzsystem bei den Vergabekammern und den Vergabesenaten der Oberlandesgerichte. Der Rechtschutz im Vergaberecht ist daher in zwei Anwendungsbereiche zu unterteilen, unterhalb und oberhalb der Schwellenwerte. Darüber hinaus umfasst der Rechtschutz im Vergaberecht zwei Bereiche, den Primärrechtsschutz und den Sekundär-

---

[246] *EuGH*, 3.3.2005 – C-21/03 und C-34703 – nv.
[247] Müller-Wrede/*Voigt*, VgV § 7 Rn. 53.
[248] *VK Bund*, NZBau 2001, 228, 231.
[249] Müller-Wrede/*Voigt*, VgV § 7 Rn. 55.

rechtschutz. Der Primärrechtsschutz ist auf Erteilung des Zuschlages gerichtet, während der Sekundärrechtsschutz Schadensersatzansprüche bei fehlerhaften Vergaben umfasst. Unterhalb der Schwellenwerte wird die Zuständigkeit der Vergabekammern für den Primärrechtsschutz verneint. Es war lange Zeit umstritten, ob bei Unterschwellenvergaben eine Zuständigkeit des Verwaltungsgerichtes oder des Zivilgerichtes gegeben ist. Nach einer Entscheidung des Bundesverwaltungsgerichtes[250] ist das Zivilgericht zuständig, da die Zwei-Stufen-Theorie auf den Bereich des Vergaberechtes keine Anwendung finde. Sowohl Vertragsanbahnung als auch Vertragsabschluss seien zivilrechtliche Vorgänge. Nach dieser Entscheidung ist jedoch noch nicht geklärt, welcher Rechtsweg gegeben ist, wenn nicht der Abschluss eines zivilrechtlichen Vertrages, sondern der Abschluss eines öffentlich-rechtlichen Vertrages gewollt ist, auf dessen Abschluss das Vergaberecht ja auch anwendbar ist. Es ist davon auszugehen, dass in diesem Fall die Verwaltungsgerichte zuständig sind.[251] Der Sekundärrechtsschutz ist sowohl bei Vergaben unterhalb als auch oberhalb der Schwellenwerte vor den Zivilgerichten zu suchen.

II. Das Nachprüfungsverfahren: Primärrechtsschutz bei der Vergabekammer

Das **Nachprüfungsverfahren** ist ein eigenes Rechtsschutzverfahren, das bei der Vergabe 301
öffentlicher Aufträge oberhalb der Schwellenwerte anwendbar ist. Die erste Instanz bilden die Vergabekammern, die zweite Instanz die Vergabesenate bei den Oberlandesgerichten. Gegen die Entscheidungen des Oberlandesgerichtes ist keine weitere Instanz vorgesehen. Der BGH wird mit vergaberechtlichen Fragestellungen im Wege der Divergenzvorlage gemäß § 179 Abs. 2 GWB unterschiedlicher OLG-Senate befasst. Ausnahmsweise entscheidet das Bundesverfassungsgericht, wenn Verfassungsbeschwerden gegen die Entscheidungen der OLG-Senate erhoben werden.

Bei der Vergabekammer handelt es sich um eine Behörde, die mit gerichtsähnlichen 302
Kompetenzen ausgestattet ist.[252] Die Entscheidung der Vergabekammer ergeht durch Beschluss und hat die rechtliche Qualität eines Verwaltungsaktes. Die Entscheidungsfrist für die Vergabekammer ist mit 5 Wochen gemäß § 167 GWB ab Eingang des Nachprüfungsantrages sehr kurz. Diese Frist darf die Vergabekammer aber verlängern. In der Praxis wird von dieser Möglichkeit häufig Gebrauch gemacht. Vor der Vergabekammer besteht kein Anwaltszwang. Die Vergabekammer unterliegt dem Amtsermittlungsgrundsatz.

1. Zulässigkeit des Nachprüfungsantrages

Die Zulässigkeitsvoraussetzungen eines Nachprüfungsantrags ergeben sich aus §§ 160 und 303
161 GWB.

a) Antrag

Die Vergabekammer wird nur tätig, wenn ein Nachprüfungsantrag gestellt wird, § 160 304
Abs. 1 GWB.

b) Antragsbefugnis

Der Antragsteller bedarf einer Antragsbefugnis. Diese ist gegeben, wenn er 305
– ein Interesse am Auftrag,
– die Verletzung von eigenen Rechten im Sinne des § 97 Abs. 6 GWB und
– einen drohenden Schaden
geltend machen kann.

---

[250] *BVerwG*, 2.5.2007 – 6 G 10/07 – nv.
[251] *BGH*, 23.1.2012 – XZB 5/11 – nv.
[252] *OLG Düsseldorf*, VergabeR 2001, 154.

306 **aa) Interesse am Auftrag.** Das Interesse am Auftrag dokumentiert der Antragsteller in der Regel durch die Abgabe eines Angebotes.[253] Ausnahmsweise kann auch ein Unternehmen einen Nachprüfungsantrag stellen, wenn es kein Angebot abgegeben hat. In diesem Fall muss es geltend machen, dass es durch den vom Auftraggeber begangenen Verstoß gegen vergaberechtliche Vorschriften an der Angebotsabgabe gehindert war.[254]

307 **bb) Verletzung in eigenen Rechten.** Das Merkmal der Verletzung in eigenen Rechten ist weit auszulegen und dient dazu, Popularklagen zu verhindern. In § 97 Abs. 6 GWB heißt es: *„Unternehmen haben Anspruch darauf, dass die Bestimmungen über das Vergabeverfahren eingehalten werden ...".* Bestimmungen über das Vergabeverfahren sind die Normen der VgV, der EU VOB/A, der SektVO, der VSVgV, der KonzVgV sowie die das Vergabeverfahren betreffenden Gebote des Wettbewerbs, der Transparenz und der Gleichbehandlung. Es muss sich jedoch bei den Bestimmungen über das Vergabeverfahren stets um bieterschützende Vorschriften handeln. Kein Bieter hat einen allgemeinen Anspruch auf Einhaltung aller Vorschriften des Vergaberechtes.[255] Stets muss eine subjektive Betroffenheit vorhanden sein.

308 **cc) Drohender Schaden.** Ein drohender Schaden ist ausgeschlossen, wenn auch unter Vermeidung des gerügten Vergabeverstoßes keine Chance auf die Erteilung des Zuschlages besteht.[256] Dieses ist zum Beispiel gegeben, wenn der Antragsteller ein auszuschließendes Angebot abgegeben hat.[257] Durch die Beseitigung des gerügten Vergabeverstoßes muss sich die Zuschlagschance des Antragstellers zumindest verbessert haben.[258] Ein Bieter, der in der Wertungsreihenfolge sehr weit hinten liegt, wird in der Regel keinen drohenden Schaden geltend machen können. Eine Ausnahme wird gemacht, wenn ein Bieter die Aufhebung der Ausschreibung begehrt.[259] In einem solchen Fall kann sich die Zuschlagschance in einem anschließenden neuen Vergabeverfahren erhöhen.

c) Rüge gemäß § 160 Abs. 3 GWB

309 Das Institut der **Rüge** ist in der vergaberechtlichen Praxis von außerordentlicher Bedeutung. Die Rüge stellt eine Zulässigkeitsvoraussetzung für das Nachprüfungsverfahren dar. Sie ist gegenüber dem Auftraggeber zu erheben und soll ihm die Chance geben, einen Vergabeverstoß abzustellen, bevor ein Nachprüfungsverfahren eingeleitet wird. Die Anforderungen an eine Rüge sind denkbar gering.[260] Die Rüge muss nicht schriftlich erhoben werden; dieses ist aus Beweiszwecken aber zu empfehlen. Ferner ist auch nicht erforderlich, dass das Wort Rüge benutzt wird.[261] Der Bieter muss aber den Sachverhalt und den angeblichen Vergabeverstoß bezeichnen. Darüber hinaus sollte er dem Auftraggeber deutlich machen, dass er die Abstellung des Verstoßes verlangt.[262] Lässt sich der Bieter von einem Anwalt vertreten, sind die Anforderungen an eine Rüge höher als bei einem Unternehmen, das die Rüge selbst verfasst.

310 Die Problematik der Formulierung einer Rüge ergibt sich vor dem Hintergrund, dass Auftraggeber die Erhebung einer Rüge als einen persönlichen Affront aufnehmen und im späteren Vergabeverfahren Entscheidungen zu Lasten des rügenden Unternehmens treffen könnten. Diese Befürchtungen sind nicht grundlos, daher sollte auf die Formulierung ei-

---

[253] *BVerfG*, 29.7.2004 – 2 BvR 2248703 – nv; *BGH*, VergabeR 2007, 59.
[254] *BayObLG*, VergabeR 2003, 345; *OLG Düsseldorf*, VergabeR 2005, 343.
[255] *OLG Jena*, IBR 2007, 391.
[256] *OLG Düsseldorf*, IBR 2006, 356.
[257] *OLG Naumburg*, IBR 2003, 497; *OLG Jena*, VergabeR 2002, 256; *OLG Koblenz*, NZBau 2000, 445.
[258] *BVerfG*, VergabeR 2004, 597.
[259] *BGH*, VergabeR 200X, 59 = NZBau 2006, 800.
[260] *OLG Düsseldorf*, 29.3.2006 – Verg 77/05 – nv; *OLG Dresden*, IBR 2007, 37.
[261] *OLG Düsseldorf*, 29.3.2006 – Verg 77/05 – nv; *OLG Dresden*, IBR 2007, 37.
[262] *OLG München*, VergabeR 2010, 246, 253; *OLG Jena*, 31.8.2009 – 9 Verg 6/09 – nv.

ner Rüge besonderer Wert gelegt werden. In einigen Fällen kann es unter kaufmännischen Gesichtspunkten sogar angeraten sein, auf eine Rüge und damit auf die Möglichkeit eines späteren Rechtschutzes zu verzichten. Fühlt sich ein Unternehmen in hohem Maße ungerecht behandelt und ist abzusehen, dass es Rechtschutz in Anspruch nehmen wird, darf auf die Rüge jedoch in keinem Fall verzichtet werden.

Auch wenn die Anforderungen an die Form der Rüge nicht hoch sind, so sind sie es zumindest bei der Frist. Gem. § 160 Abs. 3 GWB ist die Rüge innerhalb von 10 Kalendertagen ab Erkennen des Verstoßes zu erheben, in den Fällen des Abs. 3 Nr. 2 und Nr. 3 GWB darüber hinaus bis zum Ende der Angebots- bzw. Teilnahmefrist. Die Frist des § 160 Abs. 3 S. 1 Nr. 1 GWB beginnt mit der Kenntnis der Tatsachen, aus denen sich der Vergabeverstoß, also Sachverhalt und rechtliche Bedeutung, ergibt, zu laufen.[263] Zum Beispiel wird ein vermeintlicher Verstoß gegen den Grundsatz der eindeutigen und erschöpfenden Leistungsbeschreibung erkannt, wenn das Bieterunternehmen die Unterlagen erhalten und durchgearbeitet hat. Auf jeden Fall sind verfahrensbezogene Rügen vor Angebotsabgabe zu tätigen. Es ist nicht ausreichend, das Angebot abzugeben und darauf hinzuweisen, dass einzelne Bestimmungen ungerecht sind und daher nicht akzeptiert werden. In diesem Fall würde sich ein Ausschluss des Angebotes wegen Änderungen der Verdingungsunterlagen ergeben. **311**

Gemäß § 160 Abs. 3 Nr. 2 GWB ist ein Nachprüfungsantrag weiterhin unzulässig, wenn es sich bei den zu rügenden Verstößen um solche handelt, die aufgrund der Bekanntmachung erkennbar waren und nicht spätestens bis zum Ablauf der in der Bekanntmachung gesetzten Frist zur Angebotsabgabe oder zur Bewerbung gegenüber dem Auftraggeber gerügt wurden. In dieser Alternative wird auf die Erkennbarkeit und nicht auf das tatsächliche Erkennen abgestellt. Rügt ein Unternehmen folglich nach Ablauf der Angebotsabgabe bzw. Bewerbungsfrist einen vermeintlichen Vergabeverstoß, der bereits aus der Bekanntmachung erkennbar war, ist der Nachprüfungsantrag ebenfalls unzulässig. **312**

Ähnliches gilt für die Präklusionsvorschrift nach § 160 Abs. 3 Nr. 3 GWB. Danach sind Verstöße gegen Vergabevorschriften, die erst in den Vergabeunterlagen erkennbar sind, spätestens bis zum Ablauf der in der Bekanntmachung genannten Frist zur Angebotsabgabe oder zur Bewerbung gegenüber dem Auftraggeber zu rügen. Auch hier kommt es auf die Erkennbarkeit und nicht das tatsächliche Erkennen an. **313**

Jedoch ist in Literatur und Rechtsprechung umstritten, ob für die Frage der Erkennbarkeit ein objektiver oder ein subjektiver Maßstab zu Grunde zu legen ist, es also auf einen durchschnittlichen Antragsteller oder den konkreten Antragsteller, möglicherweise sogar anwaltlich beraten, ankommt.[264] **314**

d) Keine Verfristung gem. § 160 Abs. 3 Nr. 4 GWB

Ein Nachprüfungsantrag ist gem. § 160 Abs. 3 Nr. 4 GWB auch dann unzulässig, wenn dieser mehr als 15 Kalendertage nach Eingang der Mitteilung des Auftraggebers, einer Rüge nicht abhelfen zu wollen, eingeht. Diese Rechtsmittelfrist gilt daher nur für den Fall, dass ein Bieter während des Ausschreibungsverfahrens eine Rüge erhebt und der Auftraggeber dieser nicht abhilft. Diese Fristenregelung führt dazu, dass uU ein Nachprüfungsverfahren einzuleiten ist, bevor die Wertung der Angebote und die Relevanz des gerügten Verstoßes für den Ausgang des Vergabeverfahrens feststehen. Dieses ist für die beteiligten Bieterunternehmen und auch deren Berater keine leichte Situation. Denn sie müssen unter Umständen einen Nachprüfungsantrag stellen, bevor feststeht, ob der Auftraggeber ihr Angebot bezuschlagen würde. Ein gutes Verhältnis zum Auftraggeber und ein möglicherweise erfolgreiches Angebot könnten durch einen „verfrühten" Nachprü- **315**

---

[263] Reidt/Stickler/Glahs/*Reidt,* GWB § 160 Rn. 51.
[264] Für den objektiven Maßstab *OLG Koblenz,* 7.11.2007 – 1 Verg 6/07 – nv; *OLG Düsseldorf,* 12.3.2003 – Verg 49/02 – nv; Reidt/Stickler/Glahs/*Reidt,* GWB § 160 Rn. 58; für den subjektiven Maßstab: *OLG Frankfurt a. M.,* ZfBR 2009, 86, 88; *OLG Düsseldorf,* NZBau 2007, 600, 601.

fungsantrag beschädigt werden. Das Unterlassen eines Nachprüfungsantrages würde jedoch dazu führen, dass der gerügte Verstoß später nicht mehr überprüft werden könnte.

316 Allerdings ist zu beachten, dass diese neu aufgenommene Rechtsmittelfrist vom Gesetzgeber nur unvollständig in das GWB-Vergaberecht übernommen wurde. Da es sich hierbei um eine Rechtsbehelfsfrist handelt, ist auf sie zwingend in der Vergabebekanntmachung hinzuweisen.[265] Unterlässt der Auftraggeber diese Angabe, ist die Frist des § 160 Abs. 3 Nr. 4 GWB nach der Rechtsprechung des OLG Celle[266] unbeachtlich.

317 **Praxistipp:**
Als Berater des Auftraggebers ist darauf hinzuweisen, dass eine Rechtsbehelfsbelehrung in der Bekanntmachung aufgenommen werden muss. Tritt der Berater als Berater des Bieters auf, kann bei einem fehlenden Hinweis in der Vergabebekanntmachung trotz eigentlicher Fristüberschreitung zur Stellung eines Nachprüfungsantrages geraten werden.

e) Kein Zuschlag

318 Ein Nachprüfungsantrag ist nur bis zur Zuschlagserteilung zulässig.[267] Ist der Zuschlag bereits erteilt worden, ist stets zu prüfen, ob dieser wirksam ist. Zweifel könnten sich wegen einer fehlenden Vorabinformation nach § 134 GWB oder aus den Nichtigkeitsgründen der §§ 134, 138 BGB ergeben.

2. Begründetheit des Nachprüfungsantrages

319 Der Nachprüfungsantrag ist begründet, wenn ein Vergaberechtsverstoß vorliegt, der den Antragsteller in seinen Rechten verletzt.

3. Entscheidungsmöglichkeiten der Vergabekammer

320 Nach § 168 GWB soll die Vergabekammer die geeigneten Maßnahmen treffen, um den Verstoß zu beseitigen. Sie ist daher an die Anträge der Parteien nicht gebunden, unterliegt aber dem Verhältnismäßigkeitsgrundsatz.[268] Die Vergabekammer ist keine allgemeine Rechtmäßigkeitskontrollinstanz. Sie wird sich daher an den Anträgen orientieren und nur in Ausnahmefällen Entscheidungen treffen, die darüber hinausgehen. Stehen dem Auftraggeber Beurteilungs- oder Ermessensentscheidungen zu, ist die Vergabekammer nur berechtigt, diese Entscheidungen auf Beurteilungs- oder Ermessensfehler zu überprüfen.[269] Diese Prüfung entspricht der im Verwaltungsrecht und umfasst daher die Frage, ob das Ermessen überhaupt ausgeübt worden ist, ob sachfremde Erwägungen zugrunde gelegt oder ob die Kompetenzen des Auftraggebers überschritten wurden.

4. Wirkungen des Nachprüfungsantrages

321 Mit der Zustellung des Nachprüfungsantrages beim Auftraggeber tritt ein Zuschlagsverbot gemäß § 169 Abs. 1 GWB in Kraft. Wird dennoch ein Zuschlag erteilt, ist dieser gemäß § 134 BGB nichtig.

---

[265] *OLG Celle*, 12.5.2010 – 13 Verg 3/10 – nv; *OLG Celle*, VergabeR 2010, 653, 657; *OLG Düsseldorf*, 9.12.2009 – VII-Verg 37/09 – nv.
[266] *OLG Celle*, 12.5.2010 – 13 Verg 3/10 – nv.
[267] *BGH*, NZBau 2001, 151, 152; *OLG Düsseldorf*, 24.9.2002 – Verg 48/02 – nv.
[268] *OLG Stuttgart*, NZBau 2003, 517; *OLG Düsseldorf*, ZfBR 2003, 721.
[269] Reidt/Stickler/Glas/*Reidt*, GWB § 168 Rn. 16.

5. Beiladung, § 162 GWB

Zum Verfahren vor der Vergabekammer wird jedes Unternehmen, dessen Interessen durch die Entscheidung der Vergabekammer schwerwiegend berührt werden könnten, beigeladen (§ 162 GWB). In der Regel handelt es sich hierbei um das Unternehmen, das den Zuschlag erhalten soll. Der Beigeladene erhält die Stellung eines Verfahrensbeteiligten und kann Anträge stellen, Akteneinsicht nehmen und Rechtsmittel einlegen. Es gilt § 65 VwGO.

322

6. Akteneinsichtsrecht, § 165 GWB

Die Beteiligten im Vergabeverfahren, also in der Regel der Antragsteller und der Beigeladene, haben das Recht, die Vergabeakten einzusehen. Mit der Zustellung des Nachprüfungsantrages fordert die Vergabekammer die Vergabeakten beim Auftraggeber an. Diese beinhalten neben den Angeboten der Bieter auch den Vergabevermerk und sämtliche weiteren Unterlagen, die mit der Vergabe in Zusammenhang stehen. Das **Akteneinsichtsrecht** besteht aber nicht uneingeschränkt. Geschäftsgeheimnisse anderer Beteiligter werden nicht offengelegt. Angebotssummen oder einzelne Merkmale des konkreten Angebotes, wie zum Beispiel Lösungsvorschläge beim wettbewerblichen Dialog, werden nicht zugänglich gemacht. Daher sollten Auftraggeber bereits bei der Abforderung eines Angebotes die Anforderung aufnehmen, dass die Bieter erklären sollen, welche Unterlagen dem Geheimnisschutz unterliegen und daher bei einer etwaigen Akteneinsicht für die übrigen Beteiligten nicht zugänglich sein sollen. § 165 Abs. 3 GWB bestimmt, dass jeder Beteiligte mit Übersendung der Stellungnahmen an die Vergabekammer auf Geheimnisse hinzuweisen hat, die den übrigen Verfahrensteilnehmern nicht zugänglich gemacht werden sollen.

323

> **Praxistipp:**
> Der Berater sowohl des Auftraggebers als auch der eines Bieterunternehmens sollte auf die Kenntlichmachung von Geheimnissen iSv § 165 Abs. 3 GWB sorgfältig hinweisen. Gerade im Gerichtsverfahren kann es vorkommen, dass Unterlagen auf Nachfrage eines Prozessbevollmächtigten ohne weitere Prüfung und ohne vorherige Gelegenheit zur Stellungnahme der anderen Partei weitergegeben werden. Sind die Unterlagen nicht von vornherein als geheim gekennzeichnet, können so unter Umständen Geheimnisse bekannt werden, von denen nicht nur das betreffende Unternehmen nicht möchte, dass sie weitergegeben werden, sondern die darüber hinaus im schlimmsten Fall auch noch das Nachprüfungsverfahren entscheiden. Ebenfalls ist Vorsicht geboten bei der Übersendung von Schriftsätzen samt Anlagen an die jeweilige Nachprüfungsinstanz. Auch hier muss gekennzeichnet werden, dass einzelne Anlagen möglicherweise nicht an den Beigeladenen bzw. Antragsteller weitergegeben werden dürfen.

324

7. Rücknahme des Nachprüfungsantrages

Der Nachprüfungsantrag kann bis zu einer Entscheidung der Vergabekammer zurückgenommen werden. In diesem Fall wird das Nachprüfungsverfahren ohne Sachentscheidung beendet. Es sind von Amts wegen die Kosten der Vergabekammer festzusetzen und über die Kostentragung der Verfahrensbeteiligten sowie über die Notwendigkeit der Hinzuziehung eines Bevollmächtigten zu entscheiden.[270] Im Falle der Rücknahme erfolgt die Entscheidung darüber, wer die Kosten zu tragen hat, nach billigem Ermessen, § 182 Abs. 3 und 4 GWB.[271]

325

---

[270] *VK Schleswig-Holstein*, 19.7.2006 – VK-SH 19/06 – nv.
[271] *BGH*, 25.10.2005 – X ZB 26/05 – nv; *OLG Düsseldorf*, 18.12.2006 – Verg 51/06 – nv.

8. Kosten eines Nachprüfungsverfahrens

326 Der Unterliegende ist verpflichtet, die Kosten der Vergabekammer und der Verfahrensbeteiligten zu tragen. Die Vergabekammer entscheidet auf Antrag über die Notwendigkeit der Hinzuziehung eines Verfahrensbevollmächtigten. In der Regel dürfte der Hinzuziehung eines Bevollmächtigten weder auf Antragsteller- noch auf Antragsgegnerseite etwas entgegenstehen.

327 Der Streitwert in einem Vergabeverfahren beträgt gemäß § 50 Abs. 2 GKG 5% der Brutto-Auftragssumme. Steht eine Auftragssumme nicht fest, kann auch die Angebotssumme, also der Betrag, auf den der Bieter den Zuschlag erhalten hat oder erhalten will, maßgeblich sein. Die Gebühr des Rechtsanwalts richtet sich nach Nr. 2300 VV zu § 2 Abs. 2 RVG.[272]

III. Sofortige Beschwerde gemäß § 171 GWB als zweite Instanz

328 Gegen die Entscheidung der Vergabekammer ist das Rechtsmittel der **sofortigen Beschwerde** zu den Vergabesenaten der Oberlandesgerichte gemäß § 171 ff. GWB gegeben. Die Entscheidung ergeht durch Beschluss. Gegen die Entscheidung des Vergabesenats gibt es kein Rechtsmittel.

1. Zulässigkeit der sofortigen Beschwerde

329 Die sofortige Beschwerde ist innerhalb von zwei Wochen nach Zustellung der Entscheidung der Vergabekammer oder wenn die Vergabekammer nicht innerhalb der Frist des § 167 Abs. 1 GWB entschieden hat, schriftlich zu erheben. Die sofortige Beschwerde muss eine Begründung enthalten, inwieweit die Entscheidung angegriffen wird und die Tatsachen und Beweismittel bezeichnen. Antragsberechtigt sind Antragsteller, Antragsgegner und Beigeladene als Beteiligte des Nachprüfungsverfahrens. In dem Verfahren der sofortigen Beschwerde herrscht Anwaltszwang, außer bei juristischen Personen des öffentlichen Rechts.

2. Begründetheit der sofortigen Beschwerde

330 Erhebt der Antragsteller des Nachprüfungsverfahrens eine sofortige Beschwerde ist diese begründet, wenn der Nachprüfungsantrag (teilweise) zulässig und begründet war. Erheben Antragsgegner oder Beigeladene die sofortige Beschwerde, ist diese begründet, wenn der Nachprüfungsantrag (teilweise) unzulässig und/oder unbegründet war.

3. Beiladung

331 Auch im Verfahren der sofortigen Beschwerde ist eine Beiladung möglich. Diese richtet sich nach den gleichen Grundsätzen wie im Nachprüfungsverfahren.

4. Zuschlagsverbot

332 Die sofortige Beschwerde hat aufschiebende Wirkung gegenüber dem Beschluss der Vergabekammer. Die aufschiebende Wirkung entfällt jedoch zwei Wochen nach Ablauf der Beschwerdefrist, § 173 Abs. 1 S. 2 GWB. Hat die Vergabekammer den Nachprüfungsantrag abgelehnt, kann der Vergabesenat auf Antrag des Beschwerdeführers die aufschiebende

---

[272] *OLG Naumburg*, IBR 2007, 1081; *OLG Schleswig*, 12.1.2007 – 1 Verg 14/05 – nv; *OLG Schleswig*, 5.1. 2007 – 1 Verg 127/06 – nv; *OLG Schleswig*, 12.1.2007 – 1 Verg 14/05 – nv; *OLG Saarland*, 17.8.2006 – 1 Verg 2/06 – nv; *OLG Düsseldorf*, IBR 2006, 1346.

Wirkung der sofortigen Beschwerde bis zur Entscheidung verlängern. Bei einem Unterliegen im Nachprüfungsverfahren muss der Antrag nach § 173 Abs. 1 S. 3 GWB in jedem Fall gestellt werden, da ansonsten der Zuschlag möglich wird. Ergeht ein Zuschlag, wird die sofortige Beschwerde unzulässig. Die Entscheidung über einen Antrag nach § 173 Abs. 1 S. 3 GWB richtet sich nach den Erfolgsaussichten der sofortigen Beschwerde. Geht das Oberlandesgericht davon aus, dass die sofortige Beschwerde unbegründet ist, wird auch der Antrag auf Verlängerung der aufschiebenden Wirkung abgelehnt. Dieser Antrag erlaubt es daher, ein erstes Meinungsbild der Entscheidungsinstanz einzuholen.

IV. Eilverfahren im Vergaberecht

Obwohl die Verfahrensdauer im Vergabeverfahren sehr kurz ist, gibt es sowohl vor der Vergabekammer als auch vor dem Vergabesenat die Möglichkeit, vorläufigen Rechtsschutz in Anspruch zu nehmen. 333

1. Antrag nach § 169 Abs. 2 GWB an die Vergabekammer – vorzeitige Gestattung des Zuschlags

Der Auftraggeber oder das Unternehmen, das den Zuschlag erhalten soll, können bei der Vergabekammer die Gestattung des vorzeitigen Zuschlags beantragen. Die Vergabekammer entscheidet hierüber anhand einer Interessenabwägung, in welche die Erfolgsaussichten des Nachprüfungsantrages, die Gesamtverzögerungen für die Auftragsvergabe durch die Führung des Nachprüfungsverfahrens und die Bedeutung der schnellen Zuschlagserteilung für den Auftraggeber einfließen. 334

2. Antrag nach § 169 Abs. 3 GWB an die Vergabekammer – vorläufige Maßnahmen gegen drohende Rechtsverletzungen

Gemäß § 169 Abs. 3 GWB kann der Antragsteller einen Antrag auf vorläufige Maßnahmen zur Verhinderung einer drohenden Rechtsverletzung stellen. Hierfür ist erforderlich, dass Rechte des Antragstellers aus § 97 Abs. 6 GWB auf andere Weise als durch die drohende Zuschlagserteilung gefährdet sind. Es ist eine Interessenabwägung vorzunehmen, die der Interessenabwägung bei einem Antrag nach § 169 Abs. 2 GWB entspricht. Die Vergabekammer kann die von ihr getroffenen weiteren vorläufigen Maßnahmen nach den Verwaltungsvollstreckungsgesetzen des Bundes und der Länder durchsetzen. Die Maßnahmen sind sofort vollziehbar. 335

3. Anträge nach § 169 Abs. 2 S. 5 bis 7 GWB beim Vergabesenat

Gegen eine Gestattung oder die Ablehnung eines vorzeitigen Zuschlages kann beim Beschwerdegericht ein eigener Antrag gestellt werden. Das Beschwerdegericht kann das Verbot des Zuschlages wiederherstellen oder dem Auftraggeber den sofortigen Zuschlag gestatten. 336

4. Antrag nach § 176 GWB – Vorabentscheidung über den Zuschlag

Nach § 176 GWB dürfen der Auftraggeber und das Unternehmen, das den Zuschlag erhalten soll, die Entscheidung über eine vorzeitige Erteilung des Zuschlags beantragen. Die Erhebung der sofortigen Beschwerde ist Zulässigkeitsvoraussetzung. Das Gericht muss über einen entsprechenden Antrag innerhalb von fünf Wochen entscheiden. Wird der Antrag abgelehnt, gilt das Vergabeverfahren gemäß § 177 GWB zehn Tage nach der Entscheidung als beendet. Der Erfolg des Antrages hängt von den Erfolgsaussichten in der Hauptsache 337 und von einer darüber hinaus gehenden Interessenabwägung zugunsten der Allgemeinheit an der vorzeitigen Zuschlagserstattung ab. Voraussetzung ist ein schriftlicher Antrag mit Begründung und Glaubhaftmachung der vorgetragenen Tatsachen und der Eilbedürftigkeit. Ein Rechtsmittel gegen diese Entscheidung besteht nicht.

V. Primärrechtschutz unterhalb der Schwellenwerte

Literatur:
Antweiler, Chancen des Primärrechtsschutzes unterhalb der Schwellenwerte, VergabeR 2008, 352; *Braun,* Zivilrechtlicher Rechtsschutz bei Vergaben unterhalb der Schwellenwerte, NZBau 2008, 160; *Emme/Schrotz,* Mehr Rechtsschutz bei Vergaben außerhalb des Kartellvergaberechts, NZBau 2012, 216; *Kallerhoff,* Zur Begründetheit von Rechtsschutzbegehren unterhalb der vergaberechtlichen Schwellenwerte, NZBau 2008, 97; *Pietzcker,* Gerichtsschutz im Unterschwellenbereich und Tariftreueklauseln – zwei klärende Entscheidungen des Bundesverfassungsgerichts, ZfBR 2007, 131.

338   Nach der Entscheidung des Bundesverwaltungsgerichtes[273] ist der Rechtsweg zu den Zivilgerichten eröffnet. Da im Vordergrund des Primärrechtsschutzes immer das Verbot des Zuschlages steht, muss vor dem Zivilgericht vorläufiger Rechtsschutz nach §§ 916 ff. ZPO in Anspruch genommen werden. Dieses gilt nicht, wenn Gegenstand der Abschluss eines öffentlich-rechtlichen Vertrages ist. Hier wäre der Weg zu den Verwaltungsgerichten eröffnet. Nach Zuschlagserteilung ist ein Primärrechtsschutz nicht mehr möglich.

VI. Sekundärrechtschutz

339   Hat der Auftraggeber Vergabeverstöße begangen, kann der Bieter Schadensersatzansprüche geltend machen. Das Vergaberecht enthält insoweit eigene Anspruchsgrundlagen, nämlich die §§ 180, 181 GWB. In der Praxis ist § 181 GWB die bedeutendere Vorschrift. Hiernach kann der Bieter die Angebotserstellungskosten ersetzt verlangen, wenn der Auftraggeber gegen eine den Schutz von Unternehmen bezweckende Vorschrift verstoßen hat und das Unternehmen ohne diesen Verstoß bei der Wertung eine echte Chance gehabt hätte, den Zuschlag zu erhalten. Darüber hinaus kann ein Unternehmen Schadensersatzansprüche auch unter dem Gesichtspunkt der c.i.c. gem. § 311 Abs. 2 BGB geltend machen, da ein Vergabeverfahren ein vorvertragliches Vertrauensverhältnis begründet.[274] Ein solcher Anspruch kann sich insbesondere bei der Aufhebung des Vergabeverfahrens ergeben.

Z. De-Facto-Vergaben/EU-Vertragsverletzungsverfahren

I. De-Facto-Vergabe

340   Bei der **De-Facto-Vergabe** handelt es sich um den schlimmsten Vergabeverstoß überhaupt, nämlich den Fall, dass überhaupt kein Vergabeverfahren durchgeführt wird. Das Vergaberecht wird also vollständig ignoriert. Eine De-Facto-Vergabe ist gem. § 135 Abs. 1 GWB von Anfang an unwirksam. Hierbei handelt es sich jedoch nur um eine schwebende Unwirksamkeit. Gem. § 135 Abs. 2 GWB kann die Unwirksamkeit nur festgestellt werden, wenn sie im Nachprüfungsverfahren innerhalb von 30 Kalendertagen ab Kenntnis des Verstoßes, aber nicht später als sechs Monate nach Vertragsschluss geltend gemacht worden ist. Hat der Auftraggeber die Auftragsvergabe im Amtsblatt der Europäischen Union bekannt gemacht, endet die Frist zur Geltendmachung der Unwirksamkeit 30 Kalendertage

---

[273] BVerwG, IBR 2007, 2385.
[274] BGH, BauR 2007, 120; BGH, NZBau 2005, 709 = VergabeR 2005, 617; BGH, NZBau 2012, 46.

nach Veröffentlichung der Bekanntmachung der Auftragsvergabe im Amtsblatt der Europäischen Union. Eine Nichtigkeit der De-Facto-Vergabe kann sich darüber hinaus aus §§ 134, 138 BGB ergeben.

II. EU-Vertragsverletzungsverfahren

Wird die Europäische Kommission auf eine De-facto-Vergabe aufmerksam, kann sie im Rahmen eines **EU-Vertragsverletzungsverfahrens** gem. Art. 258 AEUV Ermittlungen gegen die Bundesrepublik Deutschland wegen dieses Verstoßes gegen europäisches Recht aufnehmen. Ein Vertragsverletzungsverfahren läuft in mehreren Verfahrensabschnitten ab: Im außergerichtlichen Vorverfahren besteht es aus dem Mahnschreiben der Kommission und der hierzu vom betroffenen Mitgliedsstaat vorgebrachten Verteidigung sowie der Versendung der mit Gründen versehenen Stellungnahme. Das gerichtliche Verfahren besteht aus der Klage vor dem Gerichtshof. Die Urteile des EuGH enthalten keine explizite Aufforderung, den Vergabeverstoß zu beseitigen. Diese Verpflichtung ergibt sich aber aus der Verpflichtung der Mitgliedstaaten zur Umsetzung der Urteile des EuGH.[275] Kommt die Bundesrepublik Deutschland dieser Verpflichtung nicht nach, etwa weil ihr keine Mittel zustehen, die betreffende Gemeinde zur Kündigung solcher Verträge zu zwingen, kann die Europäische Kommission ein weiteres Vertragsverletzungsverfahren anstrengen, das auf die Festsetzung von Zwangsgeldern oder Pauschalbeträgen gegen die Bundesrepublik Deutschland gerichtet ist.[276]

---

[275] Rengeling/Middeke/Gellermann/*Burgi* in Handbuch des Rechtschutzes in der Europäischen Union, § 6 Rn. 49; *EuGH,* IBR 2007, 504; *EuGH,* Slg. 2004, I-11197 Rn. 26.
[276] Rengeling/Middeke/Gellermann/*Burgi* in Handbuch des Rechtschutzes in der Europäischen Union, § 6 Rn. 51.

Teil 5. E-Commerce

Teil 5.1 Die Grundregeln des elektronischen Geschäftsverkehrs

Übersicht

Rn.

A. Der Begriff und maßgebliche Rechtsnormen des Rechts des elektronischen Geschäftsverkehrs im weiteren Sinne 3
B. Der Vertragsschluss im elektronischen Geschäftsverkehr 12
   I. Der Vertragsschluss auf elektronischem Wege 13
      1. Die wirksame Willenserklärung 13
      2. Der objektive Tatbestand der Willenserklärung 16
      3. Der subjektive Tatbestand der Willenserklärung 18
      4. Die nicht gewollte Erklärung und die Möglichkeit der Bestellkorrektur im elektronischen Geschäftsverkehr 26
      5. Die Abgabe der Willenserklärung 28
      6. Der Zugang der Willenserklärung 30
      7. Der Vertragsschluss 39
      8. Die Empfangsbestätigung 55
      9. Die Annahme 60
      10. Die Anfechtung als Lösungsmöglichkeit vom Vertrag 64
   II. Die Formvorschriften 85
      1. Einfache digitale Dokumente und die Schriftform 90
      2. Die elektronische Form im Sinne des § 126a BGB 92
      3. Die Textform des § 126b BGB 101
      4. Die Buttonpflicht – eine Formvorschrift? 108
   III. Stellvertretung und Missbrauchsfälle 110
      1. Genehmigung, Anscheins- und Duldungsvollmacht 111
      2. Beweislastfragen 121
   IV. Probleme des Minderjährigenrechts 126
      1. Die vertragliche Haftung des Minderjährigen 127
      2. Die deliktische Verantwortlichkeit 139
   V. Problemstellungen rund um Allgemeine Geschäftsbedingungen 151
      1. Die Verwendung von AGB und die Gefahr einer Abmahnung 153
      2. Das Vorliegen von AGB 155
      3. Die wirksame Einbeziehung von AGB bei Verträgen im Internet .. 157
      4. Die Inhaltskontrolle 165
      5. Die Einbeziehung von AGB von Plattformbetreibern – Drittwirkung fremder AGB 171
C. Die für den elektronischen Geschäftsverkehr besonders relevanten Bestimmungen des Verbraucher- und Kundenschutzes 176
   I. Die Pflichten im Fernabsatz 181
      1. Die Fernabsatzbestimmungen und die Gefahr einer Abmahnung .. 183
      2. Der Anwendungsbereich des Fernabsatzrechts 184
      3. Die Informationspflichten im Fernabsatz 208
      4. Das Widerrufsrecht 230
   II. Die Pflichten im elektronischen Geschäftsverkehr 264
      1. Anwendungsbereich 267
      2. Die Anforderungen im elektronischen Geschäftsverkehr mit Kunden 272
      3. Die Anforderungen im elektronischen Geschäftsverkehr mit Verbrauchern ... 283

Literatur:
Auer-Reinsdorff/Conrad (Hrsg.), Handbuch IT- und Datenschutzrecht, 2. Aufl. 2016 (zit. Auer-Reinsdorff/Conrad/Bearbeiter); *Augenhofer,* Die Reform des Verbraucherrechts durch den „New Deal" – ein Schritt zu einer effektiven Rechtsdurchsetzung? EuZW 2019, 5; *Beurskens,* Nomen est omen? Falschfirmierung im elektronischen Geschäftsverkehr, NJW 2017, 1265; *Billing/Milsch,* Der Ratenkauf im Internet, NJW 2015,

2369; *Boos/Roßnagel,* Nutzerunterstützung im Online-Versandhandel – Automatisierte Einschätzung der Vertrauenswürdigkeit durch ein Browser-Add-on, MMR 2015, 215; *Bredol,* Angaben auf Geschäftsbriefen bei Handeln Dritter, NZG 2017, 611; *Bräutigam/Rücker,* E-Commerce, 2017 (zit. Bräutigam/Rücker/Bearbeiter); *Busch/Dannemann/Schulte-Nölke,* Ein neues Vertrags- und Verbraucherrecht für Online-Plattformen im Digitalen Binnenmarkt? MMR 2016, 787; *Daum,* Pflichtangaben auf Webseiten, MMR 2020, 643; *Fischer,* Elektronischer Rechtsverkehr und „Elektronifizierung" der Zivljustiz, ZAP 2019, 147; *Föhlich/Dyakova,* Fernabsatzrecht und Informationspflichten im Onlinehandel – Anwendungsbereich nach dem Referentenentwurf zur Umsetzung der Verbraucherrechterichtlinie, MMR 2013, 3; *Föhlisch/Löwer,* Die Entwicklung des E-Commerce-Rechts seit 2016, VuR 2018, 11; *Föhlisch/Strariradeff,* Zahlungsmittel und Vertragsschluss im Internet, NJW 2016, 353; *Grapentin,* Erosion der Vertragsgestaltungsmacht durch das Internet und den Einsatz Künstlicher Intelligenz, NJW 2019, 181; *Hauck/Blaut,* Die (quasi-) vertragliche Haftung von Plattform-Betreibern, NJW 2018, 1425; *Heckelmann,* Zulässigkeit und Handhabung von Smart Contracts, NJW 2018, 504; *Herresthal,* Folgen der Geoblocking-Verordnung für die Verwendung von AGB, NJW 2020, 361; *Heyers,* Manipulation von Internet-Auktionen durch Bietroboter, NJW 2012, 2548; *Hoffmann,* Die Entwicklung des Internetrechts bis Ende 2017, NJW 2018, 512; *ders.,* Die Entwicklung des Internetrechts bis Ende 2018, NJW 2019, 481; *ders.,* Unmöglichkeit während der Laufzeit einer Internetauktion, ZIP 2017, 449; *Jandt,* Beweissicherheit im elektronischen Rechtsverkehr, NJW 2015, 1205; *Karampatzos/Belakouzova,* Voraussetzungen und Folgen der Widerrufsrechtsausübung im Fernabsatz und im digitalen Verkehr, NJOZ 2018, 1681; *Kirschbaum,* Die gesetzliche Neuregelung der sog. Internetfalle – Zur dogmatischen Einordnung des § 312g Abs. 3 und 4 BGB nF, MMR 2012, 8; *Köhler,* Unbestellte Waren und Dienstleistungen – neue Normen, neue Fragen, GRUR 2012, 217; *Kopp/Ritter,* Abbruchjäger – Grenzen der Schnäppchenjagd auf eBay, MMR 2016, 793; *Kredig/Uffmann,* Kostenfallen im elektronischen Geschäftsverkehr, ZRP 2011, 36; *Kulke,* Sittenwidrigkeit und Beschaffenheitsvereinbarungen bei Internetauktionen, NJW 2012, 2697; *Leeb,* Rechtskonformer Vertragsabschluss mittels Dash Button? MMR 2017, 89; *Lederer,* Das Verbraucherleitbild im Internet, NJOZ 2011, 1833; *Lehmann,* E-Commerce in der EU und die neue Richtlinie über die Rechte der Verbraucher, CR 2012, 261; *Leier,* Die Buttonlösung gegen Kostenfallen im Internet, CR 2012, 378; *Mantz,* Die Entwicklung des Internetrechts bis Mitte 2019, NJW 2019, 2441; *ders.,* Die Entwicklung des Internetrechts bis Ende 2019, NJW 2020, 512; *Meier/Schmitz,* Verbraucher und Unternehmer – ein Dualismus? NJW 2019, 2345; *Möslein,* Smart Contracts im Zivil- und Handelsrecht, ZHR 2019, 254; *Müller,* Die „Button"-Lösung gegen Kostenfallen im Internet – Ende gut, alles gut? K&R 2012, 791; *Müller-ter Jung/Oechsler,* Haftung beim Missbrauch eines eBay-Mitgliedskontos – Verantwortung für die freiwillige Überlassung und das Ausspähen von Verbindungsdaten, MMR 2012, 631; *Palandt,* Bürgerliches Gesetzbuch, 78. Aufl., München 2019 (zit. Palandt/*Bearbeiter*); *Paulus,* Die automatisierte Willenserklärung JuS 2019, 690; *Paulus/Matzke,* Smart Contracts und das BGB – Viel Lärm um nichts? ZfPW 2018, 431; *Peintinger,* Widerrufsrechte beim Erwerb digitaler Inhalte – Praxisvorschläge am Beispiel des Softwarekaufs unter Berücksichtigung von SaaS-Verträgen, MMR 2016, 3; *Pfeiffer,* Verbraucherrecht mit vielen Säulen – Auf der Suche nach funktionsgerechten Konstruktionsprinzipien eines Rechtsgebiets, NJW 2012, 2609; *ders.,* Von Preistreibern und Abbruchjägern – Rechtsgeschäftslehre bei Online-Auktionen NJW 2017, 1437; *Purnhagen,* Die Auswirkungen der neuen EU-Richtlinie auf das deutsche Verbraucherrecht, ZRP 2012, 36; *Raue,* „Kostenpflichtig bestellen" – ohne Kostenfalle? Die neuen Informations- und Formpflichten im Internethandel, MMR 2012, 438; *Reiff,* Die Wahrung der Textform nach § 126b BGB durch den Inhalt einer Website, ZJS 2012, 432; *Rudkowski/Werner,* Neue Pflichten für Anbieter jenseits der „Button-Lösung" – Paid Content Verträge nach der Verbraucherrechte-Richtlinie, MMR 2012, 711; *Schneider,* IT-Recht – Ein Rechtsgebiet im Wandel, MMR 2019, 485; *Specht,* Die Entwicklung des IT-Rechts im Jahr 2018, NJW 2018, 3686; *Specht/Herold,* Gedanken zu Vertragsabschlüssen unter Einbeziehung autonom agierender Systeme MMR 2018, 40; *dies.,* Roboter als Vertragspartner, MMR 2018, 40; *Staudenmayer,* Kauf von Waren mit digitalen Elementen – Die Richtlinie zum Warenkauf, NJW 2019, 2889; *Stariradeff,* Vollharmonisierung und Anhebung des Verbraucherschutzniveaus im Online-Kaufrecht, MMR 2016, 715; *Strobl,* Neue Vorgaben für den Kunst- und Kulturgüterhandel durch die Umsetzung der Verbraucherrechtelinie NJW 2015, 721; *Tamm,* Kostenfallen im Internet nach neuer Rechtslage, VuR 2012, 217; *Voigt/Reuter,* Platform-to-Business-Verordnung, MMR 2019, 783; *Wendehorst,* Das neue Gesetz zur Umsetzung der Verbraucherrechterichtlinie NJW 2014, 477.

1   Späteren Generationen wird es nicht mehr vermittelbar sein, dass es einmal ein Leben ohne das Internet und den elektronischen Geschäftsverkehr gab. Das World Wide Web ist allgegenwärtig; über Internet kaufen wir ein, beschaffen uns Informationen, kommunizieren rund um den Globus und finden dort neben Waren und Informationen vielleicht auch noch unseren Ehepartner. Für jene, die sich des Internets nicht zu bedienen wissen, besteht die Gefahr, von wesentlichen gesellschaftlichen Entwicklungen abgehängt zu werden; schließlich hat inzwischen sogar der Papst einen Instagram-Account[1] und die Politik manches US-Präsidenten wäre ohne Twitter sicherlich eine andere. Schon heute ist es kaum mehr vorstellbar, dass es einmal Zeiten gab, in denen man sich für eine Bahnkarte oder ein

---

[1] https://www.instagram.com/franciscus/?hl=de, zuletzt abgerufen am 23.11.2019.

Konzertticket an einem Schalter anstellte und alles, was Beine hatte, an den wenigen „verkaufsoffenen Samstagen" im Advent durch die Innenstadtgeschäfte drängte. Fakt ist: Das Internet dominiert unseren Alltag.

Wo Menschen aber im Internet in geschäftliche Beziehung zueinander treten, da treten sie früher oder später unweigerlich auch in Rechtsbeziehung zueinander. Diese Rechtsbeziehungen in wesentlichen Bereichen zu ordnen ist die Zielsetzung des „Rechts des elektronischen Geschäftsverkehrs", auch „Recht des E-Commerce" oder „Recht des Online-Handels" genannt. Wohl allen Teilgebieten des IT-Rechts ist gemein, dass es oft – bisweilen zu oft – an festen Definitionen und an einem klar umrissenen Inhalt der verwendeten Begriffe mangelt. Das „Recht des elektronischen Geschäftsverkehrs" macht da keine Ausnahme.

A. Der Begriff und maßgebliche Rechtsnormen des Rechts des elektronischen Geschäftsverkehrs im weiteren Sinne

Das **Rechtsgebiet** des elektronischen Geschäftsverkehrs ist ein relativ junges Rechtsgebiet, das zudem immer wieder Neuregelungen erfährt. Der Begriff des „Rechts des elektronischen Geschäftsverkehrs" ist kein konturenscharfer Term.[2] § 312i Abs. 1 BGB[3] definiert zwar als „Vertrag im elektronischen Rechtsverkehr" den Fall, in dem sich ein Unternehmer zum Zwecke des Abschlusses eines Vertrags über die Lieferung von Waren oder über die Erbringung von Dienstleistungen eines Telemediendienstes bedient.

Nach der Legaldefinition des § 312c Abs. 2 BGB sind dies

„alle Kommunikationsmittel, die zur Anbahnung oder zum Abschluss eines Vertrags eingesetzt werden können, ohne dass die Vertragsparteien gleichzeitig körperlich anwesend sind, wie Briefe, Kataloge, Telefonanrufe, Telekopien, E-Mails, über den Mobilfunkdienst versendete Nachrichten (SMS) sowie Rundfunk und Telemedien".

Diese Definition geht zurück auf die E-Commerce-Richtlinie.[4] Die Definition des BGB umfasst damit sowohl die Geschäfte zwischen einem Unternehmer und einem Verbraucher (also die Geschäfte *„Business to Consumer"* oder *„B to C"*) als auch die Geschäfte rein unter Unternehmern *(„Business to Business"* oder *„B to B"*).

Damit bezieht sich diese Definition des BGB aber nur auf den elektronischen Geschäftsverkehr im engeren juristischen Sinn. Zweifelsohne versteht allerdings der juristische Laie unter dem elektronischen Geschäftsverkehr etwa auch das Rechtsgeschäft über das Internet allein zwischen Verbrauchern (also *„Consumer to Consumer"*), wie es etwa tagtäglich bei den Verkäufen von privat an privat auf der Plattform von eBay geschieht.[5]

> **Zum Hintergrund:**
> Soweit im Folgenden immer wieder eBay als Beispiel für einen Online-Marktplatz im Internet herangezogen wird, steht eBay insoweit pars pro toto für viele andere Handelsplattformen. Dies hat folgenden Hintergrund: Die Mehrzahl der Online-Marktplätze bzw. Online-Handelsplattformen funktioniert nach einem ähnlichen Prinzip und viele Vorgänge auf eBay verlaufen zu jenen auf anderen Online-Plattformen parallel. Eine Kenntnis der Abläufe auf der Plattform von eBay erleichtert schlussendlich das Verständ-

---

[2] Mit verschiedenen Begrifflichkeiten im IT-Recht und dem Wandel, dem sie unterliegen, befasst sich *Schneider*, MMR 2019. 485.
[3] § 312i Abs. I BGB nF entspricht insoweit § 312g Abs. 1 BGB aF.
[4] Richtlinie 2000/31/EG des Europäischen Parlaments und des Rates v. 8.6.2000 über bestimmte rechtliche Aspekte der Dienste der Informationsgesellschaft, insbesondere des elektronischen Geschäftsverkehrs, im Binnenmarkt (sog. E-Commerce-Richtlinie), Abl. EG Nr. L 178 S. 1.
[5] Zu den spezifischen rechtlichen Herausforderungen für Online-Marktplätze s. S. 415 ff.

> nis zahlreicher Gerichtsentscheidungen, die mittlerweile zum Handel auf eBay ergangen sind – durch die schiere Vielzahl der Geschäfte, die tagtäglich über die eBay-Plattform abgeschlossen werden, prägt diese faktisch auch die Arbeit der Gerichte und in der letzten Konsequenz auch die des Gesetzgebers. *Schröder* spricht im Zusammenhang mit einer Neufassung der §§ 355 Abs. 2 S. 2 und 357 Abs. 3 S. 2 BGB von den *„leges eBay"*.[6] Interessant in diesem Zusammenhang ist auch die Entscheidung des LG Hamburg, wonach einem auf Rechtsfragen des Internetrechts spezialisierten Rechtsanwalt nicht untersagt werden kann, in seinem Internetauftritt eine Rubrik *„eBay-Recht"* anzugeben.[7]

7   Im Fokus der folgenden Darstellung steht daher nicht nur der elektronische Geschäftsverkehr, wie ihn das BGB definiert, sondern der **elektronische Geschäftsverkehr in einem weiteren Sinne.** Im allgemeinen Sprachgebrauch wird hier oft auch der Begriff *„e-Commerce"* verwendet. Den **Begriff** des *„Online-Handels"* oder des *„e-Commerce"* kennt das BGB gar nicht. Das *„Fernabsatzgeschäft"* hingegen wird von § 312c BGB als ein entgeltlicher Vertrag zwischen einem Unternehmer und einem Verbraucher definiert, wenn der Vertragsschluss seitens des Unternehmers im Rahmen eines *„für den Fernabsatz organisierten Vertriebs- oder Dienstleistungssystems"* erfolgt.[8] Insofern ist der Anwendungsbereich der §§ 312i, j BGB (Vertrag im elektronischen Geschäftsverkehr) enger als der des § 312c BGB (Fernabsatzvertrag). Ein Vertrag im elektronischen Geschäftsverkehr setzt weiter voraus, dass der Vertragsschluss unter Einsatz elektronischer Kommunikationsmittel zustande kommt.[9]

8   Das Recht des elektronischen Geschäftsverkehrs im weiteren Sinne wird ganz wesentlich bestimmt durch die privatrechtlichen Normen des Bürgerlichen Gesetzbuches,[10] insbesondere die Bestimmungen zum Fernabsatzrecht und zum elektronischen Geschäftsverkehr im engeren Sinne. Die gesamte Materie ist maßgeblich geprägt durch europäische Vorgaben. Der Wille, den Verbraucher in seinen Rechten zu (be-)stärken, ist an vielen Stellen deutlich zu spüren und spielt immer wieder eine maßgebliche Rolle in den gerichtlichen Entscheidungen. Allerdings sind es eben gerade nicht nur das Fernabsatzrecht und die Regelungen zum elektronischen Geschäftsverkehr, die zu beachten sind, auch wenn der juristische Laie die Problemstellungen des „Einkaufens im Internet" gerne hierauf reduziert. Richtigerweise sind aber weit mehr Regeln im Blick zu halten, etwa die Bestimmungen zu AGB. Die folgende Darstellung wählt daher einen bewusst weiteren Ansatz.

9   Tatsächlich ist kaum ein anderes Rechtsgebiet so **dynamisch** wie das Recht des elektronischen Geschäftsverkehrs im weiteren Sinne. Allein das Fernabsatzrecht hat in den letzten Jahren mehrere Novellierungen in kurzer Abfolge – fast wie in einem Zeitraffer – erfahren. Wesentliche Neuerungen in jüngster Zeit geschahen dabei etwa durch die Verbraucherrechterichtlinie.[11] Die nächsten Änderungen auf der Basis der kürzlich verabschiedeten Richtlinien über die Bereitstellung digitaler Inhalte und Dienstleistungen[12] und über den Warenkauf befinden sich quasi schon „in den Startlöchern."[13]

---

[6] *Schröder*, NJW 2010, 1933, 1935. Auch *Schuster/Schütze/Schulze zur Wiesche/Kemper/Salevic/Dierking* sprechen bereits 2006 davon, dass „eBay-Recht" sich zu einem „eigenständigen Bereich" entwickelt hätte, MMR-Beil. 2007, 1.
[7] *LG Hamburg*, MMR 2009, 143.
[8] Am Anfang stand zunächst ein eigenes Gesetz zum Fernabsatzrecht, das sog. Fernabsatzgesetz. Dessen Bestimmungen wurden im Zuge der Schuldrechtsmodernisierung in das BGB übertragen.
[9] Palandt/*Grüneberg*, BGB § 312i Rn. 2.
[10] Mit der Frage, wie die traditionelle Rechtsgeschäftslehre Manipulationen bei der Abgabe von Willenserklärungen auf Internetplattformen zu händeln vermag, beschäftigt sich *Sutschet*, NJW 2014, 1041.
[11] Richtlinie 2011/83/EU; kurz: EU-Verbraucherrechterichtlinie. Sie trat zum 13.6.2014 in Kraft. Der Bundestag hat am 14.6.2013 bereits den Gesetzentwurf zur Umsetzung der Verbraucherrechterichtlinie verabschiedet; die Änderungen des BGB und des EGBG traten am 13.6.2014 in Kraft.
[12] Richtlinie 2019/770 über bestimmte vertragsrechtliche Aspekte der Bereitstellung digitaler Inhalte und Dienstleistungen, ABl. 2019 L 136, 1; s. dazu *Staudenmayer*, NJW 2019, 2497.
[13] RL 2019/771 über bestimmte vertragsrechtliche Aspekte des Warenkaufs, ABl. 2019 L 136, 28; s. hierzu auch *Staudenmayer*, NJW 2019, 2879.

Die **zahlreichen Änderungen des BGB** sind teilweise schon äußerlich an der Kennzeichnung der gesetzlichen Bestimmungen mit Zahlen und Buchstaben zu erkennen. Der Lesbarkeit dient dies allerdings nur bedingt. Hinzu kommt, dass im Zuge der letzten Gesetzesänderungen auch immer wieder Inhalte zwischen einzelnen Normen verschoben wurden. Wenn man ehrlich ist, dann haben die europäischen Vorgaben, die teilweise bis in die sprachliche Formulierung hinein zu übernehmen waren, die Verständlichkeit des Gesetzestextes nicht immer erleichtert. Die Regelungsdichte bis in das Detail hinein wirkt für manchen Leser, der die Klarheit des BGB an anderer Stelle schätzen gelernt hat, teilweise befremdlich. Normen wie § 312j Abs. 3 S. 2 BGB, der bestimmt:

„Erfolgt die Bestellung über eine Schaltfläche, ist die Pflicht des Unternehmers aus S. 1 nur erfüllt, wenn diese Schaltfläche gut lesbar mit nichts anderem (sic!) als den Wörtern ‚zahlungspflichtig bestellen' oder mit einer entsprechenden eindeutigen Formulierung beschriftet ist."

lösen zwar einerseits Heiterkeit aus. Andererseits aber stehen sie auch symptomatisch für die Herausforderungen für den Rechtsanwender und erst recht den juristischen Laien im Umgang mit den teilweise detailverliebten Regeln.

Im Folgenden soll daher nicht nur die aktuelle Rechtslage abgebildet werden; in einem derart dynamischen Rechtsgebiet kann das ja immer nur eine Momentaufnahme sein. Es sollen darüber hinaus vielmehr auch Entwicklungen – technischer, rechtlicher, gesellschaftlicher Art – aufgezeigt und Trends erahnt werden, die geeignet sind, die bestehenden Regelungen (erneut) herauszufordern.

B. Der Vertragsschluss im elektronischen Geschäftsverkehr

Ein **wirksamer Vertragsschluss** erfordert – auch im digitalen Zeitalter – Antrag und Annahme, §§ 145 ff. BGB. Die Rechtsgeschäfte im Internet folgen den Regelungen des Zivilrechts und unterliegen keiner Sonderdogmatik.[14]

Eine **Standardsituation** in der anwaltlichen Beratung ist es, dass ein Mandant – sei er nun Verbraucher oder Unternehmer – eine bestimmte elektronische Willenserklärung, zB eine Bestellung im Internet, nicht gegen sich gelten lassen möchte. Der Mandant gibt beispielsweise an, er habe sich auf der Website des Anbieters „nur umschauen", aber keinesfalls „einkaufen" wollen.

Aufgabe des Rechtsberaters ist es nun, zu klären, ob (1) überhaupt eine rechtsgeschäftlich wirksame Erklärung abgegeben wurde, ob (2) der Mandant an diese gebunden ist und falls ja, ob er (3) gebunden bleiben muss. Es ist zunächst auf der tatsächlichen Ebene aufzuklären, ob überhaupt eine wirksame Willenserklärung besteht. Im Detail ist dann zu prüfen, ob und auf welcher Ebene der Willensbildung oder Willensäußerung dem Mandanten ein Fehler unterlief. Erst in einem letzten Schritt ist zu erörtern, welche Lösungsmöglichkeiten zB durch Anfechtung für den Mandanten gegebenenfalls bestehen.

I. Der Vertragsschluss auf elektronischem Wege

1. Die wirksame Willenserklärung

Voraussetzung einer jeden rechtsgeschäftlichen Einigung ist, dass die Erklärung einer jeden Partei auch tatsächlich eine wirksame Willenserklärung im rechtlichen Sinne ist. Dies setzt nach den allgemeinen Grundsätzen der Rechtsgeschäftslehre voraus, dass eine

---

[14] Auch wenn kritische Stimmen hinterfragen, inwieweit das Internet die Vertragsgestaltungsmacht des Einzelnen erodiert; vgl. hierzu den instruktiven Aufsatz von *Grapentin*, NJW 2019, 181.

menschliche Willensäußerung vorhanden ist, die auf die Herbeiführung bestimmter Rechtsfolgen gerichtet ist.[15] Rein technische Bestellhilfen wie der inzwischen schon wieder vom Markt genommene Amazon „*Dash-Button*",[16] die lediglich die Übermittlung der Erklärung eines Menschen übernommen haben, stellen auf dieser juristischen Ebene keine besonderen Herausforderungen an den Rechtsanwender.

14 Im Zusammenhang mit dem Erfordernis einer „menschlichen Willenserklärung" stellt sich jedoch die Frage nach der Wirksamkeit **automatisierter Erklärungen**, die nicht mehr direkt von einer menschlichen Person, sondern von einer Software nach bestimmten Vorgaben generiert und abgegeben werden. Teilweise wird auch von **Computererklärungen** gesprochen.[17] Hier stehen wir erst an den Anfängen des Möglichen, aber es gibt bereits zahlreiche Anwendungsbereiche. Der Deutsche Bundestag hat eine Enquete-Kommission für Künstliche Intelligenz eingesetzt, die eine Handlungsempfehlung im Umgang mit Künstlicher Intelligenz entwerfen soll.[18] Beispiele für automatisierte Erklärungen sind etwa automatisch erzeugte Antworten auf E-Mails („*Auto-Reply*") oder die so genannten „Bietagenten", die auf manchen Internet-Marktplätzen genutzt werden können.

Bietagenten erhöhen etwa auf dem Online-Marktplatz von eBay selbständig ein früher abgegebenes Gebot, wenn dieses Gebot von dritter Seite überboten wird. Bietagenten ersparen damit dem Bieter ein ständiges Überprüfen des eigenen Gebots daraufhin, ob es noch das Höchstgebot ist oder der Bieter nachjustieren muss.

15 Bei derartigen automatisierten Erklärungen ist der Anknüpfungspunkt für die Rechtserheblichkeit nach vorne zu verlegen. *Paulus* spricht hier von einer *„normalen Willenserklärung mit lediglich gestrecktem Tatbestand".*[19] In der Erstellung der automatisierten Erklärung selbst liegt nämlich bereits die willentliche Entäußerung in den Rechtsverkehr.[20] Auch wenn die Erklärung selbst automatisch (und meist mit zeitlicher Verzögerung) abgegeben wird, ist sie als menschliche Willensklärung einzuordnen. Der Computer führt nur die Befehle aus, die ein Mensch zuvor mittels Programmierung gesetzt hat. Die Erklärung hat ihren Ursprung also ohne weiteres in einer auf menschlichen Willen zurückgehende Handlung.[21] Bei der **Auslegung nach §§ 133, 157 BGB** ist daher nicht auf die automatisierte Erklärung per se abzustellen, sondern auf die dahinterstehende menschliche Erklärung.

2. Der objektive Tatbestand der Willensklärung

16 Bei einer Willenserklärung wird bekanntlich zwischen der objektiven und der subjektiven Ebene unterschieden. Auf der objektiven Ebene muss der **Rechtsbindungswille** erkennbar sein. Das heißt, es muss aus dem Verhalten des Erklärenden der Schluss auf einen bestimmten Rechtsfolgewillen zulässig sein (sog. objektiver Erklärungstatbestand). Dies ist durch Auslegung nach den §§ 133, 157 BGB zu ermitteln. Die §§ 133, 157 BGB gehen nach ihrem Wortlaut zwar von der Existenz einer – auszulegenden – Willenserklärung aus. Da sich jedoch Existenz und Inhalt der Willenserklärung nicht voneinander trennen lassen (eine Willenserklärung existiert per Definition nur, sofern sie einen Inhalt hat), sind diese

---

[15] Palandt/*Ellenberger*, BGB vor § 116 Rn. 1, 4.
[16] http://www.spiegel.de/netzwelt/gadgets/amazon-stoppt-den-verkauf-der-dash-buttons-weltweit-a-1255715.html Meldung v. 1.3.2019, Website zuletzt aufgerufen am 15.3.2019. Vorangegangen war ein Rechtsstreit von Amazon gegen die Verbraucherzentrale Nordrhein-Westfalen, den Amazon in zweiter Instanz vor dem OLG München verloren hatte, *OLG München*, 10.1.2019 – 29 U 1091/18, MMR 2019, 352. Die Richter bemängelten ua das Fehlen notwendiger Informationen für den Verbraucher bei einer Bestellung per Knopfdruck, zB zum Preis.
[17] *Paulus*, JuS 2019, 960, 961.
[18] https://www.bundestag.de/ausschuesse/weitere_gremien/enquete_ki; zuletzt abgerufen am 20.10.2020; s.a. *Kipker/Birreck/Niewöhner/Schnorr*, MMR 2020, 509.
[19] *Paulus*, JuS 2019, 960, 961.
[20] *BGH*, NJW 2002, 363; *OLG Hamm*, NJW 2001, 1142.
[21] *OLG Frankfurt a. M.*, MMR 2003, 405.

Normen entweder direkt oder analog auch bei der Klärung der Frage, ob überhaupt eine Willensklärung vorliegt, heranzuziehen. Dies gilt auch bei automatisierten Erklärungen – auch wenn diese oft sehr allgemein und formelhaft abgefasst sind. Fehlt es bereits am objektiven Tatbestand einer Willenserklärung, kann ein wirksamer Vertrag nicht zustande kommen. Eine Haftung kann sich dann allenfalls unter dem Gesichtspunkt einer Rechtsscheinhaftung ergeben.

Neue Herausforderungen im Zusammenhang mit dem Rechtsgeschäftswillen werden in Zukunft mit Sicherheit die **selbstlernenden Systeme** und der Einsatz von **Künstlicher Intelligenz** stellen.[22] Diese sog. autonomen Systeme kommen ohne konkrete Vorgaben im Einzelfall aus; sie haben – vereinfacht gesprochen – einen bestimmten Algorithmus mehr oder weniger selbständig erlernt, nachdem sie dann eigenständig handeln. Es wird auszuloten sein, wann und unter welchen Umständen eine solche autonome Erklärung[23] noch einer Person zugerechnet werden kann. Eine Regelung durch den Gesetzgeber – etwa durch ein zwingendes Einwilligungserfordernis des Systeminhabers bei der Abgabe autonomer Erklärungen – wird bereits angemahnt.[24]

3. Der subjektive Tatbestand der Willenserklärung

Auf der **subjektiven Ebene** wird in der Person des Erklärenden – anders als von juristischen Laien oft gemeinhin angenommen – lediglich der so genannte **Handlungswille** gefordert. Beim Handlungswillen wird nur ein willensgesteuertes Verhalten – in Abgrenzung zu reinen Reflexbewegungen und anderem nicht willentlichem Verhalten – vorausgesetzt. Fehlt der Handlungswille, dann liegt auch keine wirksame Willenserklärung vor. Vorstellbar wäre dies in dem Fall, in dem jemand einen Bestellbutton auf einer Website ungewollt betätigt, weil er das Eingabegerät selbst schon unwillentlich betätigte. Er gibt zB an, auf die Maustaste gefallen zu sein oder dass ihm ein anderer gegen seinen Willen die Hand führte. Solche Fallkonstellationen, bei denen es schon am subjektiven Tatbestand der Erklärung fehlt, dürften in der Praxis äußerst selten sein. Außerdem dürfte sich der Nachweis schwierig gestalten. Zwar liegt die Beweislast für jene Tatsachen, die eine Willensklärung äußerlich als wirksam erscheinen lassen (also für den Willen, die Erklärung und den Zugang) grundsätzlich bei demjenigen, der sich auf die Wirksamkeit der Erklärung beruft.[25] Doch dürfte es einen erheblichen Begründungsaufwand erfordern, ein Gericht zu überzeugen, dass eine Erklärung schon nicht willentlich in die Welt gesetzt wurde. Insofern kann es sich in einem solchen Fall empfehlen, hilfsweise die Anfechtung zu erklären.

Hingegen ist entgegen einer bei juristischen Laien weit verbreiteten Annahme weder ein **Erklärungsbewusstsein** im Sinne eines Bewusstseins, eine rechtsgeschäftlich bindende Erklärung abzugeben noch gar ein **Rechtsgeschäftswillen**, also die auf einen bestimmten rechtsgeschäftlichen Erfolg gerichtete Absicht, notwendig. Ein geheimer Vorbehalt des Erklärenden, das Erklärte nicht ernsthaft zu wollen, wie er insbesondere bei sog. **Spaßbietern** bei Internetauktionen immer wieder anzutreffen ist, ist unbeachtlich (§ 116 BGB). Damit ist auch ein Spaßbieter an sein Gebot gebunden.[26]

Im Studium der Rechtswissenschaften wurden Problemstellungen des subjektiven Tatbestandes früher meist mit eher fern liegend erscheinender Fallkonstellationen wie dem versehentlichen Heben der Hand in einer Weinversteigerung in Trier durchdekliniert. Tat-

---

[22] Vgl. hierzu *Specht/Herold*, MMR 2018, 40; *Grapentin* NJW 2019, 181; *Kipker/Birreck/Niewöhner/Schnorr*, MMR 2020, 509.
[23] Der Begriff der autonomen Erklärung ist nicht zu verwechseln mit dem der automatisierten Erklärung, also einer Erklärung, die nach bestimmten, von einer natürlichen Person festgelegten Parametern, automatisch erzeugt wird. Vgl. zu den Begrifflichkeiten auch *Paulus*, JuS 2019, 960.
[24] *Specht/Herold*, MMR 2018, 40, 43 ff.
[25] Palandt/*Ellenberger*, BGB Einf. vor § 116 Rn. 21.
[26] Vgl. zum Phänomen des sog. Spaßbieten auch *Klees*, MMR 2007, 275; *OLG Köln*, MMR 2007, 446. Zur Unwirksamkeit einer Vertragsstrafe in AGB für Spaßbieter auf eBay siehe *OLG Frankfurt a. M.*, 12.5.2016 – 22 U 205/14, MMR 2016, 596.

sächlich aber gewinnen diese Fragestellungen im Zusammenhang mit dem elektronischen Geschäftsverkehr eine neue Aktualität. Ein falscher Mausklick oder ein falsches Gebot bei einer Online-Auktion ist schließlich schnell geschehen. Für den Betroffenen ist dann manchmal schwer einsehbar, dass er an eine solche Erklärung gebunden sein kann. Tatsächlich dürften in der Praxis Fälle, in denen zwar Maus oder Tastatur willentlich bedient wurden (also Handlungswille ohne Weiteres vorlag), aber kein Erklärungsbewusstsein oder kein Wille bestand, ein Rechtsgeschäft abzuschließen, ab und zu vorkommen. Denkbar ist beispielsweise, dass jemand sich auf einer Website oder in einer Spiele-App „*nur umschauen*" wollte, dann aber durch einen falschen Klick eine Bestellung abgab. Insoweit ist jedoch nur entscheidend, wie dieses Verhalten von einem objektiven Dritten in der Person des Empfängers anhand der Gesamtumstände des Falles verstanden werden kann.[27] Das Bewusstsein des Käufers, eine rechtgeschäftlich bindende Erklärung abgeben zu wollen, ist eben nicht erforderlich, ebenso wenig ein Rechtsgeschäftswillen. Eine andere – und später darzustellende – Frage ist dann, wie sich der Betroffene ggf. von der Erklärung oder dem Geschäft wieder lösen kann.

21   Das OLG Köln etwa hatte es in seiner „*Rübenroder-Entscheidung*" mit einer problematischen Willenserklärung zu tun.[28] Ein Verkäufer hatte auf der Online-Plattform eBay ein besonderes landwirtschaftliches Gerät, einen sog. Rübenroder, angeboten. Dies tat er einmal im Rahmen einer Auktion zum Startpreis von EUR 1,00 und einmal zum Sofortkaufpreis von EUR 60.000,00.

> **Zum Hintergrund: Angebotsformen auf der Internetplattform eBay:**
>
> Auf der Internet-Plattform eBay besteht zum einen die Möglichkeit, ein Angebot zu einem beliebigen Startpreis als Auktion für eine Laufzeit von maximal 10 Tagen einzustellen und dann abzuwarten, wie viel potenzielle Käufer auf das Angebot bieten und dieses Startgebot erhöhen. Hierbei wird oft der Standard-Startpreis von 1,00 EUR gewählt. Daneben kann der Anbieter zusätzlich eine sog. Sofort-Kaufen-Funktion aktivieren; findet sich ein Käufer zum „*Sofort-Kaufen-Preis*" wird zu diesem Preis sofort ein Kaufvertrag geschlossen. Die Auktion wird gleichzeitig beendet. Die Sofort-Kaufen-Option ermöglicht also dem interessierten Käufer, gleich zu einem Fixpreis zu erwerben und nicht erst das Ende der Auktion mit einem ungewissen Ausgang bezüglich des Endpreises abwarten zu müssen.

22   Im Rahmen des Sofortkaufes wollte den Rübenroder niemand erwerben. Die Auktion aber ergab einen Endpreis von Euro 151,00. Dieser Endpreis erschien dem Verkäufer nun bei weitem zu niedrig und er zog sich auf die Behauptung zurück, er habe schon gar kein wirksames Angebot auf eBay eingestellt. Das OLG Köln entschied, dass ein wirksames Angebot auf eBay auch dann vorliege, wenn dem Anbieter nach seinem Vortrag das Erklärungsbewusstsein dahingehend fehlte, dass er den Rübenroder nicht nur zu dem „*Sofort Kaufen*"-Preis von 60.000 EUR anbot, sondern auch im Rahmen einer Auktion (die dann am Ende eben nur die EUR 151,00 ergab). Eine verbindliche Willenserklärung liegt vor, da der Beklagte bei Anwendung der im Verkehr erforderlichen Sorgfalt hätte erkennen und vermeiden können, dass seine Äußerung nach Treu und Glauben und der Verkehrssitte als Willenserklärung aufgefasst werden durfte. Das Vorbringen des Anbieters, er habe einen Vertrag zu einem Auktionspreis nicht gewollt, sondern nur mindestens zum (letztlich ja wesentlich höheren) „Sofort Kaufen"-Preis abschließen wollen, sei unerheblich. Da eBay die Möglichkeit einräume, beide Verkaufsarten (Auktion und Sofortkauf) miteinander zu verbinden, konnte und durfte ein Käufer berechtigterweise davon ausgehen, dass

---

[27] Zu den Möglichkeiten des Verständnisses bzw. der Auslegung einer Bestellung im elektronischen Geschäftsverkehr bei Verwendung eines nicht korrekt bezeichneten Bestellbuttons vgl. *Föhlisch/Strariradeff*, NJW 2016, 353.
[28] *OLG Köln*, MMR 2007, 446 – Rübenroder.

B. Der Vertragsschluss im elektronischen Geschäftsverkehr

der Verkäufer entsprechend das „Auktions"-Format mit der „*Sofort Kaufen*"-Option verknüpft hatte. Hinzu kommt, dass die meisten Anbieter auf eBay, die einen Sofortkauf anbieten, diesen auch mit einer Auktion verknüpfen. Weder bei objektiver Betrachtungsweise noch von dem maßgeblichen Empfängerhorizont des Klägers aus gesehen war das Angebot also widersprüchlich.

Dieser Gedanke gilt auch unter Berücksichtigung der erheblichen Diskrepanz des „*Sofort Kaufen*"-Preises von 60.000 EUR einerseits und des Startpreises von 1 EUR für die Auktion andererseits. Aus der maßgeblichen Sicht eines Interessenten ist dies nicht widersprüchlich. Die Angabe eines geringen Startpreises kann auf den unterschiedlichsten Motiven eines Verkäufers beruhen: etwa einer beabsichtigten Ersparnis von eBay-Gebühren (die bei einem höheren Startpreis damals angefallen wären), Werbezwecken bzw. der Erreichung eines größeren Bieterkreises. Außerdem ist die Erwartung eines Verkäufers, auch über eine niedrig beginnende Auktion einen den „*Sofort Kaufen*"-Preis in etwa erreichenden oder gar übersteigenden Preis im Rahmen der Auktion zu erzielen, nicht verkehrt. Dass der „*Sofort-Kaufen*"-Preis im Rahmen der Auktion erreicht wird, ist in der Praxis nicht selten. 23

Schlussendlich hielt das OLG Köln auch noch fest, dass ein für den Käufer nicht erkennbarer **Vorbehalt** auf Seiten des Verkäufers, sich für einen Preis von unter 60.000 EUR schon gar nicht binden zu wollen, gemäß § 116 BGB jedenfalls unbeachtlich wäre.[29] 24

In einem anderen Fall ging der BGH in diesem Zusammenhang sogar noch einen Schritt weiter; er entschied, dass dem **Startpreis** angesichts der Besonderheiten einer Internetauktion im Hinblick auf den Wert des angebotenen Gegenstands grundsätzlich gar kein Aussagegehalt zukommt. Die dahinterstehenden Überlegungen des BGH überzeugen. Bei Internetauktionen ist der erzielbare Preis vom Startpreis völlig unabhängig. Der Endpreis wird aus den Maximalgeboten der Interessenten gebildet, sodass auch Artikel mit einem sehr geringen Startpreis einen sehr hohen Endpreis erzielen können – immer vorausgesetzt, dass mehrere Bieter bereit sind, entsprechend höhere Beträge für den Artikel zu zahlen. Dieses Prinzip kann den Verkäufer veranlassen, auch sehr hochwertige Artikel zu einem niedrigen Einstiegspreis anzubieten.[30] 25

4. Die nicht gewollte Erklärung und die Möglichkeit der Bestellkorrektur im elektronischen Geschäftsverkehr

Die Problematik der Eingabefehler bzw. nicht gewollter Erklärungen verliert jedoch zumindest im elektronischen Geschäftsverkehr durch die Bestimmung des § 312i Abs. 1 S. 1 Nr. 1 BGB an Brisanz; deshalb sei an dieser Stelle die Möglichkeit der Bestellkorrektur, die später vertieft werden soll, hier schon einmal erwähnt.[31] Diese Norm bestimmt **für den elektronischen Geschäftsverkehr,** dass der Unternehmer angemessene, wirksame und zugängliche technische Mittel zur Verfügung stellen muss, damit der Kunde **Eingabefehler** vor Abgabe seiner Bestellung erkennen und berichtigen kann. Der Begriff der „Bestellung" ist dabei untechnisch zu verstehen und meint nicht nur ein Angebot, sondern auch gegebenenfalls eine invitatio ad offerendum des Kaufinteressenten. Der Möglichkeit einer **Bestellkorrektur** bedarf es nur dann nicht, wenn der Vertrag ausschließlich durch individuelle Kommunikation zB durch den Austausch individueller E-Mails geschlossen wurde. Wichtig: die Norm spricht von der Möglichkeit der Bestellkorrektur, die 26

---

[29] *OLG Köln,* MMR 2007, 446 – Rübenroder. Das OLG Köln hat auch eine Nichtigkeit des Vertrags nach § 138 Abs. 2 BGB wegen Wuchers abgelehnt. Es sei schon nicht erkennbar, dass der Käufer einer Zwangslage, die Unerfahrenheit, einen Mangel an Urteilsvermögen oder eine erhebliche Willensschwäche des Verkäufers ausgebeutet hätte. Eine Sittenwidrigkeit im Sinne des § 138 BGB sei ebenfalls nicht erkennbar. Für die Sittenwidrigkeit eines Rechtsgeschäfts reicht allein das (hier allerdings zweifelsfrei krasse) Missverhältnis zwischen Preis und Leistung nicht aus. Siehe hierzu auch → Rn. 54.
[30] *BGH* MMR 2012, 451 Rn. 24 (zur Ersteigerung eines gefälschten Luxusmobiltelefons).
[31] Siehe die Darstellung zu § 312i BGB → Rn. 272 ff.

der Unternehmer dem Kunden zur Verfügung stellen muss. Ob der Kunde Verbraucher im Sinne des § 13 BGB oder Unternehmer gemäß § 14 BGB ist, ist dabei gleichgültig. Allerdings ist die Regelung nur für den Geschäftsverkehr mit einem Verbraucher zwingend. Wenn beide Parteien Unternehmer sind, können sie für ihre Vertragsverhältnisse anderes vereinbaren. Der Kunde muss nach dem Willen des Gesetzgebers vor Absenden seiner Erklärung noch einmal die Möglichkeit haben, seine Erklärung auf Fehler zu prüfen. Das setzt voraus, dass er seine Erklärung noch einmal insgesamt und im Zusammenhang lesen kann.[32]

27 **Fehlt die Möglichkeit der Bestellkorrektur,** ist der Vertrag allerdings trotzdem wirksam.[33] Der Kunde kann aber einen Schadenersatzanspruch aus § 311 Abs. 2 iVm § 280 BGB (Verschulden bei Vertragsanbahnung) geltend machen. Außerdem besteht ein Unterlassungsanspruch nach § 2 UKlaG bzw. § 8 UWG.

5. Die Abgabe der Willenserklärung

28 Die Willenserklärung wird mit ihrer **Abgabe** existent. Der Begriff der Abgabe ist gesetzlich nicht definiert; jedoch wird von einer Abgabe ausgegangen, wenn eine willentliche Entäußerung in Richtung des Empfängers dergestalt erfolgt, dass unter Zugrundelegung normaler Verhältnisse mit ihrem Zugang zu rechnen ist. In diesem Zusammenhang stellt sich die Frage, was gelten soll, wenn die Erklärung versehentlich abgegeben wird. Das ist der Fall bei der sog. **abhanden gekommenen Willenserklärung.** Was soll gelten, wenn ein Kunde[34] eine vorbereitete E-Mail, die er (noch) nicht versenden wollte, versehentlich doch (schon) abschickt – oder eine von ihm programmierte Software dies tut? Nach herrschender Ansicht ist dieser Fall des unabsichtlichen, aber fahrlässigen In-Verkehr-Bringens der Erklärung einer Abgabe der Erklärung gleichzustellen, so dass ein wirksamer Vertragsschluss zustande kommt.[35] Der Erklärende hat die Möglichkeit, die Erklärung anzufechten, macht sich aber ggf. nach § 122 BGB schadenersatzpflichtig.

29 Nach § 145 BGB ist derjenige, der ein Angebot abgibt, an sein Angebot **gebunden.** Etwas anderes gilt nur dort, wo er sich ein Abstandnehmen vom Angebot vorbehalten hat. Bei den Angeboten auf der Handelsplattform eBay richtet sich der Erklärungsinhalt der diesen Angeboten zugrunde liegenden Willensklärungen auch nach den Allgemeinen Geschäftsbedingungen von eBay, denen Anbieter wie Käufer jeweils in ihrem Verhältnis zum Plattformbetreiber vorab zugestimmt haben. In § 10 Abs. 1 der eBay-AGB ist etwa die Möglichkeit der vorzeitigen Beendigung einer Auktion geregelt. Das Verkaufsangebot ist demnach hier so zu verstehen, dass es unter dem Vorbehalt einer berechtigen Angebotsrücknahme nach den eBay-AGB steht.[36]

6. Der Zugang der Willenserklärung

30 Wann eine Willenserklärung zugeht, hängt davon ab, ob sie gegenüber einem **Anwesenden** abgegeben wird oder unter **Abwesenden** erfolgt. Bei einer Erklärung unter Anwesenden geht diese sofort zu. Eine Erklärung unter Abwesenden, zu denen auch die Erklärung per E-Mail zählt,[37] wird nach § 130 Abs. 1 BGB in dem Moment wirksam, in dem sie dem anderen zugeht. Ein Zugang wiederum wird angenommen, wenn die Erklärung so in den Machtbereich des Empfängers eingetreten ist, dass eine Kenntnisnahme möglich

---

[32] MüKoBGB/*Wendehorst* BGB § 312i Rn. 64.
[33] *BGH,* NJW 2008, 2026 Rn. 25.
[34] Also ein Verbraucher oder ein Unternehmer.
[35] Palandt/*Ellenberger,* BGB § 130 Rn. 4.
[36] Der Ausschluss der Bindungswirkung oder die Einschränkung durch den Vorbehalt eines Widerrufs ist ohne weiteres zulässig, vgl. nur *BGH,* MMR 2011, 653.
[37] Palandt/*Ellenberger,* BGB § 147 Rn. 5.

B. Der Vertragsschluss im elektronischen Geschäftsverkehr

und nach den Gepflogenheiten des Rechtsverkehrs auch zu erwarten ist.[38] Für den elektronischen Geschäftsverkehr hat § 312i Abs. 1 S. 2 BGB diesen Grundsatz sogar kodifiziert: Bestellungen und Empfangsbestätigungen gelten danach als zugegangen, wenn die Parteien, für die sie bestimmt sind, sie unter gewöhnlichen Umständen abrufen können.

Erklärungen, die per **SMS** versandt werden, gelten ebenfalls als Erklärungen unter Abwesenden. Sie fallen nicht unter § 147 Abs. 1 S. 2 BGB. Nach dieser Regelung gelten zwar Erklärungen, die mittels Fernsprecher abgegeben werden, als unter Anwesenden erklärt. Sie können, da sie sofort zugehen, auch nur sofort angenommen werden. § 147 Abs. 1 S. 2 BGB hat aber offensichtlich die mündliche Kommunikation via Telefon, also die unmittelbare Kommunikation in Echtzeit zwischen den Beteiligten, im Auge. Erklärungen per SMS – wie auch Erklärungen per E-Mail – sind hingegen als Erklärungen unter Abwesenden zu werten. Dies ergibt sich zum einen schon aus dem Wortlaut des § 147 Abs. 1 S. 2 BGB, wonach die Erklärung von Person zu Person erfolgen muss, zum anderen aber auch aus der vorgenannten Zielrichtung der Regelung.

Erklärungen per E-Mail an einen Empfänger, der im Rechtsverkehr mit seiner E-Mail-Adresse auftritt, gehen zu, wenn sie entweder in der eigenen Datenverarbeitungsanlage oder im elektronischen Empfängerbriefkasten des Providers (Mailbox) abrufbar gespeichert sind. Beim Eingang zur Unzeit erfolgt der Zugang am nächsten Tag.[39] Entscheidend ist, dass sich die Erklärung nun im Machtbereich des Empfängers befindet. Ein Gleiches gilt im Fall einer Erklärung per SMS, sofern der Adressat sich mit der Nutzung dieses Kommunikationsweges bereit erklärt hat.[40]

Mit dem Zugang der Erklärung geht das Verlust- bzw. Verzögerungsrisiko auf den Empfänger über. Bei E-Mails ist dabei nicht zwischen der E-Mail selbst und ihr beigefügten Anhängen (Attachments) zu differenzieren, da es nicht auf die tatsächliche Kenntnisnahme, sondern allein auf die Möglichkeit der Kenntnisnahme ankommt. Es ist daher grundsätzlich vom **gleichzeitigen Zugang von E-Mail und Attachment** auszugehen.[41]

Der Versand einer E-Mail allein begründet indes nicht den Schluss, dass diese auch zugegangen ist; insofern existiert auch kein Anscheinsbeweis.[42] Wird allerdings die Bestätigung des Abrufs der E-Mail von dem Mailserver auf das E-Mail-Konto der Beklagten dargelegt, ist ein Anscheinsbeweis für den Zugang gegeben.[43]

Hintergrund dieser differenzierten Betrachtung ist folgende Überlegung: da der Großteil der täglich weltweit versandten E-Mails aus ungewollter Werbung, sog. Spam, besteht, schützen sich viele Internetnutzer mit **Sicherungsmechanismen** (Firewalls, Spam-Filter) gegen den Erhalt unerwünschter Post. Der Absender kann nicht automatisch davon ausgehen, dass eine abgesandte E-Mail es durch die Firewall schafft und auch tatsächlich beim Empfänger zugeht. Die Beweislast für den Zugang trägt derjenige, der sich darauf beruft. Von einem Zugang ist auszugehen, wenn eine Willenserklärung so in den Bereich des Empfängers gelangt ist, dass dieser unter normalen Verhältnissen die Möglichkeit hat, vom Inhalt der Erklärung Kenntnis zu nehmen. Wenn bereits der Empfängerserver die Annahme verweigert und der Absender eine entsprechende Nachricht erhält, dann liegt kein Zugang vor.[44]

---

[38] Siehe nur *BGH*, NJW-RR 2011, 1185.
[39] Palandt/*Ellenberger*, BGB § 130 Rn. 7a.
[40] Palandt/*Ellenberger*, BGB § 140 Rn. 7a.
[41] Zur Problematik des Zugangs von E-Mail-Anhängen insbesondere auch vor dem Hintergrund der mit dem Öffnen von Attachments verbundenen Gefahren vgl. *Wietzorek*, MMR 2007, 156.
[42] Vgl. nur *LAG Berlin-Brandenburg*, NZA-RR 2019, 118; *Saenger*, ZPO § 286 Rn. 49.; zum Sendebericht bei einer Internetveröffentlichung *BGH*, MMR 2017, 816 (kein Anscheinsbeweis bei Ausdruck eines Sendeberichts für die Internetveröffentlichung unter www.insolvenzbekanntmachungen.de).
[43] *AG Hamburg*, MMR 2018, 551.
[44] *Bergt*, ITRB 14, 133.

36 **Praxistipp:**

Vorsicht ist geboten bei der Annahme eines **Zugangs bei einer Abmahnung** wegen eines Wettbewerbsverstoßes. Bei einer Abmahnung handelt es sich um eine Aufforderung durch den Gegner, ein bestimmtes wettbewerbswidriges Verhalten zu unterlassen. Hier gelten andere Beweislastregeln für den Zugang. Dem liegt der Gedanken zugrunde, dass die Abmahnung letztlich im Interesse des Schuldners liegt, der auf diese Weise Gelegenheit erhält, einen Rechtsverstoß zu beenden und die Angelegenheit kostengünstig beizulegen. Nach § 93 ZPO muss nämlich ein Beklagter, der nicht durch sein Verhalten zur Erhebung der Klage Veranlassung gegeben hat und den Anspruch sofort anerkennt, nicht die Kosten des Verfahrens tragen. Vielmehr fallen in diesem Fall dem Kläger die Prozesskosten zur Last. Wer allerdings nach einer Abmahnung sich weiterhin wettbewerbswidrig verhält, gibt Anlass zur Klage. Eine Abmahnung per E-Mail, die von der Firewall des Abgemahnten aufgehalten und nicht zurückgesendet worden ist, gilt nach einer Entscheidung des Landgerichts Hamburg vom 7.7.2009 als zugegangen.[45] Der so Abgemahnte kann folglich **kein sofortiges Anerkenntnis** mit der für ihn günstigen **Kostenfolge des § 93 ZPO** mehr abgeben. Das Landgericht Hamburg legt dar, dass es insoweit mit der herrschenden Meinung die Auffassung vertrete, dass die Darlegungs- und Beweislast dafür, dass die Abmahnung nicht zugegangen ist, beim Abgemahnten liege. Diese Grundsätze überträgt das Landgericht Hamburg nun auf den vorliegenden Fall, in dem die Abmahnung zwar sicher abgeschickt wurde, dann aber von der Firewall des Adressaten aufgehalten wurde: der **Abgemahnte hat danach das Verlustrisiko** im Hinblick auf die E-Mail zu tragen.

37 Höchstrichterlich noch nicht geklärt ist aktuell der Beweiswert einer **automatischen Lesebestätigung.** Es setzt sich jedoch mehr und mehr die Meinung durch, die im Erhalt einer solchen Lesebestätigung einen **Anscheinsbeweis** für den Zugang einer E-Mail sieht.[46] Wichtig ist dabei allerdings folgendes: der Anscheinsbeweis besteht nur für den eigentlichen Zugang, aber weder für die Authentizität noch die Integrität der eingegangenen E-Mail. Im Übrigen bleibt in der Praxis natürlich das Problem, dass der Empfänger die Empfangsbestätigung schlicht verweigern kann.

38 **Praxistipp:**

Damit empfiehlt sich immer das Anfordern einer **Lesebestätigung**. Dies gilt insbesondere und auch für den Rechtsanwalt im Rahmen seiner Pflicht zur **wirksamen Ausgangskontrolle von Schreiben und Schriftsätzen**. Bei einem Versand per E-Mail hat der Rechtsanwalt jedenfalls eine Lesebestätigung anzufordern.[47] Die VK Bund geht in einem vergaberechtlichen Zusammenhang von einer **Obliegenheit des Absenders** aus, über die Optionsverwaltung seines E-Mail-Programms die Möglichkeit zu nutzen, eine Lesebestätigung vom Empfänger anzufordern.[48]

Bei Rechtsgeschäften von zentraler Bedeutung bietet eine **Bestätigungsemail** des Empfängers einen noch höheren Schutz, da auch der Inhalt bestätigt werden kann. Für die breite Masse von Rechtsgeschäften ist diese Vorgehensweise aber zu umständlich. Nachweissicher sind auch Systeme, bei denen Dokumente auf einem Portal bereitgestellt werden und der Empfänger eine Notifikation mit Link zum Download erhält. Lädt der Empfänger sich das Dokument herunter (wozu er allerdings nicht verpflichtet ist), ist auch hier das Datum des Herunterladens eindeutig dokumentiert.

---

[45] *LG Hamburg*, MMR 2010, 654 m. krit. Anmerkung *Hoppe*.
[46] *Saenger*, ZPO § 286 Rn. 49; BeckOK ZPO/*Bacher*, 33. Ed. 1.7.2019, § 284 Rn. 95.12.
[47] *BGH*, NJW 2014, 556 für den Fall, dass ein beim BGH zugelassener Rechtsanwalt mit der Einlegung eines Rechtsmittels beauftragt werden sollte.
[48] *VK Bund*, ZfBR 2014, 399.

Für einen Unternehmer im Sinne des § 13 BGB besteht im Übrigen bei **Fernabsatzverträgen** nach § 312 f Abs. 2 BGB die **Pflicht**, dem Kunden den Zugang einer **Bestellung** (also eines Angebotes oder einer invitatio ad offerendum) unverzüglich auf elektronischem Wege zu bestätigen.[49]

7. Der Vertragsschluss

a) Grundsätzliches zum Vertragsschluss

Voraussetzung für einen wirksamen **Vertragsschluss** ist auch im Internetzeitalter das Vorliegen von Antrag und Annahme. Bei einem Antrag muss der Rechtsbindungswille für einen objektiven Dritten in der Person des Erklärungsempfängers erkennbar werden (objektiver Tatbestand der Willenserklärung), was durch Auslegung nach §§ 133, 137 BGB zu ermitteln ist. Dieser Rechtsbindungswille fehlt bei den Handlungen zur Vorbereitung und Anbahnung eines Rechtsgeschäfts. Die Rechtsnatur von Angaben auf einer Website kann problematisch sein, etwa die eines Inserats auf einer Plattform wie *„Immobilienscout.de"*.[50] Ähnlich wie bei einer Auslage in einem Schaufenster wird hier in der Regel lediglich eine Aufforderung zur Abgabe eines Angebotes (invitatio ad offerendum) zu sehen sein. Das bedeutet aber im Umkehrschluss nicht, dass jede Offerte auf einer Website lediglich eine invitatio ad offerendum darstellt. 39

Nach § 312d Abs. 1 BGB ist ein Unternehmer bei Fernabsatzverträgen verpflichtet, den Verbraucher nach Art. 246a EGBGB zu informieren. Die in Erfüllung dieser Pflicht gemachten Angaben des Unternehmers **werden Inhalt des Vertrags,** es sei denn, die Vertragsparteien hätten ausdrücklich etwas anderes vereinbart. Damit muss sich der Unternehmer an den in den Informationen gemachten Aussagen festhalten lassen und kann sich nicht darauf zurückziehen, es habe sich nur um Pflichtangaben und keine bindende Vereinbarung gehandelt.[51] Eine **nachträgliche Änderung** ist nach § 312d Abs. 1 S. 2 BGB dann auch nur noch ausdrücklich möglich. 40

In **Verbraucherverträgen** dürfen außerdem Vereinbarungen, die auf eine über das vereinbarte Entgelt für die Hauptleistung hinausgehende Zahlung des Verbrauchers gerichtet sind (Extrazahlung), nur ausdrücklich getroffen werden, § 312a Abs. 3 S. 1 BGB.[52] Für den elektronischen Geschäftsverkehr regelt § 312a Abs. 3 S. 2 BGB weiter, dass Vorgaben des Unternehmers, die der Verbraucher erst explizit ablehnen müsste (etwa indem er ein Häkchen auf einer Website entfernt) keine Pflicht für den Verbraucher begründet.[53] Aus Verbraucherschutzgründen ist der Begriff der Extrazahlung weit zu verstehen.[54] 41

b) Der Vertragsschluss bei Internet-Auktionen

aa) Grundsätzliches zum Angebot bei Internet-Auktionen. Der Platzhirsch unter den Anbietern von Internet-Auktionen ist zweifellos das Unternehmen eBay, das sich selbst als „Online-Marktplatz" bezeichnet. Auch die auf der eBay-Website durch die Nutzer eingestellten Offerten sind im Ergebnis bindende Angebote im Sinne des § 145 BGB. Allerdings ist im Einzelfall genauer zu differenzieren. 42

Auf dem Online-Marktplatz von eBay können Verkäufer ihre Angebote entweder als Sofortkauf-Angebot oder als Auktionsangebot einstellen. Soweit dies als **Angebot zum Sofortkauf zum Festpreis** erfolgt, ist dieses rechtlich nicht weiter problematisch, da es sich hierbei für jedermann erkennbar um das Angebot zum Abschluss eines normalen 43

---

[49] Siehe → Rn. 278 f.
[50] *BGH*, NJW 2012, 2268.
[51] Zur Kritik an der Formulierung der Norm und ihrer praktischen Bedeutung vgl. MüKoBGB/*Wendehorst*, BGB § 312d Rn. 6, 7.
[52] Zum Reformbedarf des § 312a BGB s. *Wendehorst* NJW 2016, 2609, 2612.
[53] Speziellere Bestimmungen gehen dieser Regelung vor, zB § 675 Abs. 2 BGB.
[54] Palandt/*Grüneberg*, BGB § 312a Rn. 4.

Kaufvertrags zum Sofortkaufpreis handelt. Werden sich Verkäufer und Käufer auf der Plattform einig, schließen sie einen Kaufvertrag über die verkaufte Ware ab; an diesem Vertrag ist der Plattformbetreiber (das „Auktionshaus") nicht beteiligt. Weder handelt es sich um einen – wie auch immer gearteten – dreiseitigen Vertrag, noch tritt der Betreiber der Handelsplattform als Stellvertreter des Verkäufers oder etwa als Kommissionär auf.

44   Bei den Online-Auktionen bestimmt der Verkäufer für sein Angebot keinen Kaufpreis, sondern setzt lediglich ein **Mindestgebot** (zB EUR 1,00) und die **Angebotsdauer** (zB 3 Tage) fest. Unstrittig ist, dass am Ende der Auktionslaufzeit zwischen dem Anbieter und dem dann Meistbietenden ein **Vertrag im sog. Marktverhältnis** geschlossen wird.[55] Das auf der eBay-Internetplattform mit Eröffnung der Auktion erklärte Angebot eines Anbieters ist sowohl nach § 145 BGB als auch nach den zur Erläuterung des Vertragsschlussvorgangs aufgestellten eBay-Bedingungen darauf angelegt, „einem anderen" als dem Anbieter die Schließung eines Vertrags anzutragen. Das Angebot kann deshalb nur durch einen vom Anbieter personenverschiedenen Bieter angenommen werden.[56] Auch hier kommt ein Vertrag zwischen Käufer und Verkäufer zustande.

45   Einigkeit besteht auch dahingehend, dass bereits das **Einstellen eines Angebotes** auf der Website im Rahmen einer Online-Auktion durch den Verkäufer eine rechtsverbindliche Willenserklärung darstellt. Weniger Einigkeit besteht aber über die genaue Einordnung dieser Willenserklärung. Nach der herrschenden Rechtsprechung wird diese unter Berücksichtigung der AGB von eBay als Antrag qualifiziert, bei dem die Bindungswirkung teilweise ausgeschlossen ist.[57]

46   Das Angebot zielt also darauf, „einem anderen" als dem Anbieter die Schließung eines Vertrags anzutragen; es kann daher nur durch einen vom Anbieter personenverschiedenen Bieter angenommen werden.[58] Sonst bestünde die Gefahr, dass Anbieter auf die eigenen Angebote bieten, um den Preis in die Höhe zu treiben. Der Plattformbetreiber (hier also: eBay) handelt bezüglich der abgegebenen Gebote als Empfangsvertreter des Anbieters iSv § 164 Abs. 3 BGB.

47   Nach der Rechtsprechung des BGH beinhaltet ein auf der Plattform abgegebenes Maximalgebot nicht die Erklärung, eine unbedingte, betragsmäßig bezifferte Annahme zu erklären. Vielmehr beinhalt dieses die Erklärung, dass im Vergleich zum bisherigen Höchstgebot (oder in Ermangelung eine solchen, im Vergleich zum Mindestbetrag) ein nächsthöheres Gebot abgegeben wird.[59] Relevant wird dies immer dann, wenn Dritte eBay-Auktionen durch Scheingebote manipulieren. Die Scheingebote, die nach § 117 BGB nichtig sind, bleiben bei der Preisfindung außen vor.

48   **bb) Sonderprobleme bei der Auslegung.** Ein **Sonderproblem ergibt sich bei der Auslegung** der Willensklärungen, weil diese auf Internetplattformen wie eBay nach den festen Regeln der Plattform abgegeben werden. Es bestimmt also nicht der Erklärende autonom und frei den Inhalt seiner Erklärung. Die Regeln für die Abgabe einer Erklärung, zB eines Gebotes, werden dem Nutzer der Plattform vielmehr in den Allgemeinen Geschäftsbedingungen des Plattformbetreibers vorgegeben. Sind solche Willenserklärungen auszulegen, muss dies in der Konsequenz unter Berücksichtigung der Betreiberregeln geschehen.[60]

---

[55] *BGH*, NJW 2005, 53, 54.
[56] Zum Problem der Manipulation von Auktionen durch fingierte Gebote bzw. Bietroboter vgl. *Heyes*, NJW 2012, 2548.
[57] *BGH*, NJW 2014, 1292 Rn. 18 ff.
[58] *BGH*, MMR, 2017, 176. S. zu den spezifischen Herausforderungen für Online-Marktplätze durch shell bidding → Teil 5.2, Rn. 43 ff.
[59] *BGH*, 24.8.2016 – VIII ZR 100/15, MMR 2017, 176 mAnm *Wagner/Zenger*. Ebenso OLG München, MMR 2018, 827.
[60] Vgl. *BGH*, MMR 2011, 653 für eine eBay-Auktion.

B. Der Vertragsschluss im elektronischen Geschäftsverkehr

Die **Allgemeinen Geschäftsbedingungen des Plattformbetreibers**, die von beiden 49
Parteien etwa als Nutzer von eBay bei ihrer erstmaligen Registrierung auf der Website
akzeptiert wurden, bilden folglich die **Auslegungsgrundlage** dafür, wie ihre Erklärungen
auf der eBay-Plattform zu verstehen sind. So erlangen jene Vertragsbedingungen, die zunächst einmal nur in den zwischen dem Marktplatz-Betreiber und dem sich dort anmeldenden Mitglied abgeschlossenen Nutzungsvertrag einbezogen werden, auch für die Vertragsbeziehung zwischen den einzelnen Mitgliedern Bedeutung.[61]

Dabei ist bei der Auslegung der Willenserklärungen nicht nur der reine Text der Klau- 50
sel in den eBay-AGB zu berücksichtigen, sondern darüber hinaus auch die erläuternden
Hinweise von eBay zu dieser Klausel.[62] Soweit eine Regelung in den eBay-AGB ihrerseits
auslegungsbedürftig ist, sind für das Verständnis der AGB wiederum die auf der Website
von eBay gegebenen Hinweise zum Ablauf der Auktion als Auslegungshilfe heranzuziehen.[63]

Entsprechend sind die auf eBay eingestellten Verkaufsangebote auch dahingehend zu 51
verstehen, dass es unter dem Vorbehalt einer nach den eBay-Bedingungen berechtigten
Angebotsrücknahme steht. Praktisch bedeutet das, dass in bestimmten Fällen tatsächlich
ein Abbruch einer Internet-Auktion auch nach einem Gebot möglich ist. Allerdings
schränkt der BGH diese Möglichkeit ein. In dem Fall, dass ein Verkäufer ein Gebot auf
Grund eines in dessen Person liegenden Grundes vor Ablauf der Auktionsfrist streichen
möchte, kommen hierfür nur solche Gründe in Betracht, die den Verkäufer nach dem
Gesetz berechtigen würden, sich von seinem Verkaufsangebot zu lösen oder Gründe, die
von vergleichbarem Gewicht sind.[64] Das kann beispielsweise der Fall sein, wenn sich die
Identität des Bieters nicht ermitteln lässt. Allein der Umstand, dass der Verkäufer den Bieter als „unseriös" erachtet, genügte dem BGH in dem von ihm entschiedenen Fall (der
übrigens den Verkauf eines „Jugendstil Gußheizkörpers" betraf) nicht.

Will jedoch einer der Vertragspartner auf der Plattform von den Regelungen der 52
eBay-AGB deutlich erkennbar abweichen, kommt deren Heranziehung zur Auslegung
nicht mehr in Betracht. In einem vom BGH entschiedenen Fall hatte der Anbieter eines
E-Bikes zwar einen Sofortkauf-Preis von EUR 100,00 eingegeben. In der Artikelbeschreibung hatte er allerdings ausgeführt: *„Bitte Achtung, da ich bei der Auktion nicht mehr als
100 EUR eingeben kann (wegen der hohen Gebühren), erklären Sie sich bei einem Gebot von
100 EUR mit einem Verkaufspreis von 2600 + Versand einverstanden ..."* und damit versucht, einem Gebot von EUR 100,00 einen anderen Erklärungsinhalt zu geben. Der
BGH stellte klar, dass maßgeblich das individuell Vereinbarte sei.[65] Der Aussagegehalt der
abgegebenen Willenserklärung sei, da die Erklärungen der Teilnehmer an der Verkaufsaktion nicht aus sich heraus verständlich bzw. lückenhaft seien, auslegungsbedürftig. Rücke nun einer der Teilnehmer an der Verkaufsaktion erkennbar von den Regelungen der
eBay-AGB ab, komme deren Heranziehung zur Bestimmung des Vertragsinhalts nicht
mehr in Betracht.[66] Die Bestimmungen in den AGB der Online-Plattform haben eben
nur eine **mittelbare Wirkung** und werden nicht unmittelbarer Bestandteil des Vertrags
zwischen den Nutzern.

---

[61] Vgl. bereits *BGH*, NJW 2002, 363 („ricardo.de"); in jüngerer Zeit *KG Berlin*, 26.7.2018 MMR 2019, 391. *BGH*, MMR 2011, 653, für Bestimmungen in den AGB zur vorzeitigen Beendigung von Angeboten.
[62] Zu dieser Bestimmung und zum Fall des Diebstahls siehe auch die Entscheidung des *BGH*, MMR 2011, 653 = NJW 2011, 2643; zur vorzeitigen Beendigung einer eBay-Auktion auch *KG Berlin*, MMR 2007, 802. Analog für den Fall des Verlusts oder der Beschädigung des Artikels zwischen Beginn und Ende der Auktion *LG Bochum*, 18.12.2012 – 9 S 166/12 – nv.
[63] *BGH*, MMR 2011, 653 = NJW 2011, 2643.
[64] *BGH*, NJW 2016, 395.
[65] *BGH*, NJW 2017, 1660.
[66] *BGH*, NJW 2017, 1660, 1661, Rn. 12 ff.

53 **Praxistipp:**
Sind Erklärungen der Nutzer auf der eBay-Plattform lückenhaft und bedürfen sie deshalb der Auslegung, sind die eBay-AGB sowie die erläuternden Hinweise von eBay ergänzend in die Auslegung der abgegebenen Willenserklärungen einzubeziehen. Rückt jedoch einer der Nutzer von den Regelungen der eBay-AGB erkennbar und wirksam in bestimmter Hinsicht ab, kommt deren Heranziehung insoweit zur Bestimmung des Vertragsinhalts nicht mehr in Betracht. Es ist dann vielmehr das individuell Vereinbarte maßgeblich.[67]

54 **cc) Sittenwidrigkeit von Vertragsschlüssen bei Internet-Auktionen.** Kein Zweifel, Internet-Auktionen und der Handel auf Online-Marktplätzen wie eBay haben ihren ganz eigenen Reiz. Mit ein bisschen Glück kann ein Käufer für wenig Geld ein Schnäppchen machen. In ständiger Rechtsprechung stellt der BGH klar, dass ein im Wege einer Internetauktion abgeschlossener Kaufvertrag auch bei einem groben Missverhältnis zwischen Leistung und Gegenleistung kein wucherähnliches Geschäft gem. § 138 BGB darstellt.[68] Es ist in einer solchen Fallkonstellation schon nicht erkennbar, dass der Käufer einer Zwangslage, die Unerfahrenheit, einen Mangel an Urteilsvermögen oder eine erhebliche Willensschwäche des Verkäufers ausgenutzt hätte. Dem Käufer, der auf der Erfüllung des Kaufvertrags auch zu einem extrem niedrigen Preis besteht, kann nicht der Einwand des Rechtsmissbrauchs gem. § 242 BGB entgegengehalten werden. Für die Sittenwidrigkeit eines Rechtsgeschäfts reicht allein das, wenn auch teilweise krasse, Missverhältnis zwischen Preis und Leistung, nicht aus.[69] Nicht zuletzt diese Rechtsprechung ruft allerdings auch sog. Abbruchjäger auf den Plan, zu denen an anderer Stelle noch auszuführen ist.[70]

8. Die Empfangsbestätigung

55 Als allgemeine Pflicht im elektronischen Rechtsverkehr sieht § 312i Abs. 1 S. 1 Nr. 3 BGB vor, dass der Unternehmer dem Kunden unverzüglich eine **Empfangsbestätigung** über dessen elektronische Bestellung zukommen lassen muss. Wichtig: gefordert wird hier eine reine Bestätigung des Eingangs des Antrags, nicht eine besonders geartete Annahmeerklärung. Bei der Empfangsbestätigung handelt es sich gerade nicht um eine Willenserklärung, auch wenn die Möglichkeit besteht, beides, Empfangsbestätigung und Annahmeerklärung miteinander zu verbinden.

56 Offensichtlich besteht aber ein erhöhtes Risiko, dass eine bloße Bestätigung als Annahme der Bestellung (und damit als Willenserklärung) missverstanden wird.[71] Entscheidend ist dabei die Auslegung der Erklärung nach §§ 133, 157 BGB. Es kommt also darauf an, wie ein neutraler Dritter in der Position des Erklärungsempfängers die Mitteilung verstehen durfte. Aus juristischer Sicht kann daher nur dazu geraten werden, auf die Formulierung der Bestätigung besondere Sorgfalt zu verwenden. Es empfiehlt sich jedenfalls ein klarstellender Zusatz „Keine Auftragsbestätigung" zur Empfangsbestätigung oder ein erklärender Hinweis.

57 Eine reine Empfangsbestätigung könnte beispielsweise lauten: *„Ihre Bestellung ist bei uns eingegangen. Bitte beachte Sie, dass Ihnen mit dieser E-Mail lediglich der Zugang ihrer Bestellung bestätigt wird, wie es § 312i Abs. 1 S. 1 Nr. 3 BGB vorschreibt. Es handelt sich*

---

[67] *BGH*, 15.2.2017 – VIII ZR 59/16, NJW 2017, 1660 in Fortführung von *BGH*, NJW 2002, 363; *BGH*, NJW 2011, 2421 Rn. 21; *BGH*, NJW 2015, 1009 Rn. 19.
[68] *BGH*, MMR 2015, 103; *BGH*, MMR 2012, 451 mAnm *Gooren*.
[69] *OLG Köln*, MMR 2007, 446 – Rübenroder.
[70] Siehe → Teil 5.2, Rn. 4.
[71] Vgl. zur Abgrenzung von Zugangsbestätigung und Annahme auch umfassend *Bodenstedt*, MMR 2004, 719. Zur Abgrenzung von Empfangsbestätigung und Annahmeerklärung vgl. auch *OLG Nürnberg*, MMR 2010, 31; *OLG München*, MMR 2003, 274 mAnm *Hoffmann*.

noch nicht um die Annahme Ihrer Bestellung. Sie erhalten in Kürze weitere Nachricht von uns. Vielen Dank."

Vor dem Hintergrund, der Entscheidung des Bundesgerichtshofes, wonach eine Auto-Respond-Mail mit werblichem Inhalt den Empfänger in seinem allgemeinen Persönlichkeitsrecht verletzt, wenn dieser **Werbung** widersprochen hat,[72] sollten automatisierten Erklärungen generell nicht mit Werbung verbunden werden. Das Allgemeine Persönlichkeitsrecht gibt dem einzelnen das Recht, im privaten Bereich in Ruhe gelassen zu werden, Eine Verletzung dieses Rechts kann der BGH hier annehmen, weil er das elektronische Postfach als Teil der Privatsphäre einer natürlichen Person auffasst.[73] 58

Unterbleibt diese Bestätigung, ist der Zugang der Erklärung trotzdem wirksam. Sonst hätte es der Erklärungsempfänger in der Hand, über die Wirksamkeit des Antrags zu entscheiden. Es kann aber grundsätzlich ein Schadenersatzanspruch des Antragenden gegen den Erklärungsempfänger bestehen.[74] 59

9. Die Annahme

Die **Annahme** eines Angebots muss wiederum gegenüber dem Antragenden wirksam erklärt werden. Diese Annahme kann dabei grundsätzlich nicht nur ausdrücklich, sondern auch durch konkludentes Verhalten erfolgen, beispielsweise durch das Bewirken der geschuldeten Leistung, zB den Versand des bestellten Buches. Dem bloßen **Schweigen** auf einen Antrag kommt dagegen grundsätzlich keinerlei Erklärungswert zu. Eine Ausnahme gilt für den Handelsverkehr zwischen Kaufleuten nach § 362 HGB. Hiervon zu unterscheiden ist die Regelung des § 151 BGB, nach der durch Annahme ein Vertrag zustande kommt, diese aber nicht gegenüber dem Antragenden erklärt zu werden braucht – entweder weil der Antragende auf den Zugang verzichtet hat oder weil nach der Verkehrssitte ein Zugang nicht zu erwarten ist. In **Verbraucherverträgen** dürfen jedoch Vereinbarungen, die auf eine über das vereinbarte Entgelt für die Hauptleistung hinausgehende Zahlung des Verbrauchers gerichtet sind, nur ausdrücklich getroffen werden, § 312a Abs. 3 S. 1 BGB.[75] Für den elektronischen Geschäftsverkehr regelt § 312a Abs. 3 S. 2 BGB außerdem weiter, dass Vorgaben des Unternehmers, die der Verbraucher erst explizit ablehnen müsste (etwa indem er ein Häkchen auf einer Website entfernt) keine Zahlungspflicht für den Verbraucher zu begründen vermag.[76] 60

Für eine wirksame Annahme ist weiter erforderlich, dass sie innerhalb der **Annahmefrist** erklärt wird. Hat der Antragende keine solche bestimmt (§ 148 BGB), ist grundsätzlich zwischen der Erklärung unter Anwesenden und der unter Abwesenden zu unterscheiden. Unter Anwesenden kann ein Angebot nur sofort angenommen werden, § 147 Abs. 1 BGB. Dies gilt nach § 147 Abs. 1 S. 2 BGB auch von einem mittels Telefon oder sonstigen technischen Einrichtung von Person zu Person gemachten Antrag. Unter Abwesenden kann das Angebot nach § 147 Abs. 2 BGB bis zu dem Zeitpunkt angenommen werden, zu dem der Eingang der Antwort unter regelmäßigen Umständen zu erwarten ist. 61

Für den E-Commerce wird man unterscheiden müssen. Wo Erklärungen von Person zu Person ausgetauscht werden, zB im Rahmen eines **Internet Chat oder einer Kommunikation via WhatsApp, Instagram, etc.**, muss die Annahme sofort erfolgen. Denn hier findet eine Interaktion von Person zu Person in Echtzeit statt und kann eine Reaktion daher auch sofort erfolgen. Ein Vertragsschluss via **E-Mail** wird hingegen als Einigung unter Abwesenden gewertet.[77] Ein Vertragsangebot per E-Mail braucht also nicht sofort an- 62

---

[72] *BGH*, NJW 2016, 870.
[73] *BGH*, NJW 2016, 870.
[74] Palandt/*Grüneberg*, BGB § 312i Rn. 11.
[75] Zum Reformbedarf des § 312a BGB s. *Wendehorst*, NJW 2016, 2609, 2612.
[76] Speziellere Bestimmungen gehen dieser Regelung vor, zB § 675 Abs. 2 BGB.
[77] Palandt/*Ellenberger*, BGB § 147 Rn. 5.

genommen werden, sondern innerhalb der als üblich anzusehenden Frist. Wird ein Antrag nicht rechtzeitig angenommen, so erlischt er; die verspätete Annahme durch den Empfänger gilt dann wiederum als neues Angebot an den Sender, dass dieser annehmen kann (aber nicht muss).

63 Auf Online-Marktplätzen wie eBay stellt sich die Frage, ob ein **Maximalgebot eines Bieters** eine Annahmeerklärung darstellt – und falls ja, mit welchem Inhalt. Nach mittlerweile gefestigter Rechtsprechung stellen solche Maximalgebote **keine unbedingten, betragsmäßig bezifferten Annahmeerklärungen** dar. Vielmehr erklärt der Höchstbietende nur das im Vergleich zum Mindestbetrag oder bereits bestehenden, ernst gemeinten Geboten jeweils nächsthöhere Gebot abgeben zu wollen. Nicht aber gibt er die Erklärung ab, auch nach § 117 BGB nichtige Scheingebote übertreffen zu wollen.[78] Durch ein solches Verständnis des Höchstgebotes wird der Manipulation von Auktionen bzw. einem Hochtreiben des Preises durch Scheingebote ein Riegel vorgeschoben. Soweit ein unzulässiges Gebot unwirksam ist, bleibt es also in der Reihe der abgegebenen Gebote unberücksichtigt. Der Höchstbietende muss es deshalb auch nicht übertreffen, um Meistbietender zu werden.[79]

10. Die Anfechtung als Lösungsmöglichkeit vom Vertrag

64 Im Eingangsbeispiel wurde oben die Frage aufgeworfen, ob sich eine Person, die versehentlich eine wie auch immer geartete Bestellung auf einer Website im Internet aufgegeben hat, von der Bestellung wieder lösen kann. In Betracht kommt hier die **Anfechtung** als umfassendes Mittel zur Lösung vom Vertrag.

65 Für den elektronischen Rechtsverkehr zwischen Unternehmer und Kunde hat die Anfechtung ein wenig an Bedeutung verloren, weil ja der Unternehmer nach § 312i Abs. 1 S. 1 Nr. 1 BGB die Möglichkeit einer **Korrektur von Eingabefehlern** geben muss. Ein Eingabefehler liegt vor, wenn der Nutzer etwas anderes eingibt, als er eigentlich wollte – er also im Endeffekt einem (Erklärungs-) Irrtum unterlag.[80] Allerdings ändert es auch nichts an der Anfechtungsmöglichkeit, dass der Irrende während eines Bestellvorgangs auf der Internetseite die Möglichkeit hatte, seine fehlerhafte Auswahl gegebenenfalls zu erkennen. Entscheidend ist nur, ob er sie erkannt hat. Hat er sie nicht erkannt, kann er anfechten. Im Rahmen des § 119 Abs. 1 Alt. 2 BGB kommt es allein auf einen für den Abschluss des konkreten Rechtsgeschäfts erheblichen Irrtum an.[81]

66 Im Fernabsatzrecht besteht außerdem in bestimmten Fristen das Widerrufsrecht nach § 312g BGB, das ohne Begründung ausgeübt werden kann und daher meist den „einfacheren Weg" aus einem Vertrag als die Anfechtung darstellen kann. Aber gerade da, wo kein Widerrufsrecht besteht – beispielsweise dort, wo sich zwei Verbraucher oder zwei Unternehmer als Geschäftspartner gegenüberstehen – bleibt die Anfechtung oft die einzige Möglichkeit, sich von einem irrtümlich eingegangenen und daher ungewollten Vertrag zu lösen. Die **Anfechtungsgründe** seien daher im Folgenden noch einmal anhand von Fallgestaltungen des Elektronischen Geschäftsverkehrs im weiteren Sinne aufbereitet.

a) Der Inhalts- und Erklärungsirrtum

67 Nach § 119 Abs. 1 Fall 1 BGB kann anfechten, wer sich bei Abgabe der Willenserklärung in einem **Inhaltsirrtum** befand, dh bei dem subjektiv Gewolltes und objektiv Erklärtes auseinanderfallen. So liegt ein klassischer Inhaltsirrtum vor, wenn ein Verbraucher bei einer Onlinebuchung davon ausgeht, er habe für sich und seine Begleitperson je ein Dop-

---

[78] *BGH*, MMR 2017, 176 Rn. 27; ebenso *OLG München*, MMR 2018, 827.
[79] *BGH*, MMR 2017, 176.
[80] Vgl. zur Einordnung des Irrtums im Einzelnen MüKoBGB/*Wendehorst*, BGB § 312i Rn. 62.
[81] Vgl. *AG Nürtingen* zur Anfechtung einer Flugbuchung im Internet bei der Eingabe falscher Flugdaten, NJW-RR 2019, 1338.

pelzimmer zur Alleinbenutzung und nicht ein Doppelzimmer für zwei Personen gebucht.[82]

Mit einem klassischen Fall des Inhaltsirrtums hatte es auch das LG Koblenz[83] zu tun. Dort irrte ein Internetnutzer bei einer echten Live-Auktion (der Fall betraf also ausnahmsweise einmal nicht eBay) über den Preis des Auktionsgegenstandes. Dieser war ein Bild des Malers Max Ernst. Der Bieter ging von einem Preis von EUR 150,00 aus, tatsächlich sollte das Gemälde EUR 150.000,00 kosten. Im Rahmen dieser Auktion genügte tatsächlich ein einziger – falscher – Mausklick, um ein ungewolltes Gebot abzugeben. Der Bieter focht dieses Gebot nach Erkennen des Irrtums unverzüglich gegenüber dem Vertragspartner und damit wirksam nach § 119 BGB an, sodass nach § 142 Abs. 1 BGB der Vertrag als von Anfang an nichtig anzusehen war. 68

Einen Inhaltsirrtum hat die Rechtsprechung auch in dem Fall angenommen, in dem ein Nutzer ein Angebot auf eBay (jetzt also doch wieder eBay) mit einem Startpreis von EUR 1,00 und einer Laufzeit von zehn Tagen einstellte, ohne zu wissen, dass die gleichzeitige Aktivierung der „Sofortkauf-Funktion" dazu führte, dass das Angebot ab sofort auch zum Preis von nur 1,00 angenommen werden konnte.[84] 69

Weiter berechtigt auch der **Erklärungsirrtum** zur Anfechtung nach § 119 Abs. 1 Fall 2 BGB. Das sind die klassischen Fälle des Verschreibens, Versprechens oder – für den elektronischen Geschäftsverkehr natürlich besonders relevant – des Vertippens. Bei den sog. automatisierten Erklärungen wie einer Auto-Reply (einer automatisierten Antwort) liegt bei fehlerhafter Einrichtung bzw. Programmierung derselben ebenfalls ein Erklärungsirrtum vor.[85] Das Amtsgericht Bremen hatte es etwa mit einem Verkäufer zu tun, der sich auf die Anfechtung eines Sofortkaufs bei eBay berief. Er hatte versehentlich zwei Dauerkarten für den Fußballverein Werder Bremen nicht nur, wie von ihm beabsichtigt, als Auktion eingestellt, sondern auch die Sofortkaufoption zu einem Gesamtpreis von 1,00 EUR aktiviert. Wenige Minuten nach Kauf teilte der Verkäufer dem Käufer jedoch per E-Mail mit, dass es sich um einen Fehler handele, da er lediglich eine reine Auktion habe starten wollen. Das AG Bremen bejahte hier eine wirksame Anfechtung des Kaufvertrags auf Grund eines Erklärungsirrtums iSd § 119 Abs. 1 Alt. 2 BGB.[86] 70

Schlussendlich kommt eine Anfechtung wegen Erklärungsirrtums auch bei **Fehlern im Datentransfer** in Betracht. Voraussetzung ist, dass der Fehler auf einem Irrtum beruht der den typischen Fällen des § 199 Abs. 1 Alt. 2 BGB (Verschreiben, Versprechen) vergleichbar ist. Ein vergleichbarer Fall liegt nach Einschätzung des LG Düsseldorf[87] insbesondere dann vor, wenn der Erklärende zwar seine Angaben fehlerfrei in den Computer eingibt, die von ihm genutzte Software aber diese Daten fehlerhaft verändert. 71

Nicht zur Anfechtung berechtigen allein **enttäuschte Erwartungen bei einem Risikogeschäft**. So entschied es auch das OLG Köln[88] in seiner bereits oben zitierten *Rübenroder*-Entscheidung. Allein der Umstand, dass der Verkäufer sich einen Preis von ungefähr EUR 60.000,00 erhofft hatte (so nämlich sein Sofortkauf-Angebot), aber im Rahmen der Auktion lediglich einen Betrag von EUR 151,00 erzielte, berechtigte ihn nicht zur Anfechtung nach § 119 Abs. 1 BGB. 72

---

[82] *AG Bielefeld,* MMR 2019, 702.
[83] *LG Koblenz,* MMR 2011, 657.
[84] *OLG Oldenburg,* NJW-RR 2007, 268. Aktuell hat eBay die Einstellmöglichkeiten so verändert, dass der „Sofortkauf-Preis" zwangsläufig über dem Einstellpreis liegen muss; www.ebay.de, zuletzt abgerufen am 30.11.2019.
[85] *OLG Hamm,* NJW 1993, 2321.
[86] Vgl. zB *AG Bremen,* 25.5.2007 – 9 C 0142/07 – nv.
[87] *LG Düsseldorf,* NJOZ 2007, 5409 (fehlerhafte Preisangabe bei einem Reisevertrag); ebenso *BGH,* MMR 2005, 233 (falscher Kaufpreis durch fehlerhaften Datentransfer in Produktdatenbank).
[88] *OLG Köln,* MMR 2007, 446.

b) Der Irrtum über eine verkehrswesentliche Eigenschaft

73 Ferner kann nach § 119 Abs. 2 BGB anfechten, wer sich in einem Irrtum über eine **verkehrswesentliche Eigenschaft** entweder der Person des Geschäftsgegners oder des Objekts des Rechtsgeschäfts befand, beispielsweise das Alter einer auf der Auktionsplattform angegebenen Antiquität. Bei einem Irrtum über eine verkehrswesentliche Eigenschaft irrt der Erklärende dabei nicht über den Inhalt seiner Erklärung, sondern über die außerhalb der Erklärung liegende Wirklichkeit.

74 Dieser Anfechtungsgrund dürfte allerdings in der Praxis etwas an Relevanz verloren haben. Das liegt zum einen an der oben schon dargestellten **Möglichkeit zur Bestellkorrektur** im elektronischen Geschäftsverkehr mit Verbrauchern, zum anderen liegt es an neuen **Informationspflichten** der Unternehmer. Den Unternehmer trifft – übrigens auch außerhalb des Fernabsatzes und des elektronischen Geschäftsverkehrs – die Pflicht, den Verbraucher über **wesentliche Eckpunkte** zu informieren § 312a Abs. 2 BGB, es sei denn, das Geschäft ist ein tägliches Alltagsgeschäft. Zur Bestimmung, welche Geschäfte nach der Verkehrsauffassung alltäglich und daher von der Informationspflicht ausgenommen sind, gelten die zu § 105a BGB entwickelten Grundsätze.

75 Zu den Punkten, über die der Unternehmer zu informieren hat, gehören beispielsweise auch die **„wesentlichen Eigenschaften der Waren oder Dienstleistungen"** (Art. 246 Abs. 1 Nr. 1 EGBGB). Diese Informationspflichten helfen also Irrtümer vermeiden – oder erschweren jedenfalls die Beweisführung für einen Irrtum über eine verkehrswesentliche Eigenschaft. In bestimmten Geschäftsbereichen wie zB dem Antiquitätenhandel führt dies zu einem deutlichen Mehr an Rechtssicherheit.[89]

c) Der Motivirrtum

76 Der Irrtum im Beweggrund, also der sog. **Motivirrtum**, berechtigt hingegen nicht zur Anfechtung. Hierzu zählt klassischerweise insbesondere der Irrtum über den Wert einer Sache. Auch die Einstellung eines falschen Preises auf einer Website aufgrund einer Kursverwechslung[90] ist ebenso wie die Fälle des Kalkulationsirrtums hierunter zu subsumieren.[91] Strikt davon zu unterscheiden sind allerdings die oben geschilderten Fälle, in denen falsche Angaben zum Preis einer Sache auf Übermittlungsfehlern in einer Software beruhen.[92]

d) Der Übermittlungsirrtum

77 Nach § 120 BGB berechtigt auch der Übermittlungsirrtum zur Anfechtung, also die fehlerhafte Übermittlung durch eine vom Erklärenden eingesetzte Person oder Einrichtung. Die Norm findet nicht nur Anwendung auf die fehlerhafte Übermittlung durch Boten, Übersetzer und Telekommunikationsmedien, sondern auch auf die fehlerhafte Übermittlung anderer Anbieter wie zB der Telekom. Dieser Anbieter haftet dem Erklärenden im Rahmen der zwischen beiden bestehenden Rechtsbeziehungen aus Rechtsgeschäft oder Gesetz. Allerdings wird die Haftung der Anbieter von Telekommunikationsdienstleistungen nach § 44a des Telekommunikationsgesetzes (TKG) eingeschränkt, der in bestimmten Fällen Haftungshöchstgrenzen vorsieht.

e) Die arglistige Täuschung oder Drohung

78 Wer durch arglistige Täuschung oder durch Drohung zur Erklärung bestimmt wurde, kann seine Willensklärung nach § 123 BGB anfechten. Diese Anfechtungsmöglichkeit spielt in

---

[89] Vgl. speziell zum Kunst- und Kulturgüterhandel den Beitrag von *Strobl*, NJW 2015, 721.
[90] Für die Einstellung eines falschen Preises auf einer Website auf Grund einer Verwechslung von DM und EUR vgl. *LG Köln*, MMR 2003, 481.
[91] Palandt/*Ellenberger*, BGB § 119 Rn. 29.
[92] Vgl. nur *BGH*, MMR 2005, 233.

B. Der Vertragsschluss im elektronischen Geschäftsverkehr

der Praxis eher eine nachgeordnete Rolle, auch wenn es im Internet durchaus schwarze Schafe gibt, die andere zu übervorteilen suchen. Die arglistige Täuschung verlangt eine Täuschung zum Zwecke der Aufrechterhaltung oder Erregung eines Irrtums; eine Bereicherungsabsicht des Täuschenden ist nicht erforderlich. Dieser muss aber arglistig, also vorsätzlich, handeln. Eine Schädigung des Vermögens des Getäuschten ist ebenfalls nicht notwendig.

Bei sog. **Kostenfallen** im Internet, bei denen der Verbraucher über die Zahlungspflichtigkeit eines Angebots im Unklaren gelassen oder explizit getäuscht wird, ist eine Anfechtung nach § 123 Abs. 1 Alt. 1 BGB zwar grundsätzlich denkbar. In der Praxis wird es aber für den Getäuschten oft schwierig sein, dem Anbieter die notwendige Arglist nachzuweisen. Ausgeschlossen ist eine erfolgreiche Anfechtung nach § 123 BGB bei bewusst falschen Angaben aber nicht. So liegt nach dem LG Bielefeld[93] beispielsweise in der Angabe eines „unverbindlichen Herstellerpreises" auf einer Website die Behauptung, die Ware würde von einem (dritten) Hersteller hergestellt und mit einer solchen Preisempfehlung versehen; beim Kunden wird daher die irrige Vorstellung erweckt, er mache im Internet ein besonders günstiges Geschäft. Darauf, dass die gekaufte Ware eventuell ihren Preis letztlich sogar „wert" ist, kommt es nicht an. **Den Kostenfallen** hat der Gesetzgeber **im elektronischen Geschäftsverkehr** im Übrigen und unabhängig von den Möglichkeiten der Anfechtung durch die in § 312j Abs. 3 BGB geregelte „Buttonlösung" einen Riegel vorgeschoben; der Verbraucher muss mit seiner Bestellung ausdrücklich bestätigen, dass er sich zu einer Zahlung verpflichtet. Allerdings erfasst diese Bestimmung nur den Vertrag im elektronischen Geschäftsverkehr zwischen **Unternehmer und Verbraucher,** außen vor bleiben etwa Verträge rein zwischen Verbrauchern („consumer to consumer") oder allein zwischen Unternehmern („business to business"). Insoweit behält die Anfechtungsmöglichkeit nach § 123 BGB hier ihre besondere Bedeutung.

f) Die Anfechtungsfrist und die Anfechtungserklärung

Bei einer Anfechtung auf Grund der §§ 119, 120 BGB hat die Anfechtung nach § 121 Abs. 1 BGB **unverzüglich** – also ohne schuldhaftes Zögern – nach Erlangen der Kenntnis vom Anfechtungsgrund zu erfolgen. Die Anfechtungserklärung ist eine formfreie empfangsbedürftige Willenserklärung, die gegenüber dem Anfechtungsgegner zu erfolgen hat, § 143 Abs. 2 BGB. Auch muss deutlich werden, dass eine Anfechtung erklärt wird. Zwar gilt, dass eine entsprechende Erklärung auszulegen ist; es ist nicht notwendig, den Terminus technicus „Anfechtung" zu verwenden und es muss auch nicht explizit ein Anfechtungsgrund genannt werden. Jedoch muss erkennbar sein, dass der Anfechtende seine **Erklärung wegen eines Irrtums nicht gelten lassen** will. Ist dies der Fall, kann auch in der Erklärung eines „Rücktritts" wegen eines Irrtums (hier: über den Inhalt einer Reisebuchung) eine wirksame Anfechtungserklärung liegen.[94]

In einem anderen Fall entschied hingegen das LG Berlin, dass die folgende Mitteilung eines Verkäufers, der ungewollt statt neun Telefonen à EUR 99,00 insgesamt neun Telefone zum Preis von EUR 99,00 verkauft hatte, diesen Vorgaben nicht genügte:

„Hallo ... sehe gerade, dass bei der Einstellung der Auktion etwas schief gegangen ist. Pro Telefon war EUR 99,00 für Sofortkaufen vorgesehen. Wie wollen wir jetzt verfahren – hast Du trotzdem Interesse an den Telefonen? (...)".

Hier geht aus der Erklärung der Wille, das Rechtsgeschäft tatsächlich anzufechten, nicht klar genug hervor. Allerdings betont der BGH, dass es schon genügen kann, dass der Anfechtende eine Verpflichtung bestreitet, nicht anerkennt oder ihr sonst widerspricht, sofern sich **unzweideutig der Wille** ergibt, dass er das Geschäft gerade wegen eines Willens-

---

[93] *LG Bielefeld*, NJW-RR 2008, 212.
[94] *AG Bielefeld*, MMR 2019, 702.

mangels nicht bestehenlassen will. Möglich ist die auch in Form einer Eventualanfechtung dergestalt, die für den Fall angefochten wird, dass das Rechtsgeschäft nicht den in erster Linie behaupteten Inhalt hat oder nicht ohnehin nichtig ist.[95]

g) Die Rechtsfolge der Anfechtung

83   Die Anfechtung führt zur **Nichtigkeit des Rechtsgeschäfts** ex tunc, § 142 Abs. 1 BGB. Der Anfechtende ist bei einer Anfechtung nach den §§ 119, 120 BGB (nicht aber bei einer Anfechtung wegen arglistiger Täuschung nach § 123 BGB) allerdings verpflichtet, dem Anfechtungsgegner dessen Vertrauensschaden zu ersetzen, § 122 Abs. 1 BGB. Das ist der Schaden, den dieser durch das Vertrauen auf die Gültigkeit des Rechtsgeschäftes erlitten hat. Nach oben begrenzt wird der Anspruch aber durch das Erfüllungsinteresse. Hat der Anfechtungsgegner den Irrtum mitverursacht, wird der Schadenersatzanspruch gemindert und gegebenenfalls auf Null reduziert, § 122 Abs. 2, 254 BGB.

84   In diesem Zusammenhang kann der bereits mehrfach genannte § 312i Abs. 1 S. 1 BGB relevant werden, nach dem ein Unternehmer im elektronischen Geschäftsverkehr dem Kunden (nicht nur: einem Verbraucher!) angemessene, wirksame und technische Mittel zur Verfügung stellen muss, mit denen der Kunde Eingabefehler vor Abgabe seiner Erklärung erkennen und berichtigen kann. Tut er dieses nicht, ist etwa ein Anspruch nach § 122 BGB auf Schadenersatz gegen den Kunden ausgeschlossen, wenn dieser sich zur Anfechtung entscheidet.

II. Die Formvorschriften

Literatur:
Al-Deb'i/Weidt, Die E-Mail im Zivilprozess, JA 2017, 618; *Alexander*, Neuregelungen zum Schutz vor Kostenfallen im Internet, NJW 2012, 1985; *Bergt*, Praktische Probleme bei der Umsetzung neuer gesetzlicher Vorgaben im Webshop, NJW 2012, 3541; *Fisch*, Die elektronische Signatur in Theorie und Praxis, ZIP 2019, 1901; *Jandt*, Beweissicherheit im elektronischen Rechtsverkehr NJW 2015, 1205; *Ory/Weth*, Schriftstücke und elektronische Dokumente im Zivilprozess – von der Papierform zur elektronischen Form, NJW-Beil. 2016, 96; *Poguntke/v. Villiez*, Digitale Dokumente und elektronischer Rechtsverkehr im Arbeitsrecht, NZW 2019, 1079; *Raue*, „Kostenpflichtig bestellen" – ohne Kostenfalle? Die neuen Informations- und Formpflichten im Internethandel, MMR 2012, 438; *Reiff*, Die Wahrung der Textform nach § 126b BGB durch den Inhalt einer Website, ZJS 2012, 432; *Schäfer*, Schriftliche Einladung zur Mitgliederversammlung eines eingetragenen Vereins auch per E-Mail? NJW 2012, 891; *Scholz*, Zulässigkeit und Grenzen der Verwendung digitaler Technologien beim Testieren, ErbR 2019, 617; *Spindler/Rockenbauch*, Die elektronische Identifizierung – Kritische Analyse des EU-Verordnungsentwurfs über elektronische Identifizierung und Vertrauensdienste, MMR 2013, 139; *Tamm*, Kostenfallen im Internet nach neuer Rechtslage, VuR 2012, 217; *Thalmair*, Kunden-Online-Postfächer: Zugang von Willenserklärungen und Textform, NJW 2011, 14; *Wagner*, Das elektronische Dokument im Zivilprozess JuS 2016, 29.

85   Zahlreiche Rechtsgeschäfte benötigen zu ihrer Wirksamkeit einer bestimmten Form. Fehlt die gesetzlich vorgeschriebene Form, ist das Rechtsgeschäft nach § 125 BGB nichtig. So bedürfen zB das Verbraucherdarlehen gemäß § 492 BGB, das Testament nach §§ 2231, 2247 BGB[96] oder die Bürgschaft nach § 766 BGB der Schriftform des § 126 BGB. Die **Schriftform** setzt eine **eigenhändige Unterschrift** voraus, die die Identität des Ausstellers erkennen lässt und die Echtheit einer Urkunde gewährleisten soll. Manipulationen und Ergänzungen eines solchen schriftlichen Dokuments lassen sich in der Regel leicht erkennen. Anders ist dies bei einer elektronischen Erklärung wie einer E-Mail. Hier kann der Empfänger eben nicht sicher sein, dass die Nachricht nicht auf dem Wege verändert oder manipuliert wurde. Hinzu tritt die Gefahr, dass die E-Mail möglicherweise tatsächlich gar nicht vom behaupteten Absender stammt.

---

[95] *BGH*, NJW 2017, 1660.
[96] Grundsätzlich zur Zulässigkeit und zu den Grenzen der Verwendung digitaler Technologien beim Testieren s. *Scholz*, ErbR 2019, 617.

B. Der Vertragsschluss im elektronischen Geschäftsverkehr

Andererseits ist die Schriftform mitunter umständlich und für die Anforderungen und Distanzen des elektronischen Geschäftsverkehrs nicht immer geeignet. Zur Vereinfachung im e-Commerce wurden daher in jüngerer Zeit in das BGB zwei neue Erklärungsformen aufgenommen, nämlich die **elektronische Form** und die **Textform**.

Die in § 126a BGB geregelte **elektronische Form** verlangt, dass der Aussteller seiner Erklärung seinen Namen hinzufügt und das elektronische Dokument mit einer **qualifizierten elektronischen Signatur** versieht. Durch die Verwendung einer qualifizierten elektronischen Signatur kann zum einen die Identität des Absenders und zum anderen die Authentizität der gesendeten Erklärung gewährleistet werden. Allerdings hat die qualifizierte elektronische Signatur noch nicht die Verbreitung und Bedeutung erlangt, die man sich bei ihrer Schaffung einst erwartet hätte.

Die Anforderungen an die **Textform** sind wesentlich geringer. Hier verlangt § 126b BGB nur, dass die Erklärung in einer Urkunde oder in einer anderen zur dauerhaften Wiedergabe in Schriftzeichen geeigneten Weise abgegeben, die Person des Erklärenden genannt und der Abschluss der Erklärung erkennbar gemacht wird.

Diese gesetzlichen Regelungen gelten ausweislich § 127 Abs. 1 BGB im Zweifel auch für die zwischen Parteien vereinbarte (gewillkürte) Erklärungsform. Bei einer solchen vertraglich vereinbarten Erklärungsform ist jedoch immer individuell zu ermitteln, ob sie konstitutiven oder lediglich deklaratorischen Charakter haben soll. Der Unterschied ist erheblich: Im ersteren Fall kommt das Rechtsgeschäft nämlich nur bei Einhaltung der Form überhaupt wirksam zustande. Im letzteren Fall ist das Rechtsgeschäft auch bei Formmangel wirksam, hier dient die vereinbarte Form nur Beweiszwecken.

1. Einfache digitale Dokumente und die Schriftform

Eine einfache digitale Erklärung – in einer E-Mail, in einem Gebot auf eBay oder auch in einer Nachricht auf Facebook – erfüllt nicht die Schriftform des BGB.[97] Juristische Laien kommen zwar immer wieder auf die Idee, digitale Dokumente, die man ja schließlich jederzeit ausdrucken und mithin „verschriftlichen" kann, als „schriftliche Dokumente" auch im Rechtssinne ansehen zu wollen. Tatsächlich erfüllen solche Ausdrucke nicht das Schriftformerfordernis des § 126 BGB. Denn § 126 BGB setzt, wie gesehen, voraus, dass die Urkunde vom Aussteller **eigenhändig unterzeichnet** wird. Auch die Unterschrift auf einem Tablet-PC genügt nicht diesem Erfordernis.[98] Nach hM handelt es sich auch im zivilprozessualen Sinne nicht um Urkunden, sondern um Augenscheinsobjekte, die durch das Gericht frei zu würdigen sind.[99]

Das Erfordernis der eigenhändigen Unterschrift kann auch nicht durch eine qualifizierte elektronische Signatur ersetzt werden. Die Schriftform selbst kann allerdings nach § 126 Abs. 3 BGB durch die elektronische Form ersetzt werden, soweit nicht das Gesetz eine andere Form vorschreibt. Dies ist beispielsweise bei Verbraucherdarlehen im Sinne des § 491 BGB möglich.

2. Die elektronische Form im Sinne des § 126a BGB

Im elektronischen Rechts- und Geschäftsverkehr ist die Schriftform oft zu schwerfällig, denn sie setzt ja den Austausch realer Papierstücke voraus. In der Praxis besteht der Bedarf nach einer alternativen Form, die allerdings ein äquivalentes Maß an Sicherheit garantieren soll. Dies soll durch § 126a BGB mit der **elektronischen Form** gewährleistet sein.

---

[97] S. beispielsweise *OLG Jena*, NJW 2016, 1330 (keine wirksame Verjährungsverlängerung durch eine Mängelrüge per E-Mail, da diese nicht das Schriftformerfordernis des § 13 Abs. 1 Nr. 5 VOB/B 2006 erfüllt).
[98] *OLG München*, K&R 2012, 622.
[99] *Ortner* in Hoeren/Sieber/Holznagel, Multimedia-Recht, 48. EL Feb. 2019, Teil 13.2 Rn. 50.

93 Die Norm des § 126a BGB verlangt für die elektronische Form, dass der Aussteller einer digitalen Erklärung dieser seinen Namen hinzufügt und das Dokument mit einer **qualifizierten elektronischen Signatur** versieht. Nach Art. 3 Nr. 10 der Verordnung über elektronische Identifizierung und Vertrauensdienste eIDAS-VO[100] besteht eine elektronische Signatur aus Daten in elektronischer Form, die anderen elektronischen Daten beigefügt oder logisch mit ihnen verbunden werden und die der Unterzeichner zum Unterzeichnen verwendet. Damit ist eine *„elektronische Signatur"* also weniger eine Signatur oder Unterschrift im herkömmlichen sprachlichen Sinn, sondern vielmehr ein **digitales Siegel**. Eine **qualifizierte elektronische Signatur** liegt vor, wenn diese ausschließlich dem Schlüsselinhaber zugeordnet ist und dessen Identifizierung ermöglicht. Ferner muss sie mit solchen Mitteln erzeugt worden sein, die der Inhaber unter seiner alleinigen Kontrolle halten kann und sie muss mit den Daten, auf die sie sich bezieht, so eng verknüpft werden, dass eine nachträgliche Manipulation erkannt wird. Schlussendlich muss sie auf einem im Zeitpunkt ihrer Erzeugung gültigen qualifizierten Zertifikat beruhen und mit einer sicheren Signaturerstellungseinrichtung erzeugt worden sein. Die qualifizierte elektronische Signatur hat allerdings nicht die praktische Verbreitung gefunden, die man sich für sie erhoffte.

> Diese hohen Anforderungen an die qualifizierte elektronische Signatur ermöglichen einen hohen Sicherheitsstandard: die **Identität des Ausstellers** sowie die **Authentizität der Erklärung** ist mit ihr gewährleistet.

94 Die elektronische Form kann in vielen Fällen die Schriftform ersetzen, § 126 Abs. 2 BGB. Voraussetzung hierfür ist, dass der andere Teil damit einverstanden ist. Allerdings bedarf das Einverständnis hierzu keiner besonderen Form und soll sich bereits daraus ergeben, dass die Parteien den Geschäftsverkehr elektronisch abwickeln.[101]

95 Bei bestimmten Rechtsgeschäften verbleibt es indes bei der Notwendigkeit, die Schriftform einzuhalten. Ein Verstoß hiergegen führt zur Nichtigkeit der Erklärung.[102] Dies gilt etwa für die Kündigung eines Arbeitsverhältnisses nach § 623 BGB,[103] die Ausstellung eines Zeugnisses nach § 630 BGB oder die Stellung einer Bürgschaft § 766 S. 2 BGB.

96 **Bei einem Vertrag** müssen beide Parteien auf diese Weise elektronisch signieren. Hierfür ist nicht ausreichend, dass beide Teile jeweils ihre Erklärung signieren. Vielmehr müssen beide jeweils den gesamten Vertragstext entsprechend signieren.[104]

96a > Praxistipp:
> In der Praxis kann es sich aus Beweisgründen empfehlen, auch in den Fällen, in denen das Gesetz gar keine Form vorschreibt, **vertraglich die elektronische Form als Erklärungsform** zu vereinbaren. Neben der erleichterten **Beweisführung** hat dies auch den Vorteil, dass der Vertragspartner es schwieriger haben wird, sich auf einen Irrtum bei der Erklärungsabgabe zu berufen. Da die qualifizierte elektronische Signatur mit einem erhöhten Erstellungsaufwand verbunden ist, erfüllt sie eben auch eine besondere Warnfunktion: der Vertragspartner wird sich schlicht beim Abfassen und Versenden seiner Erklärung mehr Mühe geben – beziehungsweise wird der Rechtsverkehr ein solches Verhalten von ihm schlicht erwarten können, was bei der Beweisführung ein hilfreicher Aspekt sein mag.

---

[100] Das Signaturgesetz SigG ist anlässlich des Inkrafttretens eIDAS-VO aufgehoben worden. *Leuering* vertritt, dass die Definition der eIDAS-VO nicht die für § 130a ZPO maßgebliche Definition sein kann und dem Verständnis des § 130a ZPO weiterhin § 2 SigG zu Grunde zu legen sei, NJW 2019, 2739, 2741.
[101] Palandt/*Ellenberger*, BGB § 126a Rn. 6.
[102] Vgl. zu den Ausnahmen auch Palandt/*Ellenberger*, BGB § 126a Rn. 2.
[103] Zum elektronischer Rechtsverkehr im Arbeitsrecht s. *Poguntke/v. Villiez*, NZW 2019, 1079.
[104] Palandt/*Ellenberger*, BGB § 126a Rn. 10.

> Bei der Abfassung einer solchen **Formklausel** ist auf die **Tragweite** der gewählten Formulierung zu achten. Die gewählte elektronische Form kann entweder allein deklaratorischen Charakter haben. Dann dient sie allein Beweiszwecken. Sie kann aber auch als zwingende Formvorschrift vereinbart werden mit der Folge, dass bei einem Mangel der Form das gesamte Rechtsgeschäft nichtig ist.

§ 371a Abs. 1 S. 1 ZPO regelt auf der **Beweisebene für den Zivilprozess,** dass auf Dokumente mit einer qualifizierten elektronischen Signatur die Regelung über die Beweiskraft von Privaturkunden entsprechende Anwendung findet. Für unterzeichnete Privaturkunden bestimmt § 416 ZPO, dass sie vollen Beweis dafür erbringen, dass die enthaltene Erklärung vom Aussteller stammt. Damit gilt für entsprechend signierte elektronische Dokumente, dass sie den Beweis dafür erbringen, dass die enthaltene Erklärung vom Inhaber des Signaturschlüssels abgegeben wurde. 97

Analog zur Urkunde in ursprünglicher Papierform, bei der die Echtheit der Unterschrift im Streitfall bestritten werden müsste, müsste die bestreitende Partei beweisen, dass die qualifizierte elektronische Signatur nicht vom Inhaber des Signaturschlüssels stammt. § 371a Abs. 1 S. 2 ZPO regelt hier noch eine Beweiserleichterung. Der Anschein der Echtheit einer in elektronischer Form vorliegenden Erklärung, der sich nach dem Signaturgesetz ergibt, kann nur durch Tatsachen erschüttert werden, die ernstliche Zweifel daran begründen, dass die Erklärung vom Signaturschlüssel-Inhaber abgegeben worden ist. Die Hürden für einen Nachweis, dass eine Erklärung nicht vom Schlüsselinhaber abgegeben wurde, liegen also faktisch sehr hoch. 98

Für den Zivilprozess ist noch wichtig zu wissen, dass ein **Urkundsverfahren** nach §§ 592 ff. ZPO erfolgreich geführt werden kann, wenn sämtliche zur Begründung des Anspruchs erforderliche Tatsachen durch Urkunden bewiesen werden können, §§ 592, 595 Abs. 3 ZPO. Der Ausdruck einer E-Mail, einer Internetseite, eines Screenshots o. ä. stellt allerdings nach hM keine solche Urkunde dar. 99

> **Zum Hintergrund:**
> Der **Urkundsprozess**, §§ 592 ff. ZPO, ist eine besondere Verfahrensart der Zivilprozessordnung. Das Urkundsverfahren ermöglicht es dem Kläger, besonders schnell einen Titel zu erlangen. Voraussetzung ist, dass der Kläger seinen Anspruch allein durch Urkunden beweisen kann; die Beweismittel sind mithin beschränkt und damit auch die Möglichkeit einer Beweisaufnahme. Die Verhandlung ist auf den eigentlichen Anspruch beschränkt, eine Widerklage ist nicht statthaft, § 595 Abs. 1 ZPO.

100

3. Die Textform des § 126b BGB

Eine wesentliche Erleichterung gegenüber der Schriftform stellt weiterhin die **Textform** des § 126b BGB dar. Hier wird nur eine lesbare Erklärung, die den Erklärenden nennt und auf einem dauerhaften Datenträger abgegeben wird, gefordert. Auf die eigenhändige Unterschrift des Ausstellers wird verzichtet. Sie ist besonders geeignet für den **Massenverkehr,** in dem eine Vielzahl gleichlautender Erklärungen möglichst schnell und kostengünstig abgegeben werden soll und wo die Beweis- und Warnfunktion keine besondere Bedeutung hat, weil die Gefahr einer Fälschung als gering anzusehen ist.[105] 101

Eine Beweis- oder Identifizierungsfunktion erfüllt die Textform entsprechend nicht. Der Aussteller der Urkunde wird nicht zwingend erkennbar. Der Empfänger hat auch keine Möglichkeit, zu überprüfen, wer die Erklärung abgegeben hat und ob ihr Inhalt authentisch, dh unverändert ist. Das ist aber eben auch nicht das Ziel der Textform; sie will 102

---

[105] BT-Drs. 14/4987, 18.

allein ermöglichen, dass der Empfänger sich zuverlässig über den Inhalt einer Erklärung informieren kann.

103 Sofern die Abgabe einer Willenserklärung in **Textform** vorgesehen ist, muss die Erklärung in einer zur **dauerhaften Wiedergabe in Schriftzeichen geeigneten Weise** abgegeben werden, die Person des Erklärenden genannt und der Abschluss der Erklärung erkennbar gemacht werden. Eine Unterschrift ist jedoch ebenso wenig notwendig wie eine (qualifizierte) elektronische Signatur.[106]

104 Nicht zuletzt im Zusammenhang mit den Belehrungspflichten nach den Fernabsatzbestimmungen taucht immer wieder die Frage auf, ob und wann ein Bereitstellen von Informationen in digitaler Form dem Textformerfordernis des § 126b BGB entsprechen kann. § 126b S. 2 BGB definiert als dauerhaften Datenträger jedes Medium, das es dem Empfänger ermöglicht, (1) eine auf dem Datenträger befindliche, an ihn persönlich gerichtete Erklärung so aufzubewahren oder zu speichern, dass sie ihm während eines für ihren Zweck angemessenen Zeitraum zugänglich ist und (2) geeignet ist, die Erklärung unverändert wiederzugeben.

105 Bei einer Informationsübermittlung via Email genügt es, dass der Empfänger sie speichern (und später ausdrucken) kann. Ein tatsächlicher Ausdruck ist nicht notwendig. Werden Informationen auf einer Homepage abrufbar bereitgehalten, ist der Textform nach § 126b BGB nur Genüge getan, wenn der Empfänger diese tatsächlich herunterlädt.[107]

106 Praxistipp:

In der Praxis wird oft so gearbeitet, dass dem Empfänger die entsprechenden Informationen über einen Link in einer E-Mail o. ä. zum Download angeboten werden. Lädt der Empfänger die Informationen dann herunter, kann der Erklärende dies für sich nachvollziehen und dokumentieren.

107 Seit der Neufassung des Gesetzes wird ein Abschluss der Erklärung nicht mehr explizit von der Norm verlangt. Dies ändert aber nichts am Erfordernis eines solchen, weil die Rechtslage die Gleiche geblieben ist.[108] Zur Verdeutlichung des **Abschlusses der Erklärung** empfiehlt sich ggf. aus praktischen Gründen eine Unterschrift. Jeder andere Abschluss, den der Rechtsverkehr als solchen zu erkennen vermag, zB ein Datum oder eine Grußformel, genügen aber ebenfalls.[109]

4. Die Buttonpflicht – eine Formvorschrift?

108 Unter dem Schlagwort „Buttonpflicht" ist § 312j Abs. 3 BGB bekannt geworden.[110] Nach dieser Norm muss ein **Unternehmer** im elektronischen Geschäftsverkehr gegenüber einem **Verbraucher** die **Bestellsituation** so gestalten, dass der Verbraucher mit seiner Bestellung ausdrücklich bestätigt, dass er eine Zahlungsverpflichtung eingehen möchte. Bei einer Bestellung über eine Schaltfläche (dem berühmten „Button") soll diese Pflicht nur dann erfüllt sein, wenn die Schaltfläche gut lesbar mit nichts anderem als den Worten „zahlungspflichtig bestellen" oder mit einer entsprechenden eindeutigen Formulierung beschriftet ist. Dem Besteller soll noch einmal deutlich vor Augen geführt werden, dass er nun mit einem Klick eine Zahlungspflicht eingeht.

109 Der genaue **Charakter dieser Norm** ist umstritten.[111] Teilweise wird vertreten, dass sie als Ausdruck einer vorvertraglichen Pflichtverletzung einzuordnen sei.[112] Vertreten wird

---

[106] Es handelt sich damit um einen „neuen Formtyp der lesbaren, aber unterschriftslosen Erklärung", s. Palandt/*Ellenberger*, BGB § 126b Rn. 1.
[107] *BGH*, NJW 2010, 3566 Rn. 10; *EuGH*, EuZW 2012, 638.
[108] Palandt/*Ellenberger*, BGB § 126b Rn. 5.
[109] Palandt/*Ellenberger*, BGB § 126b Rn. 5.
[110] Zur Regelung des § 312j Abs. 3 BGB im Einzelnen siehe → Rn. 283 ff.
[111] Vgl. hierzu im Einzelnen *Kirschbaum*, MMR 2012, 8.

auch, dass es sich um eine speziell verbraucherrechtliche Anspruchsvoraussetzung handele.[113] Nach anderer Ansicht soll es sich um ein eigenständiges Tatbestandsmerkmal oder um eine unwiderlegbare gesetzliche Vermutung handeln.[114] Die Gesetzesbegründung[115] spricht davon, dass die Schutzwirkung der einer Formvorschrift „ähnele". Teilweise wird die Norm direkt als Formvorschrift eingeordnet.[116] Unabhängig von der konkreten Einordnung der Norm in diese Kategorien ist jedenfalls nach § 312j Abs. 4 BGB ein Vertrag bei Verstoß gegen diese Pflicht unwirksam.[117]

III. Stellvertretung und Missbrauchsfälle

Literatur:
Beurskens, Nomen est omen? Falschfirmierung im elektronischen Geschäftsverkehr, NJW 2017, 1265; *Borges,* Rechtsscheinhaftung im Internet, NJW 2011, 2400; *ders.,* Haftung für Identitätsmissbrauch im Online-Banking, NJW 2012, 2385; *Köhler,* Unbestellte Waren und Dienstleistungen – neue Normen, neue Fragen, GRUR 2012, 217; *Müller-ter Jung/Oechsler,* Haftung beim Missbrauch eines *eBay*-Mitgliedskontos – Verantwortung für die freiwillige Überlassung und das Ausspähen von Verbindungsdaten, MMR 2012, 631; *Sonnentag,* Vertragliche Haftung für Handeln unter fremdem Namen im Internet, WM 2012, 64; *Specht/Herold,* Roboter als Vertragspartner, MMR 2018, 40; *Spindler,* Fortentwicklung der Haftung für Internetanschlüsse, GRUR 2018, 16; *Wendehorst,* Die Digitalisierung und das BGB, NJW 2016, 2609.

Internet und E-Mail, Instagram und Facebook erlauben es uns, mit nahezu jeder Person weltweit in Kontakt zu treten und Geschäftsbeziehungen mit ihr aufzunehmen – doch besteht dabei immer die Gefahr, dass die Person am anderen Ende nicht tatsächlich die ist, die sie zu sein behauptet.[118] Leicht kann ein Dritter den Nutzernamen oder die Kennung des Vertragspartners (missbräuchlich) verwenden und der 16jährige Nachbarsjunge sich als Direktor der örtlichen Bankfiliale ausgeben. Die Frage, die sich dann stellt, ist, ob die getroffenen Vereinbarungen auch dann gelten sollen, wenn der Kommunikationspartner nicht der ist, für den man ihn gehalten hat. Zu einer gewissen Berühmtheit haben es in diesem Zusammenhang auch jene Fälle gebracht, in denen Minderjährige mit dem Kennwort der Eltern im Internet auf Einkaufstour gingen – und beispielsweise rosafarbene Sportwagen ersteigert haben.

1. Genehmigung, Anscheins- und Duldungsvollmacht

Eine Erklärung, die im Namen eines anderen abgegeben wird, verpflichtet diesen regelmäßig nur dann, wenn dies im Rahmen einer bestehenden **Vertretungsmacht** geschehen ist oder der wirkliche Namensinhaber dieses Handeln nachträglich nach § 177 Abs. 1 BGB genehmigt. Ein ohne die entsprechende Vertretungsmacht geschlossenes Rechtsgeschäft ist bis zum Widerruf (oder der nachträglichen Genehmigung) durch den Berechtigten schwebend unwirksam.

Im e-Commerce stellen sich Fragen des Stellvertretungsrechts in besonderem Maße immer wieder bei einer **missbräuchlichen Verwendung einer Nutzerkennung.**[119] Dabei gilt: verwendet eine Person bei Abgabe einer elektronischen Erklärung die Nutzerkennung einer anderen Person, ohne dies offen zu legen, so ist der Kennungsinhaber immer dann

---

[112] *Kredig/Uffmann,* ZRP 2011, 36.
[113] *Rudkowski/Werner,* MMR 2012, 711, 714f.
[114] So wohl *Kirschbaum,* MMR 2012, 8, 15.
[115] RegE BT-Drs. 17/7745, 7, 12; so auch Palandt/*Grüneberg,* BGB § 312g Rn. 13.
[116] *Raue,* MMR 2012, 438, 441.
[117] Vgl. hierzu im Einzelnen die Darstellung → Rn. 283ff.
[118] Eine mögliche Lösung zur rechtssicheren Identifikation eines anderen im elektronischen Geschäftsverkehr ist die erwähnte qualifizierte elektronische Signatur.
[119] Zur Strafbarkeit bei Anmeldung eines eBay-accounts unter falschen Personalien *KG Berlin,* NStz 2010, 576.

an die Erklärung gebunden, wenn ihm diese nach den Grundsätzen des Stellvertretungsrechts zugerechnet werden kann.[120]

113 Im Stellvertretungsrecht gilt der Grundsatz, dass allein der Umstand, dass eine Person den Namen, die Kennung oder den Anschluss einer anderen Person nutzt, noch nicht bedeutet, dass sie auch im Namen dieser Person handelt. Einprägsam ist hier die Formel, dass **unter dem Namen des Anschlussinhabers,** aber **nicht seinem Namen** gehandelt wird.[121] Der Anschlussinhaber ist zum einen immer dann aus dem geschlossenen Rechtsgeschäft verpflichtet, wenn er den Handelnden hierzu bevollmächtigte. Wichtig: die entsprechende Vollmacht kann auch schlüssig durch die Nutzungsgestattung eines Anschlusses bzw. der Nutzerkennung erteilt werden. Zum anderen kann auch eine Bindung des Kennungsinhabers nach Rechtsscheinhaftung, also nach den Grundsätzen der Duldungs- oder Anscheinsvollmacht in Betracht kommen. Das setzt auch voraus, dass der Geschäftspartner in seinem Vertrauen auf den Bestand einer Vertretungsmacht schützenswert ist.

114 Eine **Duldungsvollmacht** liegt vor, wenn der Vertretene es willentlich geschehen lässt, dass ein anderer für ihn auftritt und der andere Teil das Verhalten dahingehend verstehen darf, dass der Handelnde bevollmächtigt ist.

Eine **Anscheinsvollmacht wird angenommen**, wenn der Vertretene das Handeln zwar nicht kennt, er es aber bei pflichtgemäßer Sorgfalt hätte erkennen und verhindern müssen und der Geschäftspartner darüber hinaus in seinem Vertrauen schutzwürdig ist. Dies setzt grundsätzlich ein wiederholtes Auftreten des Vertreters voraus.[122]

115 Eine Haftung nach den Grundsätzen der Rechtsscheinhaftung ist grundsätzlich bei **Aushändigung bestimmter Legitimationsmerkmale,** zB der aktiven Weitergabe eines Passworts für die Nutzerkennung gegeben. Beim eBay-Handel etwa kann sich der Käufer grundsätzlich darauf verlassen, dass er den Vertrag auf der Plattform mit der unter der Kennung angemeldeten Person als Verkäufer abschließt.[123] Eine Haftung scheidet indes aus, wenn das Passwort entwendet wurde und der Vertretene den Missbrauch seiner Kennung nicht vertreten konnte.[124] Für eine Zurechnung des missbräuchlichen Verhaltens eines Dritten reicht es dabei noch nicht zwingend aus, dass der Inhaber eines eBay-Mitgliedskontos seine Zugangsdaten nicht sicher verwahrt und ein Dritter sie verwendet.[125]

116 Insoweit entschied der BGH,[126] dass die im Bereich der deliktischen Haftung entwickelten Grundsätze nicht auf die rechtsgeschäftliche Erklärung übertragbar seien. Der BGH hatte es mit dem – äußerst lesenswerten – Fall zu tun, dass ein Ehemann unter Ausnutzung der Ortsabwesenheit seiner Ehefrau und ohne deren Einverständnis den eBay-Account seiner Ehefrau dazu nutzte, eine *„VIP-Lounge/Gastronomieeinrichtung"* zum Kauf gegen Höchstgebot anzubieten. Der BGH klärte zunächst, dass die Angabe der E-Mail – Adresse und der Mobiltelefonnummer des Ehemannes im Angebotstext nicht dazu führte, dass dieser selbst verpflichtet würde; denn für einen objektiven Erklärungsempfänger dominiert bei einem über eBay abgewickelten Kauf der Nutzername. Nachdem die Ehefrau ihren Gatten weder bevollmächtigt hatte noch sein Handeln nachträglich genehmigen wollte oder dies geduldet hätte, wäre eine Verpflichtung der Ehefrau allein nach den Grundsätzen der Anscheinsvollmacht in Betracht gekommen.

117 Eine Anscheinsvollmacht verneinte der BGH. Der Umstand, dass sich der Ehemann die Zugangsdaten der Ehefrau verschaffte, bedeute noch nicht, dass sie auch damit hätte rech-

---

[120] Vgl. hierzu auch *Stöber,* JR 2012, 225.
[121] Palandt/*Ellenberger,* BGB § 172 Rn. 18 unter Bezugnahme auf *BGH,* WM 2011, 1148 Rn. 10f.
[122] Ständige Rechtsprechung, vgl. nur *BGH,* NJW 2007, 987 Rn. 25; NJW 1988, 1854.
[123] Für den Fall der Weitergabe einer eBay-Kennung vgl. *LG Aachen,* NJW-RR 2007, 565.
[124] *OLG Köln,* NJW 2006, 1676.
[125] *LG Bonn,* 19.12.2003 – 2 O 472/03 – nv.
[126] *BGH,* NJW 2011, 2421 in Abgrenzung zu *BGH,* NJW 2009, 1960 („Halzband"); so auch *OLG Bremen,* MMR 2012, 593.

nen müssen. Unabhängig davon scheide eine solche Zurechnung aber auch aus, weil der Ehemann die Daten zum ersten Mal nutzte; damit fehlt es am schutzwürdigen Interesse des Vertragspartners (hier des Bieters auf das Lounge-Inventar). Der BGH stellte explizit klar, dass

„auf das Erfordernis einer gewissen Häufigkeit oder Dauer der unbefugten Verwendung des Mietgliedskontos … nicht schon deshalb verzichtet werden (könne), weil dieses im Internetverkehr auf Grund der bei eBay erfolgten Registrierung allein der Beklagten zugeordnet (werde)".

Denn auch wenn dem eBay-Account eine Identifikationsfunktion zukommt und das Passwort nach den Allgemeinen Geschäftsbedingungen von eBay geheim zu halten ist, so kann angesichts der gegebenen Sicherheitsstandards im Internet kein schützenswertes Vertrauen dahingehend bestehen, dass unter einem Mitgliedsnamen allein dessen Inhaber auftritt.[127]

Der BGH führt dann weiter aus, dass die Grundsätze, die er für den Bereich des gewerblichen Rechtsschutzes entwickelt hat, namentlich das Genügenlassen der unsorgfältigen Verwahrung des Passworts für eine Zurechnung der vom Ehepartner begangenen Urheberrechts- oder Markenverstöße, nicht auf der hiesigen Fall der vertraglichen Bindung übertragbar seien. Im **Deliktsrecht** dominiere der Gedanke des Vorrangs absoluter Rechte vor den Interessen des Schädigers. Im **Vertragsrecht** aber ist eine Einstandspflicht des scheinbar Vertretenen nur dann gerechtfertigt, wenn er weniger schutzwürdig ist als der Vertragspartner. Das Gesetz weise aber das Risiko einer fehlenden Vertretungsmacht nicht dem scheinbar Vertretenen, sondern eben dem Geschäftspartner zu. Eine Durchbrechung dieser Risikozuweisung sei hier nicht geboten. Aus Sicht des Rechtsverkehrs besteht gerade kein schutzwürdiges Vertrauen dahingehend, dass ausschließlich mit demjenigen der Vertrag tatsächlich zustande kommt, der als Mitglied registriert ist; denn dem Rechtsverkehr ist hinreichend bekannt, dass ob der faktisch aktuell nicht auszuschließenden Verwendung fremder eBay-Nutzernamen im Einzelfall stets damit gerechnet werden muss, dass der Vertragspartner gerade nicht derjenige ist, der sich tatsächlich ursprünglich bei eBay registriert hat.

An diesem Ergebnis ändert es auch nichts, dass die Allgemeinen Geschäftsbedingungen von eBay eine Einstandspflicht des berechtigen Passwortnutzers für eine unberechtigte Nutzung des Mitgliederaccounts vorsehen. Diese AGB des Plattformbetreibers regeln zwar, dass Mitglieder grundsätzlich für „sämtliche Aktivitäten" haften, die unter Verwendung ihres Mitgliedskontos vorgenommen werden. Diese AGB werden aber nur zwischen dem einzelnen Nutzer und dem Plattformbetreiber vereinbart. Sie können zwar, wie oben bereits dargelegt, als **Auslegungsgrundlage** für Willenserklärungen der Nutzer auf der Plattform herangezogen werden, erlangen selbst aber **keine unmittelbare Geltung** zwischen diesen. Etwas anderes wäre, so der BGH,[128] allenfalls vorstellbar, wenn diese Bestimmung in den AGB als Vertrag zu Gunsten Dritter anzusehen wäre. Allerdings ginge eine solche Haftungsverpflichtung weit über die eben dargelegten Grundsätze der Anscheins- und Duldungsvollmacht hinaus und hielte damit einer Inhaltskontrolle nach § 307 Abs. 1 S. 1 BGB jedenfalls nicht stand. Die Bestimmung in den AGB kann daher allenfalls das Verhältnis zwischen dem einzelnen Nutzer und dem Plattformbetreiber regeln (beispielsweise eine etwaige Ersatzpflicht für Schäden des Plattformbetreibers – nicht aber die des enttäuschten Vertragspartners).

---

[127] *BGH*, NJW 2011, 2421, 2423.
[128] *BGH*, NJW 2011, 2421, 2423.

2. Beweislastfragen

121 Die **Beweislast** für das wirksame Zustandekommen eines Vertrages liegt bei dem, der sich auf die Wirksamkeit als für ihn günstige Tatsache beruft. Den Umstand, dass die elektronische Erklärung von dem abgegeben worden ist, dessen (Nutzer-) Name und Passwort verwandt worden ist, muss also derjenige beweisen, der aus der Erklärung Rechte ableitet. Anders als die vom Aussteller unterschriebene schriftliche Erklärung, die den Beweis erbringt, dass die abgegebene Erklärung vom Unterzeichner stammt, kommt der digitalen Erklärung – sofern sie nicht mit einer qualifizierten elektronischen Signaturversehen ist – kein Beweiswert dahingehend zu, dass die abgegebene Erklärung auch tatsächlich vom angegebenen Absender stammt.

122 Solche digitalen Erklärungen sind daher allein im Rahmen der **freien Beweiswürdigung** vom Gericht zu berücksichtigen. Allerdings wird mittlerweile die Einschränkung gemacht, dass derjenige, der sich auf eine missbräuchliche Nutzung seines Anschlusses beruft, die Umstände des Missbrauchs konkret vortragen muss, da es sich um Umstände allein aus seiner Sphäre handelt.[129]

123 Für die Online-Versteigerungen hat das OLG Köln noch weiter präzisiert:[130] die **Besonderheit** bei den Internet-Auktionen, dass die Beteiligten dort unter **Nutzernamen** in Erscheinung treten, die ihre wahre Identität meist nicht erkennen lassen, vermag nichts daran zu ändern, dass grundsätzlich derjenige, der sich auf einen wirksamen Vertragsschluss beruft, darlegen und beweisen muss, dass die hinter der jeweiligen Bezeichnung stehende Person tatsächlich Vertragspartner geworden ist. Mit anderen Worten: den Umstand, dass eine elektronische Willenserklärung von dem abgegeben worden ist, dessen Nutzername und Passwort verwandt worden ist, muss derjenige beweisen, der aus der Erklärung Rechte herleiten will.[131] Auch das OLG Bremen entschied,[132] dass kein Anscheinsbeweis dafür spricht, dass eine über ein bestimmtes eBay-Mitgliedskonto abgegebene Willenserklärung von dem jeweiligen Kontoinhaber abgegeben worden ist. Insoweit fehle es an einem für die Annahme eines Anscheinsbeweises erforderlichen typischen Geschehensablauf. Der Sicherheitsstandard im Internet sei derzeit nicht so hoch, dass aus der Verwendung eines geheimen Passworts auf denjenigen als Verwender geschlossen werden könne, dem dieses Passwort ursprünglich zugeteilt worden ist.

124 Das LG Bonn[133] hatte es mit dem einprägsamen Fall zu tun, in dem der Kläger über eine Auktionsplattform ein BMW Cabrio zum Verkauf angeboten hatte. Zum Preis von 54.900,00 EUR wurde kurz darauf die „Sofort Kaufen" – Option betätigt. Der Beklagte weigerte sich zu bezahlen und teilte mit, nicht er habe die Option ausgelöst, sondern sein elfjähriger Sohn; die Mutter des Kindes habe sich zu diesem Zeitpunkt außer Haus befunden. Das Gericht lehnte einen Anscheinsbeweis für ein Gebot durch den beklagten Vater ab.

125 **Voraussetzung für die Annahme eines Anscheinsbeweises** sei, dass sich unter Berücksichtigung aller unstreitigen und festgestellten Einzelumstände und besonderen Merkmale des Sachverhalts ein für die zu beweisende Tatsache nach der Lebenserfahrung typischer Geschehensablauf ergebe.[134] Allein aus der Tatsache, dass das Gebot von einer Person abgegeben wurde, die das Passwort des Beklagten kannte, folge kein Anschein zu Lasten des Beklagten. Im Hinblick auf den derzeitigen Sicherheitsstandard im Internet könne nicht der Schluss gezogen werden, dass der Verwender eines Passworts auch tatsächlich derjenige sei, für den dieses Passwort ursprünglich ausgestellt wurde. Dagegen spräche auch nicht, dass ein unbefugter Dritter eher selten ein Interesse an dem Eingriff in eine

---

[129] Palandt/*Ellenberger*, BGB § 172 Rn. 18 aE.
[130] *OLG Köln*, NJW 2006, 1676.
[131] *OLG Hamm*, NJW 2007, 611.
[132] *OLG Bremen*, MMR 2012, 593.
[133] *LG Bonn*, Urt. v. 19.12.2003 – 2 O 472/03 – nv.
[134] *BGH*, NJW 1996, 1828.

Internetauktion habe. Es müsse in diesem Zusammenhang hingenommen werden, dass ein Anspruch aus elektronischem Vertragsschluss somit wohl fast nie zu beweisen sei.[135] Dieses Risiko habe auch der BGH mit seiner Grundsatzentscheidung[136] zum Vertragsschluss bei Internetauktionen nicht ausschließen wollen. Ausdrücklich hat der BGH dort eine Übertragung der im Bereich der deliktischen Haftung entwickelten Grundsätze auf die Zurechnung einer unter unbefugter Nutzung eines Mitgliedskontos von einem Dritten abgegebenen rechtsgeschäftlichen Erklärung abgelehnt.

IV. Probleme des Minderjährigenrechts

Literatur:
Bisges, Schlumpfbeeren für 3.000 EUR – Rechtliche Aspekte von In-App-Verkäufen an Kinder, NJW 2014, 183; *Bräutigam,* Das Nutzungsverhältnis bei sozialen Netzwerken – Zivilrechtlicher Austausch von IT-Leistung gegen Daten, MMR 2012, 635; *Erkeling,* Minderjährige als Vertragspartner eines Online-Gaming-Nutzungsvertrags, DSRITB 2016, 785; *Meyer,* Gratisspiele im Internet und ihre minderjährigen Nutzer, NJW 2015, 3686; *Latzel/Zöllner,* Anfänglich kostenlose Verträge mit Minderjährigen, NJW 2019, 103.

Kinder und Jugendliche wachsen heute mit Computer, Internet und Mobiltelefon auf und bewegen sich online oft sehr viel wendiger und schneller als ihre Eltern. Treffend spricht das KG Berlin von Kindern als „digital natives".[137] Auf der anderen Seite sind Minderjährige aber auf Grund ihres Alters und ihrer geschäftlichen Unerfahrenheit auch besonders gefährdet, auf ungeeignete, missbräuchliche oder sie gefährdende Angebote (Stichwort: „In-App-Käufe") einzugehen. Auch überblicken sie die Konsequenzen ihres Handelns noch nicht immer zuverlässig.[138] Dies gilt auch und in besonderem Maße für das Internet, wo teure Kaufanreize und illegale Downloads locken oder eine Nachricht mit beleidigendem Inhalt schnell gepostet ist. Die folgende Darstellung soll sich dabei nicht nur auf die vertragliche Haftung eines Minderjährigen beschränken, die für Fragen des Vertragsschlusses im E-Commerce wohl die zunächst unmittelbar relevante Problemstellung ist. Daneben soll auch ein kurzer Überblick über die deliktische Verantwortlichkeit des Minderjährigen gegeben werden.

1. Die vertragliche Haftung des Minderjährigen

Kinder und Jugendliche finden die Möglichkeiten, die das Internet generell und moderne Smartphones im Besonderen bieten, sehr verlockend. Waren sie in der „Steinzeit" der Mobiltelefone zunächst beliebte Abnehmer für Klingeltöne,[139] bilden sie heute die Zielgruppe schlechthin für viele Internet-Kaufangebote, Apps und Online-Spiele. Die Kehrseite der Medaille ist, dass hohe bis existenzbedrohende Schulden bei vielen Jugendlichen keine Seltenheit mehr sind. Minderjährige bedürfen also eines besonderen Schutzes, zumal sich die elterliche Kontrolle über einen Vertragsschluss via Internet in der Regel schwierig gestaltet – welcher Sechzehnjährige erlaubt seinen Eltern schon den regelmäßigen konfliktfreien Zugriff auf seinen Computer oder sein Mobiltelefon[140].

Ein Minderjähriger, der das siebte Lebensjahr vollendet hat, ist in seiner **Geschäftsfähigkeit beschränkt,** §§ 106 ff. BGB. Er bedarf zum Abschluss eines rechtlich nachteiligen

---
[135] Das LG Köln setzt sich hier mit *Mankowski,* CR 2003, 44, auseinander, der von einem „Widerrufsrecht per Beweislast" spricht.
[136] BGH, 7.11.2001 – VIII ZR 13/01, BGHZ 149, 129 = NJW 2002, 363.
[137] KG Berlin, MMR 2012, 316.
[138] Mit der interessanten Frage der Gefährdung des Kindeswohls durch Smartphone und Internetzugang hatte sich das OLG Frankfurt a. M. zu befassen, MMR 2019. 253.
[139] Fast schon wieder aus nostalgischen Gründen interessant ist der Überblick über den Markt für Klingeltöne von *Mankowski/Schreier,* VuR 2006, 209.
[140] Zur Frage des Zugangs von Eltern eines minderjährigen verstorbenen Kindes zu dessen Facebook-Account s. das Urteil des *KG Berlin,* 31.5.2017, ZEV 2017, 386.

Geschäfts grundsätzlich der vorherigen Einwilligung oder nachträglichen Genehmigung seines gesetzlichen Vertreters, sofern er nicht seine Leistung im Rahmen des „Taschengeldparagraphen" gem. § 110 BGB mit eigenen Mitteln bewirkt; anderenfalls ist das Rechtsgeschäft schwebend unwirksam.

a) Das lediglich rechtlich vorteilhafte Geschäft

129 Rechtsgeschäfte, die lediglich rechtlich vorteilhaft sind, kann der Minderjährige ohne die Einwilligung seines gesetzlichen Vertreters schließen, § 107 BGB. Maßgeblich sind insofern die rechtlichen Folgen des Geschäftes, eine wirtschaftliche Betrachtung bleibt außen vor; es ist gleichgültig, ob es sich bei dem Rechtsgeschäft um ein „Schnäppchen" handelt. Dabei kommt es nicht nur auf die Hauptleistungspflichten an, sondern auch auf die **Nebenpflichten.**

130 Deshalb bedarf auch die **Nutzung sozialer Netzwerke,** etwa das Anlegen eines Facebook Accounts der elterlichen Zustimmung.[141] Schließlich überträgt der Nutzer an Facebook zB eine umfangreiche Lizenz für eingestellte Inhalte. Auch die Einräumung der Nutzung **personenbezogener Daten** ist grundsätzlich als ein rechtlicher Nachteil einzuordnen. Käme es auf die Datenweitergabe allein entscheidend an – wie hier ja nicht –, müsste man sich allerdings im Einzelfall jeweils mit der Frage beschäftigen, ob nicht der Minderjährige selbst eine datenschutzrechtliche Einwilligung wirksam erteilen kann.[142] Insoweit wäre entscheidend, ob der Minderjährige selbst die Konsequenzen der Datenverwendung klar übersehen kann.[143] Auch eine Lösung des Problems über § 110 BGB scheidet aus, weil die eigenen Daten dem Minderjährigen nicht „überlassen" werden können, sondern diesem originär selbst zuzuordnen sind.[144] Seit Inkrafttreten der europäischen Datenschutzgrundverordnung (DS-GVO) müssen Anbieter die Einwilligung der Erziehungsberechtigten einholen, wenn personenbezogene Daten von unter Sechzehnjährigen verarbeitet werden.

b) Die elterliche Einwilligung

131 Die Eltern können ihre **Einwilligung** dem Vertragspartner oder dem Minderjährigen gegenüber erteilen, § 182 Abs. 1 BGB, wobei in der Praxis Letzteres die Regel ist. Die **Beweislast** für das Vorliegen einer Einwilligung oder Genehmigung hat derjenige, der sich auf die Wirksamkeit des Vertrages beruft.[145] Nutzt der beschränkte Geschäftsfähige ein eigenes Mobiltelefon, so ist ein Vertrag beispielsweise über eine App nicht schon aufgrund einer Einwilligung der Eltern in den Abschluss des Mobilfunkvertrages wirksam; eine Zustimmung der Eltern muss sich jeweils auf einen konkreten Vertrag mit einem bestimmten Vertragspartner beziehen. Ebenso wenig liegt allein in dem Umstand, dass die Eltern ihrem Kind die Nutzung ihres Internetanschlusses erlauben, offensichtlich noch keine Einwilligung in ein Geschäft, das das Kind anschließend online tätigt. Auch kann in einem solchen Fall grundsätzlich nicht von einer Anscheinsvollmacht ausgegangen werden.[146] Anders lag der Fall in einer Entscheidung des LG Frankfurt a. M. Hier war eine Geschäftsführerin nicht dagegen eingeschritten, dass ihr 13jähriger Sohn von ihrem Geschäftsaccount E-Mails mit Bestellungen von Mobiltelefonen versandte. Eine spätere Bestellung war daher von den Richtern für wirksam erachtet worden.

---

[141] *Bräutigam*, MMR 2012, 635, 637 f.; *Meyer*, NJW 2015, 3686.
[142] *Bräutigam*, MMR 2012, 635, 638.
[143] Vgl. hierzu etwa *Ernst*, ZD 2017, 110 zur Einwilligung nach der Datenschutzgrundverordnung.
[144] *Bräutigam*, MMR 2012, 635, 637 f.
[145] Palandt/*Ellenberger*, BGB § 108 Rn. 8.
[146] LG Frankfurt a. M., 15.12.2004 – 313 O 28/04 – nv.

c) Bewirken mit eigenen Mitteln – der Taschengeldparagraph

Fehlt eine ausdrückliche Einwilligung (oder auch eine nachträgliche) Genehmigung durch die Eltern, schließt sich die Frage an, ob der Vertrag nicht vielleicht mit Mitteln bewirkt wird, die dem nicht voll Geschäftsfähigen als **„Taschengeld"** im Sinne des § 110 BGB zur freien Verfügung überlassen wurden. Aber auch das Taschengeld ist nicht schrankenlos gewährt. Nach der hM darf es nur zu solchen Zwecken eingesetzt werden, bei denen vernünftigerweise von einer Zustimmung der Eltern auszugehen ist. Man spricht hier von der **impliziten Vertretbarkeitsschranke**. Andererseits steht es Eltern völlig frei, zu entscheiden, was sie ihren Kinder mit deren Taschengeld erlauben und was nicht. Eine Überprüfung der Üblichkeit oder Angemessenheit elterlicher Grenzsetzung findet nicht statt. Anders gesagt – und auch wenn Jugendliche das oft nicht wahrhaben wollen: Eltern können tatsächlich aus beliebigen Gründen ihren Kindern die Teilnahme an einem Online-Spiel verbieten.

132

§ 110 BGB setzt voraus, dass dem Minderjährigen „Mittel überlassen" worden sind. Darunter fällt nicht nur ein Taschengeld, sondern grundsätzlich jeder Vermögensgegenstand. Nicht darunter fallen jedoch die Daten des Minderjährigen. Diese werden ihm nicht überlassen, sondern gehören ihm von Anfang an. Damit scheidet eine Argumentation mit § 110 BGB im Zusammenhang mit der Teilnahme an sozialen Netzwerken wie Facebook aus.[147]

133

Hat ein nicht voll Geschäftsfähiger Mittel zur freien Verfügung iSd § 110 BGB erhalten, so ist zu berücksichtigen, dass ein Vertrag immer nur insoweit wirksam wird, als der Minderjährige seine Leistung **tatsächlich bereits erbracht** hat. Besonders relevant wird dies bei Abonnements, bei denen eine monatliche Abbuchung erfolgt und bei denen eine Wirksamkeit mithin immer nur für die bereits bezahlten Leistungen angenommen werden kann.

134

d) Altersverifikation und AGB

Faktisch ist es so, dass es bei Massengeschäften zurzeit kaum möglich ist, sich mit zumutbarem Aufwand verlässliche Gewissheit über die Identität des Geschäftspartners und damit über dessen Alter zu verschaffen.[148] Altersverifikationssysteme[149] können umgangen werden, Lösungen über Regelungen in Allgemeinen Geschäftsbedingungen[150] sind, wie sogleich zu zeigen ist, in der Regel nicht tragfähig. Die App WhatsApp beispielsweise setzt bei ihren Nutzern ein Alter von 16 Jahren voraus; dass diese Altersbeschränkung nicht den realen Gegebenheiten entspricht, bedarf wohl keiner weiteren Erörterung.

135

Weit verbreitet sind jedenfalls Bestimmungen in AGB, wonach die Nutzer bestätigen müssen, ein Mindestalter zu haben oder **volljährig** zu sein. Zwar verbietet § 309 Nr. 12 Buchst. b BGB Regelungen, in denen die **Beweislast zu Lasten des Nutzers verändert** wird. Jedoch hat der Nutzer ohnehin die Beweislast für die Minderjährigkeit, wenn er sich auf eine solche zum Zeitpunkt des Vertragsschlusses beruft.[151] Eine hiervon nachteilige Abweichung liegt mit der Klausel also gar nicht vor. Allerdings führt diese Klausel auch zu keiner verbesserten Situation für den Verwender – ist der Vertragspartner minderjährig, wird dieser seine Minderjährigkeit auch leicht beweisen können. Das AG Marburg verneinte bei einer Schadensersatzforderung eines Minderjährigen auch ein **Mitverschulden**

136

---

[147] *Bräutigam*, MMR 2012, 635, 637 f.
[148] Zu den Möglichkeiten der qualifizierten elektronischen Signatur s. → Rn. 87 ff.
[149] Mit Altersverifikationssystemen im Internet bei pornografischen Angeboten setzte sich der BGH etwa in der lesenswerten Entscheidung GRUR 2008, 534 auseinander. Hier entschied der BGH, dass ein System, das den Zugang zum Angebot erst nach Eingabe einer Ausweisnummer sowie der Postleitzahl des Ausstellungsortes ermöglicht und zusätzlich die Angabe einer Adresse sowie Kreditkartennummer (oder Bankverbindung) sowie die Zahlung eines (geringfügigen) Betrags verlangt, keine effektive Barriere für den Zugang Minderjähriger darstellt.
[150] Zur grundsätzlichen Möglichkeit, Allgemeine Geschäftsbedingungen wirksam zu vereinbaren → Rn. 157 ff.
[151] *AG Marburg*, MMR 2010, 329.

des Minderjährigen, obschon sich dieser beim Vertragsschluss im Internet fälschlich als volljährig ausgegeben hatte.

137 **Praxistipp:**
Die Abfrage einer **Volljährigkeitsbestätigung** kann keinesfalls die Wirksamkeit eines Vertrags mit einem Minderjährigen herbeizwingen. Es kann von Anbieterseite höchstens auf die abschreckende Wirkung einer solchen Klausel gesetzt werden. Gelten für die Angebote auf einer Website (zB Verkauf von Alkoholika über das Internet) zum Beispiel nach den Bestimmungen des Jugendschutzes Verkaufsbeschränkungen, muss der Anbieter sicherstellen, dass die Kunden bei der Bestellung volljährig sind. Ein Hinweis im Onlineshop, dass ein Verkauf nur an volljährige Personen erfolgt, ist nicht geeignet; gefordert wird eine veritable **Altersverifikation**.[152]

138 Unzulässig ist hingegen der Zusatz, **wonach Falschangaben bezüglich des Geburtsdatums ein Betrugsdelikt** seien und sich der Anbieter insoweit die Strafanzeige vorbehalte.[153] Mit solchen Formulierungen versuchen manche Betreiber von Websites zu erreichen, dass sich Minderjährige bei einer Auseinandersetzung um die Zahlungspflicht nicht auf ihre Minderjährigkeit berufen. Mit einem derartigen Hinweis auf eine (angebliche) Strafbarkeit[154] wird jedoch unzulässiger Druck auf jugendliche Nutzer ausgeübt.

2. Die deliktische Verantwortlichkeit

139 Bei der Frage nach einer deliktischen Verantwortlichkeit ist zu unterscheiden zwischen der Haftung des Minderjährigen selbst und einer unter Umständen bestehenden Haftung der Erziehungsberechtigten wegen der Verletzung der elterlichen Aufsichtspflicht nach § 832 Abs. 1 BGB. Derartige Haftungsfragen tauchen in der Praxis einerseits immer wieder im Zusammenhang mit illegalen Downloads von Inhalten durch Minderjährige auf. Andererseits haben in jüngerer Zeit auch die Fälle stark zugenommen, in denen Minderjährige aktiv rechtswidrige Inhalte oder Beleidigungen insbesondere über soziale Medien verbreiten (Stichwort Cybermobbing).

140 **a) Die deliktische Verantwortlichkeit Minderjähriger.** Nach § 828 Abs. 1 BGB gilt das **Prinzip**, dass jemand, der das **siebente Lebensjahr** noch nicht vollendet hat, für einen Schaden, den er einem anderen zufügt, nicht verantwortlich ist. Nach § 828 Abs. 3 BGB gilt ferner, dass derjenige, der zwar das siebte, aber **noch nicht das 18. Lebensjahr** vollendet hat, für einen Schaden, den er einem anderen zufügt, nicht verantwortlich ist, wenn er bei der Begehung der schädigenden Handlung nicht die zur Erkenntnis der Verantwortlichkeit erforderliche Einsicht hatte. Wichtig hierbei ist, dass der Minderjährige nicht eine bestimmte Vorstellung von der Art seiner Verantwortlichkeit oder der wirtschaftlichen oder rechtlichen Folgen seines Tuns haben muss; es genügt das **allgemeine Verständnis, dass das Verhalten geeignet ist, Gefahren herbeizuführen**.[155] Dabei wird nach § 828 Abs. 3 BGB die Einsichtsfähigkeit zunächst widerlegbar vermutet, es obliegt also dem minderjährigen Schädiger die Beweislast dafür, dass ihm die Einsichtsfähigkeit fehlte.[156]

---

[152] *LG Bochum*, 23.1.2019 – 13 O 1/19.
[153] *LG Mannheim*, MMR 2009, 568.
[154] Zum einen würde eine Strafbarkeit wegen Betrugs voraussetzen, dass der Minderjährige überhaupt schon strafmündig ist. Die Altersgrenze liegt hier bei 14 Jahren. Zum anderen setzt ein Betrug nach § 263 StGB voraus, dass vorsätzlich und in der Absicht gehandelt wird, sich oder einem Dritten einen rechtswidrigen Vermögensvorteil zu verschaffen. Eine Betrugsabsicht wird dann nicht nachzuweisen sein, wenn der Minderjährige dachte, die Verbindlichkeit zB mit seinem Taschengeld bezahlen zu können. Der Hinweis ist jedenfalls viel zu pauschal.
[155] Vgl. nur *BGH*, NJW-RR 1997, 1110.
[156] Palandt/*Sprau*, BGB § 828 Rn. 6.

B. Der Vertragsschluss im elektronischen Geschäftsverkehr

Von der Frage der **Einsichtsfähigkeit** ist die Frage nach einem eventuellen **Fahrlässigkeitsvorwurf** zu unterscheiden. Hier gilt, dass im Hinblick auf die Fahrlässigkeitsmerkmale nicht die individuellen (intellektuellen) Fähigkeiten des Minderjährigen entscheidend sind, sondern es darauf ankommt, ob ein normal entwickelter Minderjähriger dieses Alters die Gefährlichkeit seines Tuns hätte vorhersehen und dieser Einsicht entsprechend hätte handeln können und müssen.[157] 141

Für das Verhalten im Internet gilt insoweit zunächst nichts anders als für das Verhalten in der „realen Welt". So entschied beispielsweise das LG München,[158] dass einen Minderjährigen jedenfalls ab dem 15. Lebensjahr regelmäßig die Verpflichtung trifft, sich bei Nutzung fremder Bilder im Internet über sein Recht zur Nutzung zu vergewissern. Diese Linie des LG München lässt sich prinzipiell ohne weiteres auf andere urheberrechtlich geschützte Werke im Netz – wie Musiktitel, Filme, etc. – übertragen lassen. Die Teilnahme an einem IT-Kurs in der Schule spricht nach der Auffassung des LG München im Übrigen gegen das Fehlen der Einsicht, dass fremde Werke nicht einfach heruntergeladen und anderweitig online gestellt werden dürfen.[159] 142

b) Die Haftung der Aufsichtspflichtigen. Bei einem deliktischen Handeln eines Minderjährigen steht auch immer die Frage nach einer **Haftung der Erziehungsberechtigten,** meist also der Eltern, im Raum. Dass Eltern als Mittäter oder Beteiligte ihres Kindes nach § 830 BGB haften, dürfte dabei eher die Ausnahme sein, zumal oft schon eine vorsätzlich begangene Haupttat des Kindes oder Jugendlichen nicht vorliegen wird. Die Frage nach einer deliktischen Verantwortlichkeit von Minderjährigen stellt sich in jüngerer Zeit in der Praxis gehäuft bei einem Filesharing/illegalen Downloads durch Minderjährige und beim Posten beleidigender Inhalte in sozialen Medien.[160] 143

Eltern (und gleichgestellte, kraft Gesetz oder kraft Vertrags Aufsichtspflichtige) sind nach § 832 Abs. 1 S. 1 BGB zum Ersatz des Schadens verpflichtet, den minderjährige Kinder, die insoweit der Aufsicht bedürfen, einem Dritten widerrechtlich zufügen, es sei denn, sie sind ihrer **Aufsichtspflicht** hinreichend nachgekommen oder der Schaden wäre auch bei gehöriger Aufsichtsführung eingetreten, § 832 Abs. 1 S. 2 BGB. 144

Nach der Rechtsprechung des BGH bedürfen Minderjährige stets der Aufsicht,[161] lediglich deren Inhalt und damit der Entlastungsbeweis nach § 832 Abs. 1 S. 2 BGB richtet sich nach den konkreten Umständen des Einzelfalls.[162] Die Aufsichtspflicht der Eltern ergibt sich bereits aus dem Gesetz, §§ 1626 ff. BGB. Für die Haftung der Eltern genügt dabei die Erfüllung des objektiven Tatbestands einer unerlaubten Handlung durch den Minderjährigen; auf ein Verschulden des aufsichtsbedürftigen Minderjährigen kommt es ebenso wenig an wie auf dessen Deliktsfähigkeit.[163] Möglicherweise können die Eltern jedoch den Entlastungsbeweis nach § 832 Abs. 1 S. 2 BGB führen, also den Nachweis erbringen, dass sie ihrer Aufsichtspflicht im gebotenen Maße nachgekommen sind. 145

Das Maß der gebotenen Aufsicht bestimmt sich 146
- nach Alter,
- Eigenart
- und Charakter des Kindes
- sowie nach der Voraussehbarkeit des schädigenden Verhaltens.

---

[157] So bereits *BGH*, NJW 1970, 1038.
[158] *LG München I*, MMR 2008, 619 ua unter Berufung auf *OLG Hamburg*, NJOZ 2007, 5761; für die Haftung eines Vierzehnjährigen vgl. *LG München I*, ZUM 2004, 150.
[159] *LG München I*, ZUM 2004, 150.
[160] Zu WhatsApp Nachrichten im Familienkreis vgl. aber auch *OLG Frankfurt a. M.*, MMR 2019, 381. Danach besteht innerhalb des engsten Familienkreises ein ehrschutzfreier Raum, der es ermöglicht, sich frei anzusprechen.
[161] Siehe nur *BGH*, NJW 1976, 1145.
[162] Palandt/*Sprau*, BGB § 832 Rn. 4.
[163] Palandt/*Sprau*, BGB § 832 Rn. 7.

147 Bei der **Überlassung gefährlicher Gegenstände** ist eine Belehrung über die Gefährlichkeit erforderlich; hierunter fallen nach der herrschenden Rechtsprechung neben herkömmlichen Gefahrenquellen wie Streichhölzern oder Feuerwerkskörpern auch ein mit dem Internet verbundener Computer.[164] Denn das Surfen im Netz bringt neben den Gefahren durch jugendgefährdende Inhalte für das Kind eben auch erhebliche zivilrechtliche Haftungsrisiken durch ein Fehlverhalten des Kindes mit sich. Entsprechend haben die Eltern ihre Kinder auf die Gefahren im Netz hinzuweisen und können diese Verantwortung auch nicht auf andere abschieben. Das LG München I[165] geht etwa davon aus, dass die Teilnahme an einem IT-Kurs in der Schule[166] nicht zu einem Entfallen der Belehrungspflicht der Eltern führen kann. Eltern können sich auch nicht auf die Position zurückziehen, dass ihre Kinder im Umgang mit Computer und Internet wesentlich versierter seien als sie selbst; denn insoweit ist zu differenzieren zwischen der reinen Internetnutzung und der Frage nach den (haftungsrechtlichen) Risiken derselben, über die die Eltern ihre Kinder nach wie vor aufzuklären haben und dies auch leisten können.

148 Neben der Notwendigkeit einer anfänglichen Belehrung erfordert die elterliche Aufsichtspflicht auch eine **laufende Überwachung des Kindes** dahingehend, ob sich die Internetnutzung durch das Kind in dem durch die einweisende Belehrung gesteckten Rahmen bewegt. Dabei setzen Belehrungs- und Kontrollpflichten der Eltern nicht erst da ein, wo sie konkret über von ihren Kindern begangene Rechtsverletzungen unterrichtet worden sind.[167] Der bloße Einwand, von der behaupteten Rechtsverletzung keine Kenntnis zu haben, genügt daher nicht zur Entlastung des Aufsichtspflichtigen. Verbote, die nicht kontrolliert und sanktioniert werden, genügen eben gerade nicht.[168]

149 Lassen Eltern ihr Kind die **elterneigene IP-Adresse** nutzen, ergeben sich Weiterungen. Wenn von einem Internetanschluss Inhalte (zB Musiktitel zum sog. Filesharing) hochgeladen werden, der zum fraglichen Zeitpunkt einer bestimmten Person zugeteilt ist, so spricht eine tatsächliche Vermutung dafür, dass diese Person für die Rechtsverletzung verantwortlich ist. Daraus folgt eine sekundäre Darlegungslast des (elterlichen) Anschlussinhabers, der geltend macht, eine andere Person habe die Rechtsverletzung begangen.[169] Die Rechtsprechung wendet diese vom BGH eigentlich für die Haftung des Inhabers eines WLAN-Anschlusses entwickelten Grundsätze auch auf die Eltern minderjähriger Kinder an,[170] die für Filesharing ihrer Nachkommen auf Unterlassung und Schadensersatz in Anspruch genommen werden. So greift eine Täter- oder Störerhaftung jedenfalls dann nicht durch, wenn die Eltern darlegen können, dass sie ihren PC mittels Passwort oder auf andere Weise gegen eine unbefugte Nutzung der Kinder gesichert und/oder diesen den Zugang zu ihrem Internetanschluss jedenfalls nur unter Aufsicht gewährt haben.

150 Praxistipp:
Neben der Frage nach der **Haftung des Minderjährigen selbst** für ein deliktisches Tun im Internet (beispielsweise eine Urheberrechtsverletzung) ist also stets auch der Frage nachzugehen, ob die Eltern des Minderjährigen für ein eigenes Verschulden, nämlich die Verletzung ihrer Aufsichtspflicht, haften. Bei der **Frage nach dem Umfang der Auf-**

---

[164] *LG München I*, MMR 2008, 619 (hier: Verwendung von Fotografien für eine Multimediapräsentation durch eine Minderjährige). Zum Umfang der Belehrungspflicht bei Filesharing vgl. *OLG Frankfurt a. M.*, MMR 2019, 483.
[165] *LG München I*, MMR 2008, 619.
[166] Material zu Medienkonzepten an bayerischen Schulen und Medienkompetenzen der Schüler sind übrigens beispielsweise über die Website des Staatsinstituts für Schulqualität und Bildungsforschung München abrufbar, www.isb.bayern.de.
[167] *OLG Köln*, 23.12.2009 – 6 U 101/09, BeckRS 2010, 00768 (zum Download von Musikdateien).
[168] *OLG Köln*, 23.12.2009 – 6 U 101/09, BeckRS 2010, 00768 (Verbot an einen Zehnjährigen und einen Dreizehnjährigen, an bestimmten Tauschbörsen im Internet teilzunehmen).
[169] *BGH*, MMR 2010, 565 mAnm *Mantz*.
[170] Vgl. hierzu *OLG Hamburg*, 11.10.2006 – 5 W 152/06 (nv); *OLG Köln*, 8.5.2007 – 6 U 244/06 (nv) und *OLG Düsseldorf*, 27.12.2007 – I-20 W 157/07 (nv).

sichtspflicht der Aufsichtspflichtigen (Eltern) ist zu unterscheiden. Da ein Computer mit Internetanschluss nach der herrschenden Rechtsprechung einem gefährlichen Gegenstand (wie beispielsweise einem Feuerzeug, Feuerwerkskörpern, etc.) gleichsteht, trifft die Eltern zunächst die Pflicht, ihre Kinder über die Gefahren der Internetnutzung und die Gefahr, bei der Nutzung andere zu schädigen, zu belehren. Darüber hinaus trifft die Eltern die laufende Pflicht zu überwachen, ob sich die Internetnutzung des Kindes im vereinbarten Rahmen bewegt. Wegen der im Gefolge der WLAN-Entscheidung des BGH erhöhten Haftungsrisiken empfiehlt es sich darüber hinaus, den elterlichen PC mittels eines nicht ohne weiteres zugänglichen Passworts zu sichern (oder – weniger realistisch-den PC gleich ganz unter Verschluss zu halten).

V. Problemstellungen rund um Allgemeine Geschäftsbedingungen

Literatur:
Bergt, Praktische Probleme bei der Umsetzung neuer gesetzlicher Vorgaben im Webshop, NJW 2012, 3541; *Groß*, AGB 4.0: Allgemeine Geschäftsbedingungen im Rahmen autonomer Vertragsabschlüsse, InTer 2018, 4; *Herresthal*, Folgen der Geoblocking-Verordnung für die Verwendung von AGB, NJW 2020, 361; *Janal*, Die AGB-Einbeziehung im M-Commerce, NJW 2016, 3201; *Lederer*, Das Verbraucherleitbild im Internet, NJOZ 2011, 1833; *Lutzi*, Aktuelle Rechtsfragen zum Handel mit virtuellen Gegenständen in Computerspielen, NJW 2012, 2070; *Niebling*, Das Transparenzgebot im Recht der AGB, NJW 2019, 103; *Rohlfing*, Unternehmer qua Indizwirkung? Darlegungs- und Beweislast bei geschäftsmäßigem Handeln in elektronischen Marktplätzen, MMR 2006, 271; *Solmecke/Dam*, Wirksamkeit der Nutzungsbedingungen sozialer Netzwerke – Rechtskonforme Lösung nach dem AGB- und dem Urheberrecht, MMR 2012, 71; *Sommerfeld*, Rechtsflucht ins Ausland wegen des deutschen AGB-Rechts im B2B-Verkehr, RIV 2018, 741; *Thomas*, Fehlende Pflichtangaben und englischsprachige AGB bei WhatsApp, ITRB 2016, 174; *Wendehorst*, Die Digitalisierung und das BGB, NJW 2016, 2609; *Willems*, Rückzahlung in Gutscheinform beim Verbraucherwiderruf, NJW 2018, 1049.

Den allermeisten **Massenverträgen** liegen heute **Allgemeine Geschäftsbedingungen** 151 zugrunde, das ist im Internet wie im realen Leben so. Auch hier gilt, dass es für die Verwendung von AGB in der digitalen Welt keine Sonderregelungen gibt, sondern die allgemeinen Regeln der §§ 305 ff. BGB greifen. Dennoch lohnt es sich, im Zusammenhang mit dem elektronischen Geschäftsverkehr bestimmte Aspekte der Verwendung von AGB näher zu betrachten. Die Einbeziehung von AGB ist auch beim Vertragsschluss im Internet gang und gäbe; kaum eine Website, die nicht mit eigenen Geschäftsbedingungen des Anbieters aufwartet.

Nach der Legaldefinition des § 305 Abs. 1 BGB liegen Allgemeine Geschäftsbedingun- 152 gen (AGB) vor, wenn es sich um für eine Vielzahl von Verträgen vorformulierte Bedingungen handelt, die eine Partei der anderen stellt. Dies gilt auch bei deren erstmaliger Verwendung. Ferner ist es gleichgültig, ob die AGB gesondert gestellt werden oder Bestandteil des eigentlichen Vertrags sind.

1. Die Verwendung von AGB und die Gefahr einer Abmahnung

Auf die Erstellung Allgemeiner Geschäftsbedingungen für einen Vertragsschluss im Inter- 153 net ist besondere Sorgfalt zu verwenden. Dies gilt nicht nur deshalb, weil AGB den Vertragsinhalt maßgeblich mitbestimmen. Dies gilt auch und insbesondere, weil mit der Veröffentlichung von AGB im Internet die **Gefahr einer Abmahnung** für den Verwender exponentiell steigt. Denkbar ist zum einen eine Inanspruchnahme des AGB-Verwenders nach dem Unterlassungsklagengesetz (UKlaG). Dessen Zielsetzung ist der Schutz des allgemeinen Rechtsverkehrs durch das Verhindern übervorteilender und unwirksamer AGB. Anspruchsberechtigt sind die in § 3 Abs. 1 Nr. 1 UKlaG Genannten. Das sind vor allem die Verbraucherschutzverbände und Verbände zur Förderung gewerblicher Interessen, die Industrie- und Handelskammern sowie die Handwerkskammern. Zusätzlich besteht aber immer auch die Gefahr, wegen unwirksamer AGB durch einen Mitbewerber nach § 3 UWG auf der Grundlage des Gedankens des unlauteren Vorsprungs durch Rechtsbruch abgemahnt zu werden. Allgemeine Geschäftsbedingungen, die einen Kunden unangemessen benachteiligen, sind wettbewerbswidrig.

154 **Praxistipp:**
Bekanntlich agieren nicht alle Abmahnenden motiviert durch die hehre Zielsetzung, den Rechtsverkehr ein Stück sicherer und fairer zu machen. Nicht wenige haben das Abmahnen als einträgliche Einnahmequelle entdeckt und mahnen daher mehr oder weniger wahllos sämtliche Rechtsverstöße ab, die sie zu entdecken vermögen. Dabei wird auch ganz gezielt auf bestimmten Websites (wie zB eBay oder Etsy) mit Suchfunktionen nach möglichen Rechtsverstößen gefahndet. Auch dieser Gefahr gilt es also bei der Planung eines Auftritts im Netz und der Erstellung von AGB proaktiv zu begegnen.[171]

2. Das Vorliegen von AGB

155 Allgemeine Geschäftsbedingungen iSv § 305 BGB liegen vor, wenn der Verwender der anderen Partei bei Abschluss des Vertrags **vorformulierte Vertragsbedingungen** stellt. Das Normmerkmal des „Stellens von AGB" ist erfüllt, wenn der Verwender die Einbeziehung verlangt, also ein konkretes Einbeziehungsangebot macht. Ein wirtschaftliches, intellektuelles oder sonstiges Übergewicht des Verwenders braucht dabei – entgegen weit verbreiteter Auffassung unter juristischen Laien – nicht zu bestehen. Ein „Stellen der AGB" entfällt dabei auch nicht etwa dann, wenn der Kunde zwischen verschiedenen Regelungsalternativen wählen kann oder der Formulartext die Möglichkeit von Änderungen oder Streichungen enthält.[172] An der Einordnung einer Klausel als Allgemeine Geschäftsbedingung ändert auch der Umstand nichts, dass eine Einwilligung online erst durch das individuelle Markieren eines Feldes abgegeben wird (sog. Opt-in-Klausel), da die andere Vertragspartei auch hier keinen Spielraum hinsichtlich der inhaltlichen Gestaltung hat.[173]

156 Bei Verträgen zwischen einem Unternehmer und einem Verbraucher (den sog. **Verbraucherverträgen) gelten AGB grundsätzlich als vom Unternehmer gestellt,** § 310 Abs. 2 Nr. 1 BGB; die § 305c Abs. 2ff. BGB finden auch dann Anwendung, wenn die AGB lediglich zur einmaligen Verwendung bestimmt wurden und der Verbraucher aufgrund der Vorformulierung auf den Inhalt keinen Einfluss nehmen konnte, § 310 Abs. 2 Nr. 2 BGB.

3. Die wirksame Einbeziehung von AGB bei Verträgen im Internet

157 Nach § 305 Abs. 2 BGB muss auf die Geschäftsbedingungen im Zeitpunkt des Vertragsschlusses **ausdrücklich hingewiesen** werden; der Erwerber muss die zumutbare **Möglichkeit der Kenntnisnahme haben** und sein **Einverständnis mit ihrer Geltung** erklären. In den „Kindertagen des Online-Handels" schieden sich die Geister schon an der Frage, ob und wie eine zumutbare Kenntnisnahme von Allgemeinen Geschäftsbedingungen beim Online-Handel überhaupt möglich sei. Es wurden Bedenken vorgetragen hinsichtlich der Möglichkeit der nachträglichen Änderung von AGB,[174] und hinsichtlich der

---

[171] Interessant ist in diesem Zusammenhang der Beitrag von *Sommerfeld*, der sich mit der Frage der Rechtsflucht ins Ausland im Zusammenhang mit den Regelungen des deutschen AGB-Rechts befasst, RIW 2018, 741.
[172] *BGH*, NJW 1987, 2011.
[173] *OLG Köln*, 29.4.2009 – 6 U 218/08 (nv). Betroffen war die vom Veranstalter eines Gewinnspiels vorformulierte Klausel: „Ja ich bin damit einverstanden, dass ich telefonisch/per eMail/SMS/Post über interessante Angebote (…) informiert werde".
[174] Die, wenn hierdurch die Bedingungen des Vertragsschlusses nachträglich manipuliert werden sollen, jedoch strafbar wäre als (versuchter) (Prozess-)Betrug nach § 263 StGB.

Kosten und des Aufwandes, die für den Kunden mit einem Ausdruck verbunden seien. Gleichzeitig wurde aber auch vorgebracht, dass das Lesen längerer Bedingungen am Bildschirm dem Kunden nicht zumutbar sei.[175] Die Wogen haben sich mittlerweile geglättet; nicht zuletzt vor dem Hintergrund, dass der Besteller sich AGB heute problemlos herunterladen und dann ohne weiteres lesen und ausdrucken kann, ist die grundsätzliche Möglichkeit, auch im Internet wirksam AGB zu vereinbaren, anerkannt. Auch durch die Regelungen zum Fernabsatz bzw. zum Elektronischen Geschäftsverkehr, die einen weiten Schutz des Verbrauchers bewirken, hat die Diskussion weiter an Brisanz verloren.

Voraussetzung der wirksamen Einbeziehung ist also, dass der Kunde den ausdrücklichen **Hinweis auf die AGB** bei Vertragsschluss erhält; erforderlich ist dabei ein enger Zusammenhang mit dem eigentlichen Vertragsschluss. Der Hinweis auf die Geltung von AGB muss auf einer Website so angeordnet sein, dass er auch bei einer bloß flüchtigen Betrachtung nicht übersehen werden kann.[176] In Verbraucherverträgen dürfen Vereinbarungen, die auf eine über das vereinbarte Entgelt für die Hauptleistung hinausgehende Zahlung des Verbrauchers gerichtet sind, nur ausdrücklich getroffen werden, § 312a Abs. 3 S. 1 BGB. Aus Verbraucherschutzgründen ist der Begriff der Extrazahlung weit zu verstehen.[177] Eine Vereinbarung in AGB soll möglich sein. Allerdings wird vielfach eine Änderung des § 312a Abs. 3 S. 1 BGB angemahnt mit einer Klarstellung, dass eine pauschale Zustimmung zu AGB nicht für die Vereinbarung eines Zusatzentgelts genügen kann.[178]

158

In seinem grundlegenden Urteil vom 14.6.2006 hat der Bundesgerichtshof entschieden, dass es für die Möglichkeit der Kenntnisverschaffung nach § 305 Abs. 2 Nr. 2 BGB genügt, wenn die Allgemeinen Geschäftsbedingungen über einen auf der Bestellseite **gut sichtbaren Link** aufgerufen und ausgedruckt werden können.[179] Die Verwendung von Links (und deren Darstellung durch Unterstreichen) gehört nach dem BGH zu den im Internet üblichen Gepflogenheiten. Eine wirksame Einbeziehung scheidet allerdings aus, wenn der Link selbst schon unverständlich ist; so ist ein Link mit der schlichten Bezeichnung „Mich" nicht ausreichend.[180]

159

Für die wirksame Einbeziehung von AGB ist weiter erforderlich, dass die andere Vertragspartei die Möglichkeit hat, die AGB **inhaltlich zur Kenntnis zu nehmen,** § 305 Abs. 2 Nr. 2 BGB, und schlussendlich ihr Einverständnis mit der Geltung der AGB erklärt, § 305 Abs. 2 aE BGB. Für die Möglichkeit zumutbarer Kenntnisnahme ist erforderlich, dass die AGB für den Durchschnittsempfänger mühelos lesbar sind und einen im Verhältnis zur Bedeutung des Geschäfts vertretbaren Umfang haben.

160

Es bleibt die Frage, inwieweit der Kunde die **Möglichkeit zum Ausdruck** von Allgemeinen Geschäftsbedingungen haben muss. Bei kurzen AGB geht die herrschende Meinung davon aus, dass es genügt, wenn die AGB am Bildschirm gelesen werden können; dabei ist aber weniger die Anzahl der Seiten (die ja auch maßgeblich von der verwendeten Schriftgröße abhängt) als die Verständlichkeit der AGB maßgeblich.[181] Zumindest bei umfangreicheren AGB muss der Nutzer die Option haben, diese auszudrucken bzw. herunter zu laden und er muss auf diese Möglichkeit auch dezidiert hingewiesen werden. Wichtig ist dies auch vor dem Hintergrund, dass die AGB unter Umständen später verändert werden und er die Möglichkeit haben muss, die zum Vertragszeitpunkt aktuelle Version zu dokumentieren.

161

---

[175] Im Rahmen des früheren btx-Verkehrs war anerkannt, dass das Lesen längerer Vertragsbedingungen aufgrund der langen Übertragungsdauer nicht zumutbar sei; *LG Aachen,* NJW 1991, 2159, 2160; *LG Wuppertal,* NJW-RR 1991, 130, 135.
[176] Vgl. nur *LG Essen,* NJW-RR 2003, 1207.
[177] Palandt/*Grüneberg,* BGB § 312a Rn. 4.
[178] Vgl. hierzu die Darstellung bei *Wendehorst,* NJW 2016, 2609, 2612.
[179] *BGH,* NJW 2006, 2976. Der BGH verweist in diesem Zusammenhang auch auf die Entscheidungen des *OLG Hamburg,* WM 2003, 581, 583; *OLG Hamm,* NJW 2001, 1142.
[180] *OLG Hamm,* NJW 2005, 2319.
[181] Palandt/*Grüneberg,* BGB § 305 Rn. 36.

162 **Für den elektronischen Geschäftsverkehr** regelt § 312i Abs. 1 S. 1 Nr. 4 BGB explizit, dass der Unternehmer dem Kunden die Möglichkeit verschaffen muss, die Vertragsbestimmungen einschließlich der AGB bei Vertragsabschluss abzurufen und in wiedergabefähiger Form zu speichern. Damit geht diese Norm über § 305 Abs. 2 BGB hinaus: die AGB müssen nicht nur abrufbar, sondern sie müssen auch in wiedergabefähiger Form speicherbar sein. Ob AGB indes überhaupt zum Vertragsbestandteil geworden sind, bestimmt sich nicht nach dieser Norm, sondern weiterhin nach § 305 BGB.

163 Bei einem erkennbar körperlich behinderten Kunden – insbesondere betrifft das im Internet wohl hauptsächlich Sehbehinderte – hat der Verwender von Allgemeinen Geschäftsbedingungen auf diese Behinderung Rücksicht nehmen und ihm die AGB in geeigneter Weise zugänglich machen.[182] Daraus wird man für jene Anbieter, die sich im Internet gezielt an Personen, bei denen mit bestimmten Einschränkungen gerechnet werden muss – wie etwa auch Senioren – erhöhte Anforderungen an die Gestaltung des Hinweises auf die AGB und die AGB selbst ableiten müssen.

164 Praxistipp:

Für eine rechtssichere und nachweisbare Vereinbarung von AGB ist die Website so zu gestalten, dass der Nutzer überhaupt nur eine Willenserklärung (zB eine Bestellung) abgeben kann, wenn sichergestellt ist, dass er die Allgemeinen Geschäftsbedingungen tatsächlich eingesehen hat. Dies kann so geschehen, dass sich der Nutzer erst durch die AGB „durchklicken" muss, bevor er überhaupt eine Bestellung abgeben kann (sog. Click-Wrap oder auch Click-and-Accept-Verfahren) bzw. die Einsichtnahme und sein Einverständnis bestätigen muss.

4. Die Inhaltskontrolle

165 Allgemeine Geschäftsbedingungen unterliegen im Streitfall der richterlichen Inhaltskontrolle, dh der inhaltlichen Überprüfung der einzelnen Bedingungen. Zweifel bei der Auslegung von AGB gehen nach der Regelung des § 305c Abs. 2 BGB zu Lasten des Verwenders, sofern die Klauseln gegenüber einem Verbraucher verwandt wurden.

166 Die Vorschriften über die Inhaltskontrolle von Allgemeinen Geschäftsbedingungen finden sich in den §§ 307 bis 309 BGB, die stets im Zusammenhang mit § 310 BGB zu lesen sind; gem. § 310 Abs. 1 S. 1 BGB finden die §§ 308 und 309 keine Anwendung auf AGB, die **gegenüber einem Unternehmer** verwendet wurden (ebenso wie § 305 Abs. 2 und 3 BGB). Für AGB, die **gegenüber einem Verbraucher** verwendet werden, machen die §§ 308 und 309 BGB jedoch strikte Vorgaben. Auch gilt hier gem. § 307 Abs. 3 Nr. 3 BGB, dass bei der Beurteilung einer unangemessenen Benachteiligung nach § 307 BGB die den Vertragsschluss begleitenden Umstände (beispielsweise die konkrete Ausgestaltung einer Website) Berücksichtigung zu finden haben.

167 § 309 BGB regelt die **„Klauselverbote ohne Wertungsmöglichkeit"**, dh eine solche Klausel ist unwirksam, wenn die gesetzlichen Voraussetzungen vorliegen. Praxisrelevant ist beispielsweise das Verbot kurzfristiger Preiserhöhungen in § 309 Nr. 1 BGB, das Verbot von Vertragsstrafen in Nr. 6 oder die Regelung zu Haftungsbeschränkungen bei grobem Verschulden in Nr. 7. So ist etwa eine AGB-Klausel, nach der ein Reisevermittler nur dafür haften möchte, dass die Vermittlung der Reiseleistungen sowie die Buchungsabwicklung mit der Sorgfalt eines ordentlichen Kaufmanns geleistet werden, gem. § 309 Nr. 7 BGB unwirksam.[183] § 309 Nr. 12 Buchst. b BGB verbietet Regelungen, in denen die **Beweislast** zu Lasten des Verbrauchers verändert wird.

168 Bei den von § 308 BGB erfassten **„Klauseln mit Wertungsmöglichkeit"** (nämlich einer Wertungsmöglichkeit des Gerichts) werden einzelne, konkrete Tatbestände formu-

---

[182] Palandt/*Grüneberg*, BGB § 305 Rn. 40.
[183] OLG München, MMR 2019, 704 – Klausel eines Online-Reisevermittlers.

B. Der Vertragsschluss im elektronischen Geschäftsverkehr

liert, die unbestimmte Rechtsbegriffe („unangemessen" oder „zumutbar") enthalten und im Einzelfall gerichtlich überprüft werden. So wurde beispielsweise eine Versanddauerbestimmung zu einem Angebot auf der Plattform Amazon des Inhalts „Voraussichtliche Versanddauer: 1–3 Werktage" vom OLG Bremen gem. § 308 Nr. 1 BGB wegen eines unangemessen langen Vorbehalts einer Leistungsfrist als unwirksam angesehen.[184]

§ 307 BGB enthält den Auffangtatbestand einer **Generalklausel**. Nach § 307 Abs. 1 S. 1 BGB sind Bestimmungen, die den Vertragspartner gegen die Gebote von Treu und Glauben unangemessen benachteiligen, unwirksam. § 307 Abs. 1 S. 2 BGB stellt ein **Transparenzgebot** auf, wonach auch Bestimmungen, die nicht klar und verständlich sind, als unangemessen einzustufen sind.[185] Hierunter fällt zB ein *„Klauseldurcheinander"* aus verschiedenen Bedingungen in einem Internetauftritt, aus dem nicht klar und deutlich hervorgeht, welche Regelung für die gewünschte Leistung (hier: eine Flugreise) gelten soll.[186]

169

Ein Verstoß gegen die §§ 307, 308, 309 hat zur Folge, dass die betreffende **Klausel insgesamt unwirksam** ist.[187] Eine geltungserhaltende Reduktion der Klausel findet nicht statt, § 306 Abs. 2 BGB. Bei einem Rechtsgeschäft mit einem Verbraucher ist dabei § 305c Abs. 2 BGB zu beachten. Danach gehen Zweifel bei der Auslegung von AGB immer zu Lasten des Verwenders.[188] Dies bedeutet, dass bei zwei Auslegungsalternativen im Zweifel jene zu gelten hat, die zur Unwirksamkeit der Klausel führt, denn das ist für den Verbraucher letztlich am günstigsten.

170

5. Die Einbeziehung von AGB von Plattformbetreibern – Drittwirkung fremder AGB

Neue Formen des Handelns und Verhandelns im Internet bringen auch neue Fragestellungen rechtlicher Art mit sich. Hierzu gehört auch die Frage, inwieweit **AGB von Plattformbetreibern** wie zB eBay das Geschehen auf der Plattform zwischen Dritten regeln können. Plattformen wie eBay oder Amazon geben bestimmte Bedingungen für jene Verträge vor, die zwischen den Plattformnutzern – ohne Beteiligung des Betreibers – selbständig im sog. **Marktverhältnis** abgeschlossen werden. Sprich: ersteigert ein Bieter auf eBay einen Artikel, erwirbt er ihn vom Anbieter nach den Bedingungen, die eBay vorher für alle Plattformnutzer festgelegt hat.

171

Die Plattformbetreiber wie eBay oder Amazon wollen mit diesen Bedingungen sicherstellen, dass alle über die Plattform geschlossenen Verträge einen grundsätzlich einheitlichen Inhalt haben. Der Anbieter verpflichtet sich, diese Vertragsbedingungen zu verwenden in seinem Vertragsverhältnis mit dem Plattformbetreiber (sog. **Nutzungsvertrag**). Von diesem Vertragsverhältnis zu unterscheiden ist dann aber der Kaufvertrag zwischen den Plattformnutzern im Marktverhältnis, in dem diese AGB dann gar nicht explizit vereinbart werden.

172

Im Ergebnis besteht Einigkeit, dass diese AGB hier trotzdem zwischen Käufer und Verkäufer Geltung entfalten, die Begründungen hierfür variieren allerdings. So wurde teilweise vertreten, dass der Vertrag zwischen dem Plattformbetreiber und dem Nutzer der Plattform als Rahmenvertrag für die Verträge zwischen den Nutzern diene.[189] Nach anderer Ansicht sei der Vertag zwischen Nutzer und Plattformbetreiber ein Vertrag zugunsten

173

---

[184] *OLG Bremen*, MMR 2013, 36. Das Gericht stellte gleichzeitig klar, dass es sich hierbei tatsächlich um AGB und nicht um eine bloße Werbeaussage oder einen Hinweis handelte.
[185] Vgl. statt vieler *OLG München*, MMR 2019, 704 zu den Klauseln eines Online-Reisevermittlers; *BGH*, MMR 2010, 677 – Ryanair AGB zu den Klauseln eines Luftverkehrsunternehmens, das seine Leistung nahezu ausschließlich über Fernabsatz anbietet.
[186] *AG Frankfurt a. M.*, NJW 2006, 3010: „Klauselverwirrnis" im Internetauftritt einer Fluggesellschaft. Zu irreführenden Rechtswahlklauseln in AGB von Online-Kaufverträgen s. auch *EuGH*, MMR 2018, 606.
[187] Statt vieler vgl. nur *OLG Frankfurt a. M.*, MMR 2010, 678 – AGB eines Mobilfunkbieters.
[188] Vgl. *OLG München* zu den AGB eines Online-Reiseportals, MMR 2018, 841.
[189] *Spindler*, ZIP 2001, 809.

Dritter hinsichtlich der Geltung der AGB.[190] Der Gedanke eines Vertrags zugunsten Dritter scheint indes schon deshalb problematisch, weil Allgemeine Geschäftsbedingungen typischerweise nicht nur Regelungen zugunsten der von ihnen Betroffenen enthalten.

174 Vorzugswürdig scheint daher der Ansatz der Rechtsprechung, die davon ausgeht, dass die AGB des Plattformbetreibers **zwar nicht unmittelbar Vertragsinhalt** des Vertrags zwischen den Plattformnutzern werden, aber **bei der Auslegung der Erklärungen der Nutzer,** also Angebot und Annahme, zu berücksichtigen sind.[191] Erklärungen von eBay-Nutzern etwa sind dann unter Rückgriff auf die durch Anerkennung der AGB des Auktionshauses begründeten wechselseitigen Erwartungen der Auktionsteilnehmer und deren gemeinsames Verständnis über die Funktionsweise der Online-Auktion auszulegen.[192]

175 Dem liegt folgende Überlegung zugrunde: in der Wahl seines Vertriebsweges ist ein Verkäufer frei. Entscheidet er sich jedoch dazu, etwas über eine Internetplattform wie eBay zum Kauf anzubieten, tut er dies, weil er den Gesamtrahmen, den eBay für ein solches Geschäft vorgibt, als vorteilhaft ansieht. Es ist ja gerade dieser **feste Rahmen** mit vorgegebenen Laufzeiten, Versandmöglichkeiten und Gewährleistungsrechten, der dem Verkäufer sein Angebot erleichtert oder ermöglicht. Den Speicher auszuräumen und alte Bücher für den Betrag von 1,00 EUR bundesweit anzubieten macht wirtschaftlich nur Sinn, wenn die Angebotserstellung wenig Zeit in Anspruch nimmt. Müsste der Verkäufer seine Angebote jeweils neu formulieren und online stellen, würde er von solchen Geschäften wohl Abstand nehmen. Der Verkäufer möchte sich also für sein konkretes Rechtsgeschäft der von der Plattform **vorgegebenen Parameter bedienen.** Entsprechend kann er sein Angebot dann aber auch nur **dahingehend verstanden wissen,** dass es diesen Rahmen insgesamt mit allen Vorgaben des Plattformbetreibers (einschließlich jener, die im Einzelfall vielleicht nicht vorteilhaft für den Verkäufer sind) einhalten soll. Umgekehrt weiß auch jeder Käufer, worauf er sich bei einem Geschäft auf eBay einlässt; er erwartet, dass sich sein Vertragspartner beim Handel über die gewählte Plattform an alle vorgegebenen „Spielregeln" hält.

C. Die für den elektronischen Geschäftsverkehr besonders relevanten Bestimmungen des Verbraucher- und Kundenschutzes

176 Die letzten Jahre haben – nicht zuletzt durch den Einfluss europarechtlicher Vorgaben[193] – generell einen Trend hin zu den verbraucherschützenden bzw. auch den kundenschützenden Regelungen gebracht. Der starke Verbraucherschutz und der einfache Widerruf für den Käufer sind sicherlich zwei wesentliche Faktoren für den Siegeszug des Einkaufens im Internet. Aber nicht nur der Verbraucher wird im Internet geschützt; auch der Kunde (zB ein Unternehmer) profitiert von einer Reihe von Regeln.

---

[190] *Koch,* CR 2005, 502.
[191] *BGH,* NJW 2005, 53.
[192] Grundlegend *BGH,* NJW 2002, 363 = MMR 2002, 95 mAnm *Spindler.*
[193] Zu diesen zählen:
– Richtlinie 97/7/EG über den Verbraucherschutz bei Vertragsabschlüssen im Fernabsatz
– Richtlinie 2000/31/EG über bestimmte rechtliche Aspekte der Dienste der Informationsgesellschaft, insbesondere des elektronischen Geschäftsverkehrs, im Binnenmarkt (sog. E-Commerce-Richtlinie)
– Richtlinie 2008/48/EG über Verbraucherkreditverträge
– Richtlinie 2011/83/EU über die Rechte der Verbraucher
– Richtlinie 2019/770 über bestimmte vertragsrechtliche Aspekte der Bereitstellung digitaler Inhalte und Dienstleistungen
– Richtlinie 2019/771 über bestimmte vertragsrechtliche Aspekte des Warenkaufs.

C. Die für den elektronischen Geschäftsverkehr besonders relevanten Bestimmungen

> **Praxistipp:**
> Die Unterscheidung zwischen Verbraucher- und Kundenschutz ist von zentraler Bedeutung, da manche Bestimmungen des Rechts des elektronischen Geschäftsverkehrs nur auf einen Schutz des Verbrauchers zielen, andere aber – weiter – auch den Schutz des Kunden bezwecken §§ 312i, 312j BGB. Auch ein Unternehmer kann Kunde sein.

177

Für den Einkauf und das Handeln im Internet besonders relevant sind jene Vorgaben, die das **Fernabsatzgeschäft** einerseits und den **elektronischen Geschäftsverkehr** andererseits betreffen und die im Folgenden erläutert werden. Für Finanzdienstleistungen gilt eine Vielzahl von Sonderregeln, deren Darstellung hier allerdings den Rahmen sprengen würde.[194]

178

Die Regelungen des Fernabsatzrechts §§ 312c ff. BGB und die Regelung des §§ 312i, 312j BGB zu den Pflichten im elektronischen Geschäftsverkehr stellen für den E-Commerce besondere Anforderungen auf. Diese Normen haben in jüngerer Zeit in schneller Folge mehrere Novellierungen erfahren.[195] Ohne Übertreibung lässt sich sagen, dass das Fernabsatzrecht eines der Regelungsmaterien des BGB ist, die in den letzten Jahren die meisten Veränderungen erfahren haben. Mit den neuen Richtlinien zum Verbrauchsgüterkauf und zu Verbraucherverträgen über digitale Inhalte stehen die nächsten Veränderungen mit direkten Auswirkungen auf den E-Commerce auch schon wieder ins Haus.[196]

179

Allerdings verbessern die zahlreichen Nachbesserungen die Lesbarkeit und Verständlichkeit des Gesetzestextes nicht unbedingt. Zahlreiche Verweise auf andere Normen und eine detailreiche Regelung von Ausnahmen und Rückausnahmen erschweren das Verständnis gerade für den juristischen Laien – und mancher mag da vielleicht etwas wehmütig auf den klaren Text anderer Normen des BGB blicken. Auch wenn es sich die diversen Reformen immer wieder zum Ziel setzen, eine einheitlichere und deutlichere Regelung der Materie zu schaffen, bleibt zu konstatieren, dass der „große Wurf" bislang noch nicht gelungen ist. Ein Verbraucher muss sich, um sich über seine Rechte bei einem Einkauf im Internet zu informieren, außerdem nach wie vor durch unterschiedlichste Normen kämpfen – ein isolierter Blick in das Fernabsatzrecht genügt oft nicht, da zB auch die Regelungen zu den AGB in den §§ 305 ff. BGB zu berücksichtigen sind. So oder so – ein Ende der gesetzgeberischen Aktivität in diesem Bereich ist nicht abzusehen; oder, wie *Wendehorst*[197] es auf den Punkt bringt: „Wer in Deutschland mit Verbrauchervertragsrecht zu tun hat, muss flexibel sein."

180

I. Die Pflichten im Fernabsatz

Literatur:
Bach, Der Versand im Fernabsatz – Gefahr- und Kostentragung im Widerrufsfall und darüber hinaus, ZVertriebsR 2016, 292; *ders.,* Neue Richtlinien zum Verbrauchsgüterkauf und zu Verbraucherverträgen über digitale Inhalte, NJW 2019, 1705; *Becker/Rätze,* Belehrung über das fernabsatzrechtliche Widerrufsrecht: Probleme und Lösungsmöglichkeiten, WRP 2019, 429; *Bening,* Plädoyer für ein statusbezogenes Verständnis des Unternehmerbegriffs, VuR 2019, 455; *Buchmann,* Aktuelle Entwicklungen im Fernabsatzrecht 2017/2018, KR 2018, 605; *Busch/Dannemann/Schulte-Nölke,* Ein neues Vertrags- und Verbraucherrecht für Online-Plattformen im Digitalen Binnenmarkt? MMR 2016, 787; *Duden,* Verbraucherschutz und Vertragsschluss im Internet der Dinge, ZRP 2020, 102; *Föhlisch/Dyakova,* Fernabsatzrecht und Informationspflichten im Onlinehandel – Anwendungsbereich nach dem Referentenentwurf zur Umsetzung der Verbraucherrechterichtlinie, MMR 2013, 3; *dies.,* Das Widerrufsrecht im Onlinehandel – Änderungen nach dem Referentenentwurf zur Umsetzung der Verbraucherrechterichtlinie, MMR 2013, 71; *Föhlisch/Löwer,* Das Widerrufsrecht bei Gutscheinen im Fernabsatz, KR 2015, 298; *dies.,* Die Entwicklung des E-Commerce-Rechts seit 2016, VuR

---
[194] Es sei – statt vieler – etwa verwiesen etwa auf die Darstellung bei *Wendehorst,* NJW 2019, 3423.
[195] Zentrale Änderungen hat das Fernabsatzrecht etwa mit Wirkung zum 13.6.2014 erfahren.
[196] Vgl. zu diesen beiden neuen Richtlinien die Darstellung von *Bach,* NJW 2019, 1705.
[197] *Wendehorst,* NJW 2011, 2551, die hier auch noch einmal die zahlreichen vergangenen Novellen des BGB zusammenfasst.

2018, 11; *Friesen*, Der Widerrufs-Joker im Fernabsatzgeschäft, EWS 2017, 29; *Giesemann/Schwab*, Die Verbraucherrechte-Richtlinie: ein wichtiger Schritt zur Vollharmonisierung im Binnenmarkt, EuZW 2012, 253; *Härting*, Anwaltsverträge im Fernabsatz, NJW 2016, 2937; *Hergenröder*, Die Vereinbarkeit sog. Dash Buttons mit den zivilrechtlichen Regelungen zum E-Commerce, VuR 2017, 174; *Hoffmann*, Die Entwicklung des Internetrechts bis Ende 2017, NJW 2018, 512; *ders.*, Die Entwicklung des Internetrechts bis Ende 2018, NJW 2019, 481; *Höhne*, Wider widersinnige Widerrufe – Vom Kampf gegen Ausnutzung von Widerrufsrechten im Kaufrecht, ZRP 2019, 135; *Karampatzos/Belakouzova*, Voraussetzungen und Folgen der Widerrufsausübung im Fernabsatz und im digitalen Verkehr, NJOZ 2018, 1681; *Kirschbaum*, Die gesetzliche Neuregelung der sog. Internetfalle – Zur dogmatischen Einordnung des § 312g Abs. 3 und 4 BGB nF, MMR 2012, 8; *Köhler*, Unbestellte Waren und Dienstleistungen – neue Normen, neue Fragen, GRUR 2012, 217; *Lange/Werneburg*, Verbraucher und Makler im Internet, NJW 2015, 193; *Lederer*, Das Verbraucherleitbild im Internet, NJOZ 2011, 1833; *Lehmann*, E-Commerce in der EU und die neue Richtlinie über die Rechte der Verbraucher, CR 2012, 261; *Leier*, Die Buttonlösung gegen Kostenfallen im Internet, CR 2012, 378; *Mantz*, Die Entwicklung des Internetrechts bis Mitte 2019, NJW 2019, 2441; *Meier/Schmitz*, Verbraucher und Unternehmer – ein Dualismus? NJW 2019, 2345; *Müller*, Die „Button"-Lösung gegen Kostenfallen im Internet – Ende gut, alles gut? K&R 2012, 791; *Peintinger*, Widerrufsrechte beim Erwerb digitaler Inhalte – Praxisvorschläge am Beispiel des Softwarekaufs unter Berücksichtigung von SaaS-Verträgen, MMR 2016, 3; *Pfeiffer*, Verbraucherrecht mit vielen Säulen – Auf der Suche nach funktionsgerechten Konstruktionsprinzipien eines Rechtsgebiets, NJW 2012, 2609; *Purnhagen*, Die Auswirkungen der neuen EU-Richtlinie auf das deutsche Verbraucherrecht, ZRP 2012, 36; *Raue*, „Kostenpflichtig bestellen" – ohne Kostenfalle? Die neuen Informations- und Formpflichten im Internethandel, MMR 2012, 438; *Rudkowski/Werner*, Neue Pflichten für Anbieter jenseits der „Button-Lösung" – Paid Content Verträge nach der Verbraucherrechte-Richtlinie, MMR 2012, 711; *Schneider*, Vergessene Wertersatzvorschriften im Widerrufsrecht, NJW 2020, 1918; *Specht*, Wertersatz nach Verbraucherwiderruf – was kommt nach den Entscheidungen „Wasserbett" und „Katalysatorkauf", VuR 2017, 363; *dies.*, Die Entwicklung des IT-Rechts im Jahr 2018, NJW 2018, 3686; *Staudenmayer*, Kauf von Waren mit digitalen Elementen – Die Richtlinie zum Warenkauf, NJW 2019, 2889; *Stariradeff*, Vollharmonisierung und Anhebung des Verbraucherschutzniveaus im Online-Kaufrecht, MMR 2016, 715; *Strobl*, Neue Vorgaben für den Kunst- und Kulturgüterhandel durch die Umsetzung der Verbraucherrechtrichtlinie NJW 2015, 721; *Tamm*, Kostenfallen im Internet nach neuer Rechtslage, VuR 2012, 217; *Thomas*, Fehlende Pflichtangaben und englischsprachige AGB bei WhatsApp, ITRB 2016, 174; *Vander*, Reform des Fernabsatzrechts – Probleme und Fallstricke der neuen Widerrufsbelehrung, MMR 2015, 75; *Vogt*, Wertersatz bei Widerruf im Fernabsatz, ITRB 2017, 30; *Wendehorst*, Platform Intermediary Services and Duties under the E-Commerce Directive and the Consumer Rights Directive, EuCML 2016, 30; *dies.*, Das neue Gesetz zur Umsetzung der Verbraucherrechterichtlinie NJW 2014, 477; *Willems*, Influencer als Unternehmer, MMR 2018, 707; *ders.*, Rückzahlung in Gutscheinform beim Verbraucherwiderruf, NJW 2018, 1049.

181 Zum Schutz des Verbrauchers bei Einkäufen und anderen Geschäftsabschlüssen im Internet gibt es in den §§ 312b ff. BGB besondere Bestimmungen zum Fernabsatz, die gerade und auch im Bereich des elektronischen Geschäftsverkehrs große Bedeutung haben.[198] Zentral für das Verständnis der Vorschriften des deutschen Verbraucherschutzrechts und speziell des Fernabsatzrechts ist die Überlegung, dass der Gesetzgeber versucht, insbesondere über zwei Hebel zu agieren, nämlich über gesteigerte Informationspflichten des Unternehmers einerseits und ein erleichtertes Widerrufsrecht des Verbrauchers anderseits. **Die Sicherheit, die korrekte Information und die Wahlfreiheit** des Verbrauchers sollen gewährleistet werden und er soll auch in die Lage versetzt werden, seine Rechte vor Gericht effektiv durchzusetzen.[199] Hintergrund ist, dass der Verbraucher anders als im stationären Handel weder den Vertragspartner noch das Produkt in Augenschein nehmen kann.

182 Der individuelle Schutz des Verbrauchers wird flankiert durch Bestimmungen des **Zivilverfahrensrechts**.[200] So sieht § 29c ZPO für Klagen aus außerhalb von Geschäftsräumen geschlossenen Verträgen (§ 312b BGB) gegen einen Verbraucher die **ausschließliche**

---

[198] Es handelt sich um die Umsetzung der Richtlinie 97/7/EG des Europäischen Parlaments und des Rates vom 20.5.1997 über den Verbraucherschutz bei Vertragsabschlüssen im Fernabsatz (ABl. EG Nr. L 144 S. 19), sog. Fernabsatzrichtlinie. Die Umsetzung in das deutsche Recht erfolgte zunächst durch das im Jahr 2000 in Kraft getretene Fernabsatzgesetz; dieses wurde im Rahmen der Schuldrechtsreform später in das BGB integriert.

[199] Palandt/*Grüneberg*, BGB § 312c Rn. 1. Zu den Prinzipien des Verbraucherrechts vgl. auch *Pfeiffer*, NJW 2012, 2609.

[200] Vgl. hierzu die Darstellung zum Verfahrensrecht → Teil 18.

C. Die für den elektronischen Geschäftsverkehr besonders relevanten Bestimmungen

Zuständigkeit des Gerichts am Wohnsitz des Verbrauchers vor. Daneben tritt die **Eröffnung kollektiver Rechte** und Verfahren wie das UKlaG.

1. Die Fernabsatzbestimmungen und die Gefahr einer Abmahnung

Ein Verstoß gegen die Pflichten im Fernabsatzrecht kann auch deshalb schnell teuer werden, da wegen fehlender oder unvollständiger Informationen und inkorrekter Widerrufsbelehrungen von Mitbewerbern auf der Basis von § 3 UWG abgemahnt werden kann. Verstößt ein Unternehmer zu Lasten von Verbrauchern planmäßig gegen die fernabsatzrechtlichen Pflichten, kann er auch im Wege einer Verbandsklage nach § 2 UKlaG auf Unterlassung in Anspruch genommen werden, da es sich um verbraucherschützende Normen handelt. Auch ist eine Unterlassungsklage gegen den Unternehmer wegen eines unlauteren Vorsprungs durch Rechtsbruch nach § 8 UWG möglich.

183

2. Der Anwendungsbereich des Fernabsatzrechts

§ 312c BGB **definiert als Fernabsatzvertrag** solche Verträge, bei denen ein **Unternehmer** und ein **Verbraucher** für die Vertragsverhandlungen und den Vertragsschluss ausschließlich Fernkommunikationsmittel verwenden. Davon ausgenommen ist ein Vertragsschluss, der nicht im Rahmen eines für den Fernabsatz organisierten Vertriebs- oder Dienstleistungssystems erfolgt. Diese Definition geht unmittelbar auf die Verbraucherrechterichtlinie zurück, die eine Vollharmonisierung erstrebt.[201] Allerdings ist § 312c BGB nicht isoliert zu lesen, sondern im Zusammenhang mit § 312 BGB. Nach § 312 Abs. 1 BGB finden die Vorschriften zum Fernabsatzrecht nur Anwendung auf **Verbraucherverträge**, die eine **entgeltliche Leistung** des Unternehmers zum Gegenstand haben.

184

a) Der Begriff des Unternehmers

Der Begriff des Unternehmers, der nicht nur im Fernabsatzrecht, sondern im Gesamtgefüge des BGB an den unterschiedlichsten Stellen von Bedeutung ist, ist in § 14 BGB gesetzlich definiert.[202] Ein Unternehmer ist danach

185

„eine natürliche oder auch juristische Person oder eine rechtsfähige Personengesellschaft, die bei Abschluss des Rechtsgeschäfts in Ausübung ihrer gewerblichen oder selbständigen beruflichen Tätigkeit handelt."

Der **persönliche Anwendungsbereich** der Norm erfasst damit also nicht nur Kaufleute oder Gewerbetreibende; auch freiberuflich Tätige, Handwerker oder Landwirte sind Unternehmer. Entscheidend ist, dass am Markt planmäßig und dauerhaft Leistungen gegen Entgelt angeboten werden. Auf die Absicht, einen Gewinn zu erzielen, kommt es nicht an.[203] Bei der Tätigkeit muss es sich nicht um die hauptberufliche Tätigkeit einer Person handeln; ein nebenberufliches Auftreten ist ausreichend.[204] Der **Gegenbegriff** zum Unternehmer ist der des **Verbrauchers**, § 13 BGB.

186

Die Beurteilung, ob eine natürliche Person, die im Internet Waren zum Verkauf anbietet, als Verbraucher oder als Gewerbetreibender einzuordnen ist, ist nach dem EuGH[205] im Rahmen einer Gesamtbetrachtung vorzunehmen. Maßgeblich sind die Umstände des Einzelfalls. Dabei obliegt es den **nationalen Gerichten,** diese Einschätzung vorzunehmen. Allein das Anbieten mehrerer Waren reicht dabei nicht aus, um die Verbrauchereigenschaft zu verneinen.

187

---

[201] VerbrRRL 2 Nr. 7.
[202] *Meier/Schmitz,* NJW 2019, 2345; *Bening,* VuR 2019, 455; zur umsatzsteuerrechtlichen Einordnung als Unternehmer bzw. Private/Verbraucher → Teil 5.2 Rn. 3.
[203] *BGH,* NJW 2018, 146 Rn. 40, Rn. 150, Tz. 30.
[204] *LG Berlin,* MMR 2007, 401.
[205] *EuGH,* GRUR 2018, 1154 – Komisia za zashtita na potrebitelite/Evelina Kamenova.

188 Entscheidend bei der Frage, ob eine gewerbliche oder selbständige berufliche Tätigkeit vorliegt, kann nicht der innere Wille des Betroffenen sein, sondern es muss auf das **äußere Erscheinungsbild** abgestellt werden.[206] Es wäre offensichtlich zu einfach, könnte man die gesetzlichen Vorgaben allein durch die Behauptung „Verkauf erfolgt von Privatperson" umgehen, auch wenn zahllose Anbieter auf eBay und Co. hierdurch ihre Haftung wirksam beschränken zu können glauben.

189 Die Übergänge von der Privatperson zum gewerblichen Unternehmer sind – gerade was Verkaufsaktivitäten im Internet angeht – indes oft fließend. Maßgeblich sind die Umstände des Einzelfalls; für den anwaltlichen Berater eröffnet sich hier eine wahre Spielwiese der Argumentationsmöglichkeiten.

190 **Standardkriterien** bei der Abgrenzung von Verbraucher und Unternehmer sind:
- der Umfang und das Ausmaß der Tätigkeit, beispielsweise die Anzahl getätigter Verkäufe
- die Dauer der ausgeübten Tätigkeit: dauerhafte oder nur vorübergehende Tätigkeit?
- die Gewinnerzielungsabsicht
- die Entgeltlichkeit der Leistung
- die Gestaltung der Website[207]
- das Maß der Autonomie bei der Ausübung der Tätigkeit.

191 Die Frage nach der Unternehmereigenschaft taucht immer wieder speziell im Zusammenhang mit **Verkäufen über Online-Plattformen** wie zB eBay oder Amazon auf.[208] Bis zu welcher Grenze ist ein Verkäufer noch Privatmann, ab wann gilt er als Unternehmer? Hier wird nach dem oben Dargelegten davon auszugehen sein, dass derjenige, der über einen längeren Zeitraum regelmäßig eine größere Anzahl von Verkäufen tätigt, als Unternehmer einzuordnen sein wird.

192 Letztlich entscheidet aber immer der **Einzelfall**; die absolute Anzahl von Verkäufen kann, wie eben dargelegt, ja nicht allein ausschlaggebendes Kriterium sein. So kann eine große Anzahl von Verkäufen in kurzer Zeit auch damit erklärlich sein, dass jemand endlich seinen Speicher aufräumen möchte und Gegenstände auch unter Wert anbietet, nur um Ordnung zu schaffen. Man wird also die genannten Kriterien verfeinern müssen, indem man weiter fragt, ob es sich bei den verkauften Gegenständen um Neuware oder gebrauchte Sachen handelt. **Für die Unternehmereigenschaft spricht,** wenn eine Vielzahl gleicher oder gleichartiger Gegenstände angeboten wird; für die Verbrauchereigenschaft spricht eher, wenn ein „Sammelsurium" an Dingen angeboten wird. Letzteres korreliert oft mit einem bestimmten einmaligen Anlass für die Verkaufsaktion wie etwa einem Umzug oder einer Haushaltsauflösung. So befand das LG Hamburg,[209] dass neunzig Verkäufe von Porzellanartikeln in vier Monaten noch nicht ausreichend für eine gewerbliche Tätigkeit seien, wenn der Verkäufer angibt, er verkaufe einen Teil seiner seit Jahren im Familienbesitz befindlichen Sammlung aus Platzgründen. Schlussendlich wird auch immer die Überlegung anzustellen sein, ob der Preis/Einstiegsgebot den Marktwert wiedergibt oder die Ware unter Wert angeboten wird.

193 Aus dem Gesagten wird deutlich, dass die Verkaufsaktivität **nicht die hauptberufliche Tätigkeit** einer Person sein muss, um diese als Unternehmer zu qualifizieren. Hier liegt in der Praxis eine **Falle** für den juristischen Laien; tatsächlich genügt ein nebenberufliches

---

[206] *BGH,* NJW 2007, 2619; zur Umsatzsteuerpflicht vgl. auch *BFH,* MMR 2012, 523; Abgrenzung der Unternehmereigenschaft zur privaten Vermögensverwaltung.
[207] S. hierzu *Föhlisch/Löwer,* VuR 2018, 11, 12.
[208] Zu den spezifischen Herausforderungen für Online-Marktplätze → Teil 5.2 Rn. 16 ff.
[209] Siehe beispielsweise *LG Hamburg,* 9.3.2012 – 408 HK O 137/09 (nv), 90 Verkäufe von Porzellanartikeln in vier Monaten noch nicht ausreichend für eine gewerbliche Tätigkeit, wenn der Verkäufer angibt, er verkaufe einen Teil seiner seit Jahren im Familienbesitz befindlichen Sammlung aus Platzgründen.

C. Die für den elektronischen Geschäftsverkehr besonders relevanten Bestimmungen

Auftreten, zB als **eBay Powerseller** oder auch als **Influencer**.[210] Auch derjenige, der als Gesellschafter einer Gesellschaft bürgerlichen Rechts mit Telefonen handelt und auf einer Internet-Verkaufsplattform gleichartige Geräte in nennenswertem Umfang anbietet, handelt gewerblich. Diese Vermutung wird im Übrigen auch nicht ausgeräumt, wenn der Gesellschafter über die Plattform ansonsten überwiegend private Waren wie Haushaltswaren und Spielsachen anbietet.[211]

Der **Begriff** des „**Powersellers**" ist eine Wortschöpfung der Online-Plattform eBay und meint einen besonderen Status, der von eBay an Verkäufer verliehen wird, die häufiger auf der Plattform handeln. eBay gewährt seinen Powersellern bestimmte Vergünstigungen. Der Begriff des Powersellers selbst ist aber kein juristischer Begriff. Mit dem Status als Powerseller sind auch nicht per se rechtliche Konsequenzen verbunden. Nichtsdestoweniger kann der Status des Powersellers rechtliche Relevanz erlangen. Man wird in dem Powerseller-Status mindestens ein **starkes Indiz für die Unternehmereigenschaft** sehen müssen. Darüber hinaus wird aber auch vertreten, dass sogar eine veritable Beweislastumkehr vorzunehmen sei.[212] Es obläge danach dem Powerseller, im Einzelfall nachzuweisen, dass sein Angebot auf eBay ein Privatverkauf ist. Dabei kann aber die pauschale Behauptung auf der Angebotsseite „Verkauf von privat" sicherlich nicht genügen.

b) Der Begriff des Verbrauchers

Der **Begriff des Verbrauchers** wird in § 13 BGB als Gegensatz zum Begriff des Unternehmers in § 14 BGB gesetzlich definiert; ein „Verbraucher" ist danach jede natürliche Person, die ein Rechtsgeschäft zu einem Zweck abschließt, der weder ihrer gewerblichen noch ihrer selbständigen beruflichen Tätigkeit zuzurechnen ist. Der Verbraucher wird vom Gesetz als ein dem Unternehmer **typischerweise Unterlegener** betrachtet und durch eine Vielzahl unterschiedlicher Regelungen wie jenen des Fernabsatzrechts geschützt.

Der BGH hatte sich mit der Frage auseinanderzusetzen, ob die **Lieferung an eine Geschäftsadresse,** hier einer Rechtsanwältin, gegen die Verbrauchereigenschaft des Bestellers spricht.[213] Der BGH entschied, dass in der bloßen Lieferung der Ware an eine Geschäftsadresse kein eindeutiger Hinweis für ein gewerbliches Handeln liegt. Vielmehr ist bei einem rechtsgeschäftlichen Handeln einer natürlichen Person grundsätzlich von einem Verbraucherhandeln auszugehen. Dies, so der BGH, ergebe sich bereits aus der negativen Formulierung des § 13 Hs. 2 BGB; etwas anderes gelte nur dann, wenn dem Verkäufer erkennbare Umstände eindeutig und zweifelsfrei darauf hinweisen, dass die natürliche Person in Ausübung einer gewerblichen oder selbständigen beruflichen Tätigkeit handele.

Ob und inwieweit eine **Gesellschaft bürgerlichen Rechts** Verbraucher im Sinne des § 13 BGB sein kann, war bereits Gegenstand einiger Entscheidungen des BGH, die Frage ist indes noch nicht abschließend geklärt.[214] Das OLG Köln entschied kürzlich, dass eine BGB-Gesellschaft dann Verbraucherin sein kann, wenn mindestens einer ihrer Gesellschafter Verbraucher ist.[215]

In § 29c Abs. 1 S. 2 ZPO findet sich die Bestimmung, dass am **Wohnort des Verbrauchers**[216] ein **ausschließlicher Gerichtsstand für die gegen einen Verbraucher** gerichteten Klagen aus einem außerhalb von Geschäftsräumen geschlossenen Vertrag (§ 312b BGB) besteht. § 29c Abs. 2 ZPO definiert jedoch einen **eigenen prozessrechtlichen Verbraucherbegriff**. Dieser unterscheidet sich vom Verbraucherbegriff des § 13 BGB dahingehend, dass es nicht auf den Zweck des Vertragsabschlusses, sondern – rein objektiv –

---

[210] Zur Unternehmereigenschaft von Influencern s. *Willems*, MMR 2018, 707.
[211] *OLG Hamm,* MMR 2010, 608.
[212] *OLG Koblenz,* NJW 2006, 1438.
[213] *BGH,* MMR 2010, 92.
[214] Vgl. die Zusammenstellung bei *Siemienowski*, NZG 2018, 168.
[215] *OLG Köln,* NZG 2017, 944 = NJW-Spezial 2017, 465.
[216] S. hierzu auch *Heinrichs*, DAR 2018, 127.

c) Der Ausschluss von Verbrauchern von Geschäften

199 Vor diesem Hintergrund möchte mancher Unternehmer keine Geschäfte mit Verbrauchern abschließen. Eine derartige Beschränkung ist im Rahmen der Privatautonomie ohne weiteres möglich.[218] Will ein Anbieter nur mit anderen Unternehmern abschließen, muss er jedoch seinen Internetauftritt entsprechend eindeutig beschränken.[219]

200 Es genügt freilich nicht, wenn der Unternehmer durch einen Hinweis in seinem Angebot *„Wir verkaufen ausschließlich an Gewerbetreibende, ein Widerrufsrecht ist deshalb ausgeschlossen"* versucht, die Pflichten des Fernabsatzrechts zu vermeiden. Das OLG Hamm[220] entschied, dass es sich bei dieser Klausel um eine verbotene Umgehung des Gesetzes handelt, da nicht hinreichend sichergestellt sei, dass ein Verkauf auch tatsächlich nur an Unternehmer stattfindet. Auch eine Checkbox *„Ich akzeptiere die Allgemeinen Geschäftsbedingungen und bestätige ausdrücklich meinen gewerblichen Nutzungsstatus"* wurde, wieder vom OLG Hamm, als nicht ausreichend erachtet. Hier wurde die Formulierung als nicht deutlich genug und leicht zu überlesen moniert, zumal sie sich an einer Stelle befand, an der der Verbraucher nur mit der Einverständniserklärung zu den AGB rechnete.[221] Etwas anderes gilt jedoch dort, wo der Unternehmer durch geeignete, gegebenenfalls technische Maßnahmen tatsächlich sicherstellt, dass ausschließlich gewerbliche Abnehmer Ware erwerben können.[222] Allerdings entschied der BGH, dass eine veritable Pflicht, eine Bestellung eines Verbrauchers durch technische Mittel zu verhindern, nicht bestehe.[223] Der Anbieter kann etwa eine Bestätigung der gewerblichen Nutzung durch den Vertragspartner verlangen.

201 Für die Art und Weise der Sicherstellung ist der **Einzelfall** maßgeblich; es ist danach zu differenzieren, welche Waren angeboten werden und auf welche Weise. Sind die erteilten Hinweise ausreichend, um klarzustellen, dass ein Verkauf an Verbraucher nicht stattfindet, kommt es auf die Einrichtung weiterer Kontrollen der Unternehmereigenschaft der Besteller nicht an.[224]

202 Praxistipp:

In diesem Zusammenhang sei auf ein weiteres, wenn auch nicht spezifisch fernabsatzrechtliches Problem bei der **Zugangsbeschränkung** hingewiesen. Je nach Angebotsinhalt (zB Verkauf von Alkoholika über das Internet) muss der Anbieter aus Jugendschutzgründen sicherstellen, dass die Kunden bei der Bestellung volljährig sind. Ein Hinweis im Onlineshop, dass ein Verkauf nur an volljährige Personen erfolgt, ist nicht geeignet; gefordert wird eine veritable Altersverifikation.[225]

d) Der Begriff des Fernkommunikationsmittels

203 Der Begriff des *„Fernkommunikationsmittels"* ist in § 312c Abs. 2 BGB legaldefiniert. Unter einem Fernabsatz versteht man danach sowohl den herkömmlichen Verkauf über den Versandhandel als auch die modernen Vertriebsformen des E-Commerce wie den Verkauf via

---

[217] OLG Braunschweig, VuR 2019, 106.
[218] Vgl. in diesem Zusammenhang auch BGH, MMR 2017, 818: *„Hat ein Testkäufer bei einem Kauf im Internet im Einklang mit einem objektiv verfolgten gewerblichen Geschäftszweck zunächst bestätigt, die Bestellung als Unternehmer vorzunehmen und versucht er anschließend durch Eintragung im Online-Bestellformular, sich als Verbraucher darzustellen, handelt er unredlich."*
[219] OLG Hamm, GRUR-RR 2017, 198.
[220] OLG Hamm, MMR 2008, 469.
[221] OLG Hamm, VuR 2017, 198.
[222] OLG Hamm, MMR 2012, 596.
[223] BGH, GRUR 2017, 1140 – Testkauf im Internet.
[224] LG Berlin, MMR 2017, 128.
[225] LG Bochum, 23.1.2019 – 13 O 1/19.

C. Die für den elektronischen Geschäftsverkehr besonders relevanten Bestimmungen

Internet oder E-Mail, Teleshopping, Telefon etc. Zentrales Merkmal des Fernabsatzes ist, dass die Vertragsparteien bei Vertragsschluss nicht physisch aufeinandertreffen; das Gesetz differenziert nicht danach, ob es sich um einen Vertragsschluss unter Anwesenden (zB am Telefon) oder unter Abwesenden handelt. Das OLG Köln entschied, dass in dem Fall, in dem ein Anleger einen Berater in dessen Geschäftslokal aufsucht, ein längeres Gespräch führt und dort die Möglichkeit hat, sich über Einzelheiten eines Vertragsschlusses hinreichend zu informieren, der anschließend rein elektronisch erfolgte Vertragsschluss kein Fernabsatzgeschäft darstellt.[226] Die Beweislast für diese Ausnahme vom Prinzip trägt der **Unternehmer,** der sich darauf beruft.

Kein Fernabsatzvertrag liegt nur dann vor, wenn der Vertragsschluss nicht im Rahmen eines für den Fernabsatz **organisierten Vertriebs- oder Dienstleistungssystems** erfolgt. An die Organisation des Vertriebssystems sind indes keine hohen Anforderungen zu stellen, es bedarf hier keiner aufwändigen organisatorischen Vorkehrungen. Gefordert wird nur eine planmäßige und regelmäßige Abwicklung über den Fernabsatz. Von zentraler Bedeutung ist dabei, dass ein Verkauf über **Plattformen eines anderen Betreibers** wie Amazon, eBay, etc. genügt.[227] 204

Ein **Makler,** der auf dem Onlinemarktplatz „ImmobilienScout24.de" Immobilien bewirbt, im Folgenden den Kontakt zu Kunden auf elektronischem oder telefonischem Wege herstellt und der Vertrag mit der Bitte um einen Besichtigungstermin per E-Mail zustande kommt, nutzt nach dem BGH ein für den Fernabsatz organisiertes Vertriebssystem.[228] Ein für den Fernabsatz organisiertes Vertriebs- und Dienstleistungssystem ist im Übrigen nicht schon dann zu verneinen, wenn der Unternehmer zum Abschluss des Vertrags keinen vorgefertigten Standard- oder Serienbrief verwendet, sondern jeweils individuelle Anschreiben.[229] 205

Auch **Anwaltsverträge** können den Regeln für den Fernabsatz unterfallen. Dass es sich dabei um eine „persönliche Dienstleistung" handelt, macht keinen Unterschied. Das Fernabsatzrecht unterscheidet nicht zwischen „persönlichen" und anderen Dienstleistungen.[230] In diesem Zusammenhang entschied der BGH, dass ein für den Fernabsatz organisiertes Vertriebs- oder Dienstleistungssystem nicht schon dann vorliegt, wenn ein Rechtsanwalt nur die technischen Möglichkeiten zum Abschluss eines Anwaltsvertrags im Fernabsatz wie Briefkasten, elektronische Postfächer und/oder Telefon- und Faxanschlüsse vorhält.[231] Schließt ein Rechtsanwalt allerdings einen Mandatsvertrag ohne persönlichen Kontakt unter ausschließlicher Verwendung von Fernkommunikationsmitteln, muss er wissen, dass widerleglich vermutet wird, dass der Vertrag im Rahmen eines solchen Systems geschlossen wurde.[232] Diese Vermutung zu widerlegen, wird umso schwerer fallen, wenn es sich um ein „Massengeschäft" handelt, wie zB bei Anlegeranwälten oder sich der Rechtsanwalt zusätzlich systematisch der Dienste Dritter bedient. 206

e) Ausnahmefälle

Bestimmte speziell gelagerte Fallkonstellationen sind von den Regelungen des Fernabsatzes grundsätzlich ausgenommen, zB Verbraucherbauverträge oder Verträge über Lebensmittellieferungen, die etwa zum Wohnsitz des Verbrauchers im Rahmen einer regelmäßigen Belieferung gebracht werden (zB eine Biokiste). Die entsprechenden Ausnahmen finden sich allerdings nicht direkt in den Regelungen zum Fernabsatzrecht, sondern – gleichsam „vor die Klammer gezogen" – zu den Grundsätzen bei den Verbraucherverträ- 207

---

[226] *OLG Köln,* 21.1.2019 – 22 U 140/18, BeckRS 2019, 7676 = WM 2019, 825.
[227] Vgl. zum Ganzen im Einzelnen Palandt/*Grüneberg,* BGB § 312c Rn. 6.
[228] *BGH,* NJW 2017, 1024. Der BGH fasst dabei den Maklervertrag unter den Begriff des „Dienstvertrags", wie auch *BGH,* NJW 2017, 2337.
[229] *BGH,* NJW 2019, 303 mAnm *Fervers.*
[230] *BGH,* NJW 2018, 690 mAnm *Härting; Härting,* NJW 2016, 2937.
[231] *BGH,* NJW 2018, 690 mAnm *Härting.*
[232] Vgl. NJW-Spezial 2018, 127.

gen in § 312 Abs. 2 BGB. Es handelt sich bei den hier geregelten Fällen um teilweise sehr spezielle Ausnahmen. Aufgrund der **Vollharmonisierung der Verbraucherrechterichtlinie** sind diese auch nicht einer erweiternden Auslegung oder einer Analogie fähig. Damit findet das Fernabsatzrecht seit der Umsetzung dieser Richtlinie eine sehr umfassende Anwendung, die Ausnahmen sind wenige. Wichtig: Eine **„Bagatellgrenze"** im Sinne einer Wertgrenze o. ä. existiert gerade nicht.

3. Die Informationspflichten im Fernabsatz

a) Zielsetzung der Informationspflichten

208 **Zielsetzung der Informationspflichten** im Fernabsatz ist es, es dem Verbraucher zu ermöglichen, die angebotene Leistung, die er anders als im stationären Handel nicht physisch wahrnehmen kann, zu beurteilen und eine informierte Entscheidung zu treffen. Nach § 312d BGB hat der Unternehmer den Verbraucher nach Maßgabe des Art. 246a EGBGB zu informieren.[233] Betraut ein Ehepartner den anderen damit, sich bestimmte Informationen (hier: zum Zwecke der gemeinsamen Geldanlage) zu verschaffen, muss er sich unter Umständen dessen Kenntnisse in entsprechender Anwendung von § 166 Abs. 1 BGB zurechnen lassen.[234]

209 Gesetzlich festgelegt sind zB **Pflichtangaben** zum Unternehmen, zum Produkt und zu Zahlung und Lieferung. Angesichts der Fülle von Vorgaben, die der Gesetzgeber macht, und der Vielzahl von Informationen, die in der Folge auf den Verbraucher eingehen, monieren kritische Stimmen eine Überregulierung.

210 **Wichtig:**
Die in Erfüllung dieser Pflicht gemachten Angaben des Unternehmers werden zum Vertragsinhalt – es sei denn die Vertragsparteien hätten ausdrücklich (!) etwas anderes vereinbart, § 312d Abs. 1 S. 2 BGB.

b) Inhalt der Informationspflichten

211 Dem Verbraucher soll also EU-weit ein gleiches hohes Maß an Informationen gewährleistet werden, sodass ein grenzüberschreitendes Vergleichen von Angeboten möglich wird, das den Binnenmarkt befördern soll.[235] Die Informationspflichten sollen den Verbraucher in die Lage versetzen, die Vor- und Nachteile eines Vertrags abzuwägen.

212 **aa) Allgemein zu den Informationspflichten.** Art. 246a EGBGB selbst ist in vier Abschnitte, sog. Paragraphen unterteilt.
- § 1 regelt die **grundsätzlichen Informationspflichten.**
- § 2 regelt erleichterte Informationspflichten bei **Reparatur- und Instandsetzungsarbeiten** in dem Fall, in dem die Leistungen von beiden Parteien sofort erfüllt werden und die zu leistende Vergütung einen Betrag von EUR 200,00 nicht übersteigt. Außerdem muss der Verbraucher die Leistung des Unternehmers ausdrücklich angefordert haben.
- § 3 erlaubt erleichterte Informationspflichten **bei begrenzter Darstellungsmöglichkeit** (beispielsweise auf den Displays von Mobiltelefonen); in einem solchen Fall sind

---

[233] Bis zur Gesetzesänderung zum 11.6.2010 war der Inhalt der Informationspflicht in einer gesonderten Rechtsverordnung nach Art. 240 EGBGB aF, der sog. BGB-Informationspflichten-Verordnung niedergelegt. Mit der Gesetzesänderung erhielten die Regelungen Gesetzesrang ebenso wie die Musterbelehrungen.
[234] *OLG Köln,* 21.1.2019 – 22 U 140/18, BeckRS 2019, 7676 Rn. 5 = WM 2019, 825.
[235] Vgl. Referentenentwurf des *BMJ* vom 19.9.2012, Begr. S. 116.

C. Die für den elektronischen Geschäftsverkehr besonders relevanten Bestimmungen

aber wenigstens die zentralen Informationen zu gewährleisten. Weitere Informationen sind in geeigneter Weise zur Verfügung zu stellen.
- § 4 schließlich enthält die Vorgaben zu den **formalen Anforderungen** an die Erfüllung der Informationspflichten.

Wie auch bisher muss der Unternehmer dem Verbraucher die Informationen in klarer und verständlicher Weise zur Verfügung stellen. Für die in § 312f Abs. 3 BGB legaldefinierten **digitalen Inhalte** gelten besondere Informationspflichten. 213

Das OLG München entschied kürzlich im Zusammenhang mit Informationen über die Zahlungs-, Liefer- und Leistungsbedingungen, dass eine Werbung mit der Angabe „*Der Artikel ist bald verfügbar. Sichern Sie sich jetzt Ihr Exemplar*" für ein neu eingeführtes Smartphone den gesetzlichen Informationsanforderungen Art. 246a § 1 Abs. 1 S. 1 Nr. 7 EGBGB nicht genüge. Soweit der Unternehmer nach Art. 246a § 1 Abs. 1 S. 1 Nr. 9 EGBGB verpflichtet ist, dem Verbraucher Informationen über das Bestehen und die Bedingungen von Garantien zur Verfügung zu stellen, genügt der bloße Hinweis „*5 Jahre Garantie*" hierfür ebenfalls nicht.[236] 214

bb) Die Informationspflicht zum fernabsatzrechtlichen Widerrufsrecht Von zentraler Bedeutung ist die Information über das **fernabsatzrechtliche Widerrufsrecht,** die sich aus § 312d BGB iVm Art. 246a § 1 Abs. 2 EGBG ergibt. Die besondere „Dramatik" der Belehrungspflicht ergibt sich aus § 355 Abs. 3 BGB. Es beginnt die Widerrufsfrist nämlich zunächst nicht zu laufen, bevor der Unternehmer nicht den Verbraucher gemäß Art. 246a § 1 Abs. 2 Nr. 1 EGBGB über sein Widerrufsrecht unterrichtet hat (vgl. hierzu sogleich). Eine fehlerhafte Widerrufsbelehrung kann außerdem unlauter im Sinne von § 3a UWG sein, soweit dies geeignet ist, die Verbraucherinteressen spürbar zu beeinträchtigen.[237] 215

Nach § 312d BGB iVm Art. 246a § 1 Abs. 2 EGBG muss der Unternehmer den Verbraucher über die Bedingungen, die **Fristen und das Verfahren für die Ausübung des Widerrufsrechts** nach § 355 Abs. 1 BGB sowie über das **Muster-Widerrufsformular** informieren. Ferner hat er ihn darüber in Kenntnis zu setzen, dass der Verbraucher bei einem Widerruf die Kosten für die Rücksendung der Ware zu tragen hat, wenn diese nicht auf dem normalen Postweg zurückgesandt werden kann. 216

Der Verbraucher muss wissen, dass er seine Erklärung **ohne Angabe von Gründen** innerhalb der Widerrufsfrist durch einfache, aber eindeutige Erklärung widerrufen kann und es einer Begründung des Widerrufs nicht bedarf. Der Inhalt einer Widerrufsbelehrung kann auch nicht anhand des nicht in der Widerrufsbelehrung selbst in Textform dokumentierten gemeinsamen Verständnisses der Parteien präzisiert werden.[238] Auf die übrige Informations- und Vertragsgestaltung des Unternehmers kann also hier nicht abgestellt werden. 217

Der Unternehmer kann sich allerdings zur Erfüllung der komplexen Informationspflichten der in Anlage 1 zu Art. 246a § 1 Abs. 2 Nr. 1 EGBGB vorgesehenen **Musterwiderrufsbelehrung** bedienen. Diese ist nicht zu verwechseln mit dem **Muster-Widerrufsformular** in Anlage 2 zu dieser Norm. Beide Muster gehen auf eine einheitliche europäische Regelung zurück und sollen für ein einheitliches Schutzniveau sorgen. 218

Art. 246a Abs. 2 S. 2 EGBGB sieht für die Informationspflichten entsprechend vor, dass diese erfüllt sind, wenn das in der Anlage 1 vorgesehene **Muster für die Widerrufsbelehrung zutreffend ausgefüllt in Textform**[239] an den Verbraucher übermittelt wird. 219

Zur Frage, über welche **Informationen der Kontaktaufnahme** der Unternehmer den Verbraucher zu informieren hat, hat der EuGH erst kürzlich konkretere Vorgaben 220

---
[236] *OLG Hamm,* MMR 2018, 271.
[237] *Hasselblatt,* MAH Gewerblicher Rechtsschutz, § 30 Rn. 38.
[238] *BGH,* BeckRS 2019, 11196 zum Widerruf eines Darlehensvertrags.
[239] Zur Textform → Rn. 86 ff.

gemacht.[240] Danach ist der Unternehmer nur dann zur Übermittlung der Telefon- oder Telefaxnummer bzw. seiner E-Mail-Adresse verpflichtet, wenn er über diese Kommunikationswege mit Verbrauchern bereits verfügt. Neu zu schaffen braucht er diese Kommunikationswege indes nicht.

221 **Praxistipp:**

Ein Unternehmer erfüllt seine Informationspflichten jedenfalls dadurch, dass er die in der Anlage 1 vorgesehene und entsprechend ergänzte **Musterwiderrufsbelehrung** zur Verfügung stellt. Dies dürfte für die meisten Unternehmer der sicherste und einfachste Weg sein, wenn das Muster entsprechend vollständig und sorgfältig ausgefüllt wird.

222 Greift die Ausnahme nach § 312g Abs. 2 BGB und steht dem Verbraucher (ausnahmsweise) wegen des besonderen Charakters der Leistung **kein Widerrufsrecht** zu, so hat der Unternehmer den Verbraucher explizit zu informieren, dass er seine Willenserklärung nicht widerrufen kann, Art. 246 § 1 Abs. 3 Nr. 1 EGBGB. Kann das Widerrufsrecht des Verbrauchers nach § 356 Abs. 4 und 5 BGB vorzeitig **erlöschen,** so hat der Unternehmer den Verbraucher über die Umstände zu informieren, unter denen er ein zunächst bestehendes Widerrufsrecht verliert, Art. 246 § 2 Abs. 3 Nr. 2 EGBGB.

c) Zeitpunkt und Art der Information

223 Die Informationen nach Art. 246a § 4 EGBGB müssen dem Verbraucher rechtzeitig vor Abgabe von dessen Vertragserklärung klar und verständlich in einer „den benutzten Fernkommunikationsmitteln angepassten Weise" zur Verfügung stehen. Es greift das sog. **Transparenzgebot.**[241] Die Anforderung, dass in einer an das Fernkommunikationsmittel angepassten Art und Weise zu informieren ist, Art. 264a § 4 Abs. 3 EGBGB, lässt Interpretationsspielraum gerade bei der Darstellung auf Smartphones, der von der Rechtsprechung weiter mit Leben zu füllen sein wird.[242]

224 Bei **Internetseiten** ist die Situation klarer. Die Anforderungen an den Unternehmer sind jedenfalls hoch. Erforderlich ist eine **klare und verständliche Darstellung der Informationen.** Der Verbraucher muss ohne Weiteres erkennen können, wo er die Widerrufsbelehrung auffinden kann. Das LG Berlin entschied beispielsweise, dass diese Anforderungen nicht erfüllt sind, wenn die Widerrufsbelehrung nur mit den Worten „ich stimme den AGB und der Dienstleistungsbelehrung ... zu" verlinkt wird.[243]

d) Rechtsfolgen von Verstößen gegen die Informationspflichten

225 Bei den Rechtsfolgen eines Verstoßes gegen die Informationspflichten ist zu differenzieren zwischen den Folgen für etwaige Kostenvereinbarungen (§ 312e BGB), für das Widerrufsrecht des Verbrauchers und eigenen Ansprüchen des Verbrauchers zB auf Schadenersatz.

226 **aa) Folge für Kostenvereinbarungen** § 312e BGB bestimmt, dass Fracht-, Liefer- und Versandkosten nur dann verlangt werden können, wenn eine entsprechende ordnungsgemäße Belehrung über die Kosten erfolgt ist.

227 **Praxistipp:**

In diesem Zusammenhang ist auch die Regelung für den elektronischen Geschäftsverkehr in § 312a Abs. 3 S. 2 BGB zu beachten. Danach kann eine über das Entgelt hinausgehende **Zahlungsverpflichtung** des Verbrauchers nur ausdrücklich wirksam vereinbart

---

[240] *EuGH,* NJW 2019, 3365.
[241] Vgl. zB *BGH,* MMR 2017, 241 zu intransparente Zusatzkosten bei Flugbuchungen (Servicepauschale).
[242] *Buchmann,* K&R 2014, 221, 224; *ders.,* K&R 2014, 453, 458f.
[243] *LG Berlin,* VuR 2016, 318.

werden. Eine Vereinbarung durch entsprechende Voreinstellungen des Unternehmers („opt-out-Lösung") schließt § 312a Abs. 3 S. 2 BGB explizit aus. Für das eigentliche Entgelt gilt im elektronischen Geschäftsverkehr mit einem Verbraucher ohnehin die Buttonlösung des § 312j Abs. 3 BGB, nach der bei einer Bestellung über eine Schaltfläche diese eindeutig gekennzeichnet sein muss, am besten durch den Hinweis *„zahlungspflichtig bestellen"*.

bb) Folge für das Widerrufsrecht. Die Widerrufsfrist beginnt erst dann zu laufen, wenn der Unternehmer seine Pflichten aus § 312d Abs. 1 iVm Art. 264a § 1 Abs. 2 S. 1 Nr. 1 EGBGB und § 312d Abs. 2 iVm Art. 264b § 2 Abs. 1 EGBGB vollständig erfüllt hat. Es gibt jedoch (anders als früher) eine **absolute Grenze.** Das Widerrufsrecht erlischt jedenfalls spätestens nach 12 Monaten und 14 Tagen nach Erhalt der Ware beim Verbrauchsgüterkauf oder ansonsten nach Vertragsschluss. 228

cc) Ansprüche des Verbrauchers. Darüber hinaus können dem nicht ordnungsgemäß informierten Verbraucher eigene Ansprüche gegen den Unternehmer zustehen. Denkbar sind zum einen Schadensersatzansprüche wegen einer Pflichtverletzung im Rahmen des Vertrags oder der Vertragsverhandlungen. Außerdem können Unterlassungsansprüche nach dem UKlaG oder dem UWG bestehen. 229

4. Das Widerrufsrecht

Nach § 312g BGB steht dem Verbraucher bei Fernabsatzverträgen ein gesetzliches **Widerrufsrecht** nach §§ 355 ff. BGB zu.[244] Das **Widerrufsrecht im Fernabsatz** mit all seinen Implikationen ist in jüngster Zeit eine der meist diskutierten Fragen des Zivilrechts geworden. Zentrale Gerichtsentscheidungen und wichtige Gesetzesänderungen haben das Recht geprägt. Die zahlreichen Nachjustierungen im Fernabsatzrecht sind dabei Folge des gesetzgeberischen Wunsches, einen gerechten Interessenausgleich zwischen Unternehmer und Verbraucher herbeizuführen. Besonders in der Diskussion standen bzw. stehen immer wieder die Fragen 230
- nach der **Dauer** der Widerrufsfrist
- nach der Kostentragungspflicht für die **Rücksendekosten** nach Widerruf,
- nach der Kostentragungspflicht für die **Hinsendekosten** (Lieferung) nach Widerruf und
- nach einer eventuellen **Wertersatzpflicht** nach Widerruf.

Das Widerrufsrecht als besonderes Rücktrittsrecht erlaubt es dem Verbraucher, einen bereits getätigten Vertragsschluss zu überdenken und – in Durchbrechung des Gedankens „pacta sunt servanda" – vom geschlossenen Vertrag Abstand zu nehmen.[245] Bis zum Widerruf des Vertrags ist dieser wirksam. Im Rahmen der folgenden Darstellung des Widerrufsrechts soll auf die verschiedenen Problemfelder eingegangen werden; allerdings wird auch weiterhin viel im Fluss sein. Im April 2018 hat die Europäische Kommission vorgeschlagen, die Vorschriften zum Widerruf bei Kaufverträgen zugunsten der Unternehmer anzugleichen.[246] 231

Die Rechtfertigung eines Widerrufsrecht im Fernabsatz liegt im **Ausgleich des Nachteils des Verbrauchers,** der darin besteht, dass er das Produkt vor Abschluss des Vertrags anders als im stationären Handel nicht unmittelbar zu sehen und zu prüfen bekommt.[247] Andererseits hat die Erfahrung der letzten Jahre gezeigt, dass die reale Gefahr besteht, dass der Besteller das Widerrufsrecht als willkommenes **Reuerecht,** das dem deutschen Recht 232

---

[244] Ein gesetzliches Rückgaberecht, welches es früher unabhängig vom Widerrufsrecht gab, existiert nicht mehr. Die Zweigleisigkeit von Widerruf und Rückgaberecht wurde abgeschafft.
[245] Zum Ausnutzen des Widerrufsrechts durch den Verbraucher s. *Höhne*, ZRP 2019, 135.
[246] *Höhne*, ZRP 2019, 135.
[247] Vgl. nur *EuGH*, NJW 2009, 3015 = MMR 2009, 744 mAnm *Damm*.

an sich fremd ist, nutzt. Nicht selten bestellen sich Kunden eine ganze Auswahl von Waren – beispielsweise Kleider oder Schuhe – von vorne herein mit der festen Absicht, nur einen (oder auch gar keinen) Gegenstand am Ende zu behalten. Der Rest geht retour an den Verkäufer. Die praktische Abwicklung der Rücksendungen stellt dabei die Online-Händler vor eine Reihe von Problemen. Nicht immer verwenden Käufer die notwendige Sorgfalt auf die Rücksendung der Ware. Schwer entzifferbare Absender erschweren die Zuordnung von Sendungen. Eine Eingangskontrolle muss überwachen, dass das rückgesandte „*schwarze Paar Männerschuhe*" tatsächlich jenes ist, das ursprünglich an den Kunden versandt wurde (und nicht etwa ein anderes Paar, das der Kunde noch im Schrank hatte); verknitterte Kleidung muss aufgebügelt, beschädigte Ware aussortiert, ausgepackte Ware neu verpackt werden, etc.

a) Ausnahmen vom Widerrufsrecht

233 Es gibt jedoch weiterhin Ausnahmen vom gesetzlichen Widerrufsrecht in § 312g Abs. 2 BGB. Allerdings sind diese Normen (und ihre Grundlage in Art. 16 Buchst. e der Verbraucherrechte-RL) eng auszulegen.[248] Die wichtigsten bzw. in der Praxis umstrittensten Fälle sollen im Folgenden dargestellt werden. Den Parteien steht es aber auch in diesen Fällen frei, ein **vertragliches Widerrufsrecht** zu vereinbaren. Im Übrigen trägt der Unternehmer die **Beweislast** dafür, dass ein den Widerruf ausschließendes Geschäft vorliegt.

234 Nach § 312g Abs. 2 Nr. 1 BGB besteht kein Widerrufsrecht bei Verträgen zur Lieferung von Waren, die nicht vorgefertigt sind und für deren Herstellung eine individuelle Auswahl oder Bestimmung durch den Verbraucher maßgeblich ist oder die eindeutig auf die persönlichen Bedürfnisse des Verbrauchers zugeschnitten sind.[249] Beispiele hierfür sind **Auftragswerke** etwa von Künstlern, die Anfertigung individueller Möbelstücke, etc. Der Ausschlusstatbestand gilt jedenfalls regelmäßig nicht für **Werkverträge** nach § 631 BGB.[250] Der Werkunternehmer wird bei Ausübung des Widerrufsrechts durch den Besteller allerdings anderweitig geschützt, nämlich durch die Regelung des § 357 Abs. 8 S. 1 BGB. Dieser spricht zwar von „Dienstleistungen". Der Begriff der „Dienstleistung" entspricht hierbei jedoch der Definition in Art. 2 Nr. 6 Verbraucherrechterichtlinie und erfasst damit jedenfalls regelmäßig auch Werkverträge. Danach kann der Unternehmer unter Umständen Wertersatz verlangen.[251] Bei der Berechnung des Wertersatzes ist dabei der vereinbarte Gesamtpreis zu Grunde zu legen. Ist dieser unverhältnismäßig hoch, ist der Wertersatz auf der Grundlage des Marktwerts der erbrachten Leistung zu berechnen.

235 § 312g Abs. 2 Nr. 2 BGB schließt ein Widerrufsrecht aus bei der Lieferung **schnell verderblicher Waren**, § 312g Abs. 2 Nr. 2 BGB; das betrifft vor allem Lebensmittel. Interessanterweise fällt hierunter auch die Lieferung von Strom oder Gas. Deren Verbrauch wird als Sonderfall des Verderbs aufgefasst.[252] Verschreibungs- und apothekenpflichtige Medikamente dürfen nicht vollständig vom Widerrufsrecht ausgeschlossen werden. § 312g Abs. 2 Nr. 2 BGB erfasst nicht die unmögliche Wiederveräußerung nach Abgabe und Rücksendung, also die sog. **rechtliche Verderblichkeit**.[253]

236 Die meisten öffentlichkeitswirksamen Diskussionen hat wohl die jetzt in § 312g Abs. 2 Nr. 3 BGB zu findende Regelung erfahren, wonach ein Widerrufsrecht ausgeschlossen ist bei versiegelten Waren, die aus Gründen des **Gesundheitsschutzes** oder der **Hygiene** nicht zur Rückgabe geeignet sind, wenn ihre Versiegelung entfernt wurde. Beispiele sind Kosmetikartikel oder freiverkäufliche Arzneimittel. Die Versiegelung muss dabei als solche

---

[248] *EuGH*, NJW 2019, 1508 mAnm *Singbartl/Weber*.
[249] Der Wortlaut entspricht weitgehend der Definition von „nach Verbraucherspezifikation angefertigte[n] Waren" der VRRL.
[250] *BGH*, NJW 2018, 3380; *LG Coburg*, IBRRS 2019, 1536.
[251] *BGH*, ZfBR 2018, 777, 778.
[252] Palandt/*Grüneberg*, BGB § 312g Rn. 5.
[253] *OLG Karlsruhe*, VuR 2018, 274.

C. Die für den elektronischen Geschäftsverkehr besonders relevanten Bestimmungen

auch erkennbar sein, bloße Klarsichtfolien oder Klebestreifen genügen nicht.[254] Gegenstände, deren Verkehrsfähigkeit durch eine Reinigung wiederhergestellt werden kann, fallen nicht unter die Ausnahmevorschrift. Ein Widerruf soll daher auch bei Unterwäsche und Erotikartikeln möglich sein.[255]

Auch beim Online-Kauf von Matratzen steht dem Verbraucher ein Widerrufsrecht zu.[256] Der BGH hatte die relevante Frage, ob eine Matratze als Hygieneartikel iSd Norm anzusehen sei, dem EUGH gem. Art. 267 AEUV zur Vorabentscheidung vorgelegt. Der BGH hatte dabei argumentiert, dass bei Matratzen eine Möglichkeit zur Reinigung bestehe und ein relevanter Markt für gebrauchte Matratzen existiere. Entsprechende Mehrkosten bzw. Wertminderungen durch Entfernung der Schutzversiegelung könne der Verkäufer durch eine andere Preiskalkulation auffangen. Der EuGH bestätigte die Linie des Bundesgerichtshofes.[257] Vor einem **Wertverlust durch eine übermäßige Prüfung** der Ware durch den Verbraucher sei der Unternehmer durch den **Wertersatzanspruch** nach § 357 Abs. 7 BGB[258] hinreichend geschützt. Danach hat der Verbraucher Wertersatz für einen Wertverlust der Ware zu leisten, wenn dieser auf einen Umgang mit der Ware zurückzuführen ist, der nicht erforderlich war, um die Beschaffenheit der Ware, ihre Eigenschaften oder Funktionsweise zu prüfen. Allerdings gilt diese Ersatzpflicht nur dann, wenn der Unternehmer den Verbraucher nach Art. 246a § 1 Abs. 2 S. 1 Nr. 1 EGBGB über sein Widerrufsrecht unterrichtet hat. Auch eine übermäßige Nutzung führt also nicht zum Verlust des Widerrufsrechts, sondern allenfalls zu einer Wertersatzpflicht. 237

§ 312g Abs. 2 Nr. 6 BGB erfasst die Lieferung von Ton- oder Videoträgern und **Computersoftware,** die in einer versiegelten Verpackung geliefert wurden und deren Versiegelung durch den Verbraucher geöffnet wurde. Software, die online zur Verfügung gestellt wird, wird von der Bestimmung nicht erfasst. 238

> **Praxistipp:** 239
> Für die Lieferung digitaler Inhalte, die nicht mittels Datenträger übersandt werden, enthält § 356 Abs. 5 BGB eine wichtige Regelung. Hier erlischt das Widerrufsrecht bereits vollständig mit Beginn der Ausführung, wenn der Verbraucher dieser ausdrücklich zugestimmt hat. Außerdem muss er Kenntnis davon haben und diese Kenntnis bestätigt haben, dass er durch die Zustimmung zur Ausführung das Widerrufsrecht verliert.

Nach § 312g BGB Abs. 2 Nr. 10 BGB besteht kein Widerrufsrecht bei Verträgen, die im Rahmen einer **öffentlich zugänglichen Versteigerung** geschlossen werden. Auch wenn teilweise von „Internetauktionen" gesprochen wird, handelt es sich bei den Rechtsgeschäften die über Internetplattformen wie eBay abgeschlossen werden, nicht um öffentliche Versteigerungen im Rechtssinne (§ 383, § 156 BGB). Damit steht dem Verbraucher bei einem Kauf von einem Unternehmer auf eBay ein Widerrufsrecht zu. Anders sieht es zB im **Kunsthandel** aus. Es gibt hier Auktionshäuser, die im Internet übertragene Versteigerungen iSv § 156 BGB durchführen und bei denen der Vertragsschluss durch den Zuschlag zu Stande kommt. Sind diese Versteigerungen öffentlich und bestünde also die Möglichkeit, persönlich anwesend zu sein, greift das Widerrufsrecht nicht. 240

b) Frist und Fristbeginn beim Widerruf

Die **Widerrufsfrist** beträgt gem. §§ 312g Abs. 1, 355 Abs. 2 BGB 14 Tage. Sie soll nach § 355 Abs. 2 S. 2 BGB grundsätzlich **mit Vertragsschluss** beginnen. Von dieser Grundre- 241

---

[254] Palandt/*Grüneberg,* BGB § 312g Rn. 6.
[255] OLG *Hamm,* GRUR-RR 2017, 277. Für einen Toilettensitz LG *Düsseldorf,* BeckRS 2016, 20917.
[256] *BGH,* NJW 18, 453.
[257] Entscheidung vom 27.3.2019, *EuGH,* NJW 2019, 1508 mAnm *Singbartl/Weber* = MMR 2019, 364, basierend auf dem Vorabentscheidungsersuchen des *BGH,* MMR 2018, 84 mAnm *Sesing/Baumann.*
[258] § 357 Abs. 7 BGB basiert auf Art. 14 Abs. 2 Verbraucherrechte-RL.

gel gibt es allerdings, wie gleich zu sehen sein wird, zahlreiche Ausnahmen. Schon die rechtzeitige Absendung der Widerrufserklärung ist fristwahrend, § 355 Abs. 3 S. 3 BGB. Im Fall des Widerrufs sind die empfangenen Leistungen dann unverzüglich zurückzugewähren.

242 Bei einem **Verbrauchsgüterkauf** beginnt die Widerrufsfrist abweichend von § 355 Abs. 2 S. 2 BGB sobald der Verbraucher die Waren bzw. deren letzte Teillieferung erhalten hat, § 356 Abs. 2 Nr. 1 a–c BGB. Bei einer regelmäßigen Lieferung über einen festen Zeitraum ist die erste Lieferung maßgeblich. Der Begriff des Verbrauchsgüterkaufs ist in § 474 Abs. 1 BGB legal definiert. Es handelt sich um Verträge,

„durch die ein Verbraucher von einem Unternehmer eine bewegliche Sache kauft. Um einen Verbrauchsgüterkauf handelt es sich auch bei einem Vertrag, der neben dem Verkauf einer beweglichen Sache die Erbringung einer Dienstleistung durch den Unternehmer zum Gegenstand hat."

243 Allerdings beginnt die Widerrufsfrist nicht zu laufen, bevor nicht der Unternehmer den Verbraucher entsprechend Art. 246a § 1 Abs. 2 S. 1 Nr. 1 über sein **Widerrufsrecht informiert**[259] hat. Es gibt jedoch (anders als früher) eine **absolute Grenze.** Das Widerrufsrecht erlischt jedenfalls spätestens nach 12 Monaten und 14 Tagen nach Erhalt der Ware beim Verbrauchsgüterkauf oder ansonsten nach Vertragsschluss (→ Rn. 248 ff.).

c) Die Widerrufserklärung

244 Das Widerrufsrecht kann – anders als früher[260] – nach § 355 Abs. I S. 2, 3 BGB durch **einfache, formlose, aber eindeutige Erklärung** ausgeübt werden. Einer **Begründung** bedarf es nicht, § 355 Abs. 1 S. 4 BGB. Nach dem BGH[261] sind an die Widerrufserklärung keine allzu hohen Anforderungen zu stellen. Eine **ausdrückliche Bezeichnung** als Widerruf ist nicht erforderlich.

245 Praxistipp:
Ebenso wie ein nichtiger Vertrag (gleichsam „sicherheitshalber") angefochten werden kann, kann auch der Widerruf eines an sich nichtigen Fernabsatzvertrags erklärt werden.[262] In einer Auseinandersetzung und in Vorbereitung eines Zivilprozesses können so also mehrere Angriffs- bzw. Verteidigungslinien aufgebaut werden.[263]

246 § 356 Abs. 1 BGB ermöglicht es dem Unternehmer, die Kommunikation mit dem Verbraucher bei einem Widerruf zu vereinfachen und die Ausübung des Widerrufs in geordnete Bahnen zu lenken. Der Unternehmer kann das **Muster-Widerrufsformular** nach Anlage 2 zu Art. 246a § 1 Abs. 2 S. 1 Nr. 1 EGBGB – oder jede andere eindeutige Widerrufserklärung – auf der Website für den Verbraucher bereithalten. Empfehlenswert ist in der Praxis ersteres. Macht der Verbraucher durch Ausfüllen dieses **Formulars** auf der Website von seinem Widerrufsrecht Gebrauch, muss der Unternehmer den Zugang unverzüglich **bestätigen.** Der Widerruf ist – da Gestaltungsrecht – unwiderruflich.

247 Der BGH[264] hat schon sehr früh festgehalten, dass auch ein **nichtiger Vertrag** vom Verbraucher widerrufen werden kann. Interessanterweise gilt dies nach dem BGH selbst dann, wenn der Vertrag wegen eines beiderseitigen Sittenverstoßes – hier beim Kauf eines Radarwarngerätes – gegen § 138 BGB nichtig ist. Auch ein bereits **gekündigter** Vertrag

---

[259] Zur Informationspflicht über das Widerrufsrecht → Rn. 215 ff.
[260] § 355 Abs. 1 S. 2 BGB aF hatte für den Widerruf noch Textform vorgesehen.
[261] *BGH,* NJW 18, 435.
[262] *BGH,* NJW 2010, 610.
[263] Zur Möglichkeit eines Eventualwiderrufs vgl. im Übrigen Palandt/*Grüneberg,* § 355 Rn. 6; MüKo-BGB/ *Fritsche,* BGB § 355 Rn. 47.
[264] *BGH,* MMR 2010, 174.

C. Die für den elektronischen Geschäftsverkehr besonders relevanten Bestimmungen

kann noch widerrufen werden.[265] Nach der Rechtsprechung des BGH ist es gerade Sinn und Zweck des Widerrufsrechts, dem Verbraucher ein einfach auszuübendes Recht zur einseitigen Loslösung vom Vertrag in die Hand zu geben, das neben und unabhängig von den allgemeinen Rechten besteht.[266]

d) Das Erlöschen des Widerrufsrechts

Die **Widerrufsfrist beträgt regelmäßig 14 Tage,** § 355 Abs. 2 BGB (relative Verjährungsfrist), die regelmäßig mit dem Erhalt der Ware beginnt. Relativ neu im Gesetz ist die absolute Obergrenze unabhängig von einer Belehrung, die § 356 Abs. 3 S. 2 BGB für Fernabsatzverträge setzt: danach erlischt das Recht **spätestens 12 Monate und 14 Tage** nach Vertragsschluss (dies gilt nicht für Finanzdienstleistungen). Durch diese klare Neuregelung wird einem „*Fristen-Hin und Her*" ebenso ein Ende gesetzt wie dem früher existenten „*ewigen Widerrufsrecht*". Eine Verwirkung des Widerrufsrechts wird nach dem Aus für das „ewige Widerrufsrechts" künftig kaum noch in Betracht kommen. Regelmäßig fehlt es schon am Zeitmoment, wenn der Widerruf innerhalb eines Jahres und zwei Wochen nach Vertragsschluss erklärt wird.[267]

Für Verträge über **Dienstleistungen** und die **Lieferung digitaler Inhalte,** die nicht auf einem Datenträger befindlich sind, enthalten die § 356 Abs. 4 und 5 BGB außerdem Regelungen zum vollständigen Erlöschen des Widerrufsrechts bei Ausführung des Vertrags.

So erlischt nach § 356 Abs. 4 S. 1 BGB das Widerrufsrecht bei einem Vertrag zur **Erbringung von Dienstleistungen** (mit einer Sonderregelung für Finanzdienstleistungen in § 356 Abs. 4 S. 3 BGB) dann, wenn der Unternehmer die Dienstleistung

- vollständig erbracht hat
- er mit der Ausführung der Dienstleistung erst begonnen hat, nachdem der Verbraucher hierzu seine ausdrückliche Zustimmung gegeben hat
- und der Verbraucher gleichzeitig bestätigt hat, dass er darum weiß, dass er bei vollständiger Vertragserfüllung sein Widerrufsrecht verliert.

Die bloße Hinnahme der Leistung durch den Verbraucher genügt also gerade nicht mehr. Weiter ist für den Verlust des Widerrufsrechts auch unerheblich, ob der Verbraucher seinerseits den Vertrag erfüllt hat – sonst hätte es der Verbraucher in der Hand, sich ein Widerrufsrecht durch die Zurückhaltung seiner Leistung zum Nachteil des Anbieters zu „sichern".

Recht neu ist auch die Regelung für Verträge über einen nicht auf einem körperlichen Datenträger befindlichen **digitalen Inhalt** in § 356 Abs. 5 BGB. Hier erlischt das Widerrufsrecht schon dann, wenn der Unternehmer mit der Ausführung begonnen hat, sofern der Verbraucher dem ausdrücklich zugestimmt hat. Außerdem muss der Verbraucher bestätigt haben, dass er weiß, dass er durch diese Zustimmung sein Widerrufsrecht auch schon vor Ablauf der Widerrufsfrist verliert.

e) Die Folgen des Widerrufs

Eines ist offensichtlich: dem Verbraucher wird es leicht gemacht, im Fernabsatz zu widerrufen und den Widerruf abzuwickeln.[268] Darüber klagt der stationäre Handel: nicht zuletzt wegen des einfachen Widerrufs beim Kauf im Internet geraten die klassischen Ladengeschäfte immer mehr unter Druck. Mit dem schnellen Widerruf unzufrieden ist aber auch manch kleiner Händler, der im Internet verkauft. Kunden ordern beliebig Artikel zur Auswahl zu Hause (beispielsweise Bekleidung oder Schuhe), um schlussendlich vielleicht

---

[265] *BGH*, NJW 2018, 3380.
[266] *BGH*, NJW 2018, 3380, Rn. 34; *BGH*, NJW 2010, 610 Rn. 17.
[267] Vgl. *LG Hamburg*, 23.5.2016 – 325 O 22/16, BeckRS 2016, 19940.
[268] Zum Ausnutzen von Widerrufsrechten s. *Höhne*, ZRP 2019, 135.

keinen oder nur einen Artikel tatsächlich zu behalten. Rücksendungen sind für die Unternehmer mit besonderem logistischem Aufwand verbunden, auch muss die Ware teilweise aufwändig wieder aufbereitet werden. Das fällt den großen Händlern leichter als den kleinen, die sich im Wettbewerb benachteiligt fühlen.

254 Nach § 357 Abs. 1 BGB sind empfangene Leistungen nicht sofort, sondern **spätestens nach 14 Tagen** nach Ausübung des Widerrufs zurückzugewähren. Der Verbraucher wahrt die Rücksendefrist durch rechtzeitige Absendung der Ware, § 355 Abs. 3 S. 3 BGB.

255 **aa) Die Hin- und Rücksendekosten.** Durch das Hin- und Rücksenden der Ware entstehen weitere Kosten und die Frage ist, wer diese zu tragen hat. Die Kosten der Hinsendung – das Gesetz spricht hier von der **Lieferung** – trägt der Unternehmer.[269] Dies gilt allerdings nur für einen Standardversand. Die **Kosten der Rücksendung** trägt der Verbraucher, wenn er vom Unternehmer hierüber entsprechend belehrt wurde, § 357 Abs. 6 BGB.[270] In der Praxis übernehmen gerade große Anbieter allerdings oft auch die Kosten der Rücksendung, um sich im Wettbewerb von Konkurrenten abzusetzen; so wirbt zB das Unternehmen Zalando mit *„kostenlosem Versand und Rückversand"*.[271]

256 **bb) Die Rückzahlung.** Für die **Rückzahlung des Entgelts** muss der Unternehmer dasselbe **Zahlungsmittel** verwenden wie der Verbraucher (§ 357 Abs. 3 BGB). Das mit der Rückzahlung verbundene Übersendungsrisiko trägt der Unternehmer, da es sich um eine qualifizierte Schickschuld handelt, § 270 BGB.[272]

257 In der Praxis versuchen Unternehmer hin und wieder, die Rückzahlung lediglich in Form von **Gutscheinen**[273] vorzunehmen. Eine solche Vorgehensweise ist nicht möglich, es sei denn, der Verbraucher hätte sich ausdrücklich damit einverstanden erklärt und ihm entstünden hierdurch keinerlei Mehrkosten. Im Übrigen gilt: die Regelung des § 357 Abs. 3 BGB ist zwar grundsätzlich abdingbar, allerdings nur vor Ausübung des Widerrufs. Eine konkludente Vereinbarung ist nicht möglich.[274] Bei einem Verbrauchsgüterkauf kann der Unternehmer die **Rückzahlung verweigern,** bis er die **Ware** zurückerhalten hat oder der Verbraucher den Nachweis bringt, dass er die Ware abgesandt hat (§ 357 Abs. 4 BGB). Damit liegt die Vorleistungspflicht beim Verbraucher.

258 **cc) Die Wertersatzpflicht.** Selbst dann, wenn der Verbraucher die Ware übermäßig nutzt (das bestellte Kleid anzieht, den Kochtopf benutzt), verliert er nicht das Widerrufsrecht. Er hat jedoch dem Unternehmer nach der Rücksendung gegebenenfalls **Wertersatz** zu leisten. Bei der Lieferung von digitalen Inhalten (die nicht auf einem Datenträger verkörpert sind) ist ein Wertersatz gesetzlich ganz ausgeschlossen, § 357 Abs. 9 BGB. § 357a bis § 357d BGB enthalten Sonderregeln für spezielle Verträge, zB bei Verträgen über Finanzdienstleistungen.

259 Im Übrigen regelt § 357 Abs. 7 BGB die **Wertersatzpflicht für einen Wertverlust der Ware.** Diese Regelung ist abschließend; ein Rückgriff auf die Regelungen der §§ 346 ff. BGB ist ausgeschlossen.[275] Nach § 357 Abs. 8 BGB ist Wertersatz zu leisten, wenn ein Wertverlust der Ware eingetreten ist, der nicht auf einen Umgang zurückzuführen ist, der zur Prüfung der Beschaffenheit, der Eigenschaften oder der Funktionsweise

---

[269] Vgl. zur Kosten- und Gefahrtragung im Einzelnen auch *Bach,* ZVertriebsR 2016, 292.
[270] Die frühere „40,00 EUR Grenze" des § 357 Abs. 2 S. 3 BGB, die ohnehin eine deutsche Besonderheit war, gibt es nun nicht mehr.
[271] www.zalando.de, zuletzt abgerufen am 20.10.2020.
[272] MüKo-BGB/*Fritsche,* BGB § 357 Rn. 14, § 270 Rn. 1, 12.
[273] Speziell zur Rückzahlung in Gutscheinform s. *Willems,* NJW 2018, 1049; zum Institut des Gutscheins allgemein *Zwickel,* NJW 2011, 2753.
[274] Zur Möglichkeit der Vereinbarung in Allgemeinen Geschäftsbedingungen *Willems,* NJW 2018, 1049, 1051.
[275] Instruktiv hierzu auch *Schneider/Stein,* NJW 2020, 1918.

C. Die für den elektronischen Geschäftsverkehr besonders relevanten Bestimmungen

erforderlich war. Voraussetzung ist außerdem, dass der Unternehmer den Verbraucher korrekt nach Art. 246a § 1 Abs. 2 S. 1 Nr. 1 EGBGB über das Widerrufsrecht belehrt hatte.

Unter den Begriff des „Wertverlusts" fallen ausweislich der Gesetzesbegründung[276] sowohl die normale Abnutzung infolge Ingebrauchnahme als auch darüber hinausgehende Verschlechterungen wie eine Beschädigung der Ware aufgrund unsachgemäßer Handhabung oder übermäßiger Inanspruchnahme. Nicht ersetzt werden muss nur der Wertverlust, der durch eine Überprüfung der Ware bedingt war. 260

Die gesetzliche Regelung wird bestimmt von dem Gedanken, dass der Besteller die Ware **prüfen** können soll. Der Verbraucher hat ein recht **umfassendes Recht zur Prüfung** der Ware. Es soll ausgeglichen werden, dass der Verbraucher die Ware – anders als im Ladengeschäft – nicht mit anderen Artikeln vergleichen kann und er keine Beratung erhält. Nach § 357 Abs. 7 BGB besteht die **verschuldensunabhängige Wertersatzpflicht** dann, wenn der Wertverlust auf einen Umgang mit der Ware zurückzuführen ist, der zur Überprüfung der Ware gerade nicht notwendig war. Indes darf der Verbraucher mit der bestellten Ware so umgehen, wie er es in einem Ladengeschäft tun könnte. Setzt die Prüfung eine **Ingebrauchnahme** voraus – wie typischerweise zB beim Anprobieren von Kleidung – ist auch diese vom Prüfrecht gedeckt. In seiner bekannten Wasserbett-Entscheidung entschied der BGH[277], dass das Prüfrecht auch dann besteht, wenn durch das Ausprobieren ein vollständiger Wertverlust der Ware bewirkt wird. Daher durfte in der Entscheidung die Matratzenhülle eines Wasserbettes mit Wasser befüllt werden. Der – wenn auch bestimmungsgemäße – Einbau einer Sache in einen anderen Gegenstand (hier: der Einbau eines Katalysators in ein Kraftfahrzeug) gehört hingegen nicht mehr zum Umfang einer Prüfung. Auch bei einem Kauf im stationären Handel wäre ein solcher Einbau schließlich nicht möglich gewesen. Eine Funktionsprüfung der Gesamtsache findet auch im Ladengeschäft nicht statt. Daher ist eine derartige Prüfung auch beim Kauf im Fernabsatz nicht wertersatzfrei zu gewähren.[278] Die **Beweislast** dafür, dass eine Verschlechterung auf einen nicht gerechtfertigten Umgang und nicht lediglich auf eine Überprüfung der Ware zurückzuführen ist, trägt der Unternehmer. 261

Im Vergleich zum gesetzlichen Rücktritt trifft den Verbraucher beim Widerruf eine stärkere Haftung. Diese hat ihren Hintergrund darin, dass der Unternehmer den Widerruf im Fernabsatz auch durch eine ordnungsgemäße Vertragserfüllung nicht verhindern kann.[279] 262

Die Höhe der Wertersatzpflicht richtet sich nach dem vereinbarten Entgelt. Diese ist nicht um einen Gewinnanteil des Verkäufers zu kürzen.[280] Der Unternehmer kann mit seinem Wertersatzanspruch gegen den Rückzahlungsanspruch des Verbrauchers aufrechnen.[281] 263

II. Die Pflichten im elektronischen Geschäftsverkehr

Literatur:
Alexander, Neuregelungen zum Schutz vor Kostenfallen im Internet, NJW 2012, 1985; *Bening*, Plädoyer für ein statusbezogenes Verständnis des Unternehmerbegriffs, VuR 2019, 455; *Bergt*, Praktische Probleme bei der Umsetzung neuer gesetzlicher Vorgaben im Webshop, NJW 2012, 3541; *Fervers*, Die Button-Lösung im Lichte der Rechtsgeschäftslehre NJW 2016, 2289; *Fröhlich/Strariradeff*, Zahlungsmittel und Vertragsschluss im Internet, NJW 2016, 353; *Giesemann/Schwab*, Die Verbraucherrechte-Richtlinie: ein wichtiger Schritt zur Vollharmonisierung im Binnenmarkt, EuZW 2012, 253; *Haug*, Gemeinsames Europäisches Kaufrecht – Neue Chancen für Mittelstand und E-Commerce, K&R 2012, 1; *Hergenröder*, Die Vereinbarkeit sogenannter „Dash-Buttons" mit den zivilrechtlichen Regelungen zum E-Commerce, VuR 2017, 174; *Kredig/Uffmann*,

---

[276] BT-Drs. 17/12637, 63.
[277] BGH, NJW 2011, 56; s. auch *Specht*, VuR 2017, 363.
[278] BGH zu § 357 Abs. 3 S. 1 Nr. 1 BGB aF, MMR 2017, 111 mAnm *Föhlisch*, MMR 2017, 112.
[279] MüKo-BGB/*Fritsche*, BGB § 357 Rn. 14, 27.
[280] BGH, MMR 2017 111 Rn. 49; m. Anm. *Vogt*, ITRB 2017, 30.
[281] MüKo-BGB/*Fritsche*, BGB § 357 Rn. 14, 25.

Kostenfallen im elektronischen Geschäftsverkehr, ZRP 2011, 36; *Leier*, Die Buttonlösung gegen Kostenfallen im Internet, CR 2012, 378; *Müller*, Die „Button"-Lösung gegen Kostenfallen im Internet – Ende gut, alles gut? K&R 2012, 791; *Purnhagen*, Die Auswirkungen der neuen EU-Richtlinie auf das deutsche Verbraucherrecht, ZRP 2012, 36; *Raue*, „Kostenpflichtig bestellen" – ohne Kostenfalle? Die neuen Informations- und Formpflichten im Internethandel, MMR 2012, 438; *Rudkowski/Werner*, Neue Pflichten für Anbieter jenseits der „Button-Lösung" – Paid Content Verträge nach der Verbraucherrechte-Richtlinie, MMR 2012, 711; *Tamm*, Kostenfallen im Internet nach neuer Rechtslage, VuR 2012, 217.

264   Neben den Bestimmungen für den Fernabsatz stellen die Bestimmungen für den elektronischen Geschäftsverkehr in § 312g BGB für den **Unternehmer** noch einmal besondere und zusätzliche Anforderungen auf. Erschwert wird das Thema in der allgemeinen Diskussion dadurch, dass ein juristischer Laie zwischen den Begriffen „Fernabsatz" und „Elektronischer Geschäftsverkehr" nicht immer trennscharf differenziert. Zwar laufen die Pflichten eines Unternehmers im Fernabsatz und im elektronischen Geschäftsverkehr in weiten Teilen parallel, jedenfalls solange dem Unternehmer ein Verbraucher gegenübersteht. Deckungsgleich sind beide Bereiche jedoch nicht. Der zentrale Unterschied ist jedenfalls, dass bestimmte (wenige) Pflichten im elektronischen Geschäftsverkehr **auch bei reinen Geschäften zwischen Unternehmern** (also im Verhältnis „b to b") greifen.

265   Auch die Regelungen zum elektronischen Rechtsverkehr gehen auf europäisches Recht zurück. Allerdings beruhen die §§ 312i und 312j BGB nicht auf der Verbraucherrechte-Richtlinie, sondern auf der E-Commerce-Richtlinie.[282] Die **Zielsetzung** der §§ 312i, 312j BGB ist ebenso wie bei § 312g BGB ein erhöhtes Maß an Verbraucherschutz – bzw. im Rahmen des § 312j BGB darüber hinausgehend an Kundenschutz.[283] Erreicht werden soll dieses Ziel zum einen durch Informationspflichten, zum anderen durch bestimmte technische Voraussetzungen, die der Unternehmer zu erfüllen hat.[284]

266   **Zum Hintergrund:** Die Pflichten im elektronischen Geschäftsverkehr sind in § 312i und § 312i enthalten.[285]
- § 312i BGB regelt die „Allgemeinen Pflichten im elektronischen Geschäftsverkehr"
- § 312j BGB enthält die „Besonderen Pflichten im elektronischen Geschäftsverkehr gegenüber Verbrauchern"

1. Anwendungsbereich

a) Persönlicher Anwendungsbereich

267   Genau wie § 312g BGB, der die Pflichten im Fernabsatz regelt, setzen auch die § 312i, 312j BGB für die **Pflichten im Elektronischen Geschäftsverkehr** voraus, dass auf Anbieterseite ein **Unternehmer** im Sinne des § 14 BGB auftritt. Anders als § 312g BGB (und auch § 312j BGB) verlangt § 312i BGB allerdings nur, dass auf der anderen Seite ein **Kunde** und nicht notwendigerweise ein Verbraucher im Sinne des § 13 BGB die Leistung in Anspruch nimmt. Mithin ist diese Regelung grundsätzlich nicht nur bei Verträgen zwischen Unternehmer und Verbraucher, sondern auch für jene Verträge, an denen **allein Unternehmer beteiligt** sind, von Relevanz.

268   Gegenüber einem Unternehmer (nicht jedoch gegenüber einem Verbraucher!) kann sich der Anbieter von den Vorgaben des § 312e Abs. 1 S. 1 Nr. 1–3 BGB (nicht jedoch von der Pflicht zur Bereitstellung der Vertragsbestimmungen nach § 312e Abs. 1 S. 1 Nr. 4!) frei zeichnen.

---

[282] Vgl. zu den Einzelheiten und insbesondere zur systematischen Stellung der Paragraphen im Gesetz MüKo-BGB/*Wendehorst*, BGB § 312i Rn. 1, 2.
[283] Grundsätzlich zur Frage Verbraucherschutz oder Kundenschutz und Reformvorschlägen auf europäischer Ebene vgl. *Busch/Dannemann/Schulte-Nölke*, MMR 2016, 787.
[284] Es handelt sich auch um ein Verbraucherschutzgesetz iSd § 2 Abs. 2 Nr. 2 UKlaG.
[285] Die früher in § 312g BGB aF enthaltenen Regelungen wurden auf zwei Normen verteilt, was die Verständlichkeit deutlich erleichtert.

C. Die für den elektronischen Geschäftsverkehr besonders relevanten Bestimmungen

b) Sachlicher Anwendungsbereich

Als elektronischen Geschäftsverkehr definiert die Norm die Fälle, in denen ein Unternehmer sich zum Zwecke des Vertragsschlusses über die Lieferung von Waren oder Erbringung von Dienstleistungen eines **Telemediendienstes** bedient. Eine Legaldefinition des Begriffs ergibt sich nicht aus dem BGB selbst, sondern aus dem Telemediengesetz, § 1 Abs. 1 TMG.[286] Danach sind Telemedien

„alle elektronischen Informations- und Kommunikationsdienste, soweit sie nicht Telekommunikationsdienste nach § 3 Nr. 24 TKG, die ganz in der Übertragung von Signalen über Telekommunikationsnetze bestehen, telekommunikationsgestützte Dienste nach § 3 Nr. 25 TKG oder Rundfunk nach § 2 des Rundfunkstaatsvertrages sind".

Erfasst sind vor allem elektronisch abrufbare Angebote mit einer direkten Bestellmöglichkeit, zB im Internet oder das so genannte Teleshopping. Damit ist der Anwendungsbereich des § 312i BGB zwar in persönlicher Hinsicht zumindest teilweise wesentlich weiter als der des § 312g BGB, jedoch in sachlicher Hinsicht enger. Während die Bestimmungen zum Fernabsatz nur den Vertragsschluss unter Einsatz elektronischer Kommunikationsmittel unter physisch Abwesenden voraussetzen, verlangt § 312e BGB, dass der Vertragsschluss unter Einsatz eines Tele- oder Mediendienstes zustande kommt. Damit fällt beispielsweise ein Vertragsschluss allein per Telefon nicht in den Anwendungsbereich dieser Norm.

Liegt ein Vertrag im elektronischen Geschäftsverkehr vor, ist bei einer Vereinbarung zwischen einem Unternehmer und einem Verbraucher stets **weiter zu prüfen,** ob sich darüber hinaus auch noch Pflichten aus den Bestimmungen zum Fernabsatz ergeben. Umgekehrt kann es aber auch den Fall eines Fernabsatzvertrags mit einem Verbraucher geben, der zwar den Bestimmungen der §§ 312b ff. BGB unterliegt, nicht aber den Vorgaben zum elektronischen Geschäftsverkehr des § 312i BGB – beispielsweise ein am Telefon geschlossener Vertrag.

2. Die Anforderungen im elektronischen Geschäftsverkehr mit Kunden

§ 312i BGB regelt die allgemeinen Anforderungen im elektronischen Geschäftsverkehr, die vom Unternehmer **gegenüber jedem Kunden** (der also anders als bei § 312j BGB kein Verbraucher zu sein braucht) eingehalten werden müssen.
Danach hat der Unternehmer dem Kunden
- eine Korrekturmöglichkeit für Eingabefehler zur Verfügung zu stellen
- bestimmte Informationen nach Art. 246c EGBGB vor Abgabe der Bestellung mitzuteilen
- den Zugang einer Bestellung unverzüglich auf elektronischem Wege zu bestätigen
- zu ermöglichen, die Vertragsbestimmungen einschließlich AGB zu speichern.

a) Korrektur von Eingabefehlern

Der Unternehmer muss dem Kunden zunächst im Rahmen einer Bestellung angemessene, wirksame und zugängliche technische Mittel zur Verfügung stellen, mit Hilfe derer **Eingabefehler** vor Abgabe einer Bestellung erkannt und berichtigt werden können. Art. 246c Nr. 3 EGBGB sieht flankierend vor, dass der Kunde über die Korrekturmöglichkeit zu unterrichten ist. Über die technischen Schritte, die zum Vertragsschluss führen, ist er nach Art. 246c Nr. 1 EGBGB zu informieren.
Fehlt diese Möglichkeit, **Eingabefehler zu korrigieren,** wird ein Vertrag trotzdem wirksam geschlossen. Der Unternehmer kann aber zB im Falle einer Anfechtung keine

---

[286] Zur Kritik an diesem Anknüpfungspunkt vgl. MüKo-BGB/*Wendehorst*, BGB § 312i Rn. 9.

Rechte geltend machen.[287] Erklärt der Kunde zB die Anfechtung seiner Bestellung nach § 119 BGB wegen eines Inhalts- oder Erklärungsirrtums, kann der Unternehmer bei einem Verstoß gegen § 312i Abs. 1 S. 1 BGB keinen Anspruch auf Ersatz eines Vertrauensschadens (also dem Schaden, den er im Vertrauen auf die Wirksamkeit der Kundenbestellung erlitten hat) nach § 122 BGB geltend machen. Denn die durch ihn verletzte Pflicht hatte auch und gerade den Zweck, einen solchen Irrtum des Kunden zu vermeiden. Ein Schadensersatzverlangen des Unternehmers würde hier ein nach § 242 BGB unzulässiges offensichtlich widersprüchliches Verhalten darstellen, da die Erfüllung dieser Pflichten den Kunden gerade vor Erklärungsirrtümern bewahren sollte. Eine Verletzung der in § 312i Abs. 1 S. 1 BGB geregelten Pflicht kann darüber hinaus zu einem Schadenersatzanspruch des Kunden wegen der Verletzung vorvertraglicher Pflichten führen.

b) Die Informationspflichten des Unternehmers

276   Ferner hat der Unternehmer nach § 312i Abs. 1 Alt. 2 BGB die in Art. 246c EGBGB niedergelegten **Informationen rechtzeitig vor Abgabe der Bestellung** klar und verständlich mitzuteilen. Der Unternehmer muss über die einzelnen **technischen Schritte** bis zum Vertragsschluss informieren (Art. 246c Abs. 1 Nr. 1 EGBGB), außerdem die für den Vertragsschluss zur Verfügung stehenden **Sprachen** mitteilen (Art. 264c Abs. 1 Nr. 4 EGBGB). Er muss Angaben zur **Speicherung des Vertragstextes** machen und mitteilen, ob dieser dem Kunden zugänglich ist (Art. 264c Abs. 1 Nr. 2 EBGBG). Interessanterweise wird hier nur eine Informationspflicht über eine etwaige Speicherung normiert, allerdings keine Pflicht, den Vertragstext tatsächlich zu speichern.

277   Weiter muss der Unternehmer über die **Möglichkeit einer Bestellkorrektur** informieren (Art. 246 Abs. 1 Nr. 3 EGBGB). In der Praxis hat es sich bewährt, dem Kunden am Ende seiner Bestellung eine Bestellübersicht anzuzeigen, die dieser noch korrigieren kann. Schlussendlich muss über die einschlägigen **Verhaltenskodizes**, denen sich der Unternehmer unterwirft, sowie über die Möglichkeit eines elektronischen Zugangs zu diesen Regelwerken (zB durch eine Verlinkung) informiert werden (Art. 246 Abs. 1 Nr. 5 EGBGB). Die freiwillige Akzeptanz bestimmter Verhaltensregeln durch die Unternehmer sind erwünscht: Unterwerfen sich Anbieter derartigen Verhaltenskodizes, führt dies zu einheitlichen Bedingungen innerhalb der Europäischen Union, ohne dass ein nationaler oder europäischer Normgeber tätig werden müsste.[288] Weitergehende Informationspflichten aufgrund anderer Vorschriften bleiben nach § 312i Abs. 3 BGB dezidiert unberührt.

c) Die Bestellbestätigung

278   § 312i Abs. 1 S. 1 Nr. 3 BGB verpflichtet den Unternehmer, dem Kunden unverzüglich eine **Eingangsbestätigung über dessen elektronische Bestellung** zukommen zu lassen. Wichtig: gefordert wird nur eine Bestätigung des Eingangs des Antrags. Hierbei handelt es sich um keine Willenserklärung im Rechtssinne[289] und schon gar nicht um eine Annahmeerklärung – auch wenn natürlich die Möglichkeit besteht, Empfangsbestätigung und Annahmeerklärung miteinander in einer Erklärung zu verbinden. Um der Gefahr zu begegnen, dass eine bloße Bestätigung als Annahme der Bestellung (und damit als Willenserklärung) missverstanden wird, ist auf die Formulierung[290] der Bestätigung besondere Sorgfalt zu verwenden.[291]

---

[287] Palandt/*Grüneberg*, BGB § 312e Rn. 6.
[288] Zur Problematik der Irreführung des Verbrauchers durch Fantasielabel o.ä., vgl. *Tamm/Tönner-Brönneke*, Verbraucherrecht, Rn. 33 ff.
[289] Vgl. *LG Hamburg*, MMR 2005, 121.
[290] Zur Abgrenzung einer Empfangsbestätigung nach § 312e Abs. 1 S. 1 Nr. 3 BGB von einer rechtsgeschäftlichen Annahme vgl. auch *OLG Nürnberg*, MMR 2010, 31; *OLG München*, MMR 2003, 274 mAnm *Hoffmann*.
[291] Siehe → Rn. 55 ff.

C. Die für den elektronischen Geschäftsverkehr besonders relevanten Bestimmungen

Unterbleibt die erforderliche Bestätigung, ist die Bestellung des Kunden dem Unternehmer trotzdem wirksam zugegangen. Jedes andere Ergebnis wäre offensichtlich sinnwidrig, da es der Erklärungsempfänger sonst in der Hand hätte, über die Wirksamkeit des Antrags zu bestimmen. Bestellung und Empfangsbestätigung gelten als zugegangen, wenn die jeweiligen Empfänger sie unter gewöhnlichen Umständen abrufen können (§ 312i Abs. 1 S. 2 BGB). Ein Verstoß gegen § 312i Abs. 1 S. 1 Nr. 3 BGB kann aber unter Umständen eine Ersatzpflicht des Unternehmers begründen. 279

d) Die Speicherung der Vertragsbedingungen

Nach § 312i Abs. 1 S. 1 Nr. 4 BGB hat der Unternehmer dem Kunden die Möglichkeit zu verschaffen, die Vertragsbestimmungen einschließlich der Allgemeinen Geschäftsbedingungen bei Vertragsschluss abzurufen und in wiedergabefähiger Form zu speichern. Wichtig: der Unternehmer muss dem Kunden nur diese Möglichkeit verschaffen, er ist aber nicht verpflichtet, die Vertragsbedingungen seinerseits aktiv an den Kunden zu senden. 280

Diese Regelung gilt auch zwischen einem Unternehmer und einem Kunden, der nicht Verbraucher ist, **zwingend** und kann nicht durch Individualvereinbarung abbedungen werden, § 312i Abs. 2 S. 2 BGB. Gleichermaßen verbindlich ist sie selbst dann, wenn der Vertrag allein durch individuelle Kommunikation geschlossen wird, § 312i Abs. 2 S. 1 BGB. 281

Im **Zusammenhang mit Allgemeinen Geschäftsbedingungen ist** zu beachten, dass § 312i Abs. 1 S. 1 Nr. 4 BGB lediglich eine zusätzliche Anforderung aufstellt; die AGB müssen nicht nur abrufbar sein (wie bei § 305 Abs. 2 BGB), sondern sie müssen auch in wiedergabefähiger Form speicherbar sein.[292] Ob AGB indes überhaupt zum Vertragsbestandteil geworden sind, bestimmt sich nicht nach dieser Norm, sondern weiterhin nach § 305 BGB. 282

3. Die Anforderungen im elektronischen Geschäftsverkehr mit Verbrauchern

Für den elektronischen Geschäftsverkehr mit einem **Verbraucher** über eine entgeltliche Leistung stellt § 312j BGB weitere Anforderungen an den Unternehmer. Will der Unternehmer keinen Vertrag mit einem Verbraucher schließen, muss er dies eindeutig gewährleisten (vgl. hierzu → Rn. 199 ff.). 283

a) Informationspflichten

Im Rahmen seiner Informationspflichten hat der Unternehmer **zusätzlich** zu den Angaben nach § 312i Abs. 1 BGB spätestens **bei Beginn des Bestellvorgangs** klar und deutlich anzugeben, ob **Lieferbeschränkungen** bestehen und welche **Zahlungsmittel** akzeptiert werden. 284

Bei einem Verbrauchervertrag im elektronischen Geschäftsverkehr, der eine **entgeltliche Leistung** des Unternehmers zum Gegenstand hat, muss der Unternehmer dem Verbraucher nach dem Gesetzeswortlaut des § 312j Abs. 2: 285

„*die Informationen gemäß Art. 246a § 1 Abs. 1 S. 1 Nr. 1, 4, 5, 11 und 12 EGBGB, unmittelbar bevor der Verbraucher seine Bestellung abgibt, klar und verständlich in hervorgehobener Weise zur Verfügung stellen.*"

Darüber, ob eine so formulierte Norm dem Normadressaten seine Pflichten in klarer und verständlicher Weise verdeutlicht, kann man sicherlich geteilter Meinung sein. **Vollständig kostenlose Angebote** im Internet (zB Google, Wikipedia, etc.), fallen nicht in 286

---

[292] HK-BGB/*Schulte-Nölke*, BGB § 312i Rn. 10.

den Anwendungsbereich der Norm.²⁹³ Der **Begriff der Bestellung** hingegen ist weit zu verstehen; es ist gleichgültig, ob der Verbraucher Angebot oder Annahme erklärt.²⁹⁴

287 Im Überblick beinhaltet die Informationspflicht die Mitteilung nach den genannten Bestimmungen des Art. 246a § 1 Abs. 1 EGBGB über
- die wesentlichen Eigenschaften der Ware oder Dienstleistung (Nr. 1)
- sämtliche anfallenden Kosten (Nr. 4) mit einer Sonderregelung für unbefristete Verträge und Abonnements (Nr. 5)
- ggf. die Laufzeit des Vertrags und Kündigungsmöglichkeiten
- ggf. die Mindestdauer der Verpflichtung des Verbrauchers.

288 Für den Unternehmer gilt, dass er die Information für den Verbraucher auf seiner Website deutlich abheben muss. Dies muss im **unmittelbaren Zusammenhang** mit dem Abschluss des Bestellvorgangs geschehen, und zwar sowohl in **zeitlicher** als auch in **räumlicher Hinsicht**.²⁹⁵ Letzteres beinhaltet, dass die Information wenigstens gleichzeitig mit dem Bestellbutton lesbar sein muss. Das OLG Köln²⁹⁶ erachtet es insoweit für ausreichend, dass die Information im unmittelbaren räumlichen Zusammenhang mit der Schaltfläche erteilt wird. Eine Erteilung „vor" der Schaltfläche sei nicht erforderlich, da eine Website nicht wie ein Text immer „von oben nach unten" gelesen werde. Nach anderer Auffassung muss zuerst die Information gegeben werden, dh sie muss sich tatsächlich optisch auch über dem Bestellbutton befinden.²⁹⁷

289 Jedenfalls aber muss die Information unmittelbar wahrnehmbar sein. Müsste der Verbraucher etwa zunächst einen Link anklicken²⁹⁸ oder scrollen,²⁹⁹ um die Information abzurufen, wäre dies unzulässig. Die Information muss außerdem in unübersehbarer Weise vom restlichen Text abgegrenzt sein und darf nicht im Gesamtlayout untergehen.³⁰⁰ Denkbar ist zB ein Hervorheben durch Schriftgröße, Fettdruck oder Farbe. Der strengen Linie der Rechtsprechung halten die großen Online-Händler entgegen, dass der Verbraucher durch zu ausführliche Informationen auf ein und derselben Seite auch irritiert werden könne und teilweise schlicht „*Zuviel des Guten*" gefordert werde.³⁰¹

290 **Wichtig:** Anders als bei der Verletzung der Buttonpflicht nach § 312j Abs. 3 BGB führt ein Verstoß gegen die Informationspflicht nach § 312j Abs. 2 BGB nicht nach § 312j Abs. 4 BGB automatisch zur Unwirksamkeit des Vertrages. Die Rechtsfolgen eines Verstoßes gegen die Informationspflicht bestimmen sich vielmehr nach den allgemeinen Regeln.³⁰² Auf den **Lauf der Widerrufsfrist** hat die Verletzung der Informationspflicht keinen Einfluss mehr.³⁰³ Möglich ist allerdings zB die Geltendmachung eines **Schadenersatzanspruchs** wegen Verschuldens bei Vertragsverhandlungen. Auch ein **Unterlassungsanspruch** nach dem UKlaG oder dem UWG ist möglich.

---

[293] Zu teilkostenpflichtigen Angeboten *OLG Köln*, GRUR-RR 2016, 456.
[294] Palandt/*Grüneberg*, BGB § 312j Rn. 5.
[295] Instruktiv hierzu *KG Berlin*, MMR 2016, 249 (Fakultative Zusatzkosten für Flugreisen in einem Internet-Flugbuchungssystem).
[296] *OLG Köln*, NJW-RR 2015, 1453 zur Website eines „Flirtcafés".
[297] *Föhlisch/Löwer*, VuR 2018, 11, 14.
[298] *OLG München*, MMR 2019, 249 (keine Verlinkung wesentlicher Eigenschaften der Ware); *OLG Köln*, MMR 2017, 502 (keine Verlinkung wesentlicher Eigenschaften der Ware, hier: Material von Sonnenschirmen).
[299] *LG Köln*, NJW-RR 15, 1453.
[300] Vgl. amtliche Begründung, BT-Drs. 17/7745, 11; *OLG Köln*, GRUR 2015, 75 ff. – 50 De-Mails inklusive (zur Vorgängerregelung des § 312g Abs. 2 BGB aF, der § 312j Abs. 2 BGB entspricht).
[301] Vgl. hierzu die Anmerkung von *Föhlisch*, MMR 2019, 249, zum Urteil des *OLG München* (keine Verlinkung wesentlicher Eigenschaften auf der Bestellabschlussseite).
[302] Palandt/*Grüneberg*, BGB § 312j Rn. 8, 12.
[303] Anders nach § 312g Abs. 6 S. 2 BGB aF.

C. Die für den elektronischen Geschäftsverkehr besonders relevanten Bestimmungen

b) Die Gestaltung der Bestellsituation, § 312j Abs. 3 BGB

Der Unternehmer muss die Bestellsituation so gestalten, dass der Verbraucher mit seiner Bestellung **ausdrücklich bestätigt,** dass er eine **Zahlungsverpflichtung** eingehen möchte. Dabei ist es gleichgültig, wie die äußeren Bedingungen dieser Bestellsituation sind, ob also über Website, App, o. ä. bestellt wird. Bei einer Bestellung über eine **Schaltfläche** (den berühmten „Button") soll diese Pflicht nur dann erfüllt sein, wenn die Schaltfläche gut lesbar mit nichts anderem als den Worten „zahlungspflichtig bestellen" oder mit einer entsprechenden eindeutigen Formulierung beschriftet ist. Soweit der Gesetzestext – dass eine Norm so detaillierte Vorgaben bis in den genauen Wortlaut einer Formulierung macht, ist bislang ein singulärer Fall im BGB und wurde teilweise auch kritisch gesehen.[304] Betrachtet man allerdings die Rechtsprechung zu dem offensichtlich vorhandenen Erfindungsgeist von Unternehmern bei der Gestaltung ihrer Bestellflächen, so machen solche detaillierten Vorgaben in der Praxis durchaus Sinn. 291

Der genaue **Charakter dieser Norm** ist umstritten.[305] Teilweise wird vertreten, dass sie als Ausdruck einer vorvertraglichen Pflichtverletzung einzuordnen sei.[306] Vertreten wird auch, dass es sich um eine speziell verbraucherrechtliche Anspruchsvoraussetzung handele.[307] Nach anderer Ansicht soll es sich um ein eigenständiges Tatbestandsmerkmal oder um eine unwiderlegbare gesetzliche Vermutung handeln.[308] Die Gesetzesbegründung[309] spricht davon, dass die Schutzwirkung der einer Formvorschrift „ähnele". Teilweise wird die Norm direkt als Formvorschrift eingeordnet.[310] 292

Die Schaltfläche muss also gut lesbar und eindeutig verständlich sein, insbesondere im Hinblick auf die Kostenpflichtigkeit eines Angebotes. Dem Besteller muss klar werden, dass er mit dem Klick eine Zahlungsverpflichtung eingeht. Daher genügt die Formulierung „*Bestellung abschicken*"[311] ebenso wenig wie eine Beschriftung mit „*Jetzt anmelden*".[312] Auf der Internet-Plattform eBay sind Schaltflächen mit der Beschriftung „*Gebot abgeben*" bzw. „*Gebot bestätigen*" hingegen ausreichend klar.[313] 293

Für nicht ausreichend erachtete das OLG Köln[314] auch die Schaltfläche eines Streamingdienste-Anbieters, die mit den Worten „*Jetzt gratis testen – danach kostenpflichtig*" beschriftet war. Das OLG Köln stellte klar, dass bereits mit Abschluss des Vertrags eine Zahlungspflicht – wenn auch erst in Zukunft – für den Verbraucher begründet wurde und er daher entsprechend eindeutig zu belehren war.[315] Daran ändert der Umstand nichts, dass die ersten 30 Tage des streitgegenständlichen Angebotes „*gratis*" sein sollten. Das Angebot kann nicht etwa in zwei selbständige Angebote aufgeteilt werden, nach 30 Tagen wird das Streamen automatisch kostenpflichtig. Zur Abwendung dieser Kostenpflicht ist wiederum ein Widerruf des Verbrauchers notwendig. Damit löst das Betätigen des Buttons direkt eine Kostenpflicht aus. Deshalb konnte sich der Unternehmer auch nicht darauf berufen, dass die Beschriftung der Schaltfläche nach dem Formulierungsvorschlag im Gesetz mit „*zahlungspflichtig bestellen*" die Gratis-Aktion nicht richtig wiedergebe. Es ist einem Unternehmer vielmehr ohne weiteres möglich, an anderer Stelle außerhalb der Bestellfläche auf die kostenlose Teilleistung hinzuweisen. 294

---

[304] Kritisch hierzu etwa *Alexander,* NJW 2012, 1985, 1988.
[305] Siehe auch die Darstellung zu den Formvorschriften → Rn. 85 ff.
[306] *Kredig/Uffmann,* ZRP 2011, 36.
[307] *Rudkowski/Werner,* MMR 2012, 711, 714 f.
[308] So wohl *Kirschbaum,* MMR 2012, 8, 15.
[309] RegE BT-Drs. 17/7745, 7, 12; so auch Palandt/*Grüneberg,* BGB § 312g Rn. 13.
[310] *Raue,* MMR 2012, 438, 441.
[311] *OLG Hamm,* MMR 2014, 534.
[312] *LG Dortmund,* MMR 2016, 460.
[313] Palandt/*Grüneberg,* BGB § 312j Rn. 9.
[314] *OLG Köln,* GRUR-RR 2016, 456.
[315] Vgl. auch LG München I, 11.6.2013 – 33 O 12678/13, für die „Nicht-Stornierung" einer Mitgliedschaft bei Amazon-Prime zum Ablauf des ersten „Gratis"-Monats.

295 **Hintergrund der Regelung** des § 312j Abs. 3 BGB waren nicht zuletzt Abo-Fallen und ähnlich betrügerische Angebote im Internet.[316] Teil des Geschäftsmodells dieser „schwarzen Schafe" war es, die so generierten Zahlungen sehr schnell – oft von spezialisierten Inkasso-Unternehmen im Mahnverfahren (§§ 688 ff. ZPO) – beizutreiben. Die Norm dient also zum einen dem Schutz des Verbrauchers, zum anderen soll sie auch den Schaden, den einige wenige schwarze Schafe einer ganzen Branche zufügen können, verhindern. Eine solche Regelung ist rechtstechnisch notwendig, kommt ein Vertrag ja grundsätzlich auch dann zustande, wenn der Besteller sich über den entgeltlichen Charakter der Leistung irrt. Eine wirksame Willenserklärung setzt nach der hM weder Erklärungsbewusstsein (also das Wissen darum, dass man tatsächlich gerade eine Willensklärung abgibt) noch Geschäftswillen (also den Willen, gerade dieses Geschäft abschließen zu wollen) voraus.

296 Umstritten ist, ob ein Vertrag nach § 312j Abs. 4 BGB nur zustande kommt, wenn der Unternehmer diese Vorgaben zur Gestaltung der Bestellsituation erfüllt. Der Verbraucher hat nach dem Wortlaut der Norm interessanterweise nicht etwa ein – für ihn günstigeres – **Wahlrecht,** den Vertrag auch gelten lassen zu können.[317] An dieser Lösung wird kritisiert, dass sie im Widerspruch zur Verbraucherrechterichtlinie stünde. Art. 8 Abs. 2 S. 2 VRRL sieht bei einem Verstoß gegen die Regelungen zur Bestellsituation vor, dass der Verbraucher „*durch den Vertrag oder die Bestellung nicht gebunden*" sein soll. Liest man diese Regelung so,[318] dass sie dem Verbraucher ein Wahlrecht ermöglicht, ergibt sich in der Folge tatsächlich ein Konflikt zum Europarecht. Denn es besteht, da für die Richtlinie Vollharmonisierung[319] gilt, an sich hier kein Spielraum des nationalen Gesetzgebers.

297 Es wird daher vorgeschlagen, die Norm richtlinienkonform dahingehend auszulegen, dass der Vertrag nur schwebend oder relativ unwirksam ist, sodass der Verbraucher am Vertrag festhalten kann, indem er die Erfüllung verlangt.[320] Dem Unternehmer hingegen soll eine Berufung auf die Unwirksamkeit nach § 242 verwehrt sein. Aus § 312j Abs. 4 BGB ergibt sich, dass die **Beweislast** für die ordnungsgemäße Gestaltung der Bestellsituation nach Abs. 3 BGB beim Unternehmer liegt.

298 Praxistipp:
Wichtig für einen Unternehmer ist im elektronischen Geschäftsverkehr: anders als bei der Verletzung anderer Informationspflichten, die ggf. wettbewerbsrechtlich relevant werden, hat die unrichtige Gestaltung des Buttons **direkten Einfluss auf die Wirksamkeit** des Vertrags. Auch bei Angeboten auf Online-Marktplätzen haben Unternehmer als Anbieter die entsprechenden Pflichten zu erfüllen, profitieren dabei aber auf den großen Marktplätzen oft von den Voreinstellungen des Marktplatzbetreibers.

---

[316] Vgl. nur *Kredig/Uffmann*, ZRP 2011, 36; *Leier*, CR 2012, 378; *Müller*, K&R 2012, 791; *Purnhagen*, ZRP 2012, 36; *Raue*, MMR 2012, 438.
[317] Palandt/*Grüneberg*, BGB § 312j Rn. 8; vgl. aber auch *Fervers*, NJW 2016, 2289, der dann von einem unentgeltlichen Vertrag ausgehen will.
[318] BeckOK BGB/*Maume*, BGB § 312j Rn. 28.
[319] Art. 4 VRRL.
[320] MüKoBGB/*Wendehorst*, BGB § 312j Rn. 33; BeckOK BGB/*Maume*, BGB § 312j Rn. 28; *Weiss*, JuS 2013, 590, 593.

Teil 5.2 Spezifische Problemstellungen

Übersicht

	Rn.
A. Der Betrieb des Online-Marktplatzes als steuerlicher Haftungsanlass	3
I. Hintergrund der Regelungen	4
II. Die neuen umsatzsteuerlichen Pflichten der Online-Marktplätze	6
III. Umsetzungsaufwand und Unionsrechtsvereinbarkeit der §§ 22f, 25e UstG	13
B. Unterscheidung zwischen Unternehmern und Privaten als Verkäufer auf Online-Marktplätzen	16
C. Die Rolle von Bewertungssystemen auf Online-Marktplätzen	23
I. Die Bedeutung von Bewertungssystemen	24
II. Mögliche Missbrauchsrisiken	27
III. Mögliche Kontrollmechanismen	32
D. Der Umgang mit rechtsmissbräuchlichen Verhaltensweisen von Nutzern auf Online-Marktplätzen	36
I. AGB zur Gewährleistung des Vertragsschlusses	37
II. Ausnahme: Rechtsmissbräuchliche Ausnutzung der Vertragsschlussmodalitäten	39
1. Abbruchjagd durch Bieter	41
2. Shill Bidding durch Verkäufer	43
III. Handlungsmöglichkeiten des Online-Marktplatzes	46
E. Notwendigkeit zur Angabe einer Kontakt-Telefonnummer gem. § 312d Abs. 1 S. 1 BGB?	48
I. Zeitpunkt & Form der Information	49
II. Angabe einer Telefonnummer	51

Literatur:

Auer-Reinsdorff/Conrad, Handbuch IT- und Datenschutzrecht, 3. Aufl. 2019; *Bräutigam/Rücker*, E-Commerce Rechtshandbuch, 2017; *Bunjes*, Umsatzsteuergesetz, 18. Aufl. 2019; *Eckel*, Shill Bidding – Preismanipulation bei Online-Auktion durch Eigenangebote, Divergierende Rechtsprechung und offene Fragen, MMR 2017, 373; *Hauschka/Moosmayer/Lösler*, Corporate Compliance, Handbuch der Haftungsvermeidung im Unternehmen, 3. Aufl. 2016; *Hoeren/Sieber/Holznagel*, Handbuch Multimedia-Recht, Stand: Juli 2019 (49. Ergänzungslieferung); *Hundt-Eßwein*, „Mehr sein als scheinen" – Die Unternehmereigenschaft im Umsatzsteuerrecht – Zugleich eine Besprechung der „ebay"-Entscheidung des BFH vom 26.4.2012, V R 2/11, DStR 2012, 1371; *Ismer/Schwarz*, Betrugsbekämpfung und Schutz des ehrlichen Unternehmers im Umsatzsteuerrecht: Ein Reformvorschlag, MwStR 2019, 348; *Kemper*, Die geplante Regelung einer Haftung für die Betreiber elektronischer Marktplätze (Plattformbetreiber) im Onlinehandel – Eine Einschätzung, UStB 2018, 288; *Maier*, Direkte Steuerprozesse für indirekte Steuern, BB 2019, 2462; Münchener Kommentar zum Bürgerlichen Gesetzbuch, Band 1, 8. Aufl. 2018; Münchener Kommentar zum Bürgerlichen Gesetzbuch, Band 3, 8. Aufl. 2019; *Palandt*, Bürgerliches Gesetzbuch, 78. Aufl. 2019; *Ruß/Ismer/Margolf*, Digitalisierung des Steuerrechts: Eine Herausforderung für die Ausgestaltung von materiellen Steuergesetzen, DStR 2019, 409; *Schulze*, Bürgerliches Gesetzbuch, 10. Aufl. 2019; *Schweitzer*, Digitale Plattformen als private Gesetzgeber: Ein Perspektivwechsel für die europäische „Plattform-Regulierung", ZEuP 2019, 1; *Sölch/Ringleb*, Umsatzsteuergesetz, Stand: September 2019 (87. Ergänzungslieferung); *Spindler/Schuster*, Recht der elektronischen Medien, 4. Aufl. 2019; *Sutschet*, Anforderungen an die Rechtsgeschäftslehre im Internet, Bid Shielding, Shill Bidding und Mr. Noch Unbekannt, NJW 2014, 1041; *Zaumseil*, Die neue umsatzsteuerliche Haftung von Betreibern elektronischer Marktplätze, MwStR 2019, 252.

Auch mehr als zwanzig Jahre nach der Gründung des ersten Online-Marktplatzes erweisen sich entsprechende Geschäftsmodelle weiterhin als profitabel und bei Nutzern beliebt. Im C2C-Bereich wird das Marktplatz-Modell mittlerweile auch von anderen Plattformen aufgegriffen.[1] Online-Marktplätze ermöglichen die virtuelle Begegnung von Käufern und Verkäufern und deren Vertragsschluss, wodurch sie den Handel begünstigen. Wegen dieser Vermittlerrolle leisten die AGB der Online-Marktplätze einen wichtigen Beitrag zur Sicherstellung vertraglicher Gerechtigkeit und Fairness im elektronischen Ge-

---

[1] Handelsblatt/*Steger*, Beitrag vom 15.8.2017, abrufbar unter: https://www.handelsblatt.com/unternehmen/it-medien/facebook-marketplace-klon-dich-gluecklich/20190622.html?ticket=ST-84942129-11jVilrdMAKAyOa4Gtlq-ap5, zuletzt abgerufen am 7.11.2019.

schäftsverkehr. Im Bereich des Verbraucherschutzes sind aktuell ua der Umgang mit rechtsmissbräuchlichem Nutzerverhalten, der Schutz der Transparenz der Nutzer-Bewertungssysteme und Anforderungen als Anlaufstelle bei Nutzerproblemen Themen, die Marktplätze, aber auch die Rechtsprechung und Gesetzgebung beschäftigen.

2 Längst haben der europäische und der deutsche Gesetzgeber Online-Marktplätze ins Auge gefasst und wollen deren Bedeutung für die globale Wirtschaft nutzen. Dabei wird den Betreibern von Online-Marktplätzen die Erfüllung spezifischer rechtlicher Pflichten abverlangt, was für sie mit einem erheblichen Umsetzungsaufwand verbunden ist. So werden im Steuerrecht Online-Marktplätze erstmals aus ihrer Vermittlerrolle in die direkte Verantwortlichkeit für Steuerausfälle ihrer gewerblichen Händler erhoben. Damit werden Online-Marktplätze in diesem Bereich nicht nur zum Überwacher der eigenen Spielregeln, sondern auch derjenigen des Gesetzgebers.

A. Der Betrieb des Online-Marktplatzes als steuerlicher Haftungsanlass

3 Mit der Einführung der §§ 22f, 25e UStG ist der Betrieb eines Online-Marktplatzes zum steuerlichen Haftungsanlass geworden. Durch die Regelungen werden Online-Marktplätze erstmals direkt vom Staat zur Hilfe bei der Rechtsdurchsetzung herangezogen. Die Regelungen wurden mit Wirkung zum 1.1.2019 in das UStG aufgenommen[2] und verpflichten Betreiber von Online-Marktplätzen in Deutschland zur proaktiven Durchsetzung von Umsatzsteuerpflichten gegenüber Unternehmern auf dem Marktplatz. Die Betreiber müssen von Unternehmern deren umsatzsteuerliche Registrierungsbescheinigungen anfordern und diese für die Steuerbehörden aufbewahren. Verletzen sie diese Aufzeichnungspflichten, droht für die Betreiber in Bezug auf Unternehmer aus Drittländern seit dem 1.3.2019 und für EU-Unternehmer seit dem 1.10.2019 eine Haftung für Steuerausfälle, § 27 Abs. 25 S. 4 UStG.

I. Hintergrund der Regelungen

4 Die §§ 22f, 25e UStG sollen künftig Steuerausfälle im dreistelligen Millionenbereich verhindern. Auf diese Höhe werden sie bisher für den Online-Handel mit Waren, insbes. aus Drittländern, geschätzt.[3] Die Mehrwertsteuer ist als indirekte Steuer naturgemäß betrugsanfällig.[4] Besonders bei digitalen Geschäftsmodellen fällt Steuerbehörden das Schritthalten schwer, so dass sich die Betrugsgefahr in diesem Bereich noch steigert. Die Behörden halten den Herausforderungen im Hinblick auf die Verfügbarkeit von Steuerdaten, wirtschaftlichen Innovationen, sowie die Charakterisierung und Rollen der beteiligten Akteure nicht alleine stand.[5] Daher sollen sich die Behörden nun per Gesetz der Hilfe der Online-Marktplätze zur Vermeidung von Steuerausfällen bedienen können.

5 Das Umsatzsteuerrecht ist stark europarechtlich durchdrungen, so dass den EU-Mitgliedstaaten nur ein eingeschränkter Regelungsspielraum zur Verfügung steht.[6] Dennoch existiert keine ausdrückliche unionsrechtliche Grundlage für die neuen Regelungen.[7] Ermöglicht wird die deutsche Sonderregelung durch Art. 273 der Mehrwertsteuer-System-

---

[2] Durch das Gesetz zur Vermeidung von Umsatzsteuerausfällen beim Handel mit Waren im Internet und zur Änderung weiterer steuerlicher Vorschriften vom 11.12.2018, BGBl. 2018 I 2338.
[3] BT-Drs. 19/4455, 101.
[4] Dazu *Ismer/Schwarz*, MwStR 2019, 348, 348 mwN.
[5] *Maier*, BB 2019, 2462, 2462.
[6] *Maier*, BB 2019, 2462, 2463.
[7] Bunjes/*Heidner*, UStG, § 22f Rn. 58.

A. Der Betrieb des Online-Marktplatzes als steuerlicher Haftungsanlass

Richtlinie 2006/112/EG.[8] Als Vorbild des Gesetzgebers dienten vergleichbare Regelungen aus Großbritannien. Doch auch andere Länder passen ihr Steuerrecht derzeit an die Herausforderungen der Digitalisierung an.[9] Die Regelungen für Online-Marktplätze werden im Übrigen 2021 EU-weit vereinheitlicht (siehe dazu → Rn. 14).

II. Die neuen umsatzsteuerlichen Pflichten der Online-Marktplätze

Die Pflichten und Haftungsrisiken aus §§ 22f, 25e UStG treffen Betreiber elektronischer Marktplätze. Als elektronischer Marktplatz gilt gem. § 25 Abs. 5 UStG eine Website oder jedes andere Instrument, mit dessen Hilfe Informationen über das Internet zur Verfügung gestellt werden, die es einem Dritten, der nicht Betreiber des Marktplatzes ist, ermöglichen, Umsätze auszuführen. Entscheidend ist, dass der Vertragsschluss direkt auf dem Online-Marktplatz erfolgt und daher dort Umsätze ausgeführt werden.[10] Auf die Ansässigkeit des Betreibers, die Größe oder die Art des elektronischen Marktplatzes kommt es nicht an.[11] Lediglich reine Vermittlungsmarktplätze, die keinen direkten Vertragsschluss ermöglichen, oder Vergleichsportale fallen nicht unter die Regelungen.[12]

Jeder Betreiber eines solchen Marktplatzes haftet nach § 25e Abs. 1 UStG für die nicht entrichtete Umsatzsteuer aus der Lieferung eines Unternehmers, die auf seinem Online-Marktplatz rechtlich begründet worden ist. Damit tragen die Betreiber nun indirekt die Verantwortung für die Erfüllung der Umsatzsteuerpflichten durch die Nutzer auf ihrem Marktplatz, um einer eigenen Haftung in Höhe der ausstehenden Umsatzsteuer zu entgehen.

Ein Haftungsausschluss kommt nur in Betracht, wenn der Betreiber des Online-Marktplatzes bei Abfrage durch die Finanzämter über die steuerrelevanten Daten seiner Nutzer Auskunft erteilen kann. Um dies zu gewährleisten, treffen die Betreiber von Online-Marktplätzen nun Pflichten zur Aufzeichnung von Steuerdaten nach § 22f Abs. 1, 2 UStG. Zu erfassen sind ua der Name und die Anschrift des Nutzers, Steuernummer, Lieferdaten sowie Zeitpunkt und Höhe seiner Umsätze.

Für einen Haftungsausschluss gelten in Bezug auf Unternehmer und private Nutzer unterschiedliche Voraussetzungen. Ist ein Nutzer als Unternehmer auf dem Online-Marktplatz registriert, haftet der Betreiber nicht, wenn er eine Bescheinigung mit Steuerdaten des Unternehmers nach § 22f Abs. 1 UStG vorlegt, § 25e Abs. 2 S. 1 UStG. Ist ein Nutzer nicht als Unternehmer registriert, haftet der Betreiber nicht, wenn er die erfassten Nutzerdaten (Name, Anschrift, Geburtsdatum, Lieferungsdaten) zur Verifikation durch das Finanzamt vorlegen kann, § 25e Abs. 3 S. 1 UStG. Allerdings sollen die Online-Marktplätze nicht in jedem Fall bei Vorlage der erfassten Daten aus der Haftung entlassen werden. Hintergrund der Haftung ist schließlich die Eröffnung einer Steueraufkommensgefährdung durch den Betrieb des Online-Marktplatzes.[13] Daher können Online-Marktplätze auch bei Vorlage der erfassten Daten in Anspruch genommen werden, wenn sie ein Verschulden in Bezug auf Umsatzsteuerausfälle für Unternehmer trifft.[14]

Kommt es bei als Unternehmern registrierten Nutzern zu Steuerausfällen, so haften Online-Marktplätze nach § 25e Abs. 2 S. 2 UStG auch, wenn sie Kenntnis davon hatten oder hätten haben müssen, dass der betroffene Unternehmer seinen steuerlichen Pflichten nicht vollumfänglich nachkommt. Erhält also ein Online-Marktplatz Hinweise (häufig

---

[8] Sölch/Ringleb/*Heuermann*, UStG, § 22f Rn. 4; Bunjes/*Heidner*, UStG, § 22f Rn. 58.
[9] Dazu etwa *Ruß/Ismer/Margolf*, DStR 2019, 409, 415; *Maier*, BB 2019, 2462, 2463.
[10] Bunjes/*Heidner*, UStG, § 25e Rn. 52; *Zaumseil*, MwStR 2019, 252, 253.
[11] Bunjes/*Heidner*, UStG, § 25e Rn. 12; Sölch/Ringleb/*Heuermann*, UStG, § 25e Rn. 51; aA *Kemper*, UStB 2018, 288.
[12] Bunjes/*Heidner*, UStG, § 25e Rn. 52; *Zaumseil*, MwStR 2019, 252, 253.
[13] *Zaumseil*, MwStR 2019, 252, 254; BT-Drs. 19/4455, 62.
[14] Bunjes/*Heidner*, UStG, § 25e Rn. 24.

über das Finanzamt) darüber, dass ein Unternehmer Steuern nicht oder nicht vollständig entrichtet, muss er diesen Nutzer sperren, um einer eigenen Haftung zu entgehen.

11 Auch bei privaten Nutzern droht Online-Marktplätzen eine Haftung für Steuerausfälle gem. § 25e Abs. 2 S. 2 UStG, sofern es sich um sog. Scheinprivate handelt. Muss nach Art, Menge oder Höhe der durch einen privaten Nutzer erzielten Umsätze davon ausgegangen werden, dass er tatsächlich Unternehmer ist und war dies für den Online-Marktplatz erkennbar, so haftet er für die nicht entrichtete Umsatzsteuer durch diesen Nutzer. Diese Abgrenzung ist für Online-Marktplätze sehr schwierig und eine Frage des Einzelfalls (siehe dazu → Rn. 16 ff.), so dass die Umsetzung dieser Pflichten erhebliche praktische Schwierigkeiten mit sich bringt.[15]

12 Online-Marktplätzen ist daher größtmögliche Sorgfalt bei der Erfassung steuerlicher Daten und der Überwachung von Umsätzen anzuraten. Legen Nutzer trotz Aufforderung keine Bescheinigung nach § 22f UStG vor oder besteht die Vermutung, dass sie keine Steuern zahlen, zB weil es sich um Scheinprivate handeln könnte, sollten Online-Marktplätze diese Nutzer bis zur Vorlage der erforderlichen Steuerbescheinigung sperren, um einer eigenen Haftung zu entgehen. Denn in diesen Fällen muss der Online-Marktplatz davon ausgehen, dass tatsächlich anfallende Umsatzsteuer nicht gezahlt wird.

III. Umsetzungsaufwand und Unionsrechtsvereinbarkeit der §§ 22f, 25e UstG

13 Die Umsetzung der §§ 22f, 25e UStG stellt Online-Marktplätze vor einen erheblichen Aufwand. Nicht nur müssen sie in großem Umfang Steuerdaten ihrer Nutzer erfassen und eng mit den Finanzämtern zusammenarbeiten, sondern werden sie auch vor erhebliche Schwierigkeiten beim Umgang mit scheinprivaten Nutzern gestellt. Dieser Aufwand wird noch dadurch gesteigert, dass die Bescheinigungen nach § 22f Abs. 1 UStG den Unternehmern bisher nur in Papierform erteilt werden. Der jeweilige Marktplatz muss von jedem betroffenen Nutzer den Scan einer solchen Bescheinigung einfordern und einzeln prüfen, was zu einem großen Personalaufwand führt und großen Speicherplatzes bedarf.[16] Käme es auf Seiten des Online-Marktplatzes zu einem unverschuldeten Datenverlust, könnte dies sogar eine Haftung nach § 25e UStG auslösen, so dass Online-Marktplätze zur Speicherung auf die Einrichtung eines wirksamen Kontroll- und Sicherungssystems angewiesen sind.[17]

14 Dass Online-Marktplätzen nun ein solcher Umsetzungsaufwand auferlegt wird, kann gerade deshalb als grenzwertig bezeichnet werden, weil die neuen UStG-Pflichten schon bald überholt sein werden. Anfang 2019 haben sich die EU-Mitgliedstaaten auf die Einführung neuer Vorschriften für eine bessere MwSt-Erhebung bei Online-Geschäften geeinigt.[18] Diese sollen bereits im Januar 2021 in Kraft treten.[19] Online-Marktplätzen wird dadurch die Verantwortung dafür übertragen, dass Umsatzsteuer abgeführt wird, wenn Unternehmer aus Drittländern Waren an Verbraucher in der EU verkaufen. Online-Marktplätze werden dann unter bestimmten Umständen wie Lieferanten behandelt und müssen den Unternehmern die Umsatzsteuer für von diesen getätigte Verkäufe in Rech-

---

[15] Bunjes/*Heidner*, UStG, § 22f Rn. 30.
[16] *Ruß/Ismer/Margolf*, DStR 2019, 409, 415 f.
[17] *Zaumseil*, MwStR 2019, 252, 254.
[18] Pressemitteilung der Europäischen Kommission, abrufbar unter: https://europa.eu/rapid/press-release_IP-19-1595_de.htm, zuletzt abgerufen am 1.11.2019.
[19] Die norwegische Regierung hat kürzlich einen Gesetzentwurf veröffentlicht, nach dem vergleichbare Pflichten für Online-Marktplätze bereits ab dem 1.4.2020 in Kraft treten sollen. Online-Marktplätze sollen danach beim grenzüberschreitenden Verkauf von Waren nach Norwegen im Wert von bis zu ca. 300 EUR für die Abführung der MwSt verantwortlich sein. Das norwegische Parlament entscheidet im Dezember 2019 über diesen Gesetzentwurf.

nung stellen und sie an das zuständige Finanzamt abführen. Damit ist neuer Umsetzungsbedarf bereits in Sicht.

Überdies wird die Europarechts-Konformität der §§ 22f, 25e UStG bereits angezweifelt. Die Europäische Kommission beschloss am 10.10.2019, ein Schreiben an die Bundesrepublik Deutschland mit der Aufforderung zu richten, die Vorschriften aufzuheben.[20] Die den Online-Marktplätzen auferlegten Pflichten verstoßen aus Sicht der Europäischen Kommission gegen Europarecht, da sie ineffizient und unverhältnismäßig seien und den Zugang europäischer Unternehmen zum deutschen Markt behinderten. Außerdem gehe das Haftungssystem über das in den für das Jahr 2021 vorgesehenen Maßnahmen vereinbarte Maß hinaus. Die Zukunft der Regelungen ist damit ungewiss.

B. Unterscheidung zwischen Unternehmern und Privaten als Verkäufer auf Online-Marktplätzen

Nicht nur das Haftungssystem des UStG differenziert zu Lasten der Online-Marktplätze zwischen Unternehmern und privaten Nutzern. Die Abgrenzung spielt auch in anderen Rechtsbereichen eine Rolle. Unternehmer iSd § 14 Abs. 1 BGB treffen zahlreiche Pflichten beim Handel auf Online-Plattformen. So müssen sie ua Impressums- und Informationspflichten (§§ 312 ff. BGB) erfüllen und Verbrauchern ein Widerrufsrecht in Bezug auf die geschlossenen Verträge einräumen (§§ 312g, 355 BGB).[21] Um diesem Mehraufwand zu entgehen, registrieren sich zT Unternehmer auf den Online-Marktplätzen mit einem privaten Account. Außerdem gibt es private Nutzer, die erst im Laufe der Zeit die Grenze zur Gewerblichkeit – bewusst oder unbewusst – überschreiten und ihren Account nicht auf „gewerblich" umstellen. Dies eröffnet für Online-Marktplätze ein erhebliches praktisches Abgrenzungsproblem: Wann muss davon ausgegangen werden, dass ein als privat angemeldeter Nutzer tatsächlich ein Unternehmer ist?

Durch das Handeln von Scheinprivaten drohte Online-Marktplätzen bisher keine unmittelbare Haftung. Dennoch bestand immer ein erhebliches Eigeninteresse der Plattformen am Ergreifen von Gegenmaßnahmen. Für ein nachhaltiges und gesundes Wachstum ist ein Marktplatz auf redliche Händler angewiesen. Können unredliche Scheinprivate ungehindert Handel betreiben, indem sie unternehmerische Pflichten umgehen und v.a. durch die fehlende Steuerabführung ihre Verkaufspreise drücken, werden redliche Händler vom Marktplatz verdrängt. Bisher ergriffen Online-Marktplätze vorrangig auf Hinweisbasis Maßnahmen gegen Scheinprivate. Angesichts der drohenden Haftung aus § 25e UStG sollten Online-Marktplätze den Umfang von Handelstätigkeiten privat registrierter Nutzer, soweit möglich, beobachten.

Ob ein Nutzer als Scheinprivater gilt oder nicht, lässt sich nur anhand des konkreten Falls beurteilen. Nach § 2 Abs. 1 S. 3 UStG gilt jede selbständig ausgeübte, nachhaltige Tätigkeit zur Erzielung von Einnahmen, auch ohne Gewinnerzielungsabsicht, als gewerblich. Unternehmer ist also, wer nachhaltig Einnahmen erzielt oder eine solche Einnahmeerzielungsabsicht hat.[22] EuGH und deutsche Rechtsprechung legen den unbestimmten Unternehmerbegriff sehr weit aus, wodurch erheblicher Interpretationsspielraum besteht.[23] Diesen müssen die Online-Marktplätze nun ausfüllen, indem sie einzelfallabhängig beurteilen, ob ein als privat registrierter Nutzer tatsächlich gewerblich tätig ist. Zur Beurteilung

---
[20] Pressemitteilung der Europäischen Kommission, abrufbar unter: https://ec.europa.eu/commission/presscorner/detail/de/inf_19_5950, zuletzt abgerufen am 1.11.2019.
[21] Zu den Pflichten von Unternehmern siehe im Einzelnen Bräutigam/Rücker/*Emde*, E-Commerce Rechtshandbuch, 4. Teil, F, Rn. 33–41.
[22] *EuGH*, MwStR 2015, 723, 724; Sölch/Ringleb/*Treiber*, UStG, § 2 Rn. 63; Bunjes/*Korn*, UStG § 2 Rn. 51.
[23] *BFH*, DStR 1991, 1247, 1248; *EuGH*, IStR 2005, 234, 234; *Hundt-Eßwein*, DStR 2012, 1371, 1373 mwN.

ist eine Vielzahl von der Rechtsprechung entwickelter Kriterien vorhanden, wobei das Gesamtbild der objektiven Verhältnisse entscheidend ist.[24] Folgende Beurteilungskriterien werden von den Finanzgerichten herangezogen, müssen jedoch nicht alle vorliegen: die Beteiligung am Markt, das Auftreten nach außen, die Dauer der Tätigkeit, das planmäßige Handeln, die auf Wiederholung angelegte Tätigkeit, die Ausführung mehr als nur eines Umsatzes, die Vornahme mehrerer gleichartiger Handlungen unter Ausnutzung derselben Gelegenheit oder desselben dauernden Verhältnisses, die langfristige Duldung eines Eingriffs in den eigenen Rechtskreis und die Intensität des Tätigwerdens.[25]

19   Diese Fülle an Merkmalen macht deutlich, dass Online-Marktplätze bei der Beurteilung vor eine nahezu unmögliche Aufgabe gestellt werden. Selbst die Rechtsprechung lässt bisher keine klare Linie bei der Unterscheidung von gewerblich und privat erkennen.

20   Dies wird zB im Bereich der Veräußerung von Sammlungen deutlich. So entschied der BFH, dass es sich bei der Veräußerung privater Münz- und Briefmarkensammlungen (ganz oder in Teilen) per Auktion nicht um eine gewerbliche Tätigkeit handelt, weil die Gegenstände zu privaten Zwecken angesammelt wurden und die Veräußerung nur als letzter Akt der Sammeltätigkeit anzusehen sei, ohne dass eine Veräußerung von langer Hand oder im Zeitpunkt des Erwerbs geplant worden war.[26] Der BFH begreift solche Sammlungsauflösungen als Akte privater Vermögensverwaltung. Anders entschied jedoch das FG Köln im Falle der Veräußerung einer Bierdeckelsammlung über eBay.[27] Der eBay-Verkäufer hatte dabei über einen Zeitraum von min. sechs Jahren mehr als 29.000 Einzelverkäufe getätigt. Das Gericht sah darin eine gewerbliche Tätigkeit, weil die Abwicklung mehrjährig erfolgte, so den Lebensunterhalt des Verkäufers (mit-)ermöglichte und die Zahl der Verkäufe einen mit einer beruflichen Tätigkeit vergleichbaren Zeitaufwand abverlangte. Unklar erscheint, warum eine Sammlungsabwicklung offenbar en bloc per Auktionshaus erfolgen muss, um keine gewerbliche Tätigkeit zu begründen und warum der Sammler nicht selbst die Veräußerung über einen Online-Marktplatz organisieren kann. Zudem bereitet dieses Kriterium praktische Schwierigkeiten. Für Online-Marktplätze ist es unmöglich festzustellen, für welche Zwecke ein Verkäufer den Erlös aus einer Sammlungsauflösung verwendet. Nicht nur ein längerfristig erzielter Erlös kann zum Bestreiten des Lebensunterhalts Verwendung finden. Auch ein kurzfristig erzielter hoher Betrag kann dafür verwendet werden.

21   Auch außerhalb der Veräußerung von Sammlungen fehlen feste Kriterien der Rechtsprechung zur Einstufung. Laut BFH handelt gewerblich, wer über vier Jahre hinweg mehr als 1.200 Verkäufe in verschiedenen Artikel-Kategorien vornimmt und damit jährlich Erlöse von mehr als 20.000 € erzielt. Begründet wird dies damit, dass für die Vielzahl der Umsätze ein erheblicher Organisations- und Überwachungsaufwand, sowie eine professionalisierte Ausnutzung der Vertriebsmöglichkeiten des Online-Marktplatzes erforderlich sei.[28] Dies wurde gerichtlich jedoch auch bei einer weitaus geringeren Anzahl von Transaktionen angenommen. So entschied das OLG Hamm gleichgelagert im Fall eines Nutzers, der innerhalb von 6 Monaten etwa 129 Transaktionen tätigte[29] und der BGH im Falle der Veräußerung von 51 Artikeln bzw. 40 Artikeln jeweils innerhalb eines Monats.[30] Das LG Hof entschied jedoch in anderer Sache, dass allein von der Zahl der über eBay getätigten Rechtsgeschäfte nicht auf die Gewerbsmäßigkeit einer Tätigkeit geschlossen werden kann.[31] Die Urteile bilden für Online-Marktplätze daher keine praktische Entscheidungshilfe. Außerdem kommt hinzu, dass sich aus den konkreten Lebensumständen

---

[24] *BFH,* DStR 1991, 1247, 1248 mwN; *Hundt-Eßwein,* DStR 2012, 1371, 1372.
[25] *BFH,* DStR 1991, 1247, 1248 mwN; dazu *Hundt-Eßwein,* DStR 2012, 1371, 1373.
[26] *BFH,* BeckRS 1987, 22008158; *BFH,* BeckRS 1987, 22008131.
[27] *FG Köln,* MMR 2015, 440.
[28] *BFH,* DStR 2012, 965.
[29] *OLG Hamm,* GRUR-RS 2013, 00045.
[30] *BGH,* GRUR 2009, 871.
[31] *LG Hof,* CR 2003, 854.

eines Nutzers auch eine andere Bewertung ergeben kann. So entschied das LG Hof in Bezug auf einen Nutzer, der seinerzeit Student war, dass aus einer Vielzahl von Geschäften auf dem Online-Marktplatz nicht auf eine gewerbliche Tätigkeit geschlossen werden könne, da es im Kreis der jüngeren Bevölkerung verbreitet sei, Rechtsgeschäfte (zB für Studienunterlagen, Literatur und Gegenstände des täglichen Bedarfs) über das Internet abzuwickeln.[32]

Daher werden letztlich die Online-Marktplätze mit der nahezu unlösbaren Aufgabe konfrontiert, die relevanten Faktoren eines Falles ua anhand von Transaktionszahlen, erzieltem Erlös und dem Auftreten eines Nutzers auf dem Online-Marktplatz abzuwägen.[33] Dabei ist grundsätzlich nur die Tätigkeit des Nutzers auf dem eigenen Marktplatz zu berücksichtigen.[34] Die Online-Marktplätze werden dabei letztlich eigene Bewertungsmethoden entwickeln müssen, da die Rechtsprechung keine ausreichende Orientierung bietet. Das BMF wertet als deutliches Anzeichen für eine gewerbliche Tätigkeit jedenfalls, wenn der auf dem Marktplatz erzielte Umsatz eine Höhe von 17.500 € im Kalenderjahr erreicht.[35] Diese Umsatzhöhe bildet den gesetzlichen Schwellenwert für die Besteuerung von Kleinunternehmern, § 19 Abs. 1 S. 1 UStG. Allerdings zeigt die Einzelfallrechtsprechung, dass bei einem Übersteigen dieses Betrages nicht zwingend eine gewerbliche Tätigkeit vorliegt und dass bei einem Unterschreiten dieses Betrages durchaus eine solche vorliegen kann. 22

C. Die Rolle von Bewertungssystemen auf Online-Marktplätzen

Viele Online-Marktplätze bieten die Nutzung von Bewertungssystemen an.[36] Bewertungen eines Kaufs im Internet erfreuen sich großer Beliebtheit und spielen für Käufer eine gewichtige Rolle im Rahmen der Kaufentscheidung.[37] Auf Seiten des Verkäufers wiederum kann die Abgabe einer Negativbewertung zu erheblichen finanziellen Verlusten führen.[38] Ein transparentes Bewertungssystem liegt aber auch im Interesse des Marktplatzes.[39] Die Bedeutung von Bewertungen spiegelt sich ebenfalls in der Rechtsprechung wieder; so haben Gerichte regelmäßig über das Bestehen etwaiger Löschungsansprüche und die Lauterkeit von Bewertungen zu entscheiden.[40] Auch die Europäische Kommission hat sich damit beschäftigt und plant die Initiative des „New Deal for Consumers", die ua eine erhöhte Transparenz auf Online-Marktplätzen vorsieht.[41] Gerade aufgrund dieser großen und wachsenden Bedeutung von Bewertungssystemen, sind sie einem hohen Missbrauchsrisiko ausgesetzt. Diesem Missbrauchsrisiko können Marktplätze durch eigene Kontrollmechanismen entgegentreten. 23

---

[32] *LG Hof,* CR 2003, 854.
[33] Vgl. auch Bräutigam/Rücker/*Emde,* E-Commerce Rechtshandbuch, 4. Teil, F, Rn. 42–47.
[34] *BMF,* Schreiben v. 28.1.2019, S. 8, abrufbar unter: https://www.bundesfinanzministerium.de/Content/DE/Downloads/BMF_Schreiben/Steuerarten/Umsatzsteuer/2019-01-28-haftung-fuer-umsatzsteuer-beim-handel-mit-waren-im-internet.pdf?__blob=publicationFile&v=2, zuletzt abgerufen am 4.11.2019.
[35] *BMF,* Schreiben v. 28.1.2019, S. 8, abrufbar unter: https://www.bundesfinanzministerium.de/Content/DE/Downloads/BMF_Schreiben/Steuerarten/Umsatzsteuer/2019-01-28-haftung-fuer-umsatzsteuer-beim-handel-mit-waren-im-internet.pdf?__blob=publicationFile&v=2, zuletzt abgerufen am 4.11.2019.
[36] Etwa eBay, Etsy und booking.com.
[37] Bräutigam/Rücker/*Emde,* E-Commerce, 4. Teil, F., Rn. 10.
[38] Bräutigam/Rücker/*Emde,* E-Commerce, 4. Teil, F., Rn. 11.
[39] Bräutigam/Rücker/*Emde,* E-Commerce, 4. Teil, F., Rn. 12, 13.
[40] Siehe etwa *AG Frankfurt a. M.,* BeckRS 2011, 1505; *OLG München,* MMR 2015, 410; *AG Bremen,* MMR 2018, 776; zur Lauterkeit von bezahlten Rezensionen siehe: *OLG Frankfurt a. M.,* MMR 2019, 313.
[41] Pressemitteilung der Europäischen Kommission, abrufbar unter: https://europa.eu/rapid/press-release_IP-18-3041_en.htm, zuletzt abgerufen am 7.11.2019.

I. Die Bedeutung von Bewertungssystemen

24 Die wirtschaftliche Rolle von Bewertungssystemen ist sowohl für Käufer als auch Verkäufer als erheblich anzusehen. Dies gilt in besonderem Maße für Käufe auf einem Online-Marktplatz. Weder Verkäufer noch Produkt sind dem Käufer bekannt. Bewertungen durch andere Nutzer schaffen Vertrauen und Transparenz. Sie ermöglichen es dem Käufer auch, verschiedene Händler miteinander zu vergleichen.[42]

25 Positive Bewertungen, die einen Händler als zuverlässigen Verkäufer ausmachen, der gute Ware verkauft, veranlassen Käufer, bei diesem Händler zu kaufen.[43] Positive Bewertungen können also zu einer wirtschaftlichen Besserstellung eines Händlers führen. Eine schlechte Bewertung wiederum kann auf Seiten des Verkäufers erhebliche wirtschaftliche Nachteile kreieren. Potentielle Käufer werden auf andere Händler ausweichen und so Umsatzverluste beim Verkäufer hervorrufen.[44]

26 Es liegt außerdem im Interesse des Marktplatzes selber, ein transparentes Bewertungssystem zu installieren. Stellt der Marktplatz ein transparentes und zuverlässiges Bewertungssystem zur Verfügung, kann er unzuverlässige oder gar rechtsmissbräuchliche Nutzer von der Plattform ausschließen. Dies fällt positiv auf die Qualität und den Ruf des Marktplatzes zurück.[45] Das Bewertungssystem sollte dabei Käufer und Verkäufer in gleichem Maße schützen und ausgewogen sein, um beide Kundengruppen gleichermaßen gerecht zu werden.[46]

II. Mögliche Missbrauchsrisiken

27 Bewertungssysteme können auf verschiedene Weisen manipuliert werden. So können Käufer durch Anbieten eines (meist geldwerten) Vorteils dazu angehalten werden, eine positive Bewertung abzugeben. Der Verkäufer „kauft" sich also eine gute Bewertung. Andersherum kann der Käufer dem Verkäufer eine positive Bewertung „verkaufen".[47] Es kommt also gewissermaßen zu einem Rollentausch. Werden positive Bewertungen gekauft oder auf andere Weise generiert, erzeugen sie für den Käufer falsches Vertrauen. Der Käufer sieht die durchweg positiven Bewertungen und entscheidet sich für den Kauf beim vermeintlich vertrauensvollen Verkäufer. Dies kann zu einem finanziellen Verlust auf Seiten des Käufers führen.

28 Dieser Manipulationsmöglichkeit hat die Rechtsprechung einen Riegel vorgeschoben. So hat das OLG Frankfurt a. M. entschieden, dass Kundenrezensionen im Internet, für die der Rezensent eine Zahlung oder einen anderen vermögenswerten Vorteil erhalten hat, als unlauter anzusehen sind, soweit nicht darauf hingewiesen wird, dass es sich um eine bezahlte bzw. gekaufte Rezension handelt.[48]

29 Ein weiteres, dem Kauf bzw. Verkauf von Bewertungen ähnliches Risiko besteht in folgendem Verhalten: der Käufer kann mit der Abgabe einer negativen Bewertung drohen, um den Verkäufer zu einem bestimmten gewünschten Verhalten zu nötigen.[49]

30 Ebenfalls besteht die Möglichkeit, dass sich die gleiche Person mehrere Nutzerkonten zulegt, um für sich selber Bewertungen abzugeben und das Nutzerkonto so in einem bes-

---

[42] Bräutigam/Rücker/*Emde*, E-Commerce, 4. Teil, F, Rn. 10.
[43] Bräutigam/Rücker/*Emde*, E-Commerce, 4. Teil, F, Rn. 10.
[44] Bräutigam/Rücker/*Emde*, E-Commerce, 4. Teil, F, Rn. 11.
[45] Bräutigam/Rücker/*Emde*, E-Commerce, 4. Teil, F, Rn. 12.
[46] Bräutigam/Rücker/*Emde*, E-Commerce, 4. Teil, F, Rn. 12.
[47] Vgl. im eBay-Verkäuferportal, abrufbar unter: https://verkaeuferportal.ebay.de/ungerechtfertigte-bewertungen, zuletzt abgerufen am 6.11.2019.
[48] *OLG Frankfurt a. M.*, MMR 2019, 313, 314.
[49] Vgl. im eBay-Verkäuferportal, abrufbar unter: https://verkaeuferportal.ebay.de/ungerechtfertigte-bewertungen, zuletzt abgerufen am 6.11.2019.

C. Die Rolle von Bewertungssystemen auf Online-Marktplätzen

seren Licht darzustellen. Auch diese Vorgehensweise erzeugt falsches Vertrauen auf Seiten der anderen Nutzer.

Es besteht außerdem das Risiko, dass diese Bewertungssysteme genutzt werden, um beispielsweise Mitbewerbern bewusst zu schaden. Diese Möglichkeit besteht insbesondere dann, wenn Nutzern die Möglichkeit offensteht, andere Nutzer zu bewerten, ohne dass ein Verkauf stattgefunden hat. Jeder kann eine Bewertung abgeben, unabhängig davon, ob die zu bewertende Transaktion vorgenommen wurde. Tatsächlich können sich Käufer und Verkäufer gänzlich unbekannt sein. Damit sind denjenigen Nutzern Tür und Tor geöffnet, die allein mit der Absicht handeln, einem anderen Nutzer, bspw. einem Mitbewerber, zu schaden. 31

III. Mögliche Kontrollmechanismen

Mit der Einführung von Kontrollmechanismen kann dem Missbrauch von Bewertungssystemen vorgebeugt werden. So ist es bei eBay zwingend notwendig, dass vor der Möglichkeit zur Bewertung einer Transaktion diese tatsächlich stattgefunden haben muss. Ohne Transaktion ist es nicht möglich, eine Bewertung abzugeben.[50] Dieser Kontrollmechanismus ist als besonders stark hervorzuheben. Im Unterschied zu anderen Bewertungssystemen bietet das eBay-System eine eindeutige Bestätigung dafür, dass Käufer und Verkäufer bekannt sind und der Verkauf tatsächlich stattgefunden hat. Durch diesen Mechanismus kann vermieden werden, dass Nutzer andere Nutzer beurteilen, ohne jemals mit ihnen in Kontakt getreten zu sein. Reine Bewertungsplattformen bieten diesen Mechanismus oftmals nicht an. 32

Weiterhin hat eBay klargestellt, dass ungerechtfertigte Bewertungen einen Verstoß gegen die eBay-Grundsätze darstellen können. Eine Bewertung ist beispielsweise ungerechtfertigt, wenn sie zur Bedingung für den Kauf oder Verkauf eines Artikels gemacht wird.[51] Ein solcher Verstoß kann vom betroffenen Nutzer jederzeit an eBay kommuniziert und ggf. mit der Kündigung oder (endgültigen) Sperrung des Nutzerkontos geahndet werden.[52] Käufer und Verkäufer werden also gleichermaßen angehalten, sich an diese Grundsätze zu halten, wenn sie eBay weiterhin nutzen wollen. 33

Für den Nutzer besteht außerdem die Möglichkeit, auf eine negative Bewertung zu reagieren. Fühlt sich ein Nutzer ungerecht behandelt, steht es ihm frei, eBay seine Sicht der Dinge zu schildern.[53] 34

Die Einführung solcher Kontrollmechanismen ist zu begrüßen. Bewertungssysteme sind beliebt und schaffen für die Nutzer Transparenz und Vertrauen. Gerade wegen dieser wichtigen Rolle sind sie anfällig für Missbrauch. Diese Missbrauchsmöglichkeiten können immense finanzielle Verluste hervorrufen; dies gilt gleichermaßen für Käufer, Verkäufer und Marktplatz. Es ist daher als positiv zu bewerten, dass Online-Marktplätze erhebliche Summen in Bewertungssysteme investieren.[54] Ebenfalls als positiv ist zu bewerten, dass nicht nur die Rechtsprechung diese Missbrauchsmöglichkeiten zu unterbinden sucht[55], sondern der europäische Gesetzgeber hier auch Handlungsbedarf erkannt hat.[56] Diese die- 35

---

[50] Vgl. die Informationen zum eBay-Bewertungssystem, abrufbar unter: https://pages.ebay.de/services/forum/feedback.html, zuletzt abgerufen am 6.11.2019.
[51] Vgl. im eBay-Verkäuferportal, abrufbar unter: https://verkaeuferportal.ebay.de/ungerechtfertigte-bewertungen, zuletzt abgerufen am 6.11.2019.
[52] Siehe § 4 Nr. 1 der eBay-AGB, abrufbar unter: https://www.ebay.de/help/policies/member-behavior-policies/allgemeine-geschäftsbedingungen-fr-die-nutzung-der-deutschen-ebaydienste?id=4259, zuletzt abgerufen am 7.11.2019.
[53] Vgl. den eBay-Grundsatz, abrufbar unter: https://www.ebay.de/help/policies/feedback-policies/grundstzezu-bewertungen?id=4208, zuletzt abgerufen am 6.11.2019.
[54] Bräutigam/Rücker/*Emde,* E-Commerce, 4. Teil, F, Rn. 13.
[55] OLG Frankfurt a. M., MMR 2019, 313.
[56] Pressemitteilung der europäischen Kommission, abrufbar unter: https://europa.eu/rapid/press-release_IP-18-3041_en.htm, zuletzt abgerufen am 7.11.2019.

nen schließlich nicht nur der Sicherung der eigenen Services und Qualität, sondern auch dem Schutz der Nutzer dieser Marktplätze. Weitere Kontrollmechanismen sollten installiert und Missbrauchsmöglichkeiten minimiert werden, um so die finanziellen Risiken der Beteiligten zu reduzieren.

D. Der Umgang mit rechtsmissbräuchlichen Verhaltensweisen von Nutzern auf Online-Marktplätzen

36 Auktionsangebote auf Online-Marktplätzen sind für Bieter regelmäßig deshalb von Interesse, weil sie die Möglichkeit zu „*Schnäppchen*" eröffnen. Dies ergibt sich aus bestimmten Besonderheiten beim Vertragsschluss via Online-Auktion: es handelt sich um einen sog. Verkauf gegen Höchstgebot, dh der Vertrag kommt grundsätzlich mit dem Höchstbietenden bei Ablauf der verkäuferseitig festgelegten Angebotsdauer zustande.[57] Bei Online-Marktplätzen besteht deshalb für Bieter die Möglichkeit – je nach verkäuferseitig festgelegtem Startpreis, Anzahl der Mitbieter und Höhe ihrer jeweiligen Gebote – hochwertige Artikel zu einem günstigen Preis zu erstehen. Gleichzeitig werden Verkäufer versuchen, wirtschaftlich nachteilige Vertragsschlüsse zu vermeiden. Dadurch eröffnet sich ein nicht unerhebliches Missbrauchspotential.

I. AGB zur Gewährleistung des Vertragsschlusses

37 Online-Marktplätze spielen als Regelsetzer für den Vertragsschluss zwischen Verkäufer und Käufer eine wichtige Rolle. Die AGB der Online-Marktplätze werden im Wege der Auslegung regelmäßig inhaltlich in den Vertrag zwischen Verkäufer und Käufer mitaufgenommen.[58] Daher beeinflussen die AGB die Ausgestaltung der über die Plattformen geschlossenen Verträge stark.[59]

38 Droht bspw. ein auf der Plattform im Auktionsformat eingestellter Artikel nicht den gewünschten Preis zu erzielen, neigen Verkäufer dazu, das Online-Angebot vorzeitig zu beenden. Die AGB der Online-Marktplätze sehen jedoch vor, dass auch in diesem Fall idR ein Vertrag zwischen dem Verkäufer und dem im Abbruchszeitpunkt Höchstbietenden zustande kommt.[60] Dadurch soll die rechtliche Position des Höchstbietenden gesichert werden.

II. Ausnahme: Rechtsmissbräuchliche Ausnutzung der Vertragsschlussmodalitäten

39 Jedoch besteht nicht in jedem Fall ein Interesse daran, den geschlossenen Vertrag aufrechtzuerhalten. Die Modalitäten des Vertragsschlusses auf Online-Plattformen werden sowohl von Verkäufern als auch von Bietern teilweise rechtsmissbräuchlich genutzt. Für derartige Fälle sehen die AGB der Online-Marktplätze Regelungen vor, um der jeweils schutzwürdigen Partei eine Lösung von ihrer vertraglichen Willenserklärung zu ermöglichen.

---

[57] Zum Vertragsschluss zwischen Käufer (Bieter) und Verkäufer vgl. Hoeren/Sieber/Holznagel/*Föhlisch*, Handbuch Multimedia-Recht, Teil 13.4, Rn. 195 mwN.

[58] *Schweitzer*, ZEuP 2019, 1, 6 mwN; *BGH*, NJW 2011, 2643, 2643; dazu auch *Auer-Reinsdorff/Conrad/Eckhardt*, Handbuch IT- und Datenschutzrecht, § 25 Rn. 202.

[59] *Schweitzer*, ZEuP 2019, 1, 6.

[60] So lautet etwa § 6 Nr. 6 der AGB von eBay: Bei vorzeitiger Beendigung des Angebots durch den Verkäufer kommt zwischen diesem und dem Höchstbietenden ein Vertrag zustande, es sei denn der Verkäufer war dazu berechtigt, das Angebot zurückzunehmen und die vorliegenden Gebote zu streichen (Stand: 7.11.2019).

D. Der Umgang mit rechtsmissbräuchlichen Verhaltensweisen von Nutzern

Geläufige Phänomene des Rechtsmissbrauchs auf Online-Marktplätzen bilden zB die Abbruchjagd durch Bieter und das sog. Shill Bidding durch Verkäufer.

1. Abbruchjagd durch Bieter

Abbruchjäger sind Bieter, die gleichzeitig in sehr vielen Auktionen mit niedrigem Startpreis (idR 1 €) Kleinstbeträge bieten und auf einen vorzeitigen Abbruch der Auktion durch den Verkäufer hoffen, um bei erfolgreichem Höchstgebot dann die Erfüllung des Kaufvertrags bzw. Schadensersatz zu fordern.[61] Dabei kann vom Bieter die Grenze zum Rechtsmissbrauch überschritten werden, weshalb der geschlossene Vertrag als sittenwidrig (§ 138 Abs. 1 BGB) oder treuwidrig (§ 242 BGB) einzustufen sein kann.[62] Für den Verkäufer besteht dann laut den AGB der Online-Marktplätze (sowie im Übrigen gesetzlich) eine Berechtigung zur Rücknahme seines Angebots.[63] Ob ein Bieter jedoch rechtsmissbräuchlich vorgeht, ist eine Frage des Einzelfalls. Schließlich ist es nicht zu missbilligen, wenn ein Bieter bei Auktionen auf Waren bietet, die zu einem weit unter Marktwert liegendem Mindestgebot angeboten werden oder wenn er sein Höchstgebot auf einen sehr niedrigen Betrag begrenzt.[64] Die Jagd nach Schnäppchen im Internet ist nicht verwerflich.[65] Kommen jedoch weitere Indizien dafür hinzu, dass ein Bieter den Preisbildungsmechanismus in missbräuchlicher Weise zum eigenen Vorteil nutzt, besteht ein berechtigtes Interesse des Verkäufers, sich vom Vertrag mit dem Abbruchjäger zu lösen.[66] Dem Bieter muss die Absicht nachzuweisen sein, dass es ihm von Anfang an nicht auf den Erwerb des Kaufgegenstands, sondern auf die Geltendmachung von Schadensersatz ankommt, weil der Verkäufer die Erfüllung des für ihn ungünstigen Vertrages verweigern wird.[67] Laut BGH kann allein von der Anzahl erworbener Artikel durch einen Bieter nicht auf ein derartiges Vorgehen geschlossen werden.[68] Bei der Einzelfallbeurteilung müssen daher weitere Kriterien eine Rolle spielen, etwa das weitere Gebotsverhalten in Bezug auf den gleichen oder ähnliche Kaufgegenstände[69], systematisches Vorgehen in einer sehr hohen Anzahl von Fällen oder die Abgabe von Geboten ausschließlich auf Gegenstände privater (und daher unerfahrener) Verkäufer.[70] Liegen mehrere dieser Indizien vor, ist der Verkäufer tendenziell schutzwürdig und sollte sich vom Vertrag lösen können.

Dies bildet jedoch den Ausnahmefall. So schafft der Verkäufer gerade durch die Wahl des Auktionsformats sowie eines niedrigen Startpreises (idR der Mindestpreis von 1 €) die Möglichkeit zur Abgabe geringer Gebote. Dadurch versucht er im Regelfall, Verkaufsgebühren einzusparen, aber auch die Aufmerksamkeit vieler Kaufinteressenten zu gewinnen. Insofern muss er das Risiko eines für ihn ungünstigen Auktionsverlaufs durch willkürlichen Abbruch der Auktion im Regelfall auch tragen.[71] Letztendlich stehen dem Verkäufer auch Mittel zur Verfügung sich selbst vor missbräuchlichen Bietern zu schützen. So bieten manche Plattformen für das Auktionsformat besondere Schutzmechanismen an. Beispielhaft wird hier auf die Funktionalität „*Mindestpreis*" bei eBay verwiesen. Nach § 6 Nr. 2 der eBay-AGB[72] gilt: Legt der Verkäufer beim Auktionsformat einen Mindestpreis fest, steht sein Angebot unter der aufschiebenden Bedingung, dass dieser auch erreicht wird.

---

[61] Hoeren/Sieber/Holznagel/*Kitz,* Handbuch Multimedia-Recht, Teil 13.1, Rn. 110b.
[62] Hoeren/Sieber/Holznagel/*Kitz,* Handbuch Multimedia-Recht, Teil 13.1, Rn. 110b mwN.
[63] Vgl. Fn. 55.
[64] *BGH,* NJW 2019, 2475, 2475.
[65] *BGH,* NJW 2019, 2475, 2475; *BGH,* NJW 2012, 2723, 2724f.; *BGH,* NJW 2015, 548, 549.
[66] *BGH,* NJW 2012, 2723, 2724.
[67] *BGH,* NJW 2019, 2475, 2475; *BGH,* MMR 2016, 737, 737f.
[68] *BGH,* NJW 2019, 2475, 2475.
[69] *BGH,* NJW 2017, 487.
[70] *BGH,* NJW 2019, 2475, 2477.
[71] *BGH,* NJW 2015, 548, 549; *BGH,* NJW 2019, 2475, 2475; *BGH,* NJW 2012, 2723; Hoeren/Sieber/Holznagel/*Kitz,* Handbuch Multimedia-Recht, Teil 13.1, Rn. 110b.
[72] Stand: 7.11.2019.

2. Shill Bidding durch Verkäufer

43 Nicht nur Bieter nutzen den Preisbildungsmechanismus auf Online-Marktplätzen zum eigenen Vorteil. Auch Verkäufer versuchen Preise zur Gewinnmaximierung in die Höhe zu treiben. Beim sog. Shill Bidding bietet ein Verkäufer auf eigene Angebote oder veranlasst Dritte dazu. Dies verstößt gegen die Grundsätze zahlreicher Online-Marktplätze[73] und geltendes Recht. Als Betrug iSd § 263 StGB kann ein solches Verhalten auch strafrechtliche Relevanz entfalten. Gegen eine Manipulation des Preises und einem für den Höchstbietenden nachteiligen Vertragsschluss bei Angebotsende besteht daher Handlungsbedarf.

44 Bietet ein Verkäufer selbst auf die eigenen Artikel, was er idR mit einem zweiten Benutzerkonto tut, ist ein solches Gebot unwirksam.[74] Da Verträge durch zwei korrespondierende Willenserklärungen verschiedener Parteien zustande kommen, ist es nicht möglich, einen Vertragsschluss mit sich selbst zu bewirken.[75] Dementsprechend müssen Eigengebote des Verkäufers laut der Rechtsprechung wegen § 145 BGB iVm mit den Grundsätzen von Online-Marktplätzen für den Angebotsverlauf unberücksichtigt bleiben.[76] Daraus ergibt sich, dass derartige Gebote keinen Einfluss auf Kaufpreisbildung und Vertragsschluss haben.[77] Das höchste Drittgebot führt – unter Ausklammerung des Eigengebots des Verkäufers, aber unter Berücksichtigung des Maximalgebots des Höchstbietenden – zum Vertragsschluss zwischen Verkäufer und Höchstbietendem. Da der Verkäufer darüber täuscht, dass der Bietvorgang nicht manipuliert wurde, bleibt dem Höchstbietenden an dieser Stelle allerdings die Möglichkeit der Anfechtung seines erfolgreichen Gebots aufgrund arglistiger Täuschung (§§ 123 Abs. 1, 142 Abs. 1, 143 Abs. 1 BGB) oder der Geltendmachung von Schadensersatz in Form der Vertragsaufhebung (§§ 280 Abs. 1, § 311 Abs. 2 Nr. 3, 249 Abs. 1 BGB) hat.[78] Am Vertrag zum manipulierten Preis soll er jedenfalls nicht festgehalten werden.

45 Veranlasst ein Verkäufer Dritte zur Abgabe von preiserhöhenden Geboten, soll ein für redliche Bieter nachteiliger Vertrag ebenfalls verhindert werden. Das Gebot des mit dem Verkäufer zusammenwirkenden Dritten ist gem. § 117 Abs. 1 BGB unwirksam und ein etwaig zwischen ihnen zustande gekommener Vertrag nichtig.[79] Durch das Zusammenwirken verstoßen Verkäufer und Dritter gegen die Grundsätze der Online-Marktplätze, weil eine Manipulation des Angebotsverlaufs stattfindet.[80] Von der Rspr. ist bisher jedoch ungeklärt, ob in diesem Fall ein Vertrag zwischen Verkäufer und dem redlichen Bieter mit dem höchsten Gebot zustande kommt und wie der Kaufpreis zu bilden ist.[81] In jedem Fall könnte sich der redliche Höchstbietende dann jedoch vom Vertrag lösen nach § 123 Abs. 1 BGB oder ggf. an diesem festhalten und Schadensersatz wegen des manipulierten Kaufpreises verlangen.[82]

---

[73] Siehe etwa den eBay-Grundsatz zum Bieten auf eigene Angebote, abrufbar unter: https://www.ebay.de/help/policies/selling-policies/selling-practices-policy/shill-bidding-policy?id=4353#section5, zuletzt abgerufen am 30.10.2019.
[74] *BGH*, NJW 2017, 468, 468 ff.
[75] MüKoBGB/*Busche*, BGB, § 145 Rn. 5; Schulze ua/*Dörner*, BGB, § 145 Rn. 2; Palandt/*Ellenberger*, BGB, Einf. § 145 Rn. 1; *BGH*, NJW 2017, 468, 469.
[76] *BGH*, NJW 2017, 468, 469.
[77] Auer-Reinsdorff/Conrad/*Eckhardt*, Handbuch IT- und Datenschutzrecht, § 25 Rn. 210; Spindler/Schuster/*Spindler*, Recht der Elektronischen Medien, BGB vor § 145 Rn. 6.
[78] Auer-Reinsdorff/Conrad/*Eckhardt*, Handbuch IT- und Datenschutzrecht, § 25 Rn. 210; Spindler/Schuster/*Spindler*, Recht der Elektronischen Medien, BGB, vor § 145 Rn. 6.
[79] Palandt/*Ellenberger*, BGB, § 117 Rn. 1, 7 mwN.
[80] Spindler/Schuster/*Spindler*, Recht der Elektronischen Medien, BGB, vor § 145 Rn. 6.
[81] So jedenfalls Spindler/Schuster/*Spindler*, Recht der Elektronischen Medien, BGB, vor § 145 Rn. 6; *Eckel*, MMR 2017, 373, 377; aA *Sutschet*, NJW 2014, 1041, 1044.
[82] Vgl. Spindler/Schuster/*Spindler*, Recht der Elektronischen Medien, BGB, vor § 145, Rn. 6; siehe auch MüKoBGB/*Busche*, BGB, § 147 Rn. 10 mwN.

III. Handlungsmöglichkeiten des Online-Marktplatzes

Um die eigenen Nutzer vor rechtsmissbräuchlichen Bietern und Verkäufern zu schützen werden Online-Marktplätze gegen diese tätig. Sie sollten die Einhaltung ihrer eigenen Spielregeln überwachen und etwaige Verstöße gegen AGB oder ihre Grundsätze sanktionieren. Dieses Tätigwerden erfolgt unabhängig von einer etwaigen gerichtlichen Auseinandersetzung zwischen den Parteien des Kaufvertrags.

Das richtige Vorgehen durch den Online-Marktplatz ist dabei einzelfallabhängig und muss sich an der Schwere des Verstoßes orientieren. In Betracht kommende Maßnahmen sind ua eine zeitweise Sperrung oder eine Kündigung des Benutzerkontos, das Aussprechen von Verwarnungen oder die Löschung von Angeboten oder Suchanzeigen. Kriterien zur Festlegung angemessener Maßnahmen gegen missbräuchliche Bieter sind etwa die Anzahl missbräuchlicher Gebote, das Verhalten nach Vertragsschluss, die Wiederholung missbräuchlichen Verhaltens, die Art der betroffenen Verkäufer sowie die Neuanmeldung oder Nutzung alternativer Konten zur Umgehung von Sperrungen. Gibt ein Bieter hundertfache Gebote pro Woche ab, geht immer nach dem gleichen Muster, also Kauf zur Geltendmachung von Schadensersatz, vor und bietet gezielt auf die Angebote privater Verkäufer, so ist der Bieter tendenziell als Abbruchjäger einzustufen. Auch missbräuchliche Verkäufer sind anhand ähnlicher Kriterien, wie bspw. wiederholtem Missbrauchsverhalten oder der Umgehung von Sperrungen, zu beurteilen.

E. Notwendigkeit zur Angabe einer Kontakt-Telefonnummer gem. § 312d Abs. 1 S. 1 BGB?

Online-Marktplätze müssen auf der Webseite ua Informationen zu Kontaktaufnahmemöglichkeiten vorhalten. Dies soll es potentiellen Nutzern noch vor einer etwaigen Registrierung ermöglichen, alle wesentlichen Informationen zur Ausübung ihrer Verbraucherrechte bei Fernabsatzverträgen zu erhalten.[83] Die dadurch bekannten Kommunikationswege sollen ihnen eine schnelle Kontaktaufnahme im Konfliktfall erleichtern. Diese Notwendigkeit zur vorvertraglichen Angabe von Kontaktinformationen ergibt sich aus § 312d Abs. 1 S. 1 BGB iVm Art. 246a EGBGB, der die Vorgaben aus Art. 6 Abs. 1–4 der europäischen Verbraucherrechte-Richtlinie 2011/83/EU umsetzt.

I. Zeitpunkt & Form der Information

Diese Informationen müssen für Verbraucher bereits in der Vertragsanbahnungsphase bereitstehen. Bei Online-Marktplätzen erfolgt der Abschluss eines Nutzungsvertrages in der Regel durch unmittelbare Registrierung eines Benutzerkontos auf der Plattform. Die Kontaktinformationen sollten daher für alle Besucher der Webseite – unabhängig von einer Registrierung – dort abrufbar sein.[84]

Die Informationen sind gem. Art. 246a § 4 Abs. 1, 3 EGBGB in klarer und verständlicher Form sowie in einer dem Telekommunikationsmittel Internet angepassten Art und Weise bereitzustellen. Der BGH hat klargestellt, dass Verbraucher im Internet erfahrungsgemäß über die Fähigkeit verfügen Hyperlinks, die als solche erkennbar sind, zu identifizieren und abzurufen.[85] Dabei ist es ausreichend, dass diese Informationen erst über zwei

---

[83] *EuGH*, MMR 2019, 603, 605; vgl. auch *EuGH*, MMR 2012, 730, 731.
[84] Hauschka/Moosmayer/Lösler/*Weber/Dittrich*, Corporate Compliance, § 54 Rn. 49.
[85] *BGH*, NJW 2005, 2229, 2231; *BGH*, NJW 2006, 3633, 3636; vgl. auch Hauschka/Moosmayer/Lösler/ *Weber/Dittrich*, Corporate Compliance, § 54 Rn. 50.

Hyperlinks zu erreichen sind.[86] Insofern geht die Rechtsprechung von einem internetkundigen Verbraucher aus. In der Praxis bietet es sich daher an, die notwendigen Angaben über einen leicht auffindbaren „Impressum"- oder „Kontakt"-Link auf der Webseite zu integrieren.[87]

II. Angabe einer Telefonnummer

51 In Deutschland besteht nach dem Wortlaut des Art. 246a § 1 Abs. 1 S. 1 Nr. 2 EGBGB die Pflicht zur Angabe einer Telefonnummer, unter der Verbraucher das Unternehmen erreichen können. Zusätzlich sind ggf. Telefaxnummer und E-Mail-Adresse sowie ggf. Anschrift und Identität des Unternehmens anzugeben. In der Vergangenheit wurde die Richtlinienkonformität dieser Regelung bereits mit der Begründung einer Wortlautabweichung von Art. 246a EGBGB mit verschiedenen Sprachfassungen der Verbraucherrechte-Richtlinie angezweifelt.[88]

52 Der EuGH hat nun bestätigt, dass eine richtlinienkonforme Auslegung der Regelung erforderlich ist.[89] Demnach besteht für Online-Marktplätze nicht zwingend eine Pflicht zur Angabe einer Telefonnummer für Kunden. Im Hinblick auf zu eröffnende Kontaktwege dürfen wirtschaftliche Gesichtspunkte für das betroffene Unternehmen durchaus eine Rolle spielen.[90] Eine Telefonnummer muss nach der Rechtsprechung des EuGH deshalb nur dann angegeben werden, wenn das Unternehmen bereits über eine Telefonnummer verfügt, die es grds. auch zur Kontaktaufnahme mit Verbrauchern nutzt.[91] Ist dies nicht der Fall, müssen Online-Marktplätze eine solche Kontaktnummer nicht angeben oder gar neu einrichten.[92]

53 Im Ergebnis steht laut dem EuGH die Wahl der Kommunikationsmittel den Online-Plattformen ohnehin weitgehend offen, solange für Verbraucher schnelle und effiziente Kontaktmöglichkeiten zur Verfügung stehen. So ist etwa ein Online-Kontaktformular ausreichend, über das Verbraucher eine schriftliche Antwort erhalten oder schnell zurückgerufen werden können.[93] Auch denkbar ist, dass eine Telefonnummer Verbrauchern erst nach wenigen Klicks zur Verfügung gestellt wird und sie während diesen Schritten dazu ermutigt werden, andere Kommunikationsmittel (zB Internet-Chat, Rückrufsystem) zu verwenden.[94]

54 Diese Entscheidung des EuGH ist aus Sicht von Unternehmen nur zu begrüßen. In der Vergangenheit haben gerade in Deutschland Aufsichtsbehörden das Vorhandensein einer Telefonnummer im Rahmen des Impressums gefordert und gegenüber Unternehmen durchgesetzt. Dieses Verlangen ist gerade aus Nutzersicht nicht sinnvoll und zielführend: Sofern Nutzeranfragen nicht zielgerichtet und vorher koordiniert an den Kundenservice eines Unternehmens herangetragen werden, sondern lediglich bei einer zentralen Telefonnummer eingehen, ist ein erheblicher Aufwand und Zeitverlust mit der Suche nach dem richtigen Ansprechpartner verbunden. Onlineformulare, die das Anliegen eines Nutzers zielgenau erfassen und dann an den richtigen Kundenmitarbeiter weiterleiten, insbes. dann auch telefonisch, sind der richtige Weg, gerade bei so komplexen und vielschichtigen Fragestellungen, die bei Online-Marktplätzen auftreten.

---

[86] BGH, NJW 2006, 3633, 3636.
[87] BGH, NJW 2006, 3633, 3636; vgl. auch Hoeren/Sieber/Holznagel/*Neubauer/Steinmetz*, MMR-HdB, Teil 14, Rn. 82 mwN.
[88] Vgl. MüKo BGB/*Wendehorst*, § 312d Rn. 20 mwN.
[89] *EuGH*, MMR 2019, 603, 605.
[90] *EuGH*, MMR 2019, 603, 605.
[91] *EuGH*, MMR 2019, 603, 605.
[92] *EuGH*, MMR 2019, 603, 605.
[93] *EuGH*, MMR 2019, 603, 605.
[94] *EuGH*, MMR 2019, 603, 605.

Teil 5.3 Die Haftung für Inhalte im Netz

Übersicht

Rn.

A. Einleitung 1
B. Überblick 3
  I. Unionsrechtlicher Hintergrund 3
  II. Normzweck 4
  III. Der Anwendungsbereich des Telemediengesetzes 5
  IV. Filterfunktion der §§ 7 – 10 TMG 10
C. Die Haftung der Diensteanbieter 15
  I. Die Verantwortlichkeit und Haftung des Content-Providers, § 7 TMG 21
  II. Die Verantwortlichkeit und Haftung des Host-Providers, § 10 TMG 24
    1. Haftung durch Zu-eigen-Machen von fremden Informationen 25
    2. Haftung für fremde Informationen 33
  III. Die Haftung des Access-Providers, § 8 TMG 52
    1. Allgemeines 52
    2. Anwendungsbereich und Voraussetzungen der Haftungsprivilegierung 54
    3. Reichweite der Privilegierung, § 8 Abs. 1 S. 2 TMG 57
    4. Entfall der Privilegierung 59
    5. Privilegierung von WLAN-Betreibern, § 8 Abs. 3 TMG 62
    6. Anspruchsgegner des Sperranspruchs nach § 7 Abs. 4 TMG 64
    7. Konsequenzen für die Praxis 68
    8. Ausweitung der Verantwortlichkeit von (WLAN-) Access-Providern durch die Rechtsprechung 69
  IV. Die Haftung weiterer Diensteanbieter 82
    1. Haftung des Anschlussinhabers für illegales Filesharing 82
    2. Haftung des Suchmaschinenbetreibers für Suchergebnisse 90
    3. Haftung des Webseitenbetreibers für Hyperlinks 94
    4. Haftung des Merchants für Affiliate Partner 99

Literatur:
Bernau, Die Haftung von Aufsichtspflichtigen aus § 832 BGB – Eine Übersicht der aktuellen Rechtsprechung, FamRZ 2013, 1521; *Borges*, Pflichten und Haftung beim Betrieb privater WLAN, NJW 2010, 2624; *Bornkamm/Seichter*, Das Internet im Spiegel des UWG, Grenzwerte für die lautere Nutzung eines neuen Mediums, CR 2005, 747; *Bosbach/Wiege*, Die strafrechtliche Verantwortlichkeit des Usenet-Providers nach dem Urheberrechtsgesetz, ZUM 2012, 293; *Ensthaler/Heinemann*, Zur Haftung des Hostproviders, WRP 2010, 309; *Frey*, Grundsätze und Fortentwicklung des europäischen Haftungssystems für Host-Provider, ZUM 2019, 40; *Freytag*, Providerhaftung im Binnenmarkt, Verantwortlichkeit für rechtswidrige Inhalte nach der E-Commerce-Richtlinie, CR 2000, 600; *Gersdorf/Paal* (Hrsg.), BeckOK Informations- und Medienrecht, 2. Kapitel, 2019; *Gietl*, Störerhaftung für ungesicherte Funknetze, Voraussetzungen und Grenzen, MMR 2007, 630; *Grisse*, Was bleibt von der Störerhaftung?, Bedeutung der 3. Änderung des TMG für die zivilrechtliche Systematik und Umsetzung der Vermittlerhaftung in Deutschland, GRUR 2017, 1073; *Haun*, Geht es auch ohne? Offene Netze ohne Störerhaftung? – Zwischen politischen Zielen und rechtlichen Schranken, WRP 2017, 780; *Heckmann* (Hrsg.), juris PraxisKommentar Internetrecht, 6. Aufl. 2019; *Heidrich/Heymann*, Die Büchse der Pandora erneut geöffnet: Der BGH und Websperren, Eine kritische Analyse der Rechtsprechung zu Internetsperren durch Access-Provider, MMR 2016, 370; *Hoeren*, Cybermanners und Wettbewerbsrecht – Einige Überlegungen zum Lauterkeitsrecht im Internet, WRP 1997, 993; *Hoeren/Plattner*, Zur Frage der Haftung des Forenbetreibers für zu eigen gemachte Forenbeiträge Dritter, CR 2010, 471; *Hoeren/Sieber/Holznagel* (Hrsg.), Handbuch Multimedia-Recht, Loseblatt-Ausgabe, 49. EL Juli 2019; *Hoffmann*, Zivilrechtliche Haftung im Internet, MMR 2002, 284; *Holznagel*, Melde- und Abhilfeverfahren zur Beanstandung rechtswidrig gehosteter Inhalte nach europäischem und deutschem Recht im Vergleich zu gesetzlich geregelten notice and take-down-Verfahren, Zugleich zur „notice and action"-Initiative der EU-Kommission sowie zur Blog-Eintrag-Entscheidung des BGH, GRUR Int. 2014, 105; *Joecks/Miebach* (Hrsg.), Münchener Kommentar zum Strafgesetzbuch, Band 7: Nebenstrafrecht II, 3. Aufl. 2019; *Koch*, Zivilrechtliche Anbieterhaftung für Inhalte in Kommunikationsnetzen, CR 1997, 193; *Kirchberg*, Die Störerhaftung von Internetanschlussinhabern auf dem Prüfstand, Zugleich Anmerkung zu BVerfG ZUM 2012, 471 – Unerlaubtes Filesharing im Internet ZUM 2012, 544; *Kitz*, Zur Verantwortlichkeit für die Spiegelung von Inhalten eines Usenet-Servers, CR 2007, 603; *Leible/Sosnitza*, „3…2…1… meins!" und das TDG, WRP 2004, 592; *Leistner*, Störerhaftung und mittelbare Schutzrechtsverletzung, GRUR-Beilage 2010, 1; *ders.*, Re-

formbedarf im materiellen Urheberrecht: Online-Plattformen und Aggregatoren, Referat auf der Konferenz „Die Zukunft des Urheberrechts – 50 Jahre Urheberrecht in Deutschland" am 1.12.2015 in Berlin, ZUM 2016, 580; *Leistner/Grisse*, Sperrverfügungen gegen Access-Provider im Rahmen der Störerhaftung (Teil 1), GRUR 2015, 19; *Leupold/Glossner* (Hrsg.), Münchener Anwaltshandbuch IT-Recht, 3. Aufl. 2013; *Mantz*, Die Haftung des Betreibers eines gewerblich betriebenen WLANs und die Haftungsprivilegierung des § 8 TMG, Zugleich Besprechung von LG Frankfurt a. M., Urt. v. 28.6.2013 – 2-06 O 304/12 – Ferienwohnung, GRUR-RR 2013, 497; *ders.*, Rechtssicherheit für WLAN?, Die Haftung des WLAN-Betreibers und das McFadden-Urteil des EuGH, EuZW 2016, 817; *ders.*, Die (neue) Haftung des (WLAN-) Access-Providers nach § 8 TMG, Einführung von Websperren und Abschaffung der Unterlassungshaftung, GRUR 2017, 969; *Mantz/Sassenberg*, Verantwortlichkeit des Access-Providers auf dem europäischen Prüfstand, Neun Fragen an den EuGH zu Haftungsprivilegierung, Unterlassungsanspruch und Prüfpflichten des WLAN-Betreibers, MMR 2015, 85; *Meyer*, Aktuelle Rechtsentwicklungen bei Suchmaschinen im Jahre 2013, K&R 2014, 300; *Mühlheimer*, Die Haftung des Internetanschlussinhabers bei Filesharing-Konstellationen nach den Grundsätzen der Störerhaftung, GRUR 2009, 1022; *Müller-Broich* (Hrsg.), Telemediengesetz, 2012; *Müller/Kipker*, Der Entwurf eines Zweiten Gesetzes zur Änderung des Telemediengesetzes, Hat die Bundesregierung eine zeitgemäße Angleichung des TMG verfehlt?, MMR 2016, 87; *Nolte/Wimmers*, Wer stört? Gedanken zur Haftung von Intermediären im Internet – von praktischer Konkordanz, richtigen Anreizen und offenen Fragen, GRUR 2014, 16; *Nordemann*, Nach TMG-Reform und EuGH „McFadden", Das aktuelle Haftungssystem für WLAN- und andere Zugangsprovider, GRUR 2016, 1097; *ders.*, Die Haftung allgemeiner Zugangsprovider auf Website-Sperren, Der aktuelle Stand nach BGH „Dead Island", GRUR 2018, 1016; *Obergfell*, Gesetzliches Fundament für offene WLAN-Netze – Alle guten Dinge sind drei?, K&R 2017, 361; *Ohly*, Die Haftung von Internet-Dienstleistern für die Verletzung lauterkeitsrechtlicher Verkehrspflichten, GRUR 2017, 441; *Ott*, To link oder not to link – This was (or still is?) the question – Anmerkung zum Urteil des BGH vom 17.7.2003 – I ZR 259/00 (Paperboy), WRP 2004, 52; *Pelz*, Die Strafbarkeit von Online-Anbietern, wistra 1999, 53; *Peter*, Störer im Internet – Haften Eltern für ihre Kinder?, K&R 2007, 371; *Pichler*, Haftung des Host Providers für Persönlichkeitsrechtsverletzungen vor und nach dem TDG, MMR 1998, 79; *Plath* (Hrsg.), Kommentar zu DSGVO, BDSG und den Datenschutzbestimmungen des TMG und TKG, 3. Aufl. 2018; *Plaß*, Hyperlinks im Spannungsfeld von Urheber-, Wettbewerbs- und Haftungsrecht, WRP 2000, 599; *Roßnagel* (Hrsg.), Beck'scher Kommentar zum Recht der Telemediendienste, 2013; *Schaub*, Haftung des Inhabers eines privaten Internetanschlusses für Rechtsverletzungen im Rahmen von Online-Musiktauschbörsen, GRUR 2016, 152; *Schneider*, Urheberrechtsverletzungen im Internet bei Anwendung des § 5 TDG, GRUR 2000, 969; *Sesig/Eusterfeldhaus*, Darlegungs- und Beweislastverteilung in Filesharing-Fällen, Verzahnung von tatsächlicher Vermutung und sekundärer Darlegungslast, MMR 2016, 376; *Sobola/Kohl*, Haftung von Providern für fremde Inhalte, Haftungsprivilegierung nach § 11 TDG – Grundsatzanalyse und Tendenzen der Rechtsprechung, CR 2005, 443; *Spindler*, Haftungsrechtliche Grundprobleme der neuen Medien, NJW 1997, 3193; *ders.*, Urheberrecht und Haftung der Provider – ein Drama ohne Ende?, Zugleich Anmerkung zu OLG München v. 8.3.2001 – 29 U 3282/00, CR 2001, 324; *ders.*, Das Gesetz zum elektronischen Geschäftsverkehr – Verantwortlichkeit der Diensteanbieter und Herkunftslandprinzip, NJW 2002, 921; *ders.*, Verantwortlichkeit und Haftung für Hyperlinks im neuen Recht, MMR 2002, 495; *ders.*, Hyperlinks und ausländische Glücksspiele – Karlsruhe locuta causa finita?, GRUR 2004, 724; *ders.*, Die Verantwortlichkeit der Provider für „Sich-zu-Eigen-gemachte" Inhalte und für beaufsichtigte Nutzer, MMR 2004, 440; *ders.*, Haftung für private WLANs im Delikts- und Urheberrecht, Zugleich Anmerkung zur Entscheidung des BGH, Urt. v. 12.5.2010 – I ZR 121/08 – Sommer unseres Lebens (CR 2010, 458), CR 2010, 592; *ders.*, Europarechtliche Rahmenbedingungen der Störerhaftung im Internet, Rechtsfortbildung durch den EuGH in Sachen L'Oréal/eBay, MMR 2011, 703; *ders.*, Die geplante Reform der Providerhaftung im TMG und ihre Vereinbarkeit mit Europäischem Recht, Warum die beabsichtigte Reform ihr Ziel verfehlen wird, CR 2016, 48; *ders.*, Sperrverfügungen gegen Access-Provider – Klarheit aus Karlsruhe?, GRUR 2016, 451; *ders.*, Die neue Providerhaftung für WLANs – Deutsche Störerhaftung adé?, NJW 2016, 2449; *ders.*, Das neue Telemediengesetz – WLAN-Störerhaftung endgültig adé?, NJW 2017, 2305; *ders.*, Störerhaftung der Provider, insbesondere WLANs – ein neuer Anlauf, Eine kritische Untersuchung des Referenten-Entwurfs v. 23.2.2017 für ein neues WLAN-Gesetz – 3. TMGÄndG, CR 2017, 262; *ders.*, Der RegE zur Störerhaftung der Provider, insbesondere WLANs-Verschlimmbesserung und Europarechtswidrigkeit, Kritische Anmerkungen zum TMG-RegE v. 5.4.2017, CR 2017, 333; *ders.*, Störerhaftung für Access-Provider reloaded, GRUR 2018, 1012; *ders.*, Haftung ohne Ende?, Über Stand und Zukunft der Haftung von Providern, MMR 2018, 48; *Spindler/Schmitz* (Hrsg.), Telemediengesetz, 2. Aufl. 2018; *Spindler/Schuster* (Hrsg.), Recht der elektronischen Medien, 4. Aufl. 2019; *Spindler/Volkmann*, Die zivilrechtliche Störerhaftung der Internet-Provider, WRP 2003, 1; *Stang/Hühner*, Haftung des Anschlussinhabers für fremde Rechtsverletzungen beim Betrieb eines ungesicherten WLAN-Funknetzes, Zugleich Anmerkung zu OLG Frankfurt a. M., GRUR-RR 2008, 279 – Ungesichertes WLAN, GRUR-RR 2008, 273; *Strauß*, Keine generelle Pflicht für Eltern zur Kontrolle der Internetnutzung durch Kinder, GRUR-Prax 2013, 188; *Vassilaki*, Strafrechtliche Haftung nach §§ 8ff. TDG, MMR 2002, 659; *Volkmann*, Haftung für fremde Inhalte: Unterlassungs- und Beseitigungsansprüche gegen Hyperlinksetzer im Urheberrecht, GRUR 2005, 200; *ders.*, Verkehrspflichten für Internet-Provider, CR 2008, 232; *ders.*, Aktuelle Entwicklungen in der Providerhaftung im Jahr 2008, K&R 2009, 361; *ders.*, Aktuelle Entwicklungen in der Providerhaftung im Jahr 2013, K&R 2014, 375; *Wiebe*, Providerhaftung in Europa: Neue Denkanstöße durch den EuGH (Teil 1), WRP 2012,

1182; *Wimmers/Barudi,* Der Mythos vom Value Gap, Kritik zur behaupteten Wertschöpfungslücke bei der Nutzung urheberrechtlich geschützter Inhalte auf Hosting-Diensten, GRUR 2017, 327.

A. Einleitung

Die Frage nach der zivilrechtlichen Haftung für Inhalte im Internet ist für Unternehmen seit der Einführung der Haftungsprivilegierungen im TDG in den 90er Jahren von zentraler Bedeutung.* Seit jeher beschäftigt die Literatur und Praxis die Diskussion um die Reichweite der Freistellungen von Haftung und Verantwortlichkeit. Dabei geht es neben der Haftung für eigene rechtsverletzende Inhalte insbesondere um die Frage, inwieweit **Telemediendiensteanbieter** als Intermediär für Rechtsverletzungen durch Dritte haften. Diese Frage ist deswegen so relevant, weil sich der Betroffene mit seinen Abwehransprüchen oftmals nicht direkt an den Rechtsverletzer halten kann, weil ihm dieser in der Regel nicht bekannt ist. In einer unübersichtlichen Fülle an teilweise stark am Detail hängenden Gerichtsentscheidungen haben der EuGH und BGH die Grundsätze der Haftung von Diensteanbietern für fremde Inhalte konturiert und konkretisiert sowie diverse Fallgruppen gebildet.[1] Besondere Aufmerksamkeit hat in diesem Zusammenhang in der Vergangenheit die Frage nach der Haftung von WLAN-Anbietern und Access-Providern für die Handlungen von Nutzern erfahren. Um der in diesem Bereich bestehenden Rechtsunsicherheit als Ursache für die geringe Verfügbarkeit von öffentlich zugänglichen WLANs in Deutschland zu begegnen, hat der deutsche Gesetzgeber am 30.6.2017 das dritte Änderungsgesetz zum Telemediengesetz (TMG) mit dem Ziel, die Haftungsprivilegierung in § 8 TMG auszuweiten und damit die Verbreitung von öffentlichem WLAN in Deutschland zu fördern, beschlossen.[2]

Die Verantwortlichkeit der Diensteanbieter für eigene und fremde Informationen im Internet bestimmt sich nach dem am 1.3.2007 in Kraft getretenen TMG, insbesondere den §§ 7–10 TMG. Sie gelten unabhängig von der Art der mit Hilfe eines Telemediendienstes im Internet abrufbaren Informationen und somit auch für urheberrechtliche und markenrechtliche Sachverhalte. Die Regelungen haben ihre Vorläufer im nationalen Recht in §§ 8–11 TDG nF und in § 5 TDG aF.[3] Während § 7 TMG allgemeine Grundsätze statuiert, enthalten die §§ 8–10 TMG Sonderregelungen für die Verantwortlichkeit bei der Durchleitung von Informationen (§ 8 TMG), bei der Zwischenspeicherung zur beschleunigten Übermittlung von Informationen (§ 9 TMG) sowie bei der Speicherung von Informationen (§ 10 TMG).

---

* Für die Unterstützung dankt die Verfasserin *Angelina Zier,* wissenschaftliche Mitarbeiterin am Lehrstuhl für Bürgerliches Recht, Wettbewerbs- und Immaterialgüterrecht, Medien- und Informationsrecht von Prof. Dr. Andreas Wiebe an der Universität Göttingen.
[1] So auch *Spindler,* CR 2016, 48. Der nach Redaktionsschluss veröffentlichte Entwurf eines Urheberrechts-Diensteanbieter-Gesetz (UrHDaG) sieht neue Blockierungspflichten für die Betreiber von Upload-Plattformen vor, die für andere Diensteanbieter keine Geltung beanspruchen und nicht Gegenstand der folgenden Darstellung sind.
[2] Gegenwärtig ist der Gesetzgeber damit beschäftigt, das Vierte Gesetz zur Änderung des Telemediengesetzes und zur Änderung weiterer Gesetze auf den Weg zu bringen, um die europäischen Anforderungen an audiovisuelle Mediendienste und Videosharingplattform-Dienste ins nationale Recht umzusetzen.
[3] Art. 1 des Gesetzes zur Regelung der Rahmenbedingungen für Informations- und Kommunikationsdienste (Informations- und Kommunikationsdienste-Gesetz – IuKDG) v. 22.7.1997 (BGBl. I S. 1870).

B. Überblick

I. Unionsrechtlicher Hintergrund

3 Aufgrund der globalen Bedeutung moderner multimedialer Anwendungen war es zur Vermeidung von Wettbewerbsverzerrungen geboten, europarechtlich einheitliche Standards der Verantwortlichkeit von Diensteanbietern zu schaffen. Vorrangig sollte ein angemessenes Gleichgewicht in Bezug auf die oftmals divergierenden Interessen der am Informationsaustausch beteiligten Personen gesichert werden.[4] Die Grundidee war, die Verantwortlichkeit der Diensteanbieter für solche Fälle zu beschränken, in denen ihre Tätigkeiten **„rein technischer, automatischer und passiver Art"** sind.[5] Etwas anderes sollte im Vergleich dazu gelten, wenn und soweit der Diensteanbieter absichtlich mit dem Nutzer seiner Dienste zusammenarbeitet, um rechtswidrige Handlungen vorzunehmen.[6] § 5 TDG aF war ebenso wie der US-amerikanische DMCA (Digital Millennium Copyright Act) von 1998 Grundlage der in diesem Bereich eine Vollharmonisierung bezweckenden ECRL.[7] Die ECRL sieht in Art. 12–15 ECRL Haftungsbeschränkungen von Vermittlern elektronischer Kommunikation im Wege einer Vollharmonisierung vor.[8] Die Auslegung der Vorgaben der §§ 7–10 TMG hat sich daher nicht nur am nationalen Recht zu orientieren, sondern ist vielmehr auch unter Berücksichtigung der europarechtlichen Dimension, insbesondere gemäß dem Wortlaut und den Erwägungsgründen der ECRL, vorzunehmen.[9]

II. Normzweck

4 Die Regelungen in §§ 7–10 TMG enthalten ausweislich des gesetzgeberischen Willens **Haftungsprivilegierungen** zur Regelung der Verantwortlichkeit der Diensteanbieter. Sie zielen daher im Wesentlichen darauf ab, die zivil- und strafrechtlichen Risiken aus mittelbarer Rechts- bzw. Rechtsgutverletzung für fremde Inhalte zu minimieren.[10] Ein eigenständiges Haftungssystem wird durch sie nicht begründet. Auch erweitern sie ein solches nicht oder stellen selbstständige Anspruchsgrundlagen dar.[11] Vielmehr begründen sie eine horizontale Regelung aller Rechtsgebiete zur Haftungsbegrenzung,[12] weil aufgrund der Wesensmerkmale von Telemedien – nämlich der großen Menge der verfügbaren Informationen und der Komplexität der effektiven Kontrolle von Inhalten – eine Sonderbehandlung geboten erscheint.[13] Die §§ 7–10 TMG setzen vor diesem Hintergrund eine Verantwortlichkeit nach den allgemeinen zivilrechtlichen (und strafrechtlichen) Bestimmungen wie etwa §§ 823, 1004 BGB oder den einschlägigen Spezialvorschriften so etwa § 97 Abs. 1 S. 1 UrhG, §§ 14 Abs. 5 MarkenG, § 15 Abs. 4 MarkenG, § 8 UWG voraus.[14]

---

[4] Erwägungsgrund 41 der ECRL.
[5] Erwägungsgrund 42 der ECRL.
[6] Erwägungsgrund 44 der ECRL.
[7] Richtlinie 2000/31/EG des Europäischen Parlaments und des Rates vom 8.6.2000 über bestimmte rechtliche Aspekte der Dienste der Informationsgesellschaft, insbesondere des elektronischen Geschäftsverkehrs, im Binnenmarkt („Richtlinie über den elektronischen Geschäftsverkehr").
[8] Vgl. BT-Drs. 14/6098, 22.
[9] Zu den grundlegenden Auslegungsmaßstäben Spindler/Schuster/*Hoffmann/Volkmann*, Recht der elektronischen Medien, Vorb. §§ 7–10 TMG Rn. 21 ff.; *Hoffmann*, MMR 2002, 284 (285).
[10] Vgl. BT-Drs. 14/6098, 22; *BGH*, NJW-RR 2009, 1413 – Focus Online; *BGH*, GRUR 2007, 724 (725) – Meinungsforum; *BGH*, GRUR 2007, 708 (710 ff.) – Internet-Versteigerung II; *BGH*, MMR 2004, 668 (670 f.) – Internet-Versteigerung I.
[11] Vgl. BT-Drs. 14/6098, 22.
[12] Vgl. Begr. des RegE, BT-Drs. 13/7385, 16 f.
[13] So bereits Leupold/Glossner/*Leupold*, MAH IT-Recht, Teil 2 Rn. 562.
[14] *BGH*, GRUR 2007, 724 (725) – Meinungsforum.

III. Der Anwendungsbereich des Telemediengesetzes

Der **Anwendungsbereich des Telemediengesetzes** (TMG) umfasst gemäß § 1 TMG 5 alle elektronischen Informations- und Kommunikationsdienste, soweit sie nicht Telekommunikationsdienste nach § 3 Nr. 24 des Telekommunikationsgesetzes (TKG), die ganz in der Übertragung von Signalen über Telekommunikationsnetze bestehen, telekommunikationsgestützte Dienste nach § 3 Nr. 25 TKG oder Rundfunk nach § 2 des Rundfunkstaatsvertrages sind. Diese Dienste sind einheitlich als „**Telemedien**" definiert.

Die **in §§ 7–10 TMG geregelten Haftungsprivilegien** gelten für sämtliche allgemeinen Gesetze, dh über die zivilrechtlichen Haftungsnormen hinaus grundsätzlich unabhängig von der Art der mit Hilfe eines Telemediendienstes im Internet abrufbaren Informationen und somit auch für urheberrechtliche und markenrechtliche Sachverhalte. Diese Frage war anfänglich umstritten, ergibt sich aber schon aus dem Umkehrschluss zu § 3 Abs. 3 Nr. 6 TMG, wonach bestimmte Regelungen über das **Herkunftslandprinzip** nicht für das Urheberrecht und gewerbliche Schutzrechte gelten.

Gem. Art. 2 Abs. 4 DS-GVO sowie Erwägungsgrund Nr. 21 DS-GVO lässt das euro- 7 päische Regelungsregime der DS-GVO die ECRL, speziell die Vorschriften zur Verantwortlichkeit der Vermittler gem. Art. 12–15 der ECRL und damit auch die entsprechend ins nationale Recht umgesetzten TMG-Regelungen unberührt.[15]

Keine Anwendung finden die §§ 7 ff. TMG nach Erwägungsgrund 11 ECRL aller- 8 dings auf die **verschuldensunabhängige Produkthaftung,**[16] sodass Diensteanbieter in diesem Zusammenhang weiterhin als Lieferant oder Importeure eingeordnet werden können.[17] Die Begründung hierfür ist einmal mehr eine europarechtliche: Die nationalen Regelungen zur Produkthaftung basieren auf der europäischen Richtlinie zur Angleichung der Rechts- und Verwaltungsvorschriften über die Haftung für fehlerhafte Produkte.[18] Der durch die Richtlinie geschaffene einheitliche europäische Standard darf nicht durch nationale und damit rangniedere verschuldensabhängige Haftungsbegrenzungen eingeschränkt bzw. umgangen werden.[19] Diese Begründung scheint allerdings insoweit angreifbar, als auch das Telemediengesetz selbst wiederum auf europarechtliche Vorgaben zurückgeht.

Auch fehlt es an einer Anwendbarkeit der Regelungen auf **Vergabestellen für Inter-** 9 **netdomains** im Falle der Überlassung von Domainnamen.[20] Bei einer richtlinienkonformen Auslegung der Vorschriften zeigt sich, dass dies ebenso für **das Setzen von Hyperlinks** gilt, wobei der BGH darauf rekurriert, dass die ECRL die Haftung für Hyperlinks ausdrücklich nicht regelt. Demnach kommt weder eine unmittelbare, noch – mangels einer planwidrigen Regelungslücke – analoge Anwendung in Betracht.[21] Die Haftung für Hyperlinks richtet sich folglich nach den allgemeinen Vorschriften,[22] die auch für Deep-Links, Inline-Links[23] oder Frames gelten.[24] Die Anwendbarkeit des TMG auf **Suchmaschinen** ist mit denselben Argumenten zu verneinen, auch wenn diese in ihrer Funktionsweise der Lokalisierung von Inhalten, der Indexierung der lokalisierten Informationen und der Beantwortung der Suchanfrage,[25] also im übertragenen Sinne der Durchleitung von Daten, einem Zugangsvermittler nach § 8 TMG entsprechen.[26]

---

[15] Plath/*Hullen/Roggenkamp*, DSGVO BDSG, Einleitung TMG Rn. 13.
[16] Vgl. *EuGH*, Slg. I-2009, 4735 = EuZW 2009, 501; Spindler/Schuster/*Hoffmann/Volkmann*, Recht der elektronischen Medien, Vor §§ 7–10 Rn. 13.
[17] Die §§ 7–10 MG gelten aber sehr wohl für die verschuldensabhängige Produkthaftung.
[18] RL 85/374/EWG v. 7.8.1995, ABl. Nr. 210 v. 7.8.1989, S. 29, geändert durch RL 1999/34/EG v. 10.5.1999, ABl. Nr. L 141 v. 4.6.1999, S. 20.
[19] *Spindler*, NJW 1997, 3193 (3194); *Pelz*, wistra 1999, 53 (57).
[20] OLG Frankfurt a. M., WRP 2000, 214 (217).
[21] BGH, GRUR 2004, 693 (694) – Schöner Wetten; ebenso BGH, AfP 2016, 45 – Haftung für Hyperlink.
[22] BGH, GRUR 2008, 534 – ueber18.de.
[23] Zum Begriffsverständnis vgl. *Hoeren*, WRP 1997, 993 (996).
[24] *Plaß*, WRP 2000, 599 (609); *Müller-Broich*, TMG, Vor §§ 7–10 Rn. 1.
[25] Hoeren/Sieber/Holznagel/*Sieber*, Multimedia-Recht, Teil 1 Rn. 99.

IV. Filterfunktion der §§ 7–10 TMG

10 Bei der Prüfung einer Verantwortlichkeit des Diensteanbieters sind aufgrund des Normzwecks der telemedienrechtlichen Verantwortlichkeitsregelungen der §§ 7–10 TMG auch die anspruchsbegründenden Normen mit ihren jeweiligen Tatbestandselementen heranzuziehen. Vor diesem Hintergrund besteht eine bis heute andauernde Diskussion um die Frage der dogmatischen Einordnung der Verantwortlichkeitsregelungen als „Filter". Die Frage ist von praktischer Relevanz, weil sowohl Irrtumsfragen als auch Beweislastregeln und akzessorische Tatbestände wie Anstiftung und Beihilfe an die Einordnung von Tatbestandselementen anknüpfen.[27]

11 Im Kern geht es bei der Diskussion um die Frage der dogmatischen Einordnung der Verantwortlichkeitsregelungen darum, ob die §§ 7–10 TMG mit der Folge wirken, dass eine zivil- oder strafrechtliche Haftung des Diensteanbieters erst und nur dann zu prüfen ist, wenn eine Verantwortlichkeit nach Maßgabe des Telemediengesetzes in Betracht kommt (sog. **Vorfilter**) – oder ob die Regelungen Haftungsprivilegien darstellen, deren Anwendung erst dann in Betracht zu ziehen ist, wenn der Diensteanbieter überhaupt nach allgemeinem Zivilrecht oder spezialgesetzlichen Normen auf Unterlassung und gegebenenfalls Schadensersatz in Anspruch genommen werden kann oder sich strafbar gemacht hat (sog. **Nachfilter**).[28] Die Frage wird insbesondere durch die rechtsübergreifende Wirkung der Normen erschwert.

12 Die Diskussion um die richtige Prüfungsreihenfolge ist durch die Entscheidung des EuGH in der Rechtssache L'Oréal/eBay[29] aufgegriffen worden. Der EuGH hält wie bereits in der Entscheidung Google/LV[30] auch in der Entscheidung L'Oréal/eBay[31] fest, dass die Haftungsprivilegierungen erst in Betracht kommen, wenn der Diensteanbieter überhaupt nach nationalem Recht haften kann.[32] Die Tatbestände der Art. 12 ff. ECRL sind demnach den eigentlichen Haftungstatbeständen nachgelagert. In seiner Entscheidung hat der EuGH ausgeführt, dass die Art. 12–15 ECRL die Verantwortlichkeit der Diensteanbieter in den Fällen beschränken sollen, in denen diese nach dem einschlägigen nationalen Recht zur Verantwortung gezogen werden können. Die Voraussetzungen für die Feststellung einer solchen Verantwortlichkeit seien dem nationalen Recht zu entnehmen, wobei jedoch nach den vorgenannten Artikeln der ECRL in bestimmten Fällen keine Verantwortlichkeit dieser Vermittler festgestellt werden dürfe.[33] In der Literatur wurde deshalb die Ansicht vertreten, der EuGH habe entschieden, dass die Tatbestände der Art. 12 ff. ECRL den eigentlichen Haftungstatbeständen nachgelagert seien.[34]

13 Der BGH berücksichtigt die §§ 7–10 TMG allerdings schon bei der Prüfung einer Täter-, Teilnehmer bzw. Störerhaftung des Diensteanbieters auf der **Tatbestandsebene** der jeweiligen Haftungsnorm und bestimmt den Umfang der den Diensteanbieter treffenden Prüfungspflichten unter Einbeziehung des in § 7 Abs. 2 TMG vorgesehenen Verbots allge-

---

[26] Vgl. Art. 21 Abs. 2 ECRL sowie Bundesregierung, BT-Drs. 14/6098, 37; demgegenüber geht der BGH offenbar von der Anwendbarkeit der Haftungsprivilegierungen aus, vgl. *BGH*, GRUR 2010, 628 (633) – Vorschaubilder I.
[27] Von hervorgehobener Bedeutung ist die dogmatische Einordnung folglich im Bereich des Straf- und des Deliktsrechts. In diesen Bereichen kommt es maßgeblich auf die Zuweisung zu den verschiedenen Wertungsstufen an, vgl. dazu eingehend BeckOK/*Paal*, InfoMedienR, § 7 Rn. 6 f.; Spindler/Schmitz/*Spindler*, Vor §§ 7–10 Rn. 34 ff.; *BGH*, GRUR 2004, 74 (75).
[28] „Vorfilter": Begr. RegE IuKDG, BT-Drs. 13/7385, 20; *OLG Hamburg*, K&R 2005, 42 (44); *OLG Düsseldorf*, MMR 2004, 315 (316); *OLG Köln*, MMR 2002, 110; *Fischer*, MMR 2004, 675; *Schneider*, GRUR 2000, 969 (971); „Nachfilter": *Wiebe*, WRP 2012, 1182 (1186); *Bornkamm/Seichter*, CR 2005, 747 (749).
[29] *EuGH*, Slg. 2011, I-6011 Rn. 107 = GRUR 2011, 1025 – L'Oréal/eBay.
[30] *EuGH*, Slg. 2010, I-2417 Rn. 107 = MMR 2010, 315 – Google/LV.
[31] *EuGH*, Slg. 2011, I-6011 Rn. 107 = GRUR 2011, 1025 – L'Oréal/eBay.
[32] *EuGH*, Slg. 2011, I-6011 Rn. 107 = GRUR 2011, 1025 – L'Oréal/eBay.
[33] *EuGH*, MMR 2011, 596 – L'Oréal/eBay.
[34] So *Spindler*, MMR 2011, 703 (704); *Wiebe*, WRP 2012, 1182 (1186); *Bornkamm/Seichter*, CR 2005, 747 (749).

meiner Überwachungspflichten.[35] Solange der BGH den Umfang der den Diensteanbieter treffenden Verkehrssicherungs- bzw. Prüfungspflichten jedenfalls auch anhand der §§ 7–10 TMG bestimmt, sind letztere als Haftungsprivilegien zu behandeln, die nicht erst die Rechtswidrigkeit beseitigen oder als Entschuldigungsgrund wirken, sondern bereits eine tatbestandliche Verletzungshandlung des Diensteanbieters entfallen lassen. Kommt eine Anwendung der §§ 7–10 TMG in Betracht und liegen demnach die Voraussetzungen für eine Haftungsprivilegierung des Diensteanbieters vor, so kann dies eine Prüfung sämtlicher Tatbestandsmerkmale der als verletzt gerügten Norm entbehrlich machen.

Vor diesem Hintergrund wird in der folgenden Darstellung zunächst ein Überblick über die Verantwortlichkeitsregeln in §§ 7–10 TMG gegeben und im Anschluss hieran die obergerichtliche und höchstrichterliche Rechtsprechung zur Haftung von Diensteanbietern nach den dafür einschlägigen Normen erörtert. 14

C. Die Haftung der Diensteanbieter

Die Verantwortlichkeitsregelungen der §§ 7–10 TMG knüpfen jeweils an den **Begriff des „Diensteanbieters"** an, der in § 2 Nr. 1 TMG legal definiert wird. Danach ist ein Diensteanbieter jede natürliche oder juristische Person, die eigene oder fremde Telemedien zur Nutzung bereithält oder den Zugang zur Nutzung vermittelt. Die Definition legt den Grundstein für das Prinzip der Haftungsregelungen, nämlich einmal eine Kategorisierung der Diensteanbieter und daran anschließend die Unterscheidung nach eigenen und fremden Inhalten. Bei den Diensteanbietern wird eine Dreiteilung vorgenommen. Es werden unterschieden: 15
- die Informationsanbieter (Content-Provider), § 7 Abs. 1 TMG,
- die eigentlichen Diensteanbieter (Host-Provider) § 10 TMG, und
- die Zugangsanbieter (Access-Provider), § 8 TMG.

Die Haftungsregelungen der §§ 7–10 TMG beziehen sich dabei auf **die Haftung für „Informationen"**.[36] Der Begriff ist weit zu verstehen.[37] Gehaftet wird für verschiedenste Arten von Informationen und zwar kommunikative wie nicht-kommunikative Inhalte, also auch reine Daten, Bilder, Zeichen oder Töne. Auf die Verschlüsselung oder die Lesbarkeit der Information kommt es in diesem Zusammenhang nicht maßgeblich an, ausreichend ist vielmehr die Maschinenlesbarkeit der Daten.[38] 16

Das TMG geht mit den drei Providerkategorien zugleich von drei unterschiedlichen Haftungsprofilen aus: Es unterscheidet den **Content-Provider** (§ 7 Abs. 1 TMG), den **Access-Provider** (§ 8 TMG) und den **Host-Provider** (§ 10 TMG). Die Verantwortlichkeit der Diensteanbieter für die Zwischenspeicherung von Informationen auf sog. Proxy- 17

---

[35] *BGH*, MMR 2013, 185 – „Alone in the Dark"; zust. auch *Sobola/Kohl*, CR 2005, 443 (445); *Ohly*, GRUR 2017, 441 (449); BeckOK/*Paal*, InfoMedienR, § 7 Rn. 49 ff.; aA MüKo-StGB/*Altenhain*, Vorb. §§ 7 ff. Rn. 9, der die Auffassung vertritt, der Gesetzgeber habe intendiert, mit den §§ 7–10 TMG ein eigenständiges Verantwortlichkeitssystem zu schaffen.

[36] Die erste Fassung des Teledienstegesetzes und des Mediendienstestaatsvertrages sprachen noch von einer Haftung für „Inhalte". Die sprachliche Umstellung war bereits mit der Neufassung des Teledienstegesetzes durch das Gesetz über rechtliche Rahmenbedingungen für den elektronischen Geschäftsverkehr (EGG) vom 14.12.2001 (BGBl. I S. 3721) notwendig geworden, um das Gesetz an den Text der E-Commerce-Richtlinie anzupassen, in der ebenfalls von „Informationen" die Rede ist. Die Begriffe entsprechen sich jedoch und werden auch im Schrifttum synonym verwandt.

[37] Für das TMG Spindler/Schuster/*Hoffmann/Volkmann*, Recht der elektronischen Medien, § 7 Rn. 10; BeckRTD-Komm/*Jandt*, § 7 Rn. 32; BeckOK/*Paal*, InfoMedienR § 7 Rn. 24; s. bereits *Spindler*, NJW 1997, 3193 (3195); *ders.*, CR 2001, 324 ff.; *Freytag*, CR 2000, 600 (603); *Leible/Sosnitza*, WRP 2004, 592 (594).

[38] *Spindler*, NJW 2002, 921 (922); Spindler/Schuster/*Hoffmann/Volkmann*, Recht der elektronischen Medien, § 7 Rn. 10 f.; BeckOK/*Paal*, InfoMedienR, § 7 Rn. 25; BeckRTD-Komm/*Jandt*, § 7 Rn. 32; MüKo-StGB/*Altenhain*, Vorb. §§ 7 ff. Rn. 14.

Servern, die allein dem Zweck dient, die Übermittlung fremder Informationen an andere Nutzer effizienter zu gestalten, ist in § 9 TMG geregelt. Die Frage nach der Haftung hängt entscheidend von der **Zuordnung zu diesen Kategorien** ab, wobei zwischen der Bereithaltung von eigenen Informationen und Inhalten auf der einen Seite (§ 7 TMG) sowie der Übermittlung oder Zugangsvermittlung von fremden Informationen oder Diensten auf der anderen Seite (§§ 8–10 TMG) zu differenzieren ist.

18 Nach der Grundregel des § 7 Abs. 1 TMG sind alle Diensteanbieter für **eigene Informationen**, die sie zur Nutzung bereithalten, nach den allgemeinen Gesetzen verantwortlich. In diesem Zusammenhang spielt es keine Rolle, ob der Inhalt des Anbieters auf eigenen oder fremden Rechnern bereitgehalten wird.[39]

19 Für **fremde Inhalte** sind Diensteanbieter nach §§ 8–10 TMG weitgehend von ihrer Verantwortlichkeit befreit.[40] So sind Access-Provider, die nur den Zugang zu fremden Inhalten vermitteln, für diese fremden Inhalte – abgesehen von bestimmten Ausnahmefällen – gemäß § 8 TMG grundsätzlich nicht verantwortlich. Host-Provider sind im Vergleich dazu für fremde Inhalte gemäß § 10 TMG nur dann verantwortlich, wenn sie sich diese zu eigen machen oder nicht unverzüglich tätig werden, um die Inhalte zu entfernen oder den Zugang zu ihnen zu sperren, sobald sie Kenntnis von diesen Inhalten und von deren Rechtswidrigkeit erlangt haben.

20 Die Zuordnung eines konkreten Dienstes zu einer der drei oben erwähnten Anbieterkategorien ist jeweils funktionsbezogen zu prüfen, denn jeder Anbieter kann im Rahmen seines Angebotes verschiedene Funktionen erfüllen.

I. Die Verantwortlichkeit und Haftung des Content-Providers, § 7 TMG

21 Unter dem Begriff **Content-Provider** wird der Diensteanbieter verstanden, der eigene Informationen, redaktionelle Beiträge und Inhalte im Internet zur Verfügung stellt. Wie die Beiträge exakt aussehen, ist dabei von untergeordneter Bedeutung. Vorstellbar sind Inhalte wie zB Texte und Grafiken, Video- und Audiodateien, Linksammlungen von Websites und produktbezogene Daten. Der Content-Provider ist für die von ihm im Internet bereit gehaltenen **eigenen Inhalte uneingeschränkt nach den „allgemeinen Gesetzen"** verantwortlich, § 7 Abs. 1 TMG. Dabei macht es keinen Unterschied, ob der Anbieter gewerblich handelt oder als Privatmann auftritt. Gleiches gilt für die Frage, ob die Inhalte auf eigenen oder fremden Rechnern bereitgestellt werden.[41]

22 Bei der **Beschreibung und Kennzeichnung sowie Preisauszeichnung von Waren**, die in einem Internet-Shop angeboten werden, handelt es sich demnach grundsätzlich um „eigene Informationen" des Shopinhabers. Für diese Informationen ist er auch selbst verantwortlich. Mit anderen Worten gesprochen bedeutet dies, dass der Anbieter sich nicht auf eine Haftungsprivilegierung gemäß §§ 7–10 TMG berufen kann, soweit er für seine eigenen Angebote wirbt.[42] Wird die Information von einem Nutzer eingegeben, ist unter Berücksichtigung der Vorgaben gem. Art. 12 Abs. 1, Art. 13 Abs. 1 und Art. 14 Abs. 1 der ECRL grundsätzlich nicht von einer eigenen Information des Diensteanbieters auszugehen. Die unter diesen Umständen fehlende Haftungsprivilegierung wird von der ECRL zwar nicht positiv geregelt, ergibt sich aber im Umkehrschluss aus dem sachlichen Anwendungsbereich der Art. 12–15 der ECRL, welche in Abs. 2, § 8–10 TMG im nationalen Recht umgesetzt worden sind.

---

[39] *Sobola/Kohl,* CR 2005, 443 (444); aA *Koch,* CR 1997, 193 (195); *Pichler,* MMR 1998, 79.
[40] Grund hierfür ist, dass einerseits den Providern keine uneingeschränkte Überwachungspflicht aufgebürdet werden soll, andererseits diese jedoch immerhin den Zugang zu den Informationen vermitteln und wirtschaftlich teilhaben, sodass auch eine völlige Freistellung nicht gerechtfertigt erscheint.
[41] Dem zust. *Sobola/Kohl,* CR 2005, 443 (444); Spindler/Schmitz/*Spindler,* TMG, § 7 Rn. 6.
[42] *Müller-Broich,* TMG, § 7 Rn. 1; BeckOK/*Paal,* InfoMedienR, § 7 Rn. 28.

C. Die Haftung der Diensteanbieter

Eine Haftung des Content-Providers besteht darüber hinaus auch für Inhalte, die er sich zu eigen macht. Von einem **Zu-eigen-Machen** ist grundsätzlich auszugehen, sofern der Diensteanbieter die fremden Inhalte derart in sein Angebot einbindet, dass einem objektiven Dritten der Eindruck vermittelt wird, es handele sich um Informationen des Anbieters selbst.[43] Werden die Informationen einer inhaltlich-redaktionellen Überprüfung, zB auf Vollständigkeit und Richtigkeit, unterzogen, gilt das bereits Gesagte gleichermaßen.[44]

II. Die Verantwortlichkeit und Haftung des Host-Providers, § 10 TMG

Die Frage nach der Verantwortlichkeit und Haftung des **Host-Providers,** der fremde Informationen und Inhalte auf seinem eigenen Webserver und den eigenen Seiten einstellt und speichert (**Hosting**), ist schwierig zu beantworten.[45] Sie weist allerdings große Bedeutung in der Rechtspraxis auf. Die oben erörterte Regelung des § 7 Abs. 1 TMG findet in dem Fall des Host-Providers keine Anwendung, da dieser in der Regel keine eigenen Inhalte bereithält. Anders zu beurteilen ist allerdings die Situation, in der sich ein Host-Provider fremde Inhalte zu eigen macht. In solchen Fällen kann auch er zur Verantwortung gezogen werden und nach den allgemeinen Gesetzen haften.

1. Haftung durch Zu-eigen-Machen von fremden Informationen

In Literatur und Rechtsprechung wurden divergierende Lösungsansätze zur Beantwortung der Frage vorgeschlagen, unter welchen Voraussetzungen sich ein Host-Provider fremde Informationen zu eigen macht und demnach für diese zur Verantwortung gezogen werden kann.

Der Begriff des **Sich-zu-eigen-Machens** ist der ECRL fremd. Die Art. 12–15 der ECRL stellen allein darauf ab, ob der **Nutzer die Information eingegeben hat** und ob der Anbieter als ein „sorgfältiger Wirtschaftsteilnehmer"[46] inhaltlichen Einfluss auf die Information oder die Auswahl der Adressaten der Information genommen hat.[47] Nach Erwägungsgrund Nr. 42 der ECRL decken die in der Richtlinie hinsichtlich der Verantwortlichkeit statuierten Ausnahmen nur Fälle ab, in denen die Tätigkeit rein **technischer, automatischer und passiver Art** ist und der Diensteanbieter weder Kenntnis noch Kontrolle über die Information besitzt. Der EuGH hat hierzu in der Entscheidung L'Oréal vs. eBay das Kriterium der Neutralität des (Host-) Providers für das Eingreifen der Haftungsprivilegierungen betont.[48] So dürfe der Diensteanbieter keine **„aktive Rolle"** einneh-

---

[43] *BGH,* 12.11.2009 – I ZR 166/07 – marions-kochbuch.de.
[44] *BGH,* NJW 2017, 2029 mAnm *Lampmann* – klinikbewertung.de.
[45] Das zeigen auch die nach Redaktionsschluss dieses Handbuchs veröffentlichten Schlussanträge des Generalanwalts Saugmandsgaard v. 16.7.2020 in den verbundenen Rechtssachen C-682/18 und C-683/18 (Peterson gegen Google LLC ua). In diesen Verfahren geht es um die „äußerst sensible Problematik der Haftung der Betreiber von Online-Plattformen bei urheberrechtlich geschützten Werken, die auf diesen Plattformen von deren Nutzern rechtswidrig online gestellt werden", so GA Saugmandsgaard in Rn. 3 seiner Schlussanträge. Die Schlussanträge enthalten eine Reihe längst überfälliger Klarstellungen zu den Grenzen der Haftung von Host-Providern, gehen aber in einigen Punkten zu weit und lassen sich nicht auf andere (Schutz-)Rechtsverletzungen übertragen. Der EuGH wird in diesen Rechtssachen nur über die richtige Auslegung von Art. 8 Abs. 3 der Richtlinie 2001/19 zur Harmonisierung bestimmter Aspekte des Urheberrechts und der verwandten Schutzrechte in der Informationsgesellschaft zu entscheiden haben. Auch die mit der Richtlinie (EU) 2019/790 über das Urheberrecht und die verwandten Schutzrechte im digitalen Binnenmarkt und mit dem neuen Urheberrechts-Diensteanbieter-Gesetz (UrhDaG) geschaffene neue Haftungsregelung für sog. Intermediäre kann nicht auf Sachverhalte angewandt werden, bei denen es um andere Rechte des geistigen Eigentums geht. Sie gilt noch nicht für Online-Marktplätze, vgl. Art. 2 Nr. 6 RL 2019/790 und § 3 Nr. 5 UrhDaG.
[46] *EuGH,* GRUR 2011, 1025 Rn. 120 ff. – L'Oréal/eBay.
[47] *Spindler,* MMR 2018, 48 (49); s. schon *Spindler,* MMR 2004, 440 (441).
[48] *EuGH,* MMR 2011, 596 mAnm *Hoeren* – L'Oréal/eBay.

men,⁴⁹ da er sich mit Verlassen seiner rein technisch passiven Rolle in das Lager eines Content-Providers begebe.⁵⁰ Dieses Kriterium findet inzwischen auch von der deutschen Rechtsprechung Beachtung.⁵¹ Demnach ist maßgeblich, wann sich der Anbieter von einer neutralen Vermittlertätigkeit zu einer „aktiven Rolle" begibt. Der EuGH hat „eine aktive Rolle" des Anbieters in Fällen angenommen, in denen dieser seine Kunden bei der Präsentation von Verkaufsangeboten oder der Bewerbung ihres Angebots unterstützt.⁵² Da letztlich mit der Formulierung der „aktiven Rolle" auf europäischer Ebene nichts anderes gemeint sein kann als mit der Terminologie im deutschen Recht, kann die bisherige Abgrenzung zwischen eigenen, „zu eigen gemachten" und fremden Inhalten beibehalten werden.⁵³

27 Nach der deutschen Terminologie ist im Einzelfall **unter Berücksichtigung der jeweiligen Gesamtumstände** zu beurteilen, ob der Anbieter aus der Sicht des Nutzers die Informationen als eigene **in sein Angebot einbinden will** oder ob diese für ihn **erkennbar fremd** sind, etwa dann, wenn nach presserechtlichen Maßstäben ein „ernsthaftes Distanzieren" anzunehmen ist.⁵⁴ Maßstab dieser Bewertung ist der **objektive Empfängerhorizont eines verständigen Durchschnittsnutzers nach dem europäischen Verbraucherleitbild**.⁵⁵ Für die Verantwortlichkeit des Diensteanbieters ist es unbeachtlich, ob es sich um fremde rechtswidrige Äußerungen oder um fremde rechtswidrige sonstige Inhalte handelt.

28 War lange Zeit unklar, ob die Distanzierung „weg vom Inhalt" oder eine positive Verantwortungsübernahme „hin zum Inhalt" gegeben sein muss, hat der BGH klargestellt, dass ein positives Handeln erforderlich ist, so dass der Anbieter für die auf seiner Webseite (auch von Dritten) veröffentlichten Inhalte „tatsächlich und nach außen sichtbar die inhaltliche Verantwortung" übernimmt.⁵⁶ Maßgeblich ist demnach, **ob der Anbieter die Verantwortung für die fremden Inhalte übernehmen will** und sich mit einer fremden Äußerung identifiziert, so dass sie als seine eigene erscheint.⁵⁷ Dafür sind konkrete Tatsachen erforderlich, die aus objektiver Sicht des Nutzers erkennen lassen, dass der Diensteanbieter sich die fremde wie eine eigene Information zurechnen lassen will.

29 Für die Beantwortung der Frage, ob sich der Anbieter die von seinen Nutzern eingestellten Informationen – für Dritte erkennbar – zu eigen gemacht hat, hat die Rechtsprechung weitere **Kriterien** entwickelt. Dabei bedingt das Vorliegen eines einzelnen Kriteriums für sich allein noch nicht zwingend ein Sich-zu-eigen-Machen, da es durch andere Kriterien wieder aufgewogen werden kann.⁵⁸ Insofern ist es notwendig, dass die Kriterien **kumulativ** gegeben sind.

---

⁴⁹ *EuGH*, MMR 2011, 596 mAnm *Hoeren* – L'Oréal/eBay unter Bezugnahme auf *EuGH*, MMR 2010, 315 – Google/LV; *Wimmers/Barudi*, GRUR 2017, 327 (332).
⁵⁰ *Frey*, ZUM 2019, 40 (43).
⁵¹ *BGH*, MMR 2015, 674, Rn. 53 – Kinderhochstühle im Internet III; *BGH*, MMR 2015, 726, Rn. 34 ff. – Hotelbewertungsportal; *BGH*, MMR 2014, 55, Rn. 30 – Kinderhochstühle im Internet II; *BGH*, MMR 2012, 178 – Stiftparfüm.
⁵² *EuGH*, Slg. 2011, I-6011 Rn. 116 = GRUR 2011, 1025 – L'Oréal/eBay; krit. *Hoeren*, MMR 2011, 605. Wie Generalanwalt Saugmandsgaard in Randnummer 83 seiner Schlussanträge v. 16.7.2020 in den verbundenen Rechtssachen C-682/18 und C-683/18 (Peterson gegen Google LLC ua) klargestellt hat, darf dabei die keine aktive Rolle des Diensteanbieters begründende neutrale Optimierung des Zugangs zu den Inhalten nicht mit der Optimierung der Inhalte selbst verwechselt werden, in der eine Einflussnahme des Plattformbetreibers auf die optimierten Inhalte liegen kann.
⁵³ Spindler/Schuster/*Hoffmann/Volkmann*, Recht der elektronischen Medien, § 7 Rn. 24.
⁵⁴ *BGH*, GRUR 2010, 616, Tz. 23 = MMR 2010, 556 mAnm *Engels* – marions-kochbuch.de.
⁵⁵ *BGH*, MMR 2010, 556 Rn. 24 mAnm *Engels* – marions-kochbuch.de; *BGH*, GRUR 2015, 1129 Rn. 25 – Hotelbewertungsportal; *BGH*, GRUR 2016, 855 – Ärztebewertung III (jameda.de); *BGH*, GRUR 2017, 844 Rn. 18 (20) – klinikbewertungen.de.
⁵⁶ *BGH*, MMR 2010, 556 mAnm *Engels*, Rn. 24 – marions-kochbuch.de.
⁵⁷ *BGH*, NJW-RR 2009, 1413 = MMR 2009, 752 mAnm *Spieker* – Focus Online.
⁵⁸ *Engels*, MMR 2010, 558 (559); wohl auch *Hoeren/Plattner*, CR 2010, 471 (472 f.).

C. Die Haftung der Diensteanbieter

Ein Kriterium, das in die Gesamtbetrachtung aller relevanten Umstände[59] einfließen muss, ist der **wirtschaftliche Nutzen** der Nutzerinhalte für den Anbieter. Lässt sich der Anbieter die Nutzungsrechte an den Inhalten einräumen oder bietet er sie Dritten zur kommerziellen Nutzung an, ist dies Indiz für ein sich Zu-eigen-Machen.[60] In diesem Zusammenhang kommt es auf die kommerzielle Verwertung außerhalb der Plattform an.[61] Bedeutung hat auch die **visuelle Darstellung des Angebots** bzw. die Einordnung des fraglichen Inhalts in die Gesamtstruktur des Angebots.[62] Darüber hinaus ist auch die **inhaltliche (redaktionelle) Kontrolle auf Vollständigkeit und Richtigkeit der von den Nutzern eingestellten Inhalte** ein weiteres Kriterium, das ein Zu-eigen-Machen begründen kann.[63] Eine zum Teil automatisiert erfolgende Überprüfung auf Unregelmäßigkeiten[64] ist hiervon ebenso abzugrenzen wie eine rein passive Kontrolle[65] Beides führt nicht zu einem Zu-eigen-Machen. Vor diesem Hintergrund darf im Umkehrschluss nicht geschlussfolgert werden, dass sich ein Anbieter einen fremden Inhalt schon dann zu eigen macht, wenn er Inhalte hostet, also nur technisch über sie verfügt.[66] Ebenso wenig reicht es aus, wenn ein Anbieter Einträge von Dritten in einem Gästebuch längere Zeit ungeprüft lässt.[67]

Im Kontext von **Plattformen** gilt Ähnliches: So fehlt es bei **File-Sharing-Plattformen** in jedem Fall an einem sich Zu-eigen-Machen, wenn der Betreiber keinerlei Kenntnis von den gespeicherten Inhalten hat und sich dazu nicht verhält.[68] Anders ist dies allerdings zu bewerten, wenn ein Sharehoster durch die Ausgestaltung seines Angebots massive Anreize für das Teilen illegaler Inhalte setzt. Hier ist von einer aktiven Rolle auszugehen.

Die Grenze von der „passiven Rolle" hin zur „aktiven Rolle" und damit von einem fremden im Gegensatz zu einem zu eigen gemachten Inhalt des Anbieters ist auch nicht schon dann überschritten, wenn – wie im Falle von YouTube – werbefinanzierte Einnahmen und das zur Verfügung stellen von Tools zur Erleichterung des Abrufs und der Kommunikation führen.[69] Ebenso wenig kann allein aus dem Betreiben von „Communities" im Sinne von **Meinungsforen** und der Zulassung von Pseudonymen geschlussfolgert werden, dass der Anbieter sich die Inhalte zu eigen machen würde.[70] Selbst die Einbindung des in sozialen Netzwerken (gelegentlich) immer noch verwendeten Buttons wie „Gefällt mir" oder dem Facebook-Like Button kann nicht dahingehend verstanden werden, dass ein Zu-eigen-Machen vorliegt.[71]

---

[59] *BGH*, MMR 2010, 556 Rn. 23 mAnm *Engels* – marions-kochbuch.de; *BGH*, GRUR 2012, 751 Rn. 11 – RSS-Feeds; *BGH*, GRUR 2015, 1129 Rn. 25 – Hotelbewertungsportal; *BGH*, GRUR 2016, 855 – Ärztebewertung III (jameda.de).
[60] *BGH*, MMR 2010, 556 Rn. 26 mAnm *Engels* – marions-kochbuch.de.
[61] *OLG Hamburg*, MMR 2016, 269 Rn. 196, 252 ff. mAnm *Frey* – Störerhaftung von YouTube.
[62] *BGH*, MMR 2010, 556 Rn. 25 mAnm *Engels* – marions-kochbuch.de.
[63] *BGH*, GRUR 2015, 1129 Rn. 28 – Hotelbewertungsportal; *BGH*, GRUR 2016, 855 – Ärztebewertung III (jameda.de).
[64] In Randnummer 78 seiner Schlussanträge in den Rechtssachen C-682/18 und C-683/18 (Peterson gegen Google LLC ua) hat der Generalanwalt Saugmandsgaard klargestellt, dass eine automatisierte, präventive Kontrolle, die der Plattformbetreiber vornimmt, nach seiner Einschätzung keine Auswahl rechtsverletzender Inhalte darstellt, „solange sich diese Kontrolle auf die Aufdeckung rechtswidriger Inhalte beschränkt". Dann übernimmt der Plattformbetreiber nicht nur keine „aktive Rolle", die ihm eine Berufung auf die Haftungsprivilegien des Art. 14 versagen könnte, sondern es liegt auch kein haftungsbegründendes „Zu-eigen-Machen" der kontrollierten Inhalte durch den Plattformbetreiber vor.
[65] *BGH*, GRUR 2015, 1129 Rn. 28 – Hotelbewertungsportal.
[66] So auch Spindler/Schmitz/*Spindler*, TMG, § 7 Rn. 23.
[67] *LG Köln*, MMR 2003, 601 (602) mzustAnm *Gercke*; BeckOK/*Paal*, InfoMedienR, § 7 TMG Rn. 36; *Roggenkamp*, K&R 2010, 499 (500).
[68] *BGH*, GRUR 2013, 370 – Alone in the Dark; *BGH*, GRUR 2013, 1030 Rn. 28 – File-Hosting-Dienst; *OLG München*, ZUM 2017, 679 (682) – uploaded.net.
[69] *OLG Hamburg*, MMR 2016, 269 Rn. 191 ff. – YouTube für das Content-ID-Verfahren.
[70] *Eckardt*, CR 2002, 680 (681); *Spindler*, MMR 2002, 549 (550).
[71] *Ohly*, GRUR 2017, 441 (449 f.).

2. Haftung für fremde Informationen

33 Fehlt es an einem Zu-Eigen-Machen fremder Inhalte durch den Host-Provider, so haftet er für die Inhalte nach § 10 TMG nur dann, wenn er nicht unverzüglich tätig wird, um die Information zu entfernen oder den Zugang zu sperren oder sobald er Kenntnis von der rechtswidrigen Handlung oder Information erlangt. Zur Entfernung oder Sperrung des Inhalts reicht ein ernsthaftes Bemühen aus, eines Erfolges bedarf es gerade nicht.[72] Mit anderen Worten ist eine Privilegierung ausgeschlossen, wenn der Diensteanbieter seinerseits gesicherte Kenntnis von der rechtswidrigen Handlung oder Information hat und dennoch untätig bleibt.[73] Denn in diesen Fällen kann gerade nicht mehr die Annahme aufrechterhalten werden, dass der Anbieter mit der fremden Information in keiner Verbindung steht. Vor diesem Hintergrund ist unstreitig, dass dem Host-Provider vor Erlangung seiner Kenntnis von der Rechtsverletzung keine Verantwortlichkeit droht. Auch die bloße Möglichkeit oder Wahrscheinlichkeit der Existenz eines solchen Inhalts ist nicht ausreichend[74], was gleichermaßen im Falle der fahrlässigen Unkenntnis gilt.[75]

a) Haftungsprivileg auch bei Unterlassungsansprüchen

34 Für Hostanbieter nach § 10 TMG werden **Beseitigungs- und Unterlassungsansprüche** im Anwendungsbereich der Haftungsprivilegien nicht ausdrücklich ausgeschlossen.[76] Der BGH vertrat in seiner Entscheidung „Internet-Versteigerung I" die Auffassung, dass § 10 S. 1 TMG lediglich die **strafrechtliche Verantwortlichkeit und die Schadensersatzhaftung** betreffe.[77]

35 Zwar hat der Bundesgerichtshof in seinem Urteil zum Verkauf jugendgefährdender Medien bei eBay an dieser Auffassung zunächst noch festgehalten[78]; er hat sie in späteren Entscheidungen jedoch aufgegeben, nachdem der EuGH in seinem Urteil vom 12.7.2011 in der Rechtssache C-324/09[79] und weiteren Entscheidungen den Haftungsprivilegierungen gemäß Art. 12–15 ECRL einen umfassenden Anwendungsbereich zuerkannt hat, der auch Unterlassungsansprüche einschließt. Seither hat der Bundesgerichtshof § 10 TMG ebenso wie der EuGH Art. 14 ECRL auch auf die Geltendmachung von Unterlassungsansprüchen auf Internet Host-Provider angewendet.[80] Auch das Schrifttum hat sich dem angeschlossen und hat seitdem keinen Zweifel daran gelassen, dass es dabei zu verbleiben hat, dass die Privilegierung des Hostproviders nach Art. 14 der E-Commerce-Richtlinie auch Unterlassungsansprüche erfasst.[81]

b) Grundsätzlich keine Haftung als Täter oder Teilnehmer

36 Bereits in seinen Entscheidungen „Internet-Versteigerung I" und „Internet-Versteigerung II" lehnte der BGH im Ergebnis **eine Täter- oder Teilnehmerhaftung des Host-Providers** ab.[82] Er begründete dies damit, dass der Host-Provider die als rechtsverletzend beanstandeten Artikel weder selbst angeboten noch in den Verkehr gebracht hat. Auch eine **Gehilfenhaftung** des Plattformbetreibers nahm der BGH nicht an, weil es insoweit an

---

[72] BeckOK/*Paal*, InfoMedienR, § 10 TMG Rn. 42.
[73] *BGH*, GRUR 2012, 751 – RSS-Feeds.
[74] *BGH*, GRUR 2007, 890 – Jugendgefährdende Medien bei eBay.
[75] *OLG München*, MMR 2002, 611 (612); *Müller-Broich*, § 10 Rn. 4.
[76] *Grisse*, GRUR 2017, 1073.
[77] *BGH*, MMR 2004, 668 – Internet-Versteigerung I.
[78] *BGH*, MMR 2007, 634 mAnm *Köster/Jürgens*.
[79] *EuGH*, GRUR 2011, 1025.
[80] *BGH*, GRUR 2011, 1025 Rn. 107f. – L'Oréal/eBay; ebenso schon *EuGH*, GRUR 2010, 445 Rn. 107 – Google und Google France; dem folgend *BGH*, WRP 2011, 1609 Rn. 22 – Stiftparfüm; *BGH*, GRUR 2013, 370 – Alone in the Dark; *BGH*, GRUR 2012, 1030 – File-Hosting-Dienst.
[81] *Köhler/Feddersen*, in: Köhler/Bornkamm/Feddersen, UWG Rn. 2.28; ebenso *Ohly*, GRUR 2017, 441 (449).
[82] *BGH*, MMR 2007, 507 mAnm *Spindler*.

C. Die Haftung der Diensteanbieter

einem bedingten Vorsatz, der das Bewusstsein der Rechtswidrigkeit des Host-Providers einschließen muss, fehlte. Zudem erfülle der Diensteanbieter dadurch, dass er seine Plattform für Fremdversteigerungen zur Verfügung stellt und dort rechtsverletzende Angebote von diesen veröffentlicht werden können, nicht selbst den Tatbestand einer (drohenden) Rechtsverletzung. Er bietet weder die gefälschten Waren selbst an, noch bringt er diese in den Verkehr. Die Gehilfenhaftung setzt neben einer objektiven Beihilfehandlung jedoch gerade (zumindest) bedingten Vorsatz in Bezug auf die Haupttat und deren Rechtswidrigkeit voraus. Da die beanstandeten Verkaufsangebote durch die Anbieter selbst auf die Plattform hochgeladen werden, kann der Plattformbetreiber die Verkaufsangebote vor deren Veröffentlichung nicht zur Kenntnis nehmen und folglich auch keinen Vorsatz hinsichtlich der Rechtswidrigkeit der Haupttat haben. Auch reicht für die Annahme eines Gehilfenvorsatzes nicht aus, dass der Host-Provider als Betreiber eines Online-Marktplatzes mit Rechtsverletzungen Dritter rechnen muss.[83]

c) Täter- und Gehilfenhaftung bei Verletzung von Verkehrssicherungspflichten

Als Abkehr von dem Grundsatz der Verneinung einer Täter- oder Teilnehmerhaftung des Host-Providers wurde in der Vergangenheit die Entscheidung des BGH zum Vertrieb jugendgefährdender Medien bei eBay bewertet.[84] In dieser Entscheidung lehnte der BGH zwar eine Haftung des Plattformbetreibers als Täter oder Teilnehmer von Rechtsverstößen ab, da der Marktplatzbetreiber die beanstandeten Filme und Computerspiele nicht selbst zum Kauf angeboten und die Angebote vor Veröffentlichung auf seiner Auktionsplattform auch nicht zur Kenntnis genommen hatte, sondern sie durch die Anbieter selbst hochgeladen worden waren. Allerdings bejahte der BGH hier einen täterschaftlichen Verstoß des Marktplatzbetreibers gegen die wettbewerbsrechtliche Generalklausel des § 3 UWG durch die Verletzung einer **wettbewerbsrechtlichen Verkehrs(sicherungs)pflicht**.[85] Dem folgend haben sich auch die Inhaber gewerblicher Schutzrechte bei der Geltendmachung von Unterlassungsansprüchen gegen sog. Intermediäre regelmäßig darauf berufen, dass derjenige, der durch sein Handeln im geschäftlichen Verkehr die Gefahr schafft, dass die geschützten Rechte Dritter verletzt werden, dazu verpflichtet sei, diese Gefahr im Rahmen des Möglichen und Zumutbaren zu begrenzen.

37

Seit dem durch höchstrichterliche Rechtsfortbildung entwickelten Konzept der Haftung von Host-Providern für die Verletzung von Verkehrspflichten sind jedoch nicht nur über zehn Jahre verstrichen, sondern auch die gesetzlichen Regelungen zur Verantwortlichkeit von Diensteanbietern im Sinne des § 3 TMG neu gefasst worden.[86] Unverändert beibehalten wurde dabei der Grundsatz, dass Diensteanbieter im Sinne der §§ 8 bis 10 TMG nicht verpflichtet sind, die von ihnen übermittelten oder gespeicherten Informationen zu überwachen oder nach Umständen zu forschen, die auf eine rechtswidrige Tätigkeit hinweisen. Neu gefasst wurde allerdings § 7 Abs. 3 TMG, der nunmehr vorsieht, dass Verpflichtungen zur Entfernung von Informationen oder zur Sperrung der Nutzung von Informationen nach den allgemeinen Gesetzen aufgrund von gerichtlichen oder behördlichen Anordnungen auch im Falle der Nichtverantwortlichkeit des Diensteanbieters nach den §§ 8–10 TMG unberührt bleiben. Ausweislich der Gesetzesbegründung[87] sind danach „Verpflichtungen zur Entfernung oder Sperrung von Informationen nur noch zulässig, **wenn sie klar gesetzlich geregelt sind** und aufgrund einer gerichtlichen oder behördlichen Anordnung erfolgen."

38

Da § 7 Abs. 3 TMG ausdrücklich auf alle Diensteanbieter im Sinne der §§ 8–10 TMG und damit nicht nur auf reine Zugangsdienstanbieter („Access Provider"), sondern auch

39

---

[83] *BGH*, MMR 2007, 507 mAnm *Spindler*.
[84] *BGH*, MMR 2007, 634 mAnm *Köster/Jürgens*.
[85] Leupold/Glossner/*Leupold*, MAH IT-Recht, Teil 2 Rn. 607.
[86] Drittes Gesetz zur Änderung des Telemediengesetzes vom 28.9.2017 (BGBl. I S. 3530).
[87] BT-Drs. 18/12202, 11.

auf Diensteanbieter anzuwenden ist, steht die Neufassung des § 7 TMG einer Verurteilung des Host-Providers wegen einer Verletzung gesetzlich nicht geregelter Verkehrspflichten entgegen. Weder das BGB noch das Urheberrechtsgesetz oder Markengesetz noch andere spezialgesetzliche Vorschriften kennen und regeln einen Haftungsgrund der Verletzung von „Verkehrspflichten".[88] Da zum Zeitpunkt der vorprozessualen Erteilung eines Hinweises auf rechtsverletzende Informationen bzw. Inhalte auch noch keine gerichtliche Anordnung gegen den Diensteanbieter ergangen ist, kann demjenigen, der Unterlassungsansprüche gegen den Diensteanbieter auf dem Rechtsweg geltend macht, auch dann kein Anspruch auf Erstattung vorgerichtlicher Rechtsanwaltskosten zugesprochen werden, wenn es zu einer wiederholten Veröffentlichung derselben Informationen oder Inhalte gekommen ist. Diese Gesichtspunkte, die es seit Inkrafttreten des § 7 Abs. 3 TMG nF zu berücksichtigen gilt, wurden von der Rechtsprechung noch nicht umgesetzt. Sowohl die Instanzgerichte wie auch der BGH werden sich damit jetzt und in Zukunft aber auseinandersetzen müssen.

40 Zu wenig Beachtung haben bislang auch die Grenzen gefunden, die der BGH der Haftung von Diensteanbietern aus einer Verletzung von Verkehrspflichten gezogen hat. Voraussetzung einer Haftung des Diensteanbieters als Täter oder Teilnehmer ist nach der bisherigen Rechtsprechung zur Störerhaftung von Host-Providern die **Verletzung von Prüfungspflichten.** Das Merkmal der Prüfungspflichten und das Verbot der allgemeinen Überwachungspflicht sind als Einschränkung der Haftung des Host-Providers zu sehen. Deren Bestehen wie Umfang richtet sich im Einzelfall nach einer Abwägung aller betroffenen Interessen und relevanten rechtlichen Wertungen. Überspannte Anforderungen dürfen an die vom Host-Provider einzuhaltende Sorgfalt auch nach Auffassung des BGH im Hinblick darauf, dass es sich grundsätzlich um eine erlaubte Teilnahme am geschäftlichen Verkehr handelt, nicht gestellt werden. Dementsprechend kommt es daher auch bei der täterschaftlichen Haftung wegen Verletzung von Verkehrssicherungspflichten entscheidend darauf an, ob und inwieweit dem in Anspruch Genommenen nach den Umständen eine Prüfung zuzumuten ist.[89]

41 Obwohl Host-Provider bei Kenntnis rechtswidriger Inhalte zur Sperrung bzw. Entfernung verpflichtet sind, trifft sie gem. § 7 Abs. 2 TMG keine generelle Überwachungspflicht bezüglich fremder Inhalte. Diesen zentralen Grundsatz normiert § 7 Abs. 2 S. 1 bzw. Art. 15 ECRL, der für den Diensteanbieter explizit **keine Pflicht zur proaktiven Prüfung von fremden Informationen** vorsieht.[90] Eine anlassunabhängige, generelle Überwachungspflicht des Diensteanbieters ist in Bezug auf die von ihm übermittelten oder gespeicherten Informationen dementsprechend unzulässig.[91] So ist der Diensteanbieter keineswegs gehalten, Dokumentationsdienste oder entsprechende Software zum Auffinden rechtswidriger Inhalte einzusetzen[92] oder alle Fach-Zeitschriften oder verfügbaren Dokumentationsdienste zu bestellen und auszuwerten, um etwaigen darin enthaltenen Hinweisen auf rechtswidrige Inhalte auf seinen Rechnern nachzugehen. Auch die Durchführung weltweiter Recherchen können ihm nicht zugemutet werden. Eine manuelle Kontrolle der Inhalte ist dem Anbieter ebenfalls schon aufgrund der Vielzahl von Inhalten nicht zumutbar. So sind weder Internet-Auktionshäuser noch Host-Provider von **Bewertungsportalen, Meinungsforen, Blogs** und anderen **Plattformen mit meinungsbildenden**

---

[88] MüKo-BGB/*Wagner* § 823 Rn. 380; zur Entwicklung des Begriffs der Verkehrspflichten durch die Rechtsprechung vgl. insbes. *Wagner*, in: Willoweit (Hrsg.), Rechtswissenschaft und Rechtsliteratur im 20. Jahrhundert, S. 182 (286) mwN.
[89] *BGH*, MMR 2004, 668 – Internetversteigerung I, jeweils mwN. Damit wird einer unangemessenen Ausdehnung der Haftung des Host-Providers für Rechtsverstöße Dritter entgegengewirkt.
[90] *BGH*, NJW 2018, 2324 = ZD 2018, 428.
[91] *BGH*, GRUR 2015, 1129 (1133) – Hotelbewertungsportal; *BGH*, GRUR 2015, 485 (490) – Kinderhochstühle im Internet III; *BGH*, GRUR 2013, 1030 (1032) – File-Hosting-Dienst; *BGH*, GRUR 2013, 370 (371) – Alone in the Dark; Spindler/Schuster/*Hoffmann/Volkmann*, Recht der elektronischen Medien, § 7 TMG Rn. 35.
[92] Spindler/Schmitz/*Spindler*, § 10 Rn. 20.

C. Die Haftung der Diensteanbieter

Inhalten verpflichtet, die durch Dritte eingestellten Meinungen, Bewertungen und Beiträge vor deren Veröffentlichung auf Rechtsverletzungen, wie zB Persönlichkeitsrechtsverletzungen, zu überprüfen.[93] Es reicht aus, wenn der Anbieter eine Filtersoftware zur Verfügung stellt, die entsprechende Verdachtsfälle meldet.[94] Weder dem Betreiber einer **Internethandelsplattform**[95] noch dem Betreiber eines **sozialen Netzwerks**[96] ist es zumutbar, jedes Angebot vor der Veröffentlichung auf potenzielle Rechtsverletzungen zu analysieren. Gleiches muss für **Suchmaschinen** angesichts ihrer essentiellen Bedeutung für die Nutzbarmachung des Internets sowie ihrer neutralen Rolle gelten.[97] Der BGH hat entschieden, dass der Betreiber einer Internet-Suchmaschine nicht verpflichtet ist, sich vor der Anzeige eines Suchergebnisses darüber zu vergewissern, ob die von den Suchprogrammen aufgefundenen Inhalte Persönlichkeitsrechtsverletzungen beinhalten. Der Suchmaschinenbetreiber muss erst reagieren, wenn er durch einen konkreten Hinweis von einer offensichtlichen und auf den ersten Blick klar erkennbaren Verletzung des allgemeinen Persönlichkeitsrechts Kenntnis erlangt. Eine Vorab-Prüfungspflicht hinsichtlich Persönlichkeitsverletzungen besteht nicht.

Die (reaktive) **Entfernungs- und Sperrungspflicht** des Diensteanbieters setzt erst dann ein, wenn der Anbieter durch einen konkreten Hinweis Kenntnis von den rechtswidrigen Inhalten erhält. Nach dem Verständnis des BGH handelt es sich hierbei um eine spezifische Verhinderungspflicht, die an die vorherige Anzeige des rechtswidrigen Inhalts anknüpft. Sie verstößt daher nicht gegen Art. 15 ECRL.[98]

Die von einem Anbieter nach dem konkreten Hinweis auf den rechtswidrigen Inhalt zu ergreifenden Maßnahmen richten sich nach dem konkreten Einzelfall. Sie sind Ausdruck einer Interessenabwägung am **Maßstab der Zumutbarkeit** für den Anbieter. Der BGH hat im Fall von Sharehostern angenommen, dass sowohl wort- als auch hashwert-basierte Filter und eine manuelle Nachkontrolle zumutbar sein können.[99] Entfernt der Portalbetreiber mit seiner Kenntnis von der Rechtsverletzung unverzüglich den Inhalt, bleibt er im Genuss der Haftungsprivilegierung und wird gar nicht erst haftbar.[100] Dementsprechend kann auch kein Unterlassungsanspruch gegen ihn geltend gemacht werden.[101]

Schließlich kann auch eine Störerhaftung nur dann eingreifen, wenn Dritte eine ernsthafte Gefahr für die Verletzung der Interessen von Marktteilnehmern geschaffen haben. Davon wird man etwa dann ausgehen können, wenn von den Informationen die der Nutzer einer Internet-Plattform bereitgestellt hat, eine gegenwärtige Gefahr für die Gesundheit oder das Leben von Verbrauchern ausgeht, nicht aber schon dann, wenn in der Infor-

---

[93] *BGH*, GRUR 2012, 311 – Blog-Eintrag; *BGH*, GRUR 2015, 1129 Rn. 31 – Hotelbewertungsportal; *BGH*, GRUR 2016, 855 – Ärztebewertung III (jameda.de).
[94] *BGH*, GRUR 2011, 152 – Kinderhochstühle im Internet I; *BGH*, GRUR 2013, 1229 – Kinderhochstühle im Internet II.
[95] *EuGH*, Rs. C-324/09 = GRUR 2011, 1025 – L'Oréal/eBay; *BGH*, GRUR 2013, 1229 – Kinderhochstühle im Internet II; *BGH*, GRUR 2011, 1038 – Stiftparfüm; *EuGH*, Rs. C-70/10 = GRUR 2012, 265 – Scarlet/SABAM.
[96] *EuGH*, Rs. C-360/10 = GRUR 2012, 382 – Netlog/SABAM.
[97] *BGH*, NJW 2018, 2324 = GRUR 2018, 642.
[98] *BGH*, 18.11.2010 – I ZR 155/09. Ob der EuGH dem hiervon abweichenden Vorschlag von Generalanwalt Saugmandsgaard in den verbundenen Rechtssachen C-682/18 und C-683/18 (Peterson gegen Google LLC ua) folgen wird, Art. 8 Abs. 3 der Richtlinie 2001/29 „dahin auszulegen, dass er dem entgegensteht, dass die Rechtsinhaber eine gerichtliche Anordnung gegen einen Diensteanbieter, dessen Dienst in der Speicherung von einem Nutzer bereitgestellter Inhalte besteht und von Dritten zur Verletzung eines Urheberrechts oder eines verwandten Schutzrechts genutzt wird, erst dann beantragen können, wenn es nach einem Hinweis auf eine klare Rechtsverletzung erneut zu einer derartigen Rechtsverletzung kommt" bleibt abzuwarten. Mit § 7 des nach Redaktionsschluss veröffentlichten Urheberrechts-Diensteanbieter-Gesetz(UrhDaG)-Entwurfs sollen Upload-Plattformen wie YouTube zu einer „qualifizierten Blockierung" von Werken verpflichtet werden, die Neuregelung gilt aber nicht für Online-Marktplätze.
[99] *BGH*, MMR 2013, 185 – Alone in the Dark.
[100] *OLG Hamburg*, ZUM 2009, 417 (418) – Long Island Ice Tea; *OLG Saarbrücken*, MMR 2008, 343 (344).
[101] *BGH*, GRUR 2012, 751 – RSS-Feeds, vgl. auch *Spindler/Volkmann*, WRP 2003, 1 (14).

mation als solcher oder dem Verkaufsangebot auf einem Online-Marktplatz noch keine erheblichen Risiken für diese oder andere geschützte Rechtsgüter liegen.

d) Die Haftung des Host-Providers als Störer

45 Der Beitrag des Host-Providers zu einer Rechtsverletzung ist nur mittelbarer Art, sodass er weder Täter noch Teilnehmer ist.[102] Nach der endgültigen Aufgabe der Störerhaftung für die vom UWG geregelten Fälle des sog. Verhaltensunrechts[103] hat der BGH für den Schutz von Marken- und Urheberrechten jedoch daran festgehalten, dass derjenige, der durch sein Handeln im geschäftlichen Verkehr die Gefahr schafft, dass Dritte geschützte Interessen von Marktteilnehmern verletzen, dazu verpflichtet ist, diese Gefahr im Rahmen des Möglichen und Zumutbaren zu begrenzen. Die Voraussetzungen einer **Störerhaftung** wurden vom BGH auf die Täterhaftung wegen Verletzung von Verkehrssicherungspflichten übertragen und beruhen ebenso wie diese auf einer Verletzung von Prüfungspflichten.[104] Da auch die Störerhaftung gesetzlich nicht geregelt ist, wird sie ebenso wie das Modell der Haftung aus einer Verletzung von Verkehrspflichten jedoch mit der Neufassung des § 7 Abs. 3 TMG schwerlich in Einklang zu bringen sein.

46 Als Störer wurde bislang in Anspruch genommen, wer in irgendeiner Weise willentlich und adäquat-kausal zur Verletzung eines geschützten Gutes beiträgt. Dies können zB neben **Internetauktionsplattformen** auch **Meinungsforen, Bewertungsprotale und Blogs** sein.[105] Da die Störerhaftung allerdings nicht ausufernd auf Dritte, die nicht selbst rechtswidrige Handlungen vorgenommen haben, erstreckt werden darf, setzt sie die **Verletzung von Prüfungs- und Kontrollpflichten** voraus, die wesensgemäß den allgemeinen Verkehrssicherungspflichten entsprechen.[106]

47 Grundsätzlich kann dem Provider auch nach der bisherigen Rechtsprechung nur eine grobe Prüfungspflicht auferlegt werden, weil auch in diesem Kontext den **im Rahmen des § 10 TMG getroffenen Wertungen** Rechnung zu tragen ist.[107] Vor diesem Hintergrund orientieren sich die Prüfungspflichten im Rahmen der Störerhaftung am Rang des Rechtsgutes, Art und Umfang der Gefahr, wobei insbesondere die Gefahrbeherrschung und -eröffnung, die Gefährlichkeit vorangegangenen Handelns, die Möglichkeit des Selbstschutzes des Dritten, die Vorteilsziehung des Pflichtigen aus bestimmten Aktivitäten, die wirtschaftliche Zumutbarkeit für den Pflichtigen, die Vorhersehbarkeit der Risiken sowie der Art und Umfang der drohenden Gefahren maßgeblich ist.[108]

48 Der **Umfang der Prüfungspflichten** des Host-Providers bestimmt sich ebenfalls danach, ob und inwieweit dem als Störer in Anspruch Genommenen unter Berücksichtigung seiner Funktion sowie mit Blick auf die Eigenverantwortung des unmittelbar handelnden Dritten nach den Umständen des Einzelfalls eine Prüfung **technisch und wirtschaftlich zumutbar** ist.[109]

49 Die Zumutbarkeit für den Diensteanbieter bestimmt sich nach **objektiven Maßstäben,** wobei der **Stand der Technik** und die für einen durchschnittlichen Diensteanbieter bestehenden Möglichkeiten zu berücksichtigen sind.[110] Daneben kann ein weiteres Krite-

---

[102] *OLG München*, NJW 2001, 3553 = MMR 2001, 375 mAnm *Waldenberger/Hoeren;* s. auch *Spindler,* CR 2001, 324 (331).
[103] Vgl. *BGH,* MMR 2011, 172 – „Kinderhochstühle im Internet".
[104] Vgl. *BGH,* MMR 2011, 172 – „Kinderhochstühle im Internet".
[105] *BGH,* GRUR 2012, 311 – Blog-Eintrag; *BGH,* GRUR 2015, 1129 – Hotelbewertungsportal; *BGH,* GRUR 2016, 855 – Ärztebewertung III (jameda.de); *OLG Hamburg,* MMR 2016, 269 mAnm *Frey* – Störerhaftung von YouTube.
[106] Insoweit wird von einem „Gleichlauf" von allgemeinem Haftungsrecht und Störerhaftung gesprochen, vgl. *Grisse,* GRUR 2017, 1073 (1077).
[107] *OLG Hamburg,* ZUM-RD 2009, 246 (261).
[108] Im Einzelnen hierzu Spindler/Schmitz/*Spindler,* TMG, § 7 Rn. 56 ff.
[109] *BGH,* GRUR 2001, 1038 – ambiente.de; *BGH,* MMR 2004, 668 – Internetversteigerung I; *OLG Hamburg,* MMR 2009, 405 (409) – Alphaload.
[110] Spindler/Schmitz/*Spindler,* TMG, § 7 Rn. 62.

rium die Billigung des **Geschäftsmodells des Diensteanbieters von der Rechtsordnung** sein.[111] Handelt es sich um ein von vorneherein auf ein zur Begehung von Rechtsverletzungen durch die Plattformnutzer angelegtes und folglich von der Rechtsordnung nicht gebilligtes Geschäftsmodell, hat dies zur Konsequenz, dass den Betreibern weitergehende Prüfungspflichten auferlegt werden können. Diese Pflichten können nochmals intensiviert werden, wenn die Gefahr von Rechtsverletzungen durch Maßnahmen des Anbieters, wie etwa durch die Bewerbung urheberrechtswidriger Handlungen über seinen Dienst, noch gefördert werden.[112] In einem solchen Fall soll deshalb sogar eine umfassende regelmäßige sowie manuelle Kontrolle zumutbar sein.[113] Ist das Geschäftsmodell im Gegensatz dazu vor allem durch legale Nutzungsmöglichkeiten, die zumindest anteilsmäßig deutlich überwiegen, geprägt, so verbietet sich die Intensivierung der Prüfungspflichten des Anbieters.[114] Hier ist die **Grenze der Zumutbarkeit** für den Anbieter schon dann erreicht, sofern er zu einer uneingeschränkten manuellen Kontrolle verpflichtet wird.[115] Dies gilt wiederum nicht für eine manuelle Nachkontrolle von Suchergebnissen durch technische Filter.[116]

Über das Erfordernis der Verletzung von Prüf- und Kontrollpflichten hinaus ist die Kenntnis des Diensteanbieters von der Rechtsverletzung für eine Haftung als Störer erforderlich. Die Kenntnis ist weniger eine originäre Voraussetzung der Störerhaftung selbst als vielmehr Ausfluss des **Verbots allgemeiner Überwachungspflichten** in Umsetzung von Art. 15 Abs. 1 ECRL bzw. § 7 Abs. 2 TMG.[117] Damit entsteht eine **Verhaltenspflicht des Host-Providers,** deren Verletzung eine Wiederholungsgefahr begründen kann, erst **mit dem ersten Hinweis des Rechteinhabers auf eine Rechtsverletzung.** 50

Die **Abmahnkosten** für die erstmalige Beanstandung können dem Host-Provider somit nicht in Rechnung gestellt werden, weil dieser mit der einmaligen Veröffentlichung noch keinen Rechtsverstoß begangen hat und auch noch keine gerichtliche Anordnung gegen ihn ergangen ist, § 7 Abs. 3 TMG. Darüber hinaus kann er mangels Kenntnis von der beanstandeten Information auch nicht als „Störer" auf Unterlassung in Anspruch genommen werden.[118] 51

III. Die Haftung des Access-Providers, § 8 TMG

1. Allgemeines

Der Access- oder Zugangs-Provider bietet die Zugangsvermittlung zu einem Kommunikationsnetz an und übermittelt in diesem Zusammenhang vornehmlich technische Daten. Er ist nach dem Wortlaut des **§ 8 Abs. 1 S. 1 TMG für fremde Informationen, zu denen er nur den Zugang vermittelt hat, nicht verantwortlich,** sofern er die Übermittlung nicht veranlasst hat (Nr. 1), den Adressaten der übermittelten Information nicht ausgewählt (Nr. 2) und die übermittelten Informationen nicht ausgewählt oder verändert hat (Nr. 3). § 8 TMG begründet ebenso wie §§ 9 und 10 TMG keine Verantwortlichkeit des 52

---

[111] *BGH,* GRUR 2016, 855 – Ärztebewertung III (jameda.de); *BGH,* GRUR 2015, 1129 Rn. 9 – Hotelbewertungsportal; zuvor bereits *BGH,* GRUR 2007, 890 Jugendgefährdende Medien bei eBay; *BGH,* GRUR 2011, 152 Rn. 38 Kinderhochstühle im Internet I, mAnm *Volkmann,* GRUR-Prax 2011, 32 ff.
[112] *BGH,* GRUR 2013, 1030 Rn. 45 – File-Hosting-Dienst; *OLG Hamburg,* MMR 2012, 393 (398).
[113] *BGH,* GRUR 2013, 1030 Rn. 58 – File-Hosting-Dienst; *BGH,* GRUR 2013, 370 mAnm *Hühner –* Alone in the Dark.
[114] *BGH,* GRUR 2013, 1030 Rn. 45 – File-Hosting-Dienst; *OLG Hamburg,* MMR 2012, 393 (398).
[115] *BGH,* GRUR 2011, 152 Rn. 42 – Kinderhochstühle im Internet I; *BGH,* MMR 2004, 668 (672) mAnm *Hoeren –* Internet-Versteigerung I; *OLG Hamburg,* ZUM 2009, 417 (419) – Long Island Ice Tea; *OLG Hamburg,* MMR 2009, 631 (634 f.) – Spring nicht/Usenet I.
[116] *OLG Hamburg,* MMR 2016, 269 Rn. 300 mAnm *Frey –* Störerhaftung von YouTube.
[117] *BGH,* GRUR 2013, 370 Rn. 28 – Alone in the Dark; *Hühner,* GRUR 2011, 621 (622); *Hühner,* GRUR 2013, 373 (374); *Volkmann,* K&R 2014, 375 (377); *Mantz/Sassenberg,* MMR 2015, 85 (89); *Frey,* MMR 2016, 276.
[118] *OLG Hamburg,* MMR 2009, 479 (480).

Diensteanbieters oder erweitert eine solche. Für die Frage der Verantwortlichkeit sind vielmehr die allgemeinen Rechtsvorschriften maßgeblich. Ziel der Regelung ist die Befreiung des Diensteanbieters von Verantwortlichkeitsrisiken, die aus einer rein technischen, automatisierten Durchleitung von Informationen resultieren können.[119]

53   Mit dem 2. TMG-ÄndG im Jahre 2016 wurde § 8 TMG um Abs. 3 ergänzt, sodass nunmehr auch von Gesetzes wegen klar ist, dass auch die Anbieter von WLAN-Zugängen von der Haftungsprivilegierung profitieren können.[120] Zudem führte der Gesetzgeber mit dem 3. TMG-ÄndG 2017 einen eigenen Anspruch auf Netzsperren in § 7 Abs. 4 TMG ein. Auf diese Weise intendierte man die konsequente Aufhebung der Störerhaftung für Anbieter nach § 8 TMG zu erreichen.[121]

2. Anwendungsbereich und Voraussetzungen der Haftungsprivilegierung

54   Der Access-Provider ist für die Informationen, zu denen er im Rahmen des Betreibens einer Netzinfrastruktur Zugang vermittelt, nicht verantwortlich. Seine Tätigkeit ist „rein technischer, automatischer und passiver Art".[122] Ihm ist grundsätzlich nicht zu unterstellen, dass er Kenntnis über den Inhalt oder die Natur der Informationen und insoweit das generelle Bewusstsein hätte, stets mit Rechtsverletzungen der Teilnehmer seines Netzwerkes zu rechnen.[123] Vor diesem Hintergrund muss die **Haftungsfreistellung des § 8 Abs. 1 S. 1 TMG** betrachtet werden. Sie intendiert technische Vorgänge, die grundsätzlich ohne einen bewussten Eingriff oder Einfluss des Diensteanbieters in die von ihm übermittelten Informationen vollzogen werden, von jeglichen Haftungsrisiken freizustellen.[124]

55   Die **Voraussetzungen der Privilegierung** müssen negativ und zugleich **kumulativ** erfüllt sein.[125] So darf der Diensteanbieter nach Nr. 1 weder die Übermittlung selbst veranlasst haben,[126] nach Nr. 2 die Adressaten bzw. Empfänger der Informationen aussuchen oder beeinflussen[127] noch gem. Nr. 3 die Information selbst auswählen[128] oder auf sie einwirken bzw. diese verändern.[129]

56   Die Privilegierung bei der reinen Durchleitung von Informationen gilt gem. **§ 8 Abs. 2 TMG** auch dann, wenn die **Informationen automatisch und zeitlich begrenzt zwischengespeichert** werden.[130] Grund hierfür ist, dass eine Zwischenspeicherung zur Übermittlung der Daten häufig technisch erforderlich ist. Gleiches gilt ausweislich **§ 9 TMG** grundsätzlich für eine Zwischenspeicherung von Informationen auf sog. Proxy-Servern, die der Steigerung der Effektivität der Datenübertragung sowie der Verringerung des Da-

---

[119] BeckOK/*Paal*, InfoMedienR, § 8 TMG Rn. 1f.
[120] Vgl. Begr. RegE BT-Drs. 18/6745, 8.
[121] Dagegen *Spindler*, CR 2017, 262 zum RefE; *ders.*, CR 2017, 333 zum RegE.
[122] Vgl. Erwägungsgrund 42 ECRL; BT-Drs. 14/6098, 24; Spindler/Schmitz/*Spindler*, TMG, § 8 Rn. 1; BeckRTD-Komm/*Jandt*, § 8 TMG Rn. 1; BeckOK/*Paal*, InfoMedienR, § 8 TMG Rn. 1 f.; *Müller-Broich*, TMG § 8 Rn. 1 spricht in diesem Kontext davon, dass sich der Access-Provider gegenüber den betreffenden Informationen „neutral" zeige und es an einer „Einwirkungsmöglichkeit" für ihn fehle, weil es sich idR um einen automatisiert ablaufenden Prozess handele.
[123] *Spindler*, GRUR 2016, 451 (452).
[124] Zum Begriff der inhaltlichen Einflussnahme vgl. Erwägungsgrund 43 ECRL.
[125] *OLG Frankfurt a. M.*, MMR 2005, 241 (243); Spindler/Schmitz/*Spindler*, TMG, § 8 Rn. 11.
[126] Eine „Veranlassung" wird angenommen im Fall des Cell-Broadcasting, vgl. BeckRTD-Komm/*Jandt*, § 8 TMG Rn. 15; MüKo-StGB/*Althain*, § 8 TMG Rn. 10; eine „Veranlassung" wird verneint bei Abruf einer Internetseite durch den Nutzer, vgl. Spindler/Schuster/*Hoffmann/Volkmann*, Recht der elektronischen Medien, § 8 TMG Rn. 21; BeckOK/*Paal*, InfoMedienR, § 8 TMG Rn. 21.
[127] Das Eintragen in Newsletter- oder Abonnementdienste, die Anfrage bei einer Suchmaschine oder die Zusammenstellung von bestimmten Adressaten durch den Nutzer zählt nicht hierzu, weiterführend BeckOK/*Paal*, InfoMedienR, § 8 TMG Rn. 22; Spindler/Schmitz/*Spindler*, TMG, § 8 Rn. 14.
[128] Eine Auswahl wird verneint, wenn der Diensteanbieter bestimmte Suchkriterien bei der Etablierung eines Ordnungsprinzips eingeführt hat, vgl. *AG Bielefeld*, MMR 2005, 556; bejaht bei E-Mail-Verteilerlisten und Push-Diensten s. Spindler/Schmitz/*Geis/Spindler*, TMG, § 9 TDG, Rn. 22ff.
[129] Zu den Einzelheiten der Voraussetzungen s. Spindler/Schmitz/*Spindler*, TMG, § 8 Rn. 13ff.
[130] Im Kontext des Routings vgl. *Hoffmann*, MMR 2002, 284 (286f.).

tenvolumens und damit der Netzbelastung dient.[131] Die Privilegierung gilt ausweislich der Regelung in § 9 TMG allerdings nur, sofern der Anbieter
- die Information nicht verändert,
- die Bedingungen für den **Zugang** zu den Informationen beachtet,
- die Regeln für die **Aktualisierung der Information,** die „in weithin anerkannten und verwendeten Industriestandards" festgelegt sind, beachtet,
- die erlaubte Anwendung von **Technologien zur Sammlung von Daten** über die Nutzung der Information, die „in weithin anerkannten und verwendeten Industriestandards" festgelegt sind, nicht beeinträchtigt und
- unverzüglich handelt, um gespeicherte Informationen zu entfernen oder zu sperren, sobald er **Kenntnis** davon erlangt, dass die Information am ursprünglichen Ausgangsort der Übertragung aus dem Netz entfernt wurde bzw. der Zugang zu ihr gesperrt wurde oder ein Gericht oder eine Behörde die Entfernung bzw. Sperrung angeordnet hat.

3. Reichweite der Privilegierung, § 8 Abs. 1 S. 2 TMG

Die Privilegierung aller klassischen Access-Provider nach § 8 Abs. 1 S. 1 TMG beeinflusst die zivil-, straf- oder öffentlich-rechtliche Verantwortlichkeit.[132] Gem. § 8 Abs. 1 S. 2 Hs. 1 TMG haften Diensteanbieter somit für Rechtsverletzungen durch Dritte (etwa nach § 1004 BGB oder § 97 UrhG) insbesondere nicht mehr auf Schadensersatz oder auf Beseitigung bzw. Unterlassung, da die Haftungsprivilegierung auf diese Art von Ansprüchen erstreckt wird.[133] Zwar wurde die Regelung des § 7 Abs. 3 TMG beibehalten, allerdings rechtfertigt dies nicht die Annahme, dass die Störerhaftung weiterhin Anwendung findet. Der Störerhaftung wird gerade durch § 8 Abs. 1 S. 2 TMG der Boden entzogen, da die Haftungsprivilegierung des § 8 TMG expressis verbis auch für Beseitigungs- und Unterlassungsansprüche gilt und demnach für die Störerhaftung keine Grundlage mehr gegeben ist.[134] Der **Anspruch auf Sperranordnungen** in § 7 Abs. 4 TMG ist vom Gesetzgeber im Zuge des **Entfalls der Störerhaftung** als Substitut und Kompensation eingeführt worden.[135]

57

Darüber hinaus sind nach § 8 Abs. 1 S. 2 Hs. 2 TMG ausdrücklich die **außergerichtlichen und gerichtlichen Rechtsverfolgungskosten ausgeschlossen.** Der Ausschluss eines solchen Anspruchs gilt allerdings gegenüber allen Diensteanbietern nach § 8 TMG und nicht nur gegenüber WLAN-Anbietern. Demnach erstreckt sich der Ausschluss auch auf „normale" Access-Provider ebenso wie auf lokale LAN-Betreiber.

58

4. Entfall der Privilegierung

§ 8 Abs. 1 S. 1 TMG findet gem. § 8 Abs. 1 S. 3 TMG keine Anwendung, wenn und soweit der Diensteanbieter **kollusiv** mit dem Nutzer der eingegebenen Informationen zur Begehung rechtswidriger Handlungen zusammenarbeitet. Verfolgen Nutzer und Diensteanbieter gemeinsam die Absicht, rechtwidrige Handlungen zu begehen, ist gerade keine reine Durchleitung iSd § 8 Abs. 1 S. 1 TMG anzunehmen, sodass es schon regelmäßig an den Privilegierungsvoraussetzungen fehlt.[136] Folglich ist die Tätigkeit des Diensteanbieters

59

---

[131] § 9 TMG dient insoweit der Umsetzung von Art. 13 der ECRL, welcher diesbezüglich den Begriff des „Caching" verwendet.
[132] *BGH*, GRUR 2018, 1044 Rn. 45 – Dead Island; *Mantz*, GRUR 2017, 969 (970); aA *OLG München*, GRUR 2018, 1050 (Rn. 45) u. *LG München I*, MMR 2018, 322 (323f.), die den Anwendungsbereich des § 8 Abs. 1 S. 2 TMG lediglich auf WLAN-Betreiber limitieren; ebenso *Sesing/Baumann*, MMR 2018, 325 (327).
[133] BGBl. 2017 I S. 1963.
[134] Diesen Gesetzeszweck benennt die Gesetzesbegründung des 3. TMG-ÄndG explizit, vgl. Begr RegE BT-Drs. 18/12202, 11.
[135] Spindler/Schmitz/*Spindler*, TMG, § 8 Rn. 18; so wohl auch *Oberfell*, K&R 2017, 361 (362).
[136] „Absicht" meint hier dolus directus ersten Grades, vgl. *Vassilaki*, MMR 2002, 659 (660).

auch nicht länger zu privilegieren. Gleiches gilt für den Fall, in dem der Diensteanbieter die ihm zur Übermittlung anvertraute Information inhaltlich verändert. Davon sind technische Eingriffe, die die Integrität der übermittelten Information nicht verändern, zu differenzieren.[137]

60   Für die Frage der Anwendbarkeit der Privilegierung kommt es nicht auf die **Kenntniserlangung von den rechtswidrigen Informationen** durch den Diensteanbieter an. Vielmehr gilt in diesem Zusammenhang, dass die Privilegierung des Diensteanbieters auch bei dessen positiver Kenntnis von den rechtswidrigen Informationen nach dem Wortlaut des § 8 TMG im Gegensatz zu den Regelungen des §§ 9 und 10 TMG durchgreift.[138]

61   Nach § 7 Abs. 2 TMG ist der Access-Provider gerade **nicht verpflichtet,** die von ihm übermittelten Informationen anlasslos und generell zu überwachen oder nach Umständen zu forschen, die auf eine rechtswidrige Tätigkeit hinweisen.[139] Verpflichtungen zur Entfernung oder Sperrung der Nutzung nach den allgemeinen Gesetzen bleiben indes auch im Fall der Nichtverantwortlichkeit unberührt.[140] Das in Rede stehende Verbot einer allgemeinen Überwachungspflicht[141] gilt nur für Diensteanbieter iSd §§ 7–10 TMG, nicht dagegen für Händler mit eigenen Verkaufsangeboten auf Handelsplattformen wie etwa Amazon.[142]

5. Privilegierung von WLAN-Betreibern, § 8 Abs. 3 TMG

62   § 8 Abs. 3 TMG stellt seinem Wortlaut nach explizit klar, dass **WLAN-Betreiber den Haftungsprivilegierungen der Access-Provider unterfallen.**[143] Damit können WLAN-Betreiber grundsätzlich für durch den Nutzer begangene Rechtsverletzungen **nicht verantwortlich** gemacht werden. Die Gleichstellung erfasst nicht nur Betriebe und Einrichtungen mit Publikumsverkehr wie beispielsweise Cafés, Restaurants, Hotels, Einzelhändler oder auch Touristeninformationen, Bürgerämter und Arztpraxen, sondern auch private WLAN-Anbieter.[144] Nunmehr profitieren nach der Gesetzesbegründung ausdrücklich auch **Privatpersonen,** die WLAN in der Öffentlichkeit anbieten, von der Privilegierung.[145] Werden lokale Netzwerke (LANs) betrieben, kommt allerdings § 8 Abs. 1 TMG

---

[137] Vgl. Erwägungsgrund 43 der ECRL.
[138] Spindler/Schmitz/*Spindler*, TMG, § 8 Rn. 17; Spindler/Schuster/*Hoffmann/Volkmann*, Recht der elektronischen Medien, § 8 TMG Rn. 29; BeckOK/*Paal*, InfoMedienR, § 8 TMG Rn. 8; *Nolte/Wimmers*, GRUR 2014, 16 (20); es gilt zu beachten, dass bei Kenntnis des Diensteanbieters jedenfalls ein Ausschluss nach Maßgabe des § 8 Abs. 1 S. 3 TMG greift, sofern ein absichtliches Zusammenwirken mit dem Dritten vorliegt.
[139] *BGH*, GRUR 2015, 1129 (1133) – Hotelbewertungsportal; *BGH*, GRUR 2015, 485 (490) – Kinderhochstühle im Internet III; *BGH*, GRUR 2013, 1030 (1032) – File-Hosting-Dienst; *BGH*, GRUR 2013, 370 (371) – Alone in the Dark; Spindler/Schuster/*Hoffmann/Volkmann*, Recht der elektronischen Medien, § 8 TMG Rn. 35; *BGH*, GRUR 2007, 890, Tz. 39 ff. – Jugendgefährdende Medien bei eBay; vgl. ferner: *Leistner*, GRUR-Beilage 2010, 1 (27 f.).
[140] Zum Verhältnis von § 7 Abs. 2 TMG zum allg. Haftungsrecht Spindler/Schmitz/*Spindler*, TMG, § 7 Rn. 35.
[141] Erwägungsgrund Nr. 47 ECRL; s. auch Begr. RegE BT-Drs. 14/6098, 23.
[142] *BGH*, GRUR 2016, 936 (938) – Angebotsmanipulation bei Amazon; *BGH*, GRUR 2016, 936 Rn. 27 – Angebotsmanipulation bei Amazon, unter Verweis auf *BGH*, GRUR 2004, 860 – Internet-Versteigerung I; *BGH*, GRUR 2011, 1038 – Stiftparfüm; *BGH*, GRUR 2015, 485 Rn. 51– Kinderhochstühle III.
[143] So auch schon vor Einführung des § 8 Abs. 3 TMG durch das Zweite Änderungsgesetz zum Telemediengesetz *AG Hamburg*, CR 2014, 536 (537); *AG Charlottenburg*, CR 2015, 192 (193); *Spindler*, CR 2010, 592 (595); *Mantz*, GRUR-RR 2013, 497 (498); *Kirchberg*, ZUM 2012, 544 (549); *Borges*, NJW 2010, 2624 (2627).
[144] Spindler/Schmitz/*Spindler*, TMG, § 8 Rn. 20; BeckOK/*Paal*, InfoMedienR, § 8 TMG Rn. 25b.
[145] Begr. RegE BT-Drs. 18/12202, 9; *Spindler*, NJW 2016, 2449 (2450); *Spindler*, CR 2016, 48 (49); *Müller/Kipker*, MMR 2016, 87 (88); *Mantz*, GRUR 2017, 969 (970 f.); *Mantz*, EuZW 2016, 817 (820); *Nordemann*, GRUR 2016, 1097 (1098). Mit der Frage, ob auch private WLAN-Betreiber im Rahmen ihres Internetanschlusses unter die Regelung des § 8 TMG fallen können, beschäftigten sich zuvor *BGH*, GRUR 2010, 633 mAnm *Hühner/Stang* – Sommer unseres Lebens; für Anwendung bereits *Spindler*, CR

zur Anwendung. Die Anwendung von § 8 Abs. 3 TMG setzt zwingend ein WLAN-Netz voraus.

Da für den WLAN-Betreiber nunmehr auch der Regelungsgehalt von § 8 Abs. 1 S. 2 TMG gilt, der wiederum im Zusammenhang mit § 7 Abs. 4 TMG gelesen werden muss, kann der betroffene Rechteinhaber vom WLAN-Provider nun keine Unterlassung im Zuge der Störerhaftung mehr verlangen, dafür aber **subsidiär die Sperrung des Zugangs zu rechtswidrigen Inhalten** fordern. Mit dem Anspruch auf Einrichtung von Websperren bleibt ein Teil des ursprünglichen „Unterlassungsanspruchs" erhalten, denn der BGH hatte zuvor bereits auf der Grundlage der Störerhaftung einen Anspruch auf Sperrung von Inhalten etabliert.[146] Außerhalb von Sperren kommen in Verbindung mit § 8 Abs. 1 S. 2 TMG keine weiteren Maßnahmen mehr im Rahmen der Störerhaftung in Betracht. Welche konkreten Maßnahmen der WLAN-Anbieter zur Sperrung zu ergreifen hat, wird durch das anordnende Gericht im jeweiligen Einzelfall entschieden.[147] In Betracht kommen nach der „Goldesel"-Rechtsprechung des BGH insoweit zB DNS-, IP- und URL-Sperren.[148]

6. Anspruchsgegner des Sperranspruchs nach § 7 Abs. 4 TMG

Scheint auf den ersten Blick eindeutig geregelt zu sein, dass der Anspruchsausschluss nach § 8 Abs. 1 S. 2 TMG nF **sämtliche Zugangsvermittler** umfasst, zeigt sich bei näherer Betrachtung das Problem, dass Gegner des Sperranspruchs nach § 7 Abs. 4 TMG nF expressis verbis nur Diensteanbieter nach § 8 Abs. 3 TMG, also **WLAN-Anbieter,** sind. Dies wirft die Frage auf, ob sich der Anspruch nach § 7 Abs. 4 TMG allein auf Anbieter iSd § 8 Abs. 3 TMG erstreckt und damit nicht gegen sonstige Zugangsvermittler geltend gemacht werden kann.

Auf europäischer Ebene wurde die Frage nach dem Kreis der **Anspruchsgegner eines Sperranspruches** nach § 7 Abs. 4 TMG durch die Entscheidungen des EuGH in Sachen **„UPC Telekabel"** und **„McFadden"** beantwortet.[149] In diesen Entscheidungen stellte der EuGH unter Maßgabe des Art. 8 Abs. 3 InfoSoc-RL und Art. 11 S. 3 ECRL grundsätzlich fest, dass eine Sperranordnung, mit der einem Anbieter von Internetzugangsdiensten verboten wird, seinen Kunden den Zugang zu einer Website zu ermöglichen, auf der ohne Zustimmung der Rechtsinhaber Schutzgegenstände online zugänglich gemacht werden, zulässig ist. Der Rechteinhaber dürfe keinesfalls völlig schutzlos gestellt werden.

Vor dem Hintergrund dieser Entscheidungen wird zu Recht die Auffassung vertreten, dass § 7 Abs. 4 TMG aufgrund seiner Beschränkung auf Diensteanbieter nach § 8 Abs. 3 TMG in **Widerspruch zu den Vorgaben des europäischen Rechts** steht.[150]

Diese Auffassung teilte auch der BGH in der Entscheidung „Dead Island" und half dem Problem durch eine **richtlinienkonforme Auslegung des § 7 Abs. 4 TMG** ab.[151] Eine Auslegung des § 8 Abs. 1 S. 2 TMG bestätige, dass ein Unterlassungsanspruch gegenüber Zugangsvermittlern generell ausscheide. An die Stelle des früher nach den Grundsätzen

---

2010, 592 (595 f.); *Kirchberg,* ZUM 2012, 544 (549); *Gietl,* MMR 2007, 630 (631); *Stang/Hühner,* GRUR-RR 2008, 273 (275); *Mantz/Gietl,* MMR 2008, 606 (608).
[146] *BGH,* GRUR 2016, 268 – Störerhaftung des Access-Providers; *BGH,* MMR 2016, 188 = GRUR-RS 2016, 01908-3dl.am; *Mantz,* GRUR 2017, 969 (972).
[147] Regierungsbegründung, BT-Drs. 18/12202, 12.
[148] *BGH,* ZUM 2016, 349 – Goldesel; *Heidrich/Heymann,* MMR 2016, 370 (371 f.); *Spindler,* NJW 2017, 2305 (2306); Spindler/Schmitz/*Spindler,* TMG, § 7 Rn. 78. Ausführliches zu den technischen Grundlagen und zur (verfassungs-)rechtlichen Zulässigkeit entsprechender Sperren (vor der 2. und 3. TMG-Novelle) bei *Leistner/Grisse,* GRUR 2015, 19 (21 ff.).
[149] *EuGH,* GRUR 2016, 1146 – McFadden; *EuGH,* GRUR 2014, 468 – UPC Telekabel, mAnm *Marly,* GRUR 2014, 472.
[150] Spindler/Schmitz/*Spindler,* TMG, § 7 Rn. 89; *Spindler,* NJW 2017, 2305; *Grisse,* GRUR 2017, 1073 (1080); *Haun,* WRP 2017, 780 (784).
[151] *BGH,* MMR 2018, 811 – Dead Island; dazu auch *Mantz,* K&R 2018, 631.

der Störerhaftung gewährten Unterlassungsanspruchs sei nun als Substitut nach § 7 Abs. 4 TMG ein Sperranspruch getreten. Seinem Inhalt nach fordere der Anspruch bei entsprechender unionsrechtskonformer Auslegung die Passivlegitimation auch auf sonstige Diensteanbieter iSd § 8 TMG zu erstrecken.[152] So könne ausgeschlossen werden, dass deren Dienste von Dritten zur Verletzung eines Urheberrechts oder verwandten Schutzrechtes genutzt werden. Darüber hinaus würde letztlich die Beachtung der unionsrechtlichen Anforderungen aus Art. 8 Abs. 3 InfoSoc-RL und Art. 11 S. 3 ECRL garantiert. Nach diesen muss es im Recht des geistigen Eigentums Maßnahmen geben, mit denen Access-Provider als „Vermittler" zur Verhinderung von Rechtsverletzungen auf den von ihnen zugänglich gemachten Webseiten verpflichtet werden können.[153]

7. Konsequenzen für die Praxis

68 Diensteanbieter iSd § 8 TMG haben sich vor dem Hintergrund der europäischen Rechtsprechung, der sich auch der BGH durch seine richtlinienkonforme Auslegung des § 7 Abs. 4 TMG angeschlossen hat, darauf einzustellen, dass sie mit entsprechenden gerichtlichen Anordnungen auf Netzsperren belegt werden. Es ist zu erwarten, dass dies zu vermehrten Rechtsstreitigkeiten führen wird. Ein wesentlicher Streitpunkt werden dabei die Kriterien der Zumutbarkeit und Verhältnismäßigkeit der angeordneten Maßnahmen sein. Zur Vermeidung langwieriger und kostenintensiver Rechtsstreitigkeiten sind Access-Provider angehalten, zweckmäßige Strategien zu konzeptionieren, wie sie im Falle solcher Rechtsverletzungen den Anspruch auf Netzsperren nach § 7 Abs. 4 TMG praktisch umsetzen. Wie die Rechte der von Sperren betroffenen Nutzer zu gewährleisten sind, muss ganz grundsätzlich erst noch geklärt werden.

8. Ausweitung der Verantwortlichkeit von (WLAN-) Access-Providern durch die Rechtsprechung

69 Dass es von der Privilegierung der Access-Provider auch Ausnahmefälle gibt, zeigen einige Entscheidungen zur Verantwortlichkeit von Access-Providern, insbesondere im Fall der Ermöglichung des Zugriffs auf urheberrechtlich geschützte Werke im Internet. Solche Fälle waren schon in den vergangenen Jahren Gegenstand vieler Diskussionen und Verfahren.

a) Usenet-Provider

70 Der Begriff des **Usenet** beschreibt eine dezentrale Vernetzung von Servern, die von diversen Anbietern zu den unterschiedlichsten News-Gruppen (zB Musik, Film etc.) betrieben werden.[154] Lädt ein Nutzer eine Datei auf den Server eines Usenet-Providers, so werden im Rahmen einer darauffolgenden Synchronisation die Inhalte des Servers auf die mit ihm verbundenen anderen Server gespiegelt.[155] Auf diese Weise werden zunächst nur die Header ohne Dateiinhalt auf den verschiedenen Servern gespeichert. Vergleichbar ist dies mit einem Link, durch dessen konkrete Nutzeraktivierung der Inhalt der Datei (Body) abgerufen wird.[156]

---

[152] *Hennemann*, ZUM 2018, 754; *Spindler*, GRUR 2018, 1012 (1015); aA § 8 Abs. 1 S. 2 teleologisch zu reduzieren, s. einzig *Nordemann*, GRUR 2018, 1016 (1017 f.) mwN.
[153] So auch *Spindler*, NJW 2017, 2305 (2305); *Grisse*, GRUR 2017, 1073 (1078 f.); *Hoeren/Klein*, MMR 2016, 764 (766).
[154] Spindler/Schmitz/*Spindler*, TMG, § 9 Rn. 10.
[155] Spindler/Schmitz/*Spindler*, TMG, § 9 Rn. 10.
[156] *OLG Hamburg*, ZUM-RD 2009, 246 (247) – Usenet I; *OLG Hamburg*, MMR 2009, 405 (407) – Alphaload; *OLG Düsseldorf*, MMR 2008, 254 (255).

C. Die Haftung der Diensteanbieter

Usenet-Server werden in der Rechtsprechung **entweder als Access-,**[157] **Cache-**[158] **oder Host-**[159] **Provider qualifiziert.** Maßgeblich bei ihrer Einordnung in eine der genannten Kategorien ist der Speicherungszeitraum der Inhalte, die auf dem Server des jeweiligen Usenet-Providers liegen.[160] Fällt die Speicherung nicht mehr in den von § 8 Abs. 2 vorgegebenen Rahmen,[161] so kommt die Einordnung als Cache-Provider oder sogar als Host-Provider in Betracht. Die Abgrenzung von Cache- und Host-Provider dürfte den Regelfall darstellen, da Usenet-Provider die Inhalte üblicherweise auch noch nach dem Übertragungsvorgang speichern. Gerade dies überschreitet allerdings den Rahmen von § 8 Abs. 2 TMG.[162]

In einer aktuellen Entscheidung hat das LG Hamburg entschieden, dass ein Usenet-Access-Provider unter Umständen auch als Täter einer Urheberrechtsverletzung haften kann.[163] Bietet ein Usenet-Access-Provider eine Software an, mit der im Usenet urheberrechtswidrig öffentlich zugänglich gemachte Werke gefunden und heruntergeladen werden können, verletzt er als Täter das Recht der öffentlichen Zugänglichmachung. Er nimmt selbst eine Handlung der Wiedergabe vor, wenn er trotz Kenntnis von Rechtsverletzungen keine Maßnahmen ergreift, um den durch ihn eröffneten Zugriff auf die Werke zu verhindern. Eine Haftungsprivilegierung nach § 8 Abs. 1 TMG scheidet in diesem Zusammenhang aus, weil der Access-Provider seinen Nutzern gezielt die Suche nach rechtswidrig zugänglich gemachten Werken ermöglicht, indem er ihnen ein technisches Mittel an die Hand gibt, um das Usenet gezielt nach bestimmten Dateien durchsuchen zu können. Er richtet demnach seinen Zugangsdienst auf eine rechtsverletzende Nutzung aus.

Auch das OLG Hamburg qualifizierte einen Usenet-Anbieter für die Eröffnung des Zuganges zu urheberrechtlich geschützten Musikwerken hinsichtlich seiner Verantwortlichkeit nicht generell als Access-Provider.[164] Zu diesem Ergebnis gelangte der Senat auf der Grundlage eines Regel-Ausnahmeprinzips: Die Tätigkeit eines jeden Access-Providers ist von vornherein bereits auf Grund seiner Funktion und Aufgabenstellung mit erheblichen und unüberschaubaren Risiken behaftet, an einer Vielzahl von Rechtsverletzungen mitzuwirken bzw. diese zu ermöglichen. Obwohl der Zugangsvermittler weiß, dass seine Handlung in einem adäquat kausalen Zusammenhang zu einer Rechtsverletzung steht bzw. stehen kann, kann er nicht grundsätzlich verpflichtet sein, die Zugangsvermittlung zu einem Medium insgesamt einzustellen bzw. zu unterbinden. Ansonsten könnte kein einziger Provider – auch nicht die „klassischen" Anbieter wie etwa die Deutsche Telekom – seine Tätigkeit rechtmäßig ausüben, obwohl derartige Geschäftsmodelle ersichtlich von der Rechtsordnung gebilligt sind. Im Rahmen der sich hieran anschließenden Abwägung entschied der Senat jedoch, dass trotz der deshalb grundsätzlich gerechtfertigten Privilegierung der Access-Provider das eigene Verhalten des Zugangsproviders dazu führen kann, dass er im Einzelfall erheblich schärferen Prüfungspflichten zu unterwerfen ist. Dies gilt nach Auffassung des OLG Hamburg jedenfalls dann, wenn der Zugangsvermittler die Inanspruchnahme seines Dienstes mit der Möglichkeit der Rechtsverletzung aktiv und offensiv bewirbt. In einem derartigen Fall treffen den Zugangsvermittler demnach deutlich gesteigerte Prüfungspflichten schon deshalb, weil er durch sein eigenes Werbeverhalten ein deutlich höheres Risiko verursacht hat.

---

[157] *OLG Hamburg*, ZUM-RD 2009, 246 (257) – Usenet I; *OLG Hamburg*, MMR 2009, 405 (407 f.) – Alphaload; *Bosbach/Wiege*, ZUM 2012, 293 (298).
[158] *OLG Düsseldorf*, MMR 2008, 254 (255 f.); *LG München I*, MMR 2007, 453 (454) mAnm *Mantz*. Er qualifiziert die Usenet-Provider zusätzlich noch als Access-Provider vgl. MMR 2008, 456 (457).
[159] *LG Düsseldorf*, MMR 2007, 534.
[160] *OLG Düsseldorf*, MMR 2008, 254 (255); *LG Düsseldorf*, MMR 2007, 534.
[161] Das *OLG Hamburg*, MMR 2009, 631 (633) – Spring nicht/Usenet I; *OLG Hamburg*, MMR 2009, 405 (407 f.) – Alphaload/Usenet II nimmt eine solche Einordnung nicht vor und verweist vielmehr auf die Rspr. des *OLG Düsseldorf*, MMR 2008, 254 (255 f.), welches die Anwendung des § 9 TMG präferiert.
[162] *Kitz*, CR 2007, 603 (604).
[163] *LG Hamburg*, ZUM 2018, 814 ff. = MMR 2019, 555.
[164] *OLG Hamburg*, MMR 2009, 405 – Alphaload/Usenet II.

74 Von entsprechenden Überlegungen ist der 5. Zivilsenat des OLG Hamburg unter dem Gesichtspunkt einer „Zweckbestimmung zur rechtswidrigen Nutzungsmöglichkeit" auch in der Entscheidung „Cybersky" ausgegangen.[165] Erhebt der Anbieter – etwa im Rahmen der Produktankündigung, Absatzwerbung bzw. Nutzungsbeschreibung – die Möglichkeit eines Rechtsmissbrauchs selbst zur Zweckbestimmung der von ihm angebotenen Ware oder Dienstleistung, kommt eine Haftung demnach auch ohne konkrete Kenntnis von beabsichtigten Rechtsverletzungen Dritter in Betracht. Denn die Haftung gründe sich dann, so das OLG Hamburg, nicht (nur) auf das rechtsverletzende Verhalten Dritter, sondern auf seine eigenen Handlungen, mit denen er potenziellen Erwerbern der Software die Möglichkeit zum Rechtsverstoß eröffnet bzw. nahelegt. Auch hierbei könne indes kein starrer Maßstab gelten, vielmehr wird stets im Rahmen einer Gesamtabwägung ein gleitender Maßstab anzulegen sein, wonach eine derartige Störerhaftung den Anbieter umso eher treffen wird, je eindeutiger und plakativer er die Möglichkeiten eines rechtsmissbräuchlichen Einsatzes der von ihm angebotenen Waren oder Dienstleistungen herausstellt.

75 Ähnlich verhielt es sich auch in dem von demselben Senat mit Urteil vom 14.1.2009[166], entschiedenen Fall, in dem ein Usenet-Provider damit geworben hatte, dass der Usenet-Newsserver nicht erfasst, was der Nutzer herunterlädt und dass daher bei Zahlung mittels Geldkarte ein größtmöglicher Schutz der Privatsphäre gewährleistet sei. Zuvor war auch OLG München in seinem Urteil vom 11.9.2008[167] zu dem Ergebnis gelangt, dass der Beklagte Usenet-Provider kein von der Rechtsordnung gebilligtes Geschäftsmodell verfolgte, da er es mit seinem Angebot jugendgefährdender Filme gerade darauf abgesehen hatte, eine möglichst hohe Nutzerzahl zu erreichen, die entsprechend hohe Werbeeinnahmen nach sich zieht.

b) Haftung des admin-c

76 Zunehmend diskutiert wird auch die Frage der Haftung des admin-c für rechtswidrige Inhalte eines Internetauftritts. Der **admin-c** (administrative contact) ist der administrative Ansprechpartner einer Domain. Er fungiert gleichsam als Bindeglied zwischen der Domainvergabestelle Denic und dem Domaininhaber; seine Rolle wurde von der Denic erdacht, um die Domainverwaltung zu vereinfachen und einen vom Domaininhaber bevollmächtigten Ansprechpartner zu schaffen.[168] Der admin-c hat zwar keine eigenen Rechte an einer von ihm verwalteten Domain, seine Rechtsstellung ist aber mit der des Bevollmächtigten vergleichbar, den der Inhaber einer Marke gegenüber dem Deutschen Patent- und Markenamt benennen kann und der für das Amt Ansprechpartner in allen die Marke betreffenden Fragen ist.[169]

77 Da der admin-c mit dem Inhalt des Internetauftritts nichts zu tun hat und nur für die Verwaltung der Domain-Namen zuständig ist, ist er regelmäßig nicht als Access-Provider nach § 8 TMG einzuordnen. Folglich kann er auch nicht, sei es direkt oder in entsprechender Anwendung, an der Privilegierung der Access-Provider nach § 8 Abs. 1 S. 2 TMG partizipieren. Der admin-c haftet grundsätzlich nicht für die Inhalte des Internetauftritts als Täter oder Teilnehmer.[170]

78 Bislang hat der BGH zur Verantwortlichkeit des admin-c für **rechtswidrige Inhalte** auf den ihm zugewiesenen Websites noch nicht final entschieden. Die instanzlichen Gerichte haben allerdings die Verantwortung des admin-c aufgrund der fehlenden Annahme einer mangelnden Verkehrspflicht zur Freihaltung der Website von rechtsverletzenden In-

---

[165] *OLG Hamburg*, MMR 2006, 398 mAnm *Spindler* – Cybersky.
[166] *OLG Hamburg*, MMR 2009, 631 – Usenet I.
[167] *OLG München*, MMR 2009, 126 (127).
[168] Leupold/Glossner/*Leupold*, MAH IT-Recht, Teil 2 Rn. 682.
[169] Vgl. hierzu www.denic.de/faq.
[170] *BGH*, MMR 2012, 233 (236) – Basler Haar-Kosmetik; *BGH*, MMR 2013, 304 – dlg.de; *OLG Köln*, GRUR-RR 2009, 27 (28) – Admin-C; aA *LG Berlin*, MMR 2009, 348 (349).

C. Die Haftung der Diensteanbieter

halten[171] bzw. Verweis auf die fehlende inhaltliche Gestaltungsmöglichkeit des admin-c[172] ebenso abgelehnt wie auch Prüfungspflichten.[173]

Allerdings hat der BGH in zwei Entscheidungen deutlich gemacht, dass er im Falle **rechtswidriger Domainnamen** eine Haftung des admin-c nach den Grundsätzen der Störerhaftung als gegeben ansieht.[174] Dies war in der instanzlichen Rechtsprechung zuvor umstritten.[175] Hier wurde eine Störerhaftung des admin-c für den Fall offenkundiger und leicht feststellbarer Rechtsverletzungen erst mit Erlangung der Kenntnis des admin-c bejaht.

Jedenfalls hat der BGH in seinen beiden Entscheidungen die Grundsätze zur Störerhaftung konsequent auf den admin-c angewendet.[176] So hat er mit Urteil vom 9.11.2011 entschieden[177], dass der admin-c nicht schon deswegen als Störer für mit der Registrierung verbundene Verletzungen von Rechten Dritter haftet, da er aufgrund seiner vorstehend beschriebenen Rolle grundsätzlich an der Privilegierung der Denic teilnimmt. Der admin-c soll zwar die Durchsetzung von (Schutz-)rechten insbesondere gegenüber ausländischen Domaininhabern erleichtern, ihn trifft jedoch regelmäßig keine eigene Verantwortlichkeit für Rechtsverletzungen, die mittels der von ihm verwalteten Domain begangen werden. In dem von ihm entschiedenen Fall hat der BGH aber dennoch eine Rechtspflicht des admin-c zur Prüfung und Abwendung einer Rechtsverletzung bejaht, die er aus einem **gefahrerhöhenden Verhalten** und der Verletzung von Verkehrssicherungspflichten abgeleitet hat.[178] Vor diesem Hintergrund gilt es abzuwarten, wie die Rechtsprechung das haftungsbegründende Kriterium der Gefahrerhöhung zukünftig konkretisiert.

Zusammengefasst steht nach Ansicht der Rechtsprechung jedenfalls fest, dass den admin-c grundsätzlich keine Überwachungspflicht hinsichtlich der inhaltlichen Gestaltung einer Internetseite trifft. Diese Auffassung teilen insbesondere das OLG Hamburg in seinem Beschluss vom 17.1.2012[179] und das Kammergericht mit Urteilen vom 3.7.2012[180] sowie 30.9.2011[181]. Zuletzt hat sich dieser Meinung auch das OLG Frankfurt a.M.[182] angeschlossen. So betonte das OLG Frankfurt a.M., dass vom admin-c selbst bei Bejahung einer besonderen Gefahrengeneigtheit des Internetangebots nicht verlangt werden kann, dass er bereits vorab eine Überprüfung der Websites, für die er sich als admin-c zur Verfügung stellt, auf urheberrechtsverletzende Inhalte vornimmt, zumal die Prüfung, ob Urheberrechte Dritter verletzt sind, nicht selten tatsächliche und rechtliche Schwierigkeiten aufwirft.

---

[171] *OLG Hamburg,* 17.1.2012 – 3 W 54/10 Rn. 7.
[172] *LG Dresden,* CR 2007, 462 (463) mAnm *Wimmers/Schulz.*
[173] *OLG München,* CR 2010, 121 f.; kritisch hierzu Spindler/Schuster/*Spindler,* Recht der elektronischen Medien, § 14 MarkG Rn. 46.
[174] *BGH,* MMR 2012, 233 (236) – Basler Haar-Kosmetik; *BGH,* MMR 2013, 304 (306) Rn. 22 f. – dlg.de.
[175] *OLG Hamburg,* GRUR-RR 2004, 175 (178) – Löwenkopf; *OLG Koblenz,* MMR 2009, 549 f.; *LG Bonn,* CR 2005, 527 (528 f.); *LG München I,* CR 2005, 532.
[176] Spindler/Schuster/*Spindler,* Recht der elektronischen Medien, § 14 MarkenG Rn. 43.
[177] Spindler/Schuster/*Spindler,* Recht der elektronischen Medien, § 14 MarkenG Rn. 43.
[178] Gefahrerhöhend wirkte sich in dem der Entscheidung zugrunde liegenden Fall dabei insbesondere der Umstand aus, dass der Admin-C für einen sog. Domaingrabber tätig geworden war, der freiwerdende Domains in einem automatisierten Verfahren ermittelte und für sich registrieren ließ, ohne dass die Domains zuvor daraufhin überprüft wurden, ob sie Kennzeichenrechte Dritter verletzen.
[179] *OLG Hamburg,* MMR 2012, 489.
[180] *KG,* MMR 2012, 680.
[181] *KG,* MMR 2012, 627.
[182] *OLG Frankfurt a.M.,* CR 2014, 329.

IV. Die Haftung weiterer Diensteanbieter

1. Haftung des Anschlussinhabers für illegales Filesharing

82 Filesharing-Fälle waren in der Vergangenheit Gegenstand von einer Vielzahl von gerichtlichen Entscheidungen. Von besonderer Relevanz war insbesondere die Frage nach dem Bestehen und dem Umfang von Prüf- und Sicherungspflichten von Internet-Anschlussinhabern, sofern diese auch Dritten wie Angehörigen und Kindern die Nutzung ihres Anschlusses ermöglichen. In diesem Zuge wurden auch die Grundsätze der sekundären Beweislast konkretisiert. Nunmehr ist die Frage, in welchem Umfang der Anschlussinhaber für den Fall, dass er seine Täterschaft bestreitet, nach den Vorgaben des europäischen Rechts zur Mitwirkung an der Ermittlung des Täters verpflichtet ist, geklärt.[183] Besondere Beachtung verdient dabei der vor einiger Zeit eingefügte § 8 Abs. 3 TMG (dazu → Rn. 89).

83 Ausgangspunkt der Diskussion zu der Frage der sekundären Beweislast ist die vom BGH angenommene Vermutung einer vom Anschlussinhaber selbst begangenen Urheberrechtsverletzung, sofern zum Zeitpunkt der Rechtsverletzung keine anderen Personen den Internetanschluss benutzen konnten.[184] Daran anknüpfend herrschte Uneinigkeit darüber, welche Anforderungen der Vortrag des Anschlussinhabers erfüllen muss, damit dieser seiner **sekundären Darlegungslast** nachkommt und die Vermutung einer von ihm selbst begangenen Urheberrechtsverletzung entkräften kann. Nach Auffassung des BGH soll der Anschlussinhaber der ihm obliegenden sekundären Darlegungslast entweder genügen, indem er vorträgt, dass der Internetanschluss zum Verletzungszeitpunkt nicht hinreichend gesichert war oder dass eine ihm bekannte andere Person selbstständigen Zugang zu seinem Internetanschluss hatte und als Täter der Rechtsverletzungen in Betracht kommt.[185] Für die Widerlegung der Vermutung reiche gerade nicht die bloß pauschale Behauptung einer theoretischen Möglichkeit der Rechtsverletzung durch Dritte aus.[186] Es sei vielmehr notwendig, dass der Anschlussinhaber zur Nutzungssituation zum konkreten Tatzeitpunkt Nachforschungen anstellt und die erlangten Erkenntnisse mitteilt. Dies gelte auch für den Fall, dass ein Familienmitglied als Täter zu benennen ist.[187] Allerdings müssen im Rahmen der Nachforschung keine Einzelheiten zu Zeitpunkt und Art der Internetnutzung vorgetragen werden, da eine Pflicht zur Dokumentation insoweit nicht bestehe. Es genügt der Vortrag, dass zB die Ehefrau des Anschlussinhabers generellen Zugriff auf das Internet über einen eigenen Computer habe.[188]

84 Auf der Linie mit der Rechtsprechung des BGH[189] liegt auch die Entscheidung des EuGH[190]. Auch der EuGH nimmt eine umfassende Abwägung der Interessen der Urheber mit dem Interesse am Schutz des Privat- und Familienlebens vor. Da dem Schutz der Familie kein absoluter Vorrang gegenüber dem Recht am geistigen Eigentum einzuräumen ist, gelangt der EuGH zu dem Schluss, dass der bloße Verweis darauf, dass der jeweilige Internetanschluss auch von Familienangehörigen genutzt wird, nicht ausreicht, um eine Schadensersatzklage gegen den Anschlussinhaber erfolgreich abzuwenden.[191]

---

[183] Die sekundäre Beweislast des Anschlussinhabers trägt dem Umstand Rechnung, dass dem Rechteinhaber der erforderliche Einblick in die Sphäre des Anschlussinhabers fehlt, vgl. dazu ausf. *Sesing/Eusterfeldhaus*, MMR 2016, 376 (378 ff.).
[184] *BGH*, GRUR 2014, 657 (Rn. 15) – BearShare; *BGH*, GRUR 2016, 191 (Rn. 37) – Tauschbörse III; *BGH*, GRUR 2017, 386 (Rn. 14) – Afterlife.
[185] *BGH*, GRUR 2017, 386 – Afterlife.
[186] *BGH*, NJW 2016, 953 Rn. 42 – Tauschbörse III.
[187] *BGH*, NJW 2018, 65 Rn. 15, 24 – Loud.
[188] *BGH*, NJW 2017, 1961 Rn. 26 f. – Afterlife.
[189] *BGH*, NJW 2018, 65 Rn. 20 ff. – Loud; Forch, *BGH*, GRUR-Prax 2018, 509.
[190] *EuGH*, GRUR 2018, 1234 mAnm *Schaub* = ZUM 2018, 856 = MMR 2018, 803 mAnm *Mantz* = GRUR Int. 2019, 190 – Bastei Lübbe GmbH & Co. KG/Strotzer.
[191] *EuGH*, NJW 2019, 33 Rn. 44 ff.

C. Die Haftung der Diensteanbieter

Im Ergebnis hält demnach auch der EuGH an der Auffassung fest, dass sich aus dem Vortrag des Anschlussinhabers eine lebensnahe Möglichkeit ergeben muss, dass nicht er selbst, sondern ein Dritter für die jeweilige Rechtsverletzung verantwortlich ist.[192]

Haftet der Anschlussinhaber nicht als Täter, weil er seiner sekundären Darlegungslast genügt, so kann er gleichwohl als Störer haften. Eine Störerhaftung kommt in Betracht, wenn der Anschlussinhaber seinen **Prüfungspflichten hinsichtlich der in seinem Haushalt lebenden Personen** nicht hinreichend nachgekommen ist.

Hinsichtlich des Umfangs der Prüfungspflichten haben die Instanzgerichte bisher unterschiedliche Ansätze verfolgt: So sollen die Eltern verpflichtet sein, ihre Kinder im Alter von 15[193] bzw. 19 Jahren[194] über die Internetnutzung zu belehren[195] und sodann zumindest stichprobenartig zu überwachen.[196] Die Kontrollpflicht gelte jedoch keinesfalls gegenüber Ehegatten.[197] Andere Gerichte halten eine dauerhafte anlasslose Überwachung grundsätzlich für unzumutbar[198] und verlangen Prüfmaßnahmen erst bei konkreten Anhaltspunkten für eine Rechtsverletzung. Im Vergleich dazu verlangt eine andere Auffassung von den **Eltern minderjähriger Kinder,** dass sie eine **Firewall** und passwortgeschützte **Nutzerkonten** auf dem Rechner zur Unterbindung der Installation von Filesharing-Software einrichten.[199]

Der BGH hat in Bezug auf minderjährige Kinder weniger restriktive Maßstäbe statuiert. Diese tragen dem verfassungsrechtlich garantierten Familienschutz gem. Art. 6 Abs. 1 GG, dem Erziehungsrecht in Art. 6 Abs. 2 S. 1 GG und der Wertung in § 1626 Abs. 2 S. 1 BGB – dem „Bedürfnis des Kindes" zu selbstständigem verantwortungsbewusstem Handeln – Rechnung.[200] Im Grundsatz sind die Eltern nicht verpflichtet, die Nutzung des Internets durch das Kind zu überwachen oder den Computer des Kindes einer fortlaufenden Überprüfung zu unterziehen.[201] Allerdings ist es erforderlich, dass sie ihre minderjährigen Kinder über die Rechtswidrigkeit einer Teilnahme an Internettauschbörsen belehren und die Teilnahme hieran verbieten.[202] Sofern Anhaltspunkte für ein Verstoß gegen das Verbot im Raum stehen, sind die Eltern zu weitergehenden Maßnahmen angehalten.[203] Bei **volljährigen Kindern** werden die Sicherungspflichten der Eltern weiter reduziert.[204] Eine „Prüfpflicht" der Eltern (Anschlussinhaber) ist nur anzunehmen, sofern konkrete Anhaltspunkte für eine Rechtsverletzung der Familienangehörigen bestehen.[205]

Von großer Bedeutung für die Haftung des privaten Anschlussinhabers nach neuerer Rechtslage ist zudem der mit dem 2. TMG-ÄndG eingeführte § 8 Abs. 3 TMG.[206] Dieser erstreckt die Haftungsprivilegierung in § 8 Abs. 1 S. 2 TMG auch auf **private Betreiber**

---

[192] *EuGH,* NJW 2019, 33 mAnm *Sesing;* ebenso *Forch,* GRUR-Prax 2018, 509.
[193] *LG München I,* MMR 2008, 619 (622) = K&R 2008, 474 mAnm *Volkmann,* K&R 2009, 361 (366), der sich krit. dazu äußert.
[194] *OLG Hamburg,* BeckRS 2008, 14864.
[195] *LG München I,* MMR 2008, 619 (621); *LG Hamburg,* MMR 2008, 685 (687); so auch *Volkmann,* CR 2008, 232 (237) und *Peter,* K&R 2007, 371 (373).
[196] *OLG Hamburg,* MMR 2006, 700; *LG München I,* MMR 2008, 619 (621 f.); *LG Düsseldorf,* ZUM – RD 2011, 698 (699); *Rauer,* K&R 2012, 532 (533); *Hoffmann,* MMR 2012, 391 (392).
[197] *OLG Köln,* MMR 2012, 549 (551).
[198] *LG Mannheim,* ZUM-RD 2007, 252 (254); eine dauerhafte Pflicht zur Überwachung verneinend *Mühlberger,* GRUR 2009, 1022 (1026).
[199] Vgl. für einen Gesamtüberblick der Auffassungen *Heckmann,* in: jurisPK-Internetrecht, Kap. 3.2 Rn. 91 ff., (77 ff.).
[200] *Thora,* VersR 2013, 868 (868 f.); *Brüggemann,* CR 2013, 327 (328); krit. *Strauß,* GRUR-Prax 2013, 188.
[201] *BGH,* GRUR 2013, 511 – Morpheus; *Schaub,* GRUR 2013, 515; *Bernau,* FamRZ 2013, 1521 (1524 f.); so auch *OLG Frankfurt a. M.,* GRUR-RR 2008, 73 (74).
[202] *BGH,* GRUR 2016, 184 (Rn. 32) – Tauschbörse II.
[203] *BGH,* GRUR 2013, 511 (Rn. 24) – Morpheus.
[204] *BGH,* GRUR 2014, 657 (Rn. 27 f.) – BearShare.
[205] *BGH,* GRUR 2014, 657 (Rn. 27) – BearShare; ebenso *OLG Frankfurt a. M.,* MMR 2008, 169 (170 f.); ebenso *Schaub,* GRUR 2016, 152 (153); aA dagegen *OLG Köln,* WRP 2012, 1148 (1149) = K&R 2012, 532 (533).
[206] Siehe dazu auch schon → Rn. 62 f.

von öffentlich verfügbaren WLAN-Netzwerken.[207] Dies gilt zumindest dann, wenn das WLAN-Netzwerk nicht mit einem Passwort geschützt, sondern offen und somit grundsätzlich für jedermann zugänglich gemacht wird.[208] Ist das WLAN-Netzwerk allein von einem privaten Personenkreis nutzbar, weil speziell gegen unbefugte Zugriffe geschützt, kommt eine derartige Enthaftung dagegen nicht in Betracht.

2. Haftung des Suchmaschinenbetreibers für Suchergebnisse

90 **Suchmaschinenbetreiber** haften nicht nach den Grundsätzen der Störerhaftung.[209] Für sie gelten nur eingeschränkte Prüfungspflichten.[210] Dies wird mit ihrer Schlüsselfunktion[211] bei der Verbreitung und dem Auffinden von Informationen im Internet sowie verfassungsrechtlicher Wertungen, insbesondere den Grundrechten der Meinungs- und der Informationsfreiheit (Art. 5 GG) reduziert.[212]

91 Dem Grundsatz nach haftet der Betreiber einer Suchmaschine nur, nachdem er auf eine klare Rechtsverletzung hingewiesen worden ist.[213] Weitere Details zur Haftungsfrage eines Suchmaschinenbetreibers liefert insbesondere des OLG Hamburg, das sich bereits mehrfach mit dieser Frage befasst hat:

92 Das OLG Hamburg geht grundsätzlich nur dann von einer Prüfungspflicht und damit von einer Störerhaftung des Suchmaschinenbetreibers aus, wenn sich die Prüfpflicht auf eine so konkrete, formal erfassbare Verletzungsform bezieht, dass der Betreiber der Suchmaschine mittels technischer Vorrichtungen sicherstellen kann, entsprechende Fundstellen im Internet zu erkennen und von einer Aufnahme in die Ergebnisliste auszunehmen.[214] Diese Lösung entspricht den vom BGH in seiner Rechtsprechung angewandten Grundsätzen der Access-Provider Haftung.[215] Ferner stellt das Gericht klar, dass unter dem Umstand, dass der Webseitenbetreiber bekannt oder aber mit zumutbarem Aufwand zu ermitteln ist, der gegen den Suchmaschinenbetreiber geltend gemachte Unterlassungsanspruch nur subsidiär gegeben ist. Vorrangig sei der Unterlassungsanspruch gegenüber dem Seiteninhaber selbst geltend zu machen.[216]

93 Mit Urteil vom 25.5.2011 hatte derselbe Senat des OLG Hamburg entschieden, dass Google nicht für sog. „**Snippets**" (dh kurze Textausschnitte aus den in der Suchergebnisliste aufgeführten Websites) haftet. Die Haftung sei auch dann nicht gegeben, wenn sich der Suchmaschinenbetreiber von diesen nicht ausdrücklich distanziert.[217] Nach Ansicht des

---

[207] Spindler/Schuster/*Hoffmann/Volkmann*, Recht der elektronischen Medien, § 8 TMG Rn. 49 mwN.
[208] Siehe dazu *EuGH*, GRUR 2016, 1146 Rn. 34 ff. – Tobias McFadden/Sony Music Entertainment Germany GmbH; *Nordemann*, GRUR 2016, 1097 (1100); krit. *Mantz*, EuZW 2016, 817 (820); *Obergfell*, NJW 2016, 3489.
[209] *OLG Köln*, K&R 2017, 55 (56); *OLG Hamburg*, MMR 2012, 62 (63); *LG Hamburg*, K&R 2014, 288 (289); *LG Frankfurt a. M.*, GRUR 2002, 83 ff.
[210] So kommt auch bei der Verletzung von Persönlichkeitsrechten eine Unterlassungsverpflichtung nur dann in Betracht, wenn die behauptete Rechtsverletzung offensichtlich erkennbar ist, vgl. *LG Hamburg*, K&R 2014, 288 (290 f.).
[211] Spindler/Schuster/*Spindler*, Recht der elektronischen Medien, § 1004 BGB Rn. 49.
[212] *LG Hamburg*, K&R 2014, 288 (289 f.); *LG München I*, CR 2001, 46 (47); *LG Frankfurt a. M.*, GRUR-RR 2002, 83 (84 f.); *Spindler/Volkmann*, WRP 2003, 1 (14).
[213] *BGH*, GRUR 2010, 628 (Rn. 39) – Vorschaubilder I; *OLG Köln*, K&R 2017, 55 (57); Spindler/Schmitz/*Spindler*, TMG, Vor §§ 7–10 Rn. 89.
[214] *OLG Hamburg*, MMR 2012, 62 (63).
[215] *BGH*, GRUR 2016, 268 – Störerhaftung des Access-Providers. Auch hier kommt eine Störerhaftung des Vermittlers von Internetzugängen nur in Betracht, wenn der Rechteinhaber zunächst zumutbare Anstrengungen unternommen hat, gegen diejenigen Beteiligten vorzugehen, die die Rechtsverletzung selbst begangen haben oder zur Rechtsverletzung durch die Erbringung von Dienstleistungen beigetragen haben. Nur wenn die Inanspruchnahme dieser Beteiligten scheitert, ist die Inanspruchnahme des Zugangsvermittlers als Störer zumutbar.
[216] *LG Mönchengladbach*, ZUM-RD 2014, 46; zust. *Meyer*, K&R 2014, 300 (302 f.); offen gelassen *OLG Köln*, K&R 2017, 55 (58).
[217] *OLG Hamburg*, MMR 2011, 685.

OLG Hamburg ist nicht anzunehmen, dass ein durchschnittlich aufmerksamer Internetnutzer annehmen könnte, es handele sich bei den Suchergebnissen um eigene Meinungsäußerungen des Suchmaschinenbetreibers.[218]

3. Haftung des Webseitenbetreibers für Hyperlinks

Es besteht weitgehende Einigkeit darüber, dass ein Provider wie ein Content-Provider gem. § 7 Abs. 1 TMG haftet, sofern er sich die verlinkten Informationen „zu eigen macht".[219] Unklarheit bestand lange allerdings darüber, ob die Haftungsprivilegien der §§ 8, 10 TMG oder die allgemeinen Haftungsgrundsätze anwendbar sind. **94**

Der BGH hat in seinem Urteil vom 1. 4. 2004 die Anwendung der Haftungsprivilegierungen der §§ 8, 10 TMG ausdrücklich verneint.[220] Die E-Commerce-Richtlinie regele die Haftung für Hyperlinks nicht ausdrücklich und für eine Analogie fehle es an der erforderlichen Voraussetzung. So haftet der Anbieter von Telemedien folglich für das Setzen von Hyperlinks **nach den allgemeinen Grundsätzen**. **95**

Schon in seiner Paperboy-Entscheidung aus dem Jahre 2003 hat der BGH im Grundsatz klargestellt, dass ein Berechtigter, der ein urheberrechtlich geschütztes Werk ohne technische Schutzmaßnahmen im Internet öffentlich zugänglich macht, bereits selbst dadurch die Nutzungen ermöglicht, die ein Abrufender vornehmen kann. Vor diesem Hintergrund sei grundsätzlich kein urheberrechtlicher Störungszustand geschaffen, wenn der Zugang zu dem Werk durch das Setzen von Hyperlinks (auch in der Form von Deep-Links) erleichtert wird. Mit der bloßen Verlinkung verändere sich die Gefahr einer rechtswidrigen Nutzung nicht qualitativ.[221] **96**

Anders verhält es sich demgegenüber, wenn das Setzen eines Hyperlinks auf einen rechtswidrigen Inhalt ohne Einwilligung des Verwertungs- oder Nutzungsrechteinhabers erfolgt und einen Hilfsakt zur Verbreitung des urheberrechtsverletzenden Inhalts darstellt. Ist dies der Fall, kann die Störerhaftung begründet sein.[222] Die im Rahmen der Störerhaftung maßgeblichen Prüfungspflichten sind sodann im Lichte der Kommunikationsgrundrechte zu beurteilen. Dies gilt insbesondere dann, wenn der Link auf einen von Art. 5 Abs. 1 GG geschützten Dienst verweist.[223] **97**

Der BGH sieht es für die Haftung für Hyperlinks als erforderlich an, dass der Linksetzende von der Rechtswidrigkeit der Inhalte selbst oder durch Dritte Kenntnis erlangt hat, sofern er sich den Inhalt nicht bereits zu eigen gemacht hat.[224] **98**

4. Haftung des Merchants für Affiliate Partner

Die Vermarktung von Artikeln und Dienstleistungen im Internet erfolgt häufig über sogenannte **Affiliate Systeme oder Affiliate Partner. Charakteristisch für diese internetgestützte Vertriebsform** ist, dass in der Regel ein kommerzieller Anbieter eines bestimmten Artikels (der sog. „**Merchant**") einem oder mehreren Partnerunternehmen (den sog. „**Affiliates**") seine Werbemittel, wie zB einen Link auf die Website des Merchants **99**

---

[218] So auch *KG*, MMR 2012, 129.
[219] *BGH*, AfP 2016, 45 = GRUR 2016, 209 – Haftung für Hyperlink; *BGH*, MMR 2008, 400 Rn. 20 – ueber18.de.
[220] *BGH*, MMR 2004, 529 – Schöner Wetten; ebenso *BGH*, MMR 2008, 400 Rn. 20 – ueber18.de mwN und *BGH*, AfP 2016, 45 – Haftung für Hyperlink.
[221] *BGH*, GRUR 2003, 958 (961) – Paperboy; *OLG Köln*, MMR 2001, 387 (388); *Klett*, K&R 2003, 561 (562); in der Tendenz auch *Ott*, WRP 2004, 52 (54); *Volkmann*, GRUR 2005, 200 (203).
[222] *BGH*, GRUR 2004, 693 (695) – Schöner Wetten; *Spindler*, GRUR 2004, 724 (727); *Volkmann*, GRUR 2005, 200 (204).
[223] *BGH*, GRUR 2004, 693 (695) – Schöner Wetten; *BGH*, GRUR 2011, 513 Rn. 22 – Any DVD; *Solmecke*, MMR 2012, 558 (560); *Spindler*, MMR 2002, 495 (502); *ders.*, GRUR 2004, 724 (728).
[224] *BGH*, GRUR 2004, 693 (695) – Schöner Wetten; *BGH*, GRUR 2011, 513 Rn. 22 – Any DVD; *Solmecke*, MMR 2012, 558 (560); *Spindler*, MMR 2002, 495 (502); *ders.*, GRUR 2004, 724 (728).

oder auch eine E-Mail-Adresse zur Verfügung stellt, damit diese vom Affiliate zur Generierung von Neukunden des Merchants eingesetzt werden können. Im Regelfall wirbt der Affiliate auf seiner Website für die Produkte des Merchants und integriert dort einen Link, über den Kaufinteressenten auf die Website des Merchants weitergeleitet werden. Erwirbt der Interessent dann ein vom Merchant angebotenes Produkt, erhält der Affiliate für die Vermittlung des Neukunden etwa eine Provision.[225]

100 **In der Praxis bereitet diese Vertriebsform Schwierigkeiten,** wenn Affiliate Partner bei der Vermarktung der vom Merchant angebotenen Produkte und Leistungen gewerbliche Schutzrechte Dritter verletzen oder beispielsweise unverlangte Produktwerbung per E-Mail an Verbraucher versenden, obwohl ihnen dies nicht gestattet ist. In der Vergangenheit war die Frage, ob der Merchant in derlei Fällen für die Verletzungen von Schutzrechten seines Affiliate haftet und somit auf Unterlassung in Anspruch genommen werden kann, wiederholt Gegenstand von Entscheidungen der Instanzgerichte, bis der Bundesgerichtshof Ende 2009 eine **wichtiges Grundsatzurteil** zu diesem Thema fällte:[226]

101 Entscheidet sich ein Unternehmer zu der Erweiterung seines Geschäftsbereiches, zB durch Auslagerung der Bewerbung seiner Internetseiten, fällt das Risiko von Rechtsverstößen auch in den vom ihm zu beherrschenden Risikobereich. Die Haftung des Merchants beschränkt sich vor diesem Hintergrund auf eine bestimmte, zum Partnerprogramm angemeldete Website, wenn nur über diese Website getätigte Links abgerechnet werden und der Merchant auch nicht damit rechnen muss, dass der Affiliate noch anderweitig für ihn tätig wird. Ist der Beauftragte etwa noch für andere Personen oder Unternehmen tätig oder unterhält er neben dem Geschäftsbereich, mit dem er für den Auftraggeber tätig wird noch weitere, davon zu unterscheidende Geschäftsbereiche, so beschränkt sich die Haftung des Auftraggebers auf diejenigen geschäftlichen Handlungen des Beauftragten, die dieser im Zusammenhang mit dem Geschäftsbereich vornimmt, der dem Auftragsverhältnis zu Grunde liegt.[227]

102 Eine **Störerhaftung des Merchants** lehnte der BGH ab. Der Affiliate, der auf Websites lediglich wirbt, kann grundsätzlich nicht als Störer angesehen werden. Dies gilt selbst dann, wenn das Geschäftsmodell dieser Websites gegen das (Urheber-)Recht verstößt oder auf diesen Websites jedenfalls weit überwiegend urheberrechtsverletzende Inhalte angeboten werden. Grund hierfür ist, dass es bereits an einer adäquat-kausalen Verursachung der Rechtsverletzungen durch den Werbetreibenden fehlt. Denn mit dem bloßen Weglassen der Werbung wird weder die Rechtsverletzung unterlassen, noch beseitigt, noch wird der Zugang zur Rechtsverletzung beeinflusst.[228]

---

[225] Zur Funktionsweise von Affiliate Systemen vgl. https://de.wikipedia.org/wiki/Affiliate-Marketing.
[226] *BGH*, CR 2009, 738 ff. mAnm *Rössel*.
[227] *BGH*, CR 2009, 794 ff. Rn. 27.
[228] *BGH*, CR 2009, 793 ff. Rn. 30; *OLG Dresden*, MMR 2009, 773.

Teil 5.4 Der Online-Handel mit Lebensmitteln

Übersicht

	Rn.
A. Einführung	1
B. Das sichere Lebensmittel	6
I. Das Lebensmittel	7
II. Das sichere Lebensmittel	14
1. Das Merkmal „gesundheitsschädlich"	15
2. Das Merkmal „für den Verzehr ungeeignet"	16
C. Die Pflichtinformationen über Lebensmittel	17
I. Der Anwendungsbereich des Art. 14 Verordnung (EU) Nr. 1169/2011	20
II. Die Informationspflichten bei vorverpackten Lebensmitteln	24
1. Die zur Begründung von Informationspflichten nach Art. 14 Abs. 1 Verordnung (EU) Nr. 1169/2011 führenden Voraussetzungen	25
2. Die Darstellung der Pflichtangaben	33
3. Der Zeitpunkt, zu dem die Pflichtinformationen vorliegen müssen	40
4. Der Umfang der Informationspflichten	41
III. Die Informationspflichten bei „loser Ware"	51
IV. Der Sonderfall „Automaten oder automatisierte Anlagen"	56
D. Weitere beim Onlinehandel mit Lebensmitteln gegenüber Verbrauchern bestehende Informationspflichten	60
I. Die Angabe von Zahlungsbedingungen, Lieferbeschränkungen und Eigenschaften der Ware	61
II. Die Angabe von Gesamtpreis, Grundpreis und Kosten	62
III. Der Bestell-Button	66
E. Die Bewerbung von Lebensmitteln im Internet	69
I. Das Verbot der Irreführung	70
II. Nährwert- und gesundheitsbezogene Angaben	79
1. Allgemeine Grundsätze	80
2. Die nährwertbezogene Angabe	83
3. Die gesundheitsbezogene Angabe	85
4. Die Angabe über die Reduzierung eines Krankheitsrisikos	88
5. Angaben über die Entwicklung und Gesundheit von Kindern	90
F. Die Überwachung des Onlinehandels	94
G. Rechtsfolgen bei Verstößen	99

Literatur:

Bruggmann, Abgrenzung 2008 – Aktuelles zur Unterscheidung von Arzneimitteln und Lebensmitteln, LMuR 2008, 53 ff.; *Domeier*, Red Rice – EuGH, Urteil vom 15.1.2009 – Rs. C 140/07, DLR 2009, 458 ff.; *Domeier/Holle/Weyland* (Hrsg.), Praxishandbuch Lebensmittelkennzeichnung, Stand: November 2019; *Holle/Hüttebräuker*, HCVO – Verordnung (EG) Nr. 1924/2006 über nährwert- und gesundheitsbezogene Angaben über Lebensmittel, 2018; *Hüttebräuker/Müller*, Abgrenzung Arzneimittel/Nahrungsergänzungsmittel, PharmR 2008, 8 ff.; *Meisterernst/Haber* (Hrsg.), Praxiskommentar Health & Nutrition Claims, Stand: Mai 2019; *Meyer/Streinz* (Hrsg.), LFGB – BasisVO, 2012; *Streinz/Kraus* (Hrsg.), Lebensmittelrechts-Handbuch, Stand: Juli 2019; *Winters/Hahn*, Die pharmakologische Wirkung als Kriterium bei der Abgrenzung Arzneimittel/Lebensmittel, LMuR 2009, 173 ff.; *Voit/Grube*, Lebensmittelinformationsverordnung, 2016; *Zipfel/Rathke*, Lebensmittelrecht, Stand: März 2019.

A. Einführung

Die **Lebensmittelwirtschaft** gehört zu den **größten Wirtschaftszweigen** in Deutschland. Sie bewirbt und vertreibt ihre Produkte nicht mehr nur im klassischen Einzelhandel, sondern zunehmend auch über das Internet. So stellt sich in Deutschland etwa der vermehrt über Lieferservices ins Internet verlagerte Außer-Haus-Markt als wichtiger Absatzmarkt von Lebensmitteln dar. Auch die Ernährungsindustrie ist schon längst dazu übergegangen, das Internet zur Bewerbung von Produkten und zur Kontaktaufnahme mit dem Verbraucher zu nutzen, was zum Beispiel auf interaktiven Homepages oder über soziale Netzwerke wie *Facebook* erfolgt.

2   Das Internet ist kein „rechtsfreier Raum", in dem Lebensmittel unabhängig von ihrer Verkehrsfähigkeit beworben und vertrieben werden können. Vielmehr gelten für alle, die Lebensmittel im Internet bewerben und/oder vertreiben, letztlich dieselben Grundsätze wie für diejenigen Lebensmittelunternehmen, die Produkte im „klassischen" Lebensmitteleinzelhandel vertreiben oder etwa in Printmedien bewerben. So müssen auch die über das Internet vertriebenen Lebensmittel sicher und in Deutschland als Lebensmittel verkehrsfähig sein.[1] Das gilt auch für vom Ausland aus betriebene Internetseiten, die sich (auch) an den deutschen Verbraucher richten, sowie für auf solchen Seiten angebotene Lebensmittel, die auf Bestellung nach Deutschland geliefert werden. Nicht selten kommt es dabei vor, dass das im Internet als „Nahrungsergänzungsmittel" angepriesene Produkt aufgrund seiner pharmakologischen Wirkung oder wegen seiner Aufmachung von hiesigen Behörden als Arzneimittel eingestuft wird und dementsprechend in Deutschland gerade nicht als Lebensmittel verkehrsfähig ist.

3   Die **Verkehrsfähigkeit** erfordert insbesondere auch eine ordnungsgemäße Kennzeichnung der in den Verkehr zu bringenden Lebensmittel. Darüber hinaus sind dem Verbraucher verpflichtende Informationen über Lebensmittel beim Fernabsatz gemäß Art. 14 Verordnung (EU) Nr. 1169/2011[2] grundsätzlich bereits vor Abschluss des Kaufvertrags zur Verfügung zu stellen.[3] Des Weiteren sind auch bei einem Vertrieb von Lebensmitteln über das Internet allgemeine Vorgaben wie etwa die Pflicht zur Angabe von Gesamt- und Grundpreisen zu beachten.[4] Auch eine im Internet erfolgende Bewerbung von Lebensmitteln unterliegt strengen Vorgaben.[5]

4   Wurde der Onlinehandel mit Lebensmitteln noch vor ein paar Jahren von den Lebensmittelüberwachungsbehörden nur wenig beachtet, so tragen bundesländerübergreifende Projekte wie „G@ZIELT"[6] und sich konkret auf die Lebensmittelüberwachung im Bereich des Fernabsatzes beziehende Regelungen der „Kontroll"-Verordnung (EU) 2017/625[7] dazu bei, dass der Handel mit Lebensmitteln im Internet besser überwacht und zunehmend sicherer wird.[8] Letztlich können Verstöße gegen lebensmittelrechtliche Vor-

---

[1] Weiterführend dazu unter → Rn. 6 ff.
[2] Verordnung (EU) Nr. 1169/2011 des Europäischen Parlaments und des Rates vom 25.10.2011 betreffend die Information der Verbraucher über Lebensmittel und zur Änderung der Verordnungen (EG) Nr. 1924/2006 und (EG) Nr. 1925/2006 des Europäischen Parlaments und des Rates und zur Aufhebung der Richtlinie 87/250/EWG der Kommission, der Richtlinie 90/496/EWG des Rates, der Richtlinie 1999/10/EG der Kommission, der Richtlinie 2000/13/EG des Europäischen Parlaments und des Rates, der Richtlinien 2002/67/EG und 2008/5/EG der Kommission und der Verordnung (EG) Nr. 608/2004 der Kommission (ABl. Nr. L 304, S. 18; ber. ABl. 2014 Nr. L 331, S. 41; ber. ABl. 2015 Nr. L 50, S. 48; ber. ABl. 2016 Nr. L 266, S. 7).
[3] Siehe dazu die Ausführungen unter → Rn. 20 ff.
[4] Weiterführend dazu die Ausführungen unter → Rn. 62.
[5] Siehe dazu die Ausführungen unter → Rn. 69 ff.
[6] http://www.bvl.bund.de.
[7] Verordnung (EU) 2017/625 des Europäischen Parlaments und des Rates vom 15.3.2017 über amtliche Kontrollen und andere amtliche Tätigkeiten zur Gewährleistung der Anwendung des Lebens- und Futtermittelrechts und der Vorschriften über Tiergesundheit und Tierschutz, Pflanzengesundheit und Pflanzenschutzmittel, zur Änderung der Verordnungen (EG) Nr. 999/2001, (EG) Nr. 396/2005, (EG) Nr. 1069/2009, (EG) Nr. 1107/2009, (EU) Nr. 1151/2012, (EU) Nr. 652/2014, (EU) 2016/429 und (EU) 2016/2031 des Europäischen Parlaments und des Rates, der Verordnungen (EG) Nr. 1/2005 und (EG) Nr. 1099/2009 des Rates sowie der Richtlinien 98/58/EG, 1999/74/EG, 2007/43/EG, 2008/119/EG und 2008/120/EG des Rates und zur Aufhebung der Verordnungen (EG) Nr. 854/2004 und (EG) Nr. 882/2004 des Europäischen Parlaments und des Rates, der Richtlinien 89/608/EWG, 89/662/EWG, 90/425/EWG, 91/496/EEG, 96/23/EG, 96/93/EG und 97/78/EG des Rates und des Beschlusses 92/438/EWG des Rates (ABl. Nr. L 95, S. 1; ber. ABl. 2017 Nr. L 137, S. 40; ABl. 2018 Nr. L 48, S. 44 und ABl. 2018 Nr. L 322, S. 85).
[8] Weiterführend dazu die Ausführungen unter → Rn. 94 ff.

schriften mannigfaltige Rechtsfolgen insbesondere im Verwaltungs-, Sanktions- sowie im Wettbewerbsrecht begründen und im Falle von gesundheitlichen Beeinträchtigungen von Verbrauchern durch den Verzehr nicht sicherer Lebensmittel auch Schadenersatzansprüche nach sich ziehen.[9]

> **Praxistipp:** 5
> Auch beim Vertrieb von Lebensmitteln über das Internet muss gewährleistet werden, dass die angebotenen Lebensmittel als solche in Deutschland verkehrsfähig sind. Dies erfordert neben der Lebensmitteleigenschaft insbesondere auch die Sicherheit und ordnungsgemäße Kennzeichnung der Produkte. Darüber hinaus sind dem Verbraucher beim Onlinehandel bereits vor Abschluss des Kaufvertrags umfangreiche Informationen über das angebotene Lebensmittel zur Verfügung zu stellen.

B. Das sichere Lebensmittel

Das Lebensmittelrecht unterscheidet grundsätzlich nicht zwischen dem Bewerben und dem Inverkehrbringen von Lebensmitteln im realen Supermarkt oder im Wege des E-Commerce. Derjenige, der Lebensmittel im Internet bewerben oder über das Internet vertreiben will, ist Lebensmittelunternehmer.[10] Ihn trifft das Lebensmittelrecht in seiner vollen „Härte". Das bedeutet konkret, dass auch derjenige, der Lebensmittel über das Internet auslobt und vertreibt, alle im Einzelfall relevanten lebensmittelrechtlichen Vorschriften einhalten muss. Anderenfalls drohen insbesondere die Einleitung von Verwaltungsverfahren, straf- oder ordnungswidrigkeitsrechtliche Sanktionen sowie ein wettbewerbsrechtliches Vorgehen durch Mitbewerber.[11] Deshalb muss auch derjenige, der Lebensmittel über das Internet anbietet und vertreibt, zunächst sicherstellen, dass es sich bei dem angebotenen Produkt tatsächlich um ein Lebensmittel handelt, das als solches in Deutschland verkehrsfähig ist. Die **Verkehrsfähigkeit** eines Lebensmittels erfordert grundsätzlich, dass das konkrete Produkt tatsächlich die **Voraussetzungen eines Lebensmittels erfüllt**,[12] als solches **sicher** ist[13] und über eine **ordnungsgemäße Kennzeichnung** verfügt.[14] 6

I. Das Lebensmittel

Vielfach ist das Vorliegen eines Lebensmittels ganz offenkundig. Allerdings werden insbesondere über das Internet etwa Substanzen als Nahrungsergänzungsmittel – und somit als Lebensmittel – angeboten, die illegale und/oder hochgradig gesundheitsschädliche Substanzen enthalten.[15] Gerade im Bereich der so genannten Borderline-Produkte ist die Abgrenzung zwischen Lebensmitteln und Arzneimitteln regelmäßig schwierig. In anderen Fällen hat es der Hersteller oder Inverkehrbringer durch entsprechende Zweckbestimmung eines Produkts selbst in der Hand, ob er zum Beispiel einen Kaugummi als Süßware oder 7

---

[9] Siehe dazu auch die Ausführungen unter → Rn. 99 f.
[10] Was unter einem Lebensmittelunternehmer sowie unter einem Lebensmittelunternehmen zu verstehen ist, wird jeweils in Art. 3 Nr. 2 und Nr. 3 Verordnung (EG) Nr. 178/2002 legal definiert.
[11] Weiterführend dazu unter → Rn. 99 f.
[12] Weiterführend dazu unter → Rn. 7 ff.
[13] Weiterführend dazu unter → Rn. 14 ff.
[14] Siehe dazu die Ausführungen unter → Rn. 17 ff.
[15] Die Verbraucherzentrale NRW teilt insoweit unter https://www.verbraucherzentrale.de/wissen/lebensmittel/nahrungsergaenzungsmittel/schlank-und-potent-mit-pillen-aus-dem-internet-10888 mit, dass fast jedes dritte Nahrungsergänzungsmittel ausländischer Herkunft im Internet für Käufer nicht erkennbare illegale und hochgradig gesundheitsschädliche Substanzen enthält.

aber als Zahnpflegekaugummi – und damit als kosmetisches Mittel – in den Verkehr bringt. Deshalb wird nachfolgend zunächst der in Art. 2 Verordnung (EG) Nr. 178/2002[16] legal definierte Begriff „Lebensmittel" näher erläutert und dabei insbesondere auch von anderen Erzeugnissen abgegrenzt.

8   **Lebensmittel** sind „alle Stoffe oder Erzeugnisse, die dazu bestimmt sind oder von denen nach vernünftigem Ermessen erwartet werden kann, dass sie in verarbeitetem, teilweise verarbeitetem oder unverarbeitetem Zustand von Menschen aufgenommen werden".[17] Das Merkmal „Stoffe oder Erzeugnisse" eröffnet einen **weiten Anwendungsbereich.** Erfasst werden zum Beispiel chemische Verbindungen und Stoffgemische – gleich ob fest, flüssig oder gasförmig – ebenso wie Stoffe mit physiologischem Nährwert oder solche mit technologischen Wirkungen. Dem Begriff „Lebensmittel" unterfallen nicht nur die fertig zubereiteten Speisen und Erzeugnisse, die unverändert verzehrt werden können, sondern darüber hinaus auch Stoffe, „die dazu bestimmt sind" erst nach einer Zubereitung oder Weiterverarbeitung gegessen, gekaut oder getrunken zu werden. Dies sind etwa Rohstoffe, Vorerzeugnisse, Halberzeugnisse, Zutaten und Zusatzstoffe.[18]

9   Da die **Lebensmitteleigenschaft** bereits mit der Bestimmung zum Verzehr beginnt, wird beispielsweise ein für die Brotherstellung angepflanztes Getreide mit dem Ernten zu einem Lebensmittel. In Abhängigkeit von den konkreten Umständen des Einzelfalls können etwa Wursthüllen und Käserinden zum (Mit-)Verzehr, teilweise aber auch – wie der Parafinüberzug beim Käse – nicht zum Verzehr bestimmt sein.[19] Sollte die Umhüllung eines Produkts nicht zum Verzehr bestimmt sein, muss dies hinreichend kenntlich gemacht werden, da andernfalls *„nach vernünftigem Ermessen erwartet werden kann",* dass entsprechende Stoffe bzw. Erzeugnisse – zumindest teilweise – mitverzehrt werden. In diesem Fall fänden die lebensmittelrechtlichen Schutzvorschriften über Art. 2 Verordnung (EG) Nr. 178/2002 Anwendung.

10 Über das Merkmal **„von Menschen aufgenommen"** erstreckt sich der Begriff „Lebensmittel" nicht nur auf Stoffe und Erzeugnisse, die der Mensch oral – durch Essen, Kauen oder Trinken – zu sich nimmt, sondern auch auf solche Substanzen, die durch sonstige Zufuhr in den menschlichen Organismus gelangen. Als Lebensmittel kommen somit auch Stoffe in Betracht, die dem Körper durch Injektion eingespritzt, durch Tropfeninfusion zugeführt oder zum Beispiel durch Sonden direkt in den Magen geleitet werden. Auch die parenterale Ernährung unterfällt somit über das Merkmal „von Menschen aufgenommen" dem Lebensmittelbegriff.

11 Lebensmittel werden ausdrücklich von den nachfolgend aufgelisteten Erzeugnissen abgegrenzt, **auf die sich auf Lebensmittel beziehende Vorschriften keine Anwendung finden:**

– **Futtermittel,**[20] **lebende Tiere,** soweit sie nicht – wie zum Beispiel Austern – für das Inverkehrbringen zum menschlichen Verzehr hergerichtet worden sind und **Pflanzen vor dem Ernten.**

– **Arzneimittel:** Die Abgrenzung zwischen Lebensmitteln und Arzneimitteln ist gerade bei solchen Produkten, die sich wie Nahrungsergänzungsmittel oder diätetische Lebensmittel im Grenzbereich befinden und häufig über das Internet angeboten werden, von erheblicher praktischer Bedeutung. Nach ständiger Rechtsprechung des *EuGH* ist bei diesen Produkten im Zweifel von einem Lebensmittel – und nicht auf Verdacht von

---

[16] Verordnung (EG) Nr. 178/2002 des Europäischen Parlaments und des Rates vom 28.1.2002 zur Festlegung der allgemeinen Grundsätze und Anforderungen des Lebensmittelrechts, zur Errichtung der Europäischen Behörde für Lebensmittelsicherheit und zur Festlegung von Verfahren zur Lebensmittelsicherheit (ABl. Nr. L 31, S. 1).
[17] Vgl. Art. 2 Verordnung (EG) Nr. 178/2002.
[18] Vgl. Zipfel/*Rathke,* Lebensmittelrecht, C 101 Art. 2 Rn. 19 ff.
[19] Vgl. Zipfel/*Rathke,* Lebensmittelrecht, C 101 Art. 2 Rn. 23 ff.
[20] Vgl. Art. 3 Nr. 4 Verordnung (EG) Nr. 178/2002.

einem Arzneimittel – auszugehen.[21] Trotz der *EuGH*-Rechtsprechung bleibt die Abgrenzung im Einzelfall schwierig.[22]
- **Kosmetische Mittel:** Hierbei handelt es sich um Stoffe oder Zubereitungen aus Stoffen, die ausschließlich oder überwiegend dazu bestimmt sind, äußerlich am Körper des Menschen oder in seiner Mundhöhle zur Reinigung, zum Schutz, zur Erhaltung eines guten Zustands, zur Parfümierung, zur Veränderung des Aussehens oder dazu angewendet zu werden, den Körpergeruch zu beeinflussen.[23] Wird beispielsweise ein Kaugummi als Zahnpflegekaugummi in den Verkehr gebracht, so ist dieses Produkt regelmäßig dazu bestimmt, die Zähne zu reinigen und/oder Mundgeruch zu vermeiden. Mit einer solchen Zweckbestimmung durch den Hersteller stellt sich diese Art von Kaugummi nicht mehr als Lebensmittel, sondern als kosmetisches Mittel dar und unterfällt somit den kosmetikrechtlichen Vorgaben.
- **Tabak und Tabakerzeugnisse** werden durch Rauchen oder Kauen zwar auch von Menschen aufgenommen, unterfallen aber aufgrund ihrer Beschaffenheit – ganz oder teilweise aus Tabak bestehend – nicht dem Begriff „Lebensmittel".
- Auch **Betäubungsmittel und psychotrope Stoffe** sind ausdrücklich keine Lebensmittel. Da psychotrope Stoffe solche sind, die seelische Zustände beeinflussen können, diese Wirkung regelmäßig aber auch von Genussmitteln (wie zum Beispiel von alkoholischen Getränken, Kaffee oder Tee) ausgehen kann, kann sich die Abgrenzung im Einzelfall als problematisch erweisen. Nicht selten sind schließlich jene Fälle, in denen dem deutschen Verbraucher auf Internetseiten vom Ausland aus „Nahrungsergänzungsmittel" mit mannigfaltigen Versprechungen – wie etwa *„Energiebooster"* – angeboten werden. Als Abgrenzungskriterium kommen insbesondere die Intensität der Wirkung und der traditionelle Einsatzzweck – als psychotroper Stoff oder als Lebensmittel – in Betracht.
- **Rückstände und Kontaminanten** sind zwar regelmäßig Bestandteil eines Lebensmittels, stellen sich aber selbst nicht als ein solches dar.

> **Praxistipp:** 12
> Auch beim Onlinehandel muss sichergestellt werden, dass das als Lebensmittel beworbene und vertriebene Produkt tatsächlich die Voraussetzungen eines Lebensmittels erfüllt. Schwierig kann im Einzelfall insbesondere die Abgrenzung zwischen Lebensmitteln und Arzneimitteln sein. Hier ist aufgrund der Tatsache, dass nur zugelassene Arzneimittel verkehrsfähig sind, besondere Vorsicht geboten. Denn wird ein Produkt als Lebensmittel vertrieben, obwohl es tatsächlich die Voraussetzungen eines Arzneimittels erfüllt, so handelt es sich um das unzulässige und als Straftat zu sanktionierende Inverkehrbringen eines nicht zugelassenen Arzneimittels.

> **Checkliste: Liegt ein Lebensmittel vor?** 13
> - Stoff oder Erzeugnis
> - Aufnahme durch Menschen (zum Beispiel oral, durch Injektion, durch Infusion oder über Sonden)
> - Aufnahme in verarbeitetem, teilweise verarbeitetem oder unverarbeitetem Zustand
> - Zweckbestimmung zum Verzehr
> - Wenn Zweckbestimmung (–), Erwartungshaltung zum Verzehr?
> - Nicht die Voraussetzungen eines Lebensmittels erfüllen:

---

[21] *EuGH*, GRUR 2009, 511 ff. – „Hecht-Pharma"; *EuGH*, ZLR 2009, 321 ff. – „Kommission/Königreich Spanien".
[22] Vgl. *Domeier*, DLR 2009, 458 ff., *Hüttebräuker/Müller*, PharmR 2008, 28 ff.; *Winters/Hahn*, LMuR 2009, 173 ff.; *Bruggmann*, LMuR 2008, 53 ff.; Meyer/Streinz/*Meyer*, LFGB – BasisVO, Art. 2 VO 178/2002/EG, Rn. 72 ff.; *BGH*, 1.7.2010 – I ZR 19/08 – „Ginkgo-Extrakt".
[23] Vgl. § 2 Abs. 5 S. 1 LFGB.

- Futtermittel
- lebende Tiere, soweit sie nicht für das Inverkehrbringen zum menschlichen Verzehr hergerichtet worden sind
- Pflanzen vor dem Ernten
- Arzneimittel
- kosmetische Mittel
- Tabak und Tabakerzeugnisse
- Betäubungsmittel und psychotrope Stoffe
- Rückstände und Kontaminanten

II. Das sichere Lebensmittel

14 Auch im Wege des Fernabsatzes dürfen nur sichere Lebensmittel in den Verkehr gebracht werden. Als nicht sicher gelten Lebensmittel, wenn davon auszugehen ist, dass sie gesundheitsschädlich oder für den Verzehr durch den Menschen ungeeignet sind. Bei der Entscheidung, ob ein Lebensmittel sicher ist oder nicht, sind generell folgende Kriterien zu berücksichtigen:[24]
- Die normalen Bedingungen der Verwendung des Lebensmittels durch den Verbraucher sowie auf allen Produktions-, Verarbeitungs- und Vertriebsstufen. „Anormal" wäre in diesem Zusammenhang etwa der übermäßige Alkoholkonsum eines Verbrauchers; dieser macht das alkoholische Getränk an sich noch nicht zu einem unsicheren Lebensmittel.
- Die dem Verbraucher vermittelten Informationen – einschließlich der Angaben auf dem Etikett – oder sonstige ihm normalerweise zugängliche Informationen über die Vermeidung bestimmter, die Gesundheit beeinträchtigender Wirkungen eines Lebensmittels oder einer Lebensmittelkategorie. Im Einzelfall kann beispielsweise der sich auf dem Etikett befindende Hinweis „*vor dem Verzehr 10 Minuten durcherhitzen*" dazu führen, dass das konkrete, bei rohem Verzehr möglicherweise nicht sichere Lebensmittel als ein im Sinne des Art. 14 Verordnung (EG) Nr. 178/2002 sicheres Produkt eingestuft werden kann.

1. Das Merkmal „gesundheitsschädlich"

15 Ob ein Lebensmittel gesundheitsschädlich ist, richtet sich nach folgenden Prüfparametern:[25]
- Die wahrscheinlichen sofortigen und/oder kurzfristigen und/oder langfristigen Auswirkungen des Lebensmittels auf die Verbrauchergesundheit und/oder auf die Gesundheit nachfolgender Generationen.
- Die wahrscheinlichen kumulativen toxischen Auswirkungen, die sich insbesondere auch auf synergetische Effekte einzelner, für sich gesehen sicherer Stoffe erstrecken.
- Die besondere gesundheitliche Empfindlichkeit einer bestimmten Verbrauchergruppe, falls das Lebensmittel für diese Gruppe von Verbrauchern bestimmt ist. Abweichend von dem Grundsatz, dass die potenzielle Gesundheitsschädlichkeit eines Lebensmittels bezüglich des gesunden, nicht überempfindlichen Verbrauchers festzustellen ist, gilt etwas anderes dann, wenn sich das konkrete Lebensmittel an eine bestimmte, individualisierbare Verbrauchergruppe richtet. Werden in diesem Fall die besonderen Bedürfnisse dieser Verbrauchergruppe nicht hinreichend berücksichtigt, kann somit auch ein für einen gesunden, nicht überempfindlichen Verbraucher sicheres Lebensmittel zu einem nicht sicheren Lebensmittel werden. Eine „*besondere gesundheitliche Empfindlichkeit*" weisen zum Beispiel Säuglinge auf. Dementsprechend ist etwa bei Säuglingsnahrung darauf zu ach-

---

[24] Vgl. Art. 14 Abs. 3 Verordnung (EG) Nr. 178/2002.
[25] Vgl. Art. 14 Abs. 4 Verordnung (EG) Nr. 178/2002.

ten, dass bezüglich der Zusammensetzung dieser Produkte die speziellen diätrechtlichen Vorgaben eingehalten werden, da die Ware andernfalls als Säuglingsnahrung nicht sicher ist und dementsprechend nicht zu diesem bestimmungsgemäßen Zweck in den Verkehr gebracht werden darf.

2. Das Merkmal „für den Verzehr ungeeignet"

Für den Verzehr durch den Menschen ungeeignet, dadurch unsicher und somit ebenfalls nicht verkehrsfähig sind Lebensmittel, die derart nachteiligen Veränderungen ausgesetzt worden sind, dass ihr Verzehr nach allgemeiner Verkehrsauffassung ausgeschlossen ist. Konkret ist darauf abzustellen, ob *„das Lebensmittel infolge einer durch Fremdstoffe oder auf andere Weise bewirkten Kontamination, durch Fäulnis, Verderb oder Zersetzung ausgehend von dem beabsichtigten Verwendungszweck"* für den Verzehr durch den Menschen inakzeptabel geworden ist.[26] Ein für den Verzehr durch den Menschen ungeeignetes Lebensmittel kann etwa dann vorliegen, wenn über das Internet vertriebene, leicht verderbliche Produkte beim Verbraucher bereits verdorben ankommen, da die Ware nicht hinreichend gekühlt worden ist oder sich das zur Kühlung eingesetzte Trockeneis zu schnell verflüchtigt hat.

16

C. Die Pflichtinformationen über Lebensmittel

Die **Verkehrsfähigkeit** eines Lebensmittels erfordert des Weiteren eine **ordnungsgemäße Kennzeichnung**. Die grundlegenden Parameter hierfür ergeben sich aus der Verordnung (EU) Nr. 1169/2011. Nach Art. 12 Abs. 2 Verordnung (EU) Nr. 1169/2011 sind die sich aus Art. 9 Abs. 1 und Art. 10 der Verordnung ergebenden verpflichtenden Informationen über Lebensmittel bei vorverpackten Lebensmitteln direkt auf der Verpackung oder auf einem an dieser befestigten Etikett anzubringen. Produktabhängig können sich im Einzelfall weitere Anforderungen aus weiteren europäischen oder nationalen Vorschriften ergeben. Bei nicht vorverpackter Ware ist nach Art. 44 Verordnung (EU) Nr. 1169/2011 lediglich die Allergenkennzeichnung verbindlich vorgeschrieben und wird es im Übrigen den Mitgliedstaaten der Europäischen Union überlassen, ob und inwieweit sie bezüglich so genannter loser Ware einzelstaatliche Regelungen zur Kennzeichnung treffen. Deutschland hat von dieser Option in § 4 Lebensmittelinformations-Durchführungsverordnung[27] Gebrauch gemacht. Aus dieser Vorschrift ergibt sich national eine weitreichende Kennzeichnungspflicht bei Lebensmitteln, die im Hinblick auf ihren unmittelbaren Verkauf vorverpackt und Verbrauchern zur Selbstbedienung angeboten werden.[28] Lebensmittel, die ohne Verpackung zum Verkauf angeboten werden, auf Wunsch des Verbrauchers am Verkaufsort verpackt werden oder im Hinblick auf ihren unmittelbaren Verkauf vorverpackt und nicht zur Selbstbedienung angeboten werden, müssen dagegen nach § 4 Abs. 2 LMIDV regelmäßig nur über eine Allergenkennzeichnung nach Art. 9 Abs. 1 Buchst. c Verordnung (EU) Nr. 1169/2011 verfügen.

17

Durch die direkt auf oder im Zusammenhang mit dem Lebensmittel zu tätigenden Pflichtinformationen hat der Verbraucher bei einem Vertrieb im klassischen Lebensmitteleinzelhandel im Ladenlokal und vor dem Kauf der Ware die Möglichkeit, sich umfassend über das jeweilige Lebensmittel zu informieren. Diese Option fehlt bei einem Vertrieb im Onlinehandel, da der Verbraucher hier naturgemäß gerade keine Möglichkeit hat, das vorverpackte Lebensmittel, für das er sich konkret interessiert, in die Hand zu nehmen, um

18

---

[26] Vgl. Art. 14 Abs. 5 Verordnung (EG) Nr. 178/2002.
[27] Verordnung zur Durchführung unionsrechtlicher Vorschriften betreffend die Information der Verbraucher über Lebensmittel vom 5.7.2017 (BGBl. I Nr. 45, S. 2272), sogenannte Lebensmittelinformations-Durchführungsverordnung, nachfolgend „LMIDV".
[28] Vgl. § 4 Abs. 1 LMIDV.

sich durch Lektüre der auf der Verpackung aufgedruckten Pflichtkennzeichnung über die Eigenschaften des Produkts zu informieren. Vor diesem Hintergrund ist die in Art. 14 Verordnung (EU) Nr. 1169/2011 festgelegte Regelung zu sehen, die dem Unternehmer, der Lebensmittel durch Einsatz von Fernkommunikationstechniken zum Verkauf anbietet, weitreichende Informationspflichten auferlegt, damit der Verbraucher auch im Wege des Fernabsatzes, der regelmäßig die Möglichkeit der physischen Überprüfung der Ware vor Kaufabschluss ausschließt, in die Lage versetzt wird, alle erforderlichen Informationen über das jeweilige Lebensmittel bereits vor dem Kauf zu erhalten, um eine fundierte Kaufentscheidung treffen zu können.[29] Aus Erwägungsgrund 27 der Verordnung (EU) Nr. 1169/2011 ergibt sich dazu folgende Begründung:

„Um die Bereitstellung der Informationen über Lebensmittel sicherzustellen, müssen alle Arten der Bereitstellung von Lebensmitteln an Verbraucher berücksichtigt werden, darunter der Verkauf mittels Fernkommunikation. Zwar sollten Lebensmittel, die im Fernabsatz geliefert werden, hinsichtlich der Information selbstverständlich denselben Anforderungen unterliegen wie Lebensmittel, die in Geschäften verkauft werden, doch ist eine Klarstellung dahingehend geboten, dass in solchen Fällen die einschlägigen verpflichtenden Informationen schon vor dem Abschluss des Kaufvertrags verfügbar sein sollten."

19 Konkret bestimmt Art. 14 Abs. 1 Verordnung (EU) Nr. 1169/2011, dass dem Lebensmittelunternehmer, der vorverpackte Lebensmittel durch Einsatz von Fernkommunikationstechniken zum Verkauf anbietet, bereits beim Angebot der Waren zum Verkauf weitreichende Informationspflichten obliegen, damit der Verbraucher vor Abschluss des Kaufvertrags über alle relevanten Informationen bezüglich des Lebensmittels verfügt.[30] Nach Art. 14 Abs. 2 Verordnung (EU) Nr. 1169/2011 erstrecken sich die Informationspflichten des Unternehmers, der Lebensmittel durch Einsatz von Fernkommunikationstechniken zum Verkauf anbietet, auch auf nicht vorverpackte Lebensmittel,[31] während Art. 14 Abs. 3 Verordnung (EU) Nr. 1169/2011 den Sonderfall des Automatenverkaufs regelt.[32]

I. Der Anwendungsbereich des Art. 14 Verordnung (EU) Nr. 1169/2011

20 Art. 14 Verordnung (EU) Nr. 1169/2011 bezieht sich auf den **Fernabsatz**. Was jedoch unter einem solchen *„Fernabsatz"* zu verstehen ist, wird in der Verordnung (EU) Nr. 1169/2011 nicht näher definiert. Eine Definition des Begriffs *„Fernabsatzvertrag"* ergibt sich aus Art. 2 Nr. 7 Richtlinie 2011/83/EU.[33] Danach ist ein **Fernabsatzvertrag** jeder Vertrag, der zwischen dem Unternehmer und dem Verbraucher ohne gleichzeitige körperliche Anwesenheit des Unternehmers und des Verbrauchers im Rahmen eines für den Fernabsatz organisierten Vertriebs- bzw. Dienstleistungssystems geschlossen wird, wobei bis einschließlich zum Zeitpunkt des Vertragsabschlusses ausschließlich ein oder mehrere Fernkommunikationsmittel verwendet wird/werden.

21 Ein Fernabsatzvertrag liegt demnach nur vor, wenn der **Vertrag zwischen einem Unternehmer und einem Verbraucher** zustande kommt. Die Regelungen zum Fernabsatz – und somit auch Art. 14 Verordnung (EU) Nr. 1169/2011 – finden somit nur Anwendung im Verhältnis Unternehmer/Verbraucher und sind dementsprechend nicht auf den Onlinehandel im B2B-Bereich anwendbar. **Unternehmer** ist nach Art. 2 Nr. 2 Richtlinie 2011/83/EU jede natürliche oder juristische Person, unabhängig davon, ob letztere öffentlicher

---

[29] Weiterführend zum Anwendungsbereich der Vorschrift die Ausführungen unter → Rn. 20 ff.
[30] Siehe weiterführend dazu die Ausführungen unter → Rn. 24 ff.
[31] Weiterführend dazu die Ausführungen unter → Rn. 51 ff.
[32] Siehe dazu die Ausführungen unter → Rn. 56 ff.
[33] Richtlinie 2011/83/EU des Europäischen Parlaments und des Rates vom 25.10.2011 über die Rechte der Verbraucher, zur Abänderung der Richtlinie 93/13/EWG des Rates und Richtlinie 1999/44/EG des Europäischen Parlaments und des Rates sowie zur Aufhebung der Richtlinie 85/577/EWG des Rates und der Richtlinie 97/7/EG des Europäischen Parlaments und des Rates (ABl. Nr. L 304, S. 64).

C. Die Pflichtinformationen über Lebensmittel

oder privater Natur ist, die bei von der Richtlinie erfassten Verträgen selbst oder durch eine andere Person, die in ihrem Namen oder Auftrag handelt, zu Zwecken tätig wird, die ihrer gewerblichen, geschäftlichen, handwerklichen oder beruflichen Tätigkeit zugerechnet werden können. Als **Verbraucher** wird in Art. 2 Nr. 1 Richtlinie 2011/83/EU im Fernabsatzrecht jede natürliche Person verstanden, die bei Fernabsatzverträgen zu Zwecken handelt, die außerhalb ihrer gewerblichen, geschäftlichen, handwerklichen oder beruflichen Tätigkeit liegen. Da die Legaldefinition des Verbrauchers demnach nur solche natürlichen Personen erfasst, die außerhalb ihrer gewerblichen, geschäftlichen, handwerklichen oder beruflichen Tätigkeit handeln, sind etwa auch Anbieter von Gemeinschaftsverpflegung im Fernabsatz als Unternehmer einzustufen.[34] Denn bei Anbietern von Gemeinschaftsverpflegung handelt es sich nach Art. 2 Abs. 2 Buchst. d Verordnung (EU) Nr. 1169/2011 um Einrichtungen jeder Art (darunter auch Fahrzeuge oder fest installierte oder mobile Stände) wie Restaurants, Kantinen, Schulen, Krankenhäuser oder Catering-Unternehmen, in denen im Rahmen ihrer gewerblichen Tätigkeit Lebensmittel für den unmittelbaren Verzehr durch den Endverbraucher zubereitet werden.

Erforderlich ist des Weiteren, dass der Fernabsatzvertrag **in Abwesenheit der Vertragsparteien durch Einsatz von Fernkommunikationsmitteln** geschlossen wird. Kommt der Kaufvertrag erst bei persönlicher Übergabe des Lebensmittels zustande, handelt es sich hierbei nicht um einen Fernabsatz und finden somit auch die sich aus Art. 14 Verordnung (EU) Nr. 1169/2011 ergebenden Vorgaben keine Anwendung. Entscheidend für die Abgrenzung zwischen einem Fernabsatz und einem Kauf unter Anwesenden ist unter anderem, ob für Tätigkeiten im Vorfeld der physischen Übergabe der Ware bereits Gebühren erhoben werden oder Kosten für den Verbraucher erst bei einem Vertragsschluss unter Anwesenden entstehen können.[35] Während bei vorab entstehenden Gebühren und Kosten regelmäßig von einem die Informationspflichten nach Art. 14 Verordnung (EU) Nr. 1169/2011 begründenden Fernabsatz auszugehen ist, spricht das Entstehen von Kosten erst bei einem Vertragsschluss unter Anwesenden für einen Ausschluss der sich aus Art. 14 Verordnung (EU) Nr. 1169/2011 ergebenden Informationspflichten. Interessant ist in diesem Zusammenhang auch ein Urteil des Kammergerichts Berlin vom 21.1.2018:[36]

Konkret konnten die Verbraucher bei einem Lieferservice Lebensmittel bestellen, wobei sich das entsprechende Angebot von Waren im Internet nach den Allgemeinen Geschäftsbedingungen des Anbieters ausdrücklich noch nicht als ein rechtlich verbindliches Angebot darstellen sollte. Der Kaufvertrag sollte vielmehr erst dann zustande kommen, wenn sich der Verbraucher bei Anlieferung der Ware tatsächlich zur Abnahme entschied. Allerdings erhob der Anbieter für die Auslieferung der Ware eine Gebühr, die der Verbraucher in jedem Fall und unabhängig davon zu zahlen hatte, ob er die Ware letztlich abnahm oder nicht. Im Ergebnis zu Recht hat das Kammergericht Berlin deshalb entschieden, dass der verklagte Lieferservice seine Kunden vor einer mit Kosten verbundenen Bestellung im Internet gemäß Art. 14 Verordnung (EU) Nr. 1169/2011 hätte informieren müssen, was vorliegend nicht stattgefunden hatte.

II. Die Informationspflichten bei vorverpackten Lebensmitteln

Bei einer im Fernabsatz erfolgenden Abgabe vorverpackter Lebensmittel[37] ergeben sich die Voraussetzungen, die weitreichende Informationspflichten begründen,[38] sowie der konkre-

---

[34] So auch Zipfel/Rathke/*Meistererenst*, Lebensmittelrecht, C 113 Art. 14 Rn. 13 unter Bezugnahme auf Ziffer 1.9 des „Working Document" der Europäischen Kommission.
[35] So auch Domeier/Holle/Weyland/*Comans*, Praxishandbuch Lebensmittelkennzeichnung, Kap. 2A. 6.2.
[36] *KG Berlin*, 21.1.2018 – 5 U 126/16.
[37] Vgl. zum Begriff des vorverpackten Lebensmittels die Ausführungen unter → Rn. 26 ff.
[38] Die zur Begründung einer Informationspflicht gemäß Art. 14 Abs. 1 Verordnung (EU) Nr. 1169/2011 erforderlichen Voraussetzungen werden nachfolgend unter → Rn. 25 ff. erläutert.

te Umfang dieser Informationspflichten,[39] der Ort der Angabe[40] und der Zeitpunkt, zu dem der Verbraucher entsprechend zu informieren ist,[41] aus Art. 14 Abs. 1 Verordnung (EU) Nr. 1169/2011. Demnach gilt bezüglich der dem Anbieter obliegenden Informationspflichten bei vorverpackten Lebensmitteln, die durch Einsatz von Fernkommunikationstechniken zum Verkauf angeboten werden, Folgendes:

– *„Verpflichtende Information über Lebensmittel mit Ausnahme der Angaben gemäß Art. 9 Abs. 1 Buchst. f müssen vor dem Abschluss des Kaufvertrags verfügbar sein und auf dem Trägermaterial des Fernabsatzgeschäfts erscheinen oder durch andere geeignete Mittel, die vom Lebensmittelunternehmer eindeutig anzugeben sind, bereitgestellt werden. Wird auf andere geeignete Mittel zurückgegriffen, so sind die verpflichtenden Informationen über Lebensmittel bereitzustellen, ohne dass der Lebensmittelunternehmer den Verbrauchern zusätzliche Kosten in Rechnung stellt;*
– *alle verpflichtenden Angaben müssen zum Zeitpunkt der Lieferung verfügbar sein."*

1. Die zur Begründung von Informationspflichten nach Art. 14 Abs. 1 Verordnung (EU) Nr. 1169/2011 führenden Voraussetzungen

25 Den sich aus Art. 14 Abs. 1 Verordnung (EU) Nr. 1169/2011 ergebenden umfangreichen Informationspflichten ist aufgrund des zuvor wiedergegebenen Verordnungstextes nachzukommen, wenn kumulativ folgende drei Voraussetzungen gegeben sind:
– Vorliegen eines vorverpackten Lebensmittels,[42]
– das durch Einsatz von Fernkommunikationstechniken,[43]
– zum Verkauf angeboten wird.[44]
Zu den Voraussetzungen im Einzelnen:

a) Das vorverpackte Lebensmittel

26 Bezüglich des Begriffs **„Lebensmittel"** wird auf das zuvor bereits Ausgeführte verwiesen.[45] Unter einem **vorverpackten Lebensmittel** ist nach Art. 2 Abs. 2 Buchst. e Verordnung (EU) Nr. 1169/2011 jede Verkaufseinheit zu verstehen, *„die als solche an den Endverbraucher und an Anbieter von Gemeinschaftsverpflegung abgegeben werden soll und die aus einem Lebensmittel und der Verpackung besteht, in die das Lebensmittel vor dem Feilbieten verpackt worden ist, gleichviel, ob die Verpackung es ganz oder teilweise umschließt, jedoch auf solche Weise, dass der Inhalt nicht verändert werden kann, ohne dass die Verpackung geöffnet werden muss oder eine Veränderung erfährt; Lebensmittel, die auf Wunsch des Verbrauchers am Verkaufsort verpackt oder im Hinblick auf ihren unmittelbaren Verkauf vorverpackt werden, werden von dem Begriff ‚vorverpacktes Lebensmittel' nicht erfasst".*

27 **Vorverpackt** sind etwa die über die Onlineplattform eines Händlers angebotene Flasche mit Fruchtsaft, die verschweißte Packung mit Kaffeebohnen oder die eine Suppe enthaltende Konservendose. Kein vorverpacktes Lebensmittel liegt dagegen vor, wenn etwa eine Pizza oder eine Sushi-Platte auf individuellen Kundenwunsch hergestellt und jeweils verpackt an den Verbraucher geliefert wird. Denn in diesem Fall erfolgt die Herstellung der zu liefernden Gerichte und deren Verpackung am Verkaufsort – konkret in der Pizzeria sowie in der Sushi-Bar – auf Wunsch des Verbrauchers und somit in einer Weise, die nach der Legaldefinition des Art. 2 Abs. 2 Buchst. e Verordnung (EU) Nr. 1169/2011 gerade nicht die Voraussetzungen eines vorverpackten Lebensmittels erfüllt.

---

[39] Vgl. weiterführend zu den umfangreichen Informationspflichten nach Art. 14 Abs. 1 Verordnung (EU) Nr. 1169/2011 die Ausführungen unter → Rn. 41 ff.
[40] Siehe dazu die Ausführungen unter → Rn. 36 f.
[41] Siehe dazu die Ausführungen unter → Rn. 40.
[42] Weiterführend zum Begriff des vorverpackten Lebensmittels die Ausführungen unter → Rn. 26 ff.
[43] Vgl. dazu die Ausführungen unter → Rn. 31 f.
[44] Siehe dazu die Ausführungen unter → Rn. 29 f.
[45] Weiterführend zum Begriff „Lebensmittel" die Ausführungen unter → Rn. 7 ff.

C. Die Pflichtinformationen über Lebensmittel

Soweit im Rahmen der Legaldefinition des vorverpackten Lebensmittels gleichberechtigt neben einer Abgabe an Endverbraucher auch auf die Abgabe an „*Anbieter von Gemeinschaftsverpflegung*" abgestellt wird, unterfallen Letztere aufgrund ihrer gewerblichen Tätigkeit und ihrer damit einhergehenden mangelnden Verbrauchereigenschaft gemäß Art. 2 Nr. 1 Richtlinie 2011/83/EU nicht dem Schutzbereich des Art. 14 Abs. 1 Verordnung (EU) Nr. 1169/2011.[46]

28

b) Das Angebot zum Verkauf

Das nach Art. 14 Abs. 1 Verordnung (EU) Nr. 1169/2011 erforderliche „*Angebot zum Verkauf*" liegt nicht erst bei Aufnahme von Vertragsverhandlungen vor, sondern greift zur Gewährleistung eines effektiven Verbraucherschutzes bereits zu einem wesentlich früheren Zeitpunkt ein. Entscheidend ist unter Bezugnahme auf Erwägungsgrund 27 Verordnung (EU) Nr. 1169/2011,[47] dass der Verbraucher seine Kaufentscheidung im Fernabsatz auf der gleichen Grundlage fällen kann wie etwa im Supermarkt, indem ihm verpflichtende Informationen über das konkrete Lebensmittel bereits vor einer Bestellung im Zusammenhang mit dem Kaufangebot zugänglich gemacht werden.[48]

29

Erfasst vom Anwendungsbereich des Art. 14 Abs. 1 Verordnung (EU) Nr. 1169/2011 ist demnach unter anderem die so genannte „*invitatio ad offerendum*", also die Einladung des Verbrauchers, seinerseits ein Angebot abzugeben. So stellt sich etwa das auf der Onlineplattform eines Händlers unter Angabe des Kaufpreises dargestellte Produkt als eine entsprechende „*Einladung zum Angebot*" dar, wenn der Verbraucher das Produkt in seinen virtuellen Warenkorb legen und damit zur ebenfalls virtuellen Kasse gehen kann. Wird ein Lebensmittel dagegen lediglich im Internet beworben – etwa im Rahmen des Internetauftritts des Herstellers unter dem Stichwort „*Unsere Produkte*" –, ohne dass dort auch eine Bestell- oder Kaufmöglichkeit besteht, liegt regelmäßig kein Angebot zum Verkauf im Sinne des Art. 14 Abs. 1 Verordnung (EU) Nr. 1169/2011 vor.

30

c) „Durch Einsatz von Fernkommunikationstechniken"

Im Rahmen des Art. 14 Abs. 1 Verordnung (EU) Nr. 1169/2011 muss das vorverpackte Lebensmittel durch den Einsatz von Fernkommunikationstechnik zum Verkauf angeboten werden. Der Begriff „*Fernkommunikationstechnik*" wird in Art. 2 Abs. 2 Buchst. u Verordnung (EU) Nr. 1169/2011 legal definiert als „*jedes Kommunikationsmittel, das zum Abschluss eines Vertrags zwischen einem Verbraucher und einem Lieferer ohne gleichzeitige körperliche Anwesenheit der Vertragsparteien eingesetzt werden kann*". Diese Voraussetzungen werden durch den Vertrieb von Lebensmitteln über Onlineplattformen ebenso erfüllt wie etwa auch durch über Mobilfunknetze verschickte Nachrichten wie SMS, E-Mails oder sonst über Rundfunk- und Telemedien getätigte Kaufangebote.[49] Auch Telefonanrufe oder Kataloge können die Voraussetzung der Fernkommunikationstechnik erfüllen, soweit darüber im Einzelfall Kaufabschlüsse möglich sind.

31

Das Verteilen von Flyern, über die Verbraucher zum Besuch eines Ladenlokals aufgefordert werden, erfüllt dagegen nicht die Voraussetzungen der Vorschrift, da der eigentliche Vertragsschluss in diesem Fall erst im Ladenlokal unter physischer Anwesenheit von Käufer und Verkäufer erfolgt. Entsprechendes gilt etwa auch bei der im Zusammenhang mit der Bewerbung eines Lebensmittels im Internet erfolgenden Aufforderung des Verbrauchers, das neue und innovative Produkt in ausgewählten X-Supermärkten zu erwerben. Denn in diesem Fall kommt es erst in dem jeweiligen Supermarkt in Anwesenheit von Käufer und

32

---

[46] Siehe dazu auch die Ausführungen unter → Rn. 20 ff.
[47] Siehe dazu → Rn. 18.
[48] So auch *LG Berlin*, 12.6.2015 – 102 O 15/15.
[49] Vgl. weiterführend Domeier/Holle/Weyland/*Comans*, Praxishandbuch Lebensmittelkennzeichnung, Kap. 2A. 6.3.1.2.

Verkäufer zu einem Angebot zum Verkauf und nach Inaugenscheinnahme des Produkts durch den Kunden gegebenenfalls zu einem Kauf.

2. Die Darstellung der Pflichtangaben

33 Werden vorverpackte Lebensmittel durch den Einsatz von Fernkommunikationstechniken zum Verkauf angeboten und liegen somit die umfangreiche Informationspflichten nach Art. 14 Abs. 1 Verordnung (EU) Nr. 1169/2011 begründenden Voraussetzungen vor, so müssen die verpflichtenden Informationen über die jeweiligen Lebensmittel entweder
  – auf dem Trägermaterial des Fernabsatzgeschäfts erscheinen[50] oder
  – durch andere geeignete Mittel, die vom Lebensmittelunternehmer eindeutig anzugeben sind und die für den Verbraucher nicht mit Kosten verbunden sein dürfen, bereitgestellt werden.[51]

34 Bezüglich der Angabe der Pflichtinformation ist zu beachten, dass Art. 14 Abs. 1 Verordnung (EU) Nr. 1169/2011 keinen Verweis auf die sich auf vorverpackte Lebensmittel beziehenden Regelungen in Art. 12 und in Art. 13 der Verordnung enthält. Dementsprechend ist bezüglich der zu tätigenden Pflichtinformationen zum Beispiel keine bestimmte Schriftgröße einzuhalten, wie sie sich für vorverpackte Lebensmittel etwa aus Art. 13 Abs. 2 iVm Anhang IV Verordnung (EU) Nr. 1169/2011 ergibt.

35 Nach Art. 15 Abs. 1 Verordnung (EU) Nr. 1169/2011 *„sind verpflichtende Informationen über Lebensmittel in einer für die Verbraucher der Mitgliedstaaten, in denen ein Lebensmittel vermarktet wird, leicht verständlichen Sprache abzufassen"*. Art. 15 Abs. 2 Verordnung (EU) Nr. 1169/2011 räumt den einzelnen Mitgliedstaaten der Europäischen Union die Möglichkeit ein, in ihrem Hoheitsgebiet zu bestimmen, dass verpflichtende Informationen über Lebensmittel in einer Amtssprache oder in mehreren Amtssprachen der Europäischen Union zu machen sind. Deutschland hat von dieser Ermächtigung in § 2 Abs. 1 LMIDV Gebrauch gemacht und dort festgelegt, dass Lebensmittel beim Inverkehrbringen in Deutschland **in deutscher Sprache** zu kennzeichnen sind. Da sich diese Vorgabe grundsätzlich auch auf den Vertrieb von Lebensmitteln im Onlinehandel erstreckt, sind die nach Art. 14 Abs. 1 Verordnung (EU) Nr. 1169/2011 zu tätigenden Pflichtinformationen regelmäßig in deutscher Sprache anzugeben, wenn sich das Angebot auch an den deutschen Verbraucher richtet.[52]

a) Die Angabe auf dem „Trägermaterial des Fernabsatzgeschäfts"

36 Der Begriff *„Trägermaterial des Fernabsatzgeschäfts"* wird in der Verordnung (EU) Nr. 1169/2011 nicht legal definiert. Gemeint ist aber wohl, dass die verpflichtenden Informationen über Lebensmittel grundsätzlich über das **Fernkommunikationsmittel** anzugeben sind, über das auch das konkrete Lebensmittel zum Verkauf angeboten wird und über das es letztlich zum Abschluss eines Kaufvertrags kommen kann. Wird ein Lebensmittel in einem Onlineshop zum Verkauf angeboten und kann es infolgedessen auch über diesen Onlineshop zu einem Vertragsabschluss kommen, so sind die verpflichtenden Informationen nach Art. 14 Abs. 1 Verordnung (EU) Nr. 1169/2011 grundsätzlich ebenfalls über diesen Onlineshop zur Verfügung zu stellen. Wie dies konkret zu erfolgen hat, lässt sich der Verordnung (EU) Nr. 1169/2011 nicht entnehmen. Dies hat zur Folge, dass der Lebensmittelunternehmer bezüglich der Angabe der verpflichtenden Informationen relativ frei ist, solange er die erforderlichen Pflichtinformationen in transparenter und nicht irreführender Weise vornimmt.

---

[50] Vgl. dazu → Rn. 36 f.
[51] Vgl. dazu → Rn. 38 f.
[52] Weiterführend dazu auch Domeier/Holle/Weyland/*Comans*, Praxishandbuch Lebensmittelkennzeichnung, Kap. 2A. 6.3.3.1.

Konkret kann die nach Art. 14 Abs. 1 Verordnung (EU) Nr. 1169/2011 vorzunehmende Pflichtinformation etwa in direktem Zusammenhang mit der Auslobung des Produkts erfolgen, indem die Angaben zum Beispiel neben oder unter dem dargestellten Produkt getätigt werden. Dies kann etwa auch in Form einer Tabelle geschehen.[53] Des Weiteren besteht auch die Möglichkeit, den Verbraucher zum Beispiel über einen anzuklickenden Button *„verpflichtende Informationen über das Lebensmittel"* oder über einen Reiter *„Produktdetails"* auf eine neue Seite zu leiten, auf der sich dann die nach Art. 14 Abs. 1 Verordnung (EU) Nr. 1169/2011 vorzunehmende Pflichtkennzeichnung befindet.[54] Grundsätzlich kann auch die sich auf dem abgebildeten Lebensmittel befindende Pflichtkennzeichnung ausreichen, um der sich aus Art. 14 Abs. 1 Verordnung (EU) Nr. 1169/2011 ergebenden Pflichtinformation zu genügen.[55] Dies setzt jedoch voraus, dass der Verbraucher tatsächlich alle erforderlichen Pflichtangaben durch Inaugenscheinnahme des abgebildeten Produkts erkennen kann. Vielfach wird dies nur möglich sein, wenn er dazu das im Internet abgebildete Produkt vergrößern und auch drehen kann.

b) Das Merkmal „andere geeignete Mittel"

Alternativ zur Angabe der Pflichtinformation auf dem Trägermaterial des Fernabsatzgeschäfts besteht auch die Möglichkeit, die nach Art. 14 Abs. 1 Verordnung (EU) Nr. 1169/2011 erforderlichen Pflichtinformationen über das Lebensmittel durch andere geeignete Mittel zur Verfügung zu stellen. Unter einem *„anderen geeigneten Mittel"* ist grundsätzlich jede andere Möglichkeit der Informationsbereitstellung zu verstehen, die nicht über das Trägermaterial des Fernabsatzgeschäfts erfolgt. Zu denken ist hier etwa an den Verweis der Verbraucher an eine Service-Hotline oder an die Möglichkeit der Anforderung weiterer Informationen über das Produkt per E-Mail.

Macht der Lebensmittelunternehmer von seinem Wahlrecht Gebrauch und gibt die verpflichtenden Informationen über andere geeignete Mittel an, so muss er **eindeutig mitteilen,** wo genau die verpflichtenden Informationen über Lebensmittel abgerufen werden können. Des Weiteren dürfen den Verbrauchern durch die Bereitstellung der verpflichtenden Informationen über Lebensmittel durch andere geeignete Mittel vom Lebensmittelunternehmer **keine zusätzlichen Kosten** in Rechnung gestellt werden. Dementsprechend ist etwa der im Onlineshop erfolgende Hinweis unzulässig, dass die verpflichtenden Informationen über die dort angebotenen Lebensmittel unter einer kostenpflichtigen Service-Hotline abgefragt werden können.[56]

3. Der Zeitpunkt, zu dem die Pflichtinformationen vorliegen müssen

Die **verpflichtenden Informationen** über die den Verbrauchern im Wege des Fernabsatzes angebotenen vorverpackten Lebensmittel müssen für die Verbraucher **vor dem Abschluss eines Kaufvertrags verfügbar** sein. Dies ist insbesondere bei der Wahl des Orts der Pflichtangaben zu beachten.[57] Dabei genügt es beispielsweise nicht, wenn der Verbraucher erst nach Abschluss des Kaufvertrags als anderes geeignetes Mittel eine E-Mail des Verkäufers erhält, der sich die nach Art. 14 Abs. 1 Verordnung (EU) Nr. 1169/2011 erforderlichen Pflichtangaben entnehmen lassen. Vielmehr muss auch bei der Zurverfügungstellung der erforderlichen Pflichtinformationen durch ein anderes geeignetes Mittel sichergestellt werden, dass der Kaufabschluss erst zustande kommen kann, nachdem der

---

[53] So etwa auch Domeier/Holle/Weyland/*Comans,* Praxishandbuch Lebensmittelkennzeichnung, Kap. 2A. 6.3.3.1.
[54] Weiterführend dazu Domeier/Holle/Weyland/*Comans,* Praxishandbuch Lebensmittelkennzeichnung, Kap. 2A. 6.3.3.1.
[55] Siehe auch Domeier/Holle/Weyland/*Comans,* Praxishandbuch Lebensmittelkennzeichnung, Kap. 2A. 6.3.3.1.
[56] So auch Domeier/Holle/Weyland/*Comans,* Praxishandbuch Lebensmittelkennzeichnung, Kap. 2A. 6.3.3.2.
[57] Weiterführend zu den alternativ möglichen Orten der Pflichtinformationen unter → Rn. 36f.

Verbraucher auf das andere geeignete Mittel hingewiesen worden ist und darüber hinaus auch tatsächlich die Möglichkeit gehabt hat, die verpflichtenden Informationen über das zu erwerbende Lebensmittel abzurufen, ohne dass ihm dadurch weitere Kosten vom Lebensmittelunternehmer in Rechnung gestellt werden.

4. Der Umfang der Informationspflichten

41 Anzugeben sind nach Art. 14 Abs. 1 Verordnung (EU) Nr. 1169/2011 „*verpflichtende Informationen über Lebensmittel*". Darunter sind nach Art. 2 Abs. 2 Buchst. c Verordnung (EU) Nr. 1169/2011 diejenigen Angaben zu verstehen, die dem Endverbraucher aufgrund von Unionsvorschriften bereitgestellt werden müssen. Bezogen auf die sich aus der Verordnung (EU) Nr. 1169/2011 ergebenden Vorgaben handelt es sich dabei zunächst um die nach Art. 9 Abs. 1 und Art. 10 der Verordnung erforderlichen Pflichtangaben.[58] Darüber hinaus können sich im Einzelfall aber auch aus anderen Vorschriften Kennzeichnungselemente ergeben, deren Angabe nach Art. 14 Abs. 1 Verordnung (EU) Nr. 1169/2011 ebenfalls verbindlich vorgeschrieben ist.[59] Zu beachten sind unabhängig von Art. 14 Abs. 1 Verordnung (EU) Nr. 1169/2011 letztlich auch nationale Vorschriften.[60]

42 Werden vorverpackte Lebensmittel durch den Einsatz von Fernkommunikationstechniken zum Verkauf angeboten, sind gemäß **Art. 14 Abs. 1 Buchst. a Verordnung (EU) Nr. 1169/2011** nahezu alle erforderlichen Elemente der sich aus Art. 9 Abs. 1 sowie aus Art. 10 iVm Anhang III Verordnung (EU) Nr. 1169/2011 ergebenden Pflichtinformation bereits vor dem Abschluss des Kaufvertrags zur Verfügung zu stellen und auf dem Trägermaterial des Fernabsatzgeschäfts oder durch andere geeignete Mittel bereitzustellen, auf die der Lebensmittelunternehmer eindeutig hinweisen muss. Ausgenommen von dieser Pflicht sind lediglich das Mindesthaltbarkeits- sowie das Verbrauchsdatum und wohl grundsätzlich auch das Einfrierdatum,[61] da deren Berücksichtigung aufgrund ihrer Variabilität eine nicht praktikable ständige Abänderung der jenseits des konkreten Produkts bereitzustellenden Informationen erfordern würde.

43 Nach **Art. 14 Abs. 1 Buchst. b Verordnung (EU) Nr. 1169/2011** müssen zum Zeitpunkt der Lieferung des vorverpackten Lebensmittels alle verpflichtenden Angaben verfügbar sein. Letzteres stellt in der Praxis grundsätzlich kein Problem dar, weil die in Deutschland vorverpackt in den Verkehr zu bringenden Lebensmittel ohnehin nur dann verkehrsfähig sind, wenn sie über eine ordnungsgemäße Pflichtkennzeichnung verfügen. Dementsprechend stehen bei unterstellter ordnungsgemäßer Kennzeichnung vorverpackt abgegebener Lebensmittel zum Zeitpunkt der Lieferung bereits alle erforderlichen Elemente der Pflichtinformation über die Produktkennzeichnung zur Verfügung.

a) Die sich aus der Verordnung (EU) Nr. 1169/2011 ergebenden Pflichtangaben

44 Folgende Angaben sind dem Verbraucher gemäß **Art. 14 Abs. 1 Verordnung (EU) Nr. 1169/2011** nach Art. 9 Abs. 1 sowie nach Art. 10 Verordnung (EU) Nr. 1169/ 2011 in Abhängigkeit von den konkreten Umständen des Einzelfalls **vor Abschluss des Kaufvertrags** auf dem Trägermaterial des Fernabsatzgeschäfts oder durch andere geeignete Mittel zur Verfügung zu stellen:
– Die **Bezeichnung** des Lebensmittels nach Art. 9 Abs. 1 Buchst. a Verordnung (EU) Nr. 1169/2011, bei der es sich nach Art. 17 Abs. 1 der Verordnung um die rechtlich vorgeschriebene Bezeichnung oder – bei deren Fehlen – um die verkehrsübliche Be-

---

[58] Weiterführend dazu nachfolgend unter → Rn. 44f.
[59] Weiterführend dazu nachfolgend unter → Rn. 46f.
[60] Siehe dazu die Ausführungen unter → Rn. 48f.
[61] So etwa auch Domeier/Holle/Weyland/*Comans*, Praxishandbuch Lebensmittelkennzeichnung, Kap. 2A. 6.3.4.1; Zipfel/Rathke/*Meisterernst*, Lebensmittelrecht, C 113 Art. 14 Rn. 24 unter Bezugnahme auf Ziffer 1.7 des „Working Document" der Europäischen Kommission; Voit/Grube/*Voit*, Lebensmittelinformationsverordnung, Art. 14 Rn. 15.

zeichnung oder, falls es keine verkehrsübliche Bezeichnung gibt oder diese nicht verwendet wird, um die beschreibende Bezeichnung des Lebensmittels handelt. Spezielle Vorgaben für die Bezeichnung ergeben sich neben produktspezifischen Regelungen aus Art. 17 Abs. 5 iVm Anhang VI Verordnung (EU) Nr. 1169/2011.
- Das **Zutatenverzeichnis** gemäß Art. 9 Abs. 1 Buchst. b Verordnung (EU) Nr. 1169/2011, bei dem es sich nach Art. 18 Abs. 1 der Verordnung um die Aufzählung sämtlicher Zutaten des Lebensmittels in absteigender Reihenfolge ihres Gewichtsanteils zum Zeitpunkt ihrer Verwendung bei der Herstellung des Lebensmittels handelt. Weitere Vorgaben zum Zutatenverzeichnis ergeben sich insbesondere aus Art. 18 Abs. 4 iVm Anhang VII Verordnung (EU) Nr. 1169/2011. Ausnahmen finden sich in Art. 19 und Art. 20 Verordnung (EU) Nr. 1169/2011.
- Die **Allergenkennzeichnung** nach Art. 9 Abs. 1 Buchst. c Verordnung (EU) Nr. 1169/2011, wonach alle in Anhang II der Verordnung aufgeführten Zutaten und Verarbeitungshilfsstoffe sowie Zutaten und Verarbeitungshilfsstoffe, die Derivate eines in Anhang II der Verordnung aufgeführten Stoffs oder Erzeugnisses sind, die bei der Herstellung oder Zubereitung eines Lebensmittels verwendet werden und – gegebenenfalls in veränderter Form – im Enderzeugnis vorhanden sind und die Allergien und Unverträglichkeiten auslösen, gemäß den sich im Einzelnen aus Art. 21 iVm Anhang II Verordnung (EU) Nr. 1169/2011 ergebenden Vorgaben kenntlich zu machen sind.
- Die **Menge bestimmter Zutaten oder Zutatenklassen** gemäß Art. 9 Abs. 1 Buchst. d Verordnung (EU) Nr. 1169/2011, wenn die betreffende Zutat oder Zutatenklasse nach Art. 22 Abs. 1 der Verordnung
  - in der Bezeichnung des Lebensmittels genannt ist oder normalerweise von Verbrauchern mit dieser Bezeichnung in Verbindung gebracht wird;
  - auf der Kennzeichnung durch Worte, Bilder oder eine grafische Darstellung hervorgehoben ist; oder
  - von wesentlicher Bedeutung für die Charakterisierung eines Lebensmittels und seine Unterscheidung von anderen Erzeugnissen ist, mit denen es aufgrund seiner Bezeichnung oder seines Aussehens verwechselt werden könnte.
- Die **Nettofüllmenge** des Lebensmittels gemäß Art. 9 Abs. 1 Buchst. e Verordnung (EU) Nr. 1169/2011 nach Maßgabe des Art. 23 iVm Anhang IX der Verordnung.
- Der **Name oder die Firma und die Anschrift des Lebensmittelunternehmers,** der nach Art. 8 Abs. 1 der Verordnung für die Information über das Lebensmittel verantwortlich ist, gemäß Art. 9 Abs. 1 Buchst. h Verordnung (EU) Nr. 1169/2011. Nach Art. 8 Abs. 1 Verordnung (EU) Nr. 1169/2011 ist für die Information über ein Lebensmittel derjenige Lebensmittelunternehmer verantwortlich, unter dessen Namen oder Firma das Lebensmittel vermarktet wird, oder, wenn dieser Unternehmer nicht in der Europäischen Union niedergelassen ist, der Importeur, der das Lebensmittel in die Europäische Union einführt. Nach Auffassung des LG Mannheim genügt es den Anforderungen des Art. 14 Abs. 1 Buchst. a iVm Art. 9 Abs. 1 Buchst. h und Art. 8 Abs. 1 Verordnung (EU) Nr. 1169/2011, wenn der Verkäufer in einem Onlineshop auf der Startseite unter dem anzuklickenden Unterpunkt „über uns" auf seine Importeurseigenschaft hinweist.[62]
- Die **Nährwertdeklaration** nach Art. 9 Abs. 1 Buchst. l Verordnung (EU) Nr. 1169/2011, wobei sich die Einzelheiten aus Art. 30 ff. iVm den Anhängen I, V, XIII, XIV und XV Verordnung (EU) Nr. 1169/2011 ergeben.
- Gegebenenfalls **besondere Anweisungen für die Aufbewahrung und/oder Anweisungen für die Verwendung** nach Art. 9 Abs. 1 Buchst. g Verordnung (EU) Nr. 1169/2011, wenn Lebensmittel gemäß Art. 25 der Verordnung im Einzelfall besondere Aufbewahrungs- und/oder Verwendungsbedingungen erfordern. Nach Art. 25 Abs. 2 Verordnung (EU) Nr. 1169/2011 müssen gegebenenfalls die Aufbewah-

---

[62] *LG Mannheim*, 1.6.2017 – 23 O 73/16, LRE Band 75, S. 172 ff.

rungsbedingungen und/oder der Verzehrzeitraum angegeben werden, wenn nur so eine angemessene Aufbewahrung oder Verwendung der Lebensmittel nach dem Öffnen der Verpackung möglich ist. Zu beachten ist in diesem Zusammenhang ein sehr weitgehendes Urteil des LG Mannheim.[63] Konkret hat die Kammer bezüglich einer über einen Onlineshop angebotenen Suppengrundmasse in einer Fertigpackung, die nach bestimmungsgemäßer Verdünnung eine Gesamtmenge von 0,6 Liter ergibt, mit Urteil vom 1.6.2017 entschieden, dass gemäß Art. 9 Abs. 1 Buchst. g iVm Art. 14 Abs. 1 Buchst. a Verordnung (EU) Nr. 1169/2011 im Fernabsatz ein Hinweis auf die besonderen Aufbewahrungsbedingungen erforderlich ist. Zwar seien besondere Anweisungen nach Art. 9 Abs. 1 Buchst. g Verordnung (EU) Nr. 1169/2011 nur *„gegebenenfalls"* erforderlich. Im vorliegenden Fall seien aber entsprechende Hinweise zu Aufbewahrungsbedingungen geboten, da sich bei entsprechender Ergänzung der Tomatensuppengrundmasse eine Gesamtflüssigkeitsmenge von ca. 0,6 Liter ergebe. Gerade bei Singlehaushalten, insbesondere auch bei älteren Menschen, erscheine es nicht abwegig, dass der Inhalt der Suppe nicht auf einmal verzehrt wird, sondern Reste zum späteren Verzehr aufgehoben werden. Dementsprechend sind nach Auffassung des Gerichts gemäß Art. 14 Abs. 1 iVm Art. 9 Abs. 1 Buchst. g Verordnung (EU) Nr. 1169/2011 Hinweise zu einer erforderlichen Lagerung der geöffneten Suppendose im Kühlschrank ebenso erforderlich wie zu dem möglichen Verbrauchszeitraum der geöffneten Dose.

– Das **Ursprungsland** oder der **Herkunftsort** nach Art. 9 Abs. 1 Buchst. i Verordnung (EU) Nr. 1169/2011, soweit dies nach den sich im Einzelnen aus Art. 26 der Verordnung ergebenden Vorgaben erforderlich ist.

– Die **Gebrauchsanweisung** gemäß Art. 9 Abs. 1 Buchst. j Verordnung (EU) Nr. 1169/2011, falls es schwierig wäre, das Lebensmittel ohne eine solche angemessen zu verwenden. Zu denken ist hier etwa an die Zubereitung von Instantprodukten wie etwa einer Tütensuppe bezüglich der Frage, ob das Pulver in das noch kalte, bereits warme oder schon kochende Wasser einzurühren ist, sowie bezüglich der Dauer der Kochzeit. Nach Art. 27 Abs. 1 Verordnung (EU) Nr. 1169/2011 muss die Gebrauchsanleitung für ein Lebensmittel so abgefasst sein, dass die Verwendung des Lebensmittels in geeigneter Weise ermöglicht wird.

– Der **Alkoholgehalt** in Volumenprozent bei Getränken mit einem Alkoholgehalt von mehr als 1,2 Volumenprozent gemäß Art. 9 Abs. 1 Buchst. k Verordnung (EU) Nr. 1169/2011, wobei sich Einzelheiten aus Art. 28 iVm Anhang XII Verordnung (EU) Nr. 1169/2011 ergeben.

– In Abhängigkeit vom konkreten Einzelfall **weitere, sich im Einzelnen aus Art. 10 iVm Anhang III Verordnung (EU) Nr. 1169/2011 ergebende Informationspflichten** wie etwa der Hinweis *„unter Schutzatmosphäre verpackt"*, der bei Lebensmitteln erforderlich ist, deren Haltbarkeit durch ein nach der Verordnung (EG) Nr. 1333/2008[64] zugelassenes Packgas verlängert wird.

45 **Das Mindesthaltbarkeits- oder das Verbrauchsdatum** nach Art. 9 Abs. 1 Buchst. f Verordnung (EU) Nr. 1169/2011 sowie grundsätzlich auch das **Einfrierdatum**[65] müssen gemäß Art. 14 Abs. 1 Buchst. b der Verordnung erst **zum Zeitpunkt der Lieferung** vorliegen und nicht bereits vor Abschluss des Kaufvertrags auf dem Trägermaterial des Fernabsatzgeschäfts oder durch andere geeignete Mittel verfügbar sein. Da sich das Mindest-

---

[63] *LG Mannheim*, 1.6.2017 – 23 O 73/16, LRE Band 75, S. 172ff.
[64] Verordnung (EG) Nr. 1333/2008 des Europäischen Parlaments und des Rates vom 16.12.2008 über Lebensmittelzusatzstoffe (ABl. Nr. L 354, S. 16; ber. ABl. 2010 Nr. L 105, S. 114; ABl. 2012 Nr. L 322, S. 8 und ABl. 2015 Nr. L 123, S. 122).
[65] Weiterführend dazu die Ausführungen unter → Rn. 42 sowie etwa auch Domeier/Holle/Weyland/*Comans*, Praxishandbuch Lebensmittelkennzeichnung, Kap. 2A. 6.3.4.1; Zipfel/Rathke/*Meisterernst*, Lebensmittelrecht, C 113 Art. 14 Rn. 24 unter Bezugnahme auf Ziffer 1.7 des „Working Document" der Europäischen Kommission; Voit/Grube/*Voit*, Lebensmittelinformationsverordnung, Art. 14 Rn. 15.

haltbarkeitsdatum häufig – bei einer Vielzahl von Lebensmitteln sogar täglich – ändert, wäre die Forderung nach einer entsprechenden Angabe etwa im Rahmen des Internetauftritts eines Onlineshops unverhältnismäßig. Denn der Onlinehändler wäre in diesem Fall nur noch damit beschäftigt, die Mindesthaltbarkeitsdaten der von ihm angebotenen Lebensmittel auf dem Laufenden zu halten. Entsprechendes gilt erst recht bei der Angabe des kurzen Verbrauchsdatums, wenn leicht verderbliche Lebensmittel im Fernabsatz vertrieben werden. Die nach Art. 14 Abs. 1 Buchst. b Verordnung (EU) Nr. 1169/2011 geforderte Angabe des Mindesthaltbarkeits- oder Verbrauchsdatums bei Lieferung begegnet grundsätzlich weder praktischen noch rechtlichen Bedenken, da sich die Angabe des Mindesthaltbarkeits- oder Verbrauchsdatums ohnehin auf dem vorverpackten Lebensmittel befindet und somit bei Lieferung vorliegt.

b) Weitere verpflichtende Informationen über Lebensmittel

46 Neben den sich aus Art. 9 Abs. 1 und aus Art. 10 iVm Anhang III Verordnung (EU) Nr. 1169/2011 ergebenden Pflichtinformationen können in Abhängigkeit von den konkreten Umständen des Einzelfalls weitere, sich nicht aus der Verordnung (EU) Nr. 1169/2011 ergebende Angaben nach Art. 14 Abs. 1 der Verordnung erforderlich sein. Welche Angaben dies im Einzelfall sein werden, lässt sich nicht pauschal beantworten, sondern hängt von dem jeweiligen Lebensmittel und somit letztlich von den konkreten Umständen im Einzelfall ab.

47 Zu denken ist hier etwa an den nach Art. 13 Abs. 1 Verordnung (EG) Nr. 1829/2003[66] erforderlichen Hinweis im Zutatenverzeichnis auf die genetische Veränderung einzelner in einem Lebensmittel enthaltener Zutaten. Auch der nach Art. 24 Abs. 1 iVm Anhang V Verordnung (EG) Nr. 1333/2008 bei Einsatz bestimmter Azofarbstoffe wie etwa Gelborange S oder Chinolingelb erforderliche Warnhinweis *„[Bezeichnung oder E-Nummer des Farbstoffs/der Farbstoffe]: Kann Aktivität und Aufmerksamkeit bei Kindern beeinträchtigen"* stellt sich als eine „verpflichtende Information über Lebensmittel" dar, die nach Art. 14 Abs. 1 Verordnung (EU) Nr. 1169/2011 zu tätigen ist.

c) Nationale Vorschriften

48 Wenngleich Art. 14 Abs. 1 Verordnung (EU) Nr. 1169/2011 auf *„verpflichtende Informationen über Lebensmittel"* abstellt, die nach der sich aus Art. 2 Abs. 2 Buchst. c der Verordnung ergebenden Legaldefinition auf *„Unionsvorschriften"* beschränkt sind, sind im Fernabsatz unabhängig von Art. 14 Abs. 1 der Verordnung auch nationale Vorschriften zu beachten.

49 So obliegt etwa auch dem Onlinehändler, der mit Getränken befüllte und einer Pfandpflicht unterliegende Einweggetränkeverpackungen sowie Mehrweggetränkeverpackungen vertreibt, nach **§ 32 Abs. 3 VerpackG**[67] die Pflicht, die Verbraucher im Zusammenhang mit den ausgelobten Getränkeflaschen durch das Schriftzeichen „EINWEG" bzw. „MEHRWEG" darauf hinzuweisen, dass diese Verpackungen nach der Rückgabe nicht wiederverwendet bzw. wiederverwendet werden. Dabei müssen die in den jeweils verwendeten Darstellungsmedien zu gebenden Hinweise in Gestalt und Schriftgröße mindestens der Preisauszeichnung für das jeweilige Produkt entsprechen.[68] Das zuvor Ausgeführte gilt nach § 32 Abs. 5 VerpackG iVm § 9 Abs. 4 Nr. 5 Preisangabenverordnung[69] nicht für Lebensmittel, die in Getränke- und Verpflegungsautomaten angeboten werden.[70]

---

[66] Verordnung (EG) Nr. 1829/2003 des Europäischen Parlaments und des Rates vom 22.9.2003 über genetisch veränderte Lebensmittel und Futtermittel (ABl. Nr. L 268, S. 1).
[67] Gesetz über das Inverkehrbringen, die Rücknahme und die hochwertige Verwertung von Verpackungen vom 5.7.2017 (BGBl. I, S. 2234), nachfolgend „VerpackG".
[68] Vgl. § 32 Abs. 4 VerpackG.
[69] Preisangabenverordnung vom 18.10.2002 (BGBl. I S. 4197), nachfolgend „PAngV".
[70] Siehe weiterführend zu Getränke- und Verpflegungsautomaten auch die Ausführungen zu Art. 14 Abs. 3 Verordnung (EU) Nr. 1169/2011 unter → Rn. 56 ff.

50 **Praxistipp:**
Beim Vertrieb vorverpackter Lebensmittel über das Internet muss sichergestellt werden, dass für den Verbraucher nahezu alle verpflichtenden Informationen über das konkrete Lebensmittel – sowie einzelfallabhängig gegebenenfalls auch weitere Angaben – bereits vor dem Abschluss eines Kaufvertrags in der gesetzlich vorgeschriebenen Weise verfügbar sind.

III. Die Informationspflichten bei „loser Ware"

51 Lebensmittel, die lose abgegeben werden oder die auf Wunsch des Verbrauchers am Verkaufsort verpackt oder im Hinblick auf ihren unmittelbaren Verkauf vorverpackt werden, unterfallen nach Art. 2 Abs. 2 Buchst. e Verordnung (EU) Nr. 1169/2011 nicht dem Begriff „*vorverpacktes Lebensmittel*"[71] und dementsprechend auch nicht dem Anwendungsbereich des auf vorverpackte Lebensmittel abstellenden Art. 14 Abs. 1 Verordnung (EU) Nr. 1169/2011. Werden diese nicht vorverpackten Lebensmittel, die auch als „**lose Ware**" bezeichnet werden, **durch den Einsatz von Fernkommunikationstechniken**[72] **zum Verkauf angeboten,**[73] müssen nach **Art. 14 Abs. 2 Verordnung (EU) Nr. 1169/2011** die nach Art. 44 der Verordnung vorgeschriebenen Angaben entsprechend den sich aus Art. 14 Abs. 1 der Verordnung ergebenden Vorgaben verfügbar gemacht werden.

52 Auch in den Fällen, in denen sogenannte „*lose Ware*" durch den Einsatz von Fernkommunikationstechniken zum Verkauf angeboten wird, müssen die **verpflichtenden Informationen über Lebensmittel** demnach ebenfalls **vor dem Abschluss des Kaufvertrags verfügbar** sein[74] und auf dem Trägermaterial des Fernabsatzgeschäfts erscheinen[75] oder durch andere geeignete Mittel, die vom Lebensmittelunternehmer eindeutig anzugeben sind, bereitgestellt werden, ohne dass den Verbrauchern dadurch zusätzliche Kosten in Rechnung gestellt werden.[76]

53 Der entscheidende Unterschied zu den in Art. 14 Abs. 1 Verordnung (EU) Nr. 1169/2011 geregelten vorverpackten Lebensmitteln besteht darin, dass sich die **Informationspflichten** im Rahmen des Art. 14 Abs. 2 der Verordnung auf „*die nach Art. 44 vorgeschriebenen Angaben*" beschränken. Nach **Art. 44 Abs. 1 Verordnung (EU) Nr. 1169/2011** ist bei Lebensmitteln, die Verbrauchern ohne Vorverpackung zum Verkauf angeboten oder auf Wunsch des Verbrauchers am Verkaufsort verpackt oder im Hinblick auf ihren unmittelbaren Verkauf vorverpackt werden, grundsätzlich nur die **Allergeninformation nach Art. 9 Abs. 1 Buchst. c Verordnung (EU) Nr. 1169/2011** vorzunehmen. Zwar können weitere, sich im Einzelnen aus Art. 9 und Art. 10 Verordnung (EU) Nr. 1169/2011 ergebende Angaben gemäß Art. 44 Abs. 1 Buchst. b der Verordnung dann verpflichtend sein, wenn die einzelnen Mitgliedstaaten der Europäischen Union nationale Vorschriften erlassen haben, nach denen einige oder alle dieser Angaben oder Teile dieser Angaben verpflichtend sind. Von dieser Regelung hat der deutsche Gesetzgeber durch den Erlass von **§ 4 Abs. 1 LMIDV** Gebrauch gemacht. Da sich diese Vorschrift jedoch lediglich auf Lebensmittel bezieht, die im Hinblick auf ihren unmittelbaren Verkauf vorverpackt und Endverbrauchern **zur Selbstbedienung angeboten** werden, dürfte die in § 4 Abs. 1 LMIDV festgelegte Regelung für im Fernabsatz vertriebene Lebensmittel nicht in Betracht kommen. Denn das insoweit erforderliche Angebot zur Selbstbedienung erfordert notwen-

---

[71] Weiterführend dazu die Ausführungen unter → Rn. 26 ff.
[72] Vgl. dazu die Ausführungen unter → Rn. 31 f.
[73] Vgl. dazu die Ausführungen unter → Rn. 29 f.
[74] Weiterführend dazu die Ausführungen unter → Rn. 29 f.
[75] Vgl. dazu die Ausführungen unter → Rn. 36 f.
[76] Weiterführend dazu unter → Rn. 38 f.

dig eine physische Anwesenheit des Kunden, die im Fernabsatz gerade ausgeschlossen ist.[77] Für die hier lediglich in Betracht kommenden Lebensmittel, die wie etwa über das Internet vertriebene Obst- oder Gemüsekisten ohne Verpackung zum Verkauf angeboten werden oder die wie etwa frisch zubereitete und an Kunden gelieferte Pizzen auf Wunsch der Verbraucher am Verkaufsort verpackt oder im Hinblick auf ihren unmittelbaren Verkauf vorverpackt und nicht zur Selbstbedienung angeboten werden, bestehen national aktuell[78] keine Vorgaben, die über die erforderliche Allergeninformation hinaus eine Angabe der sich aus Art. 9 Abs. 1 und aus Art. 10 Verordnung (EU) Nr. 1169/2011 ergebenden Elemente der Pflichtinformation auch bei diesen Waren verbindlich vorschreiben. Dementsprechend bleibt es bei den „lose" über das Internet angebotenen und vertriebenen Lebensmitteln nach Art. 44 Abs. 1 Buchst. a iVm Art. 9 Abs. 1 Buchst. c Verordnung (EU) Nr. 1169/2011 lediglich bei der Pflicht zur Vornahme einer Allergeninformation.

Zu beachten ist jedoch, dass sich die zuvor dargelegte Einschränkung nach Art. 44 Abs. 1 Verordnung (EU) Nr. 1169/2011 lediglich auf die in Art. 9 Abs. 1 und in Art. 10 der Verordnung geregelten Pflichtinformationen beschränkt. In Abhängigkeit von den konkreten Umständen des Einzelfalls können deshalb bei einzelnen über das Internet angebotenen und vertriebenen Lebensmitteln weitere verpflichtende Angaben erforderlich sein, die sich als solche nicht aus der Verordnung (EU) Nr. 1169/2011 ergeben. 54

Praxistipp: 55
Werden Lebensmittel – wie etwa Obst- oder Gemüsekisten sowie über Lieferdienste zu bringende frisch zubereitete Speisen – „lose" über das Internet angeboten und vertrieben, muss sichergestellt werden, dass für den Verbraucher die nach Art. 44 Abs. 1 Buchst. a iVm Art. 9 Abs. 1 Buchst. c Verordnung (EU) Nr. 1169/2011 erforderliche Allergeninformation über das konkrete Lebensmittel bereits vor dem Abschluss eines Kaufvertrags in der gesetzlich vorgeschriebenen Weise verfügbar ist.

IV. Der Sonderfall „Automaten oder automatisierte Anlagen"

Die sich aus Art. 14 Abs. 1 Buchst. a Verordnung (EU) Nr. 1169/2011 ergebende Vorgabe, verpflichtende Informationen über Lebensmittel bereits vor dem Abschluss des Kaufvertrags verfügbar zu machen, besteht gemäß **Art. 14 Abs. 3 der Verordnung** nicht für Lebensmittel, die in Automaten oder in automatisierten Anlagen zum Verkauf angeboten werden. 56

Weder der Begriff *„Automat"* noch der Begriff *„automatisierte Anlage"* werden in der Verordnung (EU) Nr. 1169/2011 legal definiert. Nach dem Sinn und Zweck der Vorschrift sind unter *„Automaten oder automatisierten Anlagen"* aber wohl grundsätzlich solche Geräte zu verstehen, die einen Verkauf von Lebensmitteln und insbesondere auch die Abgabe der Ware an den Verbraucher ohne eine körperliche Anwesenheit des Verkäufers ermöglichen. Zu denken ist hier etwa an in Bahnhöfen stehende Automaten, über die Reisende **vorverpackte Getränke oder Snacks** erwerben können. In diesem Fall müssen die sich aus Art. 9 Abs. 1 und Art. 10 Verordnung (EU) Nr. 1169/2011 ergebenden **Informationen** aufgrund der ausdrücklichen **Unanwendbarkeit von Art. 14 Abs. 1 Buchst. a der Verordnung** nicht *„vor dem Abschluss des Kaufvertrags verfügbar sein"*.[79] Es genügt in diesem Fall, dass alle verpflichtenden Angaben nach Art. 14 Abs. 1 Buchst. b Verordnung (EU) Nr. 1169/2011 zum **Zeitpunkt der Lieferung** – konkret also in dem Moment, in dem das jeweilige Lebensmittel den Automat verlässt, um vom Verbraucher in Empfang genommen zu werden – verfügbar sind. Dies ist bei vorverpackt an den Ver- 57

---

[77] Siehe dazu auch die Ausführungen → Rn. 20 ff.
[78] Stand: September 2019.
[79] Weiterführend dazu unter → Rn. 29 f.

braucher abgegebenen Lebensmitteln grundsätzlich der Fall, da diese Produkte als solche nur dann verkehrsfähig sind, wenn sie über die erforderliche Pflichtkennzeichnung verfügen und dementsprechend insbesondere auch die sich aus Art. 9 Abs. 1 und Art. 10 Verordnung (EU) Nr. 1169/2011 ergebenden Angaben aufweisen.

58 Darüber hinaus können auch **nicht vorverpackte Lebensmittel** über Automaten abgegeben werden. Zu denken ist hier etwa an Automaten, über die Kalt- und Heißgetränke sowie zum Beispiel auch Suppen in Bechern abgegeben werden, wobei eine Befüllung erst bei Abgabe aus dem Automaten erfolgt. Auch in diesen Fällen sind die nach Art. 14 Abs. 1 Buchst. a Verordnung (EU) Nr. 1169/2011 erforderlichen Angaben nicht erforderlich, was sich aus Art. 14 Abs. 3 Verordnung (EU) Nr. 1169/2011 ergibt, da diese Vorschrift nicht zwischen vorverpackten und nicht vorverpackten Lebensmitteln unterscheidet, sondern generell auf *„Lebensmittel"* abstellt.[80]

59 Obwohl etwa auch Softeis unter Zuhilfenahme eines Automaten zum Verzehr vorbereitet wird, handelt es sich hierbei regelmäßig nicht um einen Fall des Art. 14 Abs. 3 Verordnung (EU) Nr. 1169/2011, da der Automat in diesem Fall von einem körperlich anwesenden Verkäufer bedient wird und dementsprechend kein Fernabsatz vorliegt.[81]

D. Weitere beim Onlinehandel mit Lebensmitteln gegenüber Verbrauchern bestehende Informationspflichten

60 Neben den sich speziell auf Lebensmittel beziehenden Informationspflichten[82] sind beim Vertrieb von Lebensmitteln über das Internet auch die allgemein für den Onlinehandel geltenden Vorgaben zu beachten. Dies sind insbesondere die Regelungen zum Fernabsatz in **§§ 312b ff. BGB**[83] und zum elektronischen Geschäftsverkehr in **§§ 312i, 312j BGB**[84] sowie darüber hinaus auch weitere Vorgaben, die sich etwa aus der Preisangabenverordnung ergeben. Nachfolgend werden exemplarisch einige beim Onlinehandel mit Lebensmitteln zu beachtende Aspekte dargelegt.[85]

I. Die Angabe von Zahlungsbedingungen, Lieferbeschränkungen und Eigenschaften der Ware

61 Auch beim Onlinehandel mit Lebensmitteln hat der Unternehmer gegenüber dem Verbraucher neben den nach § 312i Abs. 1 BGB zu tätigenden Angaben gemäß § 312j Abs. 1 BGB spätestens bei Beginn des Bestellvorgangs klar und deutlich anzugeben, ob **Lieferbeschränkungen** bestehen und welche **Zahlungsmittel** akzeptiert werden. Darüber hinaus muss der Unternehmer dem Verbraucher beim Verkauf seiner Waren im Onlinehandel gemäß § 312j Abs. 2 BGB die **Informationen nach Art. 246a § 1 Abs. 1 S. 1 Nr. 1, Nr. 4, Nr. 5, Nr. 11 und Nr. 12 Einführungsgesetz zum Bürgerlichen Gesetzbuch**[86] unmittelbar vor Abgabe der Bestellung in klarer und verständlicher sowie in hervorgehobener Weise zur Verfügung stellen. Konkret schreibt etwa Art. 246a § 1 Abs. 1 S. 1

---

[80] So auch Domeier/Holle/Weyland/*Comans*, Praxishandbuch Lebensmittelkennzeichnung, Kap. 2A. 6.5; Zipfel/Rathke/*Meisterernst*, Lebensmittelrecht, C 113 Art. 14 Rn. 13; *Voit*/Grube, Lebensmittelinformationsverordnung, Art. 14 Rn. 30.
[81] So auch Domeier/Holle/Weyland/*Comans*, Praxishandbuch Lebensmittelkennzeichnung, Kap. 2A. 6.5; Voit/Grube/*Voit*, Lebensmittelinformationsverordnung, Art. 14 Rn. 31.
[82] Siehe dazu die Ausführungen unter → Rn. 17 ff.
[83] Weiterführend dazu die Ausführungen unter → Teil 5 Rn. 208 ff.
[84] Weiterführend dazu die nachfolgenden Ausführungen sowie die Ausführungen unter → Teil 5 Rn. 264 ff.
[85] Im Übrigen wird auf die allgemeinen Ausführungen zum Onlinehandel unter → Teil 5 Rn. 1 ff. verwiesen.
[86] Einführungsgesetz zum Bürgerlichen Gesetzbuche in der Fassung der Bekanntmachung vom 21.9.1994 (BGBl. I S. 2494; ber. 1997 I S. 1061), nachfolgend „EGBGB".

D. Weitere beim Onlinehandel mit Lebensmitteln bestehende Informationspflichten

Nr. 1 EGBGB vor, dass der Unternehmer die wesentlichen Eigenschaften der Ware in dem für das Kommunikationsmittel und für die Ware angemessenen Umfang zur Verfügung zu stellen hat, was insbesondere bei einem Angebot und einem Vertrieb vorverpackter Lebensmittel im Onlinehandel bereits aufgrund der weitreichenden, sich im Einzelnen aus Art. 14 Abs. 1 Verordnung (EU) Nr. 1169/2011 ergebenden Informationspflichten gegeben sein sollte.[87]

II. Die Angabe von Gesamtpreis, Grundpreis und Kosten

Gemäß § 312j Abs. 2 BGB iVm Art. 246a § 1 Abs. 1 S. 1 Nr. 4 EGBGB hat der Unternehmer den **Gesamtpreis** sowie etwaige **zusätzliche Fracht-, Liefer- oder Versandkosten** und **alle sonstigen Kosten** – etwa Bearbeitungsgebühren –, oder in den Fällen, in denen diese Kosten vernünftigerweise nicht im Voraus berechnet werden können, die Tatsache, dass solche zusätzlichen Kosten anfallen können, anzugeben. 62

Der **Gesamtpreis** der Ware ist nach Art. 246a § 1 Abs. 1 S. 1 Nr. 4 EGBGB der Preis einschließlich aller Steuern und Abgaben. Eine vergleichbare Legaldefinition des Begriffs „*Gesamtpreis*" findet sich auch in § 1 Abs. 1 S. 1 PAngV. In unmittelbarer Nähe zu dem Gesamtpreis ist nach § 2 Abs. 1 PAngV regelmäßig auch der **Grundpreis** anzugeben. Eine entsprechende Verpflichtung trifft grundsätzlich jeden, der Letztverbrauchern gewerbs- oder geschäftsmäßig oder regelmäßig in sonstiger Weise Waren in Fertigpackungen, offenen Packungen oder als Verkaufseinheiten oder mit Umhüllung nach Gewicht, Volumen, Länge oder Fläche anbietet oder als Anbieter dieser Waren gegenüber Letztverbrauchern unter Angabe von Preisen wirbt.[88] Die **Grundpreisangabe** ist der Preis je Mengeneinheit einschließlich der Umsatzsteuer und sonstiger Preisbestandteile. Als Mengeneinheit kommen für Lebensmittel insbesondere ein Kilogramm oder ein Liter in Betracht.[89] Bei Waren, deren Nenngewicht oder Nennvolumen üblicherweise 250 Gramm oder 250 Milliliter nicht übersteigt, dürfen als Mengeneinheit für den Grundpreis auch 100 g oder 100 ml verwendet werden.[90] So kann zum Beispiel bei einer 90 g-Tafel Schokolode der Grundpreis bezogen auf 100 g angegeben werden. Sind Grundpreisangabe und Endpreis identisch, kann auf die Angabe des Grundpreises verzichtet werden.[91] Dies ist beispielsweise der Fall, wenn eine 100 g-Tafel Schokolade angeboten oder Orangensaft in einem 1 l-Tetra Pak abgegeben wird. 63

Waren, die – wie über **das Internet vertriebene Lebensmittel** – auf **Bildschirmen** angeboten werden, sind nach § 4 Abs. 4 PAngV so auszuzeichnen, dass die **Preise unmittelbar bei den Abbildungen oder Beschreibungen der Waren angegeben** werden. Zu beachten ist darüber hinaus auch die in § 1 Abs. 2 PAngV enthaltene Sonderregelung zum Fernabsatz. Danach hat derjenige, der Letztverbrauchern gewerbs- oder geschäftsmäßig oder regelmäßig in sonstiger Weise Waren zum Abschluss eines Fernabsatzvertrags anbietet, zusätzlich anzugeben, 64

– dass die für Waren geforderten Preise die Umsatzsteuer und sonstige Bestandteile enthalten und
– ob zusätzlich Liefer- und Versandkosten anfallen.

Ist Letzteres der Fall, so ist deren Höhe anzugeben, soweit diese Kosten vernünftigerweise im Voraus berechnet werden können.[92]

---

[87] Siehe dazu weiterführend die Ausführungen unter → Rn. 24 ff.
[88] Vgl. § 2 Abs. 1 PAngV.
[89] Vgl. § 2 Abs. 3 S. 1 PAngV.
[90] Vgl. § 2 Abs. 3 S. 2 PAngV.
[91] Vgl. § 2 Abs. 1 S. 3 PAngV.
[92] Vgl. zu § 1 Abs. 2 PAngV auch die zuvor bereits angeführte Regelung in Art. 246 § 1 Abs. 1 S. 1 Nr. 4 EGBGB.

65 Die Angabe des Gesamtpreises und die Grundpreisangabe sowie gegebenenfalls weitere Liefer- und Versandkosten müssen gemäß § 1 Abs. 7 PAngV der allgemeinen Verkehrsauffassung und den **Grundsätzen der Preisklarheit und Preiswahrheit** entsprechen. Dies erfordert konkret, dass die jeweiligen Angaben dem Angebot oder der Werbung eindeutig zugeordnet werden sowie leicht erkennbar und deutlich lesbar oder sonst gut wahrnehmbar sind. Werden Preise aufgegliedert, so sind die Gesamtpreise hervorzuheben.[93]

III. Der Bestell-Button

66 § 312j Abs. 3 S. 1 BGB schreibt vor, dass der Unternehmer die Bestellsituation bei einem Vertrag nach § 312j Abs. 2 BGB[94] so zu gestalten hat, dass der **Verbraucher mit seiner Bestellung ausdrücklich auch seine Verpflichtung zur Zahlung bestätigt.** Erfolgt die Bestellung durch den Verbraucher – wie regelmäßig im Onlinehandel – über eine Schaltfläche, so wird die zuvor dargelegte Gestaltungspflicht des Unternehmers gemäß § 312j Abs. 3 S. 2 BGB nur erfüllt, *„wenn diese Schaltfläche gut lesbar mit nichts anderem als den Wörtern ‚zahlungspflichtig bestellen' oder mit einer entsprechenden eindeutigen Formulierung beschriftet ist"*. Alternativ möglich sind anstelle der Angabe *„zahlungspflichtig bestellen"* auch Formulierungen wie etwa *„kostenpflichtig bestellen"* oder *„jetzt kaufen"*. Aufgrund der Formulierung *„mit nichts anderem"* sind zusätzliche, oft missverständliche oder ablenkende Angaben – wie etwa eine Auslobung *„super billig"* im Zusammenhang mit *„jetzt kaufen"* – auf der Schaltfläche zu unterlassen.

67 Zu beachten ist in diesem Zusammenhang auch, dass ein Vertrag mit dem Verbraucher im Sinne des § 312j Abs. 2 BGB nach § 312j Abs. 4 BGB nur dann zustande kommt, *„wenn der Unternehmer seine Pflicht aus Absatz 3 erfüllt"* und dementsprechend gewährleistet, dass der Verbraucher bei der Bestellung eindeutig darüber informiert wird, dass er sich mit seiner Bestellung zu einer Zahlung verpflichtet.

68 Praxistipp:
Beim Onlinehandel mit Lebensmitteln gelten auch die allgemeinen Vorgaben zum Fernabsatz. Anzugeben sind demnach insbesondere auch Lieferbeschränkungen und Zahlungsbedingungen sowie der Gesamtpreis und etwaige zusätzliche Fracht-, Liefer- oder Versandkosten und alle sonstigen Kosten. Darüber hinaus ist eine Grundpreisangabe erforderlich. Auch ist zur Wirksamkeit des Kaufvertrags etwa über einen Bestell-Button sicherzustellen, dass der Verbraucher mit seiner Bestellung ausdrücklich seine Verpflichtung zur Zahlung bestätigt.

E. Die Bewerbung von Lebensmitteln im Internet

69 Auch bei der Bewerbung von Lebensmitteln im Internet sind zahlreiche Vorgaben zu beachten, die nachfolgend nur exemplarisch dargestellt werden können. Als grundsätzlich zu beachtende Regelungen stellen sich die Irreführungsverbote gemäß Art. 7 Verordnung (EU) Nr. 1169/2011 und § 11 LFGB sowie wettbewerbsrechtliche Vorschriften wie etwa § 3a oder § 5 Gesetz gegen den unlauteren Wettbewerb[95] ebenso dar wie zum Beispiel

---

[93] So § 1 Abs. 7 PAngV.
[94] Weiterführend dazu die Ausführungen unter → Teil 5 Rn. 285 ff.
[95] Gesetz gegen den unlauteren Wettbewerb in der Fassung der Bekanntmachung vom 3.3.2010 (BGBl. I S. 254), nachfolgend „UWG".

auch die sich auf nährwert- und gesundheitsbezogene Angaben beziehenden Vorgaben der Verordnung (EG) Nr. 1924/2006.[96]

I. Das Verbot der Irreführung

Die erfolgreiche **Vermarktung** eines Lebensmittels ist letztlich nur möglich, wenn sich das Produkt in für den Verbraucher wesentlichen Punkten positiv von Konkurrenzprodukten unterscheidet. Der **Auslobung besonderer Eigenschaften** kommt mithin eine entscheidende Rolle zu. Zu beachten ist in diesem Zusammenhang zunächst, dass **Informationen** über Lebensmittel nach Art. 7 Abs. 2 Verordnung (EU) Nr. 1169/2011 **zutreffend, klar und für die Verbraucher leicht verständlich** sein müssen und insbesondere **nicht nach Art. 7 Abs. 1 der Verordnung irreführend** sein dürfen. 70

Ein Verstoß gegen Art. 7 Abs. 1 Verordnung (EU) Nr. 1169/2011 kommt insbesondere dann in Betracht, wenn Informationen über Lebensmittel irreführend sind 71
– in Bezug auf die Eigenschaften des Lebensmittels, insbesondere in Bezug auf Art, Identität, Eigenschaften, Zusammensetzung, Menge, Haltbarkeit, Ursprungsland oder Herkunftsort und Methode der Herstellung oder Erzeugung;
– indem dem Lebensmittel Wirkungen oder Eigenschaften zugeschrieben werden, die es nicht besitzt;
– indem zu verstehen gegeben wird, dass sich das Lebensmittel durch besondere Merkmale auszeichnet, obwohl alle vergleichbaren Lebensmittel dieselben Merkmale aufweisen, insbesondere durch besondere Hervorhebung des Vorhandenseins oder Nicht-Vorhandenseins bestimmter Zutaten und/oder Nährstoffe;
– indem durch das Aussehen, die Bezeichnung oder bildliche Darstellungen das Vorhandensein eines bestimmten Lebensmittels oder einer Zutat suggeriert wird, obwohl tatsächlich in dem Lebensmittel ein von Natur aus vorhandener Bestandteil oder eine normalerweise in diesem Lebensmittel verwendete Zutat durch einen anderen Bestandteil oder eine andere Zutat ersetzt wurde.

Irreführungsverbote ergeben sich des Weiteren national aus § 11 Abs. 2 LFGB, deren Vereinbarkeit mit Unionsrecht jedoch infrage gestellt wird.[97] 72

Von einer nach Art. 7 Abs. 1 Nr. 1 Verordnung (EU) Nr. 1169/2011 **unzulässigen Irreführung über die Eigenschaften** – konkret über die **Zusammensetzung** eines Lebensmittels – kann etwa ausgegangen werden, wenn die in einer Backware enthaltene „*kakaohaltige Fettglasur*" nicht als solche, sondern als regelmäßig höherwertige „*Schokolade*" ausgelobt wird. Eine solche Irreführung kann neben einer verwaltungsrechtlichen Untersagung gemäß Art. 7 Abs. 1 Verordnung (EU) Nr. 1169/2011 iVm §§ 11 Abs. 1 Nr. 1, 59 Abs. 1 Nr. 7, 60 Abs. 1 Nr. 2 LFGB auch sanktionsrechtliche Folgen haben sowie von Mitbewerbern und Verbänden über § 3a UWG oder gemäß §§ 3, 5 Abs. 1 Nr. 1 UWG als unlautere Irreführung angegriffen werden und letztlich zu einer Untersagung führen. 73

Vorsicht ist etwa auch bei **qualitätserhöhenden Angaben** sowie bei der Auslobung von „**Frische**" oder von einer **Natürlichkeit/Naturbelassenheit** geboten. 74

Qualitätserhöhende Angaben sind nur zulässig bei überdurchschnittlicher Beschaffenheit und wenn die Angabe unmissverständlich ist. Die Beanspruchung einer Spitzenstellung ist unzulässig bei einer Durchschnittsleistung. So kann zum Beispiel ein Produkt, das nicht zur Spitzengruppe aller in Deutschland hergestellten Waren einer Gattung gehört, auch nicht als „*deutsches Spitzenerzeugnis*" bezeichnet werden. Die Auslobung von Durchschnittserzeugnissen mit qualitätserhöhenden Angaben wie „*1 A*", „*Spitzen-*" oder „*von höchster Qualität*" wird in der Regel ebenfalls irreführend sein. Die Grenze zu nichts- 75

---
[96] Verordnung (EG) Nr. 1924/2006 des Europäischen Parlaments und des Rates v. 20.12.2006 über nährwert- und gesundheitsbezogene Angaben bei Lebensmitteln (ABl. Nr. L 404, S. 9).
[97] So etwa *VGH Baden-Württemberg* bezüglich § 11 Abs. 2 Nr. 1 LFGB mit Beschluss vom 21.5.2019 – 9 S 584/19, LMuR 2019, 170 ff. mAnm *Wallau*.

sagenden Anpreisungen, die vom Verkehr auch als solche verstanden werden, ist allerdings fließend. Als nichtssagende (und damit nicht irreführende) Anpreisungen sah die Rechtsprechung zum Beispiel die Auslobung von Cornflakes mit dem Slogan *„Das Beste jeden Morgen"*[98] sowie die Formulierung *„the juiciest experience ever!"* für eine Süßware[99] an. Zu beachten sind im Zusammenhang mit qualitätserhöhenden Angaben regelmäßig auch die Leitsätze des Deutschen Lebensmittelbuchs.[100]

76 Ob sich eine **Auslobung von Frische** bzw. von „frisch" als Irreführung über die so ausgelobten Produkteigenschaften darstellt, hängt von den Gesamtumständen des konkreten Einzelfalls ab. Ausschlaggebend ist dabei die aufgrund der Auslobung beim angesprochenen Verbraucher entstandene Erwartungshaltung. Eine Irreführung wurde von der Rechtsprechung beispielsweise angenommen bei der Auslobung einer *„Frischegarantie"* für konservierte Mini-Schaumküsse,[101] der Bezeichnung *„Frischeria"* für ein Fertiggericht,[102] dem Hinweis *„aus tagesfrisch gepressten Orangen"* für wärmebehandelten Orangensaft[103] und der Angabe *„fruchtig-frisch"* für eine Rote Grütze aus tiefgefrorenen Früchten.[104] Dagegen sah das *OLG Köln* die Auslobung *„frischer Rahmjoghurt"* trotz einer Haltbarkeit von vier Wochen nicht als irreführend an, da das Produkt aus frischer Milch hergestellt worden sei und der Verbraucher mit einer gewissen Mindesthaltbarkeit rechne.[105] Eine Anpreisung wie *„riecht und schmeckt doch fast wie frisch gepresst"* für einen aus Konzentrat hergestellten Orangensaft ist dagegen ebenso wenig irreführend[106] wie die Auslobung eines fruchtig-frischen Geschmacks.

77 Ob die Auslobung eines Lebensmittels mit **„Natur", „natürlich", „naturrein"** oder **„naturbelassen"** irreführend ist, hängt von den konkreten Umständen des Einzelfalls sowie von der jeweiligen Verbrauchererwartung ab. So steht beispielsweise der Bezeichnung einer Konfitüre als *„naturrein"* der Zusatz von Pektin als Geliermittel ebenso wenig entgegen wie eine geringe, auf die normale und unvermeidbare ubiquitäre Umweltbelastung zurückgehende Schadstoffbelastung.[107] Allerdings wird der Verbraucher bei einer Auslobung wie *„naturbelassen"* grundsätzlich ein im Wesentlichen unverändertes Naturprodukt erwarten. Zwar weist die Verwendung von *„naturrein"*-Bezeichnungen nicht notwendig darauf hin, dass das so ausgelobte Lebensmittel auch ein Bio-Produkt ist und den entsprechenden strengen Anforderungen der Europäischen Ökoverordnung[108] entspricht. Gleichwohl muss bei Auslobungen wie „natürlich" und „naturrein" stets darauf geachtet werden, dass im konkreten Einzelfall und in Abhängigkeit von der Gesamtaufmachung nicht der irreführende Eindruck eines Bio-Lebensmittels entsteht.

78 Praxistipp:
Auch bezüglich der Rechtmäßigkeit einer Bewerbung von Lebensmitteln im Internet gelten selbstverständlich dieselben Vorgaben wie für eine Bewerbung im klassischen Einzelhandel oder in den Print- und sonstigen Medien. Das Internet ist kein *„rechtsfreier Raum"*. Bei Verstößen gegen Irreführungsverbote drohen neben Beanstandungen durch die Lebensmittelüberwachung insbesondere auch wettbewerbsrechtliche Angriffe von Mitbewerbern oder Verbänden, die im Falle einstweiliger Verfügungsverfahren schnell zur Untersagung des angegriffenen Verhaltens führen können.

---

[98] *BGH*, ZLR 2001, 708 ff.
[99] *Hans. OLG*, LMuR 2004, 73 ff.
[100] Siehe dazu auch §§ 15, 16 LFGB.
[101] *LG Hamburg*, WRP 1999, 1314 ff.
[102] *Hans. OLG*, ZLR 1999, 801 ff.
[103] *LG Düsseldorf*, WRP 2005, 766 ff.
[104] *Hans. OLG*, GRUR 1999, 777 ff.
[105] *OLG Köln*, ZLR 2001, 299 ff.
[106] *KG Berlin*, GRUR 1987, 737 ff.
[107] Vgl. *EuGH*, ZLR 2000, 317 ff.
[108] Verordnung (EG) Nr. 834/2007 des Rates vom 28.6.2007 über die ökologische/biologische Produktion und die Kennzeichnung von ökologischen/biologischen Erzeugnissen und zur Aufhebung der Verordnung (EWG) Nr. 2092/91 (ABl. Nr. L 189, S. 1; ber. ABl. 2014 Nr. L 300, S. 72).

II. Nährwert- und gesundheitsbezogene Angaben

Für **nährwert- und gesundheitsbezogene Angaben** sowie für **Angaben über die Reduzierung eines Krankheitsrisikos** und für die sich auf Lebensmittel beziehende **Kinderwerbung** ergeben sich spezielle Regelungen aus der Verordnung (EG) Nr. 1924/2006.[109] Danach sind die zuvor aufgelisteten Auslobungen grundsätzlich unzulässig, soweit nicht eine ausdrückliche Zulassung vorliegt und darüber hinaus die sich im Einzelnen aus der Verordnung (EG) Nr. 1924/2006 ergebenden Vorgaben eingehalten werden. Wenngleich die Verordnung (EG) Nr. 1924/2006 hier nicht vertiefend behandelt werden kann, soll nachfolgend gleichwohl kurz angerissen werden, welche Angaben dem Anwendungsbereich der Verordnung grundsätzlich unterfallen, um eine Entscheidungshilfe zu geben, wo gegebenenfalls weitere rechtliche Prüfungen vorgenommen werden sollten, und was die Verordnung bei Verwendung bestimmter Angaben generell fordert.

1. Allgemeine Grundsätze

Nährwert- und gesundheitsbezogene Angaben dürfen bei der Kennzeichnung und Aufmachung von Lebensmitteln bzw. bei der Werbung für diese nur verwendet werden, wenn sie den Vorgaben der Verordnung (EG) Nr. 1924/2006 entsprechen. Konkret dürfen entsprechende Angaben unter anderem
- nicht falsch, mehrdeutig oder irreführend sein;
- keine Zweifel über die Sicherheit und/oder die ernährungsphysiologische Eignung anderer Lebensmittel wecken;
- nicht zum übermäßigen Verzehr eines Lebensmittels ermutigen oder diesen wohlwollend darstellen;
- nicht erklären, suggerieren oder auch nur mittelbar zum Ausdruck bringen, dass eine ausgewogene und abwechslungsreiche Ernährung generell nicht die erforderlichen Mengen an Nährstoffen liefern kann;
- nicht – weder durch eine Textaussage noch durch Darstellungen in Form von Bildern, grafischen Elementen oder durch symbolische Darstellungen – auf Veränderungen bei Körperfunktionen Bezug nehmen, die beim Verbraucher Ängste auslösen oder daraus Nutzen ziehen können.

Des Weiteren dürfen nährwert- und gesundheitsbezogene Angaben unter anderem nur dann verwendet werden, wenn
- anhand allgemein anerkannter wissenschaftlicher Nachweise nachgewiesen ist, dass das Vorhandensein, das Fehlen oder der verringerte Gehalt des Nährstoffs oder der anderen Substanz, auf die sich die Angabe bezieht, in einem Lebensmittel oder in einer Kategorie von Lebensmitteln eine positive ernährungsbezogene oder physiologische Wirkung hat;
- der Nährstoff oder die andere Substanz, für die die Angabe gemacht wird, im Endprodukt in einer gemäß dem Gemeinschaftsrecht signifikanten Menge oder zumindest in einer Menge vorhanden ist, die nach allgemein anerkannten wissenschaftlichen Nachweisen geeignet ist, die behauptete ernährungsbezogene oder physiologische Wirkung zu erzielen (bzw. nicht oder in einer verringerten Menge vorhanden ist, was nach allgemein anerkannten wissenschaftlichen Nachweisen geeignet ist, die behauptete ernährungsbezogene oder physiologische Wirkung zu erzielen);
- der Nährstoff oder die andere Substanz, auf die sich die Angabe bezieht, in einer bioverfügbaren Form vorliegt;

---

[109] Verordnung (EG) Nr. 1924/2006 des Europäischen Parlaments und des Rates vom 20.12.2006 über nährwert- und gesundheitsbezogene Angaben über Lebensmittel (ABl. Nr. L 404, S. 9; ber. ABl. 2007 Nr. L 12, S. 3; ber. ABl. 2008 Nr. L 86, S. 34; ber. ABl. 2009 Nr. L 198, S. 87; ber. ABl. 2013 Nr. L 160, S. 15).

– der Nährstoff oder die Substanz, auf die sich die Angabe bezieht, in einer üblicherweise verzehrten Menge des Lebensmittels hinreichend enthalten ist.

82 Auch muss der **verständige Durchschnittsverbraucher** die ausgelobte positive Wirkung verstehen. Nährwert- und gesundheitsbezogene Angaben müssen sich gemäß der Anweisung des Herstellers auf das verzehrfertige Lebensmittel beziehen.

2. Die nährwertbezogene Angabe

83 Nährwertbezogene Angaben sind Angaben, mit denen *„erklärt, suggeriert oder auch nur mittelbar zum Ausdruck gebracht wird, dass ein Lebensmittel besondere positive Nährwerteigenschaften besitzt, und zwar aufgrund der Energie, die es liefert, in vermindertem oder erhöhtem Maße liefert oder nicht liefert, und/oder der Nährstoffe oder anderer Substanzen, die es enthält, in verminderter oder erhöhter Menge enthält oder nicht enthält".*[110] Während als *„Nährstoff"* Proteine, Kohlenhydrate, Fette, Ballaststoffe, Natrium sowie bestimmte Vitamine und Mineralstoffe bezeichnet werden, ist unter *„einer anderen Substanz"* ein Stoff mit ernährungsbezogener oder physiologischer Wirkung zu verstehen, der nicht Nährstoff ist.[111]

84 Nährwertbezogene Angaben sind nur dann zulässig, wenn sie sich aus dem Anhang der Verordnung (EG) Nr. 1924/2006 ergeben und den dort festgelegten Voraussetzungen sowie den sonstigen, sich im Einzelnen aus der Verordnung ergebenden Vorgaben entsprechen. Demnach ist zum Beispiel die Angabe, ein Lebensmittel sei *„zuckerarm"* sowie jegliche Angabe, die für den Verbraucher voraussichtlich dieselbe Bedeutung hat, nur zulässig, wenn das Produkt im Fall von festen Lebensmitteln nicht mehr als 5 g Zucker pro 100 g enthält und die sich im Einzelnen aus der Verordnung (EG) Nr. 1924/2006 ergebenden Vorgaben erfüllt.

3. Die gesundheitsbezogene Angabe

85 Gesundheitsbezogene Angaben sind Angaben, mit denen *„erklärt oder suggeriert wird, dass ein Zusammenhang zwischen einer Lebensmittelkategorie, einem Lebensmittel oder einem seiner Bestandteile einerseits und der Gesundheit andererseits besteht".*[112] Diese Angaben dürfen grundsätzlich nur noch getätigt werden, wenn sie zugelassen sind, infolgedessen in der so genannten Artikel 13-Liste[113] aufgeführt werden und darüber hinaus die sich im Einzelnen aus der Verordnung (EG) Nr. 1924/2006 ergebenden Vorgaben erfüllen.

86 So darf eine gesundheitsbezogene Angabe etwa nach **Art. 10 Abs. 2 Verordnung (EG) Nr. 1924/2006** nur gemacht werden, wenn die Kennzeichnung oder – falls eine solche wie etwa bei bloßen Werbemaßnahmen fehlt – die Aufmachung des Lebensmittels und die Lebensmittelwerbung folgende Informationen tragen:
– Einen Hinweis auf die Bedeutung einer abwechslungsreichen und ausgewogenen Ernährung und einer gesunden Lebensweise,
– Informationen zur Menge des Lebensmittels und zum Verzehrmuster, die erforderlich sind, um die behauptete positive Wirkung zu erzielen,
– ggf. einen Hinweis an Personen, die es vermeiden sollten, das konkrete Lebensmittel zu verzehren, und
– einen geeigneten Warnhinweis bei Produkten, die bei übermäßigem Verzehr eine Gesundheitsgefahr darstellen könnten.

---

[110] Art. 2 Abs. 2 Nr. 4 Verordnung (EG) Nr. 1924/2006.
[111] Meisterernst/Haber/*Meisterernst*, Praxiskommentar Health & Nutrition Claims, Kap. 1 Art. 2 Rn. 19.
[112] Art. 2 Abs. 2 Nr. 5 Verordnung (EG) Nr. 1924/2006.
[113] Die sog. Artikel 13-Liste ergibt sich aus der Verordnung (EU) Nr. 432/2012 der Kommission v. 16.5. 2012 zur Festlegung einer Liste zulässiger anderer gesundheitsbezogener Angaben über Lebensmittel als Angaben über die Reduzierung eines Krankheitsrisikos sowie die Entwicklung und die Gesundheit von Kindern (ABl. Nr. L 136, S. 1).

E. Die Bewerbung von Lebensmitteln im Internet

Werden Lebensmittel im Internet mit gesundheitsbezogenen Angaben beworben, so sind die zuvor aufgelisteten Informationen aufgrund des weiten Anwendungsbereichs des Art. 10 Abs. 2 Verordnung (EG) Nr. 1924/2006 dort ebenfalls zu tätigen.

Zu beachten sind auch die gemäß **Art. 10 Abs. 3 Verordnung (EG) Nr. 1924/2006** möglichen **Ausnahmen** vom Anwendungsbereich der Verordnung. Verweise auf allgemeine, nichtspezifische Vorteile des Nährstoffs oder Lebensmittels für die Gesundheit im Allgemeinen oder das gesundheitsbezogene Wohlbefinden – wie etwa die Auslobung „*dieser Saft ist gesund*" – sind danach zulässig, wenn ihnen eine spezielle gesundheitsbezogene Angabe beigefügt ist, die sich einer der Listen nach Art. 13 oder Art. 14 der Verordnung entnehmen lässt, und wenn darüber hinaus auch die sich aus der Verordnung ergebenden Vorgaben erfüllt werden. Aufgrund der Formulierung „*gesundheitsbezogen*" sind nur Bezugnahmen auf die Gesundheit im Allgemeinen oder das gesundheitsbezogene Wohlempfinden vom Anwendungsbereich des Art. 10 Abs. 3 Verordnung (EG) Nr. 1924/2006 erfasst, während sich auf das allgemeine Wohlbefinden beziehende Angaben als weder Art. 10 Abs. 3 noch Art. 2 Abs. 2 Nr. 5 Verordnung (EG) Nr. 1924/2006 unterfallende Angaben uneingeschränkt zulässig bleiben.

4. Die Angabe über die Reduzierung eines Krankheitsrisikos

Die in Art. 2 Abs. 2 Verordnung (EG) Nr. 1924/2006 legal definierte Angabe über die Reduzierung eines Krankheitsrisikos ist ein Unterfall der gesundheitsbezogenen Angaben.[114] Mit der Angabe über die Reduzierung eines Krankheitsrisikos wird erklärt, suggeriert oder auch nur mittelbar zum Ausdruck gebracht, dass der Verzehr eines Lebensmittels oder eines Lebensmittelbestandteils einen **Risikofaktor** für die Entwicklung einer Krankheit beim Menschen deutlich senkt.[115] Abzustellen ist entgegen des missverständlichen Wortlauts „*Reduzierung eines Krankheitsrisikos*" deshalb nicht auf eine konkrete Krankheit, sondern auf die **Reduzierung eines Risikofaktors für eine Krankheit,** wie dies etwa durch den Hinweis auf die Senkung eines erhöhten Homocysteinspiegels erfolgen kann.[116] Der jeweilige Risikofaktor muss über die Ernährung zu modifizieren sein.[117]

Liegt im Einzelfall eine Angabe über die Reduzierung eines Krankheitsrisikos vor,[118] sind die sich aus Art. 14 Verordnung (EG) Nr. 1924/2006 ergebenden strengen Voraussetzungen zu beachten. Neben den allgemeinen Anforderungen nach den Vorgaben der Verordnung (EG) Nr. 1924/2006 muss die Angabe zunächst zugelassen worden sein und in einer Gemeinschaftsliste aufgeführt werden. Eine entsprechende Zulassung liegt beispielsweise für die Angabe „*Beta-Glucan aus Gerste verringert/reduziert nachweislich den Cholesteringehalt im Blut. Ein hoher Cholesterinwert ist ein Risikofaktor für die koronare Herzerkrankung*" vor.[119] Darüber hinaus muss die Kennzeichnung oder – falls diese Kennzeichnung fehlt – die Aufmachung des Lebensmittels und die Lebensmittelwerbung eine Erklärung dahingehend enthalten, dass die Krankheit, auf die sich die Angabe bezieht, durch mehrere Risikofaktoren bedingt ist und dass die Veränderung einer dieser Risikofaktoren eine positive Wirkung haben kann oder auch nicht.

---

[114] Vgl. Meisterernst/Haber/*Meisterernst*, Praxiskommentar Health & Nutrition Claims, Kap. 1 Art. 2 Rn. 29.
[115] Art. 2 Abs. 2 Nr. 6 Verordnung (EG) Nr. 1924/2006.
[116] Vgl. Meisterernst/Haber/*Meisterernst*, Praxiskommentar Health & Nutrition Claims, Kap. 1 Art. 2 Rn. 30.
[117] So etwa auch Holle/Hüttebräuker/*Holle*, HCVO, Art. 2 Rn. 140.
[118] Weiterführend zu den mit der „Angabe über die Reduzierung eines Krankheitsrisikos" gemäß Art. 2 Abs. 2 Nr. 6 Verordnung (EG) Nr. 1924/2006 einhergehenden Problemen etwa *EuG*, 30.4.2014 – T-17/12, ZLR 2014, 472; Holle/Hüttebräuker/*Holle*, HCVO, Art. 2 Rn. 138 ff.; Meisterernst/Haber/*Meisterernst*, Praxiskommentar Health & Nutrition Claims, Kap. 1 Art. 2 Rn. 30 a f.
[119] Vgl. Verordnung (EU) Nr. 1048/2012 der Kommission vom 8.11.2012 zur Zulassung einer gesundheitsbezogenen Angabe über Lebensmittel betreffend die Verringerung eines Krankheitsrisikos (ABl. Nr. L 310/38).

5. Angaben über die Entwicklung und Gesundheit von Kindern

90 Angaben über die Entwicklung und Gesundheit von Kindern werden ebenfalls vom Anwendungsbereich der Verordnung (EG) Nr. 1924/2006 erfasst. Auch insoweit gelten die strengen Vorgaben des Art. 14 der Verordnung. Was konkret unter einer Angabe über die Entwicklung und Gesundheit von Kindern zu verstehen ist, wird in der Verordnung (EG) Nr. 1924/2006 nicht legal definiert.

91 Entscheidend ist im jeweiligen Einzelfall, ob sich aus der Formulierung der Angabe und dem Gesamtzusammenhang, in dem sie verwendet wird, für den verständigen Durchschnittsverbraucher ein Bezug zwischen der konkreten Angabe und der Gesundheit oder Entwicklung von Kindern ergibt, was weder eine ausdrückliche Nennung noch eine bildliche Darstellung von Kindern erfordert.[120] Auch eingetragene Marken stehen der Annahme einer sich auf die Entwicklung und Gesundheit von Kindern beziehenden Angabe nicht entgegen.[121] Einheitliche Kriterien zur Bestimmung einer Angabe über die Entwicklung und Gesundheit von Kindern lassen sich der Rechtsprechung nur schwer entnehmen. So hat der BGH etwa bezüglich der Angabe *„So wichtig wie das tägliche Glas Milch!"* das Vorliegen einer Angabe über die Entwicklung und Gesundheit von Kindern negiert,[122] die für einen Mehrfruchtsaft verwendete Angabe *„Lernstark"* jedoch als gesundheitsbezogene Angabe im Sinne des Art. 10 Abs. 3 Verordnung (EG) Nr. 1924/2006 eingestuft.[123]

92 **Praxistipp:**
Wenngleich nicht jede im Zusammenhang mit Lebensmitteln erfolgende Nennung oder Darstellung von Kindern zwingend die Voraussetzungen einer Angabe über die Entwicklung und Gesundheit von Kindern erfüllt, sollte die konkrete Auslobung aufgrund der Indizwirkung, die regelmäßig von der Nennung oder bildlichen Darstellung von Kindern ausgeht, unter Berücksichtigung des Gesamtzusammenhangs, in dem sie getätigt wird, in jedem Fall kritisch im Hinblick auf das Vorliegen einer Angabe nach Art. 14 Abs. 1 Buchst. b Verordnung (EG) Nr. 1924/2006 überprüft werden.

93 **Praxistipp:**
Nährwert- und gesundheitsbezogene Angaben sowie Angaben über die Reduzierung eines Krankheitsrisikos und Angaben über die Entwicklung und die Gesundheit bei Kindern unterliegen einem grundsätzlichen Verbot mit Erlaubnisvorbehalt. Die Verwendung entsprechender Angaben ist demnach grundsätzlich unzulässig. Etwas anderes gilt nur dann, wenn die Verwendung der jeweiligen Angabe nach den sich aus der Verordnung (EG) Nr. 1924/2006 ergebenden Vorgaben ausnahmsweise zulässig ist. Aufgrund der Komplexität der Materie, vieler ungeklärter Fragen und einer in Teilen nicht einheitlichen Rechtsprechung ist bei Angaben, die in den Anwendungsbereich der Verordnung (EG) Nr. 1924/2006 fallen können, äußerste Vorsicht geboten.

---

[120] So unter Bezugnahme auf *BGH*, 10.12.2015 – I ZR 222/13, ZLR 2016, 365 ff., Holle/Hüttebräuker/*Holle*, HCVO, Art. 14 Rn. 32.
[121] So unter Bezugnahme auf *BGH*, 10.12.2015 – I ZR 222/13, ZLR 2016, 365 ff., auch Holle/Hüttebräuker/*Holle*, HCVO, Art. 14 Rn. 33.
[122] *BGH*, 12.2.2015 – I ZR 36/11, ZLR 2015, 357 ff.
[123] *BGH*, 10.12.2015 – I ZR 222/13, ZLR 2016, 365 ff. sowie weiterführend zu der bisherigen einschlägigen Rechtsprechung Holle/Hüttebräuker/*Holle*, HCVO, Art. 14 Rn. 32 ff.

F. Die Überwachung des Onlinehandels

Das Lebensmittelrecht ist Teil des öffentlichen Wirtschaftsverwaltungsrechts. Während das Recht der Gesetzgebung dem Bund obliegt,[124] verfügen die einzelnen Bundesländer über die Verwaltungskompetenz und sind somit für den Vollzug der Gesetze zur Lebensmittelüberwachung zuständig.[125] Dies gilt gemäß Art. 83 ff. Grundgesetz analog auch für den Vollzug des unmittelbar anwendbaren Gemeinschaftsrechts.[126] Die für die Lebensmittelüberwachung nach Landesrecht zuständigen Behörden haben bestimmte Aufgaben, die im Einzelnen in §§ 38 ff. LFGB konkretisiert werden.[127] 94

Die Tatsache, dass die Lebensmittelüberwachung jeweils Sache der einzelnen Bundesländer ist, erschwert eine effektive Überwachung des nicht durch Ländergrenzen beschränkten Onlinehandels mit Lebensmitteln. Um die Lebensmittelüberwachung im Bereich des Onlinehandels zu verbessern, initiierte das Bundesamt für Verbraucherschutz und Lebensmittelsicherheit im Jahr 2013 das Projekt „**G@ZIELT**". Im Rahmen des Projekts wurde beim Bundesamt für Verbraucherschutz und Lebensmittelsicherheit im Folgenden eine **Gemeinsame Zentralstelle „Kontrolle der im Internet gehandelten Erzeugnisse des LFGB und Tabakerzeugnisse"** („G@zielt") errichtet. Diese Gemeinsame Zentralstelle verarbeitet zum Beispiel die nach § 38a LFGB vom Bundeszentralamt für Steuern übermittelten, sich auf den Internethandel beziehenden Daten, unterstützt die zuständigen Überwachungsbehörden bei der Probenbeschaffung und erarbeitet unter anderem auch effektive Suchstrategien im Internet. 95

Eine sich explizit auf die Probenahme bei Tieren und Waren, die durch Einsatz von Fernkommunikationstechniken zum Verkauf angeboten werden, beziehende Regelung findet sich seit dem 14.12.2019 in **Art. 36 Verordnung (EU) 2017/625**.[128] Konkret können nach Art. 36 Abs. 1 Verordnung (EU) 2017/625 Proben von Tieren und Waren, die durch Einsatz von Fernkommunikationstechniken zum Verkauf angeboten werden, von den zuständigen Behörden zum Zwecke der amtlichen Kontrolle **anonym** beim Unternehmer angefordert werden. Hintergrund dieser Regelung ist der Ausschluss von Manipulationen, die möglich wären, wenn sich die Behörde gegenüber dem Onlinehändler bei Anforderung von Proben zu erkennen geben müsste. Sobald die zuständigen Behörden die Proben erhalten haben, müssen sie nach Art. 36 Abs. 2 Verordnung (EU) 2017/625 „*alle Maßnahmen*" ergreifen, „*damit die Unternehmer, von denen diese Proben*" nach Art. 36 Abs. 1 der Verordnung angefordert wurden, 96

– darüber unterrichtet werden, dass die Proben im Rahmen einer amtlichen Kontrolle entnommen und ggf. zum Zweck einer amtlichen Kontrolle analysiert oder getestet werden, und

---

[124] Vgl. Art. 74 Abs. 1 Nr. 20 GG.
[125] Vgl. Art. 30, 70 GG sowie Art. 83 GG.
[126] Vgl. Streinz/Kraus/*Streinz/Lamers*, Lebensmittelrechts-Handbuch, Kap. IV Rn. 1, 14.
[127] Vgl. Streinz/Kraus/*Streinz/Lamers*, Lebensmittelrechts-Handbuch, Kap. IV Rn. 16 ff.
[128] Verordnung (EU) 2017/625 des Europäischen Parlaments und des Rates v. 15.3.2017 über amtliche Kontrollen und andere amtliche Tätigkeiten zur Gewährleistung der Anwendung des Lebens- und Futtermittelrechts und der Vorschriften über Tiergesundheit und Tierschutz, Pflanzengesundheit und Pflanzenschutzmittel, zur Änderung der Verordnungen (EG) Nr. 999/2001, (EG) Nr. 396/2005, (EG) Nr. 1069/2009, (EG) Nr. 1107/2009, (EU) Nr. 1151/2012, (EU) Nr. 652/2014, (EU) 2016/429 und (EU) 2016/2031 des Europäischen Parlaments und des Rates, der Verordnungen (EG) Nr. 1/2005 und (EG) Nr. 1099/2009 des Rates sowie der Richtlinien 98/58/EG, 1999/74/EG, 2007/43/EG, 2008/119/EG und 2008/120/EG des Rates und zur Aufhebung der Verordnungen (EG) Nr. 854/2004 und (EG) Nr. 882/2004 des Europäischen Parlaments und des Rates, der Richtlinien 89/608/EWG, 89/662/EWG, 90/425/EWG, 91/496/EEG, 96/23/EG, 96/93/EG und 97/78/EG des Rates und des Beschlusses 92/438/EWG des Rates v. 15.3.2017 (ABl. Nr. L 95, S. 1; ber. ABl. 2017 Nr. L 137, S. 40; ABl. 2018 Nr. L 48, S. 44 und ABl. 2018 Nr. L 322, S. 85).

97 Auch Onlinehändler unterliegen beim Vertrieb von Lebensmitteln einer sich aus **Art. 6 Abs. 2 Verordnung (EG) Nr. 852/2004**[129] ergebenden **Meldepflicht**, die sich im Einzelfall unter bestimmten Voraussetzungen – etwa beim Vertrieb tierischer Erzeugnisse – nach Art. 6 Abs. 3 der Verordnung auch zu einer **Zulassungspflicht** ausweiten kann. Konkret müssen sich Onlinehändler, die im Internet Lebensmittel vertreiben, in ihrer Eigenschaft als Lebensmittelunternehmer nach Art. 6 Abs. 2 Verordnung (EG) Nr. 852/2004 bei der für sie sachlich und örtlich zuständigen Behörde zur Registrierung melden. Dabei dienen die Registrierung und – soweit erforderlich – auch die Zulassung insbesondere dem Zweck, der zuständigen Lebensmittelüberwachungsbehörde eine effektive Kontrolle des jeweiligen Onlinehandels mit Lebensmitteln zu ermöglichen.

 - von dem Recht auf ein zweites Sachverständigengutachten gemäß Art. 35 Abs. 1 der Verordnung Gebrauch machen können, wenn die in jenem Absatz genannten Proben analysiert oder getestet werden.

98 Praxistipp:
Auch Onlinehändler unterliegen beim Vertrieb von Lebensmitteln einer Meldepflicht, die sich im Einzelfall zu einer Zulassungspflicht ausweiten kann. Bei einer nach Art. 36 Verordnung (EU) 2017/625 möglichen anonymen Probenahme sollte der Onlinehändler unbedingt auf die Wahrung seiner Rechte aus Art. 36 Abs. 2 Verordnung (EU) 2017/625 achten.

G. Rechtsfolgen bei Verstößen

99 Wird gegen lebensmittelrechtliche Vorschriften verstoßen, so drohen dem verantwortlichen Unternehmer Angriffe aus verschiedenen Richtungen. Da sich das Lebensmittelrecht als Teil des öffentlichen Wirtschaftsverwaltungsrechts darstellt, kann das verletzende Verhalten zunächst im Rahmen eines präventiven Verwaltungsverfahrens beanstandet werden. Darüber hinaus kann gegen die lebensmittelrechtlich verantwortliche natürliche Person auch ein repressives Ordnungswidrigkeiten- oder Strafverfahren eingeleitet werden.[130] Letztlich kann sich der Verstoß gegen eine lebensmittelrechtliche Vorschrift auch als ein wettbewerbswidriges Verhalten darstellen, das als solches von Mitbewerbern und Verbänden beispielsweise im Wege einer Abmahnung, durch Antrag auf Erlass einer einstweiligen Verfügung oder mit einer Unterlassungsklage angegriffen werden kann.

100 Praxistipp:
Die Einhaltung lebensmittelrechtlicher Vorschriften ist auch beim Onlinehandel mit Lebensmitteln von elementarer Bedeutung, da Verstöße mannigfaltige Rechtsfolgen haben können. Zu denken ist etwa an das mit Rückrufaktionen gekoppelte Verbot des Inverkehrbringens nicht sicherer Lebensmittel, die Beanstandung einer nicht vorhandenen oder mangelhaften Information nach Art. 14 Verordnung (EU) Nr. 1169/2011 oder an die Untersagung unzulässiger Produktauslobungen. Neben Imageschäden und finanziellen Einbußen drohen dabei regelmäßig Auseinandersetzungen mit der Lebensmittelüberwachung in verwaltungsrechtlichen Verfahren sowie mit Verbänden und Mitbewerbern im Rahmen des Wettbewerbsrechts. Existenziell kann es für Unternehmer werden, wenn infolge einer behördlichen Beanstandung ein Ordnungswidrigkeiten- oder ein

---

[129] Verordnung (EG) Nr. 852/2004 des Europäischen Parlaments und des Rates vom 29.4.2004 über Lebensmittelhygiene (ABl. Nr. L 139, S. 1; gesamte Vorschrift ber. ABl. Nr. L 226, S. 3 und ABl. 2008 Nr. L 46, S. 51; ber. ABl. 2009 Nr. L 58, S. 3).
[130] Gegen das Unternehmen kann unter den Voraussetzungen des § 30 OWiG eine Geldbuße verhängt werden.

G. Rechtsfolgen bei Verstößen

Strafverfahren eingeleitet wird. Denn in diesen Verfahren steht regelmäßig die Vermögensabschöpfung des „erlangten Etwas" – bei dem es sich konkret in der Regel um den mit dem vorgeworfenen Verhalten erzielten Umsatz handeln wird – im Raum. Während § 29a OWiG[131] den Behörden im Ordnungswidrigkeitenverfahren aufgrund des dort geltenden Opportunitätsprinzips noch ein Ermessen einräumt, gibt es diese Möglichkeit bei der Vermögensabschöpfung im Strafverfahren nach §§ 73 ff. StGB[132] nicht. Vielmehr droht hier die selbständige Einziehung nach § 76a Abs. 3 StGB auch dann noch, wenn das Verfahren etwa nach § 153 oder nach § 153a StPO eingestellt wird.

---

[131] Gesetz über Ordnungswidrigkeiten.
[132] Strafgesetzbuch.

Teil 5.5 Der Handel mit Arzneimitteln

Übersicht

	Rn.
A. Einleitung	1
B. Was ist ein Arzneimittel?	2
I. Humanarzneimittel	3
II. Abgrenzung zu anderen Produkten	4
III. Veterinärarzneimittel	6
IV. Wirkstoffe	7
C. Der eigene Auftritt im Internet	8
I. Grundsätzliche Anforderungen	8
II. Gemeinsamer Internetauftritt	11
D. Werbung	13
I. Einleitung	13
II. Imagewerbung	14
III. Informationen	15
IV. Produktbezogene Werbung	19
1. Publikumswerbung und Werbung für Fachkreise	21
2. Publikumswerbung für verschreibungspflichtige Arzneimittel	24
3. Gesicherte Bereiche auf Webseiten	25
V. Absolute Werbeverbote	27
E. Internetspezifische Werbemaßnahmen	31
I. Pflichtangaben	32
II. Einzelne Online-Werbeformen	37
1. Keyword Advertising	37
2. Hyperlinks	42
3. Banner, Wallpaper, Rectangle, Skyscraper, Button	43
4. Layer Ad (oder Flash Layer)	44
5. Banderole	45
6. Video-Anzeige	46
7. Eintrag in Online-Enzyklopädien	48
F. Social Media	50
I. Allgemeine Verpflichtungen	51
II. Pharmakovigilanz	52
III. Haftung/Verantwortlichkeit für Inhalte Dritter	57
IV. Äußerungen von Angehörigen des Unternehmens	59
V. Konkrete Anfragen	60
G. Elektronischer Versandhandel von Arzneimitteln	68
I. Einleitung	68
II. Deutsche Versandapotheke	71
1. Erforderliche Erlaubnis	71
2. Elektronische Verschreibung	77
3. Schutz vor Fälschungen	78
4. Fremdbesitzverbot	79
5. Beteiligungen an Apotheken	82
6. Abgabeverpflichtung	84
7. Qualitätssicherungssystem	85
8. Ausführungszeiten	91
9. Information über Arzneimittelrisiken	94
10. Zweitzustellung	95
11. Sendungsverfolgung	96
12. Transportversicherung	97
13. Elektronischer Handel	98
14. Versandräumlichkeiten	99
15. Fernabsatzverträge	100
16. Preisgestaltung	102

	Rn.
III. Ausländische Versandapotheke	103
1. Grundsätzliche Anforderungen	103
2. Arzneimittelpreisverordnung/Zuzahlungen	105
IV. Anforderungen an den Internet-Auftritt von Versandapotheken	107
V. Vertrieb über Handelsplattformen	109

Literatur:

Arhold/Wimmer, Arzneimittelhandel über das Internet, K&R 2004, 126; *Balzer*, Lohnherstellung von Rezepturarzneimitteln – welche Erleichterungen bringt die Gesundheitsreform für den Versand?, PharmR 2004, 97; *Bauer*, Digitale Medien in der Pharmaindustrie: Rechtsfragen und Fallstricke, A&R 2014, 99; *ders.*, Produktwerbung versus wissenschaftliche Information – „ein alter Hut"?, A&R 2015, 265; *Bülow/Ring/Artz/Brixius*, Heilmittelwerbegesetz, 5. Aufl. 2015; *Burk*, Die neuen Publikumswerbeverbote des § 11 HWG auf dem Prüfstand von Verfassungs- und Europarecht, GRUR 2012, 1097; *ders.*, Versandapotheken im Fokus von Investoren – Rechtliche Handlungsspielräume und rote Linien für die Kooperation mit externen Kapitalgebern, PharmR 2018, 553; *v. Cezettritz/Thewes*, Pflichtangaben in AdWords-Anzeigen?, PharmR 2012, 56; *Dettling*, Arzneimittelverkauf oder -versorgung? Anmerkungen zum Urteil des EuGH in Sachen Doc-Morris, PharmR 2004, 66; *Dieners/Reese* (Hrsg.), Handbuch des Pharmarechts, 2010; *Dierks*, Pflichtangaben in der Internetwerbung für Arzneimittel – Rechtssicherheit durch Interpretationshilfen für eine „Good Internet Advertising Practice", PharmR 2011, 257; *Epping/Heimhalt/Spies*, Die Nutzung von Social Media durch die pharmazeutische Industrie, A&R 2012, 51; *Fuest*, Pharmafirmen fliehen aus sozialen Medien, Welt am Sonntag vom 20. 8. 2011; *Fuhrmann/Klein/Fleischfresser*, Arzneimittelrecht, Handbuch für die pharmazeutische Rechtspraxis, 2. Aufl. 2014; *Hasskarl*, Rechtsfragen bei der Anwendung eines nicht zugelassenen Arzneimittels, PharmR 2010, 444; *Hensslser/Kleen/Riegler*, Doc Morris III und die Auswirkungen auf das deutsche Fremd- und Mehrbesitzverbot, EuZW 2017, 723; *v. Hoff*, Zulässigkeit des Einstellens von Beiträgen über Arzneimittel bei Wikipedia und diesbezügliche Überwachungspflichten und Löschungsansprüche pharmazeutischer Unternehmen, PharmR 2010, 49; *Kieser*, Apothekenrecht, 2. Aufl. 2015; *ders.*, Apotheke im Internet – Rechtliche Fußangeln, mit denen wie man sie umgehen kann, A&R 2019, 60; *Kieser/Leinekugel*, Die firmen- und kennzeichenrechtliche Behandlung von Filialapotheken und Versandapotheken, ApoR 2004, 61; *Kieser/Wesser/Saalfrank*, Apothekengesetz, 1. EL 2017; *Koch*, Eine erste Bewertung der Entscheidung Doc-Morris des EuGH, EuZW 2004, 50; *Köber*, Informationspflichten für den Online-Handel in der Gesundheitsbranche, A&R 2017, 56; *Koenig/Engelmann*, E-Commerce mit Arzneimitteln im Europäischen Binnenmarkt und die Freiheit des Warenverkehrs, ZUM 2001, 19; *Koyuncu*, Rechtliche Fragestellung im Zusammenhang mit Social Media in Bezug auf Information, Werbung und Pharmakovigilanz – unter Einbeziehung der sog. 16. AMG Novelle in: Voit (Hrsg.) Kommunikation und Transparenz im Gesundheitswesen, 2013; *Kügel/Müller/Hofmann*, Arzneimittelgesetz, 2. Aufl. 2016; *Laoutoumai/Sanli*, Die Internet-Apotheke – Informationspflichten beim Online-Handel mit Arzneimitteln, K&R 2017, 758; *Lorz*, Internetwerbung für verschreibungspflichtige Arzneimittel aus gemeinschaftsrechtlicher Perspektive, GRUR Int. 2005, 894; *Lubitz*, Entwicklung des E-Commerce im Jahre 2003, K&R 2004, 116; *Mand*, Online-Werbung für Arzneimittel im Europäischen Binnenmarkt – Bestell-Listen von Internet-Apotheken im Lichte des deutschen Heilmittelwerberechts, WRP 2003, 192; *ders.*, Urteil und Urteilsbesprechung zu EuGH-Urteil „DocMorris", MMR 2004, 149; *ders.*, Heilmittelwerberechtliche Grenzen für die Wertreklame ausländischer Versandapotheken, A&R 2017, 3; *ders.*, Widerrufsrecht von Verbrauchern im Arzneimittel-Versandhandel, A&R 2017, 248; *ders.*, Preisregulierung in der Arzneimittelvertriebskette (1. Teil), A&R 2019, 195; *Marwitz*, Internetapotheken zwischen Gerichten und Gesetzgebern, MMR 2004, 218; *Maur*, Die Kommunikation zwischen pharmazeutischer Industrie und Patienten, A&R 2011, 243; *Meeser*, Endverbraucherinformationen über verschreibungspflichtige Arzneimittel – Zur Auslegung des § 10 Abs. 1 HWG unter Berücksichtigung des Urteils des Europäischen Gerichtshofs vom 5.5.2011 in der Rechtssache C-316/09, PharmR 2011, 349; *Meier/v. Czettritz/Gabriel/Kaufmann*, Pharmarecht, 2. Aufl. 2018; *Meyer/Grunert*, „Off-Label-Use": Haftungs- und Regressrisiken für Ärzte, Apotheker und Pharmaunternehmen, PharmR 2005, 205; *Müllen*, Werbung über Google AdWords-Anzeigen weiterhin möglich PharmR 2014, 89; *Ohly*, Die lauterkeitsrechtliche Haftung für Hyperlinks, NJW 2016, 1417; *Paal/Rehmann*, Aktuelle Entwicklungen im Heilmittelwerberecht, A&R 2012, 8; *Ratzel/Lippert/Prütting*, Kommentar zur (Muster-) Berufsordnung für die in Deutschland tätigen Ärztinnen und Ärzte – MBO-Ä 1997, 7. Aufl. 2018; *Ratzel/Wiesener*, Neuerungen im Apothekenrecht, ZMGR 2004, 153; *Reese*, BeckOK HWG, 1. Ed. 1.9.2019; *Rehmann*, AMG, 4. Aufl. 2014; *Reinhart/Meßmer*, Die „16. AMG-Novelle": Die Änderungen im Heilmittelwerbegesetz, A&R 2012, 209; *Runge*, Zugangsbeschränkungen für Arzneimittelinformationen im Internet – Insbesondere im Zusammenhang mit der Beschränkung des Zugriffs auf Arzneimittelinformationen durch einen „DocCheck-Login, PharmR 2014, 560; *Schirmbacher*, LG Hamburg: „Under cover"-Kommentar von Versicherungsmitarbeiter in Blog als Schleichwerbung verboten, GRUR-Prax 2012, 309; *Schmidt*, Zulässigkeit von Informationen zu verschreibungspflichtigen Arzneimitteln im Internet außerhalb eines geschlossenen Fachkreisbereichs – Zugleich Anmerkung zum Urteil des EuGH v. 5.5.2011, Rs. C-316/09, PharmR 2011, 313; *Schultz*, Die Haftung von Internetauktionshäusern für den Vertrieb von Arzneimitteln, WRP 2004, 1347; *Stebner*, Das Werbeverbot nach § 8 HWG für apothekenimportierte Fertigarzneimittel nach § 73 Abs. 3 AMG und die Empfehlung darauf spezialisierter Versandapotheken durch Ärzte oder Heilpraktiker, PharmR 2015, 533; *Stumpf,* Der Vertrieb von Arzneimitteln außerhalb zugelassener Indikationen in wettbewerbsrechtlicher Perspektive – Die Beurteilung des „Off-Label-Use" nach dem Arzneimittel-, Sozial- und Arzthaftungsrecht und ihre wettbewerbsrechtlichen Konsequenzen, PharmR 2003, 421; *Tillmanns,* Patienten-Compliance-Programme im Lichte des Werbeverbotes für verschreibungspflichtige Arzneimittel, WRP 2012, 914; *ders.,* Publikumswerbeverbote – jüngere Rechtsprechung und Tendenzen, PharmR 2010, 382; *Weidner,* Arzneimittelwerbung im Bereich Social Media?, PharmR 2014, 241; *Weimer,* Das HWG und das Internet – Der Internetauftritt eines Pharmaunternehmens, PharmR 2003, 231; *Wiesener,* Unterlassungstenor bei Arzneimittelwerbung/Erinnerungswerbung, GesR 2010, 478; *Wigge,* Arzneimittelverordnung durch Arzt oder Apotheker Rechtsfragen der Aut-idem-Regelung, PharmR 2002, 2; *Wissenschaftlicher Dienst des Deutschen Bundestags,* Rechtliche Anforderungen an ein Verbot des Versandhandels mit Arzneimittel, A&R 2018, 252; *Wesser,* Als Barrabatte getarnte Einkaufsgutscheine: Auch für ausländische Versandapotheken verboten, A&R 2019, 109; *Wodarz,* Wiedereinführung des Rx-Versandhandelsverbotes – verfassungsrechtlich zulässig?, PharmR 2017, 131; *Zimmermann,* Heilmittelwerbegesetz, 2012.

A. Einleitung

1 Das Internet spielt auch bei der Bewerbung und dem Vertrieb von Arzneimitteln mittlerweile eine bedeutende Rolle. Arzneimittelunternehmen betreiben eigene Webseiten und Social-Media-Kanäle um Informationen im Zusammenhang mit ihren Produkten zu verbreiten und mit Kunden und Fachkreisen in Kontakt zu treten. Auch der Handel mit Arzneimitteln findet zunehmend über das Internet statt. Längst haben sich Online-Apotheken auch in Deutschland etabliert. Für die Akteure wie Arzneimittelunternehmen, Großhändler oder Apotheken bietet das Internet eine große Chance. Gerade im streng regulierten Umfeld von Arzneimitteln stellt es zugleich aber auch eine der größten Herausforderungen dar, denn sowohl die Bewerbung als auch der Vertrieb von Arzneimitteln unterliegen strengen gesetzlichen Vorgaben, die sich nicht immer gut mit den üblichen Online-Gepflogenheiten vereinbaren lassen.

B. Was ist ein Arzneimittel?

2 Damit die besonderen Vorgaben zu Arzneimitteln Anwendung finden, muss zunächst überhaupt ein Zusammenhang zu einem Arzneimittel bestehen.

I. Humanarzneimittel

3 Was ein **Humanarzneimittel** ist, definiert Art. 1 Nr. 1 lit. b der Richtlinie 2004/27/EG einheitlich für die gesamte EU wie folgt: *„Alle Stoffe oder Stoffzusammensetzungen, die als Mittel mit Eigenschaften zur Heilung oder zur Verhütung menschlicher Krankheiten bestimmt sind, oder alle Stoffe oder Stoffzusammensetzungen, die im oder am menschlichen Körper verwendet oder einem Menschen verabreicht werden können, um entweder die menschlichen physiologischen Funktionen durch eine pharmakologische, immunologische oder metabolische Wirkung wiederherzustellen, zu korrigieren oder zu beeinflussen oder eine medizinische Diagnose zu erstellen."* Die in Deutschland bisher geltende Definition in § 2 AMG ist entsprechend **europarechtskonform auszulegen.**[1]

---

[1] *Kügel/Müller/Hofmann,* § 2 AMG Rn. 51 ff.

II. Abgrenzung zu anderen Produkten

Ob bei bestimmten Handlungen wie der Werbung oder dem Vertrieb die besonderen Vorschriften für Arzneimittel gelten, hängt entscheidend davon ab, ob es sich bei dem betroffenen Produkt – etwa der „Kraftnahrung" für den Bodybuilder – wirklich um ein Arzneimittel handelt. Abzugrenzen sind Arzneimittel auf der einen Seite von den Lebensmitteln, insbesondere den Nahrungsergänzungsmitteln[2], auf der anderen Seite von den Medizinprodukten, für die zwar auch bestimmte Einschränkungen bestehen, die aber bei weitem nicht so restriktiv sind, wie es bei Arzneimitteln der Fall ist. Grundlegendes Merkmal eines Arzneimittels ist seine nachgewiesene **pharmakologische, immunologische oder metabolische Wirkung**. Dies kann im Einzelfall dazu führen, dass ein Produkt je nach Anwendungsbestimmung (zB im Falle einer Kochsalzlösung zur Infusion) oder Dosierung (zB bei Vitaminpräparaten) als Arzneimittel einzustufen ist oder nicht. Auch Homöopathische Arzneimittel sind Arzneimittel, für die die aufgeführten Beschränkungen hinsichtlich der Bewerbung und des Vertriebs entsprechend gelten.

> **Wichtig:**
> Eine besondere Unsicherheit gerade für den Handel im Internet ergibt sich dadurch, dass trotz einer weit fortgeschrittenen Vereinheitlichung der entsprechenden Vorschriften innerhalb der EU gerade in Grenzfällen keine Gewähr dafür besteht, dass ein in einem anderen Mitgliedstaat als Nahrungsergänzungsmittel oder Medizinprodukt zugelassenes Produkt auch in Deutschland als solches zu behandeln ist, oder uU sogar ein Arzneimittel darstellt, das eine entsprechende Zulassung benötigt, um vertrieben werden zu können. Zwar verliert diese Problematik infolge der zunehmenden Harmonisierung ständig an Bedeutung, aber auch heute noch finden sich entsprechende Beispiele.

III. Veterinärarzneimittel

Der Vollständigkeit halber sei erwähnt, dass auch Tierarzneimittel Arzneimittel im Sinne des Gesetzes sind und weitgehend denselben Beschränkungen unterliegen wie Humanarzneimittel.

IV. Wirkstoffe

Der für ein Arzneimittel bestimmte Wirkstoff stellt für sich genommen noch kein Arzneimittel dar. Die für Arzneimittel geltenden Beschränkungen hinsichtlich Werbung finden auf reine Wirkstoffe daher grundsätzlich keine Anwendung, soweit sich nicht aus den Umständen ein Zusammenhang zu einem konkreten Arzneimittel herstellen lässt. Der Vertrieb von Wirkstoffen unterliegt jedoch ebenfalls bestimmten Beschränkungen.[3]

C. Der eigene Auftritt im Internet

I. Grundsätzliche Anforderungen

Der Online-Auftritt eines Arzneimittelunternehmens, eines Arzneimittelgroßhändlers oder einer Apotheke muss, unabhängig davon, ob dieser Auftritt im Sinne einer klassischen

---

[2] Vgl. → Teil 5.4 Rn. 10.
[3] Vgl. Leitlinien der Europäischen Kommission vom 19.3.2015 zu den Grundsätzen der guten Vertriebspraxis für Wirkstoffe von Humanarzneimitteln (Text von Bedeutung für den EWR) (2015/C 95/01).

Website oder über eine Social-Media Plattform erfolgt, grundsätzlich denselben Ansprüchen genügen, wie der gewerbliche Auftritt von Unternehmen aus anderen Branchen. Auch hier muss der Betreiber etwa gemäß § 5 TMG auf seiner Seite eine leicht erkennbare und unmittelbar erreichbare **„Anbieterkennzeichnung"** vorhalten.[4] Gerade im Zusammenhang mit sog. (Disease-) Awareness Campaigns, also Kampagnen, die der Verbreitung von Informationen zu bestimmten Krankheitsbildern dienen und den Zweck verfolgen, die Aufmerksamkeit der Öffentlichkeit auf bestimmte Krankheiten zu lenken, ist es wichtig, dass die Identität des Verantwortlichen offengelegt wird.

9 | **Praxistipp:**

Die in der Praxis übliche Vorgehensweise, speziell an Patienten gerichtete Webseiten mit Informationen zu bestimmten Indikationen durch darauf spezialisierte Agenturen unterhalten zu lassen, entbindet das pharmazeutische Unternehmen nicht von seiner Pflicht, sich selbst zumindest als Auftraggeber oder Förderer zu erkennen zu geben.

10 Auch die Sammlung von personenbezogenen Daten und der Einsatz von **Cookies** dürfen nur im Rahmen der gesetzlichen Vorgaben eingesetzt werden. Entsprechend muss der Einsatz von Analysetools wie etwa **Google Analytics** den allgemeinen gesetzlichen Anforderungen entsprechen, wobei insbesondere dann erhöhte Vorsicht geboten ist, wenn es um die Sammlung oder Verarbeitung von besonders sensiblen Daten, wie etwa sog. Gesundheitsdaten im Sinne des Art. 4 Nr. 15 DS-GVO geht, für die zusätzliche Anforderungen bestehen.

II. Gemeinsamer Internetauftritt

11 Eine gerade für pharmazeutische Unternehmen interessante Variante zur eigenen Webseite ist ein **gemeinsamer Internetauftritt** des Unternehmens mit einer Klinik oder einem niedergelassenen Arzt. Dahinter steht die Idee, dass die Klinik oder der Arzt Interessenten Informationen über die angebotenen Behandlungen zur Verfügung stellt und in diesem Zusammenhang auch das Arzneimittelunternehmen vorgestellt wird, dessen Produkte bei der jeweiligen Behandlung eine Rolle spielen können. Derartige Kooperationen sind jedoch nur in Ausnahmefällen und unter besonderen Bedingungen zulässig. Erforderlich ist in jedem Fall, dass der Betreiber der Webseite **eindeutig erkennbar** ist. Sofern daher eine Webseite gemeinsam mit dem Arzneimittelunternehmen betrieben werden soll, muss sich dies auch in der Anbieterkennzeichnung wiederfinden.

12 Für den Arzt oder die Klinik besteht zudem die Beschränkung nach § 27 Abs. 3 Satz 4 der **Musterberufsordnung für Ärzte,** wonach *„eine Werbung für eigene oder fremde gewerbliche Tätigkeiten oder Produkte im Zusammenhang mit der ärztlichen Tätigkeit [...] unzulässig"* ist. Es ist dem Arzt somit ausdrücklich untersagt, Produkte der Arzneimittelunternehmen zu bewerben. Schließlich gelten für das Arzneimittelunternehmen auch im Fall der gemeinsam betriebenen Webseite die Einschränkungen hinsichtlich dessen, was als Werbung für Arzneimittel zulässig ist.[5]

---

[4] Vgl. § 5 TMG.
[5] *Ratzel/Lippert/Prütting,* MBO-Ä § 27 Rn. 23.

D. Werbung

I. Einleitung

Die Werbung für Arzneimittel ist in Deutschland im Heilmittelwerbegesetz (HWG) geregelt. Traditionell wird der Begriff der Werbung dabei sehr weit ausgelegt.[6] Eine gesetzliche Definition findet sich in der auf der Ebene des europäischen Sekundärrechts erlassenen Richtlinie 2001/83/EG des Europäischen Parlaments und des Rates vom 6.11.2001 zur Schaffung eines Gemeinschaftskodexes für Humanarzneimittel[7], zuletzt geändert durch die RL 2009/120/EG (**„Gemeinschaftskodex"**). Art. 86 Abs. 1 des Gemeinschaftskodexes beschreibt Werbung als *„alle Maßnahmen zur Information, zur Marktuntersuchung und zur Schaffung von Anreizen mit dem Ziel, die Verschreibung, die Abgabe, den Verkauf oder den Verbrauch von Arzneimitteln zu fördern"*.[8] Die Nennung des Produktnamens stellt in der Regel bereits ein starkes Indiz für eine absatzwerbliche Absicht dar,[9] wobei auch ausreicht, dass die Umstände beim angesprochenen Verkehrskreis einen Rückschluss auf bestimmte Produkte oder eine Produktgruppe des Werbenden zulassen, ohne dass ein Produktname genannt wird.[10] Auch die Verwendung des Produktnamens als Teil der Domain-Adresse wird man jedenfalls dann als Werbung für das Produkt einstufen, wenn das Produkt auf der zugehörigen Webseite selbst angepriesen wird.[11]

13

II. Imagewerbung

Nicht von den Vorgaben des HWG erfasst ist hingegen sog. **Imagewerbung,** die auch pharmazeutische Unternehmen, Großhändler und Apotheken grundsätzlich erlaubt ist.[12] Diese Werbung dient dabei der Wahrnehmung, der Bekanntmachung und Präsentation des Unternehmens an sich, nicht seiner Produkte. Ob es sich bei einer zu beurteilenden Werbung um Absatz- oder Imagewerbung handelt, hängt maßgeblich davon ab, ob nach dem Gesamterscheinungsbild der Werbung die Darstellung des Unternehmens oder aber die Anpreisung bestimmter oder zumindest individualisierbarer Produkte im Vordergrund steht.[13] Eine Homepage, auf der ein Unternehmen lediglich sich selbst vorstellt, ist daher auch im Bereich der Arzneimittel grundsätzlich nicht zu beanstanden, soweit die üblichen Vorgaben an solche Imagewerbung, insbesondere die Vorschriften des UWG und der geltenden Apotheker-Berufsordnung, eingehalten werden.

14

III. Informationen

Von der Werbung zu unterscheiden ist die grundsätzlich zulässige Verbreitung von Informationen. Dies gilt grundsätzlich auch für Informationen, die sich mit einem Indikationsgebiet befassen, für welches das informierende Unternehmen ein Arzneimittel anbietet. Gerade bei der Verbreitung wissenschaftlicher Informationen fällt die Abgrenzung zu einer werblichen Aussage oftmals schwer und kann nur im Einzelfall erfolgen.[14] Ausschlagge-

15

---

[6] Ein Überblick über die Grenzen und Entwicklung des Werbebegriffs des HWG findet sich im BeckOK HWG-*Reese*, HWG § 1 Rn. 27–45.
[7] EG-ABl. Nr. L 311 v. 28.11.2001, S. 67.
[8] Art. 86 Abs. 1 RL 2001/83/EG; *EuGH*, GRUR 2011, 1160; *BGH*, GRUR 2009, 984.
[9] *Meier/von Czettritz/Gabriel/Kaufmann*, Pharmarecht § 8 Rn. 5; *BGH*, GRUR 1983, 393, 394; *BGH*, GRUR 2009, 984, 985.
[10] *BGH*, GRUR 1992, 871, 872; *OLG Frankfurt a. M.*, GRUR-RR 2013, 76, 77.
[11] *OLG Stuttgart*, PharmR 2019, 127.
[12] *BGH*, GRUR 1992, 873; *BGH*, GRUR 1995, 223.
[13] *BGH*, GRUR 2017, 635, 638.
[14] Vgl. *Bauer*, A&R 2015, 265.

bend sind dabei nicht nur die getroffenen Aussagen, sondern auch das Erscheinungsbild und Umfeld, in das diese Aussagen eingebettet sind.[15]

16 Keine Werbung im Sinne des HWG liegt zudem dann vor, wenn einer Person Informationen zu einem Arzneimittel auf Grund einer konkreten Anfrage übermittelt werden (§ 1 Abs. 5 HWG). Gleiches gilt für die Bereitstellung einer Abbildung der Verpackung des Arzneimittels oder des zugelassenen Beipackzettels oder der Fachinformation, wenn dies auf entsprechende Anforderung einer Person erfolgt (§ 1 Abs. 8 HWG). Entscheidend zur Rechtsbildung beigetragen hat in diesem Zusammenhang das Urteil des EuGH in Sachen MSD Sharp & Dohme GmbH/Merckle GmbH.[16] Darin hat der EuGH die grundsätzliche Aussage getroffen, dass auf der Internetseite eines pharmazeutischen Unternehmers abrufbare Beipackzettel und Abbildungen von Produktverpackungen zumindest dann keine Öffentlichkeitswerbung darstellen, wenn es sich hierbei um sog. „Pull-Dienste" handelt, bei denen der Internetnutzer einen aktiven Suchschritt unternehmen muss (im Gegensatz zu sog. „Push-Diensten", bei denen die Informationen dem Nutzer quasi aufgedrängt" werden).[17]

17 Der deutsche Gesetzgeber hat dieses Urteil zum Anlass genommen, im Rahmen der 16. AMG Novelle einen Absatz 8 zu § 1 HWG hinzuzufügen, wonach die in § 10–11a AMG geregelten Informationen wie die Packungsbeilage oder die Verpackung, die behördlich geprüft und genehmigt wurden, auch im Internet im Wege eines Pull-Dienstes Interessenten zur Verfügung gestellt werden dürfen. In diesem Zusammenhang ist zu beachten, dass der pharmazeutische Unternehmer gemäß § 11 Abs. 1 S. 9 AMG bzw. § 11a Abs. 1 S. 8 AMG verpflichtet ist, den Beipackzettel bzw. die Fachinformation auf dem neuesten Stand zu halten. Diese Verpflichtung gilt auch hinsichtlich der im Internet zur Verfügung gestellten Versionen.[18]

18 Praxistipp:
Die Antwort auf eine konkrete Anfrage ist grundsätzlich zulässig und stellt keine Werbung dar. Wichtig ist aber zu beachten, dass die Antwort direkt auf die Frage erfolgt und keine darüber hinausgehenden Informationen übermittelt werden.

IV. Produktbezogene Werbung

19 Besondere Einschränkungen erfährt die Werbung erst in dem Moment, in dem sie **produktbezogen** ist, sich also auf die vom Unternehmen angebotenen Arzneimittel bezieht und auf den **Absatz derselben gerichtet ist.** Wann diese Voraussetzungen vorliegen, ist mitunter nur schwer zu ermitteln. Wie bereits oben dargelegt, ist der Werbebegriff im Rahmen des HWG weit auszulegen. Dies hat zur Folge, dass im Falle von Arzneimitteln unter Umständen auch die rein sachliche Darstellung von Informationen über das betroffene Arzneimittel den Tatbestand der Werbung erfüllen kann.[19]

20 Praxistipp:
Der Werbebegriff im Heilmittelwerberecht ist sehr weit zu verstehen und kann neben klassischen Werbemaßnahmen auch rein sachliche Darstellungen und Informationen umfassen.

---

[15] *OLG Frankfurt a. M.*, GRUR-RR 2013, 76, 77.
[16] *EuGH*, 5.5.2011 – C-316/09 (MSD Sharp & Dohme GmbH/Merckle GmbH, GRUR 2011, 1160.
[17] *EuGH*, 5.5.2011 – C-316/09 (MSD Sharp & Dohme GmbH/Merckle GmbH, GRUR 2011, 1160, 1163.
[18] *Runge*, PharmR 2014, 560.
[19] *BGH*, NJW 1991, 751.

… D. Werbung

1. Publikumswerbung und Werbung für Fachkreise

Steht fest, dass es sich um eine Werbung für Arzneimittel handelt, hängt die Frage der Zulässigkeit bzw. der anwendbaren Vorgaben vor allem davon ab, an welche Empfängerkreise sich die Werbung richtet. Zu unterscheiden sind dabei **allgemein zugängliche Werbungen,** sogenannte **Publikumswerbung,** und Werbung, die sich nur an einen **Fachkreis,** also insbesondere an Ärzte, Zahnärzte, Tierärzte, Apotheker, aber auch an Personen richtet, die gerade mit den betroffenen Arzneimitteln erlaubterweise Handel treiben.

> **Praxistipp:**
> Das Heilmittelwerbegesetz enthält in § 2 und § 10 Abs. 1 iVm Abs. 2 zwei unterschiedliche Definitionen von Fachkreisen, die teilweise einen unterschiedlichen Personenkreis umfassen.

Zur Beurteilung des Adressatenkreises ist grundsätzlich sowohl auf die **Zielrichtung des Werbemediums,** als auch auf die **Zielrichtung der werblichen Aussage** abzustellen.[20] Eine an Fachkreise gerichtete Werbung in einer **Fachzeitschrift** wird man daher als Werbung gegenüber Fachkreisen ansehen, selbst wenn die Zeitschrift auch für Personen außerhalb der Fachkreise erhältlich ist.[21] Die Zielrichtung der Werbung spielt jedoch dann nur noch eine untergeordnete Rolle, wenn die Werbung über ein **Massenmedium** wie etwa das Fernsehen oder das Internet verbreitet wird. In diesem Fall ist schon auf Grund der Ausrichtung des gewählten Mediums stets von einer Publikumswerbung auszugehen.[22] Allerdings gilt auch hier, dass Vorschriften des HWG nur dann einschlägig sind, wenn sich die Werbung zumindest auch an ein in Deutschland ansässiges Publikum richtet.

2. Publikumswerbung für verschreibungspflichtige Arzneimittel

Außerhalb der Fachkreise darf für **verschreibungspflichtige Arzneimittel und Psychopharmaka** gemäß § 10 HWG nicht geworben werden. Hintergrund dieses Verbots ist zum einen, dass verhindert werden soll, dass Patienten gegenüber ihrem Arzt auf die Verschreibung eines bestimmten Medikaments drängen und nicht die objektive medizinische Einschätzung des behandelnden Arztes über die Medikation entscheidet. Des Weiteren soll der Gefahr einer Selbstmedikation durch den Patienten ohne entsprechende Anweisung durch den behandelnden Arzt entgegengewirkt werden.[23]

3. Gesicherte Bereiche auf Webseiten

Wie oben erläutert, wird man bei einer Werbung im Internet grundsätzlich von einer **Publikumswerbung** ausgehen. Dies führt faktisch dazu, dass Werbung, die nicht gegenüber der Allgemeinheit, sondern ausschließlich gegenüber Fachkreisen zulässig ist (insbesondere Werbung für verschreibungspflichtige Medikamente), im Internet praktisch kaum möglich ist. In der Praxis wird dieses Problem dadurch umgangen, dass die Betreiber der Webseiten getrennte, durch besondere Vorkehrungen (insbesondere Passwörter) gesicherte, Bereiche auf der Webseite einrichten, die nur Fachkreisen zugänglich sind.[24] Die Vergabe der Zugangsdaten zu diesem Bereich darf dabei nur gegenüber den Fachkreisen erfolgen, die dem

---

[20] *Dieners/Reese,* § 11 Rn. 128.
[21] *Zimmermann,* HWG § 2 Rn. 1.
[22] *Fuhrmann/Klein/Fleischfresser,* § 28 Rn. 41; *LG Frankfurt a. M.,* BeckRS 2011, 23522.
[23] *OLG Hamburg,* LMRR 2006, 76; *Weimer,* PharmR 2003, 231, 234.
[24] *Dieners/Reese,* § 11 Rn. 131.

Betreiber der Webseite eine entsprechende **Qualifikation nachweisen** müssen.[25] Der bloße Hinweis (etwa in Form eines Disclaimers oder eines Pop-Ups) genügt nicht.[26]

26 Während einzelne Arzneimittelunternehmen eigenständige Nachweise für die Zugehörigkeit zum Fachkreis verlangen, bedient sich der Großteil der deutschsprachigen Seiten des Dienstes **DocCheck**. Dieser von der DocCheck Medical Services GmbH zur Verfügung gestellte Dienst kann entsprechenden Seiten als Zugangskontrolle vorgeschaltet werden, und ist auch von der Rechtsprechung anerkannt.[27] Der Vorteil ist, dass eine Registrierung bei *DocCheck* nur einmalig erfolgen muss, jedoch für eine Vielzahl von Internetangeboten (nämlich allen, die den genannten Dienst einsetzen) gilt.

V. Absolute Werbeverbote

27 Ohne Ausnahme und gegenüber allen Kreisen verboten ist die Werbung mit solchen Arzneimitteln, die zwar der Zulassungspflicht unterliegen, im Anwendungsbereich des HWG (also in Deutschland) jedoch **keine solche Zulassung** besitzen (§ 3a S. 1 HWG).[28]

28 Ebenso ausnahmslos verboten ist die Werbung für Anwendungsbereiche, für die das betroffene Arzneimittel nicht zugelassen ist (§ 3a S. 2 HWG).[29] Das Verbot eines solchen sogenannten **Off-Label Marketings** gilt auch dann uneingeschränkt, wenn der beworbene Anwendungsbereich durch entsprechende Erfahrungen oder Studien belegt[30] oder in anderen Ländern bereits zugelassen ist.

29 Internationale Unternehmen sehen sich mitunter mit dem Problem konfrontiert, dass einzelne Arzneimittel nicht in allen Ländern zugelassen sind und daher in diesen Ländern auch nicht beworben werden dürfen. Ebenso besteht in einzelnen Ländern (insbesondere in den USA) die Möglichkeit auch gegenüber Laien für verschreibungspflichtige Arzneimittel zu werben, was gegenüber einem Publikum aus anderen Ländern (zB Deutschland) unzulässig wäre. Theoretisch besteht die Möglichkeit, den Zugriff auf entsprechende Inhalte für Nutzer aus bestimmten Ländern oder Regionen durch sog. **Geoblocking** zu verhindern. Diese technische Lösung muss jedoch im Einklang mit der Europäischen Verordnung (EU) 2018/302 erfolgen. Da ein Verstoß nur dann gegeben ist, wenn sich die kritischen Aussagen zumindest auch an ein deutsches Publikum richten, hat sich in der Praxis jedoch überwiegend der Einsatz von länderspezifischen Webseiten etabliert, die jeweils auf das betreffende Land zugeschnittene Inhalte liefern. Daneben wird zudem häufig mit ausdrücklichen Disclaimern gearbeitet.[31] Es bietet sich an, entsprechende Disclaimer etwa im Wege eines Pop-Up einer entsprechenden Seite vorzuschalten und dem Nutzer eine bewusste Entscheidung abzuverlangen (etwa durch einen entsprechenden Klick auf „weiter") auf Inhalte zuzugreifen, die nicht für Nutzer an seinem Aufenthaltsort gedacht sind.

30 **Praxistipp:**
Um den Eindruck zu verhindern, dass bestimmte Aussagen sich (auch) an deutsche Nutzer richten, sollten auf nationalen Seiten keine sog. Deep-Links auf internationale (insbesondere US-) Seiten gesetzt werden, auf denen in Deutschland nicht zulässige Inhalte präsentiert werden.

---

[25] *OLG Hamburg,* LMRR 2006, 76; vgl. aber auch *OLG München,* PharmR 2005, 245.
[26] *EuGH,* EuZW 2011, 481, 484 – „MSD Sharp & Dohme GmbH/Merckle GmbH"; *OLG Zweibrücken,* OLGR Zweibrücken 2002, 252.
[27] *LG Hamburg,* PharmR 2010, 248.
[28] *Hasskarl,* PharmR 2010, 444, 448.
[29] *Stumpf,* PharmR 2003, 421, 424.
[30] *Meyer/Grunert,* PharmR 2005, 205.
[31] Vgl. zu den Voraussetzungen *BGH,* GRUR 2006, 513.

E. Internetspezifische Werbemaßnahmen

Nachfolgend werden die für die Werbung im Internet wichtigsten Vorgaben des Heilmittelwerberechts und ihre Bedeutung für die üblichsten Werbeformen im Internet beleuchtet. 31

I. Pflichtangaben

Besondere Probleme bereitet in der Praxis das in § 4 HWG verankerte Gebot der Angabe von sogenannten **Pflichtangaben** bei der Werbung mit Arzneimitteln. Zu den Pflichtangaben gehören neben dem Namen und dem Sitz des Pharmazeutischen Unternehmers (§ 4 Abs. 1 Nr. 1 HWG) unter anderem die Bezeichnung des Arzneimittels (§ 4 Abs. 1 Nr. 2 HWG), dessen Zusammensetzung (§ 4 Abs. 1 Nr. 3 HWG) und bekannte Nebenwirkungen (§ 4 Abs. 1 Nr. 6 HWG). Bei Werbungen außerhalb der Fachkreise ist zudem der Hinweis „*Zu Risiken und Nebenwirkungen lesen Sie die Packungsbeilage und fragen Sie Ihren Arzt oder Apotheker*" gut lesbar und von den übrigen Werbeaussagen deutlich abgegrenzt aufzuführen (§ 4 Abs. 3 HWG). 32

Sinn und Zweck der Regelung zu den Pflichtangaben ist, den Umworbenen umfassend über bestimmte medizinisch relevante Merkmale des beworbenen Arzneimittels (insbesondere Zusammensetzung, Indikation und Nebenwirkungen) aufzuklären, um den Angesprochenen in die Lage zu versetzen, eine **informierte Entscheidung** zu treffen. Nicht erforderlich sind Pflichtangaben hingegen bei der sogenannten **Erinnerungswerbung** gemäß § 4 Abs. 6 HWG. Eine solche Werbung liegt vor, wenn ausschließlich mit der Bezeichnung eines Arzneimittels oder zusätzlich mit dem Namen, der Firma, der Marke des Unternehmers oder dem Hinweis „Wirkstoff" geworben wird. 33

Im Internet (wie auch im Übrigen Wettbewerbsrecht) bestimmt sich, welche Pflichtangaben anzugeben sind danach, in welcher Form bzw. über welche Kanäle die Werbung erfolgt. So genügt bei **Werbung in audiovisuellen Medien** (insbesondere Fernsehen und Radio), wenn der oben genannte Hinweis erteilt wird (§ 4 Abs. 5 HWG). Weitere Pflichtangaben sind in diesem Fall nicht notwendig. Diese Regelung ist den besonderen Umständen bei dieser Form von Werbung geschuldet, bei der der angesprochene Adressatenkreis keine Möglichkeit hätte, die einzelnen Angaben aufzunehmen und gedanklich zu verarbeiten, bis die Werbung vorbei ist.[32] Ob auch Werbung im Internet unter den Begriff der audiovisuellen Medien fällt, war lange Zeit umstritten. Mit Urteil vom 29.4.2010 hat der Bundesgerichtshof jedoch klargestellt, dass zumindest dann, wenn die Werbung in Form von **„stehenden Texten"** erfolgt, das Privileg des § 4 Abs. 5 HWG nicht einschlägig ist.[33] 34

Unter einem „stehenden Text" versteht der BGH dabei auch eine Anzeige, die aus mehreren Botschaften besteht, die dem Betrachter bei längerem Betrachten nacheinander erscheinen. Gerechtfertigt wird diese Entscheidung mit dem Argument, dass anders als bei herkömmlichen audiovisuellen Medien eine längere Betrachtung möglich ist. Der Internetnutzer könne die Anzeige sogar speichern oder ausdrucken, so dass die Ausnahme, die für die nur kurz erfassbaren audiovisuellen Anzeigen in herkömmlichen Medien gilt, hier nicht erforderlich ist.[34] 35

---

[32] *Zimmermann*, Heilmittelwerbegesetz § 4 Rn. 11.
[33] *BGH*, PharmR 2010, 402, 407.
[34] *BGH*, PharmR 2010, 402, 407.

36 **Praxistipp:**
Werbung für Arzneimittel muss stets die entsprechenden Pflichtangaben enthalten. Wie genau die Pflichtangaben anzugeben und zu platzieren sind, richtet sich nach den konkreten Umständen der Werbung und des Mediums in dem diese erfolgt.

II. Einzelne Online-Werbeformen

1. Keyword Advertising

37 Bei dieser Form der Werbung, die insbesondere durch Dienste wie **Google AdWords** bekannt ist, werden Anzeigen so geschaltet, dass sie bei einem bestimmten Userverhalten erscheinen. Am weitesten verbreitet sind Anzeigentexte, die bei Eingabe bestimmter Begriffe in einer Suchmaschine neben den Ergebnissen angezeigt werden. Bei den meist kurzen Textanzeigen stellt sich das Problem, dass die Pflichtangaben, die nach § 4 Abs. 4 HWG deutlich getrennt von den übrigen Werbeaussagen stehen, zugleich aber in einem engen und unmittelbaren Zusammenhang mit der Werbung aufgeführt werden müssen, ohne dass dem Adressaten ein zusätzlicher Einsatz oder Aufwand abverlangt würde. Eben eine solche Anordnung ist aber aus technischen Gründen bei derartigem **Keyword Advertising** zumeist gar nicht möglich.[35]

38 Um dennoch den Anforderungen gerecht zu werden, sind die Pflichtangaben auf einer separaten Webseite zu platzieren, zu der der interessierte Adressat durch Klicken eines **Links** in der Keywords-Anzeige gelangt. Der BGH hält ein solches Vorgehen zumindest dann für zulässig, wenn sich der elektronische Verweis auf den Pflichttext in der Anzeige selbst befindet und der Pflichttext dann unmittelbar, das heißt ohne wesentliche Zwischenschritte, beim Anklicken der Anzeige erscheint.[36]

39 Grundsätzlich gilt auch für den Bereich des Keyword-Advertisings die Erleichterung nach § 4 Abs. 6 HWG, dass bei einer Erinnerungswerbung keine Pflichtangaben gemacht werden müssen.[37] Insofern besteht eine entsprechende Verpflichtung nicht, wenn sich das Keyword auf den Produktnamen beschränkt. Sobald aber auch eine Indikation, für die das Produkt zugelassen ist, als Keyword genutzt wird, müssen die Pflichtangaben in der oben aufgeführten Weise in die Anzeige einbezogen werden.

40 Für verschreibungspflichtige Arzneimittel ist ein Keyword-Advertising stets unzulässig, da sich die entsprechenden Anzeigen in den Suchmaschinen immer auch an Personen außerhalb der Fachkreise richten.

41 **Praxistipp:**
Keyword-Advertising für nicht-verschreibungspflichtige Arzneimittel ist zulässig, sofern die Anzeige einen unmittelbaren Link zu den Pflichtangaben enthält.

2. Hyperlinks

42 Wie bei sonstigen Internetauftritten[38] gilt auch bei Webseiten von Pharmaunternehmen, dass auf Internetangeboten gesetzte **Hyperlinks** zumindest dann dem Betreiber der Webseite zugerechnet werden, wenn es sich bei der verlinkten Quelle um eine eigene Quelle des Unternehmens handelt oder der Eindruck erweckt wird, dass sich der Betreiber die auf der Drittseite angebotenen Informationen **zu eigen macht**[39] oder er trotz positiver

---

[35] *v. Czettritz/Thewes*, PharmR 2012, 56.
[36] *BGH*, A&R 2013, 293; *Müllen*, PharmR 2014, 89; *v. Czettritz/Strelow*, GRUR-Prax 2012, 151.
[37] *Müllen*, PharmR 2014, 89; *BGH*, GRUR 2010, 749.
[38] Zur Haftung für Links vgl. → Teil 5.1 Rn. 181.
[39] *LG Duisburg*, WRP 2012, 860, 863.

Kenntnis eines Verstoßes den Link nicht entfernt (§ 10 TMG).[40] Für Betreiber von pharmarechtlich relevanten Seiten erfordert dies eine erhöhte Wachsamkeit, denn zumindest für solche verlinkten Inhalte auf Drittseiten, die sich der ursprüngliche Betreiber zu eigen macht, gelten uneingeschränkt die restriktiven Anforderungen des Gemeinschaftskodexes und des HWG.

3. Banner, Wallpaper, Rectangle, Skyscraper, Button

Die Vorgaben zu den Pflichtangaben in § 4 HWG stellen auch bei der sogenannten **Bannerwerbung** das größte Problem für den Werbenden dar. Dem vorbezeichneten Urteil des BGH folgend, wird man jedoch auch hier grundsätzlich davon ausgehen müssen, dass auf die Nennung der Pflichtangaben auch bei diesen Werbeformen nicht verzichtet werden kann.[41] Der BGH hat insbesondere deutlich gemacht, dass es sich auch dann noch um sogenannten stehenden Text handelt, wenn die Bannerwerbung bei längerem Betrachten wechselt oder animiert ist. 43

4. Layer Ad (oder Flash Layer)

Bei dieser Werbeform legt sich die Werbung kurzfristig über die Website. Durch Zeitablauf oder Klick auf eine bestimmte Stelle verschwindet die Werbung und kann danach in der Regel auch nicht mehr aufgerufen werden (es sei denn, man würde die Seite neu laden). Insofern findet sich auch hier die Vergänglichkeit wieder, die den Gesetzgeber bewogen hat, bei **audiovisuellen Medien** geringere Anforderungen an die Pflichtangaben zu stellen. Der Argumentation des BGH zur Folge, dass auch eine animierte, den dargestellten Inhalt wechselnde Anzeige ein **stehender Text** sei[42], wird man allerdings zumindest dann, wenn die Anzeige nicht aus einem **Video** besteht, annehmen müssen, dass eine uneingeschränkten Pflicht zur Angabe der Pflichtangaben besteht, zumal dem Nutzer grundsätzlich auch hier der Ausdruck der Werbeanzeige mithilfe eines Screenshots möglich ist.[43] Ein Urteil, das sich genau mit dieser Problematik beschäftigt, steht indes noch aus. 44

5. Banderole

Bei den sogenannten **Banderole-Anzeigen** handelt es sich um Werbefelder, die sich über einen Teil der Webseite legen, sich bei Klicken auf ein beliebiges Feld jedoch „zusammenrollen". Im Unterschied zum **Layer Ad** können Banderole Werbungen jederzeit durch einen entsprechenden Klick wieder „ausgerollt" werden. Insofern ähneln sie noch mehr den stehenden Werbeanzeigen. Vor diesem Hintergrund ist auch hier das Vorhalten der vollen Pflichtangaben anzuraten. 45

6. Video-Anzeige

Eine Besonderheit besteht bei **Werbevideos,** die von einem Arzneimittelunternehmen ins Internet gestellt werden. Häufig handelt es sich hierbei um ursprünglich für das Fernsehen produzierte **Clips,** zum Teil aber auch um extra für die Nutzung im Internet produzierte Videos. Während das Programm im Fernsehen jedoch nach Ausstrahlung eines solchen Clips ohne die Möglichkeit der Einflussnahme durch den Zuschauer weiterläuft, hat der Nutzer im Internet in aller Regel die Möglichkeit, das betreffende Video oder auch nur eine bestimmte Szene daraus beliebig oft ablaufen zu lassen. Gerade wenn das Video über 46

---

[40] Einen Überblick über die Diskussion bietet *Ohly,* NJW 2016, 1417, 1418.
[41] *BGH,* PharmR 2010, 402, 407.
[42] *BGH,* PharmR 2010, 402, 407.
[43] AA *Dierks,* PharmR 2011, 257, 259.

Portale wie *YouTube* vertrieben wird, kommt noch hinzu, dass der Nutzer aktiv das entsprechende Video auswählt, sich also bewusst auf dessen Inhalt einlässt.

47 Trotz dieser deutlichen Unterschiede zur **Fernsehwerbung** kann man derzeit davon ausgehen, dass auch im Internet die in Form eines Videoclips präsentierte Werbung für Arzneimittel nur den eingeschränkten Pflichtangaben nach § 4 Abs. 5 HWG genügen muss. Hierfür spricht bereits die insofern eindeutige Aussage des BGH, wonach „*die in § 4 Absatz 5 Satz 2 HWG geregelte Freistellung von der grundsätzlichen Verpflichtung, die in § 4 Abs. 1 HWG genannten Angaben in die Werbung aufzunehmen, für Werbung im Internet nur dann gilt, wenn sie nach Art eines Videoclips in bewegten Bildern dargestellt wird*" [...].[44]

7. Eintrag in Online-Enzyklopädien

48 Für viele Nutzer stellen Online-Enzyklopädien wie **Wikipedia** mittlerweile eine der wichtigsten Informationsquellen dar. Bei der Frage, ob entsprechende Einträge zu Arzneimitteln zulässig sind, ist zu unterscheiden: Wird der Eintrag vom Arzneimittelunternehmen selbst erstellt, so wird man im Zweifel von einer unzulässigen Werbung ausgehen[45] und zwar auch dann, wenn es sich um sachliche Informationen handelt.[46] Im Falle nicht verschreibungspflichtiger Arzneimittel besteht nämlich die große Gefahr, dass der Eintrag als **verschleierte und nicht gekennzeichnete Werbung** interpretiert wird.[47] Im Falle verschreibungspflichtiger Arzneimittel wird man hingegen von einer **unzulässigen Publikumswerbung** nach § 10 Abs. 1 HWG ausgehen.

49 Anders ist es hingegen, wenn der Eintrag durch einen Dritten erstellt wird. Grundsätzlich wird man in diesen Fällen nicht von einer unzulässigen Werbung ausgehen, sofern die Informationen dem Autor nicht vom Arzneimittelunternehmen **zu diesem Zweck zur Verfügung gestellt** wurden oder das Unternehmen direkt **auf die Erstellung des Eintrags hingewirkt hat**.[48]

F. Social Media

50 Lange Zeit waren pharmazeutische Unternehmen eher zurückhaltend, was das Engagement in den sog. sozialen Medien anging. Zu ungewiss war, wie das strenge Regelwerk auf die neuen Plattformen anzuwenden ist. Insbesondere über die Reichweite der mit der Herstellung und dem Vertrieb einhergehenden Pflicht zur **Pharmakovigilanz** (§§ 63b ff. AMG) wurde viel diskutiert. Heute hat auch diese Branche erkannt, dass an Social Media kein Weg vorbeiführt, wenn man mit seinen Kunden und Patienten in Kontakt treten will. Argumente wie virales Marketing haben schließlich dazu geführt, dass nahezu alle pharmazeutischen Unternehmen auch auf wenigstens einer der vielen Social Media Plattformen wie Facebook, YouTube, Twitter oder Instagram aktiv sind. Mit der vermehrten Nutzung haben sich auch gewisse Standards etabliert, so dass die Unsicherheit in vielen Fällen erfolgreich beseitigt werden konnte.

I. Allgemeine Verpflichtungen

51 Der Betreiber einer *Facebook* **Page**, eines *Twitter* **Accounts**, eines *YouTube* **Channels** oder auch eines Nutzerforums ist grundsätzlich an die gleichen Vorgaben seines Internet-

---

[44] *BGH*, PharmR 2010, 402; *Wiesener*, GesR 2010, 478, 479.
[45] *v. Hoff*, PharmR 2010, 49, 50.
[46] *OLG Hamburg*, LMRR 2006, 76.
[47] *v. Hoff*, PharmR 2010, 49, 50.
[48] *EuGH*, PharmR 2009, 277 – „Damgaard".

F. Social Media

auftritts auf einer Social Media Plattform gebunden (zB die Impressumspflicht[49]) wie beim Betreiben einer „traditionellen" Webseite. Die Herausforderung besteht darin, die gesetzlichen Vorgaben in die standardisierte Infrastruktur anzupassen, die von den Social Media Anbietern bereitgestellt wird.[50] Ebenso gelten für Arzneimittelunternehmen auch im Social Media-Umfeld die Vorgaben des HWG bzw. des Europäischen Gesundheitskodex, so dass die Möglichkeiten der Werbung durch dessen Vorgaben auch hier eingeschränkt sind.[51]

II. Pharmakovigilanz

Gerade öffentlich sichtbare Diskussionen zwischen Unternehmen und deren Kunden oder zwischen den Kunden untereinander stellen eine große Herausforderung für Arzneimittelunternehmen dar, denn diesen obliegt nach dem Gesetz eine Überwachungspflicht (sog. **Pharmakovigilanz**).

Inhaber einer Arzneimittelzulassung haben nach §§ 63b ff. AMG eine Pflicht, ihnen bekannte Nebenwirkungen oder negative Begleiterscheinungen bei der Anwendung eines Arzneimittels zu dokumentieren und zumindest bei schwereren Verdachtsfällen umgehend der zuständigen Bundesbehörde anzuzeigen. Lange Zeit war umstritten, wie weit die Pflicht des pharmazeutischen Unternehmens im Internet geht. Mittlerweile hat sich etabliert, dass pharmazeutische Unternehmen jedenfalls die Seiten und Foren regelmäßig überwachen müssen, die von Ihnen selbst oder in ihrem Auftrag (etwa durch eine Agentur) angeboten werden.[52] Dies entspricht auch den Vorgaben der Europäischen Arzneimittelbehörde (EMA) in der von dieser veröffentlichten „Guideline on Good Pharmacovigilance Practice (GVP)".[53] Zu solchen Seiten wird man neben extra für Patienten eingerichteten **Foren** auch sämtliche **Social Media Seiten** des Unternehmens zählen, in denen Patienten selbst Beiträge verfassen können. Darüber hinaus wird man richtigerweise die Überwachungspflicht auch auf solche Seiten und Foren erstrecken, auf/in denen das Unternehmen selbst aktiv ist.[54] Zu weit geht aber wohl die vereinzelt in der Literatur vertretene Auffassung, dass ein pharmazeutischer Unternehmer darüber hinaus (jedenfalls bei neu auf den Markt gebrachten Arzneimitteln) auch verpflichtet ist, solche Seiten und Plattformen zu überwachen, auf denen entsprechende Mitteilungen der Nutzer vermutet werden können.[55] Etwas anderes gilt für solche Seiten und Foren, auf denen entsprechende Meldungen auf Grund entsprechender Hinweise oder Erfahrungen erwartet werden müssen.[56]

Findet der Arzneimittelunternehmer bei der Überprüfung der Webseiten eine Meldung, in der eine Nebenwirkung oder Begleiterscheinungen (gleich ob bekannt oder unbekannt) bei der Anwendung eines vom Arzneimittelunternehmen vertriebenen Arzneimittels beschrieben werden, sollte der Arzneimittelunternehmer versuchen, diese zu **verifizieren,** gegebenenfalls zu dokumentieren und zu melden.

Umstritten ist, ob die Regelung des § 63b Abs. 3 AMG das pharmazeutische Unternehmen verpflichtet, entsprechende Meldungen auf einer vom Unternehmen betriebenen Seite umgehend zu löschen, da die Vorschrift es den Unternehmen nicht gestattet, Infor-

---

[49] Vgl. § 5 TMG.
[50] Eine Übersicht findet sich bei *Köber*, A&R 2017, 56, 61 f.
[51] Vgl. hierzu → Teil 5.5 Rn. 13.
[52] *Bauer*, A&R 2014, 99, 102; *Weidner*, PharmR 2014, 241, 244.
[53] Guideline on good pharmacovigilance practices (GVP) – Module VI (Rev 2), EMA/873138/2011 Rev 2, VI. B. 1.1.4.
[54] *Bauer*, A&R 2014, 99, 102; *Weidner*, PharmR 2014, 241, 244; *Epping/Heimhalt/Spies*, A&R 2012, 51, 55.
[55] *Koyuncu*, 17, 21.
[56] *Epping/Heimhalt/Spies*, A&R 2012, 51, 55.

mationen zur **Pharmakovigilanz** zu veröffentlichen, ohne dass zuvor oder zumindest gleichzeitig eine entsprechende Meldung an die zuständige Behörde erfolgt.[57]

56 Praxistipp:
Pharmazeutische Unternehmen müssen ihr Pharmakovigilanzsystem auf die Aktivitäten des Unternehmens im Social Media anpassen. Daher sollten sämtliche Aktivitäten intern mit den entsprechenden Stellen koordiniert werden.

III. Haftung/Verantwortlichkeit für Inhalte Dritter

57 Die Frage nach der Verantwortlichkeit für **von Dritten bereitgestellte Inhalte** ist gerade für Arzneimittelunternehmen, die in sozialen Netzwerken aktiv sind, von grundlegender Bedeutung, denn hier wird der Nutzer gerade dazu eingeladen, eigene Inhalte zu veröffentlichen und diese können, sofern sie dem Betreiber der jeweiligen Seite **zugerechnet** werden, leicht gegen die Vorgaben des HWG und des Europäischen Gesundheitskodexes verstoßen. So ist es den Arzneimittelunternehmen gemäß § 11 Nr. 11 HWG etwa verboten, mit Äußerungen Dritter, insbesondere mit Dank-, Anerkennungs- oder Empfehlungsschreiben zu werben, wenn diese in missbräuchlicher, abstoßender oder irreführender Weise erfolgen. Noch schwieriger ist es, wenn Nutzer einen sogenannten **Off-Label Use** des Arzneimittels bewerben, oder Werbung für ein verschreibungspflichtiges Arzneimittel machen, denn solche Aussagen sind nach § 3a HWG bzw. § 10 Abs. 1 HWG zumindest in öffentlichen Foren stets unzulässig.

58 Verantwortlich ist ein Arzneimittelunternehmen stets für den Inhalt solcher Beiträge, die es selbst auf einer von ihm betriebenen Website veröffentlicht hat oder die von seinen Angestellten in ihrer Funktion als **Repräsentanten** des Unternehmens veröffentlicht werden.[58] Eine darüber hinausgehende Haftung für von Dritten bereitgestellte Inhalte besteht grundsätzlich nur dann, wenn sich das Arzneimittelunternehmen diese fremden Inhalte zu Eigen macht.[59] Davon wird man richtigerweise nicht allein auf Grund der Tatsache ausgehen können, dass die entsprechenden Aussagen Dritter in der Kommentarsektion einer vom Unternehmen betriebenen Plattform (wie einem YouTube Channel oder einer Facebook Seite) zu finden sind. Die Rechtsprechung geht zutreffend davon aus, dass ein Zu-Eigen-Machen einer fremden Äußerung im Regelfall erst dann vorliegt, wenn sich der Verlinkende hiermit identifiziert und diese in den eigenen Gedankengang einfügt, sodass sie als eigene erscheint.[60] Allerdings hat der EuGH in der *Damgaard-Entscheidung*[61] ausgeführt, dass auch die **Werbeäußerungen eines Dritten,** der gänzlich unabhängig und aus eigenem Antrieb agiert, zumindest dann einen Verstoß gegen die Vorgaben des Europäischen Gemeinschaftskodexes darstellen können, wenn das Unternehmen falsche Informationen mit dem Ziel einer Veröffentlichung an den Dritten weitergegeben hat oder gegenüber dem Dritten in sonstiger Weise gerade auf eine entsprechende Veröffentlichung hinwirkt.[62] Nach ständiger Rechtsprechung kann das pharmazeutische Unternehmen, das eine eigene Seite betreibt, auf der Dritte eigene Inhalte darstellen können, bei Gesetzesverstößen als **Störer** in Anspruch genommen werden, wenn es Kenntnis von dem verletzenden Inhalt hat (zB auf Grund eines Hinweises durch einen anderen Nutzer) oder es alle Beiträge vor der Veröffentlichung einer Inhaltskontrolle unterzieht.[63]

---

[57] Für eine entsprechende Löschungspflicht: *Epping/Heimhalt/Spies,* A&R 2012, 51, 55; dagegen: *Weidner,* PharmR 2014, 241, 244.
[58] *Epping/Heimhalt/Spies,* A&R 2012, 51, 56.
[59] BGH, NJW 2008, 1882.
[60] OLG Frankfurt a. M., MMR 2016, 489; aA *Weidner,* PharmR 2014, 241, 244.
[61] *EuGH,* PharmR 2009, 277 ff. – „Damgaard".
[62] *EuGH,* PharmR 2009, 277 – „Damgaard".
[63] BGH, GRUR 2007, 724, 726; BGH, GRUR 2012, 751, 753.

IV. Äußerungen von Angehörigen des Unternehmens

Ein besonderes Risiko besteht, wenn sich Angehörige des Unternehmens in entsprechenden Netzwerken und Foren über Arzneimittel äußern. Eine Zurechnung zum Unternehmen droht immer dann, wenn der oder die Betroffene als Repräsentant des Unternehmens auftritt. Es ist aber auch nicht ausgeschlossen, dass eine Zurechnung erfolgt, wenn der Beitrag nicht eindeutig privater Natur ist. Um die Kontrolle über die Äußerungen der Mitarbeiter zu haben, empfiehlt es sich, eine **Social Media Guideline** zu implementieren und durchzusetzen, sowie die Angestellten dazu anzuhalten, sich auch dann, wenn sie außerhalb der Arbeit zu beruflichen Themen öffentlich im Internet kommunizieren, **als Mitarbeiter des Unternehmens zu erkennen zu geben,** um dem Vorwurf unzulässiger Werbung zu entgehen.[64] Unternehmen können für Aussagen Ihrer Mitarbeiter auch dann haften, wenn sie keine Kenntnis von den Aktivitäten der Mitarbeiter hatten.[65]

59

V. Konkrete Anfragen

Ein weiteres Thema sind **konkrete Anfragen,** die Nutzer eines von dem Arzneimittelunternehmen bereitgestellten Forums oder einer Social Media Plattform zu einem Arzneimittel an das Unternehmen richten. Nach § 1 Abs. 5 HWG unterfallen schriftliche Stellungnahmen, die der Beantwortung einer konkreten Frage dienen, nicht den Vorgaben des HWG. Erforderlich ist jedoch, dass die Beantwortung konkret auf die gestellte Frage erfolgt und den durch sie gesetzten Rahmen nicht überschreitet.[66]

60

Der Gesetzgeber hat in der Gesetzesbegründung ausdrücklich auch eine Übermittlung der Informationen durch elektronische Medien zugelassen.[67] Bisher nicht entschieden ist jedoch, ob die Beantwortung einer konkreten Frage zulässig ist, wenn diese Antwort, etwa im Rahmen einer *Twitter*-Unterhaltung, auch für andere Nutzer zugänglich ist.

61

Erste Zweifel ergeben sich bereits bei der Frage, ob die Voraussetzungen des § 1 Abs. 5 HWG noch erfüllt sind, wenn das Arzneimittelunternehmen eine entsprechende Kommunikationsplattform anbietet und damit den Nutzer quasi zu solchen Fragen auffordert.[68] Hier wird man jedoch grundsätzlich davon ausgehen können, dass **allein die Zurverfügungstellung** einer entsprechenden Plattform noch nicht ausreicht, um entsprechende Anfragen des Nutzers übermäßig zu fördern. Anders mag es sein, wenn der Arzneimittelunternehmer die Nutzer aktiv zur Diskussion bestimmter Themen auffordert. In diesem Fall besteht die Gefahr einer Haftung des Nutzers und mithin auch einer möglichen **Störerhaftung** des Unternehmens nach den vom EuGH im *Damgaard-Urteil* aufgestellten Grundsätzen – nämlich dann, wenn das Unternehmen Dritten „falsche" Informationen bewusst und mit dem Ziel übermittelt, eine Veröffentlichung durch Dritte herbeizuführen, oder in sonstiger Weise auf Dritte einwirkt, um eine Veröffentlichung zu erreichen.[69]

62

Unabhängig davon, was die konkrete Anfrage des Nutzers veranlasst hat, wird man in jedem Fall von einem Zu-Eigen-Machen der Nutzeraussage ausgehen müssen, wenn auf diese vom Unternehmen öffentlich geantwortet wird.[70] Die entsprechende Aussage muss sich daher an den Vorgaben des HWG messen lassen.

63

Im Lichte der EuGH-Rechtsprechung im Fall *MSD Sharp & Dohme GmbH/Merckle GmbH*[71] ist bei entsprechenden Anfragen zu differenzieren: Handelt es sich um Anfragen zu nicht verschreibungspflichtigen Arzneimitteln, so wird man die Antworten auch veröf-

64

---

[64] *Schirmbacher,* GRUR-Prax 2012, 309; *LG Hamburg,* GRUR-RR 2012, 400.
[65] *LG Freiburg,* GRUR-RR 2014, 256.
[66] *Maur,* A&R 2011, 243, 244.
[67] BT-Drs. 15/1525, 164.
[68] *Tillmanns,* WRP 2012, 914, 915.
[69] *EuGH,* PharmR 2009, 277 – „Damgaard".
[70] *Epping/Heimhalt/Spies,* A&R 2012, 51, 56.
[71] *EuGH,* EuZW 2011, 481 – „MSD Sharp & Dohme GmbH/Merckle GmbH".

fentlichen dürfen, wenn es sich dabei um zulässige Informationen und nicht um Werbung oder Fragen zu off-label Themen handelt.

65 Die Zulässigkeit einer öffentlichen Antwort wird man hingegen ablehnen müssen, wenn die Antwort konkret produktbezogene Inhalte hat, die bei anderer Gelegenheit durchaus auch der Absatzförderung dienen können, oder es sich um off-label Themen handelt. Denn sowohl § 1 Abs. 5 HWG als auch das Urteil des EuGH gehen von der Prämisse aus, dass die Informationen nur demjenigen zugänglich sind, der sich selbst um sie bemüht (sog. **Pull-Informationen**).

66 Zwar sucht auch der in einer öffentlichen Diskussion fragende Nutzer konkret nach den Informationen, durch die öffentliche Antwort wären diese Informationen aber zugleich allen anderen Nutzern zugänglich und somit gerade keine Pull-Informationen mehr. Die Lösung wäre daher, den Nutzer um Mitteilung einer E-Mail oder Postadresse zu bitten und die Informationen auf diesem Wege weiter zu geben.

67 Praxistipp: Bei im Rahmen öffentlicher Diskussionen gestellten Anfragen zu verschreibungspflichtigen Arzneimitteln sollte die Antwort nicht öffentlich gegeben, sondern dem Interessenten auf anderem Wege gesondert übermittelt werden.

G. Elektronischer Versandhandel von Arzneimitteln

I. Einleitung

68 Im Jahr 2004 hat der deutsche Gesetzgeber als Reaktion auf das Urteil des EuGH in Sachen Doc Morris[72] das frühere Verbot des Versandhandels mit Arzneimitteln abgeschafft und im Zuge des Gesundheitsmodernisierungsgesetzes den Versandhandel mit Arzneimitteln ermöglicht.[73] Danach ist auch ausländischen Versandhandelsapotheken aus der EU/ dem EWR der Versand von apothekenpflichtigen Arzneimitteln nach Deutschland erlaubt, wenn sie entweder eine Versandhandelserlaubnis nach deutschem Recht gem. § 11a ApoG besitzen (§ 43 Abs. 1, 1. Alt. AMG) oder wenn die ausländische Apotheke nach ihrem nationalen Recht im Hinblick auf die Vorschriften zum Versandhandel dem deutschen Recht entspricht (§ 43 Abs. 1, 2. Alt. AMG, § 73 Abs. 1 S. 1 Nr. 1a AMG).[74]

69 Seitdem nimmt der **elektronische Versandhandel** mit Arzneimitteln stetig zu. Nach Auskunft des Statistikportals Statista betrug der über Versandapotheken generierte Umsatz 2018 1,2 Mrd. Euro – ca. 300 Mio. Euro wurden dabei mit dem Versand rezeptpflichtiger Arzneimittel umgesetzt.[75] Da Arzneimittel zu den besonders stark gesetzlich regulierten Produkten zählen, gibt es einige Besonderheiten, auf die beim elektronischen Geschäftsverkehr (im weiteren Sinne) mit Arzneimitteln geachtet werden muss.

70 Die Zukunft des Versandhandels mit Arzneimitteln in Deutschland ist ungewiss. Der Koalitionsvertrag der großen Koalition vom 12.3.2018 listet das Verbot des Versandhandels von (verschreibungspflichtigen) Arzneimitteln als eines der Ziele der aktuellen Bundesregierung.[76] Entsprechend wurde der wissenschaftliche Dienst des Deutschen Bundestags mit der Prüfung der Voraussetzungen eines solchen Verbots beauftragt.[77] In letzter Zeit mehren sich aber die Zeichen, dass die Bundesregierung von diesem Ziel Abstand

---

[72] *EuGH*, EuZW 2004, 21 – „Doc Morris".
[73] GMG, BGBl. 2003 I S. 2190.
[74] Vgl. zum Versandhandel auch *Koenig/Engelmann*, ZUM 2001, 19; *Ratzel/Wiesener*, ZMGR 2004, 153; *Balzer*, PharmR 2004, 97; *Arhold/Wimmer*, K&R 2004, 126; *Lubitz*, K&R 2004, 116; *Marwitz*, MMR 2004, 218; *Kieser/Leinekugel*, ApoR 2004, 61. Zur Unzulässigkeit der Versteigerung von Arzneimitteln im Internet, vgl. *VGH München*, PharmR 2005, 464; *Schultz*, WRP 2004, 1347.
[75] https://de.statista.com/statistik/daten/studie/73445/umfrage/umsatz-und-absatz-apotheken-gesamt-und-apotheken-versandhandel/, abgerufen am 28.11.2019.
[76] https://www.bundesregierung.de/resource/blob/656734/847984/5b8bc23590d4cb2892b31c987ad672b7/2018-03-14-koalitionsvertrag-data.pdf?download=1 – abgerufen am 30.11.2019.
[77] Wissenschaftlicher Dienst des Deutschen Bundestags, A&R 2018, 252; *Wodarz*, PharmR 2017, 131.

G. Elektronischer Versandhandel von Arzneimitteln

genommen hat und stattdessen den Versandhandel mit Arzneimitteln sogar erleichtern will. Teil der Telemedizin-Strategie ist die Einführung des sog. E-Rezepts, welches die Interaktion mit Versandhandelsapotheken weiter erleichtern würde.[78]

II. Deutsche Versandapotheke

1. Erforderliche Erlaubnis

Nach dem deutschen Recht unterliegen Versandhandelsapotheken den gleichen gesetzlichen Vorgaben vor allem des **Apotheken- und Arzneimittelrechts,** denen auch „herkömmliche" Apotheken in Deutschland unterliegen. Zusätzlich hat der Gesetzgeber aber nur für Versandhandelsapotheken geltende Vorschriften in § 11a ApoG und der Apothekenbetriebsordnung (ApBetrO)[79] aufgenommen. 71

Bevor eine Versandhandelsapotheke in Deutschland tätig werden darf, muss ihr von der zuständigen Behörde eine entsprechende Erlaubnis erteilt werden. Bei der Erlaubnis handelt es sich um einen **Verwaltungsakt,** der von der Behörde erteilt werden muss, wenn die Voraussetzungen vorliegen, wobei es im Rahmen des Antrags ausreicht, schriftlich zu versichern, dass die Voraussetzungen des § 11a Nrn. 1 bis 3 ApoG spätestens bei Aufnahme der Geschäfte vorliegen werden. Wird diese Versicherung nicht eingehalten, so kann dies zum Widerruf der Erlaubnis nach § 49 VwVfG führen.[80] 72

Die Versandhandelserlaubnis knüpft gemäß § 11a Nr. 1 ApoG an die allgemeine Apothekenbetriebserlaubnis an. Der deutsche Gesetzgeber hat klargestellt, dass es **isolierte Versandapotheken,** die von einer „herkömmlichen" öffentlichen Apotheke (sog. **Offizinapotheke**) unabhängig sind, nicht geben soll.[81] Es ist folglich nicht zulässig, dass eine Apotheke ausschließlich im Internet agiert.[82] Das Bundesverwaltungsgericht hat allerdings – entgegen entsprechender Entscheidungen anderer Gerichte[83] – entschieden, dass es den gesetzlichen Vorgaben nicht widerspricht, wenn eine Versandapotheke die bestellten Arzneimittel an eine Pick-up-Stelle zur Abholung durch den Kunden liefert.[84] In dieser Konstruktion ist keine Präsenzapotheke zu sehen.[85] 73

Der Begriff der Versand- oder Internetapotheke ist daher so zu verstehen, dass diese Apotheken neben dem gewöhnlichen Verkauf auch einen Versandhandel betreiben. 74

Die Erlaubnis, Arzneimittel auch im Versandhandel anbieten zu können, kann nur dem **Inhaber einer Apothekenbetriebserlaubnis** erteilt und von diesem beantragt werden. Sie ist mit der Führung der Apotheke verknüpft. Soweit die Apotheke nach dem Tod des ursprünglichen Erlaubnisinhabers gemäß § 9 Abs. 1 Nr. 2 oder 3 ApoG verwaltet wird, ist der Verwalter der Antragsteller. Soweit ein Verwalter in einer Zweigapotheke eingesetzt ist, hat der Erlaubnisinhaber der Hauptapotheke den Antrag zu stellen. Für Filialapotheken ist ebenfalls der Hauptapotheker als Betriebserlaubnisinhaber Antragsteller. 75

Sofern ein Versand apothekenpflichtiger Arzneimittel ohne eine entsprechende Erlaubnis gemäß § 11a Abs. 1 ApoG erfolgt, handelt es sich um eine **Ordnungswidrigkeit,** die gemäß § 25 Abs. 1 Nr. 2, Abs. 3 ApoG mit einem Bußgeld von bis zu zwanzigtausend Euro geahndet werden kann.[86] Darüber hinaus ist die Versandapotheke ohne Erlaubnis gemäß § 11b Abs. 3 iVm § 5 ApoG zu schließen. 76

---

[78] Vgl. Gesetzentwurf für das sog. Digitale-Versorgung-Gesetz (DVG) – BT-Drs. 19/14867.
[79] Vgl. § 17 Abs. 2a ApBetrO.
[80] Zu den Voraussetzungen der Erlaubnis: *Kieser/Wesser/Saalfrank,* ApoG § 11a Rn. 61 ff.
[81] *OLG Koblenz,* NJW-RR 2019, 1103, 1104 f.
[82] *Kieser/Wesser/Saalfrank/Kieser,* ApoG § 11a Rn. 64 f.; Bedenken aus europarechtlicher Sicht *Rehmann,* AMG, § 43 Rn. 3.
[83] *VGH Kassel,* A&R 2012, 132; *OLG Karlsruhe,* GRUR-RR 2019, 479; *OVG Nordrhein-Westfalen,* A&R 2016, 130; *OLG Hamm,* A&R 2015, 188.
[84] *BVerwG,* NVwZ 2008, 1238.
[85] *VGH Kassel,* A&R 2012, 132.
[86] Kieser/Wesser/Saalfrank/*Kieser,* ApoG, § 11b Rn. 17.

2. Elektronische Verschreibung

77 Bislang besteht in Deutschland grundsätzlich keine Möglichkeit, Rezepte elektronisch an Versandhandelsapotheken zu übersenden. Vielmehr verlangt die ApBetrVO, dass die Verschreibung des Arztes der Apotheke im Original vorliegt.[87] Dies könnte sich in naher Zukunft ändern, denn der der aktuell (November 2019) diskutierte Entwurf für das sog. Digitale-Versorgung-Gesetz (DVG) soll die Voraussetzung für die Einführung sog. **E-Rezepte** ermöglichen.[88]

3. Schutz vor Fälschungen

78 Im Zuge der Umsetzung der sog. **Europäischen Fälschungsrichtlinie** 2011/62/EU, die dem Vertrieb und der Verbreitung gefälschter Arzneimittel entgegenwirken soll, hat Deutschland, wie auch die übrigen Mitgliedsstaaten der EU, Versandhandelsapotheken und sonstige zugelassene Versandhändler von Humanarzneimitteln gemäß § 67 Abs. 8 AMG verpflichtet, der zuständigen Behörde die Details über die geplante Versandhandelstätigkeit zu übermitteln. Sofern eine entsprechende Erlaubnis vorliegt, wird die zuständige Behörde diese Informationen sodann an das Deutsche Institut für medizinische Dokumentation und Information (DIMDI) weiterleiten, das eine Liste aller registrierten Versandhändler führt, die öffentlich einsehbar ist.[89] Als weitere Maßnahme sind Versandapotheken verpflichtet gemäß der Durchführungsverordnung (EU) Nr. 699/2014 ein **europäisches Sicherheitslogo** auf der Internetseite anzubringen, dass dem Nutzer auf einen Blick verraten soll, ob der Händler als solcher zugelassen ist, welche Art von Arzneimitteln er im Wege des Versandhandels vertreiben darf und in welchem Land er seinen Sitz hat. Die jeweiligen Sicherheitslogos müssen direkt mit den entsprechenden nationalen Portalen verlinkt sein, sodass der Nutzer mit einem Klick die Echtheit überprüfen kann.

4. Fremdbesitzverbot

79 Im Apothekenrecht gilt das sogenannte apothekenrechtliche **Fremdbesitzverbot,** das sich aus einer Gesamtschau verschiedener Regelungen des Apothekengesetzes ergibt (vgl. § 2 Abs. 1 Nr. 1 bis 4, 7, §§ 7 S. 1, 8 S. 1 ApoG).[90] Der Inhaber einer Apotheke muss danach gemäß § 2 Abs. 1 Nr. 2 ApoG eine natürliche Person sein, die als Apotheker approbiert ist, wobei die Apothekenbetriebserlaubnis nach § 8 S. 1 ApoG auch mehreren Apothekern erteilt werden kann, die eine oder mehrere Apotheken in der Form einer Offenen Handelsgesellschaft betreiben wollen. In diesem letzten Fall erhält jeder Gesellschafter eine eigene, nur auf seine Person ausgestellte Erlaubnis, die ihn zum Betrieb des Apothekenunternehmens berechtigt. Eine Inhaberschaft durch externe Dritte, etwa Finanzinvestoren, ist hingegen weitgehend ausgeschlossen.[91]

80 Hintergrund dieser Regelung ist die Überlegung, dass es auf Grund der mit dem Verkauf von Arzneimitteln einhergehenden Risiken erforderlich ist, dass der Inhaber einer Apotheke in besonderer Weise qualifiziert ist. Um die ordnungsgemäße Erfüllung der für die **Volksgesundheit** wichtigen öffentlichen Aufgabe einer Apotheke zu gewährleisten,

---

[87] Einzelne Pilotprojekte wie in Baden-Württemberg (Telemedizin BW) erlauben die Nutzung sog. E-Rezepte im Rahmen telemedizinischer Behandlungen (vgl. https://www.telemedbw.de/, abgerufen am 29.11.2019).
[88] BT-Drs. 19/14867.
[89] Übersicht über die in Deutschland registrierten Versandhandelsapotheken: https://versandhandel.dimdi.de/pdfs/vhr-apo.pdf (abgerufen am 29.11.2019).
[90] Zur Vereinbarkeit des Fremdbesitzverbots mit Europarecht *EuGH*, NJW 2009, 2112; *Henssler/Kleen/Riegler*, EuZW 2017, 723.
[91] *Burk*, PharmR 2018, 553.

sieht das Gesetz daher vor, dass die allseitige Verantwortung für den Betrieb der Apotheke in einer Hand mit dem Eigentum an der Apotheke liegt.[92]

Von diesem Grundsatz ausgehend hat der Gesetzgeber dem selbständigen Apotheker die Verpflichtung zur persönlichen Leitung der Apotheke in eigener Verantwortung auferlegt (§ 7 S. 1 ApoG) und ihn auf den Betrieb nur einer Apotheke (mit max. drei Filialen) beschränkt (§ 3 Nr. 5 ApoG). Auch eine Verwaltung von Apotheken ist nach dem Gesetz nahezu ausgeschlossen (§ 13 ApoG) ebenso wie die Verpachtung, die nur in sehr wenigen Ausnahmefällen möglich ist (§ 9 ApoG). 81

5. Beteiligungen an Apotheken

Unzulässig sind auch **Beteiligungen an Apotheken**. § 8 S. 2 ApoG bestimmt, dass Vereinbarungen, bei denen die Vergütung für die dem Erlaubnisinhaber überlassenen Vermögenswerte am Umsatz oder Gewinn der Apotheke ausgerichtet ist, unzulässig sind. Hierunter fallen auch am Umsatz oder Gewinn ausgerichtete Mietverträge, wobei das **Verbot der Umsatzmiete** insbesondere für die Anmietung der Apothekenbetriebsräume gilt.[93] 82

Mit der Regelung des § 8 S. 2 ApoG möchte der Gesetzgeber sogenannte partiarische Rechtsverhältnisse[94] verhindern, in denen sich der Gläubiger die besonderen beruflichen und wirtschaftlichen Fähigkeiten des Betriebsinhabers zu Nutze macht und an den Früchten der Apotheke partizipiert.[95] Ebenso wie das Verpachtungsverbot in § 9 ApoG ist das dem Apothekenrecht innewohnende Leitbild einer in **eigenverantwortlicher Führung und Leitung** durch den qualifizierten Apotheker geführten Apotheke zu beachten, ohne dass dieser (auch nur indirekt) durch Dritte in seinen Entscheidungen beeinflusst oder bestimmt wird (vgl. auch § 7 ApoG). 83

6. Abgabeverpflichtung

Sämtliche Arzneimittel, die von einer Versandapotheke auf ärztliche Verordnung abgegeben werden, müssen den Angaben in der Verordnung und den damit verbundenen Vorschriften des SGB V entsprechen. Die Versandapotheke ist daher nicht berechtigt, bestellte Arzneimittel eigenmächtig zu substituieren oder das abzugebende Medikament im Sinne des § 317 BGB selbst zu bestimmen. Eine **Ausnahme vom Substitutionsverbot** bzw. eine Verpflichtung zur Substitution findet sich jedoch in § 129 Abs. 1 Nr. 1 SGB V. Danach ist der Apotheker dann, wenn der Arzt ein Arzneimittel nur unter seiner Wirkstoffbezeichnung verordnet oder die Ersetzung eines Arzneimittels durch ein wirkstoffgleiches Arzneimittel auf der Verordnung zugelassen hat, berechtigt, ein anderes wirkstoffgleiches Arzneimittel abzugeben. § 129 Abs. 1 Nr. 1 SGB V schreibt allerdings vor, dass dieses Arzneimittel preisgünstig(er) sein muss.[96] Ob ein Arzt dem Apotheker die Substitutionsmöglichkeit eröffnen möchte, ergibt sich aus dem Zusatz **„aut idem"** auf dem Rezept. Bei Verordnungsblättern, die von Vertragsärzten verwendet werden, ist die Option „aut idem" regelmäßig vorgewählt, das hat zur Folge, dass der Arzt ein Abweichen von der Vorauswahl besonders begründen muss. Im Übrigen gilt auch für Versandapotheken gemäß § 17 Abs. 2a Nr. 4 ApBetrVO ein Kontrahierungszwang, der den Apotheker verpflichtet, alle bestellten Arzneimittel zu liefern, soweit sie im Geltungsbereich des Arzneimittelgesetzes in den Verkehr gebracht werden dürfen und verfügbar sind.[97] 84

---

[92] *BVerfG*, NJW 1964, 1067.
[93] *VG Berlin*, LKV 2007, 330; kritisch dazu: *Burk*, PharmR 2018, 553, 555.
[94] Zum Begriff und den Voraussetzungen: *Kieser/Wesser/Saalfrank/Wesser*, ApoG § 8 Rn. 43 ff.
[95] Ein partiarisches Rechtsverhältnis hängt grundsätzlich nicht von der Höhe des vereinbarten Mietzinses, sondern von den Gesamtumständen ab. Ein solches Verhältnis wird in der Regel zu bejahen sein, wenn der Mietzins am Umsatz oder Gewinn der Apotheke ausgerichtet ist.
[96] *Wigge*, PharmR 2002, 2.
[97] Kieser/Wesser/Saalfrank/*Kieser*, ApoG, § 11a Rn. 133.

7. Qualitätssicherungssystem

85 Gemäß § 11a ApoG hat der eine Versandapotheke betreibende Apotheker ein ausreichendes Qualitätssicherungssystem einzurichten um sicherzustellen, dass das zu versendende Arzneimittel so verpackt, transportiert und ausgeliefert wird, dass seine **Qualität und Wirksamkeit** erhalten bleibt sowie dass es der Person ausgeliefert wird, die der Apotheke bei der Bestellung mitgeteilt wurde.[98]

a) Dokumentation

86 Zur Umsetzung eines solchen Qualitätssicherungssystems bedarf es neben der theoretischen Aufstellung des Konzepts insbesondere auch einer entsprechenden Schulung der Mitarbeiter. Die Durchführung solcher Schulungen ist vom Apotheker zu dokumentieren, wobei sich die Dokumentation auf alle Bereiche des Versandhandels, die das Gesetz erwähnt, beziehen muss. Allein die Tatsache, dass der Apotheker ein Qualitätsmanagementsystem eingerichtet hat, entbindet ihn nicht von seiner Verpflichtung, den Apothekenbetrieb durch stichprobenartige Kontrollen und fortlaufende Schulungen zu überwachen.[99]

b) Transport und Verpackung

87 Gemäß § 11a Nr. 2a ApoG iVm § 17 Abs. 2a Nr. 2 ApoBetrO muss das Qualitätsmanagementsystem gewährleisten, dass zum Versand bestimmte Arzneimittel so verpackt, transportiert und ausgeliefert werden, dass deren Qualität und Wirksamkeit erhalten bleiben[100]. Insbesondere äußere Einflüsse wie Druck, Vibrationen oder Temperatur können dem Arzneimittel auf dem Transport zusetzen. Erforderlich ist daher, dass Verpackung und Transport auch Besonderheiten des Einzelfalls berücksichtigen, und den besonderen Anforderungen des jeweiligen Wirkstoffs und seiner Galenik gerecht werden.

c) Auslieferung

88 Ferner muss das QM-System sicherstellen, dass das versandte Arzneimittel an die Person **ausgeliefert** wird, die bei der Bestellung als Empfänger angegeben wurde. Diese Festlegung kann insbesondere die Aushändigung an eine namentlich benannte natürliche Person oder einen benannten Personenkreis beinhalten.

d) Information

89 Gemäß § 11a Abs. 2 Nr. 2c ApoG muss das QM-System zudem sicherstellen, dass der Kunde darauf hingewiesen wird, mit dem behandelnden Arzt Kontakt aufzunehmen, sofern Probleme bei der Medikation auftreten.

e) Beratung

90 Der Apotheker muss sicherstellen, dass der Kunde Beratung über das Arzneimittel, Wechselwirkungen, Nebenwirkungen, Darreichungsform und Anwendungsgebiete einholen kann. Dabei fordert § 11a Abs. 2 Nr. 2d ApoG, dass eine **Beratung** der Kunden durch **pharmazeutisches Personal** sowie in deutscher Sprache erfolgt.[101] Im Bereich des Versandhandels wird die Beratung üblicherweise über sogenannte Hotlines abgewickelt. Der BGH hat entschieden, dass diese Beratung dem Kunden kostenlos zur Verfügung gestellt

---

[98] Kieser/Wesser/Saalfrank/*Kieser*, ApoG, § 11a Rn. 98 ff.
[99] *Kieser*, S. 67.
[100] Das Bundesgesundheitsministerium hat hierzu Empfehlungen herausgegeben: „Empfehlungen zum Versandhandel und elektronischen Handel mit Arzneimitteln des Bundesministeriums für Gesundheit und soziale Sicherung v. 18.3.2004.
[101] Kieser/Wesser/Saalfrank/*Kieser*, ApoG § 11a Rn. 114.

werden muss.¹⁰² Die Nutzung gebührenpflichtiger Service-Nummern scheidet daher aus. Dem Apotheker steht es frei, die Beratung neben Deutsch auch in anderen Sprachen anzubieten, sofern nur jeder Kunde, der eine deutsche Beratung wünscht, diese auch erhält.¹⁰³ Eine Verpflichtung, dass entsprechende Ansprechpartner rund um die Uhr zur Verfügung stehen, besteht nicht. § 17 Abs. 2a Nr. 7 ApBetrO sieht nur vor, dass die Beratungszeiten mitzuteilen sind, ohne Mindestzeiten zu definieren.

8. Ausführungszeiten

Der Apotheker hat gemäß § 11a Abs. 3a ApoG sicherzustellen, dass das bestellte Arzneimittel innerhalb von zwei Arbeitstagen nach Bestelleingang versandt wird. Eine Ausnahme ist nur dann gerechtfertigt, wenn das Arzneimittel zu diesem Zeitpunkt nicht zur Verfügung steht oder mit dem Besteller eine andere Absprache getroffen wurde. Wie auch im Versandhandel mit sonstigen Waren ist der Apotheker verpflichtet, den Bestand seiner Waren zu prüfen und bei fehlendem Vorrat einen entsprechenden Hinweis auf der Webseite zu geben. Erkennt der Apotheker, dass es sich bei dem bestellten Arzneimittel um eines handelt, das zur schnellen Anwendung bestimmt ist, so hat er dem Kunden einen Hinweis zu geben, dass die Lieferung auf Grund des Versands länger dauert. Andernfalls droht gegenüber dem Besteller eine Schadensersatzpflicht. Insofern wird das Qualitätssicherungssystem der Versandapotheke auch vorsehen müssen, wie mit solchen Fällen umzugehen ist. **91**

> **Praxistipp:** **92**
> Das Warenlager sollte so organisiert sein, dass zu jedem Zeitpunkt ein aktueller Überblick über den Bestand möglich ist. Sobald ein Arzneimittel nicht mehr vorrätig ist, sollte dies auch auf der Webseite vermerkt werden.

Ebenso zu unterrichten ist der Besteller gemäß § 11a Abs. 3a Hs. 3 ApoG, wenn erkennbar ist, dass das bestellte Arzneimittel nicht innerhalb der Zweitagesfrist versendet werden kann. Eine solche **Unterrichtung** kann schriftlich, fernmündlich, durch Telefax, durch Boten, auf elektronischem Wege oder durch sonstige Medien erfolgen. Sie muss dem Besteller die Möglichkeit eröffnen, selbst zu entscheiden, ob das Eintreffen abgewartet wird oder nicht. Zu unterrichten ist der Besteller lediglich über den erwarteten Zeitpunkt der Versendung, nicht aber über den Zeitpunkt, an dem er das bestellte Arzneimittel vermutlich erhält. Teillieferungen sind grundsätzlich nicht zulässig. **93**

9. Information über Arzneimittelrisiken

Sind Risiken bei einem Arzneimittel bekannt, so hat der Apotheker den Kunden und seinen Mitarbeitern gemäß § 11a S. 1 Nr. 3c ApoG ein geeignetes System zur **Meldung von Risiken durch Kunden,** zur Information der Kunden über solche Risiken und zu innerbetrieblichen Abwehrmaßnahmen zur Verfügung zu stellen. Dabei kann eine solche Meldung durch die Nutzung von Telekommunikationsmitteln wie Post, E-Mail oder Fax usw. erfolgen. Möglich ist es auch, ein entsprechendes **Webformular** zur Verfügung zu stellen, das die Kunden online ausfüllen können. **94**

10. Zweitzustellung

Ist der erste Zustellungsversuch an den Besteller nicht erfolgreich, so ist der Apotheker nach § 11a Nr. 3d ApoG zu einer **kostenfreien Zweitzustellung** verpflichtet. Diese ist **95**

---
¹⁰² *BGH,* GRUR 2013, 421.
¹⁰³ *Kieser,* S. 69.

vom Apotheker selbst zu veranlassen. Erforderlich ist daher, dass der Apotheker entsprechende Vereinbarungen mit dem von ihm beauftragten Logistikunternehmer trifft.

11. Sendungsverfolgung

96 Der Apotheker ist zudem verpflichtet, ein System zur Sendungsverfolgung zu unterhalten (§ 11a Nr. 3e ApoG). Wie ein solches System auszusehen hat, wird vom Gesetz nicht vorgeschrieben. Allerdings hat der Apotheker den Nachweis der Effizienz dieses Systems insbesondere durch eine geeignete Dokumentation zu führen.

12. Transportversicherung

97 Gemäß § 11a Nr. 3f ApoG ist der Apotheker auch verpflichtet eine **Transportversicherung** abzuschließen.

13. Elektronischer Handel

98 Der Betreiber einer Internet-Apotheke muss gemäß § 11a Nr. 3g ApoG selbst die für den elektronischen Handel erforderlichen **besonderen Einrichtungen und Geräte** haben, die eine Abwicklung des Handels über das Internet ermöglichen. Ein „Outsourcing" wird danach ausgeschlossen.

14. Versandräumlichkeiten

99 Von großer praktischer Relevanz ist die Frage nach den Versandräumlichkeiten. § 4 Abs. 4 ApoBetrO sieht vor, dass sich die entsprechenden **Versandräumlichkeiten** in „*angemessener Nähe zu den übrigen Betriebsräumen*" befinden. Rein faktisch wird sich aber eine gewisse räumliche Entfernung des Versandbereichs einer Apotheke nicht immer vermeiden lassen. Grundsätzlich wird man daher davon ausgehen müssen, dass eine **angemessene Nähe** dann noch vorliegt, wenn der Apotheker zu Zwecken der Überwachung des Arzneimittelversands zumindest **zeitnah vor Ort** sein kann. Eine Entscheidung zu dieser Thematik steht allerdings noch aus.

15. Fernabsatzverträge

100 Ebenso wie beim Handel mit anderen Waren handelt es sich auch beim Versandhandel mit Arzneimitteln um Fernabsatzverträge[104], die an die gleichen rechtlichen Vorgaben gebunden sind. So bestehen insbesondere Informationspflichten[105] und die Pflicht, dem Kunden ein Widerrufsrecht einzuräumen.[106] Das **Widerrufsrecht** kann nach § 312d Abs. 4 Nr. 1 BGB entfallen, wenn die versandten Waren nach Kundenspezifikationen angefertigt wurden, eindeutig auf persönliche Bedürfnisse zugeschnitten sind, auf Grund ihrer Beschaffenheit nicht für eine Rücksendung geeignet sind oder schnell verderben können oder das Verfallsdatum überschritten werden würde. Es wird diskutiert, ob unter diesen Umständen ein Widerrufsrecht für Arzneimittel angenommen werden kann. Dies wird aber regelmäßig abzulehnen sein, da Arzneimittel gewöhnlich nicht eine so besondere Beschaffenheit aufweisen, die sie **zur Rücksendung ungeeignet** macht. Eine Ausnahme wird von der Rechtsprechung jedenfalls dann zugelassen, wenn der Kunde bei einem versiegelten Arzneimittel das Siegel vor der Rücksendung entfernt hat.[107] In allen übrigen Fällen liegt der

---

[104] Kieser/Wesser/Saalfrank/*Kieser*, ApoG § 11a Rn. 176.
[105] Siehe → Teil 5.1 Rn. 208.
[106] Siehe → Teil 5.1 Rn. 230.
[107] *Mand*, A&R 2017, 248, 253.

Umstand, dass der Apotheker das Arzneimittel nach der Rücksendung möglicherweise nicht mehr in Verkehr bringen darf, allein in dessen Risikobereich.[108] Ebenso trägt der Apotheker allein die Gefahr einer Verschlechterung vor der Versendung (etwa durch unsachgerechte Lagerung durch den Kunden).[109]

> **Praxistipp:** 101
> Der Ausschluss des Widerrufsrechts in AGB ist im Zweifel unzulässig. Sofern für bestimmte Produkte eine Ausnahme vom Widerrufsrecht in Betracht kommt, sollte dies daher nur im Zusammenhang mit diesen Produkten erklärt werden.

16. Preisgestaltung

Im Gegensatz zu ausländischen Versandapotheken[110], die nach dem Urteil des EuGH von der deutschen Arzneimittelpreisbindung ausgenommen sind, müssen inländische Versandapotheken verschreibungspflichtige Arzneimittel grundsätzlich weiterhin zum einheitlichen Apothekenpreis abgeben (§ 78 Abs. 2 AMG).[111] 102

III. Ausländische Versandapotheke

1. Grundsätzliche Anforderungen

Das Bundesministerium für Gesundheit veröffentlicht nach § 73 Abs. 1 S. 3 AMG in regelmäßigen Abständen eine aktualisierte Übersicht über die Mitgliedstaaten der Europäischen Union und des Europäischen Wirtschaftsraums, in denen für den Versandhandel und den elektronischen Handel mit Arzneimitteln dem deutschen Recht **vergleichbare Sicherheitsstandards** bestehen. Um welche Standards es sich dabei handelt, bestimmt § 11a ApoG. Derzeit ist der Versand von Arzneimitteln aus Island, den Niederlanden, Schweden, Tschechien und dem Vereinigten Königreich nach Deutschland ausdrücklich zugelassen. Für Tschechien ist nur der Versandhandel mit nicht verschreibungspflichtigen Arzneimitteln und für Schweden nur der Versandhandel mit verschreibungspflichtigen Arzneimitteln erlaubt. Für eine niederländische Apotheke ist der Versandhandel nach Deutschland erlaubt, wenn die Apotheke gleichzeitig eine Präsenzapotheke betreibt.[112] 103

Apotheken aus **anderen** Staaten, in denen diese **Vergleichbarkeit** derzeit nicht besteht, haben eine Versandhandelserlaubnis für Arzneimittel nach §11a ApoG zu beantragen. 104

2. Arzneimittelpreisverordnung/Zuzahlungen

Umstritten war bis vor kurzem, ob ausländische Versandapotheken an das deutsche Arzneimittelpreisbildungsrecht gebunden sind.[113] Die auf der Grundlage des § 78 AMG erlassene AMPreisV schreibt in ihren §§ 1 und 3 für verschreibungspflichtige Fertigarzneimittel die Festlegung eines **einheitlichen Apothekenabgabepreises** vor. Der Gemeinsame Senat der obersten Gerichtshöfe des Bundes hat nun in einer Grundsatzentscheidung festgestellt, dass die Arzneimittelpreisbindung uneingeschränkt auch für Versandapotheken gilt, die verschreibungspflichtige Arzneimittel aus dem Ausland an Endverbraucher in Deutsch- 105

---

[108] *Mand*, A&R 2017, 248.
[109] *AG Köln*, NJW 2008, 236; aA *Kieser*, S. 75.
[110] Siehe → Teil 5.5 Rn. 103 ff.
[111] Einen Überblick bietet *Mand*, A&R 2019, 195.
[112] Meldung des Bundesministeriums für Gesundheit v. 2.11.2016.
[113] *OLG Hamburg*, PharmR 2010, 410; *OLG Hamm*, MMR 2005, 101: Keine Bindung ausländischer Versandapotheken an deutsches Preisrecht.

land versenden.¹¹⁴ Unzulässig und ein Verstoß gegen die Preisbindung ist es auch, wenn ein Apotheker seinen Kunden eine Prämie in Form eines Einkaufsgutscheins für die Einlösung eines Rezepts gewährt.¹¹⁵

106 Ob die von vielen Versandapotheken mit Sitz im Ausland angebotenen sog. **Bonus-Systeme,** bei denen Besteller pro Abrechnung eines rezeptpflichtigen Arzneimittels eine Gutschrift erhalten, mit den deutschen Beschränkungen des § 7 HWG vereinbar ist, ist noch nicht abschließend geklärt. Dagegen spricht, dass der § 7 HWG nicht allein der Wahrung der deutschen Arzneimittelpreisvorgaben dient, die entsprechend dem Urteil des EuGH¹¹⁶ auf Versandapotheken mit Sitz im europäischen Ausland keine Anwendung finden, sondern den Kunden auch vor unzulässiger Beeinflussung schützen soll.¹¹⁷ Auch das Herkunftslandprinzip gemäß § 3 Abs. 1 und 2 Telemediengesetz spricht nicht gegen eine grenzüberschreitende Anwendung des § 7 HWG, da derzeit Rezepte noch per Post an die Apotheke versendet werden müssen und es sich somit nicht um einen reinen Online-Sachverhalt handelt.¹¹⁸

IV. Anforderungen an den Internet-Auftritt von Versandapotheken

107 Auch der Internetauftritt einer Versandapotheke unterliegt den allgemeinen Vorgaben an werbliche Webseiten.¹¹⁹ So hat der Betreiber ein ordnungsgemäßes Impressum zu führen¹²⁰ und gemäß § 1 PAngV auf die anfallende Umsatzsteuer sowie auf das Anfallen von Liefer- und Versandkosten hinzuweisen.¹²¹

108 Die **Werbung** des Apothekers für seinen Versandhandel ist grundsätzlich nicht verboten. Allerdings darf der Apotheker nicht anbieten, bestimmte Arzneimittel, die nach § 73 Abs. 2 Nr. 6a oder Abs. 3 AMG ausnahmsweise auch ohne Arzneimittelzulassung nach Deutschland eingeführt werden dürfen, im Wege der Einzeleinfuhr zu beschaffen.¹²² Darüber hinaus darf ein im Ausland ansässiger Apotheker auch nicht mit Arzneimitteln werben, die in Deutschland keine Zulassung besitzen (§ 3a HWG). Sofern das betroffene Arzneimittel in anderen Ländern, in die der Apotheker ebenfalls versendet, zugelassen ist, kann der Apotheker seiner Verpflichtung nachkommen, indem er bei der Darstellung des Arzneimittels einen deutlichen und von dem Nutzer der Webseite hinreichend wahrnehmbaren **Disclaimer** beifügt, dass dieses Arzneimittel nicht nach Deutschland versendet wird und diese Ankündigung auch tatsächlich umsetzt.¹²³ Im Übrigen gelten auch für Apotheken die oben dargestellten Vorgaben und Beschränkungen des Heilmittelwerberechts.¹²⁴

V. Vertrieb über Handelsplattformen

109 Eine besondere Konstellation ist gegeben, wenn eine Apotheke nicht-verschreibungspflichtige Medikamente über eine von einem Dritten betriebene Handelsplattform wie zB *eBay* oder *Amazon* vertreibt. Grundsätzlich bestehen diesbezüglich keine Einschränkungen, insbesondere liegt kein Verstoß gegen das Selbstbedienungsverbot des § 17

---

¹¹⁴ *GmS-OGB*, GRUR 2013, 417.
¹¹⁵ *OVG Koblenz*, PharmR 2013, 88.
¹¹⁶ *EuGH*, PharmR 2016, 494 – Deutsche Parkinson Vereinigung.
¹¹⁷ *Wesser*, A&R 2019, 109.
¹¹⁸ *OLG München*, PharmR 2009, 511, 513; *Mand*, A&R 2017, 3, 5.
¹¹⁹ Einen Überblick über die rechtlichen Anforderungen bieten *Kieser*, A&R 2019, 60 und *Laoutoumai/Sanli*, K&R 2017, 758.
¹²⁰ Vgl. § 5 TMG.
¹²¹ Vgl. → Teil 5.4 Rn. 62.
¹²² *Bülow/Ring/Artz/Brixius*, § 8 Rn. 7; *Stebner*, PharmR 2015, 533.
¹²³ *BGH*, GRUR 2006, 513, 515.
¹²⁴ *Kieser*, A&R 2019, 60, 64 f.

Abs. 3 ApBetrO vor.[125] Erforderlich bleibt auch in diesem Fall das Vorliegen einer Versanderlaubnis der Apotheke.

Für die bei solchen Handelsplattformen üblichen Bewertungen Dritter wird man zumindest so lange nicht von einem Verstoß gegen heilmittelwerberechtliche Werbeverbote ausgehen, wie die Apotheke sich diese Aussagen Dritter nicht zu eigen macht, etwa in dem sie auf entsprechende Kommentare antwortet oder diese weiterleitet.[126] 110

Praxistipp: 111
Sofern der Versand in verschiedene Länder erfolgt, sollte neben solchen Arzneimitteln, die nicht in allen Ländern zugelassen sind, ein deutlicher und klar verständlicher Disclaimer stehen, der darüber aufklärt, dass das entsprechende Produkt nicht überall erhältlich ist.

---

[125] *LG Magdeburg*, MMR 2019, 402.
[126] Vgl. → Teil 5.3 Rn. 23.

Teil 6. Daten

Teil 6.1 Bedeutung von Daten für die Wirtschaft

Übersicht

	Rn.
A. Einleitung	1
B. Der Markt für Daten	5
C. Verwendung von Daten in der Wirtschaft	8
D. Digitalisierung von Produktion und Produkten	13
I. Vernetzung	13
II. Digitale Produkte	15
III. Digitale Produktion	16
IV. Digitale Wertschöpfungsketten	17
V. Datensicherheit	20
E. Digitale Ökosysteme	21
I. Übersicht Ökosysteme	21
II. Beispiel Automotive Ökosystem	23
1. Verkehrsteilnehmer	24
2. Plattformen	29
F. Bedeutung von Daten	31
G. Empfehlungen für Unternehmen	38

Literatur:
Arnold, Information und Wissen, http://www.informatik.uni-leipzig.de/~graebe/Texte/Arnold-09.pdf; *Burkard/Koehler/König/Oleschewski*, Monetizing Automotive Data, White Paper fka Strategy Engineers, 2017; *Capgemini*, Open Data: Wie Unternehmen die europäische Datenwirtschaft mitgestalten können, www.capgemini.com/de-de/2018/05/open-data-unternehmen-europaeische-datenwirtschaft-mitgestalten/; *Fadler/Legner*, Managing Data as an Asset with the Help of Artificial Intelligence", www.cc-cdq.ch/news/whitepaper-managing-data-as-an-asset; *Kagermann*, Vortrag an der Johannes Gutenberg Universität Mainz, 27.6.2017, Die Smart Service Welt, www.dfki.de/wwdata/Gutenberg_Stiftungsprofessur_Mainz_2017; *NCTA*, www.ncta.com/whats-new/behind-the-numbers-growth-in-the-internet-of-things; *Strategy Engineers*, Data Monetization, unveröffentlicht.

A. Einleitung

Daten sind überall verfügbar. Sie erzeugen keine bis vernachlässigbare Zusatzkosten. Daten vermehren sich nahezu unbegrenzt und kostenlos. Die allgemeine Verfügbarkeit überwindet Wettbewerbshürden, die früher durch Informationsdefizite bestanden. Transaktionskosten für Suchen und Finden von Informationen sinken dramatisch. Reisebuchungen, Stellenanzeigen oder Musikhören sind nur einige Beispiele für Geschäfte, die durch universelle Datenverfügbarkeit revolutioniert worden sind. 1

Daten verändern Wertschöpfungsketten und -möglichkeiten. Grenzen bisheriger Wertschöpfungsketten werden aufgehoben. Mitarbeiter einer Arbeitsgruppe, sogar ganze Firmen müssen sich nicht mehr in einem Raum befinden, um effektiv zusammenarbeiten zu können. Produkte und Maschinen in einer Wertschöpfungskette werden durch Sensoren anschlussfähig und durch Daten miteinander verbunden. 2

Ohne Kontext und ohne Interpretation sind Daten in den meisten Fällen nutz- und wertlos. Sie müssen „smart" werden, um nutzbar zu sein. Daten benötigen eine definierte und bestimmte Qualität. Viele Arten von Daten machen erst Sinn, wenn Sie in größerer Anzahl vorliegen, also zu einer „Plattform" werden oder entlang einer Wertschöpfungskette kombiniert werden. In jedem Fall werden Daten erst durch gezielte Nutzung zu einem Wert an sich. Dazu bedarf es in der Regel Wissen um den Kontext, Informationen zum 3

Datenhintergrund und zur Datenqualität. Nur wenn aus Daten Informationen und Wissen entsteht, kann daraus eine Erkenntnis gewonnen werden und ein Wert entstehen.

4 Fast alle relevanten Daten innerhalb der Wirtschaft liegen digital vor – also in Form von Informationen in maschinellen binären Codes. Der folgende Artikel beschreibt, in welcher Phase der Digitalisierung sich Europa und insbesondere Deutschland befinden, welche Bedeutung Daten für unterschiedliche Industrien haben und was sich daraus für Unternehmen ergibt.

B. Der Markt für Daten

5 Die Menge der Daten, die Privatpersonen, Unternehmen und öffentliche Hand erzeugen, wächst seit Jahren exponentiell. Allein in den letzten zwei Jahren wurden mehr Daten produziert als in allen vorhergehenden Jahren zusammen. Für 2020 wird erwartet, dass 50 Milliarden private und kommerzielle Geräte mit dem Internet verbunden sind. Abbildung 1 illustriert diesen Wachstumstrend.

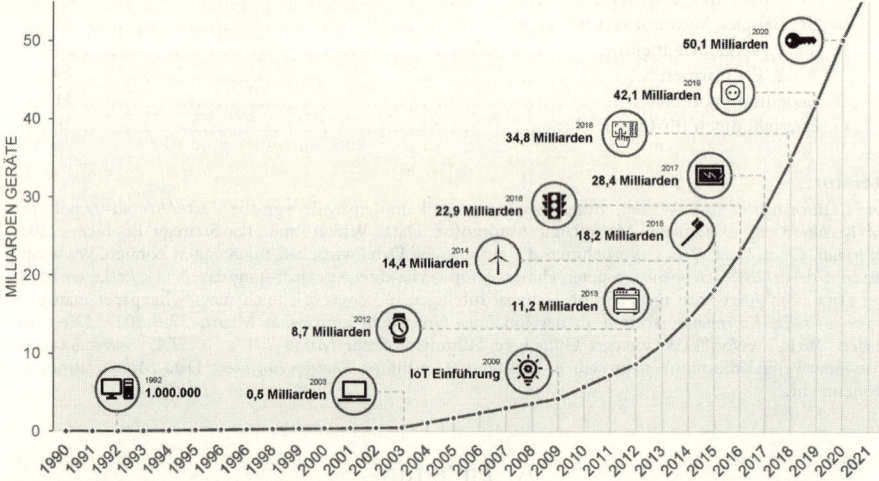

Abbildung 1: Verbreitung vernetzter Geräte weltweit[1]

6 Daten sind nicht mehr nur Informationsträger, sondern Treibstoff der wirtschaftlichen Tätigkeit. Daten werden selber zum Gegenstand der Wirtschaft. Es entsteht eine Datenökonomie auf der Basis digitaler Geschäftsmodelle. Den Wert digitaler Daten beziffert die EU mit einem Wert von 739 Milliarden Euro bis 2020 – das entspricht 4 Prozent des Gesamt-EU-BIPs. Des Weiteren schätzt das vor kurzem aktualisierte EU-Monitoring „Der europäische Markt für Daten" die Größe der Datenwirtschaft in der EU für 2020 auf ca. 360.000 Data-Unternehmen und ca. 10,4 Millionen Datenspezialisten[2].

7 Noch weitaus schneller sind im selben Zeitraum die Möglichkeiten gewachsen, aus großen Datenmengen Erkenntnisse zu gewinnen und sie gewinnbringend einzusetzen. Auf Basis dieser beiden Trends sind in den letzten zwei Jahrzehnten erfolgreiche Geschäftsmodelle gegründet worden. Reine Datenunternehmen wie Alphabet (Umsatz 162 Mrd. $, 2019) und Facebook (Umsatz 71 Mrd. $, 2019) analysieren ihre Nutzergruppen und vermarkten erfolgreich den Zugang zu diesen Kundengruppen. Ebenso erfolgreich zeigt sich

---

[1] *NCTA* 2015, www.ncta.com/whats-new/behind-the-numbers-growth-in-the-internet-of-things.
[2] *Capgemini* 2018, Open Data: Wie Unternehmen die europäische Datenwirtschaft mitgestalten können, www.capgemini.com/de-de/2018/05/open-data-unternehmen-europaeische-datenwirtschaft-mitgestalten/.

die Entwicklung von digitalen Diensten (zB Apple App Store, 25 Mrd. $, 2019 1. Halbjahr) oder datenbasierten Service-Plattformen (zB Uber, 7 Mrd. $ oder AirBnB, 2 Mrd. $).

C. Verwendung von Daten in der Wirtschaft

Big Data, Industrie 4.0, „Software as a Service (SaaS)" und Plattformökonomie sind Schlagworte, die die Bedeutung von Daten für neue Dienste ausdrücken. Sie alle beschreiben, wie auf Basis von Daten Geschäfte gemacht werden können. Insbesondere entstehen digitale Strategien und Geschäftsmodelle, die alleine auf Daten beruhen und bisherige Produktgeschäfte ergänzen oder gar ablösen. Neueste Studien untersuchen zum Beispiel, wie mit Daten Unternehmenswerte geschaffen werden können. Daten werden dabei zu immateriellen Unternehmenswerten, die im Zuge einer Datenstrategie behandelt werden, welche im Einklang mit der Geschäftsstrategie stehen sollte.[3]

Daten sind ohne Wert, solange sie nicht zu einem Zugewinn an Informationen führen, die in Folge zu Wissen werden und zu einer Handlung führen. Häufig wird zwischen Daten und Informationen unterschieden. Informationen sind dabei Daten, die innerhalb eines digitalen Computersystems entstehen, oder an der Schnittstelle vom Nutzer zum Computer. Informationen haben Form, Inhalt und Wirkung, also Syntax, Semantik und Pragmatik[4]. Wenn von einer Digitalen Ökonomie gesprochen wird, ist damit also gemeint, dass diese auf digitalen Informationen basiert, die erzeugt und gehandelt werden.

Industrielle Wertschöpfung begann Ende des 18. Jahrhunderts mit der wasserkraftbetriebenen Massenfertigung. Anfang des 20. Jahrhunderts ermöglichte die Elektrifizierung eine arbeitsteilige Massenfertigung und markierte den Anfang der industriellen Wirtschaftstätigkeit, wie wir sie heute kennen. Die zunehmende Verfügbarkeit und Nutzung elektronischer (digitaler) Datenverarbeitung hat seit Anfang der 70er Jahre eine zunehmende Automatisierung ermöglicht. Dieser dritte Sprung in der industriellen Evolution wird typischerweise als „Industrie 3.0" bezeichnet.

Durch die Digitalisierung physischer Objekte und die universelle Datenverfügbarkeit entsteht heute die „Industrie 4.0". Kennzeichnend für die Industrie 4.0 ist die universelle Vernetzung aller Dinge und Teilnehmer in Wertschöpfungsketten zu jeder Zeit – das „Internet of Things (IoT)". Maschinen in einer Fabrik erhalten Sensoren, die angeben, wann gewartet werden muss. Kaffeemaschinen kontrollieren den Brühstand des Kaffees. Waschmaschinen melden sich per Smartphone, wenn sie undicht werden. Das eigene Auto kann per Knopfdruck herbeigerufen werden. *Strategy Engineers* geht davon aus, dass 2020 jährlich 140 Mrd. Euro für industrielle Internetanwendungen ausgegeben werden[5]. Dabei geht es vor allem darum, bestehendes Equipment aufzurüsten und Wertschöpfungsketten zu digitalisieren. Wenn die Digitalisierung einen bestimmten Stand erreicht hat, werden „Big Data"-Analysen sinnvoll. Dabei werden aus großen Mengen von unstrukturierten Daten Zusammenhänge erkannt und Schlussfolgerungen gezogen. Abbildung 2 illustriert diese industrielle Entwicklung.

---

[3] *Fadler/Legner,* Managing Data as an Asset with the Help of Artificial Intelligence", www.cc-cdq.ch/news/whitepaper-managing-data-as-an-asset

[4] *Arnold,* Information und Wissen, http://www.informatik.uni-leipzig.de/~graebe/Texte/Arnold-09.pdf, S. 5.

[5] *Strategy Engineers,* Data Monetization; → Abbildung 2.

Teil 6.1. Bedeutung von Daten für die Wirtschaft

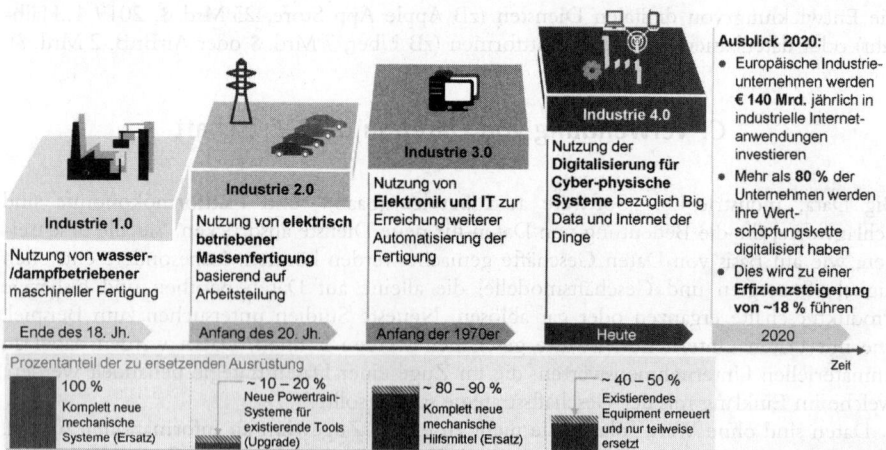

Abbildung 2: Innovationssprünge in der Wirtschaft hin zu Industrie 4.0[6]

12   Während es in der Industrie 3.0 also vor allem um die Computerisierung und Herstellung universeller Konnektivität ging, geht es in der Industrie 4.0 darum, Sichtbarkeit, Verständnis, Prognosefähigkeit und Autonomie herzustellen. Im ersten Schritt werden Daten über den Zustand eines Prozesses und des Produktes sichtbar für alle Teilnehmer einer Wertschöpfungskette. In einer smarten Fabrik zum Beispiel sind die Eingangsbestände im Lager in Echtzeit verfügbar. Die Bestands- und Bewegungsdaten des Wareneingangs stehen allen nachfolgenden Prozessschritten transparent und zeitgenau zur Verfügung. Gleiches gilt für alle Materialbewegungen innerhalb des gesamten Betriebes. Im zweiten Schritt entsteht Verständnis über Wirkzusammenhänge im Sinne von Ursachen und Folgen von Abläufen, Zuständen oder Störungen. Maschinen beginnen, Daten zu verstehen und aus den Daten Schlüsse zu ziehen. Sie warnen, wenn Werkzeuge verschleißen oder wenn Fehler auftreten. Es entstehen autonome Systeme, die auf Basis von Wirkzusammenhängen Vorhersagen über die Auswirkungen zukünftiger Handlungen und Zustände treffen können. Zum Beispiel kann der Materialfluss in einer Fertigungsstraße sich weitgehend selber steuern und Bestände optimieren. Letzten Endes entstehen damit Maschinen und Wertschöpfungsketten, die sich in gewissem Maße selber steuern können. Sie werden „smart". Wenn selbstlernende Systeme zum Einsatz kommen, können sich solche Maschinen weiter verbessern und personalisieren. Der Suchalgorithmus in einem Webbrowser ist dafür ein geläufiges Beispiel. Moderne Agrarmaschinen bestimmen aufgrund von Bodenbeschaffenheit, Wind, Temperatur und Luftfeuchtigkeit, wo und wieviel Dünger aufzubringen ist oder wie viele Saatkörner pro Quadratmeter gesät werden. Maschinen in der industriellen Fertigung bestimmen wesentliche Prozessparameter selber.

D. Digitalisierung von Produktion und Produkten

I. Vernetzung

13   Es entstehen digitale, smarte Wertschöpfungsprozesse: Daten werden dabei in der Interaktion von Mensch und Maschine in Smart Operations verarbeitet und weisen die Produktion an. Dazu werden Daten analysiert, gespeichert und verarbeitet. Dieses geschieht in Smart Offices oder Smart Factories. Dort stehen vernetzte Maschinen, die mit entsprechender Sensorik ausgestattet sind, und miteinander kommunizieren können. Sie werden

---

[6] *Strategy Engineers*, Data Monetization.

D. Digitalisierung von Produktion und Produkten

überwacht und geben Auskunft über ihren Zustand. Die entstehenden „smarten" Produkte werden in verbesserten Prozessen erzeugt und entstehen in immer schnelleren Innovationszyklen. Smarte Services ergänzen die Produkte, und erlauben Zusatzgeschäfte und eine höhere Kundenbindung. Smartphones und Spielkonsolen sind ideale Beispiele. Ohne die Applikation und Dienste, ohne Plattformen und den entstehenden Zusatznutzen wären diese wertlos. Cloud-Infrastrukturen stellen das Bindeglied zur Verfügung, mit dem Daten zwischen Fabriken, Produkten, Services und Nutzern ausgetauscht werden. Abbildung 3 stellt die neue, smarte Wertschöpfungskette dar[7].

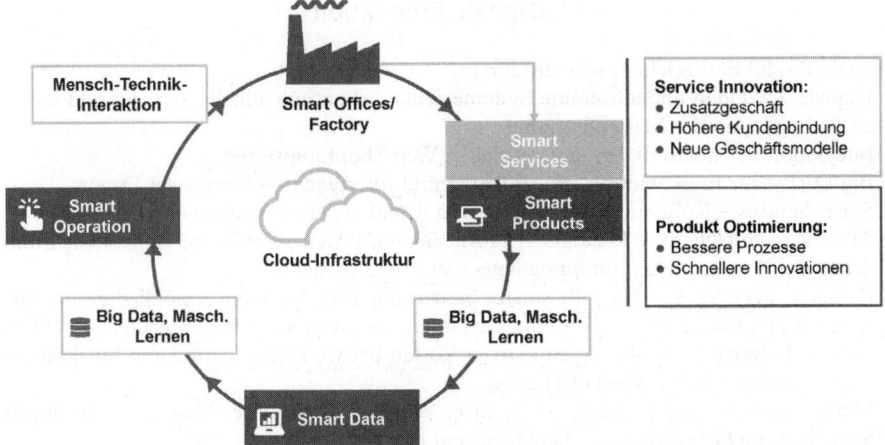

Abbildung 3: Smarte Wertschöpfungsketten in der Industrie 4.0

In Autos zum Beispiel werden softwarebasierte Anwendungen zunehmend wichtiger, und bieten den Passagieren zusätzlichen Nutzen indem Parkplätze gefunden, Gebühren bezahlt und die Route geplant werden können. Weiterhin entstehen neue Geschäftsmodelle „as a Service", in denen der Besitz von Gütern in den Hintergrund tritt. Filme, Musik, Bücher sind prominente Beispiele. Auch hier ist Mobilität ein weiteres Beispiel. Die Zeiten individueller Mobilität durch das Auto vor der Haustür verschwinden. Öffentliche und private Verkehrsmittel können gefunden, gebucht und gemeinsam genutzt werden, wenn Mobilität benötigt wird, ebenso wie geteilte Scooter, Fahrräder und Autos.

II. Digitale Produkte

In der Industrie 4.0 werden also Produktion und Produkte digitalisiert. Digitale Produkte können wie folgt gekennzeichnet werden:
- Individuelle, personalisierte Produkte und Services – Herstellung in smarten Wertschöpfungsketten und zu Kosten und Produktionsbedingungen der Massenfertigung.
- Digitale Veredelung physischer Produkte – Produkte wie Mobiltelefone, Spielkonsolen oder Laptops sind dafür Vorreiter, da sie erst durch softwarebasierte Services nutzbar und attraktiv werden.
- Innovative Services und Produkte durch Digitalisierung – Viele digitale Services basieren auf Datenverfügbarkeit in hohen Volumina. Mietmodelle für Automobile oder elektrische Tretroller machen erst dann Sinn, wenn diese problemlos über mobile Applikationen gefunden und gemietet werden können.

---

[7] *Kagermann,* Vortrag an der Johannes Gutenberg Universität Mainz, 27.6.2017, Die Smart Service Welt, www.dfki.de/wwdata/Gutenberg_Stiftungsprofessur_Mainz_2017, S. 6.

- Digitale „smarte" Services ergänzen oder ersetzen physische Produkte – Damit diese smart werden, also personalisiert, relevant und situationsbezogen.
- „Everything-as-a-Service"-Produkte und Services, die vorher verkauft wurden, werden nun zur Nutzung „as a service" in Miet- oder Leasingmodellen bereitgestellt.
- Plattformökonomie – Digitale Plattformen erzeugen Nutzen aus der Vielzahl der Teilnehmer. Erst wenn zum Beispiel alle Fahrzeuge in einer Stadt vernetzt sind, wird erkennbar, wo Verkehr fließt und wo optimale Routen sind.

III. Digitale Produktion

16 Digitale Produktion zeichnet sich aus durch:
- Digitale Zwillinge und autonome Systeme ermöglichen individuelle Services und Güter zu Bedingungen der Massenfertigung
- Integration der horizontalen und vertikalen Wertschöpfungsketten
- Big Data – zur Entscheidungsunterstützung und Interpretation komplexer Daten
- Smart Sensors – Können Daten erfassen und darauf angepasst reagieren
- Künstliche Intelligenz – Ermöglicht es Maschinen, Daten zu erfassen, zu verstehen und daraus Schlüsse zu ziehen im Sinne eines „Was wird passieren?"
- Robotik, 3D-Druck – Flexible, smarte Steuerungen für Roboter ermöglichen, im Zusammenspiel mit additiven Fertigungsverfahren wie 3D-Druck von Metallen, die Herstellung industrieller Güter zu attraktiven Kosten bei wesentlich geringeren Stückzahlen als bei herkömmlicher Massenfertigung
- Mensch-Maschine-Schnittstelle – Smarte, teilweise autonome Maschinen bedingen neue Schnittstellen zwischen Maschinen und ihren Bedienern
- Deep Learning – bezieht sich auf eine besondere Art Algorithmen in Form Neuronaler Netze, die es Maschinen ermöglicht, selbstständig Muster zu erkennen und daraus Schlüsse zu ziehen

In folgender Abbildung 4 sind die Elemente digitaler Produkte und Produktion zusammenfassend beschrieben.

D. Digitalisierung von Produktion und Produkten

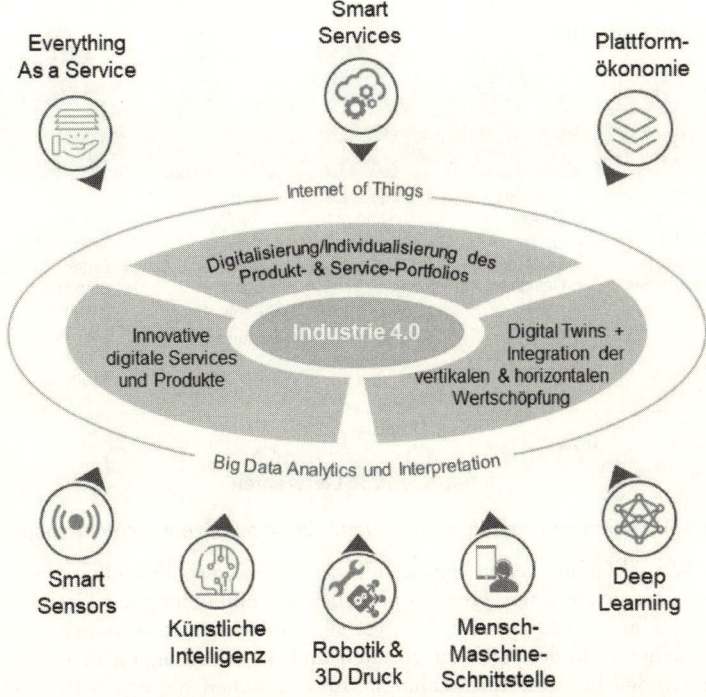

Abbildung 4: Kennzeichen Industrie 4.0[8]

IV. Digitale Wertschöpfungsketten

Digitalisierte, smarte Wertschöpfungsketten verbinden horizontale (Prozess-Schritt für Prozess-Schritt) und vertikale (Kunden und Lieferanten) Elemente miteinander. Die Entstehung eines neuen Produktes entlang der Wertschöpfungskette kann in Form eines „digitalen Zwillings" online verfolgt werden. In vielen Industrien, wie zum Beispiel im Flugzeugbau, macht es Sinn, digitale Zwillinge bereits während der Planung und Entwicklung eines neuen Produktes mitzuführen, um jederzeit die Funktions- und Leistungsfähigkeit testen zu können. Digitale Zwillinge ermöglichen weiterhin über die Produktion hinaus, den Zustand eines Produktes während des gesamten Lebenszyklus genau zu verfolgen. Zum Beispiel macht es in elektrischen Fahrzeugen Sinn, den Zustand der Batterie online mithilfe eines digitalen Zwillings zu überwachen. Abbildung 5 beschreibt solche integrierten, smarten Wertschöpfungsketten.

---

[8] *Strategy Engineers,* Data Monetization.

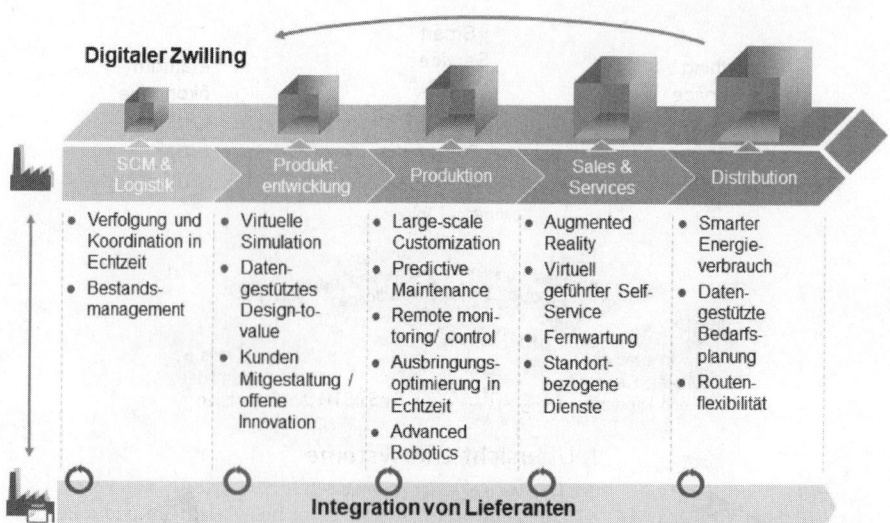

Abbildung 5: Digitalisierung und Integration vertikaler und horizontaler Wertschöpfung[9]

18 Digitale Wertschöpfungsketten beginnen in der Logistik, wo Warenflüsse online verfolgt und gesteuert werden können. Hier beginnt auch die Einbindung der Lieferanten. In der Produktentwicklung kommt es darauf an, vor allem die Schnittstelle zum Kunden und das Verständnis seiner Anforderungen zu gestalten und die Übertragung in Produktanforderungen zu ermöglichen. Im Entwicklungsprozess entstehen die ersten Produktdaten im Computer. Ziel muss es sein, diese möglichst lange und durchgängig virtuell zu bearbeiten, bevor erste physische Produkte erzeugt werden. In vernetzten Industrien wie der Automobilindustrie kommt es dabei darauf an, die Daten über alle Teile entlang der Wertschöpfungskette von den Lieferanten und Dienstleistern zu bekommen. Datengestützte Produkte erlauben es ferner, einfacher und schneller Anpassungen vorzunehmen, zum Beispiel im Rahmen eines Abstimmungsprozesses zwischen Kosten und Anforderungen. Die Digitalisierung der Produktion wurde bereits besprochen. An dieser Stelle soll noch erwähnt werden, dass smarte Produktionsprozesse eine Überwachung und Optimierung in Echtzeit ermöglichen. Im Rahmen smarter Services eröffnen sich neue Möglichkeiten durch intelligenten Self-Service der Nutzer in Verbindung mit Fernwartung. Auch wird es leichter, standortbezogene Dienste zu planen und durchzuführen. Ferner wird die Steuerung und Überwachung der Warendistribution wesentlich vereinfacht und kann genauer und schneller geplant werden.

19 Wenn mehrere integrierte Wertschöpfungsketten miteinander in Bezug treten, können dezentrale Strukturen entstehen, die heutige monolitische Fertigungssysteme ablösen. Zum Beispiel wäre es denkbar, komplette Autos im 3D-Druck herzustellen, unter Umständen im Verbund mehrerer 3D-Fertigungs- und Montagefabriken. Damit wäre das Ende der heutigen zentralistischen Autofabriken besiegelt. Und die erforderlichen Kapitalaufwendungen wären deutlich geringer als für die heute dominierenden Fertigungsstraßen. Des Weiteren werden dezentrale Strukturen möglich, dh die geografische Fokussierung auf einige zentrale Fabriken wäre aufgehoben, und die dort Arbeitenden könnten dichter an der Fabrik wohnen. Insbesondere würden damit die enormen Pendlerströme abnehmen, die heute noch ein Kennzeichen industrieller Fabriken sind.

---

[9] *Strategy Engineers,* Data Monetization.

V. Datensicherheit

In einer digitalisierten Gesellschaft werden Daten darüber hinaus zu eigenständigen Produkten, denen ein Wert zugeordnet werden kann. Damit wird der Schutz des Eigentums und der Vertraulichkeit von Daten von elementarer Bedeutung. Diese muss unter allen Umständen gewährleistet werden, und bekommt ebensolche Bedeutung wie der Schutz geistigen Eigentums heute. In vielen Industrien gibt es bereits strenge Vorschriften zur Datensicherheit und zum Schutz der Privatsphäre. Kunden erwarten zum Beispiel zu Recht, dass Ihre Daten von Unternehmen sicher und vertraulich gehandhabt werden. Eklatante Verletzungen, wie es sie in der Vergangenheit gab, werden in Zukunft nicht mehr akzeptabel sein.

E. Digitale Ökosysteme

I. Übersicht Ökosysteme

In der Welt der Industrie 4.0 konkurrieren digitale Ökosysteme – nicht individuelle Unternehmen, Produkte oder Services. Innovationen entstehen eher durch neue Geschäftsmodelle, die auf Daten aufbauen oder auf der Kombination aus physischem Produkt und Daten. Innerhalb einer Plattform entstehen Schnittstellen, Protokolle und Prozesse, die proprietär sind. In vielen Bereichen der Wirtschaft haben Plattformen bereits marktbeherrschende Stellungen erreicht, zum Beispiel Mobilität (Uber, Flixbus), Einkaufen (Amazon, Zalando), Übernachtungen (AirBnB, Booking). Je mehr Teilnehmer sich einer solchen Plattform anschließen, desto größer wird ihr Wert. Mit jedem neuen Teilnehmer steigt der Wert innerhalb der Plattform an. Auch Start-ups und andere entstehende Teilnehmer können sich solchen Plattformen anschließen. Es entstehen neue, smarte Produkte und Services, aber auch neue Arten der Nutzbarkeit – „Everything as a Service". Solche Innovationen entstehen eher im Verbund mehrerer Parteien in einem Ökosystem als in isolierten Unternehmen. Dies beinhaltet, dass herkömmliche Grenzen innerhalb der Wertschöpfungsketten aufgeweicht werden bzw. durch vernetzte Wertschöpfungsketten abgelöst werden. Über verschiedene Plattformen hinweg wird ein einheitlicher Standard notwendig, um die Kommunikation aber auch den Wettbewerb zu ermöglichen.

Damit solche digitalen Ökosysteme entstehen können, bedarf es weiterhin einer leistungsfähigen technischen Infrastruktur und einer effizienten zugrundeliegenden „Architektur" der Datenhaltung und -nutzung. Neben einer entsprechend schnellen, stationären Internetanbindung werden mobile Datennetze zum Beispiel als 4G und 5G Netze benötigt, die eine Echtzeit-Übertragung von Daten in großer Menge ermöglichen. Auf solchen Netzen aufbauend, können Architekturen entstehen, in denen Gebäude, Fahrzeuge, Personen und Fabriken als Elemente teilnehmen. In den meisten Fällen werden diese dezentralen Elemente mit einer zentralen Einheit, der Cloud, verbunden. Damit ist gemeint, dass auf einem zentralen Server wesentliche, vor allem sehr rechenintensive und datenhaltige Operationen durchgeführt werden. So werden zum Beispiel Streamingdienste erst möglich, die Musik zentral speichern und per Mobilfunk oder Internet dezentral zur Verfügung stellen. Der Server in der Cloud stellt die Daten allen Teilnehmern zur Verfügung und regelt, wer zu welchen Daten Zugang hat. Überprüft wird auch, welche Datenmengen transportiert werden können und sollen.

II. Beispiel Automotive Ökosystem

Smart wird der Betrieb solcher Ökosysteme, sobald eine Abbildung der Objekte in der Plattform in virtueller Form möglich wird, also zum Beispiel die Verfolgung aller Fahrzeuge und Verkehrsteilnehmer in einer Stadt. Wenn diese Abbildung in Echtzeit funktioniert, werden neue Services möglich, zum Beispiel die Suche und Reservierung von Parkplätzen oder das „Sharen" von Fahrzeugen. Am Beispiel eines automobilen, digitalen Ökosystems in Abbildung 6 wird deutlich, welche Teilnehmer ein solches Ökosystem hat.

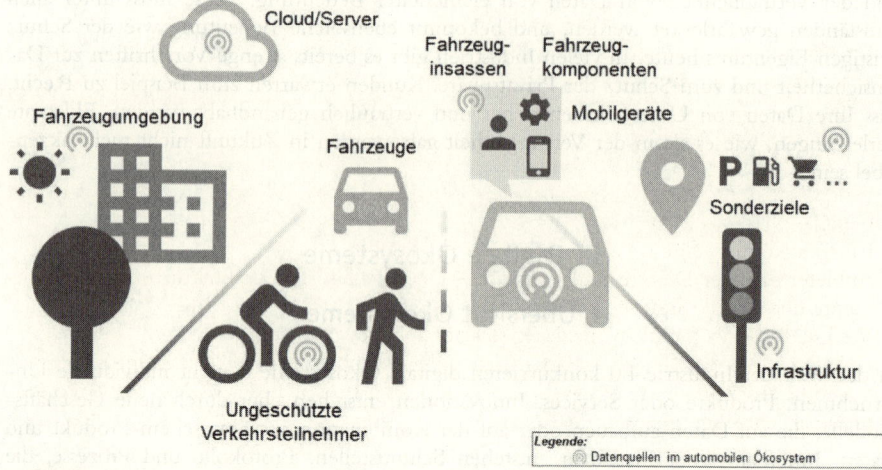

Abbildung 6: Teilnehmer Digitales Automotive Ökosystem und Datenquellen[10]

1. Verkehrsteilnehmer

24   Verkehrsteilnehmer werden in Zukunft digital erkannt und können mit der sie umgebenden Infrastruktur kommunizieren. Radfahrer können zum Beispiel Abstellplätze suchen oder beim nächstgelegenen Fahrradhändler anfragen, ob dieser schnell bei einer Reparatur helfen kann. In ländlichen Gegenden ohne Anbindung an den ÖPNV werden Geschäftsmodelle mit Fahrzeugen möglich, die sich die Bewohner eines Dorfes oder eines Viertels teilen. Anstelle von ein bis zwei Autos pro Haushalt könnte ein Dorf mit 400 Einwohnern in 150 Haushalten die Anzahl der benötigten Fahrzeuge auf diese Art von 300 auf 50 Autos senken, ohne Einbußen für die Benutzer.

25   Im Fahrzeug erwarten die Benutzer eine reibungslose Einbindung ihrer privaten und beruflichen mobilen Geräte wie Laptop-Computer und Mobiltelefone. Falls es sich um teil- oder vollautonom fahrende Fahrzeuge handelt, können die Passagiere während der Fahrt arbeiten, Musik streamen oder Filme online verfolgen.

26   Das Fahrzeug wird einerseits zu einer rollenden Datenschnittstelle, andererseits kommuniziert es selber permanent mit anderen Fahrzeugen und der Infrastruktur, um die Passagiere unfallfrei zum Ziel zu bringen. Spätestens an diesem Beispiel wird deutlich, wie entscheidend die Standardisierung über die Grenzen einzelner digitaler Ökosysteme hinweg wird. Es macht keinen Sinn, fahrzeugherstellerspezifische Dienste anzubieten, wenn die Fahrzeuge von Hersteller A nicht Fahrzeuge von Hersteller B erkennen. Man spricht dabei von Vehicle-to-Vehicle (V2V) Kommunikation. Gleiches gilt für die Anbindung an die Infrastruktur durch Vehicle-to-Everything (V2X) Kommunikation. Wenn Ampeln in einer Stadt nur dann reagieren, wenn sich ein Fahrzeug nähert, muss diese Anbindung für alle Fahrzeuge funktionieren.

27   In vielen Fällen werden die Fahrzeughersteller bestimmte Services nicht in jedem Fahrzeug lokal, sondern zentral aus einer Cloud heraus anbieten, dem zentralen Datenzentrum. Es kann zum Beispiel Sinn machen, Karteninformationen für ganz Europa zentral in einer Cloud zu lagern. Fahrzeuge in einzelnen Ländern laden dann automatisch nur die Daten

---

[10] *Burkard/Koehler/König/Oleschweski*, Monetizing Automotive Data, S. 1.

für ihre jeweilige Umgebung ins Fahrzeug. Ferner kann über zentrale Server gesteuert werden, aus welchem Umkreis Daten verschiedener Fahrzeuge gesammelt und geteilt werden. Weiterhin können die Fahrzeuge Aktualisierungen der Kartendaten, wie Baustellen oder Unfälle dezentral mit ihren Sensoren sammeln. Diese werden zentral in der Cloud gespeichert, die Kartendaten aktualisiert und an alle angeschlossenen Teilnehmer weitergegeben.

Im automobilen Ökosystem müssen also viele verschiedene Teilnehmer miteinander kommunizieren und zusammenarbeiten: 28
- Menschen – als Fahrer, Passagiere oder Verkehrsteilnehmer
- Mobile Endgeräte – Die Passagiere mit in die Fahrzeuge nehmen und nahtlos in ihre privaten und professionellen Umgebungen integrieren wollen
- Fahrzeughersteller – als Hersteller, als Betreiber der V2V-Kommunikation und der Cloud
- Fahrzeugkomponenten – als Teil des Fahrzeugs selber
- Anbieter digitaler Dienste und Software – Diese stellen die Architektur und deren Elemente her und als Service zur Verfügung
- Werkstätten – als Betreiber spezieller smarter Services
- Zulieferer – als Teil der Herstellungskette oder als Anbieter spezieller smarter Services
- Städte und öffentliche Hand – als Bereitsteller und Betreiber der V2X-Kommunikation und der Fahrzeugumgebung

2. Plattformen

Je mehr Teilnehmer auf derselben mobilen Plattform sind, desto sinnvoller wird diese. Der limitierte Nutzen proprietärer Plattformen hat in anderen Bereichen wie Internetsuche, Karten, Internethandel usw. bereits zur Auslese und de facto Standardisierung bestimmter Lösungen geführt. Gleiches steht anderen Branchen noch bevor – auch dem automobilen Ökosystem. 29

Das automobile Daten-Ökosystem ist dabei besonders komplex und herausfordernd, weil: 30
- eine Vielzahl verschiedener Teilnehmer einzubinden ist
- vernetzte und nicht-vernetzte Teilnehmer nebeneinander existieren und sich bewegen werden
- die erzeugten und benötigten Datenmengen hoch sind und in Echtzeit zur Verfügung stehen müssen
- die Anforderungen an Datensicherheit, Compliance und Datenschutz extrem hoch sind
- datenbasierte Geschäfte entstehen, in denen Fahrzeuge und Benutzer auf vielfältige Arten verbunden sind

F. Bedeutung von Daten

Welche Bedeutung haben Daten und datenbasierte Geschäfte in verschiedenen Industrien? Es ist intuitiv nachvollziehbar, dass bestimmte Industrien weiter in der Anwendung von datenbasierten Geschäften sind als andere. Ferner ist zu vermuten, dass ausgewählte Branchen sich eher auf Datenanalysen verlassen, da sie mehr Daten zu Verfügung haben. Banken, Versicherungen und Handel verfügen über umfangreiche Daten zu Kundenpräferenzen und -verhalten, auf deren Basis sie neue Services anbieten können. Transport, Logistik und Automobilbau benötigen große Datenmengen, um effizient arbeiten zu können, vor allem weil sehr viele Teilnehmer entlang den Wertschöpfungsketten vernetzt werden müssen. Automobilfirmen sind seit jeher darin geübt, sich zu vernetzen und globale Wert- 31 schöpfungsketten zu steuern. In Energie- und Chemie-Industrie zum Beispiel ist der Datenbedarf relativ gesehen geringer.

32   Im Einkauf und der Logistik zum Beispiel setzen viele Unternehmen auf Stammdatenmanagement und verfolgen die Ausgaben sowie die Klassifizierung der Lieferungen. Weniger verbreitet – zumindest außerhalb der Automobilindustrie – ist die Optimierung der Lieferketten/Supply Chains mit Datenanalysen. Auch bei Ausgabenanalysen besteht in vielen Fällen noch Optimierungspotential, vor allem wenn die unternehmensinternen Nachfragen mit einbezogen werden sollen, zum Beispiel für Verbrauchsmaterialien wie Büromaterial, Energie oder Wärme.

33   In der Entwicklung werden Stammdaten angelegt und erste Entwürfe in digitaler Form erstellt. Bei der durchgängigen digitalen Abbildung, Simulation und Erprobung bestehen aber vielfach Nachholbedarfe. Ferner mangelt es oft an einer digitalen Anbindung an die Fertigung im Sinne einer Ableitung der Bedarfe an Prozesse, Werkzeuge und begleitende Steuerung.

34   In der Fertigung setzen viele Unternehmen digitale Planungssysteme für die Produktions-Reihenfolgen ein. Ferner werden Stammdaten erfasst und verwaltet, sowie Fertigungsanlagen überwacht. Qualitätsmanagement ist ein weiteres wichtiges Element, zum Beispiel für Transportunternehmen, die ihre Geodaten überwachen und optimieren.

35   In Marketing und Vertrieb werden vielfach Kunden- und Stammdaten verwaltet und analysiert. Kundenbeziehungen und -umsätze werden erfasst und analysiert. Letzteres kann nach Geografie, Demografie oder beiden passieren. Zusätzlich analysieren manche Unternehmen Ihre Wettbewerber. Im Management von Kundenbeziehungen sind Branchen führend, die traditionell mehr Endkundenkontakt haben, wie Handel oder Versicherungen. Automobilunternehmen beispielsweise betreten hier Neuland.

36   In den internen Prozessen zur Verwaltung, Finanzierung und Steuerung betrachten viele Unternehmen Geldflüsse, Steuern und Risiken in digitalen Systemen. Ferner kommen Datenanalysen für die Compliance und Betrugsvermeidung zum Einsatz.

37   In allen Anwendungsbereichen in Unternehmen wird schnell deutlich, dass es neben den Kerndaten, die dem eigentlichen Prozess zugrunde liegen, weitere Daten gibt bzw. geben könnte, die nutzbringend verwendet werden können. In der Mobilität ergeben sich aus den Geodaten einzelner Fahrzeuge Informationen zum Verkehrsfluss, die allen Teilnehmern nutzen. Mit der zunehmenden Ausstattung von Fahrzeugen mit Sensoren lassen sich leicht Services definieren, die Sensorinformationen für andere Zwecke verwenden als für das automatisierte Fahren an sich.

G. Empfehlungen für Unternehmen

38   Für Unternehmen bedeutet das vor allem, dass Daten heute und in Zukunft in einem wesentlich breiteren Kontext zu sehen sind:
- Unternehmen müssen sich darauf vorbereiten, mit neuen Datenarten und neuen Datentypen umzugehen, zum Beispiel Automobilhersteller mit Endkundendaten.
- Unternehmen müssen Daten entlang Ihrer kompletten Wertschöpfungskette sammeln, analysieren und auf Nutzenpotentiale untersuchen. Das reicht von Rohmaterial und Verbrauchsdaten bis zu Endkundeninformationen und Informationen über die Verwendung des Services/Produktes.
- Datensicherheit, Compliance und Schutz der Privatsphäre bekommen höchste Priorität und sind in allen Ebenen und Prozessen zu integrieren.
- Daten ermöglichen neue Geschäfte und stellen in vielen Fällen eine Ergänzung oder einen Ausweg aus dem Niedergang des angestammten Produktgeschäftes dar.

39   Um sich für die digitale Zukunft vorzubereiten und deren Potential für sich zu nutzen, sollten Unternehmen folgende Empfehlungen beachten:

G. Empfehlungen für Unternehmen 6

- Daten stellen einen Wert an sich dar. Weiterhin schaffen Daten Werte durch neue Geschäfte und Services. Daten werden damit gleichrangig wie Kapital, Menschen und Maschinen. In diesem Sinne wird eine finanzielle, monetäre Bewertung notwendig, die an anderer Stelle beschrieben wird. Ferner tragen Daten dazu bei, Innovationen zu erzeugen, Kunden optimal zu bedienen und Prozesse zu verbessern. In allen diesen Dimensionen sollten Daten eingesetzt werden und zum Beispiel in digitalen Initiativen gebündelt werden.
- Daten werden oft erst in Kombination mit Partnern entlang horizontaler und vertikaler Wertschöpfungsketten wertvoll. Untersuchungen zur Datennutzung sollten daher vorhandene und potentielle neue Partner gezielt mit einbeziehen. Eine gezielte Untersuchung des Plattformpotentials ist je nach Branche und Position in der Wertschöpfungskette vorzunehmen.
- Daten umfassen neben den Stammdaten der Unternehmensführung und -prozesse, Daten aus den Transaktionen, einer Vielfalt von Sensoren, dem Internet und sozialen Medien. Unternehmen müssen daher Strukturen und Prozesse entwickeln, um die verschiedenen Datenarten zu verbinden und sinnvoll zu nutzen. Ein guter Start wäre eine Bestandsanalyse in Kombination mit einem Blick auf die genannten weiteren Datenarten. Mit dem Unternehmenszweck als Ziel ließen sich dann zielgerichtet neue Geschäftsmodelle definieren und klären, welche Daten wie zu managen sind. Eine Ausdehnung auf Plattformen im Sinne des vorigen Punktes ist anzuraten.
- Neben der Erschließung neuer Umsatzpotentiale in digitalen Geschäften erscheint eine Potentialanalyse entlang der horizontalen Wertschöpfungskette sinnvoll. Dabei kann im Sinne der dargestellten Potentiale in jedem Schritt gezielt nach weiteren Möglichkeiten der Verbesserung der Sichtbarkeit, Vorhersagbarkeit und Autonomie gesucht werden.
- Daten sind in Zusammenhang mit den Geschäftszielen des Unternehmens zu verwenden. Ein reines Business-to-business Unternehmen nutzt Daten anders als ein endkundenorientiertes Handelshaus. Grundsätzlich ist Datenmanagement ein interner Service, der die eigentliche Wertschöpfung unterstützt. Eine gezielte Suche nach digitalisierbaren Produkten und smarten Services sollte der Startpunkt sein.
- Zusätzlich entsteht in vielen Fällen Geschäftspotential durch die weitere Nutzung von Daten neben dem bisherigen Unternehmenskern. Dazu genügt es in den meisten Fällen nicht, vorhandene Prozesse und Strukturen zu optimieren. Vielmehr bedarf es so grundlegender Veränderungen, dass eine neue Unternehmenskultur, neue Fähigkeiten und Ideen installiert werden müssen. Viele Unternehmen schaffen daher eigene Einheiten, die sich diesen neuen Geschäften widmen, zum Beispiel als Corporate Ventures oder Digital Business Units. Die Schnittstellen zum Kerngeschäft sind dabei entscheidend. Es macht keinen Sinn, ein völlig losgelöstes Geschäft zu verfolgen, also zum Beispiel als Maschinenbauer eine Bezahlplattform zu betreiben. Andererseits müssen die neuen Einheiten separat genug sein, um ihr Eigenleben wie beschrieben entfalten zu können.
- Unabhängig von neuen Einheiten für digitale Geschäfte sollte es in jedem Unternehmen eine dezidierte Einheit für Daten-Management, -Sicherheit und -Qualität geben. Diese stellt sicher, dass Daten in einheitlichen Formaten und Standards erfasst und bearbeitet werden. Die Einheit managt die Qualität der unternehmensinternen und -externen Daten. Es werden Verknüpfungen zu neuen Datenarten und -quellen hergestellt. Auf dem entstehenden Datenpool werden „Big Data" Analysen möglich. Letztlich kann eine solche Einheit auch für die Governance von Daten dienen und neue interne und externe Geschäfte definieren sowie deren Monetarisierung. Weiterhin wird die Einhaltung entsprechender legislativer und regulatorischer Richtlinien immer mehr von entscheidender Bedeutung und sollte durch eine integrierte Compliance-Rolle sichergestellt werden.

Teil 6.2 Monetarisierung von Daten

Übersicht

	Rn.
A. Möglichkeiten der Datenmonetarisierung	1
I. Interne Datenmonetarisierung	3
II. Externe Datenmonetarisierung	5
B. Digitalisierung in der Automobilindustrie	9
I. Überblick Daten im Automobil	9
II. Datenarten und -segmentierung	15
III. Daten-Wertschöpfungskette	20
IV. Daten-Plattformen	28
C. Monetarisierung von Daten	36
I. Datenbasiertes Geschäftsmodell	37
II. Kundenauswahl	39
III. Kundennutzen	43
IV. Preismodell	47
V. Rollout	56
D. Zusammenfassung	62

Literatur:
Burkard/Koehler/König/Olschewski, Monetizing Automotive Data, White Paper fka Strategy Engineers, 2017.

A. Möglichkeiten der Datenmonetarisierung

1 Jedes Unternehmen besitzt Daten. Die Frage ist, ob diese nutz- und gewinnbringend eingesetzt werden. Unternehmen haben dafür zwei Möglichkeiten. Erstens können sie Daten einsetzen, um intern Kosten zu sparen, effizienter zu werden oder um Umsätze zu steigern. Zweitens, und darüber hinausgehend, lassen sich hochprofitable und nachhaltige Geschäftsmodelle mit Daten entwickeln. Doch welchen Wert haben Daten? Während sie früher lediglich ein notwendiger Verwaltungsaufwand waren, sind sie heute ein wertvolles Wirtschaftsgut. Tendenz: steigend.

2 Die beiden Möglichkeiten der Datenverwendung sollten sich idealerweise ergänzen und verstärken. Firmen verwenden Daten, um die operativen Prozesse zu optimieren, um die Verwaltung zu verschlanken und um bestehende Kunden individueller und schneller zu bedienen. Zusätzlich nutzen Unternehmen Daten, um neue digitale Geschäftsmodelle zu entwickeln und sich neue Umsatzpotentiale zu erschließen.

I. Interne Datenmonetarisierung

3 Von Datenmonetarisierung kann im ersten Anwendungsfall nur im Sinne eines unternehmensspezifischen Wertes gesprochen werden. Der Wert von Daten zur Kostenreduzierung oder Effizienzsteigerung bemisst sich durch den erreichten Nutzen gegenüber dem vorherigen Zustand bzw. der Option nichts zu tun. Da es vor allem interne Kunden sind, die den Nutzen erhalten, drückt sich der Zusatznutzen der Datenverwendung vor allem auf der Kostenseite der Erlösrechnung aus. Unternehmen, die sich in einem wettbewerbsintensiven Umfeld befinden, nutzen Daten zum Beispiel, um durch effizientere Fertigungsprozesse Produktionskosten zu senken. Weiterhin können sie nach alternativen Quellen suchen, um Fertigungs- und Verbrauchsmaterial billiger einkaufen zu können. Interne Daten können auch genutzt werden, um die Qualität in der Fertigung zu erhöhen und Prozesse zuverlässiger zu machen. In jedem Fall setzt diese Art der Datennutzung eine ent-

sprechende IT-Infrastruktur voraus, die es gestattet, große Datenmengen zu erfassen, zu verarbeiten und zu speichern.

Zusammenfassend lassen sich folgende Anwendungsfälle für die unternehmensinterne Datennutzung unterscheiden:
- Kostensenkung an Produkten
- Kostensenkung in Prozessen durch Effizienzsteigerung (in Entwicklung, Produktion und Vertrieb)
- Kostenreduzierung der Benutzung für den Kunden (durch besseres Ausfall- und Garantiemanagement)

II. Externe Datenmonetarisierung

Anders ist es bei der Datenverwendung, um Umsätze zu steigern oder die Kundenbindung zu erhöhen. Digitale Firmen wie Amazon, Apple, ebay oder Google verwenden Daten, um Kunden besser zu verstehen und um ihr Produktangebot attraktiver zu gestalten. Diese Firmen analysieren im Detail, wer die Kunden sind, was ihre Präferenzen sind und wie Kunden ihre Produkte und Services verwenden. Sie nutzen diese Daten, um daraus abzuleiten, wie sie Kunden besser bedienen können, wann, zu welchen Preisen und mit welchem Preismodell und was Kunden noch interessieren könnte.

Für die meisten „nicht-digitalen" Unternehmen geht es zunächst darum, ihre Kunden besser zu verstehen. Durch eine eingehende Analyse vorhandener und neuer Kundendaten lässt sich erschließen, wie relevante digitale Services und Produktangebote aussehen können. Diese können dann im Sinne eines „Minimum Viable Product" an ausgewählte oder alle Kunden angeboten werden. Es macht in vielen Fällen Sinn, die Kunden vorher gründlich zu analysieren und gegebenenfalls anders zu bündeln als bei angestammten Geschäften. In vielen digitalen Geschäften entstehen neue Kundengruppen oder zumindest neue Kundenbedürfnisse. Außerdem unterscheidet sich die Zahlungsbereitschaft der Kunden gegenüber dem angestammten Produktgeschäft erheblich. Sobald ein neuer Service oder ein neues digitales Produkt gefunden ist, sollte dies mit einer bestimmten Gruppe von Kunden getestet und angepasst werden. Diese Tests dienen dazu, die verschiedenen Service- und Produktideen zu vergleichen und die erfolgversprechenden digitalen Geschäftsmodelle zu ermitteln.

Mit internen Geschäftsmodellen lassen sich erhebliche Potentiale erschließen. Diese sind aber in der Regel geringer als Potentiale aus zusätzlichen, externen digitalen Geschäften. Hier ergeben sich neue Services, die von den alten Produkten unabhängig sein können (aber nicht müssen) und sich gliedern in:
- Neue Services, die sich durch Zusammenfassung von alten und neuen Informationen ergeben und vermarkten lassen. Ein erster Ansatz dazu ist der Verkauf von Rohdaten oder aufbereiteten Daten. Weiterhin können Produkte durch digitale Services „veredelt" werden oder sogar reine datenbasierte neue Geschäftsmodelle entwickelt werden.
- Neue Ökosysteme und Plattformen, die solche Services nutzen und darauf weitere Geschäftsmodelle aufbauen.

Die neuen Services und Plattformen sollten einen einzigartigen Wert für den Kunden darstellen, um monetarisierbar zu sein und dem Unternehmen einen Wettbewerbsvorteil zu verschaffen. Eine historisch erfolgreiche Branche, die mit Hochdruck an ihrer Digitalisierung arbeitet, ist die Automobilindustrie. An ihrem Beispiel diskutieren wir im Folgenden, wie sich auf Basis von Daten erfolgreiche Geschäftsmodelle entwickeln lassen.

B. Digitalisierung in der Automobilindustrie

I. Überblick Daten im Automobil

9   Während die öffentliche Wahrnehmung dieser Tage vor allem Aspekte der Elektrifizierung und emissionsfreier Mobilität in den Vordergrund rückt, erzeugen und nutzen moderne Fahrzeuge Daten in nie dagewesenen Größenordnungen. Sie sind nicht nur mit einer Reihe von Sensoren ausgestattet, um den eigenen Zustand und ihre Umgebung zu erfassen und zu überwachen, sondern haben auch Zugriff auf eine Vielzahl anderer Datenquellen, die über den Rahmen des physischen Fahrzeugs hinausgehen. Voll vernetzte Fahrzeuge der Zukunft werden die traditionellen Informationsgrenzen durch die Nutzung digitaler Daten aus einer breiteren Palette von Quellen weiter ausbauen.

10   Diese Fahrzeuge werden mit einem vollständigen Ökosystem von Fahrzeugdaten verbunden, die von anderen Verkehrsteilnehmern (zB Fußgängern, Radfahrern und Fahrzeuginsassen) und den von ihnen mitgeführten digitalen Geräten, der zunehmend digital gesteuerten Infrastruktur (zB Ampeln, Brücken, Parkplätze) sowie von Daten, die über Internetdienste und andere Server bereitgestellt werden.

11   Trotz der bereits vorhandenen Datenfülle im Automobil-Ökosystem verstärken und erfordern aktuelle Technologietrends wie aktive Sicherheit, Konnektivität und autonomes Fahren eine Digitalisierung über das aktuelle Niveau hinaus. Moderne Fahrzeuge erzeugen, verarbeiten und tauschen täglich ca. 50 GB Daten über ihr internes Busnetz aus. Fortgeschrittene Funktionen erfordern eine größere Anzahl von Sensoren, zusätzlichen Routinen und eine zunehmende fahrzeuginterne Vernetzung, was zu einem exponentiellen Wachstum des fahrzeuginternen Datenvolumens führt. Es wird geschätzt, dass die Menge der an Bord generierten und genutzten Daten bis 2020 um das 80fache auf über 4.000 GB steigen wird.

12   Im Vergleich zu den innerhalb der Systemgrenzen der Fahrzeuge erzeugten Datenmengen ist der Datenaustausch zwischen Fahrzeugen und ihrer Umgebung heute sehr gering (ca. 1 MB/Tag). Es wird erwartet, dass Fahrzeuge, die vollständig mit anderen Verkehrsteilnehmern, der Infrastruktur und dem Internet verbunden sind, die übertragene Datenmenge um den Faktor 20 erhöhen. Sobald auch vernetzte Fahrzeuge autonom fahren können, wird die Menge der übertragenen Daten voraussichtlich exponentiell zunehmen. Spitzenübertragungsvolumen von ~16 GB pro Tag sind als realistisch anzusehen, sofern umfassende Datensätze (zB eine komplexe Fahrzeugumgebung und ein Infrastrukturmodell) bei hohen Frequenzen ausgetauscht werden.

13   Die rasant wachsende Menge und der Zugang zu Fahrzeugdaten hat die Aufmerksamkeit sowohl etablierter Automobil- als auch Nichtautomobilunternehmen auf sich gezogen, die basierend auf dem neu verfügbaren Datenpool neue Geschäftsideen suchen. Während die Automobilindustrie gerade erst beginnt, den wirtschaftlichen Wert von Fahrzeugdaten zu nutzen, haben andere Branchen bereits bewiesen, dass tragfähige neue Unternehmen auf Daten aufbauen können. Alibaba, Amazon, Ebay, Facebook, Google oder Tencent sind hierfür namhafte Beispiele. Diese erfolgreichen datenbasierten Geschäftsmodelle sind jedoch nicht direkt auf die Automobilindustrie und andere Industrien übertragbar. Dies ist vor allem darauf zurückzuführen, dass die meisten der oben genannten Beispiele ihre Einnahmen aus Werbung generieren. Zumindest aus heutiger Sicht ist es zweifelhaft, dass Werbung, wie sie in Facebook oder Google präsentiert wird, eine wesentliche Einnahmequelle in anderen Industrien sein kann. Es ist wahrscheinlicher, dass neue und noch unbekannte Mechanismen und Geschäftsmodelle entwickelt werden müssen, um datengesteuerte Unternehmen für die Automobilindustrie nutzbar zu machen.

14   Entscheidend für die Entwicklung dieser neuen Geschäftsmodelle ist die Offenheit mit und der Zugang zu Daten. Im Gegensatz zu zum Beispiel Smartphones und Computern, die über App-Stores zu offenen Plattformen für Serviceangebote Dritter geworden sind,

sind Fahrzeuge traditionell als geschlossene Systeme konzipiert und bieten nur begrenzten Zugang zu den darin erzeugten oder genutzten Daten. Die Bereitschaft der OEMs, einer breiteren Gruppe von Teilnehmern Zugang zu den Daten ihrer Fahrzeuge zu gewähren, ist daher der Schlüssel zur Erschließung des wirtschaftlichen Wertes von Fahrzeugdaten. Andererseits steigt der Wert einer Datenplattform exponentiell mit der Anzahl der Teilnehmer. Es stellt sich die Frage ob proprietäre Standards weiterhin der Königsweg sein können.

II. Datenarten und -segmentierung

Um potenzielle Umsatzquellen zu erschließen und entsprechende Geschäftsmodelle zu entwickeln, muss der umfangreiche Bestand an Automotive Daten strukturiert und klassifiziert werden. Die Vielzahl der verschiedenen Sensoren und anderen Datenquellen wird eine große Menge an unterschiedlichen Daten produzieren. Anhand des Beispiels „Automotive Daten" lässt sich wie in Abbildung 1 dargestellt zeigen, wie Daten in mehreren Dimensionen segmentiert werden können.

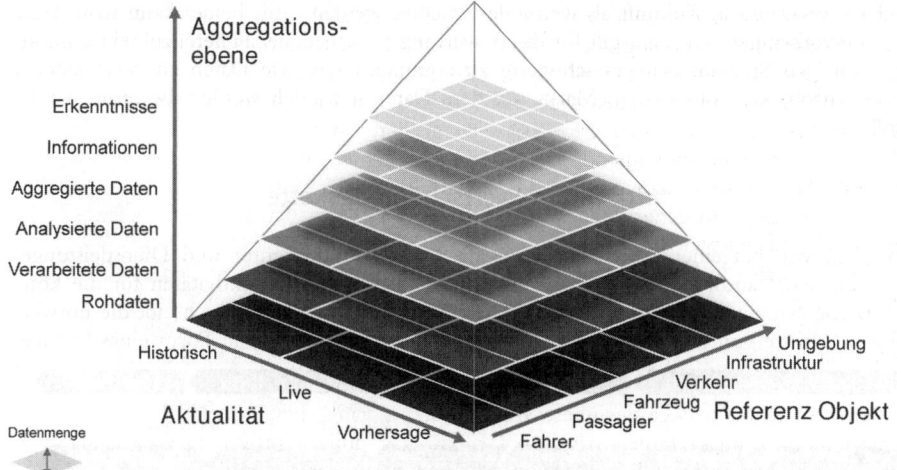

Abbildung 1: Automotive Daten Segmentierung[1]

Die Dimensionen sind:
(a) Referenzobjekt – Was beschreiben die Daten?
(b) Aggregationsebene – Wie sehr/oft sind die Daten verarbeitet worden?
(c) Aktualität – Beschreiben die Daten vergangene, gegenwärtige oder zukünftige Zustände?

Jedes beliebige Fahrzeugdatenelement kann gemäß dieser Segmentierung klassifiziert werden. Zum Beispiel wäre die Drehzahl eines Rades ein Roh- und Live-Datenpunkt, der einen Teil des Fahrzeugs beschreibt. Wenn die Radgeschwindigkeiten aller Räder zusammen betrachtet und mit Geschwindigkeitsinformationen aggregiert werden, kann eine genaue Information über die aktuelle Fahrgeschwindigkeit erzeugt werden. Dieser Datenpunkt wäre dann ein aggregierter Live-Datenpunkt über das Fahrzeug. Wenn sich nun in einer Fahrsituation die Radgeschwindigkeiten und die GPS-Geschwindigkeit stark unterscheiden und weitere Informationen des Gier-Sensors einen großen Gierwinkel anzeigen, könnte ein solcher interpretierter Datensatz darauf hinweisen, dass das Fahrzeug schleudert und sich außerhalb der Kontrolle des Fahrers befindet.

---

[1] *Burkard/Koehler/König/Olschewski,* Monetizing Automotive Data, S. 5.

18 Wenn diese Informationen nun weiter mit Informationen über die Außentemperatur und optischen Sensoren, die die Fahrbahnoberfläche erfassen, gekoppelt sind, die gleichzeitig Eis auf der Straße anzeigen, lässt sich ableiten, dass das Fahrzeug durch Eis auf der Straße schleudert. Dies gilt als Live-Einblick in das Fahrzeug, die Infrastruktur (die Straße) und die Umgebung (das Wetter). Wenn diese Erkenntnisse gesammelt und gespeichert werden, werden sie zu einem historischen Datensatz. Dieser Datensatz kann mit Ortungsdaten weiter ergänzt, auf mehrere Fahrzeuge verteilt und so gestaltet werden, dass er nicht nur Temperatur- und Wetterinformationen, sondern auch Uhrzeit und Datum enthält. Aus diesen historischen Daten können Erkenntnisse abgeleitet und in Form einer Prognose an andere Verkehrsteilnehmer weitergegeben werden. Diese könnte beispielhaft besagen, dass ein Straßenabschnitt unter bestimmten Wetterbedingungen zu bestimmten Zeiten vereisungsgefährdet ist und daher mit äußerster Vorsicht befahren werden sollte.

19 Diese Überlegung veranschaulicht nicht nur die Nützlichkeit des vorgeschlagenen Rahmens zur Kategorisierung von Fahrzeugdatenpunkten. Er veranschaulicht außerdem, wie Daten erst durch die Verknüpfung interessant und wertvoll werden. Im Allgemeinen werden Datenpunkte am oberen Ende der Pyramide (Erkenntnisse) als wertvoller angesehen als Datenpunkte am unteren Ende der Pyramide. Dabei bleibt abzuwarten, ob historische oder Live-Daten in Zukunft als wertvoller erachtet werden – für beides kann man Argumente vorbringen. Gleiches gilt für die Bewertung verschiedener Referenzobjekte. Im gegenwärtigen Stadium wäre es schwierig zu argumentieren, wie Daten zu verschiedenen Referenzobjekten ohne einen Markt, auf dem Daten gehandelt werden, bewertet werden sollen.

III. Daten-Wertschöpfungskette

20 Ähnlich wie bei einer Wertschöpfungskette für Produktionsgüter und Dienstleistungen entsteht eine (automobile) Daten-Wertschöpfungskette, die die Aktivitäten für die kommerzielle Nutzung von Daten umfasst. Diese Wertschöpfungskette beschreibt die notwendigen Schritte von den Rohdaten bis zur Anwendung der Daten in Form eines Services.

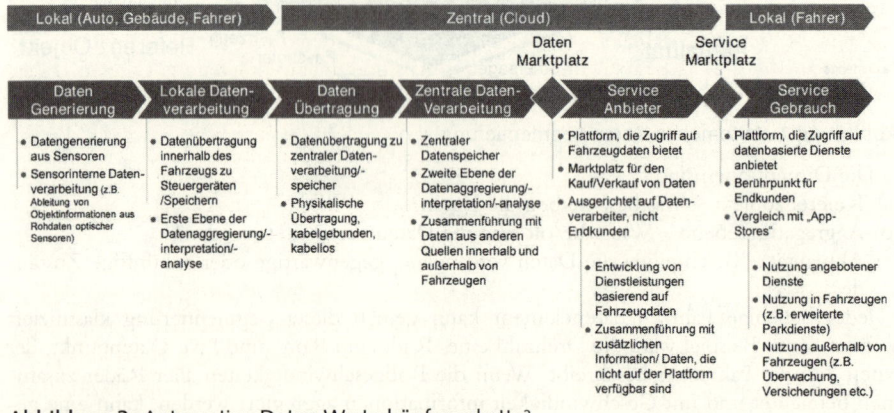

Abbildung 2: Automotive Daten Wertschöpfungskette[2]

21 Abbildung 2 stellt eine generische Wertschöpfungskette dar. Diese besteht aus sechs verschiedenen Wertschöpfungsschritten und umfasst zwei Plattformen, mit denen Daten und Services für eine bestimmte Gruppe von Interessengruppen verfügbar gemacht werden. Ähnlich wie bei den Wertschöpfungsketten für Sachgüter und Dienstleistungen erhöht je-

---

[2] *Burkard/Koehler/König/Olschewski*, Monetizing Automotive Data, S. 9.

der Verarbeitungsschritt innerhalb der Wertschöpfungskette den Wert der zugrunde liegenden Daten.

Die Generierung von Rohdaten markiert den Beginn der Daten-Wertschöpfungskette. Daten entstehen dabei im Fahrzeug, zum Beispiel in den Kameras eines automatisierten Fahrsystems. Weitere Datenlieferanten sind öffentliche Infrastruktur wie Straßen, Ampeln und Brücken. Aber auch alle Personen, die als Fußgänger, Passagiere oder Fahrer am Verkehr teilnehmen, liefern permanent Daten. Eine Voraussetzung für eine Nutzung der Daten ist die Übertragung der Daten an eine zentrale Verarbeitungs- und Speichereinheit, die typischerweise über Wireless LAN oder Mobilfunkverbindung (4G und 5G) erfolgt. 22

Die Off-Board-Verarbeitung von Daten auf Servern ist ein wichtiger Wertschöpfungsschritt zur Generierung von wirtschaftlichem Wert aus dezentralen Daten. Weitere Datenanalysen und -auswertungen können aufgrund einer wesentlich größeren Anzahl von verfügbaren Datenquellen und einer höheren Verarbeitungsleistung durchgeführt werden. Darüber hinaus können in diesem Schritt auch Daten aus verschiedenen dezentralen Quellen kombiniert werden. 23

Der Zugang zu Fahrzeugdaten für weitere Parteien außerhalb der OEMs ist ein Schlüsselelement für die Monetarisierung dieser Daten. So wie es heute aussieht, haben OEMs und einige Dritte begonnen, Datenzugriffsplattformen zu etablieren, die Daten sammeln und an nachgelagerte Prozesse weitergeben. Typischerweise bieten diese Plattformen ausgewählte Daten eines einzelnen OEMs und ermöglichen eine genau definierte Anzahl von Manipulationen an diesen Daten. Im Gegensatz zu den oben genannten Datenzugriffsplattformen sind „Datenzugangsplattformen" als Marktplätze definiert. In diesem Sinne stellt eine Datenzugriffsplattform einen Marktplatz dar, auf dem Daten aus potenziell allen Datenquellen des automobilen Ökosystems zur Verfügung gestellt und an alle interessierten Parteien ausgetauscht werden. 24

Während Daten auch entlang anderer Stufen der Wertschöpfungskette monetarisiert werden können, fungiert die Datenzugangsplattform als zentraler Marktplatz, auf dem Preise gebildet werden und Wert auf unterschiedliche Datentypen und -qualitäten gelegt wird. Da der wirtschaftliche Wert ungenutzt bleibt, wenn Daten nicht einem breiteren Kreis von potenziellen Käufern zur Verfügung gestellt werden, wird erwartet, dass sich Datenzugangsplattformen schnell einem breiteren Publikum öffnen werden. 25

Mit Hilfe der beschriebenen Zugangsplattformen werden Fahrzeugdaten interessierten Parteien zur Verfügung gestellt, die dann ihre Dienstleistungen basierend auf diesen Daten als nächsten Schritt in der Wertschöpfungskette entwickeln können. In diesem Schritt werden die Daten der Zugangsplattform verwendet, um ein für den Endkunden attraktives Serviceangebot aufzubauen. Die entwickelten Dienste werden anschließend den Servicebenutzern über einen Service-Marktplatz zur Verfügung gestellt. Obwohl die Datenzugangsplattform und die Dienstzugangsplattform möglicherweise auf demselben Server gehostet oder zumindest von demselben Marktteilnehmer betrieben werden, erfüllen beide Plattformen unterschiedliche Zwecke und Zielgruppen. 26

Der letzte Schritt in der Wertschöpfungskette der Fahrzeugdaten ist die tatsächliche Nutzung des Services (zB Valet Parken oder automatisierte Suche nach freien Parkplätzen) in einem Fahrzeug oder an einem anderen Ort. In diesem Schritt ist die Monetarisierung von Fahrzeugdaten am offensichtlichsten. Dennoch können Daten in jedem der beschriebenen Schritte der Wertschöpfungskette monetarisiert werden. 27

IV. Daten-Plattformen

Datenplattformen sammeln Mengen heterogener Fahrzeugdaten und verkehrsbezogener Daten, die von verschiedenen Parteien bereitgestellt werden, auf einer gemeinsamen Datenplattform. Diese Daten werden potenziellen Datennutzern, zB Lieferanten, Versicherungen oder Dritten zum Verkauf angeboten. Neben der Datenspeicherung bietet die 28

Plattform Basisdienste wie Datenanalyse, Vertragsgestaltung und Zahlungsdienste. Im Vergleich zu anderen Datenplattformen profitieren sowohl Datenanbieter als auch Datennutzer von einer großen Anzahl von Marktteilnehmern und verfügbaren Daten. Für Datenanbieter bedeutet eine größere Anzahl potenzieller Nutzer eine größere Kundenbasis und höhere Umsätze. Für Datennutzer steigen die Bereitschaft zur Entwicklung eines datenbasierten Dienstes und die Qualität dieses Dienstes mit der Menge der verfügbaren Daten.

29 Marktplätze sind insbesondere dann von entscheidender Bedeutung, wenn mehrere Teilnehmer entlang einer komplexen Wirk- oder Wertschöpfungskette zusammenarbeiten müssen, damit die entstehenden Daten einen Wert darstellen.

30 Abbildung 3 veranschaulicht die Rolle des Marktplatzes als Speicherort für alle Daten und damit auch als Plattform für die Datenanalyse. Ferner ermöglicht der Marktplatz den Abschluss von Verträgen und die monetäre Abrechnung. Weiterhin ist natürlich wichtig, dass die Vertraulichkeit und die Datensicherheit durch den Marktplatz gewährleistet werden.

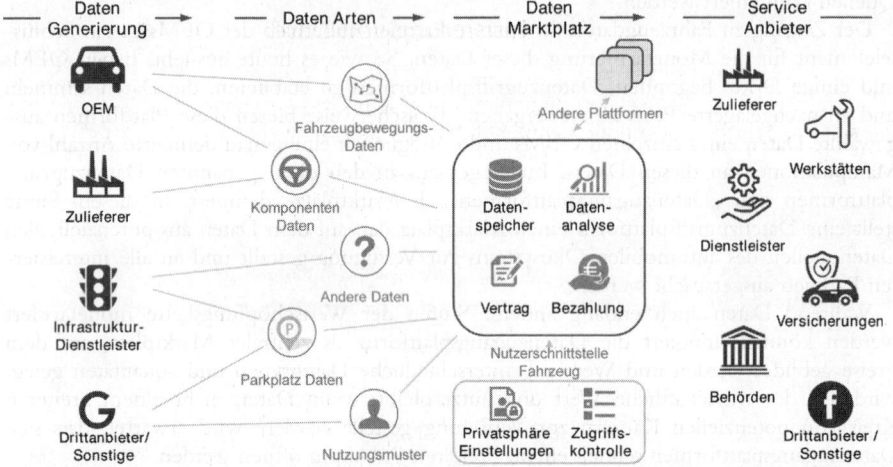

Abbildung 3: Archetypische Darstellung eines Automotive Daten Marktplatz[3]

31 Da der Nutzen für alle Beteiligten direkt von der Menge und Vielfalt der verfügbaren Daten abhängt, wird die Zugangsplattform starken Netzwerkeffekten ausgesetzt sein. Aufgrund dieses Effekts scheint ein Nebeneinander mehrerer Datenplattformen (zB proprietäre OEM-Plattformen oder Lieferantenplattformen) unwahrscheinlich. Eine Konsolidierung der Datenplattformen ist daher zu erwarten, solange eine kritische Masse von Marktteilnehmern und gespeicherten Daten nicht erreicht ist.

32 Die Plattformen werden wahrscheinlich (quasi) Standards für die Dateneingabe in den Markt setzen sowie Datenformate, die zum Kauf angeboten werden (dh Datenausgabe). Diese Plattformen werden die erfassten Daten und ihre Übertragungsformate sowie die notwendigen Vorverarbeitungsschritte im Vorfeld gestalten. Ebenso werden sie auch die Grenzen möglicher Anwendungsfälle der nachgelagerten Daten definieren.

33 Durch die Definition von Datenformaten werden die Plattformen auch für die Gewährleistung der Datenanonymität, Datenvalidierung, des Datenschutzes und der Datensicherheit von entscheidender Bedeutung sein. Sie werden zudem die Grundlage für alle B2B-Rechtsüberlegungen und das Vertragsmanagement innerhalb der automobilen Daten-Wertschöpfungskette bilden.

34 Die Wertschöpfungskette für Fahrzeugdaten ist von Digitalunternehmen nicht unbemerkt geblieben. OEMs, Zulieferer, aber auch andere Akteure wie Apple, Didi und Goo-

---

[3] *Burkard/Koehler/König/Olschewski,* Monetizing Automotive Data, S. 13.

C. Monetarisierung von Daten

gle versuchen, sich auf bestimmten Stufen der Wertschöpfungskette zu positionieren, um ihren Anteil am potenziellen Umsatzpool aus Fahrzeugdaten zu sichern.

Es gibt jedoch keine „One-Fits-all"-Strategie für die verschiedenen Akteure, wenn es darum geht, sich einen Wettbewerbsvorteil bei Fahrzeugdaten zu verschaffen. Basierend auf ihrem aktuellen Geschäft und ihrer Expertise sind die Automobilhersteller in einer starken Ausgangsposition. Die Stärke der OEMs resultiert aus ihrer Kontrolle über die Daten-Wertschöpfungskette, wie vorstehend beschrieben. Heute besitzen die OEMs nicht nur den Ausgangspunkt der Wertschöpfungskette (die Datengenerierung im Fahrzeug), sondern wohl noch wichtiger, den Endpunkt der Wertschöpfungskette (die angezeigten Informationen und die Art der Kommunikation mit den Fahrzeuginsassen). OEMs können heute steuern, welche Daten von ihren Fahrzeugen erzeugt, gespeichert und übertragen werden, aber sie können auch definieren, welche Dienste den Insassen des Fahrzeugs angeboten werden.

C. Monetarisierung von Daten

Wie können Unternehmen nun beginnen, mit Daten Geld zu verdienen? Dazu sind fünf wesentliche Schritte notwendig, die in Abbildung 4 dargestellt sind.

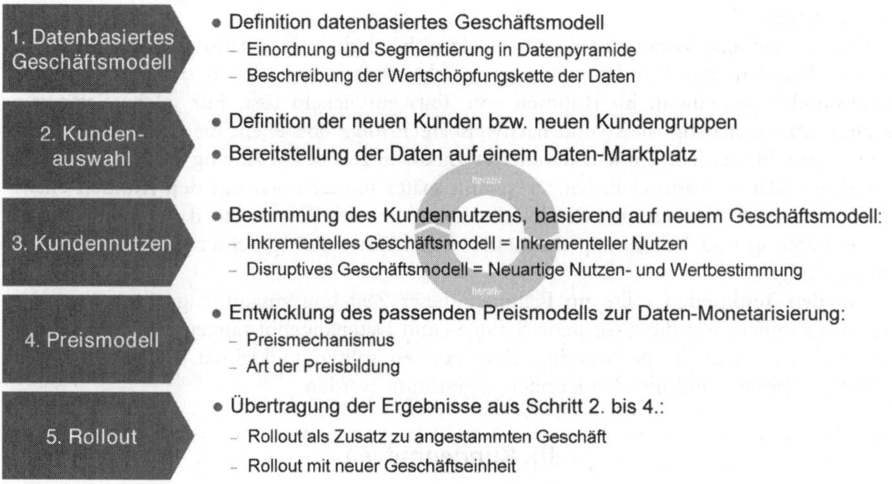

1. Datenbasiertes Geschäftsmodell
- Definition datenbasiertes Geschäftsmodell
  - Einordnung und Segmentierung in Datenpyramide
  - Beschreibung der Wertschöpfungskette der Daten

2. Kundenauswahl
- Definition der neuen Kunden bzw. neuen Kundengruppen
- Bereitstellung der Daten auf einem Daten-Marktplatz

3. Kundennutzen
- Bestimmung des Kundennutzens, basierend auf neuem Geschäftsmodell:
  - Inkrementelles Geschäftsmodell = Inkrementeller Nutzen
  - Disruptives Geschäftsmodell = Neuartige Nutzen- und Wertbestimmung

4. Preismodell
- Entwicklung des passenden Preismodells zur Daten-Monetarisierung:
  - Preismechanismus
  - Art der Preisbildung

5. Rollout
- Übertragung der Ergebnisse aus Schritt 2. bis 4.:
  - Rollout als Zusatz zu angestammten Geschäft
  - Rollout mit neuer Geschäftseinheit

Abbildung 4: Fünf Schritte zur Datenmonetarisierung

I. Datenbasiertes Geschäftsmodell

Erfolgreiche Monetarisierung von Daten beginnt mit einem überzeugenden, datenbasierten Geschäftsmodell. Dazu ist zunächst einmal zu überlegen und festzulegen, wie sich die verwendeten Daten segmentieren lassen, um einen eindeutigen Mehrwert zu erzeugen. Eine Datenpyramide wie in Abbildung 1 bietet dafür eine gute Grundlage. Darin sind die Dimensionen der Segmentierung zu überlegen, sowie die Art und Weise, in der die Daten aggregiert werden. Letzteres ist entscheidend für den Wert der Daten. In der Regel gilt: Je höher die Daten aggregiert sind, desto wertvoller sind sie.

Weiterhin ist im ersten Schritt zu überlegen, wie die Wertschöpfungskette zur Erzeugung, Verarbeitung und Aggregierung der Daten aussieht. Abbildung 2 bietet hierzu ein anschauliches Beispiel aus der Automobilindustrie, welches sich auf andere Industrien übertragen lässt.

II. Kundenauswahl

39   Für die Ausrichtung eines digitalen Geschäftsmodells ist es wichtig festzustellen, wie nahe das neue Modell am angestammten Geschäft des Unternehmens ist. Wenn es sich um eine inkrementelle Zusatzleistung handelt, die nahe am bisherigen Geschäft und wahrscheinlich produktorientiert ist, dann unterscheiden sich die Kundengruppen nur unwesentlich von den bekannten Kunden des Unternehmens. Die wesentliche Frage ist dann, ob die Kunden das neue Geschäftsmodell akzeptieren, und was getan werden muss, um das Vertrauen der Kunden auch in das neue Geschäftsmodell zu gewährleisten. Dafür sind folgende Überlegungen bzw. Faktoren wichtig:
- Datenqualität
- Datensicherheit bzw. Datenschutz
- Dateneigentum bzw. Datenrechte
- Stärke der Kundenbeziehung
- Mehrwert bzw. Nutzen des neuen digitalen Geschäftsmodells für den Kunden.

40   Im Falle eines disruptiven Geschäftsmodells gelten ähnliche Überlegungen, allerdings ist die „Sprunghöhe" wesentlich größer, da solche Modelle weiter vom angestammten Geschäft entfernt liegen. Sie zeichnen sich durch eine stärkere Lösungsorientierung aus, sind differenzierend, serviceorientiert, und erschließen neue Kundengruppen. Für disruptive Geschäfte ist wesentlich mehr Aufwand in das Verständnis und die Akzeptanz der Kunden zu investieren.

41   Eine wesentliche Voraussetzung für erfolgreiche digitale Geschäftsmodelle ist, dass geeignete Kunden und Kundensegmente gesucht werden, mit denen sich das neue Geschäftsmodell gemeinsam im Rahmen von Tests entwickeln lässt. Für solche Tests ist es wichtig, dass frühzeitig mess- und nachweisbare Erfolge entstehen, die den Nutzen unter Beweis gestellt werden. Ein klar definierter Zusatznutzen ist am Anfang wesentlich wichtiger als ein klares Preismodell. Letzteres kann später immer noch mit den Kunden entwickelt werden. In den ersten zwei bis drei Monaten des Tests sollte daher mehr auf die Wertschöpfung und Validierung des neuen Geschäftsmodells geachtet werden als auf die Preisbildung.

42   Mit den Testkunden sollte im Rahmen dieser Zeit eng zusammengearbeitet werden, um zu verstehen, wie diese das neue Service- und Datenangebot nutzen und worin für sie der Mehrwert besteht. Notwendige Anpassungen sollten in kleinen, nachvollziehbaren Schritten erfolgen und mit den Kunden abgestimmt werden.

III. Kundennutzen

43   Im Rahmen eines Tests des neuen Geschäftsmodells sollte klar sein, wie die Daten zu segmentieren sind, wie die Wertschöpfungskette aussieht, worin der Mehrwert besteht und wie dieser von Kunden erlebt und geschätzt wird. Im Schritt 3 beginnt nun die Auswahl des richtigen Modells zur Monetarisierung. Dazu ist der Kundennutzen zu bestimmen. Wie bereits in Schritt 2 diskutiert, unterscheidet sich dieser je nach Art des Geschäftsmodells.

44   Inkrementelle, produktorientierte Geschäfte in angestammten Bereichen eignen sich zur Verwendung eines bestehenden Preismodells, zum Beispiel eines Aufschlages auf einen Produktpreis in Höhe des Mehrwertes, der gegenüber den Wettbewerbern generiert wird.

45   Disruptive, serviceorientierte Geschäfte mit einem erheblichen Mehrwert können mit einem neuen Preismodell und neuartigen Wertbemessungsmechanismen versehen werden. Die Preisgestaltung bildet dabei eine weitere Chance, sich von den Wettbewerbern zu unterscheiden.

46   Davon unabhängig sollte sich das Unternehmen fragen, in welchem Maße das neue Geschäftsmodell dem Kunden einen Wettbewerbsvorteil bereitstellt. Ferner lässt sich ein

Kundennutzen eines neuen Geschäftsmodells dadurch beschreiben, wie schwer es durch Wettbewerber kopierbar ist oder wie einfach Wettbewerber dieselben Daten bekommen können. Des Weiteren ist der interne Umstellungsaufwand im Unternehmen selber ein Kriterium dafür, wie einfach und schnell andere das neue Geschäftsmodell kopieren können.

IV. Preismodell

Bei der Monetarisierung von Daten lassen sich verschiedene Mechanismen der Preisbildung identifizieren. Auf einer hohen Ebene sind diese:
- Preisaufschläge
- Gebrauchsbasierte Preise
- Wertbasierte Preise.

Preisaufschläge werden für Daten angewendet, die mit oder zusätzlich zum Produkt angeboten werden. In den meisten Fällen handelt es sich um einen Aufschlag auf den Preis des physischen Produktes. Diese Art Preis ist einfach umzusetzen und auch in herkömmlichen Vertriebsmodellen einsetzbar. Typischerweise werden Preisaufschläge aus den vermuteten Kosten der Daten abgeleitet.

Gebrauchsbasierte Preisaufschläge sind ein weiterer Anwendungsfall und berechnen Daten nach Anzahl der Datennutzung über der Zeit, also zum Beispiel nach Anzahl Clicks, Besuche einer Seite, Anzahl Berechnungen. Ein Vorteil solcher Preise ist die Fairness gegenüber dem Kunden. Allerdings reflektieren diese beiden Preisarten kaum den Wert der Daten.

Wenn es gelingt, mit dem Kunden Einigkeit über die Bemessung seines Nutzens zu erzielen, wird eine wertbasierte Preisbildung möglich. Dann können Daten leistungs- und ergebnisorientiert bepreist werden. Vorteil ist eine direkte Kopplung des Datenpreises an die relevanten Werttreiber und Aufgaben beim Kunden. Es entsteht ein starker Anreiz für Datenanbieter und -nutzer zum fairen Umgang mit den Daten, die typischerweise in einer starken Kundenbeziehung resultiert. Das zugrunde liegende Messinstrumentarium und Vertragswerk ist allerdings komplex und erfordert erheblichen Aufwand bei der Abstimmung. Ergebnisbasierte Modelle eignen sich nicht für Neukunden, sondern erfordern bestehende Beziehungen.

Für die meisten inkrementellen Geschäfte bieten sich daher gebrauchsbezogene Produktpreise oder aufschlagsbasierte Produktpreise an (zusätzlich zum Produkt, zum Beispiel für Apps). Nach dem Kauf des physischen Produktes können inkrementelle Services mit modularen Preisstaffeln im Form einer Preisliste verwendet werden oder gebrauchsbezogene Servicepreise.

Für disruptive Geschäftsmodelle eignen sich eher wertbasierte Preise. Wichtig ist dabei, Klarheit über den Mehrwert der Daten zu erzeugen. Das Management der Beziehung zum Kunden wird dabei von entscheidender Bedeutung, um die erwähnten Risiken zu minimieren.

Neben dem Preisbildungsmechanismus ist die Art der Preisbildung zu entscheiden. Diese wird im Wesentlichen durch zwei Faktoren bestimmt, (1) die Reife des Geschäftsmodells und (2) die Wertbeiträge des Services bzw. neuen Geschäftsmodells.

Die Reife eines Geschäftsmodells bezieht sich vor allem darauf, dass während des Tests digitaler Services häufig noch kein Zugang zu allen Anwendungen und Daten der Kunden besteht oder die eigene Lösung noch nicht 100-prozentig ausgereift vorliegt. Ferner liegen häufig noch keine vollständig abgesicherten Lösungen vor.

Die Wertbeiträge lassen sich durch Werttreiber ausdrücken, zum Beispiel für eine Software zur Fabrikoptimierung durch die Optimierung der operativen Effizienz bzw. Ausbringung, Verringerung des Wartungsaufwandes, Verringerung der Lagerbestände oder die Verbesserung der Ausfallraten. Als Preismechanismus bieten sich dann Lebenszyklusbetrachtungen an, die auf den eingesparten Kosten oder dem erzeugten Wert beruhen. Es kommt vor allem darauf an, dass die Werttreiber überzeugend beschrieben und quantifiziert sind. Letzteres kann durch Prozente, Bruchteile oder absolute Werte geschehen. Schritt 4 beginnt daher immer mit Klarheit über den Wertbeitrag des neuen Geschäftsmodells in Form des Kundennutzens aus Schritt 3. Anschließend kann der Preismechanismus festgelegt und die Art der Preisbildung definiert werden.

V. Rollout

56 Nachdem die Tests erfolgreich abgeschlossen sind, der Kundennutzen klar und die Preisbildung definiert ist, stellt sich abschließend die Herausforderung der Umsetzung im Kerngeschäft des Unternehmens. Da es sich um digitale Geschäfte handelt, ist in der Regel weder das Unternehmen im Allgemeinen noch der Vertrieb im Besonderen darauf eingestellt, das neue Geschäft mit Leben zu füllen. Ferner bedingt die Natur digitaler Geschäfte, dass typischerweise während Tests keine durchkonzipierten Services entstehen, sondern Prototypen und Testlösungen, die in Folge weiterentwickelt und implementiert werden müssen.

57 Zu Beginn der Umsetzung gilt es daher, aus der Vielzahl der erfolgversprechenden digitalen Geschäftsmodelle diejenigen auszuwählen, die im Kerngeschäft ausgerollt werden sollen. Dabei stellt sich die Frage, ob das neue Geschäftsmodell in der angestammten Organisation oder einer neuen Einheit etabliert werden soll. Als Kriterien für diese Entscheidung bieten sich an:
- Nähe zum angestammten Geschäft im Sinne eines inkrementellen oder eines disruptiven Wertbeitrages
- Ergänzung Kerngeschäft oder Neuheit des Geschäftes
- Bestehende oder neue Kunden
- Wertschöpfung mit einem ähnlichen oder einem gänzlich neuen Mechanismus
- Partner in der Wertschöpfungskette ähnlich oder gänzlich neu

58 Im Falle einer Aufnahme in vorhandene Unternehmenseinheiten und Mechanismen sind die bekannten Spielregeln des Veränderungsmanagements zu beachten, die an dieser Stelle nicht weiter ausgeführt werden sollen. Wichtig ist allerdings, dass es sich um digitale Geschäft handelt. Das neue Geschäft muss daher den vorhandenen Mitarbeitern so nahe gebracht werden, dass sie damit umgehen können und das neue Geschäftsmodell erfolgreich unterstützen können und wollen. Insbesondere gilt das für Vertrieb und Verkauf. Bisher rein hardware- und produktfokussierte Verkaufsmitarbeiter sind nicht in der Lage, Daten zu verkaufen. Sie benötigen gezieltes und gründliches Training, das mehrere Monate bis Jahre in Anspruch nehmen kann.

59 Wenn dagegen eine dezidierte Unternehmenseinheit gegründet werden soll, stellen sich eine Reihe von neuen Herausforderungen, da es sich im Grunde um ein internes Start-up handelt:
- Finanzierung des Wachstums während Hochlaufphase und geringen neuen Umsatz- und Gewinnbeiträgen
- Trade-off Management zwischen Wachstums- und Gewinnorientierung
- Rekrutierung geeigneter Mitarbeiter als Mix aus vorhandenen und neuen Ressourcen
- Bildung eines schlagkräftigen Teams aus diesen Ressourcen mit den richtigen Fähigkeiten
- Sicherstellung, dass die neue Einheit sich auf das neue Geschäft fokussieren kann (und nicht durch Belange des Kerngeschäftes gebremst oder gar erstickt wird)
- Fokussierung der Wachstumsphase auf Umsetzung der bereits vorher getesten Lösung
- Gleichzeitiges Management der neuen Unternehmenseinheit und des Stammgeschäftes

60 Daher ist die Anbindung an das Stammhaus kritisch zu überprüfen. Soll die neue Einheit beispielsweise an das Kerngeschäft berichten, und wenn ja, in welcher Form? Oder ist

D. Zusammenfassung   6

eine relative Unabhängigkeit besser geeignet? Wie können Querverbindungen hergestellt werden, die sinnvoll sind und die neue Einheit dennoch nicht lähmen? Welche Ressourcen lassen sich gemeinsam nutzen, welche nicht? Macht es Sinn, teilweise Mitarbeiter zu transferieren oder überwiegen Neueinstellungen?

Eine neue Geschäftseinheit stellt in vielen Fällen die bessere Lösung dar, weil besser auf die Belange des neuen Geschäftsmodells eingegangen werden kann und weil sich nur so eine hohe Umsetzungsgeschwindigkeit realisieren lässt. Allerdings muss den oben genannten Herausforderungen aktiv begegnet werden. 61

D. Zusammenfassung

Zusammenfassend lässt sich sagen, dass Daten in jedem Fall monetarisierbar sind. Entscheidend für den Erfolg ist dabei vor allem ein überzeugender Nutzen für den Kunden, verbunden mit einer eindeutigen Definition der Zielkunden. Die Bildung des Geschäftsmodells erfordert erheblichen Aufwand, der vielfach unterschätzt bzw. unterschlagen wird. Weiterhin sind der Mechanismus des Preismodells und die Art der Preisbildung sorgfältig zu überlegen. Diese sind wesentlich einfacher zu bilden, wenn Nutzen, Zielkunden und Geschäftsmodell bekannt und eindeutig definiert sind. 62

Teil 6.3 Big Data – Chancen und Risiken der Verarbeitung großer, verteilter Datenmengen

Übersicht

	Rn.
A. Big Data als Innovationstreiber in Wirtschaft und Wissenschaft	1
B. Charakteristika von Big-Data-Anwendungen	8
I. Volume (Datenmenge)	11
II. Velocity (Geschwindigkeit)	13
III. Variety (Vielfalt)	15
IV. Veracity (Wahrhaftigkeit)	16
V. Value (Erkenntnis- und Geschäftswert)	20
C. Herausforderungen zur Realisierung von Big-Data-Anwendungen	22
I. Technische Herausforderungen	22
II. Datenschutzrechtliche Herausforderungen	26
D. Künstliche Intelligenz – Perspektive für Big Data	30

Literatur:
BITKOM (Hrsg.), Big Data im Praxiseinsatz. Szenarien, Beispiele, Effekte. Leitfaden, Berlin. https://www.bitkom.org/sites/default/files/pdf/noindex/Publikationen/2012/Leitfaden/Leitfaden-Big-Data-im-Praxiseinsatz-Szenarien-Beispiele-Effekte/BITKOM-LF-big-data-2012-online1.pdf; *Chintapalli/Dagit/Evans,* Benchmarking Streaming Computation Engines: Storm, Flink and Spark Streaming, in: 2016 IEEE International Parallel and Distributed Processing Symposium Workshops (IPDPSW). S. 1789–1792; *Chu/Nahouraii,* File directory design considerations for distributed data bases, in: Proceeding VLDB '75 Proceedings of the 1st International Conference on Very Large Data Bases, S. 543–545; *Dathe/Dreckmann/Henselmann,* Design principles of a data base system for unlimited quantities of data with highly complex structures, in: Proceeding VLDB '75 Proceedings of the 1st International Conference on Very Large Data Bases, S. 546–548; *McGregor/Thomson/Dawson,* High performance hardware for database systems, in: VLDB '76 Proceedings of the second international conference on Systems for Large Data Bases, S. 103–116.

A. Big Data als Innovationstreiber in Wirtschaft und Wissenschaft

1 „Big Data" bezeichnet die Verarbeitung – inkl. Erfassung, Aufbereitung, Integration, Analyse und Visualisierung – von sehr großen Datenmengen, die ggf. weltweit verteilt, in unterschiedlichen Formen und Formaten vorliegen. Big Data verspricht in zahlreichen Kontexten neue Erkenntnisse, aus denen sich neue Geschäftsmodelle ableiten oder Prozesse verbessern lassen. Die Verarbeitung erfordert in technischer Hinsicht Verfahren und Technologien, die über die bisherigen Möglichkeiten eingesetzter herkömmlicher Ansätze bspw. in klassischen Datenbanksystemen deutlich hinausgehen. Damit entstehen neue organisatorische und rechtliche Herausforderungen, die im Folgenden erörtert werden. Zunächst werden einige exemplarische Big-Data-Anwendungsfelder skizziert. Anschließend wird der Begriff Big Data abgegrenzt.

2 Die Ursachen für das stetige Wachstum der weltweit gespeicherten und ausgetauschten Daten sind vielfältig. Zu den zentralen Treibern des Datenwachstums zählt die zunehmende Wertschöpfung aus Daten im Internet – bspw. in Suchmaschinen wie Google Search, sozialen Plattformen wie Facebook, Twitter und Instagram oder Streaming-Diensten wie YouTube oder Netflix. Dort werden in großer Menge Daten generiert, indem entweder die Nutzer dieser Dienste selbst Informationen generieren und hinterlegen oder die Art und Weise der Nutzung (zB Suchanfragen, Zeit- und Ort des Aufrufes, genutzte Geräte u. ä.) dokumentiert werden. Weiterhin werden Wissens- und Informationsdienste (wie Wikipedia, Nachrichten- und Zeitungsportale oder Open Data Portale) oder Anwendungen wie Navigationsanwendungen (bspw. Google Maps) oder Office-Anwendungen (bspw. Microsoft Office365) verstärkt mobil über das Internet genutzt. Auch das weltweite

Transaktionsaufkommen bspw. im Online-Handel (Business-to-Business, Business-to-Customer) und damit verbundene Informationen über diese Transaktionen steigt. Als ein weiterer Treiber stärkt die zunehmende Vernetzung über mobile Endgeräte mit stetig verbesserter Sensorik diesen Trend. Hierzu zählen neben Smartphones und Tablets auch neue Geräteklassen wie Smartwatches, Fitness-Tracker oder smarte Lautsprecher (bspw. Alexa Echo) sowie die darauf verfügbaren mobilen Anwendungen und intelligenten User-Interfaces (bspw. Siri oder Alexa), welche ihrerseits wiederum über die verbauten Sensoren Daten für eine Verarbeitung zur Verfügung stellen können. Dies betrifft nicht nur den Endkunden- und damit privaten Bereich, sondern auch die Vernetzung im Unternehmensumfeld.

Die Verknüpfung, Analyse und Visualisierung dieser großen, verteilten Datenbestände eröffnet den Zugang zu neuen Informationen und Erkenntnissen. Big Data entwickelt sich somit im wirtschaftlichen Kontext in zahlreichen Bereichen zu einem entscheidenden Innovationsfaktor, auf dessen Basis zunächst eine Verarbeitung und Auswertung der Daten ermöglicht, schlussendlich aber neue Anwendungen und neue Geschäftsmodelle entwickelt werden. 3

Ein typischer Anwendungsbereich im Maschinen- und Anlagenbau ist die prädiktive Instandhaltung von technischen Anlagen. Durch Auswertung kontinuierlicher Sensordatenströme (Betriebsdaten, Umgebungsdaten), durch Detektion von Anomalien (Abweichungen vom normalen Verhalten) können potenzielle Störungen detektiert und durch Abgleich mit historischem Wissen potenziellen Fehlerkategorien zugeordnet sowie notwendige Instandhaltungsmaßnahmen abgeleitet werden. Darüber hinaus können Aussagen über Ausfallwahrscheinlichkeiten und die Lebensdauer von Komponenten getroffen werden, aus denen sich kosten- und ressourcenoptimierte Produktions- und Instandhaltungsprozesse ableiten lassen.[1] 4

Ein weiteres Big-Data-Anwendungsfeld sind Empfehlungsdienste im Online-Handel, welche Kunden automatisiert Vorschläge zu interessanten Produkten auf Basis gekaufter bzw. angeklickter Produkte generieren. Auf Basis historischer Datenbestände sind gruppenbezogene Empfehlungen möglich. Durch Kombination dieses Wissens mit dem aktuellen Verhalten eines einzelnen Nutzers, zB das Klick-Verhalten im Shop-System, können kundenindividuelle Empfehlungen generiert werden. 5

Weitere zahlreiche Big-Data-Anwendungen finden sich in anderen Branchen, bspw. dem Gesundheitswesen, der Energiewirtschaft oder der Finanzindustrie. 6

Auch im wissenschaftlichen Kontext steigt die Verfügbarkeit und Bedeutung großer Datenbestände, welche durch zunehmend präzisere Messtechnik, datenintensive Forschungsexperimente oder komplexe Simulationsrechnungen in Rohform produziert, aufbereitet, fachbereichsübergreifend verknüpft und analysiert und abschließend in Daten-Repositories und Langzeitarchiven veröffentlicht werden. Die Verknüpfung und Auswertung schafft in vielen Fachdisziplinen – von Naturwissenschaften über Ingenieurwissenschaften und Lebenswissenschaften bis zu Geistes- und Sozialwissenschaften – neue Zugänge zu Erkenntnissen für aktuelle, gesellschaftlich relevante Fragestellungen. Exemplarisch sei hierzu der Bereich der Digital Humanities genannt, in dem bspw. durch Verlinkung mehrsprachiger Texte und multi-medialer Ressourcen, automatisierte und interaktive Text-Analyse und Annotationsverfahren raum-zeitliche Kontextualisierungen und sprachevolutionäre Einordnung von Werken ermöglichen. Damit steigen die Analysemöglichkeiten, welche über die Interpretationsmöglichkeiten einzelner Werke deutlich hinausgehen, und es wird möglich, gesellschaftliche Entwicklungen nicht nur rückblickend (historisch), sondern tagesaktuell zu bewerten. 7

---

[1] *Bitkom*, Big Data im Praxiseinsatz, S. 38, https://www.bitkom.org/sites/default/files/pdf/noindex/Publikationen/2012/Leitfaden/Leitfaden-Big-Data-im-Praxiseinsatz-Szenarien-Beispiele-Effekte/BITKOM-LF-big-data-2012-online1.pdf.

B. Charakteristika von Big-Data-Anwendungen

8 Die skizzierten Anwendungen vermitteln einen Eindruck von der Vielfältigkeit und Breite der zugrundeliegenden datenbezogenen Voraussetzungen, hard- und softwaretechnischen Anforderungen und Realisierungsmöglichkeiten sowie den damit verbundenen fachlichen, organisatorischen und rechtlichen Herausforderungen. Eine präzise Abgrenzung des Begriffs Big Data ist daher kaum möglich. Entsprechend unscharf wird in der Praxis darauf Bezug genommen – zT schon bei Problemstellungen, welche mit klassischen Datenbanksystemen nicht unmittelbar zu lösen sind oder deren technischen Anforderungen die Möglichkeiten einer dedizierten Hardware übersteigen.

9 Angemerkt sei, dass der Umgang mit großen Datenmengen und deren Verarbeitung auf parallelen Cluster-Infrastrukturen im wissenschaftlichen Kontext keine neuen Themen darstellen. Schon in den Siebziger Jahren wurde in Datenbank-Konferenzen zu Problemstellungen wie „High Performance Hardware for Database Systems",[2] „Design Principles of a Data Base System for Unlimited Quantities of Data with Highly Complex Structures"[3] oder „File Directory Design Considerations for Distributed Data Bases"[4] publiziert.

10 In der aktuellen Literatur werden zur Abgrenzung des Begriffs häufig die charakteristischen Merkmale von Big-Data-Szenarien hervorgehoben. Auf die wichtigsten Facetten „Volume", „Velocity", „Variety", „Veracity" und „Value" wird im Folgenden eingegangen. Diese können als Abgrenzungskriterien herangezogen werden, ob es sich in einem gegebenen Szenario um ein Big Data Anwendungsszenario handelt.

I. Volume (Datenmenge)

11 Die große Datenmenge (Volume) ist der naheliegende Aspekt von Big Data. In praktischen Berichten[5] werden einige Terabyte bis Petabyte als Big Data angesehen – bspw. 10 Terabyte über die gesamte Wertschöpfungskette integrierter Daten zur Qualitätsanalyse bei einem Automobilhersteller oder 13 Terabyte unstrukturierter Texte und Bilder zur weltweiten Patentrecherche.

12 Da diese Mengen nicht auf klassischen Datenträgern logisch zusammenhängend gespeichert werden können, resultiert hieraus der Bedarf am Einsatz verteilter Dateisysteme, welche den Zugang zu einer großen Datenmenge virtualisiert auf Basis mehrerer Datenträger und Rechner logisch zusammenhängend für mehrere Nutzer organisieren. Ist eine Verteilung der Datenmengen aufgrund der Größe notwendig, kann von Big Data ausgegangen werden.

II. Velocity (Geschwindigkeit)

13 Besonders bei der Verarbeitung von Datenströmen, dh fortlaufend produzierten Daten bspw. kontinuierliche Sensormesswerte, wird anstelle der eher statisch zu betrachtenden Datenmenge die hohe und kontinuierliche Zuwachsrate bzw. der hohe Datendurchsatz (Velocity) hervorgehoben, also die Verarbeitung von sehr vielen Daten in kurzer Zeit. Im Rahmen von Benchmarks wird bspw. von einem Durchsatz von rund 100.000 Ereignissen pro Sekunde ausgegangen.[6] Praxisbeispiele geben 270 Mio. Preispunkte in zwei Stunden zur Preisoptimierung im Einzelhandel, 8,8 Mrd. komplexe Value-at-Risk-Berechnungen

---

[2] *McGregor/Thomson/Dawson*, High performance hardware for database systems, S. 103–116.
[3] *Dathe/Dreckmann/Henselmann*, S. 546–548.
[4] *Chu/Nahouraii*, S. 543–545.
[5] *Bitkom*, S. 53, https://www.bitkom.org/sites/default/files/pdf/noindex/Publikationen/2012/Leitfaden/Leitfaden-Big-Data-im-Praxiseinsatz-Szenarien-Beispiele-Effekte/BITKOM-LF-big-data-2012-online1.pdf.
[6] *Chintapalli/Dagit/Evans*, S. 1791.

zur Bewertung von Marktrisiken in wenigen Minuten oder die Verarbeitung von mehr als 250.000 GPS-Daten pro Sekunde im Verkehrsmanagement an.[7]

Hieraus resultiert bspw. der Bedarf an spezifischer Hardware wie In-Memory-Technologien zur Optimierung von Speicherzugriffen oder spezifischen algorithmischen Verfahren, welche darauf ausgelegt sind, nur auf den aktuellen sowie einen zeitlich begrenzten historischen Datenbestand zuzugreifen und parallel zu verarbeiten.

III. Variety (Vielfalt)

Ein weiterer, häufig betrachteter Aspekt von Big Data ist die Verarbeitung von vielen verschiedenen Datenquellen in unterschiedlichen Formaten (Variety). Dies umfasst, ergänzend zur Verarbeitung von im herkömmlichen Sinn tabellarisch oder baumartig organisierten Daten, auch die Verwendung alternativer Datenstrukturen (bspw. Datenströme oder Datengraphen), die Verarbeitung schwach- und unstrukturierter Daten sowie die Kombination von unterschiedlichen Datenarten, bspw. graphbasierte Daten aus sozialen Netzwerken mit diskontinuierlichen Ereignisströmen und historischem Hintergrundwissen aus Datentabellen.

IV. Veracity (Wahrhaftigkeit)

Ein weiterer wichtiger Aspekt im Kontext von Big Data ist das Merkmal Veracity, welches die Aussagekraft und Glaubwürdigkeit der aus den Big-Data-Analysen extrahierten Informationen bezeichnet. Diese hängen entscheidend von der Qualität der zugrunde liegenden Daten ab. Die Datenqualität kann aufgrund von Inkonsistenzen (widersprüchliche Datensätze), unvollständigen Daten (fehlende Datenwerte), Doppeldeutigkeiten (bspw. Attribute mit mehrdeutiger Bedeutung), fehlender Relevanz, unzureichender Aktualität oder gar betrügerischer Verfälschung beeinträchtigt sein und ist über separate Qualitätsanalyse-, Datenbereinigungs- und Monitoring-Prozesse sicherzustellen.

Darüber hinaus ist es in der Regel notwendig, Daten aus unterschiedlichen Quellen technisch, strukturell und inhaltlich korrekt zu integrieren und mit Zusatz- und Metainformationen anzureichern. Zur Datenintegration kann hierbei oft nicht auf eindeutige Merkmale für zusammengehörende Datensätze (Identifier) zurückgegriffen werden, sodass Verfahren zur Identifikation und Behandlung von Dubletten in verschiedenen Datenquellen (bspw. Object-Matching, Entity Resolution) eingesetzt werden, um unterschiedliche Repräsentationen derselben Identitäten, bspw. Kunden oder Produkte, zu identifizieren und zu vereinheitlichen.

In herkömmlichen Data-Warehouse-Systemen werden diese Vorgänge über ETL-Prozesse (Extraction, Transformation, Load) gesteuert, welche in der Regel einen großen Anteil am Analyse-Aufwand einnehmen. Im Big-Data-Kontext ergeben sich aufgrund der Aspekte Volume, Variety und Velocity neue Herausforderungen an diese Verfahren.

Neben der Sicherstellung einer ausreichenden Datenqualität obliegen die durch Big-Data-Analyseprozesse extrahierten Ergebnisse der Interpretation eines Entscheidungsträgers. Dabei sind die im Analyseprozess getroffenen Annahmen und Einschränkungen zu berücksichtigen. Zudem ist die Möglichkeit von Fehlern – Softwarefehlern, Fehlern im Analysemodell, fehlerhaften Daten – in Betracht zu ziehen. In mehrstufigen Analyseprozessen können hieraus komplexe Abhängigkeitsstrukturen entstehen.

---

[7] Bitkom, S. 53, https://www.bitkom.org/sites/default/files/pdf/noindex/Publikationen/2012/Leitfaden/Leitfaden-Big-Data-im-Praxiseinsatz-Szenarien-Beispiele-Effekte/BITKOM-LF-big-data-2012-online1.pdf.

V. Value (Erkenntnis- und Geschäftswert)

20 Ein weiterer wichtiger Aspekt im Kontext von Big Data ist der aus extrahierten Informationen resultierende Erkenntnis- und Geschäftswert (Value). Hierbei wird auf die pragmatische Relevanz abgezielt. Diese umfasst den Aspekt, inwiefern die extrahierten Informationen für die adressierte Fragestellung tatsächlich relevant sind. Zur Einschätzung der Relevanz sind ebenso wie bei Veracity die Kenntnis der zugrunde liegenden Daten und ein Verständnis der Analyseprozesse sowie die in diesen Prozessen getroffenen Annahmen und Einschränkungen grundlegend.

21 Ein weiterer Aspekt der Value-Eigenschaft ist, inwieweit der betriebene ressourcentechnische Aufwand im Verhältnis zum Wert der Informationen steht. Bereits aus der reinen Verfügbarkeit relevanter Datenmengen und der grundsätzlichen Verknüpfbarkeit von Informationen aus unterschiedlichen Quellen lassen sich in verschiedenen Kontexten vielfältige Potenziale für neuartige Erkenntnisse ableiten. Diese im Rahmen komplexer Datenerfassungs-, Aufbereitungs-, Analyse- und Visualisierungsprozesse unter zum Teil erheblichen technischen, personellen und organisatorischen Aufwänden zielgerichtet in Bezug auf einen relevanten Mehrwert zu erschließen und zu realisieren, repräsentiert jedoch oft eine große Herausforderung. Hierbei ist zudem zu unterscheiden, welche vorbereitenden Aufwände zur Herstellung einer grundsätzlichen Bereitschaft für Big-Data-Anwendungen notwendig sind und welche Aufwände zur Realisierung eines konkreten Anwendungsszenarios zur Verfügung stehen. Dies kann bspw. in einer übergeordneten Big-Data-Strategie geregelt werden, in der definiert wird, wie flexibel eine Organisation auf neue Marktanforderungen reagieren können soll und wie wichtig es ist, neue Innovationspotenziale frühzeitig zu erschließen.

C. Herausforderungen zur Realisierung von Big-Data-Anwendungen

I. Technische Herausforderungen

22 Big-Data-Anwendungen verbreiteten sich mit dem Aufkommen des Hadoop-Projekts der Apache Software Foundation im Jahr 2008. Dieses Open-Source-Projekt mit den Hauptkomponenten HDFS (Hadoop Distributed File System – ein Dateisystem zur Ablage und schnellen Prozessierung von Daten auf mehreren Rechnerknoten), MapReduce (Software-Rahmenwerk zur parallelen, ursprünglich jedoch nicht echtzeitfähigen Prozessierung von großen Datenmengen) und YARN (Software-Rahmenwerk zur Verwaltung von Rechen-Ressourcen und Rechen-Jobs) ermöglichte es, konventionelle Rechnertechnik zu einem Rechnerverbund (Cluster) zu verbinden und verhältnismäßig preisgünstig (im Vergleich zu teurer Spezial-Hardware und -Software) darauf Big-Data-Anwendungen umzusetzen.

23 Inzwischen ist eine große Vielfalt an softwaretechnischen Weiterentwicklungen, Ergänzungen und alternativen Ansätzen entstanden. Die Ergänzungen und Erweiterungen im Umfeld des Apache Hadoop Software-Ökosystems verbessern bspw. die Echtzeitfähigkeit, die Nutzbarkeit (bspw. die Anbindung an herkömmliche Datenbanksysteme), die Sicherheit, die Flexibilität von Analysen, die Verteilung auf Cloud-Ressourcen, usw.

24 Während bei Apache Hadoop die Verarbeitung massiver, ggf. unterschiedlich strukturierter Daten im Vordergrund steht, existieren inzwischen alternative Architekturen, bspw. In-Memory-Technologien wie SAP HANA zur Analyse sehr großer Datenmengen oder Architekturansätze zur Verarbeitung komplexer Ereignisse und kontinuierlicher Datenströme (Complex Event-Processing und Streaming).

25 Herausforderungen für Software-Architekten und -Entwickler bestehen darin, aus der großen Vielfalt technischer Alternativen, die für den jeweiligen Anwendungszweck geeignete Kombination zur Realisierung der Anforderungen hinsichtlich Datenhaltung, Daten-

integration, Verarbeitung, Visualisierung sowie Daten-Governance und Datensicherheit auszuwählen, zu integrieren und langfristig zu warten und zu betreiben.

II. Datenschutzrechtliche Herausforderungen

Die Realisierung von Big-Data-Anwendungen ist auch aus datenschutzrechtlicher Perspektive eine Herausforderung. Schon im Grundsatz widerspricht die Intension von Big Data den Prinzipien Datensparsamkeit und Datenminimierung. 26

Die Erfassung und Integration von Daten aus unterschiedlichsten Quellen kann personenbezogene Daten beinhalten, bspw. personenbezogene Geolokalisationsdaten oder persönliche Daten aus sozialen Plattformen. Hierzu gehören auch Datenströme, aus denen sich Nutzerverhalten im Internet ableiten lässt, bspw. das Klick-Verhalten in Online-Shops. 27

In anschließenden Analysen werden die gesammelten Datenmengen in neue Zusammenhänge gebracht. Gegebenenfalls werden erst durch Re-Kombination von Daten oder Generierung neuer Informationen Bezüge zu Personen hergestellt, die in den ursprünglichen Datenquellen nicht sichtbar waren. 28

Bei der Umsetzung von Big-Data-Vorhaben sind somit zur Einhaltung datenschutzrechtlicher Vorgaben zwingend zusätzliche Verwaltungs- und Kontrollmechanismen zu etablieren, welche bspw. das Ziel und den Zweck bestimmter Maßnahmen nachvollziehbar dokumentieren und das Risiko von Datenschutzverstößen im Vorfeld und zur Laufzeit bewerten und ggf. zuständigen Aufsichtsbehörden melden. 29

D. Künstliche Intelligenz – Perspektive für Big Data

Der Trend Big Data wurde von Gartner im Hype Cycle for Emerging Technologies 2011 als Innovation Trigger eingestuft und durchwanderte in den folgenden Jahren 2012–2014 die Phase Peak of Inflated Expectations. 2015 wurde der Trend aus der Betrachtung genommen und durch spezifischere und ergänzende Trends, wie IoT Platform, Advanced Analytics with Self-Service Delivery oder Machine Learning, ersetzt. Die Begründung zielte darauf ab, dass Big Data nunmehr nicht mehr als Technologie einzuschätzen sei, aus der unmittelbare Wettbewerbsvorteile resultieren, sondern vielmehr als technische Grundlage für andere Trends zu sehen ist. 30

Von besonderer Bedeutung dabei sind die zum Bereich Künstliche Intelligenz gehörenden maschinellen Lernverfahren, insbesondere die zu Deep Learning zählenden künstlichen neuronalen Netze. Diese haben, obwohl sie schon seit Jahrzehnten als Forschungsgegenstand der Informatik bekannt sind, in den letzten Jahren mit der Entwicklung leistungsfähiger Hardware und der Möglichkeit, Big Data zu verarbeiten, stark an Bedeutung gewonnen. Künstliche neuronale Netze eignen sich bspw. für Mustererkennungs- und Klassifikationsaufgaben. Auf dieser Basis wurden in vielen Anwendungskontexten, bspw. automatische Spracherkennung, Bilderkennung, Empfehlungssysteme, die Möglichkeiten herkömmlicher Verfahren übertroffen. Insofern sind maschinelle Lernverfahren und Big Data als Ansätze zu betrachten, die sich gegenseitig ergänzen – Big Data bildet die Datengrundlage und maschinelle Lernverfahren erweitern ihrerseits die Möglichkeiten von Big Data. 31

Teil 6.4 Daten als Zahlungsmittel

Übersicht

	Rn.
A. Hintergrund der Untersuchung	1
I. Aktuelle Geschäftspraxis	2
II. Aktuelle rechtliche Entwicklung	3
III. Folgen der aktuellen Entwicklung	4
B. Personenbezogene Daten als Leistungsgegenstand	5
I. Klassifizierung von Daten	6
II. Wert von Daten	9
III. Disponibilität von Daten	10
1. Hingabe personenbezogener Daten	11
2. Die datenschutzrechtliche Einwilligung als Kommerzialisierungsinstrument	12
3. Zwischenergebnis	17
C. Schuldrechtliche Einordnung von Daten als Zahlungsmittel	18
I. Vertragstypus	19
II. Verpflichtung zur Zahlung von Daten	20
1. Vertragsschluss	21
2. Schutz von Minderjährigen	22
3. Rechtmäßigkeit der Verpflichtung	23
4. Erfüllung durch Leistungshandlung oder Leistungserfolg	27
5. Inhaltskontrolle	28
III. Durchsetzbarkeit der Leistungspflicht	34
IV. Widerruf der Einwilligung	35
1. Dogmatisches Problem des jederzeitigen Widerrufs	36
2. Auswirkungen des Widerrufs auf das zugrunde liegende Verpflichtungsgeschäft	37
V. Leistungsstörung bei der Zahlung mit Daten	38
VI. Rückabwicklung der Zahlung von Daten	39
VII. Zwischenergebnis	40
D. Einschränkungen nach dem Vorbild der Unentgeltlichkeit	41
E. Diskussion der Folgefragen	42
F. Ergebnis	44

Literatur:

Artz/Gsell, Verbrauchervertragsrecht und digitaler Binnenmarkt, 2018; *Bamberg/Roth,* Kommentar zum BGB, Bd. 1, 4. Aufl. 2019; *Bauer,* Personalisierte Werbung auf Social Community-Websites – Datenschutzrechtliche Zulässigkeit der Verwendung von Bestandsdaten und Nutzungsprofilen, MMR 2008, 435; *Bauer/Goetz/Hopf,* Online Targeting und Controlling, 2011; *Bauer/Reimer,* Handbuch Datenschutzrecht, 2009; *Beisenherz/Tinnefeld,* Aspekte der Einwilligung, DuD 2011, 110; *Bergmann/Möhrle/Herb,* Datenschutzrecht, Loseblattwerk 2010; *Bleser/Epiney/Waldmann,* Datenschutzrecht: Grundlagen und öffentliches Recht, 2011; *Brandeisky,* The Risks of Selling Your Personal Data, Time 2016; *Bräutigam,* Das Nutzungsverhältnis bei sozialen Netzwerken, MMR 2012, 635; *Bräutigam/Klindt,* Digitalisierte Wirtschaft/Industrie 4.0, 2015; *Bründl/Matt/Hess,* Wertschöpfung in Datenmärkten, 2015; *Buchner,* Die Einwilligung im Datenschutzrecht, DuD 2010, 39; *Buchner,* Informationelle Selbstbestimmung, Tübingen 2006; *Coase,* The Problem of Social Cost, 3 Journal of law and Economics 1960; *Dauner-Lieb/Langen,* Nomos Kommentar zum BGB, Bd. 2/1, 2. Aufl. 2012; *Däubler/Klebe/Wedde/Weichert,* Bundesdatenschutzgesetz, 4. Aufl. 2014; *Dasch,* Die Einwilligung zum Eingriff in das Recht am eigenen Bild, 1990; *De Franceschi,* Digitale Inhalte gegen personenbezogene Daten: Unentgeltlichkeit oder Gegenleistung?, 2017, 113; *De Franceschi/Lehmann,* Data as Tradeable Commodity and New Measures for their Protection, Italian LJ 2015; *Dienlin/Trepte,* Is the privacy paradox a relic of the past? An in-depth analysis of privacy attitudes and privacy behaviors, European Journal of Social Psychology 45, 2015; *Dopjans,* Die Bestimmung des Vertragsinhalts in Einführung in das Wirtschaftsrecht, 1978; *Dorner,* Big Data und „Dateneigentum", Grundfragen des modernen Daten- und Informationshandels CR 2014, 617; *Drewes/Siegert,* Die konkludente Einwilligung in Telefonmarketing und das Ende des Dogmas von der datenschutzrechtlichen Schriftform, RDV 2006, 139; *Ehmann/Selmayr,* Datenschutz-Grundverordnung, 2. Aufl. 2018; *Erman,* Bürgerliches Gesetzbuch, 14. Aufl. 2014, Vor § 320 Rn. 5 ff.; *Faust,* Digitale Wirtschaft – Analoges Recht: Braucht das BGB ein Update?, in: Verhandlungen des 71. Deutschen Juristentages, Essen 2016; *Fittkau/Maaß,* Personalisierte Werbung im Internet Akzeptanz oder Reaktanz?, 2009; *Forgo/Zöchling-Jud* (Hrsg.), Das Vertragsrecht des ABGB auf dem Prüfstand: Überlegungen im digitalen Zeitalter, 2018; *Forkel,* Zur Zulässigkeit beschränkter Übertragungen des Namensrechts, NJW 1993, 3181; *Funke,* Dogmatik und Voraussetzungen der datenschutzrechtlichen Einwilligung im Zivilrecht, 2017; *Gola/Schomerus,* BDSG Kommentar, 10. Aufl. 2010; *Götting,* Persönlichkeitsrechte als Vermögensrechte, 1995; *Haag,* Direktmarketing mit Kundendaten aus Bonusprogrammen, 2010; *Isaak/Mina,* User Data Privacy: Facebook, Cambridge Analytica, and Privacy Protection, Computer 51, no. 8, 2018; *Jauernig,* Bürgerliches Gesetzbuch, 17. Aufl. 2018; *Jing,* Die Bereitstellung digitaler Inhalte: Neue Elemente des Vertragsrechts und ihre potenziellen Herausforderungen, RLR No. 35 2017; *Jöns,* Daten als Handelsware, 2019; *Köhler/Bornkamm,* UWG, 37. Aufl. 2019; *Kühling/Seidel/Sivridis,* Datenschutzrecht, 2. Aufl. 2011; *Langhanke,* Daten als Leistung, 2018; *Langhanke/Schmidt-Kessel,* Consumer Data as Consideration, EuCML 2015; *Larenz,* Schuldrecht Allgemeiner Teil Bd. 1, 13. Aufl. 1982; *Leonard,* TTIP vs GDPR – who will win the data protection wars?, Computing, 2016; *Lindner,* Die datenschutzrechtliche Einwilligung nach §§ 4 Abs. 1, 4a BDSG, 2013; *Manko,* Contracts for supply of digital content, European Parliament Research Service, 2017, PE 608; *Marnau,* Anonymisierung, Pseudonymisierung und Transparenz für Big Data, Datenschutz und Datensicherheit-DuD 2016, 428; *Metzger,* Dienst gegen Daten: Ein synallagmatischer Vertrag, AcP 2016, 818; *Metzger,* Data as Counter-Performance: What Rights and Duties do Parties Have?, jipitec, 2017, 2; *Ohly,* „Volenti non fit iniuria": Einwilligung im Privatrecht, Vol. 73, 2002; *Omlor,* Zahlungsentgelte unter dem Einfluss von Verbraucherrechte- und Zahlungsdiensterichtlinie, NJW 2014, 1703; *Palmetshofer/Semsrott/Alberts,* Der Wert persönlicher Daten – Ist Datenhandel der bessere Datenschutz?, Studie SVRV, 2017; *Pfeifer,* Eigenheit oder Eigentum – Was schützt das Persönlichkeitsrecht, GRUR 2002, 495; *Pfeifer,* Buchbesprechung zu Götting/Schertz/Seitz, Handbuch des Persönlichkeitsrechts, GRUR 2009, 567; *Pollack,* What is the price for your personal digital dataset?, Financial Times 2016; *Prütting/Wegen/Weinreich,* BGB, 9. Aufl. 2014; *Purtova,* Property rights in personal data: A European perspective, Oisterwijk: BOXPress BV TILT 2011; *Rainie/Doggan,* Privacy and Information Sharing, 2016; *Reimer,* Die datenschutzrechtliche Zustimmung, 2010; *Rehbinder,* Rechtssoziologie, 1993; *Rogosch,* Die Einwilligung im Datenschutzrecht, 2012; *Rosenkranz,* Eigenverantwortung und Verbraucherschutz bei Verträgen über digitale Inhalte, GPR 2018, 28; *Rothmann,* Ungewollte Einwilligung? Die Rechtswirklichkeit der datenschutzrechtlichen Willenserklärung im Fall von Facebook in *Roßnagel/Friedewald/Hansen,* Die Fortentwicklung des Datenschutzrechts, 2018; *Sandfuchs,* Privatheit wider Willen?: Verhandlung informationeller Preisgabe im Internet nach deutschem und US-amerikanischem Verfassungsrecht, Vol. 2, 2015; *Säcker/Rixecker,* Münchner Kommentar zum BGB, 8. Aufl. 8018; *Schack,* Buchbesprechung zu Göttingen, Persönlichkeitsrechte als Vermögensrechte, AcP 1995, 594; *Schafft/Ruoff,* Nutzung personenbezogener Daten für Werbezwecke zwischen Einwilligung und Vertragserfüllung, CR 2006, 499; *Schlechtriem/Schmidt-Kessel,* Schuldrecht Allgemeiner Teil, 6. Aufl. 2005; *Schmidt,* Die datenschutzrechtliche Einwilligung – Ein Instrument zur Kommerzialisierung, aber keine Verfügung, GRUR 2018, 14; *Schmidt-Kessel/Erler/Grimm/Kramme,* Die Richtlinienvorschläge der Kommission zu Digitalen Inhalten und Online Handel, GPR 2016, 54; *Schmidt-Kessel/Grimm,* Unentgeltlich oder Entgeltlich? Der vertragliche Austausch von digitalen Inhalten gegen personenbezogene Daten, Toyohogaku 61, 2017, 191; *Schmidt-Kessel,* Personenbezogene Daten als Tauschmittel, 9. Forum für Verbraucherrechtswissenschaft, Geschäftsmodelle im Digitalen Welt, 21./22.7.2016 an der Universität Bayreuth; *Schmidt-Kessel/Kramme* (Hrsg.), Geschäftsmodelle in der digitalen Welt, Schriften zu Verbraucherrecht und Verbraucherwissenschaft, Bd. 11, 2017; *Schnabel,* Das Recht am eigenen Bild und der Datenschutz, Die richterliche Dogmatik zur Einwilligung vor dem Hintergrund europäischer Einflüsse des Datenschutzes, ZUM 2008, 657; *Schricker/Loewenheim,* UrhR, 5. Aufl. 2017; *Schulze,* Die Naturalobligation, 2008; *Schulze,* BGB, 8. Aufl. 2014; *Schwartmann/Hentsch,* Parallelen aus dem Urheberrecht für ein neues Datenverwertungsrecht, PING 2016, 117 (125); *Schwintowski,* Rechtliche Grenzen der Datenweitergabeklausel in Versicherungsverträgen, VuR 2004, 242; *Simitis,* BDSG, 7. Aufl. 2011; *Specht,* Ausschließlichkeitsrechte an Daten – Notwendigkeit, Schutzumfang, Alternativen, CR 2016, 288; *Specht,* Daten als Gegenleistung – Verlangt die Digitalisierung nach einem neuen Vertragstypus, JZ 2017, 763; *Specht,* Konsequenzen der Ökonomisierung informationeller Selbstbestimmung: Die zivilrechtliche Erfassung des Datenhandels, 2011; *Spiekermann/Grossklags/Berendt,* E-privacy in 2nd generation E-Commerce, ACM Conference on Electronic Commerce (EC'01), Ed. ACM New York, 38–47, Tampa, Florida: ACM Press; *Spindler,* Verträge über digitale Inhalte – Anwendungsbereich und Ansätze, MMR 2016, 147; *Tinnefeld/Ehmann/Gerling,* Einführung in das Datenschutzrecht, 4. Aufl. 2005; *Titze,* Enzyklopädie der Rechts und Staatswissenschaften, Bd. VIII, Bürgerliches Recht, Recht der Schuldverhältnisse, 4. Aufl. 1932; *Unseld,* Die Kommerzialisierung personenbezogener Daten, 2010; *Unseld,* Die Übertragbarkeit von Persönlichkeitsrechten, GRUR 2011, 982; *Van Den Hoven/Weckert,* Information technology and moral philosophy, Cambridge University 2008; *v. Zimmermann,* Einwilligung im Internet, 2014; *Wandtke,* Medienrecht Praxishandbuch, 2009; *Wandtke,* Ökonomischer Wert von persönlichen Daten, MMR 2017, 6; *Weichert,* Die Ökonomisierung des Rechts auf informationelle Selbstbestimmung, NJW 2001, 1463; *Wendehorst/v. Westphalen,* Das Verhältnis zwischen Datenschutz-Grundverordnung und AGB-Recht, NJW 2016, 3745; *Wendehorst/v. Westphalen,* Hergabe personenbezogener Daten für digitale Inhalte – Gegenleistung, bereitzustellendes Material oder Zwangsbeitrag zum Datenbinnenmarkt?, BB 2016, 2179; *Wendehorst/Zöchling-Jud,* Ein neues Vertragsrecht für den digitalen Binnenmarkt?, 2016; *Wiebe,* Datenschutz in Zeit von Web 2.0 und Big Data, ZIR 2014, 35; *Wolff/Brink,* Datenschutzrecht in Bund und Ländern, 2013; *Zech,* Daten als Wirtschaftsgut – Überlegungen zu einem „Recht des Datenerzeugers", CR 2015, 137; *Zscherpe,* Anforderungen an die datenschutzrechtliche Einwilligung im Internet, MMR 2004, 723.

A. Hintergrund der Untersuchung

1 Die **Kommerzialisierung von personenbezogenen Daten** ist in der digitalen Geschäftspraxis weit verbreitet.[1] Online-Plattformen verwerten Daten, um die vermeintlich „kostenlose" Bereitstellung ihrer Webseiten zu gewährleisten.[2] Anstatt mit Geld zu zahlen, übermitteln Nutzer Daten an die Plattformen und stimmen der Verarbeitung dieser zu.[3] Zwar werden in der digitalen Welt Dienstleistungen und digitale Inhalte häufig als „kostenlos" oder „gratis" angepriesen, aber meistens bedeutet dies lediglich, dass die Leistung nicht gegen Geld erbracht wird.[4] Aus reiner Freigiebigkeit handeln derartige Unternehmen wohl kaum.[5] Die Dienste werden häufig nur bereitgestellt, wenn der Nutzer dem Unternehmer personenbezogene Daten zur Verfügung stellt.[6] Während der Markt für den Handel von persönlichen Daten bereits ein Milliardengeschäft darstellt, ist er für den einzelnen Verbraucher bisher kaum eröffnet.[7] Dies liegt insbesondere daran, dass sich Rechtsprechung und Literatur vorwiegend mit den datenschutzrechtlichen Fragestellungen der Verarbeitung von Daten auseinandergesetzt haben.[8] Um allerdings den Verbraucher zu ermächtigen Einfluss auf die Kommerzialisierung seiner Daten zu haben, bedarf es einer schuldrechtlichen Einordnung von Daten als Zahlungsmittel.

I. Aktuelle Geschäftspraxis

2 Spätestens seit dem Cambridge Analytica Skandal[9] ist bekannt, welche Auswirkungen eine gezielte Verwertung von Daten in Verbindung mit **psychologischer Profilbildung** und **gezielter Werbung** haben kann.[10] Plattformen, wie Facebook, sammeln, analysieren und verwerten die Daten ihrer Nutzer durch Weiterverkauf, das Erstellen von Nutzerprofilen oder das Schalten von personalisierter Werbung.[11] Der implizite Datenhandel ist bereits in der Geschäftspraxis etabliert.[12] Gestartet mit Bonusprogrammen, wie Payback oder Miles & More, wurden Nutzern geldwerte Vorteile in Form von Leistung oder Produkten für ihre Daten geboten.[13] Die Verbraucher haben diese Angebote dankend angenommen. Payback verzeichnet mittlerweile über 30 Millionen aktive Kartennutzer in Deutschland, welche für einen incentivierten Jahresumsatz von über 30 Milliarden EUR im Jahr 2018 verantwortlich waren.[14] Die Geschäftsmodelle zur Verwertung von Daten werden immer intransparenter, die erhobenen Datenmengen jedes Jahr mehr. Täglich werden so über 2,5 Trillionen Datenbytes generiert.[15] Im Jahr 2020 sollen so durchschnittlich 1,7 Megabyte an Daten pro Sekunde pro Mensch erzeugt werden.[16] Diese Entwicklung in Verbindung mit

---

[1] *De Franceschi/Lehmann*, Italian LJ, 51, 71.
[2] *Van Den Hoven/Weckert*, Information technology and moral philosophy, S. 301 ff.
[3] *Unseld*, Die Kommerzialisierung personenbezogener Daten, S. 8.
[4] *Schmidt-Kessel/Grimm*, Toyohogaku, 191.
[5] *Jing*, RLR 2017, 193, 198.
[6] So auch Erwägungsgrund 24 Digitale Inhalte-RL.
[7] *Palmetshofer/Semsrott/Alberts*, SVRV 2017, 24.
[8] *Langhanke*, Daten als Leistung, S. 3.
[9] https://www.nytimes.com/2018/03/17/us/politics/cambridge-analytica-trump-campaign.html.
[10] *Isaak/Mina*, Computer 2018, 56.
[11] *Langhanke*, Daten als Leistung, S. 2; *Wiebe*, ZIR 2014, 35, 37.
[12] Studie des EIU, The Business of Data, S. 3, abrufbar unter https://eiuperspectives.economist.com/sites/default/files/images/Business%20of%20Data%20briefing%20paper%20WEB.pdf.
[13] *Buchner*, DuD 2010, 40.
[14] https://www.payback.net/ueber-payback/daten-fakten/.
[15] Studie des DOMO, Data Never Sleeps 6.0 Report, abrufbar unter https://www.domo.com/learn/data-never-sleeps-6.
[16] Studie des DOMO, Data Never Sleeps 6.0 Report, abrufbar unter https://www.domo.com/learn/data-never-sleeps-6.

den steigenden Umsatzzahlen von Internetunternehmen, wie Facebook[17] oder Google[18], untermauert die steigende wirtschaftliche und gesellschaftliche Bedeutung von Daten. Während diese Art der Geschäftspraxis in der digitalen Welt weit verbreitet ist, steigt auch das grundsätzliche Interesse von klassischen Unternehmen, die Daten ihrer Kunden stärker zu verwerten. So gibt nahezu jedes Unternehmen an, dass sie von den Daten ihrer Kunden profitieren möchten.[19] Ungeachtet der geographischen Lage, dem Sektor oder den jährlichen Umsätzen, sehen Unternehmen Daten als **strategische Ressource.** Modelle, wie das **Real-Time Bidding**[20], ermöglichen den direkten Austausch von Nutzerdaten gegen Geld. Quasi ein Auktionshaus für Nutzerdaten. Diese Modelle existieren allerdings größtenteils im B2B Sektor. Für Verbraucher sind derzeit die Möglichkeiten des Austausches von Daten gegen Entgelt beschränkt. Erst mit der Schaffung von vertragsrechtlichen Rahmenbedingungen kann ein **funktionierender Datenmarkt** mit echtem Wettbewerb, niedrigen Transaktionskosten und dem Abbau von Informationsasymmetrien geschaffen werden, welcher auch für den Verbraucher die Kommerzialisierung seiner Daten ermöglicht.

II. Aktuelle rechtliche Entwicklung

Auch der europäische Gesetzgeber hat die zunehmende Verwertung von Daten erkannt. Die EU-Kommission verfolgt seit 2015 mit der Strategie für einen digitalen Binnenmarkt drei Ziele: Den besseren Online-Zugang für Verbraucher und Unternehmen zu Waren und Dienstleistungen in ganz Europa, die Schaffung der richtigen Bedingungen für florierende digitale Netze und Dienste und die bestmögliche Ausschöpfung des Wachstumspotenzials der europäischen digitalen Wirtschaft.[21] Zahlreiche bereits durchgesetzte oder in der Umsetzung befindliche Richtlinien und Verordnungen verfolgen die Harmonisierung dieser Ziele innerhalb der EU-Mitgliedsstaaten.[22] Durch die Digitale-Inhalte-RL und den New Deal for Consumers weitet der Gesetzgeber den Verbraucherschutz auf Verträge aus, bei denen der Verbraucher nicht mit Geld bezahlt, sondern seine personenbezogenen Daten bereitstellt. Im Fokus der Digitale-Inhalte-RL stehen Gewährleistungsregime bei Vertragsgestaltungen mit digitalen Inhalten und längeren Vertragsbeziehungen, die zukünftig auch auf die erstmalig manifestierte Anwendung von **Daten als Zahlungsmittel** Anwendung finden.[23] Durch den New Deal for Consumers wird die VerbraucherrechteRL auf Dienstleistungsverträge erweitert, bei denen der Verbraucher nicht mit Geld, sondern mit personenbezogenen Daten bezahlt.[24] Insbesondere die Informationspflichten, das Widerrufsrecht und bestimmte Vorschriften in Bezug auf die Vertragserfüllung finden damit auch Anwendung auf den Austausch von Daten gegen Leistung.[25] Aufgrund der Gemeinsamkeit und der Austauschbarkeit von kostenpflichtigen Diensten und sonstigen Diensten, die im Austausch für personenbezogene Daten bereitgestellt werden, sollten beide denselben Be-

---

[17] https://de.statista.com/statistik/daten/studie/237434/umfrage/umsatz-von-facebook-weltweit-quartalszahlen/.
[18] https://de.statista.com/statistik/daten/studie/74364/umfrage/umsatz-von-google-seit-2002/.
[19] Studie des EIU, The Business of Data, S. 3, abrufbar unter https://eiuperspectives.economist.com/sites/default/files/images/Business%20of%20Data%20briefing%20paper%20WEB.pdf.
[20] „Realtime Bidding erlaubt die Versteigerung von einzelnen Ad Impressions in Echtzeit an den Höchstbietenden." *Bauer/Goetz/Hopf,* Online Targeting und Controlling, S. XIV.
[21] Vgl. Strategie für einen digitalen Binnenmarkt, COM(2015) 192 final.
[22] Vgl. Halbzeitüberprüfung der Strategie für einen digitalen Binnenmarkt, COM(2017) 228 final; *Wendehorst/Zöchling-Jud,* S. 1 f.
[23] *Wendehorst/Zöchling-Jud,* S. 1 f.; *Schmidt-Kessel/Erler/Grimm/Kramme,* GPR 1/2016, 2, 6; *Jin,* RLR 2017, 193, 197.
[24] *Rosenkranz,* GPR 2018, 28, 33; Stellungnahme 8/2018 des Europäischen Datenschutzbeauftragten, abrufbar unter https://edps.europa.eu/sites/edp/files/publication/18-10-05_opinion_consumer_law_en.pdf.
[25] Erwägungsgrund 9 VerbraucherrechteRL 2011/83/EU.

stimmungen unterliegen.[26] Trotz der Zuweisung eines Verkehrswerts, wird in den Erwägungsgründen der Digitale-Inhalte-RL darauf hingewiesen, dass personenbezogene Daten nicht als **Ware** betrachtet werden sollten.[27] Auch die Formulierung von Daten als **Gegenleistung,** welche noch in dem Vorschlag der Digitale-Inhalte-RL zu finden war, ist aus der finalen Fassung verschwunden.[28] Gleichzeitig wird ein Vertragskonstrukt etabliert, bei dem der Verbraucher für einen digitalen Inhalt oder eine digitale Dienstleistung nicht mit Geld bezahlt, sondern seine personenbezogenen Daten bereitstellt oder deren Bereitstellung zusagt.[29] Auf der einen Seite bestätigt der Gesetzgeber das faktisch bestehende Austauschverhältnis von Daten gegen Leistung und somit die Behandlung von Daten als eine Art Zahlungsmittel, auf der anderen Seite weicht er gerade von einem solchen Gegenleistungsmodell ab. Begründet wird dies damit, dass personenbezogene Daten als grundrechtlich geschütztes Rechtsgut eben nicht als Handelsware betrachtet werden sollten.[30] Diese Unklarheit der schuldrechtlichen Einordnung von Daten gegen Leistung wird weiter gestärkt, indem die Entscheidungen über die Anforderungen für das Zustandekommen, das Bestehen und die Gültigkeit eines derartigen Vertrages auf das nationale Recht ausgelagert werden.[31] Es wird lediglich darauf hingewiesen, dass die DS-GVO die datenschutzrechtlichen Rahmenbedingungen für die Verwendung von Daten als Zahlungsmittel definiert.[32] Eine Auseinandersetzung mit den einzelnen Abgrenzungsproblemen findet allerdings nicht statt.[33]

III. Folgen der aktuellen Entwicklung

4 Auch wenn sich die Vorgehensweise des europäischen Gesetzgebers lediglich auf die Ausweitung des Verbraucherschutzes bezieht, zeigt sich durch die Entwicklung der aktuellen Geschäftspraxis ein deutlich größeres dogmatisches Problem: Wie ist die Verwendung von Daten als Zahlungsmittel schuldrechtlich einzuordnen? Diese Fragestellung positioniert sich im Spannungsfeld des Schutzes der ideellen Interessen von Verbrauchern an personenbezogenen Daten und dem an die Vertragsfreiheit gekoppelten Interesse an der Verwertung von Daten. Gerade die spezifischen vertraglichen Probleme, insbesondere die Frage, ob die Anforderungen für das Zustandekommen, das Bestehen und die Gültigkeit eines solchen Vertrages gegeben sind, werden auf das nationale Recht verlagert.[34] Dies zeigt nicht nur, dass der europäische Gesetzgeber sich nicht im Detail mit der schuldrechtlichen Ebene der Betrachtung von Daten als Zahlungsmittel auseinandersetzen möchte, sondern gefährdet auch den Erfolg des von der EU-Kommission verfolgten Ziels der Vollharmonisierung.[35] Gerade in Anbetracht der steigenden wirtschaftlichen Bedeutung, der immer größeren Datenmengen und der rechtlichen Unklarheit, bedarf es einer detaillierten Auseinandersetzung mit den schuld- und datenschutzrechtlichen Fragen von Daten als Zahlungsmittel.

---

[26] Erwägungsgrund 31 Richtlinie zur besseren Durchsetzung und Modernisierung der EU-Verbraucherschutzvorschriften.
[27] Erwägungsgrund 24 Digitale Inhalte-RL.
[28] Vergleiche hierzu Art. 3 Abs. 1 Digitale-Inhalte-RL zu Art. 3 Abs. 1 Digitale-Inhalte-RL Vorschlag.
[29] Art. 3 Abs. 1 Digitale Inhalte-RL; Änderung des Art. 3 Abs. 1a VerbraucherrechteRL durch die Richtlinie zur besseren Durchsetzung und Modernisierung der EU-Verbraucherschutzvorschriften.
[30] Erwägungsgrund 24 Digitale-Inhalte-RL.
[31] Erwägungsgrund 40 Digitale-Inhalte-RL.
[32] Erwägungsgrund 38 Digitale-Inhalte-RL.
[33] *Forgo/Zöchling-Jud*, S. 245.
[34] Erwägungsgrund 40 Digitale-Inhalte-RL.
[35] *Metzger*, jipitec 2017, 2.

B. Personenbezogene Daten als Leistungsgegenstand

Zunächst muss untersucht werden, inwiefern personenbezogene Daten überhaupt als Leistungsgegenstand in einem **synallagmatischen Gegenleistungsverhältnis** behandelt werden können.[36]

I. Klassifizierung von Daten

Im Fokus dieser Untersuchung liegt der Umgang mit **personenbezogenen Daten**. Nach Art. 4 Nr. 1 DS-GVO sind personenbezogene Daten alle Informationen, die sich auf eine identifizierte oder identifizierbare natürliche Person beziehen. Als identifizierbar wird eine natürliche Person angesehen, die direkt oder indirekt, insbesondere mittels Zuordnung zu einer Kennung wie einem Namen, zu einer Kennnummer, zu Standortdaten, zu einer Online-Kennung oder zu einem oder mehreren besonderen Merkmalen identifiziert werden kann, die Ausdruck der physischen, physiologischen, genetischen, psychischen, wirtschaftlichen, kulturellen oder sozialen Identität dieser natürlichen Person sind.[37] Der Personenbezug kann durch Anonymisierung oder Pseudonymisierung aufgehoben werden, woraus sich in der Praxis eine fließende Linie für die Klassifizierung von Daten ergibt.[38] Dementsprechend können soziodemografische Daten, nutzer-generierte Inhalte, Verhaltensdaten, Daten des sozialen Umfelds und Identifikationsdaten Personenbezug aufweisen.

Diese Daten werden auf drei Ebenen generiert[39]:
1. Unmittelbare Ebene in Form der freiwilligen Übermittlung (zB durch Anmeldung auf einer Online-Plattform)
2. Mittlere Ebene in Form der Beobachtung von Daten, die eine Person preisgibt (zB Bewegungsdaten durch GPS-Tracker)
3. Abstrakte Ebene in Form der Ableitungen und Analysen von Daten, die von einer oder mehreren Personen freigegeben worden sind (Profiling anhand von Facebook Likes)

Für Unternehmen ist eine Untersuchung von Daten auf allen drei Ebenen in Verbindung mit der Kombination von Daten (inklusive nicht-personenbezogenen Daten) zur Kompletterfassung einer Person von besonderem Interesse.[40] Hierdurch zeigt sich, dass die Natur von Daten durch die Möglichkeit der Anreicherung wesentliche Unterschiede zu Entgelt aufweist. Insbesondere auch deshalb, weil Daten nicht wie Entgelt binär existieren, sondern durch Übertragung in der Regel vermehrt werden, zeigt sich eine deutlich komplexere Ausgangsbasis für eine schuldrechtliche Betrachtung.

II. Wert von Daten

Der **Wert** von Daten lässt sich im Einzelfall schwer bestimmen.[41] Die Spannweite reicht aktuell von einem einstelligen Eurobereich bis hin zu über 400 EUR pro Verbraucher pro Jahr.[42] Es existiert keine einheitliche Methode zur Bewertung von Daten. Es zeigt sich lediglich, dass mehr als 90 % des Umsatzes von Unternehmen wie Facebook und Google an Werbung gekoppelt ist, die auf der Verwertung persönlicher Daten basiert.[43] Aus Sicht der Verbraucher zeigt das *Privacy Paradox* einen Zustand, in dem ein Großteil der Bevölke-

---
[36] *Schmidt-Kessel/Grimm,* Toyohogaku, 191, 194.
[37] Art. 4 Nr. 1 DS-GVO.
[38] *Marnau,* DuD 2016, 428, 433.
[39] WEF, 2014; *Palmetshofer/Semsrott/Alberts,* SVRV 2017, S. 8.
[40] *Palmetshofer/Semsrott/Alberts,* SVRV 2017, S. 8.
[41] Stellungnahme 4/2017 des Europäischen Datenschutzbeauftragten, abrufbar unter https://edps.europa.eu/sites/edp/files/publication/17-03-14_opinion_digital_content_en.pdf.
[42] *Palmetshofer/Semsrott/Alberts,* SVRV 2017, S. 12 ff.
[43] *Pollack,* FT 2016.

rung mehr Datenschutz fordert, allerdings gleichzeitig auf sozialen Netzwerken vermehrt persönliche Daten preisgibt.[44] Hierbei ist die **„Willingness to Accept"** als Preis, für den die Person bereit ist, ihre Daten offenzulegen, im Verhältnis zu der **„Willingness to Pay"** als Preis, den die Person bereit ist zu bezahlen, um ihre persönlichen Daten zu schützen, zu betrachten. So sind Verbraucher bereit einen geringeren Preis für die Bereitstellung ihrer Daten zu akzeptieren, als sie bereit wären für den Schutz ihrer Daten zu bezahlen.[45] Aus Sicht von Unternehmen ist der Wert von Daten wiederum von zahlreichen Kriterien abhängig, wie beispielsweise der Datenquelle, Qualität, Typ, oder dem Akteur selbst.[46] Je spezifischer, genauer und aktueller die Informationen sind, desto mehr sind sie Wert. Eine mögliche Berechnung wäre der durchschnittliche Erlös pro Nutzer pro Jahr von vorwiegend datenverarbeitenden Unternehmen. Für Facebook lässt sich so ein Wert von ungefähr 20 EUR ermitteln, während dieser für Google bei 40 EUR liegt.[47] Bei Versicherungen zeigt sich, dass die Verarbeitung von Kundendaten zu Preisnachlässen von bis zu 400 EUR führen kann.[48] Der jährliche wirtschaftliche Nutzen von Daten in Europa beträgt im Jahr 2020 bis zu 330 Milliarden EUR, woraus sich eine Summe von ungefähr 440 EUR pro Kopf ergibt.[49] Der Erhalt des Höchstpreises für Daten kann nach dem *Coase Theorem* allerdings erst unter den Bedingungen eines freien und transaktionskostenfreien Tausches erwirtschaftet werden.[50] Die geschilderten Werte bieten somit grundsätzliche Richtwerte für die Bewertung von Datensätzen. Für die individuelle Transaktion zwischen Verbraucher und Unternehmer wird der genaue Wert der Daten allerdings nahezu unmöglich zu bestimmen sein. Insbesondere, da dieser sich erst über den Lauf der Vertragsbeziehung ergeben wird.

III. Disponibilität von Daten

10 Der Leistungsbegriff nach § 241 BGB ist weit gefasst und beinhaltet jedes Tun, Dulden und Unterlassen.[51] Der Leistungsgegenstand ist durch Auslegung zu ermitteln, wonach grundsätzlich auch eine Einordnung personenbezogener Daten als schuldrechtlicher Leistungsgegenstand als möglich erscheint.[52] Mit dem **Volkszählungsurteil** wurde das Grundrecht auf informationelle Selbstbestimmung als Ausprägung des allgemeinen Persönlichkeitsrechts und der Menschenwürde manifestiert.[53] Das wirtschaftliche Verwerten von bestimmten Aspekten des Persönlichkeitsrechts ist grundsätzlich kein neues Konzept. So wurde beispielsweise für das Recht am eigenen Bild ein solcher Rechtsrahmen eingeräumt.[54] Fraglich ist somit, ob Daten auch ein disponibles Rechtsgut darstellen.

---

[44] *Rainie/Doggan,* Privacy and Information Sharing; *Fittkau/Maaß,* Personalisierte Werbung im Internet Akzeptanz oder Reaktanz?; *Spiekermann/Grossklags/Berendt,* ACM 2001; *Dienlin/Trepte,* EJSP 2015.
[45] *Palmetshofer/Semsrott/Alberts,* SVRV 2017, S. 15.
[46] *Bründl/Matt/Hess,* Wertschöpfung in Datenmärkten; *Palmetshofer/Semsrott/Alberts,* SVRV 2017, S. 12 ff.
[47] https://www.statista.com/statistics/234056/facebooks-average-advertising-revenue-per-user/; https://marketrealist.com/2015/02/average-revenue-per-user-is-an-important-growth-driver/.
[48] *Brandeisky,* Time 2016.
[49] *Rose/Rehse/Rober,* BCG 2012.
[50] *Caase,* JLE 1960.
[51] MüKoBGB/*Bachmann,* BGB § 241 Rn. 17 ff.; Jauernig/*Mansel,* § 241 BGB Rn. 7 f.; *Schlechtriem/Schmidt-Kessel,* S. 87 ff.
[52] *Schmidt-Kessel/Grimm,* Toyohogaku, 191, 194.
[53] *BVerfG,* 15.12.1983 – 1 BvR 209/83, NJW 1984, 419 „Volkszählungs-Urteil".
[54] *Langhanke/Schmidt-Kessel,* EuCML 2015, 218, 219.

B. Personenbezogene Daten als Leistungsgegenstand

1. Hingabe personenbezogener Daten

Lediglich Daten, die nicht schon von Gesetzes wegen erhoben werden oder in der vorgesehenen Weise verwertet werden dürfen, bieten sich als Leistungsgegenstand an.[55] Andernfalls würde es der Zwecksetzung der Verpflichtung als Ganzes und somit dem Leistungssubstrat fehlen.[56] Art. 6 Abs. 1 lit. b DS-GVO gestattet die Datenverarbeitung für die Erfüllung eines Vertrages. Ein Vertrag, der selbst allerdings den Inhalt „Daten als Zahlungsmittel" hat, kann nicht unter diese Erlaubnisnorm subsumiert werden, da sie nur Daten erfasst, die für den Abschluss und die Abwicklung eines Vertrages erforderlich sind, nicht aber Daten als eigenständigen Leistungsgegenstand.[57] Insbesondere in Fällen, bei denen die Erhebung der Daten bereits gesetzlich gedeckt ist, allerdings die Verwertung der Daten zu kommerziellen Zwecken nicht rechtmäßig ist, zeigt sich, dass das Interesse des Unternehmers darin liegt, die Nutzungsrechte für die Verarbeitung der Daten zu erhalten.[58] Die datenschutzrechtliche Einwilligung ermöglicht hierbei die Ausweitung der Verarbeitungszwecke über die gesetzlich gedeckte Datenerhebung hinaus.[59] Weder die Digitale-Inhalte-RL noch der New Deal for Consumers berücksichtigen dies, sondern stellen in Bezug auf den Leistungsgegenstand auf die Bereitstellung der Daten selbst ab.[60] Die reine Übermittlung personenbezogener Daten wird aber regelmäßig nicht als Leistungsgegenstand genügen.[61]

2. Die datenschutzrechtliche Einwilligung als Kommerzialisierungsinstrument

Die DS-GVO folgt der Systematik eines **Verbots mit Erlaubnisvorbehalt**.[62] Die Verarbeitung personenbezogener Daten ist gem. Art. 6 DS-GVO grundsätzlich untersagt, es sei denn es existiert ein Rechtfertigungsgrund. Die datenschutzrechtliche **Einwilligung** ist in Art. 6 Abs. 1 lit. a DS-GVO verankert und stellt einen der Rechtfertigungsgründe für die Verarbeitung dar. Hiernach ist die Verarbeitung rechtmäßig, wenn die betroffene Person ihre Einwilligung zu der Verarbeitung ihrer personenbezogenen Daten für einen oder mehrere bestimmte Zwecke gegeben hat. Die datenschutzrechtliche Einwilligung ist somit als privatautonomes Kommerzialisierungsinstrument zu betrachten.[63]

Es ist umstritten, ob die Einwilligung eine Verfügung[64], eine rechtsgeschäftliche Erklärung[65], eine geschäftsähnliche Handlung[66] oder lediglich eine Realhandlung[67] darstellt.[68] Es herrscht nicht einmal Einigkeit, ob die Rechtsnatur umstritten[69] oder mittlerweile anerkannt[70] ist.[71] Die Einwilligung existiert in verschiedenen Rechtsgebieten, wie dem Urhe-

---

[55] *Langhanke/Schmidt-Kessel*, EuCML 2015, 218, 220; für eine Ausweitung *Wendehorst/v. Westphalen*, BB 2016, 2179.
[56] *Schmidt-Kessel/Erler/Grimm/Kramme*, GPR 2016, 59.
[57] *Schmidt-Kessel/Grimm*, Toyohogaku, 191, 197; *Langhanke*, Daten als Leistung, S. 99 f.
[58] *Schmidt-Kessel/Grimm*, Toyohogaku, 191, 196.
[59] *Schmidt-Kessel/Grimm*, Toyohogaku, 191, 196.
[60] *Schmidt-Kessel/Erler/Grimm/Kramme*, GPR 2016, 54, 59.
[61] *Faust*, 71. Deutscher Juristentag 2016, A 17 f.
[62] *Ehmann/Selmayr/Heberlein*, Art. 6 DS-GVO Rn. 1.
[63] *Langhanke/Schmidt-Kessel*, EuCML 2015, 218, 221; *Buchner*, DuD 2010, 39, 40.
[64] *Metzger*, AcP 2016, 817, 832; *Specht*, JZ 2017, 763, 765.
[65] So bspw. *LG Hamburg*, ZIP 1982, 1313, 1315; *Simitis*, BDSG, § 4a Rn. 20; *Rogosch*, Die Einwilligung im Datenschutzrecht, S. 40.
[66] *Wolff/Brink/Kühling*, Datenschutzrecht, § 4a Rn. 32 f.; *Kühling/Seidel/Sivridis*, Datenschutzrecht, S. 116; *Roßnagel/Holznagel/Sonntag*, Datenschutzrecht, S. 686; *Tinnefeld/Ehmann/Gerling*, Datenschutzrecht, S. 318; *Däubler/Klebe/Wedde/Weichert*, § 4a BDSG Rn. 5; *Drewes/Siegert*, RDV 2006, 139, 141.
[67] *Gola/Schomerus*, § 4a BDSG Rn. 10; für die einseitige Einwilligung auch *Rogosch*, Die Einwilligung im Datenschutzrecht, S. 44.
[68] *Langhanke*, Daten als Leistung, S. 42.
[69] *Schricker/Loewenheim/Götting*, § 60 UrhG, § 22 KUG Rn. 39; *MükoBGB/Säcker/Rixecker*, Anhang zu § 12 Rn. 53; *Zscherpe*, MMR 2004, 723, 724.
[70] *Wandtke/Czernik*, Medienrecht, Bd. 2, Kap. 2 Rn. 468.
[71] *v. Zimmermann*, Einwilligung im Internet, S. 10.

ber-, Medizin- oder allgemeinen Persönlichkeitsrecht.[72] Alle Formen der Einwilligung haben es gemeinsam, dass sie eine Erlaubnis zur rechtmäßigen Eingriffshandlung in ein geschütztes Rechtsgut erteilen.[73] Somit bewirkt die Einwilligung einen Unrechtsausschluss, der alleine auf dem Willen des Betroffenen beruhe (der sog. Gedanke des *volenti non fit iniuria*).[74] Als solches ist die Einwilligung ein Teil der **informationellen Selbstbestimmung** und der in ihr verankerten Autonomie des Menschen.[75] In dieser Funktion kann die Einwilligung nach der Stufenleiter der Gestattungen mehrere Rechtsfiguren darstellen, die sich insbesondere in der Intensität der Rechtsposition, die der Gestattungsempfänger erhalten hat, unterscheiden.[76] Die Stufen beinhalten die translative Gesamtrechtsübertragung, die beschränkte oder auch konstitutive Rechtsübertragung, die schuldvertragliche Gestattung sowie die unwiderrufliche und die widerrufliche, einseitige Einwilligung.[77]

14   Bei Vermögensrechten steht grundsätzlich die gesamte Stufenleiter zur Verfügung.[78] Dies ist allerdings bei der Betrachtung von Persönlichkeitsrechten problematisch.[79] Zwar wird teilweise eine dingliche Übertragung von Persönlichkeitsrechten als möglich erachtet, dies ist aber stark von einer rechtlichen Auslegung des Einzelfalls abhängig.[80] Argumentiert wird, dass die Einwilligung als Legitimationswerkzeug zu einem Rechtsguteingriff nur bei rechtsgeschäftlicher Einordnung begründet sei.[81] Demnach beruht die Einwilligung auf einem Kommunikationsakt, der eine bestimmte Rechtsfolge bewirkt.[82] Mit der Einwilligung ist die Ausübung der Dispositionsbefugnisse des Betroffenen verbunden.[83] Eine gegenständliche Disposition des Persönlichkeitsrechts kann in Bezug auf die vermögenswerten Bestandteile möglich sein.[84] Die translative Gesamtübertragung ist allerdings nicht möglich.[85] Somit ist abgesehen von den vermögenswerten Bestandteilen das Persönlichkeitsrecht unübertragbar.[86]

15   Für die Zahlung mit Daten genügt aber bereits die **Disponibilität** der faktischen Position.[87] Daten können faktisch übertragen und damit auf schuldrechtlicher Ebene verwertet werden. Der Betroffene kann so durch die Erteilung seiner Einwilligung Dritte zur Datenverarbeitung befähigen. Das Schuldrecht führt bereits zu einem Ausgleich zwischen den Interessen beider Parteien, sodass dem Betroffenen seine Verfügungsmacht und die damit verbundene Abwehrfunktion erhalten bleibt, gleichzeitig aber die wirtschaftliche Nutzung seiner Daten ermöglicht wird.[88] Zwar steht dem Betroffenen ein subjektives Recht an seinen Daten zu, welches ua den Schutz der vermögensrechtlichen Interessen an dem Recht auf informationelle Selbstbestimmung beinhaltet. Dennoch ergibt sich hieraus nicht die Notwendigkeit der Entfaltung einer dinglichen Wirkung.[89]

---

[72] *Funke*, Dogmatik und Voraussetzungen der datenschutzrechtlichen Einwilligung im Zivilrecht, S. 39.
[73] *v. Zimmermann*, Einwilligung im Internet, S. 4.
[74] *Ohly*, „Volenti non fit iniuria", S. 142 f.; *Forkel*, NJW 1993, 3181; *Funke*, Dogmatik und Voraussetzungen der datenschutzrechtlichen Einwilligung im Zivilrecht, S. 41.
[75] *Beisenherz/Tinnefeld*, DuD 2011, 110, 111.
[76] *Ohly*, „Volenti non fit iniuria", S. 142 f.; *Funke*, Dogmatik und Voraussetzungen der datenschutzrechtlichen Einwilligung im Zivilrecht, S. 41.
[77] *Unseld*, Die Kommerzialisierung personenbezogener Daten, S. 103.
[78] *Ohly*, „Volenti non fit iniuria", S. 151.
[79] *Ohly*, „Volenti non fit iniuria", S. 151.
[80] *Ohly*, „Volenti non fit iniuria", 2002, S. 164; *Funke*, Dogmatik und Voraussetzungen der datenschutzrechtlichen Einwilligung im Zivilrecht, S. 42; *v. Zimmermann*, Einwilligung im Internet, S. 13 ff.; aA *Pfeifer*, GRUR 2009, 567; *Pfeifer*, GRUR 2002, 495, 499; *Schack*, AcP 1995, 594, 594 f.
[81] *v. Zimmermann*, Einwilligung im Internet, S. 13 ff.
[82] *Ohly*, „Volenti non fit iniuria", S. 213.
[83] *Langhanke*, Daten als Leistung, S. 44; *Lindner*, Die datenschutzrechtliche Einwilligung nach §§ 4 Abs. 1, 4a BDSG, S. 109 ff.
[84] BGH, 14.10.1986 – VI ZR 10/86, GRUR 1987, 128 – „Nena-Urteil".
[85] *Unseld*, Die Kommerzialisierung personenbezogener Daten, S. 289.
[86] BGH, 20.3.1968 – I ZR 44/66, GRUR 1968, 552 – „Mephisto-Urteil".
[87] *Schmidt*, GRUR 2018, 16.
[88] *Langhanke*, Daten als Leistung, S. 168.
[89] *Langhanke*, Daten als Leistung, S. 168.

De lege lata kann die datenschutzrechtliche Einwilligung also, auch wenn man die Kommerzialisierung des Persönlichkeitsrechts anerkennt, nicht zur Übertragung von Daten durch Verfügung führen. Ein Datenüberlassungsvertrag verpflichtet dementsprechend stets nur zu einer tatsächlichen Datenüberlassung.[90] Die datenschutzrechtliche Einwilligung zur Datenverarbeitung genügt hierfür als Kommerzialisierungsinstrument, auch ohne den Bedarf für ein Verfügungsgeschäft.[91] Es ist zwar nicht möglich, das Persönlichkeitsrecht als solches zu veräußern, aber die Verwertbarkeit ist unter der Einräumung gewisser Nutzungsrechte allgemein anerkannt.[92] Im Mittelpunkt der Gestaltung einer vertraglichen Pflicht zur Leistung steht damit gerade die Einwilligung, während die reine Übermittlung oder Verschaffung von Daten eher untergeordneten Charakter hat.[93] Sie stellt den Dreh- und Angelpunkt der rechtmäßigen Verarbeitung von Daten dar.[94] Nur durch die vor Beginn der Datenerhebung eingeholte Zustimmung des Nutzers ist es Online-Diensten, wie Facebook oder Google, gestattet, die Daten zu verwerten.[95] Die datenschutzrechtliche Einwilligung begründet somit die Disponibilität des Verbots zur Verarbeitung personenbezogener Daten und stellt somit den Schlüssel zur Kommerzialisierung von Daten dar.[96]

16

3. Zwischenergebnis

Der Einwilligung kommt die Funktion eines Kommerzialisierungsinstrumentes zu.[97] Durch sie kann sich der Einzelne den wirtschaftlichen Wert seiner personenbezogenen Daten zu Nutze machen.[98]

17

C. Schuldrechtliche Einordnung von Daten als Zahlungsmittel

Zu überprüfen ist allerdings, inwiefern eine schuldrechtliche Verpflichtung zur Leistung mit Daten rechtmäßig ist und welche Folgen und Fragestellungen hieraus entstehen.

18

I. Vertragstypus

Der Vertrag beinhaltet als Leistungspflicht des Datengläubigers die Bereitstellung der Daten und das Einräumen der Nutzungsrechte anhand der datenschutzrechtlichen Einwilligung. Hierzu existiert im deutschen Recht bislang noch keine klare Konzeption der **vertragstypologischen Einordnung**.[99] Mangels eines gesetzlich geregelten Vertragstypus mit dispositiven und zwingenden Regelungen bietet ein pragmatischer Rückgriff auf die lizenzvertraglichen Regelungen des Miet- und Pachtvertrags Abhilfe.[100] Die Gegenleistung wird regelmäßig entweder in der punktuellen Überlassung digitaler Inhalte oder in der dauerschuldvertraglichen Nutzungsmöglichkeit digitaler Dienste liegen. Die Digitale-Inhalte-RL

19

---

[90] *Specht*, Konsequenzen der Ökonomisierung informationeller Selbstbestimmung: Die zivilrechtliche Erfassung des Datenhandels, S. 78 ff.
[91] *Schmidt*, GRUR 2018, 16.
[92] *Schmidt-Kessel/Grimm*, Toyohogaku, 191, 195; *Unseld*, GRUR 2011, 982.
[93] *Buchner*, DuD 2010, 39, 40; *Langhanke/Schmidt-Kessel*, EuCML 2015, 218, 220; *Schmidt-Kessel/Erler/Grimm/Kramme*, GPR 2016, 54, 59; *Sandfuchs*, Privatheit wider Willen?, S. 133 ff.; *Schmidt-Kessel/Grimm*, Toyohogaku, 191, 195.
[94] *Langhanke*, Daten als Leistung, S. 37.
[95] *EuGH*, 29.7.2019 – C-40/17 – „Facebook Like Button-Urteil".
[96] *Purtova*, Property rights in personal data: A European perspective, S. 185 ff.; *Forgo/Zöchling-Jud*, S. 245.
[97] *Buchner*, DuD, 2010, 39.
[98] *Buchner*, DuD, 2010, 39.
[99] *Metzger*, AcP 2016, 817, 837.
[100] *Specht*, JZ 2017, 763, 770; *Schmidt-Kessel/Grimm*, Toyohogaku, 191, 215; *Faust*, 71. Deutscher Juristentag 2016, A 43, A 53; *Manko*, EPRS, PE 608; *Metzger*, AcP 2016, 817, 837 f.

definiert einen neuen, generischen Vertragstypus für die Bereitstellung digitaler Inhalte und Dienstleistungen.[101] Somit liegt ein Zwittervertrag[102] mit atypischer Gegenleistung vor, bei dem nach der Kombinationstheorie auf jede Leistung die jeweils passende Vorschrift Anwendung findet.[103]

II. Verpflichtung zur Zahlung von Daten

20 Das Zustandekommen des Schuldverhältnisses ist in den Richtlinien nicht geregelt, sondern unterliegt den nationalen Bestimmungen. Die reine Klassifizierung von Daten als Leistungsgegenstand, sagt noch nichts über eine entsprechende Pflicht zu Leistung aus.[104]

1. Vertragsschluss

21 Nach §§ 145 ff. BGB kommt ein Vertrag über zwei inhaltlich übereinstimmende Willenserklärungen zustande. In einem Großteil der Fälle wird das Angebot in den Nutzungsbedingungen der jeweiligen Online Plattformen zu sehen sein. Auch wenn die explizite datenschutzrechtliche Einwilligung geschuldet ist, kann die Annahme des Vertrages durch Inanspruchnahme des Dienstes implizit geschehen. Da erst durch die datenschutzrechtliche Einwilligung die Verwertung der Daten ermöglicht wird, gibt sie dem Vertrag sein prägendes Gefüge und ist Teil der Hauptleistungspflicht.[105] Für die inhaltliche Bestimmung ist der Vertrag nach Treu und Glauben mit Rücksicht auf die Verkehrssitte gem. § 157 BGB auszulegen. Eine Studie zeigt, dass mehr als 67 % deutscher Internetnutzer davon ausgehen, dass sie mit personenbezogenen Daten für die Nutzung eines Online-Dienstes bezahlen.[106] Dementsprechend ist es durchaus denkbar, dass der durchschnittliche Nutzer eines kostenlosen Online-Dienstes davon ausgeht mit seinen Daten zu bezahlen.[107]

2. Schutz von Minderjährigen

22 Die Unterschiede des BGB und der DS-GVO in Bezug auf den Umgang mit Minderjährigen könnten zu praktischen Problemen bei der Verpflichtung zur Leistung von Daten führen.[108] Die Wirksamkeit einer Willenserklärung eines Minderjährigen bei einem gegenseitigen Vertrag ist gem. §§ 107 ff. BGB abhängig von der Einwilligung bzw. Genehmigung des Vertretungsberechtigten. Nach Art. 8 DS-GVO kann ein Minderjähriger ab dem Abschluss seines sechzehnten Lebensjahres seine datenschutzrechtliche Einwilligung erteilen. Diese Altersgrenze kann vom nationalen Gesetzgeber sogar auf das dreizehnte Lebensjahr heruntergesetzt werden. Die sich hieraus ergebende Unstimmigkeit kann dazu führen, dass ein Minderjähriger zwar nicht wirksam einen Vertrag mit der datenverarbeitenden Stelle geschlossen hat, aber trotzdem seine Einwilligung in die Datenverarbeitung erteilt hat. Probleme könnten hieraus besonders entstehen, wenn man argumentiert, dass die strengeren zivilrechtlichen Regelungen im Falle des Widerrufs der Einwilligung greifen, wenn diese unter den Rahmenbedingungen einer vertraglichen Beziehung erteilt wurde.

---

[101] *Metzger*, AcP 2016, 817, 820.
[102] *Titze*, Enzyklopädie der Rechts- und Staatswissenschaften, S. 42.
[103] *Specht*, JZ 2017, 763, 770; *Schmidt-Kessel/Grimm*, Toyohogaku, 191, 215; *Faust*, 71. Deutscher Juristentag 2016, A 43, A 53; *Manko*, EPRS, PE 608; *Metzger*, AcP 2016, 817, 837 f.
[104] So *Langhanke*, Daten als Leistung, S. 109; aA *Bräutigam*, MMR 2012, 635; *Schafft/Ruoff*, CR 2006, 499; *Haag*, Direktmarketing mit Kundendaten aus Bonusprogrammen, S. 173 ff.; *Rogosch*, Die Einwilligung im Datenschutzrecht, S. 41.
[105] *Specht*, JZ 2017, 763, 764; Dauner-Lieb/Langen/*Krebs*, § 241 BGB Rn. 17; MüKoBGB/*Bachmann*, § 241 Rn. 19.
[106] Studie des DIVSI, Daten – Ware und Währung, abrufbar unter https://www.divsi.de/wp-content/uploads/2014/11/DIVSI-Studie-Daten-Ware-Waehrung.pdf.
[107] *Metzger*, jipitec, 2017, 2.
[108] *Metzger*, jipitec, 2017, 3.

C. Schuldrechtliche Einordnung von Daten als Zahlungsmittel

Aus der Nichtigkeit des Vertrages und der damit verbundenen datenschutzrechtlichen Einwilligung könnten sich Schadensersatzansprüche für die unrechtmäßige Verwertung der Daten des Minderjährigen ergeben.[109]

3. Rechtmäßigkeit der Verpflichtung

Zu überprüfen ist, ob die Leistung von Daten und den entsprechenden Nutzungsrechten **Hauptleistungspflicht** in einem gegenseitigen Vertrag sein kann und mithin der Datengläubiger berechtigt ist, die Leistung zu fordern.[110] Der Grundsatz der **Vertragsfreiheit** umfasst die Abschluss- und Inhaltsfreiheit.[111] Die Vertragsparteien können somit jegliche Art von Vertrag mit beliebiger inhaltlicher Ausgestaltung schließen. Allerdings kann die Abschluss- und Inhaltsfreiheit zum Schutz einer Vertragspartei eingeschränkt werden.

a) Verstoß gegen ein gesetzliches Verbot nach § 134 BGB

Das zugrundeliegende Verpflichtungsgeschäft könnte gem. § 134 BGB nichtig sein, wenn es gegen ein gesetzliches Verbot oder zwingendes Recht verstößt.[112] In Betracht kommen unter anderem Verstöße gegen das Datenschutzrecht. So bedarf die Formulierung der Einwilligung stets eines bestimmten **Verwendungszwecks,** welcher die gestattete Verarbeitung beschreibt. Der Datenschuldner kann sich aufgrund des Bestimmtheitsgebots nicht dazu verpflichten, die Verarbeitung der Daten in unbeschränktem Maße zu gestatten. Es hat sich allerdings gezeigt, dass Daten ein wirksamer Leistungsgegenstand sind, wenn sie unter den Vorgaben des deutschen und europäischen Gesetzes erhoben werden. Somit ist im Einzelfall zu überprüfen, ob diese Vorgaben eingehalten wurden oder eine mögliche Verletzung vorliegt.[113] Beispielsweise könnte dies der Fall sein, wenn Daten erhoben werden, die einem Dritten aufgrund zwingenden Rechts verschlossen bleiben sollten, da hierin ein Verstoß gegen die Menschenwürde liegen könnte.[114] Ein genereller Verstoß gegen geltendes Recht liegt allerdings nicht vor, weshalb auch keine generelle Nichtigkeit nach § 134 BGB besteht.[115]

b) Verstoß gegen die gute Sitte nach § 138 BGB

Eine Verpflichtung zur Erteilung der datenschutzrechtlichen Einwilligung könnte unwirksam sein, wenn sie gegen die **gute Sitte** verstößt.[116] Die gute Sitte wird durch Betrachtung der Grundrechte konkretisiert.[117] Ein Rechtsgeschäft, welches in ein Grundrecht eingreift, verstößt gegen die gute Sitte, wenn die Rechtsordnung eine Kommerzialisierung in diesem Lebensbereich missbilligt.[118] Da eine Datenverarbeitung durch andere als den Betroffenen selbst einen Eingriff in sein Recht auf informationelle Selbstbestimmung nach Art. 2 Abs. 1 GG iVm Art. 1 Abs. 1 GG ist, bedarf es damit einer Auseinandersetzung mit § 138 BGB.[119] Art. 6 DS-GVO lässt gerade die Disposition des Betroffenen über seine personenbezogenen Daten zu, weshalb nicht von vornherein von einer Missbilligung der Rechtsordnung ausgegangen werden kann.[120] Der BGH hat veranschaulicht, dass nicht die

---

[109] *Metzger,* AcP 2016, 817, 840.
[110] *Langhanke,* Daten als Leistung, S. 108 f.
[111] *Larenz,* Schuldrecht Allgemeiner Teil, S. 50.
[112] *Specht,* Konsequenzen der Ökonomisierung informationeller Selbstbestimmung: Die zivilrechtliche Erfassung des Datenhandels, S. 39.
[113] *Schwintowski,* VuR 2004, 242, 245.
[114] *Langhanke,* Daten als Leistung, S. 111; *Däubler/Klebe/Wedde/Weichert,* BDSG, § 4a Rn. 29.
[115] *Langhanke,* Daten als Leistung, S. 111.
[116] *Däubler/Klebe/Wedde/Weichert,* § 4a BDSG Rn. 29; Bamberg/Roth/Sutschet, § 241 BGB Rn. 24.
[117] MüKoBGB/*Armbrüster,* § 138 Rn. 20.
[118] MüKoBGB/*Armbrüster,* § 138 Rn. 127; *Langhanke,* Daten als Leistung, S. 113.
[119] BVerfG, 15.12.1983 – 1 BvR 209/83, NJW 1984, 419 – „Volkszählungs-Urteil".
[120] *Langhanke,* Daten als Leistung, S. 113.

sittliche Wertung selbst, sondern die Abwägung zwischen dem Selbstbestimmungsrecht und dem Schutz des Betroffenen vor einer irreversiblen Aufgabe essentieller Lebensgüter durch eine Beschränkung der Dispositionsbefugnis für das Verdikt der Sittenwidrigkeit nach § 138 BGB herangezogen werden soll.[121] Insofern stellt sich die Frage, ob es eine Einschränkung der Dispositionsbefugnis bei der Zahlung mit Daten zum Schutze des Betroffenen geben sollte. Verhältnismäßigen Schutz des Betroffenen bieten aber insofern bereits die jederzeitige Widerrufbarkeit der datenschutzrechtlichen Einwilligung und das damit verbundene Recht auf Vergessenwerden.

c) Verstoß gegen das Kopplungsverbot

26 Nach dem Prinzip *do ut des* beinhalten gegenseitige Verträge gewisse Pflichten, die der Leistende nur zu dem Zweck übernimmt, um dafür von der anderen Partei eine bestimmte Gegenleistung zu erhalten.[122] Das sich hieraus entfaltende **Synallagma** ist für ein solches Verhältnis kennzeichnend.[123] Wie bereits geschildert sind besonders Geschäftsmodelle im digitalen Zeitalter auf die wirtschaftliche Verwertung von Daten ausgelegt. Dienste und Inhalte werden nur gegen den Austausch und die Berechtigung zur Verwertung der Nutzerdaten angeboten.[124] Somit stehen die Verpflichtungen bei der Zahlung mit Daten in einem synallagmatischen Gegenleistungsverhältnis.[125] Art. 7 Abs. 4 DS-GVO sieht ein **Kopplungsverbot** vor, nachdem bei der Beurteilung, ob die Einwilligung freiwillig erteilt wurde, dem Umstand Rechnung getragen werden muss, inwiefern die Leistung der datenverarbeitenden Stelle von der Einwilligung abhängig gemacht wurde, obwohl diese für die Erfüllung des Vertrags nicht erforderlich ist. Dieses Kopplungsverbot gilt allerdings nicht uneingeschränkt.[126] „Freiwillig" ist hier gleichbedeutend mit „ohne Zwang" nach Art. 2 lit. h RL 95/46/EG, wonach der Betroffene eine echte oder freie Wahl haben muss und somit in der Lage sein muss, die Einwilligung zu verweigern oder zurückzuziehen, ohne Nachteile zu erleiden.[127] Dies bedeutet aber nicht, dass die Funktion als Gegenleistung untersagt ist, insbesondere wenn dies der Einwilligung enthaltenen Zweckbestimmung entspricht und die Nutzungsbefugnis offen in ein Gegenleistungsverhältnis gestellt wird.[128] Auch das Anlocken durch Versprechen einer Vergünstigung ist nicht ausreichend, um die Freiwilligkeit zu verneinen.[129] Der Verbraucher muss lediglich nur selbst die Entscheidungsmöglichkeit haben, ob ihm für die Teilnahme die Preisgabe seiner Daten wert ist.[130] Insbesondere erfüllt eine Einwilligung alle Voraussetzungen, wenn sich aus ihr klar ergibt, welche einzelnen Maßnahmen welcher Unternehmen von der Verarbeitung der Daten erfasst sind.[131] Dementsprechend widerspricht die Verwendung von Daten als Zahlungsmittel in einem synallagmatischen Gegenleistungsverhältnis nicht dem Kopplungsverbot der DS-GVO.[132] Damit kommt dem Kopplungsverbot in erster Linie eine **Transparenzfunktion** zu, so dass jemand der mit Daten bezahlen lassen will, dies auch dem

---

[121] BGH, 26.6.1976 – VI ZR 68/75, NJW 1976, 1790; *Unseld*, Die Kommerzialisierung personenbezogener Daten, S. 108f.; *Ohly*, „Volenti non fit iniuria", S. 410.
[122] MüKoBGB/*Emmerich*, Vorb. zu §§ 320ff. Rn. 3; *Langhanke*, Daten als Leistung, S. 130.
[123] *Larenz*, Schuldrecht Allgemeiner Teil, S. 187; *Langhanke*, Daten als Leistung, S. 131.
[124] *Rogosch*, Die Einwilligung im Datenschutzrecht, S. 41 f.; *Haag*, Direktmarketing mit Kundendaten aus Bonusprogrammen, S. 44ff.; *Langhanke*, Daten als Leistung, S. 131.
[125] *Jöns*, Daten als Handelsware, S. 127 ff.; *Langhanke*, Daten als Leistung, S. 131; *Buchner*, DuD 2010, 39; *Rogosch*, Die Einwilligung im Datenschutzrecht, S. 44; *Beisenherz/Tinnefeld*, DuD 2011, 110, 114.
[126] *Spindler*, MMR 2016, 147, 150.
[127] Erwägungsgrund 42 DS-GVO.
[128] *Schmidt-Kessel*, Personenbezogene Daten als Tauschmittel; *Langhanke*, Daten als Leistung, S. 137.
[129] OLG Frankfurt a. M., 27.6.2019 – 6 U 6/19, ZD 2019, 507; OLG Frankfurt a. M., 28.7.2016 – 6 U 93/15, ZD 2017, 33; so auch *Köhler/Bornkamm*, § 7 UWG Rn. 149 f.
[130] OLG Frankfurt a. M., 27.6.2019 – 6 U 6/19, ZD 2019, 507.
[131] BGH, 25.10.2012 – I ZR 169/10, GRUR 2013, 531; BGH, 14.3.2017 – VI ZR 721/15, GRUR 2017, 748; OLG Frankfurt a. M., 27.6.2019 – 6 U 6/19, ZD 2019, 507.
[132] OLG Frankfurt a. M., 27.6.2019 – 6 U 6/19, ZD 2019, 507; so auch *Langhanke*, Daten als Leistung, S. 137; *Spindler*, MMR 2016, 147, 150.

Datenschuldner gegenüber offenlegt.[133] Wenn der Betroffene den Umfang seiner Disposition erkennt und dennoch in freier Selbstbestimmung einwilligt, besteht kein Grund eines zwanghaften Schutzes.[134]

4. Erfüllung durch Leistungshandlung oder Leistungserfolg

Das Schuldverhältnis erlischt gem. § 362 BGB, wenn die geschuldete Leistung bewirkt wurde.[135] Die geschuldete Leistung ist bewirkt, wenn entweder eine bestimmte Verhaltensweise als Leistungshandlung erfolgte oder das Gläubigerinteresse als Leistungserfolg verwirklicht wurde.[136] Naturbedingt wird es sich meistens bei der Zahlung mit Daten um ein **Dauerschuldverhältnis** handeln. In einem Dauerschuldverhältnis wird ein dauerndes bestimmtes Verhalten oder eine wiederkehrende Leistung geschuldet.[137] Hierbei ist entscheidend, dass der Umfang der Gesamtleistung von der Länge der Zeit abhängt und nicht schon von vornherein bestimmt ist.[138] Die Verpflichtung endet nicht mit Erfüllung sondern mit Ablauf der vereinbarten Zeit oder durch Kündigung.[139] Regelmäßig, insbesondere bei Verträgen über digitale Inhalte und Dienstleistungen, werden bei der Zahlung mit Daten nicht nur Stamm- bzw. Bestandsdaten, sondern auch Nutzungsdaten verarbeitet werden.[140] Diese werden über die gesamte Dauer des Schuldverhältnisses erhoben werden. Der Gesamtumfang steht zum Vertragsschluss nicht fest und hängt von dem Betroffenen und seinem Nutzungsverhalten ab. Die Beurteilung der Wirksamkeit der Einwilligung fällt in die Sphäre des Datengläubigers. Der Datenschuldner hat lediglich vertragswidriges Verhalten, welches gegen Treu und Glauben und die im Verkehr erforderliche Sorgfalt verstößt, zu unterlassen.[141] Das Erfüllen der kommerziellen Interessen ist wiederum nicht vom Leistungsumfang eingeschlossen, da der Leistende hierauf keinerlei Einwirkungsmöglichkeit hat. Das Verwertungsrisiko liegt bei der datenverarbeitenden Stelle.[142] Demnach hat der Datenschuldner seine Leistungspflicht erst erfüllt, wenn er die erforderliche Erklärung abgegeben hat und diese für den Leistungszeitraum wirksam weiter besteht.[143]

5. Inhaltskontrolle

In der Praxis stellt sich die Frage des Maßstabs der **Inhaltskontrolle** eines Vertrages mit Daten als Leistung.[144] Die Kontrollnotwendigkeit ergibt sich aus den Regelungsregimen der Klauselrichtlinie 93/13/EWG.[145] Insbesondere, wenn die datenschutzrechtliche Einwilligung als Teil der Leistungspflicht angesehen wird, stellt sich dies als problematisch dar. Fraglich ist, inwiefern die AGB-Kontrolle Anwendung auf die datenschutzrechtliche Einwilligung und die zugrundeliegende Datenschutzerklärung findet.[146] Es ist entscheidend, dass das Vertragsrecht das Datenschutzrecht nicht unterlaufen darf.[147] Zu klären ist somit, ob die DS-GVO eine Sperrwirkung nach § 307 Abs. 3 S. 1 BGB ausübt.[148] Eine mögliche

---

[133] *Schmidt-Kessel/Grimm*, Toyohogaku, 191, 199.
[134] *Unseld*, Die Kommerzialisierung personenbezogener Daten, S. 127; *Zscherpe*, MMR 2004, 723, 725; *Bauer*, MMR 2008, 435, 438.
[135] MüKoBGB/*Kramer*, BGB § 241 Rn. 7.
[136] *Dopjans*, Die Bestimmung des Vertragsinhalts in Einführung in das Wirtschaftsrecht, S. 72 ff.
[137] Bamberg/Roth/*Sutschet*, BGB § 241 Rn. 27.
[138] *Larenz*, Schuldrecht Allgemeiner Teil, S. 29.
[139] *Langhanke*, Daten als Leistung, S. 129.
[140] *Langhanke*, Daten als Leistung, S. 130.
[141] *Langhanke*, Daten als Leistung, S. 125.
[142] *Langhanke*, Daten als Leistung, S. 125.
[143] *Langhanke*, Daten als Leistung, S. 124; MüKoBGB/*Fetzer*, BGB § 362 Rn. 2.
[144] *Wendehorst/v. Westphalen*, NJW 2016, 3745, 3748.
[145] Siehe Verweis in Erwägungsgrund 42 DS-GVO; *Schmidt-Kessel/Grimm*, Toyohogaku, 191, 212.
[146] *Wendehorst/v. Westphalen*, NJW 2016, 3745, 3748.
[147] *Wendehorst/v. Westphalen*, NJW 2016, 3745, 3748.
[148] *Wendehorst/v. Westphalen*, NJW 2016, 3745, 3749.

Abhilfe könnte die Konstruktion der datenschutzrechtlichen Kontrolle als *lex specialis* zum normalen Vertragsrecht bieten. Der BGH wendet in seinen Entscheidungen zu Payback[149] und HappyDigits[150] einen rein datenschutzrechtlichen Beurteilungsmaßstab an. Auch das OLG Frankfurt a. M. untersucht die Verwendung der personenbezogenen Daten als Leistung aus einer rein datenschutzrechtlichen Perspektive.[151] Der EuGH hat ebenso einen datenschutzrechtlichen Prüfungsmaßstab bei Fragen der Rechtmäßigkeit der Leistung von Daten angewandt.[152] In Anbetracht der kommerziellen Interessen an der Verarbeitung von Daten scheint eine alleinige Prüfung nach den Vorgaben der DS-GVO, welche keinerlei Regelungen zu dem vertraglichen Gefüge wechselseitiger Pflichten enthält, allerdings nicht überzeugend.[153] Vielmehr könnte man annehmen, dass die Einwilligung zusammen mit der Datenschutzerklärung als Teil der Vertragsbestimmung nach § 305 Abs. 1 S. 1 BGB der vollen AGB-Kontrolle unterliegt.[154] Die DS-GVO und §§ 305 ff. BGB stellen teilweise gleichlaufende, teilweise wechselseitig ergänzende Schutzregime zu Gunsten des Verbrauchers dar, wonach eine weitgefasste Inhaltskontrolle durchaus im Interesse des europäischen Gesetzgebers erscheint.[155] Demnach bleibt es abzuwarten, inwiefern die richterliche Inhaltskontrolle die Verkehrsfähigkeit von Daten einzuschränken vermag.[156] Hierzu bedarf es einer klaren rechtlichen Bestimmung, welche den Umfang der Inhaltskontrolle der datenschutzrechtlichen Einwilligung und des zugrunde liegenden Schuldverhältnisses bei der Verwendung von Daten als Zahlungsmittel umfasst.[157]

29 **Fallbeispiel Facebook:**

Als praxisnahes Beispiel für einen schuldrechtlichen Vertrag werden die Nutzungsbedingungen von Facebook betrachtet.[158] In der heutigen digitalen Geschäftspraxis werden standardisierte und formalisierte Einwilligungserklärungen verwendet, die besonders in der Social Media Branche häufig in Verflechtung mit den Allgemeinen Geschäftsbedingungen auftreten.[159] So heißt es in den Nutzungsbedingungen von Facebook:

„Aus diesem Grund musst du Folgendes tun:
- Denselben **Namen** verwenden, den du auch im täglichen Leben verwendest.
- Genaue und korrekte Informationen über dich zur Verfügung stellen".[160]

Mit der Einwilligung in die Nutzungsbedingungen von Facebook verpflichtet sich der Betroffene damit zur Angabe seines Namens und weiterer Informationen. Hierin beinhaltet ist die Angabe von wahren Daten. Weiter heißt es:

30 „Anstatt dafür zu zahlen, Facebook sowie die anderen von uns angebotenen Produkte und Dienste zu nutzen, erklärst du dich durch Nutzung der Facebook-Produkte, für die diese Nutzungsbedingungen gelten, einverstanden, dass wir dir Werbeanzeigen zeigen dürfen, für deren Hervorhebung innerhalb und außerhalb der Produkte der Facebook-Unternehmen wir von Unternehmen und Organisationen bezahlt werden. **Wir verwenden deine personenbezogenen Daten**, wie zB Informationen über deine Aktivitäten und Interessen, um dir Werbeanzeigen zu zeigen, die relevanter für dich sind."[161]

---

[149] *BGH*, 16.7.2008 – VIII ZR 348/06, GRUR 2008, 1010 – „Payback-Urteil".
[150] *BGH*, 11.11.2009 – VIII ZR 12/08, NJW 2010, 864 – „HappyDigits-Urteil".
[151] *OLG Frankfurt a. M.*, 27.6.2019 – 6 U 6/19, ZD 2019, 507; *Köhler/Bornkamm*, UWG, § 7 Rn. 149g.
[152] *EuGH*, 1.10.2019 – C-673/17 – „Planet49-Urteil"; *EuGH*, 29.7.2019 – C-40/17 – „Facebook Like Button-Urteil".
[153] *Wendehorst/v. Westphalen*, NJW 2016, 3745, 3748.
[154] *Wendehorst/v. Westphalen*, NJW 2016, 3745, 3750.
[155] *Wendehorst/v. Westphalen*, NJW 2016, 3745, 3750.
[156] *Schmidt-Kessel/Grimm*, Toyohogaku, 191, 212.
[157] *Spindler*, MMR 2016, 147, 150.
[158] https://www.facebook.com/terms.php (abgerufen: 23.10.2019).
[159] *Roßnagel/Friedewald/Hansen/Rothmann*, Die Fortentwicklung des Datenschutzrechts, S. 60.
[160] https://www.facebook.com/terms.php.
[161] https://www.facebook.com/terms.php.

C. Schuldrechtliche Einordnung von Daten als Zahlungsmittel 6

Die Nutzungsbedingungen beschreiben das **Austauschverhältnis** zwischen dem Nutzer 31
und Facebook. Facebook gewährt Zugang zu den Produkten und Dienstleistungen, währenddessen erklärt sich der Nutzer mit der Verarbeitung seiner Daten zum Zweck personalisierter Werbung einverstanden. Das Interesse des Datengläubigers an der Nutzung der Daten und der rechtlichen Abhängigkeit der eigenen Leistung von den Nutzungsmöglichkeiten begründet hierbei die Leistungspflicht zur Bereitstellung von Daten in einem solchen Schuldverhältnis.[162] Facebook bestätigt das Leistungsinteresse an den Daten des Nutzers mehrfach:

„Um dein Erlebnis zu personalisieren, **verwenden wir die uns zur Verfügung stehenden** 32
Daten – beispielsweise über von dir hergestellte Verbindungen, Optionen und Einstellungen, die du wählst, und was du auf unseren Produkten sowie außerhalb dieser tust. [...]
Wir verwenden die uns zur Verfügung stehenden Daten, um dir und anderen Vorschläge zu unterbreiten – zum Beispiel für den Beitritt zu Gruppen, die Teilnahme an Veranstaltungen, das Abonnieren von oder Senden von Nachrichten an Seiten, das Ansehen von Shows sowie Personen, die du möglicherweise als Freund/in hinzufügen möchtest. [...]
Dazu gehört auch, dass wir **die Daten analysieren, die wir über unsere Nutzer besitzen**, und ein Verständnis dafür entwickeln, wie Menschen unsere Produkte nutzen, beispielsweise indem wir Umfragen, Tests und Problembehebungen für neue Funktionen durchführen. [...] Zum Beispiel **verwenden wir Daten über die Personen**, mit denen du auf Facebook interagierst, um es dir zu erleichtern, dich mit ihnen auf Instagram oder im Messenger zu verbinden"[163]

Es zeigt sich somit die Bedeutung von Daten für das Geschäftsmodell. Aus den Nutzungs- 33
bedingungen lässt sich erkennen, dass die Daten verarbeitet werden, um personalisierte Werbung zu schalten, Erlebnisse zu personalisieren, Vorschläge zu unterbreiten, Nutzerverhalten zu analysieren und anwendungsübergreifend Nutzerprofile zu erstellen. Zwar wird durch die Einwilligung insofern Transparenz geschaffen, einem Großteil der Nutzer von Facebook sind gleichzeitig die Nutzungsbedingungen nicht bewusst.[164] Im Fall von Facebook bestehen die AGBs neben den „Nutzungsbedingungen" noch aus der „Datenrichtlinie" und der „Cookie-Richtlinie". Hier wird noch detaillierter die Verarbeitung der personenbezogenen Daten des Nutzers beschrieben. Die Facebook AGB verlinken zudem noch auf mindestens zehn weitere Dokumente, welche je nach Nutzertyp und Verwendung des Dienstes zusätzliche Regelungen enthalten. Es ergibt sich ein digital-fragmentiertes Vertragskonvolut, welches dem Nutzer die Leistung von Daten und die Einräumung von Nutzungsrechten auferlegt.[165] Anhand dieses Beispiels zeigt sich, wie sich die Einwilligung in der Praxis zu einem Kommerzialisierungsinstrument für personenbezogene Daten entwickelt hat.

III. Durchsetzbarkeit der Leistungspflicht

Es ist fraglich, ob es der datenverarbeitenden Stelle gelingen würde, einen Titel auf Bereit- 34
stellung der geschuldeten Daten und Einwilligung zur Verarbeitung dieser zu erhalten.[166] Die datenschutzrechtliche Einwilligung wird bei Verträgen über digitale Inhalte oder Dienstleistungen regelmäßig zeitgleich mit dem Vertragsschluss erteilt, weshalb die Bedeutung der Durchsetzbarkeit in der Praxis von untergeordneter Bedeutung sein mag.[167] Neben der vollkommenen Verbindlichkeit, also der einklagbaren Leistungspflicht, existiert

---

[162] *Schmidt-Kessel/Grimm*, Toyohogaku, 191, 201.
[163] https://www.facebook.com/terms.php.
[164] *Roßnagel/Friedewald/Hansen/Rothmann*, Die Fortentwicklung des Datenschutzrechts, S. 61.
[165] *Roßnagel/Friedewald/Hansen/Rothmann*, Die Fortentwicklung des Datenschutzrechts, S. 61.
[166] *Langhanke*, Daten als Leistung, S. 125; *Dasch*, Die Einwilligung zum Eingriff in das Recht am eigenen Bild, S. 66 f.
[167] *Langhanke*, Daten als Leistung, S. 125.

auch die **unvollkommene Verbindlichkeit,** welche nicht vom Gläubiger im Wege der Klage und der Zwangsvollstreckung durchgesetzt werden kann.[168] Die Unvollkommenheit der Verbindlichkeit muss sich allerdings aus den Willenserklärungen der Parteien ergeben, was allerdings regelmäßig nicht der Fall sein dürfte.[169] Aber auch wenn man von einer vollkommenen Verbindlichkeit ausgeht, ist die Durchsetzbarkeit äußerst zweifelhaft.[170] Die Widerruflichkeit der Einwilligung ist als Ausprägung des Rechts auf informationelle Selbstbestimmung in Deutschland grundrechtlich geschützt, wonach sich dieser Schutz auch auf die schuldrechtliche Ebene durchschlagen muss.[171] Eine abweichende Vereinbarung ist nach § 134 BGB nichtig.[172] Insbesondere kann die Ausübung von Persönlichkeitsrechten nicht auf dem Wege der Zwangsvollstreckung gem. § 888 Abs. 3 ZPO bewirkt werden.[173] Eine solche Konstellation existiert beispielsweise im Prostitutionsvertrag, in dem der Anspruch des Kunden auf Vornahme sexueller Handlungen aufgrund der Unvereinbarkeit mit dem Recht auf sexuelle Selbstbestimmung verneint wird.[174] Wird allerdings freiwillig geleistet, besteht ein rechtswirksamer Anspruch auf Zahlung des Entgelts gem. § 1 S. 1 ProstG. Diese Konstellation ist durchaus auch bei der Zahlung mit Daten denkbar. Hieraus ergibt sich, dass es nur insofern einen Rechtsanspruch gibt, solange der Betroffene dies zulässt.[175]

IV. Widerruf der Einwilligung

35 Besondere Abgrenzungsprobleme zwischen dem Datenschutzrecht und der schuldrechtlichen Verpflichtung zur Zahlung von Daten präsentieren sich bei der Betrachtung der Möglichkeit des jederzeitigen Widerrufs der datenschutzrechtlichen Einwilligung nach Art. 7 Abs. 3 DS-GVO, insbesondere in Verbindung mit dem Recht auf Vergessenwerden nach Art. 17 Abs. 1 DS-GVO.[176]

1. Dogmatisches Problem des jederzeitigen Widerrufs

36 Die **jederzeitige Widerrufbarkeit** führt als zusätzliches Vertragsauflösungsrecht zu einem dogmatischen Problem, welches mit der zivilrechtlichen Rechtsordnung grundsätzlich nicht vereinbar ist.[177] Die Digitale-Inhalte-RL verweist in Bezug auf diese Fragestellung auf das nationale Recht.[178] Eine Lösung bietet die entsprechende Anwendung der Gesetze über den Prostitutionsvertrag. Praktikabler erscheint es allerdings, erst mit der Erklärung des Widerrufs den Erfüllungsanspruch erlöschen zu lassen.[179] Eine Beschränkung der Widerruflichkeit der Einwilligung nach der DS-GVO wäre theoretisch auch denkbar.[180] Hierzu würde es allerdings einer Überarbeitung des Datenschutzrechts benötigen, so dass die Einwilligung als Teil eines Rechtsgeschäfts nur noch unter bestimmten Voraussetzun-

---

[168] Bamberg/Roth/*Sutschet,* BGB § 241 Rn. 24.
[169] *Schulze,* Die Naturalobligation, S. 252; *Langhanke,* Daten als Leistung, S. 126.
[170] *Langhanke,* Daten als Leistung, S. 127.
[171] *Schmidt-Kessel/Grimm,* Toyohogaku, 191, 200.
[172] *Langhanke,* Daten als Leistung, S. 123 f.
[173] BGH, 20.6.1978 – X ZR 49/75, GRUR 1978, 583; *Dasch,* Die Einwilligung zum Eingriff in das Recht am Bild, S. 67; *Langhanke,* Daten als Leistung, S. 128.
[174] MüKoBGB/*Armbrüster,* ProstG § 1 Rn. 7; *Langhanke,* Daten als Leistung, S. 113.
[175] *Reimer,* Die datenschutzrechtliche Zustimmung, S. 174.
[176] *Mak,* The new proposal for harmonised rules on certain aspects concerning contracts for the supply of digital content, S. 6; *Forgo/Zöchling-Jud,* S. 247.
[177] *Buchner,* Informationelle Selbstbestimmung im Privatrecht, S. 270; *Langhanke,* Daten als Leistung, S. 117.
[178] Erwägungsgrund 40 Digitale-Inhalte-RL.
[179] *Schmidt-Kessel/Grimm,* Toyohogaku, 191, 210.
[180] Dafür: *Jöns,* Daten als Handelsware, S. 284; *Langhanke,* Daten als Leistung, S. 117; *Bergmann/Möhrle/Herb,* Datenschutzrecht, § 4a Rn. 24 ff.; *Roßnagel/Holznagel/Sonntag,* Datenschutzrecht, S. 702, *Gola/Schomerus,* BDSG § 4a Rn. 18a.

C. Schuldrechtliche Einordnung von Daten als Zahlungsmittel

gen möglich sei.[181] Auch ein Vergleich mit dem Umgang mit dem Recht am eigenen Bild, bei dem eine Unwiderruflichkeit nach herrschender Ansicht in der Literatur möglich ist, hilft nicht.[182] Im Unterschied zum Recht am eigenen Bild werden Daten regelmäßig als nicht verkörperte Leistung in einem Dauerschuldverhältnis übertragen.[183] Dies beinhaltet die Gefahr der grenzenlosen Erhebung personenbezogener Daten durch die datenverarbeitende Stelle sowie auch Dritte. Aus diesem Grund ist im Datenschutzrecht ein höheres Schutzniveau erforderlich.[184] In der aktuellen Gesetzeslage ist dementsprechend eine solche Beschränkung oder ein privatautonomer Ausschluss des Widerrufsrechts nicht möglich.[185] Als Bestandteil einer überindividuellen, objektiven Werteordnung ist das Widerrufsrecht für das Recht auf informationelle Selbstbestimmung unabdingbar.[186] Zur Lösung des Problems bedarf es somit der Stellungnahme des Gesetzgebers. Der deutschen Rechtsordnung sind derartige Konstellation auch nicht komplett fremd, wie beispielsweise die Einrede nach § 320 BGB, das Widerrufsrecht bei Verbraucherverträgen nach §§ 355 ff. BGB oder das Recht zur fristlosen Kündigung nach § 627 BGB zeigt.[187] Die jederzeitige Widerrufbarkeit der Einwilligung hindert trotz des dogmatischen Problems nicht die Verpflichtung zur Zahlung von Daten.[188]

2. Auswirkungen des Widerrufs auf das zugrunde liegende Verpflichtungsgeschäft

Das **Trennungs- und Abstraktionsprinzip** findet auch auf das Verhältnis zwischen der datenschutzrechtlichen und der schuldrechtlichen Ebene Anwendung.[189] Die Einwilligung stellt unabhängig von dem Zuspruch eines verfügungsähnlichen Charakters eine die schuldrechtliche Verpflichtung des Nutzers vollziehende Handlung dar. Dementsprechend ist das Verpflichtungsgeschäft von der Einwilligung zu trennen und unabhängig ihrer Wirksamkeit zu beurteilen.[190] Somit bleibt trotz Widerrufs der Einwilligung die Verpflichtung zur Zahlung von Daten und der Erteilung der Einwilligung wirksam. Dennoch wird der Datenschuldner regelmäßig ab dem Zeitpunkt des Widerrufs nicht mehr leisten, weshalb er seiner Leistungspflicht nicht mehr nachkommt.[191] Die Schadensersatzhaftung ist verschuldensabhängig, wonach die Parteien nur für rechtswidriges Verhalten zu haften haben, welches sie vertreten müssen.[192] Rechtswidrigkeit liegt im Vertragsrecht grundsätzlich vor, wenn eine Pflichtverletzung gegeben ist, die nicht durch einen besonderen Rechtfertigungsgrund gestattet wird.[193] Der Betroffene kommt durch den Widerruf der Einwilligung seiner Leistungspflicht nicht nach, allerdings ist aufgrund der persönlichkeitsrechtlichen Relevanz zu überprüfen, ob das Verhalten durch das Recht auf informationelle Selbstbestimmung gerechtfertigt sein könnte.[194] Da der Widerruf allerdings nach Art. 7 Abs. 3 DS-GVO jederzeit vorgesehen ist, stellt sich die Frage, ob der Datengläubiger überhaupt auf den Fortbestand der Einwilligung vertrauen durfte.[195] Richtigerweise hat der

---

[181] *Buchner*, Informationelle Selbstbestimmung im Privatrecht, S. 270.
[182] *Ohly*, „Volenti non fit iniuria", S. 347.
[183] *Langhanke*, Daten als Leistung, S. 125.
[184] *Langhanke*, Daten als Leistung, S. 118.
[185] *Götting*, Persönlichkeitsrechte als Vermögensrechte, S. 151; für einen Ausschluss des Widerrufsrechts *Weichert*, NJW 2001, 1463, 1467.
[186] *Langhanke*, Daten als Leistung, S. 118.
[187] Erman/*Westermann*, BGB, Vor § 320 Rn. 5 ff.
[188] *Langhanke*, Daten als Leistung, S. 119.
[189] So *Langhanke*, Daten als Leistung, S. 167; *Schmidt-Kessel/Grimm*, Toyohogaku, 191, 214; *Metzger*, AcP 2016, 817, 833.
[190] *Metzger*, AcP 2016, 817, 831 ff.; *Specht*, CR 2017, 763, 766.
[191] *Langhanke*, Daten als Leistung, S. 138.
[192] Bamberg/Roth/*Unberath*, BGB § 276 Rn. 5.
[193] Schulze/Dörner/Ebert/*Schulze*, BGB Handkommentar, § 276 BGB Rn. 4.
[194] *Langhanke*, Daten als Leistung, S. 138.
[195] *Schnabel*, ZUM 2008, 657, 679; *Langhanke*, Daten als Leistung, S. 119.

Einwilligungsempfänger jederzeit mit dem Widerruf zu rechnen.[196] Der Datengläubiger kann sich nicht darauf berufen, in seinem Vertrauen auf die legitimierte Verarbeitung der Daten verletzt zu sein.[197] Wie gezeigt, würden auch eventuelle Nacherfüllungsansprüche nicht der Vollstreckung unterliegen.[198] Es erscheint allerdings angemessen, in Anlehnung an das Mietrecht in einem solchen Fall ein Kündigungsrecht des Datengläubigers gem. § 543 Abs. 2 Nr. 1 BGB anzunehmen.[199] Es stellt sich grundsätzlich die Frage, ob aufgrund des prekären Charakters generell beidseitig eine freie Kündigung möglich sein sollte.[200] Wird der digitale Inhalt vollständig überlassen, führen die geschilderten vertraglichen Grundsätze nicht zu einem Interessensausgleich.[201] Aufgrund der Vervielfältigungsmöglichkeiten von digitalen Inhalten erscheint es faktisch unmöglich eine vollkommene Rückholung zu erwarten. Im Fernabsatzvertrag ist aus diesem Grund ein Ausschluss des Widerrufsrechts für Verbraucher gem. § 356 Abs. 5 BGB vorgesehen.[202] Eine derartige Situation würde einen entsprechenden Wertersatzanspruch im Falle des Widerrufs der Einwilligung erfordern. Hierzu bedarf es allerdings einer Änderung des geltenden Rechts.

V. Leistungsstörung bei der Zahlung mit Daten

38 Fraglich ist, welche Folgen eine **Leistungsstörung** bei der Zahlung mit Daten hat.[203] Eine Pflichtverletzung liegt nach § 280 BGB dann vor, wenn der Schuldner in unberechtigter Weise von der geschuldeten Leistungshandlung abweicht.[204] Bei der Zahlung mit Daten stellt die Überlassung von Daten und die Einwilligung in die Verarbeitung die Hauptleistungspflicht des Betroffenen dar.[205] Da allerdings wie gezeigt der jederzeitige Widerruf der Einwilligung vom Gesetzgeber vorgesehen ist, ist es äußerst fragwürdig, ob die von vornherein nie erteilte Einwilligung trotz Möglichkeit schadensersatzpflichtig ist.[206] Grundsätzlich kommen Ansprüche nach §§ 280, 281 und 323 BGB in Betracht.[207] Auch die §§ 275 ff., §§ 320 ff. BGB finden mangels spezieller gesetzlicher Regelungen Anwendung.[208] Auch bei der Angabe falscher Daten könnte eine Pflichtverletzung vorliegen. Wurde die Überlassung bestimmter personenbezogener Daten oder die Richtigkeit der Daten, beispielsweise bei Stamm- bzw. Bestandsdaten vereinbart, könnte eine Falschangabe eine Pflichtverletzung darstellen. In dem gegenseitigen Schuldverhältnis darf der Datengläubiger bei entsprechender Vertragsgestaltung darauf vertrauen, dass der Datenschuldner seine Leistungshandlung wahrheitsgetreu durchführt.[209] Eine Haftung des Datenschuldners ist auch in Fällen der Täuschung oder der fahrlässigen Irreführung hinsichtlich der Kontinuität der Nutzungsbefugnis und der Absicht für den Widerruf denkbar.[210] Hierbei ist vor allem zu überprüfen, ob hierdurch die Freiheit zum Widerruf beeinflusst werden würde. In der Praxis werden allerdings häufig der Nachweis und die Berechnung des eigenen Schadens nicht gelingen.[211] Die Leistung mit mangelhaften Daten durch den Datenschuld-

---

[196] *Langhanke*, Daten als Leistung, S. 141.
[197] *Langhanke*, Daten als Leistung, S. 141.
[198] *Specht*, JZ 2017, 763, 767.
[199] *Metzger*, AcP 2016, 817, 864; *Specht*, CR 2017, 763, 768.
[200] *Schmidt-Kessel/Grimm*, Toyohogaku, 191, 203.
[201] *Specht*, JZ 2017, 763, 770.
[202] *Specht*, JZ 2017, 763, 769.
[203] *Spindler*, MMR 2016, 147, 150.
[204] *Prütting/Wegen/Weinreich/Schmidt-Kessel*, BGB § 280 Rn. 10.
[205] *Langhanke*, Daten als Leistung, S. 138.
[206] *Metzger*, AcP 2016, 817, 851.
[207] *Metzger*, AcP 2016, 817, 851.
[208] *Metzger*, AcP 2016, 817, 852.
[209] *Langhanke*, Daten als Leistung, S. 142.
[210] *Schmidt-Kessel/Grimm*, Toyohogaku, 191, 211.
[211] Schmidt-Kessel/Kramme/*De Franceschi*, Geschäftsmodelle in der digitalen Welt; *Langhanke*, Daten als Leistung, S. 143.

C. Schuldrechtliche Einordnung von Daten als Zahlungsmittel

ner verletzt das Vertrauens- und Integritätsinteresse des Datengläubigers.[212] Begeht der Datenschuldner eine entsprechende Pflichtverletzung, erhält der Datengläubiger das Recht zur Kündigung gem. § 543 Abs. 2 Nr. 1 BGB oder zum Schadensersatz gem. § 536a BGB. Auch bereicherungsrechtliche Ansprüche auf Wertersatz nach § 818 Abs. 2 BGB sind denkbar.[213] Fraglich ist allerdings, in welcher Höhe der Schaden zu beziffern ist.[214] Natürlich kann auch eine Pflichtverletzung durch den Datengläubiger vorliegen. Auch hier stellt sich die Frage der Bewertung eines entstandenen Schadens.[215]

VI. Rückabwicklung der Zahlung von Daten

Es kann durch verschiedene Situationen zu einer **Rückabwicklung** der Zahlung von Daten führen. Zum einen erweitert der New Deal for Consumers das 14-tägige Widerrufsrecht auf Verträge, bei denen mit Daten bezahlt wurde.[216] Auch bei einer Kündigung bzw. einem Rücktritt stellt sich die Frage der Rückabwicklung des Schuldverhältnisses.[217] Das Zivilrecht ist auf die Rückabwicklung von Sachen zugeschnitten. Bezüglich personenbezogener Daten und ihrer Nutzung ergibt sich hier eine neue Situation, welche einer Anpassung bedarf.[218] Fraglich ist, wie in der Praxis ein **Rückabwicklungsverhältnis** dargestellt werden soll. Nach dem **Identitätsgebot** muss grundsätzlich die Rückzahlung durch dasselbe Zahlungsmittel erfolgen, mit dem der Verbraucher geleistet hat.[219] Eine Abweichung kann zwar ausdrücklich mit dem Verbraucher, solange ihm dadurch keine Kosten entstehen, vereinbart werden, allerdings nicht über die Allgemeinen Geschäftsbedingungen.[220] Aufgrund der Natur von Daten und der Möglichkeit der Vervielfältigung könnte argumentiert werden, dass auch hier das Löschen der Daten genügen könnte.[221] Allerdings wird sich hier die Abgrenzungsfrage zu dem Widerruf der datenschutzrechtlichen Einwilligung stellen. Hierbei ist insbesondere zu betrachten, dass der datenschutzrechtliche Widerruf *ex nunc* wirkt, während der verbraucherrechtliche Widerruf *ex tunc* seine Wirkung entfaltet. Hierbei ist somit besonders zu klären, wie mit aus der Verwertung der Daten stammenden Einnahmen umzugehen ist. Nachdem sich der europäische Gesetzgeber hierzu weder im New Deal for Consumers noch in der Digitale-Inhalte-RL geäußert hat, ist eine Klärung abzuwarten.

VII. Zwischenergebnis

Die Behandlung von Daten als Zahlungsmittel ist nach den Regelungen des deutschen Schuldrechts möglich. Zwar ergeben sich deutliche Einschränkungen aufgrund der übergeordneten Datenschutzgrundverordnung und der in ihr verankerten Berechtigung des jederzeitigen Widerrufs der datenschutzrechtlichen Einwilligung und damit verbundene Probleme mit der Durchsetzbarkeit einer Verpflichtung zur Leistung von Daten. Dennoch ist das grundsätzliche Zustandekommen eines Vertrages mit dem Inhalt Daten als Zahlungsmittel und eine damit verbundene Einordnung als entgeltliches, synalagmatisches Schuldverhältnis möglich.

---

[212] *Langhanke*, Daten als Leistung, S. 137; *Schmidt-Kessel/Grimm*, Toyohogaku, 191, 211.
[213] *Metzger*, AcP 2016, 817, 860.
[214] *Schwartmann/Hentsch*, PING 2016, 117, 125; *Wandtke*, MMR 2017, 6.
[215] *Schmidt-Kessel/Grimm*, Toyohogaku, 191, 213.
[216] Erwägungsgrund 31 Richtlinie zur besseren Durchsetzung und Modernisierung der EU-Verbraucherschutzvorschriften.
[217] MüKoBGB/*Gaier*, BGB § 314 Rn. 14.
[218] *Faust*, 71. Deutscher Juristentag 2016, A 41.
[219] *Omlor*, NJW 2014, 1703; *Schomburg*, VuR 2014, 18.
[220] *Omlor*, NJW 2014, 1703; *Schomburg*, VuR 2014, 18.
[221] Stellungnahme 8/2018 des Europäischen Datenschutzbeauftragten, abrufbar unter https://edps.europa.eu/sites/edp/files/publication/18-10-05_opinion_consumer_law_en.pdf.

D. Einschränkungen nach dem Vorbild der Unentgeltlichkeit

41 Der Europäische Gesetzgeber erklärt ausdrücklich, dass Daten nicht als Ware zu behandeln sind.[222] Hieraus ergibt sich die Frage, ob aufgrund der Bedeutung von Daten die Vertragsbindungen nach dem Vorbild der Regelungen für unentgeltliche Verträge eingeschränkt werden sollten.[223] **Unentgeltliche Verträge** sind dadurch gekennzeichnet, dass die Vertragsbindung leichter aufzulösen ist als bei entgeltlichen. Beispielsweise sehen die Vorschriften der Schenkung, der Leihe, des Auftrags oder der unentgeltlichen Verwahrung zahlreiche Anordnungen vor, die großzügige Beendigungsmöglichkeiten eröffnen.[224] Begründet wird diese Privilegierung damit, dass dem Leistenden eine Leistungspflicht auferlegt wird, ohne dafür eine Entlohnung zu erhalten. Gleichzeitig soll der Leistungsempfänger sich eine unentgeltliche Leistung auch nicht aufdrängen lassen müssen. Eine unmittelbare Anwendung der etablierten Beschränkungen der Vertragsbindung kommt *de lege lata* nicht in Betracht, weil jeweils entgeltliche Leistungen vorliegen. Nur wenn sich die entsprechende Leistung ohne die Eingabe der Daten nicht erbringen lässt und sich der Anbieter der Leistung auch nicht mehr Rechte an Daten einräumen lässt, als zur Erbringung der Leistung erforderlich ist, ist die Entgeltlichkeit nicht gegeben.[225] Die rechtspolitische Frage nach der Etablierung entsprechender Bindungsschwächen für die hier untersuchten Konstellationen ist damit jedoch noch nicht beantwortet.[226] Dem Schuldverhältnis mit der Verwendung von Daten als Zahlungsmittel fehlt es allerdings an der **altruistischen Grundprägung**.[227] Grundinteresse des Datengläubigers ist es seine Leistung zu erfüllen, um im Gegenzug die Daten des Schuldners zu verwerten und einen wirtschaftlichen Wert für sich zu erzeugen. Die Parteien leisten dementsprechend in Vertrauen auf die Vertragsbindung. Der Datengläubiger geht davon aus, die Daten entsprechend der erteilten datenschutzrechtlichen Einwilligung zur Gewinnbringung zu verwerten. Sein Vertrauen auf die Nutzungsbefugnis ist allerdings lediglich für die Vergangenheit geschützt. Für die Zukunft ist aufgrund der jederzeitigen Widerrufbarkeit der datenschutzrechtlichen Einwilligung dieses Vertrauen nicht gegeben.[228] Auf Grund der Erweiterung des 14-tägigen Widerrufsrechts durch den New Deal for Consumer stellt sich die Frage, ob der Unternehmer auch nicht auf die Nutzungsbefugnis innerhalb der ersten 14 Tage nach Vertragsschluss vertrauen kann.[229] Allerdings spricht dies eben gerade nicht für eine Einordnung als unentgeltlicher Vertrag, da genau diese Behandlung von Daten den entgeltlichen Regelungen entspricht. Eine mögliche Einschränkung von Daten als Zahlungsmittel ergibt sich eventuell bei Betrachtung der Haftungsregelungen. Auch hier soll die Privilegierung von unentgeltlichen Verträgen[230] gegenüber dem allgemeinen Haftungsmaßstab des § 276 BGB dem altruistischen Ursprung der Leistung Rechnung tragen.[231] Es ergibt sich allerdings *de lege lata*, dass diese Haftungsprivilegierung nicht auf Daten als Zahlungsmittel anwendbar ist, da die Möglichkeit der Datennutzung über die datenschutzrechtliche Einwilligung nach Art. 7, 6 Abs. 1 lit. a DS-GVO eingeräumt wird.[232] Die Richtlinien zielen gerade darauf ab, die gleichen Rechtsfolgen in Bezug auf Verbraucherschutz bei der Zahlung mit Daten zu bewirken, wie sie bei entgeltlichen Geschäften bereits vorliegen. Insbesondere, da eine Einordnung als unentgeltlicher Vertrag

---

[222] Erwägungsgrund 24 Digitale-Inhalte-RL.
[223] *Artz / Gsell / Zöchling-Jud*, Verbrauchervertragsrecht und digitaler Binnenmarkt, S. 139.
[224] Siehe §§ 527f., § 530, §§ 604f., § 671, §§ 695f. BGB.
[225] *Faust*, 71. Deutscher Juristentag 2016, A 29.
[226] *Schmidt-Kessel/Grimm*, Toyohogaku, 191, 202.
[227] *Schmidt-Kessel/Grimm*, Toyohogaku, 191, 203.
[228] *Specht*, JZ 2017, 763, 770.
[229] Erwägungsgrund 31 Richtlinie zur besseren Durchsetzung und Modernisierung der EU-Verbraucherschutzvorschriften.
[230] Vergleiche § 31a, § 31b, § 521, § 523, § 524, § 599, § 600, § 680, § 690 BGB.
[231] *Schmidt-Kessel/Grimm*, Toyohogaku, 191, 205.
[232] *Spindler*, MMR 2016, 147, 150; *Schmidt-Kessel*, K&R 2014, 475, 480.

den Datengläubiger schützen würde, erscheint eine Einschränkung nach den Vorgaben der Unentgeltlichkeit somit generell gegen die Intention des europäischen Gesetzgebers zu sein.

E. Diskussion der Folgefragen

Aus den Ausführungen zeigt sich die Notwendigkeit für spezifische Regelungen zur Einordnung von Daten als Zahlungsmittel. Der New Deal for Consumers und die Digitale-Inhalte-RL erweitern zwar den Verbraucherschutz auf Verträge, bei denen der Nutzer mit Daten bezahlt, dennoch überlassen sie die spezifischen vertragsrechtlichen Ausführungen den nationalen Gesetzgebern.[233] Um für einheitliche Regelungen in der EU zu sorgen, bedarf es eines **Datenschuldrechts**, welches auch wie das Geldschuldrecht oder das Warenschuldrecht mit eigenen Regelungen zu Obhutsverhältnissen und Gefahrverteilungen, den besonderen Anforderungen an Daten als Zahlungsmittel Rechnung trägt.[234] Zwar schafft der europäische Gesetzgeber mit der Digitale-Inhalte-RL einheitliche Regeln für digitale Inhalte, für personenbezogene Daten als Leistungsgegenstand fehlt es allerdings noch daran. Wie sich gezeigt hat, erfordert dies auch nicht in jedem Fall neue Sonderregelungen, sondern lediglich klare Rahmenbedingungen. Selbstverständlich gelten auch für Daten als Zahlungsmittel die Regeln des allgemeinen Schuldrechts. Im Zentrum steht die Generalklausel des § 242 BGB, welche in ihrer Flexibilisierungswirkung auch für das Datenschuldrecht Anwendung findet. Auf der dinglichen Ebene darf die Freiheit des jederzeitigen Widerrufs nicht durch das Schuldrecht überlagert werden. Das freie Widerrufsrecht gestattet gezwungenermaßen widersprüchliches Verhalten. Auch die Regeln zu Leistungszeit und Leistungsort finden für das Datenschuldrecht Anwendung, allerdings sind sie in Bezug auf die territorialen Anknüpfungen des Datenschuldrechts zu spezifizieren. Fraglich ist zudem, wie die in der DS-GVO enthaltenen Ansprüche schuldrechtlich erfasst werden sollen.[235] Beispielsweise erscheint eine Integration des Anspruchs auf Auskunft nach Art. 15 DS-GVO in §§ 259 ff. BGB als ungeeignet.[236] Auch der Anspruch auf Berichtigung und Einschränkung der Verarbeitung nach Art. 16, 18 DS-GVO muss in § 346 Abs. 1 BGB beinhaltet werden.

42

Wenn Daten einen eigenen Vermögenswert des Betroffenen darstellen, muss ihnen auch ein eigener Zuweisungsgehalt zukommen.[237] Hieraus könnten sich im Fall des Eingriffs Bereicherungsansprüche nach der Eingriffskondiktion des § 812 Abs. 1 S. 1 Alt. 2 BGB, inklusive der Abschöpfung des Verletzergewinns, ergeben.[238] Dies würde auch gelten, sollte der Personenbezug durch eine Anonymisierung beseitigt worden sein, da hierdurch die Vermögenseigenschaft nicht enden würde.[239] Aus der *inter partes* Wirkung der Einwilligung ergibt sich keine gesicherte absolute Rechtsposition. Es besteht kein eigentumsähnliches Ausschließlichkeitsrecht an personenbezogenen Daten zu einer bestimmten Person im Sinne einer Güterzuordnung.[240] Somit besteht nach herrschender Ansicht *de lege lata* weder Eigentum an derartigen Daten in Analogie zu § 903 BGB noch ein dem Eigentum vergleichbares Recht mit dinglicher Wirkung.[241] Da es somit an dem Dateneigentum fehlt,

43

---

[233] So Erwägungsgrund 40 Digitale-Inhalte-RL.
[234] *Schmidt-Kessel/Grimm*, Toyohogaku, 191, 208.
[235] *Langhanke*, Daten als Leistung, S. 168.
[236] *Schmidt-Kessel/Grimm*, Toyohogaku, 191, 214.
[237] *Zech*, GRUR 2015, 1151; *Specht*, CR 2016, 288.
[238] *Schmidt-Kessel/Grimm*, Toyohogaku, 192, 213.
[239] *Jöns*, Daten als Handelsware, S. 125.
[240] *Jöns*, Daten als Handelsware, S. 125.
[241] *Jöns*, Daten als Handelsware, S. 125; Bräutigam/Klindt/*Zdanowiecki*, Digitalisierte Wirtschaft/Industrie 4.0, S. 23; *Dorner*, CR 2014, 617, 626; *Specht*, CR 2016, 288, 289; *Zech*, CR 2015, 137, 144.

entscheidet das Faktische allein über die Möglichkeit der Verwertung von Daten.[242] Um der datenverarbeitenden Stelle somit eine gesicherte Rechtsposition an den personenbezogenen Daten des Betroffen zuzugestehen, bedarf es der Rechtsfortbildung.[243] Für eine tatsächliche Übertragung von Teilen des Persönlichkeitsrechts bedarf es damit einer konkreten Ausgestaltung. Als Vorbild könnte das im Urheberrecht enthaltene Modell der gebundenen Rechtsübertragung nach §§ 31 ff. UrhG dienen.[244] Insbesondere in Anbetracht der raschen Entwicklung neuer Technologien, wie beispielsweise Kryptowährungen[245], bedarf es einer gesonderten Auseinandersetzung mit dem Dateneigentum. Die Frage nach dem Eigentum an Daten wird je nach Kontext der konkreten Anwendung neu verhandelt werden müssen.[246] In Bezug auf die Detailfragen bleiben der Phantasie keine Grenzen gesetzt, so dass sie sich nahezu ins Unendliche untersuchen lassen. Durch intelligente Hardware sind Speicherung und Verwertung von Daten immer stärker in die analoge Welt eingedrungen. Mit der Entwicklung von autonomen Fahrzeugen, vernetzten Wearables und Big Data Applikationen zeigt sich ein Trend von Geschäftsmodellen, der aktuelle Rechtsgebiete vor neue Herausforderungen stellt. Der europäische Gesetzgeber sollte sich in Anbetracht dieser Entwicklungen nicht nur auf den Datenschutz, sondern eben auch auf die Ermächtigung des Nutzers zur Kommerzialisierung seiner Daten konzentrieren.

F. Ergebnis

44 Grundsätzlich eignen sich personenbezogene Daten als Leistungsgegenstand in einem gegenseitigen Vertrag. Durch das Kommerzialisierungsinstrument der datenschutzrechtlichen Einwilligung ist es möglich gewisse Teile des allgemeinen Persönlichkeitsrechts verwertbar zu machen. Die schuldrechtliche Verpflichtung zur Zahlung von Daten widerspricht auch nicht den Vorgaben des Datenschutzrechts, insbesondere nicht dem Kopplungsverbot, oder den nationalen Bestimmungen. In Anbetracht der jederzeitigen Widerrufbarkeit der datenschutzrechtlichen Einwilligung stellen sich allerdings dogmatische Probleme, welche zu lösen sind. Insbesondere ist eine Durchsetzbarkeit des schuldrechtlichen Anspruchs auf Zahlung von Daten nicht ersichtlich. Allgemein zeigt sich, dass das heutige Schuldrecht nicht für die Zahlung mit Daten vorgesehen ist und auch hier entsprechender Klarstellungs- bzw. Nachbesserungsbedarf besteht. In Anbetracht der aktuellen Geschäftspraxis im digitalen Zeitalter ist somit eine Auseinandersetzung der Rechtswissenschaft und der Politik mit Daten als Zahlungsmittel erforderlich. Es bedarf der Ausgestaltung eines eigenen Vertragstypus für datengetriebene Gegenleistungen.[247] Das Recht darf, wenn es seine sozialtechnische Funktion erfüllen soll, nicht auf Kenntnisse über die Rechtswirklichkeit verzichten.[248] Es ist insofern unverständlich, warum der Gesetzgeber sich dagegen sträubt, nicht nur den verbraucherrechtlichen Schutz zu etablieren, sondern die schuldrechtlichen

---

[242] *Jöns*, Daten als Handelsware, S. 125; *Dorner*, CR 2014, 617, 626; *Specht*, CR 2016, 288, 289; *Zech*, CR 2015, 137, 144; aA *Weichert*, NJW 2001, 1463, 1467.
[243] *Unseld*, Die Kommerzialisierung personenbezogener Daten, S. 186.
[244] *Jöns*, Daten als Handelsware, S. 284; *Unseld*, Die Kommerzialisierung personenbezogener Daten, S. 287.
[245] Der Preis, den ein Verbraucher für den digitalen Inhalt bezahlt, kann gem. Art. 2 Nr. 7 Digitale-Inhalte-RL auch die digitale Darstellung eines Werts sein. Hiermit werden auch Kryptowährungen erfasst, wie beispielsweise weecoin (https://weemat.io/). Dies ist eine digitale Währung, die als Gegenwert die Daten von Nutzern zur Verfügung stellt. Der Nutzer erhält eine virtuelle Coin als Vermögenswert, basierend auf dem Wert seiner Daten. Nach dem Vorbild von Cashback Systemen, wie Payback, soll hieraus eine globale Währung auf Basis der Nutzerdaten entwickelt werden.
[246] *Leonard*, Computing 2016; *Palmetshofer/Semsrott/Alberts*, SVRV 2017, S. 33.
[247] *Specht*, JZ 2017, 763, 770.
[248] *Roßnagel/Friedewald/Hansen/Rothmann*, Die Fortentwicklung des Datenschutzrechts, S. 61; *Rehbinder*, Rechtssoziologie, S. 9.

F. Ergebnis

Rahmenbedingungen zu schaffen.[249] So muss sich der Vorwurf gefallen lassen, dass Gesetzgeber und Politik einer Sensibilisierung der Verbraucher im Hinblick auf Daten als Zahlungsmittel entgegenwirken.[250] Dennoch eröffnen die Digitale-Inhalte-RL und der New Deal for Consumers die wissenschaftliche Diskussion über eine gelebte Vertragspraxis und die damit verbundene ökonomische Analyse der aktuellen Rechtslage.[251]

---

[249] Erwägungsgrund 24 Digitale-Inhalte-RL.
[250] *Specht*, Konsequenzen der Ökonomisierung informationeller Selbstbestimmung: Die zivilrechtliche Erfassung des Datenhandels, S. 67.
[251] *Metzger*, AcP 2016, 817, 826.

Teil 6.5 Synthetische Daten

Übersicht

	Rn.
A. Einleitung	1
B. Anonymisierung und Synthetisierung von Daten	7
I. Randbedingungen	12
II. Modellerstellung	16
1. Vorverarbeitung	17
2. Clustering, dh Entdeckung von Ähnlichkeiten in Datenstrukturen	18
3. Lernen	19
C. Herstellung synthetischer Daten auf Basis von Modellen	20
D. Beispiel für die Synthetisierung von Bewegungsdaten	22
E. Testergebnisse	23
F. Schlussfolgerung	25

Literatur:

Bortz/Lienert, Chi-Quadrat-Goodness-of-Fit-Test nach Springer, Verteilungsfreie Methoden in der Biostatistik, 2008; *Datenethikkommission,* Bericht vom 23.10.2019, abrufbar unter https://www.bmi.bund.de/DE/themen/it-und-digitalpolitik/datenethikkommission/arbeitsergebnisse-der-dek/arbeitsergebnisse-der-dek-node.html;jsessionid=9AA2F601D2D7996B42717E1F03F7E1E4.2_cid287 (zuletzt abgerufen am 10.1.2020); *Lauterbach,* Künstlich Intelligenz begreifen, abrufbar unter https://derstandard.at/2000089718327/Kuenstliche-Intelligenz-begreifen (zuletzt abgerufen am 10.1.2020); *Marr,* The Amazing Ways Google Uses Deep Learning AI, abrufbar unter https://www.forbes.com/sites/bernardmarr/2017/08/08/the-amazing-ways-how-google-uses-deep-learning-ai/#7174d3463204 (zuletzt abgerufen am 10.1.2020); *McKinsey Global Institute,* A Future that words: automation, employment, and productivity, January 2017; *Narayanan/Shmatikov,* Robust De-anonymization of Large Sparse Datasets. IEEE Symposium on Security and Privacy, 2008, abrufbar unter https://ieeexplore.ieee.org/document/4531148 (zuletzt abgerufen am 10.1.2020); *Oganian/Domingo-Ferrer,* Hybrid microdata via model-based clustering, in: Privacy in Statistical Databases, S. 103 ff., 2012; *O'Reilly and ZIP Codes,* Data Anonymization and Re-identification: Some Basics Of Data Privacy, abrufbar unter http://whimsley.typepad.com/whimsley/2011/09/data-anonymization-and-re-identification-some-basics-of-data-privacy.html (zuletzt abgerufen am 10.1.2020); *Stone et al.,* Artificial intelligence and life in 2030, One hundred year study on artificial intelligence: Report of the 2015–2016 study panel, Stanford University, September 2016; *Wegner,* Future Analytics – Fabrication of Synthetic Data, VP at Deutsche Telekom.

Internetquellen:

https://www.youtube.com/watch?v=a4FxA1v2rS4, November 2015 (zuletzt abgerufen am 10.1.2020); https://mostly.ai/index.html; https://www.trendingtopics.at/wiener-startup-mostly-ai-schafft-es-in-den-renommierten-plug-and-play-accelerator/ (zuletzt abgerufen am 10.1.2020).

A. Einleitung

1 Künstliche Intelligenz (KI) erlebt eine Aufmerksamkeits-Renaissance. KI ist neben Themen wie virtuelle Realitäten und Blockchain aktuell eines der wichtigsten Innovationsfelder weltweit. KI verspricht der zentrale Motor für wirtschaftliche und soziale Entwicklung wie auch Digitalisierung zu werden. KI hat sich dabei weg von einer reinen Zukunftsutopie hin zu einem konkreten mehrwertstiftenden Bündel an Technologien entwickelt. Spätestens seit AlphaGo den Großmeister Lee Sedol beim asiatischen Brettspiel Go besiegt hat, ist der KI-Trend so richtig in der öffentlichen Wahrnehmung angekommen. Ausgehend von diesem Meilenstein und vielen weiteren prominenten Beispielen muss gemutmaßt werden, dass KI-Systeme mehr und mehr Tätigkeiten übernehmen, die bisher nur durch den menschlichen Einsatz umsetzbar waren. Weitere Beispiele in diesem Kontext sind außerdem selbstfahrende Autos, automatisierte Produktionsstraßen sowie KI-getriebene Service-Agenten (Chatbots).

A. Einleitung

Eine Schlüsseltechnologie für die aktuell viel diskutierten Anwendungsfelder von KI ist das sogenannte „Deep Learning". Deep Learning umfasst Algorithmen, die sich dem Konzept künstlicher neuronaler Netze bedienen. Diese sind grundsätzlich besonders dafür geeignet, unstrukturierte Daten zu analysieren, also beispielsweise Bild-, Video- oder Audio-Informationen. Durch die Integration von „Deep Learning"-Verfahren konnten zuletzt auch die Übersetzungsdienste von Google und Facebook signifikant verbessert werden. Ein weiteres Beispiel ist die Verlässlichkeit, Objekte in der Umgebung von selbstfahrenden Autos zu erkennen – auch hier wurden durch den Einsatz von Deep Learning erhebliche Verbesserungen erzielt[1].

Grundlegend kann man die aktuelle Aufmerksamkeit für künstliche Intelligenz an drei Faktoren festmachen, die sich gegenseitig verstärken und einfach als „ABC der künstlichen Intelligenz" umschrieben werden können:
- A steht für Algorithmen: Algorithmen werden stetig weiterentwickelt, neue neuronale Netzstrukturen werden entwickelt, hier schreitet die Forschung gerade massiv voran.
- B steht für Big Data: Nur durch ausreichend große und qualitativ hochwertige Daten lassen sich verlässliche Modelle erlernen und nur durch eine effiziente Datenhaltung dieser großen Datenmengen lassen sich überhaupt Erkenntnisse aus „Big Data" ziehen.
- Und zuletzt C, das für Computational Power steht: Laut mooreschem Gesetz verdoppelt sich die Rechenleistung alle 24 Monate. Es ist daher absehbar, dass Rechenleistung zukünftig kein beschränkender Faktor (mehr) sein wird. Dazu kommt, dass seit geraumer Zeit Grafikkartenhersteller wie Nvidia, die ursprünglich ihr Geld in der Computerspieleindustrie verdient haben, spezielle Grafikkarten zum Trainieren und Anwenden neuronaler Netze herstellen. Damit lässt sich die Optimierung neuronaler Netze auf mehrere Rechenkerne parallelisieren. Eine Grafikkarte hat mehrere tausend Kerne, eine CPU deutlich weniger.

Durch diese Verbesserungen können Ingenieure weltweit signifikante Durchbrüche in KI erzielen. Im Gegensatz zu früher, als Maschinen noch vorwiegend regelbasiert ein bestimmtes Verhalten einprogrammiert wurde, können KI-Systeme heute durch Methoden des maschinellen Lernens selbständig Tätigkeiten erlernen und so ohne explizierte Regelvorgabe agieren, wie es bisher nur Menschen vorbehalten war[2]. McKinsey behauptet, dass mit den heute gezeigten technologischen Errungenschaften 50 Prozent aller aktuell noch von Menschen durchgeführten Tätigkeiten durch Maschinen automatisiert werden könnten[3]. Gleichzeitig wird davon ausgegangen, dass es noch bis zum Jahr 2055 dauern wird bis diese Quote erreicht wird. In einem optimistischeren Szenario geht McKinsey davon aus, dass es sogar 20 Jahre eher zu dieser Rate kommen wird. Es ist jedoch zu bedenken, dass es sich hierbei vielfach um Tätigkeiten in einem klar definierten Umfeld handelt. Bei allen KI-Errungenschaften sollte nicht vergessen werden, dass die Technologie noch weit davon entfernt ist, alle menschlichen Tätigkeiten zu ersetzen, zB Phantasie und Fiktion. Ein Kind ist in der Lage, sowohl ein Haus zu erkennen als auch zu malen, zu klettern und seine Eltern zu verstehen.

Künstliche Intelligenz funktioniert nur mit dem Zugriff auf hochqualitatives Datenmaterial, dh Datenqualität und -zugang. Es gilt: Nur aus Daten mit hoher Qualität lassen sich verlässliche Informationen herausfiltern, denn sonst greift die flapsige Formel „Shit in – shit out". Das Bestehen auf Datenqualität ist auch deshalb wichtig, weil – egal, ob gewollt oder ungewollt – durch eine willkürliche, unzureichende oder gar diskriminierende Aus-

---

[1] *Lauterbach,* Künstlich Intelligenz begreifen, abrufbar unter https://derstandard.at/2000089718327/Kuenstliche-Intelligenz-begreifen (10.1.2020); *Marr,* The Amazing Ways Google Uses Deep Learning AI abrufbar unter https://www.forbes.com/sites/bernardmarr/2017/08/08/the-amazing-ways-how-google-uses-deep-learning-ai/#7174d3463204 (10.1.2020).
[2] *Stone et al.,* Artificial intelligence and life in 2030, One hundred year study on artificial intelligence: Report of the 2015-2016 study panel, Stanford University, September 2016.
[3] *McKinsey Global Institute,* A Future that words: automation, employment, and productivity, January 2017.

wahl von Input-Daten die jeweiligen Analyseergebnisse verzerrt oder manipuliert werden können.

6   Wenn beispielsweise ein Unternehmen seine Kunden verstehen und ihnen durchgehend beste Servicequalität bieten will, braucht es die zugrundeliegenden Kundendaten und entsprechende Servicemessdaten und muss beides miteinander kombinieren können. Denn bei schlechter Datenqualität kann es vorkommen, dass einem Kunden ein Produkt angeboten wird, das für diesen Kunden nicht nutzbar ist, beispielsweise ein Breitbandanschluss. Wenn die Information, ob ein Kunde ein bestimmtes Produkt haben kann, nicht überall richtig abgelegt ist, werden Erwartungen geweckt, denen das Unternehmen nicht gerecht werden kann. Unternehmen brauchen daher eine umfangreiche und qualitativ hochwertige Datenbasis, um dem Kunden, der sich mit Fragen oder Problemen an das Unternehmen wendet, die Servicequalität zu bieten, die er von einer etablierten Firma erwarten kann. Die sogenannte 360-Grad-Sicht auf den Kunden ist also wichtig und ebenso wichtig ist es, interne Daten mit externen Informationen verknüpfen zu können. Das alles muss außerdem nachhaltig und im Rahmen rechtlicher Anforderungen geschehen.

B. Anonymisierung und Synthetisierung von Daten

7   Üblicherweise werden die personenbezogenen Daten daher anonymisiert. Das Anonymisieren ist das Verändern personenbezogener Daten derart, dass diese Daten nicht mehr einer Person zugeordnet werden können. Anonymisierungsansätze adaptieren reale Daten, um Personen im Datensatz mit Methoden wie Ersetzung, Verdrängung, Verallgemeinerung oder Störung zu verstecken.

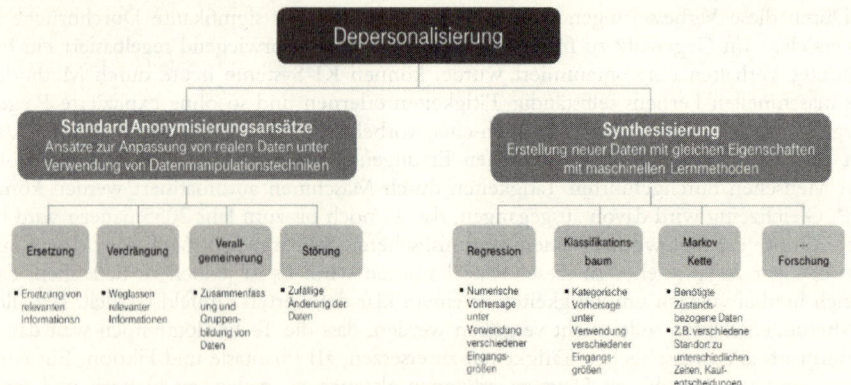

Übersicht über unterschiedliche Depersonalisierungsmethoden[4]

8   Ein allgemeines Problem herkömmlicher Ansätze ist, dass die Daten unabhängig von den verwendeten Methoden immer noch Informationen über reale Personengruppen oder reale Einzelpersonen enthalten. Das trägt die potenziellen Risiken einer De-Anonymisierung, wie sie am Netflix-Fall von 2007[5] gezeigt wurde.

---

[4] *Tim O'Reilly and ZIP Codes*, Data Anonymization and Re-identification: Some Basics Of Data Privacy abrufbar unter http://whimsley.typepad.com/whimsley/2011/09/data-anonymization-and-re-identification-some-basics-of-data-privacy.html (10.1.2020).
[5] *Narayanan/Shmatikov*, Robust De-anonymization of Large Sparse Datasets. IEEE Symposium on Security and Privacy, 2008 abrufbar unter https://ieeexplore.ieee.org/document/4531148 (10.1.2020).

B. Anonymisierung und Synthetisierung von Daten

Vereinfachtes Beispiel für eine Deanonymisierung im Netflix-Fall. Der Nutzer „Susanne" wurde in den Netflix Daten mittels öffentlicher IMDB Daten identifiziert. Zusätzlich wurde ihr Nachname „Müller" gefunden.

Andererseits nutzten Synthetisierungsansätze maschinelle Lerntechniken, um zugrundeliegende Muster zu entdecken, die zur Erzeugung künstlicher Daten mit ähnlichen Mustern verwendet werden. Dies reduziert das Risiko einer Deanonymisierung und kann die Grundlage für KI-Szenarien bilden, die mit herkömmlichen Anonymisierungsmethoden nicht möglich sind. Das Verfahren erfreut sich aktuell wieder einer größeren Beliebtheit. Im Gutachten der Datenethikkommission vom 23.10.2019[6] wird die Generierung von Synthetischen Daten als eine Technik zur Depersonalisierung von Daten beschrieben. Darüber hinaus bietet das Verfahren auch die Möglichkeit, bei nicht genügend großer Anzahl an Trainingsdaten für einen Maschine Learning Algorithmus zusätzliche Daten zu generieren, um die Datenqualität zu erhöhen. Es ist zukünftig noch viel Forschung notwendig, um ein allgemein gültiges Verfahren zu entwickeln. Erste Produkte werden aber schon angeboten, wie beispielsweise vom Wiener Start-up Mostly.AI mit dem Fokus auf Kundendaten-Synthetisierung. Das Start-up hat es erst im August 2019 in den renommierten Silicon Valley Plug-and-Play-Accelerator geschafft.[7]

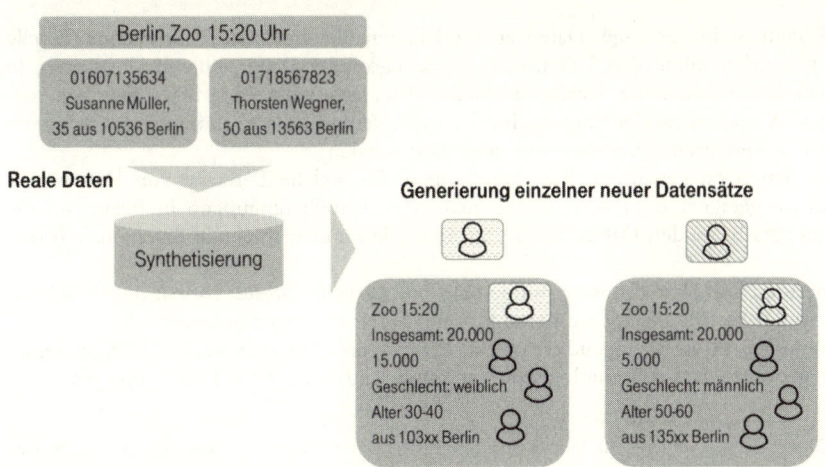

Vereinfachte Darstellung für die Depersonalisierung durch synthetische Daten

---

[6] Bericht der *Datenethikkommission* vom 23.10.2019 abrufbar unter https://www.bmi.bund.de/DE/themen/it-und-digitalpolitik/datenethikkommission/arbeitsergebnisse-der-dek/arbeitsergebnisse-der-dek-node.html;jsessionid=9AA2F601D2D7996B42717E1F03F7E1E4.2_cid287 (10.1.2020).

[7] https://mostly.ai/index.html; https://www.trendingtopics.at/wiener-startup-mostly-ai-schafft-es-in-den-renommierten-plug-and-play-accelerator/ (abgerufen am 10.1.2020).

10   Die Synthese von Daten erfolgt üblicherweise in zwei Schritten:
1. Erstellen eines neuen Modells für eine bestimmte Datenquelle. Dieser Prozess trainiert ein neues Modell von Grund auf anhand der eingegebenen Daten. Das Modell enthält zB ein Clustering-Modell[8], ein Ensemble von Markov-Ketten[9], ein Bayes'sches Netzwerk[10] und globale probabilistische Parameter. Nach der Modellerstellung können die Originaldaten verworfen werden, da sie von den anderen Prozessen im System nicht benötigt werden.
2. Herstellung synthetischer Daten nach dem erlernten Modell. Dieser Prozess synthetisiert neue Daten, indem er zB Random Walk-Verfahren[11] auf die trainierten Modelle anwendet. Darüber hinaus ermöglicht es dem Benutzer, Datensätze in verschiedenen Zeitintervallen und Filtern zu synthetisieren.

11   Im Folgenden wird die Synthetisierung von Daten anhand der in den Telekom Innovation Laboratories in Berlin entwickelten Methode näher erläutert, die mit dem Fokus auf der Synthetisierung von Bewegungsdaten entwickelt wurde[12].

I. Randbedingungen

12   Das Ziel der beschriebenen Methode ist die Modellierung von realen Daten zum Zwecke der Synthese von „statistisch ähnlichen" Daten. Der Hauptzweck der Datensynthese ist die Erstellung sicherer und datenschutzkonformer randomisierter Daten, die die statistischen Nuancen der ursprünglichen Echtdaten beibehalten. Die Herausforderung besteht dabei darin, reale Daten ohne Anwendungsbezug zu modellieren und gleichzeitig die statistischen Details zu erfassen.

13   Im Allgemeinen ist dies ein sogenanntes „schlecht gestelltes" Problem und ermöglicht keine Lösung, die alle Beziehungen innerhalb der Daten automatisch modelliert, aufgrund der kombinatorischen Komplexität bei der Erkennung und Modellierung. Während das allgemeine Problem für jede beliebige Datenquelle jedoch potenziell unlösbar ist, bietet der vorgestellte Weg eine nachvollziehbare und effiziente Lösung für bestimmte Datenbereiche.

14   Das System ist in der Lage, Daten zu modellieren, die in Form einer flachen Tabelle dargestellt werden, ohne dass Datenwerte dh kategorische Daten fehlen. Alle Daten, in denen sich die verschiedenen Variablen (dh des Datensatzes) auf einen festen Satz von vordefinierten Werten entweder numerisch oder anderweitig beziehen, können mit dem vorgeschlagenen Verfahren verarbeitet und modelliert werden.

15   Neben den oben genannten Einschränkungen, für welche Bereiche von Datensätzen die Methode geeignet ist, gibt es einige zusätzliche Randbedingungen in Bezug auf die Art der zu verarbeitenden Daten. Die Datensätze müssen über folgende Eigenschaften verfügen:
– Indexierung: Die Daten müssen mindestens eine Variable (Spalte) haben, die als Schlüssel verwendet werden kann, auf deren Grundlage der Datensatz indizierbar ist.
– Chronologie: Es ist zwingend erforderlich, dass die Aufzeichnungen in irgendeiner Weise geordnet sind. Chronologische Ordnung kann Zeit oder Entfernung sein (ob-

---

[8] Unter Clusteranalysen versteht man Verfahren zur Entdeckung von Ähnlichkeitsstrukturen in Datenbeständen.
[9] Eine Markow-Kette ist eine spezielle Klasse von stochastischen Prozessen mit der Eigenschaft, dass auch durch Kenntnis einer nur begrenzten Vorgeschichte ebenso gute Prognosen über die zukünftige Entwicklung möglich sind wie bei Kenntnis der gesamten Vorgeschichte des Prozesses.
[10] Bayes'sches Netz ist ein gerichteter azyklischer Graph, in dem die Knoten Zufallsvariablen und die Kanten bedingte Abhängigkeiten zwischen den Variablen beschreiben.
[11] Ein Random Walk ist ein mathematisches Modell für eine Bewegung, bei der die einzelnen Schritte zufällig erfolgen.
[12] Future Analytics – Fabrication of Synthetic Data, Dr. Susan Wegner, VP at Deutsche Telekom https://www.youtube.com/watch?v=a4FxA1v2rS4, November 2015 (abgerufen am 10.1.2020).

wohl es normalerweise Zeit ist). Es muss also eine Variable geben, die als Zeit bezeichnet wird.
- Gruppierbar: Die Methode basiert auf der automatischen Gruppierung ähnlicher Datensätze und dem Aufbau von Statistiken über solche Datengruppen.

II. Modellerstellung

Die Modellerstellung besteht aus den drei im Nachfolgenden beschriebenen, wesentlichen Schritten der Vorverarbeitung, Clustering und dem eigentlichen Lernen.

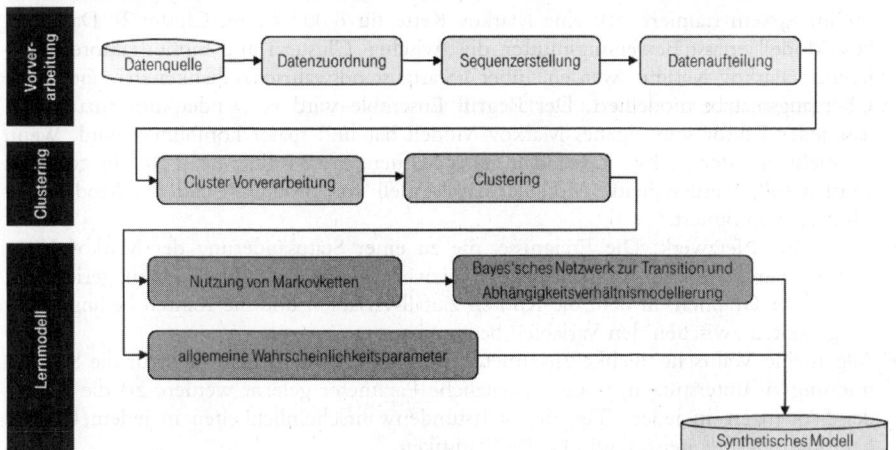

Prozessschritte zur Erstellung eines neuen Modells

1. Vorverarbeitung

- Datenzuordnung: Konvertierung der ursprünglichen Datensätze in eine einheitliche Datenstruktur und Indizieren aller Zustände, Faktoren und Objektwerte.
- Sequenzerstellung: Gruppierung von Datensätzen, die zum gleichen Index gehören, um vollständige Sequenzen zu sammeln. Jede der erstellten Sequenzen wird entsprechend der Zeitstempel in den Datensätzen sortiert. Zusätzlich werden die erstellten Sequenzen durch die vordefinierten Einflussfaktoren wie zB Tageszeit, Wochenzeit und die Kategorisierung der Sequenzlänge ergänzt.
- Datenaufteilung: In diesem Schritt werden die Sequenzen nach einem Zufallssplitting-Kriterium in Training- und Testsets aufgeteilt. Die Trainingsdaten werden verwendet, um die verschiedenen Parameter im Modell zu erlernen, während die Testdaten zur internen Bewertung des Modells verwendet werden, mit dem Ziel, Overfitting-Probleme, dh eine zu detaillierte Modellierung der Daten, zu vermeiden.

2. Clustering, dh Entdeckung von Ähnlichkeiten in Datenstrukturen

- Clustering-Vorverarbeitung: Die Clustering-Phase beginnt mit einer Vorverarbeitungsaufgabe, die jede Sequenz in eine Reihe von Merkmalen umwandelt. Jedes Merkmal ist äquivalent zu einer State-ID und gibt an, wie häufig dieser Zustand in der aktuellen Sequenz vorkommt. Die Werte werden auf die Summe von „1" normiert.

- Clustering: Das Clustering der konvertierten Sequenzen erfolgt unter Verwendung des schwerpunktbasierten K-Means-Algorithmus[13]. Das unterstützte Abstandsmaß ist die euklidische Entfernung. Die Ergebnisse des Clustering-Algorithmus sind die Schwerpunkte der Cluster. Um jede Sequenz mit dem richtigen Cluster zu kennzeichnen, ist ein zusätzlicher Scan der Sequenzdaten erforderlich. Alle Sequenzen werden hierbei zu dem nächstgelegenen Cluster gruppiert.

3. Lernen

19
- Markov-Ketten-Ensemble: Ein Markov-Modell[14] wird für jedes Cluster und Einflussfaktor im System trainiert (zB: eine Markov-Kette für 8:00 Uhr im Cluster 2). Das Markov-Modell erfasst Bewegungsmuster, die zwischen Clustern und Einflussfaktoren variieren. Markov-Ketten werden über Startzustandswahrscheinlichkeiten und eine Übergangsmatrix modelliert. Der Begriff Ensemble wird verwendet, um anzuzeigen, dass jeder Faktor sein eigenes Markov-Modell hat und später kombiniert wird. Wenn beispielsweise der nächste Zustand in einer Sequenz am Montag für 9:00 Uhr geschätzt werden soll, werden beide Modelle, das Modell von 9:00 Uhr und das Modell von Montag, kombiniert.
- Bayes'sches Netzwerk: Die Ereignisse, die zu einer Statusänderung der Markov-Kette führen, werden durch ein Bayes'sches Netzwerk gelernt, dh durch einen gerichteten azyklischer Graphen, in dem die Knoten Zufallsvariablen und die Kanten bedingte Abhängigkeiten zwischen den Variablen beschreiben.
- Allgemeine Wahrscheinlichkeitsparameter: Um alle erforderlichen Filter für die Synthetisierung zu unterstützen, müssen zusätzliche Parameter gelernt werden, zB die Anzahl der Sequenzen an jedem Tag, die Startstundenwahrscheinlichkeiten in jedem Cluster, Faktoren wie Frequenzen und Laufzeitstatistiken.
- Synthetisches Modell: Final werden alle trainierten Modelle im Repository gespeichert.

C. Herstellung synthetischer Daten auf Basis von Modellen

20 Für die Generierung des synthetischen Datasets wird im ersten Schritt mit der Analyse der Anfrage und dem Laden des geeigneten Modells aus der Datenbank begonnen. Anhand der Abfrageanforderung erfolgt daraufhin die Bestimmung der erforderlichen Anzahl von Sequenzen. Die nachfolgenden Schritte werden für die Synthetisierung einer einzelnen Sequenz benötigt.

---

[13] Ziel des k-Means ist es, den Datensatz so in k Partitionen zu teilen, dass die Summe der quadrierten Abweichungen von den Cluster-Schwerpunkten minimal ist.
[14] Markov-Modelle sind die stochastische Form eines Automatenmodells. In diesem Modell werden die Zustandsübergänge mit Wahrscheinlichkeiten modelliert. Die Markov-Eigenschaft besagt, dass die zukünftige Entwicklung nur vom aktuellen Zustand, und nicht von den vorhergehenden Zuständen abhängt. Die einfachste Art eines Markov-Modells ist eine Markov-Kette, die den Zustand eines Systems mit einer zufälligen Variablen modelliert, die sich im Laufe der Zeit ändert. Die Verteilung dieser Variablen hängt nur von der Verteilung eines vorherigen Zustands ab.

D. Beispiel für die Synthetisierung von Bewegungsdaten

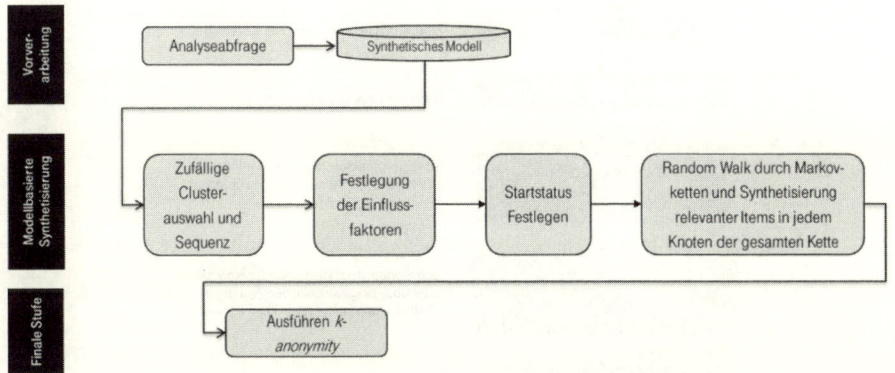

Prozessschritte zur Generierung der synthetischen Daten auf Basis des Models

- Auswahl eines zufälligen Cluster entsprechend der Clusterverteilung. Zusätzlich wird eine aktuelle Sequenz entsprechend der Zeitverteilung ausgewählt.
- Festlegen aller Einflussfaktoren entsprechend der Startzeiten und der gesamten Sequenzdauer.
- Auswahl eines Ausgangszustandes anhand des Markov-Modells. Die ausgewählten Modelle werden durch das gesampelte Cluster und die Faktoren bestimmt. In diesem Schritt ist es erforderlich, die Wahrscheinlichkeiten aus verschiedenen Markov-Ketten zu kombinieren.
- Generierung der Elemente entsprechend des trainierten Bayes'schen Netzwerkes und dem ausgewählten Cluster, den Faktoren und dem Zustand der Markov-Kette. Am Ende dieser Aktivität wird der erste Datensatz in der Sequenz synthetisiert.

Nach der Zuordnung des ersten Datensatzes wird ein iterativer Prozess aufgerufen, der die nächsten Datensätze generiert. Final werden die generierten Sequenzen in das Format der Originaldaten transformiert. Um auszuschließen, dass ein realer Datensatz im synthetisch generierten Datensatz (k-anomity) enthalten ist, wird dies final überprüft und gegebenenfalls korrigiert.

D. Beispiel für die Synthetisierung von Bewegungsdaten

Nachfolgend eine vereinfachte Darstellung des Gesamtprozesses anhand von Bewegungsdaten. Sowohl die Modellerstellung als auch die Generierung wurden zum besseren Verständnis stark vereinfacht.

Teil 6.5. Synthetische Daten

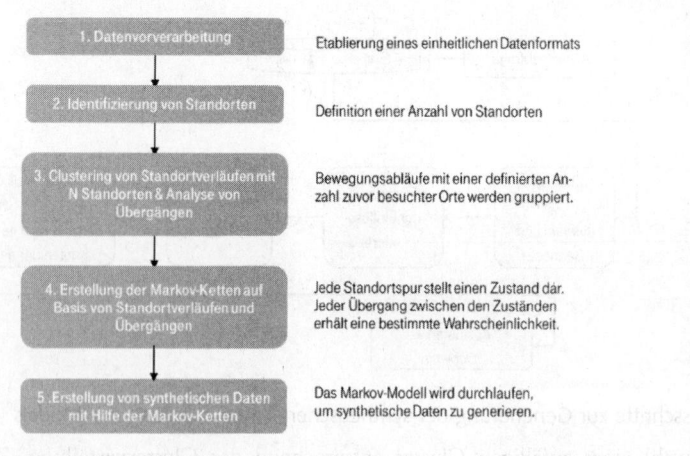

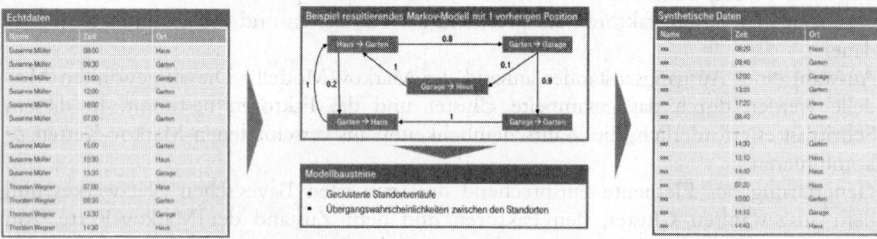

Verarbeitung von Echtdaten zu synthetischen Daten

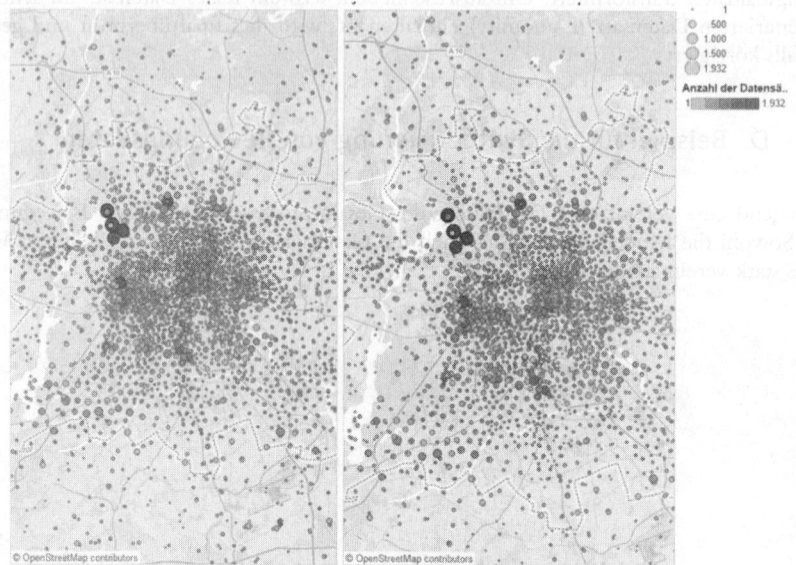

Vergleich von realen (Links) und synthetischen Bewegungsdaten (Rechts): Es sind fast keine Unterschiede erkennbar.

E. Testergebnisse

Um die Ähnlichkeit zwischen synthetisierten Daten und Realdaten von Bewegungsdaten zu messen, wird zunächst geprüft, ob die Verteilung der synthetischen Daten der Verteilung der realen Daten folgt.[15] Die Nullhypothese lautet bei diesem Test, dass die Verteilung der synthetischen Daten der Verteilung der realen Daten folgt. Da der p-Wert oberhalb von $p > 50$ liegt, bedeutet dies eine gute Anpassung der Daten.

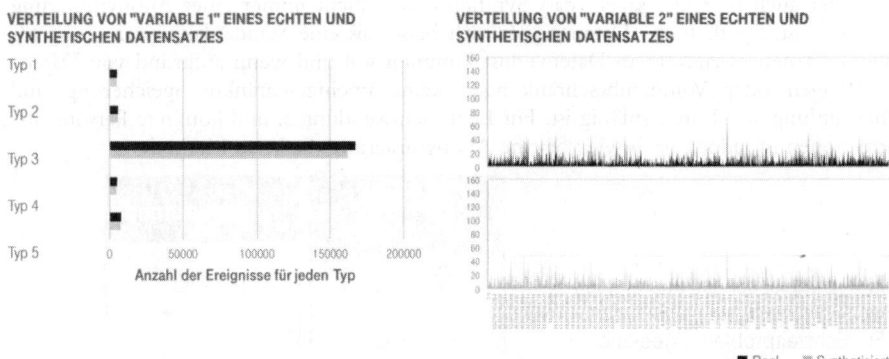

Die Abweichung zwischen realen und synthetisierten Daten ist statistisch nicht relevant.

In einem zweiten Test[16] nach *Oganian & Domingo-Ferrer* 2012 wird überprüft, ob für einen Datensatz unterscheidbar ist, ob dieser aus dem synthetisierten oder dem realen Datensatz stammt. Für jeden Fall wird mittels binärer logistischer Regression[17] die Wahrscheinlichkeit berechnet, mit der er aus dem realen Datensatz stammt. Sofern für alle Fälle diese Wahrscheinlichkeit bei ca. 50% liegt, ist eine Unterscheidung zwischen realem und synthetischem Datensatz nicht möglich. Es kann davon ausgegangen werden, dass sowohl die Verteilung der einzelnen Variablen als auch die Relation zwischen den Variablen in beiden Datensätzen ausreichend übereinstimmend ist.

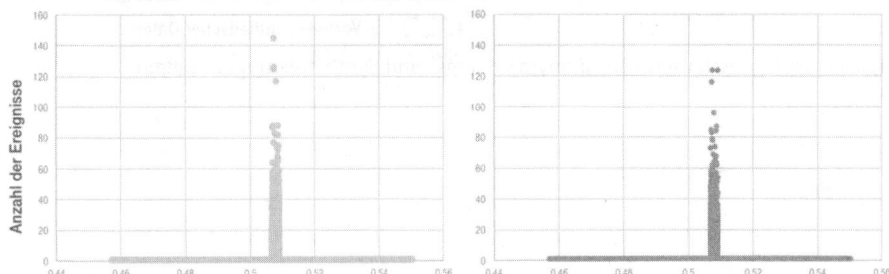

Wahrscheinlichkeit der Zugehörigkeit zu einem realen Datensatz. Links die realen und rechts die synthetisierten Daten. Eine Unterscheidung ist nicht möglich.

---

[15] *Bortz/Lienert*, Chi-Quadrat-Goodness-of-Fit-Test nach Springer, Verteilungsfreie Methoden in der Biostatistik, 2008.

[16] *Oganian/Domingo-Ferrer*, Hybrid microdata via model-based clustering, in: Privacy in Statistical Databases, 2012, pp. 103–115.

[17] Regressionsanalysen sind statistische Analyseverfahren, die zum Ziel haben, Beziehungen zwischen einer abhängigen und einer oder mehreren unabhängigen Variablen zu modellieren. Am bekanntesten ist die lineare Regression mit der Annahme eines linearen Modells.

F. Schlussfolgerung

25 Die beschriebene Methode zur Generierung von synthetischen Datensätzen zeigt eine mögliche Methode, um zukünftig synthetische Daten aus realen Datensätzen zu generieren. Dies ermöglicht ein maschinelles Lernen sowohl für datenschutzrelevante Datensätze wie beispielsweise Bewegungsdaten aber auch für Anwendungsprobleme, bei denen nicht genügend Daten zum Trainieren der lernenden Algorithmen zur Verfügung stehen. Man muss aber auch sehr klar sagen, dass Synthetisierung nicht immer einer Anonymisierung überlegen ist. Synthetische Daten eignen sich besser als eine Standardanonymisierung für Fälle, in denen es zu keinem Datenverlust kommen soll und wenn aufgrund von Datenschutzfragen oder Volumenbeschränkungen keine uneingeschränkte Speicherung und Übermittlung von Daten zulässig ist. Für Echtzeitanwendungen und konkrete Personeninformationen ist jedoch nach wie vor eine Anonymisierung die beste Methode.

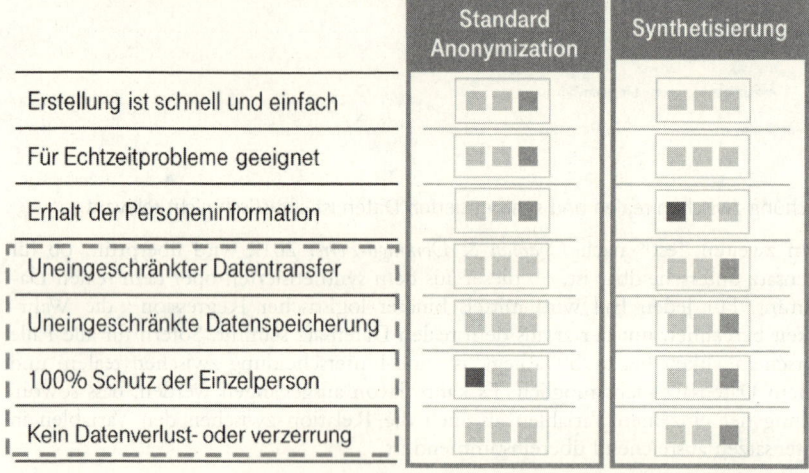

Vergleich der Eigenschaften von Anonymisierungs- und Synthetisierungsverfahren

Teil 6.6 Schutz personenbezogener Daten im Rahmen eines Datenschutzmanagementkonzepts

Übersicht

	Rn.
A. Einleitung	1
B. Datenschutzorganisation	6
I. Datenschutzbeauftragter	9
II. Richtlinie zur Datenschutzorganisation	26
III. Datenschutzverletzungen	33
1. Organisatorische Sicherstellung durch Richtlinie	33
2. Vorliegen einer Datenschutzverletzung	36
3. Risikoanalyse	39
4. Unterschiedliche Folgen hinsichtlich Melde- und Benachrichtigungspflicht nach Risikobewertung	42
5. Form	44
6. Frist	46
7. Dokumentation	48
8. Straf-/Bußgeldfreiheit	49
C. Dokumentation, Risikobewertung und Datenschutz-Folgenabschätzung	50
I. Verarbeitungsverzeichnis	50
1. Verzeichnis für Verantwortliche (Art. 30 Abs. 1 DS-GVO)	51
2. Verzeichnis für Auftragsverarbeiter (Art. 30 Abs. 2 DS-GVO)	52
3. Ausnahmen für kleine Organisationen (Art. 30 Abs. 5 DS-GVO)	53
4. Erweitertes Verarbeitungsverzeichnis	54
II. Rechenschaftspflicht	57
III. Risikobewertung und Datenschutz-Folgenabschätzung	59
1. Hohes Risiko für natürliche Personen	61
2. Regelbeispiele für hohe Risiken	70
3. Blacklist	74
4. Ausnahmen	75
5. Zeitpunkt und Altfälle	79
6. Durchführung	82
7. Vorherige Konsultation	85
D. Transparenz	94
I. Übersicht Informationspflichten	96
II. Rechtsfolgen	98
III. Informationspflichten in der anwaltlichen Praxis	100
IV. Umsetzung der Informationspflichten/Vorgehensweise	102
1. Erfassen der relevanten Sachverhalte	103
2. Konzeption der Informationserteilung	104
3. Anforderungen an die Datenschutzorganisation	114
V. Die Informationspflichten im Einzelnen	116
1. Allgemeine Anforderungen (Art. 12 DS-GVO)	116
2. Informationspflichten bei der Direkterhebung (Art. 13 DS-GVO)	120
3. Informationspflichten bei Dritterhebung (Art. 14 DS-GVO)	124
4. Besondere Hinweispflicht auf das Widerspruchsrecht (Art. 21 Abs. 4 DS-GVO)	127
5. Informationspflichten und AGB	129
6. Checkliste	131
E. Betroffenenrechte	133
I. Übersicht über die Betroffenenrechte	134
II. Rechtsfolgen	140
III. Betroffenenrechte in der anwaltlichen Praxis	141
IV. Gewährleistung der Betroffenenrechte – allgemeine Anforderungen an Verantwortliche	145
1. Anforderungen an die Datenschutzorganisation	146

	Rn.
2. Anforderungen an die IT-Systeme	163
V. Die Betroffenenrechte im Einzelnen	164
1. Recht auf Auskunft (Art. 15 DS-GVO)	165
2. Recht auf Berichtigung (Art. 16 DS-GVO)	172
3. Recht auf Löschung (Art. 17 Abs. 1 DS-GVO)	175
4. Recht auf Vergessenwerden (Art. 17 Abs. 2 DS-GVO)	179
5. Recht auf Einschränkung der Verarbeitung (Art. 18 DS-GVO)	181
6. Recht auf Datenübertragbarkeit (Art. 20 DS-GVO)	184
7. Recht auf Widerspruch (Art. 21 DS-GVO)	191
8. Mitteilungspflicht an Empfänger im Zusammenhang mit Berichtigung, Löschung und Einschränkung	196
9. Recht auf Widerruf einer Einwilligung	199
10. Checkliste	200
F. Offenlegung personenbezogener Daten gegenüber externen Empfängern	201
I. Auftragsverarbeitung	202
1. Abgrenzung Auftragsverarbeitung von Datenübermittlung	206
2. Weisungsgebundenheit und Vertrag	210
3. Weitere (Sub-) Auftragsverarbeiter	212
4. Pflichten des Verantwortlichen	220
5. Auftragsverarbeitung bei Berufsgeheimnisträgern	222
6. Auftragsverarbeiter im Drittland	223
7. Haftung	224
8. Bußgelder	226
9. Beispiele	227
II. Gemeinsam Verantwortliche	229
1. Abgrenzung zur Auftragsverarbeitung	236
2. Vertragsinhalt	240
3. Schadensersatz und Sanktionen	243
G. Einwilligung	245
I. Übersicht Einwilligungen	246
II. Rechtsfolgen	248
III. Einwilligung in der anwaltlichen Praxis	250
IV. Gestaltung von Einwilligungen und Prozessen	253
1. Ermittlung der konkreten Datenverarbeitung	253
2. Prüfung der Erforderlichkeit einer Einwilligung bzw. alternativer Rechtsgrundlagen	254
3. Prüfung besonderer Anforderungen an die Einwilligung	266
4. Gestaltung in besonderen Fällen (Verknüpfung mit anderen Erklärungen)	267
5. Nachweis/Protokollierung	269
6. Widerruf	271
V. Einwilligungen: rechtliche Anforderungen im Einzelnen	275
1. Freiwillig	275
2. Für bestimmte Zwecke	282
3. „In Kenntnis der Sachlage"	283
4. Unmissverständlich	288
5. Form	289
6. Frist	290
7. Einwilligung als AGB	291
8. Besonderheiten bei Einwilligungen von Kindern	292
9. Double-Opt-In	293
10. Checkliste	294
H. Drittlandstransfers	295
I. Angemessenheitsbeschluss der EU-Kommission	298
II. Ausnahmen	300
1. Einwilligung	301
2. Erfüllung eines Vertrags mit der betroffenen Person	302
3. Erfüllung eines Vertrags im Interesse der betroffenen Person	303

	Rn.
4. Wichtige Gründe des öffentlichen Interesses	304
5. Geltendmachung von Rechtsansprüchen	305
6. Lebenswichtige Interessen	306
7. Öffentliche Register	307
8. Wahrung zwingender berechtigter Interessen des Verantwortlichen	308
III. Standardvertragsklauseln	309
IV. Verbindliche interne Datenschutzvorschriften	314
V. Genehmigte Verhaltensregeln oder Zertifizierungsmechanismen	315
I. Organisation für eine Umsetzung geeigneter technischer und organisatorischer Maßnahmen	316
I. Gewährleistung der Sicherheit der Verarbeitung	316
1. Pseudonymisierung und Verschlüsselung	318
2. Integrität und Vertraulichkeit der Systeme und Dienste	319
3. Verfügbarkeit und Belastbarkeit der Systeme und Dienste	320
4. Überprüfung, Bewertung und Evaluierung der Wirksamkeit	321
5. Nichtverkettung	322
6. Transparenz	323
7. Intervenierbarkeit	324
II. Beschäftigten-Richtlinie zur Datensicherheit	325
III. Löschung	326
J. Unterweisung und Sensibilisierung	329
I. Übersicht zur Unterweisung und Sensibilisierung	330
II. Rechtsfolgen	332
III. Unterrichtung und Sensibilisierung in der anwaltlichen Praxis	334
IV. Maßnahmen zur Unterrichtung und Sensibilisierung	335
1. Verpflichtung von Personen, die Zugang zu Daten haben	336
2. Sensibilisierung/Schulung	343
V. Muster Verpflichtungserklärung Mitarbeiter	345
K. Auditplanung/Wirksamkeitskontrolle	350

Literatur:
Artikel-29-Datenschutzgruppe, WP 169, „Stellungnahme 1/2010 zu den Begriffen „für die Verarbeitung Verantwortlicher" und „Auftragsverarbeiter", vom 16.2.2010; *Artikel-29-Datenschutzgruppe*, WP 242 rev.01 „Leitlinien zum Recht auf Datenübertragbarkeit"; *Artikel-29-Datenschutzgruppe*, WP 243 „Leitlinien in Bezug auf Datenschutzbeauftragte", abrufbar unter: http://ec.europa.eu/newsroom/just/item-detail.cfm?item_id=50083, Stand: April 2017; *Artikel-29-Datenschutzgruppe*, WP 248 Leitlinien zur Datenschutz-Folgenabschätzung (DSFA) und Beantwortung der Frage, ob eine Verarbeitung im Sinne der Verordnung 2016/679 „wahrscheinlich ein hohes Risiko mit sich bringt", abrufbar unter: https://ec.europa.eu/newsroom/article29/item-detail.cfm?item_id=611236, Stand: 4.10.2017; *Artikel-29-Datenschutzgruppe*, WP 259 rev.01 „Leitlinien in Bezug auf die Einwilligung"; *Artikel-29-Datenschutzgruppe*, WP 260 rev.01 „Leitlinien für Transparenz", abrufbar unter: https://ec.europa.eu/newsroom/article29/item-detail.cfm?item_id=622227; *Artikel-29-Datenschutzgruppe*, WP 263, „Working Document on the approval procedure of the Binding Corporate Rules for controllers and processors"; Der Bayerische Landesbeauftragte für den Datenschutz, Offenkundig unbegründete und exzessive Anträge – Erläuterungen zu Art. 12 Abs. 5 Datenschutz-Grundverordnung, abrufbar unter: https://www.datenschutz-bayern.de/datenschutzreform2018/AP_ExzessiveAntraege.pdf); Fragebogen zur Umsetzung der DS-GVO zum 25.5.2018, abrufbar unter: https://www.lda.bayern.de/media/dsgvo_fragebogen.pdf, Stand 2018; *BayLDA*, Pressemitteilung zum „Safer Internet Day" vom 5.2.2019, abrufbar unter: https://www.lda.bayern.de/media/pm2019_3_de.pdf); *BayLDA*, Muster zur Datenschutzkontrolle nach Art. 57 Abs. 1a iVm Art. 58 Abs. 1b DS-GVO, abrufbar unter: https://www.lda.bayern.de/media/pruefungen/201810_bewerbung_anschreiben.pdf; *BayLDA*, Muster 9: Online-Shop-Verzeichnis von Verarbeitungstätigkeiten, abrufbar unter: https://www.lda.bayern.de/media/muster_9_online-shop_verzeichnis.pdf; *BayLDA*, FAQ unter der Frage: „Wie kann ich meine Informationspflicht erfüllen", abrufbar unter: https://www.lda.bayern.de/de/faq.html; BfDI, Informationsmaterial „Datenschutz-Grundverordnung – Bundesdatenschutzgesetz – Texte und Erläuterung (Info 1)", abrufbar unter: https://www.bfdi.bund.de/SharedDocs/Publikationen/Infobroschueren/INFO1.html; BfDI, BfDi: EuGH stärkt datenschutzrechtliche Einwilligung, Zeitschrift für Datenschutz Aktuell 2019, 06791; *BfDI*, Compliance und Datenschutz, abrufbar unter: https://www.bfdi.bund.de/DE/Datenschutz/Themen/Arbeit_Bildung/BeschaeftigungArbeitArtikel/Compliance%20und%20Datenschutz.html; *Brink/Wolff*, BeckOK Datenschutzrecht, 29. Edition Stand 2019; *Brockmann*, Effizientes und verantwortungsvolles Datenmanagement im Zeitalter der DSGVO, Datenschutz und Datensicherheit 2018, 634ff.; *Conrad*, Die Verantwortlichkeit in der Realität, Datenschutz und Datensicherheit

2019, 563 ff.; *Datenschutzkonferenz*, DSK-Kurzpapier Nr. 10 „Informationspflichten bei Direkt- und Drittererhebung"; *Datenschutzkonferenz*, DSK-Kurzpapier Nr. 11 „Recht auf Löschung"/„Recht auf Vergessenwerden"; *Datenschutzkonferenz*, DSK-Kurzpapier Nr. 13 „Auftragsverarbeitung, Art. 28 DS-GVO"; *Datenschutzkonferenz*, DSK-Kurzpapier Nr. 16 „Gemeinsam für die Verarbeitung Verantwortliche, Art. 26 DS-GVO"; *Datenschutzkonferenz*, DSK-Kurzpapier Nr. 18 „Risiko für die Rechte und Freiheiten natürlicher Personen"; *Datenschutzkonferenz*, DSK-Kurzpapier Nr. 19 „Unterrichtung und Verpflichtung von Beschäftigten"; *Datenschutzkonferenz*, DSK-Kurzpapier Nr. 20 „Einwilligung nach der DSGVO"; *Datenschutzkonferenz*, Hinweise zum Verzeichnis von Verarbeitungstätigkeiten Art. 30 DS-GVO; *Datenschutzkonferenz*, Orientierungshilfe der Aufsichtsbehörden zur Verarbeitung von personenbezogenen Daten für Zwecke der Direktwerbung unter Geltung der Datenschutz-Grundverordnung, Stand: November 2018; *Datenschutzkonferenz*, Orientierungshilfe der Aufsichtsbehörden für Anbieter von Telemedien, Stand: März 2019; *Datenschutzkonferenz*, Beschluss vom 12.5.2020: Hinweise zum Einsatz von Google Analytics im nicht-öffentlichen Bereich; *Dausend*, Der Auskunftsanspruch in der Unternehmenspraxis, ZD 2019, 103 ff.; *Drewes*, Kritische Betrachtung der DSK-Orientierungshilfe zu Direktwerbung, ZD 2019, 296 ff.; *Ehmann/Selmayr* (Hrsg.), DS-GVO, 2. Aufl. 2018; *Europäischer Datenschutzausschuss*, „Leitlinien 2/2018 zu den Ausnahmen nach Artikel 49 der Verordnung 2016/679" abrufbar unter: https://edpb.europa.eu/sites/edpb/files/files/file1/edpb_guidelines_2_2018_derogations_de.pdf; *Europäischer Datenschutzausschuss*, Guidelines 5/2019 on the criteria of the Right to be Forgotten in the search engines cases under the GDPR, Version 2.0, Stand: 7.7.2020; *Europäischer Datenschutzausschuss*, Guidelines 5/2020 on consent under Regulation 2016/679, Version 1.1, Stand: 13.5.2020; *Forgó/Helfrich/Schneider* (Hrsg.), Betrieblicher Datenschutz Rechtshandbuch, 3. Aufl. 2019; *Gierschmann*, Positionsbestimmung der DSK zur Anwendbarkeit des TMG, ZD 2018, 297 ff.; *Gola*, Datenschutz-Grundverordnung, 2. Aufl. 2018; *Gola/Heckmann*, Bundesdatenschutzgesetz Kommentar, 13. Aufl. 2019; *Gossen/Schramm*, Das Verarbeitungsverzeichnis der DS-GVO – Ein effektives Instrument zur Umsetzung der neuen unionsrechtlichen Vorgaben, ZD 2017, 7 ff.; *Greve*, Das neue Datenschutzgesetz, NVwZ 2017, 737 ff.; *Hansch*, Ein Jahr DS-GVO in der unternehmerischen Praxis: Wie effektiv ist mein Datenschutzmanagement?, ZD 2019, 245 ff.; *Hansen-Oest*, BGH zu Anwälten als Datenschutzbeauftragten – Freiberuflich oder gewerblich, abrufbar unter: https://www.datenschutz-guru.de/bgh-zu-anwaelten-als-datenschutzbeauftragten-freiberuflich-oder-gewerblich/, Beitrag vom 16.11.2018; *Der Hessische Datenschutzbeauftragte*, Der behördliche und betriebliche Datenschutzbeauftragte nach neuem Recht, abrufbar unter: https://www.datenschutz.hessen.de/presse_2017.htm#entry4969, Stand: Juni 2017; *Jaksch/v. Daacke*, Datenschutzbeauftragter und Datenschutz-Organisation unter der DSGVO, Datenschutz und Datensicherheit 2018, S. 758 ff.; *Jung*, Datenschutz-(Compliance-)Management- Systeme – Nachweis- und Rechenschaftspflichten nach der DS-GVO, ZD 2018, 208 ff.; *Keppeler/Berning*, Auswirkungen der DS-GVO auf Jahresabschluss und Lagebericht von Unternehmen, ZD 2018, 157 ff.; *Koreng/Lachenmann*, Formularhandbuch Datenschutzrecht, 2. Aufl. 2018; *Kremer*, Gemeinsame Verantwortlichkeit: Die neue Auftragsverarbeitung? CR 2019, 225 ff.; *Kühling/Buchner*, Datenschutz-Grundverordnung, Bundesdatenschutzgesetz: DS-GVO/BDSG, 2. Aufl. 2018; *LDI Baden-Württemberg*, Liste von Verarbeitungsvorgängen nach Art. 35 Abs. 4 DS-GVO, abrufbar unter: https://www.baden-wuerttemberg.datenschutz.de/wp-content/uploads/2018/05/Liste-von-Verarbeitungsvorg%C3%A4ngen-nach-Art.-35-Abs.-4-DS-GVO-LfDI-BW.pdf; *LDI NRW*, Muster für Datenschutzhinweise für Websites nicht-öffentlicher Stellen Stand: Juli 2019, abrufbar unter: https://www.ldi.nrw.de/mainmenu_Aktuelles/Inhalt/Datenschutzhinweise-Websites/Muster-Datenschutzhinweise-Websites-Juli-2019.pdf; *Lorenz*, Datenschutzrechtliche Informationspflichten, Verbraucher und Recht 2019, 213 ff.; *Mense*, EU-US-Privacy-Shield – der kleinste gemeinsame Nenner angemessenen Datenschutzes?, ZD 2019, 351 ff.; *Molnár-Gábor/Kaffenberger*, EU-US-Privacy-Shield – Bedeutung des Angemessenheitsbeschlusses der EU Kommission, ZD 2018, 162 ff.; *Paal/Pauly*, Datenschutz-Grundverordnung (DS-GVO) und Bundesdatenschutzgesetz (BDSG), 2. Aufl. 2018; *Palandt*, Kommentar BGB, 77. Aufl. 2018; *Piltz*, Anpassung bereits abgeschlossener Standardvertragsklauseln unter der DSGVO?, Datenschutz-Berater 2019, 79 f.; *Plath*, (Hrsg.), Kommentar zum BDSG und zur DSGVO sowie Datenschutzbestimmungen des TMG und TKG, 3. Aufl. 2018; *Rauer/Ettig*, Rechtskonformer Einsatz von Cookies, ZD 2018, 255 ff.; *Reif*, Gemeinsame Verantwortung beim Lettershopverfahren – praktische Konsequenzen der EUGH-Rechtsprechung zu den „Fanpages" und „Zeugen Jehovas", Recht der Datenverarbeitung 2019, 30 ff.; *Renz/Frankenberger*, Compliance und Datenschutz, ZD 2015, 158 ff.; *Schefzig*, State of the Art Datenschutz-Organisation, in: Taeger (Hrsg.), Recht 4.0 – Innovationen aus rechtswissenschaftlichen Laboren 2017; *Schrahe/Städter*, Integration von Informationssicherheit und Datenschutzmanagement, Datenschutz und Datensicherheit 2019, 265 ff.; *Schreiber*, Gemeinsame Verantwortlichkeit gegenüber Betroffenen und Aufsichtsbehörden, ZD 2019, 55 ff.; *Seiter*, Auftragsverarbeitung nach der Datenschutz-Grundverordnung, Datenschutz und Datensicherheit 2019, 127 ff.; *Sesing*, Eine Bestandsaufnahme zum bereichsspezifischen Datenschutz für Telemedien, MMR 2019, 347 ff.; *Simitis/Hornung/Spiecker gen. Döhmann* (Hrsg.), Datenschutzrecht, 2019; *Spindler/Schuster*, Recht der elektronischen Medien, 2. Aufl. 2018; *Stock-Homburg/Holthaus*, CHOIVACY – Ein mehrdimensionaler Ansatz zur Bewertung des Privacy- Managements von Unternehmen, Datenschutz und Datensicherheit 2019, 35 ff.; *Strauß/Schreiner*, Gemeinsame Verantwortung: Der Vertrag zur getrennten Verantwortung – Rechtsklarheit bei Unklarheit, Datenschutz-Berater 2019, 96 ff.; *Sydow* (Hrsg.), Europäische Datenschutzgrundverordnung, 2. Aufl. 2018; *Taeger/Gabel* (Hrsg.), DSGVO BDSG, 2019; *Uecker*, Die Einwilligung im Datenschutzrecht und ihre Alternativen, ZD 2019, 248 ff.; *Veil*, Einwilligung oder berechtigtes Interesse? – Datenverarbeitung zwischen Skylla und Charybdis, NJW 2018, 3337 ff.; *Wendehorst/v. Westphalen*, Das Verhältnis zwischen Datenschutz-Grundverordnung und AGB-Recht, NJW 2016, 3745 ff.; *Wybitul*, EU-Datenschutz-Grundverordnung, 2017; *Wybitul*, Fachanwalt für Datenschutz?,

NJW-aktuell, 26/2019, 3; *Wybitul,* Ist es an der Zeit für den Fachanwalt für Datenschutzrecht?, FAZ „Einspruch" (abrufbar unter: https://www.faz.net/einspruch/ist-es-an-der-zeit-fuer-den-fachanwalt-fuer-datenschutzrecht-16274266.html); *Ziegenhorn/Fokken,* Rechtsdienstleister, Verantwortliche oder Auftragsverarbeiter?, ZD 2019, 194 ff.

A. Einleitung

Die anwaltliche Beratung in Fragen des Datenschutzrechts hat in den vergangenen 20 Jahren kontinuierlich an Bedeutung gewonnen. Dabei ist das Datenschutzrecht als Teil des IT-Rechts (vgl. § 14k FAO) aus dem Schatten der klassischen IT-rechtlichen Disziplinen getreten. Mittlerweile wird die Sinnhaftigkeit diskutiert, neben den 24 bestehenden Fachanwaltschaften einen zusätzlichen **Fachanwalt für Datenschutzrecht** zu etablieren.[1]

Die Bandbreite anwaltlicher Datenschutzberatung ist groß. Neben den vielfältigen Beratungsfeldern des Beschäftigtendatenschutzes hat der Kundendatenschutz enorm an Bedeutung gewonnen, wobei dieses Feld selbst im „B2B-Bereich" an Relevanz zugenommen hat. Zudem ist der Online-Datenschutz beim Einsatz von Websites, hinsichtlich Social-Media-Aktivitäten und für Applikationssoftware für nahezu jede Organisation relevant und entsprechend beratungsbedürftig. Hinzugekommen ist im Zuge der DS-GVO ein zusätzlicher Schwerpunkt der anwaltlichen Datenschutzberatung: Die Einführung und fortwährende Aufrechterhaltung eines **„Datenschutzmanagementkonzepts" (DSMK)**.

Spätestens seit dem Neubürger-Urteil des LG München[2] steht fest, dass die Leitung einer Organisation für das Bestehen einer adäquaten „Compliance-Organisation"[3] zu sorgen hat. Dies umfasst den Bereich der **„Datenschutz-Compliance"**, also die Verantwortung der Organisationsleitung, für die Einhaltung der datenschutzrechtlichen Bestimmungen und der organisationsinternen Richtlinien mit Datenschutzbezug zu sorgen. Diese Pflicht wird auch durch Art. 24 Abs. 1 S. 1 DS-GVO postuliert, wonach der Verantwortliche im Hinblick auf die konkrete Verarbeitungstätigkeit geeignete technische und organisatorische Maßnahmen einführen muss, um „sicherstellen und den Nachweis dafür erbringen zu können", dass die Verarbeitung datenschutzkonform erfolgt.[4] Nicht zuletzt auch aus § 91 Abs. 2 AktG bzw. § 43 Abs. 2 GmbHG iVm § 289 Abs. 1 HGB und § 130 Abs. 1 OWiG lässt sich die Pflicht zur Einführung einer Datenschutzorganisation herleiten. Aufgrund der „Legalitätspflicht" muss durch die jeweilige Organisationsleitung verhindert werden, dass gegen das Datenschutzrecht verstoßen wird. Entsprechend muss die Organisationsleitung ihrer Sorgfalts- und Überwachungspflicht hinreichend nachkommen.[5] Die Erforderlichkeit des Bestehens einer Datenschutzorganisation haben auch andere Aufsichtsbehörden erkannt, wenn sie nach einer Datenschutzleitlinie, Beschreibung der Datenschutzziele, Regelung der Verantwortlichkeiten, dem Bewusstsein für Datenschutzrisiken und Transparenz sowie nach Zielkonflikten fragen.[6]

Unter Datenschutzexperten geht das Verständnis zu den Anforderungen an ein DSMK auseinander, wobei insoweit auch teilweise von „Data Governance" die Rede ist bzw. der Zweck eines solchen Systems auf die Einhaltung der „Rechenschaftspflicht" gem. Art. 5 Abs. 2 DS-GVO durch die Dokumentation datenschutzrechtlicher Standards reduziert

---

[1] *Wybitul,* NJW aktuell 26/2019, S. 3; *ders,* FAZ Einspruch, https://www.faz.net/einspruch/ist-es-an-der-zeit-fuer-den-fachanwalt-fuer-datenschutzrecht-16274266.html.
[2] *LG München I,* 10.12.2013 – 5 HK O 1387/10, NZG 2014, 345.
[3] Zu dem Begriff der „Compliance" s. Nr. 4.1.3 Deutscher Corporate Governance Kodex (DCGK – abgedruckt im Bundesanzeiger AT 30.9.2014 B1).
[4] Dazu *Taeger/Schefzig,* Recht 4.0 – Innovationen aus rechtswissenschaftlichen Laboren (2017), S. 44.
[5] *Keppeler/Berning,* ZD 2018, 157, die eine Berücksichtigung der Datenschutzrisiken im Lagebericht des Unternehmens für erforderlich halten.
[6] *BayLDA,* Fragebogen zur Umsetzung der DS-GVO zum 25.5.2018, https://www.lda.bayern.de/media/dsgvo_fragebogen.pdf.

wird.[7] Nach Ansicht der Autoren dieses Beitrags besteht ein DSMK aus angemessenen, an der Risikolage des Unternehmens ausgerichteten Maßnahmen zur Gewährleistung der Einhaltung datenschutzrechtlicher Anforderungen und unternehmensinterner Richtlinien zum Datenschutz. Das DSMK ist mithin die organisatorische und konzeptionelle Grundlage für die Erreichung der gebotenen Datenschutz-Compliance. Die anwaltliche Datenschutzberatung in o.g. Schwerpunktbereichen fußt somit auf dem DSMK. Ohne eine solche konzeptionelle Grundlage droht die Erreichung der gebotenen Datenschutz-Compliance willkürlich, chaotisch und daher im Ergebnis lückenhaft und nur unzureichend zu gelingen.

5   Dieses Fachkapitel hat die Einführung eines DSMK zum Inhalt. Dabei wird neben den jeweils besonderen rechtlichen Anforderungen insbesondere aufgezeigt, welche Konsequenzen sich hieraus für die anwaltliche Beratung ergeben. Für Teilaspekte werden Checklisten für praxisrelevante Muster und Vorlagen vorgestellt. Anhand dieser Checklisten kann der datenschutzrechtlich beratende Anwalt seine „Toolbox" ergänzen, die in ihrer Gesamtheit die Basis für ein modernes DSMK und somit eine erfolgreiche anwaltliche Datenschutzberatung bilden sollte. Darüber hinaus gilt es für die Datenschutzberatung, diese Toolbox durch eine Vielzahl bereichsspezifischer Muster und Vorlagen für immer wieder vorkommende Spezialkonstellationen zu ergänzen.

B. Datenschutzorganisation

6   Für ein DSMK ist die Implementierung einer Datenschutzorganisation essentiell. Insoweit sind in erster Linie persönliche Verantwortlichkeiten und Zuständigkeiten festzulegen. Wer wird zum Datenschutzbeauftragten benannt? Entscheidet man sich für einen internen oder externen Datenschutzbeauftragten? Entscheidet man sich bei mehreren Gesellschaften für einen Konzerndatenschutzbeauftragten oder für ein dezentrales Modell? Soll der Datenschutzbeauftragte neben den gesetzlichen Aufgaben weitere Zuständigkeiten wahrnehmen? Wer übernimmt die Verantwortung für den „**operativen Datenschutz**", also die Umsetzung der gebotenen datenschutzrechtlichen Standards? Sollen insoweit Datenschutzmanager und/oder Datenschutzkoordinatoren eingesetzt werden? Soll die Verantwortung für die datenschutzrechtliche Zulässigkeit der einzelnen Verarbeitungstätigkeiten in den Fachabteilungen oder bei den Datenschutzmanagern und/oder Datenschutzkoordinatoren liegen?[8] An wen sollen Datenschutzmanager und/oder Datenschutzkoordinatoren berichten? Soll es einen übergeordneten Lenkungsausschuss geben, und wenn ja, in welcher personellen Zusammensetzung und mit welchen Aufgaben und Befugnissen? Inwiefern soll eine Einbindung der Informations- und/oder IT-Sicherheit in die Datenschutzorganisation erfolgen? Wie ist das Verhältnis der Datenschutzorganisation zu anderen Abteilungen auszugestalten, etwa zu Recht und Compliance, Revision, Gebäudesicherheit, Personal und Qualität? Soll eine Stabstelle unterhalb der Unternehmensleitung für den Datenschutzbeauftragten und/oder das operative Datenschutzmanagement geschaffen werden?[9]

7   Die Erfahrungen aus der Praxis zeigen, dass es für o.g. Fragen keine Patentlösungen gibt. Zu heterogen sind die Gegebenheiten bei den zu beratenden Organisationen. Empfehlenswert ist insoweit eine risikobezogene Planung. Entsprechend sollte sichergestellt

---

[7] *Brockmann*, DuD 2018, 634; *Jaksch/von Daacke*, DuD 2018, 758; *Stock-Homburg/Holthaus*, DuD 2019, 35; *Schrahe/Städter*, DuD 2019, 265; *Jung*, ZD 2018, 208; *Hansch*, ZD 2019, 245; *Renz/Frankenberger*, ZD 2015, 158.

[8] Dazu eingehend *Jaksch/von Daacke*, DuD 2018, 761, mit einem Placet für eine Zentralisierung der Verantwortlichkeit in einer weisungsbefugten Datenschutz-Compliance-Abteilung.

[9] Befürwortend Taeger/Gabel/*Scheja*, Kommentar zu DSGVO und BDSG, DSGVO Art. 38 Rn. 2; ebenso *Schrahe/Städter*, DuD 2019, 265; aA Wybitul/*Ettig*/*Bausewein*, EU-Datenschutz-Grundverordnung, S. 573 Rn. 24; aA Brink/Wolff/*Moos*, BeckOK DSGVO Art. 38 Rn. 17. Für eine herausgehobene Stellung außerhalb jeder Abteilungshierarchie aber Ehmann/Selmayr/*Heberlein*, DSGVO Art. 38 Rn. 16f.

B. Datenschutzorganisation

sein, dass für risikobewährte Bereiche innerhalb der Organisation eine hinreichende Berücksichtigung datenschutzrechtlicher Anforderungen gewährleistet werden kann. Auch Haftungsfragen können Relevanz haben, etwa bei der Überlegung, einen externen Datenschutzbeauftragten zu benennen, der in der Beraterhaftung steht. Zudem können individuelle Eignungen und zeitliche Kapazitäten von Personen maßgeblich sein. Nicht zuletzt muss entschieden werden, welches Budget für die Gewährleistung einer adäquaten Datenschutzorganisation zur Verfügung steht.

Beispiel für ein Schaubild zu einer Datenschutzorganisation 8

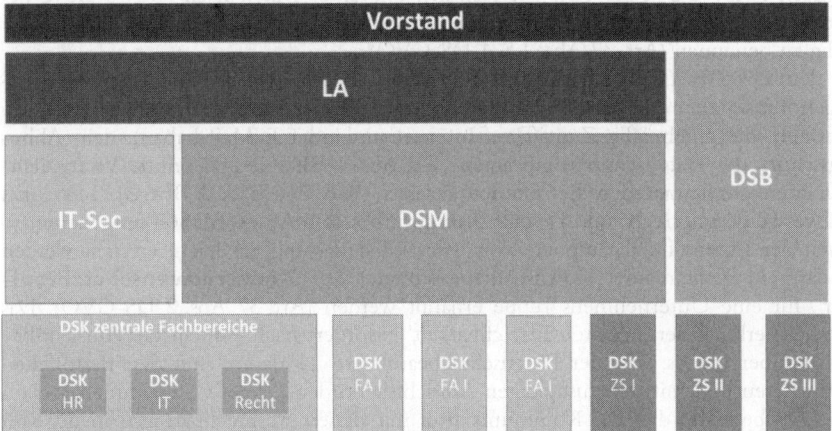

LA = Lenkungsausschuss; **DSM** = Datenschutzmanager; **DSB** = Datenschutzbeauftragter; **IT-Sec** = IT-Sicherheit
DSK = Datenschutzkoordinator; **ZS** = Zweigstelle; ☐ = operativ verantwortlich

I. Datenschutzbeauftragter

Nach der DS-GVO sind Organisationen unter bestimmten Voraussetzungen verpflichtet, 9 einen Datenschutzbeauftragten zu benennen. Der Datenschutzbeauftragte berät, unterrichtet und kontrolliert die Organisation. Für die Einhaltung der DS-GVO ist er hingegen nicht verantwortlich. Diese Pflicht obliegt gem. Art. 24 Abs. 1 DS-GVO der Organisation.[10] Die DS-GVO bezieht den Datenschutzbeauftragten außerhalb der Art. 37 bis 39 zudem in die Transparenzpflichten (Art. 13 Abs. 1 lit. b und Art. 14 Abs. 1 lit. b), das Verzeichnis der Verarbeitungstätigkeiten (Art. 30 Abs. 1 lit. a Abs. 2 lit. a, bei der Meldung von Datenschutzverletzungen (Art. 33 Abs. 3 lit. b), bei der Datenschutz-Folgenabschätzung (Art. 35 Abs. 2), bei verbindlichen internen Datenschutzvorschriften (Art. 47 Abs. 2 lit h) und bezüglich der Unentgeltlichkeit hinsichtlich der Tätigkeiten der Aufsichtsbehörde (Art. 57 Abs. 3) mit ein.

Der Datenschutzbeauftragte kann seine Aufgaben auch auf Grundlage eines Dienstleis- 10 tungsvertrags erfüllen (Art. 37 Abs. 6 DS-GVO). Für die Beratung als **externer Datenschutzbeauftragter** ist wesentlich, dass diese Funktion nunmehr gleichermaßen für öffentliche wie nicht-öffentliche Stellen wahrgenommen werden kann. Ob die Wahrnehmung des Amts des Datenschutzbeauftragten durch einen Rechtsanwalt eine gewerbliche Tätigkeit oder einen freien Beruf darstellt, ist umstritten.[11] Nach einem aktuellen Urteil des BGH kann die Tätigkeit aber als anwaltliche Tätigkeit ausgestaltet sein.[12] Der BFH

---

[10] So auch *Artikel-29-Datenschutzgruppe*, Leitlinien in Bezug auf Datenschutzbeauftragte („DSB"), WP 243 rev.01, S. 120.
[11] *Hansen-Oest*, Beitrag vom 16.11.2018, https://www.datenschutz-guru.de/bgh-zu-anwalten-als-datenschutzbeauftragten-freiberuflich-oder-gewerblich/.
[12] *BGH*, 15.10.2018 – AnwZ (Brfg) 20/18, NJW 2018, 3701.

hingegen hat entschieden, dass ein Rechtsanwalt, der für verschiedene Unternehmen als externer Datenschutzbeauftragter tätig ist, gewerblicher Unternehmer und damit gewerbesteuerpflichtig ist.[13]

11 Im Gegensatz zu öffentlichen Stellen, die immer einen Datenschutzbeauftragten benennen müssen, folgt die DS-GVO bei nicht-öffentlichen Stellen einem risikobasierten Ansatz: Die Benennung eines Datenschutzbeauftragten ist für eine private Stelle unabhängig von ihrer Größe obligatorisch, wenn die **Kerntätigkeit** eine weitgehende Überwachung der betroffenen Personen erfordert oder in der Verarbeitung besonderer Kategorien von Daten nach Art. 9 DS-GVO oder strafrechtlich relevanter Daten nach Art. 10 DS-GVO besteht. Zudem steht es jeder nicht-öffentlichen Stelle frei, einen Datenschutzbeauftragten freiwillig zu benennen (Art. 37 Abs. 4 S. 1 DS-GVO).

12 Der deutsche Gesetzgeber hat es mit § 38 Abs. 1 **BDSG** bei den niedrigeren Anforderungen hinsichtlich der Benennungspflicht eines Datenschutzbeauftragten (idR. ab 20 Personen, die regelmäßig Zugriff auf Internet und/oder E-Mail haben), dem Abberufungsschutz des Datenschutzbeauftragten (§ 6 Abs. 4 BDSG) und seinen Vertraulichkeitspflichten gegenüber den Betroffenen belassen (§ 6 Abs. 5 S. 2 BDSG), sowie am Zeugnisverweigerungsrecht und Beschlagnahmeverbot (§ 6 Abs. 6 BDSG) festgehalten.

13 Soweit der Datenschutzbeauftragte von jeder Niederlassung aus leicht erreicht werden kann, darf ein gemeinsamer Datenschutzbeauftragter als „**Konzerndatenschutzbeauftragter**" für eine Unternehmensgruppe ernannt werden (Art. 37 Abs. 2 DS-GVO). Das Tatbestandsmerkmal der „leichten Erreichbarkeit" erfordert nach Ansicht der Aufsichtsbehörden darüber hinaus, dass der Datenschutzbeauftragte „wirksam" mit den Betroffenen kommunizieren und mit den zuständigen Aufsichtsbehörden „effektiv" zusammenarbeiten könne. Dies bedeute, dass die Kommunikation mit diesen Ansprechpartnern in der von diesen „verwendeten Sprache erfolgen" müsse.[14] Der Datenschutzbeauftragte darf sich allerdings insoweit anderer Kollegen oder zur Vertraulichkeit verpflichteter Übersetzungsdienstleister bedienen.[15] Er kann daher durchaus im Ausland ansässig sein.[16]

14 Die **Kontaktdaten** des Datenschutzbeauftragten müssen von der Organisation veröffentlicht und der Aufsichtsbehörde mitgeteilt werden (Art. 37 Abs. 7 DS-GVO).

15 Die Benennung des Datenschutzbeauftragten erfolgt auf Grundlage seiner beruflichen **Qualifikation** und insbesondere des Fachwissens, das er auf dem Gebiet des Datenschutzrechts und der Datenschutzpraxis besitzt, sowie auf der Grundlage seiner Fähigkeit zur Erfüllung der in Art. 39 genannten Aufgaben (Art. 37 Abs. 5 DS-GVO). Durch Art. 38 Abs. 2 DS-GVO wird der Weiterbildungsanspruch des Datenschutzbeauftragten befördert. Demnach sind dem Datenschutzbeauftragten die zur Erhaltung seines Fachwissens erforderlichen Ressourcen zur Verfügung zu stellen.

16 Der Verantwortliche stellt nach Art. 38 Abs. 3 S. 1 DS-GVO sicher, „dass der Datenschutzbeauftragte bei der Erfüllung seiner Aufgaben keine Anweisungen bezüglich der Ausübung dieser Aufgaben erhält." Ergänzend stellt EG 97 S. 4 DS-GVO klar, dass der Datenschutzbeauftragte seine „Pflichten und Aufgaben in vollständiger **Unabhängigkeit** ausüben" können muss. Des Weiteren muss die Organisation sicherstellen, dass der Datenschutzbeauftragte „ordnungsgemäß und frühzeitig in alle mit dem Schutz personenbezogener Daten zusammenhängenden Fragen **eingebunden** wird" (Art. 38 Abs. 1 DS-GVO). Dies umfasst auch die unmittelbare Zusammenarbeit mit der höchsten Managementebene,

---

[13] *BFH*, 14.1.2020, VIII R 27/17.
[14] *Artikel-29-Datenschutzgruppe*, Leitlinien in Bezug auf Datenschutzbeauftragte („DSB"), WP 243 rev.01, S. 12.
[15] *Koreng/Lachenmann*, Formularhandbuch Datenschutzrecht, S. 71.
[16] *Der Hessische Datenschutzbeauftragte*, Der behördliche und betriebliche Datenschutzbeauftragte nach neuem Recht, S. 11.

der der Datenschutzbeauftragte unmittelbar zu unterstellen ist (vgl. Art. 38 Abs. 3 S. 3 DS-GVO).[17]

Von den **betroffenen Personen** kann der Datenschutzbeauftragte zu allen mit der Verarbeitung ihrer personenbezogenen Daten und der Wahrnehmung ihrer Rechte nach der DS-GVO im Zusammenhang stehenden Fragen zu Rate gezogen werden (Art. 38 Abs. 4 DS-GVO). Insoweit muss der Datenschutzbeauftragte die Wahrung der Geheimhaltung und Vertraulichkeit (Art. 38 Abs. 5 DS-GVO) sicherstellen.

Der Datenschutzbeauftragte hat die Aufgabe, den Verantwortlichen oder den Auftragsverarbeiter sowie deren die Verarbeitungen durchführende Beschäftige zu **unterrichten** und zu **beraten,** wobei die Unterrichtung und Beratung hinsichtlich der Pflichten nach der DS-GVO sowie nach sonstigen Datenschutzvorschriften erfolgt (Art. 39 Abs. 1 lit. a DS-GVO). Beraten ist das Erklären von Tatsachen einschließlich der Darstellung und Bewertung von Entscheidungsalternativen.[18] Der Datenschutzbeauftragte gibt also seinen (neutralen) Rat hinsichtlich der Einhaltung der gesetzlichen Datenschutzpflichten. Allerdings entscheidet letzten Endes nicht er, sondern die beratene Organisation.

Dem Datenschutzbeauftragten kommt zudem die Aufgabe zu, die Einhaltung der DS-GVO und anderer Datenschutzgesetze zu **überwachen** und die Strategien[19] des Verantwortlichen oder des Auftragsverarbeiters für den Schutz personenbezogener Daten zu überprüfen, einschließlich der Zuweisung von Zuständigkeiten, der Sensibilisierung und der Schulung der an den Verarbeitungsvorgängen beteiligten Mitarbeiter (Art. 39 Abs. 1 lit. b DS-GVO). **Strategien** umfassen insbesondere Richtlinien, Betriebsvereinbarungen und Vorgaben von Vorstand bzw. Geschäftsführung. Insoweit ist dem Datenschutzbeauftragten ua Gelegenheit zu geben, Hinweise zu geben bezüglich geeigneter Maßnahmen zur Einhaltung und zum Nachweis datenschutzrechtlicher Anforderungen sowie zur Ermittlung, Abschätzung und Eindämmung von Risiken der Datenverarbeitung (vgl. EG 77 DS-GVO).

Da der Datenschutzbeauftragte ansonsten aufgrund seiner Überwachungspflicht einem Interessenskonflikt unterliegen würde, kommen ihm hinsichtlich der Festlegung der Datenschutz-Strategien keine Entscheidungsspielräume zu.

Zudem kommt dem Datenschutzbeauftragten die Aufgabe zu, auf Anfrage im Zusammenhang mit einer **Datenschutz-Folgenabschätzung** zu beraten und deren gesetzeskonforme Durchführung zu überwachen (Art. 39 Abs. 1 lit. c DS-GVO). Die Durchführung einer Datenschutz-Folgenabschätzung gem. Art. 35 DS-GVO an sich liegt in der Zuständigkeit des Verantwortlichen. Dieser muss den Rat des Datenschutzbeauftragten anfordern.

Der Datenschutzbeauftragte hat zudem die Aufgabe, mit der **Aufsichtsbehörde** zusammenzuarbeiten (Art. 39 Abs. 1 lit. d DS-GVO) und dieser – in mit der Verarbeitung zusammenhängenden Fragen – als „Anlaufstelle" zu dienen, einschließlich einer „vorherigen Konsultation gemäß Art. 36, und gegebenenfalls Beratung zu allen sonstigen Fragen" (§ 39 Abs. 1 lit. e DS-GVO). Nach diesen Regelungen trifft den Datenschutzbeauftragten eine umfassende Kooperationspflicht mit den zuständigen Aufsichtsbehörden. Nach deren Ansicht soll er als „Mittler" zwischen der Organisation und der jeweils zuständigen Aufsichtsbehörde fungieren und letzterer den Zugang zu Dokumenten und Informationen zur Erfüllung ihrer Aufgaben und zur Ausübung ihrer Befugnisse erleichtern.[20]

Der Datenschutzbeauftragte darf zwar auch mit der Wahrnehmung anderer Aufgaben und Pflichten betraut werden – der „Teilzeit-Datenschutzbeauftragte" ist also zulässig – allerdings muss die Organisation sicherstellen, dass es im Rahmen dieser Aufgabenwahr-

---

[17] Paal/Pauly/*Paal*, DSGVO Art. 38 Rn. 11 mwN; *Bergt* hält eine unmittelbare Unterstellung nicht für zwingend geboten, aber für anzuraten, Kühling/Buchner/*Bergt*, DSGVO Art. 38 Rn. 25.
[18] Palandt/*Sprau*, BGB § 675 Rn. 45. Dem entspricht auch der Begriff „advise" in der englischen Fassung der DS-GVO.
[19] In der englischen Fassung „policies".
[20] *Artikel-29-Datenschutzgruppe*, Leitlinien in Bezug auf Datenschutzbeauftragte („DSB"), WP 243 rev.01, S. 21.

nehmung nicht zu einem **Interessenskonflikt** kommt. Dieser liegt auf der Hand, wenn die anderen Aufgaben und Pflichten den Datenschutzbeauftragten dazu veranlassen könnten, in die Rechte und Freiheiten der betroffenen Personen einzugreifen.

24 Bei der Erfüllung seiner Aufgaben trägt der Datenschutzbeauftragte dem mit den Verarbeitungsvorgängen verbundenen **Risiko**[21] gebührend Rechnung, wobei er die Art, den Umfang, die Umstände und die Zwecke der Verarbeitung berücksichtigt (Art. 39 Abs. 2 DS-GVO). Diese Regelung würdigt, dass der Datenschutzbeauftragte nicht omnipräsent alle datenschutzrelevanten Aspekte, Bereiche und Verarbeitungstätigkeiten beim Verantwortlichen oder Auftragsverarbeiter im Rahmen seiner Aufgabenwahrnehmung mit gleichem Engagement berücksichtigen kann. Er muss vielmehr Bereiche mit hoher Risikoimmanenz prioritär bearbeiten und darf die Unterrichtung, Beratung und Kontrolle im Hinblick auf weniger sensible Verarbeitungstätigkeiten zurückstellen.

25 Gemäß Art. 38 Abs. 3 S. 2 DS-GVO müssen der Verantwortliche und der Auftragsverarbeiter gewährleisten, dass der Datenschutzbeauftragte wegen der Erfüllung seiner Aufgaben nicht abberufen oder benachteiligt wird. Mit § 6 Abs. 4 BDSG wird die **Abberufung** eines Datenschutzbeauftragten durch den deutschen Gesetzgeber weiterhin unter die strengen Anforderungen des § 626 BGB gestellt.[22] Nach einer zulässigen Abberufung genießt der ehemalige Datenschutzbeauftragte einen Kündigungsschutz von einem Jahr (§ 6 Abs. 4 S. 3 BDSG). Ein Verstoß gegen die Pflichten der Organisation hinsichtlich der Benennung eines Datenschutzbeauftragten ist nach Art. 83 Abs. 4 lit. a DS-GVO **bußgeldbewährt**.

II. Richtlinie zur Datenschutzorganisation

26 Für eine adäquate Datenschutzorganisation einer Organisation ist es dringend anzuraten, dass sich diese eine interne, verbindliche Regelung gibt,[23] egal ob diese etwa Leitlinie, Richtlinie oder Policy benannt wird.[24] Für die Leitung der Organisation ist essentiell, derartige verbindliche Vorgaben zu machen, insbesondere um ein **Organisationsverschulden** wegen des sorgfaltswidrigen Außerachtlassens des Treffens hinreichender Maßnahmen für eine angemessene Datenschutz-Compliance auszuschließen.[25] Entsprechend fordern einige deutsche Aufsichtsbehörden im Rahmen ihrer Prüfungen die Vorlage einer Datenschutzrichtlinie.[26] Auch die ehemalige *Artikel-29-Datenschutzgruppe* (heute *Europäischer Datenschutzausschuss*) empfiehlt in ihrer Funktion als Zusammenschluss aller europäischen Aufsichtsbehörden für den Datenschutz in einer Stellungnahme von 2017 die Einführung von Richtlinien zum Datenschutz.[27]

27 Eine Richtlinie zur Datenschutzorganisation sollte insbesondere das Festlegen von (personellen) **Zuständigkeiten und Aufgaben** sowie **Verfahren und Prozesse** für ausgewählte Sachverhalte enthalten. Nicht als zielführend wird diesseits eine Wiederholung der materiellrechtlichen Anforderungen von DS-GVO und BDSG erachtet, es sei denn, es handelt sich um eine globale Richtlinie, deren Zweck darin besteht, die europäischen und/oder deutschen Datenschutzstandards weltweit als verbindlich vorzugeben. In letzterem Fall sollte der materiellrechtliche Teil aus Gründen der Übersichtlichkeit ein separater Bestandteil der Richtlinie sein.

---

[21] Gemäß EG 76 S. 1 DS-GVO ist das konkrete Risiko in Abhängigkeit von Eintrittswahrscheinlichkeit und Schwere des (potenziellen) Schadens für den Betroffenen zu bestimmen.
[22] Zu den unterschiedlichen Möglichkeiten der Beendigung der Tätigkeit eines Datenschutzbeauftragten ausführlich Kühling/Buchner/*Bergt*, DSGVO Art. 37 Rn. 41 ff.
[23] So auch *Jaksch/von Daacke*, DuD 2018, 759, 762 f.; *Jung*, ZD 2018, 211; *Renz/Frankenberger*, ZD 2015, 158.
[24] Im Rahmen dieses Beitrags wird einheitlich der Begriff „Richtlinie" verwandt.
[25] Vgl. LG München I, 10.12.2013 – 5 HK O 1387/10, NZG 2014, 345.
[26] *BfDI*, Compliance und Datenschutz.
[27] Vgl. *Artikel-29-Datenschutzgruppe*, Leitlinien in Bezug auf Datenschutzbeauftragte („DSB"), WP 243 rev.01, S. 16, 18 und 19.

B. Datenschutzorganisation

Herausforderung für die Praktikabilität einer Richtlinie zur Datenschutzorganisation ist – neben ihrer Verständlichkeit für eine datenschutzrechtlich nicht vorgebildete Person – ihre **Übersichtlichkeit** und die Begrenzung ihres Umfangs auf ein „erträgliches" Ausmaß. Dabei sollte sich das adäquate Maß zwischen Abstrahierung und Konkretisierung, Generalisierung und Granularität an der spezifischen Organisation und ihren Gepflogenheiten und Traditionen orientieren.

Als zentrales Steuerungselement für die Datenschutzorganisation handelt es sich um eine „**Strategie**", die der Kontrolle des Datenschutzbeauftragten unterliegt (Art. 39 Abs. 1 lit. b DS-GVO). Zur Vermeidung von Interessenskollisionen sollte dieser also nicht zum „Owner" bzw. „Richtlinienverantwortlichen" bestimmt werden.[28] Empfehlenswert ist, dass die „höchste Management-Ebene", also die Leitung der Organisation, die Verantwortung für den Inhalt der Richtlinie trägt.

Neben einem Einsetzungsakt der Richtlinie zur Gewährleistung ihrer Verbindlichkeit sollte im Hinblick auf ihre Inhalte und Vorgaben ein angemessenes **Schulungskonzept** zur Einführung und dauerhaften Sensibilisierung der Beschäftigten festgelegt werden. Diese Empfehlung ergibt sich insbesondere aus Art. 32 Abs. 4 DS-GVO, wonach die Organisation Schritte unternehmen muss, um sicherzustellen, dass ihre Beschäftigten personenbezogene Daten grundsätzlich nur auf ihre Anweisung hin verarbeiten.

Eine Richtlinie zur Datenschutzorganisation sollte in der Praxis durch weitere, datenschutzrelevante verbindliche Vorgaben flankiert werden. Der wichtige Bereich des Umgangs mit **Datenschutzverletzungen** (vgl. Art. 33 DS-GVO) kann innerhalb einer allgemeinen Richtlinie zur Datenschutzorganisation adressiert werden. Aufgrund seiner Wichtigkeit und Haftungsrelevanz bevorzugen viele Organisationen erfahrungsgemäß insoweit aber eine separate Regelung. Gleiches gilt für interne Regelungen hinsichtlich der zu berücksichtigenden technischen und organisatorischen Maßnahmen, häufig in der Praxis auch als **Datensicherheitskonzept** benannt. Aufgrund der generellen Anforderungen der DS-GVO an die Einführung geeigneter technischer und organisatorischer Maßnahmen (vgl. Art. 5 Abs. 1 lit. f, Art. 24 Abs. 1 und Art. 32 Abs. 1 DS-GVO) und im Hinblick auf das Rechenschaftsprinzip (Art. 5 Abs. 2 DS-GVO) ist die Einführung von verbindlichen internen Regelungen zur Datensicherheit dringend anzuraten. Auch insoweit ist eine Integration bzw. Zusammenführung mit einer Richtlinie zur Datenschutzorganisation denkbar. Da aber in der Praxis regelmäßig die Zuständigkeit für die IT-Sicherheit außerhalb des Datenschutzbereichs liegt,[29] ist eine Separierung dieser Regelungswerke sinnvoll. In der Richtlinie zur Datenschutzorganisation sollte dann lediglich festgelegt werden, wer die Zuständigkeit für das Bestehen geeigneter technischer und organisatorischer Maßnahmen hat. Auch insoweit handelt es sich um eine „**Strategie**", die der Kontrolle des Datenschutzbeauftragten unterliegt (Art. 39 Abs. 1 lit. b DS-GVO), sodass dieser zur Vermeidung von Interessenskollisionen diesbezüglich nicht zum „Owner" bzw. „Richtlinienverantwortlichen" bestimmt werden sollte.

Die folgende Checkliste enthält exemplarische Inhalte, die in einer Richtlinie für eine Datenschutzorganisation enthalten sein können:

Checkliste für eine Richtlinie zur Datenschutzorganisation
- ❏ Allgemeines/Präambel
- ❏ Ziel/Zweck der Richtlinie; Geltungsbereich/Begriffsbestimmungen; Geltung weiterer Richtlinien
- ❏ Rollen/Funktionen in der Datenschutzorganisation
  - ❏ Höchste Management-Ebene (HME)
  - ❏ Datenschutzausschuss (DA)

---

[28] Taeger/Gabel/*Scheja*, Kommentar zu DSGVO und BDSG, DSGVO Art. 38 Rn. 75 ff.
[29] *Schrahe/Städter*, DuD 2019, 265 ff.

- ❏ Datenschutz-Koordinator (DSK)
- ❏ Datenschutzbeauftragter (DSB)
- ❏ IT-Sicherheit
- ❏ Verarbeitungsverantwortlicher (VV)
- ❏ Verzeichnis von Verarbeitungstätigkeiten
- ❏ Risikobewertung
- ❏ Datenschutz-Folgenabschätzung (DSFA)
- ❏ Auftragsverarbeitung, gemeinsame Verantwortlichkeit und sonstige Datenschutzverträge
- ❏ Einwilligung
- ❏ Übermittlung in Drittländer
- ❏ Datensicherheit, TOM und Löschung
- ❏ Informationspflicht
- ❏ Betroffenenrechte
- ❏ Sensibilisierung und Schulung
- ❏ Audits
- ❏ Verfahren bei Datenschutzverletzungen
- ❏ *Eigene Tätigkeiten als Auftragsverarbeiter (optional)*

III. Datenschutzverletzungen

1. Organisatorische Sicherstellung durch Richtlinie

33 Immer häufiger kommt es in der Praxis zu **Incidents,** bei denen personenbezogene Daten in falsche Hände gelangen. Sei es durch einen Hackerangriff auf IT-Systeme, durch den Verlust von Datenträgern oder durch menschliches Versagen beim Versand einer E-Mail – alle diese Fälle können zur Meldung von Datenpannen an Behörden/Betroffene nach Art. 33, Art. 34 DS-GVO führen. Selbst das Einrichten von zu weitreichenden Zugriffsrechten für einen internen Mitarbeiter kann meldepflichtig sein.

34 Zur Meldung an Behörden/Betroffene **verpflichtet ist der Verantwortliche.** Auftragsverarbeiter melden Datenpannen unverzüglich an ihren Auftraggeber (Art. 33 Abs. 2 DS-GVO). Da der Gesetzgeber dem Verantwortlichen **sehr kurze Fristen** für die Meldung der Verletzung auferlegt (72 Stunden an die zuständige Behörde, bei hohen Risiken unverzüglich an die Betroffenen), ist entscheidend, dass der Prozess der Incident-Erkennung und -Behandlung festgelegt, allen Mitarbeitern gegenüber bekannt gemacht wird und zuständige Personen in der Organisation vorhanden sind, die etwaige intern bekannt gewordene Vorfälle bewerten sowie darüber entscheiden können, ob diese nach außen gemeldet werden. Dies sollte durch eine **Richtlinie** festgelegt werden, welche die Pflichten und Prozesse zur Meldung von Datenschutzverletzungen regelt. In größeren Organisationen bietet es sich zudem an, zu prüfen, ob der Prozess zur Meldung von Datenschutzverletzungen mit weiteren Prozessen zur Incident-Meldung, beispielsweise aus dem Bereich der IT oder IT-Security, gekoppelt werden kann.

35 Die folgende Checkliste enthält exemplarische Inhalte, die in einer Richtlinie zum Umgang mit Datenschutzverletzungen enthalten sein können:

B. Datenschutzorganisation

> **Checkliste für eine Richtlinie zum Umgang mit Datenschutzverletzungen**
> - ☐ Allgemeines
>   - ☐ Ziel
>   - ☐ Geltungsbereich
>   - ☐ Definitionen, insbesondere: was ist eine Datenschutzverletzung?
>   - ☐ Verantwortlichkeiten
> - ☐ Hinweise an Mitarbeiter
>   - ☐ Wie kann ein Mitarbeiter eine Datenschutzverletzung erkennen?
>   - ☐ Was muss der Mitarbeiter tun, wenn er eine Datenschutzverletzung vermutet oder erkennt?
>   - ☐ Was muss der Mitarbeiter tun, wenn er nicht einschätzen kann, ob eine Datenschutzverletzung vorliegt?
> - ☐ Hinweise an verantwortliche Mitarbeiter
>   - ☐ Prüfung Datenschutzverletzung
>   - ☐ Unbefugter Datenumgang
>   - ☐ Gegenmaßnahmen
>   - ☐ Datenverarbeitung als Verantwortlicher oder als Auftragsverarbeiter
>   - ☐ Falls Auftragsverarbeiter: Meldung an Auftraggeber
>   - ☐ Falls Verantwortlicher: Meldung an Aufsichtsbehörde/Benachrichtigung betroffener Personen
>   - ☐ Risikoprüfung
>   - ☐ Ausnahmen
> - ☐ Dokumentation
> - ☐ Informationen an Mitarbeiter und Vorgesetzten
> - ☐ Informationen an Geschäftsführung

2. Vorliegen einer Datenschutzverletzung

Eine Datenschutzverletzung liegt nach Art. 4 Nr. 12 DS-GVO vor, wenn in Folge einer Verletzung der Datensicherheit personenbezogene Daten entweder
- unbeabsichtigt oder unrechtmäßig vernichtet wurden,
- unbeabsichtigt oder unrechtmäßig verloren gingen,
- unbeabsichtigt oder unrechtmäßig verändert wurden,

oder wenn die Verletzung der Datensicherheit
- zur unbefugten Offenlegung von personenbezogenen Daten, oder
- zum unbefugten Zugang zu personenbezogenen Daten führt.

Eine irgendwie geartete Absicht des zugrundeliegenden Handelns ist dabei nicht erforderlich.

Die Datenschutzverletzung muss aufgrund vorliegender Nachweise zumindest mit einem vernünftigen Grad an Gewissheit feststehen. Für die Annahme eines vernünftigen Grades an Gewissheit sind eindeutige, nachweisbare Anhaltspunkte für den Eintritt der Datenschutzverletzung erforderlich. Soweit die Bestimmung noch nicht klar ist, wird von den Aufsichtsbehörden eine **„Aufklärungsphase" im Umfang von maximal 24 Stunden** ab dem Auftreten hinreichender Anhaltspunkte für zulässig erachtet.[30]

Um das Vorliegen einer Datenschutzverletzung und etwaige daraus resultierende Risiken bewerten zu können, sollten zunächst so viele Angaben wie möglich zum Vorfall intern gesammelt werden. Hierfür bietet sich ein internes Meldeformular an, das wie folgt aussehen könnte:

---

[30] *BayLfD*, Orientierungshilfe „Meldepflicht und Benachrichtigungspflicht des Verantwortlichen", S. 36.

Formular für eine interne Meldung mit Beispielen

Nr.	Zu analysierende Kriterien	Erläuterung	Beispiele
1	Art des Datenschutzvorfalls	Was ist passiert?	Unbefugte Kenntnisnahme
			Verlust ohne Kenntnisnahme
			Daten sind nicht verfügbar
2	Art, Sensibilität und der Umfang der betroffenen personenbezogenen Daten	Welche personenbezogenen Daten sind betroffen?	Alle Daten im CRM-System
			Name und Gesundheitsdaten
			Personalausweiskopie
			Letzte 1000 Anmeldedaten
			Bank-/Kreditkartendaten
3	Einfachheit der Identifikation betroffener Personen	Ist die betroffene Person leicht oder nur schwer identifizierbar?	Name, Vorname und Adresse
			Telefonnummern
			Personalnummern
4	Schwerwiegende Folgen für die betroffenen Personen	Welche Folgen können aus dem Datenschutzvorfall resultieren?	Identitätsdiebstahl/-betrug
			Diskriminierung
			Finanzielle Verluste
			Rufschädigung
5	Besondere Eigenschaften der betroffenen Person	Sind besonders schützenswerte Personengruppen betroffen?	Kinder
			Behinderte Personen
			Personen im Zeugenschutz
6	Anzahl der betroffenen Person	Wie viele Personen sind betroffen?	Nur wenige Personen/viele Personen

3. Risikoanalyse

39 Ist eine Datenschutzverletzung nach Art. 4 Nr. 12 DS-GVO festgestellt worden, so hat unmittelbar danach eine **Analyse der Risiken** für die Rechte und Freiheiten der betroffenen Personen zu erfolgen. Dabei sind die Schwere und die Eintrittswahrscheinlichkeit der nachteiligen Folgen für die Betroffenen zu bestimmen – zu berücksichtigen sind alle in Betracht kommenden, möglichen Konsequenzen. Als Ergebnis kann dann bewertet werden, ob ein „geringes", ein „mittleres" Risiko oder ein „hohes" Risiko gegeben ist.

40 **Beispiele für geringe Risiken** sind Verluste von Datenträgern mit personenbezogenen Daten, die nach dem Stand der Technik verschlüsselt sind. Da die Verschlüsselung von Dritten nicht aufgebrochen werden kann und somit die Eintrittswahrscheinlichkeit eines Fremdzugriffs sehr gering ist, birgt der Verlust kaum Risiken für die Rechte und Freiheiten der betroffenen Personen.[31] Ähnlich wäre dies bei einem fehlversandten Brief, der ungeöffnet zurückkommt, da dann davon ausgegangen werden kann, dass kein Zugriff auf den Inhalt durch Fremde stattgefunden hat.[32]

---

[31] Zu beachten ist hier allerdings, dass es bei solchen Fällen auch zu einer Verletzung der Verfügbarkeit kommen kann. Wenn die verlorenen Daten nicht mehr reproduziert werden können, kann auch ein mittleres oder hohes Risiko vorliegen, wenn Verarbeitungen zugunsten der Betroffenen mit den Daten erfolgen sollten.

[32] Beispiele nach *LfD Niedersachsen*, Fragen und Antworten zur DS-GVO, https://www.lfd.niedersachsen.de/startseite/datenschutzreform/dsgvo/faq/meldung-von-datenschutzverstoeen-167312.html (Abruf 15.11.2020).

B. Datenschutzorganisation

Beispiele für hohe Risiken sind abhandengekommene Bankverbindungen oder Gesundheitsdaten, da dadurch großer finanzieller bzw. immaterieller Schaden generiert werden kann. Hier kann jedoch durch Gegenmaßnahmen auf ein mittleres Risiko hingewirkt werden (Art. 34 Abs. 3 DS-GVO), wenn zB bei fehlversandten Briefen die Empfänger bestätigen, dass sie die Daten vernichtet und nicht verwendet haben.[33] 41

4. Unterschiedliche Folgen hinsichtlich Melde- und Benachrichtigungspflicht nach Risikobewertung

Ergibt die Risikoanalyse das Nichtvorliegen eines Risikos bzw. das Vorliegen eines geringen Risikos[34], ist weder die Meldung an die Aufsichtsbehörde noch eine Benachrichtigung der betroffenen Personen erforderlich. Dies gilt allerdings nicht für den Auftragsverarbeiter, der jede Verletzung seinem Auftraggeber melden muss (Art. 33 Abs. 2 DS-GVO) – aber auch nur diesem. **Bei Vorliegen eines Risikos,** das nicht mehr gering ist, ist die Meldung der Datenschutzverletzung an die **Aufsichtsbehörde unverzüglich** und möglichst **binnen 72 Stunden** vorzunehmen (Art. 33 Abs. 1 DS-GVO). 42

Wenn ein hohes Risiko vorliegt, ist zusätzlich die Benachrichtigung der betroffenen Personen unverzüglich vorzunehmen (Art. 34 Abs. 1 DS-GVO). 43

5. Form

Die Meldung an die zuständige Aufsichtsbehörde muss zumindest eine Beschreibung zu folgenden Umständen enthalten (Art. 33 Abs. 3 DS-GVO): 44
– Art der Verletzung, soweit möglich mit Angabe der Kategorien und der ungefähren Zahl der betroffenen Personen, der betroffenen Kategorien und der ungefähren Zahl der betroffenen Datensätze,
– den Namen und die Kontaktdaten des Datenschutzbeauftragten oder einer sonstigen Anlaufstelle für weitere Informationen,
– eine Beschreibung der wahrscheinlichen Folgen der Verletzung,
– eine Beschreibung der erarbeiteten oder eingeleiteten Maßnahmen zur Behebung der Verletzung und gegebenenfalls der Maßnahmen zur Abmilderung ihrer möglichen nachteiligen Auswirkungen.
Nahezu alle Aufsichtsbehörden stellen auf ihren Internetpräsenzen **Web-Formulare oder Muster** bereit, mit denen eine Meldung nach Art. 33 DS-GVO abgegeben wird.[35]

Die Betroffenenbenachrichtigung beschreibt nach Art. 34 Abs. 2 DS-GVO in klarer und einfacher Sprache die Art der Verletzung und enthält zumindest folgende Informationen: 45
– Name und Kontaktdaten des Datenschutzbeauftragten oder einer sonstigen Anlaufstelle für weitere Informationen,
– Beschreibung der wahrscheinlichen Folgen der Verletzung,
– Beschreibung der Maßnahmen zur Behebung oder Abmilderung der Verletzung.

6. Frist

Die Meldung an die Behörde hat **unverzüglich und möglichst binnen 72 Stunden** nach Bekanntwerden der Datenschutzverletzung zu erfolgen. Von dem Bekanntwerden ist auszugehen, sobald der Verantwortliche nach Prüfung der internen Meldung den Eintritt der Datenschutzverletzung mit einem vernünftigen Grad an Gewissheit (s. o. → Rn. 37) 46

---

[33] *LfD Niedersachsen,* Fragen und Antworten zur DS-GVO, https://www.lfd.niedersachsen.de/startseite/datenschutzreform/dsgvo/faq/meldung-von-datenschutzverstoeen-167312.html (Abruf 15.11.2020).
[34] So die deutschen Aufsichtsbehörden entgegen des Wortlauts des Art. 33 DS-GVO, siehe *DSK,* Kurzpapier Nr. 18, S. 2.
[35] Beispielsweise *BayLDA* unter https://www.lda.bayern.de/de/datenpanne.html (Abruf 15.11.2020).

festgestellt hat. Im Zweifelsfall sind Zwischenergebnisse der Aufsichtsbehörde schrittweise zu melden (Art. 33 Abs. 4 DS-GVO).

47 Die **Betroffenenbenachrichtigung hat unverzüglich,** spätestens gleichzeitig mit der Behördenmeldung nach Bekanntwerden (vernünftiger Grad an Gewissheit, s. o. → Rn. 37) der Datenschutzverletzung zu erfolgen.

7. Dokumentation

48 Die Datenschutzverletzung einschließlich aller damit zusammenhängenden Fakten und Auswirkungen sowie das Ergebnis der Risikoanalyse und die ergriffenen Abhilfemaßnahmen sind so zu dokumentieren, dass der Aufsichtsbehörde die Überprüfung der Einhaltung der Melde- und Benachrichtigungspflichten möglich ist (Art. 33 Abs. 5 DS-GVO).

8. Straf-/Bußgeldfreiheit

49 Eine Meldung nach Art. 33 DS-GVO oder eine Benachrichtigung nach Art. 34 DS-GVO darf gemäß § 42 Abs. 4 bzw. § 43 Abs. 4 BDSG in einem Strafverfahren oder in einem Verfahren nach dem Gesetz über Ordnungswidrigkeiten gegen den Meldepflichtigen oder Benachrichtigenden oder seine in § 52 Abs. 1 StPO bezeichneten Angehörigen in Deutschland eigentlich nur mit Zustimmung des Meldepflichtigen oder Benachrichtigenden verwendet werden. Diese Selbstanzeigeerleichterungen werden wegen ihrer behaupteten Europarechtswidrigkeit insbesondere von den Aufsichtsbehörden kritisch gesehen[36], so dass sich Verantwortliche darauf einstellen müssen, auch bei einer Meldung straf- oder ordnungswidrigkeitenrechtlich belangt zu werden.

C. Dokumentation, Risikobewertung und Datenschutz-Folgenabschätzung

I. Verarbeitungsverzeichnis

50 **Jeder Verantwortliche und jeder Auftragsverarbeiter** ist nach Art. 30 DS-GVO verpflichtet, ein Verzeichnis der Verarbeitungstätigkeiten zu führen. Obwohl es nur Angaben zu einzelnen Verarbeitungstätigkeiten enthält, soll es laut EG 82 DS-GVO dem Nachweis der Einhaltung der DS-GVO dienen.[37] Das Verzeichnis kann aber freilich nur einen Teil innerhalb des DSMK ausmachen, da zum Nachweis der Einhaltung der DS-GVO deutlich mehr als die Dokumentation der Verarbeitungsverfahren gehört. Die Verzeichnisse sind gemäß Art. 30 Abs. 3 DS-GVO schriftlich oder elektronisch zu führen, der Aufsichtsbehörde auf Anforderung bereitzustellen (Art. 30 Abs. 4 DS-GVO) und auf Deutsch bereitzuhalten, § 23 VwVfG.

1. Verzeichnis für Verantwortliche (Art. 30 Abs. 1 DS-GVO)

51 Verantwortliche führen nach Art. 30 Abs. 1 DS-GVO ein Verzeichnis aller Verarbeitungstätigkeiten. Als Verarbeitungstätigkeit wird nach Auffassung der Aufsichtsbehörden **ein Geschäftsprozess** auf geeignetem Abstraktionsniveau verstanden, wobei jeder neue Zweck der Verarbeitung eine eigene Verarbeitungstätigkeit darstellt.[38] Als Beispiel sei auf

---

[36] *LfDI Baden-Württemberg*, 33. Tätigkeitsbericht 2016/2017, S. 17.
[37] Möglichkeiten werden bei *Gossen/Schramm*, ZD 2017, 7 ff., aufgezeigt.
[38] *DSK*, Hinweise zum Verzeichnis von Verarbeitungstätigkeiten, Art. 30 DS-GVO, S. 1.

einen Auszug aus einem Muster des BayLDA für ein Verarbeitungsverzeichnis eines Online-Shops verwiesen[39].

2. Verzeichnis für Auftragsverarbeiter (Art. 30 Abs. 2 DS-GVO)

Soweit Verarbeitungen in der Rolle als Auftragsverarbeiter vorgenommen werden, ist ein separates Verzeichnis nach Art. 30 Abs. 2 DS-GVO zu führen. Dieses unterscheidet sich hinsichtlich der zu führenden Angaben deutlich von dem nach Art. 30 Abs. 1 DS-GVO, da **zentraler Ankerpunkt** dieses Verzeichnisses nicht die Verarbeitungstätigkeit selbst ist, sondern **der Auftraggeber,** in dessen Namen die Verarbeitung erfolgt. Ist der Auftraggeber nicht der eigentliche Verantwortliche, sondern ein Auftragnehmer des Verantwortlichen, der den zu Dokumentierenden als Subauftragnehmer beauftragt, so ist entgegen des Wortlauts in Art. 30 Abs. 2 DS-GVO im Rahmen der Dokumentation lediglich der direkte Auftraggeber zu nennen.[40]

52

3. Ausnahmen für kleine Organisationen (Art. 30 Abs. 5 DS-GVO)

Verantwortliche und Auftragsverarbeiter mit **weniger als 250 Mitarbeitern** sind von der Führung eines Verzeichnisses von Verarbeitungstätigkeiten nach Art. 30 Abs. 5 DS-GVO befreit, es sei denn, eine Verarbeitung
– birgt ein Risiko für die Rechte und Freiheiten der betroffenen Personen (zB Scoring, Videoüberwachung),
– betrifft besondere Datenkategorien nach Art. 9 Abs. 1 DS-GVO, wie Religions- oder Gesundheitsdaten oder Daten über strafrechtliche Verurteilungen und Straftaten nach Art. 10 DS-GVO, oder
– erfolgt nicht nur gelegentlich.
Diese Befreiung ist nur anwendbar, wenn keiner der drei Tatbestände einschlägig ist. Dies wird in der Regel **nur in seltenen Ausnahmefällen** (zB Kioske oder kleine Vereine) der Fall sein, da eine nicht nur gelegentlich erfolgende Datenverarbeitung bei den meisten Organisationen anzunehmen sein wird.

53

4. Erweitertes Verarbeitungsverzeichnis

In der Praxis werden oftmals in den Verzeichnissen oder mithilfe von Softwarelösungen weitere Eintragungen vorgenommen, um alle datenschutzrelevanten Angaben zu einer Verarbeitung zentral an einem Ort vorzuhalten. Zudem werden Formulare für das Verarbeitungsverzeichnis oftmals dazu verwendet, um initial Angaben zu einer Verarbeitung zwecks datenschutzrechtlicher Prüfung und Risikobewertung bei den jeweiligen Fachbereichen einer Organisation einzusammeln. Dies ist zwar durchaus zweckmäßig; beachtet werden sollte dabei allerdings, dass ein Verarbeitungsverzeichnis auch den Aufsichtsbehörden nach Art. 30 Abs. 4 DS-GVO auf Anfrage vorzulegen ist. Insofern sollte sichergestellt werden, dass **Angaben, die über die reine Dokumentationspflicht** nach Art. 30 Abs. 1 bzw. Abs. 2 DS-GVO hinausgehen, **nicht ohne Notwendigkeit** in den Dokumenten zur Vorlage des Verzeichnisses bei den Aufsichtsbehörden **enthalten sind.** Nachfolgend finden sich zwei Checklisten für entsprechende erweiterte Verarbeitungsverzeichnisse, wobei optionale Felder, die nicht für die Vorlage bei der Aufsichtsbehörde bestimmt sind, kursiv gedruckt sind.

54

---

[39] Abrufbar unter https://www.lda.bayern.de/media/muster_9_online-shop_verzeichnis.pdf (Abruf 15.11.2020).
[40] *DSK,* Hinweise zum Verzeichnis von Verarbeitungstätigkeiten, Art. 30 DS-GVO, S. 12.

55 | Checkliste zum erweiterten Verarbeitungsverzeichnis als Verantwortlicher (optionale Felder, die nicht für das Verzeichnis nach Art. 30 Abs. 1 DS-GVO erforderlich sind, sind *kursiv* gedruckt)
- ☐ Name/Kontaktdaten des Verantwortlichen sowie ggfs. eines gemeinsam Verantwortlichen
- ☐ Name/Kontaktdaten des ggfs. benannten Datenschutzbeauftragten und ggfs. des Vertreters
- ☐ Name der Verarbeitungtätigkeit
- ☐ *Bezeichnung von System/Applikation (soweit vorhanden)*
- ☐ *Hinweis auf Betriebsvereinbarung (soweit vorhanden)*
- ☐ *Hinweis auf Richtlinie/Arbeitsanweisung (soweit vorhanden)*
- ☐ *Hinweis auf zusätzliche Dokumentationen (soweit vorhanden)*
- ☐ Zweck der Verarbeitung
- ☐ Kategorien betroffener Personen
- ☐ Kategorien der innerhalb der Verarbeitungtätigkeit verwendeten personenbezogenen Daten
- ☐ Kategorien von Empfängern (Zugriffsmöglichkeit ausreichend)
- ☐ Soweit eine Drittlandübermittlung (Zugriffsmöglichkeit ausreichend) stattfindet, ist hier der konkrete Empfänger sowie das betreffende Drittland oder die betreffende internationale Organisation anzugeben
- ☐ *Soweit eine Drittlandübermittlung (Zugriffsmöglichkeit reicht aus) stattfindet, sind die einschlägigen Transferinstrumente anzugeben*
- ☐ Soweit eine Drittlandübermittlung vorliegt und diese einmalig erfolgt, es wenige Betroffene gibt und die berechtigten Interessen des Verantwortlichen gegenüber den Interessen der Betroffenen an der Übermittlung überwiegen, sind hier etwaige geeignete Garantien in Bezug auf den Schutz personenbezogener Daten, die der Verantwortliche auf Grundlage einer Beurteilung aller Umstände vorgesehen hat, zu dokumentieren
- ☐ Löschfristen für die jeweiligen Datenkategorien (soweit möglich)
- ☐ Allgemeine technisch-organisatorische Maßnahmen (TOM)
- ☐ Soweit zusätzliche TOM oder Abweichungen von den allgemeinen TOM vorliegen bzw. die allgemeinen TOM gar nicht zur Anwendung kommen, ist dies zu beschreiben
- ☐ *Angaben zu eingesetzten Auftragsverarbeitern*
- ☐ *Risikobewertung*
    - ☐ Werden folgende Kategorien personenbezogener Daten verarbeitet?
        - ☐ *besondere Kategorien personenbezogener Daten*
        - ☐ *Daten über Straftaten*
        - ☐ *Inhalte elektronischer Kommunikation*
        - ☐ *Standortdaten*
        - ☐ *Finanzdaten*
        - ☐ *ähnliche höchstpersönliche Daten, an denen der Betroffene ein besonderes Schutzinteresse hat.*
    - ☐ Werden Daten schutzbedürftiger Betroffener verarbeitet?
    - ☐ Umfang der Verarbeitungtätigkeit
        - ☐ *Hier sind Aspekte wie Anzahl der Betroffenen, Menge der verarbeiteten Daten, geplante Dauer der Verarbeitung oder Ort der Datenverarbeitung zu nennen*
    - ☐ Abgleich oder Zusammenführen von Datensätzen

C. Dokumentation, Risikobewertung und Datenschutz-Folgenabschätzung 6

- Profiling
  - *Soweit es im Rahmen der Verarbeitungstätigkeit zu einer Bewertung oder Einstufung von natürlichen Personen kommt (sog. Profiling), ist dies zu beschreiben*
- Verwendung neuer Technologien
  - *Soweit für die Verarbeitungstätigkeit eine neue Technologie oder ein neuer Prozess gemessen am Stand der Technik auf innovative Weise eingesetzt wird, ist dies zu beschreiben*
- Systematische Überwachung
- Automatisierte Entscheidungsfindung
  - *Soweit es im Rahmen der Verarbeitungstätigkeit zu einer automatisierten Entscheidungsfindung kommt, die gegenüber einer natürlichen Person eine nachteilige rechtliche Wirkung entfaltet oder sie in ähnlicher Weise erheblich beeinträchtigt, ist dies zu beschreiben*
- Hinderung einer betroffenen Person an der Rechtsausübung
  - *Soweit die betroffene Person durch die Verarbeitungstätigkeit an der Ausübung eines Rechts, der Nutzung einer Dienstleistung oder dem Abschluss bzw. der Durchführung eines Vertrages gehindert wird, ist dies hier zu beschreiben*
- Name, Funktion, Abteilung und Kontaktdaten des für die Verarbeitungstätigkeit verantwortlichen Mitarbeiters
- Name, Funktion, Abteilung und Kontaktdaten des Bearbeiters
- Datum der letzten Bearbeitung

Ausführliche Checkliste zum Verarbeitungsverzeichnis als Auftragsverarbeiter (optionale Felder, die nicht für das Verzeichnis nach Art. 30 Abs. 2 DS-GVO erforderlich sind, sind *kursiv* gedruckt) 56

- Name/Kontaktdaten des Auftragsverarbeiters
- Name/Kontaktdaten des Auftraggebers
- Bei Auftraggebern im Drittland, Name und Kontaktdaten des in der EU belegenen Vertreters des Auftraggebers (sofern einschlägig)
- Name/Kontaktdaten des Datenschutzbeauftragten des Auftraggebers (sofern vorhanden)
- *Ansprechpartner bei Auftraggeber/Vertreter (Name, Tel., E-Mail)*
- Kategorien der Verarbeitungen im Auftrag des Auftraggebers
- Allgemeine technisch-organisatorische Maßnahmen (TOM)
- Soweit zusätzliche TOM oder Abweichungen von den allgemeinen TOM vorliegen bzw. die allgemeinen TOM gar nicht zur Anwendung kommen, ist dies zu beschreiben
- *Angaben zu eingesetzten Auftragsverarbeitern*
- Besonderheiten bei Drittlandübermittlung
  - Soweit eine Drittlandübermittlung (Zugriffsmöglichkeit ausreichend) stattfindet, ist hier der konkrete Empfänger[41] sowie das betreffende Drittland oder die betreffende internationale Organisation anzugeben
  - *Soweit eine Drittlandübermittlung (Zugriffsmöglichkeit reicht aus) stattfindet, sind die einschlägigen Transferinstrumente anzugeben*
  - Bei einmalig erfolgter Übermittlung mit wenigen Betroffenen: geeignete Garantien in Bezug auf den Schutz personenbezogener Daten bei einem Überwiegen der

---

[41] Dies ist zwar nicht explizit in Art. 30 Abs. 2 lit. c DS-GVO vorgesehen, wird aber von den Aufsichtsbehörden angefordert, vgl. *DSK*, Hinweise zum Verzeichnis von Verarbeitungstätigkeiten, Art. 30 DS-GVO, S. 13.

berechtigten Interessen des Verantwortlichen gegenüber den Interessen des Betroffenen
- Name, Funktion, Abteilung und Kontaktdaten des für den Auftraggeber verantwortlichen Mitarbeiters
- Name, Funktion, Abteilung und Kontaktdaten des Bearbeiters
- Datum der letzten Bearbeitung

II. Rechenschaftspflicht

57 Bei der Planung von Verarbeitungstätigkeiten bietet es sich an, im DSMK eine Kurzcheckliste als Prüfleitfaden zu verwenden, die sicherstellt, dass im Rahmen einer Erstbewertung alle zentralen datenschutzrechtlichen Fragen beachtet wurden. Eine solche könnte zudem dem Nachweis der Einhaltung der Rechenschaftspflicht nach Art. 5 Abs. 2 DS-GVO dienen. Sie könnte sich an den Grundsätzen der DS-GVO orientieren, aber auch das von den deutschen Aufsichtsbehörden favorisierte Standard-Datenschutz-Modell[42] abbilden. Schließlich wäre sie auch geeignet, nachzuweisen, dass die Prinzipien des Privacy by Design und by Default (Art. 25 DS-GVO) beachtet werden und im DSMK als Pflichtprüfung vor Beginn einer Verarbeitung angelegt sind.

58 **Prüfleitfaden Rechenschaftspflicht mit jeweils zwei Beispielen**
- Rechtmäßigkeit, Verarbeitung nach Treu und Glauben, ua
  - Rechtsgrundlagen
  - Notwendige vertragliche Vereinbarungen
- Datenminimierung, ua
  - Datenvermeidung
  - Pseudonymisierung
- Transparenz, ua
  - Abrufbarkeit
  - Klare, verständliche Sprache
- Datensicherheit, ua
  - Datensicherheitskonzept
  - Security Incident Management
- Zweckbindung, ua
  - Restriktive Implementierung von Schnittstellen
  - Rechte- und Rollenkonzept
- Richtigkeit, ua
  - Möglichkeiten zur Berichtigung für Betroffene
  - Plausibilitätschecks
- Betroffenenrechte, ua
  - Datenexport
  - Berücksichtigung von Einwilligungen/Widerrufen/Widersprüchen

---

[42] Vgl. https://www.datenschutzzentrum.de/sdm/ (Abruf 15.11.2019).

III. Risikobewertung und Datenschutz-Folgenabschätzung

Die DS-GVO verfolgt einen **risikobasierten Ansatz,** das heißt, es ist bei Bewertungen, Priorisierungen, etc. stets das Risiko für die Rechte und Freiheiten der Betroffenen zu berücksichtigen. Dies wird insbesondere in den Art. 24, 25 DS-GVO und Art. 32–36 DS-GVO deutlich, in denen explizit Risiken eine entscheidende Rolle spielen. Eine konkrete Vorgabe, wie das Risiko zu bewerten ist, macht die DS-GVO jedoch nicht. Es existieren zahlreiche Methodiken, zB aus der Informationssicherheit, um Risiken für die Sicherheit von Informationen zu bewerten. Diese Methodiken basieren jedoch darauf, Risiken für ein Unternehmen oder eine Organisation beim Verlust von oder beim rechtswidrigen Zugriff auf Daten zu bewerten. Die Risikobewertung für betroffene Personen muss jedoch einen völlig anderen Blick einnehmen – es geht darum, welche **Risiken für eine natürliche Person durch die jeweilige Verarbeitung** ihrer personenbezogenen Daten entstehen könnten. Da es konkrete Vorgaben der Aufsichtsbehörden zur Evaluierung von Risiken im Zusammenhang mit der Durchführung von Datenschutz-Folgenabschätzungen gibt[43], bietet es sich an, das Prozedere der Risikobewertung an demjenigen der Datenschutz-Folgenabschätzung auszurichten. 59

Die allgemeine Pflicht zur Durchführung einer **Datenschutz-Folgenabschätzung** ergibt sich aus Art. 35 Abs. 1 S. 1 DS-GVO. Danach ist eine Datenschutz-Folgenabschätzung vonnöten, wenn die Verarbeitungsvorgänge aus Sicht der betroffenen Personen voraussichtlich hoch risikobehaftet sind. Dies ist der abstrakte, allgemeine Fall, der für jeden Verarbeitungsvorgang relevant werden kann. Allerdings beläßt es der Gesetzgeber nicht dabei, lediglich einen allgemeinen Tatbestand zu definieren, sondern regelt in Art. 35 Abs. 3 DS-GVO drei Regelbeispiele, bei denen eine Datenschutz-Folgenabschätzung unabhängig vom konkreten Maß des Risikos durchzuführen ist. Darüber hinaus ist die Durchführung einer Datenschutz-Folgenabschätzung auch dann risikounabhängig erforderlich, wenn dies die zuständige Aufsichtsbehörde gemäß Art. 35 Abs. 4 DS-GVO in einer veröffentlichten Liste festgestellt hat. Damit ergeben sich drei nachfolgend im Einzelnen beschriebene Anknüpfungspunkte, die eine Datenschutz-Folgenabschätzung auslösen. Bei der Aufsetzung eines Prozesses zur Prüfung der Erforderlichkeit einer Datenschutz-Folgenabschätzung empfiehlt es sich, zuerst die Regelbeispiele und die Listen der Aufsichtsbehörden zu prüfen, da aus ihnen unmittelbar eine Pflicht zur Durchführung resultiert. Erst wenn weder in den Regelbeispielen noch in den aufsichtsbehördlichen Listen die Verarbeitungsvorgänge angesprochen werden, sollte die allgemeine Risikobewertung nach Art. 35 Abs. 1 S. 1 DS-GVO durchgeführt werden. Nachfolgend erfolgt die Darstellung jedoch anhand der gesetzlichen Reihenfolge sowie zum Zwecke der Einführung in die Risikobewertung. 60

1. Hohes Risiko für natürliche Personen

Als allgemeine Regel ist eine Datenschutz-Folgenabschätzung immer dann erforderlich, wenn die Form der Verarbeitung, insbesondere bei Verwendung neuer Technologien, aufgrund der Art, des Umfangs, der Umstände und der Zwecke der Verarbeitung voraussichtlich ein hohes Risiko für die Rechte und Freiheiten natürlicher Personen zur Folge hat (Art. 35 Abs. 1 S. 1 DS-GVO). Ist weder ein Regelbeispiel nach Art. 35 Abs. 3 DS-GVO noch ein Listenvorgang nach Art. 35 Abs. 4 DS-GVO betroffen, muss sich der Verantwortliche also die Frage stellen, ob seine Verarbeitungsvorgänge wahrscheinlich ein hohes Risiko für die betroffenen Personen mit sich bringen. 61

Entscheidend ist damit nach Art. 35 Abs. 1 S. 1 DS-GVO das hohe Risiko, das von den mittleren und geringen Risiken eines Verarbeitungsvorgangs für die Rechte und Freiheiten 62

---

[43] *Artikel-29-Datenschutzgruppe,* Leitlinien zur Datenschutz-Folgenabschätzung (DSFA) und Beantwortung der Frage, ob eine Verarbeitung im Sinne der Verordnung 2016/679 „wahrscheinlich ein hohes Risiko mit sich bringt", WP 248 rev.01.

natürlicher Personen abzugrenzen ist (EG 76 S. 2 DS-GVO). Verarbeitungsvorgänge ohne irgendwie geartete Risiken für die Rechte und Freiheiten natürlicher Personen kann es denklogisch nicht geben, da bei der Verarbeitung personenbezogener Daten zumindest stets in das Grundrecht nach Art. 8 GRCh eingegriffen wird.[44] Der Gesetzgeber quantifiziert aber weder im Gesetzeswortlaut noch in den Erwägungsgründen die Schwelle, an der das mittlere Risiko überschritten wird. Gleichzeitig fordert er den Verantwortlichen auf, diese Einstufung anhand objektiver Kriterien vorzunehmen (EG 76 S. 2 DS-GVO).

63 Es verbleibt deshalb dem Verantwortlichen, festzulegen, welche Methodik er anwendet, um den Grad von Risiken für die Rechte und Freiheiten natürlicher Personen bei einem Verarbeitungsvorgang festzustellen. Dabei ist ein Risiko im Sinne der DS-GVO als „das Bestehen der Möglichkeit eines Ereignisses, das selbst **einen Schaden** darstellt oder zu einem weiteren Schaden für eine oder mehrere natürliche Personen führen kann" zu verstehen.[45] Schäden können physischer, materieller oder immaterieller Natur sein. Beispiele für mögliche Schäden sind körperliche Beeinträchtigungen, Diskriminierung, Identitätsdiebstahl oder -betrug, finanzielle Verluste, Rufschädigungen, wirtschaftliche oder gesellschaftliche Nachteile, der Ausschluss oder die Einschränkung der Ausübung von Rechten und Freiheiten und die Profilerstellung oder -nutzung durch die Bewertung persönlicher Aspekte (EG 75 DS-GVO).

64 Zusätzlich ist **die Schwere** der o. g. möglichen Schäden für die betroffene Person und die spezifische **Wahrscheinlichkeit des Eintritts** dieser Schäden beim betrachteten Verarbeitungsvorgang zu bewerten (EG 90 S. 1 DS-GVO). Die Schwere muss einzelfallbezogen im Einklang mit dem Tatbestand des Art. 35 Abs. 1 S. 1 DS-GVO anhand der Form, der Art, des Umfangs, der Umstände und der Zwecke der Verarbeitung bestimmt werden. Die Wahrscheinlichkeit ist anhand einer Prognoseentscheidung vorzunehmen.[46]

65 Dies kann zB dadurch erfolgen, dass die beiden Werte im Rahmen einer Matrix ins Verhältnis gesetzt werden, um den Grad des Risikos festzulegen. Beispielhaft sei auf ein entsprechendes Vorgehensmodell der Datenschutzkonferenz in ihrem Kurzpapier Nr. 18[47] verwiesen, aus dem sich die folgende Matrix ergibt:[48]

---

[44] Kurzpapier Nr. 18 der *DSK* vom 26.4.2018, S. 3.
[45] Kurzpapier Nr. 18 der *DSK* vom 26.4.2018, S. 1.
[46] Paal/Pauly/*Martini*, DSGVO Art. 35 Rn. 19.
[47] Kurzpapier Nr. 18 der *DSK* vom 26.4.2018, S. 5.
[48] *Konferenz der unabhängigen Datenschutzbehörden des Bundes und der Länder (Datenschutzkonferenz)*, Kurzpapier Nr. 18, Risiko für die Rechte und Freiheiten natürlicher Personen, Datenlizenz Deutschland – Namensnennung – Version 2.0 (www.govdata.de/dl-de/by-2-0).

C. Dokumentation, Risikobewertung und Datenschutz-Folgenabschätzung

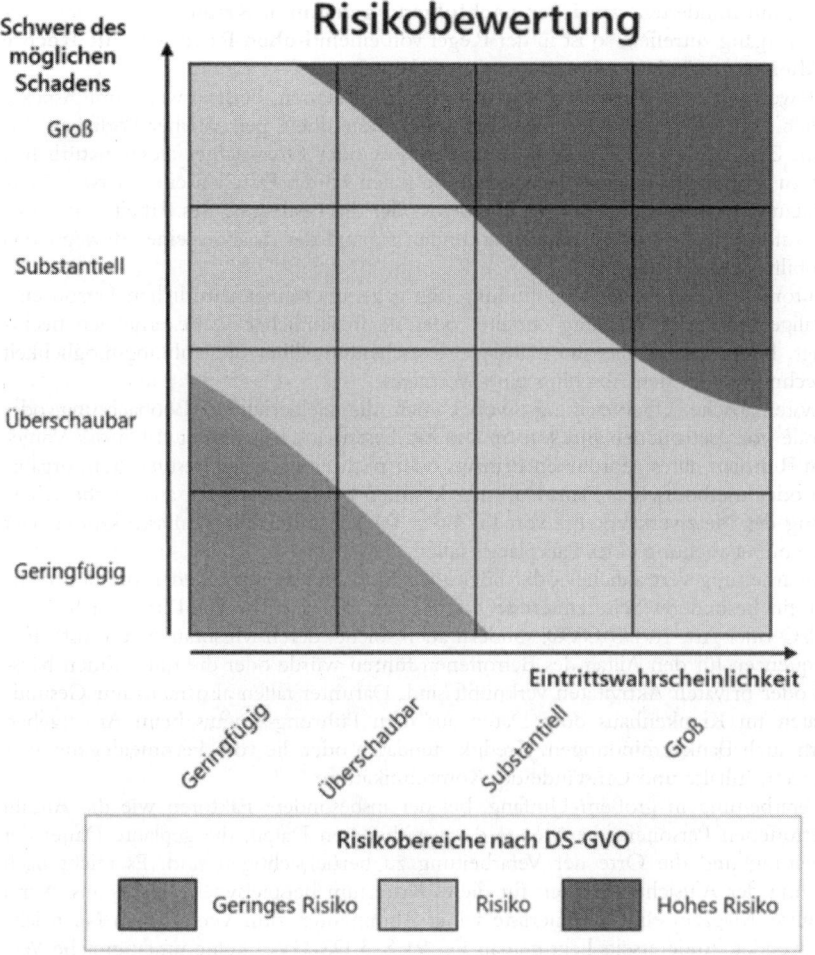

Als Stufen schlagen die deutschen Aufsichtsbehörden die Grade „geringfügig", „überschaubar", „substantiell" oder „groß" vor, wobei die Einstufung jeweils zu begründen ist.[49] Der in der oberen rechten Ecke rot markierte Teil löst ein hohes Risiko aus und würde entsprechend Art. 35 Abs. 1 S. 1 DS-GVO die Durchführung einer Datenschutz-Folgenabschätzung erforderlich machen.

Das dargestellte Vorgehen ist jedoch für die Praxis höchst komplex, da für jeden Verarbeitungsvorgang eine eigenständige Risikobestimmung vorzunehmen wäre. Die EU-Aufsichtsbehörden schlagen deshalb in ihren „Leitlinien zur Datenschutz-Folgenabschätzung" (WP 248) eine alternative, relativ einfach handhabbare Methode vor, um zu prüfen, wann ein hohes Risiko vorliegt. Mit Verweis auf die Regelbeispiele aus Art. 35 Abs. 3 DS-GVO sowie etwaige Listen nach Art. 35 Abs. 4 DS-GVO benennen sie weitere neun Kriterien innerhalb von Verarbeitungsvorgängen, die aufgrund ihrer Art für sich genommen risikoerhöhend sind. Dabei fließen auch die weiteren Tatbestandsmerkmale der Norm (Form der Verarbeitung, Art, Umfang, Umstände und Zwecke der Verarbeitung) in die Betrachtung ein.

---

[49] Kurzpapier Nr. 18 der *DSK* vom 26.4.2018, S. 4.

68 Sollten dann mindestens **zwei der nachfolgend genannten Kriterien** auf einen Verarbeitungsvorgang zutreffen, so ist in der Regel von einem **hohen Risiko für die Rechte und Freiheiten natürlicher Personen** auszugehen:[50]
- eine Bewertung oder Einstufung von natürlichen Personen, beispielsweise um Aspekte bezüglich Arbeitsleistung, wirtschaftlicher Lage, Gesundheit, persönlicher Vorlieben, Interessen, Zuverlässigkeit, Verhalten, Aufenthaltsort oder Ortswechsel dieser natürlichen Person zu analysieren oder vorherzusagen. So fielen zB das Erstellen eines personalisierten Nutzungsprofils des Users einer Webseite oder die Festlegung des Arbeits- und Zuhause-Aufenthaltsortes eines Mobilfunkkunden anhand der Analyse seiner Bewegungen im Mobilfunknetz darunter.
- eine automatisierte Entscheidungsfindung, die gegenüber einer natürlichen Person eine nachteilige rechtliche Wirkung entfaltet oder sie in ähnlicher Weise erheblich beeinträchtigt, beispielsweise die automatisierte Entscheidung über die Zahlungsmöglichkeit per Rechnung oder den Abschluss eines Vertrages.
- eine systematische Überwachung, wobei auch die zielgerichtete Beobachtung oder Kontrolle von Betroffenen hiervon umfasst ist. Systematisch bedeutet dabei das Vorgehen im Rahmen eines geordneten Prinzips oder nach einem vorab festgelegten, organisierten oder methodischen Plan. Darunter könnten beispielsweise die analytische Überwachung des Netzwerkverkehrs von IT- oder Telekommunikationsinfrastrukturen oder die Videoüberwachung eines Parkplatzes fallen.
- eine Verarbeitung vertraulicher oder höchstpersönlicher Daten, an denen die betroffene Person ein besonderes Schutzinteresse hat. Hierzu zählen nicht nur Daten nach Art. 9 DS-GVO oder Art. 10 DS-GVO, sondern auch solche, deren Missbrauch zu ernsthaften Konsequenzen für den Alltag des Betroffenen führen würde oder die mit intimen häuslichen oder privaten Aktivitäten verknüpft sind. Darunter fallen also nicht nur Gesundheitsdaten im Krankenhaus oder Daten aus dem Führungszeugnis beim Arbeitgeber, sondern auch Bankverbindungen, Kreditkartendaten oder die vom Fernmeldegeheimnis geschützten Inhalte und Umstände der Kommunikation.
- eine Verarbeitung in großem Umfang, bei der insbesondere Faktoren wie die Anzahl der betroffenen Personen, die Menge der verarbeiteten Daten, die geplante Dauer der Verarbeitung und die Orte der Verarbeitung zu berücksichtigen sind. Es reicht nach Auffassung der Aufsichtsbehörden für dieses Kriterium beispielsweise bereits aus, wenn ein Online-Magazin eine Verteilerliste seiner Abonnenten zum Versand von Nachrichten verwendet. Andererseits liegt gemäß EG 91 S. 3 DS-GVO keine umfangreiche Verarbeitung vor, wenn sie personenbezogene Daten von Patienten oder von Mandanten betrifft und durch einen einzelnen Arzt, sonstigen Angehörigen eines Gesundheitsberufes oder durch einen Rechtsanwalt erfolgt. Im Ergebnis bedarf dieses Kriterium also immer der Bewertung des Einzelfalls, bei der die angesprochenen Faktoren im Rahmen einer Gesamtschau herangezogen werden müssen.
- ein Abgleich oder die Zusammenführung von Datensätzen. Damit ist die über die vernünftigen Erwartungen der betroffenen Personen hinausgehende, zweckändernde bzw. von unterschiedlichen Verantwortlichen stammende Verschneidung von Daten gemeint, wie beispielsweise das Ergänzen eines vom User angelegten Profils in sozialen Netzwerken um weitere Angaben aus öffentlich zugänglichen Drittquellen, die der User selbst nicht hinzufügen wollte. Ein anderes Beispiel ist die Analyse der Wanderungsbewegungen von Kunden innerhalb eines Mehrmarkenkonzerns, um wechselaffine betroffene Personen zu identifizieren.
- eine Verarbeitung von Daten Schutzbedürftiger. Schutzbedürftige sind alle Personen, bei denen ein größeres Machtungleichgewicht zum Verantwortlichen vorliegt, also bei-

---

[50] *Artikel-29-Datenschutzgruppe*, Leitlinien zur Datenschutz-Folgenabschätzung (DSFA) und Beantwortung der Frage, ob eine Verarbeitung iSd Verordnung 2016/679 „wahrscheinlich ein hohes Risiko mit sich bringt", WP 248 rev.01, S. 10 ff.

spielsweise Kinder, Beschäftigte, Patienten oder Senioren. Jede Verarbeitung, die mit Daten Schutzbedürftiger stattfindet, löst dieses Kriterium aus, also beispielsweise Verarbeitungsvorgänge in der Personalabteilung oder im Krankenhaus.
– die Nutzung einer neuen Technologie oder eines neuen Prozesses. Dieses Kriterium ist bereits als Regelbeispiel im Tatbestand des Art. 35 Abs. 1 S. 1 DS-GVO enthalten, bleibt jedoch vage. Ob etwas neu ist, muss am Stand der Technik gemessen werden. Der Einsatz muss innovativ sein, dh es müsste beispielsweise noch keine hinreichende Marktdurchdringung geben, gesetzliche, behördliche oder gerichtliche Regulierungsansätze fehlen oder die technischen, persönlichen oder gesellschaftlichen Folgen der Innovation noch völlig unbekannt sein. Als Beispiele werden IoT-Anwendungen oder die Kombination aus Fingerabdruck- und Gesichtserkennung genannt.
– die Verarbeitung hindert betroffene Personen an der Ausübung eines Rechts, der Nutzung einer Dienstleistung oder der Durchführung eines Vertrages. In solchen Fällen hat die Verarbeitung rechtlich nachteilige Folgen für die betroffene Person, ohne dass die Entscheidung gemäß dem zweiten Kriterium vollständig automatisiert erfolgen muss. Beispielhaft wird die Abfrage einer Bank bei einer Kreditauskunftei angeführt, welche die Entscheidung über die Vergabe von Krediten durch die Bank beeinflusst.

Gleichwohl darf der vom EDSA vorgeschlagene Algorithmus nicht zu starr angewendet werden, was er in seinem Vorschlag selbst einräumt. So kann es Fälle geben, bei denen eine Arztpraxis Kinder behandelt und somit sowohl das Kriterium der Schutzbedürftigen als auch dasjenige der Verarbeitung höchstpersönlicher Daten einschlägig ist. Dennoch ist in einem solchen Fall ein hohes Risiko nicht zwingend, wenn die Verarbeitung personenbezogener Daten durch einen einzelnen Berufsgeheimnisträger erfolgt (EG 91 S. 4 DS-GVO). Umgekehrt kann es aber auch genauso Fälle geben, in denen lediglich ein Kriterium erfüllt ist und eine Datenschutz-Folgenabschätzung dennoch angezeigt ist.

2. Regelbeispiele für hohe Risiken

Bei den in Art. 35 Abs. 3 DS-GVO genannten Fällen ist eine Datenschutz-Folgenabschätzung immer durchzuführen, unabhängig davon, ob sie ein hohes Risiko für die betroffenen Personen im Einzelfall darstellen oder nicht. Der Gesetzgeber hat sich dafür entschieden, diese Regelbeispiele als pauschal risikobehaftet zu betrachten, sodass etwaige Abwägungen im Rahmen der o. g. Risikoprüfung nicht erforderlich sind.

Art. 35 Abs. 3 lit. a DS-GVO betrifft Fälle des systematischen und umfassenden Profilings nach Art. 4 Nr. 4 DS-GVO, das anschließend Grundlage für Entscheidungen mit Rechtswirkung oder einer ähnlichen erheblichen Beeinträchtigung gegenüber den betroffenen Personen ist. Der klassische Anwendungsfall ist das Anlegen eines Kundenprofils zum Zwecke des Scorings, um anschließend über die Vergabe von Krediten zu entscheiden.

Art. 35 Abs. 3 lit. b DS-GVO zielt auf die umfangreiche Verarbeitung besonders schutzwürdiger Daten nach Art. 9 DS-GVO und Art. 10 DS-GVO ab.

Schließlich unterfällt die systematische umfangreiche Überwachung öffentlich zugänglicher Bereiche nach Art. 35 Abs. 3 lit. c DS-GVO der verpflichtenden Datenschutz-Folgenabschätzung bzw. ist hochrisikobehaftet. Damit ist nicht nur die auf den ersten Blick erscheinende, klassische Videoüberwachung mittels „opto-elektronischer Vorrichtungen" (EG 91 S. 2 DS-GVO) gemeint, sondern beispielsweise auch das WiFi-Tracking im öffentlichen Raum.

3. Blacklist

Die Pflicht zur Durchführung einer Datenschutz-Folgenabschätzung kann sich auch aus einer nach Art. 35 Abs. 4 DS-GVO von den Aufsichtsbehörden verpflichtend (Art. 57 Abs. 1 lit. k DS-GVO) zu führenden und zu veröffentlichenden Liste („Blacklist") ergeben. Solche Blacklists enthalten Verarbeitungsvorgänge, welche die Aufsichtsbehörde als hochrisikobehaftet einstuft. Für den **nicht-öffentlichen Bereich hat die Datenschutzkonferenz eine gemeinsame Blacklist** mit 15 Verarbeitungstätigkeiten, ihren typischen Einsatzfeldern sowie jeweils hierzu gehörigen Beispielen veröffentlicht[51]. Für den öffentlichen Bereich erfolgt keine gemeinsame Veröffentlichung. Jede Aufsichtsbehörde führt dabei eine eigene, für ihren Zuständigkeitsbereich spezifische Liste.

4. Ausnahmen

75 Liegt kein Regelbeispiel vor und findet sich in der Liste nach Art. 35 Abs. 4 DS-GVO keine Aussage zum in Frage stehenden Verarbeitungsvorgang, so können weitere Gründe für den Ausschluss einer Datenschutz-Folgenabschätzung sprechen, selbst wenn nach Art. 35 Abs. 1 S. 1 DS-GVO ein hohes Risiko bejaht wird.

76 Zum einen muss eine Datenschutz-Folgenabschätzung dann nicht durchgeführt werden, wenn die Art, der Umfang, die Umstände und die Zwecke der Verarbeitung denen einer anderen Verarbeitung, für die bereits eine Datenschutz-Folgenabschätzung durchgeführt wurde, ähneln, damit die Risiken ähnlich gelagert sind und es hierzu bereits eine Referenz-Datenschutz-Folgenabschätzung nach Art. 35 Abs. 1 S. 2 DS-GVO gibt.

77 Keine Pflicht zur Durchführung besteht auch dann, wenn der Verarbeitungsvorgang auf einer von der Aufsichtsbehörde erstellten und veröffentlichten Liste nach Art. 35 Abs. 5 S. 1 DS-GVO genannt wird („Whitelist"). Diese Whitelists nehmen Verarbeitungsvorgänge ausdrücklich von der Pflicht zur Durchführung einer Datenschutz-Folgenabschätzung aus, beispielsweise die Verwaltung bestimmter Personal-, Gehalts- und Buchhaltungsdaten in Belgien.

78 Schließlich unterliegen Verarbeitungsvorgänge nach Art. 35 Abs. 10 DS-GVO dann nicht der Datenschutz-Folgenabschätzung, wenn sie gemäß Art. 6 Abs. 1 lit. c oder lit. e DS-GVO auf einer Rechtsgrundlage im Unionsrecht oder im Recht des Mitgliedstaats, dem der Verantwortliche unterliegt, beruhen, diese Rechtsvorschriften die konkreten Verarbeitungsvorgänge regeln, bereits im Rahmen der allgemeinen Folgenabschätzung im Zusammenhang mit dem Erlass dieser Rechtsgrundlage eine Datenschutz-Folgenabschätzung erfolgte und der Mitgliedstaat dem Verantwortlichen keine zusätzliche Notwendigkeit einer Datenschutz-Folgenabschätzung auferlegt. Eine etwaige während des Gesetzgebungsverfahrens durchgeführte Datenschutz-Folgenabschätzung reicht aber nur dann aus, wenn die Rechtsvorschriften beim Erlass die ursprünglich im Rahmen der Gesetzesberatungen durchgeführte Datenschutz-Folgenabschätzung abdecken und alle Faktoren hinsichtlich der Art, des Umfangs, der Umstände und der Zwecke der Verarbeitung sowie der daraus resultierenden Risiken bekannt waren. Andernfalls ist die Datenschutz-Folgenabschätzung vom Verantwortlichen selbst durchzuführen.

5. Zeitpunkt und Altfälle

79 Nach Art. 35 Abs. 1 S. 1 DS-GVO ist die **Datenschutz-Folgenabschätzung vorab** durchzuführen. Das bedeutet, dass ein Verarbeitungsvorgang nicht in Gang gesetzt werden kann, solange die Ergebnisse seiner Datenschutz-Folgenabschätzung noch nicht feststehen. Empfehlenswert ist es, den Prüfbeginn der Durchführung bereits in den Change-Management-Prozess eines Verantwortlichen zu integrieren. So wird sichergestellt, dass die zuständigen Personen und Gremien frühzeitig eingebunden und die Datenschutz-Folgenabschätzung rechtzeitig vor Inbetriebnahme der Verarbeitungsvorgänge abgeschlossen werden kann.

80 Für bereits laufende Verarbeitungsvorgänge ist eine neue Datenschutz-Folgenabschätzung immer dann durchzuführen, wenn sich die Risiken aus den Verarbeitungsvorgängen ändern (Art. 35 Abs. 11 DS-GVO). Solche Risikoänderungen können mannigfaltige

---

[51] Abrufbar unter https://www.baden-wuerttemberg.datenschutz.de/wp-content/uploads/2018/05/Liste-von-Verarbeitungsvorg%C3%A4ngen-nach-Art.-35-Abs.-4-DS-GVO-LfDI-BW.pdf (Abruf 15.11.2020).

C. Dokumentation, Risikobewertung und Datenschutz-Folgenabschätzung

Gründe wie zB eine Zweckänderung, eine Erweiterung der Technologie oder neue Funktionalitäten haben, sodass es empfehlenswert ist, jede Anpassung der Verarbeitung und ihrer Rahmenbedingungen auf ihre Risikoänderung hin zu prüfen.

Da gemäß EG 171 S. 3 DS-GVO auf der Datenschutzrichtlinie beruhende Entscheidungen in Kraft bleiben, bis sie geändert, ersetzt oder aufgehoben werden, ist für Altfälle, bei denen keinerlei Änderungen gegenüber einer seinerzeit durchgeführten Vorabkontrolle nach § 4d Abs. 5 BDSG aF vorgenommen wurden, keine Datenschutz-Folgenabschätzung durchzuführen.

6. Durchführung

Der zwingende Mindestinhalt einer Datenschutz-Folgenabschätzung ist in Art. 35 Abs. 7 DS-GVO vorgegeben. Sie besteht aus vier Elementen, die strukturell aufeinander aufbauen. Darüber hinaus muss der Standpunkt von betroffenen Parteien eingeholt, die Durchführung im Rahmen der Rechenschaftspflichten des Verantwortlichen dokumentiert und gemäß Art. 35 Abs. 11 DS-GVO regelmäßig überprüft werden. Ziel der Dokumentation sollte es sein, die anfangs befürchteten hohen Risiken mithilfe von Gegenmaßnahmen einzudämmen. Soweit dies am Ende nicht gelingt, ist eine vorherige Konsultation der Aufsichtsbehörde nach Art. 36 DS-GVO durchzuführen.

Es ergeben sich somit sieben Schritte, die in Anlehnung an ein Schaubild aus dem WP 248 der Artikel-29-Datenschutzgruppe vorzunehmen sind:[52]

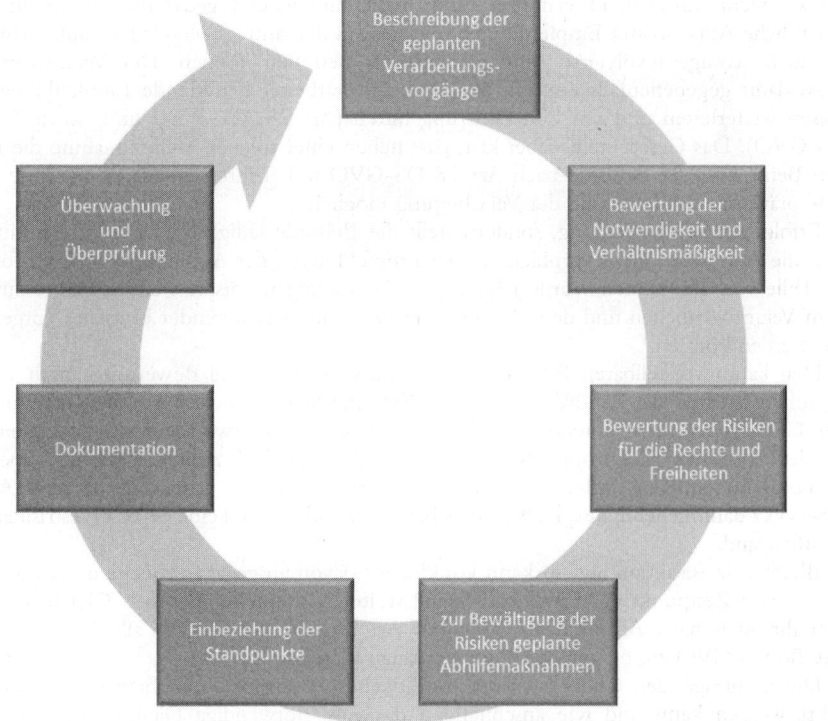

---

[52] *Artikel-29-Datenschutzgruppe*, Leitlinien zur Datenschutz-Folgenabschätzung (DSFA) und Beantwortung der Frage, ob eine Verarbeitung im Sinne der Verordnung 2016/679 „wahrscheinlich ein hohes Risiko mit sich bringt", WP 248 rev.01, S. 20, abrufbar unter: ec.europa.eu/newsroom/document.cfm?doc_id=47711, übersetzt aus dem englischen Original, Lizenz: CC-BY-4.0 (https://creativecommons.org/licenses/by/4.0/deed.de).

7. Vorherige Konsultation

85 Geht aus einer Datenschutz-Folgenabschätzung hervor, dass die Verarbeitung ein hohes Risiko zur Folge hätte, und trifft der Verantwortliche keine Maßnahmen zur Eindämmung des Risikos, ist eine sogenannte vorherige Konsultation bei der Aufsichtsbehörde durchzuführen (Art. 36 Abs. 1 DS-GVO).

86 Das Einreichen der Konsultation, das **vor Beginn der Verarbeitung** vorzunehmen ist, hindert den Verantwortlichen nicht daran, die Verarbeitung trotz der bestehenden hohen Risiken vorzunehmen. Ein Genehmigungsvorbehalt ist nur in Art. 36 Abs. 5 DS-GVO geregelt, sodass eine Verarbeitung, die nach Art. 36 Abs. 1 DS-GVO konsultiert wird, keiner Genehmigung unterliegt.

87 Die Aufsichtsbehörde hat nach Art. 36 Abs. 2 S. 1 DS-GVO acht Wochen Zeit, das Ersuchen zu prüfen und zu beantworten. Sollte der Fall komplex sein, kann die Frist nach Art. 36 Abs. 2 S. 2 DS-GVO um weitere sechs Wochen verlängert werden, wobei die Behörde in einem solchen Fall den Verantwortlichen und gegebenenfalls auch den Auftragsverarbeiter über die Fristverlängerung und die Gründe innerhalb eines Monats nach Konsultationseingang zu unterrichten hat (Art. 36 Abs. 2 S. 3 DS-GVO). Die Fristen laufen nicht, solange nicht alle erforderlichen Informationen eingegangen sind (Art. 36 Abs. 2 S. 4 DS-GVO).

88 Die Beantwortung des Konsultationsantrags ist nur für Fälle geregelt, in denen die Aufsichtsbehörde der Auffassung ist, dass die geplante Verarbeitung nicht im Einklang mit der DS-GVO steht (Art. 36 Abs. 2 S. 1 DS-GVO). Hat der Verantwortliche beispielsweise das Risiko nicht ausreichend ermittelt oder nicht hinreichend gedämmt, so ergeht eine schriftliche Antwort mit Empfehlungen, die sowohl den antragstellenden Verantwortlichen als auch etwaige involvierte Auftragsverarbeiter betreffen können. Der Verantwortliche muss dann gegebenenfalls etwaige den Auftragsverarbeiter betreffende Empfehlungen an diesen weiterleiten und um Unterstützung bitten (Art. 28 Abs. 3 S. 2 lit. f) sowie EG 95 DS-GVO). Das Gesetz stellt dabei klar, dass neben einer solchen Stellungnahme die übrigen Befugnisse der Behörde nach Art. 58 DS-GVO unberührt bleiben. Damit wäre auch eine präventive Untersagung der Verarbeitung möglich.

89 Erfolgt keine Untersagung, sondern stellt die Behörde lediglich Empfehlungen aus, so sind die Adressaten nicht verpflichtet, den Empfehlungen der Aufsichtsbehörde zu folgen. Im Falle von Sanktionen würde jedoch das Nichtbefolgen entsprechender Empfehlungen dem Verantwortlichen und dem Auftragsverarbeiter als erschwerender Umstand vorgeworfen werden können.

90 Den kaum vorstellbaren Fall, dass ein Verantwortlicher seine Bewertung falsch vorgenommen hat und die Behörde bei der Verarbeitung keine hohen Restrisiken erkennt, hat der Gesetzgeber nicht geregelt. Es kann jedoch dem Verantwortlichen nicht zugemutet werden, in diesen Fällen ohne Nachricht zu bleiben. Deshalb muss die Behörde über ihr Ergebnis informieren und eine „Empfehlung" innerhalb der Fristen des Art. 36 Abs. 1 DS-GVO dahingehend aussprechen, dass bei der Verarbeitung keine hohen Restrisiken ersichtlich sind.

91 Bleibt eine Reaktion aus, so kann konkludent davon ausgegangen werden, dass die Behörde zum Zeitpunkt des Fristablaufs keine weiteren Empfehlungen hat. Gleichwohl stehen ihr auch nach Ablauf der Fristen des Art. 36 Abs. 2 DS-GVO alle Befugnisse aus Art. 58 DS-GVO zu, beispielsweise eine etwaige Untersagung.

92 Die nachfolgenden Checklisten veranschaulichen, wie eine Risikobewertung durchgeführt werden kann und wie anschließend die ggfs. notwendige Datenschutz-Folgenabschätzung dokumentiert wird.

C. Dokumentation, Risikobewertung und Datenschutz-Folgenabschätzung 6

Checkliste für Risikobewertungen
- ❏ Beschreibung des Risikoszenarios
- ❏ Risikoquelle
    - ❏ Technische Komponenten
    - ❏ Übertragungskanäle
    - ❏ Menschen
    - ❏ Papierdokumente
- ❏ Mögliches schädigendes Ereignis
    - ❏ Unbefugte oder unrechtmäßige Verarbeitung
    - ❏ Verarbeitung wider Treu und Glauben
    - ❏ Für den Betroffenen intransparente Verarbeitung
    - ❏ Unbefugte Offenlegung von und Zugang zu Daten
    - ❏ Unbeabsichtigter Verlust, Zerstörung oder Schädigung von Daten
    - ❏ Verweigerung der Betroffenenrechte
    - ❏ Verwendung der Daten durch den Verantwortlichen zu inkompatiblen Zwecken
    - ❏ Verarbeitung nicht vorhergesehener Daten
    - ❏ Verarbeitung über die Speicherfrist hinaus
- ❏ Mögliche Konsequenz für Betroffene
    - ❏ Physische Schäden, materielle Schäden, immaterielle Schäden
- ❏ Verletztes Schutzziel
    - ❏ Verfügbarkeit, Vertraulichkeit, Integrität, Datenminimierung, Transparenz, Zweckbindung, Gewährleistung der Betroffenenrechte
- ❏ Vorhandene Vorkehrungen
- ❏ Verletzungswahrscheinlichkeit
- ❏ Identifikationsmöglichkeit
- ❏ Schwere der Konsequenzen für die Betroffenen
- ❏ Spezifische risikoerhöhende Faktoren
- ❏ Gesamtbewertung Risikoszenario nach Berücksichtigung aller Faktoren

Checkliste zur Dokumentation einer Datenschutz-Folgenabschätzung   93
- ❏ Beschreibung der geplanten Verarbeitungsvorgänge und der Zwecke der Verarbeitung
    - ❏ Name der Verarbeitungstätigkeit
    - ❏ Bezeichnung von System/Applikation (soweit vorhanden)
    - ❏ Bezeichnung/Ablageort der Beschreibung von Systemarchitektur und Datenflussdiagramm (soweit vorhanden)
    - ❏ Verfolgter Zweck
    - ❏ Kategorien betroffener Personen
    - ❏ Kategorien personenbezogener Daten
    - ❏ Kategorien von Empfängern und Zwecke des Zugriffs
    - ❏ Löschfrist für verschiedenen Datenkategorien
    - ❏ Zweck, Empfänger und Land bei Drittlandübermittlung (soweit vorhanden)
    - ❏ genehmigte Verhaltensregeln der Verarbeitung (soweit vorhanden)
- ❏ Besonderheiten der Verarbeitung (9-Punkte-Katalog gemäß WP 248)
    - ❏ Verarbeitung von personenbezogenen Daten folgender Kategorien
        - ❏ besondere Kategorien personenbezogener Daten
        - ❏ Daten über Straftaten
        - ❏ Inhalte elektronischer Kommunikation
        - ❏ Standortdaten
        - ❏ Finanzdaten
        - ❏ ähnliche höchstpersönliche Daten, an denen der Betroffene ein besonderes Schutzinteresse hat

- ❏ Verarbeitung von Daten schutzbedürftiger Betroffener
- ❏ Umfang der Verarbeitung
  - ❏ Anzahl der Betroffenen
  - ❏ Menge der verarbeiteten Daten
  - ❏ Dauer der Verarbeitung
  - ❏ Ort der Datenverarbeitung
- ❏ Abgleich oder Zusammenführen von Datensätzen
- ❏ Profiling
- ❏ Einsatz neuer Technologie oder ein neuer Prozess gemessen am Stand der Technik
- ❏ Systematische Überwachung
- ❏ Automatisierte Entscheidungsfindung, die gegenüber einer natürlichen Person eine nachteilige rechtliche Wirkung entfaltet oder sie in ähnlicher Weise erheblich beeinträchtigt
- ❏ Betroffene Person wird durch die Verarbeitungstätigkeit gehindert
  - ❏ an der Ausübung eines Rechts,
  - ❏ der Nutzung einer Dienstleistung,
  - ❏ dem Abschluss bzw. Durchführung eines Vertrages
- ❏ Notwendigkeit und Verhältnismäßigkeit der Verarbeitungsvorgänge
  - ❏ Rechtsgrundlage der Verarbeitung und berechtigtes Interesse
  - ❏ Eindeutiger und legitimer Zweck nach Art. 5 Abs. 1 lit. b) DS-GVO
  - ❏ Grundsatz der Datenminimierung nach Art. 5 Abs. 1 lit. c) DS-GVO
  - ❏ Grundsatz der Speicherbegrenzung nach Art. 5 Abs. 1 lit. e) DS-GVO
  - ❏ Information von Betroffenen gemäß der Art. 12, 13 und 14 DS-GVO
  - ❏ Möglichkeit zur Ausübung von Betroffenenrechten
    - ❏ Auskunft (Art. 15 DS-GVO)
    - ❏ Datenportabilität (Art. 20 DS-GVO)
    - ❏ Berichtigung (Art. 16 DS-GVO)
    - ❏ Löschung (Art. 17 DS-GVO) und
    - ❏ Einschränkung der Verarbeitung (Art. 18 DS-GVO)
  - ❏ Geeignete Garantien für Drittlandübermittlung (soweit durchgeführt)
  - ❏ Maßnahmen zur rechtskonformen Einbindung von Auftragsverarbeitern (soweit vorhanden)
  - ❏ Berücksichtigung der Empfehlung der Aufsichtsbehörde (soweit vorhanden)
  - ❏ Verarbeitung insgesamt notwendig und verhältnismäßig
- ❏ Risikobewertung (vgl. Checklist zur Risikobewertung) und erfolgte Gegenmaßnahmen
- ❏ Einbeziehung von Stellungnahmen
- ❏ Ergebnis

D. Transparenz

94 Transparenz ist ein wesentlicher Bestandteil, um das **Recht auf informationelle Selbstbestimmung** der betroffenen Personen zu gewährleisten bzw. zu stärken. Dabei geht es um die Schaffung von Vertrauen in die Verfahren, indem betroffene Personen in die Lage versetzt werden, diese Verfahren zu verstehen und nötigenfalls auch infrage zu stellen.[53] Neben den **Betroffenenrechten** gehören die Informationspflichten zu den wichtigsten Rechten der betroffenen Personen, um einen Überblick und die Kontrolle über die Verwendung ihrer Daten zu wahren. Werden die Transparenzanforderungen durch den Verantwortlichen erfüllt, ermöglicht dies den betroffenen Personen, ihre Rechte gegenüber

---
[53] *Artikel-29-Datenschutzgruppe*, Leitlinien für Transparenz, WP 260 rev.01, Rn. 2.

D. Transparenz

Verantwortlichen und Auftragsverarbeitern durchzusetzen und diese ggf. zur Rechenschaft zu ziehen.[54]

Dabei stellt die Gewährleistung der Informationspflichten erhebliche **Anforderungen an die Verantwortlichen und ihr DSMK.** Zum einen erfordert eine Information, die den Anforderungen der DS-GVO genügt, eine detaillierte Kenntnis des Verantwortlichen über die durchgeführten Datenverarbeitungen (zB die Zwecke und Rechtsgrundlagen der Datenverarbeitung und die Empfänger von Daten), zum anderen sind auch die rechtlichen Anforderungen an die transparente Ausgestaltung sehr hoch. Einerseits sollen die Informationen in präziser, transparenter, verständlicher und leicht zugänglicher Form in einer klaren und einfachen Sprache übermittelt werden (Art. 12 Abs. 1 S. 1 DS-GVO), andererseits verlangen die Vorgaben der DS-GVO umfangreiche und teilweise detaillierte Informationen (siehe zB den Katalog in Art. 13 Abs. 1 lit. a–f und Abs. 2 lit. a–f DS-GVO). Um diesem Spannungsfeld gerecht zu werden, ist zunächst eine umfassende Analyse der vom Verantwortlichen durchgeführten Datenverarbeitungen erforderlich. Sodann muss unter Berücksichtigung der rechtlichen Anforderungen der DS-GVO eine Entscheidung über die Detail- und Verfahrenstiefe der Informationen getroffen werden und die Mittel der Informationsübermittlung konzipiert werden.[55]

I. Übersicht Informationspflichten

Die Informationspflichten sind im Wesentlichen im Kapitel 3 („Rechte der betroffenen Person") normiert. Die wichtigsten Regelungen sind in Art. 12–14 DS-GVO enthalten. Art. 12 regelt dabei allgemeine Anforderungen an transparente Informationen, Art. 13 und 14 die Hauptanwendungsfälle der Informationspflichten bei der Erhebung von personenbezogenen Daten. Daneben gibt es in der DS-GVO und auch im nationalen Recht weitere relevante Regelungen zu den Informationspflichten. Auch aus der ePrivacy-Richtlinie (2002/58/EG) und der entsprechenden nationalen Umsetzung im TKG ergeben sich Informationspflichten.

Die folgende Tabelle soll einen Überblick über die Informationspflichten geben, ist aber nicht abschließend.

Norm	Erwägungsgrund	Regelungsinhalt
Art. 5 Abs. 1 lit. a DS-GVO	EG 39 DS-GVO	Grundsatz der Verarbeitung nach Treu und Glauben und Transparenz
Art. 12 DS-GVO	EG 58, 59 DS-GVO	Allgemeine Anforderungen an die transparenten Informationen
Art. 13 DS-GVO	EG 60, 61, 62 DS-GVO	Informationspflichten bei der Erhebung von personenbezogenen Daten bei der betroffenen Person
Art. 14 DS-GVO	EG 60, 61, 62 DS-GVO	Informationspflicht, wenn die personenbezogenen Daten nicht bei der betroffenen Person erhoben werden
Art. 21 Abs. 4 DS-GVO	EG 70 DS-GVO	Besondere Anforderungen an die Information über das Widerspruchsrecht
Art. 26 Abs. 2 S. 2 DS-GVO		Besondere Informationspflicht über Vereinbarungen gemeinsamer Verantwortlicher (Joint Controller)

---

[54] *Artikel-29-Datenschutzgruppe,* Leitlinien für Transparenz, WP 260 rev.01, Rn. 4.
[55] *Artikel-29-Datenschutzgruppe,* Leitlinien für Transparenz, WP 260 rev.01, Rn. 34.

Norm	Erwägungsgrund	Regelungsinhalt
§ 30 Abs. 2 S. 1 BDSG		Besondere Informationspflichten im Zusammenhang mit der Ablehnung von Verbraucherkrediten aufgrund von Auskünften von Auskunfteien
§ 32 BDSG		Ausnahmen von der Informationspflicht gem. Art. 13 DS-GVO
§ 33 BDSG		Ausnahmen von der Informationspflicht gem. Art. 14 DS-GVO
§ 93 TKG		Informationspflichten für Anbieter von Telekommunikationsdiensten (nur teilweise anwendbar)[56]

II. Rechtsfolgen

98 Die Nichtbeachtung der Informationspflichten kann als **Verstoß** gegen die Art. 12–14 DS-GVO durch die zuständigen Aufsichtsbehörden sanktioniert werden. Neben den allgemeinen **Abhilfemaßnahmen** gem. Art. 58 Abs. 2 DS-GVO kann ein Verstoß auch mit einem **Bußgeld** gem. Art. 83 Abs. 5 lit. b DS-GVO in Höhe von bis zu 20 Mio. Euro oder im Fall eines Unternehmens von bis zu 4% des gesamten weltweit erzielten Jahresumsatzes des vorangegangenen Geschäftsjahres belegt werden, je nachdem, welcher der Beträge höher ist.

99 Die nicht (ausreichende) Erteilung von Informationen kann auch Auswirkungen auf die **Rechtmäßigkeit** der Datenverarbeitung an sich haben. War die betroffene Person nicht verpflichtet, die Datenverarbeitung zu erdulden, kann die Verarbeitung in einem solchen Fall unzulässig sein. Dies wird zumeist bei Datenverarbeitungen angenommen, die auf einer Willensbekundung der betroffenen Person beruhen (zB einer Einwilligung oder einer vertraglichen Vereinbarung).[57] Es ist aber davon auszugehen, dass dies auch Auswirkungen auf eine Datenverarbeitung auf Grundlage einer Interessenabwägung (Art. 6 Abs. 1 lit. f) DS-GVO) haben kann, da – sofern die betroffene Person über die Verarbeitung und die berechtigten Interessen nicht informiert wird – häufig nicht davon ausgegangen werden kann, dass die Verarbeitung ihren „vernünftigen Erwartungen" (vgl. EG 47 DS-GVO) entspricht.

III. Informationspflichten in der anwaltlichen Praxis

100 Aufgrund der hohen und komplexen Anforderungen an die Transparenz und den weitreichenden Umfang gibt es für die anwaltliche Praxis im Bereich der Informationspflichten ein weites Betätigungsfeld. Dies kann insbesondere sein:
- die Unterstützung bei der Erfassung aller relevanten Verarbeitungsvorgänge, über die informiert werden muss,
- die Konzeption der Informationsübermittlung (zB Einteilung der Informationsdokumente für unterschiedliche Gruppen betroffener Personen, Aufteilung der Informationen auf mehrere Ebenen),
- die Erstellung der eigentlichen Informationstexte und Bereitstellung von Mustertexten,
- die Überprüfung vorhandener Informationstexte bzgl. der Erfüllung gesetzlicher Anforderungen,
- die Unterstützung bei der Einführung von internen Prozessen, um die datenschutzkonforme Erteilung von Informationen sicherzustellen (zB Arbeitsanweisungen, Richtlinien),

---

[56] Zur Anwendbarkeit der Vorschriften des nationalen Rechts: Kühling/Buchner/*Bäcker*, DS-GVO Art. 13 Rn. 102.
[57] Siehe zB Kühling/Buchner/*Bäcker*, DS-GVO Art. 13 Rn. 64; Taeger/Gabel/*Mester*, DSGVO BDSG, DS-GVO Art. 13 Rn. 41.

— die Vermeidung von Abmahnrisiken durch Prüfung, inwieweit konkrete Datenschutzinformationen (zB durch Regelungscharakter) einer AGB-Kontrolle unterliegen.

Dabei sollte im Rahmen der anwaltlichen Beratung immer beachtet werden, dass der gesetzeskonformen Umsetzung der Informationspflichten in vielen Fällen ein besonders hohes Gewicht zukommt, da dies etwa durch Aufsichtsbehörden, Verbraucherzentralen oder Wettbewerber sehr einfach zu überprüfen ist (zB durch einen Besuch der Internetseite und einen Abgleich der feststellbaren Datenverarbeitung mit den erteilten Informationen).[58] Auch haben **Aufsichtsbehörden** im Bereich der Erteilung von Informationspflichten **Schwerpunktprüfungen** angekündigt, zB für die Erfüllung von Informationspflichten im Bewerbungsverfahren.[59]

IV. Umsetzung der Informationspflichten/Vorgehensweise

Um die Informationspflichten korrekt umsetzen zu können, sind mehrere Schritte erforderlich. Zunächst müssen Informationen über die konkreten Datenverarbeitungen erfasst und im Hinblick auf die Anforderungen an die Informationspflichten analysiert werden. Dann ist die Erteilung der Informationen zu konzipieren. Dabei sind Entscheidungen zu treffen, wie die erforderlichen Informationen erteilt werden. Dann sind innerhalb der Organisation des Verantwortlichen Prozesse zu etablieren, wie die Informationen aktuell gehalten werden und es sind die internen Zuständigkeiten und Verantwortlichkeiten festzulegen.

1. Erfassen der relevanten Sachverhalte

Zunächst ist es erforderlich zu identifizieren, über welche **Datenverarbeitungen** informiert werden muss und welche Gruppen betroffener Personen zu informieren sind (zB Besucher von Webseiten, Kunden, Mitarbeiter, Kinder). Diese Informationen lassen sich dem **Verzeichnis der Verarbeitungstätigkeiten** gem. Art. 30 DS-GVO entnehmen.[60]

2. Konzeption der Informationserteilung

a) Gruppieren von Betroffenen

Sobald feststeht, welche **Gruppen von betroffenen Personen** über welche Verarbeitungen informiert werden müssen, sollten die Informationen je nach Adressat entsprechend aufbereitet werden. Bewährt hat sich insofern eine Aufteilung der Informationen für folgende Adressaten:
– Mitarbeiter
– Bewerber
– Kunden (ggf. auch einzelne Informationen für unterschiedliche Produkte)
– Geschäftliche Kontakte (zB Dienstleister, B2B-Kunden)
– Interessenten
– Besucher der Webseite
– Ggf. besondere Sachverhalte, wie Nutzer von Apps, Webportalen usw.

Diese Gruppierung sollte anhand von **Praktikabilitätsgesichtspunkten** vorgenommen werden, sodass Informationen möglichst einfach und verständlich erteilt, aber auch aktuell gehalten werden können. Dabei ist auch zu beachten, welche Kanäle für die Bereitstellung

---

[58] Über eine solche Prüfung berichtet zB das *BayLDA* in seiner Pressemitteilung zum „Safer Internet Day" vom 5.2.2019, https://www.lda.bayern.de/media/pm2019_3_de.pdf (zuletzt abgerufen am 2.11.2019)
[59] Prüfungsankündigung des *BayLDA*, https://www.lda.bayern.de/de/kontrollen.html und exemplarisches Anschreiben, https://www.lda.bayern.de/media/pruefungen/201810_bewerbung_anschreiben.pdf (zuletzt abgerufen am 2.11.2019).
[60] Siehe → Rn. 50 ff.

der Informationen genutzt werden können (Bewerbern können Informationen zB in einem Bewerberportal oder schon in einer Online-Stellenanzeige zugänglich gemacht werden, Mitarbeitern ggf. in Papierform bei der Aushändigung des Personalfragebogens).

106 Dabei sollte auch berücksichtigt werden, ob für besondere Gruppen von betroffenen Personen besondere Anforderungen an die Erteilung der Datenschutzinformationen gestellt werden. Dies ist zB bei **Kindern** (Art. 12 Abs. 1 S. 1 DS-GVO) der Fall.

b) Art der Informationserteilung/Mehrebenen-Datenschutzerklärung

107 Sodann sollte die Art der Informationserteilung festgelegt werden. Bei komplexen Verarbeitungen empfiehlt es sich, den auch von den Aufsichtsbehörden angeratenen Weg der „Mehrebenen-Datenschutzerklärung" zu verfolgen.[61] Dabei ist zu beachten, dass es sich dabei nicht bloß um die Verteilung der Datenschutzinformationen auf mehreren Seiten handelt, die erst über mehrere Klicks zu den maßgeblichen Informationen führen. Vielmehr sollte **schon die Gestaltung der ersten Ebene der Informationen der betroffenen Person einen klaren Überblick** über die ihr hinsichtlich der Verarbeitung ihrer personenbezogenen Daten zur Verfügung stehenden Informationen geben und konkret aufzeigen, wo die einzelnen Informationen auf den weiteren Ebenen zu finden sind.[62]

c) Form der Informationserteilung/Medienbruch

108 Besondere Beachtung verdient auch die Auswahl der Informationskanäle. Bei Verarbeitungen, bei denen die Daten im Internet erhoben werden, ist die Einbindung der Datenschutzinformationen durch einen Link oder auf der Seite möglich, auf der die Daten erhoben werden. Auch bei Apps können die Datenschutzinformationen vor dem Herunterladen und in der App selber zugänglich gemacht werden.[63]

109 Problematischer ist dies allerdings in **nicht-digitalen Umgebungen.** Besteht beispielsweise der erste Kontakt in einem Telefonat mit der betroffenen Person, erscheint es nicht praktikabel, alle gesetzlich geforderten Informationen telefonisch bereitzustellen. Umstritten ist hierbei, ob und inwieweit die Bereitstellung der Informationen mit einem sogenannten Medienbruch zulässig ist. Ein **Medienbruch** ist zB der Verweis auf eine online abrufbare Datenschutzinformation, wenn die Datenerhebung mündlich in einem Telefonat erfolgt. In der Literatur wird hierzu überwiegend vertreten, dass ein solcher Medienbruch unzulässig ist.[64] Dagegen sehen die Aufsichtsbehörden einen Medienbruch zumindest ausnahmsweise bei der Umsetzung einer Mehrebenen-Datenschutzerklärung für zulässig an.[65] So soll es zB in einem Telefonat ausreichen, wenn beim **erstmaligen Kontakt** die **wichtigsten Informationen** vermittelt werden, nämlich die Einzelheiten zu den Verarbeitungszwecken, die Identität des Verantwortlichen und die Existenz der Rechte der betroffenen Person – zusammen mit Informationen über die wichtigsten Auswirkungen der Verarbeitung bzw. Verarbeitungsvorgänge, mit denen die betroffene Person möglicherweise nicht rechnet. Die Erteilung der restlichen, nach Art. 13 oder 14 erforderlichen Informationen, soll dann **auf anderen Wegen** erfolgen können, zB durch die Zusendung einer Ausfertigung der Datenschutzbestimmungen per E-Mail und/oder eines Links zu den Mehrebenen-Datenschutzerklärungen.[66] Teile der Literatur pflichten dem unter Verweis auf die digitale Ausrichtung der DS-GVO und die in Art. 12 Abs. 1 S. 1 DS-GVO gefor-

---

[61] *Artikel-29-Datenschutzgruppe,* Leitlinien für Transparenz, WP 260 rev.01, Rn. 35.
[62] *Artikel-29-Datenschutzgruppe,* Leitlinien für Transparenz, WP 260 rev.01, Rn. 35; dazu im Folgenden mehr, siehe → Rn. 108 ff.
[63] *Artikel-29-Datenschutzgruppe,* Leitlinien für Transparenz, WP 260 rev.01, Rn. 11.
[64] Taeger/Gabel/*Mester,* DSGVO BDSG, DS-GVO Art. 13 Rn. 36; Kühling/Buchner/*Bäcker,* DS-GVO Art. 13 Rn. 58.
[65] *DSK,* Kurzpapier Nr. 10 – Informationspflichten bei Direkt- und Dritterhebung, S. 3.
[66] *Artikel-29-Datenschutzgruppe,* Leitlinien für Transparenz, WP 260 rev.01, Rn. 38; so auch das *BayLDA* in seinen FAQ unter der Frage: „Wie kann ich meine Informationspflicht erfüllen?", zuletzt abgerufen am 2.11.2019.

D. Transparenz

derte leichte Zugänglichkeit bei. So sei es in bestimmten Bereichen (Kommunikation zB per Telefon oder Briefpost) unpraktikabel, seitenlange Datenschutzerklärungen vorzulesen oder ausgedruckt mitzusenden.[67]

Die Datenschutzinformationen sind gem. Art. 12 Abs. 1 S. 1 DS-GVO grundsätzlich schriftlich zu erteilen, ggf. auch elektronisch, wobei in der Praxis die Erteilung zumeist elektronisch erfolgen wird.[68]

110

Als Sonderform der Informationserteilung sieht die DS-GVO die Nutzung von **Bildsymbolen** vor. Dabei sollen standardisierte (Art. 12 Abs. 7 DS-GVO) oder von der EU-Kommission in Form delegierter Rechtsakte festgelegte (Art. 12 Abs. 8 DS-GVO) Bildsymbole Verwendung finden. Aufgrund der Schwierigkeiten, die eine transparente und verständliche Bereitstellung der Datenschutzinformationen bereiten können, erscheint ein solches Vorgehen zwar sehr begrüßenswert, spielt aber in der Praxis bisher keine Rolle, da sich bislang keine Bildsymbole im Markt etabliert haben.[69]

111

Die Form der Datenschutzinformationen und die Art der Bereitstellung muss außerdem eine **hinreichend spezifische Information** der betroffenen Person ermöglichen und erfordert daher eine einzelfallbezogene Darstellung.[70] Nicht ausreichend ist es, wenn die betroffene Person sich die für sie konkret zutreffenden Angaben aus einer Vielzahl von teilweise irrelevanten Informationen heraussuchen muss.

112

Eine Erteilung von Informationen sollte in der Praxis **nicht in Allgemeinen Geschäftsbedingungen** erfolgen, da dies insbesondere bei ggf. erforderlichen Anpassungen zu erheblichen praktischen Schwierigkeiten führen kann.[71]

113

3. Anforderungen an die Datenschutzorganisation

In der Datenschutzorganisation sollte in Richtlinien festgelegt werden, wer für die Erstellung der Datenschutzinformationen sowie deren Aktualisierung **verantwortlich** ist. Insbesondere bei dynamischen Unternehmen, bei denen zB online angebotene Dienste sich häufig verändern oder häufig neue Tools zum Online-Marketing eingesetzt werden, ist dies ein nicht zu vernachlässigender Aufwand.

114

Dabei sollte auch darauf geachtet werden, dass die **Nachweispflichten** (vgl. Art. 5 Abs. 1 lit. a und Abs. 2 DS-GVO) erfüllt werden. Daher sollte immer ein lückenloser Nachweis darüber möglich sein, wann welche Informationen auf welchem Wege erteilt wurden.

115

V. Die Informationspflichten im Einzelnen

1. Allgemeine Anforderungen (Art. 12 DS-GVO)

Es ist auf eine präzise, transparente, verständliche und leicht zugängliche Form zu achten (Art. 12 Abs. 1 S. 1 DS-GVO), sodass weder ein Verstecken in anderen Dokumenten, wie AGB, noch ein „information overkill" durch überlange und verwirrende Texte zulässig ist. Ggf. ist nach dem **Mehrebenen-Ansatz** vorzugehen, bei dem auf der **ersten Stufe** zunächst die wichtigsten Informationen zusammengefasst und nach einem Verweis auf einer **zweiten Stufe** dann die vollständigen Informationen angezeigt werden. Die Aufsichtsbehörden empfehlen, beispielsweise für Datenschutzhinweise auf Webseiten und Apps, wie folgt vorzugehen, wobei für das Auffinden maximal **zwei Klicks** als zulässig angesehen werden[72]:

116

---

[67] Gola/*Franck*, DSGVO Art. 13 Rn. 40; *Lorenz*, VuR 2019, 213, 220.
[68] Vgl. *Artikel-29-Datenschutzgruppe*, Leitlinien für Transparenz, WP 260 rev.01, Rn. 40.
[69] Paal/Pauly/*Paal/Hennemann*, DSGVO BDSG, DS-GVO Art. 12 Rn. 75 f.; Kühling/Buchner/*Bäcker*, DS-GVO Art. 12 Rn. 19 ff.
[70] Kühling/Buchner/*Bäcker*, DS-GVO Art. 13 Rn. 60.
[71] So auch Taeger/Gabel/*Mester*, DS-GVO Art. 13 Rn. 37; siehe auch → Rn. 129 ff und Rn. 291.
[72] Aus *Artikel-29-Datenschutzgruppe*, Leitlinien für Transparenz, WP 260 rev.01, Rn. 11.

Alle Organisationen, die eine Website betreiben, sollten auf dieser Datenschutzerklärungen bzw. -hinweise veröffentlichen. Auf allen Seiten der Website sollte unter Verwendung eines gemeinhin geläufigen Begriffs (wie „Datenschutz", „Datenschutzbestimmungen" oder „Datenschutzhinweis") ein direkter Link zu den Datenschutzerklärungen bzw. -hinweisen klar erkennbar sein. Platzierungen oder Farbzusammenstellungen, die keine Aufmerksamkeit auf einen Text oder Link lenken bzw. die Suche auf einer Webseite erschweren, gelten nicht als leicht zugänglich.

Bei Apps sollten die erforderlichen Informationen auch vor dem Herunterladen aus einem Online-Store zur Verfügung gestellt werden. Nach der Installation der App müssen die Informationen innerhalb dieser auch weiterhin leicht zugänglich sein. Indem sichergestellt wird, dass nie mehr als zwei Klicks erforderlich sind, um die Informationen aufzurufen (zB durch Einbindung der Auswahl „Datenschutz" in die Menüfunktionen der App), kann dieser Anforderung nachgekommen werden. Zudem sollten sich die besagten Datenschutzinformationen konkret auf die jeweilige App beziehen und nicht bloß die allgemeinen Datenschutzbestimmungen des Unternehmens wiedergeben, welcher die App gehört oder welches sie der Öffentlichkeit zugänglich macht.

Die Datenschutzgruppe empfiehlt als bewährtes Verfahren dort, wo die personenbezogenen Daten im Internet erhoben werden, die Bereitstellung eines Links zu den Datenschutzerklärungen bzw. -hinweisen. Alternativ kann die Bereitstellung der Informationen auch auf der gleichen Seite erfolgen, auf der die personenbezogenen Daten erhoben werden.

117   Es ist eine klare und einfache Sprache zu verwenden, die der angesprochene Verkehrskreis auch versteht – insbesondere bei einer Kommunikation mit **Kindern** ist diese kindgerecht anzupassen (Art. 12 Abs. 1 S. 1 DS-GVO).

118   **Beispiele** der Aufsichtsbehörden **für unklare Angaben** bezüglich der Zwecke sind[73]:

„Wir können Ihre personenbezogenen Daten für die Entwicklung neuer Dienste nutzen." (Hier ist unklar, was mit den „Diensten" gemeint ist bzw. in welcher Weise die Daten für deren Entwicklung hilfreich sind.)

„Wir können Ihre personenbezogenen Daten zu Forschungszwecken verwenden." (Hier ist unklar, auf welche Art von „Forschung" Bezug genommen wird.) und

„Wir können Ihre personenbezogenen Daten nutzen, um personalisierte Dienste anzubieten." (Hier ist unklar, was die „Personalisierung" beinhaltet.)

119   Nachfolgende **Beispiele** sind von den Aufsichtsbehörden hingegen als **hinreichend klare Sprache** qualifiziert worden[74]:

„Wir werden Ihre Einkaufshistorie speichern und Informationen zu den bereits von Ihnen gekauften Produkten dazu zu verwenden, Ihnen Vorschläge für weitere Produkte zu unterbreiten, die Sie unserer Ansicht nach ebenfalls interessieren werden." (Hier wird klar formuliert, welche Arten von Daten verarbeitet werden, dass die betroffene Person gezielte Werbung für Produkte erhalten wird und, dass ihre Daten verwendet werden, um dies zu ermöglichen.)

„Wir werden Informationen über Ihre letzten Besuche auf unserer Website, bzw. wie Sie sich innerhalb unserer Website bewegen, zu Analysezwecken speichern und auswerten, um zu verstehen, wie Besucher unsere Website nutzen, damit wir sie noch intuitiver gestalten können." (Hier wird klar formuliert, welche Arten von Daten verarbeitet werden und welche Art der Analyse der Verantwortliche durchführen wird.) und

„Wir werden speichern, welche Artikel auf unserer Website Sie angeklickt haben, und diese Informationen nutzen, um Ihnen auf dieser Webseite gezielte Werbung zu unterbreiten, die Ihren Interessen entspricht, welche wir auf Grundlage der Artikel bestimmt haben, deren Beschreibung Sie gelesen haben." (Hier wird klar

---

[73] Aus *Artikel-29-Datenschutzgruppe*, Leitlinien für Transparenz, WP 260 rev.01, Rn. 12.
[74] Aus *Artikel-29-Datenschutzgruppe*, Leitlinien für Transparenz, WP 260 rev.01, Rn. 12.

D. Transparenz

formuliert, was die Personalisierung beinhaltet und wie die der betroffenen Person zugeordneten Interessen bestimmt wurden.)

2. Informationspflichten bei der Direkterhebung (Art. 13 DS-GVO)

Die Informationspflichten regeln die Pflicht des Verantwortlichen, den betroffenen Personen bestimmte Informationen über die Datenverarbeitung und ihre Rechte zur Verfügung zu stellen. Bei Art. 13 DS-GVO handelt es sich um einen Fall der sogenannten Direkterhebung, also der Erhebung personenbezogener Daten direkt bei der betroffenen Person. Dabei ist zu beachten, dass **Datenerhebungen** mannigfaltig stattfinden: Nicht nur Webseiten, sondern beispielsweise auch Geschäftskontakte, Beschäftigungsverhältnisse, Kundenbestellungen oder Vereinsmitgliedschaften begründen Datenerhebungen, bei denen zu informieren ist. Auch auf Messen, bei Gewinnspielen oder bei Behörden werden regelmäßig personenbezogene Daten erhoben. Insgesamt erfassen deshalb die Informationspflichten eine sehr breite Masse an Vorfällen des Alltags von privaten und öffentlichen Stellen, bei denen zu informieren ist.

In Art. 13 Abs. 1 DS-GVO sind die **zwingenden Angaben geregelt**, die immer anzugeben sind; in Abs. 2 die Angaben, die nur **bei Bedarf** anzugeben sind, um eine faire und transparente Verarbeitung zu gewährleisten. Aus Rechtssicherheitsgründen werden Verantwortliche in der Regel beide Absätze erfüllen wollen, um nicht Gefahr zu laufen, nachträglich wegen unzureichend erteilter Informationen belangt zu werden. Insgesamt müssen deshalb folgende Informationen in den Datenschutzhinweisen nach Art. 13 DS-GVO enthalten sein:
– Name und Kontaktdaten des Verantwortlichen sowie ggf. dessen EU-Vertreter,
– Kontaktdaten des ggf. vorhandenen Datenschutzbeauftragten,
– Zwecke, für die die personenbezogenen Daten verarbeitet werden,
– Rechtsgrundlage, auf der die Verarbeitung beruht,
– verfolgte berechtigte Interessen, falls die Verarbeitung auf einem berechtigten Interesse des Verantwortlichen oder eines Dritten beruht,
– Empfänger oder Kategorien von Empfängern der personenbezogenen Daten,
– eine etwaige Absicht des Verantwortlichen, die personenbezogenen Daten an ein Drittland oder eine internationale Organisation zu übermitteln und zugleich Information, ob ein Angemessenheitsbeschluss der Kommission vorhanden ist oder nicht – bei Fehlen eines solchen Beschlusses ist auf geeignete oder angemessene Garantien zu verweisen und auf die Möglichkeit, wie eine Kopie von ihnen zu erhalten ist, oder wo sie verfügbar ist,
– die geplante Speicherdauer oder, falls dies nicht möglich ist, die Kriterien für die Festlegung der Speicherdauer,
– die Betroffenenrechte,
– das Recht zum jederzeitigen Widerruf einer Einwilligung und die Tatsache, dass die Rechtmäßigkeit der Verarbeitung auf Grundlage der Einwilligung bis zum Widerruf unberührt bleibt,
– das Beschwerderecht bei einer Aufsichtsbehörde,
– ggf. die gesetzliche oder vertragliche Verpflichtung der betroffenen Person, personenbezogene Daten bereitzustellen und die möglichen Folgen der Nichtbereitstellung der personenbezogenen Daten,
– im Falle einer automatisierten Entscheidungsfindung aussagekräftige Informationen über die verwendete Logik, die Tragweite und angestrebten Auswirkungen einer derartigen Verarbeitung.

Die Formulierung „**zum Zeitpunkt der Erhebung**" lässt offen, in welcher zeitlichen Abfolge Datenerhebung und Information stehen. Insoweit ist umstritten, ob die Datenschutzinformationen vor der Erhebung erteilt werden müssen oder ob auch eine Information nach der Erhebung ausreichend sein kann. Teilweise wird es für ausreichend erachtet, wenn die Datenschutzinformationen zur Kenntnis genommen werden können, sobald personenbezogene Daten erhoben werden.[75] Für diese Ansicht spricht zumindest, dass der Verordnungsgeber gerade nicht die Erteilung „vor" der Erhebung verlangt. Auch praktische Erwägungen sprechen dagegen, dass eine Pflicht zur generellen Informationserteilung vor der Erhebung von personenbezogenen Daten gewollt ist. So ist dies zB beim Besuch einer Webseite praktisch nicht möglich, da es technisch bedingt schon beim ersten Aufruf einer Webseite zur Erhebung von personenbezogenen Daten (zB IP-Adresse) kommt.

123   Die Erteilung der Datenschutzinformationen ist dann nicht erforderlich, wenn die betroffene Person bereits über die Informationen verfügt (Art. 13 Abs. 4 DS-GVO). Bezüglich der Informationspflichten gibt es weitere spezielle Ausnahmen, die im nationalen Recht im BDSG geregelt sind. Eine **Übersicht über die Ausnahmen** stellt der BfDI in der Broschüre Info 01 zur Verfügung[76]:

Ausnahme von Ihren Rechten[77]

Art der Ausnahme	Erhebung bei Ihnen (Art. 13 DS-GVO)	Erhebung aus dritter Quelle (Art. 14 DS-GVO)	Auskunftsanspruch (Art. 15 DS-GVO)
Aufgabenerfüllung einer öffentlichen Stelle gefährdet	X[1]	X	X
Gefährdung der öffentlichen Sicherheit und Ordnung	X[1]	X	X
Sie verfügen bereits über die Information		X	X
Forschung, Wissenschaft, Archive		X	X
allgemein anerkannte Geheimnisse Dritter		X	X
Übermittlung an Sicherheitsbehörden		X	X
Unverhältnismäßiger Aufwand	X[1]	X	X
Übermittlung an öffentlicher Stelle gefährdet	X[1]		
Geldendmachung von Ansprüchen	X[1]		
Vertragliche oder gesetzliche Aufbewahrungspflicht			X
Aufgrund anderer Rechtsvorschriften		X	

[1] Diese Ausnahmen gelten nur für Fälle, in denen die Daten bei Ihnen erhoben wurden und der für die Verarbeitung Verantwortliche beabsichtigt, diese Daten für andere als die ursprünglich vorgesehenen Zwecke zu nutzen. Soweit der Verantwortliche die Daten für die ursprünglichen Zwecke verarbeitet, gelten die gekennzeichneten Ausnahmen also nicht.

---

[75] Plath/*Kamlah*, DS-GVO Art. 13 Rn. 8; aA Kühling/Buchner/*Bäcker*, DS-GVO Art. 13 Rn. 56 mwN.
[76] *Der Bundesbeauftragte für den Datenschutz und die Informationsfreiheit*, DSGVO – BDSG Texte und Erläuterungen, Info 01, S. 49.
[77] *Der Bundesbeauftragte für den Datenschutz und die Informationsfreiheit*, DSGVO – BDSG Texte und Erläuterungen, Info 01, S. 49, Datenlizenz Deutschland – Namensnennung – Version 2.0 (www.govdata.de/dl-de/by-2-0).

D. Transparenz

3. Informationspflichten bei Dritterhebung (Art. 14 DS-GVO)

Bei der Dritterhebung unterscheidet sich die Informationspflicht nach Art. 14 DS-GVO zum einen dahingehend, dass **auch die Datenkategorien und die Quellen der Daten zu nennen sind,** während Informationen über die Verpflichtung zur Bereitstellung personenbezogener Daten entfallen, da sie ohnehin aus dritter Quelle erhoben werden.

Zum anderen gelten bei der Dritterhebung **andere Fristen** für die Information als bei der Direkterhebung. Die Information hat in der Regel innerhalb einer angemessenen Frist, spätestens innerhalb eines Monats nach der Erhebung bzw. zum Zeitpunkt der ersten Kommunikation mit der betroffenen Person oder vor einer Offenlegung gegenüber anderen Empfängern zu erfolgen (Art. 14 Abs. 3 DS-GVO).

Zudem bietet Art. 14 Abs. 5 DS-GVO deutlich **mehr Ausnahmen** von der Informationspflicht (zB Unverhältnismäßigkeit, Unmöglichkeit) als Art. 13 Abs. 4 DS-GVO. Weitere Ausnahmen ergeben sich aus dem BDSG (siehe Darstellung oben).

4. Besondere Hinweispflicht auf das Widerspruchsrecht (Art. 21 Abs. 4 DS-GVO)

Art. 21 Abs. 4 DS-GVO normiert für die Fälle des Art. 21 Abs. 1 und 2 DS-GVO eine ausdrückliche Pflicht, auf das Widerspruchsrecht des Betroffenen besonders hinzuweisen. Im Gegensatz zu Art. 13 Abs. 2 lit. b und Art. 14 Abs. 2 lit. c DS-GVO, bei denen keine besonderen Vorgaben zur Form der Informationserteilung vorgesehen sind und teilweise eine Hinweispflicht lediglich dann besteht, wenn sie notwendig ist, um eine faire und transparente Verarbeitung zu gewährleisten, ist der Betroffene hier in jedem Fall besonders auf sein Widerspruchsrecht hinzuweisen.[78]

So muss der Hinweis spätestens zum Zeitpunkt der ersten Kommunikation mit der betroffenen Person erfolgen, sofern dies nicht bereits im Zuge der Datenerhebung (Art. 13, Art. 14 DS-GVO) geschehen ist. Neben den allgemeinen Anforderungen aus Art. 12 Abs. 1 DS-GVO hat der Hinweis in leicht verständlicher Form zu erfolgen, außerdem ist er von anderen Informationen zu trennen, etwa durch Fettdruck oder Einrahmung. Inhaltlich müssen der Hinweis auf das Bestehen des Widerspruchsrechtes sowie Informationen über die Person des Verantwortlichen enthalten sein, sodass die betroffene Person in die Lage versetzt wird, ohne Schwierigkeiten ihr Widerspruchsrecht auszuüben.[79]

5. Informationspflichten und AGB

Datenschutzerklärungen, die lediglich der Erfüllung von Informationspflichten aus Art. 13f. DS-GVO dienen, unterfallen im Gegensatz zu Einwilligungserklärungen keiner AGB-Kontrolle.

Wenn Datenschutzinformationen aber so ausgestaltet werden, dass sie **Regelungscharakter** haben, können sie dagegen als **Allgemeine Geschäftsbedingungen im Sinne von § 305 BGB** anzusehen sein.[80] Damit verbunden ist ein hohes Risiko von **Abmahnungen**. Es sollte insbesondere beachtet werden, dass zB Einwilligungen regelmäßig einen Regelungscharakter haben und daher nicht in allgemeinen Datenschutzinformationen enthalten sein sollten, um die Grenze zwischen bloßer Information und einer Regelung durch Einholung der Zustimmung nicht zu verwischen.[81]

---

[78] Kühling/Buchner/*Herbst*, DS-GVO Art. 21 Rn. 34f.
[79] Ehmann/Selmayr/*Kamann/Braun*, DS-GVO Art. 21 Rn. 58ff.; Taeger/Gabel/*Munz*, DS-GVO Art. 21 Rn. 46ff.
[80] Siehe hierzu die nicht rechtskräftigen Urteile des *KG Berlin* in Sachen Apple (27.12.2018 – 23 U 196/13) und Google (21.3.2019 – 23 U 268/13).
[81] Forgó/Helfrich/Schneider/*Bichlmaier*, Betr. Datenschutz, Teil IX Kapitel 4 Rn. 24, 43; *Wendehorst/v. Westphalen*, NJW 2016, 3745, 3748; weitere Ausführungen hierzu in → Rn. 291.

6. Checkliste

131 Die Checkliste soll als Orientierungshilfe dienen und beschreiben, wie Datenschutzinformationen an Betroffene gemäß Art. 13, 14 DS-GVO aufgebaut werden können und welche Inhalte zu nennen sind.

Checkliste zur Datenschutzinformation an Betroffene

Vorfragen:
- ❏ Liegen alle Informationen über die Verarbeitungen vor, über die informiert werden muss?
- ❏ Liegt das Verzeichnis der Verarbeitungstätigkeiten vor? Sind alle relevanten Datenverarbeitungen erfasst?
- ❏ Ist eine Entscheidung über eine Gruppierung der Betroffenen erfolgt?

Aufbau der Informationen:
- ❏ Ggf. Einleitender Text als Orientierung zu Informationspflichten
- ❏ Nennung von Verantwortlichem und Datenschutzbeauftragtem; Kontakt
- ❏ Ggf. Gegenstand des Datenschutzes
- ❏ Zwecke und Rechtsgrundlagen der Datenverarbeitung
    - ❏ Vorbereitung und Durchführung von Verträgen
    - ❏ Erfüllung von rechtlichen Verpflichtungen
    - ❏ berechtigte Interessen
    - ❏ Einwilligung (inklusive Hinweis auf Widerspruchsrecht und Rechtsfolgen)
    - ❏ Sonstige Zwecke und Rechtsgrundlagen
- ❏ Empfänger personenbezogener Daten oder Kategorien von Empfängern
- ❏ Datenverarbeitung in Drittländern, Angaben zu den Garantien für die Übermittlung
- ❏ Automatisierte Entscheidungsfindung und Profiling
- ❏ Speicherdauer oder Kriterien für die Festlegung von Fristen, wenn die Angaben nicht möglich sind.
- ❏ Betroffenenrechte
    - ❏ Auskunftsrecht
    - ❏ Berichtigungs- und Löschungsrecht
    - ❏ Einschränkung der Verarbeitung
    - ❏ Datenübertragbarkeit
    - ❏ Widerspruch (besondere Hervorhebung, Formvorschrift gem. Art. 21 Abs. 4 DS-GVO beachten)
    - ❏ Beschwerderecht bei der Aufsichtsbehörde
    - ❏ Kontakt zur Ausübung und für Fragen?

Prozess:
- ❏ Ist die Nachweisbarkeit der Informationserteilung sichergestellt?
- ❏ Ist die Aktualisierung der Informationen sichergestellt?
- ❏ Datum/Stand der Datenschutzerklärung

---

132 Soweit die Daten nicht direkt beim Betroffenen erhoben werden, sind die Anforderungen des Art. 14 Abs. 2 lit. d und f DS-GVO einzuhalten. Insbesondere muss über die Quellen und die Datenkategorien hier aufgeklärt werden.

- ❏ Datenkategorien bei Dritterhebung
- ❏ Quellen der Daten bei Direkterhebung

E. Betroffenrechte

> Soweit die Informationserteilung nach dem Mehrebenen-Ansatz erfolgt:
> - Wesentliche Informationen auf der ersten Ebene
>   - Einzelheiten zu den Verarbeitungszwecken
>   - die Identität des Verantwortlichen
>   - Beschreibung der Rechte der betroffenen Person
> - Von den Aufsichtsbehörden empfohlene[82] Informationen, die zusätzlich auf der ersten Ebene erteilt werden sollten:
>   - Angaben über die Verarbeitung, welche sich am stärksten auf die betroffene Person auswirkt
>   - Verarbeitungsvorgänge, mit denen die betroffene Person ggfs. nicht gerechnet hat

Gute Beispiele mit Musterformulierungen und Erläuterungen finden sich bei der LDI NRW.[83]

E. Betroffenrechte

Neben den Informationspflichten gehören die in den Art. 15 ff. DS-GVO geregelten Betroffenenrechte zu den wichtigsten Rechten, mit denen sich betroffene Personen einen Überblick über die Verarbeitung ihrer Daten verschaffen können. Darüber hinaus gewähren die Betroffenenrechte unter bestimmten Voraussetzungen auch Gestaltungsmöglichkeiten, mit denen die betroffenen Personen die Verarbeitung ihrer personenbezogenen Daten kontrollieren und beeinflussen können. Damit sind die Betroffenenrechte (zusammen mit den Informationspflichten) wesentliches **Instrument zur Gewährleistung des Rechts auf Informationelle Selbstbestimmung.** Für die Verantwortlichen ergeben sich aus der Gewährleistung der Betroffenenrechte aber **erhebliche Anforderungen an das DSMK, aber auch an die IT-Systeme,** in denen Daten betroffener Personen verarbeitet werden.

I. Übersicht über die Betroffenenrechte

Die DS-GVO regelt die Betroffenenrechte im Kapitel 3 („Rechte der betroffenen Person") in den Art. 15–23 DS-GVO, wobei bei der Umsetzung auch die allgemeinen Vorgaben gem. Art. 12 DS-GVO zu beachten sind. Das Recht, nicht einer ausschließlich auf einer automatisierten Verarbeitung beruhenden Einzelentscheidung unterworfen zu werden, ist in Art. 22 DS-GVO im Kapitel „Rechte der betroffenen Person" geregelt, auch wenn es dem Regelungsgehalt nach als ein Verbot für Verantwortliche ausgestaltet ist, das nicht von einer Geltendmachung im Einzelfall abhängt.[84] Zu den Betroffenenrechten wird auch das Recht auf Widerruf einer Einwilligung (Art. 7 Abs. 4 DS-GVO) gezählt.

Art. 23 DS-GVO regelt mit seiner Öffnungsklausel Rahmenbedingungen für Ausnahmen von den Betroffenenrechten im nationalen Recht der Mitgliedsstaaten. Der deutsche Gesetzgeber hat davon im BDSG teilweise Gebrauch gemacht. §§ 32–37 enthalten Regelungen, die die Betroffenenrechte ausgestalten sowie stellenweise einschränken und daher partiell für unionsrechtswidrig gehalten werden.[85]

---

[82] *Artikel-29-Datenschutzgruppe,* Leitlinien für Transparenz, WP 260 rev.01, Rn. 36.
[83] Abrufbar unter https://www.ldi.nrw.de/mainmenu_Aktuelles/Inhalt/Datenschutzhinweise-Websites/Muster-Datenschutzhinweise-Websites-Juli-2019.pdf, Stand Juli 2019, zuletzt abgerufen am 2.11.2019.
[84] Paal/Pauly/*Martini,* DS-GVO Art. 22 Rn. 29.
[85] *Greve,* NVwZ 2017, 737; Interview mit *Jan Philipp Albrecht* und *Tim Wybitul,* ZD 2017, 51. Dies ist zu den einzelnen Vorschriften des BDSG teilweise sehr umstritten, siehe zB Kühling/Buchner/*Buchner,* BDSG § 31 Rn. 6; *ders.,* BDSG § 37 Rn. 3; Kühling/Buchner/*Golla,* BDSG § 32 Rn. 5; *ders.,* BDSG § 34 Rn. 9 und Rn. 12; Kühling/Buchner/*Herbst,* BDSG § 35 Rn. 15 f.; *ders.,* BDSG § 36 Rn. 13 und Rn. 18.

136

Betroffenenrecht	Regelung DS-GVO	Erwägungsgründe DS-GVO	Regelungen im nationalen Recht
Allgemeine Anforderungen an Transparenz	Art. 12	EG 58–60	
Regelungen zur Identifikation von betroffenen Personen	Art. 11 Abs.2; Art. 12 Abs. 2 und 6	EG 57	
Recht auf Auskunft	Art. 15	EG 63, 64	§§ 34, 27 Abs. 2, 28 Abs. 2, 29 Abs. 1 S. 2
Recht auf Berichtigung	Art. 16	EG 65	§§ 27 Abs. 2, 28 Abs. 3
Recht auf Löschung	Art. 17 Abs. 1	EG 65	§ 35
Recht auf Vergessenwerden	Art. 17 Abs. 2	EG 66	
Recht auf Einschränkung der Verarbeitung	Art. 18	EG 67	§§ 27 Abs. 2, 28 Abs. 4
Recht auf Datenübertragbarkeit (Portabilität)	Art. 20	EG 68	§ 28 Abs. 4
Widerspruchsrecht allgemein	Art. 21 Abs. 1	EG 69	§§ 36 (für öffentliche Stellen), 27 Abs. 2, 28 Abs. 4
Widerspruchsrecht gegen Direktwerbung	Art. 21 Abs. 2	EG 70	§§ 27 Abs. 2, 28 Abs. 4 BDSG; § 7 Abs. 3 UWG beachten
Mitteilungspflicht an Empfänger im Zusammenhang mit Berichtigung, Löschung und Einschränkung	Art. 19	EG 65–67	
Recht auf Widerruf einer Einwilligung	Art. 7 Abs. 4	EG 65	
Allgemeine Anforderungen (zB Form, Frist, Kosten)	Art. 12	EG 58, 59	

137 Art. 12 DS-GVO regelt **allgemeine Vorgaben über Frist und Form,** in der die Betroffenenrechte (und auch die Informationspflichten) erfüllt werden müssen. In Art. 11 Abs. 2 und 12 Abs. 2 und 6 DS-GVO sind Regelungen zur Identifizierung der Betroffenen enthalten. Betroffene Personen sind nur identifizierte oder identifizierbare natürliche Personen (Art. 4 Nr. 1 DS-GVO). Juristische Personen können sich nicht auf die in der DS-GVO geregelten Betroffenenrechte berufen; entsprechende Anträge kann der Verantwortliche daher ablehnen, **soweit sich ein Anspruch nicht aus anderen Vorschriften ergibt.** Soweit der Verantwortliche personenbezogene Daten über die natürliche Person verarbeitet, die den Antrag in Vertretung für die juristische Person stellt, und diese Person aufgrund der gemachten Angaben identifiziert werden kann, ist eine Umdeutung des Antrags in einen Antrag auf Wahrnehmung des jeweiligen Betroffenenrechts als natürliche Person denkbar.

E. Betroffenenrechte

Durch die Betroffenenrechte erhalten die betroffenen Personen die Möglichkeit, in Erfahrung zu bringen, wer was über sie weiß und zu welchen Zwecken die Daten verarbeitet werden, um dann unrichtige Angaben berichtigen, Daten, die unberechtigt verarbeitet werden, löschen zu lassen oder sich gegen unzulässige oder unerwünschte Verwendungen auf andere Weise wehren zu können. Da die Aufsichtsbehörden nicht die Möglichkeit haben, alle datenschutzrelevanten Vorgänge zu überwachen, sind diese Rechte unverzichtbar für den Schutz des Rechts auf informationelle Selbstbestimmung.

Im Kapitel der Betroffenenrechte sind in Art. 13 und 14 zudem Informationspflichten des Verantwortlichen geregelt. Es handelt sich hierbei jedoch nicht um Rechte des Betroffenen im engeren Sinne, sondern um Pflichten des Verantwortlichen.[86] Den Betroffenen steht insoweit der komplementäre Auskunftsanspruch zu.

II. Rechtsfolgen

Verstöße gegen die Art. 12–22 DS-GVO können durch Aufsichtsbehörden sanktioniert werden. Neben den allgemeinen **Abhilfemaßnahmen** gem. Art. 58 Abs. 2 DS-GVO (hier insbesondere die **Anweisung, den Anträgen betroffener Personen zu entsprechen** gem. Art. 58 Abs. 2 lit. c und g DS-GVO), kann ein Verstoß auch mit einem **Bußgeld** gem. Art. 83 Abs. 5 lit. b DS-GVO in Höhe von bis zu 20 Mio. Euro oder im Fall eines Unternehmens von bis zu 4% des gesamten weltweit erzielten Jahresumsatzes des vorangegangenen Geschäftsjahrs geahndet werden, je nachdem, welcher der Beträge höher ist.

III. Betroffenenrechte in der anwaltlichen Praxis

Aufgrund des weitreichenden Umfangs und der auch in vielen Bereichen (noch) unklaren Rechtslage gibt es für die anwaltliche Praxis im Bereich der Betroffenenrechte umfangreiche Betätigungsfelder.

Anwälte, die überwiegend Unternehmen (B2B) oder Behörden beraten, können ihre Mandanten
– dabei beraten, eine **ausreichende Organisation** für die Erfüllung der Betroffenenrechte zu etablieren, in der insbesondere Zuständigkeiten und Verantwortlichkeiten sowie Prozesse zur Erfüllung der Betroffenenrechte festgelegt werden
– bei der Vorbereitung rechtssicherer **Mustertexte** für Antworten und Rückfragen an betroffene Personen unterstützen
– bei **konkreten Anfragen** betroffener Personen beraten, insbesondere, wenn die Personen – wie es mittlerweile verbreitet ist – sehr weitgehende Ansprüche geltend machen oder selbst anwaltlich vertreten sind, und den Umfang des Anspruchs prüfen
– sowie bei der form- und fristgerechten Erfüllung konkreter Anfragen unterstützen

Anwälte, die überwiegend betroffene Personen (B2C) beraten,
– können diese dabei beraten und durch anwaltliche Vertretung dabei unterstützen, ihre **Betroffenenrechte gegenüber Verantwortlichen** (öffentliche oder nicht-öffentliche Stellen) **geltend zu machen** – ggf. auch gerichtlich
– sollten berücksichtigen, dass der Auskunftsanspruch auch (ggf. ergänzend) mit anderen Rechtsmitteln geltend gemacht werden kann, um die Interessen ihres Mandanten effektiv umzusetzen (zB kann sich ein Anspruch auf Löschung aus einer Prüfungsakte nicht nur aus dem materiellen Prüfungsrecht, sondern auch aus dem Datenschutzrecht ergeben)

---

[86] Siehe → Rn. 94 ff.

144 Dabei sollte im Rahmen der anwaltlichen Beratung immer beachtet werden, dass in vielen Fällen insbesondere der datenschutzrechtliche Auskunftsanspruch der Beschaffung von Informationen dazu dienen kann, um andere Ansprüche (zB zivilrechtliche Ansprüche) gegen den Verantwortlichen durchzusetzen oder abzuwehren.

IV. Gewährleistung der Betroffenenrechte – allgemeine Anforderungen an Verantwortliche

145 Um die Betroffenenrechte gewährleisten zu können, sind in den Unternehmen einerseits organisatorische Strukturen zu schaffen. Dabei sollten **Zuständigkeiten und Verantwortlichkeiten sowie Prozesse** und Abläufe der Umsetzung verbindlich festgelegt werden. Andererseits sollten technische **Voraussetzungen in den IT-Systemen** geschaffen werden, um Betroffenenrechte umsetzen zu können (zB Daten für die Auskunft oder Portabilität zusammenzustellen, um Löschungen zu ermöglichen). Außerdem werden ggf. Systeme benötigt, um die Erfüllung von Betroffenenanfragen zu dokumentieren.

1. Anforderungen an die Datenschutzorganisation

146 Die Bearbeitung von Betroffenenanfragen lässt sich in 5 Schritte unterteilen.[87] Im Rahmen interner Richtlinien sollte für jeden Schritt verbindlich geregelt werden, wer beim Verantwortlichen die jeweils erforderlichen Schritte durchführt.

a) 1. Schritt: Eingang eines Antrags

147 Ein Antrag kann auf sämtlichen vom Verantwortlichen genutzten Kontaktkanälen eingehen. Grundsätzlich ist der Antrag **nicht an eine bestimmte Form gebunden**.[88] Es sollten daher ausreichende Maßnahmen zur Sensibilisierung aller Mitarbeiter, die potenziell mit Anträgen von betroffenen Personen in Berührung kommen können, durchgeführt werden. Dabei sollten die Mitarbeiter darüber informiert werden, wie datenschutzrelevante Anträge von betroffenen Personen zur Geltendmachung der Betroffenenrechte erkannt werden, und wie und durch wen solche Anträge beim Verantwortlichen bearbeitet werden. Gerade in größeren Organisationen bereiten solche Anträge, die in Verbindung mit anderen Erklärungen zusammen eingehen, praktische Probleme bei der Bearbeitung (zB Anträge auf Auskunft, die zusammen mit einer Kündigung geltend gemacht werden). Für solche Fälle sollten praktikable Prozesse geschaffen werden, die insbesondere auch die gesetzlichen Antwortfristen für die Bearbeitung von Betroffenenanfragen (vgl. → Rn. 155 ff.) berücksichtigen.

b) 2. Schritt: Legitimation des Antragstellers

148 Mit besonderen **Anforderungen und Risiken** für den Verantwortlichen verbunden ist es, die **ausreichende Legitimation der betroffenen Person** sicherzustellen. Einerseits kann eine unzureichende Überprüfung der Legitimation zum Risiko von Datenschutzvorfällen führen (etwa, wenn eine unberechtigte Person Auskunft über die personenbezogenen Daten erhalten sollte, die sich auf eine andere betroffene Person beziehen). Andererseits können unverhältnismäßig hohe Anforderungen an die Legitimierung einen Verstoß gegen das prozedurale Erleichterungsgebot (Art. 12 Abs. 2 S. 1 DS-GVO) darstellen. So kann es etwa unzulässig sein, von allen Personen, die eine Auskunft beantragen, die Vorlage einer Ausweiskopie zu verlangen.[89] Abhängig von der Art der Daten und der Möglichkeiten zur

---

[87] Vgl. *Dausend*, ZD 2019, 103, 104 ff.
[88] Kühling/Buchner/*Bäcker*, DS-GVO Art. 15 Rn. 30; Taeger/Gabel/*Mester*, DS-GVO Art. 15 Rn. 14; Gola/ *Franck*, DS-GVO Art. 15 Rn. 25.
[89] Taeger/Gabel/*Pohle/Spittka*, DS-GVO Art. 12 Rn. 20; Kühling/Buchner/*Bäcker*, DS-GVO Art. 12 Rn. 30.

E. Betroffenenrechte

Legitimationsprüfung sollten beim Verantwortlichen geeignete Maßnahmen für eine sichere Überprüfung der Identität vorgesehen werden.[90]

Ist eine Überprüfung der Identität des Anfragenden nicht möglich, enthält die DS-GVO in Art. 11 Abs. 2 entsprechende Verfahrensregeln. Zunächst obliegt es dem Verantwortlichen, nachzuweisen, dass eine Identifizierung der betroffenen Person nicht möglich ist. Der Nachweis ist gegenüber der betroffenen Person zu erbringen.[91] Kann der Verantwortliche diesen Nachweis erbringen, entfallen die Betroffenenrechte gem. Art. 11 Abs. 2 S. 1 DS-GVO zunächst.[92] Der Verantwortliche hat die antragstellende Person darüber zu informieren. Kann die betroffene Person weitere Informationen zur Verfügung stellen, die eine Identifizierung ermöglichen, sind gem. Art. 11 Abs. 2 S. 2 DS-GVO die Betroffenenrechte umfassend zu gewährleisten. Kann der Verantwortliche die betroffene Person aber trotz der zusätzlichen Informationen nicht identifizieren, kann er die Auskunft verweigern (Art. 12 Abs. 2 S. 2 DS-GVO).[93]

149

Spezialfälle, die eine gesonderte Prüfung verlangen, treten dann auf, wenn es sich bei dem Antragsteller offenkundig nicht um die betroffene Person handelt, deren Rechte wahrgenommen werden, aber eine Legitimation hierfür behauptet wird. Häufig werden derartige Anträge von **Rechtsanwälten** gestellt, die für ihre Mandanten tätig werden. Hier ist insbesondere darauf zu achten, dass eine ordnungsgemäße **Bevollmächtigung** vorliegt.[94] Soweit die Vollmachtsurkunde nicht auch den **Empfang** höchstpersönlicher Informationen (oder ausdrücklich der Auskunft über die personenbezogenen Daten) umfasst, sollten personenbezogene Daten, die sich auf die betroffene Person beziehen, nur dieser selbst übermittelt werden. **Insolvenzverwalter** treten bei der Ausübung ihres Amtes nicht als Vertreter der betroffenen Person auf und können daher nicht deren höchstpersönliches Auskunftsrecht geltend machen.[95]

150

Anders liegt der Fall bei einem Wechsel der betroffenen Person: Der **Erbe** des verstorbenen Vertragspartners des Verantwortlichen erwirbt im Wege der Universalsukzession auch die Stellung des Vertragspartners.[96] Die über den Vertragspartner verarbeiteten Daten beziehen sich somit nunmehr (auch) auf den Erben; ein Recht des vormaligen Vertragspartners am Schutz seiner personenbezogenen Daten, das etwa einem Recht auf Auskunft oder Datenportabilität gegenüber dem neuen Vertragspartner entgegenstehen könnte (Art. 15 Abs. 4, Art. 20 Abs. 4 DS-GVO), existiert nicht, da die DS-GVO nicht auf Daten über Verstorbene anwendbar ist (EG 27 DS-GVO).

151

c) 3. Schritt: Bearbeitung des Antrags

Durch die zuständigen Mitarbeiter beim Verantwortlichen wird dann der Antrag bearbeitet. Dabei ist zunächst das **Verlangen des Antragstellers auszulegen,** um zu identifizieren, welche Betroffenenrechte geltend gemacht werden.

152

Nur in Ausnahmefällen wird ein Antrag per se unzulässig sein, zB wenn ein Antrag offenkundig unbegründet ist oder bei exzessiven Anträgen, insbesondere häufigen Wiederholungen. In diesen Fällen kann der Verantwortliche entweder ein Entgelt für die Bear-

153

---

[90] Dabei darf die Identitätsprüfung nicht zu exzessiven Datenanfragen führen; mit weiteren Ausführungen zur Identifizierung: *Artikel-29-Datenschutzgruppe,* Leitlinien zum Recht auf Datenübertragbarkeit, WP 242 rev.01, S. 16f.
[91] Kühling/Buchner/*Weichert,* DS-GVO Art. 11 Rn. 16.
[92] Ehmann/Selmayr/*Klabunde,* DS-GVO Art. 11 Rn. 20; Kühling/Buchner/*Bäcker,* DS-GVO Art. 12 Rn. 29.
[93] Ehmann/Selmayr/*Klabunde,* DS-GVO Art. 11 Rn. 20; Kühling/Buchner/*Bäcker,* DS-GVO Art. 12 Rn. 29.
[94] Wird eine Originalvollmacht nicht vorgelegt, kann der Verantwortliche etwa eine Auskunftserteilung verweigern; *AG Berlin-Mitte,* 29.7.2019 – 7 C 185/18; zitiert nach: https://www.dr-bahr.com/news/anwalt-muss-vollmacht-vorlegen-um-auskunftsanspruch-nach-art15-dsgvo-fuer-seinen-mandanten-geltend.html.
[95] *OVG Niedersachsen,* 20.6.2019 – 11 LC 121/17 Rn. 48 ff.
[96] Zum Zugang der Eltern auf das Facebook-Konto der verstorbenen Tochter: *BGH,* 12.7.2018 – III ZR 183/17.

beitung – die ansonsten meist unentgeltlich zu erfolgen hat[97] – erheben oder sich weigern, tätig zu werden (Art. 12 Abs. 5 S. 2 DS-GVO).[98]

154 In allen anderen Fällen sollten dann die für die Bearbeitung des Antrags erforderlichen Informationen eingeholt (zB Informationen zu verarbeiteten Daten der betroffenen Person bei einem Antrag auf Auskunft) oder die erforderlichen Maßnahmen zur Umsetzung der Betroffenenrechte eingeleitet werden (zB Veranlassung der Berichtigung von Daten in IT-Systemen). Dabei ist immer auch zu prüfen, wie weit der Antrag tatsächlich von den Betroffenenrechten umfasst ist.

d) 4. Schritt: Antwort an den Antragsteller

155 Abhängig von dem gestellten Antrag wird die Antwort an die betroffene Person vorbereitet. Soweit es sich dabei um einen Antrag auf Auskunft oder Datenübertragbarkeit handelt, muss bei der Bereitstellung von Daten immer geprüft werden, ob eine **Beeinträchtigung von Rechten und Freiheiten anderer Personen** vorliegen kann (Art. 15 Abs. 4; Art. 20 Abs. 4 DS-GVO). Dies schließt Rechte und Freiheiten des Verantwortlichen selbst ein, zB bei Vorliegen von Geschäftsgeheimnissen, Rechten des geistigen Eigentums oder Urheberrechten an Software (EG 63 DS-GVO).[99]

156 Dabei ist zu beachten, dass die **Betroffenenrechte** grundsätzlich **unverzüglich zu gewährleisten** sind. In jedem Fall ist der Betroffene **binnen eines Monats** über die ergriffenen Maßnahmen zu unterrichten (Art. 12 Abs. 3 S. 1 DS-GVO). Unter bestimmten Voraussetzungen ist eine **Fristverlängerung um weitere zwei Monate** möglich, wenn die Anfrage komplex ist und eine Vielzahl von Anträgen dies erforderlich macht (Art. 12 Abs. 3 S. 2 DS-GVO).

157 Auch wenn der Verantwortliche nicht tätig wird (Art. 12 Abs. 4 DS-GVO) oder im Falle zB einer Negativauskunft (eine Information des Antragstellers, dass keine Daten zu seiner Person gespeichert werden), ist eine fristgerechte Antwort erforderlich. Dies geht schon daraus hervor, dass sich der Anspruch gem. Art. 15 Abs. 1 DS-GVO auch auf den Umstand erstreckt, „ob" Daten verarbeitet werden.

158 Bei der Ablehnung des Antrags oder dem Nicht-Tätigwerden hat der Verantwortliche die betroffene Person auch auf die weiteren Durchsetzungsmöglichkeiten durch eine Beschwerde bei einer Aufsichtsbehörde oder einen gerichtlichen Rechtsbehelf hinzuweisen (Art. 12 Abs. 4 DS-GVO).[100] Dabei wird in der Literatur verlangt, dass die konkreten Stellen, bei denen Rechtsmittel möglich sind, benannt werden.[101] Hierbei ist allerdings zu beachten, dass dies praktisch nicht möglich ist, denn gem. Art. 77 Abs. 1 DS-GVO besteht eine Allzuständigkeit der Aufsichtsbehörden,[102] sodass grundsätzlich die Zuständigkeit jeder Aufsichtsbehörde begründet sein kann. Ein (ggf. einschränkender) Hinweis auf eine einzelne Aufsichtsbehörde könnte daher eine Erschwerung des Beschwerderechts darstellen. Gleiches gilt für die Benennung von gerichtlichen Rechtsbehelfen, abhängig von den Voraussetzungen des Einzelfalls, können mehrere Rechtsbehelfe und ggf. auch eine Vielzahl zuständiger Gerichte in Betracht kommen.

159 Zur Sicherstellung einer rechtssicheren Kommunikation mit dem Betroffenen sollten entsprechende **Musterschreiben** beim Verantwortlichen vorliegen, Kommunikationspro-

---

[97] Eine Kopie von Daten muss nur einmal unentgeltlich zur Verfügung gestellt werden, für weitere Kopien kann ein angemessenes Entgelt verlangt werden (Art. 15 Abs. 2 S. 2 DS-GVO).
[98] Zur näheren Bestimmung des Vorliegens der Voraussetzungen von Art. 12 Abs. 5 DS-GVO vgl. *BayLDA*, Offenkundig unbegründete und exzessive Anträge – Erläuterungen zu Art. 12 Abs. 5 DS-GVO.
[99] Kühling/Buchner/*Bäcker*, DS-GVO Art. 15 Rn. 42; siehe → Rn. 169 ff.
[100] Kühling/Buchner/*Bäcker*, DS-GVO Art. 12 Rn. 32.
[101] Kühling/Buchner/*Bäcker*, DS-GVO Art. 12 Rn. 32; Paal/Pauly/*Paal/Hennemann*, DS-GVO Art. 12 Rn. 60; Taeger/Gabel/*Pohle/Spittka*, DS-GVO Art. 12 Rn. 24; Ehmann/Selmayr/*Heckmann/Paschke*, DS-GVO Art. 12 Rn. 40; Simitis/Hornung/Spiecker gen. Döhmann/*Dix*, DS-GVO Art. 12 Rn. 28.
[102] Vgl. Gola/*Franck*, DS-GVO Art. 12 Rn. 30, Fn 30.

zesse soweit möglich standardisiert werden und für etwaige Rückfragen ein kompetenter Ansprechpartner zur Verfügung stehen.

Es ist auf eine **präzise, transparente, verständliche und leicht zugängliche Form** zu achten (Art. 12 Abs. 1 S. 1 DS-GVO) und eine klare und einfache Sprache zu verwenden, die der angesprochene Verkehrskreis auch versteht – insbesondere bei einer Kommunikation mit Kindern ist diese kindgerecht anzupassen (Art. 12 Abs. 1 S. 1 DS-GVO). Die Kommunikation erfolgt in Schriftform oder in einer anderen Form, zB elektronisch. Nur, wenn dies vonseiten der betroffenen Person verlangt wird, kann eine mündliche Kommunikation an sie erfolgen, sofern die Identität der betroffenen Person festgestellt werden kann (Art. 12 Abs. 1 S. 2, 3 DS-GVO). Bei einigen Betroffenenrechten (zB dem Recht auf Auskunft, Art. 15 Abs. 3 S. 3 DS-GVO) ist vorgesehen, dass die Informationen elektronisch bereitgestellt werden, wenn der Antrag elektronisch gestellt wurde. 160

Sofern mit der betroffenen Person elektronisch kommuniziert wird, ist auf eine angemessene **Sicherheit der Kommunikation** zu achten. In den meisten Fällen wird zumindest eine Verschlüsselung und – bei Online-Portalen – ein ausreichender Zugriffsschutz sicherzustellen sein. Eine unverschlüsselte Mail, in der Auskunft über personenbezogene Daten erteilt wird, wird den Anforderungen an die Sicherheit der Verarbeitung gem. Art. 32 DS-GVO[103] nicht gerecht.[104] 161

e) 5. Schritt: Dokumentation

Um die **Erfüllung der Betroffenenrechte nachweisen zu können,** sollten die Schritte der Bearbeitung dokumentiert werden. Dazu gehören insbesondere die Erfassung des Antrags und das Eingangsdatum, die vom Verantwortlichen eingeleiteten Schritte zur Bearbeitung und ggf. auch die Dokumentation von Entscheidungen, den Antrag abzulehnen nebst einer Dokumentation der Gründe dafür. Auch die an den Antragsteller gerichtete Kommunikation zu seinem Antrag sollte dokumentiert werden. Dabei sollten auch für die Speicherung solcher Nachweise geeignete Löschfristen festgelegt werden. 162

2. Anforderungen an die IT-Systeme

Die IT-Systeme des Verantwortlichen müssen in der Lage sein, die Erfüllung der Betroffenenrechte zu ermöglichen. Dazu gehören unter anderem folgende Anforderungen: 163
– Daten, die einer betroffenen Person zuzuordnen sind, müssen auffindbar sein (um zB den Anspruch auf Auskunft oder Datenübertragbarkeit erfüllen zu können) und
– zur Erfüllung des Auskunftsanspruchs in einer verständlichen Form extrahiert werden können bzw.
– zur Erfüllung des Anspruchs auf Datenübertragbarkeit in einem maschinenlesbaren Format bereitgestellt werden können.
– Personenbezogene Daten müssen änderbar (Recht auf Berichtigung) und löschbar gespeichert werden.
– Dabei sollte – soweit möglich durch technische Prozesse – sichergestellt werden, dass eine Änderung bzw. Löschung nur durch befugte Personen und nach einer abschließenden rechtlichen Prüfung der Berechtigung des Antrags erfolgen kann,
– ggf. müssen Änderungen auch in Archiven und Backups umgesetzt werden können.
– in den IT-Systemen muss die Möglichkeit bestehen, die Verarbeitung einzelner personenbezogener Daten zu bestimmten Zwecken (Einschränkung der Verarbeitung) oder auf bestimmten Rechtsgrundlagen (Widerspruch) zu beschränken.
– Um das Recht auf Vergessenwerden umsetzen zu können und der Mitteilungspflicht an Empfänger im Zusammenhang mit Berichtigung, Löschung und Einschränkung nach-

---

[103] Siehe auch → Rn. 316 ff.
[104] Ausführlich: *Artikel-29-Datenschutzgruppe*, Leitlinien zum Recht auf Datenübertragbarkeit, WP 242 rev.01, S. 22 ff.

kommen zu können, ist es erforderlich, dass nachvollzogen werden kann, welche Daten an welche Empfänger offengelegt bzw. veröffentlicht wurden.
– Das Recht auf Löschen (Art. 17 DS-GVO) verlangt außerdem die Implementierung antragsunabhängiger Löschmechanismen, um sicherzustellen, dass Daten, die gem. Art. 17 Abs. 1 DS-GVO gelöscht werden müssen, auch fristgerecht gelöscht werden.[105]
– Um Betroffenenrechte gewährleisten zu können, ist es erforderlich, eine Übersicht zu haben, in welchen Systemen zu welchen Zwecken personenbezogene Daten verarbeitet werden. Hierzu kann das Verzeichnis der Verarbeitungstätigkeiten herangezogen werden.[106]

V. Die Betroffenenrechte im Einzelnen

164 Im Folgenden soll ein kurzer Überblick über Betroffenenrechte und die jeweiligen Besonderheiten gegeben werden. Für die anwaltliche Beratung ist dabei zu beachten, dass bezüglich vieler Betroffenenrechte der DS-GVO immer noch ein hohes Maß an rechtlicher Unsicherheit besteht und insbesondere der **Umfang und die Grenzen der einzelnen Betroffenenrechte sehr umstritten** sind. Daher ist es in der anwaltlichen Praxis empfehlenswert, bei der Beratung zu einzelnen Betroffenenanträgen über die Auslegungs- und Anwendungsmöglichkeiten sowie etwaige Risiken einer Verteidigung gegen einen Betroffenenantrag zu informieren.[107]

1. Recht auf Auskunft (Art. 15 DS-GVO)

165 Über die Informationspflichten hinaus hat eine betroffene Person das Recht, vom Verantwortlichen eine Bestätigung darüber zu verlangen, **ob sie betreffende personenbezogene Daten verarbeitet werden;** ist dies der Fall, so hat sie ein Recht auf **Auskunft über diese personenbezogenen Daten** und auf zahlreiche Informationen, die grundsätzlich bereits Gegenstand der Unterrichtung nach Art. 13, 14 DS-GVO sind (Art. 15 Abs. 1, 2 DS-GVO). Das Auskunftsrecht ist ausdrücklich auch in Art. 8 Abs. 2 der **EU-Grundrechte-Charta** vorgesehen und dient der Umsetzung des Transparenzgrundsatzes in Art. 5 Abs. 1 lit. a DS-GVO. Nicht gerichtlich geklärt ist bislang, ob bei Geltendmachung des Auskunftsrechts die bereitzustellenden Informationen individueller auf die konkreten Verhältnisse bei der betroffenen Person zugeschnitten werden müssen, oder ob die Informationen – wie bei der Bereitstellung im Rahmen der Transparenzpflichten nach Art. 13, 14 DS-GVO – für eine Vielzahl von Fällen in allgemeiner Weise dargestellt werden können.[108]

166 Zudem kann die betroffene Person verlangen, eine **Kopie ihrer Daten** zu erhalten, wobei bei einem elektronischen Antrag die Kopie ebenfalls in einem gängigen elektronischen Format bereitzustellen ist[109] (Art. 15 Abs. 3 DS-GVO), zB im PDF-Format, dann allerdings mit speziellen Sicherheitsmechanismen wie einer Verschlüsselung. Alternativ kann die Kopie auch in einem zugriffsgeschützten Portal bereitgestellt werden, zu dem eine betroffene Person einen Fernzugang erhält (EG 63 S. 4 DS-GVO). Im Gegensatz zum Recht auf Datenübertragung ist dabei auf eine Lesbarkeit und Verständlichkeit der Daten für eine natürliche Person zu achten.

---

[105] Vgl. Kühling/Buchner/*Herbst*, DS-GVO Art 17 Rn. 8. Dabei ist umstritten, inwieweit sich die Verpflichtung zur regelmäßigen Löschung unabhängig von einem Antrag der betroffenen Person aus Art. 17 DS-GVO oder aus dem Grundsatz der Datenminimierung und Speicherbegrenzung (Art. 5 Abs. 1 lit. c und e DS-GVO) ergibt; siehe hierzu → Rn. 175 ff.
[106] Siehe → Rn. 50 ff.
[107] Vgl. *Dausend*, ZD 2019, 103, 107.
[108] Taeger/Gabel/*Mester*, DS-GVO Art. 15 Rn. 16.
[109] Siehe → Rn. 160.

E. Betroffenenrechte

167 Im Gegensatz zu den nach Art. 15 Abs. 1 lit. a–h DS-GVO zu erteilenden Auskünften, für die nur in exzessiven Fällen (Art. 12 Abs. 5 DS-GVO) ein Entgelt erhoben werden darf, ist nur **die erste Kopie unentgeltlich** bereitzustellen. Für weitere Kopien kann der Verantwortliche ein **angemessenes Entgelt** verlangen (Art. 15 Abs. 3 S. 2 DS-GVO). Gemeint sind dabei aber nur im Wesentlichen identische Kopien: Wenn sich seit dem letzten Auskunftsantrag ein neuer Datenbestand ergeben hat, ist auch hiervon eine Kopie entgeltfrei zur Verfügung zu stellen.[110]

168 Nicht letztverbindlich geklärt ist bislang, welchen **Umfang das Recht auf Kopie** gemäß Art. 15 Abs. 3 DS-GVO hat. Der Anspruch bezieht sich auf Herausgabe einer Kopie der personenbezogenen Daten, nicht aber auf Herausgabe einer Kopie der Dokumente, in denen sich diese Daten befinden. Insofern kommt es hinsichtlich der Weite der Vorschrift darauf an, genau zu bestimmen, welche Angaben in einem Dokument sich auf eine natürliche Person beziehen. Teils wird davon ausgegangen, dass auch „ärztliche Unterlagen, Gutachten oder sonstige vergleichbare Mitteilungen" insgesamt personenbezogene Daten darstellen, sich der Anspruch zugleich aber nicht auf interne Vermerke des Verantwortlichen oder sämtliche Korrespondenz des Verantwortlichen mit der betroffenen Person erstreckt und auch keine rechtlichen Bewertungen oder Analysen umfasst.[111] Nach anderer Auffassung ist dagegen von einem weiten Verständnis des Begriffs personenbezogene Daten auszugehen und soll der Anspruch gerade auch Gesprächsnotizen und Telefonvermerke, die Aussagen über eine natürliche Person beinhalten, umfassen.[112] Danach können auch Leistungs- und Verhaltensdaten eines Arbeitnehmers, die außerhalb seiner Personalakte gespeichert sind, Gegenstand des Rechts auf Kopie sein.[113]

169 Nicht beauskunftet werden müssen solche Daten, die die **Rechte und Freiheiten anderer Personen beeinträchtigen** (Art. 15 Abs. 4 DS-GVO). Diese Ausnahmen sind eng anzuwenden.[114] Regelmäßig wird notwendig sein, die Daten zumindest so weit wie möglich – beispielsweise durch Schwärzungen – beauskunftbar zu machen. Demnach sollen Verantwortliche verpflichtet sein, eine umfassende Abwägungsentscheidung vorzunehmen, um zu prüfen, inwieweit das Auskunftsbegehren die Rechte und Freiheiten anderer Personen beeinträchtigt.[115]

170 Verarbeitet der Verantwortliche eine große Menge von Informationen über die betroffene Person, kann er von der betroffenen Person vor der Auskunftserteilung zunächst eine **Präzisierung** des Auskunftsersuchens verlangen (EG 63 S. 7 DS-GVO). Nicht ausgeschlossen ist dadurch allerdings, dass die betroffene Person diese Präzisierung dahingehend vornimmt, dass sie Auskunft über sämtliche personenbezogene Daten begehrt.[116]

171 **Ausnahmen vom Recht auf Auskunft** bestehen in folgenden gesetzlich geregelten Fällen:
– Bei einer öffentlichen Stelle, wenn die Auskunft die öffentliche Sicherheit und Ordnung gefährdet oder sonst dem Wohl des Bundes oder eines Landes Nachteile bereiten würde und deswegen das Interesse der betroffenen Person an der Auskunft zurücktreten muss. (§ 34 Abs. 1 Nr. 1 iVm § 33 Abs. 1 Nr. 1 lit. b BDSG).

---

[110] Kühling/Buchner/*Bäcker*, DS-GVO Art. 15 Rn. 45; Simitis/Hornung/Spiecker gen. Döhmann/*Dix*, DS-GVO Art. 15 Rn. 30; uneindeutig insoweit Brink/Wolff/*Schmidt-Wudy*, BeckOK DatenschutzR, DS-GVO Art. 15 Rn. 93.
[111] *LG Köln*, 18.3.2019 – 26 O 25/18 Rn. 21; *AG München*, 4.9.2019 – 155 C 1510/18 Rn. 50; *LG München I*, 6.4.2020 – 3 O 909/19.
[112] *OLG Köln*, 26.7.2019 – 20 U 75/18 Rn. 78.
[113] *LAG Baden-Württemberg*, 20.12.2018 – 17 Sa 11/18 Rn. 202.
[114] Selbst Daten über innerbetriebliche Whistleblower, die Hinweise auf mögliches Fehlverhalten des die Auskunft begehrenden Mitarbeiters gegeben haben, sollen vom Recht auf Kopie umfasst sein, soweit nicht eine vom Verantwortlichen für den Einzelfall durchzuführende, konkrete Güterabwägung ein überwiegendes Geheimhaltungsinteresse ergebe; *LAG Baden-Württemberg*, 20.12.2018 – 17 Sa 11/18 Rn. 204 ff.
[115] Kühling/Buchner/*Bäcker*, DS-GVO Art. 15 Rn. 42; Artikel-29-Datenschutzgruppe, Leitlinien zum Recht auf Datenübertragbarkeit, WP 242 rev.01, S. 12 ff.
[116] Ehmann/Selmayr/*Ehmann*, DS-GVO Art. 15 Rn. 24; im Erg. ebenso Simitis/Hornung/Spiecker gen. Döhmann/*Dix*, DS-GVO Art. 15 Rn. 11.

- Soweit sich die beantragte Auskunft auf eine Übermittlung an nationale Nachrichtendienste bezieht oder die Sicherheit des Bundes berührt wird, nur mit Zustimmung der betreffenden Behörden (§ 34 Abs. 1 Nr. 1 iVm § 33 Abs. 3 BDSG).
- Bei Daten, die durch eine öffentliche Stelle weder automatisiert, noch in einem Dateisystem gespeichert sind, wenn der für die Auskunft erforderliche Aufwand außer Verhältnis zu dem Informationsinteresse der betroffenen Person steht (§ 34 Abs. 4 BDSG).
- Wenn die Verwirklichung der Forschungs- oder Statistikzwecke unmöglich oder ernsthaft beeinträchtigt würde oder die Auskunft einen unverhältnismäßigen Aufwand erfordern würde (§ 27 Abs. 2 BDSG).
- Wenn bei einer Verarbeitung zu im öffentlichen Interesse liegenden Archivzwecken das Archivgut nicht durch den Namen der Person erschlossen ist oder keine Angaben gemacht werden, die das Auffinden mit vertretbarem Verwaltungsaufwand ermöglichen (§ 28 Abs. 2 BDSG).
- Soweit durch die Auskunft Informationen offenbart würden, die nach einer Rechtsvorschrift oder ihrem Wesen nach, insbesondere wegen der überwiegenden berechtigten Interessen eines Dritten, geheim gehalten werden müssen (§ 29 Abs. 1 S. 2 BDSG).
- Wenn die Speicherung lediglich aufgrund gesetzlicher oder satzungsmäßiger Aufbewahrungsvorschriften erfolgt oder die Daten ausschließlich Zwecken der Datensicherung oder Datenschutzkontrolle dienen und die Erteilung der Auskunft einen unverhältnismäßigen Aufwand erfordern würde und die Verarbeitung zu anderen Zwecken durch geeignete technische und organisatorische Maßnahmen ausgeschlossen ist (§ 34 Abs. 1 Nr. 2 lit. a und b BDSG). Diese Ausnahme wird überwiegend für nicht vereinbar mit dem Unionsrecht gehalten.[117]

Die Gründe für die Verweigerung der Auskunft sind durch den Verantwortlichen zu **dokumentieren** (§ 34 Abs. 2 BDSG).

2. Recht auf Berichtigung (Art. 16 DS-GVO)

172 Das Recht auf Berichtigung ermöglicht es der betroffenen Person, die unverzügliche Korrektur unrichtiger Daten (Art. 16 S. 1 DS-GVO) bzw. die Vervollständigung unvollständiger Daten (Art. 16 S. 2 DS-GVO) vom Verantwortlichen zu verlangen. Das Recht auf Berichtigung ist ausdrücklich in Art. 8 Abs. 2 **der EU-Grundrechte-Charta** vorgesehen und auch in den Grundsätzen für die Verarbeitung personenbezogener Daten im Grundsatz der Richtigkeit in Art. 5 Abs. 1 lit. d DS-GVO verankert. Unrichtig können Daten allerdings nur sein, wenn sie einer Überprüfung als Tatsache zugänglich sind. Meinungen sind hingegen kaum berichtigungsfähig, da sie subjektive Empfindungen enthalten und somit nicht objektiv nachgeprüft werden können. Eine Berichtigung kommt auch dann nicht in Betracht, **wenn sich die Daten auf einen bestimmten Zeitpunkt oder Zeitraum beziehen und zu diesem Zeitpunkt bzw. in diesem Zeitraum richtig waren**.[118] Soll ein zeitlicher Verlauf abgebildet werden, der bis in die Gegenwart reicht, ist vielmehr an das in Art. 16 S. 2 DS-GVO geregelte Recht auf Vervollständigung zu denken, das der betroffenen Person einen Anspruch auf Ergänzung des existierenden Datenbestands um den gegenwärtig gültigen Stand gibt.

173 Die Bearbeitung eines entsprechenden Antrags, insbesondere die Überprüfung, inwieweit die beim Verantwortlichen gespeicherten Daten tatsächlich falsch sind und die von der betroffenen Person gemachten Angaben zutreffen, benötigt Zeit. Die betroffene Person kann daher den Antrag auf Berichtigung mit dem auf **Einschränkung** (Art. 18 Abs. 1

---

[117] Kühling/Buchner/*Golla*, BDSG § 34 Rn. 7 und 12; Paal/Pauly/*Paal*, BDSG § 34 Rn. 2; aA Gola/Heckmann/*Werkmeister*, BDSG § 34 Rn. 4f.
[118] Kühling/Buchner/*Herbst*, DS-GVO Art. 16 Rn. 12.

E. Betroffenenrechte

lit. a DS-GVO) verbinden, sodass für die Dauer der Bearbeitung die (ggf. unrichtigen) Daten nicht weiterverarbeitet werden dürfen.[119]

Ausnahmen vom Recht auf Berichtigung bestehen, 174
- wenn dadurch die Verwirklichung der Forschungs- oder Statistikzwecke unmöglich oder ernsthaft beeinträchtigt würde (§ 27 Abs. 2 BDSG),
- wenn Daten zu im öffentlichen Interesse liegenden Archivzwecken verarbeitet werden; in diesem Fall wandelt sich das Berichtigungs- in ein Gegendarstellungsrecht (§ 28 Abs. 3 BDSG).

3. Recht auf Löschung (Art. 17 Abs. 1 DS-GVO)

Sofern einer der in Art. 17 Abs. 1 DS-GVO genannten Gründe zutrifft, hat die betroffene 175 Person das Recht, von dem Verantwortlichen zu verlangen, dass sie betreffende personenbezogene Daten **unverzüglich gelöscht** werden und der Verantwortliche ist verpflichtet, bei Vorliegen der Voraussetzungen des Art. 17 Abs. 1 DS-GVO personenbezogene Daten unverzüglich zu löschen. Wegen dieses Wortlauts des Gesetzes ist umstritten, ob das Löschrecht aus Art. 17 DS-GVO – wie alle anderen Betroffenenrechte – ein aktiv von der betroffenen Person geltend zu machendes Recht ist[120], oder ob die Löschpflicht auch ohne Geltendmachung objektiv greift, wobei letzteres der vorherrschenden Meinung entspricht.[121] Für beide Ansichten lassen sich Argumente finden, teilweise wird eine je nach Löschungsgrund (Art. 17 Abs. 1 lit. a–f DS-GVO) unterschiedliche Bewertung vorgenommen, um sachgerechte Ergebnisse zu erzielen.[122] Dieser Streit muss jedoch nicht entschieden werden, da eine unverzügliche Löschung nach Wegfall der Erforderlichkeit auch ohne die Voraussetzungen des Art. 17 Abs. 1 DS-GVO nach den Grundsätzen der Datenminimierung und Speicherbegrenzung (Art. 5 Abs. 1 lit. c und e DS-GVO) objektiv notwendig ist.

Die konkrete Art der Durchführung der Löschung ergibt sich mittelbar aus Art. 5 176 Abs. 1 lit. e DS-GVO: Die Daten dürfen nur so lange in einer Form gespeichert werden, die die Identifizierung der betroffenen Personen ermöglicht, wie dies für die Verarbeitungszwecke erforderlich ist. Dieser Anforderung lässt sich im Umkehrschluss entnehmen, dass die weitere Verarbeitung der Daten zulässig ist, wenn diese in einer Form erfolgt, die eine Identifizierung nicht ermöglicht. Werden die Daten nach Fortfall der Verarbeitungszwecke daher **anonymisiert,** dürfte dem Speicherbegrenzungsgrundsatz und letztlich auch dem Löschrecht der betroffenen Person Genüge getan sein; denn wenn eine Identifizierung nicht mehr möglich ist, liegen auch keine personenbezogenen Daten im Sinne des Art. 4 Nr. 1 DS-GVO mehr vor.[123]

Art. 17 Abs. 1 DS-GVO regelt **folgende Fälle**[124]: 177
- Die Notwendigkeit der Verarbeitung zur Zweckerreichung ist entfallen.
- Die betroffene Person hat ihre Einwilligung widerrufen und es besteht auch keine sonstige Rechtsgrundlage für die Speicherung.
- Die betroffene Person legt gem. Art. 21 Abs. 1 oder 2 DS-GVO erfolgreich Widerspruch gegen die Verarbeitung ein.
- Die personenbezogenen Daten wurden unrechtmäßig verarbeitet.
- Die Löschung ist zur Erfüllung einer rechtlichen Verpflichtung nach dem Unionsrecht oder dem Recht der Mitgliedstaaten erforderlich.

---

[119] Kühling/Buchner/*Herbst*, DS-GVO Art. 16 Rn. 34.
[120] So mit beachtlichen Gründen Kühling/Buchner/*Herbst*, DS-GVO Art. 17 Rn. 9 ff.
[121] Taeger/Gabel/*Meents/Hinzpeter*, DS-GVO Art. 17 Rn. 81; Paal/Pauly/*Paal*, DS-GVO Art. 17 Rn. 20; Sydow/*Peuker*, DSGVO Art. 17 Rn. 43.
[122] Kühling/Buchner/*Herbst*, DS-GVO Art. 17 Rn. 8 ff.
[123] In diesem Sinne auch die *Österreichische Datenschutzbehörde*, 5.12.2018, Geschäftszahl DSB-D123.270/0009-DSB/2018.
[124] Zusammenfassung entnommen aus *DSK*, Kurzpapier Nr. 11, S. 1.

– Die personenbezogenen Daten wurden in Bezug auf angebotene Dienste der Informationsgesellschaft gemäß Art. 8 Abs. 1 DS-GVO erhoben.[125]

178 **Ausnahmen vom Recht auf Löschen** bestehen,
– wenn die Verarbeitung zur Ausübung der freien Meinungsäußerung und Information erforderlich ist (Art. 17 Abs. 3 lit. a DS-GVO),
– wenn die Verarbeitung zur Erfüllung einer rechtlichen Verpflichtung oder zur Wahrnehmung einer Aufgabe, die im öffentlichen Interesse liegt oder in Ausübung öffentlicher Gewalt, die dem Verantwortlichen übertragen wurde, erforderlich ist (Art. 17 Abs. 3 lit. b DS-GVO),
– wenn die Verarbeitung aus Gründen öffentlichen Interesses im Bereich öffentlicher Gesundheit erforderlich ist (Art. 17 Abs. 3 lit. c DS-GVO),
– wenn die Verarbeitung für Archivzwecke im öffentlichen Interesse o. ä. erforderlich ist (Art. 17 Abs. 3 lit. d DS-GVO),
– wenn die Verarbeitung zur Geltendmachung, Ausübung oder Verteidigung von Rechtsansprüchen erforderlich ist (Art. 17 Abs. 3 lit. e DS-GVO),
– wenn die Löschung bei nicht automatisierter Datenverarbeitung wegen der besonderen Art der Speicherung nicht oder nur mit unverhältnismäßigem Aufwand möglich ist und das Interesse der betroffenen Person als gering anzusehen ist[126] (§ 35 Abs. 1 BDSG),
– solange und soweit der Verantwortliche Grund zu der Annahme hat, dass durch die Löschung schutzwürdige Interessen der betroffenen Person beeinträchtigt würden (§ 35 Abs. 2 BDSG),
– wenn der Löschung satzungsgemäße oder vertragliche Aufbewahrungspflichten entgegenstehen (§ 35 Abs. 3 BDSG)[127].
In den drei letztgenannten Fällen ist stattdessen die Verarbeitung der Daten gemäß Art. 18 DS-GVO einzuschränken.

4. Recht auf Vergessenwerden (Art. 17 Abs. 2 DS-GVO)

179 Das in Art. 17 Abs. 2 DS-GVO geregelte „Recht auf Vergessenwerden" verpflichtet darüber hinaus den Verantwortlichen, bei personenbezogenen Daten, die er **öffentlich gemacht** hat, unter Berücksichtigung der **verfügbaren Technologie** und der **Implementierungskosten** angemessene **Maßnahmen, auch technischer Art,** zu treffen, um für die Datenverarbeitung Verantwortliche, die die personenbezogenen Daten verarbeiten, darüber zu informieren, dass eine betroffene Person von ihnen die Löschung aller Links zu diesen personenbezogenen Daten oder von Kopien oder Replikationen dieser personenbezogenen Daten verlangt hat. Dies bedeutet in der Praxis, dass Verantwortliche Internetsuchmaschinen und Webcrawler in angemessener Weise darüber informieren müssen, dass ggfs. dort noch vorhandene, eigentlich gelöschte Archivdaten ebenfalls entfernt werden müssen.[128] Betroffene Personen können gegenüber Suchmaschinenbetreibern Auslistungsansprüche geltend machen, bei deren Prüfung eine umfassende Grundrechtsabwägung vorzunehmen ist.[129] Eine Auslistungspflicht gilt jedoch nicht weltweit, sondern ist grundsätzlich auf EU-mitgliedstaatliche Versionen einer Suchmaschine beschränkt.[130]

180 **Ausnahmen vom Recht auf Vergessenwerden** bestehen in den oben zum Recht auf Löschung genannten Fällen.

---

[125] Gilt bei solchen Diensten, die Kindern angeboten werden.
[126] Zur möglichen Europarechtswidrigkeit der Vorschrift: Gola/Heckmann/*Werkmeister*, BDSG § 34 Rn. 3 ff.
[127] Zur möglichen Europarechtswidrigkeit der Vorschrift: Gola/Heckmann/*Werkmeister*, BDSG § 35 Rn. 19 f.
[128] Gola/Nolte/*Werkmeister*, DS-GVO Art. 17 Rn. 68.
[129] *BGH*, Beschl. v. 27.7.2020 – VI ZR 405/18 und VI ZR 476/18; vgl. auch *Europäischer Datenschutzausschuss*, Guidelines 5/2019 on the criteria of the Right to be Forgotten in the search engines cases under the GDPR.
[130] *EuGH*, Urt. v. 24.9.2019 – C-507/17, NJW 2019, 3499.

E. Betroffenenrechte 6

5. Recht auf Einschränkung der Verarbeitung (Art. 18 DS-GVO)

Liegt ein klärungsbedürftiger Sachverhalt vor, so hat die betroffene Person unter den Voraussetzungen des Art. 18 Abs. 1 DS-GVO das Recht, eine Einschränkung der Verarbeitung zu verlangen. Technisch bedeutet dies, dass die personenbezogenen Daten so gesperrt werden müssen, dass sie in keiner Weise weiterverarbeitet werden und nicht verändert werden können, beispielsweise durch vorübergehende Übertragung auf ein anderes Verarbeitungssystem oder durch Entfernung von einer Webseite (EG 67 DS-GVO). Wurde die Verarbeitung eingeschränkt, so dürfen diese personenbezogenen Daten – von ihrer Speicherung abgesehen – nur mit Einwilligung der betroffenen Person oder zur Geltendmachung, Ausübung oder Verteidigung von Rechtsansprüchen oder zum Schutz der Rechte einer anderen natürlichen oder juristischen Person oder aus Gründen eines wichtigen öffentlichen Interesses verarbeitet werden (Art. 18 Abs. 2 DS-GVO). Bevor eine Einschränkung aufgehoben wird, muss eine Unterrichtung der betroffenen Person erfolgen (Art. 18 Abs. 3 DS-GVO). 181

Das Recht auf Einschränkung besteht, 182
- solange der Verantwortliche prüft, ob einem Antrag auf Berichtigung gefolgt wird (Art. 18 Abs. 1 lit. a DS-GVO),
- wenn bei unrechtmäßiger Verarbeitung der Betroffene statt der Löschung ausdrücklich die Einschränkung verlangt (Art. 18 Abs. 1 lit. b DS-GVO),
- wenn die Löschung bei nicht automatisierter Datenverarbeitung wegen der besonderen Art der Speicherung nicht oder nur mit unverhältnismäßigem Aufwand möglich ist und das Interesse der betroffenen Person als gering anzusehen ist (§ 35 Abs. 1 BDSG),
- solange und soweit der Verantwortliche Grund zu der Annahme hat, dass durch eine Löschung schutzwürdige Interessen der betroffenen Person beeinträchtigt würden (§ 35 Abs. 2 S. 1 BDSG; in diesem Fall besteht möglicherweise eine Pflicht zur Einschränkung),
- wenn der Verantwortliche die Daten für eigene Zwecke nicht mehr benötigt, die betroffene Person sie aber für die Verfolgung eigener Ansprüche benötigt (Art. 18 Abs. 1 lit. c DS-GVO),
- solange der Verantwortliche prüft, ob einem Antrag auf Widerspruch gegen eine Verarbeitung gefolgt wird (Art. 18 Abs. 1 lit. d DS-GVO).

Ausnahmen vom Recht auf Einschränkung bestehen, 183
- wenn die Verwirklichung der Forschungs- oder Statistikzwecke unmöglich oder ernsthaft beeinträchtigt würde (Art. 27 Abs. 2 DS-GVO),
- bei Art. 18 Abs. 2 lit. a, b und d DS-GVO, wenn die Einschränkung die Verwirklichung von im öffentlichen Interesse liegenden Archivzwecken unmöglich machen würde (§ 28 Abs. 4 BDSG).

6. Recht auf Datenübertragbarkeit (Art. 20 DS-GVO)

Das auch „Recht auf **Datenportabilität**" genannte Recht aus Art. 20 DS-GVO ist ein ganz neues Betroffenenrecht und vermischt kartellrechtliche Intentionen mit dem Datenschutzrecht. Die Idee dahinter ist, dass betroffene Personen ihre Daten, die sie einem Verantwortlichen „bereitgestellt" haben, zurückerhalten und zu einem anderen Verantwortlichen mitnehmen (Art. 20 Abs. 1 DS-GVO) oder selbst nutzen können und der frühere Verantwortliche sogar zusätzlich noch verpflichtet ist, diese Daten einem neuen Verantwortlichen auf Wunsch direkt zu übermitteln (Art. 20 Abs. 2 iVm Abs. 1 DS-GVO). Die Einführung dieses Rechts zielt auf Plattformen wie soziale Medien (zB Facebook, Xing), die sich aufgrund sogenannter Lock-In-Effekte zu einem Monopol entwickelten, weil Mitglieder ohne ihre historischen Daten nicht mehr freiwillig zu Konkurrenzanbietern wechseln würden. Allerdings hat der Gesetzgeber die Pflicht zur Datenportabilität nicht auf marktbeherrschende Verantwortliche beschränkt, sondern sie generell geregelt, so dass 184 sich nunmehr grundsätzlich alle Verantwortlichen mit dem Anspruch der betroffenen Person konfrontiert sehen können.

185 Der **Anwendungsbereich** des Rechts auf Datenübertragbarkeit umfasst Verarbeitungsvorgänge, die auf einer Einwilligung der betroffenen Person (gemäß Art. 6 Abs. 1 lit. a oder gemäß Art. 9 Abs. 2 lit. a, sofern es sich um besondere Kategorien personenbezogener Daten handelt) oder auf einem Vertrag, dessen Vertragspartei die betroffene Person gemäß Art. 6 Abs. 1 lit. b ist, beruhen. Nach Ansicht der Aufsichtsbehörden umfasst das Recht auf Datenübertragbarkeit zum Beispiel auch Buchtitel, die eine Person in einer Online-Buchhandlung gekauft hat, oder über einen Musik-Streaming-Dienst angehörte Musikstücke, da sie auf der Grundlage eines Vertrags verarbeitet werden, dessen Vertragspartei die betroffene Person ist.[131]

186 Dagegen besteht kein allgemeines Recht auf Datenübertragbarkeit in Fällen, in denen die Verarbeitung personenbezogener Daten nicht aufgrund einer Einwilligung oder eines Vertrags erfolgt. Nach Ansicht der Aufsichtsbehörden sollen beispielsweise Finanzeinrichtungen nicht verpflichtet sein, Portabilitätsanfragen nachzukommen, die sich auf personenbezogene Daten beziehen, welche im Rahmen ihrer Pflicht zB zur Verhütung und Aufdeckung von Geldwäsche verarbeitet wurden.[132]

187 Verarbeitet der Verantwortliche Daten, die die personenbezogenen Daten mehrerer betroffener Personen enthalten, soll die Formulierung „der sie betreffenden personenbezogenen Daten" nicht zu restriktiv ausgelegt werden.[133] Auch wenn in solchen Datenbeständen mithin personenbezogene Daten mehrerer Personen erfasst sind, sollten die betroffenen Personen die Möglichkeit haben, dass ihnen diese Daten im Rahmen einer Portabilitätsanfrage bereitgestellt werden, soweit nicht die Rechte und Freiheiten anderer Personen beeinträchtigt werden (Art. 20 Abs. 4 DS-GVO)[134].

188 Umfasst sind solche Daten, die die betroffene Person „bereitgestellt hat". Um zu entscheiden, ob Daten unter das Recht auf Datenübertragbarkeit fallen, kann eine Unterscheidung zwischen verschiedenen Kategorien von Daten aufgrund ihrer Herkunft vorgenommen werden. Als „von der betroffenen Person bereitgestellt" gelten aktiv und wissentlich von der betroffenen Person bereitgestellte Daten und beobachtete Daten, die von der betroffenen Person durch die Nutzung des Dienstes oder des Geräts bereitgestellt werden.[135]

189 Nach Art. 20 Abs. 1 DS-GVO hat der Verantwortliche die Daten in einem **strukturierten, gängigen und maschinenlesbaren Format**[136] vorzulegen bzw. zu übermitteln, soweit die Bereitstellung seitens der betroffenen Person auf Basis einer Einwilligung oder eines Vertrages erfolgte, dass die Daten mithilfe automatisierter Verfahren verarbeitet werden und Rechte und Freiheiten anderer Personen nicht beeinträchtigt werden (Art. 20 Abs. 4 DS-GVO).

190 **Ausnahmen vom Recht auf Datenübertragbarkeit** bestehen,
– wenn die Verarbeitung für die Wahrnehmung einer Aufgabe erforderlich ist, die im öffentlichen Interesse liegt (Art. 20 Abs. 3 DS-GVO),
– wenn die Verarbeitung in Ausübung öffentlicher Gewalt erfolgt, die dem Verantwortlichen übertragen wurde (Art. 20 Abs. 3 DS-GVO),

---

[131] *Artikel-29-Datenschutzgruppe*, Leitlinien zum Recht auf Datenübertragbarkeit, WP 242 rev.01, S. 9.
[132] *Artikel-29-Datenschutzgruppe*, Leitlinien zum Recht auf Datenübertragbarkeit, WP 242 rev.01, S. 10.
[133] So die *Artikel-29-Datenschutzgruppe*, Leitlinien zum Recht auf Datenübertragbarkeit, WP 242 rev.01, S. 10 f.
[134] Eine solche Beeinträchtigung kann vorliegen, wenn Dritte durch die Übermittlung von Daten von einem Verantwortlichen an einen anderen im Rahmen des Rechts auf Datenübertragbarkeit davon abgehalten würden, ihre Rechte als betroffene Personen gemäß der DS-GVO auszuüben. Siehe hierzu mit weiteren Ausführungen: *Artikel-29-Datenschutzgruppe*, Leitlinien zum Recht auf Datenübertragbarkeit, WP 242 rev.01, S. 13, siehe → Rn. 169.
[135] *Artikel-29-Datenschutzgruppe*, Leitlinien zum Recht auf Datenübertragbarkeit, WP 242 rev.01, S. 10.
[136] Mit weiteren Ausführungen: *Artikel-29-Datenschutzgruppe*, Leitlinien zum Recht auf Datenübertragbarkeit, WP 242 rev.01, ab S. 18.

- soweit das Recht auf Direktübermittlung an den neuen Verantwortlichen technisch nicht umgesetzt werden kann (Art. 20 Abs. 2 DS-GVO),
- wenn die Verwirklichung von im öffentlichen Interesse liegenden Archivzwecken unmöglich werden würde (§ 28 Abs. 4 BDSG).

7. Recht auf Widerspruch (Art. 21 DS-GVO)

Bei Verarbeitungen, die im öffentlichen Interesse (Art. 6 Abs. 1 lit. e DS-GVO), auf Basis einer Interessensabwägung (Art. 6 Abs. 1 lit. f DS-GVO) oder zu wissenschaftlichen oder historischen Forschungszwecken oder zu statistischen Zwecken erfolgen (Art. 21 Abs. 6 DS-GVO), hat die betroffene Person unter bestimmten Voraussetzungen („**aus Gründen, die sich aus ihrer besonderen Situation ergeben**") ein Widerspruchsrecht nach Art. 21 Abs. 1 DS-GVO. 191

Voraussetzung für das Widerspruchsrecht ist, dass sich die Verarbeitung auf Daten erstreckt, die die betroffene Person (zumindest mit-) betreffen. Des Weiteren muss die betroffene Person ein besonderes Widerspruchsinteresse geltend machen, das sich aus ihrer besonderen Situation ergibt. Der Widerspruch muss mit dem Vorliegen einer atypischen Konstellation begründet werden, die den Interessen der betroffenen Person besonderes Gewicht verleiht und so etwa dazu führen kann, dass eine Interessenabwägung im Rahmen des Art. 6 Abs. 1 lit. f DS-GVO im konkreten Fall anders bewertet werden muss.[137] 192

Überwiegend wird davon ausgegangen, dass die betroffene Person das Vorliegen dieser Voraussetzungen **zumindest darlegen muss,** um dem Verantwortlichen die erforderliche Abwägung zu ermöglichen.[138] Bei Verarbeitungen gemäß Art. 6 Abs. 1 lit. e oder f DS-GVO greift der Widerspruch nicht durch, **wenn der Verantwortliche überwiegende, zwingende schutzwürdige Gründe für die Verarbeitung nachweisen kann oder die Verarbeitung der Rechtsverfolgung dient.** Ein Widerspruch gegen die Verarbeitung zu **Forschungs- oder Statistikzwecken** ist nicht zulässig, wenn diese zur Erfüllung einer im öffentlichen Interesse liegenden Aufgabe erforderlich ist. 193

Auf das Widerspruchsrecht muss der Verantwortliche spätestens bei der ersten Kommunikation mit der betroffenen Person **ausdrücklich in einer verständlichen und von anderen Informationen getrennten Form hinweisen** (Art. 21 Abs. 4 DS-GVO). Oftmals sieht man dieses Widerspruchsrecht in Datenschutzerklärungen mit einem gesonderten Rahmen und in fetter Schrift abgedruckt, was diesen Anforderungen genügt.[139] 194

Ausnahmen vom Recht auf Widerspruch bestehen 195
- gegenüber öffentlichen Stellen, soweit ein überwiegendes, zwingendes öffentliches Interesse an der Verarbeitung besteht oder eine rechtliche Verarbeitungspflicht besteht (§ 36 BDSG).

8. Mitteilungspflicht an Empfänger im Zusammenhang mit Berichtigung, Löschung und Einschränkung

Werden personenbezogene Daten einer natürlichen Person, auf die sich ein Antrag auf Berichtigung, Löschung oder Einschränkung der Verarbeitung bezieht, nicht nur bei Verantwortlichen selbst verarbeitet, sondern auch bei anderen Verantwortlichen, denen die Daten offengelegt wurden, besteht für den Verantwortlichen eine **Pflicht, die anderen Verantwortlichen über den Antrag der betroffenen Person zu informieren.** Damit soll das Interesse der betroffenen Person an Berichtigung, Löschung und/oder Einschränkung der personenbezogenen Daten gefördert werden, da andernfalls eine entsprechende 196

---

[137] Kühling/Buchner/*Herbst*, DS-GVO Art 21 Rn. 10 ff.; Ehmann/Selmayr/*Kamann/Braun* DS-GVO Art. 21 Rn. 19 ff.
[138] Taeger/Gabel/*Munz*, DS-GVO Art. 21 Rn. 15 f.
[139] Siehe → Rn. 127 f.

Umsetzung der Betroffenenrechte nur auf diejenigen Daten beschränkt bliebe, die der Verantwortliche selbst verarbeitet.[140]

197 Fraglich ist, inwieweit eine Mitteilungspflicht auch dann besteht, wenn diese (möglicherweise) für die betroffene Person nachteilig sein kann (zB, wenn die betroffene Person mit dem Empfänger in keinerlei geschäftlicher Beziehung steht).[141] Da Art. 19 DS-GVO insoweit jedoch keine Einschränkung enthält, ist auch in solchen Fällen von einer entsprechenden Verpflichtung des Verantwortlichen auszugehen. Bei der Mitteilung hat sich der Verantwortliche jedoch nach dem **Grundsatz der Datenminimierung** auf die Mitteilung zwingend erforderlicher Informationen zu beschränken.[142]

198 Auf Verlangen ist die betroffene Person über die Empfänger zu informieren. Dabei ist im Gegensatz zu Art. 13, Art. 14 und Art. 15 DS-GVO die Benennung von Kategorien von Empfängern nicht ausreichend.

9. Recht auf Widerruf einer Einwilligung

199 Das Recht auf Widerruf einer Einwilligung ist nicht im Kapitel III der DS-GVO geregelt und damit nicht Bestandteil der formalen Betroffenenrechte, gehört aber systematisch zu den Rechten, die die DS-GVO den betroffenen Personen einräumt, um ihr Recht auf informationelle Selbstbestimmung auszuüben.[143]

10. Checkliste

200 Die Checkliste soll als Orientierungshilfe dienen und beschreiben, wie Betroffenenrechte bearbeitet werden können:

Checkliste zur Bearbeitung von Betroffenenrechten

Organisation:
- ☐ Sind die Verantwortlichkeiten und Zuständigkeiten klar geregelt?
- ☐ Ist sichergestellt, dass die IT-Systeme die Umsetzung von Betroffenenrechten ermöglichen?
- ☐ Ist geregelt, wie Betroffenenanfragen dokumentiert werden?
- ☐ Liegen Musterschreiben für relevante Anfragen vor?
- ☐ Sind Ansprechpartner für Eskalationen und fachliche oder rechtliche Rückfragen vorhanden?
- ☐ Sind alle Mitarbeiter, bei denen Anfragen potenziell eingehen können, sensibilisiert, um datenschutzrelevante Anfragen identifizieren zu können?

Vorgehensweise:
- ☐ Eingang des Antrags
    - ☐ Prüfung, ob ein Betroffenenrechte-Antrag vorliegt, ggf. Auslegung der Willensäußerung der betroffenen Person

In allen Kontaktkanälen ist zu prüfen, ob die Anfrage einen Antrag auf Betroffenenrechte beinhaltet. Das kann auch mit anderen Erklärungen (zB Kündigung) verbunden sein.

- ☐ Ggf. Weiterleitung an zuständige Stelle
- ☐ Sichere Identifikation des Anfragenden
    - ☐ In begründeten Fällen Rückfrage

---

[140] Taeger/Gabel/*Pohle/Spittka*, DS-GVO Art. 19 Rn. 1; Kühling/Buchner/*Herbst*, DS-GVO Art 19 Rn. 1.
[141] Vgl. Kühling/Buchner/*Herbst*, DS-GVO Art 21 Rn. 11.
[142] Vgl. Kühling/Buchner/*Herbst*, DS-GVO Art 21 Rn. 11.
[143] Siehe hierzu im Einzelnen → Rn. 271 ff.

- Bearbeitung des Antrags
    - Bestimmung des Antrags (Auslegung)
    - Widerruf einer Einwilligung
    - Auskunft
    - Berichtigung
    - Löschung
    - Einschränkung der Verarbeitung
    - Recht auf Datenübertragbarkeit
    - Widerspruch
- Prüfung, ob Antrag ganz oder teilweise vom Umfang der Betroffenenrechte gedeckt ist
- Zusammenstellen der erforderlichen Informationen
- Prüfung, ob Rechte Dritter beeinträchtigt werden
- Einleitung erforderlicher Maßnahmen (zB Löschung, Berichtigung)
- Antwort an den Antragsteller
    - Sicherstellung fristgerechter Beantwortung
    - unverzüglich, spätestens innerhalb eines Monats
    - Ggf. Fristverlängerung mit Angabe zu Gründen (Art. 12 Abs. 3 DS-GVO)
    - Soweit Daten übermittelt werden: Sind ausreichende technische und organisatorische Maßnahmen für eine sichere Übermittlung ergriffen?
- Dokumentation
    - Eingangsdatum der Anfrage
    - Getroffene Entscheidungen
    - Ergriffene Maßnahmen
    - Ggf. Ausschlussgründe
    - Kommunikation an den Antragsteller, Datum der Beantwortung

F. Offenlegung personenbezogener Daten gegenüber externen Empfängern

Eine besondere datenschutzrechtliche Herausforderung ist die Weitergabe personenbezogener Daten an externe Empfänger außerhalb der Organisation. Hierunter fallen etwa Dienstleister, Kooperationspartner, staatliche Stellen, Rentenversicherungsträger, Versicherungen und Unternehmensberater ebenso wie verbundene Gesellschaften innerhalb von Unternehmensgruppen bzw. Konzernen. Für derartige Weitergaben ist die Erfüllung eines **Erlaubnistatbestands** gem. Art. 6 Abs. 1 DS-GVO rechtlich geboten, es sei denn, es liegt ein Fall der Auftragsverarbeitung nach Art. 28 DS-GVO vor. Der Auftragsverarbeiter ist nämlich kein „Dritter" (vgl. Art. 4 Nr. 10 DS-GVO), ist datenschutzrechtlich folglich dem Verantwortlichen zuzurechnen, sodass eine Weitergabe personenbezogener Daten vom Verantwortlichen an einen Auftragsverarbeiter keine erlaubnistatbestandsbedürftige Datenübermittlung ist.

I. Auftragsverarbeitung

Entscheidet eine datenverarbeitende Stelle nicht alleine oder gemeinsam mit anderen über die Zwecke und Mittel der Verarbeitung, sondern verarbeitet sie personenbezogene Daten „im Auftrag des Verantwortlichen", so ist sie Auftragsverarbeiter (vgl. Art. 4 Nr. 7 und 8 DS-GVO). Der Verantwortliche, der personenbezogene Daten mit Hilfe einer anderen Stelle verarbeitet, ist unter den Voraussetzungen des Art. 28 DS-GVO gegenüber den allgemeinen datenschutzrechtlichen Vorschriften **privilegiert,** indem er für die Einbeziehung des Auftragsverarbeiters keiner gesetzlichen Legitimation oder Einwilligung des Betroffenen bedarf.[144] Der Auftragsverarbeiter ist einerseits in seinen Rechten am Umgang mit den ihm überlassenen Daten weitgehend eingeschränkt. Andererseits wird die von ihm durchgeführte Verarbeitung personenbezogener Daten materiellrechtlich dem Auftraggeber als Verantwortlichem zugerechnet.

203 Der Auftragsverarbeiter ist in erster Linie nur zur Einhaltung der erforderlichen **technischen und organisatorischen Maßnahmen** verpflichtet. Soweit es diesbezüglich zu einer Verletzung des Schutzes personenbezogener Daten kommt, muss der Auftragsverarbeiter dies unverzüglich nach Bekanntwerden dem Verantwortlichen melden (Art. 33 Abs. 2 DS-GVO). Der Betroffene muss sich zur Wahrnehmung seiner Rechte an den Verantwortlichen halten. Den Auftragsverarbeiter treffen insoweit lediglich Unterstützungspflichten (Art. 28 Abs. 3 lit. e DS-GVO). Mangels Konzernprivileg ist die Auftragsverarbeitung auch innerhalb von **Unternehmensgruppen** relevant, wobei sie für den Bereich der „internen Verwaltung" nicht erforderlich ist, soweit die jeweilige Verarbeitungstätigkeit keine besonderen Risiken für die Rechte und Freiheiten der betroffenen Personen aufweist.[145]

204 Der Verantwortliche darf nur einen Auftragsverarbeiter beauftragen, der „hinreichende Garantien" dafür bietet, dass geeignete technische und organisatorische Maßnahmen gem. DS-GVO zum Schutz der Rechte der betroffenen Personen durchgeführt werden (Art. 28 Abs. 1 DS-GVO). Derartige **Garantien** dürften in der Praxis aus der Vorlage eines fachkundig erstellten Datensicherheitskonzeptes, von Prüf-/Auditberichten, einer verbindlichen Zusicherung der Einhaltung genehmigter Verhaltensregeln gem. Art. 40 DS-GVO und/oder eines Zertifikats gem. Art. 42 DS-GVO bestehen. Hinsichtlich des im Einzelfall vom Auftragsverarbeiter zu gewährleistenden Schutzniveaus kommt dem Verantwortlichen ein Ermessensspielraum zu, der sich nach dem Schutzbedarf und der Sensibilität der verarbeiteten Daten richtet.[146]

205 **Checkliste zur Geeignetheitsprüfung eines Auftragsverarbeiters gem. Art. 28 Abs. 1 DS-GVO**
- Datenschutzorganisation (Art. 28 Abs. 1, Art. 39 Abs. 1 lit. b DS-GVO)
  - Richtlinie, die Zuständigkeiten und Verantwortlichkeiten innerhalb der Datenschutzorganisation regelt
  - Zentraler Ansprechpartner innerhalb der Datenschutzorganisation
  - Ggf. Datenschutzbeauftragter gem. Art. 37 ff. DS-GVO iVm § 38 BDSG
  - Ggf. Vertreter gem. Art. 27 DS-GVO
- Umgang mit Datenschutzverletzungen (Art. 28 Abs. 3 UAbs. 1 lit. f, Art. 33 Abs. 2 DS-GVO)
  - Prozess bei Kenntnisnahme von Datenschutzverletzungen bzw. Verdachtsfällen
  - Prozess zur unverzüglichen Meldung von Datenschutzverletzungen bzw. Verdachtsfällen
  - Prozess zur Dokumentation von Datenschutzverletzungen bzw. Verdachtsfällen
  - Prozess zur künftigen Vermeidung stattgefundener Datenschutzverletzungen
- Sensibilisierung und Schulung von Mitarbeitern (Art. 28 Abs. 3 UAbs. 1 lit. b, Art. 29 DS-GVO)
  - Mitarbeiter sind mit den vorhandenen datenschutzrelevanten Prozessen, mit den Anforderungen der einschlägigen Datenschutzgesetze, mit den gesetzlichen Be-

---

[144] Taeger/Gabel/*Gabel/Lutz*, DS-GVO Art. 28 Rn. 8 ff. mwN; *Seiter*, DuD 2019, 127, 131.
[145] Vgl. EG 48 DS-GVO.
[146] Konkrete Anforderungen an das Sicherheitsniveau der technischen und organisatorischen Maßnahmen enthält die DS-GVO nicht, sog. Technikneutralität der Verordnung. Zur Auswahl einer geeigneten Auftragsverarbeitung Guidelines 7/2020 on the concepts of controller and processor in the GDPR des *European Data Protection Board*, S. 29 f. (im Folgenden „EDPB Guidelines 7/2020").

sonderheiten der Tätigkeit als Auftragsverarbeiter und mit etwaigen besonderen Anforderungen einzelner Verträge zur Auftragsverarbeitung vertraut
- ❏ Vertraulichkeitsverpflichtung/Verschwiegenheitspflicht
- ❏ Einbindung weiterer (Sub-) Auftragsverarbeiter (Art. 28 Abs. 3 UAbs. 1 lit. d DS-GVO)
  - ❏ Geeignetheitsprüfung
  - ❏ Kontrollkonzept
  - ❏ Gewährleistung der Unterstützungspflichten hinsichtlich des Verantwortlichen
- ❏ Genehmigte Verhaltensregeln/Zertifizierungen (Art. 28 Abs. 1, 5, Art. 32 Abs. 3)
  - ❏ Einhaltung von gem. Art. 40 DS-GVO genehmigten Verhaltensregeln
  - ❏ Zertifizierung gem. Art. 42 DS-GVO nach einem genehmigten Verfahren
- ❏ Beschreibung technischer und organisatorischer Maßnahmen (Art. 28 Abs. 1, 3 UAbs. 1 lit. c)[147]

1. Abgrenzung Auftragsverarbeitung von Datenübermittlung

Die Abgrenzung einer Auftragsverarbeitung von einer erlaubnistatbestandsbedürftigen Datenübermittlung zwischen Verantwortlichen führt in der anwaltlichen Beratung häufig zu Schwierigkeiten. Dabei ist Sinn und Zweck der gesetzlichen Differenzierung zwischen Auftragsverarbeitung und legitimationsbedürftiger Zusammenarbeit eigenverantwortlicher und selbstbestimmter Kooperationspartner zu berücksichtigen. Die Auftragsverarbeitung ist rechtlich als gegenständlich nicht beschränkte, fremdbestimmte Tätigkeit konstruiert, die unter fremder Kontrolle erfolgt und der Erreichung fremder Zwecke dient. Dabei wirkt die Auftragsverarbeitung als **Privileg:** Die (potenzielle) Zugriffsmöglichkeit eines Dritten wird gestattet, obwohl es hierfür keine gesetzliche Legitimation oder Einwilligung des Betroffenen gibt. Im Umkehrschluss bedeutet dies, dass eine Auftragsvereinbarung nicht erforderlich ist, wenn die geplante Kooperation anderweitig datenschutzrechtlich legitimiert ist. Immer wenn eine Datenübermittlung also ohnehin in rechtlich zulässiger Weise erfolgen kann, ist die Vereinbarung eines Vertrags zur Auftragsverarbeitung obsolet.[148]

Gleichwohl steht es den Parteien zu, freiwillig eine Auftragsverarbeitung zu vereinbaren, etwa weil man die hieraus resultierenden Folgen für vorzugswürdig hält (zB zwecks Zustimmung seitens Betriebs-/Personalräten oder aus Gründen der Außendarstellung gegenüber Betroffenen). Schließlich ist ein Vertrag zur Auftragsverarbeitung gem. Art. 28 der „stärkste" Datenschutzvertrag zum Schutz der Betroffenen, den DS-GVO und BDSG kennen. Allerdings müssen dann die insoweit erforderlichen **Rahmenbedingungen** auch konsequent geschaffen werden: Eine Seite übernimmt den weisungsbefugten, entscheidenden sowie steuernden Part und die (alleinige) Verantwortung für die materiellrechtliche Zulässigkeit der Verarbeitung nach DS-GVO nebst Überwachungspflicht des Kooperationspartners. Und die andere Seite übernimmt den weisungsgebundenen, dienenden Part bei nur eingeschränkter Verantwortlichkeit nach der DS-GVO, vorwiegend hinsichtlich geeigneter technischer und organisatorischer Maßnahmen der Verarbeitung unter der Kontrolle des Kooperationspartners.[149]

Maßgebliches Kriterium bei der Abgrenzung zwischen (erlaubnisbedürftiger) Auftragsverarbeitung und Datenübermittlung ist der **Entscheidungsspielraum** hinsichtlich der Zwecke der Datenverarbeitung (das „wozu" einer Datenverarbeitung). Der Auftragsverarbeiter darf aus dem „informatorischen Gehalt" der verarbeiteten personenbezogenen Da-

---

[147] Dazu ausführlich Taeger/Gabel/*Gabel/Lutz*, DS-GVO Art. 28 Rn. 29, die ein entsprechendes Datensicherheitskonzept „im Mittelpunkt" einer Geeignetheitsprüfung eines Auftragsverarbeiters sehen.
[148] Diese Sichtweise wird vom *Europäischen Datenschutzausschuss* nicht geteilt, auch wenn er in seinen Guidelines 7/2020 zu diesem Denkansatz entsprechenden Ergebnissen kommt (EDPB Guidelines 7/2020).
[149] Zur Kontrollpflicht des Verantwortlichen im Hinblick auf den Auftragsverarbeiter ausführlich Taeger/Gabel/*Gabel/Lutz*, DS-GVO Art. 28 Rn. 28 ff.

ten keine Wertschöpfung für eigene Zwecke generieren. Dies findet einzig und allein eine Grenze in der Optimierung der geschuldeten Datenverarbeitung an sich. Diese ist lediglich Mittel zum Zweck und dient im Ergebnis dem Fremdinteresse des Verantwortlichen. Entsprechend ist es mit dem gesetzgeberischen Konzept der Auftragsverarbeitung vereinbar, dass der Auftragnehmer die personenbezogenen Daten des Verantwortlichen zur Verbesserung der seinerseits geschuldeten Dienste verwenden darf. Keinesfalls aber darf daraus die Beförderung weiterer, außerhalb des geschuldeten Auftrags liegender Zwecke resultieren. Entsprechend hat der EuGH in der „Google-Entscheidung"[150] festgelegt, dass der Betreiber einer Internet-Suchmaschine als verantwortliche Stelle fungiert, da er Mittel und Zwecke der jeweiligen Datenverarbeitung festlegt. Auch in der „Facebook-Fanpage-Entscheidung" des EuGH[151] hat dieser folgerichtig eine (gemeinsame) datenschutzrechtliche Verantwortlichkeit von Facebook aufgrund der individualisierten Werbung unter Einbeziehung des jeweiligen Nutzerverhaltens im kommerziellen Eigeninteresse von Facebook bejaht.

209 Ein Entscheidungsspielraum des Auftragsverarbeiters allein im Hinblick auf die **Mittel der Datenverarbeitung** (das „wie" einer Verarbeitung) ist hingegen unschädlich und steht der Annahme einer Auftragsverarbeitung nicht entgegen. So ist etwa die IT-Pflege und -Fernwartung ein typischer Fall der Auftragsverarbeitung, auch wenn sich der Dienstleister selbständig, remote an den IT-Systemen des Verantwortlichen anmeldet und dort mit eigenem „Knowhow" ohne einzelfallbezogene Weisung des Verantwortlichen tätig wird, etwa zur Fehlerbehebung und/oder zum Zwecke des Systemsupports.[152]

2. Weisungsgebundenheit und Vertrag

210 Maßgebliches Kriterium für eine Auftragsverarbeitung ist, dass der Auftragsverarbeiter die Daten nur im Rahmen der (zu dokumentierenden) Weisungen des Auftraggebers verarbeiten darf (Art. 28 Abs. 3 lit. a S. 1, 29 DS-GVO). Der Auftragsverarbeiter fungiert als Dienstleister wie eine ausgelagerte Abteilung, also als „**verlängerter Arm**"[153] des Verantwortlichen, der als „Herr der Daten" die alleinige vom Betroffenen oder von einer Rechtsgrundlage abgeleitete Verfügungsbefugnis hinsichtlich der zu verarbeitenden Daten innehat und eigenverantwortlich und selbstbestimmt hinsichtlich der Zwecke der Datenverarbeitung entscheidet. Geht die Leistung des Auftragnehmers über eine weisungsgebundene Tätigkeit hinaus, indem er selbst über die Zwecke und Mittel der Verarbeitung bestimmt, liegt keine Verarbeitung im Auftrag sondern eine Kooperation zwischen mehreren Verantwortlichen vor (vgl. Art. 28 Abs. 10 DS-GVO). Soweit diese gemeinsam über die Zwecke und Mittel der Verarbeitung entscheiden, fallen sie als „gemeinsam Verantwortliche" unter die Anforderungen des Art. 26 DS-GVO.

211 Der Verantwortliche muss in der Regel[154] mit dem Auftragsverarbeiter einen Vertrag gem. Art. 28 Abs. 3 DS-GVO abschließen, was schriftlich oder in einem elektronischen Format erfolgen kann. Die inhaltlichen Anforderungen an einen Vertrag zur Auftragsverarbeitung sind gem. Art. 28 Abs. 3 DS-GVO relativ hoch. Die nachfolgende Checkliste enthält einige der wesentlichen Anforderungen und zeigt auf, wie ein Vertrag zur Auftragsverarbeitung aufgebaut werden kann:

---

[150] *EuGH*, 13.5.2014 – C-131/12.
[151] *EuGH*, 5.6.2018 – C-210/16; dazu ausführlich Taeger/Gabel/*Lang*, DS-GVO Art. 26 Rn. 22 ff.
[152] *DSK*, Kurzpapier Nr. 13 zur Auftragsverarbeitung; EDPB Guidelines 7/2020, S. 26.
[153] Taeger/Gabel/*Gabel/Lutz*, DS-GVO Art. 28 Rn. 2 mwN.
[154] Ausnahmsweise kann die Auftragsverarbeitung auf Grundlage eines Rechtsinstruments gem. EU-Recht oder dem nationalen Recht eines Mitgliedstaates erfolgen. Derartige Rechtsinstrumente sind derzeit nicht existent. Denkbar sind spezialgesetzliche Regelungen für besondere Bereiche, etwa zur Auftragsverarbeitung für öffentliche Stellen oder im Gesundheitswesen.

F. Offenlegung personenbezogener Daten gegenüber externen Empfängern

> **Checkliste für einen Vertrag zur Auftragsverarbeitung gem. Art. 28 DS-GVO**
> - ❏ Gegenstand des Auftrags
> - ❏ Dauer des Auftrags (befristet, unbefristet)
> - ❏ Art und Zweck der Datenverwendung
> - ❏ Datenarten (zur Übersichtlichkeit empfiehlt es sich die Datenarten in einer Anlage aufzuführen)
> - ❏ Kategorien betroffener Personen (zur Übersichtlichkeit empfiehlt es sich die Kategorien der betroffenen Personen in einer Anlage aufzuführen)
> - ❏ Rechte und Pflichten des Verantwortlichen
> - ❏ Weisungsgebundene Verarbeitung und Remonstrationspflicht
>   - ❏ Weisungen sollten grundsätzlich schriftlich erfolgen
>   - ❏ Bei einer mündlichen Weisung sollte diese durch den Auftragsverarbeiter oder den Verantwortlichen in Textform bestätigt werden
>   - ❏ Der Auftragsverarbeiter weist den Verantwortlichen darauf hin, wenn eine erteilte Weisung (seiner Ansicht nach) gegen eine datenschutzrechtliche Vorschrift verstößt
> - ❏ Vertraulichkeits-/Verschwiegenheitspflicht
> - ❏ Sicherheit der Verarbeitung/Technische und organisatorische Maßnahmen gemäß Art. 32 DS-GVO (zur Übersichtlichkeit empfiehlt es sich die vereinbarten technischen und organisatorischen Maßnahmen in einer Anlage aufzuführen)
>   - ❏ Das Sicherheitsniveau der TOM darf durch den Fortschritt der Technik nicht unter das vereinbarte Schutzniveau sinken
>   - ❏ Der Auftragsverarbeiter ist verpflichtet, wesentliche Änderungen an den TOM schriftlich zu dokumentieren
> - ❏ Inanspruchnahme der Dienste weiterer (Sub-) Auftragsverarbeiter (zur Übersichtlichkeit empfiehlt es sich, die bei Vertragsschluss bekannten weiteren Auftragsverarbeiter in einer Anlage aufzuführen)
> - ❏ Mitwirkungs-/Unterstützungspflichten
> - ❏ Unterstützung des Verantwortlichen hinsichtlich dessen Pflichterfüllung gegenüber den betroffenen Personen
> - ❏ Löschung und Rückgabe personenbezogener Daten
> - ❏ Nachweis der Einhaltung der vertraglichen Pflichten des Auftragnehmers und Unterstützung bei Überprüfungen
> - ❏ Sonstige Regelungen
> - ❏ Datum und Unterschrift der Parteien
>   Als Anlagen
>   - ❏ Datenarten
>   - ❏ Kategorien betroffener Personen
>   - ❏ Technisch Organisatorische Maßnahmen
>   - ❏ Weitere Auftragsverarbeiter

3. Weitere (Sub-) Auftragsverarbeiter

Die Hinzuziehung eines weiteren Auftragsverarbeiters als Subauftragsverarbeiter ist unter der DS-GVO nur mit Einbeziehung des Verantwortlichen möglich. Vor Beginn einer Auftragsverarbeitung müssen dem Verantwortlichen alle weiteren (Sub-) Auftragsverarbeiter offengelegt werden. Sollte sich später im Laufe der Auftragsverarbeitung an dieser Konstellation etwas ändern oder ein weiterer (Sub-) Auftragsverarbeiter (erstmalig) hinzugezogen werden, so bedarf es grundsätzlich der vorherigen, gesonderten **Genehmigung** des Verantwortlichen. Nur wenn der Verantwortliche eine vorherige, allgemeine Genehmigung zur Einbeziehung von weiteren Auftragsverarbeitern abgegeben hat, kann sich der

Auftragsverarbeiter auf eine Information des Verantwortlichen zur beabsichtigten Änderung beschränken und – falls dieser keinen Einspruch erhebt – die Änderung nach Ablauf einer angemessenen Wartefrist umsetzen.

213 Bei Auftragsverarbeitern, die für eine Vielzahl von Kunden als Verantwortliche tätig sind, führen diese Anforderungen zu erheblichen Schwierigkeiten. Die Einbeziehung weiterer (Sub-) Auftragnehmer ist in der Praxis eher die Regel als die Ausnahme. Dies ergibt sich einerseits aus der dezentralen Aufgabenverteilung innerhalb von aus mehreren Gesellschaften bestehenden Unternehmensgruppen und andererseits aus den technischen Anforderungen komplexer (IT-) Dienstleistungen, die häufig für eine Vielzahl von Kunden mit Hilfe diverser, ggf. international verteilter Subauftragsverarbeitern erbracht werden. Jede Änderung in diesen teils komplexen Unterauftragsstrukturen steht gem. Art. 28 Abs. 2 DS-GVO (zumindest) unter dem **Einspruchsvorbehalt** eines jeden europäischen Kunden.

214 Infolgedessen werden in der Praxis die Genehmigungs- bzw. Einspruchsmöglichkeiten der Verantwortlichen in den zu Grunde liegenden Verträgen zur Auftragsverarbeitung häufig eingeschränkt, was aber an rechtliche Grenzen stößt. Die DS-GVO sieht keine Begründungspflicht des Verantwortlichen im Falle eines Einspruchs gegen eine Änderung oder Hinzuziehung in Bezug auf die Einbeziehung von weiteren (Sub-) Auftragsverarbeitern vor. Als „Herr der Daten" soll der Verantwortliche frei in seiner Entscheidung bleiben, inwiefern er den Zugriff Außenstehender auf „seine" Daten ermöglichen will. Eine Beschränkung dieses Entscheidungsspielraums liefe dem Grundprinzip der Auftragsverarbeitung (Entscheidungsbefugter Verantwortlicher kooperiert mit weisungsgebundenem Auftragsverarbeiter) diametral zuwider. Entsprechend ist von derartigen vertraglichen Klauseln abzuraten.

215 Alternativ wird für derartige Fälle in der Praxis häufig ein **Sonderkündigungsrecht** für den Auftragsverarbeiter für den Fall vereinbart, dass ein Verantwortlicher eine Genehmigung hinsichtlich einer Änderung in Bezug auf die Einbindung weiterer (Unter-) Auftragsverarbeiter versagt oder Einspruch gegen eine solche Änderung erhebt. Aus datenschutzrechtlicher Sicht bestehen gegen die Vereinbarung eines solchen Sonderkündigungsrechts keine Bedenken. Der Auftragsverarbeiter kann sich Hinsichtlich der Erbringung seiner (Dienst-) Leistungen nicht in Gänze den Vorgaben seiner Kunden unterwerfen. Dies würde zu unauflösbaren Konflikten führen, etwa bei sich widersprechenden Weisungen unterschiedlicher Verantwortlicher, und unwägbare finanzielle und operative Risiken für den Betrieb des Auftragsverarbeiters mit sich bringen. Es ist dem Verantwortlichen daher zuzumuten, dass er den Dienstleister wechselt, wenn er mit der Änderung der beim Dienstleister existenten Verarbeitungskonstellationen (inklusive der Kooperation mit weiteren (Sub-) Auftragsverarbeitern) nicht einverstanden ist.[155]

216 Allerdings müssen dem Verantwortlichen insoweit angemessene **Fristen** gesetzt werden, die es ihm ermöglichen, einen anderen geeigneten Dienstleister aufzufinden und „seine" Daten zu diesem zu migrieren.[156] Je nach Komplexität der geschuldeten Auftragsverarbeitung müssen derartige Fristen mehrere Monate umfassen. Dies wiederum bringt für die Praxis ein erhebliches Problem mit sich, da der Auftragsverarbeiter mit der Änderung seiner (Sub-) Auftragsverarbeitungskonstellationen warten muss, bis die Sonderkündigungen aller, nicht mit der Änderung einverstanden Verantwortlichen wirksam geworden sind. Insoweit ist den betroffenen Auftragsverarbeitern zu empfehlen, mit „**parallelen Systemen**" zu arbeiten, also alle Kunden, die mit der geplanten Änderung einverstanden sind oder hiergegen keinen Einspruch eingelegt haben, in das geänderte System zu überführen, und die Kunden, die mit der geplanten Änderung nicht einverstanden sind, bis zum Ablauf ihrer Sonderkündigungsfristen in dem alten, unveränderten System zu belassen.

---

[155] Im Ergebnis so wohl auch Taeger/Gabel/*Gabel/Lutz*, DS-GVO Art. 28 Rn. 13, die eine faktische Vorgabe bestimmter Verarbeitungsverfahren durch den Auftragnehmer für zulässig erachten.
[156] EDPB Guidelines 7/2020, S. 40.

Da im Vertrag zur Unterbeauftragung dem weiteren (Sub-) Auftragsverarbeiter „dieselben Datenschutzpflichten" auferlegt werden müssen wie sie dem (unmittelbaren) Auftragsverarbeiter vom Verantwortlichen im Vertrag zur Auftragsverarbeitung auferlegt wurden (Art. 28 Abs. 4 DS-GVO), sollte der Auftragsverarbeiter mit den Verantwortlichen möglichst **homogene** Verträge zur Auftragsverarbeitung abschließen, um so zu verhindern, dass er mit demselben Unterauftragnehmer für unterschiedliche Verantwortliche unterschiedliche Unterauftragsverträge abschließen muss. In der Praxis führt dies folglich dazu, dass der Auftragsverarbeiter einheitliche Standardverträge zur Auftragsverarbeitung in der Zusammenarbeit mit den Verantwortlichen verwendet. 217

Umstritten ist, ob aus der gesetzlichen Anforderung der Auferlegung von denselben Datenschutzpflichten ein **Durchgriffsrecht** des Verantwortlichen auf den weiteren (Sub-) Auftragsverarbeiter resultiert, oder ob der weitere (Sub-) Auftragsverarbeiter gem. einem „Stufenkonzept" vom Verantwortlichen abgeschottet werden darf und die Pflichten und Rechte des Verantwortlichen insoweit allein durch den Auftragsverarbeiter ausgeübt bzw. wahrgenommen werden können.[157] Aus Praktikabilitätsgesichtspunkten ist dem Stufenkonzept der Vorrang einzuräumen, da in der Praxis der weitere (Sub-) Auftragsverarbeiter ein direktes Weisungs- und Kontrollrecht von ggf. einer Vielzahl von Verantwortlichen als Kunden seines Kooperationspartners häufig wird abbedingen wollen. Auch der Auftragsverarbeiter dürfte häufig kein Interesse daran haben, seine weiteren (Sub-) Auftragsverarbeiter an den Verantwortlichen „heranzuführen". 218

Dem könnte die Intention der DS-GVO entgegenstehen: Diese will die Position des Verantwortlichen als „Herr der Daten" sicherstellen, die gefährdet sein könnte, wenn der Verantwortliche sein Weisungs- und Kontrollrecht durch eine Unterauftragsvergabe nicht mehr unmittelbar ausüben könnte. Durch die Unterauftragsvergabe im **Stufenkonzept** könnten sich die Risiken für die Rechte und Freiheiten der betroffenen Personen erhöhen, da der Verantwortliche dergestalt auf eine Kooperationsbereitschaft seines (direkten) Auftragsverarbeiters hinsichtlich der Weitergabe von Weisungen und der Durchführung von Kontrollen beim Unterauftragsverarbeiter angewiesen wäre. Allerdings ist es einer Auftragsverarbeitung immanent, dass der Verantwortliche auf die Kooperationsbereitschaft und Vertragstreue seines Auftragsverarbeiters angewiesen ist, unabhängig davon, ob es um eine Datenverarbeitung in der unmittelbaren Einflusssphäre des Auftragsverarbeiters oder außerhalb dieser Sphäre aufgrund der Weitergabe des Auftrags an einen weiteren Auftragsverarbeiter geht. Den Risiken einer solchen „Verkettung" von Rechten und Pflichten wird mit Art. 28 DS-GVO begegnet, um eine nach modernen Maßstäben gebotene **Dezentralisierung** von Datenverarbeitungen zugunsten einer Arbeitsteilung zu ermöglichen, bei gleichzeitiger Sicherung der Rechte der Betroffenen. Im Ergebnis ist also nach Art. 28 DS-GVO die Implementierung eines Stufenkonzeptes hinsichtlich der Einbeziehung von weiteren (Sub-) Auftragsverarbeitern möglich, mit der Folge einer lediglich mittelbaren Möglichkeit der Ausübung von Weisungs- und Kontrollrechten des Verantwortlichen unter Einbeziehung seines (direkten) Auftragsverarbeiters.[158] 219

4. Pflichten des Verantwortlichen

Grundsätzlich gilt, dass sich die Rechtsposition der betroffenen Personen durch die Auftragsverarbeitung nicht verschlechtern darf. Der Verantwortliche unterliegt daher auch im Fall einer Auftragsverarbeitung uneingeschränkt den originären Pflichten nach der DS-GVO. Dies umfasst insbesondere die Einhaltung der **Datenschutzgrundsätze** nach Art. 5 DS-GVO, einschließlich der Rechenschaftspflichten gem. Art. 5 Abs. 2, Art. 24 220

---

[157] Dazu Taeger/Gabel/*Gabel/Lutz*, DS-GVO Art. 28 Rn. 67 mwN.
[158] So auch Taeger/Gabel/*Gabel/Lutz*, DS-GVO Art. 28 Rn. 67 mwN. AA wohl EDPB Guidelines 7/2020, S. 36, der die Möglichkeit des Verantwortlichen zur Kontrolle eines weiteren (Sub-)Auftragsverarbeiter für regelungsbedürftig hält.

Abs. 1 S. 1 DS-GVO. Gleiches gilt für die Befriedigung von geltend gemachten Rechten seitens betroffener Personen.

221 Auftragsverarbeiter sind **Empfänger** gem. Art. 4 Nr. 9 DS-GVO. Entsprechend muss der Verantwortliche die betroffenen Personen regelmäßig über die Einbeziehung von Dienstleistern informieren (Art. 13 Abs. 1 lit. e, 14 Abs. 1 lit. e DS-GVO) und diese als Empfänger auch in das **Verzeichnis der Verarbeitungstätigkeiten** nach Art. 30 Abs. 1 DS-GVO für die jeweilige (outgesourcte) Verarbeitungstätigkeit aufnehmen. Insoweit schuldet der Verantwortliche eine umfassende Dokumentation zur (outgesourcten) Verarbeitungstätigkeit. Hinsichtlich der allgemeinen Beschreibung der technischen und organisatorischen Maßnahmen (Art. 30 Abs. 1 lit. g DS-GVO) beschreibt der Verantwortliche allerdings die von ihm selbst in Bezug auf die Auftragsverarbeitung getroffenen Maßnahmen. Die Maßnahmen des Auftragsverarbeiters dokumentiert dieser nunmehr eigenständig im Verzeichnis gem. Art. 30 Abs. 2 DS-GVO.

5. Auftragsverarbeitung bei Berufsgeheimnisträgern

222 Mit dem „Gesetz zur Neuregelung des Schutzes von Geheimnissen bei der Mitwirkung Dritter an der Berufsausübung schweigepflichtiger Personen"[159] wurde die in der Praxis bis dato unzulässigerweise praktizierte Einbeziehung externer Dienstleister in die Geschäftstätigkeit von Berufsgeheimnisträgern unter gewissen Voraussetzungen legalisiert. Nunmehr dürfen die in § 203 Abs. 1 und 2 StGB genannten Berufsgeheimnisträger externen Dienstleistern, die an ihrer beruflichen oder dienstlichen Tätigkeit mitwirken, Geheimnisse unter den Voraussetzungen des § 203 Abs. 3 und 4 StGB offenbaren. Hierzu gehört insbesondere eine **Verpflichtung des Auftragsverarbeiters zur Geheimhaltung,** die ggf. anwaltlicher Beratung bedarf. Allerdings unterliegt der Auftragsverarbeiter, der für Berufsgeheimnisträger tätig wird, nun selbst der Strafandrohung des § 203 Abs. 4 StGB im Falle eines Geheimnisbruchs.

6. Auftragsverarbeiter im Drittland

223 Als Auftragsverarbeiter kann auch eine Stelle außerhalb des EU/EWR-Raums ausgewählt werden, wenn die Anforderungen der Art. 44 ff. DS-GVO eingehalten werden. Drittlandsauftragsverarbeiter fallen nicht in den Anwendungsbereich der DS-GVO, es sei denn, ihre Dienstleistung steht im Zusammenhang mit dem Anbieten von Waren oder Dienstleistungen gegenüber betroffenen Personen in der EU oder dem Beobachten des Verhaltens von Personen in der EU (Art. 3 Abs. 1 und 2 DS-GVO). Gleichwohl ist auch mit solchen Drittlandsdienstleistern ein Vertrag gem. Art. 28 Abs. 3 DS-GVO erforderlich, so dass auch der Drittlandsauftragsverarbeiter durch vertragliche Bindung unter einen Teil der Anforderungen der DS-GVO fällt. Die insoweit seitens der EU-Kommission genehmigten Standardvertragsklauseln „Controller-to-Processor" aus dem Jahr 2010[160] erfüllen nicht die Anforderungen des Art. 28 DS-GVO und sind daher als vertragliche Vereinbarung nicht ausreichend, sodass eine **vertragliche Ergänzung** im Hinblick auf die nicht durch die Standardvertragsklauseln adressierten Anforderungen des Art. 28 Abs. 3 DS-GVO empfehlenswert ist.

---

[159] BGBl. I 2017 Nr. 71.
[160] Abrufbar unter: https://ec.europa.eu/info/law/law-topic/data-protection/data-transfers-outside-eu/model-contracts-transfer-personal-data-third-countries_en. Die Europäische Kommission hat im November 2020 Entwürfe für neue Standardvertragsklauseln/Standarddatenschutzklauseln veröffentlicht.

7. Haftung

Nach Art. 82 DS-GVO hat die betroffene Person nunmehr potenziell auch einen Anspruch auf **Schadensersatz** direkt gegenüber dem Auftragsverarbeiter. Auch ein immaterieller Schaden ist potenziell ersatzfähig, wobei derzeit noch Erfahrungswerte fehlen, welchen Maßstab insoweit die Gerichte anlegen werden. Die Haftung des Auftragsverarbeiters wird in Art. 82 Abs. 2 S. 2 DS-GVO auf Szenarien beschränkt, in denen der Auftragsverarbeiter seinen „speziell" durch die DS-GVO auferlegten Pflichten nicht nachgekommen ist oder unter Nichtbeachtung der rechtmäßig erteilten Anweisungen des Verantwortlichen oder gegen derartige Anweisungen gehandelt hat. Dabei trifft den Auftragsverarbeiter ebenso wie den Verantwortlichen gem. Art. 82 Abs. 3 DS-GVO eine **Beweislastumkehr,** dh sie müssen zwecks Exkulpation nachweisen, dass sie in „keinerlei Hinsicht" für den Umstand verantwortlich sind, durch den der Schaden eingetreten ist. Im Umkehrschluss bedeutet dies, dass eine Haftung zu bejahen ist, wenn Auftragsverarbeiter oder Verantwortlicher in „irgendeiner Hinsicht" für einen schadensursächlichen Umstand (mit-) verantwortlich sind. 224

Für den Auftragsverarbeiter kann sich in der Praxis jede fehlende Nachweismöglichkeit einer hinreichenden Gewährleistung der erforderlichen technischen und organisatorischen Maßnahmen haftungsbegründend auswirken, auch wenn der Verantwortliche und/oder ein Dritter einen (maßgeblichen) weiteren Beitrag zur Entstehung des konkreten Schadens für die betroffene Person gegeben haben. In Anbetracht von zivilrechtlichen Haftungsrisiken ist es daher für den Verantwortlichen gleichsam wie für den Auftragsverarbeiter essentiell, ein umfassendes und potentes **Datenschutzmanagementkonzept** vorweisen zu können. Dies gilt umso mehr, als Verantwortlicher und Auftragsverarbeiter im Fall einer geteilten (Mit-)Verantwortlichkeit eines Schadens gesamtschuldnerisch gegenüber den betroffenen Personen haften (Art. 82 Abs. 4 DS-GVO). Abs. 4 ist als lex specialis gegenüber der Haftungseinschränkung des Auftragsverarbeiters gem. Abs. 2 S. 2 anzusehen. Dh ein Auftragsverarbeiter, der sich nicht in Gänze exkulpieren kann, haftet unabhängig vom Ausmaß seines Mitverschuldens im Außenverhältnis für den gesamten Schaden und kann nur im Innenverhältnis quotal zum Grad seines Mitverschuldens von den anderen schadensursächlich beteiligten Verantwortlichen und Auftragsverarbeitern Ausgleich verlangen. 225

8. Bußgelder

Der Auftragsverarbeiter ist nunmehr auch potenziell Adressat für seitens der Aufsichtsbehörden verhängter Bußgelder. Einschlägig ist insoweit insbesondere Art. 83 Abs. 4 DS-GVO, wonach der Auftragsverarbeiter für Verstöße gegen die Vorgaben des Art. 28 DS-GVO mit Geldbußen bis zu einer Höhe von 10 Mio. Euro bzw. 2% seines gesamten weltweit erzielten Jahresumsatzes bestraft werden kann. Aber auch das „große" Bußgeld in Höhe von bis zu 20 Mio. Euro oder 4% des gesamten weltweit erzielten Jahresumsatzes kann nach Art. 83 Abs. 5 und 6 DS-GVO für einen Auftragsverarbeiter relevant werden, etwa weil er der Anweisung einer Aufsichtsbehörde nicht (vollumfänglich) nachkommt. Um einem in der Praxis häufig bestehenden Missverständnis entgegenzutreten, sei darauf hingewiesen, dass Art. 82 und 83 DS-GVO unabhängig voneinander stehen, also eine gesamtschuldnerische Haftung für Bußgelder nicht in Betracht kommt. 226

9. Beispiele

Soweit der Zugriff auf personenbezogene Daten nicht ausgeschlossen werden kann, sind folgende Geschäftstätigkeiten typische Anwendungsbereiche für eine **Datenverarbeitung im Auftrag**: 227
– Prüfung und Wartung automatisierter (IT-) Verfahren (insbes. Fernwartung),
– Callcenter, die nach festgelegten Gesprächsleitfäden und ohne autarke Entscheidungsspielräume agieren,

- Markt- und Meinungsforschung,[161]
- Inkassodienste, soweit der Dienstleister die Forderung Namens und im Auftrage des Verantwortlichen geltend macht,
- externe Lohn- und Gehaltsabrechnung,
- detailliert festgelegte (ggf. cloudbasierte) IT-Dienstleistungen, zB
  - E-Mail-Management,
  - Erhebung von Userdaten über Kontaktseiten extern gehosteter Websites und
  - Back-Up-Dienste,
  - Hosting,
  - Analyse von Nutzerverhalten auf Websites,
  - Rechenzentren,
- Abrechnungsdienstleistungen im Namen und nach Vorgabe des Verantwortlichen,
- Adressenverarbeitung durch einen Lettershop,
- Scandienste und/oder Aktenarchivierung sowie
- Akten- und Datenträgervernichtung.

228 **Keine Auftragsverarbeitung** sind anerkanntermaßen:[162]
- Tätigkeiten von Berufsgeheimnisträgern (Steuerberater,[163] Rechtsanwälte,[164] ext. Betriebsärzte, Wirtschaftsprüfer),
- Inkassobüros mit Forderungsübergang,
- Geldtransfers durch Bankinstitute sowie
- Post- und Paketdienste und
- mit Expertenkenntnissen tätige Personalberater.

II. Gemeinsam Verantwortliche

229 Der Umstand, dass es für eine Verarbeitungstätigkeit mehrere Verantwortliche geben kann, die „gemeinsam über die Zwecke und Mittel einer Verarbeitung entscheiden", war zwar schon von der **EG-Datenschutzrichtlinie 95/46** bei der Definition des für die Verarbeitung Verantwortlichen in Art. 2 lit. d berücksichtigt worden, allerdings ohne, dass die Richtlinie an diesen Umstand besondere Rechtsfolgen geknüpft hätte. Jeder gemeinsam Verantwortliche trug sämtliche gesetzlichen Pflichten eines Verantwortlichen, soweit sich seine Entscheidungsspielräume auf die Verarbeitungstätigkeit erstreckten. Diesen (einfachen und schlüssigen) Ansatz aufgebend, ist mit Art. 26 DS-GVO erstmalig eine Regelung in das europäische Datenschutzrecht aufgenommen worden, die explizit auf die gemeinsame Verantwortlichkeit mehrerer Stellen abzielt.

230 Mit Art. 26 DS-GVO werden **neue Gestaltungsmöglichkeiten** für die an einer Datenverarbeitung beteiligten Verantwortlichen geschaffen: Diese können in einer (transparenten) Vereinbarung festlegen, wer von ihnen welche Verpflichtung nach der DS-GVO übernimmt, insbesondere hinsichtlich der Pflichten gegenüber den betroffenen Personen (Art. 26 Abs. 1 S. 2 DS-GVO). Das bahnbrechend Neue ist insoweit, dass die anderen gemeinsam Verantwortlichen folgerichtig insoweit von ihren Pflichten nach der DS-GVO frei werden.[165] Art. 26 DS-GVO eröffnet somit mehreren kooperierenden Verantwortlichen die Möglichkeit, arbeitsteilig zusammenzuwirken, ja sogar (nahezu) sämtliche Pflichten nach der DS-GVO nur einem einzigen gemeinsam Verantwortlichen zuzuweisen. Dies

---

[161] Dazu ausführlich Taeger/Gabel/*Gabel*/*Lutz*, DS-GVO Art. 28 Rn. 17.
[162] *DSK*, Kurzpapier Nr. 13 zur Auftragsverarbeitung der Datenschutzkonferenz.
[163] *Seiter*, DuD 2019, 127, 133.
[164] *Ziegenhorn*/*Fokken*, ZD 2019, 194.
[165] AA Taeger/Gabel/*Lang*, DS-GVO Art. 26 Rn. 1 und 51, der das Recht der „Geltendmachung" von Rechten gegenüber jedem gemeinsam Verantwortlichen nach Art. 26 Abs. 3 DS-GVO so auslegt, dass eine Vereinbarung nach Art. 26 Abs. 1 DS-GVO nicht im Außenverhältnis wirkt, der Betroffene folglich seine Rechte auch bei jedem gemeinsam Verantwortlichen nicht nur geltend machen, sondern auch durchsetzen kann; *Schreiber*, ZD 2019, 55, 58.

eröffnet neue Gestaltungsmöglichkeiten. So kann etwa innerhalb einer Unternehmensgruppe für eine gemeinsame Verarbeitungstätigkeit vertraglich vereinbart werden, dass nur eine Konzerngesellschaft die Pflichten nach der DS-GVO – insbesondere gegenüber den betroffenen Personen – übernimmt. Die anderen gemeinsam verantwortlichen Konzernunternehmen dürfen darauf vertrauen und verweisen, dass die ihnen originär zukommenden Pflichten durch eine andere Konzerngesellschaft übernommen worden sind.[166]

Die Verteilung von Verantwortlichkeiten im Rahmen von Art. 26 DS-GVO kann sich auch **haftungsexkulpierend** auswirken. Zwar kann die betroffene Person ungeachtet der Pflichtzuweisung in der Vereinbarung gemäß Art. 26 Abs. 1 ihre Rechte nach der DS-GVO „bei und gegenüber jedem einzelnen der Verantwortlichen geltend machen" (Art. 26 Abs. 3 DS-GVO). Das heißt aber nicht, dass ein entsprechend in Anspruch genommener Verantwortlicher die ihm angetragene Pflicht selbst erfüllen muss.[167] Er darf insoweit auf die geschlossene Vereinbarung mit den anderen gemeinsam Verantwortlichen verweisen und auf die Verteilung der Pflichten gemäß dieser Vereinbarung vertrauen. In der Praxis wird es dem in Anspruch genommenen Verantwortlichen häufig auch faktisch unmöglich sein, die besagte Pflicht selbst bzw. alleine zu erfüllen, weil er auf die (Mit-) Hilfe der oder eines anderen Verantwortlichen angewiesen ist.[168] Der insoweit in Anspruch genommene gemeinsam Verantwortliche kann folglich – etwa gegenüber einer Anspruch stellenden Person oder Aufsichtsbehörde – lediglich dazu verpflichtet sein, von den anderen gemeinsam Verantwortlichen Vertragserfüllung einzufordern, soweit diese die in Frage stehende Pflicht vertraglich übernommen haben. 231

Soweit die Geltendmachung von Rechten zu einem **Zivilprozess** führt, bietet es sich für den in Anspruch genommenen gemeinsam Verantwortlichen an, den anderen gemeinsam Verantwortlichen den Streit zu verkünden (vgl. § 72 ff. ZPO), soweit diese vertraglich für die Pflichterfüllung einzustehen haben. Entsprechend ist es für einen inländischen gemeinsam Verantwortlichen empfehlenswert, in den Verträgen zur gemeinsamen Verantwortung mit ausländischen Kooperationspartnern eine Rechtswahl- und Gerichtsstandklausel mit nationalem Bezug aufzunehmen. So kann zudem der Gefahr einer (in Teilen ergebnisoffenen) gesamtschuldnerischen Haftung gem. Art. 82 Abs. 4 DS-GVO entgegen getreten werden, bestenfalls wenn sich im Rahmen des Verfahrens Fragen einer etwaigen Schadensanteilsbemessung nach Art. 82 Abs. 5 DS-GVO zwischen den gemeinsam Verantwortlichen klären lassen. 232

Auch hinsichtlich des Risikos eines **Bußgeldes** nach Art. 83 DS-GVO kann eine gemeinsame Verantwortung mit entsprechender Vereinbarung vorteilhaft sein.[169] Soweit nämlich einem anderen Verantwortlichen zulässigerweise Pflichten nach der DS-GVO vertraglich auferlegt wurden, können die anderen verantwortlichen Stellen hinsichtlich der verteilten Pflicht im Falle einer Verletzung derselben durch eine Aufsichtsbehörde nicht mehr sanktioniert werden, da ihnen insoweit keine Pflichtverletzung vorzuwerfen ist.[170] Schließlich durften sie – soweit es keine entgegenstehenden Anhaltspunkte gibt – darauf vertrauen, dass der gemeinsam Verantwortliche, dem die konkrete Pflicht durch die Vereinbarung nach Art. 26 Abs. 1 DS-GVO in zulässiger Weise auferlegt wurde, diese auch erfüllen werde. Hinsichtlich gemeinsamer Verantwortlichkeit innerhalb einer Unternehmensgruppe kann dies zu praxisgerechten Lösungen führen, wenn etwa die Konzernmutter für eine Verarbeitungstätigkeit gem. entsprechender Vereinbarung (nahezu) sämtliche 233

---

[166] AA Taeger/Gabel/*Lang*, DS-GVO Art. 26 Rn. 31, der eine Verteilung der aus den Grundsätzen gem. Art. 5 DS-GVO resultierenden Pflichten nicht für möglich hält. Eine vollumfängliche Zuweisung aller Pflichten nach DS-GVO auf nur einen gemeinsamen Verantwortlichen hält auch der Europäische Datenschutzausschuss nicht immer für zulässig, EDPB Guidelines 7/2020, S. 42.
[167] AA *Kremer*, CR 2019, 225, 232, der meint, dem gemeinsam Verantwortlichen verbleibe nur Freistellung durch den/die anderen gemeinsam Verantwortlichen im Innenverhältnis zu verlangen.
[168] Zur Unmöglichkeit s. § 275 BGB.
[169] So wohl auch *Conrad,* DuD 2019, 563, 566.
[170] So in der Konsequenz auch *Schreiber,* ZD 2019, S. 55, 60.

Pflichten nach der DS-GVO übernimmt und somit die Tochtergesellschaften weitgehend exkulpiert.

234 Allerdings sind die Möglichkeiten einer (rechtsgestaltenden) Einsetzung von pflichtzuweisenden Verträgen zur gemeinsamen Verantwortung nach Art. 26 Abs. 1 DS-GVO beschränkt, da Art. 26 DS-GVO keine Rechtsgrundlage für die jeweilige Verarbeitungstätigkeit begründet, sondern die Rechtmäßigkeit der (gemeinsamen) Verarbeitung im Sinne von Art. 6 DS-GVO anderweitig begründet werden muss.[171] Dies gilt insbesondere für Kooperationen auf Grundlage einer Interessensabwägung (Art. 6 Abs. 1 lit. f DS-GVO). Für Zwecke der **„internen Verwaltung"** etwa können innerhalb von Unternehmensgruppen die berechtigten Interessen der gemeinsam Verantwortlichen die schutzwürdigen Interessen der betroffenen Personen überwiegen (EG 48 DS-GVO), allerdings nur, soweit die jeweiligen Verarbeitungstätigkeiten keine wesentlichen Risiken für die Rechte und Freiheiten der betroffenen Personen aufweisen, da EG 48 DS-GVO auf einen Unterfall der Interessensabwägung abstellt. Für risikobewehrte Verarbeitungstätigkeiten hingegen bleibt mangels anderweitiger Legitimationsgrundlage nur der Weg in die (privilegierende) Auftragsverarbeitung zu dem Preis eines entsprechend strengen, weitreichenden Vertrags gem. Art. 28 Abs. 3 DS-GVO (→ Rn. 210).[172]

235 Angesichts der durch Art. 26 Abs. 1 DS-GVO eröffneten Möglichkeit der Verteilung von Pflichten nach der DS-GVO auf unterschiedliche gemeinsam Verantwortliche werden die Rechte der betroffenen Personen hinsichtlich des Grundsatzes der **Transparenz** gestärkt, indem eine „klare Zuteilung der Verantwortlichkeiten" erfolgt (EG 79 DS-GVO) und das wesentliche der Vereinbarung den betroffenen Personen zur Verfügung gestellt werden muss (Art. 26 Abs. 2 S. 2 DS-GVO). So soll dem aus einer arbeitsteiligen und daher potenziell intransparenten und „verschleierten" Verarbeitung resultierenden höheren Risiko entgegengetreten werden.[173] Aus Sicht der betroffenen Personen dürfte wesentlich an einer gemeinsamen Verantwortlichkeit sein:
– wer die gemeinsamen Verantwortlichen sind,
– wie sich Umfang und Art der gemeinsam verantworteten Datenverarbeitungen darstellen und welchen Zwecken sie dienen,
– welche Datenkategorien Verwendung finden
– und wie die Zuständigkeiten hinsichtlich der Erfüllung der Pflichten der gemeinsam Verantwortlichen verteilt sind.

Bis auf Letzteres ist die insoweit erforderliche Transparenz ohnehin schon aufgrund der Informationspflichten gem. Art. 13, 14 DS-GVO zu gewährleisten.

1. Abgrenzung zur Auftragsverarbeitung

236 Bei der Abgrenzung der gemeinsamen Verantwortlichkeit zur Auftragsverarbeitung ist entscheidend darauf abzustellen, inwiefern die Beteiligten bezogen auf das „Ob", „Warum" und „Wie" einen bestimmenden tatsächlichen Einfluss auf die Datenverarbeitung nehmen.[174] Dabei hat sich in der **Rechtsprechung** und bei den **Aufsichtsbehörden** eine Tendenz entwickelt, miteinander in Zusammenhang stehende Verarbeitungen als gemeinsame Verantwortlichkeiten gem. Art. 26 DS-GVO zu qualifizieren, auch wenn diese Verarbeitungen unterschiedlichen Zwecken dienen, die Beteiligten jeweils keine Kontrolle über die Umstände und Phasen der Verarbeitung besitzen und die Beteiligten auf unter-

---

[171] *DSK*, Kurzpapier Nr. 16, S. 1; *Reif*, RDV 2019, 30, 31; EDPB Guidelines 7/2020, S. 4; aA Gola/*Piltz*, DS-GVO Art. 26 Rn. 8; Taeger/Gabel/*Lang*, DS-GVO Art. 26 Rn. 53ff.; *Kremer*, CR 2019, 225, 231.
[172] Taeger/Gabel/*Gabel/Lutz*, DS-GVO Art. 28 Rn. 14f. vertreten ebenfalls eine gegenständlich weite Anwendbarkeit der Auftragsverarbeitung und wenden sich mwN zu Recht gegen die restriktive Meinung der Anhänger der „Funktionsübertragungstheorie".
[173] Simitis/Hornung/Spiecker gen. Döhmann/*Petri*, DS-GVO Art. 26 Rn. 2.
[174] *Kremer*, CR 2019, 225, 227.

schiedliche Daten zugreifen, es also überhaupt nicht zu einer gemeinsamen Nutzung derselben Daten kommt.[175]

Dieses weitgehende Verständnis von einer gemeinsamen Verantwortlichkeit widerspricht in Teilen der gesetzlichen Definition des Verantwortlichen. Letzterer muss nämlich (ggf. gemeinsam mit anderen) über die Zwecke und Mittel der Verarbeitung entscheiden (Art. 4 Nr. 7 DS-GVO).[176] Dies erfordert zwingend einen **Einflussspielraum** auch auf die Mittel der Verarbeitung, also auf die der Verarbeitung zugrundeliegende Technologie einschließlich aller insoweit bestehenden technischen und organisatorischen Maßnahmen. Kann man bei der Facebook-Fanpage-Entscheidung des EuGH insoweit noch abstellen auf die Möglichkeit des Fanpagebetreibers, die Parametrierung der Filtereinstellung für eine zielgruppenspezifische Steuerung von Nutzeraktivitäten vorzunehmen, so fehlt ein solcher operativer Einflussspielraum bei der Zeugen-Jehovas-Entscheidung des EuGH weitgehend. Insoweit soll für eine gemeinsame Verantwortlichkeit eine „organisierende", „koordinierende" und „ermunternde" Tätigkeit ausreichend sein. Unter dieser Annahme käme es nahezu bei jeder Zusammenarbeit einer datenverarbeitenden Stelle mit einem Dritten zu einer gemeinsamen Verantwortlichkeit. Denn Wesen einer Kooperation ist in der Regel die gegenseitige Organisation, Koordination und Ermutigung. Eine faktische Möglichkeit zur Einflussnahme auf die operative Datenverarbeitung ist allerdings unabdingbare gesetzliche Voraussetzung für die Annahme einer (gemeinsamen) Verantwortlichkeit. Der Verantwortliche muss die Mittel der Verarbeitung verbindlich beeinflussen und entsprechende Festlegungen treffen können. Als „Herr der Daten" muss der Verantwortliche maßgeblichen Einfluss auf die Datenverarbeitungstechnik und die insoweit bestehenden technischen und organisatorischen Maßnahmen haben.

Die Ansicht der Aufsichtsbehörden, schon ein „**gegenseitiges Akzeptieren**" der Mittel und Zweckbestimmung einer Datenverarbeitung sei für die Annahme einer gemeinsamen Verantwortlichkeit ausreichend,[177] ist daher abzulehnen. Ein Gestaltungsspielraum des (gemeinsam) Verantwortlichen hinsichtlich der Rahmenbedingungen der operativen Datenverarbeitung ist unerlässlich. Dieser Spielraum kann sich auch aus verbindlichen Verträgen ergeben. Insoweit können die Beteiligten – so wie bei der Auftragsverarbeitung auch – rechtsgestaltend auf die datenschutzrechtlichen Rahmenbedingungen einwirken. Das vertragliche Einräumen von Gestaltungsspielräumen kann im Ergebnis zum Bestehen einer gemeinsamen Verantwortlichkeit gem. Art. 26 DS-GVO führen. Der vertragliche Ausschluss derartiger Gestaltungsmöglichkeiten kann hingegen zum Ausschluss einer gemeinsamen Verantwortlichkeit und in der Praxis im Ergebnis wohl häufig zur Annahme einer Auftragsverarbeitung nach Art. 28 DS-GVO führen.[178]

Maßgebliches Kriterium bei der Abgrenzung zur Auftragsverarbeitung ist insoweit, ob der Dienstleister hinsichtlich der Zwecke der Datenverarbeitung einen (Mit-) Entscheidungsspielraum hat. Dieser würde einer Auftragsverarbeitung entgegenstehen. Einzige Ausnahme ist insoweit, wenn sich der vom Auftragsverarbeiter verfolgte Zweck auf die

---

[175] *Artikel-29-Datenschutzgruppe*, Stellungnahme 1/2010 zu den Begriffen „für die Verarbeitung Verantwortlicher" und „Auftragsverarbeiter", WP 169, S. 21 ff.; *DSK*, Kurzpapier Nr. 16, Gemeinsam für die Verarbeitung Verantwortliche, Art. 26 DS-GVO, S. 2 ff.; *EuGH*, 5.6.2018 – C-210/16, „Facebook Fanpage"; *EuGH*, 10.7.2018 – C-25/17, „Zeugen Jehovas"; EUGH, 29.7.2019 – C-40/17.

[176] Zum Tatbestandsmerkmal der „Entscheidung" ausführlich Taeger/Gabel/*Lang*, DS-GVO Art. 26, Rn. 19 ff., der zurecht keine Gleichbestimmung unter den gemeinsam Verantwortlichen im Hinblick auf eine gemeinsame Verantwortung für erforderlich hält, sondern insoweit auch eine geringe Mitentscheidungsbefugnis ausreichen lässt. Nicht beizupflichten ist aber seiner Annahme in Rn. 20, für eine gemeinsame Verantwortung nach Art. 26 DS-GVO reiche ein Beitrag zur Festlegung der Zwecke oder Mittel (alternativ) aus, da diese Ansicht dem Wortlaut von Art. 4 Nr. 7 DS-GVO und Art. 26 Abs. 1 DS-GVO widerspricht, die eine Entscheidung der gemeinsam Verantwortlichen hinsichtlich der Zecke und Mittel (kumulativ) voraussetzen.

[177] *DSK*, Kurzpapier Nr. 16, S. 3. Diese Ansicht konsequent weitergedacht haben *Strauß/Schreiner*, wenn sie schlussfolgern „Unkenntnis schützt vor Akzeptanz", *Strauß/Schreiner*, Datenschutz-Berater 2019, 96, 97.

[178] *Strauß/Schreiner*, Datenschutz-Berater 2019, 96, 97. Anderer Ansicht die hM: Taeger/Gabel/*Lang*, DS-GVO Art. 26 Rn. 13 mwN.

Optimierung seiner Dienstleistung beschränkt. Denn die Erreichung dieses Zwecks dient der Optimierung und somit der Entscheidung über die Mittel der Verarbeitung, und nicht einem eigenen, vom Auftrag des Verantwortlichen unabhängigen Zweck des Auftragsverarbeiters.[179]

2. Vertragsinhalt

240 Die gemeinsam Verantwortlichen legen gem. Art. 26 Abs. 1 S. 2 DS-GVO in einer transparenten Vereinbarung fest, wer von Ihnen welche Verpflichtung nach der DS-GVO erfüllt, insbesondere hinsichtlich der Rechte der betroffenen Personen und der Informationspflichten (Art. 13, 14 DS-GVO) der Verantwortlichen. Es werden zwar nur die letzten beiden Fallgruppen vom Wortlaut der Regelung besonders hervorgehoben, es sind jedoch auch sämtliche andere Verpflichtungen der Verantwortlichen relevant hinsichtlich einer entsprechenden vertraglichen Zuordnung von Zuständigkeiten. Entsprechend können Verträge zur gemeinsamen Verantwortlichkeit einen erheblichen Regelungsumfang zu folgenden Pflichten der Verantwortlichen aufweisen:
- Informationspflicht bei Direkterhebung (Art. 13 DS-GVO)
- Informationspflicht bei Dritterhebung (Art. 14 DS-GVO)
- Bearbeitung von Auskunftsverlangen (Art. 15 DS-GVO)
- Bearbeitung von Berichtigungsanfragen (Art. 16 DS-GVO)
- Bearbeitung von Ansprüchen auf Löschung der Daten oder Beschränkung der Verarbeitung (Art. 17, 18 DS-GVO)
- Mitteilung der Berichtigung, Löschung oder Einschränkung der Verarbeitung (Art. 19 DS-GVO)
- Abwicklung von Herausgabeverlangen (Datenportabilität, Art. 20 DS-GVO)
- Bearbeitung von Widersprüchen (Art. 21 DS-GVO)
- Umsetzung geeigneter technischer und organisatorischer Maßnahmen nach Risikoabschätzung (Art. 24 iVm Art. 32 DS-GVO); insoweit ist eine Übertragung der Pflichten aber nur möglich, soweit kein Zugriff auf die Daten erfolgt und kein Einfluss auf die Mittel der Datenverarbeitung genommen wird
- Überprüfung und Aktualisierung der technischen und organisatorischen Maßnahmen (Art. 24 DS-GVO)
- Dokumentation der Auswahl der technischen und organisatorischen Maßnahmen (Art. 24 DS-GVO)
- Gewährleistung von „privacy by design" und „privacy by default" (Art. 25 DS-GVO)
- Führung des Verzeichnisses von Verarbeitungstätigkeiten (Art. 30 DS-GVO)
- Gewährleistung der Meldepflicht und ggf. der Benachrichtigung betroffener Personen bei Datenschutzverletzungen (Art. 33, 34 DS-GVO)
- Prüfung der Erforderlichkeit und ggf. Durchführung von Datenschutz-Folgenabschätzungen (Art. 35 DS-GVO).

241 Folgende Bereiche müssen nur geregelt werden, soweit im konkreten Einzelfall einschlägig:
- Schriftliche Benennung eines Vertreters in der EU mit Rechtsbindung für alle Verantwortlichen (Art. 27 DS-GVO)
- Initiale Überprüfung der Geeignetheit von Auftragsverarbeitern (Art. 28 DS-GVO)
- Regelmäßige Kontrollen von Auftragsverarbeitern (Art. 28 DS-GVO)
- Vorherige Konsultation einer Aufsichtsbehörde und Übermittlung der notwendigen Informationen (Art. 36 DS-GVO)
- Gewährleistung geeigneter Garantien im Rahmen einer Datenübermittlung an Stellen in Drittländern (Art. 46 DS-GVO).

---

[179] Der Europäische Datenschutzausschuss stellt insoweit auf die schlecht voneinander abgrenzbaren Kriterien „essential means" und „non-essential means" ab, EDPB Guidelines 7/2020, S. 14.

Eine Regelung zur Durchführung von **Zertifizierungsverfahren** bzw. zum Erhalt von **Datenschutzsiegeln- und Prüfzeichen** (vgl. Art. 42 DS-GVO) ist optional, ebenso wie die Angabe einer **Anlaufstelle** für die betroffenen Personen (Art. 26 Abs. 1 S. 3 DS-GVO), wobei diese nicht an eine derartige Vorgabe gehalten sind, sondern sich hinsichtlich der Wahrnehmung ihrer Rechte an jeden der gemeinsam Verantwortlichen wenden können (Art. 26 Abs. 3 DS-GVO), wobei ein solches Ersuchen unter den gemeinsam Verantwortlichen an den jeweils Zuständigen zur Bearbeitung weitergegeben werden kann.[180]

242

3. Schadensersatz und Sanktionen

Eine betroffene Person, der durch eine Verletzung der DS-GVO ein (materieller oder immaterieller) Schaden entstanden ist, hat gegen den Verantwortlichen einen Anspruch auf Schadensersatz (Art. 82 Abs. 1 DS-GVO). Insoweit haftet „jeder" an der schadensbegründenden Verarbeitung beteiligte Verantwortliche (Art. 82 Abs. 2 S. 1 DS-GVO), soweit er sich nicht exkulpieren kann (Beweislastumkehr, Art. 82 Abs. 3 DS-GVO). Ist insoweit eine Haftung des Verantwortlichen zu bejahen, so haftet er im Außenverhältnis als **Gesamtschuldner** (Art. 82 Abs. 4 DS-GVO) und muss ggf. im Innenverhältnis quotal zum Verschuldensbeitrag der jeweils anderen Verantwortlichen mit diesen einen adäquaten Ausgleich suchen. Durch die gesamtschuldnerische Haftung wird verhindert, dass sich die gemeinsam Verantwortlichen der Durchsetzbarkeit von begründeten Schadensersatzforderungen durch Einbeziehung von gemeinsam Verantwortlichen außerhalb der Anwendbarkeit europäischen Rechts entziehen können.

243

Einem gemeinsam Verantwortlichen kann ebenso wie jedem anderen Verantwortlichen nach Art. 83 Abs. 4 bis 6 DS-GVO von der zuständigen Aufsichtsbehörde ein **Bußgeld** für einen Verstoß gegen die Verordnung auferlegt werden. Insoweit kommt mit dem „kleinen Bußgeld" (bis zu 10 Mio. Euro oder 2% des weltweiten Jahresumsatzes) auch ein Verstoß gegen Art. 26 DS-GVO selbst in Betracht (Art. 83 Abs. 4 lit. a DS-GVO), also insbesondere das Unterlassen des Abschlusses eines erforderlichen Vertrags zur gemeinsamen Verantwortlichkeit, ein mangelbehafteter Vertrag zur gemeinsamen Verantwortlichkeit und/oder ein unzureichendes „Verfügbarmachen" eines solchen Vertrags für die betroffenen Personen.

244

G. Einwilligung

Die Einwilligung ist ein Erlaubnistatbestand für die Verarbeitung personenbezogener Daten, der ausdrücklich in Art. 8 Abs. 2 der **EU-Grundrechte-Charta** angeführt wird. Vielfach wird die Einwilligung als Instrument der Verbesserung der Rechtssicherheit für Verantwortliche[181] oder auch als Stärkung der Position der betroffenen Personen angesehen. Dies ist jedoch in Anbetracht der **praktischen und rechtlichen Herausforderungen beim Einsatz von Einwilligungen** und der hohen normativen Anforderungen zumindest in Frage zu stellen.[182]

245

---

[180] Der Europäische Datenschutzausschuss fordert zudem eine Regelung, welche der gemeinsam Verantwortlichen die aus den Grundsätzen des Art. 5 DS-GVO resultierenden Pflichten erfüllt, EDPB Guidelines 7/2020, S. 41. Die Erfüllung dieser Pflichten findet aber in den nachfolgenden Artikeln der DS-GVO konkretisierende Berücksichtigung, sodass eine (zusätzliche) Einbeziehung der Grundprinzipien in den Vertrag diesseits für entbehrlich erachtet wird.
[181] Kühling/Buchner/*Buchner/Kühling*, DS-GVO Art. 7 Rn. 17.
[182] Siehe zur kritischen Auseinandersetzung mit dem Instrument der Einwilligung *Uecker*, ZD 2019, 248 sowie *Veil*, NJW 2018, 3337; jeweils mwN.

I. Übersicht Einwilligungen

246 Die Regelungen zur Einwilligung sind nicht nur **auf mehrere Vorschriften der DS-GVO verteilt,** sondern teilweise auch auf **Richtlinien** der Europäischen Union und deren Umsetzungen in **nationales Recht.** Daneben gibt es auch **spezialgesetzliche Regelungen** zur Einholung von datenschutzrechtlichen Einwilligungen (zB in § 20 Abs. 2 S. 3 PAuswG, § 67b Abs. 2 SGB X und weiteren Vorschriften des SGB).

247

Europarechtliche Norm	Erwägungsgrund	Nationale Norm	Regelungsinhalt
Art. 4 Nr. 11 DS-GVO			Legaldefinition Einwilligung
Art. 8 Abs. 2 der EU-Grundrechte-Charta Art. 6 Abs. 1 lit. a DS-GVO	EG 40		Einwilligung als Rechtsgrundlage für Verarbeitungen
Art. 7 DS-GVO	EG 32, 42, 43 DS-GVO		Bedingungen der Einwilligung
Art. 8 DS-GVO	EG 38 DS-GVO		Besondere Anforderungen an Einwilligungen von Kindern in Bezug auf Dienste der Informationsgesellschaft
Art. 9 Abs. 2 lit. a DS-GVO		§ 26 Abs. 3 BDSG	ausdrückliche Einwilligung in die Verarbeitung besonderer personenbezogener Daten
Art. 22 Abs. 2 lit. c DS-GVO			ausdrückliche Einwilligung in automatisierte Entscheidungen
Art. 49 Abs. 1 lit. a DS-GVO	EG 111 DS-GVO		ausdrückliche Einwilligung in die Übermittlung in Drittstaaten
	EG 43 DS-GVO	§ 23 BDSG	Verarbeitung durch öffentliche Stellen
	EG 155 DS-GVO (Arbeitnehmer)	§ 26 Abs. 2 BDSG	Einholung von Einwilligungen bei Arbeitnehmern
	EG 33, 161 DS-GVO		Einwilligung bei Datenverarbeitung für wissenschaftliche Forschung
	EG 171 DS-GVO		Übergangsregelung für Einwilligungen, die vor dem 25.5.2018 eingeholt wurden
Art. 13 Abs.2 lit. c; Art. 14 Abs. 2 lit. d DS-GVO			Anforderungen an die Informationspflichten bezüglich des Rechts auf Widerruf
Art. 20 DS-GVO	EG 68		Daten, die auf Grundlage einer Einwilligung verarbeitet werden, unterliegen dem Recht auf Datenübertragung

G. Einwilligung

Einwilligungssachverhalte auf Grundlage der Datenschutzrichtlinie für elektronische Kommunikation (202/58/EG)			
Art. 2 lit. f ePrivacyRL	EG 17 ePrivacyRL		Definition Einwilligung, Verweis auf Datenschutzrichtlinie
Art. 5 Abs. 3 ePrivacyRL	EG 24, 25 ePrivacyRL	Umsetzung umstritten[183]	Einwilligung für Zugriff auf Informationen, die in einem Endgerät gespeichert sind.
Art. 6 Abs. 3, 4 ePrivacy RL	EG 26 ePrivacyRL	§ 96 Abs. 4 TKG	Einwilligung in die Verarbeitung von Verkehrsdaten
Art. 9 Abs. 1, 2 ePRivacyRL	EG 35 ePrivacyRL	§ 98 TKG	Einwilligung bzgl. der Verarbeitung von Standortdaten
Art. 13 Abs. 1 ePrivacyRL	EG 40 ePrivacyRL	§ 7 UWG	Einwilligung in elektronische Kontaktaufnahme

II. Rechtsfolgen

Verstöße gegen die Bedingungen für die Einwilligung selbst können durch Aufsichtsbehörden sanktioniert werden. Neben den allgemeinen **Abhilfemaßnahmen** gem. Art. 58 Abs. 2 DS-GVO kann ein Verstoß auch mit einem **Bußgeld** gem. Art. 83 Abs. 5 lit. a DS-GVO in Höhe von bis zu 20 Mio. Euro oder im Fall eines Unternehmens von bis zu 4% seines gesamten weltweit erzielten Jahresumsatzes des vorangegangenen Geschäftsjahres verfolgt werden, je nachdem, welcher der Beträge höher ist. 248

Sind die Bedingungen für die Einwilligung nicht erfüllt, kann sie insoweit nicht als Erlaubnistatbestand wirken. Der Verantwortliche kann sich zumeist auch nicht auf ggf. mögliche alternative gesetzliche Erlaubnistatbestände berufen.[184] **Datenverarbeitungen,** die gem. Art. 6 Abs. 1 lit. a DS-GVO auf eine solche unwirksame Einwilligung gestützt werden, **verstoßen ebenfalls gegen die DS-GVO,** sodass auch insoweit die allgemeinen **Abhilfemaßnahmen** (insbesondere kann ggf. gem. Art. 58 Abs. 2 lit. f DS-GVO die Verarbeitung untersagt werden) möglich sind und für bereits durchgeführte Verarbeitungen ein **Bußgeld** gem. Art. 83 Abs. 5 lit. a DS-GVO verhängt werden kann (zur Höhe s. o.). 249

III. Einwilligung in der anwaltlichen Praxis

Aufgrund der rechtlichen Komplexität der Einholung rechtssicherer Einwilligungen und der vielen Anforderungen an die Prozesse beim Verantwortlichen (zB zur Sicherstellung der Nachweisbarkeit und des Widerrufs) gibt es im Bereich der Einwilligungen ein umfangreiches Betätigungsfeld für die anwaltliche Praxis. Dies umfasst unter anderem: 250

- Prüfung, ob Einwilligungen überhaupt erforderlich sind (hierzu ist es erforderlich, dass der Verantwortliche genau weiß, für welche konkreten Verarbeitungen welche personenbezogenen Daten verarbeitet werden sollen – für viele Verantwortliche eine größere Herausforderung, da insoweit häufig Unklarheiten bestehen) 251
- Ggf. Prüfung von alternativen Rechtsgrundlagen
- Bereitstellung von Mustertexten für Einwilligungen und die erforderlichen Datenschutzinformationen
- Anpassung der Mustertexte für den konkreten Fall, einschließlich Unterstützung bei der Gestaltung unter Berücksichtigung rechtlicher Anforderungen

---

[183] Siehe dazu → Rn. 264.
[184] Kühling/Buchner/*Buchner/Kühling*, DS-GVO Art. 7 Rn. 21.

- Durchführung weitergehender rechtlicher Prüfungen (zB AGB-Prüfung, arbeitsrechtliche Beratung zu Mitbestimmungspflichten bei Einwilligungen für Mitarbeiter, Prüfung in Hinblick auf besondere Anforderungen bei Berufsgeheimnisträgern)
- Beratung bezüglich der Anforderungen an die Prozesse für den Nachweis/Protokollierung von Einwilligungen und für den Widerruf und Unterstützung bei der Umsetzung
- Prüfung von bestehenden Einwilligungen und zugehörigen Prozessen.

252 Dabei ist zu beachten, dass im Rahmen der Beratung zunächst hinterfragt werden sollte, ob eine Einwilligung tatsächlich erforderlich ist, oder ob die Verarbeitung auch auf andere Rechtsgrundlagen gestützt werden kann. Sofern mehrere Rechtsgrundlagen in Betracht kommen, sollten dem Mandanten die Vor- und Nachteile der jeweiligen Rechtsgrundlagen dargelegt werden.[185] Nicht unterschätzt werden sollte dabei der Aufwand, einen Überblick über die Details der geplanten Verarbeitung zu erhalten. Häufig sind – insbesondere, wenn es sich um ein größeres Unternehmen handelt – viele Abteilungen zu beteiligen, um einen Überblick über die konkret geplanten Datenverarbeitungen zu bekommen.

IV. Gestaltung von Einwilligungen und Prozessen

1. Ermittlung der konkreten Datenverarbeitung

253 Zunächst ist es erforderlich zu **identifizieren, für welche konkreten Datenverarbeitungen eine Rechtsgrundlage geschaffen werden soll** (welche Daten werden für welche Zwecke wie verarbeitet) und welche Gruppen betroffener Personen zu informieren sind (zB Kunden, Mitarbeiter, Kinder). Diese Informationen lassen sich ggf. dem Verzeichnis der Verarbeitungstätigkeiten gem. Art. 30 DS-GVO entnehmen.[186]

2. Prüfung der Erforderlichkeit einer Einwilligung bzw. alternativer Rechtsgrundlagen

254 Auf Grundlage dieser Informationen sollte einerseits geprüft werden, ob eine **Einwilligung wirklich erforderlich** ist, oder ob eine alternative Rechtsgrundlage in Betracht kommt und andererseits, ob ggf. aufgrund gesetzlicher Anforderungen eine Einwilligung zwingend eingeholt werden muss.

a) Nachteile der Einwilligung

255 Aufgrund der hohen rechtlichen Anforderungen (siehe im Einzelnen → Rn. 275 ff.) an die Einwilligung verursacht diese **in der Praxis den Verantwortlichen erhebliche Schwierigkeiten.** Hierbei sind insbesondere folgende **Nachteile** zu nennen[187]:
- Hohe Anforderungen an die Einholung der Einwilligung: Freiwillig, unmissverständlich, informiert und für einen bestimmten Zweck (bei mehreren Zwecken für jeden Zweck einzeln (Art. 4 Nr. 11, 6 Abs. 1 S. 1 lit. a, 7 DS-GVO, EG 32 DS-GVO)
- Das Koppelungsverbot schränkt in vielen Fällen die Verknüpfung einer Leistung mit der Abgabe einer Einwilligung ein (Art. 7 Abs. 4 DS-GVO)
- Spannungsfeld zwischen der Anforderung umfassender Information einerseits, und einfacher und verständlicher Sprache andererseits kann zur Intransparenz und damit Unwirksamkeit der Einwilligung führen
- Hohe Anforderungen, wenn die Einwilligung mit anderen Erklärungen verbunden wird (Art.7 Abs. 2 S. 1 DS-GVO)

---

[185] Eine tabellarische Übersicht findet sich zB bei *Veil,* NJW 2018, 3337, 3343.
[186] Siehe → Rn. 50 ff.
[187] Hierzu im Einzelnen Uecker, ZD 2019, 248, 248 f.

G. Einwilligung

- Die Einwilligung kann jederzeit und ohne Angabe von Gründen widerrufen werden; die Datenverarbeitung muss dann eingestellt werden
- Ausschluss alternativer Rechtsgrundlagen[188]: Aufgrund des Gebotes von Treu und Glauben kann nicht auf Alternativen zurückgegriffen werden, wenn die betroffene Person einmal nach einer Einwilligung gefragt wurde.

b) Alternative Rechtsgrundlagen

Verantwortliche aus dem nicht-öffentlichen Bereich[189] können auf alle Erlaubnistatbestände in Art. 6 Abs. 1 DS-GVO zurückgreifen. Dabei kommen vor allem zwei praktisch anwendbare **Alternativen** in Betracht: Zum einen Art. 6 Abs. 1 lit. f DS-GVO, wenn die Verarbeitung zur Wahrung der berechtigten Interessen des Verantwortlichen oder eines Dritten erforderlich ist, zum anderen Art. 6 Abs. 1 lit. b DS-GVO, wenn die Verarbeitung für die Erfüllung eines Vertrags, dessen Vertragspartei die betroffene Person ist, oder zur Durchführung vorvertraglicher Maßnahmen erforderlich ist. Dabei ist der Verantwortliche grundsätzlich frei in der Auswahl der Legitimationsgrundlage für eine Datenverarbeitung.[190] Im Folgenden sollen die möglichen Rechtsgrundlagen für konkrete praktische Beispiele umrissen werden: 256

aa) Werbung und Direktmarketing. Der häufigste Anwendungsfall, in dem Unternehmen die Einholung einer Einwilligung erwägen, sind werbliche Aktivitäten. Dabei ist zwischen der **Kontaktaufnahme** (ggf. auch elektronisch) und der eigentlichen Datenverarbeitung zu unterscheiden. 257

Für die elektronische Kontaktaufnahme ist gem. § 7 Abs. 2 UWG häufig eine Einwilligung erforderlich. Dies gilt bei der Kommunikation per E-Mail oder SMS unabhängig davon, ob es sich um Verbraucher handelt (§ 7 Abs. 2 Nr. 3 UWG), bei Telefonanrufen gegenüber einem Verbraucher (§ 7 Abs. 2 Nr. 2 UWG). 258

Allerdings gibt es hierbei auch Ausnahmen. Mit einem Kunden, der Waren oder Dienstleistungen gekauft hat, ist eine Kontaktaufnahme unter den strengen Voraussetzungen des § 7 Abs. 3 UWG auch ohne Einwilligung möglich (insoweit besteht hier die Möglichkeit eines Opt-Outs).[191] Gegenüber einem sonstigen Marktteilnehmer (B2B) kann unter den Voraussetzungen von § 7 Abs. 2 Nr. 2 UWG ein Telefonanruf auch auf eine mutmaßliche Einwilligung gestützt werden.[192] Daneben ist für Briefwerbung keine Einwilligung des Empfängers gem. UWG erforderlich.[193] 259

Soweit für die Kontaktaufnahme keine Einwilligung erforderlich ist, sollte geprüft werden, ob auch die erforderliche **Datenverarbeitung** (zB zur Selektion) auf die Interessenabwägung gestützt werden kann. Dies kann nach Ansicht der Aufsichtsbehörden zB der Fall sein, wenn es „anhand eines Selektionskriteriums zu einer Einteilung in Werbegruppen kommt und sich kein zusätzlicher Erkenntnisgewinn aus der Selektion ergibt".[194] 260

Werden jedoch besonders **intensive Datenverarbeitungen** durchgeführt **oder entstehen Nachteile** für die betroffene Person, die zu einem Überwiegen der Interessen des Betroffenen führen, kann die Verarbeitung nicht auf die Interessenabwägung gestützt wer- 261

---

[188] *Artikel-29-Datenschutzgruppe*, Leitlinien in Bezug auf die Einwilligung, WP 259 rev.01, S. 27.
[189] Für öffentliche Stellen ist der Rückgriff auf die Rechtsgrundlage des berechtigten Interesses (Art. 6 Abs. 1 S. 1 lit. f DS-GVO) gem. EG 42 DS-GVO eingeschränkt, allerdings kommen für Stellen auch nur in Ausnahmen Einwilligungen in Betracht, vgl. Kühling/Buchner/*Buchner/Kühling*, DS-GVO Art. 7 Rn. 15.
[190] Kühling/Buchner/*Buchner/Kühling*, DS-GVO Art. 7 Rn. 16.
[191] *Uecker*, ZD 2019, 248, 250; Orientierungshilfe der Aufsichtsbehörden zur Verarbeitung von personenbezogenen Daten für Zwecke der Direktwerbung unter Geltung der Datenschutz-Grundverordnung, Stand Nov. 2018, S. 5 f.
[192] Orientierungshilfe der Aufsichtsbehörden zur Verarbeitung von personenbezogenen Daten für Zwecke der Direktwerbung unter Geltung der Datenschutz-Grundverordnung, Stand Nov. 2018, S. 6.
[193] *Uecker*, ZD 2019, 248, 250.
[194] Orientierungshilfe der Aufsichtsbehörden zur Verarbeitung von personenbezogenen Daten für Zwecke der Direktwerbung unter Geltung der Datenschutz-Grundverordnung, Stand Nov. 2018, S. 6.

den.[195] Insbesondere umstritten ist, inwieweit eine **Profilbildung** auf Grundlage der Interessenabwägung durchgeführt werden kann und ab wann hierfür eine Einwilligung erforderlich ist.[196] Nach Ansicht der deutschen Aufsichtsbehörden soll es sich zB bei „automatisierten Selektionsverfahren zur Erstellung detaillierter Profile, Verhaltensprognosen bzw. Analysen, die zu zusätzlichen Erkenntnissen führen", um derart eingriffsintensive Maßnahmen handeln, dass eine Einwilligung erforderlich ist. Das gleiche soll nach Ansicht der Aufsichtsbehörden für die Verwendung externer Datenquellen und eine Übermittlung an Dritte gelten.[197]

262 **bb) Weitere Verarbeitungen/Prüfung im Einzelfall.** Auch bei einer Verarbeitung für andere Zwecke ist in jedem Einzelfall zu prüfen, ob alternative Rechtsgrundlagen bestehen. Die Beantwortung von Kundenanfragen (zB die Beantwortung der Bitte um Übersendung eines Angebotes) kann ggf. auf Art. 6 Abs. 1 lit. b DS-GVO gestützt werden.[198] Bei der Erstellung von **Bildaufnahmen** sollte ggf. geprüft werden, ob vorzugswürdig ein „Model-Vertrag" abgeschlossen werden kann, oder – zB, wenn Personen nur Beiwerk sind oder in einer Versammlung abgelichtet sind – auch eine Interessenabwägung in Betracht kommt.[199]

263 **cc) Fälle, in denen eine Einwilligung erforderlich ist.** In einigen Fällen ist eine **Einwilligung zwingend** erforderlich, zB:
– Art. 9 Abs. 2 lit. a DS-GVO: Für die Verarbeitung von besonderen personenbezogenen Daten, wenn keine andere Voraussetzung gem. Art. 9 DS-GVO greift
– § 7 UWG: Für die elektronische Kontaktaufnahme (Einzelheiten siehe → Rn. 258f.)
– Art. 49 Abs. 1 lit. a DS-GVO: Für die Übermittlung von personenbezogenen Daten in Drittstaaten, wenn weder die Voraussetzungen von Art. 45, noch eine andere Ausnahme gem. Art. 49 DS-GVO greift (siehe → Rn. 301)
– Art. 22 Abs. 2 lit. c DS-GVO: Für die automatisierte Entscheidung im Einzelfall, wenn keine andere Erlaubnis gem. Art. 22 DS-GVO greift

264 Lange umstritten war die nationale Rechtslage bzgl. des Einsatzes von **Cookies** und vergleichbarer Technologien, bei denen **Informationen auf dem Endgerät eines Nutzers von öffentlich zugänglichen elektronischen Kommunikationsdiensten gespeichert oder ausgelesen werden.** Gemäß Art. 5 Abs. 3 der ePrivacy Richtlinie (Datenschutzrichtlinie für elektronische Kommunikation, 2002/58/EG) ist in diesen Fällen die Einholung einer Einwilligung erforderlich. Nach überwiegender Ansicht in der Literatur[200] ließ § 15 Abs. 3 TMG das Setzen von Cookies zwecks Bildung pseudonymer Profile hingegen zu, solange der Betroffene nicht widersprochen hat (Opt-Out). Nachdem der EuGH in einem Vorlageverfahren des BGH entschieden hatte, dass die Richtlinie in Deutschland nicht korrekt umgesetzt wurde[201], kam auch der BGH zu dem Ergebnis, dass das TMG in Bezug auf das Einwilligungserfordernis europarechtskonform ausgelegt werden muss.[202] Entgegen dem Wortlaut ist für den Einsatz von Cookies zur Erstellung von Nutzungsprofilen für Zwecke der Werbung oder Marktforschung eine aktive Einwilligung (Opt-In) erforderlich, ein Opt-Out-Modell oder das bloße Bestätigen vorangekreuzter

---

[195] *Drewes,* ZD 2019, 296, 297 ff., mwN.
[196] Siehe dazu im Einzelnen *Drewes,* ZD 2019, 296, 297 ff.
[197] Orientierungshilfe der Aufsichtsbehörden zur Verarbeitung von personenbezogenen Daten für Zwecke der Direktwerbung unter Geltung der Datenschutz-Grundverordnung, Stand Nov. 2018, S. 5; aA *Drewes,* ZD 2019, 296, 297 ff. mwN.
[198] Ehmann/Selmayr/*Heberlein,* DS-GVO Art. 6 Rn. 14; Gola/*Schulz,* DS-GVO, Art. 6 Rn. 30; Kühling/Buchner/*Buchner/Petri,* DS-GVO Art. 6 Rn. 34 ff.
[199] Die Voraussetzungen für die Erstellung von Bildaufnahmen sind sehr umstritten, siehe hierzu Uecker, ZD 2019, 248, 250 mwN.
[200] Übersicht über den Meinungsstand: *Sesing,* MMR 2019, 347 sowie *Rauer/Ettig,* ZD 2018, 255.
[201] *EuGH,* Urt. v. 1.10.2019 – C-673/17, GRUR 2019, 1198.
[202] *BGH,* Urt. v. 28.5.2020 – I ZR 7/16, MMR 2020, 609.

G. Einwilligung

Felder ist nicht ausreichend. Dies entspricht auch dem Einwilligungserfordernis der DS-GVO (EG 32).[203] Eine Einwilligung ist bei richtlinienkonformer Auslegung und Anwendung des TMG dann nicht erforderlich, wenn die Speicherung von oder der Zugriff auf Informationen nur für den Zweck der Durchführung der Übertragung einer Nachricht über ein elektronisches Kommunikationsnetz erfolgt oder wenn dies unbedingt erforderlich ist, damit der Anbieter eines Dienstes der Informationsgesellschaft, der vom Teilnehmer oder Nutzer ausdrücklich gewünscht wurde, diesen Dienst zur Verfügung stellen kann (vgl. Art. 5 Abs. 3 S. 2 der ePrivacy Richtlinie).[204]

c) Entscheidung, ob eine Einwilligung eingeholt wird

Soweit nicht ein Fall vorliegt, in dem eine Einwilligung entweder zwingend erforderlich ist oder keine alternative Rechtsgrundlage in Betracht kommt, sollten die Vor-, Nachteile und Risiken der jeweiligen Lösungen im konkreten Anwendungsfall abgewogen werden.

3. Prüfung besonderer Anforderungen an die Einwilligung

Es sollte dann geprüft werden, ob **besondere Anforderungen an die Einwilligung** zu stellen sind. Dies kann zB der Fall sein bei:
– Einwilligungen von Kindern in Bezug auf Dienste der Informationsgesellschaft (Art. 8 DS-GVO)
– Einwilligungen von Arbeitnehmern (§ 26 Abs. 2 BDSG)
– Besonderen Kategorien von personenbezogenen Daten (ausdrückliche Einwilligung gem. Art. 9 Abs. 2 lit. a DS-GVO)
– Automatisierte Entscheidungen im Einzelfall (ausdrückliche Einwilligung gem. Art. 22 Abs. 2 lit. c DS-GVO)
– Datenübermittlung in Drittstaaten (ausdrückliche Einwilligung nach Information über Risiken gem. Art. 49 Abs. 1 lit. a DS-GVO).

4. Gestaltung in besonderen Fällen (Verknüpfung mit anderen Erklärungen)

Bei der Gestaltung der Einwilligung sind zum einen die besonderen Anforderungen an die Abgabe der Einwilligungserklärung zu erfüllen. Die Einwilligung muss insbesondere durch ein **aktives Tun** erfolgen. Gemäß den Erwägungsgründen der DS-GVO genügen vorbelegte Checkboxen dem nicht (EG 32).[205]

Gem. Art. 7 Abs. 2 S. 1 DS-GVO ist vorgesehen, dass die **schriftliche Erklärung einer Einwilligung mit anderen Erklärungen zusammen** erfolgen kann. Dabei sind aber besondere Anforderungen an die Hervorhebung der datenschutzrechtlichen Einwilligung zu stellen. Dies kann beispielsweise mit einer Hervorhebung durch Rahmung oder Fettsetzung erfolgen.[206]

5. Nachweis/Protokollierung

Gem. Art. 7 Abs. 1 DS-GVO ist der Verantwortliche ausdrücklich verpflichtet, die Erteilung der Einwilligung nachweisen zu können. Dies steht mit den Rechenschaftspflichten gem. Art. 5 Abs. 2 DS-GVO in Zusammenhang. Daraus ergibt sich nicht nur eine Beweislastregel für den Fall, dass die Einwilligung bestritten würde, sondern auch eine **allge-**

---

[203] Zur rechtssicheren Umsetzung siehe auch: *DSK,* Orienteriungshilfe der Aufsichtsbehörden für Anbieter von Telemedien und *DSK,* Hinweise zum Einsatz von Google Analytics im nicht-öffentlichen Bereich.
[204] Vgl. *BfDI,* ZD-Aktuell 2019, 0679.
[205] *Artikel-29-Datenschutzgruppe,* Leitlinien in Bezug auf die Einwilligung, WP 259 rev.01, S. 19.
[206] *Uecker,* ZD 2019, 248, 250.

meine Verpflichtung, den Nachweis zu führen. Auch bei Kontrollen von Aufsichtsbehörden muss der Nachweis geführt werden können.[207]

270   Nicht ausreichend ist dabei zB der bloße Verweis auf die ordnungsgemäße Ausgestaltung auf der Webseite des Verantwortlichen. Vielmehr muss im Einzelfall der Nachweis der tatsächlichen Erteilung der Einwilligung in einem bestimmten Fall[208] erbracht werden, zB durch Protokollierungen.[209] Dazu kann beispielsweise dokumentiert werden, wann und von wem die Einwilligung erhalten wurde, welche Informationen der betroffenen Person mitgeteilt wurden und – im Online-Kontext – Informationen über die Sitzung, in der die Einwilligung erhalten wurde und eine Kopie der Informationen, die der betroffenen Person vorgelegt wurde. In Betracht kommt auch die Aufzeichnung eines Telefongesprächs, in dem die Einwilligung abgegeben wurde.[210]

6. Widerruf

271   Art. 7 Abs. 3 DS-GVO sieht vor, dass der Widerruf einer Einwilligung jederzeit und so einfach wie die Erteilung der Einwilligung möglich sein muss. Das stellt **hohe Anforderungen an die Prozesse** beim Verantwortlichen. Wird die Einwilligung zB elektronisch mit „einem Mausklick" erteilt, muss auch der Widerruf so ermöglicht werden. Ein Wechsel zu einer anderen Schnittstelle oder gar der Verweis auf einen anderen Kanal ist unzulässig.[211]

272   Als **Rechtsfolge** des Widerrufs ist die Datenverarbeitung einzustellen. Verarbeitungen, die vor dem Widerruf stattfanden, bleiben aber rechtmäßig.[212] Wenn es an einer weiteren Rechtsgrundlage für die Speicherung fehlt, sind die Daten zu löschen (Art. 17 Abs. 1 lit. b und Abs. 3 DS-GVO). Dabei ist zu beachten, dass Daten ggf. für mehrere Zwecke und auf Grundlage verschiedener Rechtsgrundlagen verarbeitet werden (zB Kundendaten, die für die Vertragserfüllung einerseits, und für werbliche Ansprache auf Grundlage einer Einwilligung andererseits verwendet werden). In solchen Fällen ist eine Löschung der Daten erst dann erforderlich, wenn keine Rechtsgrundlage für die Verarbeitung mehr besteht.[213]

273   Ein (stillschweigender) Wechsel zu einer anderen Rechtsgrundlage, wenn die betroffene Person eine Einwilligung widerrufen hat, würde gegen den Grundsatz der Transparenz und Treu und Glauben verstoßen.[214]

274   Umstritten ist, ob und inwieweit Einschränkungen des Rechts auf Widerruf möglich sind. So wird teilweise vertreten, dass eine Ausübung des Widerrufs nach dem Grundsatz von Treu und Glauben ausgeschlossen sein kann, wenn die betroffene Person böswillig eine Einwilligung abgegeben hat, nur um die dann bereits begonnene Datenverarbeitung durch ihren Widerruf zu beenden. Daneben können in Einzelfällen vertragliche Abreden oder gegenseitige Rücksichtnahmepflichten (zB im Beschäftigungsverhältnis) dem Widerruf entgegenstehen.[215] Eine solche Beschränkung des Widerspruchsrechts wird aber – soweit es überhaupt zulässig ist – nur unter engen Voraussetzungen möglich sein.

---

[207] *DSK*, Kurzpapier Nr. 20, S. 2.
[208] *Artikel-29-Datenschutzgruppe*, Leitlinien in Bezug auf die Einwilligung, WP 259 rev.01, S. 24.
[209] *DSK*, Kurzpapier Nr. 20, S. 2.
[210] *Artikel-29-Datenschutzgruppe*, Leitlinien in Bezug auf die Einwilligung, WP 259 rev.01, S. 24 f.; vgl. zu den hohen Anforderungen an den Nachweis und die Beweislast für den Verantwortlichen: *EuGH*, Urt. v. 11.11.2020 – C-61/19, Rn. 42, 46.
[211] *Artikel-29-Datenschutzgruppe*, Leitlinien in Bezug auf die Einwilligung, WP 259 rev.01, S. 25 f.
[212] *Kühling/Buchner/Buchner/Kühling*, DS-GVO Art. 7 Rn. 36.
[213] *Artikel-29-Datenschutzgruppe*, Leitlinien in Bezug auf die Einwilligung, WP 259 rev.01, S. 26 f.
[214] *Artikel-29-Datenschutzgruppe*, Leitlinien in Bezug auf die Einwilligung, WP 259 rev.01, S. 27.
[215] *Buchner/Kühling*, DS-GVO Art. 7 Rn. 38 f.; *Taeger/Gabel/Taeger*, DS-GVO Art. 7 Rn. 73 f.; *Gola/Schulz*, DS-GVO, Art. 7 Rn. 57.

V. Einwilligungen: rechtliche Anforderungen im Einzelnen

1. Freiwillig

Die Einwilligung ist nur dann wirksam, wenn die betroffene Person **eine echte Wahl und die Kontrolle** hat. Sie ist nicht wirksam, wenn sich die betroffene Person zur Erteilung gedrängt fühlt oder negative Folgen erdulden muss, wenn sie nicht einwilligt.[216]

a) Ungleichgewicht

Für Behörden (EG 43 DS-GVO) und im Beschäftigtenkontext (EG 155 DS-GVO) kann ein Ungleichgewicht bestehen, die DS-GVO schließt jedoch in diesen Fällen eine Einwilligung nicht vollständig aus. Gleichwohl werden **hohe Anforderungen an die Freiwilligkeit** zu stellen sein, wenn eine Behörde wirksame Einwilligungen einholen will.[217]

Für **Arbeitnehmer** sind die Anforderungen gem. § 26 Abs. 2 BDSG zu berücksichtigen. Demnach muss die Einwilligung schriftlich erteilt werden, sofern nicht wegen der besonderen Umstände eine andere Form angemessen ist. Schriftform setzt die Formerfordernisse von § 126 BGB voraus.[218] Außerdem sollen die Abhängigkeiten im Beschäftigungsverhältnis sowie die Umstände der Erteilung beachtet werden. Die Freiwilligkeit soll insbesondere vorliegen, wenn die beschäftigte Person einen wirtschaftlichen Vorteil hat oder gleichgelagerte Interessen mit dem Arbeitgeber.

b) Koppelungsverbot

In der Regel ist davon auszugehen, dass die Einwilligung nicht freiwillig erteilt wird, wenn der Abschluss eines Vertrages von der Erteilung abhängig gemacht wird, obwohl die Einwilligung nicht für den Vertrag erforderlich ist (Art. 7 Abs. 4 DS-GVO). Dabei darf der Verantwortliche auch nicht den Eindruck erwecken, dass die Einwilligung für den Abschluss des Vertrages erforderlich ist und die betroffene Person insoweit im Unklaren lassen.[219]

Aufgrund des Wortlauts von Art. 7 Abs. 4 DS-GVO „in größtmöglichem Umfang Rechnung tragen" ist das Koppelungsverbot aber **nicht absolut** anzuwenden. Entsprechende Ausnahmen sollen aber nach Ansicht der Aufsichtsbehörden nur unter engen Voraussetzungen zulässig sein[220] und bedürfen immer einer gründlichen Prüfung im Einzelfall. In der Literatur werden dagegen weitere Ausnahmetatbestände vertreten. So soll zB die Koppelung zulässig sein, wenn vergleichbare Leistungen am Markt ohne Einwilligung erhältlich sind,[221] oder wenn die Datenverarbeitung Bestandteil der Kalkulationsgrundlage[222] für den Vertrag ist.[223] Zulässig sollen nach Ansicht des Europäischen Datenschutzausschusses außerdem sog. Cookie-Walls sein, bei denen ein Dienst (zB Online-Zeitungen) auch ohne Einwilligung, dafür aber entgeltlich genutzt werden kann.[224]

---

[216] *Artikel-29-Datenschutzgruppe*, Leitlinien in Bezug auf die Einwilligung, WP 259 rev.01, S. 6.
[217] *Artikel-29-Datenschutzgruppe*, Leitlinien in Bezug auf die Einwilligung, WP 259 rev.01, S. 7; *Buchner/Kühling*, DS-GVO Art. 7 Rn. 42 ff.
[218] Taeger/Gagel/*Taeger*, DS-GVO Art. 7 Rn. 106.
[219] *EuGH*, Urt. v. 11.11.2020 – C-61/19, Rn. 41.
[220] *Artikel-29-Datenschutzgruppe*, Leitlinien in Bezug auf die Einwilligung, WP 259 rev.01, S. 10.
[221] Taeger/Gagel/*Taeger*, DS-GVO Art. 7 Rn. 85 f.; *Buchner/Kühling*, DS-GVO Art. 7 Rn. 53; aA *Artikel-29-Datenschutzgruppe*, Leitlinien in Bezug auf die Einwilligung, WP 259 rev.01, S. 11, für den Fall, dass die Leistung von einem anderen Verantwortlichen angeboten wird.
[222] *Buchner/Kühling*, DS-GVO Art. 7 Rn. 47.
[223] Zur Wirksamkeit von Werbeeinwilligungen bei Teilnahme an einem Gewinnspiel siehe *OLG Frankfurt a. M.*, Urt. v. 27.6.2019 – 6 U 6/19.
[224] *Europäischer Datenschutzausschuss*, Guidelines 5/2020 on consent under Regulation 2016/679, Rn. 39.

c) Granularität

280 Die Einwilligung gilt nicht als freiwillig erteilt, wenn die Einwilligung zu **verschiedenen Verarbeitungsvorgängen** nicht gesondert möglich ist, obwohl dies im entsprechenden Fall angemessen ist (EG 43 DS-GVO). Soll beispielsweise eine Einwilligung für die Werbung per E-Mail und die Weitergabe von Daten an andere Unternehmen eingeholt werden, so muss dies jeweils gesondert möglich sein.[225]

d) Nachteile für die betroffene Person

281 Der Verantwortliche muss **nachweisen** können, dass die Verweigerung oder der Widerruf der Einwilligung für die betroffene Person keine Nachteile hat (EG 42 DS-GVO).[226]

2. Für bestimmte Zwecke

282 Die Anforderung, dass die Einwilligung für bestimmte Zwecke erteilt werden muss (Art. 6 Abs. 1 lit. a DS-GVO), ist eng mit der Anforderung verknüpft, dass die Einwilligung „in Kenntnis der Sachlage" erteilt werden muss.[227] Die Einwilligung muss einen konkreten Zweck benennen und darf **nicht pauschal auf unbestimmte Datenverarbeitungen** ausgerichtet sein.[228]

3. „In Kenntnis der Sachlage"

283 Auch bei der Einwilligung finden die Grundsätze der Transparenz Anwendung. Die Einwilligung ist nur gültig, wenn sie informiert (Art. 4 Nr. 11 DS-GVO) erfolgt.

a) Inhalt

284 Der Verantwortliche soll dabei **zumindest folgende Informationen** bereitstellen[229]:
– Die Identität des Verantwortlichen
– Den Zweck jedes Verarbeitungsvorgangs, für den eine Einwilligung eingeholt wird
– Die (Art der) Daten, die erhoben und verwendet werden
– Das Recht auf Widerruf
– Ggf. Informationen über die Verwendung der Daten für eine automatisierte Entscheidungsfindung
– Ggf. mögliche Risiken von Datenübermittlungen ohne Vorliegen eines Angemessenheitsbeschlusses und ohne geeignete Garantien

285 Sofern sich mehrere Verantwortliche bei der Datenverarbeitung (als getrennte oder gemeinsame Verantwortliche) auf eine Einwilligung berufen wollen oder eine Übermittlung an andere Verantwortliche erfolgen soll, müssen **alle Verantwortlichen** benannt werden.

b) Form/Art der Bereitstellung von Informationen

286 Für die Bereitstellung der Informationen gelten grundsätzlich die oben[230] zu den Informationspflichten dargelegten Vorgehensweisen. Insbesondere sehen die Aufsichtsbehörden auch bei der Einwilligung den **Mehrebenen-Ansatz** als möglich an, um einerseits der Anforderung an die präzisen und vollständigen Informationen, und anderseits der Anfor-

---

[225] *Artikel-29-Datenschutzgruppe,* Leitlinien in Bezug auf die Einwilligung, WP 259 rev.01, S. 12.
[226] Mit Beispielen hierzu: *Artikel-29-Datenschutzgruppe,* Leitlinien in Bezug auf die Einwilligung, WP 259 rev.01, S. 12 f.
[227] *Artikel-29-Datenschutzgruppe,* Leitlinien in Bezug auf die Einwilligung, WP 259 rev.01, S. 13.
[228] *Buchner/Kühling,* DS-GVO Art. 7 Rn. 61 f.; Ausnahmen bestehen für Forschungszwecke, → Rn. 64.
[229] *Artikel-29-Datenschutzgruppe,* Leitlinien in Bezug auf die Einwilligung, WP 259 rev.01, S. 15.
[230] Siehe → Rn. 107 ff.

G. Einwilligung

derung an verständliche Sprache und knapper Form gerecht zu werden. Außerdem sollen die Informationen zielgruppengerecht formuliert werden.[231]

Daneben müssen auch **alle weiteren Anforderungen** gem. Art. 13, 14 DS-GVO erfüllt werden, jedoch nicht zwingend in der Einwilligungserklärung selbst.[232]

287

4. Unmissverständlich

Entsprechend der Definition aus Art. 4 Nr. 11 DS-GVO hat eine Einwilligung in informierter und unmissverständlicher Weise zu erfolgen. Erforderlich ist also ein **Einwilligungsbewusstsein,** das, konkretisiert durch EG 32 DS-GVO, beispielsweise durch das aktive Anklicken eines Kästchens bei Besuch einer Website signalisiert werden kann (sog. Opt-in). Im Gegensatz dazu entsprechen Stillschweigen oder bereits vorausgewählte Kästchen (Opt-Out)[233] nicht dem Erfordernis einer unmissverständlichen Einwilligungserklärung.[234]

288

5. Form

Grundsätzlich ist die Einwilligung nach der DS-GVO formfrei, ein generelles Schriftformerfordernis, wie es bspw. nach § 4a Abs. 1 S. 3 BDSG-alt bestand, sieht die DS-GVO nicht vor. Art. 7 Abs. 2 S. 1 DS-GVO konkretisiert die allgemeinen Transparenzvorgaben dahingehend, dass eine schriftliche Einwilligungserklärung, wenn die **Erklärung noch andere Sachverhalte betrifft,** in verständlicher und leicht zugänglicher Form sowie in einer klaren und einfachen Sprache erfolgen muss. So muss die Einwilligungserklärung gestalterisch (Fettdruck, Rahmen etc.), aber auch inhaltlich eindeutig als solche erkennbar und von den restlichen Bestandteilen der Erklärung abgrenzbar sein.[235]

289

6. Frist

Generell sieht die DS-GVO **kein Ablaufdatum von Einwilligungserklärungen** vor, diese behalten daher im Normalfall bis zu ihrem Widerruf Gültigkeit.[236] Trotzdem kann es sinnvoll sein, vor allem länger zurückliegende Einwilligungserklärungen nach einer gewissen Zeit zu überprüfen, weil sich etwa die Bedingungen der Datenverarbeitung geändert haben. Zwar hat der Gesetzgeber hier keine konkrete Frist vorgesehen, eine Entscheidung des LG München kann jedoch als Orientierung genutzt werden. Hier hatte das Gericht entschieden, dass eine mehr als 18 Monate alte, bis dato ungenutzte Einwilligung in die werbliche Kontaktaufnahme nicht mehr als Rechtsgrundlage verwendet werden kann.[237]

290

---

[231] *Artikel-29-Datenschutzgruppe,* Leitlinien in Bezug auf die Einwilligung, WP 259 rev.01, S. 16 f.
[232] *Artikel-29-Datenschutzgruppe,* Leitlinien in Bezug auf die Einwilligung, WP 259 rev.01, S. 17 f.
[233] Gem. Urt. des *EuGH* v. 11.11.2020 – C-61/19, reicht es auch nicht aus, wenn ein Kästchen von einem Mitarbeiter in einer Verkaufsstelle des Verantwortlichen angekreuzt wird, obwohl die Mitarbeiter angewiesen sind, die mündliche Einwilligung vorab einzuholen und die betroffene Person dies anschließend mit Unterschrift bestätigt.
[234] *Buchner/Kühling,* DS-GVO Art. 7 Rn. 56 ff.; *Gola/Gola,* DS-GVO Art. 4 Rn. 84.
[235] *Buchner/Kühling,* DS-GVO Art. 7 Rn. 25 ff.; *Ehmann/Selmayr/Heckmann/Paschke,* DS-GVO, Art. 7 Rn. 35.
[236] Zur Wirksamkeit von Einwilligungen gesetzlicher Vertreter für mittlerweile Volljährige siehe *LG Frankfurt a. M.,* Urt. v. 29.8.2019 – 2-03 O 454/18.
[237] *LG München I,* Urt. v. 8.4.2010 – 17 HK O 138/10; *Buchner/Kühling,* DS-GVO Art. 7 Rn. 30; *Art.-29-Datenschutzgruppe,* Stellungnahme 15/2011 zur Definition der Einwilligung, WP 187, S. 24; *DSK,* Orientierungshilfe der Aufsichtsbehörden zur Verarbeitung von personenbezogenen Daten für Zwecke der Direktwerbung unter Geltung der Datenschutz-Grundverordnung (DS-GVO), S. 10, 12.

7. Einwilligung als AGB

291 Vorformulierte Einwilligungserklärungen unterfallen, auch wenn sie genau genommen lediglich einseitige rechtsgeschäftliche Erklärungen darstellen, der **AGB-Kontrolle** gem. §§ 305 ff. BGB.[238] Insbesondere in Bezug auf Werbeeinwilligungen, die häufig im Rahmen von Gewinnspielen als Gegenleistung zur Teilnahme eingeholt werden, hat dies praktische Relevanz. Auch hier bestätigte der BGH die Überprüfbarkeit einer Einwilligungserklärung am Maßstab der §§ 305 ff. BGB.[239]

8. Besonderheiten bei Einwilligungen von Kindern

292 Art. 8 DS-GVO normiert für Angebote von Diensten der Informationsgesellschaft, die sich zumindest auch direkt an Kinder richten, **zusätzliche Voraussetzungen für die Wirksamkeit** einer Einwilligung. So kann ein Kind grundsätzlich erst mit Erreichen des 16. Lebensjahres wirksam in eine Datenverarbeitung einwilligen, zuvor benötigt es die vorherige Zustimmung der Träger der elterlichen Verantwortung.[240] Der Verantwortliche muss im Rahmen verfügbarer Technik angemessene Anstrengungen unternehmen, um die elterliche Zustimmung nachzuweisen und zu dokumentieren. In der Praxis bietet sich hierzu zB ein Double-Opt-In-Verfahren an.[241]

9. Double-Opt-In

293 Als effektives Mittel, rechtssichere Einwilligungen einzuholen und zu dokumentieren, hat sich das sog. Double-Opt-In-Verfahren etabliert. Hierbei wird, etwa bei der Einholung von Einwilligungen in den Versand von Newslettern oder Werbung, nach Angabe der E-Mail-Adresse eine Bestätigungs-E-Mail verschickt. Diese enthält einen Link, mit dem der Inhaber des E-Mail-Kontos seine Einwilligung bestätigen muss. Hierdurch soll ausgeschlossen werden, dass eine Einwilligung auf der fehlerhaften oder missbräuchlichen Angabe der E-Mail-Adresse basiert und dem Verantwortlichen gleichzeitig die Erfüllung seiner Dokumentationspflicht erleichtert werden.[242]

10. Checkliste

294 Die Checkliste soll als Orientierungshilfe dienen und beschreiben, wie Einwilligungen gemäß Art. 7 DS-GVO gestaltet und eingeholt werden können:

> **Checkliste zur Gestaltung von Einwilligungserklärungen**
> **Vorfragen:**
> ☐ Liegt das Verzeichnis der Verarbeitungstätigkeiten vor? Sind alle relevanten Datenverarbeitungen erfasst?
> ☐ Erforderlichkeit der Einwilligung: Alternative Rechtsgrundlagen prüfen
> ☐ Unmissverständlichkeit: Wurde festgelegt, wie die Einwilligung eingeholt werden soll?
> ☐ Widerruf: Wurde festgelegt, wie der Widerruf abgegeben werden kann (dies muss so einfach wie die Abgabe der Einwilligung sein)?
>   ☐ Beendigung der Verarbeitung bei Widerruf
>   ☐ Löschung der Daten bei Widerruf (soweit keine andere Rechtsgrundlage)

---

[238] *BGH*, Urt. v. 25.10.2012 – I ZR 169/10.
[239] *BGH*, Urt. v. 14.3.2017 – VI ZR 721/15.
[240] Taeger/Gagel/*Taeger*, DS-GVO Art. 8 Rn. 13 ff.
[241] *Buchner/Kühling*, DS-GVO Art. 8 Rn. 23 f.
[242] Spindler/Schuster/*Micklitz/Schirmbacher*, Elektronische Medien, UWG § 7 Rn. 130.

- ❏ Freiwilligkeit sicherstellen
- ❏ Nachweisbarkeit

Inhalt der Einwilligung:
- ❏ Identität des Verantwortlichen
- ❏ Zweck jeder Verarbeitung
  - ❏ Bei mehreren Zwecken: Beschränkung auf bestimmten Zweck
- ❏ Kategorien der verwendeten personenbezogenen Daten
- ❏ Recht auf Widerruf und wie dieser ausgeübt werden kann
- ❏ Besondere Anforderungen im Einzelfall:
  - ❏ Ggf. geplante Weitergabe an Dritte oder weitere Verantwortliche (namentlich)
  - ❏ Ggf. Verwendung der Daten für automatisierte Entscheidungen (Art. 22 DS-GVO)
  - ❏ Ggf. potenzielle Risiken eines Datentransfers in Drittstaaten, ohne geeignete Garantien
  - ❏ Beschränkung auf bestimmten Fall
- ❏ Sonderfälle und zusätzliche Anforderungen
  - ❏ Besonderheiten im Beschäftigungsverhältnis (vgl. § 26 BDSG)
  - ❏ Besondere Kategorien personenbezogener Daten (Art. 9 Abs. 2 DS-GVO)
  - ❏ Drittlandtransfer (Art. 49 Abs. 1 lit. a DS-GVO)
  - ❏ Einwilligungsfähigkeit allgemein
  - ❏ Kinder (Art. 8 DS-GVO)
  - ❏ Automatisierte Entscheidungen (Art. 22 Abs. 2 lit. c DS-GVO)
- ❏ Soweit einschlägig: AGB-Kontrolle der Einwilligung
- ❏ Weitere Anforderungen/Prozesse
  - ❏ Unmissverständlichkeit: Wurde festgelegt, wie die Einwilligung eingeholt werden soll?
  - ❏ Widerruf: Wurde festgelegt, wie der Widerruf abgegeben werden kann (dies muss so einfach wie die Abgabe der Einwilligung sein)
  - ❏ Beendigung der Verarbeitung bei Widerruf
  - ❏ Löschung der Daten bei Widerruf (soweit keine andere Rechtsgrundlage)
- ❏ Freiwilligkeit sicherstellen
- ❏ Nachweisbarkeit
- ❏ Speicherfristen für personenbezogene Daten, die in Zusammenhang mit der Einwilligung verarbeitet werden

H. Drittlandstransfers

Für die Übermittlung personenbezogener Daten in Drittländer[243] außerhalb der EU gibt es zusätzliche, besondere gesetzliche Anforderungen (Kapitel V, Art. 44–50 DS-GVO), die neben die allgemeinen datenschutzrechtlichen Anforderungen treten. Auf diese Weise soll verhindert werden, dass durch eine Drittlandsübermittlung das Datenschutzniveau innerhalb der EU „untergraben" wird (vgl. Art. 44 S. 2, EG 101 DS-GVO). Letzteres ist nur im Rahmen einer Ausnahmeregelung gem. Art. 49 Abs. 1 DS-GVO möglich. Darüber hinaus muss ein **angemessenes Datenschutzniveau** bei Drittlandstransfers personenbezogener Daten gewährleistet sein, auch bei einer etwaigen Weiterübermittlung der Informationen durch den Datenimporteur im Drittland an eine weitere Drittlandsstelle („Kettenweitergabe", vgl. Art. 44 S. 1 2. Hs. DS-GVO).

---

[243] Keine Drittländer sind die Mitgliedstaaten der EU sowie gem. Übernahmebeschluss des Gemeinsamen EWR-Ausschusses vom 6.7.2018 die EWR-Länder Island, Liechtenstein und Norwegen, auf die die DS-GVO in Folge unmittelbar Anwendung findet.

296 Die Regelungen haben aufgrund der fortgeschrittenen Vernetzung und Globalisierung moderner IT-Systeme eine erhebliche Bedeutung, sind sie doch schon für jedes klein- oder mittelständige Unternehmen relevant, das seine Daten etwa in einer internationalen Cloud oder mit Hilfe von Softwaresystemen verarbeitet, die einen Zugriff – ggf. per „Remote Access" – des Softwareanbieters oder eines anderen IT-Servicedienstleisters aus einem Drittland heraus erlauben (zB zu Pflege- und Wartungszwecken), soweit dabei der Zugriff auf personenbezogene Daten des Verantwortlichen nicht ausgeschlossen werden kann.

297 Im Wege einer Zulässigkeitsprüfung eines Drittlandstransfers personenbezogener Daten ist **zweistufig** vorzugehen: Auf der ersten Stufe ist zu prüfen, ob die geplante Datenverarbeitung nach den (allgemeinen) rechtlichen Anforderungen der DS-GVO zulässig ist, also insbesondere den Grundprinzipien des Art. 5 DS-GVO entspricht und gem. Art. 6 DS-GVO eine Ermächtigungsgrundlage einschlägig ist. Eine Übermittlung personenbezogener Daten in ein Drittland kann also nur zulässig sein, wenn eine gleichgelagerte Übermittlung innerhalb der EU zulässig wäre. Nur wenn die Zulässigkeit auf der ersten Stufe gegeben ist, wird die zweite Stufe relevant, nämlich die (zusätzliche) Prüfung der Voraussetzungen der Art. 44 ff. DS-GVO.[244]

I. Angemessenheitsbeschluss der EU-Kommission

298 Soweit die EU-Kommission beschlossen hat, dass ein Drittland, ein Gebiet oder bestimmte Sektoren in einem Drittland oder die betreffende internationale Organisation (der Datenimporteur) ein angemessenes Schutzniveau bieten, kann die Übermittlung unter den gleichen Anforderungen wie eine EU-interne Datenweitergabe erfolgen (vgl. Art. 45 Abs. 1, 3 DS-GVO). Die Kommission kann einen solchen Beschluss unter Berücksichtigung der Anforderungen des Art. 45 Abs. 2 DS-GVO fassen, wobei nicht nur etwaig bestehendes, bereichsspezifisches Datenschutzrecht, sondern die gesamte nationale Rechtsordnung einfließen und darüber hinaus die Existenz von staatlichen Kontroll- und Aufsichtsbehörden sowie das Eingehen internationaler Verpflichtungen zum Datenschutz[245] maßgeblich sind. Ein Angemessenheitsbeschluss der EU-Kommission ist hinreichend zu begründen (Art. 45 Abs. 3 S. 3 DS-GVO), wobei ein Mechanismus für eine regelmäßige Überprüfung des Schutzniveaus mindestens alle vier Jahre vorzusehen ist (Art. 45 Abs. 3 S. 2 DS-GVO). Sollte eine solche Überprüfung zu einem negativen Ergebnis kommen, kann die Kommission einen vormals ergangenen Angemessenheitsbeschluss widerrufen (Art. 45 Abs. 5 DS-GVO).

299 Die gem. der Datenschutzrichtlinie 95/46/EG erlassenen Angemessenheitsbeschlüsse der EU-Kommission bleiben auch unter Geltung der DS-GVO in Kraft, soweit sie nicht geändert, ersetzt oder aufgehoben werden (Art. 45 Abs. 9 DS-GVO). Ende 2019 existierten Angemessenheitsbeschlüsse für folgende Drittländer: Andorra, Argentinien, die Färöer, Guernsey, die Isle of Man, Israel, Japan, Jersey, Kanada (eingeschränkt), Neuseeland, die Schweiz und Uruguay (mit Südkorea wurde verhandelt).[246]

---

[244] Die Art. 44–50 DS-GVO enthalten also keinen materiellrechtlichen Erlaubnistatbestand iSv Art. 6 DS-GVO. Zur Zweistufigkeit der Prüfung einer Drittlandübermittlung vgl. Taeger/Gabel/*Gabel*, DS-GVO Art. 44 Rn. 13.

[245] Insoweit ist insbesondere ein Beitritt zur Europäische Datenschutzkonvention von 1981 maßgeblich (vgl. Erwägungsgrund 105).

[246] Vgl. https://ec.europa.eu/info/law/law-topic/data-protection/data-transfers-outside-eu/adequacy-protection-personal-data-non-eu-countries_de.

II. Ausnahmen

Soweit eine Datenübermittlung in ein Drittland nicht unter einen Angemessenheitsbeschluss der EU-Kommission gem. Art. 45 Abs. 3 DS-GVO fällt, darf eine Übermittlung personenbezogener Daten in ein Drittland ohne angemessenes Datenschutzniveau gleichwohl erfolgen, wenn einer der Ausnahmetatbestände des Art. 49 Abs. 1 DS-GVO einschlägig ist. Die Anwendbarkeit dieser Ausnahmeregelungen führt dazu, dass geeignete Garantien (Art. 46 DS-GVO) oder verbindliche interne Datenschutzvorschriften (Art. 47 DS-GVO) für den jeweiligen Drittlandtransfer nicht erforderlich sind. In der Praxis wird ihre Einschlägigkeit daher regelmäßig vorrangig geprüft. Den im Mai 2018 veröffentlichten „Leitlinien 2/2018 zu den Ausnahmen nach Artikel 49 der Verordnung 2016/679" des europäischen Datenschutzausschusses (EDPB) kommt insoweit erhebliche Bedeutung zu.[247]

300

1. Einwilligung

Eine Weitergabe personenbezogener Daten in ein unsicheres Drittland ist zulässig, wenn die betroffene Person nach hinreichender Unterrichtung über die für sie bestehenden möglichen Risiken in die Datenübermittlung ausdrücklich eingewilligt hat (Art. 49 Abs. 1 lit. a DS-GVO). Insoweit sind auch die allgemeinen Anforderungen an eine wirksame Einwilligung nach Art. 7 DS-GVO zu berücksichtigen, dh die Einwilligung muss nicht nur ausdrücklich, sondern insbesondere auch freiwillig und hinreichend informiert sowie in klarer und einfacher Sprache erfolgen. Neben der unabdingbaren Wahlfreiheit der betroffenen Person muss diese zudem alle für ihre Einwilligung relevanten Umstände kennen. Mindestmaß sind insoweit die Informationen gem. Art. 13, 14 DS-GVO sowie ein klarer Hinweis auf das fehlende angemessene Datenschutzniveau beim Datenimporteur und damit ggf. zusammenhängende Folgen.[248] Letzteres ist insbesondere im Hinblick auf die erforderliche Ausdrücklichkeit einer Einwilligung in einen Drittlandtransfer geboten.

301

2. Erfüllung eines Vertrags mit der betroffenen Person

Besondere Relevanz für die Praxis hat Art. 49 Abs. 1 lit. b DS-GVO, nach dem eine Übermittlung personenbezogener Daten in ein Drittland ohne angemessenes Datenschutzniveau erfolgen darf, wenn die Übermittlung für die Erfüllung eines Vertrages zwischen der betroffenen Person und dem Verantwortlichen oder zur Durchführung von vorvertraglichen Maßnahmen auf Antrag des Betroffenen erforderlich ist. Hierunter fallen diverse „**Geschäfte des Alltags**", etwa die Planung und Organisation internationaler Reisen, internationale Zahlungstransfers, die Kooperation mit internationalen Versicherern sowie der Software- oder Warenbezug aufgrund der Bestellung eines EU-Verbrauchers im EU-Ausland. Insoweit ist gleichwohl zu berücksichtigen, dass der Personenbezug der übermittelten Informationen für die vertragsgemäße Durchführung erforderlich sein muss, der konkrete Zweck der Datenübermittlung also nicht ebenso gut mittels anonymisierter Daten erreicht werden kann.

302

3. Erfüllung eines Vertrags im Interesse der betroffenen Person

Eine Übermittlung personenbezogener Daten in ein Drittland ohne angemessenes Datenschutzniveau darf zudem auch erfolgen, wenn die Übermittlung zum Abschluss oder zur Erfüllung eines im Interesse der betroffenen Person vom Verantwortlichen mit einer ande-

303

---

[247] Abrufbar unter: https://edpb.europa.eu/sites/edpb/files/files/file1/edpb_guidelines_2_2018_derogations_de.pdf.
[248] ZB keine staatliche Kontrolle, keine Haftung, keine Auskunftspflichten, keine Durchsetzbarkeit europäischer Datenschutzstandards.

ren Person geschlossenen Vertrags erforderlich ist (Art. 49 Abs. 1 lit. c DS-GVO). In der Praxis kann diese Konstellation einschlägig sein etwa bei **Verträgen zugunsten Dritter** (§ 328 BGB), einer konzerninternen Übermittlung von Mitarbeiterbewertungsdaten zur Festlegung von Boni, der Weitergabe von Versichertendaten an eine internationale Rückversicherung, internationalen Banktransaktionen oder der Weitergabe von dienstlichen Kontaktdaten einer natürlichen Person an einen potenziellen internationalen Geschäftspartner. Auch insoweit ist der Grundsatz der Datenminimierung zu berücksichtigen, also die Erforderlichkeit des Personenbezugs muss zweifelsfrei gegeben sein.

4. Wichtige Gründe des öffentlichen Interesses

304 Eine Übermittlung personenbezogener Daten in Drittländer ist ungeachtet eines angemessenen Datenschutzniveaus zulässig, wenn dies aus wichtigen Gründen des öffentlichen Interesses notwendig ist (Art. 49 Abs. 1 lit. d DS-GVO). Ein solches öffentliches Interesse muss im Unionsrecht oder im Recht des Mitgliedstaats, dem der Verantwortliche unterliegt, anerkannt sein (Art. 49 Abs. 4 DS-GVO). Drittlandsinteressen darf nur im Rahmen von Art. 48 DS-GVO nachgekommen werden (zB im Rahmen eines Rechtshilfeabkommens). Wichtige öffentliche Interessen für einen Datentransfer in unsichere Drittländer kommen in Betracht im Bereich der internationalen Zusammenarbeit von Behörden (zB Zoll, Finanzaufsicht, Strafermittlungs-, Steuer-, Kartell-, Sozial- und Gesundheitsbehörden). Nicht auf wichtige öffentliche Interessen können sich hingegen private Unternehmen berufen, etwa im Rahmen der Aufklärung von mutmaßlichen „Compliance"-Verstößen.[249]

5. Geltendmachung von Rechtsansprüchen

305 Datenübermittlungen in Drittländer ohne angemessenes Datenschutzniveau sind darüber hinaus zulässig, wenn sie zur Geltendmachung, Ausübung oder Verteidigung von Rechtsansprüchen erforderlich sind (Art. 49 Abs. 1 lit. e DS-GVO). Der Anwendungsrahmen ist recht weit und umfasst jegliche Prüfung etwaiger Rechtsansprüche, gleich ob zivil- oder öffentlich-rechtlich, außergerichtlich oder im Rahmen eines behördlichen bzw. gerichtlichen Verfahrens, eines Schiedsgerichtverfahrens oder einer sog. „**Pre-Trial Discovery**", also der Anforderung von EU-Informationen durch ein US-Gericht zur Feststellung etwaiger Rechtsansprüche durch eine vorstellig gewordene Partei.[250] Allerdings sind insoweit strenge Anforderungen an die Erforderlichkeit der Verwendung „personenscharfer" Informationen zu stellen (Grundsatz der Datenminimierung). Ggf. ist ein mehrstufiges Verfahren zu wählen, welches im ersten Schritt lediglich die Übermittlung anonymisierter oder pseudonymisierter Daten vorsieht. Gleiches gilt für die Vergabe von Zugriffsrechten, die in jedem Einzelfall ein zweifelsfreies „need-to-know" erfordern.

6. Lebenswichtige Interessen

306 Ferner ist die Übermittlung personenbezogener Daten in ein Drittland ohne angemessenes Datenschutzniveau zulässig, wenn dies zum Schutz lebenswichtiger Interessen des Betroffenen oder einer anderen Person erforderlich ist, sofern der Betroffene aus physischen oder rechtlichen Gründen außerstande ist, seine Einwilligung zu geben. Letzteres kommt etwa in Betracht, wenn die betroffene Person in ihrer Geistestätigkeit beeinträchtigt ist, wegen Krankheit nicht interaktiv kommunizieren oder aber nicht rechtzeitig persönlich kontaktiert werden kann. Neben einer Datenübermittlung in einem medizinischen Notfall

---

[249] AA Taeger/Gabel/*Gabel*, DS-GVO Art. 49 Rn. 13 mwN.
[250] Vgl. *Europäischer Datenschutzausschuss*, Leitlinien 2/2018 zu den Ausnahmen nach Artikel 49 der Verordnung 2016/679, S. 12.

H. Drittlandstransfers

kommt auch die Unterstützung einer internationalen humanitären Organisation in Ausübung ihrer Aufgaben nach der Genfer Konvention oder nach humanitärem Völkerrecht in bewaffneten Konflikten in Betracht (EG 112 S. 5 DS-GVO). Die Ermöglichung oder Unterstützung medizinischer Forschung hingegen ist im Hinblick auf die erforderlichen lebenswichtigen Interessen nicht hinreichend relevant und scheidet als Ausnamelegitimation daher aus.[251]

7. Öffentliche Register

Eine Datenübermittlung in ein unsicheres Drittland kann zudem rechtlich zulässig sein, wenn die Übermittlung aus einem Register erfolgt, das gem. Unionsrecht oder dem Recht eines Mitgliedstaats zur Information der Öffentlichkeit bestimmt ist und entweder der gesamten Öffentlichkeit oder aber Personen, die ein berechtigtes Interesse nachweisen können, zur Einsichtnahme offensteht, letzteres aber nur, wenn die rechtlichen Voraussetzungen für die Einsichtnahme im Einzelfall gegeben sind (Art. 49 Abs. 1 lit. g DS-GVO). **Private Register** zur Information ausgewählter Beteiligter der Wirtschaft (zB Daten von Auskunfteien) dienen nicht der Information der Öffentlichkeit und fallen somit nicht unter diese Ausnahmeregelung.[252] Entsprechend fallen auch Informationen, die aus dem Internet stammen, nicht unter diese Ausnahmebestimmung, soweit nicht Unionsrecht oder das Recht eines Mitgliedstaates der Veröffentlichung im Internet zu Grunde liegt. Anderes gilt hingegen für öffentlich zugängliche Informationen etwa aus dem Handels-, Vereins- oder Bundeszentralregister, dem Grundbuch oder der Partnerrolle nach dem Partnerschaftsgesetz. Die Anwendungseinschränkung auf eine Zugriffsberechtigung im konkreten Einzelfall hätte keiner expliziten Regelung bedurft, da diese Anforderung ohnehin im Rahmen der sog. „ersten Stufe" der Prüfung der datenschutzrechtlichen Zulässigkeit einer Drittlandsübermittlung berücksichtigt werden muss.

307

8. Wahrung zwingender berechtigter Interessen des Verantwortlichen

Von geringer praktischer Relevanz ist die subsidiäre Ausnahmeregelung gem. Art. 49 Abs. 1 2. Unterabschnitt DS-GVO, wonach eine Übermittlung personenbezogener Daten in ein Drittland ohne angemessenes Datenschutzniveau erfolgen darf, wenn
– die Übermittlung nicht wiederholt erfolgt,
– nur eine begrenzte Zahl von Personen betroffen ist,
– zwingende berechtigte Interessen des Verantwortlichen die Übermittlung erfordern, ohne dass die Interessen oder die Rechte und Freiheiten der Betroffenen überwiegen,
– der Verantwortliche geeignete Garantien zum Schutz der Daten vorsieht,
– die zuständige Aufsichtsbehörde in Kenntnis gesetzt wurde und
– die betroffenen Personen über die Übermittlung und die zwingenden berechtigten Interessen des Verantwortlichen informiert wurden.[253]

308

III. Standardvertragsklauseln

Falls kein Angemessenheitsbeschluss der EU-Kommission gem. Art. 45 Abs. 3 DS-GVO einschlägig ist und kein Ausnahmetatbestand nach Art. 49 Abs. 1 DS-GVO Anwendung findet, kann ein Verantwortlicher oder Auftragsverarbeiter personenbezogene Daten in ein Drittland oder an eine internationale Organisation übermitteln, wenn insoweit geeignete

309

---

[251] *Europäischer Datenschutzausschuss,* Leitlinien 2/2018 zu den Ausnahmen nach Artikel 49 der Verordnung 2016/679, S. 13 f.
[252] *Europäischer Datenschutzausschuss,* Leitlinien 2/2018 zu den Ausnahmen nach Artikel 49 der Verordnung 2016/679, S. 13 f.
[253] Dazu ausführlich Taeger/Gabel/*Gabel,* DS-GVO Art. 49 Rn. 20 ff.

310 Die EU-Kommission hat in den Jahren 2001 bis 2010 drei Standardverträge genehmigt, zwei für eine Datenübermittlung zwischen einem EU-Verantwortlichen und einem Drittlands-Verantwortlichen (**„Controller-to-Controller"**)[254] und einen für eine Datenweitergabe zwischen einem EU-Verantwortlichen und einem Drittlands-Auftragsverarbeiter (**„Controller-to-Processor"**),[255] die auf Grundlage der alten Rechtslage (Datenschutzrichtlinie 95/46/EG) verabschiedet wurden, aber mangels aktueller Entscheidung der EU-Kommission auch noch Ende 2020 unter der Geltung der DS-GVO angewendet werden konnten (vgl. Art. 46 Abs. 5 DS-GVO). Der praxisbedeutsame Vorteil dieser Lösung ist, dass die Verträge nicht seitens der Aufsichtsbehörden genehmigt werden müssen. Dafür dürfen sie andererseits nicht in den wesentlichen Standards zulasten der Betroffenen modifiziert werden, sondern müssen insoweit nahezu unverändert abgeschlossen werden.[256] In den vorgesehenen Anhängen der Verträge müssen ua die geplanten Verarbeitungstätigkeiten, ihre Zwecke, die verwendeten Datenkategorien, die Empfänger der Informationen und die relevanten technischen und organisatorischen Sicherheitsmaßnahmen beschrieben werden.

Einleitender Satz vor 310: Garantien vorgesehen sind und dem Betroffenen durchsetzbare Rechte und wirksame Rechtsbehelfe zur Verfügung stehen (Art. 46 Abs. 1 DS-GVO). Solche Garantien können aus von der EU-Kommission erlassenen „Standarddatenschutzklauseln" bestehen (Art. 46 Abs. 2 lit. c DS-GVO).

311 Mit Urteil vom 16.7.2020 hat der EuGH entschieden,[257] dass Standardvertragsklauseln zwar grundsätzlich wirksam seien, der Datenexporteur aber gleichwohl für jeden Einzelfall prüfen müsse, ob die Vertragsklauseln ein angemessenes Datenschutzniveau gewährleisten. Insoweit sei es ggf. erforderlich, „zusätzliche Maßnahmen" zu ergreifen. Welche Maßnahmen dies sein könnten, lässt der EuGH offen. In Betracht kommen insoweit insbesondere Verschlüsselung, Pseudonymisierung und wirksamer Zugriffsschutz. Der Europäische Datenschutzausschuss hat im November 2020 Empfehlungen zu derartigen zusätzlichen Maßnahmen veröffentlicht (Recommendation 1/2020 on measures that supplement transfer tools to ensure compliance with the EU level of protection of personal data). Hierin wird den Verantwortlichen ein schrittweises Vorgehen empfohlen, in dessen Verlauf insbesondere die Rechtsordnung im Drittland hinsichtlich eines angemessenen EU-Grundrechtschutzes bewertet werden solle, eine Anforderung, die zahlreiche EU-Datenexporteure vor unlösbare Aufgaben stellen dürfte.

312 Die Standardvertragsklauseln haben lediglich auf die Prüfung der sog. „zweiten Stufe" Auswirkung – sie sind **geeignete Garantien** im Sinne von Art. 46 Abs. 1 DS-GVO. Auf der ersten Stufe muss die Zulässigkeit des geplanten Datenverkehrs nach allgemeinen datenschutzrechtlichen Vorgaben zusätzlich gegeben sein. Das bedeutet, dass Datenexporteur und Datenimporteur ggf. ergänzend zu den Standardvertragsklauseln einen Vertrag zur Auftragsverarbeitung gem. Art. 28 DS-GVO, zur gemeinsamen Verantwortung gem. Art. 26 DS-GVO oder im Wege einer Interessensabwägung gem. Art. 6 Abs. 1 lit. f DS-GVO einen (flankierenden) Vertrag zur Datenübermittlung abschließen müssen. In der Praxis werden häufig nur die zusätzlichen Anforderungen der DS-GVO, die nicht schon von den Standardvertragsklauseln adressiert sind, mittels eines (weiteren) Annex zu den Standardvertragsklauseln vereinbart.[258] Den Informationspflichten gem. Art. 13, 14 DS-GVO muss dessen ungeachtet uneingeschränkt nachgekommen werden.

---

[254] Die deutschen Aufsichtsbehörden meinen, die sog. Alternativen Standardvertragsklauseln von 2005 seien nur eingeschränkt nutzbar für die Übermittlung von Beschäftigtendaten in ein Drittland, vgl. Taeger/Gabel/*Gabel*, DS-GVO Art. 46 Rn. 13 mwN.

[255] Vgl. https://ec.europa.eu/info/law/law-topic/data-protection/data-transfers-outside-eu/model-contracts-transfer-personal-data-third-countries_en.

[256] Bei einer Änderung/Erweiterung der Klauseln sollte eine absichernde Regelung mit aufgenommen werden, die besagt, dass die Standardvertragsklauseln im Fall von Widersprüchen den Vorrang haben, vgl. Taeger/Gabel/*Gabel*, DS-GVO Art. 46 Rn. 16.

[257] *EuGH*, Urt. v. 16.7.2020 – C-311/18.

[258] Diese Notwendigkeit sieht auch *Piltz*, Datenschutz-Berater 2019, 79, 80.

Ebenfalls im November 2020 hat die Europäische Kommission einen Entwurf neuer Standarddatenschutzklauseln veröffentlicht. Diese sehen nunmehr auch den Abschluss von Processor to (Sub-)Processor Clauses und Processor to Controller Clauses vor, was ihre Praktikabilität maßgeblich befördern würde. Einem potenziell EU-grundrechtswidrigen Zugriff von Drittlandsbehörden können also auch die neuen Standarddatenschutzklauseln nicht vorbeugen. Eine diesbezügliche verbindliche Entscheidung der Kommission ist für Ende 2020/Anfang 2021 zu erwarten. 313

IV. Verbindliche interne Datenschutzvorschriften

Geeignete Garantien gem. Art. 46 Abs. 1 DS-GVO können auch aus verbindlichen internen Datenschutzvorschriften (sog. Binding Corporate Rules, BCR) nach Art. 47 DS-GVO bestehen. Solche BCR sind seitens der zuständigen Aufsichtsbehörde genehmigungspflichtig (Art. 47 Abs. 1 DS-GVO). Allerdings unterliegen sie gem. Art. 47 Abs. 2 DS-GVO einem weitgehenden Anforderungskatalog, der die weltweite Einrichtung eines **Datenschutzmanagementkonzeptes** in der jeweiligen Unternehmensgruppe erfordert. Aufgrund dieser erheblichen Anforderungen – die im Wesentlichen auch schon unter der alten Rechtslage (Datenschutzrichtlinie 95/46/EG) von den Aufsichtsbehörden eingefordert wurden – und der erheblichen Dauer der Genehmigungsverfahren sind bis Ende 2019 europaweit nur ca. 100 BCR genehmigt worden. Die Aufsichtsbehörden haben im April 2018 ein Arbeitspapier zur Einführung von BCR veröffentlicht.[259] 314

V. Genehmigte Verhaltensregeln oder Zertifizierungsmechanismen

Gem. Art. 46 Abs. 2 lit. e und f DS-GVO können geeignete Garantien auch aus genehmigten Verhaltensregeln (Art. 40 DS-GVO) oder Zertifizierungsmechanismen (Art. 42 DS-GVO) bestehen, wenn der Datenimporteur im Drittland zusätzlich rechtsverbindliche, durchsetzbare Verpflichtungen zur Einhaltung dieser Standards eingeht. Mangels aufsichtsbehördlicher Genehmigungen derartiger Verhaltensregeln oder Zertifizierungsmechanismen war diese Fallgruppe von Garantien Ende 2019 in der Praxis nicht relevant. 315

I. Organisation für eine Umsetzung geeigneter technischer und organisatorischer Maßnahmen

I. Gewährleistung der Sicherheit der Verarbeitung

Jeder Verantwortliche und jeder Auftragsverarbeiter hat nach Art. 32 Abs. 1 DS-GVO unter Berücksichtigung des Stands der Technik, der Implementierungskosten und der Art, des Umfangs, der Umstände und der Zwecke der Verarbeitung sowie der unterschiedlichen Eintrittswahrscheinlichkeit und Schwere des Risikos für die Rechte und Freiheiten natürlicher Personen geeignete technische und organisatorische Maßnahmen zu treffen, um ein dem Risiko angemessenes Schutzniveau zu gewährleisten. Die bisher in Deutschland bekannten „acht Gebote der Datensicherheit" sind einem System der **risikoadäquaten Umsetzung technisch-organisatorischer Maßnahmen** gewichen. Folglich muss jeder Verantwortliche und Auftragsverarbeiter für jede Verarbeitung selbst bewerten, welche Risiken einschlägig sind und welche Maßnahmen umgesetzt werden müssen, um ein angemessenes Schutzniveau zu erreichen (Art. 32 Abs. 2 DS-GVO). Beispielhaft werden 316

---

[259] *Artikel-29-Datenschutzgruppe,* Working Document Setting Forth a Co-Operation Procedure for the approval of „Binding Corporate Rules" for controllers and processors under the GDPR, WP 263 rev.01.

vom Gesetz die Vernichtung, der Verlust oder die Veränderung, die unbefugte Offenlegung von und der unbefugte Zugang zu personenbezogenen Daten als Risiken genannt.

317 Vier Schutzziele nennt das Gesetz in Art. 32 Abs. 1 DS-GVO ausdrücklich, jedoch nur als Regelbeispiele. Die deutschen Aufsichtsbehörden ergänzen diese vier Schutzziele um weitere drei und kommen so auf sieben Maßnahmenklassen aus Art. 32 DS-GVO[260]:
– Pseudonymisierung und Verschlüsselung,
– Integrität und Vertraulichkeit der Systeme und Dienste,
– Verfügbarkeit und Belastbarkeit der Systeme und Dienste,
– Überprüfung, Bewertung und Evaluierung der Wirksamkeit,
– Nichtverkettung,
– Transparenz,
– Intervenierbarkeit.

1. Pseudonymisierung und Verschlüsselung

318 Zu Maßnahmen nach Art. 32 Abs. 1 lit. a DS-GVO zählen[261]:
– Festlegung der durch Pseudonymisierung zu ersetzenden identifizierenden Daten,
– Definition der Pseudonymisierungsregeln, ggf. anknüpfend an Kennziffern der betroffenen Personen,
– Autorisierung: Festlegung der Personen, die zur Verwaltung der Pseudonymisierungsverfahren, zur Durchführung der Pseudonymisierung und ggf. der Depseudonymisierung berechtigt sind,
– Festlegung der zulässigen Anlässe für Pseudonymisierungs- und Depseudonymisierungsvorgänge,
– zufällige Erzeugung der Zuordnungstabellen oder der in eine algorithmische Pseudonymisierung eingehenden geheimen Parameter,
– Schutz der Zuordnungstabellen bzw. geheimen Parameter sowohl gegen unautorisierten Zugriff als auch gegen unautorisierte Nutzung,
– Trennung der zu pseudonymisierenden Daten in die zu ersetzenden identifizierenden und die weiteren Angaben,
– zufällige Erzeugung der Schlüssel,
– Autorisierung von Personen zur Verwaltung und zur Nutzung von Schlüsseln bzw. ihre Zuweisung zu Geräten, in denen sie eingesetzt werden,
– zuverlässige Schlüsselverteilung, Verknüpfung von Schlüsseln mit Identitäten von natürlichen Personen oder informationstechnischen Geräten, ggf. Einbringen in speziell gesicherte Speichermedien (zB Chipkarten),
– Schutz der Schlüssel vor nicht autorisiertem Zugriff oder Nutzung,
– regelmäßiger oder situationsbezogener Schlüsselwechsel, ggf. eine Schlüsselarchivierung, stets sorgfältige Schlüssellöschung nach Ablauf des Lebenszyklus,
– Verwaltung des Lebenszyklus der Schlüssel von Erzeugung und Verteilung über Nutzung bis zu ihrer Archivierung und Löschung.

---

[260] Aufzählung nach: *DSK*, Hinweise zum Verzeichnis von Verarbeitungstätigkeiten, Art. 30 DS-GVO, S. 9 ff.; zum Teil werden von einzelnen Aufsichtsbehörden auch andere Gliederungen und Inhalte gefordert, vgl. *BayLDA*, https://www.lda.bayern.de/media/checkliste/baylda_checkliste_tom.pdf oder *LfD Sachsen-Anhalt*, https://datenschutz.sachsen-anhalt.de/fileadmin/Bibliothek/Landesaemter/LfD/PDF/binary/Informationen/Internationales/Datenschutz-Grundverordnung/Checkliste_TOM/Checkliste_toM_nach_DS-GVO.pdf (abgerufen am 15.11.2020).

[261] Aufzählung nach *DSK*, Hinweise zum Verzeichnis von Verarbeitungstätigkeiten, Art. 30 DS-GVO, S. 9 f.

2. Integrität und Vertraulichkeit der Systeme und Dienste

Zu Maßnahmen nach Art. 32 Abs. 1 lit. b DS-GVO zählen[262]: 319
- Formulierung von verbindlichen Sicherheitsleitlinien,
- Definition der Verantwortlichkeiten für das Informationssicherheitsmanagement,
- Inventarisierung der zu verarbeitenden personenbezogenen Daten,
- Inventarisierung der Informationstechnik,
- Erarbeitung eines Sicherheitskonzepts, ggf. unter Durchführung einer Risikoanalyse,
- Personalsicherheit: Überprüfung und Verpflichtung des Personals, Sensibilisierung und Training, Aufgabentrennung,
- Spezifikation der Sicherheitsanforderungen an Informationssysteme und deren Konfiguration, Prüfung ihrer Einhaltung,
- Schutz vor unberechtigtem physischem Zugang, einschließlich Schutz von Mobilgeräten,
- Erarbeitung eines Rollen- und Rechtekonzepts,
- Maßnahmen zur Autorisierung von Personen für den Zugriff auf personenbezogene Daten und die Steuerung der Verarbeitung,
- Zugriffskontrolle und sicherer Umgang mit Speichermedien, einschließlich der Maßnahmen zur zuverlässigen Authentisierung von Personen gegenüber der Informationstechnik, zur Sicherung der Revisionsfähigkeit der Eingabe und der Änderung von personenbezogenen Daten sowie ggf. der Nutzung und des Zugriffs auf diese und zur Revision dieser Prozesse,
- Maßnahmen der Betriebssicherheit, insbesondere zur Spezifikation der Bedienabläufe, zur Änderungssteuerung, zum Schutz vor Malware, zum Umgang mit technischen Schwachstellen, zur kontrollierten Installation und Konfiguration neuer Software, sowie zur Ereignisüberwachung und -protokollierung, einschließlich der regelmäßigen und anlassbezogenen Auswertung dieser Protokolle,
- Maßnahmen, die (berechtigte oder unberechtigte) Veränderung gespeicherter oder übertragener Daten nachträglich feststellbar machen (zB Signaturverfahren, Hashverfahren),
- Maßnahmen zur Kommunikationssicherheit: Netzwerksicherheitsmanagement, insbesondere zur Kontrolle und Einschränkung des Datenverkehrs (Firewalls, Application Layer Gateways), Einrichtung von Sicherheitszonen, Authentisierung von Geräten gegeneinander,
- sichere Gestaltung von Informationsübertragungen, einschließlich des Abschlusses von Vereinbarungen mit regelmäßigen Übermittlern und Empfängern personenbezogener Daten und der Authentisierung der Kommunikationspartner,
- Sicherung und Überprüfung der Authentizität der übermittelten Daten,
- sichere Einbeziehung von externen Diensten,
- Management von Informationssicherheitsvorfällen,
- Aufrechterhaltung der Informationssicherheit bei ungeplanten Systemzuständen,
- Durchführung von internen oder externen Sicherheitsaudits.

3. Verfügbarkeit und Belastbarkeit der Systeme und Dienste

Zu Maßnahmen nach Art. 32 Abs. 1 lit. c DS-GVO zählen[263]: 320
- Anfertigung von Sicherheitskopien von Daten, Prozesszuständen, Konfigurationen, Datenstrukturen, Transaktionshistorien u. ä. gemäß eines getesteten Konzepts,
- Schutz vor äußeren Einflüssen (Schadsoftware, Sabotage zB DDOS, höhere Gewalt),
- Dokumentation von Syntax und Semantik der gespeicherten Daten,
- Redundanz von Hard- und Software sowie Infrastruktur,

---

[262] Aufzählung nach *DSK*, Hinweise zum Verzeichnis von Verarbeitungstätigkeiten, Art. 30 DS-GVO, S. 9f.
[263] Aufzählung nach *DSK*, Hinweise zum Verzeichnis von Verarbeitungstätigkeiten, Art. 30 DS-GVO, S. 10f.

- Umsetzung von Reparaturstrategien und Ausweichprozessen,
- Vertretungsregelungen für abwesende Mitarbeiter,
- Erstellung und Umsetzung eines Notfallkonzepts,
- Erarbeitung eines Notfallhandbuches,
- Integration des Notfallmanagements in Geschäftsprozesse,
- Durchführung von Notfallübungen,
- Erprobung von Wiederanlaufszenarien,
- logische oder physikalische Trennung der Datenverarbeitung zB nach Verantwortlichen, den verfolgten Verarbeitungszwecken und nach Gruppen betroffener Personen,
- sicheres, rückstandsfreies Löschen von Daten bzw. Vernichten von Datenträgern nach Ablauf der Aufbewahrungsfristen,
- Festlegungen zu Löschverfahren und zur Beauftragung von Dienstleistern.

4. Überprüfung, Bewertung und Evaluierung der Wirksamkeit

321 Zu Maßnahmen nach Art. 32 Abs. 1 lit. d DS-GVO zählen[264]:
- regelmäßige Revision des Sicherheitskonzepts,
- Information über neu auftretende Schwachstellen und andere Risikofaktoren, ggf. Überarbeitung der Risikoanalyse und -bewertung,
- Prüfungen des Datenschutzbeauftragten und der IT-Revision auf Einhaltung der festgelegten Prozesse und Vorgaben zur Konfiguration und Bedienung der IT-Systeme,
- externe Prüfungen, Audits, Zertifizierungen.

5. Nichtverkettung

322 Maßnahmen der Nichtverkettung sind solche, die sicherstellen, dass personenbezogene Daten nur für den Zweck verarbeitet werden können, für den sie erhoben wurden; dazu zählen[265]:
- Einschränkung von Verarbeitungs-, Nutzungs- und Übermittlungsrechten,
- programmtechnische Unterlassung bzw. Schließung von Schnittstellen,
- regelnde Maßgaben zum Verbot von Backdoors sowie qualitätssichernde Revisionen zur Compliance bei der Softwareentwicklung,
- Trennung nach Organisations-/Abteilungsgrenzen,
- Trennung mittels Rollenkonzepten mit abgestuften Zugriffsrechten auf der Basis eines Identitätsmanagements,
- Zulassung von nutzerkontrolliertem Identitätsmanagement durch die verarbeitende Stelle,
- Einsatz von zweckspezifischen Pseudonymen, Anonymisierungsdiensten, anonymen Credentials, Verarbeitung pseudonymer bzw. anonymisierter Daten,
- geregelte Zweckänderungsverfahren.

6. Transparenz

323 Maßnahmen der Transparenz sind solche, die sicherstellen, dass Betroffene, Verantwortliche und Kontrollinstanzen erkennen können, welche Daten für welchen Zweck verarbeitet werden sowie welche Systeme und Prozesse dafür genutzt werden; dazu zählen[266]:
- Dokumentation von Verarbeitungen, insbesondere mit den Bestandteilen Geschäftsprozesse, Datenbestände, Datenflüsse, dafür genutzte IT-Systeme, Betriebsabläufe, Verfahrensbeschreibungen, Zusammenspiel mit anderen Verfahren,

---

[264] Aufzählung nach *DSK*, Hinweise zum Verzeichnis von Verarbeitungstätigkeiten, Art. 30 DS-GVO, S. 11.
[265] Aufzählung nach *DSK*, Hinweise zum Verzeichnis von Verarbeitungstätigkeiten, Art. 30 DS-GVO, S. 11 f.
[266] Aufzählung nach *DSK*, Hinweise zum Verzeichnis von Verarbeitungstätigkeiten, Art. 30 DS-GVO, S. 12.

I. Organisation für Umsetzung geeigneter technischer und organisatorischer Maßnahmen

– Dokumentation von Tests, der Freigabe und ggf. der Vorabkontrolle von neuen oder geänderten Verfahren,
– Dokumentation der Verträge mit den internen Mitarbeitern, Verträge mit externen Dienstleistern und Dritten, von denen Daten erhoben bzw. an die Daten übermittelt werden,
– Geschäftsverteilungspläne, Zuständigkeitsregelungen,
– Dokumentation von Einwilligungen und Widersprüchen,
– Protokollierung von Zugriffen und Änderungen,
– Nachweis der Quellen von Daten (Authentizität),
– Versionierung,
– Dokumentation der Verarbeitungsprozesse mittels Protokollen auf der Basis eines Protokollierungs- und Auswertungskonzepts,
– Berücksichtigung der Auskunftsrechte von Betroffenen im Protokollierungs- und Auswertungskonzept.

7. Intervenierbarkeit

Maßnahmen der Intervenierbarkeit sind solche, die sicherstellen, dass den betroffenen Personen die ihnen zustehenden Rechte auf Information, Auskunft, Berichtigung, Einschränkung, Löschung, Datenportabilität und Widerspruch/Widerruf jederzeit wirksam gewährt werden; dazu zählen[267]:
– differenzierte Einwilligungs-, Rücknahme- sowie Widerspruchsmöglichkeiten,
– Schaffung notwendiger Datenfelder zB für Sperrkennzeichen, Benachrichtigungen, Einwilligungen, Widersprüche, Gegendarstellungen,
– dokumentierte Bearbeitung von Störungen, Problembearbeitungen und Änderungen an der Verarbeitungstätigkeit sowie an den Schutzmaßnahmen der IT-Sicherheit und des Datenschutzes,
– Deaktivierungsmöglichkeit einzelner Funktionalitäten ohne Mitleidenschaft für das Gesamtsystem,
– Implementierung standardisierter Abfrage- und Dialogschnittstellen für Betroffene zur Geltendmachung und/oder Durchsetzung von Ansprüchen,
– Nachverfolgbarkeit der Aktivitäten des Verantwortlichen zur Gewährung der Betroffenenrechte,
– Einrichtung eines Single Point of Contact (SPoC) für betroffene Personen,
– operative Möglichkeit zur Zusammenstellung, konsistenten Berichtigung, Sperrung und Löschung aller zu einer Person gespeicherten Daten.

II. Beschäftigten-Richtlinie zur Datensicherheit

Gegenüber Mitarbeitern lässt sich die Verpflichtung der Einhaltung von technisch-organisatorischen Maßnahmen auch in einer Richtlinie regeln, die folgenden Inhalt haben könnte:

Checkliste zur Erstellung einer Richtlinie zum Beschäftigtendatenschutz mit beispielhaften Regelungsbereichen

❑ Präambel/Geltungsbereich
❑ Generelle Handhabung personenbezogener Daten
    ❑ Definition
    ❑ Verarbeitung und Weitergabe nur mit Berechtigung
    ❑ Schutzpflicht aller Mitarbeiter

---

[267] Aufzählung nach *DSK*, Hinweise zum Verzeichnis von Verarbeitungstätigkeiten, Art. 30 DS-GVO, S. 12.

- Ordentliche Vernichtung von Datenträgern (sowohl Papier wie auch elektronische Datenträger)
- Clean Desk
- Positionierung von Bildschirm, Drucker und Kopierer gegen unberechtigten Einblick
- Arbeitsplatzrechner
  - Kein Verwenden von privater Hard- und Software
  - Sperren des PC auch bei kurzer Abwesenheit
  - Meldung an IT-Abteilung bei ungewöhnlichen Fehlermeldungen
  - Sicherung von unternehmensrelevanten Daten in Netzwerklaufwerken
  - Löschung von nicht mehr erforderlichen Daten
  - Keine Mitnahme von Arbeitsplatzrechnern, es sei denn, mit ausdrücklicher Erlaubnis
- Homeoffice
- Laptops, Smartphones, Tablets
  - Mobile Endgeräte müssen bei Nutzung in der Öffentlichkeit persönlich überwacht werden
  - Es sind wirksame Vorkehrungen gegen die Einsichtnahme des Bildschirms durch Dritte zu treffen
  - Sicherung gegen unbefugtes Auslesen
  - Sicherheitsupdates sind zu installieren
  - In mobilen Endgeräten integrierte Aufnahmegeräte, Foto- oder Videokameras dürfen ohne Erlaubnis nicht in den Betriebsräumen verwendet werden
- USB-Sticks, optische Datenspeicher, externe Festplatten, Speicherkarten und andere mobile Speichermedien
  - Kein Starten von unternehmensfremder Software von einem mobilen Speichermedium
  - Kein Anschluss an unternehmensfremde Computer
  - Ordentliche Vernichtung bei Nichtgebrauch durch die IT-Abteilung
- E-Mail
  - Keine Private Nutzung des betrieblichen Accounts
  - Keine privaten Korrespondenzen in betrieblichen Mails
  - Kein Öffnen von ungewöhnlichen Anlagen
  - Kein Versenden von unverschlüsselten Mails bei bestimmten Inhalten/Risiken
  - Beachtung der korrekten Schreibweise von Mailadressen
  - Verwenden von „cc" und „bcc"
- Passwörter (Geheimhaltung, Länge, Sicherheit)
- Telefax/Scanner
  - Grundsätzlich keine Übermittlung sensibler Daten über Telefax
  - Beachtung der korrekten Schreibweise der Zielnummer
- Briefpost
  - Nach Möglichkeit ist die empfangsberechtigte Person anzugeben
  - Bei vertraulichen Informationen ist ein entsprechender Vermerk in das Adressfeld aufzunehmen
  - Briefpost, die ausdrücklich an einen Mitarbeiter adressiert oder einen entsprechenden Vermerk enthält, darf nur durch den betreffenden Mitarbeiter geöffnet werden
- Besucher
- Schutzmaßnahmen außerhalb des Betriebsgeländes
- Informationspflichten bei „Datenpannen"
  - Mitarbeiter haben Datenschutzverletzungen (auch in Zweifelsfällen) unverzüglich intern zu melden (siehe Richtlinie Datenschutzverletzungen)

- ❏ Weisungsgebundenheit bei Auftragsverarbeitung
- ❏ Verstöße

III. Löschung

In der Praxis oftmals vernachlässigt, aber seit einem Millionenbußgeld[268] sehr relevant, ist der Prozess zur datenschutzkonformen Löschung personenbezogener Daten. Umsetzungsgrundlage für die Löschung kann ein Löschkonzept mit konkreten Handlungsanweisungen und Hilfestellungen in Form eines Leitfadens samt Begleitdokumenten sein, zB angelehnt an die DIN 66398. Der Leitfaden und die zugehörigen Anlagen sollen den Verwender dabei unterstützen, in den jeweiligen Verarbeitungssituationen die datenschutzrechtlichen Anforderungen zu definieren und anschließend umzusetzen.

Das Löschkonzept dient zur Festlegung datenschutzrechtlicher Pflichten zur Löschung. Die Löschregeln bilden dabei den Hauptkern des Löschkonzepts und sollen von allen Beteiligten verstanden werden – insbesondere gilt das Konzept dem Nachweis gemäß Rechenschaftspflicht nach Art. 5 Abs. 2 DS-GVO, der Übertragung der Löschfristen in die Dokumentations- und Transparenzdokumente (Art. 13 f., Art. 30 DS-GVO) sowie als Grundlage für die technisch-organisatorische Umsetzung der Löschung durch die zuständige Fachabteilung.

Ein Löschkonzept könnte in etwa wie folgt gegliedert sein:

Checkliste Löschkonzept
- ❏ Bestimmung der Reichweite des Löschkonzepts
- ❏ Definition der Datenarten
- ❏ Aufstellung von Löschklassen
- ❏ Bestimmung abstrakter Startzeitpunkte
- ❏ Fristfestlegungen
- ❏ Verwendung von Standardlöschfristen
- ❏ Dokumentation der definierten Löschklassen
- ❏ Löschklassenzuordnung
- ❏ Ausnahmen von Löschklassenzuordnungen
  - ❏ Wechsel der Datenart
  - ❏ Wechsel der Löschklasse
  - ❏ Ausnahmsweise anzuwendende Löschregel
- ❏ Konkrete Löschregel
- ❏ Umsetzungsvorgaben
- ❏ Löschmethode
- ❏ Löschprotokoll
- ❏ Umgang mit Backups/Archiven

J. Unterweisung und Sensibilisierung

Die Sensibilisierung von Mitarbeitern für datenschutzrelevante Fragestellungen ist nicht nur ein wesentlicher Bestandteil eines funktionierenden **Datenschutzmanagements,** sondern wird in einigen Regelungen der DS-GVO auch vorausgesetzt.

---

[268] https://www.datenschutz-berlin.de/fileadmin/user_upload/pdf/pressemitteilungen/2019/20191105-PM-Bussgeld_DW.pdf (abgerufen am 15.11.2020).

I. Übersicht zur Unterweisung und Sensibilisierung

330

Zusammenfassung	Regelung DS-GVO	Regelung nationales Recht
Auftragsverarbeiter sind vertraglich zu verpflichten, Personen, die zur Verarbeitung befugt sind, zur Vertraulichkeit verpflichtet zu haben.	Art. 28 Abs. 3 lit. b DS-GVO	
Auftragsverarbeiter und dem Verantwortlichen oder dem Auftragsverarbeiter unterstellte Person dürfen personenbezogene Daten ausschließlich auf Weisung des Verantwortlichen verarbeiten.	Art. 29 DS-GVO	
Der Verantwortliche und der Auftragsverarbeiter unternehmen Schritte, um sicherzustellen, dass ihnen unterstellte natürliche Personen, die Zugang zu personenbezogenen Daten haben, diese nur auf Anweisung des Verantwortlichen verarbeiten.	Art. 32 Abs. 4 DS-GVO	
Dem Datenschutzbeauftragten obliegt die Aufgabe der Unterrichtung und Beratung […] der Beschäftigten, die Verarbeitungen durchführen, hinsichtlich ihrer Pflichten nach [dem Datenschutzrecht].	Art. 39 Abs. 1 lit. a DS-GVO	§ 7 Abs. 1 Nr. 1 BDSG
Dem Datenschutzbeauftragten obliegt die Aufgabe der Überwachung der Strategien des Verantwortlichen oder des Auftragsverarbeiters für den Schutz personenbezogener Daten einschließlich der Sensibilisierung und Schulung der an den Verarbeitungsvorgängen beteiligten Mitarbeiter und der diesbezüglichen Überprüfungen.	Art. 39 Abs. 1 lit. b DS-GVO	§ 7 Abs. 1 Nr. 2 BDSG
Spezifische Maßnahmen bei der Verarbeitung von besonderen personenbezogenen Daten gem. § 22 Abs. 1 BDSG: Sensibilisierung der an Verarbeitungsvorgängen Beteiligten.		§ 22 Abs. 2 Nr. 3 BDSG

331 Dabei enthält die DS-GVO keine dem § 5 BDSG aF entsprechende ausdrückliche Verpflichtung, die Mitarbeiter oder an der Verarbeitung Beteiligten auf das Datengeheimnis zu verpflichten.[269]

II. Rechtsfolgen

332 Soweit ein unmittelbarer Verstoß gegen die oben genannten Vorschriften der DS-GVO vorliegt, kann dies gem. Art. 83 Abs. 4 lit. a DS-GVO mit einem **Bußgeld** in Höhe von bis zu 10 Mio. Euro oder im Fall eines Unternehmens von bis zu 2 % seines gesamten weltweit erzielten Jahresumsatzes des vorangegangenen Geschäftsjahres geahndet werden, je nachdem, welcher der Beträge höher ist.

333 Nicht oder nicht ausreichend durchgeführte Schulungsmaßnahmen können sich aber auch mittelbar **bußgelderhöhend** auswirken. Der Nachweis eines umfassenden Schu-

---

[269] Vgl. Forgó/Helfrich/Schneider/*Haag*, Betrieblicher Datenschutz, Kap. 2 Rn. 45.

lungskonzeptes hingegen kann als **bußgeldvermindernder** Umstand iSv Art. 83 Abs. 2 lit. d oder k DS-GVO im Rahmen der Bemessung eines Bußgeldes wegen eines Verstoßes gegen die DS-GVO nach Art. 83 Abs. 5 DS-GVO herangezogen werden.

III. Unterrichtung und Sensibilisierung in der anwaltlichen Praxis

Im Rahmen der Beratung von Mandanten, die als Verantwortliche oder Auftragsverarbeiter innerhalb ihrer Organisation Maßnahmen zur Sensibilisierung umsetzen müssen, gibt es einige Betätigungsfelder im Rahmen der anwaltlichen Beratung: 334
– Erstellung von Verpflichtungserklärungen für interne und externe Mitarbeiter
– Erstellung von Unterlagen für die Unterweisung neuer Mitarbeiter in den Datenschutz
– Erstellung von Trainings für die regelmäßige Sensibilisierung (zB E-Learnings)
– Durchführung von Sensibilisierungsmaßnahmen für spezielle und besonders sensible Bereiche (zB Schulung der Personalabteilung)

IV. Maßnahmen zur Unterrichtung und Sensibilisierung

Für ein funktionierendes **Datenschutzmanagement** ist die Sensibilisierung *von Personen, die mit der Datenverarbeitung befasst sind,* für datenschutzrelevante Fragestellungen von wesentlicher Bedeutung.[270] Sie dient der Umsetzung der Vorgaben aus **Art. 29 DS-GVO und 32 Abs. 4 DS-GVO**, wonach der Verantwortliche oder Auftragsverarbeiter Schritte unternehmen muss, um sicherzustellen, dass die unterstellten Personen, die Zugang zu personenbezogenen Daten haben, diese nur auf Anweisung des Verantwortlichen oder Auftragsverarbeiters verarbeiten.[271] 335

1. Verpflichtung von Personen, die Zugang zu Daten haben

Nach dem Wortlaut der DS-GVO ist nur für die Beschäftigten eines Auftragsverarbeiters eine Verpflichtung zwingend vorgesehen. Inhaltlich trifft diese Verpflichtung aber auch Verantwortliche und ihre Beschäftigten. Wie Verantwortliche diese Verpflichtung umsetzen und nachweisen, ist nicht verbindlich geregelt. Aufsichtsbehörden empfehlen, dies in Form einer **schriftlichen oder elektronischen Verpflichtungserklärung** umzusetzen.[272] Zur Erfüllung der Rechenschaftspflicht ist es empfehlenswert, formell festzuhalten, dass jeder einzelne Mitarbeiter, der mit personenbezogenen Daten arbeitet, über datenschutzrechtliche Verpflichtungen aufgeklärt wurde.[273] 336

Kernelement soll dabei die Verpflichtung auf die Einhaltung betrieblicher Weisungen sein.[274] **Inhaltlich** soll es sich dabei um eine Verpflichtung der Personen auf und die Information über die Grundsätze der DS-GVO gem. Art. 5 Abs. 1 DS-GVO handeln.[275] Den Verpflichteten muss deutlich sein, welche Sanktionen ihnen bei einem Verstoß drohen.[276] 337

Die Verpflichtung sollte **bei der Aufnahme der Tätigkeit,** spätestens am ersten Arbeitstag vorgenommen werden.[277] 338

---

[270] Forgó/Helfrich/Schneider/*Haag*, Betrieblicher Datenschutz, Kap. 2 Rn. 44.
[271] Vgl. *DSK*, Kurzpapier Nr. 19, „Unterrichtung und Verpflichtung von Beschäftigten", S. 1.; Simitis/Hornung/Spiecker/*Hansen*, DS-GVO Art. 32 Rn. 66, 69.
[272] *DSK*, Kurzpapier, Nr. 19, „Unterrichtung und Verpflichtung von Beschäftigten", S. 1.
[273] Forgó/Helfrich/Schneider/*Haag*, Betrieblicher Datenschutz, Kap. 2 Rn. 45.
[274] *DSK*, Nr. 19, „Unterrichtung und Verpflichtung von Beschäftigten", S. 2.
[275] *DSK*, Nr. 19, „Unterrichtung und Verpflichtung von Beschäftigten", S. 1 f.
[276] Simitis/Hornung/Spiecker/*Hansen*, DS-GVO Art. 32 Rn. 69.
[277] *DSK*, Nr. 19, „Unterrichtung und Verpflichtung von Beschäftigten", S. 2.

339 Mit der Verpflichtung nach der DS-GVO können auch **andere Geheimhaltungsvereinbarungen** kombiniert werden, zB zum Betriebs-, Telekommunikations- oder Steuergeheimnis.[278]

340 Die Aufsichtsbehörden empfehlen, die Verpflichtung **regelmäßig zu erneuern**.[279]

341 Der **Kreis der zu verpflichtenden Personen** ist nach Ansicht der Aufsichtsbehörden aufgrund der Bedeutung dieser Regelung weit auszulegen. Insbesondere sind ergänzend zum regulären Mitarbeiterstamm auch Auszubildende, Praktikanten, Referendare, Leiharbeiter und ehrenamtlich Tätige mit einzubeziehen. Die Formulierung „Person" in Art. 29 DS-GVO umfasst neben den natürlichen Personen potenziell auch unterstellte juristische Personen, in jedem Fall aber neben Beschäftigten auch nicht arbeitnehmerähnliche Personen wie freie Mitarbeiter oder externe Berater.[280]

342 Soweit die Verschwiegenheit von Beschäftigten im öffentlichen Bereich gesetzlich oder tariflich ausdrücklich geregelt ist, muss nach Ansicht der Aufsichtsbehörden eine gesonderte Verpflichtung nicht erfolgen.[281]

2. Sensibilisierung/Schulung

343 Neben der formalen Verpflichtung auf die Grundsätze der DS-GVO sollten Personen, die Zugang zu personenbezogenen Daten haben, auch über die Anforderungen des Datenschutzrechts in Bezug auf ihre konkrete Tätigkeit informiert werden. Hierzu eignen sich Schulungen, die zB als Präsenzschulungen oder auch als E-Learning durchgeführt werden könnten. Dabei geht es nicht darum, den Mitarbeitern juristisches Detailwissen beizubringen, vielmehr soll ihnen das Grundwissen vermittelt werden, um datenschutzrechtlich relevante Fragestellungen und Probleme überhaupt erkennen zu können. Ferner sollten dabei auch Lösungsstrategien vermittelt werden (zB die Einbeziehung des Datenschutzbeauftragten bei Fragen).[282] Dabei sollte auch über unternehmensspezifische datenschutzrelevante Prozesse, Abläufe und Systeme informiert werden (zB durch wen werden Anträge Betroffener bearbeitet? Wie können Anträge dorthin weitergeleitet werden?).

344 Grundsätzlich sollten alle Personen, die Zugang zu personenbezogenen Daten bekommen, entsprechend unterrichtet werden. Vorrangig richtet sich die Anforderung aber an die Mitarbeiter der Abteilungen, die am intensivsten mit personenbezogenen Daten umgehen (zB Personal, IT, Marketing und Kundenservice).[283]

V. Muster Verpflichtungserklärung Mitarbeiter

345 Das Muster ist dem Kurzpapier 19 der Datenschutzkonferenz (DSK) entnommen. Es ist entsprechend der Hinweise der DSK anzupassen. Insbesondere können bestimmte Aufgaben und Tätigkeiten zusätzliche Unterrichtungen erfordern, etwa zum Beschäftigten- oder Sozialdatenschutz, zum Telekommunikationsgeheimnis usw. Die untenstehend kursiv gedruckte Aufzählung ist im Einzelfall anzupassen. So können weitere Unterlagen Weisungscharakter haben oder aufgezählte Typen für einzelne Verantwortliche nicht von Bedeutung sein.[284]

---

[278] *DSK*, Nr. 19, „Unterrichtung und Verpflichtung von Beschäftigten", S. 2.
[279] *DSK*, Nr. 19, „Unterrichtung und Verpflichtung von Beschäftigten", S. 3.
[280] Simitis/Hornung/Spiecker/*Hansen*, DS-GVO Art. 32 Rn. 66.
[281] *DSK*, Nr. 19, „Unterrichtung und Verpflichtung von Beschäftigten", S. 2.
[282] Forgó/Helfrich/Schneider/*Haag*, Betrieblicher Datenschutz, Kap. 2 Rn. 44.
[283] Forgó/Helfrich/Schneider/*Haag*, Betrieblicher Datenschutz, Kap. 2 Rn. 44.
[284] *DSK*, Nr. 19, „Unterrichtung und Verpflichtung von Beschäftigten", S. 4 Fn. 2 und 3.

J. Unterweisung und Sensibilisierung

Verpflichtung zur Vertraulichkeit und zur Einhaltung der datenschutzrechtlichen Anforderungen[285] nach der Datenschutz-Grundverordnung (DS-GVO) 346

Frau/Herr _____

verpflichtet sich, personenbezogene Daten nicht unbefugt zu verarbeiten. Personenbezogene Daten dürfen daher nur verarbeitet werden, wenn eine Einwilligung vorliegt oder eine gesetzliche Regelung die Verarbeitung erlaubt oder vorschreibt. Die Grundsätze der DS-GVO für die Verarbeitung personenbezogener Daten sind zu wahren; sie sind in Art. 5 Abs. 1 DS-GVO festgelegt und beinhalten im Wesentlichen folgende Verpflichtungen:

Personenbezogene Daten müssen
a) auf rechtmäßige und faire Weise, und in einer für die betroffene Person nachvollziehbaren Weise verarbeitet werden („Rechtmäßigkeit, Verarbeitung nach Treu und Glauben, Transparenz");
b) für festgelegte, eindeutige und legitime Zwecke erhoben werden und dürfen nicht in einer mit diesen Zwecken nicht zu vereinbarenden Weise weiterverarbeitet werden („Zweckbindung");
c) dem Zweck angemessen und erheblich sowie auf das für die Zwecke der Verarbeitung notwendige Maß beschränkt sein („Datenminimierung");
d) sachlich richtig und erforderlichenfalls auf dem neuesten Stand sein; es sind alle angemessenen Maßnahmen zu treffen, damit personenbezogene Daten, die im Hinblick auf die Zwecke ihrer Verarbeitung unrichtig sind, unverzüglich gelöscht oder berichtigt werden („Richtigkeit");
e) in einer Form gespeichert werden, die die Identifizierung der betroffenen Personen nur so lange ermöglicht, wie es für die Zwecke, für die sie verarbeitet werden, erforderlich ist („Speicherbegrenzung");
f) in einer Weise verarbeitet werden, die eine angemessene Sicherheit der personenbezogenen Daten gewährleistet, einschließlich Schutz vor unbefugter oder unrechtmäßiger Verarbeitung und vor unbeabsichtigtem Verlust, unbeabsichtigter Zerstörung oder unbeabsichtigter Schädigung durch geeignete technische und organisatorische Maßnahmen („Integrität und Vertraulichkeit").

Personenbezogene Daten dürfen daher nur nach Weisung des Verantwortlichen verarbeitet werden. Neben *Einzelweisungen der Vorgesetzten gelten als Weisung: Prozessbeschreibungen, Ablaufpläne, Betriebsvereinbarungen, allgemeine Dienstanweisungen sowie betriebliche Dokumentationen und Handbücher.*

Verstöße gegen diese Verpflichtung können mit Geldbuße und/oder Freiheitsstrafe geahndet werden. Ein Verstoß kann zugleich eine Verletzung von arbeitsvertraglichen Pflichten oder spezieller Geheimhaltungspflichten darstellen. Auch (zivilrechtliche) Schadenersatzansprüche können sich aus schuldhaften Verstößen gegen diese Verpflichtung ergeben. Ihre sich aus dem Arbeits- bzw. Dienstvertrag oder gesonderten Vereinbarungen ergebende Vertraulichkeitsverpflichtung wird durch diese Erklärung nicht berührt.

Die Verpflichtung gilt auch nach Beendigung der Tätigkeit weiter.

Ich bestätige diese Verpflichtung. Ein Exemplar der Verpflichtung habe ich erhalten.

Ort, Datum	Unterschrift Verpflichteter und Verantwortlicher

Der Verpflichtung kann ein Abdruck der relevanten Vorschriften beigefügt (oder zB zum Abruf im Intranet bereitgehalten) werden: 347
– Art. 4 Nr. 1, 2, Art. 5, 6, 9, 10, 22, 29, 82, 83 DS-GVO
– § 42, 43 BDSG

---

[285] Muster entnommen *DSK,* Kurzpapier Nr. 19, „Unterrichtung und Verpflichtung von Beschäftigten", S. 4f.

- §§ 202a-204, 206, 303a, 303b StGB
- Ggf. weitere relevante Vorschriften (zB § 88 TKG bei Diensteanbietern).

348 Die Checkliste soll als Orientierungshilfe dazu dienen, zu prüfen welche Maßnahmen in einem Schulungskonzept ergriffen werden sollten. Dabei ist immer zu beachten, dass Schulungsmaßnahmen den Besonderheiten der jeweiligen Situation Rechnung tragen müssen und sich schematische Ansätze daher meist verbieten.

349

> **Checkliste zur Erstellung eines Schulungskonzepts**
> ☐ Zweck
>
> > Eine datenschutzkonforme Verarbeitung personenbezogener Daten erfordert auch, dass die tätigen Personen durch geeignete Maßnahmen mit den Vorschriften des Datenschutzrechts und den besonderen Erfordernissen des Datenschutzes vertraut gemacht werden. Diese Zwecke für ein Schulungskonzept sollten festgelegt werden.
>
> ☐ Einweisung neuer Mitarbeiter in den Datenschutz insbesondere zu
>   ☐ Grundlagen des Datenschutzrechts
>   ☐ Rechtsquellen (interne Regelungen und Gesetze)
>   ☐ Wichtigen Begrifflichkeiten (besonders nach Art. 4 DS-GVO)
>   ☐ Wesentliche Grundsätze (Art. 5 DS-GVO),
>   ☐ Insbesondere Rechtmäßigkeit der Verarbeitung
>   ☐ Betroffenenrechte
>   ☐ Umgang mit Datenschutzverletzungen
>   ☐ Grundlagen der Datensicherheit
>   ☐ Konkrete Prozesse und Vorgehensweisen beim Verantwortlichen
>   ☐ Zuständigkeiten und Verantwortlichkeiten beim Verantwortlichen
> ☐ Aushändigung der Datenschutz-Richtlinie
> ☐ Vorlegen/Unterschreiben der Verpflichtung zur Vertraulichkeit
> ☐ Evtl. Aushändigung einer Unterweisung in den Datenschutz mit
>   ☐ Wichtigen Begriffen der DS-GVO
>   ☐ Grundsätzen der Verarbeitung
>   ☐ Informationen zur Rechtmäßigkeit der Verarbeitung
>   ☐ Informationen zur Übermittlung in ein Drittland
>   ☐ Unternehmensspezifische Besonderheiten
>   ☐ Informationen zu Sanktionen
> ☐ Mündliche Einweisung durch den Vorgesetzen
> ☐ Regelmäßige Schulungen aller Mitarbeiter zu datenschutzrechtlichen Themen (vgl. → Rn. 343 f.)
>   ☐ Präsenzschulung
>   ☐ E-Learning
>   ☐ Bereichsspezifische Angebote
> ☐ Dokumentation der Schulungsmaßnahmen zur Erfüllung der Nachweispflichten

K. Auditplanung/Wirksamkeitskontrolle

350 Um der **Rechenschaftspflicht** nach Art. 5 Abs. 2 DS-GVO nachzukommen, den Nachweis für die Einhaltung der Datenschutzanforderungen durch **regelmäßige Überprüfungen und Aktualisierungen** zu erbringen (Art. 24 Abs. 1 S. 1 DS-GVO) sowie ein Verfahren zur regelmäßigen Überprüfung, Bewertung und Evaluierung der Wirksamkeit der technischen und organisatorischen Maßnahmen vorzuhalten (Art. 32 Abs. 1

lit. d DS-GVO), ist es erforderlich, dass innerhalb der Datenschutzorganisation Audits geplant und durchgeführt werden. Auch der **Datenschutzbeauftragte** kann mithilfe von Audits seiner Überwachungspflicht nach Art. 39 Abs. 1 lit. b DS-GVO nachkommen.

Ein Auditkonzept sollte deshalb sowohl bei Verantwortlichen als auch bei Auftragsverarbeitern Teil des DSMK sein. In Betracht kommen sowohl interne Audits innerhalb der Organisation als auch externe Audits bei Dienstleistern. Dreh- und Angelpunkt werden bei der Auditplanung stets die mit der Verarbeitung verbundenen Risiken für die Rechte und Freiheiten der Betroffenen sein. Sonderaudits könnten im Falle von Datenschutzvorfällen oder ähnlichen kritischen Ereignissen ad hoc erforderlich werden und die Auditplanung ergänzen. 351

Eine **Auditplanung** sollte in einem **regelmäßigen Turnus,** beispielsweise einmal jährlich, aufgestellt und dokumentiert werden. Darin sollten insbesondere 352
– die Festlegung des Auditgegenstands,
– die Bewertung der Kritikalität aufgrund einer Risikobetrachtung,
– der Auditumfang der zu überprüfenden Verarbeitungen, Fachbereiche, Dienstleister, etc.,
– die Art der Überprüfung (zB Vor-Ort, Self Assessment, Telefon-Interview) und
– der geplante Zeitraum
festgelegt werden.

Für die Umsetzung des Auditplans kann folgende Checkliste abgearbeitet werden: 353

Checkliste Umsetzung Audits

❏ Vorbereitung
    ❏ Review, ob Auditgegenstand und festgelegte Auditform noch angemessen ist oder erweitert werden sollten
    ❏ Festlegung, wer das Audit durchführen soll (Datenschutzbeauftragter, externer Prüfer, Mitarbeiter des Fachbereichs, etc.)
    ❏ Identifizieren benötigter interner Ansprechpartner und externer Ansprechpartner beim Dienstleister
    ❏ Erstellung einer Auditagenda
    ❏ Ankündigung des Audits gegenüber relevanten Ansprechpartnern
    ❏ Ggf. Durchführung eines Kick-Off-Termins mit den Ansprechpartnern
    ❏ Ggfs. Anforderung von Dokumenten vorab
❏ Durchführung
    ❏ Sachverhaltsermittlung anhand der vorbereiteten Agenda im Interview-/Fragebogenstil; ggfs. Standortbegehung, Demonstrationen und Präsentationen
    ❏ Einholung der erforderlichen Dokumente
    ❏ Auswertung der Auditergebnisse, Prüfung von Dokumenten
    ❏ Dokumentation der Auditergebnisse in einem Bericht
    ❏ Vorschlag von Maßnahmen zur Behebung etwaiger Abweichungen von gesetzlichen, vertraglichen oder internen Vorgaben und Dokumentation in einem Maßnahmenplan
    ❏ Kommunikation des Auditberichts und Maßnahmenplans an verantwortliche Personen
❏ Umsetzung
    ❏ Überwachung und ggfs. Begleitung bei der Umsetzung der Maßnahmen aus dem Auditbericht
    ❏ Dokumentation des jeweiligen Umsetzungsstands und regelmäßiges Reporting
    ❏ Ggfs. Planung einer Nachauditierung

Teil 6.7 Dateneigentum und Schutz von Maschinendaten

Übersicht

	Rn.
A. Rechte an Daten de lege lata	1
I. Kurze Begriffsbestimmung: Daten und Informationen	3
II. Urheberrecht	5
III. Patentrecht	7
IV. Datenbankherstellerrecht §§ 87a ff. UrhG	11
1. Voraussetzung: Vorliegen einer Datenbank	12
2. Voraussetzung: wesentliche Investition	20
3. Wer ist Rechteinhaber bei Industrie 4.0?	26
4. Schutzumfang	30
5. Schutzdauer und „neue" Datenbank	36
6. Fazit	38
V. Strafrechtlicher und deliktischer Schutz	41
VI. Vertragliche und technische Schutzmöglichkeiten	46
B. Rechte an Daten de lege ferenda	48
I. Ein zukünftiges Datenproduzentenrecht	50
1. Konturen eines Leistungsschutzrechts	50
2. Problembereiche	56
II. Zugangsrechte	62
III. Fazit	64

Literatur:

v. Baum/Appt/Schenk, Die vernetzte Fabrik: Rechtliche Herausforderungen in der Industrie 4.0 (Teil 1), DB 2017, 1824; *Becker,* Lauterkeitsrechtlicher Leistungsschutz für Daten, GRUR 2017, 346; *Bräutigam/Klindt,* Industrie 4.0, das Internet der Dinge und das Recht, NJW 2015, 1137; *Denga,* Gemengelage des Datenrechts, NJW 2018, 1371; *Ehlen/Brandt,* Die Schutzfähigkeit von Daten – Herausforderungen und Chancen für Big Data Anwender, CR 2016, 570; *Gaster,* Der Rechtsschutz von Datenbanken, 1999; *Hieke,* Big Data, Zum gesetzlichen Schutz und der rechtlichen Zuordnung von Daten, InTeR 2017, 10; *Hoeren,* Dateneigentum. Versuch einer Anwendung von § 303a StGB im Zivilrecht, MMR 2013, 486; *Hoeren,* Datenbesitz statt Dateneigentum. Erste Ansätze zur Neuausrichtung der Diskussion um die Zuordnung von Daten, MMR 2019, 5; *Hornung/Goeble,* „Data Ownership" im vernetzten Automobil, Die rechtliche Analyse des wirtschaftlichen Werts von Automobildaten und ihr Beitrag zum besseren Verständnis der Informationsordnung, CR 2015, 265; *Leistner,* Datenbankschutz – Abgrenzung zwischen Datensammlung und Datengenerierung – Eine grundsätzliche Betrachtung aus Anlass von OLG Hamburg, CR 2018, 17; *Peschel/Rockstroh,* Big Data in der Industrie, Chancen und Risiken neuer Datenbasierter Dienste, MMR 2014, 571; *Roßnagel,* Big Data – Small Privacy?, Konzeptionelle Herausforderungen für das Datenschutzrecht, NJW 2017, 10; *Sahl,* Daten als Basis der digitalen Wirtschaft und Gesellschaft, RDV 2015, 236; *Schefzig,* Wem gehört das neue Öl? – Die Sicherung der Rechte an Daten, K&R 2015, 3; *Schwartmann/Hentsch,* Eigentums an Daten – Das Urheberrecht als Pate für ein Datenverwertungsrecht, RDV 2015, 221; *Schweitzer/Peitz,* Ein neuer europäischer Ordnungsrahmen für Datenmärkte, NJW 2018, 275; *Specht,* Konsequenzen der Ökonomisierung informationeller Selbstbestimmung: Die zivilrechtliche Erfassung des Datenhandels, Köln 2012 (zit. *Specht,* Datenhandel); *Spindler,* Zukunft der Digitalisierung – Datenwirtschaft in der Unternehmenspraxis, DB 2018, 41; *Spindler/Schuster* (Hrsg.), Recht der elektronischen Medien, 3. Aufl. 2015 (zit. Spindler/Schuster/*Bearbeiter*); *Thalhofer,* Recht an Daten in der Smarten Factory, GRUR-Prax 2017, 225; *Weisser/Färber,* Rechtliche Rahmenbedingungen bei Connected Car, Überblick über die Rechtsprobleme der automobilen Zukunft, MMR 2015, 506; *Wiebe,* Protection of industrial data – a new property right for the digital economy?, GRUR Int. 2016, 877; *Wiebe,* Von Datenrechten zu Datenzugang – Ein rechtlicher Rahmen für die europäische Datenwirtschaft, Überblick und erste Bewertung zur Mitteilung der EU-Kommission vom 10.1.2017, CR 2017, 87; *Wiebe,* Schutz von Maschinendaten durch das Sui-generis-Schutzrecht für Datenbanken, GRUR 2017, 338; *Wiebe/Schur,* Ein Recht an industriellen Daten im verfassungsrechtlichen Spannungsverhältnis zwischen Eigentumsschutz, Wettbewerbs- und Informationsfreiheit, ZUM 2017, 461; *Wulf/Burgenmeister,* Industrie 4.0 in der Logistik – Rechtliche Hürden beim Einsatz neuer Vernetzungs-Technologien, Anwendungsbeispiele und Lösungswege zu sechs zentralen Bereichen der Logistik, CR 2015, 404; *Yi,* Daten als eigentumsrechtlicher oder immaterialgüterrechtlicher Gegenstand in China, GRUR Int 2019, 238.

A. Rechte an Daten de lege lata

Die **Rechte an sensor- und maschinengenerierten Daten** sind Gegenstand einer intensiven **rechtspolitischen Debatte**.[1] Ausgehend von einer Analyse der bestehenden Schutzmöglichkeiten im Zivilrecht sowie im Immaterialgüterrecht fokussierte sich die Debatte auf die Schaffung eines neuen Ausschließlichkeitsrechts an nicht-personenbezogenen Daten.[2] Als Begründung wird vor allem darauf hingewiesen, dass ein solches Recht ein Anreiz zur Datenproduktion setzt, den Datennutzen zuweist und die Offenbarung von Daten fördert, was die Entstehung von Märkten begünstigt.[3] Auch die EU-Kommission hat sich dieser Frage angenommen und die Einführung eines solchen Rechts angedacht.[4]

Den bestehenden Schutzmöglichkeiten im Bereich des Immaterialgüterrechts soll im Folgenden nachgegangen werden. Der Know-how-Schutz nach §§ 17 f. UWG bleibt dabei ausgeklammert (S. dazu das folgende Kapitel 6.8).

I. Kurze Begriffsbestimmung: Daten und Informationen

Obwohl beide Begriffe – auch in Gesetzen – häufig austauschbar benutzt werden, ist die Unterscheidung von **Daten** und **Informationen** für das Informationsrecht grundlegend und unbedingt zu beachten. Für die interdisziplinäre Arbeit erscheint das dreidimensionale Informationskonzept der Semiotik weiterführend.[5] Das Konzept der Information lässt sich danach in drei hierarchische Ebenen unterteilen:

- Syntaktik
Beschränkter Blick auf den Informationskanal mit der Möglichkeit der Quantifizierung („Entropie"); Aufbau und Strukturierung von Zeichen nach formalen Regeln (Rechtschreibung, Grammatik);

- Semantik
Bedeutung eines Zeichens oder Zeichenfolge und Beziehung zum Bezeichneten; Entnahme der Bedeutung durch Decodierung;

- Pragmatik
Wirkung der Zeichen im Verwendungszusammenhang; Zwecke, die die Information aus Seiten von Sender und Empfänger erfüllen soll; hier werden Kontext und Hintergrundwissen von Bedeutung.

---

[1] Allgemein zur Diskussion *Wiebe*, GRUR Int. 2016, 877; *Spindler*, DB 2018, 41; *Denga*, NJW 2018, 1371; *Schweitzer/Peitz*, NJW 2018, 275; *v. Baum/Appt/Schenk*, DB 2017, 1824; *Wiebe/Schur*, ZUM 2017, 461; *Thalhofer*, GRUR-Prax 2017, 225; *Hieke*, InTeR 2017, 10; *Roßnagel*, NJW 2017, 10, 11; *Ehlen/Brandt*, CR 2016, 570; *Wulf/Burgenmeister*, CR 2015, 404, 407 ff.; *Bräutigam/Klindt*, NJW 2015, 1137, 1139; *Schefzig*, K&R 2015, 3; *Sahl*, RDV 2015, 236; *Hornung/Goeble*, CR 2015, 265; *Schwartmann/Hentsch*, RDV 2015, 221; *Weisser/Färber*, MMR 2015, 506, 508; *Peschel/Rockstroh*, MMR 2014, 571; *Yi*, GRUR Int 2019, 238; *Becker*, GRUR 2017, 346.
[2] Siehe v. a. *Zech*, CR 2015, 137, 144; *Zech*, GRUR 2015, 1151, 1159; *Zech*, Information, 385 ff., 434 ff.; siehe auch *Ensthaler*, NJW 2016, 3473, 3476 f.; *Markendorf*, ZD 2018, 409, 411; für ein Dateneigentum *Hoeren*, MMR 2013, 486, 488 f.; nunmehr in Richtung eines Datenbesitzes *Hoeren*, MMR 2019, 5; für ein repräsentatives Dateneigentum der Bürger *Fezer*, ZD 2017, 99.
[3] *Zech*, CR 2015, 137, 144 f.
[4] Vgl. COM (2015) 192 final, S. 15; COM (2017) 9 final, S. 14; SWD (2017) 2 final, S. 33; siehe hierzu auch die Bewertung von *Wiebe*, CR 2017, 87; *Wiebe/Schur*, ZUM 2017, 461, 472; für einen Überblick siehe *Kim*, GRUR Int 2017, 697, 699.
[5] Zurückgehend auf *Morris*, Grundlagen der Zeichentheorie, in Reihe Hanser 106 – Kommunikationsforschung 2 1938 (übersetzt von Roland Posner 1975, 33 ff.); *Carnap*, Introduction to Semantics, 3d ed. 1948. Vgl. auch *Pombriant*, Data, Information, Knowledge, CRi 2013, 97. Weitere Nachweise bei *Zech*, Information als Schutzgegenstand, 2012, 25.

4 Für das Verhältnis von Information und Daten ergibt sich aus der **semiotischen Betrachtung:** Daten sind der syntaktischen Informationsebene zuzuordnen, Information umfasst alle drei Ebenen. Für das Konzept der Daten ergibt sich der Bezug zum digitalen Kommunikationskanal. Nach ISO/IEC 2382-1 (1993) sind Daten „a reinterpretable representation of information ... in a formalized manner suitable for communication, interpretation, or processing", dh, das Konzept der Daten bezeichnet Informationen im Speicher- und Transportzustand. Die Datenebene bezeichnet Information in der Phase des Transports und der Speicherung, der Computer ist (vorerst) eine „perfekte Syntaxmaschine". Aus dieser Unterscheidung ergibt sich zugleich die Gemeinsamkeit: die Datenebene ist Teil des Informationskonzepts, die rechtliche Behandlung der Datenebene betrifft auch die Information insgesamt.

II. Urheberrecht

5 Bei der Frage nach einem immaterialgüterrechtlichen Schutz von Daten ist zunächst vor allem an das Urheberrecht zu denken. Es ist denkbar, dass Daten urheberrechtlich geschützte Inhalte enthalten und vom Schutzumfang des Urheberrechts mit umfasst sind. Für die Industriedaten wird dies jedoch in der Regel nicht der Fall sein, da es sich um durch Maschinen produzierte oder sensorgestützt erhobene Daten handelt, die insoweit **keine individuelle menschliche Leistung** enthalten. Nur in Ausnahmefällen ist es vorstellbar, dass softwaregestützt produzierte Daten die Individualität des Programmierers ausdrücken.

6 Der durch die Datenbank-Richtlinie 96/9/EG eingeführte urheberrechtliche Datenbankschutz knüpft nicht bei den Daten als Schutzgegenstand an, sondern ist auf den Schutz des in der Strukturleistung der Datenbank sich ausdrückenden Werks gerichtet.

III. Patentrecht

7 In begrenztem Umfang kommt nach jüngster Rechtsprechung ein gewisser Schutz durch das Patentrecht in Betracht. Danach können Daten unter bestimmten Voraussetzungen als **Erzeugnis** im Sinne von § 9 PatG angesehen werden. Der BGH hat den Schutz von Videodaten („codierte, auf dem Datenträger lediglich materialisierte Datenfolgen") als unmittelbar hergestelltes Verfahrenserzeugnis (§ 9 S. 2 Nr. 2, 3 PatG) bejaht.[6] Danach können Videodaten wie körperliche Gegenstände beliebig oft bestimmungsgemäß genutzt werden („Eignung, wie eine Sache genutzt und als Gegenstand des Handelsverkehrs dienen zu können"). Diese Tendenz wurde in einem neuen Urteil fortgesetzt.

8 Der BGH bewertete die Nutzung körperlicher Gegenstände und von „Datenfolgen" als gleichwertig. Dagegen setze die Ebene von Bedeutung und Wissen zur Nutzung menschliches Verstehen und Handeln voraus. Es bestehe danach kein patentrechtlicher Schutz für Information, aber für Daten. Daraus ergebe sich auch, dass darin keine Umgehung des Ausschlusstatbestands für „Wiedergabe von Informationen", § 1 Abs. 2 Nr. 4 PatG zu sehen sei. Der BGH sah als weiteres Erfordernis, dass das Erzeugnis seiner „Art nach als tauglicher Gegenstand eines Sachpatents in Betracht kommen" muss.[7] Für eine Datenfolge als **Verfahrensergebnis** ist dies dann der Fall, wenn sie „sachlich-technische Eigenschaften aufweist, die ihr durch das Verfahren aufgeprägt worden sind".

9 Dies hat der BGH für „Videodaten, die erfindungsgemäß zur Datenkompression in bestimmter Weise codiert waren" bejaht. Aber die MPEG-2-Videosignalcodierung war nicht wegen der codierten (Video-) Information, sondern wegen dieser **Datenstruktur,** mithin

---

[6] *BGH,* GRUR 2012, 1230, MPEG-2-Videosignalcodierung.
[7] *BGH,* GRUR 2017, 261 – Rezeptortyrosinkinase II. Dazu *Zech,* GRUR 2017, 475.

wegen eines technischen Merkmals, grundsätzlich auch einem Sachschutz zugänglich.[8] Die Ergebnisse der Genanalyse dagegen zeichneten sich nicht durch eine besondere (technische) Art der Darstellung aus und wiesen auch sonst keine sachlich-technischen Eigenschaften auf, die ihr durch das erfindungsgemäße Verfahren aufgeprägt worden wären, sondern waren lediglich dadurch gekennzeichnet, dass die von den Daten verkörperte Information die erfindungsgemäß gewonnene Erkenntnis enthält. Die Übermittlung der Datenfolge zieht damit zwar einen Vorteil aus der (außerhalb des Geltungsbereiches des Patentgesetzes stattfindenden) Nutzung des erfindungsgemäßen Verfahrens, stellt jedoch selbst keine Nutzung der technischen Lehre der Erfindung dar. Vielmehr kommt es bei der Übersendung der Untersuchungsergebnisse ausschließlich auf den einem Patentschutz nicht zugänglichen Informationsgehalt an, dessen Wert sich überdies regelmäßig in der einmaligen Übermittlung für die Zwecke einer ärztlichen Diagnose erschöpft.

In begrenztem Umfang eröffnet sich damit die Möglichkeit, Daten in den Schutzumfang eines Patents einzubeziehen. 10

IV. Datenbankherstellerrecht §§ 87a ff. UrhG

Neben dem Know-how-Schutz, der im folgenden Kapitel behandelt wird, ist de lege lata das Datenbankherstellerrecht von großer Bedeutung für den Schutz von Daten. Dieses stellt einen **Investitionsschutz** für die Errichtung von **Datenbanken** dar und wurde durch die Datenbankrichtlinie 96/6/EG in Europa eingeführt. Es richtet sich allerdings nicht direkt auf den Schutz der Daten, sondern zielt auf Investitionen in Datenbanken. Daten sind insoweit nur indirekt geschützt. 11

1. Voraussetzung: Vorliegen einer Datenbank

Eine **Datenbank** ist in § 4 Abs. 2 iVm § 4 Abs. 1 UrhG definiert als eine Sammlung von Werken, Daten oder anderen unabhängigen Elementen, die systematisch und methodisch angeordnet und einzeln mit elektronischen oder anderen Mitteln zugänglich sind. 12

Durch die Voraussetzung der **Unabhängigkeit der Elemente** werden solche Gestaltungen ausgegrenzt, die von vornherein für ein Ganzes geschaffen sind, inhaltliche Wechselbeziehungen aufweisen und so in ihrer Verschmelzung eine einheitliche Aussage bilden.[9] Der EuGH hat in Übereinstimmung damit auf einen „selbstständigen Informationswert" und darauf abgestellt, dass sich die Elemente voneinander trennen lassen, ohne dass der Wert des Inhalts beeinträchtigt wird.[10] Als Folge wurde die Schutzfähigkeit von Stadtplänen, auch in Papierform, bejaht.[11] Der EuGH stellt zunächst fest, dass es sich bei den Elementen „Kirche" und „Straße" in einer Karte um geschützte Einzelelemente handele. Dabei setzten sich diese Einzelelemente wiederum aus jeweils zwei Daten zusammen, nämlich geografischer Koordinaten und Signatur. Das zeigt bereits die Flexibilität des Datenbankschutzes, der nicht nur Daten als geschützte Elemente umfasst, wobei es dem Hersteller überlassen bleibt, welche Arten von Elementen der Datenbank er definiert.[12] Der 13

---

[8] Vgl. *Arnold*, FS 80 Jahre Patentgerichtsbarkeit in Düsseldorf, S. 15, 20: Art der „Verpackung" des Informationsgehalts.
[9] Vgl. ferner *LG München I*, CR 2000, 389, 390, NJW 2000, 2214, 2215, wonach Werke ausgeschlossen sind, deren Elemente ein „verbindendes Gewebe" bilden, etwa literarische und Musikwerke sowie im entschiedenen Fall einzelne Musik- und Tonspuren von „MIDI-Files".
[10] *EuGH*, GRUR 2012, 386 Rn. 26 – Football Dataco Ltd. ua/Yahoo! UK Ltd., Football Dacato/Yahoo, Rn. 26f.
[11] *EuGH*, GRUR 2015, 1187 – Esterbauer; vgl. auch *BGH*, GRUR 2016, 930 – TK 50 II; zu den Vorinstanzen *LG München I*, GRUR-RR 2010, 92; *OLG München*, CR 2013, 765.
[12] Zum Abstellen auf die Definition der Datenbankkonzeption durch den Hersteller vgl. *Wiebe*, GRUR Prax 2016, 49 ff., da ansonsten der Datenbankbegriff beliebig und nicht mehr sinnvoll abgrenzbar wird, vgl. bereits *OLG München*, GRUR 2014, 75, 76; vgl. auch *Leistner*, GRUR 2014, 42, 44.

EuGH hob auch hervor, dass auch eine beliebige weitere Kombination mehrerer Daten als Elemente der Datenbank schutzfähig sein können.

14 Für die Schutzvoraussetzung der unabhängigen Elemente wird auf den „**selbstständigen Informationswert**" abgestellt. Dazu seien die Daten nicht isoliert zu betrachten, sondern als Information im Kontext. Der EuGH stellt dann fest, dass sich durch Herauslösen von Elementen aus der Karte zwar der Informationswert reduziere, dies aber unschädlich sei, solange ein „selbständiger Informationswert" bleibe. Eine quantitative Untergrenze für diese Minderung nennt der EuGH nicht.

15 Der Informationswert ergibt sich aus dem neuen Kontext, in den die Daten gestellt werden. Dies ist aber vor dem Hintergrund der Unterscheidung zwischen Daten und Informationen nicht anders möglich, da die Bedeutung sich erst auf der Informationsebene erschließt und Daten als solche noch keine Bedeutung haben. Dieser weite Datenbankbegriff gibt Raum für eine weite Anwendung des Datenbankherstellerrechts.

16 Für das eng verwandte Merkmal der **einzelnen Zugänglichkeit** der Elemente ist nicht auf eine theoretische Möglichkeit bei Verfügbarkeit entsprechender Software abzustellen, sondern darauf, ob die vom Hersteller vorgesehenen und im Produkt enthaltenen Funktionen dem Benutzer einen einzelnen Zugriff auf die jeweiligen Elemente erlauben.[13] Mit diesem Merkmal sollen etwa Aufzeichnungen von audiovisuellen, kinematografischen, literarischen oder musikalischen Werken als solche vom Schutz als Datenbankwerk ausgenommen werden, da sie bereits als Einheit geschützt sind.[14] Der EuGH hat diese Merkmale dahin konkretisiert, dass ein technisches Mittel (elektronisches, elektromagnetisches, elektrooptisches Verfahren) oder ein anderes Mittel, wie ein Index, Inhaltsverzeichnis oder Gliederung es ermöglicht, auf jedes in der Sammlung enthaltene Element zuzugreifen.[15] Dieses Mittel zur Verarbeitung der einzelnen Elemente unterscheidet die Datenbank vom Sammelwerk.

17 Das Merkmal der **systematischen oder methodischen Anordnung** dient der Abgrenzung gegenüber völlig ungestalteten „Datenhaufen".[16] Nach Erwägungsgrund 21 der Datenbank-RL ist dabei nicht auf die physische Speicherung abzustellen, vielmehr kommt es hier auf die logische Gesamtsicht, das konzeptionelle Modell, schematisiert in einem Datenmodell an.[17] Allerdings hat der EuGH gefordert, dass die Sammlung sich auf einem festen Träger beliebiger Art befindet.[18] Als Mindestkriterium hat es für elektronische Datenbanken keine spürbare Abgrenzungsfunktion. Nach Erwägungsgrund 20 der Datenbank-RL gehören zu den geschützten Elementen auch Elemente des Abfragesystems, etwa Thesaurus oder Indexierungssysteme, die zielgerichtete Recherchen nach Einzelelementen in diesem Datenbestand ermöglichen.[19] Erst hierdurch erreicht eine Datenbank ihre Funktion der Informationsverarbeitung.

18 Die Möglichkeit der **Wiederauffindbarkeit** der Elemente *durch ein Abfragemittel* unterscheidet eine Datenbank im Sinne der Richtlinie insoweit von einer bloßen Sammlung von Elementen, die zwar auch Informationen liefert, der es aber an einem Mittel zur Verarbeitung der einzelnen Elemente, aus denen sie besteht, fehlt.[20] Hierin liegt also auch der Unterschied zu einer Sammlung von Rohdaten, bei der es sich nicht um eine geschützte

---

[13] Vgl. Dreier/Schulze/*Dreier*, UrhG § 87a Rn. 8; *Gaster*, CR 1997, 669, 673; *Wiebe/Funkat*, MMR 1998, 69, 74. Der BGH, MMR 1999, 470, 472, hat die einzelnen Einträge in einem Telefonbuch als einzeln zugänglich angesehen, da sie auf Grund der alphabetischen Anordnung leicht auffindbar seien.
[14] Vgl. Erwägungsgrund 17, ABl. EG L 77/21. Zum weiten Schutzumfang vgl. auch *Gaster*, CR 1997, 669, 673.
[15] *EuGH*, Rs. C-444/02, Fixtures Marketing Ltd v. Organismos prognostikon agonon podosfairou AE (OPAP), Rn. 30f. Vgl. auch BGH, GRUR 2011, 1018 Rn. 28 – Automobil-Onlinebörse.
[16] Vgl. OLG Köln, MMR 2007, 443.
[17] Vgl. *Wiebe/Funkat*, MMR 1998, 69, 72; *Leistner*, GRUR Int. 1999, 823.
[18] *EuGH*, Rs. C-444/02, Fixtures Marketing Ltd v. Organismos prognostikon agonon podosfairou AE (OPAP), Rn. 30.
[19] *OLG Köln*, MMR 2007, 443, 444 – DWD-Wetterdaten.
[20] *EuGH*, GRUR 2005, 254f. Rn. 32 – Fixtures-Fußballspielpläne II.

Datenbank handelt. Auch von Maschinen produzierte oder durch Sensoren erhobene Daten müssen diese Schwelle überwinden, indem sie in einer Form gespeichert werden, die eine Wiederauffindbarkeit in systematischer oder methodischer Form ermöglicht.

Welche Bedeutung kann das Datenbankherstellerrecht danach in vernetzten Informationsumgebungen spielen? Das heutige **Datenmanagement in vernetzten** Strukturen lässt zumindest die Konzeption der Datenbank zunehmend unscharf erscheinen. **Big Data Analytics** arbeitet beispielsweise mit HDFS (Hadoop Distributed Filesystem). Die Daten sind in Rechnerclustern gespeichert. Metadaten befinden sich im NameNode (Verzeichnisstruktur, Dateiverwaltung).[21] Das entspricht nicht mehr dem „klassischen" Bild einer auf einem Server liegenden Datenbank mit Software und Benutzerschnittstelle. Es lässt sich aber durchaus mit dem klassischen Modell eines Datenbankmanagementsystems in der Informatik auf drei Ebenen (Datenbasis, Datenbankmanagementsystem, Schnittstelle) in Einklang bringen.[22] Zwar ist die Datenbasis auf verteilten Rechnernetzwerken gespeichert, die Mindestanforderungen der Speicherung auf einem körperlichen Träger ist dadurch aber ebenso erfüllt wie die der systematischen und methodischen Anordnung aufgrund der Metadaten. Da der Speicherort grundsätzlich keine Rolle spielt, liegt eine Datenbank auch dann vor, wenn die Datenbestände, auf die ein einheitliches Abfragemittel zugreift, räumlich verstreut auf mehreren Servern gespeichert sind.[23] Damit lassen sich Datenbankschutzrechte auch im Rahmen von Big Data nutzbar machen.

2. Voraussetzung: wesentliche Investition

Zur Begründung der Schutzfähigkeit einer Datenbank nach § 87a UrhG kommt es auf das Vorliegen wesentlicher Investitionen in die Beschaffung, Überprüfung oder Darstellung der Elemente an. Zu den nach § 87a Abs. 1 UrhG **berücksichtigungsfähigen Investitionen** gehören nicht nur solche finanzieller Art, sondern auch der Einsatz technischer Mittel und menschlicher Ressourcen.

In Grundsatzentscheidungen aus dem Jahre 2004 hat der EuGH die **Abgrenzung zwischen Datensammlung und Datenerzeugung** besonders betont und den Schutz auf Investitionen in die Sammlung bereits vorhandener Daten beschränkt, während die Kosten für die Generierung von Daten ausgeklammert blieb.[24] Diese Abgrenzung ist von enormer praktischer Bedeutung, weil sie für jede neu zu errichtende Datenbank durchzuführen und die Schutzfähigkeit stark beschränken kann, andererseits aber nicht einfach zu implementieren ist. Der EuGH vertritt insoweit eine enge Abgrenzung der relevanten Aufwendungen. Sind selbständige Aufwendungen für die Sammlung und Überprüfung der Daten im Hinblick auf die Datenbank nicht separat nachzuweisen, finden sie keine Berücksichtigung. Das betrifft vor allem viele Datenbanken, die ein Nebenprodukt einer datenerzeugenden Tätigkeit darstellen („Spin-Off").[25]

Es spricht aber einiges dafür, dass auch nach geltender Rechtslage eine **weitere Auslegung** möglich ist.[26] Danach handelt es sich bei Beobachtung und Messung um Aufwand für die Sammlung von Daten, da bereits vorhandene Elemente ermittelt werden.[27] Die Abgrenzung ist danach so zu ziehen, dass gesammelte Daten in der Natur bereits vorhanden sind und lediglich durch Messung „gesammelt" werden. Das gilt bspw. für meteorologische oder geologische Daten, Genanalysen, etc. Bereits vorhandene Daten sind allgemein

---

[21] http://hadoop.apache.org/docs/r1.2.1/hdfs_design.html; http://www.aosabook.org/en/hdfs.html.
[22] Vgl. *Wiebe/Funkat*, MMR 1998, 69, 74.
[23] Vgl. LG Berlin, ZUM 2006, 343, 344 – eBay-Angebotsdatenbank.
[24] *EuGH*, Rs. C-338/02, Fixtures Marketing Ltd v. Svenska Spel AB; Rs. C-444/02, Fixtures Marketing Ltd v. Organismos prognostikon agonon podosfairou AE (OPAP); Rs. C-46/02, Fixtures Marketing Ltd v. Oy Veikkaus Ab, CR 2005, 412 ff.
[25] Wandtke/Bullinger/*Thum*/*Hermes*, UrhG § 87a Rn. 41.
[26] S. bereits *Wiebe*, GRUR 2017, 338 ff.
[27] Wohl hM Wandtke/Bullinger-*Thum*/*Hermes*, UrhG § 87a Rn. 49; *Leistner*, JZ 2005, 408; Schricker/Loewenheim/*Vogel*, UrhG § 87a Rn. 53; Dreier/Schulze-*Dreier*, UrhG § 87a Rn. 13.

verfügbar und können daher grundsätzlich von jedem Dritten mit gleichem Aufwand gesammelt werden, während erzeugte Daten „ihrer Natur nach" niemandem außer dem Datenerzeuger selbst bekannt sind.[28] Eine solche Abgrenzung wird auch durch die Rechtsprechung gestützt.[29] So wurde etwa die Messung von Wetterdaten und geografischen Daten als berücksichtigungsfähiger Teil der Datensammlung angesehen.[30]

23 Wendet man diese Abgrenzung auf **industrielle Daten** an, so kann man die sensorgestützte Datenerhebung der Datensammlung zuordnen, da sie sich auf bereits existierende Informationen bezieht. Die im Rahmen eines Produktionsprozesses erhobenen Daten wären abstrakt von jedem Dritten in gleicher Weise erfassbar. Das gilt allerdings nicht für die Maschinenerzeugung von Daten. So erzeugte Daten sind zunächst nur dem Betreiber oder Bediener der Maschine bekannt und nicht von jedem Dritten in gleicher Weise zu erlangen. Die Maschinenerzeugung ist daher der Phase der Datenerzeugung zuzurechnen, so dass die entsprechenden Aufwendungen nicht berücksichtigungsfähig sind.

24 Um dies klarer zu fassen, wird man danach zu unterscheiden haben, ob die maschinenerzeugten Daten eher einer originären Erzeugung oder eher einer Messfunktion zuzurechnen sind. So lassen sich etwa **Produktionsdaten,** die in Wertschöpfungsnetzwerken erhoben werden, wohl eher dem Bereich der Datensammlung zuordnen, da sie grundsätzlich auch von jedem Dritten gemessen werden könnten. Dies gilt etwa für Echtzeitdaten aus der Produktion (Stückzahl, Geschwindigkeit, Verzögerungen etc.). Gleiches gilt auch für Daten, die ein einem Auto aufgrund diverser Sensoren erhoben werden.

25 Zu beachten bleibt der notwendige **Zusammenhang mit einer Datenbank.** Die erhobenen Daten müssen unmittelbar nach der Sammlung einer geschützten Datenbank zugeführt werden oder für diesen Zweck gesammelt werden. In der Praxis dürften allerdings Fälle, in denen Daten nicht nach der Erhebung in einer Datenbank gespeichert, sondern als Rohdaten unsortiert gespeichert werden, kaum vorkommen.

3. Wer ist Rechteinhaber bei Industrie 4.0?

26 Inhaber des Sui-generis-Rechts ist nicht wie im Urheberrecht derjenige, der die Datenbank konzipiert hat, sondern die Person, „die die Initiative ergreift und das **Investitionsrisiko** trägt".[31] Das ist diejenige Person, die die „Organisations- und Anordnungsgewalt über den Datenbankaufbau" innehat und die für die Organisation notwendigen Verträge schließt.[32] Dies können natürliche oder juristische Personen sein.

27 Diese ebenfalls auf das Modell der klassischen Datenbanken zugeschnittene Zuordnung wird in vernetzten Wertschöpfungsketten zunehmend schwieriger. Letztlich ist zu fragen, wer in Bezug auf die Datenbank das Investitionsrisiko trägt. Werden die Sensoren vom Hersteller eingebaut und die Daten bei diesem in eine Datenbank eingestellt, ist er als Datenbankhersteller anzusehen. Man muss also auch insoweit jeweils von der Datenbank aus denken, in der die Daten primär gespeichert werden. Das können auch mehrere verschiedene Datenbanken sein.

28 Am Beispiel von **Smart-Analytics-Verfahren** in Produktionsanlagen wird deutlich, welche Zuordnungsprobleme hier auftreten.[33] Ein Dienstleister erhebt mit eigenem Gerät Messdaten, was der Phase der Datensammlung zuzurechnen ist. Die Datenbank befindet sich unter organisatorischer Verantwortung des Dienstleisters, so dass dieser als Hersteller

---

[28] Vgl. auch *Leistner,* K&R 2007, 457, 460; zweifelnd *Sendrowski,* GRUR 2005, 369, 372.
[29] Vgl. *BGH,* GRUR 2005, 857, 859 – HIT BILANZ.
[30] *OLG Köln,* MMR 2007, 443 – DWD-Wetterdaten; *LG München I,* GRUR 2006, 225 – Topografische Kartenblätter. Vgl. ferner *BGH,* GRUR 2005, 940, 941 – Marktstudien zu Investitionen eines Markt- und Meinungsforschungsinstituts zur Erhebung von Marktdaten.
[31] Erwägungsgrund 41 der Datenbank-RL; *BGH,* CR 2011, 498 Rn. 26 – Zweite Zahnarztmeinung II; *BGH,* K&R 2011, 641 Rn. 19 – Automobil-Onlinebörse.
[32] Schricker/Loewenheim-*Vogel,* UrhG § 87a Rn. 70. Vgl. auch Dreier/Schulze-*Dreier,* UrhG § 87a Rn. 19; Wandtke/Bullinger/*Thum/Hermes,* UrhG § 87a Rn. 133ff.
[33] *Bräutigam/Klindt,* Digitalisierte Wirtschaft/Industrie 4.0, Gutachten 2015, S. 25.

der Datenbank und damit Rechteinhaber anzusehen ist. Erfolgt die Datenerhebung vollständig im Auftrag des Produzenten, so wäre der Dienstleister als Auftragnehmer auch bezüglich des Datenbankbetriebs anzusehen und der Produzent als Auftraggeber Inhaber des Datenbankherstellerrechts. Bei Auftragserstellung klammert die DatenbankRL „Auftragnehmer" ausdrücklich aus.[34] Erfolgt aber ein Austausch der Daten in einer vernetzten Umgebung, wie bei oben angesprochenem Beispiel des HDFS-Clusters, müsste man genau eruieren, in welcher Datenbank die Daten zuerst gespeichert werden und wer als Hersteller dieser Datenbank anzusehen ist. Sieht man den Cluster als eine Datenbank an, so kommen möglicherweise mehrere Beteiligte als Hersteller in Betracht, mit der Folge der Anwendung von §§ 705 ff. BGB.[35] Hier liegt dann der Fokus auf vertraglichen Regelungen.

Das Sui-generis-Recht enthält **kein Bearbeitungsrecht**. Allerdings umfasst der Schutz die Entnahme und Weiterverwendung von Daten mit Herkunft aus der geschützten Datenbank, und die Weiterverarbeitung lässt sich ohne weiteres darunter fassen.[36] Allerdings sind die weiteren Schutzvoraussetzungen von § 87b Abs. 1 UrhG zu beachten. Im Kontext von Big Data sowie von Industrie 4.0 werden durch **Aggregierung** und „Veredelung" der Daten „neue" Daten produziert. Hinsichtlich der verarbeiteten Daten stellt dies eine Entnahme oder Weiterverwendung dar, hinsichtlich der „neuen" Daten eine Generierung. Für den Verarbeiter entsteht ein eigenes Datenbankherstellerrecht, wenn er die „neuen" Daten in einer eigenen Datenbank speichert. Gleichzeitig wäre wegen der Weiterverwendung die Zustimmung des Herstellers der Datenbank erforderlich, der die Daten entnommen wurden. 29

4. Schutzumfang

Der Schutzumfang des Datenbankherstellerrechts ist in § 87b Abs. 1 UrhG geregelt. Der Hersteller hat das ausschließliche Recht, die Entnahme und Weiterverwendung von Daten aus der geschützten Datenbank zu kontrollieren. Bei der Bestimmung des Schutzumfangs bemüht sich die Rechtsprechung um eine an den Besonderheiten der Datenbank-Richtlinie orientierte Auslegung. 30

Für einen Eingriff in das **Vervielfältigungsrecht** (Entnahme) kommt es allein darauf an, dass sich die Gesamtheit oder ein Teil der Datenbank auf einem anderen Datenträger als dem der Ursprungsdatenbank wiederfindet. Dabei ist es unerheblich, ob die Übertragung auf technischem Wege erfolgt oder mittels eines manuellen Verfahrens, etwa Abschreibens. Es bedarf auch keiner unmittelbaren Übernahme aus der geschützten Datenbank. Entscheidend ist nur, dass sich die „Herkunft" der gespeicherten Daten auf die geschützte Datenbank zurückführen lässt. Hieran wird wiederum deutlich, dass es entscheidend auf die **Erstspeicherung** der Daten in einer Datenbank ankommt, und dessen Hersteller die weitere Verwendung kontrollieren kann. In einer Industrie 4.0-Umgebung kann insoweit ein faktisches Monopolrecht für den Hersteller der „Erstdatenbank" entstehen. Andererseits ist nach der Rechtsprechung des EuGH die bloße Abfrage der Datenbank „zu Informationszwecken" frei, sobald die Datenbank öffentlich zugänglich gemacht wurde.[37] 31

Zu den geschützten **Verwertungsrechten** nach § 87b UrhG gehören neben dem Vervielfältigungsrecht auch das Recht der öffentlichen Wiedergabe und das Recht der öffentlichen Zurverfügungstellung (Weiterverwendung), sodass sich hier ähnliche Probleme stellen wie im Urheberrecht. Für den Fall, dass Datenbanken typischerweise nur die den Nutzer selbst betreffenden Datensätze bereitstellen, hat der BGH entschieden, dass auch 32

---

[34] Vgl. Gaster, Der Rechtsschutz von Datenbanken, Rn. 485.
[35] Schricker/Loewenheim/*Vogel*, UrhG § 87a Rn. 73; Dreier/Schulze/*Dreier*, UrhG § 87a Rn. 21.
[36] Vgl. auch Dreier/Schulze/*Dreier*, UrhG § 87b Rn. 3.
[37] Vgl. bereits *EuGH*, Rs. C-203/02, The British Horseracing Board Ltd. v. William Hill Organization Ltd, Rn. 70. S. auch *BGH*, GRUR 2011, 1018 Rn. 63 – Automobil-Onlinebörse.

diese einzelnen Vorgänge eine öffentliche Zurverfügungstellung darstellen, wenn die Nutzer in ihrer Gesamtheit eine Öffentlichkeit darstellen.[38]

33 Das Datenbankherstellerrecht macht den Schutz aber von weiteren alternativen Voraussetzungen des § 87b Abs. 1 S. 1 UrhG abhängig. Die **Wesentlichkeit einer Datenentnahme** kann einmal in quantitativer Hinsicht bestimmt werden, wobei auf das Verhältnis des entnommenen Datenvolumens zum gesamten Volumen der Datenbank abgestellt wird.[39] In qualitativer Hinsicht geht es um den Umfang der Investitionen in den übernommenen Teil im Verhältnis zur gesamten Datenbank. Da es um den Schutz der Investitionen geht, können erhebliche Investitionen in die Änderung und Aktualisierung die Wesentlichkeit der Entnahme auch dann begründen, wenn nur die quantitativ vielleicht unwesentlichen Änderungen übernommen werden, etwa bei einem Datenabgleich.[40]

34 Größere praktische Bedeutung gerade im Hinblick auf automatisierte Auswertungen von Datenbanken hat der zweite Verletzungstatbestand des § 87b Abs. 1 S. 2 UrhG. Danach ist auch die **Entnahme eines unwesentlichen Teils** tatbestandsmäßig, wenn die Verwertung wiederholt und systematisch erfolgt und diese einer normalen Auswertung der Datenbank zuwiderläuft oder die berechtigten Interessen des Herstellers unzumutbar beeinträchtigt sind. Da es sich um einen Umgehungstatbestand handelt, ist danach zu fragen, ob durch die kumulative Wirkung der Handlungen ein wesentlicher Teil des Inhalts der Datenbank wieder erstellt und dadurch die Investition des Herstellers schwerwiegend beeinträchtigt wird.[41]

35 Von besonderer praktischer Bedeutung ist die Frage, wie wiederholte **Zugriffe** auf Datenbanken **in automatisierter Form** in einer vernetzten Umgebung zu bewerten sind. Anders als der BGH[42] geht der EuGH davon aus, dass trotz eingeschränkter Suchkriterien eine spezialisierte Metasuchmaschine die gesamte Datenbank dem Nutzer verfügbar mache, so dass es nicht mehr auf die Zahl der tatsächlich gefundenen oder angezeigten Ergebnisse ankomme.[43] Offen ist, ob dies auch für automatisierte Auswertungen mittels eines Algorithmus, ohne dass noch Suchkriterien durch einen Nutzer eingegeben werden, gilt.[44] Konsequenterweise müsste man dies aber bejahen.

5. Schutzdauer und „neue" Datenbank

36 Die Schutzdauer beträgt 15 Jahre, was in einem dynamischen industriellen Umfeld als zu lang erscheint. Für einen Industrie 4.0-Kontext noch problematischer ist die Regelung des § 87a Abs. 1 Satz 2, wonach eine wesentlich geänderte Datenbank als neue Datenbank gilt. Dies umfasst auch die Fälle, in denen es zu keiner inhaltlichen Änderung kommt, aber eine intensive Überprüfung erfolgt ist.[45] Es bleibt aber die Unsicherheit, dass jeweils festgestellt werden muss, wann laufende Änderungen die Schwelle der Wesentlichkeit der Investition erreichen.

37 Mit dem Entstehen einer „**neuen Datenbank**" nach § 87a Abs. 1 Satz 2 ist möglicherweise eine neue Zuordnung des Datenbankherstellerrechts verbunden, und es beginnt die

---

[38] *BGH*, CR 2011, 43 – Autobahnmaut.
[39] *EuGH*, Rs. C-203/02, CR 2005, 10 – BHB-Pferdewetten; *EuGH*, Rs. C-545/07, CR 2009, 724– Apis-Hristovich EOOD./. Lakorda AD. Vgl. auch *BGH*, CR 2011, 498, 499 Rn. 15 – Zweite Zahnarztmeinung II; *BGH*, MMR 2010, 41 Rn. 18 – Gedichttitelliste III.
[40] *BGH*, CR 2009, 735 Rn. 61 – Elektronischer Zolltarif; demgegenüber wurde die Übernahme eines wesentlichen Teils hinsichtlich eines Datenabgleichs abgelehnt von *BGH*, GRUR 2011, 1018 Rn. 59 ff. – Automobil-Onlinebörse.
[41] *EuGH*, Rs. C-338/02, Fixtures Marketing Ltd v. Svenska Spel AB, CR 2005, 410; *BGH*, GRUR 2011, 1018 Rn. 68 – Automobil-Onlinebörse; *BGH*, CR 2011, 498, 499 – Zweite Zahnarztmeinung II.
[42] *BGH*, K&R 2011, 641 Rn. 55 – Automobil-Onlinebörse. Ebenso *OLG Hamburg*, 24.10.2012 – 5 U 38/10, BeckRS 2012, 22946.
[43] *EuGH*, 19.12.2013 – Rs. C-202/12 – Innoweb v. Wegener.
[44] Vgl. auch Dreier/Schulze/*Dreier*, UrhG § 87b Rn. 11.
[45] Dreier/Schulze/*Dreier*, UrhG § 87a Rn. 17. Nach *LG München I*, CR 2002, 452, 454, wird beim Online-Auftritt einer Tageszeitung täglich eine neue Datenbank erstellt.

Schutzfrist neu zu laufen. Unklar ist, ob der Neubeginn der Frist nur für den Teil gilt, der von der Neuinvestition betroffen ist oder für die gesamte Datenbank.[46] Nach hM sollen bei der Prüfung einer Verletzung nach § 87b nur die Elemente berücksichtigt werden, die innerhalb der vergangenen Jahre Gegenstand einer wesentlichen Neuinvestition waren, sei es im Wege der Ergänzung, der Aktualisierung oder Überprüfung.[47] Damit erhält man praktisch mehrere, zeitlich unterschiedliche, **parallele Schutzrechte.** Auch hier wird deutlich, dass eine entsprechende praktikable Handhabung in einem Industrie 4.0- oder Internet-of-Things-Kontext sehr schwierig sein kann. Es müssten über Jahre alle Investitionen in die jeweiligen Datenbanken sowie die betroffenen Daten dokumentiert werden, um Inhaber der Rechte und Schutzdauer zu bestimmen. Andernfalls bliebe ein ewiger Schutz, der aber nicht beabsichtigt und auch nicht sinnvoll ist.

6. Fazit

Die Analyse von Schutzvoraussetzungen und Schutzumfang des Datenbankherstellerrechts 38 ergibt letztlich, dass dieses zwar Daten nicht als Schutzgegenstand erfasst, aber **mittelbar** einen durchaus **effektiven Schutz** bieten kann, wenn die Daten unmittelbar nach der Produktion in einer Datenbank gespeichert werden. Eine hier aufgezeigte weite Auslegung würde auch die Einbeziehung der Aufwendungen für sensorgestützt erhobene Daten einschließen. Die Ausklammerung der Investitionen in die Datengenerierung legt den Fokus stärker auf **aggregierte** und veredelte Daten, was im Sinne einer Anreizwirkung für Wertschöpfungsprozesse durchaus positiv zu bewerten ist.

Es bleiben **Unsicherheiten** bei Schutzumfang des § 87b UrhG im Hinblick auf die 39 Wesentlichkeitsschwelle und die notwendige Interessenabwägung. Diese bewusst vom Gesetzgeber vorgesehene Schwelle kann allerdings eine sinnvolle Begrenzung des Schutzes leisten und damit dem Interesse an Innovation durch freien Informationsfluss entgegenkommen. Gerade bei Maschinendaten wird sich das Problem der „sole-source"-Datenbanken aber verstärkt stellen, dass nämlich die Daten nur aus einer Quelle verfügbar sind und das Herstellerrecht daher – entgegen der Intention des Gesetzgebers – faktisch eine Monopolstellung an den Daten selbst vermittelt.

Ein erhebliches Problem entsteht auch aus dem **Fehlen eines internationalen Schut-** 40 **zes.** Trotz Reziprozitätsklausel ist es der EU nicht gelungen, den Schutz über den EWR hinaus auszudehnen, was im globalen Datenverkehr Probleme aufwirft.

V. Strafrechtlicher und deliktischer Schutz

Bei dem Schutz von Daten sind auch die entsprechenden **strafrechtlichen Normen** zu 41 beachten, va die §§ 202a, 303a StGB. Zwar enthält das Strafrecht mit dem § 202a Abs. 2 StGB nur eine Negativdefinition von Daten. Die ganz hM im Strafrecht geht aber von einem **weiten Datenbegriff** aus.[48] Daten werden definiert als durch Zeichen oder kontinuierliche Funktionen dargestellte Informationen, die sich als Gegenstand oder Mittel der Datenverarbeitung für eine Datenverarbeitungsanlage codieren lassen oder die das Ergebnis eines Datenverarbeitungsvorgangs sind.[49] Diese Definition enthält keine weiteren inhaltli-

---

[46] In letzterem Sinne Möhring/Nicolini-*Decker,* UrhG § 87d Rn. 5; Wandtke/Bullinger/*Thum/Hermes,* UrhG § 87d Rn. 10; aA *Gaster,* Der Rechtsschutz von Datenbanken, Rn. 651 f.; offengelassen von *BGH,* GRUR 2006, 493, 495 – Briefmarkenkatalog auf CD-ROM.
[47] Vgl. *Leistner,* GRUR Int. 1999, 819, 837; *Haberstumpf,* GRUR 2003, 14, 31; Fromm/Nordemann/*Cychowski,* UrhG § 87b Rn. 4 f.; Dreier/Schulze/*Dreier,* UrhG § 87b Rn. 8.
[48] Vgl. BT-Drs. 10/5058, 28, 34; MüKo-StGB/*Graf,* StGB § 202a Rn. 12; Schönke/Schröder/*Eisele,* StGB § 202a Rn. 3.
[49] Schönke/Schröder/*Eisele,* StGB, § 202a Rn. 3.

chen Voraussetzungen, sodass er Daten – allein abgegrenzt auf der syntaktischen Ebene – breit erfasst.[50]

42   Der § 202a StGB schützt den **Zugang zu Daten,** wenn diese nicht für ihn bestimmt und gegen unberechtigten Zugang besonders gesichert sind. Eine besondere Zugangssicherung liegt vor, wenn Vorkehrungen vorhanden sind, die objektiv geeignet und subjektiv nach dem Willen des Berechtigten dazu bestimmt sind, den Zugriff auf die Daten auszuschließen oder wenigstens nicht unerheblich zu erschweren.[51] Als formell Verfügungsberechtigter wird derjenige angesehen, der die Erstabspeicherung vorgenommen oder diese veranlasst hat.[52]

43   Der § 303a StGB schützt demgegenüber die **Unversehrtheit von Daten** bei Datenverarbeitungsvorgängen gegen rechtswidriges Löschen, Unterdrücken, Unbrauchbarmachen und Verändern. Einschränkend zu dem sehr weit geratenen Wortlaut muss es sich jedoch um fremde Daten handelt.[53] Um die Fremdheit zu bestimmen, wird zT auf die Berechtigung am Datenträger verwiesen.[54] Dies verkennt allerdings, dass die Berechtigung an Daten und deren Standort im Zuge der Digitalisierung zunehmend auseinanderfallen, insbes. beim Cloud Computing.[55] Demnach ist wie bei § 202a StGB auf den Skripturakt abzustellen, sodass derjenige, der den technischen Prozess der technischen Herstellung veranlasst, der originär Berechtigte ist.[56]

44   Die strafrechtlichen Normen sind Schutzgesetze iSd § 823 Abs. 2 BGB, wodurch ihre Verletzung auch zivilrechtliche Rechtsfolgen auslöst.[57]

45   Im Gegensatz zum strafrechtlichen Schutz kann ein möglicher Schutz von Daten über § 823 Abs. 1 BGB auch fahrlässige Handlungen umfassen. Für die Anwendung auf Daten ist von Bedeutung, dass diese keine Sache iSv § 90 BGB darstellen, denn sie sind nicht unmittelbar wahrnehmbar, infolge ihrer Ubiquität nicht wie körperliche Gegenstände beherrschbar und ihnen fehlt die räumliche Abgrenzbarkeit.[58] **Daten** sind daher **immaterielle Güter.**[59] Das Eigentum am Datenträger führt demnach nicht automatisch zu einer Berechtigung an den darauf gespeicherten Daten, vielmehr sind beide Fragenkomplexe strikt zu unterscheiden.[60] Ob dies der zunehmenden Lösung vom Datenträger, etwa beim Cloud-Computing, noch gerecht wird, lässt sich mit Recht bezweifeln. Etwaige Schutzlücken ließen sich durch eine zukünftige Entwicklung eines sonstigen Rechts am Datenbestand schließen.[61]

VI. Vertragliche und technische Schutzmöglichkeiten

46   Derzeit existiert insg. kein Schutzsystem für Daten iS eines Ausschließlichkeitsrechts, das Daten einer bestimmten Person durch positive Verwertungsbefugnisse und negative Ab-

---

[50] *Zech,* Information, S. 389 f.
[51] Schönke/Schröder/*Eisele,* StGB § 202a Rn. 14.
[52] *OLG Naumburg,* 27.8.2014 – 6 U 3/14, CR 2016, 83 Rn. 24; MüKo-StGB/*Graf,* StGB § 202a Rn. 21; Schönke/Schröder/*Eisele,* StGB § 202a Rn. 9.
[53] MüKo-StGB/*Wieck-Noodt,* StGB § 303a Rn. 9.
[54] Schönke/Schröder/*Hecker,* StGB § 303a Rn. 3; MüKo-StGB/*Wieck-Noodt,* StGB § 303a Rn. 3.
[55] *Hoeren,* MMR 2013, 486, 487.
[56] Vgl. bereits *Welp,* iur 1988, 443, 447; *Hoeren,* MMR 2019, 5, 6; *Hoeren,* MMR 2013, 486, 487; *Zech,* CR 2015, 137, 143; *Grützmacher,* CR 2016, 485, 491.
[57] *Grützmacher,* CR 2016, 485, 490; *Faustmann,* VuR 2006, 260, 261; MüKo-StGB/*Graf,* StGB § 202a Rn. 4a.
[58] Zu den Eigenschaften von Daten vgl. *Zech,* Information, S. 327.
[59] *Zieger/Smirra,* MMR 2013, 418, 419; *Schefzig,* K&R 2015, 3; *Hornung/Goeble,* CR 2015, 265, 268; *Stender-Vorwachs/Steege,* NJOZ 2018, 1361, 1362; MüKo-BGB/*Stresemann,* BGB § 90 Rn. 25; Palandt/*Ellenberger,* BGB § 90 Rn. 2.
[60] *Specht,* CR 2016, 288, 292; MüKo-BGB/*Stresemann,* BGB § 90 Rn. 25.
[61] *Meier/Wehlau,* NJW 1998, 1585, 1588 f.; *Mantz,* K&R 2007, 566, 567; *Faustmann,* VuR 2006, 260, 262 f.; *Spindler,* JZ 2016, 805, 814; *Hörl,* ITRB 2014, 111; *Zech,* Information, S. 386, 399; BeckOGK BGB/*Spindler,* BGB § 823 Rn. 183 ff.

wehrbefugnisse zuordnet. Der Schutz von Daten ähnelt eher einem „Flickenteppich",[62] wobei die relevanten Normen vor allem den Zugang zu und die Integrität von Daten schützen. Ein effektiver Schutz für Daten ist daher zunächst auf der rein **faktischen Ebene** zu suchen.[63] Hierbei erweisen sich technische und organisatorische Zugangsbeschränkungen, va auch Verschlüsselungstechnologien als zielführend. Durch diesen Schutz wird nicht nur der tatsächliche Zugriff auf die Daten erschwert, vielmehr knüpfen sowohl der Geheimnisschutz (mit dem Merkmal der angemessenen Geheimhaltungsmaßnahmen) als auch der strafrechtliche Schutz nach § 202a StGB (mit dem Merkmal der besonderen Zugangssicherung) tatbestandlich hieran an.

Die durch die technischen Schutzmaßnahmen entstehende faktische Ausschließlichkeit wird also rechtlich abgesichert. Hinzu treten **vertragliche Vereinbarungen,** wobei der Zugang zu den Daten zum Gegenstand des Vertrages gemacht wird, was wiederum die Nutzungsmöglichkeit vermittelt. Die positive Verwertung erfolgt demnach allein auf vertraglicher Grundlage, wobei besonders die Zuordnung der Nutzung und deren Umfang eine besondere Bedeutung erhält. 47

B. Rechte an Daten de lege ferenda

Wegen der enorm gestiegenen praktischen Bedeutung der Daten und des Datenhandels ist der Schutz von Maschinendaten auf der politischen Agenda angekommen. Im Rahmen der **Digital Single Market Strategy**[64] hat die Kommission am 10.1.2017 die Mitteilung „Building a European Data Economy" vorgelegt.[65] Diese wurde begleitet von einem Arbeitspapier, das die weitere Vorgehensweise eingehender begründet.[66] Ein Kernpunkt der Mitteilung ist die Frage des „data ownership" an maschinengenerierten Daten, also solchen, die durch Computerprozessoren, -anwendungen oder – dienste erzeugt oder durch Sensoren durch entsprechende Einrichtungen, Software oder Maschinen erfasst wurden. 48

In der Praxis enthalten entsprechende Verträge Klauseln zu data ownership und beschränken die Verwendung der Daten strikt auf den Vertragszweck. Die Kommission kommt nach einer Analyse der gemeinschaftsrechtlichen Regelungen sowie der Situation in den Mitgliedsstaaten sowie den U.S.A. zu dem Ergebnis, dass es keinen umfassenden rechtlichen Rahmen für die wirtschaftliche Verwertung und Handelbarkeit dieser Daten gibt, sondern dies weitgehend vertraglicher Regelung überlassen ist und kennzeichnet die derzeitige Situation als **„de facto" ownership.** Zu den möglichen Handlungsalternativen gehört neben technischen Maßnahmen, Modellverträgen und dispositivem Vertragsrecht auch die Einführung neuer Rechte an Daten. 49

I. Ein zukünftiges Datenproduzentenrecht

1. Konturen eines Leistungsschutzrechts

Die Kommission gibt in dem begleitenden Arbeitspapier erste Hinweise, wie ein mögliches neues **Leistungsschutzrecht** an **nicht-personenbezogenen Daten** aussehen könnte.[67] Möglich wäre die Ausgestaltung als ein dingliches Recht oder als subjektives Ab- 50

---

[62] *Grützmacher,* CR 2016, 485.
[63] *Hoppen,* CR 2015, 802.
[64] Digital Single Market strategy for Europe, COM (2015) 192 final, at 4.1.
[65] Communication Building a European data economy, COM (2017) 9 final, 10.1.2017.
[66] Commission Staff Working Document on the free flow of data and emerging issues of the European data economy, SWD (2107) 2 final, 10.1.2017.
[67] Commission Staff Working Document (Fn. 3), S. 33 ff.

wehrrecht ähnlich dem Know-how-Schutz. Letzteres wäre eher ein Schutz der de facto Besitzlage, denn ein Eigentumsschutz.

51 Hinsichtlich der Zuordnung eines dinglichen Rechts soll ein wichtiger Aspekt die **Investition** in die Schaffung der Daten sein. Als Rechtsinhaber kommen insoweit der Hersteller der mit Sensoren ausgestatteten Maschine oder Einrichtung, der in deren Entwicklung und Vermarktung investiert hat, und der wirtschaftliche Betreiber, der diese Maschinen oder Einrichtungen betreibt und dafür gezahlt hat, in Betracht. Bei mehreren Herstellern oder Betreibern könnten sich auch gemeinsame Rechte ergeben.

52 Bei einer Konzipierung als bloß **subjektives Abwehrrecht** käme eine Ausgestaltung ähnlich wie der Know-how-Schutz in Frage, bei der auch technische Schutzmaßnahmen gefordert werden könnten. Im Unterschied zum Know-how-Schutz wäre dabei das Erfordernis der Geheimhaltung angesichts der Notwendigkeit des Datenaustausches in vernetzten Umgebungen nicht sinnvoll. Der Schutz könnte unterhalb der Schwelle des derzeitigen Know-how-Schutzes ansetzen und wäre den Bedingungen von Industrie 4.0 angepasst.

53 Hinsichtlich möglicher Schranken eines solchen Rechts ist eine **Verpflichtung zum Teilen ("data sharing obligation")** der Daten angedacht. So sollen etwa für den Fall, dass das Recht dem Betreiber zugeordnet wird, Schranken zugunsten des Herstellers vorgesehen werden. Dies kann dem Interesse an Produktverbesserungen sowie der Produktbeobachtung dienen. In manchen Fällen können die Rechte aus Sicherheitsaspekten dem Betreiber nur in verdünnter Form zugeordnet werden.

54 Im Zuge der vor allem den öffentlichen Bereich betreffenden Diskussion zu **Open Data** werden auch weitere **Begrenzungen im öffentlichen Interesse** zugunsten privater Akteure diskutiert. Dies betrifft etwa smart metering Informationen, die für smart homes oder Pflegeinstitutionen erforderlich sind. In gleicher Weise soll auch öffentlichen Institutionen Zugang zu bestimmten (vor allem aggregierten) Daten eingeräumt werden. Als Beispiele werden Statistik, Stadtplanung, Umweltschutz, Zivilschutz genannt. Schließlich soll auch die Wissenschaft privilegiert werden, deren Forschung ganz oder überwiegend aus öffentlichen Quellen finanziert wird.

55 Hervorzuheben ist dabei, dass die Kommission durchaus die Notwendigkeit sieht, einen **funktionierenden Markt** zu gewährleisten. Als flankierende Maßnahmen könnten insoweit eine AGB-Kontrolle oder Maßnahmen gegen unlauteren Wettbewerb dienen, aber auch technische Maßnahmen wie Watermarking, um die Rechte verfolgbar zu machen. Damit sollen Transaktionskosten gesenkt werden, um die Handelbarkeit der Rechte zu verbessern.

2. Problembereiche

56 Die Initiative der EU-Kommission ist insoweit zu begrüßen, als ein relativ eng eingegrenztes Schutzrecht angedacht ist, das wichtige Schranken enthalten soll. Dies kann aber nicht darüber hinwegtäuschen, dass es beim Schutz von Daten **grundsätzliche** Probleme gibt, die diesen theoretisch und praktisch als sehr problematisch erscheinen lassen.

57 Hier stellt sich zunächst das **Zuordnungsproblem**, nämlich die Notwendigkeit, die Rechte an den Daten einer bestimmten Person zuzuordnen. Die Kommission möchte einen Investitionsschutz bezüglich der datenproduzierenden Geräte etablieren. Betrachtet man das Beispiel des vernetzten Autos, ist aber unklar, ob dies der Zulieferer der Blackbox, der Autohersteller oder der Eigentümer des Autos sein sollte. Darüber hinaus gibt es eine Reihe von Stakeholdern, die Interesse an der Erlangung von Rechten an den erhobenen Daten haben können: Fahrer, Navigations- und Tk-Dienste, Versicherungsgesellschaften, Internetprovider und letztlich der Staat (eCall, Verkehrsüberwachung, Maut, Verbrechensbekämpfung). Für **Industrie 4.0** kommt es vor allem auf die Verfügbarkeit der Daten in vernetzten Produktionsketten an, die durch die Einführung eines Dateneigentums gestört werden kann. Insoweit besteht ein starkes Zugangsinteresse dieser Stakehol-

der, das für die verfassungsgemäße Ausgestaltung eines Leistungsschutzrechts ebenfalls zu berücksichtigen ist.

Hinsichtlich der angedachten „**Teilenspflicht**" ließen sich **Abstufungen** durchführen zwischen Unternehmen, die – auch vertraglich – in eine Produktionskette eingebunden sind und daher sozusagen systemisch in gewisser Weise an der Produktion der Daten beteiligt sind, und den außerhalb der Produktionskette stehenden Unternehmen, die ein Zugangsinteresse zur eigenen Verwertung haben. Dies erscheint innovativ und könnte auch eine Lösung darstellen für das angesprochene schwierige Zuordnungsproblem. Zu befürworten ist eine sektorspezifische Betrachtungsweise, die die Möglichkeit entsprechend differenzierender Rechteverleihung und -ausgestaltung offen hält. 58

Noch größer sind die Bedenken hinsichtlich eines überbreiten Schutzes durch ein „**Super-IP**"-Recht. Hier wird nun die Unterscheidung von Daten und Informationen relevant.[68] Die Kommission betont, dass eine Begrenzung des Schutzes auf die syntaktische Ebene erfolgen sollte, und die semantische, die die dahinter liegende Information bezeichnet, frei bleiben soll. Diese Trennung übersieht, dass das Konzept der Daten lediglich Informationen im Speicher- und Transportzustand bezeichnet.[69] Ein Schutz auf der syntaktischen Ebene erfasst auch die „dahinter liegenden" Informationen, zumindest mittelbar. Ein breiter Schutz von Informationen ohne qualitative Differenzierung, also etwa auf den individuellen Beitrag beim Urheberrecht, würde aber viel zu breit und unqualifiziert Informationen erfassen und damit das Gleichgewicht zwischen Schutz und Zugang, das dem Immaterialgüterrecht zugrunde liegt, empfindlich stören. 59

Hinzu kommt, dass sich ein Recht an Daten **nicht** mehr ausreichend **spezifizieren** lässt. Unklar ist, ob es um die physische Speicherung als Anknüpfungspunkt oder die Inhalte geht, was aber kaum abgrenzbar wäre. Aus praktischer Sicht erscheint eine physische Kontrolle, die zur Durchsetzung eines Datenrechts notwendig wäre, kaum machbar, etwa bei zunehmender Speicherung von Daten in der Cloud. Die Schaffung eines Eigentumsrechts kann zur praktischen Kontrolle jedenfalls wenig beitragen. 60

Insgesamt bestehen starke Zweifel, ob die Einführung eines Leistungsschutzrechts Sinn macht oder nicht eher den **Wettbewerb** zu stark **behindern** kann. Eine Alternative ist die Möglichkeit eines starken technischen Schutzes, der etwa in Form einer starken Ende-zu-Ende-Verschlüsselung möglich ist.[70] Dann aber bedarf es einer zusätzlichen Absicherung durch Zugangsrechte, wie sie ebenfalls in der Mitteilung der Kommission angedacht werden. 61

II. Zugangsrechte

Die Diskussion zur Einführung eines neuen Schutzrechts hat sich beruhigt und wird auch von der EU-Kommission im Moment nicht weiterverfolgt. Stärker in den Fokus kommt demgegenüber die Etablierung von **Zugangsrechten** zu privat gehaltenen Daten, um deren Wiederverwendungsmöglichkeit sicherzustellen.[71] Dies geht insofern weiter, als über die bereits vorhandene faktische Kontrolle der Datenproduzenten hinaus positive Zugangsrechte für Außenstehende geschaffen werden könnten, die eine Pflicht zur Verfügungstellung der Daten begründen würde, und zwar im Wege einer Zwangslizenz. Wegen der Anwendungsschwellen des Wettbewerbsrechts denkt die Kommission hier an eigenständige Zugangsrechte. 62

---

[68] Dazu *Wiebe*, GRUR Int. 2016, 877, 883.
[69] ISO/IEC 2382-1 (1993); → Rn. 4.
[70] Vgl. *Hoppen*, CR 2015, 802, 805.
[71] S. 36 ff.; vgl. dazu auch *Kerber*, GRUR Int. 2016, 989 ff., sowie sehr eingehend *Drexl*, Designing Competitive Markets for Industrial Data – Between Propertisation and Access, Max-Planck-Institute for Innovation and Competition Research Paper No. 16–13, S. 41 ff.

63   In dem Arbeitspapier versucht die Kommission die Reichweite von möglichen Zugangsrechten sorgfältig zu **begrenzen**. Die Erstreckung auf alle Industriedaten wird eher skeptisch gesehen, vielmehr strebt man eine Begrenzung auf bestimmte Datenkategorien an. Unterschieden wird auch zwischen Wettbewerbern auf dem gleichen Markt und Akteuren auf einem anderen Markt. Anknüpfend an die kartellrechtliche Rechtsprechung zum Missbrauchstatbestand[72] steht mehr die Öffnung des Zugangs für Akteure auf Sekundärmärkten im Vordergrund, wodurch der Wettbewerbsvorteil auf dem Primärmarkt nicht beschnitten würde. Bezug genommen wird auch auf das Konzept der „public interest data" aus der französischen OpenData Gesetzgebung,[73] sowie die FRAND-Kriterien.[74]

III. Fazit

64   Insgesamt erscheint es richtig, dass die EU-Kommission zentrale rechtliche Fragen der sich entwickelnden Infrastrukturen anpackt, zu denen neben der „data ownership" auch die Haftung für autonome Systeme und die Beseitigung von „data locations restrictions" gehören. Die Frage der **angemessenen Regulierung** bedarf aber differenzierender Antworten. Hier scheint es ratsam, die Entwicklung der neuen Datenmärkte zu beobachten und sektorspezifisch auf Marktversagen zu reagieren. Die EU-Kommission konzentriert sich derzeit auf die Verbesserung von Datenzugang und Data Sharing.[75] Im Interesse der Innovation erscheint die Schaffung im Allgemeininteresse liegender Zugangsrechte diskussionswürdig, wobei auch die verfassungsrechtlichen Grenzen zu beachten sind.

65   **Praxistipp:**
Wer als Unternehmen die Produktion erfolgreich digitalisieren will, muss die Kontrolle über die wertvollsten Vermögenswerte, nämlich die für ihren Geschäftsbetrieb benötigten Daten, erlangen und sicherstellen. Dazu müssen geeignete technische, organisatorische und vertragliche Geheimhaltungsmaßnahmen ergriffen werden und in Verträgen mit Dienstleistern, Zulieferern und anderen Geschäftspartnern geregelt werden. Dabei ist insbesondere zu berücksichtigen, wem welche Nutzungsrechte an welchen Daten in welchem Umfang zustehen sollen. Diese Aufgabe erfordert eine enge Zusammenarbeit zwischen CEOs, CIOs, CTOs, CSOs und Juristen, die dafür gemeinsam verbindliche vertragliche Regelungen und Geschäftsprozesse schaffen müssen. Auf diese Weise können Daten als immaterielle Vermögensgegenstände zum Unternehmenswert beitragen.

---

[72] Das Papier verweist auf *Magill*, IMS Health, Microsoft, Huawei Technologies/ZTE, GRUR 2015, 764.
[73] Loi n° 2016–1321, 7.10.2016, JO République Francaise n°0235, 7.10.2017. Danach kann die Regierung von Unternehmen verlangen, verschiedene Arten von „public interest data" für eine Weiterverwendung zur Verfügung zu stellen, insbesondere Ausschreibungsdaten, statistische Daten, Daten zum Grundstückseigentümerwechsel. Es sind verfahrensmäßige Kautelen eingebaut.
[74] Bei standardessentiellen Patenten sollen die Lizenzbedingungen „fair, reasonable and non-discriminatory" sein, vgl. dazu *Körber*, Standardessentielle Patente, FRAND-Verpflichtungen und Kartellrecht, 2013.
[75] EU Commission, A European Strategy for Data, Mitteilung v. 19.2.2020, COM (2020) 66 final, S. 13f. Dort auch zum für 2021 ausgedachten Vorschlag aus „Data Act".

Teil 6.8 Know-how- und Geheimnisschutz von Daten

Übersicht

	Rn.
A. Einführung, Begrifflichkeiten	1
I. Know-how-Schutz als Perspektive des Schutzes von Daten	1
II. Know-how	5
III. Schutz von Geschäftsgeheimnissen	7
1. Begriff	8
2. Überblick über die Schutzvoraussetzungen	9
3. Schutzansatz des Geschäftsgeheimnisschutzes	10
B. Schutz von Daten als Geschäftsgeheimnisse	13
I. Geheimsein	14
1. Geheimsein der in den Daten enthaltenen Informationen	14
2. Angriffsformen auf das Geheimnis	15
3. Geschäftsgeheimnisschutz und Vernetzung	17
II. Kommerzieller Wert	20
III. Angemessene Geheimhaltungsmaßnahmen	23
IV. Berechtigtes Interesse an der Geheimhaltung	26
V. Zusammenfassung	27
C. Praktische Ausgestaltung des Geheimnisschutzes für Daten	28
I. Organisatorische Maßnahmen	30
1. Identifizierung des relevanten Know-hows, Schutzkonzept	30
2. Allgemeine Maßnahmen	32
3. Besonderheiten in IT-Umgebungen	34
II. Vertragliche Maßnahmen	35
1. Vertragliche Maßnahmen als angemessene Geheimhaltungsmaßnahmen	35
2. Inhalt von vertraglichen Geheimhaltungsvereinbarungen	38
III. Technische Maßnahmen	41
1. Technische Zugangsbeschränkungen	42
2. Verschlüsselungstechnologien	43
3. Angemessenheit, derzeitige Problemfelder	50
D. Verletzungshandlungen	53
I. Überblick über erlaubte und rechtswidrige Handlungen	53
II. Rechtsnatur	56
E. Zuordnung des Geschäftsgeheimnisses	60

Literatur:

Alexander, Grundstrukturen des Schutzes von Geschäftsgeheimnissen durch das neue GeschGehG, WRP 2019, 673; *Alexander,* Gegenstand, Inhalt und Umfang des Schutzes von Geschäftsgeheimnissen nach der Richtlinie (EU) 2016/943, WRP 2017, 1034; *Amstutz,* Dateneigentum, AcP 218 (2018), 438; *Ann,* EU-Richtlinie zum Schutz vertraulichen Know-hows – Wann kommt das neue deutsche Recht, wie sieht es aus, was ist noch offen?, GRUR-Prax 2016, 465; *Ann,* Know-how – Stiefkind des geistigen Eigentums, GRUR 2007, 39; *Ann/Loschelder/Grosch,* Praxishandbuch Know-how-Schutz, 2010; *Baranowski/Glaßl,* Anforderungen an den Geheimnisschutz nach der neuen EU-Richtlinie, BB 2016, 2563; *Brammsen,* Wirtschaftsgeheimnisse als Verfassungseigentum, DÖV 2007, 10; *Busche/Stolle/Wiebe* (Hrsg.), TRIPS, internationales und europäisches Recht des geistigen Eigentums, 2013; *Cramer/Damgård/Nielsen,* Secure Multiparty Computation and Secret Sharing, New York 2015; *Dann/Markgraf,* Das neue Gesetz zum Schutz von Geschäftsgeheimnissen, NJW 2019, 1774; *Denninger,* Die Zweitanmelderproblematik im Arzneimittelrecht, GRUR 1984, 627; *Dorner,* Big Data und „Dateneigentum", CR 2014, 617; *Dorner,* Know-how-Schutz im Umbruch, rechtsdogmatische und informationsökonomische Überlegungen, 2013; *Drexl,* Designing Competitive Markets for Industrial Data – Between Propertisation and Access, JIPITEC 8 (2017), 257; *Drexl/Hilty/Desaunettes/Greiner/Kim/Richter/Surblyté/Weidemann,* Ausschließlichkeits- und Zugangsrechte an Daten, GRUR Int 2016, 914; *Enders,* Know How Schutz als Teil des geistigen Eigentums, GRUR 2012, 25; *Ensthaler,* Industrie 4.0 und die Berechtigung an Daten, NJW 2016, 3473; *Fezer,* Dateneigentum der Bürger, ZD 2017, 99; *Fezer,* Dateneigentum, MMR 2017, 3; *Gentry,* Computing Arbitrary Functions of Encrypted Data, in: 53 Com. of the ACM Volume 2010, S. 97; *Gentry,* A Fully Homomorphic Encryption Scheme, 2009, abrufbar https://crypto.stanford.edu/craig/craig-thesis.pdf (31.10.2019); *Grützmacher,* Dateneigentum – Ein Flickenteppich, CR 2016, 485; *Gumm/Sommer,* Einführung in die Informatik, 10. Aufl. 2013; *Gölzer,* Big Data in Industrie 4.0, 2017; *Habel,* Know-how in Computerprogrammen, CR 1991, 257; *Härting,* „Dateneigentum" – Schutz durch Immaterialgüterrecht?, CR 2016, 646; *Hauck,* Geheimnisschutz im Zivilprozess – was bringt die neue EU-Richtlinie für das deutsche Recht, NJW 2016, 2218; *Heinzke,* Richtlinie zum Schutz von Geschäftsgeheimnissen, CCZ 2016, 179; *Herrmann,* Praktische Auswirkungen der neuen EU-Richtlinie zum Schutz von vertraulichem Know-how und Geschäftsgeheimnissen, CB 2016, 368; *Heymann,* Rechte an Daten, CR 2016, 650; *Hoeren,* Datenbesitz statt Dateneigentum, MMR 2019, 5; *Hoeren,* Dateneigentum – Versuch einer Anwendung von § 303a StGB im Zivilrecht, MMR 2013, 486; *Hoeren/Münker,* Die EU-Richtlinie für den Schutz von Geschäftsgeheimnissen und ihre Umsetzung – unter besonderer Berücksichtigung der Produzentenhaftung, WRP 2018, 150; *Hoppen,* Sicherung von Eigentumsrechten an Daten, CR 2015, 802; *Kalbfus,* Angemessene Geheimhaltungsmaßnahmen nach der Geschäftsgeheimnis-Richtlinie, GRUR 2017, 391; *Kalbfus,* Die EU-Geschäftsgeheimnis-Richtlinie, GRUR 2016, 1009; *Kalbfus,* Know-how-Schutz, Know-how-Schutz in Deutschland zwischen Strafrecht und Zivilrecht – welcher Reformbedarf besteht?, 2011; *Kerber,* A New (Intellectual) Property Right for Non-Personal Data? An Economic Analysis, GRUR Int 2016, 989; *Kiefer,* Das Geschäftsgeheimnis nach dem Referentenentwurf zum Geschäftsgeheimnisgesetz: Ein Immaterialgüterrecht, WRP 2018, 910; *Kim,* No One's Ownership as the Status Quo and a Possible Way Forward: A Note on the Public Consultation on Building a European Data Economy, GRUR Int 2017, 697; *Krüger/Wiencke/Koch,* Der Datenpool als Geschäftsgeheimnis, GRUR 2020, 578; *Lauck,* Angemessene Geheimhaltungsmaßnahmen nach dem GeschGehG, Weshalb der Wert des Geschäftsgeheimnisses irrelevant ist, GRUR 2019, 1132; *Leister,* „Angemessene Geheimhaltungsmaßnahmen" – Handlungsbedarf in der Praxis durch Neudefinition des Geschäftsgeheimnisbegriffs, GRUR-Prax 2019, 75; *Lejeune,* Die neue EU-Richtlinie zum Schutz von Know-how und Geschäftsgeheimnissen, CR 2016, 330; *Liu/Wu/Chen,* A scheme for key distribution in wireless sensor network based on Hierarchical Identity-Based Encryption, in: 2015 IEEE 12th International Conference on Networking, Sensing and Control, S. 539; *Maaßen,* „Angemessene Geheimhaltungsmaßnahmen" für Geschäftsgeheimnisse, GRUR 2019, 352; *Markendorf,* Recht an Daten in der deutschen Rechtsordnung, ZD 2018, 409; *McGuire,* Neue Anforderungen an Geheimhaltungsvereinbarungen?, WRP 2019, 679; *McGuire,* Der Schutz von Know-how im System des Immaterialgüterrechts, GRUR 2016, 1000; *McGuire,* Know-how: Stiefkind, Störenfried oder Sorgenkind? Lücken und Regelungsalternativen vor dem Hintergrund des RL-Vorschlags, GRUR 2015, 424; *McGuire/Joachim/Künzel/Weber,* Der Schutz von Geschäftsgeheimnissen durch Rechte des Geistigen Eigentums und durch das Recht des unlauteren Wettbewerbs (Q215), GRUR Int 2010, 829; *Müllmann,* Auswirkungen der Industrie 4.0 auf den Schutz von Betriebs- und Geschäftsgeheimnissen, WRP 2018, 1177; *Ohly,* Das neue Geschäftsgeheimnisgesetz im Überblick, GRUR 2019, 441; *Orlandi,* Is Multiparty Computation any good in Practice?, in: 2011 IEEE International Conference on Acoustics, Speech and Signal Processing (ICASSP), S. 5849; *Otte-Gräbener/Kutscher-Puis,* Handlungsbedarf durch das neue Geschäftsgeheimnisgesetz für Vertraulichkeitsvereinbarungen im Rahmen von Liefer- und Vertriebsverträge, ZVertriebsR 2019, 288; *Paul,* Der industrielle Lohnfertigungsvertrag über geschützte Gegenstände, NJW 1963, 2249; *Peschel/Rockstroh,* Big Data in der Industrie, Chancen und Risiken neuer Datenbasierter Dienste, MMR 2014, 571; *Pfaff,* Der Know-how-Vertrag im bürgerlichen Recht, BB 1974, 565; *Redeker/Pres/Gittinger,* Einheitlicher Geheimnisschutz in Europa (Teil 1), WRP 2015, 681; *Rivest/Adleman/Dertouzos,* On data banks and privacy homomorphisms, in Foundations of Secure Computation, 1978, S. 169; *Sappa,* How Data Protection Fits with the Algorithmic Society via Two Intellectual Property Rights – A Comparative Analysis, GRUR Int 2019, 135; *Scheja,* Schutz von Algorithmen in Big Data Anwendungen, CR 2018, 485; *Specht,* Ausschließlichkeitsrechte an Daten – Notwendigkeit, Schutzumfang, Alternativen, CR 2016, 288; *Specht,* Zukunft der Digitalisierung – Datenwirtschaft in der Unternehmenspraxis, DB 2018, 41; *Spindler,* Data and Property Rights, ZGE/IPJ 9 (2017), 399; *Spindler/Schmechel,* Personal Data and Encryption in the European General Data Protection Regulation, JIPITEC 2016, 163; *Steinmann/Schubmehl,* Vertraglicher Geheimnisschutz im Kunden-Lieferanten-Verhältnis – Auswirkungen der EU-Geheimnisschutz-RL am Beispiel der Automobilindustrie, CCZ 2017, 194; *Stender-Vorwachs/Steege,* Wem gehören unsere Daten?, NJOZ 2018, 1361; *Thiel,* Das neue Geschäftsgeheimnisgesetz (GeschGehG) – Risiken und Chancen für Geschäftsgeheimnisinhaber, Ein Blick aus der anwaltlichen Praxis auf die neuen Anforderungen für den Schutz vor Geschäftsgeheimnissen, WRP 2019, 700; *Tjong Tjin Tai,* Data ownership and consumer protection, EuCML 2018, 136; *Vaikuntanathan,* Computing Blindfolded: New Developments in Fully Homomorphic Encryption, in: 52nd Annual IEEE Symposium on Foundations of Computer Science 2011, S. 5, abrufbar https://ieeexplore.ieee.org/stamp/stamp.jsp?tp=&arnumber=6108145 (30.10.2019); *Wiebe,* Die semiotische Analyse als interdisziplinäre Methode, in: v. Lewinski/Wittmann (Hrsg.), Urheberrecht!, FS Walter, 2018, S. 13; *Wiebe,* Von Datenrechten zu Datenzugang – Ein rechtlicher Rahmen für die europäische Datenwirtschaft, Überblick und erste Bewertung zur Mitteilung der EU-Kommission vom 10.1.2017, CR 2017, 87; *Wiebe,* Protection of industrial data – a new property right for the digital economy?, GRUR Int 2016, 877; *Wiebe,* Information als Schutzgegenstand im System des geistigen Eigentums, in: Fiedler/Ullrich (Hrsg.), Information als Wirtschaftsgut: Management und Rechtsgestaltung, 1997, S. 93; *Wiebe,* Know-how-Schutz von Computersoftware, Eine rechtsvergleichende Untersuchung der wettbewerbsrechtlichen Schutzmöglichkeiten in Deutschland und den U.S.A., 1993; *Wiebe/Schur,* Protection of Trade Secrets in a Data-driven, Networked Environment – Is the update already out-dated?, GRUR Int 2019, 746; *Wiebe/Schur,* Ein Recht an industriellen Daten im verfassungsrechtlichen Spannungsverhältnis zwischen Eigentumsschutz, Wettbewerbs- und Informationsfreiheit, ZUM 2017, 461; *Wischmeyer/Herzog,* Daten für alle? – Grundrechtliche Rahmenbedingungen für Zugangsrechte, NJW 2020, 288; *Yao,* Protocols for secure computations, in: Proceedings of the 23rd Annual Symposium on Foundations of Computer Science, S. 160; *Zech,* Daten als Wirtschaftsgut – Überlegungen zu einem „Recht des Datenerzeugers", CR 2015, 137; *Zech,* „Industrie 4.0" –

Rechtsrahmen für eine Datenwirtschaft im digitalen Binnenmarkt, GRUR 2015, 1151; *Zech,* Information als Schutzgegenstand, 2012.

A. Einführung, Begrifflichkeiten

I. Know-how-Schutz als Perspektive des Schutzes von Daten

Trotz entspr. Vorschläge[1] und einer intensiven rechtspolitischen Debatte, die auch von der EU-Kommission aufgegriffen wurde,[2] konnte bislang kein Eigentums- oder Ausschließlichkeitsrecht an Daten geschaffen werden, das Daten einer Person ausschließlich zuweist.[3] Dies dürfte den erheblichen konzeptionellen Hindernissen hinsichtlich der Spezifikation, Zuordnung und ökonomischen Rechtfertigung geschuldet sein.[4] Es scheint derzeit aber auch kein ökonomisches Bedürfnis bestehen, insbesondere die Praxis wendet sich vielmehr ausdrücklich gegen ein solches Recht.[5]

In Anbetracht der erheblichen konzeptionellen Hindernisse ist auf absehbare Zeit nicht zu erwarten, dass ein Ausschließlichkeitsrecht an Daten eingeführt wird, weswegen die bestehende Rechtslage genutzt werden muss, um Daten zu schützen und dessen Verwertung zu ermöglichen. Während die Verwertung von Daten über das Vertragsrecht möglich ist,[6] ist der Schutz von Daten durch ein Mosaik verschiedener Schutzrechte zu bewältigen, vor allem dem Datenbankherstellerrecht.[7] Das Datenbankherstellerrecht lässt allerdings Lücken.[8] Der § 87b UrhG schützt nur vor der Entnahme wesentlicher Teile der Datenbank. Auch werden die zu schützenden Datenaggregationen nicht immer die Schutzvoraussetzungen des § 87a UrhG erfüllen. Vor allem die Wesentlichkeitsschwelle stellt in Anbetracht der strengen Rechtsprechung des EuGH eine erhebliche Hürde dar, nach der nur Investitionen in die Datensammlung, nicht aber in die Datengenerierung zu berücksichtigen sind.[9]

Aus diesem Grund rückt zunehmend der **Know-how-Schutz** als ein möglicher Schutzmechanismus in den Vordergrund, zumal dieser mit der im Juli 2016 in Kraft getretenen **EU-Richtlinie zum Schutz von Geschäftsgeheimnissen** auf europäischer Ebene kürzlich harmonisiert wurde.[10] Seine Rolle wird aber dennoch unterschiedlich eingeordnet: während dem Know-how-Schutz zT attestiert wird, er könne eine wichtige Rolle beim Schutz von Daten einnehmen,[11] ist besonders die Richtlinie auch Kritik ausgesetzt,

---

[1] Vgl. ausführlich → Teil 6.7 Rn. 1 ff.; aus dem umfangreichen Schrifttum vgl. etwa *Zech,* CR 2015, 137, 144; *Zech,* GRUR 2015, 1151, 1159; *Zech,* Information, S. 385 ff., 434 ff.; *Ensthaler,* NJW 2016, 3473, 3476 f.; *Markendorf,* ZD 2018, 409, 411; *Hoeren,* MMR 2013, 486, 488 f.; *Hoeren,* MMR 2019, 5; *Tjong Tjin Tai,* EuCML 2018, 136; *Fezer,* ZD 2017, 99; *Fezer,* MMR 2017, 3; *Amstutz,* AcP 218 (2018), 438.
[2] Siehe COM(2017) 9 final sowie SWD(2017) 2 final; dazu *Wiebe,* CR 2017, 87; einen Überblick über die Bestrebungen der Europäischen Kommission gibt *Kim,* GRUR Int 2017, 697.
[3] Insgesamt begegnete die Literatur entspr. Vorschlägen kritisch, vgl. etwa *Stender-Vorwachs/Steege,* NJOZ 2018, 1361, 1365 ff.; *Spindler,* ZGE/IPJ 9 (2017), 399; *Drexl,* JIPITEC 8 (2017), 257; *Wiebe,* GRUR Int 2016, 877; *Wiebe,* CR 2017, 87, 93; *Dorner,* CR 2014, 617; *Heymann,* CR 2016, 650, 652 ff.; *Härting,* CR 2016, 646; *Drexl/Hilty et al.,* GRUR Int 2016, 914; *Grützmacher,* CR 2016, 485.
[4] Zu den konzeptionellen Hürden ausführlich *Wiebe,* GRUR Int 2016, 877, 883; *Wiebe/Schur,* ZUM 2017, 461, 470.
[5] Vgl. *Kerber,* GRUR Int 2016, 989; *Dorner,* CR 2014, 617, 625 f.
[6] Vgl. ausführlich → Teil 6.9 Rn. 1 ff.
[7] Vgl. ausführlich → Teil 6.7 Rn. 11 ff.
[8] Vgl. ausführlich → Teil 6.7 Rn. 39.
[9] Vgl. ausführlich → Teil 6.7 Rn. 20; vgl. *EuGH,* GRUR 2005, 252 – Fixtures-Fußballspielpläne I; *EuGH,* GRUR 2005, 254 – Fixtures-Fußballspielpläne II; *EuGH,* GRUR Int 2005, 244 – Fixtures-Fußballspielpläne III.
[10] Richtlinie (EU) 2016/943 des Europäischen Parlaments und des Rates vom 8.6.2016 über den Schutz vertraulichen Know-hows und vertraulicher Geschäftsinformationen (Geschäftsgeheimnisse) vor rechtswidrigem Erwerb sowie rechtswidriger Nutzung und Offenlegung, ABl. EU Nr. L 157, 15.6.2016, S. 1 ff.
[11] *Lejeune,* CR 2016, 330, 342.

da die Anwendbarkeit auf Daten in vielerlei Hinsicht unklar sei und die Implikationen der Datenwirtschaft bei Abfassung der Richtlinie noch nicht hinreichend berücksichtigt worden seien.[12]

4   Insgesamt haben die kritischen Stimmen durchaus ihre Berechtigung, denn die Anwendbarkeit des Geheimnisschutzes auf Daten wird in der RL und den Erwägungsgründen weitgehend offengelassen, Daten finden nur vereinzelt als Randnotiz Erwähnung.[13] Gleiches gilt für das GeschGehG.[14] Auch handelt es sich mit den inhaltlichen Voraussetzungen um **kein auf Daten maßgeschneidertes Schutzsystem** (→ Rn. 10 ff.).[15] Der Schutz von Daten als Know-how ist daher eine Einzelfallfrage. Es müssen stets die Schutzvoraussetzungen (→ Rn. 13 ff.) in Bezug auf jeden Datenbestand geprüft werden, wobei vor allem die zunehmende Vernetzung dem zentralen Kriterium des Geheimseins im Grunde zuwiderläuft, sodass hier ein Zielkonflikt besteht (→ Rn. 17 ff.). Dennoch lässt sich auf der anderen Seite festhalten, dass ein Schutz von Daten im Grundsatz möglich erscheint. Dies setzt aber voraus, dass der Inhaber der Daten den Schutz aktiv gestaltet, indem er organisatorische, vertragliche und vor allem technische Maßnahmen zum Schutz der Daten ergreift (→ Rn. 28 ff.).

II. Know-how

5   Um sich der Frage des Schutzes von Daten als Know-how und Geschäftsgeheimnis anzunähern, bedarf es einer kurzen Begriffsbestimmung, denn die beiden genannten Begriffe sind keineswegs austauschbar, auch wenn sie zT dementsprechend verwendet werden. Der Begriff des Know-hows ist im Bereich des Geheimnisschutzes – anders als im Kartellrecht, wo er insbesondere durch die TT-GVO[16] eine Definition erfahren hat – kein fest umrissener Begriff, da ihm keine unmittelbare rechtliche Bedeutung zukommt.[17] Dementsprechend wird **Know-how** weit definiert und umfasst Kenntnisse und Erfahrungen, also Wissen, das Bezugsobjekt einer wirtschaftlichen Verwendung ist,[18] wobei dies nicht nur technisches, sondern auch kaufmännisches Wissen einschließt.[19]

6   Das Geheimsein ist nach ganz hM keine notwendige Voraussetzung.[20] Dies stellt den wesentlichen Unterschied zum Geschäftsgeheimnis dar.[21] Dennoch besteht im Ergebnis eine große Schnittmenge, weil Know-how zumeist durch Geheimhaltung geschützt wird.[22] Dies dürfte zugleich der Grund für die terminologischen Unsicherheiten darstellen. Dennoch sollten beide Begriffe auseinandergehalten werden. Der Begriff Know-how ist weiter zu fassen, was auch die Geschäftsgeheimnis-RL zugrunde legt. Denn zwar scheint die RL bei einem ersten Blick in ihre amtliche Überschrift auf den Schutz von Know-how gerichtet. Allerdings wird dort bereits von *vertraulichem* Know-how gesprochen. Vor allem aber definiert die RL im Folgenden ausschließlich Geschäfts*geheimnisse* als Schutzgegenstand.

---

[12] *Drexl*, JIPITEC 8 (2017), 257 Rn. 52; *Wiebe*, GRUR Int 2016, 877, 880.
[13] *Wiebe/Schur*, GRUR Int 2019, 746, 747.
[14] Jedenfalls findet sich in § 4 Abs. 1 Nr. 1 GeschGehG der Hinweis, dass auch das unbefugte Erlangen von Geschäftsgeheimnissen erfasst ist, die in „elektronischen Dateien" enthalten sind.
[15] *Wiebe/Schur*, GRUR Int 2019, 746, 747.
[16] Vgl. Art. 1 Abs. 1 lit. i VO (EU) 316/2014 (Gruppenfreistellungsverordnung für Technologietransfer-Vereinbarungen, ABl. EU 2014 Nr. L 93 v. 28. 3. 2014, S. 11 ff.).
[17] *Pfaff*, BB 1974, 565; *Dorner*, Know-how-Schutz, S. 9; *Kalbfus*, Know-how-Schutz, S. 7 f.
[18] *Enders*, GRUR 2012, 25, 27; *Kalbfus*, Know-how-Schutz, S. 8; *Dorner*, Know-how-Schutz, S. 11, 43; *Maaßen/Wuttke*, in: Ann/Loschelder/Grosch (Hrsg.), Praxishandbuch Know-how-Schutz, Kap. 5 Rn. 38.
[19] So die mittlerweile ganz hM, vgl. *Habel*, CR 1991, 257; *Wiebe*, Know-how-Schutz von Computersoftware, S. 183 f. mwN.
[20] So die hM: *Ann*, GRUR 2007, 39, 41; *Habel*, CR 1991, 257, 258; *Dorner*, Know-how-Schutz, S. 40; *Kalbfus*, Know-how-Schutz, S. 9; *Wiebe*, Know-how-Schutz von Computersoftware, S. 185 jeweils mwN.
[21] Allerdings ist die Terminologie uneinheitlich, vgl. *McGuire*, GRUR 2015, 424, 425.
[22] *Dorner*, Know-how-Schutz, S. 40.

III. Schutz von Geschäftsgeheimnissen

Der Schutz von Geschäftsgeheimnissen wurde wesentlich durch die im Juli 2016 in Kraft getretene **Geschäftsgeheimnis-RL** reformiert, die den (europaweit bislang stark abweichenden) Schutz von Geschäftsgeheimnissen harmonisiert.[23] In Deutschland wurde die RL durch das GeschGehG umgesetzt, das am 26. 4. 2019 in Kraft getreten ist.[24]

1. Begriff

Unter der bisherigen, im nationalen Recht gebräuchlichen Definition umfasste der Begriff **Geschäftsgeheimnis** lediglich Geheimnisse des kaufmännischen Geschäftsverkehrs, während sich Betriebsgeheimnisse auf den technischen Betriebsablauf bezogen.[25] Diese Differenzierung ist nunmehr obsolet, da die Geschäftsgeheimnis-RL und das GeschGehG ausschließlich Geschäftsgeheimnisse als Schutzgegenstand nennen und hierunter auch technisches Wissen verstehen.[26] Der Begriff entspricht demnach eher der vormals gebräuchlichen Begrifflichkeit des Unternehmensgeheimnisses.[27] Doch auch wenn sich die Definition von der tradierten nationalen Definition[28] löst, weisen beide hinsichtlich ihrer Voraussetzungen Parallelen auf.[29] Der wesentliche Unterschied zu den bisherigen Voraussetzungen ist, dass angemessene Geheimhaltungsmaßnahmen in objektiver Hinsicht erforderlich sind und nicht mehr auf den Geheimhaltungswillen abgestellt wird.[30]

2. Überblick über die Schutzvoraussetzungen

Unter Geschäftsgeheimnissen versteht die Geschäftsgeheimnis-RL Informationen, die geheim sind, kommerziellen Wert haben, weil sie geheim sind, und die Gegenstand von den Umständen entspr. angemessenen Geheimhaltungsmaßnahmen derjenigen Person sind, die die rechtmäßige Kontrolle über die Informationen besitzt, vgl. Art. 2 Nr. 1 Geschäftsgeheimnis-RL.[31] Diese Legaldefinition wurde durch § 2 Nr. 1 lit. a GeschGehG umgesetzt, allerdings unnötig kompliziert: die Anforderungen aus Art. 2 Nr. 1 lit. a–c wurden in § 2 Nr. 1 lit. a, b GeschGehG zusammengefasst, indem das Geheimsein und der wirtschaftliche Wert in lit. a überführt wurden. Unter § 2 Nr. 1 lit. c GeschGehG findet sich zusätzlich die Voraussetzung eines berechtigten Interesses an der Geheimhaltung, obwohl dies in der Richtlinie nicht vorgesehen ist und die RL diesbezüglich eine Mindestharmonisierung bezweckt (→ Rn. 26).

---

[23] Vgl. Art. 1 Abs. 1 Geschäftsgeheimnis-RL; siehe auch Erwägungsgründe 8 und 10.
[24] Vgl. BGBl. 2019 I S. 466; BT-Drs. 19/4724, 7 ff.; BT-Drs. 19/8300, 2 ff.; siehe auch *Ohly*, GRUR 2019, 441; *Dann/Markgraf*, NJW 2019, 1774; *Alexander*, WRP 2019, 673.
[25] Vgl. etwa *Enders*, GRUR 2012, 25, 27; *McGuire/Joachim/Künzel/Weber*, GRUR Int 2010, 829; *Dorner*, Know-how-Schutz, S. 26; *Kalbfus*, Know-how-Schutz, S. 69 f.
[26] Vgl. Erwägungsgrund 14 der Geschäftsgeheimnis-RL; BT-Drs. 19/4724, S. 24.
[27] Ausführlich *Hauck*, NJW 2016, 2218; vgl. dazu auch BT-Drs. 19/4724, S. 24.
[28] Hiernach war unter einem Geschäfts- oder Betriebsgeheimnis jede mit einem Geschäftsbetrieb in Zusammenhang stehende, nicht offenkundige, sondern nur einem beschränkten Personenkreis bekannte Tatsache zu verstehen, an deren Geheimhaltung der Unternehmensinhaber ein berechtigtes wirtschaftliches Interesse hat und die nach seinem bekannten oder erkennbaren Willen auch geheim bleiben soll, vgl. *BVerfG*, MMR 2006, 375, 376; *BGH*, GRUR 2003, 356, 358 – Präzisionsmessgeräte; *BGH*, GRUR 1955, 424 – Möbelpaste; *McGuire/Joachim/Künzel/Weber*, GRUR Int 2010, 829; *Zech*, Information, S. 231 f.; *Dorner*, Know-how-Schutz, S. 25 f.
[29] Ausführlich *Kalbfus*, GRUR 2016, 1009, 1010 f.
[30] *Hoeren/Münker*, WRP 2018, 150, 152; *Steinmann/Schubmehl*, CCZ 2017, 194, 197; *Hauck*, NJW 2016, 2218, 2220; *Baranowski/Glaßl*, BB 2016, 2563, 2565; *Kalbfus*, GRUR 2016, 1009, 1011; *Heinzke*, CCZ 2016, 179, 181; *McGuire*, GRUR 2016, 1000, 1006; *Kalbfus*, GRUR-Prax 2017, 391; *Herrmann*, CB 2016, 368, 369; *Redeker/Pres/Gittinger*, WRP 2015, 681, 683.
[31] Die Definition ist ähnlich zu der in Art. 39 Abs. 2 TRIPS, vgl. *Alexander*, WRP 2017, 1034, 1038; *Kalbfus*, GRUR 2016, 1009, 1010.

3. Schutzansatz des Geschäftsgeheimnisschutzes

10   Die Probleme bei der Anwendbarkeit des Geschäftsgeheimnisschutzes auf Daten sind vor allem dem Umstand geschuldet, dass der Schutz von Geschäftsgeheimnissen einen **unterschiedlichen Schutzansatz** verfolgt als es der Schutz von Daten erfordert. Daten sind (im Bereich der Informatik) zunächst einmal Folgen von Bits, also Folgen von Nullen und Einsen.[32] Diese Form der Codierung ist notwendig, um die zu verarbeitenden Informationen in eine maschinenlesbare Form zu überführen. Diese Abstraktion ermöglicht die Informationsverarbeitung, indem Informationen durch Daten repräsentiert, diese Daten verändert und aus den entstandenen Daten neue Informationen abstrahiert werden.[33] Daten lassen sich daher (natürlich unter Zugrundelegung eines rein informatischen Grundverständnisses des Begriffs) als maschinenlesbar codierte Informationen begreifen,[34] die sich im Speicher- und Transportzustand[35] befinden und zur Übertragung, Interpretation und Übertragung geeignet[36] sind. Anders gewendet, und zwar aus informationswissenschaftlichem Blickwinkel unter Zugrundelegung des Informationenkonzepts der Semiotik, ist die Datenebene zugleich Teil eines einheitlichen Informationskonzepts. Information lässt sich nach dem semiotischen Verständnis in drei hierarchische Ebene aufteilen, nämlich in eine syntaktische, semantische und pragmatische Informationsebene.[37] Während auf der syntaktischen Informationsebene, die die Ebene der Daten darstellt, Information ausschließlich als Menge von Zeichen abgegrenzt wird, ist auf der semantischen Ebene die Beziehung der Zeichen zu ihrer Bedeutung relevant, also letztendlich ihr Inhalt.[38] Die pragmatische Ebene berücksichtigt darüber hinaus die Wirkung der Zeichen, also die Beziehung der Zeichen zu ihrem erzeugenden oder nutzenden System, wobei diese Wirkung wesentlich von dem Hintergrundwissen des Informierenden bzw. des Adressaten abhängt.[39]

11   Ein Schutz von Daten als Folge von Bits ist auf der Zeichenebene anzusiedeln, was wiederum bedeutet, dass der Inhalt nicht von Relevanz ist: bestimmte Zeichenfolgen wären ungeachtet ihres Inhalts zu schützen.[40] Wenn sowohl die Geschäftsgeheimnis-RL als auch das GeschGehG Geschäftsgeheimnisse demgegenüber als *Informationen* definieren,[41] ist dies auch aus informationswissenschaftlicher Sicht durchaus treffend. Denn bei der Beurteilung des Geheimseins und des wirtschaftlichen Wertes muss der Inhalt betrachtet werden, der Schutz setzt also bereits auf der semantischen Informationsebene an.[42] Beide Voraussetzungen betreffen aber nicht ausschließlich den Inhalt, sondern zugleich den Umgang mit der Information durch Absender und Adressat, was eine Berücksichtigung des Vorwissens erfordert. Mithin betrifft der Geheimnisschutz die pragmatische Ebene von Information.[43]

12   Der Geheimnisschutz ist demnach nicht auf den Schutz von Daten ausgerichtet, sondern weist eine ganz andere Schutzrichtung auf, indem er vor allem eine Berücksichtigung des Inhalts erfordert. Es handelt sich um kein auf Daten maßgeschneidertes Schutzsystem, das Daten generell erfasst.[44] Allerdings können Daten, als maschinenlesbar codierte Infor-

---

[32] *Gumm/Sommer*, Einführung in die Informatik, S. 11.
[33] *Gumm/Sommer*, Einführung in die Informatik, S. 35.
[34] *Zech*, GRUR 2015, 1151, 1153; *Zech*, Information, S. 32.
[35] *Wiebe/Schur*, ZUM 2017, 461, 469.
[36] Vgl. zur Definition von Daten auch ISO/IEC 2382-1: „A reinterpretable representation of information in a formalized manner, suitable for communication, interpretation, or processing". Die Kommunikationsrelevanz als Medium betont auch *Amstutz*, AcP 218 (2018), 438, 468 f.
[37] Ausführlich *Zech*, Information, S. 25.
[38] *Zech*, Information, S. 25; *Wiebe* in: Fiedler/Ullrich (Hrsg.), Information als Wirtschaftsgut, S. 93, 100; *Wiebe*, in: FS-Walter, S. 13, 14.
[39] *Zech*, Information, S. 25; *Wiebe*, in: Fiedler/Ullrich (Hrsg.), Information als Wirtschaftsgut, S. 93, 101.
[40] *Wiebe/Schur*, GRUR Int 2019, 746, 747; *Zech*, GRUR 2015, 1151, 1153.
[41] Vgl. Art. 2 Nr. 1 Geschäftsgeheimnis-RL sowie § 2 Nr. 1 GeschGehG.
[42] *Drexl*, JIPITEC 2017, 257 Rn. 24 ff.
[43] *Wiebe/Schur*, GRUR Int 2019, 746, 747; *Wiebe*, GRUR Int 2016, 877, 882; *Wiebe* in: FS-Walter, S. 13, 19.
[44] *Wiebe/Schur*, GRUR Int 2019, 746, 747.

mationen, durchaus geheime Informationen von wirtschaftlichem Wert enthalten. Da die inhaltlichen Anforderungen als eher gering eingeordnet werden können, kommt ein Schutz für Datensammlungen daher durchaus in Betracht. In der Rechtsprechung wurde der Schutz in der Vergangenheit so etwa für Kundendaten oder sonstige Datensammlungen bejaht.[45] Auch in der Literatur wird der Schutz für Daten als möglich erachtet,[46] insbesondere für Industriedaten.[47] Das GeschGehG enthält in § 4 Abs. 1 Nr. 1 GeschGehG einen Hinweis auf die Schutzfähigkeit von elektronischen Dateien. Es ist jedoch zu betonen, dass der Geheimnisschutz Daten nicht generell, sondern eher mittelbar erfasst, und auch nur, wenn die in ihnen enthaltenen Informationen geheim und von wirtschaftlichem Wert sind sowie durch angemessene Schutzmaßnahmen geschützt werden. Stets müssen demnach die Schutzvoraussetzungen erfüllt sein, der Schutz ist deshalb letztendlich eine **Einzelfallfrage**.[48]

B. Schutz von Daten als Geschäftsgeheimnisse

Da der Schutz von Daten als Geschäftsgeheimnis letztlich eine Einzelfallfrage darstellt, muss jeder Datenbestand auf das Vorliegen der Voraussetzungen aus § 2 Nr. 1 GeschGehG geprüft werden.

I. Geheimsein

1. Geheimsein der in den Daten enthaltenen Informationen

Geheim ist die Information nach Art. 2 Nr. 1 lit. a GeschGehG, wenn sie weder in ihrer Gesamtheit noch in der genauen Anordnung und Zusammensetzung ihrer Bestandteile den Personen in den Kreisen, die üblicherweise mit dieser Art von Informationen umgehen, allgemein bekannt oder ohne weiteres zugänglich ist. Viele der in den Daten enthaltenen Informationen werden diese Voraussetzung im industriellen Bereich erfüllen. Generiert etwa eine Fertigungsmaschine oder ein Industrieroboter Daten über seinen Zustand, so dürften diese Informationen als geheim einzustufen sein, weil sie idR nicht ohne weiteres zugänglich und allgemein bekannt sind. Doch selbst dann, wenn die Informationen ohne weiteres zugänglich sind und damit für sich genommen nicht geheim sind, wie etwa die durch ein SmartCar aufgenommenen Straßenverhältnisse,[49] kann die Zusammensetzung der Informationen den Geheimnischarakter begründen.[50] Der Wortlaut des Art. 2 Nr. 1a GeschGehG ist zwar diesbezüglich nicht ganz deutlich, weil die Information hiernach *weder* in ihrer Gesamtheit *noch* in der genauen Anordnung und Zusammensetzung ihrer Bestandteile allgemein bekannt oder ohne weiteres zugänglich sein darf, was auf den ersten Blick so zu verstehen sein könnte, dass beide Voraussetzungen kumulativ vorliegen müssen.[51] Insofern zeigt aber der Vergleich zu anderen Sprachfassungen, dass es sich um

---

[45] Vgl. *BGH*, GRUR 2006, 1044, 1046 – Kundendatenprogramm; *BGH*, GRUR 2009, 603, 604 – Versicherungsuntervertreter; *OLG Köln*, GRUR-RR 2010, 480 – Werbeadressen als Geschäftsgeheimnis.
[46] *Scheja*, CR 2018, 485, 489; *Alexander*, WRP 2017, 1034, 1038; *Wiebe/Schur*, ZUM 2017, 461, 464; *Specht*, CR 2016, 288, 291; *Zech*, GRUR 2015, 1151, 1155; *Zech*, CR 2015, 137, 141; *Dorner*, CR 2014, 617, 622.
[47] *Peschel/Rockstroh*, MMR 2014, 571, 574.
[48] *Wiebe/Schur*, GRUR Int 2019, 746, 747; *Krüger/Wiencke/Koch*, GRUR 2020, 578, 580; einschränkend *Wischmeyer/Herzog*, NJW 2020, 288, 292.
[49] Für dieses Beispiel siehe *Drexl*, JIPITEC 8 (2017), 257 Rn. 54.
[50] *Ohly*, GRUR 2019, 441, 443; *Wiebe/Schur*, GRUR Int 2019, 746, 747.
[51] Hierzu ausführlich *Desaunettes/Hilty/Knaak/Kur*, Stellungnahme zum Referentenentwurf eines Gesetzes zur Umsetzung der Richtlinie (EU) 2016/943 zum Schutz von Geschäftsgeheimnissen vor rechtswidrigem Erwerb sowie rechtswidriger Nutzung und Offenlegung vom 17.4.2018, Max-Planck-Institut für Innovation und Wettbewerb, S. 3f., abrufbar https://www.ip.mpg.de/fileadmin/ipmpg/content/stellungnahmen/

Alternativen handelt,[52] und es ist nicht erkennbar, dass der deutsche Gesetzgeber diesbezüglich eine Abweichung beabsichtigte.[53]

2. Angriffsformen auf das Geheimnis

15 Angriffe auf das Geheimnis sind aus verschiedenen Richtungen denkbar. Besonders relevant hat sich der Schutz gegen den Geheimnisverrat von Arbeitnehmern erwiesen. Bei dem Schutz vor Geschäftspartnern ging es zumeist darum, ein Geheimnis auch dann zu sichern, wenn es einem Geschäftspartner zur Verfügung gestellt wurde, etwa dem Lizenznehmer. Der Schutz von Geschäftsgeheimnissen gegen außenstehende Dritte meint den Schutz vor Industriespionage.

16 Vor allem Arbeitnehmer sind in die Organisation des Unternehmens eingegliedert, weswegen von ihnen nach wie vor erhebliche Gefahren ausgehen. Bislang erwies sich insbesondere die Nutzung von geheimen Informationen durch ehemalige Arbeitnehmer relevant. In Bezug auf die datengetriebene Wirtschaft lässt sich hier vor allem an das Einprägen wesentlicher Algorithmen oder der Auswertungsergebnisse denken. Hier ist dann die Abgrenzung zum Erfahrungswissen relevant.[54] In Bezug auf Datenbestände stellt sich das Problem in anderer Form, denn es wird idR nicht möglich sein, sämtliche Datenbestände zu memorieren. Hier geht es vielmehr darum zu verhindern, dass Arbeitnehmer unbefugt Daten kopieren oder (versehentlich) den Zugang zu Datenbeständen für Dritte eröffnen.

3. Geschäftsgeheimnisschutz und Vernetzung

17 Im Rahmen der datengetriebenen Wirtschaft verschieben sich die herkömmlichen Bedrohungsszenarien aber zugleich. Zum einen verändert sich die Bedrohung durch außenstehende Dritte. Denn mit der zunehmenden Vernetzung steigt auch die Zahl der Eintrittspunkte für Angreifer. Die Kommunikationsstrukturen werden zunehmend komplexer, was auch Möglichkeiten für unbefugten Zugang erhöht.

18 Die größte Änderung zur bisherigen Bedrohungslage liegt aber zum anderen in dem Umgang mit Geschäftspartnern. Im Zuge der Industrie 4.0 werden nicht nur die verschiedenen IT-Systeme aller Ebenen eines Unternehmens vernetzt (sog. vertikale Integration), vielmehr soll eine unternehmensübergreifende Kooperation verschiedener Unternehmen in sog. Wertschöpfungsnetzwerken stattfinden (sog. horizontale Integration).[55] Die Wertschöpfung in der digitalen Datenwirtschaft unterscheidet sich demnach von der herkömmlichen Wirtschaft, in der die Wertschöpfung gestuft vom Produzent über Zwischenhändler bis schließlich zum Verbraucher erfolgt. In der datengetriebenen Wirtschaft erfolgt die Produktion hingegen in komplexen und dynamischen Netzwerken durch verschiedene Akteure.[56] Dies setzt wiederum voraus, dass sich Unternehmen mit Dritten vernetzen und ihnen Zugang zu ihren Daten eröffnen. Auf der einen Seite müssen Geschäftspartner daher viel tiefer in die eigene Datenverarbeitung eingegliedert werden, womit die Zugriffsmöglichkeiten steigen und damit auch das Missbrauchspotential. Auf der anderen Seite steigt mit einer zunehmenden Anzahl an Dritten, die auf die Daten zugreifen können, gleichzeitig die Gefahr, dass die Daten als allgemein bekannt angesehen werden müssen.[57]

Stellungnahme_zum_Referentenentwurf_eines_Gesetzes_zur_Umsetzung_der_Richtlinie__EU__2016_943.pdf (31.10.2019).
[52] Vgl. etwa die englische Sprachfassung: „secret in the sense that it is not, as a body or in the precise configuration and assembly of its components, generally known among or readily accessible to persons within the circles that normally deal with the kind of information in question".
[53] Vgl. *Ohly*, GRUR 2019, 441, 443.
[54] Hierzu *Lejeune*, CR 2016, 330, 331 f. mwN.
[55] Zu den Begrifflichkeiten *Gölzer*, Big Data in Industrie 4.0, S. 36 ff.; *Wiebe/Schur*, GRUR Int 2019, 746.
[56] *Drexl*, JIPITEC 8 (2017), 257 Rn. 32 ff.; *Zech*, GRUR 2015, 1151, 1152.
[57] *Grützmacher*, CR 2016, 485, 489; *Zech*, GRUR 2015, 1151, 1156.

B. Schutz von Daten als Geschäftsgeheimnisse

Die zunehmende Vernetzung und der Geheimnisschutz stehen daher in einem **Spannungsverhältnis**.[58]

Die horizontale Integration von Daten stellt aber einen wesentlichen Bestandteil der Industrie 4.0 dar, weswegen es für den Inhaber von Daten unvermeidbar sein wird, Dritte in gewissem Umfang den Zugang zu den Daten zu eröffnen, um das volle Potential der Digitalisierung auszuschöpfen. Demnach ist der oben skizzierte Zielkonflikt in Zukunft unvermeidbar und der Inhaber der Daten wird vor die Herausforderung gestellt, den Geheimnisschutz trotz der Vernetzung zu gewährleisten. Zwar schließen sich das Geheimsein und der Zugang für Dritte nicht generell aus,[59] vielmehr hängt es vom Einzelfall ab, wann die Informationen allgemeine Bekanntheit erlangen.[60] Um den Zielkonflikt zwischen Vernetzung und Zugang auszugleichen, muss der Inhaber aber die Art und Weise der Zugangseröffnung sorgfältig zuschneiden, um den Zugriff auf die Daten nur soweit notwendig zuzulassen und um eine unbefugte Weitergabe und Nutzung der Daten zu unterbinden.[61] Der Kreis der Zugangsberechtigten muss demnach auch nach der Zugangseröffnung begrenzt und kontrollierbar sein. Hierzu stehen dem Inhaber verschiedene Maßnahmen zur Verfügung, die sich kategorisieren lassen in organisatorische, vertragliche und technische Schutzmaßnahmen.[62] Bei einem sorgfältig zugeschnittenen, kumulativen Einsatz dieser Maßnahmen kann das Geheimsein der in den Daten enthaltenen Informationen selbst dann gewahrt sein, wenn die horizontale Integration extensiv betrieben wird (dazu ausführlich sogleich → Rn. 28 ff.).[63]

II. Kommerzieller Wert

Nach § 2 Nr. 1 lit. a GeschGehG muss zudem ein kommerzieller Wert bestehen. Zunächst einmal wird ein wirtschaftlicher Wert bei vielen Daten vorhanden sein, auch wenn er ggf. gering ausfallen mag.[64] Lediglich belanglose Informationen sind von dem Schutz ausgeschlossen.[65] Solche belanglosen Informationen dürften im Zuge der Möglichkeiten moderner Auswertungsmethoden aber selten sein.[66] Heutige Analyseverfahren erkennen Zusammenhänge aus heterogenen Datenbeständen und bedürfen hierbei einer erheblichen Anzahl an Daten. Insofern können aus eigentlich fast jedem Datum in Zusammenhang mit anderen Daten neue Erkenntnisse gewonnen werden, die wiederum einen wirtschaftlichen Mehrwert bieten.[67] Zwar ist der Wert einzelner Daten hierbei gering. Doch reicht auch ein geringer oder gar potentieller Wert aus, der infolge zukünftiger Auswertungsmöglichkeiten entsteht.[68]

Allerdings muss der wirtschaftliche Wert in direktem Zusammenhang mit dem Geheimsein stehen („… und *daher* von wirtschaftlichem Wert ist …"). Art. 2 Nr. 1 lit. b Geschäftsgeheimnis-RL ist diesbezüglich noch deutlicher: Die Information muss über kommerziellen Wert verfügen, *weil* sie geheim ist. Eine unmittelbare Verknüpfung zwischen dem Wert der Daten und dessen Geheimsein wird aber wohl nicht immer einfach zu begründen sein: an sich resultiert der Wert aus den Auswertungsmöglichkeiten und den hierdurch zu

---

[58] Ausführlich *Wiebe/Schur*, GRUR Int 2019, 746; *Müllmann*, WRP 2018, 1177, 1179.
[59] *Wiebe/Schur* GRUR Int 2019, 746, 749.
[60] *Wiebe/Schur*, GRUR Int 2019, 746, 747.
[61] *Wiebe/Schur*, GRUR Int 2019, 746, 747.
[62] Vgl. *Wiebe/Schur*, GRUR Int 2019, 746, 747 f.; *Leister*, GRUR-Prax 2019, 75, 76; *Alexander*, WRP 2017, 1034, 1039; *Scheja*, CR 2018, 485, 490, für eine Übersicht über mögliche technische und organisatorische Schutzmaßnahmen in Bezug auf den Schutz von Algorithmen.
[63] *Wiebe/Schur*, GRUR Int 2019, 746, 750 f.
[64] *Sappa*, GRUR Int 2019, 135, 142; *Zech*, GRUR 2015, 1151, 1156.
[65] Vgl. Erwägungsgrund 14 der Geschäftsgeheimnis-RL.
[66] *Wiebe*, GRUR Int 2016, 877, 880.
[67] *Drexl*, JIPITEC 2017, 257 Rn. 54.
[68] Vgl. Erwägungsgrund 14 der Geschäftsgeheimnis-RL; s. auch *Sappa*, GRUR Int 2019, 135, 142; *Alexander*, WRP 2017, 1034, 1038; *Wiebe*, GRUR Int 2016, 877, 880; *Specht*, CR 2016, 288, 291.

erzielenden Auswertungsergebnissen, die im Grunde nicht von dem Geheimsein abhängig sind.[69] Eine enge Auslegung des Merkmals würde wohl zu einem Ausschluss vieler Daten führen.

22 Hierfür finden sich allerdings keine Anhaltspunkte in der Richtlinie. Vielmehr spricht Erwägungsgrund 14 der Geschäftsgeheimnis-RL für eine **weite Auslegung** des Zusammenhangs zwischen dem Geheimsein und wirtschaftlichem Wert. Hiernach dürfte es bereits ausreichen, dass die Daten und dessen Auswertung ein Teil der strategischen Position des Inhabers sind und zur Wettbewerbsfähigkeit beitragen.[70] Daher schöpfen Daten – jedenfalls mittelbar – einen Wert aus ihrem Geheimsein, wenn die wirtschaftliche Vorzugsstellung, die der Erwägungsgrund 14 voraussetzt, *auch* dadurch besteht, dass Wettbewerber nicht auf die Daten zugreifen können.[71] Es dürfte also bereits ausreichen, wenn der Wert – wenn auch geringfügig – durch das Geheimsein gesteigert wird. Das Geheimsein kann daher auch nur einer von vielen wertbegründenden Faktoren sein; er muss nicht die alleinige oder wesentliche Ursache des Wertes bilden. Dies entspricht auch der Auslegung von Art. 39 Abs. 2 TRIPS.[72] Infolge der kausalen Verknüpfung muss das Geheimsein aber wenigstens einen Beitrag zu dem Wert leisten. Dies dürfte aber bereits dann der Fall sein, wenn kein Wettbewerber Zugriff auf die Daten hat und die Daten einen Beitrag zur strategischen Position des Inhabers der Daten liefern. Insoweit dürfte die Voraussetzung vielfach gegeben sein.

III. Angemessene Geheimhaltungsmaßnahmen

23 Eine erhebliche Änderung zur vormaligen Definition ist das Erfordernis angemessener Geheimhaltungsmaßnahmen, die nunmehr allein aus objektiver Sicht zu bestimmen sind.[73] Infolge dessen können die Anforderungen im Einzelfall strenger ausfallen, da bislang nur geringe Anforderungen an den Geheimhaltungswillen gestellt wurden.[74] Allerdings ist diese Voraussetzung nicht gänzlich neu, da bereits Art. 39 Abs. 2 lit. c TRIPS eine solche Voraussetzung vorsah.[75] Geheimhaltungsmaßnahmen können rechtliche Verpflichtungen oder alle sonstigen Vorkehrungen tatsächlicher und organisatorischer Art sein.[76] Auch hier sind also – ebenso wie beim Geheimsein – organisatorische, vertragliche und technische Maßnahmen erfasst, die taugliche Geheimhaltungsmaßnahmen darstellen.[77]

24 Schwieriger zu beurteilen ist demgegenüber die Frage, wann die Geheimhaltungsmaßnahmen als angemessen anzusehen sind. Die Angemessenheit ist hierbei kein absoluter Begriff, sondern ist von vielen Faktoren abhängig. Auf der einen Seite ist das Geschäftsgeheimnis selbst zu betrachten, also der Grad des durch ihn vermittelten Wettbewerbsvorteils, dessen Bedeutung und dessen wirtschaftlicher Wert[78], und auf der anderen Seite die Rahmenbedingungen, das heißt bspw. die Kosten und Schwierigkeiten der Geheimhal-

---

[69] *Wiebe/Schur*, GRUR Int 2019, 746, 749; *Drexl*, JIPITEC 8 (2017), 257 Rn. 54.
[70] *Wiebe/Schur*, GRUR Int 2019, 746, 748.
[71] *Wiebe/Schur*, GRUR Int 2019, 746, 749; *Ohly*, GRUR 2019, 441, 443.
[72] *Peter/Wiebe*, in: Busche/Stolle/Wiebe (Hrsg.), TRIPS, Art. 39 Rn. 23.
[73] *Hauck*, NJW 2016, 2218, 2220; *Baranowski/Glaßl*, BB 2016, 2563, 2565; *Kalbfus*, GRUR 2016, 1009, 1011; *Heinzke*, CCZ 2016, 179, 181; *McGuire*, GRUR 2016, 1000, 1006; *Steinmann/Schubmehl*, CCZ 2017, 194, 197; *Kalbfus*, GRUR-Prax 2017, 391; *Herrmann*, CB 2016, 368, 369; *Hoeren/Münker*, WRP 2018, 150, 152.
[74] *Ohly*, GRUR 2019, 441, 443; s. auch *Steinmann/Schubmehl*, CCZ 2017, 194, 197; *Kalbfus*, GRUR-Prax 2017, 391; *Herrmann*, CB 2016, 368; *Lejeune*, CR 2016, 330, 332.
[75] *Maaßen*, GRUR 2019, 352.
[76] Vgl. BT-Drs. 19/4724, 24 f.; *Maaßen*, GRUR 2019, 352, 353 f.; *Leister*, GRUR-Prax 2019, 75, 76; *Alexander*, WRP 2017, 1034, 1039; *Heinzke*, CCZ 2016, 179, 182; *Hauck*, NJW 2016, 2218, 220.
[77] Vgl. BT-Drs. 19/4724, 24 f.; *Alexander*, WRP 2017, 1034, 1039; *Hauck*, NJW 2016, 2218, 2220; *Redeker/Pres/Gittinger*, WRP 2015, 681, 684; *Heinzke*, CCZ 2016, 179, 182.
[78] Gegen eine Berücksichtigung der Wertes *Lauck*, GRUR 2019, 1132.

tung als auch die konkrete Gefährdungslage.[79] Diese Faktoren weisen eine Wechselwirkung auf: umso höher etwa die Bedeutung und Gefährdungslage des Geheimnisses, desto intensivere Anstrengungen sind durch den Inhaber zu erwarten; dies wird aber wiederum begrenzt durch die Kosten der Geheimhaltung und die technischen Möglichkeiten, denn keinesfalls dürfen dem Inhaber unverhältnismäßige Kosten auferlegt oder technisch unmögliche Maßnahmen abverlangt werden.[80] Insbesondere die wirtschaftlichen Verhältnisse des Inhabers sind zu berücksichtigen, sodass an kleine und mittlere Unternehmen nicht dieselben Anforderungen zu stellen sind wie an große Unternehmen.[81]

Es bedarf demnach stets einer **Einzelfallprüfung** unter Berücksichtigung der Art des Geschäftsgeheimnisses und der konkreten Umstände der Nutzung, welche Geschäftsgeheimnismaßnahmen konkret erfolgen müssten.[82] Rein marginale Maßnahmen werden idR nicht ausreichen, sodass jedenfalls Daten ohne oder mit unzureichender Zugriffsbeschränkung nicht geschützt sind.[83] Es ist demgegenüber aber auch kein optimaler, unüberwindbarer Schutz zu fordern.[84] Die Maßnahmen sollten dabei jedenfalls derart effektiv sein, dass der Mitwisserkreis im Ergebnis auch tatsächlich begrenzt wird. Der Begriff ist zudem flexibel zu verstehen, sodass die fortschreitende technische Entwicklung zu berücksichtigen ist.[85]

IV. Berechtigtes Interesse an der Geheimhaltung

Das berechtigte Interesse an der Geheimhaltung findet sich nur in § 2 Nr. 1 lit. c GeschGehG, nicht hingegen in der Definition der Geschäftsgeheimnis-RL. Diese Umsetzung der RL ist mehr als unglücklich, denn die Richtlinie intendiert hinsichtlich des Schutzgegenstandes eine Mindestharmonisierung,[86] und das aus gutem Grund, schließlich sollte die Richtlinie die erheblichen Differenzen in den Mitgliedsstaaten hinsichtlich der Definition doch eigentlich beseitigen.[87] Angesichts dessen dürfte die Voraussetzung **unionsrechtswidrig** sein. Gleichsam erscheint die Voraussetzung auch weitgehend überflüssig. Denn einerseits lassen sich dort relevante Punkte bereits unter dem Merkmal des wirtschaftlichen Wertes prüfen.[88] Andererseits ist die Systematik der RL dahingehend auszulegen, dass das berechtigte Interesse im Übrigen innerhalb der Schranken Berücksichtigung finden soll.[89] Dies wiederum spricht für den folgenden Lösungsvorschlag, um die Probleme, die aus der unglücklichen Umsetzung des Art. 2 Nr. 1 Geschäftsgeheimnis-RL folgen, zu umgehen: Zunächst sind die Belange, die das berechtigte Interesse berühren, so weit wie möglich unter der Voraussetzung des kommerziellen Wertes zu prüfen; liegen diese Voraussetzung (trotzdem) vor, ist im Wege der richtlinienkonformen Auslegung das wirtschaftliche Inter-

---

[79] Die Gesetzesbegründung führt die folgenden Kriterien auf, die zu berücksichtigen seien: der Wert des Geheimnisses, dessen Entwicklungskosten, die Natur der Information, die Bedeutung für das Unternehmen, die Größe des Unternehmens, die üblichen Geheimhaltungsmaßnahmen in dem Unternehmen, die Art der Kennzeichnung der Information und vereinbarte vertragliche Regelungen mit Arbeitnehmern und Geschäftspartnern, vgl. BT-Drs. 19/4724, S. 24; vgl. auch *Maaßen*, GRUR 2019, 352, 353; *Dann/Markgraf*, NJW 2019, 1774, 1775; *Leister*, GRUR-Prax 2019, 75, 76; *Steinmann/Schubmehl*, CCZ 2017, 194, 197f.; *Kalbfus*, GRUR-Prax 2017, 391, 391f.; *Baranowski/Glaßl*, BB 2016, 2563, 2564f.; *Redeker/Pres/Gittinger*, WRP 2015, 681, 684.
[80] Vgl. etwa *Thiel*, WRP 2019, 700, 701.
[81] Vgl. Erwägungsgrund 2 und 3 der Geschäftsgeheimnis-RL; s. ferner *Maaßen*, GRUR 2019, 352, 354; *Hauck*, GRUR-Prax 2019, 223, 224.
[82] *Dann/Markgraf*, NJW 2019, 1774, 1775; *Wiebe/Schur*, GRUR Int 2019, 746, 748f.; *Leister*, GRUR-Prax 2019, 75, 76; *Alexander*, WRP 2017, 1034, 1039; *Kalbfus*, GRUR-Prax 2017, 391, 391f.
[83] *Grützmacher*, CR 2016, 485, 489.
[84] *Wiebe/Schur*, GRUR Int 2019, 746, 749ff.; *Thiel*, WRP 2019, 700, 701; *Maaßen*, GRUR 2019, 352, 353f.; *Dann/Markgraf*, NJW 2019, 1774, 1775.
[85] *Alexander*, WRP 2017, 1034, 1039; *Hauck*, NJW 2016, 2218, 2221.
[86] Vgl. Art. 1 Abs. 1 Geschäftsgeheimnis-RL; vgl. hierzu auch *Ohly*, GRUR 2019, 441, 444.
[87] Erwägungsgrund 6 und 14 der Geschäftsgeheimnis-RL.
[88] *Ohly*, GRUR 2019, 441, 444.
[89] *Ohly*, GRUR 2019, 441, 444.

esse unwiderleglich zu vermuten und die dort relevanten Aspekte unter § 5 GeschGehG zu prüfen.[90] Jedenfalls dürfen aus dem Kriterium keine weitergehenden Voraussetzungen folgen, als dies in der Geschäftsgeheimnis-RL vorgesehen ist.[91]

V. Zusammenfassung

27 Es zeigt sich, dass der Schutz von Daten als Geschäftsgeheimnis eine Einzelfallfrage ist. Dies erklärt sich aus dem unterschiedlichen Schutzansatz, weil stets der Inhalt der Daten zu berücksichtigen ist. Insofern bestätigt sich in den einzelnen Voraussetzungen, dass der Geheimnisschutz kein auf Daten maßgeschneidertes Schutzsystem darstellt. Während ein kommerzieller Wert idR vorhanden sein wird und das berechtigte Interesse im Sinne einer richtlinienkonformen Auslegung keine weitergehenden Anforderungen begründen darf, stehen vor allem das Geheimsein und angemessene Geheimhaltungsmaßnahmen im Mittelpunkt der Frage der Schutzfähigkeit. Im Rahmen des Geheimseins ist entscheidend, ob die Daten entweder bereits allgemein bekannt oder ohne Weiteres zugänglich sind. Während die Datenbestände aufgrund ihrer Zusammensetzung vielfach nicht allgemein bekannt sein dürften, kann der Inhaber die Zugänglichkeit der Daten selbst ausschließen, indem er rechtliche, organisatorische und technische Maßnahmen einsetzt. Diese Vorkehrungen sind auch im Rahmen der angemessenen Geheimhaltungsmaßnahmen zu berücksichtigen: zum einen müssen überhaupt Maßnahmen eingesetzt werden, die die Zugänglichkeit ausschließen, zum anderen müssen diese – ohne einen absoluten Schutz zu gewährleisten – eine solche Intensität erreichen, dass sie den Mitwisserkreis wirksam begrenzen. Aus Sicht des Inhabers der Daten ist der Einsatz organisatorischer, vertraglicher und technischer Maßnahmen also die zentrale Möglichkeit, um auf den Schutz hinzuwirken. Die tatsächliche Ausgestaltung des Schutzes ist demnach eine zentrale Frage (dazu ausführlich → Rn. 28 ff.).

C. Praktische Ausgestaltung des Geheimnisschutzes für Daten

28 Auf Grundlage der vorstehenden Erwägungen ist die Ausgestaltung entscheidend, um den (einzelfallabhängigen) Geheimnisschutz von Daten zu erreichen. Der Geheimnisinhaber hat es durch den Einsatz verschiedener Maßnahmen in gewissem Umfang selbst in der Hand, den Schutz herbeizuführen oder aufrecht zu erhalten. Dementsprechend sollte auch die anwaltliche Beratung in diesem Bereich einen Schwerpunkt bilden.[92] Es lassen sich im Grundsatz organisatorische, vertragliche und technische Maßnahmen zur Geheimhaltung unterscheiden, wobei diese kumulativ und vor allem koordiniert zur Anwendung kommen sollten.

29 Hierbei sind die verschiedenen Angriffsrichtungen zu berücksichtigen (→ Rn. 15), also erstens die Gefährdung durch Arbeitnehmer, zweitens die durch Geschäftspartner und schließlich die durch außenstehende Dritte. Grundsätzlich lässt sich festhalten, dass sich vor allem die Stoßrichtung des Geheimnisschutzes gegen Geschäftspartner/Dritte wandeln wird: zwar geht es bei dem Geheimnisschutz nach wie vor um den Schutz vor unbefugtem Eindringen Dritter, durch die zunehmende Vernetzung muss Dritten aber auch zunehmend Zugang eröffnet werden, was eines besonderen Balanceaktes zwischen Aufrechterhaltung des Schutzes und Eröffnung des Zugangs bedarf.[93]

---

[90] *Ohly*, GRUR 2019, 441, 444.
[91] Vgl. auch *McGuire*, WRP 2019, 679, 680 (Kriterium dient der Klarstellung).
[92] *Thiel*, WRP 2019, 700.
[93] Ausführlich *Wiebe/Schur*, GRUR Int 2019, 746, 749.

C. Praktische Ausgestaltung des Geheimnisschutzes für Daten

I. Organisatorische Maßnahmen

1. Identifizierung des relevanten Know-hows, Schutzkonzept

Zunächst ist es zwingend notwendig, die **organisatorischen Strukturen** des Geschäftsgeheimnisschutzes zu prüfen. Hierzu empfiehlt sich ein gestuftes Vorgehen, bei dem zunächst die Zuständigkeiten innerhalb des Unternehmens festgelegt werden, anschließend das relevante Know-how identifiziert wird und dieses nach seiner Bedeutung bewertet und kategorisiert wird, um schließlich konkrete Maßnahmen festzulegen.[94] Es ist also notwendig, den Geheimnisschutz proaktiv zu planen und ein **umfassendes Schutzkonzept** zu entwerfen.[95]

Hierbei hilft besonders eine **Klassifizierung** der Datenbestände nach deren Schutzbedürftigkeit, wobei bei der Bewertung die Folgen des Bekanntwerdens berücksichtigt werden können.[96] Denn ein genereller Schutz aller Datenbestände unter den gleichen Bedingungen erscheint vor dem variablen Kriterium der Angemessenheit wenig geeignet. Vielmehr bedürfen Geheimnisse, die für das Unternehmen eine hohe Bedeutung und einen hohen Wert aufweisen, auch eines höheren Schutzniveaus (→ Rn. 24). Auf der anderen Seite ist für gewisse Datenbestände auch eine gänzlich andere Strategie denkbar. Denn auch die Vorteile einer freien Zugänglichkeit sind nicht zu vernachlässigen, Dritte können unter Umständen Auswertungsergebnisse mit den Daten erzielen, die den Verlust des Geheimnisschutzes aufwiegen. Insofern können die bewusste Aufgabe des Schutzes und die Verfolgung einer **Open-Data-Strategie** für gewisse Bereiche sinnvoll sein.[97] Die mit einer solchen Strategie verbundenen Vorteile müssen aber stets sehr sorgfältig mit den Folgen, dh dem Verlust des Schutzes abgewogen werden.

2. Allgemeine Maßnahmen

Zunächst sollte eine **Kennzeichnung** der zu schützenden Daten als geheim erfolgen, wobei nicht jede Einzelinformation zu kennzeichnen ist, sondern dies gesammelt erfolgen kann.[98] Bei Daten könnte etwa bei einem Zugriff ein entspr. Hinweis erfolgen, dass es sich um einen geschützten Datenbestand handelt. Gerade zu sensiblen IT-Systemen sollte der physikalische Zugang kontrolliert werden,[99] hier bedarf es neben technischen auch tatsächlichen Zugangs- und Nutzungsbeschränkungen.[100] Vor allem sind die technischen **Schnittstellen** zu sichern, an denen Daten abgerufen und auf physikalische Speichergeräte kopiert werden können. Insgesamt sollte das gesamte IT-System sorgfältig geplant werden, um den Zugriff (für Geschäftspartner aber vor allem für Mitarbeiter) stets nur für einen bestimmten Zweck in einer begrenzten Art und Weise zu gewähren.[101] Dh es sollte ein strenges **Need-to-Know-Prinzip**[102] auf sämtlichen Ebenen etabliert werden.

Mitarbeiter stellen hierbei nach wie vor eine zentrale Gefährdung von vertraulichem Know-how dar. Dabei muss das Verhalten nicht unbedingt vorsätzlich sein. Vielmehr gehen viele Angreifer derart vor, dass bspw. mit gefälschten Emails versucht wird, Zugangsdaten zu erlangen. Es bedarf daher auch regelmäßiger **Schulungen der Mitarbeiter,** sodass diese Gefahren erkannt werden.[103] Nach Verfügbarkeit können auch Mittel zur

---

[94] *Kalbfus,* GRUR-Prax 2017, 391, 392 f.
[95] *Thiel,* WRP 2019, 700, 702; *Wiebe/Schur,* GRUR Int 2019, 746, 749.
[96] *Maaßen,* GRUR 2019, 352, 356; *Dann/Markgraf,* NJW 2019, 1774, 1776; *Scheja,* CR 2018, 485, 490.
[97] *Wiebe/Schur,* GRUR Int 2019, 746, 749.
[98] *Maaßen,* GRUR 2019, 352, 354.
[99] *Scheja,* CR 2018, 485, 491.
[100] *Maaßen,* GRUR 2019, 352, 357.
[101] *Wiebe/Schur,* GRUR Int 2019, 746, 749.
[102] *Maaßen,* GRUR 2019, 352, 355 ff.
[103] *Maaßen,* GRUR 2019, 352, 358.

Früherkennung einer auffälligen IT-Nutzung implementiert werden, wobei hier § 87 Abs. 1 Nr. 6 BetrVG zu beachten ist.[104]

3. Besonderheiten in IT-Umgebungen

34 Im Rahmen von IT-Umgebungen ist zunächst darauf zu achten, die Schnittstellen, an denen Daten abgegriffen werden können, zu sichern, was jedenfalls im eigenen Einflussbereich möglich ist.[105] Problematisch gestaltet sich dies allerdings in **stark vernetzten Umgebungen.** Hier ist die Planung organisatorischer Maßnahmen zur Geheimhaltung letztlich komplex, da Datenflüsse schwer steuerbar und kontrollierbar sind, was gerade für Cloud-Umgebungen gilt.[106] Hinzu kommt, dass die datenverarbeitenden Komponenten oder die Übertragungswege oftmals im Eigentum eines Dritten stehen, womit ein Einfluss des Inhabers, den Zugriff auf die Daten zu beschränken, nicht immer gegeben sein wird.[107] Insofern müssen die Inhaber darauf achten, dass die Vertragspartner, die die IT-Infrastruktur bereitstellen, ebenfalls angemessene Sicherungsmaßnahmen treffen. Dies sollte durch entspr. vertragliche Verpflichtungen ausdrücklich vereinbart werden, wobei ggf. auch Kontrollrechte vorgesehen werden sollten.

II. Vertragliche Maßnahmen

1. Vertragliche Maßnahmen als angemessene Geheimhaltungsmaßnahmen

35 Der Geheimnisschutz ist neben organisatorischen Maßnahmen auch durch entspr. vertragliche Vereinbarungen zu verwirklichen. ZT wird bestritten, dass es sich bei vertraglichen Vereinbarungen um angemessene Geheimhaltungsmaßnahmen handelt.[108] Wie im US-amerikanischen Recht komme dem Kriterium der angemessenen Geheimhaltungsmaßnahmen neben dem Nachweis der Ernsthaftigkeit der Schutzbemühungen eine Warnfunktion zu, sodass konkrete und nicht nur kategorische Maßnahmen zu fordern seien, weswegen abstrakte Geheimhaltungsvereinbarungen nicht ausreichen und Geheimhaltungsvereinbarungen nur ausnahmsweise angemessene Geheimhaltungsmaßnahmen darstellen.[109] Demgegenüber werden vertragliche überwiegend als angemessene Schutzmaßnahmen eingeordnet.[110] ZT werden Geheimhaltungsvereinbarungen sogar als unverzichtbare Geheimhaltungsmaßnahmen angesehen, bei deren Fehlen der Schutz erlöschen könne.[111] Auch die Gesetzesbegründung weist in die zweite Richtung und nennt vertragliche Regelungen mit Arbeitnehmern und Geschäftspartnern als angemessene Geheimhaltungsmaßnahmen.[112]

36 Zunächst ist in diesem Zusammenhang darauf hinzuweisen, dass beide Ansichten – jedenfalls in einem gewissen Umfang – Schnittpunkte aufweisen. Denn selbst die Ansicht, die vertragliche Maßnahmen als Geheimhaltungsmaßnahmen ablehnt, nimmt Ausnahmen vor, wenn das Know-how eindeutig spezifiziert ist, wie etwa wenn konkretes Know-how selbst den Vertragsgegenstand bildet.[113] Auch die Gegenansicht hebt hervor, dass es einer

---

[104] *Maaßen*, GRUR 2019, 352, 358.
[105] *Hoppen*, CR 2015, 802, 804.
[106] *Hoppen*, CR 2015, 802, 804.
[107] *Hoppen*, CR 2015, 802, 804.
[108] *McGuire*, WRP 2019, 679, 682.
[109] *McGuire*, WRP 2019, 679, 682.
[110] Vgl. etwa *Maaßen*, GRUR 2019, 352, 358 ff.; *Otte-Gräbener/Kutscher-Puis*, ZVertriebsR 2019, 288, 290; *Wiebe/Schur*, GRUR Int 2019, 746, 749 f.; *Dann/Markgraf*, NJW 2019, 1774, 1776; *Alexander*, WRP 2017, 1034, 1039; *Baranowski/Glaßl*, BB 2016, 2563, 2565; *Heinzke*, CCZ 2016, 179, 182.
[111] *Otte-Gräbener/Kutscher-Puis*, ZVertriebsR 2019, 288, 290.
[112] BT-Drs. 19/4724, 25.
[113] *McGuire*, WRP 2019, 679, 682.

Konkretisierung des Schutzgegenstands und Schutzumfangs bedarf.[114] Unbestimmte Klauseln seien hingegen mangels Bestimmtheit unter Umständen unzulässig.[115] Im Ergebnis sollten die Verträge deshalb exakt wie möglich spezifiziert werden, denn für diesen Fall gehen beide Ansichten davon aus, dass eine angemessene Geheimhaltungsmaßnahme vorliegt. Gerade wenn einem Geschäftspartner Datenbestände bereitgestellt werden, muss also der Datenbestand möglichst genau spezifiziert werden.

> Unabhängig von dem oben skizzierten Streit sind vertragliche Vertraulichkeitsverpflichtungen und Nutzungs- und Weitergabebeschränkungen aus anderen Gründen sinnvoll und sollten daher unter allen Umständen in Verträge aufgenommen werden. Denn bei der Frage, ob die Nutzung oder Offenlegung eines Geschäftsgeheimnisses rechtswidrig war, sind nach § 4 Abs. 2 Nr. 2 und 3 GeschGehG die vertraglichen Vereinbarungen zu beachten.[116] Zudem ist auch ein Reverse Engineering nur zulässig, wenn damit nicht gegen eine vertragliche Vereinbarung verstoßen wird.[117] Insofern haben Vertraulichkeitsvereinbarungen direkte Auswirkungen auf Ansprüche aus dem GeschGehG.

37

2. Inhalt von vertraglichen Geheimhaltungsvereinbarungen

Vertraulichkeitsverpflichtungen sollten zum einen mit Mitarbeitern und zum anderen mit Geschäftspartnern geschlossen werden.[118] Vor allem Mitarbeitern sollten solche vertraglichen Verpflichtungen auferlegt werden, da sie nach wie vor eine der zentralen Gefahrenquellen darstellen.[119] Dennoch ist es in Anbetracht der Tatsache, dass Dritte im Rahmen der horizontalen Integration von Daten zunehmend in die eigene Organisation eingebunden werden, auch wichtig, die Verträge an diese geänderten Bedingungen anzupassen. Hierbei sollte die Vereinbarung den Schutzgegenstand, dh das erfasste Geschäftsgeheimnis, möglichst genau konkretisieren und diesbezüglich eine klare Zuordnung festlegen (→ Rn. 60).[120] In einem weiteren Schritt sind Nutzung und Weitergabe zu reglementieren,[121] wobei es sich in Anbetracht des § 4 Abs. 2 Nr. 2 und 3 GeschGehG zum einen anbietet, die Offenlegung bzw. Zugänglichmachung als auch die zweckwidrige Nutzung zu untersagen,[122] und zum anderen, das Reverse Engineering auszuschließen.[123] Außerdem sollte der Vertragspartner dazu verpflichtet werden, selbst angemessene Schutzmaßnahmen zu treffen und – insofern eine Weitergabe doch in gewissem Umfang gestattet sein soll – die entspr. Verpflichtungen aus dem Vertrag an Dritte weiterzugeben.[124]

38

Insgesamt besteht bei vertraglichen Geheimhaltungsmaßnahmen eine **wichtige Schnittstelle zum Schutz von Daten,** da die Verwertung von Daten mangels eines Ausschließlichkeitsrechts derzeit vor allem auf Verträgen beruht. Im Rahmen dieser Verträge ist stets der Geheimnisschutz mit zu bedenken.[125]

39

Abschließend ist allerdings zu betonen, dass vertragliche Verpflichtungen als alleiniges Mittel des Geheimnisschutzes in stark vernetzten Umgebungen nicht ausreichend sein dürften. Denn je mehr Personen über Zugang verfügen, desto geringer ist die Wirksam-

40

---

[114] *Otte-Gräbener/Kutscher-Puis*, ZVertriebsR 2019, 288, 290.
[115] *Otte-Gräbener/Kutscher-Puis*, ZVertriebsR 2019, 288, 290.
[116] *Wiebe/Schur*, GRUR Int 2019, 746, 750; *McGuire*, WRP 2019, 679, 683.
[117] *Wiebe/Schur*, GRUR Int 2019, 746, 750; *McGuire*, WRP 2019, 679, 683.
[118] *Maaßen*, GRUR 2019, 352, 355 ff.
[119] *Thiel*, WRP 2019, 700, 703.
[120] *McGuire*, WRP 2019, 679, 686; *Otte-Gräbener/Kutscher-Puis*, ZVertriebsR 2019, 288, 290 f.
[121] *Wiebe/Schur*, GRUR Int 2019, 746, 750.
[122] *Otte-Gräbener/Kutscher-Puis*, ZVertriebsR 2019, 288, 291.
[123] *McGuire*, WRP 2019, 679, 686; *Otte-Gräbener/Kutscher-Puis*, ZVertriebsR 2019, 288, 290 f.
[124] *Otte-Gräbener/Kutscher-Puis*, ZVertriebsR 2019, 288, 291.
[125] Vgl. hierzu ausführlich → Teil 6.9 Rn. 1 ff.; *Wiebe/Schur*, GRUR Int 2019, 746, 749.

keit vertraglicher Vereinbarungen, sodass das Geheimsein im Ergebnis von den technischen Schutzmaßnahmen abhängen wird.[126]

III. Technische Maßnahmen

41 Letztendlich wird das Geheimsein wesentlich von dem Einsatz technischer Schutzmaßnahmen abhängen.[127] Hierbei sind vor allem **technische Zugangsbeschränkungen** einzusetzen. Für den Schutz der in den Daten enthaltenen Informationen eignet sich vor allem die **Verschlüsselung** hervorragend.

1. Technische Zugangsbeschränkungen

42 Technische Zugangs- und Nutzungsbeschränkungen sind schon deshalb unverzichtbar, um das Need-to-Know-Prinzips technisch umzusetzen.[128] Stets sollte der Zugang nur mit einem Passwort möglich sein[129] und die Datennutzung nachvollziehbar ausgestaltet sein, dh es sollte möglich sein nachzuvollziehen, wer auf Daten zugegriffen, diese geändert und kopiert hat. Unter Umständen sollten in gewissen Bereichen manche Funktionen gesperrt werden, wie bspw. das Kopieren von Daten.[130] Hierbei kann es in sensiblen Bereichen sogar sinnvoll sein, diese vom Rest des IT-Systems und vom Internet abzukoppeln.[131] Gerade die Nutzung privater Geräte sollte schließlich reglementiert werden.[132] In diesem Zuge kann auch ein technischer Ausschluss der Nutzung von USB-Speichervorrichtungen sinnvoll sein.[133]

2. Verschlüsselungstechnologien

a) Allgemeines

43 Im Zuge der zunehmenden Vernetzung wird es natürlich immer schwieriger, die Zugriffsmöglichkeiten zu minimieren. Denn die (autonome) Kommunikation von verschiedenen Systemen fördert das Entstehen von Schnittstellen, an denen Daten eventuell ungeschützt vorliegen. Umso stärker Daten zwischen verschiedenen Systemen ausgetauscht werden, desto schwieriger ist es zudem, den Datenfluss zu kontrollieren. Wenn Daten über Unternehmensgrenzen hinweg ausgetauscht werden, steigt die Zahl der Angriffspunkte, an denen die Daten verfügbar sind. Aus diesem Grund erscheint die Verschlüsselung als ein geeignetes Schutzkonzept. Der abstrakte Ansatz ist es hierbei, zwischen dem Schutz der Daten und der in ihnen enthaltenen Informationen zu differenzieren.[134] Auch wenn die Daten zwar abgreifbar sind – und gerade dies lässt sich in vernetzten Umgebungen eigentlich kaum mehr verhindern –, führt die Verschlüsselung zu einem Schutz der in den Daten enthaltenen Informationen und somit auch zu einem Schutz der in den Daten enthaltenen Geschäftsgeheimnisse.[135] Insofern erscheint die Verschlüsselung als ein geeignetes Konzept, um den Geheimnisschutz in stark vernetzten Umgebungen sicherzustellen.[136]

---

[126] *Wiebe*, GRUR Int 2016, 877, 880.
[127] *Wiebe*, GRUR Int 2016, 877, 880; *Müllmann*, WRP 2018, 1177, 1179.
[128] *Maaßen*, GRUR 2019, 352, 357; *Scheja*, CR 2018, 485, 491.
[129] *Maaßen*, GRUR 2019, 352, 357; *Scheja*, CR 2018, 485, 491.
[130] *Maaßen*, GRUR 2019, 352, 357.
[131] *Scheja*, CR 2018, 485, 491; *Maaßen*, GRUR 2019, 352, 357.
[132] *Maaßen*, GRUR 2019, 352, 358.
[133] *Scheja*, CR 2018, 485, 491.
[134] *Hoppen*, CR 2015, 802, 804.
[135] *Hoppen*, CR 2015, 802, 804.
[136] Ausführlich hierzu *Wiebe/Schur*, GRUR Int 2019, 746, 750.

b) Klassifizierung: Symmetrische und Asymmetrische Verschlüsselungstechnologien

Im Grunde unterscheidet man zwischen symmetrischen und asymmetrischen Verschlüsselungsverfahren.[137] Bei symmetrischen Verschlüsselung wird derselbe Schlüssel für die Ver- und Entschlüsselung verwendet.[138] In asymmetrischen Verfahren wird zur Verschlüsselung ein öffentlicher Schlüssel (public encryption key) verwendet und zur Entschlüsselung ein privater Schlüssel (private decryption key), zu dem nur der Empfänger Zugang hat.[139] Die letztgenannte Methode ist sicherer, aber zugleich aufwendiger und rechenintensiver.[140] Deshalb trifft man zT auf hybride Methoden, bei denen der symmetrische Schlüssel mittels eines asymmetrischen Verfahrens verschlüsselt wird.[141] 44

Herkömmliche Verschlüsselungsverfahren sind sehr gut geeignet, um Bedrohungen durch außenstehende Dritte einzudämmen. Denn ohne den jeweils erforderlichen Schlüssel können die in den Daten enthaltenen Informationen nicht verwendet werden. Die Daten allein sind durch die Verschlüsselung folglich wertlos, solange der Schlüssel nicht vorliegt.[142] Um einen effektiven Schutz zu bewirken, sind solche Angriffspunkte möglichst zu minimieren, an denen Daten unverschlüsselt vorliegen, vor allem an den Endpunkten der Kommunikation (wie Server, Endgeräte und Datenbanken). Hierzu sollte eine konsequente End-zu-End-Verschlüsselung eingesetzt werden.[143] Dh die Daten sollten stets nur an den unbedingt erforderlichen Schnittstellen unverschlüsselt vorliegen und außerdem ist die Verschlüsselung nach Möglichkeit in die Hardware zu integrieren.[144] 45

In vernetzten Umgebungen birgt die Verschlüsslung aber auch erhebliche Herausforderungen. Denn eine End-zu-End-Verschlüsselung konsequent umzusetzen gestaltet sich schwierig, entstehen mit zunehmender Vernetzung doch immer mehr Schnittstellen, an denen eine Verschlüsselung implementiert werden muss. Hinzu kommt, dass der Schlüssel an allen Stellen vorliegen muss, an denen eine Entschlüsselung erforderlich ist.[145] Dieses sog. Key Management wird mit der steigenden Anzahl vernetzter Systeme, die Daten verarbeiten, äußerst komplex, da der Schlüssel an allen erforderlichen Stellen vorhanden sein muss, um die Daten verarbeiten zu können.[146] Zudem muss auch sichergestellt werden, dass die Übertragung des Keys selbst sicher erfolgt.[147] 46

Während herkömmliche Verschlüsselungsverfahren geeignet sind, den Kommunikationsprozess zwischen Sender und Empfänger zu sichern, also zu verhindern, dass außenstehende Dritte in diesen eindringen,[148] sind die Möglichkeiten bei dem Schutz von Geschäftsgeheimnissen vor Geschäftspartnern aber letztlich begrenzt. Dies ist darauf zurückzuführen, dass die Daten ohne den dafür erforderlichen Schlüssel nicht zu gebrauchen sind.[149] Um die Daten zu verarbeiten ist deshalb eine Verschlüsselung zwangsläufig erforderlich.[150] Hier ist dann in erster Linie ein sorgfältiges Key Management gefragt, wodurch dem Geschäftspartner die Schlüssel nur bei den erforderlichen Stellen zur Verfügung stehen. Dennoch können herkömmliche Methoden den oben genannten Zielkonflikt zwischen Geheimsein 47

---

[137] *Wiebe/Schur*, GRUR Int 2019, 746, 750; *Spindler/Schmechel*, JIPITEC 2016, 163 Rn. 66.
[138] *Wiebe/Schur*, GRUR Int 2019, 746, 750; *Spindler/Schmechel*, JIPITEC 2016, 163 Rn. 67.
[139] *Wiebe/Schur*, GRUR Int 2019, 746, 750; *Spindler/Schmechel*, JIPITEC 2016, 163 Rn. 69.
[140] *Spindler/Schmechel*, JIPITEC 2016, 163 Rn. 71.
[141] *Spindler/Schmechel*, JIPITEC 2016, 163 Rn. 68.
[142] *Hoppen*, CR 2015, 802, 804; *Vaikuntanathan*, Computing Blindfolded: New Developments in Fully Homomorphic Encryption, in: 52nd Annual IEEE Symposium on Foundations of Computer Science 2011, S. 5, abrufbar https://ieeexplore.ieee.org/stamp/stamp.jsp?tp=&arnumber=6108145 (10.11.2019): („*access to encrypted data is all or nothing* – having the secret decryption key enables one to learn the entire message, but without the decryption key, the ciphertext is completely useless.")
[143] Ausführlich *Hoppen*, CR 2015, 802, 804 ff.
[144] Ausführlich *Hoppen*, CR 2015, 802, 804 ff.
[145] *Spindler/Schmechel*, JIPITEC 2016, 163 Rn. 67; *Hoppen*, CR 2015, 802, 806.
[146] *Wiebe/Schur*, GRUR Int 2019, 746, 750.
[147] *Wiebe/Schur*, GRUR Int 2019, 746, 750.
[148] *Vaikuntanathan* in: 52nd Annual IEEE Symposium on Foundations of Computer Science 2011, S. 5.
[149] Vgl. → Rn. 45.
[150] *Vaikuntanathan* in: 52nd Annual IEEE Symposium on Foundations of Computer Science 2011, S. 5.

und Vernetzung nicht vollends auflösen, weil dem Geschäftspartner letztendlich der Schlüssel zur Verfügung gestellt und damit die Information insgesamt zugänglich gemacht werden muss, wenn er diese verarbeiten soll. Um den oben genannten Zielkonflikt auszugleichen, bedarf es bestenfalls einer Verarbeitung ohne Entschlüsselung der Daten, denn nur dann würde das Geheimsein in jedem Fall gewahrt.[151]

c) Verarbeitung verschlüsselter Daten

48 Es existieren Verschlüsselungsverfahren, die eine Verarbeitung verschlüsselter Daten zulassen. Hierbei ist zum einen die **Homomorphe Verschlüsselung** (homomorphic encryption) zu nennen.[152] Durch diese Methode können Berechnungen mit den Daten erfolgen, ohne diese zu entschlüsseln.[153] Dh Dritten kann der Zugang zu den verschlüsselten Daten verschafft werden und diese können die Daten verarbeiten, ohne dass sie sie im Klartext sehen, also Zugang zu ihrem Inhalt erlangen.[154] Die Ergebnisse der Berechnung sind identisch mit denen, die bei einer Berechnung im Klartext erfolgt wären.[155] Auch die erzielten Ergebnisse lassen sich verschlüsseln.[156] In den letzten Jahren wurden zudem voll-homomorphe Verfahren (fully homomorphic encryption) entwickelt, die jede beliebige Berechnung zulassen und in ihrem Funktionsspektrum nicht nur auf bestimmte Berechnungsverfahren beschränkt sind.[157]

49 Ein weiteres Verfahren, das einem ähnlichen Zweck dient, ist das sog. **Secure Multiparty Computation** (SMC). Der Gedanke hierhinter ist, dass Berechnungen über bestimmte Eingaben durch vernetzte Parteien erzielt werden, ohne dass diese Eingaben offengelegt werden müssen.[158] Jede Partei steuert also Eingabedaten bei, ohne Zugriff auf alle durch das Netzwerk erbrachten Eingaben zu erhalten, und jede Partei erhält auch nur das Ergebnis hinsichtlich der eigenen Eingabe.[159] Keine Partei ist demnach in der Lage, Zugang zu sämtlichen Informationen zu erhalten.[160] Anders als bei der homomorphen Verschlüsselung werden die Daten aufgeteilt und dann zu verschiedenen Servern weitergeleitet, wo Berechnungen mit ihnen durchgeführt werden. Unter der Annahme, dass die Hälfte des Netzwerkes vertrauenswürdig ist (also nicht den Versuch unternimmt, die Daten unberechtigt zu entschlüsseln), erreicht SMC eine hohe Sicherheit und liefert zugleich korrekte Ergebnisse.[161]

3. Angemessenheit, derzeitige Problemfelder

50 Obwohl die theoretischen Grundlagen bereits in den Siebzigern und Achtzigern erarbeitet wurden, befinden sich sowohl die homomorphe Verschlüsselung als auch das SMC noch in einer frühen Entwicklungsphase.[162] Trotz erheblicher Fortschritte[163] auf diesem Gebiet

---

[151] *Wiebe/Schur*, GRUR Int 2019, 746, 750.
[152] *Gentry*, A Fully Homomorphic Encryption Scheme, S. 5.
[153] *Gentry*, 53 Com. of the ACM Volume 2010, S. 97.
[154] *Gentry*, 53 Com. of the ACM Volume 2010, S. 97.
[155] *Gentry*, A Fully Homomorphic Encryption Scheme, S. 5.
[156] *Spindler/Schmechel*, JIPITEC 2016, 163 para. 72.
[157] Vorgeschlagen von *Rivest/Adleman/Dertouzos* in: Foundations of Secure Computation, S. 169; das erste plausible Verfahren wurde vorgeschlagen von *Gentry*, A Fully Homomorphic Encryption Scheme.
[158] *Yao*, in: Proceedings of the 23rd Annual Symposium on Foundations of Computer Science, S. 160; *Cramer/Damgård/Nielsen*, Secure Multiparty Computation and Secret Sharing.
[159] *Spindler/Schmechel*, JIPITEC 2016, 163 Rn. 73.
[160] *Spindler/Schmechel*, JIPITEC 2016, 163 Rn. 73.
[161] *Orlandi*, in: 2011 IEEE International Conference on Acoustics, Speech and Signal Processing (ICASSP), S. 5849.
[162] *Spindler/Schmechel*, JIPITEC 2016, 163 Rn. 78.
[163] *Vaikuntanathan*, in: 52nd Annual IEEE Symposium on Foundations of Computer Science 2011, S. 13.

sind die Technologien vor allem noch extrem rechenintensiv.[164] Gerade im Rahmen der Industrie 4.0 wird aber zunehmend eine Verarbeitung der Daten in Realzeit notwendig, was seinen Niederschlag in der Eigenschaft *velocity* findet, die Big Data-Analysen charakterisiert.[165] Mit anderen Worten ist der Einsatz der Verschlüsselungsverfahren auch vor dem Hintergrund der Anforderungen des jeweiligen Auswertungsverfahrens zu bedenken. Generell verlangen sowohl die homomorphe Verschlüsselung als auch SMC erhebliche Investitionen, um die notwendige Rechenleistung bereitzustellen, weswegen die damit verbundenen Kosten idR nicht als angemessen angesehen werden können.[166] Sie müssen dann nicht notwendigerweise implementiert werden, da herkömmliche Verschlüsselungsverfahren als angemessene Geheimhaltungsmaßnahmen ausreichen. Für gewisse Bereiche, in denen sich die Kosten in Grenzen halten aber zugleich erhebliche Vorteile mit diesen Verfahren verbunden sind, kann schon heute davon ausgegangen werden, dass sie angemessen sind. Es handelt sich also letztlich um eine Einzelfallentscheidung. Jedenfalls muss die Entwicklung dieser Verschlüsselungsverfahren im Auge behalten werden, denn mit fortschreitender technischer Entwicklung ist davon auszugehen, dass sie immer weniger Leistung verbrauchen und zugleich kostengünstiger werden. Da der Begriff der Angemessenheit flexibel zu verstehen ist, und solche technischen Entwicklungen zu berücksichtigen sind, können sich hier (zeitnah) Veränderungen ergeben.

Aber auch bei dem Einsatz herkömmlicher Verschlüsselungsverfahren sind die Umstände des Einzelfalls abzuwägen. Neben den Erfordernissen des jeweiligen Auswertungsszenarios kann vor allem die technische Umgebung Auswirkungen auf die Angemessenheit des Einsatzes bestimmter Verschlüsselungsverfahren haben. Denn auch eine End-zu-End-Verschlüsselung, die in die Hardware integriert ist, verlangt nach einer hohen Rechenleistung der jeweiligen Endgeräte. Gerade bei autonom agierenden Systemen oder in einem Netz aus Sensoren steht unter Umständen nicht immer die volle Rechenleistung zur Verfügung, weil bspw. die Speicher- oder Batteriekapazität begrenzt ist.[167] Dies ist bei der Frage der Angemessenheit zu berücksichtigen. Hier bietet es sich unter Umständen an, die Berechnungen auszulagern. Dafür eignet sich SMC hervorragend, weil das Verfahren darauf ausgerichtet ist, Daten auf verschiedene Server auszulagern und dort zu verarbeiten. Allerdings entstehen hierdurch ein höherer Kommunikationsaufwand und mehr Eintrittspunkte für Angreifer. Außerdem sind bezüglich SMC noch einige Annahmen notwendig, die die Sicherheit betreffen.[168]

Letztendlich handelt es sich bei dem Einsatz einer Verschlüsselungstechnologie um eine **Einzelfallentscheidung**, die durch die Anforderungen des jeweiligen Auswertungsszenarios und durch die Möglichkeiten der technischen Umgebung geprägt ist. Diese Faktoren sind sorgfältig gegeneinander abzuwägen. Aufgrund der Tatsache, dass in vernetzten Umgebungen ein Zugriff auf die Daten kaum mehr auszuschließen ist und die Daten notwendigerweise an manchen der zahlreichen Schnittstellen abgegriffen werden können, ist die Verschlüsselung aber eine **effektive Schutzmaßnahme**, da die Daten ohne den Schlüssel wertlos sind und so selbst bei einem unberechtigten Zugriff geschützt sind. IdR sollten daher jedenfalls über den Einsatz herkömmlicher Verschlüsselungstechnologien nachgedacht werden.[169]

---

[164] *Orlandi*, in: 2011 IEEE International Conference on Acoustics, Speech and Signal Processing (ICASSP), S. 5848; *Gentry*, 53 Com. of the ACM Volume 2010, S. 104; vgl. auch *Wiebe/Schur*, GRUR Int 2019, 746, 750; *Spindler/Schmechel*, JIPITEC 2016, 163 Rn. 72.
[165] *Wiebe/Schur*, GRUR Int 2019, 746, 751.
[166] *Wiebe/Schur*, GRUR Int 2019, 746, 751.
[167] *Liu/Wu/Chen*, in: 2015 IEEE 12th International Conference on Networking, Sensing and Control, S. 539.
[168] *Orlandi*, in: 2011 IEEE International Conference on Acoustics, Speech and Signal Processing (ICASSP), S. 5849.
[169] *Wiebe/Schur*, GRUR Int 2019, 746, 751.

D. Verletzungshandlungen

I. Überblick über erlaubte und rechtswidrige Handlungen

53 Das GeschGehG folgt der RL und differenziert bei möglichen Verletzungshandlungen zwischen erlaubten und unerlaubten Handlungen. In § 3 Abs. 1 GeschGehG werden zunächst die erlaubten Handlungen aufgeführt, insbesondere die **eigenständige Entdeckung oder Schöpfung**. Neu ist, dass das **Reverse Engineering** ebenfalls zulässig ist. Das Reverse Engineering ist insbesondere auch beim Schutz von Daten relevant, da hierdurch Lücken aufgedeckt werden können, an denen Daten frei verfügbar sind.[170]

54 Die rechtswidrigen Handlungen werden in § 4 GeschGehG aufgeführt. Die Norm ist dreistufig aufgebaut: in Abs. 1 werden zunächst Fälle genannt, in denen der **Erwerb** des Geschäftsgeheimnisses rechtswidrig ist. Dies ist bei unbefugtem Zugang, unbefugter Aneignung oder unbefugtem Kopieren der Fall. Der Erwerb ist ferner rechtswidrig, wenn er durch ein sonstiges Verhalten erfolgt, das mit einer seriösen Geschäftspraxis unvereinbar ist. Zur Auslegung dieses Begriffs kann man sich an Art. 39 Abs. 2 TRIPS orientieren.[171] Im Anschluss hieran werden in Abs. 2 die **Nutzung** und **Offenlegung** des Geschäftsgeheimnisses reglementiert. Ausgangspunkt ist hierbei in Abs. 2 Nr. 1 der Erwerb des Geschäftsgeheimnisses, denn ist dieser rechtswidrig, so ist es auch die Nutzung und Offenlegung. Darüber hinaus sind Nutzung und Offenlegung untersagt, wenn sie gegen eine Verpflichtung zur Beschränkung der Nutzung oder gegen eine Verpflichtung verstößt, das Geheimnis nicht offenzulegen. In Abs. 3 werden **Dritte** mit einbezogen: wer das Geschäftsgeheimnis über eine andere Person erlangt hat, darf dieses nicht erlangen, offenlegen oder nutzen, wenn er zu diesem Zeitpunkt weiß oder wissen müsste, dass diese Person das Geschäftsgeheimnis rechtswidrig genutzt oder offengelegt hat. Sind also die Voraussetzungen des Abs. 2 erfüllt, so ist auch Dritten der Erwerb, die Nutzung und Offenlegung bei Kenntnis oder Möglichkeit der Kenntnis untersagt. In § 5 GeschGehG sind schließlich mögliche Ausnahmen zu beachten. Hierfür erforderlich ist ein berechtigtes Interesse, das insbesondere vorliegt, wenn es zur Aufdeckung einer rechtswidrigen Handlung erfolgt.

55 Bei einer Rechtsverletzung bestehen Ansprüche aus den §§ 6 ff. GeschGehG, dh insbesondere auf Beseitigung, Unterlassung (§ 6 GeschGehG), Vernichtung, Herausgabe, Rückruf, Entfernung und Rücknahme vom Markt (§ 7 GeschGehG) sowie auf Auskunft (§ 8 GeschGehG). Diese Ansprüche sind allerdings dann ausgeschlossen, wenn ihre Erfüllung im Einzelfall unverhältnismäßig wäre (§ 9 GeschGehG). Gem. § 10 GeschGehG besteht auch ein Schadensersatzanspruch, der ein vorsätzliches oder fahrlässiges Handeln voraussetzt. In § 10 Abs. 2 GeschGehG findet sich diesbezüglich eine Regelung, die im Kern an die dreifache Schadensberechnung erinnert. Auch eine Kompensation für Nichtvermögensschäden ist vorgesehen. § 14 GeschGehG sieht schließlich als Grenze der Geltendmachung der Ansprüche ein Missbrauchsverbot vor, dessen Voraussetzungen aber sehr hoch anzusetzen sein dürften.

---

[170] *Hoppen*, CR 2015, 802, 804.
[171] Fußnote 10 zu Art. 39 Abs. 2 TRIPS besagt: „For the purpose of this provision, „a manner contrary to honest commercial practices" shall mean at least practices such as breach of contract, breach of confidence and inducement to breach, and includes the acquisition of undisclosed information by third parties who knew, or were grossly negligent in failing to know, that such practices were involved in the acquisition."

II. Rechtsnatur

Schon unter der Geltung der §§ 17 ff. UWG war die **Rechtsnatur** höchst umstritten: von einem absoluten Recht,[172] über ein Rahmenrecht als Bestandteil des Rechts am eingerichteten und ausgeübten Gewerbebetrieb[173] bis hin zu einer rein faktischen Position ohne Rechtszuweisung[174] bestand ein breites Meinungsspektrum. Weder die RL noch das GeschGehG werden diesen Streit beenden. Im Gegenteil, es zeichnet sich bereits ab, dass diese Frage erneut unter neuen Vorzeichen diskutiert wird. Denn in ihrer Struktur erinnert die Richtlinie nunmehr tatsächlich an ein Immaterialgüterrecht,[175] zumal die dreifache Schadensberechnung gesetzlich anerkannt wird.[176] Dementsprechend wurde auch in der Literatur bereits für ein immaterialgüterrechtliches Verständnis geworben.[177] 56

Schon die Geschäftsgeheimnis-RL selbst, vor allem Erwägungsgrund 16, weist aber in eine andere Richtung: die Bestimmungen der Richtlinie sollen im Interesse von Innovation und Wettbewerbsförderung keine Exklusivrechte an Geschäftsgeheimnissen begründen. Die Richtlinie versteht den Geheimnisschutz nicht als Äquivalent, sondern vielmehr als Ergänzung oder Alternative zu den Rechten des geistigen Eigentums.[178] Trotz der Annäherung an ein Immaterialgüterrecht bleibt es bei den Besonderheiten des Geschäftsgeheimnisschutzes, die sich vor allem an zwei Eigenschaften festmachen lassen. 57

Erstens wird die Information weder als solche geschützt noch durch den Gesetzgeber zugewiesen. Geschützt wird vielmehr der Aggregatzustand als Geheimnis, womit ein besitzrechtsähnlicher Zugangsschutz besteht.[179] Der Schutz ist nämlich von dem Geheimsein abhängig; wird die Information allgemein bekannt, verliert sie ihren Schutz.[180] Dabei weist nicht das Gesetz das Geheimnis zu, sondern der Inhaber verschafft sich durch die Geheimhaltung selbst ein faktisches Monopol, das rechtlich abgesichert wird.[181] Verstärkt wird mithin eine bereits bestehende Ausschließlichkeit.[182] Die Information selbst wird hingegen nicht zugewiesen, was sich auch darin niederschlägt, dass Parallelerschließungen erlaubt sind.[183] Das zeigt wiederum, dass nicht die Schöpfung Grund des Schutzes ist, sondern das Gesetz ausschließlich an den Zustand als Geheimnis anknüpft.[184] 58

Zweitens wird nicht jede Benutzung erfasst, sondern nur bestimmte Angriffe auf das Geheimnis.[185] Bereits im Grundsatz stellen die RL und das GeschGehG erlaubte Handlungen voran. Auch wird in erster Linie der Erwerb eines Geschäftsgeheimnisses geregelt, nicht dessen Nutzung. Die Nutzung wird nur untersagt, wenn der Erwerb, also der Zugang zu ihr, unrechtmäßig war (oder gegen Vertraulichkeits- oder sonstige Vereinbarungen verstoßen wird). Schließlich sind die Verletzungshandlungen nur grob umrissen, wie es die Anknüpfung an seriöse Geschäftspraktik zeigt. Insgesamt ist aufgrund der genannten Be- 59

---

[172] *BGH*, GRUR 1955, 388 – Dücko (wobei die Rechtsprechung im Ergebnis keine klare Position erkennen lässt, vgl. demgegenüber etwa *BGH*, GRUR 1963, 367, 369 – Industrieböden; *BGH*, GRUR 1990, 221, 222 – Forschungskosten); *Denninger*, GRUR 1984, 627, 633; *Paul*, NJW 1963, 2249, 2251.
[173] *Ann*, GRUR 2007, 39, 43; *Enders*, GRUR 2012, 25, 29; *Wiebe*, Know-how-Schutz von Computersoftware, S. 219.
[174] *Pfaff*, BB 1974, 565, 567; *Brammsen*, DÖV 2007, 10, 11; kritisch auch *Kalbfus*, Know-how-Schutz, S. 248.
[175] Vgl. *Ohly* GRUR 2019, 441, 444; *McGuire* GRUR 2016, 1000, 1008; *Alexander*, WRP 2017, 1034, 1036; s. auch *Hoeren/Münker*, WRP 2018, 150, 152.
[176] *Kiefer*, WRP 2018, 910; *McGuire*, GRUR 2016, 1000, 1008; *Alexander*, WRP 2017, 1034, 1036; *Hoeren/Münker*, WRP 2018, 150, 152.
[177] *Kiefer*, WRP 2018, 910 (passim).
[178] Vgl. Erwägungsgrund 2; dazu auch *Alexander*, WRP 2017, 1034, 1035; *Heinzke*, CCZ 2016, 179, 180; *Redeker/Pres/Gittinger*, WRP 2015, 681, 688.
[179] *Dorner*, CR 2014, 617, 623; *Zech*, GRUR 2015, 1151, 1156.
[180] *Wiebe*, GRUR Int 2016, 877, 880; *Zech*, GRUR 2015, 1151, 1156; *Ann*, GRUR 2007, 39, 40.
[181] Vgl. *Zech*, GRUR 2015, 1151, 1156.
[182] *Wiebe*, GRUR Int 2016, 877, 879 f.; *Grützmacher*, CR 2016, 485, 489; *Zech*, CR 2015, 137, 141; *Zech*, GRUR 2015, 1151, 1156.
[183] Vgl. Art. 3 Abs. 1 lit. a Geschäftsgeheimnis-RL bzw. § 3 Abs. 1 Nr. 1 GeschGehG.
[184] *Wiebe*, GRUR Int 2016, 877, 880; *Zech*, GRUR 2015, 1151, 1156; *Ann*, GRUR 2007, 39, 40.
[185] *Drexl*, JIPITEC 8 (2017), 257 Rn. 54; *Zech*, GRUR 2015, 1151, 1156; *Dorner*, CR 2014, 617, 623.

sonderheiten der Meinung zuzustimmen, die RL biete nur einen verhaltensorientierten Schutz, der in erster Linie in einem **Zugangsschutz** besteht.[186] Mit dem Geheimnisschutz erlangt der Inhaber kein Ausschließlichkeitsrecht.[187]

E. Zuordnung des Geschäftsgeheimnisses

60 Eine Frage, die eng mit der Schutzfähigkeit zusammenhängt, ist die **Zuordnung** des Geschäftsgeheimnisses. Nach § 2 Nr. 2 GeschGehG ist Inhaber eines Geschäftsgeheimnisses jede natürliche oder juristische Person, die die **rechtmäßige Kontrolle** über das Geschäftsgeheimnis hat. Diesem Begriff kommt eine zentrale Rolle zu: der Inhaber verfügt über die Ansprüche aus den §§ 6 ff. GeschGehG und er ist zugleich derjenige, von dem die angemessenen Geheimhaltungsmaßnahmen ausgehen müssen.[188] Trotz der zentralen Bedeutung bereitet die Zuordnung (sowohl in tatsächlicher als auch in rechtlicher Hinsicht) erhebliche Probleme.

61 Dies gilt vor allem vor dem Hintergrund der zunehmenden Vernetzung im Rahmen der Industrie 4.0. Hier verwischen die Sphären zwischen Unternehmen zunehmend, wodurch bei einem intensiven Datenaustausch kaum mehr ermittelbar ist, durch wen die Daten kontrolliert werden und wem sie zuzuordnen sind.[189] Um sich diesem Problem anzunähern, ist es zunächst wichtig zu betonen, dass weder der Ursprung der Daten entscheidend ist noch wer die Informationen geschöpft hat. Außerdem ist das Eigentum ebenfalls nicht entscheidend, denn auch wenn bspw. eine Sache veräußert wird, in der ein Sensor implementiert ist, kann der Geheimnischarakter und die Zuordnung der generierten Daten zum Veräußerer der Sache bestehen bleiben.[190] Allein die rechtmäßige Kontrolle über das Geschäftsgeheimnis begründet die Inhaberschaft. Der Begriff *Kontrolle* ist hierbei ein tatsächlicher Umstand und bezieht sich auf die faktische Herrschaft über das Geheimnis. Die tatsächliche Kontrolle über das Geheimnis hat derjenige inne, der Zugang zu dem Geschäftsgeheimnis hat und hierüber frei verfügen kann, insbesondere indem er über die Zugänglichkeit für Dritte entscheidet und diese von dem Zugriff auf das Geheimnis ausschließen kann.

62 In einer vernetzten Umgebung haben aber viele Personen einen solchen Zugriff, was die Bestimmung des Inhabers schwierig gestaltet. Aus diesem Grund sollten weitergehende Maßnahmen ergriffen werden, um die Zuordnung sicher zu stellen. In diesem Zusammenhang erweisen sich vertragliche Vereinbarungen mit Geschäftspartnern, die festlegen, wer die Kontrolle über das Geschäftsgeheimnis ausübt, als wichtiger Ausgangspunkt.[191] Dies schafft zunächst die Grundlage, damit sich die Parteien der Verantwortungsbereiche bewusst sind. Insofern ist allerdings zu betonen, dass alleine die vertragliche Vereinbarung nicht ausreichend ist, sondern das Geschäftsgeheimnis stets auch Gegenstand tatsächlicher Kontrollmaßnahmen sein muss.[192] Vergleichsweise einfach gestaltet sich die Rechtslage, wenn im Anschluss an den Vertrag die Partei die Kontrolle ausübt, die im Vertrag als Inhaber ausgewiesen ist.

---

[186] *Hauck*, NJW 2016, 2218, 2221; *Heinzke*, CCZ 2016, 179, 180; *Kalbfus*, GRUR 2016, 1009, 1012; *Ann*, GRUR-Prax 2016, 465, 467; *Herrmann*, CB 2016, 368; *Lejeune*, CR 2016, 330.
[187] Ebenso *Sappa*, GRUR Int 2019, 135, 137; *Spindler*, DB 2018, 41, 42; *Spindler*, ZGE/IPJ 9 (2017), 399, 400; *Hauck*, NJW 2016, 2218, 2221; *Heinzke*, CCZ 2016, 179, 180; *Kalbfus*, GRUR 2016, 1009, 1012; *Ann*, GRUR-Prax 2016, 465, 467; *Herrmann*, CB 2016, 368; *Lejeune*, CR 2016, 330.
[188] Vgl. § 2 Nr. 1 lit. b GeschGehG sowie Art. 2 Nr. 1 lit. c GeschGehRL.
[189] *Wiebe/Schur*, GRUR Int 2019, 746, 747 f.; *Zech*, GRUR 2015, 1151, 1156; *Wiebe*, GRUR Int 2016, 877, 880; *Peschel/Rockstroh*, MMR 2014, 571, 574.
[190] Vgl. vor dem Hintergrund der alten Rechtslage *BayObLG*, GRUR 1991, 694, 695 – Geldspielautomat.
[191] *McGuire*, WRP 2019, 679, 683; *Scheja*, CR 2018, 485, 489.
[192] *Wiebe/Schur*, GRUR Int 2019, 746, 747 f.

E. Zuordnung des Geschäftsgeheimnisses

Schwierig gestaltet sich demgegenüber die Rechtslage, wenn die Person, die im Vertrag als Inhaber ausgewiesen ist, und diejenige Person, die die tatsächliche Kontrolle ausübt, auseinanderfallen. Hier gelangt man zwangsläufig zu der Frage, inwiefern vertragliche Vereinbarungen auch ein Mittel der tatsächlichen Kontrolle gem. § 2 Nr. 2 GeschGehG darstellen. Die Gesetzesbegründung enthält hier den Hinweis, dass auch Lizenznehmer als Inhaber anzusehen sein können.[193] Im Umkehrschluss folgt hieraus aber zugleich, dass dies nicht zwangsläufig der Fall sein muss. Geschäftspartner, insbesondere Lizenznehmer, werden demnach nicht automatisch Inhaber des Geschäftsgeheimnisses, auch wenn sie die Kontrolle erhalten.[194] In diesem Zusammenhang ist also der Vertrag zu berücksichtigen. Da die Kontrolle aber vor allem eine faktische Voraussetzung ist, ist nach hier vertretener Auffassung der Inhalt des Vertrages entscheidend: der Vertrag kann (nur) dann als ein Mittel der Kontrolle aufgefasst werden, wenn er auch in tatsächlicher Hinsicht die Kontrolle über das Geheimnis etwa in Form eines vertraglichen Weisungsrechts begründet und der Vertrag Nutzungs- und Weitergabebeschränkungen enthält. Abschließend bleibt auch hier zu betonen, dass der Vertragspartner die tatsächliche Kontrolle (für den Inhaber) ausüben muss. Dh aufseiten des Vertragspartners müssen auch tatsächliche Kontrollmechanismen etabliert werden, wobei der Vertrag eine entspr. Verpflichtung des Empfängers enthalten sollte.

63

---

[193] BT-Drs. 19/4724, 25.
[194] *McGuire*, WRP 2019, 679, 682.

Teil 6.9 Datenverträge

Übersicht

	Rn.
A. Allgemeines	1
I. Einführung	1
II. Überblick zur Vertragstypologie	4
B. Datenkauf	7
I. Anwendbarkeit des Kaufvertragsrechts	7
1. Daten als sonstiger Gegenstand	7
2. Abgrenzung zum Datennutzungsvertrag	8
II. Erfüllung	11
III. Gewährleistungsrecht	12
IV. Rechtliche Grenzen, AGB-Recht	14
C. Zeitlich befristete Überlassung von oder Zugang zu Daten	16
I. Die Lizenzierung von Daten und Datenbeständen als unechte Lizenz	17
II. Ausgestaltung der Datenlizenz	21
1. Positives Benutzungsrecht an einem zu spezifizierenden Datenbestand	22
2. Nutzungsrechte	24
3. Zugang zu dem Datenbestand	25
4. Gegenleistung	26
5. Gewährleistungsrecht	27
III. Rechtliche Grenzen, AGB-Recht	28
D. Datenauswertung: Pflicht zur Auswertung als tätigkeitsbezogene Leistungspflicht	31
E. Abschließende Bemerkungen	35

Literatur:
Ann/Loschelder/Grosch, Praxishandbuch Know-how-Schutz, 2010; *Bach,* Neue Richtlinien zum Verbrauchsgüterkauf und zu Verbraucherverträgen über digitale Inhalte, NJW 2019, 1705; *v. Baum/Appt/Schenk,* Die vernetzte Fabrik: Rechtliche Herausforderungen in der Industrie 4.0 (Teil 1), DB 2017, 1824; *Czychowski,* Keine Anwendung der Vertragsbeschränkungen der Datenbank-RL auf nicht geschützte Datensammlung – Ryanair/PR Aviation, GRUR 2015, 253; *Dorschel,* Praxishandbuch Big Data: Wirtschaft – Recht – Technik, 2015; *Drexl,* Designing Competitive Markets for Industrial Data – Between Propertisation and Access, JIPITEC 8 (2017), 257; *Ebnet,* Der Informationsvertrag, Baden-Baden 1995; *Ensthaler,* Industrie 4.0 und die Berechtigung an Daten, NJW 2016, 3473; *Faber/Griga/Groß,* Predictive Maintenance – Hürden und Chancen zur sinnvollen Nutzung von Maschinendaten, DS 2018, 299; *Gitter,* Gebrauchsüberlassungsverträge, Heidelberg 1988; *Forkel,* Gebundene Rechtsübertragungen, Ein Beitrag zu den Verfügungsgeschäften über Patent-, Muster-, Urheber- und Persönlichkeitsrechte, Erster Band: Patent, Musterrechte, Urheberrecht, 1977; *Gölzer,* Big Data in Industrie 4.0 – eine strukturierte Aufarbeitung von Anforderungen, Anwendungsfällen und deren Umsetzung, 2017; *Greco,* Verwertung von Know-how, 2010; *Grützmacher,* Dateneigentum – Ein Flickenteppich, CR 2016, 485; *Haberstumpf,* Verkauf immaterieller Güter, NJOZ 2015, 793; *Haedicke,* Dingliche Wirkungen und Insolvenzfestigkeit von Patentlizenzen in der Lizenzkette, ZGE/IPJ 3 (2011), 377; *Heuer-James/Chibanguza/Stücker,* Industrie 4.0 – vertrags- und haftungsrechtliche Fragestellungen, BB 2018, 2818; *Hilty,* Lizenzvertragsrecht, 2000; *Hilty,* Rechtsfragen kommerzieller Nutzung von Daten, in: Weber/Hilty (Hrsg.), Daten und Datenbanken, Rechtsfragen zu Schutz und Nutzung, 1999, 81; *Hoeren,* Thesen zum Verhältnis von Big Data und Datenqualität, MMR 2016, 8; *Hoeren,* Big Data und Datenqualität – ein Blick auf die DS-GVO, ZD 2016, 459; *Kirchner,* Big Data Management: Die Haftung des Big-Data-Anwenders für Datenfehler (Vertragsrecht – Teil 1), InTeR 2018, 19; *Kraßer,* Verpflichtung und Verfügung im Immaterialgüterrecht, GRUR Int 1973, 230; *McGuire,* Die Lizenz: eine Einordung in die Systemzusammenhänge des BGB und des Zivilprozessrechts, 2012; *McGuire,* Nutzungsrechte an Computerprogrammen in der Insolvenz – Zugleich eine Stellungnahme zum Gesetzentwurf zur Regelung der Insolvenzfestigkeit von Lizenzen, GRUR 2009, 13; *Metzger,* Digitale Mobilität – Verträge über Nutzerdaten, GRUR 2019, 129; *Moos,* Datenschutz- und Datennutzungsverträge: Vertragsmuster, Klauseln, Erläuterungen, 2. Aufl. 2018; *Pahlow,* Lizenz und Lizenzvertrag im Recht des geistigen Eigentums, 2006; *Palandt,* Bürgerliches Gesetzbuch, 78. Aufl. 2019; *Patzkak/Beyerlein,* Adressdatenhandel zu Telefonmarketingzwecken – Vertragstypologische Einordnung unter Berücksichtigung der Haftungsfragen, MMR 2007, 687; *Peifer,* Individualität im Zivilrecht: Der Schutz persönlicher, gegenständlicher und wettbewerblicher Individualität im Persönlichkeitsrecht, Immaterialgüterrecht und Recht der Unternehmen, Tübingen 2001; *Peschel/Rockstroh,* Big Data in der Industrie, Chancen und Risiken neuer Datenbasierter Dienste, MMR 2014, 571; *Pokorny,* NoSQL databases: a step to database scalability in web environment, International Journal of Web Information Systems Vol. 9 No. 1 (2013), 69; *Kaur/Rani,* Modeling and Querying Data in NoSQL Databases, International Conference on Big Data,

2013; *Roßnagel,* Rechtsfragen eines Smart Data-Austauschs, Datengetriebene Kooperation in der Industrie, NJW 2017, 10; *Roth,* Lizenzen an geschützten Stellungen ohne gesicherten Rechtscharakter, 2004; *Säcker/Rixecker/Oetker/Limperg* (Hrsg.), Münchener Kommentar zum Bürgerlichen Gesetzbuch, Bd. 1: 8. Aufl. 2018, Bd. 2: 8. Aufl. 2019, Bd. 3: 8. Aufl. 2019, Bd. 5: 7. Aufl. 2018, Bd. 6: 7. Aufl. 2017; *Schneider/Spindler,* Der Erschöpfungsgrundsatz bei „gebrauchter" Software im Praxistest, CR 2014, 213; *Schricker/Loewenheim* (Hrsg.), Urheberrecht: Kommentar, 5. Aufl. 2017; *Schur,* Die Lizenzierung von Daten, Einordnung, Grenzen und Möglichkeiten von Zugangs- und Datennutzungsrechten in der digitalen Ökonomie, 2020; *Seegel,* Die Insolvenzfestigkeit von Lizenzen und Lizenzverträgen, CR 2013, 205; *Sosnitza,* Gedanken zur Rechtsnatur der ausschließlichen Lizenz, in: Ohly/Bodewig/Dreier/Götting/Haedicke/Lehmann (Hrsg.), Perspektiven des Geistigen Eigentums und des Wettbewerbsrechts: Festschrift für Gerhard Schricker zum 70. Geburtstag, 2005, S. 105; *Specht,* Konsequenzen der Ökonomisierung informationeller Selbstbestimmung: Die zivilrechtliche Erfassung des Datenhandels, 2012; *Spindler/Sein,* Die Richtlinie über Verträge über digitale Inhalte, Gewährleistung, Haftung und Änderungen, MMR 2019, 488; *Spindler/Sein,* Die endgültige Richtlinie über Verträge über digitale Inhalte und Dienstleistungen, Anwendungsbereich und grundsätzliche Ansätze, MMR 2019, 415; *Spindler,* Zukunft der Digitalisierung – Datenwirtschaft in der Unternehmenspraxis, DB 2018, 41; *Spindler,* Deliktsrechtliche Haftung im Internet – nationale und internationale Rechtsprobleme, ZUM 1996, 533; *Staudenmayer,* Auf dem Weg zum digitalen Privatrecht – Verträge über digitale Inhalte, NJW 2019, 2479; *Staudinger,* Kommentar zum Bürgerlichen Gesetzbuch, Buch 2 Recht der Schuldverhältnisse, Vorbem. zu § 611 ff. § 611–613, 15. Aufl. 2015, §§ 631–651, 15. Aufl. 2014; *Stöckel/Brandi-Dohrn,* Der dingliche Charakter von Lizenzen, CR 2011, 553; *Stumpf,* Der Know-how-Vertrag, 1970; *Taeger* (Hrsg.), Internet der Dinge: Digitalisierung von Wirtschaft und Gesellschaft, 2015; *Telle,* Big Data und Kartellrecht, InTeR 2017, 3; *v. Thur,* Bürgerliches Gesetzbuch, Allgemeiner Teil, Band II, 1914; *Wandtke/Bullinger* (Hrsg.), Praxiskommentar zum Urheberrecht, 4. Aufl. 2014; *Weisser,* Nochmals: Nichtigkeit von Unternehmenskaufverträgen wegen Verstoßes gegen datenschutzrechtliche Vorschriften?, Recht und Steuern, 2007; *Zech,* „Industrie 4.0" – Rechtsrahmen für eine Datenwirtschaft im digitalen Binnenmarkt, GRUR 2015, 1151.

A. Allgemeines

I. Einführung

Während der Schutz von Daten mangels eines Ausschließlichkeitsrechts[1] durch einen Flickenteppich[2] verschiedener Schutzrechte bewältigt werden muss,[3] fußt die **Verwertung** von Daten letztlich vor allem auf **vertraglicher Grundlage.** Allerdings existiert bislang kein auf Daten zugeschnittenes Vertragsrecht. Zwar wurde kürzlich die Digitale-Inhalte-RL vom europäischen Gesetzgeber erlassen, die in Art. 2 Nr. 1 digitale Inhalte als Daten definiert, die in digitaler Form erstellt und bereitgestellt werden. Von dieser weiten, fast konturenlosen Definition werden wohl sämtliche Verträge über Daten erfasst. Allerdings ist die RL nur auf das Verhältnis zwischen Unternehmer und Verbraucher anwendbar, vgl. Art. 3 der RL.[4] Im B2B-Bereich, der hier im Vordergrund stehen soll, hat die RL daher nur mittelbare Auswirkungen. Auch regelt die RL nur gewisse Aspekte der Bereitstellung digitaler Inhalte, unter anderem die Vertragsmäßigkeit, die Haftung des Verkäufers, Rechtsbehelfe des Käufers und die Beweislast. Diesbezüglich kann man die RL (auch vor ihrer Umsetzung) als Auslegungshilfe und (im B2B-Bereich) zur Orientierung heranziehen. Insgesamt führt sie aber zu keiner abschließenden Regelung, vor allem bleiben Fragen der Rechtsnatur ausgeklammert.[5] De lege lata ist daher im Wesentlichen auf das allgemeine Vertragsrecht zurückzugreifen. Dessen Anwendung auf Daten bringt aber einige Hürden mit sich, denn das Schuldrecht ist über weite Strecken auf körperliche Güter ausgerichtet.[6]

1

---

[1] Vgl. dazu ausführlich → Teil 6.7 Rn. 1 ff.
[2] *Grützmacher,* CR 2016, 485.
[3] Vgl. dazu → Teil 6.8 Rn. 2 f.
[4] Richtlinie (EU) 2019/770 des Europäischen Parlaments und des Rates vom 20.5.2019 über bestimmte vertragsrechtliche Aspekte der Bereitstellung digitaler Inhalte und digitaler Dienstleistungen, Abl. EU Nr. L 136, 1 ff.; im Folgenden DI-RL; vgl. für eine erste Übersicht *Spindler/Sein,* MMR 2019, 415; *Spindler/Sein,* MMR 2019, 488; *Bach,* NJW 2019, 1705; *Staudenmayer,* NJW 2019, 2479.
[5] Vgl. Erwägungsgrund 12 der DI-RL.
[6] *Specht,* Datenhandel Rn. 19.

2   Hinzu kommt, dass sich Verträge über Daten ebenso wie die datengetriebene Wirtschaft erst in der Entstehungsphase befinden. Aufgrund dessen bilden sich Verträge erst aus und ihr Inhalt ist einem ebenso schnellen Wandel unterworfen wie die Geschäftsmodelle selbst, weshalb es schwierig ist, übereinstimmende Grundzüge des Datenvertrages auszumachen. Dementsprechend ist bereits an dieser Stelle zu betonen, dass es sich bei Datenverträgen nicht um einen verkehrstypischen, geschweige denn um einen einheitlichen Vertragstyp handelt. Vielmehr muss in erster Linie das Pflichtenprogramm der Parteien in den Mittelpunkt gerückt werden.[7] Erst dies ermöglicht eine zutreffende Einordnung der durchaus stark divergierenden Vertragsformen.[8]

3   Die kaum vorhandene Ausformung des Datenvertragsrechts bringt aus Sicht der Vertragsgestaltung aber auch **rechtgestalterische Möglichkeiten** mit sich. Denn derzeit besteht mangels gesetzlicher Ausformung sowohl hinsichtlich des Vertragstyps als auch hinsichtlich der Wirksamkeit eine weitgehende Vertragsfreiheit, vor allem im B2B-Bereich. Aus diesem Grund ist es möglich, den Bedürfnissen des Einzelfalls in der Vertragsgestaltung weitgehend Rechnung zu tragen.

II. Überblick zur Vertragstypologie

4   Datenverträge werden vielfach auf die **Überlassung von Daten** gerichtet sein. ZB verfügen Automobilhersteller über erhebliche Datenbestände, die durch die Fahrzeuge generiert werden. Diese Datenbestände wollen die Automobilhersteller zunehmend monetarisieren, indem sie diese auf nachgelagerten Märkten Dritten anbieten, die die Daten dann selbstständig auswerten.[9] In der Online-Werbung werden personenbezogene Daten weitergegeben, damit Erwerber nutzerorientierte Werbung schalten können.[10] Bei solchen Verträgen stehen die Daten und deren Überlassung im Mittelpunkt. Hierbei sind unterschiedliche Ausgestaltungen denkbar. Denn zum einen ist eine unbeschränkte und dauerhafte Überlassung der Daten möglich, was einem Datenkauf entspricht. Es ist aber zum anderen auch denkbar, dass der Inhaber die Kontrolle über die Daten behalten und lediglich den Zugang zu und die Nutzung von den Daten ermöglichen will.

5   Daneben können sich Datenverträge aber auch auf eine bestimmte Tätigkeit beziehen und so Gegenstand **tätigkeitsbezogener** Vertragsverhältnisse bilden. In diesem Zusammenhang kann ein Auftraggeber einen Dritten mit der Auswertung eines unternehmensseitigen Datenbestandes beauftragen, um für ihn gewisse Auswertungsergebnisse zu erzielen.[11] Auf dieser Grundlage können auch weitergehende Dienstleistungen vereinbart werden, zB die Überwachung von Produktionsmaschinen (sog. predictive maintenance).[12]

6   In Zusammenhang hiermit steht auch die Zusammenführung von Datenbeständen verschiedener Unternehmen. Im Rahmen der Industrie 4.0 werden solche Kooperationsformen stark zunehmen, wobei man auch von der horizontalen Integration von Daten spricht.[13] Die Kooperationsformen können sehr verschieden ausfallen, insbesondere kom-

---

[7] Vgl. dazu auch die Kritik zur Einordnung des Softwarevertrages von *McGuire*, GRUR 2009, 13, 19.
[8] Es ist deshalb zu pauschal, wenn hinsichtlich des Smart Data-Austausches vertreten wird, dass der Abschluss eines Dienstvertrages den Interessen der Parteien am besten gerecht werde (so aber *Roßnagel*, NJW 2017, 10, 12).
[9] Vgl. hierzu *Metzger*, GRUR 2019, 129.
[10] Vgl. *Feldmann/Höppner* in: Moos (Hrsg.), Datenschutz- und Datennutzungsverträge, § 14 Rn. 1 ff.
[11] Als Beispiel können Business Intelligence Lösung dienen, vgl. *Bitkom,* Big Data im Praxiseinsatz, Szenarien, Beispiele, Effekte, S. 62 ff., https://www.bitkom.org/sites/default/files/pdf/noindex/Publikationen/2012/Leitfaden/Leitfaden-Big-Data-im-Praxiseinsatz-Szenarien-Beispiele-Effekte/BITKOM-LF-big-data-2012-online1.pdf (10.11.2019).
[12] Siehe hierzu allg. *Faber/Griga/Groß,* DS 2018, 299.
[13] *Gölzer,* Big Data, S. 105 ff.; *Drexl,* JIPITEC 8 (2017), 257 Rn. 32 ff.; *Zech,* GRUR 2015, 1151, 1152; sowie *Roßnagel,* NJW 2017, 10, zu den Fragen rund um dem Smart Data-Austausch.

men hier **Gesellschaftsverträge** in Betracht. Auch im Rahmen dieser Kooperationsformen werden Fragen der Datennutzung vertraglich geregelt werden müssen.

B. Datenkauf

I. Anwendbarkeit des Kaufvertragsrechts

1. Daten als sonstiger Gegenstand

Der Kaufvertrag ist nach § 433 Abs. 1 BGB auf körperliche Gegenstände ausgerichtet, Daten sind hingegen immaterielle Gegenstände. Mangels eines Eigentums- oder Ausschließlichkeitsrechts an Daten fehlt es auch an einer dem Eigentum im Sinne von § 903 BGB vergleichbaren Rechtsposition, die (dinglich) übertragen werden könnte.[14] Gem. § 453 Abs. 1 Alt. 2 BGB ist aber auch der **Kauf sonstiger Gegenstände** erfasst, sodass sich das Kaufvertragsrecht entsprechend auf den Datenkauf anwenden lässt.[15]

7

2. Abgrenzung zum Datennutzungsvertrag

Der Datenkauf ist zunächst zur zeitlich befristeten und/oder inhaltlich beschränkten Nutzung von Daten abzugrenzen. Denn im Rahmen der Überlassung von Daten steht dem Inhaber einerseits die Möglichkeit offen, die Daten dauerhaft an einen Erwerber zu übertragen, was dem Gepräge eines Kaufvertrages entspricht. Andererseits kann er die Daten aber auch zeitlich befristet und/oder inhaltlich beschränkt übertragen, was es dem Vertragspartner im Ergebnis lediglich ermöglicht, die Daten zu nutzen.

8

Zur **Abgrenzung** zwischen Kauf und Gebrauchsüberlassung wird oftmals darauf abgestellt, ob die Überlassung zeitlich befristet oder unbefristet erfolgt.[16] Auch wenn diese Abgrenzung im Ausgangspunkt zutreffend ist, berücksichtigt sie inhaltliche Beschränkungen nicht ausreichend, denn auch die dauerhafte Überlassung von Daten kann inhaltlich stark beschränkt sein, sodass nur bestimmte Nutzungsmöglichkeiten verbleiben. Der Kaufvertrag zielt im Gegensatz dazu (jedenfalls in Bezug auf körperliche Güter) auf einen dauerhaften und endgültigen Inhaberwechsel, indem er die Verpflichtung zur Übergabe und zur Eigentumsübertragung begründet. Auch wenn sich dies aufgrund der Besonderheiten von Daten und Informationen nicht vollständig auf diese übertragen lässt,[17] so muss der Erwerber jedenfalls eine Position erlangen, die es ihm ermöglicht, frei über die Daten verfügen zu können. Weitreichende Nutzungs- und Weitergabebeschränkungen sowie Löschungspflichten können daher gegen die Annahme eines Kaufvertrages sprechen.[18]

9

Da die Überlassung von Daten neben einem Datenkauf auch als zeitlich oder inhaltlich beschränkter Nutzungsvertrag ausgestaltet werden kann, sollte der Inhaber der Daten sorgfältig abwägen, welche Vertragsform seinem Interesse am besten gerecht wird. Hierbei ist zu berücksichtigen, dass die unbeschränkte und dauerhafte Überlassung von Daten dazu führt, dass die Nutzung und Verbreitung von den Daten mangels Ausschließlichkeitsrechts nicht mehr (rechtlich) gesteuert werden kann, insbesondere kann der Käufer die Daten frei nutzen und weitergeben. Inhaltliche Beschränkungen können

10

---

[14] *Specht*, Datenhandel Rn. 422; s. auch *Haberstumpf*, NJOZ 2015, 793, 797 f.
[15] Vgl. *Specht*, Datenhandel Rn. 500; *Kirchner*, InTeR 2018, 19, 21; s. auch (insbes. für ein Vertragsmuster) *Feldmann/Höppner*, in: Moos (Hrsg.), Datenschutz- und Datennutzungsverträge, § 14 Rn. 1 ff.
[16] Die Entwicklung ist im Bereich von Standardsoftware infolge der UsedSoft-Rechtsprechung zu verzeichnen, vgl. hierzu *Schneider/Spindler*, CR 2014, 213, 215 f.; zur Abgrenzung nach dem zeitlichen Gesichtspunkt *Haberstumpf*, NJOZ 2015, 793, 802; *Ebnet*, Informationsvertrag, S. 53.
[17] Vgl. → Rn. 11.
[18] *Schur*, Die Lizenzierung von Daten, § 7 D. I; aA *Ebnet*, Informationsvertrag, S. 57; vgl. auch *Specht*, Datenhandel, Rn. 503 ff.

es dagegen ermöglichen, dass der Inhaber des Datenbestands die Kontrolle über die Daten behält.

II. Erfüllung

11 Während ein Kaufvertrag über Sachen durch Übergabe und Eigentumsübertragung auf dinglicher Ebene erfüllt wird, fehlt es beim Datenkauf an einer übertragbaren Rechtsposition. Aus diesem Grund verbleibt lediglich die Verpflichtung zur **faktischen Übergabe**.[19] Hierbei ist allerdings unklar, welche Anforderungen an diese faktische Übergabe zu stellen sind. In diesem Zusammenhang sind die Eigenschaften von Daten zu berücksichtigen, denn diese lassen sich – im Gegensatz zu körperlichen Gegenständen – ohne weiteres vervielfältigen.[20] Aufgrund dessen ist keine Erfüllungshandlung zu verlangen, die einen vollständigen Verlust der Daten auf Verkäuferseite zur Folge hat, denn dann wäre der Anwendungsbereich des Kaufvertrags zu weitgehend eingeengt. Die faktische Übergabe muss der Übertragungsnorm des § 929 BGB daher nicht gleichkommen:[21] Die Übertragung der Daten kann auch dann eine Erfüllung darstellen, wenn die Daten nach wie vor beim Veräußerer vorhanden sind.[22] Allerdings muss der Erwerber aber jedenfalls eine Position erlangen, die es ihm erlaubt, die Daten dauerhaft zu verwenden. Abgesehen davon sind die im Einzelnen an die Erfüllungshandlung zu stellenden Anforderungen mangels gesetzlicher Vorgaben letztlich vom Einzelfall abhängig.[23] Aufgrund dessen empfiehlt sich eine ausdrückliche Vereinbarung nicht nur hinsichtlich des Kaufgegenstandes selbst, sondern auch hinsichtlich der vorzunehmenden Erfüllungshandlung.

III. Gewährleistungsrecht

12 Auf den Datenkauf findet das kaufrechtliche Mängelgewährleistungsrecht entsprechende Anwendung, § 453 Abs. 1 Alt. 2 BGB. Es gilt in erster Linie der subjektive Fehlerbegriff,[24] weswegen die vertraglich vereinbarte Beschaffenheit (§ 434 Abs. 1 S. 1 BGB) vorrangig zu berücksichtigen ist. Zunächst sollten die Parteien daher eine **Regelung zur Datenqualität** treffen. Dies gilt insbesondere vor dem Hintergrund, dass sich die übliche Qualität von Daten, auf die im Übrigen abzustellen wäre, nur schwer bestimmen lässt.[25] Die Diskussion[26] diesbezüglich befindet sich gerade erst in der Entstehung, weswegen es noch an allgemein anerkannten Kriterien mangelt. Zwar enthält die kürzlich erlassene Digitale-Inhalte-RL in Art. 7 und 8 ausführliche Vorschriften zur Mangelhaftigkeit digitaler Inhalte, allerdings ist die RL nur auf das Verhältnis zwischen Unternehmer und Verbraucher anwendbar.[27]

13 Aussagen zu pauschalen Standards hinsichtlich der Datenqualität sind aber auch deswegen schwer zu treffen, weil sowohl heutige Datenbanktechnologien als auch Auswertungsverfahren heterogen ausfallen. Denn während früher relationale Datenbanken zur Datenspeicherung und -haltung verwendet wurden, die technisch homogen ausfallen, kommen

---

[19] *Specht*, Datenhandel, Rn. 500.
[20] *Ebnet*, Informationsvertrag, S. 53.
[21] *Haberstumpf*, NJOZ 2015, 793, 802; *Ebnet*, Informationsvertrag, S. 54; *Specht*, Datenhandel Rn. 386.
[22] *Specht*, Datenhandel Rn. 502; *Ebnet*, Informationsvertrag, S. 54f.; *Haberstumpf*, NJOZ 2015, 793, 802.
[23] *Specht*, Datenhandel Rn. 423; BeckOK BGB/*Faust*, BGB § 453 Rn. 25.
[24] *Kirchner*, InTeR 2018, 19, 21.
[25] Vgl. dazu *Kirchner*, InTeR 2018, 19, 21.
[26] Vgl. zur Diskussion *Kirchner*, InTeR 2018, 19, 21; *Hoeren*, MMR 2016, 8; *Hoeren*, ZD 2016, 459; *Spindler*, ZUM 1996, 533, 544; zu einer entsprechenden Vertragsklausel siehe *Feldmann/Höppner*, in: Moos (Hrsg.), Datenschutz- und Datennutzungsverträge, § 14 Rn. 24ff.
[27] Vgl. → Rn. 1.

heute vermehrt sog. nicht-relationale bzw. NoSQL-Datenbanken zum Einsatz.[28] Diese sind auf einen gewissen Zweck hochspezialisiert ausgestaltet.[29] Auch Auswertungsverfahren müssen heute vermehrt mit semi- oder unstrukturierten Daten zurechtkommen.[30] Selbst inhaltlich unrichtige Daten sollen die Analyseverfahren erkennen.[31] Deshalb erscheint es bereits schwierig, eine gewisse Datenqualität vorauszusetzen. Im Grunde ist vor dem Hintergrund der jeweiligen technischen Gegebenheiten zu entscheiden, welche Datenqualität überhaupt notwendig ist, zumal es sich bei der Datenqualität derzeit um einen kaum konturierten Begriff handelt, der von der syntaktischen Struktur über eine gewisse inhaltliche Qualität über die Verfügbarkeit der Daten bis hin zu Rechten Dritter vieles bezeichnen kann. Neben der vertraglichen Festlegung einer gewissen Datenqualität erscheint es sinnvoll, den Zweck, der mit der Übertragung der Daten verfolgt wird, in den Vertrag aufzunehmen. Der **vertraglich vorausgesetzte Zweck** kann dann durch die Norm § 434 Abs. 1 S. 2 Nr. 1 BGB zur Bestimmung eines Mangels beitragen.

IV. Rechtliche Grenzen, AGB-Recht

Rechtliche Grenzen ergeben sich zunächst aus dem **Datenschutzrecht.** Unklar ist derzeit allerdings, welche Folgen es hat, wenn personenbezogene Daten verkauft werden, die ohne Einwilligung oder anderweitige Rechtsgrundlage erhoben wurden.[32] Nach dem OLG Frankfurt a. M. ist ein solcher Kaufvertrag gem. § 134 BGB nichtig.[33] Auch innerhalb der Literatur existieren ähnliche Ansätze, die § 134 BGB für anwendbar halten.[34] Das OLG geht indes gar einen Schritt weiter und verweigert dem Käufer einen Rückforderungsanspruch, indem es – aufgrund des durch beide Seiten verübten Verstoßes unter anderem gegen datenschutzrechtliche Vorschriften – § 817 S. 2 BGB für anwendbar hält.[35] Das Datenschutzrecht bildet diesem Verständnis folgend eine wichtige rechtliche Grenze von Datenkaufverträgen. Demgegenüber wird die Anwendung des § 134 BGB auf datenschutzrechtliche Verstöße oftmals mit dem Argument abgelehnt, das Datenschutzrecht selbst enthalte bereits ausreichende Sanktionsmöglichkeiten.[36] In diesem Zusammenhang ist jedoch zu beachten, dass das Datenschutzrecht auch hier eine wichtige Grenze bildet, denn der Vertrag ist dann zwar wirksam, die datenschutzrechtlichen Bestimmungen stehen aber der faktischen Erfüllung des Kaufvertrages, dh Weitergabe der Daten, entgegen, was bei Zuwiderhandlung geahndet werden kann.

Eine weitere Grenze bildet das **AGB-Recht,** wenn es sich um für eine Vielzahl von Verträgen vorformulierten Vertragsbedingungen handelt. Insoweit ergeben sich keine Besonderheiten. Zu beachten ist, dass die Regelungen der §§ 308, 309 BGB auf Datenkäufe zwischen Unternehmen keine direkte Anwendung finden, aber nach hM Indizwirkung für eine Benachteiligung nach § 307 Abs. 1 BGB entfalten.[37]

---

[28] Vgl. *Kaur/Rani,* in: 2013 IEEE International Conference on Big Data, S. 1; *Pokorny,* Int. Journal of Web Information Systems 9 (2013), 69, 74.
[29] *Pokorny,* Int. Journal of Web Information Systems 9 (2013), 69, 80.
[30] Ausdruck hiervon ist das Merkmal *variety,* vgl. *Drexl,* JIPITEC 8 (2017), 257 Rn. 21 ff.
[31] Dies kennzeichnet das Merkmal *veracity,* das zT als vierte Eigenschaft von Big Data genannt wird, vgl. *Dorschel* in: Dorschel (Hrsg.), Praxishandbuch Big Data, S. 8.
[32] Der BGH hat jedenfalls entschieden, dass der Verstoß gegen datenschutzrechtliche Bestimmungen kein gesetzliches Abtretungsverbot begründet, *BGH,* NJW 2007, 2106 Rn. 25 ff.
[33] OLG Frankfurt a. M., NJW-RR 2018, 887 Rn. 34 ff., 42.
[34] *Specht,* Datenhandel Rn. 565, 571; differenzierend *Schur,* Die Lizenzierung von Daten, § 8 C. V.
[35] OLG Frankfurt a. M., NJW-RR 2018, 887 Rn. 46 ff.
[36] Vgl. etwa *Beyer/Beyer,* NZI 2016, 241; *Weisser,* Recht und Steuern, 180, 183.
[37] MüKo-BGB/*Wurmnest,* BGB § 307 Rn. 79.

C. Zeitlich befristete Überlassung von oder Zugang zu Daten

16 Neben einem Datenkauf kann die Nutzung der Daten zeitlich befristet und/oder inhaltlich beschränkt ausgestaltet werden. Hierbei handelt es sich dann um einen Vertrag, der in erster Linie auf die Nutzung von Daten gerichtet ist. Solche Verträge werden derzeit unter dem Begriff Datennutzungsverträge und vor allem **Datenlizenzen** diskutiert, wobei sich sowohl die Vertragsform als auch die rechtswissenschaftliche Diskussion gerade erst am Anfang befinden.[38] Da der Datenhandel derzeit vor allem auf dem Vertragsrecht basiert und mangels Ausschließlichkeitsrecht vertragliche Beschränkungen ein zentrales Mittel darstellen, um die Kontrolle über die Daten zu sichern,[39] wird diese Vertragsform aber zukünftig an Bedeutung gewinnen. Insofern hat auch die EU-Kommission erste Hinweise zu Datennutzungs- und Datenlizenzverträgen veröffentlicht.[40]

I. Die Lizenzierung von Daten und Datenbeständen als unechte Lizenz

17 Die dogmatische Verortung der Datenlizenz gestaltet sich schwierig. Das liegt daran, dass das Lizenzvertragsrecht nur eine rudimentäre gesetzliche Ausformung erfahren hat und dessen dogmatische Struktur seit jeher stark umstritten ist: während der Lizenz von der hM zT eine dingliche Wirkung beigemessen wird (wobei mehrheitlich zwischen *dinglicher* ausschließlicher und *obligatorischer* einfacher Lizenz differenziert wird),[41] sieht sie eine starke Gegenansicht stets als verdinglichte Obligation.[42] Hierbei bezieht sich die Diskussion im Wesentlichen auf Lizenzen, die im Hinblick auf ein Ausschließlichkeitsrecht erteilt werden (sog. echte Lizenzen). Diese Lizenzen sind durch einen Zusammenhang zum jeweiligen Schutzrecht geprägt,[43] der bei der Datenlizenz fehlt. Das lässt sich an zwei Kriterien festmachen. Zum einen ist mangels Ausschließlichkeitsrecht keine Verfügung über die Nutzungsbefugnis an Daten möglich, was aber gerade die dogmatische Begründung der Entstehung der dinglichen Lizenz ist,[44] die nach hM durch eine Verfügung im Sinne einer konstitutiven bzw. gebundenen Rechtsübertragung eingeräumt wird.[45] Zum anderen besteht kein Sukzessionsschutz, der von der Gegenauffassung als wesentliches Merkmal einer (echten) Lizenz verlangt wird.[46] Ein solcher wäre aber auch nur dann notwendig, wenn die Nutzung des Immaterialguts einer Person durch ein Ausschließlichkeitsrecht zugewiesen ist und so durch sie unterbunden werden kann. Bei Daten steht die Nutzung aber jedem frei,

---

[38] Vgl. *Spindler*, DB 2018, 41, 42; zu den dogmatischen Grundlagen siehe *Schefzig*, in: Taeger (Hrsg.), Internet der Dinge, S. 551; *Kraus*, in: Taeger (Hrsg.), Internet der Dinge, S. 537; *v. Baum/Appt/Schenk*, DB 2017, 1824, 1827; ausführlich *Schur*, Die Lizenzierung von Daten; vgl. bereits *Hilty*, in: Weber/Hilty (Hrsg.), Daten und Datenbanken, S. 81, 92 und 97; siehe für ein Vertragsmuster *Moos/Arning*, in: Moos (Hrsg.), Datenschutz- und Datennutzungsverträge, § 15 Rn. 6.
[39] Vgl. dazu → Rn. 3.
[40] SWD(2018) 125 final, S. 2, 5 ff.
[41] Jedenfalls für die ausschließliche Lizenz ist dieses Verständnis vorherrschend, vgl. statt vieler *BGH*, NJW 1983, 1790, 1791 – Verankerungsurteil; *BGH*, GRUR 1992, 310, 311 – Taschenbuchlizenz; *Haedicke*, ZGE/IPJ 3 (2011), 377, 385 f.; *Stöckel/Brandi-Dohrn*, CR 2011, 553, 558 f.; *Kraßer*, GRUR Int 1973, 230, 235 ff.; *Pahlow*, Lizenz und Lizenzvertrag, S. 358; im Urheberrecht wird sowohl der ausschließlichen als auch der einfachen Lizenz eine dingliche Wirkung beigemessen, vgl. *BGH*, GRUR 2009, 946 Rn. 20 – Reifen Progressiv; Wandtke/Bullinger/*Grunert*, UrhG § 31 Rn. 31.
[42] Vgl. etwa *Sosnitza*, FS Schricker, 2005, S. 183, 195; *McGuire*, Lizenz, S. 537 ff.; *Hilty*, Lizenzvertragsrecht, S. 147 f.
[43] Vgl. *Roth*, Lizenzen, S. 83.
[44] Vgl. *Roth*, Lizenzen, S. 83.
[45] Diese Begrifflichkeiten gehen zurück auf *v. Thur*, BGB AT, Bd. II S. 62 ff.; *Forkel*, Gebundene Rechtsübertragungen, S. 44 ff., 60 ff., 132 ff. Diese Begriffe haben sich weitgehend durchgesetzt, vgl. etwa Wandtke/Bullinger/*Grunert*, UrhG Vor. §§ 31 ff. Rn. 21; Schricker/Loewenheim/*Ohly*, UrhG Vor. §§ 31 ff. Rn. 24, § 31 Rn. 9.
[46] *Hilty*, Lizenzvertragsrecht, S. 14; *McGuire*, Lizenz, S. 81 f.

denn es fehlt gerade an einer Zuweisung der Nutzung von Daten, sodass ein Sukzessionsschutz nicht notwendig ist.[47]

Deshalb erscheint fraglich, ob man die Datenlizenz überhaupt als Lizenz ansehen kann. Zwar ist weitgehend anerkannt, dass eine Lizenz auch an sonstigen Immaterialgütern, die keine Ausformung als Ausschließlichkeitsrecht erfahren haben, begründet werden kann.[48] Die Datenlizenz wird aber teilweise als Vereinbarung verstanden, die in erster Linie die Freiheit begrenze, Daten zu verwerten, indem sie den Lizenznehmer verpflichtet, gewisse Verwertungshandlungen nicht vorzunehmen.[49] Bei diesem Verständnis müsste man das Vorliegen einer Lizenz aber ablehnen, denn – unabhängig vom dogmatischen Verständnis – ist die notwendige Bedingung einer Lizenz stets die Begründung eines **positiven Benutzungsrechts** an einem immateriellen Gegenstand.[50] Insoweit wird man aber differenzieren müssen: 18
- Wenn die Daten ohne weiteres öffentlich verfügbar sind, kann man nicht mehr von einem positiven Benutzungsrecht sprechen, sondern vielmehr steht dann die Beschränkung der freien Nutzbarkeit der Daten im Mittelpunkt; es handelt sich nicht mehr um eine Lizenz, denn es wird kein positives Benutzungsrecht begründet.
- Ist der Datenbestand demgegenüber durch Geheimhaltung oder technische Schutzmaßnahmen faktisch abgeschottet, dann besteht eine faktische Ausschließlichkeit und diesbezüglich kann ein positives Benutzungsrecht begründet und dann auch von einer Lizenz gesprochen werden.

Der letztere Fall wird die Regel darstellen, da Daten zumeist technisch abgesichert sind und der Vertrag somit auf den faktischen Zugang zu dem Datenbestand abzielt. Insofern kommt die Datenlizenz der **Know-how-Lizenz**[51] nahe: Geschäftsgeheimnisse sind ebenfalls nicht als Ausschließlichkeitsrecht geschützt. Der Lizenznehmer dürfte das Know-how zwar rechtlich besehen benutzen (wenn er es auf eine Weise erlangt hat, die nicht gegen das GeschGehG verstößt, etwa durch eigenständige Schöpfung), er kann dies aber rein tatsächlich nicht, weil ihm das Know-how nicht bekannt ist und er es selber nicht entwickeln kann bzw. will. Diese Ausgangslage ist bei Daten durchaus ähnlich, da die Nutzung von Daten an sich jedermann freisteht, aber ein Zugangsschutz besteht, entweder durch den Geschäftsgeheimnisschutz selbst (in diesem Fall überschneiden sich Know-how- und Datenlizenz stark) oder jedenfalls durch § 202a StGB. 19

Ein positives Benutzungsrecht kann also auch an einer rein faktisch bedingten Ausschließlichkeit begründet werden. Gerade diese faktische Ausschließlichkeit kennzeichnet Lizenzen an Immaterialgütern, denen kein Ausschließlichkeitsrecht zugrunde liegt, die auch oft als **unechte Lizenzen** bezeichnet werden.[52] Während echte Lizenzen prägt, dass der Lizenznehmer den Lizenzgegenstand zwar benutzen kann, dies aber aufgrund eines entgegenstehenden rechtlichen Monopols nur durch Abschluss eines Lizenzvertrages darf,[53] kennzeichnet unechte Lizenzen, dass der Lizenznehmer den Vertragsgegenstand zwar rechtlich gesehen benutzen dürfte, er dies aber aus rein tatsächlichen Grün- 20

---

[47] Vgl. → Rn. 1.
[48] *Hilty*, Lizenzvertragsrecht, S. 36; *McGuire*, Lizenz, S. 78, 560 f.; *Pahlow*, Lizenz und Lizenzvertrag, S. 293 f.; *Seegel*, CR 2013, 205; *Roth*, Lizenzen, S. 83, 171; aA etwa *Peifer*, Individualität im Zivilrecht, S. 315 ff.
[49] *Schefzig*, in: Taeger (Hrsg.), Internet der Dinge, S. 551, 556 f.; ebenso *v. Baum/Appt/Schenk*, DB 2017, 1824, 1827.
[50] *McGuire*, Lizenz, S. 78; *Hilty*, Lizenzvertragsrecht, S. 36.
[51] Oftmals wird aber neutral auch von Know-how-Verträgen gesprochen, dessen vertragstypologische Einordnung höchst umstritten ist, vgl. *Greco*, Verwertung von Know-how, S. 118 f. (Kaufrecht); Palandt/*Weidenkaff*, BGB Einf. § 581 Rn. 8 (Pacht); *Gitter*, Gebrauchsüberlassungsverträge, S. 448; *Stumpf*, Der Know-How-Vertrag, S. 41 f.; *Roth*, Lizenzen, S. 221 (jeweils Vertrag sui generis); die Möglichkeit einer Lizenzierung wird jedoch weitgehend anerkannt, vgl. BGH, GRUR 1955, 424 – Möbelpaste; *Roth*, Lizenzen, S. 216; *Hilty*, Lizenzvertragsrecht, S. 82; *McGuire*, Lizenz, S. 75; *Pahlow*, Lizenz und Lizenzvertrag, S. 294; *Maaßen/Wuttke*, in: Ann/Loschelder/Grosch (Hrsg.), Praxishandbuch Know-how-Schutz, Kap. 5 Rn. 41.
[52] Zu dem Begriff *Hilty*, Lizenzvertragsrecht, S. 14 ff.; diese Ansicht aufgreifend *McGuire*, Lizenz, S. 83.
[53] *Hilty*, Lizenzvertragsrecht, S. 293.

den nicht kann.[54] Grundlage des Vertrages ist also keine rechtliche, sondern eine faktische Ausschließlichkeit.[55] Mangels Ausschließlichkeitsrecht ist eine dingliche Lizenz nicht möglich, das positive Benutzungsrecht kann nur vertraglich begründet werden, sodass die Datenlizenz – ebenso wie die Know-how-Lizenz – rein schuldrechtlicher Rechtsnatur ist.[56]

II. Ausgestaltung der Datenlizenz

21 Die Datenlizenz kann vertragstypologisch entweder als Pacht[57] oder als Vertrag sui generis erfasst werden.[58] Jedenfalls die Gebrauchsüberlassungspflicht des Pachtrechts, die sich nach mietrechtlichen Grundsätzen bestimmt, kann das Zugangselement der Datenlizenz erfassen.[59] Im Übrigen hält das Pachtrecht aber kaum sinnvolle dispositive Regelungen hinsichtlich der zeitlich befristeten Datenüberlassung bereit, da es maßgeblich auf körperliche Güter zugeschnitten ist. Zudem ist die verschuldensunabhängige Haftung aus § 581 Abs. 2 iVm § 536a Var. 1 BGB im Rahmen der technisch hochkomplexen Bereitstellung von Daten wenig passend. Natürlich führt auch die Einordnung als atypischer Vertrag kaum weiter, denn hierdurch wird ebenfalls nicht deutlich, welche Normen anwendbar sind. Aus praktischer Sicht sind beide Lösungen daher von beschränktem Nutzen. Dies wiederum unterstreicht die Bedeutung der Parteivereinbarung selbst, wobei insbesondere die folgenden Punkte regelungsbedürftig erscheinen.

1. Positives Benutzungsrecht an einem zu spezifizierenden Datenbestand

22 Der Lizenzgeber ist verpflichtet, die Nutzung der Daten (aktiv) zu ermöglichen. In einem ersten Schritt muss hierzu der Gegenstand des Vertrages genau spezifiziert werden, da dieser – anderes als bei Immaterialgüterrechten – nicht schon durch das Recht vorgezeichnet ist. Es ist genau zu regeln, welche Daten bzw. Datenbestände die Lizenz erfasst, wobei sich dies vor allem bei dynamischen Datenbeständen durchaus schwierig gestaltet. Hierbei ist es bspw. möglich, dass der Lizenzgeber den Datenbestand auf einen bestimmten Server zur Verfügung stellt, den er technisch kontrolliert, was die exakte Beschreibung des Datenbestandes wiederum erleichtert.

23 Weiterhin sollte festgelegt werden, wer aus Sicht der Vertragsparteien als Dateninhaber anzusehen ist und wem die Analyseergebnissen zustehen.[60] Der Begriff *Dateneigentümer,* der zT Verwendung findet, ist zu vermeiden, weil hiermit nicht existentes Dateneigentum suggeriert wird, was eine Partei veranlassen könnte, im Nachhinein eine Leistungsstörung, den Wegfall der Geschäftsgrundlage oder einen Verstoß gegen das AGB-rechtliche Transparenzgebot geltend zu machen.

---

[54] *Hilty,* Lizenzvertragsrecht, S. 10, 293.
[55] *Hilty,* Lizenzvertragsrecht, S. 10.
[56] Ausführlich *Schur,* Die Lizenzierung von Daten, § 7; für die Rechtsnatur der Know-how-Lizenz vgl. *McGuire,* S. 73 ff., 120 ff. mwN; *Pahlow,* Lizenz und Lizenzvertrag, S. 294 f.; *Hilty,* Lizenzvertrag, S. 107.
[57] Vgl. etwa *Specht,* Datenhandel Rn. 523; *Patzak/Beyerlein,* MMR 2007, 687, 690; *Ebnet,* Informationsvertrag, S. 76 ff.
[58] *Roßnagel,* NJW 2017, 10, 12, sieht den Smart Data-Austausch als Dienstvertrag. Richtig daran ist, dass die Pflicht zur Zugangsverschaffung deutlich als eigener Vertragsbestandteil hervortreten kann. Allerdings bildet dies aber nur das Zugangs-, nicht aber das Nutzungselement der Datenlizenz ab. Vielfach wird auch der Zugang erteilt, um die Nutzung zu ermöglichen. Da die Gebrauchsüberlassung auch den Zugang miteinschließt, scheint es sinnvoller, die Gebrauchsüberlassung als typprägend anzusehen. Zur Ausgestaltung von Datenlizenzen *Schur,* Die Lizenzierung von Daten, § 7 D.
[59] BeckOK BGB/*Zehelein,* BGB § 535 Rn. 331; *BGH,* NJW 2007, 2394 Rn. 19 – ASP.
[60] *Kraus,* in: Taeger (Hrsg.), Internet der Dinge, S. 537, 546.

2. Nutzungsrechte

Neben dem Gegenstand des Vertrages ist eine Regelung des Nutzungsumfangs Kernbestandteil jeder Datenlizenz.[61] Sie weist eine Doppelnatur auf, weil sie nicht nur die wesentlichen Rechte und Pflichten der Parteien begründet, sondern zugleich den Gegenstand des Vertrages in der Zusammenschau mit dem Schutzgegenstand ausbildet. Es ist nämlich zu berücksichtigen, dass keine positiv definierten Verwertungsrechte an Daten existieren, die einer Person zugewiesen sind, sodass die Daten von Lizenzgeber und Lizenznehmer eigentlich frei verwendet werden dürfen.[62] In Ermangelung solcher Vorgaben sollten die Parteien möglichst genau eigenständige Verwertungsrechte definieren.[63] Als regelungsbedürftige Nutzungsrechte lassen sich Zugang, Nutzung, Veränderung, Vervielfältigung und die Weitergabe an Dritte unterscheiden.[64] Aus Sicht des Inhabers des Datenbestandes erscheint es sinnvoll, dem Lizenznehmer zunächst alle nicht ausdrücklich erlaubten Handlungen zu untersagen, um ihm dann bestimmte Befugnisse positiv einräumen zu können. Abschließend sei betont, dass eine entsprechende Regelung auch hinsichtlich der Analyseergebnisse getroffen werden sollte.

3. Zugang zu dem Datenbestand

Ein wesentlicher regelungsbedürftiger Punkt ist die vertragliche Ausgestaltung des Zugangs zu dem Datenbestand. Da die Grundlage des Vertrages keine rechtliche, sondern – wie bei unechten Lizenzen typisch – eine faktische Ausschließlichkeit ist, kann der Lizenznehmer den Datenbestand nur nutzen, wenn er Zugang erhält. Der Vertrag ist also letztendlich auf Überwindung der faktischen Ausschließlichkeit gerichtet. In der Regel ist die Verpflichtung, den **Zugang** zu gewähren, in der Gebrauchsgewährungspflicht enthalten, es kann aber auch sein, dass das Zugangselement den Vertrag derart prägt, dass es sich um eine selbstständige dienst- oder werkvertragliche Verpflichtung handelt.[65] Dies bestimmt sich durch Auslegung des atypischen Vertrages unter Anwendung der Kombinations- und Absorptionsmethode.[66] Hierbei empfehlen sich ausführliche Regelungen hinsichtlich der geschuldeten (Mitwirkungs-) Handlungen beider Parteien und dem Umfang der geschuldeten Verfügbarkeit der Daten.

4. Gegenleistung

Die Gegenleistung kann in einer Geldzahlung bestehen, jedoch sind auch zahlreiche atypische Konstellationen denkbar. Die Datenlizenz kann etwa eine Nebenabrede zu einem tätigkeitsbezogenen Datenauswertungsvertrag darstellen. Zwei Unternehmen können sich aber auch gegenseitige Datenlizenzen erteilen, um Datenbestände im Rahmen der horizontalen Integration zusammen zu führen. Insofern sind zahlreiche Gegenleistungen möglich.

---

[61] Ebenso *Moos/Arning,* in: Moos (Hrsg.), Datenschutz- und Datennutzungsverträge, § 15 Rn. 32; *v. Baum/Appt/Schenk,* DB 2017, 1824, 1827.
[62] *Schefzig,* in: Taeger (Hrsg.), Internet der Dinge, S. 551, 557.
[63] Vgl. hierzu SWD (2018) 125 final, S. 6 f.; ausführlich *Schefzig,* in: Taeger (Hrsg.), Internet der Dinge, S. 551, 559 f.
[64] Vgl. ausführlich und mit Definitionen *Schefzig,* in: Taeger (Hrsg.), Internet der Dinge, S. 551, 559 f.
[65] Die Zusammenführung von Smart Data qualifiziert *Roßnagel,* NJW 2017, 10, 13 als Dienstvertrag.
[66] Zu den genannten Methoden vgl. *Heuer-James/Chibanguza/Stücker,* BB 2018, 2818, 2823; MüKo-BGB/*Emmerich,* BGB § 311 Rn. 29 f.

5. Gewährleistungsrecht

27 Bezüglich der möglichen Mängel gelten die Ausführungen zum Datenkauf hier entsprechend,[67] wobei bei Annahme eines atypischen Vertrages kein ausgeformtes Mängelgewährleistungsrecht existiert. Deshalb richtet sich die Haftung vor allem nach den allgemeinen Vorschriften der §§ 280 ff. BGB. Vor diesem Hintergrund ist erneut die Bedeutung der vertraglichen Vereinbarung der Hauptleistungspflichten hervorzuheben, denn diese sind der maßgebliche Anknüpfungspunkt für eine Haftung. Es empfiehlt sich, auch die Haftung durch den Vertrag näher auszugestalten.

III. Rechtliche Grenzen, AGB-Recht

28 Die Datenlizenz beherrscht weitgehend das Prinzip der **Vertragsfreiheit**. Dass die Datenlizenz eine nur faktische Grundlage hat, hat ebenso wie im Rahmen von Know-how-Lizenzen keine Auswirkungen auf deren Wirksamkeit.[68] Schließlich findet auch die Regelung des § 87e UrhG, die die Vertragsfreiheit bezüglich des Datenbankherstellerrechts sui generis begrenzt, keine Anwendung auf nicht durch das Datenbankherstellerrecht geschützte Datenbanken.[69]

29 Eine rechtliche Grenze der Datenlizenz bildet allerdings das **Datenschutzrecht**.[70] Auch das **Kartellrecht** bildet eine wichtige Grenze der Datenlizenz.[71] In diesem Zusammenhang lässt sich differenzieren: der Datenlizenz liegt eine faktische Ausschließlichkeit zugrunde, sodass Verträge hierüber grundsätzlich – dh unter Vorbehalt der Regelungen im Einzelnen – wünschenswert sind, da dies die Verbreitung ansonsten abgeschotteter Daten fördert. Liegt hingegen keine faktische Ausschließlichkeit vor, verpflichtet sich also eine Partei lediglich, ansonsten frei zugängliche Daten nicht zu nutzen, handelt es sich nach hier vertretenem Begriffsverständnis um keine Lizenz mehr. Solche Abreden sind auch kartellrechtlich bedenklich, weil sie letztlich eine Beschneidung des ansonsten freien Wettbewerbs bezwecken und gleichsam die Verbreitung von Daten behindern.

30 Was das **AGB-Recht** anbelangt ist zunächst zu beachten, dass die Leistungsbeschreibung der Parteien als Hauptleistungspflicht nicht überprüfbar ist, Gegenstand und Nutzungsumfang sind daher grundsätzlich nicht kontrollfähig.[72] Hierauf anwendbar ist jedoch das Transparenzgebot, nach dem AGB verständlich, klar und übersichtlich abgefasst sein müssen, vgl. insbesondere § 307 Abs. 1 S. 2 BGB.[73] Auch die EU-Kommission hebt die Transparenz als Grundsatz der Datennutzung hervor.[74] Der Vertragspartner muss seine Rechte und Pflichten daher mit größtmöglicher Bestimmtheit aus dem Vertragstext erkennen können.[75] Deshalb ist gerade bei dem Inhalt der Datenlizenz, der mangels gesetzlich vorgegebener oder verkehrstypischer Begriffe weitgehend eigenständiger Begriffsbestimmungen bedarf, darauf zu achten, dass die Regelung trotz der unabdingbaren Komplexität übersichtlich und verständlich bleibt.

---

[67] Vgl. → Rn. 12 f.
[68] Insbesondere im Bereich der Leerüberragungen reicht nach der Rechtsprechung auch eine rein faktische Vorzugsstellung, wenn das vermeintlich übertragene oder lizenzierte Recht in Wahrheit nicht existiert; dies beeinträchtigt die Wirksamkeit nicht, vgl. *BGH*, GRUR 2012, 910 Rn. 12 ff. – Delcantos Hits; *BGH*, GRUR 1957, 595, 596 – Verwandlungstisch; *BGH*, GRUR 1983, 237, 238 f. – Brückenlegepanzer.
[69] Vgl. dazu *EuGH*, MMR 2015, 189 Rn. 35 ff. – Ryanair; diese Entscheidung ist in Bezug auf Art. 15 der Datenbank-RL ergangen, sodass diese Entscheidung auch für § 87e UrhG gilt, da er diese europäische Vorgabe (wenn auch weitergehend) umsetzt, vgl. *Czychowski*, GRUR 2015, 255.
[70] Insoweit gelten die obigen Ausführungen entsprechend, vgl. → Rn. 14.
[71] Vgl. dazu *Ensthaler*, NJW 2016, 3473, 3478; *Telle*, InTeR 2017, 3, 8.
[72] MüKo-BGB/*Wurmnest*, BGB § 307 Rn. 12.
[73] MüKo-BGB/*Wurmnest*, BGB § 307 Rn. 79.
[74] SWD(2018) 125 final, S. 3.
[75] Palandt/*Grüneberg*, BGB § 307 Rn. 26.

D. Datenauswertung: Pflicht zur Auswertung als tätigkeitsbezogene Leistungspflicht

Neben der Überlassung kann auch eine tätigkeitsbezogene Pflicht vereinbart werden, wie etwa die Auswertung eines bestimmten Datenbestandes. Hier kommen dann vor allem **dienst- und werkvertragliche Gestaltungen** in Betracht. Die Abgrenzung richtet sich danach, ob die Erbringung der Dienstleistung an sich (dann Dienstvertrag) oder ein bestimmter Erfolg (dann Werkvertrag) geschuldet ist.[76] Was die Parteien gewollt haben, muss im Wege der Auslegung ermittelt werden.[77] Die (zT schwierige) Abgrenzung richtet sich stets nach dem Einzelfall.[78] 31

Die einzelfallabhängige Einordnung eröffnet aus Sicht der Rechtsgestaltung **Spielräume zur angemessenen Gestaltung,** denn vielfach ist sowohl eine dienst- als auch eine werkvertragliche Gestaltung möglich.[79] Da sich dies maßgeblich durch die getroffene Bestimmung des Leistungsgegenstandes bestimmt,[80] ist die Leistungsbeschreibung sorgfältig und unter Berücksichtigung des unterschiedlichen Pflichtenprogramms als auch des anwendbaren Gewährleistungsrechtsrechts zu treffen.[81] 32

Jedenfalls aus Sicht des Auftraggebers ist eine werkvertragliche Ausrichtung in der Regel vorzugswürdig.[82] Ist der Vertrag derart ausgestaltet, trifft den Unternehmer die Pflicht, das Werk mit den vereinbarten Eigenschaften herzustellen und abzuliefern,[83] wobei bei unkörperlichen Werken die Zugänglichmachung an die Stelle der Ablieferung tritt.[84] Hierbei steht es dem Unternehmer zwar an sich frei, Hilfskräfte einzusetzen.[85] Allerdings sind die Daten evtl. als Geschäftsgeheimnisse geschützt, was für ein Interesse des Auftraggebers spricht, dass nur der Vertragspartner die Daten auswertet, weil ansonsten die Gefahr besteht, dass die Daten unbefugt weitergegeben werden oder allgemeine Bekanntheit erlangen. Hier sollten die Parteien eine ausdrückliche Regelung treffen. Den Besteller trifft die Pflicht zur Vergütung und zur Abnahme des Werkes.[86] Zur Mitwirkung ist er grds. nicht verpflichtet.[87] In dieser Hinsicht sollten die Parteien aber ggf. eine abweichende Regelung vereinbaren, denn sollen die Daten des Bestellers selbst ausgewertet werden, ist der Unternehmer auf den Zugang hierzu angewiesen. Die Parteien sollten genau regeln, wie der Zugang zu erfolgen hat und welche Verpflichtungen den Besteller diesbezüglich treffen. Hier ist es den Parteien zu empfehlen, Zugang, Nutzung und Weitergabe der Daten und der Analyseergebnisse in einer Datenlizenz zu regeln. 33

Ist der Datenauswertungsvertrag hingegen als **Dienstvertrag** ausgestaltet, ist der Auswertende nur zur Tätigkeit an sich verpflichtet. Vielfach wird dies dem Interesse des Auswertenden am besten entsprechen, denn der Erfolg der Auswertung hängt neben dem eingesetzten Analyseverfahren auch maßgeblich von der Qualität der zu analysierenden Daten ab. Außerdem ist zu berücksichtigen, dass Analyseverfahren, insbes. Big Data-Analysen, zunehmend ergebnisoffen erfolgen, sodass die Vereinbarung sehr detaillierter Ziele evtl. 34

---

[76] *BGH*, NJW 2002, 3323, 3324; BeckOK BGB/*Fuchs/Baumgärtner*, BGB § 611 Rn. 10; MüKo-BGB/ *Busche*, BGB § 631 Rn. 16; Staudinger/*Richardi/Fischinger*, BGB (2016) Vorb. § 611 Rn. 27.
[77] Ausführlich MüKo-BGB/*Busche*, BGB § 631 Rn. 19; BeckOK BGB/*Voit*, BGB § 631 Rn. 6 f.; Staudinger/*Richardi/Fischinger*, BGB (2016) Vorb. § 611 Rn. 33 ff.
[78] Vgl. auch *Baumgartner*, in: Moos (Hrsg.), Datenschutz- und Datennutzungsverträge, § 16 Rn. 10; *Dorschel*, in: Dorschel (Hrsg.), Praxishandbuch Big Data, S. 247.
[79] Vgl. *BGH*, NJW 2002, 3323, 3324; Staudinger/*Peters/Jacoby*, BGB (2014) Vorb. § 631 Rn. 30.
[80] MüKo-BGB/*Busche*, BGB § 631 Rn. 17.
[81] MüKo-BGB/*Busche*, BGB § 631 Rn. 11 ff.; Staudinger/*Richardi/Fischinger*, BGB (2016) Vorb. § 611 Rn. 23.
[82] Hierzu Staudinger/*Peters/Jacoby*, BGB (2014) Vorb. § 631 Rn. 30.
[83] BeckOK BGB/*Voit*, BGB § 631 Rn. 60 ff.; MüKo-BGB/*Busche*, BGB § 631 Rn. 60 ff.
[84] MüKo-BGB/*Busche*, BGB § 631 Rn. 63.
[85] BeckOK BGB/*Voit*, § 631 Rn. 61; MüKo-BGB/*Busche*, BGB § 631 Rn. 73.
[86] Eine Übersicht für mögliche Vergütungsmodelle findet sich bei MüKo-BGB/*Busche*, BGB § 631 Rn. 90 ff.
[87] Staudinger/*Peters/Jacoby*, BGB (2014) Vorb. § 631 Rn. 62 ff.; BeckOK BGB/*Voit*, § 631 Rn. 105.

unzweckmäßig ist. In diesem Zusammenhang sollten die Parteien detailliert regeln, wie die Mitteilung der Ergebnisse zu erfolgen hat. Die Dienstleistung ist im Zweifel höchstpersönlich und ohne Übertragung auf Dritte zu erbringen, vgl. § 613 S. 1 BGB.[88] Als Nebenleistungspflichten sind Verschwiegenheitspflichten zu nennen.[89] Um Streitigkeiten vorzubeugen, sollten solche Vertraulichkeitsvereinbarungen ausdrücklich geregelt werden. Auch hier ist evtl. Zugang, Nutzung und Weitergabe der Daten und der Analyseergebnisse im Rahmen einer Datenlizenz zu regeln.

E. Abschließende Bemerkungen

35 Abschließend sei angemerkt, dass auch gesellschaftsrechtliche Beziehungen zwischen den Parteien begründet werden können. Im Ergebnis sind diese Beziehungen aber zumeist komplex und es ist für jeden Vertragsbestandteil zu entscheiden, ob dieser in dem Gesellschaftsvertrag aufgeht. Gerade bei der Zusammenführung von Daten kann es sich auch um gegenseitig erteilte Datenlizenzen handeln. Insgesamt ist bei komplexen Verträgen mit mehreren Vertragsbestandteilen stets (unter Anwendung der Kombinations- und Absorptionsmethode)[90] zu entscheiden, wie der in Frage stehende Vertragsbestandteil zu bewerten ist.

---

[88] *Roßnagel*, NJW 2017, 10, 13; BeckOK BGB/*Fuchs/Baumgärtner*, § 611 Rn. 35.
[89] *Roßnagel*, NJW 2017, 10, 13.
[90] Vgl. MüKo-BGB/*Emmerich*, BGB § 311 Rn. 29 f.

Teil 7. Informationsrecht

Teil 7.1 Rechtsgrundlagen und Haftungsfolgen in der IT-Sicherheit

Übersicht

	Rn.
A. Einführung	1
B. Rechtsgrundlagen der IT-Sicherheit	6
I. Kurzdarstellung spezialgesetzlicher Rechtsquellen	7
II. Kurzdarstellung allgemeiner IT-sicherheitsrelevanter Rechtsgrundlagen	12
III. Grundlagen des IT-Strafrechts	14
IV. Das spezialgesetzliche IT-Sicherheitsrecht im Einzelnen	16
1. Das BSIG	17
2. Das Telemediengesetz	47
3. Das Telekommunikationsgesetz	59
4. Weitere branchenspezifische Spezialgesetze	73
V. Die allgemeinen Rechtsquellen des IT-Sicherheitsrechts	81
1. Allgemeine Sorgfaltspflichten hinsichtlich IT-Sicherheit im Unternehmen	85
2. Buchführungspflichten und IT-Sicherheit	104
3. Allgemeine Haftung für IT-Sicherheitsrechtsvorfälle	115
4. Schnittstellen von Datenschutz und IT-Sicherheit	129

Literatur:
Altenburg, Unternehmerische (Fehl-)Entscheidung als Untreue?: Eine gefährliche (Fehl-) Entwicklung!, BB 2015, 323; *Auer-Reinsdorff/Conrad* (Hrsg.), Handbuch IT- und Datenschutzrecht, 3. Aufl. 2019; *Bamberger/Roth/Hau/Poseck* (Hrsg.), Beck'scher Online-Kommentar BGB, 52. Edition 2019; *Baumbach/Hopt* (Hrsg.), Handelsgesetzbuch, 38. Aufl. 2018; *Baumbach/Hueck* (Hrsg.), GmbHG, Gesetz betreffend die Gesellschaften mit beschränkter Haftung, 22. Aufl. 2019; *Baur/Holle*, Hinweisgebersysteme aus gesellschaftsrechtlicher Perspektive, AG 2017, 379; *Becker/Kingreen* (Hrsg.), SGB V Gesetzliche Krankenversicherung, 6. Aufl. 2018; *Behringer* (Hrsg.), Compliance kompakt, 4. Aufl. 2018; *Bork*, Pflichten der Geschäftsführung in Krise und Sanierung, ZIP 2011, 101; *Busekist/Hein*, Der IDW PS 980 und die allgemeinen rechtlichen Mindestanforderungen an ein wirksames Compliance Management System (1) – Grundlagen, Kultur und Ziele, CCZ 2012, 41; *Busekist/Schlitt*, Der IDW PS 980 und die allgemeinen rechtlichen Mindestanforderungen an ein wirksames Compliance Management System (2) – Risikoermittlungspflicht, CCZ 2012, 86; *Carlies/Ruffert*, AEUV/EUV, 5. Aufl. 2016; *Djeffal*, Neue Sicherungspflicht für Telemediendienstanbieter Webseitensicherheit jetzt Pflicht nach dem IT-Sicherheitsgesetz, MMR 2015, 716; *Drygala/Drygala*, Wer braucht ein Frühwarnsystem? – Zur Ausstrahlungswirkung des § 91 Abs. 2 AktG, ZIP 2000, 297; *Ebenroth/Boujong/Joost/Strohn* (Hrsg.), Handelsgesetzbuch, Bd. 1, 4. Aufl. 2020; *Fleischer/Goette* (Hrsg.), Münchener Kommentar zum GmbHG, Bd. 2, 3. Aufl. 2019; *Fleischer*, Aktuelle Entwicklungen der Managerhaftung, NJW 2009, 2337; *Forgo/Helfrich/Schneider* (Hrsg.), Betrieblicher Datenschutz, 3. Aufl. 2019; *Gehrmann/Klett*, IT-Sicherheit in Unternehmen – Weiterhin viel Unsicherheit bei der Umsetzung des IT-Sicherheitsgesetzes, K&R 2017, 372; *Geppert/Schütz* (Hrsg.), Beck'scher TKG-Kommentar, 4. Aufl. 2013; *Gitter/Meißner/Spauschus*, Das neue IT-Sicherheitsgesetz, IT-Sicherheit zwischen Digitalisierung und digitaler Abhängigkeit, ZD 2015, 512; *Graf* (Hrsg.), Beck'scher Online-Kommentar StPO, 35. Edition 2019; *Häublein/Hoffmann-Theinert* (Hrsg.), Beck'scher Online-Kommentar HGB, 26. Edition 2019; *Hauschka/Moosmeyer/Lösler*, Corporate Compliance, 2. Aufl. 2010; *Heidel/Schall* (Hrsg.), Handelsgesetzbuch, 3. Aufl. 2019; *Hoffmann-Becking* (Hrsg.), Münchener Handbuch des Gesellschaftsrechts, Bd. 4, 4. Aufl. 2015; *Hölters* (Hrsg.), Aktiengesetz, 3. Aufl. 2017; *Hommelhoff*, Risikomanagement im GmbH-Recht, Festschrift für Otto Sandrock 2000, 373; *Hüffer/Koch*, Aktiengesetz, 13. Aufl. 2018; *Jauernig* (Hrsg.), Bürgerliches Gesetzbuch, 17. Aufl. 2018; *Joecks/Miebach* (Hrsg.), Münchener Kommentar zum StGB, Bd. 1, 3. Aufl. 2017; *Kipker*, Cybersecurity, 2020; *Kipker*, Der 2. Korb der BSI-Kritisverordnung tritt in Kraft, MMR-Aktuell 2017, 393037; *Koch*, Compliance-Pflichten im Unternehmensverbund?, WM 2009, 1013; *Kort*, Compliance-Pflichten und Haftung von GmbH-Geschäftsführern, GmbHR 2013, 566; *Mehrbrey/Schreibauer*, Haftungsverhältnisse bei Cyber-Angriffen: Ansprüche und Haftungsrisiken von Unternehmen und Organen, MMR 2016, 75; *Michalski/Heidinger/Leible/Schmidt* (Hrsg.), Kommentar zum Gesetz betreffend die Gesellschaften mit beschränkter Haftung (GmbH-Gesetz), Bd. 2, 3. Aufl. 2017; *Moosmayer*, Compliance: Praxisleitfaden für Unternehmen, 3. Aufl. 2015; *Nolte/Becker*, IT-Compliance, BB Beilage 2008, 23; *Palandt*, Bürgerliches Gesetzbuch, 79. Aufl. 2020; *Säcker/Rixecker/Oetker/Limperg* (Hrsg.), Münchener Kommentar zum Bürgerlichen Gesetzbuch, Bd. 2, 8. Aufl. 2019; *Schallbruch*,

Die EU-Richtlinie über Netz- und Informationssicherheit: Anforderungen an digitale Dienste, CR 2016, 663; *Scheurle/Mayen* (Hrsg.), Telekommunikationsgesetz, 3. Aufl. 2018; *Schneider* (Hrsg.), Handbuch EDV-Recht, 5. Aufl. 2017; *Schroeder,* Neuer Standard zur Prüfung von Risikomanagementsystemen (IDW PS 981) Auswirkungen auf die Praxis, ZRFC 2017, 216; *Schulz,* Compliance-Management im Unternehmen, 2017; *Schulze* (Hrsg.), Bürgerliches Gesetzbuch, 10. Aufl. 2019; *Schüppen/Schaub* (Hrsg.), Münchener Anwaltshandbuch Aktienrecht, 3. Aufl. 2018; *Spindler/Schmitz,* TMG, 2. Aufl. 2018; *Spindler/Schuster* (Hrsg.), Recht der elektronischen Telemedien, 4. Aufl. 2019; *Spindler/Stilz* (Hrsg.), Kommentar zum Aktiengesetz, Bd. 1, 4. Aufl. 2019; *Staudinger* (Hrsg.), Kommentar zum Bürgerlichen Gesetzbuch, Bd. 2, 2019; *Sydow,* Europäische Datenschutzgrundverordnung, 2. Aufl. 2018; *Umnuß* (Hrsg.), Corporate Compliance Checklisten; 3. Aufl. 2017; *Voigt,* IT-Sicherheitsrecht, 2018; *Voigt/Gehrmann,* IT Sicherheit – Kein Thema nur für Betreiber Kritischer Infrastrukturen, CR 2017, 93; *von dem Bussche/Voigt,* Konzerndatenschutz, 2. Aufl. 2019; *Wulf/Habersack/Kalss* (Hrsg.), Münchener Kommentar zum Aktiengesetz, Bd. 2, 5. Aufl. 2019; *Ziemons/Jaeger/Pöschke* (Hrsg.), Beck'scher Online-Kommentar GmbHG, 41. Ed. 2019.

A. Einführung

1 Das deutsche Recht der IT-Sicherheit ist eine Querschnittsrechtsmaterie, deren Regelungsgehalt sich sowohl auf das Straf- und Zivilrecht als auch auf das öffentliche Recht erstreckt.[1] Im Grunde lässt sich der Aufbau dieses Rechtsgebiets aber auf zwei Pfeiler herunterbrechen: Zum einen gibt es spezifische IT-sicherheitsbezogene Regelungswerke wie das Gesetz zur Erhöhung der Sicherheit informationstechnischer Systeme (IT-SiG), welches als Artikelgesetz Sicherheitsstandards digitaler und insbesondere kritischer Infrastrukturen gleich in mehreren Gesetzen einführt. Zweiter Pfeiler sind allgemeine Rechtsnormen, deren Regelungswirkung sich auf IT-sicherheitsspezifische Bereiche erstreckt. Letztere haben ihre Existenzberechtigung gerade nicht in der Gewährleistung von IT-Sicherheit, vielmehr hat der Gesetzgeber diese Normen ursprünglich unabhängig von einer etwaigen Erkenntnis der Gefährdung informationstechnischer Systeme geschaffen. Die Relevanz dieser Normen für das IT-Sicherheitsrecht ergibt sich damit nicht schon aus ihrem Wortlaut, sondern erst aus ihrer IT-sicherheitsbezogenen Auslegung und folglich erst während ihrer Anwendung.[2] Die praktische Herausforderung für den Rechtsanwender besteht damit offensichtlich schon darin, IT-sicherheitsrelevante Normen als solche zu identifizieren. Das stellt insbesondere dann ein nicht zu unterschätzendes Problem dar, wenn diese zugleich IT-sicherheitsrechtliche Haftungsgrundlagen enthalten.

2 Die für das IT-Sicherheitsrecht vorzunehmende Identifikation relevanter Rechtsnormen ist nur möglich, wenn der Begriff der IT-Sicherheit als ihr Regelungsgegenstand vollends verstanden und definiert wird. IT-Sicherheit bezeichnet die Sicherheit bzw. den Schutz informationstechnologischer Infrastruktur vor Gefahren oder Schäden jedweder Art,[3] seien es von außen drängende Bedrohungen, bspw. durch Viren und Cyberangriffe oder Risiken von innen, insbesondere durch menschliche Versäumnisse im Umgang mit der Technik.[4]

3 Dieser weite, von § 2 Abs. 2 des Gesetzes über das Bundesamt für Sicherheit und Informationstechnik (BSIG) aufgenommene Begriff der IT-Sicherheit macht das IT-Sicherheitsrecht letztlich zum Oberbegriff für die Gesamtheit aller Normen, die die Gewährleistung der Sicherheit, Integrität oder Unverletzlichkeit informationstechnologischer Infrastrukturen und Produkte sowie die Sanktionierung entsprechender Verletzungen zum Regelungsgegenstand haben.[5]

4 Die Zweiteilung des deutschen IT-Sicherheitsrechts in Spezialgesetze und sogenannte allgemeine Rahmenregelungen[6] hat ihren Ursprung in der Geschichte der informations-

---

[1] Hauschka/Moosmeyer/Lösler/*Schmidl,* Corporate Compliance, § 28 Rn. 41.
[2] Vgl. *Kipker/von dem Bussche,* Cybersecurity, Kap. 4 Rn. 25.
[3] Vgl. Auer-Reinsdorff/Conrad/*Conrad/Huppertz,* IT- und Datenschutzrecht, § 33 Rn. 8.
[4] *Voigt,* IT-Sicherheitsrecht, Einl. Rn. 1.
[5] Vgl. Auer-Reinsdorff/Conrad/*Conrad,* Handbuch IT- und Datenschutzrecht, § 33 Rn. 9.
[6] Siehe → Rn. 1.

technologischen Entwicklung selbst: Die IT-Sicherheit war lange Zeit für viele Unternehmen von geringer Relevanz, da Informationstechnologie kaum eingesetzt wurde und kein wachsender Einsatzbedarf gesehen wurde. Erst mit fortschreitender Technologisierung und Digitalisierung der Gesellschaft eroberten IT-Systeme sukzessive die Volkswirtschaften weltweit. Auf diese Entwicklung konnte der Gesetzgeber naturgemäß nur zeitversetzt antworten, während in der Zwischenzeit bestehende gesetzliche Regelungen und Pflichten, durch eine dem Stand der Technik und praktischer Notwendigkeit angepasste Auslegung auf den Bereich der IT-Sicherheit ausgeweitet wurden. So entstanden die mittelbaren und allgemeinen Rechtsquellen des IT-Sicherheitsrechts, welche noch heute als IT-sicherheitsrechtlicher Mindeststandard zu verstehen sind.[7]

Mit zunehmender Bedeutung von Informationstechnologien in der Wirtschaft wuchs 5 das gesetzgeberische Problembewusstsein und damit auch die IT-sicherheitsspezifische Regelungsdichte. Aus den infolgedessen erlassenen Spezialgesetzen ergeben sich, je nach Branche und Tätigkeitsfeld des Unternehmens, spezifische und unmittelbare Rechtsgrundlagen. Da es sich bei der IT-Sicherheit aber um einen sich fortdauernd in der Entwicklung – und aktuell noch in der Entstehung – befindlichen Regelungsgegenstand handelt, ist der Zustand einer Totalregelung für den Gesetzgeber nicht zu erreichen. Die Erforderlichkeit, im Einzelfall auf allgemeine Rahmenregelungen zurückzugreifen, wird damit auch in absehbarer Zeit bestehen bleiben.

B. Rechtsgrundlagen der IT-Sicherheit

Für das Verständnis und den Umgang mit den Rechtsgrundlagen der IT-Sicherheit, ist ein 6 problembewusster Überblick über die duale Regelungslandschaft[8] unerlässlich. Daher soll diese, unter Beibehaltung der Abgrenzung zwischen IT-sicherheitsrechtlichen Spezialgesetzen und allgemeinen Rechtsgrundlagen, vorab kurz dargestellt werden.[9] Die Abgrenzung von spezialgesetzlichen und allgemeinen Rechtsquellen erfolgt anhand des gesetzgeberischen Regelungswillens: Hat der Gesetzgeber die entsprechenden Gesetze gerade zur Gewährleistung und Erhöhung von IT-sicherheitsrechtlichen Standards erlassen und sind diese damit unmittelbar auf die IT-Sicherheit anwendbar, handelt es sich um IT-sicherheitsrechtliche Spezialgesetzgebung.[10] Ergibt sich die Anwendbarkeit eines Gesetzes auf die IT-Sicherheit erst aus äußeren Umständen, so handelt es sich um allgemeine Rechtsquellen der IT-Sicherheit bzw. um sog. Rahmenregelungen.[11]

I. Kurzdarstellung spezialgesetzlicher Rechtsquellen

Mit der Errichtung des BSI im Jahre 1991 und der Verabschiedung des BSIG im Jahre 7 2009 verfügte Deutschland relativ frühzeitig über eine zentrale Meldestelle für IT-Sicherheit und konnte so auf Bundesebene zum einen Informationen über IT-sicherheitsrelevante Probleme sammeln und auswerten sowie durch die Verbreitung entsprechender Informationen und Warnungen die IT-Sicherheit flächendeckend gewährleisten.[12]

Neben den noch darzustellenden[13] allgemeinen Rechtsquellen von IT-Sicherheits- 8 pflichten verfügt das deutsche Recht über zwei wesentliche spezialgesetzliche Quellen

---

[7] *Kipker/von dem Bussche*, Cybersecurity, Kap. 4 Rn. 25.
[8] Siehe auch *Kipker/von dem Bussche*, Cybersecurity, Kap. 4 Rn. 25.
[9] Für eine tabellarische Gegenüberstellung der einschlägigen Rechtsquellen siehe *Kipker/von dem Bussche*, Cybersecurity, Kap. 4 Rn. 35.
[10] Vgl. *Kipker/von dem Bussche*, Kap. Rn. 1 ff.
[11] Siehe hierzu bereits einleitend unter → Rn. 1.
[12] *Voigt*, IT-Sicherheitsrecht, Kap. D Rn. 344; BT-Drs. 16/11967, 1.
[13] → Rn. 12 f.

des IT-Sicherheitsrechts. Diese sind das IT-SiG, mit welchem im Jahre 2015 bestehende Bundesgesetze (vor allem das BSIG, TMG, TKG und EnWG) um IT-sicherheitsrechtliche Spezialregelungen ergänzt worden sind, und das NIS-UmsetzungsG, das die Einhaltung des europäischen IT-Sicherheitsmindeststandards der EU NIS-RL[14] auf nationaler Ebene gewährleisten soll.[15] Diese adressieren, anders als die allgemeinen Rahmenregelungen, nicht branchenübergreifend Unternehmen sämtlicher Art, sondern konzentrieren sich vielmehr auf bestimmte Unternehmen. Spezialgesetzlich werden so vor allem umfassendere Pflichten für Betreiber kritischer Infrastrukturen (KRITIS) sowie digitaler Dienste normiert.[16]

9 KRITIS-Betreiber sind nach der Definition des § 2 Abs. 10 BSIG v.a. Versorgungsdienstleister, die in bestimmten Sektoren, wie Energie, Wasser, Gesundheit oder Nahrung, eine erhebliche Menge von Personen, regelmäßig mehr als 500.000, versorgen und damit von großer Bedeutung für das Funktionieren des Gemeinwesens sind.[17] Nach der gesetzgeberischen Wertung betreffen ihre Tätigkeiten besondere gesellschaftliche Risikobereiche, bei denen IT-Sicherheitslücken in Versorgungsengpässen und Gefährdungen der öffentlichen Sicherheit resultieren können, was die Normierung erhöhter Sicherheitsstandards legitimiert.[18]

10 Auch die zweite besondere Adressatengruppe spezialgesetzlicher IT-Sicherheitsrechtsgrundlagen, die Anbieter digitaler Dienste, ist in § 2 Abs. 11, 12 BSIG legaldefiniert. Demnach sind dies juristische Personen, die Online-Marktplätze, Suchmaschinen oder Cloud-Computing-Dienste betreiben.[19] Von der informationstechnologischen Funktionsfähigkeit entsprechender Anbieter hängt – anders als bei den KRITIS-Betreibern – zwar nicht unmittelbar das Allgemeinwohl ab. Allerdings ermöglichen diese den KRITIS-Betreibern oft erst die reibungslose Erbringung von Versorgungsdienstleistungen, womit eine mittelbare Abhängigkeit des Gemeinwesens von diesen Diensten besteht.[20]

11 Mit der Änderung von TMG und TKG durch das IT-SiG wurden ferner auch Telemediendienst- und Telekommunikationsanbietern unmittelbare IT-sicherheitsrechtliche Pflichten auferlegt.[21] Damit gehören auch diese beiden Gesetze im entsprechenden Umfang zum Kreis der spezialgesetzlichen Rechtsquellen des IT-Sicherheitsrechts.[22] Letzteres trifft gleichermaßen auf das SGB V zu, welches seit Erlass des NIS-UmsetzungsG auch die Infrastrukturen des Gesundheitswesens, insbesondere in Bezug auf die Gesundheitskarte, besonderen unmittelbaren IT-Sicherheitsvorgaben unterwirft.[23] Weitere spezialgesetzliche Rechtsgrundlagen, gerichtet an den Finanzsektor sowie Betreiber von Energie- und Atomkraftwerken, sollen erst an späterer Stelle näher erläutert werden.[24]

---

[14] Richtlinie (EU) 2016/1148 des Europäischen Parlaments und des Rates vom 6.7.2016 über Maßnahmen zur Gewährleistung eines hohen gemeinsamen Sicherheitsniveaus von Netz- und Informationssystemen in der Union.
[15] *Voigt*, IT-Sicherheitsrecht, Kap. D Rn. 348.
[16] *Kipker/von dem Bussche*, Cybersecurity, Kap. 4 Rn. 30; *Voigt*, IT-Sicherheitsrecht, Kap. D Rn. 348, 349.
[17] Siehe auch *Gehrmann/Klett*, K&R 2017, 372, 373f.; *Voigt*, IT-Sicherheitsrecht, Kap. D Rn. 353, 385.
[18] *Kipker/von dem Bussche*, Cybersecurity, Kap. 4 Rn. 30f.; vgl. auch *Gehrmann/Klett*, K&R 2017, 372, 373.
[19] Vgl. *Kipker/von dem Bussche*, Cybersecurity, Kap. 4 Rn. 31.
[20] *Voigt*, IT-Sicherheitsrecht, Kap. D Rn. 387.
[21] *Voigt*, IT-Sicherheitsrecht, Kap. D Rn. 409, 422.
[22] Mit Einführung des IT-SiG erfolgten ferner Änderungen am AtG, EnWG, VAG, BBesG und BKriG, vgl. BGBl. 2015 I S. 1324ff.
[23] Siehe BGBl. 2017 I S. 1890f.
[24] → Rn. 73.

II. Kurzdarstellung allgemeiner IT-sicherheitsrelevanter Rechtsgrundlagen

Allgemeine unternehmerische Sorgfaltspflichten im Rahmen der IT-Sicherheit finden sich im Gesellschafts- und Handelsrecht, namentlich dem AktG, GmbHG und HGB.[25] Die Erfüllung IT-sicherheitsrechtlicher Pflichten obliegt nach allgemeiner Ansicht der Unternehmensleitung.[26] Diese Annahme findet ihre gesetzliche Stütze im Gesetz zur Kontrolle und Transparenz im Unternehmensbereich *(KonTraG)*. Dieses stellt klar, dass die erforderliche übliche Sorgfalt der Unternehmensführung auch die Erkennung und Bekämpfung von IT-Sicherheitsrisiken erfasst und Verstöße hiergegen haftungsauslösend wirken können.[27] Zu den allgemeinen unternehmerischen Sorgfaltspflichten hinsichtlich der IT-Sicherheit zählen Risikofrüherkennung und Risikomanagement, die Einrichtung präventiver Sicherheitsmaßnahmen sowie Informationspflichten bei der Lageberichterstattung.[28] 12

Von besonderer Relevanz für das IT-Sicherheitsrecht sind ferner auch datenschutzrechtliche Regelungen.[29] Datensicherheit ist gem. Art. 24, 28, 32 DS-GVO insbesondere durch die Implementierung angemessener technischer und organisatorischer Maßnahmen herzustellen.[30] Nach dem Verständnis der DS-GVO kann Datensicherheit nur gewährleistet sein, wenn die zur Verarbeitung genutzten Systeme selbst, also die IT-Infrastruktur, umfassend geschützt werden.[31] Datensicherheit und IT-Sicherheit verfolgen an dieser Stelle gleichlaufende Schutzziele. Datenverarbeitende Unternehmen haben folglich – nicht näher definierte aber dem Risiko der Datenverarbeitung entsprechende[32] – datenschutzkonforme IT-Sicherheitsmaßnahmen zu ergreifen.[33] 13

III. Grundlagen des IT-Strafrechts

Versäumnisse im Bereich der Sicherstellung von IT-Sicherheit können unter Umständen zu einer strafrechtlichen Sanktionierung der Verantwortlichen führen.[34] Das StGB normiert eine Reihe von Straftatbeständen, die über den gemeinsamen Schutzzweck einen Bezug zum besonderen IT-Sicherheitsrecht aufweisen (auch wenn sie nicht als unmittelbare spezialgesetzliche Rechtsquelle der IT-Sicherheit zu qualifizieren sind).[35] IT-Strafrecht in diesem Sinne meint nicht Straftatbestände, die regelmäßig durch den Einsatz von IT-Systemen verwirklicht werden, vielmehr sind Letztere die strafrechtlich geschützten Tatobjekte des IT-Strafrechts.[36] 14

Bei der Bestimmung des strafrechtlich Verantwortlichen ist zwischen dem Unternehmen selbst, etwaigen IT-Sicherheitsbeauftragten und der Geschäftsleitung zu unterscheiden. Einigkeit über die Möglichkeit der strafrechtlichen Verantwortung und Haftung dürfte allerdings nur bei Letzterer bestehen.[37] Dagegen ist dem deutschen Strafrecht eine Haftung des Unternehmens als juristische Person nach dem StGB fremd.[38] Die strafrechtli- 15

---

[25] Vgl. *Forgo/Helfrich/Schneider*, Betrieblicher Datenschutz, Teil XII Kap. 4 Rn. 23 f.; *Kipker/von dem Bussche*, Cybersecurity, Kap. 4 Rn. 36.
[26] Hauschka/Moosmayer/Lösler/*Schmidl*, Corporate Compliance, § 28 Rn. 46; *Kipker/von dem Bussche*, Cybersecurity, Kap. 4 Rn. 36.
[27] Hauschka/Moosmayer/Lösler/*Schmidl*, Corporate Compliance, § 28 Rn. 46.
[28] *Kipker/von dem Bussche*, Cybersecurity, Kap. 4 Rn. 27.
[29] Zu IT-Sicherheit und Datenschutz im Einzelnen → Rn. 129 ff.
[30] *Voigt*, IT-Sicherheitsrecht, Kap. C Rn. 315.
[31] Vgl. Sydow/*Mantz*, DSGVO, Art. 32 Rn. 1, 5.
[32] Auer-Reinsdorff/Conrad/*Conrad*, Handbuch IT- und Datenschutzrecht, § 33 Rn. 182.
[33] Vgl. Sydow/*Mantz*, DSGVO, Art. 32 Rn. 5; *Voigt*, IT-Sicherheitsrecht, Kap. C Rn. 315.
[34] *Voigt*, IT-Sicherheitsrecht, Kap. B Rn. 277.
[35] Für eine ausführliche Darstellung der einzelnen einschlägigen Straftatbestände siehe Hauschka/Moosmayer/Lösler/*Schmidl*, Corporate Compliance, § 28 Rn. 136 ff.
[36] Vgl. Hauschka/Moosmayer/Lösler/*Schmidl*, Corporate Compliance, § 28 Rn. 132.
[37] *Voigt*, IT-Sicherheitsrecht, Kap. B Rn. 278 ff.; vgl. auch *Altenburg*, BB 2015, 323 f.
[38] MüKo-StGB/*Joecks*, StGB Einl. Rn. 124 f.

che Garantenhaftung des betrieblichen IT-Sicherheitsbeauftragten wird jedenfalls in Betracht gezogen, für ihre tatsächliche Feststellung dürfte es aber an Kasuistik zum Bestehen der erforderlichen haftungsbegründenden Garantenstellung fehlen.[39]

IV. Das spezialgesetzliche IT-Sicherheitsrecht im Einzelnen

16 Das spezialgesetzliche IT-Sicherheitsrecht erstreckt sich über das BSIG, TMG und TKG bis hin zu Rechtsquellen mit weniger eindeutigem IT-Sicherheitsbezug, namentlich EnwG, AtG, SGB V sowie VAG, KWG, WpHG und BörsG. Zentrale normative Grundlage ist das mit dem IT-SiG novellierte BSIG, welches zugleich das *lex generalis* der IT-sicherheitsrechtlichen Spezialgesetze ist.[40] Das im Folgenden darzustellende Zusammenspiel dieser diversen vorgenannten Rechtsgrundlagen ist nicht immer ganz klar. Probleme reichen bis hin zu Fragen des europarechtlichen Anwendungsvorrangs[41] (→ Rn. 49, 51 ff.).

1. Das BSIG

17 Mit dem IT-SiG und NIS-UmsetzungsG fand eine Novellierung des BSIG statt, welches ursprünglich vorwiegend als Rechts- und Ermächtigungsgrundlage für das BSI fungierte.[42] Seither richtet es sich unmittelbar an KRITIS-Betreiber sowie Anbieter digitaler Dienste und erlegt diesen Pflichten zur Einhaltung hoher IT-Sicherheitsvorgaben auf.[43]

18 Die folgende Darstellung IT-sicherheitsrelevanter BSIG Regelungen differenziert zwischen der Anwendbarkeit auf KRITIS-Betreiber und Anbieter digitaler Dienste. Diese entspricht der Systematik des BSIG, welches in § 2 Abs. 10, 11 zwischen beiden Adressatengruppen unterscheidet. Darüber hinaus legt auch die Gesetzgebungshistorie eine entsprechende Differenzierung nahe, da IT-Sicherheitspflichten für Anbieter digitaler Dienste erst mit dem NIS-UmsetzungsG in das deutsche Recht eingeführt worden sind, während die IT-Sicherheitsanforderungen für KRITIS-Betreiber zu diesem Zeitpunkt bereits normiert waren.[44]

a) KRITIS-Betreiber

19 KRITIS-Betreiber unterliegen IT-Sicherheits- und Meldepflichten nach dem BSIG (hierzu sogleich → Rn. 24 ff.).[45] Ein Verstoß gegen diese Pflichten stellt gem. § 14 Abs. 1 Nr. 1–4 BSIG eine bußgeldbewehrte Ordnungswidrigkeit dar, die vom BSI mit Bußgeldern von bis zu 100.000 Euro geahndet werden kann.[46] Darüber hinaus können BSIG-Verstöße eine zivilrechtliche Haftung der Unternehmen auslösen, auf die an späterer Stelle eingegangen wird (→ Rn. 35 ff., 115 ff.). In Anbetracht dieser Haftungsrisiken, sollte die Anwendbarkeit des BSIG auf das eigene Unternehmen fortwährend überprüft werden.

20 **aa) Identifikation eines Unternehmens als KRITIS-Betreiber.** Der § 2 Abs. 10 BSIG enthält eine Legaldefinition sogenannter KRITIS-Betreiber, die grundsätzlich zwei Vor-

---

[39] Auer-Reinsdorff/Conrad/*Conrad*, Handbuch IT- und Datenschutzrecht, § 33 Rn. 141 ff.; *Voigt*, IT-Sicherheitsrecht, Kap. B Rn. 288 f.
[40] Siehe dazu sogleich → Rn. 17 ff.; vgl. auch *Voigt*, IT-Sicherheitsrecht, Kap. D Rn. 349, 351.
[41] Zum Anwendungsvorrang Carlies/Ruffert/*Ruffert*, EUV/AEUV, AEUV Art. 1 Rn. 18.
[42] Vgl. Schulz/*Schulz*, Compliance-Management im Unternehmen, Kap. 23 Rn. 24; *Voigt*, IT-Sicherheitsrecht, Kap. D Rn. 351.
[43] *Gitter/Meißner/Spauschus*, ZD 2015, 512, 513; Schneider/*Schneider/Kahlert*, Handbuch EDV-Recht, Kap. A Rn. 1406 f.
[44] *Voigt*, IT-Sicherheitsrecht, Kap. D Rn. 386.
[45] Vgl. §§ 8a f. BSIG.
[46] Gemäß § 14 Abs. 2 BSIG kann für Zuwiderhandlungen und Unterlassungen gegen Anordnungen des BSI ein Bußgeld in Höhe von 100.000 EUR verhängt werden. Im Falle aller weiteren „normalen" Verstöße gegen die Pflichten des BSIG iSd § 14 Abs. 1 BSIG drohen Bußgelder in Höhe von 50.000 EUR.

B. Rechtsgrundlagen der IT-Sicherheit

aussetzungen normiert: KRITIS-Betreiber gehören einem der Sektoren Energie, Informationstechnik/Telekommunikation, Transport/Verkehr, Gesundheit, Wasser, Ernährung oder Finanz-/Versicherungswesen an und sind von hoher Bedeutung für das Funktionieren des Gemeinwesens, weshalb durch Ausfall oder Beeinträchtigung erhebliche Versorgungsengpässe oder Gefährdungen der öffentlichen Sicherheit zu befürchten sind.[47]

Bei den vorgenannten Voraussetzungen handelt es sich um auslegungsbedürftige, unbestimmte Begriffe, die durch die auf Grundlage des § 10 Abs. 1 BSIG erlassene Verordnung zur Bestimmung Kritischer Infrastrukturen (BSI-KritisV) konkretisiert worden sind.[48] Vom Anwendungsbereich des BSIG gänzlich ausgenommen sind gem. § 8d Abs. 1 BSIG Kleinstunternehmen, die weniger als zehn Personen beschäftigen und einen Jahresumsatz von weniger als 2 Millionen Euro erwirtschaften. Wird dieses Ausschlusskriterium nicht erfüllt, erfolgt die Identifikation von KRITIS-Betreibern nach der BSI-KritisV in folgendem Dreischritt:[49] 21

(1) Das betreffende Unternehmen muss in einem der vom BSIG **erfassten Sektoren** (Energie, Wasser, Ernährung, Informationstechnik/Telekommunikation, Gesundheit, Finanz-/Versicherungswesen, Transport und Verkehr) tätig sein **und** in diesem Zusammenhang eine **kritische Dienstleistung erbringen,** die in §§ 2ff. BSI-KritisV legaldefiniert werden (bspw. Strom-, Gas- und Fernwärmeversorgung gem. § 2 BSI-KritisV für den Sektor Energie oder etwa Sprach- und Datenübertragung gem. § 5 BSI-KritisV für den Sektor Informationstechnik/Telekommunikation und Lebensmittelversorgung gem. § 4 BSI-KritisV im Ernährungssektor); und 22

(2) die zur Erbringung der Dienstleistung **erforderlichen Anlagen** müssen von den Anlagen zur BSI-KritisV erfasst sein (zB Anhang 1 für Energieerzeugungs- und Speicheranlagen, Anhang 2 für Wasserwerke und Kläranlagen); und

(3) die Dienstleistung muss den für eine bedeutende Versorgungsleistung festgelegten **quantitativen Schwellenwert von min. 500.000 zu versorgende Personen**[50], der die Einhaltung der erhöhten BSIG-Sicherheitsanforderungen rechtfertigt, überschreiten.

Stellt sich im zweiten Prüfungsschritt heraus, dass lediglich einzelne Anlagen des Unternehmens von der BSIG-KritisV erfasst werden, so hat dieses nur die IT-Systeme an die Anforderungen des BSIG anzupassen, die unmittelbar für die Funktionsfähigkeit der entsprechenden Anlage notwendig sind.[51] 23

bb) Pflichten. Unternehmen, die als KRITIS-Betreiber Anlagen zur Versorgung von mindestens 500.000 Personen nach den vorgenannten Maßgaben des § 2 Abs. 10 BSIG und der BSI-KritisV betreiben und nicht als Kleinstunternehmen vom Anwendungsbereich des BSIG ausgenommen sind, unterliegen erhöhten IT-Sicherheitspflichten, die sich in den §§ 8a, 8b BSIG wiederfinden.[52] 24

aaa) Sicherung der IT-Systeme durch technische und organisatorische Maßnahmen. § 8a Abs. 1 S. 1 BSIG ist die zentrale Vorschrift des BSIG zur Gewährleistung eines IT-Sicherheitsmindeststandards durch KRITIS-Betreiber. Die Norm verpflichtet die Unternehmen angemessene technische und organisatorische Maßnahmen zur Prävention von Störungen der Verfügbarkeit, Integrität, Authentizität und Vertraulichkeit ihrer IT-Systeme zu treffen. 25

---

[47] *Gehrmann/Klett,* K&R 2017, 372, 373.
[48] Vgl. *Kipker,* MMR-Aktuell 2017, 393037; *Voigt,* IT-Sicherheitsrecht, Kap. D Rn. 354.
[49] Siehe für eine vollständige und ausführliche tabellarische Darstellung und Erläuterung der Prüfungsschritte zur Identifikation von KRITIS-Betreibern iSd BSIG-KritisV *Voigt,* IT-Sicherheitsrecht, Kap. D Rn. 355 ff.
[50] *Gehrmann/Klett,* K&R 2017, 372, 374.
[51] *Voigt,* IT-Sicherheitsrecht, Kap. D Rn. 358.
[52] Vgl. *Voigt,* IT-Sicherheitsrecht, Kap. D Rn. 386.

26 Wurde festgestellt, dass das BSIG auf ein als KRITIS-Betreiber zu qualifizierendes Unternehmen anwendbar ist, ist gem. § 8d Abs. 2 Nr. 5 BSIG ferner zu prüfen, ob die Betreiber nicht jedenfalls vergleichbaren (oder weitergehenden) IT-Sicherheitspflichten aufgrund anderer Vorschriften unterliegen. Es handelt sich damit bei § 8d Abs. 2 Nr. 5 BSIG um eine Subsidiaritätsklausel,[53] die die IT-Sicherheitspflichten des BSIG zum *lex generalis* unter den Spezialgesetzen des IT-Sicherheitsrechts macht (zur Abgrenzung von allgemeinen und speziellen Rechtsgrundlagen des IT-Sicherheitsrechts bereits oben, → Rn. 6).[54]

27 Mit § 8a Abs. 1 S. 1 BSIG legt das Gesetz gleich vier Sicherheitsziele fest: **Verfügbarkeit, Integrität, Authentizität und Vertraulichkeit** der von KRITIS-Betreibern verwendeten IT-Systeme. Konsequenz dieser umfangreichen Zielsetzung ist ein entsprechend umfangreicher Pflichtenkatalog, der zur Erfüllung dieser Ziele einzuhalten ist.[55] § 8a Abs. 1 S. 1 BSIG benennt, ähnlich dem Art. 32 DS-GVO, keine konkret umzusetzenden Schutzmaßnahmen. Das Gesetz überlässt es vielmehr den Unternehmen selbst, in Eigenverantwortung die konkreten Sicherheitsmaßnahmen anhand der normierten Sicherheitsziele festzulegen.[56] Mit dieser Norm verfolgt das IT-Sicherheitsrecht folglich einen risikobasierten Ansatz, der vergleichbar ist mit dem des Datenschutzrechts.[57] Die Bestimmung erforderlicher und geeigneter Maßnahmen zur Erreichung der Schutzziele setzt zwingend eine im Vorfeld vorzunehmende Risikoabwägung des Unternehmens voraus.[58]

28 Der Gestaltungs- und Entscheidungsspielraum des Unternehmens bei der Auswahl erforderlicher Sicherheitsmaßnahmen wird konkretisiert durch das Kriterium der Angemessenheit. Dieses erlaubt es den Umsetzungsaufwand in die Risikoabwägung mit einzubeziehen. Nur wenn der Umsetzungsaufwand einer Maßnahme auch den Risiken und Folgen etwaiger IT-Systemausfälle entspricht, wird diese Maßnahme auch von der Pflicht des § 8a Abs. 1 S. 1 BSIG erfasst.[59] Unternehmen sind nicht dazu verpflichtet, die bestmöglichen und verfügbaren Maßnahmen zur Sicherung ihrer IT zu ergreifen, wenn diese im Umsetzungsaufwand außer Verhältnis zu den mit der erbrachten Versorgungsleistung einhergehenden Risiken stehen. Der zu berücksichtigende Umsetzungsaufwand erfasst insbesondere auch die aufzuwendenden Umsetzungskosten. Folglich können Unternehmen auch wirtschaftliche Erwägungen in ihre Risikoabwägung mit einbeziehen.[60]

29 § 8a Abs. 1 S. 3 BSIG normiert ferner, dass die zur Erreichung der Schutzziele erforderlichen technischen und organisatorischen Maßnahmen dem Stand der Technik entsprechen müssen. Die Pflicht des § 8a Abs. 1 S. 1 BSIG wird damit verschärft und so der Gestaltungsspielraum der KRITIS-Betreiber hinsichtlich der Auswahl ihrer Sicherheitsmaßnahmen eingeschränkt. Doch nicht nur die erstmalige Umsetzung von Sicherheitsmaßnahmen wird von der Norm beeinflusst. KRITIS-Betreiber müssen einmal getroffene Sicherheitsmaßnahmen auf ihre Aktualität überprüfen und fortwährend dynamisch an sich entwickelnde technische Möglichkeiten anpassen (auch hier im Rahmen des Angemessenen).[61] Wann eine Maßnahme dem aktuellen Stand der Technik entspricht, wird nicht näher definiert. Ausgehend von der Gesetzesbegründung und einer Empfehlung des Bundesjustizministeriums ist dies der Fall, wenn sich eine Maßnahme nach dem Entwicklungsstand fortschrittlicher Verfahren, Einrichtungen oder Betriebsweisen und herrschender

---

[53] *Voigt*, IT-Sicherheitsrecht, Kap. D Rn. 363.
[54] Vergleichbar weitreichende, aber speziellere IT-Sicherheitspflichten ergeben sich insbesondere aus § 11 EnWG, § 291b SGB V und § 7 AtG.
[55] *Voigt*, IT-Sicherheitsrecht, Kap. D Rn. 362.
[56] Schulz/*Schulz*, Compliance-Management im Unternehmen, Kap. 23 Rn. 24.
[57] *Voigt*, IT-Sicherheitsrecht, Kap. D Rn. 364.
[58] Vgl. Sydow/*Mantz*, DSGVO, Art. 32 Rn. 8.
[59] Siehe § 8a Abs. 1 S. 3 BSIG; vgl. Schulz/*Schulz*, Compliance-Management im Unternehmen, Kap. 23 Rn. 27.
[60] Vgl. Gesetzesbegründung, BT-Drs. 18/4096, 26.
[61] *Voigt*, IT-Sicherheitsrecht, Kap. D Rn. 365.

B. Rechtsgrundlagen der IT-Sicherheit

Auffassung führender Fachleute zur Herstellung von IT-Sicherheit eignet.[62] Diese Definition wird gemeinhin auf die Erforderlichkeit des Einsatzes branchenüblicher „Spitzenprodukte" heruntergebrochen.[63]

Branchenspezifische Sicherheitsstandards können gem. § 8a Abs. 2 BSIG durch KRITIS-Betreiber für ihre jeweilige Branche erarbeitet und vom BSI auf Antrag hinsichtlich ihrer Eignung zur Umsetzung der IT-Sicherheitsziele des § 8a Abs. 1 S. 1 BSIG bestätigt werden. Vom BSI bestätigte branchenspezifische Sicherheitsstandards bieten Rechtssicherheit dahingehend, was vom BSI als sichere Systemarchitektur angesehen wird, insbesondere auch hinsichtlich des Stands der Technik.[64] Damit wird den KRITIS-Betreibern der Umgang mit den unbestimmten und sich ständig im Wandel befindenden Vorgaben des BSIG zumindest teil- und zeitweise erleichtert, da die Eignung branchenspezifischer Sicherheitsstandards vom BSI in der Regel für einen Zeitraum von zwei Jahren festgestellt wird.[65] Dieser Geltungszeitraum entspricht der Nachweispflicht des § 8a Abs. 3 BSIG. Die Norm verpflichtet KRITIS-Betreiber die Einhaltung der Sicherheitsstandards des § 8a BSIG alle zwei Jahre nachzuweisen, was mittels Sicherheitsaudits, Prüfungen und Zertifizierungen erfolgen soll. Das BSI führt eine Liste aller zu entsprechenden Prüfungen berechtigter Stellen und bietet Orientierungshilfen für die Voraussetzungen ordnungsgemäßer Prüfungsdurchführungen wie zB die Vorlage konkreter Unterlagen und die Möglichkeit der Vor-Ort-Inaugenscheinnahme von IT-Sicherheitsmaßnahmen.[66]

bbb) Meldepflichten. Nach § 8b Abs. 4 BSIG lösen bestimmte erhebliche Störungen unternehmensinterner IT-Systeme Meldepflichten der KRITIS-Betreiber gegenüber dem BSI aus. Diese Meldepflichten haben KRITIS-Betreiber durch eine vorsorglich einzurichtende Kontaktstelle gem. § 8b Abs. 3 BSIG zu erfüllen, die jederzeit für das BSI erreichbar sein muss. Laut der Gesetzesbegründung ist der Begriff der Störung in Anlehnung an die höchstrichterliche Rechtsprechung zu § 100 Abs. 1 TKG funktional zu verstehen.[67] Eine Störung ist demnach gegeben, wenn die betreffende Technik die ihr zugedachte Funktion jedenfalls nicht mehr vollständig erfüllen kann. Ausreichend ist, wenn versucht wurde entsprechend auf die Technik einzuwirken, die Funktion an sich aber nicht beeinträchtigt wurde.[68]

Wann eine entsprechende Störung auch tatsächlich meldepflichtig ist, wird in § 8b Abs. 4 Nr. 1 und Nr. 2 BSIG legaldefiniert. Demnach sind meldepflichtige Störungen solche, die (Nr. 1) entweder schon zu einem Ausfall oder einer erheblichen Beeinträchtigung der Funktionsfähigkeit der betriebenen kritischen Infrastruktur geführt haben oder (Nr. 2) erhebliche Störungen, die zu einem Ausfall oder einer erheblichen Beeinträchtigung kritischer Infrastruktur führen können. Als Beispiele für meldepflichtige Störungen benennt die Gesetzesbegründung Sicherheitslücken, Schadprogramme, Angriffe (selbst erfolgreich abgewehrte) auf die IT-Sicherheit und unerwartete technische Defekte mit IT-Bezug, etwa nach einem Softwareupdate.[69] Im Übrigen unterliegt die Meldepflicht eines Unternehmens einer Erheblichkeitsschwelle hinsichtlich eingetretener oder möglicher Störungsfolgen, die einer Bewertung des Vorfalls durch das Unternehmen bedarf.[70] Eine Störung kann bspw. dann als erheblich bewertet werden, wenn sie nur unter erhöhtem Personal-

---

[62] Vgl. BT-Drs. 18/4096, 26; Schulz/*Schulz*, Compliance-Management im Unternehmen, Kap. 23 Rn. 25; *Voigt*, IT-Sicherheitsrecht, Kap. D Rn. 365.
[63] *Gehrmann/Klett*, K&R 2017, 372, 375; *Voigt*, IT-Sicherheitsrecht, Kap. D Rn. 365.
[64] *Voigt*, IT-Sicherheitsrecht, Kap. D Rn. 366.
[65] *BSI*, Übersicht über branchenspezifische Sicherheitsstandards, abrufbar unter: https://www.bsi.bund.de/DE/Themen/KRITIS/IT-SiG/Was_tun/Stand_der_Technik/B3S/B3S.html;jsessionid=A995C214862FBFF5C7A87369774DABFC.1_cid341?nn=6776460#doc8140926bodyText2 (letzter Abruf am 12.12.2019).
[66] *Voigt*, IT-Sicherheitsrecht, Kap. D Rn. 368.
[67] BT-Drs. 18/4096, 27.
[68] Vgl. BT-Drs. 18/4096, 27.
[69] BT-Drs. 18/4096, 27 f.
[70] *Voigt*, IT-Sicherheitsrecht, Kap. D Rn. 373.

aufwand oder unter Hinzuziehung externer Dritter behoben werden kann.[71] KRITIS-Betreiber können ihre Meldepflicht bewerten, indem sie sich folgende, am Zweck der Meldepflicht ausgerichtete Kontrollfrage stellen: Ist eine Meldung des Vorfalls erforderlich, um eine frühzeitige und umfassende Warnung anderer möglicherweise betroffener KRITIS-Betreiber sicherzustellen?[72]

33 Als Orientierungshilfe für die Bewertung der Meldepflicht können auch die in der Gesetzesbegründung aufgeführten Negativbeispiele für nicht-meldepflichtige Störungen dienen. Diese sind täglich auftretender Spam, übliche Schadsoftware, die standardmäßig von Virenscannern abgefangen wird und technische Defekte im üblichen Rahmen.[73]

34 Ist eine meldepflichtige Störung identifiziert worden, sind dem BSI gem. § 8b Abs. 4 BSIG unverzüglich und unter Einhaltung der Mindestangaben die Störung selbst, ihre möglichen grenzüberschreitenden Auswirkungen, technischen Rahmenbedingungen, (vermutete) Ursache, betroffene Anlagen und Technik sowie die erbrachten kritischen Dienstleistungen und der Störungsauswirkungen auf diese, zu melden. Zu beachten ist, dass die Meldefrist sich akzessorisch zu steigender Erheblichkeit der Störung verkürzen dürfte.[74]

35 **cc) Haftung bei Pflichtverstößen.** Auf die möglichen Bußgelder, die auf KRITIS-Betreiber im Falle von IT-Sicherheitspflichtverstößen zukommen können, wurde bereits kurz eingegangen (→ Rn. 19). Da der vom BSIG vorgesehene Bußgeldrahmen aber verhältnismäßig gering ist, dürfte sich das Interesse der Verantwortlichen in der Praxis weitestgehend auf die möglichen zivilrechtlichen Haftungsfolgen konzentrieren. Die zivilrechtliche Inanspruchnahme kann durch Endnutzer oder andere KRITIS-Betreiber im Wege der Geltendmachung vertraglicher und deliktischer Schadensersatzansprüche erfolgen. Die normativen Haftungsgrundlagen hierzu finden sich im allgemeinen Zivilrecht, namentlich §§ 280 ff. und §§ 823 ff. BGB. Die Darstellung der entsprechenden gesetzlichen Haftungsvoraussetzungen erfolgt daher erst im Rahmen der allgemeinen Rechtsquellen des IT-Sicherheitsrechts (→ Rn. 115 ff.). Im Folgenden sollen allein die wesentlichen, sich aus dem BSIG für KRITIS-Betreiber ergebenden, spezialgesetzlichen Haftungsbesonderheiten skizziert werden.

36 Im Hinblick auf die deliktische Haftung für Schutzgesetzverletzungen gem. § 823 Abs. 2 BGB stellt sich die Frage, ob die nach §§ 8a, 8b BSIG einzuhaltenden IT-Sicherheitspflichten als Schutzgesetze im Sinne des § 823 Abs. 2 BGB zu qualifizieren sind. Ein Schutzgesetze im Sinne der Norm muss zumindest auch dem Schutz von Individualrechten Einzelner oder eines abgrenzbaren Personenkreises dienen.[75] Die Bestimmung erfordert eine Differenzierung zwischen den potentiellen Anspruchstellern.

37 Verursachen KRITIS-Betreiber durch eine Verletzung ihrer Pflichten aus §§ 8a, 8b BSIG einen Schaden bei Endnutzern, scheidet nach der Schutzgesetzdefinition eine Inanspruchnahme auf der Grundlage von § 823 Abs. 2 BGB iVm §§ 8a, 8b BSIG aus, da diese Normen dem Funktionieren des Gemeinwesens und nicht unmittelbar dem Schutz der Endnutzer dienen.[76]

38 Verstoßen KRITIS-Betreiber dagegen gegen ihre Meldepflicht aus § 8b BSIG, wird teilweise eine Haftung aus § 823 Abs. 2 BGB iVm § 8b BSIG in Betracht gezogen, wenn dadurch andere KRITIS-Betreiber geschädigt worden sind.[77] Schließlich soll die rechtzeitige Meldung von Sicherheitsvorfällen ja gerade der frühzeitigen Warnung und damit dem Schutz anderer KRITIS-Betreiber dienen, was für die Schutzgesetzqualität von § 8b BSIG

---

[71] *Gehrmann/Klett*, K&R 2017, 372, 376; vgl. BT-Drs. 18/4096, 28.
[72] Vgl. BT-Drs. 18/4096, 28; *Voigt*, IT-Sicherheitsrecht, Kap. D Rn. 373.
[73] BT-Drs. 18/4096, 28.
[74] Vgl. *Voigt*, IT-Sicherheitsrecht, Kap. D Rn. 375.
[75] Jauernig/*Teichmann*, BGB, § 823 Rn. 43 f.
[76] Vgl. *Voigt*, IT-Sicherheitsrecht, Kap. D Rn. 384.
[77] *Voigt*, IT-Sicherheitsrecht, Kap. D Rn. 385.

B. Rechtsgrundlagen der IT-Sicherheit

streitet.[78] Allerdings stellt Art. 14 Abs. 3 S. 3 der NIS-RL ausdrücklich klar, dass durch die Meldepflicht keine weitergehende Haftung der Verpflichteten begründet wird. Eine Auslegung des § 8b BSIG als haftungsbegründendes Schutzgesetz wäre damit unionsrechtswidrig.

b) Anbieter digitaler Dienste

Mit der Umsetzung der NIS-RL wurden erstmals auch sogenannte Anbieter digitaler Dienste in den Anwendungsbereich des BSIG aufgenommen[79] und unterliegen so den damit einhergehenden IT-Sicherheitspflichten.[80] Diese neuen Vorgaben des BSIG waren nach der Einführung des NIS-UmsetzungsG bis spätestens zum 10.5.2018 umzusetzen.[81] 39

aa) Identifikation. Die Identifikation von Anbietern digitaler Dienste gestaltet sich wesentlich einfacher als die Bestimmung von KRITIS-Betreibern.[82] Das Gesetz definiert digitale Dienste in § 2 Abs. 11 BSIG und unterscheidet zwischen Anbietern von (Nr. 1) Online-Marktplätzen, (Nr. 2) Online-Suchmaschinen und (Nr. 3) Cloud-Computing-Diensten. Juristische Personen, die die vorgenannten Dienste in der Regel gegen Entgelt erbringen, sind Anbieter digitaler Dienste und damit Adressaten der vom BSIG normierten Pflichten.[83] Um einen einheitlichen unionsweiten Mindeststandard herzustellen, werden sowohl innerhalb der EU-Mitgliedsstaaten ansässige Anbieter als auch in Drittstaaten angesiedelte Unternehmen, die ihre digitalen Dienste aber innerhalb der EU erbringen, erfasst.[84] 40

Vom Pflichtenkreis ausgenommen sind dagegen gem. § 8d Abs. 4 BSIG auch hier Kleinstunternehmen, die weniger als 50 Personen beschäftigen und einen Jahresumsatz von nicht mehr als 10 Mio. Euro erwirtschaften sowie gem. § 2 Abs. 11 BSIG Anbieter von Diensten, die zum Schutz staatlicher Funktionen eingerichtet worden sind oder zu diesem Zwecke zumindest genutzt werden. 41

bb) Pflichten. Der Pflichtenkatalog des BSIG für Anbieter digitaler Dienste ist in § 8c BSIG normiert und insgesamt mit den bereits dargestellten Verpflichtungen von KRITIS-Betreibern vergleichbar.[85] Auch Anbieter digitaler Dienste müssen gem. § 8c Abs. 1 BSIG einen IT-Sicherheitsstandard gewährleisten, indem sie geeignete und verhältnismäßige technische und organisatorische Maßnahmen treffen, um Risiken für die Sicherheit der Netz- und Informationssysteme, die sie zur Bereitstellung ihrer digitalen Dienste in der EU nutzen, abzuwenden. Das BSIG führt hier seinen risikobasierten Sicherheitsansatz fort und überlässt es den verpflichteten Anbietern, anhand ihrer konkreten Situation, der ihnen zur Verfügung stehenden Ressourcen und der mit dem angebotenen Dienst einhergehenden Risiken, die zur Einhaltung des Sicherheitsziels geeigneten und angemessenen Maßnahmen eigenverantwortlich zu bestimmen.[86] Einschränkungen der grundsätzlich eigenverantwortlichen Auswahl der Sicherheitsmaßnahmen finden sich zum einen in § 8c Abs. 1 S. 2 BSIG, dahingehend, dass Maßnahmen die Folgen von Sicherheitsvorfällen in 42

---

[78] BT-Drs. 18/4096, 28.
[79] Siehe hierzu bereits → Rn. 18.
[80] Zur Differenzierung zwischen Anbietern digitaler Dienste und Telemedienanbietern sowie dem Verhältnis von § 8c BSIG und § 13 Abs. 7 TMG siehe sogleich → Rn. 51 f.
[81] *Voigt*, IT-Sicherheitsrecht, Kap. D Rn. 347.
[82] *Voigt*, IT-Sicherheitsrecht, Kap. D Rn. 386.
[83] Vgl. § 2 Abs. 12 BSIG, Art. 4 Nr. 5 NIS-RL iVm Art. 1 Abs. 1 lit. b RL 2015/1535/EU; s. auch *Voigt*, IT-Sicherheitsrecht, Kap. D Rn. 390.
[84] Vgl. *Gehrmann/Klett*, K&R 2017, 372, 377.
[85] *Kipker/von dem Bussche*, Cybersecurity, Kap. 4 Rn. 31.
[86] Vgl. *Voigt*, IT-Sicherheitsrecht, Kap. D Rn. 395; der „risikobasierte Sicherheitsansatz" des BSIG wird besonders deutlich in § 8c Abs. 2 S. 1 BSIG, welcher ausdrücklich eine Abwägung von umzusetzenden Maßnahmen mit bestehenden Risiken für die Sicherheit der genutzten IT-Systeme zur Erbringung digitaler Dienste erfordert.

der EU vorbeugen und so gering wie möglich halten können sollen. Darüber hinaus haben auch Anbieter digitaler Dienste gem. § 8c Abs. 2 BSIG, gleichermaßen wie KRITIS-Betreiber,[87] dafür Sorge zu tragen, dass die von ihnen implementierten Sicherheitsmaßnahmen dem Stand der Technik entsprechen.[88] Anders als im Rahmen der IT-Sicherheitspflichten von KRITIS-Betreibern des § 8a Abs. 1 BSIG bestimmt die für Anbieter digitaler Dienste relevante Rechtsgrundlage, § 8c Abs. 2 BSIG, konkrete Aspekte, denen bei der Risikoabwägung zur Bestimmung angemessener Sicherheitsmaßnahmen besonders Rechnung getragen werden muss.[89] So haben Anbieter digitaler Dienste bei der Bestimmung umzusetzender IT-Sicherheitsmaßnahmen in jedem Fall (Nr. 1) die Sicherheit der Systeme und Anlagen, (Nr. 2) die Erkennung, Analyse und Eindämmung von Sicherheitsvorfällen, (Nr. 3) das Betriebskontinuitätsmanagement, (Nr. 4) die Überwachung, Überprüfung und Erprobung sowie (Nr. 5) die Einhaltung internationaler Normen in ihren Entscheidungsprozess mit einzubeziehen. Anders als hinsichtlich der von KRITIS-Betreibern einzuhaltenden IT-Sicherheitsstandards bietet § 8c BSIG den Anbietern digitaler Dienste aber auch keine Möglichkeit zur Erarbeitung branchenspezifischer Sicherheitsstandards, an denen diese sich bei der Auswahl ihrer Sicherheitsmaßnahmen orientieren könnten. Die Konkretisierung besonders zu berücksichtigender Aspekte in § 8c Abs. 2 BSIG wirkt damit einem andernfalls bestehenden Ungleichgewicht in der Rechtssicherheit entgegen.[90]

43 Das BSI kann gem. § 8c Abs. 4 Nr. 1 BSIG Informationen und Nachweise zur Bewertung der IT-Sicherheitsstandards eines Unternehmens anfordern, wenn Anhaltspunkte dafür bestehen, dass keine angemessenen Sicherheitsmaßnahmen im Sinne von § 8c Abs. 1, Abs. 2 BSIG umgesetzt worden sind. Erweisen sich diese Anhaltspunkte als begründet und stellt das BSI entsprechende IT-Sicherheitsdefizite fest, kann das BSI gem. § 8c Abs. 4 Nr. 2 BSIG deren Beseitigung verlangen. Die Tatsache, dass Anhaltspunkte bereits für ein Tätigwerden des BSI ausreichen und gerade keine konkreten Nachweise erforderlich sind, weist auf eine vom Gesetzgeber beabsichtigte frühzeitige Befugnis zum Einschreiten des BSI gegenüber digitalen Anbietern hin.[91]

44 Ähnlich wie KRITIS-Betreiber unterliegen auch Anbieter digitaler Dienste einer Meldepflicht gegenüber dem BSI im Hinblick auf erhebliche Sicherheitsvorfälle ihrer IT-Systeme, § 8c Abs. 3 BSIG. Zu diesem Zwecke und zwecks sonstiger Kommunikation mit dem BSI haben auch Anbieter digitaler Dienste eine jederzeit erreichbare Kontaktstelle einzurichten, § 8c Abs. 3 S. 4 BSIG.[92] Gleichwohl ergibt sich für Anbieter digitaler Dienste hierbei eine wesentliche Erleichterung: Meldepflichtig sind nur erhebliche Sicherheitsvorfälle, die bereits Auswirkungen auf die Funktionalität der angebotenen digitalen Dienste haben und nicht erst potenziell haben könnten.[93] Damit bleibt den Anbietern digitaler Dienste die Bewertung potenzieller Auswirkungen von Sicherheitsvorfällen erspart.[94] Was bleibt, ist die Einordnung von Störungen als erheblich, wofür § 8c Abs. 3 S. 2 BSIG die Anzahl der betroffenen Personen, die Dauer des Sicherheitsvorfalls, das betroffene geographische Gebiet, das Ausmaß der Unterbrechung der angebotenen digitalen Dienste und der Auswirkung auf wirtschaftliche und gesellschaftliche Tätigkeiten als Parameter normiert. Liegen dem Unternehmen die erforderlichen Informationen zur Einschätzung der Erheblichkeit eines Störvorfalls anhand der vorgenannten Parameter nicht vor, entfällt die Meldepflicht gegenüber dem BSI gänzlich, § 8c Abs. 3 S. 3 BSIG.

---

[87] *Voigt*, IT-Sicherheitsrecht, Kap. D Rn. 393.
[88] Siehe zu den genaueren Anforderungen dieser Maßgabe → Rn. 29.
[89] Siehe § 8c Abs. 2 Nr. 1–4 BSIG.
[90] Zu den bereichsspezifischen Sicherheitsstandards für KRITIS-Betreiber und ihrer Eignung siehe → Rn. 24 ff.
[91] Vgl. *Kipker*, MMR-Aktuell 2017, 389121; *Voigt*, IT-Sicherheitsrecht, Kap. D Rn. 395.
[92] *Voigt*, IT-Sicherheitsrecht, Kap. D Rn. 400.
[93] *Voigt*, IT-Sicherheitsrecht, Kap. D Rn. 396.
[94] *Voigt*, IT-Sicherheitsrecht, Kap. D Rn. 396.

Hinsichtlich der inhaltlichen Anforderungen an Störungsmeldungen verweist § 8c 45
Abs. 3 S. 4 BSIG auf die entsprechende Regelung zur Meldepflicht der KRITIS-Betreiber
gem. § 8b Abs. 3 BSIG, weshalb auch hier auf die Ausführungen zu dieser Norm verwiesen wird (→ Rn. 31). Auch hinsichtlich der Meldefrist gem. § 8c Abs. 3 S. 1 BSIG –
unverzüglich – ergeben sich keine Unterschiede.

Pflichtverstöße können vom BSI gem. § 14 Abs. 1 Nr. 5–7 BSIG mit Bußgeldern von 46
bis zu 50.000 Euro geahndet werden (zur möglichen zivilrechtlichen Haftung nach den
allgemeinen Regeln des BGB → Rn. 115 ff.).[95] Zu Gunsten von Anbietern digitaler
Dienste enthält das BSIG aber eine Haftungsherabstufung. Anders als KRITIS-Betreiber
haften Anbieter digitaler Dienste nur bei vollständiger Nichtumsetzung der erforderlichen
IT-Sicherheitsmaßnahmen, § 14 Abs. 1 Nr. 5 BSIG.[96] Auch gibt es keine dem § 14 Abs. 1
Nr. 4 BSIG entsprechende Haftungsgrundlage für die Nichteinrichtung einer BSI-Kontaktstelle.

2. Das Telemediengesetz

Wegen der zunehmenden Verbreitung von Schadsoftware über Telemediendienste hat der 47
Gesetzgeber sich in der Pflicht gesehen, mit dem IT-SiG auch IT-sicherheitsrechtliche Anpassungen des TMG vorzunehmen.[97] Damit wurde auch das TMG zu einer unmittelbaren, spezialgesetzlichen Quelle des IT-Sicherheitsrechts.

a) Adressaten des TMG

Das TMG richtet sich an Telemediendiensteanbieter, die in § 2 S. 1 Nr. 1 TMG legaldefi- 48
niert werden. Diensteanbieter im Sinne der Norm sind alle natürlichen und juristischen
Personen, die eigene oder fremde Telemedien entweder zur Nutzung bereithalten oder
den Zugang zu ihrer Nutzung vermitteln. Bei audiovisuellen Mediendiensten auf Abruf
sind diejenigen als Diensteanbieter zu verstehen, die Auswahl und Gestaltung der Medieninhalte wirksam kontrollieren. Der Begriff des Telemedienanbieters im Sinne des TMG
wird grundsätzlich weit verstanden und nur funktional, dh nicht etwa nach Personenkreisen abgegrenzt.[98]

Telemediendienste sind sämtliche elektronischen Informations- und Kommunikations- 49
dienste, die nicht ausschließlich der technischen Signalübertragung über Telekommunikationsnetze dienen und damit in den Anwendungsbereich des TKG fallen.[99] Entscheidend
für die Abgrenzung von Telekommunikations- und Telemediendiensten ist damit der
technische Übertragungszweck des Dienstes. Dienste, die zwar überwiegend, nicht aber
ausschließlich der Signalübertragung (und damit Telekommunikation) dienen, sollen aber
nicht gänzlich aus dem Anwendungsbereich des TMG fallen. Vielmehr soll in diesen Fällen das TMG teilweise neben dem TKG Anwendung finden.[100] Typische Telemediendiensteanbieter in diesem Sinne sind nach dem Willen des Gesetzgebers Website-Betreiber, Anbieter sozialer Netzwerke und Chatrooms, elektronische Presse, Newsgroups, aber
auch Anbieter von Online-Shops und Auktionshäusern sowie Online-Suchmaschinen.[101]
Vor allem aus den zuletzt genannten Beispielen wird deutlich, dass es nach Einführung des
NIS-UmsetzungsG zu Überschneidungen der Anwendungsbereiche von TMG und BSIG
hinsichtlich Anbieter digitaler Medien kommt. Abgrenzungsschwierigkeiten und das Risiko von Pflichtenkollisionen sind die Folge.[102]

---

[95] *Voigt*, IT-Sicherheitsrecht, Kap. D Rn. 401 f.
[96] *Voigt*, IT-Sicherheitsrecht, Kap. D Rn. 402.
[97] Vgl. Gesetzesbegründung, BT-Drs. 18/4096, 34.
[98] Spindler/Schmitz/*Spindler*, TMG § 2 Rn. 3.
[99] Vgl. § 1 Abs. 1 S. 1 TMG; *Voigt*, IT-Sicherheitsrecht, Kap. D Rn. 411.
[100] Spindler/Schnitz/*Spindler*, TMG § 2 Rn. 17.
[101] Gesetzesbegründung, BT-Drs. 16/3078, 13 f.
[102] Vgl. *Gehrmann/Klett*, K&R 2017, 372, 377.

b) Pflichten

50 Das TMG selbst statuiert keinerlei Meldepflichten von Telemediendiensteanbietern gegenüber dem BSI, weshalb die allgemeinere Meldepflicht des § 8c BSIG zur Anwendung kommt, sofern es sich bei den Telemediendiensteanbietern gleichzeitig um Anbieter digitaler Dienste handelt.[103] Vor Bestimmung der konkreten IT-sicherheitsrechtlichen Pflichten, insbesondere zur Bestimmung ihrer konkreten Rechtsgrundlagen, ist daher eine Abgrenzung der beiden Adressatengruppen vorzunehmen.

51 **aa) Abgrenzung des TMG zum BSIG.** Viele Telemediendiensteanbieter werden, auch wegen der weiten Begriffsdefinition des TMG, zugleich auch Anbieter digitaler Dienste im Sinne des § 2 Abs. 11, 12 BSIG sein und damit im Grundsatz von den entsprechenden Pflichten des BSIG erfasst.[104] Entscheidendes Abgrenzungskriterium ist die Entgeltlichkeit der Leistung,[105] die für die Qualifikation als Anbieter digitaler Dienste nach dem BSIG zwingend erforderlich ist.[106] Telemediendiensteanbieter im Sinne des TMG müssen dagegen nicht zwingend entgeltlich tätig werden, da die Gesetzesdefinition das offen lässt.[107] Dies führt zu dem Ergebnis, dass alle Anbieter digitaler Dienste im Sinne des BSIG immer zugleich auch Telemediendiensteanbieter im Sinne des TMG sind und umgekehrt, Telemediendiensteanbieter sich aber nicht immer auch als Anbieter digitaler Dienste im Sinne des BSIG qualifizieren[108] – nämlich dann nicht, wenn diese Telemediendiensteanbieter ihre Dienste nicht gegen Entgelt anbieten.

52 Für entgeltlich tätige Telemediendiensteanbieter ist somit der Anwendungsbereich sowohl des BSIG als auch des TMG eröffnet.[109] Als *lex generalis* der IT-sicherheitsrechtlichen Spezialgesetze müsste das subsidiäre BSIG im Falle von entgeltlichen Telemediendiensteanbietern grundsätzlich **immer** zurücktreten, wenn das TMG vergleichbare Pflichten statuiert.[110] Allerdings handelt es sich beim für Anbieter digitaler Dienste einschlägigen § 8c BSIG um eine unmittelbar zur Umsetzung der europäischen NIS-RL erlassene Regelung und damit um – im Vergleich zum TMG – höherrangiges Recht.[111] Gleichzeitig sieht Art. 16 Abs. 10 der NIS-RL vor, dass die Mitgliedsstaaten den Anbietern keine über die Regelungen der Richtlinie hinausgehenden Pflichten auferlegen dürfen, da dies der angestrebten unionsweiten Vollharmonisierung dieses Bereichs zuwiderlaufen würde.[112] Im Ergebnis bedeutet das, dass das BSIG trotz seiner Eigenschaft als *lex generalis* nicht zurücktritt, sondern aufgrund der unionsrechtlichen Normenhierarchie Anwendung auf entgeltliche Telemediendiensteanbieter (und damit Anbieter digitaler Dienste) findet. Auf unentgeltlich tätige Telemediendiensteanbieter findet das BSIG ohnehin keine Anwendung, da Anbieter, die nicht in der Regel gegen Entgelt tätig werden, keine Anbieter digitaler Dienste im Sinne des Gesetzes sind.[113] Diese Unternehmen unterliegen damit allein den Regelungen und Pflichten des TMG, eine Überschneidung der Anwendungsbereiche besteht hier nicht.[114]

53 Vor dem Hintergrund, dass die gesetzlichen Regelungen des TMG und BSIG unterschiedliche behördliche Zuständigkeiten begründen (das BSI ist zuständig für die Aufsicht über Einhaltung von BSIG-Pflichten, die Landesmedienaufsicht oder Landesdatenschutz-

---

[103] *Voigt*, IT-Sicherheitsrecht, Kap. D Rn. 412.
[104] *Voigt*, IT-Sicherheitsrecht, Kap. D Rn. 417.
[105] *Gehrmann/Voigt*, CR 2017, 93, 94.
[106] Siehe hierzu → Rn. 40 f.
[107] Vgl. § 2 S. 1 Nr. 1 TMG; *Djeffal*, MMR 2015, 715, 717.
[108] *Gehrmann/Klett*, K&R 2017, 372, 378; *Schallbruch*, CR 2016, 663, 666; *Voigt/Gehrmann*, CR 2017, 93, 94.
[109] *Voigt*, IT-Sicherheitsrecht, Kap. D Rn. 417.
[110] Vgl. BT-Drs. 18/11242, 1; so auch *Voigt*, IT-Sicherheitsrecht, Kap. D Rn. 349.
[111] *Voigt*, IT-Sicherheitsrecht, Kap. D Rn. 418.
[112] Vgl. *Voigt*, IT-Sicherheitsrecht, Kap. D Rn. 418.
[113] Siehe hierzu → Rn. 40 f.
[114] Vgl. auch *Voigt*, IT-Sicherheitsrecht, Kap. D Rn. 418.

behörde dagegen für die Einhaltung von Plichten aus § 13 Abs. 7 TMG), stellt die geschilderte, undurchsichtige Rechtslage Unternehmen teilweise vor erhebliche, praxisrelevante Schwierigkeiten.[115]

bb) Einzuhaltende IT-Sicherheitsstandards des § 13 Abs. 7 TMG. Ist einmal festgestellt, dass ein Telemediendiensteanbieter nicht zugleich als Anbieter digitaler Dienste im Sinne des BSIG zu qualifizieren ist und damit den Pflichten dieses (ausnahmsweise vorrangigen) Gesetzes unterfällt, so ist der mit dem NIS-UmsetzungsG eingeführte § 13 Abs. 7 TMG die zentrale Vorschrift für die Bestimmung IT-sicherheitsrechtlicher Pflichten. Der Anwendungsbereich der Vorschrift wird aber weiter eingeschränkt: Das Telemediendiensteangebot muss geschäftsmäßig erbracht werden, um die Pflichten des § 13 Nr. 7 TMG auszulösen. Geschäftsmäßigkeit in diesem Sinne liegt bereits dann vor, wenn der Anbieter beabsichtigt, die Telemediendienste nachhaltig zu erbringen.[116] An das Kriterium der Geschäftsmäßigkeit der Leistung sind damit keine hohen Anforderungen zu stellen.[117] Vielmehr dürften selbst nicht-kommerzielle Leistungen erfasst sein, soweit diese nicht lediglich privat und als unregelmäßige Gelegenheitsdienste erfolgen.[118] 54

Gemäß § 13 Abs. 7 TMG haben Anbieter geschäftsmäßiger Telemediendienste ihre Angebote durch Implementierung technischer und organisatorischer Maßnahmen gegen (Nr. 1) unerlaubte Zugriffe sowie (Nr. 2) Datenschutzverletzungen und Störungen zu sichern.[119] Diese Pflicht wird den Unternehmen unter der Prämisse des technisch Möglichen und wirtschaftlich Zumutbaren auferlegt. Telemediendiensteanbieter sollen dadurch vor IT-Sicherheitspflichten geschützt werden, die in keinem angemessenen Verhältnis zum angestrebten Schutzziel stehen.[120] Die Einschränkung erlaubt den Unternehmen, im Rahmen einer Interessenabwägung den Umfang zumutbarer Sicherheitsmaßnahmen festzustellen. Einzelfallabhängig abgewogen werden müssen insbesondere die Sensibilität verarbeiteter Daten und potenzielle Gefahren bei unterlassenen Maßnahmen, sprich das erforderliche Schutzniveau gegenüber Maßnahmekosten, Effektivität und alternativer Schutzoptionen.[121] 55

Die Gesetzesbegründung benennt regelmäßiges Aktualisieren der für das Telemedienangebot genutzten Software sowie die Anwendung sicherer Verschlüsselungs- und Authentifizierungsmaßnahmen beispielhaft als geeignete Schutzmaßnahmen.[122] Auch Telemediendiensteanbieter müssen ihre implementierten Schutzmaßnahmen an den Stand der Technik anpassen, § 13 Abs. 7 S. 2 TMG.[123] Maßnahmen müssen demnach insbesondere evident praxistauglich sein und das angestrebte Schutzziel bestmöglich verwirklichen.[124] 56

c) Haftung bei Pflichtverstößen

Die IT-Sicherheitspflichten des § 13 Abs. 7 TMG sind gem. § 16 Abs. 2 Nr. 3 TMG bußgeldbewehrt. Verstöße stellen eine Ordnungswidrigkeit dar und können, je nach Art der Verletzung, von Landesmedienaufsichten und Landesdatenschutzbehörden mit Bußgeldern in Höhe von bis zu 50.000 Euro geahndet werden.[125] 57

---

[115] *Gehrmann/Klett*, K&R 2017, 372, 378.
[116] Gesetzesbegründung, BT-Drs. 18/4096, 34.
[117] *Gehrmann/Klett*, K&R 2017, 372, 377.
[118] *Voigt*, IT-Sicherheitsrecht, Kap. D Rn. 413; *Voigt/Gehrmann*, CR 2017, 93, 94.
[119] Siehe für eine beispielhafte Darstellung praktischer Auswirkungen des Pflichtenumfangs nach § 13 Abs. 7 TMG, dargestellt anhand einer fiktiven Fallstudie, *Djeffal*, MMR 2015, 716, 720 ff.
[120] Gesetzesbegründung, BT-Drs. 18/4096, 34.
[121] Vgl. *Djeffal*, MMR 2015, 716, 718; *Voigt*, IT-Sicherheitsrecht, Kap. D Rn. 416.
[122] BT-Drs. 18/4096, 34 f.
[123] Siehe zum Stand der Technik → Rn. 29.
[124] *Djeffal*, MMR 2015, 716, 718; *Voigt*, IT-Sicherheitsrecht, Kap. D Rn. 415.
[125] Siehe hierzu *Voigt*, IT-Sicherheitsrecht, Kap. D Rn. 420.

58 Ferner kommt auch hier eine Haftung nach den allgemeinen Grundlagen des Zivilrechts in Betracht (→ Rn. 115 ff.). Dabei ist bei Telemediendiensteanbietern besonders zu berücksichtigen, dass der § 13 Nr. 7 TMG vorrangig dem Schutz der Nutzer von Telemediendiensten vor Schadsoftware und unerlaubtem Datenzugriff dient.[126] Damit handelt es sich bei § 13 Nr. 7 TMG um ein Schutzgesetz im Sinne des § 823 Abs. 2 BGB, womit eine deliktische Haftung des Unternehmens allein wegen dieser Schutzgesetzverletzung möglich ist (siehe zu den Voraussetzungen → Rn. 125 ff.).[127]

3. Das Telekommunikationsgesetz

59 Gemäß § 1 TKG sollen leistungsfähige Telekommunikationsinfrastrukturen gefördert und angemessene sowie ausreichende Telekommunikationsdienstleistungen gewährleistet werden. Vom Anwendungsbereich des Gesetzes erfasst sind Anbieter von Telekommunikationsdienstleistungen und damit gem. § 3 Nr. 6 TKG sämtliche Unternehmen, die jedenfalls teilweise geschäftsmäßig Telekommunikationsdienste erbringen oder an der Erbringung solcher Dienste mitwirken. Für die Geschäftsmäßigkeit des Angebots von Telekommunikationsdienstleistungen reicht es aus, wenn die Tätigkeit auf Dauer ausgerichtet ist und eine gewisse Häufigkeit aufweist.[128] Der Telekommunikationsdienst ist in § 3 Nr. 24 TKG als gegen Entgelt erbrachter Dienst legaldefiniert, der ganz oder überwiegend in der Übertragung von Signalen über Telekommunikationsdienste besteht, Übertragungsdienste in Rundfunknetzen eingeschlossen. Mit dem IT-SiG und dem NIS-UmsetzungsG wurden die IT-sicherheitsrechtlichen Verpflichtungen von in diesem Sektor tätigen Unternehmen mit den KRITIS-Pflichten des BSIG harmonisiert.[129] Der Gesetzgeber wollte damit insbesondere der hohen gesamtgesellschaftlichen Bedeutung ständiger Verfügbarkeit der Telekommunikationsnetze sowie dem erhöhten technischen Niveau von Angriffen auf diese Rechnung tragen.[130] Sämtliche Unternehmen sollten ein Bewusstsein für und Vorsicht gegenüber den IT-Sicherheitspflichten des TKG entwickeln, da der Anwendungsbereich des TKG weit und schnell eröffnet ist. Nach herrschender Ansicht kann bereits das Gestatten oder Dulden privater E-Mail-Nutzung am betrieblichen Rechner als Telekommunikationsdienstleistung in diesem Sinne und das Unternehmen damit als Anbieter dieser Dienstleistung zu qualifizieren sein.[131] Denn erfasst sind auch solche Anbieter, die ihre Telekommunikationsdienste nicht jedermann, sondern nur innerhalb geschlossener Benutzergruppen anbieten.[132]

60 Oft wird eine Abgrenzung zum TMG nötig sein. Die Abgrenzung erfolgt danach, ob die Dienstleistung mindestens weit überwiegend zum Transport, bzw. zur Übertragung von Signalen erbracht wird.[133] Erfolgt zusätzlich zur technischen Übertragungsleistung auch eine inhaltliche Dienstleistung, ist grundsätzlich nach dem Schwerpunkt der Dienstleistung, aber auch danach zu entscheiden, ob aus der Zusammenschau aller Dienstelemente die Anwendung des TMG oder des TKG näher liegt.[134]

a) IT-Sicherheitsstandard bei Telekommunikationsdiensten

61 Der durch Anbieter von Telekommunikationsdienstleistungen einzuhaltende IT-Sicherheitsstandard wird insbesondere durch § 109 Abs. 2 TKG normiert.[135] Zu beachten ist,

---

[126] Vgl. BT-Drs. 18/4096, 28.
[127] *Voigt*, IT-Sicherheitsrecht, Kap. D Rn. 419 mwN.
[128] Geppert/Schütz/*Schütz*, TKG § 3 Rn. 33; Scheurle/Mayen/*Lüneburger*, TKG § 3 Rn. 27.
[129] *Voigt*, IT-Sicherheitsrecht, Kap. D Rn. 422.
[130] BT-Drs. 18/4096, 35.
[131] *Kipker/von dem Bussche*, Cybersecurity, Kap. 4 Rn. 33.
[132] Geppert/Schütz/*Schütz*, TKG § 3 Rn. 15.
[133] Siehe hierzu bereits → Rn. 49.
[134] Gepper/Schütz/*Schütz*, TKG § 3 Rn. 78; *Voigt*, IT-Sicherheitsrecht, Kap. D Rn. 424.
[135] Vgl. *Voigt*, IT-Sicherheitsrecht, Kap. D Rn. 426.

B. Rechtsgrundlagen der IT-Sicherheit

dass diese erhöhten IT-Sicherheitspflichten nur Anbieter öffentlicher oder öffentlich zugänglicher Telekommunikationsnetzwerke treffen.[136] Die verpflichteten Diensteanbieter haben angemessene technische und sonstige Maßnahmen zum Schutz der Telekommunikationsnetze vor Störungen von innen und außen sowie zur Beherrschung von Sicherheitsrisiken für Telekommunikationsnetze und -dienste zu treffen. Diese Maßnahmen haben dem Stand der Technik zu entsprechen, was auch hier eine dynamische Anpassungspflicht an das Mittelmaß zwischen anerkannten Regeln der Technik und dem Stand der Wissenschaft und Technik begründet.[137] Auch Anbieter von Telekommunikationsdiensten müssen aber nur solche Schutzmaßnahmen umsetzen, die angemessen bzw. verhältnismäßig sind. Auch Rentabilitäts- und Wirtschaftlichkeitserwägungen sind im Einzelfall anzustellen und bei der Auswahl geeigneter Schutzmaßnahmen zu berücksichtigen.[138] Die Maßnahmen sind an dem Schutzziel der Norm, also der Aufrechterhaltung von Funktionsfähigkeit der Telekommunikationsnetze, auszurichten.[139]

Eine zu vermeidende Störung im Sinne des § 109 Abs. 2 Nr. 1 TKG liegt vor, wenn wichtige Funktionen der Telekommunikationsanlagen nur noch fehlerhaft funktionieren und die Telekommunikation über das Netz in weiten Teilen allenfalls noch eingeschränkt möglich ist.[140] Bei der Auswahl angemessener technischer und sonstiger Schutzmaßnahmen ist insbesondere den Bedrohungen durch mittelbare und unmittelbare Einwirkungen auf die Dienste- und Netzverfügbarkeit, wie Stromausfälle und Organisationsmängel, äußere Ein- und Angriffe, interne Einflussnahme sowie Zwischenfälle durch Elementarschäden Rechnung zu tragen.[141] Die Anforderungen an die zu treffenden Schutzmaßnahmen nach § 109 Abs. 2 TKG werden darüber hinaus in einem IT-Sicherheitskatalog der Bundesnetzagentur (BNetzA) gem. § 109 Abs. 6 TKG konkretisiert, welcher online abrufbar ist.[142]

Mit der Einführung des IT-SiG wurde ferner der § 100 Abs. 1 TKG geändert. Anbietern von Telekommunikationsdiensten ist nunmehr erlaubt, Bestands- und Verkehrsdaten zur Vermeidung von Störungen zu verarbeiten und zu verwenden.[143] Diese Datenverarbeitungsbefugnis erfasst etwa Prüfungen des Netzwerkverkehrs, die Verwendung von Fallen für Schadprogramme oder das Blockieren der Versendung solcher.[144]

Zur Umsetzung der vorgenannten IT-Sicherheitsstandards sollen betroffene Unternehmen gem. § 109 Abs. 4 TKG ein IT-Sicherheitskonzept erarbeiten, aus welchem hervorgeht welches Netz und welche Dienste betroffen sind, von welchen Gefahren auszugehen ist und welche Schutzmaßnahmen hiergegen getroffen werden.[145]

> **Praxistipp:**
> Insbesondere Anbieter mit Sitz im nicht-europäischen Ausland, die innovative Kommunikationsdienste im Inland anbieten, sind sich oftmals ihrer Qualifikation als Telekommunikationsdienstleister nicht bewusst und damit auch nicht der Verpflichtung zur Erstellung des – sehr detailfreudigen und ausführlichen – IT-Sicherheitskonzepts.

---

[136] Geppert/Schütz/*Eckhardt*, TKG § 109 Rn. 40.
[137] Scheurle/Mayen/*Schommertz/Gehardus*, TKG § 109 Rn. 8.
[138] Geppert/Schütz/*Eckhardt*, TKG § 109 Rn. 46; *Voigt*, IT-Sicherheitsrecht, Kap. D Rn. 427.
[139] Geppert/Schütz/*Eckhardt*, TKG § 109 Rn. 26, 41.
[140] Scheurle/Mayen/*Schommertz*, TKG § 109 Rn. 6.
[141] *Voigt*, IT-Sicherheitsrecht, Kap. D Rn. 426.
[142] Scheurle/Mayen/*Schommertz*, TKG § 109 Rn. 16; siehe Bundesnetzagentur, Katalog von Sicherheitsanforderungen, abrufbar unter: https://www.bundesnetzagentur.de/DE/Sachgebiete/Telekommunikation/Unternehmen_Institutionen/Anbieterpflichten/OeffentlicheSicherheit/KatalogSicherheitsanforderungen/Sicherheitsanforderungen-node.html (zuletzt abgerufen am 18.12.2019).
[143] BT-Drs. 18/4096, 35.
[144] *Voigt*, IT-Sicherheitsrecht, Kap. D Rn. 428.
[145] Scheurle/Mayen/*Schommertz*, TKG § 109 Rn. 16.

66 Neben den allgemeinen IT-Sicherheitsverpflichtungen sind darüber hinaus die Vorgaben des § 109a TKG zu beachten, welcher ein bereichsspezifisches Datenschutzrecht für Telekommunikationsanbieter statuiert.[146] Betroffene Anbieter öffentlicher Telekommunikationsdienste werden Benachrichtigungs- und Dokumentationspflichten im Falle von Datenschutzverletzungen unterworfen.[147]

b) Bestellung eines Sicherheitsbeauftragten

67 Der § 109 Abs. 4 TKG verpflichtet Unternehmen zur Bestellung eines Telekommunikationssicherheitsbeauftragten. Das Gesetz enthält dabei keinerlei Konkretisierung hinsichtlich Qualifikation oder Stellung des Beauftragten. Grundsätzlich liegt aber eine Orientierung an der fachlichen Eignung und den Aufgaben eines betrieblichen IT-Sicherheitsbeauftragten nahe.[148]

c) Meldepflichten

68 Auch Anbieter von öffentlichen Telekommunikationsdienstleistungen unterliegen gem. § 109 Abs. 5 TKG einer Meldepflicht gegenüber der BNetzA und dem BSI. Meldepflichtig sind Beeinträchtigungen, die zu beträchtlichen Sicherheitsverletzungen führen oder führen können, einschließlich Störungen. Potenziell meldepflichtige Ereignisse sind damit alle negativen und ungewollten Auswirkungen auf die IT-Systeme, die geeignet sind eine beträchtliche Sicherheitsverletzung zu verursachen.[149] Entsprechend einer klarstellenden Mitteilung der BNetzA wird der Gefährdungsgrad einer Sicherheitsverletzung insbesondere nach der Menge betroffener Teilnehmerstunden, ihrer Auswirkungen auf internationale Zusammenschaltung sowie auf den Notruf bewertet.[150] Auch Auswirkungen auf Versorgungs- und Dienstsegmente sowie geographische Ausbreitung von Störvorfällen sollen bei der Bewertung dieser berücksichtigt werden.[151]

69 Die Meldung hat unverzüglich zu erfolgen und muss mindestens Angaben zur Störung selbst sowie ihren technischen Rahmenbedingungen, insbesondere vermuteter oder tatsächlicher Ursachen enthalten, § 109 Abs. 2 S. 3 TKG. Die BNetzA kann gem. § 109 Abs. 5 S. 4 TKG bei Bedarf einen detaillierten Bericht vom betroffenen Unternehmen anfordern.

d) Haftung bei Pflichtverstößen

70 Der § 149 Abs. 1 Nr. 21a–21c TKG sieht vor, dass ein Verstoß gegen die vorbeschriebenen Pflichten von der BNetzA mit Bußgeldern in Höhe von bis zu 100.000 Euro geahndet werden kann. Darüber hinaus eröffnet der § 149 Abs. 2 S. 2, 3 TKG die Möglichkeit der Abschöpfung etwaiger aus der ordnungswidrigen Handlung erlangten Vermögensvorteile.[152]

71 Abseits der Bußgelder sieht § 44 Abs. 1 S. 1 TKG im Falle von IT-Sicherheitsvorfällen ferner eine verschuldensunabhängige Beseitigungs- und – bei bestehender Wiederholungsgefahr – Unterlassungspflicht vor. Trifft die Verantwortlichen ein Verschulden in Form von Fahrlässigkeit oder Vorsatz, bestehen darüber hinaus ggf. Schadensersatzansprüche betroffener Wettbewerber und Endnutzer gem. § 44 Abs. 1 S. 4 TKG. Der Anspruch der Geschädigten richtet sich auf den Ersatz kausal durch die schuldhafte Rechtsverletzung entstandener Schäden und wird in Inhalt und Umfang nach den §§ 249 ff. BGB bestimmt.[153]

---

[146] *Kipker/von dem Bussche*, Kap. 4 Rn. 32.
[147] *Voigt*, IT-Sicherheitsrecht, Kap. D Rn. 439 ff.
[148] *Voigt*, IT-Sicherheitsrecht, Kap. D Rn. 429.
[149] *Voigt*, IT-Sicherheitsrecht, Kap. D Rn. 433.
[150] Geppert/Schütz/*Eckhardt*, TKG § 109 Rn. 77; Scheurle/Mayen/*Schommertz*, TKG § 109 Rn. 13.
[151] *Voigt*, IT-Sicherheitsrecht, Kap. D Rn. 434.
[152] BeckOK StPO/*Graf*, TKG § 149 Rn. 35.
[153] Geppert/Schütz/*Ditscheid7Rudloff*, TKG § 44 Rn. 47.

B. Rechtsgrundlagen der IT-Sicherheit

Allerdings ist die Haftungsbegrenzung des § 44a TKG zu beachten. Dieser sieht vor, dass die Schadensersatzpflicht je Endnutzer auf 12.500 Euro, maximal auf insgesamt 10 Millionen Euro bei mehreren Endnutzern, begrenzt ist. Keine Anwendung findet dies bei vorsätzlich begangenen Pflichtverstößen sowie Personenschäden und Folgeschäden aus Personen- und Sachschäden.[154]

Die besondere Anspruchsgrundlage des § 44 Abs. 1 S. 4 TKG ist nicht abschließend. Vielmehr ist eine Haftung aus den allgemeinen zivilrechtlichen Vorschriften, zu denen freie Anspruchskonkurrenz besteht, auch neben dieser möglich (→ Rn. 115 ff.).[155] Besonders zu berücksichtigen ist insoweit der § 823 Abs. 2 BGB iVm § 109a TKG. Da § 109a TKG vornehmlich dem Schutz personenbezogener Daten dient, handelt es sich bei der Norm um ein taugliches Schutzgesetz im Sinne von § 823 Abs. 2 BGB.[156]

4. Weitere branchenspezifische Spezialgesetze

Neben den dargestellten spezialgesetzlichen IT-Sicherheitspflichten aus BSIG, TMG und TKG, gibt es eine Reihe weiterer Sonderregelungen und Pflichten für in diversen Einzelbereichen tätige Unternehmen.[157] Diese sollen nachstehend kurz dargestellt werden.

a) Betreiber von Energieversorgungsnetzen und kerntechnischen Anlagen

Unternehmen, die Gas-, Elektrizitäts-, Übertragungsnetze und Energieanlagen im Sinne des § 3 Nr. 4, 16 EnWG betreiben, unterfallen den besonderen bußgeldbewehrten IT-Sicherheitspflichten des § 11 EnWG. Dieser legt den Betreibern von Energieversorgungsnetzen zum einen die Einhaltung eines IT-Sicherheitsmindeststandards (Abs. 1a und Abs. 1b), zum anderen Meldepflichten an das BSI im Störfall (Abs. 1c) auf.

Kommt es zu einer Überschneidung der Anwendungsbereiche von BSIG und EnWG, weil das betroffene Unternehmen gleichzeitig als KRITIS-Betreiber zu qualifizieren ist,[158] treten die einschlägigen Pflichten des BSIG gem. § 8d Abs. 2 Nr. 5 zurück, soweit die spezielleren Pflichten des EnWG einen vergleichbaren Sicherheitsstandard normieren.[159]

Da die Nutzung von Kernenergie hohes Gefahrenpotenzial birgt, unterwerfen die §§ 6 Abs. 2 Nr. 2, 7 Abs. 2 Nr. 3, 9 Abs. 2 Nr. 3 AtG die vom Anwendungsbereich des Gesetzes erfassten Unternehmen hohen IT-sicherheitsrechtlichen Standards, deren Nichteinhaltung zur Versagung der erforderlichen Genehmigung für den Umgang von Kernstoffen führen kann.[160] Ferner sind diese zur Meldung von Störvorfällen gem. § 44 AtG verpflichtet. Dem Anwendungsbereich des AtG unterfallen gem. §§ 6, 7 AtG Unternehmen die Kernbrennstoffe aufbewahren, ortsfeste Anlagen zur Verwendung von Kernbrennstoffen errichten oder betreiben sowie Unternehmen, die Kernbrennstoffe außerhalb solcher Anlagen verwenden.[161] Zu beachten ist bei der Anwendung des AtG, dass dieses nicht nur dem BSIG, sondern auch dem EnWG gegenüber vorrangig ist.[162]

b) Gesundheitswesen

Gemäß § 291b SGB V unterliegen sowohl die Gesellschaft für Telematik als auch Betreiber und Nutzer von Telematikinfrastruktur besonderen IT-sicherheitsrechtlichen Anforderungen. Diese bestehen vor allem in einer Meldepflicht gegenüber dem BSI bei Auftreten

---
[154] *Voigt*, IT-Sicherheitsrecht, Kap. D Rn. 448.
[155] Vgl. Scheurle/Mayen/*Schadow*, TKG § 44 Rn. 1; Spindler/Schuster/*Sodtalbers*, Recht der elektronischen Medien, § 44 TKG Rn. 1.
[156] *Voigt*, IT-Sicherheitsrecht, Kap. D Rn. 385.
[157] *Kipker/von dem Bussche*, Cybersecurity, Kap. 4 Rn. 34.
[158] Siehe zur Identifikation von KRITIS-Betreibern iSd BSIG → Rn. 20 ff.
[159] Vgl. *Voigt*, IT-Sicherheitsrecht, Kap. D Rn. 450.
[160] *Voigt*, IT-Sicherheitsrecht, Kap. D Rn. 465.
[161] *Voigt*, IT-Sicherheitsrecht, Kap. D Rn. 461.
[162] *Kipker/von dem Bussche*, Cybersecurity, Kap. 4 Rn. 34.

erheblicher Störvorfälle, gem. § 291b Abs. 6 SGB V sowie in der Pflicht zur Befolgung von Anweisungen des BSI, gem. § 291b Abs. 8 SGB V. Die vorgenannten Pflichten sind gem. § 307 SGB V bußgeldbewehrt und werden mit Bußgeldern von bis zu 2.500 Euro geahndet. Ferner bedürfen Unternehmen einer im Vorfeld einzuholenden Zulassung zur Nutzung von Telematikinfrastruktur, die erst nach einer Sicherheitszertifizierung gemäß den Vorgaben des BSI erteilt wird, § 291b Abs. 1a SGB V.[163]

c) Versicherungs- und Finanzwesen

78 IT-Sicherheitspflichten finden sich vereinzelt auch in den Regelungswerken zum Versicherungs- und Finanzwesen wieder. Die einschlägigen Normen sollen im Folgenden kurz und überblicksartig dargestellt werden.

79 Versicherungsunternehmen werden gem. § 26 VAG zur Implementierung eines umfassenden Risikomanagementsystems verpflichtet, welches geeignet ist potenzielle Gefahren und Risiken zu identifizieren und damit umzugehen – einschließlich Risiken für die unternehmensinterne IT.[164]

80 Ferner sieht der § 25a Abs. 1 S. 3 Nr. 5 KWG eine allgemeine Pflicht zur Herstellung und Aufrechterhaltung einer IT-Sicherheitsstruktur für Kredit- und Finanzdienstleistungsinstitute vor.[165] Wertpapierdienstleistungsunternehmen unterliegen zusätzlich dem § 80 WpHG.[166] Dieser verpflichtet Unternehmen, solide IT-Schutzmechanismen zur Sicherheit und Authentifizierung von Informationsübermittlungswegen zu implementieren, um das Risiko von Datenverfälschung und unberechtigtem Zugriff zu minimieren.[167] Schließlich müssen Börsenträger gem. § 5 Abs. 4 Nr. 2 BörsG erforderliche IT-Sicherheitsmaßnahmen zum Umgang mit den Risiken des Börsenbetriebs und zur Aufrechterhaltung der technischen Funktionsfähigkeit des Börsenhandels ergreifen.[168]

V. Die allgemeinen Rechtsquellen des IT-Sicherheitsrechts

81 Zusätzlich zu den spezialgesetzlichen Rechtsquellen können sich unternehmerische IT-Sicherheitspflichten auch mittelbar, abgeleitet aus allgemeinen Sorgfaltspflichten, ergeben. So bestehen für Aktiengesellschaften und GmbHs unternehmerische Sorgfaltspflichten, die IT-sicherheitsrechtliche Pflichten der Unternehmensleitung, also des Vorstandes bzw. des Geschäftsführers oder auch des Aufsichtsrates, begründen können. Die Rechtsgrundlagen finden sich im allgemeinen Handels- und Gesellschaftsrecht, namentlich AktG, GmbHG und HGB.[169] Hierbei handelt es sich um Pflichten zur Einrichtung von Risikofrüherkennungs- und Risikomanagementsystemen sowie zur Ergreifung präventiver Sicherheitsmaßnahmen zum Schutz der unternehmenseigenen informationstechnischen Systeme (→ Rn. 85 ff.) sowie Buchführungs- und Lageberichterstattungspflichten (→ Rn. 104 ff.).

82 Darüber hinaus ergeben sich aus dem Datenschutzrecht Pflichten, die Einfluss auf die rechtmäßige Ausgestaltung der IT-Sicherheit im Unternehmen haben (→ Rn. 129 ff.).

83 Die Rahmenregelungen zur IT-Sicherheit sind besonders relevant beim Einsatz moderner IT-Technologien und Prozesse. Beispielsweise ist beim Einsatz von Technologien des Cloud-Computing, Industrie 4.0, Big Data, IoT und BYOD auf die allgemeinen Rahmenregelungen abzustellen, um eine sichere und rechtskonforme Ausgestaltung der IT-Infrastrukturen sicherzustellen. Auch bei unternehmerischen Prozessen wie dem Outsour-

---

[163] Vgl. Becker/Kingreen/*Michels*, SGB V § 291b Rn. 7.
[164] Vgl. *Kipker/von dem Bussche*, Cybersecurity, Kap. 4 Rn. 34; *Voigt*, IT-Sicherheitsrecht, Kap. E Rn. 476.
[165] *Kipker/von dem Bussche*, Cybersecurity, Kap. 4 Rn. 34.
[166] *Kipker/von dem Bussche*, Cybersecurity, Kap. 4 Rn. 34.
[167] *Voigt*, IT-Sicherheitsrecht, Kap. D Rn. 484.
[168] *Voigt*, IT-Sicherheitsrecht, Kap. D Rn. 485.
[169] Vgl. Übersicht bei *Kipker/von dem Bussche*, Cybersecurity, Kap. 4 Rn. 35.

B. Rechtsgrundlagen der IT-Sicherheit

cing von IT-Diensten, der IT-Forensik und dem Abschluss von Versicherungsschutz sind IT-Sicherheitsrisiken zu berücksichtigen und entsprechend zu minimieren.[170]

Der Übersichtlichkeit halber seien die grundlegenden **IT-Sicherheitspflichten in folgender Checkliste** vorab dargestellt[171]: 84

> ✓ Pflicht zur Einrichtung eines Risikofrüherkennungssystems (→ Rn. 87 ff.)
> ✓ Pflicht zur IT-Compliance (→ Rn. 93)
> ✓ Pflicht zur Einrichtung eines Risikomanagementsystems (→ Rn. 98)
> ✓ Pflicht zur Einhaltung der Grundsätze der ordnungsgemäßen Buchführung (→ Rn. 104 ff.)
> ✓ Pflicht zur Einrichtung eines internen Kontrollsystems bei EDV-gestützter Buchführung (→ Rn. 106 ff.)
> ✓ Datenschutzrechtliche IT-Sicherheitspflichten (→ Rn. 129 ff.)

1. Allgemeine Sorgfaltspflichten hinsichtlich IT-Sicherheit im Unternehmen

Rechtsgrundlage der allgemeinen Sorgfaltspflicht und Risikovorsorge sind für Aktiengesellschaften die §§ 91 Abs. 2, 93 Abs. 1 AktG. Diese Vorschriften des AktG sind gem. Art. 9 der SE-Verordnung[172] unmittelbar auf die Societas Europaea (SE) anzuwenden und strahlen nach herrschender Meinung darüber hinaus auch auf andere Gesellschaftsformen aus[173] (zu § 43 GmbHG und den Besonderheiten für die GmbH-Geschäftsführung → Rn. 103). Für die jeweiligen Geschäftsführungsorgane können diese Pflichten auch eine Verpflichtung zur Gewährleistung der IT-Sicherheit im Unternehmen begründen, einschließlich Risikofrüherkennung und -prävention sowie IT-Sicherheits-Compliance.[174] 85

Bestehen entsprechende IT-Sicherheitspflichten für den Vorstand oder die Geschäftsleitung, ist es in der Praxis üblich und rechtlich zulässig, per Ressortzuweisung einem einzigen Organmitglied die Zuständigkeit für die Einhaltung von IT-Sicherheitsstandards im Unternehmen zu übertragen.[175] Diese Zuweisung führt allerdings nicht zu einer Verlagerung der Verantwortlichkeit – diese verbleibt weiterhin als Generalverantwortlichkeit bei der gesamten Geschäftsführung.[176] Allerdings wandelt sich der Pflichteninhalt der übrigen ressortfremden Organmitglieder von einer unmittelbaren geschäftsführenden Handlungspflicht in eine Überwachungspflicht gegenüber dem ressortverantwortlichen Organmitglied.[177] Wird diese Überwachungspflicht ordnungsgemäß erfüllt, treten unter Umständen Haftungsbeschränkungen für die ressortfremden Organmitglieder ein.[178] 86

---

[170] Zu den rechtlichen Aspekten dieser Sonderkonstellationen siehe *Kipker/von dem Bussche*, Cybersecurity, Kap. 4 Rn. 67 ff.
[171] Vgl. *Kipker/von dem Bussche*, Cybersecurity, Kap. 4 Rn. 66, 129.
[172] Verordnung (EG) Nr. 2157/2001 (SE-Verordnung).
[173] Die sog. Ausstrahlungswirkung, siehe Auer-Reinsdorff/Conrad/*Conrad/Streitz*, Handbuch IT- und Datenschutzrecht, § 33 Rn. 39; *Kipker/von dem Bussche*, Cybersecurity, Kap. 4 Rn. 36.
[174] Vgl. Rath/Kuß/*Unmuß*, IT-Compliance: Anforderungen an die Informationstechnologie und den Datenschutz, Kap. 8 Rn. 5.
[175] Auer-Reinsdorff/Conrad/*Conrad/Streitz*, Handbuch IT und Datenschutzrecht, § 33 Rn. 75; MüKo-AktG/*Spindler*, AktG § 93 Rn. 148; *Voigt*, IT-Sicherheitsrecht, Kap. A Rn. 37.
[176] BGH, 8.7.1985 – II ZR 198/84, NJW 1986, 54, 55; BGH, 26.6.1995 – II ZR 109/94, NJW 1995, 2850 f.; Auer-Reinsdorff/Conrad/*Conrad/Streitz*, Handbuch IT und Datenschutzrecht, § 33 Rn. 75; *Kipker/von dem Bussche*, Cybersecurity, Kap. 4 Rn. 53.
[177] *Kipker/von dem Bussche*, Cybersecurity, Kap. 4 Rn. 54; *Voigt*, IT-Sicherheitsrecht, Kap. A Rn. 38.
[178] Auer-Reinsdorff/Conrad/*Conrad/Streitz*, Handbuch IT und Datenschutzrecht, § 33 Rn. 76.

a) Risikofrüherkennung

87 § 76 AktG normiert für den Vorstand einer AG die Geschäftsleitungspflicht. Hieraus ergibt sich zugleich die Aufgabe, den Fortbestand des Unternehmens zu sichern.[179] In § 91 Abs. 2 AktG erfährt diese allgemeine Geschäftsleitungspflicht eine Konkretisierung, wonach der Vorstand geeignete Maßnahmen zur Erkennung potenziell bestandsgefährdender Entwicklungen für die Gesellschaft zu ergreifen hat.[180] Dies wird allgemein als **Risikofrüherkennungspflicht** bezeichnet, die auch hinsichtlich der IT-Sicherheit im Unternehmen von Relevanz ist.[181]

88 Bestandsgefährdende Entwicklungen sind solche Risiken, die sich wesentlich negativ auf die Vermögens-, Finanz- und Ertragslage der Gesellschaft auswirken können.[182] Anhaltspunkt hierfür ist die erhebliche Steigerung des Insolvenzrisikos der Gesellschaft.[183] Hierzu können risikobehaftete Geschäfte, Unrichtigkeiten der Rechnungslegung oder Verstöße gegen gesetzliche Vorschriften zählen.[184] Aber auch IT-Sicherheitsverstöße können als bestandsgefährdende Entwicklungen in diesem Sinne zu qualifizieren sein.[185] Genannt seien beispielsweise unzureichend vor Drittzugriffen geschützte IT-Systeme oder durch Mitarbeiter verursachte Datenlecks.[186]

89 Früherkennung meint, dass bestandsgefährdende Entwicklungen zu einem Zeitpunkt erkannt werden müssen, zu dem noch geeignete Maßnahmen zur Sicherung des Fortbestands der Gesellschaft getroffen werden können.[187]

90 Aus der Risikofrüherkennungspflicht ergibt sich nicht die Erforderlichkeit der Einrichtung eines umfassenden Risikomanagementsystems, sondern zweier funktionell spezifischer Systeme: eines Risikofrüherkennungssystems und eines Risikoüberwachungssystems.[188] In der Regel werden diese Systeme aber im nach anderen Normen zu implementierenden Risikomanagement integriert sein, sodass eine Unterscheidung zwischen Risikomanagement und -früherkennung/-überwachung nur von geringer praktischer Relevanz ist.[189]

91 Die konkrete Ausgestaltung von Risikofrüherkennungs- und Risikoüberwachungssystem lässt das Gesetz offen, ebenso die Frage, wie genau die Geschäftsleitung mit erkannten Bestandsrisiken umzugehen hat.[190] Im Einzelfall muss dies frei festgelegt werden, jedoch nach Einschätzung der Geschäftsleitung angemessen sein.[191] Sensibilität betroffener Daten, mögliche Schadensszenarien und Kosten der Schadensbeseitigung – soweit diese möglich ist – haben bei der Einzelfallbestimmung des Pflichtumfangs regelmäßig in die Erwägungen mit einzufließen.[192] Ferner besteht eine Dokumentationspflicht hinsichtlich der entsprechenden getroffenen Maßnahmen, zB in einem Risikohandbuch.[193]

---

[179] Voigt, IT-Sicherheitsrecht, Kap. A Rn. 34.
[180] Kipker/von dem Bussche, Cybersecurity, Kap. 4 Rn. 37; Spindler/Stilz/Fleischer, AktG § 91 Rn. 29.
[181] Vgl. Auer-Reinsdorff/Conrad/Conrad/Streitz, Handbuch IT- und Datenschutzrecht, § 33 Rn. 39 ff.
[182] MüKo-AktG/Spindler, AktG § 91 Rn. 21; Spindler/Stilz/Fleischer, AktG § 91 Rn. 29; Auer-Reinsdorff/Conrad, IT- und Datenschutzrecht, § 33 Rn. 36.
[183] Hüffer/Koch, AktG § 91 Rn. 6; MüKo-AktG/Spindler, AktG § 91 Rn. 21 ff.; Spindler/Stilz/Fleischer, AktG § 91 Rn. 32.
[184] Kipker/von dem Bussche, Cybersecurity, Kap. 4 Rn. 38.
[185] Voigt, IT-Sicherheitsrecht, Kap. A Rn. 34.
[186] Kipker/von dem Bussche, Cybersecurity, Kap. 4 Rn. 38.
[187] Hüffer/Koch, AktG § 91 Rn. 7; MüKo-AktG/Spindler, AktG § 91 Rn. 27; Spindler/Stilz/Fleischer, AktG § 91 Rn. 32.
[188] Kipker/von dem Bussche, Cybersecurity, Kap. 4 Rn. 39; Spindler/Stilz/Fleischer, AktG § 91 Rn. 36; vgl. Auer-Reinsdorff/Conrad/Conrad-Streitz, Handbuch IT- und Datenschutzrecht, § 33 Rn. 42; Spindler/Stilz/Fleischer, AktG § 91 Rn. 30; sowie mwN Koch, WM 2009, 1013, 1014.
[189] Auer-Reinsdorff/Conrad/Conrad/Streitz, Handbuch IT und Datenschutzrecht, § 33 Rn. 44; Kipker/von dem Bussche, Cybersecurity, Kap. 4 Rn. 39; MüKo-AktG/Spindler, AktG § 91 Rn. 30.
[190] Vgl. Auer-Reinsdorff/Conrad/Conrad-Streitz, Handbuch IT- und Datenschutzrecht, § 33 Rn. 43.
[191] Kipker/von dem Bussche, Cybersecurity, Kap. 4 Rn. 39; Nolte/Becker, BB Beilage 2008, Nr. 5, 23.
[192] Vgl. Auer-Reinsdorff/Conrad/Conrad-Streitz, Handbuch IT- und Datenschutzrecht, § 33 Rn. 50.
[193] Vgl. LG München I, 5.4.2007 – 5 HK O 15964/06, CCZ 2008, 70; Kipker/von dem Bussche, Cybersecurity, Kap. 4 Rn. 40.

B. Rechtsgrundlagen der IT-Sicherheit

Praxistipp: 92
Der § 317 Abs. 4 AktG normiert für börsennotierte Aktiengesellschaften die Überprüfung auch der Dokumentation der zur Risikofrüherkennung und Überwachung getroffenen Maßnahmen im Rahmen der Jahresabschlussprüfung. Zu Nachweiszwecken sollten entsprechende Dokumentationsunterlagen folglich für eine hinreichende Dauer aufbewahrt werden.

b) Sonstige Leitungs- und Sorgfaltspflichten der Unternehmensleitung

Auch aus der **allgemeinen Sorgfaltspflicht** gem. §§ 76 Abs. 1, 93 Abs. 1 AktG lassen sich für den Vorstand einzelne spezifische – als Compliance-Pflichten bezeichnete – Verpflichtungen ableiten, welche nach herrschender Ansicht in folgende drei Kategorien eingeteilt werden können und unter den Oberbegriff „Compliance-Pflichten" gefasst werden:[194] 93

– **Legalitätspflicht** 94
Diese sogenannte „Kardinalpflicht des Vorstands"[195] verlangt vom Vorstand bzw. der Geschäftsleitung, die geltende Rechtsordnung aus Gesetz, Satzung und Geschäftsordnung zu beachten und im Einklang mit dieser zu handeln.[196] Diese Pflicht spiegelt sich auch in § 93 Abs. 1 S. 3, Abs. 4 AktG wieder, wonach Haftungsbefreiungen und -erleichterungen zu Gunsten des Vorstands nur im Falle rechtmäßigen Handelns greifen.[197] Die Legalitätspflicht des Vorstands umfasst die Pflicht zur Implementierung geeigneter organisatorischer Maßnahmen, die ein gesetzmäßiges Handeln der Gesellschaft gewährleisten.[198] Auch hier kann der genaue Umfang dieser Maßnahmen nicht generalisiert werden, sondern ist vom jeweiligen Einzelfall abhängig.[199] Insbesondere Handlungen, die zwar dazu geeignet sind der Gesellschaft einen finanziellen oder gar rechtlichen Vorteil zu verschaffen, gleichwohl aber rechtswidrig sind – sog. „nützliche Pflichtverletzungen" –, dürfen entsprechend der Legalitätspflicht nicht geduldet werden.[200]

– **Überwachungspflicht** 95
Für den Vorstand bzw. die Geschäftsleitung bedeutet die Überwachungspflicht zweierlei: Sie umfasst zum einen die gegenseitige, organinterne Überwachung der Geschäftsleitung auf horizontaler Ebene sowie die Pflicht zur Überwachung von in der Gesellschaftshierarchie vertikal nachgelagerten Ebenen.[201] Aufsichtsmaßnahmen zur Prävention von Gesellschaftsschäden müssen ergriffen werden.[202]

Die Überwachungspflicht erstreckt sich auch auf die mittlerweile von den meisten Unternehmen unterhaltene Social Media-Präsenz. Hier besteht einerseits die Gefahr der Weitergabe von Interna, andererseits droht ein Ansehensverlust durch sog. „Shitstorms" bei unangemessenem Auftreten. 96

---

[194] Auer-Reinsdorff/*Conrad*/*Conrad-Streitz*, Handbuch IT und Datenschutzrecht, § 33 Rn. 47 f.; *Fleischer*, NJW 2009, 2337, 2338; *Kipker/von dem Bussche*, Cybersecurity, Kap. 4 Rn. 42 ff.; *Koch*, WM 2009, 1013; *Voigt*, IT-Sicherheitsrecht, Kap. A Rn. 51.
[195] Auer-Reinsdorff/*Conrad*/*Huppertz*, IT- und Datenschutzrecht, § 33 Rn. 49; *Fleischer*, NJW 2009, 2337.
[196] *Kipker/von dem Bussche*, Cybersecurity, Kap. 4 Rn. 43.
[197] Auer-Reinsdorff/*Conrad*/*Streitz*, Handbuch IT- und Datenschutzrecht, § 33 Rn. 49.
[198] Hölters/*Weber*, AktG § 76 Rn. 28.
[199] Auer-Reinsdorff/*Conrad*/*Streitz*, Handbuch IT- und Datenschutzrecht, § 33 Rn. 39.
[200] *Kipker/von dem Bussche*, Cybersecurity, Kap. 4 Rn. 43; *Fleischer*, NJW 2009, 2337; Hölters/*Weber*, AktG § 76 Rn. 26.
[201] *Fleischer*, NJW 2009, 2337, 2338; Hüffer/*Koch*, AktG § 76 Rn. 11.
[202] Hüffer/Koch/*Koch*, AktG § 76 Rn. 11; *Kipker/von dem Bussche*, Cybersecurity, Kap. 4 Rn. 44.

97 **Praxistipp:**
Ein Großteil der Unternehmen verfügt mittlerweile – branchenübergreifend – über einen Onlineauftritt auf Facebook, Instagram und Co. Die ungefilterte Veröffentlichung von Inhalten über entsprechende Kanäle birgt Risiken, die erhebliche Reputations- aber auch materielle Schäden der Gesellschaft zur Folge haben können. Daher ist diese Medienpräsenz – wie auch der Onlineauftritt auf der offiziellen Unternehmenswebsite – Gegenstand der vorgenannten Überwachungspflicht.

Die Geschäftsleitung muss insbesondere Maßnahmen zur Vorbeugung eines Kontrollverlusts über die Kommunikationsinhalte ergreifen. Dies kann beispielsweise durch die Verabschiedung konkreter Betriebsrichtlinien zur Social-Media-Nutzung geschehen, die festlegen, welche Äußerungen zulässig sind und welche für Arbeitnehmer geltenden Geheimhaltungs- und Datensicherungspflichten unterliegen.[203] Selbstredend sollten diese Richtlinien nicht nur aufgestellt, sondern ihre Umsetzung – unter Einhaltung etwaiger datenschutzrechtlicher Bestimmungen zur Mitarbeiterüberwachung – auch aktiv überprüft werden.[204]

98 – **Pflicht zur sorgfältigen Unternehmensführung im engeren Sinne/Risikomanagement**
Bei der Vornahme unternehmerischer Handlungen hat die Gesellschaft sorgfältig und gewissenhaft vorzugehen, Vorteile für das Unternehmen zu wahren und Schäden abzuwenden.[205] Zwar sind die konkreten Anforderungen an den Pflichtenumfang unbestimmt und einzelfallabhängig festzulegen,[206] angesichts der großen Bedeutung von sicheren IT-Systemen für Funktionsfähigkeit und Fortbestand moderner Unternehmen dürfte der aktive Betrieb eines angemessenen IT-Sicherheits- und Risikomanagements aber in jedem Fall unter diese Pflicht zu subsumieren sein.[207] Von dieser Pflicht umfasst ist ua auch die Pflicht zu angemessenem und schadensabwendendem Folgeverhalten im Falle der mittels Früherkennung identifizierten bestandsgefährdenden IT-Risiken.[208]

99 Die Pflicht zur sorgfältigen Unternehmensführung ist weitergehender als die aus der Geschäftsleitung abgeleitete Pflicht zur Risikofrüherkennung. Sie statuiert eine über die Früherkennung hinausgehende Pflicht zur Einrichtung präventiver IT-Sicherheitsmaßnahmen (zB Firewalls, regelmäßige Virenscans) sowie eines allgemeinen und effektiven Risikomanagements.[209] „Risikomanagement" beschreibt nach der ISO 31000:2018 die Vornahme aller koordinierten Aktivitäten, um eine Organisation in Bezug auf Risiken zu leiten und zu kontrollieren. Für die Errichtung von Risikomanagementsystemen werden – auch wenn dies in keinem Fall eine einzelfallabhängige Abwägung zu ersetzen vermag – zumeist unverbindliche Vorgaben wie Wirtschaftsprüfungsstandards (IDW PS 340 und IDW PS 981) als Orientierungshilfe herangezogen.[210] Diese können trotz fehlender Verbindlichkeit für die Unternehmensleitung nichtsdestotrotz „Signalwirkung" hinsichtlich der inhaltlichen Ausgestaltung eines angemessenen Systems entfalten.[211] Risikomanagementsysteme sind nach diesen Standards die Gesamtheit aller Grundsätze und Maßnahmen zur Risikoerkennung aus der unternehmerischen Betätigung und dem daraus folgenden

---

[203] Auer-Reinsdorff/*Conrad*/*Huppertz*, Handbuch IT- und Datenschutzrecht, § 37 Rn. 328, 341, 345.
[204] Siehe hierzu *Kipker*/*von dem Bussche*, Cybersecurity, Kap. 4 Rn. 44.
[205] *Kipker*/*von dem Bussche*, Cybersecurity, Kap. 4 Rn. 45; MüKo-AktG/*Spindler*, AktG § 93 Rn. 26.
[206] Vgl. MüKo-AktG/*Spindler*, AkG § 93 Rn. 25.
[207] Behringer/*Rath*/*Sponholz*, Compliance kompakt, S. 294 f.; *Kipker*/*von dem Bussche*, Cybersecurity, Kap. 4 Rn. 45; Umnuß/*Rath*/*Kuß*, Kap. 8 Rn. 5.
[208] Auer-Reinsdorff/Conrad/*Conrad*/*Streitz*, Handbuch IT und Datenschutzrecht, § 33 Rn. 43; Hüffer/*Koch*, AktG § 76 Rn. 13.
[209] *Kipker*/*von dem Bussche*, Cybersecurity, Kap. 4 Rn. 46; Schüppen/Schaub/*Offerhaus*, Münchener Anwaltshandbuch Aktienrecht, § 18 Rn. 18.
[210] Siehe hierzu *Schroeder*, ZRFC 2017, 216 ff.
[211] *Kipker*/*von dem Bussche*, Cybersecurity, Kap. 4 Rn. 49; *Spindler*, MüKo-AktG, § 91 Rn. 33.

Umgang mit diesen Risiken, insbesondere die hierauf erfolgende Reaktion.[212] Bislang ist nicht eindeutig festgestellt, wie ein Risikomanagementsystem in der Praxis rechtskonform ausgestaltet werden kann, vielmehr liegt die Wahl der konkreten Maßnahmen im Entscheidungsermessen der Geschäftsleitung.[213]

> **Praxistipp:** 100
> Gemeinhin können sechs aufeinander aufbauende Elemente eines Risikomanagementsystems identifiziert werden:[214]
> (1) Zunächst muss eine **Risikofeldbestimmung** erfolgen. Was sind die potenziellen unternehmensinternen Risikofelder und wie sieht deren Ausmaß aus? Im IT-Kontext ist hier die Einbindung der Systemadministratoren unerlässlich, um die Verantwortlichen über die eingesetzten IT-Programme und Prozesse aufzuklären und sich einen Überblick hierüber zu verschaffen.
> (2) Folgen sollte eine **Risikoanalyse** der ermittelten Risikofelder einschließlich ihrer Einordnung bezüglich Art, Umfang, Gewicht und Eintrittswahrscheinlichkeit.
> (3) Erkannte und kategorisierte Risiken müssen sodann im Rahmen einer **Risikokommunikation** bekannt gemacht werden. Effektive Kommunikationskanäle sollten sowohl von der Unternehmensleitung in die operativen Abteilungen verlaufen als auch in entgegengesetzter Richtung funktionieren.[215]
> (4) Angemessene Reaktion auf identifizierte Risiken erfordert eingerichtete **Verantwortungsbereiche**, so zB durch ein *Incident Response Team*, dessen Aufgabe darin besteht, schnell und effektiv auf verwirklichte Risiken reagieren zu können.
> (5) Darüber hinaus muss das implementierte Risikomanagementsystem **fortlaufend überwacht** werden. Auch Risikomanagementsysteme sollten dynamisch sein und entsprechend des im gesamten IT-Sicherheitsrecht gegenwärtigen Maßstabs des Stands der Technik insbesondere auf ihre Aktualität überprüft sowie gegebenenfalls angepasst werden.
> (6) Um die Erfüllung der Geschäftsleitungs- und anderer Pflichten nachweisen sowie die Funktionsfähigkeit des Risikomanagementsystems sicherstellen zu können, ist eine umfassende **Dokumentation** zB in einem Risikohandbuch vorzunehmen.
> Letzteres ist aufgrund der Beweislastumkehr zu Lasten von Vorständen und Geschäftsleitung, die sich im Ernstfall exkulpieren müssen, von besonderer praktischer Relevanz.[216]

Zusammenfassend lässt sich festhalten, dass im Rahmen des Abwägungs- und Bestimmungsprozesses erforderlicher Sicherheitsmaßnahmen zunächst festgestellt werden muss, welche IT genutzt wird, welche Risiken vorliegen und ob eventuell Versicherungsschutz besteht.[217] Erst danach können sinnvolle Maßnahmen beschlossen werden. Solche können zB der Beschluss von Betriebsrichtlinien oder etwa die Bestellung eines Compliance-Officers sein, der ua die Einhaltung von IT-Sicherheitsvorgaben koordinieren und überwachen kann.[218] 101

---

[212] *Kipker/von dem Bussche*, Cybersecurity, Kap. 4 Rn. 46.
[213] Hüffer/*Koch*, AktG § 76 Rn. 13 ff.; *Kipker/von dem Bussche*, Cybersecurity, Kap. 4 Rn. 47.
[214] *Kipker/von dem Bussche*, Cybersecurity, Kap. 4 Rn. 47; Schüppen/Schaub/*Offerhaus*, Münchener Anwaltshandbuch Aktienrecht, § 18 Rn. 12.
[215] Sog. *top down* und *bottom up* Ansätze, siehe hierzu *Kort*, GmbHR 2013, 566, 569; ferner ist bei besonders großen und komplexen Unternehmen, je nach Geschäftstätigkeit, die Einrichtung einer „Whistle-Blowing-Hotline" zu erwägen, siehe *Baur/Holle*, AG 2017, 379.
[216] Vgl. Auer-Reinsdorff/*Conrad/Conrad/Streitz*, IT und Datenschutzrecht, § 33 Rn. 53.
[217] *Kipker/von dem Bussche*, Cybersecurity, Kap. 4 Rn. 48.
[218] Zu beachten ist, dass die Verantwortung und insbesondere auch das Haftungsrisiko bei der Unternehmensleitung verbleibt und nicht auf den Compliance Officer übertragen wird, vgl. *Moosmayer*, Compli-

102 Wie weit die genannten Compliance-Pflichten bezüglich ihrer Umsetzung tatsächlich reichen sollten und ob sich daraus standardisierte Verhaltensanforderungen und Strukturvorgaben schlussfolgern lassen, ist bisweilen nicht eindeutig beurteilt worden.[219] In jedem Fall sind Art und Größe, die besondere Lage des Unternehmens sowie die Risikogeneigtheit der Tätigkeitsfelder zu berücksichtigen.[220] Allen dreien aus den §§ 76 Abs. 1, 93 Abs. 1 AktG abgeleiteten, konkreten Compliance-Pflichten ist gemein, dass der Geschäftsleitung eine umfassende Auseinandersetzung mit der IT-Nutzung und Vergegenwärtigung der damit einhergehenden Gefahren für das Unternehmen abverlangt wird.[221]

c) Besondere Leitungs- und Sorgfaltspflichten des GmbH-Geschäftsführers

103 Für den GmbH-Geschäftsführer normiert § 43 Abs. 1 GmbHG einen eigenen objektiven Sorgfaltsmaßstab.[222] Hinsichtlich der Sorgfaltspflicht kann grundsätzlich auf die Ausführungen zu den aus dem AktG abgeleiteten Pflichten verwiesen werden, insbesondere hinsichtlich der Einrichtung eines Risikomanagementsystems.[223] Besonderheiten ergeben sich aber bei der rechtlichen Begründung einer Pflicht zur Risikofrüherkennung, da es im GmbHG keine mit § 91 Abs. 2 AktG vergleichbare, ausdrückliche Rechtsvorschrift gibt.[224] Einerseits wird vertreten, dass nichtsdestotrotz auch im Rahmen der GmbH kraft analoger Anwendung des § 91 Abs. 2 AktG eine Pflicht zur Risikovorsorge und damit Früherkennung bestehe, denn außerhalb des AktG seien entsprechende Pflichten grundsätzlich weniger explizit geregelt.[225] In der Tat ergibt sich die Intention einer sogenannten Ausstrahlungswirkung aus den Gesetzesmaterialien.[226] Eine stichhaltige dogmatische Begründung existiert für den Ansatz der analogen Anwendung jedoch nicht.[227] Vorzugwürdig ist es demgegenüber, die Pflicht zur Einrichtung eines Risikofrüherkennungssystems aus der allgemeinen Sorgfalts- und Organisationspflicht des § 43 Abs. 1 GmbHG abzuleiten.[228] Diese Pflicht wird teilweise pauschalisierend auf große Gesellschaften iSd § 267 Abs. 3 HGB[229] oder auf kapitalmarktorientierte Gesellschaften[230] beschränkt. Richtigerweise sind sämtliche undifferenzierten und vereinfachenden Ansätze dieser Art aber abzulehnen und stattdessen eine einzelfallabhängige Bestimmung, ob und in welchem Umfang es eines Risikofrüherkennungssystems bedarf, vorzunehmen.[231] Ausschlaggebend hierfür sollten insbesondere das Risikoprofil, die Größe, Komplexität und wirtschaftliche Lage der GmbH sein.[232]

---

ance Praxisleitfaden für Unternehmen, S. 39 ff.; unter Umständen kommt aber grundsätzlich die strafrechtliche Haftung eines Compliance Officers als Überwachungsgarant in Betracht, vgl. hierzu die Erwägungen des BGH zur Garantenpflicht des Leiters einer Innenrevision, *BGH*, 17.7.2009 – 5 StR 394/08, NJW 2009, 3173 ff.

[219] Vgl. Hüffner/*Koch*, AktG § 76 Rn. 13; *von Busekist/Hein*, CCZ 2012, 41 ff. und 86 ff.
[220] BT-Drs. 13/9712, 15; Kipker/*von dem Busche*, Cybersecurity, Kap. 4 Rn. 47; MüKo-AktG/*Spindler*, AktG § 91 Rn. 28.
[221] Auer-Reinsdorff/Conrad/*Conrad/Streitz*, Handbuch IT und Datenschutzrecht, § 33 Rn. 52.
[222] Strittig ist, ob die Pflicht zur Leitung und Sorgfalt des GmbH-Geschäftsführers unmittelbar auf § 43 Abs. 1 GmbHG beruht oder der Geschäftsführung als solcher entspringt, § 35 GmbHG. Der Streit ist aber eher dogmatischer Natur und von wenig praktischer Relevanz, da Einigkeit über die Existenz dieser Pflichten jedenfalls besteht, Kipker/*von dem Bussche*, Cybersecurity, Kap. 4 Rn. 51; siehe überblicksartig auch Michalski/*Ziemons*, GmbHG § 43 Rn. 50 ff.
[223] Vgl. Auer-Reinsdorff/Conrad/*Conrad/Streitz*, Handbuch IT und Datenschutzrecht, § 33 Rn. 77; Kipker/*von dem Bussche*, Cybersecurity, Kap. 4 Rn. 51 f.; Michalski/*Ziemons*, GmbHG § 43 Rn. 168.
[224] Kipker/*von dem Bussche*, Cybersecurity, Kap. 4 Rn. 51 f.
[225] Vgl. Auer-Reinsdorff/Conrad/*Conrad/Streitz*, Handbuch IT und Datenschutzrecht, § 33 Rn. 39; MüKo-GmbHG/*Fleischer*, GmbHG, § 43 Rn. 61.
[226] Kipker/*von dem Bussche*, Cybersecurity, Kap. 4 Rn. 52; vgl. BT-Drs. 13/9712, 15.
[227] Kipker/*von dem Bussche*, Cybersecurity, Kap. 4 Rn. 52; MüKo-GmbHG/*Fleischer*, GmbHG § 43 Rn. 61; vgl. *Bork*, ZIP 2011, 101, 105.
[228] Kipker/*von dem Bussche*, Cybersecurity, Kap. 4 Rn. 52; MüKo-GmbHG/*Fleischer*, GmbHG, § 43 Rn. 61.
[229] *Drygala*, ZIP 2000, 297, 300.
[230] *Hommelhoff*, FS Sandrock, 2000, S. 373, 376 ff.
[231] Kipker/*von dem Bussche*, Cybersecurity, Kap. 4 Rn. 52.
[232] MüKo-GmbHG/*Fleischer*, GmbHG § 43 Rn. 61.

2. Buchführungspflichten und IT-Sicherheit

Jedes Unternehmen ist verpflichtet, Handelsbücher zum Zwecke der Rechnungslegung und als Grundlage zur Erstellung von Jahresabschlüssen zu führen, §§ 238 ff. HGB. Die Verantwortung hierfür trifft die Geschäftsleitung bzw. den Vorstand eines Unternehmens (vgl. §§ 91 Abs. 1 AktG, 41 Abs. 1 GmbHG) und wird heute regelmäßig – innerhalb des zulässigen Umfangs – in Form elektronischer Buchführung erfüllt. Entscheidet sich ein Unternehmen zur elektronischen Führung der Handelsbücher, muss IT-Sicherheit nach den GoBD-Grundsätzen[233] zur ordnungsgemäßen Führung und Aufbewahrung von Büchern, Aufzeichnungen und Unterlagen in elektronischer Form sowie zum Datenschutz, gewährleistet werden.[234] Handelsgesellschaften sind ferner gem. § 289 Abs. 1 S. 1 iVm § 317 Abs. 2 HGB zur Erstellung eines Lageberichts über den Geschäftsverlauf der Gesellschaft verpflichtet, dessen Richtigkeit Gegenstand der Abschlussüberprüfungen ist. 104

Die Einhaltung von IT-Sicherheitspflichten in Bezug auf die elektronische Buchführung ist von hoher praktischer Relevanz, da Verstöße unter Umständen zur Verweigerung von Bestätigungsvermerken durch externe Wirtschaftsprüfer führen können.[235] 105

a) Ordnungsgemäße elektronische Buchführung

Aus §§ 239 Abs. 4 Satz 2 HGB, 146 Abs. 5 Satz 2 AO sowie den GoBD-Grundsätzen ergibt sich, dass die elektronische Buchführung eines Unternehmens **revisionssicher** sein muss, die elektronischen Buchführungsdaten also während der gesetzlichen Aufbewahrungsfristen jederzeit verfüg- und lesbar sein müssen.[236] Die Revisionssicherheit gewährleistet jederzeitige interne und externe Überprüfbarkeit der Daten.[237] Zusammenfassend lässt sich sagen, dass die für die analoge Buchführung geltenden Anforderungen an **Verfügbarkeit, Fälschungssicherheit** und **nachträgliche Unveränderbarkeit** von Informationen auf die elektronische Buchführung zu übertragen sind.[238] Dabei sind folgende Grundsätze besonders zu beachten:[239] 106

(1) Die einzelnen Geschäftsvorfälle und das dabei angewandte Buchführungs- oder Aufzeichnungsverfahren müssen **nachvollziehbar und nachweisbar** verarbeitet sein, sodass ein sachverständiger Dritter sich innerhalb angemessener Zeit einen Überblick über die Geschäftsvorfälle und die Unternehmenslage machen kann.[240] 107
(2) Unter dem Vorbehalt der Zumutbarkeit und Praktikabilität sind alle Geschäftsvorfälle **vollständig und lückenlos** aufzuzeichnen.[241]
(3) Die Belege müssen die Geschäftsvorfälle **inhaltlich zutreffend/richtig** abbilden.[242]
(4) Die Geschäftsvorfälle sind **zeitgerecht,** im Falle der elektronischen Buchführung unmittelbar nach Eingang oder Entstehung, **zu erfassen.**[243]
(5) Ferner sind die Buchungen **ordnungsgemäß,** dh systematisch, übersichtlich, eindeutig und nachvollziehbar zu erfassen.[244]

---

[233] Siehe hierzu Rath/Kuß/*Unmuß,* Corporate Compliance Checklisten, Kap. 8 Rn. 12.
[234] *Kipker/von dem Bussche,* Cybersecurity, Kap. 4 Rn. 56 f.
[235] *Voigt,* IT-Sicherheitsrecht, Kap. A Rn. 62.
[236] *Kipker/von dem Bussche,* Cybersecurity, Kap. 4 Rn. 57; Rath/Kuß/*Unmuß,* Corporate Compliance Checklisten, Kap. 8 Rn. 12.
[237] Forgó/Helfrich/Schneider/*Conrad/Hausen,* Betrieblicher Datenschutz, Teil III Kap. 3 Rn. 1; *Voigt,* IT-Sicherheitsrecht, Kap. A Rn. 62.
[238] Auer-Reinsdorff/Conrad/*Conrad,* Handbuch IT und Datenschutzrecht, § 33 Rn. 402; *Voigt,* IT-Sicherheitsrecht, Kap. A Rn. 67.
[239] Siehe hierzu auch *Kipker/von dem Bussche,* Cybersecurity, Kap. 4 Rn. 58; *Voigt,* IT-Sicherheitsrecht, Kap. A Rn. 67.
[240] *GOBD-Schreiben,* S. 9.
[241] *GOBD-Schreiben,* S. 10.
[242] *GOBD-Schreiben,* S. 11.
[243] *GOBD-Schreiben,* S. 13.
[244] *GOBD-Schreiben,* S. 13.

(6) Veränderungen und Löschungen von und an elektronischen Buchungen, Aufzeichnungen und anderen elektronischen Dokumenten und Unterlagen sind stets zu protokollieren. Dies gewährleistet die Feststellbarkeit des ursprünglichen Inhalts und so die **Unveränderbarkeit** der Daten.[245]

108 Durch die Einführung eines internen Kontrollsystems (IKS), können Unternehmen in einer praktisch handhabbaren Weise die vorgenannten Grundsätze zur elektronischen Buchführung pflichtgemäß umsetzen.[246] Das IKS besteht aus einem internen Steuerungssystem sowie einem internen Überwachungssystem.[247] Ersteres stellt durch Anweisungen zur Steuerung der für einen wirtschaftlichen und fehlerfreien Arbeitsablauf erforderlichen Unternehmensaktivitäten die ordnungsgemäße Erfassung von Geschäftsvorfällen sicher, einschließlich spezieller Buchhaltung und sämtlicher rechnungsrelevanter Bereiche der Unternehmensorganisation.[248] Das interne Überwachungssystem stellt dagegen die Einhaltung dieser Regelungen sicher.[249] Hierbei kann es sich beispielsweise um die Einführung des Vier-Augen-Prinzips bei bestimmten Vorgängen oder um EDV-Zugangs- und Zugangsberechtigungskontrollen handeln.[250]

109 Zwar eröffnet § 239 Abs. 4 HGB die Möglichkeit der elektronischen Buchführung dem Grunde nach, nichtsdestotrotz sind neben den IT-Sicherheitsvorgaben aber auch Einschränkungen hinsichtlich des **zulässigen Umfangs** zu berücksichtigen. So bestimmt § 257 Abs. 3 HGB, dass Eröffnungsbilanz, Jahres- und Konzernabschlüsse in Urschrift aufzubewahren sind.[251] Übrige Unterlagen können zwar in elektronischer Form aufbewahrt werden, jedoch sollten sie bildlich übereinstimmend in genau der Form wiedergegeben werden können, in welcher sie ursprünglich eingegangen bzw. erstellt worden sind.[252] Im Zweifel empfiehlt sich, insbesondere im Hinblick auf die Nachweisbarkeit der Urheberschaft der Unterlagen eine Archivierung beider Versionen, im Original und elektronisch.[253]

110 Neben verweigerten Bestätigungsvermerken droht bei Verstößen gegen die Sicherungspflichten elektronischer Buchführung ferner eine Schadensersatzpflicht von Vorstand und Geschäftsführung gemäß § 93 Abs. 2 AktG respektive § 43 GmbHG (siehe zu den Haftungsfolgen → Rn. 115 ff.).[254]

b) Pflichten bei der Erstellung des Lageberichts von Handelsgesellschaften

111 Der Geschäftsverlauf einer Kapitalgesellschaft, ausgenommen kleiner Kapitalgesellschaften (§§ 264 Abs. 1 S. 4, 267 Abs. 1 HGB), ist gem. § 289 Abs. 1 S. 1 HGB in einem Lagebericht darzustellen.[255] Die Grundsätze der Lageberichterstattung sind vergleichbar mit denen der ordnungsgemäßen Buchführung: Vollständigkeit, Richtigkeit, Klarheit und Übersichtlichkeit.[256] In dem Lagebericht sollen die voraussichtlichen Entwicklungen sowie wesentliche Chancen und Risiken des Unternehmens erfasst und analysiert werden, vgl. § 289

---

[245] GOBD-Schreiben, S. 14.
[246] Vgl. Auer-Reinsdorff/*Conrad*, IT- und Datenschutzrecht, § 33 Rn. 326; *Kipker/von dem Bussche*, Cybersecurity, Kap. 4 Rn. 59.
[247] *Kipker/von dem Bussche*, Cybersecurity, Kap. 4 Rn. 59; Ziemons/Jaeger/Poeschke/*Deussen*, BeckOK GmbH § 41 Rn. 11.
[248] *Voigt*, IT-Sicherheitsrecht, Kap. A Rn. 68; Ziemons/Jaeger/Poeschke/*Deussen*, BeckOK GmbH § 41 Rn. 11.
[249] *Voigt*, IT-Sicherheitsrecht, Kap. A Rn. 68; Ziemons/Jaeger/Poeschke/*Deussen*, BeckOK GmbH § 41 Rn. 12.
[250] *Voigt*, IT-Sicherheitsrecht, Kap. A Rn. 68.
[251] Ebenroth/Boujong/Joost/Strohn/*Böcking/Gros*, HGB § 257 Rn. 21.
[252] Häublein/Hoffmann-Theinert/*Regierer*, BeckOK HGB § 257 Rn. 10.
[253] Vgl. Häublein/Hoffmann-Theinert/*Regierer*, BeckOK HGB § 257 Rn. 10; *Voigt*, IT-Sicherheitsrecht, Kap. A Rn. 64.
[254] Joost/Strohn/*Böcking/Gros*, HGB § 238 Rn. 36; *Kipker/von dem Bussche*, Cybersecurity, Kap. 4 Rn. 58.
[255] Der § 315 HGB normiert mit § 289 HGB gleichlaufende Pflichten für den Konzernlagebericht, wobei sich die Berichterstattung auf den gesamten Konzern zu beziehen hat.
[256] Baumbach/Hopt/*Merkt*, HGB § 289 Rn. 1.

Abs. 1 S. 4 HGB. Dabei sind sowohl bestandsgefährdende Risiken[257], als auch sonstige Risiken mit potenziellem Einfluss auf die Vermögens-, Finanz- und Ertragslage des Unternehmens und schließlich Risikomanagementziele und -methoden zu berücksichtigen.[258]

Darüber hinaus ergibt sich aus §§ 264d, 289 Abs. 4 HGB die Berichtpflicht über die Ausgestaltung interner Kontroll- und Risikomanagementsysteme, die im Zusammenhang mit der Rechnungslegung implementiert worden sind. Die Berichterstattung bezieht sich dabei nur auf die unmittelbaren Risiken des Rechnungslegungsprozesses, insbesondere Manipulationen der Datenerfassung und -sicherheit oder der Ausschaltung bestehender interner Kontrollen. Zuvorderst ist damit auf die im Rechnungslegungsprozess verwendeten Datenverarbeitungssysteme einzugehen.[259]   112

Gemäß IDW PS 261 werden vom **internen Kontrollsystem** Grundsätze, Verfahren und Maßnahmen erfasst, um die Rechnungslegung in einem ordnungsgemäßen Rahmen zu gewährleisten.[260] Bestandteile des rechnungslegungsbezogenen **Risikomanagementsystems** sind Maßnahmen zur Risikoerkennung und der daraus resultierenden Risikosteuerung.[261] Beide Systeme beziehen sich auf Risiken, die der Erstellung eines regelkonformen Abschlusses und Lageberichts entgegenstehen könnten. Obwohl es Bestandteil des Risikomanagementsystems ist, unterliegt das nach § 91 Abs. 2 AktG einzurichtende Risikofrüherkennungssystem[262] nicht der Beschreibungspflicht nach § 289 Abs. 4, da es selbst in der Regel nicht auf den Rechnungslegungsprozess ausgerichtet ist.[263]   113

Die Überprüfung von Jahresabschluss und Lagebericht einer Kapitalgesellschaft obliegt dem Abschlussprüfer gem. § 316 und § 317 Abs. 2 HGB. Bei börsennotierten Aktiengesellschaften ist nach § 317 Abs. 4 HGB im Rahmen der Prüfung des Jahresabschlusses ferner zu beurteilen, ob der Vorstand das einzurichtende Risikofrüherkennungssystem ordnungsgemäß und funktionsfähig eingerichtet hat. Der Abschlussprüfer hält sein Ergebnis zur Risikofrüherkennung in einem besonderen Teil des Abschlussberichts fest.[264] Dabei ist zu eruieren, ob und welche Maßnahmen zur Verbesserung des Risikofrüherkennungssystems ergriffen werden müssen. Auch andere Gesellschaftsformen sind hiervon durch die Ausstrahlungswirkung des § 91 Abs. 2 AktG betroffen (vgl. → Rn. 85). Der Abschlussprüfer hat in diesem Falle die unzureichende Implementierung als „sonstige Unregelmäßigkeit" zu vermerken.[265]   114

3. Allgemeine Haftung für IT-Sicherheitsrechtsvorfälle

IT-Sicherheitsverstöße und -versäumnisse können zu einer haftungsrechtlichen Inanspruchnahme des Unternehmens, sowohl im Innen- als auch im Außenverhältnis führen.[266] Ansprüche aus dem Innenverhältnis konzentrieren sich auf die Geschäftsleitung, bei Ansprüchen Dritter findet überwiegend eine Haftungskonzentration zu Lasten des Unternehmens selbst statt.[267] Denkbar sind zwar auch Ansprüche des Unternehmens gegen einzelne Mitarbeiter, bspw. einen pflichtverstoßenden IT-Sicherheitsbeauftragten, diese sind aber aufgrund der unabdingbaren Haftungserleichterungen zu Gunsten von Arbeitnehmern im   115

---

[257] Sogenannte *going concerns*.
[258] Vgl. § 289 Abs. 2 Nr. 1 lit. a HGB; s. auch Baumbach/Hopt/*Merkt*, HGB § 289 Rn. 1; *Kipker/von dem Bussche*, Cybersecurity, Kap. 4 Rn. 61.
[259] *Kipker/von dem Bussche*, Cybersecurity, Kap. 4 Rn. 62.
[260] *Kipker/von dem Bussche*, Cybersecurity, Kap. 4 Rn. 63, 59.
[261] Heidel/Schall/*Thomas*, HGB § 289 Rn. 70.
[262] Siehe hierzu bereits → Rn. 87 ff.
[263] *Kipker/von dem Bussche*, Cybersecurity, Kap. 4 Rn. 63; vgl. Begr. RegE BilMoG, BT-Drs 16/10067, 76 f.; IDW PS 340 Tz 5 f.
[264] *Kipker/von dem Bussche*, Cybersecurity, Kap. 4 Rn. 64.
[265] IDW PS 450, Tz. 107.
[266] *Voigt*, IT-Sicherheitsrecht, Kap. B Rn. 197.
[267] *Voigt*, IT-Sicherheitsrecht, Kap. B Rn. 220.

Arbeitsverhältnis von geringer praktischer Relevanz und daher auch in der folgenden Darstellung außer Acht zu lassen.[268]

a) Innenhaftung

116 Zentrale Vorschriften für die Inanspruchnahme der Geschäftsleitung durch die Gesellschaft sind § 93 Abs. 2 AktG sowie § 43 Abs. 2 GmbHG. Sowohl der Vorstand der AG als auch die Geschäftsführung einer GmbH haften insoweit gesamtschuldnerisch.[269] Beide Anspruchsgrundlagen setzen einen schuldhaften und schadensstiftenden IT-Sicherheitsverstoß voraus, wobei dem Verschulden aufgrund des objektiv-typisierten Schuldmaßstabs in der Praxis wenig Bedeutung zukommt.[270] Einzustehen ist für die objektiven Kenntnisse und Fähigkeiten eines ordentlichen Vorstands bzw. Geschäftsführers, eine Exkulpation aufgrund persönlicher Unfähigkeit und Unkenntnis ist damit nicht möglich.[271] Als Beispiele für einen haftungsbegründenden IT-Compliance-Verstoß können ein fehlender Notfallvorsorgeplan oder eine unzureichende Datensicherungsroutine genannt werden.[272]

117 Wesentlicher Unterschied bei der Haftung von GmbH-Geschäftsführern nach § 43 Abs. 2 GmbHG und AG-Vorständen gem. § 93 Abs. 2 AktG besteht in der Möglichkeit von Haftungsmilderungen.[273] Während die Haftung des AG-Vorstands weder durch Satzung oder Anstellungsvertrag noch aufgrund anderer dogmatischer Grundlagen ausgeschlossen und beschränkt werden kann,[274] ist dies hinsichtlich der Geschäftsführerhaftung, zB durch im Vorfeld verkürzt vereinbarte Verschuldensmaßstäbe und Verjährungsfristen, denkbar.[275]

118 Eine bei der AG zu berücksichtigende Besonderheit ist ferner auch die Kontrollfunktion und Überwachungspflicht des Aufsichtsrates gem. § 111 Abs. 1 AktG. Hieraus ergibt sich mittelbar das Recht, Sanktionen und Maßnahmen gegen den Vorstand zu verhängen, um dessen IT-Compliance zu erzwingen.[276] Sofern der Aufsichtsrat selbst seine Überwachungspflicht verletzt[277], kommt eine Haftung gegenüber der Gesellschaft gem. § 116 S. 1 AktG in Betracht.[278]

b) Außenhaftung

119 Dem Unternehmen drohen bei IT-sicherheitsrechtlichen Verfehlungen eine Inanspruchnahme durch Vertragspartner und sonstige Dritte auch dann, wenn das Unternehmen selbst Opfer eines Cyberangriffs geworden ist.[279] Anders als bei der Innenhaftung konzentriert sich die Außenhaftung auf das Unternehmen als solches. Eine Außenhaftung der Geschäftsleitung aus § 93 Abs. 2 AktG respektive § 43 GmbHG wird grundsätzlich abgelehnt.[280] Vertragspartner der Gesellschaft und geschädigte Dritte können damit allein aus der Verantwortung der Geschäftsleitung für die IT-Sicherheit des Unternehmens keine

---

[268] Vgl. Hauschka/Moosmayer/Lösler/*Schmidl,* Coporate Compliance, § 28 Rn. 131.
[269] MüKo-AktG/*Spindler,* AktG § 93 Rn. 162; Baumbach/Hueck/*Beurskens,* GmbHG § 43 Rn. 58.
[270] *Voigt,* IT-Sicherheitsrecht, Kap. B Rn. 200, 205.
[271] MüKo-AktG/*Spindler,* AktG § 93 Rn. 162.
[272] Hierzu ausführlich und mit weiteren Beispielen *Voigt,* IT-Sicherheitsrecht, Kap. B Rn. 200 ff.
[273] *Voigt,* IT-Sicherheitsrecht, Kap. B Rn. 205 f.
[274] Siehe Hüffer/Koch/*Koch,* AktG § 93 Rn. 2 mwN.
[275] MüKo-GmbHG/*Fleischer,* § 42 Rn. 298 ff.; *Voigt,* IT-Sicherheitsrecht, Kap. B Rn. 206.
[276] Spindler/Stilz/*Spindler,* AktG § 111 Rn. 26 f.; *Habersack,* MüKo-AktG § 111 Rn. 59.
[277] Liegt kumulativ beides, sowohl eine Pflichtverletzung des handelnden Vorstands als auch des überwachenden Aufsichtsrats vor, haften beide Organe gegenüber der Gesellschaft als Gesamtschuldner, im Innenverhältnis der Vorstand aber wiederum allein, siehe hierzu MüKo-AktG/*Spindler,* § 93 Rn. 164.
[278] *Voigt,* IT-Sicherheitsrecht, Kap. B Rn. 215.
[279] *Mehrbrey/Schreibauer,* MMR 2016, 75, 80.
[280] Vgl. *BGH,* 10.7.2012 – VI ZR 341/10, NJW 2012, 3439, 3441; Hüffer/Koch/*Koch,* AktG § 93 Rn. 65; Spindler/Stilz/*Fleischer,* AktG § 93 Rn. 307; Michalski/Heidinger/Leible/Schmidt/*Ziemons,* GmbHG § 43 Rn. 594.

Ansprüche herleiten.[281] Eine Inanspruchnahme der Geschäftsleitung kommt vielmehr nur aus besonderen Anspruchsgrundlagen und in nur begrenztem Umfang in Betracht, so etwa aus Delikts- oder speziellem Vertragsrecht.[282] Dabei haftet die Geschäftsleitung jedoch nicht aus § 823 Abs. 2 BGB iVm § 93 Abs. 2 AktG oder auch § 43 Abs. 1 GmbHG, da Letztere nach überwiegender Ansicht keine tauglichen Schutzgesetze sind.[283]

Die unmittelbare vertragliche Haftung eines Geschäftsleiters setzt grundsätzlich einen persönlich durch diesen Geschäftsleiter abgeschlossenen Vertrag und eine eigenständige Verletzung entsprechender vertraglicher Pflichten voraus.[284] **Verträge der Gesellschaft** können eine persönliche Haftung einzelner Geschäftsleiter nur unter den Voraussetzungen der *culpa in contrahendo*, §§ 280 Abs. 1, 311 Abs. 3 BGB,[285] begründen.[286] 120

Von größerer praktischer Relevanz ist die deliktische Außenhaftung der Geschäftsleitung. Auch wenn sich der BGH jüngst gegen die grundsätzliche Außenhaftung von Mitgliedern der Geschäftsleitung positionierte[287], bleibt die Rechtsprechungslinie zur möglichen Haftung aus § 823 Abs. 1 BGB bei Verletzung von IT-Compliance Organisationspflichten unklar – eine eindeutige Absage wurde der Möglichkeit nicht erteilt.[288] Ähnlich verhält es sich mit der persönlichen Haftung gem. § 823 Abs. 2 BGB. Auch diese ist grundsätzlich denkbar, allerdings fehlt es bislang, insbesondere in Bezug auf das IT-Sicherheitsrecht, an einer hinreichend klaren und anerkannten Methodik zur Bestimmung haftungsbegründender Schutzgesetze, die nicht das Prinzip der Haftungskonzentration konterkarieren würde.[289] 121

Der Regelfall wird aber die vertragliche oder deliktische Außenhaftung des Unternehmens selbst für IT-Sicherheitsvorfälle sein.[290] 122

aa) Unternehmenshaftung aus Vertrag. Vertragliche IT-Sicherheitspflichten können unternehmensseitig sowohl als Leistungs- als auch als Nebenpflichten geschuldet werden. Letztere sind häufig Rücksichtnahmepflichten des Unternehmens, die es verpflichten die IT-Sicherheit zur Abwendung von Interessen- und Rechtsgüterschäden ihrer Vertragspartner zu gewährleisten.[291] Die vertragliche Haftung bestimmt sich auch in Bezug auf IT-Sicherheitsvorfälle nach den allgemeinen Regeln des Zivilrechts, dessen zentrale Vorschriften in den §§ 280 ff. BGB zu finden sind.[292] Dementsprechend werden – neben einem wirksamen Schuldverhältnis – für die Haftung folgende Mindestanforderungen vorausgesetzt:[293] 123
(1) Es muss eine unternehmensseitige **Pflichtverletzung,** sprich ein objektiv vertragswidriges Verhalten, vorliegen.[294]
(2) Diese Pflichtverletzung muss das Unternehmen auch zu vertreten haben. **Vertretenmüssen** liegt vor, wenn ein eigenes oder ein zurechenbares[295] Verschulden Dritter in

---

[281] *Voigt,* IT-Sicherheitsrecht, Kap. C Rn. 222.
[282] Spindler/Stilz/*Fleischer,* AktG § 93 Rn. 307; *Voigt,* IT-Sicherheitsrecht, Kap. C Rn. 222.
[283] BGH, 10.7.2012 – VI ZR 341/10, NJW 2012, 3439, 3441 mwN; Hüffer/*Koch,* AktG § 93 Rn. 65.
[284] Hoffman-Becking/*Wiesner,* Münchener Handbuch des Gesellschaftsrechts Bd. 4, § 26 Rn. 67.
[285] Siehe zu den Voraussetzungen im Einzelnen, Michalski/Heidinger/Leible/Schmidt/*Ziemons,* GmbHG § 43 Rn. 595 ff.
[286] *Voigt,* IT-Sicherheitsrecht, Kap. B Rn. 223.
[287] BGH, 10.7.2012 – VI ZR 341/10, NJW 2012, 3439 ff.
[288] Siehe hierzu im Einzelnen Spindler/Stilz/*Fleischer,* AktG § 93 Rn. 314 ff.; *Voigt,* IT-Sicherheitsrecht, Kap. B Rn. 224.
[289] Spindler/Stilz/*Fleischer,* AktG § 93 Rn. 318; *Voigt,* IT-Sicherheitsrecht, Kap. B Rn. 225.
[290] In Betracht kommt ferner eine verschuldensunabhängige Haftung aus § 1 ProdHaftG, s. hierzu *Voigt,* IT-Sicherheitsrecht, Kap. B Rn. 267 ff.
[291] *Voigt,* IT-Sicherheitsrecht, Kap. A Rn. 112.
[292] *Voigt,* IT-Sicherheitsrecht, Kap. B Rn. 228.
[293] Siehe Schulze/*Schulze,* BGB § 280 Rn. 1 ff.
[294] Staudinger/*Schwarze,* BGB § 280 Rn. C1.
[295] Zentrale Zurechnungsnorm ist § 278 BGB, der ein Verschulden von Erfüllungsgehilfen, bspw. Mitarbeiter des Unternehmens, vorsieht. Siehe zu den Einzelheiten der Zurechnung MüKo-BGB/*Grundmann,* BGB § 278 Rn. 15 ff.

der Form von Vorsatz oder Fahrlässigkeit, § 276 BGB, gegeben ist.[296] Der § 280 Abs. 1 S. 2 BGB stellt eine Schuldvermutung zu Lasten des Anspruchsgegners auf, die aber durch den **Nachweis implementierter branchenüblicher Sicherheitsstandards zu widerlegen ist**.[297]

(3) Die Pflichtverletzung muss ferner einen **Schaden des Anspruchsgegners verursacht** haben.[298]

Liegen die vorgenannten Voraussetzungen vor, hat das Unternehmen den entstandenen Schaden zu ersetzen.[299] Inhalt und Umfang des Schadensersatzanspruchs werden dabei nach §§ 249 ff. BGB bestimmt.[300]

124   Ein Haftungsausschluss für die Verletzung vertraglicher IT-Sicherheitspflichten lässt sich nur in begrenztem Umfang vereinbaren, da sich die einleitend erwähnten (mit-)geschuldeten Rücksichtnahmepflichten nicht ausschließen lassen.[301] Eine Reduktion von Haftungsrisiken zu Gunsten des Unternehmens lässt sich damit – effektiv – nur mittels reduziert vereinbarter Sorgfaltsmaßstäbe erreichen.[302]

125   **bb) Unternehmenshaftung aus Delikt.** Vertragspartner, aber vor allem auch außenstehende Dritte, haben ferner die Möglichkeit das Unternehmen auf Schadensersatz aus Deliktsrecht, §§ 823 ff. BGB, in Anspruch zu nehmen (siehe zu den durch das BSIG begründeten Besonderheiten → Rn. 35 ff.).

126   Auch die Deliktshaftung setzt eine Pflichtverletzung des Unternehmens voraus; Anknüpfungspunkt ist hier allerdings kein Vertrag, sondern vielmehr die Verletzung geschützter Rechtsgüter. Im Rahmen des Anspruchs aus § 823 Abs. 1 BGB sind dies Leben, Körper, Gesundheit, Freiheit, Eigentum sowie sonstige Rechte wie das allgemeine Persönlichkeitsrecht und das Recht am eingerichteten und ausgeübten Gewerbebetrieb.[303] IT-Sicherheitsvorfälle können sämtliche dieser Rechtsgüter berühren, weshalb sich ein weites Anwendungsfeld für potenzielle Schadensersatzansprüche eröffnet. Allerdings sind viele Fragen in Bezug auf die geschützten Rechtgüter noch ungeklärt.[304]

127   Von besonderer Relevanz sind bei der Bestimmung einer haftungsbegründenden Verletzungshandlung IT-Verkehrssicherungspflichten von Unternehmen. Verkehrssicherungspflichten entstehen, wenn ein bestimmtes Verhalten eine Gefahrenlage für fremde Rechtsgüter schafft. In diesem Falle müssen die Verantwortlichen notwendige und zumutbare Vorkehrungen treffen, um Schädigungen fremder Rechtsgüter zu verhindern.[305] Da unzureichende IT-Sicherheit eine Gefahrenquelle für Rechtsgüter Dritter darstellen kann, hat das Unternehmen die Verkehrssicherungspflicht, andere vor den Gefahren seiner IT-Nutzung zu schützen.[306] Scheitert das Unternehmen dabei und liegen die sonstigen Voraussetzungen des § 823 Abs. 1 BGB, insbesondere Kausalität zwischen Verletzungshandlung, Rechtsgutverletzung und Schaden sowie Verschulden vor, haftet das Unternehmen auf Ersatz des entstandenen Schadens.

128   In § 823 Abs. 2 BGB findet sich eine weitere Anspruchsgrundlage, die die deliktische Haftung vorverlagert, indem die Norm an eine Schutzgesetzverletzung und nicht eine tatsächliche Rechtsgutsverletzung anknüpft.[307] Im Rahmen des IT-Sicherheitsrechts bedeutet dies, dass ein hohes Haftungsrisiko immer dann besteht, wenn eine das Unternehmen tref-

---

[296] Jauernig/*Stadler*, BGB § 280 Rn. 20.
[297] *Voigt*, IT-Sicherheitsrecht, Kap. B Rn. 233 mwN.
[298] MüKo-BGB/*Ernst*, BGB § 280 Rn. 31.
[299] Staudinger/*Schwarze*, BGB § 280 Rn. E1.
[300] Staudinger/*Schwarze*, BGB § 280 Rn. E27.
[301] *Voigt*, IT-Sicherheitsrecht, Kap. C Rn. 240, 112 ff.
[302] Siehe hierzu *Voigt*, IT-Sicherheitsrecht, Kap. B Rn. 241 ff.
[303] Vgl. Palandt/*Sprau*, BGB § 823 Rn. 11, 19 f.
[304] *Voigt*, IT-Sicherheitsrecht, Kap. B Rn. 254.
[305] Bamberger/Roth/Hau/Poseck/*Förster*, BGB § 823 Rn. 292 ff.
[306] *Voigt*, IT-Sicherheitsrecht, Kap. B Rn. 258.
[307] Bamberger/Roth/Hau/Poseck/*Förtser*, BGB § 823 Rn. 265.

fende IT-Sicherheitspflicht zugleich als ein Schutzgesetz im Sinne des § 823 Abs. 2 BGB zu qualifizieren ist. Das ist der Fall, wenn die entsprechende Norm zumindest auch dem Schutz bestimmter Individualrechtsgüter eines abgrenzbaren Personenkreises dienen soll.[308] Anerkannte Schutzgesetze des IT-Sicherheitsrechts sind ein Großteil der allgemeinen Datenschutzvorschriften, insbesondere Art. 32 DS-GVO sowie § 13 Nr. 7 TMG und § 109a TKG.[309]

4. Schnittstellen von Datenschutz und IT-Sicherheit

Das Datenschutzrecht, als eine der bedeutendsten Rechtsquellen des IT-Sicherheitsrechts, hat erheblichen Einfluss auf die sicherheitsrechtlichen Anforderungen an die IT-Nutzung in Unternehmen. Die Art. 24 Abs. 1, 28 Abs. 1, 32 DS-GVO verpflichten Unternehmen zur Umsetzung der für die Datensicherheit im Sinne der DS-GVO erforderlichen technischen und organisatorischen Maßnahmen und damit auch erforderlicher IT-Sicherheitsmaßnahmen.[310] Kernziel ist die Gewährleistung der Datensicherheit, sprich umfassender Schutz personenbezogener Daten vor Störungen und Beeinträchtigungen, die der Datensicherheit zuwiderlaufen könnten.[311] Bei der Auswahl von IT-Sicherheitsmaßnahmen nach § 8a Abs. 1 S. 1 BSIG oder § 13 Nr. 7 TMG[312] sollten Unternehmen im jeden Fall auch immer die Vereinbarkeit dieser Maßnahmen mit datenschutzrechtlichen Anforderungen, insbesondere Art. 32 DS-GVO, vor Augen haben und entsprechend berücksichtigen. Dies gilt darüber hinaus auch für die datenschutzfreundliche Gestaltung und Voreinstellung von Diensten, das Führen eines Verarbeitungsverzeichnisses und die Durchführung von Datenschutz-Folgeabschätzungen risikoreicher (IT-)Verarbeitungsvorgänge und Mechanismen.[313]

129

Aus dem Datenschutzrecht ergeben sich allerdings nicht nur zusätzliche IT-sicherheitsrechtliche Pflichten und Vorgaben, vielmehr birgt es vor allem auch großes Konfliktpotenzial mit der IT-Sicherheits-Compliance eines Unternehmens. Viele IT-Sicherheitsmaßnahmen lassen sich nur wirksam mittels umfassender Datenverarbeitungen umsetzen und stehen damit im Konflikt zu den datenschützenden Vorgaben der DS-GVO, zB umfassende Zugriffe auf Inhalte von E-Mail Postfächern zum Zwecke der Abwehr von Cyberangriffen durch spezielle Software-Tools.[314] Da die datenschutzrechtlichen Vorgaben aber in jedem Fall zu beachten sind (nicht zuletzt aufgrund der hohen Bußgeldandrohung des Gesetzes[315]), hat das Datenschutzrecht gegebenenfalls einschränkende Wirkung auf die Bandbreite möglicher IT-Sicherheitsmaßnahmen.[316] Es handelt sich insofern um einen Zielkonflikt zwischen einerseits der IT-sicherheitsrechtlichen Pflicht eines Unternehmens, interne IT-Risiken und damit insbesondere risikobehaftetes oder missbräuchliches IT-Nutzungsverhalten seiner Mitarbeiter abzuwenden und zu kontrollieren und andererseits den zahlreichen Beschränkungen zur Mitarbeiterüberwachung auf Grundlage des Beschäftigtendatenschutzes. Dem Unternehmen wird damit regelmäßig ein Balanceakt zwischen den Vorgaben der IT-Sicherheit und dem Schutz des Persönlichkeitsrechts und des Rechts auf informationelle Selbstbestimmung abverlangt.[317]

130

Schließlich überschneiden sich auch die IT-sicherheitsrechtlichen Spezialgesetze in Schutzzielen und Pflichtenumfang teilweise mit den Anforderungen des Datenschutzrechts und begründen so mittelbare Datenschutzpflichten wie die §§ 8a Abs. 1, 8c Abs. 1 BSIG

131

---

[308] Jauernig/*Teichmann*, BGB § 823 Rn. 43 f.
[309] *Voigt*, IT-Sicherheitsrecht, Kap. B Rn. 262.
[310] *Voigt*, IT-Sicherheitsrecht, Kap. C Rn. 315.
[311] Vgl. *Sydow*, DSGVO Art. 32 Rn. 1.
[312] Siehe hierzu → Rn. 25 ff., 54 ff.
[313] *Kipker/von dem Bussche*, Cybersecurity, Kap. 4 Rn. 28.
[314] *Voigt*, IT-Sicherheitsrecht, Kap. C Rn. 314.
[315] Fällig werden können, je nach Art des Verstoßes, Bußgeldbeträge von 2% bis 4% des weltweit erwirtschafteten Gesamtjahresumsatzes des Unternehmens gem. Art. 83 Abs. 4, 6 DS-GVO.
[316] *Voigt*, IT-Sicherheitsrecht, Kap. C Rn. 314.
[317] Auer-Reinsdorff/Conrad/*Conrad*, Handbuch IT und Datenschutzrecht, § 33 Rn. 13.

und § 13 Nr. 7 TMG.³¹⁸ Zusammenfassend ist festzuhalten, dass Datensicherheit und IT-Sicherheit sich in Recht und Praxis kaum getrennt voneinander regeln und behandeln lassen. Vielmehr ergibt sich aus den gesetzlichen Regelungen ein Zusammenspiel der Normen, die sich gegenseitig beschränken, ergänzen und gegebenenfalls überschneiden.

---

³¹⁸ *von dem Bussche/Voigt*, Konzerndatenschutz, Kap. 3 Rn. 29; *Voigt*, IT-Sicherheitsrecht, Kap. C Rn. 295.

Teil 7.2 Krisenmanagement bei Datenlecks

Übersicht

	Rn.
A. Einleitung	1
B. Wichtige Begriffe, Gegenstand und Maßnahmen des Krisenmanagements	6
I. Um was geht es? Begriffe, Definitionen, Erklärungen	6
1. Was ist eine Krise?	7
2. Was ist ein Datenleck und warum konstituiert es eine Krise?	11
3. Was ist Krisenmanagement?	15
4. Was ist Krisenkommunikation und Reputation?	18
II. Maßnahmen des Krisenmanagements	22
1. Prä-Krisenphase	23
2. Krisenphase	32
3. Post-Krisenphase	57
C. Praxisbeispiele gutes und schlechtes Krisenmanagement bei Datenlecks	58
I. Mastercard	59
1. Situation	59
2. Reaktion	61
3. Learnings	63
II. Heise Verlagsgruppe	64
1. Situation	64
2. Reaktion	66
3. Learnings	67

Literatur:

Fombrun, Reputation. Realizing Value from the Corporate Image. Boston, MA: Harvard Business School Press (1996); *Hauschildt*, Entwicklungen in der Krisenforschung, in Hutzschenreuter/Griess-Nega (Hrsg.), Krisenmanagement. Grundlagen – Strategien – Instrumente; *Höbel/Hofmann*, Krisenkommunikation, 2. Aufl. 2014; *Imhof*, Reputationskrisen, in Thießen (Hrsg.), Handbuch Krisenmanagement, 2. Aufl. 2014; *Krystek/Lentz*, Unternehmenskrisen: Beschreibung, Ursachen, Verlauf und Wirkungen überlebenskritischer Prozesse in Unternehmen, in Thießen (Hrsg.), Handbuch Krisenmanagement, 2. Aufl. 2014; *Meissner/Baumann*, Die Zahnräder des integralen Risikomanagements, in Meißner/Schach (Hrsg.), Professionelle Krisenkommunikation. Basiswissen, Impulse und Handlungsempfehlungen für die Praxis, 2019; *Schreyögg/Ostermann*, Krisenwahrnehmung und Krisenbewältigung, in Thießen (Hrsg.), Handbuch Krisenmanagement, 2. Aufl. 2014.

A. Einleitung

Am 30.11.2018 rückte Marriott endlich mit der Wahrheit heraus.[1] Die weltgrößte Hotelkette gab öffentlich bekannt, dass eines ihrer Tochterunternehmen von einem massiven Datenleck betroffen war. Aus der Reservierungsdatenbank von Starwood-Hotels hatten unbefugte Angreifer die Daten von 383 Millionen Kunden erlangt. Darunter waren Reise- und Reservierungsdaten, aber auch sensiblere personenbezogene Daten wie Namen, Adressen, Telefonnummern, E-Mail-Adressen, Account-Informationen, Geburtsdaten und Geschlecht. Auch 23,75 Millionen Reisepassnummern (darunter 5,25 Millionen unverschlüsselte) sowie 9,1 Millionen verschlüsselte Bezahlkarteninformationen wurden entwendet. Auch ein Jahr später war weiterhin unklar, ob die Entschlüsselung dieser Daten möglich ist. Zudem waren mehrere tausend Kreditkartennummern (inklusive Ablaufdatum und Prüfziffer) unverschlüsselt gespeichert worden. Die entwendeten persönlichen Daten lassen sich ideal für Phishing-Attacken oder für Identitätsdiebstahl verwenden. Von diesem Risiko sind potentiell alle betroffen, die vor dem 10.9.2018 eine Reservierung bei einer der Starwood-Hotels-Ketten getätigt haben.

1

---

[1] https://resources.infosecinstitute.com/lessons-learned-the-marriott-breach, zuletzt abgerufen am 19.11.2019.

2   Bereits Anfang September 2018 wurden Hinweise auf ein Datenleck gefunden, aber Marriott informierte erst knapp drei Monate später die betroffenen Kunden und die Öffentlichkeit. Dafür wurde eine Webseite mit Antworten auf die wichtigsten Fragen der Betroffenen erstellt. Zudem wurden Hotlines für die 55 betroffenen Länder eingerichtet. Betroffene Kunden wurden per E-Mail gesondert über den Datenverlust informiert. Da Marriott die E-Mail Provider aber nicht über den Massenversand von mehr als 300 Millionen E-Mails in Kenntnis gesetzt hatte, wurden diese meist als Spam identifiziert.

3   Als Konsequenz des Datenlecks und der unglücklichen Kommunikationsstrategie erlebte Marriott einen enormen Vertrauensverlust. Der Fall wurde als das größte Datenleck der Geschichte bezeichnet[2] und in einer Vielzahl an Medien breit diskutiert. Im Nachhinein stellte sich heraus, dass die Systeme bereits seit 2014 kompromittiert waren – zwei Jahre bevor Marriott Starwood-Hotels gekauft hatte. Nach der Übernahme wurde es versäumt, die Systeme von Starwood gemäß den neuesten Sicherheitsstandards aufzurüsten. Jede neue Erkenntnis zu dem Fall wurde von den Medien zum Anlass genommen, den Fall wiederaufzubereiten, so dass auch Mitte 2019 noch regelmäßig über das Datenleck berichtet wurde.

4   Neben dem Vertrauensverlust entwickelten sich auch finanzielle Konsequenzen. In den USA waren Ende 2019 mehrere Sammelklagen gegen Marriott anhängig. Darin wurde angeführt, dass Marriott die Daten seiner Kunden nicht ausreichend geschützt habe, aber auch, dass der Konzern in seiner Aufklärungsarbeit zu spät und nicht angemessen genug reagiert habe. Im Vereinigten Königreich hat die nationale oberste Datenschutzbehörde bereits eine Geldbuße von mehr als 99 Millionen Pfund verhängt.[3] Die Datenschutz-Grundverordnung (DS-GVO[4]) war zu diesem Zeitpunkt seit einem Jahr in Kraft. Marriott war damit einer der ersten Konzerne, der im Rahmen der DS-GVO zu einer Multimillionen-Pfund Strafzahlung verpflichtet wurde.

5   Der Fall Marriott zeigt die möglichen Konsequenzen eines Datenlecks und wie in der Krisensituation falsch reagiert werden kann. Zunächst fand keine ausreichende präventive Risikoanalyse statt, bei der die unsicheren Systeme von Starwood aufgefallen wären. Auch das verschärfte Risiko von Strafzahlungen durch die neu in Kraft getretene DS-GVO war scheinbar kein Anlass für eine bessere Vorbereitung auf Datenlecks. Im Krisenmanagement wurde zu spät und mangelhaft reagiert und falsch kommuniziert. Der Schaden für Reputation und Finanzen ließ nicht lange auf sich warten.

B. Wichtige Begriffe, Gegenstand und Maßnahmen des Krisenmanagements

I. Um was geht es? Begriffe, Definitionen, Erklärungen

6   Zur Schärfung des Begriffsverständnisses werden im Folgenden zunächst die Konzepte Krise (und warum Datenlecks Krisen sind), Krisenmanagement und Krisenkommunikation erklärt.

1. Was ist eine Krise?

7   Das deutsche Wort „Krise" hat seine Wurzeln im griechischen „Krisis". Es beschreibt einen plötzlichen Einschnitt im Laufe der erwarteten Entwicklung einer Organisation oder

---

[2] https://www.vox.com/the-goods/2019/1/11/18178733/marriott-starwood-hack-lawsuit, zuletzt abgerufen am 19.11.2019.
[3] https://ico.org.uk/about-the-ico/news-and-events/news-and-blogs/2019/07/statement-intention-to-fine-marriott-international-inc-more-than-99-million-under-gdpr-for-data-breach/, zuletzt abgerufen am 19.11.2019.
[4] Verordnung (EU) 2016/679, Abl. EU L 119/1.

eines Prozesses. Von dieser Zäsur ausgehend, sind Weiterentwicklungen verschiedenster Art möglich.[5] Diese allgemeine Definition ist zunächst auf viele Themenfelder anwendbar, wie auf einen Krankheitsverlauf, auf Börsenkurse oder auf die Entwicklung einer Population von Wildtieren.

In der Betriebswirtschaftslehre wird eine Krise deshalb spezieller als „existenzbedrohende Gefährdung der Unternehmen"[6] definiert. Im Prinzip ist aber jede Organisationsform von Krisen bedroht: das Unternehmen, genauso wie die Nichtregierungsorganisation, die politische Partei oder der gemeinnützige Verein. Krisen sind existenzbedrohend, weil sie dominante Ziele des Unternehmens, wie den Weiterbetrieb oder die Reputation der Organisation, beeinträchtigen.[7] Krisen sind meist unerwartet, zeitlich begrenzt und von Unsicherheit geprägt. Zusätzlich zur Überraschung ist zunächst unklar, was die Krise ausgelöst hat und wie groß ihr Ausmaß ist.[8]

Das Bundesamt für Sicherheit in der Informationstechnik (BSI) definiert eine Krise als „eine vom Normalzustand abweichende Situation (...), die trotz vorbeugender Maßnahmen im Unternehmen bzw. der Behörde jederzeit eintreten und mit der normalen Aufbau- und Ablauforganisation nicht bewältigt werden kann. (...) Für die Bewältigung existieren keine Ablaufpläne, sondern lediglich Rahmenanweisungen und -bedingungen".[9]

Hinweis:

Eine Krise ist:
- unerwartet und kann jederzeit eintreten
- zeitlich begrenzt
- existenzbedrohend durch Auswirkung auf Betrieb und Reputation
- nicht mit der normalen Aufbau- und Ablauforganisation zu bewältigen

2. Was ist ein Datenleck und warum konstituiert es eine Krise?

Ein Datenleck beschreibt laut Duden eine „durch einen Softwarefehler verursachte oder vorsätzlich herbeigeführte Offenlegung vertraulicher Daten".[10] In Gesetzestexten und Rechtsverordnungen gibt es hingegen keine exakte Definition des Begriffs „Datenleck". Dem Begriff kann sich aber von anderer Seite genähert werden: der Verhinderung von Datenlecks durch Datenschutz.

Die zutreffendste Definition eines Datenlecks gemäß DS-GVO beschreibt die „Verletzung des Schutzes personenbezogener Daten". Dabei handelt es sich um „eine Verletzung der Sicherheit, die (...) zur Vernichtung, zum Verlust, zur Veränderung oder zur unbefugten Offenlegung von beziehungsweise zum unbefugten Zugang zu personenbezogenen Daten führt (...)" (Art. 4 Abs. 12 DS-GVO).

Wer auch immer personenbezogene Daten verarbeitet ist potenziell von Datenlecks betroffen. Zudem gibt es auch nicht personenbezogene Daten, die vernichtet, verloren, verändert oder unbefugt offengelegt werden können – Forschungsdaten oder Geschäftsgeheimnisse zum Beispiel. Werden Geschäftsgeheimnisse entwendet, kann dies bei Verlust

---

[5] Vgl. *Krystek/Lentz*, Unternehmenskrisen: Beschreibung, Ursachen, Verlauf und Wirkungen überlebenskritischer Prozesse in Unternehmen, in *Thießen* (Hrsg.), Handbuch Krisenmanagement, 2. Aufl. 2014, S. 32, 33.
[6] *Hauschildt*, Entwicklungen in der Krisenforschung, in *Hutzschenreuter/Griess-Nega* (Hrsg.), Krisenmanagement. Grundlagen – Strategien – Instrumente, 2006, S. 21.
[7] Vgl. *Krystek/Lentz*, Unternehmenskrisen: Beschreibung, Ursachen, Verlauf und Wirkungen überlebenskritischer Prozesse in Unternehmen, in *Thießen* (Hrsg.), Handbuch Krisenmanagement, 2. Aufl. 2014, S. 33.
[8] Vgl. *Schreyögg/Ostermann*, Krisenwahrnehmung und Krisenbewältigung, in *Thießen* (Hrsg.), Handbuch Krisenmanagement, 2. Aufl. 2014, S. 121.
[9] *Bundesamt für Sicherheit in der Informationstechnik*, BSI-Standard 100-4. Notfallmanagement, 2008, abrufbar unter https://www.bsi.bund.de/SharedDocs/Downloads/DE/BSI/Publikationen/ITGrundschutzstandards/BSI-Standard_1004.pdf?__blob=publicationFile&v=2 (12.11.2019)
[10] https://www.duden.de/rechtschreibung/Datenleck, zuletzt abgerufen am 23.10.2019.

dazu führen, dass unternehmerisches Handeln unmöglich wird. Bei Offenlegung oder unbefugtem Zugang können sich wirtschaftliche Wettbewerber einen Vorteil verschaffen – Stichwort Industriespionage. Wenn Kundendaten verloren gehen oder offengelegt werden, kann das Vertrauen der bestehenden und potenziellen Kunden so weit beschädigt werden, dass sie sich einem anderen Unternehmen zuwenden. Alle diese Optionen führen dazu, dass das Unternehmen wirtschaftlichen Verlusten ausgesetzt ist. Zudem ist natürlich auch das Risiko von Strafzahlungen, die durch die Datenschutzbehörden auferlegt werden, zu bedenken.

14   Durch die Auswirkungen auf Geschäftsbetrieb, Reputation und letztlich die Finanzen können Datenlecks die Existenz eines Unternehmens gefährden. Sie treten potenziell jederzeit und unerwartet auf und müssen individuell bewältigt werden. Somit erfüllen sie gleich mehrere Krisen-Merkmale.

3. Was ist Krisenmanagement?

15   Krisen können systematisch angegangen und bewältigt werden. Dieser systematische Umgang wird als Krisenmanagement bezeichnet. Das Krisenmanagement beschäftigt sich mit der Koordination der operativen Krisenbewältigung – bei Datenlecks zum Beispiel mit der Überprüfung der IT-Systeme, dem Reinigen der eigenen Systeme von Angreifern oder der Implementierung von schärferen Sicherheitsmaßnahmen. Organisationsintern wie -extern ist die Kommunikation über die Krise zudem ein bedeutender Teil des Krisenmanagements.

16   Das Krisenmanagement ist häufig als Teilbereich des Business Continuity Management (BCM) festgelegt. Sollten kritische Funktionen eines Unternehmens ausfallen, müssen diese schnellstmöglich wiederhergestellt werden, um den wirtschaftlichen Fortbestand nicht zu gefährden. Die Aufgabe des BCM ist es, dies sicherzustellen.[11] Zur Vorbereitung der notwendigen Maßnahmen werden Business-Continuity-Pläne aufgestellt, die Priorisierung und Anleitung des Vorgehens festlegen. Darin ist auch die Maximal tolerierbare Ausfallzeit (MTA) festgelegt – die Zeitspanne, die benötigt wird, um den Minimalbetrieb wiederherzustellen. Krisenmanagement ist dafür verantwortlich, sicherzustellen, dass die MTA nicht überschritten wird und die Betriebstätigkeit wieder aufgenommen werden kann.

17   Krisenmanagement lässt sich in drei Phasen einteilen: die Prä-Krisenphase, die eigentliche Krise und die Post-Krisenphase.[12] Die erste Phase beginnt mit der Entscheidung für die Implementation eines Krisenmanagement-Systems. Dabei werden Frühwarnsysteme etabliert, Meldewege festgelegt und die Krisenarbeit trainiert. Auch die Vorbereitung von Redundanzsystemen oder von Materialien zur Krisenbewältigung findet hier statt. In der eigentlichen Krisenphase werden die Auswirkungen des Ereignisses abgemildert und die Handlungsfähigkeit der Organisation aufrechterhalten. In der sich anschließenden Post-Krisenphase wird das Geschehen analysiert und es werden aus diesen Informationen Lektionen (die sog. „Learnings") destilliert. Direkt danach schließt sich eine neue Prä-Krisenphase an, in der die etablierten Systeme, Meldewege und Trainings angepasst werden. Es gilt: Nach der Krise ist vor der Krise!

4. Was ist Krisenkommunikation und Reputation?

18   Wer eine gute Reputation sein Eigen nennt, dem wird im Allgemeinen vertraut. Die Organisation oder Person wird als glaubwürdig und zuverlässig angesehen, weshalb sich die

---

[11] Vgl. *Meissner/Baumann*, Die Zahnräder des integralen Risikomanagements, in *Meißner/Schach* (Hrsg.), Professionelle Krisenkommunikation. Basiswissen, Impulse und Handlungsempfehlungen für die Praxis, 2019, S. 31.
[12] Vgl. *Schreyögg/Ostermann*, Krisenwahrnehmung und Krisenbewältigung, in *Thießen* (Hrsg.), Handbuch Krisenmanagement, 2. Aufl. 2014, S. 130.

Bereitschaft erhöht mit ihr (Geschäfts-)beziehungen[13] einzugehen. Eine gute Reputation lässt andere annehmen, dass sie erhalten, was sie suchen.[14] Reputation ist damit als Wettbewerbsvorteil zu sehen und als immaterielles Kapital.[15] Zusammen mit dem Geldkapital, Sachkapital und Humankapital ist es ein Schutzgut, das es zu bewahren gilt. Reputation muss langfristig und individuell durch solides Wirtschaften, Netzwerken, Marketing, Public Relations und positiv wahrgenommene Geschäftspraktiken aufgebaut werden. Bei Bedrohungen der Reputation stehen deshalb kostspielige Investitionen auf dem Spiel.

Ein mangelhaftes Krisenmanagement – verbunden mit einer unprofessionellen Kommunikation – hat erhebliche negative Auswirkungen auf die Reputation einer Organisation. In mehr als 90 Prozent aller dokumentierten Krisen ist das eigentliche Problem die Bewältigung der Krise. Wird unglaubwürdig oder ungenügend zur Krise kommuniziert, kommt es zur Reputationsschädigung. Klar muss sein: Datenverlust bedeutet immer Vertrauensverlust, denn von Unternehmen wird erwartet, dass die ihnen anvertrauten Daten sicher sind. 19

An dieser Stelle setzt die Krisenkommunikation an. Ihre Aufgabe ist es, den Vertrauensbruch angemessen zu kommunizieren, um die eigene Reputation nicht noch weiter zu beschädigen. Die Krisenkommunikation erhält damit Werte, die langfristig und unter Umständen mühevoll aufgebaut wurden. Die Krisenkommunikation des Unternehmens steht dabei im Konflikt mit der Kommunikationsagenda von anderen (oppositionellen) Stakeholdern. 20

Vertrauen ist eine Emotion, weshalb auch Krisenkommunikation mit (positiven) Emotionen arbeiten muss. Für rein auf Fakten basierende Sachlichkeit bleibt in der Krise meist wenig Zeit. Dennoch klärt gelungene Krisenkommunikation über den Vorfall auf, stellt komplexe Themen leicht verständlich dar und zeigt Lösungswege auf. 21

II. Maßnahmen des Krisenmanagements

Für die von Datenlecks bedrohten oder betroffenen Organisationen gibt es eine gute Nachricht: Krisen können bewältigt werden! Im besten Fall bieten Krisen eine Chance, um sich weiterzuentwickeln – weil man aus ihnen lernt oder sich durch ein gelungenes Krisenmanagement profiliert. Gemäß der Definition sind verschiedenste Weiterentwicklungen ab dem Zeitpunkt, an dem der Krisenfall eintritt, möglich, negative wie positive – die erfolgreiche Weiterentwicklung der Organisation durch Krisenbewältigung sollte also immer das Ziel sein. Damit dies gelingt, steht Krisenmanagern ein Werkzeugkasten an Maßnahmen zur Verfügung, die in verschiedenen Etappen eingesetzt werden. 22

1. Prä-Krisenphase

Krisenmanagement startet in der Prä-Krisenphase, lange bevor ein Datenleck auftritt. Im Rahmen einer ausführlichen Risikoanalyse werden Organisation und IT-Systeme auf Verwundbarkeit geprüft. Zur Vorbereitung gehören Tests der Systeminfrastruktur und der Sicherheitsmaßnahmen, zum Beispiel Penetrationstests. Aber nicht nur aktive Angriffe von außerhalb der Organisation, auch passive Angriffe durch (unbeabsichtigtes) Fehlverhalten der Organisationsmitglieder sind ein bedeutender Faktor. Eine einfache aber höchst effektive Sicherheitsmaßnahme ist dann schon, den Zugriff auf vertrauliche Dokumente einzuschränken.[16] 23

---

[13] Vgl. *Imhof*, Reputationskrisen, in *Thießen* (Hrsg.), Handbuch Krisenmanagement, 2. Aufl. 2014, S. 78f.
[14] Vgl. *Fombrun*, Reputation. Realizing Value from the Corporate Image, 1996, S. 3.
[15] Vgl. *Fombrun*, Reputation. Realizing Value from the Corporate Image, 1996, S. 5, S. 10.
[16] Vgl. *Fombrun*, Reputation. Realizing Value from the Corporate Image, 1996, S. 203.

a) Vorbereitung auf die Krise

24 Regelmäßige Backups und Redundanzen in den IT-Systemen sind eine naheliegende Maßnahme der Krisenvorsorge. Dazu müssen auch Kommunikationswege und Krisenmanagement-Tools redundant angelegt werden, am besten über verschiedene Systeme und Kanäle hinweg. Der beste Krisenplan scheitert, wenn seine Anleitung auf einem Server gespeichert ist, der offline ist. Da bietet es sich an – ganz klassisch – eine gedruckte Version in der Hinterhand zu halten.

25 Nach der Etablierung von Vorsorgemaßnahmen und Notfallsystemen sind regelmäßige Tests der Kommunikationswege und der Back-Up-Systeme zwingend geboten. Auch Schulungen und Trainings für den Ernstfall finden in dieser Phase statt. Falls Notfallsysteme von externen Dienstleistern betrieben werden, muss zudem das Service Level Agreement für Dienstleister entsprechend angepasst sein, so dass diese möglichst schnell Abhilfe schaffen können.

26 Die meisten Organisationen verfügen nicht über eigene Experten(-Abteilungen), die sich mit IT im Allgemeinen oder Datenlecks im Besonderen auskennen. Im Krisenfall werden deshalb so schnell wie möglich externe Experten hinzugezogen. Ob es dabei um Datenforensik geht oder um die möglichst schnelle Wiederherstellung der Systeme, externe Experten können oft schneller und effektiver eine Problemlösung erreichen. Diese Experten müssen im Vorfeld recherchiert, auf Leistung geprüft und dann vertraglich gebunden werden.

27 Als letzter Vorbereitungsschritt steht die Etablierung von Monitoringsystemen, um möglichst früh auf eine aufziehende Krise aufmerksam gemacht zu werden.

28 **Praxistipp:**
Das BSI stellt eine IT-Notfallkarte zur Verfügung, mit der auch Laien die Einleitung von Abwehrmaßnahmen unterstützen können. Laden Sie sich die IT-Notfallkarte des BSI herunter und hängen Sie sie gut sichtbar in Ihrem Unternehmen aus.

b) Krisenhandbuch

29 Die beschriebenen Vorplanungen werden schriftlich festgehalten, um in der Krise schnelle Entscheidungen bei unsicherer Informationslage treffen zu können. Entscheidungsvorlagen werden im Voraus geprüft und freigegeben.

30 Neben den Alarm- oder Notfallplänen, die viele große Unternehmen für ihr operatives Krisenmanagement erstellen, empfiehlt sich dafür die Erstellung eines Krisen(management-)handbuches. Das Krisenhandbuch ist das unverzichtbare Herzstück eines effizienten Krisenmanagements. Eine Krise bringt Zeitnot und Stress mit sich – das Handbuch bietet durch seine Funktion als Nachschlagewerk die nötige Sicherheit, um Stress abzubauen und Zeitnot (durch weniger Recherchebedarf) zu lindern.

31 Das Krisenhandbuch definiert die Meldewege innerhalb der Organisation und beschreibt die Aufgaben und Verantwortungen der am Krisenmanagement beteiligten Funktionen. Es bietet Checklisten mit konkreten Arbeitsschritten für den Krisenfall und es spielt einige mögliche Szenarien durch, für die es Maßnahmen und Kernbotschaften bereithält. Zudem beinhaltet das Krisenhandbuch Pläne, Formulare, Verzeichnisse von Ansprechpartnern und Kontaktlisten von Stakeholdern.

2. Krisenphase

32 Der Ernstfall ist eingetreten. Die Monitoringsysteme haben funktioniert und melden ein Datenleck: Damit beginnt das Krisenmanagement.

a) Krisenstabsarbeit

Weil eine Krise nicht mit der normalen Ablauf- und Aufbauorganisation zu bewältigen ist, braucht es besondere Organisationsformen, die sich dem Krisenmanagement widmen.[17] Die wichtigste dieser Organisationsformen findet sich in Form des Krisenstabs. Im Krisenstab wird die Lage sondiert, es werden Entscheidungen über notwendige Maßnahmen getroffen, Botschaften und Sprachregelungen erarbeitet und Informationen für alle relevanten Stakeholder vorbereitet. Er ist damit das zentrale Entscheidungsgremium in der Krise. Der Krisenstab stellt den Erhalt der Handlungsfähigkeit des Unternehmens sicher, er betreibt optimale Schadensbegrenzung und sorgt für einen langfristigen Reputationserhalt.

In der Krisenstabsarbeit prallen Menschen aufeinander, die im Alltag selten so eng miteinander arbeiten müssen. Es kommen die unterschiedlichsten Charaktere, Hierarchien und Wissensstände zusammen – ein Rezept für eine explosive Mischung. Der Einsatz des Stabes ist zudem relativ selten, weshalb es vielen Stabsmitgliedern an Erfahrung in der Stabsarbeit mangelt. Die Ausnahmesituation stellt dazu enorme Anforderungen in physischer und psychischer Hinsicht, durch Stress, Übermüdung und emotionale Betroffenheit.

Zielführende Stabsarbeit muss sich deshalb an strenge Kommunikationsregeln halten. Allen Krisenstabsmitgliedern muss klar sein, dass die Funktion im Stab von ihrem gewohnten sozialen Status getrennt ist und jegliche Animositäten oder Machtkämpfe nachrangig gegenüber dem gemeinsamen Ziel der Krisenbewältigung sind. Krisenmanagement ist ein Mannschaftssport. Wie jeder Sport kann auch dieser erlernt und trainiert werden. Die Regeln der Stabsarbeit und spezielle Kommunikationstechniken werden für gewöhnlich im Rahmen von Schulungen zur Stabsarbeit oder in Krisensimulationen erlernt.

Der Krisenstab setzt sich häufig aus Mitgliedern des mittleren Managements zusammen, die sich gut in der Organisation auskennen. Zur Krisenbewältigung werden zudem interne Fachwissensträger hinzugezogen. Dazu gehören Experten für Datensicherheit oder die Rufbereitschaft für IT-Notfälle.

b) Krisenkommunikation

Der Kommunikationswissenschaftler Paul Watzlawick hat einmal gesagt „Man kann nicht nicht kommunizieren" und trifft damit den Nagel auf den Kopf. Wer sich auf der sicheren Seite wähnt, weil er nicht kommuniziert, wähnt falsch. Tatsächlich vermittelt er durchaus eine Botschaft, nämlich, dass er nicht die Wahrheit zugeben möchte, dass er nicht ansprechbar ist und dass er möglicherweise etwas vertuscht.

Eine ausbleibende Kommunikation gibt zudem jeder anderen interessierten Person, den Medien, Interessensgruppen und Konkurrenten die Möglichkeit, den leeren Kommunikationsraum mit ihren eigenen Botschaften auszufüllen. Die Hoheit über das Narrativ der Krise ist stets stark umkämpft. Der Ausgang dieses Wettstreits bestimmt die Bewahrung des Reputations-Kapitals. Der größte und wichtigste Teil des Krisenmanagements besteht deshalb in der Krisenkommunikation.

Kommt es zu einem Datenleck muss darüber umfassend, zeitnah und wahrheitsgetreu informiert werden. Damit wird Kontrolle demonstriert und man vermittelt, das „Heft des Handelns" fest in der eigenen Hand zu halten. Dabei werden auch Kompetenzen des Unternehmens, der Mitarbeiter und des Krisenmanagements hervorgehoben. Krisenkommunikation vermittelt dadurch das verantwortungsbewusste, menschenorientierte und kompetente Handeln des Unternehmens.

Krisenkommunikation muss auch so schnell wie möglich erfolgen, um zur Schadensbegrenzung beizutragen. Im Gegensatz zu einer juristischen Schuldfrage kann bei der kommunikativen Bewertung von Ereignissen zunächst nicht abgewartet werden, ob Eigen-

---

[17] Vgl. *Meissner/Baumann*, Die Zahnräder des integralen Risikomanagements, in *Meißner/Schach* (Hrsg.), Professionelle Krisenkommunikation. Basiswissen, Impulse und Handlungsempfehlungen für die Praxis, 2019, S. 22.

oder Fremdverschulden vorliegt. In den Kampf um die Deutungshoheit muss bereits vor der abschließenden Schuldzuweisung eingestiegen werden.

41 Persönlich Betroffenen wird durch gelungene Krisenkommunikation Sicherheit gegeben, denn das Unternehmen zeigt ihnen, dass es sich kümmert. An dieser Stelle können (eventuell notwendige) Hilfszusagen eine weitere Eskalation verhindern. Die Übernahme von Verantwortung mag wie ein Schuldeingeständnis aussehen, vermittelt aber in Wahrheit, dass das Unternehmen sich seines Umfelds bewusst ist und für sein Handeln einsteht.

42 Wenn mit kommunikativen Maßnahmen seitens anderer Stakeholder zu rechnen ist (zB Aufsichts- und Ermittlungsbehörden oder andere Betroffene), sollte möglichst frühzeitig die Abstimmung und der kommunikative Konsens gesucht werden. Dadurch können Widersprüche vermieden werden. Es ist zudem ratsam Verbündete zu suchen und zu aktivieren. Als Verbündete bieten sich Behörden und wohlgesonnene Berichterstatter sowie auch thematisch nahestehende Verbände oder Organisationen (Branchenverbände, Handelskammer, etc.) an. Über Meinungsbildner (Medien, Politiker, Bürgerinitiativen, Influencer) können zudem weitere Kanäle und Multiplikatoren erschlossen werden, über die die eigene Botschaft weiterverbreitet wird.

43 Kernbotschaften sind die Basisbausteine der Krisenkommunikation. Sie sind je nach Art und Form der Ansprache von unterschiedlichen Stakeholdergruppen verschieden, die dahinterliegende Aussage ist aber konsistent. Leider kommt es immer wieder vor, dass Unternehmen nach außen Besserung geloben, aber nach innen auf Beibehaltung der alten Grundsätze beharren. Wird dieser Widerspruch öffentlich, erodiert das bröckelnde Vertrauen weiterhin. Widersprüche und Mutmaßungen in der Krisenkommunikation sind deshalb zu unterlassen. Auf der Basis von nur wenigen Kernbotschaften (meist zwischen fünf und zehn Stück), lässt sich eine umfassende Kommunikation etablieren. Auf Kernbotschaften bauen sowohl Pressemitteilungen als auch Q&As, Social Media-Kommunikation und Interview-Statements auf.

44 Praxistipp:
Die Kernbotschaften sollten folgende Attribute des Absenders vermitteln: Menschlichkeit, Kompetenz, Schnelligkeit, Zuverlässigkeit, Lernfähigkeit, Sympathie.[18]

Praxistipp:
Zuhören! Wer herausfindet, was die Öffentlichkeit bewegt, weiß wie er am besten mit ihr kommuniziert. Dafür sollte zunächst ein Monitoring für klassische Medien sowie Soziale Netzwerke eingerichtet werden. Auch hilft es, Kanäle zu öffnen, die zu Normalzeiten nicht bestehen. Dazu bieten sich beispielsweise eine Telefon-Hotline oder eine spezielle E-Mail-Adresse an.

c) Krisenkommunikation – welche Stakeholder müssen bedacht werden?

45 Die Stakeholdergruppen jedes Unternehmens sind individuell zusammengesetzt. Dennoch kann man einige allgemeine Gruppen nennen, die in Datenleck-Fällen angesprochen werden müssen.

46 **Behörden:** Liegt der Anfangsverdacht einer Straftat vor, müssen die Strafverfolgungsbehörden unverzüglich eingeschaltet werden. Nach den §§ 202a–202c StGB ist das Ausspähen und Abfangen von Daten sowie die Vorbereitung dieser Tätigkeiten eine Straftat, die eine Freiheitsstrafe von bis zu drei beziehungsweise zwei Jahren nach sich ziehen kann. Das Bundeskriminalamt sowie die Polizeibehörden der Länder stehen deshalb mit den „Zen-

---

[18] Vgl. *Höbel/Hofmann*, Krisenkommunikation, 2. Aufl. 2014, S. 21.

B. Wichtige Begriffe, Gegenstand und Maßnahmen des Krisenmanagements

tralen Ansprechstellen Cybercrime der Polizeibehörden für Wirtschaftsunternehmen" (ZAC) zur Verfügung.[19]

Sind tatsächlich Daten abhandengekommen, entstehen außerdem gesetzliche Meldepflichten. Je nach Art des Datenlecks und betroffener Organisation, greifen andere Regelungen. Rechtsgrundlage sind die Datenschutz-Grundverordnung (DS-GVO) bei personenbezogenen Daten, das IT-Sicherheitsgesetz (IT-SiG) bei kritischen Infrastrukturen und das Gesetz zur Umsetzung der europäischen Richtlinie zur Gewährleistung einer hohen Netzwerk- und Informationssicherheit (NIS-Richtlinie) für Anbieter digitaler Dienste. 47

Die DS-GVO schreibt vor, Verletzungen des Schutzes von personenbezogenen Daten innerhalb von 72 Stunden an die zuständige Aufsichtsbehörde zu melden. In Deutschland sind dies der Bundesbeauftragte für den Datenschutz und die Informationsfreiheit für alle öffentlichen Stellen und die jeweiligen nach Landesrecht zuständigen Aufsichtsbehörden für die nichtöffentlichen Stellen. 48

Betroffene Personen: In Art. 34 DS-GVO ist zudem festgelegt, dass die von einer Datenverletzung betroffene Person unverzüglich informiert werden muss, falls die „Verletzung des Schutzes personenbezogener Daten voraussichtlich ein hohes Risiko für die persönlichen Rechte und Freiheiten natürlicher Personen zur Folge" hat. Was ein „hohes Risiko" ausmacht ist von Verwaltungspraxis und Rechtsprechung noch nicht ausreichend konkretisiert worden. Es ist ratsam, dieses Risiko genau abzuwägen und im Zweifelsfall lieber zu informieren. Transparente Kommunikation rund um den Datenschutz wird im Zweifel positiver aufgenommen als eine bedeckte Kommunikation, die womöglich als Vertuschungsversuch wahrgenommen wird. 49

Geschäftspartner: Einige der wichtigsten, weil wirtschaftlich relevantesten Stakeholdergruppen sind Kunden, Zulieferer und andere Geschäftspartner. Diese können ohne Umwege über die Medien auf direkte Weise kontaktiert werden. Diese Stakeholder müssen dauerhaft über die Krise auf dem Laufenden gehalten werden. Wenn Sie nicht direkt durch das Datenleck betroffen sind, so können sie dennoch auf anderen Wegen davon erfahren. Es wird die Reputation des betroffenen Unternehmens schmälern, wenn Informationen zur Krise über dritte Kanäle ankommen. 50

Medien: Jede Krise hat das Risikopotenzial die Reputation eines Unternehmens zu beschädigen. Verstärkt wird dieses Potenzial vor allem durch die Aufmerksamkeit von Medien. Sie sind die wichtigsten Multiplikatoren, noch vor den Sozialen Netzwerken, und sind deshalb mit besonderer Vorsicht zu behandeln. 51

Einen besonders großen Nachrichtenwert hat ein Datenleck, wenn sich die Organisation in einem sensiblen Umfeld bewegt. Die Offenlegung von finanziellen oder Gesundheitsdaten wird mit an Sicherheit grenzender Wahrscheinlichkeit in den Medien behandelt werden. Dadurch erfährt eine breite Öffentlichkeit von dem Vorfall. Im September 2019 wurde beispielsweise bekannt, dass mehrere Millionen Patientendatensätze weltweit frei im Internet einsehbar waren.[20] In Deutschland fielen davon „nur" 16.000 an. Dennoch berichteten viele große deutschsprachige Medien über die Datenlecks und der Gesundheitsminister, der Bundesdatenschutzbeauftragte und das BSI schalteten sich in die Diskussion ein.[21] 52

Im Kontakt mit den Medien steht und fällt die Krisenkommunikation. In der Kommunikation mit Journalisten muss klar vermittelt werden, dass die Organisation das Problem erkannt hat, sich der Konsequenzen bewusst ist, den Vorfall ehrlich bedauert, alle notwendigen Maßnahmen ergreift, um das Problem zu beheben und weiterhin offen und transparent dazu kommunizieren wird. Wenn dazu eine leicht verständliche Erklärung des Vorfalls 53

---

[19] https://www.polizei.de/Polizei/DE/Einrichtungen/ZAC/zac_node.html, zuletzt abgerufen am 24.10.2019.
[20] https://www.propublica.org/article/millions-of-americans-medical-images-and-data-are-available-on-the-internet, zuletzt abgerufen am 21.10.2019.
[21] https://www.br.de/nachrichten/deutschland-welt/patienten-datenleck-spahn-appelliert-an-gesundheitsbranche,RcLF32a, zuletzt abgerufen am 21.10.2019.

mitgeliefert wird, stehen die Chancen gut, dass diese Botschaften von den Medien aufgenommen werden.

54 **Mitarbeitende:** Nicht zuletzt ist die Gesamtheit der Organisationsangehörigen als wichtiger Stakeholder zu betrachten. Es muss sichergestellt sein, dass die Organisationsangehörigen über die aktuelle Krisensituation zeitnah und hinreichend informiert sind. Bei angemessener Information und Kommunikation wird die Motivation erhalten, mögliche versteckte interne Experten oder Wissensträger werden aktiviert.

55 Zudem muss damit gerechnet werden, dass die Organisationsangehörigen jederzeit nach außen kommunizieren. Sie sind das wichtigste Sprachrohr jeder Organisation. Ob sie mit ihren Freunden und Familien, mit den Nachbarn oder direkt mit der Presse sprechen, Informationen werden zwangsläufig durch die Organisationsangehörigen nach außen getragen. Es bietet sich deshalb an, ein Narrativ vorzubereiten, das genutzt werden kann. Es muss vermieden werden, dass Informationen über den Flurfunk verbreitet und dabei verzerrt oder verändert werden.

56 Ratsam ist zudem der Aufbau einer internen Anlaufstelle für persönliche Rückfragen, aber auch einer externen Anlaufstelle, an die Medienanfragen verwiesen werden können.

3. Post-Krisenphase

57 Nach der überstandenen Krise sind Maßnahmen zu ergreifen, die dem zukünftigen Krisenmanagement zuträglich sind. Geboten ist eine ausführliche Analyse des Vorfalls, wie es dazu kommen konnte und welche Bewältigungsstrategien sich letztendlich als erfolgreich herausgestellt haben. Erfolge sollten in Handlungsanweisungen niedergelegt werden, mögliche Fehler als Lektionen verstanden werden, um sie in Zukunft zu vermeiden.

C. Praxisbeispiele gutes und schlechtes Krisenmanagement bei Datenlecks

58 Zum Abschluss wird anhand von zwei Beispielen ein schlecht und ein sehr gut umgesetztes Krisenmanagement vorgestellt.

I. Mastercard

1. Situation

59 Am 19.8.2019 wurden Kundendaten des Mastercard-Bonusprogramms „Priceless Specials" online veröffentlicht und zum Download angeboten. Die Daten waren zuvor von Hackern gestohlen worden. 90.000 Kunden, die sich zwischen Januar 2018 und Juni 2019 bei dem Bonusprogramm registriert hatten, waren betroffen. Unter den veröffentlichten Informationen waren teilweise Namen, Geburtsdaten, Adressen und unvollständige Kreditkartennummern.

60 Aufgefallen war das Datenleck, da sich ab Juni 2019 zahlreiche Kunden beschwerten, dass ihre Gutscheine aus dem Bonusprogramm bereits eingelöst, abgelaufen oder ungültig waren. Zur selben Zeit boten Auktionshändler gestohlene Gutscheine auf eBay an. Verärgerte Kunden kontaktierten Mastercard direkt und Vermutungen über ein Datenleck wurden laut. Mastercard reagierte lange gar nicht, ab Juli wurden dann manche Gutscheine ohne Kommentar gesperrt. Ersatz wurde ausschließlich auf Anfrage hin gewährt. Zunächst

wurde kein öffentliches Statement abgegeben[22]. Erst als ein Blogger den im Internet auffindbaren Datensatz veröffentlichte, reagierte Mastercard.

2. Reaktion

In einer lange überfälligen Reaktion sperrte Mastercard die Webseite für das Programm. Auf der Homepage wurde auf den Vorfall verwiesen und auch über die offizielle Einstellung informiert. Dabei versicherte man in kurz angebundener Form, dass man „Datenschutz und Sicherheit sehr ernst" nehme. Einige Tage später wurde ein FAQ auf der Webseite des für „Priceless Specials" zuständigen Dienstleisters geschaltet. Über dessen Webseite waren auch weiterhin die Registrierung und der Log-In für das Programm möglich. Erst nach weiteren zehn Tagen und einem weiteren Aufschrei in den Sozialen Medien ging der Dienst offline.[23]

Mastercard teilte anschließend mit, dass die Kosten für den Tausch betroffener Karten übernommen würden. Es wurde auch eine komplette Rückerstattung im Falle von betrügerischen Transaktionen versprochen.[24] Weiterhin muss Mastercard mit einem hohen Bußgeld gemäß Art. 83 DS-GVO rechnen. Der größere Schaden liegt jedoch bei der verlorenen Reputation des Unternehmens, da Kunden über den Verlust ihrer Daten und ihrer Gutscheine massiv verärgert waren.

3. Learnings

Das Krisenmanagement von Mastercard war mangelhaft. Zunächst mussten externe Stellen über Monate hinweg darauf hinweisen, dass Daten entwendet wurden. Die Reaktion darauf war spärlich und wurde nicht kommunikativ begleitet. Erst nachdem eine Liste der Kundendaten veröffentlicht wurde, reagierte das Unternehmen mit der Sperrung der Webseite. Auch hierbei wurde mangelhaft vorgegangen und kommuniziert. Weiterhin wurde die Schuld an dem Vorfall ausschließlich auf den nicht näher genannten Dienstleister geschoben. Eigenverantwortung wurde nicht übernommen, was medial kritisch kommentiert wurde.[25] Schließlich wurden zwar die betroffenen Kreditkarten ausgetauscht, die Gutscheine aber nicht erstattet. Der Vertrauensverlust und die Verärgerung unter den Kunden waren groß.

II. Heise Verlagsgruppe

1. Situation

Am 6.6.2019 verkündete die Heise-Verlagsgruppe über das hauseigene Computermagazin c't, zum Opfer eines Trojaner-Angriffs geworden zu sein. Die Schadsoftware „Emotet" hatte am 13.5.2019 die Netze der Gruppe infiziert. Das Einfallstor war ein infizierter E-Mail-Anhang, den ein Mitarbeiter versehentlich geöffnet hatte. Nach dem ersten Alarm und ersten Gegenmaßnahmen war man von einer erfolgreichen Bekämpfung der Infektion ausgegangen. Zwei Tage später wurde aber schnell klar, dass über eine unbekannte Verbindung weiterhin Daten nach außen abflossen. Darunter waren auch Benutzernamen

---

[22] https://www.finanz-szene.de/payments/mastercard-datenpanne-weit-groesser-als-bisher-bekannt/, zuletzt abgerufen am 25.10.2019.
[23] https://newsroom.mastercard.com/eu/de/news-briefs/statement-priceless-specials-plattform/, zuletzt abgerufen am 25.10.2019; https://www.finanz-szene.de/payments/mastercard-schlampt-bei-schliessung-der-priceless-plattform/, zuletzt abgerufen am 25.10.2019.
[24] https://www.heise.de/security/meldung/Nach-dem-Datenleck-Mastercard-benachrichtigt-Kunden-4502408.html, zuletzt abgerufen am 28.10.2019; https://www.computerbild.de/artikel/cb-News-Sicherheit-Mastercard-Datenleak-Wer-zahlt-den-Schaden-24152627.html, zuletzt abgerufen am 28.10.2019.
[25] https://www.sueddeutsche.de/digital/mastercard-datenleck-priceless-leak-1.4569756, zuletzt abgerufen am 28.10.2019.

und Passwörter von Mitarbeitern. Sobald der Emotet-Trojaner in ein System eingedrungen ist, lädt er so schnell wie möglich andere Schadsoftware nach. Dadurch erlangt er entweder unbefugten Zugriff auf Daten oder direkt die vollständige Kontrolle über das System. Das ausführliche Ausspionieren des Systems dient dem „Kennenlernen des Opfers". Daraufhin folgt meist eine Verschlüsselung der Daten und eine Lösegeldforderung, die am Umsatz des Unternehmens ausgerichtet ist.

65 Die neueste Entwicklungsstufe des Emotet-Trojaners wird seit Ende 2018 sehr häufig benutzt. Damals warnte auch das BSI konkret vor dem Programm. Emotet wird vor allem gegen Firmen, Behörden und andere Organisationen eingesetzt, von denen ein hohes Lösegeld zu erwarten ist. Ein 100 % effektives Sicherheitskonzept gegen Emotet gibt es nicht. Schwachstelle ist, wie in vielen Fällen, der Mensch.

2. Reaktion

66 Nachdem das IT-Team von Heise realisiert hatte, dass bereits zahlreiche Computer in ihrem System infiziert waren, wurde die komplette IT-Infrastruktur vom Netz genommen. Mit Hilfe von externen IT-Forensikern und Incident-Response-Spezialisten wollte man die Systeme reinigen. Da nicht mit absoluter Sicherheit analysiert werden konnte, wo und in welcher Form Emotet aktiv war, wurde schließlich ein komplett neues Netz aufgesetzt; auch ältere und nicht betroffene Computer wurden neu aufgesetzt. Strafverfolgungsbehörden und die Datenschutz-Aufsichtsbehörde wurden gemäß DS-GVO informiert. Für Heise war der Vorfall geld- und zeitintensiv. Noch während der Aufräumarbeiten wurde über den Vorfall aufgeklärt. Dabei kommunizierte Heise sehr offen und transparent mit ausführlicher Erklärung der Hintergründe, des wahrscheinlichen Auslösers und der ergriffenen Maßnahmen. Die Beschreibung der erfolgreichen Sicherheitsmaßnahmen wurde explizit als Hilfe für andere Unternehmen veröffentlicht.

3. Learnings

67 Heise hat sehr vieles richtig gemacht. Die Schadsoftware wurde schnell entdeckt und Gegenmaßnahmen wurden eingeleitet. Nach der zunächst erfolgreich scheinenden Erstbekämpfung blieb man weiterhin aufmerksam und konnte dadurch auch die weitere Infektion erkennen. Daraufhin wurden externe Experten schnell hinzugezogen und in die Bekämpfung eingebunden. Dabei wurde sich nicht davor gescheut, harte Entscheidungen zu treffen (komplette Trennung vom Internet, Neu-Aufsetzen aller Computer).

68 Heise nutzte den Vorfall, um ganz konkret vor den Gefahren von Emotet zu warnen. Durch die ausführliche Aufarbeitung und Darstellung der kompetenten Krisenmaßnahmen wurde die Reputation erhalten. Die Firma ergriff zudem die Gelegenheit beim Schopf und bietet seit dem Vorfall ein Webinar zum Thema „Emotet bei Heise – Lernen aus unseren Fehlern" an. Damit wurde die Krise direkt in eine Geschäftsidee umgewandelt.

69 **Praxistipp:**
- Die Schwachstelle Mensch ist immer vorhanden
- Effektive Überwachungssysteme/Monitoringsysteme etablieren, damit Attacken schnell bemerkt werden
- Aufmerksam bleiben nach vermeintlicher Lösung des Problems
- Mitunter harte und kostenintensive (Zeit, Geld) aber effektive Maßnahmen treffen/ nicht vor weitreichenden Maßnahmen scheuen
- Durch offene Kommunikation aufzeigen, dass das Unternehmen nichts zu verbergen hat und dass es die Krise bewältigen kann; dadurch wird Vertrauen gewonnen und Reputation erhalten.

Teil 8. Kommunikationsnetze und Dienste

Literatur:
App/Wettlaufer, Praxishandbuch Verwaltungsvollstreckungsrecht, 5. Aufl. 2011; *Arndt/Fetzer/Scherer/Graulich* (Hrsg.), TKG, 2. Aufl. 2015; *Assion*, Anmerkung zu VG Köln: Verkehrsmanagementmaßnahmen bei „Stream-On" verstoßen gegen Netzneutralität, MMR 2019, 202f.; *Attendorn*, Die Zieladäquanz der Regulierung, NVwZ 2009, 19 ff.; *Auer-Reinsdorff/Conrad* (Hrsg.), IT- und Datenschutzrecht, 3. Aufl. 2019; *Becher*, Einführung in die EU-Netzneutralitätsverordnung, ZJS 2018, 390 ff.; *Beckmann*, Mediation im Telekommunikationsrecht – Eine verpasste Chance? – Außergerichtliche Streitbeilegungsverfahren nach dem TKG, MMR 2011, 791 ff.; *Beine*, Das neue Frequenzrecht – Bedeutsame Änderungen durch die TKG-Novelle 2012, MMR 2013, 496 ff.; *Berger-Kögler*, Regulierung des Auslandsroaming-Marktes, MMR 2007, 294 ff.; *Calliess/Ruffert* (Hrsg.), Kommentar zum EUV/AEUV, 5. Aufl. 2016; *Biendl*, Vorfahrt für den Netzausbau, N&R 2018, 19 ff.; *Broemel*, Regulierungskonzepte als Kontrollmaßstab in der Telekommunikationsregulierung, JZ 2014, 286 ff.; *Derksen*, Unionsrechtskonforme Spielräume für anlasslose Speicherung von Verkehrsdaten?, NVwZ 2017, 1005 ff.; *Dieterle*, Neuer Zugriff des Verfassungsschutzes auf Vorratsdaten, ZD 2016, 517 ff.; *Ehlers*, Bestandskraft von vor Vergabe der UMTS-Lizenzen erlassenen verfahrensleitenden Verfügungen der RegTP, K&R 2001, 1 ff.; *Ehlers/Fehling/Pünder* (Hrsg.), Besonderes Verwaltungsrecht Bd. I, 4. Aufl. 2019; *Elsenbast*, Ökonomische Konzepte zur Regulierung „neuer Märkte" in der Telekommunikation, MMR 2006, 575 ff.; *Fehling/Kastner/Störmer* (Hrsg.), Handkommentar Verwaltungsrecht, 4. Aufl. 2016; *Fetzer*, Diensteanbieterverpflichtung für Mobilfunknetzbetreiber, MMR 2018, 63 ff.; *Fetzer*, Frequenzknappheit bei GSM-Frequenzen?, MMR 2013, 152 ff.; *Fetzer*, Prognoseentscheidungen bei Frequenzvergaben – wieviel Unsicherheit lässt das Recht zu?, NVwZ 2018, 190 ff.; *Fetzer*, Zulässigkeit von Zero-Rating-Angeboten und Traffic-Shaping-Maßnahmen, MMR 2017, 579 ff.; *Franke*, Rechtsschutzfragen der Regulierungsverwaltung, Verw. 49 (2016), 25 ff.; *Franke/Rogge*, Netzneutralitätsbeschränkende Absprachen und das Kartellverbot, VerwArch 2015 (104), 352 ff.; *Frevert*, Netzneutralität 2012 – Aktueller Stand der Diskussion und Gesetzgebung, MMR 2012, 510 ff.; *Geppert/Schütz* (Hrsg.), Kommentar zum TKG, 4. Aufl. 2013; *Gerpott*, Zero Rating für ausgewählte Internetdienste als Totengräber der Netzneutralität?, K&R 2017, 677 ff.; *Gersdorf*, Die dienende Funktion der Telekommunikationsfreiheiten – Zum Verhältnis von Telekommunikations- und Rundfunkordnung, AfP 1997, 424 ff.; *Gersdorf*, Netzneutralität – Juristische Analyse eines „heißen Eisens", AfP, 2011, 209 ff.; *Gersdorf*, Regulierung der Netzneutralität in der Europäischen Union, K&R 2014, 642 ff.; *Gersdorf/Paal* (Hrsg.), Informations- und Medienrecht, 2014; *Gitter/Meißner/Spauschus*, Das neue IT-Sicherheitsgesetz – IT-Sicherheit zwischen Digitalisierung und digitaler Abhängigkeit, ZD 2015, 512 ff.; *Görisch*, Netzneutralität – ein Grundsatz des europäischen Regulierungsrechts?, EuZW 2012, 494 ff.; *Götz*, Evolution des Geheimnisschutzes im Verwaltungsprozessrecht, N&R 2012, 215 ff.; *Götzinger/Gerecke*, Zur rechtlichen Zulässigkeit von Zero-Rating, ZUM 2018, 341 ff.; *Groeben v.d./Schwarze/Hatje* (Hrsg.), Europäisches Unionsrecht, 7. Aufl. 2015; *Heun*, Handbuch Telekommunikationsrecht, 2. Aufl. 2007; *Heinickel/Scherer*, Die Entwicklung des Telekommunikationsrechts in den Jahren 2016–2018, NVwZ 2018, 1014 ff.; *Holznagel*, Die TKG-Novelle 2010, K&R 2010, 761 ff.; *Immenga/Mestmäcker* (Hrsg.), Wettbewerbsrecht Bd. III, 5. Aufl. 2016; *Jandt/Schnabel*, Location Based Services im Fokus des Datenschutzes, K&R 2008, 723 ff.; *Jarass*, Privilegierungen im Internet, 2019; *Jossen*, Terminierungsgebühren, Priority Pricing und Spezialdienste im Internet, 2018; *Kirchhof/Korte/Magen* (Hrsg.), Öffentliches Wettbewerbsrecht – Neuvermessung eines Rechtsgebiets, 2014; *Kiparski*, Der Europäische Telekommunikations-Kodex – Ein neuer Rechtsrahmen für die elektronische Kommunikation, CR 2019, 179 ff.; *Kleinlein/Schubert*, Kontrolle von Entgelten monopolistischer und marktbeherrschender Anbieter, NJW 2014, 3191 ff.; *Klement*, Netzneutralität: der europäische Verwaltungsverbund als Legislative, EuR 2017, 532 ff.; *Kopp/Ramsauer*, Kommentar zum VwVfG, 20. Aufl. 2019; *Kopp/Schenke*, Kommentar zur VwGO, 25. Aufl. 2019; *Kühling/Klar/Sackmann*, Datenschutzrecht, 4. Aufl. 2018; *Kühling/Schall*, WhatsApp, Skype&Co. – OTT Kommunikationsdienste im Spiegel des geltenden Telekommunikationsrechts, CR 2015, 641 ff.; *Kühling/Bulowski*, Zugangsrechte nach dem DigiNetzG, N&R 2017, S. 19 ff.; *Kühling/Schall/Biendl*, Telekommunikationsrecht, 2. Aufl. 2014; *Ludwigs*, Unternehmensbezogene Effizienzanforderungen im Öffentlichen Recht, 2012; *Manger-Nestler/Gramlich*, Auf dem Weg zur europäischen Telekommunikationsregulierungsbehörde, MMR 2017, 79 ff.; *Manssen* (Hrsg.), Telekommunikations- und Multimediarecht, 2018; *Müller-Terpitz*, Reizthema Netzneutralität – nach der Novelle ist vor der Novelle?, K&R 2012, 476 ff.; *Neumann*, Erste Schritte auf dem Weg zur Umsetzung des Europäischen Kodex für die elektronische Kommunikation, N&R 2019, 152 ff.; *Neumann/Koch*, Telekommunikationsrecht, 2. Aufl. 2013; *Osing*, Die Netzneutralität im Binnenmarkt, 2017; *Paschke/Berlit/Meyer* (Hrsg.), Gesamtes Medienrecht, 3. Aufl. 2016; *Rogge*, Die Zukunft der Netzneutralität im Internet, 2018; *Rossi/Sandhu*, National Roaming zur Sicherung einer effizienten Frequenznutzung, MMR 2019, 90 ff.; *Roßnagel*, Vorratsdatenspeicherung rechtlich vor dem Aus? NJW 2017, 696 ff.; *Sachs*, Bestandskraft der RegTP-Entscheidungen im Versteigerungsverfahren der UMTS-Lizenzen?, K&R 2001, 13 ff.; *Saurer*, Die fachgesetzliche Modernisierung des Verwaltungsakts am Beispiel des Frequenzverwaltungsrechts des TKG, Die Verwaltung 48 (2015), 115 ff.; *Säcker* (Hrsg.), Kommentar zum TKG, 3. Aufl. 2013; *Säcker/Mengering*, Netzneutralität – oder: die Himmelfahrt des Wortes, K&R 2013, 559 ff.; *Schenek*, Infrastrukturatlas – Datenlieferungsverpflichtung des Netzbetreibers und Dritter an die Bundesnetzagentur, BWGZ 2016, 254 ff.; *Scherer/Heinickel*, Die Entwicklung des Telekommunikationsrechts in den Jahren 2011–2015, NVwZ 2016, 965 ff.; *Scherer/Heini-*

ckel, Ein Kodex für den digitalen Binnenmarkt – Vorschlag der EU-Kommission für eine Reform des Rechts der elektronischen Kommunikation, N&R 2017, 71 ff.; *Schmitz,* Der Vertragspartner ohne Daten, ZD 2012, 8 ff.; *Scheurle/Mayen* (Hrsg.), Kommentar zum TKG, 3. Aufl. 2018; *Schmidt/Wollenschläger,* Kompendium Öffentliches Wirtschaftsrecht, 5. Aufl. 2020; *Schulte/Kloos* (Hrsg.), Handbuch Öffentliches Wirtschaftsrecht, 2016; *Schulz/Wasner,* Rundfunkrechtlich relevante Fragen der Lizenzierung und Frequenzverwaltung nach dem TKG, ZUM 1999, 513 ff.; *Schütz/Schreiber,* 5G-Wettbewerb in der Fläche, MMR 2019, 19 ff.; *Schwartmann* (Hrsg.), Praxishandbuch Medien-, IT- und Urheberrecht, 4. Aufl. 2018; *Specht-Riemenschneider/Mantz* (Hrsg.), Handbuch europäisches und deutsches Datenschutzrecht, 2019; *Spies/Ufer,* Quo vadis Netzneutralität? Status quo und Ausblick, MMR 2015, 91 ff.; *Spindler/Schuster,* Recht der elektronischen Medien, 4. Aufl. 2019; *Stammer,* Sektorspezifischer Verbraucherschutz – Verbraucherschutz im Regulierungsrecht am Beispiel des Telekommunikationssektors, 2014; *Stelkens/*Wabnitz, Mitbenutzung „alternativer Infrastrukturen" für NGA-Netze, MMR 2014, 730 ff.; *Stelkens/Bonk/Sachs* (Hrsg.), Kommentar zum VwVfG, 9. Auf. 2018; *Stober/Korte,* Öffentliches Wirtschaftsrecht I – Allgemeiner Teil, 19. Aufl. 2018; *Streinz* (Hrsg.), Kommentar zu EUV/AEUV, 3. Aufl. 2018; *Tinnefeld/Buchner/Petri/Hof* (Hrsg.), Einführung in das Datenschutzrecht, 7. Aufl. 2020; *Ufer,* Der Entwurf des DigiNetzG, MMR 2016, 12 ff.; *Vander,* Möglichkeiten und Grenzen weisungsgebundener Datenweitergabe, ZD 2013, 492 ff.; *Wagner,* Nationales Roaming im Rahmen der 5G-Frequenzvergabe, CR 2018, 534 ff.; *Wagner,* Vorgaben für die Frequenzmitnutzung durch Diensteanbieter im Rahmen der 5G-Frequenzvergabe (Teil 1), CR 2017, 604 ff.; *Wagner/Helmstädter/Nüßing,* Vorgaben für die Frequenzmitnutzung durch Diensteanbieter im Rahmen der 5G-Frequenzvergabe (Teil 2), CR 2017, 743 ff.; *Werkmeister/Hermstrüver,* Ausnahmen vom Grundsatz der Netzneutralität – Wer darf auf die Überholspur im Internet, C&R 2015, 570 ff.; *Wiebe/Eichfeld,* Spannungsverhältnis Datenschutzrecht und Justiz, NJW 2019, 2734 ff.; *Wiedemann,* Handbuch des Kartellrechts, 3. Aufl. 2016; *Wilms/Masing/Jochum* (Hrsg.), Kommentar zum TKG, 2007; *Wimmer,* Netzneutralität – Eine Bestandsaufnahme, ZUM 2013, 641 ff.; *Winkler,* Anm. zu BVerfG: Regulierung des Mobilfunkmarkts durch die BNetzA, MMR 2012, 188 ff.; *Wolff/Bachof/Stober/Kluth* (Hrsg.), Verwaltungsrecht I, 13. Aufl. 2017; *Würtenberger,* Entscheidungen über den Marktzugang nach Regulierungsermessen?, GewArch 2016, 6 ff.

1   Das Telekommunikationsrecht hat eine seit jeher dynamische Materie zum Regelungsgegenstand, die trotz der unlängst (auch) zu beobachtenden Konsolidierung[1] durch Verabschiedung des „Europäischen Kodex für die elektronische Kommunikation"[2] (Kodex) immer wieder Neuerungen insbesondere aufgrund technischer Innovationen ausgesetzt ist. Hinzu kommen komplexe ökonomische Zusammenhänge, die die Arbeit mit diesem Rechtsgebiet für den Juristen genauso erschweren wie die dort sehr enge Verzahnung von Zivil- und Verwaltungsrecht. Sie ist vor allem darauf zurückzuführen, dass das Telekommunikationsrecht seine Basis primär auf Unionsebene und dort vor allem im Sekundärrecht findet. Abgesehen davon bestehen aber auch verfassungsrechtliche Bezüge. All diese Rahmenbedingungen bilden die Grundlage für die folgenden Ausführungen: Sie wollen einerseits einen Überblick über die praxisrelevanten Regelungsgegenstände des Telekommunikationsrechts – so im Bereich der sog. Marktregulierung – geben, gehen andererseits bisweilen aber durchaus auch in die Tiefe – so namentlich in den Bereichen der Frequenzordnung und des Rechts der Netzneutralität. Einige Aspekte des Telekommunikationsrechts bleiben demgegenüber unbehandelt, so insbesondere das Universaldienstrecht, dessen Praxisrelevanz sich bisher ohnehin in deutlichen Grenzen gehalten hat.[3]

Teil 8.1 Marktregulierung

Übersicht

	Rn.
A. Gefahrenlage	2
B. Zielsetzung	4
C. Regelungsinhalt	6
I. Verfahren der Marktregulierung	7
1. Materiell-rechtliche Dimension	8

---

[1] *Neumann,* N&R 2019, 152, 152; *Scherer/Heinickel,* MMR 2017, 71, 71.
[2] RL (EU) 2018/1972 vom 11. 12. 2018, ABl. L 321 vom 17. 12. 2018, S. 36 – 214.
[3] Ausf. dazu *Korte,* in: Kirchhof/Korte/Magen (Hrsg.), Öffentliches Wettbewerbsrecht, § 14.

	Rn.
2. Verfahrensrechtliche Dimension	29
II. Zugangsregulierung	41
1. Marktmachtabhängige Zugangsregulierung	42
2. Marktmachtunabhängige Zugangsregulierung	58
III. Entgeltregulierung	65
1. Allgemeine Regeln der Entgeltregulierung	66
2. Entgeltregulierung für Zugangsleistungen	88
3. Entgeltregulierung für Endnutzerleistungen	130
IV. Entflechtung	134
V. Besondere Missbrauchsaufsicht	135
D. Durchsetzungsmechanismen	139
I. Beteiligte Behörden	140
1. Die BNetzA	141
2. Das GEREK	143
II. Verfahren	146
III. Entscheidungen	149
IV. Befugnisnormen	151
E. Rechtsbehelfsmöglichkeiten	155
I. Spezialregeln für das Gerichtverfahren	156
1. Besonderheiten im Bereich Rechtsbehelfe	157
2. Besonderheiten im Bereich Geheimnisschutz	160
II. Prozessrechtliche Besonderheiten	168
1. Auf Unionsebene	169
2. Auf nationaler Ebene	172
3. Gerichtliche Kontrolldichte	181
F. Verhältnis zu anderen Rechtsvorschriften	184

Die Vorschriften über die Marktregulierung sind in den §§ 9 ff. TKG niedergelegt. Sie bilden einen, wenn nicht den Schwerpunkt des Telekommunikationsrechts ab, weil sie die Frage beantworten, ob und inwieweit aufgrund der zugrunde liegenden Netzstrukturen zur Monopolbildung neigende Telekommunikationsmärkte mit Hilfe rechtlicher Vorgaben wettbewerbsfähig gemacht werden können.   **1**

A. Gefahrenlage

Aus volkswirtschaftlicher Sicht weist der Betrieb von Telekommunikationsnetzen verschiedene Spezifika auf, weil es sich um **natürliche Monopole** handelt. Sie prägen hohe Fixkosten in Form umfangreicher Investitionen für den Netzaufbau, während die Durchschnittskosten für die Netznutzung im Vergleich dazu gering sind und umso kleiner werden, je größer der Produktions- bzw. Nutzungsumfang wird. Zu diesen Skalenvorteilen können Verbundvorteile hinzukommen, wenn bzw. weil Netzinvestitionen verschiedensten Netznutzungen zugutekommen. Zudem entstehen ggf. Dichtevorteile, wenn das Telekommunikationsnetz besonders vielen Nutzern zu geringen Kosten zur Verfügung gestellt werden kann. Dadurch steigt ferner die Erreichbarkeit, was wiederum zu positiven Netzwerkeffekten führt und den Umfang der Netznutzung bzw. Produktion weiter erhöht sowie die Durchschnittskosten weiter senkt. All diese Effekte führen zu subadditiven Strukturen, so dass die Gesamtkosten der auf dem Telekommunikationsmarkt angebotenen netzabhängigen Produkte im Falle der Bereitstellung durch einen einzigen Netzbetreiber geringer sind als im Falle mehrerer Konkurrenten.[4]   **2**

Aus Sicht etwaiger **Wettbewerber** bergen natürliche Monopole (auch) in Form von Telekommunikationsnetzen aber nicht nur Probleme aufgrund der soeben beschriebenen   **3**

---

[4] *Ewald*, in: Wiedemann (Hrsg.), Kartellrecht, § 7 Rn. 68 ff.

marktmachtverstärkenden Effekte. Hinzu kommt auch, wenn nicht vor allem, dass sich etwaige Investitionen nicht oder nur schwer wieder rückgängig machen lassen, weil infolgedessen sog. versunkene Kosten entstehen können, die zusätzliche Barrieren für den Markteintritt bzw. -austritt schaffen. Eine Netzduplizierung ist somit auch deshalb im Ergebnis unattraktiv. Abgesehen davon birgt die Monopolneigung des Telekommunikationsnetzbetriebs Gefahren, wenn man die Betreiberebene verlässt und die Nutzungsebene betrachtet, weil etwaige Dienstanbieter auf Netzzugang angewiesen sind, um dem Verbraucher ihre Produkte zu offerieren. Für sie wirkt das Telekommunikationsnetz wie ein Flaschenhals, den sie passieren müssen, um wirtschaftlichen Erfolg zu haben. Daraus resultieren Diskriminierungspotenziale, wenn auch der Netzbetreiber selbst Verbrauchern Dienste anbietet. Umgekehrt wäre der Netzbetrieb aber unattraktiv, wenn dessen Nutzung jedem kostenfrei zur Verfügung stünde.[5]

B. Zielsetzung

4   Das Telekommunikationsrecht reagiert auf diese Unwägbarkeiten, indem es ausweislich des § 1 TKG nicht nur flächendeckend angemessene und ausreichende Telekommunikationsdienstleistungen gewährleisten will, sondern auch den Zweck verfolgt, durch technologieneutrale Regulierung leistungsfähige Telekommunikationsinfrastrukturen und den Wettbewerb im Bereich der Telekommunikation (§ 3 Nr. 22 TKG) zu fördern. Diese **Zielsetzungen** bestehen auf der Netz- (vgl. zum Begriff insbesondere § 3 Nr. 27 TKG) und auf der Dienstebene.[6] Adressiert sind damit neben den Telekommunikationsnetzbetreibern auch die Diensteanbieter, die ausweislich des § 3 Nr. 6, 10 TKG geschäftsmäßig, aber nicht notwendig in Gewinnerzielungsabsicht[7] Telekommunikationsdienste (§ 3 Nr. 24 TKG) erbringen oder daran mitwirken. Damit sind gemäß § 3 Nr. 24 TKG keine inhaltlichen Angebote, sondern primär in der Signalübertragung über Telekommunikationsnetze (§ 3 Nr. 27 TKG) bestehende Dienste gemeint, wobei der „Kodex" dieses Verständnis modifizieren und Telekommunikationsdienste aufgrund ihrer aus Endnutzersicht (vgl. § 3 Nr. 8 TKG) ähnlichen Funktion auf interpersonelle Kommunikationsdienste wie OTT-Dienste[8] erstrecken wird.[9] Die Verwirklichung der in § 1 TKG angesprochenen Zwecke ist kein bundesdeutsches Spezifikum. Sie finden ihre Grundlage daher nicht nur im Verfassungs- (vgl. Art. 87f TKG), sondern auch im Unionsrecht,[10] das seit den 90er Jahren bestrebt ist, die ehemals überwiegend hoheitliche Erbringung von Telekommunikationsdiensten mit Hilfe von Sekundärrechtsakten wie jüngst dem „Europäischen Kodex für die elektronische Kommunikation" zu liberalisieren.

5   Die so umschriebenen Zielsetzungen aus § 1 TKG erfahren in Bezug auf die Hoheitsaufgabe der Regulierung eine Konkretisierung in **§ 2 TKG**. In dessen Absatz 2 werden die sog. Regulierungsziele in Umsetzung unionsrechtlicher Vorgaben aufgeführt. Sie lassen sich – abstrahiert man von den dort im Einzelnen aufgeführten Zwecken – ähnlich § 1 TKG auf die Oberziele der Förderung des Wettbewerbs bzw. des Binnenmarkts, der Nutzerinteressen und der Infrastruktur reduzieren.[11] In Umsetzung des Kodex wird in § 2 TKG das Ziel der Förderung des Aufbaus und der Nutzung von Netzen mit sehr hoher Kapazität implementiert werden müssen. Es spricht viel dafür, dass es an die Stelle des

---

[5] *Kühling/Schall/Biendl*, Telekommunikationsrecht, Rn. 85 ff.
[6] *Fetzer*, in: Schulte/Kloos (Hrsg.), Öffentliches Wirtschaftsrecht, § 8 Rn. 15.
[7] *Lünenburger/Stamm*, in: Scheurle/Mayen (Hrsg.), TKG § 3 Rn. 12.
[8] Ausf. zu deren Zuordnung zu § 3 Nr. 24 TKG de lege lata *Kühling/Schall*, CR 2015, 641, 645 ff.
[9] *Neumann*, N&R 2019, 152, 153; krit. *Scherer/Heinickel*, MMR 2017, 71, 71.
[10] Vgl. *Attendorn*, NVwZ 2009, 19 ff.
[11] Vgl. *Cornils*, in: Geppert/Schütz (Hrsg.), TKG, § 2 Rn. 9 ff.

bisher in § 2 Abs. 2 Nr. 5 TKG normierten Regulierungsziels eines beschleunigten Ausbaus hochleistungsfähiger Netze treten wird.[12] Eine Hierarchisierung der Zielsetzungen besteht trotz des neu hinzugekommenen und im Kodex mehrfach besonders betonten Ziels der Förderung von Netzen mit hoher Kapazität nach wie vor nicht. Sie sind also gleichrangig[13] und stehen zudem in enger Verbindung zu den in § 2 Abs. 3 TKG niedergelegten Regulierungsgrundsätzen, die allerdings weniger final als vielmehr modal ansetzen, weil sie die Art und Weise der Regulierung beschreiben, indem sie ein vorhersehbares, diskriminierungsfreies, wettbewerbsschützendes und -förderndes oder ein möglichst wenig invasives Vorgehen fordern. **Regulierungsziele und -grundsätze** lassen sich im Einzelfall oft kaum voneinander abgrenzen, so dass dort, wo das Gesetz nur die Ziele anspricht, in der Regel auch die Grundsätze gemeint sind.[14]

C. Regelungsinhalt

Anknüpfend an die infrastruktur- und wettbewerbsfördernden Ziele des § 1 TKG macht dessen Teil 2 Vorgaben für die **Marktregulierung**. Die dortigen Vorschriften adressieren primär den Netzbetrieb[15] und werden in Umsetzung des Kodex künftig verschiedene zusätzliche Mechanismen zur Erleichterung von Koinvestitionen in die Netzinfrastruktur und zum Aufbau hochkapazitärer Netze enthalten.[16] Inhaltlich dient Teil 2 im ersten Abschnitt (§§ 9 ff. TKG) der Identifizierung von Telekommunikationsmärkten, auf denen der Wettbewerb infolge natürlicher Monopole nicht oder nur eingeschränkt funktionsfähig ist, und ermöglicht bejahendenfalls den Erlass von Abhilfemaßnahmen. An dieses Verfahren der Marktregulierung knüpfen der zweite (§§ 16 ff. TKG) und der dritte (§§ 27 ff. TKG) Abschnitt des zweiten Teils des TKG an, indem sie sich der Zugangs- und Entgeltregulierung widmen. Die dortigen Vorschriften sorgen dafür, dass Inhalteanbieter über die Netze mit den Nutzern in Kontakt treten können, ohne preisbezogenen Diskriminierungen zu unterliegen. Hinzu kommen Regeln über die Trennung vertikal integrierter Unternehmen (§§ 40 ff. TKG), und zur Missbrauchsaufsicht (§§ 42 f. TKG).

I. Verfahren der Marktregulierung

Das Verfahren der Marktregulierung aus den §§ 9 ff. TKG bildet gewissermaßen den Ausgangspunkt der telekommunikationsrechtlichen Netzregulierung. Es prägt eine materiell-rechtlich inhaltliche und eine verfahrensrechtliche Dimension.

1. Materiell-rechtliche Dimension

In materiell-rechtlicher Hinsicht ist eine Marktdefinition und eine Marktanalyse der BNetzA im Einvernehmen[17] mit dem BKartA (vgl. § 123 Abs. 1 S. 1 TKG) vorzunehmen, an die sich ggf. der Erlass einer sog. Regulierungsverfügung anschließt.

---

[12] *Neumann,* N&R 2019, 152, 152.
[13] *Scherer/Heinickel,* MMR 2017, 71, 72.
[14] *Gärditz,* in: Scheurle/Mayen (Hrsg.), TKG, § 2 Rn. 46; *Cornils,* in: Geppert/Schütz (Hrsg.), TKG § 2 Rn. 9.
[15] *Fetzer,* in: Schulte/Kloos (Hrsg.), Öffentliches Wirtschaftsrecht, § 8 Rn. 19 f.
[16] *Neumann,* N&R 2019, 152, 156 f.
[17] Ausf. dazu *Gramlich,* in: Scheurle/Mayen (Hrsg.), TKG § 123, Rn. 5.

a) Marktdefinition, § 10 TKG

9   Die Marktdefinition verlangt nach § 10 Abs. 1 TKG zunächst eine sachliche und räumliche Abgrenzung von Telekommunikationsnetz- oder -dienstmärkten.[18] Daran schließt dann der in Absatz 2 dieser Norm konkretisierte Drei-Kriterien-Test an, mit dessen Hilfe die BNetzA die Regulierungsbedürftigkeit des Marktes feststellt.

10 **aa) Marktabgrenzung.** Die Marktabgrenzung basiert auf allgemeinen kartellrechtlichen Grundsätzen, kennt also eine sachliche und räumliche Dimension, weist allerdings auch Besonderheiten auf: So muss sie mangels Trennbarkeit entgegen dem Wortlaut des § 10 Abs. 1 TKG nicht nur die allgemeinen Regulierungsziele aus § 2 Abs. 2 TKG, sondern auch die zugehörigen Grundsätze aus § 2 Abs. 3 TKG[19] beachten (s. → Rn. 5). Zudem hat die Marktabgrenzung zukunftsbezogen zu erfolgen, so dass nicht bestehende, sondern künftige Marktstrukturen relevant werden, deren Entwicklung über einen längeren Zeitraum zu prognostizieren ist.[20] Zudem prägen die Marktabgrenzung **unionsrechtliche Vorgaben** hier vor allem in Form der Leitlinien der Kommission zur Marktanalyse und Ermittlung beträchtlicher Marktmacht (§ 3 Nr. 4 TKG), die trotz ihrer in Art. 288 Abs. 5 AEUV angelegten Unverbindlichkeit wegen § 10 Abs. 2 S. 3 TKG nicht nur ergänzend zu berücksichtigen,[21] sondern sogar weitestgehend zu berücksichtigen sind, so dass Abweichungen nur auf Basis hinreichender Begründung möglich sind, was die Leitlinien zu widerlegbaren Vermutungen werden lässt.[22]

11 Im Einzelnen hängt der **sachlich relevante Markt** von der Austauschbarkeit verschiedener Produkte ab. Um sie zu ermitteln, wird der sog. SSNIP-Test herangezogen. Er fragt danach, ob ein Nachfrager im Falle einer Preisänderung von 5 bis 10 % auf ein anderes Produkt (sog. Substitut) umsteigen würde.[23] Abgesehen davon wird auf die Angebotsumstellungsflexibilität abgestellt, deren Intensität davon abhängt, ob andere Anbieter im Falle einer kleinen, aber signifikanten, anhaltenden Preisänderung bereit wären, ihre Produktion kurzfristig auf ein Substitut umzustellen, ohne dass ihnen dadurch erhebliche Zusatzkosten entstehen.[24] Die sog. Kreuzpreiselastizität der Nachfrage, die Änderungen im Verkaufsvolumen eines Produkts zu Änderungen des Verkaufspreises eines anderen in Beziehung setzt, ist demgegenüber mangels Nennung in den Leitlinien nur im Falle einer tragenden Begründung (s. → Rn. 10) als Indikator einsetzbar.[25]

12 Der **räumlich relevante Markt** kann mangels entsprechender Ausführungen auf Unionsebene und insbesondere in den Leitlinien zur Marktanalyse und Ermittlung beträchtlicher Marktmacht nach den Regeln des allgemeinen Wettbewerbsrechts bestimmt werden. Infolgedessen ist insoweit auf Gebiete abzustellen, in denen die Unternehmen die relevanten Produkte unter vergleichbaren oder hinreichend homogenen Wettbewerbsbedingungen anbieten und die von Nachbargebieten mit deutlich anderen Wettbewerbsbedingungen unterschieden werden können.[26] In Konkretisierung dessen wird gemeinhin ebenfalls auf die Austauschbarkeit der Produkte sowie auf die Angebotsumstellungsflexibilität der Unternehmen (§ 3 Nr. 29 TKG) abgestellt. Insoweit bestehen also durchaus gewisse Parallelen.[27]

13 Die **Homogenität der Wettbewerbsbedingungen** ist ausweislich der obigen Definition ein besonders relevantes Kriterium für die räumliche Marktabgrenzung und kann regionale bzw. lokale Märkte mit der Folge einer feinmaschigen, aber auch besonders auf-

---

[18] *Heinen-Hosseini/Woesler*, in: Säcker (Hrsg.), TKG § 10 Rn. 25.
[19] So bezogen auf § 10 Abs. 1 TKG BT-Drs. 17/5707, 5.
[20] *Würtemberger*, GewArch 2016, 6, 9.
[21] So für Empfehlungen EuGH, Rs. C-322/88, Slg. 1989, I-4407 Rn. 18 – Grimaldi.
[22] *Käseberg/Mayen*, in: Scheurle/Mayen (Hrsg.), TKG § 10, Rn. 17 ff.; BVerwGE 131, 41, Rn. 26.
[23] *Ewald*, in: Wiedemann (Hrsg.), Kartellrecht, § 7 Rn. 76 f.
[24] *Fuchs/Möschel*, in: Immenga/Mestmäcker (Hrsg.), Wettbewerbsrecht, § 18 Rn. 46 f.
[25] *Käseberg/Mayen*, in: Scheurle/Mayen (Hrsg.), TKG § 10 Rn. 24b.
[26] *Gersdorf*, in: Spindler/Schuster (Hrsg.), Recht der elektronischen Medien, § 10 TKG Rn. 23.
[27] *Käseberg/Mayen*, in: Scheurle/Mayen (Hrsg.), TKG § 10 Rn. 31.

C. Regelungsinhalt

wändigen Regulierung entstehen lassen.[28] Dieser Anknüpfungspunkt wird darüber hinaus herangezogen, um den sachlich relevanten Markt mit Hilfe von Merkmalen wie dem der Angebotsstrategie oder des Käuferverhaltens abzugrenzen. Insoweit hat die Einbeziehung des Gradmessers der Homogenität der Wettbewerbsbedingungen durchaus einige regulierungspraktische Bedeutung, obwohl dadurch der Regulierungsaufwand steigen kann. Allerdings sagt dieses Kriterium nicht zwingend etwas darüber aus, ob ein Anbieter über Marktmacht verfügt, weil es die Preissetzungsspielräume von Unternehmen nur unmerklich beeinflusst.[29]

bb) Regulierungsbedürftigkeit. Die Regulierungsbedürftigkeit der so abgegrenzten Telekommunikationsmärkte hängt ausweislich des § 10 Abs. 2 TKG vom dort normierten Drei-Kriterien-Test ab. Vor dessen Durchführung sind allerdings ausweislich des Satzes 3 dieser Vorschrift erneut unionsrechtliche Vorgaben einzubeziehen. Neben den bereits erwähnten Leitlinien zur Marktanalyse und Ermittlung beträchtlicher Marktmacht wird in diesem Kontext vor allem die **Märkteempfehlung der Kommission** relevant. Sie stammt in der aktuellen Fassung aus dem Jahre 2014 und stuft nicht mehr wie früher sieben, sondern nur noch vier Märkte im Sinne einer widerleglichen Vermutung (s. → Rn. 10) als regulierungsbedürftig ein.[30] Im Einzelnen finden sich dort Markt 1: Anrufzustellung auf der Vorleistungsebene in einzelnen öffentlichen Telefonnetzen (vgl. § 3 Nr. 16 TKG) an festen Standorten; Markt 2: Anrufzustellung auf der Vorleistungsebene in einzelnen Mobilfunknetzen; Markt 3: a) Auf der Vorleistungsebene an festen Standorten lokal bereitgestellter Zugang zu Teilnehmeranschlüssen (vgl. § 3 Nr. 21 TKG) und b) Für Massenprodukte auf der Vorleistungsebene an festen Standorten zentral bereitgestellter Zugang zu Teilnehmeranschlüssen sowie Markt 4: Auf der Vorleistungsebene an festen Standorten bereitgestellter Zugang zu Teilnehmeranschlüssen von hoher Qualität.[31]

Wegen der Vermutungswirkung der Leitlinien und Empfehlungen der Kommission kommt dem **Drei-Kriterien-Test** vor allem die Bedeutung zu, Abweichungen insbesondere aufgrund nationaler Spezifika zu rechtfertigen oder weitere regulierungsbedürftige Märkte zu identifizieren.[32] Inhaltlich setzt diese Prüfung erstens das Bestehen beträchtlicher und länger anhaltender (s. → Rn. 11 f.) Marktzutrittsschranken voraus. Sie können struktureller oder rechtlicher Natur sein, dh also aus Bündelungsvorteilen in Verbindung mit versunkenen Kosten (s. → Rn. 3) oder aus hoheitlichen Maßnahmen resultieren.[33] Zweitens ist festzustellen, ob der Markt längerfristig eine Tendenz zu wirksamen Wettbewerb (§ 3 Nr. 31 TKG) erkennen lässt. Insoweit geht es also um die Bedingungen auf dem jeweiligen Telekommunikationsmarkt und nicht um die vorgelagerten Zutrittsschranken. Von Relevanz sind dabei die Verteilung der Marktmacht, aber auch die Dynamik des jeweiligen Marktes und die Produktionsflexibilität der Anbieter.[34] Drittens dürfen die Regeln des allgemeinen Wettbewerbsrechts nicht ausreichen, um dem Marktversagen entgegenzuwirken. Insoweit kommt es vor allem darauf an, ob die dadurch hervorgerufenen Handlungsspielräume zugunsten von Unternehmen mit Hilfe eines punktuellen Einschrei-

---

[28] *Heinen-Hosseini/Woesler*, in: Säcker (Hrsg.), TKG § 10 Rn. 47; vgl. zu den Bemühungen auf Unionsebene im Kontext der Konzeption und Verabschiedung des Kodex *Neumann*, N&R 2019, 152, 154; *Scherer/Heinickel*, MMR 2017, 71, 72.
[29] *Käseberg/Mayen*, in: Scheurle/Mayen (Hrsg.), TKG § 10 Rn. 28 f.
[30] Empfehlung der Kommission vom 9.10.2014 über relevante Produkt- und Dienstmärkte des elektronischen Kommunikationssektors, die aufgrund der Richtlinie 2002/21/EG des Europäischen Parlaments und des Rates über einen gemeinsamen Rechtsrahmen für elektronische Kommunikationsnetze und -dienste für eine Vorabregulierung in Betracht kommen, ABl. L 295 v. 11.10.2014, 79, 84.
[31] Ausf. dazu *Geers*, in: Arndt/Fetzer/Scherer/Graulich (Hrsg.), TKG § 10 Rn. 7; zur Entbehrlichkeit der Festnetzregulierung wegen verstärkter Austauschbarkeit von Festnetz und Mobilfunk *Schings*, N&R 2016, 156, 157 ff.
[32] Vgl. Erwägungsgründe 19–21 der Märkteempfehlung, ABl. L 295 vom 11.10.2014, 79, 82; enger offenbar *Käseberg/Mayen*, in: Scheurle/Mayen (Hrsg.), TKG § 10 Rn. 37 ff.
[33] *Eifert*, in: Ehlers/Fehling/Pünder (Hrsg.), Besonderes Verwaltungsrecht, § 24 Rn. 43.
[34] *Neumann/Koch*, Telekommunikationsrecht, S. 110.

tens im Nachhinein hinreichend domestiziert werden können oder ob es namentlich aus Gründen der Planungssicherheit einer detaillierten Vorabregulierung bedarf.[35]

16 **cc) Beurteilungsspielraum.** § 10 Abs. 2 S. 2 TKG billigt die BNetzA bei der Bestimmung „dieser", dh also der regulierungsbedürftigen Märkte, einen Beurteilungsspielraum zu. Diese Prärogative bezieht sich nach der systematischen Stellung der Norm zunächst auf die Durchführung des Drei-Kriterien-Tests. Die verwaltungsgerichtliche Spruchpraxis geht allerdings in ständiger Rechtsprechung davon aus, dass auch in Bezug auf die Marktabgrenzung selbst und damit in Bezug auf das **gesamte Prüfprogramm des § 10 TKG** ein behördlicher Beurteilungsspielraum besteht.[36] Diese Erstreckung des Abs. 2 S. 2 dieser Vorschrift ist entsprechend der Forderungen der verfassungsgerichtlichen Spruchpraxis[37] zumindest insoweit im Wortlaut der Norm angelegt, als der dortige Bezugspunkt „diese Märkte" auch die sachlich und räumlich abgegrenzten meint, handelt es sich doch um eine wesentliche Vorfrage für die Feststellung der Regulierungsbedürftigkeit.[38]

17 Begründen lässt sich dieser Ansatz trotz teils kritischer Stimmen in der Literatur[39] darüber hinaus aus einer **systematisch-teleologischen Perspektive:** Insbesondere weist die Marktabgrenzung eine enge Verknüpfung zum Problem der Regulierungsbedürftigkeit auf, weil die Existenz eines Marktversagens mit der Marktabgrenzung steht und fällt; nicht von ungefähr hat der Gesetzgeber die Marktabgrenzung und die Feststellung der Regulierungsbedürftigkeit im Rahmen der Marktdefinition verknüpft. Abgesehen davon sprechen aber auch der prognostische Charakter (s. → Rn. 10) der Marktabgrenzung sowie deren Abhängigkeit von den Regulierungszielen des § 2 Abs. 2 TKG, die aufgrund ihres programmatischen Inhalts einen erheblichen Planungscharakter aufweisen (s. → Rn. 5), für eine Erstreckung des Beurteilungsspielraums aus § 10 Abs. 2 S. 2 TKG auf das Prüfprogramm des Absatzes 1 dieser Vorschrift.[40]

b) Marktanalyse, § 11 TKG

18 Den letzten Schritt der Prüfung, ob ein Markt der Regulierung nach Teil 2 des TKG bedarf, bildet die Marktanalyse nach § 11 TKG. Sie fragt danach, ob auf dem regulierungsbedürftigen Markt wirksamer Wettbewerb besteht, was nach Abs. 1 grundsätzlich die BNetzA festzustellen hat – bei länderübergreifenden Märkten nach Abs. 2 in Kooperation mit der Regulierungsbehörde des anderen Mitgliedstaats. Auch innerhalb des § 11 Abs. 1 und 2 TKG sind **unionsrechtliche Vorgaben** in Form der „Leitlinien (der Kommission) zur Marktanalyse und Ermittlung beträchtlicher Marktmacht nach dem EU-Rechtsrahmen für elektronische Kommunikationsnetze und -dienste"[41] weitestgehend und damit ebenfalls im Sinne einer widerleglichen Vermutung zu berücksichtigen. Dort sind namentlich die Indikatoren, die für die Bestimmung der Marktpositionen der Unternehmen herangezogen werden können, normiert. Zudem ist der Märkteempfehlung der Kommission (s. → Rn. 14) „Rechnung" zu tragen, was insoweit einen im Vergleich zu den Leitlinien geringeren Verbindlichkeitsgrad[42] indiziert.

19 Maßgeblicher **Bezugspunkt der Marktanalyse** ist, ob wirksamer Wettbewerb besteht. Daran fehlt es nach § 11 Abs. 1 TKG in Entsprechung zu § 3 Nr. 31 TKG im Falle einer

---

[35] Ausf. zu diesen Kriterien auch die Erwägungsgründe 11–15 der Märkteempfehlung, ABl. L Nr. 295 v. 11.10.2014, 79, 80 f.
[36] *Käseberg/Mayen*, in: Scheurle/Mayen (Hrsg.), TKG § 10 Rn. 56; *Franke*, Verw. 49 (2016), 25, 30; krit. *Winkler*, MMR 2012, 188, 189.
[37] Vgl. dazu *Korte/Dietrich*, JA 2017, 323, 333 im Anschluss an BVerfGE 103, 142, Rn. 52 ff.
[38] *Neumann/Koch*, Telekommunikationsrecht, S. 118.
[39] *Käseberg/Mayen*, in: Scheurle/Mayen (Hrsg.), TKG § 10 Rn. 57 f.; *Mayen*, in: in: Scheurle/Mayen (Hrsg.), TKG § 13 Rn. 48a ff.
[40] Vgl. zur gleichsinnigen Literatur *Neumann/Koch*, Telekommunikationsrecht, S. 119.
[41] ABl. C Nr. 159 v. 7.5.2018, S. 1 ff.
[42] BT-Drs. 17/5702, 52 („in gewissem Maße").

C. Regelungsinhalt

beträchtlichen Marktmacht eines oder mehrerer, in Bezug auf ihr Marktverhalten dann kooperierender[43] Unternehmen. Beträchtliche Marktmacht wird bei einer der Beherrschung gleichkommenden, dh also einer wirtschaftlich starken Stellung fingiert („gilt"), wenn dadurch in beträchtlichem Umfang (dh nicht vollständig, sondern in erheblicher Weise[44]) ein Verhalten unabhängig von Wettbewerbern und Endnutzern möglich wird. Relevant ist insoweit das Art. 102 AEUV zugrunde liegende Konzept der Marktbeherrschung.[45] Wegen der Zukunftsgerichtetheit der Marktregulierung und der hohen Dynamik von Telekommunikationsmärkten prägen auch die Feststellung, ob beträchtliche Marktmacht vorliegt, ggf. Prognosen.[46] Zudem kann eine Regulierung auf vorgelagerten Märkten auf nachgelagerte zurückwirken, so dass eine Marktanalyse deren produktionsbezogene Reihung bzw. Abhängigkeit zu beachten hat.[47]

Im Einzelnen bestimmt sich beträchtliche Marktmacht anhand einer Gesamtbetrachtung über längere Zeit. Insoweit sind primär die konkrete Marktposition eines Unternehmens und damit dessen Marktanteil relevant. Ist er über einen längeren Zeitraum besonders hoch (über 50%), liegt darin von außergewöhnlichen Umständen abgesehen ein gewichtiges Indiz.[48] Hinzu kommen weitere Kriterien – so die Gesamtgröße des Unternehmens, die Existenz von technischen, finanziellen oder vertriebsbezogenen Privilegien und von Größen- oder Verbundvorteilen in der Produktion sowie der Einfluss des Unternehmens auf für die Produktion bzw. Angebote maßgebliche Infrastrukturen gerade bei vertikaler Integration. Ferner ist die Marktposition von (potenziellen) Wettbewerbern relevant, die umso schwächer ist, je mehr Barrieren auf dem Markt bestehen bzw. je schwerer der Zutritt zum Markt etwa aufgrund natürlicher Monopole ist. Zudem ist die Nachfragemacht der Marktgegenseite einzubeziehen.[49]

Die verwaltungsgerichtliche Spruchpraxis[50] erstreckt den in § 10 Abs. 2 S. 2 TKG angelegten **Beurteilungsspielraum** auch auf die Marktanalyse. Diese Weitung ist in der Literatur ebenfalls nicht ohne Kritik geblieben,[51] zumal sie sich noch weiter von der systematischen Stellung dieser Norm entfernt, steht § 11 TKG doch in größerer Entfernung dazu als § 10 Abs. 1 TKG. Begründet wird dieser Ansatz ebenfalls mit dem engen Zusammenhang hier zwischen Marktanalyse und -definition, die in der Tat namentlich bei der Feststellung von Marktzutrittsschranken Überschneidungen und Wechselbezüglichkeiten aufweisen (s. → Rn. 15).[52] Hinzu kommen unionsrechtliche Implikationen, weil die weitestgehend zu berücksichtigenden (s. → Rn. 10) Leitlinien der Kommission den nationalen Regulierungsbehörden etwa in Nr. 71 einen Ermessensspielraum im Rahmen der Marktanalyse einräumen, was nach deutscher verwaltungsverfahrensrechtlicher Diktion auf Tatbestandsebene als Beurteilungsspielraum zu verstehen ist.[53]

c) Erlass einer Regulierungsverfügung, § 13 TKG

Den Abschluss des Verfahrens der Marktregulierung bildet nach § 13 TKG die Regulierungsverfügung.

---

[43] Ausf. dazu *Käseberg/Mayen*, in: Scheurle/Mayen (Hrsg.), TKG § 11 Rn. 21 ff.; EuGH verb. Rs. C-395/96P und C-396/96P, ECLI:EU:C:2000:132 Rn. 36 – Dafra Lines; EuG, Rs. T-228/97, ECLI:EU:T:1999:246, Rn. 66 – Irish Sugar.
[44] BVerwGE 131, 41, Rn. 38.
[45] *Käseberg/Mayen*, in: Scheurle/Mayen (Hrsg.), TKG § 11 Rn. 8.
[46] *Körber*, in: Immenga/Mestmäcker (Hrsg.), Wettbewerbsrecht VIII. Rn. 110, 112.
[47] *Käseberg/Mayen*, in: Scheurle/Mayen (Hrsg.), TKG § 11 Rn. 13 f.
[48] Vgl. Leitlinien, Rn. 55 sowie *EuGH*, Rs. C-62/88, ECLI:EU:C:1990:153, Rn. 60 – Griechenland/Rat.
[49] *Körber*, in: Immenga/Mestmäcker (Hrsg.), Wettbewerbsrecht, VIII. Rn. 111.
[50] *BVerwG*, NVwZ 2011, 563.
[51] Statt vieler *Winkler*, MMR 2012, 186, 188 f.
[52] *Eifert*, in: Ehlers/Fehling/Pünder (Hrsg.), Besonderes Verwaltungsrecht § 24 Rn. 47, 52.
[53] Vgl. *Neumann/Koch*, Telekommunikationsrecht, S. 124.

23 **aa) Voraussetzungen.** Sie wird in dessen Abs. 1 S. 1 legal definiert als Auferlegung, Änderung, Beibehaltung oder Widerruf[54] von Verpflichtungen nach den §§ 19, 20, 21, 23, 24, 30, 39 oder 42 Abs. 4 S. 3 TKG; hinzukommen solche nach § 18 TKG.[55] Dieser Katalog ist abschließender Natur.[56] In den folgenden Absätzen des § 13 TKG treten Sonderregeln in Bezug auf Reichweite und Inhalt der so definierten Regulierungsverfügung hinzu. Sie gelten nach Abs. 2 dieser Norm, wenn eine marktbeherrschende Stellung auf einen zweiten Markt im Sinne des § 11 Abs. 1 S. 4 TKG hinüberwirkt,[57] sowie nach Abs. 3, wenn ein Markt mehrere Mitgliedstaaten übergreift und er reguliert werden muss, weil dort beträchtliche Marktmacht besteht.[58] **Adressat der Regulierungsverfügung** ist bzw. sind gemäß § 9 Abs. 2 TKG das bzw. die Unternehmen, die über beträchtliche Macht auf einem regulierungsbedürftigen Markt verfügen. Es werden also nicht allen Wirtschaftsakteuren Verpflichtungen auferlegt, sondern nur denjenigen, die das (prognostizierte) Marktversagen verantworten. Man spricht insoweit vom Grundsatz der asymmetrischen Regulierung,[59] von dem eine Ausnahme ausweislich des § 9 Abs. 3 TKG nur auf Basis des § 18 TKG gemacht werden darf. Infolgedessen können Netzbetreiber, die den Zugang zu Endnutzern kontrollieren, zur Zusammenschaltung ihrer Netze verpflichtet werden, auch wenn sie nicht über beträchtliche Marktmacht im Sinne des § 11 TKG verfügen.[60]

24 Die Regulierungsverfügung muss in ihren **Voraussetzungen** aus der Marktdefinition und -analyse entwickelt werden, dh also auf deren „Ergebnisse(n)" (vgl. § 13 Abs. 5 TKG) bezogen sein. Dafür genügt ein enger funktionaler Zusammenhang zwischen der angeordneten Verpflichtung und dem regulierungsbedürftigen Markt.[61] Ferner müssen die in der Regulierungsverfügung enthaltenen Verpflichtungen dem konstatierten Marktversagen entgegenwirken können und verhältnismäßig sein. Hinzu kommen die spezifischen Anforderungen der in § 13 Abs. 1 TKG in Bezug genommenen Vorschriften – so etwa des § 21 (s. → Rn. 44 ff.) oder des § 30 TKG (s. → Rn. 88 ff.). Besondere Vorgaben bestehen zudem für die Beibehaltung, den Widerruf und die Änderung etwaiger Verpflichtungen: So verlangen sie denklogisch zunächst nach einer vorher ergangenen Verfügung. Zudem ist ein Widerruf nur möglich, wenn die materiellen Voraussetzungen für den Erlass einer Verpflichtung zwischenzeitlich entfallen sind; ob die Voraussetzungen des § 14 TKG (s. → Rn. 39) vorliegen, ist insoweit allerdings unerheblich.[62] Denkbar ist zudem ein Widerruf rechtswidriger Verpflichtungen, wenn man § 13 Abs. 1 TKG insoweit wie § 49 Abs. 1 VwVfG für erst recht anwendbar[63] hält. Die Änderung verlangt schließlich im Unterschied zur Beibehaltung einer Verpflichtung nach einer wesentlichen inhaltlichen Abweichung.[64]

25 Die Regulierungsverfügung **erlässt die BNetzA** ohne legislative Vorformung über den unionsrechtlichen Rahmen hinaus. Diese Kompetenz darf folglich durch den nationalen Gesetzgeber nicht eingeschränkt werden, was den im Falle der Eingriffsverwaltung an sich bestehenden Gesetzesvorbehalt aufgrund einer unmittelbaren Zuweisung behördlicher Zuständigkeiten durch das Unionsrecht partiell außer Kraft setzt. Die mitgliedstaatliche Legislative ist infolgedessen weder befugt, einen Telekommunikationsmarkt kraft Gesetzes von der Regulierung freizustellen (sog. Regulierungsferien[65]), noch darf sie die Erbringung ei-

---

[54] Vgl. zum Verständnis dieser Begriffe *Gurlit*, in: Säcker (Hrsg.), TKG § 13 Rn. 13 ff.
[55] *Gurlit*, in: Säcker (Hrsg.), TKG § 13 Rn. 11.
[56] Vgl. *Kühling/Schall/Biendl*, Telekommunikationsrecht, Rn. 242 f.
[57] Ausf. dazu *Kühling/Schall/Biendl*, Telekommunikationsrecht, Rn. 222 f.
[58] *Gurlit*, in: Säcker (Hrsg.), TKG § 13 Rn. 34 ff.
[59] *Fetzer*, in: Schulte/Kloos (Hrsg.), Öffentliches Wirtschaftsrecht, § 8 Rn. 21.
[60] Ausf. dazu *Scherer*, in: Arndt/Fetzer/Scherer/Graulich (Hrsg.), TKG § 18 Rn. 5 ff.; vgl. auch Vorauflage → Teil 7 Rn. 75.
[61] S. dazu BVerwG, DVBl. 2013, 1188, Rn. 26; vgl. *Mayen*, in: Scheurle/Mayen (Hrsg.), TKG § 13 Rn. 24.
[62] Vgl. BVerwGE 163, 136, Rn. 25 ff.
[63] S. dazu *Kopp/Ramsauer*, VwVfG § 49 Rn. 12.
[64] Ausf. *Mayen*, in: Scheurle/Mayen (Hrsg.), TKG § 13 Rn. 27 ff.; BVerwG, ZUM-RD 2014, 528, Rn. 6.
[65] Vgl. *EuGH*, Rs. C-424/07, ECLI:EU:C:2009:749, Rn. 108 – Kommission/Deutschland.

ner bestimmten Telekommunikationsleistung qua legem einer regulatorischen Verpflichtung unterwerfen[66]. Es gilt insoweit der Grundsatz behördlicher Regulierungsautonomie.[67] § 13 Abs. 1 TKG bezieht sich auf den Erlass positiver Regulierungsverfügungen mit Verpflichtungen, soll aber darüber hinaus auch dann anzuwenden sein, wenn ein Markt nicht regulierungsbedürftig ist, insbesondere weil dort wirksamer Wettbewerb besteht bzw. prognostiziert wird. In diesem Falle ist auf diese Norm eine sog. negative Regulierungsverfügung zu stützen, um das Verfahren der Marktregulierung formell abzuschließen. Die Rechtsnatur dieser Maßnahme soll wegen des Kehrseitengedankens die der Regulierungsverfügung teilen und daher nicht als Realhandeln, sondern als Verwaltungsakt (vgl. § 13 Abs. 5 TKG) zu qualifizieren sein (s. → Rn. 28).

bb) Rechtsfolge. Auf Rechtsfolgenebene steht der BNetzA ausweislich des § 9 Abs. 2 TKG kein Entschließungsermessen zu, wenn sie die Regulierungsbedürftigkeit eines Marktes festgestellt hat. Sie muss dann folglich eine Regulierungsverfügung erlassen. Sehr wohl besteht allerdings ein Ermessen, soweit es um die Auswahl der konkreten Verpflichtung(en) und deren Ausgestaltung geht.[68] Das zugehörige Arsenal findet sich in den in § 13 Abs. 1 TKG aufgeführten Bestimmungen. Da sowohl das „Ob" als auch das „Inwieweit" des Gebrauchs dieser Regelungen komplexe Abwägungsentscheidungen erfordern, die zu einem Gutteil durch die eher programmatisch und final angelegten Regulierungsziele und -grundsätze aus § 2 TKG (s. → Rn. 5) sowie ökonomische Prognosen vorgeformt werden,[69] geht die verwaltungsgerichtliche Spruchpraxis davon aus, dass der BNetzA ein **einheitliches Regulierungsermessen** zur Verfügung steht, soweit es um die Auswahl der aufzuerlegenden Verpflichtung(en) sowie deren Intensität bzw. Umfang geht.[70] Diese Judikatur wurde ursprünglich für Zugangsverpflichtungen entwickelt.[71] Da das BVerwG mittlerweile auch im Rahmen anderer Verpflichtungen ein Regulierungsermessen einräumt (s. → Rn. 16f., 21)[72] wird angenommen, dass der planungsähnliche und prognostische Charakter jedwede Regulierungsverfügung prägt, so dass die daraus folgenden administrativen Freiräume ein übergreifendes Phänomen spiegeln, das sich auf die Auferlegung jeder Verpflichtung bezieht.[73]

Im Rahmen des Auswahlermessens trifft die BNetzA vor allem die **Pflicht zur planerischen Konfliktbewältigung**, so dass die von der Marktregulierung betroffenen Belange insbesondere im Falle widerstreitender Regulierungsziele auszugleichen sind. Diese Pflicht besteht auch im Falle sog. neuer Märkte[74]. Eine Konfliktbewältigung ist im Planungsstadium nur dann verzichtbar, wenn sie im Rahmen der Umsetzung – dh also vorliegend der Erfüllung der Regulierungsverpflichtungen – sichergestellt wird und nicht absehbar ist, dass sich der fortbestehende Interessenkonflikt (auch) dann nicht bewältigen lässt.[75] Eine Konfliktbewältigung kann auch im Vorfeld des Erlasses einer Regulierungsverfügung und dann durch öffentlich-rechtlichen Vertrag erfolgen; ein Vertragsformverbot besteht insoweit nicht.[76] In Ausübung ihres Auswahlermessens kann die BNetzA auch eine regional differenzierende Regulierungsverfügung erlassen, was auch auf Unionsebene forciert

---

[66] S. dazu BVerwGE 131, 41, Rn. 15ff.
[67] S. zum Ganzen *Mayen*, in: Scheurle/Mayen (Hrsg.), TKG § 13 Rn. 6.
[68] *Gurlit*, in: Säcker (Hrsg.), TKG § 13 Rn. 43f.
[69] Vgl. zu diesen Argumenten *Neumann/Koch*, Telekommunikationsrecht, Rn. 154, 156; *Kühling/Schall/Biendl*, Telekommunikationsrecht, Rn. 242f.
[70] Vgl. *BVerwG*, ZUM-RD 2014, 528; *BVerwG*, CR 2014, 300, Rn. 24; *BVerwG*, NVwZ 2014, 942, Rn. 43; s. auch *Mayen*, in: Scheurle/Mayen (Hrsg.), TKG § 13 Rn. 31f.
[71] BVerwGE 130, 39, Rn. 28ff.; 131, 41, Rn. 47; *Mayen*, in: Scheurle/Mayen (Hrsg.), TKG, § 13 Rn. 31f.
[72] Vgl. *BVerwG*, MMR 2009, 460, Rn. 59f.; *BVerwG*, MMR 2013, 677, Rn. 41.
[73] So nunmehr explizit *BVerwG*, MMR 2019, 259, Rn. 39; vgl. auch *Mayen*, in: Scheurle/Mayen (Hrsg.), TKG § 13 Rn. 31.
[74] Vgl. *Elsenbast*, MMR 2006, 575ff.
[75] *BVerwG*, NVwZ 2014, 942, Rn. 57.
[76] BVerwGE 163, 181, Rn. 68; s. auch *Mayen*, in: Scheurle/Mayen (Hrsg.), TKG § 13 Rn. 38.

wird[77]. Im Unterschied zur Berücksichtigung örtlicher Unterschiede im Rahmen der räumlichen Marktabgrenzung setzt dieses Vorgehen nicht auf Tatbestands-, sondern auf Rechtsfolgenebene an. Es dürfte vor allem in Betracht kommen, wenn zwar ein hinreichend homogener Markt gegeben ist, er aber regional unterschiedliche Wettbewerbsintensitäten aufweist, etwa weil das marktmächtige Unternehmen aufgrund von Dichtevorteilen in bestimmten Gebieten Konkurrenten hat, in anderen jedoch nicht.[78]

28 **cc) Rechtsnatur.** Aus § 13 Abs. 5 TKG folgt, dass die Regulierungsverfügung aus den auferlegten Verpflichtungen und den Ergebnissen der Marktdefinition und -analyse besteht sowie als einheitlicher **Verwaltungsakt** ergeht. Es handelt sich **nicht um eine Allgemeinverfügung.** im Sinne des § 35 S. 2 VwVfG, so dass die insoweit bestehenden Sonderregeln des Verwaltungsverfahrensrechts[79] nicht gelten. Denn prägend ist ein nur Verwaltungsakte im Sinne des Satzes 1 dieser Vorschrift kennzeichnender, abstrakt individueller Regelungscharakter,[80] weil die Regulierungsverfügung ein darin im Einzelnen bezeichnetes Unternehmen mit beträchtlicher Marktmacht (individuell) adressiert und ihm unabhängig von einer konkreten Nachfrage durch ein zugangswilliges Unternehmen und unabhängig von einem konkreten Streitfall – dh also abstrakt ohne Einzelfallbezug – bestimmte Verpflichtungen auferlegt[81]. Selbst wenn die konkreten Umstände teilweise bereits festgelegt sind (so etwa im Falle von Standardangeboten (vgl. § 23 TKG))[82], bleibt doch dabei, dass die Regulierungsverfügung entweder auf privatautonomen Wege (vgl. zB § 22 TKG) oder im Rahmen eines an deren Erlass anschließenden Verwaltungsverfahrens (vgl. zB § 25 TKG) noch konkretisiert werden muss, um sich etwa in Form von fest umrissenen Zugangsverpflichtungen oder Entgeltvorgaben auf einzelne Marktakteure auswirken zu können.[83] Solche abstrakt individuellen Maßnahmen fallen unter § 35 S. 1 VwVfG.

2. Verfahrensrechtliche Dimension

29 Neben die materiellen Vorgaben der §§ 9 ff. TKG tritt eine verfahrensrechtliche Dimension.

a) Beteiligungsrechte

30 Sie fordert in erster Linie eine Beteiligung Dritter, die nur im Falle außergewöhnlicher Umstände **verzichtbar** ist, nämlich wenn dringender Handlungsbedarf besteht, weil dann nach den §§ 12 Abs. 3, 13 Abs. 1 S. 1 TKG vorläufige Maßnahmen ergriffen werden dürfen.[84] Jenseits dieser Konstellation sind das Konsultations- und das Konsolidierungsverfahren zu scheiden.

31 **aa) Konsultationsverfahren.** Im Rahmen des Konsultationsverfahren sind die **interessierten Kreise** – darunter fallen nicht die am Regulierungsverfahren Beteiligten, sondern primär die Fachöffentlichkeit[85] – befugt, eine **Stellungnahme** zur Marktdefinition und Marktanalyse der BNetzA (vgl. § 12 Abs. 1 TKG), aber auch zur avisierten Regulierungsverfügung, sofern sie beträchtliche Auswirkungen auf den betreffenden Markt hat (vgl.

---

[77] *Neumann*, N&R 2019, 152, 154; *Scherer/Heinickel*, MMR 2017, 71, 72.
[78] Vgl. zum Ganzen *Korehnke/Ufer*, in: Geppert/Schütz (Hrsg.), TKG § 13 Rn. 9 ff.
[79] Vgl. zur Figur des individuell-abstrakten Verwaltungsakts allg. *Korte*, in: Wolff/Bachof/Stober/Kluth (Hrsg.), VerwR I § 45 Rn. 79.
[80] So auch *Neumann/Koch*, Telekommunikationsrecht, S. 152.
[81] *Ludwigs*, in: Schmidt/Wollenschläger (Hrsg.), Kompendium Öffentliches Wirtschaftsrecht, § 12 Rn. 52; vgl. auch BVerwG, NVwZ-RR 2018, 932, Rn. 40.
[82] Vgl. dazu *Geppert/Attendorn*, in: Geppert/Schütz (Hrsg.), TKG § 25 Rn. 1; für Verfügungen *Geppert/Attendorn*, in: Geppert/Schütz (Hrsg.), TKG § 23, Rn. 2 f.
[83] *Ludwigs*, in: Schmidt/Wollenschläger (Hrsg.), Kompendium Öffentliches Wirtschaftsrecht, § 12 Rn. 52.
[84] Ausf. dazu *Kühling/Schall/Biendl*, Telekommunikationsrecht, Rn. 255.
[85] BT-Drs. 17/5707, 52; BVerwGE 131, 41, Rn. 42.

§ 13 Abs. 1 S. 1 TKG),[86] abzugeben.[87] Die Ergebnisse dieses Verfahrens hat die BNetzA unter Wahrung der Betriebs- und Geschäftsgeheimnisse der Beteiligten über eine eigens dafür eingerichtete Informationsstelle zu veröffentlichen.

bb) Konsolidierungsverfahren. Das sog. Konsolidierungsverfahren schließt an das Konsultationsverfahren an und fordert eine Beteiligung der Kommission, des GEREK (s. → Rn. 143 ff.) sowie der Regulierungsbehörden der anderen Mitgliedstaaten. Dessen Inhalt unterscheidet sich zumindest im Detail danach, ob es um die Marktdefinition bzw. -analyse oder die Auferlegung von Verpflichtungen geht. Grundvoraussetzung ist in beiden Fällen allerdings, dass die Feststellungen (§§ 10 Abs. 3, 11 Abs. 4 TKG) bzw. Maßnahmen (§ 13 Abs. 1 S. 2 TKG) der BNetzA Auswirkungen auf den Handel zwischen den Mitgliedstaaten haben, was in der Regel ohne intensive Prüfung bejaht wird.[88] Zudem darf die Kommission keine Ausnahme von der Durchführung des Konsolidierungsverfahrens erlassen haben (vgl. §§ 12 Abs. 2 S. 1, § 13 Abs. 1 S. 2 TKG). 32

aaa) Marktdefinition und -analyse. Das Konsolidierungsverfahren in Bezug auf die Marktdefinition und -analyse ist in § 12 Abs. 2 TKG geregelt. Es beginnt damit, dass den eingangs genannten Institutionen ein Entwurf der Marktdefinition und -analyse mit Begründung zur Verfügung gestellt und **Gelegenheit zur Stellungnahme** binnen eines Monats, innerhalb dessen die Marktregulierung ruht,[89] gegeben wird. Das fristgemäß eingegangene Vorbringen hat die BNetzA dann weitestgehend zu berücksichtigen, darf davon also nur mit entsprechender Begründung abweichen.[90] 33

Der danach ggf. überarbeitete Entwurf ist dann an die Kommission zu übermitteln. Bleibt er hinter deren Märkteempfehlung zurück (s. → Rn. 14) oder beinhaltet er Festlegungen über beträchtliche Marktmacht, die über die Kommissionsempfehlungen hinausgehen,[91] darf die BNetzA ihre Ergebnisse in den nächsten zwei Monaten nicht in Kraft treten lassen (sog. **erste Phase**), wenn die Kommission innerhalb eines Monats nach der Übermittlung des Entwurfs zugleich erklärt, er schaffe Binnenmarkthemmnisse, oder wenn sie ernstliche Zweifel an dessen Vereinbarkeit mit Unionsrecht äußert.[92] 34

An diese erste schließt sich eine **zweite Phase** an, wenn die Kommission in diesen zwei Monaten beschließt (vgl. Art. 288 Abs. 4 AEUV), die BNetzA dazu aufzufordern, ihren Entwurf zurückzuziehen. In diesem Falle kann sie dieser Anordnung entsprechen oder ihren Entwurf innerhalb von sechs Monaten entsprechend der Vorstellungen der Kommission[93] ändern. Geht sie derart vor, ist zunächst erneut das Konsultationsverfahren nach § 12 Abs. 1 TKG durchzuführen und der Kommission dann der geänderte Entwurf vorzulegen. Im Ergebnis verfügt die Kommission damit im Bereich von Marktdefinition und -analyse über ein Vetorecht; sie kann also rechtsverbindlich verhindern, dass die BNetzA die zugehörigen Feststellungen der Regulierungsverfügung zugrunde legt.[94] 35

bbb) Auferlegung von Verpflichtungen. Für das in Bezug auf die Auferlegung von Verpflichtungen durchzuführende Konsolidierungsverfahren gelten die obigen Ausführungen weitestgehend entsprechend. Ein wesentlicher Unterschied ist jedoch, dass der Kommission mangels Verweises in § 13 Abs. 1 TKG auf § 12 Abs. 2 Nr. 3 TKG **kein Veto-Recht** zukommt.[95] Entsprechende Forderungen der Kommission konnten sich insoweit 36

---

[86] Ausf. dazu *Gurlit*, in: Säcker (Hrsg.), TKG § 13 Rn. 17.
[87] Vgl. zum Ganzen *Neumann/Koch*, Telekommunikationsrecht, S. 135.
[88] *Ludwigs*, in: Schmidt/Wollenschläger (Hrsg.), Kompendium Öffentliches Wirtschaftsrecht, § 12 Rn. 47.
[89] *Kühling/Schall/Biendl*, Telekommunikationsrecht, Rn. 141.
[90] Ausf. dazu *Gurlit*, in: Säcker (Hrsg.), TKG § 12 Rn. 34.
[91] Vgl. *Korehnke/Ufer*, in: Geppert/Schütz (Hrsg.), TKG § 12 Rn. 34.
[92] Ausf. dazu *Gurlit*, in: Säcker (Hrsg.), TKG § 13 Rn. 36 ff.
[93] *Käseberg/Mayen*, in: Scheurle/Mayen (Hrsg.), TKG § 12 Rn. 31.
[94] *Geers*, in: Arndt/Fetzer/Scherer/Graulich (Hrsg.), TKG § 12 Rn. 16 ff.
[95] *Neumann/Koch*, Telekommunikationsrecht, S. 163.

nicht durchsetzen. Das Verfahren vollzieht sich somit grundsätzlich[96] nicht innerhalb eines Über-/Unterordnungs-, sondern innerhalb eines Gleichordnungsverhältnisses, in dessen Rahmen die beteiligten Behörden und Organisationen – dh die Kommission, das GEREK und die nationalen Regulierungsbehörden – kooperativ zusammenwirken sollen, um so die im Lichte der Verwirklichung der Regulierungsziele bestmöglichen Verpflichtungen zu generieren; letztentscheidungsbefugt bleibt im Zweifel aber die BNetzA.[97]

37 Das Konsolidierungsverfahren ist im Detail in § 13 Abs. 1, 4 TKG geregelt. Für dessen **Einleitung** gelten die Vorgaben des § 12 TKG entsprechend (s. → Rn. 33 ff.). Nach erfolgter Notifizierung können daher ebenfalls Stellungnahmen zum Entwurf der Verpflichtungen abgegeben werden, denen dann wegen des Verweises in § 13 Abs. 1 S. 2 auf § 12 Abs. 2 Nr. 1 TKG weitestgehend Rechnung zu tragen ist. Die Kommission kann zudem aber auch nach § 13 Abs. 4 TKG gegenüber dem GEREK und der BNetzA mitteilen, dass sie Hemmnisse für den Binnenmarkt sieht bzw. erhebliche Zweifel an der Unionsrechtskonformität der avisierten Maßnahmen hat, solange darin nicht nur bestehende Verpflichtungen beibehalten werden.[98] Geht sie so vor, ist das in § 13 Abs. 4 TKG beschriebene Verfahren durchzuführen.

38 Der in dieser Vorschrift angelegte **Diskurs** beginnt mit einer dreimonatigen Stillhaltephase (Nr. 1). In deren Rahmen kooperieren BNetzA, Kommission und GEREK eng, um die am besten geeignetsten Verpflichtungen zu generieren (Nr. 2). Teilt das GEREK die ernstlichen Bedenken der Kommission und gibt es eine entsprechende Stellungnahme ab, kann die BNetzA ihren Entwurf daran bis zum Ablauf der Dreimonatsfrist anpassen und dann diesen geänderten Entwurf zum weiteren Gegenstand der Prüfung durch die Kommission machen (Nr. 3). Nach Ablauf der Dreimonatsfrist hat die Kommission einen Monat Zeit, um eine Empfehlung im Sinne des Art. 288 Abs. 5 AEUV auszusprechen (Nr. 4). Innerhalb eines Monats hat die BNetzA dann die avisierte Maßnahme zu erlassen oder zurückzuziehen. Weicht die BNetzA von der Kommissionsempfehlung ab, hat sie dieses Vorgehen auch gegenüber dem GEREK zu begründen (Nr. 5); an ihrer Letztentscheidungskompetenz (s. → Rn. 36) ändert sich indes nichts.

b) Flankierende Anforderungen

39 Abgesehen davon finden sich in den §§ 9 ff. TKG Anforderungen, die das Verfahren der Marktregulierung flankieren. So ist nach **§ 14 TKG** eine anlassbezogene, auf Änderungen der tatsächlichen Marktbedingungen reagierende und eine regelmäßige, alle drei (und künftig grundsätzlich alle fünf)[99] Jahre stattfindende Überprüfung von Marktdefinition, Marktanalyse und Inhalt der Regulierungsverfügung durchzuführen.[100] Diese Formen der Selbstkontrolle sind indes nicht exklusiv in dem Sinne, dass eine Regulierungsverfügung Bestand hat, bis einer dieser beiden Fälle eintritt; vielmehr ist eine vorherige Aufhebung auf Basis des § 13 Abs. 1 TKG durchaus möglich.[101]

40 Zudem gibt **§ 15a TKG** der BNetzA die Möglichkeit, die grundlegenden Methoden des Marktregulierungsverfahrens durch Erlass von Verwaltungsvorschriften offen zu legen, um so zu einem einheitlichen Regulierungskonzept beizutragen sowie mehr Transparenz und Planungssicherheit zugunsten der betroffenen Unternehmen zu schaffen.[102] Hinzu kommt ein anlassbezogener Auskunftsanspruch über die zu erwartenden regulatorischen

---

[96] Vgl. zu etwaigen Ausnahmen *Ludwigs*, in: Schmidt/Wollenschläger (Hrsg.), Kompendium Öffentliches Wirtschaftsrecht, § 12 Rn. 54 (dort Fn. 221).
[97] Vgl. *Korehnke/Ufer*, in: Geppert/Schütz (Hrsg.), TKG § 13 Rn. 14 f.
[98] *Gurlit*, in: Säcker (Hrsg.), TKG § 13 Rn. 37.
[99] *Neumann*, N&R 2019, 152, 154; *Scherer/Heinickel*, MMR 2017, 71, 72.
[100] Ausf. dazu *Kühling/Schall/Biendl*, Telekommunikationsrecht, Rn. 257 ff.
[101] S. dazu *BVerwG*, MMR 2019, 259, Rn. 20 ff.
[102] Vgl. zum Ganzen *Kühling*, JZ 2012, 341, 341 ff.

Rahmenbedingungen beim Auf- und Ausbau von Netzen der nächsten Generation (§ 15 Abs. 4 TKG).[103]

II. Zugangsregulierung

Die Zugangsregulierung ist in den §§ 16 ff. TKG niedergelegt und aus zwei Gründen erforderlich. Einerseits sind die Betreiber regional beschränkter Telekommunikationsnetze auf die Mitnutzung anderer Netze angewiesen, um den Kreis möglicher Kommunikationspartner weiten und so positive Netzwerkeffekte generieren zu können. Andererseits bedürfen die Anbieter von Telekommunikationsdiensten des Zugangs zu solchen Infrastrukturen, um einen Kontakt zum Nutzer (§ 3 Nr. 14 TKG) herzustellen und ihre Produkte vermarkten zu können. In beiden Fällen dienen die nach § 26 TKG zu veröffentlichenden Maßnahmen der Zugangsregulierung folglich der Sicherung einer flächendeckenden Versorgung sowie der Förderung von Wettbewerb – ausweislich des § 3 Nr. 32 TKG allerdings nicht auf der Inhalte-, sondern auf der Signalübertragungsebene, weil der Zugang nach dieser Norm zum Zwecke der Erbringung von Telekommunikationsdiensten eröffnet wird[104]. Daran anknüpfend lassen sich mit der marktmachtabhängigen, asymmetrischen und der im Zuge der Umsetzung des Kodex an Bedeutung gewinnenden[105] marktmachtunabhängigen, symmetrischen Zugangsregulierung zwei Facetten differenzieren. 41

1. Marktmachtabhängige Zugangsregulierung

In erster Linie adressiert die Zugangsregulierung Unternehmen mit beträchtlicher Marktmacht und knüpft dann an das Verfahren der Marktregulierung an, indem die darauf basierenden Maßnahmen entweder aufgrund des Verweises in § 13 Abs. 1 TKG Teil der abstrakten (s. → Rn. 28) Verpflichtungen aus der Regulierungsverfügung sind oder aber daran anschließen. Insoweit manifestiert sich im Bereich der Zugangsregulierung ein mehrstufiges Verfahren. 42

a) Als Teil der Regulierungsverfügung

Neben den ausweislich des § 13 Abs. 1 TKG (Teile von) Regulierungsverfügungen abbildenden Möglichkeiten, Netzbetreiber mit beträchtlicher Marktmacht nach Maßgabe des § 19 TKG zur Gewährung gleichwertigen Zugangs auch im Vergleich zu den eigenen Diensten[106] oder nach Maßgabe des § 20 TKG zur Offenlegung der zugangsrelevanten Informationen[107] zu verpflichten, kann die BNetzA in der Regulierungsverfügung nach Maßgabe des § 21 TKG Zugangsverpflichtungen auferlegen, sog. Standardangebote fordern (§ 23 TKG) oder eine getrennte Rechnungsführung (§ 24 TKG) anordnen. 43

aa) Zugangsverpflichtung. Die Befugnisse aus § 21 TKG bilden die Basis anderer zugangsbezogener Regulierungsmöglichkeiten,[108] so dass sie in praxi und in den folgenden Ausführungen im Mittelpunkt des Interesses stehen. 44

aaa) Voraussetzungen. Nach § 21 Abs. 1 TKG kann die BNetzA von Amts wegen oder auf Antrag tätig werden, wobei im Falle eines Antrags keine Pflicht zum Tätigwerden be- 45

---

[103] *Körber*, in: Immenga/Mestmäcker (Hrsg.), Wettbewerbsrecht, VIII. Rn. 126 f.
[104] *Heun*, CR 2003, 485, 490; vgl. auch *Lünenburger/Stamm*, in: Scheurle/Mayen (Hrsg.), TKG § 3 Rn. 98; allg. dazu *Kluth*, Öffentliches Wirtschaftsrecht, 2019, Rn. 25 ff.
[105] Näher *Neumann*, N&R 2019, 152, 156 f.; *Scherer/Heinickel*, MMR 2017, 71, 74.
[106] Ausf. dazu *Paschke*, in: Paschke/Berlit/Meyer (Hrsg.), Gesamtes Medienrecht, 6. Abs. Rn. 111 f.
[107] Ausf. dazu *Kühling/Schall/Biendl*, Telekommunikationsrecht, Rn. 293.
[108] Vgl. *Eifert*, in: Ehlers/Fehling/Pünder (Hrsg.), Besonderes Verwaltungsrecht Bd. I, § 24 Rn. 62.

steht[109] und aufgrund des überaus komplexen Entscheidungsprogramms, das in § 21 Abs. 1 TKG angelegt ist, auch nicht bestehen kann.[110] Die dort normierte Anordnungsbefugnis zielt wie bereits angedeutet darauf ab, Wettbewerbern die Mitnutzung der Infrastruktur eines marktbeherrschenden Unternehmens zu ermöglichen.[111] **Verpflichtungsadressaten** sind Betreiber öffentlicher Telekommunikationsnetze und damit diejenigen, die die rechtliche und tatsächliche Kontrolle (Funktionsherrschaft) über ein jedem beliebigen Nutzer offen stehendes Signalübertragungssystem – sei es per Kabel, Funk, optische oder andere elektromagnetische Einrichtungen (vgl. § 3 Nr. 27 TKG) – ausüben.[112] Diese Netzbetreiber müssen zudem über nach Maßgabe der §§ 10 f. TKG festgestellte beträchtliche Marktmacht verfügen, was nach dem „Ein-Netz-ein-Markt-Konzept" von EU-Kommission und BNetzA grundsätzlich der Fall ist.[113] Durch die Anordnung zum Zugang (vgl. § 3 Nr. 32 TKG) berechtigt werden demgegenüber andere Unternehmen im Sinne des § 3 Nr. 29 TKG, die wie § 3 Nr. 32 TKG zeigt Telekommunikationsdienstleistungen erbringen wollen, so dass namentlich Endnutzer im Sinne des § 3 Nr. 8 TKG ausgeklammert sind.[114] Das Verfahren hin zur Zugangsanordnung entspricht dem des Erlasses der Regulierungsverfügung, deren Teil sie ist.

46 Der Struktur nach findet sich in § 21 TKG eine sog. Kopplungsvorschrift[115], weil sie der BNetzA sowohl auf Tatbestandsebene durch unbestimmte Rechtsbegriffe als auch auf Rechtsfolgenebene durch die Einräumung von Ermessen („kann") Freiräume bietet. Mittlerweile herrscht Einigkeit darüber, dass die damit einhergehenden Prärogativen im Sinne eines **einheitlichen Regulierungsermessens** (s. → Rn. 26) zu interpretieren sind, bei dem sich Tatbestand und Rechtsfolge nicht mehr eindeutig trennen lassen, sondern ineinander übergehen, obwohl § 21 TKG anders als § 10 Abs. 2 S. 2 TKG (dort wird ausdrücklich ein Beurteilungsspielraum zugesprochen (s. → Rn. 21)) seinem Wortlaut nach sich keine entsprechenden Freiräume zu bieten scheint. Der Grund für die Annahme eines einheitlichen Regulierungsermessens liegt darin, dass die Fülle an unbestimmten Rechtsbegriffen insbesondere im die Abwägungsentscheidung über den Erlass der Zugangsverpflichtung leitenden Katalog des § 21 Abs. 1 S. 2 TKG untrennbar mit der daran anschließenden Ermessensausübung verbunden ist und dadurch zu deren Bestandteil wird. Hinzu kommen die hohe Komplexität und besondere Dynamik, denen das Telekommunikationsrecht ausgesetzt ist und die sich auch in der sehr technischen und wirtschaftlichen Prägung von einzelnen der vielen Anforderungen des § 21 TKG („Marktmacht … nachfragerecht … Marktentwicklung … Investitionsrisiken") spiegeln, weil infolgedessen auch der Wortlaut der Norm[116] auf ein behördliches Entscheidungsprimat im Sinne eines einheitlichen Regulierungsermessens hindeutet.

47 Im Einzelnen bezieht sich Abs. 1 S. 1 dieser Vorschrift auf einen Vergleich der Situationen, die mit und ohne Zugangsverpflichtung („anderenfalls") eintreten würden. Im Lichte dieser hypothetischen Gegenüberstellung bestehen zwei maßgebliche Bezugspunkte. Relevant ist einerseits, ob die Entwicklung eines nachhaltig wettbewerbsorientierten Endnutzermarktes ohne die Verpflichtung behindert werden würde. Damit ist nach § 3 Nr. 12 TKG ein Markt gemeint, auf dem der Wettbewerb so abgesichert ist, dass er ohne sektorspezifische Regulierung funktioniert. Dessen Behinderung besteht namentlich dann, wenn es um den Zugang zu einer betriebsnotwendigen Einrichtung geht.[117] Andererseits ist nach **§ 21 Abs. 1 S. 1 TKG** von Bedeutung, ob die Zugangsverpflichtung erforderlich ist, um

---

[109] So aber offenbar *Neitzel/Müller*, CR 2004, 655, 661 f.
[110] *Mayen*, in: Scheurle/Mayen (Hrsg.), TKG § 21 Rn. 125 f.; BVerwG, NVwZ 2007, 1321, Rn. 11.
[111] Vgl. *Scherer/Heinickel*, NVwZ 2016, 965, 966 f.
[112] *Säcker*, in: ders. (Hrsg.), TKG § 3 Rn. 71 ff.
[113] *Geppert/Attendorn*, in: Geppert/Schütz (Hrsg.), TKG § 21 Rn. 5.
[114] *Paschke*, in: Paschke/Berlit/Meyer (Hrsg.), Gesamtes Medienrecht, 6. Abs. Rn. 130 ff.
[115] Vgl. *Sachs*, in: Stelkens/Bonk/Sachs (Hrsg.), VwVfG § 40 Rn. 38 ff.
[116] Vgl. zur Maßgeblichkeit dieses Kriteriums BVerfGE 103, 142, 147.
[117] Ausf. dazu *Scherer*, in: Arndt/Fetzer/Scherer/Graulich (Hrsg.), TKG § 21 Rn. 9 f.

C. Regelungsinhalt

die Interessen des Endnutzers zu wahren.[118] Zudem spielen für die Frage, ob und welche Anordnungen zu treffen sind, die Regulierungsziele und -grundsätze aus § 2 TKG (s. → Rn. 4 f.) eine entscheidende Rolle als Abwägungstopos. Um den Entscheidungsprozess insoweit zu rationalisieren, gibt § 21 Abs. 1 S. 2 TKG Parameter vor, die bei der Gegenüberstellung der widerstreitenden Interessen „zu berücksichtigen" sind und ähnlich wie im Falle des Planungsermessens diesen Prozess vorstrukturieren sollen. In Umsetzung dessen treffen die BNetzA vor allem Begründungslasten, weil sie sich zu jedem der in § 21 Abs. 1 TKG genannten Kriterien und insbesondere zu den Parametern aus Satz 2 plausibel und erschöpfend äußern muss. Sie darf insoweit keinen Punkt unbeachtet lassen.[119]

Die nach § 21 Abs. 1 S. 2 TKG **zu berücksichtigenden Kriterien** werden gemeinhin 48 danach kategorisiert, ob sie die Interessen des Zugangsverpflichteten oder ob sie allgemeine Regulierungsziele in die Abwägung einfließen lassen. Zur ersten Fallgruppe zählen namentlich die Nr. 1 (Existenz konkurrierender Einrichtungen als Substitute), Nr. 2 (Grenzen in den verfügbaren Kapazitäten), Nr. 3 (Anfangsinvestitionen des Zugangsverpflichteten, um ihn nicht um die Früchte der Innovation zu bringen) und in Teilen auch Nr. 5 (gewerbliche Schutzrechte oder Rechte am geistigen Eigentum). Von besonderer Bedeutung ist in diesem Kontext das Kriterium der verfügbaren Kapazitäten, weil es zeigt, dass ein Netzausbau im Falle erschöpfter Nutzungsmöglichkeiten einer Infrastruktur grundsätzlich nicht verlangt werden kann. Gleichwohl bleibt es freilich dabei, dass § 21 Abs. 1 S. 2 Nr. 2 TKG keine absolute Abwägungsgrenze enthält, sondern einen von mehreren zu berücksichtigenden Aspekten abbildet.[120] Hinzu treten die allgemeinen Regulierungsziele aus den Nr. 6 (Bereitstellung europaweiter Dienste) und Nr. 7 (Ausreichen bestehender Verpflichtungen und freiwilliger Angebote) sowie aus Nr. 4. Das dortige Kriterium trägt in Halbsatz 1 dem Umstand Rechnung, dass eine Duplizierung von Infrastrukturen unzumutbar ist, und verpflichtet daher dazu, die Notwendigkeit der Zugangsverpflichtung für die langfristige Sicherung des Wettbewerbs einzubeziehen. Der zweite Halbsatz hält demgegenüber dazu an, auch die Auswirkungen der Zugangsverpflichtung auf die Anreize zu effizienten Investitionen in alternative Infrastrukturen zu berücksichtigen.[121]

bbb) In Betracht kommende Anordnungen. Nach § 21 Abs. 1 TKG können **Zu-** 49 **gangsverpflichtungen** erlassen werden. Insoweit ist die Regulierungsverfügung auf einen Kontrahierungszwang gerichtet. Definiert wird der Zugang in § 3 Nr. 32 TKG als Bereitstellung von Einrichtungen oder Diensten für andere Unternehmen unter bestimmten Bedingungen zum Zwecke der Erbringung von Telekommunikationsdiensten. Damit verbunden werden kann eine Verpflichtung zur nachfragegerechten Entbündelung, um zu verhindern, dass der Netzbetreiber nicht nur die von ihm begehrten, sondern auch noch andere nicht nachgefragte Leistungen im Bündel bereitstellt. Nach der verwaltungsgerichtlichen Spruchpraxis kommt es insoweit darauf an, dass die Leistung technisch und ökonomisch funktionell eigenständig und abgrenzbar ist.[122] Zudem strahlen auf den Grad der Entbündelung, da es sich um eine mögliche Zugangsverpflichtung handelt („einschließlich"), die Abwägungskriterien des § 21 Abs. 1 S. 2 TKG aus; sie sind auch insoweit zu berücksichtigen.[123]

Der Kreis der in Betracht kommenden Zugangsverpflichtungen wird in **§ 21 Abs. 2** 50 **TKG** näher konkretisiert. Die dortige Aufzählung möglicher Maßnahmen ist nicht abschließend („unter anderem"), die BNetzA kann also auch andere Verpflichtungen erlas-

---

[118] *Paschke*, in: Paschke/Berlit/Meyer (Hrsg.), Gesamtes Medienrecht, 6. Abs. Rn. 137.
[119] *Geppert/Attendorn*, in: Geppert/Schütz (Hrsg.), TKG § 21 Rn. 53.
[120] BVerwG, NVwZ 2010, 1359, Rn. 21; *Ludwigs*, in: Schmidt/Wollenschläger (Hrsg.), Kompendium Öffentliches Wirtschaftsrecht, § 12 Rn. 59.
[121] Ausf. zum Ganzen *Säcker*, in: Säcker (Hrsg.), TKG § 21 Rn. 63 ff.
[122] *Mayen*, in: Scheurle/Mayen (Hrsg.), TKG § 21 Rn. 66; BVerwGE 114, 160, Rn. 53 f.
[123] BT-Drs. 15/2316, 55, 64.

sen, hat bei der in ihrem Ermessen stehenden Auswahl aber die Bedingungen des Abs. 1 und insbesondere die in § 21 Abs. 1 S. 2 TKG aufgeführten Kriterien zu berücksichtigen. In praxi ist aus der Fülle an nach § 21 Abs. 2 TKG in Betracht kommenden Zugangsverpflichtungen vor allem die zum entbündelten Breitbandzugang (Nr. 1) relevant. Hinzu kommt die Pflicht, Zugang zu bestimmten vom Betreiber angebotenen Diensten, wie sie Endnutzern angeboten werden, zu Großhandelsbedingungen zu gewähren, um Dritten den Weitervertrieb in eigenem Namen und auf eigene Rechnung zu ermöglichen (Nr. 3). Im Rahmen dieser sog. Resale-Verpflichtung sind getätigte oder geplante Investitionen für innovative Dienste zu berücksichtigen, was eine Privilegierung derjenigen nahe legt, die eigene Wertschöpfungen in den Weitervertrieb einbringen.[124]

51 Zudem finden sich in **§ 21 Abs. 3 TKG** Zugangsverpflichtungen, die marktmächtigen Netzbetreibern auferlegt werden sollen. Hierher gehört namentlich der Zugang zu nicht aktiven Netzkomponenten (Nr. 1), die Zusammenschaltung von Telekommunikationsnetzen (Nr. 3) sowie der vollständig entbündelte Zugang zum Teilnehmeranschluss (Nr. 2; vgl. § 3 Nr. 30b TKG), der jüngst im Lichte der sog. Vectoring-Technologie vor dem *BVerwG* diskutiert wurde[125]. Dass solche Anordnungen getroffen werden, war dem Gesetzgeber offenbar besonders wichtig, da er § 21 Abs. 3 TKG als „Soll"-Vorschrift ausgestaltet hat, so dass von den dortigen Verpflichtungen nach verwaltungsverfahrensrechtlichen Grundsätzen[126] nur in atypischen Sonderfällen abgesehen werden darf. Die damit verbundene Vorzeichnung der Ermessensausübung durch die BNetzA bricht allerdings mit der unionsgerichtlichen Spruchpraxis, die aus dem einschlägigen Richtlinienrecht ableitet, dass dem Gesetzgeber jegliche Einflussnahme auf die behördliche Entscheidungsfindung jenseits unionsrechtlicher Vorgaben untersagt ist (s. → Rn. 25). Insoweit ist also eine unionsrechtskonforme Auslegung geboten.[127]

52 ccc) **Ausschlussgründe und Modifizierungen.** Eine avisierte Zugangsverpflichtung ist nach § 21 Abs. 4 TKG unzulässig oder zu modifizieren, wenn der Netzbetreiber nachweist, dass die Inanspruchnahme der Leistung die **Aufrechterhaltung der Netzintegrität oder die Sicherheit des Netzbetriebs gefährdet.** Insoweit ist ein objektiver Maßstab anzulegen. Dadurch soll nach der Gesetzesbegründung nicht der Amtsermittlungsgrundsatz außer Kraft gesetzt werden, sondern die Nichterweislichkeit der Gefährdung zulasten des marktmächtigen Netzbetreibers gehen.[128]

> **Praxistipp:**
> Das regulierte Unternehmen trifft folglich die objektive Beweislast der Nichterweislichkeit der Tatsache, während die subjektive Beweislast der BNetzA obliegt, sodass der Amtsermittlungsgrundsatz aufrechterhalten bleibt. Die BNetzA hat die relevanten Fragen insoweit nach objektiven Maßstäben zu beurteilen, wie § 21 Abs. 4 S. 2 TKG ausdrücklich bestimmt.

53 § 21 Abs. 5 TKG erlaubt es schließlich der BNetzA, eine Zugangsverpflichtung mit der **Auferlegung technischer und betrieblicher Bedingungen** zu verbinden, die der Netzbetreiber oder die Zugangsberechtigten erfüllen müssen, um den normalen Betrieb des Netzes sicherzustellen. Diese Vorschrift dient vor allem der Klarstellung. Liegen deren Voraussetzungen vor, steht die Ausgestaltung der Bedingungen im Ermessen der BNetzA.

---

[124] *Geppert/Attendorn,* in: Geppert/Schütz (Hrsg.), TKG § 21 Rn. 117; offen BVerwGE 119, 282, Rn. 65 ff.
[125] BVerwGE 163, 136 ff.; vgl. dazu *Ludwigs,* N&R 2018, 262, 264 ff.; sowie *Ludwigs,* in: Schmidt/Wollenschläger (Hrsg.), Kompendium Öffentliches Wirtschaftsrecht, § 12 Rn. 60.
[126] *Kluth,* in: Wolff/Bachof/Stober/Kluth, VerwR I, § 60 Rn. 28 ff.
[127] BVerwGE 163, 136, Rn. 44.
[128] BT-Drs. 15/2316, 65; s. dazu und zum Folgenden auch Vorauflage → Teil 7 Rn. 133 ff.

C. Regelungsinhalt

bb) Standardangebote. § 23 TKG bietet der BNetzA bei einer allgemeinen Nachfrage 54
nach einer Zugangsleistung die Möglichkeit, im Rahmen der Regulierungsverfügung[129]
den marktmächtigen Netzbetreiber zur Abgabe eines Standardangebots mit Mindestlaufzeit
zu verpflichten und es in die Allgemeinen Geschäftsbedingungen aufzunehmen. Diese
Option dient der Effizienz und Zügigkeit der Zugangsregulierung, weil individuelle Verhandlungen auf Basis des § 22 TKG langwierig sein können.[130] Das Verfahren hin zum
Standardangebot ist in § 23 Abs. 2 ff. TKG niedergelegt. Es besteht aus der Ermittlung einer allgemeinen Nachfrage und der Angebotskonzeption, für die die BNetzA ebenfalls
Vorgaben machen kann.[131] Kennzeichen des danach kreierten Standardangebots ist dessen
umfassender Charakter, der dazu führt, dass es ein Interessent ohne weitere Verhandlungen
annehmen kann. Soweit keine allgemeine, sondern eine individuelle Nachfrage besteht,
gilt nicht § 23 TKG, sondern § 22 TKG.[132]

b) Anknüpfende Maßnahmen

Eine auf Basis des § 21 TKG angeordnete Zugangsverpflichtung bleibt als (Teil der) Regu- 55
lierungsverfügung nach § 13 TKG (s. → Rn. 44 ff.) inhaltlich zunächst blass, weil sie selbst
im Falle des § 23 TKG nicht zugunsten konkreter Zugangspetenten ergeht und im Übrigen nicht detailscharf, sondern abstrakt formuliert ist (s. → Rn. 28). Die konkreten Zugangsbedingungen werden erst nach Erlass der Zugangsverpflichtung festgelegt, was auch
§ 25 TKG bestätigt, wonach die BNetzA Anordnungen treffen kann. Denn diese Vorschrift wäre nicht erforderlich, wenn die konkreten Bedingungen bereits Teil von auf § 21
TKG gestützten Maßnahmen sein müssten.[133] Die §§ 22, 25 TKG stellen stattdessen ein
abgestuftes Festlegungssystem bereit, das zunächst im Lichte des Verhältnismäßigkeitsgrundsatzes auf privatautonome Einigungen zwischen Zugangsverpflichtetem und -berechtigten setzt, während ein behördliches Einschreiten erst dann in Betracht kommt,
wenn Verhandlungen nicht zum Erfolg führen.[134]

Den Beginn des zugehörigen Verfahrens markiert **§ 22 TKG**, wonach der marktmäch- 56
tige Netzbetreiber verpflichtet ist, spätestens drei Monate nach der Verpflichtung ein Angebot auf den darin geforderten Zugang an die Unternehmen abzugeben, die diese Leistung nachfragen, um Telekommunikationsdienste anbieten zu können. Im Lichte der
Formulierung dieser Vorschrift unklar ist vor allem, wie das Angebot des Netzbetreibers
ausgestaltet sein muss. Da auf Unionsebene nur gefordert wird, dass es der Aufnahme von
Verhandlungen dienen soll, dürfte kein rechtsverbindliches Angebot zu fordern sein, das
der Zugangsberechtigte ohne weitere Zwischenschritte annehmen kann.[135] Dafür spricht
auch, dass solche Angebote im speziellen § 23 Abs. 3 S. 4 TKG angesprochen sind, der
allerdings aufgrund seiner abweichenden und vor allem eingriffsintensiveren Struktur nicht
analogiefähig ist.[136] Daher genügt eine invitatio ad offerendum, die eine tragfähige Verhandlungsgrundlage für die beteiligten Parteien bildet.[137]

Scheitert die nach § 22 TKG zu führende Verhandlung, ordnet die BNetzA von Amts 57
wegen (Abs. 4) oder auf Anrufung eines Beteiligten (Abs. 3) gemäß **§ 25 TKG** den Netzzugang ggf. auch rückwirkend[138] an. Privatautonome Vereinbarungen genießen insoweit
Vorrang (vgl. Abs. 1 und 2)[139] – allerdings nur, wenn sich die Inhalte decken.[140] § 25 TKG

---

[129] *Paschke*, in: Paschke/Berlit/Meyer (Hrsg.), Gesamtes Medienrecht, 6. Abs. Rn. 248 ff.
[130] *Geppert/Attendorn*, in: Geppert/Schütz (Hrsg.), TKG § 23 Rn. 3.
[131] Ausf. dazu *Paschke*, in: Paschke/Berlit/Meyer (Hrsg.), Gesamtes Medienrecht, 6. Abs. Rn. 261 ff.
[132] *Kühling/Schall/Biendl*, Telekommunikationsrecht, Rn. 290.
[133] *Mayen*, in: Scheurle/Mayen (Hrsg.), TKG § 21 Rn. 127.
[134] Vgl. *Eifert*, in: Ehlers/Fehling/Pünder (Hrsg.), Besonderes Verwaltungsrecht Bd. I, § 24 Rn. 68 ff.
[135] So aber *Jochum*, in: Wilms/Masing/Jochum (Hrsg.), TKG § 22 Rn. 7 sowie *Heun*, in: ders. (Hrsg.), Telekommunikationsrecht, Teil H Rn. 524.
[136] *Hölscher*, in: Scheurle/Mayen (Hrsg.), TKG § 22 Rn. 24.
[137] So auch *Neumann/Thomaschki*, in: Säcker (Hrsg.), TKG § 22 Rn. 6 ff.; VG Köln, CR 1997, 639, 641.
[138] Vgl. dazu BVerwG, NVwZ-RR 2019, 317, Rn. 12 ff. im Anschluss an BVerwG, DÖV 2017, 37, Rn. 29.
[139] *Kühling/Schall/Biendl*, Telekommunikationsrecht, Rn. 298.

unterscheidet sich durch seinen individualnachfragebasierten Ansatz von § 23 TKG[141] und von § 21 TKG dadurch, dass er keine abstrakten, sondern konkrete, dh also auf den Einzelfall bezogene Zugangsanordnungen ermöglicht.[142] Die zugehörigen Verfügungen sind mangels Nennung des § 25 TKG in § 13 TKG kein Teil der Regulierungsverfügung, sondern knüpfen daran an.[143] Sie bestehen ggf. aus zwei Teilentscheidungen über die Zugangsbedingungen und über die Zugangsentgelte, wenn beides streitig ist (Abs. 5 und 6), und bilden dann den Schlusspunkt der Zugangsregulierung,[144] der per Zwangsgeld von bis zu 1.000.000 EUR durchsetzbar ist (Abs. 8). § 25 TKG eröffnet der BNetzA zwar kein Entschließungs- („ordnet ... an" (Abs. 1)), immerhin aber ein Auswahlermessen („können", „darf" (Abs. 5)), soweit es um die Zugangsbedingungen geht[145].

> **Praxistipp:**
> Lehnt die BNetzA eine Anordnung auf Basis des § 25 TKG durch inhaltliche Entscheidung ab, entfaltet diese Maßnahme aufgrund von § 43 VwVfG Bindungswirkung, so dass sie im Falle eines neuerlichen Antrags auf Erlass einer entsprechenden Anordnung nach Maßgabe der §§ 48 f. VwVfG aufgehoben werden muss.[146]

2. Marktmachtunabhängige Zugangsregulierung

58 Die marktmachtunabhängige Zugangsregulierung in den §§ 16 ff. TKG spricht die Vorschriften an, die sich (im Wege eines Erst-Recht-Schlusses[147]) zwar auch, aber nicht nur an regulierungsbedürftige Unternehmen im Sinne des § 9 Abs. 2 TKG wenden, sondern auch andere Betreiber öffentlicher Telekommunikationsnetze verpflichten. Die entsprechenden Vorschriften finden sich primär in den §§ 16 und 18 TKG.

a) Verträge über Zusammenschaltung

59 § 16 TKG verpflichtet jeden Betreiber eines öffentlichen Telekommunikationsnetzes, anderen Betreibern öffentlicher Telekommunikationsnetze auf Verlangen ein Angebot auf Zusammenschaltung zu unterbreiten, um die Kommunikation der Nutzer, die Bereitstellung von Telekommunikationsdiensten sowie deren Interoperabilität im Unionsgebiet zu gewährleisten. Diese **Unternehmerpflicht** gilt **kraft Gesetzes,** ohne dass es einer Anordnung der BNetzA bedarf. § 16 TKG verpflichtet zwar nicht allein marktmächtige Unternehmen, gilt aber nur unter den Voraussetzungen der §§ 10 f. TKG und damit auf regulierungsbedürftigen Märkten, wie § 9 Abs. 1 TKG zeigt.[148] Die Norm will eine umfassende „Ende-zu-Ende-Verfügbarkeit" zugunsten der Nutzer gewährleisten und ist damit für den wirksamen Wettbewerb auf Telekommunikationsmärkten basal, was deren Positionierung im Kontext der Zugangsregulierung erklärt.[149] Ihr Verpflichtungsgehalt wird gleichwohl als eher gering eingestuft.[150]

60 § 16 TKG kennt verschiedene **Voraussetzungen.** Er adressiert Betreiber öffentlicher Telekommunikationsnetze und damit diejenigen, die die rechtliche und tatsächliche Kontrolle (Funktionsherrschaft) über ein jedem beliebigen Nutzer offen stehendes Übertragungssystem ausüben, das der Übertragung von Signalen über Kabel, Funk, optische oder

---

[140] S. dazu *BVerwG*, NVwZ 2019, 323, Rn. 5 ff.
[141] Vgl. *Paschke*, in: Paschke/Berlit/Meyer (Hrsg.), Gesamtes Medienrecht, 6. Abs. Rn. 298.
[142] *Scherer*, in: Arndt/Fetzer/Scherer/Graulich (Hrsg.), TKG § 25 Rn. 3.
[143] *Kühling/Schall/Biendl*, Telekommunikationsrecht, Rn. 242.
[144] *Geppert/Attendorn*, in: Geppert/Schütz (Hrsg.), TKG § 25 Rn. 1.
[145] Vgl. dazu *BVerwG*, K&R 2014, 545, Rn. 8.
[146] *BVerwG*, ECLI:DE:BVerwG:2019:131119B6B164.18.0, Rn. 15 ff.
[147] Vgl. *Kühling/Schall/Biendl*, Telekommunikationsrecht, Rn. 295.
[148] Vgl. *Hölscher*, in: Scheurle/Mayen (Hrsg.), TKG § 16 Rn. 2.
[149] *Nolte*, in Säcker (Hrsg.), TKG § 16 Rn. 1.
[150] *Geppert/Attendorn*, in: Geppert/Schütz (Hrsg.), TKG § 16 Rn. 71 ff.

andere elektromagnetische Einrichtungen (vgl. § 3 Nr. 27 TKG) dient.[151] Den maßgeblichen Bezugspunkt des § 16 TKG bildet die Zusammenschaltung, die in § 3 Nr. 34 TKG als Unterfall des Zugangs in dem Sinne legal definiert wird, dass es um die Herstellung einer Verbindung geht, durch die die Nutzer eines Unternehmens mit den Nutzern desselben oder anderer Unternehmen kommunizieren oder Telekommunikationsdienstleistungen in Anspruch nehmen können sollen.[152]

Die **Rechtsfolge** des § 16 TKG besteht darin, dass jeder Netzbetreiber anderen auf Verlangen ein Angebot auf Zusammenschaltung unterbreiten muss. Damit geht kein Kontrahierungszwang einher, zumal die Bedingungen des „Verlangens" in § 16 TKG nicht weiter konkretisiert werden, sondern nur eine Pflicht zur Abgabe einer Verhandlungsgrundlage in dem Sinne etabliert wird, dass die beteiligten Netzbetreibern „ergebnisoffen" über „Ob" und „Wie" einer Zusammenschaltungsvereinbarung verhandeln können.[153] Daher muss auch kein unmittelbar annahmefähiges Angebot unterbreitet werden. Würde man insoweit strengere Vorgaben machen, geriete man in Konflikt mit der (zumindest) in Art. 2 Abs. 1 GG garantierten Vertragsfreiheit[154]. Zudem würde man die Anforderungen an ein „Verlangen" überstrapazieren und schließlich den auf Anschlussverhandlung („unterbreiten") gerichteten Impetus des § 16 TKG umgehen.[155] 61

b) Zugangskontrolle gegenüber Endnutzern

Verfügt ein öffentlicher Telekommunikationsnetzbetreiber zwar nicht über beträchtliche Marktmacht, kontrolliert er aber den Zugang zu den Endnutzern seines Netzes, ist die Situation derjenigen vergleichbar, die die Basis der Marktregulierung bildet, weil ein Engpass gegeben ist, der passiert werden muss, um dem Endnutzer Produkte offerieren zu können (s. → Rn. 41). Infolgedessen bedarf es auch dann netzzugangsgerichteter Eingriffsbefugnisse, was die Aufnahme des auf Umsetzung dieser **Zielsetzung** in Form einer umfassenden End-zu-End-Kommunikation[156] gerichteten § 18 TKG in den Kreis der Vorschriften über die Zugangsregulierung rechtfertigt. Anlass für ein Einschreiten der BNetzA bildet im Anwendungsbereich dieser Vorschrift somit allein das Moment der Kontrolle über den Zugang zu den Endnutzern, ohne dass es einer vorher durchgeführten Marktdefinition im Sinne des § 10 TKG oder einer Marktanalyse im Sinne des § 11 TKG (etwa mit dem Ergebnis einer fehlenden Marktmacht des avisierten Unternehmens) bedarf.[157] Etwaige auf die §§ 13, 18 TKG gestützte Maßnahmen sind als Regulierungsverfügungen zunächst ebenfalls (s. → Rn. 28) noch abstrakt-individuell konzipiert und werden wie Zugangsverpflichtungen im Sinne der §§ 13, 21 TKG (s. → Rn. 57) über § 25 TKG auf den konkreten Einzelfall bezogen, wenn eine Vereinbarung über Zugangsleistungen scheitert.[158] 62

Der **Tatbestand** des § 18 TKG bezieht sich wie § 16 TKG auf Betreiber öffentlicher Telekommunikationsnetze (s. → Rn. 59). Sie müssen ferner den Zugang zu den Endnutzern kontrollieren, was wegen des umfassenden Ansatzes des § 18 TKG weiter zu verstehen ist als in § 3 Nr. 32 TKG[159], aber reine Verbindungsnetzbetreiber im Lichte des § 3 Nr. 8 TKG ausschließt.[160] Das Moment der Kontrolle verlangt, dass der Netzbetreiber aufgrund physischer, rechtlicher oder logischer Bedingungen die Befugnis bzw. Möglichkeit hat, den Netzzugang zu gestalten, und in der Folge darüber zu entscheiden, welche Signa- 63

---

[151] *Säcker*, in: *ders.* (Hrsg.), TKG § 3 Rn. 71 ff.
[152] Allg. dazu *Geppert/Attendorn*, in: Geppert/Schütz (Hrsg.), TKG § 16 Rn. 28 ff.
[153] *Nolte*, in Säcker (Hrsg.), TKG § 16 Rn. 20 ff.
[154] Allg. dazu *Stober/Korte*, Öffentliches Wirtschaftsrecht, Rn. 715.
[155] Ausf. zu den damit verbundenen Fragen *Hölscher*, in: Scheurle/Mayen (Hrsg.), TKG § 16 Rn. 37 ff.
[156] *Neumann/Koch*, Telekommunikationsrecht, S. 323.
[157] BT-Drs. 17/5707, 58; *Fetzer*, in: Schulte/Kloos (Hrsg.), Öffentliches Wirtschaftsrecht, § 8 Rn. 40.
[158] *Schütz*, in: Geppert/Schütz (Hrsg.), TKG § 18 Rn. 4.
[159] *Neumann/Koch*, Telekommunikationsrecht, S. 324.
[160] *Fetzer*, in: Arndt/Fetzer/Scherer/Graulich (Hrsg.), TKG § 3 Rn. 34 ff.

le zum Endkunden gelangen.[161] Zudem gilt für auf die §§ 13, 18 TKG gestützte Maßnahmen § 21 Abs. 1 S. 2 und Abs. 4 TKG nach § 18 Abs. 3 TKG entsprechend (s. → Rn. 45, 52). Dort werden Objektivität, Transparenz und Erforderlichkeit gefordert.[162] Das Merkmal des „begründeten Falls" entfaltet demgegenüber keine eigenständige Relevanz, weil ihm aufgrund unionsrechtlicher Vorgaben alle Verpflichtungen genügen, die auf die Herstellung eines umfassenden „End-zu-End-Verbunds" gerichtet sind. Insbesondere ist damit keine Beschränkung auf Einzelfallkonstellationen gemeint, zumal § 18 Abs. 3 S. 1 TKG objektive und nicht diskriminierende Verpflichtungen fordert.[163]

64   Auf **Rechtsfolgenebene** steht der Erlass einer Verpflichtung auf Zusammenschaltung (vgl. § 3 Nr. 34 TKG) auf Basis der §§ 13, 18 TKG im Ermessen[164] der BNetzA. Zudem muss die Anordnung ausweislich des § 18 Abs. 1 S. 1 TKG erforderlich sein, um die Nutzerkommunikation und die Bereitstellung von Diensten sowie deren Interoperabilität zu gewährleisten, was letztlich danach verlangt, dass keine milderen, gleich geeigneten Mittel bestehen, um in Umsetzung der Zielsetzungen des § 18 TKG einen umfassenden End-zu-End-Verbund sicherzustellen.[165] Dafür dürfte ein Transit über Drittnetze genügen, so dass eine unmittelbare Zusammenschaltung nicht zu fordern ist.[166] Dieser Ansatz scheint auch dem Unionsrecht zu entsprechen, weil nach Erwägungsgrund 8 der Zugangsrichtlinie eine indirekte Zusammenschaltung ausreicht. Das in § 18 Abs. 1 S. 1 TKG enthaltene Merkmal der Zusammenschaltung auf entsprechende Nachfrage wird ebenfalls auf Rechtsfolgenebene relevant, ist also im Sinne der Ermittlung eines abstrakten Bedarfs und nicht als eine Art Antragserfordernis zu verstehen,[167] wie ein Wortlautvergleich zu § 21 Abs. 1 S. 1 TKG (s. → Rn. 47) zeigt. Neben der Zusammenschaltung können nach § 18 Abs. 1 S. 2, Abs. 2 TKG auch andere Zugangspflichten auferlegt werden.

III. Entgeltregulierung

65   Da Zugangsrechte zu Telekommunikationsnetzen allein noch nicht hinreichend für die Schaffung wirksamen Wettbewerbs sind, weil deren Ausgestaltung Privilegierungen oder Benachteiligungen nach sich ziehen kann, bedarf es im Bereich der Bedingungen der Netznutzung weiterer Regulierung. Die zugehörigen Aktivitäten müssen insbesondere die Höhe der Entgelte adressieren, da die Kosten des Zugangs das insoweit größte Diskriminierungspotenzial bieten, können doch zu hohe Preise die Konkurrenzfähigkeit von Telekommunikationsdienstangeboten schmälern.[168] Zu berücksichtigen ist allerdings auch, dass die Einnahmen aus der Nutzung von Netzen durch Dritte deren Erhalt und Ausbau zugutekommen, so dass die Entgelte nicht zu niedrig bemessen sein dürfen, will man die Funktionsfähigkeit der Telekommunikationsnetze nicht in Gefahr bringen.[169] Wie diese **widerstreitenden Interessen auszugleichen** sind, beantworten die §§ 27 ff. TKG. Sie bieten der BNetzA Eingriffsbefugnisse im Bereich der Gestaltung der Zugangsentgelte, die sog. Entgeltregulierung.[170] Die zugehörigen Verpflichtungen sind, soweit sie auf die §§ 30, 39 TKG gestützt worden sind, ausweislich des § 13 Abs. 1 S. 1 TKG Teil der Regulierungsverfügung. Gemein haben die auf die §§ 27 ff. TKG gestützten Maßnahmen, dass sie als Teil der Marktregulierung genauso wie Maßnahmen der Zugangsregulierung grund-

---

[161] *Schütz,* in: Geppert/Schütz (Hrsg.), TKG § 18 Rn. 16 ff.
[162] *Neumann/Koch,* Telekommunikationsrecht, S. 326.
[163] *Hölscher,* in: Scheurle/Mayen (Hrsg.), TKG § 18 Rn. 33 ff.
[164] S. dazu *Scherer,* in: Arndt/Fetzer/Scherer/Graulich, TKG § 18 Rn. 17.
[165] Ausf. dazu *Neumann/Koch,* Telekommunikationsrecht, S. 326 ff.
[166] So aber *Schütz,* in: Geppert/Schütz (Hrsg.), TKG § 18 Rn. 27 im Anschluss an BT-Drs. 15/2316, 64.
[167] *Hölscher,* in: Scheurle/Mayen (Hrsg.), TKG § 18 Rn. 30.
[168] *Eifert,* in: Ehlers/Fehling/Pünder (Hrsg.), Besonderes Verwaltungsrecht Bd. I, § 24 Rn. 74.
[169] *Stober/Korte,* Öffentliches Wirtschaftsrecht, Rn. 855 f.
[170] *Fetzer,* in: Schulte/Kloos (Hrsg.), Öffentliches Wirtschaftsrecht, § 8 Rn. 44.

C. Regelungsinhalt

sätzlich nur Unternehmen mit beträchtlicher Marktmacht adressieren.[171] Etwas anderes gilt lediglich im Falle einer auf § 18 TKG gestützten Verfügung (s. → Rn. 62 f.), weil auch dann eine Entgeltregulierung in Betracht kommt, wie § 25 Abs. 1 S. 1, Abs. 5 S. 3 und § 30 Abs. 2 Nr. 1 TKG zeigen.[172] Strukturell differenzieren die §§ 27 ff. TKG, die auch im Falle von Standardzugangsangeboten (vgl. § 23 Abs. 4 S. 5 TKG) oder Zugangsanordnungen (vgl. § 25 Abs. 5 S. 3 TKG) greifen, drei Abschnitte in Form allgemeiner Regeln und solcher für die Entgeltregulierung im Bereich der Zugangs- und der Endnutzerleistungen, die wiederum gleichermaßen Vorschriften zur Vorab- und zur begleitenden Überwachung enthalten.

1. Allgemeine Regeln der Entgeltregulierung

Die allgemeinen Vorschriften zur Entgeltregulierung finden sich in den §§ 27–29 TKG. **66** Dort sind deren Zielsetzungen, mögliche Konstellationen einer missbräuchlichen Entgeltgestaltung sowie diverse Eingriffsbefugnisse zugunsten der BNetzA niedergelegt.

a) Zielsetzungen

§ 27 Abs. 1 S. 1 TKG nennt als Ziel der Entgeltregulierung die **Verhinderung einer** **67** **missbräuchlichen Preisgestaltung** gegenüber Wettbewerbern oder Endnutzern durch Unternehmen mit beträchtlicher Marktmacht im Sinne der §§ 10 f. TKG. Aus den beiden anderen, an die §§ 27 ff. TKG anknüpfenden Unterabschnitten des Abschnitt 3 über die Entgeltregulierung folgt, dass es um die Entgelte für Zugangs- und Endkundenleistungen geht. Trotz dessen Betonung in **§ 27 Abs. 1 TKG** kommt dem Ziel der Verhinderung einer missbräuchlichen Preisgestaltung kein Selbstand zu. Vielmehr sind innerhalb der Entgeltregulierung die Regulierungsziele und -grundsätze aus § 2 TKG (s. → Rn. 4 f.) insgesamt relevant.[173]

Das in **§ 27 Abs. 2 S. 1 TKG legal definierte Konsistenzgebot** ist demgegenüber **68** im Sinne einer formalen Richtschnur zu verstehen. Es ist insoweit weniger auf materielle, über den Inhalt der §§ 27 ff. TKG hinausgehende, sondern auf prozedurale, in § 132 Abs. 5 S. 1 TKG näher ausgeformte Vorgaben angelegt, indem es von der BNetzA eine einheitliche Verwaltungspraxis fordert. In Umsetzung dessen hält § 27 Abs. 2 TKG dazu an, die Maßnahmen der Entgeltregulierung in der Gesamtheit und vor allem zeitlich sowie inhaltlich aufeinander abzustimmen. Dazu bedarf es eines Vergleichs der verschiedenen behördlichen Aktivitäten, ohne dass § 27 Abs. 2 TKG eigene materielle Maßstäbe für deren inhaltliche Ausgestaltung zu entnehmen wären.[174] Die BNetzA hat zuletzt 2009[175] Hinweise für eine konsistente Entgeltregulierung erlassen.

Unklar bleibt damit nur noch, welche **Bedeutung § 27 Abs. 2 S. 2 aE TKG** hat, **69** wonach die BNetzA prüfen muss, ob ihre Maßnahmen im Bereich der Entgeltregulierung in einem angemessenen Verhältnis zu den Zielen und Grundsätzen aus § 2 TKG (s. → Rn. 4 f.) stehen. Wäre damit lediglich ein Verweis auf die dort niedergelegten Regulierungsziele gemeint,[176] hätte diese Norm keine eigenständige Aussagekraft. Aus dem engen Regelungszusammenhang zum Konsistenzgebot wird man daher schließen müssen, dass der in § 27 Abs. 2 S. 2 aE TKG normierte Verweis darauf angelegt ist, dass auch das

---

[171] Vgl. *Kühling/Schall/Biendl*, Telekommunikationsrecht, Rn. 307, 314, 332.
[172] *Schütz*, in: Geppert/Schütz (Hrsg.), TKG § 18 Rn. 3.
[173] *Berger/Rößner/Paschke*, in: Paschke/Berlit/Meyer (Hrsg.), Gesamtes Medienrecht, 8. Abs. Rn. 6.
[174] *Hölscher*, in: Scheurle/Mayen (Hrsg.), TKG § 27 Rn. 25, 27.
[175] Abrufbar unter: https://www.bundesnetzagentur.de/DE/Sachgebiete/Telekommunikation/Unternehmen_Institutionen/Marktregulierung/massstaebe_methoden/Konsistenzgebot/Konsistenzgebot-node.html (zuletzt abgerufen am 24.2.2020).
[176] In diese Richtung *Paschke*, in: Geppert/Schütz (Hrsg.), TKG § 27 Rn. 91.

b) Missbrauchsverbot, § 28 TKG

70 Das in § 28 TKG niedergelegte Missbrauchsverbot ist deshalb in den allgemeinen Vorschriften platziert, weil ihm als übergreifender Maßstab im Rahmen der präventiven und der begleitenden Entgeltregulierung Bedeutung zukommt. Es ist in seiner Struktur stark an § 19 GWB angelehnt und bezieht sich auf die Vereinbarung bzw. Festlegung von Entgelten. Diese Begriffe sind im Lichte der Zielsetzungen der §§ 27 ff. TKG (s. → Rn. 67) in einem denkbar weiten Sinne zu verstehen.[178] Adressiert werden Anbieter von Telekommunikationsdiensten und Betreiber von Telekommunikationsnetzen, deren Marktmacht auf Basis der §§ 10 f. TKG festgestellt worden ist.[179] Ein wesentliches Kennzeichen des § 28 TKG ist, dass die dortigen Regelungen als Unternehmerpflichten ausgestaltet sind, dh also aus sich selbst heraus der BNetzA keine Durchsetzungsmöglichkeit bieten.[180]

Konsistenzgebot keinen Selbststand hat, sondern seinerseits nur so weit reichen kann, wie es ein angemessener Ausgleich mit den Regulierungszielen erlaubt.[177]

71 **aa) Allgemeines Missbrauchsverbot, Abs. 1 S. 1.** Die Struktur der Vorschrift stellt ein allgemeines Missbrauchsverbot in Form einer **Generalklausel**[181] voran. Sie greift immer ein, wenn ein Verhalten ein marktspezifisches Unwerturteil trifft, indem der Normadressat im Bereich der Entgeltgestaltung entgegen der Ordnungsprinzipien der Wettbewerbswirtschaft, die im Lichte der Ziele und Grundsätze aus § 2 TKG (s. → Rn. 4 f.) zu ermitteln sind, handelt. Zudem bedarf es eines Kausalverhältnisses zwischen der Marktbeherrschung und dem missbräuchlichen Verhalten des Normadressaten, weil er seine „Stellung ... nicht ausnutzen" darf. Dafür genügt es, wenn die Wettbewerbsschädlichkeit gerade daraus erwächst, dass ein marktmächtiges Unternehmen das Entgelt gestaltet hat.[182]

72 Liegen diese Voraussetzungen vor, kommen **Rechtfertigungsmöglichkeiten** in Betracht. Zwar scheint § 28 Abs. 1 S. 2 Hs. 2 TKG insoweit eine Engführung zu gebieten, weil sich diese Norm nur auf einen Teil der Missbrauchsmöglichkeiten im Bereich Entgeltgestaltung zu beziehen scheint – nämlich auf die Fälle der Nr. 2 und 3.[183] Diese Lesart ist aber schon aus dem Grunde nicht zutreffend, weil ein Verhalten, für das eine sachliche Rechtfertigung besteht, normlogisch nicht missbräuchlich sein kann und zudem auch kein den Tatbestand des § 28 TKG kennzeichnendes Unwerturteil prägt.[184] Daher hat die BNetzA also bei jeder Anwendung des § 28 TKG eine Abwägung der widerstreitenden Interessen auch und insbesondere unter Berücksichtigung der Regulierungsziele und -grundsätze aus § 2 TKG (s. → Rn. 4 f.) vorzunehmen.[185]

> **Praxistipp:**
> Die Bedeutung der „es sei denn"-Klausel in § 28 Abs. 1 S. 2 aE TKG ist vor diesem Hintergrund für die Beweislastverteilung relevant. Dort, wo sie nicht greift, trifft die BNetzA die subjektive Beweislast mit der Folge der Amtsermittlungspflicht sowie die objektive Beweislast, so dass ein „non liquet" zu ihren Lasten geht. Dort, wo die Klausel greift, trifft das regulierte Unternehmen die objektive und subjektive Beweislast, so dass es die relevanten Tatsachen ermitteln bzw. vortragen muss und ein „non liquet" jedenfalls solange zu dessen Lasten geht, wie die für die Rechtfertigung relevanten Umstände der

---

[177] *Mayen*, in: Scheurle/Mayen (Hrsg.), TKG § 27 Rn. 29; ähnl. *Nolte/König*, MMR 2005, 512, 515.
[178] *Fetzer*, in: Arndt/Fetzer/Scherer/Graulich (Hrsg.), TKG § 28 Rn. 22.
[179] *Schütz/Neumann*, in: Geppert/Schütz (Hrsg.), TKG § 28 Rn. 25.
[180] Vgl. *Berger/Rößner/Paschke*, in: Paschke/Berlit/Meyer (Hrsg.), Gesamtes Medienrecht, 8. Abs. Rn. 35.
[181] *Kühling/Schall/Biendl*, Telekommunikationsrecht, Rn. 314.
[182] *BVerwG*, NVwZ 2011, 626, Rn. 17 ff.; *Schütz/Neumann*, in: Geppert/Schütz (Hrsg.), TKG § 28 Rn. 28.
[183] *Berger/Rößner/Paschke*, in: Paschke/Berlit/Meyer (Hrsg.), Gesamtes Medienrecht, 8. Abs. Rn. 36 f.
[184] *Mayen*, in: Scheurle/Mayen (Hrsg.), TKG § 28 Rn. 11; Vorauflg. → Teil 7 Rn. 176.
[185] *BVerwG*, NVwZ 2011, 623, Rn. 30 f.

Sphäre des regulierten Unternehmens zuzuordnen sind. Fehlt es daran, bedarf es im Lichte der Unternehmergrundrechte und des Gebots effektiven Rechtsschutzes einer sog. Sphärenkorrektur, so dass der Amtsermittlungsgrundsatz wieder auflebt.[186]

bb) Besondere Missbrauchsverbote, Abs. 1 S. 2. In praxi kommt das allgemeine Missbrauchsverbot aus § 28 Abs. 1 S. 1 TKG kaum einmal zum Zuge, weil die nicht abschließenden („insbesondere") Regelbeispiele[187] aus Satz 2 dieser Bestimmung einen erheblichen Teil der Facetten missbräuchlicher Entgeltgestaltung abdecken.[188] Gemeinsam ist allen dort aufgeführten Tatbeständen zunächst, dass sie wie das allgemeine Missbrauchsverbot aus Satz 1 eine Kausalbeziehung zwischen Marktmacht und missbräuchlichem Verhalten voraussetzen. Im Übrigen prägt jedes Regelbeispiel eigene Vorgaben. 73

aaa) Preishöhenmissbrauch. § 28 Abs. 1 S. 2 Nr. 1 TKG betrifft den Fall, dass die geforderten Entgelte nur wegen der Marktmacht des Unternehmens durchsetzbar sind. Dieser sog. Preishöhenmissbrauch ist auf das Vertikalverhältnis zwischen Anbieter und Nachfrager bezogen und liegt vor, wenn Entgelte in einer Höhe verlangt werden, die sich im Falle wirksamen Wettbewerbs nicht ergeben hätten. Die relevanten Methoden für diese **„als ob"-Prüfung** können sich aus einer Gegenüberstellung mit den Preisen auf Vergleichsmärkten oder auf Basis einer Kostennachweisprüfung (s. → Rn. 103 ff.) ergeben, wobei insbesondere aufgrund der Orientierungsfunktion des § 19 GWB ein auch vom Gesetzgeber gewollter Vorrang des Vergleichsmarktkonzepts besteht.[189] 74

Aufgrund der Unwägbarkeiten, die aus der infolgedessen erforderlichen Gegenüberstellung und aus den naturgemäß auch nicht zu 100% vollkommenen Bedingungen auf dem Vergleichsmarkt resultieren, genügt nicht jede Erhöhung, um einen Verstoß gegen § 28 Abs. 1 S. 2 Nr. 1 TKG zu bejahen. Stattdessen bedarf es vielmehr eines sog. **Erheblichkeitszuschlags,** auch um dem Umstand gerecht zu werden, dass wegen des mit dem Preishöhenmissbrauch verbundenen Unrechtsurteils über das Verhalten des marktmächtigen Unternehmens nicht jede Abweichung zwischen festgesetztem und geschätzten Preis für eine Verletzung des § 28 TKG ausreichen darf. Der Umfang der damit nötigen Anforderung einer erheblichen Preiserhöhung ist freilich nicht in Stein gemeißelt. Sie soll mindestens zwischen 5 bis 10%[190] betragen müssen.[191] 75

Liegen die Voraussetzungen des § 28 Abs. 1 S. 2 Nr. 1 TKG vor, kommen wie erwähnt **Rechtfertigungsmöglichkeiten** in Betracht, weil auch im Falle eines Preishöhenmissbrauchs ein marktspezifisches Unwerturteil erforderlich ist (s. → Rn. 72). Insoweit spielt namentlich die individuelle Kostenstruktur des marktmächtigen Unternehmens eine Rolle, so dass im Rahmen der Missbrauchsaufsicht festgestellte Preise unterhalb der Selbstkosten nicht zumutbar sind.[192] Abgesehen davon kann in diesem Zusammenhang auch den Regulierungszielen aus § 2 Abs. 2 TKG eine besondere Bedeutung zukommen, so dass höhere Preise zB möglich sein sollten, wenn sie zur Forcierung des Infrastrukturwettbewerbs erforderlich sind.[193] 76

bbb) Behinderungsmissbrauch. § 28 Abs. 1 S. 2 Nr. 2 TKG verbietet marktmächtigen Unternehmen einen sog. Behinderungsmissbrauch zulasten anderer Unternehmen. 77

---

[186] Ausf. dazu *Mayen*, in: Scheurle/Mayen (Hrsg.), TKG § 28 Rn. 11, 13 f.
[187] *Schütz/Neumann*, in: Geppert/Schütz (Hrsg.), TKG § 28 Rn. 43; BVerwG, NVwZ 2011, 623, Rn. 22.
[188] S. *Mayen*, in: Scheurle/Mayen (Hrsg.), TKG § 28 Rn. 9 f.
[189] Vgl. BVerwG, NVwZ 2010, 1356, Rn. 22 per Verweis auf BT-Drs. 15/2316, 67, 70.
[190] *Weyer*, in: FK KartellR, 58. EL 2005, § 19 GWB Rn. 1233 mwN.
[191] Ausf. dazu *Groebel*, in: Säcker (Hrsg.), TKG § 28 Rn. 22 ff.
[192] BGHZ 142, 239, Rn. 17 f.; *Körber*, in: Immenga/Mestmäcker (Hrsg.), Wettbewerbsrecht, § 29 GWB Rn. 110.
[193] *Mayen*, in: Scheurle/Mayen (Hrsg.), TKG § 28 Rn. 25.

78 **(1) Voraussetzungen.** Im Unterschied zum Preishöhen- ist der Behinderungsmissbrauch vor allem auf das Horizontalverhältnis bezogen, betrifft also im engeren Sinne konkurrierende Unternehmen, kann aber ggf. auch das Vertikalverhältnis adressieren.[194] Voraussetzung für die Anwendung des § 28 Abs. 1 S. 2 Nr. 2 TKG ist, dass das marktmächtige Unternehmen durch sein Verhalten Wettbewerbsmöglichkeiten anderer Anbieter beeinträchtigt. Da auch legitime Strategien diese Wirkung zeitigen können, bestehen Abgrenzungsschwierigkeiten zwischen zulässigem und unzulässigem Marktverhalten. Im Sinne einer **Faustformel** lässt sich darauf abstellen, ob leistungsfremde, dh also nicht auf den Mitteln des Leistungswettbewerbs bauende Praktiken die Grundlage der Beeinträchtigung der Wettbewerbsmöglichkeiten bilden.[195]

79 Auch § 28 Abs. 1 S. 2 Nr. 2 TKG verlangt ähnlich wie Nr. 1 dieser Vorschrift neben der Kausalität die Erheblichkeit der Beeinträchtigung. Zudem darf sie nicht durch einen sachlichen Grund gerechtfertigt sein. Beide Kriterien dienen dazu, Fälle auszuschließen, in denen sich ein **marktspezifisches Unwerturteil** nicht begründen lässt.[196] Ihnen kommt daher ebenfalls die Funktion zu, legitime von illegitimen Formen des Verhaltens im Wettbewerb zu unterscheiden – allerdings auf Basis einer insoweit graduell anders gelagerten Begründung, als nicht die Praktiken des Leistungswettbewerbs, sondern ein Marginalitätsvorbehalt bzw. eine Abwägung der im konkreten Fall kollidierenden Interessen unter Beachtung des § 2 TKG (s. → Rn. 4 f.) die maßgeblichen Gründe für die Nichtanwendung des § 28 Abs. 1 S. 2 Nr. 1 TKG bilden.

80 **(2) Vermutungsregeln des § 28 Abs. 2 TKG.** Anders als im Falle des § 28 Abs. 1 S. 2 Nr. 1 TKG gelten (nur) für Nr. 2 dieser Vorschrift sog. Vermutungsregeln, die zentrale Probleme aus der Anfangszeit der vollständigen Öffnung der Telekommunikationsmärkte spiegeln. Sie haben keine materiell-rechtliche Wirkung, sondern greifen als **Regeln zur Verteilung der Beweislast für den Grundtatbestand zentrale Konstellationen** in dem Sinne auf, dass dann, wenn deren Voraussetzungen gegeben sind, mit hoher Wahrscheinlichkeit davon auszugehen ist, dass die vermutete Rechtsfolge (hier Behinderungsmissbrauch) vorliegt.[197] Da keine vollständige Gewissheit, sondern nur eine erhöhte Wahrscheinlichkeit besteht, handelt es sich um widerlegliche Vermutungen, die zunächst dann nicht greifen, wenn das gerügte Wettbewerbsverhalten sachlich gerechtfertigt ist,[198] darüber hinaus aber auch dann nicht, wenn ein Behinderungsmissbrauch im Sinne des § 28 Abs. 1 S. 2 Nr. 2 TKG aus anderen Gründen, etwa mangels Erheblichkeit, nicht vorliegt.[199] Dafür spricht schon, dass auch dann kein marktspezifisches Unwerturteil gegeben ist und Vermutungsregeln nicht weiter reichen als der Tatbestand, auf den sie sich beziehen. Aus diesem Grunde kann ein Behinderungsmissbrauch umgekehrt auch dann vorliegen, wenn keine Vermutungsregel greift.

> **Praxistipp:**
> Die Vermutungsregeln aus § 28 Abs. 2 TKG sind als objektive Beweislastregeln einzuordnen, so dass sie nicht die Pflicht der BNetzA zur Amtsermittlung modifizieren, sondern erst im Falle eines „non liquet" nach Ausschöpfung aller Erkenntnisquellen relevant werden und dann dazu führen, dass ein Missbrauch des marktmächtigen Unternehmens vermutet wird.[200]

---

[194] *Schütz/Neumann*, in: Geppert/Schütz (Hrsg.), TKG § 28 Rn. 62.
[195] *Mayen*, in: Scheurle/Mayen (Hrsg.), TKG § 28 Rn. 27 f.
[196] Vgl. *Neumann/Koch*, Telekommunikationsrecht, S. 245 ff.
[197] *Mayen*, in: Scheurle/Mayen (Hrsg.), TKG § 28 Rn. 36.
[198] BT-Drs. 15/2316, 67.
[199] So auch *Schütz/Neumann*, in: Geppert/Schütz (Hrsg.), TKG § 28 Rn. 93 („insbesondere").
[200] *Mayen*, in: Scheurle/Mayen (Hrsg.), TKG § 28 Rn. 37.

C. Regelungsinhalt

§ 28 Abs. 2 Nr. 1 TKG betrifft den Fall, dass das für eine Leistung verlangte Entgelt 81
die langfristigen zusätzlichen Kosten einschließlich einer angemessenen Verzinsung des eingesetzten Kapitals nicht deckt. Diese sog. **Kampf- oder Dumpingpreise** bilden eine Untergrenze, die mit dem nach § 28 Abs. 1 S. 2 Nr. 1 TKG ermittelbaren Höchstpreis als Obergrenze einen Korridor zulässiger Entgelte entstehen lässt. Den Bezugspunkt der Vermutungsregel aus Nr. 1 bilden die langfristigen Zusatzkosten der Leistung. Dazu zählen neben den vom Gesetzgeber erwähnten Kapitalkosten etwa die Kosten für die Inanspruchnahme von Netzkapazitäten. Leistungsmengenneutrale Gemeinkosten fließen – anders als beim Maßstab der Kosten einer effizienten Leistungserbringung (s. → Rn. 97 ff.) – nicht ein. § 28 Abs. 2 Nr. 1 TKG setzt zudem Auswirkungen auf den Wettbewerb im Sinne einer erfolgreichen Verdrängungsstrategie voraus, so dass die betroffenen Unternehmen nicht durch andere in den Markt eintretende Wettbewerber ersetzt werden dürfen, was insbesondere im Falle hoher Markteintrittsbarrieren (s. → Rn. 19 f.) regelmäßig der Fall ist.[201] Die Vermutung wird im Falle einer sachlichen Rechtfertigung der Entgeltgestaltung entkräftet – so etwa, wenn der danach zu niedrige Preis Überkapazitäten abbauen oder innovative Produkte am Markt einführen soll und die Entwicklungskosten nicht deckt.[202]

Die Vermutungsregel aus **§ 28 Abs. 2 Nr. 2 TKG** betrifft den Fall, dass das für eine 82
Zugangsleistung von Wettbewerbern erhobene Entgelt nicht genügt, um ihnen eine angemessene Verzinsung ihres Kapitaleinsatzes auf dem Endnutzermarkt zu ermöglichen. Diese sog. **Preis-Kosten-Schere**[203] entsteht primär, wenn ein marktmächtiges Unternehmen vertikal integriert ist, weil dann etwaige Wettbewerber auf dessen Zugangsleistung angewiesen sind, zugleich aber mit dessen Produkten auf dem Endkundenmarkt konkurrieren, so dass Anreize bestehen, deren Wettbewerbsfähigkeit durch ein im Verhältnis zum Endnutzer zu hohes Zugangsentgelt zu gefährden.[204] In seinen Voraussetzungen ist § 28 Abs. 2 Nr. 2 TKG vor allem deshalb problematisch, weil der Wortlaut („einem effizienten Unternehmen") offen lässt, ob die Kosten eines Wettbewerbers oder des marktmächtigen Unternehmens den maßgeblichen Bezugspunkt bilden.[205] Zudem ist unklar, welches das „entsprechende(n) Endnutzerentgelt" ist, weil sich das in dieser Formulierung anklingende Korrespondenzverhältnis auf ein konkretes Zugangs- oder ein konkretes Endprodukt oder auf beides beziehen kann.[206] Und schließlich kann die Berechnung der Spanne zwischen Zugangs- und Endnutzerentgelt problematisch sein.[207]

§ 28 Abs. 2 Nr. 3 TKG betrifft den Fall, dass ein (marktmächtiges) Unternehmen bei 83
seinem Produktangebot ungerechtfertigte Bündelungen vornimmt. Sie prägt, dass bestimmte Erzeugnisse entweder nur oder auch gemeinsam erwerbbar sind. Da solche Wettbewerbsstrategien für beide Marktseiten von Vorteil sein können, sind **Produktbündelungen** nicht per se **unzulässig**. Stattdessen bedarf es einer auf den konkreten Einzelfall bezogenen Würdigung. Etabliert haben sich vier Prüfungsschritte:[208] Erstens fragt sich anhand der vertraglichen, ökonomischen oder technischen Parameter, ob eine Bündelung vorliegt (→ Rn. 49). Zweitens muss erörtert werden, ob für mindestens einen Bestandteil des Bündels eine marktmächtige Stellung vorliegt. Drittens ist zu ermitteln, ob die Bündelung sachlich gerechtfertigt werden kann, was von reinen (alle Produkte nur im Bündel erwerbbar) über einseitige (ein Produkt allein, ein anderes nur im Bündel erwerbbar) auf gemischte (alle Produkte allein oder im Bündel erwerbbar) Bündel in der Regel einfacher wird. Viertens ist zu beachten, dass die Nachbildbarkeit des Bündels zu dessen Rechtmäßigkeit führt (vgl. § 28 Abs. 2 Nr. 3 S. 2 TKG).

---

[201] *Schütz/Neumann*, in: Geppert/Schütz (Hrsg.), TKG § 28 Rn. 98.
[202] Ausf. zum Ganzen *Kühling/Schall/Biendl*, Telekommunikationsrecht, Rn. 319 f.
[203] Vgl. zu diesem Mechanismus *Lindner*, BJR 21, 21 ff.
[204] S. dazu *Kühling/Schall/Biendl*, Telekommunikationsrecht, Rn. 321 f.
[205] Ausf. *Berger/Rößner/Paschke*, in: Paschke/Berlit/Meyer (Hrsg.), Gesamtes Medienrecht, 8. Abs. Rn. 53.
[206] Vgl. *Groebel*, in: Säcker (Hrsg.), TKG § 28 Rn. 63.
[207] Ausf. zum Ganzen *Mayen*, in: Scheurle/Mayen, TKG § 28 Rn. 42 ff.
[208] Instruktiv dazu *Schütz/Neumann*, in: Geppert/Schütz (Hrsg.), TKG § 28 Rn. 128 ff.

84 **ccc) Diskriminierungsverbot.** **§ 28 Abs. 1 S. 2 Nr. 3 TKG** verbietet marktmächtigen Unternehmen schließlich, einzelnen Nachfragern, dh also organisationsexternen Schuldnern des Entgelts,[209] Vorteile gegenüber anderen Nachfragern gleichartiger oder ähnlicher Telekommunikationsdienste einzuräumen. Dieses Regelbeispiel greift sowohl im Vertikal- als auch im Horizontalverhältnis. Es erfasst Besserstellungen sowie Benachteiligungen gleichermaßen und erstreckt sich insoweit auf die Entgeltgestaltung in Bezug auf gleichartige oder ähnliche Dienste, was letztlich auch insoweit nach der Austauschbarkeit der Produkte aus Sicht des Nutzers, dh also anhand des sog. Bedarfsmarktkonzepts, zu beurteilen, ist.[210] Genauso wie im Falle des Preishöhen- und Behinderungsmissbrauchs können auch Diskriminierungen gerechtfertigt werden. Insoweit ist insbesondere bei Preisdifferenzierungen zu fragen, ob sie von sachlichen Gründen getragen werden und verhältnismäßig sind – so etwa, weil sie Folge von Kostenunterschieden sind.[211]

85 Ein Spezialfall einer zulässigen Diskriminierung in Form der Preisdifferenzierung im Rahmen von **Risikobeteiligungsmodellen bei Projekten zur Errichtung von Netzen der nächsten Generation** (vgl. § 15a TKG) wird in § 28 Abs. 1 S. 3 TKG ausdrücklich benannt. Er erklärt sich daraus, dass der Auf- und Ausbau leistungsfähiger Infrastruktur seinerseits ein Regulierungsziel ist (vgl. § 2 Abs. 2 Nr. 5 TKG) und umfangreiche Investitionen erfordert, die ein Netzbetreiber allein kaum vornehmen kann. Voraussetzung für die Anwendung des § 28 Abs. 1 S. 3 TKG ist, dass die Entgeltdifferenzierung der Aufteilung des Investitionsrisikos dient, dh also ihre Basis im Umfang des übernommenen Risikos findet. Zudem müssen alle tatsächlichen und potenziellen Nachfrager gleich behandelt werden; Differenzierungen in der Entgeltgestaltung sind daher im Falle gleich umfangreicher Risikoübernahme unzulässig.[212]

86 **cc) Anordnungsbefugnisse.** Die in § 29 TKG vor die Klammer gezogenen Eingriffsbefugnisse der BNetzA gelten ebenfalls für die Entgeltregulierung von Zugangs- und Endnutzerleistungen. Sie beziehen sich auf den Zeitraum vor bzw. während des zugehörigen Verwaltungsverfahrens und wollen die Möglichkeit bieten, dass die **BNetzA** die für die Wahrnehmung ihrer Aufgaben erforderlichen Informationen erlangen und **sachgerecht arbeiten kann**. Etwaige auf § 29 TKG gestützte Maßnahmen sind kein Teil der Regulierungsverfügung im Sinne des § 13 TKG, weil die Norm dort nicht aufgeführt ist. Es handelt sich stattdessen um eigenständige Verwaltungsakte,[213] die nach § 29 Abs. 5 TKG mit den Mitteln des Verwaltungsvollstreckungsrechts zB per Zwangsgeld in Höhe von bis zu 1 Millionen Euro durchgesetzt werden können.

87 Die in § 29 Abs. 1 Nr. 1 TKG aufgeführten **Eingriffsbefugnisse** sind auf die Herausgabe von Unterlagen oder Datenträgern mit den für die Entgeltberechnung relevanten Informationen – so zu Absatz, Umsatz und Kosten – gerichtet. Zudem ermöglicht es die Vorschrift der BNetzA, Vorgaben für Form und Inhalt der Kostenrechnung bis hin zu einem bestimmten Kalkulationsschema[214] zu machen und so Transparenz zu schaffen (Nr. 2). Hinzu kommt die Verpflichtung zur Verwendung bestimmter Kostenrechnungsmethoden (Abs. 2), was namentlich Folgen für die Einordnung von Kosten als Fix- oder Gemeinkosten haben kann, sowie zur Anwendung bestimmter Tarifsysteme und Kostendeckungsmechanismen (Abs. 3), was sich zwar nicht auf die konkrete Entgelthöhe auswirkt, sehr wohl aber auf die Entgeltstruktur und damit ebenfalls preisbildungsrelevant ist.[215]

---

[209] BVerwGE 117, 93, Rn. 62 ff.; *Mayen*, in: Scheurle/Mayen (Hrsg.), TKG § 28 Rn. 72.
[210] *BVerwG*, NVwZ 2015, 225, Rn. 30; *Schütz/Neumann*, in: Geppert/Schütz (Hrsg.), TKG § 28 Rn. 76.
[211] *Berger/Rößner/Paschke*, in: Paschke/Berlit/Meyer (Hrsg.), Gesamtes Medienrecht, 8. Abs. Rn. 49.
[212] Ausf. dazu *Kühling/Schall/Biendl*, Telekommunikationsrecht, Rn. 328 ff.
[213] *Hölscher*, in: Scheurle/Mayen (Hrsg.), TKG § 29 Rn. 1, 3, 6.
[214] Vgl. dazu *BVerwG*, NVwZ-RR 2015, 254, Rn. 6.
[215] *Cornils*, in: Geppert/Schütz (Hrsg.), TKG § 29 Rn. 51, 62.

2. Entgeltregulierung für Zugangsleistungen

Diese allgemeinen Grundsätze werden zunächst relevant, soweit es um die Entgeltregulierung für Zugangsleistungen geht. Die zugehörigen Vorschriften differenzieren in den §§ 30 ff. TKG danach, ob präventive Verpflichtungen ex ante in Form von Genehmigungsvorbehalten festgelegt werden oder ob das hoheitliche Handeln ex post im Sinne einer begleitenden Kontrolle ansetzt. Da die Entscheidung in die eine oder andere Richtung nach den §§ 13, 30 TKG Teil der Regulierungsverfügung ist, während die daran anknüpfende konkrete Anordnung nachgelagert erfolgt, manifestiert sich auch im Bereich der Entgeltregulierung ggf. ein gestuftes Verfahren.[216]

88

a) Abgrenzungsgrundsätze

Bevor die BNetzA ihre Maßnahmen im Bereich der Entgeltregulierung näher ausgestalten kann, muss sie sich folglich zunächst darüber Gedanken machen, ob sie im Rahmen der Entgeltregulierung ex ante oder ex post tätig wird, was erhebliche Auswirkungen auf die Regulierungsintensität hat. Die zugehörige Entscheidung trifft sie auf Basis verschiedener **Handlungsdirektiven**. Zu beachten sind die allgemeinen Regulierungsziele sowie -grundsätze aus § 2 TKG und insbesondere das Verbot des Preismissbrauchs aus § 27 Abs. 1 TKG. Zudem werden in § 30 Abs. 3 S. 1 TKG weitere Regulierungsziele aus § 2 Abs. 2 TKG in Form der Verbraucherinteressen (Nr. 1), der Wettbewerbsförderung (Nr. 2) und des Ausbaus von Netzen (Nr. 5), namentlich solcher der nächsten Generation, (ausschnittsweise) besonders betont. Auf Seiten der marktmächtigen Unternehmen als Adressaten etwaiger Verpflichtungen im Rahmen der Entgeltregulierung ist auf eine angemessene Verzinsung zu achten (§ 30 Abs. 3 S. 2 TKG).

89

Ob sich die BNetzA für eine Regulierung ex post oder ex ante entscheidet, wird in § 30 Abs. 1 TKG **qua legem vorgeformt.** Danach unterliegen Entgelte für nach § 21 TKG auferlegte Zugangsleistungen einer Entgeltgenehmigung, solange eine nachträgliche Regulierung im Lichte des § 2 TKG (s. → Rn. 4 f.) nicht ausreicht. Hinzu kommt § 30 Abs. 2 TKG, wonach eine nachträgliche Regulierung unter Beachtung des § 2 TKG genügt, wenn es um Entgelte für Leistungen nach § 18 TKG geht (s. → Rn. 62 ff.) oder wenn ein Unternehmen mit beträchtlicher Marktmacht andere als Zugangsleistungen anbietet. Diese Normstruktur darf aus unionsrechtlichen Gründen erneut nicht die Entscheidungsbefugnisse der BNetzA einschränken (s. → Rn. 25, so dass es sich um nicht mehr als „ergebnisoffene Vorschläge" handelt.[217] Diesem Ansatz entspricht auch der Wortlaut des § 30 Abs. 1 f. TKG, der die gesetzlichen Vorgaben zu Ermessensdirektiven macht („kann").[218] Kehrseite dessen ist, dass die gesetzliche Struktur die BNetzA nicht von ihrer Pflicht zur umfassenden Begründung entbindet.[219]

90

Die damit verbundene Frage, ob die Entscheidung über eine Entgeltregulierung ex post oder ex ante auf Tatbestandsebene eigenständig zu prüfende unbestimmte Rechtsbegriffe kennt oder ob die dortigen „Anforderungen" nicht von der Rechtsfolge trennbar sind, was erneut (s. → Rn. 28) ein **einheitlich auszuübendes Regulierungsermessen** zur Folge hätte, hatte man ursprünglich uneinheitlich[220] beantwortet, wird mittlerweile aber in der verwaltungsgerichtlichen Spruchpraxis[221] zugunsten der letztgenannten Alternative bejaht. Zur Begründung wird vor allem darauf hingewiesen, dass die Entscheidung, ob eine nachträgliche Entgeltregulierung zur Erreichung der Regulierungsziele ausreicht, eine Abwägung erfordert, die nicht von der anschließenden Ermessensbetätigung getrennt werden

91

---

[216] S. dazu *BVerwG*, N&R 2018, 307, Rn. 24 ff.
[217] BT-Drs. 17/5707, 60.
[218] *Neumann/Koch*, Telekommunikationsrecht, S. 258 f.
[219] Vgl. *Kühling/Schall/Biendl*, Telekommunikationsrecht, Rn. 342.
[220] Vgl. einerseits etwa *Fetzer*, in: Arndt/Fetzer/Scherer/Graulich (Hrsg.), TKG § 30 Rn. 32 und andererseits *Hein/Jenny*, CR 2007, 287, 292.
[221] *BVerwG*, NVwZ 2008, 575, Rn. 29.

kann und daher untrennbarer Bestandteil des Regulierungsermessens ist.[222] Diese Lesart hat der Gesetzgeber im Zuge der letzten Überarbeitung des § 30 TKG auch nicht im Wege der Änderung des Tatbestands dieser Norm revidiert, so dass auch deren Wortlaut dessen Existenz (nunmehr) bestätigen dürfte.[223]

92   In Ausübung ihres Regulierungsermessens kann bzw. muss die BNetzA ggf. vollständig auf ein Eingreifen verzichten. Zwar ist diese Option in § 30 TKG nicht vorgesehen, das einschlägige Richtlinienrecht lässt sie aber zu; diese Aussage dürfen die nationalen Gesetzgeber nicht übersteuern (s. → Rn. 25). Folglich haben marktmächtige Unternehmen ggf. sogar einen Anspruch auf einen **Entgeltregulierungsverzicht**.[224] Dagegen spricht auch nicht die Position der davon dann nachteilig betroffenen Zugangspetenten, weil sie diese unmittelbare Wirkung der Richtlinie nicht rechtlich, sondern nur faktisch[225] tangiert. Umstritten ist freilich, ob dieser Fall, in dem dann allgemeines Wettbewerbsrecht greift, praxisrelevant ist: Teilweise wird diese Frage verneint, weil im Rahmen des Drei-Kriterien-Tests (s. → Rn. 14f.) die Insuffizienz des allgemeinen Wettbewerbsrechts festgestellt wurde.[226] Teilweise wird argumentiert, dass der Test die Regulierungsbedürftigkeit insgesamt betrifft und nicht spezifisch die Entgeltregulierung.[227]

b) Genehmigungspflichten ex ante

93   Soweit die BNetzA in der Regulierungsverfügung eine Entgeltregulierung ex ante in Form einer Genehmigungspflicht anordnet, machen die §§ 31 ff. TKG Vorgaben für die Maßstäbe und Methoden sowie für das Genehmigungsverfahren. Zudem ist nach der unionsgerichtlichen Spruchpraxis auch im Rahmen des Entgeltgenehmigungs- ein Konsolidierungsverfahren im Sinne des § 13 TKG durchzuführen, insbesondere weil das einschlägige Sekundärrecht im Bereich Preiskontrolle als Bezugspunkt des Konsolidierungsverfahrens umfassend ansetzt.[228]

> **Praxistipp:**
> Der Erlass einer vorläufigen Entgeltgenehmigung ist in solchen Konstellationen denkbar und namentlich wegen der kaum abgestimmten Fristen aus den §§ 31 Abs. 4 S. 3, 13 Abs. 4 TKG regelmäßig auch angezeigt. Als Rechtsgrundlagen kommen dann gleichermaßen § 130 TKG (→ Rn. 154) sowie §§ 13 Abs. 1 S. 1, 12 Abs. 3 TKG in Betracht, wenn die Umstände des Einzelfalls hier wie dort die Voraussetzungen der Norm tragen.[229]

94   **aa) Maßstab und Methode.** Ausgangspunkt für die Vorgehensweise bei der Berechnung der Entgelte ist § 31 TKG, der Auskunft über die relevanten Maßstäbe gibt. Die Vorschrift bietet insoweit verschiedene Möglichkeiten, deren Auswahl bestimmten Anforderungen unterliegt.

95   **aaa) Vorgehensweisen.** In § 31 TKG sind mit dem Einzelgenehmigungs- und dem Price-Cap-Verfahren (Abs. 1) sowie dem Verfahren der Abschlagsberechnung und anderen Vorgehensweisen (Abs. 2) insgesamt vier verschiedene Verfahren benannt, die abschließend

---

[222] Vgl. *Mayen*, in: Scheurle/Mayen (Hrsg.), TKG § 30 Rn. 18ff.; BVerwG, NVwZ 2008, 1359, Rn. 66.
[223] *Kühling*, in: Geppert/Schütz (Hrsg.), TKG § 30 Rn. 41.
[224] *Mayen*, in: Scheurle/Mayen (Hrsg.), TKG § 30 Rn. 43.
[225] Vgl. zu diesem Gradmesser *Ruffert*, in: Calliess/Ruffert, EUV/AEUV, AEUV Art. 288 Rn. 63.
[226] *Kühling*, in: Geppert/Schütz (Hrsg.), TKG § 30 Rn. 30.
[227] *Mayen*, in: Scheurle/Mayen (Hrsg.), TKG § 30 Rn. 21.
[228] Ausf. dazu und mit weiteren Argumenten *EuGH*, Rs. C-395/14, ECLI:EU:C:2016:9, Rn. 35 ff. – Vodafone und daran anschließend BVerwGE 157, 249, Rn. 22 ff.; vgl. dazu auch *Ludwigs*, in: Schmidt/Wollenschläger (Hrsg.), Kompendium Öffentliches Wirtschaftsrecht, § 12 Rn. 52 sowie *Neumann*, N&R 2016, 146 ff.
[229] BVerwGE 157, 249, Rn. 35; s. dazu *Cornils*, N&R 2017, 178, 179 ff.

C. Regelungsinhalt

über die Entgeltberechnung entscheiden, so dass ein Preishöhenmissbrauch im Sinne des § 28 Abs. 1 S. 2 Nr. 1 TKG (s. → Rn. 74 ff.) daneben ausscheidet.[230]

(1) Einzelgenehmigungsverfahren. Innerhalb des in § 31 Abs. 1 S. 1 Nr. 1 TKG normierten Einzelgenehmigungsverfahrens bilden die Kosten der effizienten Leistungserbringung (§ 32 Abs. 1 TKG) und Aufwendungen im Sinne des § 32 Abs. 2 TKG neben § 28 Abs. 1 S. 2 Nr. 2 und 3 TKG den relevanten Maßstab. Hinzu treten spezifische Anforderungen an die vorzulegenden Unterlagen (§ 34 TKG) sowie an die Methoden der Kostenberechnung.

(a) Kosten effizienter Leistungserbringung. Die Kosten effizienter Leistungserbringung werden in § 32 Abs. 1 TKG anhand von **drei Bestandteilen** näher konkretisiert. Danach sind erstens die langfristigen zusätzlichen Kosten der Leistungsbereitstellung zu berücksichtigen. Es handelt sich insoweit um diejenigen Positionen, die dem Produkt, dessen Entgeltgenehmigung in Rede steht, unmittelbar zurechenbar sind.[231] Diese sog. Einzelkosten etwa in Form von Betriebs- oder Mietkosten sind zweitens abzugrenzen von den leistungsmengenneutralen Gemeinkosten (etwa Vorstandsgehälter), die nach § 32 Abs. 1 TKG nur in Höhe eines angemessenen Zuschlags in die Berechnung einfließen dürfen.[232] Sie prägt, dass sie sich einer Leistung nicht unmittelbar zurechnen lassen, so dass sie nur anteilig berücksichtigt werden dürfen.[233] In die Kosten effizienter Leistungserbringung sind schließlich drittens auch die Opportunitätskosten für das eingesetzte Kapital in Höhe einer angemessenen Verzinsung einzubeziehen. Dieser an sich schon in den beiden anderen Teilbereichen enthaltene Bestandteil („einschließlich")[234] ist ausweislich des § 32 Abs. 3 TKG insbesondere anhand von vier Kriterien zu bestimmen – nämlich erstens anhand der Kapitalstruktur des regulierten Unternehmens (Nr. 1), zweitens anhand seiner Bonität und der Verhältnisse auf den Kapitalmärkten (Nr. 2), drittens anhand der berechtigten Renditeerwartungen auch im Lichte des leistungs- und insbesondere infrastrukturaufbauspezifischen Investitionsrisikos (Nr. 3) sowie viertens anhand der Wettbewerbssituation (Nr. 4).[235]

Obwohl § 32 Abs. 1 TKG die Kosten effizienter Leistungserbringung definiert, findet sich der Begriff der **Effizienz** dort nicht wieder. Stattdessen ist von „angemessenen" Zuschlägen und Verzinsungen die Rede sowie davon, dass die Kosten für die Leistungsbereitstellung „notwendig" sein müssen. Gerade dieses letztgenannte Kriterium wird aufgrund seines § 32 Abs. 1 TKG überwölbenden Charakters mit dem der Effizienz gleichgesetzt.[236] Namentlich in Bezug auf die Berücksichtigungsfähigkeit von Einzelkosten hat das BVerwG daran anknüpfend entschieden, dass dafür drei Vorgaben gewahrt sein müssen: So müssen sie dem Unternehmen erstens tatsächlich entstehen, sie müssen zweitens ursächlich auf die Bereitstellung der auferlegten Zugangsleistung rückführbar sein und sie müssen drittens den Bedingungen eines wirksamen Wettbewerbs genügen.[237] Gerade dieses letzte Kriterium birgt Unsicherheit für die Kostenermittlung, da wirksamer Wettbewerb im Falle der Marktregulierung per definitionem nicht besteht (s. → Rn. 18 ff.). Daher lassen sich Kosten effizienter Leistungserbringung nicht einfach berechnen, sondern hängen auch von Prognosen und Einschätzungen ab – so namentlich in Bezug auf das Problem der Simulation eines „Als-Ob-Wettbewerbs" oder des Verhaltens eines Wettbewerb ausgesetzten Unternehmens als denkbare Bezugspunkte der Preisermittlung.[238]

---

[230] BVerwG, ECLI:DE:BVerwG:2015:161215U6C27.14.0, Rn. 21.
[231] Ausf. dazu Kühling/Schall/Biendl, Telekommunikationsrecht, Rn. 346 f.
[232] Ludwigs, in: Schmidt/Wollenschläger (Hrsg.), Kompendium Öffentliches Wirtschaftsrecht, § 12 Rn. 71 f.
[233] Ausf. dazu Neumann/Koch, Telekommunikationsrecht, S. 226 ff.
[234] Kühling/Winzer, in: Geppert/Schütz (Hrsg.), TKG § 32 Rn. 17.
[235] Ausf. dazu Groebel, in: Säcker (Hrsg.), TKG § 32 Rn. 68 ff.
[236] Vgl. dazu BVerwG, NVwZ 2015, 225, Rn. 13 f.
[237] Hölscher, in: Scheurle/Mayen (Hrsg.), TKG § 32 Rn. 17.
[238] Kühling/Schall/Biendl, Telekommunikationsrecht, Rn. 347.

99   Wie kompliziert die Berechnung der Kosten effizienter Leistungserbringung sein kann, zeigt sich bei einer näheren Betrachtung der Bewertung von **Anlagevermögen zur Feststellung der Abschreibungshöhe als Teil der Kapitalkosten am Beispiel sog. Teilnehmeranschlussleitungen.** Denn die Wertfestsetzung kann auf verschiedene Art und Weise bestimmt werden: Denkbar ist namentlich eine Heranziehung der Kosten, die dem Betreiber für die Herstellung des Netzes seinerzeit entstanden sind abzüglich der zwischenzeitlichen Abschreibungen (historische Kosten). Denkbar ist es aber auch, auf die aktuellen Tagespreise für die Wiederbeschaffung des Netzes abzustellen, wobei dann weitere Differenzierungen möglich sind. So können einerseits die bisher erfolgten Abschreibungen abgezogen werden (Nettowert) oder nicht (Bruttowert). Andererseits kann auf den Wert des Netzes in seiner bestehenden oder in einer heutzutage entsprechend dem Stand der Technik aufzubauenden Form rekurriert werden.[239] Hinzu kommen Mischformen dieser Berechnungstechniken. Diesen Weg favorisiert offenbar die unionsgerichtliche Spruchpraxis, die auf die tatsächlichen Kosten abstellt, die wiederum aus den historischen und den voraussichtlichen (vor allem anhand des Wiederbeschaffungswerts festzustellenden) Kosten zu berechnen sind.[240]

100   Welcher Bezugspunkt in diesem und anderen Fällen der kostenrechnerischen Unsicherheit zu wählen ist, hängt maßgeblich von einer Gegenüberstellung und Gewichtung der Regulierungsziele ab. Damit prägt die Entscheidung sowohl ökonomische Unwägbarkeit als auch Momente der Abwägung widerstreitender Interessen, was die Annahme eines **Beurteilungsspielraums** zugunsten der BNetzA nahelegt, weil die Interpretationsoffenheit anders als beim Regulierungsermessen (s. → Rn. 26 f.) allein auf Tatbestandsebene angelegt ist.[241] Zu beachten ist allerdings, dass die daraus resultierenden Freiräume nach der verwaltungsgerichtlichen Spruchpraxis nicht per se den gesamten Prozess der Ermittlung der Kosten effizienter Leistungserbringung, sondern nur bestimmte Teilelemente der Kostenkontrolle infizieren, die in besonderer Weise durch ökonomische Unsicherheit und Abwägungsgesichtspunkte gekennzeichnet sind.[242] Diese Rechtsprechungslinie wird in der Literatur bisweilen kritisiert.[243] Das BVerwG ist ihr gleichwohl treu geblieben und hat Spielräume bisher nur punktuell – nämlich bei der Bewertung von Anlagevermögen (s. → Rn. 99),[244] bei der Feststellung einer angemessenen Verzinsung[245] sowie bei der Durchführung einer isolierten Vergleichsmarktbetrachtung[246] – bejaht.[247]

101   **(b) Aufwendungen nach § 32 Abs. 2 TKG.** Nach § 31 Abs. 1 S. 2 TKG sind zudem Aufwendungen im Sinne des § 32 Abs. 2 TKG zu berücksichtigen. Diese Vorschrift deckt den Fall ab, dass bestimmte Kosten zwar nicht als effizient eingeordnet werden können, immerhin aber auf Basis einer **rechtlichen Verpflichtung** entstehen **oder sachlich gerechtfertigt** sind. Während der letztgenannte Fall nach einer Abwägung der mit Blick auf die Kostenberücksichtigung widerstreitenden Interessen im Lichte der Ziele und Grundsätze aus § 2 TKG (s. → Rn. 4 f.) verlangt, ist der erstgenannte Fall eindeutiger, weil er auf geltendes Recht abstellt, vertragliche Vereinbarungen insoweit aber unberücksichtigt lässt. Diese Variante dient dazu, gesetzliche Altlasten ehemals staatlicher Netzbetreiber kostenwirksam werden zu lassen, und lässt daher etwa die Einbeziehung von Personalkosten für nicht mehr einsetzbare, aber zugleich unkündbare Beamte zu. Zudem werden auf Basis des § 32 Abs. 2 S. 1 TKG Kosten aus tarifvertraglichen Bindungen berücksichtigungsfä-

---

[239] *BVerwG*, NVwZ 2012, 1047, Rn. 18; *Ludwigs*, RdE 2013, 297, 302.
[240] *EuGH*, Rs. C-55/06, ECLI:EU:C:2008:244, Rn. 110 ff., 119 – Arcor.
[241] Vgl. dazu *Hölscher*, in: Scheurle/Mayen (Hrsg.), TKG § 32 Rn. 31.
[242] BVerwGE 146, 325, Rn. 32; BVerwGE 153, 265, Rn. 15.
[243] *Kleinlein/Schubert*, NJW 2014, 3191, 3193 f.
[244] BVerwGE, 148, 48, Rn. 20.
[245] BVerwGE 156, 75, Rn. 13, 31.
[246] *BVerwG*, N&R 2015, 173, Rn. 43; vgl. auch *BVerwG*, DVBl 2018, 447, Rn. 20.
[247] *Hölscher*, in: Scheurle/Mayen (Hrsg.), TKG § 32 Rn. 31.

hig.²⁴⁸ Satz 2 dieser Vorschrift zwingt das regulierte Unternehmen zur Darlegung, ob und inwieweit bestimmte Positionen Aufwendungen im Sinne des Satzes 1 sind, wenn die BNetzA davon ausgeht, dass wesentliche Bestandteile der vorgelegten Kosten nicht effizient sind. In diesem Falle besteht eine Verpflichtung zur unverzüglichen Aufforderung seitens der BNetzA.²⁴⁹

(c) Kostenunterlagen. Da die Berechnung des Entgelts auf Basis des § 31 Abs. 1 S. 1 Nr. 1 TKG kostenorientiert erfolgt, verpflichtet **§ 34 TKG** zur Vorlage verschiedener Unterlagen, die die Basis der Kostenermittlung bilden. Sie umfassen etwa aktuelle Kostennachweise, eine detaillierte Leistungsbeschreibung, Angaben über den Markterfolg (Umsatz, Absatzmenge, etc), sowie eine Begründung, falls keine Pauschal-, sondern aufwandsbezogene Tarife gewollt sind (Abs. 1). Die Kostennachweise müssen nach Einzel- bzw. Gemeinkosten differenzieren (Abs. 2) und außerdem hinreichend transparent sein (Abs. 4). Abgesehen davon sind zu Beginn des Geschäftsjahrs die Gesamtkosten offenzulegen und auf die einzelnen Kostenstellen bzw. -träger nach Einzel- und Gemeinkosten aufzuteilen (Abs. 3). Grundsätzlich werden nur die vorgelegten Unterlagen berücksichtigt, wobei die Anordnungsbefugnisse aus § 29 TKG (s. → Rn. 86 f.) neben die Vorlagepflichten aus § 34 TKG gelten.

102

> **Praxistipp:**
> Im Rahmen des Verfahrens sind nicht nur die Unterlagen vorzulegen, aus denen sich die tatsächlichen Kosten ergeben, sondern auch diejenigen Unterlagen, mit deren Hilfe die BNetzA bzw. das Gericht den Sachverhalt prüfen kann. Dazu können Informationen zählen, die bestimmte unternehmerische Entscheidungen nachvollziehbar machen.²⁵⁰

(d) Kostenberechnungsmethoden. Die für die Kostenberechnung relevante, antragsübergreifend grundsätzlich einheitlich anzuwendende (§ 34 Abs. 5 TKG) Methode legt zunächst das jeweilige Unternehmen fest. Die BNetzA kann insoweit aber nach Maßgabe des § 29 TKG (s. → Rn. 86 f.) ggf. Vorgaben machen. Auf dieser Basis wird dann anhand der vorliegenden Kosteninformationen im Rahmen einer sog. Kostennachweisprüfung ermittelt, ob das vorgeschlagene Entgelt die Vorgaben des § 31 Abs. 1 S. 2 TKG erfüllt. Denkbar sind aber auch alternative Berechnungsmethoden in Form einer **Vergleichsmarktbetrachtung**²⁵¹ oder **unternehmensunabhängigen Kostenrechnung anhand von theoretischen Kostenmodellen,** mit deren Hilfe die relative oder absolute Effizienz des marktmächtigen Unternehmens festgestellt werden kann.²⁵²

103

Beide Ansätze sind nach dem Wortlaut des § 35 Abs. 1 TKG nur für das Einzelgenehmigungsverfahren relevant.²⁵³ Die Vorschrift differenziert allerdings in ihren beiden Sätzen hinsichtlich des **Grades der Verbindlichkeit** im Falle einer Heranziehung dieser beiden Berechnungsmethoden. So können sie einerseits als zusätzliche Erkenntnisquelle subsidiär²⁵⁴ neben vorliegenden Kosteninformationen verwendet werden (S. 1), andererseits aber, wenn sie nicht ausreichen, dh also unvollständig sind, auch an deren Stelle treten (S. 2).²⁵⁵ In diesem letztgenannten Fall steht die Auswahl der konkreten Methode im Ermessen der BNetzA.²⁵⁶

104

---

[248] *Neumann/Koch,* Telekommunikationsrecht, S. 273 f.
[249] Ausf. dazu *Kühling/Schall/Biendl,* Telekommunikationsrecht, Rn. 351.
[250] BVerwGE 153, 265, Rn. 34.
[251] Vgl. zu den Anforderungen namentlich an den Vergleichsmaßstab *BVerwG,* ECLI:DE:BVerwG:2015:010415 U6C38.13.0, Rn. 40 ff.
[252] *Ludwigs,* in: Schmidt/Wollenschläger (Hrsg.), Kompendium Öffentliches Wirtschaftsrecht, § 12 Rn. 78.
[253] *Kühling/Schall/Biendl,* Telekommunikationsrecht, Rn. 363.
[254] *Mayen/Lünenburger/Mayen,* in: Scheurle/Mayen (Hrsg.), TKG § 35 Rn. 35.
[255] *Neumann/Koch,* Telekommunikationsrecht, S. 275.
[256] Ausf. dazu *Groebel,* in: Säcker (Hrsg.), TKG § 35 Rn. 38.

105　Stützt sich die BNetzA zur Berechnung der Kosten effizienter Leistungserbringung auf die **Vergleichsmarktmethode,** steht ihr sowohl für die Entscheidung, welche Märkte sie als Vergleichsbasis heranzieht, als auch für die Entscheidung, ob und gegebenenfalls in welcher Höhe unter Berücksichtigung der Vergleichsmärkte Abschläge vom bzw. Zuschläge auf das Vergleichsentgelt anzusetzen sind, ein Beurteilungsspielraum zu. Er wird im Lichte des Wortlauts des § 35 Abs. 1 TKG damit begründet, dass der Vergleichsmarktbetrachtung ein mehrstufiges, komplexes und vor allem wertungsabhängiges Verfahren von der Auswahl vergleichbarer Märkte über die Bestimmung des am besten geeigneten Vergleichspreises auf das Erfordernis von Zu- und Abschlägen aufgrund bestehender Marktspezifika zugrunde liegt.[257]

106　**(2) Price-Cap-Verfahren.** Im Unterschied zum Einzelgenehmigungs- knüpft das in praxi derzeit nicht (mehr) favorisierte[258] Price-Cap-Verfahren aus § 31 Abs. 1 Nr. 2 TKG zum Zwecke der Entgeltberechnung nicht an einen konkreten Zugangsdienst, sondern an den Durchschnittspreis eines Bündels an Zugangsdiensten (sog. Korb) an. Es bietet damit einerseits den **Vorteil,** dass nicht auf die Kosten einer konkreten Leistung abgestellt werden muss, was den Umfang der nach § 34 Abs. 1 TKG vorzulegenden Unterlagen verringert (s. → Rn. 102 ff.). Andererseits und vor allem schafft das Price-Cap-Verfahren aber auch Anreize zur Kostensenkung, weil etwaige Einsparungen, die durch den Einsatz innovativer bzw. effizienter Produktivitätstechniken erzielt worden sind, nicht die Kosten eines konkreten Produkts, sondern nur die Durchschnittskosten aller in dem jeweiligen Korb zusammengefassten Produkte senken, so dass eine Differenz bleibt, die das regulierte Unternehmen einbehalten darf.[259]

107　Das Price-Cap-Verfahren setzt **zweistufig** an, indem die BNetzA auf der ersten Verfahrensstufe nach Maßgabe des § 33 TKG insbesondere die Bestandteile des Produktkorbs (s. näher Abs. 1), das Ausgangsentgeltniveau (s. näher Abs. 2), die Länge der jeweils betrachteten Periode und die sog. Maßgrößen festlegt, auf deren Basis die zulässige Änderungsrate bestimmt wird. Sie sind nach den Absätzen 3 bis 5 dieser Vorschrift anhand der gesamtwirtschaftlichen Preissteigerungsrate, des zu erwartenden Produktivitätsfortschritts, der auch die Kosten effizienter Leistungserbringung allein im Sinne des § 32 Abs. 1 TKG und ggf. die Daten von Vergleichsmärkten zu berücksichtigen hat, sowie anhand von Nebenbedingungen, die missbräuchliches Verhalten im Sinne des § 28 TKG ausschließen sollen, zu berechnen. Die zweite Verfahrensstufe besteht dann aus dem eigentlichen Entgeltgenehmigungsantrag, so dass die Zusammenstellung des Korbes und die Berechnung des Durchschnittspreises vorab erfolgen.[260]

108　Der Antrag des marktmächtigen Unternehmens ist im Falle des Price-Cap-Verfahrens grundsätzlich genauso zu bearbeiten wie im Falle eines Antrags auf Einzelgenehmigung, nur dass der relevante Maßstab kein konkret für ein bestimmtes Produkt berechnetes Entgelt, sondern ein Durchschnittspreis ist. Zudem bestehen weitere **Besonderheiten** – insbesondere, weil weniger Kostenunterlagen vorzulegen sind und weil nach § 35 Abs. 2 S. 2 TKG die Anforderungen der §§ 31 Abs. 1 S. 2, 28 TKG als erfüllt gelten, wenn die vorgegebenen Maßgrößen eingehalten sind. Der Grund dafür liegt darin, dass das Price-Cap-Verfahren den Durchschnittspreis des Produktkorbs bestehend aus mehreren Produkten zum relevanten Bezugspunkt erhebt, so dass die §§ 28, 31 Abs. 1 S. 2 TKG nicht zum Maßstab für die Bemessung des Entgelts eines Produkts aus dem Korb gemacht werden können. Immerhin müssen die aus diesen Bestimmungen erwachsenden Anforderungen aber nach § 33 Abs. 4 f. TKG berücksichtigt werden.[261]

---

[257] *BVerwG,* DVBl 2018, 447, Rn. 20; vgl. zu den Anforderungen auch *BVerwG,* CR 2016, 269, Rn. 31 f., 35.
[258] *Neumann/Koch,* Telekommunikationsrecht, S. 275 f.
[259] *Oster,* in: Hoeren/Sieber/Holznagel (Hrsg.), Multimedia-Recht, Teil 4 Rn. 113 f.
[260] *Hölscher/Stamm,* in: Scheurle/Mayen (Hrsg.), TKG § 31 Rn. 14 f.; vgl. auch BVerwGE 152, 355, Rn. 27.
[261] *Groebel,* in: Säcker (Hrsg.), TKG § 35 Rn. 39 ff.

(3) Abschlagsberechnungsverfahren. In Abweichung von § 31 Abs. 1 TKG bestimmt 109
Abs. 2 Nr. 1 dieser Vorschrift über die Entgeltmaßstäbe im Falle sog. **Resale-Verpflichtungen** (s. → Rn. 50). Schon wegen der systematischen Stellung dieser Regelung ändert das dort etablierte Verfahren nichts daran, dass das danach berechnete Entgelt unter Genehmigungsvorbehalt steht. Für die konkrete Entgeltberechnung folgt aus § 31 Abs. 2 Nr. 1 TKG ein Korridor, weil die Norm an ihrem Ende die Kosten effizienter Leistungserbringung als Untergrenze sowie den Endnutzerpreis als Obergrenze nennt.

Die Höhe des Entgelts bemisst sich dann anhand eines **Abschlags,** dessen konkrete Be- 110
standteile danach festzulegen sind, welche Kosten der Resale-Verpflichtete vermeidet, weil er den Vertrieb nicht selbst durchführt, sondern Dritten überlässt. Hierher gehören vor allem die Vertriebskosten, die Kosten der Rechnungsstellung und der Kundenbetreuung sowie die vertriebsbezogenen Gemeinkosten einschließlich eines entsprechenden Gewinnanteils.[262]

Eine weitere Konkretisierung erfährt das Resale-Entgelt schließlich dadurch, dass es 111
nach § 31 Abs. 2 Nr. 1 TKG so bemessen sein muss, dass es einem effizienten Telekommunikationsdienstanbieter eine angemessene Verzinsung des eingesetzten Kapitals auf dem Endnutzermarkt ermöglicht. Letztlich geht es dieser Anforderung, die nicht auf einen konkreten, sondern auf einen nach objektiven Maßstäben ermittelten Durchschnittsanbieter abstellt, darum, dem Resale-Berechtigten eine **angemessene Rendite** zu garantieren.[263]

Entschließt sich die BNetzA zu einem Vorgehen auf Basis des § 31 Abs. 2 Nr. 1 TKG, 112
so folgt aus § 35 Abs. 3 S. 1 TKG, dass der **Maßstab** des § 28 TKG gilt. Hinzu kommen die besonderen Anforderungen an die Entgelte im Falle von Resale-Verpflichtungen aus § 31 Abs. 2 Nr. 1 TKG, weil die Erteilung einer Entgeltgenehmigung, die auch im Rahmen des Abschlagsverfahrens nötig ist (s. → Rn. 109), bei einem Verstoß gegen dieses Gesetz und damit auch gegen die in § 31 Abs. 2 Nr. 1 TKG festgelegten Anforderungen zu versagen ist.[264]

(4) Andere Vorgehensweisen. § 31 Abs. 2 Nr. 2 TKG enthält schließlich eine **general-** 113
klauselartige und in Bezug auf ihre Bestimmtheit nicht unumstrittene[265] **Auffangvorschrift**[266], die alternative Berechnungsmaßstäbe als die des § 31 Abs. 1 und Abs. 2 Nr. 1 TKG ermöglicht. Sie müssen nicht zwingend kostenorientiert sein, wie § 31 Abs. 2 S. 2 TKG im Umkehrschluss zeigt[267], haben aber dann, wenn sie kostenorientiert sind, ausweislich des § 31 Abs. 2 Nr. 2 S. 2 TKG die Vorgaben des § 32 Abs. 2 und 3 TKG in entsprechender Anwendung zu beachten. Da ein Rückgriff auf andere Vorgehensweisen „abweichend von Absatz 1" möglich ist, kann die BNetzA durchaus auch von der Obergrenze der Kosten effizienter Leistungserbringung aus § 31 Abs. 1 S. 2 TKG abweichen.[268] Für die Erteilung der Entgeltgenehmigung Maßstab bildend sind im Falle einer anderen Vorgehensweise ausweislich des § 35 Abs. 3 S. 1, 3 TKG ähnlich wie im Falle des Abschlagsberechnungsverfahrens deren spezifische Anforderungen und § 28 TKG.

Der Gesetzgeber dachte mit Blick auf § 31 Abs. 2 Nr. 2 TKG insbesondere an die Fest- 114
legung von Entgelten anhand eines Gleitpfades.[269] Zudem sind unionsrechtlich induzierte Alternativen denkbar. Eine von der Kommission auf Basis einer nach Art. 288 Abs. 5

---

[262] *Kühling,* in: Geppert/Schütz (Hrsg.), TKG § 31 Rn. 22.
[263] *Hölscher/Stamm,* in: Scheurle/Mayen (Hrsg.), TKG § 31 Rn. 37.
[264] *Lüneburger/Mayen,* in: Scheurle/Mayen (Hrsg.), TKG § 35 Rn. 55.
[265] Vgl. dazu *Rädler,* MMR 2012, 497, 497 einerseits sowie *Hölscher/Stamm,* in: Scheurle/Mayen (Hrsg.), TKG § 31 Rn. 45 andererseits.
[266] BT-Drs. 17/5707, 62.
[267] Näher dazu *Kühling/Schall,* CR 2012, 82, 83 f.
[268] *Kühling,* in: Geppert/Schütz (Hrsg.), TKG § 31 Rn. 18; *Kühling/Schall/Biendl,* Telekommunikationsrecht, Rn. 356.
[269] BT-Drs. 17/5707, 62.

AEUV unverbindlichen Empfehlung[270] vorgeschlagene „andere Vorgehensweise" bildet zB der sog. **Pure-LRIC-Ansatz**[271]. Danach werden im Falle der Festlegung sog. Terminierungsentgelte (das sind Entgelte, die die Netzbetreiber untereinander für die Zustellung von Anrufen (§ 3 Nr. 1 TKG) aus fremden Netzen in das eigene Netz erheben) nur die für die Leistungserbringung angefallenen Kosten sowie die Kapitalkosten berücksichtigt, in Abweichung zu § 31 Abs. 1 TKG aber nicht die leistungsmengenneutralen Gemeinkosten. Dieses Vorgehen soll sich wettbewerbsfördernd auswirken. Teilweise wird aber auch die Gefahr einer Gesamtkostenunterdeckung gesehen.[272]

115 **bbb) Auswahl.** Welches der in § 31 TKG festgelegten Verfahren wann zur Anwendung kommt, bedarf näherer Erörterung. Betrachtet man insoweit zunächst einmal das Verhältnis des Einzelgenehmigungs- zum Price-Cap-Verfahren, so lässt sich jedenfalls dem Wortlaut des **Absatzes 1** dieser Vorschrift anders als den Vorgängernormen[273] keine Rangfolge entnehmen. Abgesehen davon ist aber auch nicht von der Existenz eines Regulierungsermessens auszugehen, weil dem Wortlaut des § 31 TKG nicht zu entnehmen ist, dass die Auswahlentscheidung auf einer programmatischen Abwägung der Ziele und Grundsätze aus § 2 TKG (s. → Rn. 4f.) sowie auf ökonomischen Wertungen beruht.[274] Stattdessen wird man davon auszugehen haben, dass die Entscheidung für das Einzelgenehmigungs- oder das Price-Cap-Verfahren im **Ermessen** der BNetzA steht, die die Vor- und Nachteile dieser beiden Alternativen im Lichte des konkreten Einzelfalls gegeneinander abzuwägen hat.[275] Dafür spricht letztlich auch ein Umkehrschluss zu § 31 Abs. 2 TKG, wo eine Rangfolge der Verfahren durch das Kriterium des „besser" im Lichte der Regulierungsziele und -grundsätze aus § 2 TKG im Wortlaut angelegt ist.[276]

116 Die damit in dieser Vorschrift angelegte Hierarchie bezieht sich ausweislich des Wortlauts auf das Verhältnis der dort niedergelegten Verfahren zu den etablierten aus § 31 Abs. 1 TKG. Die Prüfung anhand des Gradmessers der besseren Eignung im Lichte des § 2 TKG wird in diesem Zusammenhang als **Superioritätstest** bezeichnet. Ob der BNetzA bei dessen Durchführung ein Regulierungsermessen zusteht oder nicht[277], ist wegen des auf eine gebundene Entscheidung hindeutenden Wortlauts („genehmigt") einerseits und des Erfordernisses einer programmatischen Abwägung auf Basis der Regulierungsziele und -grundsätze aus § 2 TKG andererseits zwar in der Literatur umstritten, wurde vom BVerwG aber unlängst zugunsten eines Beurteilungsspielraums aufgrund der im Lichte des § 2 TKG erforderlichen Abwägungen und der ökonomischen Prognosen entschieden.[278] Wählt die BNetzA schließlich das Verfahren aus § 31 Abs. 2 Nr. 2 TKG, unterliegt sie nach S. 3 dieser Norm der Pflicht, diese Wahl **„besonders zu begründen"**. Insoweit besteht ein Unterschied zu § 31 Abs. 2 Nr. 1 TKG, der sich dadurch rechtfertigt, dass die Methode der Abschlagsberechnung dort näher beschrieben ist.

117 Unklar ist, ob die Anordnung einer bestimmten Vorgehensweise bei der Entgeltberechnung **in der Regulierungsverfügung** vorgenommen werden darf. Dafür sollen Zweckmäßigkeitserwägungen sprechen,[279] obwohl § 31 TKG in § 13 Abs. 1 TKG nicht gesondert aufgeführt ist. Diese Lücke im Normtext spricht deshalb auch entscheidend dafür, die Regulierungsverfügung nicht mit dieser Auswahlentscheidung zu belasten, zumal sie ihrer Struktur nach darauf angelegt ist, abstrakte Vorgaben über das „Ob" der Regulierung zu machen. Denn infolgedessen sind Abwägungen, die wie die Auswahl der Vorgehensweise

---

[270] Nr. 6 S. 3 der Empfehlung 2009/396/EG v. 7.5.2009, ABl. L 124 v. 20.5.2009, S. 67.
[271] Vgl. zu dessen Vereinbarkeit mit höherem Recht *Kühling/Schall*, CR 2012, 82, 83ff.
[272] *Ludwigs*, Unternehmensbezogene Effizienzanforderungen im Öffentlichen Recht, S. 199ff.
[273] Vgl. dazu *Fetzer*, in: Arndt/Fetzer/Scherer/Graulich (Hrsg.), TKG § 3 Rn. 2ff.
[274] *Stamm*, in: Scheurle/Mayen (Hrsg.), TKG § 33 Rn. 7.
[275] *Kühling*, in: Geppert/Schütz (Hrsg.), TKG § 31 Rn. 35.
[276] *Stamm*, in: Scheurle/Mayen (Hrsg.), TKG § 33 Rn. 7; *VG Köln*, MMR 2017, 428, Rn. 90ff.
[277] So *Kühling*, in: Geppert/Schütz (Hrsg.), TKG § 31 Rn. 48ff.
[278] S. dazu *BVerwG*, N&R 2018, 307, Rn. 47f.; vgl. dazu *Herrmann*, N&R 2018, 314, 316f.
[279] So *Kühling/Schall/Biendl*, Telekommunikationsrecht, Rn. 360.

C. Regelungsinhalt

bei der Entgeltberechnung auf den konkreten Einzelfall bezogen sind, mit der verwaltungsgerichtlichen Spruchpraxis[280] besser in die Entgeltgenehmigung selbst zu überführen.[281] Die §§ 13, 30 TKG lassen also nur die Anordnung einer der drei denkbaren Entgeltstufen (Entgeltgenehmigung ex ante sowie Regulierung ex post mit oder ohne vorheriger Anzeige des avisierten Entgelts) zu, während Maßstäbe und Methoden der Entgeltberechnung nicht in der Regulierungsverfügung angeordnet werden dürfen. Die Feststellung der Entgeltgenehmigungspflicht als solche und die Entgeltfestsetzung sind also in zwei verschiedenen, genauer gestuften Verwaltungsverfahren durchzuführen.[282]

bb) Genehmigungsverfahren. Das in den §§ 31 ff. TKG angelegte Genehmigungsverfahren beginnt, nachdem die BNetzA sich auf Basis des § 30 TKG für ein Verfahren der Entgeltregulierung ex ante entschieden hat, mit der **Stellung eines Antrags** auf Entgeltgenehmigung durch das marktmächtige Unternehmen. Diese sog. Entgeltvorlage hat nach § 31 Abs. 3 TKG alle nötigen Unterlagen (vgl. dazu § 34 Abs. 1 ff. TKG) zu enthalten; nachträglich eingereichte Unterlagen sind nur unter den Voraussetzungen des § 34 Abs. 5 TKG berücksichtigungsfähig. Da der erstmalige Antrag vor dem beabsichtigten Inkrafttreten zu stellen ist, bestehen insoweit keine zeitlichen Restriktionen, zumal die Einführung nicht genehmigter Entgelte nach Maßgabe des § 149 Abs. 1 Nr. 6 TKG bußgeldbewehrt ist.[283] Für einen Folgeantrag gilt hingegen die 10-Wochen-Frist des § 31 Abs. 3 S. 2 TKG.

Die BNetzA kann aufgrund von § 31 Abs. 4 S. 1 f. TKG das **Verfahren** der Erteilung einer Entgeltgenehmigung **beschleunigen**, indem sie zur Antragstellung auffordert. Bleibt dieses Vorgehen erfolglos, leitet sie es binnen eines Monats von Amts wegen ein. An der Entgeltregulierung interessierte Dritte, dh also insbesondere etwaige Nutzer der Zugangsleistung bzw. Wettbewerber, haben demgegenüber nach dem Wortlaut der Norm kein eigenständiges Antragsrecht.[284] Das Zeitfenster für eine Entscheidung der BNetzA nach Antragstellung ist knapp bemessen; ihr stehen im Regelfall ausweislich des § 31 Abs. 4 S. 3 f. TKG zehn Wochen im Falle des Einzelgenehmigungsverfahrens und zwei Wochen im Falle des Price-Cap-Verfahrens zur Verfügung. Da es sich um eine „Soll"-Vorschrift handelt, ist ein Abweichen von diesen Fristen nur in atypischen Sonderfällen zulässig.

In **materiell-rechtlicher Hinsicht** setzt die Erteilung einer Entgeltgenehmigung, eines privatrechtsgestaltenden Verwaltungsakts[285], wegen § 35 Abs. 3 S. 1 TKG je nach Maßstab die Vereinbarkeit des beantragten Entgelts jedenfalls mit § 28 TKG und im Übrigen mit § 31 Abs. 1 S. 2 TKG bzw. den an dessen Stelle tretenden Anforderungen voraus (s. → Rn. 106 ff.). Zudem ist die Genehmigung nach § 35 Abs. 3 S. 2 TKG zu versagen, wenn das beantragte Entgelt (im Übrigen) geltendes Recht verletzt, wobei im Falle unvollständiger Unterlagen keine Verpflichtung, sondern nur eine Berechtigung besteht. Eine etwa erteilte Genehmigung soll nach § 35 Abs. 4 TKG befristet werden, um Produktivitätsfortschritten und infolgedessen sinkenden Kosten effizienter Leistungserbringung Rechnung zu tragen.[286] Divergiert das beantragte gegenüber dem im Rahmen des Genehmigungsverfahrens ermittelten Entgelt, ist eine Teilgenehmigung möglich.[287] Weitere Einzelheiten zu etwaigen Abweichungen regelt § 37 TKG.[288]

Die genehmigten Entgelte sind nach § 35 Abs. 7 TKG zu veröffentlichen. Die Entscheidung **wirkt** nach Maßgabe des § 35 Abs. 5 S. 1 TKG im Falle eines vertraglich vereinbarten Entgelts **auf den Zeitpunkt der erstmaligen Leistungsbereitstellung zu-**

---

[280] BVerwGE 148, 48, Rn. 45.
[281] *Neumann/Koch*, Telekommunikationsrecht, S. 257 f.
[282] Ausf. dazu *BVerwG*, N&R 2018, 307, Rn. 24 ff. mit weiteren Argumenten.
[283] Ausf. dazu *Fetzer*, in: Arndt/Fetzer/Scherer/Graulich (Hrsg.), TKG § 149 Rn. 7 ff.
[284] *Lünnenburger/Hölscher/Stamm*, in: Scheurle/Mayen (Hrsg.), TKG § 31 Rn. 58.
[285] *Heinickel/Scherer*, NVwZ 2018, 1014, 1015 f.; BVerwGE 156, 59, Rn. 17.
[286] Vgl. *Groebel*, in: Säcker (Hrsg.), TKG § 35 Rn. 57.
[287] *Kühling/Schall/Biendl*, Telekommunikationsrecht, Rn. 377.
[288] Ausf. dazu *Peters/Mielke*, in: Säcker (Hrsg.), TKG § 37 Rn. 5 ff.; vgl. auch BVerwGE 156, 59, Rn. 18.

rück.²⁸⁹ Unter den (nach Ansicht des BVerfG im Lichte des Art. 19 Abs. 4 GG zu undifferenzierten) Voraussetzungen²⁹⁰ der Sätze 2 bis 4 dieser Vorschrift kann die vorläufige Zahlung eines höheren Entgelts im Wege des vorläufigen Rechtsschutzes durchgesetzt werden, wenn überwiegend wahrscheinlich ist, dass ein entsprechender Anspruch besteht. § 35 Abs. 6 TKG enthält für diesen Fall noch einige prozessuale Festlegungen zur Beiladung. Insoweit können durch Beschluss Befristungen für entsprechende Anträge festgelegt werden, die mindestens einen Monat ab Veröffentlichung im elektronischen Bundesanzeiger betragen müssen.²⁹¹

c) Nachträgliche Entgeltregulierung

122   Die Entscheidung für ein Vorgehen im Wege der nachträglichen Entgeltregulierung ist als Resultat der Anwendung des § 30 TKG in der Regulierungsverfügung zu treffen. Ist darin ein Vorgehen auf Basis des § 38 TKG angeordnet worden, kommen das Anzeigeverfahren nach Absatz 1 dieser Vorschrift oder die Überprüfung von Amts wegen nach Absatz 2 dieser Vorschrift als mögliche Facetten in Betracht, wobei die Auswahl zwischen diesen Mechanismen ebenfalls in der Regulierungsverfügung zu treffen ist.²⁹²

123   **aa) Anzeigeverfahren.** Das in § 38 Abs. 1 TKG normierte Anzeigeverfahren enthält streng genommen keinen echten Fall einer Regulierung ex post, weil dessen Satz 1 zur Vorlage des Entgelts zwei Monate vor dessen geplantem Inkrafttreten verpflichtet. Wird es angeordnet, sind in Konkretisierung der avisierten Entgelterhebung Preislisten, Leistungsbeschreibungen, Allgemeine Geschäftsbedingungen, aber auch etwa bestehende Standardverträge vorzulegen.²⁹³ Die BNetzA prüft dann binnen zwei Wochen nach Zugang der Anzeige, ob die geplante Maßnahme **offenkundig mit § 28 TKG** (s. → Rn. 70 ff.) **unvereinbar** ist.

124   Dieser **Prüfungsmaßstab** wird teilweise im Sinne einer Evidenzkontrolle anhand von Vergleichsmarktstudien oder auf Basis vorliegender Unterlagen verstanden,²⁹⁴ während andere Stimmen in der Literatur eine fundiertere Überwachung in den Grenzen des zeitlich Möglichen anmahnen und daher auch eine Berücksichtigung der ggf. im Rahmen der Amtsermittlung einfach heranziehbaren Unterlagen fordern.²⁹⁵ Kostennachweise dürfen, wie sich aus dem Verweis in § 38 Abs. 2 S. 3 TKG auf § 34 TKG im Umkehrschluss ergibt, im Verfahren nach § 38 Abs. 1 TKG jedenfalls nicht eingefordert werden.²⁹⁶

125   Wird ein offenkundiger Verstoß gegen § 28 TKG bejaht, ist die Einführung des **Entgelts vorläufig zu untersagen.** Die BNetzA hat dann von Amts wegen das eigentliche Verfahren der Entgeltregulierung ex post durchzuführen, weil dann im Sinne des § 38 Abs. 2 TKG Tatsachen die Annahme rechtfertigen, dass das avisierte Entgelt § 28 TKG verletzt. Dasselbe gilt, wenn zwar kein offenkundiger Verstoß vorliegt, immerhin aber Tatsachen, die auf eine Rechtsverletzung hindeuten. In diesem Falle ist das marktmächtige Unternehmen aber nach Ablauf der Zweimonatsfrist aus § 38 Abs. 1 S. 1 TKG berechtigt, das avisierte Entgelt am Markt einzuführen. Eine vorläufige Untersagung kommt dann nicht in Betracht.²⁹⁷

---

²⁸⁹ Ausf. dazu *Neumann/Koch*, Telekommunikationsrecht, S. 282 f.
²⁹⁰ BVerfGE 143, 216 ff.
²⁹¹ *Höffler*, in: Arndt/Fetzer/Scherer/Graulich (Hrsg.), TKG § 35 Rn. 49 ff.
²⁹² Vgl. dazu *BVerwG*, N&R 2018, 307, insbes. Rn. 28.
²⁹³ *BNetzA* ABl. 2006, 1811.
²⁹⁴ *Stamm*, in: Scheurle/Mayen (Hrsg.), TKG § 38 Rn. 14.
²⁹⁵ *Geppert/Berger-Kögler*, in: Geppert/Schütz (Hrsg.), TKG § 38 Rn. 37 f.
²⁹⁶ *Stamm*, in: Scheurle/Mayen (Hrsg.), TKG § 38 Rn. 14.
²⁹⁷ *BVerwG*, NVwZ 2009, 653, Rn. 72.

C. Regelungsinhalt

bb) Begleitende Kontrolle. Das in § 38 Abs. 2 ff. TKG niedergelegte Verfahren der Entgeltregulierung ex post wird unverzüglich, dh ohne schuldhaftes Zögern,[298] von Amts wegen und ohne Antragsrecht Dritter[299] eingeleitet, wenn **Tatsachen bekannt werden, die die Annahme rechtfertigen,** dass die Maßstäbe des § 28 TKG verletzt sind. Hinreichend dafür sind neben echten Belegen auch Hinweise, nicht aber unsubstantiierte Behauptungen. Den maßgeblichen Bezugspunkt können sowohl in die Außenwelt tretende reale Umstände als auch die Rechtsanwendung selbst, etwa in Form einer Änderung der gerichtlichen Spruchpraxis, bilden.[300] In Bezug auf den erforderlichen Verdachtsgrad lässt § 38 Abs. 2 TKG einen sog. Anfangsverdacht genügen, so dass es ausreichend ist, wenn ein vertretbar mit Tatsachen belegter Anhalt besteht, dass § 28 TKG möglicherweise verletzt ist. Die Schwelle ist insoweit also relativ niedrig.[301]

126

Wenn (bzw. weil) die BNetzA die Entgeltregulierung ex post in der Regulierungsverfügung in der (ausdrücklichen) Annahme anordnet, dass sie frühzeitig von anderen Marktteilnehmern über rechtlich fragwürdige Preisgestaltungen informiert wird, gehen Teile der Literatur davon aus, dass im Falle einer nachträglichen Preisänderung von einer unterlassenen Einleitung eines begleitenden Kontrollverfahrens auf Basis des § 38 Abs. 2 ff. TKG im Lichte der Grundsätze der Amtsermittlung und der Gesetzmäßigkeit der Verwaltung auf eine **stillschweigende Duldung der Änderung** geschlossen werden können soll. Der Zeitpunkt, ab dem dieser Schluss zulässig ist, soll dann freilich von den Umständen des Einzelfalls abhängen, wobei namentlich die in § 38 TKG angelegten Fristmechanismen im Sinne einer Faustformel Bedeutung erlangen sollen, so dass etwa 2,5 Monate ab Erlangung von Kenntnissen über die Preisänderung auf Seiten der BNetzA von einer stillschweigenden Duldung auszugehen sein soll.[302]

127

In materiell-rechtlicher Hinsicht verlangt § 38 Abs. 2 TKG wie Absatz 1 dieser Vorschrift einen Verstoß gegen § 28 TKG (s. → Rn. 70 ff.). Dabei ist die **Vergleichsmarktmethode vorrangig** anzuwenden, wie § 38 Abs. 2 S. 3 TKG zeigt, wonach die für die Durchführung eines Kostennachweisverfahrens notwendigen Kostenunterlagen iSd § 34 TKG (s. → Rn. 102 ff.) nur dann angefordert werden dürfen, wenn eine Vergleichsmarktbetrachtung nicht möglich ist. Die Kostenprüfung aufgrund individueller Unterlagen ist also nachrangig. Dafür spricht auch die Entstehungsgeschichte des § 38 Abs. 2 TKG[303], mit dem eine mit § 19 Abs. 2 GWB vergleichbare Regel geschaffen werden sollte.[304] Da innerhalb des § 38 Abs. 2 TKG einzig die Maßstäbe des § 28 TKG relevant sind, muss das geforderte Entgelt von dem abweichen, das sich bei wirksamem Wettbewerb ergäbe. Insoweit stellt die Rechtsprechung auf den höchsten unverzerrten und nicht den durchschnittlichen oder niedrigsten Wettbewerbspreis ab.[305]

128

> **Praxistipp:**
> Der Unterschied zwischen § 38 TKG und § 19 GWB reduziert sich vor dem Hintergrund dieses Gleichlaufs in der Regel darauf, dass mit der BNetzA und dem BKartA jeweils unterschiedliche Behörden zuständig sind.

cc) Entscheidung. Die endgültige Entscheidung hat die BNetzA nach § 38 Abs. 3 TKG innerhalb von zwei Monaten nach Einleitung der Überprüfung, die dem betroffenen Unternehmen nach § 38 Abs. 2 S. 3 TKG schriftlich mitzuteilen ist, zu treffen. **§ 38 Abs. 4 TKG** gibt Auskunft über die der BNetzA zur Verfügung stehenden Optionen, wenn eine

129

---

[298] *Neumann/Koch,* Telekommunikationsrecht, S. 292 f.
[299] *Peters/Mielke,* in: Säcker (Hrsg.), TKG § 38 Rn. 44.
[300] Vgl. *Heinickel/Scherer,* in: Arndt/Fetzer/Scherer/Graulich (Hrsg.), TKG § 38 Rn. 24.
[301] Vgl. aber *Peters/Mielke,* in: Säcker (Hrsg.), TKG § 38 Rn. 51.
[302] Ausf. zum Ganzen *Brisch/Müller-ter Jung,* CR 2014, 778, 780 ff.
[303] Vgl. BT-Drs. 15/2316, 67.
[304] *Geppert/Berger-Kögler,* in: Geppert/Schütz (Hrsg.), TKG § 38 Rn. 45; *BVerwG,* DVBl 2010, 1320, Rn. 22.
[305] *Kühling/Schall/Biendl,* Telekommunikationsrecht, Rn. 390.

Verletzung des § 28 TKG festgestellt worden ist. Im Einzelnen kann sie das verbotene Verhalten untersagen und das in Streit stehende Entgelt ex nunc für unwirksam erklären (S. 1) sowie ein Entgelt anordnen, das dem Maßstab des § 28 TKG entspricht (S. 2). Das betroffene Unternehmen kann im Falle einer festgestellten Verletzung dieser Vorschrift (und nicht nur im Falle eines festgesetzten Entgelts[306]) auch selbst ein Entgelt vorschlagen, das dann die BNetzA auf seine Vereinbarkeit mit § 28 TKG prüft.[307]

3. Entgeltregulierung für Endnutzerleistungen

130 Die Möglichkeit der Entgeltregulierung für Endnutzer- ist im Vergleich zu der für Zugangsleistungen von geringerer **Bedeutung**, schon weil die Kommission in ihrer Märkteempfehlung von 2014 keinen Endkundenmarkt mehr in Bezug nimmt – ein Umstand, dem die BNetzA weitestgehend Rechnung tragen muss (s. → Rn. 10). Hinzu kommt, dass § 39 TKG in Absatz 1 selbst ein Stufenverhältnis vorgibt, wonach diese Vorschrift erst dann anwendbar ist, wenn Tatsachen die Annahme rechtfertigen, dass Zugangsverpflichtungen nicht ausreichen, um die Regulierungsziele und -grundsätze aus § 2 TKG zu erreichen. Denn infolgedessen kommt eine Entgeltregulierung für Endnutzerleistungen nur nachrangig in Betracht.[308] Dahinter steht der Gedanke, dass durch effiziente Zugangsregulierung bereits Wettbewerb auf den Endkundenmärkten generiert wird.

131 § 39 TKG adressiert schon aufgrund seiner systematischen Stellung Unternehmen (vgl. § 3 Nr. 29 TKG), deren beträchtliche Marktmacht auf Basis der §§ 10 f. TKG festgestellt worden ist. Die Norm erlaubt die Regulierung von Entgelten für die Erbringung von Telekommunikationsdiensten (vgl. § 3 Nr. 24 TKG) gegenüber Endnutzern (vgl. § 3 Nr. 8 TKG). Damit reicht der Kreis potenzieller Regulierungen recht weit, was zu **Überschneidungen** namentlich mit der sog. **Roaming-Verordnung**[309] führt. Sie legt Preisobergrenzen für Endnutzerentgelte im Falle grenzüberschreitender Gespräche fest, unterscheidet sich von der Entgeltregulierung nach Maßgabe des § 39 TKG aber insbesondere dadurch, dass sie auch solche Unternehmen adressiert, deren beträchtliche Marktmacht nicht auf Basis der §§ 10 f. TKG festgestellt wurde.[310]

132 Die in § 39 TKG vorgesehenen Formen der Entgeltregulierung können wie in den §§ 30 ff. TKG **ex ante im Sinne einer Genehmigungspflicht** und ex post als begleitende Kontrolle nach Tätigkeitsaufnahme ausgestaltet sein, was auch die weit reichenden Verweise auf die §§ 31 bis 37 TKG sowie auf § 38 Abs. 2 bis 4 TKG erklärt. Die maßgeblichen Entscheidungen obliegen der BNetzA. Da sie, wenn das marktmächtige Unternehmen einer Entgeltgenehmigungspflicht unterworfen werden soll, prognostizieren muss, ob Verpflichtungen im Zugangsbereich ausreichen und ob in absehbarer Zeit mit dem Entstehen eines nachhaltig wettbewerbsorientierten Marktes zu rechnen ist, verfügt sie auch insoweit ähnlich wie im Bereich der Zugangsregulierung (s. → Rn. 46 f.) über ein einheitliches Regulierungsermessen.[311]

133 Die damit verbundenen behördlichen Freiräume setzen sich auf der Ebene der Frage nach der Notwendigkeit einer **Entgeltregulierung ex post** – einerseits in Abgrenzung zur Genehmigungspflicht, andererseits in Abgrenzung zu alternativen Optionen – fort. Obwohl § 39 Abs. 3 TKG davon spricht, dass marktmächtige Unternehmen dort, wo keine Entgeltgenehmigung erforderlich ist, einer nachträglichen Regulierung „unterliegen", folgt daraus erneut keine gesetzesunmittelbare Verpflichtung (s. → Rn. 25). Das BVerwG begründet diese Auslegung wie gesagt mit unionsrechtlichen Wertungen, weil aus dem einschlägigen Sekundärrecht hervorgeht, dass die nationale Regulierungsbehörde auch

---

[306] *Heinickel/Scherer*, in: Arndt/Fetzer/Scherer/Graulich (Hrsg.), TKG § 38 Rn. 54.
[307] Ausf. zu den damit zusammenhängenden Fragen *Peters/Mielke*, in: Säcker (Hrsg.), TKG § 38 Rn. 109 ff.
[308] *Fetzer*, in: Schulte/Kloos (Hrsg.), Öffentliches Wirtschaftsrecht, § 8 Rn. 52.
[309] VO (EU) Nr. 531/2012 v. 13.6.2012, ABl. L 172 v. 30.6.2012, S. 10 ff.
[310] Vgl. *Bromen*, in: Auer-Reinsdorff/Conrad (Hrsg.), Handbuch IT- und Datenschutzrecht, § 31 Rn. 48.
[311] *Stamm*, in: Scheurle/Mayen (Hrsg.), TKG § 39 Rn. 15; BVerwGE 131, 41, Rn. 47.

C. Regelungsinhalt   8

eine nachträgliche Entgeltregulierung „auferlegen" muss; davon darf der nationale Gesetzgeber nicht abweichen.[312]

IV. Entflechtung

Eine weitere Eingriffsmöglichkeit von hoher Intensität bietet § 40 TKG, wonach die 134
BNetzA **vertikal integrierte Telekommunikationsunternehmen,** die gleichzeitig in den Bereichen Netzbetrieb und Leistungserbringung tätig sind, dazu verpflichten kann, ihre Tätigkeit im Zusammenhang mit der Bereitstellung von Zugangsprodukten in einem unabhängig arbeitenden Geschäftsbereich unterzubringen. Diese Option tritt neben die Möglichkeit einer freiwilligen, durch das Unternehmen selbst initiierten Entflechtung nach Maßgabe des § 41 TKG, besteht allerdings nur unter strengen Voraussetzungen – nämlich wenn die Zugangs- und Entgeltregulierung keinen wirksamen Wettbewerb herstellen konnten und wichtige sowie andauernde Probleme auf dem Zugangsmarkt bestehen.[313] Hinzu kommen erhebliche Verfahrensvorgaben, die insbesondere[314] nach einer Zustimmung der Kommission auf Basis der in § 42 Abs. 2 f. TKG vorzulegenden Unterlagen und Einschätzungen sowie der avisierten Maßnahmen verlangen. All diese Vorgaben lassen eine Entflechtung im Sinne des § 40 TKG zur „ultima ratio" („außerordentliche Maßnahme") werden,[315] der auch die Anordnung getrennter Rechnungsführung (§ 24 TKG[316]) in einer Regulierungsverfügung vorgeht.

V. Besondere Missbrauchsaufsicht

Als generalklauselartiger Auffangtatbestand tritt im Rahmen der Marktregulierung schließ- 135
lich die missbrauchsrechtliche Generalklausel aus § 42 TKG hinzu.[317] Diese Bestimmung erlaubt in Abs. 4 S. 1 der BNetzA von Amts wegen oder auf Antrag eines in eigenen Rechten verletzten Anbieters von Telekommunikationsdiensten (vgl. Abs. 4 S. 6) ein Einschreiten, wenn ein Unternehmen seine beträchtliche Marktmacht missbraucht. Sie knüpft folglich an die kartellrechtlichen Vorschriften über die allgemeine Missbrauchsaufsicht an, greift daher dort, wo andere Anordnungsbefugnisse der BNetzA aus Teil 2 des TKG versagen, und dient infolgedessen der Lückenschließung.[318] Die Bestimmung **adressiert** Unternehmen mit beträchtlicher Marktmacht; für die Anwendung des § 42 TKG bedarf es folglich der Durchführung eines Verfahrens der Marktanalyse im Sinne der §§ 10 f. TKG. Dafür spricht neben dem Wortlaut des § 42 TKG in systematischer Hinsicht § 9 TKG, wonach die Anwendbarkeit der Vorschriften des 2. Teils über die Marktregulierung von der Einschlägigkeit der §§ 10 f. TKG abhängig ist (s. → Rn. 7 ff.).[319]

Tatbestandlich bezieht sich § 42 TKG auf ein Handeln, das bei funktionierendem 136
Wettbewerb nicht möglich wäre und nur infolge von Marktmacht möglich ist. Insoweit muss die Marktbeherrschung also kausal für das unternehmerische Verhalten sein,[320] der Missbrauch kann sich dabei auch auf Nachbarmärkten manifestieren. Im Einzelnen erfasst

---

[312] BVerwG, MMR 2009, 460, Rn. 56 ff.
[313] Neumann/Koch, Telekommunikationsrecht, S. 310 f.
[314] Vgl. zur Rolle anderer Behörden und Institutionen wie dem GEREK und dem BKartA BT-Drs. 15/2316, 46, 60 ff.; Kühling/Schall/Biendl, Telekommunikationsrecht, Rn. 416; Fetzer, in: Schulte/Kloos (Hrsg.), Öffentliches Wirtschaftsrecht, § 8 Rn. 212 f.
[315] Eifert, in: Ehlers/Fehling/Pünder (Hrsg.), Besonderes Verwaltungsrecht Bd. I, § 24 Rn. 106.
[316] Ausf. dazu Scherer/Sassmann, in: Arndt/Fetzer/Scherer/Graulich (Hrsg.), TKG § 24 Rn. 2 ff.
[317] Eifert, in: Ehlers/Fehling/Pünder (Hrsg.), Besonderes Verwaltungsrecht Bd. I, § 24 Rn. 98.
[318] Berger/Paschke, in: Paschke/Berlit/Meyer (Hrsg.), Gesamtes Medienrecht, 10. Abs. Rn. 10.
[319] BVerwGE 128, 305, Rn. 28; vgl. auch BT-Drs. 15/2316, 60 f. sowie Eifert, in: Ehlers/Fehling/Pünder (Hrsg.), Besonderes Verwaltungsrecht Bd. I, § 24 Rn. 99.
[320] Siehe zur Kausalität BVerwG, NVwZ 2011, 623, Rn. 28, sowie BGHZ 156, 379, Rn. 20 f.

Abs. 1 S. 2 die Behinderung oder Beeinträchtigung von Wettbewerbschancen.[321] Nach § 42 Abs. 2 f. TKG wird demgegenüber ein Missbrauch vermutet, wenn Unternehmen Zugangsmöglichkeiten zu günstigeren Bedingungen oder zu besserer Qualität angeboten werden[322] oder wenn Zugangsanträge verzögert werden.[323] Jenseits dieser Regeln greift die allgemeine Missbrauchsaufsicht aus § 42 Abs. 1 S. 1 TKG, die auf Verletzungen der Ordnungsprinzipien des Wettbewerbs bezogen ist und daher horizontal Wettbewerber auf gleicher Wirtschaftsstufe vor Behinderungen sowie Unternehmen auf vor- bzw. nachgelagerter Wirtschaftsstufe vor Schädigungen schützt,[324] so zB vor dem sog. Ausbeutungsmissbrauch[325]. Geschützt wird aufgrund der Strukturverwandtschaft des § 42 TKG zu § 19 GWB überdies auch der Endverbraucher.[326]

> **Praxistipp:**
>
> § 42 Abs. 2 TKG greift nicht, wenn eine Leistung des marktmächtigen Unternehmens nicht als Vorleistung für daran anschließende Dienstleistungen, sondern nur zu Werbezwecken genutzt werden soll.[327]

137 Liegt eine dieser Konstellationen vor, führt sie nicht automatisch zu einem Verstoß gegen § 42 TKG. Stattdessen ist das Verhalten des über beträchtliche Marktmacht verfügenden Unternehmens einer **Rechtfertigung** zugänglich, wie der Wortlaut der Konkretisierungen bzw. Vermutungsregeln in § 42 TKG zeigt („unbillig" (Abs. 1 S. 2); „sachlich rechtfertigen" (Abs. 2); „ohne sachlichen Grund" (Abs. 3)). Dieses Strukturmerkmal des § 42 TKG fordert letztlich eine Abwägung der Interessen des marktmächtigen Unternehmens und der durch sein Verhalten betroffenen Wettbewerber bzw. Endverbraucher. In diese Gegenüberstellung haben die konkreten Umstände einzufließen – namentlich etwa, ob rechtliche Verpflichtungen dem Handeln zugrunde liegen[328] oder ob es aus Gründen einer Kapazitätsbeschränkung,[329] der Daten- oder der Netzsicherheit[330] erforderlich ist. In diesem Kontext spielen auch bzw. einmal mehr die (übrigen) in § 2 TKG normierten Ziele und Grundsätze (s. → Rn. 4 f.) eine Rolle. Eine unbedingte Verpflichtung, Wettbewerber zum eigenen Nachteil zu fördern, trifft das marktmächtige Unternehmen jedenfalls nicht. Entscheidend sind immer die Umstände des Einzelfalls.[331]

138 Wird die BNetzA auf Basis des § 42 TKG tätig, kann sie in den Grenzen der Verhältnismäßigkeit (grundsätzlich binnen vier Monaten) jede **Entscheidung** treffen, durch die das missbräuchliche Verhalten beendet oder im Falle seines Drohens, dh also unmittelbaren Bevorstehens (nach Abs. 4 S. 3 dann als Teil der Regulierungsverfügung (vgl. § 13 Abs. 1 TKG))[332] verhindert wird. Ihr kommt insoweit ein Entschließungs- und ein Auswahlermessen zu.[333] § 42 Abs. 4 S. 2 TKG nennt die Auferlegung einer Verhaltenspflicht, die Untersagung einer Tätigkeit oder die Anordnung der Unwirksamkeit etwaiger Verträge als mögliche Maßnahmen.[334] Hinzu kommt namentlich § 43 TKG, der § 34 GWB nachgebildet und auf Abschöpfung etwa erlangter wirtschaftlicher Vorteile gerichtet ist, die durch das rechtswidrige Verhalten erlangt worden sind; deren Höhe ist durch Schätzung zu er-

---

[321] Ausf. dazu *Berger/Paschke*, in: Paschke/Berlit/Meyer (Hrsg.), Gesamtes Medienrecht, 10. Abs. Rn. 54 ff.
[322] S. *Gersdorf*, in: Säcker (Hrsg.), TKG § 42 Rn. 38 ff., 46 f.
[323] Ausf. dazu *Kredel*, in: Arndt/Fetzer/Scherer/Graulich (Hrsg.), TKG § 42 Rn. 54.
[324] S. dazu *Neumann/Koch*, Telekommunikationsrecht, S. 318 mwN.
[325] Vgl. dazu *Neumann/Koch*, Telekommunikationsrecht, S. 245.
[326] BT-Drs. 15/2316, 71.
[327] *BVerwG*, CR 2013, 222, Rn. 4 ff.
[328] *BVerfG*, NJW 2007, 51, Rn. 109.
[329] BVerwGE 114, 160, Rn. 59.
[330] *OVG NW*, NVwZ 2000, 697, Rn. 44 ff.
[331] Ausf. zum Ganzen *Roth*, in: Scheurle/Mayen (Hrsg.), TKG § 42 Rn. 18 ff.
[332] *Berger/Paschke*, in: Paschke/Berlit/Meyer (Hrsg.), Gesamtes Medienrecht, 10. Abs. Rn. 102.
[333] BVerwGE 114, 160, Rn. 75 f.; *Kühling/Schall/Biendl*, Telekommunikationsrecht, Rn. 426.
[334] Vgl. *Neumann/Koch*, Telekommunikationsrecht, S. 321.

mitteln. Die Anwendung des § 43 TKG ist subsidiär im Verhältnis zu anderen Ausgleichstatbeständen (Schadensersatz, Einziehung) und im Falle einer unbilligen Härte grundsätzlich nicht möglich. Ob und inwieweit die BNetzA von § 43 TKG Gebrauch macht, steht zwar in ihrem Ermessen, ist aber, weil es sich um eine Soll-Vorschrift handelt, in dem Sinne vorstrukturiert, dass Abweichungen die atypische Ausnahme[335] bilden.[336]

D. Durchsetzungsmechanismen

Im Rahmen der Entscheidungsfindung beinhalten die §§ 9 ff. TKG, aber auch das flankierende Sekundärrecht der Union verschiedene Besonderheiten, die die Verfahren der Markt-, Zugangs- und Entgeltregulierung von anderen Verwaltungsverfahren unterscheiden. 139

I. Beteiligte Behörden

Diese Spezifika betreffen zunächst die beteiligten Behörden. Neben dem BKartA und den Landesmedienanstalten, deren Beteiligungsrechte § 123 TKG festlegt, spielt die auf Implementierung des Unionsinteresses in den Entscheidungsprozess bedachte Kommission eine entscheidende Rolle, zumal sie teilweise auch über eigene Entscheidungsgewalt etwa in Form von Veto-Rechten (s. → Rn. 33 ff.) verfügt und ihre Kompetenzen in Umsetzung des Kodex gestärkt werden, weil sie in verschiedenen Bereichen die Befugnis zum Erlass von Durchführungsrechtsakten erhält, insbesondere um die Praktiken der nationalen Regulierungsbehörden vorzuformen[337]. Hauptverantwortlich für den Vollzug des Telekommunikationsrechts bleibt allerdings gleichwohl die BNetzA, deren Tätigkeit von Einflussnahmen des GEREK – einer weiteren auf Unionsebene etablierten Institution – begleitet wird. 140

1. Die BNetzA

Die BNetzA ist ausweislich des § 1 S. 2 BEGTPG eine in Personal-, Organisations- und Haushaltsfragen[338] selbstständige Bundesoberbehörde im Geschäftsbereich des Bundesministeriums für Wirtschaft und Technologie mit Amtssitz in Bonn.[339] Sie wird gemäß § 3 Abs. 1 S. 1 BEGTPG von einem Präsidenten geleitet, der die BNetzA gerichtlich sowie außergerichtlich vertritt und nach Satz 2 dieser Vorschrift Verteilung sowie Gang der Geschäfte regelt. Die BNetzA agiert aufgrund von Art. 87f Abs. 2 S. 2 GG in funktioneller und struktureller Unabhängigkeit, unterliegt aber, wie aus § 117 TKG hervorgeht, den Weisungen des Wirtschafts- oder Verkehrsministeriums, obwohl das einschlägige Richtlinienrecht **„völlige Unabhängigkeit"** fordert.[340] Dieser vordergründige Bruch mit dem Sekundärrecht wird aus verfassungsrechtlicher Perspektive damit gerechtfertigt, dass ministerialfreie Räume nicht dem Demokratieprinzip aus Art. 20 Abs. 1 GG entsprechen, wonach alle Staatsgewalt und damit auch Verwaltungsentscheidungen auf den Volkswillen rückführbar und insoweit sowohl personell als auch sachlich-inhaltlich legitimiert sein müssen. Denn diese Anforderung ist im Falle „völliger Unabhängigkeit", wie sie das Tele- 141

---

[335] *Kluth*, in: Wolff/Bachof/Stober/Kluth (Hrsg.), VerwR I, § 31 Rn. 41.
[336] *Berger/Sassenberg/Paschke*, in: Paschke/Berlit/Meyer (Hrsg.), Gesamtes Medienrecht, 10. Abs. Rn. 107.
[337] *Scherer/Heinickel*, MMR 2017, 71, 76 f.
[338] Vgl. *Mayen*, in: Scheurle/Mayen (Hrsg.), TKG § 116 Rn. 9.
[339] *Lippert*, in: Danner/Theobald, Energierecht; BNAG vor § 1 Rn. 30 ff., 34.
[340] *Ruffert/Schmidt*, in: Säcker (Hrsg.), TKG § 117 Rn. 3.

kommunikationssekundärrecht fordert, ersichtlich nicht gewahrt.[341] Im Lichte der Normenhierarchie ist das in § 117 TKG angelegte Weisungsrecht gleichwohl bedenklich. Deshalb wird teilweise auf die Art. 23 Abs. 1 S. 3, Art. 79 Abs. 3 GG abgestellt, um dessen Zulässigkeit zu begründen.[342] Dagegen spricht jedoch, dass diese Verfassungsnormen nur einen unionsrechtsfreien Raum legitimieren können, wenn der Kern des Demokratieprinzips tangiert ist, was für § 117 TKG kaum begründbar ist.[343]

142 Die BNetzA wird bei der Wahrnehmung ihrer Aufgaben ggf. von einem Beirat (vgl. §§ 5f. BEGTPG), der nach Maßgabe des § 120 TKG vor allem im Vorbereitungsstadium tätig werden kann,[344] unterstützt. Sie wird wie jede andere Behörde in der Ministerialverwaltung über verschiedene Abteilungen, Unterabteilungen und Referate tätig.[345] Hinzukommen sog. **Beschlusskammern,** deren **Organisationsstruktur** in § 132 Abs. 1 und 3 TKG konkretisiert wird. Sie entscheiden danach grundsätzlich in der Besetzung mit einem Vorsitzenden und zwei Beisitzern, die allesamt die Befähigung für eine Laufbahn im höheren Dienst haben müssen. Zudem muss mindestens ein Mitglied die Befähigung zum Richteramt haben. In welchen Fällen die Beschlusskammer tätig werden muss, ist abschließend[346] in § 132 Abs. 1f. TKG aufgeführt. Für die in Abs. 3 dieser Norm normierten Fälle gilt allerdings eine Besonderheit, weil die Beschlusskammer dann in qualifizierter Besetzung, nämlich dem Präsidenten als Vorsitzendem und den beiden Vizepräsidenten als Beisitzer, als sog. Präsidentenkammer entscheidet, ohne dass allerdings die oben erwähnten Anforderungen an Qualifikation und Befähigung bestehen. Für den Vollzug des Marktregulierungsrechts (Teil 2 des TKG) und die entsprechenden Entscheidungen ist nicht die Präsidentenkammer, sondern die Beschlusskammer in einfacher Besetzung zuständig, wie ein Vergleich der Absätze 1 und 3 des § 132 TKG zeigt.[347]

2. Das GEREK

143 Eine weitere Besonderheit des Telekommunikationsrechts ist die an manchen Stellen vorgesehene Beteiligung des Gremiums europäischer Regulierungsstellen für elektronische Telekommunikation (GEREK, § 3 Nr. 9c TKG). Dessen Rechtsstellung ist in der Verordnung (EU) Nr. 2018/1971 niedergelegt, wobei sich die konkreten Beteiligungsrechte oftmals aus den jeweils einschlägigen Vorschriften ergeben – so zB aus § 12 Abs. 2 Nr. 1 TKG. Die **Binnenstruktur** des GEREK selbst besteht aus einem weisungsfrei, unabhängig und objektiv tätigen Regulierungsrat, in den die nationalen Regulierungsbehörden eines jeden Mitgliedstaats ein stimmberechtigtes Mitglied aus ihrer Leitungsebene und die Kommission ein Mitglied ohne Stimmrecht entsenden, sowie Arbeitsgruppen (Art. 6–8). Zudem wird in der Verordnung eine Agentur[348] zur Unterstützung des GEREK etabliert. Dieses GEREK-Büro besitzt im Gegensatz zum GEREK selbst Rechtspersönlichkeit[349] und besteht aus einem vertretungsberechtigten, unabhängigen Direktor sowie vorbehaltlich abweichender Entscheidung eines Mitgliedstaats aus einem mit dem Regulierungsrat personell identischen Verwaltungsrat, wobei der Kommissionsvertreter im Verwaltungsrat stimmberechtigt ist (Art. 2, 14f.).[350]

---

[341] So aber *Kahl,* in: Bernreuther/Freitag/Leible (Hrsg.), FS Spellenberg, 2010, S. 711 ff.; *Masing,* in: Isensee/Kirchhof (Hrsg.), HStR IV, § 90 Rn. 50.
[342] Vgl. *Gärditz,* in: Löwer (Hrsg.), Neuere europäische Vorgaben für den Energiebinnenmarkt, S. 52 ff.
[343] So *Ruffert,* in: Müller-Graff/Schmahl/Skouris (Hrsg.), FS Scheuing, S. 413 f.
[344] *Gramlich,* in: Scheurle/Mayen, TKG § 119 Rn. 5, § 120 Rn. 3.
[345] Vgl. etwa *Kluth,* in: Wolff/Bachof/Stober/Kluth (Hrsg.), VerwR I, § 61 Rn. 31 ff.
[346] BVerwG, NVwZ-RR 2008, 571, Rn. 26; *Beckmann,* MMR 2011, 791, 791 f.
[347] *Gurlit,* in: Säcker (Hrsg.), TKG § 132 Rn. 9 ff.
[348] *Manger-Nestler/Gramlich,* N&R 2017, 79, 88; allg. zu Agenturen auf Unionsebene *Calliess,* in: Calliess/Ruffert (Hrsg.), EUV/AEUV, EUV Art. 13 Rn. 31 ff.
[349] Vgl. Erwägungsgründe 6, 11 VO (EG) Nr. 1211/2009.
[350] *Ferreau,* in: Spindler/Schuster (Hrsg.), Recht der elektronischen Medien, Allg. B Rn. 156.

D. Durchsetzungsmechanismen

Die **Aufgaben** des GEREK aus Art. 4, die nach Art. 9 der Regulierungsrat wahrnimmt, sind vielfältig. Es dient der Unterstützung der nationalen Regulierungsbehörden, aber auch der Unionsorgane, insbesondere wenn sie Telekommunikationsrecht setzen wollen. Zudem gibt das GEREK Stellungnahmen ab, so etwa zur Marktregulierung, und erstellt Leitlinien, so zu den Mindestbedingungen sog. Standardangebote (s. → Rn. 54).[351] Sie sind genauso wie namentlich die Empfehlungen und Standpunkte des GEREK weitestgehend zu berücksichtigen (Art. 4 Abs. 3). Hinzu kommen verschiedene andere Aufgaben, die die Funktion des GEREK als unionsweites und fachkompetentes Reflexions- und Diskussionsforum der nationalen Regulierungsbehörden auf dem Gebiet der elektronischen Kommunikation spiegeln.[352] Die Aufgaben des GEREK-Büros, dessen Verwaltung dem Direktor obliegt, knüpfen nach Art. 5 daran an, indem es das GEREK fachlich und administrativ unterstützt, Informationen sammelt, Entwürfe erstellt sowie anderweitig Hilfestellung leistet. Der Verwaltungsrat ist demgegenüber, wie Art. 16 zeigt, im Wesentlichen für Entscheidungen in Selbstverwaltungsangelegenheiten zuständig.

Die **Sitzungen des Regulierungsrates** finden unter Anwesenheit des allerdings nicht stimmberechtigten Direktors mindestens zwei Mal jährlich statt. Er fasst seine Beschlüsse grundsätzlich mit einfacher Mehrheit, in bestimmten, in Art. 12 Abs. 2 genannten Fällen aber auch mit einer Mehrheit von zwei Dritteln. Für die Einberufung und Leitung der Sitzungen des Regulierungsrates ist dessen Vorsitzender zuständig. Er wird für ein Jahr gemeinsam mit zwei Stellvertretern vom Regulierungsrat gewählt; eine Mehrheit von zwei Dritteln ist dafür erforderlich. Die Amtszeit kann einmal verlängert werden. Um die Kontinuität der Arbeit des Regulierungsrates zu sichern, muss der neue Vorsitzende vorab ein Jahr lang die Stellvertreterfunktion übernommen haben. Der Vorsitzende des Regulierungsrates agiert ebenfalls weisungsfrei und erstattet Rat und Parlament im Falle einer entsprechenden Aufforderung Bericht (siehe zum Ganzen Art. 10). Die Regeln über den Verwaltungsrat sind im Hinblick auf Wahl und Rolle des Vorsitzenden sowie die Abstimmung ähnlich ausgestaltet wie die über den Regulierungsrat (Art. 17–19).

II. Verfahren

Für das Verwaltungsverfahren gilt das Verwaltungsverfahrensgesetz des Bundes. Es wird teilweise und insbesondere im **Beschlusskammerverfahren** durch zahlreiche Spezialvorschriften in den §§ 132 ff. TKG verdrängt, zumindest aber modifiziert.[353] Dessen wesentliches Kennzeichen ist zunächst die Gerichtsähnlichkeit. Sie folgt primär daraus, dass etwaige Entscheidungen aufgrund öffentlicher mündlicher Verhandlung (vgl. § 135 TKG) kollegial durch Stimmenmehrheit in der Kammer getroffen werden. Eine Besonderheit ist zudem die in Umsetzung des Konsistenzgebots aus § 27 Abs. 2 TKG bestehende Abstimmungspflicht aus § 132 Abs. 4 TKG im Falle vergleichbarer Sachverhalte bzw. Rechtsfragen.[354]

Die am Beschlusskammerverfahren **Beteiligten** folgen aus § 134 TKG. Neben einem eventuellen Antragsteller dürfen die Adressaten der Entscheidung sowie die auf eigenen Antrag Beigeladenen partizipieren. Ob die BNetzA im Falle notwendiger Beiladung von Amts wegen tätig werden muss[355] oder nicht[356], ist unklar. Zudem kennt das Beschlusskammerverfahren umfassende Befugnisse zur Stellungnahme. Sie sind in § 135 TKG normiert und adressieren neben den Beteiligten ggf. Vertreter der vom Verfahren berührten

---

[351] Vgl. *Manger-Nestler/Gramlich*, N&R 2017, 79, 90 f.
[352] *Ricke*, in: Spindler/Schuster (Hrsg.), Recht der elektronischen Medien, TKG § 3 Rn. 20.
[353] Vgl. *Fehling*, in: Fehling/Kastner/Störmer (Hrsg.), HK-VerwR, VwVfG § 63 Rn. 25 ff.
[354] *Fetzer*, in: Schulte/Kloos (Hrsg.), Öffentliches Wirtschaftsrecht, § 8 Rn. 216.
[355] So *Bosch*, in: Trute/Spoerr/Bosch, Telekommunikationsgesetz mit FTEG, TKG § 74 Rn. 23 f.
[356] So *Mayen*, in: Scheurle/Mayen (Hrsg.), TKG § 134 Rn. 39; *Attendorn/Geppert*, in: Geppert/Schütz (Hrsg.), TKG § 134 Rn. 35; ähnl. *Bien*, N&R 2007, 140, 142.

Wirtschaftskreise, im Falle des Konsultationsverfahrens aus § 12 Abs. 1 TKG sogar der „interessierten Parteien" (s. → Rn. 31). Überdies müssen sich die Beschlusskammern ggf. mit anderen Behörden abstimmen (s. zB → Rn. 140).

148 Das Verfahren vor der Beschlusskammer unterliegt in Konkretisierung des § 30 VwVfG Geheimhaltungspflichten, die durch die Unternehmergrundrechte motiviert sind. So ist nach § 135 Abs. 3 S. 2 TKG die Öffentlichkeit von der mündlichen Verhandlung vor der Beschlusskammer auszuschließen, wenn deren Beteiligung ein wichtiges **Betriebs- oder Geschäftsgeheimnis** gefährdet. Darunter fallen die nur einem begrenzten Personenkreis zugänglichen Umstände, an deren Nichtverbreitung der Betroffene ein berechtigtes Interesse hat[357]. Zudem folgt aus § 136 TKG, dass die Verfahrensbeteiligten Betriebs- und Geschäftsgeheimnisse in den vorzulegenden Unterlagen kennzeichnen können. Will die BNetzA von diesen Kennzeichnungen abweichen, bestehen Anhörungspflichten.

III. Entscheidungen

149 Insbesondere da das GEREK lediglich in die Entscheidungsvorbereitung eingebunden wird und die (Veto-)Möglichkeiten der Kommission eher gering sind, liegt die primäre Entscheidungsgewalt wie bereits mehrfach angedeutet, bei der BNetzA.[358] Aus § 132 Abs. 1 S. 2 TKG folgt insoweit, dass die **Beschlusskammern** durch Verwaltungsakt handeln, insbesondere um Rechtssicherheit durch Bestandskraft zu erzeugen. Die Formulierung zeigt, dass andere Handlungsformen und insbesondere die des Verwaltungsvertrags insoweit nicht in Betracht kommen.[359]

150 Wird das Verfahren per Entscheidung, gemeint ist per Verwaltungsakt,[360] beendet, bestehen nach § 131 Abs. 1 S. 1 f. TKG eine Begründungs- und eine Zustellungspflicht; zudem ist eine Rechtsbehelfsbelehrung beizufügen. Aus § 131 Abs. 2 TKG folgt, wie zu verfahren ist, wenn das Verfahren nicht durch Entscheidung, dh also Verwaltungsakt, sondern auf sonstige Weise abgeschlossen wird. Diese Möglichkeit indiziert, dass der BNetzA, wenn **keine Beschlusskammer** handelt, auch andere Handlungsformen zur Verfügung stehen.[361] Eine Pflicht zur schriftlichen Mitteilung der Verfahrensbeendigung besteht dann aber gleichwohl.[362]

IV. Befugnisnormen

151 Der BNetzA stehen neben den in den §§ 9 ff. TKG genannten weitere Befugnisnormen zur Seite. Sie folgen aus den §§ 126 ff. TKG, mit deren Hilfe die BNetzA Verletzungen von telekommunikationsrechtlichen Vorschriften ermitteln und ggf. dagegen vorgehen kann. Diese Bestimmungen setzen zunächst einmal in ihrem jeweiligen Anwendungsbereich generalisierend an, so dass namentlich § 126 TKG im **Verhältnis zu anderen Bestimmungen** einen Auffangtatbestand bildet, der subsidiär gegenüber spezielleren Vorschriften über die Durchsetzung telekommunikationsrechtlicher Pflichten ist.[363] Ähnlich liegen die Dinge im Hinblick auf § 127 TKG, der ausweislich seines Satzes 1 „unbeschadet anderer nationaler Berichts- und Informationspflichten" gilt. Ob daraus zugleich zu folgern ist, dass für die §§ 126 ff. TKG dort kein Raum bleibt, wo speziellere Regelungen mit abweichenden Tatbestandsmerkmalen zwar inhaltlich angesprochen, aber nicht einschlägig sind, ist demgegenüber namentlich mit Blick auf die §§ 29, 115 TKG

---

[357] Vgl. BVerfGE 115, 205, Rn. 86 ff.
[358] Vgl. *Fetzer*, in: Schulte/Kloos (Hrsg.), Öffentliches Wirtschaftsrecht, § 8 Rn. 206, 213.
[359] *Gramlich*, in: Heun (Hrsg.), Telekommunikationsrecht, Teil I Rn. 134.
[360] *Kühling/Schall/Biendl*, Telekommunikationsrecht, Rn. 719.
[361] Vgl. *Mayen*, in: Scheurle/Mayen (Hrsg.), TKG § 131 Rn. 2 ff.
[362] *Ruffert/Schmidt*, in: Säcker (Hrsg.), TKG § 131 Rn. 2.
[363] *Bergmann*, in: Scheurle/Mayen (Hrsg.), TKG § 126 Rn. 6; BVerwGE 140, 221, Rn. 24.

D. Durchsetzungsmechanismen

(s. → Rn. 86 f.) eine Auslegungsfrage und daher vom Wortlaut und Zweck der jeweiligen Norm abhängig.

Im Einzelnen ergeben sich aus § 127 TKG unter den dortigen Voraussetzungen Auskunfts-, Untersuchungs- und Einsichtnahmebefugnisse zugunsten der BNetzA gegenüber den Betreibern öffentlicher Telekommunikationsnetze und den Anbietern öffentlich zugänglicher Telekommunikationsdienste. Sie können sich sowohl auf einzelne Verpflichtungen als auch auf die wirtschaftlichen Verhältnisse beziehen und sind durch schriftliche Verfügung, die Auskunft über die Einzelheiten des Verlangens gibt, anzuordnen. Für das Betreten von Betriebs- und Geschäftsräumen sowie für Durchsuchungen gelten Sonderregeln. Abgesehen davon stehen der BNetzA aufgrund von § 128 TKG aber auch andere **Ermittlungsbefugnisse** etwa in Form der Vernehmung von Sachverständigen und Zeugen zur Seite, die ggf. auch vereidigt werden können. Nach Maßgabe des § 129 TKG ist eine Beschlagnahme von Gegenständen möglich, wenn sie als Beweismittel für die Ermittlung von Bedeutung sein können.[364] 152

Aus § 126 TKG ergeben sich **Anordnungs- und Untersagungsbefugnisse.** Sie setzen voraus, dass ein Unternehmen (vgl. § 3 Nr. 29 TKG) seinen Verpflichtungen nicht nachgekommen ist und beziehen sich insoweit auch auf Verletzungen der §§ 9 ff. TKG bzw. von auf deren Basis ergangenen Rechtsverordnungen oder Verwaltungsakten. § 126 TKG liegt ein zweistufiges Verfahren zugrunde, so dass die BNetzA zunächst die Pflichtverletzung festzustellen sowie zur Abhilfe aufzufordern hat (sog. Feststellungsbescheid) und erst nach Ablauf der Abhilfefrist eine Anordnung bis hin zur Untersagung treffen darf. Ob und wie die BNetzA einschreitet, steht in ihrem Ermessen. Dabei bildet die nach § 126 Abs. 3 TKG mögliche Gewerbeuntersagung die ultima ratio.[365] Sie nimmt nach dem Wegfall der Lizensierungspflichten im Verbund mit den Meldepflichten aus § 6 TKG[366] strukturelle Anleihen an den §§ 14, 35 GewO, so dass die auf Tatbestandsebene geforderte schwere oder wiederholte Pflichtverletzung mit dem aus dem Gewerberecht bekannten Erfordernis der Unzuverlässigkeit[367] gleichgesetzt wird.[368] 153

Vorläufige Maßnahmen (s. zB auch → Rn. 125) sind auf Basis des § 126 Abs. 4 TKG,[369] vor allem aber auf Basis des § 130 TKG bis zur endgültigen Entscheidung denkbar. § 130 TKG setzt umfassend an, bezieht sich also auf alle Entscheidungen, die im Zuständigkeitsbereich der BNetzA liegen, unabhängig von der jeweils verfolgten Zwecksetzung. Der Anhängigkeit eines Hauptsacheverfahrens zum Zeitpunkt des Erlasses der vorläufigen Maßnahme bedarf es ebenfalls nicht. Voraussetzung für ein Vorgehen nach § 130 TKG ist lediglich, dass Anordnungsanspruch (hinreichend wahrscheinliche Entscheidung gleichen Inhalts in der Hauptsache) und Anordnungsgrund (Gebotenheit im besonderen öffentlichen Interesse oder privatem Interesse zur Abwendung schwerer Nachteile) bestehen, die Hauptsache nicht in unzulässiger Weise vorweggenommen wird und die BNetzA das ihr zur Verfügung stehende Ermessen fehlerfrei ausübt. Vorläufige Maßnahmen ergehen als vorläufige Verwaltungsakte[370] und unterliegen deren Regeln.[371] 154

---

[364] Ausf. zum Ganzen *Ruffert/Schmidt*, in: Säcker (Hrsg.), TKG § 129 Rn. 2 ff.
[365] *Bergmann*, in: Scheurle/Mayen (Hrsg.), TKG § 126 Rn. 13 ff., 25.
[366] Ausf. dazu *Sassenberg/Mantz*, MMR 2015, 428 ff.
[367] S. *Korte*, in: Schmidt/Wollenschläger (Hrsg.), Kompendium Öffentliches Wirtschaftsrecht, § 9 Rn. 50 ff.
[368] So explizit *Mayen/Koch*, in: Scheurle/Mayen (Hrsg.), TKG § 126 Rn. 24.
[369] Ausf. dazu *Meyer-Sebastian*, in: Gebhardt/Schütz (Hrsg.), TKG § 126 Rn. 26 ff.
[370] *Mayen*, in: Scheurle/Mayen (Hrsg.), TKG § 130 Rn. 38; *Mayen/Koch*, in: Scheurle/Mayen (Hrsg.), TKG § 126 Rn. 26.
[371] *Korte*, in: Wolff/Bachof/Stober/Kluth (Hrsg.), Verwaltungsrecht I, § 45 Rn. 66 ff.

E. Rechtsbehelfsmöglichkeiten

155 Da regulierungsbehördliche Maßnahmen im Bereich des Telekommunikationsrechts im Allgemeinen und der Marktregulierung im Besonderen dem Öffentlichen Recht zuzuordnen sind, ist im Streitfall gemäß § 40 Abs. 1 VwGO in der Regel der Verwaltungsrechtsweg eröffnet.[372] Im Falle von Rechtsbehelfen gegen Maßnahmen der BNetzA, die auf Basis der §§ 9 ff. TKG im Anschluss an ein Beschlusskammerverfahren (s. → Rn. 142) ergangen sind, sind einige Spezialregeln zu beachten, die jene des Verwaltungsprozessrechts modifizieren bzw. verdrängen. Zudem bestehen je nach prozessualer Konstellation verschiedene Besonderheiten, die an dieser Stelle vorgestellt werden sollen.

I. Spezialregeln für das Gerichtsverfahren

156 Den maßgeblichen Anknüpfungspunkt für die verwaltungsprozessualen Spezialregeln des Telekommunikationsrechts bilden die §§ 137 f. TKG.

1. Besonderheiten im Bereich Rechtsbehelfe

157 § 137 TKG dient vor allem der (**verwaltungsgerichtlichen**) **Verfahrensbeschleunigung** und will infolgedessen möglichst schnell Rechtssicherheit für die Beteiligten schaffen. Gerade im Falle der Marktregulierung besteht dafür erheblicher Bedarf, weil diejenigen, die ihre Telekommunikationsdienstleistungen über das Netz des marktmächtigen Unternehmens anbieten wollen, auf kurzfristigen Zugang angewiesen sind. Dieses Bedürfnis haben insbesondere Marktneulinge, deren Investitionen in die Produktentwicklung in der Regel besonders hoch sind, ohne dass sie über hinreichend umfangreiche Rücklagen verfügen, mit deren Hilfe sie Angebotshemmnisse überbrücken könnten. Abgesehen davon besteht allerdings auch allgemein die Gefahr, dass die Wettbewerbsintensität erlahmen würde und namentlich Innovationsvorsprünge aufgezehrt werden würden, wenn sich das Marktregulierungsverfahren über einen langen Zeitraum erstreckte. Von Vorteil wären entsprechende Verzögerungen einzig für das marktmächtige Unternehmen, insbesondere wenn es vertikal integriert ist und daher mit dem zugangswilligen Telekommunikationsdienstleister konkurriert.[373]

158 Vor diesem Hintergrund schließt **§ 137 Abs. 2 TKG** speziell für Maßnahmen, die wie im Falle der Anwendung der §§ 9 ff. TKG (s. → Rn. 142) im Beschlusskammerverfahren getroffen worden sind, die Durchführung des in den §§ 68 ff. VwGO vorgesehenen Vorverfahrens aus. Es handelt sich insoweit um eine gesetzliche Anordnung im Sinne des § 68 Abs. 1 S. 2 Var. 1 VwGO.[374] Zudem erklärt **§ 137 Abs. 1 TKG** den sog. Suspensiveffekt im Falle jeglicher Entscheidung der BNetzA für nicht anwendbar. Damit weicht die Vorschrift in Konkretisierung des § 80 Abs. 2 S. 1 Nr. 3 VwGO von § 80 Abs. 1 VwGO ab, weil (Widersprüche und) Anfechtungsklagen gegen Regulierungsverfügungen der BNetzA keine aufschiebende Wirkung haben.[375] Die Verwaltungsgerichtsbarkeit hält § 137 Abs. 1 VwGO zudem auf der Ebene der Begründetheit für relevant. Wenn die dort erforderliche Abwägung zwischen Suspensiv- und Vollzugsinteresse nicht anhand der auch im Falle des § 80 Abs. 2 S. 1 Nr. 3 VwGO an sich maßgeblichen[376] Erfolgsaussichten in der Hauptsache vorgenommen werden kann, weil der Prozessausgang offen ist, soll dieser Regel die

---

[372] *Ludwigs*, in: Schmidt/Wollenschläger (Hrsg.), Kompendium Öffentliches Wirtschaftsrecht, § 12 Rn. 34; vgl. zur Rechtswegzuweisung auch *Kresse/Vogt*, WiVerw 2016, 275, 295 f.
[373] *Kühling/Schall/Biendl*, Telekommunikationsrecht, Rn. 723.
[374] *Fetzer*, in: Schulte/Kloos (Hrsg.), Öffentliches Wirtschaftsrecht, § 8 Rn. 219.
[375] *Neumann/Koch*, Telekommunikationsrecht, S. 500.
[376] Vgl. *Bostedt*, in: Fehling/Kastner/Störmer (Hrsg.), HK-VerwR, VwGO § 80 Rn. 45 ff.

gesetzliche Wertung zu entnehmen sein, dass das Vollzugsinteresse erhebliches Gewicht hat.[377] Teile der Literatur widersprechen wegen Art. 19 Abs. 4 GG jedoch.[378]

§ 137 Abs. 3 TKG modifiziert schließlich aus Gründen der Beschleunigung den Instanzenzug. Die Vorschrift bestimmt in Satz 1 im Falle von Entscheidungen, die im Beschlusskammerverfahren getroffen worden sind, dass die Berufung gegen ein verwaltungsgerichtliches Urteil ausgeschlossen ist. Damit ist das in regulierungsrechtlichen Streitfragen zunächst befasste VG Köln de iure einzige Tatsacheninstanz, weil die Revision nach § 137 VwGO nur eine Überprüfung auf Rechtsfehler zulässt. Da § 137 Abs. 3 S. 1 TKG zudem verwaltungsprozess- und gerichtsverfassungsrechtliche Beschwerden gegen verwaltungsgerichtliche Entscheidungen ausschließt, unterliegen auch vorläufige Rechtsschutzverfahren dem Beschleunigungsgrundsatz. In solchen Fällen ist das VG Köln daher im Normalfall die einzig befasste Instanz.[379] Etwas anderes gilt nur, wenn einstweiliger Rechtsschutz gesucht wird und die Revision anhängig ist; in dieser unter § 80 Abs. 5 S. 1 Alt. 1 VwGO fallenden Konstellation wird das BVerwG als erstinstanzlich befasstes Gericht zur Tatsacheninstanz.[380] Ausgenommen von § 137 Abs. 3 S. 1 TKG sind nach dessen Satz 2 lediglich Entscheidungen nach § 138 Abs. 4 TKG, nach § 135 in Verbindung mit § 133 VwGO sowie nach § 17a Abs. 2 und 3 GVG, so dass zB Beschlüsse über die Beiladung nach § 132 Abs. 3 Nr. 2 TKG oder Kostenbeschlüsse[381] etwa auf Basis des § 68 GKG[382] dieser Norm unterliegen.

2. Besonderheiten im Bereich Geheimnisschutz

Im Bereich des Schutzes von Betriebs- und Geschäftsgeheimnissen finden sich in § 138 TKG Spezialvorschriften, die § 99 VwGO modifizieren. Sie reagieren darauf, dass die Marktregulierung einerseits Geheimhaltungsinteressen berührt, die sich auch[383] (und insbesondere) aus den Art. 12, 14 GG[384] ableiten lassen, während andererseits die Gewährleistung rechtlichen Gehörs für eine möglichst lückenlose Offenlegung der vorhandenen Unterlagen streitet. Den Versuch des Ausgleichs dieser widerstreitenden Interessen unternimmt § 138 TKG in Fortschreibung der §§ 135 Abs. 3 S. 2, 136 TKG.

a) Voraussetzungen

Der **maßgebliche Bezugspunkt** dieser Bestimmung ergibt sich aus deren Absatz 1. Er bezieht sich auf geheimhaltungsbedürftige Unterlagen und spricht damit insbesondere die eher auf technisches Wissen bezogenen Betriebs- sowie die eher auf kaufmännisches Wissen bezogenen Geschäftsgeheimnisse[385] an. Vor allem wegen des Grundrechts auf rechtliches Gehör unterliegen aber nicht alle Unterlagen dem Geheimnisschutz. Zudem darf die BNetzA die Vorlage von Unterlagen anders als die Aufsichtsbehörde auf Basis des § 99 Abs. 1 VwGO nicht verweigern. Stattdessen ist sie zur Vorlage verpflichtet, hat allerdings das Recht, Unterlagen bzw. im Lichte des Art. 19 Abs. 4 GG Teile davon als geheimhaltungsbedürftig zu kennzeichnen.[386]

---

[377] *BVerwG*, NVwZ 2007, 1207, Rn. 23 ff.; so auch *Gurlit*, in: Säcker (Hrsg.), TKG § 137 Rn. 17.
[378] *Mayen*, in: Scheurle/Mayen (Hrsg.), TKG § 137 Rn. 23.
[379] *Fetzer*, in: Schulte/Kloos (Hrsg.), Öffentliches Wirtschaftsrecht, § 8 Rn. 221 f.
[380] Allg. dazu *Kopp/Schenke*, VwGO § 80 Rn. 143.
[381] *Heinickel*, in: Arndt/Fetzer/Scherer/Graulich (Hrsg.), TKG § 137 Rn. 26 ff.
[382] *OVG Münster*, 30.10.2012 – 13 E 957/12 Rn. 8 (zitiert nach juris, zuletzt abgerufen am 20.2.2020).
[383] Vgl. zum ggf. auch auf das Bundes- oder Landeswohl bezogenen Verständnis BVerwG, 25.2.2008 – 20 F 43.07, Rn. 10 (zitiert nach juris, zuletzt abgerufen am 20.2.2020).
[384] *Stober/Korte*, Öffentliches Wirtschaftsrecht, Rn. 657.
[385] Vgl. *Mayen*, in: Scheurle/Mayen (Hrsg.), TKG § 136 Rn. 6.
[386] *Götz*, N&R 2012, 215, 219; *Heinickel*, NVwZ 2014, 794, 794.

> **Praxistipp:**
> Das Alter eines unternehmensbezogenen Vorgangs spielt für dessen Geheimhaltungsbedürftigkeit grundsätzlich keine Rolle; entscheidend ist vielmehr, ob ein Schutzbedarf substantiiert dargelegt werden kann.[387]

162 Die Verpflichtung zur Vorlage und die damit verbundene Absage des Gesetzgebers an eine Unterlagenverweigerungsbefugnis der BNetzA, wie sie das frühere Recht noch kannte, sind unionsrechtlichen Vorgaben geschuldet. Denn die **unionsgerichtliche Spruchpraxis** geht davon aus, dass die im einschlägigen Sekundärrecht normierte Rechtsschutzgarantie darauf drängt, dass dann, wenn eine Maßnahme einer nationalen Regulierungsbehörde gerichtlich überprüft wird, der entscheidenden Stelle sämtliche für eine vollständige Würdigung der Tatsachen- und Rechtslage erforderlichen Informationen und Unterlagen zur Verfügung stehen können müssen.[388] Aus diesem Grunde sah sich der Gesetzgeber gezwungen, der BNetzA keine Vorlageverweigerungsbefugnis zu geben.[389]

163 Da die BNetzA jedenfalls keine Kennzeichnungspflicht gegenüber dem Gericht[390] trifft, nimmt § 138 Abs. 1 S. 3 TKG die **Interessen der Prozessbeteiligten**[391] auf, indem das Gericht der Hauptsache verpflichtet wird, sie darüber zu unterrichten, dass die Unterlagen bei Gericht eingegangen sind. Der Kreis der danach zu Informierenden erstreckt sich auf all diejenigen, deren Geheimhaltungsinteressen durch die Offenlegung der Unterlagen im Hauptsacheverfahren berührt werden könnte. Diese Formulierung ist denkbar weit zu verstehen, weil mit der Offenlegung im Hauptsacheverfahren unwiderrufliche Verletzungen drohen. Daher genügt schon die abstrakte Möglichkeit der Betroffenheit des Geheimhaltungsinteresses eines Beteiligten. Für diese Auslegung sprechen zudem Wortlaut („könnte") und Entstehungsgeschichte des § 138 TKG.[392]

b) Zwischenverfahren

164 Beantragt ein Beteiligter daraufhin eine gerichtliche Entscheidung, wird ein sog. Zwischenverfahren eingeleitet, in dessen Rahmen das Gericht der Hauptsache darüber entscheidet, ob die §§ 100, 108 Abs. 1 S. 2, Abs. 2 VwGO anzuwenden sind. Der **Antrag** ist gemäß § 138 Abs. 3 S. 1 TKG innerhalb eines Monats nach Unterrichtung über die Vorlage der Unterlagen bei Gericht zu stellen. Zudem muss der Antragsteller ausweislich des § 138 Abs. 2 S. 1 TKG ein (eigenes) Geheimhaltungsinteresse an den vorgelegten Unterlagen geltend machen können. Dessen Verletzung im Falle einer Offenlegung der Unterlagen muss also zumindest möglich sein, wobei in diesem Zusammenhang unerheblich ist, ob die relevanten Unterlagen von der BNetzA als geheimhaltungsbedürftig gekennzeichnet worden sind oder nicht.[393]

165 Im Rahmen des Zwischenverfahrens vor dem **Gericht der Hauptsache** gilt § 100 VwGO wegen § 138 Abs. 3 S. 2 TKG nicht, so dass die Beteiligten kein Akteneinsichtsrecht haben, um den Zweck des Zwischenverfahrens in Form des Schutzes von Betriebs- bzw. Geschäftsgeheimnissen nicht bei dessen Durchführung zu gefährden.[394] Das Zwischenverfahren findet somit „in camera"[395] statt. In Fortschreibung dessen sind die Mitglieder des befassten Gerichts nach Satz 3 dieser Vorschrift zur Geheimhaltung verpflichtet

---

[387] *VG Köln*, MMR 2010, 209, Rn. 3 f.
[388] *EuGH*, Rs. C-438/04, ECLI:EU:C:2006:463, Rn. 43 – Mobistar.
[389] BT-Drs. 17/5707, 86.
[390] Vgl. *Attendorn/Geppert*, in: Geppert/Schütz (Hrsg.), TKG § 138 Rn. 16.
[391] Vgl. zum primär auf das gerichtliche Verfahren bezogenen Begriffsverständnis *Mayen*, in: Scheurle/Mayen (Hrsg.), TKG § 138 Rn. 47a.
[392] *Attendorn/Geppert*, in: Geppert/Schütz (Hrsg.), TKG § 138 Rn. 18; s. Voraufl. → Teil 7 Rn. 48.
[393] *Mayen*, in: Scheurle/Mayen (Hrsg.), TKG § 138 Rn. 47b f.
[394] *Fetzer*, in: Schulte/Kloos (Hrsg.), Öffentliches Wirtschaftsrecht, § 8 Rn. 229.
[395] *Heinickel*, in: Arndt/Fetzer/Scherer/Graulich (Hrsg.), TKG § 138 Rn. 22.

E. Rechtsbehelfsmöglichkeiten

(Verweis auf § 138 Abs. 2 S. 4 TKG) und die Begründung der Entscheidung darf Art und Inhalt der streitgegenständlichen Unterlagen nicht erkennen lassen (§ 138 Abs. 2 S. 3 TKG). Gegen die das Zwischenverfahren abschließende Entscheidung ist die Beschwerde vor dem BVerwG statthaft (§ 138 Abs. 4 TKG); sie kann sich auch auf die Offenlegung von Unterlagenteilen beziehen.[396]

Das für das Zwischenverfahren **maßgebliche Entscheidungsprogramm** wird in § 138 Abs. 2 S. 2 TKG umschrieben. Danach ist auf Basis aller Umstände eine Abwägung zwischen dem betroffenen Geheimhaltungsinteresse und dem Interesse der Beteiligten auf rechtliches Gehör auch unter Beachtung des Rechts auf effektiven Rechtsschutz durchzuführen. Die gerichtliche Prüfdichte ist im Hinblick auf die erforderliche Interessenabwägung umfassend, schon weil insoweit Grundrechtspositionen betroffen sind. Im Hinblick auf die Entscheidungserheblichkeit der streitigen Unterlagen – ebenfalls ein wesentlicher Aspekt der Interessenabwägung[397] – kommt es demgegenüber darauf an, ob ein vorläufiges Rechtsschutz- oder ein Hauptsacheverfahren anhängig ist, da der Prüfungsmaßstab dann, wenn keine endgültige Klärung erforderlich ist, im Zwischenverfahren nicht weiter reichen kann als im zugehörigen Hauptverfahren. Folglich genügt eine summarische Prüfung innerhalb vorläufiger Verfahren.[398]

166

> **Praxistipp:**
> Angaben zum Frequenzbedarf und zum -nutzungskonzept erlauben Rückschlüsse auf zukünftige Geschäftsstrategien der Verfahrensbeteiligten und sind daher Betriebs- bzw. Geschäftsgeheimnisse von hohem Gewicht. Deshalb sind die mit deren Nichtoffenlegung verbundenen Beeinträchtigungen des rechtlichen Gehörs hinzunehmen, zumal jedenfalls dem entscheidenden Gericht alle Unterlagen von der BNetzA vorzulegen sind und infolgedessen das Grundrecht auf effektiven Rechtsschutz weitgehend gewahrt ist.[399]

c) Hauptsacheverfahren

Soweit der Antrag Erfolg hat, sind die in den §§ 100, 108 Abs. 1 S. 2, Abs. 2 VwGO normierten **Rechte der Beteiligten auszuschließen**. In Umsetzung dessen entfällt einerseits deren Akteneinsichtsrecht, andererseits aber auch die Pflicht des Gerichts zur Begründung des Urteils sowie dessen Pflicht, keine Tatsachen und Beweisergebnisse zu berücksichtigen, zu denen sich die Beteiligten nicht äußern konnten.[400] Teilausschlüsse („soweit") sind denkbar und im Lichte des Grundsatzes der Verhältnismäßigkeit als Direktive des § 138 Abs. 2 S. 2 TKG in den Grenzen des Möglichen zwingend.[401]

167

II. Prozessrechtliche Besonderheiten

Betrachtet man die Vorschriften der Marktregulierung in den §§ 9ff. TKG aus einer prozessrechtlichen Perspektive, so bestehen neben den soeben dargestellten Besonderheiten aufgrund der Entscheidungskompetenz der Beschlusskammer innerhalb des Teil 2 des TKG (s. → Rn. 142) verschiedene weitere Spezifika, die der gesonderten Würdigung bedürfen und eine Differenzierung zwischen Rechtsbehelfen auf Unions- und nationaler Ebene erfordern.

168

---

[396] Vgl. dazu *BVerwG*, NVwZ 2014, 790, Rn. 7 ff.; *Heinickel*, NVwZ 2014, 794, 794.
[397] *Götz*, N&R 2012, 215, 220.
[398] *Mayen*, in: Scheurle/Mayen (Hrsg.), TKG § 138 Rn. 45 f.; *BVerwG*, N&R 2005, 76, 77 f.
[399] *BVerwG*, NVwZ 2014, 790, Rn. 19 ff.; *Heinickel*, NVwZ 2014, 794, 794.
[400] *Götz*, N&R 2012, 215, 220.
[401] Vgl. BT-Drs. 17/5707, 86 f.

1. Auf Unionsebene

169 Ein prozessuales Vorgehen auf Unionsebene kommt zunächst in Betracht, soweit es um das Handeln von Unionsorganen geht. Denkbar ist unter den Voraussetzungen des Art. 263 AEUV eine Nichtigkeitsklage, etwa soweit vorgebracht wird, dass das **Telekommunikationssekundärrecht** gegen die Verträge verstößt. Möglich kann in diesem Falle ggf. aber auch ein Vorabentscheidungsersuchen im Sinne des Art. 267 AEUV sein.[402] Es kommt zudem und wohl vor allem in Betracht, wenn die Auslegung des Telekommunikationssekundärrechts in Streit steht. Abgesehen davon kann es aber auch sein, dass ein Vertragsverletzungsverfahren nach Maßgabe der Art. 258 f. AEUV durchgeführt wird, weil das nationale Telekommunikationsrecht oder dessen Anwendung gegen die Anforderungen des Unionsrechts und insbesondere des Telekommunikationssekundärrechts verstößt. Es kann folglich sowohl Gegenstand als auch Maßstab eines unionsgerichtlichen Verfahrens bilden.

170 Von Bedeutung ist zudem das **Veto-Recht der Kommission im** Rahmen des in § 12 Abs. 2 TKG näher konkretisierten Konsolidierungsverfahrens (s. → Rn. 32 ff.). Je nach belastender Wirkung kommt hier ggf. die Erhebung einer Nichtigkeitsklage nach Maßgabe des Art. 263 Abs. 4 Var. 3 AEUV in Betracht. An das Vorliegen einer unmittelbaren und vor allem individuellen Betroffenheit im Sinne der Plaumann-Formel als Grundvoraussetzung der Klagebefugnis stellt die unionsgerichtliche Spruchpraxis jedoch seit jeher hohe Anforderungen. Insbesondere ist es erforderlich, dass der Kläger ohne weitere Zwischenschritte von einer hoheitlichen Maßnahme betroffen ist und sich wie ein Adressat aus dem Kreise der übrigen Betroffenen abhebt,[403] was man zumindest im Falle eines einzelnen regulierten Unternehmens ggf. noch bejahen können wird, für die betroffenen Wettbewerber aber jenseits besonderer Umstände des Einzelfalls eher nicht. Im Hinblick auf die Unmittelbarkeit der Betroffenheit dürfte es demgegenüber primär darauf ankommen, wie konkret die Kommissionsvorgaben im Einzelnen sind.[404]

171 Die **Empfehlungen und Leitlinien der Kommission,** die zu einer erheblichen Vorsteuerung der Maßnahmen der BNetzA führen (s. → Rn. 10), können aufgrund ihrer de iure bestehenden Unverbindlichkeit nicht zum Klagegegenstand einer Nichtigkeitsklage gemacht werden. Sie ist, da es sich um Stellungnahmen bzw. Empfehlungen handelt, ausweislich des Absatzes 1 Satz 1 dieser Norm nicht statthaft. Ein mittelbarer Rechtsschutz auf Unionsebene im Wege der Durchführung eines Vorabentscheidungsersuchens in Form der Gültigkeitsfrage kommt nach Maßgabe des Art. 267 Abs. 1 lit. b) AEUV aus diesem Grunde ebenfalls nicht in Betracht.[405] Möglich ist es allerdings, eine sog. Auslegungsfrage auf diese Vertragsvorschrift zu stützen. Denn deren Wortlaut erstreckt sich auf alle Handlungen der Unionsorgane und erfasst daher auch Empfehlungen und Stellungnahmen.[406] Der damit großzügigere Maßstab des Vorabentscheidungsersuchens im Vergleich zur Nichtigkeitsklage basiert darauf, dass dieses Verfahren weniger auf die Rechtmäßigkeit als vielmehr auf die Einheitlichkeit des Unionsrechts drängt.[407]

2. Auf nationaler Ebene

172 Auf nationaler Ebene stehen die Möglichkeiten und Grenzen eines verwaltungsprozessualen Vorgehens im Falle eines Handelns der BNetzA im Bereich der Marktregulierung im Raum.

---

[402] Vgl. zu deren Verhältnis *Wegener,* in: Calliess/Ruffert (Hrsg.), EUV/AEUV, Art. 267 Rn. 16 ff.
[403] *EuGH,* Rs. 25/62, Slg. 1963, 211, 238 – Plaumann.
[404] Ähnl. *Kirchner/Mayen/Käseberg,* in: Scheurle/Mayen (Hrsg.), TKG § 12 Rn. 37c ff.
[405] *EuGH,* Rs. C-188/91, Slg. 1993, I-363, Rn. 18 – Deutsche Shell.
[406] *Ehricke,* in: Streinz (Hrsg.), EUV/AEUV, AEUV Art. 267 Rn. 19.
[407] *Wegener,* in: Calliess/Ruffert (Hrsg.), EUV/AEUV, AEUV Art. 267 Rn. 1, 16.

E. Rechtsbehelfsmöglichkeiten

a) Klage- bzw. Antragsgegenstand

Daran anknüpfend wird zunächst § 13 Abs. 5 TKG relevant, der Aussagen über den maßgeblichen Antrags- bzw. Klagegegenstand trifft. Danach ergehen die in der **Regulierungsverfügung** getroffenen Entscheidungen mit den Ergebnissen des Marktdefinitions- bzw. -analyseverfahrens als einheitlicher Verwaltungsakt. Daraus folgt zunächst einmal, dass ein isoliertes Vorgehen gegen Maßnahmen im Sinne der §§ 10f. TKG (s. → Rn. 8) unzulässig ist. Es handelt sich insoweit nur um sog. Vorbereitungshandlungen, die als Begründungselemente der Regulierungsverfügung einzuordnen sind und denen daher auch kein Regelungscharakter etwa in Form einer eigenständigen Feststellungswirkung zukommt.[408] Obwohl die Regulierungsverfügung als einheitlicher Verwaltungsakt ergeht, folgt daraus nicht, dass sie nur en bloc als Antrags- bzw. Klagegegenstand taugt. Stattdessen ist auch ein partielles Vorgehen zB in Form einer Teilanfechtung möglich, wenn eine konkrete Verpflichtung von den anderen darin enthaltenen abtrennbar ist. Voraussetzung dafür ist, dass kein untrennbarer innerer Zusammenhang zwischen den verschiedenen Teilen der Regulierungsverfügung besteht. Die Existenz eines Ermessens- oder Beurteilungsspielraums steht dem nicht zwingend entgegen. Stattdessen bedarf es vielmehr einer Auslegung der Regulierungsverfügung, in deren Rahmen auch die Begründung einzubeziehen ist.[409]

173

Neben die Regulierungsverfügung treten ggf. etwaige **im Anschluss daran erlassene Einzelmaßnahmen** der BNetzA, etwa in Form einer Zugangsanordnung (§ 25 TKG) oder in Form einer Entgeltgenehmigung (§ 31 TKG). Sie können ebenfalls einen tauglichen Klage- bzw. Antragsgegenstand abbilden. In solchen Fällen stellt sich dann allerdings oftmals die Frage, inwieweit eine solche Maßnahme bestandskräftig wird, wenn sich nur einzelne Wettbewerber dafür entscheiden, einen Rechtsbehelf einzulegen. Die verwaltungsgerichtliche Spruchpraxis geht insoweit von einer subjektiven Teilbarkeit in dem Sinne aus, dass nur zwischen den am konkreten Rechtsstreit Beteiligten keine Bestandskraft eintritt, im Übrigen aber schon. Voraussetzung dafür ist nach Ansicht des BVerwG, dass der jeweilige Verwaltungsakt persönlich teilbar ist, was davon abhängt, ob ihn alle Adressaten nur einheitlich befolgen können oder nicht. Die verwaltungsgerichtliche Spruchpraxis hat diese Voraussetzung für eine Entgeltgenehmigung (s. → Rn. 95 ff.) bejaht, insbesondere weil die Regulierungsziele aus § 2 TKG einer persönlichen Teilbarkeit nicht entgegenstünden. Namentlich das Gebot der Sicherstellung eines chancengleichen Wettbewerbs fordere keine andere Sichtweise, weil es einer Differenzierung aus sachlich gebotenen Gründen offen gegenüberstehe und die Bejahung der Bestandskraft der Entgeltgenehmigung für die anderen Marktteilnehmer die Planungs- und Rechtssicherheit zu deren Gunsten stärke.[410]

174

> **Praxistipp:**
> Gegenstand einer Anordnung auf Basis des § 25 TKG können nach dessen Absatz 5 erstens die Zugangsbedingungen und zweitens die Zugangsentgelte sein. Ist beides streitig, erlaubt § 25 Abs. 6 TKG in Satz 1 sog. Teilentscheidungen. Da nach Satz 3 dieser Vorschrift die Anordnung der BNetzA nur insgesamt angegriffen werden kann, sind Rechtsbehelfe gegen eine dieser beiden Teilentscheidungen sowohl im einstweiligen als auch im Hauptsacheverfahren nicht statthaft. Um Rechtsschutzlücken für den Zeitraum bis zum Erlass der zweiten Teilentscheidung zu schließen, ist bis zu deren Erlass die erste Teilentscheidung nicht vollziehbar.[411]

---

[408] *Kirchner/Mayen/Käseberg*, in: Scheurle/Mayen (Hrsg.), TKG § 10 Rn. 64, § 11 Rn. 36.
[409] *Gurlit*, in: Säcker (Hrsg.), TKG § 13 Rn. 32; *BVerwG*, NVwZ 2010, 1359, Rn. 53f.
[410] Vgl. *BVerwG*, MMR 2014, 418, Rn. 72 ff.; vgl. dazu zB *Kiparski*, MMR 2014, 422, 423 f.
[411] *Kühling/Neumann*, in: Säcker (Hrsg.), TKG § 25 Rn. 72 im Anschluss an *VG Köln*, CR 2005, 108, Rn. 8 ff.

b) Klage- bzw. Antragsbefugnis

175 Ist der Klage- bzw. Antragsgegenstand festgelegt, stellten sich im Rahmen regulierungsrechtlicher Verfügungen weitere Probleme, soweit es um die Klage- bzw. Antragsbefugnis geht. Insoweit ist nach den Rechtsschutz suchenden Akteuren zu differenzieren.

> **Praxistipp:**
> Neben den marktmächtigen Unternehmen und Wettbewerbern kommen auch andere Beteiligte als Rechtsbehelfsführer in Betracht – so etwa Endkunden, Investoren oder Interessenverbände. Klage- bzw. antragsbefugt sind sie allerdings (ebenfalls) nur, wenn sie nach Maßgabe des § 42 Abs. 2 VwGO geltend machen können, in eigenen Rechtspositionen verletzt zu sein.[412]

176 **aa) Marktmächtige Unternehmen.** Marktmächtige Unternehmen sind, betrachtet man die Regulierungsverfügung, vornehmlich durch die Auferlegung, Beibehaltung oder Verschärfung einer **Regulierungsverfügung** nachteilig betroffen. In solchen Anfechtungskonstellationen lässt sich deren Klage- bzw. Antragsbefugnis bereits mit Hilfe des sog. Adressatengedankens[413] begründen, weil sie Adressat eines belastenden Verwaltungsakts sind. Ein Verpflichtungsbegehr des marktmächtigen Unternehmens ist demgegenüber seltener anzutreffen, aber ebenfalls durchaus denkbar, etwa wenn eine Überprüfung im Sinne des § 14 Abs. 2 TKG zu dessen Gunsten ausgeht. In diesem Falle hat ein prozessuales Vorgehen Erfolg, wenn ein Anspruch auf Widerruf einer ursprünglich erteilten, aber nun ihrer Basis beraubten Regulierungsverfügung besteht.[414]

177 **bb) Wettbewerber.** Geht es um ein prozessuales Vorgehen der Wettbewerber, das in der Regel auf eine Verpflichtung zum Erlass bzw. zur Verschärfung der **Regulierungsverfügung** abzielt, ist zu beachten, dass sie nicht Adressat der Regulierungsverfügung sind und daher in der Regel eine Verpflichtungsbegehr geltend machen. In solchen Konstellationen hängt die Klage- bzw. Antragsbefugnis mit der sog. Schutznormlehre davon ab, ob die in Streit stehende Bestimmung, auf deren Basis die Maßnahme ergangen ist, nicht nur objektiven Gemeinwohlzielen zu dienen bestimmt ist, sondern auch Dritte als Teil eines abgrenzbaren Personenkreises schützen will und der Rechtsbehelfsführer zu diesem Kreis zählt.[415] Diesen Anforderungen genügen Rügen der Wettbewerber, die allein auf den Inhalt des Marktdefinitions- bzw. -analyseverfahrens ausgerichtet sind, wegen der rein objektiv-rechtlichen Natur der §§ 10 f. TKG nicht.[416] **Unzureichend** ist es grundsätzlich auch, die Rechtmäßigkeit des Konsultations- bzw. Konsolidierungsverfahrens zu rügen, weil sie auf den Schutz der Belange der interessierten Fachöffentlichkeit sowie der Rechtseinheit auf Unionsebene abzielen.[417] Ferner lässt sich aus den Regulierungszielen und -grundsätzen des § 2 TKG mangels individueller Schutzrichtung kein Drittschutzcharakter ableiten.[418] Namentlich die Nutzerinteressen (Abs. 2 Nr. 1) dienen allein als regulatorischer Anknüpfungspunkt, während die Förderung des Wettbewerbs (Abs. 2 Nr. 2) institutionell und nicht individuell ansetzt.[419]

---

[412] *Mayen*, in: Scheurle/Mayen (Hrsg.), TKG § 30 Rn. 55 f.; *Stamm*, in: Scheurle/Mayen (Hrsg.), TKG § 33 Rn. 44.
[413] *Kopp/Schenke*, VwGO § 42 Rn. 69.
[414] *Korehnke/Ufer*, in: Geppert/Schütz (Hrsg.), TKG § 13 Rn. 31.
[415] *Kopp/Schenke*, VwGO § 42 Rn. 83 ff.
[416] BVerwGE 130, 39, Rn. 19 ff.; vgl. dazu *Attendorn*, MMR 2008, 444, 447.
[417] BVerwG, NVwZ 2015, 1136, Rn. 33.
[418] *Mayen*, in: Scheurle/Mayen (Hrsg.), TKG § 13 Rn. 47; BVerwGE 117, 93, Rn. 62.
[419] *Fetzer*, in: Arndt/Fetzer/Scherer/Graulich (Hrsg.), TKG § 30 Rn. 45.

E. Rechtsbehelfsmöglichkeiten

Betrachtet man den materiellen Inhalt der **Regulierungsverfügung**, so lässt sich ein 178
etwaiger Drittschutzcharakter zwar noch nicht aus § 13 TKG selbst,[420] ggf. aber aus den in dessen Absatz 1 in Bezug genommenen Rechtsvorschriften herleiten, soweit die BNetzA in einer Verpflichtung auf deren individualschützenden Teil abstellt. Daran anknüpfend bejaht das BVerwG jedenfalls dann, wenn Zugangsrechte geltend gemacht werden (und es nicht allein um die Vermeidung einer den Wettbewerber treffenden Zugangsanordnung geht[421]), den Drittschutzcharakter der §§ 20, 21 und 24 TKG, weil deren Tatbestände **hinreichend** individualisierte Merkmale („zum Zugang berechtigten Unternehmen", „anderen Unternehmen", „Diskriminierungsverbot" über § 19 Abs. 2 („anderen Unternehmen")[422]) aufweisen.[423] In Fortschreibung dessen wird man den Drittschutzcharakter einer Regulierungsverfügung auch insoweit zu bejahen haben, als darin wettbewerberschützende Verpflichtungen auf Basis des § 19 TKG (siehe soeben) des § 42 TKG („andere Unternehmen") und des § 18 TKG („Betreibern anderer öffentlicher Telekommunikationsnetze"[424]) aufgenommen worden sind. Finden sich keine Hinweise im Normtext, wird bisweilen auf unionsrechtliche Vorgaben insbesondere in Form des Art. 4 R-RL aF hingewiesen, um eine Antrags- bzw. Klagebefugnis zu bejahen.[425] Bisweilen wird der Drittschutzcharakter namentlich des § 30 TKG trotz insoweit offener Spruchpraxis[426] aber auch per se abgelehnt[427].

Nimmt man hingegen die **zugangsbezogenen Einzelanordnungen auf Basis der** 179
§§ 18 ff. TKG in den Blick, gelten die soeben gemachten Ausführungen entsprechend, so dass eine Klage- bzw. Antragsbefugnis aus der Perspektive der Wettbewerber nur bejaht werden kann, wenn die Voraussetzungen der Schutznormlehre gegeben sind. Daran anknüpfend können sich Unternehmen, die in Konkurrenz zum marktmächtigen Unternehmen als Zugangsanbieter tätig sind, nicht auf § 21 TKG berufen, weil die Norm nur zugunsten der Zugangsnachfrager Drittschutz vermittelt.[428] Ähnlich dürften die Dinge in Bezug auf § 23 TKG liegen, dessen Einordnung als Schutznorm aufgrund seiner auch auf die Zugangsnachfrager bezogenen Zielrichtung mittlerweile in der verwaltungsgerichtlichen Spruchpraxis geklärt ist.[429] § 24 TKG entfaltet schließlich auch im soeben umschriebenen Maße drittschützende Wirkung (s. → Rn. 178). Wird der Erlass einer Zugangsanordnung im Sinne des § 25 Abs. 1 TKG begehrt, ist das davon betroffene Unternehmen ebenfalls antrags- bzw. klagebefugt, zumal es insoweit um die Geltendmachung eines konkret individuellen Zugangsanspruchs geht.[430] Die daran anknüpfenden Auswirkungen einer Zugangsanordnung auf das Rechtsverhältnis zwischen Zugangsinhaber und -petent hat das BVerwG mittlerweile derart eingeordnet, dass durch diesen Hoheitsakt ein Vertrag begründet wird.[431]

Betrachtet man schließlich die **entgeltbezogenen Einzelanordnungen, die auf Basis** 180
der §§ 27 ff. TKG erlassen werden, ergibt sich folgendes Bild: Während die drittschützende Wirkung des § 27 Abs. 1 TKG bisher soweit ersichtlich genauso weiterhin offen ist[432]

---

[420] *Geers*, in: Arndt/Fetzer/Scherer/Graulich (Hrsg.), TKG § 13 Rn. 22 im Anschluss an *EuGH*, Rs. C-426/05, Slg. I-685 Rn. 34 ff. – Tele2 Telecommunication.
[421] S. dazu *BVerwG*, ECLI:DE:BVerwG:2019:161219B6B36.19.0, Ls. 1.
[422] Vgl. dazu *BVerwG*, NVwZ 2008, 575, Rn. 11 ff.; *BVerwG*, CR 2014, 300, Rn. 21.
[423] BVerwGE 130, 39, Rn. 11 ff.; *Geers*, in: Arndt/Fetzer/Scherer/Graulich (Hrsg.), TKG § 13 Rn. 22.
[424] Ausf. zu beiden Absätzen *Nolte*, in: Säcker (Hrsg.), TKG § 18 Rn. 54 ff.
[425] *Geers*, in: Arndt/Fetzer/Scherer/Graulich (Hrsg.), TKG § 13 Rn. 22 im Anschluss an *EuGH*, Rs. C-426/05, Slg. I-685 Rn. 34 ff. – Tele2 Telecommunication.
[426] Vgl. *BVerwG*, NVwZ 2014, 942, Rn. 36.
[427] *Mayen*, in: Scheurle/Mayen (Hrsg.), TKG § 30 Rn. 53; gleichsinnig *Fetzer*, in: Arndt/Fetzer/Scherer/Graulich (Hrsg.), TKG § 30 Rn. 44 ff.
[428] *BVerwG*, NVwZ 2014, 942, Rn. 29.
[429] Vgl. BVerwGE 154, 173, Rn. 20; vgl. dazu *Telle*, CR 2016, 760 f.
[430] *Geppert/Attendorn*, in: Geppert/Schütz (Hrsg.), TKG § 25 Rn. 73.
[431] BVerwGE 120, 263, Ls. 1; vgl. dazu *Gärditz*, NVwZ 2009, 1005 ff.
[432] Vgl. *Geers*, in: Arndt/Fetzer/Scherer/Graulich (Hrsg.), TKG § 13 Rn. 22 per Verweis auf *BVerwG*, NVwZ 2008, 798, Rn. 3.

wie die des § 33 TKG[433], bejaht die Verwaltungsgerichtsbarkeit den Schutznormcharakter von § 28 Abs. 1 S. 2 Nr. 2 und 3 TKG, soweit es um die von den jeweiligen Maßnahmen unmittelbar benachteiligten Wettbewerber geht.[434] Für § 30 TKG ist demgegenüber an die soeben gemachten Ausführungen anzuknüpfen (s. → Rn. 178), wobei es allerdings auch Stimmen gibt, die dieser Norm genauso wie dann auch § 31 TKG eine drittschützende Wirkung zugunsten der Wettbewerber zusprechen wollen, weil die Verfahrenswahl Auswirkungen auf die Entgelthöhe habe und dadurch individuelle Betroffenheit erzeuge.[435] Im Hinblick auf die §§ 35 Abs. 3[436], 38 Abs. 4[437] TKG lassen sich die Anforderungen der Schutznormlehre demgegenüber insoweit begründen, als den darin enthaltenen Regelungen privatrechtsgestaltende Wirkung zukommt (vgl. § 37 Abs. 2 TKG), weil die zugehörigen Maßnahmen dann in die Vertragsfreiheit der Beteiligten eingreifen; Grundvoraussetzung dafür ist freilich, dass der Rechtsbehelfsführer Teil dieser Vertragsbeziehung ist. Über diese Konstellationen hinaus lässt sich aus den §§ 35, 38 TKG, jedenfalls soweit man sie isoliert betrachtet, auch im Lichte des Art. 4 R-RL kein Drittschutz[438] ableiten.[439]

3. Gerichtliche Kontrolldichte

181 Hinzuweisen ist schließlich darauf, dass die verwaltungsgerichtliche Kontrolldichte im Bereich der Marktregulierung gelegentlich reduziert ist[440] – so insbesondere dort, wo der BNetzA wie etwa bei der Marktdefinition und -analyse (s. → Rn. 16f., 21) ein **Beurteilungsspielraum** zukommt. In diesen Fällen prüft die Verwaltungsgerichtsbarkeit nur, ob erstens etwa relevante Verfahrensbestimmungen eingehalten worden sind, zweitens der Entscheidung ein zutreffender und vollständig ermittelter Sachverhalt zugrunde liegt, drittens allgemeingültige Bewertungsmaßstäbe nicht verletzt worden sind, viertens die widerstreitenden Belange nicht in unverhältnismäßiger Weise fehlgewichtet worden sind und fünftens ob das Willkürverbot nicht verletzt sowie objektive Kriterien zugrunde gelegt worden sind.[441]

182 Abgesehen davon ist die Kontrolldichte im Falle von Konstellationen reduziert, in denen der BNetzA ein sog. **Regulierungsermessen** (s. zB → Rn. 26f.) zukommt. Das BVerwG[442] erkennt in solchen Fällen ähnlich wie im Falle des sog. Planungsermessens[443] nur eine Rechtsverletzung, wenn erstens eine Abwägung der widerstreitenden Interessen überhaupt nicht stattgefunden hat (Abwägungsausfall), zweitens in die Abwägung nicht alle Umstände eingestellt worden sind, die hätten eingestellt werden müssen (Abwägungsdefizit), drittens die Bedeutung der betroffenen Interessen verkannt worden ist (Abwägungsfehleinschätzung) oder schließlich viertens, wenn die widerstreitenden Interessen in unverhältnismäßiger Weise ausgeglichen worden sind (Abwägungsdisproportionalität).[444]

183 Die mit Beurteilungsspielräumen und Regulierungsermessen verbundene Behördenautonomie führt zu erheblichen Einschnitten in der gerichtlichen Kontrolldichte. Damit geht ein Verlust an effektivem Rechtsschutz einher.[445] Nicht zuletzt deshalb kommt der **Ver-**

---

[433] Vgl. dazu BVerwGE 152, 355 Rn. 32f. sowie *Stamm*, in: Scheurle/Mayen (Hrsg.), TKG § 33 Rn. 44.
[434] Vgl. dazu *BVerwG*, CR 2011, 165, Rn. 32 (zu Nr. 2) sowie *BVerwG*, NVwZ 2011, 623, Rn. 15 (zu Nr. 3); zusammenfassend *Hölscher*, in: Scheurle/Mayen (Hrsg.), TKG § 28 Rn. 77.
[435] *Kühling*, in: Geppert/Schütz (Hrsg.), TKG § 30 Rn. 56ff., § 31 Rn. 64.
[436] BVerwGE 151, 268, Rn. 19.
[437] BVerwGE 152, 355, Rn. 12f.; 117, 93, Rn. 18ff.; vgl. dazu *Ruffert*, JuS 2016, 285ff.
[438] BVerwGE 151, 268, Rn. 22ff.
[439] Ausf. zum Ganzen *Mayen/Lünenburger/Mayen*, in: Scheurle/Mayen (Hrsg.), TKG § 35 Rn. 114f.
[440] Allg. kritisch *Winkler*, MMR 2012, 188, 189.
[441] Vgl. BVerwGE 131, 41, Rn. 14ff.; s. dazu *Franzius*, DVBl 2009, 409ff.
[442] BVerwGE 130, 39, Rn. 28; BVerwGE 131, 41, Rn. 66ff.; *BVerwG*, NVwZ 2014, 942, Rn. 56ff.
[443] Kritisch zu dieser Parallele *Broemel*, JZ 2014, 286, 289ff.
[444] S. dazu *Mayen*, in: Scheurle/Mayen (Hrsg.), TKG § 13 Rn. 33; *Ludwigs*, in: Schmidt/Wollenschläger (Hrsg.), Kompendium Öffentliches Wirtschaftsrecht, § 12 Rn. 56; *Franke*, Verw. 49 (2016), 25, 40ff.
[445] Ausf. zu den damit verbundenen Fragestellungen aus unionsgrundrechtlicher Perspektive *Werkmeister*, N&R 2014, 30, 32ff.

fahrenskontrolle in diesem Kontext eine erhebliche Bedeutung zu. Die Verwaltungsgerichtsbarkeit prüft daher oft sehr streng, ob sich die BNetzA erschöpfend und plausibel mit allen relevanten Abwägungsaspekten auseinandergesetzt hat (s. → Rn. 47).[446] Etwaige Begründungslücken führen deshalb in der Regel zur Rechtswidrigkeit der Verfügung; ein Nachschieben von Gründen kommt nicht in Betracht.[447]

F. Verhältnis zu anderen Rechtsvorschriften

Die in den §§ 9 ff. TKG näher ausgestaltete Marktregulierung weist, wie hier und da bereits angeklungen ist, enge Bezüge zum Wettbewerbsrecht auf. Ganz allgemein gilt in diesem Zusammenhang ausweislich des **§ 2 Abs. 4 TKG,** dass die Vorschriften des GWB anwendbar bleiben, soweit im TKG keine ausdrücklich abschließenden Regelungen getroffen werden. Dieser Vorschrift wird man die Aussage entnehmen müssen, dass die §§ 9 ff. TKG in dem Maße einen Rückgriff auf das GWB hindern, in dem Marktdefinition und -analyse zur Feststellung eines Regulierungsbedarfs und zum Erlass einer Regulierungsverfügung geführt haben. Insoweit ist die BNetzA die sachnähere Behörde.[448] 184

Daraus folgt konkret für § 42 TKG, der den Vorschriften der **§§ 19 f. GWB** strukturell und inhaltlich wohl am nahesten steht, dass diese Norm in ihrem Anwendungsbereich als lex specialis zu verstehen ist. Diesen Gedanken aufgreifend findet das allgemeine Wettbewerbsrecht zunächst einmal dort Anwendung, wo kein regulierungsbedürftiger Markt in einem Marktdefinitions- und -analyseverfahren identifiziert worden ist; in diesem Falle bleibt das BKartA also zuständig.[449] Liegt diese Voraussetzung hingegen vor, sollen die §§ 19 f. GWB nur dann greifen, wenn sie weiter gehende materielle Regelungen enthalten, was im Zweifel allerdings eher selten der Fall[450] sein dürfte. 185

Soweit es allerdings um nach **Art. 102 AEUV** verbotene Verhaltensweisen geht, findet diese Vorschrift schon wegen des Anwendungsvorrangs des Unionsrechts auch auf nach Maßgabe der §§ 9 ff. TKG regulierungsbedürftigen Telekommunikationsmärkten Anwendung, wenn namentlich § 42 TKG kein Einschreiten erlauben sollte. Die sektorspezifische Regulierung bleibt indes nicht ohne Einfluss auf die Anwendung des Art. 102 AEUV, weil ein missbräuchliches Verhalten Handlungsspielraum voraussetzt, an dem es in dem Maße fehlen kann, in dem ein Unternehmen hoheitlich zum Handeln verpflichtet ist. Ob dieser Fall vorliegt, ist anhand des konkreten Einzelfalls zu prüfen.[451] Bejahendenfalls verletzt eventuell der Mitgliedstaat Art. 102 AEUV. 186

---

[446] BVerwG, NVwZ 2013, 1352, Rn. 34; BVerwG, NVwZ 2012, 1047, Rn. 38; s. auch *Franke,* Verw. 49 (2016), 25, 41.
[447] Ausf. dazu *Mayen,* in: Scheurle/Mayen (Hrsg.), TKG § 13 Rn. 50.
[448] *Kredel,* in: Arndt/Fetzer/Scherer/Graulich (Hrsg.), TKG § 42 Rn. 14; *Ludwigs,* WuW 2008, 534, 539.
[449] BVerwGE 128, 305, Rn. 36; *Roth,* in: Scheurle/Mayen (Hrsg.), TKG § 42, Rn. 162; exemplarisch *Müller-Terpitz,* ZUM 2017, 624, 630 f.
[450] Vgl. *Säcker,* in: Säcker (Hrsg.), TKG Einl. I Rn. 48.
[451] *Schütz,* in: Geppert/Schütz (Hrsg.), TKG § 42 Rn. 19 ff.

Teil 8.2 Frequenzordnung

Übersicht

	Rn.
A. Gefahrenlage	2
B. Zielsetzung	4
C. Regelungsinhalt	6
I. Frequenzverordnung	7
1. Begriff der Frequenzzuweisung	8
2. Formelle Anforderungen	9
3. Materielle Anforderungen	10
II. Frequenzplan	12
1. Begriff der Frequenznutzung	13
2. Formelle Anforderungen an den Plan	15
3. Materielle Anforderungen an den Plan	18
III. Frequenzzuteilung	21
1. Anwendungsbereich	22
2. Zuteilungsvoraussetzungen	25
D. Durchsetzungsmechanismen	83
E. Rechtsbehelfsmöglichkeiten	88
I. Frequenzverordnung und -plan	89
II. Verwaltungsakte	90

1 Die Regeln zur Frequenzordnung folgen aus den §§ 52 ff. TKG. Diese Normen beziehen sich auf die Zuteilung und Nutzung von Frequenzen – (auch) im telekommunikationsrechtlichen Sinne verstanden als Maß für die Geschwindigkeit elektromagnetischer Schwingungen pro Sekunde[1]. Frequenzen sind Voraussetzung für den Betrieb funkgestützter Telekommunikationssysteme und ermöglichen eine gleichzeitige mobile Kommunikation vieler Nutzer.

A. Gefahrenlage

2 Prägend für die in den §§ 52 ff. TKG enthaltenen Regelungen ist, dass **Frequenzen** aus physikalischen Gründen **knapp** sind, was ordnungs-, aber auch wettbewerbspolitischen Handlungsbedarf schafft. Im Ausgangspunkt ähnelt die Situation insoweit der der telekommunikationsrechtlichen Marktregulierung (s. → Rn. 2 f.). Zwar ist der praktische Zugriff mehrerer Nutzer auf eine Frequenz grundsätzlich denkbar, in der Regel aber aufgrund dann entstehender Störungen in Form von Interferenzen nicht sinnvoll. Zu diesem Spezifikum kommt hinzu, dass die wirtschaftliche Nutzung von Funkanwendungen überaus lukrativ ist, was den Kreis der potenziellen Anbieter vergrößert und die bestehende Knappheitssituation weiter verstärkt.

3 Abgesehen davon muss die dadurch bedingte Pflicht zur Frequenzzuteilung **flankierende hoheitliche Gemeinwohlbelange** beachten, weil Funkfrequenzen aufgrund ihrer vielfältigen Einsatzmöglichkeiten zugleich auch notwendige Voraussetzung namentlich für den ordnungsgemäßen Ablauf des Flugverkehrs, der Seefahrt, der öffentlichen Sicherheit oder der Satellitennutzung sind.[2] Zudem berührt die Frequenzzuteilung Fragen der Vielfaltsicherung und ruft so die rundfunkrechtlich geprägten Interessen der Länder auf den Plan.[3] Ferner sind wegen des naturgemäß grenzüberschreitenden Elements von Funkfre-

---

[1] *Beine,* MMR 2013, 496, 496.
[2] *Riegner/Kühn/Korehnke,* in: Geppert/Schütz (Hrsg.), TKG Vorb. zu §§ 52 ff. Rn. 1.
[3] Zur Kompetenzabgrenzung siehe BVerfGE 12, 205 ff.; *Schulz/Wasner,* ZUM 1999, 513, 514 ff.

quenzen auch unionale und internationale Belange in die Ausgestaltung des Frequenzrechts einzubeziehen.[4]

B. Zielsetzung

Ziel der telekommunikationsrechtlichen Frequenzordnung im Sinne der §§ 52 ff. TKG ist es vor diesem Hintergrund, diese vielfältigen, auch und insbesondere grundrechtlich fundierten Interessen auszugleichen, indem die Zuteilung der verfügbaren Frequenzen nicht den Marktkräften überlassen wird. Stattdessen handelt es sich um eine knappe Ressource, deren Nutzung zu koordinieren ist, um Störungen zu verhindern, und die nach objektiven, nicht diskriminierenden sowie transparenten Kriterien unter den Interessenten zu verteilen ist. Dazu müssen einerseits vorausschauend **planerische Anforderungen** erfüllt werden, insbesondere um die Zuverlässigkeit und Störungsfreiheit der Funkverbindungen zu gewährleisten sowie die Nutzung des zur Verfügung stehenden Frequenzspektrums zu optimieren.[5]

Andererseits sind aber auch **konkret zuteilungsbezogene Anforderungen** zu beachten, die weniger frequenztechnische als vielmehr ökonomische bzw. wettbewerbliche Aspekte spiegeln. Hier wie dort kommen die (übrigen) Regulierungszwecke aus § 2 TKG als maßgebliche Ausrichtungsgrößen hinzu, wobei das Ziel der Sicherstellung einer effizienten und störungsfreien Nutzung von Frequenzen, auch unter Berücksichtigung der Belange des Rundfunks, in § 2 Abs. 2 Nr. 7 TKG ausdrücklich genannt ist. Zudem spielen zukünftige technologische Entwicklungen wegen des erheblichen Innovationspotenzials von Funkanwendungen eine erhebliche Rolle und strahlen daher in besonderem Maße auf §§ 52 ff. TKG aus.[6]

C. Regelungsinhalt

Den Ausgangspunkt der frequenzregulierungsrechtlichen Dogmatik bildet § 52 Abs. 1 TKG, wonach die Frequenzordnung eine effiziente und störungsfreie Nutzung der Frequenzen unter Berücksichtigung der (weiteren) Regulierungsziele des § 2 TKG sicherzustellen hat. Dazu werden, so heißt es in **§ 52 Abs. 1 TKG** weiter, Frequenzbereiche zugewiesen und in Frequenznutzungen aufgeteilt, Frequenzen zugeteilt und Frequenznutzungen überwacht.

I. Frequenzverordnung

Dieses sog. **mehrstufige Verfahren** steht im Mittelpunkt der §§ 52 ff. TKG.[7] Es findet seinen Anfang in der Zuweisung von Frequenzbereichen.

1. Begriff der Frequenzzuweisung

Der im Lichte des Wortlauts den Maßstab bildende Begriff der Frequenzzuweisung wird in **§ 3 Nr. 9a TKG legal definiert** und erfordert in Umsetzung unionsrechtlicher Vorgaben[8] die Benennung eines bestimmten Frequenzbereichs für die Nutzung durch einen

---

[4] *Marwinski*, in: Arndt/Fetzer/Scherer/Graulich (Hrsg.), TKG Vorb. zu §§ 52 ff. Rn. 11 ff., 18 ff.
[5] *Sörries*, in: Säcker (Hrsg.), TKG § 52 Rn. 2.
[6] Ausf. zum Ganzen *Hahn/Hartl/Dorsch*, in: Scheurle/Mayen (Hrsg.), TKG Vor § 52 Rn. 29 ff.
[7] So etwa *Fetzer*, in: Schulte/Kloos (Hrsg.), Handbuch Öffentliches Wirtschaftsrecht, § 8 Rn. 94.
[8] *Säcker*, in: Säcker (Hrsg.), TKG § 3 Rn. 23.

oder mehrere Funkdienste oder durch andere Anwendungen elektromagnetischer Wellen, falls erforderlich mit weiteren Festlegungen. Die angebliche Weiterung um „andere Anwendungen" war bereits der früheren Rechtslage immanent, dort jedoch in § 53 Abs. 2 S. 1 TKG normiert.[9]

2. Formelle Anforderungen

9 § 53 Abs. 1 TKG überträgt die Aufgabe der Frequenzzuweisung der Bundesregierung. Danach ist sie verpflichtet[10], die Frequenzzuweisungen für Deutschland sowie zugehörige Festlegungen in einer **Frequenzverordnung**[11] festzulegen. Dieser Rechtsakt bedarf in formeller Hinsicht (nun zwingend[12]) der Zustimmung des Bundesrates, um etwa betroffenen Länderinteressen zu entsprechen. Zudem sind die von der Zuweisung betroffenen Kreise einzubeziehen.

3. Materielle Anforderungen

10 Die materiellen Vorgaben für die Frequenzverordnung folgen aus **§ 53 Abs. 2 S. 1 TKG**. Danach sind die internationalen Übereinkünfte, einschließlich der Vollzugsordnung für den Funkdienst (VO Funk) zu berücksichtigen, die insbesondere das verfügbare Frequenzspektrum auf Funkdienste aufteilt.[13] Zudem ist die europäische Harmonisierung – dieser Begriff ist weiter als das Unionshandeln und daher zB auch auf Maßnahmen der CEPT bezogen[14] – zu beachten. Als weitere Rahmenbedingung der Frequenzverordnung tritt die technische Entwicklung hinzu. Damit sind nicht nur die Standards von Normungsorganisationen etwa der DIN oder des ETSI gemeint, sondern auch darüber hinausgehende Planentwicklungen, um die Gestaltungsautonomie der Bundesregierung bei der Konzeption der Frequenzverordnung nicht von der Einschätzung privater Organisationen abhängig zu machen. Über diese materiell-rechtlichen Vorgaben aus § 53 Abs. 2 S. 1 TKG hinaus bleibt der Bundesregierung erhebliches Konzeptionsermessen, bei dessen Ausübung jedoch wegen § 52 Abs. 1 TKG die Regulierungsziele und -grundsätze aus § 2 TKG einfließen müssen.[15]

11 Die Rahmenbedingung der „europäische(n) Harmonisierung" wird in **§ 53 Abs. 2 S. 2 TKG** teilweise konkretisiert. Danach ist dann, wenn im Rahmen der Frequenzzuweisung auch Bestimmungen über Frequenznutzungen und darauf bezogene nähere Festlegungen betroffen sind, deren Beschränkung nur aus den in Art. 9 Abs. 3 und 4 R-RL genannten Gründen zulässig. Durch diese Restriktion der Abweichung vom Grundsatz der Technologie- und Dienstneutralität[16] soll die Frequenzverteilung flexibilisiert werden, um der wirtschaftlichen und technischen Entwicklung folgen zu können.[17] In der Folge sind die Rechtfertigungsgründe für etwaige Abweichungen dort abschließend genannt und unter Erforderlichkeitsvorbehalt gestellt. In Betracht kommen die Sicherung der technischen Dienstqualität und die Vermeidung funktechnischer Störungen (Abs. 3) sowie der Schutz des menschlichen Lebens, die Förderung der sprachlichen und kulturellen Vielfalt sowie der Medienpluralismus (Abs. 4). Relevant ist zudem die Übergangsvorschrift in § 150 Abs. 8 S. 2 TKG.[18]

---

[9] *Beine*, MMR 2013, 496, 497.
[10] *Marwinski*, in: Arndt/Fetzer/Scherer/Graulich (Hrsg.), TKG § 53 Rn. 2.
[11] Frequenzverordnung, (FreqV) v. 27.8.2013 (BGBl. I S. 3326).
[12] Vgl. zur früheren Rechtslage *Sörries*, in: Säcker (Hrsg.), TKG § 53 Rn. 4.
[13] *Riegner/Kühn/Korehnke*, in: Geppert/Schütz (Hrsg.), TKG Vorb. zu § 52 ff. Rn. 6 ff.
[14] *Hahn/Hartl/Dorsch*, in: Scheurle/Mayen (Hrsg.), TKG § 53 Rn. 11.
[15] *Sörries*, in: Säcker (Hrsg.), TKG § 53 Rn. 19.
[16] Vgl. *Holznagel*, K&R 2010, 761, 764.
[17] Richtlinie (EU) 2009/140/EG vom 25.11.2009, Erwägungsgründe 32, 34 f.
[18] *Beine*, MMR 2013, 496, 497.

II. Frequenzplan

Auf Basis der Frequenzzuweisungen und Festlegungen in der Frequenzverordnung teilt die BNetzA nach **§ 54 Abs. 1 TKG** die Frequenzbereiche in Frequenznutzungen sowie darauf bezogene Nutzungsbestimmungen auf (Frequenzplan).

1. Begriff der Frequenznutzung

Der danach Maßstab bildende Begriff der Frequenznutzung ist in **§ 3 Nr. 9 TKG legal definiert** und erfasst jede gewollte Aussendung oder Abstrahlung elektromagnetischer Wellen zwischen 9 kHz und 3 000 GHz zur Nutzung durch Funkdienste und andere Anwendungen elektromagnetischer Wellen. Diese Begriffsdefinition entspricht der des § 3 Nr. 9a TKG in Bezug auf das Regelungsobjekt, so dass sich beide Termini nur durch die Regelungsart, nämlich Zuweisung von Frequenzbereichen einerseits und Nutzung von Frequenzen zum Aussenden und Abstrahlen elektronischer Wellen andererseits, unterscheiden. Darin kommt ein Stufenverhältnis dergestalt zum Ausdruck, dass die Frequenzverordnung einen Nutzungsrahmen (zB Mobilfunk) vorgibt, der im Frequenzplan in der Nutzungsart (zB UMTS) konkretisiert wird.[19]

Das früher ebenfalls noch als Frequenznutzung eingestufte **Führen von elektromagnetischen Wellen in und längs von Leitern** fällt demgegenüber nicht mehr unter die Legaldefinition des § 3 Nr. 9 TKG. Die damit verbundene Engführung des Begriffs der Frequenznutzung ist darauf zurückzuführen, dass die ursprüngliche Weiterung vor allem dazu dienen sollte, funk- und kabelgestützte Kommunikation aufeinander abzustimmen. Der Umsetzung dieses Ziels dienen nunmehr allerdings spezielle unionsrechtliche Bestimmungen namentlich in Form der EMV-Richtlinie, die in Deutschland durch das EMVG umgesetzt worden sind, so dass zusätzliche, darüber hinausgehende Regelungen nicht mehr zulässig sind.[20]

2. Formelle Anforderungen an den Plan

Der nach § 54 Abs. 1 TKG zwingend erforderliche[21] Frequenzplan[22] ist ausweislich dieser Norm genauso wie seine Änderungen zu veröffentlichen. Dessen Zustandekommen verlangt nach einer **Beteiligung** der betroffenen Bundes- und Landesbehörden, der betroffenen Kreise und der Öffentlichkeit. Zudem muss die BNetzA das Einvernehmen mit den zuständigen Landesbehörden herstellen, soweit der Frequenzplan Belange der öffentlichen Sicherheit und die dem Rundfunk zustehenden Kapazitäten im Zuständigkeitsbereich der Länder tangiert.

Aus welchen Gründen das danach erforderliche **Einvernehmen** verweigert werden darf, wird anders als beispielsweise in § 36 BauGB nicht ausdrücklich normiert. Überwiegend wird wegen der der BNetzA in § 54 Abs. 1 TKG zugewiesenen Aufgabe der Aufstellung des Frequenzplans eine enge Lesart befürwortet. Sie soll namentlich dazu führen, dass eine Verweigerung nur möglich ist, wenn die sie tragenden Gründe sachlich geboten und von einer Landeskompetenz gedeckt sind. Zudem soll die Verweigerung des Einvernehmens aus Gründen der Bundestreue auf den Fall beschränkt sein, dass sie unbedingt erforderlich ist.[23]

Seiner **Rechtsnatur** nach wird der Frequenzplan überwiegend als Verwaltungsvorschrift klassifiziert. Dafür sollen insbesondere die Erwägungsgründe des Gesetzgebers sprechen,

---

[19] *Fetzer*, in: Schulte/Kloos (Hrsg.), Handbuch Öffentliches Wirtschaftsrecht, § 8 Rn. 94.
[20] BT-Drs. 17/5707, 113; vgl. dazu aus der Judikatur *VGH BW*, MMR 2015, 69, 70 f.
[21] *Hahn/Hartl/Dorsch*, in: Scheurle/Mayen (Hrsg.), TKG § 54 Rn. 5.
[22] S. dazu https://www.bundesnetzagentur.de/DE/Sachgebiete/Telekommunikation/Unternehmen_Institutionen/Frequenzen/Grundlagen/Frequenzplan/frequenzplan-node.html (zuletzt abgerufen am 24.2.2020).
[23] *Riegner/Kühn*, in: Geppert/Schütz (Hrsg.), TKG § 54 Rn. 17.

die ihn derart bezeichnen.[24] Hinzu kommt, dass der Frequenzplan selbst noch keine Außenwirkung zeitigt, sondern ein Verwaltungsinternum bleibt, weil er lediglich abstrakt-generelle Regelungen über die Frequenzaufteilung trifft. Denn infolgedessen entfaltet der Frequenzplan keine Rechtsfolgen gegenüber dem konkreten Frequenznutzer, so dass sie ausweislich des in § 52 Abs. 1 TKG angelegten Regulierungsregimes der Frequenzzuteilung vorbehalten bleiben.[25]

3. Materielle Anforderungen an den Plan

18 Die materiellen Vorgaben für den Frequenzplan folgen aus der Frequenzverordnung, als dessen Ableitungsgrundlage. Hinzu treten die **Vorgaben** des § 52 TKG, wie § 54 Abs. 1 S. 2 TKG pars pro toto für die Regulierungsziele aus § 2 TKG bestätigt. Ferner werden über § 54 Abs. 3 TKG die in § 53 Abs. 2 TKG genannten Anforderungen relevant, denen folglich auch der Frequenzplan gerecht werden muss. Es bleibt erneut ein erhebliches Planungsermessen.[26]

19 Nach § 54 Abs. 2 TKG sind Frequenzen für den drahtlosen Netzzugang zu Telekommunikationsdiensten unbeschadet von § 54 Abs. 3 TKG so auszuweisen, dass alle hierfür vorgesehenen Technologien verwendet werden dürfen und alle Arten von Telekommunikationsdiensten zulässig sind. Diese Bestimmung nimmt erneut den Gedanken der **Dienst- und Technologieneutralität** auf und legt ihn der Aufstellung des Frequenzplans zugrunde.[27]

20 In inhaltlicher Hinsicht werden die Frequenznutzung und die Nutzungsbestimmungen ausweislich des § 54 Abs. 1 TKG durch **technische, betriebliche oder regulatorische Parameter** beschrieben. Sie sind allerdings wie bereits erörtert nicht auf konkrete Unternehmen bezogen, sondern umschreiben übergreifende Strukturen. Zu diesen Parametern können auch Angaben zu Nutzungsbeschränkungen und zu geplanten Nutzungen gehören.[28]

III. Frequenzzuteilung

21 Aus der Aufstellung des Frequenzplans in Konkretisierung der Frequenzverordnung geht nicht hervor, wer welche Frequenzen nutzen darf. Diese Fragen beantwortet die Frequenzzuteilung. Deren Einzelheiten sind, soweit keine Spezialregeln wie im Falle des § 57 Abs. 1 TKG für den Rundfunk[29] oder des § 56 TKG für den Satellitenfunk[30] hinzukommen, in **§ 55 TKG** normiert. Dessen **Abs. 1 S. 1 definiert** die Frequenzzuteilung **legal** als eine behördliche oder durch Rechtsvorschriften erteilte Erlaubnis zur Nutzung bestimmter Frequenzen unter festgelegten Bedingungen. Rechtstechnisch besteht insoweit also ein Verbot mit Erlaubnisvorbehalt.[31]

1. Anwendungsbereich

22 Unmittelbar eingeschränkt wird die Geltungskraft des **§ 55 TKG** zunächst in dessen **Abs. 1 S. 5,** wonach Behörden unter bestimmten Voraussetzungen Frequenzen, die anderen zugeteilt worden sind, nutzen dürfen, wenn es zur Erledigung ihrer Aufgaben erforderlich ist – so zB zur Unterdrückung des Empfangs von Mobilfunksignalen in Justizvoll-

---

[24] BT-Drs. 17/5705, 72.
[25] *Riegner/Kühn,* in: Geppert/Schütz (Hrsg.), TKG § 54 Rn. 3.
[26] Vgl. *VG Köln,* 23.11.2007 – 11 K 3270/06, Rn. 58 (zitiert nach juris, abgerufen am 20.2.2020).
[27] *Beine,* MMR 2013, 496, 498.
[28] Vgl. dazu für Resale-Pflichten und Frequenzmitnutzungsauflagen; *Wagner,* CR 2017, 604, 606 f.
[29] Ausf. dazu *Hahn/Hartl/Dorsch,* in: Scheurle/Mayen (Hrsg.), TKG § 57 Rn. 3 ff.
[30] *Beine,* MMR 2013, 496, 498.
[31] *Hahn/Hartl/Dorsch,* in: Scheurle/Mayen (Hrsg.), TKG § 55 Rn. 4.

C. Regelungsinhalt

zugsanstalten, wenn dadurch die Nutzungsmöglichkeiten Dritter nicht erheblich beeinträchtigt werden.

Der Anwendungsbereich der in **§ 55 TKG** enthaltenen Bestimmungen ist in dessen **Abs. 1 S. 1** zudem auf die Fälle begrenzt, dass „in diesem Gesetz nichts anderes geregelt ist". Insoweit geht es also um Ausnahmen, die sich nicht unmittelbar aus § 55 TKG selbst ergeben. Hierher gehört namentlich § 57 Abs. 2 TKG, wonach keine Frequenzzuteilung nötig ist, wenn das Verteidigungsministerium Frequenzen zu ausschließlich militärischen Zwecken nutzt.[32]

23

Schließlich beschränkt **§ 55 Abs. 1 S. 4 TKG** den Grundsatz der Erforderlichkeit der Frequenzzuteilung. Danach ist eine solche Maßnahme dann nicht notwendig, wenn die Frequenznutzungsrechte auf Grund einer sonstigen gesetzlichen Regelung ausgeübt werden können. In Bezug genommen werden insoweit also Rechtsquellen außerhalb des TKG. Solche Vorschriften können sich zB aus dem NATO-Truppenstatut oder aus § 3 Abs. 5 AFuG ergeben.[33]

24

2. Zuteilungsvoraussetzungen

Ist § 55 TKG danach anwendbar, hängen die Zuteilungsvoraussetzungen davon ab, ob hinreichend Frequenzen vorhanden sind oder nicht, wobei auf fremden Wasser- oder Luftfahrzeugen genutzte Frequenzen unter den Voraussetzungen des § 57 Abs. 3 TKG „als zugeteilt gelten".[34] Insoweit ist also keine förmliche Frequenzzuteilung nötig.[35]

25

a) Im Falle ausreichender Frequenzen

Daran anknüpfend ist zunächst der Fall zu behandeln, in dem ausreichend Frequenzen zur Verfügung stehen. In diesem Falle ist eine Allgemein- oder eine Einzelzuteilung denkbar.

26

aa) Allgemeinzuteilung. Zumindest den **gesetzlichen Regelfall** bildet insoweit ausweislich des § 55 Abs. 2 TKG die Allgemeinzuteilung von Amts wegen (derzeit etwa für Babyphones, schnurlose Telefone, Verkehrstelematik, Notfallortung oder Baustellenwarnsysteme[36]) ab, während die Einzelzuteilung als Ausnahme einzustufen sein soll. Dieses Zuteilungsregime soll eine weitestgehende Abkehr von der Erteilung individueller Nutzungsrechte bewirken und dadurch der Entwicklung neuer elektronischer Kommunikationsdienste dienen sowie Anbietern und Nachfragern dieser Dienste die Ausnutzung von Größenvorteilen im europäischen Binnenmarkt erlauben.[37]

27

Die Allgemeinzuteilung wird veröffentlicht und adressiert die Nutzung einer Frequenz durch die Allgemeinheit bzw. einen bestimmten oder bestimmbaren Personenkreis. § 55 Abs. 2 TKG knüpft insoweit ausdrücklich an § 35 S. 2 VwVfG an, so dass Allgemeinzuteilungen als **Allgemeinverfügungen** im Sinne dieser Vorschrift eingeordnet werden.[38] Der nach § 35 S. 2 VwVfG für sog. dingliche Verwaltungsakte nötige Sachbezug[39] – eine zwingende Vorgabe, um an die Allgemeinheit gerichtetes Handeln als Verwaltungsakt einordnen zu können[40] – wird durch § 55 Abs. 2 TKG als lex posterior, da er Frequenzen und Sachen gleichstellt, übersteuert.[41]

28

---

[32] *Sörries,* in: Säcker (Hrsg.), TKG § 57 Rn. 12.
[33] *Hahn/Hartl/Dorsch,* in: Scheurle/Mayen (Hrsg.), TKG § 55 Rn. 5.
[34] Ausf. dazu *Marwinski,* in: Arndt/Fetzer/Scherer/Graulich (Hrsg.), TKG § 57 Rn. 10.
[35] *Göddel,* in: Geppert/Schütz (Hrsg.), TKG § 57 Rn. 10.
[36] Liste mit Allgemeinzuteilungen abrufbar unter: https://www.bundesnetzagentur.de/DE/Sachgebiete/Telekommunikation/Unternehmen_Institutionen/Frequenzen/Allgemeinzuteilungen/allgemeinzuteilungen-node.html (zuletzt abgerufen am 24.2.2020).
[37] *Hahn/Hartl/Dorsch,* in: Scheurle/Mayen (Hrsg.), TKG § 55 Rn. 11.
[38] *Marwinski,* in: Arndt/Fetzer/Scherer/Graulich (Hrsg.), TKG § 55 Rn. 10; *Fetzer,* in: Schulte/Kloos (Hrsg.), Handbuch Öffentliches Wirtschaftsrecht, § 8 Rn. 96; *Sörries,* in: Säcker (Hrsg.), TKG § 55 Rn. 28.
[39] Vgl. *Ehlers,* K&R 2001, 1, 2 f.; *Sachs,* K&R 2001, 13, 14.
[40] *Stelkens,* in: Stelkens/Bonk/Sachs (Hrsg.), VwVfG § 35 Rn. 259.

29 **bb) Einzelzuteilung.** Von Gesetzes wegen soll die Einzelzuteilung den Ausnahmefall bilden. Sie wird nach § 55 Abs. 3 S. 1 TKG dann erforderlich, wenn eine Allgemeinzuteilung nicht möglich ist, was nach S. 2 dieser Vorschrift namentlich dann der Fall sein soll, wenn die Gefahr technischer Störungen nicht anders ausgeschlossen werden kann oder wenn eine Einzelzuteilung notwendig ist, um eine effiziente Frequenznutzung sicherzustellen. Insbesondere weil es regelmäßig zu Interferenzen kommt, wenn mehrere Nutzer auf dieselbe Frequenz zugreifen, dürfte die vom Gesetzgeber als Ausnahmefall gedachte Einzelzuteilung den Regelfall abbilden.[42] Inhaltlich setzt sie einen Antrag voraus, der bestimmten Voraussetzungen unterliegt und an den sich ein Zuteilungsverfahren anschließt, wenn die Zahl der Interessenten die Zahl der verfügbaren Frequenzen übersteigt. Schließlich zieht die Einzelzuteilung bestimmte Rechtsfolgen nach sich.

30 **aaa) Antrag.** Einen Antrag auf Einzelzuteilung können nach § 55 Abs. 3 S. 1 TKG natürliche und juristische Personen sowie Personenvereinigungen stellen, soweit ihnen ein Recht zustehen kann. Einschränkungen in der Antragsberechtigung ergeben sich aus § 57 Abs. 4 TKG für die Nutzung von Frequenzen, die im Frequenzplan für den Funk der Behörden und Organisationen mit Sicherheitsaufgaben **(BOS-Funk)** ausgewiesen sind, weil es dafür einer Anerkennung als Berechtigter bedarf. Zudem gelten insoweit Sonderregeln aufgrund der in § 57 Abs. 4 TKG angesprochenen „Richtlinie", die ihrer Rechtsnatur nach als Verwaltungsvorschrift zu klassifizieren ist, allerdings nicht vom Erfordernis einer Frequenzzuteilung auf Basis des § 55 TKG entbindet.[43] Ähnliche Grundsätze bestehen für den Flug- und Küstenfunk (vgl. § 57 Abs. 5 f. TKG).[44]

31 Der auf Basis des § 55 Abs. 3 TKG zu stellende **Antrag** bedarf nach Abs. 4 der Textform (§ 126b BGB) und muss das Gebiet bezeichnen, in dem die Frequenz genutzt werden soll. Zudem hat der Antragsteller darzulegen, dass er die subjektiven Voraussetzungen für die Frequenzzuteilung zur Gewährleistung einer effizienten und störungsfreien Nutzung erfüllt. Nach den Erwägungen des Gesetzgebers ist die BNetzA befugt, den Kreis der zugehörigen Anforderungen festzulegen, wobei insbesondere die Fachkunde und Zuverlässigkeit des Antragstellers sowie die Existenz hinreichender Produktionsmittel relevant werden.[45] Hinzu kommt die Einhaltung der weiteren Bedingungen aus Anh. B RL 2002/20/EG, die dort fakultativ („können") aufgeführt sind.

32 Im Einzelnen fordern diese Bedingungen aus Anh. B etwa dienst- oder technikbezogene Angaben, können aber auch Vorgaben für die Übertragung oder im Hinblick auf Nutzungsentgelte machen.[46] Sind die erforderlichen Angaben vollständig oder können etwaige Lücken durch Amtsermittlung geschlossen werden, hat die BNetzA den Antrag nach § 55 Abs. 4 S. 4 TKG binnen 6 Wochen zu **bescheiden,** soweit keine in der Befristung abweichenden internationalen Vereinbarungen im Sinne des Satz 5 dieser Norm bestehen.[47] Verstreicht diese Frist fruchtlos, wird die Einzelzuteilung nicht fingiert, weil es an der dafür nach § 42a Abs. 1 VwVfG notwendigen fachgesetzlichen Anordnung im TKG fehlt.[48]

33 **bbb) Zuteilungsvoraussetzungen.** Die Voraussetzung für die Zuteilung einer Frequenz finden sich in § 55 Abs. 5 S. 1 TKG. Im Einzelnen sind dort echte Tatbestandsvoraussetzungen, aber auch Versagungsmöglichkeiten niedergelegt. Hinzu treten etwaige Mitspracherechte betroffener Behörden.

---

[41] Ähnl. *Hahn/Hartl/Dorsch*, in: Scheurle/Mayen (Hrsg.), TKG § 55 Rn. 12.
[42] *Ufer*, in: Schwartmann (Hrsg.), Praxishandbuch Medien-, IT- und Urheberrecht, § 19 Rn. 133.
[43] Vgl. *Göddel*, in: Geppert/Schütz (Hrsg.), TKG § 57 Rn. 11.
[44] Ausf. dazu Sörries, in: Säcker (Hrsg.), TKG § 57 Rn. 21 f.
[45] *Hahn/Hartl/Dorsch*, in: Scheurle/Mayen (Hrsg.), TKG § 55 Rn. 20.
[46] *Marwinski*, in: Arndt/Fetzer/Scherer/Graulich (Hrsg.), TKG § 60 Rn. 1.
[47] *Hahn/Hartl/Dorsch*, in: Scheurle/Mayen (Hrsg.), TKG § 55 Rn. 17.
[48] *Stelkens*, in: Stelkens/Bonk/Sachs (Hrsg.), VwVfG § 42a Rn. 29.

C. Regelungsinhalt

(1) Echte Zuteilungsvoraussetzungen. Grundvoraussetzung für eine Einzelzuteilung ist 34 ausweislich der Nr. 1 dieser Vorschrift die **Ausweisung der Frequenz im Frequenzplan**. Dadurch wird letztlich sichergestellt, dass die begehrte Frequenz im Einklang mit den normenhierarchisch übergeordneten Quellen der Frequenzverordnung und des Frequenzplans zugeteilt wird. Der Gesetzgeber selbst bezeichnet dieses Kriterium als das wichtigste für die Frequenzzuteilung[49] und erlaubt Abweichungen nur, wenn die Voraussetzungen des § 58 Abs. 2 TKG[50] erfüllt sind.

Zudem müssen die Frequenzen nach Nr. 2 verfügbar, dürfen also nicht belegt sein, weil 35 eine entgegenstehende Einzelzuteilung besteht.[51] Es gilt folglich der Grundsatz individueller Zuteilung, Mehrfachzuteilungen sind prinzipiell nicht möglich.[52] Maßgeblicher Zeitpunkt für die Beurteilung der **Verfügbarkeit** soll der des Abschlusses des Zuteilungsverfahrens sein, so dass etwaige bestehende Nutzungsrechte nicht in erheblicher zeitlicher Entfernung dazu auslaufen dürfen.[53] Wird eine Einzelzuteilung widerrufen, ist die Frequenz wieder verfügbar, Zusicherungen hindern die Verfügbarkeit im Falle des § 38 Abs. 3 VwVfG nicht.[54]

Ferner muss die **Verträglichkeit** der Frequenznutzung gesichert sein (Nr. 3). Dadurch 36 sollen frequenztechnische Störungen vermieden werden, was oft schon die im Frequenzplan enthaltenen Nutzungsregeln realisieren. Die Vorgabe ist eng mit der Pflicht der BNetzA zur Gewährleistung einer effizienten und störungsfreien Frequenznutzung (§ 52 Abs. 1 TKG) verbunden, die indes kein Maximierungs-, sondern ein Abwägungsgebot beider Belange enthält.[55]

Schließlich muss der (einzelne) Antragsteller die **Frequenz effizient und störungsfrei** 37 **nutzen** (Nr. 4). Diese subjektive Voraussetzung knüpft an dessen Eigenschaften an und verlangt Zuverlässigkeit (dh also insbesondere Rechtstreue), Leistungsfähigkeit (dh also insbesondere hinreichende Produktionsmittel) und Fachkunde (dh also hinreichende Kenntnisse, Erfahrungen und Fertigkeiten).[56] In diese Voraussetzung wird auch die Vorgabe hineingelesen, dass der Antragsteller nicht vorher in einem Vergabeverfahren unterlegen sein darf.[57]

Eine Sonderregel findet sich in **§ 58 Abs. 1 S. 1 TKG**, wonach eine Frequenz gemein- 38 schaftlich genutzt werden kann, wenn eine effiziente Nutzung durch einen Einzelnen (so zB beim Taxifunk) nicht zu erwarten ist. Dadurch wird von § 55 Abs. 5 S. 1 Nr. 4 TKG abgewichen, weil kein Antragsteller allein eine effiziente und störungsfreie (vgl. § 58 Abs. 1 S. 2 TKG) Nutzung sicherstellen muss. Zudem steht die jeweilige Frequenz mehreren Nutzern offen, wird also nicht im Sinne des § 58 Abs. 5 S. 1 Nr. 2 TKG individuell zugeteilt bzw. durch einen Einzelnen belegt.[58]

(2) Versagungsmöglichkeiten. Auch wenn in Entsprechung zu den soeben aufgeführten 39 Voraussetzungen die Zuteilungsfähigkeit gegeben ist, kann die BNetzA nach § 55 Abs. 5 S. 2 TKG eine Frequenzzuteilung ganz oder teilweise versagen, wenn die beabsichtigte Nutzung nicht mit den in § 2 TKG aufgeführten Regulierungszielen vereinbar ist. Die Vorschrift ist als sog. Kopplungsnorm ausgestaltet, weil sie auf Tatbestands- und Rechtsfolgenebene Freiräume lässt.[59] Ihre damit nur lockere Bindungswirkung entspricht dem ausdrücklichen **Willen des Gesetzgebers**, der der BNetzA ein taugliches Mittel an die

---

[49] BT-Drs. 15/2316, 77.
[50] Ausf. dazu *Marwinski*, in: Arndt/Fetzer/Scherer/Graulich (Hrsg.), TKG § 58 Rn. 6 ff.
[51] BVerwGE 144, 284, Rn. 20.
[52] Ausf. dazu *Sörries*, in: Säcker (Hrsg.), TKG § 55 Rn. 38.
[53] So *Fetzer*, NVwZ 2018, 190, 191 f. per Verweis auf BVerwGE 144, 284, Rn. 21 ff.
[54] *Hahn/Hartl/Dorsch*, in: Scheurle/Mayen (Hrsg.), TKG § 58 Rn. 33.
[55] *Sörries*, in: Säcker (Hrsg.), TKG § 55 Rn. 39.
[56] BVerfG, NVwZ 2014, 1226, Rn. 18 ff.
[57] *Hahn/Hartl/Dorsch*, in: Scheurle/Mayen (Hrsg.), TKG § 58 Rn. 39.
[58] Ausf. dazu *Göddel*, in: Geppert/Schütz (Hrsg.), TKG § 58 Rn. 1 f.
[59] *Hahn/Hartl/Dorsch*, in: Scheurle/Mayen (Hrsg.), TKG § 55 Rn. 40.

Hand geben wollte, um einer Vergeudung von Frequenzressourcen vorzubeugen und so die Frequenznutzung zu effektuieren.[60]

40 Die Feststellung der Unvereinbarkeit einer avisierten Frequenznutzung mit den Regulierungszielen aus § 2 TKG eröffnet der BNetzA daran anknüpfend auf **Tatbestandsebene** wegen des erheblichen Prognoseanteils einen umfassenden Beurteilungsspielraum, in den vor allem das Ziel der Sicherstellung einer effizienten und störungsfreien Frequenznutzung sowie das Ziel der Förderung wettbewerbsorientierter Märkte einzubeziehen sind, geht es in § 55 Abs. 5 S. 2 TKG doch namentlich darum, ineffiziente Konzepte sowie solche Anträge auszusieben, die allein deshalb gestellt werden, um Konkurrenten im Wachstum zu hindern. Solche Fälle sollen zudem vorliegen, wenn die Zuteilung den §§ 63 TKG, 48 f. VwVfG widerspräche.[61]

41 Auf **Rechtsfolgenebene** besteht zunächst ein Entschließungsermessen. Da die Regulierungsziele aus § 2 TKG bereits auf Tatbestandsebene einbezogen wurden, kommt es hier vor allem auf freiheits- und gleichheitsgrundrechtliche Gewährleistungen der von der Zuteilung bzw. der Untersagung betroffenen Wettbewerber an. Insoweit spielen insbesondere Verhältnismäßigkeitsaspekte eine Rolle,[62] so dass von einem echten Regulierungsermessen (s. → Rn. 26 f.) nicht auszugehen ist. Ein Auswahlermessen besteht demgegenüber nur insoweit, als die BNetzA die Frequenznutzung vollständig oder teilweise untersagen kann. Als mögliche Alternativen gegenüber einer vollständigen Versagung kommen namentlich auch Auflagen bzw. andere Nebenbestimmungen in Betracht.[63]

42 **(3) Mitspracherechte anderer Behörden.** Aus § 55 Abs. 5 S. 3 TKG folgt schließlich, dass auf der Grundlage der rundfunkrechtlichen Festlegungen mit den zuständigen Landesbehörden ein Benehmen herzustellen ist, wenn die Zuteilung Belange der Länder bei der Übertragung von Rundfunk in deren Zuständigkeitsbereich betrifft. Diese Formulierung ermöglicht aufgrund ihrer Weite sowohl eine Berücksichtigung der Belange öffentlich-rechtlicher als auch privater Rundfunkdienste. Sie zielt in ihrer Rechtsfolge auf eine **auf Einigung abzielende Kooperation von Bund und Ländern** ab, die auch der Grundsatz der Bundes- bzw. Ländertreue aus Art. 20 Abs. 1 GG fordert.[64]

43 **ccc) Rechtsfolge.** Sind die Vorgaben des § 55 Abs. 5 TKG gewahrt, stellt sich die Frage nach den Rechtsfolgen.

44 **(1) Umfang der Zuteilung.** Solange kein Fall des § 55 Abs. 10 TKG vorliegt, besteht ein subjektiv öffentliches Recht auf Zuteilung einer Frequenz; sie erfolgt per Verwaltungsakt[65]. Eine bestimmte Einzelfrequenz kann wegen § 55 Abs. 6 TKG nicht beansprucht werden, darf aber auch nicht ohne sachlichen Grund oder entgegen der Regulierungsziele aus § 2 Abs. 2 TKG versagt werden.[66] Aufgrund von § 55 Abs. 9 TKG werden Frequenzen in der Regel befristet zugeteilt, wobei die Dauer der Nutzung angemessen sein, dh insbesondere eine Amortisation der dafür nötigen Aufwendungen ermöglichen muss. Vor allem deshalb ist der Nutzungszeitraum nicht pauschal festzulegen, sondern je Frequenz unterschiedlich zu beurteilen.[67] Die näheren Bedingungen der Frequenzzuteilung in Form der zulässigen Bestandteile folgen aus § 60 Abs. 1 S. 1 TKG. Danach sind im Einklang mit internationalen Vereinbarungen über die Frequenzkoordinierung insbesondere Art und

---

[60] BT-Drs. 15/2316, 78.
[61] *Hahn/Hartl/Dorsch*, in: Scheurle/Mayen (Hrsg.), TKG § 55 Rn. 41.
[62] *Sörries*, in: Säcker (Hrsg.), TKG, § 55 Rn. 43.
[63] *Hahn/Hartl/Dorsch*, in: Scheurle/Mayen (Hrsg.), TKG § 55 Rn. 42.
[64] *Göddel*, in: Geppert/Schütz (Hrsg.), TKG § 55 Rn. 32.
[65] *Hahn/Hartl/Dorsch*, in: Scheurle/Mayen (Hrsg.), TKG § 55 Rn. 16.
[66] *Fetzer*, in: Schulte/Kloos (Hrsg.), Handbuch Öffentliches Wirtschaftsrecht, § 8 Rn. 99.
[67] *Hahn/Hartl/Dorsch*, in: Scheurle/Mayen (Hrsg.), TKG,§ 55 Rn. 72; vgl. zu etwaigen Neuerungen in Umsetzung des Kodex *Neumann*, N&R 2019, 152, 160; *Scherer/Heinickel*, MMR 2017, 71, 73.

C. Regelungsinhalt

Umfang der Frequenznutzung festzulegen. Es handelt sich um **Inhaltsbestimmungen**[68], die mit der Frequenzzuteilung untrennbar verbunden sind und deren Rechtmäßigkeit sich nach § 55 TKG richtet[69]. Deren nachträgliche Änderung ist auf Basis des § 60 Abs. 2 S. 2 TKG möglich, wenn Einschränkungen in der Frequenznutzung festgestellt werden oder wegen zwischenzeitlicher technischer Innovationen Effizienzsteigerungen möglich sind.[70]

Zudem erlaubt § 60 Abs. 2 S. 1 TKG **Nebenbestimmungen,** um die Ziele aus § 2 TKG umzusetzen.[71] Diensteanbieterpflichten etwa als Resale- oder Mitnutzungsrechte Dritter[72] soll § 60 Abs. 2 S. 1 TKG jedoch nach verbreiteter Auffassung nicht tragen können, vor allem weil § 21 Abs. 1 TKG deren Zulässigkeit abschließend regele, so dass man bei einem Rückgriff auf § 60 Abs. 2 S. 1 TKG das in den §§ 10 ff. TKG (s. → Rn. 9 ff.) normierte Analyseverfahren umginge.[73] Dagegen werden jedoch teleologische Aspekte vorgebracht, weil die §§ 55 ff. TKG primär der effizienten Allokation von Frequenzen dienten, während § 21 TKG (s. → Rn. 44 ff.) einen funktionsfähigen Wettbewerb schaffen wolle, so dass aufgrund unterschiedlicher Schutzzwecke keine Sperrwirkung in Betracht komme und die §§ 21 und 60 Abs. 2 S. 1 TKG nebeneinander anwendbar seien.[74] Dieses Ergebnis sollen auch die Entstehungsgeschichte des § 60 Abs. 2 S. 1 TKG[75] sowie das Unionsrecht stützen. Folgt man diesem Ansatz, steht die Auferlegung von Resale- oder Mitnutzungspflichten im Ermessen der BNetzA.[76] Folgt man ihm nicht, fehlt es zwar derzeit an der für deren Auferlegung erforderlichen Rechtsgrundlage; die Umsetzung des Kodex in nationales Recht wird insoweit allerdings Abhilfe schaffen.[77]

(2) Inhaberwechsel. Beginn und Ende der Frequenznutzung sind der BNetzA ausweislich des **§ 55 Abs. 7 TKG** unverzüglich anzuzeigen. Dasselbe gilt für Änderungen in der Firmierung und den Eigentumsverhältnissen.[78] **Abs. 8** dieser Vorschrift gibt demgegenüber Auskunft darüber, wann eine Änderung der Frequenzzuteilung bei der BNetzA zu beantragen ist und nennt die erforderlichen Voraussetzungen. Er bezieht sich insbesondere auf Fälle der Einzel- oder Gesamtrechtsrechtsfolge sowie der Übertragung auf andere (verbundene) Unternehmen. Liegen die Voraussetzungen des § 55 Abs. 8 S. 3 TKG vor, ist dem Änderungsantrag zuzustimmen. Zudem finden sich in den Sätzen 4 ff. Regelungen zur Frequenzrückgabe, die dann greifen, wenn die Frequenz nicht weitergenutzt werden kann bzw. soll.[79]

Nach § 62 Abs. 1 TKG kann die BNetzA Frequenzbereiche nach Anhörung der betroffenen Kreise für den Handel, die Vermietung oder Kooperationen (sog. Frequenzpooling) öffnen (sog. **Flexibilisierung**). Wird eine solche Freigabeentscheidung getroffen, muss die BNetzA Rahmenbedingungen bzw. Verfahren festlegen und so die Einhaltung der Parameter aus § 62 Abs. 2 TKG sicherstellen. Darin liegt ein wesentlicher Unterschied gegenüber der (daneben anwendbaren) Frequenzüberlassung nach § 55 Abs. 7 f. TKG. § 62 TKG zeigt, dass zugeteilte Frequenzen nur in engen Grenzen übertragbar sind, und ermöglicht wegen § 62 Abs. 3 TKG eine Amortisierung von Investitionen, falls das Fre-

---

[68] Allg. dazu *Kopp/Ramsauer*, VwVfG § 36 Rn. 35 ff.
[69] *Jenny*, in: Heun (Hrsg.), Handbuch Telekommunikationsrecht, D. Rn. 138.
[70] Ausf. dazu *Marwinski*, in: Arndt/Fetzer/Scherer/Graulich (Hrsg.), TKG § 60 Rn. 11 f.
[71] Vgl. *Marwinski*, in: Arndt/Fetzer/Scherer/Graulich (Hrsg.), TKG § 60 Rn. 8 ff.
[72] Vgl. zu deren Verhältnis etwa *Wagner*, CR 2017, 604, 612.
[73] So *Fetzer*, MMR 2018, 63, 64 ff. (dort auch mit weiteren Argumenten).
[74] So *Rossi/Sandhu*, MMR 2019, 90, 91 f. (dort auch mit weiteren Argumenten); *Wagner*, CR 2018, 534, 538 f.); dem folgend *VG Köln*, 18.2.2019 – 9 K 4396/18 (zitiert nach juris, zuletzt abgerufen am 20.2.2020).
[75] S. *Wagner*, CR 2017, 604, 608.
[76] Vgl. dazu *Wagner/Helmstädter/Nüßing*, CR 2017, 743, 743 ff.
[77] Vgl. *Ludwigs*, in: Schmidt/Wollenschläger (Hrsg.), Kompendium Öffentliches Wirtschaftsrecht, § 12 Rn. 41; s. auch *Wagner*, CR 2018, 534, 537.
[78] *Hahn/Hartl/Dorsch*, in: Scheurle/Mayen (Hrsg.), TKG § 55 Rn. 48 ff.
[79] Ausf. dazu *Hahn/Hartl/Dorsch*, in: Scheurle/Mayen (Hrsg.), TKG § 55 Rn. 51 ff.

quenznutzungsinteresse wegfällt.[80] Rechtstechnisch wird die ursprüngliche Zuteilung zunächst widerrufen und dann neu zugeteilt.[81]

48 § 55 Abs. 9 S. 3 TKG bestimmt, dass eine befristete Zuteilung unter den Voraussetzungen des § 55 Abs. 5 TKG zu verlängern ist. Es handelt sich folglich um eine gebundene Entscheidung, die allerdings das Einzelzuteilungsverfahren durchlaufen muss und insbesondere einen vorherigen Antrag erfordert. Dessen Inhalt entscheidet darüber, ob tatsächlich lediglich eine **Verlängerung** oder namentlich aufgrund eines (und sei es auch nur im Detail) modifizierten Nutzungskonzepts eine in dieser Form dann erstmalig zu prüfende Zuteilung gewollt ist.[82] Zudem kann einer Verlängerung eine tatsächliche oder prognostizierte Knappheitssituation entgegenstehen, weil dann aufgrund von § 55 Abs. 10 TKG ein Vergabeverfahren anzuordnen ist.[83]

b) Im Falle von (prognostizierter) Frequenzknappheit

49 § 55 Abs. 10 TKG nennt wie angedeutet Fälle, in denen keine Einzelzuteilung erfolgt, sondern nach Anhörung der betroffenen Kreise, dh also etwa potenzieller Antragsteller oder Nutzer,[84] die Durchführung besonderer Verfahren wegen Frequenzknappheit angeordnet werden kann. Dann wandelt sich das subjektiv öffentliche Recht auf Einzelzuteilung in einen **Anspruch auf chancengleiche Teilnahme am Vergabeverfahren** um, was die Position derjenigen Unternehmen, die einen Antrag nach § 55 Abs. 3 TKG gestellt haben, erheblich berührt.[85]

50 **aa) Durchführungsanordnung.** § 55 Abs. 10 TKG nennt in Satz 1 zwei Fälle einer solchen Frequenzknappheit und stellt die Entscheidung über die Durchführung eines Vergabeverfahrens, dh also die **erste Stufe** im Falle eines Vorgehens bei Frequenzknappheit, in das Ermessen der BNetzA.

51 **aaa) Tatsächliche Frequenzknappheit, Alt. 2.** Einerseits stellt die Vorschrift auf eine tatsächliche Frequenzknappheit ab, indem sie danach fragt, ob für eine oder mehrere bestimmte Frequenzen jeweils mehrere Anträge gestellt worden sind. Das Vorliegen dieser Voraussetzung ist, da es sich auf eine **aktuelle bzw. konkrete Zuteilungssituation** bezieht, in der für eine bestimmte Frequenz mehrere Anträge gestellt worden sind, noch relativ einfach zu bestimmen, weil lediglich ein Vergleich zwischen den tatsächlich verfügbaren Frequenzen und den gestellten Anträgen erforderlich wird.[86]

52 **bbb) Prognostizierte Frequenzknappheit, Alt. 1.** Andererseits widmet sich § 55 Abs. 10 S. 1 TKG dem Fall, dass für bestimmte Zuteilungen nicht in ausreichendem Umfang verfügbare Frequenzen vorhanden sein werden. Diese Variante fordert eine Prognose darüber, ob zu einem **späteren Zuteilungszeitpunkt** eine das verfügbare Frequenzspektrum übersteigende Zahl von Zuteilungsanträgen gestellt werden wird.[87]

53 **(1) Bedarfsermittlung.** § 55 Abs. 10 S. 1 Alt. 1 TKG verlangt eine auf den Entscheidungszeitpunkt bezogene Bedarfsermittlung als Basis für die auf den Zuteilungszeitpunkt bezogene Knappheitsprognose.

---

[80] Ausf. dazu *Sörries*, in: Säcker (Hrsg.), TKG § 62 Rn. 36.
[81] *Saurer*, Verw 48 (2015), 115, 130.
[82] *Sörries*, in: Säcker (Hrsg.), TKG §55, Rn. 66.
[83] *Hahn/Hartl/Dorsch*, in: Scheurle/Mayen (Hrsg.), TKG § 55 Rn. 73.
[84] Ausf. dazu *Fetzer*, NVwZ 2018, 190, 192.
[85] *BVerwG*, MMR 2013, 201, Rn. 19.
[86] Vgl. *Sörries*, in: Säcker (Hrsg.), TKG § 55 Rn. 67.
[87] *Hahn/Hartl/Dorsch*, in: Scheurle/Mayen (Hrsg.), TKG § 55 Rn. 91.

(a) Formalisiertes Verfahren. Um die Prognose zu formalisieren, wendet die BNetzA 54
unter Billigung der verwaltungsgerichtlichen Spruchpraxis[88] ein sog. formalisiertes Bedarfsermittlungsverfahren an, in dessen Rahmen die interessierten Kreise **öffentlich aufgefordert** werden, innerhalb einer angemessenen Frist ihren **möglichen Bedarf anzumelden,**
ohne dass dafür in Abgrenzung zu § 55 Abs. 10 S. 1 Alt. 2 TKG ein formeller Antrag erforderlich wäre. Übersteigt der danach ermittelte Gesamtbedarf die verfügbaren Frequenzen, ist ein Bedarfsüberhang gegeben.[89] Fraglich ist allerdings, ob im Rahmen dieser Berechnung jeder gemeldete Bedarf Berücksichtigung finden muss, oder ob nicht vielmehr
eine gewisse Zurückhaltung geboten ist, insbesondere weil die generierten Meldungen
ungefiltert aus der Unternehmenssphäre übernommen werden.

Teilweise wird insoweit davon ausgegangen, dass ein **Bedarf objektiv feststehen** muss, 55
so dass reine Absichtsbekundungen nicht genügen. Begründet wird dieser Ansatz vor allem
damit, dass das in § 55 Abs. 10 TKG angelegte Vergabeverfahren als objektive Berufszulassungsschranke[90] zu begreifen ist, die nur bei einer nachweislichen Gefahr für das geschützte Rechtsgut, vorliegend die effiziente und störungsfreie Nutzung von Funkfrequenzen,
gerechtfertigt werden kann. Hinzu kämen unionsrechtliche Wertungen, weil sie forderten,
dass Frequenzen nur auf Basis objektiver Wertungen und nicht subjektiver Erwartungen
zugeteilt werden sollen. Diese Gesichtspunkte rechtfertigten genauso wie eine Auslegung
des § 55 TKG bestimmte Mindestvoraussetzungen der einzubeziehenden Bedarfe, die infolgedessen namentlich den Vorgaben des Abs. 5 dieser Norm gerecht werden müssten.[91]

Die **Gegenauffassung** geht demgegenüber davon aus, dass es keiner derart konkreten 56
Bedarfsanmeldungen bedürfe. Dafür spräche zunächst, dass anderenfalls die Grenzen zwischen den beiden Alternativen des § 55 Abs. 10 S. 1 TKG verschwimmen würden. Hinzu
komme, dass auch die tatsächliche Frequenzknappheit im Sinne der Alt. 2 keine positiv
beschiedenen, sondern nur gestellte Zuteilungsanträge erfordere. Zudem könnten die Voraussetzungen namentlich des § 55 Abs. 5 TKG schon dem Grunde nach nicht auf Basis
einer insoweit zu unspezifischen Bedarfsanmeldung festgestellt werden. Und außerdem
würde unzulässig in die Frequenzbewirtschaftung eingegriffen, wenn vorab durch regulatorische Mechanismen der Kreis der berücksichtigungsfähigen Bedarfsmeldungen kupiert
werde. Einzig im Falle offensichtlicher Fehlmeldungen sei daher deren Ausklammerung
geboten.[92]

(b) Bedarfsschätzung. Neben dem formalisierten Verfahren kommen zumindest grund- 57
sätzlich auch andere Formen der Bedarfsermittlung in Betracht.[93] Denkbar sind namentlich
behördliche Bedarfsabschätzungen auf Basis der marktmäßigen, technologischen oder internationalen Entwicklungspotenziale der in Frage stehenden Frequenz. Taugliche Anknüpfungspunkte können insoweit die antizipierte Perspektive der Nachfrager, aber auch
der Unternehmer sein.[94] Geht die BNetzA diesen Weg, ist sie aber jedenfalls gehalten, auf
Erkenntnisse zurückzugreifen, die eine **vergleichbare Gewähr für die zutreffende Erfassung** des aktuellen Frequenzbedarfs bieten wie die, die sich aus einem formalisierten
Bedarfsermittlungsverfahren ergeben hätten.[95]

(c) Verzichtbarkeit. Das so umschriebene Verfahren der Bedarfsermittlung ist in Ausnah- 58
mefällen nach der verwaltungsgerichtlichen Spruchpraxis verzichtbar, wenn es die Regulierungsziele gebieten. Ein solches Vorgehen soll namentlich im Falle einer sog. **Fre-**

---

[88] *BVerwG,* MMR 2012, 130, Rn. 28.
[89] Ausf. dazu *Sörries,* in: Säcker (Hrsg.), TKG § 55 Rn. 70 f.
[90] *BVerwG,* MMR 2012, 130, Rn. 28.
[91] Ausf. dazu *Fetzer,* MMR 2013, 152, 153 ff.
[92] *Hahn/Hartl/Dorsch,* in: Scheurle/Mayen (Hrsg.), TKG § 55 Rn. 75, 88, 91.
[93] Vgl. *Göddel,* in: Geppert/Schütz (Hrsg.), TKG § 55 Rn. 16 ff.
[94] *Hahn/Hartl/Dorsch,* in: Scheurle/Mayen (Hrsg.), TKG § 55 Rn. 74, 90, 92.
[95] BVerwGE 139, 226, Rn. 21; *Göddel,* in: Geppert/Schütz (Hrsg.), TKG § 55 Rn. 20.

quenzverlagerung geboten sein. Sie prägt, dass einem Inhaber von Nutzungsrechten freiwerdende Frequenzen zugewiesen werden, um dessen vorhandenes Spektrum zu arrondieren und ihm so eine wirtschaftliche Nutzung seiner Frequenzen zu ermöglichen.[96] Grundvoraussetzung dafür ist allerdings, dass die Interessen der übrigen Marktteilnehmer angemessen berücksichtigt werden – so namentlich durch Rückgabe anderer Frequenzen, die dann dem Markt zur Verfügung zu stellen sind.[97]

59   **Begründet** wird der damit einhergehende Verzicht auf eine Bedarfsermittlung mit dem Sinn und Zweck konkreter Frequenzzuteilungen, die genauso wie die Frequenzplanung nach § 52 Abs. 1 TGK darauf abzielen, eine effiziente und störungsfreie Frequenznutzung zu ermöglichen.[98] Hinzu kommt der Rechtsgedanke des § 55 Abs. 5 S. 2 TKG, wonach kein Anspruch auf eine bestimmte Einzelfrequenz besteht. Denn eine solche Rechtsposition würde man den übergangenen Marktteilnehmern gewähren, wenn man eine Frequenzverlagerung für unzulässig hielte. Zudem werden Art. 5 Abs. 5 und Art. 7 G-RL herangezogen, weil sie Frequenzknappheit auch als Fall der Beschränkung von Nutzungsrechten einordnen und deshalb zeigen, dass qualitative Aspekte einem quantitativ uneingeschränkten Marktzutritt vorgehen können.[99]

60   **(2) Bedarfsprognose.** Liegt ein (relevanter) Bedarfsüberhang im Entscheidungszeitpunkt vor, hat die BNetzA auf dessen Basis zu prognostizieren, ob auch im späteren Zuteilungszeitpunkt die Frequenznachfrage hinter dem zugehörigen Angebot zurückbleiben wird.[100] Der damit verbundene **Blick in die Zukunft** ist umso unsicherer, je weiter entfernt der spätere Zuteilungszeitpunkt ist. Aus diesem Grunde wird gefordert, dass die Vorlaufzeit nicht überbordend sein darf, weil sonst wegen der Dynamik des Funkanwendungsmarktes keine hinreichend valide Prognose möglich ist.[101] Abgesehen davon stellt sich auch im Rahmen der Prognose die Frage, welchen Konkretisierungsgrad ein Zuteilungsantrag im Entscheidungszeitpunkt haben muss, um davon ausgehen zu können, dass er auch im späteren Zuteilungszeitpunkt noch besteht. An dieser Stelle kehrt also das bereits im Rahmen der Bedarfsermittlung skizzierte Problem wieder (s. → Rn. 54 ff.) – nun aber nicht im Rahmen der Tatsachenfeststellung, sondern im Rahmen einer Prognose.

61   **(3) Behördlicher Beurteilungsspielraum?** Unabhängig davon, welchen Weg die BNetzA geht, um eine das bestehende Frequenzangebot übersteigende Nachfrage zu prognostizieren, kommt ihr bei der **Feststellung eines Bedarfsüberhangs im Entscheidungszeitpunkt kein Beurteilungsspielraum** zu. Insbesondere dürfen nicht die Ergebnisse früher durchgeführter Bedarfsermittlungsverfahren in der Annahme herangezogen werden, dass die Anzahl der Zuteilungsanträge im Lichte der zwischenzeitlichen technologischen Entwicklung und des seitdem stetig zunehmenden Datenverkehrs zumindest stabil bleiben wird. Statt einer solchen Fiktion ist bezogen auf das konkret zur Verfügung stehende Frequenzspektrum eine eigenständige und vor allem aktuelle Bedarfsfeststellung zu treffen. Ein Beurteilungsspielraum kommt der BNetzA folglich nur insoweit zu, als es um die auf Basis der so ermittelten Tatsachen vorgenommene Knappheitsprognose selbst geht. Sie bezieht sich dann nicht auf den Entscheidungs-, sondern auf den Zuteilungszeitpunkt.[102]

62   Im Ergebnis zählt danach also die Bedarfsfeststellung zu den entscheidungserheblichen Tatsachen, die wirklich vorliegen müssen. Zur **Begründung dieses Ansatzes** wird darauf

---

[96] *Marwinski*, in: Arndt/Fetzer/Scherer/Graulich (Hrsg.), TKG § 55 Rn. 47.
[97] BVerwG, NVwZ 2011, 613, Rn. 26; vgl. dazu *Nacimiento*, K&R 2011, 470, 472 f.
[98] Vgl. auch *Hahn/Hartl/Dorsch*, in: Scheurle/Mayen (Hrsg.), TKG § 55 Rn. 93.
[99] BVerwG, NVwZ 2011, 613, Rn. 27 f.; vgl. dazu auch *Wolff/Nacimiento*, CR 2011, 648, 649 ff.
[100] Vgl. *Göddel*, in: Geppert/Schütz (Hrsg.), TKG § 55 Rn. 16 ff.
[101] Ausf. dazu *Fetzer*, NVwZ 2018, 190, 192 ff.
[102] BVerwG, MMR 2012, 130, Rn. 26 ff.; *Hahn/Hartl/Dorsch*, in: Scheurle/Mayen (Hrsg.), TKG § 55 Rn. 74, 94.

C. Regelungsinhalt

hingewiesen, dass die Durchführung des Vergabeverfahrens mit der Frequenzversteigerung als Regelfolge eine objektive Berufszulassungsschranke bildet, die mit Art. 12 Abs. 1 GG nur im Einklang steht, wenn sie Konsequenz einer durch Frequenzbewirtschaftung zu bewältigenden Knappheitssituation ist. Dies gilt umso mehr, wenn man zudem die Kosten und Risiken dieses Verfahrens für die Antragsteller in die Überlegungen einbezieht. Abgesehen davon bezieht sich die Rechtsfigur des Beurteilungsspielraums per se nur auf Prognosen und nicht auf die zugrunde liegenden realen Umstände, um die Verwaltung jedenfalls in Bezug auf die Tatsachenermittlung rechtlich binden[103] zu können.[104]

ccc) Rechtsfolge. Wird ein Bedarfsüberhang festgestellt oder prognostiziert, steht die Entscheidung, ob ein Vergabeverfahren im Sinne des § 61 TKG durchgeführt wird, an sich im **behördlichen Ermessen** („kann"). Infolge der Grundrechtsbindung der BNetzA und des unionsrechtlichen Diskriminierungsverbots namentlich aus den Art. 5 Abs. 2, 7 Abs. 3 G-RL ist allerdings davon auszugehen, dass die insoweit bestehenden Freiräume regelmäßig in Richtung des Erlasses einer Vergabeanordnung geprägt sein werden. Allerdings sind Ausnahmen schon aufgrund des Gesetzeswortlauts durchaus denkbar, so dass unter bestimmten Umständen trotz bestehender Frequenzknappheit auch vom Erlass einer Vergabeanordnung abgesehen werden kann und im Falle einer Ermessensreduzierung auf Null auch muss.[105]

Obwohl die Ermessensauübung der BNetzA bei bestehender Knappheit regelmäßig zur Durchführung eines Vergabeverfahrens im Sinne des § 61 TKG drängt, deckt § 55 Abs. 10 TKG auch die Entscheidung, davon abzusehen.[106] Die Entscheidung kann unter denselben Voraussetzungen wie im Falle einer telekommunikationsrechtlichen Regulierungsverfügung (s. → Rn. 63) auch mit Wirkung für die Vergangenheit getroffen werden. Zwar basiert das frequenzrechtliche Regulierungsregime wegen § 52 Abs. 1 TKG auf einem mehrstufigen Ansatz. Er schließt aber **rückwirkende Maßnahmen** nicht aus, wenn sie nötig sind, um ursprünglich fehlerhaft ergangene Zuteilungen zu heilen und so zu verhindern, dass eine erfolgreiche Drittanfechtungsklage zu Frequenzblockaden führt und dann die Versorgungssicherheit der Nutzer sowie die Planungssicherheit der Anbieter gefährdet.[107]

bb) Verfahrensauswahl. Die möglichen Vergabeverfahren ergeben sich aus § 61 TKG. In Betracht kommen das Versteigerungs- oder das Ausschreibungsverfahren, wobei die Entscheidung über die Verfahrensauswahl nach Anhörung der betroffenen Kreise (diese Norm verdrängt § 135 Abs. 3 S. 1 TKG[108]) zu treffen ist. Sie schließt an die Durchführungsanordnung aus § 55 Abs. 10 TKG an, bildet daher die **zweite Stufe** des Vorgehens bei Frequenzknappheit ab und ist zu publizieren. Inhaltlich folgt aus § 61 Abs. 2 S. 1 TKG ein Primat des (im Lichte des höheren Rechts freilich nicht unumstrittenen[109]) Versteigerungsverfahrens, weil der Gesetzgeber von der durch das Gebot dokumentierten Zahlungsbereitschaft auf eine Identifikation derjenigen Unternehmen schließt, die die ersteigerten Frequenzen möglichst effizient nutzen werden (vgl. § 61 Abs. 3 S. 1 TKG). Denn aus ökonomischer Sicht spiegelt der Zuschlags- den Knappheitspreis.[110]

---

[103] Allg. dazu *Kluth*, in: Wolff/Bachof/Stober/Kluth (Hrsg.), Verwaltungsrecht I, § 31 Rn. 27 ff.
[104] *BVerwG*, MMR 2012, 130, Rn. 26 ff.; *Hahn/Hartl/Dorsch*, in: Scheurle/Mayen (Hrsg.), TKG § 55 Rn. 94.
[105] S. dazu *Kroke*, in: Wilms/Masing/Jochum (Hrsg.), TKG § 55 Rn. 74; *BVerwG*, NVwZ 2011, 613, Rn. 25.
[106] *Marwinski*, in: Arndt/Fetzer/Scherer/Graulich (Hrsg.), TKG § 55 Rn. 44a mit Verweis auf *BVerwG*, NVwZ 2011, 613, Rn. 25.
[107] *Hahn/Hartl/Dorsch*, in: Scheurle/Mayen (Hrsg.), TKG § 55 Rn. 83.
[108] *Fademrecht/Fetzer*, in: Arndt/Fetzer/Scherer/Graulich (Hrsg.), TKG § 135 Rn. 7.
[109] Vgl. *Gärditz*, in: Kirchhof/Korte/Magen (Hrsg.), Öffentliches Wettbewerbsrecht, § 16 Rn. 31 ff.; ausf. dazu *Martini*, Der Markt als Instrument hoheitlicher Verteilungslenkung, 2008, S. 49 ff.
[110] BT-Drs. 13/4438, 32; *Saurer*, Verw. 48 (2015), 115, 124.

66 Von diesem Regel-Ausnahme-Verhältnis darf ausweislich des § 61 Abs. 2 S. 1 aE TKG nur abgewichen werden, wenn das **Versteigerungsverfahren nicht geeignet** ist, die Regulierungsziele aus § 2 TKG sicherzustellen. Die Norm nennt selbst zwei Fallgruppen, in denen diese Voraussetzung vorliegen kann. Es handelt sich namentlich wegen der Unverbindlichkeit nahe legenden Formulierung („kann" statt „ist") nicht um Regelbeispiele im herkömmlichen Sinne, sondern vielmehr um Konstellationen, die, wenn sie tatbestandlich vorliegen, der BNetzA einen qualifizierten Prüfauftrag in dem Sinne auferlegen, dass die Eignung des Versteigerungsverfahrens zur Verwirklichung der Regulierungsziele detailliert anhand einer komplexen Abwägung der jeweils angesprochenen Regulierungsziele zu begründen ist. Fällt sie negativ aus, sieht die BNetzA vom Versteigerungsverfahren ab, ansonsten nicht.[111]

67 **Im Einzelnen** wird im nicht abschließenden („insbesondere") § 61 Abs. 2 S. 2 TKG einerseits die Konstellation genannt, dass für die Frequenznutzung, für die die Funkfrequenzen unter Beachtung des Frequenzplans verwendet werden dürfen, bereits Frequenzen ohne Versteigerungsverfahren zugeteilt wurden. In diesem Falle ist letztlich zu prüfen, inwieweit ein chancengleicher und diskriminierungsfreier Frequenzzugang gewahrt ist, wenn der Marktzugang nunmehr auf einen Erwerb durch Höchstgebot verengt wird.[112] Andererseits führt § 61 Abs. 2 S. 2 TKG den Fall auf, dass ein Antragsteller für eine bestimmte Frequenz eine gesetzliche Präferenz geltend machen kann – so zB im Falle des Polizeifunks in Umsetzung des § 2 Abs. 2 Nr. 6 und 9 TKG.[113] Von Vornherein nicht in Betracht kommt das Versteigerungsverfahren für die Vergabe von Frequenzen für Rundfunkdienste. § 61 Abs. 2 S. 3 TKG bildet insoweit eine echte Legalausnahme zur Sicherung der Meinungsvielfalt.[114]

68 **cc) Festlegung der allgemeinen Vergabebedingungen.** „Vor Durchführung des Vergabeverfahrens" hat die BNetzA die Vergabebedingungen festzulegen.[115] Sie sind gemeinsam mit der Verfahrenswahl zu publizieren und bestehen im Lichte der in § 61 Abs. 3 S. 2 TKG enthaltenen Aufzählung aus subjektiven, fachlichen und sachlichen (Nr. 1) sowie frequenznutzungsbezogenen (Nr. 2–4) Mindestvorgaben. Auf dieser **dritten** Stufe des Vorgehens bei Frequenzknappheit kommt der BNetzA ein erheblicher Ausgestaltungsspielraum zu, da die Vergabebedingungen gesetzlich nicht detailliert vorgeformt sind.[116]

69 Die **subjektiven, fachlichen und sachlichen Mindestanforderungen (Nr. 1)** spiegeln die Parameter der Zuverlässigkeit, Fachkunde und Leistungsfähigkeit. Sie decken sich weitgehend mit denen aus § 55 Abs. 4f. TKG (s. → Rn. 34 ff.). Gerade soweit es um einen etwa (avisierten) Netzausbau geht, werden die dafür erforderlichen Finanzmittel erst im Zeitpunkt der Durchführung erforderlich; nachgewiesen werden müssen sie aber gleichwohl bereits im Zeitpunkt der Zulassung zum Vergabeverfahren; bloße Absichts- bzw. Bemühenserklärungen reichen insoweit nicht.[117]

70 Die **frequenznutzungsbezogenen Vorgaben** beziehen sich auf Festlegungen über den Verwendungszweck der Frequenz (Nr. 2). Zudem ist im Falle der Erforderlichkeit eine Grundausstattung an Frequenzen festzulegen (Nr. 3), was ggf. mit dem Regulierungsziel der Wettbewerbsförderung konfligieren kann. Ferner sind Frequenznutzungsbestimmungen, etwa als Verhandlungsgebote[118] bzw. Dienstanbieterpflichten (s. → Rn. 45), und in Umsetzung des Art. 87f GG insbesondere Versorgungsgrade festzulegen (Nr. 4), um

---

[111] *Hahn/Hartl/Dorsch,* in: Scheurle/Mayen (Hrsg.), TKG § 61 Rn. 13.
[112] *Göddel/Geppert,* in: Geppert/Schütz (Hrsg.), TKG § 61 Rn. 10.
[113] *Hahn/Hartl/Dorsch,* in: Scheurle/Mayen (Hrsg.), TKG § 61 Rn. 14.
[114] *Sörries,* in: Säcker (Hrsg.), TKG § 61 Rn. 21 dort zitiert auch *Gersdorf,* AfP 1997, 424, 425.
[115] *Klaes,* in: Paschke/Berlit/Meyer (Hrsg.), Gesamtes Medienrecht, 12. Abs. Rn. 32.
[116] *Göddel/Geppert,* in: Geppert/Schütz (Hrsg.), TKG § 61 Rn. 16.
[117] *Hahn/Hartl/Dorsch,* in: Scheurle/Mayen (Hrsg.), TKG § 61 Rn. 26f.
[118] S. zu deren Zulässigkeit *VG Köln,* 18.2.2019 – 9 K 4396/18, Rn. 225ff. (zitiert nach juris, zuletzt abgerufen am 20.2.2020) sowie *Schütz/Schreiber,* MMR 2019, 19, 23; zweifelnd allerdings *Fetzer,* MMR 2018, 63, 65.

C. Regelungsinhalt

eine Mindestversorgung sicherzustellen,[119] die aber nicht allein über die zu vergebenden Frequenzen erreicht werden muss.[120]

dd) Festlegung der besonderen Vergabebedingungen. Während die Festlegung der allgemeinen Vergabebedingungen verfahrensunabhängige Regelungen betrifft, geht es auf der **vierten Stufe** des Vorgehens bei Frequenzknappheit darum, verfahrensspezifische Vorgaben zu machen, die folglich in Abhängigkeit dazu divergieren, ob eine Ausschreibung oder wie regelmäßig eine Versteigerung durchgeführt wird. 71

aaa) Im Falle einer Versteigerung. Im Falle einer Versteigerung sind verfahrensbezogene und inhaltliche Vorgaben zu unterscheiden. 72

(1) Verfahrensbezogene Vorgaben. Ausweislich des § 61 Abs. 4 S. 3 ff. TKG ist jeder Versteigerung ein Verfahren voranzustellen, in dessen Rahmen die interessierten Unternehmen schriftlich ihre Zulassung beantragen müssen. Die BNetzA entscheidet darüber per schriftlichem Bescheid, hat die **Zulassung** aber abzulehnen, wenn die Petenten nicht darlegen und nachweisen können, dass sie die Voraussetzungen des § 61 Abs. 3 S. 2 (s. → Rn. 68 ff.) und des § 55 Abs. 5 TKG (s. → Rn. 34 ff.) erfüllen. 73

Im Rahmen dieses Zulassungsverfahrens kommt es daher vor allem darauf an, dass die Unternehmen ihren Frequenzbedarf mitteilen und ein **Frequenznutzungskonzept** vorlegen.[121] Folglich lässt sich im Falle einer avisierten Versteigerung spätestes auf dieser Stufe des Vorgehens bei Frequenzknappheit feststellen, ob sich die prognostizierte Frequenzknappheit (s. → Rn. 49 ff.) bewahrheitet, weil für die Zuteilung tatsächlich nicht genügend Frequenzen verfügbar sind.[122] 74

(2) Inhaltliche Vorgaben. Die von der BNetzA aufzustellenden Regeln für die Durchführung des Versteigerungsverfahrens sind ebenfalls nach § 61 Abs. 1 S. 2 TKG zu veröffentlichen. Sie werden in § 61 Abs. 4 TKG nur kursorisch in dem Sinne umschrieben, dass sie bestimmten Ausrichtungsgrößen – nämlich denen der **Objektivität, der Diskriminierungsfreiheit und der Nachvollziehbarkeit** – gerecht werden müssen. Zudem haben sie den Bedürfnissen kleinerer und mittlerer Unternehmen zu entsprechen. Darüber hinausgehende inhaltliche Vorgaben bestehen kaum, so dass die BNetzA über einen weitreichenden Ausgestaltungsspielraum verfügt, insbesondere um die verschiedenen Regulierungsziele auch im Rahmen der Durchführung des Versteigerungsverfahrens aufeinander abzustimmen und eine effiziente Frequenznutzung sicherzustellen.[123] 74a

Im Einzelnen ist die BNetzA nach § 61 Abs. 4 S. 2 TKG befugt, ein **Mindestgebot** festzulegen, um die Versteigerung zu beschleunigen. Von dieser Möglichkeit wurde im Rahmen der bisherigen Versteigerungen auch Gebrauch gemacht. Die Höhe des Mindestgebots kann sich an den gesetzlichen Gebührentatbeständen (vgl. § 142 Abs. 1 S. 1 Nr. 1 TKG) ausrichten.[124] Zudem wird in praxi verlangt, dass eine **Sicherheitsleistung** hinterlegt wird, insbesondere um die Ernsthaftigkeit des Teilnahmewillens zu dokumentieren und die Verwirklichung der Ziele des Versteigerungsverfahrens zu unterstützen (s. → Rn. 65 ff.). Deren Höhe soll sich trotz der Pflicht zur Berücksichtigung der Belange kleiner und mittlerer Unternehmen nicht nach der Größe der Bieter, sondern nach der Anzahl der im Zulassungsantrag erstrebten Frequenzen richten.[125] 75

---

[119] Vgl. zu den damit zusammenhängenden Problemen *Schütz/Schreiber*, MMR 2019, 19, 20f.
[120] *VG Köln*, 18.2.2019 – 9 K 4396/18, Rn. 51 (zitiert nach juris, zuletzt abgerufen am 20.2.2020).
[121] *Hahn/Hartl/Dorsch*, in: Scheurle/Mayen (Hrsg.), TKG § 61 Rn. 36.
[122] *Göddel*, in: Geppert/Schütz (Hrsg.), TKG § 55 Rn. 20.
[123] *Fetzer*, in Schulte/Kloos (Hrsg.), Handbuch Öffentliches Wirtschaftsrecht, § 8 Rn. 108.
[124] BVerwG, ECLI:DE:BVerwG:2015:251115U6C40.14.0 Rn. 45.
[125] *Hahn/Hartl/Dorsch*, in: Scheurle/Mayen (Hrsg.), TKG § 61 Rn. 45.

76 Die **Versteigerung** selbst erfolgt im Rahmen eines **mehrstufigen Verfahrens** auf elektronischem Wege simultan und ohne Aussprachemöglichkeit der teilnehmenden Bieter; ein kollusives Zusammenwirken ist ihnen untersagt und kann zum Ausschluss aus der Versteigerung bzw. zum Verlust des ersteigerten Nutzungsrechts führen. Die Höhe der Gebote richtet sich in den einzelnen Runden nach dem in der vorherigen Runde erzielten Höchstgebot zuzüglich eines bestimmten Geldbetrags in Form eines prozentualen Anteils davon, des sog. Mindestinkrements. Das so bestimmte valide Gebot bildet den Maßstab für die einzelnen Auktionsrunden, weil die Versteigerung solange durchgeführt wird, bis kein Bieter mehr innerhalb des je Runde geltenden Zeitrahmens ein valides Gebot abgibt.[126]

77 **(3) Umgang mit dem Versteigerungserlös.** Den Zuschlag erhält der Meistbietende. Der dadurch generierte Versteigerungserlös ist jedenfalls nicht als Steuer einzuordnen und damit nicht finanzausgleichswirksam;[127] eine Beteiligung der Länder an den Einnahmen erfolgt stattdessen auf politischer Ebene.[128] Im Übrigen ist die **Klassifikation des Versteigerungserlöses** etwa als Gebühr oder Abgabe eigener Art noch nicht höchstrichterlich geklärt.[129] Jedenfalls unterliegt der Versteigerungserlös nicht der Umsatzsteuerpflicht, weil die Versteigerung als solche keine wirtschaftliche Tätigkeit sein soll. In dieser unionsgerichtlichen Judikatur[130] wird man zugleich ein Indiz dafür erblicken können, dass nicht die Erzielung von Einnahmen, sondern die Eignung von Versteigerungen als effizienzbezogener Allokationsmechanismus (s. → Rn. 65 ff.) die maßgebliche Triebfeder für die Etablierung dieses Vergabeverfahrens in § 61 Abs. 4 TKG bildet, was zugleich als Argument für dessen Verfassungskonformität einzuordnen ist.[131]

78 **bbb) Im Falle einer Ausschreibung.** Wird (ausnahmsweise (s. → Rn.66 f.)) eine Ausschreibung durchgeführt, gilt § 61 Abs. 5 TKG. Danach sind die **maßgeblichen Kriterien,** nach denen die Eignung der Bewerber bestimmt wird, die der Zuverlässigkeit, der Fachkunde und der Leistungsfähigkeit. Zudem kommt es auf die vorzulegenden Frequenzplanungen, den räumlichen Versorgungsgrad sowie darauf an, inwieweit durch den Zuschlag nachhaltig wettbewerbsorientierte Märkte gefördert werden. Ferner hat die BNetzA die Regeln für die Durchführung des Ausschreibungsverfahrens festzulegen; sie sind ebenfalls nach Maßgabe des § 61 Abs. 1 S. 2 TKG zu publizieren.[132]

79 § 61 Abs. 5 TKG verlangt nicht ausdrücklich nach der Durchführung eines **Zulassungsverfahrens** im Sinne des Abs. 4 S. 3 dieser Vorschrift, obwohl § 61 Abs. 3 S. 2 Nr. 1 TKG davon spricht, dass die dort genannten Mindestvoraussetzungen „für die Zulassung zum Vergabeverfahren" und damit an sich auch zur Ausschreibung erfüllt sein müssen. Da innerhalb dieses Verfahrens aber ohnehin eine genaue Bewertung der Eignung der Bewerber und ihrer Angebote erfolgt, ist ein vorgeschaltetes Zulassungsverfahren entbehrlich. Eines zusätzlichen Vor- bzw. Prüfungsfilters bedarf es im Rahmen des Ausschreibungsverfahrens daher nicht.[133]

80 Das Ausschreibungs- dient wie das Versteigerungsverfahren dazu, den Bewerber zu ermitteln, der am besten geeignet ist, eine bestimmte Frequenz effizient zu nutzen. Da allerdings das Moment der Preisbildung fehlt, macht es sich nicht das ökonomische Allokationsprinzip zunutze, sondern basiert stattdessen auf einer von der BNetzA anzustellenden

---

[126] Ausf. dazu *Sörries,* in: Säcker (Hrsg.), TKG § 61 Rn. 38.
[127] Vgl. BVerfGE 105, 185, Rn. 29 ff.
[128] S. zur Einführung einer ausdrücklichen Beteiligungsregel zugunsten der Länder sowie zur letztlich ergangenen Protokollerklärung *Beine,* MMR 2013, 496, 499.
[129] Ausf. dazu *Hahn/Hartl/Dorsch,* in: Scheurle/Mayen (Hrsg.), TKG § 61 Rn. 56 f.
[130] *EuGH,* Rs. C-284/04, Slg. 2007, I-5189 Rn. 45 – T-Mobile Austria; *EuGH,* Rs. C-368/04, Slg. 2006, 9957 Rn. 35 – Transalpine Ölleitung in Österreich.
[131] *Göddel/Geppert,* in: Geppert/Schütz (Hrsg.), TKG § 61 Rn. 33.
[132] Ausf. zum Ganzen *Sörries,* in: Säcker (Hrsg.), TKG § 61 Rn. 40 ff.
[133] *Göddel/Geppert,* in: Geppert/Schütz (Hrsg.), TKG § 61 Rn. 47.

Zukunftsprognose, die sich auf die im Rahmen des Ausschreibungsverfahrens dokumentierten Eigenschaften und Fähigkeiten der Anbieter stützt.[134] Im Zweifel erhält nach § 61 Abs. 5 S. 3 TKG der Bewerber den Vorzug, der den höheren räumlichen Versorgungsgrad gewährleistet.[135]

ee) Rechtsfolgen. Die im Rahmen des Versteigerungs- bzw. Ausschreibungsverfahrens 81 erfolgreichsten Bieter bzw. Bewerber werden durch Feststellung des Höchstgebots bzw. des geeignetsten Bewerbers ermittelt. Dadurch endet das Vergabeverfahren, nach dessen Abschluss gemäß § 61 Abs. 1 S. 3 TKG das Zuteilungsverfahren nach Maßgabe des § 55 TKG umgehend fortzusetzen ist.[136] Insoweit gelten also die obigen Ausführungen entsprechend (s. → Rn. 43 ff.), so dass namentlich auch die Vorgaben des § 55 Abs. 5 TKG relevant werden.[137] In Teilen bestehen allerdings auch vergabeverfahrensspezifische Sonderregeln: So bricht **§ 61 Abs. 7 TKG** das an sich fortgeltende enge Zeitkorsett von sechs Wochen aus § 55 Abs. 4 S. 4 TKG auf, da Vergabeverfahren, die sich Marktmechanismen zunutze machen, eine gewisse Dauer beanspruchen. Nach dieser Vorschrift kann diese Höchstfrist daher bis zur Frequenzzuteilung so lange wie nötig, höchstens jedoch um 8 Monate verlängert werden. Dadurch sollen die widerstreitenden Aspekte der gebotenen Beschleunigung einerseits und der Gewährleistung eines fairen, offenen und transparenten Verfahrens andererseits in Ausgleich gebracht werden.[138]

Hinzu kommt § 61 Abs. 6 TKG, wonach im Laufe des Vergabeverfahrens eingegangene 82 Verpflichtungen Bestandteil der Frequenzzuteilung werden. Diese rechtsgestaltende Wirkung reicht aber nur so weit wie die vor Durchführung des Verfahrens auf Basis des § 61 Abs. 3 S. 2 TKG tatsächlich getroffenen Festlegungen.[139] Sie ist infolgedessen also durch die allgemeinen Vergabebedingungen determiniert. Dazu gehören aufgrund von § 61 Abs. 3 S. 2 Nr. 4 TKG auch die sog. Frequenznutzungsbestimmungen einschließlich des Versorgungsgrades. Auch deshalb weist § 61 Abs. 6 TKG gewisse Parallelen zu § 60 TKG auf, der die Festlegung von Art und Umfang der Frequenznutzung betrifft und den Erlass von Inhalts- und Nebenbestimmungen zur Frequenzzuteilung erlaubt (s. → Rn. 45).[140] Ob auf Basis des **§ 61 Abs. 6 TKG** in Verbindung mit § 61 Abs. 3 S. 2 TKG Verhandlungsgebote bis hin zu Dienstanbieterverpflichtungen zu Bestandteilen der Frequenzzuteilung werden können, ist infolgedessen in ähnlicher Weise umstritten wie im Anwendungsbereich des § 60 Abs. 2 S. 1 TKG (s. → Rn. 45).

D. Durchsetzungsmechanismen

Den letzten Schritt des in § 52 Abs. 1 TKG normierten Aufgabenkatalogs bildet die 83 Überwachung der Frequenznutzung, die in **§ 64 TKG** konkretisiert wird. Dessen **Absatz 1** verpflichtet die BNetzA, zur Sicherstellung der Frequenzordnung, dh also der §§ 52 ff. TKG, die Frequenznutzung zu überwachen. Dazu kann sie sich unter bestimmten Voraussetzungen Kenntnis von einem Telekommunikationsvorgang verschaffen und in Aussendungen hineinhören, wobei die daraus erlangten Informationen nur zweckgebunden bzw. zur Verfolgung von Straftaten im Sinne des § 100a StPO verwendet werden dürfen. Solche Maßnahmen müssen ferner das Fernmeldegeheimnis (Art. 10 Abs. 1 GG) wahren; sie stehen im Ermessen der BNetzA.[141]

---

[134] *Klaes,* in: Paschke/Berlit/Meyer (Hrsg.), Gesamtes Medienrecht, 12. Abs. Rn. 35.
[135] *Beine,* MMR 2013, 496, 499.
[136] *Hahn/Hartl/Dorsch,* in: Scheurle/Mayen (Hrsg.), TKG § 61 Rn. 4.
[137] *Marwinski,* in: Arndt/Fetzer/Scherer/Graulich (Hrsg.), TKG § 55 Rn. 44.
[138] *Göddel/Geppert,* in: Geppert/Schütz (Hrsg.), TKG § 61 Rn. 52.
[139] BVerwGE 144, 284, Rn. 31.
[140] Vgl. auch *Hahn/Hartl/Dorsch,* in: Scheurle/Mayen (Hrsg.), TKG § 60 Rn. 1.
[141] Ausf. dazu *Sörries,* in: Säcker (Hrsg.), TKG § 64 Rn. 23 f.

84 Die auf Basis des § 64 TKG möglichen Maßnahmen können nach dessen **Abs. 2** bis zur Anordnung von Betriebseinschränkungen, Außerbetriebnahmen und Betriebsverboten reichen. Voraussetzung dafür ist ebenfalls nur das Ziel der Sicherstellung der Frequenzordnung, dh also der §§ 52 ff. TKG bzw. der darauf basierenden Maßnahmen. Die damit recht weite Formulierung im Tatbestand findet ihre Entsprechung auf Rechtsfolgenebene, wo der BNetzA Ermessen eingeräumt wird. Aufgrund der Eingriffsintensität insbesondere von Betriebsverboten ist stets nach milderen gleich geeigneten Mitteln zu suchen – so namentlich in Form von Betriebseinschränkungen, aber auch in Form von Mängelbeseitigungen.[142]

85 Auf § 64 TKG gestützte Maßnahmen sind per **Verwaltungszwang** durchsetzbar. Insoweit gelten die allgemeinen verwaltungsvollstreckungsrechtlichen Grundsätze.[143] Eine Besonderheit bildet § 64 Abs. 2 S. 2 TKG, wonach Zwangsgelder in Höhe von bis zu 500.000 EUR festgesetzt werden können, um auf Basis des § 64 Abs. 2 S. 1 TKG erlassene Anordnungen durchzusetzen. Mangels Nennung in § 149 TKG kommt ein Bußgeld daneben nicht in Betracht. Ohnehin liegt nach § 149 Abs. 1 Nr. 10 bis 12 TKG nur im Falle der Frequenznutzung ohne Zuteilung entgegen § 55 Abs. 1 TKG, der Verletzung des § 56 Abs. 2 S. 1 TKG sowie einer Zuwiderhandlung gegen vollziehbare Auflagen im Sinne des § 60 Abs. 2 S. 1 TKG eine Ordnungswidrigkeit vor.[144]

86 Ergreift die BNetzA Maßnahmen, hat sie bestehende **Frequenzzuteilungen** zu beachten, so dass sie ggf. (inzident[145]) aufzuheben sind, bevor deren Nutzung untersagt werden kann. Neben den §§ 48 f. VwVfG wird insoweit § 63 TKG relevant, der weitere Widerrufsgründe nennt, ohne die aus § 49 Abs. 2 VwVfG zu verdrängen.[146] Eine Möglichkeit („kann") zur **Aufhebung** bieten vor allem das Ziel, brachliegende Frequenzen nutzbar zu machen (Abs. 1 S. 1)[147], aber auch ein Entfallen der Vorgaben des § 55 Abs. 5 TKG, eine wiederholte oder (einmalige[148]) schwere Zuwiderhandlung gegen Pflichten aus der Frequenzzuteilung oder das Auftreten von Wettbewerbsverzerrungen (Abs. 1 S. 2).[149] Für Rundfunkfrequenzen gilt § 63 Abs. 2 TKG, wobei im Falle seiner Einschlägigkeit der Widerruf die Regel ist („soll").[150]

87 Wird eine Frequenz auf Basis des § 49 Abs. 2 S. 1 Nr. 3 bis 5 VwVfG widerrufen, kommen **Ansprüche** auf Entschädigung nach § 49 Abs. 6 VwVfG wegen § 63 Abs. 3 TKG nicht in Betracht. Dasselbe gilt im Falle eines Widerrufs auf Basis des § 63 Abs. 1 oder 2 TKG, weil es dann schon an einer § 49 Abs. 6 VwVfG vergleichbaren Regel fehlt.[151] Der somit vollständige Ausschluss etwaiger Entschädigungen ist aufgrund seiner Vorhersehbarkeit zumutbar.[152] Denkbar, wenn auch selten sind hingegen Rückforderungen auf Basis des öffentlich-rechtlichen Erstattungsanspruchs, wenn die Frequenzzuteilung im Anschluss an eine Versteigerung erfolgt ist. Voraussetzung dafür ist aber, dass ein zwischenzeitlicher Widerruf seine Basis nicht in einer (Versorgungs-)Pflichtverletzung des durch die Zuteilung begünstigten Unternehmens findet.[153]

---

[142] *Hahn/Hartl/Dorsch*, in: Scheurle/Mayen (Hrsg.), TKG § 64 Rn. 7 f.; *VG Karlsruhe*, ZUM-RD 2005, 358, Rn. 46 ff.
[143] S. etwa *App/Wettlaufer*, Praxishandbuch Verwaltungsvollstreckungsrecht, S. 18 ff., 42 ff.
[144] *Fetzer*, in: Arndt/Fetzer/Scherer/Graulich (Hrsg.), TKG § 149 Rn. 16 ff.
[145] Vgl. dazu *Stober/Korte*, Öffentliches Wirtschaftsrecht, Rn. 1104 ff.
[146] BT-Drs. 15/2316, 81.
[147] *Saurer*, Verw. 48 (2015), 115, 131.
[148] Vgl. *Beine*, MMR 2013, 496, 500.
[149] Ausf. dazu *Sörries*, in: Säcker (Hrsg.), TKG § 63 Rn. 6 ff.
[150] Ausf. dazu *Ruthig*, in: Arndt/Fetzer/Scherer/Graulich (Hrsg.), TKG § 63 Rn. 9 f.
[151] *Hahn/Hartl/Dorsch*, in: Scheurle/Mayen (Hrsg.), TKG § 61 Rn. 21.
[152] *Saurer*, Verw. 48 (2015), 115, 132 f.
[153] BVerwGE 140, 221, Rn. 56.

E. Rechtsbehelfsmöglichkeiten

Eine Erörterung der Rechtsbehelfsmöglichkeiten gegen Maßnahmen, die nach Maßgabe der §§ 52 ff. TKG getroffen worden sind, hat zunächst die Besonderheiten des Beschlusskammerverfahrens (s. → Rn. 142) zu beachten, wenn es um Entscheidungen auf Basis der §§ 55 Abs. 10, 61 und 62 TKG geht (vgl. § 132 Abs. 1 TKG); in diesen Fällen wird ausweislich des § 132 Abs. 4 TKG die Präsidentenkammer (s. → Rn. 142) tätig. Im Übrigen hängen die Rechtsbehelfsmöglichkeiten vom Verfahrensgegenstand ab. 88

I. Frequenzverordnung und -plan

Die Rechtsschutzmöglichkeiten innerhalb der §§ 52 ff. TKG sind zunächst insoweit eingeschränkt, als unmittelbarer Rechtsschutz gegen die Frequenzverordnung (s. → Rn. 7 ff.) weder über den allein auf Landesrecht bezogenen § 47 VwGO noch mangels Antragsbefugnis der (potenziellen) Frequenznutzer über Art. 93 Abs. 1 Nr. 2 GG zu erlangen ist. Dasselbe gilt aufgrund seiner Einordnung als primär intern bindende Verwaltungsvorschrift für den Frequenzplan (s. → Rn. 12 ff.). Infolgedessen kann die Rechtmäßigkeit dieser hoheitlichen Maßnahmen nur inzident im Rahmen eines Gerichtsverfahrens gegen die Entscheidung über die Frequenzzuteilung kontrolliert werden (sog. **Inzidentkontrolle**).[154] Damit verschieben sich die Rechtsschutzoptionen der (potenziellen) Frequenznutzer auf das Zuteilungsverfahren, das ja ohnehin im Mittelpunkt der §§ 52 ff. TKG steht (s. → Rn. 21 ff.). 89

II. Verwaltungsakte

Innerhalb des Zuteilungsverfahrens ist die Handlungsform der Wahl **der eigenständig anfechtbare Verwaltungsakt.** Anordnung, Auswahl und Konkretisierung des Vergabeverfahrens in Form der Festlegung der Vergabebedingungen erfüllen jeweils die Voraussetzungen des § 35 VwVfG.[155] Es handelt sich insoweit nicht um Zwischenentscheidungen im Sinne des § 44a VwGO, die nur gemeinsam mit der endgültigen Zuteilung anfechtbar sind.[156] Dafür spricht insbesondere, dass in § 132 TKG die §§ 55 Abs. 10, 61 TKG dem Beschlusskammerverfahren (s. → Rn. 142) zugeordnet sind, so dass Anordnung, Auswahl und Konkretisierung des Vergabeverfahrens eine höhere Dignität genießen als die endgültige Zuteilungsentscheidung, die auch im Falle der Durchführung eines Vergabeverfahrens auf Basis des § 55 Abs. 3 bis 5 TKG erfolgt, wie § 61 Abs. 1 S. 3 TKG ausdrücklich zeigt.[157] 90

Das in den §§ 52 ff. TKG angelegte Frequenzregulierungssystem setzt vor diesem Hintergrund folglich darauf, dass die einzelnen Stadien der Frequenzzuteilung nacheinander sowie in rechtssicherer Weise abgearbeitet werden und je für sich nach Ablauf der Rechtsbehelfsfristen in Bestandskraft erwachsen (sog. **gestuftes Verfahren**).[158] Dem gleichwohl auch innerhalb der Frequenzordnung relevanten Beschleunigungsgrundsatz wird demgegenüber durch Anwendung des Beschlusskammerverfahrens auf Basis der §§ 137, 132 TKG Rechnung getragen.[159] Diese Zusammenhänge gelten auch im Anwendungsbereich des § 62 TKG (s. → Rn. 46), wo ebenfalls das Beschlusskammerverfahren Anwendung findet und sich eine Verfahrensstufung von der Freigabeentscheidung über die Festlegung 91

---

[154] *Hahn/Hartl/Dorsch*, in: Scheurle/Mayen (Hrsg.), TKG § 53 Rn. 21, § 54 Rn. 13 f.; BVerwGE 144, 284, Rn. 46.
[155] *Göddel/Geppert*, in: Geppert/Schütz (Hrsg.), TKG § 61 Rn. 21 im Anschluss an BVerwGE 134, 368, Rn. 22 ff.
[156] In diese Richtung namentlich *Ruttig*, in: Arndt/Fetzer/Scherer/Graulich (Hrsg.), TKG § 61 Rn. 17.
[157] *Hahn/Hartl/Dorsch*, in: Scheurle/Mayen (Hrsg.), TKG § 61 Rn. 70; BVerwGE 134, 368, Rn. 25.
[158] *Müller-Terpitz*, K&R 2002, 75, 79; BVerwGE 139, 226 Rn. 15.
[159] *Hahn/Hartl/Dorsch*, in: Scheurle/Mayen (Hrsg.), TKG § 61 Rn. 72.

der Modalitäten und des Verfahrens auf die Aufhebung der Zuteilung verbunden mit der Neuzuweisung erstreckt.[160]

92 Im Rahmen des gestuften Verfahrens können **übergangene Konkurrenten** ihren Anspruch auf eine chancengleiche Teilnahme am Vergabeverfahren (s. → Rn. 49) auf allen Stufen[161] gerichtlich geltend machen, und zwar wegen § 137 Abs. 2 TKG ohne dass es eines Vorverfahrens bedarf. Ist die Begehr wie regelmäßig auf die Zuweisung einer Frequenz anstelle des Begünstigten gerichtet, kommt eine Kombination aus Anfechtungs- und Verpflichtungsklage auf Neubescheidung in Form der erneuten Durchführung eines Vergabeverfahrens unter Beachtung der Rechtsauffassung des Gerichts[162] in Betracht. Der nach der Schutznormlehre (s. → Rn. 177) nötige Drittschutzcharakter folgt dann daraus, dass das Vergabeverfahren diskriminierungsfrei auszugestalten ist. Davon profitieren neben denen, die einen Antrag auf Frequenzzuteilung nach Maßgabe des § 55 Abs. 3 ff. TKG gestellt haben (s. → Rn. 30 ff.), auch diejenigen, die sich gegen einen ohne Bedarfsermittlung (s. → Rn. 58 f.) erfolgten Frequenzaustausch richten und ebenfalls anstelle des Begünstigten die Frequenz zugeteilt haben möchten.[163]

93 Praxistipp:
Dritte, die gegen etwaige Störungen infolge der späteren Frequenznutzung vorgehen wollen, können sich nicht gegen Auswahl, Anordnung und Konkretisierung des Vergabeverfahrens über die Vergabebedingungen zur Wehr setzen, sondern nur gegen die spätere Frequenzzuteilung, weil sie gemäß § 61 Abs. 1 S. 3 TKG nach Maßgabe des § 55 Abs. 3 ff. TKG erfolgt und dort die Verträglichkeit (Abs. 5 S. 1 Nr. 3) und Störungsfreiheit (Abs. 5 S. 1 Nr. 4) der Frequenznutzung eigenständigen Schutz erfährt.[164]

94 Soweit es hingegen um die Ablehnung eines Antrags auf Frequenznutzung oder auf Teilnahme am Vergabeverfahren geht und die **Anforderungen des § 55 Abs. 3 ff. TKG** in Streit stehen, kommt als Rechtsbehelf zunächst ein (Verpflichtungs-)Widerspruch auf Basis der §§ 68 ff. VwGO und danach ggf. eine Verpflichtungsklage in Betracht. Denn das Beschlusskammerverfahren findet insoweit keine Anwendung, so dass das Vorverfahren nicht wegen § 137 Abs. 2 TKG ausgeschlossen ist. Über den Widerspruch entscheidet in dieser Konstellation (erneut) die BNetzA, weil ein Fall des § 73 Abs. 1 S. 2 Nr. 2 VwGO vorliegt. Zudem kommt einem etwaigen Widerspruch des betroffenen Antragstellers keine aufschiebende Wirkung zu, weil ein Fall des § 137 Abs. 1 TKG vorliegt (s. → Rn. 158). Infolgedessen ist ggf. zugleich einstweiliger Rechtsschutz zu suchen.[165]

95 In Bezug auf die **Kontrolldichte der Judikative** gelten die obigen Grundsätze entsprechend. Soweit der BNetzA ein Beurteilungsspielraum zugewiesen ist, ist sie folglich eingeschränkt (s. → Rn. 181) – so etwa in Bezug auf die Prognose eines Bedarfsüberhangs für den Zeitpunkt der Zuteilungsentscheidung im Rahmen der Beurteilung der Frage, ob nach Maßgabe des § 55 Abs. 10 TKG ein Vergabeverfahren durchzuführen ist, nicht aber für die Bedarfsfeststellung zum Zeitpunkt der Anordnung des Vergabeverfahrens (sog. Durchführungsanordnung (s. → Rn. 50 ff.)) selbst.[166] Ist der BNetzA demgegenüber Ermessen eingeräumt, ist entsprechend der allgemeinen Grundsätze die Ermessensfehlerlehre[167] anwendbar. Der Figur des Regulierungsermessens (s. → Rn. 182) kommt im Rah-

---

[160] *Saurer*, Verw 48 (2015), 115, 129 f.
[161] S. dazu BVerwGE 134, 368, Rn. 27.
[162] Vgl. dazu *Göddel/Geppert*, in: Geppert/Schütz (Hrsg.), TKG § 61 Rn. 56.
[163] Ausf. dazu *Hahn/Hartl/Dorsch*, in: Scheurle/Mayen (Hrsg.), TKG § 55 Rn. 101 ff.
[164] BVerwGE 144, 284, Rn. 17.
[165] *Hahn/Hartl/Dorsch*, in: Scheurle/Mayen (Hrsg.), TKG § 55 Rn. 43.
[166] *Göddel*, in: Geppert/Schütz (Hrsg.), TKG § 55 Rn. 20; *BVerwG*, NVwZ 2011, 1333, Rn. 20 f.
[167] Allg. dazu *Kluth*, in: Wolff/Bachof/Stober/Kluth (Hrsg.), Verwaltungsrecht I, § 31 Rn. 57 ff.

E. Rechtsbehelfsmöglichkeiten

8

men der §§ 52 ff. TKG demgegenüber keine Bedeutung zu, was vor allem damit zusammenhängen dürfte, dass der Einfluss der insoweit prägenden Parameter (s. → Rn. 26 f.) in der Frequenzordnung geringer ausgeprägt ist.

Teil 8.3 Wegerechte

Übersicht

	Rn.
A. Gefahrenlage	2
B. Zielsetzungen	3
C. Regelungsinhalt	4
I. Wegerechte	5
1. Nutzung von Verkehrswegen	6
2. Nutzung von (privaten) Grundstücken	8
II. Mitnutzung öffentlicher Versorgungsnetze	12
1. Transparenzfördernde Informationsregeln	13
2. Vertragsbezogene Mitnutzungsregeln	19
3. Koordinierung von Bauarbeiten	21
D. Durchsetzungsmechanismen	24
E. Rechtsbehelfsmöglichkeiten	26
I. Wegerechtliche Streitigkeiten	27
II. Versorgungsnetzbezogene Streitigkeiten	30
F. Verhältnis zu anderen Vorschriften	32

1 Wegerechte sollen im Bereich des Telekommunikationsrechts gewährleisten, dass die Schaffung und der Ausbau von Netzinfrastrukturen nicht an (vor allem) eigentumsrechtlichen Unwägbarkeiten scheitern. Sie haben mit den Vorschriften der Frequenzordnung gemein, dass sie der Bewältigung von Knappheitssituationen dienen, sind doch die nutzbaren Infrastrukturen in der Regel limitiert. Während aber Frequenzen, soweit eine Allgemeinzuteilung wie regelmäßig nicht möglich ist (s. → Rn. 29), individuell zugewiesen werden, geht es bei der Etablierung von Wegerechten primär um die (Mit-)Nutzung vorhandener Infrastrukturen.[1]

A. Gefahrenlage

2 Grundsätzlich ist die Frage, wer inwieweit fremde Eigentumspositionen nutzen darf, eine Domäne des Zivilrechts. Dieses Prinzip gilt jenseits des Gemeingebrauchs und genehmigter Sondernutzungen auch im Bereich der Nutzung von Wegen und anderen Infrastrukturen, und zwar nicht nur im privaten, sondern auch im öffentlichen Bereich. Aus diesem Grunde darf namentlich eine Nutzung öffentlichen Straßenraums zur Etablierung von Versorgungsnetzen nicht über die Widmung des Weges hinausgehen und hat sich im Rahmen der mit dem jeweiligen Eigentümer getroffenen Vereinbarung zu halten. Dieser die Daseinsvorsorge prägende Grundsatz ist vor allem deshalb problematisch, weil die Rechtsstellung des Nutzers öffentlichen Straßenraums infolgedessen anfällig und insbesondere gegenüber Zugriffen Dritter zB in Konkurrenzsituationen kaum geschützt ist, was zu Rechtsunsicherheit führt; er kontrastiert nicht zuletzt deshalb mit der existenziellen Bedeutung der Daseinsvorsorge für das Gemeinwesen.[2]

B. Zielsetzungen

3 Die §§ 68 ff. TKG reagieren darauf, indem sie Nutzungsrechte gewähren, die das öffentliche Wege- und Sachenrecht überformen. Dadurch werden nicht nur die Regulierungszie-

---

[1] *Kühling/Schall/Biendl,* Telekommunikationsrecht, Rn. 594.
[2] Ausf. dazu *Reichert,* in: Scheurle/Mayen (Hrsg.), TKG vor § 68 Rn. 12 ff.

le gefördert, sondern zugleich auch die Beeinträchtigungen zulasten Privater auf das erforderliche Maß (vgl. § 76 TKG) reduziert. Diese Nutzungsrechte knüpfen an die Widmung an, vermögen sie allerdings nicht zu übersteuern, so dass die Einrichtung und Nutzung von Telekommunikationslinien (§ 3 Nr. 26 TKG) unter dem Vorbehalt der Funktionsfähigkeit des öffentlichen Straßenverkehrs als maßgeblichem Widmungszweck steht.[3]

C. Regelungsinhalt

In den §§ 68 ff. TKG finden sich daran anknüpfend Vorschriften, die Wegerechte etablieren und die Mitnutzung von öffentlichen Versorgungsnetzen betreffen. 4

I. Wegerechte

Gewissermaßen den Nukleus des telekommunikationsrechtlichen Wegerechts bilden seit jeher die §§ 68–76 TKG. Sie enthalten einerseits Vorschriften über die Nutzung von Verkehrswegen und andererseits Vorschriften über die Nutzung von (vor allem) privaten Grundstücken und Gebäuden. 5

1. Nutzung von Verkehrswegen

Aus § 68 Abs. 1 TKG folgt zunächst, dass der Bund befugt ist, für die öffentlichen Zwecken dienenden Telekommunikationslinien (§ 3 Nr. 26 TKG) Verkehrswege – dazu zählen öffentliche Wege, Plätze, Brücken und Tunnel sowie öffentliche Gewässer – unentgeltlich zu benutzen, soweit dadurch nicht deren Widmungszweck dauerhaft beschränkt wird. Diese dort sog. **Nutzungsberechtigung** nimmt er nach der Privatisierung der Bundespost nicht mehr selbst wahr, sondern überträgt sie nach Maßgabe des § 69 TKG auf Antrag für ein darin näher bestimmtes Gebiet an fachkundige, leistungsfähige und zuverlässige Eigentümer oder (die Funktionsherrschaft ausübende[4]) Betreiber von öffentlichen Telekommunikationsinfrastrukturen, wenn dieses Vorgehen mit den Regulierungszielen aus § 2 TKG im Einklang steht. Hinzu kommt § 70 TKG, dessen Absatz 1 ein Recht auf Gewährung von Mitnutzungen von passiven Netzinfrastrukturen (§ 3 Nr. 17b TKG) für den Ausbau digitaler Hochgeschwindigkeitsnetze etabliert, das vor allem bei regulierten, geförderten oder öffentlichen Netzen Bedeutung erlangt.[5] Gemäß § 70 Abs. 2 TKG können die im öffentlichen Verkehrsraum gelegenen[6] passiven Netzinfrastrukturen von Betreibern anderer öffentlicher Versorgungsnetze unter den weiteren dort genannten Voraussetzungen mitgenutzt werden; diese Regelung bezieht sich auch auf andere als digitale Hochgeschwindigkeitsnetze.[7] Sie verlangt insbesondere, dass die Ausübung der Nutzungsberechtigung nach § 68 TKG für die Verlegung weiterer Telekommunikationslinien nicht oder nur mit einem unverhältnismäßig hohen Aufwand möglich ist. Ist § 68 TKG im Falle von Eisenbahninfrastrukturen nicht anwendbar, bestehen ebenfalls Mitnutzungsansprüche nach Maßgabe des § 70 Abs. 3 TKG für die Schaffung digitaler Hochgeschwindigkeitsnetze.[8] 6

Um die **Interessen derjenigen, die für die Unterhaltung der Verkehrswege verantwortlich** sind, zu wahren, hat deren Nutzung einerseits nach § 68 Abs. 2 TKG den Anforderungen an die öffentliche Sicherheit und Ordnung sowie den anerkannten Regeln 7

---
[3] *Schütz*, in: Geppert/Schütz (Hrsg.), TKG § 68 Rn. 12; vgl. auch BVerwGE 77, 276, Rn. 14.
[4] *Burgi/Brauner*, MMR 2001, 429, 435.
[5] BT-Drs. 18/8332, 38.
[6] Vgl. zu dieser Anforderung *Schütz*, in: Geppert/Schütz, TKG § 70 Rn. 11.
[7] BT-Drs. 18/8332, 38.
[8] Ausf. zu den damit zusammenhängenden Fragen *Reichert*, in: Scheurle/Mayen (Hrsg.), TKG § 70 Rn. 6 ff.

der Technik zu genügen. In Abweichung dazu (genauer zu den in der Norm sog. ATB) ist ein sog. Micro- bzw. Minitrenching, bei dem für die Verlegung von Leitungsrohren nur die Asphaltdecke in geringer Tiefe aufgefräst wird, allerdings auf entsprechenden Antrag beim Träger der Straßenbaulast zulässig.[9] Hinzu kommt andererseits § 68 Abs. 3 TKG, wonach die Verlegung und Änderung[10] von Telekommunikationslinien dessen Zustimmung bedarf.[11] Weitere Schutzmechanismen zugunsten der für die Unterhaltung des jeweiligen Verkehrswegs zuständigen Stellen folgen aus den §§ 71 ff. TKG: So hat der Nutzungsberechtigte nach den §§ 71 f. TKG auf die Einhaltung des Widmungszwecks und die Betriebsbereitschaft des Verkehrswegs Rücksicht zu nehmen; die Telekommunikationslinie ist zu modifizieren und ggf. sogar zu beseitigen, wenn der Widmungszweck nicht nur vorübergehend beschränkt wird. Die §§ 73 f. TKG verpflichten die Nutzungsberechtigten demgegenüber zur Rücksichtnahme auf die am Verkehrsweg bestehenden Baumpflanzungen sowie auf die dort vorhandenen „besonderen Anlagen" (etwa Kanalisations-, Wasser- oder Gasleitungen).[12] Die Kosten etwaiger nach Maßgabe der §§ 71 ff. TKG erforderlich werdender Maßnahmen[13] trägt – gewissermaßen als Korrelat zur in § 68 Abs. 1 TKG normierten Unentgeltlichkeit der Nutzungsberechtigung – der Nutzungsberechtigte.[14] Rücksichtnahmepflichten in umgekehrter Richtung, dh also des Trägers der Straßenbaulast gegenüber dem Nutzungsberechtigten, bestehen nach Maßgabe des § 75 Abs. 5 TKG, wenn eine Anlage im Sinne des § 74 TKG nach Verlegung der Telekommunikationslinie errichtet wird und kein Fall des § 75 Abs. 2 TKG vorliegt.[15]

2. Nutzung von (privaten) Grundstücken

8 Zur in den §§ 68 ff. TKG normierten und konkretisierten Berechtigung der Nutzung öffentlicher Verkehrswege tritt das Recht zur Nutzung von (privaten) Grundstücken und Gebäuden hinzu. Es findet seine Konkretisierung in § 76 TKG, der gleichrangig neben den §§ 68 ff. TKG steht. Die Nutzungsberechtigten im Sinne der §§ 68 f. TKG müssen also nicht primär öffentliche Verkehrswege beanspruchen, sondern können sich auch auf § 76 TKG berufen, wenn dessen Voraussetzungen vorliegen.[16] Im Einzelnen begründet die Vorschrift eine **Pflicht des Eigentümers zur Duldung** von Telekommunikationslinien auf seinem Grundstück und zum Anschluss der darauf befindlichen Gebäude an öffentliche digitale Hochgeschwindigkeitsnetze (§ 3 Nr. 7a TKG) und öffentliche Telekommunikationsnetze der nächsten Generation (sog. Hausstich in Form der Installation eines Netzabschlusspunktes (§ 3 Nr. 12a TKG) im Keller eines Gebäudes[17]).

9 § 76 Abs. 1 TKG nennt **zwei Alternativen,** von denen eine vorliegen muss, damit diese Duldungspflicht greift. Einerseits reicht es aus, dass eine durch ein Recht (in der Regel eine Grunddienstbarkeit) gesicherte Leitung oder Anlage genutzt wird und die Nutzbarkeit des Grundstücks nicht dauerhaft zusätzlich eingeschränkt wird (Nr. 1).[18] Andererseits kommt die Variante in Betracht, dass das Grundstück einschließlich der Gebäude durch die Benutzung nicht unzumutbar beeinträchtigt wird (Nr. 2). Damit muss der Eigentümer mehr als nur unwesentliche Beeinträchtigungen hinnehmen. Entscheidend sind

---

[9] S. dazu *Beine*, MMR 2013, 290 ff. sowie *Stelkens/Wabnitz*, MMR 2014, 587 ff.
[10] Vgl. zu dieser Anforderung *VG Gießen*, GewArch 2017, 118, Rn. 19, 22 ff.
[11] Ausf. dazu *Schütz*, in: Geppert/Schütz (Hrsg.), TKG § 68 Rn. 44 ff.
[12] Im Überblick zu diesen Vorschriften und den damit zusammenhängenden Problemen *Freund*, NVwZ 2003, 408, 414; *Rathgeb*, NVwZ 2012, 270, 272 f.; kritisch dazu vor dem Hintergrund der verwaltungsgerichtlichen Spruchpraxis *Stelkens/Wabnitz*, MMR 2015, 302 ff.
[13] S. zu deren Grenzen *BVerwG*, NVwZ 2013, 439 f., Rn. 2 ff.; *BVerwG*, BWGZ 2014, 991, Rn. 5 ff.
[14] Vgl. dazu schon *Aubert/Kingler*, Fernmelderecht/Telekommunikationsrecht II, 4. Aufl. 1990, 2. Kap. Rn. 149 f.; daran anknüpfend *Schütz*, in: Geppert/Schütz (Hrsg.), TKG § 72 Rn. 22.
[15] Ausf. zum Ganzen *Reichert*, in: Scheurle/Mayen (Hrsg.), TKG § 75 Rn. 40 ff., 60 ff.
[16] *Bornhofen*, in: Hoeren/Bornhofen (Hrsg.), HdB Wegerechte und Telekommunikation, S. 209, 214.
[17] *Reichert*, in: Scheurle/Mayen (Hrsg.), TKG § 76 Rn. 7.
[18] Ausf. dazu *Wimmer*, K&R 2001, 208, 209; *Wüstenberg*, CR 2002, 801, 802 f.

C. Regelungsinhalt

allerdings die Umstände des Einzelfalls: Das Aufgraben eines zu einem Wohnhaus gehörenden Grundstücks wird in der Regel unzumutbar sein, das Aufgraben eines brachliegenden Feldes jedoch nicht.[19]

Liegt eine dieser Alternativen vor, entsteht ein gesetzliches Schuldverhältnis; die zugehörigen **Ausgleichspflichten** werden in § 76 Abs. 3 TKG konkretisiert: Hat der Grundstückseigentümer eine Einwirkung des Nutzungsberechtigten zu dulden, stehen ihm Ersatzansprüche zu, wenn durch dessen mit dem Betrieb der Telekommunikationslinie verbundene Maßnahmen – etwa Wartungs-, Reparatur-, aber auch Errichtungs- oder Erneuerungsarbeiten – die Benutzung des Grundstücks über das zumutbare Maß hinaus beeinträchtigt oder dessen Ertrag geschmälert wird. Zudem kann ein einmaliger Ausgleich verlangt werden, wenn die Nutzung zu Telekommunikationszwecken erweitert wird. Etwaige Schäden, die durch den Betrieb der Telekommunikationslinie am Grundstück oder dessen Zubehör entstehen, hat der Nutzungsberechtigte auf eigene Kosten zu beseitigen.[20] 10

In enger Verbindung zu § 76 TKG steht **§ 77k TKG,** der sich zwar nicht auf den sog. Hausstich, dafür aber auf den Abschluss von öffentlichen Telekommunikationsnetzen in den Räumen des Teilnehmers (§ 3 Nr. 20 TKG) – den von manchen sog. Wohnungsstich innerhalb eines Hauses[21] – bezieht. Während dessen Absatz 1 solche Maßnahmen primär unter Zustimmungs- und Verhältnismäßigkeitsvorbehalt stellt, geht es in § 77k Abs. 2 f. TKG um die (grundsätzlich bestehende) Möglichkeit, um die (an faire und diskriminierungsfreie Bedingungen gebundene) Ausgestaltung und um die (bei Unzumutbarkeit überschrittene) Grenze von Mitnutzungsrechten an bereits bestehenden Infrastrukturen anderer Netzbetreiber in Gebäuden. Vorschriften über das Erfordernis von Netzabschlusspunkten in neuen oder zu renovierenden Häusern verbunden mit Ausnahmen und baubehördlichen Überwachungspflichten[22] kommen hinzu.[23] 11

II. Mitnutzung öffentlicher Versorgungsnetze

Die §§ 77a ff. TKG treffen Aussagen über die Möglichkeiten und Grenzen der Mitnutzung öffentlicher Versorgungsnetze (§ 3 Nr. 16b TKG). Die dort niedergelegten Vorschriften sind unlängst durch das DigiNetzG aufgrund unionsrechtlicher Vorgaben umfassend novelliert worden[24] und beziehen sich (anders als die §§ 68 ff. TKG) primär auf den Auf- bzw. Ausbau digitaler Hochgeschwindigkeitsnetze.[25] Inhaltlich lassen sich transparenzfördernde Informations- und vertragsbezogene Mitnutzungsregeln differenzieren. Hinzu kommen spezielle Vorschriften über Informationen über und die Koordinierung von laufende(n) Bauvorhaben. All' diese in der Regel antragsgebundenen Rechtspositionen (vgl. § 77l TKG) haben zum Ziel, Schaffung und Ausbau von Telekommunikationsinfrastrukturen zu optimieren, insbesondere um die Versorgung mit Telekommunikationsnetzen der nächsten Generation bzw. (den mit Einführung des DigiNetzG an deren Stelle getretenen[26]) digitalen Hochgeschwindigkeitsnetzen auch in der Peripherie zu verbessern und so den gesellschaftlichen Zusammenhalt zu stärken.[27] Sie werden flankiert von Vorschriften über die Vertraulichkeit etwa gewonnener Informationen (vgl. § 77m TKG) sowie etwaigen auf Basis des § 77o TKG erlassenen Rechtsverordnungen, die primär (weitere) Aus- 12

---

[19] Vgl. zum Ganzen *Reichert,* in: Scheurle/Mayen (Hrsg.), TKG § 76 Rn. 20 ff.
[20] Ausf. dazu *Schütz,* in: Geppert/Schütz (Hrsg.), TKG § 76 Rn. 43 ff.
[21] *Sörries,* N&R 2016, 272, 274.
[22] Vgl. BT-Drs. 18/9023, 17.
[23] Im Überblick auch *Stelter,* in: Scheurle/Mayen (Hrsg.), TKG § 77k Rn. 4 ff.; vgl. auch *Brock/Schmittmann,* MMR 2016, 584, 586 ff.
[24] *Ufer,* MMR 2016, 12, 12.
[25] *Lange/Welling,* Versorgungswirtschaft 2017, 73, 73 f.
[26] Vgl. *Lünenburger/Stamm,* in: Scheurle/Mayen (Hrsg.), TKG § 3 Rn. 16.
[27] Vgl. *Ufer,* MMR 2016, 12, 12 f.

nahmen von den in den §§ 77a ff. TKG enthaltenen Informations-, Mitnutzungs- und Koordinierungsrechten enthalten.[28]

1. Transparenzfördernde Informationsregeln

13 Die transparenzfördernden Informationsregeln setzen auf öffentlich zugängliche und auf individuell generierbare Informationen. Hinzu kommt die erst Ende 2019 in § 77r TKG neu geschaffene und durch Rechtsverordnungen, die auf Basis des § 77q TKG zu erlassen sind, konkretisierbare Möglichkeit, geografische Erhebungen zum Zwecke der Erstellung einer vorausschauenden Übersicht über den Mobilfunknetzausbau zur Identifizierung von Versorgungslücken durchzuführen, in die dann unter bestimmten Voraussetzungen Gebietskörperschaften werden Einsicht nehmen können.[29]

a) Einsichtnahme in den Infrastrukturatlas

14 Um die Informationen über telekommunikationsrelevante Infrastrukturen zu verbessern, führt die BNetzA gemäß § 77a Abs. 1 TKG als zentrale Informationsstelle des Bundes einen sog. Infrastrukturatlas (ISA). Er setzt sich aus drei Teilen zusammen und dient erstens dazu, eine gebietsbezogene, Planungszwecken dienende Übersicht über Einrichtungen, die zu Telekommunikationszwecken genutzt werden können, zu schaffen (sog. **ISA-Planung**).[30] Dazu berechtigt § 77a Abs. 2 TKG die BNetzA nun nicht mehr nur, sondern verpflichtet sie gegenüber den Eigentümern oder Betreibern öffentlicher Versorgungsnetze zur Informationsbeschaffung.[31] Im Einzelnen können die Angaben verlangt werden, die für die Erstellung einer detaillierten Übersicht über Art, gegenwärtige Nutzung und geografische Lage des Standortes und der Leitungswege von telekommunikationsrelevanten Einrichtungen erforderlich sind. Aus Abs. 3 dieser Vorschrift folgen dann die näheren Bedingungen der Auskunftsrechte zugunsten derjenigen, die am Ausbau von öffentlichen Versorgungsnetzen mit telekommunikationsrelevanten Einrichtungen beteiligt sind, während § 77a Abs. 4 TKG die Grenzen dieses Auskunftsrechts – so zB im Falle von Bezügen zu kritischen Infrastrukturen oder von Gefahren für die Integrität der Einrichtung – aufzeigt. Die weitreichenden Informationsbefugnisse der BNetzA gegenüber den Betreibern oder Eigentümern öffentlicher Versorgungsnetze schaffen im Verbund mit deren Auskunftsmöglichkeiten eine breite Informationsbasis über bestehende telekommunikationsrelevante Einrichtungen, was zur Generierung von kostensparenden Synergien beiträgt und den Netzauf- und -ausbau beschleunigt.[32]

15 Der zweite Teilbereich des Infrastrukturatlas wird von der BNetzA mit „**ISA-Mitnutzung**" auf den Begriff gebracht. Darin finden sich nach § 77a Abs. 1 Nr. 2 TKG detaillierte Informationen für die auf Basis der §§ 77d bis g TKG mögliche Mitnutzung passiver Netzinfrastrukturen öffentlicher Versorgungsnetze. Die insoweit relevanten Angaben bestehen nach § 77b Abs. 3 TKG aus der geographischen Lage des Standorts und der Leitungswege sowie aus der Art und gegenwärtigen Nutzung der passiven Netzinfrastrukturen. Zudem sind dort Kontaktdaten von Ansprechpartnern des Betreibers oder Eigentümers des zugehörigen öffentlichen Versorgungsnetzes aufzuführen. Diese Informationen werden in die ISA-Mitnutzung aufgenommen, wenn sie der BNetzA unter Einhaltung der dafür vorgesehenen Bedingungen zur Verfügung gestellt worden sind. Diese Angaben werden dann unverzüglich eingestellt und dadurch den in § 77b Abs. 6 TKG aufgeführten Stellen auf elektronischem Wege zugänglich gemacht; die konkreten Bedingungen der Einsicht-

---

[28] Ausf. dazu *Stelter*, in: Scheurle/Mayen (Hrsg.), TKG § 77o Rn. 3 ff.
[29] BT-Drs. 19/11160, 13.
[30] *Stelter*, in: Scheurle/Mayen (Hrsg.), TKG § 77a Rn. 3, dort auch zu „ISA Mitnutzung" und „ISA Baustelle".
[31] BT-Drs. 19/11160, 13.
[32] S. dazu *Schenek*, BWGZ 2016, 254, 254 f.

nahme legt die BNetzA fest.[33] Der Kreis der Berechtigten weicht insoweit von dem des § 77a Abs. 3 TKG ab, als nicht die am Ausbau von öffentlichen Versorgungsnetzen Beteiligten in Bezug genommen werden, sondern die Betreiber oder Eigentümer öffentlicher Telekommunikationsnetze, der Bund, die Länder und die Kommunen sowie das Bundesverkehrsministerium. Aufgrund der Sensibilität der Daten wird man insbesondere bei Bund und Ländern zu fordern haben, dass nur solche Stellen einsichtnahmeberechtigt sind, die qua legem mit dem Ausbau von Hochgeschwindigkeitsnetzen befasst sind.[34]

Den dritten Teil des Infrastrukturatlas bildet der „**ISA-Baustelle**". Darin finden sich gemäß § 77a Abs. 1 Nr. 3 TKG Informationen für die in § 77i TKG näher umschriebene Koordination von Bauarbeiten an öffentlichen Versorgungsnetzen. Die abrufbaren Angaben werden in § 77h Abs. 3 TKG genannt. Im Einzelnen handelt es sich um Daten über laufende und geplante Bauarbeiten an passiven Netzinfrastrukturen öffentlicher Versorgungsnetze, für die bereits eine Genehmigung erteilt wurde oder ein Genehmigungsverfahren anhängig ist. Erneut sind geografische Lage und Standort der Bauarbeiten, deren geschätzter Beginn und die geplante Dauer, die betroffenen Netzkomponenten sowie die Kontaktdaten eines Ansprechpartners des Betreibers oder Eigentümers des von den Bauarbeiten betroffenen Versorgungsnetzes angesprochen. Die BNetzA nimmt diese Informationen in den „ISA Baustelle" auf, wenn sie ihr nach § 77h Abs. 5 und 6 TKG zur Verfügung gestellt wurden. Während § 77h Abs. 5 Nr. 2 TKG dem § 77b Abs. 5 TKG nachgebildet ist, unterscheidet sich § 77h Abs. 6 TKG insoweit von dieser Vorschrift, als er eine Rechtspflicht zur Weitergabe der in § 77h Abs. 3 TKG aufgeführten Informationen an die BNetzA („sind") in ihrer Funktion als zentrale Informationsstelle etabliert, was zugleich dafür spricht, dass sie die Daten in den „ISA Baustelle" aufnehmen muss.[35] Einsicht nehmen darf, wer ein berechtigtes Interesse vorweisen kann. Diese im Vergleich zu den §§ 77a Abs. 3, 77b Abs. 6 TKG großzügigere Formulierung ist Ausdruck der erheblichen Hoffnungen auf kosteneinsparende Synergien, die sich der Gesetzgeber von der Transparenz laufender oder geplanter Bauarbeiten verspricht.

b) Individuelles Ersuchen

Zu den Informationsmöglichkeiten, die der Infrastrukturatlas bietet, treten individualisierte Auskunftsrechte nach Maßgabe des § 77b Abs. 1, 2 und 4 sowie des § 77h Abs. 1, 2 und 4 TKG hinzu. Beide Bestimmungen sind strukturell identisch angelegt: Hier wie dort wird in Absatz 1 ein auf ein konkretes Gebiet bezogenes **Auskunftsrecht** zugunsten von Betreibern oder Eigentümern für Zwecke des Ausbaus digitaler Hochgeschwindigkeitsnetze etabliert, hier wie dort wird in Absatz 2 die Auskunftserteilung durch den mit dem Ersuchen adressierten Eigentümer oder Betreiber des öffentlichen Versorgungsnetzes an bestimmte Bedingungen (insbesondere die der Verhältnismäßigkeit, der Diskriminierungsfreiheit und der Transparenz) geknüpft und hier wie dort finden sich in Absatz 4 die in Teilen § 77a Abs. 4 TKG ähnelnden Voraussetzungen, unter denen ein Antrag auf Auskunft abgelehnt werden darf. Zudem legen die Absätze 5 der §§ 77b und 77h TKG fest, dass auf die Abrufbarkeit der Informationen aus dem Infrastrukturatlas verwiesen werden darf, wenn die Angaben der BNetzA als zentrale Informationsstelle zur Verfügung gestellt worden sind. Im Falle von (laufenden) Bauarbeiten darf der Bauherr ggf. auch darauf verweisen, dass er die Informationen bereits selbst öffentlich zugänglich gemacht hat.[36]

Abgesehen von diesen individuellen Informationsmöglichkeiten bietet § 77c TKG die Möglichkeit einer sog. **Vor-Ort-Untersuchung.** Sie kann nach Absatz 2 dieser Vorschrift der Eigentümer bzw. Betreiber öffentlicher Telekommunikationsnetze beim für das öffentliche Versorgungsnetz Verantwortlichen beantragen, wobei aus dem Ersuchen hervorgehen

---

[33] Vgl. *Biendl*, N&R 2018, 19, 19 ff.
[34] *Reichert*, in: Scheurle/Mayen (Hrsg.), TKG § 77b Rn. 27.
[35] *Stelter*, in: Scheurle/Mayen (Hrsg.), TKG § 77h Rn. 34 f.
[36] Vgl. zum Ganzen *Biendl*, N&R 2018, 19, 19 ff.

muss, welche Netzkomponenten von dem Ausbau digitaler Hochgeschwindigkeitsnetze betroffen sein werden. Ist der Antrag zumutbar, was vor allem dann der Fall ist, wenn die Untersuchung der Verwirklichung der Ziele der §§ 77b und 77h TKG dient, dh also für eine gemeinsame Nutzung passiver Netzinfrastrukturen oder die Koordinierung von Bauarbeiten erforderlich ist, muss die Untersuchung gestattet werden. Sie hat dann (erneut) unter verhältnismäßigen, diskriminierungsfreien und transparenten Bedingungen sowie unter Einhaltung der jeweiligen Sicherheitserfordernisse auf Kosten des Antragstellers (Abs. 6) zu erfolgen; in der Regel wird es um physische Arbeiten zur Ermittlung des Leitungsverlaufs gehen.[37] Eine Ablehnung des Untersuchungsantrags ist im Falle seiner Zumutbarkeit nur unter den Voraussetzungen des § 77c Abs. 3 TKG zulässig; diese Norm ähnelt in den Fallgruppen den § 77a Abs. 4, § 77b Abs. 4 und § 77h Abs. 4 TKG.

2. Vertragsbezogene Mitnutzungsregeln

19 Zu diesen Informations- und Untersuchungsmöglichkeiten treten Mitnutzungsrechte hinzu. Sie sind in den §§ 77d ff. TKG geregelt. Im Einzelnen finden sich in § 77d Abs. 1 TKG die näheren Bedingungen, die an den Antrag auf Mitnutzung passiver Netzinfrastrukturen öffentlicher Versorgungsnetze für den Einbau von Komponenten digitaler Hochgeschwindigkeitsnetze zu stellen sind. Insbesondere muss der Betreiber bzw. Eigentümer des öffentlichen Telekommunikationsnetzes sein Ausbauprojekt konkret beschreiben, einen genauen Zeitplan vorlegen und das mit dem Netz zu erschließende Gebiet angeben. Die von diesem Antrag adressierten Eigentümer bzw. Betreiber öffentlicher Versorgungsnetze haben dann gemäß § 77d Abs. 2 TKG binnen zwei Monaten ein **Mitnutzungsangebot** zu unterbreiten, das insbesondere die Bedingungen (vor allem im finanziellen Bereich) fair und angemessen gestaltet, die operative und organisatorische Umsetzung der Mitnutzung festlegt und die Verantwortlichkeiten regelt. Die Mitnutzung ist zudem so auszugestalten, dass sie den Anforderungen der öffentlichen Sicherheit und Gesundheit sowie den anerkannten Regeln der Technik genügt (Abs. 3). Etwa geschlossene Verträge sind der BNetzA binnen zwei Monaten zur Kenntnis zu geben. Weitere Einzelheiten zum Umfang der und den Einnahmen aus der Mitnutzung finden sich in den §§ 77e und 77f TKG.

20 Der Adressat des Mitnutzungsantrags darf die Unterbreitung eines Mitnutzungsangebots nach § 77g Abs. 1 TKG nur aus objektiven, transparent dargelegten und verhältnismäßigen Gründen **verweigern**. Sie sind in Abs. 2 dieser Vorschrift abschließend aufgeführt.[38] Im Einzelnen kommen etwa in Betracht die fehlende technische Eignung der passiven Netzinfrastruktur für die Unterbringung der Netzkomponenten, ein derzeit oder zukünftig bestehender, dann durch Investitionsplanungen zu belegender Platzmangel, aus der avisierten Mitnutzung resultierende Gefahren für die öffentliche Gesundheit oder Sicherheit sowie für die Integrität und Sicherheit bestehender Versorgungsnetze insbesondere in Form von kritischen Infrastrukturen, eine zu erwartende erhebliche Störung des Versorgungsdienstes sowie der Überbau (vgl. § 3 Nr. 27a TKG)[39] von bestehenden Glasfasernetzen, die bereits einen diskriminierungsfreien und offenen Netzzugang zur Verfügung stellen. Abgesehen davon kann ein Mitnutzungsantrag auch dann abgelehnt werden, wenn der Eigentümer bzw. Betreiber des öffentlichen Versorgungsnetzes tragfähige Alternativen anbietet, die sich ebenfalls für den Ausbau digitaler Hochleistungsnetze eignen sowie zu fairen und angemessenen Bedingungen gewährt werden.[40]

---

[37] *Stelter*, in: Scheurle/Mayen (Hrsg.), TKG § 77c Rn. 7.
[38] BT-Drs. 18/8332, 47.
[39] Vgl. dazu *Kühling/Bulowski*, N&R 2017, 19, 26 ff.
[40] Aus der Praxis *Lange/Demerci*, Versorgungswirtschaft 2019, 74, 74 f.

3. Koordinierung von Bauarbeiten

Zu den in den §§ 77d ff. TKG konkretisierten Mitnutzungsrechten tritt § 77i TKG hinzu. Darin befinden sich neben den teilweise kritisierten Mitverlegungsregeln in Abs. 6 und 7[41] Vorschriften, die sich der Möglichkeit der Koordinierung von Bauarbeiten durch öffentliche Telekommunikations- und öffentliche Versorgungsnetzbetreiber bzw. -eigentümer widmen. Die zugehörigen Regeln knüpfen weitgehend an die der §§ 77d ff. TKG an, sind also diesen Bestimmungen strukturell verwandt: So findet sich in § 77i Abs. 2 TKG ein **Antragsrecht** des Eigentümers oder Betreibers öffentlicher Telekommunikationsnetze, der darin Art und Umfang der zu koordinierenden Bauarbeiten und die zu errichtenden Komponenten digitaler Hochgeschwindigkeitsnetze zu benennen hat.

21

Diesem Antrag hat der Eigentümer bzw. Betreiber des öffentlichen Versorgungsnetzes **im Falle seiner Zumutbarkeit zu entsprechen,** wenn er Bauarbeiten direkt oder indirekt ausführt, die zumindest teilweise aus öffentlichen Mitteln finanziert werden. Die Zumutbarkeit wird in § 77i Abs. 3 S. 2 TKG mit Hilfe nicht abschließender („insbesondere") Fallgruppen (keine Zusatzkosten, keine Behinderung der Kontrolle über die Bauarbeiten, kein Verschleppen des Antrags) konkretisiert. Mittlerweile findet sich dort auch ein nicht abschließend („insbesondere") gemeinter Fall der Unzumutbarkeit – nämlich der, dass durch die Koordinierung ein geplantes öffentlich gefördertes Glasfasernetz, das diskriminierungsfreien offenen Netzzugang zur Verfügung stellt, überbaut wird.[42]

22

Eine **Ablehnung des Antrags** ist lediglich dann möglich („kann"), wenn die in § 77i Abs. 5 TKG abschließend[43] aufgeführte Konstellation (kumulativ Betroffenheit von Teilen kritischer Infrastrukturen und unverhältnismäßiger Koordinierungsaufwand im Lichte der gesetzlichen Schutzpflichten des Bauherrn) einschlägig ist.[44] Die Grundsätze zu den Einzelheiten der Umlage für die zusätzlich aus der Koordinierung entstehenden Kosten[45] legt nach § 77i Abs. 4 TKG die BNetzA fest. Sie sind der Handlungsform nach als Verwaltungsvorschriften einzuordnen und werden veröffentlicht. Die BNetzA ist im Rahmen der Streitbeilegung nach § 77n TKG an die dortigen Festsetzungen gebunden.[46]

23

D. Durchsetzungsmechanismen

Die behördlichen Durchsetzungsmechanismen im Bereich der **Wegerechte** setzen weniger bei den Nutzungsberechtigungen als vielmehr bei den aus den §§ 71 ff. TKG resultierenden Ersatz- bzw. Entschädigungsansprüchen an. Soweit sie dem Träger der Straßenbaulast gegenüber dem Nutzungsberechtigten zustehen, stellt sich die Frage, ob er befugt ist, einen Verwaltungsakt zu erlassen und ihn ggf. zu vollstrecken. Sie beantwortet sich danach, ob der jeweils einschlägigen Regelung aus den §§ 71 ff. TKG eine Verwaltungsaktbefugnis immanent ist[47] oder nicht.[48] Teile der Literatur leiten sie ohne weitere Begründung implizit aus diesen Vorschriften her,[49] ohne dass sie sich in deren Wortlaut festmachen ließe. Hinzu kommt, dass die §§ 71 ff. TKG gleichermaßen etwaige aus der Nutzungsberechtigung nach §§ 68 f. TKG resultierende Nachteile ausgleichen wollen. Sie können aber beim Träger der Straßenbaulast (vgl. § 71 Abs. 3, § 72 Abs. 3, § 73 Abs. 3, § 74 Abs. 2 TKG), bei Privatpersonen (vgl. § 73 Abs. 3 TKG[50]) oder beim Nutzungsberechtigten

24

---

[41] Vgl. *Stelter,* in: Scheurle/Mayen (Hrsg.), TKG § 77i Rn. 28 ff.; *Holznagel,* MMR 2018, 798, 799 ff.
[42] BT-Drs. 19/6336, 6 f.
[43] Vgl. *Stelter,* in: Scheurle/Mayen (Hrsg.), TKG § 77i Rn. 24 f.
[44] Aus der Praxis *Heinickel/Scherer,* NVwZ 2018, 1014, 1019.
[45] Vgl. dazu *Reußer/Karrer,* N&R 2017, 207, 210.
[46] *Stelter,* in: Scheurle/Mayen (Hrsg.), TKG § 77i Rn. 23.
[47] So zB *Schütz,* in: Geppert/Schütz (Hrsg.), TKG § 71 Rn. 17.
[48] So *Reichert,* in: Scheurle/Mayen (Hrsg.), TKG § 71 Rn. 11 f.
[49] *Dörr,* in: Säcker (Hrsg.), TKG § 72 Rn. 18.
[50] *Schütz,* in: Geppert/Schütz (Hrsg.), TKG § 73 Rn. 1.

selbst (§ 75 Abs. 5 TKG) auftreten, so dass es nicht sachgerecht scheint, einzelne Beteiligte aufgrund ihres hoheitlichen Status zu privilegieren.[51]

25 Die in den §§ 77a ff. TKG niedergelegten Vorschriften insbesondere zur **Mitnutzung öffentlicher Versorgungsnetze** führen vornehmlich zu Konflikten zwischen den Eigentümern bzw. Betreibern öffentlicher Versorgungs- und öffentlicher Telekommunikationsnetze. Gleichwohl finden sich in § 77n TKG wenn auch keine Durchsetzungs-, so doch Streitbeilegungsmechanismen, in deren Rahmen der BNetzA eine vermittelnde Rolle zukommt. Diese Vorschrift berechtigt die Beteiligten im Falle von Streitigkeiten über das „Ob" und das „Wie" der Mitnutzung bzw. der Koordinierung von Bauarbeiten einen Antrag auf Streitbeilegung bei der BNetzA zu stellen. Sie entscheidet dann nach Maßgabe der in § 77n TKG im Einzelnen normierten und sehr differenziert ansetzenden Bestimmungen, die § 133 TKG in ihrem Anwendungsbereich vorgehen. Wird die BNetzA entsprechend tätig, trifft sie aufgrund von § 132 Abs. 2 TKG über eine Beschlusskammer als nationale Streitbeilegungsstelle Anordnungen in Form von Verwaltungsakten. Die näheren Einzelheiten zum Verfahren finden sich in § 77n TKG, vor allem aber in § 134a TKG. Zudem gelten die Besonderheiten des § 137 TKG (s. → Rn. 157 ff.).[52]

E. Rechtsbehelfsmöglichkeiten

26 Im Bereich des Rechtsschutzes sind ebenfalls die im Falle der §§ 68 ff. TKG und der §§ 77a ff. TKG bestehenden Möglichkeiten zu unterscheiden.

I. Wegerechtliche Streitigkeiten

27 Im Falle von wegerechtlichen Streitigkeiten ist Rechtsschutz grundsätzlich vor den **Verwaltungsgerichten** zu suchen. Lediglich im Anwendungsbereich der §§ 70[53], 73[54] TKG soll etwas anderes gelten. Diesem Ansatz ist jedoch entgegenzuhalten, dass auch diese Vorschriften an das öffentlich-rechtlich strukturierte Sondernutzungsrecht aus § 68 TKG anknüpfen, so dass die besseren Gründe dafür sprechen, dass auch insoweit der Verwaltungsrechtsweg eröffnet ist.[55] Dieser Begründungslinie folgt jedenfalls für die §§ 74 ff. TKG mittlerweile auch die bundesverwaltungsgerichtliche Spruchpraxis.[56]

28 Was die **statthafte Klageart** angeht, die ggf. nach erfolgloser Durchführung des Vorverfahrens zu erheben ist, kommt es auf das Begehr des Rechtsbehelfsführers an. Will er eine Nutzungsberechtigung übertragen bekommen oder eine Zustimmung des Trägers der Straßenbaulast erstreiten, liegt ein Verpflichtungsbegehr vor, will er zB als Anlieger gegen derartige Hoheitsakte vorgehen eine Anfechtungsbegehr. Denkbar ist schließlich die Erhebung einer Leistungsklage, insbesondere wenn es um die gerichtliche Geltendmachung von Kostenersatzansprüchen auf Basis der §§ 71 ff. TKG geht.[57]

29 Fraglich ist schließlich die **Klage- bzw. Antragsbefugnis** – namentlich, wenn ein Anlieger Drittschutz gegen eine Zustimmung oder Nutzungsberechtigung begehrt. In solchen Fällen wird man Schutznormen vor allem aus dem Baurecht bzw. der Eigentumsfreiheit ableiten können.[58] Versucht sich hingegen ein Bürger zur Wehr zu setzen, der einen

---

[51] Ähnl. *Bosch*, in: Trute/Spoerr/Bosch (Hrsg.), Telekommunikationsgesetz mit FTEG, TKG § 53 Rn. 16.
[52] Vgl. zum Ganzen *Stelter*, in: Scheurle/Mayen (Hrsg.), TKG § 77n Rn. 6, 12, 23 ff., 35.
[53] So *Burgi*, DVBl. 2001, 845, 847; *Dörr*, in: Säcker (Hrsg.), TKG § 70 Rn. 15.
[54] So *Schütz*, in: Geppert/Schütz (Hrsg.), TKG § 73 Rn. 12.
[55] So auch *Reichert*, in: Scheurle/Mayen (Hrsg.), TKG § 75 Rn. 72; *Schütz*, in: Arndt/Fetzer/Scherer/Graulich (Hrsg.), TKG § 73 Rn. 12.
[56] So explizit *BVerwG*, NVwZ 2009, 308, 309 f.
[57] *Reichert*, in: Scheurle/Mayen (Hrsg.), TKG § 68 Rn. 38 sowie § 71 Rn. 12.
[58] *Stober/Korte*, Öffentliches Wirtschaftsrecht, Rn. 650.

Verkehrsweg widmungsgemäß nutzen will und sich daran durch eine zugewiesene Nutzungsberechtigung gehindert sieht, fehlt eine drittschützenden Vorschrift, weil es kein subjektiv-öffentliches Recht auf Aufrechterhaltung des Gemeingebrauchs gibt.[59]

II. Versorgungsnetzbezogene Streitigkeiten

Im Bereich der Mitnutzung öffentlicher Versorgungsnetze geht die verwaltungsgerichtliche Spruchpraxis davon aus, dass die Verpflichtung zur Informationsübermittlung – soweit sie besteht (s. → Rn. 14 ff.) – und die darauf folgende Übernahme der Information in den **Infrastrukturatlas** zwei Bestandteile eines gestuften Verfahrens abbilden, die je für sich als Verwaltungsakt ergehen und daher je für sich anfechtbar sind.[60] § 44a VwGO dürfte ähnlich wie im Rahmen der Frequenzversteigerung (s. → Rn. 90) insoweit dann nicht greifen. Da es sich jeweils um Maßnahmen der BNetzA handelt, die allerdings nicht von Beschlusskammern getroffen werden (s. → Rn. 157 ff.), ist § 137 Abs. 1 TKG anwendbar.[61] Soweit Auskünfte aus dem Infrastrukturatlas verweigert werden, liegt demgegenüber ein Verpflichtungsbegehr vor,[62] die, da die Auskunft per Verwaltungsakt gewährt wird,[63] im Wege der Verpflichtungsklage durchsetzbar ist. Werden Auskünfte erteilt, kommen Rechtsbehelfe der von der Auskunft Betroffenen mangels Drittschutzes nicht in Betracht. Sie müssen sich gegen die Informationsverpflichtung und -übernahme in den Atlas zur Wehr setzen.[64]

Betrachtet man demgegenüber etwaige **Rechtsstreitigkeiten**, die **auf Basis der §§ 77b ff. TKG** geführt werden, so ist grundsätzlich der Weg zu den Zivilgerichten eröffnet, da dann Ansprüche aus einem gesetzlichen Schuldverhältnis in Streit stehen. Hinzu tritt allerdings auch die Möglichkeit der Streitbeilegung auf Basis des § 77n TKG (s. → Rn. 25). Wird dieser Weg beschritten, so ergeht die Entscheidung der BNetzA als Verwaltungsakt mit privatrechtsgestaltender Wirkung, gegen den dann wiederum vor den Verwaltungsgerichten je nach Begehr per Anfechtungs- oder Verpflichtungsklage nach Maßgabe des § 137 TKG vorgegangen werden kann. Unabhängig davon, wie sich die Parteien verhalten, können sie folglich im Endeffekt gerichtlichen Rechtsschutz erlangen, wie es die Kostensenkungs-Richtlinie fordert. Ein zweigleisiges Vorgehen kommt jedoch nicht in Betracht, da das zivilgerichtliche Urteil ein anschließendes Verfahren vor der BNetzA in ihrer Funktion als nationale Streitbeilegungsstelle und umgekehrt deren Entscheidung ein anschließendes zivilgerichtliches Vorgehen hindert; insoweit fehlt dann jeweils die Antragsbefugnis bzw. -berechtigung.[65]

F. Verhältnis zu anderen Vorschriften

Nachdem der Gefahr eines sog. Überbaus über geschaffene Netzinfrastrukturen infolge telekommunikationsrechtlicher Zugangsansprüche[66] mit Hilfe entsprechender Vorschriften in den §§ 77a ff. TKG in Umsetzung der Kostensenkungs-Richtlinie abgeholfen ist (s. → Rn. 12), stellen sich weniger Fragen zum **Verhältnis der §§ 68 ff. TKG** zu anderen Rechtsvorschriften, als vielmehr zum Verhältnis dieser Rechtsvorschriften **untereinander.** Namentlich ist daran anknüpfend zu erörtern, in welchem Verhältnis die Mitnutzungs-

---

[59] *Dörr,* in: Säcker (Hrsg.), TKG § 68 Rn. 80; BVerwGE 32, 222, 225.
[60] *OVG Münster,* K&R 2016, 211 Rn. 5; vgl. dazu *Schenek,* BWGZ 2016, 254, 255 f.
[61] *Stelter,* in: Scheurle/Mayen (Hrsg.), TKG § 77a Rn. 43.
[62] *Scherer/Heinickel,* in: Arndt/Fetzer/Scherer/Graulich (Hrsg.), TKG § 77a Rn. 34.
[63] *Stelter,* in: Scheurle/Mayen (Hrsg.), TKG § 77a Rn. 39, 44.
[64] *Scherer/Heinickel,* in: Arndt/Fetzer/Scherer/Graulich (Hrsg.), TKG § 77a Rn. 34.
[65] *Stelter,* in: Scheurle/Mayen (Hrsg.), TKG § 77b Rn. 30, § 77n Rn. 35.
[66] S. zum Problem *Kühling/Bulowski,* N&R 2017, 19, 20 ff.

rechte an öffentlichen Versorgungsnetzen aus den §§ 77a ff. TKG zu den konventionellen Nutzungsberechtigungen aus den §§ 68 ff. TKG stehen. Insoweit lässt sich dem Gesetzeswortlaut zunächst keine klare Aussage entnehmen.

33 Stattdessen richtet sich die Beantwortung der Frage, welcher Weg zur Geltendmachung etwaiger Mitnutzungsansprüche beschritten wird, nach Gesichtspunkten unternehmerischer Opportunität.[67] Namentlich mit Blick auf die inhaltsverwandten **§§ 77d ff. TKG einerseits und § 70 Abs. 2 TKG andererseits** fällt auf, dass letztgenannte Norm zwar auch jenseits der Errichtung bzw. des Ausbaus digitaler Hochgeschwindigkeitsnetze Mitnutzungsrechte gewährt, gleichwohl aber neben den „Voraussetzungen der §§ 77d, 77e und 77g TKG zusätzlich noch verlangt, dass die Ausübung der Nutzungsberechtigung aus § 68 TKG für die Verlegung der Telekommunikationslinien nicht oder nur mit unverhältnismäßigem Aufwand möglich ist. Insoweit bestehen also strengere Voraussetzungen, die den Netzbetreiber bzw. -eigentümer in Richtung Etablierung von digitalen Hochgeschwindigkeitsnetzen lenken (sollen).[68]

---

[67] Vgl. dazu die Erwägungen bei *Stelkens/Wabnitz,* MMR 2014, 730, 731 ff.
[68] Ausf. dazu auch *Reichert,* in: Scheurle/Mayen (Hrsg.), TKG vor § 68 Rn. 22a.

Teil 8.4 Netzneutralität

Übersicht

Rn.

- A. Gefahrenlage 2
- B. Zielsetzung 5
- C. Regelungsinhalt 7
  - I. Begriff der Netzneutralität 8
  - II. Funktionsweise 10
    - 1. Umfang 11
    - 2. Einschränkungen 29
  - III. Dienste mit spezifischem Qualitätsniveau 40
    - 1. Sinn und Zweck 41
    - 2. Anforderungen 42
    - 3. Einschränkungen 45
  - IV. Selbsthilfemechanismen zugunsten der Endnutzer 48
- D. Durchsetzungsmechanismen 51
  - I. BNetzA 52
    - 1. Umfang der Befugnisse 53
    - 2. Unionsrechtskonformität 57
  - II. GEREK 58
- E. Rechtsbehelfsmöglichkeiten 59
- F. Verhältnis zu anderen Rechtsvorschriften 62
  - I. Recht der Marktregulierung, §§ 9 ff. TKG 63
  - II. Wettbewerbsrecht, Art. 101 f. AEUV 64
  - III. Plattformregulierung 65

Die Netzneutralität bildet den historisch gewachsenen Ursprungszustand der Übertragung 1 von Inhalten im Internet ab, da Datenpakete seit jeher nach dem sog. best-effort-Prinzip vom Absender zum Empfänger geleitet werden. Alle Informationen werden also mit gleicher Geschwindigkeit übertragen, ohne dass lenkend oder selektierend auf den Datenfluss zugegriffen wird. Bei Engpässen gilt das Prioritätsprinzip, so dass die zuletzt eingetroffenen Daten auch zuletzt weitertransportiert werden.[1] Wird die Frage nach dem Für und Wider der Netzneutralität aufgeworfen, ist folglich zu erörtern, ob bzw. inwieweit die Durchleitung von Daten durch das Internet nach bestimmten Kriterien priorisiert werden darf bzw. soll oder nicht.[2]

A. Gefahrenlage

Die Möglichkeit solcher Priorisierungen besteht, weil die für die Identifikation von Da- 2 teninhalten, -urhebern oder -empfängern erforderlichen Informationen aufgrund technischer Innovationen selbst dann schon aus den im Internet fluktuierenden Daten ausgelesen werden können, wenn sie nur durch das Netz durchgeleitet werden.[3] Deshalb sind Netzbetreiber und Netzzugangsanbieter gleichermaßen[4] in der Lage, **Einfluss auf den Datenstrom** im Internet zu nehmen.[5] Dadurch können sie die Abrufbarkeit bestimmter Angebote durch Verlangsamung oder Blockierung des Datenstroms erschweren oder verhindern und so deren Attraktivität verringern. In diesem Falle setzen sich die auf der Ebene der

---

[1] Vgl. *Müller-Terpitz*, K&R 2012, 476, 477; *Gersdorf*, AfP 2011, 209, 211.
[2] *Körber*, in: Immenga/Mestmäcker (Hrsg.), Wettbewerbsrecht, Rn. 203, 207; vgl. auch *Görisch*, EuZW 2012, 494, 495.
[3] *Rogge*, Die Zukunft der Netzneutralität im Internet, S. 73.
[4] Vgl. *Osing*, Die Netzneutralität im Binnenmarkt, S. 80, 86 sowie BoR (16) 127b S. 3.
[5] Ausf. dazu *Rogge*, Die Zukunft der Netzneutralität im Internet, S. 52 ff.

Telekommunikationsnetzinfrastrukturen mit Hilfe der Markt-, Zugangs- und Preisregulierung domestizierten Gefahren gewissermaßen auf der Inhalte-bzw. Abruf-Ebene fort.[6]

3   Zu solchen Beeinträchtigungen neigen die Netzbetreiber bzw. -zugangsanbieter vor allem aus zwei Gründen: Erstens können sie eigene Angebote privilegieren, wenn sie vertikal integriert sind und über konkurrierende Inhaltsdienste verfügen.[7] Zweitens können sie zusätzliche Einnahmen generieren, wenn sie Güte und Geschwindigkeit des Datenstroms von der Zahlungsbereitschaft der Inhalte-Anbieter oder -Nutzer abhängig machen.[8] Nehmen die Netzbetreiber bzw. -zugangsanbieter bei der Datenübertragung aus diesen Gründen Priorisierungen vor, ergeben sich daraus spiegelbildlich **Nachteile** für andere Inhalte-Anbieter und für die Endnutzer, die bestimmte Angebote nur unter erschwerten Bedingungen oder sogar überhaupt nicht mehr abrufen können.[9] Hinzu kommen aus einer gemeinwohlorientierten Perspektive Gefahren für die Inhalte- und in der Folge für die Meinungsvielfalt, wenn der Zugang zu Informationsquellen eingeschränkt wird.[10]

4   Allerdings kann eine Differenzierung der Geschwindigkeit der Datenübertragung auch **Vorteile** mit sich bringen – einerseits, weil etwaige Einnahmen in den im Übrigen sehr kostspieligen Netzausbau investiert werden können,[11] andererseits, weil mit Hilfe einer intelligenten Datenlenkung etwa auftretende Übertragungsengpässe überwunden werden können. Denn derzeit müssen oftmals Reserven vorgehalten werden, um auf unvorhergesehene Belastungsspitzen in Hochverkehrszeiten reagieren und so eine Verzögerung bzw. Schwankung in der Datenübertragung oder gar den Verlust ganzer Datenpakete insbesondere aufgrund verstopfter Router verhindern zu können. So gesehen wird der Zugriff auf den Datenstrom im Internet zum Bestandteil eines intelligenten Netzmanagements, das dabei hilft, Engpässe zu öffnen und Knappheit zu überwinden.[12]

B. Zielsetzung

5   Im Lichte dieser ambivalenten Auswirkungen von Zugriffen auf die Netzneutralität hatte sich der deutsche Gesetzgeber im Zuge der **TKG-Novelle von 2012** dazu entschlossen, den rechtspolitischen Forderungen nach einem Schutz des offenen Internets auf Inhalte-, Dienste- und Anwendungsebene nachzukommen. Dazu führte er in Fortschreibung des in § 2 Abs. 2 Nr. 1 TKG leidlich angelegten Regulierungsziels der Wahrung der Netzneutralität[13] einerseits Vorschriften ein, die den Endnutzer aktivieren sollten, indem er aufgrund von Transparenzpflichten der Zugangsanbieter in klarer und leicht verständlicher Form Informationen über etwaige Nutzungsbeschränkungen bekommen sollte, um ggf. Ersatzansprüche geltend machen bzw. den Anbieter wechseln zu können.[14] Zu diesem vornehmlich auf Wettbewerbsmechanismen bauenden Schutz der Netzneutralität sollten andererseits hoheitliche Eingriffsbefugnisse hinzukommen. Sie wurden in § 41a Abs. 1 TKG aber nicht gesetzlich festgelegt, sondern einer Rechtsverordnung überantwortet. Darin sollte die Bundesregierung gegenüber den Telekommunikationsnetzbetreibern Regeln treffen, die die grundsätzlichen Anforderungen an eine diskriminierungsfreie Datenübermittlung und den diskriminierungsfreien Zugang zu Inhalten und Anwendungen festlegen, um eine willkürliche Verschlechterung von Diensten und eine ungerechtfertigte Behinderung oder Verlangsamung des Datenverkehrs zu verhindern. Zudem bot § 41a Abs. 2

---

[6] Ähnl. *Görisch*, EuZW 2012, 494, 497.
[7] *Wimmer*, ZUM 2013, 641, 643f.
[8] *Götzinger/Gerecke*, ZUM 2018, 341, 342.
[9] *Görisch*, EuZW 2012, 494, 494f.; *Müller-Terpitz*, K&R 2012, 476, 477f.
[10] *Gersdorf*, K&R 2014, 642, 642ff.; *Martini*, VerwArch 102 (2011), 315, 325f.
[11] Vgl. *Säcker/Mengering*, K&R 2013, 558, 559f.
[12] *Wimmer*, ZUM 2013, 641, 642f.; *Becher*, ZJS 2018, 390, 392.
[13] S. dazu *Körber*, in: Immenga/Mestmäcker (Hrsg.), Wettbewerbsrecht Rn. 204.
[14] *Müller-Terpitz*, K&R 2012, 476, 479.

TKG der BNetzA die Möglichkeit, in einer technischen Richtlinie Einzelheiten über die Mindestanforderungen an die Dienstqualität durch Verfügung festzulegen.[15]

Mittlerweile ist § 41a TKG wieder weggefallen, weil auf Unionsebene die wegen Art. 288 Abs. 2 AEUV unmittelbar in den Mitgliedstaaten geltende **Verordnung EU Nr. 2015/2120**[16] erlassen worden ist. Der Inhalt dieser sog. Netzneutralitäts-Verordnung[17] war in ihrem Entstehungsprozess rechtspolitisch zwischen den Unionsorganen stark umstritten.[18] Die letztlich verabschiedete Fassung enthält in Fortschreibung der insoweit recht abstrakten Art. 22 Abs. 2 UD-RL, Art. 8 Abs. 4 lit. g R-RL[19] nunmehr unter anderem Vorschriften über Maßnahmen zur Gewährleistung eines offenen Zugangs zum „Ökosystem" Internet, um es als Innovationsmotor funktionsfähig zu halten, und trifft daher auch Aussagen zur Netzneutralität. Sie zielen ausweislich des Art. 1 Abs. 1[20] einerseits darauf ab, gemeinsame Regeln zur Wahrung der gleichberechtigten und nichtdiskriminierenden Behandlung des Verkehrs bei der Bereitstellung von Internetzugangsdiensten festzulegen. Andererseits sollen aber auch Bestimmungen zur Wahrung der damit verbundenen Rechte der Endnutzer geschaffen werden. Die Netzneutralitäts-Verordnung basiert folglich wie der bundesdeutsche Ansatz auf einem Nebeneinander von Wettbewerbsmechanismen zwischen Anbieter und Nutzer sowie behördlichen Eingriffsmechanismen. Die namentlich in den Kundenschutzvorschriften der §§ 43a ff. TKG niedergelegten Bestimmungen zum Schutz (auch) der Netzneutralität sind neben den in der Verordnung enthaltenen wettbewerbsbezogenen Mechanismen nur insoweit noch anwendbar, als dort Lücken bestehen. Hingegen darf von den in der Verordnung getroffenen Regeln wegen deren unmittelbarer Geltung weder abgewichen werden noch dürfen die darin enthaltenen Normen jenseits nötiger Klarstellungen wiederholt werden.[21]

C. Regelungsinhalt

Die Verordnung EU Nr. 2015/2120 trifft Aussagen zum Schutz der Netzneutralität und der Endnutzerrechte. Sie basieren auf einem Regelungssystem, das den Endnutzern und den nationalen Regulierungsbehörden, für den deutschen Rechtsraum also der BNetzA, Befugnisse an die Hand gibt.

I. Begriff der Netzneutralität

Der Terminus „Netzneutralität" wird nicht in Art. 2 über die Begriffsbestimmungen legal definiert. Stattdessen finden sich in Art. 3 Abs. 3 UAbs. 1 als Unternehmerpflicht umschriebene Hinweise auf das der Verordnung zugrunde liegende Begriffsverständnis.[22] Diese Regelung **adressiert** die Anbieter von Internet-Zugangsdiensten, dh also nach der Legaldefinition in Art. 2 Abs. 2 Nr. 2 die Anbieter öffentlich zugänglicher elektronischer Kommunikationsdienste, die drahtlos oder leitungsgebunden Zugang zum Internet bieten.[23] Nicht erfasst werden folglich die Netzbetreiber selbst, solange sie nicht zugleich Zugangsdienste anbieten, sowie andere Anbieter, die auf der dem Internetzugang vorgelagter-

---

[15] Ausf. dazu und zum zwischenzeitlich vorgelegten, dann aber wegen der VO 2015/2120/EU irrelevant gewordenen Verordnungsentwurf *Säcker/Mengering*, K&R 2013, 559, 561 ff.
[16] *Klement*, EuR 2017, 532, 537 f.
[17] *Paal*, in: Gersdorf/Paal (Hrsg.), Informations- und Kommunikationsrecht, AEUV Art. 102 Rn. 77a.
[18] Vgl. dazu den Überblick bei *Jarass*, Privilegierungen im Internet, S. 126 ff.; ausf. zu den verschiedenen Positionen *Spies/Ufer*, MMR 2015, 91, 91 ff.
[19] *Wimmer*, ZUM 2013, 641, 645; *Becher*, ZJS 2018, 390, 392.
[20] Folgende Artikel sind, sofern nicht anders bezeichnet, solche der VO (EU) Nr. 2015/2120.
[21] *Schroeder*, in: Streinz (Hrsg.), EUV/AEUV, AEUV Art. 288 Rn. 43, 47, 50.
[22] *Becher*, ZJS 2018, 390, 392; *Kiparski*, CR 2019, 64, 64.
[23] *Sodtalbers*, Recht der elektronischen Medien, Rn. 59.

ten Netzebene tätig sind[24]. Dasselbe gilt für im Zugang auf bestimmte Personen beschränkte Dienste sowie für sog. Zusammenschaltungsdienste (§ 3 Nr. 34 TKG).[25] Auch die Betreiber sog. Content Delivery Networks, die Inhalte-Anbietern die Möglichkeit bieten, ihre Inhalte auf zwischengeschalteten Servern zu speichern und dadurch den Transportweg zum Endkunden zu reduzieren,[26] adressiert Art. 3 Abs. 3 UAbs. 1 für sich genommen nicht, obwohl sie die Zwischenablage der Inhalte von der Zahlungsbereitschaft ihrer Kunden abhängig machen (können) und dadurch den Fluss bestimmter Daten an sich genauso priorisieren bzw. verlangsamen (können) wie Zugangsanbieter. Behinderungen, die sich aus funktionalen Einschränkungen in den Endgeräten oder den genutzten Diensten ergeben, sind, da sie nicht in den technischen Bedingungen eines Zugangsdienstes wurzeln, ebenfalls kein Thema der Netzneutralitätsverordnung.[27]

9   Inhaltlich verlangt das Gebot der Netzneutralität in Art. 3 Abs. 3 UAbs. 1, dass der gesamte Verkehr bei der Erbringung von Internetzugangsdiensten gleich behandelt wird. Grundsätzlich verboten sind Diskriminierungen, aber auch Beschränkungen oder Störungen. Es darf nicht nach Sender und Empfänger, den abgerufenen oder verbreiteten Inhalten, den genutzten oder bereitgestellten Anwendungen bzw. Diensten oder den verwendeten Endgeräten differenziert werden. Nach Erwägungsgrund 8 zur Netzneutralitätsverordnung[28] wirkt diese Regelung sowohl in Richtung eines grundsätzlichen Verbots der Ungleichbehandlung vergleichbarer Datenströme als auch der Gleichbehandlung ungleicher Datenströme. Netzneutralität wendet sich folglich gegen diskriminierende Änderungen von Inhalten, Diensten und Anwendungen, bezieht sich aber, was auch Erwägungsgrund 11 bestätigt, nicht auf Datenkomprimierungen, wenn und weil sie die Dateninhalte unberührt lassen. Zudem wirkt Netzneutralität trotz des insoweit missverständlichen Wortlauts des Art. 3 Abs. 3 nicht in Richtung eines Beschränkungsverbots, weil der dortige Begriff der Beschränkung genauso wie die dort ebenfalls aufgeführten Termini „ohne Diskriminierung (…) oder Störung" keine eigenständige Bedeutung entfaltet, sondern das die Netzneutralität prägende Gebot einer umfassenden **Datenübertragungsgleichheit** konkretisiert.[29]

II. Funktionsweise

10   Das so verstandene Gebot der Netzneutralität wird mit Hilfe eines in Art. 3 niedergelegten Regel-Ausnahmemechanismus[30] umgesetzt.

1. Umfang

11   Dessen Basis bildet ein „damit verbundener" (vgl. Art. 1 Abs. 1) Anspruch auf Netznutzung zugunsten der Endnutzer, der verschiedenen Einschränkungen unterliegt.

a) Rechte des Endnutzers

12   Die sog. zugangsbezogene Netzneutralität ist in Art. 3 Abs. 1 normiert, der die Endnutzer berechtigt, unabhängig von ihrem Standort oder dem des Anbieters und unabhängig von Ursprung oder Bestimmungsort der Inhalte die gewollten Informationen abrufen und verbreiten, Anwendungen und Dienste nutzen und bereitstellen sowie Endgeräte ihrer Wahl

---

[24] *Osing*, Die Netzneutralität im Binnenmarkt, S. 86.
[25] Vgl. BoR (16) 127b S. 3.
[26] Vgl. *Jarass*, Privilegierungen im Internet, S. 100 f.
[27] *BNetzA*, Jahresbericht zur Netzneutralität in Deutschland 2018/2019, Rn. 30 ff.
[28] Folgende Erwägungsgründe sind, sofern nicht anders bezeichnet, solche der Verordnung EU Nr. 2015/2120.
[29] *Klement*, EuR 2017, 532, 545 f.; *OVG NRW*, MMR 2019, 762, Rn. 32.
[30] Vgl. zum Verhältnis der Absätze des Art. 3 zueinander BoR (16) 127, Rn. 19.

C. Regelungsinhalt

einsetzen zu können. Diese Befugnis ist im Sinne einer umfassend angelegten **Daten- bzw. Inhaltsauswahlfreiheit** zugunsten des Endnutzers (dh also des nachfragenden Users, aber auch des Inhalte verbreitenden Anbieters[31]) gegenüber dem Zugangsanbieter zu verstehen. Diese Auslegung bestätigt Art. 3 Abs. 1 UAbs. 2, weil nach dieser Vorschrift nur die Union bzw. die Mitgliedstaaten Anforderungen an den Dateninhalt stellen und den Abruf rechtswidriger Inhalte verhindern dürfen. Da Art. 3 Abs. 1 adressatenlos[32] formuliert ist, richtet sich diese Norm nicht nur gegen Zugangsanbieter, sondern kann ggf. auch andere Marktakteure sowie die Hoheitsgewalt verpflichten und dadurch ggf. die im Adressatenkreis des Art. 3 Abs. 3 UAbs. 1 bestehenden Lücken (s. → Rn. 8) schließen.[33]

Zudem bezieht sich das Recht des Endnutzers auf Netzzugang auch auf die Endgeräte, ist also gleichermaßen inhalts- und technologieneutral.[34] Sieht man einmal vom Verbot eines Router-Zwangs ab,[35] ist die **Reichweite der Technologieneutralität** derzeit im Detail aber noch offen. Da dem Endnutzer lediglich ein Recht auf Nutzung von Endgeräten nach seiner Wahl zusteht, geht die zivilgerichtliche Judikatur davon aus, dass Art. 3 Abs. 1 kein Recht auf Nutzung mehrerer Endgeräte zur gleichen Zeit bietet, sondern nur ein Recht auf Nutzung des einen vor dem Netzzugang ausgewählten Endgeräts. Für diese Auslegung dürften insbesondere die Ziele der Netzneutralitätsverordnung sprechen, weil es für den offenen Zugang zum Internet als Innovationsmotor ausreicht, wenn er über ein konkretes Endgerät hergestellt ist. Infolge dieser Spruchpraxis sind namentlich wirtschaftliche Einschränkungen des sog. Tethering – das ist die Verbindung eines Endgeräts mit einem anderen internetfähigen Endgerät, um auch über dieses auf das Internet zugreifen zu können – nicht verboten,[36] so dass der dadurch entstehende Datenverbrauch auf das Tarifvolumen angerechnet werden darf.[37]

b) Vertragliche Rahmenbedingungen

Konkretisiert wird der Netzzugangsanspruch der Endnutzer in **Art. 3 Abs. 2,** der Vorschriften über die Zulässigkeit von Verträgen zwischen Zugangsanbieter und Endnutzer enthält. Nach dieser Bestimmung dürfen die Vereinbarungen über die gewerblichen und technischen Bedingungen sowie die Merkmale von Internetzugangsdiensten wie Preis, Datenvolumina oder Geschwindigkeit sowie die Geschäftspraktiken von Internetzugangsdiensten die Ausübung des Zugangsanspruchs aus Art. 3 Abs. 1 nicht einschränken.

Damit wird eine **äußere Grenze der Vertragsbedingungen** zwischen Internetzugangsanbieter und Nutzer im Sinne eines hier allein den Zugangsanbieter adressierenden Verbots der Beeinträchtigung der Rechte des Endnutzers aus Art. 3 Abs. 1 umschrieben.[38] Die Vertragsbedingungen dürfen daher nicht so gestaltet sein, dass sie den Endnutzer daran hindern, einen (konkreten) Internetzugang seiner Wahl einzusetzen, Informationen und Inhalte abzurufen bzw. zu verbreiten oder Anwendungen und Dienste zu nutzen bzw. anzubieten.[39]

Da Art. 3 Abs. 2 und in Konkretisierung dessen Erwägungsgrund 7 die Vereinbarung von Tarifen mit bestimmten Datenvolumina und Geschwindigkeiten in den Grenzen des Art. 3 Abs. 1 umgekehrt aber auch erlaubt, sind **leistungsbezogene Preisdifferenzierungen** grundsätzlich **zulässig**.[40] Infolgedessen reichen die Rechte der Endnutzer aus

---

[31] *Fetzer,* MMR 2017, 579, 579; BoR (16) 127b S. 2.
[32] *Becher,* ZJS 2018, 390 392.
[33] Vgl. *Jarass,* Privilegierungen im Internet, S. 323 (dort Fn. 1144).
[34] *Klement,* EuR 2017, 532, 544.
[35] *Körber,* in: Immenga/Mestmäcker (Hrsg.), Wettbewerbsrecht Rn. 209.
[36] So aber *Gerpott,* K&R 2017, 677, 683.
[37] LG *Düsseldorf,* ECLI:DE:LGD:2019:0508.12O158.18.00, Rn. 61 ff.; vgl. zum Ganzen COM (2019) 203 final v. 30.4.2019, S. 3.
[38] *Becher,* ZJS 2018, 390, 392.
[39] *Werkmeister/Hermstrüwer,* CR 2015, 570, 573.
[40] *Körber,* in: Immenga/Mestmäcker (Hrsg.), Wettbewerbsrecht, Rn. 209; im Ergebnis auch *Becher,* ZJS 2018, 390, 392.

Art. 3 Abs. 1 nicht so weit, dass ihnen die gleichen Bedingungen für den Netzzugang im Sinne eines unbedingten Anspruchs auf „Flatrate für jedermann" einzuräumen sind.[41]

c) Verhältnis zu Art. 3 Abs. 3

17 Liegt eine im Einklang mit Art. 3 Abs. 2 stehende Vereinbarung zwischen Zugangsanbieter und Endnutzer vor, stellt sich die Frage nach der Bedeutung des **Art. 3 Abs. 3**. Teilweise wird die darin normierte Unternehmerpflicht zur Gleichbehandlung in der Datenübertragung (s. → Rn. 7, 9) **nur auf einseitige Maßnahmen** der Zugangsanbieter angewendet, so dass es ihnen möglich sein soll, Verträge mit den Endnutzern zu schließen, die nicht mit Art. 3 Abs. 3 vereinbar sind.[42] Um diese These zu begründen, wird zunächst der Wortlaut des Art. 3 Abs. 2 angeführt, da er lediglich Art. 3 Abs. 1 als maßgebliche Rahmenbedingung für Vereinbarungen aufführe, nicht aber Art. 3 Abs. 3. Hinzu komme die interne Systematik des Art. 3, weil die in dieser Norm angelegte Regelungsfolge von den Endnutzerrechten (Abs. 1) über die Vertragsbedingungen (Abs. 2) auf einseitige Maßnahmen der Zugangsanbieter reiche (Abs. 3). Und schließlich widerspreche die in Art. 3 Abs. 2 angelegte Befugnis zur Aushandlung der gewerblichen Bedingungen dem in Art. 3 Abs. 3 UAbs. 2 normierten Verbot eines Verkehrsmanagements aus kommerziellen Erwägungen, weil solche Maßnahmen zur Umsetzung der vereinbarten Bedingungen zwingend nötig seien, so dass Art. 3 Abs. 3 im Anwendungsbereich des Art. 3 Abs. 2 keine Bedeutung entfalten dürfe.[43]

18 Die so beschriebene Lesart des Art. 3 erzeugt indes insoweit ein **Störgefühl**, als sie es den Zugangsanbietern erlauben würde, positiv-rechtliche Verpflichtungen im Rahmen der Vertragsgestaltung außer Acht zu lassen. Sie bildet im Übrigen auch nicht die einzig denkbare Interpretation ab, weil die Befugnis zur Gestaltung der gewerblichen Bedingungen in Art. 3 Abs. 2 auch derart verstanden werden kann, dass sie nur so weit reicht, wie Maßnahmen des Verkehrsmanagements aufgrund der in Art. 3 Abs. 3 UAbs. 2 ebenfalls genannten objektiv unterschiedlichen technischen Anforderungen an die Dienstqualität bestimmter Datenverkehrskategorien zulässig sind. Daran anknüpfend ließe sich die Regelungsfolge des Art. 3 auch so deuten, dass sie von den Endnutzerrechten (Abs. 1) über die vertraglichen Befugnisse der Zugangsanbieter gegenüber dem konkreten Vertragspartner (Abs. 2) auf die Verpflichtungen gegenüber dem gesamten Datenverkehr und insbesondere den Inhalte-Anbietern (Abs. 3)[44] reicht, was auch die fehlende Nennung des Art. 3 Abs. 3 in Art. 3 Abs. 2 erklären würde.[45]

19 Vor dem Hintergrund dieser ambivalenten Deutungsmöglichkeiten kommt es somit entscheidend auf den **Zweck der Netzneutralitätsverordnung** an. Knüpft man an den Wortlaut des Art. 1 Abs. 1 an, steht insoweit die „Wahrung der gleichberechtigten und nichtdiskriminierenden Behandlung des Verkehrs" im Vordergrund, um einen offenen Zugang zum „Ökosystem" Internet zu gewährleisten und es als Innovationsmotor funktionsfähig zu halten.[46] Die Rechte des Endnutzers stehen hingegen nicht im Mittelpunkt,[47] sondern werden relevant, weil sie „damit verbunden" sind. Sie sollen ihm daher primär die Befugnisse an die Hand geben, die er benötigt, um als Schiedsrichter zu fungieren und die ihm eingeräumten Selbsthilfemöglichkeiten in Anspruch zu nehmen. Dadurch werden die Endnutzer (wie auch in anderen Bereichen der Binnenmarktverwirklichung üblich[48]) in den Dienst der Netzneutralität gestellt, dh also instrumentalisiert, ohne dass deren Be-

---

[41] *Klement*, EuR 2017, 532, 545.
[42] So implizit zB *Gerpott*, K&R 2017, 677, 681 f.; *Fetzer*, MMR 2017, 579, 582.
[43] *Fetzer*, MMR 2017, 579, 582 f.; *Götzinger/Gerecke*, ZUM 2018, 341, 348.
[44] Insoweit ähnl. *Jarass*, Privilegierungen im Internet, S. 325.
[45] Vgl. dazu auch BoR (16) 127, Rn. 37.
[46] *Jossen*, Termingebühren, Priority Pricing und Spezialdienste im Internet, 2018, S. 94; *Rogge*, Zukunft der Netzneutralität, S. 140 f.
[47] So aber *Fetzer*, MMR 2017, 579, 582 f.
[48] Vgl. dazu *Stober/Korte*, Öffentliches Wirtschaftsrecht I, Rn. 447.

lange im Sinne eines Selbstzwecks die einzig maßgeblichen sind. Dafür spricht auch, dass deren Interessen durchaus widersprüchlich angelegt sein können, weil nicht nur der günstige Konditionen präferierende User, sondern auch der auf Breitenwirkung abzielende Inhalte-Anbieter ein Endnutzer im Sinne der Netzneutralitätsverordnung ist.

Steht danach also die Gleichheit des Datenverkehrs insgesamt im Vordergrund der Verordnung EU Nr. 2015/2120, reicht die Freiheit zugunsten der Zugangsanbieter in der Gestaltung ihrer Vertragsangebote an den Endnutzer nicht so weit, dass sie das in Art. 3 Abs. 3 UAbs. 1 als Unternehmerpflicht statuierte Gebot der Netzneutralität außer Kraft setzen können. Beide Regeln schließen sich also nicht in dem Sinne aus, dass Art. 3 Abs. 3 UAbs. 1 nur jenseits vertraglicher Abreden anwendbar ist, so dass Endnutzer und Zugangsanbieter das dort normierte Gebot der Netzneutralität nicht durch Vereinbarungen derogieren dürfen.[49] Diesem Ansatz entspricht auch die **verwaltungsgerichtliche Spruchpraxis.** Sie stellt neben auf die Netzneutralitätsverordnung bezogenen Schutzzweckerwägungen im Wesentlichen darauf ab, dass Art. 3 Abs. 3 UAbs. 1 im Sinne eines objektiven und damit indisponiblen Gebots formuliert ist und dass vereinbarte Abweichungen von dieser Norm als Vertrag zulasten Dritter in Form etwa übergangener Inhalte-Anbieter einzuordnen wären. Überdies wäre Art. 3 Abs. 3 UAbs. 1 seine praktische Wirksamkeit genommen, wenn er nur auf die seltenen tatsächlich einseitigen und nicht auch auf die häufigen rechtlich bzw. vertraglich initiierten Diskriminierungen anwendbar wäre.[50] 20

Geht man davon aus, dass die in Art. 3 Abs. 3 UAbs. 1 enthaltenen Unternehmerpflichten nicht derogiert werden können, bleibt gleichwohl die Frage offen, wie weit sie genau reichen. Insoweit wird man konstatieren müssen, dass nur die Rahmenbedingungen eines konkreten Tarifs dem Gebot der Netzneutralität gerecht werden müssen. Denn anderenfalls bliebe kein Raum für die nach Art. 3 Abs. 2 grundsätzlich zulässigen Vereinbarungen zwischen Endnutzer und Zugangsanbieter, weil verschiedene Tarife, stellt man sie einander gegenüber, begriffsnotwendig Dienste unterschiedlich behandeln, so zB wenn unterschiedliche Volumenbegrenzungen gegeben sind. Würde man Art. 3 Abs. 3 in solchen Konstellationen anwenden, nähme man Art. 3 Abs. 2 folglich seine praktische Wirksamkeit.[51] Das Gebot der Netzneutralität wirkt also **nicht tarifübergreifend,**[52] sondern nur innerhalb des konkret vereinbarten Tarifs und determiniert dessen Rahmenbedingungen. Dafür spricht auch, dass im Falle unterschiedlicher Tarifbindungen keine vergleichbare Situation vorliegt, die aber ausweislich des Erwägungsgrundes 8 gegeben sein muss, damit das Gebot der Netzneutralität greift.[53] 21

d) Konkrete Anwendungsfälle

Im Lichte der so beschriebenen Reichweite des Anspruchs der Endnutzer auf zugangsbezogene Netzneutralität stellt sich die Frage nach dessen konkreten Auswirkungen. 22

aa) Bestehen von Mindestversorgungsansprüchen. Wenn auch aus Art. 3 Abs. 1 kein Anspruch auf Maximalversorgung im Sinne einer „Flatrate für jedermann" folgt, bleibt offen, ob diese Vorschrift im Sinne eines Rechts auf **Mindestübertragungsqualität** zu verstehen ist.[54] Dagegen sprechen aber schon die dann bestehenden Unklarheiten über den genauen Umfang der geschuldeten Datenvolumina und Übertragungsgeschwindigkeiten.[55] Folglich wird dem Nutzer in Art. 3 Abs. 1 nur eine auf den Dateninhalt bezogene Neu- 23

---

[49] Implizit COM (2019) 203 final v. 30.4.2019, S. 5.
[50] Ausf. dazu *OVG NRW,* MMR 2019, 762, Rn. 26 ff.
[51] *Fetzer,* MMR 2017, 579, 582.
[52] In diese Richtung aber *OVG NRW,* MMR 2019, 762, Rn. 68.
[53] Im Ergebnis ebenso *BNetzA,* Jahresbericht Netzneutralität 2018/2019, Rn. 40.
[54] Vgl. dazu *Säcker/Mengering,* K&R 2013, 558, 563.
[55] *Klement,* EuR 2017, 532, 545.

tralität garantiert, um dessen Auswahlfreiheit nicht zu stören,[56] ohne ihm zugleich eine Mindestübertragungsqualität zu garantieren. In Entsprechung dazu gibt Art. 5 Abs. 1 den nationalen Regulierungsbehörden zwar ein Recht, statuiert aber jedenfalls keine Pflicht zur Festlegung eines Minimalstandards.

24 **bb) Behandlung von Zero-Rating-Angeboten.** Auch die Frage nach der Zulässigkeit des sog. Zero-Rating (auch sog. sponsored connectivity), wonach die Nutzung bestimmter Dienste nicht auf eine vertraglich vereinbarte Obergrenze im Datenvolumen angerechnet wird,[57] ist in einem ersten Zugriff anhand des Art. 3 Abs. 2 zu beantworten, da es sich um eine „Vereinbarung über die gewerblichen Bedingungen von Internetzugangsdiensten" handelt. Folglich kommt es auch insoweit darauf an, ob dadurch die **Rechte des Endnachfragers** aus Art. 3 Abs. 1 beeinträchtigt werden, was wiederum von den konkret vereinbarten Rahmenbedingungen des Zero-Ratings abhängt.[58] In Betracht kommen zunächst Einschränkungen im Datenabruf zulasten derjenigen Endnutzer, die einen anderen Zugangsdienst nutzen wollen. Sie bestehen aber zumindest solange nicht, wie der privilegierte Dienst auch über Alternativzugangsdienste in zumutbarer Weise abrufbar ist und nicht exklusiv über den, der das Zero-Rating-Angebot macht und den Dienst privilegiert.[59] Denn in diesem Falle wäre ein offener Zugang zu allen im Internet verfügbaren Informationen gewahrt.[60]

25 Aus Sicht der Vertragspartner des Zugangsanbieters ergeben sich dann, wenn sie im Datenabruf im Übrigen wie regelmäßig nicht behindert werden, Vorteile, weil sie das durch Zero-Rating frei werdende Datenvolumen für den Abruf anderer Dienste nutzen können. Zumindest insoweit profitieren daher auch die nicht privilegierten Inhalte-Anbieter.[61] Etwas anderes kann aber **aus Sicht der** mit dem privilegierten Dienst **konkurrierenden Anbieter** gelten. Deren Rechte sind, weil sie Inhalte, Informationen bzw. Anwendungen über Internet verbreiten, ebenfalls von Art. 3 Abs. 1 geschützt (s. → Rn. 12 f.) und durch Zero-Rating insoweit betroffen, als die Nichtanrechnung des privilegierten Dienstes auf das verfügbare Datenvolumen den Nutzer im Zweifel dazu veranlassen dürfte, das privilegierte und nicht ein konkurrierendes Angebot nachzufragen. Eine Einschränkung des jenseits der Rechtspositionen des konkreten Nutzers relevanten Art. 3 Abs. 3[62] (s. → Rn. 17 ff.) wird man gleichwohl nicht de facto per se[63], sondern nur dann bejahen können, wenn Wettbewerber keinen diskriminierungs- und kostenfreien Zugang[64] erhalten.[65]

26 **cc) Behandlung des sog. Traffic-Shaping.** Schließlich wird aktuell das sog. Traffic-Shaping im Kontext des Art. 3 diskutiert, das in seiner **Funktionsweise** auf die Reduktion von Datenvolumina angelegt ist, um Übertragungsengpässe (etwa durch verstopfte Router) zu verhindern und oftmals mit Zero-Rating-Angeboten kombiniert wird. Dazu werden einerseits Datenkomprimierungstechniken genutzt, die wie erwähnt solange unproblematisch sind, wie sie die Dateninhalte unberührt lassen (s. → Rn. 24). Andererseits und vor allem arbeitet das Traffic-Shaping allerdings mit Bandbreitenlimitierungen, die, soweit sie vorab vertraglich festgelegt werden und die Datenabrufgeschwindigkeit reduzieren,[66] ebenfalls am Maßstab des Art. 3 zu messen sind.

---

[56] Vgl. *Görisch,* EuZW 2012, 494, 496.
[57] Ausf. dazu *Götzinger/Gerecke,* ZUM 2018, 341, 342 f.; *Jarass,* Privilegierungen im Internet, S. 96 f.
[58] Vgl. zu denkbaren Kriterien BoR (16) 127b S. 4.
[59] *Werkmeister/Hermstrüwer,* CR 2015, 570, 573; *Becher,* ZJS 2018, 390, 393.
[60] *Gerpott,* K&R 2017, 677, 680; exemplarisch dazu *Franke/Rogge,* VerwArch. 106 (2015), 352, 367 ff.
[61] *Becher,* ZJS 2018, 390, 393 f.
[62] Vgl. *OVG NRW,* MMR 2019, 762, Rn. 32.
[63] So *Jarass,* Privilegierungen im Internet, S. 329 f.
[64] Insoweit zutreffend *Fetzer* MMR 2017, 579, 580, der aber im Übrigen auf Art. 3 Abs. 2 abstellt.
[65] *Kiparski,* CR 2019, 64, 64; *VG Köln,* MMR 2019, 197, Rn. 62.
[66] *Fetzer,* MMR 2017, 579, 581.

C. Regelungsinhalt

Daran anknüpfend kommt es auch insoweit maßgeblich darauf an, wie weit die Rechte 27 der Endnutzer aus Art. 3 Abs. 1 reichen. Der Wortlaut der Vorschrift („ihren Internetzugangsdienst"), aber auch die Funktion des **Art. 3 Abs. 2** im Unterschied zu der des Art. 3 Abs. 3 (s. → Rn. 17 ff.) deuten darauf hin, dass es insoweit allein um die Rechtspositionen des konkret an der Vereinbarung beteiligten Endnutzers und nicht um die anderer Endnutzer geht. Aus diesem Grunde ist zumindest dann, wenn der Endnutzer das Traffic Shaping autonom aktivieren und deaktivieren kann, der offene Internetzugang als Schutzzweck der Netzneutralitätsverordnung gewährleistet, so dass in diesem Falle keine Verletzung des Art. 3 Abs. 1 gegeben ist.[67]

Für die anderen, nicht an der Vereinbarung beteiligten Endnutzer und insbesondere die 28 Inhalte-Anbieter kommt es weniger auf die Reichweite des Art. 3 Abs. 2, sondern auf den Aussagegehalt des **Art. 3 Abs. 3** an. Die den Zugangsanbieter treffende Unternehmerpflicht zur Wahrung der Netzneutralität ist daher dann beeinträchtigt, wenn Maßnahmen des Traffic-Shaping diskriminierende Auswirkungen haben bzw. nach Sender oder Empfänger, den abgerufenen oder verbreiteten Inhalten, den genutzten bzw. bereitgestellten Inhalten bzw. schließlich den verwendeten Endgeräten unterscheiden. Diese Konstellation ist etwa dann denkbar, wenn das Traffic Shaping nur einen konkreten Dienst und nicht dessen Konkurrenten trifft.

2. Einschränkungen

Der Anspruch auf Netzzugang zugunsten der Endnutzer und das dem korrespondierende 29 Gebot der sog. übermittlungsbezogenen Netzneutralität aus Art. 3 Abs. 3 UAbs. 1[68] zulasten der Zugangsanbieter bestehen nicht absolut, sondern unterliegen Einschränkungen.

a) Verkehrsmanagement im engeren Sinne

Von Relevanz ist insoweit zunächst Art. 3 Abs. 3 UAbs. 2. Danach sind Maßnahmen des 30 Verkehrsmanagements – dh also nach Art. 3 Abs. 3 UAbs. 3 Hs. 2 „insbesondere" das Blockieren, Verlangsamen, Verändern, Einschränken, Stören, Verschlechtern oder Diskriminieren bestimmter Inhalte, Dienste oder Anwendungen oder bestimmter Kategorien davon – dem Grunde nach zulässig, wenn sie „angemessen", dh also transparent, nichtdiskriminierend und verhältnismäßig sind. Sie dürfen infolgedessen weder intensiver zB in Bezug auf die betroffenen Grundrechte (vgl. Art. 3 Abs. 4 der VO) noch länger als erforderlich aufrechterhalten werden. Zudem ist eine Überwachung von Inhalten untersagt. Das **Kriterium der Angemessenheit** kennt also nicht nur eine qualitative, sondern auch eine zeitliche Dimension. Hinzu kommt ein absolutes Verbot kommerzieller Erwägungen, so dass die Datenübertragungsqualität nicht von der Zahlungsbereitschaft des Inhalte-Anbieters abhängig gemacht werden darf. Derartige Erwägungen dürfen Maßnahmen des Verkehrsmanagements infolgedessen also nicht zugrunde liegen, so dass sie anders legitimiert werden müssen.[69]

Daran anknüpfend folgt aus Art. 3 Abs. 3 UAbs. 2 S. 2, dass Maßnahmen des Verkehrs- 31 managements möglich sind, wenn sie auf objektiv unterschiedlichen technischen Anforderungen an die Dienstqualität bestimmter Datenverkehrskategorien beruhen. Dieser Rechtfertigungsgrund zB für Blockaden adressiert das Verkehrsmanagement im engeren Sinne, weil er es den Zugangsanbietern ermöglicht, Maßnahmen zu ergreifen, die eine **effiziente Nutzung der Netzressourcen und eine Optimierung der Gesamtübermittlungsqualität** ermöglichen.[70] Deshalb dürfen die Netzzugangsanbieter die Datenübertra-

---

[67] *Fetzer*, MMR 2017, 579, 581.
[68] Vgl. *Klement*, EuR 2017, 532, 546.
[69] *Becher*, ZJS 2018, 390, 393; *Jarass*, Privilegierungen im Internet, S. 325.
[70] *Rogge*, Die Zukunft der Netzneutralität im Internet, S. 52 ff., 140 ff.

gung vorab planvoll steuern[71] und insoweit dann zwischen objektiv verschiedenen Verkehrskategorien unterscheiden. Etwaige Differenzierungen müssen aber ausweislich des Erwägungsgrundes 9 an Unterschiede in den Anforderungen an die technischen Rahmenbedingungen eines Dienstes etwa in puncto Bandbreite, Verzögerungsneigung bzw. -schwankung oder Paketverlust anknüpfen und die Gesamtübertragungsqualität bzw. das Nutzererlebnis in Bezug auf den konkret gemanagten Dienst optimieren.[72] Zudem sind die Angemessenheitskriterien zu beachten, so dass zB nicht nach dem konkreten Inhalt der übertragenen Daten differenziert werden darf.[73]

32 Da ein Verkehrsmanagement im engeren Sinne nicht auf kommerziellen Erwägungen fußen darf, ist eine Differenzierung in der Übertragungsgeschwindigkeit nach der Zahlungsbereitschaft einzelner Inhalte-Anbieter unzulässig.[74] Ein solcher bevorzugter Transport ist zudem aber auch deshalb ausgeschlossen, weil ein angemessenes Verkehrsmanagement nur nach „Datenverkehrskategorien", dh also nach abstrakt-generellen Merkmalen, nicht aber nach konkret individuellen Daten bzw. Diensten differenzieren darf. Die Vereinbarung eines bestimmten Service Levels (Quality of Services (QoS) bzw. Premium Internet)[75] zwischen Zugangs- und Inhalte-Anbieter für bestimmte Inhalte kommt daher nicht in Betracht, auch wenn die Verordnung solche Vereinbarungen nicht ausdrücklich verbietet.[76] Denkbar ist aber eine **Differenzierung nach objektiv,** so zB aufgrund der benötigten Bandbreite, **unterschiedlichen Dienstgruppen,** was ggf. eine Bevorzugung von (nicht linearen) Mediendiensten ermöglichen kann, um deren Funktionsfähigkeit zu gewährleisten. Sie soll aus unionsgrundrechtlicher Sicht sogar geboten sein[77], darf aber freilich nicht so weit reichen, dass andere Dienste nicht mehr abrufbar sind, was ggf. Maßnahmen der Knappheitsverwaltung erforderlich machen kann.

33 Die in Art. 3 Abs. 3 UAbs. 2 angelegten Anforderungen werfen die Frage auf, ob sie ein nach Maßgabe der Art. 3 Abs. 2, Abs. 3 UAbs. 1 ggf. unzulässiges Zero-Rating legitimieren können. Sie ist an sich zu verneinen, da dadurch der Umfang des Datenabrufs vergrößert wird, so dass entgegen Erwägungsgrund 9 keine Optimierung der Gesamtübermittlungsqualität, sondern eine Verbesserung der individuellen Nutzungsbedingungen konkreter Vertragspartner vorliegt. Werden demgegenüber **Zero-Rating und Traffic-Shaping** innerhalb eines Tarifs **kombiniert,** ergibt sich ggf. ein anderes Bild, wenn bzw. weil dann eine Bandbreitenlimitierung hinzutritt, die Kapazitätsengpässe verhindert. Die verwaltungsgerichtliche Spruchpraxis geht gleichwohl mangels Verbesserung der Nutzungsbedingungen des konkreten Dienstes von einem unzulässigen Verkehrsmanagement aus.[78] Diese Lesart ist aber nicht die einzig denkbare, wenn man das auch in Erwägungsgrund 9 betonte Ziel der Optimierung der Gesamtqualität und des Nutzererlebnisses innerhalb des konkreten Tarifs (s. → Rn. 21) nicht individualisierend, sondern generalisierend versteht, weil Kapazitätsengpässe zugunsten aller Nutzer verringert werden. Entscheidend ist daher, ob das Traffic-Shaping eine konkrete Datenverkehrskategorie in nicht diskriminierender Weise adressiert.

b) Verkehrsmanagement im weiteren Sinne

34 Auch wenn ausweislich des Art 3 Abs. 3 UAbs. 3 Hs. 1 Maßnahmen des Verkehrsmanagements unzulässig sind, die über diese Grenze hinausgehen, führt Hs. 2 dieser Vorschrift

---

[71] Vgl. *Werkmeister/Hermstrüver,* CR 2015, 570, 572; ähnl. *Jarass,* Privilegierungen im Internet, S. 326; enger *Osing,* Netzneutralität im Binnenmarkt, S. 83, der sich jedoch auf Erwägungsgrund 15 stützt, obwohl dort Art. 3 Abs. 3 UAbs. 3 lit. c („Netzüberlastung") in Bezug genommen wird.
[72] *OVG NRW,* MMR 2019, 762, Rn. 66 ff.
[73] *Becher,* ZJS 2018, 390, 393.
[74] *Körber,* in: Immenga/Mestmäcker (Hrsg.), Wetbewerbsrecht, Rn. 212.
[75] *Wimmer,* ZUM 2013, 641, 643.
[76] *Klement,* EuR 2017, 532, 548.
[77] Ausf. dazu *Gersdorf,* K&R 2014, 642, 642 ff.; skeptisch *Säcker/Mengering,* K&R 2013, 558, 565.
[78] *OVG NRW,* MMR 2019, 762, Rn. 68.

Konstellationen auf, in denen Blockaden, Verlangsamungen und ähnliche Maßnahmen zulässig sein können, solange und soweit sie erforderlich sind. Es handelt sich insoweit um eine abschließende Aufzählung, weil es im Normtext (im Unterschied zur Aufzählung möglicher Managementtechniken in Hs. 1 („insbesondere")) an Hinweisen auf einen Beispielcharakter fehlt und die Erwägungsgründe 9 und 12 gleichermaßen davon ausgehen, dass Übermittlungsdifferenzierungen „nur" aus den dortigen Gründen zulässig sein sollen. Es lässt sich insoweit von einem Verkehrsmanagement im weiteren Sinne sprechen, weil nicht die Netzressourcen- bzw. Übertragungsoptimierung im Vordergrund steht, sondern andere Gründe.

aa) Gesetzgebungsakte. So bilden nach Art. 3 Abs. 3 UAbs. 3 Hs. 2 lit. a Gesetzgebungsakte der Union oder mit dem Unionsrecht im Einklang stehende nationale Rechtsvorschriften eine taugliche Basis für Blockaden oder ähnliche Maßnahmen, wenn ihnen der Zugangsanbieter unterliegt und sie ihn **rechtlich zum Verkehrsmanagement zwingen.**[79] Dasselbe gilt im Falle von auf diesen Bestimmungen basierenden Umsetzungs- bzw. Anwendungsmaßnahmen, einschließlich Verfügungen von Gerichten oder Behörden, die entsprechende Befugnisse inne haben, dh also diese Regeln rechtsverbindlich gegenüber dem Zugangsanbieter anwenden können bzw. müssen. 35

Letztlich nimmt dieser Rechtfertigungsgrund den in **Art. 3 Abs. 1 UAbs. 2 VO** niedergelegten Vorbehalt für Regelungen bzw. Maßnahmen zur Wahrung der Rechtmäßigkeit der über Internet übermittelten Inhalte, Anwendungen oder Dienste auf. Er bezieht sich ausweislich Erwägungsgrund 13 deshalb auch vornehmlich auf Blockaden infolge strafrechtlicher Vorschriften oder aus Gründen der öffentlichen Sicherheit. Da solche Maßnahmen des Verkehrsmanagements letztlich Unternehmerpflichten des Zugangsanbieters spiegeln, finden sie ihre Grenze in den unionsrechtlichen Vorgaben, so insbesondere in den Unionsgrundrechten.[80] 36

bb) Netzintegrität. Ein weiterer Grund der Maßnahmen des Verkehrsmanagements trägt, findet sich in Art. 3 Abs. 3 UAbs. 3 Hs. 2 lit. b VO 2015/2120/EU, wonach die zugehörigen Aktivitäten möglich sind, um die **Integrität und Sicherheit des Netzes,** der über dieses Netz erbrachten Dienste und der Endgeräte der Endnutzer zu wahren. Mögliche Anwendungsfälle bilden nach Erwägungsgrund 14 Maßnahmen zur Vorbeugung vor Cyberangriffen durch Verbreitung von Schadsoftware oder Maßnahmen gegen Identitätsdiebstahl von Endnutzern durch Spähsoftware. 37

cc) Überlastung. Schließlich erlaubt Art. 3 Abs. 3 UAbs. 3 Hs. 2 lit. c noch Maßnahmen des Verkehrsmanagements, um eine drohende Netzüberlastung zu verhindern oder die Auswirkungen einer außergewöhnlichen oder vorübergehenden Netzüberlastung abzumildern, sofern gleichwertige Verkehrsarten gleich behandelt werden. Dieser Rechtfertigungsgrund steht in einer gewissen Nähe zu dem des Verkehrsmanagements im engeren Sinne. Er birgt deshalb die Gefahr einer Umgehung des grundsätzlich bestehenden Gebots der Netzneutralität, was eine **strenge Prüfung** der Erforderlichkeit unter Beachtung des Gleichbehandlungsgebots gleicher Verkehrsarten nahelegt. Ganz allgemein unterscheidet sich Art. 3 Abs. 3 UAbs. 2 S. 2 dadurch von Art. 3 Abs. 3 UAbs. 3 lit. c, dass in dessen Anwendungsbereich ein geplantes Verkehrsmanagement unmöglich oder unwirtschaftlich ist, vor allem weil ad hoc Engpässe auftreten,[81] die nicht durch den Zugangsanbieter zB durch Zero-Rating hervorgerufen worden sein dürfen.[82] 38

---

[79] Vgl. *BNetzA*, Jahresbericht Netzneutralität 2018/2019, Rn. 39.
[80] Vgl. *Rogge*, Zukunft der Netzneutralität, S. 159 ff.
[81] *Jarass*, Privilegierungen im Internet, S. 326; *Osing*, Netzneutralität im Binnenmarkt, S. 84.
[82] Vgl. dazu *OVG NRW*, MMR 2019, 762, Rn. 75; *Assion*, MMR 2019, 202, 203.

39 In Fortschreibung dessen folgt **tatbestandlich** aus Erwägungsgrund 15, dass sich eine drohende Netzüberlastung konkret und damit aufgrund der Umstände des Einzelfalls abzeichnen muss. Hingegen prägt eine vorübergehende Netzüberlastung ihr zeitweiliger Charakter, sie ist also auf spezielle Situationen von kurzer Dauer bezogen, etwa durch eine Überlastung von Mobilfunkzellen oder in Form eines plötzlichen Anstiegs der Nutzungszahlen eines konkreten Inhalts oder der Nutzerzahlen. Solche Netzüberlastungen müssen nicht außergewöhnlich, sondern können auch vorhersehbar sein – wie etwa im Falle regelmäßig auftretender Belastungsspitzen anlässlich von Sportgroßereignissen.[83] Es reicht für eine vorübergehende Netzüberlastung dann aus, dass eine Kapazitätserweiterung unwirtschaftlich wäre. Außergewöhnlich ist eine Netzüberlastung schließlich dann, wenn sie unvorhergesehen ist, weil sie zufallsabhängig bzw. unvermeidbar ist und sich deshalb der Kontrolle des Zugangsanbieters entzieht – so etwa im Falle beschädigter Infrastrukturkomponenten.

III. Dienste mit spezifischem Qualitätsniveau

40 Art. 3 Abs. 5 erlaubt daneben[84] Angebote anderer Dienste, die keine Internetzugangsdienste sind und für bestimmte Inhalte, Anwendungen und Dienste optimiert sind. Da diese sog. Dienste mit spezifischem Qualitätsniveau (auch managed services, qualitätsgesicherte Dienste oder Spezialdienste genannt[85]) nur „zusätzlich" bereitgestellt werden dürfen, können sie zwar im Falle einer Kapazitätsknappheit mit dem Gebot der Netzneutralität in Konflikt geraten, dürfen es aber nicht einschränken. Folglich ist die Beantwortung der Frage nach der Zulässigkeit der Erbringung solcher Dienste mit spezifischem Qualitätsniveau graduell anders gelagert als die nach der Reichweite des Gebots der Netzneutralität und seiner Beschränkungen, obwohl im Lichte begrenzter Übertragungskapazitäten enge Verbindungslinien bestehen.[86]

1. Sinn und Zweck

41 In Art. 3 Abs. 5 wird die Erbringung sog. Spezialdienste gegenüber den Inhalte-Anbietern oder gegenüber den Endnutzern zwar nicht per se verboten,[87] unterliegt aber durchaus erheblichen Beschränkungen. Der Grund dafür ist, dass bestimmte Dienste, etwa im Bereich der stark informationstechnikgestützten Industrie 4.0, auf eine stabile Datenübertragung auf hohem Niveau angewiesen sind, um funktionsfähig zu sein.[88] Nutzt man die Netzkapazitäten für solche gesellschaftspolitisch durchaus gewollten Anwendungen, besteht allerdings die Gefahr, dass die Abrufbarkeit anderer Inhalte in Mitleidenschaft gezogen wird, was die strengen Anforderungen an ein angemessenes Verkehrsmanagement umgehen kann, so dass es diese **negativen Auswirkungen auf die Netzneutralität zu vermeiden** gilt.[89] In Umsetzung dessen, aber auch in Beachtung der Vorzüge mancher kapazitätsintensiver Anwendungen steht das Angebot von Spezialdiensten unter dem Vorbehalt, dass sie auf Basis der verfügbaren Netzkapazitäten nur zusätzlich zu den bereitgestellten Zugangsdiensten angeboten werden dürfen.

---

[83] *Werkmeister/Hermstrüwer*, CR 2015, 570, 573.
[84] Vgl. *BNetzA*, Jahresbericht Netzneutralität 2018/2019, S. 19 f.
[85] *Klement*, EuR 2017, 532, 549.
[86] *Gersdorf*, K&R 2014, 642, 646.
[87] *Klement*, EuR 2017, 532, 550.
[88] *Werkmeister/Hermstrüwer*, CR 2015, 570, 570 f.; *Becher*, ZJS 2018, 390, 391.
[89] BoR (16) 127, Rn. 116 ff.

2. Anforderungen

Art. 3 Abs. 5 adressiert alle Anbieter öffentlicher elektronischer Kommunikation. Das sind nach Art. 2 Abs. 2 Nr. 1 alle Unternehmen, die öffentliche Kommunikationsnetze oder öffentlich zugängliche elektronische Kommunikationsdienste bereitstellen. Damit dürfen neben den Zugangsanbietern und den Anbietern von Internetdiensten, -inhalten und -anwendungen, die beide in Art. 3 Abs. 5 UAbs. 1 genannt werden, auch die Netzbetreiber Spezialdienste offerieren, **ohne dass** es sich bei deren Angebot aber um einen **Internetzugangsdienst** handeln darf. Folglich dürfen wegen der Legaldefinition in Art. 2 Abs. 2 Nr. 2 Spezialdienste nicht öffentlich zugänglich sein, so dass es sich um solche Dienste handelt, die außerhalb des allgemein zugänglichen Internet erbracht werden.[90] In praxi wird dazu ein Teil der Verbindung zum Endnutzer für den Spezialdienst reserviert,[91] so dass er unabhängig von der Auslastung des für jedermann offen Internet ist und einem technisch geschlossenen Bereich zugehört[92]. 42

Im Übrigen prägt Spezialdienste, dass sie **für bestimmte Inhalte, Anwendungen oder Dienste oder eine Kombination daraus optimiert** sein müssen, um deren Anforderungen an eine bestimmte Mindestübertragungsqualität[93] zu genügen. Erwägungsgrund 16 nennt insoweit Dienste, die einem öffentlichen Interesse entsprechen oder die im Bereich der Maschine-zu-Maschine-Kommunikation verwendet werden. Anwendungsfälle werden daran anknüpfend in der Telemedizin, beim automatisierten Fahren oder in der Videotelefonie und -konferenz gesehen.[94] Letztlich wird es bei der Klassifikation als Dienst in diesem Sinne vor allem auf die Nutzergewohnheiten ankommen, so dass Art. 3 Abs. 5 nicht greift, wenn nach deren Vorstellung der Dienst auch ohne Nutzung einer bestimmten Übertragungsqualität funktioniert.[95] Das Kriterium der Erbringung im öffentlichen Interesse in Erwägungsgrund 16 dürfte hingegen keine verengende Wirkung haben,[96] weil es im Wortlaut des Art. 3 Abs. 5 nicht abgebildet ist[97] und solche Dienste in Erwägungsgrund 16 nur beispielshalber genannt sind.[98] 43

Die **Optimierung** muss ferner **erforderlich** sein, um den Anforderungen von Inhalten an ein bestimmtes Qualitätsniveau zu genügen, so dass die Notwendigkeit einer spezifischen Leistungserbringungsgüte des übertragenen Dienstes das Bereitstellen eines Spezialdienstes rechtfertigen muss. Da das Kriterium der Erforderlichkeit unbestimmt ist, bietet es erhebliches Umgehungspotenzial. Erwägungsgrund 16 liefert gleichwohl nur eine leidliche Konkretisierung, indem dort bestimmt wird, dass spezifische und grundlegende Dienstmerkmale die Optimierung objektiv erfordern müssen,[99] was letztlich die Nutzung solcher Dienste allein aus Gründen der Qualitätssicherung bzw. -steigerung oder für mit dem Dienst im Zusammenhang stehende Dienste[100] ausschließen dürfte. Zudem ist eine Optimierung auch dann nicht erforderlich, wenn ein Dienst in der Vergangenheit störungsfrei über öffentlich zugängliche Zugangsdienste angeboten werden konnte. Eine Überführung solcher Dienste in Spezialdienste ist folglich genauso unzulässig wie die Beibehaltung von Spezialdiensten, deren Optimierung nicht mehr erforderlich ist, so dass dieses Kriterium auch zeitlich determiniert ist.[101] 44

---

[90] *Körber*, in: Immenga/Mestmäcker (Hrsg.), Wettbewerbsrecht 2016, Rn. 210.
[91] Instruktiv dazu *Jarass*, Privilegierungen im Internet, S. 91 ff.
[92] *Gersdorf*, in: Gersdorf/Paal (Hrsg.), Informations- und Kommunikationsrecht, AEUV Art. 102 Rn. 77a; *Klement*, EuR 2017, 532, 549.
[93] *Werkmeister/Hermstrüwer*, CR 2015, 570, 573.
[94] *Becher*, ZJS 2018, 390, 394.
[95] *Werkmeister/Hermstrüwer*, CR 2015, 570, 574.
[96] So aber die Befürchtung bei *Gersdorf*, K&R 2014, 642, 644, f.
[97] *Klement*, EuR 2017, 532, 549.
[98] Im Ergebnis ebenso *Osing*, Netzneutralität im Binnenmarkt, S. 87; implizit auch COM (2019) 203 final v. 30.4.2019, S. 9.
[99] *Klement*, EuR 2017, 532, 549.
[100] *Werkmeister/Hermstrüwer*, CR 2015, 570, 574.
[101] *Jarass*, Privilegierungen im Internet, S. 327 f.

3. Einschränkungen

45 Um negative Auswirkungen zulasten des Endnutzers auf dessen Internetzugang zu vermeiden, folgt aus Art. 3 Abs. 5 UAbs. 2 S. 1, dass Spezialdienste im Sinne des UAbs. 1 nur angeboten werden dürfen, wenn die Netzkapazität ausreicht, um sie zusätzlich zu den bereitgestellten Internetzugangsdiensten zu erbringen. Sie dürfen zudem nicht als Ersatz nutzbar sein oder Nachteile zulasten des Endnutzers bei der Verfügbarkeit oder der allgemeinen Qualität der Internetzugangsdienste verursachen.[102] Diese Einschränkung soll eine Umgehung des Gebots der Netzneutralität verhindern. Daher untersagt sie es Zugangsanbietern nicht, Spezialdienste mit bestimmten Qualitätsniveau anzubieten und zugleich von den in Art. 3 Abs. 3 UAbs. 2 und 3 enthaltenen Ausnahmen Gebrauch zu machen. Diese Befugnis spielt ausweislich Erwägungsgrund 17 vor allem im Falle von Belastungsspitzen in Mobilfunknetzen im Lichte des Art. 3 Abs. 3 UAbs. 3 Hs. 2 lit. c eine Rolle.

46 Problematisch ist die in Art. 3 Abs. 5 angelegte Präponderanz des Best-effort-Bereichs des Internet gegenüber Spezialdiensten mit besonderem Qualitätsniveau[103] deshalb, weil sie infolgedessen auch dann nicht über die bestehenden Internetzugangsdienste übertragen werden dürfen, wenn deren Kapazitäten nicht ausgelastet sind[104], was gerade im Falle des Transports nicht linearer audiovisueller Mediendienste zB in Form des „video on demand" Schwierigkeiten verursacht. Denn sie werden anders als der klassische Rundfunk nicht kabel- oder satellitengestützt über das DVB-System offeriert und sind daher jedenfalls insoweit, als Maßnahmen eines Verkehrsmanagements im engeren Sinne nicht als Mittel der Wahl in Betracht kommen (s. → Rn. 30 ff.), auf spezielle Übertragungswege (vgl. § 3 Nr. 28 TKG) angewiesen, um funktionsfähig zu sein. Diese Situation wird im Lichte der auch in Art. 8 Abs. 1 UAbs. 2 R-RL geforderten Technologieneutralität[105] sowie aus unionsgrundrechtlicher Sicht insbesondere im Lichte des Gleichheitsgrundsatzes (Art. 20 GRCh) und der Medienfreiheit (Art. 11 GRCh) für problematisch gehalten.[106]

47 Im Unterschied zu den allgemeinen Regeln über die Netzneutralität in Art. 3 Abs. 1 bis 3 finden sich in Art. 3 Abs. 5 keine Bestimmungen, die den Anbieter von Spezialdiensten verpflichten, die von ihm transportierten Dienste gleich zu behandeln. Infolgedessen wird allgemein davon ausgegangen, dass ihn im Gegensatz zum Internetzugangsanbieter **kein allgemeines Diskriminierungsverbot** nach Vorbild des Art. 3 Abs. 3 trifft. Folglich sind vertragliche Vereinbarungen über technische Bedingungen, die verschiedene transportierte Dienste unterschiedlich behandeln, möglich und grundsätzlich auch zulässig.[107] Eine etwaige Knappheitsverwaltung[108] ist mithin nur an den im Übrigen bestehenden Rechtsvorschriften und insbesondere am Maßstab des allgemeinen Wettbewerbsrechts (s. → Rn. 64) zu messen.[109] Für diese Lesart des Art. 3 Abs. 5 spricht insbesondere, dass für eine Gleichbehandlung des gesamten Datenverkehrs innerhalb dieser Norm kein Bedarf besteht, weil ein offenes Internet bereits gesichert ist.

IV. Selbsthilfemechanismen zugunsten der Endnutzer

48 Den in Art. 3 enthaltenen Bestimmungen soll zunächst einmal durch endnutzerbezogene Selbsthilfemechanismen Rechnung getragen werden. Art. 4 legt dazu eine Vielzahl von Unternehmerpflichten zulasten der Zugangsanbieter fest. Sie sollen den Endnutzer über

---

[102] *Werkmeister/Hermsträwer*, CR 2015, 570, 574; vgl. zu denkbaren Messverfahren BoR (16) 127b, S. 7.
[103] *Gersdorf*, K&R 2014, 642, 642 f., 646 f.
[104] *Werkmeister/Hermsträwer*, CR 2015, 570, 574 f.; *Körber*, in: Immenga/Mestmäcker (Hrsg.), Wettbewerbsrecht, Rn. 211.
[105] *Becher*, ZJS 2018, 390, 394.
[106] Ausf. zum Ganzen *Gersdorf*, K&R 2014, 642, 646 f.
[107] *Klement*, EuR 2017, 532, 549.
[108] Vgl. dazu *Werkmeister/Hermsträwer*, CR 2015, 570, 574.
[109] *Jarass*, Privilegierungen im Internet, S. 327, 331 f.; *Klement*, EuR 2017, 532, 550.

C. Regelungsinhalt

die Konsequenzen etwaiger Maßnahmen des Verkehrsmanagements für die Qualität der Zugangsdienste sowie für dessen Privatsphäre und persönliche Daten in Kenntnis setzen. Hinzu kommen ausweislich des Abs. 1 dieser Vorschrift **Verpflichtungen zur Veröffentlichung von Information** über die Auswirkungen etwaiger Volumenbeschränkungen auf die Nutzungsqualität in klarer und verständlicher Weise, über die Rückwirkungen von Diensten mit spezifischem Qualitätsniveau auf die daneben vorzuhaltenden Zugangsdienste, über die maximale und beworbene Up- bzw. Download-Geschwindigkeit des Zugangsdienstes und die Auswirkungen erheblicher Abweichungen davon sowie über etwaige im Falle erheblicher Schlechtleistungen im Sinne des Art. 4 Abs. 4 nach nationalem Recht zur Verfügung stehenden Rechtsbehelfe. Abgesehen davon besteht die Verpflichtung, einfache, transparente und effiziente Verfahren im Umgang mit Beschwerden der Endnutzer einzurichten.[110]

Mit Hilfe dieser Informationen soll der Endnutzer seine vertraglichen Rechte erkennen und durchsetzen können. Die Netzneutralitätsverordnung setzt insoweit also auf den mündigen Verbraucher, gibt den Mitgliedstaaten in Art. 4 Abs. 3 aber auch die Befugnis, weitergehende Anforderungen zu stellen, soweit sie mit Anforderungen der RL 2002/22/EG und der VO EU Nr. 2015/2120 in Einklang stehen. Diese Vorgaben finden sich namentlich in § 43a TKG, den die in Art. 4 Abs. 1 aufgeführten Pflichtangaben für den Bereich der Information über alle Einschränkungen von Datenzugang und -nutzung (vgl. § 43a Abs. 1 Nr. 2, Abs. 2 Nr. 2 TKG) letztlich konkretisieren. Hinzu kommt die auf Basis der § 45n Abs. 1 und 8 TKG, § 1 Nr. 1 TK-EMV-ÜbertrV[111] (nun § 1 TKG-EMVG-FuAG-ÜbertrV) erlassene **„Transparenzverordnung für den Telekommunikationsbereich (TKTransparenzV)[112]"**. Nach deren § 1 Abs. 1 müssen die Zugangsanbieter ein (standardisiertes) Produktinformationsblatt bereitstellen, in das einige der in Art. 4 Abs. 1 geforderten Informationen (etwa zur Down- und Upload-Geschwindigkeit) aufzunehmen sind. Zudem folgt aus den §§ 7 f. TKTransparenzV eine Pflicht zur Überprüfung bzw. Messung der Datenübertragungsrate.[113] Etwaige Verstöße insbesondere gegen die § 1 Abs. 1, § 7 Abs. 1 sind nach § 13 TKTransparenzV bußgeldbewehrt.

Als Selbsthilfemechanismen stehen neben einem Recht auf Wechsel des Vertragspartners (§§ 46, 43b TKG) das Schlichtungsverfahren vor der BNetzA nach § 47a TKG, aber auch Unterlassungs- sowie Schadensersatzansprüche aufgrund vertraglicher Pflichtverletzung zur Verfügung. Die dafür nötige **nicht vertragskonforme Leistung** setzt das Überschreiten einer Aufgreifschwelle voraus. Aus **Art. 4 Abs. 4 VO** ergibt sich insoweit, dass die tatsächliche von der seitens des Zugangsanbieters angegebenen Geschwindigkeit erheblich, kontinuierlich oder in regelmäßiger Wiederkehr abweichen muss.[114] Dasselbe gilt für andere Leistungsparameter, wobei die rechtserheblichen Tatsachen durch einen von der BNetzA zertifizierten Überwachungsmechanismus, der seit 2015 nutzbar ist, festgestellt werden müssen. Etwaige Divergenzen zwischen der auf Basis des § 43a Abs. 3 S. 2 TKG gemessenen und der im Vertrag wegen Art. 4 Abs. 1 UAbs. 1 lit. d enthaltenen Dienstqualität dokumentiert die BNetzA aufgrund von § 43a Abs. 3 S. 3 Nr. 2 TKG in jährlichen Berichten. Sie werden dadurch für andere, bisher nicht aktiv gewordene Endnutzer und für die Öffentlichkeit im Übrigen transparent.[115]

---

[110] BoR (16) 127, Rn. 159.
[111] BGBl. 2013 I S. 79 ff.
[112] BGBl. 2016 I S. 2977 ff.
[113] S. dazu *BNetzA*, Jahresbericht Netzneutralität 2018/2019, Rn. 81 ff.
[114] Vgl. zur Feststellung der Abweichung *BNetzA*, Jahresbericht Netzneutralität 2018/2019, Rn. 77 ff.
[115] BT-Drs. 18/11811, 7 f.

D. Durchsetzungsmechanismen

51 Zu diesen Selbsthilfemechanismen treten behördliche Eingriffsbefugnisse hinzu.

I. BNetzA

52 Sie adressieren in erster Linie die BNetzA, wobei die Unionsrechtskonformität der in der Netzneutralitätsverordnung übertragenen Befugnisse nicht unumstritten ist.

1. Umfang der Befugnisse

53 So verpflichtet **Art. 5 Abs. 1** die BNetzA zur Überwachung und Sicherstellung der Einhaltung der in den Art. 3 und 4 niedergelegten Bestimmungen. Dazu kann sie, wie auch aus § 126 Abs. 1 TKG hervorgeht,[116] Anforderungen an technische Merkmale, Mindestvoraussetzungen für die Dienstqualität und sonstige geeignete und erforderliche Maßnahmen gegenüber den Anbietern öffentlicher elektronischer Kommunikation im Sinne des Art. 2 Abs. 2 Nr. 1 treffen. Hinzu tritt die Erhebung von Bußgeldern auf Basis des § 149 Abs. 1b TKG in Umsetzung des Art. 6, falls Art. 3 Abs. 3 UAbs. 3 Hs. 1 oder Art. 4 Abs. 1 UAbs. 1 S. 1 verletzt werden oder eine vollziehbare Anordnung auf Basis des Art. 5 Abs. 1 UAbs. 1 S. 2 unbefolgt bleibt. Deren Umfang kann je nach Art der vorliegenden Rechtsverletzung bis zu 10.000 EUR, bis zu 100.000 EUR oder gar bis zu 500.000 EUR betragen.[117]

54 Die Eingriffsbefugnisse aus Art. 5 Abs. 1 berechtigen die BNetzA unter anderem zur Festlegung von Mindestübertragungsgeschwindigkeiten, verpflichten dazu aber nicht (s. → Rn. 23). Die Fixierung solcher Mindeststandards seitens der BNetzA ist im Übrigen auch nicht zwingend nötig, um eine Beeinträchtigung im Sinne des **Art. 3 Abs. 5** festzustellen,[118] da sich die maßgebliche Referenzgröße aus dem bereitgestellten, dh also dem vereinbarten Internetzugangsdienst ergibt.[119] Ein Einschreiten der BNetzA kommt insbesondere zur Wahrung der Netzneutralität in Betracht. Insoweit obliegt ihr dann namentlich die für die Feststellung einer diskriminierenden Durchleitung von Daten erforderliche Bildung von Vergleichspaaren etwa im Bereich der Datenverkehrskategorien. Innerhalb des Art. 3 Abs. 5 hat sie zB darüber zu entscheiden, ob die Optimierung eines Spezialdienstes erforderlich ist.

55 Betrachtet man die Befugnisse der BNetzA aus **rechtsfolgenorientierter Sicht,** so setzen sie weniger präventiv, etwa in Form von Genehmigungsvorbehalten, als vielmehr repressiv an.[120] Zudem fällt das eingeräumte Ermessen auf. Es unterliegt, soweit Endnutzerrechte verletzt werden, zunächst einer ähnlichen Aufgreifschwelle wie der Gebrauch von Selbsthilfemechanismen, weil eine Befugnis zum Einschreiten nach Erwägungsgrund 7 nur besteht, wenn die Auswahlfreiheit des Endnutzers „wesentlich eingeschränkt" ist. Ist dieses Recht „in seinem Kern untergraben", besteht indes eine Rechtspflicht zum Handeln („verpflichtet sein, einzugreifen").[121] Geht es um Spezialdienste im Sinne des Art. 3 Abs. 5, gelten strengere Regeln, weil unvermeidbare, äußerst geringfügige und kurzfristige Belastungen nach Erwägungsgrund 17 nur bei Funknetzen außer Acht bleiben dürfen, da sie dann nicht antizipierbar sind.

56 Kehrseite der Befugnisse der BNetzA sind Unternehmerpflichten der **Anbieter öffentlicher elektronischer Kommunikation.** Namentlich Art. 5 Abs. 2 hält sie dazu an, der

---

[116] Vgl. *Mayen/Koch,* in: Scheurle/Mayen (Hrsg.), TKG § 126 Rn. 1 f., 9.
[117] Vgl. dazu *Becher,* ZJS 2018, 390, 395.
[118] So aber *Werkmeister/Hermsträuer,* CR 2015, 570, 574.
[119] Vgl. *Klement,* in: Scheurle/Mayen (Hrsg.), TKG § 41a Rn. 101.
[120] *Werkmeister/Hermsträuer,* CR 2015, 570, 575.
[121] *Klement,* EuR 2017, 532, 544.

BNetzA Informationen darüber zukommen zu lassen, wie sie ihre Pflichten aus den Art. 3 und 4 erfüllen, damit die BNetzA ihren Berichtspflichten nachkommen kann[122]. Wird dem nicht entsprochen, drohen aufgrund von § 149 Abs. 1b TKG Bußgelder. **Offenzulegen** ist insbesondere, wie der Netzverkehr und die Netzkapazitäten verwaltet werden und wie etwaige Maßnahmen des Verkehrsmanagements gerechtfertigt werden. Den Zeitpunkt und die Detailgenauigkeit der Informationen legt dabei die BNetzA fest. Etwa erstellte Berichte hat sie zu veröffentlichen sowie an die Kommission und das GEREK nach Art. 5 Abs. 1 UAbs. 2 weiterzuleiten. Eine Konkretisierung dieser Verpflichtung der BNetzA findet sich in § 43a Abs. 3 S. 3 TKG.

2. Unionsrechtskonformität

Gelegentlich werden die weit reichenden Befugnisse, die den Regulierungsbehörden wie der BNetzA in Art. 5 Abs. 1 eingeräumt werden, für unionsrechtswidrig gehalten, insbesondere weil die in der Verordnung getroffenen Aussagen etwa in Bezug auf die Festlegung von Dienstkategorien (Art. 3 Abs. 3) oder in Bezug auf das Erfordernis einer Dienstoptimierung (Art. 3 Abs. 5) **wenig materiell-rechtlichen Gehalt** aufweisen. Denn deshalb sei die Bildung abstrakt genereller Maßstäbe in der Verordnung auf die Exekutive übertragen worden, was den in Art. 52 Abs. 1 GRCh angelegten Gesetzesvorbehalt sowie den Wesentlichkeitsgrundsatz verletze, da der Verordnungsgeber insoweit hätte konkretisierend tätig werden müssen, zumal die Festlegung der relevanten Rahmenbedingungen teilweise keine technischen, sondern inhaltliche Fragestellungen provoziere, für die auf Seiten der nationalen Regulierungsbehörden gerade kein Kenntnisvorsprung bestehe.[123]

II. GEREK

Um die von den nationalen Regulierungsbehörden zu ergreifenden Maßnahmen zum Schutz der Netzneutralität zu vereinheitlichen, leistet die GEREK auf Basis des Art. 5 Abs. 3 einen Beitrag, indem sie nach Anhörung der Interessenträger in enger Kooperation mit der Kommission **Leitlinien** herausgegeben hat,[124] die derzeit überarbeitet werden[125]. Ihnen ist ausweislich des Erwägungsgrundes 19 **weitestgehend Rechnung zu tragen.** Diese Formulierung ist aus anderen sekundärrechtlichen Zusammenhängen bekannt und verlangt dort[126], dass die Leitlinien in den Blick genommen und bedacht werden, ohne dass sie sich zwingend durchsetzen müssen[127]. Es handelt sich im Ergebnis um widerlegliche Vermutungen (s. → Rn. 10). Dafür spricht auch, dass die Leitlinien nur einen Beitrag zur einheitlichen Anwendung leisten, nicht aber Einheit herstellen sollen.[128]

E. Rechtsbehelfsmöglichkeiten

Jenseits der in der VO (EU) Nr. 2120/2015 angelegten Mechanismen privater Rechtsdurchsetzung[129] besteht wie erörtert auch die Möglichkeit eines behördlichen Einschrei-

---

[122] Vgl. dazu zuletzt *BNetzA*, Jahresbericht zur Netzneutralität in Deutschland 2018/2019.
[123] Ausf. dazu *Klement*, EuR 2017, 532, 556 ff.
[124] BoR (16) 127 v. 30.8.2016: Abrufbar unter: https://berec.europa.eu/eng/document_register/subject_matter/berec/regulatory_best_practices/guidelines/6160-berec-guidelines-on-the-implementation-by-national-regulators-of-european-net-neutrality-rules (zuletzt abgerufen am 24.2.2020).
[125] COM (2019) 203 final v. 30.4.2019, S. 13.
[126] *Schuelken*, EuR 2018, 577, 587.
[127] Weitergehend *Klement*, EuR 2017, 532, 552; vgl. auch *Jarass*, Privilegierungen im Internet, S. 321.
[128] *OVG NRW*, MMR 2019, 762, Rn. 21 ff.
[129] Vgl. dazu *Klement*, in: Scheurle/Mayen (Hrsg.), TKG § 41a aF Rn. 102 ff.

tens. Die dazu berufene BNetzA handelt dann in der Regel per Verwaltungsakt, wenn sie im Sinne des Art. 5 Abs. 1 dieses Sekundärrechtsakts die gegenüber den Anbietern öffentlich zugänglicher Kommunikation und insbesondere den Zugangsanbietern erforderlichen Maßnahmen ergreift (s. → Rn. 8). Rechtsschutz gegen solche Maßnahmen ist dann entsprechend dem **Adressatengedanken** möglich. Da kein Fall eines Beschlusskammerverfahrens vorliegt, ist vor Erhebung der Anfechtungsklage ein Widerspruch zu erheben, über den die BNetzA entscheidet, weil ein Fall des § 73 Abs. 1 S. 2 Nr. 2 VwGO (s. → Rn. 94) vorliegt. Ggf. ist wegen § 137 Abs. 1 TKG (zugleich) einstweiliger Rechtsschutz zu suchen (s. → Rn. 157).

60 Soweit sich **private Endnutzer oder Inhalte-Anbieter**[130] (s. → Rn. 12) auf die Vorgaben der VO (EU) Nr. 2120/2015 berufen wollen, dürfte es ihnen in der Regel um ein Einschreiten der BNetzA gehen. In solchen Verpflichtungssituationen stellt sich vor allem die Frage nach deren Antrags- bzw. Klagebefugnis. Die insoweit recht strengen Vorgaben der Schutznormlehre (s. → Rn. 177) werden auf Unionsebene allerdings in dem Sinne übersteuert, dass für diejenigen, die sich auf das Unionsrecht berufen, um eigene Belange durchzusetzen (sog. funktionale Subjektivierung), großzügigere Maßstäbe gelten.[131] Die zugehörigen Parameter sind zwar noch nicht ganz klar vermessen, dürften jedoch unabhängig vom konkret heranzuziehenden Maßstab vorliegend gewahrt sein, geht es in der VO (EU) Nr. 2120/2015 ausweislich ihres Art. 1 doch auch um die Wahrung der Rechte der Endnutzer. Eine andere Frage ist dann freilich, ob im konkreten Einzelfall tatsächlich ein Anspruch auf Einschreiten besteht.

61 Rechtsbehelfsmöglichkeiten bestehen entsprechend der allgemeinen Grundsätze indes nicht nur auf nationaler Ebene insbesondere vor den Verwaltungsgerichten. Gerade weil die BNetzA zur Wahrung der Netzneutralität auf Basis und in Umsetzung eines Sekundärrechtsakts in Form der VO (EU) Nr. 2120/2015 tätig wird, ist ggf. die Unionsgerichtsbarkeit einzuschalten. In diesem Kontext wird erneut insbesondere das **Vorabentscheidungsersuchen** (s. → Rn. 169 ff.) relevant. Soweit gegen Maßnahmen der BNetzA auf Basis der Netzneutralitätsverordnung einstweiliger Rechtsschutz erstrebt wird, ist eine Vorlage des letztinstanzlichen Gerichts zwar zumindest solange nicht erforderlich, wie den Beteiligten das Hauptsacheverfahren offen steht.[132] Wird es durchgeführt, dürfte ein Vorgehen auf Basis des Art. 267 AEUV aber auch für erstinstanzlich befasste Gerichte regelmäßig zweckmäßig sein, sind wie gezeigt die Forderungen der VO (EU) Nr. 2120/1520 doch keinesfalls in jeder Hinsicht eindeutig.[133]

F. Verhältnis zu anderen Rechtsvorschriften

62 Da das Gebot der Netzneutralität auch schon vor Inkrafttreten der VO (EU) Nr. 2120/2015 in der Diskussion war und teilweise dessen Verankerung im schon vorher geltenden Recht postuliert wurde, stellt sich die Frage nach dem Verhältnis der dortigen Vorschriften zu anderen Regelungsbereichen.

I. Recht der Marktregulierung, §§ 9 ff. TKG

63 Setzt man Art. 3 VO (EU) Nr. 2120/2015 zum Recht der Marktregulierung in Beziehung, so fällt auf, dass die vermutlich sachnahesten §§ 18, 42 TKG (s. → Rn. 62 ff.,

---

[130] S. zu deren Positionen *Säcker/Mengering*, K&R 2013, 558, 562.
[131] Vgl. dazu *Stober/Korte*, Öffentliches Wirtschaftsrecht, Rn. 1134 ff.
[132] Vgl. *Wegener*, in: Calliess/Ruffert (Hrsg.), EUV/AEUV, AEUV Art. 267 Rn. 31; *EuGH*, verb. Rs. 35/82 u. 36/82, Slg. 1982, 3723 Rn. 8 ff. – Morson.
[133] Vgl. den Vorlagebeschluss des *VG Köln*, 20.1.2020 – 9 K 4632/18 (zitiert nach juris, zuletzt abgerufen am 20.2.2020).

F. Verhältnis zu anderen Rechtsvorschriften

135 ff.) genauso wie die anderen zugehörigen Bestimmungen nur insoweit anwendbar sind, als die beträchtliche Marktmacht eines Unternehmens auf Basis eines Verfahrens der Marktregulierung festgestellt worden ist (s. → Rn. 7 ff.). Diese Voraussetzung ist für die Anwendung des Art. 3 VO (EU) Nr. 2120/2015 nicht erforderlich, so dass dessen Geltungskraft weiter reicht und diese Regeln nebeneinander greifen. Für die daraus resultierende **Idealkonkurrenz** spricht auch, dass das Recht der Marktregulierung in erster Linie Telekommunikationsnetzbetreiber bzw. -dienstanbieter und lediglich mit Blick auf § 42 TKG die Anbieter von Inhalten sowie die Endnutzer (s. → Rn. 136) adressiert.[134] Zudem ist es anders als Art. 3 VO (EU) Nr. 2120/2015 nicht spezifisch auf den Schutz der Netzneutralität ausgelegt. Dieses Ansinnen lässt sich zwar ggf. dem auch informationsbezogenen Regulierungsziel aus § 2 Abs. 2 Nr. 1 TKG zuordnen.[135] Es genießt jedoch keinen Selbststand, sondern ist mit den anderen in § 2 Abs. 2 TKG genannten Zwecken in Ausgleich zu bringen (s. → Rn. 4).

II. Wettbewerbsrecht, Art. 101 f. AEUV

Die Art. 101 f. AEUV wird man wegen der graduell abweichenden, weil primär wettbewerbsschützenden Zielsetzungen neben den Vorschriften der VO (EU) Nr. 2120/2015, die vor allem auf diskriminierungsfreien Datenaustausch angelegt sind, anwenden müssen. Insoweit besteht also auch **Idealkonkurrenz** zwischen den zugehörigen Regelungen, die insbesondere dann von Bedeutung ist, wenn sich beide Regelungsmaterien namentlich in ihren Voraussetzungen (so etwa in Bezug auf die Anforderung der Marktbeherrschung) und in den Zuständigkeiten (BKartA und BNetzA) unterscheiden. Der VO (EU) Nr. 2120/2015 kommt in der Folge beispielsweise dort eigenständige Bedeutung zu, wo es an einer Absprache bzw. einer marktmächtigen Stellung des Zugangsanbieters fehlt.[136]

III. Plattformregulierung

Betrachtet man schließlich die Bestimmungen zur Plattformregulierung aus den §§ 52 ff. RStV, so wird man ebenfalls von **Idealkonkurrenz** ausgehen müssen. Zwar sind diese Regeln wie Art. 3 VO (EU) Nr. 2120/1520 auf inhaltliche Vielfalt gerichtet, sie verfügen jedoch über eine anders gelagerte Stoßrichtung. Denn während die Plattformregulierung nur Rundfunk sowie vergleichbare Telemedien zum Gegenstand hat und bestimmte Inhalte privilegiert, indem die Plattformbetreiber 1/3 ihrer Gesamtkapazität für öffentlich-rechtliche Rundfunkanbieter und gleichgestellte Angebote reservieren müssen,[137] geht es im Falle des Art. 3 VO (EU) Nr. 2120/1520 vor allem um die Neutralität gegenüber sämtlichen Inhalten, indem die Zugangsanbieter insoweit Gleichbehandlungspflichten unterliegen.[138]

---

[134] Vgl. dazu *Wimmer*, ZUM 2013, 641, 646 f.
[135] *Müller-Terpitz*, K&R 2012, 476, 479.
[136] So auch *Klement*, in: Scheurle/Mayen (Hrsg.), TKG § 41a aF Rn. 129 ff.; vgl. auch *Jarass*, Privilegierungen im Internet, S. 322.
[137] *Fechner*, Medienrecht, Kap. 7 Rn. 44.
[138] *Klement*, in: Scheurle/Mayen (Hrsg.), TKG § 41a aF Rn. 125 f.

Teil 8.5 Roaming

Übersicht

	Rn.
A. Gefahrenlage	2
B. Zielsetzung	4
C. Regelungsinhalt	6
I. Preisregulierung auf Großkundenebene	7
II. Preisregulierung auf Endkundenebene	9
1. Anwendungsbereich	10
2. Umfang des Verbots	11
3. Rechtfertigungsmöglichkeiten	15
D. Durchsetzungsmechanismen	20
E. Rechtsbehelfsmöglichkeiten	21

1 Soweit die Teilnehmer nicht über das Netz ihres Vertragspartners, sondern etwa mangels Erreichbarkeit bzw. Nutzbarkeit über andere Netze kommunizieren, werden die damit verbundenen rechtlichen Herausforderungen unter dem Schlagwort des Roaming diskutiert. Insoweit sind neben einer inländischen, hier und da bereits erwähnten Dimension vor allem die Rechtsverhältnisse im Falle der Handy-Nutzung im Ausland in den Blick zu nehmen, zumal dann Anbieter auf räumlich getrennten Märkten involviert sind.[1]

A. Gefahrenlage

2 Die Roaming-Diensten zugrunde liegende Gefahrenlage ergibt sich daraus, dass sich die Abstimmung der verschiedenen Telekommunikationsnetzbetreiber und -dienstanbieter, die im Falle der Nutzung fremder Netze im Ausland erforderlich wird, auf die Kostenstrukturen zu Lasten der Teilnehmer auswirken kann, so dass sie überhöhten Endkundentarifen aufgrund von Aufschlägen durch den ausländischen oder den heimischen Anbieter ausgesetzt sind.[2] In beiden Fällen ist der **Endkunde ohne echte Handlungsalternative,** insbesondere weil er sich in der Regel nur kurzfristig im Ausland aufhält und dort deshalb keinen neuen Vertrag mit einem inländischen Telekommunikationsdienstanbieter schließen wird. In der Folge entsteht ein Verhältnis zwischen Kosten- und Entgeltstrukturen, das von dem auf funktionsfähigen Märkten mit wirksamen Wettbewerb weit entfernt ist.[3]

3 Das dann ggf. „besorgniserregend" hohe Preisniveau hat nachteilige Folgen für die Bürgermobilität innerhalb von Europa sowohl im privat touristischen als auch im geschäftlich unternehmerischen Bereich. Es wirkt sich daher auch negativ auf die Verwirklichung des Binnenmarktes aus.[4] Hinzu kommt, dass ein marktregulierendes Vorgehen einzelner nationaler Regulierungsbehörden kaum möglich ist. Zwar dürfte ein **regulierungsbedürftiger Markt** (s. → Rn. 8ff.) im Lichte der eingangs gemachten Beobachtungen wohl noch bestehen. Hinreichend marktmächtige Unternehmen (s. → Rn. 18ff.) können die nationalen Regulierungsbehörden aufgrund des spezifisch grenzüberschreitenden Bezugs des Roaming allerdings weder allein noch im Verbund mit hinreichender Sicherheit ermitteln.[5]

---

[1] *Stammer,* Sektorspezifischer Verbraucherschutz, S. 81.
[2] Vgl. dazu *BGH,* NJW 2012, 2103 ff.; dazu *Höhne,* jurisPR-ITR 11/2012 Anm. 4.
[3] Ähnl. *Berger-Kögler,* MMR 2007, 294, 295, 297.
[4] Vgl. Erwägungsgrund 2 zur VO (EG) Nr. 717/2007 vom 27.7.2007, ABl. L Nr. 171, 32, 32.
[5] Erwägungsgrund 6 zur VO (EG) Nr. 717/2007 vom 27.7.2007, ABl. L Nr. 171, 32, 33.

B. Zielsetzung

Auf Unionsebene versucht man vor diesem Hintergrund bereits seit Längerem diesem Problem Herr zu werden. Im Wesentlichen wurde **zunächst** mit **Preisobergrenzen** für die Inanspruchnahme von Roaming-Diensten gearbeitet, die dann sukzessive abgesenkt worden sind. Zudem mussten die Dienstanbieter ihren Kunden die Möglichkeit der Vereinbarung von Kostenobergrenzen bieten, um überbordende Rechnungen zu vermeiden. Diese Option bestand ursprünglich nur für die Inanspruchnahme von Roaming-Diensten innerhalb der Union, wurde später aber auf deren Nutzung weltweit ausgedehnt.[6] 4

Mit Inkrafttreten der Verordnung (EU) Nr. 2015/2120 sind die Telekommunikationsdienstanbieter seit Mitte 2017 zumindest grundsätzlich zur **Abschaffung sog. Roaming-Gebühren** verpflichtet. Es gilt insoweit also das sog. Roam-Like-At-Home-Prinzip.[7] Die Nutzung von zusammengeschalteten Netzen innerhalb der Union darf die Teilnehmer infolgedessen nicht mehr kosten als deren Nutzung innerhalb des heimischen Hoheitsgebiets. Die Nutzer nehmen somit im Falle eines Auslandsaufenthalts in einem anderen Mitgliedstaat der EU ihren Heimattarif mit, so dass sich Inlands- und Roaming-Preis grundsätzlich decken.[8] 5

C. Regelungsinhalt

Die Verordnung (EU) Nr. 2015/2120 dient der Ergänzung der Verordnung (EU) Nr. 531/2012, modifiziert sie aber in den preisrelevanten Bestimmungen wie bereits angedeutet erheblich, wobei insoweit die Groß- und Endkundenebene zu unterscheiden sind. 6

I. Preisregulierung auf Großkundenebene

Grundvoraussetzungen für funktionsfähige Märkte bei der Inanspruchnahme von Roaming-Diensten ist die Regulierung der zugehörigen Großkundenmärkte, weil das dortige Preisniveau darüber entscheidet, ob bzw. inwieweit die Unterschiede zwischen Inlands- und Roaming-Tarifen beseitigt werden können. Diese Erkenntnis mündete in einer Mitte 2016 abgeschlossenen **Überprüfung der Märkte für Großkunden-Roaming durch die Kommission**. In ihrem Abschlussbericht identifizierte sie verschiedene Mängel, die das Entstehen wirksamen Wettbewerbs in diesem Bereich zumindest erschweren, selbst wenn die Anbieter gesetzlich dazu verpflichtet werden, das Roaming für den Endkunden zu Inlandspreisen abzuwickeln. Die Einführung entsprechender Rechtsvorschriften soll danach für sich allein genommen höchstwahrscheinlich nicht ausreichen, insbesondere weil überzogene Großkunden-Roamingentgelte aufgrund der bestehenden Marktbedingungen bestimmte Unternehmen (so insbesondere kleinere oder solche, die virtuelle Mobilfunknetze betreiben) benachteiligen und sie namentlich von Investitionen auf den Inlandsmärkten abhalten.[9] 7

Zur Bewältigung dieser Herausforderungen enthielt schon die Roaming-Verordnung von 2012 in Art. 3 eine Verpflichtung der Mobilfunkbetreiber, anderen Unternehmen ein **Standardangebot auf Zugang zum Großkunden-Roaming** zur Verfügung zu stellen. Die von der Kommission 2016 vorgeschlagenen Neuerungen setzen daher auch nicht beim „Ob", sondern beim „Wie" und insbesondere der Preisgestaltung an: So liegen nach 8

---

[6] Vgl. dazu *Stammer*, Sektorspezifischer Verbraucherschutz, S. 83 ff., 88 f.
[7] Vgl. dazu zB *OVG Münster*, MMR 2019, 762, Rn. 46 ff.
[8] Ausf. dazu *OVG Münster*, ECLI:DE:OVGNRW:2019:0712.13B1734.18.00, Rn. 80 ff.
[9] Vgl. Erwägungsgründe 7 f. zur VO (EU) Nr. 2017/920 v. 17.5.2017, ABl. L 147/1 v. 9.6.2017, S. 2.

den Art. 7 Abs. 1, Art. 9 Abs. 1 und Art. 12 Abs. 1 VO (EU) Nr. 531/2012[10] die maximal zulässigen Großkunden-Entgelte nunmehr im Bereich Sprachtelefonie bei 0,032 EUR pro Minute, bei Nachrichten-Diensten bei 0,01 EUR pro Minute und im Falle der Übertragung von Daten aus dem Internet bei 7,70 EUR pro Gigabyte, wobei sich diese Höchstgrenze bis Mitte 2022 sukzessive auf 2,50 EUR reduzieren soll. Zudem ist den Mobilfunknetzbetreibern die Möglichkeit zu eröffnen, innovative Preissysteme auszuhandeln, die nicht an das tatsächlich verbrauchte Volumen anknüpfen, sondern zB an Kapazitäten, Pauschalen bzw. Nachfrageschwankungen.[11] Ferner können in das Standardangebot Mechanismen zum Schutz bzw. zur Aufdeckung eines missbräuchlichen Roaming durch den Teilnehmer aufgenommen werden (Art. 3 Abs. 4 und 6 VO (EU) Nr. 531/2012[12]).

II. Preisregulierung auf Endkundenebene

9   Auf Endkundenebene gilt nach Ablauf der Übergangszeit am 15.6.2017 wie erwähnt der in Art. 6a VO (EU) Nr. 531/2012[13] normierte Grundsatz, dass sich Inlands- und Roaming-Tarif entsprechen müssen. Er verlangt Ausführungen zum Anwendungsbereich, zum Umfang sowie zu den Möglichkeiten und Grenzen einer Rechtfertigung etwaiger Ausnahmen.

1. Anwendungsbereich

10 Unklar ist derzeit, ob Art. 6a VO (EU) Nr. 531/2012 und die daran anknüpfenden Bestimmungen automatisch und damit auch dann anwendbar sind, wenn der Kunde einen alternativen Roaming-Tarif mit dem Mobilfunkbetreiber abgeschlossen hat, etwa weil er oft Drittstaaten bereist. Diese Frage liegt derzeit dem EuGH vor, der damit im Rahmen eines Vorabentscheidungsersuchens befasst ist.[14]

2. Umfang des Verbots

11 Bezugspunkt des Art. 6a VO (EU) Nr. 531/2012 sind Verträge zwischen Anbietern regulierter Endkundenroamingdienste (Roaminganbieter (vgl. Art. 2 Abs. 2 lit. a VO (EU) Nr. 531/2012) und Nutzern, die ein unionsweites Roaming ermöglichen (Roamingkunde (vgl. Art. 2 Abs. 2 lit. g VO (EU) Nr. 531/2012). Darunter versteht man die Benutzung eines mobilen Geräts durch einen Roamingkunden zur Tätigung oder Annahme von unionsinternen Anrufen, zum Senden und Empfangen von unionsinternen SMS-Nachrichten oder zur Nutzung paketvermittelter Datenkommunikationsdienste in einem anderen Mitgliedstaat als dem, in dem sich das Netz des inländischen Betreibers befindet, aufgrund einer Vereinbarung zwischen Heim- und Fremdnetzbetreiber (vgl. Art. 2 Abs. 2 lit. f VO (EU) Nr. 531/2012).

12 **Praxistipp:**

Tarife, nach denen der Abruf bestimmter Inhalte nur im Inland nicht berechnet wird, fallen unter die VO (EU) Nr. 531/2012. Es handelt sich um keinen Sprach-, SMS- oder Datenkommunikationsdienst, weil dadurch keine Daten übertragen werden. Infolgedessen kann ein solcher Tarif nicht als eigenständiger Vertrag im Sinne des Art. 6a eingeordnet werden, sondern lediglich als Vertragsbestandteil.[15]

---

[10] Eingefügt durch die VO (EU) Nr. 2017/920 v. 17.5.2017, ABl. L 147/1 v. 9.6.2017, S. 6f.
[11] Vgl. Erwägungsgründe 11 zur VO (EU) Nr. 2017/920 v. 17.5.2017, ABl. L 147/1 v. 9.6.2017, S. 2.
[12] Eingefügt durch die VO (EU) Nr. 2017/920 v. 17.5.2017, ABl. L 147/1 v. 9.6.2017, S. 5f.
[13] Eingefügt durch die VO (EU) Nr. 2015/2120 v. 25.11.2015, ABl. L 310/3 v. 26.11.2015, S. 11.
[14] Vgl. dazu *LG München*, ABl. C. 328/27 v. 13.9.2019 sowie das anhängige Verfahren Rs. C-539/19.
[15] *OVG Münster*, ECLI:DE:OVGNRW:2019:0712.13B1734.18.00, Rn. 83.

Innerhalb solcher Vereinbarungen garantiert Art. 6a VO (EU) Nr. 531/2012, dass Roaminganbieter ihren Kunden weder zusätzliche noch allgemeine Entgelte für die Nutzung von Endgeräten oder von Dienstleistungen im Ausland berechnen dürfen. Den Vergleichsmaßstab bildet insoweit der inländische Endkundenpreis – dh also grundsätzlich der Preis pro Einheit, den der Roaming-Anbieter für Anrufe, versendete SMS-Nachrichten sowie die von einem Kunden genutzten Daten berechnet. Gibt es keinen spezifisch auf konkrete Einheiten bezogenen Tarif, dann wird auf den Inlandstarif abgestellt (vgl. Art. 2 Abs. 2 lit. r VO (EU) Nr. 531/2012[16]). Gegenüberzustellen sind also der Roaming-Tarif für Sprach-, SMS- oder Datenkommunikationsdienste und der für diesen Dienst geltende Inlandstarif. 13

> **Praxistipp:** 14
> Wird ein Datenverbrauch zwar im Ausland, aber nicht im Inland angerechnet, liegt darin zwar kein Roaming-Aufschlag im klassischen Sinne, sehr wohl aber eine dem gleichstehende Verringerung der im Ausland abrufbaren Leistung.[17]

3. Rechtfertigungsmöglichkeiten

Liegen die Voraussetzungen des Art. 6a VO (EU) Nr. 531/2012 vor, bieten ggf. die Art. 6b ff. dieses Sekundärrechtsakts Rechtfertigungsmöglichkeiten. 15

a) Aufschlag bei unangemessener Nutzung

Von Bedeutung ist in diesem Kontext zunächst Art. 6b VO (EU) Nr. 531/2012[18], wonach Anbieter von Roaming-Diensten auf Endkundenebene Anforderungen an eine **angemessene Nutzung im Umfang des tariflich Vereinbarten** stellen können, um ein zweckwidriges oder missbräuchliches Roaming zu vermeiden. Der Verordnungsgeber nennt hier in Anknüpfung an die Erwägungsgründe den Beispielsfall der Nutzung von Roaming-Diensten in einem Mitgliedstaat, der nicht der des jeweiligen Dienstanbieters ist, für andere Zwecke als vorübergehende Reisen. Die Kommission hat auf Basis des Art. 6d VO (EU) Nr. 531/2012[19] die Durchführungs-Verordnung (EU) Nr. 2016/2286[20] erlassen, aus deren Art. 3–5 sich die näheren Anforderungen an eine solche „fair use policy" ergeben. 16

Im Kontext des Verbots einer unangemessenen Nutzung durch einen Teilnehmer ist auch der neu geschaffene Art. 3 Abs. 6 VO (EU) Nr. 531/2012[21] zu nennen, nach dem in den Standardangeboten für Zugänge zum Großkunden-Roaming auch die Bedingungen festgelegt sein können, mit deren Hilfe eine zweckwidrige oder missbräuchliche Nutzung festgestellt werden kann. Zudem bietet die Norm dem Roaming-Anbieter die Möglichkeit, im Falle der Nachhaltigkeit des festgestellten Missbrauchs den Großkunden-Roaming-Vertrag zu kündigen, wenn die heimische Regulierungsbehörde dieses Vorgehen zuvor genehmigt hat. Übliche **Folge** ist nach Art. 6e Abs. 1 VO (EU) Nr. 531/2012[22] allerdings zunächst die Möglichkeit der Erhebung eines Aufschlags, falls eine unangemessene Nutzung festgestellt worden ist. Dessen Höhe unterliegt den dort aufgeführten Obergrenzen und Bedingungen. 17

---

[16] Eingefügt durch die VO (EU) Nr. 2015/2120 v. 25.11.2015, ABl. L 310/3 v. 26.11.2015, S. 10.
[17] *OVG Münster,* ECLI:DE:OVGNRW:2019:0712.13B1734.18.00, Rn. 90 ff.
[18] Eingefügt durch die VO (EU) Nr. 2015/2120 v. 25.11.2015, ABl. L 310/3 v. 26.11.2015, S. 12.
[19] Eingefügt durch die VO (EU) Nr. 2015/2120 v. 25.11.2015, ABl. L 310/3 v. 26.11.2015, S. 11.
[20] ABl. Nr. L 344 vom 17.12.2016, S. 46 ff.
[21] Eingefügt durch die VO (EU) Nr. 2017/920 v. 17.5.2017, ABl. L 147/1 v. 9.6.2017, S. 5 f.
[22] Eingefügt durch die VO (EU) Nr. 2015/2120 v. 25.11.2015, ABl. L 310/3 v. 26.11.2015, S. 13 f.

b) Aufschlag bei fehlender Tragfähigkeit

18 Zudem bietet Art. 6c VO (EU) Nr. 531/2012[23] die Möglichkeit zur Erhebung eines Roaming-Aufschlags. **Voraussetzung** dafür sind **in materieller Hinsicht** bestimmte außergewöhnliche Umstände, die zu einer Unterdeckung zwischen Einnahmen und Ausgaben bei der Bereitstellung von Roaming-Diensten führen. Zudem muss es eines Aufschlags bedürfen, um die Tragfähigkeit des inländischen Entgeltmodells sicherzustellen. Die Einzelheiten zur Berechnung der jeweiligen Kostenpositionen sind in der auf Basis des Art. 6d VO (EU) Nr. 531/2012[24] erlassenen Durchführungs-Verordnung (EU) Nr. 2016/2286[25] in den Art. 6 ff. niedergelegt. Bedingung ist zudem, dass der Aufschlag unter der Deckungslücke bleibt.

19 **In verfahrensrechtlicher Hinsicht** bedarf es zunächst eines Antrags bei der BNetzA, dem die in der Durchführungs-Verordnung (EU) Nr. 2016/2286[26] geforderten Informationen (vgl. auch dazu deren Art. 6 ff.) beizufügen sind. Er ist innerhalb eines Monats auf Basis des soeben umschriebenen Prüfungsmaßstabs zu bescheiden. Im Falle einer offensichtlichen Unbegründetheit oder unzureichender Informationen ist gegenüber dem Antragsteller spätestens zwei Monate nach dessen Anhörung eine endgültige Entscheidung zu treffen. Hat der Antrag Erfolg, sind die ursprünglich beigefügten Unterlagen im Jahresturnus zu aktualisieren, um eine fortlaufende Prüfung zu ermöglichen.

D. Durchsetzungsmechanismen

20 Die Durchsetzung der Vorgaben der Roaming-Verordnung erfolgt insbesondere nach Maßgabe des Art. 16 VO (EU) Nr. 531/2012, auf den sich auch § 126 Abs. 1 TKG bezieht (s. → Rn. 153 f.). Diese Norm enthält Auskunfts- und Anordnungsbefugnisse. Sie erlaubt der BNetzA zudem „nötigenfalls" auch den Gebrauch des Art. 5 Z-RL, um Zugang und Zusammenschaltung in angemessenem Umfang sicherzustellen.

E. Rechtsbehelfsmöglichkeiten

21 In Bezug auf die Rechtsschutzmöglichkeiten gegen Maßnahmen der BNetzA, die auf Basis insbesondere des Art. 16 VO (EU) Nr. 531/2012 erlassen wurden, gelten die zur VO (EU) Nr. 2120/2015 gemachten Ausführungen entsprechend (s. → Rn. 59 ff.). Die bisherigen Konstellationen bestätigen diese Parallelen.[27]

---

[23] Eingefügt durch die VO (EU) Nr. 2015/2120 v. 25.11.2015, ABl. L 310/3 v. 26.11.2015, S. 12.
[24] Eingefügt durch die VO (EU) Nr. 2015/2120 v. 25.11.2015, ABl. L 310/3 v. 26.11.2015, S. 11.
[25] ABl. Nr. L 344 vom 17.12.2016, S. 46 ff.
[26] ABl. Nr. L 344 vom 17.12.2016, S. 46 ff.
[27] Vgl. den Vorlagebeschluss des *VG Köln* v. 20.1.2020 – 9 K 4632/18 (zitiert nach juris, zuletzt abgerufen am 20.2.2020).

Teil 8.6 Datenschutzrecht

Übersicht

	Rn.
A. Gefahrenlage	2
B. Zielsetzung	3
C. Regelungsinhalt	8
I. Schutz des Fernmeldegeheimnisses	9
1. Schutzgegenstand	10
2. Verpflichtungsadressaten	15
3. Schutzumfang	17
II. Schutz im Umgang mit personenbezogenen Daten	19
1. Anwendungsbereich	20
2. Datenverwendungsbefugnisse	22
3. Teilnehmerrechte	47
4. Umgang mit geschlossenen Benutzergruppen	56
III. Vorschriften zur Wahrung der öffentlichen Sicherheit	57
1. Unternehmerpflichten im Allgemeinen	58
2. Auskunftsersuchen	68
3. Vorratsdatenspeicherung	75
D. Durchsetzungsmechanismen	86
E. Rechtsbehelfsmöglichkeiten	89

Die Vorschriften zum Datenschutz finden sich in Teil 7 des TKG. Die insoweit einschlägigen §§ 91 ff. TKG werden flankiert von den inhaltsverwandten Regeln zum Fernmeldegeheimnis (§§ 88 ff. TKG) sowie zur öffentlichen Sicherheit (§§ 108 ff.). 1

A. Gefahrenlage

Die all diesen Normen eigene Gefahrenlage folgt daraus, dass der **Umgang mit Daten im Rahmen von Telekommunikationsvorgängen verschiedenste Interessen** anspricht – so einerseits die der Unternehmen etwa an einer reibungslosen Abwicklung und Abrechnung der von ihnen bereitgestellten Leistungen und andererseits die der öffentlichen Hand an einem möglichst barrierefreien Datenzugriff zum Zwecke der Gefahrenabwehr oder Strafverfolgung. Zudem, wenn nicht vor allem sind die Belange der am Kommunikationsvorgang Beteiligten einzubeziehen, die allerdings in verschiedene Richtungen weisen können, etwa weil sie zum einen ihre personenbezogenen Daten vor Zugriffen Dritter geschützt wissen wollen, diese Daten zum anderen aber auch preisgeben müssen, um andere Ziele – namentlich die an einer nachvollziehbaren Rechnungsstellung durch den Telekommunikationsdienstanbieter – zu erreichen. Aus dieser Gemengelage an relevanten Interessen erwachsen Konfliktpotenziale. 2

B. Zielsetzung

Die Zielsetzung des Datenschutzrechts liegt vor diesem Hintergrund darin, die verschiedenen widerstreitenden Interessen miteinander in Ausgleich zu bringen. Dabei erfüllen die den an Telekommunikationsvorgängen Beteiligten zur Verfügung stehenden Grundrechte die Aufgabe der Vorstrukturierung, wobei je nach Anwendungsbereich, den der in seiner Auslegung im Einzelnen umstrittene Art. 51 GRCh[1] determiniert, sowohl unionale als 3

---

[1] Vgl. *Terhechte*, in: v.d. Groeben/Schwarze/Hatje (Hrsg.), Europäisches Unionsrecht, GRCh Art. 51 Rn. 3 ff.

auch nationale Gewährleistungen in die Überlegungen einzubeziehen sein können. Da es auch um den Ausgleich privater Interessen geht, spielt insoweit nicht nur die Abwehr-, sondern auch die Schutzdimension der Grundrechte eine Rolle[2]. Aus einer inhaltlichen Perspektive werden neben den wirtschaftsbezogenen Grundrechten aus den Art. 15 ff. GRCh auf **Unionsebene** vor allem Art. 7 GRCh, der das Recht auf Achtung auch der Kommunikation gewährt, sowie Art. 8 GRCh bzw. Art. 16 AEUV, die auf den Schutz personenbezogener Daten ausgerichtet sind, relevant.

4   Auf **nationaler Ebene** sind neben den Unternehmergrundrechten (Art. 12, 14 GG[3]) vor allem das Fernmeldegeheimnis aus Art. 10 Abs. 1 GG sowie das Allgemeine Persönlichkeitsrecht aus Art. 2 Abs. 1 GG, Art. 1 Abs. 1 GG in seinen Teilausprägungen als Recht auf informationelle Selbstbestimmung[4] sowie auf Vertraulichkeit und Integrität informationstechnischer Systeme[5] in die Überlegungen einzubeziehen. Diese Gewährleistungen lassen sich im Groben danach abgrenzen, ob es um den Schutz des Übermittlungsvorgangs vor Zugriffen durch den Informationsmittler (dann Art. 10 GG),[6] um den Schutz vor konkreten Verwendungen personenbezogener Daten (dann informationelles Selbstbestimmungsrecht) oder um den Schutz vor den Gefahren für die Daten des Einzelnen geht, die sich aus der Nutzung von informationstechnischen Systemen ergeben, weil die Daten den Systemen immer wieder anvertraut bzw. geliefert werden[7]. Für das Telekommunikationsrecht von besonderer Bedeutung ist, da es sich auf die Signalübermittlung bezieht (s. → Rn. 4), das Fernmeldegeheimnis aus Art. 10 GG, und zwar wegen der privat dominierten Netzbetreiber in Form seiner Schutzpflichtendimension.[8]

5   Das durch die so beschriebenen grundrechtlichen Gewährleistungen zur Verfügung gestellte Koordinatensystem ist in seinem Konkretisierungsgrad noch recht kryptisch, insbesondere weil in dessen Mittelpunkt letztlich eine für sich genommen kaum feste Maßstäbe aufweisende und daher interpretationsoffene Verhältnismäßigkeits- bzw. Angemessenheitsprüfung steht. Insbesondere deshalb finden sich auf unionaler und nationaler Ebene verschiedene Rechtsquellen, die datenschutzrechtliche Fragen zum Gegenstand haben. Ausgangspunkt der Überlegungen ist insoweit zunächst, ob es um den Zugriff auf personenbezogene Daten anlässlich ihres Transports (dann sog. Telekommunikationsdienste) oder bei der Bereitstellung von Inhalten (dann **Telemediendienste**) geht, weil im letztgenannten Falle die §§ 11 ff. TMG besondere Vorschriften bereithalten, deren Anwendbarkeit im Lichte der DS-GVO freilich sorgsam zu überprüfen ist. Die Zuordnung in die eine oder andere Kategorie kann im Einzelfall Schwierigkeiten bereiten, wie die Klassifikation von VoIP-Diensten[9] zeigt.

6   Diskutiert wurde zudem unlängst die Einordnung von **webbasierten email-Diensten,** die unter anderem auch die zugehörigen Nachrichten in das offene Internet einspeisen und von dort empfangen. Der EuGH hat dazu auf Vorlage des OVG Münster entschieden, dass es sich nicht um Telekommunikationsdienste im Sinne des Unionsrechts handelt, so dass solche Dienstleistungen wegen der daran über § 3 Nr. 24 f. TKG anknüpfenden Negativdefinition aus § 1 Abs. 1 S. 1 TMG als Telemediendienst eingestuft werden müssen. Zur Begründung führt der Gerichtshof an, dass die Übertragung trotz der Tatsache, dass webbasierte Dienste am Anfangs- und Endpunkt des Transports stehen, hauptsächlich von den Internet-Zugangs-Anbietern und den Netzbetreibern verantwortet wird, so dass ihnen und nicht dem email-Anbieter die Übertragungsleistung zuzurechnen ist. Daran ändert sich auch nichts dann, wenn der E-Mail-Dienst zusätzlich noch Kommunikationsnet-

---

[2] Vgl. *Kühling/Klar/Sackmann,* Datenschutzrecht, Rn. 59 ff.
[3] Vgl. zur Datenrelevanz *Stober/Korte,* Öffentliches Wirtschaftsrecht, Rn. 612 ff., 654 ff.
[4] BVerfGE 65, 1 ff.; dazu *Dreier,* in: Dreier (Hrsg.), GG Art. 2 I Rn. 79 ff.
[5] BVerfGE 120, 274 ff.
[6] BeckOK GG/*Ogorek,* 42. Ed., Art. 10 Rn. 79 f.
[7] Vgl. dazu BVerfGE 120, 274, Rn. 200; kritisch zu dieser Abgrenzungslinie *Hornung,* CR 2008, 299, 301.
[8] *Kühling/Klar/Sackmann,* Datenschutzrecht, Rn. 58 ff.
[9] *Conrad/Licht/Strittmatter,* in: Auer-Reinsdorff/Conrad (Hrsg.), IT- und Datenschutzrecht, § 22 Rn. 208 ff.

ze betreibt, weil jede Dienstleistung, solange sie nicht mit anderen eine technisch-wirtschaftliche Einheit bildet, separat zu behandeln ist.[10]

Soweit es um den Zugriff auf Daten anlässlich telekommunikationsbezogener Transportdienstleistungen geht, ist, wie die soeben skizzierte Entscheidung zeigt, zunächst nach maßgeblichen Rechtsvorschriften auf Unionsebene zu suchen. Da die e-Privacy-Verordnung derzeit noch in der Konzeptionsphase steckt,[11] werden nach wie vor die Bestimmungen der Rahmen-Richtlinie relevant, zumal sie die Datenschutzgrundverordnung aufgrund ihres Art. 95 unberührt lässt.[12] Die §§ 88 ff. TKG dienen in weiten Teilen der Umsetzung dieses Sekundärrechtsakts, sind im Übrigen aber jenseits dessen Anwendungsbereichs ggf. an die Vorgaben der Datenschutzgrundverordnung anzupassen.[13] Hinzu treten ggf. die Bestimmungen des **allgemeinen Datenschutzrechts** und folglich auch des BDSG bzw. der LDSGe[14], denen im **Verhältnis** zum besonderen Datenschutzrecht eine Auffangfunktion zukommt. Infolgedessen werden sie verdrängt, wenn dort speziellere Bestimmungen vorhanden sind. Hingegen beanspruchen sie im Falle von Lücken Geltung.[15] Deshalb strahlen namentlich die Grundprinzipien des allgemeinen Datenschutzrechts etwa in Form des Einwilligungs-, Zweckbindungs- und Sparsamkeitsgrundsatzes, soweit sie in den §§ 88 ff. TKG keine bereichsspezifische Modifikation erfahren, auf diese Bestimmungen aus.

C. Regelungsinhalt

Der Regelungsinhalt des Teil 7 des TKG differenziert in Anknüpfung an die verschiedenen Interessen- und Gefährdungslagen im Falle der telekommunikationsgestützten (vgl. § 3 Nr. 25 TKG) Datenübertragung zwischen Regelungen, die das Fernmeldegeheimnis konkretisieren, Vorschriften, die im engeren Sinne dem Datenschutz dienen, sowie Bestimmungen, die öffentliche Sicherheitsinteressen durchsetzen wollen.

I. Schutz des Fernmeldegeheimnisses

Der Schutz des Fernmeldegeheimnisses in den §§ 88 ff. TKG ist als einfachgesetzliche Konkretisierung bzw. Fortschreibung der grundrechtlichen Gewährleistungen aus Art. 10 Abs. 1 GG bzw. (im Falle einer sekundärrechtlichen Vorformung im Lichte des Art. 51 Abs. 1 GRCh) aus Art. 7 GRCh konzipiert. Dadurch wird dem Umstand Rechnung getragen, dass Telekommunikationsdienstleistungen zumindest auch durch privat beherrschte Unternehmen erbracht werden können, deren Bindungen dann, wenn sie in Funktionen eintreten, die früher die öffentliche Hand im Rahmen der Daseinsvorsorge wahrgenommen hat, nicht hinter dem Umfang der vormals staatlichen Verpflichtungen zurückbleiben dürfen, sondern ihnen nahe oder sogar gleich kommen müssen.[16]

---

[10] *EuGH*, Rs. C-193/18, ECLI:EU:C:2019:281 Rn. 36 f. – CJ/ECDC; *Buchner*, in: Tinnefeld/Buchner/Petri/Hof (Hrsg.), Einführung in das Datenschutzrecht, S. 470 f.
[11] Zum Gesetzgebungsverfahren s. https://eur-lex.europa.eu/procedure/DE/2017_3 (zuletzt abgerufen am 24.2.2020).
[12] *BNetzA*, Jahresbericht 2018/2019, Rn. 49 f.
[13] Vgl. *Neumann*, N&R 2019, 152, 161.
[14] Vgl. zu deren Abgrenzung *Kühling/Klar/Sackmann*, Datenschutzrecht, Rn. 206.
[15] *Wiebe/Eichfeld*, NJW 2019, 2734, 2735.
[16] *Mayen*, in: Scheurle/Mayen (Hrsg.), TKG § 88 Rn. 1 ff.; BVerfGE 128, 226, Rn. 45 ff., 106 f.

1. Schutzgegenstand

10 Daran anknüpfend wird der Umfang des Fernmelde- bzw. genauer Telekommunikationsgeheimnisses[17] in § 88 Abs. TKG umschrieben. Dessen Schutzgegenstand bilden gemäß Absatz 1 der Inhalt der Telekommunikation (vgl. § 3 Nr. 22 TKG) sowie deren nähere Umstände. Diese Formulierung ist ersichtlich an die verfassungsgerichtliche Spruchpraxis angelehnt, so dass **Sinn und Zweck** des § 88 Abs. 1 TKG wie im Falle des Art. 10 GG auf die Vertraulichkeit der Kommunikation, dh also auf deren Schutz vor Kenntnisnahme, Aufzeichnung und Verwertung durch den Geheimhaltungsverpflichteten gerichtet ist.[18] Insoweit geht es also um die Integrität des Vorgangs der Übermittlung von Inhalten im Rahmen von Kommunikationsprozessen.[19]

11 In inhaltlicher Hinsicht setzt § 88 Abs. 1 TKG auch wegen der Inbezugnahme des im Umfang weiten § 3 Nr. 22 TKG zunächst umfassend an und ist auf **sämtliche Vorgänge der Übermittlung von Informationen** mit Hilfe von Telekommunikationstechniken namentlich per Internet oder Email bezogen. Seine Grenze findet das so verstandene Telekommunikationsgeheimnis allerdings im Falle der Massenkommunikation etwa per Rundfunk; geschützt ist allein die Individualkommunikation.[20] Zudem bedarf es eines Bezugs zum bundesdeutschen Territorium. Er kann entweder über den Standort der Gesprächs- bzw. Kommunikationsteilnehmer oder über den Ort des Zugriffs auf den Kommunikationsvorgang hergestellt werden.[21]

12 Was unter den **Inhalten der Kommunikation bzw. deren nähere Umstände** zu verstehen ist, wird in § 88 Abs. 1 TKG nicht näher definiert. Orientiert man sich an der Spruchpraxis des BVerfG, dann bezieht sich der Inhalt eines Kommunikationsvorgangs auf die anlässlich dessen konkret ausgetauschten Informationen. Die näheren Umstände adressieren hingegen Ort, Zeit sowie Art und Weise der Kommunikation. Dazu zählen nicht die Bestandsdaten (§ 3 Nr. 3 TKG), da sie nicht auf einen konkreten Kommunikationsvorgang, sondern auf die vertraglichen Rahmenbedingungen bezogen sind. Dasselbe gilt in Fortschreibung dessen für Standortdaten (§ 3 Nr. 19 TKG) oder auf einem Endgerät gespeicherte Daten. Inwieweit Verkehrsdaten (§ 3 Nr. 30 TKG) erfasst sind, hängt ebenfalls von deren Kommunikationsbezug ab.[22]

13 Praxistipp:

Statische IP-Adressen fallen nicht unter § 88 TKG, während dynamische IP-Adressen von dieser Bestimmung erfasst werden, weil deren Generierung eine Sichtung der Verbindungsdaten erforderlich werden lässt.[23]

14 In **zeitlicher Hinsicht** ist der Schutz dem Grunde nach auf die Dauer des Kommunikationsvorgangs beschränkt. Eine Vorwirkung ergibt sich aus § 88 Abs. 1 S. 2 TKG in dem Sinne, dass auch die näheren Umstände erfolgloser Verbindungsversuche geschützt werden. Nachwirkungen bestehen insoweit, als das BVerfG die Schutzwirkung des Art. 10 Abs. 1 TKG auch dann greifen lässt, wenn Dritte nach Abschluss des Kommunikationsvorgangs jederzeit auf die zugehörigen Kommunikationsdaten zugreifen können, ohne dass die Teilnehmer am Kommunikationsprozess über technische Möglichkeiten verfügen, diesen Zugriff zu verhindern.[24] In solchen Konstellationen, in denen die Kommunikationsdaten im

---

[17] *Kiparski*, in: Specht/Mantz (Hrsg.), Datenschutzrecht, § 18 Rn. 18; BVerfGE 125, 260, Rn. 189 ff.; BVerfGE 130, 151, Rn. 111 f.
[18] *Mayen*, in: Scheurle/Mayen (Hrsg.), TKG § 88 Rn. 16; BVerfGE 106, 28, Rn. 23 f.
[19] *Eckhardt*, in: Spindler/Schuster, Recht der elektronischen Medien, TKG § 88 Rn. 11.
[20] BVerfGE 85, 386, Rn. 49; *Kiparski*, in: Specht/Mantz (Hrsg.), Datenschutzrecht, § 18 Rn. 17.
[21] BVerfGE 100, 313, Rn. 175 ff.; vgl. dazu *Durner*, in: Maunz/Dürig (Hrsg.), GG Art. 10 Rn. 64 f.
[22] Ausf. zum Ganzen *Mayen*, in: Scheurle/Mayen (Hrsg.), TKG § 88 Rn. 37 ff.
[23] Vgl. dazu BVerfGE 130, 151, Rn. 116 f f.
[24] BVerfGE 124, 43, Rn. 46; *Graulich*, in: Arndt/Fetzer/Scherer/Graulich (Hrsg.), TKG § 88 Rn. 69 ff.

Herrschaftsbereich eines Dritten abgelegt sind, greift dann auch § 88 Abs. 1 TKG, weil noch ein Schutzbedürfnis besteht.[25]

2. Verpflichtungsadressaten

Der Kreis der Verpflichteten wird in § 88 Abs. 2 TKG näher umschrieben. Danach adressiert Absatz 1 dieser Vorschrift jeden Dienstanbieter, wobei die Pflicht zur Geheimhaltung auch nach dem Ende der Tätigkeit fortbesteht, für die sie begründet worden ist. Dieser Personenkreis ist in § 3 Nr. 6 TKG näher definiert. Damit ist letztlich jeder gemeint, der geschäftsmäßig (§ 3 Nr. 10 TKG) Telekommunikationsdienste erbringt oder daran mitwirkt. Die damit einhergehende Einbeziehung von Drittbeteiligten passt zum Zweck des Telekommunikationsgeheimnisses, da auch sie ggf. auf Kommunikationsprozesse zugreifen können, etwa wenn Hotels oder Restaurants Kunden die Nutzung ihrer Anschlüsse ermöglichen.[26]

> **Praxistipp:**
> Der Provider ist im Falle gespeicherter E-Mails unabhängig von der Speicherdauer Adressat des § 88 TKG. Dasselbe gilt für den Arbeitgeber, wenn er dem Arbeitnehmer gestattet, das zur Nutzung überlassene Informations- und Kommunikationssystem auch für private Zwecke zu nutzen, weil er dadurch zum Dienstanbieter wird.[27]

3. Schutzumfang

Der Schutzumfang des § 88 Abs. 1 TKG besteht darin, dass den Verpflichtungsadressaten als Kommunikationsmittlern die unbefugte Kenntnisnahme, Aufzeichnung und Verwertung von Inhalt und Umständen der Kommunikation untersagt ist. Im Einzelnen verbietet § 88 Abs. 3 TKG die **Kenntnisverschaffung** über das Maß, das für die Erfüllung von Vertragspflichten **erforderlich** ist, hinaus. Die innerhalb dieses Rahmens erlangten Daten dürfen zudem nur für vertragliche und solche Zwecke verwendet werden, die in einer Rechtsgrundlage ausdrücklich genannt sind und sich dabei auf Telekommunikationsvorgänge beziehen.[28]

Hinzu kommt das in § 89 TKG normierte Abhörverbot. Danach dürfen jenseits gesetzlicher Ermächtigungen mit einer Funkanlage nur Nachrichten, die für den Betreiber, für Funkamateure (vgl. § 2 Nr. 1 AFuG), für einen unbestimmten Personenkreis oder für die Allgemeinheit bestimmt sind, abgehört oder in vergleichbarer Weise zur Kenntnis genommen werden.[29] Zu beachten ist zudem das **Verbot** aus § 90 TKG, wonach jenseits der dort normierten Ausnahmen keine Sende- bzw. sonstigen Telekommunikationsanlagen (§ 3 Nr. 23 TKG) genutzt werden dürfen, die aufgrund ihrer täuschenden Beschaffenheit dazu missbraucht werden können und sollen, unbemerkt nicht öffentliche Kommunikationsvorgänge abzuhören oder das Bild eines anderen aufzunehmen.[30]

II. Schutz im Umgang mit personenbezogenen Daten

Neben die spezifischen Vorschriften zum Schutz des Fernmeldegeheimnisses aus den §§ 88 ff. TKG treten die Bestimmungen zum Schutz personenbezogener Daten in den §§ 91 ff. TKG. Sie konkretisieren das Grundrecht auf informationelle Selbstbestimmung

---

[25] *Mayen*, in: Scheurle/Mayen (Hrsg.), TKG § 88 Rn. 23.
[26] *BVerfG*, K&R 2011, 320, Rn. 12 ff.; ausf. dazu *Klesczewski*, in: Säcker (Hrsg.), TKG § 88 Rn. 17 ff.
[27] Vgl. *Mayen*, in: Scheurle/Mayen (Hrsg.), TKG § 88 Rn. 26 ff.
[28] Ausf. dazu *Graulich*, in: Arndt/Fetzer/Scherer/Graulich (Hrsg.), TKG § 88 Rn. 77 ff.
[29] *Fetzer*, in: Schulte/Kloos (Hrsg.), Öffentliches Wirtschaftsrecht, § 8 Rn. 149 ff.
[30] *Neumann/Koch*, Telekommunikationsrecht, S. 385 f.

bzw. schreiben dessen Schutzgegenstand einfachgesetzlich fort, insbesondere um den spezifischen Gefahrenlagen durch Einschaltung privater Telekommunikationsunternehmen zu begegnen (s. → Rn. 6).[31]

1. Anwendungsbereich

20 Der Anwendungsbereich dieser Vorschriften ergibt sich aus § 91 TKG. Dort wird zunächst der Schutzgegenstand in Form personenbezogener Daten – das sind alle Informationen, die über die persönlichen oder sachlichen Verhältnisse einer Bezugsperson etwas aussagen oder mit ihr in Verbindung zu bringen sind[32] – festgelegt. Darunter fallen Verkehrs-, Standort- und Bestandsdaten (§ 3 Nr. 30, Nr. 19, Nr. 3 TKG), an denen nach allgemeinen datenschutzrechtlichen Grundsätzen nur natürliche Personen eine Rechtsposition geltend machen können.[33] Aus diesem Grund erweitert § 91 Abs. 1 S. 2 TKG den Schutzumfang der §§ 91 ff. TKG zugunsten juristischer Personen und teilrechtsfähiger[34] Personengesellschaften auf die Daten, die dem Fernmeldegeheimnis unterliegen. Jenseits dieser Daten ist der **persönliche Schutzumfang** solcher Unternehmen und Organisationen jedenfalls dann, wenn die Daten nicht auf eine dort tätige natürliche Person bezogen (referenziert) werden können, folglich reduziert, obwohl sie ähnlichen Gefahren wie natürliche Personen ausgesetzt sein können.[35]

21 In **sachlicher Hinsicht** sind die §§ 91 ff. TKG auf die Erhebung und Verwendung dieser Daten durch Unternehmen und Personen bezogen, die geschäftsmäßig Telekommunikationsdienste in Telekommunikationsnetzen erbringen (§ 3 Nr. 10 TKG) oder daran mitwirken. Die Formulierung ist technikneutral und erfasst daher nicht nur Anbieter konventioneller Sprachtelefonie, sondern auch Anbieter elektronischer Kommunikationsmittel – so etwa von SMS-Diensten. Da auch Mitwirkungshandlungen erfasst werden, ist insoweit entsprechend § 3 Nr. 6 TKG jeder Dienstanbieter verpflichtet – so namentlich die Beteiligten am Daten-Roaming, in dessen Rahmen mehrere Netze zusammengeschaltet werden.[36] Die Anbieter von Telemediendiensten werden wegen des klaren Bezugs des § 91 TKG auf Telekommunikationsvorgänge hingegen nicht erfasst; insoweit gilt grundsätzlich das TMG (s. → Rn. 5).

2. Datenverwendungsbefugnisse

22 Soweit die Vorgaben des § 91 TKG erfüllt sind, bieten die §§ 95 ff. TKG verschiedene Rechtsgrundlagen, auf deren Basis die Dienstanbieter Daten verwenden, dh also je nach Tatbestand erheben, verarbeiten und/oder nutzen können. Zu ihnen hinzu tritt die Möglichkeit der **Einwilligung,** die nach Maßgabe des § 94 TKG auch elektronisch übermittelt werden kann, zu ihrer Wirksamkeit aber den allgemeinen, auch und insbesondere unionsrechtlich induzierten Anforderungen (s. → Rn. 3) der Freiwilligkeit und vor allem des Wissens über den Umfang der preisgegebenen Daten entsprechen muss.[37] Insoweit spielt der Informationsgrad eine erhebliche Rolle, weshalb § 93 TKG dem Dienstanbieter bei Vertragsschluss immense Informationspflichten etwa über die grundlegenden Datenverarbeitungstatbestände auferlegt. Die in den §§ 95 ff. TKG normierten Befugnisse lassen sich nach der Datenart differenzieren.

---

[31] *Fetzer,* in: Schulte/Kloos (Hrsg.), Öffentliches Wirtschaftsrecht, § 8 Rn. 155.
[32] *Braun,* in: Geppert/Schütz (Hrsg.), TKG § 91 Rn. 15.
[33] *Lutz,* in: Arndt/Fetzer/Scherer/Graulich (Hrsg.), TKG § 91 Rn. 11.
[34] *Klesczewski,* in: Säcker (Hrsg.), TKG § 91 Rn. 34.
[35] Beschwichtigend *Kühling/Schall/Biendl,* Telekommunikationsrecht, Rn. 633.
[36] *Büttgen,* in: Scheurle/Mayen (Hrsg.), TKG § 91 Rn. 16 ff.
[37] BeckOK DatenschutzR/*Tinnefeld/Buchner,* 30. Ed., Syst. I. Rn. 116 ff.

C. Regelungsinhalt

a) Bestandsdaten

Die Erhebung und Verwendung (Oberbegriff für Verarbeitung und Nutzung[38]) der in § 3 Nr. 3 TKG definierten Bestandsdaten – darunter sind solche Daten zu verstehen, die für die Begründung, inhaltliche Ausgestaltung, Änderung oder Beendigung eines Vertragsverhältnisses über Telekommunikationsdaten erhoben werden – durch den Dienstanbieter (§ 3 Nr. 6 TKG) richtet sich (jeweils der Vorgaben der DS-GVO[39], vgl. dazu insbes. deren Art. 9) nach § 95 TKG. Diese Bestimmung ordnet in Absatz 1 an, dass die Erhebung und Verwendung von Daten nur zulässig ist, wenn sie zur **Erfüllung vertragsbezogener Zwecke** (das sind die in § 3 Nr. 3 TKG genannten) **erforderlich** ist. Insoweit kommen nach Satz 1 Vereinbarungen mit Teilnehmern (§ 3 Nr. 20 TKG), nach Satz 2 aber auch Vereinbarungen mit anderen Dienstanbietern – etwa im Bereich der Netzzusammenschaltung (s. → Rn. 45) oder des Resale (s. → Rn. 50) als Bezugspunkt der Erforderlichkeitsprüfung in Betracht. Darüber hinaus ist eine Übermittlung von Bestandsdaten an Dritte nur mit Einwilligung oder auf gesetzlicher Basis zulässig. 23

Weitere Verwendungszwecke finden sich in § 95 Abs. 2 TKG, der vor allem **Werbemaßnahmen** betrifft. So geht aus Satz 1 dieser Bestimmung hervor, dass die nach Abs. 1 S. 2 von den Teilnehmern anderer Dienstanbieter erhobenen Bestandsdaten zur Beratung, Werbung, Marktforschung und Unterrichtung über einen individuellen Gesprächswunsch eines anderen Nutzers verwendet werden dürfen. Voraussetzung dafür ist allerdings die Erforderlichkeit der Datenverwendung und die Einwilligung des Teilnehmers.[40] § 95 Abs. 1 S. 2f. TKG betrifft hingegen den Fall, dass der Dienstanbieter im Rahmen einer bestehenden Kundenbeziehung Kenntnis von der Rufnummer (§ 3 Nr. 18 TKG) oder der (elektronischen) Postadresse eines anderen Teilnehmers erlangt hat. Sie darf dann zu den oben genannten Werbezwecken durch Versendung von Text- und Bildmitteilungen verwendet werden, solange der adressierte Teilnehmer nicht widerspricht, wobei er bei der Nummernerhebung und bei jeder Versendung auf sein schriftlich oder elektronisch ausübbares Widerspruchsrecht hinzuweisen ist.[41] 24

In den Absätzen 3 bis 5 trifft § 95 TKG einige **arrondierende Aussagen.** Sie beziehen sich zunächst auf die Pflichten des Dienstanbieters zur Löschung der im Rahmen des Vertragsverhältnisses erlangten Bestandsdaten, die mit Ablauf des auf dessen Beendigung folgenden Kalenderjahres vorzunehmen ist.[42] Hinzu kommt das Recht des Dienstanbieters, im Rahmen von Vertragsabschluss bzw. -änderung einen amtlichen Ausweis zu verlangen und zu kopieren, um die Angaben des Teilnehmers zu überprüfen. Ist dessen Identität festgestellt, ist die Kopie zu vernichten.[43] Von besonderer Bedeutung ist schließlich § 95 Abs. 5 TKG. Danach darf die Erbringung eines Telekommunikationsdienstes nicht davon abhängig gemacht werden, dass der Teilnehmer in die Verwendung seiner vom Anbieter bereits erhobenen (s. → Rn. 23) Daten für andere als die in § 95 Abs. 1 und 2 TKG genannten Zwecke[44] einwilligt, wenn der Teilnehmer keine zumutbaren Alternativen hat. Insoweit gilt also ein Kopplungsverbot, mit dessen Hilfe verhindert werden soll, dass Marktmacht den Schutz von Bestandsdaten aushebelt.[45] 25

---

[38] *Eckhardt,* in: Spindler/Schuster (Hrsg.), Recht der elektronischen Medien, TKG § 95 Rn. 2.
[39] Vgl. *BNetzA,* Jahresbericht 2018/2019, Rn. 49.
[40] Ausf. dazu *Fetzer,* in: Schulte/Kloos (Hrsg.), Öffentliches Wirtschaftsrecht, § 8 Rn. 166 f.
[41] Ausf. dazu *Kiparski,* in: Specht/Mantz (Hrsg.), Datenschutzrecht, § 18 Rn. 29; vgl. auch Vorauflage → Teil 7 Rn. 333.
[42] Vgl. *Neumann/Koch,* Telekommunikationsrecht, S. 390 ff.
[43] *Kiparski,* in: Specht/Mantz (Hrsg.), Datenschutzrecht, § 18 Rn. 29.
[44] BeckOK DatenschutzR *Tinnefeld/Buchner,* 30. Ed., Syst. I. Rn. 130.
[45] *Kühling/Schall/Biendl,* Telekommunikationsrecht, Rn. 637.

b) Verkehrsdaten

26 Für den Umgang mit Verkehrsdaten – das sind nach § 3 Nr. 30 TKG solche, die bei der Erbringung eines Telekommunikationsdienstes erhoben, verarbeitet oder genutzt werden[46] – gilt § 96 TKG. Hinzu treten diese Bestimmung konkretisierende Vorschriften.

27 **aa) Erhebung und Verwendung im Allgemeinen.** § 96 TKG trifft im Sinne eines numerus clausus[47] in Absatz 1 Satz 1 Aussagen zum **Kreis der erhebbaren Verkehrsdaten**. Hierzu zählen anschlussbezogene Daten, dh also insbesondere Anschlussnummer bzw. -kennung, personenbezogene Berechtigungskennungen, Kartennummern (Nr. 1) sowie kommunikationsbezogene Daten, dh also Verbindungsdatum, -uhrzeit, -beginn, und -ende sowie Umfang der übermittelten Datenmengen, soweit (anders als bei Flat-Rate-Tarifen[48]) die Entgeltberechnung davon abhängt (Nr. 2, aber auch Nr. 4 für die Endpunkte fest geschaltete Verbindungen). Hinzu kommen der in Anspruch genommene Telekommunikationsdienst sowie im Sinne eines Spielräume schaffenden Auffangtatbestands sonstige zum Aufbau und zur Aufrechterhaltung der Telekommunikation sowie zur Entgeltabrechnung nötige Verkehrsdaten (Nr. 5).

28 Die **Erhebung dieser Verkehrsdaten** ist ausweislich des § 96 Abs. 1 S. 1 TKG nur und ausschließlich (vgl. § 96 Abs. 2 TKG) zulässig, soweit dies zu den in diesem Abschnitt (§§ 91–107 TKG) genannten Zwecken erforderlich ist. Hierher gehören neben der Erbringung des Telekommunikationsdienstes selbst etwa die Entgeltermittlung und -abrechnung im Sinne des § 97 TKG[49] sowie die Erstellung eines Einzelverbindungsnachweises im Sinne des § 99 TKG[50]. Dasselbe gilt nach § 100 TKG, soweit es um die Beseitigung von Störungen an Telekommunikationsanlagen oder die Verfolgung einer missbräuchlichen Verwendung von Telekommunikationsdiensten geht. Ferner ist eine Erhebung von Verkehrsdaten auch im Falle der Mitteilung ankommender Verbindungen im Sinne des § 101 TKG (sog. Fangschaltungsverfahren) zulässig.[51] Die in § 96 Abs. 1 S. 1 TKG zudem verlangte Erforderlichkeitsprüfung ist naturgemäß stark einzelfallabhängig und entzieht sich einer Abstrahierung.[52]

29 Für die **Verwendung von Verkehrsdaten** gilt demgegenüber § 96 Abs. 1 S. 2 TKG. Die danach zulässigen Verhaltensweisen beziehen sich auf die Daten im Sinne des Satz 1 dieser Vorschrift und stehen genauso wie im Falle der Datenerhebung unter Erforderlichkeitsvorbehalt. Zudem wird dort an die nach Satz 1 dieser Vorschrift zulässigen Zwecke angeknüpft. Hinzu kommen durch andere gesetzliche Vorschriften begründete Zwecke, die sich namentlich aus dem Strafprozessrecht ergeben können und werden. Schließlich dürfen Verkehrsdaten zum Aufbau weiterer Verbindungen verwendet werden. Diese Variante wird beispielsweise im Falle von Wahlwiederholungen relevant, weil Verkehrsdaten dann zwischengespeichert und genutzt werden müssen, wenn der angewählte Anschluss wieder frei ist.[53] Eine darüber hinausgehende Verwendung von Verkehrsdaten ist ausweislich des § 96 Abs. 2 TKG unzulässig. Liegt keiner dieser Fälle vor, sind die erhobenen Daten ausweislich des Abs. 1 S. 3 dieser Vorschrift unverzüglich nach Beendigung des Telekommunikationsvorgangs zu löschen.[54]

30 § 96 Abs. 3 TKG betrifft die Verwendung von Verkehrsdaten zum Zwecke der Vermarktung von Telekommunikationsdiensten, zur bedarfsgerechten Gestaltung von Telekommunikationsdiensten oder zur Bereitstellung von Diensten mit Zusatznutzen (§ 3

---

[46] *Fetzer*, in: Schulte/Kloos (Hrsg.), Öffentliches Wirtschaftsrecht, § 8 Rn. 170.
[47] Vgl. *Kiparski*, in: Specht/Mantz (Hrsg.), Datenschutzrecht, § 18 Rn. 33.
[48] *Büttgen*, in: Scheurle/Mayen (Hrsg.), TKG § 96 Rn. 8.
[49] Ausf. dazu *Vander*, ZD 2013, 492, 496 ff.
[50] Ausf. dazu *Klesczewski*, in: Säcker (Hrsg.), TKG § 99 Rn. 4 ff.
[51] Ausf. dazu *Lutz*, in: Arndt/Fetzer/Scherer/Graulich (Hrsg.), TKG § 101 Rn. 3.
[52] *Kühling/Schall/Biendl*, Telekommunikationsrecht, Rn. 638.
[53] *Braun*, in: Geppert/Schütz (Hrsg.), TKG § 96 Rn. 16.
[54] Ausf. dazu *Kiparski*, in: Specht/Mantz (Hrsg.), Datenschutzrecht, Rn. 33, 41.

C. Regelungsinhalt

Nr. 5 TKG). Die Vorschrift ermöglicht die **Ermittlung von Kommunikationsprofilen sowie die Analyse von Kommunikationsströmen.** Sie kennt zwei unterschiedliche Facetten – nämlich die Verwendung von teilnehmer-, dh also anruferbezogenen Verkehrsdaten in Satz 1 und 2 sowie die Verwendung von zielnummerbezogenen Verkehrsdaten in Satz 3 und 4. Beide Fälle haben gemein, dass die Datenverwendung nur mit Einwilligung des Betroffenen zulässig ist und die Daten des jeweiligen Kommunikationspartners zu anonymisieren sind. § 96 Abs. 4 TKG enthält Informationspflichten über den Kreis der verarbeiteten Daten und über die jederzeitige Möglichkeit zum Widerruf der Einwilligung.[55]

bb) Verwendung zur Entgeltermittlung und -abrechnung. Hauptsächlich werden die in § 96 Abs. 1 TKG genannten (und in § 97 Abs. 2 TKG nicht abschließend (vgl. Nr. 3) konkretisierten[56]) Verkehrsdaten für die Entgeltermittlung und -abrechnung verwendet. Die zugehörigen Anforderungen finden sich in § 97 TKG. Dessen Absatz 1 umschreibt den **Kreis derjenigen, die mit diesen Daten** zu diesem Zweck **umgehen** dürfen. Während Satz 1 den Dienstanbieter selbst mit einer entsprechenden Befugnis ausstattet, adressiert Satz 2 den Netzbetreiber und berechtigt ihn, dem Dienstanbieter die bezüglich dessen Leistung erhobenen Verkehrsdaten zu übermitteln. § 97 Abs. 1 S. 3 TKG betrifft schließlich den Fall, dass der Dienstanbieter nicht selbst, sondern über einen Dritten auf Basis einer entsprechenden Vereinbarung das Entgelt einziehen lässt. In diesem Falle dürfen die Daten im Rahmen des für Rechnungsstellung und -einzug Erforderlichen an den Dritten, der vertraglich zur Einhaltung der §§ 88, 93, 95, 97 f. TKG zu verpflichten ist, übermittelt werden.[57]

In den **folgenden Absätzen macht § 97 TKG weitere Vorgaben** für die Erhebung und Verwendung von Verkehrsdaten. Im Einzelnen sind nach Absatz 3 die Daten unverzüglich zu erheben und sechs Monate nach Versendung der Rechnung zu löschen, es sei denn, der Schuldner erhebt Einwendungen. Dann dürfen die Daten bis zur Klärung der damit verbundenen Streitfragen gespeichert bleiben. Erweisen sich Verkehrsdaten als für die Abrechnung unerheblich, sind sie unverzüglich zu löschen.[58] Wirken mehrere Anbieter bei der Erbringung eines Telekommunikationsdienstes zusammen, folgt aus § 97 Abs. 4 TKG, dass sie im für die gegenseitige Abrechnung erforderlichen Maße Verkehrsdaten verwenden dürfen.[59] In Absatz 5 dieser Vorschrift geht es um sog. Inkasso-Konstellationen, bei denen der Dienstanbieter für einen Dritten das Entgelt einzieht, der Dritte aber seine Forderungen ggf. selbst durchsetzen muss. In diesem Falle ist der Dritte auf die Bestands- und Verkehrsdaten des jeweiligen Teilnehmers angewiesen, die ihm der Dienstanbieter soweit erforderlich übermitteln darf.[60]

cc) Verwendung für Einzelverbindungsnachweise. Einen weiteren Fall, in dem es um die Verwendung von Verkehrsdaten geht, adressiert § 99 TKG. Nach dessen Absatz 1 sind dem **Teilnehmer** die gespeicherten Daten über entgeltpflichtige Verbindungen nur mitzuteilen, wenn er vor dem maßgeblichen Abrechnungszeitraum einen solchen Einzelverbindungsnachweis in Textform (vgl. § 126b BGB) verlangt hat. Er kann auf Wunsch auch die Verkehrsdaten zu den pauschal abgegoltenen Verbindungen verlangen und zudem darüber entscheiden, ob er die Rufnummern der Gesprächspartner vollständig oder um die letzten drei Ziffern gekürzt haben will. Fehlt es an entsprechenden Einlassungen seitens des Teilnehmers, werden sie ungekürzt aufgeführt.[61]

---

[55] *Fetzer*, in: Schulte/Kloos (Hrsg.), Öffentliches Wirtschaftsrecht, § 8 Rn. 173.
[56] *Lutz*, in: Arndt/Fetzer/Scherer/Graulich (Hrsg.), TKG § 96 Rn. 3.
[57] Ausf. dazu *Eckhardt*, in: Heun (Hrsg.), Telekommunikationsrecht, Teil L Rn. 219 f.
[58] *Fetzer*, in: Schulte/Kloos (Hrsg.), Öffentliches Wirtschaftsrecht, § 8 Rn. 178.
[59] *Klesczewski*, in: Säcker (Hrsg.), TKG § 97 Rn. 19.
[60] *Lutz*, in: Arndt/Fetzer/Scherer/Graulich (Hrsg.), TKG § 97 Rn. 15 f.
[61] *Klesczewski*, in: Säcker (Hrsg.), TKG § 99 Rn. 7.

34 Können **mehrere Nutzer** auf einen Anschluss zugreifen, muss der Teilnehmer in Textform erklären, dass er sie über die von ihm gewählte Form des Einzelverbindungsnachweises informiert hat und neu hinzutretende Nutzer unverzüglich darüber informieren wird. Diese Anforderungen bestehen zunächst innerhalb von Haushalten, aber auch innerhalb von Betrieben oder Behörden, wobei dann zusätzlich noch ggf. der Betriebsrat oder die Personalvertretung zu informieren ist. Dasselbe gilt für die Mitarbeitervertretungen in öffentlich-rechtlichen Religionsgesellschaften.[62] Im Falle von sog. R-Gesprächen gelten Sonderregeln (S. 7).[63]

35 § 99 Abs. 2 TKG legt fest, dass bestimmte **Verkehrsdaten in Einzelverbindungsnachweisen** generell **nicht aufgenommen werden dürfen**. Es handelt sich um Anrufe bei Organisationen in kirchlichen oder sozialen Bereichen, die grundsätzlich anonym bleibenden Anrufern telefonische Beratung in seelischen oder sozialen Notlagen anbieten und für die selbst (ggf. über ihre Mitarbeiter) Verschwiegenheitspflichten bestehen. Solche Daten dürfen Einzelverbindungsnachweise nicht erkennen lassen, um die Privatsphäre des Anrufers zu schützen. Der Kreis dieser Organisationen ergibt sich aus einer Liste, die bei der BNetzA geführt wird. Darin wird aufgenommen, wer nachweist, dass er in seelischen bzw. sozialen Fragen berät.[64]

c) Standortdaten

36 Der Umgang mit Standortdaten – das sind nach § 3 Nr. 19 TKG Daten, die den Standort des Endgeräts eines Nutzers eines öffentlich zugänglichen Telekommunikationsdienstes angeben[65] – ist in § 98 TKG geregelt. Danach dürfen solche Daten nur für **Dienste mit Zusatznutzen** verwendet werden. Darunter versteht § 3 Nr. 5 TKG solche Dienste, die die Erhebung und Verwendung von Verkehrs- oder Standortdaten in einem Maße erfordert, das über das für die Übermittlung einer Nachricht erforderliche oder die Entgeltabrechnung dieses Vorgangs erforderliche Maß hinausgeht.[66] In seiner Struktur differenziert § 98 TKG danach, ob sich die Ortung auf eigene (Eigenortung) oder fremde (Fremdordnung) Mobilfunkendgeräte bezieht.[67]

37 Auf die **Eigenortung** ist § 98 Abs. 1 S. 1–3 TKG bezogen. Diese Bestimmung bindet in Satz 1 die Verarbeitung von Standortdaten zunächst an den Erforderlichkeitsgrundsatz – einerseits in sachgegenständlicher Hinsicht, weil sie nur im zur Bereitstellung von Diensten mit Zusatznutzen erforderlichen Umfang bereit gestellt werden dürfen, und andererseits in zeitlicher Hinsicht, weil sie nur im dafür erforderlichen Zeitraum verarbeitet werden dürfen. Zudem setzt diese Vorschrift eine gegenüber dem Anbieter des Dienstes mit Zusatznutzen erteilte Einwilligung oder die Anonymisierung der Daten voraus. Werden Standortdaten festgestellt, ist der Teilnehmer darüber per Textmitteilung zu informieren, es sei denn, die Daten werden nur auf dem zugehörigen Mobilfunkendgerät angezeigt.[68]

38 Im Falle der **Fremdortung** gilt § 98 Abs. 1 S. 4 und 5 TKG. Die Vorschrift bezieht sich in Satz 4 auf Konstellationen, in denen der Dienst mit Zusatznutzen die Übermittlung von Standortdaten eines Mobilfunkendgeräts an einen anderen Teilnehmer oder an Dritte zum Gegenstand hat. In diesem Falle muss die Einwilligung ausdrücklich, gesondert und schriftlich gegenüber dem die Standortdaten verarbeitenden Dienstanbieter erklärt werden. Diese strengeren Voraussetzungen erfüllen einerseits eine Warnfunktion, minimieren gleichzeitig aber auch etwaige Zweifel über die Identität des Teilnehmers.[69] § 98 Abs. 1

---

[62] *Kühling/Schall/Biendl*, Telekommunikationsrecht, Rn. 645.
[63] Ausf. dazu *Schmitz*, ZD 2012, 8, 8 ff.
[64] *Kühling/Schall/Biendl*, Telekommunikationsrecht, Rn. 646.
[65] Ausf. dazu *Fetzer*, in: Schulte/Kloos (Hrsg.), Öffentliches Wirtschaftsrecht, § 8 Rn. 179.
[66] Ausf. dazu *Jandt/Schnabel*, K&R 2008, 723 ff.
[67] .Vgl. *Kühling/Schall/Biendl*, Telekommunikationsrecht, Rn. 641.
[68] *Kiparski*, in: Specht/Mantz (Hrsg.), Datenschutzrecht, Rn. 39.
[69] BT-Drs. 16/12405, 15.

C. Regelungsinhalt

S. 5 TKG erklärt demgegenüber Satz 2 dieser Vorschrift für entsprechend anwendbar, so dass ebenfalls per Textmittelung über die Standortdatenverarbeitung zu informieren ist.

> **Praxistipp:**
> Im Falle der Ortung von Firmen-Handys kommt es grundsätzlich auf die Einwilligung des Unternehmens als Teilnehmer an. Es hat aber den jeweiligen Mitarbeiter als Mitnutzer entsprechend zu informieren. Zudem sind Textmitteilungen bei jeder Ortung zu versenden.[70]

39

Im Übrigen enthält § 98 TKG **arrondierende Vorschriften,** die vor allem die Einwilligung des Teilnehmers betreffen. Danach hat er andere Mitbenutzer über eine erteilte Einwilligung zu informieren (Abs. 1 S. 8). Zudem kann er sie jederzeit widerrufen (Abs. 1 S. 9) und ihm ist nach § 98 Abs. 2 TKG trotz erteilter Einwilligung die Möglichkeit zu geben, die Übermittlung von Standortdaten auf einfache Weise und unentgeltlich zeitweise zu untersagen. Schließlich folgt aus § 98 Abs. 3 TKG, dass im Falle der Nutzung von Notrufnummern von einem mutmaßlichen Einverständnis mit der Erhebung der Standortdaten ausgegangen wird,[71] während Absatz 5 dieser Vorschrift den Erforderlichkeitsgrundsatz auch in personeller Hinsicht in Bezug auf diejenigen, die die Standortartdaten verarbeiten dürfen, zur Geltung bringt.[72]

40

d) Verhinderung von Störungen und Missbrauch

§ 100 TKG bezieht sich nicht auf einzelne, sondern auf mehrere Arten von Daten – nämlich auf Bestands- und Verkehrsdaten, mangels inhaltlichen Bezugs aber nicht auf Standortdaten.[73] Die Norm zielt in Absatz 1 darauf ab, die **Funktionsfähigkeit der Telekommunikationsanlagen** (§ 3 Nr. 23 TKG) **zu gewährleisten,** indem systemimmanente Fehler und von außerhalb auf das System drängende Störungen mit Hilfe der Datenerhebung und -verwendung erkannt, eingegrenzt und schließlich beseitigt werden. Dabei darf die Grenze des Erforderlichen nicht überschritten werden und etwaige Daten müssen nach Beseitigung des jeweiligen Vorfalls unverzüglich gelöscht werden. Die Datenerhebung und -verwendung zu Zwecken, die jenseits der Störungsbeseitigung bzw. Fehlerbehebung liegen, ist unzulässig. Ferner dürfen die Kommunikationsinhalte nicht herangezogen werden. Als weitere Sicherungsmechanismen treten die Einbeziehung des betrieblichen Datenschutzbeauftragten (s. auch Art. 37 ff. DS-GVO) des Dienstanbieters in den konkrete Vorfall, soweit keine anonymisierten Daten verwendet werden, sowie Berichtspflichten gegenüber ihm, der BNetzA und dem Bundesbeauftragten für den Datenschutz hinzu.[74]

41

§ 100 Abs. 2 TKG widmet sich dem sog. **Aufschalten.** Damit ist gemeint, dass der Dienstanbieter in den Grenzen des betrieblich Erforderlichen einer bestehenden Verbindung zugeschaltet wird und sie dadurch überwacht und ggf. mithört, um Umschaltungen durchführen oder Störungen erkennen und eingrenzen zu können. Etwaige in diesem Zusammenhang gewonnene Aufzeichnungen sind unverzüglich zu löschen. Zudem ist dem betroffenen Kommunikationsteilnehmer das Aufschalten zeitgleich mitzuteilen – einerseits durch ein akustisches oder sonstiges Signal und andererseits ausdrücklich. Sollte dieses Vorgehen technisch nicht möglich sein, tritt an die Stelle der Beteiligung des Betroffenen die Einbeziehung eines unabhängigen Dritten in Form des betrieblichen Datenschutzbeauftragten[75]. Er ist dann unverzüglich und detailliert über die Verfahren und Umstände jeder

42

---

[70] *Löwnau/Müller*, in: Scheurle/Mayen (Hrsg.), TKG § 98 Rn. 16.
[71] *Braun*, in: Geppert/Schütz (Hrsg.), TKG § 98 Rn. 27.
[72] Ausf. dazu *Lutz*, in: Arndt/Fetzer/Scherer/Graulich (Hrsg.), TKG § 98 Rn. 16 ff.
[73] Vgl. *Neumann/Koch*, Telekommunikationsrecht, S. 397.
[74] Ausf. dazu *Mozek*, in: Säcker (Hrsg.), TKG § 100 Rn. 5 ff.
[75] BT-Drs. 17/5707, 146.

einzelnen Maßnahme zu informieren. Die dadurch gewonnenen Erkenntnisse muss der betriebliche Datenschutzbeauftragte dann für zwei Jahre aufbewahren.[76]

43 Hinzu tritt schließlich § 100 Abs. 3 TKG, der sich dem **Missbrauch von Telekommunikationsdiensten** widmet. Bestehen tatsächliche bzw. konkrete und nicht nur ungewisse Anhaltspunkte[77] dafür, dass Telekommunikationsnetze und -dienste rechtswidrig genutzt werden, darf der Dienstanbieter im Rahmen des Erforderlichen zwar keine Verkehrs- und Bestandsdaten erheben, sehr wohl aber die bestehenden Daten verwenden, um seinen Entgeltanspruch zu sichern. Dazu kann er Referenzdaten generieren, um die Verbindungen ausfindig zu machen, bei denen der Anfangsverdacht einer rechtswidrigen Netzinanspruchnahme besteht. Die Daten anderer Verbindungen sind dann aber unverzüglich zu löschen. Zudem müssen die Bundesnetzagentur und der Bundesdatenschutzbeauftragte zwar nicht über einzelne Vorfälle, sehr wohl aber über die Einführung und Änderung von Verfahren, die die missbräuchliche Nutzungen feststellen sollen,[78] unverzüglich in Kenntnis gesetzt werden.

44 Eine besondere Rolle spielt im Rahmen des § 100 TKG der Umgang mit sog. **Steuerdaten bzw. -signalen.** Sie sind Teil eines informationstechnischen Protokolls zur Datenübertragung und werden unabhängig vom Inhalt eines Kommunikationsvorgangs übertragen oder auf den am Kommunikationsprozess beteiligten Servern gespeichert, um die Kommunikation zwischen Sender und Empfänger zu gewährleisten. Sie dürfen nach § 100 Abs. 1 TKG ebenfalls verwendet werden, um Störungen und Fehler zu beseitigen. Zudem gestattet Absatz 4 dieser Vorschrift dem Dienstanbieter im Einzelfall die Erhebung und Verwendung von Steuersignalen, soweit dies zum Aufklären und Unterbinden von Handlungen im Sinne des § 100 Abs. 3 TKG unerlässlich ist. Auch in diesem Falle ist die BNetzA über das Vorgehen des Dienstanbieters in Kenntnis zu setzen. Die von diesem Vorgang Betroffenen sind ebenfalls zu benachrichtigen – allerdings erst, sobald dies ohne Gefährdung des Zwecks der Maßnahme möglich ist. Nachrichteninhalte dürfen erneut weder erhoben noch verwendet werden.[79]

e) Nachrichtenübermittlung und Zwischenspeicherung

45 Schließlich ist in diesem Kontext auf § 107 TKG hinzuweisen, der die Verarbeitung von Nachrichteninhalten durch den Dienstanbieter bei Diensten normiert, für deren Durchführung eine Zwischenspeicherung erforderlich ist, weil die **Gesprächspartner nicht in Echtzeit miteinander kommunizieren.** Damit angesprochen sind beispielsweise Mailbox- oder SMS-Dienste. Da es bei dieser Vorschrift auch um Inhaltsdaten geht und die Zwischenspeicherung mangels Flüchtigkeit der Daten ein besonderes Risiko der Kenntnisnahme durch Dritte birgt, hielt der Gesetzgeber diese Regelung für erforderlich.[80]

46 In § 107 TKG werden **verschiedene kumulativ erforderliche**[81] **Anforderungen** an die Verarbeitung gestellt: So muss sie, solange der Teilnehmer nichts anderes bestimmt, in den Telekommunikationsanlagen des Dienstanbieters erfolgen (Nr. 1). Zudem bestimmt der Teilnehmer über Inhalt, Art und Umfang der Verarbeitung (Nr. 2) sowie über den Kreis der Zugriffsberechtigten (Nr. 3). Ferner darf der Dienstanbieter dem Teilnehmer mitteilen, dass der Empfänger auf die Nachricht zugegriffen hat (Nr. 4) und schließlich darf er Nachrichteninhalte nur entsprechend dem mit dem Teilnehmer geschlossenen Vertrag löschen (Nr. 5).

---

[76] Ausf. dazu *Mozek*, in: Säcker (Hrsg.), TKG § 100 Rn. 15 ff.; s. auch Vorauflage → Teil 7 Rn. 344.
[77] *Kühling/Klar/Sackmann*, Datenschutzrecht, Rn. 879.
[78] Vgl. *Kannengießer/Müller*, in: Scheurle/Mayen (Hrsg.), TKG § 100 Rn. 48 ff.
[79] Ausf. dazu *Lutz*, in: Arndt/Fetzer/Scherer/Graulich (Hrsg.), TKG § 100 Rn. 14 ff.
[80] Vgl. *Braun*, in: Geppert/Schütz (Hrsg.), TKG § 107 Rn. 1 ff.
[81] *Neumann/Koch*, Telekommunikationsrecht, S. 404.

C. Regelungsinhalt

3. Teilnehmerrechte

Neben den in § 99 TKG enthaltenen Möglichkeiten, einen Einzelverbindungsnachweis zu erhalten (s. → Rn. 33 ff.), finden sich in den §§ 101 ff. TKG Vorschriften, die den Teilnehmern die dort näher umschriebenen Rechtspositionen vermitteln. 47

a) Mitteilen ankommender Verbindungen

Trägt der Teilnehmer schlüssig vor, dass bei seinem Anschluss bedrohende oder belästigende Anrufe ankommen, hat er nach § 101 Abs. 1 S. 1 TKG auf schriftlichen Antrag einen auch netzübergreifend bestehenden Anspruch gegenüber dem Dienstanbieter auf Auskunft über die Inhaber der Anschlüsse, von denen diese Anrufe ausgehen. Dieses Recht auf Fangschaltung erlaubt es dem Dienstanbieter, die zur Identifizierung des Anrufers und der relevanten Anrufe erforderlichen Bestands- und Verkehrsdaten (s. die Aufzählung in S. 3) zu erheben, zu verwenden und an den betroffenen Teilnehmer weiterzuleiten. Dabei sind verschiedene **Grundrechtpositionen** gegeneinander abzuwägen – nämlich das Persönlichkeitsrecht des Angerufenen und das Fernmeldegeheimnis sowie das informationelle Selbstbestimmungsrecht des Anrufers. Aus diesem Grunde ergeben sich aus § 101 TKG verschiedene Sicherungsmechanismen, mit deren Hilfe die widerstreitenden Interessen ausgeglichen werden sollen.[82] 48

So bestehen **in verfahrensrechtlicher Hinsicht** Dokumentationspflichten (Abs. 1 S. 1). Zudem kann Auskunft nur über die nach Antragstellung erfolgten Anrufe verlangt werden (Abs. 1 S. 3). Ferner sind die vom Dienstanbieter gespeicherten Daten nur in dem Maße weiterzugeben, in dem der Teilnehmer zuvor die in Betracht kommenden Verbindungen nach Datum, Uhrzeit oder anderen geeigneten Kriterien eingegrenzt hat (Abs. 2). Abgesehen davon muss der Inhaber des Anschlusses, von dem die Anrufe ausgegangen sind, über die Übermittlung der Daten informiert werden. Etwas anderes gilt nur, wenn der bedrohte Teilnehmer schriftlich schlüssig darlegt, dass ihm aus dieser Mitteilung Nachteile erwachsen, die wesentlich schwerer wiegen als das Informationsinteresse des Anschlussinhabers (Abs. 4). Schließlich sind die BNetzA und der Bundesdatenschutzbeauftragte über das Fangschaltungsverfahren als solches, nicht über einzelne Vorgänge[83] unverzüglich in Kenntnis zu setzen. 49

In materieller Hinsicht setzt § 101 Abs. 1 S. 1 TKG voraus, dass bedrohende oder belästigende Anrufe (vgl. § 3 Nr. 1 TKG) bei dem die Fangschaltung beantragenden Teilnehmer eingegangen sind. Damit ist klargestellt, dass einmalige Vorfälle (Anrufe, nicht Anruf) die dort normierten Rechtspositionen grundsätzlich nicht aktivieren können; etwas anderes dürfte nur im Falle außergewöhnlicher Umstände anzunehmen sein, etwa wenn der Anrufer ankündigt, seinen Gesprächspartner auch künftig belästigen zu wollen. Zudem muss der Inhalt der Anrufe einen gewissen Schweregrad erreichen. Diese Schwelle überschreiten einerseits Anrufe mit bedrohendem Inhalt im Sinne des § 241 StGB, andererseits aber auch belästigende Anrufe. Sie prägt entweder ihre Rechtswidrigkeit oder aber ihr Ziel, die Privatsphäre des Betroffen entgegen dessen zumindest mutmaßlichem Willen zu beeinträchtigen.[84] 50

> **Praxistipp:** 51
> Nicht alle Kommunikationsvarianten fallen unter den Begriff des „Anrufs" im Sinne des § 3 Nr. 1 TKG. Da es einer Verbindung bedarf, die eine zweiseitige Sprachkommunikation ermöglichen muss, sind weder E-Mails oder SMS-Nachrichten noch Telefax-Sendungen erfasst.[85]

---

[82] Ausf. dazu *Neumann/Koch,* Telekommunikationsrecht, S. 401 ff.
[83] Vgl. *Kannenberg/Müller,* in: Scheurle/Mayen (Hrsg.), TKG § 101 Rn. 58.
[84] Ausf. zum Ganzen *Lutz,* in: Arndt/Fetzer/Scherer/Graulich (Hrsg.), TKG § 101 Rn. 3 ff.
[85] *Kannenberg/Müller,* in: Scheurle/Mayen (Hrsg.), TKG § 101 Rn. 10.

b) Rufnummernanzeige und -unterdrückung

52 In § 102 Abs. 1 TKG wird den Teilnehmern (jenseits von Anrufen zu Werbezwecken, Abs. 2) das unentgeltliche Recht zur dauerhaften bzw. anrufbezogenen Unterdrückung ihrer Rufnummer eingeräumt, wenn der Dienstanbieter deren Anzeige anbietet, damit der Anrufer **verhindern** kann, **dass der Angerufene** die ihm bekannt werdende **Rufnummer verarbeitet**.[86] Hinzu kommt das ebenfalls unentgeltliche Recht des Angerufenen, Anrufe mit unterdrückter Rufnummer abzuweisen. Der Teilnehmer kann auch einen Anschluss verlangen, bei dem die Rufnummernanzeige von Vornherein und generell ausgeschlossen ist, ohne dass eine Rufnummernübermittlung eingeschaltet werden kann. Soweit der Teilnehmer nicht in ein Teilnehmerverzeichnis eingetragen ist, geht § 102 Abs. 5 TKG davon aus, dass keine Rufnummernanzeige gewollt ist, solange er das nicht ausdrücklich wünscht.[87]

c) Automatische Anrufweiterschaltung

53 § 103 TKG verpflichtet den Dienstanbieter in den Grenzen des technisch Machbaren, seinen Teilnehmern die Möglichkeit einzuräumen, eine von Dritten veranlasste automatische Weiterschaltung auf das Endgerät des Teilnehmers einfach und unentgeltlich abzustellen, um an ihn überraschend und ohne sein Wissen weitergeleitete Anrufe zu verhindern. Die Norm erfasst daher nicht die Fälle, in denen der Teilnehmer selbst einen Anruf an ein anderes seiner Endgeräte weiterleitet.[88]

d) Teilnehmerverzeichnisse und Auskunftserteilung

54 Nach **§ 104 TKG** kann der Teilnehmer auf (formlosen) Antrag verlangen, dass er mit Namen, Anschrift und zusätzlichen Angaben wie Beruf, Branche und Art des Abschlusses in öffentlich gedruckte oder elektronische Telefonverzeichnisse eingetragen wird. Welche Daten publiziert werden, entscheidet der Teilnehmer; er kann auch Mitbenutzer des Anschlusses eintragen lassen, soweit sie einverstanden sind. § 104 TKG bildet das datenschutzrechtliche Pendant zu § 45m TKG,[89] erweitert den Anspruch des Teilnehmers aber auf weitere als die adressbezogenen Angaben. Grenzen ergeben sich nur aus entsprechenden Rechtsvorschriften, so dass auch Künstler- bzw. Firmennamen oder Pseudonyme eingetragen werden können.[90]

55 § 105 Abs. 1 **TKG** ergänzt § 104 TKG, indem er jeden beliebigen Dritten, dh nicht nur die Dienstanbieter (arg. ex Abs. 4 S. 1),[91] zu Auskünften über die in Teilnehmerverzeichnissen enthaltenen Daten berechtigt. Einzuhalten haben sie dabei neben den Beschränkungen aus § 104 TKG diejenigen des § 105 Abs. 2 und 3 TKG. Dort finden sich Aussagen über die (in den Kundendateien nach Gebrauch zu dokumentierenden, Abs. 4) Befugnisse der Teilnehmer. Sie können einer Auskunft über die Rufnummer widersprechen und müssen über dieses Recht in angemessener Weise informiert werden. In die Weitergabe der übrigen Daten müssen die Teilnehmer sogar aktiv einwilligen.[92] Einer Inverssuche, in deren Rahmen mit Hilfe der Rufnummer Name bzw. Anschrift generiert werden können, kann der Teilnehmer ebenfalls widersprechen.[93]

---

[86] *Büning*, in: Geppert/Schütz (Hrsg.), TKG § 102 Rn. 1 ff.
[87] Ausf. dazu *Neumann/Koch*, Telekommunikationsrecht, S. 402.
[88] Ausf. dazu *Klesczewski*, in: Säcker (Hrsg.), TKG § 103 Rn. 2 ff.
[89] *BGH*, MMR 2010, 124, Rn. 18 ff.
[90] Ausf. dazu *Kannenberg/Müller*, in: Scheurle/Mayen (Hrsg.), TKG § 104 Rn. 3 ff.
[91] *Wilms/Jochum*, in: Geppert/Schütz (Hrsg.), TKG § 105 Rn. 13.
[92] *BVerwG*, MMR 2010, 130, Rn. 26 ff.
[93] Ausf. dazu *Lutz*, in: Arndt/Fetzer/Scherer/Graulich (Hrsg.), TKG § 105 Rn. 5 ff.

C. Regelungsinhalt

4. Umgang mit geschlossenen Benutzergruppen

Abschließend sei in diesem Kontext noch darauf hingewiesen, dass teilweise spezielle Regelungen bestehen, soweit es um den Schutz personenbezogener Daten in geschlossenen Benutzergruppen geht – so insbesondere in den § 99 Abs. 1 S. 8, § 99 Abs. 2 S. 7, § 101 Abs. 1 S. 4, § 102 Abs. 3 und § 103 S. 2 TKG. Diese Vorschriften enthalten in der Regel Ausschlusstatbestände und lassen sich darauf zurückführen, dass die zugehörigen Datenschutzvorschriften der Interessenlage geschlossener Benutzergruppen, deren Mitglieder aufgrund der **vertraglichen, verwandtschaftlichen oder mitgliedschaftlichen Bindung** in mehr oder weniger enger Beziehung zueinander stehen, widersprechen.[94]

56

III. Vorschriften zur Wahrung der öffentlichen Sicherheit

Neben den Bestimmungen zum Datenschutz und zur Gewährleistung des Fernmeldegeheimnisses der Kommunikationsteilnehmer finden sich in den §§ 108 ff. TKG Regelungen, die nicht die Vertragsebene adressieren, sondern der öffentlichen Hand Eingriffsbefugnisse zum Schutz der öffentlichen Sicherheit einräumen. Die dortigen Bestimmungen lassen sich im Sinne eines ersten Rasters danach unterscheiden, ob sie sich auf die Vorratsdatenspeicherung, auf Auskunftspflichten gegenüber der öffentlichen Hand oder auf andere Unternehmerpflichten beziehen.

57

1. Unternehmerpflichten im Allgemeinen

Die allgemeinen Unternehmerpflichten zwingen zum Vorhalten von Notrufen, zum Einrichten von Schutz- und Sicherungsmaßnahmen, um das allgemeine Persönlichkeitsrecht vor Zugriffen zu bewahren, sowie zur Schaffung der Voraussetzungen für die Umsetzung von Überwachungsmaßnahmen, die die öffentliche Hand auf Basis anderweitig bestehender Rechtsgrundlagen durchführen darf.

58

a) Notrufe

Daran anknüpfend verpflichtet § 108 TKG diejenigen, die öffentlich zugängliche Telekommunikationsdienste (§ 3 Nr. 17a TKG) bereitstellen, auf eigene Kosten dazu, Vorkehrungen zugunsten der Endnutzer (§ 3 Nr. 8 TKG) zu treffen, damit unentgeltliche Notrufverbindungen eingeleitet werden können. Darunter fasst Absatz 1 Satz 2 dieser Bestimmung im Sinne einer **Legaldefinition** die europaeinheitliche Notrufnummer 112, die zusätzliche Notrufnummer 110 oder das Aussenden entsprechender Signalisierungen. Zudem ist sicherzustellen, dass diese Notrufverbindungen unverzüglich zu den Notrufabfragestellen hergestellt werden. Mit dem Notruf müssen die Rufnummer des Anschlusses und die Standortdaten übermittelt werden; die zugehörigen Verbindungen sind vorrangig vor anderen Verbindungen herzustellen.[95]

59

> **Praxistipp:**
> Bei der Nutzung von VoIP-Diensten[96] kann die Festlegung des Standorts anhand der Bestandsdaten technisch nur unter erschwerten Bedingungen realisierbar sein, wenn der Dienst „nomadisch", dh standortunabhängig genutzt wird. In solchen Fällen ist insbesondere über Vereinbarungen mit anderen Diensten oder andere Vorkehrungen sicherzustellen, dass die Standortdaten ermittelt werden können.[97]

60

---

[94] Vgl. *Kannenberg/Müller*, in: Scheurle/Mayen (Hrsg.), TKG § 102 Rn. 13.
[95] Ausf. dazu *Neumann/Koch*, Telekommunikationsrecht, S. 405.
[96] S. zu deren Zuordnung zu § 108 TKG *Eckhardt*, in: Geppert/Schütz (Hrsg.), TKG § 108 Rn. 15.
[97] S. Punkt N4 der TR Notruf 2.0; vgl. dazu *Dreyer/Kramaz-v. Kohout*, DuD 2018, 510 ff.

61 Die näheren Einzelheiten werden ausweislich des § 108 Abs. 3 TKG per **Rechtsverordnung,** die zwischenzeitlich in Form der sog. Notruf-Verordnung[98] erlassen worden ist, festgelegt. Darin finden sich einerseits die Grundsätze für die Festlegung von Einzugsgebieten von Notrufabfragestellen sowie für die Abstimmungsverfahren zwischen den insoweit zuständigen Behörden und den betroffenen Netzbetreibern (Nr. 1). Zudem werden dort Regelungen zur Herstellung von Notrufverbindungen (Nr. 2) ggf. auch über automatische Wahlgeräte (Nr. 5), zum Umfang der dafür zu erbringenden Leistungsmerkmale (Nr. 3), zur Datenbereitstellung und -übermittlung für die Verfolgung etwaiger Missbräuche (Nr. 4) sowie zu den in diesem Kontext der BNetzA zugewiesenen Aufgaben (Nr. 5) getroffen.[99]

62 In § 108 Abs. 4 TKG finden sich weitere Anforderungen, die qua lege der BNetzA übertragen worden sind. Danach hat sie die technischen Einzelheiten zu den in Absatz 3 dieser Vorschrift angesprochenen Verordnungsinhalten, insbesondere die Kriterien für die Genauigkeit und Zuverlässigkeit der Angaben zu dem Standort, von dem die Notrufverbindung ausgeht, in einer **Technischen Richtlinie** (s. → Rn. 67) festzulegen und dabei die bestehenden internationalen Standards zu berücksichtigen. In diesem Kontext sind die in § 108 Abs. 4 S. 3 TKG genannten Interessengruppen zu beteiligen. Zudem ist die Technische Richtlinie auf der Internetseite der BNetzA zu veröffentlichen und im Amtsblatt der BNetzA bekannt zu machen. Ihren Verpflichtungen hat die BNetzA durch Erlass der TR Notruf[100] entsprochen.

b) Schutz- und Sicherungsmaßnahmen

63 In **§ 109 Abs. 1 TKG** finden sich Vorschriften, die dem Dienstanbieter in den Grenzen des Erforderlichen technische Maßnahmen zum Schutz des Fernmeldegeheimnisses und personenbezogener Daten (vgl. § 3 Nr. 30a TKG) abverlangen; sie haben den Stand der Technik zu berücksichtigen. Darüber hinaus verpflichtet Absatz 2 dieser Norm die Netzbetreiber und Dienstanbieter dazu, Vorkehrungen zum Schutz vor Störungen und zur Beherrschung etwaiger Risiken für ihrer Netze und Dienste zu treffen. Die BNetzA kann nach § 109 Abs. 7 TKG anordnen, dass die Einhaltung dieser Anforderungen überprüft wird. Hinzu treten aufgrund von Absatz 4 dieser Vorschrift institutionelle Sicherungsmechanismen in Form der Bestellung eines Sicherheitsbeauftragten und der Erstellung eines Sicherheitskonzepts, das ggf. unter Einschaltung der BNetzA über das betriebene Netz bzw. den angebotenen Dienst, die in Betracht kommenden Gefährdungen und die getroffenen bzw. geplanten technischen Schutzvorkehrungen und sonstigen Schutzmaßnahmen informieren muss. Die BNetzA stellt dafür einen Katalog von Sicherheitsanforderungen zur Verfügung (Abs. 6). Aus § 109 Abs. 5 TKG folgen zusätzliche Mitteilungspflichten insbesondere an die BNetzA, wenn Beeinträchtigungen von Telekommunikationsnetzen und -diensten zu beträchtlichen Sicherheitsverletzungen führen (können).[101]

64 Zu diesen Verpflichtungen treten ausweislich des **§ 109a Abs. 1 TKG** Mitteilungspflichten hinzu, die nach Abs. 2 dieser Vorschrift einen bestimmten Mindestinhalt enthalten müssen. Sie adressieren die Erbringer öffentlich zugänglicher Telekommunikationsdienste, falls der Schutz personenbezogener Daten verletzt worden ist. Einerseits sind unverzüglich die BNetzA sowie der Bundesdatenschutzbeauftragte zu benachrichtigen, andererseits aber auch der Betroffene selbst, soweit eine schwerwiegende Beeinträchtigung vorliegt und nicht über das Sicherheitskonzept der Nachweis erbracht ist, dass die betroffenen Daten durch geeignete technische Vorkehrungen gesichert worden sind. § 109a Abs. 3

---

[98] Verordnung über Notrufverbindungen v. 6.3.2009, BGBl. I S. 481.
[99] Ausf. dazu *Kühling/Schall/Biendl*, Telekommunikationsrecht, Rn. 660ff.
[100] Vgl. https://www.bundesnetzagentur.de/DE/Sachgebiete/Telekommunikation/Unternehmen_Institutionen/Anbieterpflichten/Notruf/TechnischeRichtlinie/TRNotrufAusgabe2.pdf?__blob=publicationFile&v=2 (zuletzt abgerufen am 24.2.2020)
[101] Ausf. dazu *Mozek,* in: Säcker (Hrsg.), TKG § 109 Rn. 11ff.

TKG verpflichtet wiederum zur Pflege eines Verzeichnisses, aus dem die Verletzungen des Schutzes personenbezogener Daten hervorgehen, um zu gewährleisten, dass die BNetzA und der Datenschutzbeauftragte die Einhaltung der in den Absätzen 1 und 2 enthaltenen Bestimmungen überprüfen kann. § 109a Abs. 4 TKG betrifft demgegenüber das Verhältnis des Dienstanbieters zum -nutzer, indem er Informationspflichten gegenüber dem Nutzer etabliert, wenn von ihm Störungen ausgehen. Hinzu treten schließlich Unterbrechungsbefugnisse des Dienstanbieters nach Maßgabe der Absätze 5 und 6.[102]

c) Umsetzung von Überwachungsmaßnahmen

Neben die Pflichten zur Etablierung von Notrufmöglichkeiten und zur Schaffung von Vorkehrungen zum Schutz von personenbezogenen Daten treten in § 110 TKG weitere Unternehmerpflichten. Sie beziehen sich auf Überwachungsmaßnahmen, die auf Basis anderer gesetzlicher Bestimmungen erlassen werden – so etwa in repressiver Form auf Basis der §§ 100a f. StPO oder in präventiver Form auf Basis des Landespolizeirechts[103]. Daran anknüpfend verfolgt § 110 TKG den **Zweck,** dass der Betreiber einer Telekommunikationsanlage, mit der öffentlich zugängliche Telekommunikationsdienste erbracht werden, die technischen Voraussetzungen für die Durchführung solcher Überwachungsmaßnahmen schafft. Eine Rechtsgrundlage, mit deren Hilfe Überwachungsmaßnahmen angeordnet werden können, enthält § 110 TKG demgegenüber nicht.[104] Stattdessen verpflichtet die Vorschrift in Absatz 6 die Betreiber der Telekommunikationsanlage dazu, den zur Überwachung berechtigten Stellen auf deren Anforderung die Möglichkeit dafür zu bieten und ihnen die dazu nötigen Netzabschlusspunkte (vgl. § 3 Nr. 12 TKG) bereitzustellen.[105] 65

Seiner **Struktur** nach entspricht § 110 TKG dem bereits aus § 108 TKG bekannten Dreiklang einer zunehmenden Konkretisierung der Unternehmerpflichten (s. → Rn. 60 ff.): So erfolgt in § 110 Abs. 1 TKG eine grobe Umschreibung durch den Gesetzgeber selbst, indem er etwa verlangt, dass die technischen Einrichtungen vorzuhalten und die zugehörigen organisatorischen Vorkehrungen zu treffen sind, um die nach anderen Gesetzen zulässigen Überwachungsmaßnahmen durchführen zu können.[106] Daran schließt die auf Basis des § 110 Abs. 2 TKG zu erlassende Rechtsverordnung an, in der namentlich die grundlegenden technischen Anforderungen und die organisatorischen Eckpunkte für die Umsetzung der Überwachungsmaßnahmen niedergelegt sind. In Umsetzung dessen ist unlängst die Telekommunikationsüberwachungs-Verordnung[107] novelliert worden, die je Eingriffsgrundlage spezifische Anforderungen an die Überwachung stellt.[108] Daran knüpft dann eine Technische Richtlinie an, in der die BNetzA in Kooperation mit verschiedenen anderen Institutionen die Einzelheiten festlegt. 66

> **Praxistipp:** 67
> Die Rechtsnatur Technischer Richtlinien hängt vom Regelungskontext ab: Während sie in § 41a aF TKG eine Mindestdienstqualität „durch Verfügung" festlegen sollten, so dass deren Verwaltungsaktcharakter ausdrücklich im Gesetz festgelegt war (s. → Rn. 5),[109] findet sich in den § 108 Abs. 4, § 110 Abs. 3, § 112 Abs. 3 S. 3 TKG dieser Hinweis nicht. Immerhin weist die Gesetzesbegründung zur Neufassung des § 110 Abs. 3 TKG darauf hin, dass die zugehörige Technische Richtlinie „... eine durch die RegTP bei der Genehmi-

---

[102] Ausf. dazu *Gitter/Meißner/Spauschus,* ZD 2015, 512, 515.
[103] *Neumann/Koch,* Telekommunikationsrecht, S. 408 f.
[104] *Löwnau/Ipsen,* in: Scheurle/Mayen (Hrsg.), TKG § 110 Rn. 1.
[105] Ausf. dazu *Eckhardt,* in: Geppert/Schütz (Hrsg.), TKG § 110 Rn. 97.
[106] *Fetzer,* in: Schulte/Kloos (Hrsg.), Öffentliches Wirtschaftsrecht, § 8 Rn. 205.
[107] Verordnung über die technische und organisatorische Umsetzung von Maßnahmen zur Überwachung der Telekommunikation (Telekommunikations-Überwachungsverordnung – TKÜV) v. 11.7.2017, BGBl. I S. 2316.
[108] *BVerfG,* ZD 2019, 209, Rn. 2 ff.
[109] *Nolden,* in: Geppert/Schütz (Hrsg.), TKG § 41a Rn. 31.

gungserteilung zu beachtende Verwaltungsvorschrift ist ...", deren Status „... in Folge des Wegfalls des Genehmigungsverfahrens (...) dahin geändert werden (muss), dass sie zu einer unmittelbar verbindlichen technischen Vorschrift mit dem Rechtsstatus einer Richtlinie der Verwaltung wird."[110] Daraus wird man erstens schließen müssen, dass die in § 110 Abs. 3 TKG angesprochene Technische Richtlinie rechtlich bindend ist, mag deren genaue Einordnung in die verwaltungsrechtliche Dogmatik auch schwierig sein;[111] zudem sind die auf Basis der §§ 108 Abs. 4, 112 Abs. 3 S. 3 TKG erlassenen Technischen Richtlinien (vor allem) für die Verpflichteten verbindlich, weil dort Erfüllungspflichten normiert sind. Zweitens zeigt die Gesetzesbegründung aber auch, dass Technische Richtlinien dort, wo es an entsprechenden Hinweisen im Normtext oder in den Erwägungen der Legislative fehlt, als Verwaltungsvorschriften zu qualifizieren sind. Hier wie dort kann die BNetzA die Einhaltung der Technischen Richtlinien auf Basis des § 115 Abs. 1 TKG (s. → Rn. 86 ff.) sicherstellen.

2. Auskunftsersuchen

68 Abgesehen davon sind im Kontext der datenschutzrechtlichen Bestimmungen die §§ 111 ff., 114 TKG zu beachten. Sie haben gemein, dass sie eine Basis für ein hoheitliches Auskunftsersuchen bieten, unterscheiden sich aber durch die dazu berechtigte Behörde.

a) Automatische und manuelle Verfahren für konkrete Auskünfte

69 Die §§ 111 ff. TKG treffen Aussagen über automatische und manuelle Auskunftsverfahren. Die Basis dieser Bestimmungen bildet **§ 111 TKG,** der sich an Unternehmen richtet, die geschäftsmäßig Telekommunikationsdienste erbringen oder daran mitwirken, wenn sie dabei Rufnummern bzw. andere Anschlusskennungen selbst vergeben oder die Telekommunikationsanschlüsse dafür bereitstellen. Sie haben die in Absatz 1 Satz 1 normierten Daten – etwa die Rufnummer bzw. Anschlusskennung, die Kontaktdaten des Anschlussinhabers ggf. mit Geburtsdatum sowie Vertragsbeginn und soweit bekannt -ende – vor der Freischaltung zu erheben und unverzüglich zu speichern, auch wenn sie nicht für betriebliche Zwecke erforderlich sind, sowie nach Ablauf des auf die Vertragsbeendigung folgenden Kalenderjahres zu löschen. Bei im Voraus bezahlten Mobilfunkdiensten ist die Richtigkeit dieser Daten durch Vorlage eines der in § 111 Abs. 1 S. 3 TKG genannten Dokumente zu überprüfen. Der Kreis der erhebbaren Bestandsdaten geht über den des § 95 TKG hinaus, insbesondere weil keine Bindung an betriebliche Zwecke besteht. Der Grund dafür liegt darin, dass § 111 TKG nicht auf die Vertragsabwicklung zielt, sondern die Basis für die in den §§ 112 f. TKG normierten Auskunftsverfahren bildet.[112]

70 An § 111 TKG knüpft das automatisierte Auskunftsverfahren aus **§ 112 TKG** an. Diese Bestimmung verpflichtet in Absatz 1 nicht alle, sondern aus Kostengründen[113] nur diejenigen Unternehmen, die öffentlich zugängliche Telekommunikationsdienste erbringen, zur unverzüglichen Speicherung der nach § 111 TKG erhobenen Daten in Kundendateien, in die zusätzlich noch weitere Daten (etwa Portierungskennungen) aufzunehmen sind. An diese Kundendateien knüpft dann die Befugnis der BNetzA zum automatischen Datenabruf sowie zum Abruf von Daten unter Verwendung unvollständiger Abfragedaten an; ähnliche Abfragemuster sind ebenfalls zulässig, was den Kreis der betroffenen Daten deutlich erhöht.[114] Die so generierten Daten dürfen für Zwecke der Verfolgung bestimmter Ordnungswidrigkeiten sowie für die Erledigung von Auskunftsersuchen im Sinne des § 111

---

[110] Vgl. BT-Drs. 15/2316, 94.
[111] *Löwnau/Ipsen,* in: Scheurle/Mayen (Hrsg.), TKG § 110 Rn. 43.
[112] *Klesczewski,* in: Säcker (Hrsg.), TKG § 111 Rn. 1.
[113] BT-Drs. 15/2316, 94.
[114] *Kühling/Schall/Biendl,* Telekommunikationsrecht, Rn. 667.

C. Regelungsinhalt

Abs. 2 TKG abgerufen werden. Dort ist niedergelegt, dass bestimmten Behörden jederzeit Auskünfte erteilt werden müssen, soweit es zur Aufgabenerfüllung erforderlich ist und die Ersuchen der BNetzA im automatischen Verfahren vorgelegt werden. Die (primär technischen) Einzelheiten werden ähnlich wie in den §§ 108, 110 TKG auf gesetzlicher Basis per Rechtsverordnung – die Kundendatenauskunftsverordnung[115] – festgelegt, an die dann eine Technische Richtlinie der BNetzA (s. → Rn. 67) anknüpft.[116]

Das manuelle Auskunftsverfahren wird in **§ 113 TKG** in seinen Voraussetzungen näher umschrieben. Es adressiert wiederum jeden, der geschäftsmäßig Telekommunikationsdienste erbringt bzw. daran mitwirkt, ist also nicht auf öffentlich zugängliche Dienste beschränkt, und bezieht sich auf die Verwendung von Daten iSd §§ 95, 111 TKG im konkreten Einzelfall. Auskünfte über diese Daten dürfen nach § 113 Abs. 2 TKG nur erteilt werden, wenn die in Abs. 3 in Form eines numerus clausus näher umschriebenen Stellen (bestimmte Behörden, insbesondere BND und MAD) in Textform einen entsprechenden Antrag stellen und darin auch die gesetzliche Bestimmung angeben, auf deren Basis sich die Datenerhebung stützen lässt. Bei Gefahr im Verzug darf auch in anderer Form Auskunft verlangt werden; es bedarf dann aber einer nachträglichen schriftlichen Bestätigung. Die Auskunftszwecke werden in dieser Vorschrift ebenfalls konkretisiert – so insbesondere die Verfolgung von Straftaten und Ordnungswidrigkeiten, die Gefahrenabwehr und die Wahrnehmung gesetzlicher Aufgaben, soweit es um Auskunftsersuchen von Verfassungsschutzbehörden, des militärischen Abschirmdienstes oder des Bundesnachrichtendienstes geht.[117]

71

Die **§§ 111–113 TKG** standen unlängst auf dem **verfassungsrechtlichen Prüfstand**. Das BVerfG hat zunächst mangels Bezugs zu einem konkreten Telekommunikationsvorgang nicht Art. 10 Abs. 1 GG, sondern das informationelle Selbstbestimmungsrecht aus Art. 2 Abs. 1 GG, Art. 1 Abs. 1 GG zum Maßstab erhoben. § 111 TKG wurde daran anknüpfend für verfassungskonform erachtet, weil die Vorschrift keinen Aufschluss über bestimmte Aktivitäten erlaubt und daher nicht über die Speicherung von Daten etwa im Melderegister hinausgeht. Das BVerfG beanstandete auch § 112 TKG nicht, insbesondere weil der Informationsgehalt einer Zuordnung von Rufnummern zu Teilnehmern bzw. Anschlüssen begrenzt ist und diese Norm nur die Rechtsgrundlage für die Datenübermittlung durch die verpflichteten Stellen, nicht aber für die Erhebung der Daten seitens der Sicherheitsbehörden bildet. Denn für einen zulässigen Datenaustausch müssen die Vorgaben beider Rechtsgrundlagen eingehalten sein. Für § 113 TKG hat das BVerfG hingegen eine verfassungskonforme Auslegung dahin gefordert, dass Daten zu dynamischen IP-Adressen im Lichte des Art. 10 GG nicht erhoben werden dürfen, weil sie auf konkrete Vorgänge bezogen sind. Verfassungswidrig war diese Norm, weil sie eine Zugänglichmachung von Daten ohne Zweck- und Aufgabenbindung erlaubte;[118] hier hat der Gesetzgeber nachgebessert[119].

72

> **Praxistipp:**
> Die §§ 112, 113 TKG stehen in enger Verbindung zu den spezialgesetzlichen Ermächtigungsgrundlagen etwa in Form des § 100j StPO. Deren Voraussetzungen müssen daher ebenfalls vorliegen, damit Daten abgerufen werden dürfen.

73

---

[115] Verordnung über das automatisierte Verfahren zur Auskunft über Kundendaten nach § 112 des Telekommunikationsgesetzes (Kundendatenauskunftsverordnung – KDAV) v. 14.6.2017, BGBl. I S. 1667.
[116] Vgl. https://www.bundesnetzagentur.de/SharedDocs/Downloads/DE/Sachgebiete/Telekommunikation/Unternehmen_Institutionen/Anbieterpflichten/OeffentlicheSicherheit/AutomatisiertesAuskunftsverfahren/TR_AAV_1.0.pdf?__blob=publicationFile&v=4 (zuletzt abgerufen am 24.2.2020).
[117] *Klesczewski*, in: Säcker (Hrsg.), TKG § 113 Rn. 9 ff.
[118] BVerfGE 130, 151, Rn. 126 ff.; *Eckhardt*, in: Geppert/Schütz (Hrsg.), TKG § 111 Rn. 3 ff.
[119] BT-Drs. 18/8702, 22.

b) Ersuchen um strukturelle Auskünfte

74 Hinzu kommt schließlich **§ 114 TKG,** der den BND in die Lage versetzen soll, sich über die bei der Erbringung von Telekommunikationsdiensten eingesetzten Technologien und Verfahren zu informieren, um neue Strukturen bzw. Rahmenbedingungen bei der Erfüllung seiner Aufgaben nach den §§ 5, 8 G10-G sowie den §§ 6, 12 und 14 BND-G berücksichtigen zu können.[120] Aufgrund dieses eher generalisierenden Informationsansatzes dürfen einzelne Telekommunikationsvorgänge oder die Bestandsdaten konkreter Teilnehmer nach § 114 Abs. 1 S. 2 TKG nicht zum Auskunftsgegenstand gemacht werden. Adressaten dieser Vorschrift sind die Erbringer öffentlich zugänglicher Telekommunikationsdienste sowie die Betreiber der zugehörigen Übertragungsnetze. Das Verfahren hin zur Auskunftserteilung läuft zweistufig ab, weil der BND ein hinreichend spezifiziertes Auskunftsersuchen zunächst an das Bundeswirtschaftsministerium richten muss, das es dann an die verpflichteten Stellen weiterleitet. Zudem nimmt das Bundeswirtschaftsministerium die Auskunft entgegen. Die verpflichteten Unternehmen und der BND treten also selbst nicht in unmittelbaren Kontakt.[121]

3. Vorratsdatenspeicherung

75 Die Vorschriften über die sog. Vorratsdatenspeicherung sind in den §§ 113a ff. TKG normiert. Sie beziehen sich auf Verkehrsdaten (s. → Rn. 20) und sind in erheblichem Maße verfassungs-[122] und unionsrechtlichen Anforderungen[123] ausgesetzt.

a) Kreis der Verpflichteten

76 In **§ 113a Abs. 1 TKG** wird zunächst der Kreis der Verpflichteten näher konkretisiert. Adressiert sind die Erbringer öffentlich zugänglicher Telekommunikationsdienste für Endnutzer. Soweit sie nicht alle der nach §§ 113a TKG vorzuhaltenden Daten erzeugen oder verarbeiten, müssen sie sicherstellen, dass die übrigen Daten gespeichert werden und der BNetzA auf deren Verlangen unverzüglich mitteilen, wer insoweit tätig wird. Unter den Voraussetzungen des § 113a Abs. 2 TKG erhalten die Verpflichteten eine angemessene Entschädigung.[124]

b) Speicherpflichten

77 § 113b TKG widmet sich den Speicherpflichten. Die Bestimmung differenziert **nach der Art des** angebotenen **Telekommunikationsdienstes** und richtet daran anknüpfend **je unterschiedliche Anforderungen an Speicherdauer und -inhalt** auf, die grob gesprochen über sämtliche Daten informieren, mit deren Hilfe sich nachvollziehen lässt, von welchen Anschlüssen wer wann und ggf. mit wem kommuniziert hat. Im Einzelnen haben die Erbringer öffentlich zugänglicher Telefondienste (§ 3 Nr. 17 TKG) nach Absatz 2 dieser Vorschrift vor allem die Rufnummern, Datum und Uhrzeit sowie Beginn und Ende der Verbindung für zehn Wochen auf Vorrat zu speichern. Die Erbringer öffentlich zugänglicher Internetzugangsdienste müssen demgegenüber nach § 113b Abs. 3 TKG die dem Teilnehmer zugewiesene IP-Adresse, eine eindeutige Kennung des Nutzers und des Anschlusses, über den das Internet genutzt wurde, sowie Datum und Uhrzeit von Beginn und Ende der Nutzung ebenfalls für 10 Wochen auf Vorrat speichern. Absatz 4 dieser Vorschrift verpflichtet schließlich im Falle der mobilen Nutzung von Telefon- oder Internet-

---

[120] *Büttgen*, in: Scheurle/Mayen (Hrsg.), TKG § 114 Rn. 1.
[121] *Gramlich*, in: Manssen (Hrsg.), Telekommunikations- und Multimediarecht, § 114 Rn. 8.
[122] *Kühling/Schall/Biendl*, Telekommunikationsrecht, Rn. 672 ff.
[123] *Neumann/Koch*, Telekommunikationsrecht, S. 416 f.
[124] *Kiparski*, in: Specht/Mantz (Hrsg.), Datenschutzrecht, § 18 Rn. 44 ff.

C. Regelungsinhalt

zugangsdiensten zur Speicherung der dafür von den am Kommunikationsprozess Beteiligten genutzten Funkzellen (sog. Standortdaten) für vier Wochen auf Vorrat.

Hinzu treten **arrondierende Vorschriften,** die einerseits die Grenzen der Vorratsdatenspeicherung verdeutlichen sollen: So ergibt sich aus § 113b Abs. 5 TKG, dass Kommunikationsinhalte und auch solche Daten, die eine Identifizierung aufgerufener Internet-Seiten ermöglichen, nicht gespeichert werden dürfen. Dasselbe gilt für Daten über Verbindungen im Sinne des § 99 Abs. 2 TKG (s. → Rn. 35) aufgrund von Absatz 6 dieser Bestimmung, so dass telefonische Beratungsdienste für seelische oder soziale Notlagen genauso Schutz genießen wie bei der Erstellung von Einzelverbindungsnachweisen. Andererseits finden sich in § 113b TKG Bestimmungen, die die Modalitäten der Datenspeicherung konkretisieren: So hat sie nach Absatz 7 dieser Vorschrift so zu erfolgen, dass etwaige Auskunftsersuchen im Sinne des § 113c TKG unverzüglich beantwortet werden können. Zudem wird die Einhaltung der Löschfristen in § 113b Abs. 8 TKG näher konkretisiert. Diese Bestimmung räumt den Verpflichteten eine Karenzzeit von einer Woche nach Ablauf der Speicherfristen ein, innerhalb derer die auf Vorrat gespeicherten Daten irreversibel zu löschen (lassen) sind. 78

Die in § 113b TKG normierten Speicherpflichten sind insbesondere aufgrund der Art. 7f. GRCh einiger Kritik ausgesetzt. Namentlich die **unionsgerichtliche Spruchpraxis** ordnet die Vorratsdatenspeicherung im Lichte dieser Unionsgrundrechte als schwerwiegenden Eingriff ein, weil sie den Eindruck einer ständigen Überwachung erzeugt. Diese Beeinträchtigung lässt sich nach Ansicht des EuGH nur rechtfertigen, wenn schon die Speicherung zur Bekämpfung schwerer Kriminalität dient. Dieser Bezug ist in den relevanten Vorschriften anhand objektiver Kriterien herzustellen, die es erlauben, allein die Daten derjenigen Personen auf Vorrat zu speichern, die in einem zumindest mittelbaren Zusammenhang zu schweren Straftaten stehen. Denkbar ist nach der Unionsgerichtsbarkeit insbesondere ein Anknüpfen an geographische Kriterien, wenn die nationalen Behörden davon ausgehen, dass in bestimmten Gebieten ein erhöhtes Risiko für die Planung oder Begehung solcher Delikte besteht. Ein darüber hinausgehender, insbesondere generalisierender Ansatz der Speicherung sämtlicher Verkehrsdaten auf Vorrat geht danach hingegen über das erforderliche Maß hinaus und verletzt die Art. 7f. GRCh.[125] Deshalb wird § 113b TKG für unionsrechtswidrig gehalten.[126] 79

c) Verwendungsbefugnisse

Wer die auf Vorrat gespeicherten Daten verwenden darf, bestimmt **§ 113c TKG abschließend** (vgl. Abs. 2). Abgesehen vom Fall einer Datenverwendung für eine Auskunft nach § 113 Abs. 1 S. 3 TKG[127] sind einerseits Strafverfolgungsbehörden Übermittlungsadressat, wenn sie sich auf eine gesetzliche Bestimmung berufen können, die ihr eine Erhebung der nach § 113b TKG gespeicherten Daten für die Verfolgung besonders schwerer Straftaten erlaubt. Andererseits ist auch eine Übermittlung an die Gefahrenabwehrbehörden der Länder möglich, wenn sie sich auf eine gesetzliche Bestimmung berufen können, die ihr die Datenerhebung zur Abwehr von konkreten Gefahren für besonders wichtige Rechtsgüter (Leben, Leib, Freiheit oder Bestand des Bundes bzw. eines Landes) gestattet. Gemein haben beide Katalogtatbestände, dass es einer eigenständigen gesetzlichen Grundlage für die Datenerhebung bedarf und dass nicht jeder Anlass ausreicht sondern eine erhebliche Aufgreifschwelle überschritten werden muss.[128] Die Einzelheiten der Übermittlung folgen aus § 113c Abs. 3 TKG, der auf die Rechtsgrundlagen verweist, die auf Basis des § 110 Abs. 2f. TKG geschaffen wurden (s. → Rn. 65ff.). In diesem Kontext ist auch 80

---

[125] *EuGH,* verb. Rs. C-203/15 und C-698/15, ECLI:EU:C:2016:970 – Tele2 Sverige; ausf. dazu *Mayen,* in: Scheurle/Mayen (Hrsg.), TKG vor § 113a Rn. 7ff.
[126] So namentlich *Derksen,* NVwZ 2017, 1005, 1007f.; *Roßnagel,* NJW 2017, 696, 670ff.
[127] *Klesczewski,* in: Säcker (Hrsg.), TKG § 113 Rn. 9.
[128] Ausf. dazu *Graulich,* in: Arndt/Fetzer/Scherer/Graulich (Hrsg.), TKG § 113 Rn. 41ff.

zu beachten, dass die Daten in einer Weise zu kennzeichnen sind, die deren Einordnung als Daten, die nach § 113c TKG gespeichert sind, erkennbar macht.[129]

81 Auch die Vereinbarkeit des § 113c TKG mit **höherrangigem Recht** ist nicht unumstritten. Zwar nimmt die Bestimmung zunächst die in der verfassungsgerichtlichen Spruchpraxis propagierte Trennung zwischen der Übermittlungsbefugnis der verpflichteten und der Abrufbefugnis der begünstigten Stellen (s. → Rn. 72) auf. Sie soll aber nach bisweilen vertretener Ansicht deshalb nicht den Vorgaben des BVerfG entsprechen, weil in der Übermittlungsnorm selbst keine qualifizierten Voraussetzungen enthalten sind, sondern insoweit stattdessen auf die Abrufnorm verwiesen wird. Insbesondere fehle es dort an Aussagen dazu, dass die Übermittlung nur im Einzelfall zulässig ist und dass es der Verfolgung hinreichend schwerer Straftaten (und ggf. Ordnungswidrigkeiten) bedarf; denn zu diesen Punkten schweige die Übermittlungsnorm. Hinzu kommt nach diesem Ansatz, dass auch der weitere Umgang mit den Daten nach der Übermittlung nur in der Abruf- und nicht in der Übermittlungsnorm enthalten ist; insbesondere fehle es an hinreichend validen Aussagen zur Unverzüglichkeit der Datenverwertung sowie zur Löschung, falls die Daten nicht zur Erfüllung des Erhebungszwecks geeignet sind.[130] Andere Stimmen in der Literatur teilen diese Bedenken nicht.[131]

d) Flankierende Unternehmerpflichten

82 Flankierend treten verschiedene Unternehmerpflichten hinzu. Im Einzelnen zwingt § 113d TKG dazu, die gespeicherten Daten durch **technische und organisatorische Maßnahmen** vor dem Zugriff Dritter zu schützen. Ein nicht abschließender Katalog („insbesondere") der insoweit nötigen Maßnahmen findet sich in Satz 2 dieser Bestimmung – so etwa der Einsatz von Verschlüsselungsverfahrens oder die Speicherung der Daten in getrennten Einrichtungen.[132]

83 Hinzu kommt § 113e TKG, der die Verpflichteten zur **Protokollierung** von Zugriffen auf die gespeicherten Daten (etwa durch Lesen, Kopieren, Ändern, Löschen oder Sperren) anhält. Aufzuzeichnen sind danach der Zeitpunkt, der Initiator sowie Art und Zweck des Zugriffs. Die so protokollierten Daten dürfen nur für die Datenschutzkontrolle und nicht zu anderen Zwecken verwendet werden. Zudem sind die erhobenen Daten nach einem Jahr zu löschen.

84 Nach § 113f TKG wird die **Einhaltung** eines hinreichenden Sicherheits- und Qualitätsniveaus **vermutet,** wenn die Vorgaben eines von der BNetzA im Benehmen mit dem BSI und dem Bundesdatenschutzbeauftragten erstellten Katalogs[133] erfüllt werden. Dessen Inhalt ist fortlaufend zu überprüfen und dem Stand der Technik anzupassen. Die Regelung stellt sicher, dass die Verpflichteten keinen Unsicherheiten in Bezug auf das Schutzniveau ausgesetzt sind.

85 Schließlich erlegt § 113g TKG den Verpflichteten eine **Weiterung des** nach § 109 Abs. 4 TKG erforderlichen **Sicherheitskonzepts** (s. → Rn. 63) auf. Darin sind zusätzlich die für die Erfüllung der in den §§ 113b ff. TKG normierten Pflichten genutzten Systeme, vermutete Gefährdungslagen sowie die zu deren Vermeidung oder Behebung geplanten oder getroffenen Maßnahmen aufzunehmen. Änderungen im Konzept sind der BNetzA unverzüglich vorzulegen.[134]

---

[129] *Dieterle*, ZD 2016, 517, 519 ff.
[130] *Mayen*, in: Scheurle/Mayen (Hrsg.), TKG § 113 Rn. 3, 6, 20.
[131] *Roßnagel*, NJW 2016, 533, 538.
[132] Ausf. dazu *Mayen*, in: Scheurle/Mayen (Hrsg.), TKG § 113d Rn. 8 ff.
[133] Vgl. https://www.bundesnetzagentur.de/SharedDocs/Downloads/DE/Sachgebiete/Telekommunikation/Unternehmen_Institutionen/Anbieterpflichten/OeffentlicheSicherheit/TechnUmsetzung110/Downloads/Anforderungskatalog%C2%A7113f.pdf?__blob=publicationFile&v=1 (zuletzt abgerufen am 24.2.2020).
[134] Ausf. dazu *Mayen*, in: Scheurle/Mayen (Hrsg.), TKG § 113g Rn. 1.

D. Durchsetzungsmechanismen

Die Kontrolle und Durchsetzung der im siebten Abschnitt des TKG normierten Verpflichtungen finden sich in § 115 TKG. Nach dessen **Absatz 1** kann die BNetzA anlassbezogen oder -frei[135] Anordnungen und Maßnahmen treffen, um die Einhaltung der §§ 88 ff. TKG und der auf deren Basis ergangenen Rechtsverordnungen und Technischen Richtlinien sicherzustellen. Zudem ist die BNetzA befugt, Auskünfte von den Verpflichteten zu verlangen und deren Geschäfts- und Betriebsräume während der üblichen Geschäftszeiten zu durchsuchen und zu besichtigen, ohne dabei jedoch Einsicht in geschäftliche Unterlagen nehmen bzw. sie prüfen zu dürfen.[136] Ob daneben noch die §§ 126 ff. TKG greifen, ist gerade in Bezug auf die darin enthaltenen Auskunfts- und Nachschaurechte, die im Detail von § 115 Abs. 1 TKG abweichen, umstritten[137], wird aber wohl überwiegend wegen der Einordnung der §§ 126 ff. TKG als „allgemeine Befugnisse", in der eine Auffangfunktion zum Ausdruck kommen soll, bejaht. Als Kontroll- bzw. Durchsetzungsmechanismen stehen der BNetzA nicht nur Verwaltungsakte („Anordnungen"), sondern auch alternative Handlungsformen („andere Maßnahmen") zur Verfügung.[138]

Zudem erlaubt **§ 115 Abs. 2 S. 1 TKG** die Festsetzung von Zwangsgeldern, wobei je Verpflichtung unterschiedliche Höchstgrenzen gelten. Da die allgemeinen verwaltungsvollstreckungsrechtlichen Vorschriften Anwendung finden,[139] ist ein Zwangsgeld insbesondere grundsätzlich vorher anzudrohen und in bestimmter Höhe festzulegen. Sie richtet sich nach den konkreten Umständen des Einzelfalls – so insbesondere nach der Dringlichkeit und Bedeutung der Angelegenheit sowie nach der Schwere des Rechtsverstoßes – und ist folglich eine Frage der Ermessensausübung.[140] Im Falle wiederholter Verstöße gegen die in § 115 Abs. 2 S. 2 TKG abschließend genannten Verpflichtungen kann die Tätigkeit des Verpflichteten eingeschränkt werden, indem dessen Kundenstamm bis zur Pflichterfüllung eingefroren wird.[141] Zu dieser Form einer Teiluntersagung tritt im Sinne einer ultima ratio die Möglichkeit der (teilweisen) Betriebsuntersagung nach Maßgabe des **§ 115 Abs. 3 TKG** hinzu. Auch im Übrigen ist die Wahl des Aufsichtsmittels, das neben die sonstigen Sanktionsbefugnisse im einschlägigen Straf- bzw. Ordnungswidrigkeitenrecht treten kann, eine Frage der Verhältnismäßigkeit.[142]

In **§ 115 Abs. 4 TKG** wird schließlich eine bereichsspezifische Sonderzuständigkeit zugunsten des Bundesdatenschutzbeauftragten etabliert. Sie besteht im Umfang der §§ 91 ff. TKG (s. → Rn. 19 ff.) und basiert auf der Überlegung einer zentralen Instanz der Datenschutzkontrolle, weil ohne § 115 Abs. 4 TKG die Datenschutzbeauftragten der Länder zuständig wären, was die Befürchtung von Rechtsunsicherheiten und Inkonsistenzen aufgrund divergierender Vollzugspraktiken aufkommen ließ. Die Befugnisse des Bundesdatenschutzbeauftragten treten neben die in § 115 Abs. 1 bis 3 TKG normierten Befugnisse der BNetzA und sind nunmehr in den §§ 14–16 (bish. §§ 21 bis 24, 26 Abs. 1 bis 4) BDSG niedergelegt, die ggf. mit den Art. 57 f. DS-GVO konfligieren können. Etwaige Beanstandungen sind mangels eigener Zwangsbefugnisse des Bundesdatenschutzbeauftragten an die BNetzA zu richten. Die Folgen solcher Beanstandungen sind nicht weiter festgelegt, so dass der BNetzA insoweit ein Ermessensspielraum zur Verfügung steht. Sie kann dann zB von ihren Befugnissen nach § 115 TKG Gebrauch machen oder ein Bußgeldverfahren auf Basis des § 149 TKG einleiten.[143]

---

[135] *Eckhardt*, in: Geppert/Schütz (Hrsg.), TKG § 115 Rn. 3.
[136] *Mayen*, in: Scheurle/Mayen (Hrsg.), TKG § 113 f. Rn. 5.
[137] Ablehnend *Eckhardt*, in: Geppert/Schütz (Hrsg.), TKG § 115 Rn. 6 ff.
[138] *Büttgen*, in: Scheurle/Mayen (Hrsg.), TKG § 115 Rn. 4; s. auch OVG NRW, MMR 2011, 698, Rn. 3 f.
[139] *Eckhardt*, in: Geppert/Schütz (Hrsg.), TKG § 115 Rn. 7.
[140] *Büttgen*, in: Scheurle/Mayen (Hrsg.), TKG § 115 Rn. 11.
[141] Ausf. dazu *Mozek*, in: Säcker (Hrsg.), TKG § 115 Rn. 26.
[142] *Stober*, in: Wolff/Bachof/Stober/Kluth (Hrsg.), Verwaltungsrecht I, § 30 Rn. 13.
[143] Ausf. zum Ganzen *Eckhardt*, in: Geppert/Schütz (Hrsg.), TKG § 115 Rn. 13 ff.

E. Rechtsbehelfsmöglichkeiten

89 Soweit die BNetzA auf Basis des § 115 TKG tätig wird, liegen, wie § 132 Abs. 1 TKG zeigt, keine im Beschlusskammerverfahren zu treffenden Entscheidungen vor. Die Rechtsschutzmöglichkeiten unterscheiden sich insoweit grundsätzlich nicht von den im Übrigen geltenden.

Teil 8.7 Kundenschutz und Nummerierung

Übersicht

	Rn.
A. Kundenschutz durch das TKG	1
I. Allgemeines	1
II. Normadressaten	6
1. Angebotsseite	6
2. Nachfrageseite	7
III. Systematisierung der Kundenschutzbestimmungen des TKG	8
1. Gewährleistung der Nutzbarkeit von Telekommunikationsdiensten	9
2. Informationspflichten des Anbieters bei und nach Vertragsschluss	18
3. Schutz des Kunden im Zusammenhang mit der Ermittlung und Inrechnungstellung der Verbindungsentgelte	30
4. Begleitende Rechte und Pflichten	54
IV. Schlichtungsverfahren bei der BNetzA (§§ 47a, 145 TKG)	70
V. Schadensersatz und Unterlassung	72
B. Nummerierung	75
I. Aufgaben der Nummerierung, § 66 TKG	75
II. Mehrwertdienstbezogener Kundenschutz	76
1. Preisangabe, § 66a TKG	77
2. Preisansage, § 66b TKG	79
3. Preisanzeige, § 66c TKG	81
4. Preishöchstgrenzen, § 66d TKG	84
5. Verbindungstrennung, § 66e TKG	87
6. Anwählprogramme (Dialer), § 66f TKG	89
7. Auskunftsanspruch für (0)190er Rufnummern, Datenbank für (0)900er Rufnummern, § 66i TKG	91
8. R-Gespräche, § 66j TKG	92
9. Rufnummernübermittlung, § 66k TKG	95
10. Warteschleifen, § 66g TKG	97
III. Befugnisse der BNetzA, § 67 TKG	98

A. Kundenschutz durch das TKG

I. Allgemeines

Das regelmäßig ungleiche Kräfteverhältnis sowie Informations- und Kompetenzasymmetrien zwischen Anbietern von Telekommunikationsdiensten und deren Nachfragern haben den Gesetzgeber auf nationaler und auf EU-Ebene veranlasst, besondere gesetzliche Maßnahmen zum Schutz der Nachfrager zu ergreifen.[1] Entsprechende Regelungen finden sich insbesondere in den §§ 43a, 43b und 45 ff. TKG sowie in den §§ 66a ff. TKG. Die erstgenannten Bestimmungen treffen in erster Linie Regelungen, die das **zivilrechtliche Verhältnis** zwischen den Anbietern von Telekommunikationsdiensten und deren Nachfragern vorprägen. Für die telekommunikationsgestützten Mehrwertdienste bestehen zudem eigene kundenschützende Bestimmungen, die nicht in den Kundenschutzteil, sondern in den Abschnitt über die Nummerierung (§§ 66 ff. TKG) eingeordnet worden sind. Neben diesen bereichsspezifischen Kundenschutzbestimmungen sind auch die allgemeinen zivilrechtlichen Regeln auf Rechtsverhältnisse zwischen einem Telekommunikationsdiensteanbieter und einem Kunden anwendbar. Von besonderer Bedeutung im vorliegenden Zusammen- 1

---

[1] *Kühling/Elbracht*, MAH IT-Recht, 2. Aufl. 2011, Teil 6 Rn. 187.

hang sind die Bestimmungen über Allgemeine Geschäftsbedingungen (§§ 305 ff. BGB) und über Fernabsatzverträge (§§ 312b ff. BGB).[2]

2   In den §§ 43a, 43b und §§ 45 ff. TKG werden in erster Linie die Verpflichtungen der Anbieter sowie die Ansprüche der Nachfrager geregelt. Vereinzelt werden aber auch Rechte der Anbieter normiert, wie beispielsweise das Recht zur Sperre des Telefonanschlusses im Falle der Nichtzahlung von Telefonrechnungen gemäß § 45k TKG.[3] Auch diese Normen haben jedoch insoweit **kundenschützenden Charakter,** als die Rechte der Anbieter nur bei Vorliegen der einschränkenden Tatbestandsmerkmale bestehen.[4] Die Bedeutung der Regelungen der §§ 43a, 43b und 45 ff. TKG wird dadurch gesteigert, dass nach § 47b TKG von diesen Bestimmungen nicht zum Nachteil des Teilnehmers abgewichen werden darf, soweit nicht ein anderes bestimmt ist.

3   Das Telekommunikationskundenschutzrecht steht allerdings vor einer grundlegenden Umgestaltung. Am 20.12.2018 ist die RL (EU) 2018/1972 des Europäischen Parlaments und des Rates vom 11.12.2018 über den europäischen Kodex für die elektronische Kommunikation in Kraft getreten (Art. 126 der Richtlinie). Art. 101 der RL 2018/1972 sieht grundsätzlich eine **vollständige Harmonisierung** vor.[5] Damit ist zukünftig sowohl ein niedrigeres als auch ein höheres Verbraucherschutzniveau in diesem Rechtsgebiet nur noch dann möglich, wenn dies die RL 2018/1972 selbst zulässt.[6] Allerdings beschränkt sich nach Erwägungsgrund 257 der RL 2018/1972 die vollständige Harmonisierung auf diejenigen „Angelegenheiten", die von den Bestimmungen der RL 2018/1972 erfasst werden.[7] Dies bedeutet, dass kundenschutzrechtliche Vorschriften der EU-Mitgliedstaaten, die nicht von den Bestimmungen der RL 2018/1972 erfasst werden, zulässig bleiben.[8]

4   Die EU-Mitgliedstaaten müssen die RL 2018/1972 grundsätzlich bis zum 21.12.2020 umsetzen (Art. 125).[9] Allerdings können die Mitgliedstaaten gemäß Art. 101 Abs. 2 der RL bis zum 21.12.2021 in Abweichung von den Art. 102–115 strengere nationale Verbraucherschutzbestimmungen anwenden, sofern diese Bestimmungen am 20.12.2018 in Kraft waren und alle daraus resultierenden Einschränkungen des Funktionierens des Binnenmarkts in einem angemessenen Verhältnis zum Ziel des Verbraucherschutzes stehen. Die Mitgliedstaaten sind verpflichtet, die EU-Kommission bis zum 21.12.2019 von allen nationalen Bestimmungen zu unterrichten, die sie auf Grundlage dieses Absatzes anwenden werden.

5   Die folgende Darstellung orientiert sich an den derzeit geltenden Bestimmungen insbesondere des TKG, bezieht jedoch den sich durch die Regelungen der RL 2018/1972 ergänzenden Änderungsbedarf bereits punktuell mit ein.

---

[2] Letztere kommen jedoch nur zur Anwendung, wenn es sich bei dem Kunden um einen Verbraucher handelt (§ 312b Abs. 1 BGB). Auch in Bezug auf das Recht der Allgemeinen Geschäftsbedingungen kann die Verbrauchereigenschaft eine entscheidende Rolle spielen (vgl. § 310 Abs. 1 BGB).
[3] *Kühling/Elbracht,* MAH IT-Recht, 2. Aufl. 2011, Teil 6 Rn. 188.
[4] Vgl. beispielsweise die Wendung „darf [...] nur [...] verweigern" in § 45k Abs. 1 TKG.
[5] Vgl. *Neumann,* N&R 2019, 152, 158; *Kiparski,* CR 2019, 179, 184.
[6] Vgl. *Neumann,* N&R 2019, 152, 158.
[7] Ein Erwägungsgrund eines EU-Sekundärrechtsakts stellt zwar keine Vorschrift des betreffenden Sekundärrechtsakts dar, kann jedoch Aufschluss über die Auslegung einer Rechtsvorschrift dieses Sekundärrechtsakts geben, vgl. etwa *EuGH,* WM 2018, 321, 325, Tz. 51, mwN.
[8] Erwägungsgrund 257 Sätze 8–10; s. dazu *Neumann,* N&R 2019, 152, 158; *Kiparski,* CR 2019, 179, 184.
[9] S. in diesem Zusammenhang etwa die am 21.2.2019 veröffentlichten „Eckpunkte zur TKG-Novelle 2019" des Bundesministeriums für Wirtschaft und Energie und das Bundesministerium für Verkehr und digitale Infrastruktur und dazu ausführlich *Neumann,* N&R 2019, 152 ff.

A. Kundenschutz durch das TKG

II. Normadressaten

1. Angebotsseite

Die Kundenschutzbestimmungen verpflichten in aller Regel die „Anbieter von öffentlich 6
zugänglichen Telekommunikationsdiensten"[10] oder – als Unterfall der Vorgenannten –
„Anbieter von öffentlich zugänglichen Telefondiensten".[11] Diensteanbieter ist jeder, der
ganz oder teilweise geschäftsmäßig[12] Telekommunikationsdienste[13] erbringt oder an der
Erbringung solcher Dienste mitwirkt (§ 3 Nr. 6 TKG).[14] Durch die Wendungen „für die
Öffentlichkeit" und „öffentlich zugänglich" hat der Gesetzgeber klargestellt, dass sich diese
Bestimmungen nur auf Anbieter beziehen, deren Telekommunikations- oder Telefondienste sich an einen **unbestimmten Personenkreis** richten.[15] Anbieter von Telekommunikations- oder Telefondiensten für bzw. in geschlossenen Benutzergruppen fallen daher regelmäßig nicht in den Anwendungsbereich der Kundenschutzbestimmungen.[16]

2. Nachfrageseite

Auf der Nachfrageseite wird in den §§ 43a, 43b und §§ 45 ff. TKG als geschützte Person 7
regelmäßig der **„Teilnehmer"** benannt.[17] § 3 Nr. 20 TKG definiert den Teilnehmer als
„jede natürliche oder juristische Person, die mit einem Anbieter von öffentlich zugänglichen Telekommunikationsdiensten einen Vertrag über die Erbringung derartiger Dienste
geschlossen hat". Abzugrenzen ist der Teilnehmer von dem Nutzer (§ 3 Nr. 14 TKG).
Anders als der Nutzer ist der Teilnehmer stets der zivilrechtliche Vertragspartner des
Diensteanbieters.[18] Eine rein tatsächliche Beziehung ist insoweit nicht hinreichend. § 3
Nr. 20 TKG setzt nicht voraus, dass es sich bei dem Teilnehmer um einen Verbraucher iSd
§ 13 BGB handelt.[19] Vielmehr können auch Unternehmer iSd § 14 BGB sowie (teil-)
rechtsfähige Personenverbände ohne eigene Rechtspersönlichkeit wie etwa eine (Außen-)

---

[10] Vgl. etwa die §§ 43a, 43b, 45, 45a, 45c, 45g, 45h, 45i Abs. 3, 45j, 45n Abs. 2, 46, 47 und 47a TKG. Das Gesetz definiert „öffentlich zugängliche Telekommunikationsdienste" als „der Öffentlichkeit zur Verfügung stehende Telekommunikationsdienste" (§ 3 Nr. 17a TKG).

[11] Vgl. die §§ 45b, 45d Abs. 2, 45k und 45m TKG. Ein „öffentlich zugänglicher Telefondienst" ist nach der Legaldefinition in § 3 Nr. 17 TKG „ein der Öffentlichkeit zur Verfügung stehender Dienst, der direkt oder indirekt über eine oder mehrere Nummern eines nationalen oder internationalen Telefonnummernplans oder eines anderen Adressierungsschemas das Führen folgender Gespräche ermöglicht: a) aus- und eingehende Inlandsgespräche oder b) aus- und eingehende Inlands- und Auslandsgespräche".

[12] § 3 Nr. 10 TKG definiert das „geschäftsmäßige Erbringen von Telekommunikationsdiensten" als das nachhaltige Angebot von Telekommunikation für Dritte mit oder ohne Gewinnerzielungsabsicht.

[13] Telekommunikationsdienste sind in der Regel gegen Entgelt erbrachte Dienste, die ganz oder überwiegend in der Übertragung von Signalen über Telekommunikationsnetze bestehen, einschließlich Übertragungsdienste in Rundfunknetzen (§ 3 Nr. 24 TKG). Der BGH hat bislang offen gelassen, ob die Kundenschutzvorschriften des TKG auch für telekommunikationsgestützte Dienste iSd § 3 Nr. 25 TKG gelten, also für Dienste, die keinen räumlich und zeitlich trennbaren Leistungsfluss auslösen, sondern bei denen die Inhaltsleistung noch während der Telekommunikationsverbindung erfüllt wird, s. *BGH*, NJW 2017, 2273, 2277.

[14] Zu den Telekommunikationsdiensteanbietern gehören auch reine Wiederverkäufer (Reseller), vgl. *Kühling/Elbracht*, MAH IT-Recht, 2. Aufl. 2011, Teil 6 Rn. 189.

[15] Vgl. *Kühling/Elbracht*, MAH IT-Recht, 2. Aufl. 2011, Teil 6 Rn. 189.

[16] Vgl. *Kühling/Elbracht*, MAH IT-Recht, 2. Aufl. 2011, Teil 6 Rn. 189.

[17] Ausnahmen finden sich in den §§ 43a S. 1, 45 TKG (Endnutzer), in § 43a S. 2 TKG (Anbieter öffentlich zugänglicher Telekommunikationsdienste), in § 43b S. 1 TKG (Verbraucher) und in § 47 TKG (Unternehmen).

[18] *Braun*, in: Geppert/Schütz (Hrsg.), TKG, § 3 Rn. 70; Spindler/Schuster/*Ricke*, Recht der elektronischen Medien, § 3 TKG Rn. 31; Scheurle/Mayen-*Lünenbürger*, § 3 TKG Rn. 49.

[19] Dies wird etwa im Rahmen des § 43b TKG deutlich. § 43b S. 1 TKG trifft eine Regelung zu der anfänglichen Mindestlaufzeit eines Vertrages zwischen einem *Verbraucher* und einem Anbieter von öffentlich zugänglichen Telekommunikationsdiensten, während S. 2 Aussagen zu der Höchstlaufzeit von Verträgen zwischen Anbietern von öffentlich zugänglichen Telekommunikationsdiensten und Teilnehmern trifft, s. *Braun*, in: Geppert/Schütz (Hrsg.), TKG § 3 Rn. 70.

Gesellschaft des bürgerlichen Rechts, eine offene Handelsgesellschaft oder eine Kommanditgesellschaft Teilnehmer iSd § 3 Nr. 20 TKG sein.[20] Damit kann zB eine juristische Person, die selbst Telekommunikationsdienste erbringt und den Telekommunikationsdienst etwa als Vorleistung für ihren Telekommunikationsdienst einkauft, Teilnehmer iSd § 3 Nr. 20 TKG sein.[21]

III. Systematisierung der Kundenschutzbestimmungen des TKG

8   Die Bestimmungen zum Kundenschutz lassen sich grob in vier Gruppen aufteilen.[22] Eine erste Gruppe umfasst alle die Nutzbarkeit eines Telekommunikationsdienstes betreffenden Vorschriften. Die entsprechenden Bestimmungen sollen gewährleisten, dass die Teilnehmer Telekommunikationsdienste komplikationslos in Anspruch nehmen können. Eine zweite Gruppe von Bestimmungen beschäftigt sich mit den Informationspflichten des Anbieters *bei* und *nach* Vertragsschluss. Eine dritte Gruppe bilden die sehr praxisrelevanten Bestimmungen, die den Schutz des Kunden im Zusammenhang mit der Ermittlung und Inrechnungstellung der Verbindungsentgelte sicherstellen sollen. In die vierte und letzte Gruppe sind die übrigen Kundenschutzbestimmungen einzuordnen. Neben diese vier Gruppen treten die Bestimmungen zur Nummerierung, die zumindest mittelbar ebenfalls einen kundenschützenden Charakter aufweisen.

1. Gewährleistung der Nutzbarkeit von Telekommunikationsdiensten

a) Netzzugang, § 45d TKG

9   § 45d TKG regelt Fragen des **Netzzuganges.** Gemäß § 45d Abs. 1 TKG ist der Zugang zu öffentlichen Telekommunikationsnetzen an festen Standorten an einer mit dem Teilnehmer zu vereinbarenden, geeigneten Stelle zu installieren. Dieser Zugang ist ein passiver Netzabschlusspunkt; das öffentliche Telekommunikationsnetz endet am passiven Netzabschlusspunkt (§ 45d Abs. 1 S. 2 TKG). Mit dieser seit dem 1.8.2016 geltenden Regelung wollte der Gesetzgeber die zuvor zu beobachtende Praxis mancher Anbieter unterbinden, die es ihren Kunden nicht erlaubt hatten, eigene Router an ihren Breitbandanschlüssen zu nutzen.[23] Die in den Abs. 2 und 3 geregelten **Anrufsperren** dienen ebenfalls dem Kundenschutz, indem sie dem Teilnehmer eine Möglichkeit bieten, sich vor ungewollter Inanspruchnahme von Leistungen über den Anschluss zu schützen.[24] Zu diesem Zweck kann der Teilnehmer von dem Anbieter öffentlich zugänglicher Telefondienste und von dem Anbieter des Anschlusses an das öffentliche Telekommunikationsnetz verlangen, dass die

---

[20] *BGH*, NJW-RR 2014. 1328, 1329; *Braun*, in: Geppert/Schütz (Hrsg.), TKG § 3 Rn. 70.
[21] In diesem Sinne auch *BGH*, NJW-RR 2014, 1328, 1329; *Giebel/Sommer*, CR 2016, 263, 264; aA *Kühling/Elbracht*, MAH IT-Recht, 2. Aufl. 2011, Teil 6 Rn. 192, die ua deswegen für eine teleologische Reduktion eintreten, weil ein Schutz der Telekommunikationsunternehmen untereinander nicht notwendig sei. Eine teleologische Reduktion erfordert jedoch, dass der Anwendungsbereich der Norm planwidrig zu weit gefasst worden ist (s. *BVerfGE* 88, 145, 167). Eine Planwidrigkeit dürfte im vorliegenden Zusammenhang nicht festzustellen sein.
[22] Die folgende Systematisierung geht zurück auf *Kühling/Elbracht*, MAH IT-Recht, 2. Aufl. 2011, Teil 6 Rn. 193.
[23] Vgl. etwa *Neumann*, N&R 2019, 152, 156; *Kiparski*, in: Gersdorf/Paal (Hrsg.), BeckOK Informations- und Medienrecht, § 45d TKG Rn. 7a ff. Nach Art. 61 Abs. 7 S. 1 der RL 2018/1972 wird das Gremium Europäischer Regulierungsstellen für elektronische Kommunikation (GEREK) bis 21.6.2020 Leitlinien zu gemeinsamen Vorgehensweisen bei der Bestimmung des Netzabschlusspunkts für verschiedene Netztopologien verabschieden. Die nationalen Regulierungsbehörden müssen diesen Leitlinien gemäß Art. 61 Abs. 7 S. 2 der RL 2018/1972 bei der Festlegung der Lage der Netzabschlusspunkte weitestmöglich Rechnung tragen. *Neumann* hat zu Recht die Frage aufgeworfen, ob die gesetzliche Festlegung des Netzabschlusspunktes auf einen passiven Anschluss in § 45d Abs. 1 S. 2 TKG mit der Regelung in Art. 61 Abs. 7 S. 2 der RL 2018/1972 vereinbar ist, die nach dem Wortlaut von einer Festlegung durch die Regulierungsbehörde ausgeht, s. *Neumann*, N&R 2019, 152, 156.
[24] Vgl. *Büning*, in: Geppert/Schütz (Hrsg.), TKG § 45d Rn. 1.

A. Kundenschutz durch das TKG

Nutzung seines Netzzugangs für bestimmte Rufnummernbereiche (§ 3 Nr. 18a TKG) unentgeltlich[25] netzseitig gesperrt wird, soweit dies technisch möglich ist (§ 45d Abs. 2 TKG). Die Regelung betrifft alle öffentlichen Telekommunikationsnetze, insbesondere also alle Fest- und Mobilfunknetze.[26] Allerdings bezieht sich der Anspruch des Teilnehmers nur auf abgehende Verbindungen.[27] Darüber hinaus kann der Teilnehmer von dem Anbieter öffentlich zugänglicher Mobilfunkdienste und von dem Anbieter des Anschlusses an das öffentliche Mobilfunknetz verlangen, dass die Identifizierung seines Mobilfunkanschlusses zur Inanspruchnahme und Abrechnung einer *neben* der Verbindung erbrachten Leistung unentgeltlich netzseitig gesperrt wird (§ 45d Abs. 3 TKG). Hintergrund dieser sog. **Drittanbietersperre** ist der Umstand, dass bei der Inanspruchnahme von Diensten über Mobilfunkgeräte die Kennung MSISDN (Mobile Station International Subscriber Directory Number) zur Identifizierung des Anschlusses an den Leistungsanbieter übertragen wird. Eine netzseitige Sperrung der Übermittlung dieser Kennung soll es dem Teilnehmer ermöglichen, einer ungewollten und unkontrollierten Inanspruchnahme derartiger Dienste vorzubeugen.[28]

Die BNetzA wird durch § 45d Abs. 4 TKG ermächtigt, nach Anhörung der betroffenen Unternehmen, Fachkreise und Verbraucherverbände Verfahren festzulegen, welche die Anbieter öffentlich zugänglicher Mobilfunkdienste und die Anbieter des Anschlusses an das öffentliche Mobilfunknetz anwenden müssen, um die Identifizierung eines Mobilfunkanschlusses zur Inanspruchnahme und Abrechnung einer neben der Verbindung erbrachten Leistung zu nutzen. Diese Verfahren sollen den Teilnehmer wirksam davor schützen, dass eine neben der Verbindung erbrachte Leistung gegen seinen Willen in Anspruch genommen und abgerechnet wird (§ 45d Abs. 4 S. 2 TKG). Von dieser Ermächtigung hat die BNetzA am 16.10.2019 durch Erlass der „Allgemeinverfügung zur Festlegung von Verfahren zum Schutz von Verbrauchern im Bereich des Bezahlens über die Mobilfunkrechnung"[29] Gebrauch gemacht. Anbieter öffentlich zugänglicher Mobilfunkdienste und Anbieter des Anschlusses an das öffentliche Mobilfunknetz werden dadurch verpflichtet, unverzüglich, spätestens jedoch ab dem 1.2.2020 sicherzustellen, bei jedem zahlungsauslösenden Vorgang, der die Abrechnung von Leistungen Dritter über die Mobilfunk-Rechnung bzw. das Prepaid-Guthaben betrifft, die Identifizierung eines Mobilfunkanschlusses zur Inanspruchnahme und die anschließende Abrechnung einer neben der Verbindung erbrachten Leistung nur dann vorzunehmen, wenn die Transaktion auf einer Internetseite eines Mobilfunkanbieters bestätigt wird **(Redirect-Verfahren)**.[30] Allerdings dürfen Anbieter öffentlich zugänglicher Mobilfunkdienste und Anbieter des Anschlusses an das öffentliche Mobilfunknetz, welche die in Anlage 1 der Allgemeinverfügung niedergelegte **Selbstverpflichtungserklärung** abgeben bzw. dieser beitreten, Verfahrensweisen anwenden, die gleichermaßen geeignet sind, die Identifizierung eines Mobilfunkanschlusses zur Inanspruchnahme und Abrechnung einer neben der Verbindung erbrachten Leistung zu nutzen und die Mobilfunk-Teilnehmer wirksam davor zu schützen, dass eine neben der Verbindung erbrachte Leistung gegen ihren Willen abgerechnet wird (sog. **Kombinationsmodell**).[31]

b) Nutzung von Grundstücken, § 45a TKG

Ein Anbieter von Telekommunikationsdiensten für die Öffentlichkeit, der einen Zugang zu einem öffentlichen Telekommunikationsnetz anbietet, darf einen Vertrag mit dem Teil-

---

[25] Die (Wieder-)Freischaltung der gesperrten Rufnummernbereiche darf dagegen kostenpflichtig sein (§ 45d Abs. 2 S. 2 TKG).
[26] Vgl. dazu näher *Büning*, in: Geppert/Schütz (Hrsg.), TKG § 45d Rn. 11.
[27] *Büning*, in: Geppert/Schütz (Hrsg.), TKG § 45d Rn. 13.
[28] *Büning*, in: Geppert/Schütz (Hrsg.), TKG § 45d Rn. 19.
[29] *BNetzA*, Verfügung Nr. 108 vom 16.10.2019, Amtsblatt Nr. 20/2019.
[30] Ziff. 1 des Tenors der Allgemeinverfügung.
[31] Ziff. 2 des Tenors der Allgemeinverfügung.

nehmer ohne Einhaltung einer Frist kündigen, wenn dieser auf Verlangen des Anbieters nicht innerhalb eines Monats den Antrag des dinglich Berechtigten auf Abschluss eines Vertrags zu einer Nutzung des Grundstücks nach der Anlage zum TKG (Nutzungsvertrag) vorlegt oder der dinglich Berechtigte den Nutzungsvertrag kündigt (§ 45a Abs. 1 TKG). Diese Regelung ist dem Umstand geschuldet, dass der Teilnehmer bisweilen (zB bei Mietshäusern) nicht mit dem Eigentümer (dem dinglich Berechtigten) identisch ist, der Anbieter der Leistung jedoch ohne die Einwilligung des Eigentümers nicht befugt ist, Telekommunikationseinrichtungen zu installieren, die Voraussetzung für das Angebot seiner Leistung sind.[32] Der **Nutzungsvertrag** berechtigt den Anbieter, sämtliche Einrichtungen auf dem Grundstück anzubringen, die erforderlich sind, um seinen vertraglichen Verpflichtungen gegenüber dem einzelnen Teilnehmer gerecht zu werden.[33] Nach § 47b TKG darf von dem Inhalt des in der Anlage zum TKG abgedruckten Nutzungsvertrags nicht zum Nachteil des Teilnehmers abgewichen werden.[34]

12   Sind der Antrag fristgerecht vorgelegt und ein früherer Nutzungsvertrag nicht gekündigt worden, darf der Teilnehmer seinerseits den Vertrag ohne Einhaltung einer Frist **kündigen,** wenn der Anbieter den Antrag des Eigentümers auf Abschluss eines Nutzungsvertrags diesem gegenüber nicht innerhalb eines Monats durch Übersendung des von ihm unterschriebenen Vertrags annimmt (§ 45a Abs. 2 TKG).

13   Wenn Grundstück und Gebäude bereits an ein Telekommunikationsnetz angebunden sind, kann eine **Mitbenutzung der Infrastruktur** volkswirtschaftlich sinnvoll sein.[35] Daher regelt Abs. 3 den Fall, dass der Eigentümer mit einem Anbieter einen Nutzungsvertrag geschlossen hat, einen weiteren Nutzungsvertrag mit dem alternativen Anbieter des Teilnehmers dagegen ablehnt.[36] Der aus dem Nutzungsvertrag berechtigte Anbieter hat in diesem Fall dem anderen Anbieter auf Verlangen die Mitbenutzung der auf dem Grundstück und in den darauf befindlichen Gebäuden verlegten Leitungen und angebrachten Vorrichtungen des Anbieters zu gewähren. Dies gilt jedoch nur, sofern eine Mitbenutzung der vorhandenen Leitungen und Vorrichtungen des Anbieters durch den weiteren Anbieter nicht die vertragsgemäße Erfüllung der Verpflichtungen des ersten Anbieters gefährdet oder beeinträchtigt. Für die Mitbenutzung darf der Anbieter mit Nutzungsvertrag ein Entgelt erheben, dass sich an den Kosten der effizienten Leistungsbereitstellung[37] zu orientieren hat (§ 45a Abs. 3 S. 2 TKG).

14   Geht das Eigentum des Grundstücks auf einen Dritten über, gilt § 566 BGB entsprechend (§ 45a Abs. 4 TKG). Dies bedeutet, dass im Falle eines Eigentumsübergangs der neue Grundstückseigentümer in die Rechte und Pflichten aus dem Nutzungsvertrag eintritt.[38]

---

[32] *Kühling/Elbracht,* MAH IT-Recht, 2. Aufl. 2011, Teil 6 Rn. 195.
[33] BT-Drs. 16/2581, 24; *Kühling/Elbracht,* MAH IT-Recht, 2. Aufl. 2011, Teil 6 Rn. 195.
[34] *Kühling/Elbracht,* MAH IT-Recht, 2. Aufl. 2011, Teil 6 Rn. 195; vgl. jedoch auch *Büning,* in: Geppert/Schütz (Hrsg.), TKG § 45a Rn. 13.
[35] *Büning,* in: Geppert/Schütz (Hrsg.), TKG § 45a Rn. 17.
[36] *Kühling/Elbracht,* MAH IT-Recht, 2. Aufl. 2011, Teil 6 Rn. 197.
[37] Zu diesem Begriff s. etwa *Kühling,* Sektorspezifische Regulierung in den Netzwirtschaften, 2004, S. 84, 88, 290 ff.
[38] Vgl. *Büning,* in: Geppert/Schütz (Hrsg.), TKG § 45a Rn. 24 ff.; *Kühling/Elbracht,* MAH IT-Recht, 2. Aufl. 2011, Teil 6 Rn. 197. § 45a Abs. 4 TKG ist durch das am 24.2.2007 in Kraft getretene Gesetz zur Änderung telekommunikationsrechtlicher Vorschriften vom 18.2.2007 (BGBl. 2007 I S. 106) ohne besondere Überleitungsvorschriften in das TKG eingefügt worden. Die Vorschrift ist deshalb nicht nur auf nach ihrem Inkrafttreten geschlossene Nutzungsverträge anzuwenden, sondern auch auf zu diesem Zeitpunkt bereits bestehende Rechtsverhältnisse dieser Art. Allerdings kommt die Norm nicht zur Anwendung, wenn der Eigentümerwechsel, an den die für anwendbar erklärte Vorschrift des § 566 BGB anknüpft, schon vor ihrem Inkrafttreten stattgefunden hatte, vgl. dazu näher *BGH,* NJW-RR 2015, 1039, 1040.

A. Kundenschutz durch das TKG

c) Normgerechte technische Dienstleistung, § 45c TKG

Gemäß § 45c Abs. 1 TKG ist der Anbieter von öffentlich zugänglichen Telekommunikationsdiensten gegenüber dem Teilnehmer verpflichtet, die nach Art. 17 Abs. 4 RL verbindlich geltenden Normen für und die technischen Anforderungen an die Bereitstellung von Telekommunikation für Endnutzer einzuhalten. Allerdings bestehen in der Bundesrepublik Deutschland derzeit keine verbindlich geltenden Normen und technischen Anforderungen für die Bereitstellung von Telekommunikation für Teilnehmer, so dass die Norm bislang leerläuft.[39]

15

d) Entstörungsdienst, § 45b TKG

Nach § 45b TKG kann der Teilnehmer von einem Anbieter eines öffentlich zugänglichen Telefondienstes verlangen, dass dieser einer Störung unverzüglich – auch nachts und an Sonn- und Feiertagen – nachgeht, wenn der Anbieter von öffentlich zugänglichen Telekommunikationsdiensten über beträchtliche Marktmacht verfügt. Diese Bestimmung dient der Sicherstellung der Funktionstüchtigkeit des öffentlich zugänglichen Telefondienstes (§ 3 Nr. 17 TKG). Eine **Störung** iSd § 45b TKG ist jede Beeinträchtigung, welche die Benutzung des Telekommunikationszugangs oder der Telekommunikationsanlage[40] erschwert oder ganz oder teilweise verhindert.[41] Liegt eine solche Störung vor, hat der Anbieter des öffentlich zugänglichen Telefondienstes, sofern er auf dem insoweit relevanten Endkundenmarkt für „Zugang von Privat- und Geschäftskunden zum öffentlichen Telefonnetz an festen Standorten" (Markt Nr. 1 der Märkteempfehlung 2007) im Rahmen eines Marktregulierungsverfahrens als Unternehmen mit beträchtlicher Marktmacht eingestuft worden ist,[42] der Störung „unverzüglich nachzugehen". Unverzüglich bedeutet hier – wie im Rahmen des § 121 Abs. 1 S. 1 BGB[43] – „ohne schuldhaftes Zögern". Da es sich bei einem öffentlich zugänglichen Telefondienst um den essentiellsten Telekommunikationsdienst handelt, mit dem unter anderem Notrufe abgesetzt werden können sollen, ist die Zeit für ein „unverzügliches" Einschreiten eng zu bemessen.[44] Ferner folgt dies auch daraus, dass die Verpflichtung auch an Sonn- und Feiertagen besteht.[45] Das Gesetz verlangt vom Anbieter nur, dass dieser der Störung unverzüglich „nachgeht", dh das Vorliegen einer Störung prüft und gegebenenfalls geeignete Abhilfemaßnahmen einleitet.[46] Eine unverzügliche Störungsbeseitigung ist dagegen nicht geschuldet.[47] Zumindest wenn die Störung aus der Sphäre des Anbieters herrührt, darf der Entstörungsdienst dem Teilnehmer nicht in Rechnung gestellt werden. Es wäre nämlich mit dem kundenschützenden Charakter dieser Norm nicht vereinbar, wenn der Teilnehmer dafür bezahlen müsste, dass der Anbieter versucht, eine in seinem Verantwortungsbereich eingetretene Leistungsstörung zu beheben.[48]

16

---

[39] *Kühling/Elbracht*, MAH IT-Recht, 2. Aufl. 2011, Teil 6 Rn. 198; *Ditscheid/Rudloff*, in: Geppert/Schütz (Hrsg.), TKG § 45c Rn. 3; BeckOK Informations- und Medienrecht/*Kiparski*, TKG § 45c Rn. 6.
[40] Nach der Legaldefinition in § 3 Nr. 23 TKG versteht man unter „Telekommunikationsanlagen" technische Einrichtungen oder Systeme, die als Nachrichten identifizierbare elektromagnetische oder optische Signale senden, übertragen, vermitteln, empfangen, steuern oder kontrollieren können, vgl. dazu *Braun*, in: Geppert/Schütz (Hrsg.), TKG § 3 Rn. 75 ff.
[41] *Ditscheid/Rudloff*, in: Geppert/Schütz (Hrsg.), TKG § 45b Rn. 5.
[42] Nach der aktuellen Regulierungsverfügung zu Markt Nr. 1 die Telekom Deutschland GmbH und die mit ihr verbundenen Unternehmen (§ 3 Nr. 29 TKG), dh derzeit insbesondere die congstar GmbH. Vgl. *BNetzA*, Beschl. v. 8.8.2013– BK1-11/00, S. 168 ff.
[43] Zur (abweichenden) Auslegung des Tatbestandsmerkmals „unverzüglich" im Rahmen des § 96 Abs. 1 S. 3 TKG vgl. *Braun*, in: Geppert/Schütz (Hrsg.), TKG § 96 Rn. 19.
[44] In diesem Sinne wohl auch AG Hamburg, 25.7.2007 – 6 C 45/07 – juris.
[45] *Kühling/Elbracht*, MAH IT-Recht, 2. Aufl. 2011, Teil 6 Rn. 199.
[46] *Kühling/Elbracht*, MAH IT-Recht, 2. Aufl. 2011, Teil 6 Rn. 199.
[47] *Kühling/Elbracht*, MAH IT-Recht, 2. Aufl. 2011, Teil 6 Rn. 199.
[48] *Kühling/Elbracht*, MAH IT-Recht, 2. Aufl. 2011, Teil 6 Rn. 199; aA *Ditscheid/Rudloff*, in: Geppert/Schütz (Hrsg.), TKG § 45b Rn. 8.

e) Berücksichtigung der Interessen behinderter Menschen, § 45 TKG

17 Mit § 45 TKG soll behinderten Menschen eine Hilfestellung für den Zugang zu und die Möglichkeit der problemlosen Nutzung öffentlicher Telekommunikationsdienste gegeben werden.[49] Die Regelung dient der Umsetzung von Art. 7 URL. § 45 Abs. 1 TKG normiert zunächst eine **Pflicht zur Berücksichtigung** der Interessen behinderter Endnutzer bei der Planung und Erbringung von Telekommunikationsdiensten. Nach § 45 Abs. 1 S. 2 TKG ist ein Zugang zu ermöglichen, der dem Zugang gleichwertig ist, über den die Mehrheit der Endnutzer verfügt. Auch muss der Zugang zu den Telekommunikationsdiensten behinderten Endnutzern jederzeit zur Verfügung stehen (§ 45 Abs. 1 S. 3 TKG). Gleiches gilt für die Auswahl an Unternehmen und Diensten (§ 45 Abs. 1 S. 4 TKG). Demgegenüber verpflichtet § 45 Abs. 3 TKG die Anbieter öffentlich zugänglicher Telefondienste dazu, jederzeit verfügbare **Vermittlungsdienste** für gehörlose und hörgeschädigte Endnutzer zu einem erschwinglichen Preis unter Berücksichtigung ihrer besonderen Bedürfnisse bereitzustellen. Damit soll es **gehörlosen und hörgeschädigten Menschen** ermöglicht werden, durch die Zwischenschaltung von Gebärdensprachen- und Schriftdolmetschern auch mit hörenden Menschen kommunizieren zu können.[50] Das Gesetz regelt in § 45 Abs. 3 S. 2–7 TKG sehr detailverliebt das Verfahren zur Feststellung des entsprechenden Bedarfes behinderter Endnutzer, die Auswahl eines Leistungserbringers im Falle eines diesbezüglichen Marktversagens sowie die Verteilung der entstehenden Kosten.[51]

2. Informationspflichten des Anbieters bei und nach Vertragsschluss

18 Ein wesentliches Schutzelement im Rahmen jeglicher Verbraucherschutznormen stellen Bestimmungen zur Schaffung größtmöglicher Transparenz dar.[52] Damit sollen Informationsdefizite des Verbrauchers ausgeglichen und ihm ermöglicht werden, privatautonom im Sinne einer nicht bloß formell, sondern vielmehr **materiell verstandenen Privatautonomie** zu agieren.[53] Auch das TKG sieht entsprechende angebotsseitige Informationspflichten vor. Diese sind allerdings oftmals nicht auf Verbraucher iSd § 13 BGB beschränkt, sondern kommen vielmehr allen Teilnehmern iSd § 3 Nr. 20 TKG zugute.

a) Vertragliche Informationspflichten, § 43a TKG

19 § 43a TKG regelt zunächst, welche Informationen Anbieter von öffentlich zugänglichen Telekommunikationsdiensten Verbrauchern im Vertrag „in klarer, umfassender und leicht zugänglicher Form" zur Verfügung stellen müssen.[54] Zu den **vertraglichen Mindestangaben** gehören etwa Einzelheiten zu den Preisen der angebotenen Telekommunikationsdienste (§ 43a Abs. 1 S. 1 Nr. 5), Informationen über alle Einschränkungen im Hinblick auf den Zugang und die Nutzung von Diensten und Anwendungen (§ 43a Abs. 2 Nr. 2)[55], das angebotene Mindestniveau der Dienstequalität (§ 43a Abs. 2 Nr. 3) und alle vom Unternehmen zur Messung und Kontrolle des Datenverkehrs eingerichteten Verfahren, um eine Kapazitätsauslastung oder Überlastung einer Netzverbindung zu vermeiden (§ 43a

---

[49] BT-Drs. 16/2581, 24; *Kühling/Elbracht*, MAH IT-Recht, 2. Aufl. 2011, Teil 6 Rn. 200.
[50] *Kühling/Elbracht*, MAH IT-Recht, 2. Aufl. 2011, Teil 6 Rn. 200.
[51] Eine vergleichbare Regelung enthält auch § 45 Abs. 2 TKG in Bezug auf die Berücksichtigungspflicht des § 45 Abs. 1 TKG. Insoweit kann die BNetzA den Unternehmen „Verpflichtungen" auferlegen.
[52] Vgl. *Kühling/Elbracht*, MAH IT-Recht, 2. Aufl. 2011, Teil 6 Rn. 201.
[53] Vgl. Staudinger/*Gsell*, Eckpfeiler des Zivilrechts, Abschnitt L Rn. 13.
[54] Entsprechende Informationspflichten bestehen auch gegenüber Endnutzern, die keine Verbraucher sind, wenn diese ein entsprechendes Verlangen äußern.
[55] Zur Bedeutung der Informationen über etwaige Nutzungseinschränkungen vgl. etwa *OLG Düsseldorf*, MMR 2019, 626, 627 f.

A. Kundenschutz durch das TKG

Abs. 2 Nr. 4).[56] So soll es dem Verbraucher ermöglicht werden, die Angebote der Anbieter problemlos vergleichen zu können.[57] Der Gesetzgeber, der mit § 43a TKG Art. 20 URL in das deutsche Recht umgesetzt hat, will auf diese Weise den Qualitätswettbewerb unter den Anbietern von Telekommunikationsdiensten fördern.[58] Die geltenden vertraglichen Informationspflichten werden durch Art. 102 in Verbindung mit Anhang VIII der RL 2018/1972 noch einmal ausgeweitet werden.[59]

Ein **Verstoß gegen die Informationspflichten** des § 43a TKG lässt die Wirksamkeit des abgeschlossenen Vertrages zwischen dem Anbieter und dem Endnutzer unberührt. Allerdings kann der Endnutzer Schadensersatzansprüche gegen den Anbieter geltend machen, soweit ihm durch die unterlassene Information ein Schaden entstanden ist.[60]

In Bezug auf das Bereitstellen von Internetzugangsdiensten ergeben sich weitere **Informationspflichten** aus der Verordnung (EU) 2015/2120.[61] In Art. 4 Abs. 1 findet sich eine Aufzählung verschiedener Angaben, die ein Vertrag, der Internetzugangsdienste umfasst, mindestens enthalten muss, zB „eine klare und verständliche Erläuterung, wie sich etwaige Volumenbeschränkungen, die Geschwindigkeit oder andere Dienstqualitätsparameter in der Praxis auf Internetzugangsdienste und insbesondere auf die Nutzung von Inhalten, Anwendungen und Diensten, auswirken können" (Art. 4 Abs. 1 lit. b). Auch diese Informationspflichten zielen darauf ab, Informationsasymmetrien abzubauen und dem Endkunden eine sachkundige Entscheidung zu ermöglichen.[62] Wer entgegen Art. 4 Abs. 1 S. 1 der Verordnung (EU) 2015/2120 vorsätzlich oder fahrlässig nicht sicherstellt, dass ein dort genannter Vertrag die dort genannten Angaben enthält, begeht eine Ordnungswidrigkeit (§ 149 Abs. 1b Nr. 2 TKG).

b) Vertragslaufzeit, § 43b TKG

Nach § 43b S. 1 TKG darf die anfängliche **Mindestlaufzeit** eines Vertrages zwischen einem Verbraucher und einem Anbieter von öffentlich zugänglichen Telekommunikationsdiensten 24 Monate nicht überschreiten. Die Bestimmung, mit der Art. 30 Abs. 5 S. 1 URL umgesetzt worden ist, geht über § 309 Nr. 9a BGB hinaus, da sie auch individualvertragliche Vereinbarungen zwischen dem Verbraucher und dem Anbieter erfasst.[63] Anbieter von öffentlich zugänglichen Telekommunikationsdiensten sind überdies gemäß § 43b S. 2 TKG verpflichtet, einem Teilnehmer zu ermöglichen, einen Vertrag mit einer „Höchstlaufzeit" von zwölf Monaten abzuschließen. Der Gesetzgeber hat mit dem missverständlichen Begriff „Höchstlaufzeit" die Terminologie aus Art. 30 Abs. 5 S. 2 URL übernommen, deren Umsetzung § 43b S. 2 TKG dient. Die Norm trifft keine Aussage darüber, ob eine AGB-Klausel zulässig ist, die eine **automatische Verlängerung** des zunächst auf zwölf Monate befristeten Vertrags vorsieht, wenn der Vertrag nicht bis zu einem bestimmten Zeitpunkt gekündigt wird. Diese Frage beurteilt sich daher nach den allgemeinen Regeln der §§ 309 Nr. 9b und Nr. 9c, 307 Abs. 1 S. 1 BGB. Danach ist eine AGB-Klausel wirksam, wenn die darin vorgesehene automatische Verlängerung nicht mehr als ein Jahr beträgt.[64] Auch nach Art. 105 Abs. 1 S. 1 der RL 2018/1972 bleibt eine Mindestvertragslaufzeit, die 24 Monate nicht überschreitet, zulässig. Allerdings können die

---

[56] Die Einzelheiten darüber, welche Angaben in der Regel mindestens nach § 43a Abs. 2 TKG erforderlich sind, kann die Bundesnetzagentur nach Beteiligung der betroffenen Verbände und der Unternehmen durch Verfügung im Amtsblatt festlegen (§ 43a Abs. 3 S. 1 TKG).
[57] *Ditscheid,* MMR 2007, 210, 211; *Ditscheid/Rudloff,* in: Geppert/Schütz (Hrsg.), TKG § 43a Rn. 4.
[58] BT-Drs. 16/2581, 24; *Kühling/Elbracht,* MAH IT-Recht, 2. Aufl. 2011, Teil 6 Rn. 202.
[59] So auch die Einschätzung von *Sassenberg/Mantz/Kiparski,* K&R 2019, 309, 314.
[60] *Ditscheid/Rudloff,* in: Geppert/Schütz (Hrsg.), TKG § 43a Rn. 41.
[61] Verordnung (EU) 2015/2120 des Europäischen Parlaments und des Rates vom 25.11.2015 über Maßnahmen zum Zugang zum offenen Internet und zu Endkundenentgelten für regulierte intra-EU-Kommunikation sowie zur Änderung der Richtlinie 2002/22/EG und der Verordnung (EU) Nr. 531/2012.
[62] *Becher,* ZJS 2018, 390, 395; s. ferner Erwägungsgrund 18 der Verordnung (EU) 2015/2120.
[63] *Holznagel,* NJW 2012, 1622, 1623; *Ditscheid/Rudloff,* in: Geppert/Schütz (Hrsg.), TKG § 43b Rn. 1.
[64] Vgl. dazu etwa *BGH,* NJW 2010, 2942, 2943f.

Mitgliedstaaten Bestimmungen beschließen oder beibehalten, „die kürzere maximale Mindestvertragslaufzeiten vorsehen" (Art. 105 Abs. 1 S. 2 der RL 2018/1972). Aus Art. 105 Abs. 3 der RL 2018/1972 geht hervor, dass auch künftig eine automatische Verlängerung derartiger Verträge zulässig sein wird. Allerdings verpflichtet Art. 105 Abs. 3 die Mitgliedstaaten dazu, gesetzlich vorzusehen, dass der Endnutzer den Vertrag nach einer solchen Verlängerung jederzeit unter Einhaltung einer von den Mitgliedstaaten festgelegten Kündigungsfrist von höchstens einem Monat ohne Kosten – abgesehen von den Entgelten für die Nutzung des Dienstes während der Kündigungsfrist – kündigen kann. Vor einer automatischen Vertragsverlängerung müssen Anbieter die Endnutzer außerdem deutlich, zeitnah und auf einem dauerhaften Datenträger über das Ende des Vertragsverhältnisses sowie über die Möglichkeiten der Vertragskündigung unterrichten (Art. 105 Abs. 3 S. 2 der RL 2018/1972).

23   In einem etwaigen Verstoß eines Anbieters gegen § 43b TKG liegt zugleich eine **Zuwiderhandlung iSd § 3a UWG**, da § 43b TKG dazu bestimmt ist, im Interesse der Marktteilnehmer das Marktverhalten zu regeln.[65]

c) Veröffentlichungspflichten, § 45n TKG

24   Das Bundesministerium für Wirtschaft und Energie wird durch § 45n Abs. 1 TKG dazu ermächtigt, über die §§ 43a, 43b TKG hinaus durch Rechtsverordnung „Rahmenvorschriften zur Förderung der Transparenz sowie zur Veröffentlichung von Informationen und zusätzlichen Dienstemerkmalen zur Kostenkontrolle auf dem Telekommunikationsmarkt" zu erlassen (§ 45n Abs. 1 TKG).[66] Die auf diese Ermächtigungsgrundlage gestützte Verordnung zur Förderung der Transparenz auf dem Telekommunikationsmarkt (**TK-Transparenzverordnung**) vom 19.12.2016 ist am 1.6.2017 in Kraft getreten. Herzstück der TK-Transparenzverordnung ist das Produktinformationsblatt nach § 1 TK-Transparenzverordnung.[67] Danach müssen die Anbieter eines öffentlich zugänglichen Telekommunikationsdienstes, die über einen Zugang zu einem öffentlichen Telekommunikationsnetz Internetzugangsdienste anbieten, für alle Angebote, die gegenüber Verbrauchern vermarktet werden, ein Produktinformationsblatt bereitstellen (§ 1 Abs. 1 S. 1 TK-Transparenzverordnung).[68] Bemerkenswert ist der Ansatz des Verordnungsgebers hinsichtlich des Inhalts des Produktinformationsblattes. Gemäß § 1 Abs. 2 TK-Transparenzverordnung enthält das Produktinformationsblatt **ausschließlich** bestimmte, dort näher bezeichnete Angaben (etwa zur Vertragslaufzeit; zu den Voraussetzungen für die Verlängerung und Beendigung des Vertrages; zur minimalen, zur normalerweise zur Verfügung stehenden und zur maximalen Datenübertragungsrate für Download und Upload; für den Zugang zu Mobilfunknetzen ausschließlich die geschätzte maximale Datenübertragungsrate für Download und Upload; die für die Nutzung der Zugangsdienste geltenden Preise). Dieser Regelung liegt die Erkenntnis zugrunde, dass ein Zuviel an Informationen für den Verbraucher genauso problematisch sein kann wie ein Zuwenig an Informationen. Auf die bereitgestellten Informationen muss der Verbraucher vor Vertragsschluss hingewiesen werden.[69]

---

[65] *Ditscheid/Rudloff*, in: Geppert/Schütz (Hrsg.), TKG § 43b Rn. 5.
[66] Die Rechtsverordnung kann allerdings nur im Einvernehmen mit dem Bundesministerium des Innern, dem Bundesministerium der Justiz und für Verbraucherschutz sowie dem Bundesministerium für Verkehr und digitale Infrastruktur sowie nach Zustimmung des Bundestages erlassen werden. Zur Möglichkeit der Subdelegation auf die BNetzA s. § 45n Abs. 7 TKG.
[67] BeckOK Informations- und Medienrecht/*Kiparski* TKG § 45n Rn. 12.4.
[68] Anderen Endnutzern ist ein Produktinformationsblatt auf Verlangen bereitzustellen (§ 1 Abs. 1 S. 2 TK-Transparenzverordnung).
[69] Vgl. zu der Frage, ob dies bedeutet, dass dem Verbraucher die Informationen bereits unmittelbar beim ersten Kontakt oder beim Aufruf einer Übersichtsseite ohne weitere Zwischenhandlungen (wie das Anklicken entsprechender Buttons) zur Verfügung zu stellen sind, (verneinend) *LG Oldenburg*, MMR 2019, 185.

A. Kundenschutz durch das TKG

d) Dauerschuldverhältnisse bei Kurzwahldiensten, § 45l TKG

§ 45l TKG dient in erster Linie dem Jugendschutz und soll dem Umstand Rechnung tragen, dass die Kosten für die Inanspruchnahme von **Dauerschuldverhältnissen**[70] über sog. Kurzwahldienste oftmals nicht hinreichend transparent werden.[71] Kurzwahldienste sind Dienste, welche die Merkmale eines sog. Premium-Dienstes[72] haben, jedoch eine spezielle Nummernart mit kurzen Nummern nutzen. Mit § 45l TKG soll erreicht werden, dass den – ganz überwiegend jugendlichen – Nutzern die tatsächlichen Kosten beispielsweise für den Abschluss und die Inanspruchnahme von Abonnements zum Download von Logos, Klingeltönen oder Mobiltelefon-Games vor Augen geführt werden.[73] Das Gesetz sieht dazu neben speziellen vorvertraglichen Informationspflichten des Anbieters in Abs. 3 [g)] in Abs. 1 auch dessen Verpflichtung zu einem sogenannten Bill-Warning vor, die während der Vertragslaufzeit eintreten kann [e)]. Abs. 2 regelt für derartige Abonnements die Kündigungsmodalitäten [f)].

25

e) „Bill-Warning", § 45l Abs. 1 TKG

Gemäß § 45l Abs. 1 S. 1 TKG kann der Teilnehmer von dem Anbieter einer Dienstleistung, die zusätzlich zu einem öffentlich zugänglichen Telekommunikationsdienst erbracht wird, einen kostenlosen Hinweis verlangen, sobald dessen Entgeltansprüche aus Dauerschuldverhältnissen für Kurzwahldienste im jeweiligen Kalendermonat eine Summe von 20,00 EUR überschreiten (sog. **Bill-Warning**). Anspruchsgegner ist dabei der Anbieter der Dienstleistung, die zusätzlich zu einem Telekommunikationsdienst erbracht wird, also der Inhalteanbieter (Mehrwertdiensteanbieter).[74] Für Kalendermonate, vor deren Beginn der Teilnehmer einen Hinweis nach § 45l Abs. 1 S. 1 TKG verlangt hat und in denen der Hinweis unterblieben ist, kann der Inhalteanbieter den 20,00 EUR überschreitenden Betrag nicht verlangen (§ 45l Abs. 1 S. 3 TKG). Allerdings ist der Mehrwertdiensteanbieter nur zur unverzüglichen Absendung des Hinweises verpflichtet (§ 45l Abs. 1 S. 2 TKG). Sofern dieser also nachweist, dass er den Warnhinweis gemäß § 45l Abs. 1 S. 2 TKG unverzüglich abgesendet hat, findet § 45l Abs. 1 S. 3 TKG nach seinem Wortlaut keine Anwendung, selbst wenn der Hinweis dem Teilnehmer nicht zugegangen sein sollte.

26

> **Praxistipp:**
> Der Teilnehmer muss grundsätzlich alle die **rechtsvernichtende Einwendung** des § 45l Abs. 1 S. 3 TKG begründenden Tatsachen darlegen und gegebenenfalls beweisen.[75] Dazu muss er darlegen (beweisen), dass er von seinem Anspruch aus § 45l Abs. 1 S. 1 TKG Gebrauch gemacht hat, er also einen entsprechenden Warnhinweis vor dem Beginn des Monats, in dem die streitigen Entgelte angefallen sind,[76] vom Anbieter verlangt hat. Da das „Verlangen" nach dem Warnhinweis eine einseitige empfangsbedürf-

---

[70] Bei Kurzwahldiensten, die nicht in (den von § 45l TKG vorgesehenen) Abonnements vertrieben werden, gelten die Transparenzbestimmungen der §§ 66a ff. TKG, vgl. *Kühling/Elbracht,* MAH IT-Recht, 2. Aufl. 2011, Teil 6 Rn. 207.
[71] Vgl. *Ditscheid,* MMR 2007, 210, 214.
[72] Eine Legaldefinition des Begriffes „Premium-Dienste" findet sich in § 3 Nr. 17c TKG. Premium-Dienste stellen einen Unterfall der telekommunikationsgestützten Dienste iSd § 3 Nr. 25 TKG dar. Premium-Dienste haben nicht die Signalübertragung als solche zum Gegenstand. Vielmehr sind sie auf eine Leistung gerichtet, die über den Telekommunikationsdienst hinaus erbracht wird, vgl. *BGH,* NJW 2012, 2582, 2583.
[73] *Kühling/Elbracht,* MAH IT-Recht, 2. Aufl. 2011, Teil 6 Rn. 207.
[74] *Ditscheid/Rudloff,* in: Geppert/Schütz (Hrsg.), TKG § 45l Rn. 13; *Kühling/Elbracht,* MAH IT-Recht, 2. Aufl. 2011, Teil 6 Rn. 208.
[75] *Kühling/Elbracht,* MAH IT-Recht, 2. Aufl. 2011, Teil 6 Rn. 209.
[76] Vgl. die Formulierung in § 45l Abs. 1 S. 3 TKG: „Für Kalendermonate, vor deren Beginn […]". Ein einmaliges generelles Verlangen ist insoweit ausreichend, dh der Teilnehmer muss nicht jeden Monat erneut einen Warnhinweis verlangen, vgl. *Kühling/Elbracht,* MAH IT-Recht, 2. Aufl. 2011, Teil 6 Rn. 209.

tige Willenserklärung darstellt, muss der Teilnehmer neben der Abgabe auch den Zugang dergleichen darlegen und ggf. beweisen. Hinsichtlich des negativen Merkmals des Unterbleibens des Warnhinweises genügt zunächst ein dahingehendes Behaupten des Teilnehmers. Sollte dieses vom Anbieter qualifiziert bestritten werden, dieser also behaupten, dass er unverzüglich nach Erreichen der 20-Euro-Grenze einen entsprechenden Warnhinweis abgeschickt habe, so wäre an sich der Teilnehmer auch insoweit grundsätzlich beweis(führungs)belastet.[77] Insoweit ist jedoch auf der Grundlage des Sphärengedankens[78] von einer Beweislastumkehr auszugehen, da § 45l Abs. 1 S. 3 TKG andernfalls wohl ohne jede praktische Bedeutung bliebe.[79]

f) Kündigungsrecht, § 45l Abs. 2 TKG

27 § 45l Abs. 2 TKG normiert ein **gesetzliches Kündigungsrecht** bei Kurzwahldienste-Abonnements. Das Gesetz unterscheidet in diesem Zusammenhang zwischen ereignisbasierten und nicht ereignisbasierten Kurzwahldienste-Abonnements. **Ereignisbasierte Kurzwahldienste** sind Kurzwahldienste, die über bestimmte Ereignisse informieren, also etwa ein Benachrichtigungsservice in Bezug auf Tore in der Fußball-Bundesliga.[80] Charakteristisch für solche ereignisbasierten Kurzwahldienste-Abos ist, dass es nicht von vornherein feststeht, ob und – wenn ja – wie viele Ereignisse eintreten, über die informiert wird.[81] Bei **nicht ereignisbasierten Kurzwahldienste-Abos** steht hingegen die Zahl der Nachrichten fest.[82] Vor diesem Hintergrund lässt sich auch die Differenzierung beim Kündigungsrecht nachvollziehen. So können Dauerschuldverhältnisse für nicht ereignisbasierte Kurzwahldienste gemäß § 45l Abs. 2 S. 1 TKG nur zum Ende eines – maximal einmonatigen (§ 45l Abs. 2 S. 2 TKG) – Abrechnungszeitraums mit einer einwöchigen Frist[83] gekündigt werden. Demgegenüber können Dauerschuldverhältnisse für ereignisbasierte Kurzwahldienste jederzeit und ohne Einhaltung einer Frist gekündigt werden.[84]

g) Informationspflichten vor Vertragsabschluss – „Handshake-Verfahren", § 45l Abs. 3 TKG

28 § 45l Abs. 3 S. 1 TKG verpflichtet den Mehrwertdiensteanbieter dazu, dem Teilnehmer vor dem Abschluss von Dauerschuldverhältnissen für bestimmte Kurzwahldienste „eine deutliche Information" über die wesentlichen Vertragsbestandteile (etwa über den Preis, das jederzeitige Kündigungsrecht etc.) „anzubieten". Nur wenn deren Erhalt durch den Teilnehmer gemäß § 45l Abs. 3 S. 3 Hs. 1 TKG bestätigt wird, entsteht das Dauerschuldverhältnis für Kurzwahldienste (sog. **Handshake-Verfahren**).[85]

---

[77] *Kühling/Elbracht,* MAH IT-Recht, 2. Aufl. 2011, Teil 6 Rn. 209.
[78] Ob ein Warnhinweises versendet worden ist oder nicht, betrifft einen Umstand, der sich in der Sphäre des Anbieters (nicht) ereignet hat. Dieser Umstand ist der Wahrnehmung des Teilnehmers nicht zugänglich. Der Anbieter hingegen kann ohne Weiteres – etwa mittels Versandprotokollen – nachweisen, dass entsprechende Warnhinweise abgeschickt worden sind; vgl. *Ditscheid/Rudloff,* in: Geppert/Schütz (Hrsg.), TKG § 45l Rn. 19; *Kühling/Elbracht,* MAH IT-Recht, 2. Aufl. 2011, Teil 6 Rn. 209. Grundlegend für die Bedeutung des Sphärengedankens für die Verteilung der Beweislast *Prölss,* Beweiserleichterungen im Schadensersatzprozess, 1966, S. 65 ff.
[79] *Kühling/Elbracht,* MAH IT-Recht, 2. Aufl. 2011, Teil 6 Rn. 209.
[80] BT-Drs. 16/3635, 52; *Kühling/Elbracht,* MAH IT-Recht, 2. Aufl. 2011, Teil 6 Rn. 210.
[81] *Kühling/Elbracht,* MAH IT-Recht, 2. Aufl. 2011, Teil 6 Rn. 210.
[82] *Kühling/Elbracht,* MAH IT-Recht, 2. Aufl. 2011, Teil 6 Rn. 210; vgl. dazu auch Arndt/Fetzer/Scherer/Graulich/*Scholz,* Telekommunikationsgesetz, § 45l TKG Rn. 21, der als Beispiel einen Dienst nennt, der morgendlich einen Wetterbericht liefert.
[83] Sofern der Abrechnungszeitraum kürzer als eine Woche ist, kann ohne Einhaltung einer Frist zum Ende des Abrechnungszeitraumes gekündigt werden, vgl. BT-Drs. 16/3635, 52.
[84] *Kühling/Elbracht,* MAH IT-Recht, 2. Aufl. 2011, Teil 6 Rn. 210; *Zagouras,* NJW 2007, 1914, 1915.
[85] *Ditscheid/Rudloff,* in: Geppert/Schütz (Hrsg.), TKG § 45l Rn. 31; *Kühling/Elbracht,* MAH IT-Recht, 2. Aufl. 2011, Teil 6 Rn. 211; *Zagouras,* NJW 2007, 1914, 1915.

A. Kundenschutz durch das TKG

> **Praxistipp:** 29
> Erfolgt (etwa mangels vorheriger Information) keine solche Bestätigung durch den Teilnehmer, so entsteht kein wirksames Dauerschuldverhältnis und etwaig geleistete Zahlungen des Teilnehmers können von diesem zurückgefordert werden (§ 45l Abs. 3 S. 3 TKG).

3. Schutz des Kunden im Zusammenhang mit der Ermittlung und Inrechnungstellung der Verbindungsentgelte

a) Anspruch auf Einzelverbindungsnachweis, § 45e TKG

Nach § 45e TKG kann der Teilnehmer von seinem Telekommunikationsdiensteanbieter 30 eine nach Einzelverbindungen aufgeschlüsselte Rechnung **(Einzelverbindungsnachweis)** verlangen. Nach dem eindeutigen Wortlaut („mit Wirkung für die Zukunft") erstreckt sich der Anspruch des Teilnehmers jedoch nicht auf eine rückwirkende Erstellung eines Einzelverbindungsnachweises.[86] Da § 45e TKG nicht nach verschiedenen Arten von Diensten differenziert, fallen sämtliche Dienste darunter – also nicht nur die Sprachtelefonie.[87] Gemäß § 45e Abs. 1 S. 2 TKG besteht jedoch kein Anspruch auf einen Einzelverbindungsnachweis, wenn für eine Leistung – wie bei den im Voraus pauschal abgerechneten Prepaid-Verträgen – üblicherweise keine Rechnung gestellt wird.[88] Der Einzelverbindungsnachweis muss zumindest die Angaben enthalten, die für eine Nachprüfung der Teilbeträge der Rechnung erforderlich sind (§ 45e Abs. 1 S. 1 TKG). Die BNetzA hat in diesem Zusammenhang von ihrer Ermächtigung in § 45e Abs. 2 TKG Gebrauch gemacht und festgelegt, welche Mindestangaben ein Einzelverbindungsnachweis enthalten muss, um den Anforderungen des Abs. 1 zu genügen **(Standardnachweis)**.[89] Der Teilnehmer kann einen auf diese Mindestanforderungen beschränkten Einzelverbindungsnachweis fordern, für den kein Entgelt erhoben werden darf (§ 45e Abs. 2 S. 2 TKG). Nach § 45e Abs. 1 S. 3 TKG bleiben die Rechtsvorschriften zum Schutz personenbezogener Daten unberührt. Damit wird insbesondere auf die §§ 96 ff. TKG Bezug genommen. Diese Bestimmungen regeln, welche Daten der Diensteanbieter erheben und verwenden darf. Danach ist zB in aller Regel bereits das Erheben der Verkehrsdaten unzulässig, wenn der Diensteanbieter und der Teilnehmer eine datenmengenunabhängige **Flatrate** vereinbart haben.[90] Dies wiederum macht deutlich, warum die Diensteanbieter im Falle einer derartigen Flatrate nicht verpflichtet sind, einen Einzelverbindungsnachweis zu erstellen.[91]

---

[86] *Ditscheid/Rudloff,* in: Geppert/Schütz (Hrsg.), TKG § 45e Rn. 3; *Kühling/Elbracht,* MAH IT-Recht, 2. Aufl. 2011, Teil 6 Rn. 216.
[87] *Ditscheid,* MMR 2007, 210, 211 f.; *Kühling/Elbracht,* MAH IT-Recht, 2. Aufl. 2011, Teil 6 Rn. 216.
[88] BT-Drs. 16/2581, 25; *Ditscheid/Rudloff,* in: Geppert/Schütz (Hrsg.), TKG § 45e Rn. 37 ff.; *Kühling/Elbracht,* MAH IT-Recht, 2. Aufl. 2011, Teil 6 Rn. 216; s. auch *Braun,* in: Geppert/Schütz (Hrsg.), TKG § 99 Rn. 7.
[89] *BNetzA,* Festlegung der Mindestangaben und der Form für einen Einzelverbindungsnachweis nach § 45e Abs. 2 TKG, Amtsblatt 7/2008.
[90] Vgl. dazu näher *LG Darmstadt,* MMR 2006, 330, 331; *AG Bonn,* MMR 2008, 203; *Beck/Kreißig,* NStZ 2007, 304, 307; *Braun,* in: Geppert/Schütz (Hrsg.), TKG § 96 Rn. 8; *Maaßen,* FD-GewRS 2009, 282406; *Kühling/Neumann,* K&R 2005, 478 ff.; *Taeger/Gabel-Munz,* TKG § 96 Rn. 7; ferner *OLG Karlsruhe,* MMR 2009, 412, 413. Abweichendes soll nach Ansicht des *BGH* dann gelten, wenn der Teilnehmer die Möglichkeit hat, seine Zugangsdaten für andere Arten der Einwahl in das Internet und zur Inanspruchnahme von – über die Flatrate hinausgehenden – kostenpflichtigen Angeboten des Diensteanbieters zu nutzen, *BGH,* NJW 2011, 1509, 1510.
[91] *AG Bonn,* ZD 2014, 148, 149; *Braun,* in: Geppert/Schütz (Hrsg.), TKG § 99 Rn. 7; s. auch BT-Drs. 16/3635, 45.

31 **b) Verbindungspreisberechnung, § 45g TKG.** § 45g TKG normiert bestimmte Pflichten des Diensteanbieters, mit denen sichergestellt werden soll, dass das Entgelt für die durch den Teilnehmer beanspruchten Telekommunikationsdienstleistungen auf der Basis **ordnungsgemäß funktionierender Abrechnungssysteme** ermittelt wurde.[92] So sind etwa die Dauer und der Zeitpunkt zeitabhängig tarifierter Verbindungen von öffentlich zugänglichen Telekommunikationsdiensten unter regelmäßiger Abgleichung mit einem amtlichen Zeitnormal zu ermitteln (Abs. 1 Nr. 1). Überdies muss der Diensteanbieter die Systeme, Verfahren und technischen Einrichtungen, mit denen auf der Grundlage der ermittelten Verbindungsdaten die Entgeltforderungen berechnet werden, einer **regelmäßigen Kontrolle** auf Abrechnungsgenauigkeit und Übereinstimmung mit den vertraglich vereinbarten Entgelten unterziehen (Abs. 1 Nr. 4). Dabei muss der Diensteanbieter ua die Abrechnungsgenauigkeit und Entgeltrichtigkeit der Datenverarbeitungseinrichtungen durch ein **Qualitätssicherungssystem** sicherstellen oder einmal jährlich durch öffentlich bestellte und vereidigte Sachverständige oder vergleichbare Stellen überprüfen lassen (Abs. 2). Diese Verpflichtung erlangt eine besondere Bedeutung, wenn der Teilnehmer eine Rechnung beanstandet (§ 45i). Ein **Anscheinsbeweis für die Richtigkeit einer Telefonrechnung** setzt nämlich nach der zutreffenden Rechtsprechung des Bundesgerichtshofes ua voraus, dass ein zertifiziertes Abrechnungssystem gemäß § 45g Abs. 2 TKG genutzt wird.[93]

c) Rechnungsinhalt, Teilzahlungen, § 45h TKG

32 § 45h TKG soll in erster Linie sicherstellen, dass ein Anbieter von Telekommunikationsdiensten in der von ihm erstellten Rechnung auch die Entgelte anderer Leistungserbringer aufführt, die Dienste über den Netzzugang des Teilnehmers erbracht haben.[94] Die Regelung steht im Zusammenhang mit § 21 Abs. 2 Nr. 7 TKG.[95] In aller Regel stellen Telekommunikationsdiensteanbieter[96] oder Anbieter von Auskunftsdiensten[97] sowie anderen telekommunikationsgestützten Diensten (§ 3 Nr. 25), die ihren Kunden keinen Netzzugang bereitstellen, den Teilnehmer für die Inanspruchnahme ihrer Dienste keine eigene Rechnung, sondern lassen die bei ihnen angefallenen Entgelte über den Netzzugangsanbieter des Teilnehmers abrechnen **(Rechnungsstellung aus einer Hand)**.[98] Seit dem Inkrafttreten des Gesetzes zur Änderung telekommunikationsrechtlicher Regelungen am 10.5.2012 erfasst § 45h sämtliche Leistungen Dritter, die über die Rechnung des Telekommunikationsanbieters abgerechnet werden.[99]

33 **aa) Informationspflichten bei der Rechnungsstellung aus einer Hand, § 45h Abs. 1 u. Abs. 3, 45p TKG.** § 45h Abs. 1 S. 1 TKG regelt **Umfang und Inhalt** einer gemeinsamen Rechnungsstellung. Danach muss die Rechnung des Anbieters „in einer hervorgehobenen und deutlich gestalteten Form" ua die konkrete Bezeichnung der in Rechnung gestellten Leistung,[100] die Namen, ladungsfähigen Anschriften und kostenfreien Kundendiensttelefonnummern der einzelnen Anbieter von Netzdienstleistungen und des rech-

---

[92] Hoeren/Sieber/Oster, Multimedia-Recht, 33. Ergänzungslieferung 2012, Teil 4 Rn. 130.
[93] *BGH*, NJW 2013, 1092, 1095; *Sodtalbers*, in: Spindler/Schuster (Hrsg.), Recht der elektronischen Medien, § 45g Rn. 12. Näher zu den Anforderungen an einen Anscheinsbeweis für die Richtigkeit einer Telefonrechnung unten bei → Rn. 45.
[94] Vgl. *BGH*, MMR 2010, 49, 50.
[95] Zu § 21 TKG s. → Teil 8.1 Rn. 41 ff.
[96] Insbesondere sogenannte Call-by-Call-Anbieter, deren Verbindungsdienstleistungen von den Teilnehmern durch die Wahl einer bestimmten Netzbetreiberkennzahl („Vorwahl vor der Vorwahl") in Anspruch genommen werden.
[97] § 3 Nr. 2a TKG. Die Auskunftsdienste gehören zu den Universaldienstleistungen nach § 78 Abs. 2 Nr. 3 TKG.
[98] *Kühling/Elbracht*, MAH IT-Recht, 2. Aufl. 2011, Teil 6 Rn. 218.
[99] *Ditscheid/Rudloff*, in: Geppert/Schütz (Hrsg.), TKG § 45h Rn. 6.
[100] Vgl. zu den damit in der Praxis verbundenen Problemen *Scherer/Heinickel*, NVwZ 2012, 585, 590.

A. Kundenschutz durch das TKG

nungsstellenden Anbieters sowie zumindest die Gesamthöhe der auf jeden Anbieter entfallenden Entgelte enthalten. § 45h Abs. 1 S. 2 TKG stellt klar, dass der Rechnungsersteller zusätzlich auch die fakturierten Verbindungen Dritter nach Einzelverbindungen aufschlüsseln muss, wenn der Teilnehmer einen Einzelverbindungsnachweis nach § 45e TKG verlangt hat.[101]

Der Teilnehmer hat überdies gegen den rechnungsstellenden Anbieter einen Anspruch, unverzüglich und kostenfrei den Namen sowie die ladungsfähige Anschrift des Dritten zu erfahren (§ 45p Abs. 1 S. 1 Nr. 1 TKG). Hat der Dritte seinen Sitz im Ausland, so umfasst der Auskunftsanspruch des Teilnehmers zusätzlich die ladungsfähige Anschrift eines allgemeinen Zustellungsbevollmächtigten im Inland (§ 45p Abs. 1 S. 1 Nr. 2 TKG). Die gleiche Verpflichtung trifft auch den beteiligten Anbieter von Netzdienstleistungen.[102]

34

Darüber hinaus besteht nach § 45h Abs. 3 TKG für das rechnungsstellende Unternehmen die Verpflichtung, den Teilnehmer darauf hinzuweisen, dass dieser berechtigt ist, begründete Einwendungen gegen die einzelnen in Rechnung gestellten Forderungen zu erheben. Damit soll der Teilnehmer auf sein Beanstandungsrecht nach § 45i TKG aufmerksam gemacht werden. Dieser Hinweis hat in jeder Rechnung zu erfolgen, unabhängig davon, ob darin auch Forderungen von anderen Netzbetreibern oder nur eigene Forderungen des rechnungsstellenden Teilnehmernetzbetreibers ausgewiesen werden. Möchte der Teilnehmer in der Rechnung ausgewiesene Forderungen von anderen Netzbetreibern beanstanden, muss er die Beanstandung an den jeweils verantwortlichen Netzbetreiber richten.[103]

35

bb) Regelungen zur Erfüllung, § 45h Abs. 1 S. 3, Abs. 2 TKG. § 45h Abs. 1 S. 3 TKG regelt, dass die Zahlung des gesamten Rechnungsbetrags an den rechnungsstellenden Teilnehmernetzbetreiber den Teilnehmer auch von der Zahlungsverpflichtung gegenüber den anderen in der Rechnung aufgeführten Anbietern befreit. § 45h Abs. 1 S. 3 TKG erweitert insoweit § 362 Abs. 2 BGB, der für die befreiende Wirkung der Zahlung an einen Dritten grundsätzlich eine Ermächtigung des Forderungsinhabers nach § 185 BGB voraussetzt. Durch § 45h Abs. 1 S. 3 TKG tritt diese **befreiende Wirkung** ipso iure ein.[104] § 45h Abs. 1 S. 3 TKG impliziert dabei auch eine Pflicht zur Entgegennahme des Gesamtbetrages.[105] Eine Ermächtigung des rechnungsstellenden Anbieters zum Inkassieren fremder Forderungen enthält § 45 Abs. 1 S. 3 TKG dagegen nicht.[106] Dazu muss der rechnungsstellende Anbieter mit den anderen Anbietern, deren Forderungen er fakturiert, eine eigene Inkassovereinbarung schließen. Nach der Rechtsprechung des BGH ist eine Klausel in einem Telefondienstvertrag wirksam, nach der ein Anbieter befugt sein soll, auch solche Entgelte als *eigene* Forderungen geltend zu machen, die der Teilnehmer einem Mehrwertdiensteanbieter für die Nutzung von Mehrwertdiensteangeboten über den Telefonanschluss schuldet. Der Anbieter muss sich dann aber die im Verhältnis des Teilnehmers zu dem Drittanbieter bestehenden Einwendungen entgegenhalten lassen. Eine davon abweichende Regelung ist unter Berücksichtigung der in § 45h Abs. 3 TKG enthaltenen Wertung gemäß § 307 Abs. 1 und Abs. 2 Nr. 1 BGB unwirksam.[107]

36

§ 45h Abs. 2 TKG regelt dagegen die Folgen einer **Teilzahlung** des Teilnehmers. Bei einer Teilzahlung ist vorrangig auf eine etwaige Tilgungsbestimmung des Teilnehmers abzustellen (§ 45h Abs. 2 Hs. 1 TKG). Insoweit besteht kein Unterschied zu § 366 Abs. 1

37

---

[101] *Kühling/Elbracht*, MAH IT-Recht, 2. Aufl. 2011, Teil 6 Rn. 219.
[102] § 45p Abs. 1 S. 2 TKG.
[103] *Kühling/Elbracht*, MAH IT-Recht, 2. Aufl. 2011, Teil 6 Rn. 222.
[104] *Kühling/Elbracht*, MAH IT-Recht, 2. Aufl. 2011, Teil 6 Rn. 223.
[105] *Kühling/Elracht*, MAH IT-Recht, 2. Aufl. 2011, Teil 6 Rn. 223.
[106] *Kühling/Elbracht*, MAH IT-Recht, 2. Aufl. 2011, Teil 6 Rn. 223.
[107] Vgl. *BGH*, MMR 2007, 179 ff., zu § 15 Abs. 3 TKV; *Kühling/Elbracht*, MAH IT-Recht, 2. Aufl. 2011, Teil 6 Rn. 223.

BGB.[108] Eine solche Tilgungsbestimmung kann ausdrücklich oder konkludent erfolgen.[109] Hat der Teilnehmer keine Tilgungsbestimmung getroffen, so sind nach § 45h Abs. 2 TKG Teilzahlungen des Teilnehmers an den rechnungsstellenden Anbieter auf die in der Rechnung ausgewiesenen Forderungen nach ihrem Anteil an der Gesamtforderung der Rechnung zu verrechnen.[110] § 45h Abs. 2 TKG ist damit lex specialis zu § 366 Abs. 2 BGB.[111]

d) Vorausbezahlte Leistung, § 45 f TKG

38 Nach § 45 f TKG muss ein Teilnehmer die Möglichkeit haben, auf Vorauszahlungsbasis Zugang zum öffentlichen Telekommunikationsnetz zu erhalten oder öffentlich zugängliche Telefondienste in Anspruch nehmen zu können. Diese Bestimmung trägt dem Umstand Rechnung, dass manche Teilnehmer über eine in finanziellen Angelegenheiten nur unzureichend ausgeprägte Selbstkontrolle verfügen. Bei der Dienstleistung „vorausbezahlte Leistung" handelt es sich um eine **Universaldienstleistung** iSd § 78 Abs. 1 TKG.[112] Daraus folgt, dass es ausreicht, wenn der Teilnehmer ein entsprechendes Produkt am Markt in Anspruch nehmen kann. Das ist angesichts des entsprechenden Angebots von im Voraus zu zahlenden Prepaid-Produkten derzeit der Fall.[113]

e) Beanstandungen, § 45i TKG

39 § 45i Abs. 1–3 TKG regeln die Frage, welche Nachweispflichten in Bezug auf die Richtigkeit der Ermittlung des Verbindungsaufkommens den Anbieter im Falle einer **Beanstandung einer Rechnung** durch den Teilnehmer treffen. Die Abs. 1–3 beziehen sich dabei auf die Frage, ob eine beanstandete Verbindung überhaupt zustande gekommen ist. § 45i Abs. 4 TKG regelt hingegen die nachgelagerte Frage, welche Rechtsfolgen es hat, wenn einem Teilnehmer die Inanspruchnahme von Leistungen des Anbieters nicht zugerechnet werden kann.[114]

aa) Beanstandungsmodalitäten

40 Der Teilnehmer kann eine ihm von dem Anbieter von Telekommunikationsdiensten erteilte Abrechnung innerhalb einer Frist von mindestens acht Wochen nach Zugang der Rechnung[115] **beanstanden** (§ 45i Abs. 1 TKG). Für eine wirksame Beanstandung reicht dabei die bloße Nichtbezahlung nicht aus.[116] In diesem Falle wird nämlich nicht hinreichend deutlich, dass der Teilnehmer eine Beanstandung gerade hinsichtlich der Verbindungspreise geltend machen möchte.[117] Dem Wortlaut des § 45i TKG lässt sich nicht ent-

---

[108] *Kühling/Elbracht*, MAH IT-Recht, 2. Aufl. 2011, Teil 6 Rn. 224.
[109] Vgl. *BGH*, NJW 2010, 2208, 2209; Palandt/*Grüneberg*, BGB § 366 Rn. 7.
[110] AA *Sassenberg*, BB 2012, 1295, 1297, nach dem die Zahlungen zunächst auf die Forderungen des die Rechnung stellenden Anbieters – also des Teilnehmernetzbetreibers – zu verrechnen sein sollen. Dieser Auffassung steht der klare Wortlaut des § 45h Abs. 2 TKG entgegen. Offenbar hat *Sassenberg* seinen Ausführungen § 45h Abs. 2 TKG in der Fassung des Entwurfes der Bundesregierung eines Gesetzes zur Änderung telekommunikationsrechtlicher Regelungen (BT-Drs. 17/5707, 20) zugrunde gelegt. Dieser Entwurf ist insoweit jedoch nicht Gesetz geworden.
[111] So auch Arndt/Fetzer/Scherer/Graulich/*Hartl*, TKG § 45h Rn. 18; *Kühling/Elbracht*, MAH IT-Recht, 2. Aufl. 2011, Teil 6 Rn. 224.
[112] *Kühling/Elbracht*, MAH IT-Recht, 2. Aufl. 2011, Teil 6 Rn. 225; *Ditscheid*, in: Geppert/Schütz (Hrsg.), TKG § 45 f Rn. 10.
[113] *Kühling/Elbracht*, MAH IT-Recht, 2. Aufl. 2011, Teil 6 Rn. 225.
[114] *Ditscheid/Rudloff*, in: Geppert/Schütz (Hrsg.), TKG § 45i Rn. 2. § 45i TKG behandelt dagegen nicht die Frage, ob zwischen dem Anbieter und dem Teilnehmer ein Vertrag besteht, vgl. *Kühling/Elbracht*, MAH IT-Recht, 2. Aufl. 2011, Teil 6 Rn. 226.
[115] Die Darlegungs- und Beweislast für den Zugang der Rechnung liegt beim Anbieter, vgl. etwa *AG Berlin-Charlottenburg*, 9.5.2018 – 215 C 28/18, BeckRS 2018, 14752.
[116] Vgl. *BGH*, MMR 2004, 602, 604; *Ditscheid/Rudloff*, in: Geppert/Schütz (Hrsg.), TKG § 45i Rn. 20; *Sodt-albers*, in: Spindler/Schuster (Hrsg.), Recht der elektronischen Medien, § 45i Rn. 6.
[117] *BGH*, MMR 2004, 602, 604; *Kühling/Elbracht*, MAH IT-Recht, 2. Aufl. 2011, Teil 6 Rn. 227.

A. Kundenschutz durch das TKG

nehmen, dass der Teilnehmer seine Beanstandung begründen muss. Gleichwohl wird zum Teil in Rechtsprechung und Literatur in Anlehnung an § 45h Abs. 3 und § 45k Abs. 2 S. 2 TKG die These vertreten, nur eine begründete Beanstandung sei eine Beanstandung iSd § 45i Abs. 1 S. 2–4 TKG.[118] Diese Ansicht erscheint methodisch angreifbar. Eine systematische Auslegung des § 45i TKG ergibt mit Blick auf die benachbarten Bestimmungen des § 45h Abs. 3 und des § 45k Abs. 2 S. 2 TKG vielmehr, dass auch eine begründungslose Beanstandung die Rechtsfolgen des § 45i Abs. 1 und 2 TKG auszulösen vermag. Dies ändert jedoch nichts daran, dass ein Rechtsanwalt einem Teilnehmer schon aus Gründen anwaltlicher Vorsicht stets dazu raten sollte, seine Beanstandungen zu begründen.[119] Überdies bleiben im Rahmen des § 45k Abs. 2 S. 2 TKG (dazu sogleich) nur diejenigen nicht titulierten Forderungen außer Betracht, die der Teilnehmer form- und fristgerecht und schlüssig begründet beanstandet hat.

bb) Nachweispflichten des Diensteanbieters im Falle einer Beanstandung. Im Falle 41 einer Beanstandung hat der Anbieter das in Rechnung gestellte Verbindungsaufkommen unter Wahrung der datenschutzrechtlichen Belange etwaiger weiterer Nutzer des Anschlusses als Entgeltnachweis nach den einzelnen Verbindungsdaten aufzuschlüsseln und eine **technische Prüfung** durchzuführen (§ 45i Abs. 1 S. 2 TKG). Dies gilt nicht, wenn „die Beanstandung nachweislich nicht auf einen technischen Mangel zurückzuführen ist" (§ 45i Abs. 1 S. 2 Hs. 2 TKG). Diese Wendung ist sprachlich vollkommen verunglückt. Eine „Beanstandung" iSd § 45i TKG – also eine Willenserklärung – wird in aller Regel nicht auf einen technischen Mangel zurückzuführen sein. Gemeint ist vielmehr, dass § 45i Abs. 1 S. 2 Hs. 1 TKG dann nicht zur Anwendung kommen soll, wenn der der Beanstandung zugrundeliegende Umstand nachweislich nicht auf einen technischen Mangel zurückzuführen ist.

Der **Entgeltnachweis** nach § 45i TKG unterscheidet sich vom Einzelverbindungsnach- 42 weis nach § 45e TKG zunächst im Hinblick auf den Detaillierungsgrad, der im Rahmen des § 45i TKG höher sein kann.[120] Ferner kann im Rahmen des Nachweises gemäß § 45i Abs. 1 S. 2 TKG auch bei Prepaid-Produkten eine Aufschlüsselung in Einzelverbindungen gefordert werden.[121] Schließlich wird der Nachweis nach § 45i TKG im Nachhinein erstellt; der Einzelverbindungsnachweis hingegen ist nach § 45e TKG im Vorhinein zu beantragen.[122] Gemäß § 45i Abs. 2 TKG entfällt die Nachweispflicht des Anbieters für die erbrachten Verbindungsleistungen, wenn aus technischen Gründen keine Verkehrsdaten gespeichert wurden, diese unter den dort näher bestimmten Voraussetzungen rechtmäßig gelöscht wurden oder der Teilnehmer nach einem Hinweis auf den Fortfall der Nachweispflicht verlangt hat, die Verkehrsdaten zu löschen oder nicht zu speichern. Entsprechendes gilt, wenn der Diensteanbieter zur Verwendung der zunächst erhobenen Verkehrsdaten nicht berechtigt ist (vgl. §§ 96, 97, 100 TKG).[123]

Das Gesetz selbst enthält keine ausdrücklichen Vorgaben, welche Anforderungen an 43 eine solche technische Prüfung zu stellen sind. Gemäß § 45i Abs. 1 S. 5 TKG veröffentlicht die BNetzA, „welche Verfahren zur Durchführung der technischen Prüfung geeignet sind". Dieser gesetzlichen Verpflichtung ist die BNetzA allerdings bislang nicht nachge-

---

[118] In diesem Sinne etwa *OLG Köln*, 15.11.2012 – I-19 U 124/12, BeckRS 2013, 03895; *LG Heidelberg*, MMR 2012, 669; *Ditscheid/Rudloff*, in: Geppert/Schütz (Hrsg.), TKG § 45i Rn. 22; *Petersen*, MMR 2013, 243; *Pohle/Dorschel*, CR 2007, 153, 154; *Sassenberg/Loeck*, K&R 2013, 165, 169; *Sodtalbers*, in: Spindler/Schuster (Hrsg.), Recht der elektronischen Medien, § 45i Rn. 5 f.
[119] Zur Frage der Wirksamkeit eines diesbezüglichen Schriftformerfordernisses in den AGB des Anbieters vgl. etwa *LG Frankfurt a. M.*, 13.1.2016 – 2-2 O 168/15, Entscheidungsumdruck, S. 8; *LG Bonn*, NJOZ 2014, 1175, 1176; *Ditscheid/Rudloff*, in: Geppert/Schütz (Hrsg.), TKG § 45i Rn. 21; *Sodtalbers*, in: Spindler/Schuster (Hrsg.), Recht der elektronischen Medien, § 45i Rn. 7.
[120] *Kühling/Elbracht*, MAH IT-Recht, 2. Aufl. 2011, Teil 6 Rn. 229.
[121] Vgl. BT-Drs. 16/2581, 26.
[122] *Kühling/Elbracht*, MAH IT-Recht, 2. Aufl. 2011, Teil 6 Rn. 229.
[123] *BGH*, NJW 2013, 2021, 2024.

kommen.¹²⁴ Zumindest bis zu einer entsprechenden Veröffentlichung durch die BNetzA ist daher davon auszugehen, dass eine **technische Vollprüfung** erforderlich ist.¹²⁵ Für eine Vollprüfung sind die technischen Einrichtungen für die Zählung der Tarifeinheiten und die Berechnung der Verbindungsentgelte wie auch die Telefonleitungen und Vermittlungsstellen zu überprüfen. Darüber hinaus sind alle vernünftigerweise in Betracht zu ziehenden Störungs- und Fehlerquellen Teil der Vollprüfung.¹²⁶

44 Auch im Falle einer teilnehmerseitigen Beanstandung wird eine berechtigte Forderung nach den allgemeinen Grundsätzen fällig. Nur wenn der Teilnehmer fristgemäß die Vorlage des im Zuge der Beanstandung erstellten Entgeltnachweises verlangt und der Anbieter seinen hieraus resultierenden Pflichten nach § 45i Abs. 1 S. 3 TKG zur Vorlage der entsprechenden Dokumente nicht innerhalb der genannten Achtwochenfrist nachkommt, verschiebt sich der Fälligkeitszeitpunkt rückwirkend auf den Zeitpunkt der Vorlage.¹²⁷ Bis dahin entstandene Ansprüche aus Verzug erlöschen gemäß § 45i Abs. 1 S. 4 TKG. Durch diese Sanktionierung des Anbieters wollte der Gesetzgeber die Erfüllung der Pflichten durch die Anbieter beschleunigen. § 45i Abs. 1 S. 4 TKG dient also dem Schutz des Teilnehmers bei nicht fristgemäßer Vorlage der Dokumentation.¹²⁸

45 **cc) Beweislastverteilung. aaa) Beweislast für technisch fehlerfreie Erbringung des Telekommunikationsdienstes bis zum Übergabepunkt, § 45i Abs. 3 TKG.** Die Beweislast für die technisch fehlerfreie Bereitstellung des Telekommunikationsdienstes liegt gemäß § 45i Abs. 3 S. 1 TKG beim Anbieter. Die Beweislast trifft ihn aber nur bis zu dem **Übergabepunkt**, an dem den Teilnehmern der Netzzugang bereitgestellt wird, da hier seine Einfluss- und Risikosphäre endet. Ferner trägt er nach den allgemeinen zivilprozessrechtlichen Grundsätzen die Darlegungs- und Beweislast für die richtige Berechnung der Telekommunikationsdienstleistung, für die er das Entgelt beansprucht.¹²⁹ Ein **Anscheinsbeweis für die Richtigkeit einer Telefonrechnung** kommt nur dann in Betracht, wenn ein zertifiziertes Abrechnungssystem gemäß § 45g Abs. 2 TKG genutzt wird und bei rechtzeitigen Einwendungen des Kunden eine technische Prüfung nach § 45i Abs. 1 S. 2 und Abs. 3 S. 2 TKG erfolgt ist, die keine Hinweise auf Fehler oder Manipulationen erbracht hat.¹³⁰ Doch selbst wenn die vorstehenden Voraussetzungen für das Vorliegen eines Anscheinsbeweises für die Richtigkeit der Erfassung und der Abrechnung der Verbindungen vorliegen, kann der Anscheinsbeweis nach den allgemeinen Regeln erschüttert werden.¹³¹ Ergibt die technische Prüfung nach § 45i Abs. 1 TKG Mängel, die sich auf die Berechnung des beanstandeten Entgelts zu Lasten des Teilnehmers ausgewirkt haben können, oder wird die technische Prüfung später als zwei Monate nach der Beanstandung durch den Teilnehmer abgeschlossen, wird **widerleglich vermutet**, dass das in Rechnung gestellte Verbindungsaufkommen des jeweiligen Anbieters unrichtig ermittelt ist (§ 45i Abs. 3 S. 2 TKG). Kann diese Vermutung vom Anbieter nicht widerlegt werden, so bestimmt sich die Entgeltpflicht des Teilnehmers nach § 45j TKG.¹³²

---

[124] *Ditscheid/Rudloff,* in: Geppert/Schütz (Hrsg.), TKG § 45i Rn. 48; *Breyer,* K&R 2017, 165, 167; *Sodtalbers,* in: Spindler/Schuster (Hrsg.), Recht der elektronischen Medien, § 45i Rn. 20.
[125] Vgl. OLG Bremen, MMR 2012, 93; aA *Ditscheid/Rudloff,* in: Geppert/Schütz (Hrsg.), TKG § 45i Rn. 39; *Sassenberg/Loeck,* K&R 2013, 165, 169.
[126] Vgl. OLG Bremen, MMR 2012, 93.
[127] Vgl. OLG Frankfurt a. M., 24.10.2019 – 6 U 147/18, BeckRS 2019, 27053; *Ditscheid/Rudloff,* in: Geppert/Schütz (Hrsg.), TKG § 45i Rn. 54.
[128] Vgl. OLG Frankfurt a. M., 24.10.2019 – 6 U 147/18, BeckRS 2019, 27053.
[129] *BGH,* NJW 2013, 1092, 1095; *BGH,* NJW 2013, 2021, 2024.
[130] *BGH,* NJW 2013, 1092, 1095; LG Bonn, NJOZ 2014, 1175, 1176.
[131] Ein Anscheinsbeweis ist entkräftet, wenn Tatsachen vorliegen, aus denen sich die ernsthafte Möglichkeit eines abweichenden Geschehensablaufs ergibt, vgl. etwa *BGH,* NJW-RR 2007, 1077, 1077 f.; Zöller/*Greger,* ZPO, vor § 284 Rn. 29. Dies ist im vorliegenden Kontext etwa dann der Fall, wenn die vom Anbieter vorgelegten Abrechnungen zumindest teilweise rechnerisch nicht nachvollziehbar und damit unschlüssig sind, vgl. *BGH,* NJW 2013, 1092, 1095.
[132] Vgl. dazu sogleich unter → Rn. 52 f.

bbb) Zurechenbarkeit der Inanspruchnahme von Leistungen des Anbieters sowie entgeltrelevante Manipulationen am Netz, § 45i Abs. 4 TKG.

Gemäß § 45i Abs. 4 S. 1 TKG hat der Anbieter keinen Anspruch auf Entgelt gegen den Teilnehmer, soweit dieser nachweist, dass ihm die Inanspruchnahme von Leistungen des Anbieters nicht **zugerechnet** werden kann. Aus einer Zusammenschau von § 45i Abs. 3 S. 1 TKG mit § 45i Abs. 4 TKG ergibt sich, dass der Anschlussinhaber grundsätzlich auch dann vergütungspflichtig ist, wenn Verbindungen ohne seine Billigung hergestellt werden, soweit die Ursachen hierfür in seiner **technischen Sphäre** liegen. Der Anschlussinhaber muss nach dem Maßstab des § 276 Abs. 1 BGB alle ihm zumutbaren geeigneten Vorkehrungen treffen, um eine von ihm nicht gebilligte Nutzung seines Anschlusses zu unterbinden.[133] Zumutbar sind diejenigen Maßnahmen, die einem gewissenhaften durchschnittlichen Kunden bekannt sind und zu deren Durchführung er mit vertretbarem Aufwand in der Lage ist.[134]

Trifft der Anschlussinhaber jedoch diese Maßnahmen und kommt es gleichwohl zu einer von ihm nicht gebilligten Inanspruchnahme der Leistungen des Anbieters, hat dieser gemäß § 45i Abs. 4 S. 1 TKG keinen Vergütungsanspruch, auch wenn die Ursache für die Nutzung des Anschlusses in der technischen Sphäre des Inhabers liegt.[135]

Fallbeispiel:

Der BGH musste sich mit einem Rechtsstreit befassen, in dem eine R-Gesprächsanbieterin von einer Anschlussinhaberin Zahlung der (hohen) Entgelte für die erwiesenermaßen von deren Anschluss entgegengenommenen R-Gespräche begehrte.[136] Die beklagte Anschlussinhaberin machte geltend, dass nicht sie selbst, sondern ihre minderjährige Tochter die R-Gespräche entgegengenommen habe, die dazu nicht befugt gewesen sei. Es stellte sich daher die Frage, ob die konkludenten Willenserklärungen der Tochter, die in der Entgegennahme der R-Gespräche zu erblicken waren, der Anschlussinhaberin zugerechnet werden konnten. Der BGH verneinte zunächst das Vorliegen einer herkömmlichen Anscheinsvollmacht. Da die Beklagte vor der in diesem Rechtsstreit eingeklagten Rechnung keine Entgeltforderungen der R-Gesprächsanbieterin für frühere R-Gespräche beglichen hatte, fehlte es nämlich an einem individuellen Vertrauenstatbestand.[137] Im Bereich der Telekommunikationsdienstleistungen komme jedoch aufgrund der Risikoverteilung in § 16 Abs. 3 S. 3 Fall 1 TKV (vgl. jetzt § 45i Abs. 4 S. 1 TKG) eine Anscheinsvollmacht unter erleichterten Bedingungen – ohne individuell begründeten Vertrauenstatbestand – in Betracht, nämlich dann, wenn der Anschlussinhaber die Nutzung seines Anschlusses und damit vorliegend die Abgabe der (konkludenten) Willenserklärung eines Dritten zu vertreten habe.[138] Im konkreten Fall verneinte der BGH allerdings ein solches Vertretenmüssen.[139]

Jedenfalls ist der Telekommunikationsanbieter nach zutreffender Ansicht des BGH bei einem ungewöhnlichen Nutzungsverhalten, das zu einer Kostenexplosion führt, verpflichtet, den Kunden zu warnen und den Anschluss gegebenenfalls kurzfristig zu sperren.[140] Zwar hat grundsätzlich jede Partei im Rahmen vertraglicher Beziehungen aufgrund der im Zivilrecht herrschenden Privatautonomie ihre Belange selbst wahrzunehmen. Insbeson-

---

[133] Vgl. etwa *LG Frankfurt a. M.*, 13.1.2016 – 2-12 O 168/15, Entscheidungsumdruck, S. 8; *Ditscheid/Rudloff*, in: Geppert/Schütz (Hrsg.), TKG § 45i Rn. 67.
[134] BGHZ 166, 369, 377; *BGH*, NJW 2012, 2878; *Ditscheid/Rudloff*, in: Geppert/Schütz (Hrsg.), TKG § 45i Rn. 67.
[135] *BGH*, NJW 2012, 2878, 2878 f.
[136] BGHZ 166, 369; vgl. zu dieser Entscheidung auch *Arndt/Fetzer/Scherer/Kessel*, TKG § 45i Rn. 74 ff.; *Kühling/Elbracht*, MAH IT-Recht, 2. Aufl. 2011, Teil 6 Rn. 236.
[137] BGHZ 166, 369, 375.
[138] BGHZ 166, 369, 375 f.; NJW 2017, 2273, 2276. Kritisch gegenüber diesem Ansatz etwa *Janal*, K&R 2006, 272, 274; *Kühling/Elbracht*, MAH IT-Recht, 2. Aufl. 2011, Teil 6 Rn. 236; *Lobinger*, JZ 2006, 1076 ff. Zustimmend hingegen *Klees*, MDR 2007, 185 ff., und wohl auch *Ditscheid/Rudloff*, in: Geppert/Schütz (Hrsg.), TKG § 66j Rn. 16 ff.
[139] BGHZ 166, 369, 376 ff.
[140] *BGH*, NJW 2012, 2878, 2879; vgl. ferner KG, NJW-RR 2012, 1400, 1400 f.

dere obliegt es einem Vertragspartner, selbst darauf bedacht zu sein, die Leistungen seiner Gegenseite nicht in einem Umfang in Anspruch zu nehmen, der zu unerwünscht hohen Entgeltforderungen führt.[141] In Konstellationen jedoch, in denen der Vertragsgegner über eine überlegene Sachkunde verfügt, können ihn gemäß § 241 Abs. 2 BGB Hinweis- und Aufklärungspflichten zur Wahrung des Leistungs- oder Integritätsinteresses seines Vertragspartners treffen, wenn dieser mangels eigener Kenntnisse der Gefährdung seiner Belange nicht selbst in ausreichendem Maß entgegenwirken kann. Soweit ein ausgeprägtes Informationsgefälle zwischen dem Betreiber von Telekommunikationsdiensten und deren Nutzern besteht, kann eine **Hinweis- und Warnpflicht des Anbieters** selbst dann bestehen, wenn dem Teilnehmer die Nutzung der Leistungen nach dem Maßstab des § 45i Abs. 4 S. 1 TKG zuzurechnen ist. Kann der Anbieter eine Fehlfunktion der der Sphäre seines Kunden zuzuordnenden Technik mit zumutbarem Aufwand leicht erkennen, während dem Durchschnittskunden das Aufdecken solcher Vorgänge und die Vorsorge hiergegen mit den üblichen Mitteln nur schwer möglich ist, gebietet die Rücksichtnahme des Anbieters auf die Interessen seines Vertragspartners, diesen rechtzeitig zu unterrichten und zu warnen, mag diesem auch die Inanspruchnahme der Leistung unter Berücksichtigung der im Verkehr erforderlichen Sorgfalt nach § 45i Abs. 4 S. 1 TKG zurechenbar sein.[142] Sobald der Teilnehmer jedoch konkrete Hinweise auf einen irregulären Kostenanstieg hat, obliegt es ihm, diese in seiner Sphäre liegenden Ursachen hierfür unverzüglich abzustellen. Liegen ihm nämlich Anhaltspunkte für eine derartige irreguläre Nutzung seines Anschlusses vor, ist er gewarnt und wird dadurch in die Lage versetzt, dem entgegenzuwirken. Nach der für die Zurechenbarkeit der Anschlussnutzung maßgeblichen im Verkehr erforderlichen Sorgfalt (§ 276 Abs. 2 BGB) ist er gehalten, diese Möglichkeit zu nutzen und die notwendigen Maßnahmen zu ergreifen, die auch darin bestehen können, notfalls den Anschluss bis zur Klärung der Fehlerquelle und deren Beseitigung im zumutbaren Umfang außer Betrieb zu nehmen.[143]

49 Ergänzend sei noch darauf hingewiesen, dass nach § 11 Abs. 1 S. 1 TK-Transparenzverordnung Anbieter eines öffentlich zugänglichen Telekommunikationsdienstes, die einen Zugang zu einem öffentlichen Mobilfunknetz in Verbindung mit einem inländischen Datentarif anbieten, der kein beschränktes Datenvolumen mit einer Reduzierung der Datenübertragungsrate oder einem unbeschränkten Datenvolumen enthält, Verbrauchern und, auf deren Verlangen, anderen Endnutzern eine geeignete Einrichtung anbieten müssen, um die Kosten zu kontrollieren. Diese Einrichtung umfasst auch unentgeltliche Warnhinweise bei anormalem oder übermäßigem Verbrauchsverhalten (§ 11 Abs. 1 S. 2 TK-Transparenzverordnung).[144]

50 Der Zahlungsanspruch des Anbieters entfällt gemäß § 45i Abs. 4 S. 2 TKG auch, soweit Tatsachen die Annahme rechtfertigen, dass Dritte durch **unbefugte Veränderungen** an öffentlichen Telekommunikationsnetzen das in Rechnung gestellte Verbindungsentgelt beeinflusst haben. Der Teilnehmer ist damit darlegungs- und beweispflichtig für konkrete[145] Tatsachen, aufgrund derer auf eine Manipulation am Netz geschlossen werden kann. Eine tatsächliche Manipulation am Netz durch Dritte muss der Teilnehmer dagegen nicht nachweisen.[146] Nach seinem Wortlaut erfasst § 45i Abs. 4 S. 2 TKG allerdings lediglich die Fälle eines physischen Zugriffs auf den Netzzugang durch unbefugte Dritte, nicht jedoch

---

[141] *BGH,* NJW 2012, 2103, 2104; *BGH,* NJW 2012, 2878, 2879.
[142] *BGH,* NJW 2012, 2878, 2879f.
[143] *BGH,* NJW 2012, 2878, 2880.
[144] Die Pflicht nach Abs. 1 entfällt, wenn Anbieter gegenüber der Bundesnetzagentur anzeigen, dass dem Verbraucher oder Endnutzer bei erstmalig auftretenden anormalen oder übermäßig hohen Kosten aufgrund einer regelmäßigen unternehmensindividuellen Praxis ausschließlich verhältnismäßige Kosten in Rechnung gestellt werden (§ 11 Abs. 2 TK-Transparenzverordnung).
[145] Pauschale Behauptungen reichen insoweit nicht aus, vgl. Arndt/Fetzer/Scherer/*Kessel,* TKG § 45i Rn. 71; *Kühling/Elbracht,* MAH IT-Recht, 2. Aufl. 2011, Teil 6 Rn. 238.
[146] *Ditscheid/Rudloff,* in: Geppert/Schütz (Hrsg.), TKG § 45i Rn. 72; *Kühling/Elbracht,* MAH IT-Recht, 2. Aufl. 2011, Teil 6 Rn. 238.

Eingriffe oder Manipulationen am Endgerät des Teilnehmers.[147] Im Rahmen einer ergänzenden Vertragsauslegung unter Heranziehung der Wertung des § 45i Abs. 4 S. 2 TKG wird man jedoch in aller Regel davon auszugehen haben, dass ein Teilnehmer auch nicht für Verbindungsleistungen einstehen muss, wenn diese durch einen unbemerkt auf dem PC des Teilnehmers installierten **Dialer**[148] verursacht worden sind.[149]

§ 45i Abs. 4 S. 1 TKG findet auf Zahlungsdienste keine Anwendung, auch wenn die Zahlung über eine Premiumdienstnummer veranlasst wurde und die Abrechnung über die Telefonrechnung erfolgen soll. Eine solche Nutzung des Telefonanschlusses durch einen Dritten wird dem Anschlussinhaber deshalb nicht über § 45i Abs. 4 S. 1 TKG zugerechnet.[150]

f) Entgeltpflicht bei unrichtiger Ermittlung des Verbindungsaufkommens, § 45j TKG

Wenn in den Fällen des § 45i Abs. 3 S. 2 TKG das tatsächliche Verbindungsaufkommen des Teilnehmers nicht mehr festgestellt werden kann, hat der Anbieter nach § 45j Abs. 1 S. 1 TKG einen **Anspruch auf das durchschnittliche Entgelt der letzten sechs Abrechnungszeiträume**.[151] Entsprechendes gilt, wenn nach den Umständen erhebliche Zweifel bleiben, ob dem Teilnehmer die Inanspruchnahme von Leistungen des Anbieters zugerechnet werden kann (§ 45j Abs. 1 S. 3 TKG).[152] Dabei reicht es aus, wenn aus der objektiven Sicht eines verständigen Dritten erhebliche Zweifel an der Zurechenbarkeit der Inanspruchnahme der Leistungen bestehen.[153] In beiden Fällen (§ 45j Abs. 1 S. 1 und S. 3) gestattet das Gesetz dem Teilnehmer den Nachweis, dass er in dem Abrechnungszeitraum den Netzzugang nicht oder in geringerem Umfang als nach der Durchschnittsberechnung genutzt hat (§ 45j Abs. 1 S. 2 TKG).

> **Praxistipp:**
> Sofern der Teilnehmer bereits mehr als den auf der Grundlage der Durchschnittsberechnung der Abs. 1 und 2 ermittelten Betrag an den Anbieter entrichtet hat, steht ihm ein Anspruch auf Rückzahlung des zu viel gezahlten Entgelts nach den §§ 812 ff. BGB zu.[154] § 45j Abs. 3 TKG bestimmt insoweit, dass dieser Rückzahlungsanspruch spätestens zwei Monate nach der Beanstandung als fällig gilt.

4. Begleitende Rechte und Pflichten

a) Aufnahme in öffentliche Teilnehmerverzeichnisse, § 45m TKG

§ 45m TKG gewährt dem Teilnehmer einen Anspruch auf unentgeltliche Eintragung in ein allgemein zugängliches, nicht notwendig anbietereigenes **Teilnehmerverzeichnis**

---

[147] Vgl. BGHZ 158, 201, 205 (zur Vorgängerbestimmung des § 16 Abs. 3 S. 3 TKV).
[148] Vgl. dazu → Rn. 89f. Zur Frage der Übertragbarkeit dieser Rechtsprechung auf die heimliche Installation eines Trojaners vgl. das Fallbeispiel bei *Kühling/Elbracht*, Telekommunikationsrecht, Rn. 299.
[149] BGHZ 158, 201, 205 ff. (zur Vorgängerbestimmung des § 16 Abs. 3 S. 3 TKV).
[150] BGH, NJW 2017, 2273, 2276 f.
[151] Soweit in der Geschäftsbeziehung zwischen Anbieter und Teilnehmer weniger als sechs Abrechnungszeiträume unbeanstandet geblieben sind, wird die Durchschnittsberechnung nach Absatz 1 auf die verbleibenden Abrechnungszeiträume gestützt (§ 45j Abs. 2 S. 1 TKG). Bestand in den entsprechenden Abrechnungszeiträumen eines Vorjahres bei vergleichbaren Umständen durchschnittlich eine niedrigere Entgeltforderung, tritt dieser Betrag an die Stelle des nach § 45j Abs. 2 S. 1 TKG berechneten Durchschnittsbetrags (§ 45j Abs. 2 S. 2 TKG).
[152] Zur Frage der Anwendbarkeit von § 45j Abs. 1 S. 3 TKG im Intercarrier-Verhältnis s. *Giebel/Sommer*, CR 2016, 263, 268 f.
[153] Vgl. Arndt/Fetzer/Scherer/*Kessel*, TKG § 45j Rn. 19; *Kühling/Elbracht*, MAH IT-Recht, 2. Aufl. 2011, Teil 6 Rn. 239.
[154] *Kühling/Elbracht*, MAH IT-Recht, 2. Aufl. 2011, Teil 6 Rn. 240.

(Abs. 1 S. 1 Alt. 1)[155] sowie auf Aufnahme in **Verzeichnisse für Auskunftsdienste** (Abs. 3) gegenüber seinem Telefondiensteanbieter.[156] Damit kann einem etwaigen Willen eines Teilnehmers entsprochen werden, für möglichst viele Dritte erreichbar zu sein.[157] Der Eintragungsanspruch des Teilnehmers umfasst den Namen,[158] den Vornamen und die Anschrift des Teilnehmers. Der Anspruch aus § 45m Abs. 1 TKG erfasst dabei nicht nur das gedruckte Verzeichnis, sondern erstreckt sich auf den Eintrag in die entsprechende elektronische Ausgabe.[159]

55   Daneben hat der Teilnehmer auch einen Anspruch auf Eintragung von Mitbenutzern seines Anschlusses (§ 45m Abs. 1 S. 3 TKG), auf Berichtigung unrichtiger Einträge (§ 45m Abs. 1 S. 2 TKG) sowie auf Löschung seines Eintrags (§ 45m Abs. 1 S. 1 Fall 2 TKG). Während die Eintragung, Berichtigung oder Löschung von Einträgen betreffend den Teilnehmer unentgeltlich zu erfolgen hat, darf der Anbieter für die Eintragung eines Mitbenutzers ein Entgelt verlangen (§ 45m Abs. 1 S. 3 TKG).[160]

56   Die in diesem Zusammenhang zu beachtenden datenschutzrechtlichen Anforderungen finden sich in § 104 TKG. Dabei stellt § 104 TKG die datenschutzrechtliche Grundlage für die Veröffentlichung, § 47 TKG hingegen die Grundlage für die Erstellung der Verzeichnisse dar.[161]

b) Rufnummernmissbrauch, § 45o TKG

57   § 45o TKG soll dem Rufnummernmissbrauch – etwa in Form von **unzulässigen Werbeanrufen („cold callings")** – entgegenwirken. Adressat dieser Regelung sind sämtliche Netzbetreiber, die Rufnummern in ihrem Netz einrichten und diese dann Teilnehmern zuteilen.[162] § 45o S. 1 TKG schreibt vor, dass der Netzbetreiber seine Zuteilungsnehmer schriftlich auf gesetzlich verbotene Formen der Rufnummernnutzung (zB § 7 UWG) hinweisen muss. Hat der Netzbetreiber gesicherte Kenntnis davon, dass eine in seinem Telekommunikationsnetz eingerichtete Rufnummer unter Verstoß gegen § 45o S. 1 TKG genutzt wird, ist er verpflichtet, unverzüglich Maßnahmen zu ergreifen, die geeignet sind, eine Wiederholung zu verhindern (§ 45o S. 2 TKG). Um zu einer gesicherten Kenntnis zu gelangen, obliegt es den Unternehmen, bekannt gewordene Verstöße gegen gesetzliche Vorschriften zu dokumentieren.[163] Bei wiederholten oder schwerwiegenden Verstößen gegen gesetzliche Verbote ist der Netzbetreiber nach erfolgloser Abmahnung unter kurzer Fristsetzung verpflichtet, die Rufnummer zu sperren (§ 45o S. 3 TKG).[164] Neben diese Verpflichtung des Netzbetreibers tritt die Befugnis der BNetzA, bei Nichterfüllung von

---

[155] Vgl. zu der Frage, ob sich aus einer richtlinienkonformen Auslegung des § 45m Abs. 1 TKG ergibt, dass dem Teilnehmer ein Anspruch auf Eintragung gerade in das allgemein gültige gedruckte Verzeichnis iSd § 78 Abs. 2 Nr. 3 TKG zusteht, *OLG Köln*, 13.2.2013 – 11 U 136/11, BeckRS 2013, 04480.
[156] Ist der Telefondiensteanbieter des Teilnehmers ein Wiederverkäufer (Reseller), greift zusätzlich § 45m Abs. 2 TKG, der es dem Wiederverkäufer ermöglicht, die gegen ihn gerichteten Ansprüche seiner Teilnehmer aus den Abs. 1 und 3 wiederum gegenüber seinem Anbieter, von dem er die Vorleistung bezieht, geltend zu machen. Vgl. *Kühling/Elbracht*, MAH IT-Recht, 2. Aufl. 2011, Teil 6 Rn. 241.
[157] *Kühling/Elbracht*, 2. Aufl. 2011, Teil 6 Rn. 241.
[158] „Name" iSv § 45m Abs. 1 S. 1 TKG meint nicht nur den bürgerlichen Namen einer natürlichen Person, sondern auch die kaufmännische Firma (§ 17 HGB), ebenso den im Geschäftsverkehr verwendeten Berufsnamen des Teilnehmers, nicht allerdings eine (Fantasie-)Bezeichnung, die einen rein werbenden Charakter hat oder nur für die Eintragung in Teilnehmerverzeichnisse gewählt wird und allein der Sicherung eines hervorgehobenen Eintragungsrangs dient, s. BGHZ 201, 11, 15 f.
[159] *OLG Köln*, 13.2.2013 – 11 U 136/11, BeckRS 2013, 04480.
[160] *Kühling/Elbracht*, MAH IT-Recht, 2. Aufl. 2011, Teil 6 Rn. 242.
[161] *OLG Köln*, 13.2.2013 – 11 U 136/11, BeckRS 2013, 04480; vgl. ferner *BGH*, NJW-RR 2010, 562, 564.
[162] *Kühling/Elbracht*, MAH IT-Recht, 2. Aufl. 2011, Teil 6 Rn. 244.
[163] Vgl. Arndt/Fetzer/Scherer/Graulich/*Hartl*, TKG § 45o Rn. 9; *Kühling/Elbracht*, MAH IT-Recht, 2. Aufl. 2011, Teil 6 Rn. 244.
[164] Vgl. sogleich → Rn. 58 ff.

A. Kundenschutz durch das TKG

gesetzlichen oder behördlich auferlegten Verpflichtungen eine rechtswidrig genutzte Nummer zu entziehen (§ 67 Abs. 1 S. 4 TKG).

c) Sperre, § 45k TKG

Die Sperre gem. § 45k TKG stellt die fachgesetzliche Sonderregelung des allgemeinen zivilrechtlichen Leistungsverweigerungsrechts nach den §§ 273, 320, 321 BGB dar.[165] Sie beruht – ebenso wie die Leistungsverweigerungsrechte nach dem BGB – auf dem Grundgedanken, dass jede Vertragspartei das Recht hat, die ihr obliegende Leistung zu verweigern, bis die ihr gebührende Gegenleistung erbracht ist.[166] Eine solche Sperre darf durch den Anbieter nur erfolgen, wenn die Voraussetzungen der Abs. 2–5 oder des § 45o S. 3 TKG (Rufnummernmissbrauch) erfüllt sind. Der praxisrelevanteste Fall ist der des **Zahlungsverzugs des Teilnehmers** nach Abs. 2. Danach darf der Anbieter eine Sperre vornehmen, wenn der Teilnehmer nach Abzug etwaiger Anzahlungen mit Zahlungsverpflichtungen von mindestens 75,00 EUR in Verzug ist. Darüber hinaus muss der Anbieter die Sperre mindestens zwei Wochen zuvor schriftlich angedroht haben. Dabei muss er den Teilnehmer auf die Möglichkeit hinweisen, Rechtsschutz vor den Gerichten zu suchen (§ 45k Abs. 2 S. 1 TKG). Bei der Berechnung der Höhe des Betrags nach S. 1 bleiben nicht titulierte Forderungen, die der Teilnehmer form- und fristgerecht und schlüssig begründet[167] beanstandet hat, außer Betracht (§ 45k Abs. 2 S. 2 TKG). Ebenso bleiben nicht titulierte Forderungen Dritter iSd § 45h Abs. 1 S. 1 TKG – also etwa die eines Mehrwertdiensteanbieters – unberücksichtigt. Dies gilt gemäß § 45k Abs. 2 S. 4 TKG auch dann, wenn diese Forderungen abgetreten worden sind.[168] Die Bestimmungen der S. 2 bis 4 des § 45k Abs. 2 TKG gelten jedoch dann nicht, wenn der Anbieter den Teilnehmer zuvor zur vorläufigen Zahlung eines Durchschnittsbetrags nach § 45j TKG aufgefordert und der Teilnehmer diesen nicht binnen zwei Wochen gezahlt hat (§ 45k Abs. 2 S. 5 TKG).

Die Sperre führt nicht zur Beendigung des Vertragsverhältnisses, sondern lediglich zu einer grundsätzlich auf vorübergehende Dauer angelegten und überdies nach Maßgabe des § 45k Abs. 1 S. 2 iVm § 108 Abs. 1 TKG (Zugang zu den Notrufnummern) eingeschränkten Suspendierung der Leistungsverpflichtung des Anbieters. Das **Leistungsverweigerungsrecht** des Anbieters endet, sobald die Voraussetzungen der Sperre entfallen sind (§ 45k Abs. 5 S. 2 TKG). Da diese den Fortbestand des Vertragsverhältnisses unberührt lässt, bleibt der Anschlussinhaber trotz der Sperre weiterhin zur Zahlung des nutzungsunabhängigen Grundentgelts verpflichtet.[169]

Ferner darf der Anbieter eine Sperre vornehmen, wenn wegen einer im Vergleich zu den vorangegangenen sechs Abrechnungszeiträumen besonderen Steigerung des Verbindungsaufkommens auch die Höhe der Entgeltforderung des Anbieters in besonderem Maße ansteigt und Tatsachen die Annahme rechtfertigen, dass der Teilnehmer diese Entgeltforderung beanstanden wird (§ 45k Abs. 4 TKG). Eine auch ankommende Telekommunikationsverbindungen erfassende **Vollsperrung des Netzzugangs** darf frühestens eine Woche nach Sperrung abgehender Telekommunikationsverbindungen erfolgen (§ 45k Abs. 5 S. 3 TKG).

---

[165] *KG*, 14.3.2019 – 23 U 45/18, CR 2020, 209.
[166] *BGH*, NJW 2009, 1334, 1335.
[167] Insoweit kommt es nicht auf die materielle Richtigkeit des Vorbringens an. Nicht ausreichend ist allerdings die bloße Aussage des Teilnehmers, nicht zahlen zu wollen, da er die Leistungen nicht in Anspruch genommen habe. Der Teilnehmer muss vielmehr die äußeren Umstände so darstellen, dass sich bei objektiver Betrachtungsweise die Einwände als nachvollziehbar darstellen und Zweifel an dem rechtmäßigen Zustandekommen der Verbindung aufkommen lassen können, s. *OLG Frankfurt a. M.*, 24.10.2019 – 6 U 147/18, BeckRS 2019, 27053; *Ditscheid/Rudloff*, in: Geppert/Schütz (Hrsg.), TKG § 45k Rn. 31.
[168] Zum Hintergrund dieser Regelungen s. *Holznagel*, NJW 2012, 1622, 1623.
[169] *BGH*, NJW 2009, 1334, 1335.

61 **Praxistipp:**
Nimmt der Anbieter eine Sperre vor, obwohl die Voraussetzungen des § 45k Abs. 2–5 oder die des § 45o S. 3 TKG nicht vorliegen, sollte der Teilnehmer einen Antrag auf Erlass einer einstweiligen Verfügung[170] erwägen, da bei einem Verstoß des Anbieters gegen § 45k Abs. 2 S. 1 TKG zumindest der erforderliche Verfügungsanspruch im Regelfall ohne größere Schwierigkeiten glaubhaft gemacht werden kann.[171]

62 Der Anbieter darf seine Leistungen auch dann einstellen, sobald eine **Kündigung** des Vertragsverhältnisses wirksam wird (§ 45k Abs. 3 TKG). Die Rechtsfolgen einer Kündigung unterscheiden sich von denen einer Sperre wesentlich. Die Kündigung führt, sobald sie wirksam wird, zu einer Vollbeendigung des Vertragsverhältnisses und dem **Fortfall der beiderseitigen Leistungsverpflichtungen** aus dem Telefondienstleistungsvertrag für die Zukunft. Der Anbieter ist nicht mehr verpflichtet, den Telefonanschluss bereitzuhalten. Umgekehrt entstehen gegen den bisherigen Anschlussinhaber keine Zahlungsansprüche mehr. Für die Kündigung enthält das TKG im Gegensatz zur Anschlusssperre keine Vorgaben.[172]

d) Anbieterwechsel, Rufnummernportabilität und Umzug, § 46 TKG

63 Im Falle eines **Anbieterwechsels** oder eines **Umzuges** kommt es in der Praxis immer wieder zu Schwierigkeiten beim Schalten der Teilnehmeranschlussleitung. Dadurch verzögert sich die Erreichbarkeit des neuen Anschlusses bisweilen um einige Tage oder Wochen.[173] Zudem ist häufig der alte Anschluss wegen der bereits durchgeführten **Rufnummernportierung** nicht mehr erreichbar.[174] Vor diesem Hintergrund regelt § 46 Abs. 1 TKG, dass die Leistung des abgebenden Unternehmens gegenüber dem Teilnehmer nicht unterbrochen werden darf, bevor die vertraglichen und technischen Voraussetzungen für einen Anbieterwechsel vorliegen, es sei denn, der Teilnehmer verlangt dieses. Zudem darf bei einem Anbieterwechsel der Dienst des Teilnehmers nicht länger als einen Kalendertag unterbrochen werden (§ 46 Abs. 1 S. 2 TKG). § 46 TKG bezweckt also einen „reibungslosen" Anbieterwechsel, von dem eine gewisse Reflexwirkung zugunsten der Wettbewerber im Telekommunikationsbereich und mithin des Wettbewerbs ausgeht.[175] Die BNetzA hat von der ihr durch § 46 Abs. 9 TKG eingeräumten Möglichkeit Gebrauch gemacht, die Einzelheiten des Verfahrens für den Anbieterwechsel festzulegen.[176] § 46 Abs. 2 S. 1 TKG regelt, dass das abgebende Unternehmen für Leistungen nach Vertragsende einen Anspruch auf Entgeltzahlung hat. Die Höhe des Entgelts richtet sich dabei nach den ursprünglich vereinbarten Vertragsbedingungen mit der Maßgabe, dass sich die vereinbarten Anschlussentgelte um 50% reduzieren (§ 46 Abs. 2 S. 2 TKG). Dies gilt nur dann nicht, wenn das abgebende Unternehmen nachweist, dass der Teilnehmer das Scheitern des Anbieterwechsels zu vertreten hat (§ 46 Abs. 2 S. 2 Hs. 2 TKG). Durch die Reduzierung des

---

[170] Handelt es sich bei dem Teilnehmer um einen Verbraucher iSd § 13 BGB, wird der Streitwert in aller Regel 5.000,00 EUR nicht übersteigen, so dass nach § 23 Nr. 1 GVG die Amtsgerichte zuständig sind; vgl. etwa die Streitwertfestsetzung (für ein Beschwerdeverfahren) durch das *LG Baden-Baden*, 3.12.2012 – 2 T 65/12, BeckRS 2013, 06864 (1.000,00 EUR).
[171] Vgl. *LG Baden-Baden*, 3.12.2012 – 2 T 65/12, BeckRS 2013, 06864; *LG Lübeck*, 15.6.2018 – 14 T 22/18, BeckRS 2018, 15001. Vgl. ferner *AG Brühl*, 13.11.2012 – 7 C 275/12, BeckRS 2012, 25412, das jedoch deutlich überzogene Anforderungen an das Vorliegen eines Verfügungsgrundes in derartigen Fällen stellt. S. ferner die bedenkliche Entscheidung *AG München*, MMR 2019, 60.
[172] *BGH*, NJW 2009, 1334, 1335 f.
[173] In diesem Zusammenhang sei auf die Rechtsprechung des *BGH* hingewiesen, nach der es einen ersatzfähigen Vermögensschaden darstellen kann, wenn dem Inhaber eines DSL-Anschlusses die Möglichkeit genommen wird, seinen Zugang zum Internet zu nutzen, ohne dass ihm hierdurch Mehraufwendungen entstanden oder Einnahmen entgangen sind, vgl. *BGH*, NJW 2013, 1072 ff.
[174] *Holznagel*, NJW 2012, 1622, 1624.
[175] *BGH*, NJW-RR 2018, 620, 622 f.
[176] *BNetzA*, 18.5.2012 – 216a Anbieterwechsel-001; vgl. dazu etwa *Sassenberg/Loeck*, K&R 2013, 165, 169 f.

A. Kundenschutz durch das TKG

Anschlussentgelts besteht für das abgebende Unternehmen ein Anreiz, den Wechselprozess zügig abzuschließen.[177]

§ 46 Abs. 3 und 4 TKG räumen dem Teilnehmer das Recht ein, seine bisherige Rufnummer auch bei einem Wechsel des Anbieters beibehalten zu können. Verpflichtet zur Sicherstellung dieser **Rufnummernportabilität** werden neben Betreibern öffentlich zugänglicher Telefonnetze (Abs. 3) auch alle Anbieter von öffentlich zugänglichen Telekommunikationsdiensten ohne eigenes Netz (Abs. 4). In diesem Zusammenhang ermöglicht das Gesetz dem Teilnehmer sowohl die Rufnummernübertragbarkeit geografisch gebundener Rufnummern an einem bestimmten Standort (§ 46 Abs. 3 S. 1 Nr. 1) als auch die Rufnummernübertragbarkeit nicht geografisch gebundener Rufnummern an jedem Standort (§ 46 Abs. 3 S. 1 Nr. 2). 64

Die **technische Aktivierung der Rufnummer** hat in jedem Fall innerhalb eines Kalendertages zu erfolgen (§ 46 Abs. 4 S. 2 TKG). Im Mobilfunkbereich kann der Endnutzer zudem unabhängig von der Vertragslaufzeit jederzeit die ihm zugeteilte Rufnummer auf einen anderen Anbieter übertragen lassen (§ 46 Abs. 4 S. 3 TKG). Der bestehende Vertrag zwischen Endnutzer und abgebendem Anbieter öffentlich zugänglicher Mobilfunkdienste bleibt davon unberührt (§ 46 Abs. 4 S. 4 TKG).[178] Eine Rufnummernübertragung ist daher bereits vor Ablauf des alten Vertrages möglich. Der Gesetzgeber will mit dieser Regelung im Mobilfunkbereich einen zusätzlichen wettbewerbsfördernden Impuls setzen.[179] Dem Teilnehmer können für die Rufnummernmitnahme nur die Kosten in Rechnung gestellt werden, die einmalig beim Wechsel entstehen (§ 46 Abs. 5 S. 1 TKG).[180] Ein Mehr an Verbraucherschutz bringt insoweit Art. 106 Abs. 4 der RL 2018/1972. Danach müssen die Regulierungsbehörden demnächst dafür Sorge tragen, dass „den Endnutzern" im Zusammenhang mit der Übertragung einer Rufnummer „keine direkten Entgelte berechnet werden". 65

Im Falle eines Umzugs sieht das Gesetz zu Gunsten des Verbrauchers ein **Sonderkündigungsrecht** vor, wenn am neuen Wohnsitz die bisherige Leistung nicht angeboten wird (§ 46 Abs. 8 S. 3 TKG).[181] Die Kündigungsfrist beträgt drei Monate zum Ende eines Kalendermonats.[182] Wird die Leistung hingegen auch am neuen Wohnsitz angeboten, ist die vertraglich geschuldete Leistung ohne Änderung der vereinbarten Vertragslaufzeit und der sonstigen Inhalte zu erbringen (§ 46 Abs. 8 S. 1 TKG). Damit wollte der Gesetzgeber die zuvor gängige Praxis unterbinden, dass dem Verbraucher im Falle eines Wohnsitzwechsels die Mitnahme der von ihm zu beanspruchenden Telekommunikationsleistung nur unter „Sonderkündigung" des ursprünglichen Vertrags und unter Abschluss eines Neuvertrags am neuen Wohnort ermöglicht wird.[183] Der Anbieter kann jedoch ein angemessenes Entgelt für den durch den Umzug entstandenen Aufwand verlangen. Dieses darf jedoch nicht 66

---

[177] *Beine,* MMR 2012, 718, 719; *Holznagel,* NJW 2012, 1622, 1624; *Sodtalbers,* in: Spindler/Schuster (Hrsg.), Recht der elektronischen Medien, § 46 Rn. 41.

[178] Hierauf hat der aufnehmende Anbieter den Endnutzer vor Vertragsschluss in Textform hinzuweisen (§ 46 Abs. 4 S. 4 Hs. 2 TKG). Der abgebende Anbieter ist in diesem Fall verpflichtet, den Endnutzer zuvor über alle anfallenden Kosten zu informieren (§ 46 Abs. 4 S. 5 TKG).

[179] BGH, NJW-RR 2018, 620, 622; *Beine,* MMR 2012, 718, 720; *Büning,* in: Geppert/Schütz (Hrsg.), TKG § 46 Rn. 67 ff.

[180] Die *BNetzA* hat in einem Verwaltungsverfahren gegen einen Anbieter deutlich gemacht, dass sie ein für die Portierung einer Festnetznummer in Rechnung gestelltes Entgelt in Höhe von 39,90 EUR als überhöht und damit unwirksam erachtet. Sie hat stattdessen ein Entgelt für die Rufnummerportierung in Höhe von 9,61 EUR angeordnet, es dem Anbieter jedoch freigestellt, auch ein geringeres oder gar kein Entgelt für die Portierung zu verlangen, s. *BNetzA,* 16.7.2018 – BK2c-18/002. Vgl. dazu *Sassenberg/Mantz/Kiparski,* K&R 2019, 309, 313.

[181] Zur Rechtslage vor Inkrafttreten des § 46 Abs. 8 TKG vgl. BGH, NJW-RR 2011, 916, 916 f.

[182] Vgl. zu der Frage, wann die dreimonatige Kündigungsfrist zu laufen beginnt, einerseits OLG Düsseldorf, MMR 2018, 186; OLG München, MMR 2019, 119, 120 f., und andererseits AG Köln, 25.1.2016 – 142 C 408/15, BeckRS 2016, 2609.

[183] *Holznagel,* NJW 2012, 1622, 1624 f.

höher als das für die Schaltung eines neuen Anschlusses vorgesehene Entgelt sein (§ 46 Abs. 8 S. 2 TKG).

e) Bereitstellen von Teilnehmerdaten, § 47 TKG

67 Gemäß § 47 Abs. 1 S. 1 TKG ist jedes Unternehmen, das öffentlich zugängliche Telekommunikationsdienste erbringt und Rufnummern an Endnutzer vergibt, verpflichtet, jedem Unternehmen auf Antrag **Teilnehmerdaten**[184] zum Zwecke der Bereitstellung von **öffentlich zugänglichen Auskunftsdiensten, Diensten zur Unterrichtung über einen individuellen Gesprächswunsch eines anderen Nutzers** nach § 95 Abs. 2 S. 1 TKG und **Teilnehmerverzeichnissen** zur Verfügung zu stellen. Der entsprechende Anspruch steht jedoch unter dem Vorbehalt der datenschutzrechtlichen Unbedenklichkeit der Datenübermittlung (vgl. §§ 104 f. TKG).[185] Die Verpflichtung zur Herausgabe der Daten erstreckt sich nach Ansicht des *BVerwG* auch auf Daten von Teilnehmern anderer Anbieter, die der in Anspruch genommene Telekommunikationsdiensteanbieter, der zugleich Auskunfts- und Verzeichnisdienste erbringt, in seiner eigenen Teilnehmerdatenbank führt (sog. **Fremddaten**).[186]

68 Die Überlassung der Teilnehmerdaten hat nach § 47 Abs. 1 S. 2 TKG unverzüglich und in **nicht diskriminierender** Weise zu erfolgen. Ferner müssen die Daten den formalen Anforderungen des § 47 Abs. 2 S. 4 TKG genügen (§ 47 Abs. 1 S. 1 TKG).

69 Gemäß § 47 Abs. 4 S. 1 Hs. 1 TKG kann für die Überlassung von Teilnehmerdaten ein **Entgelt** erhoben werden.[187] § 47 Abs. 4 TKG hat den Zweck, einen chancengleichen Wettbewerb auf den Telekommunikationsmärkten und speziell auf dem Markt für Auskunftsdienste und Teilnehmerverzeichnisse herzustellen; dafür bedarf es nach der Liberalisierung der Telekommunikationsmärkte einer Beseitigung noch bestehender Marktzutrittsschranken, wobei auf dem Markt für Auskunftsdienste und Teilnehmerverzeichnisse die wesentliche Marktzutrittsschranke für potenzielle Wettbewerber in der Schwierigkeit besteht, auf die vergebenen Rufnummern und die zugehörigen sonstigen Teilnehmerdaten zugreifen zu können.[188] Die Entgelte unterliegen gemäß § 47 Abs. 4 S. 1 Hs. 2 TKG im Regelfall der nachträglichen Entgeltregulierung. Eine Ex-ante-Entgeltregulierung soll nach § 47 Abs. 4 S. 2 TKG nur dann (ausnahmsweise) in Betracht kommen, wenn der über die Daten verfügende Telekommunikationsdiensteanbieter auf dem Markt für Endnutzerleistungen über beträchtliche Marktmacht verfügt. Diese Voraussetzung ist derzeit lediglich in Bezug auf den

---

[184] Welche Daten als „Teilnehmerdaten" zu überlassen sind, regelt § 47 Abs. 2 TKG.
[185] Nach Auffassung des *BVerwG* spricht der Normzweck der §§ 47, 104 f. TKG gegen die Annahme, dem einzelnen Teilnehmer stehe ein selektives Bestimmungsrecht bezüglich der einzelnen Verzeichnis- oder Auskunftsdienste zu, durch die er seine Daten veröffentlicht (oder nicht veröffentlicht) sehen will. Sofern der betreffende Teilnehmer damit einverstanden sei, mit seinen Daten (jedenfalls) in die Teilnehmer- und Auskunftsverzeichnisse eines Anbieters aufgenommen zu werden, sei schon damit eine systematische, auf die Weitergabe an unbestimmte Dritte zielende Datenerhebung verbunden, an deren Qualität sich nichts Wesentliches dadurch ändere, dass die Daten zu dem gleichen Zweck auch anderen Verzeichnis- und Auskunftsanbietern zur Verfügung gestellt werden, vgl. *BVerwG*, NVwZ 2013, 139, 141.
[186] *BVerwG*, NVwZ 2010, 646, 647 f.; *BVerwG*, NVwZ 2013, 139, 140. Gegen diesen Ansatz bestehen keine unionsrechtlichen Bedenken, vgl. *EuGH*, EuZW 2011, 484.
[187] Eine gegen § 47 Abs. 4 TKG verstoßende Vereinbarung eines Entgelts für die Überlassung der sog. Basisdaten der eigenen Kunden eines Telefondienstbetreibers ist gemäß § 134 BGB im Umfang des Verstoßes nichtig, vgl. *BGH*, MMR 2010, 784, 784 f. Zu der hinsichtlich der Entgelthöhe relevanten Unterscheidung der Basisdaten der eigenen Kunden von den übrigen Teilnehmerdaten s. *BVerwG*, NVwZ-RR 2008, 832, 833 f.; *BGH*, NJW-RR 2010, 1708, 1709.
[188] *BGH*, WM 2019, 1653, 1660, Rn. 77. Dieser Normzweck erfordert zum Schutz vor einer Umgehung des § 47 Abs. 4 TKG jedoch keine Erstreckung der Regelung auf Sachverhalte, die durch das Bereitstellen von Teilnehmerdaten im Rahmen einer gesellschaftsvertraglichen Beitragsleistung gekennzeichnet sind. Die Zugehörigkeit und der Verbleib in einer zum Zwecke der Bereitstellung von Teilnehmerverzeichnissen bestehenden Herausgebergesellschaft beruhen grundsätzlich auf der freien Entscheidung der als Gesellschafter beteiligten Verlage, die außerhalb der Gesellschaft am Wettbewerb teilnehmen und hierfür selbst Teilnehmerdaten zu den Bedingungen nach § 47 Abs. 4 TKG beziehen könnten, s. *BGH*, WM 2019, 1653, 1660, Rn. 78.

Endkundenmarkt „Zugang von Privat- und Geschäftskunden zum öffentlichen Telefonnetz an festen Standorten" (Markt Nr. 1 der Märkteempfehlung 2007) erfüllt.[189] Die BNetzA hält jedoch eine Ex-post-Entgeltregulierung für derzeit ausreichend.[190]

IV. Schlichtungsverfahren bei der BNetzA (§§ 47a, 145 TKG)

Bei Streitigkeiten darüber, ob die Betreiber von öffentlichen Telekommunikationsnetzen oder die Anbieter von öffentlich zugänglichen Telekommunikationsdiensten ihre Verpflichtungen aus den §§ 43a, 43b, 45–46 oder den auf Grund dieser Regelungen erlassenen Rechtsverordnungen und § 84 TKG, der Roaming-Verordnung 531/2012 sowie Art. 4 Abs. 1, 2 und 4 der Verordnung (EU) 2015/2120 dem Teilnehmer gegenüber erfüllt haben, kann dieser durch einen Antrag ein **außergerichtliches Streitbeilegungsverfahren bei der BNetzA** einleiten. Die BNetzA soll auf eine gütliche Einigung zwischen dem Teilnehmer und dem Anbieter hinwirken, § 47a Abs. 2 S. 2 TKG. Das einseitig – nämlich auf Antrag des Teilnehmers – einzuleitende Streitbeilegungsverfahren gemäß § 47a TKG ist streng von einer konsensualen Schiedsvereinbarung im Sinne der §§ 1029ff. ZPO zu unterscheiden. Allerdings wird man die BNetzA in diesem Zusammenhang als eine Gütestelle iSd § 15a Abs. 3 EGZPO zu qualifizieren haben.[191] Eine im Rahmen des Streitbeilegungsverfahrens vor der BNetzA erzielte Einigung ist jedoch nicht nach § 794 Abs. 1 Nr. 1 ZPO vollstreckbar, da es bislang an der dafür nach § 15a Abs. 6 EGZPO erforderlichen Anerkennung der BNetzA als Gütestelle durch Landesrecht fehlt.[192] 70

Für die außergerichtlichen Streitbeilegungsverfahren nach § 47a TKG werden **Gebühren** und **Auslagen** erhoben (§ 145 TKG). Die Höhe der Gebühr für das Verfahren bestimmt sich nach Maßgabe des § 34 Abs. 1 GKG. Auf die Bestimmung des Wertes der Streitfrage finden die §§ 3–9 ZPO entsprechende Anwendung (§ 145 S. 2–3 TKG). Unterbreitet die Streitbeilegungsstelle einen Streitbeilegungsvorschlag, entscheidet sie über die Kosten unter Berücksichtigung des Sach- und Streitstandes nach billigem Ermessen (§ 145 S. 4 TKG). Jede Partei trägt die ihr durch die Teilnahme am Verfahren entstandenen Kosten selbst (§ 145 S. 6 TKG). 71

V. Schadensersatz und Unterlassung

Gemäß § 44 Abs. 1 S. 1 TKG ist ein Unternehmen, das etwa gegen das TKG oder eine auf Grund des TKG erlassene Rechtsverordnung verstößt, dem Betroffenen zur Beseitigung und bei Wiederholungsgefahr zur Unterlassung verpflichtet (**verschuldensunabhängiger Anspruch auf Beseitigung und Unterlassung**). Der Anspruch besteht bereits dann, wenn eine Zuwiderhandlung droht (§ 44 Abs. 1 S. 2 TKG). Betroffen ist, wer als Endverbraucher oder Wettbewerber durch den Verstoß beeinträchtigt ist (§ 44 Abs. 1 S. 3 TKG). Fällt dem Unternehmen Vorsatz oder Fahrlässigkeit zur Last, ist es nach § 44 Abs. 1 S. 4 TKG einem Endverbraucher oder einem Wettbewerber auch zum Ersatz des Schadens verpflichtet, der ihm aus dem Verstoß entstanden ist (**verschuldensabhängiger Schadensersatzanspruch**). Die in § 44 Abs. 1 TKG geregelten Ansprüche sind im Zivilrechtsweg durchzusetzen.[193] Obwohl der Gesetzgeber diese Beseitigungs-, Unterlassungs- und Schadensersatzansprüche im dritten Teil unter den kundenschutzrechtlichen Bestimmungen eingeordnet hat, finden diese nach ihrem insoweit eindeutigen Wortlaut nicht al- 72

---

[189] Nach der aktuellen Regulierungsverfügung zu Markt Nr. 1 sind die Telekom Deutschland GmbH und die mit ihr verbundenen Unternehmen (§ 3 Nr. 29 TKG), dh derzeit insbesondere die congstar GmbH, als Unternehmen mit beträchtlicher Marktmacht eingestuft, vgl. *BNetzA*, 8.8.2013 – BK1–11/00, S. 168ff.
[190] *BNetzA*, 20.9.2010 – BK2–10–023, S. 9ff.
[191] Vgl. *Sodtalbers*, in: Spindler/Schuster (Hrsg.), Recht der elektronischen Medien, § 47a Rn. 5.
[192] *Büning*, in: Geppert/Schütz (Hrsg.), TKG § 47a Rn. 16f.
[193] *VG Köln*, MMR 2005, 641, 642; *Ditscheid/Rudloff*, in: Geppert/Schütz (Hrsg.), TKG § 44 Rn. 2.

lein bei einem Verstoß gegen die kundenschutzrechtlichen Vorschriften Anwendung, sondern vielmehr bei jedem Verstoß gegen das TKG oder eine auf Grund des TKG erlassene Rechtsverordnung.[194] Andererseits werden von der Norm keine sonstigen Verstöße gegen Privat- oder Wettbewerbsrecht erfasst.[195] Von § 44 Abs. 1 TKG unberührt bleiben die allgemeinen privatrechtlichen Anspruchsgrundlagen des Betroffenen gegen ein Unternehmen, das gegen eine telekommunikationsrechtliche Norm verstoßen hat.[196]

73 Neben den Betroffenen iSd § 44 Abs. 1 S. 3 TKG sind auch Verbraucherschutzzentralen und -verbände anspruchsberechtigt, soweit es sich um telekommunikationsrechtliche Bestimmungen handelt, die dem Schutz der Verbraucher dienen (§ 44 Abs. 2 TKG).

74 § 44a TKG normiert bestimmte **Haftungshöchstgrenzen** der Telekommunikationsdiensteanbieter. § 44a S. 1 TKG sieht dabei eine **individuelle Haftungsbeschränkung für Vermögensschäden** auf 12 500,00 EUR je Endnutzer vor, wenn der Anbieter ohne Vorsatz handelte. Darüber hinaus enthält § 44a S. 2 TKG eine **kollektive Haftungsbeschränkung bei Vermögensschäden** auf insgesamt 10.000.000,00 EUR, wenn die Schadenersatzpflicht durch eine einheitliche Handlung oder ein einheitliches Schaden verursachendes Ereignis gegenüber mehreren Endnutzern entsteht und dies nicht auf Vorsatz beruht. Sofern die Haftungsverpflichtungen gegenüber mehreren Geschädigten die Höhe von 10.000.000,00 EUR übersteigen würden, bekommt jeder Geschädigte nur eine – nach § 44a S. 3 TKG zu berechnende – geminderte Quote seines Schadens ersetzt. Gegenüber Endnutzern, die keine Verbraucher sind, kann die Höhe der Haftung individualvertraglich abweichend von § 44a S. 1–3 TKG geregelt werden (§ 44a S. 5 TKG). Die Haftungsbeschränkungen des § 44a TKG stellen – wie vergleichbare Haftungsbeschränkungen in anderen Gesetzen – eine ungerechtfertigte Privilegierung des Haftpflichtigen gegenüber dem Geschädigten dar.[197] Der Gesetzgeber sollte daher über eine ersatzlose Streichung des § 44a TKG nachdenken.

B. Nummerierung

I. Aufgaben der Nummerierung, § 66 TKG

75 Ohne Nummern ist der Betrieb von Telekommunikationsnetzen oder das Angebot von Telekommunikationsdiensten nicht möglich. Für neue Anbieter ist es daher unerlässlich, dass sie an ihre Kunden Rufnummern vergeben können. Die **diskriminierungsfreie Zuteilung von Nummernressourcen** an die verschiedenen Anbieter ist demzufolge von entscheidender Bedeutung für den Wettbewerb im Telekommunikationssektor.[198] Daher gibt § 2 Abs. 2 Nr. 8 TKG als ein Ziel der Regulierung vor, eine effiziente Nutzung von Nummerierungsressourcen zu gewährleisten. Die BNetzA hat nach § 66 Abs. 2 S. 1 TKG für die **Strukturierung und Ausgestaltung des Nummernraums**[199] zu sorgen. Nummern sind gemäß § 3 Nr. 13 TKG Zeichenfolgen, die in Telekommunikationsnetzen Zwecken der Adressierung dienen. Der Nummernplan ordnet die bestehenden Nummerngassen bestimmten Nutzungsformen zu. So definieren etwa Ortsnetzkennzahlen den geografischen Rufnummernbereich. Demgegenüber ist der nicht geografische Nummern-

---

[194] *Kühling/Elbracht*, MAH IT-Recht, 2. Aufl. 2011, Teil 6 Rn. 255.
[195] *VG Köln*, MMR 2005, 641, 642; *Ditscheid/Rudloff*, in: Geppert/Schütz (Hrsg.), TKG § 44 Rn. 2.
[196] *Kühling/Elbracht*, MAH IT-Recht, 2. Aufl. 2011, Teil 6 Rn. 256; zum Teil aA *Ditscheid/Rudloff*, in: Geppert/Schütz (Hrsg.), TKG § 44 Rn. 53 ff.
[197] Grundsätzlich gegen derartige Haftungsbeschränkungen etwa *Kuckuck*, ZRP 1981, 186, 188; *Jansen*, JZ 2002, 964, 966.
[198] *Kühling/Elbracht*, MAH IT-Recht, 2. Aufl. 2011, Teil 6 Rn. 271.
[199] Zu den diesbezüglichen unionsrechtlichen Vorgaben s. Art. 10 Abs. 1 RRL und dazu *EuGH*, 6.3.2008 – C-82/07, BeckRS 2008, 70303, Tz. 14 ff.; Koenig/Bartosch/Braun/Romes/*Braun/Capito*, EC Competition and Telecommunications Law, S. 343, 346 f.

bereich durch die Festlegung von Dienstekennzahlen (zB Premium-Rate-Dienste) und Netzkennzahlen (Mobilfunk, Verbindungsnetzbetreiberkennzahl) unterteilt.[200]

II. Mehrwertdienstbezogener Kundenschutz

Neben den allgemeinen Kundenschutzvorschriften der §§ 43a, 43b, 45 ff. TKG finden sich in den §§ 66a ff. TKG besondere Schutzvorschriften für den Bereich der Mehrwertdienste. Unter dem Begriff der Mehrwertdienste, der häufig als Synonym für den Begriff der telekommunikationsgestützten Dienste gemäß § 3 Nr. 25 TKG gebraucht wird,[201] verbirgt sich eine weitere Differenzierung hinsichtlich verschiedener Untergruppen. So unterscheidet das Gesetz zwischen Premium-Diensten (§ 3 Nr. 17b TKG),[202] Massenverkehrsdiensten (§ 3 Nr. 11d TKG), Auskunftsdiensten (§ 3 Nr. 2a TKG), Service-Diensten (§ 3 Nr. 8b TKG), Neuartigen Diensten (§ 3 Nr. 12a TKG) sowie Kurzwahldiensten (§ 3 Nr. 11b TKG). Diese Dienste werden dadurch charakterisiert, dass sie sowohl über Elemente eines Telekommunikationsdienstes als auch über solche eines Inhaltsdienstes verfügen.[203]

76

1. Preisangabe, § 66a TKG

§ 66a TKG soll in Bezug auf bestimmte Mehrwertdienste **Preistransparenz** schaffen.[204] Wer gegenüber Endnutzern Premium-Dienste, Auskunftsdienste, Massenverkehrsdienste, Service-Dienste, Neuartige Dienste oder Kurzwahldienste anbietet oder dafür wirbt, hat daher den für die Inanspruchnahme des Dienstes zu zahlenden Preis zeitabhängig je Minute oder zeitunabhängig je Inanspruchnahme einschließlich der Umsatzsteuer und sonstiger Preisbestandteile anzugeben (§ 66a S. 1 TKG). Bei Angabe des Preises ist der Preis gut lesbar, deutlich sichtbar und in unmittelbarem Zusammenhang mit der Rufnummer anzugeben (§ 66a S. 2 TKG). An der danach erforderlichen deutlichen Sichtbarkeit der Preisangabe fehlt es etwa, wenn diese der Aufmerksamkeit des Betrachters entzogen wird.[205] Das Erfordernis des unmittelbaren Zusammenhangs ist bei § 66a S. 2 TKG in einem inhaltlichen Sinn zu verstehen.[206] Soweit für die Inanspruchnahme eines Dienstes nach § 66a S. 1 TKG für Anrufe aus dem Mobilfunknetz Preise gelten, die von den Preisen für Anrufe aus den Festnetzen abweichen, ist der Festpreis mit dem Hinweis auf die Möglichkeit abweichender Preise für Anrufe aus dem Mobilfunknetzen anzugeben (§ 66a S. 5 TKG). Abweichend hiervon ist bei Service-Diensten neben dem Festnetzpreis auch der Mobilfunkhöchstpreis anzugeben, soweit für die Inanspruchnahme des Dienstes für Anrufe aus den Mobilfunknetzen Preise gelten, die von den Preisen für Anrufe aus den Festnetzen abweichen (§ 66a S. 6 TKG).

77

Verstöße gegen die Anforderungen des § 66a TKG sind gemäß § 149 Abs. 1 Nr. 13a-c TKG bußgeldbewährt. Außerdem finden auf Verstöße gegen § 66a TKG die Beseitigungs-, Unterlassungs- und Schadensersatzansprüche des § 44 Abs. 1 TKG[207] Anwendung.[208]

78

---

[200] *Kühling/Elbracht,* MAH IT-Recht, 2. Aufl. 2011, Teil 6 Rn. 271.
[201] Vgl. zB *Roßnagel,* NVwZ 2007, 743, 745.
[202] S. dazu bereits oben unter → Rn. 25.
[203] *Kühling/Elbracht,* MAH IT-Recht, 2. Aufl. 2011, Teil 6 Rn. 271.
[204] OLG *Düsseldorf,* GRUR-RR 2014, 458, 460; *Sodtalbers,* in: Spindler/Schuster (Hrsg.), Recht der elektronischen Medien, § 66a Rn. 1.
[205] BGH, NJW-RR 2016, 491, 492 f.
[206] BGH, NJW-RR 2016, 491, 493 f.
[207] Vgl. zu § 44 TKG → Rn. 72 f.
[208] Zur Frage, ob es sich bei § 66a TKG um eine Marktverhaltensregel iSd § 3a UWG handelt, vgl. LG *Frankfurt a. M.,* 4.3.2011 – 3-12 O 147/10, BeckRS 2011, 07142; *LG Frankfurt a. M.,* 4.1.2012 – 3-8 O 113/11, BeckRS 2012, 13328.

2. Preisansage, § 66b TKG

79 Für **sprachgestützte Premium-Dienste** und für **sprachgestützte Betreiberauswahl** hat derjenige, der den vom Endnutzer zu zahlenden Preis für die Inanspruchnahme dieses Dienstes festlegt, vor Beginn der Entgeltpflichtigkeit dem Endnutzer den für die Inanspruchnahme dieses Dienstes zu zahlenden Preis zeitabhängig je Minute oder zeitunabhängig je Datenvolumen oder sonstiger Inanspruchnahme einschließlich der Umsatzsteuer und sonstiger Preisbestandteile anzusagen. In Bezug auf die Anforderungen an die **Preisansage** enthält § 66b TKG detaillierte Regelungen. Jedenfalls muss die geforderte Preisansage dem Grundsatz der Preisklarheit entsprechen. Dieser fordert, dass neben einer korrekten Preisangabe der für die Dienstleistung geforderte Preis für den Letztverbraucher eindeutig und klar erkennbar sein muss. Auslegungsmaßstab für das ungeschriebene Tatbestandsmerkmal „Preisklarheit" ist dabei das Verständnis des „normal informierten, situationsadäquat aufmerksamen und verständigen Durchschnittsverbrauchers".[209] Mit dem Gesetz zur Änderung telekommunikationsrechtlicher Regelungen ist die Preisansageverpflichtung des § 66b Abs. 1 TKG auf Call-by-Call-Dienste ausgedehnt worden (s. § 66b Abs. 1 S. 1 TKG). Diese Regelung gilt seit dem 1.8.2012, nachdem der Erste Senat des Bundesverfassungsgerichts mit Beschluss vom 4.5.2012 im Wege der einstweiligen Anordnung entschieden hatte, dass die durch die Neufassung des § 66b Abs. 1 TKG eingeführte Preisansagepflicht bei Call-by-Call-Gesprächen nicht vor diesem Tage in Kraft tritt. Zur Begründung führte der Senat ua aus, dass der Gesetzgeber insoweit hätte eine Übergangsfrist festlegen müssen, damit die betroffenen Unternehmen die betriebliche Umstellung organisieren können.[210]

80 Der Endnutzer ist nach § 66g Nr. 1 TKG zur Zahlung des Entgelts nicht verpflichtet, wenn und soweit nach Maßgabe des § 66b Abs. 1 TKG nicht vor Beginn der Inanspruchnahme über den erhobenen Preis informiert wurde. Ein vorsätzlicher oder fahrlässiger Verstoß gegen § 66b Abs. 1 S. 1 TKG kann als Ordnungswidrigkeit geahndet werden (§ 149 Abs. 1 Nr. 13d TKG). Daneben bestehen die in § 44 Abs. 1 TKG geregelten Ansprüche auch bei Verstößen gegen § 66b TKG.

3. Preisanzeige, § 66c TKG

81 § 66c TKG beinhaltet Pflichten zur Preisanzeige für **Kurzwahl-Datendienste.** Darunter fallen beispielsweise SMS- oder MMS-Dienste. Die Preisanzeigepflicht nach § 66c TKG entsteht dabei erst ab einem Preis von 2,00 EUR pro Inanspruchnahme.[211] Eine Ausnahme von der Preisanzeigeverpflichtung nach § 66c Abs. 1 TKG gilt in den Fällen, in denen der Dienst im öffentlichen Interesse erbracht wird (§ 66c Abs. 2 S. 1 Fall 1 TKG). Dies ist beispielsweise beim Lösen von Fahrscheinen mittels Kurzmitteilung im öffentlichen Nahverkehr oder beim Spenden mittels Kurzmitteilung für gemeinnützige Organisationen der Fall.[212] Eine weitere Ausnahme von der Preisanzeigepflicht besteht, wenn der Endnutzer sich durch ein geeignetes Verfahren vor der Inanspruchnahme des Dienstes legitimieren muss (§ 66c Abs. 2 S. 1 Fall 2 TKG).

82 Bei Verstößen gegen die Preisanzeigepflicht aus § 66c Abs. 1 TKG greift § 149 Abs. 1 Nr. 13e TKG. Darüber hinaus entfällt der Entgeltanspruch gemäß § 66g Nr. 2 TKG, wenn nicht vor Beginn der Inanspruchnahme über den erhobenen Preis informiert wurde und keine Bestätigung des Endnutzers erfolgt.

---

[209] *VG Köln,* 9.4.2014 – 21 K 2505/13, BeckRS 2014, 55469; 25.9.2014 – 1 K 2504/13, BeckRS 2015, 48683.
[210] *BVerfG,* NJW 2012, 1941 ff. Im Nachgang zu diesem Beschluss erklärte die Beschwerdeführerin ihre Verfassungsbeschwerde für erledigt, vgl. *BVerfG,* 22.1.2013 – 1 BvR 367/12, BeckRS 2013, 46593.
[211] Auch unterhalb dieser Schwelle sind jedoch die Anforderungen des § 45l Abs. 3 TKG zu beachten, soweit dessen Anwendungsbereich eröffnet ist, s. dazu oben unter → Rn. 28 f.
[212] Vgl. BT-Drs. 15/5213, 26; *Kühling/Elbracht,* MAH IT-Recht, 2. Aufl. 2011, Teil 6 Rn. 277.

B. Nummerierung   **8**

Die Vorschriften der §§ 66a–66c TKG sind nach wie vor in Kraft. Zwar sind die   83
§§ 66a–66c TKG nach Art. 5 Abs. 2 S. 2 des Gesetzes zur Änderung telekommunikationsrechtlicher Regelungen vom 3.5.2012 (BGBl. I S. 958, 997) mit dem Inkrafttreten einer Rechtsverordnung nach § 45n Abs. 1 in Verbindung mit Abs. 6 Nr. 1 TKG nicht mehr anzuwenden. Eine entsprechende Rechtsverordnung ist bislang aber nicht in Kraft getreten. Die Bundesnetzagentur, auf die die Kompetenz zum Erlass einer entsprechenden Verordnung übertragen worden ist, hat von dieser Kompetenz im Blick auf die §§ 66a–66c TKG noch keinen Gebrauch gemacht.[213]

4. Preishöchstgrenzen, § 66d TKG

Mit § 66d Abs. 1 S. 1 TKG hat der Gesetzgeber Höchstgrenzen für **zeitabhängig** über   84
Rufnummern für Premium-Dienste abgerechnete Dienstleistungen gesetzt. Hier dürfen die Kosten grundsätzlich maximal 3,00 EUR pro Minute betragen. Bei **zeitunabhängigen** Premium-Diensten ist der Maximalpreis auf 30,00 EUR festgelegt (§ 66d Abs. 2 S. 1 TKG). Entsprechende Preishöchstgrenzen für Service-Dienste finden sich in § 66d Abs. 3 TKG. § 66d Abs. 4 S. 1 TKG eröffnet die Option, von den starren Preisgrenzen bei Premium-Diensten (Abs. 1 und 2) unter Anwendung eines geeigneten **Legitimationsverfahrens** abzuweichen. Die Einzelheiten dieses Verfahrens regelt die BNetzA. Die BNetzA kann daneben gemäß § 66d Abs. 4 S. 4 TKG mit Blick auf die allgemeine Entwicklung der Preise oder des Marktes von den in den Abs. 1 bis 3 genannten Preishöchstgrenzen abweichende Preishöchstgrenzen im Wege des Verfahrens nach § 67 Abs. 2 TKG unter Anhörung der beteiligten Kreise bestimmen.

Für den Fall eines Verstoßes gegen die Preishöchstgrenzen bei Premium-Diensten nach   85
§ 66 Abs. 1 oder 2 TKG findet die Bußgeldvorschrift des § 149 Abs. 1 Nr. 13f TKG Anwendung. Zudem entfällt bei jeglichen Verstößen gegen die Preishöchstgrenzen des § 66d TKG sowie bei Verstößen gegen die Verfahren zu Tarifierungen nach § 66d Abs. 2 S. 2 und 3 TKG der Entgeltanspruch des Anbieters.

Weitere Preishöchstgrenzen finden sich in Art. 5a der EU-Roaming-Verordnung 2015/   86
2120.[214] Nach Art. 5a Abs. 1 dieser Verordnung dürfen seit dem 15.5.2019 die Endkundenpreise, die Verbrauchern für regulierte intra-EU-Kommunikation berechnet werden, 0,19 EUR pro Minute für Anrufe und 0,06 EUR je SMS (jeweils ohne Mehrwertsteuer) nicht überschreiten.

5. Verbindungstrennung, § 66e TKG

Die Bestimmung des § 66e TKG über die Verbindungstrennung dient dem **(Selbst-)**   87
Schutz der Endnutzer vor hohen Rechnungen durch (ungewollt) lange Inanspruchnahmen der dort aufgeführten Mehrwertdienste. So muss jede zeitabhängig abgerechnete Verbindung zur Inanspruchnahme von Premium-Diensten sowie Kurzwahl-Sprachdiensten nach **60 Minuten** getrennt werden. Diese Verpflichtung kann wiederum durch die Anwendung eines geeigneten **Legitimationsverfahrens** abbedungen werden.

Der Entgeltanspruch des Anbieters entfällt gemäß § 66g Nr. 4 TKG, wenn die zeitliche   88
Obergrenze nicht eingehalten wurde. Zudem begeht der Anbieter in diesem Fall eine Ordnungswidrigkeit nach § 149 Abs. 1 Nr. 13g TKG, sofern er vorsätzlich oder fahrlässig gehandelt hat.

---

[213] *BGH*, NJW-RR 2016, 491, 491 f.; *Sodtalbers*, in: Spindler/Schuster (Hrsg.), Recht der elektronischen Medien, Vorbemerkung zu §§ 66a ff. Rn. 4.
[214] Verordnung (EU) 2015/2120 des Europäischen Parlaments und des Rates vom 25.11.2015 über Maßnahmen zum Zugang zum offenen Internet und zu Endkundenentgelten für regulierte intra-EU-Kommunikation sowie zur Änderung der Richtlinie 2002/22/EG und der Verordnung (EU) Nr. 531/2012.

6. Anwählprogramme (Dialer), § 66f TKG

89 In der Vergangenheit besonders relevant im Zusammenhang mit der Preisbegrenzung von Diensten war der Schutz vor Dialern, da hier durch automatische Interneteinwahlen über Premium-Dienste-Rufnummern – zumeist ohne Kenntnis des Nutzers – ein hohes Verbindungsaufkommen verursacht und abgerechnet wurde. Die Problematik hat sich mittlerweile dadurch entschärft, dass mittlerweile kaum mehr Einwahlen ins Internet über Telefonnummern via (ISDN-)Modem erfolgen.[215] Nach § 66f Abs. 1 S. 1 TKG ist jeder Dialer bei der BNetzA zu **registrieren**. Die BNetzA hat dabei gemäß § 66f Abs. 3 S. 1 TKG die Möglichkeit, die Registrierung abzulehnen, wenn Tatsachen die Annahme rechtfertigen, dass der Antragsteller nicht die erforderliche **Zuverlässigkeit** besitzt. Die Norm nennt in S. 2 sodann die entsprechenden Regelfälle für das Fehlen der Zuverlässigkeit, wobei diese Aufzählung nicht abschließend ist. Zum einen fehlt die Zuverlässigkeit, wenn der Antragsteller schwerwiegend gegen die Bestimmungen des TKG verstoßen hat und zum anderen dann, wenn er wiederholt eine Registrierung durch falsche Angaben erwirkt hat.

90 Der Entgeltanspruch entfällt gemäß § 66g Nr. 5 TKG, wenn ein Dialer entgegen § 66f Abs. 1 und 2 TKG betrieben wurde. Im Falle eines Verstoßes gegen die Registrierungspflicht aus § 66f Abs. 1 S. 1 TKG findet ferner § 149 Abs. 1 Nr. 13h TKG Anwendung.

7. Auskunftsanspruch für (0)190er Rufnummern, Datenbank für (0)900er Rufnummern, § 66i TKG

91 Zum Zweck der Durchsetzung zivilrechtlicher Ansprüche gegen Anbieter von Mehrwertdienstleistungen statuiert § 66i TKG verschiedene Auskunftsansprüche, teilweise **gegenüber** der **BNetzA** (Abs. 1, Abs. 3 S. 1), teilweise **gegenüber** dem **rechnungsstellenden Unternehmen** (Abs. 3 S. 2) sowie gegebenenfalls **gegenüber** den **Netzbetreibern,** in deren Netze bestimmte Mehrwertdienste(-rufnummern) geschaltet sind (Abs. 3 S. 3). Grund dafür ist, dass in vielen Fällen allein aus der Rechnung nicht eindeutig hervorgeht, welcher (Inhalte-) Anbieter sich letztverantwortlich hinter einer entsprechenden Rufnummer verbirgt. Für den Endnutzer ist es aber von Bedeutung, wer für den Inhalt und das Angebot eines entsprechenden Dienstes verantwortlich ist. Diese Verantwortlichkeit wird durch § 66h TKG transparent gemacht. Zudem werden alle zugeteilten (0)900er Rufnummern[216] gemäß § 66h Abs. 2 S. 1 TKG in einer Datenbank bei der BNetzA erfasst.

8. R-Gespräche, § 66j TKG

92 R-Gespräche[217] sind Telefonverbindungen, bei denen dem **Angerufenen** das Verbindungsentgelt in Rechnung gestellt wird (§ 66j Abs. 1 S. 1 TKG). Die Tatsache, dass ein solches Gespräch zumeist auf den ersten Blick kostenlos ist, führte in der Vergangenheit gerade bei Minderjährigen zu einer häufigen und unbedachten Inanspruchnahme.[218] Um zu verhindern, dass **Mehrwertdienste über R-Gespräche** abgerechnet werden, bestimmt § 66j Abs. 1 S. 1 TKG, dass Zahlungen an den Anrufer **unzulässig** sind.[219] Die Endkunden können zudem ihren Anbieter beauftragen, unentgeltlich die Aufnahme ihrer Nummern in eine **Sperrliste** zu veranlassen (§ 66j Abs. 2 S. 2 TKG).[220] Diese Sperrliste

---

[215] *Kühling/Elbracht*, MAH IT-Recht, 2. Aufl. 2011, Teil 6 Rn. 283.
[216] Die einheitliche Dienstekennzahl (0)900 legt Premium-Rate-Dienste bundesweit fest. Die dafür ebenfalls vorgesehene (0)190er-Nummerngasse ist bereits ausgelaufen.
[217] „Reverse Charging", vgl. *Grabe*, MMR 2005, 483, 483; *Kühling/Elbracht*, MAH IT-Recht, 2. Aufl. 2011, Teil 6 Rn. 286; *Schütz*, Kommunikationsrecht, Rn. 173.
[218] Vgl. *Grabe*, MMR 2005, 483, 483f.; *Kühling/Elbracht*, MAH IT-Recht, 2. Aufl. 2011, Teil 6 Rn. 286.
[219] Vgl. *Zagouras*, NJW 2007, 1914, 1916.
[220] Für die Löschung einer Nummer aus der Sperrliste darf der Anbieter hingegen grundsätzlich ein Entgelt verlangen (§ 66j Abs. 2 S. 3 TKG).

B. Nummerierung

wird von der BNetzA geführt und steht den Anbietern von R-Gesprächsdiensten zum Abruf bereit (§ 66j Abs. 2 S. 5 TKG).

> **Praxistipp:** 93
> Sollte der Endnutzer einen solchen Eintrag in die Sperrliste nicht veranlasst haben und infolgedessen von seinem Anschluss aus unbefugt R-Gespräche entgegen genommen worden sein, so ist unter Zugrundelegung der Rechtsprechung des BGH wohl davon auszugehen, dass der Endkunde auch für solche R-Gespräche vertraglich einstehen muss, da ihm die unbefugte Entgegennahme der R-Gespräche durch Dritte kraft eigenen Verschuldens analog § 276 BGB gemäß § 45i Abs. 4 S. 1 TKG zuzurechnen wäre.[221]

Der Entgeltanspruch entfällt gemäß § 66h Nr. 6 TKG, wenn nach Maßgabe des § 66j 94 Abs. 1 S. 2 TKG R-Gesprächsdienste mit Zahlungen an den Anrufer angeboten werden[222] oder einen Tag nach Eintrag in die Sperrliste ein R-Gespräch zum gesperrten Anschluss erfolgt, § 66h Nr. 7 TKG.[223]

9. Rufnummernübermittlung, § 66k TKG

Gemäß § 66k Abs. 1 S. 1 TKG müssen Anbieter von Telekommunikationsdiensten sicher- 95 stellen, dass beim Verbindungsaufbau als Rufnummer des Anrufers eine vollständige national signifikante Rufnummer übermittelt und als solche gekennzeichnet wird. Das Aufsetzen bzw. Übermitteln von bestimmten Mehrwertdiensterufnummern ist zudem gemäß § 66k Abs. 1 S. 3 TKG verboten. Damit wurde auf die Fälle der sog. **Ping- bzw. Lockvogelanrufe** reagiert, in denen die Verbindung unter Hinterlassung einer 0049190er/ 0049137er-Rufnummer nach einmaligem Klingeln automatisch getrennt wird. Ziel dieses unlauteren Geschäftsmodells ist dabei, dass die Angerufenen aus Sorge, ein wichtiges Telefonat verpasst zu haben, einen Rückruf zu dem teuren Mehrwertdienst starten. Diese Ping- bzw. Lockanrufe sind zu Recht als unzulässig eingestuft worden.[224] Zudem soll durch § 66k Abs. 2 S. 1 TKG ein Identitätsdiebstahl verhindert werden[225], indem es Teilnehmern verwehrt wird, Rufnummern – zB von anderen Teilnehmern – aufzusetzen und zu übermitteln, an denen sie kein Nutzungsrecht haben.

Bei diesbezüglichen Verstößen kommt eine Geldbuße wegen einer Ordnungswidrigkeit 96 nach § 149 Abs. 1 Nr. 13l, Nr. 13m, Nr. 13n bzw. Nr. 13o TKG in Betracht.

10. Warteschleifen, § 66g TKG

Seit dem 1.6.2013 regelt § 66g TKG die engen Grenzen, in denen **Warteschleifen** ein- 97 gesetzt werden dürfen. Danach müssen Warteschleifen, soweit sie überhaupt noch eingesetzt werden dürfen, in der Regel kostenlos oder nahezu kostenlos sein. Des Weiteren statuiert § 66g Abs. 2 TKG eine Ansagepflicht insbesondere über die voraussichtliche Dau-

---

[221] Vgl. *Ditscheid/Rudloff*, in: Geppert/Schütz (Hrsg.), TKG, § 66j Rn. 16 ff.; aA *Böttcher*, VuR 2006, 256, 258 f., welcher der Meinung ist, dass die Sperrliste vorwiegend dem Schutz der R-Gesprächsanbieter dienen soll. Eine Haftung im Falle der Nichteintragung „liefe [ansonsten] auf eine Art negative Publizität im Telekommunikationsdienstleistungsrecht hinaus, die mit dem Verbraucherschutz nicht zu vereinbaren sei"; im Ergebnis ebenfalls ablehnend *Janal*, K&R 2006, 272, 276. Vgl. zur diesbezüglichen Rechtsprechung des BGH oben → Rn. 47.
[222] Bei solchen Verstößen liegt auch eine Ordnungswidrigkeit nach § 149 Abs. 1 Nr. 13k TKG vor.
[223] Der Gesetzeswortlaut nimmt insoweit noch Bezug auf § 66i Abs. 1 S. 2 und Abs. 2 TKG. Die durch § 66h Nr. 6 und Nr. 7 TKG in Bezug genommenen Bestimmungen finden sich aber nunmehr in § 66j Abs. 1 S. 2 und Abs. 2 TKG.
[224] Vgl. *VG Köln*, 28.1.2005 – 11 K 3734/04, NJW 2005, 1880, 1881. Vgl. zur Strafbarkeit derartiger Ping-Anrufe nach § 263 StGB BGHSt 59, 195, 203 f.; *LG Osnabrück*, 6.3.2013 – 10 KLs 38/09 140 Js 2/07; *Kölbel*, JuS 2013, 193 ff.
[225] Vgl. BT-Drs. 16/2581, 33; *Zagouras*, NJW 2007, 1914, 1916.

er der Warteschleife. Zur Durchsetzung der Warteschleifenregelungen sind zahlreiche Sanktionen vorgesehen. Diese betreffen ua den Wegfall des Entgeltanspruchs (§ 66h Nr. 8 TKG) und die mögliche Verhängung eines Bußgelds (§ 149 Abs. 1 Nr. 13i und j TKG).[226]

III. Befugnisse der BNetzA, § 67 TKG

98 § 67 TKG enthält eine Regelung über die Befugnisse der BNetzA zur Wahrung der gesetzlichen und der von ihr selbst erlassenen Bedingungen für die **Nummernnutzung**. Die BNetzA kann nach Abs. 1 S. 1 Maßnahmen ergreifen, welche die Einhaltung der gesetzlichen und behördlichen Vorgaben im Bereich der Nummernverwaltung gewährleisten sollen. Sie kann geeignete Maßnahmen gegen jegliche Verstöße bei der Nummernnutzung treffen, wobei der BNetzA ein Entschließungs- und Auswahlermessen zukommt.[227] Als gesetzliche Vorschriften, deren Einhaltung durch Anordnungen und andere geeignete Maßnahmen nach § 67 Abs. 1 S. 1 TKG sichergestellt werden kann, kommen jegliche Verstöße bei der Nummernnutzung, insbesondere mit Blick auf Verbraucher- und Kundenschutzbelange, und damit auch die Bestimmungen des UWG in Betracht.[228] Dementsprechend liegt die rechtswidrige Nutzung einer Rufnummer vor, wenn über sie Werbung unverlangt zugesandt wird, die Rufnummer an dem Verstoß gegen das UWG also unmittelbar beteiligt ist.[229]

99 Die in § 67 Abs. 1 S. 2 bis 7 TKG genannten Maßnahmen sind kein abschließender Katalog. Die Bundesnetzagentur kann daher nach § 67 Abs. 1 S. 1 TKG im Rahmen der Nummernverwaltung ergänzende Anordnungen und andere geeignete Maßnahmen treffen, um die Einhaltung gesetzlicher Bestimmungen und der von ihr erteilten Bedingungen über die Zuteilung von Nummern sicherzustellen.

---

[226] Vgl. dazu ausführlich *Beine*, MMR 2012, 567 ff.
[227] BT-Drs. 15/2316, 83.
[228] *VG Köln*, 1.3.2011 – 21 L 157/11, BeckRS 2011, 49574.
[229] Vgl. *OVG NRW*, 5.8.2010 – 13 B 883/10, juris Rn. 11 ff., BeckRS 2010, 51803; *VG Köln*, 1.3.2011 – 21 L 157/11, BeckRS 2011, 49574.

Teil 9. Künstliche Intelligenz

Teil 9.1 Technische Grundlagen

Übersicht

	Rn.
A. Der Hype um KI	1
B. Definitionen	7
C. Maschinelles Lernen	13
I. Statistische und Probabilistische Inferenz	19
1. Klassifikation	20
2. Regression	21
3. Clustering	22
4. Ausreißererkennung	23
II. Neuronale Netze	25
1. Deep Learning	29
2. Reinforcement Learning	34

Literatur:
Backhaus/Erichson/et. al., Multivariate Analysemethoden: Eine anwendungsorientierte Einführung, 2003; *Beck*, Faszinierendes Gehirn: Eine bebilderte Reise in die Welt der Nervenzellen, 2017; *Bishop*, Pattern Recognition and Machine Learning, 2007; *Fahrmeir/Kneib/Lang*, Regression: Modelle, Methoden und Anwendungen, 2007; *Freedman*, Statistical Models: Theory and Practice, 2009; *Held*, Methoden der statistischen Inferenz. Likelihood und Bayes, 2008; *Kuckartz*, Statistik: Eine verständliche Einführung, 2013; *Marr*, Big Data: Using Smart Big Data, Analytics and Metrics to Make Better Decisions and Improve Performance, 2015; *Minsky*, Semantic Information Processing", MIT Press, 1968; *Pumperla*, Deep Learning and the Game of Go, 2019; *Rich*, Artificial Intelligence, 1983; *Webb*, Statistical Pattern Recognition, 2002; *Wein*, Artificial Intelligence Making Machines Learn: A friendly Introduction, 2018.

A. Der Hype um KI

Künstliche Intelligenz (kurz: KI, bzw. AI für das englische Artificial Intelligence) ist zurzeit in aller Munde. Kaum ein technisch orientiertes Unternehmen, das etwas auf sich und seine technologische Kompetenz hält, kommt umhin, sich den Einsatz künstlicher Intelligenz auf die Fahnen zu schreiben, oder ihn doch zumindest anzukündigen. 2019 bescheinigte das Beratungsunternehmen Gartner dem Thema KI als einem der fünf wichtigsten Technologie-Trends tiefgreifendes Transformationspotenzial.[1] Im Gartner Hype-Cycle, welcher die Phasen der öffentlichen Aufmerksamkeit neuer Technologie bei deren Einführung veranschaulicht, standen KI-Technologien wie Deep Learning in 2018 ganz oben auf der Hype-Kurve. Und wie es meist an der Spitze der Hype-Kurve so ist, gibt es viele euphorische, überzogene und teils vollkommen unrealistische Erwartungen, wie eine Wunder-Technologie alle Bereiche unseres Lebens revolutionieren wird.

So gibt es Stimmen, die eine Revolution unseres Gesundheitswesens vorhersagen: Ärzte würde man in nicht allzu ferner Zukunft nicht mehr brauchen, da intelligente Software in kürzester Zeit aus Daten von Millionen oder gar Milliarden von Menschen alle relevanten medizinischen Zusammenhänge lernt und perfekte Diagnosen und Therapien erstellt. Sicher ist diese Erwartung in dieser Allgemeinheit stark übertrieben, aber ein paar Funken Wahrheit mögen sich vielleicht doch finden: schon heute sind Software-Systeme in der Lage, zB Röntgen-Bilder und CT-Scans auf Auffälligkeiten zu prüfen und mit deutlich

1

2

---

[1] *Gartner*, www.gartner.com, abrufbar unter https://www.gartner.com/smarterwithgartner/gartner-top-10-strategic-technology-trends-for-2019/ (August 2019, zuletzt abgerufen am 16.1.2020).

höherer Treffsicherheit zB Tumore in frühen Stadien zu erkennen, als dies Experten könnten.[2]

3   Zur Zukunft unseres Rechtswesens finden sich ähnliche Stimmen, die Rechtspfleger und Anwälte in die Bedeutungslosigkeit schicken wollen, da intelligente Software automatisiert Fälle analysieren, Argumente abwägen und begründete Entscheidungsempfehlungen erstellen soll. Auch hier sind die Erwartungen sicherlich überzogen. Aber Fakt ist ebenso, dass bereits heute Software mit künstlicher Intelligenz in vielen Anwaltskanzleien das Sichten von Gerichtsentscheidungen übernimmt. In einer Studie der Stanford University, Duke University und University of Southern California schlug eine kommerzielle KI-Software eine Auswahl an Top-Anwälten klar bei der Identifizierung rechtlicher Probleme in Verträgen.[3]

4   Während die Erfolge von KI in diesen Beispielen vielleicht überraschend sein mögen, so scheint doch bei etwas genauerer Betrachtung zumindest ein gewisses Regelwerk in den genannten Problemstellungen erkennbar und somit eine Umsetzung in Software vorstellbar. Eine große Mehrheit jedoch spricht technischen Systemen eine andere Eigenschaft (noch immer) ab: Kreativität. Kreativ sein? Nein, das können nur wir Menschen! Wenngleich diese Aussage – je nach Interpretation des Begriffs Kreativität – wohl richtig ist, ist dennoch auch hier Vorsicht geboten: mittlerweile werden Gemälde von KI gemalt und Symphonien von KI komponiert, die in jeder Hinsicht beeindruckend sind. Der „AI Virtual Artist" (AIVA) beispielsweise komponiert für jeden Zweck auf Knopfdruck eine passende musikalische Untermalung.[4]

5   Die beeindruckenden Erfolge, die künstliche Intelligenz gerade in den vergangenen zehn Jahren feiern konnte – von Watsons Sieg in der Quiz-Show Jeopardy![5] über Alpha-Gos[6] Sieg über den besten Go-Spieler der Welt bis hin zum autonomen Fahren[7] – verleiten besonders technologiegläubige Zeitgenossen sogar zu Visionen, dass wir uns und insbesondere unsere Gehirne eines Tages in große Rechner hochladen können und dann als Software in virtueller Realität für ewig weiterleben.[8] An dieser tollkühnen Vision sind sicherlich massive Zweifel angebracht (insbesondere da wissenschaftliche Erkenntnisse[9] der letzten Jahrzehnte ein rein materialistisches Weltbild immer mehr infrage stellen) – sie zeigt aber die Bandbreite der Phantasien, die mit dem Begriff der künstlichen Intelligenz beflügelt werden.

6   Aus Sicht der Rechtsprechung ist das Thema Künstliche Intelligenz insbesondere aus zwei Perspektiven interessant: a) wie kann KI-Technologie sinnvoll und hilfreich für die Rechtsfindung und alle in diesem Kontext anfallenden Aufgaben eingesetzt werden, und b) welche neuen Herausforderungen ergeben sich durch den immer breiteren Einsatz von immer leistungsfähigerer und selbständig agierender KI-Technologie. Während zu ersterer Frage oben bereits ein Beispiel erwähnt wurde und die nachfolgenden Abschnitte durch die Vermittlung eines groben Überblicks über das Technologiefeld einige Anregungen zu geben versuchen, stehen wir bezüglich der zweiten Fragestellung, und insbesondere wie diesen neuen Herausforderungen dann zu begegnen ist, noch recht am Anfang. Sobald beispielsweise ein künstlich intelligentes System autonom agiert und dabei sicherheitsrelevante Entscheidungen trifft, sind in einem Schadensfall uU die Schuld- und Haftungsfrage nicht mehr so eindeutig zu beantworten. Während unsere Rechtsprechung grundsätzlich

---

[2] *Glenny*, Google AI better than doctors at detecting breast cancer", BBC Science Focus, 2018.
[3] *Lawgeex*, „AI vs. Lawyers: the Ultimate Showdown", abrufbar unter https://blog.lawgeex.com/ai-more-accurate-than-lawyers/ (zuletzt abgerufen am 15.1.2020).
[4] *AIVA*, the AI Virtual Artist, www.aiva.ai (zuletzt abgerufen am 15.1.2020).
[5] Jeopardy! IBM Challenge, www-03.ibm.com/press/us/en/pressrelease/35301.wss (zuletzt abgerufen am 15.1.2020).
[6] *Google* (DeepMind) AlphaGo, deepmind.com/research/case-studies/alphago-the-story-so-far (15.1.2020)
[7] *Waymo*, www.waymo.com (zuletzt abgerufen am 15.1.2020).
[8] *Kurzweil*, The Singularity is Near, Viking, 2005.
[9] Beispiele reichen von der Quantenphysik bis hin zur systematischen und wissenschaftlichen Untersuchung von Nahtoderfahrungen.

bei technischen Systemen von einer Haftung des Betreibers ausgeht, wird diese Herangehensweise mit deutlich schwindender Beherrschbarkeit intelligent und autonom agierender Systeme durch deren Betreiber zunehmend fragwürdiger. Das EU-Parlament hat daher bereits die Einführung sogen. „elektronischer Personen" (E-Personen) vorgeschlagen. Dies könnte dazu führen, dass für Schäden, die durch eine KI verursacht wurden, letztlich niemand haftet, sofern dem Entwickler der KI kein Vorsatz und dem Betreiber der KI keine Fahrlässigkeit vorgeworfen werden kann. Denkbar wäre auch, dass der Betreiber einer KI wie eine Art Erziehungsberechtigter oder wie der Halter eines Tieres für das System haftet. Schlussendlich wird es entscheidend darauf ankommen, wie wir als Gesellschaft uns dem Phänomen der KI stellen und damit umgehen wollen. Und für diesen gesellschaftspolitischen Diskurs ist ein gewisses Grundverständnis der Technologie, welches mit den nachfolgenden Abschnitten vermittelt werden soll, essenziell.

B. Definitionen

Der Begriff der künstlichen Intelligenz ist – zumindest für die Verhältnisse der IT-Branche – schon recht alt: im Jahr 1956 trafen sich eine Reihe hochkarätiger Informatiker um John McCarthy am Dartmouth College zu einem Summer Research Project. Ihre Hypothese, jeder Aspekt des Lernens sowie jede andere Facette von Intelligenz könne prinzipiell so präzise beschrieben werden, dass eine Maschine dies simulieren kann,[10] führte zur Begriffsbildung und schließlich zur Gründung einer ganzen Disziplin innerhalb der Informatik. Trotz langer Historie gibt es allerdings bis heute keine einheitliche Definition dessen, was genau unter künstlicher Intelligenz zu verstehen ist. Häufig zitiert (teils in leichten Abwandlungen) wird Marvin Minsky, einer der KI-Pioniere, der in KI die Wissenschaft sieht, Maschinen Fähigkeiten beizubringen, die – falls von Menschen ausgeübt – Intelligenz erfordern.[11] Während hiermit wohl intuitiv in etwa das erfasst wird, was wir alle von KI erwarten, birgt der Vergleich mit menschlicher Intelligenz doch die Problematik, dass sich Intelligenz per se schwerlich definieren lässt. Einer anderen, häufig genannten Definition von Elaine Rich nach beschäftigt sich KI damit, Maschinen Dinge beizubringen, die Menschen bisher besser können.[12] Während auch diese Sicht im Sinne einer scharfen Definition nicht übermäßig hilfreich ist, so beschreibt sie doch eine recht charakteristische und interessante Facette der künstlichen Intelligenz: sobald eine bestimmte Fähigkeit hinreichend gut in einer Maschine abgebildet werden kann, ist man geneigt, schlicht von Algorithmen und Software[13] zu sprechen. Weiß man hingegen noch nicht so genau, wie man ein intellektuell herausforderndes Problem in Software löst, dann bedarf es anscheinend der sagenumwobenen künstlichen Intelligenz.

Zum Verständnis künstlicher Intelligenz ist abseits der lückenbehafteten Definitionen eher eine Annäherung über die Technologien hilfreich, mit denen KI erreicht bzw. umgesetzt wird.[14] Hierzu gehören ua Algorithmen und Software-Techniken zur Wissensrepräsentation (wie bildet man Fakten und Erkenntnisse in geeigneten Datenstrukturen ab?), zum logischen Schließen und zur Deduktion (wie implementiert man Regeln der Logik und ermöglicht logische Schlussfolgerungen?) und Handlungsplanung (wie bildet und repräsentiert man Pläne, und wie überprüft und verfeinert man diese kontinuierlich?). Der mit Abstand bedeutendste Technologie-Baustein für künstliche Intelligenz ist allerdings das

---

[10] *McCarthy/Minsky et. al.*, A Proposal for the Dartmouth Summer Research Project on Artificial Intelligence", 1955, in: AI Magazine Vol. 27 No.4, 2006.
[11] *Minsky,* Semantic Information Processing, MIT Press, 1968.
[12] *Rich,* Artificial Intelligence, McGraw-Hill, 1983.
[13] Unter einem Algorithmus versteht man eine eindeutige Handlungsvorschrift zur Lösung eines Problems; eine solche Handlungsvorschrift wird meist in Form von programmiersprachlichen Anweisungen, also als Software kodiert.
[14] ZB *Wein,* Artificial Intelligence Making Machines Learn: A friendly Introduction, 2018.

maschinelle Lernen (häufig mit ML abgekürzt, was auch für den englischen Begriff **Machine Learning** passt).

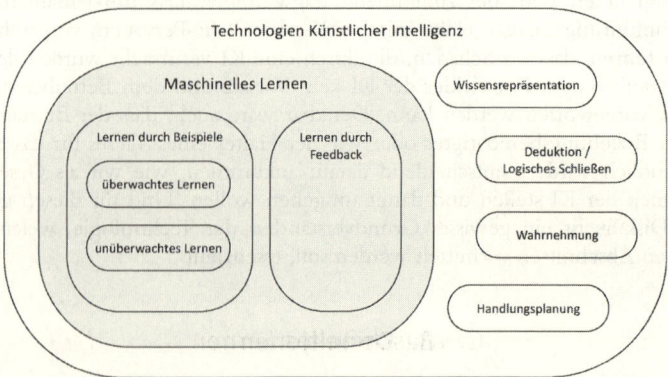

Abbildung 1: KI-Technologien

9   Das maschinelle Lernen bildet die Basis einer häufig mit dem Einsatz von KI einhergehenden und für KI charakteristischen, grundlegend anderen Herangehensweise an die Lösung von Problemen. In der klassischen Software-Entwicklung (heißt: ohne den Einsatz von KI) geht man von einer mehr oder minder explizit vorliegenden Spezifikation des gewünschten Systemverhaltens aus: man weiß, was ein Softwaresystem genau tun soll, und man kennt die Regeln, nach denen es handeln soll. Entsprechend formuliert man diese Regeln in Form von programmiersprachlichen Konstrukten, was den Programm-Quelltext, und nach einer automatischen Übersetzung durch sogenannte Compiler oder Interpreter den ausführbaren Programm-Code ergibt. **Klassische Software ist regelbasiert.**

10 Nun gibt es allerdings Problemstellungen, für die keine exakte Spezifikationen des gewünschten Systemverhaltens und insbesondere kein Wissen um die internen Regeln des Softwaresystems existieren – sei es, dass eine Spezifikation grundsätzlich nicht möglich ist, oder sei es, dass man sie schlicht zur Entwicklungszeit eines Systems noch nicht kennt. Für eine Anwendung wie das autonome Fahren, zum Beispiel, ist es schlicht unmöglich, alle denkbaren Verkehrssituationen und das in diesen Situationen richtige Verhalten vollständig zu spezifizieren. Für andere Anwendungen, zB die Vorhersage von Ausfallwahrscheinlichkeiten eines Bauteils, mag es wohl Regeln geben, allerdings sind diese anfänglich oft unbekannt, und man möchte ja gerade Softwaresysteme entwickeln, die diese Regeln erst finden. Für diese Arten von Problemstellungen bietet es sich an, einen Lernansatz zu verfolgen. Man entwickelt Software-Systeme, die in der Lage sind, anhand von Beispielen (Situation + korrektes Verhalten in dieser Situation) zu lernen und so zu generalisieren, dass sie sich schlussendlich auch in Situationen sinnvoll verhalten, die sie nie zuvor gesehen haben, bzw. an die nie ein Entwickler gedacht hat. Diese Systeme lernen also anhand von Daten: **KI-Software ist datenbasiert.**

11 Der Vollständigkeit halber sei angemerkt, dass die Unterscheidung zwischen klassischer Software und KI-basierter Software mittels „regelbasiert" vs. „datenbasiert" bei sehr genauer Betrachtung etwas (zu) schwarz/weiß ausfällt: so gibt es beispielsweise rein regelbasierte Expertensysteme, die dennoch der KI zugeordnet werden. In der Praxis hat sich diese Sichtweise auf künstliche Intelligenz allerdings bewährt: KI basiert nahezu immer auf maschinellem Lernen und somit auf datenbasierten Ansätzen.

12 Datenbasierte Ansätze, und damit praktisch alle KI-Systeme, bergen die Herausforderung, dass sich die Aktionen bzw. Reaktionen solcher Systeme im Einzelfall oft unserem genauen Verständnis entziehen, da sie nicht auf explizit kodierten Regeln basieren. KI-Systeme handeln aufgrund von Generalisierungen von unüberschaubar großen Datenmengen, mit denen sie trainiert wurden – was es ihnen erlaubt, eigenständig (hoffentlich

sinnvolle) Entscheidungen zu treffen. Man spricht daher davon, dass KI autonomes Verhalten ermöglicht, im Gegensatz zu automatisierten Abläufen, die keiner besonderen Entscheidungen bedürfen. Eine Garantie oder Sicherstellung eines sinnvollen und gewünschten Verhaltens (**Validierung**) ist für KI-Systeme oft nicht möglich. An deren Stelle treten statistische Aussagen der Form „mit einer Wahrscheinlichkeit von x% wird das KI-System das gewünschte korrekte Verhalten zeigen". KI-Systeme sind allerdings in aller Regel[15] weiterhin vollständig deterministisch, was heißt, dass sie bei gleichen Startbedingungen (Eingaben) immer das gleiche Verhalten zeigen. Somit ist auch das Verhalten von KI-Systemen grundsätzlich rekonstruierbar – wenngleich es in der Praxis evtl. schwer bis unmöglich sein kann, exakt identische Startbedingungen zu rekonstruieren. Auch wenn man von (künstlicher) Intelligenz spricht – KI-Systeme bleiben deterministische technische Systeme, ohne Bewusstsein, ohne Selbstreflexion und ohne Verständnis dessen, was sie tun.

C. Maschinelles Lernen

Maschinelles Lernen wird durch Algorithmen ermöglicht, die statistische Modelle aus Daten erstellen. Mit statistischen Modellen[16] ist insbesondere gemeint, dass es nicht um das reine Speichern von (Beispiel-)Daten geht – vergleichbar mit Auswendiglernen –, sondern um das Erkennen von Mustern und Gesetzmäßigkeiten in den Daten, sprich: statistisch relevanter Korrelationen. Hierzu gibt es eine Vielzahl unterschiedlicher Ansätze und Herangehensweisen, die üblicherweise aus drei unterschiedlichen Perspektiven betrachtet und entsprechend eingeordnet werden:
- verschiedene Ansätze zur Modell-Repräsentation
- überwachtes vs. unüberwachtes Lernen
- Lernen anhand von Beispielen vs. Lernen anhand von Feedback

Im Zentrum eines ML-Verfahrens steht das **Modell**, welches mit dem Verfahren aufgebaut (erlernt) wird. Bezüglich der Art und Weise, wie dieses Modell in Software repräsentiert ist, lassen sich symbolische und nicht-symbolische Ansätze unterscheiden. Bei **symbolischen Ansätzen** sind die Elemente und Konzepte aus der jeweiligen Anwendungsdomäne, ggf. auch die erlernten Zusammenhänge explizit (als Symbole) repräsentiert. Beispiel: nehmen wir an, ein KI-System soll Eigenschaften und Fähigkeiten von Tieren lernen. Bei einer symbolischen Wissensrepräsentation könnte das Modell dann zB aus einem sogen. Graph, also einem Netz aus Knoten bestehen, welche über Kanten verbunden sind. Die Knoten würden in diesem Fall Tiere, Eigenschaften und Fähigkeiten repräsentieren, während die Kanten diese Objekte in Beziehungen setzen [links in untenstehender Abbildung]. Im Gegensatz dazu gibt es bei **nicht-symbolischen Ansätzen** keine solche expliziten Repräsentationen von Objekten im Modell. Stattdessen besteht das Modell dann aus einer (meist extremen) Vielzahl von Parametern, die das (Antwort-)Verhalten des Systems bestimmen, die aber in keinem erkennbaren Zusammenhang mit den einzelnen Gegenständen der Modellierung stehen. Ein neuronales Netz (wir kommen in Kürze noch etwas detaillierter dazu) beispielsweise repräsentiert ein Modell auf nicht-symbolische Weise: nach einem geeigneten Lernvorgang kann es Fragen nach den Eigenschaften und Fähigkeiten von Tieren (hoffentlich) korrekt beantworten – es gibt allerdings keine erkennbare, direkte Abbildung dieser erlernten Zusammenhänge in dem Netz aus Neuronen und Synapsen. In den letzten Jahrzehnten, und insbesondere seit der bemerkenswerten Erfolge sogenannter tiefer neuronaler Netze in den letzten ca. 8 Jahren, haben sich nicht-symbolische Ansätze für viele Anwendungsfälle als flexibler und leistungsfähiger herausgestellt und sich sehr viel stärker durchgesetzt und verbreitet, als symbolische.[17] Innerhalb der

---

[15] Es sei denn, man baut aus anderweitigen Gründen explizit ein zufälliges Verhalten ein.
[16] *Freedman*, Statistical Models: Theory and Practice, Cambridge University Press, 2009.
[17] *Langley*, The changing science of machine learning, in: Machine Learning, Bd. 82, Nr. 3, 18.2.2011.

Vielzahl unterschiedlicher nicht-symbolischer Ansätze nehmen wiederum neuronale Netze eine bedeutende und prominente Stellung ein.

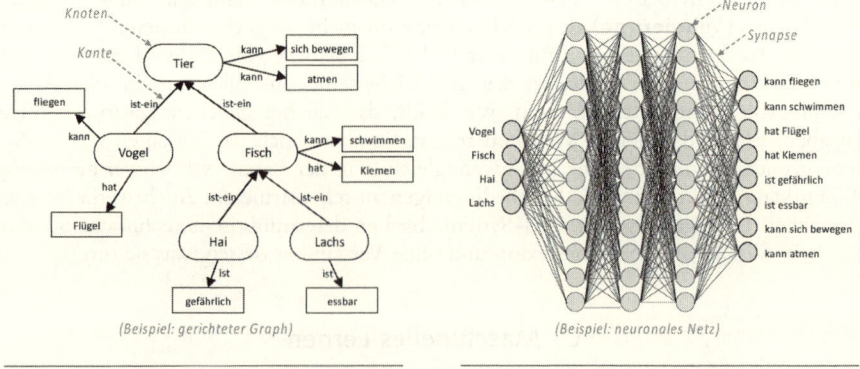

Abbildung 2: Modelle zur Wissensrepräsentation

15   Ein zweites Unterscheidungskriterium für ML-Verfahren betrifft die Frage, ob der Lernvorgang spezifisch für den Lernschritt **aufbereitete Daten** erfordert. Man spricht in diesem Fall von **überwachtem Lernen** (englisch: supervised learning). Überwachtes Lernen liegt beispielsweise vor, wenn das Lernverfahren anhand von Beispieldaten lernt, welche zusätzliche Annotationen zu deren Bedeutung bzw. zum erwarteten korrekten Systemverhalten enthalten. Diese Annotationen werden im Englischen als „**Labels**" bezeichnet – man spricht daher von annotierten bzw. gelabelten (Trainings-)Daten. Ein KI-System, zum Beispiel, welches Objekte in Bildern erkennen soll, wird mit annotierten Beispiel-Bildern angelernt, in denen die zu erkennenden Objekte schon markiert und benannt sind [links in untenstehender Abbildung]. Dies erfordert entsprechenden (meist manuellen) Vor-Aufwand: das sogenannte Labeling der Trainingsdaten. Der Lernvorgang besteht dann aus der (automatisierten) Anpassung und Optimierung aller Modellparameter anhand der in den Labels der Trainingsdaten enthaltenen Informationen über das gewünschte richtige Ergebnis bzw. Verhalten der KI. Dieser meist sehr rechenintensive Lernvorgang wird in aller Regel zum Entwicklungszeitpunkt des Systems vorgenommen [oberer Teil links in untenstehender Abbildung], und das daraus entstandene trainierte Modell wird während des Betriebs des KI-Systems unverändert verwendet [unterer Teil links]. In diesem Fall lernt das KI-System während des Betriebs nicht mehr hinzu. Dies hat den Vorteil, dass alle zur Entwicklungszeit bekannten Aussagen über die Eigenschaften des KI-Systems (zB Genauigkeit, Güte, Korrektheit) zu jedem Zeitpunkt während des Einsatzes weiterhin gelten und das System-Verhalten rekonstruierbar ist – was gerade für sicherheitskritische Anwendungen wie das autonome Fahren von entscheidender Bedeutung sein kann. Allerdings kann der Nachteil, dass das System nicht mehr hinzulernt und womöglich Fehler immer und immer wieder von neuem macht, in bestimmten Anwendungen ebenso schwer wiegen – weshalb der Lernvorgang dann auch während der Einsatzzeit des KI-Systems wiederholt werden kann. In diesem Fall besteht die Herausforderung darin sicherzustellen, dass kein unerwünschtes Verhalten erlernt wird.

16   Im Gegensatz zu überwachtem Lernen benötigen Verfahren des **unüberwachten Lernens** (englisch: unsupervised learning) keine Datenaufbereitung oder kontinuierliche Interaktion für den Lernvorgang, sondern analysieren Eingangsdaten ohne jegliches Vorwissen über Beispiel- oder Trainingsdaten [rechter Teil in untenstehender Abbildung].

C. Maschinelles Lernen

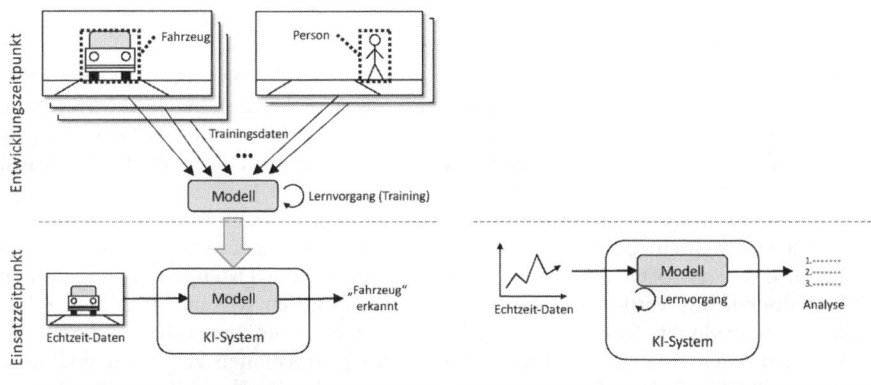

Abbildung 3: Überwachtes vs. unüberwachtes Lernen

Ein drittes Unterscheidungskriterium betrifft die **Lernstrategie:** so lernen ML-Systeme entweder anhand von Beispieldaten (annotiert -> überwachtes Lernen, oder Rohdaten -> unüberwachtes Lernen), oder anhand von Feedback. Beim **Lernen durch Feedback** spricht man im Englischen vom Reinforcement Learning (RL), da hier das System bei korrektem Verhalten durch positives Feedback bestärkt (englisch: reinforced) wird. Grob gesagt verfolgt man dabei eine Strategie, wie man sie oft auch bei kleinen Kindern angewendet sieht: anstatt vorab Beispiele zu zeigen, lässt man das Kind (bzw. das Lernsystem) beliebig Dinge ausprobieren und belohnt (bestärkt) dann richtiges Verhalten durch positives Feedback. Das Lernsystem beinhaltet bei RL-Ansätzen eine Komponente, die den Raum möglichen Verhaltens exploriert und seine Verhaltensmuster so anpasst, dass die Summe der erwarteten zukünftigen positiven Feedbacks maximiert wird [rechts in untenstehender Abbildung].

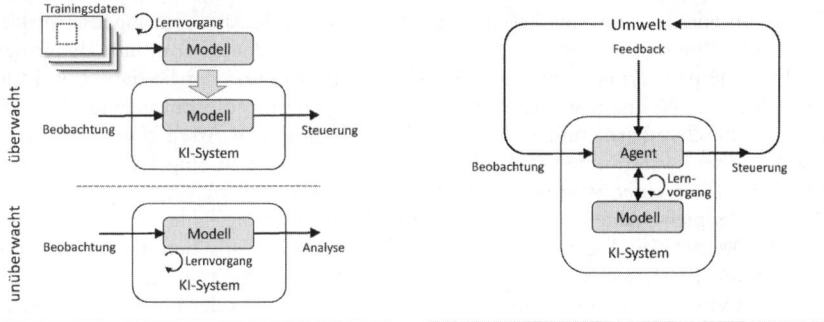

Abbildung 4: Lernen durch Beispiele und Lernen durch Feedback

Allein schon diese drei Perspektiven zur Einordnung von ML-Verfahren spannen einen recht komplexen Raum von Möglichkeiten auf, der mit vielen weiteren Unterkriterien noch sehr viel unübersichtlicher wird. Für einen praktischen und möglichst hilfreichen Überblick über das weite Feld des maschinellen Lernens sei im Folgenden auf drei Bereiche sehr prominenter ML-Verfahren etwas vertieft eingegangen.

I. Statistische und Probabilistische Inferenz

19 Mit den Begriffen der statistischen bzw. probabilistischen Inferenz wird grob eine Klasse von ML-Verfahren umrissen, die auf klassischer Statistik und Wahrscheinlichkeitsrechnung beruhen.[18] Diese Ansätze bilden die älteste Disziplin des maschinellen Lernens, und die grundlegenden Konzepte und Algorithmen sind meist deutlich älter als der KI-Begriff selbst.[19] Vier sehr prominente Unterkategorien stechen heraus [vgl. untenstehende Abbildung]: so gibt es einerseits Ansätze des überwachten Lernens, die meist zu Vorhersagezwecken eingesetzt werden. Grundgedanke ist, aus Beispieldaten statistische Zusammenhänge zu lernen, die dann später auf neue Situationen (unbekannte Datenpunkte) angewendet werden können, um Vorhersagen zu tätigen. Hierzu gehören Klassifikations-[20] und Regressions[21]-Algorithmen. Zum anderen gibt es Ansätze des unüberwachten Lernens, die der automatisierten Analyse von Daten dienen, um Korrelationen zu finden und somit evtl. neue Erkenntnisse aus Daten zu ziehen. Hierzu gehören Algorithmen zum Clustering[22] und zur Ausreißererkennung (englisch: anomaly detection).

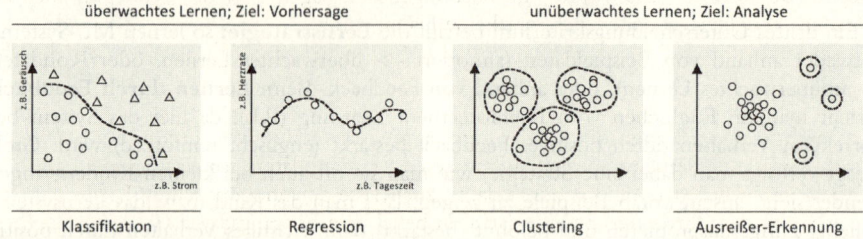

Abbildung 5: Kategorien des maschinellen Lernens

1. Klassifikation

20 **Klassifikations-Algorithmen** arbeiten auf Daten, die sich qualitativ diskreten, dh klar abgrenzbaren Klassen zuordnen lassen. Beispiele für solche Klassen sind Eigenschaftsklassen wie „fehlerfrei" und „fehlerbehaftet": die Einordnung von Bauteilen in eine dieser beiden Klassen ist eine ganz typische Klassifikationsaufgabe im Kontext der Fertigung und Qualitätsüberwachung. Nehmen wir zum Beispiel an, es ginge um die Bewertung von Getrieben von Akkuschraubern, und es lägen zwei unterschiedliche Arten (Dimensionen) von Messwerten vor: der Strombedarf des Schraubers (zB X-Achse in obiger Graphik), und der Geräuschpegel bei einer vorgegebenen Drehzahl (Y-Achse in obiger Graphik). Für eine Reihe von Beispiel-Geräten ist zudem bekannt, ob diese Geräte fehlerfrei oder defekt sind (Kreise vs. Dreiecke in obiger Graphik) – diese Informationen machen die gelabelten Trainingsdaten aus. Ein Klassifikationsalgorithmus erlernt aus diesen Trainingsdaten dann sozusagen eine Trennlinie, die die Gruppe der defekten Geräte von der Gruppe der fehlerfreien trennt. Ist diese Trennlinie mit genügend Trainingsdaten einmal gelernt, lassen sich auch neue, unbekannte Geräte klassifizieren: liegt ein Messpunkt rechts und oberhalb der Linie, handelt es sich wohl um ein defektes, links und unterhalb um ein fehlerfreies Gerät. Nun mag dieses Beispiel mit zwei Dimensionen arg simpel sein und herzlich wenig nach künstlicher Intelligenz klingen. In der Realität hat man es aber oft mit hunderten bis tausenden von Dimensionen und zigtausenden bis hin zu Millionen von Trainingsdatensätzen

---

[18] ZB *Kuckartz*, Statistik: Eine verständliche Einführung, 2013.
[19] *Held*, Methoden der statistischen Inferenz. Likelihood und Bayes, 2008.
[20] *Webb*, Statistical Pattern Recognition, 2. Aufl. 2002.
[21] *Fahrmeir/Kneib/Lang*, Regression: Modelle, Methoden und Anwendungen, 2007.
[22] *Backhaus et. al.*, Multivariate Analysemethoden: Eine anwendungsorientierte Einführung, 2003.

zu tun, und die „Trennlinie" ist bei weitem nicht so klar und scharf zu ziehen, wie in obigem Beispiel. Hier spielen die Algorithmen des maschinellen Lernens ihre Stärken aus.

2. Regression[23]

Regressions-Algorithmen dienen grundsätzlich einem ähnlichen Zweck wie dem der Klassifikation, arbeiten allerdings quantitativ auf kontinuierlichen Daten anstatt qualitativ mit diskreten Klassen: viele Parameter, die es vorherzusagen gilt, sind kontinuierlicher Natur und lassen sich nur bedingt gut in endlich viele diskrete Klassen einteilen. Der Ladegrad einer Batterie, die Geschwindigkeit eines Fahrzeugs, die Höhe einer Temperatur oder auch die Herzschlagrate eines Menschen sind Beispiele kontinuierlicher Variablen. Möchte man derartige Werte vorhersagen, so nutzt man Regressionsverfahren, die aus einzelnen Datenpunkten (Trainingsdaten) zB funktionale Zusammenhänge erlernen. Obige Abbildung zB zeigt den durchschnittlichen Ruhepuls (Y-Achse) eines Menschen in Abhängigkeit von der Tageszeit (X-Achse). Nachdem anhand einzelner Trainings-Datenpunkte eine passende Funktion erlernt wurde, sind nachfolgend Aussagen über den Ruhepuls auch zu Uhrzeiten möglich, zu denen es bisher keine Daten gab.

3. Clustering

Clustering-Algorithmen dienen der automatisierten Analyse von Daten. Sie benötigen daher sinnvollerweise keine speziell aufbereiteten Trainingsdaten, sondern arbeiten auf den unbearbeiteten Rohdaten; sie gehören damit zur Klasse der unüberwachten Lernverfahren. Die Aufgabe des Clusterings besteht darin, in beliebigen Eingangsdaten Gruppen (englisch *Cluster*) ähnlicher Datensätze zu identifizieren. Vorgegeben muss allerdings werden, was man denn mit „ähnlich" meint: ein berechenbares Proximitätsmaß benötigen Cluster-Algorithmen als Startpunkt. Nehmen wir an, wir wollten die Kunden eines Online-Shops analysieren und verschiedene Kundengruppen identifizieren. Als Ähnlichkeitskriterium wäre der durchschnittliche Bestellwert denkbar, oder auch die Bestellhäufigkeit – dies sagt eventuell etwas über die Kaufkraft oder die Kundenbindung aus und liefert dann Gruppen von Kunden, die bezüglich dieser Kriterien ähnlich sind. Ebenso denkbar und evtl. sogar naheliegender wäre eine Clusterbildung nach den bevorzugt nachgefragten Produktkategorien: so kommen aus dem Clustering vielleicht Gruppen heraus wie „Techies", die vorrangig Elektronik-Artikel kaufen, und „Eltern", die vorrangig Kinderspielzeug kaufen. Eine sinnhafte Namensgebung wie „Techies" und „Eltern" liefern Clustering-Algorithmen natürlich zunächst nicht: maschinelles Lernen identifiziert bzw. erlernt Korrelationen – die Interpretation derselbigen obliegt dem Menschen.

4. Ausreißererkennung

Die **Ausreißererkennung** (englisch: anomaly detection) ist schließlich eine Sonderform des Clusterings. Hierbei geht es darum, die Eingangsdaten im Grunde zwei Clustern zuzuordnen: der Gruppe der „normalen" Daten, in die die Mehrheit aller Datenpunkte fällt, und der Gruppe der „Ausreißer", also der Datenpunkte, die auffällig anders sind als die Mehrheit. Im obigen Beispiel des Online-Shops mag es zB interessant sein, Kunden zu identifizieren, die in einem Bestellvorgang oder in sehr kurzer Abfolge ausgesprochen seltene Kombinationen von Produktgruppen kaufen, wie dunkle Kapuzenjacken, Ski-Mützen und Baseball-Schläger. Auch die Erkennung von defekten Bauteilen ist eine sehr typische Anwendung für die Ausreißerdetektion.

---

[23] Der Begriff *Regression* geht auf das lateinische *regressio* zurück und bedeutet „umkehren" oder „zurückführen". Bei der Regression geht es um die Modellierung der Beziehungen zwischen Variablen, also die Zurückführung abhängiger Variablen auf andere Variablen.

24   In Summe bilden die oben erläuterten Verfahren der statistischen und probabilistischen Inferenz einen großen Teil des Fundaments, auf dem Data Analytics und Data Mining aufsetzen, um aus großen Datenmengen wertvolle Erkenntnisse zu ziehen. Die konzeptionellen Grundlagen und Algorithmen sind hierbei wie erwähnt alles andere als neu. Neu allerdings ist die schiere Menge an Daten, auf die diese Verfahren nun seit den vergangenen zwei Jahrzehnten der globalen Vernetzung und der damit ermöglichten massiven Datensammlung angewendet werden. Häufig spricht man im Kontext von Data Mining daher auch von „Big Data"[24] – ohne freilich eine klare Definition dafür zu haben, ab wann „big" denn wirklich „Big" ist. Meist werden zur Charakterisierung von Big Data „die drei Vs"[25] angeführt, drei Eigenschaften, die im Englischen mit einem V beginnen: Volume (die Menge an Daten), Variety (die Vielfalt an unterschiedlichen Daten) und Velocity (die Geschwindigkeit, in der Daten anfallen und bearbeitet werden müssen). Immer dort, wo sehr viele und sehr vielfältige Daten sehr schnell anfallen und analysiert werden sollen, spricht man von „Big Data". Für eine echte Definition des Begriffs taugt dies freilich nicht, und in der Praxis hat sich daher auch eher durchgesetzt, die Datenmenge anhand der erforderlichen IT-Infrastruktur zu charakterisieren:[26] wann immer man mit einem einzelnen großen Rechner bzw. Server, und sei er noch so teuer und maximal ausgestattet, nicht mehr zurande kommt, sondern gezwungen ist, in einen Verbund von über Netzwerke miteinander verbundenen Hochleistungsrechnern – sogenanntes Cluster-Computing – auszuweichen, spricht man von „Big Data". Eine solche verteilte Rechenumgebung bringt dann auch neue Anforderungen an die – prinzipiell altbekannten – Lernverfahren mit sich: es gilt nun, die Algorithmen zu parallelisieren, heißt: die Rechenaufgaben in effizient parallel bearbeitbare Häppchen aufzuteilen, so dass die Vielzahl an Recheneinheiten auch tatsächlich Speicher- und Rechenzeit-Vorteile bringt.

II. Neuronale Netze

25 **Neuronale Netze** (im Englischen: *Neural Networks*, kurz: NNs) spannen eine weitere herausstechende Klasse an maschinellen Lernverfahren auf. Das zugrundeliegende Prinzip macht zugleich den besonderen Reiz dieses Ansatzes aus: es geht um die Simulation der Mechanismen, die im menschlichen Gehirn wirken. Seit vielen Jahrzehnten ist – zumindest auf einer gewissen Abstraktionsebene – bekannt, wie unser Gehirn, sozusagen die Quelle unserer natürlichen Intelligenz, funktioniert.[27] Es besteht aus vielen Milliarden Neuronen (ca. 86), die mittels Synapsen über komplexe Strukturen untereinander verbunden sind. Eine kleine Teilmenge dieser Neuronen bildet die Eingangsebene, an die unsere Sinnesorgane Sensorwerte einspeisen. Diese Ebene ist nachfolgend über Synapsen mit sehr vielen weiteren Ebenen verarbeitender Neuronen verbunden, bis schließlich eine Ausgangsebene von Neuronen unsere Aktorik (sprich: Muskeln) ansteuert und damit die Ergebnisse unserer Denkprozesse sichtbar, fühlbar oder hörbar macht (vgl. untenstehende Abbildung). Den Verarbeitungsbeitrag, den ein einzelnes Neuron oder eine einzelne Synapse hierbei liefert, ist denkbar gering: eine Synapse transportiert elektrische Signale und kann lediglich dämpfend oder verstärkend wirken; ein Neuron sammelt Signale auf seiner Eingangsseite ein und summiert sie sozusagen auf: je mehr Synapsen am Eingang ein Signal anliefern und je stärker diese Signale sind, umso stärker ist das weitergeleitete Aus-

---

[24] *Marr*, Big Data: Using Smart Big Data, Analytics and Metrics to Make Better Decisions and Improve Performance, 2015.
[25] *Patgiri/Ahmed*, Big Data: The V's of the Game Changer Paradigm, 10.1109/HPCC-SmartCity-DSS.2016.0014, abrufbar unter https://www.researchgate.net/publication/311642627_Big_Data_The_V's_of_the_Game_Changer_Paradigm (zuletzt abgerufen am 15.1.2020).
[26] *Abaker/Hashem et. al.*, The Rise of Big Data on Cloud Computing: Review and Open Research Issues, Information Systems, Vol. 47, Januar 2015, Elsevier; aufrufbar unter https://www.sciencedirect.com/science/article/pii/S0306437914001288 (zuletzt abgerufen am 15.1.2020).
[27] *Beck*, Faszinierendes Gehirn: Eine bebilderte Reise in die Welt der Nervenzellen, 2017.

gangssignal eines Neurons. Mit diesen einfachen Parametern (Dämpfungswerte der Synapsen und Übertragungsfunktion der Neuronen) modelliert unser Gehirn all unser Wissen, Denken und Handeln. Die enorme Leistungsfähigkeit entsteht dabei vor allem durch die schiere Größe des Netzes und die Komplexität der Strukturen. Was also läge näher, als diese einfachen Grundprinzipien in Software (oder sogar in Hardware) nachzubilden und auf diese Weise künstliche Intelligenz zu erschaffen?

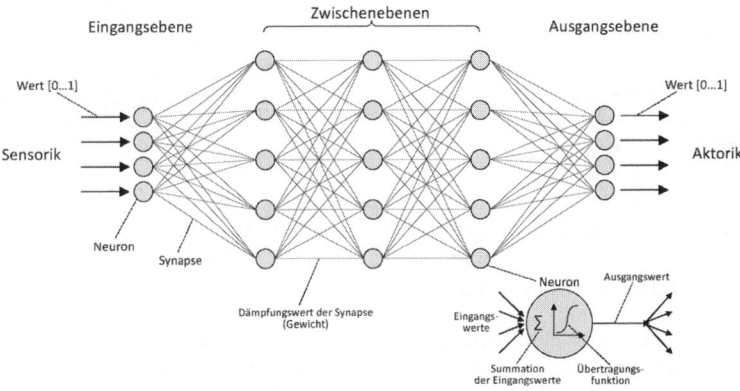

Abbildung 6: Neuronales Netz

Tatsächlich sind künstliche neuronale Netze seit dem Aufkommen des KI-Begriffs ein intensiv erforschtes und angewendetes Technologiefeld. Schon in den 1960er Jahren machte man sich daran, lernende Systeme auf der Basis neuronaler Netze zu implementieren[28] – bis in die 2010er Jahre allerdings mit recht wechselhaftem Erfolg. Aufgrund der Ähnlichkeit der Mechanismen mit denen in unserem Gehirn ließ sich vermuten, dass sich neuronale Netze insbesondere gut für die Verarbeitung von Sinneswahrnehmungen eignen. Eines der nach wie vor bedeutendsten Anwendungsgebiete neuronaler Netze ist daher auch die *Bilderkennung* (englisch: Image Classification).[29] Die Aufgabe besteht hierbei in der Erkennung von auf Bildern abgebildeten Objekten.

Prinzipiell ist die Lösung dieser Aufgabe mit neuronalen Netzen recht einfach: man wählt ein Netz dergestalt, dass die Eingangsebene an Neuronen die einzelnen Bildpunkte (zB in Rot-, Grün- und Blau-Werten) als Eingangsdaten erhält, und nach einigen Verarbeitungsebenen die Ausgangsneuronen dann die einzelnen möglichen Objekte repräsentieren, die es zu erkennen gilt (vgl. untenstehende Abbildung). Ein solches Netz besitzt eine Vielzahl zunächst unbestimmter Parameter: zB die Dämpfungsfaktoren jeder einzelnen Synapse. All diese Parameter gilt es zunächst mittels annotierter (gelabelter) Beispieldatensätze optimal zu ermitteln – man spricht vom *Training des neuronalen Netzes*. Hierzu wird nacheinander jeweils ein Bild des Beispieldatensatzes (Trainingsdatensatz) am Eingang des Netzes angelegt. Zu jedem Bild ist das erwartete Ergebnis (sprich: das dargestellte Objekt) bekannt – somit ist auch bekannt, welches Ausgangsneuron einen hohen Wert (idealerweise eine 1,0 = 100% in einem auf 0–1 normierten Werteraum) liefern muss, während alle anderen Ausgangsneuronen einen niedrigen Wert (idealerweise 0,0) liefern sollten. Von diesem Ziel-Zustand der Ausgangsneuronen wird nun zurückgerechnet und jeder Parameter des Netzes bestimmt bzw. optimiert. Diese „Rückwärtsrechnung" ist je nach Netzgröße verhältnismäßig rechenaufwendig und zeitintensiv und muss zudem vielfach wiederholt werden (für jedes Bild des Trainingsdatensatzes). Sind alle Parameter bestimmt und liefern auf Trainings- und ggf. weiteren Testdaten zufriedenstellende Ergebnisse, ist das Netz fer-

---

[28] Meist in Software; allerdings gibt es mittlerweile auch speziell auf die Verarbeitung neuronaler Netze optimierte Hardware-Lösungen, zB sogenannte neuromorphe Chips.
[29] *Bishop*, Pattern Recognition and Machine Learning, 2007.

tig trainiert und man kann es einsetzen und hoffen, dass es auch auf bisher nicht gesehenen Bildern die dargestellten Objekte korrekt erkennt. Der Erkennungsschritt, sprich: der „normale" Einsatz eines fertig trainierten Netzes ist eine „Vorwärtsrechnung" mit bekannten festen Parametern, und somit sowohl relativ effizient und schnell als auch vollkommen deterministisch.

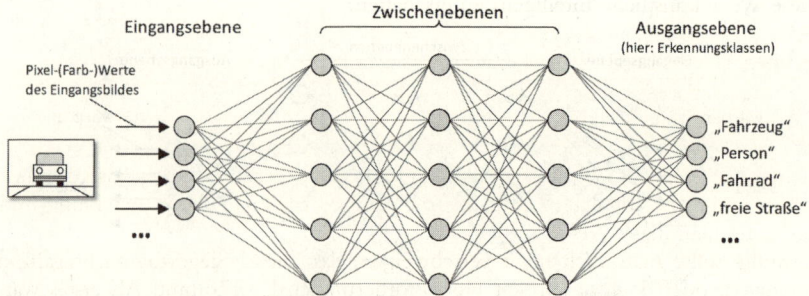

Abbildung 7: Ebenen in neuronalen Netzen

28   Während das Training eines neuronalen Netzes somit zwar ausgesprochen rechenaufwendig, konzeptionell jedoch eher einfach ist, kommt zwei anderen Aspekten eine sehr große Bedeutung zu: der Wahl der Netzstruktur und der Menge von Trainingsdaten. Genau hier lagen in der Vergangenheit oft die Limitierungen. Vereinfacht ausgedrückt: komplexe Probleme erfordern komplexe Netze, und komplexe Netze erfordern extrem viele Trainingsdaten, die erst einmal beschafft und gelabelt werden müssen und dann enormen Rechenaufwand für das Training erfordern. Häufig sind – und insbesondere waren in der Vergangenheit – schlicht nicht die Mengen an Trainingsdaten verfügbar, die notwendig sind, um mit komplexen Netzen gute Ergebnisse bei komplexen Aufgaben zu erzielen.

1. Deep Learning

29   So waren neuronale Netze in der Vergangenheit meist recht flach und besaßen oft weniger als drei Ebenen zwischen Eingangs- und Ausgangsebene. Für einzelne, bedingt komplexe Anwendungsfälle (natürlich auch abseits der Bilderkennung) waren sie damit zwar durchaus erfolgreich, konnten sich aber in der Breite nicht wirklich durchsetzen. Dies sollte sich um das Jahr 2012 ändern. In einem jährlich ausgetragenen Wettbewerb zur Bilderkennung, der „ImageNet Large-Scale Visual Recognition Challenge" (ILSVRC), deren bis dato siegreichen Teams allesamt auf klassische, regelbasierte Verfahren setzten, deklassierte eine auf neuronalen Netzwerken beruhende Lösung im Jahr 2012 die Konkurrenz.[30] Zum Einsatz kam erstmals eine vergleichsweise komplexe Netzstruktur, die 8 Ebenen mit insgesamt 650.000 Neuronen und ca. 62 Millionen Parameter aufwies. Die Ergebnisse der Bilderkennung waren derart viel besser als die der klassischen Konkurrenz, dass in den Folgejahren sämtliche Teams ausnahmslos auf neuronale Netze setzten, und der Gewinner im Jahr 2015, ein Netz mit ebenso ca. 60 Millionen Parametern auf allerdings nun 152 Ebenen, erstmals besser abschnitt, als menschliche Kandidaten.[31] Entscheidend für die enormen Verbesserungen waren komplexere Netzstrukturen mit sehr vielen Ebenen – man spricht seither von tiefen neuronalen Netzen oder schlicht **„tiefem Lernen"** (englisch: Deep Learning) – und sehr viel mehr Trainingsdaten. Die Gewinner des ILSVRC wurden mit ca. 1,2 Millionen gelabelter Bilder trainiert, und Deep-Learning-basierte Bilderken-

---

[30] *Krizhevsky/Sutskever et. al.*, ImageNet Classification with Deep Convolutional Neural Networks, Communications of the ACM, 2013.
[31] *He/Zhang et. al.*, Deep Residual Learning for Image Recognition, IEEE Conference on CVPR, 2016, abrufbar unter https://ieeexplore.ieee.org/stamp/stamp.jsp?arnumber=7780459 (zuletzt abgerufen am 15.1.2020).

nungssysteme beispielsweise im Kontext des autonomen Fahrens werden heute mit bis zu hunderten Millionen Bildern trainiert.[32]

Der Siegeszug tiefer neuronaler Netze im Bereich der Bilderkennung hat ganz allgemein das Interesse an neuronalen Netzen deutlich angefacht, und so haben sich Industrie und Wissenschaft gleichermaßen auf derartige Lernverfahren gestürzt, investiert, geforscht und weiterentwickelt. Heute hat Deep Learning auf breiter Front und in unterschiedlichsten Anwendungsbereichen, von Spracherkennung bis Bilderkennung, von Spielen bis zum autonomen Fahren derart eindrucksvoll alle anderen heute bekannten Verfahren in den Schatten gestellt, dass sich kaum mehr jemand vor diesen Ansätzen verschließen kann. Ein besonders öffentlichkeitswirksames Beispiel ist der Sieg von Googles Software „AlphaGo", einem Deep-Learning-basierten System, welches im März 2016 den weltbesten Spieler des asiatischen Brettspiels Go schlug.[33] Man kann wohl mit Recht behaupten, dass der aktuelle Hype um künstliche Intelligenz in ganz erheblichem Maße auf die Entwicklung und die Erfolge tiefer neuronaler Netze zurückgeht.

Allerdings sollte man auch nicht verschweigen, dass dieser Siegeszug nicht ganz ohne Schattenseiten oder doch zumindest Herausforderungen daherkommt. Als erstes wäre zu erwähnen (und dies ist bereits mehrfach angeklungen), dass heutige Deep Learning-Verfahren enorme Mengen an Trainingsdaten benötigen. Deren Sammlung, Speicherung, Verarbeitung und Annotierung (Labeling) kann schnell einen gewaltigen Aufwand, manchmal sogar eine schwer zu überwindende Hürde darstellen. Die Tatsache, dass wir Menschen in aller Regel mit sehr viel weniger Trainingsdaten gut lernen können, gibt zudem Hinweise darauf, dass wir mit den aktuellen DL-Verfahren die Mechanismen in unseren Gehirnen noch nicht wirklich gut nachempfinden.

Eine zweite Herausforderung sind kritische und bisher nur unvollständig verstandene Effekte, die es ermöglichen, gut funktionierende neuronale Netze mit einfachen Mitteln zu täuschen und zu völlig falschen Ergebnissen zu verleiten. Bei einem neuronalen Netz zur Bilderkennung, zum Beispiel, reicht es aus, ein ganz bestimmtes, minimales Rauschen auf das Eingangsbild zu legen, um das Netz zuverlässig vollständig in die Irre zu führen.[34] Das Erschreckende daran ist, dass dieses Rauschen nur von dem spezifischen neuronalen Netz abhängt (also das gleiche Rauschen für alle Eingangsbilder seine verheerende Wirkung entfacht) und derart minimal sein kann, dass es für einen menschlichen Betrachter überhaupt nicht erkennbar ist – geschweige denn, dass es beim Menschen zu einer Fehlinterpretation des Bildes führen würde. Ein solcher Angriff mit leicht veränderten Eingangsdaten wird im Englischen als „adversarial attack" bezeichnet.

Eine dritte große Herausforderung bzw. Schwierigkeit stellt die Validierung von Systemen dar, die auf neuronalen Netzen bzw. Deep Learning beruhen. Neuronale Netze sind hochgradig komplexe, geschlossene Systeme. Während die Basismechanismen recht simpel sind, entzieht sich jedoch aufgrund der enormen Komplexität deren Zusammenspiel in größeren Netzen weitgehend unserem Verständnis. Dies macht es praktisch unmöglich, in sicherheitskritischen Anwendungen die Korrektheit eines auf neuronalen Netzen basierenden Ansatzes zu beweisen. Da allerdings die Leistungsfähigkeit insbesondere tiefer neuronaler Netze deren Einsatz meist alternativlos macht, müssen Mechanismen gefunden werden, wie grobe Fehler und unerwünschtes Verhalten dennoch sicher ausgeschlossen und die Arbeitsweise der Netze besser verstanden und erklärbar gemacht werden können. Zu ersterem werden daher meist hybride Ansätze verfolgt, bei denen das Systemverhalten im Kern zwar von einem neurona-

---

[32] *Sun/Singh*, Revisiting Unreasonable Effectiveness of Data in Deep Learning Era, Google Research, 2017, abrufbar unter http://openaccess.thecvf.com/content_ICCV_2017/papers/Sun_Revisiting_Unreasonable_Effectiveness_ICCV_2017_paper.pdf (zuletzt abgerufen am 15.1.2020).
[33] *The Straits Times.com,* Google's AlphaGo gets 'divine' Go ranking, März 2016, abrufbar unter https://www.straitstimes.com/asia/east-asia/googles-alphago-gets-divine-go-ranking (zuletzt abgerufen am 15.1.2020).
[34] *Szegedy/Zaremba et.al.*, Intriguing Properties of Neural Networks, International Conference on Learning Representations, 2014, abrufbar unter https://www.researchgate.net/publication/259440613_Intriguing_properties_of_neural_networks (zuletzt abgerufen am 15.1.2020).

len Netz bestimmt wird, dessen Ausgabe allerdings noch mit klassischen regelbasierten Verfahren geprüft und plausibilisiert wird. Somit kann mit expliziten Regeln zB das Überschreiten bestimmter Grenzen sicher ausgeschlossen werden. Zweiteres adressiert ein ganzes Forschungsfeld rund um den Begriff **„erklärbare KI"** (englisch: **„explainable AI"**). Ziel ist es hierbei, das Verhalten von KI-Systemen erklärbar zu machen, also insbesondere aufzuzeigen, welche Eigenschaften in den Eingaben (zB Bestandteile des zu analysierenden Bildes) maßgeblich eine bestimmte Ausgabe bewirkt haben. Nichtsdestotrotz werden wir uns wohl oder übel darauf einstellen müssen, einen Großteil der Korrektheits- bzw. Sicherheitsargumentation letztlich rein statistisch führen zu müssen.

2. Reinforcement Learning

34 Im Oktober 2017 präsentierte Google eine neue Version seiner Go-Software: das System „AlphaGo Zero".[35] Während der Vorgänger AlphaGo, der 2016 über den weltbesten menschlichen Go-Spieler siegte, noch mit ca. 30 Millionen Spielzügen aus Partien zwischen (menschlichen) Weltklasse-Spielern aufwendig trainiert wurde,[36] bekam AlphaGo Zero keine einzige Partie und keinen einzigen Spielzug zum Training. Es bekam überhaupt keine aufbereiteten gelabelten Trainingsdaten. Lediglich mit den Regeln des Spieles ausgestattet, sollte es seine Spielstrategie und sein Spielrepertoire selbst erlernen. Und tatsächlich: nach nur 3 Tagen „Spielen gegen sich selbst" war AlphaGo Zero bereits spielstärker als die ursprüngliche Version von AlphaGo, und damit besser als jeder menschliche Spieler.

35 Zum Einsatz kam hierbei eine Lernstrategie, die man als bestärktes Lernen (englisch: **Reinforcement Learning**, kurz: RL) bezeichnet. Hierbei geht es um die Art und Weise, wie ein Lernverfahren mit seiner Umwelt interagiert: anstatt vorab gelabelte Trainingsdaten zu erhalten, exploriert das System die Auswirkungen seines Handelns auf die Umwelt und erhält daraufhin positives oder auch negatives Feedback. Diese Exploration des Raumes möglicher Handlungen (der Zustands- oder Aktionsraum) übernimmt eine als *Agent* bezeichnete Komponente, die anhand des Feedbacks (englisch: reward) das Verhaltensmodell (englisch: policy) optimiert. Es ist hierbei wichtig herauszustreichen, dass Reinforcement Learning eine Lernstrategie bezeichnet und keine Aussage darüber macht, wie das optimierte Verhalten modelliert wird, sprich: welche Machine Learning-Technologie zum Einsatz kommt. So gibt es viele unterschiedliche Algorithmen und Ansätze, wie die Strategie des Agenten modelliert wird, dh wie im Detail der Agent lernt. Für kleine Zustands- oder Aktionsräume können einfache Tabellen zum Einsatz kommen, oder für komplexere Anwendungsszenarien oft auch (tiefe) neuronale Netze.

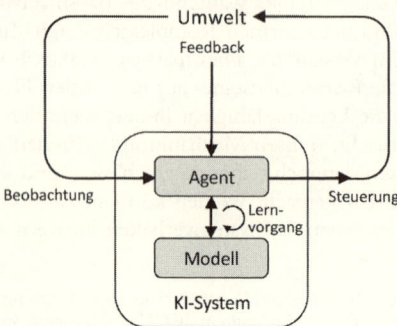

Abbildung 8: Reinforcement Learning

---

[35] *Google DeepMind*, AlphaGo Zero: Starting from scratch, abrufbar unter https://deepmind.com/blog/article/alphago-zero-starting-scratch (zuletzt abgerufen am 15. 1. 2020).
[36] *Pumperla*, Deep Learning and the Game of Go, Manning Publications, 2019.

C. Maschinelles Lernen

Nun klingt der Reinforcement-Learning-Ansatz auf den ersten Blick ausgesprochen verlockend – erspart man sich doch den teils enormen Aufwand, gelabelte Trainingsdaten zur Verfügung stellen zu müssen –, und beeindruckende Erfolge wie der von AlphaGo Zero und anderen selbstlernenden KIs insbesondere im Spiele-Umfeld scheinen die Leistungsfähigkeit dieser Lernstrategie zu unterstreichen. Leider lassen sich jedoch nicht alle Problemstellungen so schnell und einfach mit Reinforcement Learning lösen. RL funktioniert meist dort gut, wo zum einen das Feedback einfach und idealerweise automatisiert ermittelt werden kann, und zum anderen der zu explorierende Zustandsraum begrenzt ist. Ersteres ist wichtig, um möglichst schnell und ohne menschlichen Aufwand bzw. ohne menschliche Eingriffe lernen zu können. Bei einem Brettspiel beispielsweise liefern die Spielregeln schnell und einfach Aufschluss darüber, wer gewonnen hat (und somit: ob ein Zug letztlich zu einem Sieg geführt hat) ... doch wie lässt sich zum Beispiel objektiv und insbesondere automatisiert ein Fahrmanöver eines automatisierten Fahrzeugs bewerten (mal abgesehen von dem harten Kriterium, keinen Unfall verursacht zu haben)? Die zweite Schwierigkeit stellt die oft enorme Größe des Zustandsraums dar, was zudem häufig mit unklaren Systemgrenzen einhergeht. Die Anzahl der möglichen Spielzüge auf einem Brettspiel ist endlich, vergleichsweise überschaubar und gemäß den Spielregeln klar definiert. Für viele andere Problemstellungen in der realen Welt sind die Möglichkeiten weitaus vielfältiger und längst nicht so klar definiert. Zudem ist oft auch nicht klar, welche Faktoren der Umwelt das eigene System beeinflussen, also bei der Beobachtung des Zustandes zu berücksichtigen sind. Möchte man zum Beispiel Verhaltensstrategien eines autonomen Fahrzeugs mittels Reinforcement Learning erlernen, so ist offensichtlich, dass hierzu insbesondere das Bewegungsverhalten anderer Verkehrsteilnehmer beobachtet werden muss (und somit zum Zustandsraum gehört). Doch wo sind die Grenzen des relevanten Zustandsraums? Gehören die Tageszeit, das Wetter, die genauen Fahrzeugtypen oder gar die Umgebungstemperatur noch zu den relevanten Faktoren? Aus Gründen der Praktikabilität muss man irgendwo Grenzen ziehen ... doch liefert die somit vereinfachte und abstrahierte Weltsicht dann noch ausreichend Informationen, um alle (womöglich sicherheitsrelevanten) Grenzfälle abzudecken? All diese Fragen sind heute großteils noch Gegenstand der Forschung.

Teil 9.2 Autonomes Fahren

Übersicht

	Rn.
A. Einleitung	1
I. Die technische Entwicklung im Spannungsfeld von Politik, Recht und Ethik	3
II. Begriffliche Einordnung	7
III. Der aktuelle Entwicklungsstand	17
B. Technische Grundlagen	20
I. Umweltwahrnehmung und Lokalisierung	23
1. Perzeption	24
2. Kognition	34
3. Prädiktion	37
II. Planung und Steuerung	38
C. Künstliche Intelligenz als Grundlage für das autonome Fahren	40
D. Rechtliche Aspekte	45
I. Zulässigkeit und Zulassung	46
1. Völkerrecht (insbesondere UN/ECE-Regelungen)	47
2. Nationales Recht	56
II. Weitergehende Überlegungen (de lege ferenda)	68

Literatur:
Altenburg/Kienzler/Auf der Maur, Einführung von Automatisierungsfunktionen in der PWK-Flotte – Auswirkungen auf Bestand und Sicherheit, Studie im Auftrag des ADAC, 2018; *Arnold/Al-Jarrah/Dianati/Fallah/Oxtoby/Mouzakitis,* A Survey on 3D Object Detection Methods for Autonomous Driving Applications, IEEE Transactions on Intelligent Transportation Systems 2019, 3782; *Bendel* (Hrsg.), Handbuch Maschinenethik, 2019; *Bertram* (Hrsg.), Automatisiertes Fahren 2019 – Von der Fahrerassistenz zum autonomen Fahren, 5. Internationale ATZ-Fachtagung, 2019; *Bundesministerium für Verkehr und digitale Infrastruktur,* Strategie automatisiertes und vernetztes Fahren, 2015; *Bundesministerium für Verkehr und digitale Infrastruktur,* Ethik-Kommission automatisiertes und vernetztes Fahren, Bericht Juni 2017; *Dötsch/Koehl/Krenberger/Türpe* (Hrsg.), Beck-OK Straßenverkehrsrecht, 8. Edition, Stand: 1.7.2020; *Fraedrich,* Autonomes Fahren, 2018; *Cacilo/Schmidt/Wittlinger/Herrmann/Bauer/Sawade/Doderer/Hartwig/Scholz,* Hochautomatisiertes Fahren auf Autobahnen – Industriepolitische Schlussfolgerungen, Studie im Auftrag des Bundesministeriums für Wirtschaft und Energie, 2015; *Eisenberger/Lachmayer/Eisenberger* (Hrsg.), Autonomes Fahren und Recht, 2017; *Ensthaler,* Rechtsgrundlagen des automatisierten Fahrens – Kurzfassung der Studie „Rechtliche Rahmenbedingungen für automatisierte und Vernetzte Verkehrssysteme", 2019; *Gasser et al.,* Rechtsfolgen zunehmender Fahrzeugautomatisierung, Gemeinsamer Schlussbericht der Projektgruppe, 2012; *Gasser et al.,* Bericht zum Forschungsbedarf, Runder Tisch Automatisiertes Fahren – AG Forschung, 2015; *Gesamtverband der deutschen Versicherungswirtschaft e.V.,* Technische Aspekte des automatisierten Fahrens und Verkehrssicherheit, Nr. 84, 2018; *Haist,* Autonomes Fahren: eine kritische Beurteilung der technischen Realisierbarkeit, 2016; *Hilgendorf,* Auf dem Weg zu einer Regulierung des automatisierten Fahrens: Anmerkungen zur jüngsten Reform des StVG, KriPoZ 2017, 225; *Jänisch/Schrader/Reck,* Rechtsprobleme des autonomen Fahrens, NZV 2015, 313; *Josipovic,* Die anstehende Weiterentwicklung der UNECE-Regeln und ihre Bedeutung für das hoch- und vollautomatisierte Fahren, InTeR 2019, 179; *Jourdan/Matschi,* Automatisiertes Fahren – Wie weit kann die Technik den Fahrer ersetzen? Entwickler oder Gesetzgeber, wer gibt die Richtung vor?, NZV 2015, 26; *Keßler,* Intelligente Roboter – neue Technologien im Einsatz, MMR 2017, 589; *KPMG,* Mobility 2030: Transforming the mobility landscape, 2019; *Lange,* Automatisiertes und autonomes Fahren – eine verkehrs-, wirtschafts- und rechtspolitische Einordnung, NZV 2017, 345; *Lutz,* Autonomes Fahren als rechtliche Herausforderung, NJW 2015, 119; *Martínez-Díaz/Soriguera,* Transportation Research Procedia 2018, 275; *Maurer/Gerdes/Lenz/Winner* (Hrsg.), Autonomes Fahren – Technische, rechtliche und gesellschaftliche Aspekte, 2015; *McKinsey,* RACE 2050 – a vision for the European automotive industry, 2019; *Mitchell,* Machine Learning, 1997; *Oppermann/Stender-Vorwachs* (Hrsg.), Autonomes Fahren: Rechtsfolgen, Rechtsprobleme, technische Grundlagen, 2. Aufl. 2020; *Pendleton/Andersen/Du/Shen/Meghjani/Eng/Rus/Ang,* Perception, Planning, Control, and Coordination for Autonomous Vehicles, 2017; *PwC,* The 2018 Strategy & Digital Auto Report, 2018; *Salay/Czarnecki,* Using machine Learning Safely in Automotive Software: An Assessment and Adaption of Software Process Requirements in ISO 26262, 2018; *Salvendy/Smith* (Hrsg.), Human Interface and the Management of Information – Interacting with Information: Symposium on Human Interface, 2011; *Schneemann,* Erkennung der Querungsintention von Fußgängern für das automatisierte Fahren im städtischen Umfeld, 2018; *Söbbing,* Fundamentale Rechtsfragen zur künstlichen Intelligenz (AI Law), 2019; *Steege,* Autonomes Fahren und die staatliche Durchsetzung des Verbots der Rechtswidrigkeit, NVZ 2019, 459; *Uni-DAS e.V.,* 12. Workshop Fahrerassistenzsysteme und automatisiertes Fahren, 2018; *von Bodungen/Hoff-*

mann, Das Wiener Übereinkommen über den Straßenverkehr und die Fahrzeugautomatisierung (Teil 1), SVR 2016, 41; *von Bodungen/Hoffmann,* Das Wiener Übereinkommen über den Straßenverkehr und die Fahrzeugautomatisierung (Teil 2), SVR 2016, 93; *von Kaler/Wieser,* Weiterer Rechtsetzungsbedarf beim automatisierten Fahren, NVwZ 2018, 369; *Will,* Die innovative völkerrechtliche UNECE-Regelung für Automatisierte Spurhaltesysteme (ALKS), NVZ 2020, 163 *Wood et al.,* Safety first for automated driving, 2019.

A. Einleitung

Die Mobilität steht an der Schwelle zu einem neuen Zeitalter. Die etablierten Automobilhersteller *(Original Equipment Manufacturer,* kurz *OEM)* und -zulieferer, aber auch diverse neue Wettbewerber, insbesondere kapitalstarke IT-Unternehmen, investieren weltweit seit vielen Jahren in die Entwicklung innovativer Technologien, die den Verkehr nicht nur sicherer, sondern auch leichter zugänglich und nachhaltiger gestalten sollen.[1] Eine Vielzahl von Fahrerassistenzsystemen auf dem Weg zum autonomen Fahren, die den Fahrer bei der Fahraufgabe im Hinblick auf Wahrnehmung, Fahrplanung und Bedienung unterstützen, sind inzwischen am Markt verfügbar oder kurz vor der Serienreife. Gleichwohl muss der Fahrer gegenwärtig das Verkehrsgeschehen (noch) während der gesamten Fahrzeit im Blick haben und bei Bedarf eingreifen, um Fehler der Assistenzsysteme unmittelbar zu kompensieren. Mit dem nächsten Technologieschritt kann der Fahrer sich von der Fahraufgabe abwenden, muss aber eine Aufmerksamkeit gewährleisten, um auf eine Übernahmeaufforderung durch das System reagieren zu können. Die eigentliche Fahraufgabe verschiebt sich zunehmend von einem aktiven Steuern der Längs- (Geschwindigkeitsregelung durch Beschleunigen/Verzögern) und Querfunktion (Lenken) eines Fahrzeugs[2] hin zu einer Fahrzeugsteuerung durch autonome Systeme mit einer ausfallsicheren Systemarchitektur, die die Fahraufgabe in bestimmten Situationen ohne mentale Beteiligung des Fahrers bewältigen und im Notfall einen risikominimalen Zustand erreichen (Driver out of the Loop).[3] Beim autonomen Fahren werden Computer den Menschen als Fahrzeugführer in Gänze ersetzen. Das Wort *Automobil* (griechisch *autos* = selbst; lateinisch *mobilis* = beweglich) erlangt vor diesem Hintergrund eine ganz neue Bedeutung. 1

Das umgangssprachlich oft als autonomes Fahren bezeichnete automatisierte Fahren und damit die Übernahme der Fahraufgabe durch autonome Systeme ist nicht länger nur eine Vision, sondern ein realistisches Szenario. Belegt wird der hohe technologische Reifegrad durch eine Vielzahl von Prototypen und Testfahrten im öffentlichen Straßenverkehr.[4] Der Begriff *autonom* wird vorliegend in einem rein technischen Sinn verwendet und bezeichnet ein System, das ohne menschliche Eingaben innerhalb einer definierten Rahmenprogrammierung ein vorgegebenes Ziel selbstständig erreicht.[5] Autonome Systeme sind in der Lage mit Unsicherheiten umzugehen und die Längs- und Querführung auf Grundlage eines eigenständigen Auswahl- und Entscheidungsermessens ohne menschliche Einflussnahme zu übernehmen. Dabei ist die richtige Erfassung und Verarbeitung der physikalisch-geometrischen Umwelt- und Objektparameter sowie eine möglichst flächendeckende und leistungsstarke digitale Infrastruktur der Schlüssel zur erfolgreichen Entwicklung und sicheren Realisierung des autonomen Fahrens. 2

---

[1] Vgl. hierzu zB *Beiker,* in: Maurer/Gerdes/Lenz/Winner, Autonomes Fahren, 197, 198.
[2] Der vorliegende Beitrag richtet den Blick ausschließlich auf Straßenfahrzeuge, schienengebundene oder Luft- bzw. Wasserfahrzeuge werden nicht behandelt.
[3] Vgl. *Jourdan/Matschi,* NVZ 2015, 26.
[4] Viele der bahnbrechenden Ergebnisse sind gleichwohl erst in der Simulation getestet worden.
[5] So auch *Maurer,* in: Maurer/Gerdes/Lenz/Winner, Autonomes Fahren, 3.

I. Die technische Entwicklung im Spannungsfeld von Politik, Recht und Ethik

3 Autonomes Fahren erfährt in jüngerer Zeit eine wachsende öffentliche Aufmerksamkeit und gilt als eine der zukunftsweisenden Technologien unserer Zeit. Die OEMs und andere Stakeholder übertreffen sich nahezu gegenseitig mit Versprechungen und Erwartungen darüber, wie viele Fahrzeuge innerhalb des nächsten Jahrzehnts autonom unterwegs sein werden. Der technologische Fortschritt entwickelt sich rasant und leitet einen **tiefgreifenden Paradigmenwechsel** ein, der sich nicht nur im technischen Bereich, sondern auch auf vielen anderen Ebenen vollzieht.[6] Von autonomen Fahrzeugen wird erwartet, dass sie eine Schlüsselrolle in der Zukunft der städtischen Verkehrssysteme spielen werden. Im Zusammenspiel mit der Elektrifizierung des Antriebs und der Vernetzung mit anderen Verkehrsteilnehmern und der Infrastruktur verheißt autonomes Fahren eine nachhaltige Steigerung der Verkehrssicherheit und -effizienz sowie eine Verbesserung des Fahrkomforts, da der Mensch als Risikofaktor bei der Ausübung der Fahrfunktionen zunehmend ausscheidet und er durch den Wandel vom Fahrer zum Passagier die Reisezeit frei nutzen kann.[7] Laut WHO sind Unfälle im Straßenverkehr die Ursache für aktuell über 1,3 Millionen Todesfälle pro Jahr. Schätzungen zufolge beruhen 94 Prozent der Verkehrsunfälle zumindest teilweise auf menschlichem Fehlverhalten,[8] welche durch autonome Fahrzeuge potentiell vermieden werden könnten **(Vision Zero)**. Allerdings wird dieser Prozess langwierig sein, weil konventionelle und autonome Fahrzeuge noch sehr viele Jahre im Mischverkehr fahren werden. Auch der Kraftstoffverbrauch (und damit die verkehrsbedingten Schadstoffemissionen) lassen sich durch eine optimale Fahrweise reduzieren.

4 Autonomes Fahren ermöglicht darüber hinaus neue Geschäftsmodelle und Konzepte für **integrative, kundenzentrierte Mobilitätsdienste** *(Mobility-as-a-Service)* wie Ridepooling[9] oder Carsharing,[10] die vor allem älteren und behinderten Menschen neue Möglichkeiten der Mobilität eröffnen und in einer zunehmend globalisierten und urbanisierten Welt unverzichtbar sein werden.[11] Die zunehmende Fokussierung fahrerloser Mobilitätsservices könnte den Fahrzeugbesitz in urbanen Gebieten zunehmend obsolet machen. Es wird erwartet, dass autonome Fahrzeuge im Geschäftsmodell Mobility-as-a-Service im Jahr 2030 bis zu 40 Prozent günstiger sein werden als ein privates Fahrzeug.[12] Der neue Markt für vernetzte und automatisierte Fahrzeuge wird aller Voraussicht nach exponentiell wachsen und große **sozioökonomische Vorteile** mit sich bringen.[13]

5 Der zunehmenden Automatisierung von Fahrzeugen kommt vor diesem Hintergrund enorme gesellschaftliche Bedeutung zu. **Gesellschaftliche Akzeptanz** des autonomen Fahrens ist jedoch notwendig damit verbunden, dass die Konsequenzen dieser Entwicklung von der Gesellschaft mitgetragen werden.[14] Dabei ist die Sicherheit einer der wichtigsten Faktoren.[15] Eine zunehmende Automatisierung der Fahraufgabe hin zu selbstfah-

---

[6] Grundlegend hierzu *Fraedrich*, Autonomes Fahren, 10 ff.
[7] Vgl. hierzu die Mitteilung der Europäischen Kommission, COM (2018) 283 final, 1 ff.; sowie *McKinsey*, RACE 2050 – a vision for the European automotive industry, 18 ff.
[8] Bericht der Europäischen Kommission zur Rettung von Menschenleben: Mehr Fahrzeugsicherheit in der EU, COM (2016) 787.
[9] Beim Ridepooling wird ein Algorithmus eingesetzt, der automatisch Fahrgemeinschaften zwischen Fahrgästen bildet, die ein ähnliches Ziel haben. Auf diese Weise teilen sich Fahrgäste die Fahrt und den Fahrpreis möglichst effizient.
[10] Carsharing bedeutet die organisierte gemeinschaftliche Nutzung eines oder mehrerer Automobile auf der Grundlage einer Rahmenvereinbarung.
[11] Vgl. hierzu *Lenz/Fraedrich*, in: Maurer/Gerdes/Lenz/Winner, Autonomes Fahren, 175 ff.; sowie *Martínez-Díaz/Soriguera*, Transportation Research Procedia 2018, 275, 278 ff.
[12] *KPMG*, Mobility 2030: Transforming the mobility landscape, 2019.
[13] Vgl. Mitteilung der *Europäischen Kommission*, COM (2018) 283 final, 2 f.
[14] Grundlegend hierzu *Fraedrich*, Autonomes Fahren sowie *Fraedrich/Lenz*, in: Maurer/Gerdes/Lenz/Winner, Autonomes Fahren, 640 ff.
[15] So auch die *Europäische Kommission*, COM (2018), 283 final, 2.

A. Einleitung

renden Fahrzeugen erfordert modernste, hochkomplexe Technologien, die nicht zuletzt auch zu Schäden an Leib und Leben führen können. Grundlegend ist zu klären, wie viel Abhängigkeit von komplexen technischen, auf künstlicher Intelligenz basierenden Systemen akzeptiert werden soll, um im Gegenzug mehr Verkehrssicherheit, -effizienz und Fahrkomfort zu erhalten. Dieser Diskurs wird nicht nur die gesetzliche Regulierung beeinflussen, sondern auch relevant für die gesellschaftliche Akzeptanz des autonomen Fahrens sein. Dies gilt umso mehr, als sich in den vergangenen Jahren bereits mehrere Unfälle mit selbstfahrenden Fahrzeugen in den USA ereignet haben.[16] Die *Ethik-Kommission Automatisiertes und Vernetztes Fahren*[17] hat formuliert: „Die Zulassung von automatisierten Systemen ist nur vertretbar, wenn sie im Vergleich zu menschlichen Fahrleistungen zumindest eine Verminderung von Schäden im Sinne einer positiven Risikobilanz verspricht".

Dem Ersatz eigenverantwortlichen menschlichen Handelns im Straßenverkehr durch autonome Systeme, die vom Menschen nicht vollständig determiniert sind, stehen insoweit eine Vielzahl – noch weitgehend ungeklärter – technischer und gesellschaftlicher Implikationen gegenüber, die zugleich auch neue Anforderungen an das Recht formulieren. Die Bandbreite reicht von Fragen der straf- und zivilrechtlichen Verantwortlichkeit über den Datenschutz und IT-Sicherheit bis hin zu grundlegenden Problemstellungen in der Schnittstelle von Rechtspolitik und Ethik. Das *Bundesministerium für Verkehr und digitale Infrastruktur* (BMVI) hat vor diesem Hintergrund folgende **Handlungsfelder** definiert, in denen die nötigen Voraussetzungen für die neue Technologie geschaffen werden sollen: Infrastruktur, Recht, Innovation, Vernetzung sowie IT-Sicherheit und Datenschutz.[18] Dabei kommt der Debatte um das autonome Fahren eine Stellvertreterrolle zu, deren Bedeutung weit über den Bereich der Mobilität hinausgeht und von deren Entwicklung und Erprobung auch andere Industriezweige stark profitieren können.[19]

II. Begriffliche Einordnung

In der öffentlichen Darstellung werden die Sachverhalte zum Teil sehr undifferenziert benannt, wobei die tatsächlichen Funktionszusammenhänge – eingebettet in gesellschaftliche und soziale Deutungen – selten präzise abgebildet werden. Hinsichtlich der Begrifflichkeit wird in diesem Beitrag die Definition der *SAE International* **J3016** benutzt.[20] Die zuletzt 2018 revidierte Norm J3016[21] (Klassifizierung und Definition von Begriffen für straßengebundene Kraftfahrzeuge mit Systemen für automatisiertes Fahren) der *SAE International* ist ein Klassifizierungssystem mit dem Ziel einer einheitlichen Terminologie im Bereich des automatisierten Fahrens und definiert sechs Level der Fahrautomatisierung (Automatisierungsstufen), von SAE Level 0 (keine Automation) bis SAE Level 5 (volle Fahrzeugautomation). Diese **technische Klassifizierung** beschreibt sowohl, welche Aufgaben das System selbst wahrnimmt als auch, welche Aufgaben/Anforderungen an den Fahrer gestellt werden. Es dient als die meistgenannte Referenz der Branche für die Fähigkeiten von automatisierten Fahrzeugen und liegt ebenfalls der aktuellen *EU-Strategie für die Mobilität der Zukunft*[22] zugrunde.

---

[16] Mit einem Überblick *Stender-Vorwachs/Steege,* in: Oppermann/Stender-Vorwachs, Autonomes Fahren, 3.6.1. Rn. 9ff.
[17] *BMVI,* Ethik-Kommission Automatisiertes und Vernetztes Fahren, Bericht Juni 2017.
[18] *BMVI,* Strategie automatisiertes und vernetztes Fahren, 14ff.
[19] Vgl. auch *Hilgendorf,* in: Bendel, Handbuch Maschinenethik, 355, 356.
[20] Zu den verschiedenen Begriffsdefinitionen einschlägiger Arbeitsgruppen, Behörden und Hersteller *Kleinschmidt/Wagner,* in: Oppermann/Stender-Vorwachs, Autonomes Fahren, 1.1 Rn. 18ff.
[21] Vgl. https://saemobilus.sae.org/content/j3016_201806 (zuletzt abgerufen am 22.12.2019).
[22] *Europäische Kommission,* COM (2018) 283 final, 4.

8   **SAE Level 0** (keine Automatisierung): Das Fahrzeug verfügt über keine automatisierten Fahrfunktionen. Alle Aspekte des Fahrens werden von einem menschlichen Fahrer übernommen.

9   **SAE Level 1** (assistiertes Fahren): Die meisten modernen Fahrzeuge sind bereits heute mit Fahrerassistenzsystemen ausgestattet, die den Fahrer in gewissen Grenzen bei der Bewältigung einzelner Fahraufgaben unterstützen. Beispiele für solche Assistenzsysteme sind Tempomaten, Spurhalteassistenten oder Einparkassistenten, die das Lenken beim Parkvorgang übernehmen. Das Assistenzsystem kann in gewissen Grenzen entweder die Längs- oder die Querführung des Fahrzeugs ausführen. Der Fahrer muss die jeweils andere Teilaufgabe ausführen und das Assistenzsystem dauerhaft überwachen und jederzeit zur vollständigen Übernahme der Fahraufgabe bereit sein.

10 **SAE Level 2** (teilautomatisiertes Fahren): SAE Level 2-Systeme können die Längs- als auch die Querführung für einen gewissen Zeitraum und/oder in spezifischen Anwendungsfällen übernehmen. Hierzu werden verschiedene Assistenzsysteme miteinander kombiniert – wie etwa Tempomat, Spurhalteassistent und Notbremsassistent. Der Fahrer muss das System und den Verkehr dauerhaft überwachen und jederzeit zur vollständigen Übernahme der Fahraufgabe bereit sein.

11 **SAE Level 3** (bedingt automatisiertes Fahren): SAE Level 3-Systeme können die Längs- als auch die Querführung für einen gewissen Zeitraum und/oder in spezifischen Anwendungsfällen übernehmen, ohne dass der Fahrer das System – und den Verkehr – dauerhaft überwachen muss. Das System kann auch längere Strecken ohne menschlichen Eingriff fahren, erkennt selbstständig Systemgrenzen und fordert den Fahrzeugführer rechtzeitig zur Übernahme der Fahrzeugsteuerung auf. Der Fahrer muss stets in der Lage sein, die Fahraufgabe innerhalb einer bestimmten Zeitreserve vom Fahrsystem zu übernehmen.

12 **SAE Level 4** (hochautomatisiertes Fahren): In hochautomatisierten Fahrzeugen führt das System alle Fahraufgaben in spezifischen Anwendungsfällen aus, das Fahrzeug kann auch längere Strecken ohne menschlichen Eingriff fahren. Der Fahrer kann jedoch aufgefordert werden, die Fahraufgabe zu übernehmen, wenn die Fahraufgaben vom System nicht mehr bewältigt werden können. Im Gegensatz zu SAE Level 3 ist das System in der Lage, das Fahrzeug selbst aus jeder Ausgangssituation in einen risikominimalen Systemzustand zurückzuführen (zB Anhalten am Straßenrand), wenn der Fahrer die Fahrzeugsteuerung nicht übernimmt. Die Automatisierung ist jedoch auf spezifische Anwendungsfälle, wie beispielsweise das Fahren auf der Autobahn oder in Parkhäusern, beschränkt.

13 **SAE Level 5** (vollautomatisiertes Fahren): Ein System, das überhaupt keinen Fahrer mehr zur Fahrzeugsteuerung benötigt, wird als vollautomatisiertes System bezeichnet. Das Fahrzeug wird dauerhaft vom System geführt und erledigt alle dazu erforderlichen Aufgaben. Ein Lenkrad oder Pedale sind nicht erforderlich. Alle im Fahrzeug befindlichen Personen sind de facto nur Passagiere und müssen weder fahrtüchtig sein, noch ist eine Fahrerlaubnis erforderlich. Denkbar ist, dass sich autonome Fahrzeuge auch ohne menschliche Mitfahrer im Straßenverkehr fortbewegen.

A. Einleitung

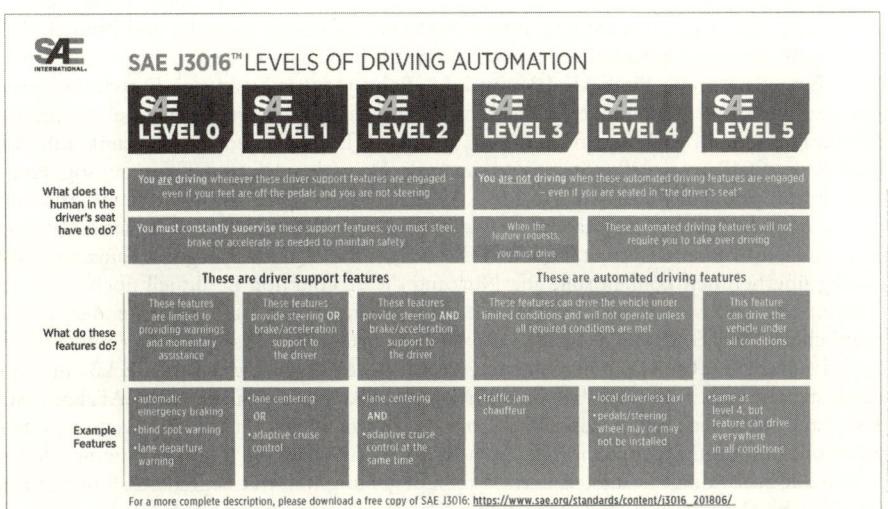

Abbildung 1: SAE International, Levels of Driving Automation for On-Road-Vehicles – Standard J3016.

Die *Bundesanstalt für Straßenwesen* (BASt) hat in der Arbeitsgruppe „Rechtsfolgen zunehmender Fahrzeugautomatisierung" eine abweichende Einteilung in fünf Stufen vorgenommen.[23] Diese ist bis auf wenige Unterschiede identisch mit der Klassifizierung der *SAE International,* wobei fahrerloses Fahren fehlt. Die Stufen haben teilweise andere Bezeichnungen. So bezeichnet die *BASt* Automatisierungsstufe 3 als „hochautomatisiert" und die Automatisierungsstufe 4 als „vollautomatisiert". Diese Begriffsbestimmungen liegen auch den relevanten nationalen gesetzlichen Regelungen zum vernetzten und automatisierten Fahren zugrunde (dazu → Rn. 56 ff.).[24]

In welchem Umfang autonome Systeme die Fahraufgabe zukünftig übernehmen können und wie Mensch und Computer interagieren, erfolgt in unterschiedlichen Entwicklungsschritten. Der Automatisierungsgrad bestimmt sich im Wesentlichen danach, welche der drei Aufgabenbereiche Handeln, Überwachen und Rückfallebene der Mensch bzw. das System übernimmt. Der Klassifizierung kommt aber auch im rechtlichen Kontext Bedeutung zu. Den Fahrer treffen abhängig von der verwendeten Automatisierung unterschiedliche Rechte und Pflichten (dazu → Rn. 46 ff.). Auf Grund des speziellen Betrachtungsschwerpunkts wird aus Gründen der Übersichtlichkeit für bedingt-, hoch- und vollautomatisierte Fahrzeuge (SAE L3/L4/L5) im Folgenden der Begriff **selbstfahrendes Fahrzeug** eingeführt, da das System ab diesem Automatisierungsgrad die Fahraufgabe – zumindest phasenweise – in spezifischen Anwendungsfällen selbstständig übernehmen kann und Systemgrenzen erkennt. Für vollautomatisierte Fahrzeuge (SAE L5) wird synonym der Begriff **autonomes Fahrzeug** (bzw. autonomes Fahren) verwendet.

III. Der aktuelle Entwicklungsstand

Die kontinuierliche Innovationsarbeit in der Sensor- und Computertechnologie hat in den letzten Jahren zu signifikanten Fortschritten im Bereich Fahrzeugautomation geführt. Während seit einigen Jahren beinahe jedes neu zugelassene Fahrzeug in Deutschland über

---

[23] Vgl. *Gasser et al.*, Rechtsfolgen zunehmende Fahrzeugautomatisierung, 9.
[24] Vgl. BT-Drs. 18/11300, 12 f.

mehrere SAE L1-Assistenzsysteme verfügt, sind die Fahrzeuge der aktuellen Baureihen immer öfter in der Lage, teilautomatisiert (SAE L2) zu fahren. Ein Beispiel sind Einparksysteme, die für diesen eng begrenzten Anwendungsfall die Längs- und Querführung übernehmen. Eine Serienreife für **SAE L3- und L4-Fahrsysteme** ist in der Entwicklung und kommt einem technologischen Quantensprung gleich. Nur vereinzelt werden bislang Fahrfunktionen auf SAE L3 und teilweise auch SAE L4 in Fahrzeuge integriert. Ein Beispiel ist der 2017 vorgestellte Staupilot von Audi. Dabei handelt es sich um ein sog. Automatisiertes Spurhaltesystem (Automated Lane Keeping System, ALKS), das auf Autobahnen und mehrspurigen Kraftfahrstraßen mit baulicher Trennung zur Gegenfahrbahn im Stop-and-Go-Verkehr bis max. 60 km/h die Längs- und Querführung des Fahrzeugs vollständig übernehmen können soll. Die Nutzung dieser Funktion ist aktuell noch nicht zugelassen und vorerst von Audi deaktiviert, dafür verantwortlich sind die geltenden völkerrechtlichen UN/ECE-Regelungen, auf die das EU-Kfz-Zulassungsrecht entscheidend verweist (dazu → Rn. 47 ff.). Auch andere Hersteller arbeiten derzeit an SAE L3- und L4-Fahrsystemen, die voraussichtlich kurzfristig verfügbar sein werden. Laut Angaben von Tesla verfügen alle aktuellen Modelle sogar bereits serienmäßig über die notwendige Hardware, um autonomes Fahren in der Zukunft zu ermöglichen.[25] Die Fahrsysteme bleiben jedoch auf Situationen in stark strukturierter Umgebung und mit begrenzten Umgebungsvariablen beschränkt. Den Einsatzbereich sehen Experten vorrangig auf der Autobahn im Hub-to-Hub-Verkehr auf exakt vorgegebenen Strecken. Den marktverfügbaren Systemen kommt gegenwärtig somit (noch) keine eigenständige, sondern ausschließlich eine abgeleitete Handlungs- und Entscheidungsqualität unter vollständiger Autorität des menschlichen Fahrers bei der Fahrzeugsteuerung zu.[26]

18 Die Verwirklichung des **autonomen Fahrens** (SAE L5) ist eine anspruchsvolle Aufgabe und nach wie vor Gegenstand intensiver Forschung und Entwicklung. Es müssen noch viele technische Herausforderungen gelöst werden, um sicherzustellen, dass das System in allen Situationen in der Lage ist, wie ein menschlicher Fahrer sein Umfeld zu erfassen, dieses zu verstehen und richtig zu handeln (dazu → Rn. 20 ff.). Wann autonome Fahrzeuge großflächig Realität im öffentlichen Straßenverkehr sein werden, kann zurzeit nicht seriös beantwortet werden.[27] PwC prognostiziert, dass in China im Jahr 2030 bereits 30 Prozent der Neufahrzeuge eine SAE L4 oder L5-Automatisierung haben werden.[28] Den Anfang machen meist elektrisch betriebene Roboter-Taxis und Kleinbusse **(People Mover)** mit festen Haltepunkten in abgegrenzten urbanen Gebieten.[29] Ein weiteres Arbeitsfeld ist das ferngesteuerte **teleoperierte Fahren,** das ein fahrerloses Fahren ermöglichen soll, gesteuert durch einen (vorerst noch) menschlichen Operator.

19 Die Google-Tochter **Waymo** hat vielleicht die meiste Erfahrung in diesem Bereich, da es seine Flotte autonomer Fahrzeuge über mehr als 16 Millionen Kilometer auf öffentlichen Straßen getestet hat. Nach mehrjähriger Testphase ist mit dem autonomen On-demand-Dienst Waymo One seit Ende 2019 auch der erste kommerzielle Roboter-Taxi-Dienst ohne Sicherheitsfahrer in Phoenix, Arizona, USA aktiv.

---

[25] Vgl. hierzu https://www.tesla.com/de_DE/autopilot.
[26] *Gasser*, in: Maurer/Gerdes/Lenz/Winner, Autonomes Fahren, 543, 545.
[27] *Altenburg/Kienzler/Auf der Maur,* Einführung von Automatisierungsfunktionen in der Pkw-Flotte, 1; kritisch hierzu aus rein technischer Sicht *Haist*, Autonomes Fahren: eine kritische Beurteilung der technischen Realisierbarkeit, abrufbar unter: https://elib.uni-stuttgart.de/bitstream/11682/8881/1/TechnischeProblemeAutonomesFahren.pdf (zuletzt abgerufen am 22.12.2019).
[28] *PwC,* The 2018 Strategy & Digital Auto Report, 2018.
[29] Zum Einsatz von selbstfahrenden Fahrzeugen in verschiedenen Spezialbereichen *Kleinschmidt/Wagner*, in: Oppermann/Stender-Vorwachs, Autonomes Fahren, 1.1. Rn. 13 ff.

B. Technische Grundlagen

Der Führer eines Fahrzeugs übernimmt zur Durchführung der Fahraufgabe diverse, teils komplexe Aufgaben.[30] Selbstfahrende Fahrzeuge müssen im Prinzip dieselben Fähigkeiten besitzen wie ein menschlicher Fahrer. Auf Grund der rasanten technologischen Fortschritte bei der Entwicklung automatisierter Fahrfunktionen erscheint eine detaillierte Beschreibung spezieller aktueller Technologien nicht sinnhaft. Es werden deshalb im folgenden Abschnitt nur die wesentlichen Basistechnologien erläutert.

Während der Zeit, in der das System nominal arbeitet, kann die Systemfunktion – stark vereinfacht – anhand des **Sense-Plan-Act** Modells aus der Robotik und Automatisierungsliteratur verstanden werden. Das selbstfahrende Fahrzeug muss das Fahrzeugumfeld in 360-Grad wahrnehmen und interpretieren (Sense), zielgerichtet Handlungsalternativen ableiten und bewerten (Plan) und zuverlässig die Steuerung des Fahrzeugs übernehmen (Act).[31] Es muss zudem Einschränkungen seiner maschinellen Wahrnehmung sowie Funktionseinschränkungen darauf aufbauender Verarbeitungsmodule selbst erkennen und darauf adäquat reagieren bzw. ab SAE L4 ohne menschliches Eingreifen einen risikominimalen Zustand erreichen können.

Die Systemfunktion zur ganzheitlichen Interpretation der Szene (Objekterkennung/-klassifizierung und Bewegungsanalyse, Lokalisierung des Fahrzeugs, Datenfusion verschiedener Sensoren zu einem Umweltmodell, Erkennung des Fahrzeugzustands, Berechnung von Fahrdynamik und Fahrweg) sowie die Überführung der Signale in angemessene Fahrmanöver über die Aktorik werden durch die Fahrzeugsoftware ausgeführt, die dazu die von den Sensoren erfassten Rohdaten sowie zunehmend auch dynamische Informationen aus der Cloud verarbeitet und auswertet.[32] Fast alle Funktionsblöcke werden dabei wesentlich durch künstliche Intelligenz beeinflusst (dazu → Rn. 40 ff.).[33]

I. Umweltwahrnehmung und Lokalisierung

Die **maschinelle Wahrnehmung** der Umgebung ist ein klassisches Thema aus dem Gebiet der Robotik, wobei prinzipiell zwischen statischen und dynamischen Umgebungen unterschieden werden kann. In dynamischen Umgebungen wie dem öffentlichen Straßenverkehr sind vorrangig die Detektion statischer und bewegter Objekte und die Berechnung von Trajektorien und Bewegungsparametern entscheidend. Das System muss in der Lage sein, die Fahrzeugzustände und das automobile Umfeld zuverlässig wahrzunehmen (Umweltwahrnehmung) sowie seine Position in Bezug auf seinen operativen Bereich präzise zu bestimmen (Lokalisierung). Umweltwahrnehmung bezieht sich auf die Entwicklung eines kontextuellen Verständnisses der Umwelt, wie etwa die Erkennung von Hindernissen und Verkehrszeichen und die Kategorisierung von Daten nach ihrer Bedeutung.[34] Ein Ansatz ist die Übertragung der kognitiven Fähigkeiten des Menschen zum Situationsbewusstsein auf ein Fahrzeugsystem.[35] Entsprechend dem Modell von *Endsley*[36] muss das automatisierte Fahrzeug zur Bildung eines **Situationsbewusstseins** drei Ebenen durchlaufen: Wahrnehmung aller Objekte und Elemente der aktuellen Situation **(Perzep-**

---

[30] Vgl. hierzu auch *Takahashi et al.*, in: Salvendy/Smith, Human Interface and the Management of Information – Interacting with Information, 627 ff.
[31] Vgl. *Kleinschmidt/Wagner*, in: Oppermann/Stender-Vorwachs, Autonomes Fahren, 1.1 Rn. 26 ff.
[32] Vgl. *Cacilo et al.*, Hochautomatisiertes Fahren auf Autobahnen – Industriepolitische Schlussfolgerungen, 68 ff.
[33] Eingehend hierzu *Jungmann et al.*, in: Bertram, Automatisiertes Fahren 2019, 117 ff.
[34] Vgl. *Pendleton et al.*, Perception, Planning, Control, and Coordination for Autonomous Vehicles, 3.
[35] Vgl. auch *Schneemann*, Erkennung der Querungsintention von Fußgängern für das automatisierte Fahren im städtischen Umfeld, 2 f.
[36] *Endsley*, Human Factors Journal 37(1), 32 ff.

tion)**;** Interpretation und Einschätzung der aktuellen Situation **(Kognition);** Vorhersage der zukünftigen Situation auf Basis der in den vorherigen Ebenen gewonnenen Informationen sowie des Wissens über mögliche Dynamik der identifizierten Elemente **(Prädiktion).** Das so gebildete Situationsbewusstsein bildet die Grundlage (Datenbasis) für die anschließende Entscheidungsfindung bezüglich des eigenen Handelns (Plan), welche schließlich zur Ausführung entsprechender Aktionen führt (Act).

1. Perzeption

a) Sensorik

24   Eine der wichtigsten Aufgaben der **maschinellen Wahrnehmung** ist das Lokalisieren, Erkennen und Verfolgen von statischen und bewegten Objekten und Hindernissen in der Umgebung des Fahrzeugs.[37] Dies sind zunächst Verkehrsteilnehmer, wie zB fahrende oder stehende Fahrzeuge, Radfahrer oder Fußgänger. Diese Unterteilung ist wichtig, da von verschiedenen Objekten verschiedene Bewegungsabläufe zu erwarten sind. Die Objekterkennung umfasst nicht zuletzt auch die Verkehrsinfrastruktur, wie etwa Verkehrszeichen und Verkehrslichtanlagen sowie Tiere und Bäume. Entscheidend ist zudem die Erkennung von Fahrbahnmarkierungen und der Straßenoberfläche. Dazu benötigen selbstfahrende Fahrzeuge zahlreiche Sensoren, die physikalische oder chemische Größen in elektrische Signale umsetzen und so die menschliche Sinneswahrnehmung ersetzen. Aus Gründen der Leistung und Redundanz kommen für selbstfahrende Fahrzeuge alle bewährten Sensortechnologien wie Ultraschall, Radar und Kameras zum Einsatz. Vergleichsweise neu ist der Einsatz von Lidarsensoren.

25   **Radar** *(Radio Detection And Ranging),* bezeichnet ein Messverfahren, bei dem elektromagnetische Wellen über große Distanz ausgesendet werden und anschließend das Echo ausgewertet wird. Basierend auf der Laufzeit und dem Frequenzunterschied der zurückkommenden Wellen können Distanz und Relativgeschwindigkeiten von Objekten zum eigenen Fahrzeug schnell und zuverlässig mit einer hohen Entfernungsgenauigkeit berechnen werden. Bei Radardetektionen liegt keine Korrelation zur Größe, Form und Art der Objekte vor. Radar wird als Long-Range-Radar (typisch mit 77GHz) etwa für die adaptive Geschwindigkeitsregelung eingesetzt und als Short-Range Radar (typisch mit 24GHz) als Ein-/Ausparksensor bzw. für den Nahbereich. Bei Radarsystemen handelt es sich um eine bewährte Technologie, die weitgehend robust auch bei schlechten Witterungsbedingungen, mit Ausnahme von starkem Niederschlag, arbeiten.

26   Mit **Ultraschallsensoren** können ebenfalls Abstände zu Objekten präzise und zuverlässig berechnet werden. Der Ultraschallsensor strahlt zyklisch einen kurzen, hochfrequenten Schallimpuls aus, der an einem Objekt reflektiert wird. Anschließend werden die dadurch erzeugten Echos ausgewertet. Aufgrund der Ausbreitungscharakteristik von Schall arbeiten Ultraschallsensoren nur auf kurze Distanz und bei niedrigen Geschwindigkeiten, etwa in Einparkassistenten oder um den toten Winkel zu erfassen. Ultraschallsensoren zählen, wie Radarsensoren, zu den wichtigsten Systemen moderner Fahrzeuge und arbeiten weitgehend störungsunempfindlich bei schlechten Wetter- und Lichtverhältnissen.

27   **Lidar** *(Light Detection And Ranging),* bezeichnet ein optisches Messverfahren, bei dem ein Laserstrahl (typisch mit 905 nm Wellenlänge) ausgesendet wird und anhand der Lichtgeschwindigkeit die Distanz zu reflektierenden Objekten sowie deren Bewegungsrichtung und Geschwindigkeit präzise ermittelt werden können. Dank hoher Reichweite und Win-

---

[37] Vgl. hierzu und zum Folgenden *Wood et al.,* Safety first for automated driving, 47 ff., abrufbar unter: https://newsroom.intel.com/wp-content/uploads/sites/11/2019/07/Intel-Safety-First-for-Automated-Driving.pdf (zuletzt abgerufen am 22.12.2019); *Arnold et al.,* IEEE Transactions on Intelligent Transportation Systems 2019, 3782, 3783 ff.; *Kleinschmidt/Wagner,* in: Oppermann/Stender-Vorwachs, Autonomes Fahren, 1.1. Rn. 26 ff.; *Cacilo et al.,* Hochautomatisiertes Fahren auf Autobahnen – Industriepolitische Schlussfolgerungen, 48 ff.; *Dietmayer,* in: Maurer/Gerdes/Lenz/Winner, Autonomes Fahren, 419, 422 ff. jeweils mwN.

kelauflösung ist Lidar eine ideale Ergänzung des verfügbaren Sensorportfolios. Durch Lidarsensoren können hochauflösende 3D-Bilder des automobilen Umfelds erzeugt werden, in dem sich das System präzise orientieren kann.[38] Die Sensoren sind derzeit noch sehr teuer. Bei dichtem Nebel ist durch die Dämpfung der Atmosphäre zudem ein genaues Messen der Abstände kaum mehr möglich.

Hochauflösende **Kameras** sind die Hauptsensoren für die Objekt-/Merkmalstyp-Klassifizierung.[39] Mit konventionellen Monokameras können die Breite und Höhe von Objekten präzise berechnet werden. Stereokameras erlauben eine dreidimensionale Bestimmung der Umgebung. Hinzu kommt eine Videokamera im Innenraum zur Überwachung des Fahrers, der aktuell noch permanent fahrbereit sein muss. Im Gegensatz zu Radar-, Lidar- und Ultraschallsensoren senden Kameras (mit Ausnahme einiger Infrarotsysteme) keine elektromagnetische Strahlung aus, sondern arbeiten passiv. Kamerasysteme sind vergleichsweise störungsempfindlich bei schlechten Wetter- und Lichtverhältnissen und bieten nur eine begrenzte Genauigkeit bei der Reichweitenbestimmung.

Bedingt durch die technischen Messprinzipien sind einzelne Sensoren nicht in der Lage, eine zuverlässige und präzise Erkennung, Klassifizierung und Messung, sowie Redundanz gegenüber widrigen Bedingungen zu gewährleisten.[40] Während Radar-, Lidar- und Ultraschallsensoren eine höhere Zuverlässigkeit als Kamerasysteme aufweisen, haben die letztgenannten eine höhere Winkelauflösung und können im Bereich der Klassifikation von Objekten, wie etwa eines die Fahrbahn überquerenden Fahrradfahrers, besser eingesetzt werden. Aus diesem Grund werden verschiedene Sensorprinzipien kombiniert, um die Genauigkeit und Redundanz der erhaltenen Informationen zu verbessern (**Multisensoraufbau**). Damit autonome Fahrfunktionen möglich sind, müssen zudem sensorische Beeinträchtigungen wie Sensorblindheit, Dekalibrierung oder Fehlausrichtungen erkannt und korrigiert werden. Mögliche Methoden hierfür könnten auf sensorspezifischen Messungen oder sensorübergreifenden Vergleichen und Kalibriermethoden basieren. Aus diesem Grund wird die dreifache Sensorabdeckung als Anforderung für alle Systeme ab einer SAE L2-Automatisierung betrachtet, ergänzt durch Nahbereichsultraschall.[41]

Bei **Waymo** und fast allen OEM hat sich aktuell die Kombination aus Kameras, Ultraschall, Radar und Lidar durchgesetzt. Der aktuelle **Audi** A8 hat allein für seinen Staupiloten 24 verschiedene Sensorsysteme verbaut. Zur Erkennung des vorderen Fahrzeugumfelds kommen ein Lidar, ein Long-Range-Radar sowie eine Frontkamera zum Einsatz. Diese werden ergänzt durch vier Mid-Range-Radars, vier Umgebungskameras und zwölf Ultraschallsensoren. Die Testfahrzeuge von **BMW** sind mit zwölf Kameras, zwölf Ultraschallsensoren, fünf Radar- und fünf Lidar-Sensoren ausgestattet. **Volkswagen** testet aktuell fünf elektrische Golf mit SAE L4-Automatisierung in der Hamburger Innenstadt, die mit 14 Kameras, sieben Radar- und elf Lidar-Sensoren ausgestattet sind. **Tesla** verzichtet demgegenüber vollständig auf Lidarsensoren und setzt auf eine Kombination aus Radar, acht Kameras und zwölf Ultraschallsensoren.

b) HD-Maps

Die Fähigkeit, ihre Position präzise und permanent zu lokalisieren und auch jenseits der Reichweite der Sensoren zu planen, sind kritische Elemente selbstfahrender Fahrzeuge.[42] Hochpräzise und dynamische digitale Karten (**HD-Maps**) werden als Schlüsselelement

---

[38] Vgl. hierzu auch *Pendleton et al.*, Perception, Planning, Control, and Coordination for Autonomous Vehicles, 4 ff. mwN.
[39] Vgl. auch *Speidel/Gies/Dietmayer,* in: Uni-DAS e.V., 12. Workshop Fahrerassistenzsysteme und automatisiertes Fahren 2018, 116 ff.
[40] Vgl. *Cacilo et al.*, Hochautomatisiertes Fahren auf Autobahnen – Industriepolitische Schlussfolgerungen, 58 ff.
[41] *Milz/Schrepfer,* in: Bertram, Automatisiertes Fahren 2019, 95, 99 f.
[42] *Wood et al.*, Safety first for automated driving, 37, 48 ff., abrufbar unter: https://newsroom.intel.com/wp-content/uploads/sites/11/2019/07/Intel-Safety-First-for-Automated-Driving.pdf (zuletzt abgerufen am 22.12.2019).

identifiziert, um Entitäten zu erkennen, die von On-Board-Sensoren nicht leicht erkannt werden können und insoweit eine redundante Informationsquelle bereitzustellen und eine proaktive Fahrzeugsteuerung zu ermöglichen. HD-Maps setzen sich aus verschiedenen Mapping-Layern zusammen, die in Echtzeit aktualisiert werden. Diese Informationen basieren sowohl auf externen Informationsquellen als auch auf aggregierten Sensordaten anderer Fahrzeuge. Die Fahrzeugumgebung kann so auch jenseits der Reichweite der Sensoren wahrgenommen werden. Hierzu muss ein konstantes Update der Karten erfolgen. Dies bedingt eine Verbindung der Fahrzeuge zu einem Backend in der Cloud – üblicherweise betrieben vom Fahrzeughersteller (OEM-Backend).

c) V2X-Kommunikation

32 Ein entscheidender Faktor auf dem Weg zum autonomen Fahren ist weiterhin ein vernetztes und intelligentes Verkehrssystem.[43] Durch Satelliten- und Mobilfunkkommunikation mit anderen Fahrzeugen (Vehicle to Vehicle, **V2V**) sowie in der Nähe befindlichen externen Einrichtungen wie Ampelanlagen, Verkehrsleitsystemen oder Parkhäusern (Vehicle to Infrastructure, **V2I**), Fußgängern (Vehicle to Pedestrian, **V2P**) und Backend-/Cloudsystemen (Vehicle to Network, **V2N**) wird das Umgebungsbild durch zusätzliche Echtzeit-Daten ergänzt – die Fahrzeuge selbst werden quasi zu Sensoren anderer Fahrzeuge.[44] Je mehr Entitäten miteinander kommunizieren, desto besser lassen sich auch Erkennungsfehler identifizieren und wiederum kommunizieren.

33 Hybride Fahrzeugkommunikation (Vehicle to Everything, **V2X**) gilt als Schlüsseltechnologie für selbstfahrende Fahrzeuge, weil die Technik Informationen über Sachverhalte auch jenseits der Reichweite der Sensoren liefert. Indem V2X das Unsichtbare sichtbar macht, warnt es den Fahrer vor Verkehrsgefahren, wodurch Wahrnehmung und/oder Planung verbessert werden und das System vorausschauend agieren kann.[45] Neben der Verbesserung der Sicherheit trägt V2X dazu bei, den Verkehrsfluss zu optimieren, Verkehrsstaus zu reduzieren und die Umweltbelastung durch den Verkehr zu verringern. Vor diesem Hintergrund hat der Ausbau der Mobilfunknetze enorme Bedeutung für die Realisierung des autonomen Fahrens. Man erwartet, dass mit den neuen **5G**-Netzen, die als URLLC-Technik (Ultra Reliable Low Latency Communication) konzipiert sind, eine fast verzögerungsfreie V2X-Kommunikation möglich sein wird. Zugleich ist und bleibt IT-Sicherheit eine zwingende und grundlegende Voraussetzung für V2X. Darüber hinaus sollte das automatisierte Antriebssystem ebenso sicher unter Bedingungen arbeiten, bei denen V2X nicht verfügbar ist.

2. Kognition

34 Die von den Sensoren gesammelten Rohdaten werden durch eine Reihe von verschiedenen Algorithmen verarbeitet und ausgewertet. Dabei wird allgemein zwischen **Klassifikations- und Lokalisierungsverfahren** unterschieden. Die Kombination beider Verfahren ermöglicht es, Annahmen über die Position, Orientierung und Bewegung realer Objekte zu treffen.[46] Typische erfassbare physikalische Messdaten sind die Abmessungen eines Objekts als Quadermodell mit Länge, Breite und Höhe, Objektgeschwindigkeiten und Objektbeschleunigungen sowie dessen Position absolut in der Welt oder relativ zum eigenen Fahrzeug.[47] Die Sensordaten werden sukzessive durch weitere Informationen über das Backend angereichert und nach ihrer Bedeutung klassifiziert.[48]

---

[43] *Wood et al.*, Safety first for automated driving, 51, abrufbar unter: https://newsroom.intel.com/wp-content/uploads/sites/11/2019/07/Intel-Safety-First-for-Automated-Driving.pdf (zuletzt abgerufen am 22.12.2019).
[44] Vgl. dazu *Eul* → Teil 10.2 mwN.
[45] Vgl. *Cacilo et al.*, Hochautomatisiertes Fahren auf Autobahnen – Industriepolitische Schlussfolgerungen, 89 ff.
[46] *Milz/Schrepfer*, in: Bertram, Automatisiertes Fahren 2019, 95, 97.
[47] *Dietmayer*, in: Maurer/Gerdes/Lenz/Winner, Autonomes Fahren, 419, 423.

Durch die Fusion der von den verschiedenen Sensoren erfassten Daten **(Sensordaten-** 35
fusion), einschließlich Lokalisierung und optional V2X-Informationen kann ein differenziertes virtuelles Umweltmodell mit Fahrspuren, Objekten und Freiraum abstrahiert werden, das allerdings, trotz beeindruckender Leistungsdaten, von der menschlichen Sinneswahrnehmung derzeit noch deutlich übertroffen werden *kann*.[49] Das Umweltmodell bildet die Grundlage für die Prädiktion, Planung und Steuerung. Dabei müssen sehr große Datenmengen von mehr als 20 Gbit/s pro Sekunde in Echtzeit verarbeitet werden. Hierzu bedarf es sehr großer Datenspeicher und Hochperformance-Computing, um die physikalischen Signale zu interpretieren.

Das Zusammenspiel von HD-Maps, Echtzeit-Sensordaten, Satellitennavigation (GNSS) 36
und Inertialsensorik (Multilateration) ermöglicht gleichzeitig eine zentimetergenaue **Selbstlokalisierung** der Fahrzeugposition.[50] Diese hohe Lokalisierungspräzision wird mit der SLAM (simultaneous localization and mapping) Methode erreicht.[51] Handelsübliche GPS-Systeme allein reichen dafür nicht aus und sind zudem in vielen Situationen nicht verfügbar.[52]

3. Prädiktion

In einem weiteren Schritt muss das entsprechende Umweltmodell um den vorhergesagten 37
zukünftigen Zustand erweitert werden.[53] Ziel ist es, eine Prognose der Umgebung zu erstellen, aus denen das System Schlüsse ziehen und die Daten interpretieren kann, um jenen Bereich zu definieren, der ein rechtskonformes, konfliktfreies und fahrdynamisch optimiertes Fahren ermöglicht. Die Intention der relevanten Objekte sollte so interpretiert werden, dass sie die Grundlage für die Vorhersage zukünftiger Bewegungen bildet. Nicht zuletzt müssen die aktuellen Umgebungsbedingungen wie die Straßen- und Witterungsverhältnisse berücksichtigt werden.

II. Planung und Steuerung

Auf Grundlage der vorhandenen Datenbasis kann das System proaktiv, situationsgerecht 38
und in Echtzeit die möglichen Trajektorien[54] des Fahrzeugs berechnen und hinsichtlich Sicherheit und Komfort bewerten (Selbstregulation).[55] Diese **Entscheidungsfindung** ist grundlegend, um autonomes Fahren zu realisieren. Die berechnete Trajektorie kann über Aktoren schließlich in die physische Bewegung des Fahrzeugs übersetzt werden.[56]

Auf der Grundlage der aktuellen rechtlichen Rahmenbedingungen ist bis auf weiteres 39
erforderlich, dass selbstfahrende Fahrzeuge auch von einem menschlichen Fahrer gesteuert werden können. Es ist deshalb notwendig, dass die computergestützte Fahrzeugsteuerung

---

[48] Vgl. auch *Arnold et al.*, IEEE Transactions on Intelligent Transportation Systems 2019, 3782, 3788.
[49] Vgl. auch *Haist*, Autonomes Fahren: eine kritische Beurteilung der technischen Realisierbarkeit, 3, abrufbar unter: https://elib.uni-stuttgart.de/bitstream/11682/8881/1/TechnischeProblemeAutonomesFahren.pdf (zuletzt abgerufen am 22.12.2019).
[50] Vgl. *Cacilo et al.*, Hochautomatisiertes Fahren auf Autobahnen – Industriepolitische Schlussfolgerungen, 82 ff.
[51] Vgl. *Milz/Schrepfer*, in: Bertram, Automatisiertes Fahren 2019, 95, 107 ff.
[52] Vgl. *Cacilo et al.*, Hochautomatisiertes Fahren auf Autobahnen – Industriepolitische Schlussfolgerungen, 84.
[53] *Wood et al.*, Safety first for automated driving, 39 f., 52 f., abrufbar unter: https://newsroom.intel.com/wp-content/uploads/sites/11/2019/07/Intel-Safety-First-for-Automated-Driving.pdf (zuletzt abgerufen am 22.12.2019).
[54] Eine Trajektorie beschreibt den Pfad, welchem das Fahrzeug innerhalb der nächsten Sekunden folgen soll, sowie das Geschwindigkeitsprofil, welches für jeden Punkt entlang des Pfades eine Sollgeschwindigkeit vorgibt.
[55] *Pendleton et al.*, Perception, Planning, Control, and Coordination for Autonomous Vehicles, 16 ff.; *Dietmayer*, in: Maurer/Gerdes/Lenz/Winner, Autonomes Fahren, 419, 421.
[56] *Wood et al.*, Safety first for automated driving, 56 ff., abrufbar unter: https://newsroom.intel.com/wp-content/uploads/sites/11/2019/07/Intel-Safety-First-for-Automated-Driving.pdf (zuletzt abgerufen am 22.12.2019); *Pendleton et al.*, Perception, Planning, Control, and Coordination for Autonomous Vehicles, 24 ff.

parallel zu den Bedienelementen des menschlichen Fahrers ausgelegt ist. Technisch erreicht man dies durch sogenannte **Drive-by-Wire-Systeme,** welche die digitalen Signale des Fahrcomputers über elektrische Leitungen und elektromechanische Aktoren auf die jeweiligen Bedienelemente des Fahrzeugs übertragen.[57]

C. Künstliche Intelligenz als Grundlage für das autonome Fahren

40 Autonomes Fahren basiert zu großen Teilen auf künstlicher Intelligenz (KI) und maschinellem Lernen.[58] Der Grund für die **Notwendigkeit von KI** beim autonomen Fahren liegt in der Komplexität der Anwendungen. Unabhängig von einer möglichen Aufforderung des Fahrzeugs an den Fahrer, die Steuerfunktionen wieder zu übernehmen, müssen die einzelnen Systeme in unterschiedlichsten, wechselnden und ex-ante nicht vorhersehbaren Verkehrssituationen souverän und verlässlich agieren. Dabei verbleiben etliche Interpretations- und Handlungsspielräume. Der öffentliche Straßenverkehr mit seinen vielen nicht vollständig vorher planbaren und vorbestimmten Szenarien führt in der Summe zu einem so komplexen Modell, dass nicht deterministisch in Form von klassischen, regelbasierten Algorithmen abgebildet werden kann.[59] Man denke zB an das Fahren im komplexen urbanen Umfeld. Anders als auf Autobahnen müssen Fahrzeuge nicht nur in der Lage sein, Fahrspuren zu wechseln oder ihnen zu folgen, sondern sie müssen in Sekundenbruchteilen auf deutlich komplexere Verkehrssituationen reagieren können. Es bedarf deshalb intelligenter Lösungen, die Entscheidungen und Planungen mit Unsicherheiten ermöglichen, um mit komplexen Situationen umgehen zu können. Es ist daher notwendig, möglichst viele real aufgenommene und virtuell generierte Fahrszenarien (Trainingsdaten) durch automatische Ansätze zu analysieren und daraus mit nicht-deterministischen Ansätzen eine präzise Trajektorien- und Fahrverhaltensplanung des Fahrzeugs abzuleiten. Aufgrund dieser kritischen Anforderungen basieren die neuesten Methoden alle auf KI, insbesondere auf Deep Learning.[60]

41 Mit dem **maschinellen Lernen** ist dem automatisiert fahrenden Fahrzeug ein Werkzeug gegeben, dass bei einer umfangreichen Anzahl an Messungen aus diesen Daten komplexe Zusammenhänge erkennt. Ohne Methoden des maschinellen Lernens wäre es nahezu undenkbar, sinnvolle Reaktionen auf neue oder veränderte Verkehrs- und Fahrsituationen und die Berechnung von Extremsituationen wie starkem Niederschlag oder unvorhersehbarem Verhalten anderer Verkehrsteilnehmer, in einer deterministischen Programmierung vorab festzulegen. Nach *Mitchell*[61] hat sich maschinelles Lernen im Einsatz besonders dann bewährt, wenn
- eine große Anzahl von Daten in einer Datenbank existiert und diese möglicherweise implizit Informationen enthält, die automatisiert extrahiert werden können,
- Menschen über einen gewissen Bereich nur ein schlechtes Verständnis besitzen und somit das Wissen für effektive Algorithmen fehlt oder
- Aufgaben eine dynamische Anpassung an sich ändernde Umgebungsbedingungen erfordern.

---

[57] Vgl. *Kleinschmidt/Wagner,* in: Oppermann/Stender-Vorwachs, Autonomes Fahren, 1.1. Rn. 24f.
[58] Vgl. *Milz/Schrepfer,* in: Bertram, Automatisiertes Fahren 2019, 95, 96 ff.
[59] Vgl. hierzu *Gruber/Eisenberger,* in: Eisenberger/Lachmayer/Eisenberger, Autonomes Fahren und Recht, 52, 56; sowie *Haist,* Autonomes Fahren: eine kritische Beurteilung der technischen Realisierbarkeit, 14 f., abrufbar unter: https://elib.uni-stuttgart.de/bitstream/11682/8881/1/TechnischeProblemeAutonomesFahren.pdf (zuletzt abgerufen am 22.12.2019).
[60] Vgl. *Salay/Czarnecki,* Using Machine Learning Safely in Automotive Software, 1 mwN, abrufbar unter: https://arxiv.org/ftp/arxiv/papers/1808/1808.01614.pdf.
[61] *Mitchell,* Machine Learning, 17.

Deep Learning ist eine Teilmenge des maschinellen Lernens, die das Feld der KI in den letzten Jahren maßgeblich verändert hat.[62] Ausschlaggebend hierfür ist die Möglichkeit des hochparallelisierten Trainings von tiefen (künstlichen) **neuronalen Netzen** (englisch *Deep Neural Networks,* kurz *DNN).* Ein wesentliches Kriterium von DNN ist es, mit Unsicherheiten und probabilistischen Informationen umzugehen.[63] Die Eingabedaten werden dabei in vielen hundert Schichten (sog. hidden layers) des DNN verarbeitet. Die einzelnen Schichten bestehen aus einer Vielzahl künstlicher Neuronen, die miteinander verbunden sind und auf Eingaben von Neuronen aus der jeweils vorherigen Schicht reagieren. Anhand jedes Datensatzes verfeinert sich dieses Modell. Insbesondere im Bereich der Hinderniserkennung hat sich Deep Learning gegenüber konventionellen lern- und merkmalsbasierten Ansätzen als überlegen erwiesen.[64] Ein sehr verbreitetes Deep Learning-Modell sind sogenannte Convolutional Neural Networks (CNN), die klassische Bildverarbeitungsalgorithmen in Bezug auf Erkennung- und Klassifizierungsrate in komplexen Umgebungen deutlich übertreffen.[65] Ferner werden CNN auch immer häufiger zur Prädiktion, Planung und Steuerung verwendet.[66] Diese Leistung ist aufgrund der nahezu unbegrenzten Situationsvielfalt – zum aktuellen Zeitpunkt – jedoch mit hohen Rechenressourcen verbunden, was Deep-Learning-Algorithmen auch auf modernster Hardware nicht immer echtzeitfähig macht.[67] Im Vergleich zu Deep Learning-Modellen für die Sensorik, sind Techniken für die Planung und Entscheidungsfindung noch in der sehr frühen Phase der Entwicklung.[68]

DNN werden nicht abschließend programmiert, sondern mit **Trainingsdaten** parametrisiert.[69] Entscheidende Bedeutung kommt daher vor allem der Qualität der verwendeten Trainingsdatensätze zu, auf denen das System trainiert wird. DNN erreichen nur dann eine gute Performance, wenn die Trainingsdaten gewissenhaft und damit möglichst fehlerfrei annotiert werden.[70] Vor diesem Hintergrund sind technische Standards für die Datengewinnung und -strukturierung von entscheidender Bedeutung.

Ein weiteres wichtiges Forschungsgebiet ist das **End-2-End Learning**.[71] Hierbei wird das DNN im direkten Umgang mit der Umwelt trainiert. Deep Reinforcement Learning Techniken ersetzen die einzelnen Funktionsblöcke oder zumindest wesentliche Teile davon. Das DNN lernt direkt, das menschliche Verhalten (zB Beschleunigung, Lenkung) nachzuahmen; der Trainingsdatensatz wird einfach durch die Beobachtung menschlicher Fahrer extrahiert.[72]

---

[62] Vgl. *Söbbing,* Fundamentale Rechtsfragen zur künstlichen Intelligenz (AI Law), 28.
[63] *Wood et al.,* Safety first for automated driving, 116 ff., abrufbar unter: https://newsroom.intel.com/wp-content/uploads/sites/11/2019/07/Intel-Safety-First-for-Automated-Driving.pdf (zuletzt abgerufen am 22.12.2019).
[64] Vgl. *Pendleton et al.,* Perception, Planning, Control, and Coordination for Autonomous Vehicles, 8 ff. mwN.
[65] Vgl. *Jungmann et al.,* in: Bertram, Automatisiertes Fahren 2019, 117, 124 f. mwN.
[66] Vgl. *Milz/Schrepfer,* in: Bertram, Automatisiertes Fahren 2019, 95, 101 f.
[67] *Haist,* Autonomes Fahren: eine kritische Beurteilung der technischen Realisierbarkeit, abrufbar unter: https://elib.uni-stuttgart.de/bitstream/11682/8881/1/TechnischeProblemeAutonomesFahren.pdf (zuletzt abgerufen am 22.12.2019).
[68] Vgl. *Jungmann et al.,* in: Bertram, Automatisiertes Fahren 2019, 117, 124 f. mwN.
[69] Parametrisierung von Software bedeutet die Anpassung einer Software an den gewünschten Funktionsumfang durch setzen von Parametern.
[70] Bezogen auf Daten bedeutet Annotation, dass wesentliche Primärdaten durch Sekundärdaten ergänzt werden. Diese Sekundärdaten liefern Mehrwerte als strukturierte Zusatzinformationen, ohne die Originaldaten zu verändern.
[71] *Jungmann et al.,* in: Bertram, Automatisiertes Fahren 2019, 117, 124.
[72] Vgl. hierzu *Milz/Schrepfer,* in: Bertram, Automatisiertes Fahren 2019, 95, 113 f.

D. Rechtliche Aspekte

45 Das Recht befasst sich schon seit Jahrzehnten mit neuen, zT disruptiven Technologien und deren dogmatischer Verortung. In einem besonderen Maße bringt auch die zunehmende Automatisierung von Fahrfunktionen vielfältige, häufig noch gar nicht eindeutig identifizierte Probleme mit sich, die den Gesetzgeber vor grundlegende rechtstheoretische und rechtspolitische Herausforderungen stellen.[73] Die Fahrzeugsteuerung durch KI wirft neben grundlegenden verfassungsrechtlichen und ethischen Fragestellungen insbesondere Fragen zur Zulässigkeit (iSe Vereinbarkeit mit den geltenden straßenverkehrsrechtlichen Vorschriften) und Zulassung entsprechender Technologien auf.[74] Autonome Systeme sind nicht mehr bloße Werkzeuge zur Unterstützung des Fahrzeugführers, sondern entwickeln sich zunehmend zu eigenständigen Akteuren, was bereits die Europäische Politik dazu veranlasst hat, über die Einführung einer *e-Person* als neuem Haftungssubjekt nachzudenken. Besonders relevant in diesem Zusammenhang sind die weitgehende Unvorhersehbarkeit des Verhaltens von KI-Systemen sowie die fehlende Transparenz sowohl für Hersteller und Nutzer.

I. Zulässigkeit und Zulassung

46 Während die Entwicklung automatisierter Fahrfunktionen in technischer Hinsicht inzwischen weit fortgeschritten scheint, stehen gegenwärtig nicht nur dem Betrieb von autonomen Fahrzeugen (SAE L5), sondern auch automatisierten Fahrsystemen ab SAE L3 noch rechtliche Grenzen entgegen. Gründe hierfür sind zum einen das Homologationsrecht (Zulassungsrecht) im sogleich erörterten UN/ECE-System und zum anderen die hohe Anzahl unterschiedlicher nationaler und überstaatlicher Straßenverkehrsregeln, die weitgehend den Menschen als Fahrzeugführer adressieren.

1. Völkerrecht (insbesondere UN/ECE-Regelungen)

47 Autonomes Fahren im öffentlichen Straßenverkehr ist nicht allein eine Frage des nationalen Rechts. Auf überstaatlicher Ebene bestehen verschiedene Regelungen, die den rechtlichen Rahmen für den nationalen (wie auch den europäischen) Straßenverkehr bilden. Maßgeblich ist vor allem das **Wiener Übereinkommen über den Straßenverkehr**[75] von 1968 und das **Genfer Fahrzeugteileübereinkommen**[76] von 1958, welche den Straßenverkehr in seinen wesentlichen verhaltensbezogenen und zulassungsbezogenen (technischen) Vorschriften harmonisieren.

---

[73] Vgl. zu den haftungsrechtlichen Konsequenzen selbstfahrender Fahrzeuge *Leupold/Wiesner* → Teil 9.6.4. sowie grundlegend zu den verschiedenen rechtlichen Fragestellungen im Zusammenhang mit dem autonomen Fahren *Oppermann/Stender-Vorwachs*, Autonomes Fahren, 3. Kapitel mwN.
[74] Mit einem Überblick zu den für Fahrzeughersteller und Nutzer bedeutsamen und dringenden haftungsrechtlichen Fragestellungen vgl. *Leupold/Wiesner* → Teil 9.6.4.; zum Umgang mit Daten beim automatisierten und vernetzten Fahren vgl. *Eul* → Teil 10.2.
[75] Wiener Übereinkommen über den Straßenverkehr vom 8.11.1968 (BGBl. 1977 II S. 809, BGBl. 1979 II S. 932), zuletzt geändert durch das Gesetz vom 7.12.2016 (BGBl. 2016 II S. 1306, 1307).
[76] Genfer Übereinkommen der Wirtschaftskommission für Europa der Vereinten Nationen vom 20.3.1958 über die Annahme harmonisierter technischer Regelungen der Vereinten Nationen für Radfahrzeuge, Ausrüstungsgegenstände und Teile, die in Radfahrzeuge(n) eingebaut und/oder verwendet werden können, und die Bedingungen für die gegenseitige Anerkennung von Genehmigungen, die nach diesen Regelungen der Vereinten Nationen erteilt wurden – Revision 3, abgedr. etwa in ABl. EU L 274/4 vom 11.10.2016.

D. Rechtliche Aspekte

a) Wiener Übereinkommen über den Straßenverkehr

Das Wiener Übereinkommen (StVÜ) ist ein völkerrechtlicher Vertrag, der den grenzübergreifenden Straßenverkehr durch Standardisierung der Verkehrsregeln sicherer machen soll (Präambel). Die Vertragsstaaten verpflichten sich, die im StVÜ enthaltenen Bestimmungen auf die nationalen straßenverkehrsrechtlichen Vorschriften zu übertragen.[77] Neben Deutschland haben insgesamt 80 Staaten das StVÜ ratifiziert (Stand 22.12.2019).[78] Wichtige Player wie die USA und China sind keine Vertragspartner. 48

Ein Grundgedanke des StVÜ ist, dass ein Fahrzeug dauerhaft durch einen menschlichen Fahrzeugführer beherrscht werden muss, vgl. Art. 8 Abs. 1, 5, Art. 13 Abs. 1 S. 1 StVÜ. Selbstfahrende Fahrzeuge waren danach als unzulässig, zumindest aber als problematisch anzusehen, da der Fahrer hier im Unterschied zum assistierten und teilautomatisierten Fahren das Fahrzeug nicht mehr dauerhaft beherrschen muss.[79] „Um eine Klarstellung hinsichtlich bereits im Verkehr befindlicher Assistenzsysteme zu erreichen und um weitere automatisierte Systeme ermöglich zu können"[80], wurde das StVÜ im März 2014 dahingehend modifiziert, dass Systeme zur Unterstützung der fahrenden Person zulässig sind.[81] Ein Vertragsgesetz zur Umsetzung der Änderung des StVÜ mit Blick auf automatisierte Fahrfunktionen ist am 13.12.2016 in Deutschland in Kraft getreten. 49

Der entsprechende Art. 8 Abs. 5bis StVÜ lautet: 50

> „Fahrzeugsysteme, die einen Einfluss auf das Führen des Fahrzeugs haben, gelten als vereinbar mit Absatz 5 und Artikel 13 Absatz 1, wenn sie den Bedingungen für den Bau, den Einbau und die Verwendung nach den internationalen Rechtsinstrumenten betreffend Radfahrzeuge, Ausrüstungsgegenstände und Teile, die in Radfahrzeuge(n) eingebaut und/oder verwendet werden können, entsprechen;
>
> Fahrzeugsysteme, die einen Einfluss auf das Führen eines Fahrzeugs haben und die nicht den genannten Bedingungen für den Bau, den Einbau und die Verwendung entsprechen, gelten als vereinbar mit Absatz 5 und Artikel 13 Absatz 1, wenn diese Systeme vom Führer übersteuert oder abgeschaltet werden können."

Danach sind automatisierte Fahrsysteme, die einen Einfluss auf das Führen des Fahrzeugs haben, zulässig, wenn diese den Vorgaben entweder des im Rahmen der UN/ECE abgeschlossenen Genfer Fahrzeugteileübereinkommens und damit vor allem den einschlägigen technischen UN/ECE-Regelungen oder des UN/ECE-Übereinkommens über Globale Technische Regelungen (GTR) von 1998 entsprechen (Art. 8 Abs. 5bis S. 1 StVÜ) oder so ausgestaltet sind, dass der Fahrer das System jederzeit übersteuern und deaktivieren kann (Art. 8 Abs. 5bis S. 2 StVÜ).[82] Übersteuerbare oder deaktivierbare Fahrsysteme (bis SAE Level 4) sind danach also grundsätzlich mit dem StVÜ vereinbar. In diesem Zusammenhang wird zurecht darauf hingewiesen, dass bei alledem nicht übersehen werden darf, dass das StVÜ ua in Art. 7 Abs. 1, 8, 10 Abs. 3 und 32 StVÜ weitere verhaltensbezogene Anforderungen an den Fahrzeugführer aufstellt, die bestimmten Fahrsystemen zumindest mittelbar entgegenstehen könnten.[83] Autonomes (fahrerloses) Fahren ist hingegen eindeu- 51

---

[77] Vgl. Art. 3 Abs. 1 lit. a 1 und Art. 3 Abs. 2 lit. a 1 StVÜ.
[78] Eine Liste der beteiligten Vertragsstaaten ist abrufbar unter: https://treaties.un.org/Pages/ViewDetailsIII.aspx?src=TREATY&mtdsg_no=XI-B-19&chapter=11.
[79] Vgl. *Lutz*, NJW 2015, 119; *Lange*, NVZ 2017, 345 jeweils mwN.
[80] Denkschrift zur Änderung der Artikel 8 und 39 des Übereinkommens über den Straßenverkehr von 1968, BR-Druck 243/16, 12.
[81] Vgl. Gesetz zur Änderung der Artikel 8 und 39 des Übereinkommens vom 8.11.1968 über den Straßenverkehr vom 7.12.2016 (BGBl. I S. 1306).
[82] Vgl. hierzu *Rodi*, in: Oppermann/Stender-Vorwachs, Autonomes Fahren, 3.6.2 Rn. 29 sowie *Ungern-Sternberg*, in: Oppermann/Stender-Vorwachs, Autonomes Fahren, 3.9 Rn. 26 ff. jeweils mwN.
[83] Vgl. etwa *Lutz*, DAR 2014, 446, 449 f.; *v. Bodungen/Hoffmann*, SVR 2016, 41, 44; *Will*, NVZ 2020, 163, 165.

tig nicht zulässig, denn das StVÜ setzt nach wie vor voraus, dass jedes Fahrzeug einen menschlichen Fahrzeugführer haben muss.[84] Mit der Resolution vom 3.10.2018 hat das *Global Forum for Road Traffic Safety* (WP.1) der UN/ECE zuletzt grundlegende Vorgaben für die Ausgestaltung der technischen Anforderungen im Hinblick auf die Nutzung von SAE L4 und SAE L5-Fahrsystemen erarbeitet, welche durch die Vertragsstaaten im nationalen Recht in Zusammenarbeit mit der Industrie berücksichtigt werden sollen und bei der Ausarbeitung der UN/ECE-Regelungen durch die WP.29 als Grundlage dienen können.[85]

b) UN/ECE-Regelungen

52 Die Zulassung von Neufahrzeugen in der Europäischen Union setzt heute grundsätzlich die Erteilung einer EG-Typengenehmigung für den entsprechenden Fahrzeugtyp voraus. Das einschlägige EU-Recht, welches das Fahrzeugtypenzulassungsrecht der EU-Mitgliedstaaten mittels der Richtlinie 2007/46/EG bzw. mWv 1.9.2020 mittels an deren Stelle tretende Typgenehmigungsverfahrens-VO (EU) 2018/858 regelt, verweist wiederum für die Erteilung der EG-Typengenehmigung zu erfüllenden technischen Anforderungen auf die aktuell in Teil II von Anhang IV genannten UN/ECE-Regelungen, welche nicht nur für Deutschland, sondern auch für die Europäische Union als Vertragspartner des Genfer Fahrzeugteileübereinkommens unmittelbare völkerrechtliche Bindungswirkung entfalten.[86] Diese Regelungstechnik führt im Ergebnis dazu, dass heute meist die UN/ECE-Regelungen die entscheidenden materiellen Vorgaben für die Erteilung einer EG-Typgenehmigung enthalten. Die in das EU-Typengenehmigungsrecht inkorporierten UN/ECE-Regelungen enthalten technische Vorschriften, Prüfverfahren, die Bedingungen für die Typgenehmigung, sowie Genehmigungszeichen und Bedingungen für die Gewährleistung der Übereinstimmung der Produktion.

53 Die Regelungen werden wesentlich von dem Grundsatz beherrscht, dass die Hauptverantwortung für die Fahrzeugführung stets beim Fahrzeugführer liegen muss. Insbesondere die **UN/ECE Regelung Nr. 79** (UN/ECE R 79) über die Ausführung und die Eigenschaften von Lenkanlagen war bis vor kurzem noch auf konventionelle Fahrzeuge zugeschnitten und stand Fahrsystemen ab SAE L3 eindeutig entgegen.[87] Vor diesem Hintergrund wurde die UN/ECE R 79 in den vergangenen Jahren schrittweise angepasst, damit die neuen Technologien berücksichtigt werden können. Entscheidend war die grundsätzliche Ermöglichung von Lenkanlagen, bei denen die Lenkbewegung nicht mehr durch formschlüssige mechanische Verbindungen zwischen der Betätigungseinrichtung und den Laufrädern, sondern durch elektronische Impulse vermittelt durch Elektromotoren erzeugt wird (Steer-by-wire-Anwendungen).[88] Anlagen, bei denen der Fahrzeugführer die Hauptverantwortung für das Führen des Fahrzeugs behält, aber von der Lenkanlage unterstützt werden kann, die durch Signale beeinflusst wird, die im Fahrzeug ausgelöst werden, werden als **Fahrerassistenz-Lenkanlagen** (Absatz 2.3.4.) bezeichnet. Für das automatisierte Fahren wurde dafür grundlegend eine neue Funktionalität der *Automatischen Lenkfunktion* (Automatically commanded steering function, ACSF) eingefügt (Absatz 2.3.4.1.), die es dem Fahrzeugführer mithilfe passiver Infrastrukturelemente ermöglicht, das Fahrzeug auf einer idealen Spur zu halten (Spurführung, Spurhalteunterstützung), mit dem Fahrzeug bei niedriger Geschwindigkeit auf engem Raum zu rangieren oder das Fahrzeug an einer vor-

---

[84] Hierzu und zu bestehenden Reformvorschlägen *Ungern-Sternberg*, in: Oppermann/Stender-Vorwachs, Autonomes Fahren, 3.9 Rn. 28 ff.; vgl. auch *Will*, NVZ 2020, 163, 164; aA wohl *Bodungen/Hoffmann*, SVR 2016, 93, 96 f.
[85] Vgl. ECE/TRANS/WP.1/2018/4/Rev.3. Die Resolution hat einen unverbindlichen Empfehlungscharakter und soll den Vertragsparteien als Richtschnur für den sicheren Einsatz von hoch- und vollautomatisierten Fahrzeugen im Straßenverkehr dienen.
[86] Hierzu ausführlich *Will*, NVZ 2020, 163, 165 ff.
[87] *Lutz*, NJW 2015, 119, 124.
[88] Vgl. auch *Josipovic*, InTeR 2019, 179, 180; *Will*, NZV 2020, 163, 167.

her festgelegten Stelle anzuhalten (Haltestellenleitsystem).[89] Die UN/ECE R 79 unterscheidet seitdem mehrere Kategorien von ACSF (A-E). Für das automatisierte Fahren ab SAE L3 ist dabei in erster Linie die höchste Kategorie E (Absatz 2.3.4.1.6.) einschlägig, für begrenzte Anwendungsfälle ggf. auch die Kategorie B2 (Absatz 2.3.4.1.3.). Nach Absatz 1.2.3. gilt die UN/ECE R 79 aktuell jedoch nicht für Lenkanlagen, die über eine in Absatz 2.3.4.1.3., 2.3.4.1.5. bzw. 2.3.4.1.6. als automatische Lenkfunktion der Kategorie B2, D oder E beschriebenen Funktion verfügen, bis besondere Bestimmungen dazu eingeführt werden.[90] Mit Blick auf automatisierte Fahrsysteme ist aus technologischer Perspektive insbesondere problematisch, dass die auf Lenksysteme zugeschnittene UN/ECE R 79 systematisch nur die Quersteuerung regelt, Fahrsysteme ab SAE L3 im Regelfall aber auch in die Längssteuerung eingreifen. Regeln über automatisierte Fahrfunktionen ab SAE L3 gehen daher notwendigerweise über den eigentlichen sachlichen Anwendungsbereich der UNECE R 79 hinaus.[91] Im Ergebnis sind daher grundsätzlich noch keine automatisierten Systeme ab SAE L3 möglich. Dies gilt nach Absatz 1.2.2. ausdrücklich auch für **autonome Lenkanlagen** (Absatz 2.3.3.), bei denen die Anwesenheit eines Fahrzeugführers nicht erforderlich ist.

Vor diesem Hintergrund wurde seit 2018, parallel zur Überarbeitung der UN/ECE R 79, im Rahmen der UN/ECE Arbeitsgruppe für automatisierte/autonome und vernetzte Fahrzeuge (GRVA) des *Global Forum for Harmonization of Vehicle Regulations* (WP.29) eine speziell auf **Automatisierte Spurhaltesysteme** (ALKS) – als derzeit realistischsten Anwendungsfall von SAE L3-Fahrsystemen – zugeschnittene UN/ECE-Regelung ausgearbeitet.[92] Die UN/ECE-Verordnung über einheitliche Bedingungen für die Genehmigung von Fahrzeugen hinsichtlich ALKS[93] bietet innovative, auf einen spezifischen Anwendungsfall (Use Case) bezogene Bestimmungen mit dem Ziel der Bewältigung der Komplexität im Zusammenhang mit der Bewertung der Systemsicherheit.[94] Mit Inkrafttreten der UN/ECE-Verordnung im Januar 2021 kommt die Erteilung einer EG-Typengenehmigung für Fahrzeuge, deren Fahrfunktionen über längere Zeit ohne weitere Anweisung des Fahrzeugführers die Längs- und Quersteuerung übernehmen können – wie etwa der Staupilot von Audi – grundsätzlich in Betracht.[95] Das ALKS kann unter bestimmten Bedingungen bei Fahrzeugen der Klasse M1 auf Straßen aktiviert werden, auf denen Fußgänger und Radfahrer verboten und die konstruktionsbedingt mit einer physischen Trennung zum Gegenverkehr ausgestattet sind. In der derzeitigen Form begrenzt die Verordnung die Betriebsgeschwindigkeit von ALKS auf maximal 60 km/h. Die Regelung enthält zudem allgemeine Anforderungen an die Systemsicherheit und das ausfallsichere Ansprechen. Wenn das ALKS aktiviert ist, muss es anstelle des Fahrzeugführers die Fahraufgabe erfüllen, dh es muss alle Situationen, einschließlich Ausfälle, bewältigen und darf die Sicherheit der Fahrzeuginsassen oder anderer Verkehrsteilnehmer nicht gefährden. Die Neufassung zielt zunächst auf die Umsetzung von SAE L3-Systemen ab, bei denen der Fahrzeugführer bereit sein muss, die Fahrzeugsteuerung nach einer Aufforderung wieder zu übernehmen und das System jederzeit übersteuern oder deaktivieren kann. Das entspricht dem im Rahmen von § 1b StVG zulässigen Einsatz automatisierter Fahrfunktionen (dazu → Rn. 63ff.). Die Verordnung legt auch Anforderungen fest, wie die Fahraufgabe sicher vom ALKS an den Fahrer übergeben werden soll, einschließlich der Fähigkeit des ALKS, zum Stillstand zu kommen, falls der Fahrer nicht angemessen reagiert. Ferner wird die

---

[89] Vgl. Einleitung der UNECE R 79.
[90] Vgl. auch *Will*, in: Dötsch/Koehl/Krenberger/Türpe, BeckOK Straßenverkehrsrecht, § 1a StVG Rn. 5j f.
[91] Vgl. auch *Will*, NVZ 2020, 163, 167.
[92] Hierzu ausführlich *Will*, NVZ 2020, 163, 167ff.; *Josipovic*, InTeR 2019, 179, 181ff.
[93] Abrufbar unter: https://undocs.org/ECE/TRANS/WP.29/2020/81.
[94] Vgl. hierzu auch die Pressemitteilung der UN/ECE, abrufbar unter: www.unece.org/info/media/presscurrent-press-h/transport/2020/un-regulation-on-automated-lane-keeping-systems-is-milestone-for-safe-introduction-of-automated-vehicles-in-traffic/doc.html.
[95] Vgl. hierzu auch *Will*, NVZ 2020, 163, 175; *Josipovic*, InTeR 2019, 179, 180ff.

Verpflichtung eingeführt, das Fahrzeug mit einer „Black Box" auszustatten, dem so genannten Datenspeichersystem für automatisiertes Fahren (DSSAD), das aufzeichnet, wenn das ALKS aktiviert wird. Schließlich enthält die Verordnung Anforderungen an die Mensch-Maschine-Schnittstelle (HMI), um Missverständnisse oder Missbrauch durch den Fahrer zu verhindern. Die Verordnung enthält insofern klare leistungsbezogene Anforderungen, die von den Automobilherstellern erfüllt werden müssen. Es bleibt abzuwarten, inwieweit ALKS den Anforderungen an die Sicherheit entsprechen können und inwoweit eine schrittweise Lockerung der Beschränkung der max. Betriebsgeschwindigkeit auf 60 km/h im Rahmen späterer Revisionen der neuen UN/ECE-Regelung rechtfertigen.

55 Für Industrie und Forschung bedeutet dies, die unterschiedlichen politischen Ansätze auf globaler Ebene sowie die rechtlichen Rahmenbedingungen in den wichtigen Märkten – EU, USA und China – aufmerksam zu verfolgen und eng mit den zuständigen Behörden in den einzelnen Ländern zusammenzuarbeiten, um nach Wegfall der internationalen Beschränkungen den eröffneten Handlungsspielraum effektiv nutzen zu können.

2. Nationales Recht

56 Mit dem **Achten Gesetz zur Änderung des Straßenverkehrsgesetzes**[96] (8. StVG-ÄndG) vom 16.6.2017 hat der Deutsche Bundestag in der 18. Wahlperiode – im Einklang mit der Änderung des StVÜ – den rechtlichen Rahmen für den Betrieb von Fahrzeugen mittels *hoch- und vollautomatisierter* Fahrfunktionen verabschiedet.[97] Sofern § 1a StVG von „hoch- und vollautomatisiert" spricht, wird vorliegend davon ausgegangen, dass die SAE L3 und L4 gemeint sind. Das StVG wurde mit Wirkung zum 21.6.2017 durch Einfügung der §§ 1a, 1b, 1c sowie die §§ 63a und 63b dahingehend ergänzt, dass solche Fahrsysteme im öffentlichen Straßenverkehr in der Form eingesetzt werden können, dass der Fahrzeugführer dem System in bestimmten Situationen die Fahrzeugsteuerung übergeben kann. Übergeordnetes Ziel des 8. StVGÄndG ist es, Rechtssicherheit für Hersteller und Nutzer selbstfahrender Fahrzeuge zu gewährleisten.[98]

57 Der neu eingefügte **§ 1a StVG** stellt in seinem Absatz 1 klar, dass der Betrieb eines Fahrzeugs mittels SAE L3 und SAE L4 Fahrfunktion mit dem Straßenverkehrsrecht vereinbar ist, wenn die Funktion *bestimmungsgemäß* verwendet wird. Eine Verwendung der Fahrfunktion außerhalb der Zweck- und Nutzungsbestimmung ist unzulässig. Es wird also nicht der Betrieb der Fahrzeuge im öffentlichen Straßenverkehr an sich geregelt, sondern der bestimmungsgemäße Betrieb im Straßenverkehr mittels dieser technischen Funktionen.[99]

58 Der Begriff der **bestimmungsgemäßen Verwendung** stellt auf die seitens der Hersteller erfolgende Zweck- und Nutzungsbestimmung ab,[100] etwa ob ein System für Autobahnen und/oder Landstraßen vorgesehen ist, oder ob es lediglich der Unterstützung im Stau dient, wie etwa der Staupilot von Audi. Dies wird zum Teil stark kritisiert, da es dem Hersteller ermöglichen würde, die Bedingungen der Zulässigkeit und auch die Grenzen seiner Haftung bei Verwendung der automatisierten Fahrfunktion selbst festzulegen.[101] Die bestimmungsgemäße Verwendung einer Fahrfunktion ist indes stets vor dem Hintergrund der zugrundeliegenden technischen Anforderungen (etwa ECE-Regelungen) für einzelne Fahrfunktionen iSd § 1a Abs. 3 StVG zu betrachten. Es bleibt deshalb weiterhin Sache des

---

[96] BGBl. 2017 I S. 1648.
[97] Begrifflich lehnt sie sich die Neuregelung des StVG an eine Kategorisierung des Automatisierungsgrades durch das BASt aus dem Jahr 2012 an.
[98] BT-Drs. 18/11776, 13.
[99] Vgl. hierzu *Will*, in: Dötsch/Koehl/Krenberger/Türpe, BeckOK Straßenverkehrsrecht, § 1a StVG; *v. Kaler/Wieser*, NVwZ 2018, 369, 370ff.; *Lange*, NVZ 2017, 345ff.
[100] Vgl. BT-Drs. 18/11776, 13.
[101] Vgl. hierzu *Enthaler*, Rechtsgrundlagen des automatisierten Fahrens, 5.

D. Rechtliche Aspekte

Gesetzgebers zu bestimmen, welche Anforderungen zu erfüllen sind, damit die bestimmungsgemäße Verwendung auch eine rechtlich zulässige Verwendung ist.

In § 1a Abs. 2 StVG werden die **technischen Kriterien** für die Zulässigkeit von SAE L3 und SAE L4 Fahrfunktionen definiert. Gleichzeitig differenziert Absatz 2 nicht zwischen hoch- und vollautomatisierten Fahrfunktionen, bzw. wurde eine Differenzierung vom Gesetzgeber weder für *notwendig* noch für *zweckmäßig* erachtet.[102] Dies ist allerdings insofern problematisch, als die Vorgaben in den §§ 1a Abs. 2 und 1b StVG inkonsistent sind (dazu → Rn. 63 ff.).[103] 59

Nach § 1a Abs. 2 StVG muss das Fahrzeug die Fahraufgabe – einschließlich Längs- und Quersteuerung – nach Aktivierung übernehmen können (Nr. 1) und während der automatisierten Fahrzeugsteuerung den an die Fahrzeugführung gerichteten straßenverkehrsrechtlichen Vorschriften entsprechen können (Nr. 2). Das System muss ferner durch den Fahrzeugführer jederzeit manuell übersteuerbar oder deaktivierbar sein (Nr. 3) sowie die Erforderlichkeit der eigenhändigen Fahrzeugsteuerung durch den Fahrzeugführer erkennen können (Nr. 4). Das System muss dem Fahrzeugführer das Erfordernis der eigenhändigen Fahrzeugsteuerung nicht zuletzt rechtzeitig optisch, akustisch, taktil oder sonst wahrnehmbar anzeigen (Nr. 5) und auf eine der Systembeschreibung zuwiderlaufende Verwendung hinweisen können (Nr. 6). Erfüllt ein Fahrzeug diese Voraussetzungen nicht, so sind die §§ 1a und 1b StVG nicht anwendbar. Problematisch in diesem Zusammenhang ist vor allem § 1a Abs. 2 Nr. 2 StVG, wonach das Fahrzeug den an die Fahrzeugführung gerichteten straßenverkehrsrechtlichen Vorschriften entsprechen können muss. Dies ist nach dem aktuellen Stand der Technik wohl nicht uneingeschränkt möglich und stellt die OEMs vor erhebliche Herausforderungen. Mit zunehmendem Automatisierungslevel wird sich Fahrzeugherstellern und Genehmigungsbehörden die Frage aufdrängen, wann ihre Fahrzeuge die Vorgaben des § 1a StVG erfüllen. Je komplexer die Anwendungsfälle werden, desto schwerer wird es, die vom Fahrsystem nach § 1a Abs. 2 Nr. 2 StVG einzuhaltenden Verkehrsregeln zu benennen.[104] 60

Einschränkungen ergeben sich aus § 1a Abs. 3 StVG, wonach nur solche Fahrfunktionen von § 1a StVG umfasst sind, die nach den dort genannten **technischen Anforderungen** (ECE-Regelungen oder abweichenden Bestimmungen in Art. 20 der Richtlinie 2007/46/EG bzw. ab 1.9.2020 Art. 39 der Verordnung (EU) 2018/858[105]) zugelassen sind. Gleichzeitig stellt § 1a Abs. 3 StVG klar, dass die Erteilung einer EG-Typgenehmigung möglich ist, auch wenn UN/ECE-Regelungen einer automatisierten Fahrfunktion noch entgegenstehen. Voraussetzung dafür ist die vorherige Typengenehmigung der Europäischen Kommission nach einem entsprechenden Durchführungsverfahren und notwendigem Prüfverfahren zur Erteilung einer EG-Typgenehmigung. Liegen die Voraussetzungen des § 1 Abs. 3 StVG nicht vor, ist die Verwendung des Fahrsystems generell unzulässig. 61

Die Neuregelung findet ihre Grenze in der bestehenden **Notwendigkeit der Anwesenheit eines Fahrzeugführers.** Der Gesetzgeber hat in § 1a Abs. 4 StVG bestimmt, dass Fahrzeugführer im Sinne des Gesetzes auch derjenige ist, der eine automatisierte Fahrfunktion aktiviert und zur Fahrzeugsteuerung verwendet, selbst wenn er das Fahrzeug nicht eigenhändig steuert. Dieser Grundsatz wird zudem durch verschiedene verhaltensrechtliche Vorschriften der StVO bestätigt, die sich vernünftigerweise nur auf den Fahrzeugführer beziehen. Weiter setzt § 18 StVG den Fahrzeugführer nach wie vor als An- 62

---

[102] Vgl. BT-Drs. 18/11300, 21.
[103] So auch *Enthaler*, Rechtsgrundlagen des automatisierten Fahrens, 4.
[104] So auch *Josipovic*, InTeR 2019, 179, 183.
[105] Verordnung (EU) 2018/858 des Europäischen Parlaments und des Rates vom 30.5.2018 über die Genehmigung und die Marktüberwachung von Kraftfahrzeugen und Kraftfahrzeuganhängern sowie von Systemen, Bauteilen und selbstständigen technischen Einheiten für diese Fahrzeuge, zur Änderung der Verordnung (EG) Nr. 715/2007 und (EG) Nr. 595/2009 und zur Aufhebung der Richtlinie 2007/46/EG, Abl. L 151/1 vom 14.6.2018.

knüpfungssubjekt für die Haftung voraus; die für die **zivilrechtliche Haftung** von Halter und Fahrer tradierten Regeln in § 7 und § 18 StVG bleiben unverändert. Demnach bleibt es im Ergebnis bei einer verschuldensunabhängigen Haftung des Halters und einer verschuldensabhängigen Haftung des Fahrzeugführers unter Absicherung durch eine Pflichtversicherung.[106] Der Sorgfaltsmaßstab wird in diesem Fall durch § 1b StVG modifiziert.

63 § **1b StVG** regelt die **Rechte und Pflichten des Fahrzeugführers** bei der Nutzung von SAE L3 und L4-Fahrsystemen. Der Fahrzeugführer darf sich nach § 1b Abs. 1 StVG während des Betriebs der Fahrfunktion vom Verkehrsgeschehen und der Fahrzeugsteuerung abwenden, muss aber derart wahrnehmungsbereit bleiben, dass er seiner Pflicht nach Absatz 2 *jederzeit* nachkommen kann. Der Fahrzeugführer darf sich nach Absatz 1 mithin nur in einer Weise vom Verkehrsgeschehen und der Fahrzeugsteuerung abwenden, die nicht seine Wahrnehmungsbereitschaft gem. Absatz 2 ausschließt. Es ist danach eindeutig nicht zulässig, dass sich der Fahrzeugführer mit Vorgängen beschäftigt, die nicht sofort beendet werden können.[107] Eine dauerhafte Verkehrsbeobachtung ist hingegen gerade nicht notwendig. Vielmehr muss sich der Fahrer regelmäßig einen Überblick verschaffen. Zu beachten ist in diesem Zusammenhang auch die Regelung in **§ 23 Abs. 1a S. 5 StVO**, wonach § 1b StVG unberührt bleibt. Das bedeutet, dass die Nutzung etwa von Mobiltelefonen oder Notebooks während der Fahrzeugführung mittels hoch- oder vollautomatisierter Fahrfunktion iSd § 1a StVG grundsätzlich zulässig ist. Dem Wortlaut nach sieht § 1b StVG weder beim Betrieb von SAE L3 noch L4-Fahrsystemen eine reduzierte Überwachungspflicht vor, obwohl eine SAE L4-Fahrsystem in allen Situationen technisch in der Lage ist, einen risikominimalen Zustand herbeizuführen, ohne dass es eines Eingriffs durch einen menschlichen Fahrzeugführer zwingend bedarf. Die letzte Verantwortung verbleibt somit stets beim Fahrzeugführer. Sowohl im Rahmen des StVG als auch für die rechtliche Auseinandersetzung insgesamt wäre es sinnvoll, einheitlich auf international etablierte technische Klassifizierungen zu verweisen. Auch der *56. Deutsche Verkehrsgerichtstag* hat in diesem Zusammenhang gefordert, dass der Gesetzgeber klar zwischen *hoch- und vollautomatisierten* Fahrfunktionen unterscheiden soll.[108] Zudem sollten die Regelungen in §§ 1a und 1b StVG auf hochautomatisierte Fahrfunktionen beschränkt werden.

64 § 1b Abs. 2 StVG schafft eine selbstständige Pflicht für den Fahrzeugführer, während der Fahrzeugführung mittels hoch- oder vollautomatisierter Fahrfunktion die Fahrzeugsteuerung unverzüglich wieder zu übernehmen, wenn das System ihn dazu auffordert oder wenn er erkennt oder auf Grund offensichtlicher Umstände erkennen muss, dass die Voraussetzungen für eine bestimmungsgemäße Verwendung der hoch- oder vollautomatisierten Fahrfunktionen nicht mehr vorliegen. *Unverzüglich* bedeutet nach allgemeinem Verständnis ein nach den Umständen des Einzelfalls zu bemessenes nicht vorwerfbar zögerndes Handeln, vgl. § 121 Abs. 1 Nr. 1 BGB.[109] Damit die Regelung in § 1a Abs. 2 Nr. 5 StVG ihren Zweck erfüllen kann, ist wohl eine Reaktion innerhalb weniger Sekunden zu erwarten. Aktuelle Forschungsergebnisse der TU Braunschweig zeigen, dass ein optimaler Fahrer, wenn er eine beanspruchende Nebenaufgabe ausführt, selbst nach einer kurzen Fahrstrecke mit einer SAE L3 Fahrfunktion rund acht Sekunden benötigt, um das Fahrzeug zu übernehmen und rund 14 Sekunden, um wieder die volle Situationskontrolle zu erlangen.[110]

65 Unklar bleibt zudem, wann vom Vorliegen *offensichtlicher Umstände* auszugehen ist, die eine unverzügliche Übernahme der Fahrzeugsteuerung verlangen. Man wird darunter wohl das Eintreten einer Situation zu verstehen haben, in der nach der Einschätzung eines

---

[106] Vgl. hierzu *Leupold/Wiesner* → Teil 9.6.4.
[107] Vgl. *Greger*, NVZ 2018, 1, 2 f.; *Will*, in: Dötsch/Koehl/Krenberger/Türpe, BeckOK Straßenverkehrsrecht, § 1b StVG Rn. 17.
[108] Abgedruckt in NVZ 2018, 69.
[109] Vgl. BT-Drs. 18/11534, 15.
[110] Vgl. Gesamtverband der Deutschen Versicherungswirtschaft e.V., Technische Aspekte des automatisierten Fahrens und Verkehrssicherheit, 9, abrufbar unter: https://udv.de/download/file/fid/11115.

D. Rechtliche Aspekte

verständigen und erfahrenen Fahrers die Kontrollübernahme erforderlich erscheint, etwa wenn der Fahrer durch ein Hupen oder andere Zeichen anderer Fahrer auf Fahrfehler und damit auf technische Störungen des Systems aufmerksam gemacht wird oder wenn das System ohne äußeren Anlass zB eine Vollbremsung durchgeführt hat.[111]

Über diese Grundsatzregelung hinaus wurde mit § 63a StVG eine **Datenspeicherpflicht** für Fahrzeuge im Sinne des § 1a StVG eingeführt. Hiernach müssen die durch das Satellitennavigationssystem ermittelten Positions- und Zeitangaben bei einem Wechsel der Fahrzeugsteuerung zwischen Fahrzeugführer und System (Satz 1) sowie bei Aufforderung des Fahrzeugführers zur Übernahme der Fahrzeugsteuerung durch das System bzw. bei einer technischen Störung des Systems (Satz 2) zum Nachweis, ob das System aktiv war, aufgezeichnet werden. Auf diese Weise sollen Beweisprobleme vermieden werden. Die (personenbezogenen) Daten sind nach § 63a Abs. 4 StVG in der Regel innerhalb von sechs Monaten zu löschen, bei einem Unfall nach drei Jahren. 66

Nach gegenwärtiger Rechtslage in Deutschland ist der Betrieb autonomer (fahrerloser) Fahrzeuge bereits nicht von § 1a Abs. 1 StVG iVm § 1a Abs. 4 StVG erfasst und demnach grundsätzlich unzulässig. Der Einsatz autonomer Fahrzeuge bedarf daher im Einzelfall einer **Ausnahmegenehmigung** zu Testzwecken durch die obersten Landesbehörden nach §§ 70f. StVZO, § 46 Abs. 2 StVO bzw. § 47 Abs. 1 FZV. Die Probefahrzeuge fallen nicht unter § 1a StVG, sondern sind wie teilautomatisierte Fahrzeuge (SAE L2) zuzulassen.[112] Lediglich für Parkflächen, die durch bauliche oder sonstige Einrichtungen vom übrigen öffentlichen Straßenraum getrennt sind, hat der Gesetzgeber das *BMVI* ermächtigt, Rechtsverordnungen über die Einrichtung und Nutzung von *fahrerlosen Parksystemen im niedrigen Geschwindigkeitsbereich* mit Zustimmung des Bundesrates zu erlassen, § 6 Abs. 1 Nr. 14a StVG. 67

II. Weitergehende Überlegungen (de lege ferenda)

Es ist umstritten, ob und inwieweit eine generelle Zulassung autonomer (fahrerloser) Fahrzeuge aus **verfassungsrechtlicher Sicht** zu beurteilen ist.[113] In diesem Zusammenhang wird ua diskutiert, ob eine generelle Zulassung mit dem Schutz der Menschenwürde aus Art. 1 GG vereinbar ist. Es ist absehbar, dass autonome Fahrzeuge nicht völlig fehlerfrei steuern und Entscheidungen treffen werden, aus denen Schäden an Leib und Leben folgen *werden*. Gleichwohl findet dadurch keineswegs zwangsläufig eine Degradierung des Menschen zum Objekt statt, wie zT vertreten wird. Einer solchen Auslegung ist vor dem Hintergrund eines technikoffenen Grundgesetzes entschieden entgegenzutreten.[114] Eine generelle Zulassung autonomer Fahrzeuge ist somit nicht von Vornherein ausgeschlossen. Gleichzeitig ist zu klären, ob bzw. inwieweit der Staat über die Technologien des vernetzten und automatisierten Fahrens nicht wesentlich stärker in den Straßenverkehr eingreifen und dadurch ein rechtskonformes Verhalten im Straßenverkehr technisch erzwingen sollte bzw. muss.[115] 68

Weitergehend ist darüber nachzudenken, wie das gegenwärtige verhaltensbezogene – auf den menschlichen Fahrer zugeschnittene – Recht in technische Anforderungen an den Betrieb autonomer Fahrzeuge umzusetzen ist. Es stellt sich die Frage, wie autonome Systeme programmiert werden sollen, in bestimmten verkehrskritischen Situationen – insbesondere wenn ein Unfall unvermeidlich ist – zu reagieren und welche Kriterien als 69

---

[111] BT-Drs. 18/11776, 10; vgl. auch *Hilgendorf*, in: Bendel, Handbuch Maschinenethik, 355, 360; *Will*, in: Dötsch/Koehl/Krenberger/Türpe, BeckOK Straßenverkehrsrecht, § 1b StVG Rn. 23ff.
[112] *Ensthaler*, Rechtsgrundlagen des automatisierten Fahrens, 5.
[113] Vgl. *Rodi*, in: Oppermann/Stender-Vorwachs, Autonomes Fahren, 3.6.2 Rn. 32ff. mwN.
[114] Vgl. hierzu auch *Rodi*, in: Oppermann/Stender-Vorwachs, Autonomes Fahren, 3.6.2 Rn. 33 sowie *Stender-Vorwachs/Steege*, in: Oppermann/Stender-Vorwachs, Autonomes Fahren, 3.6 Rn. 16ff.
[115] Vgl. hierzu *Stender-Vorwachs/Steege*, in: Oppermann/Stender-Vorwachs, Autonomes Fahren, 3.6.1 Rn. 36ff. sowie *Hilgendorf*, in: Bendel, Handbuch Maschinenethik, 355, 366ff.

Entscheidungsgrundlage für das System herangezogen werden sollen.[116] Bei autonomen Fahrzeugen muss der Gesetzgeber einen Rahmen vorgeben, wie Unfallabläufe bei einem nicht zu verhindernden Unfall rechtssicher programmiert werden können. Hierbei gilt der Grundsatz, dass nicht Leben gegen Leben abgewogen werden darf. Eine abstrakt-generell vorweggenommene Entscheidung durch den Hersteller steht jedenfalls grundsätzlichen verfassungsrechtlichen Bedenken gegenüber.[117] Denkbar wäre etwa der Rückgriff auf einen Zufallsgenerator als ultima ratio in vorab festgelegten Fällen.[118] Damit verbunden ist die grundlegende Frage zu beantworten, wie viel Entscheidungsfreiheit wir auf Programmierer und selbstlernende Systeme übertragen dürfen und wollen.

70 In diesem Zusammenhang ist zudem offen, wann ein autonomes System ausreichend *trainiert* ist und für den Verkehr zugelassen werden kann. Denkbar wäre etwa eine Art virtuelle Fahrprüfung für autonome Systeme und das Erfordernis einer bestimmten Anzahl von Testszenarien und Testkilometern unter realen Bedingungen sowie eine periodische Überprüfung der Verkehrstauglichkeit über den gesamten Lebenszyklus hinweg.[119]

71 Es ist ferner darüber nachzudenken, wie verkehrswidrige Entscheidungen autonomer Systeme nach Zulassung zu bewerten sind (etwa als Produktfehler) bzw. inwieweit solche Entscheidungen in bestimmten Fällen von der Gesellschaft hinzunehmen sind. Dies gilt in besonderem Maße auch für verkehrswidrige Entscheidungen von selbstlernenden Systemen. Muss einem autonomen System die Zulassung vorübergehend oder sogar dauerhaft bei bestimmten Entscheidungen wieder entzogen werden? Damit verbunden ist etwa auch die Frage, wer bei Unfällen mit selbstfahrenden Fahrzeugen haftet.[120]

72 Nicht zuletzt müssen Regelungen zu den technischen Anforderungen an die Straßeninfrastruktur und die Fahrzeuge getroffen werden. Ein besonders virulentes Problemfeld betrifft die **Cybersicherheit.** Eine umfassende Absicherung von Hard- und vor allem Software, vor fremden und missbräuchlichen Einflüssen von außen, ist von grundlegender Bedeutung für das autonome Fahren.[121] Ein Angriff auf die Sensorik könnte die aufgenommenen Daten verfälschen und das Fahrzeug bewusst zu einer falschen Handlung veranlassen. Darüber hinaus ist es von wesentlicher Bedeutung, für ein ausgewogenes Verhältnis zwischen der Weitergabe öffentlicher und privater Daten, für einen fairen und wirksamen Wettbewerb um innovative Lösungen sowie für einen effektiven Schutz des Rechts auf informationelle Selbstbestimmung der Verkehrsteilnehmer zu sorgen.

---

[116] Vgl. hierzu eingehend *Stender-Vorwachs/Steege*, in: Oppermann/Stender-Vorwachs, Autonomes Fahren, 3.6.1 Rn. 105 ff. sowie *Steege*, NVZ 2019, 459, 461.
[117] Eingehend hierzu *Brändle/Grunwald*, in: Bendel, Handbuch Maschinenethik, 281 ff.
[118] Vgl. auch *Keßler*, MMR 2017, 589 (593); aA *Stender-Vorwachs/Steege*, in: Oppermann/Stender-Vorwachs, Autonomes Fahren, 3.6.1 Rn. 154 ff.
[119] Vgl. auch *Gruber/Eisenberger*, in: Eisenberger/Lachmayer/Eisenberger, Autonomes Fahren und Recht, 51, 63.
[120] Vgl. dazu *Leupold/Wiesner*, → Teil 9.6.4.
[121] Vgl. auch die Mitteilung der *Kommission* COM (2018) 283, 7 ff.

Teil 9.3 Technische Aspekte der Robotik und Künstlichen Intelligenz

Übersicht

	Rn.
A. Einleitung	1
B. Kinematische Intelligenz	4
C. Algorithmische Intelligenz	9
I. Deep Learning	9
II. Manipulation der Umgebung	10
III. „Unzulänglichkeiten" der realen Welt	11
D. Grenzen der KI und Ausblick	12
I. Herausforderungen für kinematische Systeme	12
II. Grenzen der Berechenbarkeit	15
III. Auf dem Weg zu einer integrativen KI	21

Literatur:
Beutelspacher/Schwenk/Wolfenstetter, Moderne Verfahren der Kryptographie, 2004; *CADnetwork GmbH*, Deep Learning GPU Server und Workstations, 2018; *Chollet*, The Measure of Intelligence, https://arxiv.org/pdf/1911.01547.pdf; *Chomsky*, Three models for the description of language, in: IRE Transactions on Information Theory, Vol. 2, 1956, S. 113 ff., http://www.bionikvitrine.de/fin-ray-effect.html; *Cook*, P vs. NP problem, http://www.claymath.org/millennium-problems/p-vs-np-problem, Clay Mathematics Institute (Millennium Problems); *Coo per*, Computability Theory, Chapman & Hall/CRC, Boca Raton FL ua 2004; *Fukushima*, Neocognitron: A self-organizing neural network model for a mechanism of pattern recognition unaffected by shift in position, in: Biological Cybernetics. 36, Nr. 4, 1980, S. 93 ff., doi:10.1007/BF00344251; *Grewal/Andrews*, Kalman Filtering Theory and Practice, Prentice-Hall, Upper Saddle River 1993; *Herken* (Hrsg.), The Universal Turing Machine, A Half-Century, 2. Aufl. 1995; *Kim/Kirchner/Stefes/Kirchner*, Intrinsic interactive reinforcement learning – Using error-related potentials for real world human-robot interaction, 2017, Nature, Scientific Reports volume 7, Article number: 17562, S. 1 ff.; *Nag*, Google's Deep Learning AI project diagnoses cancer faster than pathologists, 2017; *Nielsen*, Neural Networks and Deep Learning, Kapitel 6, Determination Press, 2015; *Thrun/Burgard/Fox*, Probabilistic Robotics. The Mit Press, 2005; *Trivedi/Rahn/Kier/Walker*, Soft robotics: Biological inspiration, state of the art, and future research, Applied Bionics and Biomechanics, 5(3), 99 ff., 2008; *Turing*, Intelligent machinery, a heretical theory, Philosophia Mathematica 4 (3):256–260, 1996; *Widhiada/Tjokorda/Budiarsa*, Robust Control for the Motion Five Fingered Robot Gripper, International Journal of Mechanical Engineering and Robotics Research, 4. 226–232. 10.18178/ijmerr, 2017.

A. Einleitung

Der Begriff „künstliche Intelligenz" (KI) ist derzeit ein stark diskutiertes Thema, daher soll hier zunächst der Versuch unternommen werden, dieses wissenschaftliche Arbeitsgebiet einzugrenzen und wissenschaftlich einzuordnen. Die Abbildung 1 verdeutlicht dies in anschaulicher Form und zeigt, dass KI durchaus kein monothematisches Feld ist, sondern vielmehr Bezüge zu sehr heterogenen Wissenschaftsgebieten aufweist. So wird der Bezug zur Ingenieurswissenschaft häufig unterschlagen und die KI als reines „Software Thema" beschrieben. Dies ist die größte Fehleinschätzung überhaupt und es sei dazu auf die Schrift von Alan Turing aus dem Jahre 1948[1] (veröffentlicht 1974) verwiesen, in der der Begriff **„Intelligent Machinery"** eingeführt wird. Alan Turing war einer der bedeutendsten Mathematiker des 20. Jahrhunderts und hat mit der Einführung der sogenannten **Turingmaschine** die Grundlagen der Berechenbarkeit formuliert, welche bis heute die gültigen Grundlagen und Grenzen der Informatik definiert. Turing führt in dem zitierten Artikel sehr detailliert aus, dass Intelligenz in Maschinen nur durch einen iterativen Lernprozess approximiert werden kann und dass dieser Prozess – wenn er erfolgreich sein soll – innerhalb eines physischen Systems **(Roboter)** ablaufen muss, welches in einer komplexen und

1

---

[1] Siehe http://www.alanturing.net/intelligent_machinery/ mit dem originalen Faksimile.

fortwährenden Interaktion mit seiner Umwelt steht. Der Bau und die Entwicklung komplexer physischer Systeme ist somit nicht nur als eine reine Vorarbeit für die Informatik zu verstehen, die diese Systeme nutzt, um ihnen eine „Intelligenz" zu verleihen. Vielmehr sind solche „intelligenten" technischen Systeme eine Notwendigkeit, um die komplexe Struktur natürlicher Umgebungen zu erfassen und zielführende Experimente zur technischen Intelligenz anstellen zu können. Auf Grund dieser wechselseitigen Beziehung entstanden in den vergangenen Jahrzehnten neue Technologiefelder wie das der **Mechatronik,** in denen sehr erfolgreich selbst hoch komplexe technische Systeme zuverlässig realisiert werden konnten. Auf der anderen Seite ist die Linguistik und selbstverständlich die Biologie – speziell die Neurobiologie sowie Psychologie – ein wissenschaftliches Feld, das die Grundlagen für die Computerwissenschaften gelegt,[2] und der Informatik gezeigt hat, wie der oben genannte iterative Lernprozess zur Entwicklung technischer Intelligenz in physische Systeme implementiert und damit effektiv umgesetzt werden kann.

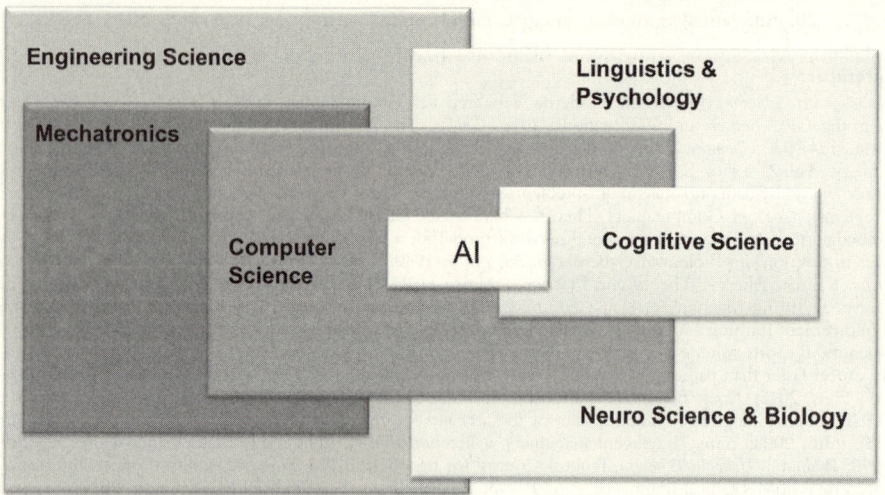

Abbildung 1: Einordnung der „Künstlichen Intelligenz" in die angrenzenden Forschungsfelder (Grafik: DFKI GmbH)

2   Zukünftige Anwendungen werden in steigendem Maße auf Methoden der „Künstlichen Intelligenz" angewiesen sein. Dies gilt insbesondere für Anwendungen im Bereich von für Menschen unzugänglichen Gebieten wie der Tiefsee oder kontaminierten bzw. anderweitig gefährlichen Umgebungen aber auch in solchen Bereichen, in denen diese Systeme in direkter Interaktion mit dem Menschen stehen wie zum Beispiel bei der Produktion von Gütern oder in der Pflege und der Rehabilitation.

3   Der Grund für die Notwendigkeit der „Intelligenz" in diesen technischen Systemen liegt in der steigenden Komplexität der Anwendungen. Bei Einsätzen in gefährlichen Umgebungen werden zum Beispiel die heutigen – rein beobachtenden Systeme, die ihre Messungen durch die berührungsfreie Aufnahme von Daten mittels optischer Messinstrumente vornehmen, zu handelnden Akteuren. Sie nehmen bei der Erkundung von Unfällen in kontaminierten Umgebungen Sedimentproben oder nehmen Bohrungen vor. Dieser Rollenwechsel stellt einen Quantensprung in der robotischen Unterstützung bei solchen Anwendungen dar, denn es müssen nun eine Vielzahl von Operationen der Wahrnehmung, der Handlungsplanung sowie der Handlungsausführung vollzogen werden, die jede für

---

[2] An dieser Stelle sei auf den berühmten Linguisten Noam Chomsky verwiesen, der durch die nach ihm benannte Chomsky Hierarchie die Grundlage für moderne formale Programmiersprachen gelegt hat, vgl. dazu *Chomsky*, „Three models for the description of languages," abrufbar unter https://chomsky.info/wp-content/uploads/195609-.pdf.

sich ein gewisses Maß an kognitiver Leistung erfordern. Eine reine Fernsteuerung der Systeme ist dabei aus verschiedensten Gründen nicht mehr möglich. Zum einen machen fehlerbehaftete oder unzureichende Kommunikationskanäle ein Fernsteuern von Handlungen – beispielsweise das Bewegen eines Armes oder das Greifen eines Objektes – unmöglich, zum anderen sind aber auch die Anforderungen an die Systeme in einem Maße gewachsen, dass ein ferngesteuerter Einsatz dieser Systeme schwierig wird. Man stelle sich das Szenario der in Fukushima havarierten Atommeiler vor, bei dem es zunächst für die Einsatzkräfte darum ging, sich einen Überblick über die Situation innerhalb der teilweise eingestürzten Gebäude zu verschaffen. Die Systeme mussten hier zunächst in das Gebäude vordringen, um dann innerhalb des Gebäudes Messungen (beispielsweise der Temperatur und der Strahlenbelastung) vorzunehmen. Dabei waren die im Innersten des Gebäudes gelegenen Teile besonders interessant, aber gleichzeitig diejenigen Gebäudeteile, die am schwersten zu erreichen waren, da Trümmer oder einfach nur geschlossene Türen den Zugang versperrten. Insbesondere der Fall der geschlossenen Tür verdeutlicht sehr gut die Notwendigkeit der technischen Intelligenz in solchen Systemen aber auch das Zusammenspiel von Mechatronik und Kontrolltheorie bzw. Künstlicher Intelligenz und soll im Folgenden noch genauer untersucht werden.

B. Kinematische Intelligenz

Der Begriff der kinematischen Intelligenz bezieht sich auf die Konstruktion des physischen Systems und versucht auszudrücken, dass durch ein intelligentes Design der physischen Komponenten (siehe Abbildungen 2 und 3) eines Systems viele „intelligente" Lösungen auf der Ebene der Regelung und Kontrolle des Systems obsolet werden. Die dafür benötigte Rechenleistung kann dann für höherwertige und schwierigere „kognitive" Leistungen eingesetzt werden.

So verfügen (siehe Abbildung 2) die dargestellten Roboter über Greifmechanismen und sind gleichzeitig hoch mobile Systeme. Diese Verbindung von Mobilität und Manipulationsfähigkeit stellt eine systemtechnische Komplexität dar, die nur sehr schwer und mit erheblichem Rechenaufwand durch entsprechende Regelungsalgorithmen kontrolliert werden kann. So verlangen die entsprechenden Algorithmen eine Rechenleistung, die auf dem autonom operierenden System vorgehalten werden muss, die noch vor einem Jahrzehnt einem sogenannten „Hochleistungscomputer" vorbehalten war. Durch eine geschickte Konstruktion solcher Roboter vereinfacht sich die Komplexität der Regelungs- und Steuerungsalgorithmen jedoch drastisch. So verfügt das in Abbildung 2 dargestellte System über eine Kombination aus Beinen und Rädern. Wie man in der Abbildung erkennen kann, sind am Ende der beinartigen Strukturen, die für eine sehr hohe Mobilität in sehr unwegsamen Gelände sorgen, Räder angebracht, die bei der Überwindung von einfachen (ebenen) Geländeabschnitten eingesetzt werden können. Die Rechenleistung, die zur Regelung und Steuerung der Beine auf ebenem Gelände benötigt würde, kann durch die zusätzlich angebrachten Räder eingespart werden und stattdessen für anderweitige Aufgaben eingesetzt werden. So ist es zum Beispiel möglich, während sich das System mittels der Räder auf ebenem Gelände fortbewegt, die Daten der Kameras und anderer Sensoren auszuwerten, um zum Beispiel den nächsten Zielpunkt der Navigation zu erkennen und einen Weg dorthin zu planen.

Ein weiteres Beispiel zur kinematischen Intelligenz zeigt Abbildung 3. Der hier dargestellte Roboter nutzt eine spezielle Art von Rädern (Sternräder), die im Prinzip die Eigenschaften von Beinen mit den Eigenschaften von Rädern verbinden. Damit ist das System selbst in schwierigstem Gelände (in Abbildung 3 bei der Erkundung und Kartierung einer Lavahöhle auf Teneriffa zu sehen) sehr leicht (durch sehr schnelle Algorithmen, die relativ wenig Rechenleistung benötigen) zu kontrollieren. Die sternförmigen Enden der

Räder greifen wie Beine in der Schwingphase beim Gehen an einem einzigen Punkt auf dem Boden an und drücken das System nach vorne, wenn, wie in der Stemmphase beim Gehen, das Rad weitergedreht wird. Während die Kontrolle eines einzelnen Beines jedoch eine regelungstechnische Herausforderung darstellt, ist die einfache Drehmomentsteuerung wie hier beim Roboter „Asguard" mit relativ wenig Aufwand zu realisieren. Das Ergebnis ist jedoch eine extreme Mobilität auch in kompliziertem Gelände, die mit sehr wenig Rechenaufwand erzielt wird.

Abbildung 2: Das Robotersystem SherpaTT bei der autonomen Durchführung von Infrastrukturmontage und Probenaufnahme mit Hilfe von modularen Nutzlastmodulen beim Feldtest in einer Wüstengegend in Utah, USA (Foto: Dr. Florian Cordes, DFKI GmbH).

7   Ein Hindernis für den Einsatz von Robotersystemen im Katastrophenschutz oder bei Ersthelferteams ist, dass die heutigen Systeme nicht in der Lage sind, in extrem schwieriges – aber aus Einsatzgründen hochinteressantes – Gelände vorzudringen; Gelände in dem sogar klettern notwendig werden kann. Dem muss jedoch entgegengehalten werden, dass die wissenschaftliche Forschung und Entwicklung bereits Systeme untersucht und im Prototypenstadium erprobt, die durch eine noch weiter gesteigerte komplexe Kinematik – teilweise bis hin zur **humanoiden Morphologie** – in der Lage sind, sogar extrem schwieriges Gelände zu bewältigen (siehe Abbildung 4).

8   In der Zukunft werden diese Systeme weiter erforscht und verbessert werden, wobei tatsächlich weniger die Erstellung der physischen Roboterkinematik – der Arme, Beine und Hände – die Herausforderung darstellt. Die Herausforderung liegt vielmehr in der Regelung und Steuerung dieser hoch komplexen **Kinematiken** in extrem schwierigen Geländen, da hier hoch komplexe Regelungsalgorithmen notwendig sind, welche zudem mit einer kognitiven Umfeldwahrnehmung einhergehen müssen. Die Erfolge, die auf dem Gebiet der Verarbeitung von Bilddaten mittels sogenannter **DeepLearning**-Verfahren erzielt wurden, weisen jedoch auch in diesem Bereich in die Richtung einer effizienten Lösung. So werden bereits heute komplexe **Humanoid-Systeme** in „Search-and-Rescue"-Szenarien erprobt bzw. als robotische Assistenzsysteme in sogenannten hybriden Teams (Menschen und Roboter) in der Produktion von Konsumgütern wie Autos, Flugzeugen oder Handys erforscht.

B. Kinematische Intelligenz

Abbildung 3: Der kinematisch komplexe Roboter „Asguard" nutzt bei der Fortbewegung in einer Lavaröhre auf Lanzarote Methoden zur Umwelterkennung, modellbasierten Bewegungsplanung und reaktiven Steuerung (Foto: Steffen Planthaber, DFKI GmbH).

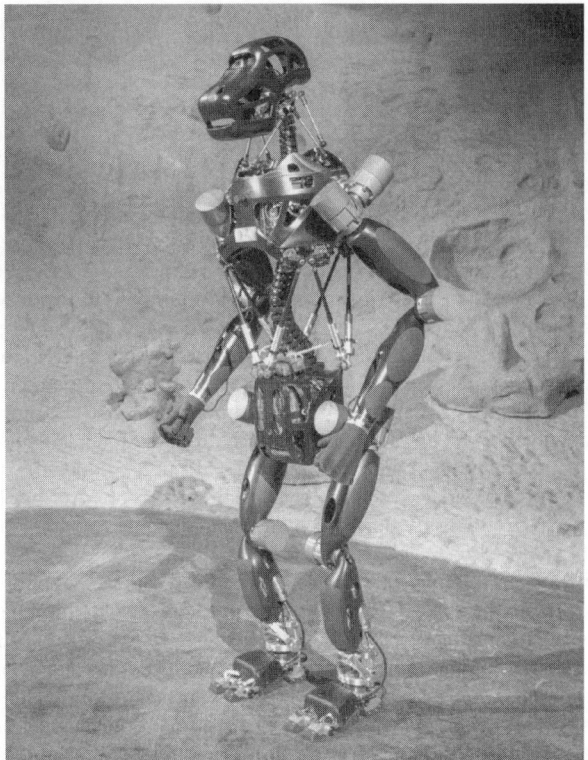

Abbildung 4: Der humanoide Roboter Charlie in einer aufrechtstehenden Position in der künstlichen Kraterumgebung der Weltraumexplorationshalle des DFKI in Bremen (Foto: Dr. Daniel Kühn, DFKI GmbH).

C. Algorithmische Intelligenz

I. Deep Learning

9 Bei der Umsetzung von kinematisch hoch komplexen Robotern für extreme Umgebungen wird eine Vielzahl von Methoden und Algorithmen der KI und des maschinellen Lernens als Teilgebiet der KI zum Einsatz kommen. Selbst Prozesse, von denen man annimmt, sie wären dem Menschen vorbehalten, können dabei automatisiert werden. Ein Beispiel hierfür ist die Erkennung von Landmarken (signifikanten Punkten in der Umgebung) für die Navigation in unzugänglichen Gebieten (siehe dazu auch Abbildung 3) durch automatisierte und KI-basierte Analyse von Bilddaten mittels sogenannter Deep-Learning-Verfahren, die sich in hervorragender Weise gerade bei der Erkennung spezieller Eigenschaften in Bildern bewährt haben. So werden Texturen und Oberflächenbeschaffenheit von Arealen in Bilddaten automatisch, mit höherer Präzision und in höherer Quantität erkannt als dies durch menschliche Operateure möglich ist. Ein Beispiel aus dem Gebiet der Medizin sind automatisierte Verfahren, die mittels „Deep-Learning" auf hochauflösenden Gewebeaufnahmen von Patienten Anzeichen von Krebserkrankungen besser erkennen als geschulte Spezialisten.[3] Sind nun bei dem Robotersystem aus Abbildung 3 die entsprechenden Landmarken aus den Kameradaten extrahiert worden, so können im Folgenden spezielle Navigationsverfahren den Roboter völlig selbstständig und sicher durch das Gebiet steuern, um am Zielpunkt weitere Maßnahmen zu ergreifen (beispielsweise das Aufnehmen von Umgebungsparametern wie Temperatur oder Strahlung).

II. Manipulation der Umgebung

10 An dieser Stelle kommt jedoch noch eine weitere wichtige Fähigkeit von autonomen und intelligenten Systemen hinzu, die jedoch zugleich eine erneute Herausforderung an die algorithmische Intelligenz dieser Maschinen stellt. Meist ist es mit der Aufnahme von Umgebungsparametern nicht getan, sondern es wird ein gezielter Eingriff (in der Robotik auch als **„Manipulation"** bezeichnet) in die Umgebung notwendig. Das Beispiel des Roboters, der in der zerstörten Anlage von Fukushima vor einer geschlossenen Tür steht, kann hier verwendet werden, um die Bedeutung der manipulativen Fähigkeiten eines intelligenten Robotersystems zu verdeutlichen. Während die Navigationssoftware des Roboters auf der Basis eines Gebäudeplans und den oben beschriebenen Verfahren zur Umfelderkennung, Landmarken-Extraktion und Navigationsplanung einen Weg zum Ziel in dem zerstörten Gebäude berechnet hat, stellt die geschlossene Tür (die die weitere Wegverfolgung behindert) ein Hindernis dar, welches nur durch den Einsatz eines Roboterarmes mit entsprechender Greifer-Technik gelöst werden kann. Die Steuerung eines solchen Roboterarmes ist im Prinzip ein sehr gut verstandenes Feld und ermöglicht den Einsatz solcher Systeme im produzierenden Gewerbe und insbesondere der Automobilindustrie seit den 80er Jahren des letzten Jahrhunderts. In diesem speziellen Fall jedoch kommt ein Faktor hinzu, der diese klassischen Ansätze der Manipulator (Roboterarm) Steuerung erschwert bzw. teilweise unmöglich macht. Während die bekannten Roboterarme aus der Automobilindustrie an einem festen Punkt im Raum montiert sind, welcher in der Steuerung des Systems eine wichtige Rolle als Basis spielt, ist der Manipulator auf dem Roboter in Fukushima nicht an einem festen Ort im Raum sondern auf der mobilen Basis des Systems montiert. Der feste Bezugspunkt im Raum wie in der oben beschriebenen industriellen Anwendung entfällt somit und wird durch einen relativen Referenzpunkt, nämlich den Befestigungspunkt auf der mobilen Basis, ersetzt. Dies stellt prinzipiell zunächst einmal kein Problem für die Steuerung des Arms bzgl. dieser Basis dar, jedoch muss nun

---

[3] https://www.ibtimes.sg/googles-deep-learning-ai-project-diagnoses-cancer-faster-pathologists-8092.

zur Erreichung des Zielpunkts, in diesem Fall der Türgriff an der verschlossenen Tür, die Position der mobilen Basis in Bezug auf den Zielpunkt „Türgriff" ermittelt werden können, um dann zurückzurechnen wie sich der Roboterarm bewegen muss, um den Türgriff zu erreichen. Hierzu werden nun wieder KI-Methoden benötigt, die verschiedenste Wahrnehmungsaufgaben lösen. So muss der Türgriff erkannt werden, dies funktioniert über die oben schon beschriebenen Deep-Learning Methoden schon sehr gut. Dann muss die Lage des Roboters, insbesondere der mobilen Basis, im Raum ermittelt werden, um auf die relative Lage des Referenzpunktes des Roboterarms zum Zielpunkt schließen zu können. Dies kann durch den Einsatz von Schätzverfahren erfolgen, die ebenfalls aus dem Bereich der KI (Vorhersageverfahren auf Basis neuronaler Netze,[4] aber auch aus dem Bereich der Signalanalyse) kommen. Erst dann kann ein Algorithmus eingesetzt werden, der den Manipulator gezielt an den Türgriff heran bewegt, um dann, in einem wiederum sehr aufwendigen zu kontrollierenden Prozess, der hier nicht im Detail beleuchtet werden soll[5], den Türgriff zu betätigen und die Tür zu öffnen. Erst dann kann der ursprüngliche Prozess – also die Navigation an einen bestimmten Punkt im Gebäude fortgesetzt werden.

III. „Unzulänglichkeiten" der realen Welt

Man mag sich nun die Frage stellen, warum es beispielsweise so schwer sein soll, die Lage und Positionierung des Roboters vor der Tür zu bestimmen. In der Tat erscheint das als eine Trivialität für Menschen ist jedoch eine Herausforderung für technische Systeme, die diese Leistung ohne Eingriff des Menschen leisten müssen. Der Grund dafür liegt in den – wie wir sie in der KI gerne nennen – „Unzulänglichkeiten der realen Welt". Dies ist natürlich scherzhaft-ironisch gemeint, verweist jedoch auf ein fundamentales Problem, das aus der Unvorhersagbarkeit dieser realen Welt resultiert. In einer (im informatischen Sinne) Welt ohne Unzulänglichkeiten wären wir in der Lage, jeden Effekt, den eine Aktion unseres Roboters hat, präzise auszurechnen und könnten somit vom Start des Roboters an, für jede einzelne Bewegung, die der Roboter macht, genau berechnen, in welcher exakten Position und Orientierung sich das System nach der Ausführung dieser Aktion befindet. Da wir mit absoluter Präzision in jedem Einzel-Schritt arbeiten, können wir somit auch über viele Einzelschritte hinweg die exakte Position und Orientierung ausrechnen und hätten somit, wenn wir an der Tür angekommen sind, keinerlei Probleme die Armsteuerung einzusetzen und die Tür zu öffnen. Nun ist es aber natürlich so (das ist es, was wir in der Informatik gerne – wohlgemerkt scherzhaft oder (selbst)ironisch kritisieren), dass unsere Berechnungen der Effekte einer durch den Roboter ausgeführten Aktion immer fehlerbehaftet sind und auch wenn diese Fehler in jedem einzelnen Schritt sehr klein sind, so summieren sich diese kleinen Fehler über die Zeit oder die Anzahl der Schritte zu enormen Fehlern auf. Genau an dieser Stelle helfen uns nun die Methoden der künstlichen Intelligenz weiter, da es Algorithmen der KI gibt, die in der Lage sind, diese Fehler abzuschätzen und somit eine Fehlerkorrektur ermöglichen.[6] Insbesondere aber gibt es die Möglichkeit durch den Einsatz verschiedenster Verfahren der KI in einem einzigen System (wie unserem Fukushima Erkundungsroboter) eine Art der (Re)Kalibrierung durchzuführen und die ansonsten ausufernden Fehler an bestimmten Stellen oder zu bestimmten Zeiten quasi zurück zu setzen. Nehmen wir wiederum unseren Erkundungsroboter: Während er am Startpunkt (dem Eingang in das zerstörte Gebäude) noch einen Positionierungsfehler von 0 hat, beginnt er Schritt für Schritt den Weg, den er sich aufgrund des zugrundeliegenden Gebäudeplans ausgerechnet hat, abzufahren. Schon nach wenigen dieser Schritte vergrößert sich der Positionierungsfehler des Roboters, also der

---

[4] *Fukushima*, Biological Cybernetics. 36, Nr. 4, 1980, S. 93 ff.
[5] *Widhiada/Tjokorda/Nyoman*, International Journal of Mechanical Engineering and Robotics Research, S. 226 ff.
[6] *Thrun/Burgard/Fox*, Probabilistic Robotics, S. 189 ff.

Unterschied zwischen der Position, in dem zugrundeliegenden Gebäudeplan, in der sich der Roboter wähnt und der Position, in der der Roboter tatsächlich ist. Diese Abweichung wird mit jedem Schritt weiter zunehmen. Nehmen wir nun an, die verschlossene Tür, von der wir nun schon häufiger gesprochen haben, sei nur ein paar Meter vom Startpunkt entfernt und wird nun durch die oben besprochenen KI-Verfahren zur Landmarkenerkennung im Kamerabild des Roboters identifiziert, so ergibt sich hier die Möglichkeit zur (Re)-Kalibrierung der Position des Roboters, da aus der Karte die genaue metrische Distanz zur verschlossenen Tür vom Startpunkt hervorgeht und der Roboter seinen eigenen (internen) Wert für die zurückgelegte Strecke (der fehlerhaft sein wird) abgleichen und korrigieren kann. Nun ist es möglich bestimmte KI-Methoden zu implementieren, die in der Lage sind, genau diesen vom Roboter produzierten Fehler zu erlernen und somit zur internen Fehlerkorrektur zu verwenden.[7] So ist es beispielsweise möglich, dass ein bestimmter Anteil des Fehlers, den der Roboter macht, aus einer Kombination von externen und internen Parametern erwächst, die dem menschlichen Betrachter bzw. dem Systemprogrammierer völlig unbekannt sind und auch nicht offensichtlich aus den Daten hervorgeht. KI-Methoden und in diesem Fall besonders die sogenannten neuronalen oder tiefen neuronalen Netze können jedoch Zusammenhänge in Daten erkennen, die vom Menschen nicht identifiziert werden können. Dies leisten diese Verfahren zumeist dadurch, dass sie tausende und zehntausende von Datensätzen ansehen und miteinander in Bezug setzen. Bei diesem Ansatz des sogenannten maschinellen Lernens werden sogenannte versteckte Korrelationen erkannt, die menschlicher Analyse verborgen bleiben. Erkauft wird diese Leistung jedoch durch den massiven Einsatz von sehr großen Mengen an Daten oder – um auf unseren Fukushima Roboter zurück zu kommen – sehr vielen Beispielfahrten durch zerstörte Gebäude unter allen möglichen Kombinationen von Umweltbedingungen.

D. Grenzen der KI und Ausblick

I. Herausforderungen für kinematische Systeme

12 Schon Alan Turing, einer der Pioniere der künstlichen Intelligenz, hat erkannt, dass die Struktur und Dynamik lebender Systeme mit Hilfe mathematischer Modelle nicht hinreichend präzise beschrieben werden kann.[8] Damit war der rein ingenieurtechnische Ansatz zur Erforschung künstlicher Intelligenz eigentlich bereits für alle Zeiten ausgeschlossen. Trotzdem versuchen wir weiterhin, menschliche Intelligenz künstlich nachzubilden, wohlwissend, dass wir eigentlich nur an der Oberfläche kratzen. Tatsächlich wissen wir nicht einmal, ob diese Aufgabe grundsätzlich lösbar ist und die Diskussion darüber nimmt gerade wieder an Fahrt auf.[9]

13 Wie aus den vorangegangenen Erläuterungen hervorgeht, ist selbst die schrittweise Annäherung an die künstliche Intelligenz auf der algorithmischen Seite ein Prozess, der nur durch Approximationen, statistische Näherungen und wahrscheinlichkeitstheoretische Modelle umgesetzt werden kann. Hinzu kommt die kinematische oder physische Seite, bei der hoch komplexe kinematische Systeme entwickelt werden müssen, die in der Lage sind, die Fertigkeiten eines Menschen rein mechanisch nachzuahmen. Auch hier stehen wir am Beginn eines Prozesses, der immer stärker auf flexible Strukturkomponenten setzt, und damit eben schwerer zu fassende Kontrollstrukturen erfordert. Ein Beispiel für flexible Strukturen kann gerade auch am Beispiel des oben genannten Fukushima Roboters beschrieben werden. Bisher hatten wir nur darüber gesprochen, wie der Manipulator an den

---

[7] *Thrun/Burgard/Fox*, Probabilistic Robotics, S. 189 ff.
[8] *Turing*, Philosophia Mathematica 1996, S. 256 ff.
[9] https://arxiv.org/pdf/1911.01547.pdf.

D. Grenzen der KI und Ausblick

Türgriff geführt werden kann. Den Türgriff aber zu fassen und die Tür durch Drücken des Türgriffs und gleichzeitiges Ziehen tatsächlich zu öffnen, ist ein Problem, das einer hochkomplexen Kinematik des Greifers bedarf. Zum Vergleich: die menschliche Hand, die dieses Problem mühelos meistert, hat drei Freiheitsgrade pro Finger und einen Daumen, der in Opposition zu den restlichen Fingern gebracht werden kann. Handrücken und Wurzel dagegen sind praktische, lose aufgehängte kinematische Ketten, die in der Anzahl der Freiheitsgrade eigentlich gar nicht richtig erfasst werden können, da sie im Prinzip durch Sehnen und Haut zusammengehalten werden und keine festen Gelenke aufweisen.

Viele Ansätze sind in diesem Bereich bereits unternommen worden, diese Komplexität und das dadurch erzielbare Fähigkeitsspektrum nachzubilden. Entweder scheitern sie an der mechanischen Umsetzung, dann wird die Hand so groß wie ein Kleinwagen, oder an der Steuerung und Regelung, dann hat man lose kinematische Ketten (Finger), deren koordinierte Bewegung ein enormes algorithmisches Problem darstellt. Neuere Ansätze gehen in den Bereich der sogenannten Soft-Robotik,[10] wo versucht wird, durch flexible Strukturen und Materialien eine Form der kinematischen Intelligenz zu erreichen, die das algorithmische Kontrollproblem soweit minimiert, dass es effizient implementiert werden kann. Ein Beispiel ist der **Finn-Ray-Effekt**,[11] der bei der kinematischen Struktur der Schwanzflosse von Fischen beobachtet werden kann. Vereinfacht gesagt, legt sich diese Struktur von selbst um ein Objekt herum und umschließt es flächig, wenn an einer Stelle ein Kontakt und Druckpunkt aufgebaut wird.

II. Grenzen der Berechenbarkeit

In beiden Fällen, der algorithmischen Komponente der künstlichen Intelligenz als auch der kinematischen oder physischen Komponente dieses Phänomens, sind wir also verstärkt auf Approximationen bzw. Näherungslösungen angewiesen, um die Komplexität der Aufgaben mathematisch effizient erfassen zu können. Das wichtigste Stichwort hierbei ist die effiziente Erfassung dieser Probleme. Denn diese führt uns zurück zu den Anfängen der Computertechnologie und Informatik als Alan Turing mit seinem Modell der Turing-Maschine nicht nur ein eben „effizientes" Berechnungsmodell für alle effizient berechenbaren Funktionen aufgezeigt hat und das noch heute in Form der sogenannten Turing-Maschine als Modell zur Berechenbarkeit in jedem einzelnen Computer, Laptop und Mobiltelefon steckt, sondern das gleichzeitig auch die Grenzen der Berechenbarkeit aufgezeigt hat.

Denn nur solche Prozesse, ob natürlich oder künstlich, sind überhaupt effizient berechenbar, die auf das Modell der Turing-Maschine abgebildet werden können. Der Terminus „effizient" meint dabei insbesondere Zeit und Platzbedarf der Berechnung. Die Berechnung muss in einer vernünftigen Zeit enden und ein Ergebnis ausgeben und die Berechnung darf dafür nur vernünftig viel Speicherplatz verbrauchen. Was in diesem Zusammenhang vernünftig ist, ergibt sich von selbst. Natürlich kann man einen Algorithmus anstoßen, der ca. 10.000 Jahre Zeit benötigt, solche Algorithmen gibt es zum Beispiel bei der Kryptographie,[12] wo die Zerlegung einer sehr großen Zahl in ihre Primfaktoren berechnet werden muss, um den Verschlüsselungscode zB einer Email-Nachricht knacken zu können, jedoch würden wir dies eher nicht als vernünftig oder effizient einstufen, da es die Lebensspanne eines Menschen um das Vielfache übersteigt. Gleiches gilt für den Speicherplatzbedarf einer Berechnung.

Die Grenzen der KI ergeben sich also an der Stelle automatisch aus den Anfängen der Computerwissenschaften, wenn wir mit unseren Berechnungen und Algorithmen in Bereiche vorstoßen, die so komplex sind, dass sie nicht mehr in vernünftigen" Zeiträumen

---

[10] *Trivedi/Rahn/Kier/Walker*, Applied Bionics and Biomechanics, S. 99 ff.
[11] Vgl. dazu http://www.bionikvitrine.de/fin-ray-effect.html.
[12] *Beutelspacher/Schwenk/Wolfenstetter*, Moderne Verfahren der Kryptographie, S. 1 ff.

berechnet werden können.[13]. Diese Frage ist offen und stellt ein Kernproblem der Informatik und KI-Forschung zugleich dar[14], tatsächlich wird es sogar als eines der sogenannten **„Millennium Probleme"** geführt.

18 In absehbarer Zeit werden wir diese grundsätzliche Frage nicht lösen, jedoch wird sehr wahrscheinlich eine Entwicklung eintreten, die man als eine Weiterentwicklung von sogenannten Insel-Talenten der KI zu Multi-Talenten der KI beschreiben könnte.

19 **Insel-Talente** sind die KI-Methoden, die wir oben schon kennen gelernt haben. KI-Systeme, die die einzelnen Anwendungen besonders gut beherrschen. Der automatische Gesichtserkenner bei der Passkontrolle am Flughafen oder der automatische Krebserkenner mittels MRT Scans von Patienten oder der automatische Übersetzer, der von gesprochener Sprache in Deutsch nach gesprochenem Chinesisch übersetzt oder der GO-Spiel Algorithmus, der den menschlichen Champion in diesem Spiel um Längen schlägt.

20 All diese Anwendungen zeichnet eine Gemeinsamkeit aus: sie beherrschen diese eine Sache perfekt, besser und schneller als der Mensch, beherrschen jedoch darüber hinaus nichts anderes. Deswegen nennen wir sie gerne „Insel-Talente" oder man könnte das derzeitige KI-Zeitalter auch als Zeitalter der funktionalen KI bezeichnen. Der Schritt, der nun vollzogen wird bzw. vollzogen werden muss, ist der Schritt von der **funktionalen KI** zur integrativen oder **integrierten KI**. Dies sind Systeme, die mehrere solcher Einzel-Fähigkeiten wie oben beschrieben in sich vereinigen und damit zu „Multi- oder Mehrfach-Talenten" werden. So wird der Gesichtserkenner am Flughafen in absehbarer Zeit auch spezifische Fragen in der dem jeweiligen Individuum angepassten Sprache stellen oder beantworten können. Der Krebserkenner wird dem Arzt Antworten darauf geben können, aus welchen Gründen eine bestimmte Diagnose erfolgt ist und damit eine für den Menschen verständliche Erklärung seiner Ergebnisse abgeben können. Auch das autonom fahrende Auto kann dann mit den Passagieren Unterhaltungen in beliebigen Sprachen führen und gleichzeitig den Verkehr im Auge behalten, den optimalen Weg ständig an die gegenwärtige Verkehrssituation anpassen und nebenbei noch aus der Unterhaltung mit den Passagieren ihre Vorlieben für bestimmte Produkte ableiten, die dann zur Präsentation bestimmter Werbeangebote auf den Bildschirmen des Fahrzeugs führt, womit der Passagier dann möglicherweise diese Fahrt bezahlt.

III. Auf dem Weg zu einer integrativen KI

21 Es ist schwer abschätzbar, wie genau sich solche Systeme entwickeln werden und wie sie eingesetzt werden können. Sicher scheint jedoch der Schritt von der funktionalen zur integrativen KI zu sein, ganz sicher scheint ebenfalls zu sein, dass KI nicht mehr verschwinden wird. Diese Systeme werden von nun an dauerhaft unsere Systeme, Produkte und die Wettbewerbsfähigkeit ganzer Volkswirtschaften prägen und sicher ist vor allem auch, dass in der KI eigentlich nichts sicher ist, denn die Kernbotschaft dieses Kapitels muss sein, dass der Einsatz von KI und KI-basierter Robotik einen Paradigmenwechsel der Art bedeutet, das **diskrete Entscheidungen** auf Basis **diskreter Zustände** mit **diskreten Zustandsübergängen und Folgezuständen** in den Hintergrund treten und wir es mit Systemen (Maschinen) zu tun bekommen, die immer einen gewissen Grad an **probabilistischem Verhalten** aufweisen werden. Damit umzugehen sollte uns aber nicht so schwerfallen, denn dies liegt dem Umgang von Systemen der belebten Natur immanent zu Grunde und ist möglicherweise genau der diskriminierende Faktor, der intelligente Systeme von nicht intelligenten Systemen in der Zukunft unterscheiden wird.

---

[13] *Cooper,* Computability Theory, S. 8 ff.
[14] http://www.claymath.org/millennium-problems/p-vs-np-problem, Clay Mathematics Institute (Millennium Problems), zuletzt abgerufen am 27.1.2020.

Teil 9.4 IBM Watson

Übersicht

	Rn.
A. Einführung und Überblick	1
I. Entwicklung innerhalb IBM	1
II. Der „Jeopardy! The IBM Challenge" Meilenstein	5
III. Cognitive Computing	9
B. AI Lifecycle Management Tools	11
I. Entwicklung von Modellen	12
1. Feature Engineering	14
2. Learning Approaches	15
3. Components of Learning Algorithm	19
4. Types of Overfitting	21
II. Lifecycle Management von Modellen	23
III. Model/Data/Knowledge Management	24
IV. Lösungen für das KI Lifecycle Management	27
C. IBM Pre-Built Watson Applications	29
I. Einführung	29
II. Watson Speech to Text	31
III. Watson Natural Language Understanding	33
IV. Watson Discovery	35
V. Watson Assistant	37
VI. Watson Knowledge Studio	39
D. IBM Watson APIs	40
I. Einführung	40
II. Watson Visual Recognition	41
III. Watson Text to Speech	43
IV. Watson Language Translator	45
V. Watson Natural Language Classifier	46
VI. Watson Personality Insights	48
VII. Watson Tone Analyzer	51
E. Fazit und Ausblick	53

Literatur:

Alpaydin, Maschinelles Lernen, 2. Aufl. 2019; *Alzubi/Nayyar/Kumar,* Machine Learning from Theory to Algorithms: An Overview, in: Journal of Physics, Conference Series 1142, 2018; *Baker,* Final Jeopardy: man vs. machine and the quest to know everything, 2011; *Chandrasekar,* Elementary? Question Answering, IBM's Watson, and the Jeopardy! Challenge, in: Resonance Vol. 19, 2014; *Domingos,* A few useful things to know about machine learning, in: Communications of the ACM, Vol. 55, No. 10, 2012; *Fagin/Halpern,* Belief, awareness, and limited reasoning, in: Artificial Intelligence, Vol. 34, Issue 1, 1987; *Ferrucci,* This is Watson, in: IBM Journal of Research and Development, Volume: 56, Issue: 3/4, May-June 2012; *Fountaine/McCharthy/Saleh,* Building the AI-Powered Organization, In: Harvard Business Review, Vol. 97, 2019; *Ford et al.,* Information Retrieval for Evidence-based Decision Making, In: Journal of Documentation, Vol. 55, No. 4, 1999; *Gasser,* IEEE Internet Computing, Vol. 21, 2017; *Gliozzo et al.,* Building Cognitive Applications with IBM Watson Services: Volume 1 Getting Started, in: IBM Redbooks, 2017; *Geotz,* The Forrester Wave™: Machine Learning Data Catalogs, 2Q 2018, 2018; *Goodfellow/Bengio/Courville,* Deep learning, 2016; *Hansen/Neumann,* Wirtschaftsinformatik I, 8. Aufl. 2001; *Hummer et al.,* ModelOps: Cloud-based Lifecycle Management for Reliable and Trusted AI, in: 2019 IEEE International Conference on Cloud Engineering (IC2E), 2019; *IBM,* Deliver business-ready data with intelligent data cataloging and data lake governance, 2019; *IBM,* IBM 100 – Icons of Progress: A Computer Called Watson, https://www.ibm.com/ibm/history/ibm100/us/en/icons/watson/, zuletzt abgerufen am 28.2.2020; *IBM,* IBM 100 – Icons of Progress: Deep Blue – Overview, https://www.ibm.com/ibm/history/ibm100/us/en/icons/deepblue/, zuletzt abgerufen am 28.2.2020; *IBM,* IBM Cloud – Natural Language Understanding: Referenzinformationen, Language Support https://cloud.ibm.com/docs/services/natural-language-understanding?topic=natural-language-understanding-language-support, zuletzt aufgerufen am 28.2.2020; *IBM,* IBM Knowledge Center – IBM Cloud Private 2.1.0.3: IBM Watson Speech to Text, https://www.ibm.com/support/knowledgecenter/en/SSBS6K_2.1.0.3/featured_applications/watson_speech_to_text.html zuletzt abgerufen am 28.2.2020; *IBM,* IBM Research Accomplishments – Artificial Intelligence, https://researcher.watson.ibm.com/researcher/view_page.php?id=6813, zuletzt abgerufen am 28.2.2020; *IBM,* IBM Research – Artificial Intelligence Accomplishments: Checkers Players, https://researcher.watson.ibm.com/

researcher/view_page.php?id=6814, zuletzt abgerufen am 28.2.2020; *IBM*, IBM Research – Artificial Intelligence Accomplishments: TD-Gammon, https://researcher.watson.ibm.com/researcher/view_page.php?id=6853, zuletzt abgerufen am 28.2.2020; *IBM*, IBM Watson, https://www.ibm.com/watson, zuletzt aufgerufen am 28.2.2020; *IBM*, IBM Watson Discovery for IBM Cloud Private for Data enables AI-powered search to help surface information on-premises and in a self-managed third- party cloud, https://www.ibm.com/downloads/cas/US-ENUS219-287-CA/name/ENUS219-287.PDF zuletzt abgerufen am 28.2.2020; *IBM*, IBM's Principles for Trust and Transparency, https://www.ibm.com/blogs/policy/trust-principles/, zuletzt abgerufen am 28.2.2020; *IBM,* Language Translator: Customize your model, https://cloud.ibm.com/docs/language-translator?topic=language-translator-customizing, zuletzt abgerufen am 28.2.2020; *IBM,* Language Translator: Translation models, https://cloud.ibm.com/docs/language-translator?topic=language-translator-translation-models, zuletzt abgerufen am 28.2.2020; *IBM,* Personality Insights: Consumption preferences, https://cloud.ibm.com/docs/personality-insights?topic=personality-insights-preferences, zuletzt abgerufen am 28.2.2020; *IBM,* Personality Insights: Personality models, https://cloud.ibm.com/docs/personality-insights?topic=personality-insights-models, zuletzt abgerufen am 28.2.2020; *IBM,* Personality Insights: The science behind the service. https://cloud.ibm.com/docs/personality-insights?topic=personality-insights-science, zuletzt abgerufen am 28.2.2020; *IBM,* Pioneering Speech Recognition, https://www.ibm.com/ibm/history/ibm100/us/en/icons/speechreco/transform/, zuletzt abgerufen am 28.2.2020; *IBM,* Pioneering Speech Recognition, https://www.ibm.com/ibm/history/ibm100/us/en/icons/speechreco/breakthroughs/, zuletzt abgerufen am 28.2.2020; *IBM,* Richtlinien für das Trainieren von Klassifikationsmerkmalen, https://cloud.ibm.com/docs/services/visual-recognition, zuletzt abgerufen am 28.2.2020; *IBM,* Tone Analyzer, https://cloud.ibm.com/docs/services/tone-analyzer?topic=tone-analyzer-about, zuletzt abgerufen am 28.2.2020; *IBM,* Visual Recognition: Available Models, https://cloud.ibm.com/docs/services/visual-recognition?topic=visual-recognition-index, zuletzt abgerufen am 28.2.2020; *IBM,* Watson Assistant, https://www.ibm.com/cloud/watson-assistant/, zuletzt aufgerufen am 28.2.2020; *IBM,* Watson Assistant features, https://www.ibm.com/cloud/watson-assistant/features/, zuletzt aufgerufen am 28.2.2020; *IBM,* Watson Discovery, https://www.ibm.com/cloud/watson-discovery, zuletzt aufgerufen am 28.2.2020; *IBM,* Watson Discovery – Features, https://www.ibm.com/cloud/watson-discovery/features, zuletzt aufgerufen am 28.2.2020; *IBM,* Watson Knowledge Catalog, https://www.ibm.com/cloud/watson-knowledge-catalog, zuletzt aufgerufen am 28.2.2020; *IBM,* Watson Knowledge Studio, https://www.ibm.com/cloud/watson-knowledge-studio, zuletzt aufgerufen am 28.2.2020; *IBM,* Watson Knowledge Studio Features, https://www.ibm.com/cloud/watson-knowledge-studio/details, zuletzt abgerufen am 28.2.2020; *IBM,* Watson Machine Learning, https://www.ibm.com/cloud/machine-learning, zuletzt aufgerufen am 28.2.2020; *IBM,* Watson Natural Language Classifier, https://www.ibm.com/cloud/watson-natural-language-classifier, zuletzt abgerufen am 28.2.2020; *IBM,* Natural Language Classifier: Managing classifiers with Watson Studio, https://cloud.ibm.com/docs/services/natural-language-classifier?topic=natural-language-classifier-managing-toolkit, zuletzt abgerufen am 28.2.2020; *IBM,* Watson Natural Language Understanding, https://www.ibm.com/cloud/watson-natural-language-understanding, zuletzt abgerufen am 28.2.2020; *IBM,* Watson OpenScale, https://www.ibm.com/cloud/watson-openscale, zuletzt abgerufen am 28.2.2020; *IBM,* Watson Personality Insights, https://www.ibm.com/cloud/watson-personality-insights, zuletzt abgerufen am 28.2.2020; *IBM,* Watson Speech to Text – Produktionformation, https://cloud.ibm.com/docs/services/speech-to-text?topic=speech-to-text-about, zuletzt abgerufen am 28.2.2020; *IBM,* Watson Studio, https://www.ibm.com/cloud/watson-studio, zuletzt aufgerufen am 28.2.2020; *IBM,* Watson Text to Speech, https://www.ibm.com/cloud/watson-text-to-speech, zuletzt abgerufen am 28.2.2020; *IBM,* Watson Text to Speech: Languages and voices, https://cloud.ibm.com/docs/services/text-to-speech?topic=text-to-speech-voices, zuletzt abgerufen am 28.2.2020; *IBM,* Watson Text to Speech: Understanding customization, https://cloud.ibm.com/docs/services/text-to-speech?topic=text-to-speech-customIntro, zuletzt abgerufen am 28.2.2020; *IBM,* Watson Tone Analyzer, https://www.ibm.com/cloud/watson-tone-analyzer, zuletzt abgerufen am 28.2.2020; *IBM,* Watson Visual Recognition, https://www.ibm.com/cloud/watson-visual-recognition, zuletzt abgerufen am 28.2.2020; *Jelelm,* Neurolinguistische Programmierung (NLP), in: *Stumm/Pritz,* Wörterbuch der Psychotherapie (2000); *Jeopardy Productions,* https://www.jeopardy.com, zuletzt abgerufen am 25.2.2020; *Kacprzyk/Pedrycz,* Springer Handbook of Computational Intelligence, 2015; *Kantardzic,* Data Mining: Concepts, Models, Methods, and Algorithms, 2020; *Kessler/Gómez,* HMD Praxis der Wirtschaftsinformatik 57, 2020; *Klaus,* Semiotik und Erkenntnistheorie, 4. Aufl. 1973; *Kunz/Rittel,* Die Informationswissenschaften – Ihre Ansätze, Probleme, Methoden und ihr Ausbau in der Bundesrepublik Deutschland, 1972; *Lohia et al.,* Bias mitigation post-processing for individual and group fairness, in: 2019 IEEE International Conference on Acoustics, Speech and Signal Processing (ICASSP), 2019; *Martini,* Blackbox Algorithmus – Grundfragen einer Regulierung Künstlicher Intelligenz, 2019; *Morris,* Grundlagen der Zeichentheorie, in: Reihe Hanser 106 – Kommunikationsforschung, 2. Aufl. 1938, übersetzt von Roland Posner 1975; *Nargesian et al.,* Learning Feature Engineering for Classification, In: Proceedings of the Twenty-Sixth International Joint Conference on Artificial Intelligence (IJCAI-17), 2017; *Reinsel/Gantz/Rydning,* The Digitization of the World: From Edge to Core, 2018; *Ruske,* Automatische Sprechererkennung: Methoden der Klassifikation und Merkmalsextraktion, 2. Aufl. 2018; *Russell/Norvig,* Artificial Intelligence: A Modern Approach, 3. Aufl. 2016; *Shalev-Shwartz/Ben-David,* Understanding Machine Learning, 9. Aufl. 2018; *Vatican,* Papst Franziskus: Ethische Maßstäbe für neue Technologien, https://www.vaticannews.va/de/papst/news/2020-02/papst-kuenstliche-intelligenz-akademie-leben-rede-algor-ethik.html, zuletzt abgerufen am 28.2.2020; *Wessling,* Individuum und Information: Die Erfassung von Information und Wissen in ökonomischen Handlungstheorien, 1991; *Yavuz,* From Traditional to Modern AI. A few Useful Things to know about AI, Machine Learning, and Deep Learning, in: Advanced Analytics & AI Learning Day, 2017.

A. Einführung und Überblick

I. Entwicklung innerhalb IBM[1]

Der US-amerikanische Konzern *International Business Machines Corp. (IBM)* blickt bereits auf eine mehr als 65-jährige Geschichte der Entwicklung von Programmen und Technologien zurück, welche heute unmittelbar mit den Begriffen Künstliche Intelligenz und Cognitive Computing in Verbindung stehen und die Grundlage für IBMs Produkt- und Dienstleistungsportfolio innerhalb dieses Segments repräsentieren.

Eines der ersten dieser Projekte, der 701 Translator, wurde 1954 der breiten Öffentlichkeit vorgestellt, als gemeinsam mit der Georgetown University ein Programm zur regelbasierten **Übersetzung von Sprache** aus dem Russischen ins Englische (und zurück) präsentiert wurde. Erstmals war ein Computer in der Lage, den Sinngehalt eines Textes zu erfassen, zu verarbeiten, und das Ergebnis dieser Verarbeitung (Übersetzung) in eigene Worte zu fassen. Einige Jahre später wandte sich der Konzern der **Spracherkennung**[2] zu und führte deren Entwicklung auf Grundlage statistischer Methoden stetig voran. Durch Zuhilfenahme von „großen Wortschätzen"[3] im Rahmen der Echtzeit-Verarbeitung gesprochener Sprache wurde im Jahr 1984 erstmals auch ein für die praktische Anwendung akzeptables Niveau der Spracherkennung erreicht.[4] Aufgrund dieser positiven Erfahrungen im Bereich der Spracherkennung begann IBM ab dem Jahr 1988 zunehmend auch im Bereich der Sprachübersetzung erfolgreich auf statistische Modelle zu setzen, bis zur späteren vollständigen Ablösung von regelbasierten Übersetzungssystemen durch ausschließlich statistische Modelle. In dieser Zeit legte IBM ihr Fundament für die Verarbeitung natürlicher Sprache (*Natural Language Processing*[5]), eine der zentralen Dimensionen IBMs *Cognitive Computing* Technologien.

Aber auch in einem weiteren Gebiet, dem **Evidence-Based Decision-Making,** begann IBM bereits im Jahr 1959 mit einem ihrer ersten Forschungsprojekte, einem „Damespiel" (Checkers Players) Programm, welches im Jahr 1961 schließlich erfolgreich gegen den Meister des US Bundesstaates Connecticut antrat und gewann.[6] Das Programm war in der Lage, aus bisherigen Erfahrungen zu lernen. Etwas mehr als 30 Jahre später stellte IBM im Jahr 1992 das System TD-Gammon vor, welches nicht nur die Regeln des Spieles Backgammon beherrschte, sondern durch das eigene Spielen in der Lage war, aus der Erfahrung zu lernen und Gewinn-Strategien zu entwickeln.[7] Den vorläufigen Höhepunkt dieser Entwicklung stellte im Jahr 1997 das IBM System Deep Blue Chess dar, welches als erstes System der Computergeschichte einen amtierenden Schach-Weltmeister erfolgreich bezwang.[8]

---

[1] Vgl. *IBM*, Research Accomplishments, https://researcher.watson.ibm.com/researcher/view_page.php?id=6813, zuletzt abgerufen am 28.2.2020.
[2] Vgl. *IBM*, Pioneering Speech Recognition, https://www.ibm.com/ibm/history/ibm100/us/en/icons/speechreco/transform/, zuletzt abgerufen am 28.2.2020.
[3] Innerhalb der Spracherkennung bedient man sich „großer Wortschätze", wobei man nicht nur die Menge aller Worte einer Sprache bezeichnet, sondern auch alle ihre Flexionen, womit der tatsächliche Wortschatz, auf welche die Spracherkennungssoftware zurückgreift, somit das vier-fache (im Englischen) oder sogar zehn-fache (im Deutschen) des eigentlichen Wortschatzes haben kann. Vgl. *Ruske,* Automatische Spracherkennung, S. 2.
[4] Vgl. *IBM*, Pioneering Speech Recognition, https://www.ibm.com/ibm/history/ibm100/us/en/icons/speechreco/breakthroughs/, zuletzt abgerufen am 28.2.2020.
[5] Nicht zu verwechseln mit Neuro-linguistischer Programmierung, einer Sammlung von Kommunikationstechniken und Methoden zur Veränderung psychischer Abläufe im Menschen; vgl. *Jelem,* Wörterbuch der Psychotherapie, S. 458 ff.
[6] Vgl. *IBM*, IBM Research – Artificial Intelligence Accomplishments: Checkers Players, https://researcher.watson.ibm.com/researcher/view_page.php?id=6814, zuletzt abgerufen am 28.2.2020.
[7] Vgl. *IBM*, IBM Research – Artificial Intelligence Accomplishments: TD-Gammon, https://researcher.watson.ibm.com/researcher/view_page.php?id=6853, zuletzt abgerufen am 28.2.2020.
[8] Vgl. *IBM*, IBM 100 – Icons of Progress: Deep Blue – Overview, https://www.ibm.com/ibm/history/ibm100/us/en/icons/deepblue/, zuletzt abgerufen am 28.2.2020.

4   Aber auch abseits der Entwicklung neuer Produkte und Technologien war IBM schon Mitte der 80er Jahre mit der Grundlagenforschung und Entwicklung neuer Theorien im Bereich der Wissensforschung beschäftigt. So entwickelten Wissenschaftler im Jahr 1987 ein neues Logik-System hinsichtlich der Abbildung und der Vorstellung über die Wirklichkeit (Theory of Limited Reasoning), welches sich vom Konzept der logischen Allwissenheit der Akteure verabschiedete und mit dem man erstmals besser geeignete Ergebnisse als mit traditionellen Modellen erreichen konnte[9].

II. Der „Jeopardy! The IBM Challenge" Meilenstein

5   In den Tagen vom 14. bis 16.2.2011 erreichte IBM mit dem Computersystem *IBM Watson*[10] im Rahmen der TV Quiz-Sendung *Jeopardy!*[11] des US Fernsehsenders NBC einen weiteren und für den Konzern wichtigen Meilenstein auf dem Weg zum **Cognitive Computing,** als es gegen die beiden besten Kandidaten in der 47-jährigen Geschichte dieser Sendung antrat und gewann.[12] Die besondere Herausforderung bei *Jeopardy!* besteht darin, dass im Gegensatz zu herkömmlichen Quiz-Spielen, die Kandidaten nicht die richtige Antwort auf eine gestellte Frage finden müssen, sondern umgekehrt: die richtige Frage zu einer vorgegebenen Antwort.[13]

6   IBM hatte somit demonstriert, dass es über die notwendige Technologie verfügt[14], um eine Maschine in die Lage zu versetzen
- einen vom Spielleiter gesprochenen Text mit Hilfe von Spracherkennung in der Dimension der **Syntaktik**[15] zu erfassen,
- in den Dimensionen der **Sigmatik**[16] und der **Semantik**[17] den mit dem Text bezeichneten Gegenstand und dessen Bedeutung zu erkennen, sowie in der Dimension der **Pragmatik**[18] den Informationsgehalt des gesprochenen Textes zu erfassen und daraus eine zu lösende Aufgabenstellung abzuleiten,
- auf der Prozessebene der **Algorithmik**[19], anhand der artikulierten Aufgabenstellung auf Grundlage vorhandenen latenten Wissens in unstrukturierter Form, die Lösung (bzw. aus mehreren möglichen eine präferierte Lösung) für die vorgegebene Aufgabenstellung zu finden, und somit neues effektives Wissen abzuleiten,
- die (ausgewählte) Lösung der Aufgabenstellung in Form einer Frage zu formulieren, und
- diese schließlich akustisch in einer natürlichen Sprache wiederzugeben.

---

[9] Vgl. *Fagin/Halpern,* Artificial Intelligence, Vol. 34, Issue 1, S. 69.
[10] Vgl. *IBM,* IBM 100 – Icons of Progress: A Computer Called Watson, https://www.ibm.com/ibm/history/ibm100/us/en/icons/watson/, zuletzt abgerufen am 28.2.2020.
[11] Vgl. *Jeopardy Productions,* https://www.jeopardy.com, zuletzt abgerufen am 25.2.2020.
[12] Vgl. *Baker,* Final Jeopardy: man vs. machine and the quest to know everything, S. 251.
[13] Vgl. *Chandrasekar,* Resonance Vol. 19, S. 230 ff.
[14] Vgl. *Ferrucci,* IBM Journal of Research and Development (Volume: 56, Issue: 3.4, May-June 2012), S. 1, 3 f.
[15] Die Syntaktik befasst sich mit der Untersuchung von Zeichen und der Relation der Zeichen untereinander; vgl. *Morris,* Zeichentheorie, S. 32 f.
[16] Die Sigmatik ist in der Ebene über der Syntaktik angesiedelt und behandelt die Relation von Zeichen zum bezeichneten Gegenstand und Sachverhalt; vgl. *Klaus,* Semiotik und Erkenntnistheorie, S. 56.
[17] Als dritte Ebene befasst sich die Semantik mit der Relation der Zeichen zu deren Bedeutung; vgl. *Morris,* Zeichentheorie, S. 42.
[18] Die Pragmatik behandelt auf der vierten Ebene die Relation der Zeichen zu den Menschen und der Gesellschaft, die sich dieser Zeichen bedienen; vgl. *Morris,* Zeichentheorie, S. 52.
[19] Die Algorithmik setzt sich mit der abstrakten Abbildung von Prozessen auseinander, und liefert somit die methodische Grundlage zur Abbildung solcher wissensverändernden Prozesse innerhalb von Computersystemen, welche das Fundament für Künstliche Intelligenz bilden; vgl. *Hansen/Neumann,* Wirtschaftsinformatik I, S. 460; *Kunz/Rittel,* Die Informationswissenschaften – Ihre Ansätze, Probleme, Methoden und ihr Ausbau in der Bundesrepublik Deutschland, S. 34; *Wessling,* Individuum und Information, S. 19.

Wenngleich solch ein „umgekehrtes Quiz-Spiel" natürlich keinen klassischen Anwendungsfall im kommerziellen oder wissenschaftlichen Umfeld darstellt, so wurde jedenfalls demonstriert, dass eine Maschine nunmehr in der Lage war, intellektuell herausfordernde Aufgabenstellungen auf dem Qualitätsniveau eines Menschen zu lösen, nämlich auch dann, wenn primär nur unstrukturierte Daten zur Verfügung stehen.

Der Erfolg dieser drei Tage des Jahres 2011 legte den Grundstein für die Neuausrichtung des Konzerns in Richtung „Cognitive Computing" und damit einhergehend die Schaffung einer gesamten Produkt- und Dienstleistungsfamilie, die heute unter der Marke *IBM Watson* weiterentwickelt werden.

III. Cognitive Computing

Wenngleich sich die Begriffe im Zusammenhang mit Cognitive Computing laufend weiterentwickeln, so lassen sich dessen Dimensionen dennoch in folgende drei Bereiche[20] einteilen:

- Engagement: der Dialog bzw. die Interaktion zwischen Menschen und Systemen;
- Discovery: das Ableiten von Erkenntnissen aus gewaltigen Mengen verfügbarer Daten und Informationen;
- Decision: die Fähigkeit zur evidenzbasierten Entscheidungsfindung.[21]

Das Produkt- und Dienstleistungsportfolio im engeren Sinn[22] rund um IBM Watson lässt sich folgenden drei Ebenen zuordnen:

- Funktionen und Werkzeuge, mit deren Hilfe Anwendungsentwickler Cognitive Computing Anwendungen entwickeln können *(AI Lifecycle Management Tools).*
- Vorgefertigte Watson Applikationen *(Pre-Built Watson Applications),* welche zur Integration in Anwendungen zur Verfügung stehen und in der Regel auch erweitert werden können.
- *Watson APIs,*[23] die auf IBMs Cloud Lösungen (IBM Public Cloud, IBM Hybrid Cloud, IBM Cloud Private), Private Cloud Infrastrukturen von Unternehmen, sowie zum Großteil auch für Cloud Infrastrukturen anderer Anbieter (AWS, Microsoft Azure, Google Cloud) zur Verfügung stehen und von Anwendungen wie „externe Funktionen" aufgerufen und genutzt werden können.

B. AI Lifecycle Management Tools

IBMs Artificial Intelligence Lifecycle Management Tools repräsentieren das Portfolio aus Anwendungen und Werkzeugen, mit denen sämtliche auf KI und Cognitive Computing basierenden Funktionen für Anwendungen entwickelt und gepflegt werden können. Sie bestehen aus den Schlüsselanwendungen, mit denen sich die Cognitive Computing-Funktionsweise der IBM Watson Technologie beschreiben lassen.

---

[20] *Gliozzo et al.,* Building Cognitive Applications with IBM Watson Services: Volume 1 Getting Started, S. 12.
[21] Unter einer evidenzbasierten Entscheidungsfindung versteht man das Treffen von Entscheidungen auf Grundlage empirisch zusammengetragener und bewerteter, wissenschaftlicher Erkenntnisse; vgl. *Ford et al.,* Journal of Documentation (Vol. 55, No. 4), S. 385 f.
[22] Unter „Dienstleistungsportfolio im engeren Sinn" seien in diesem Kontext „Software as a Service" Dienstleistungen zu verstehen (zB APIs, MicroServices) und nicht Beratungs- und sonstige Dienstleistungen rund um Design, Implementierung und Wartung von IBM Watson-basierenden Anwendungen selbst.
[23] API ist die Kurzform für den Begriff Application Programming Interface und bezeichnet die Programmierschnittstellen, die die Nutzung von Funktionen einer Applikation durch andere Applikationen ermöglichen. Sie werden durch Aufruf und Übergabe von vordefinierten Parametern an definierten Programmschnittstellen gestartet und liefern in der Regel an das aufrufende Programm ein oder mehrere Ergebnisse über ebenso definierte Schnittstellen zurück; vgl. *Hansen/Neumann,* Wirtschaftsinformatik I, S. 154.

I. Entwicklung von Modellen

12 Grundlage eines jeden funktionierenden KI Systems ist das dafür eingesetzte KI Modell, mit dem das KI System in die Lage versetzt wird, aus den vorliegenden Daten ein Ergebnis abzuleiten bzw. anhand dieser Daten vorherzusagen. Im Unterschied zu traditionellen „intelligenten" Anwendungen liegen bei KI Systemen jedoch diese Modelle nicht a priori vor, da sie vom Entwickler der Anwendung, nicht wie im Falle eines klassischen Dialog-Systems, bereits (vor-)programmiert sind, sondern von der Maschine selbst entwickelt werden.

13 Folgende fünf Aspekte bzw. Entwicklungsschritte sind zur Schaffung eines KI Modells erforderlich[24]:
1. Feature Engineering
2. Learning Approaches
3. Components of Learning Algorithm
4. Types of Overfitting
5. Types of Combinations/Ensemble Learning

1. Feature Engineering

14 In einem ersten Schritt erfolgt das **Feature Engineering,** also der Transformationsprozess, der mit dem aus Rohdaten diejenigen Eigenschaften extrahiert werden, die das zugrundeliegende Problem und dessen Lösung, für das ein Modell entwickelt werden soll, am besten repräsentieren.[25] Je besser das Problem und die dazugehörende Lösung charakterisiert werden können, desto besser sind auch die korrespondierenden Vorhersagemodelle. Die Repräsentation eines Problems gemeinsam mit dessen Lösung ist somit die erste große Herausforderung bei der Entwicklung eines KI Modells.

2. Learning Approaches

15 In einem zweiten Schritt erfolgt die Selektion der **Learning Approaches,** wobei hier zwischen folgenden drei Methoden unterschieden wird: (i) Supervised Learning, (ii) Unsupervised Learning, und (iii) Reinforcement Learning.

16 Beim **Supervised Learning** erfolgt der Lernvorgang auf Grundlage bereits vorklassifizierter Daten[26], wobei mit Hilfe von Klassifikationsverfahren (zB der logistischen Regressionsanalyse[27], Entscheidungsbäumen[28]) und Numerischer Vorhersageverfahren (zB der linearen Regressionsanalyse[29], Nächste-Nachbarn-Klassifikation[30]) Zusammenhänge zwi-

---

[24] Vgl. *Yavuz,* Advanced Analytics & AI Learning Day, S. 6.
[25] Vgl. *Nargesian et al.*, Proceedings of the Twenty-Sixth International Joint Conference on Artificial Intelligence (IJCAI-17), S. 2529.
[26] Vgl. *Kacprzyk/Pedrycz,* Springer Handbook of Computational Intelligence, S. 497.
[27] Die logistische Regressionsanalyse wird verwendet, wenn geprüft werden soll, ob ein Zusammenhang zwischen einer abhängigen diskreten Variable (also einer Variable, die nur endlich viele oder abzählbar unendlich viele Werte annimmt) und einer oder mehreren unabhängigen Variablen besteht. Sie dient zur Modellierung der Verteilung abhängiger diskreter Variablen; vgl. *Kantardzic,* Data Mining: Concepts, Models, Methods, and Algorithms, S. 184 f.
[28] Bei Entscheidungsbäumen handelt es sich um eine Methode zur Klassifikation von Daten und/oder Objekten, welche die automatisierte Lösung von Entscheidungsproblemen ermöglicht; vgl. *Alpaydin,* Maschinelles Lernen, S. 217 ff.
[29] Bei der linearen Regressionsanalyse wird ein lineares Modell zur Erklärung einer beobachteten abhängigen Variablen durch eine oder mehrere unabhängige Variablen angenommen. Vgl. *Kantardzic,* Data Mining: Concepts, Models, Methods, and Algorithms, S. 175 f.
[30] Die Nächste-Nachbarn-Methode ist ein Verfahren zur Klassifikation von Daten über Berücksichtigung der jeweils nächsten Nachbarn des betrachteten Objekts; vgl. *Alpaydin,* Maschinelles Lernen, S. 198.

schen den bereits im Vorfeld klassifizierten Input und Output Paaren analysiert werden und auf deren Grundlage ein Modell abgeleitet wird.[31]

Beim **Unsupervised Learning** hingegen erfolgt die Ableitung und somit Entwicklung eines KI Modells auf Grundlage nicht-klassifizierter Daten. Es werden deshalb mit Hilfe verschiedenster deskriptiver Methoden (zB der Cluster Analyse[32]) Daten in möglichst großem Umfang analysiert, um die Muster zu erkennen, die schließlich im so etablierten KI Modell als Referenzpunkt herangezogen werden.[33]

Im Rahmen des **Reinforcement Learning** wird das KI Modell dazu trainiert, spezifische Entscheidungen zu treffen.[34] Dazu wird die Maschine einer Umgebung ausgesetzt, auf die sie reagiert und in der sie mit Hilfe einer *Trial and Error* Methode Erfahrungen sammelt und dabei versucht, das bestmögliche Wissen zu erwerben, das sie benötigt, um eine möglichst genaue Entscheidung treffen zu können.[35]

3. Components of Learning Algorithm

Mit der Wahl der Learning Approaches erfolgt im dritten Schritt auch die Auswahl des anzuwendenden Lern-Algorithmus, der **Components of Learning Algorithm,** die sich aus Methoden bzw. Algorithmen folgender drei Teilbereiche zusammensetzen:
– dem Algorithmus zur Repräsentation der Daten,
– dem Algorithmus zur Evaluation der Repräsentation der Daten, sowie
– der Methode zur Suche nach den optimalen Repräsentanten mit dem höchsten Evaluations-Ergebnis.

In jedem einzelnen dieser drei Teilbereiche gibt es eine Vielzahl unterschiedlicher Methoden und Algorithmen, woraus sich eine noch viel größere Anzahl an Kombinationsmöglichkeiten ergibt, die zwar nicht alle notwendigerweise auch brauchbare Ergebnisse hervorbringen mögen, aber dennoch anfänglich zur Auswahl stehen und somit zunächst systematisch ausgeschlossen werden müssen.

4. Types of Overfitting

In einem vierten Schritt muss man sich der Herausforderung stellen, die in der KI als **Overfitting**[36] bezeichnet wird. Es handelt sich hierbei um die Probleme (i) des **Bias**[37], wenn im Lernprozess tendenziell immer wieder das gleiche Falsche angelernt wird, und (ii) der **Variance,** wenn im Lernprozess tendenziell zufällige Dinge angelernt werden, die mit dem eigentlichen Lernziel nicht notwendigerweise im Zusammenhang stehen.[38]

Mit Hilfe der **Bagging** Methode (Kurzform für „Bootstrap Aggregation") strebt man die **Reduktion der Variance** an, indem weitere Modelle parallel zum ursprünglichen Modell auf Grundlage derselben Testdaten gebildet werden und anschließend über einen Algorithmus der Gewichtung kombiniert werden.[39] Mit Hilfe der Methode des **Boosting** strebt man die Reduktion des Bias an, indem weitere Modelle sequentiell dem ursprüngli-

---

[31] Vgl. *Goodfellow/Bengio/Courville,* Deep learning, S. 102 f.; *Kacprzyk/Pedrycz,* Springer Handbook of Computational Intelligence, S. 497.
[32] Clusteranalyse ist ein Verfahren zur Entdeckung von Ähnlichkeitsstrukturen in Datenbeständen. Vgl. *Alpaydin,* Maschinelles Lernen, S. 165 f.
[33] Vgl. *Goodfellow/Bengio/Courville,* Deep learning. S. 102 f.
[34] Vgl. *Kacprzyk/Pedrycz,* Springer Handbook of Computational Intelligence, S. 510.
[35] Vgl. *Alpaydin,* Maschinelles Lernen, S. 535 f.
[36] Vgl. *Shalev-Shwartz/Ben-David,* Understanding Machine Learning, S. 15 f.
[37] Vgl. *Domingos,* Communications of the ACM, Vol. 55, No. 10, S. 81 f.
[38] Vgl. *Goodfellow/Bengio/Courville,* Deep learning. S. 121 f.; *Domingos,* Communications of the ACM, Vol. 55, No. 10, S. 81 f.
[39] Vgl. *Kacprzyk/Pedrycz,* Springer Handbook of Computational Intelligence, S. 516; *Alzubi/Nayyar/Kumar,* Journal of Physics, Conference Series 1142 (2018), S. 8.

chen Modell hinzugefügt werden, vorausgesetzt dieses verfügt über eine niedrige Varianz.[40] Ähnlich dem Boosting ist die Methode des **Stacking**, wobei die Zusammenführung der generierten Modelle nicht einfach über eine Gewichtung erfolgt, sondern durch Einführung eines weiteren Modells auf einer Meta-Ebene über den einzelnen Modellen, das anhand der Testdaten und der damit gewonnenen Ergebnisse ermittelt, welches Modell bei welchen Eingangsdaten das jeweils beste Ergebnis liefert.[41]

II. Lifecycle Management von Modellen

23 Am Ende dieses vierstufigen Prozesses liegt schließlich ein fertiges KI Modell vor, welches anhand von Eingangsdaten in der Lage ist, ein zu erwartendes Ergebnis vorherzusagen. Mit Hilfe fortgeschrittener *Lifecycle Management Tools* ist man anschließend auch in der Lage, das nun vorliegende KI Modell laufend an sich ändernde Umstände anzupassen, indem die Ergebnisse dieses Modells überwacht und dessen Treffsicherheit laufend evaluiert wird, Anomalien und Bias ausfindig gemacht werden, und auf der Grundlage der dabei gewonnenen Ergebnisse das KI Modell im Laufe der Zeit verbessert wird bzw. verbessert werden kann.[42]

III. Model/Data/Knowledge Management

24 Im Zusammenhang mit der Entwicklung und Verfeinerung von KI Modellen stellt sich natürlich die Frage ihrer Verwaltung, aber auch derjenigen Daten und ihrer Quellen, die einerseits zum Entwickeln dieser KI Modelle herangezogen wurden bzw. werden und andererseits der Daten und Quellen, auf die bei der Verwendung der KI Modelle durch Anwendungen zugegriffen wird.[43] Nachdem das Wachstum von Daten, nicht nur strukturierter Natur, sondern insbesondere auch unstrukturierter Natur, annähernd exponentiell verläuft[44], ist ein besonders wichtiger Aspekt in Zusammenhang mit der KI:
– die Organisation der Daten und ihrer Quellen, dh die Identifikation, Katalogisierung, Klassifikation und Profilaufnahme der strukturierten und unstrukturierten Daten und der jeweiligen Quellen, und
– die Regelung sowohl des Zugriffs auf die Daten als auch auf die Transparenz bzw. Anonymisierung der dem Zugriff unterliegenden Daten selbst – im Idealfall sogar automationsgestützt.[45]

25 Die Möglichkeit der Einbindung verschiedenster Datenquellen unterschiedlichster Technologie-Hersteller und Anbieter ist dabei von großer Bedeutung, um bei der Entwicklung und Pflege von KI Modellen auf ein möglichst breites Spektrum an verfügbaren Daten zugreifen zu können.[46]

26 Ebenso essenziell sind auch Werkzeuge, mit deren Hilfe Datenbestände hinsichtlich ihrer Qualität systematisch überprüft und/oder für das Anlernen von Modellen überarbeitet und/oder vorbereitet werden können, bevor sie zum Einsatz kommen.[47]

---

[40] Vgl. *Russell/Norvig*, Artificial Intelligence: A Modern Approach, S. 749; *Alzubi/Nayyar/Kumar*, Journal of Physics, Conference Series 1142 (2018), S. 8.
[41] Vgl. *Kacprzyk/Pedrycz*, Springer Handbook of Computational Intelligence, S. 517; *Alzubi/Nayyar/Kumar*, Journal of Physics, Conference Series 1142 (2018), S. 8.
[42] Vgl. *Hummer et al.*, 2019 IEEE International Conference on Cloud Engineering (IC2E), S. 113; *Fountaine/McCharthy/Saleh*, Harvard Business Review, Vol. 97, S. 62 ff.
[43] Vgl. *Geotz*, The Forrester Wave™: Machine Learning Data Catalogs, 2Q 2018, S. 2.
[44] Vgl. *Reinsel/Gantz/Rydning*, The Digitization of the World: From Edge to Core, S. 6.
[45] Vgl. *Kessler/Gómez*, HMD Praxis der Wirtschaftsinformatik 57, S. 99 ff.
[46] Vgl. *Geotz*, The Forrester Wave™: Machine Learning Data Catalogs, 2Q 2018, S. 2.
[47] Vgl. *Hummer et al.*, 2019 IEEE International Conference on Cloud Engineering (IC2E), S. 114.

IV. Lösungen für das KI Lifecycle Management

Mit Hilfe der IBM Produkte *Watson Studio*[48], *Watson Machine Learning*[49], *Watson OpenScale*[50], und *Watson Knowledge Catalog*[51] können die zuvor beschriebenen Schritte 1 bis 4 zur Entwicklung eines KI Modells nicht nur integriert durchgeführt und im Zuge dessen unterschiedliche Varianten und Modelle simuliert werden. Es kann auch deren *Deployment*, also das in Produktion setzen eines fertigen KI Modells, direkt aus der Applikation heraus vorgenommen werden.

Darüber hinaus ermöglichen sie ein vollständiges **KI Lifecycle Management,** wobei, wie auch bei den zuvor genannten Lösungen, nicht nur auf allgemein zugängliche Methoden und Algorithmen zurückgegriffen wird, die zumeist als Open Source Projekte in diesen Lösungen integriert sind. Vielmehr können auch spezielle und für besondere Anwendungsfälle (zB Auffinden von Bias) entwickelte Algorithmen angewendet werden, die außerhalb dieser Lösung nicht allgemein zu Verfügung stehen.[52] Für das beschriebene Model, Data und Knowledge Management stehen ebenfalls sämtliche Funktionen zur Verfügung.[53]

C. IBM Pre-Built Watson Applications

I. Einführung

Während die *Lifecycle Management Tools* das gesamte Portfolio an Werkzeugen umfassen, mit deren Hilfe man grundsätzlich alle benötigten KI Modelle für KI-basierte Anwendungen entwickeln kann, gibt es auch eine Reihe von bereits vorentwickelten Applikationen, die für solche Anwendungen verwendet, angepasst und integriert werden können.[54] Damit ist es möglich, diese vorbereiteten Anwendungs-Szenarien vergleichsweise schnell in neuen Anwendungen zu realisieren – die Entwicklung der Grundfunktionen (Entwicklung des Modells und Aufbereitung der dafür notwendigen Roh- bzw. Test-Daten) ist dafür nicht mehr notwendig. Stattdessen kann man die vorhandenen Ressourcen auf die Spezialisierung der *Pre-Built Watson Applications* verwenden.

In diesem Abschnitt erfolgt eine kurze Darstellung der heute verfügbaren *Pre-Built Watson Applications,* die es dem Leser ermöglichen sollen, sich einen Überblick und ein Grundverständnis über die grundsätzliche Vorgehensweise und Möglichkeiten, die sich aus einem solchen Konzept ergeben, zu verschaffen.

II. Watson Speech to Text

Bei dieser Funktionsfamilie handelt es sich um KI Modelle und Algorithmen, die es erlauben mit dem Wissen über Grammatik, Sprachstruktur und Audio/Sprach-Signal Komposition Spracherkennung zur Transkription vorzunehmen, die an die jeweilige Sprachdomä-

---

[48] Vgl. *IBM,* Watson Studio, https://www.ibm.com/cloud/watson-studio, zuletzt abgerufen am 28.2.2020.
[49] Vgl. *IBM,* Watson Machine Learning, https://www.ibm.com/cloud/machine-learning, zuletzt abgerufen am 28.2.2020.
[50] Vgl. *IBM,* Watson OpenScale, https://www.ibm.com/cloud/watson-openscale, zuletzt abgerufen am 28.2.2020.
[51] Vgl. *IBM,* Watson Knowledge Catalog, https://www.ibm.com/cloud/watson-knowledge-catalog, zuletzt abgerufen am 28.2.2020.
[52] Vgl. *Lohia et al.,* 2019 IEEE International Conference on Acoustics, Speech and Signal Processing (ICASSP), S. 2848f.
[53] Vgl. *IBM,* Deliver business-ready data with intelligent data cataloging and data lake governance, S. 3 ff.
[54] Vgl. *IBM,* IBM Watson, https://www.ibm.com/watson, zuletzt abgerufen am 28.2.2020.

32 ne des Anwendungsbereichs angepasst werden kann – sei es spezifische Fachbegriffe, Akronyme, Jargons, Dialekte und/oder akustische Umgebungen.[55]

32 Dabei ermöglicht es die Speech to Text-Funktion, die Sprachverarbeitung und -erkennung nicht nur in einer Public Cloud Umgebung, sondern auch in geschlossenen Private Cloud Umgebungen vorzunehmen[56], um etwaigen regulatorischen oder sonstigen Sicherheitsanforderungen und/oder -bedenken gerecht werden zu können.

III. Watson Natural Language Understanding

33 Es handelt sich hierbei um eine vorgefertigte Applikation, die in der Lage ist, aus Texten nicht nur Entitäten, Schlüsselworte und Kategorien zu extrahieren, sondern auch Beziehungen und Zusammenhänge, Semantische Rollen, sowie Stimmungen und Gefühle.[57] Anfang 2020 standen diese Funktionen je nach Sprache in vollem Umfang (Englisch) oder mit mehr oder weniger Funktionsumfang auch in zwölf weiteren Sprachen[58] zur Verfügung. Darüber hinaus ist diese KI Anwendung in der Lage die jeweilige Sprache eines Textes aus einem Portfolio von 86 Sprachen zu erkennen.[59]

34 Auch mit Watson Natural Language Understanding ist es möglich, Texte in geschlossenen Private Cloud Umgebungen zu verarbeiten und/oder zu speichern.

IV. Watson Discovery

35 Mit Hilfe der *Watson Discovery* Funktionen ist man in der Lage, aus Daten vorhandener Bestände verschiedenster Quellen, Ergebnisse zu gestellten Suchanfragen zu finden, wobei es keine Rolle spielt, ob die Daten in strukturierter oder unstrukturierter Form vorliegen.[60] Je nach Art und Beschaffenheit der Datenarten können unterschiedliche KI Modelle angelernt werden, die in weiterer Folge selbständig in der Lage sind, sämtliche Daten (Datenbanken, Dokumente, Präsentationen, Newsfeeds, Blogs, u. ä.) analysieren, und zum Gegenstand zukünftiger Suchanfragen zu machen.[61]

36 Auch diese Funktionen können in geschlossenen Private Cloud Umgebungen eingesetzt werden, um etwaigen regulatorischen oder sonstigen Sicherheitsanforderungen zu entsprechen.[62]

---

[55] Vgl. *IBM*, Watson Speech to Text – Produktionformation, https://cloud.ibm.com/docs/services/speech-to-text?topic=speech-to-text-about, zuletzt abgerufen am 28. 2. 2020.

[56] Vgl. *IBM*, IBM Knowledge Center – IBM Cloud Private 2.1.0.3: IBM Watson Speech to Text https://www.ibm.com/support/knowledgecenter/en/SSBS6K_2.1.0.3/featured_applications/watson_speech_to_text.html, zuletzt abgerufen am 28. 2. 2020.

[57] Vgl. *IBM*, Watson Natural Language Understanding, https://www.ibm.com/cloud/watson-natural-language-understanding, zuletzt abgerufen am 28. 2. 2020.

[58] Arabisch, Chinesisch (vereinfacht), Niederländisch, Französisch, Deutsch, Italienisch, Japanisch, Koreanisch, Portugiesisch, Russisch, Spanisch und Schwedisch; vgl. *IBM*, IBM Cloud – Natural Language Understanding: Referenzinformationen, Language Support https://cloud.ibm.com/docs/services/natural-language-understanding?topic=natural-language-understanding-language-support, zuletzt abgerufen am 28. 2. 2020.

[59] Vgl. *IBM*, IBM Cloud – Natural Language Understanding: Referenzinformationen, Detectable languages, https://cloud.ibm.com/docs/services/natural-language-understanding?topic=natural-language-understanding-detectable-languages, zuletzt abgerufen am 28. 2. 2020.

[60] Vgl. *IBM*, Watson Discovery, https://www.ibm.com/cloud/watson-discovery, zuletzt abgerufen am 28. 2. 2020.

[61] Vgl. *IBM*, Watson Discovery – Features, https://www.ibm.com/cloud/watson-discovery/features, zuletzt abgerufen am 28. 2. 2020.

[62] Vgl. *IBM*, IBM Watson Discovery for IBM Cloud Private for Data enables AI-powered search to help surface information on-premises and in a self-managed third-party cloud, https://www.ibm.com/downloads/cas/US-ENUS219-287-CA/name/ENUS219-287.PDF, zuletzt abgerufen am 28. 2. 2020.

V. Watson Assistant

Es handelt sich hierbei um eine vorgefertigte Applikation, die sowohl die Entwicklung und das Training als auch die Bereitstellung von dialogorientierten Interaktionen zur Integration in Applikationen, Geräte oder sonstigen Kommunikationskanälen ermöglicht.[63] Ein besonderes Merkmal ist die Fähigkeit, nicht nur selbständig und bedarfsabhängig Rückfragen an den Kommunikationspartner zu richten, um bessere Ergebnisse im Rahmen der Interaktion zu liefern, sondern auch zu erkennen, wann ein Mensch in die Interaktion einsteigen und die Konversation übernehmen soll.[64]

Aufgrund der engen Integration mit den in diesem Abschnitt angeführten Produkten, kann *Watson Assistant* deren KI Funktionen ohne weiteren Programmieraufwand nutzen, diesen digitalen Assistenten sogar laufend um weiteres Wissen erweitern und die Qualität der Interaktion, die auch in gesprochener Sprache erfolgen kann, laufend verbessern.[65]

VI. Watson Knowledge Studio

Mit Hilfe der Funktionen dieser Applikation[66] ist man in der Lage, sämtliche auf *IBM Watson* basierenden Applikationen für diejenige Sprachdomäne zu schulen und zu trimmen, in der sie zur Anwendung kommen soll, indem für ihre Einsatzgebiete spezifische KI Modelle generiert werden. Nachdem dazu kein Programmieraufwand notwendig ist, können solche Erweiterungen sowohl von Software-Entwicklern als auch von Fachexperten selbst vorgenommen werden.[67]

D. IBM Watson APIs

I. Einführung

Im Gegensatz zu vorprogrammierten Applikationen, die in Form von Funktionsbibliotheken in neue Applikationen durch Einbettung eingebunden werden können, handelt es sich bei APIs zumeist um Funktionen, die entweder auf dem ausführenden System selbst oder über das Netzwerk durch Aufruf von Funktionen über definierte Schnittstellen zur Verfügung stehen. Durch die zunehmende Verbreitung von Cloud-basierenden Anwendungen, werden solche Funktionen vermehrt auch über das Internet angeboten und genutzt. So auch bei den vorliegenden *Watson APIs*[68], welche alle über das Netzwerk – sei es über das Internet in Form einer Public Cloud Implementierung oder über ein firmeninternes Intranet einer Private Cloud – zur Nutzung angeboten werden (können).

---

[63] Vgl. *IBM,* Watson Assistant, https://www.ibm.com/cloud/watson-assistant/, zuletzt abgerufen am 28.2.2020.
[64] Vgl. *IBM,* Watson Assistant features, https://www.ibm.com/cloud/watson-assistant/features/, zuletzt abgerufen am 28.2.2020.
[65] Vgl. *IBM,* Watson Assistant features, https://www.ibm.com/cloud/watson-assistant/features/, zuletzt abgerufen am 28.2.2020.
[66] Vgl. *IBM,* Watson Knowledge Studio, https://www.ibm.com/cloud/watson-knowledge-studio, zuletzt abgerufen am 28.2.2020.
[67] Vgl. *IBM,* Watson Knowledge Studio Features, https://www.ibm.com/cloud/watson-knowledge-studio/details, zuletzt abgerufen am 28.2.2020.
[68] Vgl. *Gliozzo et al.*, Building Cognitive Applications with IBM Watson Services: Volume 1 Getting Started, S. 17.

II. Watson Visual Recognition

41　Mit Hilfe der *Watson Visual Recognition APIs*,[69] werden eine Reihe von Funktionen zur Erkennung von Objekten in Bildern zur Verfügung gestellt. Ohne Erstellung von anwendungsspezifischen KI Modellen, sind diese APIs vorab bereits in der Lage, Objekte als solche sowie deren Art und Kategorie,[70] Farben, Speisen und Personen zu erkennen und diese innerhalb des Bildes zu markieren (sog. „Tagging").

42　Darüber hinaus können auch anwendungsspezifische KI Modelle zur Bilderkennung entwickelt und angelernt werden, welche in der Lage sind, neue Objekte (Arten und Kategorien) zu erlernen und zu erkennen.[71] Das damit erschließbare Spektrum an Anwendungsgebieten geht sehr weit: von der Erkennung und Klassifikation von Autoschäden bis hin zur Erkennung und Klassifikation von Industrieanlagenschäden. Auch stehen Funktionen zur Verfügung, welche beispielsweise Bilder anhand ihres Inhaltes als „safe" oder „explicit" klassifizieren können.[72]

III. Watson Text to Speech

43　Die *Watson Text to Speech APIs*[73] erlauben es, geschriebenen Text in synthetisierte Audio-Sprachausgabe umzuwandeln. Dabei werden derzeit zehn Sprachen unterstützt, wobei zusätzlich auch aus unterschiedlichen Dialekten ausgewählt werden kann.[74]

44　Sollte die Aussprache der männlichen oder weiblichen Stimmen innerhalb der verfügbaren Sprachen im jeweiligen Anwendungsfall nicht den Anforderungen entsprechen, so kann auch eine andere Aussprache angelernt werden, wobei hier sogar die Aussprache einzelner Wörter angepasst bzw. festgelegt werden kann.[75]

IV. Watson Language Translator

45　Die Funktionen der *Watson Language Translator APIs* erlauben die Übersetzung von Texten einer Sprache in eine andere, wobei Anfang 2020 rund 36 Sprachen unterstützt werden.[76] Die Besonderheit besteht darin, dass für die bestehenden Übersetzungsmodelle auch zusätzliche Sprachdomänen angelernt werden können, die zB einem bestimmten Fachgebiet entspringen.[77] Dazu gibt es zwei mögliche Wege zum Trainieren eines Modells, die beide auch parallel zur Anwendung kommen können:

---

[69] Vgl. *IBM,* Watson Visual Recognition, https://www.ibm.com/cloud/watson-visual-recognition, zuletzt abgerufen am 28.2.2020.
[70] Die Funktionen dienen dazu, Arten (zB Tier, Lebensmittel, Pflanze, Sport) und Klassen (zB Beagle, Schäferhund, Pudel) von Objekten zu erkennen und entsprechend zu bezeichnen.
[71] Vgl. *IBM,* Richtlinien für das Trainieren von Klassifikationsmerkmalen, https://cloud.ibm.com/docs/services/visual-recognition, zuletzt abgerufen am 28.2.2020.
[72] Vgl. *IBM,* Visual Recognition: Available Models, https://cloud.ibm.com/docs/services/visual-recognition?topic=visual-recognition-index, zuletzt abgerufen am 28.2.2020.
[73] Vgl. *IBM,* Watson Text to Speech, https://www.ibm.com/cloud/watson-text-to-speech, zuletzt abgerufen am 28.2.2020.
[74] Arabisch, Chinesisch (Mandarin), Deutsch, Englisch (US und UK), Französisch, Italienisch, Japanisch, Niederländisch, Spanisch (Kastilisch, Lateinamerikanisch und Nordamerikanisch) und brasilianisches Portugiesisch. Vgl. *IBM,* Watson Text to Speech: Languages and voices, https://cloud.ibm.com/docs/services/text-to-speech?topic=text-to-speech-voices, zuletzt abgerufen am 28.2.2020.
[75] Vgl. *IBM,* Watson Text to Speech: Understanding customization, https://cloud.ibm.com/docs/services/text-to-speech?topic=text-to-speech-customIntro, zuletzt abgerufen am 28.2.2020.
[76] Vgl. *IBM,* Language Translator: Translation models, https://cloud.ibm.com/docs/language-translator?topic=language-translator-translation-models, zuletzt abgerufen am 28.2.2020.
[77] Vgl. *IBM,* Language Translator: Customize your model, https://cloud.ibm.com/docs/language-translator?topic=language-translator-customizing, zuletzt abgerufen am 28.2.2020.

- Vorgabe eines Wörterbuchs, um Begriffe und Ausdrücke auf bestimmte Art und Weise zu übersetzen (**„Forced Glossary"**).
- Anlernen eines vorhandenen Übersetzungsmodells mit Hilfe eines **parallelen Korpus**, wobei Sätze paarweise in beiden Sprachen zur Verarbeitung bzw. zum Anlernen übergeben werden, und das KI Modell auf diesem Weg um weitere Begriffe und deren Anwendung weiterentwickelt wird.

V. Watson Natural Language Classifier

Mit Hilfe der Funktionen der *Watson Natural Language Classifier APIs* ist man in der Lage, einen Satz, eine Phrase oder sogar einen Textabsatz hinsichtlich ihres Inhalts automatisch zu analysieren und kategorisieren zu lassen.[78] Für diese Kategorisierung ist es jedoch nicht erforderlich, dass das KI Modell bereits mit der zur Analyse vorliegenden Phrase angelernt wurde, worin die Besonderheit und damit die eigentliche „Intelligenz" dieses KI Modells besteht.

Da auch diese KI Modelle auf einfachem Wege erweitert werden können, können somit nicht nur zusätzliche Textbeispiele für bestimmte Klassen, sondern auch neue Textklassen angelernt werden.[79] Somit können Anwendungen entwickelt werden, deren Verarbeitungsschritte vom Inhalt der verarbeiteten Texte bzw. deren Klassifikation abhängen können, ohne dass die Entwickler dieser Anwendung selbst KI-Experten sein müssen.

VI. Watson Personality Insights

Eine bereits sehr weit entwickelte Form der Textanalyse liefern die Funktionen der *Watson Personality Insights APIs*.[80] Hierbei erfolgt eine linguistische Analyse von Texten, wobei Rückschlüsse auf die Persönlichkeit des Autors („Big Five" Persönlichkeitsmerkmale: Verträglichkeit, Gewissenhaftigkeit, Extraversion, Emotionales Spektrum, Offenheit; Bedürfnisse; Werte) anhand der verfassten Texte des Autors, wie zB von E-Mails, Blog Posts, Tweets oder Forum Diskussionsbeiträgen, gezogen werden können.[81]

Aber auch aus über 40 Verbraucherpräferenzen der untersuchten Personen können Schlüsse gezogen werden, wobei die Präferenzen darüber Auskunft geben, mit welcher Wahrscheinlichkeit der Autor einer E-Mail oder eines Blog Posts verschiedene Produkte, Services und Aktivitäten bevorzugt.[82] Dabei geht es nicht um das Vorschlagen weiterer Produkte aus einem Katalog aufgrund bisher getätigter Einkäufe des Autors, wie man es aus Online Shops kennt, sondern um die Ableitung von Einkaufspräferenzen selbst, um seine Einkaufsgewohnheiten und darüber, wovon diese beeinflusst werden (zB: „Achtet beim Autokauf auf Sicherheitspakete", „Legt beim Kauf von Bekleidung Wert auf Tragekomfort", „Lässt sich beim Kauf von Produkten von Markennamen beeinflussen").

---

[78] Vgl. *IBM*, Watson Natural Language Classifier, https://www.ibm.com/cloud/watson-natural-language-classifier, zuletzt abgerufen am 28.2.2020.
[79] Vgl. *IBM*, Natural Language Classifier: Managing classifiers with Watson Studio, https://cloud.ibm.com/docs/services/natural-language-classifier?topic=natural-language-classifier-managing-toolkit, zuletzt abgerufen am 28.2.2020.
[80] Vgl. *IBM*, Watson Personality Insights, https://www.ibm.com/cloud/watson-personality-insights, zuletzt abgerufen am 28.2.2020.
[81] Vgl. *IBM*, Personality Insights: Personality models, https://cloud.ibm.com/docs/personality-insights?topic=personality-insights-models, zuletzt abgerufen am 28.2.2020.
[82] Vgl. *IBM*, Personality Insights: Consumption preferences, https://cloud.ibm.com/docs/personality-insights?topic=personality-insights-preferences, zuletzt abgerufen am 28.2.2020.

50 Die hier zum Einsatz kommenden KI Modelle stützen sich dabei auf wissenschaftlich anerkannte Untersuchungen und deren Forschungsergebnisse in den Bereichen der Psychologie und der Wirtschaftswissenschaften.[83]

VII. Watson Tone Analyzer

51 Während mit *Watson Personality Insights* Rückschlüsse auf die Person selbst und insbesondere über deren Einkaufsverhalten gezogen werden können, geben die Funktionen der *Watson Tone Analyzer APIs*[84] Aufschluss über die Emotionen und den Sprachton eines analysierten Textes und erlauben somit Rückschlüsse auf den Gemüts- und Emotionszustand des Autors selbst. Mit Hilfe dieser APIs kann festgestellt werden, ob der Autor einer E-Mail, eines Online Forum-Eintrages oder eines Chats glücklich, traurig, selbstsicher, usw. ist.

52 Auf diesem Weg kann beispielsweise eine in einem Unternehmen eingehende Kunden-Korrespondenz anhand ihres Sprachtons automatisiert vorselektiert und somit Post von unzufriedenen oder verärgerten Kunden von speziell für solche Situationen geschulten Mitarbeitern bearbeitet werden. Auch können so Online Diskussionsforen automatisiert analysiert und der Fokus von Online PR Mitarbeitern gezielt auf negative Nachrichten oder Beiträge verärgerter Personen gerichtet werden.[85]

E. Fazit und Ausblick

53 Im Rahmen der Entwicklungen der letzten Jahre, hat die Künstliche Intelligenz Einzug in das Alltagsleben gehalten. Von der Sprachsteuerung von Musikanlagen und Geräten im Haushalt, bis hin zur Bewertung und Steuerung von kommerziellen Transaktionen (zB Kreditkarten) in Unternehmen übernimmt die Künstliche Intelligenz dabei mehr und mehr die Rolle eines Assistenten, der die verfügbare Rechenleistung so optimal wie möglich zur bestmöglichen Erfüllung einer gestellten Aufgabe einsetzt.[86]

54 Mit dem Anstieg der verfügbaren Rechenleistung werden diese Assistenten immer komplexere Aufgabenstellungen bewältigen können und somit immer verantwortungsvollere Aufgaben übertragen bekommen, die sie letztendlich auch selbständig bewältigen können werden.[87] Aus diesem Grund ist es erforderlich, dass die Entwicklung im Bereich der Künstlichen Intelligenz immer mit der Betrachtung der damit verbundenen sozialen, rechtlichen und vor allem ethischen Fragen einhergeht.[88] Gesetzgeber, öffentliche wie private Forschungseinrichtungen, Unternehmen, sowie Vertreter der Gesellschaft werden gefordert sein, den Zweck Künstlicher Intelligenz, deren Transparenz und Erklärbarkeit, die Rechte an den verwendeten Daten und der daraus gewonnen Erkenntnisse zu regeln.[89]

---

[83] Vgl. *IBM*, Personality Insights: The science behind the service. https://cloud.ibm.com/docs/personality-insights?topic=personality-insights-science, zuletzt abgerufen am 28.2.2020.

[84] Vgl. *IBM*, Watson Tone Analyzer, https://www.ibm.com/cloud/watson-tone-analyzer, zuletzt abgerufen am 28.2.2020.

[85] Vgl. *IBM*, Tone Analyzer, https://cloud.ibm.com/docs/services/tone-analyzer?topic=tone-analyzer-about, zuletzt abgerufen am 28.2.2020.

[86] Vgl. *Russel/Norvig*, Artificial Intelligence: A Modern Approach, S. 1050; *Martini*, Blackbox Algorithmus – Grundfragen einer Regulierung Künstlicher Intelligenz, S. V ff.

[87] Vgl. *Russel/Norvig*, Artificial Intelligence: A Modern Approach, S. 1051.

[88] Vgl. *Gasser*, IEEE Internet Computing, Vol. 21, S. 59.

[89] Vgl. *Martini*, Blackbox Algorithmus – Grundfragen einer Regulierung Künstlicher Intelligenz, S. 27 f.; *Vatican*, Papst Franziskus: Ethische Maßstäbe für neue Technologien, https://www.vaticannews.va/de/papst/news/2020-02/papst-kuenstliche-intelligenz-akademie-leben-rede-algor-ethik.html, zuletzt abgerufen am 28.2.2020; *IBM*, IBM's Principles for Trust and Transparency, https://www.ibm.com/blogs/policy/trust-principles/, zuletzt abgerufen am 28.2.2020.

Teil 9.5 Smart Contracts

Übersicht

	Rn.
A. Einleitung	1
B. Definitionsversuch und technische Hintergründe	2
C. Smart Contracts in der Praxis – Digitalisierung des Vertragswesens	10
D. Kritik an Smart Contracts	14
E. Rechtliche Würdigung	17
I. Smart Contracts zur Leistungsdurchführung	18
II. Smart Contracts als Ausdruck des Parteiwillens	21
F. Smart Contracts und Gesellschaftsrecht	39
G. Smart Contract Dispute Resolution	41
H. Zusammenfassung und Ausblick	44

Literatur:
Blocher, „The next big thing, Blockchain – Bitcoin – Smart Contracts: Wie das disruptive Potential der Distributed Ledger Technology (nicht nur) das Recht fordern wird", AnwBl 2016, 612; *Blocher*, Fehlerhafte Smart Contracts, in Braegelmann/Kaulartz (Hrsg.), Rechtshandbuch Smart Contracts, 2019; *Djazayeri*, Rechtliche Herausforderungen durch Smart Contracts, jurisPR-BKR, 12/2016; *Erbguth*, Transparenz von Smart Contracts, in: Fries/Paal (Hrsg.), Smart Contracts, 2019; *Finck*, Grundlagen und Technologie von Smart Contracts, in: Fries/Paal (Hrsg.), Smart Contracts, 2019; *Fries*, Smart Contracts: Brauchen schlaue Verträge noch Anwälte? Zusammenspiel von Smart Contracts mit dem Beweismittelrecht der ZPO, AnwBl 2018, 86; *Fries*, Regulierung von Smart Contracts, in: Braegelmann/Kaulartz, Rechtshandbuch Smart Contracts, 2019; *Gyr*, Blockchain und Smart Contracts – Die vertragsrechtlichen Implikationen einer neuen Technologie, 2019, abrufbar unter https://biblio.unibe.ch/download/eldiss/19gyr_e.pdf (zuletzt abgerufen am 2.2.2020); *Heckelmann*, Zulässigkeit und Handhabung von Smart Contracts, NJW 2018, 504; *Kaulartz*, Die Blockchain-Technologie: Hintergründe zur Distributed Ledger Technology und zu Blockchains, CR 2016, 474; *Kaulartz*, Smart Contract Dispute Resolution, in: Fries/Paal (Hrsg.), Smart Contracts, 2019; *Kaulartz*, Herausforderungen bei der Gestaltung von Smart Contracts, InTeR 2016, 201; *Kaulartz/Heckmann*, Smart Contracts – Anwendungen der Blockchain-Technologie, CR 2016, 618; *Kaulartz/Kreis*, Smart Contract Dispute Resolution, in: Braegelmann/Kaulartz (Hrsg.), Rechtshandbuch Smart Contracts, 2019; *Kaulartz/Matzke*, Die Tokenisierung des Rechts, NJW 2018, 3278; *Kolain*, Die Blockchain als „vollkommendes Gesetzbuch"?, in: Hill/Kugelmann/Martini (Hrsg.), Perspektiven der digitalen Lebenswelt, S. 147 ff., 2017; *Kreis*, KI und ADR-Verfahren, in: Kaulartz/Braegelmann, Rechtshandbuch Artificial Intelligence und Machine Learning, 2020; *Kuhlmann*, Smart Enforcement bei Smart Contracts, in: Fries/Paal (Hrsg.), Smart Contracts, 2019; *Langenbucher*, Digitales Finanzwesen, AcP 218, 2018, 385; *Mann*, Komplexe Smart Contracts: Die Decentralized Autonomous Organization, in: Braegelmann/Kaulartz (Hrsg.), Rechtshandbuch Smart Contracts, 2019; *Möslein*, Rechtsgeschäftslehre und Smart Contracts, in: Braegelmann/Kaulartz (Hrsg.), Rechtshandbuch Smart Contracts, 2019; *Möslein*, Smart Contracts im Zivil- und Handelsrecht Inhalt, ZHR 2019, 254; *Nakamoto*, The Bitcoin whitepaper: A Peer-to-Peer Electronic Cash System, 2008; *Paulus/Matzke*, Smart Contracts und Smart Meter – Versorgungssperre per Fernzugriff, NJW 2018, 1905; *Riehm*, Smart Contracts und AGB-Recht, in: Braegelmann/Kaulartz (Hrsg.), Rechtshandbuch Smart Contracts, 2019; *Riehm*, Smart Contracts und verbotene Eigenmacht, in: Fries/Paal (Hrsg.), Smart Contracts, 2019; *Simmchen*, Blockchain (R)Evolution: Verwendungsmöglichkeiten und Risiken, MMR 2017, 162; *Singer* in: Staudinger, BGB, 2017; *Sorge/Krohn-Grimberghe*, Bitcoin: Eine erste Einordnung, DuD 2012, 479; *Spindler*, Gesellschaftsrecht und Digitalisierung, ZGR 2018, 17; *Voshmgir*, Smart Contracts, Blockchains und automatisch ausführbare Protokolle, in: Braegelmann/Kaulartz (Hrsg.), Rechtshandbuch Smart Contracts, 2019.

A. Einleitung

Smart Contracts digitalisieren Verträge. Sie lösen den Widerspruch auf, der darin liegt, dass wir einerseits autonom Auto fahren, beim Joggen Musik streamen und mittels Künstlicher Intelligenz Zustände und Verhalten voraussagen, andererseits aber Verträge schon immer weitestgehend ohne Softwareunterstützung interpretieren und durchführen. Smart Contracts haben den Anspruch, Verträge zum Leben zu erwecken, sie auszuführen. Sie könnten eine nächste Stufe der Digitalisierung des Vertragswesens sein. Das Kapitel gibt einen Überblick über technische Grundlagen von Smart Contracts und geht auf ihre rechtliche 1

Qualifizierung, ihre Vorteile und Grenzen ein, will aber auch das Missverständnis darüber auflösen, was Smart Contracts eigentlich sind und was sie nicht sein wollen.

B. Definitionsversuch und technische Hintergründe

2   Es gibt eine Vielzahl von Definitionsversuchen zu Smart Contracts.[1] Vielen gemein ist eine gewisse Unsicherheit über die Idee hinter Smart Contracts, sicherlich bedingt durch den missverständlichen Terminus. Dieser suggeriert, es lägen intelligente Verträge vor, also eine Mischung aus Vertrag und KI. Das ist mit einem Smart Contract allerdings nicht gemeint. Nick Szabo, seines Zeichens Jurist und Kryptographie-Forscher und nicht nur Pionier auf dem Gebiet, sondern auch einer der Wortschöpfer, beschrieb Smart Contracts als „*a computerized transaction protocol that executes the terms of a contract*".[2]

3   Für das deutsche Recht wird folgende Definition vorgeschlagen:

Eine Software, die rechtlich relevante Handlungen (insbesondere einen tatsächlichen Leistungsaustausch) in Abhängigkeit von digital prüfbaren Ereignissen steuert, kontrolliert und/oder dokumentiert, mit deren Hilfe aber unter Umständen auch dingliche und/oder schuldrechtliche Verträge geschlossen werden können.[3]

Diese Definition bringt zum Ausdruck, was Smart Contracts regelmäßig sind, nämlich technische Werkzeuge in Form von Software zur Durchführung (vertraglich) geschuldeter Leistungen. Sie stellt zudem klar, dass Smart Contracts auch Ausdruck zweier übereinstimmender Willenserklärungen sein können (was sie in der Regel aber nicht sind, siehe unten → Rn. 16 ff.).

4   Die Weite der vorgeschlagenen Definition wirft natürlich die Frage auf, ob Smart Contracts nicht schon heute im Einsatz sind, denn Software ist allgegenwärtig und überall werden Leistungen auf vertragsrechtlicher Grundlage erbracht.[4] Obgleich ein Unterschied darin liegen dürfte, dass Smart Contracts als direkte Übersetzung des vertraglich Vereinbarten verstanden werden wollen, was bei anderer Software in der Regel nicht der Fall ist, so sollte aber doch auch klargestellt werden, dass die Diskussion um Smart Contracts nicht zwingend eine Zukunftsdiskussion sein muss. Dem Begriff haben wir, selbst wenn er missverstanden werden könnte, schließlich schon heute zu verdanken, dass sich ein rechtswissenschaftlicher Diskurs zum Verhältnis von Code und Recht aufgetan hat, den es womöglich nicht in diesem Ausmaß gegeben hätte, wäre die nach Szabo's Vorschlägen um 2006 herum lange Zeit nicht weiter beachtete Bezeichnung von Softwarecode als „Smart Contract" – nicht in jüngerer Zeit im Zusammenhang mit Blockchains wiederbelebt worden (→ Rn. 8).

5   Jedenfalls sollen Smart Contracts aber in der Lage sein, geschlossene Verträge gewissermaßen zum Leben zu erwecken. Der Vertragstext soll nach Abschluss nicht in der Schublade verschwinden, vielmehr sollen die daraus resultierenden Pflichten automatisiert durch einen mit Vertragsschluss gestarteten Smart Contract erfüllt werden. Eine dergestalt garantierte Gegenleistung kann zu einer Umkehr der Klagelast führen,[5] was Nick Szabo treffend

---

[1] Vgl. *Möslein*, ZHR 2019, 254, 260 ff.; *Braegelmann/Kaulartz*, Rechtshandbuch Smart Contracts, Kapitel 1 Rn. 9 ff.
[2] Vgl. http://www.fon.hum.uva.nl/rob/Courses/InformationInSpeech/CDROM/Literature/LOTwinterschool2006/szabo.best.vwh.net/smart.contracts.html (zuletzt abgerufen am 8.11.2019).
[3] Vgl. *Kaulartz/Heckmann*, CR 2016, 618; vertieft zur Erläuterung *Braegelmann/Kaulartz*, Rechtshandbuch Smart Contracts, Kapitel 1 Rn. 23 ff.; eine auf Blockchains zugeschnittene Definition findet sich bei *Blocher*, AnwBl 2016, 612, 618.
[4] Zutreffend *Finck*, in Fries/Paal (Hrsg.), Smart Contracts, S. 6.
[5] Vgl. *Riehm*, in Fries/Paal (Hrsg.), Smart Contracts, S. 89.

B. Definitionsversuch und technische Hintergründe

zum Ausdruck gebracht hat: „*If ‚possession is 90% of the law', then a good smart contract may be ‚99% of the law'*".[6]

Keinesfalls sollte der Begriff Smart Contract aber missverstanden werden als eine neue Art, Verträge darzustellen und auszudrücken. Die stets erhobene Kritik, komplexe Verträge ließen sich doch nicht in Softwarecode übersetzen, ist so richtig wie sie falsch ist, denn sie offenbart ein Fehlverstehen des Anspruches von Smart Contracts. Es geht nicht darum, in einer natürlichen Sprache wie Deutsch verfasste und womöglich auch sehr lange Vertragswerke in Code zu übersetzen. Es geht vielmehr darum, einzelne Leistungen eines wie auch immer geschlossenen Vertrages durch Code durchführen zu lassen. Dass in dieser Durchführung zugleich ein Vertragsschluss liegen könnte und der Smart Contract dann Ausdruck der Willenserklärungen der Vertragsparteien wäre, ist möglich (Rn. 16ff.), aber eben eher ein Nebenprodukt des Einsatzes von Smart Contracts.

Smart Contracts sollten technologieneutral zu verstehen sein, obgleich sie im Blockchain-Umfeld sehr gebräuchlich geworden sind. Bringen wir Smart Contracts nämlich in Verbindung mit tatsächlich geschlossenen Verträgen und mit einer auf dieser Grundlage basierenden Vertragsdurchführung, so kann die Technologie keine Rolle spielen. In der Tat sollte es keinen Unterschied machen, ob „programmierte Verträge" auf einer Blockchain oder einem anderen IT-System laufen, auch wenn Blockchains eine geeignete Umgebung für Smart Contracts bilden.

Blockchains,[7] ihres Zeichens verteilt gespeicherte Datenbanken und mitunter als „*nächster großer Schritt in der Entwicklung der Computer und des Internets*" verstanden,[8] werden nicht nur durch das Fehlen eines Intermediärs charakterisiert, sondern auch durch den Einsatz von sogenannten **Tokens.**[9] Dabei handelt es sich um virtuelle Werteinheiten, die sogar in der Lage sein sollen, Rechte zu repräsentieren (→ Beispiel Rn. 11),[10] und damit derzeit die Diskussion um das elektronische Wertpapier vor sich hertreiben.[11] Solchen Tokens liegen auch Smart Contracts zugrunde und – hier überschneiden sich die Terminologien – diese Smart Contracts enthalten Code, der bestimmt, welche Operationen mit den Tokens möglich sind. Blockchain-basierte Smart Contracts werden daher auch charakterisiert als „*cryptographic 'boxes' that contain value and only unlock it if certain conditions are met*".[12] Smart Contracts enthalten aber nicht nur solche „*conditions*" sondern zugleich auch die Vertragsdurchführung selbst und es verwundert deshalb nicht, dass für einen solchen Programmcode gerade der Begriff des „Smart Contract" verwendet wurde. Mit Verträgen im Rechtssinne hatten diese Smart Contracts aber zunächst wenig zu tun, was auch die konkrete Blockchain-Gemeinde feststellte, die es alsbald bereute, mit dieser Wortschöpfung unzählige Juristen auf den Plan gerufen zu haben, die sich fortan mit der Frage der vermeintlich intelligenten Verträge beschäftigten.[13]

Für Smart Contracts in Verbindung mit Tokens gibt es schier unbegrenzte Anwendungsmöglichkeiten, wegen der Tokens sicherlich im Finanz- und dort insbesondere im

---

[6] *Szabo*, 14.10.2018, https://twitter.com/NickSzabo4/status/1051606530108190720 (zuletzt abgerufen am 8.11.2019).
[7] → Teil 16.1 Rn. 7ff.
[8] Vgl. *Voshmgir*, in Braegelmann/Kaulartz (Hrsg.), Rechtshandbuch Smart Contracts, Kapitel 2 Rn. 7.
[9] Da Blockchains für den Einsatz von Smart Contracts nicht unbedingt erforderlich sind, soll auf sie an dieser Stelle nicht weiter eingegangen werden. Für eine vertiefte Darstellung von Blockchains siehe etwa *Voshmgir*, in: Braegelmann/Kaulartz (Hrsg.), Rechtshandbuch Smart Contracts, Kapitel 2 Rn. 6ff.; *Sorge/Krohn-Grimberghe*, DuD 2012, 479; *Blocher*, AnwBl 2016, 612; *Kaulartz*, CR 2016, 474ff.
[10] Vgl. *Kaulartz/Matzke*, NJW 2018, 3278.
[11] Siehe auch die Blockchain-Strategie der Bundesregierung, https://www.bmwi.de/Redaktion/DE/Publikationen/Digitale-Welt/blockchain-strategie.pdf?blob=publicationFile&v=10 (zuletzt abgerufen am 25.1.2020).
[12] Vgl. https://github.com/ethereum/wiki/wiki/White-Paper (zuletzt abgerufen am 8.11.2019).
[13] Vgl. *Finck*, in: Fries/Paal (Hrsg.), Smart Contracts, S. 2ff.; dazu ferner treffend *Buterin*, der den Begriff maßgeblich geprägt hat: „To be clear, at this point I quite regret adopting the term ‚smart contracts'. I should have called them something more boring and technical, perhaps something like ‚persistent scripts'", https://twitter.com/VitalikButerin/status/1051160932699770882 (zuletzt abgerufen am 8.11.2019).

Wertpapierbereich. Läuft ein Smart Contract auf einem dezentralen System völlig autark, ist von einer Decentralized Autonomous Organisations (DAO) die Rede. Eine solche kann Ähnlichkeiten zu Gesellschaften haben,[14] soll an dieser Stelle aber nicht weiter vertieft werden (→ Rn. 35 f.). Die im Blockchain-Kontext verwendeten Smart Contracts jedenfalls sind solche, die derzeit praktisch die höchste Relevanz genießen.

C. Smart Contracts in der Praxis – Digitalisierung des Vertragswesens

10 Ungeachtet dessen schlummert in Smart Contracts ein hohes Potenzial, denn solche Konstrukte erlauben es, Rechtsbeziehungen sichtbar zu machen. Was sonst in Regelwerken wie Gesetzen und Verträgen festgelegt, vereinbart und dann herausgearbeitet werden muss, was mitunter intransparent in Allgemeinen Geschäftsbedingungen versteckt ist und was vielleicht schon in Vergessenheit geraten ist, ist bei Smart Contracts programmiert und wird schlicht ausgeführt. Das klingt nach einer Lösung des Problems, das insbesondere dem Vertragsrecht häufig immanent ist, nämlich der Unsichtbarkeit von rechtlichen Beziehungen, der Unsichtbarkeit von Rechten, der Schwierigkeiten, die sich durch Verhandlungsmachten ergeben, kurz: der Rechtsdurchsetzung. Smart Contracts setzen hier an, sie stellen nicht die Frage der Klagelast, sie verweisen nicht auf ein langwieriges und kräftezehrendes Gerichtsverfahren, was gerade bei kleinen Beträgen und Massenverfahren nicht effizient ist. Smart Contracts schaffen Tatsachen und sie bürden die Klagelast demjenigen auf, der mit dem rechtlich Vereinbarten, genauer: dem tatsächlich Programmierten, nicht einverstanden ist. Im Übrigen führt der Smart Contract aus, was ihm mitgegeben wurde und bewirkt die Durchsetzung des ihm zugrundeliegenden rechtlichen Anspruchs, die bislang eines gerichtlichen Titels bedurfte und nur mit Hilfe der gesetzlich geregelten Zwangsvollstreckung erreicht werden konnte. Deshalb werden Smart Contracts nicht nur als „selbst-ausführend" („self executing") sondern auch als „selbst-durchsetzend" („self enforcing") bezeichnet.

11 Ein Beispiel aus der Praxis sind die in Blockchain-basierten Smart Contracts einprogrammierten Anlegerrechte. Erwirbt ein Anleger ein Wertpapier, das in einem Blockchain-basierten Token (→ Rn. 8) verkörpert ist, so ist es möglich und aus Anlegerschutzgesichtspunkten auch naheliegend, gewisse Rechte des Anlegers in den dem Token zugrundeliegenden Smart Contract einzuprogrammieren. Dies betrifft etwa das Verbraucherwiderrufsrecht oder ein Kündigungsrecht. In beiden Fällen können etwaige Prüfungen der Fristen im Smart Contract durchgeführt werden, ebenso wie die Rückübertragung der Leistungen. So kann der Smart Contract etwa Regeln enthalten, um den Token zum Emittenten zurück zu übertragen, verbunden mit der Rückzahlung der Anlagesumme des Anlegers (vorausgesetzt, der Smart Contract hat Zugriff auf die Anlagesumme, was mit fortlaufender Zeit nach der Investition natürlich unwahrscheinlicher wird).

12 Ein weiteres viel zitiertes Beispiel ist das Leasingfahrzeug, dessen Starten ein Smart Contract nur gestattet, wenn die Leasingrate bezahlt worden ist.

13 Smart Contracts können damit auch als weitere Ausdrucksform der ihnen zugrunde liegenden, rechtsverbindlichen Verträge verstanden werden. Sie können diese zwar in der Regel nicht ersetzen, aber eben durchführen. Sie können daher auch als die nächste Evolutionsstufe von Verträgen zu verstehen sein, denn sie führen (rechtlich geschlossene) Verträge im Moment des Eintritts der dafür im Softwarecode programmierten Bedingungen aus, und da sie eine Übersetzung von Rechten und Pflichten in maschinenlesbaren Code

---

[14] Vgl. *Mann*, NZG 2017, 1014 ff.; *Mann*, in: Braegelmann/Kaulartz (Hrsg.), Rechtshandbuch Smart Contracts, Kapitel 17; zum prominenten TheDAO vgl. *Blocher*, in: Braegelmann/Kaulartz (Hrsg.), Rechtshandbuch Smart Contracts, Kapitel 10 Rn. 5 ff.

enthalten, erwecken sie die (rechtlich geschlossenen) Verträge gewissermaßen zum Leben. Welcher Begriff dafür verwendet wird, spielt keine Rolle, die Diskussion rund um Smart Contracts sollte aber Anlass genug sein, über eine „Digitalisierung des Vertragswesens" zu sprechen, unabhängig von der konkreten Ausgestaltung von Smart Contracts.

D. Kritik an Smart Contracts

Zunächst erscheint wichtig nochmals klarzustellen, dass Smart Contracts nicht falsch verstanden werden dürfen als Ausdrucksform des zwischen den Parteien Gewollten, also als Übersetzung eines herkömmlicherweise etwa in Deutsch geschriebenen Vertrages. Dies liegt daran, dass Smart Contracts nur die Leistungsbeziehung abbilden sollen. Klauseln etwa zur Haftungsbegrenzung oder zum anwendbaren Recht lassen sich nicht programmieren.[15] Das ist aber auch nie der Anspruch von Smart Contracts gewesen und als Kritik daher fehl am Platze. 14

Dasselbe gilt für ihren Einsatzzweck: Smart Contracts bedürfen eines digitalen Nährbodens, der sie mit Informationen versorgt, der es ihnen erlaubt, Werte zu verschieben – daher auch die Blockchain als wichtige technologische Grundlage (Rn. 8 f.). Den Vertrag mit dem Klavierlehrer wird man daher nicht mittels eines Smart Contracts schließen/ durchführen. Der „Anwendungsbereich" von Smart Contracts ist hier schon nicht eröffnet. 15

Smart Contracts sollten aber an anderer Stelle kritisch betrachtet werden: Das zwischen den Parteien Vereinbarte ist häufig nicht derart bestimmt, dass ein Computer es interpretieren und ausführen könnte. Unbestimmte Rechtsbegriffe im Gesetz oder Vertrag lassen sich ebenfalls nicht ohne Weiteres übersetzen (Wann ist eine Frist etwa angemessen?). Zwar kann die Lösung in der Praxis darin liegen, einen festen Wert zu verwenden (14 Tage), notwendig wäre dann aber auch, dass im Beispiel die fristsetzende Partei eine längere oder kürzer Frist erzwingen kann, um nötige Rechtsfolgen auch herbeizuführen. Auch die Flexibilität von Verträgen und Leistungsdurchführungen, wie wir sie heute kennen, findet bei Smart Contracts Grenzen: Während Verträge auch konkludent und in AGB sogar trotz Schriftformklausel[16] Änderungen des Vertrages vereinbart werden können, ist der Code eines Smart Contracts zunächst statisch. Dasselbe Problem stellt sich bei Gesetzesänderungen, (AGB-)rechtswidrigen Klauseln, wenn eine Vertragspartei stirbt, bei Verwirkungen, wenn ein Anspruch abgetreten wird oder wenn eine Behörde einen Anspruch pfändet. Da derlei Fälle dazu führen, dass der Code vom rechtlich Vereinbarten abweicht, folgen Rückabwicklungen, die durchaus komplex werden können und mögliche Effizienzgewinne zunichtemachen. So, wie aber auch herkömmliche Verträge nicht nur aus einer Leistungsbeschreibung bestehen, muss auch bei der Entwicklung von Smart Contracts darauf geachtet werden, dass sie für unvorhergesehene Fälle „Regelungen" enthalten, die zu einer Anpassung der Leistung führen. So ist es durchaus möglich, einen Smart Contract – zum Beispiel im Blockchain-Kontext – änderbar auszugestalten, wobei die Befugnis zur Änderung der Zustimmung eines neutralen Dritten bedürfen sollte. Sollte eine solche flexiblere Ausgestaltung im Einzelfall nicht möglich sein, kann ein Smart Contract nur bei einfachen, klar definierten Leistungen zum Einsatz kommen. 16

---

[15] Natürlich wäre es aber möglich, solche Klauseln als Kommentare in zB deutscher Sprache in den Quelltext einzufügen. Dadurch werden sie aber nicht programmiert, sondern nur auf einem anderen Medium dargestellt.
[16] MüKoBGB/*Basedow*, BGB § 305b Rn. 15 f.

E. Rechtliche Würdigung

17 Wie Smart Contracts rechtlich einzuordnen sind, hängt natürlich primär von ihrem Einsatz ab. Zu unterscheiden vom typischen Fall der Verwendung von Smart Contracts zur Durchführung von Leistungen sind Smart Contracts, die auf der Ebene des Vertragsschlusses genutzt werden.

I. Smart Contracts zur Leistungsdurchführung

18 Versteht man sie als Instrument der Vertragsdurchführung, so sind Smart Contracts auf der rechtsgeschäftlichen Ebene ohne Relevanz. Sie prüfen dann die Voraussetzungen einer Leistungspflicht, transferieren Werte, bezahlen Rechnungen, starten Autos,[17] liefern Waren. Es ist dabei noch nicht einmal von Bedeutung, ob die Parteien kraft verfassungsrechtlich garantierter Privatautonomie den Einsatz von Smart Contracts positiv vereinbaren, ob Smart Contracts zufällig zur Leistungserbringung eingesetzt werden, oder ob es, wie bei Blockchain-basierten Tokens, einfach nicht ohne sie geht (→ Rn. 11). Praktisch wichtig ist allerdings, dass der Smart Contract eine Übersetzung des vertraglich Vereinbarten in maschinenlesbaren Code darstellt. Wird dabei das vertraglich Vereinbarte nicht korrekt übersetzt oder wird gegen Rechtsnormen verstoßen, kann dies erhebliche Probleme bereiten, da eine Rückabwicklung von Smart Contracts grundsätzlich nicht vorgesehen ist und erst im Code festgeschrieben werden müsste (→ Rn. 15). Dass der Code dem entspricht, was die Parteien vereinbart haben (**Code Compliance**), ist daher das Gebot der Stunde und wird sicherlich auch neue Berufsbilder und Spezialisten hervorbringen, die sich dadurch auszeichnen, dass sie Recht verstehen, gleichzeitig aber auch den Code von Smart Contracts lesen können.

19 Smart Contracts auf der Ebene der Leistungsdurchführung sind natürlich nicht vollkommen. Sie scheitern an unbestimmten Rechtsbegriffen, an Informationen aus der realen Welt und an Programmierfehlern. Während Fehler gemäß dem Motto *„no software is bug-free"* wohl nicht ausgeschlossen werden können, können dem Smart Contract eigentlich nicht zugängliche Informationen über sogenannte **„Oracles"** bereitgestellt werden, also Schnittstellen in die reale Welt, die den Smart Contract mit Informationen versorgen, etwa zur Auslieferung der Ware oder dem Starten des Autos. Über solche Programmschnittstellen kann der Smart Contract dann zum Beispiel mit Informationen zur Paketzustellung, zum Kurswert einer Aktie oder zur Mangelhaftigkeit einer Sache versorgt werden und bei seinem weiteren Ablauf berücksichtigen.

20 Schwieriger ist der Einsatz von Smart Contracts dort, wo unbestimmte Rechtsbegriffe den Vertrag oder das Gesetz prägen. Wie will ein Smart Contract das Verschulden einer Partei ermitteln um einen Schadensersatzanspruch zu begleichen? Auch hier sind nur Schnittstellen möglich, die von geeigneten und von den Parteien zuvor bestimmten Stellen gewählt werden, denen also vertraut wird und deren Urteil zwischen den Parteien als verbindlich angesehen wird, vergleichbar zur *Expert Determination* im Schiedsverfahrensrecht. Derlei Themen stellen sich abseits von Smart Contracts aber im selben Maße, weswegen es verfehlt wäre, dies als Argument gegen Smart Contracts anzubringen.

II. Smart Contracts als Ausdruck des Parteiwillens

21 Rechtlich interessant sind auch Smart Contracts, die als funktionales Vertragsäquivalent dienen sollen.[18] Diese Nutzung drängt sich geradezu auf, denn enthält der Smart Contract

---

[17] Beispiel bei *Kuhlmann*, in: Fries/Paal (Hrsg.), Smart Contracts, S. 118.
[18] Vgl. dazu ausführlich *Möslein*, in: Braegelmann/Kaulartz (Hrsg.), Rechtshandbuch Smart Contracts, Kapitel 8, Rn. 6 ff.

E. Rechtliche Würdigung

bereits die Leistungsdurchführung als Übersetzung des zwischen den Parteien anderweitig, zB schriftlich, Vereinbarten, stellt sich die Frage, weshalb eine solche Vereinbarung nicht auch auf Code-Ebene zustande kommen soll. Denn die Frage ist doch, weshalb ein autonom fahrendes Fahrzeug beim autonomen Tanken an der autonomen Tankstelle eine Erklärung in einer natürlichen Sprache wie Deutsch oder Englisch abgeben soll, obgleich solche Sprachen für Maschinen doch auch erst übersetzt werden müssen.

Einen Vertrag mittels eines Smart Contracts zu schließen, setzt zunächst zwei übereinstimmende Willenserklärungen im Sinne von Angebot und Annahme voraus, §§ 145ff. BGB. Es stellt sich die Frage, ob auch Softwarecode Ausdruck solcher Erklärungen sein kann. Entgegen anderer, nicht begründeter Ansicht[19] ist dies zu bejahen: Die verfassungsrechtlich in Art. 2 (1) GG garantierte Handlungsfreiheit beinhaltet auch die freie Wahl der Vertragssprache.[20] Statt der Formulierung „*Das Eigentum geht mit vollständiger Bezahlung über*" kann also genauso gut die Codezeile „*if ($AmountReceived >= $Price) $OwnerDB[$AssetID] = $BuyerID*" verwendet werden.[21] Schließlich können Verträge auch ganz ohne Sprache schlicht durch konkludentes Handeln, durch Hingabe von Geld und Entgegennahme von Waren, geschlossen werden.[22]

Kann somit davon ausgegangen werden, dass Softwarecode in einem Smart Contract Ausdruck einer Willenserklärung sein kann, wird man sich die Frage stellen müssen, ob derjenige, der sie abgegeben und derjenige, der ein damit verbundenes Angebot annehmen soll, auch über den dafür notwendigen Rechtsbindungswillen verfügt. Dies ist nach höchstrichterlicher Rechtsprechung dann der Fall, wenn die andere Partei unter den gegebenen Umständen nach Treu und Glauben mit Rücksicht auf die Verkehrssitte auf einen solchen Willen schließen musste.[23] Das ist regelmäßig dann anzunehmen, wenn die von der anderen Partei abgegebene Willenserklärung für den Empfänger erkennbar von erheblicher Bedeutung ist und er sie zur Grundlage wesentlicher Entschlüsse machen will.[24] Ist dies der Fall, so begründen die von den Parteien abgegebenen Willenserklärungen ein für beide Seiten verbindliches Rechtsgeschäft.

Da es für das Vorliegen eines Rechtsbindungswillens somit immer darauf ankommt, wie der Erklärungsempfänger das Verhalten der anderen Partei verstehen durfte, wird man die Frage nach dem rechtsgeschäftlichen Charakter eines Smart Contracts einerseits nach dem Zweck des Smart Contracts[25] und andererseits nach Erkenntnisvermögen der anderen Partei entscheiden müssen.

Ist der Zweck eines Smart Contracts darauf beschränkt, lediglich einem anderweitig geschlossenen Vertrag bei Eintreten bestimmter Bedingungen zur Durchsetzung zu verhelfen, ohne dass die Verwendung eines Smart Contracts eine wesentliche Voraussetzung für den anderweitigen Vertragsschluss darstellte, so liegt dem Smart Contract nach richtiger Auffassung kein eigener Rechtsbindungswille zugrunde.[26] An einem Rechtsbindungswillen der anderen Partei wird es zudem regelmäßig dann fehlen, wenn diese nach ihrem Empfängerhorizont nicht erkennen lassen, welche Rechtspflichten damit begründet werden sollen. Das wird regelmäßig dann der Fall sein, wenn ein Smart Contract vom Verwender zur Begründung eines Rechtsgeschäftes mit einer natürlichen Person verwendet werden soll, die sich der damit verbundenen Rechtsfolgen für einen objektiven Dritten erkennbar nicht bewusst ist, weil es ihr an Kenntnissen der für den Smart Contract verwendeten Pro-

---

[19] Vgl. *Djazayeri*, jurisPR-BKR, 12/2016.
[20] Vgl. *Singer*, in: Staudinger, BGB § 119 Rn. 18.
[21] Vgl. *Kaulartz/Heckmann*, CR 2016, 618, 621.
[22] Vgl. *OLG Düsseldorf*, NJW 1988, 1335, 1336.
[23] *BGH*, NJW 2009, 1141 unter Verweis auf *BGH*, NJW 1985, 1778; *BGH*, NJW-RR 1990, 204, 205; NJW-RR 2006, 117, 120.
[24] *BGH*, NJW 2009, 1141, 1142.
[25] Vgl. *Möslein*, in: Braegelmann/Kaulartz (Hrsg.), Rechtshandbuch Smart Contracts, Kapitel 8, Rn. 24.
[26] Zutreffend *Gyr*, Blockchain und Smart Contracts – Die vertragsrechtlichen Implikationen einer neuen Technologie, R, 292, abrufbar unter https://biblio.unibe.ch/download/eldiss/19gyr_e.pdf (zuletzt abgerufen am 2.2.2020).

grammiersprache fehlt.[27] Mangels eines solchen Verständnisses fehlt es dann auch an einem auf bestimmte Rechtsfolgen gerichteten Rechtsbindungswillen. Die für ein solches Verständnis erforderlichen Kenntnisse wird man durchschnittlich aufmerksamen Verbrauchern jedenfalls heute noch nicht unterstellen können.

26   Maßgeblich sind aber auch hier die Umstände des Einzelfalls. So wird etwa in Fällen, in denen Werte in Erwartung einer Gegenleistung an einen Vertragspartner transferiert werden, in dieser Transaktion bereits ein rechtlich verbindliches Angebot bzw. eine rechtlich verbindliche Annahme zu sehen sein. Dies gilt erst recht, wenn der zur Erklärung der Annahme zum Einsatz kommende Button entsprechend beschriftet ist. Dann wird es dem Vertragspartner nicht an dem notwendigen Erklärungsbewusstsein fehlen, da er erkennen kann, dass ihn die Annahme des Angebotes zu einer Gegenleistung verpflichtet und das Anklicken des Buttons von der anderen Partei nur als Annahme des Angebotes verstanden werden kann.

27   **Beispiel:**
A kauft einen Token, der ein Nachrangdarlehen repräsentiert mit den Konditionen X, zum Preis von Y. Zur Durchführung der Transaktion nutzt er eine Smartphone-App oder eine Webseite. Hier kann jedenfalls dann von einem Rechtsbindungswillen des A ausgegangen werden, wenn er Lesezugriff auf den rechtlich eindeutig referenzierten Code des Smart Contracts erhalten hat und diesen zur Kenntnis nehmen konnte, was in der Praxis jedoch selten der Fall ist.

28   Eine Smart Contract-Entwicklerin möchte mit einem Kollegen einen Vertrag schließen. Wird das von den Parteien Gewollte ausschließlich im Code ausgedrückt, so sollte man von zwei wirksamen Willenserklärungen und einem Rechtsbindungswillen ausgehen, da beide Parteien annehmen durften, dass die jeweils andere den Inhalt des „Vertragstextes" versteht. Das Problem stellt sich bei Verträgen in Fremdsprachen in derselben Weise.

29   Im gewöhnlichen, auch kaufmännischen Geschäftsverkehr mit Vertragsparteien, die keine Kenntnis von dem einem Smart Contract zugrundeliegenden Code und/oder dessen tatsächlichen Folgen haben, wird man Smart Contracts jedoch nicht die Bedeutung eines selbstständigen Vertrages im Rechtsinn beimessen können, mit dem eigene Rechte und Pflichten der Parteien begründet werden.

30   Gelangt man nach einer Prüfung der konkreten Umstände des Einzelfalls gleichwohl zu dem Ergebnis, dass der Smart Contract Ausdruck der rechtsverbindlichen Willenserklärungen der Parteien ist, geht die Prüfung weiter: Dass etwa auf Blockchains die andere Vertragspartei nicht bekannt, ja mitunter noch nicht einmal identifizierbar und damit anonym ist, stellt keinen Unwirksamkeitsgrund dar. Der Vertragsfreiheit ist auch die Wahl des Vertragspartners immanent, ohne die Verträge im Massenverkehr schlechterdings nicht geschlossen werden könnten (Beispiel: Kaufverträge auf Gebrauchtwarenplattformen). Die Pseudonymität oder Anonymität kann aber andere Fragen aufwerfen, etwa ob bei der Verwendung von Allgemeinen Geschäftsbedingungen die andere Vertragspartei ein Verbraucher ist. Naheliegenderweise sollte dann von der verwenderfeindlichsten Auslegung ausgegangen werden, die unterstellt, dass die Vertragspartei die Verbrauchereigenschaft erfüllt.[28]

31   Ist auch diese Hürde genommen und wurde der „Abschluss" eines Smart Contracts als Willenserklärung qualifiziert und hat sich eine übereinstimmende Willenserklärung gefunden, so hängt die Wirksamkeit eines derart geschlossenen Vertrages noch von rechtlichen Beschränkungen[29] ab, wie etwa Anforderungen an die Form oder dem AGB-Recht.

---

[27] *Gyr*, Blockchain und Smart Contracts – Die vertragsrechtlichen Implikationen einer neuen Technologie, Fn. 26, Rn. 296.
[28] Vgl. *Riehm*, in: Braegelmann/Kaulartz (Hrsg.), Rechtshandbuch Smart Contracts, Kapitel 9 Rn. 13 aE.
[29] Vgl. *Riehm*, in: Fries/Paal (Hrsg.), Smart Contracts, S. 88.

E. Rechtliche Würdigung

Da die Handlungs- und Vertragsfreiheit auch eine (grundsätzliche) Formfreiheit enthält, besteht in der Regel zunächst keine Formnichtigkeit bei rechtsgeschäftlichen Smart Contracts, also solcher Smart Contracts, die den Willen der Parteien ausdrücken und daher den Vertragstext enthalten. Dort jedoch, wo eine Schriftform oder gar die notarielle Form verlangt werden, sind Smart Contracts nicht hilfreich. Etwas anderes gilt bei der Textform (§ 126b BGB) und der elektronischen Form im Sinne von § 126a BGB. Die Textform verlangt nach einer lesbaren Erklärung, in der die Person des Erklärenden genannt ist und die auf einem dauerhaften Datenträger abgegeben wird. Für die Nennung der Person genügt bereits die Angabe eines Pseudonyms[30] und im Kontext von Blockchains daher ein öffentlicher Schlüssel. Da Blockchain Transaktionen darauf angelegt sind, dass sie nachträglich nicht mehr verändert werden können, wird man auch das Merkmal des dauerhaften Datenträgers regelmäßig als erfüllt ansehen können. Die Frage, ob auch das Merkmal der Lesbarkeit erfüllt ist, lässt sich schwieriger beantworten. Dass in der Praxis Standarddateiformate verwendet werden sollen, ist in dieser Pauschalität wenig hilfreich, da Smart Contracts häufig gar nicht gelesen werden können oder teils sogar nur in Binärcode, also kompiliert, vorliegen. Dort jedoch, wo der Smart Contract ebendiese Voraussetzungen erfüllt, ist jedenfalls von einer Lesbarkeit auszugehen. Die Textform ist damit regelmäßig erfüllt. Auch die elektronische Form erscheint erfüllbar, insbesondere wenn die Vorgaben der eIDAS-VO eingehalten werden. Smart Contracts mit einer qualifiziert elektronischen Signatur im Sinne von Art. 3 Nr. 12 eIDAS-VO dürften zwar möglich sein, sind, soweit ersichtlich, aber noch nicht produktiv im Einsatz.

Neben weiteren gesetzlichen Beschränkungen und Verboten soll hier insbesondere das AGB-Recht behandelt werden. Die §§ 305 ff. BGB sehen die Unwirksamkeit einzelner Klauseln vor, so etwa dann, wenn diese überraschend sind oder den Vertragspartner des Verwenders unangemessen benachteiligen. Diese sog. Inhaltskontrolle ist nur dann auf Smart Contracts anzuwenden, wenn es sich bei diesen um für eine Vielzahl von Verträgen vorformulierte Vertragsbedingungen handelt,[31] die eine Vertragspartei (Verwender) der anderen Vertragspartei bei Abschluss eines Vertrags stellt. Dies ist nicht der Fall, wenn der Smart Contract lediglich der Ausführung einer von den Parteien auf anderem Weg getroffenen Vereinbarung dient. Kann aber der Parteiwille dem im Smart Contract enthaltenen Code entnommen werden, liegt also eine *„konkludente Vereinbarung aller derjenigen Ergebnisse und Bedingungen vor, die der betreffende Smart Contract Code vorsieht",*[32] ist der Anwendungsbereich der §§ 305 ff. BGB typischerweise eröffnet. Der Smart Contract Code wird nämlich nicht für jeden Einzelfall einer bestimmten Transaktion geschrieben, sondern ist zumindest teilweise aus bereits bestehenden Vorlagen und Programm-Bibliotheken zusammengesetzt.[33]

In Verträgen zwischen Unternehmern und Verbrauchern ist nächster Prüfungspunkt die Frage der Einbeziehung von allgemeinen Geschäftsbedingungen in den Vertrag, § 305 Abs. 2 BGB. Die Norm verlangt, dass der Verwender bei Vertragsschluss die andere Vertragspartei ausdrücklich auf die AGB hinweist und ihm die Möglichkeit verschafft, in zumutbarer Weise von ihrem Inhalt Kenntnis zu nehmen. Geht man von einer vollständigen Anwendbarkeit von § 305 Abs. 2 (Nr. 2) BGB auch auf Formularverträge, wie sie hier typischerweise vorliegen dürften, aus,[34] so müssen AGB in natürlicher Sprache zur Verfügung gestellt werden, was der Wirksamkeit von vereinbarten Smart Contracts natürlich entgegensteht, da sie diese Anforderungen nicht erfüllen und dem Durchschnittskunden keine Programmierkenntnisse attestiert werden können. Was auf einschlägigen Plattformen für ein Fachpublikum sicherlich zulässig ist, genügt bei Verträgen, die mit Verbrauchern

---

[30] Vgl. MüKoBGB/*Einsele* BGB § 126b Rn. 7.
[31] Vgl. *Heckelmann*, NJW 2018, 504, 507.
[32] Vgl. *Riehm*, in: Braegelmann/Kaulartz (Hrsg.), Rechtshandbuch Smart Contracts, Kapitel 9 Rn. 16.
[33] Vgl. zu von Dritten vorformulierten Bestimmungen *BGH*, NJW 2010, 1131 Rn. 10.
[34] Kritisch *Kaulartz*, InTeR 2016, 201, 205 mit Verweis auf *BGH*, NJW 1995, 190.

ohne Programmiersprachenkenntnisse geschlossen werden, nicht den Anforderungen an eine zumutbare Möglichkeit zur Kenntnisnahme.[35]

35 Nimmt man diese Hürde dennoch, etwa im Falle von Verträgen zwischen Unternehmern, wenn § 305 Abs. 2 BGB wegen § 310 Abs. 1 Satz 1 BGB keine Anwendung findet, so folgt neben der Prüfung der §§ 305b, 305c BGB insbesondere eine Inhaltskontrolle nach § 307 BGB. Gemäß § 307 Abs. 1 S. 2 BGB kann sich eine unangemessene Benachteiligung auch daraus ergeben, dass die Bestimmung nicht klar und verständlich ist. Der Code muss also klar und verständlich sein, was bei Binärcode, aber auch komplizierter Programmierung und Einbindung unbekannter Bibliotheken nur für den Fachmann mit Kenntnissen der verwendeten Programmiersprache der Fall sein kann.[36] Keinesfalls ist die Transparenzkontrolle aber stets das Ende der Prüfung. Auch hier gilt, dass je nach Einsatzzweck und Adressatenkreis maschinenlesbarer Code sogar verständlicher sein kann als manche Klausel in natürlicher Sprache,[37] denn der Computer benötigt klare, unzweifelhafte Anweisungen, was im Vergleich zu üblichen AGB an sich schon eine starke Selbstkontrolle darstellt und eigentlich zu mehr Rechtssicherheit führen könnte.[38]

36 Ist auch diese Hürde genommen, ist die unangemessene Benachteiligung im Übrigen zu prüfen, insbesondere nach den §§ 308, 309 BGB und der Generalklausel des § 307 Abs. 1 Satz 1 BGB. Hervorzuheben ist an dieser Stelle Code, der zu einer „Selbstvollstreckung" des Vertrages führt. Führt eine solche Selbstvollstreckung nämlich zu einer Umkehr der Klage- und Beweislast, so kann dies eine unangemessene Benachteiligung bedeuten,[39] wenn nicht ein berechtigtes Interesse des Verwenders anzunehmen ist (etwa bei Vorliegen einer Einzugsermächtigung).[40]

37 Fraglich bleibt, was gilt, wenn der Smart Contract einen Code enthält, der zur Durchsetzung und zu einer die andere Vertragspartei unangemessen benachteiligenden Umkehr der Klage- und Beweislast führt, obwohl der rechtlich verbindliche Vertrag, den der Smart Contract durchführt, dies nicht vorsieht. Eine Unwirksamkeit des Codes können die §§ 307 ff. BGB nicht anordnen, da ein solcher Smart Contract keine „Bestimmung" in Allgemeinen Geschäftsbedingungen ist. Im Einzelfall wird hier aber beispielsweise eine Eingriffskondiktion helfen können, womöglich verbunden mit § 390 BGB und § 393 BGB, oder aber die Regeln zur verbotenen Eigenmacht.[41]

38 **Praxistipp:**
Die vorstehenden Erläuterungen haben gezeigt, dass Smart Contracts zwar als Ausdruck des Parteiwillens verstanden werden können, die rechtlichen Hürden dafür aber derart hoch sind, dass dies praktisch selten der Fall sein wird. Für die Praxis ist es deshalb unzweifelhaft empfehlenswert, nicht nur aus Gründen der Transparenz,[42] neben einem Smart Contract auch einen Vertragstext in natürlicher Sprache vorzuhalten.[43] Die Herausforderung liegt dann natürlich darin, diesen Vertrag und den Smart Contract identisch zu halten, um keine Vermögensverschiebungen herbeizuführen, die in Konflikt mit dem rechtlich Vereinbarten stehen könnten.[44] Hier sind klare Regeln in dem in natürlicher Sprache verfassten Vertrag notwendig, die ein mögliches Auseinanderklaffen im Ergebnis verhindern.

---

[35] Zum Ganzen *Riehm*, in: Braegelmann/Kaulartz (Hrsg.), Rechtshandbuch Smart Contracts, Kapitel 9 Rn. 36 ff.
[36] Vgl. *Riehm*, in: Braegelmann/Kaulartz (Hrsg.), Smart Contracts, Kapitel 9 Rn. 27 f.
[37] Dazu etwa *KG Berlin*, NJOZ 2014, 1662.
[38] Vgl. *Finck*, in: Fries/Paal (Hrsg.), Smart Contracts, S. 7.
[39] Vgl. *BGH*, NJW 2005, 2919, 2922 f.
[40] Vgl. *Riehm*, in: Braegelmann/Kaulartz (Hrsg.), Rechtshandbuch Smart Contracts, Kapitel 9 Rn. 29 ff.
[41] Dazu *Riehm*, in: Fries/Paal, Smart Contracts, S. 89 ff.; *Paulus/Matzke*, NJW 2018, 1905, 1909.
[42] Zur Transparenz von Smart Contracts vgl. *Erbguth*, in: Fries/Paal (Hrsg.), Smart Contracts, S. 25 ff.
[43] Vgl. *Fries*, AnwBl 2018, 86, 90.
[44] Vgl. *Riehm*, in: Braegelmann/Kaulartz (Hrsg.), Rechtshandbuch Smart Contracts, Kapitel 9 Rn. 7.

F. Smart Contracts und Gesellschaftsrecht

Werden Smart Contracts von mehreren natürlichen Personen verwendet, wie etwa im Falle der eingangs erwähnten DAOs, stellt sich die Frage der gesellschaftsrechtlichen Würdigung. Diese ist unabhängig davon, ob der Smart Contract Ausdruck des Parteiwillens ist oder – wie typischerweise – der Smart Contract lediglich der Durchführung dessen dient, was die Parteien auf Grund sonstiger Umstände vereinbart haben. Im einen wie im anderen Fall schließen sich die Parteien zur gemeinsamen Zweckerreichung zusammen, wobei hier natürlich viel von der Gestaltung im Einzelfall abhängt. Wegen des *numerus clausus* der Gesellschaftsformen ist zu fragen, welche Gesellschaftsform denn bei DAOs typischerweise vorliegt. Kapitalgesellschaften wie die AG, GmbH und UG unterliegen strengen formalen Anforderungen, die von DAOs nicht erfüllt werden – wie etwa der notariellen Beurkundung ihrer Satzung und der Eintragung im Handelsregister, wie auch bei einer KG. Es bleibt damit für die DAO nur die Rechtsform einer Gesellschaft bürgerlichen Rechts und, wenn ein Handelsgewerbe betrieben wird, einer OHG. Eine Gesellschaft bürgerlichen Rechts dürfte auch im Falle von „TheDAO" vorgelegen haben,[45] insbesondere wegen der reinen Vermögensverwaltung. Bei „TheDAO" handelt es sich um eine konkrete DAO, die dadurch Bekanntheit erlangt hatte, dass sie 2016 angegriffen wurde und erhebliche Vermögenswerte abgezweigt wurden.[46]

Obgleich mittels Smart Contracts somit in aller Regel keine Kapitalgesellschaften geschaffen werden können, schließt das natürlich nicht aus, dass diese mittels Smart Contracts verwaltet werden können. So ließe sich perspektivisch daran denken, Anteile an einer Gesellschaft in Tokens auszugeben (**Tokenisierung**[47]), was sie „sichtbar" und ohne Intermediär handhabbar macht, was wiederum Fragen des Wertpapierrechts aufwirft.[48] Überdies könnten einzelne Regeln aus einer Satzung durch einen Smart Contract überwacht oder dokumentiert werden.

G. Smart Contract Dispute Resolution

Smart Contracts sind niemals fehlerfrei. Dies liegt nicht nur an ihrer Eigenschaft als Software, sondern auch daran, dass sie die Rechtswirklichkeit oft nicht korrekt abbilden können. Unbestimmte Rechtsbegriffe, richterliche Rechtsfortbildung, der tatsächliche Wille der Parteien, rechtswidrige Klauseln und Gesetzesänderungen führen dazu, dass das rechtlich tatsächlich Geltende mitunter nicht im Einklang steht mit dem, was der Smart Contract vermeintlich korrekt durchführt. Der Weg zum Gericht wird aber nur selten gegangen werden: Unabhängig von der Verfahrensdauer wird man sich die Effizienzfrage stellen müssen: Ist die Ausführung des Vertrages bereits digitalisiert und der Krisenfall „vorprogrammiert", so ist hierfür ebenfalls eine digitale Lösung erforderlich, um die Vorteile des Smart Contracts nicht zu verspielen.

Solange staatliche Gerichte keine „Justizschnittstelle"[49] anbieten, über die ein Smart Contract mit einem Gericht kommunizieren kann, ist eine Alternative Streitbeilegung naheliegend. Speziell für Schiedsverfahren erlauben die §§ 1025 ff. ZPO es den Parteien kraft Privatautonomie, Verfahrensordnung und Spruchkörper im Wesentlichen frei zu bestim-

---

[45] Vgl. *Spindler,* ZGR 2018, 17, 51; *Langenbucher,* AcP 218 (2018), 385, 422 ff.; *Mann,* in: Braegelmann/Kaulartz (Hrsg.), Rechtshandbuch Smart Contracts, Kapitel 17 Rn. 14.
[46] *Heckmann,* CR 2016, R 99 f.; *Hoppen,* „TheDAO-Hack" und der letzte Flug Otto Lilienthals am 9.8.1896, http://www.cr-online.de/blog/2016/06/21/thedao-hack-und-der-letzte-flug-otto-lilienthals-am-09-08-1896/ (zuletzt abgerufen am 25.1.2020).
[47] Vgl. *Kaulartz/Matzke,* NJW 2018, 3278.
[48] Vgl. *Mann,* in: Braegelmann/Kaulartz (Hrsg.), Rechtshandbuch Smart Contracts, Kapitel 17 Rn. 28 ff.
[49] Vgl. *Kaulartz/Heckmann,* CR 2016, 618, 624; *Simmchen,* MMR 2017, 162, 164.

men.⁵⁰ Grundlage ist eine Vereinbarung nach § 1029 ZPO – sei es im eigentlichen Vertrag oder im Code des Smart Contracts⁵¹ –, als deren Rechtsfolge der Streit der Zuständigkeit der staatlichen Gerichte entzogen ist. Obgleich derlei Verfahren im Kontext von Smart Contracts noch Zukunftsmusik sind, sind, anders als sonst, die rechtlichen Grundlagen dafür doch bereits geschaffen.⁵² Durch eine geeignete Verfahrensordnung ließe sich festlegen, dass der Smart Contract unmittelbar mit dem Schiedsgericht kommuniziert, und umgekehrt. Selbst die Entscheidung des Schiedsgerichts würde vom Smart Contract unmittelbar berücksichtigt werden, was in letzter Konsequenz eine Vollstreckung hinfällig macht bzw. diese ersetzt.⁵³ Gerade in Massenverfahren bietet es sich dann an, bestimmte Entscheidungen bereits vorweg zu nehmen und in den Smart Contract zu implementieren.

43 Fügt man nun noch etwas KI hinzu,⁵⁴ vollstreckt sich der Smart Contract nicht nur selbst, sondern er löst auch eigenständig Konflikte.⁵⁵ Richtig eingesetzt können Smart Contracts damit den Rechts- und Geschäftsverkehr erheblich vereinfachen und die Gerichte entlasten.

H. Zusammenfassung und Ausblick

44 Auch wenn der Vertragsschluss durch Smart Contracts abseits des elektronischen Wertpapier(handel)s, des Internet of Things und der Machine-to-Machine-Communication sicherlich die Ausnahme bleiben wird, so haben Smart Contracts doch ein Potenzial, das zweifelsfrei gehoben werden wird. Dies ist deswegen zweifelsfrei, da Smart Contracts, versteht man sie richtigerweise technologieneutral, nichts anderes sind als eine unvermeidliche Digitalisierung des Vertragswesens. Software ist nicht mehr nur Gegenstand von Verträgen, Software wird zur Durchführung (und bei einfachen Sachverhalten auch zum Abschluss) von Verträgen herangezogen. Dieser Schritt ist überfällig und die Diskussion um Legal Tech befeuert ihn noch weiter. Als nächste Schritte müssen nun die nötigen Infrastrukturen geschaffen werden und es braucht einen klaren Rahmen, der die Verbreitung von Smart Contracts nicht hemmt, sondern die Akzeptanz fördert.

---

[50] Vgl. *Kaulartz/Kreis,* in: Braegelmann/Kaulartz (Hrsg.), Rechtshandbuch Smart Contracts, Kapitel 19 Rn. 16 ff.; *Kaulartz* in: Fries/Paal (Hrsg.), Smart Contracts, S. 73 ff.; *Kolain,* in: Hill/Kugelmann/Martini, Die Blockchain als „vollkommendes Gesetzbuch"?, 2017, 147, 158.
[51] Ein Beispiel für eine Schiedsklausel im Code eines Smart Contracts findet sich bei *Kaulartz/Kreis,* in: Braegelmann/Kaulartz (Hrsg.), Rechtshandbuch Smart Contracts, Kapitel 19 Rn. 19.
[52] Mit Hinweis auf das Schriftformerfordernis gegenüber Verbrauchern vgl. *Fries,* in: Braegelmann/Kaulartz, Rechtshandbuch Smart Contracts, Kapitel 16 Rn. 20 ff.
[53] Zur Schiedsbibliothek vgl. *Kaulartz,* in: Fries/Paal (Hrsg.), Smart Contracts, S. 78 ff.
[54] Zu Anwendung von Künstlicher Intelligenz bei Schiedsgerichten vgl. *Kreis,* in: Kaulartz/Braegelmann, Rechtshandbuch Artificial Intelligence und Machine Learning, Kapitel 14.2.
[55] Vgl. *Kaulartz,* in: Fries/Paal (Hrsg.), Smart Contracts, S. 80 f.; *Kaulartz/Kreis,* in: Braegelmann/Kaulartz, Rechtshandbuch Smart Contracts, Kapitel 19.

Teil 9.6 Grundlegende Rechtsfragen rund um KI

Teil 9.6.1 Patentrecht

Übersicht

	Rn.
A. Patentschutz von Künstlicher Intelligenz	1
I. KI als Schutzgegenstand	2
II. Patentfähigkeit	4
B. Schutzfähigkeit technischer Erfindungen durch KI	9
C. Ausblick	16

Literatur:
Abbott, Autonomous Machines and their Inventions, Mitt. 2017, 429; *Abbott*, I Think, Therefore I Invent: Creative Computers and the Future of Patent Law, B.C.L. Rev., Vol. 57, No. 4, 2016, 1079; *Benkard*, Patentgesetz, 11. Aufl. 2015; *Benkard*, EPÜ, 3. Aufl. 2019; *EPA*, Patenting Artificial Intelligence – Conference summary, 2018; *Hattenbach/Glucoft*, Patents in an era of Infinite Monkeys and Artificial Intelligence, Stanford Technology L. Rev., Vol. 19, 2015, 32; *Hartmann/Prinz*, Immaterialgüterrechtlicher Schutz von Systemen künstlicher Intelligenz, DSRITB 2018, 769; *Hetmank/Lauber-Rönsberg*, Künstliche Intelligenz – Herausforderungen für das Immaterialgüterrecht, GRUR 2018, 574; *Konertz/Schönhof*, Erfindungen durch Computer und künstliche Intelligenz – eine aktuelle Herausforderung für das Patentrecht? ZGE 2018, 379; *Landscheidt/Bethge*, Die Patentierbarkeit „Künstlicher Intelligenz" nach EPÜ, DSRITB 2019, 769; *Lederer*, Patentierung im Bereich Künstlicher Intelligenz, GRUR-Prax 2019, 152; *Ménière/Pihlajamaa*, Künstliche Intelligenz in der Praxis des EPA, GRUR 2019, 332; *Nägerl/Neuburger/Steinbach*, Künstliche Intelligenz: Paradigmenwechsel im Patentsystem, GRUR 2019, 336; *Osterrieth*, Technischer Fortschritt – eine Herausforderung für das Patentrecht, GRUR 2018, 985; *Pearlman*, Recognizing Artificial Intelligence (AI) as Authors and Inventors under U.S. Intellectual Property Law, Rich. J.L. & TECH., Vol. 24, No. 2, 2018; *Pesch*, MMR 2019, 14; *Rektorschek*, Industrie 4.0 und künstliche Intelligenz, Mitt. 2017, 438; *Schwarz/Kruspig*, Computerimplementierte Erfindungen, 2017; *Söbbing*, Deep Learning: Wenn künstliche Intelligenz lernt – kann das durchaus rechtliche Relevanz haben, K&R 2019, 164; *Somaya/Varshney*, Embodiment, Anthropomorphism, and Intellectual Property Rights for AI Creations, 2018, http://www.aies-conference.com/wp-content/papers/main/AIES_2018_paper_89.pdf; *Wiebe*, Know-how-Schutz von Computersoftware, 1993; *Yanisky-Ravid/Liu*, When Artificial Intelligence Systems produce Inventions: The 3A Era and an Alternative Model for Patent Law, Cardozo L. Rev., Vol. 39, 2018, 2215.

A. Patentschutz von Künstlicher Intelligenz

Künstliche Intelligenz (KI) und maschinelles Lernen (ML) entwickelt sich mit hoher Innovationsgeschwindigkeit und ebnet den Weg für zahlreiche neue Betriebs- und Geschäftsmodelle. Neben gesellschaftlichen, technischen und ethischen Herausforderungen drängen zunehmend auch Fragen zum patentrechtlichen Schutz von KI ins Zentrum der rechtswissenschaftlichen Betrachtung.[1] Diese Fragen knüpfen an die seit langem kontrovers diskutierte und nicht abschließend geklärte Frage nach der Patentfähigkeit computerimplementierter Erfindungen an.[2] Allerdings ergibt sich im Hinblick auf **KI-bezogene Erfindungen** eine Vielzahl neuer, bisher von der Rechtsprechung unbeantworteter Aspekte, die im Entwurfs- und Erteilungsprozess zu berücksichtigen sind, insbesondere hinsichtlich des technischen Charakters und der Beurteilung der erfinderischen Tätigkeit einschließlich Definition des Fachmanns. 1

---

[1] *Ménière/Pihlajamaa*, GRUR-Prax 2019, 332; *Lederer*, GRUR-Prax 2019, 152; *Nägerl/Neuburger/Steinbach*, GRUR 2019, 336; *Landscheidt/Bethge*, DSRITB 2019, 769; *EPA*, Patents and the Fourth Industrial Revolution (2017), abrufbar unter: epo.org/4IR.

[2] Eingehend *Wiebe*, Know-how-Schutz von Computersoftware, 25 ff.; *Schwarz/Kruspig*, Computerimplementierte Erfindungen, 2017; zur einschlägigen Entscheidungspraxis des BGH und EPA s. auch *Pesch*, MMR 2019, 14.

I. KI als Schutzgegenstand

2 Kaum ein Begriff wird in den Rechtswissenschaften derzeit so kontrovers diskutiert wie der Begriff der **„Künstlichen Intelligenz"**. Ihren Grund findet diese Auseinandersetzung vor allem darin, dass sich schon der Begriff einer eindeutigen Definition weitgehend entzieht und damit der Schutzgegenstand hinreichend scharfer Konturen ermangelt. Grundlegend bezeichnet KI ein Teilgebiet der Informatik, das mit unterschiedlichen Ansätzen und Methoden versucht, geistige Leistungen nachzubilden oder zu simulieren. Den mit Abstand bedeutendsten Ansatz hierfür stellt das maschinelle Lernen (insbesondere Deep Neural/Belief Networks) dar.

3 In den Prüfungsrichtlinien des Europäischen Patentamts **(EPA)** wird auf KI und ML seit November 2018 explizit in Abschnitt **G-II 3.3.1.** („Künstliche Intelligenz und maschinelles Lernen") eingegangen, welcher als Unterpunkt zu Abschnitt G-II 3.3 („Mathematische Methoden") eingepflegt wurde. KI und ML basiert danach auf „Rechenmodellen und Algorithmen zur Klassifizierung, Bündelung, Regression und Dimensionalitätsreduktion".[3] Es erscheint daher zweckmäßig, die vorgenannten Rechenmodelle und Algorithmen „als solche" – in Anlehnung an die Ergebnisse der EPA-Konferenz zum Thema „Patenting Artificial Intelligence"[4] – im Folgenden unter dem Begriff **„Kern-KI"** zu klassifizieren.

II. Patentfähigkeit

4 Patentschutz setzt nach § 1 Abs. 1 PatG bzw. Art. 52 Abs. 1 EPÜ eine **technische Erfindung,** Neuheit, erfinderische Tätigkeit und gewerbliche Anwendbarkeit voraus. Anders als beim Urheberrecht sind Algorithmen im abstrakten Sinn nicht grundsätzlich vom Schutz ausgeschlossen. In ständiger Rechtsprechung ist aber anerkannt, dass dem Patentschutz nur *Lehren zum technischen Handeln* zugänglich sind. Grundlegende Bedeutung für die Entscheidung, ob der beanspruchte Gegenstand als eine Erfindung angesehen werden kann, kommt somit der Frage zu, wie der technische Charakter von **Kern-KI** zukünftig eingestuft wird, dh, ob die zugrundeliegenden Ansätze und Methoden als technisch eingestuft werden. Derzeit wird davon ausgegangen, dass sich Konzepte der KI wie „Support Vector Machines" und „neuronale Netze" idR auf **mathematisch-abstrakte Rechenmodelle** ohne technischen Charakter beziehen[5] und somit nach § 1 Abs. 3 Nr. 1 PatG bzw. Art. 52 Abs. 2 lit. a EPÜ nicht als Erfindung im Rechtssinne anzusehen sind. Laut den Prüfungsrichtlinien des EPA gilt dieser Grundsatz unabhängig davon, ob Rechenmodelle und Algorithmen anhand von Trainingsdaten „trainiert" werden können.[6] Dem Umstand der **„Lernfähigkeit"** eines Algorithmus kommt allein noch kein technischer Charakter zu.[7] Dies soll auch dann gelten, wenn das Modell im Rahmen eines **neuronalen Netzes** „erlernt" wird.[8]

5 Eine Erfindung liegt aber jedenfalls dann vor, wenn neben nicht-technischen Mitteln auch technische Mittel eingesetzt werden. Ein **technischer Charakter** kann Kern-KI mithin im Zusammenhang mit anderen technischen Mitteln, zB einem Computer,[9] dh als **„computerimplementierte KI"** zukommen, wenn nicht für die Kern-KI „als solche"

---

[3] Als Beispiele werden „neuronale Netze, genetische Algorithmen, Support Vector Machines, k-Means, Kernel-Regression und Diskriminanzanalyse" genannt.
[4] *EPA,* Patenting Artificial Intelligence – Conference summary (2018), 5.
[5] *EPA,* PrüfRL, G-II 3.3.1.
[6] *EPA,* PrüfRL, G-II 3.3.1.
[7] *Ménière/Pihlajamaa,* GRUR 2019, 332, 334; *Landscheidt/Bethge,* DSRITB 2019, 769, 774; aA wohl *Lederer,* GRUR-Prax 2019, 152, der zwischen Erfindungen betreffend die Wirkungsweise der KI und dem maschinellen Lernen bzw. Trainingsverfahren differenzieren will.
[8] So auch *Landscheidt/Bethge,* DSRITB 2019, 769, 774f.; *Söbbing,* K&R 2019, 164, 166.
[9] *EPA* (Technische Beschwerdekammer) 21.4.2004, T 258/03 – Auktionsverfahren/HITACHI.

Schutz beansprucht wird, sondern diese als ein funktionales Merkmal im Rahmen einer technischen Ausführungsform zur Lösung eines technischen Problems eingesetzt wird. Der technische Charakter einer computerimplementierten KI lässt sich dann entsprechend den Grundsätzen für computerimplementierten Erfindungen beurteilen.[10] Wird Kern-KI unter diesen Voraussetzungen „computerimplementiert" beansprucht, ist ein technischer Charakter und entsprechend das Vorliegen einer technischen Erfindung anzunehmen, sofern sie einen technischen Zweck erfüllt oder auf technischen Überlegungen beruht.

6 Die Kern-KI zugrundeliegenden mathematisch-abstrakten Rechenmodelle als nicht-technische Merkmale sind – im Hinblick auf die weiteren Schutzvoraussetzungen – weiterhin bei der Beurteilung der **erfinderischen Tätigkeit** nach § 4 PatG bzw. Art. 56 EPÜ problematisch. In der Rechtspraxis ist anerkannt, dass eine erfinderische Tätigkeit nur durch Merkmale begründet werden kann, die zum **technischen (Gesamt-)Charakter** der Erfindung beitragen, die also der Lösung eines technischen Problems dienen.[11] Bei der Beurteilung der erfinderischen Tätigkeit ist insofern der beanspruchte Gegenstand in der Gesamtheit seiner Merkmale zu berücksichtigen[12] und zu prüfen, ob die mathematische/KI/ML Methode aus Sicht des Fachmanns nicht in naheliegender Weise zur Lösung des technischen Problems beiträgt.

7 Auch hier bieten die anerkannten Rechtsprinzipien zu CII insgesamt ausreichend Spielraum für die Rechtsprechung und Praxis, auf Fragen der erfinderischen Tätigkeit bei computerimplementierter KI reagieren zu können.[13] Laut den **Prüfungsrichtlinien** des EPA können insbesondere die Schritte „Erzeugung des Trainings-Datensatzes" und „Training des Klassifikators", die typischerweise dem ML zugeordnet werden, zum technischen Charakter der Erfindung beitragen.[14]

8 Ungeachtet der noch ausstehenden Fragen empfiehlt sich, KI computerimplementiert zu beanspruchen und bei der Formulierung des CII-Anspruchs große Sorgfalt auf die Beschreibung des zu lösenden technischen Problems bzw. der Erfindung zugrundeliegenden technischen Überlegungen aufzuwenden und die einzelnen Elemente möglichst ausführlich zu würdigen.

B. Schutzfähigkeit technischer Erfindungen durch KI

9 Noch praxisrelevanter wird die Frage sein, ob KI-Systeme technische Entwicklungen produzieren, die als schutzfähige Erfindungen zu betrachten sind.[15] Tatsächlich wurden wohl bereits Patente auf KI-induzierte Erfindungen erteilt. So wurde 1998 das U.S. Patent No. 5.852.815 angemeldet und später erteilt.[16] Der „Erfinder" Dr. Thaler erklärte später, die **Creativity Machine** habe den Gegenstand des Patents entwickelt. Das Patentamt habe dann ein Patent erteilt, ohne zu wissen, dass die Erfindung von einem nichtmensch-

---

[10] Vgl. hierzu *Bacher/Benkard*, PatG § 1 Rn. 104 ff.; *Melullis/Benkard*, EPÜ Art. 52 Rn. 271 ff. jeweils mwN; vgl. ferner → Teil 2.1 Rn. 84 ff.
[11] *BGH*, GRUR 2011, 125 – Wiedergabe topografischer Informationen; *BGH*, GRUR 2013, 275 – Routenplanung.
[12] *BGH*, GRUR 2000, 498, 499 f. – Logikverifikation; s. hierzu auch *Asendorf/Schmidt/Benkard*, PatG § 4 Rn. 59 ff. mwN.
[13] Zutreffend *Ménière/Pihlajamaa*, GRUR-Prax 2019, 332, 335.
[14] *EPA*, PrüfRL, G-II 3.3.1.
[15] Vgl. zum Folgenden *Abbott*, Mitt. 2017, 429; *Hattenbach/Glucoft*, Stanford Technology L. Rev., Vol. 19, 2015, 32; *Hetmank/Lauber-Rönsberg*, GRUR 2018, 574; *Konertz/Schönhof*, ZGE 2018, 379; *Pearlman*, Rich. J.L. & TECH., Vol. 24, No. 2, 2018; *Somaya/Varshney*, Embodiment, Anthropomorphism, and Intellectual Property Rights for AI Creations, 2018, http://www.aies-conference.com/wp-content/papers/main/AIES_2018_paper_89.pdf; *Yanisky-Ravid/Liu*, Cardozo L. Rev., Vol. 39, 2018, 2215.
[16] U.S. Patent No. 5.852.815 (filed May 15, 1998): „*Neural Network Based Prototyping System and Method*" (Dr. Stephen Thaler).

lichen Erfinder geschaffen worden war. Die Creativity Machine selbst wurde bereits 1994 patentiert.[17] In einer neuen Entscheidung hat das EPA eine Patentanmeldung für eine KI abgelehnt, da eine Maschine nicht als Erfinder nach Art. 81 EPÜ benannt und nicht Inhaber verschiedener Erfinderrechte sein könne.[18]

10 Das Kernproblem besteht darin, inwieweit die KI als **„Erfinder"** angesehen werden kann. Nach § 6 PatG ist Erfinder derjenige, der den Erfindungsgedanken erkennt, dessen menschlicher schöpferischer Tätigkeit die Erfindung entspringt, dem sich also die Erkenntnis erschlossen hat, wie mit bestimmten technischen Mitteln ein konkretes technisches Problem gelöst werden kann.[19] Solange der Computereinsatz noch einfachen Werkzeugcharakter hatte, wurde als Erfinder anerkannt, wer durch Programmgestaltung und Auswertung der Ergebnisse des Computers die Lösung der technischen Problemstellung erreicht und erkennt.[20] Das ändert sich bei KI, da aufgrund deren Eigenschaften sich die Ergebnisse nicht mehr vorhersehen lassen und diese selbst für Fachleute nicht nachvollziehbar sein können. Damit entfällt insoweit eine menschliche schöpferische Tätigkeit.

11 Nun könnte man zu Hilfskonstruktionen greifen. In Betracht käme einmal der Programmierer, der durch Programmierung der Schritte, die für Lösungsfindung relevant sind, einen Beitrag leistet, jedoch nicht zur Lösung selbst. Naheliegender wäre der **Nutzer** der KI, dessen Erfindereigenschaft sich dadurch begründen ließe, dass dieser als erstes menschliches Individuum den Erfindungswert der Erfindung erkennt und diese Erkenntnis so offenbart, dass sie als Anweisung zum technischen Handeln genutzt werden kann. Da aber dieser oft selbst keinen hinreichenden Beitrag zur eigentlichen Erfindung leistet, wäre auch dies ein unbefriedigendes Ergebnis.

12 Daher wirft der Einsatz der KI zu Zwecken technischer Entwicklungen die Frage auf, ob im Wege einer **Objektivierung des Erfindungsbegriffs** eine Abkehr von der Notwendigkeit menschlichen kreativen Schaffens erfolgen sollte. Dies hätte auch Auswirkungen auf das Merkmal der erfinderischen Tätigkeit. Ein irgendwie gearteter mentaler Akt eines Menschen wäre dann nicht erforderlich, sondern das Vorliegen erfinderischer Tätigkeit würde bereits objektiv und nicht nach dem tatsächlichen Werdegang der Erfindung beurteilt. Die Art und Weise der Erfindung wäre dann irrelevant. Allerdings ist das wohl noch nicht im Einklang mit der Rechtsprechung, die ein „erfinderisches Bemühen" fordert und damit scheinbar am Modell einer menschlichen Geistestätigkeit verhaftet ist.[21] Sieht man aber von der Notwendigkeit eines menschlichen Erfinders ab, so ließe sich entweder die KI selbst als Erfinder betrachten, was in Richtung der Diskussion zu „ePerson" geht, oder man verzichtet insoweit auf einen Erfinder und lässt das Vorliegen einer Erfindung genügen. Dann ließe sich für KI-Erfindungen auch eine Ausnahme vom Erfinderpersönlichkeitsrecht einführen.

13 Bei einer solchen Objektivierung ist dann die entscheidende Frage, wer als **Patentinhaber** gelten soll. Hier kommen verschiedene Kandidaten in Betracht: Nutzer der KI, Eigentümer/Rechteinhaber der KI und Entwickler des KI-Systems. Wie allgemein im Kontext der rechtlichen Einordnung von KI wird auch beim Patent aber zunehmend die Parallele zum Arbeitsverhältnis gezogen. Danach könnte man das KI-System wie einen Arbeitnehmer behandeln, und das Patent dem Inhaber der **Organisations- und Anordnungsgewalt** zuordnen, also hier dem Arbeitgeber.[22] Alternativ ließe sich an einen Investitionsschutzgedanken anknüpfen, wie er bereits beim Sui-generis-Schutz von Datenbanken nach § 87a UrhG verankert wurde und auch für ein Schutzrecht für Daten angedacht

---

[17] Creativity Machine (1994), U.S. Patent No. 5,659,666 (filed Oct. 13, 1994): *„Device for the Autonomous Generation of Useful Information"* (Dr. Stephen Thaler), „Vorrichtung zum Simulieren menschlicher Kreativität unter Verwendung eines neuronalen Netzwerks …".
[18] EPA, Entscheidung v. 27.1.2020 in Sachen 18275163 und 18275174.
[19] *BGH*, GRUR 2010, 817 Rn. 28 – Steuervorrichtung.
[20] *Benkard/Melullis*, PatG § 6 Rn. 33.
[21] *BGH*, GRUR 2012, 1130 – Leflunomid.
[22] Vgl. etwa *Rektorschek*, Mitt. 2017, 438, 443, abgelehnt in EPA, 18275174 v. 27.1.2020.

ist (s. Teil 6.7). Danach wäre Rechteinhaber, wer in die Entwicklung des KI-Systems bzw. der resultierenden Erfindungen investiert hat. Dazu bedürfte es aber wohl eines gesetzgeberischen Handelns, da ein solcher auf Investitionsschutz abzielender Ansatz, anders als die Frage nach der Organisationsgewalt, nicht mehr durch Auslegung dem Patentrecht zu entnehmen ist.

Der Einsatz von KI wird auch Einfluss auf den **Stand der Technik** haben, der für die Merkmale der Neuheit und Erfindungshöhe entscheidend ist. KI wird zu einer wesentlich schnelleren und genaueren Erfassung des Stands der Technik führen. Für das Wissen des Durchschnittsfachmanns wird es sich in Zukunft kaum umgehen lassen, die Kenntnisse und Fähigkeiten von KI einzubeziehen („Fachmann mit einer Maschine"). Das hat verschiedene Konsequenzen. Die **Neuheit** ließe sich rechtssicherer vorab beurteilen. Andererseits produziert KI in großem Umfang neues „Wissen", was das Erreichen der Neuheit faktisch erschwert, jedenfalls durch rein von Menschen produzierte Erfindungen. In ähnlicher Weise ergeben sich Auswirkungen auf die **Erfindungshöhe.** In Bezug auf das „handwerkliche Können" erhöht der Einsatz von KI die Möglichkeit der Erzielung vergleichbarer Ergebnisse gegenüber rein menschlicher Erfindertätigkeit („kreativer Wettbewerb"). Würde man die KI aber offiziell unberücksichtigt lassen, führte dies zu umfangreicherer Patentierung, da KI tatsächlich eingesetzt würde. Das alles kann zu einem langsamen Zurückdrängen menschlicher Erfinder führen, was die Frage aufwirft, ob zu Erhaltung menschlicher Kreativität eine Absenkung der Schutzanforderungen erfolgen sollte. Dies würde jedoch das Gleichgewicht stören und ein Übermaß an Patenten zur Folge haben.

14

Als mögliche Lösung drängt sich der Gedanke an ein **„gespaltenes" Patentsystem** auf. Danach blieben klassische Patente für menschliche Erfinder, während spezielle KI-Patente mit Kennzeichnungspflicht erteilt würden. Das würde eine komplette Aufspaltung der Schutzvoraussetzungen oder eine Absenkung der Anforderungen erfinderische Tätigkeit für klassische Erfindungen erfordern, um Anreize für menschliches Schaffen zu erhalten. Alternativ wäre auch ein „Abdrängen" menschlicher Erfindertätigkeit in den Gebrauchsmusterschutz denkbar, der auf diese Weise wieder praktische Bedeutung erlangen könnte. Andererseits erscheint dieser Weg nicht nur unpraktikabel, sondern auch unnötig. Hauptziel ist die Innovationsförderung und Offenlegung, und beides kann auch in einem System unter Einschluss der KI erreicht werden. Soweit menschliches Denken nicht von KI simuliert wird, bleibt im Übrigen ein Freiraum für die Patentierung menschlicher Erfindungen. Die Patentierung von KI-Erfindungen kann auch indirekt Anreize für die Entwicklung kreativer KI-Systeme auf der vorhergehenden Stufe schaffen, da die Herstellung solcher Software ressourcenintensiv ist (2-Stufen-Anreiz). Auch dies ist ein wichtiger Aspekt. Die Auswirkungen auf die Arbeit der Patentämter ergeben sich in jedem Falle. Zu beobachten bleibt, ob der Einsatz von KI KMU benachteiligt. Erwartet wird aber eher eine „Demokratisierung" des Erfindungsprozesses. Das Kartellrecht ist trotzdem gefragt.

15

C. Ausblick

Es bleibt abzuwarten, wie sich der zunehmende Einsatz von KI tatsächlich auf die Erfindungstätigkeit in der Praxis **auswirkt.** Ein zu beobachtender Punkt bleibt dabei die hinreichende Offenbarung der Erfindung. KI ermöglicht die automatische Umwandlung von einer funktionalen Beschreibung erwünschter Resultate in patentfähige Erfindungen. Dies könnte problematisch sein unter dem Aspekt, dass zwar Verfahren zur Erlangung von Folgeerfindungen beschrieben werden, nicht aber diese selbst hinreichend konkretisiert werden. Ob man dies lösen kann, indem man auf die Ausführung durch einen Fachmann mit KI-Einsatz abstellt, bleibt abzuwarten. Zum anderen kann die genannte Eigenschaft in einer großen Vielzahl an Resultaten und in einer breiten Klasse von Patenten und einer

16

Patentflut münden. Einzubeziehen sind auch Probleme, die aus der Rechtsverletzung durch KI-Systeme entstehen, vor allem im Hinblick auf Nachverfolgbarkeit und Verantwortung. Es wird letztlich zu entscheiden sein, ob insoweit eine **Neujustierung** des Patentsystems erforderlich wird oder das Patentsystem grundsätzlich zu überdenken ist. Ein vielversprechender Ausweg könnte sein, ein Patent- und Urheberrecht übergreifendes spezielles Schutzrecht für KI-Systeme zu schaffen, das auch KI-generierte Erzeugnisse umfassen könnte.[23]

---

[23] Vgl. *Hetmank/Lauber-Rönsberg*, GRUR 2018, 574, 581.

Teil 9.6.2 Urheberrechtliche Fragen der KI

Übersicht

	Rn.
A. Künstliche Intelligenz und Urheberrecht	1
B. Schutz von KI-Erzeugnissen de lege lata	4
I. Urheberrechtsschutz	4
II. Sui-generis-Schutz gemäß § 87a UrhG	8
III. Schutz des Tonträgerherstellers gemäß § 87a UrhG	9
C. Schutz von KI-Erzeugnissen de lege ferenda	10
I. Die Ökonomische Analyse des Urheberrechts	11
II. Die KI selbst als Urheber	14
III. Der KI-Programmierer oder -Anwender als Urheber	18
D. Ausblick	23

Literatur:
Ahlberg/Götting, BeckOK Urheberrecht, 25. Aufl. 2018; *BGH*, Rechte des Tonträgerherstellers bei Tonfetzenentnahme, GRUR 2009, 403; *Borges*, Rechtliche Rahmenbedingungen für autonome Systeme, NJW 2018, 977; *Dellermann/Ebel/Söllner/Leimeister*, Hybrid Intelligence, Business & Information Systems Engineering, 61(5), 637–643; *EuGH*, Datenbankschutz für topographische Landkarte – Freistaat Bayern/Verlag Esterbauer, GRUR 2015, 1187; *EuGH*, Datenbankqualität eines Fußballspielplans, GRUR 2005, 254; *EuGH*, Originalität als maßgebliches Kriterium für den Begriff der „geistigen Schöpfung", GRUR 2012, 386; *Fromm/Nordemann*, Urheberrecht, 12. Aufl. 2018; *Gomille*, Kreative künstliche Intelligenz und das Urheberrecht, JZ 2019, 969; *Goertzel*, Artificial General Intelligence: Concept, State of the Art, and Future Prospects, Journal of Artificial General Intelligence, 5(1), 1–46; *Götting*, Der Begriff des Geistigen Eigentums, GRUR 2006, 353; *Hetmank/Lauber-Rönsberg*, Künstliche Intelligenz – Herausforderungen für das Immaterialgüterrecht, GRUR 2018, 574; *Keßler*, Intelligente Roboter – neue Technologien im Einsatz MMR 2017, 589; *König/Beck*, Die immaterialgüterrechtliche Schutzfähigkeit von „Affen-Selfies", ZUM 2016, 34; *Kurzweil*, The Singularity is Near, London 2005, *Lauber-Rönsberg*, Autonome „Schöpfung" – Urheberschaft und Schutzfähigkeit, GRUR 2019, 244; *Ory/Sorge*, Schöpfung durch Künstliche Intelligenz?, NJW 2019, 710; *Posner*, Intellectual Property: The Law and Economics Approach, Journal of Economic Perspectives, 2005, 19(2), 57–73; *Schaub*, Interaktion von Mensch und Maschine JZ 2017, 342; *Schaub*, Verantwortlichkeit für Algorithmen im Internet, InTeR 2019, 2; *Scheufen*, Angewandte Mikroökonomie und Wirtschaftspolitik: Mit einer Einführung in die ökonomische Analyse des Rechts, 2. Aufl. 2020; *Scheufen*, Künstliche Intelligenz und Haftungsrecht: Die e-Person aus ökonomischer Sicht, Wirtschaftsdienst 2019, 411; *Schulze/Dreier*, Urhebergesetz, 6. Aufl. 2018; *Specht-Riemenschneider*, Rechte an Arbeitserzeugnissen von KI, Vorschlag eines Phasenmodells auf Grundlage deliktsrechtlicher Zurechnungserwägungen, Vortrag im Rahmen der 63. Bitburger Gespräche, Mainz, 10.1.2020; *Spindler/Schuster*, Recht der elektronischen Medien, 4. Aufl. 2019; *Wandtke/Bullinger*, Urheberrecht, 5. Aufl. 2019; *Zweig*, Ein Algorithmus hat kein Taktgefühl, 2019.

A. Künstliche Intelligenz und Urheberrecht

Im digitalen Zeitalter werfen real gewordene Zukunftsvisionen und Utopien von autonomen Maschinen, die mit Künstlicher Intelligenz (KI) ausgestattet, eigenständige Entscheidungen treffen, Fragen auf, die sich im analogen Entstehungskontext vieler bestehender Rechtsnormen bisher nie stellten. So ergibt sich im Kontext des Urheberrechts unmittelbar die Frage, wer Urheber KI-erzeugter Produkte der Kunst, Literatur und Wissenschaft ist oder sein sollte. 1

Ein Beispiel für eine solche KI,[1] ist das sog. The Next Rembrandt-Projekt von KI-Experten der Universität Delft (Niederlande) in Kooperation mit der ING Gruppe und Microsoft. Hier erkennt ein Algorithmus auf der Basis von Grafikdaten digitalisierter Rembrandt-Kunstwerke gewissermaßen die Handschrift des Künstlers und produziert über ein 3D-Druckverfahren einzigartige neue Kunstwerke des verstorbenen Malers. Wer ist nun Urheber dieser Kunstwerke? 2

---

[1] Siehe auch https://deepart.io.

3   Großbritannien, Irland und Neuseeland sehen dabei bereits explizit den Programmierer als Urheber KI-erzeugter Produkte der Kunst, Literatur und Wissenschaft.[2] In Deutschland scheint bisher unklar zu sein, wer Urheber solcher KI-Erzeugnisse sein kann oder sein sollte. Vor diesem Hintergrund prüft der Abschnitt B den Schutz von KI-Erzeugnissen de lege lata. Nachdem deutlich wird, dass das gegenwärtige Urheberrecht keinen expliziten Schutz für KI-Erzeugnisse vorsieht, betrachtet der Abschnitt C den Schutz von KI-Erzeugnissen de lege ferenda. Eine rechtsökonomische Analyse des Urheberrechts soll hierzu zunächst das Anreizargument näher betrachten. Auf Basis der rechtsökonomischen Erkenntnisse wird anschließend ein Rechtsetzungsbedarf analysiert, indem die KI selbst sowie der Programmierer oder Anwender einer KI als mögliche Urheber betrachtet werden. Rechtspolitischer Handlungsbedarf gibt abschließend einen Ausblick zur Zukunft des Urheberrechts im Zeitalter Künstlicher Intelligenz.

B. Schutz von KI-Erzeugnissen de lege lata

I. Urheberrechtsschutz

4   Grundsätzlich sind gem. § 2 Abs. 2 UrhG nur **Werke persönlicher geistiger Schöpfung** urheberrechtlich geschützt. Nach heutigem Verständnis verbindet das Urheberrecht das Persönliche dabei unmittelbar mit der Schöpfung durch den Menschen.[3] Aus diesem Grunde sind tierische und maschinelle Erzeugnisse nicht vom Schutzrechtsumfang des Urheberrechts erfasst.

5   Vor diesem Hintergrund kann beispielsweise ein Affe nicht Urheber eines Selfies sein. Ein bekanntes Beispiel hierzu sind die Selfies des Schopfmakaken Naruto von der Insel Sulawesi in Indonesien,[4] der nach Erzählungen des britischen Fotografen John Slater einen Moment seiner Unaufmerksamkeit nutzte, um ua eigene Porträtaufnahmen von sich zu machen. Nachdem die Aufnahmen bekannt wurden, nahm die Wikimedia Foundation das Selbstporträt des Makaken in ihre Datenbank gemeinfreier Werke auf. Slater versuchte schließlich im August 2014 die öffentliche Zugänglichmachung der Bilder zu untersagen, indem er auf sein Urheberrecht an den Affenselfies hinwies. Die Wikimedia Foundation wies Slaters Forderungen zurück, mit der Begründung, dass ein Affe den Auslöser gedrückt habe, wodurch das Werk als gemeinfrei einzustufen sei.[5] Im September 2015 nahm die Diskussion erneut Fahrt auf, nachdem die Tierschutzorganisation PETA eine Klage vor dem US District Court in Kalifornien einreichte,[6] und ua die Feststellung einer Urheberschaft durch den Makaken Naruto an seinen Selbstporträts forderte. Allerdings ist festzustellen, dass eine Rechteinhaberschaft eines Tieres bereits an der fehlenden Rechtsfähigkeit scheitert.[7] Vor diesem Hintergrund ist eine persönliche geistige Schöpfung ausschließlich über den Menschen definiert. Dem Schopfmakaken Naruto fehlt es hier an der für eine Werkschöpfung erforderlichen kognitiven sowie kreativ-schöpferischen Leistung.[8]

6   Maschinenerzeugnisse der Kunst, Literatur oder Wissenschaft können aber dann unter den urheberrechtlichen Werkbegriff fallen, wenn der Mensch diese als Hilfsmittel steuernd einsetzt, um persönliche, geistige Schöpfungen zu schaffen.[9] Ein urheberrechtlicher Schutz für KI-Erzeugnisse kommt damit in Betracht, wenn unmittelbar ein **geistiger Schöp-**

---

[2] Zu den Rechtsvorschriften der jeweiligen Länder siehe: UK, Section 9(3) CDPA, NZL, Section 5(2)(a) Copyright Act (1994), IRL, Section 21(f) CRRA (2000).
[3] *Lauber-Rönsberg*, GRUR 2019, 244; *Dreier/Schulze*, UrhG § 2 Rn. 8; *Ory/Sorge*, NJW 2019, 710.
[4] *König/Beck*, ZUM 2016, 34; *Dreier/Schulze*, UrhG § 2 Rn. 2.
[5] *König/Beck*, ZUM 2016, 34.
[6] Die gesamte Klageschrift ist abrufbar unter https://www.mediapeta.com/peta/PDF/Complaint.pdf.
[7] *König/Beck*, ZUM 2016, 34.
[8] *Dreier/Schulze*, UrhG § 2 Rn. 2; *König/Beck*, ZUM 2016, 34.
[9] *Dreier/Schulze*, UrhG § 2 Rn. 8.

fungsakt zugrunde gelegt werden kann. Nur so ist eine unabdingbare Unmittelbarkeit zwischen geistigem Vorgang und Ergebnis als Voraussetzung für den urheberrechtlichen Schutzbegriff gegeben. Vor diesem Hintergrund muss eine KI gewissermaßen als reines Werkzeug – vergleichbar mit einem Pinsel oder Meißel[10] – eingesetzt werden.[11]

Die Definition des urheberrechtlichen Schutzbegriffs als persönliche geistige Schöpfung eines Menschen wird auch vom EuGH bestätigt. In mehreren Entscheidungen betont der EuGH **Originalität** als maßgebliches Kriterium für den urheberrechtlichen Schutzbegriff.[12] Auch wenn sich der EuGH bisher nicht mit KI-generierten Werken befasst hat, sind KI-Erzeugnisse dieser Argumentation folgend nicht explizit vom Schutzrechtsumfang des Urheberrechts erfasst.

II. Sui-generis-Schutz gemäß § 87a UrhG

KI-Erzeugnisse könnten jedoch einen sui-generis-Schutz aus dem Datenbankherstellerrecht gem. § 87a UrhG genießen. Danach sind Datenbanken – iSv systematisch gesammelten und methodisch geordneten Inhalten – geschützt, sofern die Erstellung oder Betreuung der Datensammlung eine wesentliche Investition erfordert und die einzelnen Datensätze separat zugänglich sind.[13] In dem eingangs herangezogenen Beispiel eines mittels KI erstellten Gemäldes wird es aber schon an einer einzelnen Zugänglichkeit bestimmter Datenbankelemente fehlen: Anders als bei Datenbanken, die bestimmungsgemäß die Entnahme einzelner Datensätze vorsehen, wie zB eine Preisvergleich-Datenbank, aus der sich einzelne Produkte eines bestimmten Herstellers abrufen lassen, enthält ein KI-Gemälde keine für den Nutzer bzw. Betrachter einzeln zugänglichen Datensätze, sondern präsentiert sich dem Betrachter stets nur als Verbindung der Daten, aus denen es besteht. Unabhängig hiervon wird es aber auch an einer wesentlichen Investition iSd § 87a UrhG fehlen, da diese nur vorliegt, wenn die Beschaffung der Datenbankelemente, ihre Überprüfung oder ihre Darstellung „Anlass zu einer in quantitativer oder qualitativer Hinsicht wesentlichen Investition gegeben haben, die im Verhältnis zu den Mitteln selbstständig ist, die eingesetzt worden sind, um diese Elemente zu erzeugen."[14] Die Entwicklung einer KI, die ein dem Stil von Rembrandt nachempfundenes Gemälde erstellen kann mag zwar nicht unerhebliche Investitionen erfordern; sind die dafür notwendigen Entwicklungsarbeiten aber einmal abgeschlossen, wird die Benutzung der KI zur Erstellung des Gemäldes aber keine wesentlichen Investitionen mehr erfordern, wenn die dafür benötigte Rechenzeit nur geringe Kosten verursacht.

III. Schutz des Tonträgerherstellers gemäß § 87a UrhG

Auch wenn die von einer KI-generierten Arbeitserzeugnisse somit in der Regel keinen Datenbankschutz beanspruchen können, ist es nicht ausgeschlossen, dass daran Leistungsschutzrechte bestehen. Wie der BGH klargestellt hat, besteht das Leistungsschutzrecht des Tonträgerherstellers nach § 85 UrhG unabhängig davon, ob es sich bei der Tonaufnahme um ein urheberrechtlich geschütztes Werk handelt und wie lang die Tonaufnahme dauert. Auch Tonaufnahmen mit Tierstimmen, die aus den oben in Abschnitt B. I. erläuterten Gründen keinen Urheberrechtsschutz genießen, können daher einem Leistungsschutzrecht

---

[10] *Lauber-Rönsberg*, GRUR 2019, 244.
[11] *Ahlberg*, BeckOK Urheberrecht, § 2 Rn. 55; *Hetmank/Lauber-Rönsberg*, GRUR 2018, 574; *Gomille*, JZ 2019, 969.
[12] *EuGH*, GRUR 2012, 386.
[13] *Wandtke/Bullinger/Hermes*, UrhG § 87a Rn. 33 ff.; *Dreier/Schulze*, UrhG § 87a Rn. 11 ff.; *Spindler/Schuster/Wiebe*, UrhG § 87a Rn. 7 ff.
[14] *EuGH*, GRUR 2005, 244, 247, Rn. 35.

des Tonträgerherstellers unterliegen.[15] Komponiert eine KI ein Musikstück, das auf einem Tonträger vertrieben wird, bedarf demnach bereits die Entnahme kleinster Teile einer solchen Tonaufnahme der vorherigen Zustimmung des Tonträgerherstellers und verletzt dessen Rechte, wenn sie nicht eingeholt und erteilt wird. Der bloße Umstand, dass ein Musikstück von einer KI komponiert wurde, ist somit kein Freibrief für die Anfertigung von Kopien des Tonträgers oder die Übernahme einzelner Teile im Wege des Soundsamplings in andere Musikstücke. Ob sich der Verwender einzelner, auf dem Tonträger aufgezeichneter Töne oder Klänge dann auf eine analoge Anwendung des § 24 Abs. 1 UrhG berufen kann, der die Verwendung eines urheberrechtlich geschützten Werkes für ein in freier Benutzung geschaffenen Werkes gestattet, wird von den Umständen des Einzelfalles abhängen; wird der Tonaufnahme eine Melodie entnommen, findet die Ausnahme des § 24 Abs. 1 UrhG nach § 24 Abs. 2 UrhG jedenfalls keine Anwendung. Dies gilt auch dann, wenn es dem Verwender möglich ist, die entnommenen Töne oder Klänge mittels einer anderen KI selbst einzuspielen, was eine Berufung auf § 24 Abs. 1 UrhG ebenfalls ausschließt.[16]

C. Schutz von KI-Erzeugnissen de lege ferenda

10   Ungeachtet von eventuellen Leistungsschutzrechten, wie dem des Tonträgerherstellers, besteht de lege lata kein Urheberrechtschutz für KI-Erzeugnisse als solche. Entsprechend gilt es rechtlichen Regulierungsbedarf zu analysieren und zu prüfen, wer urheberrechtlichen Schutz für KI-Erzeugnisse genießen sollte. Als hilfreich für diese Analyse erweisen sich Argumente der **ökonomischen Analyse des Urheberrechts.** Auf diese Weise lässt sich hinterfragen, inwiefern sich die anreizbegründete Legitimation des Urheberrechts auf Systeme Künstlicher Intelligenz übertragen lässt und welche Implikationen hieraus erwachsen.

I. Die Ökonomische Analyse des Urheberrechts

11   Aus ökonomischer Sicht dient das Urheberrecht zwei grundlegenden Funktionen: (1) einer Anreizfunktion und (2) einer Informationsfunktion.[17] Die **Anreizfunktion** geht dabei auf den Ursprung von Information als öffentliches Gut zurück – welches durch Nicht-Rivalität und Nicht-Ausschließbarkeit charakterisiert ist.[18] Hier führt die Nicht-Ausschließbarkeit zu einer Trittbrettfahrerproblematik, weil niemand für ein Gut zahlen wird, von dem er sowieso nicht ausgeschlossen werden kann. Das Urheberrecht stellt in Form eines exklusiven Verwertungsrechts diese Ausschließbarkeit her, um dem Autor oder Künstler einen finanziellen Anreiz zu bieten, in die Produktion eines neuen Werks zu investieren. Es ist also die Aussicht auf finanzielle Erträge, die den Urheber antreibt.

12   Diesem Interesse der Autoren und Künstler steht das Interesse der Allgemeinheit gegenüber, nach einer möglichst breiten Informationsverteilung und damit einem möglichst freien Zugang. Schließlich sorgt die Nicht-Rivalität dafür, dass urheberrechtliche Werke von mehreren Nutzern ohne Qualitätsverlust konsumierbar sind. Dieser **Informations-**

---

[15] *BGH*, GRUR 2009, 403, 404, Rn. 13 – „Metall auf Metall".
[16] *BGH*, GRUR 2009, 403, 405, Rn. 17 – „Metall auf Metall".
[17] Vgl. ua *Posner*, 2005.
[18] In diesem Zusammenhang ist zu unterscheiden zwischen dem sog. Informationsgut und dem Informationsträger. Während das Informationsgut durch Nicht-Rivalität im Konsum charakterisiert ist, besteht beim Informationsträger (zB eine CD) durchaus Rivalität im Konsum. Rivalität im Konsum liegt vor, wenn der Konsum des einen den Nutzen aus dem Konsum desselben Gutes für den anderen einschränkt. Um im Beispiel zu bleiben wird deutlich, dass der Konsum einer CD die Möglichkeit einschränkt, dass ein anderer dieselbe CD nutzt, während die auf einer CD gespeicherte Information von jedermann gleichermaßen konsumierbar bleibt.

funktion trägt das Urheberrecht durch Schrankenregelungen Rechnung, die die Exklusivität des Schutzes einschränken.

Folglich manifestiert sich die Ökonomik des Urheberrechts in einem **Interessenausgleich** zwischen Urheber und Allgemeinheit, der nur solange neuen Schutz gewähren sollte, wie der zusätzliche Nutzen (mehr Anreize) die zusätzlichen Kosten (Zugangsbeschränkung) des Urheberrechtsschutzes überwiegt. Im KI-Kontext stellt sich deshalb die Frage, wer Anreize zur Schöpfung benötigt und ob vor diesem Hintergrund überhaupt Urheberrechtsschutz gewährt werden sollte. Zwei mögliche Adressaten für die Urheberschaft von KI-Erzeugnissen kommen grundsätzlich in Frage: die KI selbst, oder der Programmierer bzw. der Anwender einer KI.

II. Die KI selbst als Urheber

Zunächst könnte man über eine Urheberschaft einer KI selbst nachdenken, indem man etwa das Urheberrecht dahingehend reformiert, dass eine **e-Person** Inhaber von Urheberrechten sein kann.[19]

Allerdings kann die **Anreizfunktion** des Urheberrechts naturgemäß nicht auf eine KI übertragen werden.[20] Das liegt vor allem an der besonderen Grenzkostenstruktur für KI-Erzeugnisse: KI-Systeme gehen zwar in der Regel mit zum Teil erheblichen – allerdings nicht werkbezogenen – „Set-up"-Kosten einher, die marginalen Kosten einer zusätzlichen Einheit (sog. Grenzkosten) eines KI-generierten Erzeugnisses betragen hingegen nahezu null. Das heißt, dass jedes produzierte Gemälde einer KI nahezu kostenlos produziert werden kann, sobald die KI geschrieben ist. Entsprechend ändert sich der Interessenausgleich im Urheberrecht bei Einführung einer e-Person als Inhaberin von Urheberrechten dahingehend, dass keinem Nutzen (Anreiz) aus dem urheberrechtlichen Schutz erhebliche Kosten (eingeschränkter Zugang) gegenüberstehen. Aus diesem Grund lässt sich ein Urheberrecht für eine KI rechtsökonomisch nicht begründen. Hiervon unberührt bleibt indes die Möglichkeit einer urheberrechtlichen Schutzfähigkeit einer KI selbst aus § 69a ff. UrhG, im Gegensatz zu der hier diskutierten Frage nach der Urheberschaft einer KI an den generierten Werken der Kunst, Literatur und Wissenschaft.

Schließlich ist eine Urheberschaft der KI mit der gegenwärtigen Form des Urheberrechts unvereinbar. Das Urheberrecht schützt gem. § 2 Abs. 2 UrhG nur persönliche, geistige Schöpfungen und damit keine Maschinenerzeugnisse.[21] Darüber hinaus lässt sich diese Überlegung nicht mit unserem in weiten Teilen naturrechtlich geprägten Verständnis des Urheberrechts in Deutschland (aber auch mit den nationalen Urheberrechtssystemen Kontinentaleuropas) in Einklang bringen.[22] Schließlich betonen die weitgehenden Persönlichkeitsrechte das Naturrechtsverständnis, nachdem Werke der Kunst, Literatur und Wissenschaft als Erweiterung der individuellen Identität des Künstlers bzw. Autors verstanden werden. Dies lässt sich mit den Eigenschaften eines reinen Maschinenerzeugnisses nicht vereinbaren. Eng damit verbunden stellt sich die Frage nach dem **Autonomiegrad** einer KI – wie eigenständig handelt eine KI? Zumindest aus heutiger technologischer Sicht ist fraglich, ob eine KI vollkommen autonom handelt. Schließlich kann man aus technologischer Sicht nach heutigem Stand keine Systeme bauen, die ein Bewusstsein, Gefühle oder

---

[19] Die e-Person wird im Besonderen im Kontext des Haftungsrechts diskutiert, wobei nach herrschender Meinung die Haftung einer e-Person kritisch gesehen wird. Siehe ua *Borges*, NJW 2018, 977; *Schaub*, JZ 2017, 342; *Schaub*, InTeR 2019, 2; *Keßler*, MMR 2017, 589. Zur e-Person aus ökonomischer Sicht siehe *Scheufen*, Wirtschaftsdienst 2019, 411.

[20] *Lauber-Rönsberg*, GRUR 2019, 244.

[21] Vgl. *Lauber-Rönsberg*, GRUR 2019, 244; *Dreier/Schulze*, UrhG § 2 Rn. 8; *Ory/Sorge*, NJW 2019, 710.

[22] BGH, GRUR 1995, 492; BGH, NJW 1992, 1171; *Göttig*, GRUR 2006, 353.

einen eigenen Willen haben. Es ist sogar unter KI-Experten strittig, ob eine solche sog. starke KI (engl. Artificial General Intelligence, AGI) überhaupt möglich ist.[23]

17   Vor diesem Hintergrund kann begründet werden, dass KI-Erzeugnisse zumindest in Teilen vom Menschen gesteuert werden und damit potentiell der Programmierer oder der Anwender einer KI als Urheber in Frage kommen.[24] Hier wird die **KI als Werkzeug** eingesetzt, um zum Beispiel Kunstwerke zu schaffen, woraus sich gegebenenfalls ein urheberrechtlicher Schutz begründen lässt.

III. Der KI-Programmierer oder -Anwender als Urheber

18   In erster Linie könnte man an den **Programmierer** einer KI als Urheber KI-erzeugter Produkte denken.[25] Wie bereits erwähnt sehen das nationale Urheberrecht Großbritanniens, Irlands sowie Neuseelands explizit den Programmierer einer KI als Urheber vor.

19   Hier greift nun das **Anreizinstrument** des Urhebers unmittelbar.[26] Schließlich ist die Programmierung einer KI zeit- und damit kostenintensiv. Gegenwärtig muss der Programmierer des „The Next Rembrandt"-Projekts davon ausgehen, dass die in 3D-Druck generierten Gemälde des (vor über 70 Jahren)[27] verstorbenen Künstlers keinen urheberrechtlichen Schutz genießen. Mit dieser Aussicht führt der öffentliche Gutscharakter einfach reproduzierbarer Kunstgemälde dazu, dass ein Programmierer kaum einen Anreiz haben wird, in die Entwicklung einer KI zu investieren. Keinem Nutzen aus der Entwicklung der KI stehen erhebliche Kosten gegenüber. Es kommt zu einem Marktversagen in Form von (positiven) Externalitäten, bei dem aufgrund der Divergenz zwischen sozialen und privaten Grenznutzen die Investitionen in die KI-Entwicklung niedriger ausfallen als sozial wünschenswert wäre.[28]

20   Dabei sollten KI-erzeugte Werke denselben Schutz genießen, wie traditionelle Werke. Allerdings muss sich eine KI dann auch an derselben **Schöpfungshöhe** messen lassen. Das heißt, um urheberrechtlichen Schutz zu genießen, muss ein KI-Erzeugnis mehr sein als eine bloße Abwandlung eines Kunstwerks, Songs oder Buchs.

21   Zwar ist mit wenigen Ausnahmen für die Bearbeitung eines Werks grundsätzlich nicht die Zustimmung des Urhebers erforderlich, für die Veröffentlichung oder Verwertung hingegen schon (§ 23 S. 1 UrhG). Vor diesem Hintergrund werden die **Referenzen für KI-Erzeugnisse** ausreichend geschützt. Da eine KI diese Referenzen als Daten zugrunde legt, auf deren Basis neuartige Werke (mit dem gleichen Schutzbedürfnis wie die Referenzen) produziert werden, könnte man zudem über eine Entlohnung dieser Urheber – zB über eine Verwertungsgesellschaft – nachdenken.

---

[23] Die Unterscheidung zwischen starker und schwacher KI geht ua auf *Ray Kurzweil* zurück. Eng damit verbunden ist der Begriff der technologischen Singularität – im Sinne des Zeitpunkts, ab dem die Künstliche Intelligenz die Intelligenz des Menschen übertrifft. *Kurzweil* (2005) prognostiziert diesen Zeitpunkt auf das Jahr 2045. Ob eine starke KI – mit einem eigenen menschenähnlichen Bewusstsein – technisch umsetzbar ist, ist allerdings umstritten und wird unter KI-Experten sehr differenziert gesehen. Siehe ua *Dellermann/Ebel/Söllner/Leimeister*, Business & Information Systems Engineering, 637; *Goertzel*, Journal of Artificial General Intelligence 2014, 41; *Zweig*, Ein Algorithmus hat kein Taktgefühl 2019, 269.

[24] *Louisa Specht-Riemenschneider* hinterfragt vor diesem Hintergrund die Kausalität und damit den menschlichen Beitrag im Zusammenhang der Gestaltungsphase eines durch eine KI-erzeugten Erzeugnisses. Siehe *Specht-Riemenschneider*, Rechte an Arbeitserzeugnissen von KI, Vorschlag eines Phasenmodells auf Grundlage deliktsrechtlicher Zurechnungserwägungen, Vortrag im Rahmen der 63. Bitburger Gespräche, Mainz, 10.1.2020.

[25] Ein solcher Schutz sollte über den Schutz des reinen Algorithmus gemäß § 69a UrhG hinausgehen. Dieser Schutz erstreckt sich allerdings nicht auf KI-Erzeugnisse *Ory/Sorge*, NJW 2019, 710.

[26] Siehe gegensätzlich *Hetmank/Lauber-Rönsberg*, GRUR 2018, 574.

[27] Vor diesem Hintergrund kommt *Rembrandt* selbst in jedem Fall nicht als Urheber der KI-generierten Kunstwerke in Frage.

[28] Siehe *Scheufen*, Angewandte Mikroökonomie und Wirtschaftspolitik: Mit einer Einführung in die ökonomische Analyse des Rechts 2020, in Kapitel 6 zur rechtsökonomischen Folgebewertung eines Marktversagens in Form von (positiven) Externalitäten.

Im Kontext der Verwertung von KI-Systemen zur Produktion von urheberrechtlichen Werken könnte über die Urheberschaft des **Anwenders einer KI** diskutiert werden. Schließlich wird der Programmierer nicht notwendigerweise auch Anwender der KI-Erzeugnisse sein. Diese Überlegung hebt die Bedeutung eines Marktes für Rechtspositionen hervor, wonach das Schutzrecht auf den Anwender der KI vollständig transferierbar sein sollte.

D. Ausblick

Das gegenwärtige Urheberrechtssystem bietet bisher keine explizite Anspruchsgrundlage bezüglich der urheberrechtlichen Schutzfähigkeit KI-generierter Werke. Während eine Urheberschaft der KI selbst in Form einer e-Person unvereinbar mit dem gegenwärtigen Urheberrechtssystem ist und zudem nicht sinnvoll begründet werden kann, sollte der Programmierer einer solchen KI schlechthin Schutz genießen. Insbesondere als **Anreizfunktion** zur Entwicklung einer solchen KI kommt dem Programmierer – der gewissermaßen die KI als Werkzeug zur Produktion traditioneller Werke einsetzt – eine unmittelbare Schutzbedürftigkeit zu. Ferner kann ein Transfer des Schutzrechts auf den Anwender einer KI begründet sein.

Über eine urheberrechtliche (neben einer patentrechtlichen) Schutzfähigkeit für KI-Erzeugnisse hinaus wäre über eine **neue Form des Immaterialgüterrechts** nachzudenken. Je nach Auffassung zum Autonomie- und damit Schöpfungsgrades einer KI, könnte dem Programmierer oder Anwender ein – vom Persönlichkeitscharakter traditioneller Werke abzugrenzender – Schutz zu gewähren sein. Der Anreizfunktion würde allerdings bereits durch eine explizite urheberrechtliche Schutzfähigkeit von Maschinenwerken für den Programmierer einer KI Rechnung getragen.

Abschließend bleibt zu berücksichtigen, dass KI-Erzeugnisse unter Umständen auch mehrere Urheber aufweisen können, weil teilweise verschiedene KI-Algorithmen zum Einsatz kommen können oder mehrere Programmierer unterschiedlichster Herkunft an der Programmierung beteiligt sind. Aus solchen komplexen Zusammenhängen können sich schwierige rechtliche **Fragen zu Misch-Urheberrechten** ergeben. Schließlich kann das Ergebnis eines auf Algorithmen basierten (unter Umständen mit selbstlernenden Elementen versehenden) Prozesses üblicherweise nicht – wie bewusste Entscheidungsprozesse beim Menschen – erklärt oder nachvollzogen werden, da hier stochastische Modelle unter Verwendung von (Training-) Daten zur Anwendung kommen. Vor diesem Hintergrund ist bislang unklar, welcher Teil einer Syntax mehrerer kombinierter Systeme künstlicher Intelligenz oder von mehreren Programmierern geschriebenem Code für welche Elemente eines KI-erzeugten Werks verantwortlich ist.

Teil 9.6.3 Vertragsrecht

Übersicht

	Rn.
A. Einleitung	1
B. Künstliche Intelligenz in der Rechtspraxis	2
C. Vertragsrechtliche Behandlung Künstlicher Intelligenz	8
I. Verträge mit einer Künstlichen Intelligenz	9
II. Vertragspraxis	16
III. Verträge über Künstliche Intelligenz	19
1. Entwicklungsverträge über KI	20
2. Nutzungsverträge über KI	24
D. Haftungsbegrenzung	26
E. Konfliktlösung	31
F. Fazit	36

Literatur:
Ammann, Outsourcing in KI, in: Kaulartz/Braegelmann (Hrsg.), Rechtshandbuch Artificial Intelligence und Machine Learning, 2020; *Armbrüster*, MüKo BGB, 8. Aufl. 2018; *Borges*, Rechtliche Rahmenbedingungen für autonome Systeme, NJW 2018, 977; *Conrad/Schneider*, Handbuch IT- und Datenschutzrecht, in: Auer-Reinsdorff/Conrad (Hrsg.), § 11 Rn. 167, 3. Aufl. 2019; *Ehinger/Stiemerling*, Die urheberrechtliche Schutzfähigkeit von Künstlicher Intelligenz am Beispiel von Neuronalen Netzen – Welche Strukturelemente und welche Entwicklungsphasen sind urheberrechtlich geschützt?, CR 2018, 761; *Ernst*, Agile Softwareprojekte und Vertragsauslegung, zugleich Anmerkung zu LG Wiesbaden Urt. v. 30.11.2016 – 11 O 10/15", CR 2017, 285; *Faust*, BGB AT, 6. Aufl. 2018; *Fuchs/Meierhöfer/Morsbach/Pahlow*, Agile Programmierung – Neue Herausforderungen für das Softwarevertragsrecht? – Unterschiede zu den „klassischen" Softwareentwicklungsprojekten", MMR 2012, 427; *Grützmacher/Heckmann*, Autonome Systeme und KI – vom vollautomatisierten zum autonomen Vertragsschluss? Die Grenzen der Willenserklärung, CR 2019, 553; *Hoeren/Pinelli*, Agile Programmierung, MMR 2018, 199; *Kaulartz*, Personenbezug von KI-Modellen, in: Kaulartz/Braegelmann (Hrsg.), Rechtshandbuch Artificial Intelligence und Machine Learning, 2020; *Kaulartz/Braegelmann*, Einführung, in: Kaulartz/Braegelmann (Hrsg.), Rechtshandbuch Artificial Intelligence und Machine Learning, 2020; *Köhler*, BGB AT, 43. Aufl. 2019; *Kremer*, Gestaltung von Verträgen für die agile Softwareerstellung, ITRB 2010, 283; *Paulus*, Die automatisierte Willenserklärung, JuS 2019, 960; *Paulus/Matzke*, Smart Contracts und das BGB – Viel Lärm um nichts?, ZfPW 2018, 431; *Pieper*, Vertragsschluss mit KI, Anfechtung und Schadensersatz, in: Kaulartz/Braegelmann (Hrsg.), Rechtshandbuch Artificial Intelligence und Machine Learning, 2020; *Reusch*, Produkthaftung, in: Kaulartz/Braegelmann (Hrsg.), Rechtshandbuch Artificial Intelligence und Machine Learning, 2020; *Riehm*, Rechtsfähigkeit von KI-Systemen, in: Kaulartz/Braegelmann (Hrsg.), Rechtshandbuch Artificial Intelligence und Machine Learning, 2020; *Riehm*, Von Drohnen, Google-Cars und Software-Agenten, Rechtliche Herausforderungen autonomer Systeme, ITRB 2014, 113; *Savary/Reuter*, Gestaltung von Verträgen mit KI, in: Kaulartz/Braegelmann (Hrsg.), Rechtshandbuch Artificial Intelligence und Machine Learning, 2020; *Skistims*, Rechtsgrundlagen für datenverarbeitende KI, in: Kaulartz/Braegelmann (Hrsg.), Rechtshandbuch Artificial Intelligence und Machine Learning, 2020; *Sorge*, Softwareagenten: Vertragsschluss, Vertragsstrafe, Reugeld, 2006; *Specht/Herold*, Roboter als Vertragspartner? Gedanken zu Vertragsabschlüssen unter Einbeziehung automatisiert und autonom agierender Systeme, MMR 2018, 40; *Stiemerling*, Technische Grundlagen, in: Kaulartz/Braegelmann (Hrsg.), Rechtshandbuch Artificial Intelligence und Machine Learning, 2020; *Susat/Stolzenburg*, Gedanken zur Automation, MDR 1957, 146; *v. Schenck*, Gestaltung agiler Softwareverträge, Kommentierter Vertragsentwurf nach Scrum, MMR 2019, 139; *Wendtland*, in: BeckOK BGB, 52. Edition 2019; *Witte*, Agiles Programmieren und § 651 BGB, ITRB 2010, 44; *Würdinger*, in: MüKo-BGB, 8. Aufl. 2019.

A. Einleitung

1 Künstliche Intelligenz ist ein derart weites Feld, dass es für den Rechtsanwender in der Praxis zunächst schwierig erscheint, die passenden Verträge zu identifizieren. Das Kapitel gibt Einstiegshilfen und anhand ausgewählter Beispiele Anregungen zur Vertragsgestaltung.

B. Künstliche Intelligenz in der Rechtspraxis

Die Beratung im Bereich **Künstliche Intelligenz** beginnt für den Praktiker mit der Feststellung, was Künstliche Intelligenz überhaupt ist und welche Rechtsfragen sich hierbei typischerweise stellen. Die erste Erkenntnis sollte dabei sein, dass es sinnlos ist, Künstliche Intelligenz überhaupt zu definieren, denn es handelt sich dabei um ein Marketing-Buzzword ähnlich wie die „Cloud" und „Industrie 4.0".[1] Der Begriff gibt abstrakt die Richtung vor und spannt ein Feld von Applikationen auf, die wahrnehmen, verstehen, handeln und lernen, wird dabei aber nicht im Ansatz konkret und kann erst recht nicht die Frage beantworten, welche Themen bei der rechtlichen Beratung wichtig werden. Wenn Elaine Rich in den Achtzigern das Forschungsgebiet der Künstlichen Intelligenz beschrieb als „*the study of how to make computers do things at which, at the moment, people are better*", dann wird schnell klar, dass sich der Terminus Künstliche Intelligenz womöglich als grobe Zweckbeschreibung eignet, aber keinesfalls Hinweise auf die eingesetzte Technologie liefert.

Hierfür gilt es schon, tiefer zu graben und die Frage zu stellen, was im konkreten Fall denn eigentlich geschuldet ist, wenn vermeintlich Künstliche Intelligenz zum Einsatz kommt. Abgesehen von jenen Fällen, die nur eine „gute" oder „komplexe" Software meinen und Künstliche Intelligenz zuvorderst als Marketingbegriff verwenden, sollten der Begriff der KI jenen Sachverhalten vorbehalten bleiben, die sich durch folgende Eigenschaften auszeichnen:[2]

- Schwer vorhersehbare Fehlermöglichkeiten beim Einsatz in komplexen Umgebungsszenarien
- Fähigkeit zum autonomen Handeln
- Einsatzbereiche mit erheblichem Einfluss auf Menschen und Umwelt
- Geringer Grad der Transparenz und Nachvollziehbarkeit von Verhaltensregeln
- Änderbarkeit der Verhaltensregeln im laufenden Betrieb

Technisch liegen den typischen KI-Sachverhalten folgende Ansätze und Methoden zugrunde: **Mustererkennung, maschinelles Lernen, Expertensysteme** und maschinelles Planen und Handeln.[3] Grundsätzlich wird man auch danach unterscheiden können, ob eine Künstliche Intelligenz sich im Wesentlichen in einer komplexen Software ausdrückt oder vielmehr nur in mathematischen Formeln. Im Falle von maschinellem Lernen (Machine Learning) etwa ist das Kernstück der KI ein **neuronales Netz** mit verschiedenen Schichten von Punkten und gewichteten Verbindungen zwischen solchen Punkten, das sogenannte Modell, ausgedrückt durch einen **Zahlenvektor**.[4] Dieser gibt die Parameter vor für eine sehr große mathematische Formel, die als Ergebnis eine Vorhersage über einen bestimmten Sachverhalt trifft. Dieser Teil der Künstlichen Intelligenz wird somit auch andere Rechtsfragen aufwerfen, als jene, die reine Software aufwirft.

Es knüpfen sich verschiedene Fragen an, wie etwa nach dem Urheberrecht[5] oder dem Datenschutz.[6] Eine Mustererkennung etwa kann aber auch nur durch einen entsprechend ausgereiften Algorithmus durchgeführt werden. In einem solchen Fall liegt nur ein Computerprogramm im Sinne des § 69a UrhG vor, rechtliche Themen rund um Modelle und Datenbanken gibt es in diesem Fall nicht. Die §§ 69a ff. UrhG bieten hier eine urheber-

---

[1] *Kaulartz/Braegelmann* (Hrsg.), Rechtshandbuch Artificial Intelligence und Machine Learning, Kapitel 1.
[2] *Stiemerling*, in: Kaulartz/Braegelmann (Hrsg.), Rechtshandbuch Artificial Intelligence und Machine Learning, Kapitel 2.1 Rn. 42.
[3] *Stiemerling*, in: Kaulartz/Braegelmann (Hrsg.), Rechtshandbuch Artificial Intelligence und Machine Learning, Kapitel 2.1 Rn. 6.
[4] *Kaulartz*, in: Kaulartz/Braegelmann (Hrsg.), Rechtshandbuch Artificial Intelligence und Machine Learning, Kapitel 2.2.
[5] *Ehinger/Stiemerling*, CR 2018, 761.
[6] *Skistims*, in: Kaulartz/Braegelmann (Hrsg.), Rechtshandbuch Artificial Intelligence und Machine Learning, Kapitel 8.2.

rechtlich fast schon abschließende Behandlung solcher Fälle. Der Grad der Komplexität ändert am Computerprogrammbegriff freilich nichts.

6   Mit dem Hinweis auf KI sollte man sich also keinesfalls zufrieden geben. Es ist in der Praxis vielmehr unumgänglich, bei Projekten unter Einsatz von KI zu hinterfragen, wie die KI im Einzelfall umgesetzt worden ist und woraus sie besteht (→ Rn. 25).

7   Für die Zwecke dieses Kapitels wird der Begriff der Künstlichen Intelligenz bei aller Kritik technologieneutral und stellvertretend für jene Ansätze und Methoden verwendet, die dafür im Einzelfall zur Anwendung kommen, unabhängig davon, ob es sich um Software oder um Modelle handelt.

C. Vertragsrechtliche Behandlung Künstlicher Intelligenz

8   Als Grundfrage für die Vertragsgestaltung ist zunächst zu klären, welche Rolle dem Vertrag zukommt. In Abhängigkeit davon ergeben sich die wesentlichen vertragscharakteristischen Eigenschaften.

I. Verträge mit einer Künstlichen Intelligenz

9   In diese Kategorie fallen Verträge, die (vermeintlich) mit einer Künstlichen Intelligenz geschlossen werden. Der typische Vertreter solche Fälle ist der Chatbot oder der durch eine Lautsprecherbox repräsentierte Assistent, der intelligente Kühlschrank oder schlicht ein Online-Shop. In all diesen Fällen wird Software im Allgemeinen oder KI im Besonderen zur Abwicklung einer oder mehrerer Vertragsstadien eingesetzt: Vertragsanbahnung, Vertragsschluss, Vertragsdurchführung sowie Vertragsänderung und -aufhebung.[7]

10 Dogmatisch ist zunächst zu klären, welche vertragsrechtlichen Wirkungen die Handlung einer KI hat. Um dies zu bewerten ist zunächst in Erinnerung zu rufen, was überhaupt eine Willenserklärung ist. Allgemein versteht man darunter eine Erklärung gerichtet auf die Hervorbringung eines rechtlichen Erfolges, der nach der Rechtsordnung deswegen eintritt, weil er gewollt ist.[8] Unterschieden wird nach heute überwiegender Ansicht zwischen dem objektiven und dem subjektiven Tatbestand: Der objektive Tatbestand meint, dass der Wille, eine Rechtsfolge herbeizuführen, nach außen hin zum Ausdruck gebracht wird.[9] Maßgeblich zur Bewertung, ob ein solcher Rechtsfolgewillen vorliegt, ist der objektive Empfängerhorizont.[10] Der subjektive Tatbestand einer Willenserklärung besteht aus Handlungswillen, Erklärungsbewusstsein und Geschäftswillen.[11] Der Handlungswille fehlt, wenn die als Willenserklärung gewertete Handlung gar nicht gewollt war.[12] Das Erklärungsbewusstsein fehlt, wenn der Erklärende kein Bewusstsein darüber hat, dass sein Verhalten irgendeine rechtserhebliche Erklärung darstellt[13] und der Geschäftswille zielt auf eine konkrete Rechtsfolge ab,[14] wobei die letzten beiden bei Fehlen lediglich eine Anfechtungslage begründen können.[15] Nach der Erklärungstheorie entscheidend ist, ob ein Verhalten nach Treu und Glauben und unter Berücksichtigung der Verkehrssitte als Willenserklärung verstanden werden durfte.[16]

---

[7] *Savary/Reuter*, in: Kaulartz/Braegelmann (Hrsg.), Rechtshandbuch Artificial Intelligence und Machine Learning, Kapitel 6.3 Rn. 11.
[8] Siehe nur *Armbrüster*, MüKo-BGB, vor § 116 Rn. 3.
[9] *Köhler*, BGB AT, BGB § 6 Rn. 2.
[10] *Köhler*, BGB AT, BGB § 6 Rn. 2.
[11] Dazu etwa *Faust*, BGB AT, BGB § 2 Rn. 6. Nicht alle Elemente sind indes konstitutiv erforderlich.
[12] *Köhler*, BGB AT, BGB § 6 Rn. 3.
[13] *Köhler*, BGB AT, BGB § 6 Rn. 3; BeckOK BGB/*Wendtland*, BGB § 133 Rn. 6.
[14] *Köhler*, BGB AT, BGB § 6 Rn. 3; BeckOK BGB/*Wendtlnad*, BGB § 133 Rn. 7.
[15] *BGH*, NJW 1984, 2279; BeckOK BGB/*Wendtland*, BGB § 133 Rn. 6 f.
[16] *BGH*, NJW 2014, 1242 mwN.

Es stellt sich die Frage, ob die für eine Willenserklärung konstitutiven Elemente auch 11
dann vorliegen, wenn eine KI handelt. Das Problem der rechtsgeschäftlichen Zurechnung
von Handlungen durch Software besteht schon seit den fünfziger Jahren des vergangenen
Jahrhunderts,[17] praktisch relevant wurde es etwa bei den sogenannten Bietagenten, die Gebote auf Online-Auktionsplattformen bis zu einem festgelegten Betrag abgaben. Obgleich
im Detail umstritten, so zeichnete sich derlei Software dadurch aus, dass sie banale Befehle
ausführte. Ihre Handlungen wurden, einem Werkzeug gleich, demjenigen zugerechnet,
der sie in Betrieb nahm. Die Rede ist von einer automatisierten Willenserklärung, einer
Computererklärung oder einer **Agentenerklärung**.[18] Im Falle der Bietagenten war dies
auch mehr als naheliegend. In die neuere Zeit übersetzt lässt eine Handlung eines intelligenten Kühlschranks, der Hafermilch nachbestellt, auf dieselbe Art und Weise rechtlich
fassen.

Die Diskussion wird derzeit neu entfacht, insbesondere wegen der vermeintlichen Eigenständigkeit und Unvorhersehbarkeit von Handlungen einer KI, die in der Wahrnehmung vieler **autonom** und nicht mehr regelbasiert (wie der Bietagent) ist. Auch in solchen Fällen ist zu fragen, ob eine automatisierte oder gar autonome[19] Willenserklärung
durch eine KI abgegeben werden kann, wem eine solche Willenserklärung zugerechnet
werden kann und ob vielleicht sogar die KI selbst Rechtssubjekt ist. 12

Bei Erklärungen durch KI bzw. autonome Systeme stellt sich in der rechtswissenschaftlichen Diskussion die Frage, ob diese mit den Erwägungen zur automatisierten Erklärung
gelöst werden können. Dies wird mitunter angezweifelt,[20] insbesondere mit dem Argument, dass der Erklärende nicht einmal abstrakt wissen könne, wann und mit welchem
Inhalt eine Willenserklärung abgegeben wird.[21] Dies ist nicht überzeugend, gehen doch auch
(vermeintlich) autonome Erklärungen letztlich auf den Willen einer Person zurück.[22] Dieser muss auch nicht konkret zum maßgeblichen Zeitpunkt vorliegen, ein genereller Wille
genügt.[23] Auch die Parallelität zur Blanketterklärung, wonach ein abredewidrig ausgefülltes
Blankett zu einer Zurechnung führt, spricht für diese Wertung.[24] Andere Stimmen in der
Literatur versuchen, sich mit den Stellvertretungsregeln nach §§ 164ff. BGB,[25] einer Botenlösung[26] und dem Minderjährigenrecht[27] sowie vertraglichen Lösungen[28] zu retten. Obgleich diesen Überlegungen und gerade dem Verweis auf das Stellvertretungsrecht zuerkannt werden muss, dass sie inhaltlich auf den ersten Blick passende Regeln anwenden mit
dem Argument, dass diese Regelungen von einer Art Gehilfenstellung und – wenngleich
menschlichen – Intelligenz ausgehen und daher doch am sachnächsten sind, sind sie in der
Praxis im Moment und auch in naher Zukunft nicht heranziehbar. 13

Grund ist zunächst die fehlende Haftungsmasse bei KI, um etwa der *falsus procurator*-
Haftung nach § 179 BGB oder Ansprüchen gegen einen Boten gerecht zu werden.
Nach derzeitigem Rechtsverständnis könnte eine KI nur dann über ein Vermögen verfügen, wenn sie selbst rechtsfähig ist. Eine Rechtsfähigkeit für KI kennt das BGB *de lege
lata* nicht, es unterscheidet nur zwischen natürlichen und juristischen Personen. Konsequent ist daher die Diskussion um eine **E-Person** als digitaler Rechtspersönlichkeit.[29] 14

---

[17] *Susat/Stolzenburg*, MDR 1957, 146.
[18] *Specht/Herold*, MMR 2018, 40 mwN; *Paulus*, JuS 2019, 960 mwN; *BGH*, MMR 2005, 233.
[19] *Grützmacher/Heckmann*, CR 2019, 553, 554.
[20] *Borges*, NJW 2018, 977, 979; *Specht/Herold*, MMR 2018, 40, 42f.; *Grützmacher/Heckmann*, CR 2019, 553, 555ff.; siehe auch *Paulus*, JuS 2019, 960, 961.
[21] *Grützmacher/Heckmann*, CR 2019, 553, 555.
[22] *Paulus*, JuS 2019, 960, 965; *Paulus/Matzke*, ZfPW 2018, 431, 442ff.
[23] *Specht/Herold*, MMR 2018, 40, 41.
[24] *Paulus*, JuS 2019, 960, 965.
[25] *Sorge*, Softwareagenten, 118, zitiert bei *Bräutigam/Klindt*, NJW 2015, 1137, 1138.
[26] *Riehm*, ITRB 2014, 113.
[27] *Specht/Herold*, MMR 2018, 40, 43.
[28] *Grützmacher/Heckmann*, CR 2019, 553, 559.
[29] *Riehm*, in: Kaulartz/Braegelmann (Hrsg.), Rechtshandbuch Artificial Intelligence und Machine Learning, Kapitel 6.1 Rn. 13ff.

Vor einer möglichen Gesetzesänderung müssten indes einige Fragen geklärt werden. Zunächst ist offen, wie die E-Person an Vermögen gelangt, wie sie dieses hält und welcher Zustand bei Vermögenslosigkeit eintritt. Eine Pflichtversicherung könnte ein Lösungsansatz sein. Sodann wäre aber auch zu klären, wie die Rechtsfähigkeit verliehen wird. Eine Rechtsfähigkeit in Abhängigkeit vom Grad der Autonomie einer Software erscheint praktisch nicht abgrenz- und umsetzbar. Naheliegender dürfte ein Register sein, vergleichbar dem Handelsregister, was wegen des zwangsläufigen Verwaltungsaufwandes für starke KI sicherlich interessanter ist als für schwache KI. Technologisch könnte eine Blockchain einige der Fragen klären, da sie wegen der Tokens Vermögen zuweisen kann und zugleich über eine Registerfunktion verfügt mit eindeutiger Identifizierbarkeit der jeweiligen E-Person.[30]

15   Auch die Unterscheidung und Abgrenzung zwischen starker und schwacher KI spricht gegen die Anwendung von für Gehilfen geschaffenen Vorschriften. Während die starke KI solche ist, die über eine dem Menschen nachempfundene allgemeine Intelligenz verfügt, die für eine Vielzahl von Aufgaben einsetzbar ist, versteht man unter eine schwachen KI eine solche, die Aufgaben lediglich in einem definierten Anwendungsbereich übernehmen kann und den Menschen daher nur unterstützt. Hierzu zählen etwa auch Machine Learning-Verfahren, bei welchen Modelle trainiert werden, die dann Vorhersagen für bestimmte Sachverhalte treffen (zB, ob auf einem Foto eine Bratsche oder ein Cello abgebildet ist). Man ist in der Praxis geneigt, auch eine solche schwache KI als autonom zu bezeichnen, weil sie, ohne zuvor festgelegte Regeln, eine Entscheidung treffen kann auf Grund eines Wissens, das sie selbst erlernt hat (wenngleich auf der Grundlage von Trainingsdaten, die in der Regel von Menschenhand zusammengestellt wurden).[31] Das Wissen in den genannten Modellen rührt daher, dass die KI Muster in den Trainingsdaten erkannt hat und diese Muster nun auf unbekannte Sachverhalte anwendet. Im Beispiel würde die KI etwa erkennen, dass ein Cello wegen seines höheren Gewichts für die Benutzung typischerweise auf einem sog. Stachel steht, eine Bratsche hingegen nicht. Solche Systeme, die der schwachen KI zugeordnet werden, sind Systeme, die den Anwendern heute im Alltag begegnen, und die ständig weiterentwickelt werden. Starke KI hingegen, also etwa Roboter, die menschenähnlich handeln, spielen nur in Filmen und in der Forschung eine Rolle und werden selbst von letzterer teilweise der Science Fiction zugerechnet. Dies bedeutet aber auch, dass sich die für die Praxis relevante Diskussion an der schwachen KI orientieren sollte. Die Frage nach der Menschenähnlichkeit ist damit eigentlich mit Nein beantwortet, denn eine KI, die in einem spezifischen Anwendungsbereich hervorragende und wahrscheinlich sogar bessere Ergebnisse als ein Mensch erzielt, ist außerhalb dieser Grenzen nicht zu gebrauchen. Für die Vertragspraxis sei daher geraten, die Fähigkeiten von KI nicht überzubewerten und bei der rechtlichen Bewertung sich an den bewährten Zurechnungsgrundsätzen zu orientieren, statt in der (wohlgemerkt schwachen) KI etwas Menschenähnliches, vielleicht sogar ein Rechtssubjekt sui generis, eine E-Person, zu erkennen. Solche Überlegungen führen vielmehr zu zahlreichen Folgefragen (wie etwa dem Vermögen solcher Systeme), die der Praktiker bei der Frage der Zurechnung *de lege lata* nicht beantworten kann.

---

[30] Zum Thema insgesamt: *Riehm*, in: Kaulartz/Braegelmann (Hrsg.), Rechtshandbuch Artificial Intelligence und Machine Learning, Kapitel 6.1 Rn. 13 ff.

[31] Von „autonom" vermeintlich mangels Nachvollziehbarkeit sprechen *Grützmacher/Heckmann*, CR 2019, 553, 554. Unabhängig von der schwierigen Abgrenzung können aber auch Entscheidungen durch neuronale Netze durchaus nachvollziehbar sein, siehe etwa Bitkom, Blick in die Blackbox, https://www.bitkom.org/sites/default/files/2019-10/20191016_blick-in-die-blackbox.pdf (zuletzt abgerufen am 7.1.2020).

II. Vertragspraxis

Mangels Regelungen zur E-Person *de lege lata* dürfte schnell klar sein, dass nicht der Chatbot, sondern die hinter dem Chatbot als dessen Betreiber verantwortliche natürliche oder juristische Person für dessen Handlungen vertragsrechtlich haftet. Ist ein Handeln nach §§ 133, 157 BGB als Willenserklärung zu verstehen, kann der Nutzer also insbesondere davon ausgehen, dass der für den Chatbot Verantwortliche subjektiv mit Erklärungsbewusstsein und objektiv mit Rechtsbindungswillen gehandelt hat, so muss dieser sich die Handlung des Chatbots vertragsrechtlich zurechnen lassen. Soll dies verhindert werden, muss dem objektiven Empfängerhorizont durch glasklare Formulierungen der rein tatsächliche, ohne rechtliche Relevanz versehene Charakter der Handlungen des Chatbots deutlich gemacht werden.[32] Dies sollte aber durch eine entsprechende Kommunikation, durch Hinweise in den Begleitmaterialien und auch durch eine entsprechende Programmierung hinzubekommen sein. Auch Vertragsklauseln, die lediglich Art, Umfang und Güte der geschuldeten Leistung festlegen, ohne nach ihrem Sinn und Zweck den Eindruck eines Haftungsausschlusses zu erwecken,[33] können für den Chatbotbetreiber sinnvoll sein.

Soll eine KI tatsächlich Mittler einer Willenserklärung sein, sollte darauf geachtet werden, dass die KI nur eine *invitatio ad offerendum* abgibt und kein verbindliches Angebot.[34] Gerade wenn beim Einsatz von KI die Gefahr besteht, dass diese unvorhersehbare Erklärungen abgibt, dürften Unternehmen ein Interesse daran haben, selbst über den Vertragsschluss zu entscheiden oder zumindest eine automatisierte Plausibilitätsprüfung einzurichten. Dies ähnelt konstruktiv dem üblichen Vorgehen bei Webshops, wo üblicherweise der Kunde ein Angebot abgibt, das vom Verkäufer erst nach Prüfung insbesondere der Kundenbonität und des eigenen Warenbestandes angenommen wird. Zwar lässt sich überlegen, ob einem Unternehmen eine unvorhersehbare Erklärung einer KI überhaupt zurechenbar ist[35] oder ob, wenn ja, eine Anfechtungsmöglichkeit besteht.[36] Die hierfür notwendigen Mehraufwände und Rechtsunsicherheiten sollten durch den Weg über die invitatio ad offerendum aber obsolet bzw. behoben werden, zumal dem Unternehmen keine Nachteile durch diese Konstruktion entstehen. Insbesondere ist diese Konstruktion für den Nutzer nicht überraschend und damit abschreckend, sondern vielmehr auch schon in der „alten Webshop-Welt" absolut marktüblich.

Gestalterisch macht es Sinn, die Nutzung von beispielsweise Chatbots mit Allgemeinen Geschäftsbedingungen zu untermauern. In diesen kann zum einen die rechtliche Qualifikation von Erklärungen des Chatbots genauer geregelt werden. Und in den Fällen, in denen tatsächlich ein Vertrag zustande kommen soll, können Einzelheiten zu diesem Vertrag geregelt werden, etwa zur Sicherheit oder zu einer Haftungsbeschränkung.

III. Verträge über Künstliche Intelligenz

Praktisch relevanter, insbesondere im b2b-Kontext, sind Verträge *über* Künstliche Intelligenz. Unterschieden werden kann zwischen Entwicklungsverträgen über KI und Nutzungsverträgen über KI.

---

[32] Zu Formulierungsbeispielen *Savary/Reuter*, in: Kaulartz/Braegelmann (Hrsg.), Rechtshandbuch Artificial Intelligence und Machine Learning, Kapitel 6.3 Rn. 19 ff.
[33] Zur Unwirksamkeit der einen solchen Eindruck erweckenden Klauseln *BGH*, NJW 2001, 751.
[34] *Savary/Reuter*, in: Kaulartz/Braegelmann (Hrsg.), Rechtshandbuch Artificial Intelligence und Machine Learning, Kapitel 6.2 Rn. 34 ff.
[35] Dies dürfte mit Verweis auf den generellen Handlungswillen und das generelle Erklärungsbewusstsein anzunehmen sein, etwa *Specht/Herold*, MMR 2018, 40, 41 f.
[36] *Pieper*, in: Kaulartz/Braegelmann (Hrsg.), Rechtshandbuch Artificial Intelligence und Machine Learning, Kapitel 6.3 Rn. 33.

1. Entwicklungsverträge über KI

20 Wird ein Unternehmen beauftragt, eine Künstliche Intelligenz zu entwickeln, so liegen in aller Regel Elemente eines klassischen Softwareentwicklungsvertrages vor. Ein Softwareentwicklungsvertrag kann sowohl als Werk- (§ 631 ff. BGB) als auch als Dienstvertrag (§ 611 ff. BGB) ausgestaltet sein, mangels Schwerpunktes auf der Lieferung einer beweglichen Sache seltener als Werklieferungsvertrag (§ 650 BGB).

21 Für eine Qualifikation als Werkvertrag ist wichtig, dass das Arbeitsergebnis, also das Werk, bestimmt werden kann. Voraussetzung dafür ist, dass die intelligenten Eigenschaften, über die das zu erstellende KI-System verfügen soll, schon vor Vertragsschluss hinreichend beschrieben werden können. Bei komplexer Software wie etwa einer algorithmischen Mustererkennung mag dies in der Praxis an Grenzen stoßen. Auch die Abnahme einer solchen komplexen Software stellt sich als schwierig dar, alleine schon wegen der schwierigen Definition der Abnahmekriterien.

22 Wird ein Softwareentwicklungsvertrag hingegen als Dienstvertrag qualifiziert, schuldet der Dienstleister kein Ergebnis, sondern ein Tätigwerden. Die Parteien müssen kein Arbeitsergebnis definieren, die Entwicklung kann vielmehr gleich beginnen. Anders als bei einem klassischen Entwicklungsvertrag mit Lasten- und Pflichtenheft muss der Auftraggeber die Entwicklung allerdings eng begleiten, da er das Risiko der Ausgestaltung des Arbeitsergebnisses selbst trägt. Eine schwierigere Planbarkeit, auch des Budgets, geht mit einer größeren Flexibilität während des Entwicklungsprozesses einher. In der Softwarepraxis verbreitet haben sich agile Softwareentwicklungsmethoden, bei denen sich die Parteien zunächst auf ein agiles Vorgehen einigen und dann anhand von kleinen Entwicklungseinheiten, sogenannten Sprints, sich Schritt für Schritt einem Ergebnis nähern.[37] Die vertragstypologische Qualifizierung solcher Verträge ist umstritten.[38] Das LG Wiesbaden ging in einer vielbeachteten Entscheidung von Werkvertragsrecht aus und begründete dies im Einzelfall damit, dass Abnahmekriterien und der Umfang der Aufgaben in den Sprints konkret festgelegt worden seien.[39] Eine aufwandsbezogene Abrechnung ist hingegen kein geeignetes Abgrenzungskriterium.[40] Die Entscheidung des LG Wiesbaden, von der zweiten Instanz inhaltlich übrigens offen gelassen,[41] ist inhaltlich nachvollziehbar.[42] Sie darf allerdings nicht so verstanden werden, dass agile Softwareentwicklung pauschal werkvertraglich zu qualifizieren sei, zumal es auch starke Argumente für eine dienstvertragliche Qualifikation gibt.[43] Es bleibt der Einzelfall entscheidend, der primär von einer Auslegung des zwischen den Parteien Vereinbarten abhängt[44] und nicht selten zu typengemischten Verträgen führt.[45] Nur eine Qualifizierung als Werklieferungsvertrag im Sinne von § 650 BGB dürfte wegen der typischerweise starken Betonung der Planungsphase beim Werklieferungsvertrag ausscheiden.[46] Wer einen solchen Vertrag von Grund auf entwirft, dem sei jedenfalls eine klare und transparente Formulierung geraten. Sollten AGB vorliegen, gilt dies wegen § 307 Abs. 2 Nr. 1 BGB umso mehr, denn die Norm verlangt, den Grundgedanken der gesetzlichen Regelung qualifizieren zu können.[47] Neben der sauberen Abgrenzung der Verantwortung für Konzeption und Ausführung[48] ist wesentliches Element in

---

[37] *Hoeren/Pinelli*, MMR 2018, 199.
[38] Zum Streit *Conrad/Schneider*, in: Auer-Reinsdorff/Conrad (Hrsg.), Handbuch IT- und Datenschutzrecht, § 11 Rn. 167; *Fuchs/Meierhöfer/Morsbach/Pahlow*, MMR 2012, 427, 429.
[39] *LG Wiesbaden*, MMR 2017, 561.
[40] *LG Wiesbaden*, MMR 2017, 561 mit Verweis auf *BGH*, NJW 1993, 1972.
[41] *OLG Frankfurt a. M.*, MMR 2018, 100.
[42] Weitere Argumente für eine werkvertragliche Qualifikation finden sich bei *Kremer*, ITRB 2010, 283.
[43] *Ernst*, CR 2017, 285.
[44] *Witte*, ITRB 2010, 44.
[45] *v. Schenck*, MMR 2019, 139.
[46] *Witte*, ITRB 2010, 44, 47 mit Verweis auf *BGH*, NJW 2009, 2877, 2879.
[47] *Hoeren/Pinelli*, MMR 2018, 199, 200.
[48] *Conrad/Schneider*, in: Auer-Reinsdorff/Conrad (Hrsg.), Handbuch IT- und Datenschutzrecht, § 11 Rn. 167.

Verträgen über eine agile Softwareentwicklung die Definition der Rollen, bei Scrum etwa der Product Owner und der Scrum Master.[49]

Schwierig bei der Einordnung von Verträgen über die Entwicklung einer Künstlichen Intelligenz ist die Abgrenzung danach, ob sich die Künstliche Intelligenz durch komplexe Software auszeichnet, oder durch ein Modell, wie etwa im Falle neuronaler Netze. In letztem Fall ist die vertragliche Gestaltung anspruchsvoller. Dann nämlich liegt die Besonderheit darin, dass die zum Training der neuronalen Netze (im Beispiel) verwendete Software nur einen Zwischenschritt darstellt und es dem Auftraggeber eigentlich um ein gutes Modell geht, dessen Qualität sich aber erst während des Trainings oder während der Nutzung zeigt. In diesem Fall muss der Entwicklungsvertrag die Fähigkeiten eines solchen Modells definieren, also zum Beispiel Geigen aus Fotos von Instrumenten zu erkennen, was eine werkvertragliche Qualifizierung nahelegt. Die Abnahme kann dann allerdings nicht mit Übergabe der Software durchgeführt werden, ohne dabei Trainings verbunden mit Vorhersagen durchzuführen. Es bietet sich also an, in den Abnahmekriterien einen Trainingsdatensatz zu definieren, sowie eine zweite Menge an **nicht klassifizierten Daten,** auf welche das trainierte Modell angewendet wird und in welchen das Modell ein bestimmtes Ergebnis erzielen muss. Hier ist natürlich auch der Einzelfall maßgeblich. 23

2. Nutzungsverträge über KI

Der Qualifikation von Verträgen über die Nutzung von Künstlicher Intelligenz geht ebenfalls wieder voraus, die Künstliche Intelligenz selbst rechtlich einzuordnen. Im Falle von Software liegt ein Softwareüberlassungs-/lizenzvertrag vor, der als Kauf- oder Miet-/Pachtvertrag qualifiziert werden kann. Natürlich kann derlei Software auch in einer Cloud laufen, was Klauseln zu den bereits bekannten Themen erfordert, wie etwa zur Verfügbarkeit (SLAs), dem Betrieb, des Zugriffs, des Hostings, etc. Insoweit kann auf bestehendes Wissen aufgesetzt werden. 24

Wie auch schon bei Entwicklungsverträgen über KI wird es auch bei Nutzungsverträgen wichtig, die geschuldete Leistung klar zu beschreiben. Knappe Beschreibungen mit Termini, welche nur den Vertragsparteien bekannt sind und deren Auslegung sich im Konfliktfall als schwierig erweist, sollten durch objektiv Verständliches ersetzt werden. Bei nutzerfreundlichen Verträgen sollte der Schwerpunkt auf dem Nutzungszweck liegen, was die inhaltliche Ausgestaltung in den Hintergrund rücken lässt, aber den Interessen des Nutzers entspricht. In jedem Falle wird es wichtig, die Charakteristika der KI zu benennen und zu beschreiben, wie die KI arbeiten soll. Dabei kann folgende Liste Anregungen zur Vertragsgestaltung geben: 25

– Beschreibung der KI (zB **Reinforcement Learning, Pattern Recognition, Expertensysteme,** explizit programmierte Verfahren)
– Festlegung von Kriterien zur Prüfung der Qualität der KI (zB durch Testdaten); relevant insbesondere bei Entwicklungsverträgen
– Vorgaben zur Transparenz der KI („**explainable AI**")
– Vorgaben zur „**Autonomie**", insbesondere zu Handlungsmöglichkeiten der KI
– Schnittstellen
– Festlegung von Features (zB Schlüsselwörter bei der Bestimmung von Spam-Nachrichten) und Label (zB „Spam" oder „Nicht-Spam")
– Ggf. Technische Details, wie zB zur **Loss Function** oder zur **Batch Size**
– Ggf. Festlegungen zu einem Verfahren, wie technische Details festgelegt werden, wie die KI also trainiert und damit „intelligent" wird (es bieten sich agile Methoden an)
– Abnahmekriterien

---

[49] *Hoeren/Pinelli,* MMR 2018, 199, 200; zu Beispielformulierungen siehe *v. Schenck,* MMR 2019, 139, 140.

- Herkunft der Daten zum Trainieren der KI (Trainingsdaten, **Labeled Examples**) und zum Testen der trainierten KI (Testdaten)
- Vorgaben zur Qualität der **Trainingsdaten** und Testdaten
- Identifikation des (datenschutzrechtlich, urheberrechtlich etc.) Verantwortlichen für die Qualität der Trainingsdaten und Testdaten
- Einfluss auf Trainingsdaten und Testdaten auch während und nach der (initialen) Trainingsphase
- Verantwortlichkeit für das Training der Modelle
- Speicherung von Zwischenständen der Modelle, um bei schlechtem Training alte Zwischenstände wiederherzustellen
- Im Falle von **Reinforcement Learning,** bei welchem die Ergebnisse des Trainings bereits vorgegeben worden sind: Festlegung der Vorgaben
- Freistellungsklauseln, wenn Trainingsdaten und damit vielleicht auch die Modelle rechtswidrig sind
- Regelungen zu Rechten an (weitertrainierten) Modellen und Arbeitsergebnissen der KI.

D. Haftungsbegrenzung

26 Gerade im Kontext innovativer Technologien ist eine Begrenzung der Haftung für den Anbieter von KI-Lösungen wesentlich, da Risiken häufig nicht einschätzbar sind und obendrein die Versicherbarkeit gerade deswegen mitunter nur eingeschränkt möglich ist.[50] Hinzu kommt die Mixtur der haftungsbegründenden Ereignisse, die sich darin ausdrückt, dass bei Routineaufgaben die Wahrscheinlichkeit für menschliches Versagen am Höchsten ist, während eine KI hier gerade ihre Stärke zeigt und bei Ausnahmesituationen an Grenzen kommen kann.[51] Da die §§ 307 ff. BGB auch bei b2b-Verträgen einen vollständigen Haftungsausschluss versagen, bleiben dem Anbieter einer KI-Lösung als Klauselverwender nur zwei Möglichkeiten:

27 Zum einen könnte die Haftungsklausel ausdrücklich zur Disposition gestellt und damit ausgehandelt werden, um das AGB-Recht insoweit unanwendbar zu machen. Das ist in der Praxis nicht einfach, zumal der BGH hohe Anforderungen an die Verhandlungsbereitschaft stellt und insbesondere verlangt, dass die Gegenseite die effektive Möglichkeit haben muss, eigene Textvorschläge durchzusetzen.[52] Bei Massengeschäften ist dies praktisch nicht möglich. Es bliebe dann allerdings die Möglichkeit, Klauselpakete zu schnüren und dem Vertragspartner Alternativklauseln anzubieten, also beispielsweise eine stärkere Haftungsbegrenzung mit einem niedrigeren Entgelt zu verbinden, wenn der Vertragspartner zugleich eine unbeeinflusste Wahlfreiheit hat.[53]

28 Alternativ könnte der Dienstleister die Zweckbestimmung seiner Leistung derart einschränken, dass schadensgeneigte Einsatzzwecke ausgeschlossen werden. Dies ließe sich praktisch auch gut begründen, wenn sich für die konkrete Lösung tatsächlich noch kein Stand der Technik etabliert hat. Gelingt eine solche einengende Leistungsbeschreibung und ist diese mit dem von der Gegenseite tatsächlich Verlangten auch vereinbar (woran dieser Weg häufig scheitern dürfte), so ist eine Haftung insoweit schon mangels Vertragsverletzung ausgeschlossen und es kommt auf eine Prüfung der §§ 307 ff. schon nicht mehr

---

[50] *Reusch,* in: Kaulartz/Braegelmann (Hrsg.), Rechtshandbuch Artificial Intelligence und Machine Learning, Kapitel 4.1 Rn. 359.
[51] *Ammann,* in: Kaulartz/Braegelmann (Hrsg.), Rechtshandbuch Artificial Intelligence und Machine Learning, Kapitel 5.3 Rn. 63.
[52] *BGH,* NJW 2016, 1230, 1232.
[53] *BGH,* NJW 2003, 1313, 1314 mwN; *BGH,* NJW 2008, 987, 989.

an, auch wenn ein eingeschränkter Vertragszweck im Ergebnis wie eine Haftungsbeschränkung wirkt.

Folgende Klausel stellt eine knappe, aber wohl zulässige Haftungsbeschränkung dar. Sie enthält eine Alternative für Individualverträge und einen Haftungsausschluss für anfängliche Mängel bei Miet- und Pachtverträgen. 29

> Bei jeder leicht fahrlässigen Schadensverursachung haften die Parteien nur im Falle der Verletzung einer sog. **Kardinalpflicht**, dh einer Vertragspflicht, deren Erfüllung die ordnungsgemäße Durchführung des Vertrages überhaupt erst ermöglicht und auf deren Einhaltung der Vertragspartner regelmäßig vertraut und vertrauen darf".[54] sowie begrenzt auf den vertragstypischen und vorhersehbaren Schaden [*wenn keine AGB:* und weiter begrenzt auf die Gesamtvergütung für das jeweilige Kalenderjahr, in dem der Schaden verursacht wurde, abzüglich Schäden auf Grund anderer schadensverursachender Ereignisse in diesem Kalenderjahr]. Satz 1 gilt weder bei Schäden aus der Verletzung des Lebens, des Körpers oder der Gesundheit noch in Fällen zwingender Haftung, insbesondere im Falle von Verzug, soweit ein Beschaffungsrisiko übernommen wurde und bei Ansprüchen auf Grundlage des ProdHaftG oder der DS-GVO [*in AGB ggf. weitere Fälle ergänzen*]. [*bei Miete/Pacht:* Die verschuldensunabhängige Haftung für anfängliche Mängel wird ausgeschlossen.] 30

E. Konfliktlösung

Nicht nur in IT-Streitigkeiten ganz allgemein, sondern auch im Besonderen bei Konflikten über KI-Verträge gilt, dass lange Verfahrensdauern und mitunter fehlende Technikkompetenz staatlicher Gerichte die Parteien hemmen, Rechtsschutz zu suchen. Nicht neu sind daher Tendenzen, alternative Streitbeilegungsmechanismen einzusetzen, wie etwa Schieds-, Schiedsgutachter-, Mediations- und Schlichtungsverfahren. Ihnen allen ist ihr Ziel gemeinsam, einen Konflikt zu lösen, ohne die Hilfe ordentlicher Gerichte in Anspruch zu nehmen. 31

Schiedsverfahren etwa haben den Vorteil, dass die Schiedsrichter grundsätzlich von den Parteien gewählt werden können und noch nicht einmal selbst Juristen sein müssen. So lässt sich IT- und insbesondere KI-Expertise bereits im Spruchkörper selbst verankern. Fast-Track-Verfahren führen zu schnelleren Entscheidungen, die fehlende Berufung tut ihr Übriges. Gerade bei internationalen Sachverhalten häufig unterschätzt ist der Vorteil, Verfahren auch auf Englisch führen und die Urteile (sog. Schiedssprüche) auch im Ausland ohne erneute umfassende Prüfung im Vollstreckungsstaat vollstrecken zu können. 32

Entscheidungen von Schiedsgutachtern[55] hingegen entfalten nicht unmittelbar die Wirkung eines rechtskräftigen Urteils, sind aber (abhängig von der konkreten Vereinbarung der Parteien) bindend. Vorteil des Schiedsgutachterverfahrens ist, dass ein Gutachter recht zügig beauftragt werden kann, eine konkrete Frage zu klären. Es ist ratsam, diese Frage bereits im Vertrag zu bestimmen, obgleich die Parteien eine Schiedsgutachtenvereinbarung auch noch nach Entstehen einer Streitigkeit treffen können. Im Kontext von KI könnte dies etwa die Qualität eines Modells betreffen. Die Schlankheit des Verfahrens bringt natürlich auch entsprechende Nachteile mit sich, zuvorderst die offenkundige Beschränkung auf eine strittige Frage bzw. eng umgrenzte strittige Fragen. Entscheiden sich die Parteien für einen Schiedsgutachter, kann ihnen dies den Weg zu einem (Schieds-)Gericht ersparen. Dies ist bei Tatsachenfragen nur konsequent, bedarf es doch dort eigentlich keines richterlichen Rahmens. Gerichtlich überprüfbar sind Entscheidungen von Schiedsgutachtern 33

---

[54] *BGH*, NJW-RR 2005, 1496.
[55] *Würdinger*, in: MüKoBGB § 317 Rn. 28 ff.

dennoch, allerdings nur in den Grenzen des § 319 Abs. 1 S. 1 BGB, sprich nur bei offenbarer Unbilligkeit.[56]

34 Die WIPO schlägt ua die folgende Vertragsklausel für ein Gutachterverfahren vor, wobei aus Gründen einer möglichen AGB-Rechtswidrigkeit das Verfahren optional ausgestaltet werden kann.[57] Bei Streitigkeiten zwischen Unternehmen im hiesigen Kontext dürfte jedoch nicht von einer unangemessenen Benachteiligung auszugehen sein.

35 | Alle Streitigkeiten zwischen den Parteien, die sich bezüglich [kurze Beschreibung des Gegenstands, der dem Gutachterverfahren unterworfen werden soll] aufgrund dieses Vertrags oder späterer Änderungen dieses Vertrags ergeben oder sich auf diesen beziehen, sind dem Gutachterverfahren gemäß den Regeln für das Gutachterverfahren der WIPO zu unterwerfen. Das von dem Gutachter erstellte Gutachten soll [keine] bindende Wirkung für die Parteien entfalten. In dem Gutachterverfahren soll die [...] Sprache verwendet werden.

F. Fazit

36 Die Beratungspraxis rund um Künstliche Intelligenz erfordert eine Auseinandersetzung mit zahlreichen rechtlichen Fragestellungen, die sich von Einzelfall zu Einzelfall massiv unterscheiden können, auch wenn die Überschrift des Vertrages die Wörter „Künstliche Intelligenz" enthält. Der Grund ist die Weite dieses Oberbegriffes, der sich für den Moment durchgesetzt hat, der aber in Zukunft zunehmend durch korrekte, weil technisch zutreffendere Bezeichnungen ersetzt werden dürfte, die dann auch schon die notwendigen Klauseln und Rechtsfragen indizieren.

37 Dies vorausgeschickt sollte nicht erwartet werden, dass eines Tages ein KI-Gesetz den Weg in diese neue Rechtsmaterie ebnet. Wie auch schon bei anderen technischen Innovationen zuvor wird auch KI dem Rechtsanwender abverlangen, sein Handwerkszeug einzusetzen und bestehendes Recht sauber zu subsumieren. Zweifelsfrei auftretende neue Rechtsstreitigkeiten dürften punktuell zwar auch durch gesetzliche Anpassungen geklärt werden, wie etwa bei der E-Person. Der bei diesem Beispiel notwendigen normativen Anpassungen dürften aber insbesondere von dem Paradigmenwechsel ausgehen, den starke KI[58] einläuten wird, die die Ähnlichkeit zum oder gar Imitation des Menschen sucht und die das BGB schlichtweg nicht kennt. Für die uns in den nächsten Dekaden hauptsächlich beschäftigende schwache KI, die den Menschen lediglich „intelligent" beim Erreichen seiner Ziele unterstützt, sind nur vereinzelt gesetzgeberische Eingriffe nötig. Insbesondere vor dem Hintergrund der andauernden Entwicklung und des Lernprozesses, den die Rechtspraxis erst durchlaufen muss, bedarf es einer intensiven rechtswissenschaftlichen und rechtspraktischen Aufarbeitung um die Verbreitung von KI hierzulande zu fördern.

---

[56] *Würdinger*, in: MüKoBGB § 319 Rn. 14 ff.
[57] *Würdinger*, in: MüKoBGB § 317 Rn. 35; *BGH*, NJW 1992, 433.
[58] Zu Begrifflichkeit siehe *Kaulartz/Braegelmann*, Rechtshandbuch Artificial Intelligence und Machine Learning, Kapitel 1.

Teil 9.6.4 Zivilrechtliche Haftung bei Einsatz von Robotern und Künstlicher Intelligenz

Übersicht

	Rn.
A. Einführung: Der Begriff der Künstlichen Intelligenz und das Haftungsrecht	1
B. Entwicklungen auf europäischer Ebene	6
C. Die zivilrechtliche Haftung für autonome Systeme am Beispiel selbstfahrender Fahrzeuge	11
I. Einführung	11
II. Bestimmung des Sorgfaltsmaßstabs bei autonomen Systemen	16
III. Vertragliche Haftung für Fehler autonomer Systeme	20
1. Die Haftung des Veräußerers eines autonomen Systems	21
2. Die Haftung des Betreibers/Nutzers autonomer Systeme	31
3. Beschränkung der Haftung	36
IV. Außervertragliche Haftung für den Einsatz autonomer Systeme	38
1. Die Haftung des Herstellers	39
2. Die Haftung des Betreibers/Nutzers eines autonomen Systems	82
D. Update des Haftungsrechts: Gefährdungshaftung und *ePerson* ante portas?	100

Literatur:

Alloghani/Al-Jumaily/Mustafina et al., in Berry/Mohamed/Yap, Supervised and Unsupervised Learning for Dataschience, 2020, A Systematic Review on Supervised and Unsupervised Machine Learning Algorithms for Data Science, Part I Chapter 1; *Ammann*, KI as a Service – Künstliche Intelligenz aus der Cloud und ihre rechtliche Eigenheiten, CR 2020, 295; *Armbrüster*, Automatisiertes Fahren – Paradigmenwechsel im Straßenverkehrsrecht?, ZRP 2017, 83; *Armbrüster*, in: Gless/Seelmann, Intelligente Agenten und das Recht, 2016, Verantwortungsverlagerungen und Versicherungsschutz – Das Beispiel des automatisierten Fahrens, S. 205; *Bach*, Neue Richtlinien zum Verbrauchsgüterkauf und zu Verbraucherverträgen über digitale Inhalte, NJW 2019, 1705; *Balke*, Automatisiertes Fahren – Begriffsbestimmungen und haftungsrechtliche Fragestellungen im Zusammenhang mit dem automatisierten Fahren, SVR 2018, 5; *Bartsch*, Computerviren und Produkthaftung, CR 2000, 721; *Beck*, in: Hilgendorf, Autonome Systeme und neue Mobilität, 2017, Das Dilemma-Problem und die Fahrlässigkeitsdogmatik, S. 117; *Beck*, in: Gruber/Bung/Ziemann, Autonome Automaten, 2014, Technisierung des Menschen – Vermenschlichung der Technik. Neue Herausforderungen für das rechtliche Konzept „Verantwortung", S. 173; *Beck*, in: Hilgendorf/Günther, Robotik und Gesetzgebung, 2013, Über Sinn und Unsinn von Statusfragen – zu Vor- und Nachteile der Einführung einer elektronischen Person, S. 239; *Beck*, in: Spranger, Aktuelle Herausforderungen der Life Sciences, 2010, Roboter, Cyborgs und das Recht – von der Fiktion zur Realität, S. 95; *Beck*, Grundlegende Fragen zum rechtlichen Umgang mit der Robotik, JR 2009, 225; *Bekey*, Autonomous Robots, 2005; *Boeglin*, The Costs of Self-Driving Cars, Reconciling Freedom and Privacy with Tort Liability in Autonomous Vehicle Regulation, 171 Yale J.L. & Tech (2015), 171; *Borges*, in: Lohsse/Schulze/Staudenmayer, Liability for Artificial Intelligence and the Internet of Things, 2019, New Liability Concepts: the Potential for Insurance and Compensation Funds, S. 145; *Borges*, Rechtliche Rahmenbedingungen für autonome Systeme, NJW 2018, 977; *Borges*, Haftung für selbstfahrende Autos, CR 2016, 272; *Borghetti*, in: Lohsse/Schulze/Staudenmayer, Liability for Artificial Intelligence and the Internet of Things, 2019, How can Artificial Intelligence be Defective?, S. 63; *Bräutigam/Klindt*, Industrie 4.0, das Internet der Dinge und das Recht, NJW 2015, 1137; *Brand*, Haftung und Versicherung beim Einsatz von Robotik in Medizin und Pflege, MedR 2019, 943; *Buck-Heeb/Dieckmann*, in: Oppermann/Stender-Vorwachs, Autonomes Fahren – Rechtsfolgen, Rechtsprobleme, technische Grundlagen, 2. Aufl. 2020, Zivilrechtliche Haftung von Halter und Fahrer bei Einsatz (teil-)automatisierter Fahrfunktionen, S. 141; *Buck-Heeb/Dieckmann*, Die Fahrerhaftung nach § 18 I StVG bei (teil-)automatisiertem Fahren, NZV 2019, 113; *Calabresi*, The Costs of Accidents, 1970; *Datta/Klein*, Kostenlose Apps – eine vertragsrechtliche Analyse, CR 2017, 174; *Denga*, Deliktische Haftung für künstliche Intelligenz, CR 2018, 69; *Deusch/Eggendorfer*, Softwaremängel 4.0, DSRITB 2015, 833; *Dietmayer*, in: Maurer/Gerdes/Lenz/Winner, Autonomes Fahren – Technische, rechtliche und gesellschaftliche Aspekte, 2015, Prädiktion von maschineller Wahrnehmungsleistung beim automatisierten Fahren, S. 419; *Droste*, Produktbeobachtungspflichten der Automobilhersteller für Software in Zeiten vernetzten Fahrens, CCZ 2019, 105; *Ebers*, in: Oppermann, Autonomes Fahren – Rechtsfolgen, Rechtsprobleme, technische Grundlagen, 2017, Autonomes Fahren: Produkt- und Produzentenhaftung, S. 94; *Eichelberger*, in: Oppermann/Stender-Vorwachs, Autonomes Fahren – Rechtsfolgen, Rechtsprobleme, technische Grundlagen, 2. Aufl. 2020, Autonomes Fahren und Privatversicherungsrecht, S. 203; *Eidenmüller*, The Rise of Robots and the Law of Humans, ZEuP 2017, 765; *Engländer*, Das selbstfahrende Kraftfahrzeug und die Bewältigung dilemmatischer Situation, ZIS 2006, 608; *Eriksson/Stanton*, Takeover Time in Highly Automated Vehicles: Noncritical Transitions to and From Manual Control, 59 Human Factors (2017), 689; *Ertel,* Grundkurs künstliche Intelligenz, 4. Aufl. 2016; *Etzkorn,* Bedeutung der „Entwicklungslücke" bei selbstlernenden Systemen, MMR 2020, 360; *Färber,* in: Maurer/Gerdes/Lenz/Winner, Autonomes Fahren – Technische, rechtliche und gesellschaftliche Aspekte, 2015, Kommunikationsprobleme zwischen autonomen Fahrzeugen und menschlichen Fahrern S. 127; *Felde,* Notstandsalgorithmen: Dilemmata im automatisierten Straßenverkehr, 2018; *Fitzi,* in: Hilgendorf/Günther, Robotik und Gesetzgebung, 2013, Roboter als „legale Personen" mit begrenzter Haftung. Eine soziologische Sicht., S. 377; *Fleck/Thomas,* Automatisierung im Straßenverkehr – Wohin fahren wir?, NJOZ 2015, 1393; *Foerste/v. Westphalen,* Produkthaftungshandbuch, 3. Aufl. 2012; *Förster,* Automatisierung und Verantwortung im Zivilrecht, ZfPW 2019, 418; *Freise,* Rechtsfragen des automatisierten Fahrens, VersR 2019, 65; *Geistfeld,* A Roadmap for Autonomous Vehicles: State Tort Liability, Automobile Insurance, and Federal Safety Regulation, 105 Cal. L. Rev. (2017), 1611; *Gless/Janal,* Hochautomatisiertes und autonomes Autofahren – Risiko und rechtliche Verantwortung, JR 2016, 561; *Goodfellow/Bengio/Courville,* Deep Leaning Das umfassende Handbuch, 2018; *Gomille,* Herstellerhaftung für automatisierte Fahrzeuge, JZ 2016, 76; *Grapentin,* Konstruktionspflichten des Herstellers und Mitverschulden des Anwenders beim Einsatz von Künstlicher Intelligenz, JR 2019, 175; *Grapentin,* Die Erosion der Vertragsgestaltungsmacht durch das Internet und den Einsatz Künstlicher Intelligenz, NJW 2019, 181; *Grapentin,* Vertragsschluss und vertragliches Verschulden beim Einsatz von Künstlicher Intelligenz und Softwareagenten, 2018; *Greger,* Haftungsfragen beim automatisierten Fahren – Zum Arbeitskreis II des Verkehrsgerichtstags 2018, NZV 2018, 1; *Gruber,* in: Hilgendorf/Günther, Robotik und Gesetzgebung, 2013, Zumutung und Zumutbarkeit von Verantwortung in Mensch-Maschine-Assoziation, S. 123; *Gruber,* in: Beck, Jenseits von Mensch und Maschine, 2012, Rechtssubjekte und Teilrechtssubjekte des elektronischen Geschäftsverkehrs, S. 133; *Grünvogel/Dörrenbächer,* Smartere Anforderungen an smarte Hausgeräte? – Der Maßstab für die Produktbeobachtungspflicht bei vernetzten Hausgeräten im Wandel, ZVertriebsR 2019, 87; *Grützmacher,* Die deliktische Haftung für autonome Systeme – Industrie 4.0 als Herausforderung für das bestehende Recht?, CR 2016, 695; *Günther,* Roboter und rechtliche Verantwortung – Eine Untersuchung der Benutzer- und Herstellerhaftung, 2016; *Günther,* in: Gruber/Bung/Ziemann, Autonome Automaten, 2014, Embodied Robots – Zeit für eine rechtliche Neubewertung?, S. 155; *Günther/Böglmüller,* Künstliche Intelligenz und Roboter in der Arbeitswelt, BB 2017, 53; *Habersack/Zickgraf,* Deliktsrechtliche Verkehrs- und Organisationspflichten im Konzern, ZHR 182 (2018), 252; *Hacker,* Verhaltens- und Wissenszurechnung beim Einsatz von Künstlicher Intelligenz, RW 2018, 243; *Hammel,* Haftung und Versicherung bei Personenkraftwagen mit Fahrerassistenzsystemen, 2016; *Hanisch,* in: Hilgendorf, Robotik im Kontext von Recht und Moral, 2014, Zivilrechtliche Haftungskonzepte für Robotik, S. 27; *Hanisch,* in: Hilgendorf/Günther, Robotik und Gesetzgebung, 2013, Zivilrechtliche Haftungskonzepte für Roboter, S. 109; *Hanisch,* Haftung für Automation, 2010; *Helmig,* Sicherheitserwartungen für automatisierte und autonome Fahrzeuge: Haftung aus Basis- vs. Zukunftstechnologie, PHI 2016, 188; *Helmig,* Funktionale Sicherheit nach ISO 26262 und Produkthaftung für No-Trouble-Found-Fälle, PHI 2012, 32; *Herberger,* „Künstliche Intelligenz" und Recht – Ein Orientierungsversuch, NJW 2018, 2825; *Heuer-James/Chibanguza/Stücker,* Industrie 4.0 – vertrags- und haftungsrechtliche Fragestellungen, BB 2018, 2818; *Hey,* Die außervertragliche Haftung des Herstellers autonomer Fahrzeuge bei Unfällen im Straßenverkehr, 2019; *Hilgendorf,* in: Hilgendorf, Autonome Systeme und neue Mobilität, 2017, Autonomes Fahren im Dilemma. Überlegungen zur moralischen und rechtlichen Behandlung von selbsttätigen Kollisionsvermeidungssystemen, S. 143; *Hilgendorf,* in: Hilgendorf/Hötitzsch, Das Recht vor den Herausforderungen der modernen Technik, 2015, Recht und autonome Maschinen – ein Problemaufriss, S. 11; *Hilgendorf,* in: Beck, Jenseits von Mensch und Maschine, 2012, Können Roboter schuldhaft handeln? – Zur Übertragbarkeit unseres normativen Grundvokabulars auf Maschinen, S. 119; *Hoffmann-Riem,* Verhaltenssteuerung durch Algorithmen – Eine Herausforderung für das Recht, AöR 142 (2017), 1; *Horner/Kaulartz,* Verschiebung des Sorgfaltsmaßstabs bei Herstellung und Nutzung autonomer Systeme, CR 2016, 7; *Horner/Kaulartz,* Rechtliche Herausforderungen durch Industrie 4.0 am Beispiel Smart Factory, DSRITB 2015, 501; *Hörnle/Wohlers,* The Trolley Problem Reloaded – Wie sind autonome Fahrzeuge für Leben-gegen-Leben-Dilemmata zu programmieren?, GA 2018, 12; *Hötitzsch,* in: Hilgendorf/Hötitzsch, Das Recht vor den Herausforderungen der modernen Technik, 2015, Juristische Herausforderungen im Kontext von Industrie 4.0 – Benötigt die vierte industrielle Revolution einen neuen Rechtsrahmen?, S. 75; *Hübner/White/Ahlers,* in Oppermann, Autonomes Fahren – Rechtsfolgen, Rechtsprobleme, technische Grundlagen, 2. Aufl. 2020, Ethische Aspekte von Crash-Algorithmen für autonome Fahrzeuge: Rechte, Ansprüche und die Konstitutivität von Verkehrsregeln, S. 61; *Jacobs,* in: Hilgendorf/Günther, Robotik und Gesetzgebung, 2013, Normen und Richtlinie, S. 73; *Janal,* in: Gless/Seelmann, Intelligente Agenten und das Recht, 2016, Die deliktische Haftung beim Einsatz von Robotern – Lehren aus der Haftung für Sachen und Gehilfen, S. 139; *Jänisch/Schrader/Reck,* Rechtsprobleme des autonomen Fahrens, NZV 2015, 313; *Joerden,* in: Hilgendorf, Autonome Systeme und neue Mobilität, 2017, Zum Einsatz von Algorithmen in Notstandslagen. Das Notstandsdilemma bei selbstfahrenden Kraftfahrzeugen als strafrechtliches Grundlagenproblem, S. 73; *Joerdan/Matschi,* Automatisiertes Fahren – Wie weit kann die Technik den Fahrer ersetzen? Entwickler oder Gesetzgeber, wer gibt die Richtung vor?, NZV 2015, 26; *John,* Haftung für künstliche Intelligenz, 2007; *Jüngling,* Die Digitalstrategie der EU-Kommission: Regulierung von künstlicher Intelligenz, MMR 2020, 440; *Kaede/v. Maltzan,* Die Erklärbarkeit künstlicher Intelligenz (KI), CR 2020, 66; *Kainer/Förster,* Autonome Systeme im Kontext des Vertragsrechts, ZfPW 2020, 275; *Karner,* in: Lohsse/Schulze/Staudenmayer, Liability for Artificial Intelligence and the Internet of Things, 2019, Liability for Robotics: Current Rules, Challenges, and the Need for Innovative Concepts, S. 117; *Keßler,* Intelligente Roboter – neue Technologie im Einsatz, MMR 2017, 589; *Kirn/Müller-Hengstenberg,* Überfordert die digitale Welt der Industrie 4.0 die Vertragstypen des BGB?, NJW 2017, 433; *Kirn/Müller-Hengstenberg*, Intelligente (Software-)Agenten: Von der Automatisierung zur Autonomie? – Verselbstständigung technischer Systeme, MMR 2014, 225; *Klingbeil*, Schuldnerhaftung für Roboterversagen, JZ 2019, 718; *Kluge/Müller*, Autonome Systeme – Überlegungen zur Forderung nach einer „Roboterhaftung", InTeR 2017, 24; *Koch*, Herausforderungen für die Haftpflichtversicherung autonomer Systeme und der Sharing Economy, VersR 2020, 741; *Koch*, in: Lohsse/Schulze/Staudenmayer, Liability for Artificial Intelligence and the Internet of Things, 2019, Product Liability 2.0 – Mere Update of New Version?, S. 99; *Koch*, Folgen der „Boston-Scientific"-Urteile des EuGH vom 5.3.2015 (VersR 2015, 900) und des BGH vom 9.6.2015 (VersR 2015, 1038) für die Produkthaftung und die Betriebs- und Produkthaftpflichtversicherung, VersR 2015, 1467; *Körner*, in: Kaulartz/Braegelmann, Rechtshandbuch Artificial Intelligence und Machine Learning, 2020, Kap. 2.4 Nachvollziehbarkeit von KI-basierten Entscheidungen, S. 44; *Kort*, Produkteigenschaft medizinischer Software, CR 1990, 171; *König*, (Vorerst) Keine Haftungsbefreiung für Halter und Fahrer automatisierter Kraftfahrzeuge, JR 2017, 323; *König*, Die gesetzlichen Neuregelungen zum automatisierten Fahren, NZV 2017, 123; *Kötz/Wagner*, Deliktsrecht, 13. Aufl. 2016; *Kreutz*, in: Oppermann/Stender-Vorwachs, Autonomes Fahren – Rechtsfolgen, Rechtsprobleme, technische Grundlagen, 2. Aufl. 2020, Autonomes Fahren: Produkt- und Produzentenhaftung, S. 177; *Kuss*, in: Sassenberg/Faber, Rechtshandbuch Industrie 4.0 und Internet of Things, 2. Aufl. 2020, § 12 Vertragstypen und Herausforderungen der Vertragsgestaltung, S. 291; *Kütük-Markendorf/Essers*, Zivilrechtliche Haftung des Herstellers beim autonomen Fahren – Haftungsfragen bei einem durch ein autonomes System verursachten Verkehrsunfall, MMR 2016, 22; *Lange*, Automatisiertes und autonomes Fahren – eine verkehrs-, wirtschafts- und rechtspolitische Einordnung, NZV 2017, 345; *Larenz/Canaris*, Lehrbuch des Schuldrechts Zweiter Band Besonderer Teil 2. Halbband, 13. Aufl. 1994; *Lohmann*, Ein europäisches Roboterrecht – überfällig oder überflüssig?, ZRP 2017, 168; *Linardatos*, Künstliche Intelligenz und Verantwortung, ZIP 2019, 504; *Lunze*, Künstliche Intelligenz für Ingenieure – Methoden zur Lösung ingenieurtechnischer Probleme mit Hilfe von Regeln, logischen Formeln und Bayesnetzen, 3. Aufl. 2016; *Lutz*, Autonome Fahrzeuge als rechtliche Herausforderung, NJW 2015, 119; *Lutz/Tang/Linnenkamp*, Die rechtliche Situation von teleoperierten und autonomen Fahrzeugen, NZV 2013, 57; *Lüftenegger, Klaus*, Die deliktische Pflicht zum Rückruf von Fahrzeugen, NJW 2018, 2087; *Mansel*, in: Rauscher/Mansel, Festschrift für Werner Lorenz zum 80. Geburtstag, Informationshaftungsrechtliche Verkehrspflichten im Rahmen des § 823 Abs. 1 BGB, S. 215; *Marly*, Praxishandbuch Softwarerecht, 7. Aufl. 2018; *Martín-Casals*, in: Lohsse/Schulze/Staudenmayer, Liability for Artificial Intelligence and the Internet of Things, 2019, Causation and Scope of Liability in the Internet of Things (IoT), S. 201; *May/Gaden*, Vernetzte Fahrzeuge – Rechtsfragen zu Over-the-Air-Updates, InTeR 2018, 110; *Müller-Hengstenberg/Kirn*, Rechtliche Risiken autonomer und vernetzter Systeme, 2016; *Müller-Hengstenberg/Kirn*, Intelligente (Software-)Agenten: Eine neue Herausforderung unseres Rechtssystems – Rechtliche Konsequenzen der „Verselbstständigung" technischer Systeme, MMR 2014, 307; *Oetker/Maultzsch*, Vertragliche Schuldverhältnisse, 6. Aufl. 2018; *Pieper*, in: Kaulartz/Braegelmann, Rechtshandbuch Artificial Intelligence und Machine Learning, 2020, Teil 6.2 Vertragsschluss mit KI, Anfechtung und Schadensersatz, S. 239; *Posner*, Economic Analysis of Law, 9th ed. 2014; *Pütz/Maier*, Haftung und Versicherungsschutz bei Cyber-Angriffen auf ein Kfz, r+s 2019, 444; *Raue*, Haftung für unsichere Software, NJW 2017, 1841; *Redeker*, IT-Recht, 6. Aufl. 2017; *Reichwald/Pfisterer*, Autonomie und Intelligenz im Internet der Dinge – Möglichkeiten und Grenzen autonomer Handlungen, CR 2016, 208; *Reif*, Automobilelektronik – Eine Einführung für Ingenieure, 5. Aufl. 2014; *Regenfus*, Deaktivierte Geräte – Rechte des Nutzers bei Einschränkung der Funktionsfähigkeit „smarter" Produkte durch den Hersteller, JZ 2018, 79; *Reusch*, in: Kaulartz/Braegelmann, Rechtshandbuch Artificial Intelligence und Machine Learning 2020, Teil 4.1 Produkthaftung, S. 77; *Reusch*, Mobile Updates – Updatability, Update-Pflicht und produkthaftungsrechtlicher Rahmen, BB 2019, 904; *Riehm/Meier*, in: Fischer/Hoppen/Wimmers, DGRI Jahrbuch 2018, 2019, Künstliche Intelligenz im Zivilrecht, S. 1; *Riehm*, in: Schmidt-Kessel/Kramme, Geschäftsmodelle in der digitalen Welt, 2017, Updates, Patches & Co – Schutz nachwirkender Qualitätserwartungen, S. 201; *Rockstroh/Kunkel*, IT-Sicherheit in Produktionsumgebungen Verantwortlichkeit von Herstellern für Schwachstellen in ihren Industriekomponenten, MMR 2017, 77; *Russell/Norvig*, Artificial Intelligence: a modern approach, 4th ed. 2020; *Rübsamen*, Rechtliche Rahmenbedingungen für mobileHealth, MedR 2015, 485; *Sander/Hollering*, Strafrechtliche Verantwortlichkeit im Zusammenhang mit automatisiertem Fahren, NStZ 2017, 193; *Schäfer/Ott*, Lehrbuch der ökonomischen Analyse des Zivilrechts, 5. Aufl. 2012; *Schaub*, Interaktion von Mensch und Maschine, JZ 2017, 342; *Schirmer*, Von Mäusen, Menschen und Maschinen – Autonome Systeme in der Architektur der Rechtsfähigkeit, JZ 2019, 711; *Schirmer*, Augen auf beim automatisierten Fahren! Die StVG-Novelle ist ein Montagsstück, NZV 2017, 253; *Schirmer*, Rechtsfähige Roboter? JZ 2016, 660; *Schrader/Engstler*, Anspruch auf Bereitstellung von Software-Updates? – Unklare Begründung eines eingeschränkt notwendigen Anspruchs, MMR 2018, 356; *Schrader*, Haftungsfragen für Schäden beim Einsatz automatisierter Fahrzeuge im Straßenverkehr, DAR 2016, 242; *Schrader*, Haftungsrechtlicher Begriff des Fahrzeugführers bei zunehmender Automatisierung von Kraftfahrzeugen, NJW 2015, 3537; *Schuhr*, in: Hilgendorf, Robotik im Kontext von Recht und Moral, 2014, Neudefinition tradierter Begriffe (Pseudo-Zurechnungen an Roboter), S. 11; *Schulz*, Verantwortlichkeit bei autonom agierenden Systemen, 2015; *Schuster*, in: Hilgendorf, Autonome Systeme und neue Mobilität, 2017, Das Dilemma-Problem aus Sicht der Automobilhersteller – eine Entgegnung auf Jan Joerden, S. 99; *Shavell*, Economic Analysis of Accident Law, 1987; *Shavell*, Strict Liability versus Negligence, 9 Journal of Legal Studies (1980), 1; *Singler*, Die Kfz-Versicherung autonomer Fahrzeuge, NZV 2017, 353; *Söbbing*, Fundamentale Rechtsfragen zur künstlichen Intelligenz (AI Law), 2019; *Sosnitza*, Das Internet der Dinge – Herausforderung oder gewohntes Terrain für das Zivilrecht?, CR 2016, 764; *Spindler*, in: Lohsse/Schulze/Staudenmayer, Artificial Intelligence and the Internet of Things, 2019, User Liability and Strict Liability in the Internet of Things and for Robots, S. 125; *Spindler*, Zukunft der Digitalisierung – Datenwirtschaft in der Unternehmenspraxis, DB 2018, 41; *Spindler*, Digitale Wirtschaft – analoges Recht: Braucht das BGB ein Update?, JZ 2016, 805; *Spindler*, Roboter, Automation, künstliche Intelligenz, selbststeuernde Kfz – Braucht das Recht neue Haftungskategorien, CR 2015, 766; *Spindler*, in: Huber/Jaeger/Luckey, Festschrift für Lothar Jaeger zum 70. Geburtstag, 2015, Expertensysteme und Medizin – Haftungsrelevante Bereiche im Schnittfeld zwischen Medizin und IT-Recht, S. 135; *Spindler*, in: Hilgendorf, Robotik im Kontext von Recht und Moral, 2014, Zivilrechtliche Fragen beim Einsatz von Robotern, S. 63; *Spindler*, in: Lorenz, Karlsruher Forum 2010: Haftung und Versicherung im IT-Bereich, 2011, Haftung im IT-Bereich, S. 3; *Spindler*, IT-Sicherheit und Produkthaftung – Sicherheitslücken, Pflichten der Hersteller und der Softwarenutzer, NJW 2004, 3145; *Spindler/Sein*, Die Richtlinie über Verträge über digitale Inhalte, MMR 2019, 488; *Spindler/Sein*, Die endgültige Richtlinie über Verträge über digitale Inhalte und Dienstleistungen, MMR 2019, 415; *Stiemerling*, in: Kaulartz/Braegelmann, Rechtshandbuch Artificial Intelligence und Machine Learning, 2020, Kap. 2.1 Technische Grundlagen, S. 15; *Taeger*, Außervertragliche Haftung für fehlerhafte Computerprogramme, 1995; *Teubner*, *Gunther*, Digitale Rechtssubjekte? – Zum privatrechtlichen Status autonomer Softwareagenten, AcP 218 (2018), 155; *Teubner*, Elektronische Agenten und große Menschenaffen: zur Ausweitung des Akteurstatus in Recht und Politik, ZRSoz 27 (2006), 5; *v. Bodungen/Hoffmann*, Autonomes Fahren – Haftungsverschiebung entlang der Supply Chain? (1. Teil), NZV 2016, 449; *v. Bodungen/Hoffmann*, Autonomes Fahren – Haftungsverschiebung entlang der Supply Chain? (2. Teil), NZV 2016, 503; *v. Bodungen/Hoffmann*, Belgien und Schweden schlagen vor: Das Fahrsystem soll Fahrer werden!, NZV 2015, 521; *v. Westphalen*, Haftungsfragen beim Einsatz Künstlicher Intelligenz in Ergänzung der Produkthaftungs-RL 85/374/EWG, ZIP 2019, 889; *v. Westphalen*, Produkthaftungsrechtliche Erwägungen beim Versagen Künstlicher Intelligenz (KI) unter Beachtung der Mitteilung der Kommission COM(2020) 64 final, VuR 2020, 248; *v. Westphalen*, Definition der künstlichen Intelligenz, in der Kommissionsmitteilung COM (2020/64) final – Auswirkungen auf das Vertragsrecht, BB 2020, 1859; von Westphalen, Disruptive Technology creates Disrupted Law, ZIP 2020, 737; *Wachenfeld/Winner*, in: Maurer/Gerdes/Lenz/Winner, Autonomes Fahren – Technische, rechtliche und gesellschaftliche Aspekte, 2015, Die Freigabe des autonomen Fahrens, S. 439; *Wagner*, in: Lohsse/Schulze/Staudenmayer, Artificial Intelligence and the Internet of Things, 2019, Robot Liability, S. 27; *Wagner*, Verantwortlichkeit im Zeichen digitaler Techniken, VersR 2020, 717; *Wagner*, in: Faust/Schäfer, Zivilrechtliche und rechtsökonomische Probleme des Internet und der künstlichen Intelligenz – 15. Travemünder Symposium zur ökonomischen Analyse des Rechts, 2019, Roboter als Haftungssubjekte? Konturen eines Haftungsrechts für autonome Systeme, S. 1; *Wagner*, Produkthaftung für autonome Systeme, AcP 217 (2017), 707; *Wagner*, in: Eger/Ott/Bigus/v. Wangenheim, Festschrift für Hans-Bernd Schäfer zum 60. Geburtstag, 2008, Proportionalhaftung bei mehreren möglichen Schadensursachen, S. 193; *Weigend*, Notstandsrecht für selbstfahrende Autos?, ZIS 2017, 599; *Wende*, in: Sassenberg/Faber, Rechtshandbuch Industrie 4.0, 2. Aufl. 2020, § 4 Haftungsfragen bei vernetzten und autonomen Systemen; *Wendehorst*, Die Digitalisierung und das BGB, NJW 2016, 2609; *Wendt/Oberländer*, Produkt- und Produzentenhaftung bei selbstständig veränderlichen Systemen, InTeR 2016, 58; *Wiebe*, Produktsicherheitsrechtliche Pflicht zur Bereitstellung sicherheitsrelevanter Software-Updates, NJW 2019, 625; *Wildhaber/Lohmann*, Roboterrecht – eine Einleitung, AJP 2017, 135; *Wilhelm/Ebel/Weitzel*, in: Winner, Handbuch Fahrerassistenzsysteme: Grundlagen, Komponenten und Systeme für aktive Sicherheit und Komfort, 3. Aufl. 2015, Funktionale Sicherheit und ISO 26262, S. 85; *Wöbbeking*, in: Kaulartz/Braegelmann, Rechtshandbuch Artificial Intelligence und Machine Learning, 2020, Teil 4.2 Deliktische Haftung de lege ferenda, S. 154; *Zech*, Entscheidungen digitaler autonomer Systeme: Empfehlen sich Regelungen zu Verantwortung und Haftung?, Gutachten A zum 73. Deutschen Juristentag, 2020; *Zech*, Künstliche Intelligenz und Haftungsfragen, ZfPW 2019, 198; *Zech*, in: Lohsse/Schulze/Staudenmayer, Liability for Artificial Intelligence and the Internet of Things, 2019, Liability for Autonomours Systems: Tackling Specific Risks of Modern IT, S. 187; *Zech*, in: Gless/Seelmann, Intelligente Agenten und das Recht, 2016, Zivilrechtliche Haftung für den Einsatz von Robotern – Zuweisung von Automatisierungs- und Autonomisierungsrisiken, S. 163

A. Einführung: Der Begriff der Künstlichen Intelligenz und das Haftungsrecht

1 Künstliche Intelligenz, Roboter[1] und smart products[2] erobern immer mehr den Alltag. Längst ist es nicht mehr ungewöhnlich, mit seiner Technik zu sprechen – sei es mit Siri

---

[1] Zum Einsatz von Robotern in der Medizin vgl. BGH, NJW 2006, 2477.
[2] ZB sog. intelligente und vernetzte Haushaltsgeräte wie Kühlschränke, die dem Nutzer per App-Zugriff Auskunft über ihren Inhalt geben können (vgl. http://www.smart-wohnen.de/haus-garten/artikel/diese-kuehlschraenke-denken-mit (letzter Zugriff am 1.11.2020); humorvoll-kritisch dazu https://www.heise.de/ct/artikel/IoT-Smart-smarter-Kuehlschrank-4547131.html (letzter Zugriff am 1.11.2020); zur nicht immer empfehlenswerten Nutzung des Kühlschranks als Mobiltelefon https://apps.derstandard.de/privacywall/sto

von *Apple* oder mit Alexa von *Amazon* – und auch die Vorstellung, bald nur noch in ein Auto einsteigen zu müssen und zum Zielort gefahren zu werden, scheint nicht mehr allzu fern.³ Charakteristisch für diese neuen, digitalen Technologien ist ganz allgemein gesprochen ihre Komplexität, die Vernetzung mit anderen Systemen, der Sammel- und Analyseprozess von Daten sowie der (potenziell) immense Umfang der zu verarbeitenden Datenmengen einschließlich der Wechselwirkungen zwischen den verschiedenen Soft- und Hardwarekomponenten.⁴ Dies betrifft nicht erst die sagenumwobene Künstliche Intelligenz und das deep learning, sondern bereits herkömmliche hochentwickelte Hardware-Softwaresysteme.⁵ Im Straßenverkehr sollen unsere Fahrzeuge beispielsweise künftig miteinander kommunizieren und Informationen austauschen (sog. connected cars).⁶ Der Markt für diese neuen digitalen Technologien und insbesondere für die Künstliche Intelligenz ist gewaltig.⁷ So soll bis 2030 allein der Einsatz Künstlicher Intelligenz zu einer Wertschöpfung der deutschen Wirtschaft von 430 Milliarden Euro führen.⁸ Wenig verwunderlich ist es daher, dass auch die Rechtswissenschaft sich zunehmend um eine juristische Einordnung der neuen technischen Möglichkeiten bemüht⁹, wenngleich bei diesen Zukunftsgedanken nicht die technischen Übergangsstadien vergessen werden sollen.¹⁰ Auch bei letzteren zeigen sich Unsicherheiten in haftungsrechtlichen Detailfragen, die bisher erst skizzenhaft adressiert wurden. Die europäischen Institutionen haben sich schon seit einiger Zeit der Künstlichen Intelligenz und Robotik angenommen und verfolgen diese mit großer Intensität (vgl. Rn. 6 ff.), während sich der deutsche Gesetzgeber der Thematik erst jüngst mit der *Enquete Kommission* zur Künstlichen Intelligenz verstärkt widmete.¹¹

Die Auseinandersetzung mit dem Themengebiet der **Künstlichen Intelligenz (KI)** wird zudem durch die nicht eben klaren Begrifflichkeiten erschwert.¹² Zunächst soll daher

---

ry/2000107401146/nach-handy-verbot-15-jaehrige-wechselt-auf-smarten-kuehlschrank (letzter Zugriff am 1.11.2020). Auch Alltagsgegenstände wie Kleidungsstücke werden zunehmend mittels miniaturisierter Geräte (zB RFID-Chips) versehen, die Daten über den Nutzer erfassen und versenden können.

³ Tatsächlich ist der Entwicklungsweg aber noch ein langer – vgl. zB *Meier*, NZZ vom 9.8.2018 https://www.nzz.ch/wissenschaft/ibms-virtueller-arzt-watson-for-oncology-macht-fehler-ld.1410111 (letzter Zugriff am 1.11.2020); *ADAC*, Autonomes Fahren: Digital entspannt in die Zukunft, abrufbar unter https://www.adac.de/rund-ums-fahrzeug/ausstattung-technik-zubehoer/autonomes-fahren/technik-vernetzung/aktuelle-technik/ (letzter Zugriff am 1.11.2020); *Deloitte*, Studie State of AI in: the Enterprise vom Januar 2019; *Jansen/Gropp*, Aufmerksame Fahrer schlagen den Roboter noch, FAZ vom 21.3.2018; sa *Freise*, VersR 2019, 65, 70 f. zum Entwicklungsstand bei selbstfahrenden Fahrzeugen.

⁴ Instruktiver Problemaufriss und Charakterisierung bei *Europäische Kommission*, Liability for emerging digital technologies (Commission Staff Working Document), SWD(2018), 137 final, S. 9; *Spindler*, in: Lohsse/Schulze/Staudenmayer, Liability for Artificial Intelligence and the Internet of Things, S. 125, 126.

⁵ *Europäische Kommission*, Liability for emerging digital technologies (Commission Staff Working Document), SWD(2018), 137 final, S. 9.

⁶ → Teil 10.2 Rn. 20 ff.

⁷ ZB *VDI*, Statusreport Künstliche Intelligenz, Oktober 2018; *PAiCE*, Potenziale der Künstlichen Intelligenz im produzierenden Gewerbe in: Deutschland, Juli 2018, Studie im Auftrag des BMWi, abrufbar unter https://www.bmwi.de/Redaktion/DE/Publikationen/Studien/potenziale-kuenstlichen-intelligenz-im-produzierenden-gewerbe-in:-deutschland.pdf?__blob=publicationFile&v=17 (letzter Zugriff am 1.11.2020); *YOUSE*, Perspektiven der Künstlichen Intelligenz für den Einzelhandel in: Deutschland, Oktober 2019, Studie im Auftrag des BMWi, abrufbar unter https://www.bmwi.de/Redaktion/DE/Publikationen/Studien/perspektiven-kuenstliche-intelligenz-fuer-einzelhandel.pdf?__blob=publicationFile&v=12 (letzter Zugriff am 1.11.2020).

⁸ *PWC*, Auswirkungen der Nutzung von künstlicher Intelligenz in Deutschland, S. 12 (abrufbar unter https://www.pwc.de/de/business-analytics/sizing-the-price-final-juni-2018.pdf (letzter Zugriff am 1.11.2020)).

⁹ Manche scheinen dabei auf die Etablierung eines neuen Rechtsgebiets „Roboterrecht" zu drängen – in diese Richtung *Beck*, JR 2009, 225 ff.; *Beck*, in: Spranger, Aktuelle Herausforderungen der Life Sciences, S. 95 ff.; *Wildhaber/Lohmann*, AJP 2017, 135 ff.; *Lohmann*, ZRP 2017, 168 ff.

¹⁰ Zur Haftung im IoT → Teil 10.6.

¹¹ Einsetzungsbeschluss vom 26.6.2018, BT-Drs. 19/2978. Nähere Informationen zur *Enquete-Kommission* abrufbar unter https://www.bundestag.de/ausschuesse/weitere_gremien/enquete_ki (letzter Zugriff am 1.11.2020).

¹² Auch das *Europäische Parlament* forderte in seiner Entschließung vom 16.2.2017 (P8_TA(2017)0051) zu einem einheitlichen Sprachgebrauch auf.

eine Annäherung an den technischen Begriff der KI vorgenommen werden.[13] KI-Systeme können sowohl rein softwaregestützt in einer virtuellen Umgebung arbeiten (zB Bild- oder Sprachanalysesoftware, Suchmaschinen) aber auch in Hardware-Systeme eingebettet sein (zB Roboter, autonome Fahrzeuge).[14] KI wird bisweilen im Kontrast zu herkömmlicher Software mit der Fähigkeit zum maschinellen Lernen *(machine learning)*[15] gleichgesetzt.[16] **Maschinelles Lernen** bedeutet, dass ein Algorithmus[17] Muster und Regeln anhand von Beispielen identifiziert, die er nach Beendigung der Lernphase verallgemeinern und auf unbekannte Sachverhalte anwenden kann.[18] Dadurch können selbstlernende Systeme sich neue Strategien beibringen und selbstständig nach neuen Informationen und Lösungen suchen. Andererseits wird gerade dadurch ihre Entscheidungsfindung für den Entwickler der KI nur noch bedingt nachvollziehbar und überprüfbar.[19] Indes verkürzt eine solche Kontrastierung von KI zu herkömmlicher Software den KI-Begriff und trifft den eigentlichen Kern nicht. Maschinelles Lernen kann ein Baustein für KI sein, der KI-Begriff geht darin aber nicht auf. Dies gilt auch für die Begriffe des *neuronalen Netzes* und des *deep learning*, welche nur *eine* Form der Wissensrepräsentation und *eine* Form des Lernens bezeichnen, wenn auch eine besonders effiziente.[20] Deutlicher ist die Definition der *High-Level Expert Group on Artificial Intelligence*[21] der *Europäischen Kommission*, die wir auch der weiteren Erörterung des Themas im Folgenden zugrunde legen:

> "Artificial intelligence (AI) systems are software (and possibly also hardware) systems designed by humans that, given a complex goal, act in the physical or digital dimension by perceiving their environment through data acquisition, interpreting the collected structured or unstructured data, reasoning on the knowledge, or processing the information, derived from this data and deciding the best action(s) to take to achieve the given goal. AI systems can either use symbolic rules or learn a numeric model, and they can also adapt their behaviour by analysing how the environment is affected by their previous actions.
>
> As a scientific discipline, AI includes several approaches and techniques, such as machine learning (of which deep learning and reinforcement learning are specific examples), machine reasoning (which includes planning, scheduling, knowledge representation and reasoning, search, and optimization), and robotics (which includes control, perception, sensors and actuators, as well as the integration of all other techniques into cyber-physical systems)."

---

[13] Instruktiv *Russell/Norvig*, Artificial Intelligence: a modern approach, S. 1 ff.; *Lunze*, Künstliche Intelligenz für Ingenieure, S. 2 ff.; *Ertel* Grundkurs Künstliche Intelligenz, S. 1 ff.; *Linardatos*, ZIP 2019, 504, 504; *Herberger*, NJW 2018, 2825, 2826 f.

[14] *Europäische Kommission*, Künstliche Intelligenz für Europa (Mitteilung), COM(2018) 237 final, S. 1.

[15] Zum maschinellen Lernen → Teil 9.1 Rn. 13; *Russell/Norvig*, Artificial Intelligence: a modern approach, S. 693 ff.; *Ertel*, Grundkurs Künstliche Intelligenz, S. 191 ff.; *Goodfellow/Bengio/Courville*, Deep Learning; *High-Level Expert Group*, A Definition of AI: Main Capabilities and Disciplines, S. 4.

[16] ZB *v. Westphalen*, ZIP 2019, 889, 889; *Grapentin*, NJW 2019, 181, 183; *Spindler*, CR 2015, 766, 766; *Zech*, ZfPW 2019, 198, 200.

[17] Mit dem Begriff des *Algorithmus* wird eine eindeutige Handlungsvorschrift bezeichnet, die dafür verwendet wird, bestimmte Probleme in definierten Einzelschritten zu lösen. Für die Nutzung in Computern werden Algorithmen in einer maschinell verarbeitbaren, digitalen Sprache geschrieben. Instruktiv *Hoffmann-Riem*, AöR 142 (2017), 1, 3.

[18] *Europäische Kommission*, Künstliche Intelligenz für Europa (Mitteilung), COM(2018), 237 final, S. 12; *High-Level Expert Group*, A Definition of AI: Main Capabilities and Disciplines, S. 3; *Hoffmann-Riem*, AöR 2017, 1, 3 mwN.

[19] Zu dieser Problematik *Expert Group on Liability and New Technologies*, Liability for Artificial Intelligence and other emerging technologies, Key Finding 1, S. 32 f.; *High-Level Expert Group*, A Definition of AI: Main Capabilities and Disciplines, S. 3; *Müller-Hengstenberg/Kirn*, Rechtliche Risiken autonomer und vernetzter Systeme, S. 97; *Förster* ZfPW 2019, 418, 421 mwN; *Sosnitza*, CR 2016, 764, 765 mwN.

[20] Zu den Begriffen → Teil 9.1 Rn. 33; ferner *Linardatos*, ZIP 2019, 504, 505; *Russell/Norvig*, Artificial intelligence: a modern approach, S. 727 ff.; *Ertel*, Grundkurs Künstliche Intelligenz, S. 265 ff.

[21] *High-Level Expert Group on Artificial Intelligence*, A Definition of AI: Main Capabilities and Disciplines, S. 6.

A. Einführung: Der Begriff der Künstlichen Intelligenz und das Haftungsrecht

Diese funktionale Definition verdeutlicht, dass die Besonderheit von KI in der Sammlung und Verarbeitung großer Datenmengen, der (mehr oder weniger) eigenständigen Wahl einer Handlungsweise in einer konkreten Situation und der Anpassung des Verhaltens des KI-Systems an die Umweltbedingungen liegt. Der Vorteil einer dies beherrschenden Software ist evident, denn sie ist in der Lage auch ohne konkret vorgegebene Programmierung noch unbekannte Situationen zu bewältigen, ihr Verhalten anzupassen und im Fall von selbstlernenden Systemen neue Lösungen zu erlernen und einzusetzen. Im Programmcode müssen nämlich gerade nicht alle Verhaltensweisen der Software *ex ante* festgelegt werden. Eben deshalb kann aber die Entscheidung des Systems und deren Auswirkung gerade bei selbstlernenden Systemen nicht immer klar nachvollzogen oder vorhergesehen werden.[22] Letztlich verbleibt der KI-Begriff nach wie vor technisch konturlos[23] und eignet sich nur bedingt für die rechtswissenschaftliche Diskussion.[24] Eng in Verbindung mit dem KI-Begriff steht der Begriff des **Roboters.** Nach hiesigem Verständnis ist ein Roboter eine in der physischen Welt durch Hardware verkörperte KI, also eine Maschine, die ihr Verhalten und ihre Handlungsweise an ihre Umwelt anpassen kann.[25] Der Roboterbegriff ist weit zu fassen und erfasst alle Hardware, die von eingebauter Software *(embedded software)* oder per Fernzugriff („dummy client") gesteuert wird.

3

Besser erscheint es, für die juristische Einordnung von *autonomen Systemen*[26] zu sprechen.[27] Ein autonomes System zeichnet sich dadurch aus, dass es Aufgaben ohne (oder fast ohne) konkrete menschliche Vorgabe und Steuerung bzw. Kontrolle auszuführen vermag.[28] Zwar ist dieser Begriff in der Diskussion nicht unumstritten, er veranschaulicht aber den Grund der Debatte und die **Charakteristika** solcher Systeme: Autonome Systeme sind Software oder Hardware-Software Systeme, die sich in ihrem Verhalten an eine Umweltsituation anpassen und bei der Wahl ihrer Handlungen über einen gewissen Entscheidungsspielraum *(Entscheidungsrisiko)* verfügen.[29] Entscheidungen treffen sie zwar auf Basis

4

---

[22] *Expert Group on Liability and New Technologies,* Liability for Artificial Intelligence and other emerging technologies, Key Finding 1, S. 32 f.; *Müller-Hengstenberg/Kirn,* Rechtliche Risiken autonomer und vernetzter Systeme, S. 97; *Förster,* ZfPW 2019, 418, 421 mwN; *Sosnitza,* CR 2016, 764, 765 mwN; *Linardatos,* ZIP 2019, 504, 505 (dort auch zur *explainable artificial intelligence); Spindler,* CR 2015, 766, 766; *Zech,* in: Lohsse/Schulze/Staudenmayer, Artificial Intelligence and the Internet of Things, S. 187, 192.

[23] Darauf hinweisen zB *v. Westphalen,* ZIP 2019, 889, 889; *Riehm/Meier,* DGRI Jahrbuch 2018, S. 1 Rn. 2; *Grapentin,* Vertragsschluss und vertragliches Verschulden beim Einsatz von Künstlicher Intelligenz und Softwareagenten, S. 63; *Reichwald/Pfisterer,* CR 2016, 208, 211; *Herberger,* NJW 2018, 2825, 2826; *Lunze,* Künstliche Intelligenz für Ingenieure, S. 2 ff.

[24] Vgl. *Wagner,* in: Faust/Schäfer, Travermünder Symposium zur Ökonomischen Analyse des Rechts, S. 1 Fn. 1.

[25] *High-Level Expert Group on Artificial Intelligence,* A Definition of AI: Main Capabilities and Disciplines, S. 4; vgl. ferner *Lohmann,* ZRP 2017, 168, 169.

[26] Davon zu unterscheiden ist der Begriff des automatischen oder automatisierten Systems. Hierunter versteht man ein System, bei dem das Verhalten des Systems durch vorherige Eingabe der Parameter determiniert ist, die Handlung dann bei Erfüllung der Parameter ohne menschliches Zutun ausgeführt wird (zB Warenautomat) – vgl. *Sosnitza,* CR 2016, 764, 765; *Grapentin,* Vertragsschluss und vertragliches Verschulden beim Einsatz von Künstlicher Intelligenz und Softwareagenten, S. 36; kritisch zu dieser begrifflichen Unterscheidung *Förster,* ZfPW 2019, 419, 421.

[27] So auch für Roboter und Softwareagenten *Wagner,* VersR 2020, 717, 719; *Wagner,* in: Lohsse/Schulze/Staudenmayer, Liability for Artificial Intelligence and the Internet of Things, S. 27; *Wagner,* in: Faust/Schäfer, Travermünder Symposium zur Ökonomischen Analyse des Rechts, S. 1 Fn. 1; aA *Förster,* ZfPW 2019, 419, 421 f., der weiterhin für die Verwendung des Begriffs „automatisches System" plädiert. Zwar ist es richtig, dass auch ein autonomes System nicht gänzlich dem menschlichen Willen gleichgestellt werden kann, aber darum geht es hier auch nicht. Der Begriff des autonomen Systems soll vielmehr verdeutlichen, dass sich aufgrund des Entwicklungsstandes neue Herausforderungen bei der rechtlichen Einordnung solcher Systeme ergeben. Mit welchem Begriff man diese versieht ist gerade für das Haftungsrecht von nachrangiger Bedeutung, solange man die funktionalen Besonderheiten adäquat adressiert.

[28] Zum Begriff der Autonomie im Kontext von KI vgl. *Lunze,* Künstliche Intelligenz für Ingenieure, S. 2; *Ruseell/Norvig,* Artificial Intelligence: a modern approach, S. 40; *Bekey,* Autonomous Roboters, S. 1 f.; *Zech,* in: Gless/Seelmann, Intelligente Agenten und das Recht, S. 163, 170; *Beck,* JR 2009, 225, 226; *Günther,* Roboter und rechtliche Verantwortung, S. 29 ff.

[29] Dazu näher *Riehm/Meier,* DGRI Jahrbuch 2018, S. 1 Rn. 6.

der programmierten Entscheidungsarchitektur, im konkreten Einzelfall aber ohne (größeren) menschlichen Einfluss. Die Konsequenzen ihres Handelns sind dann möglicherweise nicht immer voraussehbar und nur bedingt nachvollziehbar *(Risiko der Unvorhersehbarkeit und der fehlenden Nachvollziehbarkeit)*.[30] Wegen der mangelnden Nachvollziehbarkeit der von KI-Systemen getroffenen Entscheidungen wird auch von deren „*Opazität*" (aus dem lat. „opacitas", Schatten, Undurchsichtigkeit) gesprochen. Ob sich daraus tatsächlich ein „Blackbox-Effekt" ergibt, ist allerdings umstritten.[31] Daneben tritt bei selbstlernenden Systemen ein *Weiterentwicklungsrisiko*. Das System verarbeitet zudem regelmäßig eine Vielzahl von Daten, welche es selbst aufzeichnet oder durch Verknüpfung mit einem anderen System erhält *(Risiko der Vernetzung)*. Die Problematik der Vernetzung und Interaktion autonomer Systeme bringt Schwierigkeiten beim Kausalitätsnachweis und bei der Abschichtung der Verantwortungsbereiche mit sich. Diese Problematik stellt sich allgemein bei Produkten des *Internet of Things* und wird in diesem Kontext näher beleuchtet.[32] Angewendet auf das Beispiel des *selbstfahrenden Fahrzeugs*[33], das wir im Folgenden wiederholt heranziehen werden, fassen wir unter den Begriff des autonomen Systems nur Fahrzeuge, die mindestens auf Stufe 4 nach der in Teil 9 Kap. 2 dieses Handbuches erörterten Definition der *Society of Automotive Engineers*[34] einzuordnen sind.[35]

5   Diese Besonderheiten werfen die Frage auf, wie die Haftung für hierauf beruhende Schäden zwischen den Beteiligten verteilt werden kann und muss. Die „Autonomie" technischer Systeme ist nicht mit dem menschlichen Willen gleichzusetzen, weil die mit der KI verfolgten Zwecke auf eine menschliche Programmierung zurückführbar sind und die KI nur in der Wahl der Mittel, aber nicht ihres Ziels frei ist.[36] Deshalb bleibt auch das menschliche Handeln, dh der Einsatz des autonomen Systems grundsätzlich der Anknüpfungspunkt der rechtlichen Verantwortlichkeit.[37] Eng mit dem Themenkreis der Künstlichen Intelligenz und Robotik verwandt ist der Begriff des **(Industrial) Internet of Things** – kurz: (I)IoT.[38] Unter diesem Schlagwort versteht man die zunehmende Vernetzung von Produkten in erster Linie über das Internet. Die Geräte können miteinander

---

[30] *Denga*, CR 2018, 69, 70; *Förster*, ZfPW 2019, 419, 421; *Sosnitza*, CR 2016, 764, 765; *Hacker*, RW 2018, 243, 251 ff.; *Zech*, ZfPW 2019, 198, 199 ff.

[31] In diesem Sinne die *europäische Kommission* in ihrem unten noch erörterten Weissbuch zur künstlichen Intelligenz, COM(2020) 65 final, 5. A., S. 15. Dagegen weist *Stiemerling*, in: Kaulartz/Braegelmann, Rechtshandbuch AI, Kap. 2, S. 26 darauf hin, dass es „kein Naturgesetz [gibt], das besagt, dass neuronale Netze grundsätzlich „schwarze Kästen" (Black Boxes) sind, deren Verhalten für Menschen nicht verständlich sein können". *Stiemerling* hält dem entgegen, dass das Verhalten künstlicher neuronaler Netze „auf recht einfachen und insbesondere deterministischen Rechenvorschriften und Strukturen [beruhen], die sich naturgemäß für konkrete Beispiele nachvollziehen lassen". Noch einen Schritt weiter geht *Körner*, in: Kaulartz/Braegelmann, Rechtshandbuch AI, Kap. 2, S. 26, der von „White Boxes" spricht und zu dem Ergebnis kommt, dass man alles sehen könne, sich aber schwer tue, es zu verstehen bzw. direkt Rückschlüsse zu ziehen. Näheres zur Erklärbarkeit künstlicher Intelligenz und zum Black Box-Effekt findet sich bei *Käde/Maltzan*, CR 2020, 66 f.

[32] Näher → Teil 10.6; *Zech*, ZfPW 2019, 198, 207 f.

[33] Schon die Entwicklung von selbstfahrenden Autos der *Stufe 4* wird wohl noch einige Zeit in: Anspruch nehmen, vgl. dazu https://www.faz.net/aktuell/wirtschaft/digitec/roboterautos-vw-will-ab-2025-mit-autonomen-autos-geld-verdienen-16471227.html (letzter Zugriff am 1.11.2020). Instruktiv zur Entwicklung automatisierter Fahrzeuge *Europäische Kommission*, Auf dem Weg zur automatisierten Mobilität: eine EU-Strategie für die Mobilität der Zukunft (Mitteilung), COM(2018) 283 final.

[34] Vgl. dazu → Teil 9.2 und die *SAE International*, (J3016) Taxonomy and Definitions for Terms Related to On-Road Motor Vehicle Automated Driving Systems – abrufbar unter https://www.sae.org/news/2019/01/sae-updates-j3016-automated-driving-graphic (letzter Zugriff am 1.11.2020).

[35] Eine abweichende Einteilung hat die *Bundesanstalt für Straßenwesen (BASt)* vorgenommen, vgl. https://bast.de/BASt_2017/DE/Publikationen/Foko/2013-2012/2012-11.html (letzter Zugriff am 1.11.2020). Diese ist insbesondere für die Auslegung der StVG bindend. Indes hat die Definition der SAE eine breitere Akzeptanz gefunden und wird daher auch der hiesigen Kommentierung zugrunde gelegt.

[36] *Spindler*, CR 2015, 766, 767.

[37] *Spindler*, CR 2015, 766, 767; *Spindler*, in: Hilgendorf, Robotik im Kontext von Recht und Moral, S. 63, 66.

[38] Hierzu → Teil 10.6; instruktiv zum Begriff *Europäische Kommission*, Liability for emerging digital technologies (Commission Staff Working Document), SWD(2018), 137 final, S. 22.

kommunizieren, Daten austauschen und interagieren. Auch sie werden von Software gesteuert, weshalb es Überschneidungen zum Robotik- und KI-Begriff gibt. Der Unterschied ist aber ein qualitativer: Für IoT-Produkte ist die Vernetzung und Interaktion mit anderen Software-Systemen charakteristisch, weniger aber der Einsatz künstlich intelligenter Software. Es handelt sich vielmehr überwiegend um Software, die deterministisch agiert, dh nicht über die Fähigkeit autonomer Entscheidungen oder maschinellen Lernens verfügt.[39] Auch ist bereits eine Vielzahl von IoT-Produkten auf dem Markt verfügbar (zB Fitnesstracker, die Sensordaten an die Smartphone App senden). Bei diesen rückt insbesondere die Frage nach der Abgrenzung der Verantwortungsbereiche in den Vordergrund, wenn es aufgrund der Vernetzung und fehlerhaften Eingangsdaten zu Schadensfällen kommt.[40]

B. Entwicklungen auf europäischer Ebene

Bereits im Rahmen der *Digital Single Market Strategy* von 2015 brachte die europäische Kommission zum Ausdruck, dass sie um die Schaffung von Rechtssicherheit beim Einsatz von KI, Robotern und IoT-Produkten bemüht ist.[41] Speziell die Thematik der Haftung von autonomen Systemen und IoT Produkten wurde in der *Data Economy Communication*[42] und in dem begleitenden *Commission Staff Working Document*[43] aus dem Jahr 2017 erörtert.

In diesem Zeitraum fiel auch die Entschließung des Europäisches Parlaments[44], in welcher weitreichende Forderungen an die Europäische Kommission gestellt wurden.[45] So wurde die Europäische Kommission aufgefordert, neue Haftungsregeln für Roboter und Künstliche Intelligenz zu entwickeln kombiniert mit nicht-rechtlichen Instrumenten wie Leitlinien und Verhaltenskodizes.[46] Als Lösung erwog das Parlament eine verschuldensunabhängige Haftung oder eine Haftung basierend auf einer Risikobewertung[47] kombiniert mit der Einführung einer Pflichtversicherung und einem Fonds, der nicht versicherte Schäden abdecken soll.[48] Langfristig käme auch die Etablierung einer elektronischen Person *(ePerson)* für autonome Roboter in Betracht, die für den Ausgleich verursachter Schäden verantwortlich wäre.[49] In der Halbzeitüberpüfung der *Digital Single Market Strategy* von 2017 gab die Europäische Kommission bekannt, die Notwendigkeit einer Anpassung des gegenwärtigen Rechtsrahmens für neue technische Entwicklungen (zB Robotik, Künstliche Intelligenz) gerade im Hinblick auf die zivilrechtliche Haftung prüfen zu wollen.[50] Auch der Europäische Rat forderte die Kommission in seinen Schlussfolgerungen vom Oktober 2017 dazu auf, ein europäisches Konzept für Künstliche Intelligenz zu erarbeiten.[51]

---

[39] Instruktiv zur Begriffsabgrenzung *Wagner*, in: Lohsse/Schulze/Staudenmayer, Liability for Artificial Intelligence and the Internet of Things, S. 27 f.
[40] Hierzu → Teil 10.6.
[41] *Europäische Kommission*, A Digital Single Market Strategy for Europe (Mitteilung), COM(2015) 192 final, 14.
[42] *Europäische Kommission*, Building a European Data Economy (Mitteilung), COM(2017) 9 final, 13 ff.
[43] *Europäische Kommission*, Commission Staff Working document in the free flow of data and emerging issues of the European data economy, SWD(2017) 2 final, 40 ff.
[44] *Europäisches Parlament*, Zivilrechtliche Regelungen im Bereich Robotik, Entschließung vom 16.2.2017, P8_TA(2017)0051 (im Folgenden Entschließung).
[45] Nähere Analyse bei *Wagner*, in: Faust/Schäfer, Travermünder Symposium zur Ökonomischen Analyse des Rechts, S. 1, 4 f.
[46] Entschließung Ziff. 51 ff.
[47] Entschließung Ziff. 53.
[48] Entschließung Ziff. 58.
[49] Entschließung Ziff. 59 lit. f.
[50] *Europäische Kommission*, A Connected Digital Single Market for All, COM(2017) 228 final, 11.
[51] *Europäischer Rat*, Tagung vom 19.10.2017, EUCO 14/17, 7.

8   Erste Einblicke in die Ausgestaltung eines europäischen Rechtsrahmens für Robotik und KI bietet die Mitteilung „Artificial Intelligence for Europe"[52] und das begleitende Commission Staff Working Document „Liability for emerging digital technologies"[53] der Europäischen Kommission.[54] Die dort diskutierten Fragen gehen über das Haftungsrecht hinaus. Insgesamt zielt man darauf ab, Europa eine bessere Stellung im internationalen Wettbewerb wie in der Entwicklung und Forschung neuer Technologien zu verschaffen. So werden Regulierungswege und sozio-ökonomische Folgen diskutiert, um einen angemessenen rechtlichen, sozialen und ethischen Rahmen zu konturieren. Damit sollen die Rechtssicherheit und die soziale Akzeptanz der Künstlichen Intelligenz gestärkt werden. Aus jüngerer Zeit stehen auch die „Ethics guidelines for trustworthy AI"[55] und die „Policy and Investment Recommendations"[56] der *High-Level Expert Group* der *Europäischen Kommission* zur Verfügung. Ergänzend ist in diesem Kontext die Mitteilung „Building Trust in Human-Centric Artificial Intelligence" der Europäischen Kommission zu würdigen.[57]

9   Zudem liegt nun der Bericht „Liability for Artificial Intelligence and other emerging digital technologies" der *Expert Group on Liability and New Technologies* vom 21.11.2019 vor. Handlungsempfehlungen sind ua die Einführung einer Gefährdungshaftung bei Einsatz von KI/Robotern, eine Gleichstellung der Haftung für autonome Systeme mit einer Haftung für menschliche Hilfspersonen, die mögliche Einführung von verpflichtenden Versicherungen und die Nutzung von Logfiles, um mögliche Beweisschwierigkeiten zu überwinden. Zudem wird dafür plädiert, die Beeinträchtigung von Daten als Haftungsgrund anzusehen. Eine darüberhinausgehende Einführung einer *ePerson* wird als nicht notwendig erachtet.[58]

10   Ein weiterer rechtspolitische Impuls erfolgte durch die EU-Kommission mit dem *Weissbuch zur Künstlichen Intelligenz* vom 19.2.2020.[59] Darin hat die Kommission die Schaffung europäischer Datenpools[60] und verstärkter Investitionen in KI[61], die Einrichtung von Exzellenz- und Testzentren[62], den Aufbau und die Unterstützung von Universitätsnetzwerken[63] sowie Public-Private Partnerschaften[64], die Förderung von KI im öffentlichen Sektor[65] und die Verbesserung des Zugangs zu Daten und ihrer Verwaltung[66] thematisiert. Inmitten ihrer Ausführungen zum KI-Regulierungsrahmen steht die Frage, wie die besonderen (Sicherheits-)Risiken, die mit dem Einsatz Künstlicher Intelligenz verbunden sind, gesteuert werden können und das Funktionieren der Haftung für daraus erwachsende Schäden sichergestellt werden kann.[67] Auf die hierzu von der EU-Kommission im Weissbuch und ihrem Bericht über die Auswirkungen Künstlicher Intelligenz, des Internet der

---

[52] *Europäische Kommission,* Artificial Intelligence for Europe (Mitteilung), COM (2018) 237 final.
[53] *Europäische Kommission,* Liability for emerging digital technologies (Staff Working document), SWD(2018) 137 final.
[54] Instruktiver Überblick zu den Zielen der *Europäischen Kommission:* https://ec.europa.eu/digital-single-market/en/artificial-intelligence (letzter Zugriff am 1.11.2020).
[55] *High-Level Expert Group,* Ethics guidelines for Thrustworthy AI, 8.4.2019.
[56] *High-Level Expert Group,* Policy and Investment Recommendations for thrustworthy AI, 8.4.2019.
[57] *Europäische Kommission,* Building Trust in: Human-Centric Artificial Intelligence (Mitteilung), 8.4.2019, COM(2019) 168 final.
[58] *Expert Group on Liability and New Technologies,* Liability for Artificial Intelligence and other emerging technologies, 21.11.2019, Key Finding 8, S. 37f.
[59] *Europäische Kommission,* Weissbuch zur Künstlichen Intelligenz – ein europäisches Konzept für Exzellenz und Vertrauen, COM (2020) 65 final (im Folgenden COM(2020) 65 final). Einen Überblick über Kerninhalte des Weissbuches gewährt der Beitrag von *Jüngling,* MMR 2020, 440.
[60] COM(2020) 65 final S. 5.
[61] Die EU-Kommission verfolgt das Ziel, bis 2030 über 20 Milliarden Euro an KI-Investitionen pro Jahr zu mobilisieren, vgl. COM(2020) 65 final S. 7 und den koordinierten Plan für künstliche Intelligenz, COM (2018) 795.
[62] COM(2020) 65 final S. 8.
[63] COM(2020) 65 final, S. 9.
[64] COM(2020) 65 final S. 10.
[65] COM(2020) 65 final S. 10.
[66] COM(2020) 65 final S. 10.
[67] COM(2020) 65 final S. 11 ff.

Dinge und der Robotik in Hinblick auf Sicherheit und Haftung[68] angestellten Überlegungen wird im Folgenden noch gesondert eingegangen.

C. Die zivilrechtliche Haftung für autonome Systeme am Beispiel selbstfahrender Fahrzeuge

I. Einführung

Schon seit der Industrialisierung sind technische Entwicklungen treibende Kraft bei der Ausdifferenzierung und Weiterentwicklung des Haftungsrechts. Es verwundert daher wenig, dass auch die Künstliche Intelligenz und die Robotik zu einer wahren Flut an Aufsätzen mit einer Betrachtung der aktuellen Rechtslage und Vorschlägen zur Weiterentwicklung des Haftungsrechts geführt haben.[69] Bevor auf Haftungsregime für autonome Systeme im Detail eingegangen wird, sollen zunächst die Grundlagen des Haftungsrechts vergegenwärtigt werden. Die **Funktion des Haftungsrechts**[70] besteht darin, dem potenziellen Schädiger Anreize zur Vermeidung von Schäden zu geben **(Prävention)**.[71] Daneben wird vor allem der Gedanke des Schadensausgleichs **(Kompensation)** bemüht.[72] Indes dürfte letzterer nur für die rechtsfolgenseitige Bestimmung des Schadensumfangs Bedeutung haben, während der Grund der Haftung in der Verhaltenssteuerung liegt.[73] Um diesen Funktionsdualismus auch bei autonomen Systemen verwirklichen zu können, muss das Haftungsrecht diese technische Neuerscheinung adäquat adressieren können. Der am häufigsten erörterte praktische Anwendungsfall autonomer Systeme ist der des autonomen Fahrzeugs, das eine neue Form der Mobilität ermöglichen und die Anzahl der Verkehrsunfälle deutlich verringern soll. Erste Einsätze selbstfahrender Fahrzeuge (zu Testzwecken) erfolgen bereits und haben ebenso wie ein erster Unfall in den USA die haftungsrechtliche Diskussion befeuert.[74]

Der bisher wohl bekannteste Unfall eines selbstfahrenden Fahrzeugs ereignete sich schon im Jahr 2018 in den USA. Am Abend des 18.3.2018 schob Elaine Herzberg ihr mit Einkaufstüten bepacktes Fahrrad über eine Kreuzung in Tempe im US-Bundestaat Arizona, der wenige Tage zuvor die Rahmenbedingungen für den Betrieb selbstfahrender

---

[68] COM(2020) 64 final vom 19.2.2020.
[69] Überblick über die Diskussion bei *Kreutz,* in: Oppermann/Stender-Vorwachs, Autonomes Fahren – Rechtsfolgen, Rechtsprobleme, technische Grundlagen, S. 177, 179–184. Hervorzuheben sind die Beiträge von *Wagner,* in: Lohsse/Schulze/Staudenmayer, Liability for Artificial Intelligence and the Internet of Things, S. 27 ff.; *Wagner,* in: Faust/Schäfer, Travermünder Symposium zur Ökonomischen Analyse des Rechts, S. 1 ff.; *Wagner,* AcP 217 (2017), 708 ff.; *Spindler,* in: Lohsse/Schulze/Staudenmayer, Liability for Artificial Intelligence and the Internet of Things, S. 125 ff.; *Spindler,* CR 2015, 766 ff.; *Spindler,* in: Hilgendorf, Robotik im Kontext von Recht und Moral, S. 63 ff.; *Teubner,* AcP 218 (2018), 155 ff.
[70] Die Frage nach der Funktion der Haftung stellt sich allgemein für die vertragliche wie auch für die außervertragliche Haftung. Sie wird vor allem im Hinblick auf die deliktische Haftung diskutiert. Aber auch Haftungsgrund für vertragliche Schadensersatzansprüche nach § 280 BGB liegt in der Abwehr von Störungen des Vertragsverhältnisses (*Schwarze,* in: Staudinger BGB, Neubearbeitung 2019, Vorb. § 280–285 A. 2) und damit im Schutz des Äquivalenz- und Integritätsinteresses durch Prävention und Kompensation.
[71] *Wagner,* in: MüKo BGB Vorb. § 823 Rn. 45 ff.; *Kötz/Wagner,* Deliktsrecht, S. 30 f.; *Spickhoff,* in: Soergel, BGB Vorb. § 823 Rn. 31 ff.; *Förster,* in: BeckOK BGB, § 823 Rn. 9; *Schäfer/Ott,* Lehrbuch der ökonomischen Analyse des Zivilrechts, S. 150 ff. Zur zutreffenden Kritik am Präventionsziel vgl. *Wagner,* VersR 2020, 717, 721 f.
[72] *Larenz/Canaris,* Schuldrecht II/2, § 75 I 2i, S. 354; *Förster,* in: BeckOK BGB, § 823 Rn. 7; *Spickhoff,* in: Soergel, 13. Aufl. 2005, Vorb. § 823 Rn. 30; *Hager,* in: Staudinger BGB, Neubearbeitung 2017, Vorb. § 823 Rn. 9.
[73] So auch zur Funktion des Deliktsrechts *Habersack/Zickgraf,* ZHR 182 (2018), 252, 255, 256; *Spickhoff,* in: Soergel, 13. Aufl. 2005, Vorb. § 823 Rn. 31; *Förster,* in: BeckOK BGB, § 823 Rn. 8; ähnlich *Wagner,* in: MüKo BGB Vorb. § 823 Rn. 48 (Vorrang der Präventionsfunktion) und *Kötz/Wagner,* Deliktsrecht, S. 30 f.
[74] Näher zum Unfallhergang vgl. https://www.ntsb.gov/news/press-releases/Pages/NR20191119c.aspx (letzter Zugriff am 1.11.2020) und https://www.ntsb.gov/news/press-releases/Pages/NR20180524.aspx (letzter Zugriff am 1.11.2020).

Fahrzeuge in Arizona erlassen hatte. Nachdem sie zwei Fahrbahnen überquert hatte, wurde sie von einem selbstfahrenden Testfahrzeug des Mobilitätsdienstleisters Uber erfasst, das im autonomen Betriebsmodus lief. Auf dem Fahrersitz befand sich eine Mitarbeiterin der Firma Uber, die angab, Elaine Herzberg erst bei der Kollision mit dem Fahrzeug bemerkt zu haben. Elaine Herzberg verstarb noch am Unfallort und gilt als erster Mensch, der durch ein selbstfahrendes Fahrzeug ums Leben kam.

13 Der Fall Elaine Herzberg löste nicht nur in den USA eine bis heute andauernde, kontroverse Diskussion über die Risiken selbstfahrender PKW und die Frage nach dem oder den Verantwortlichen für die von ihnen verursachten Personen- und Sachschäden aus.[75] Ob dies der Fahrer, der Hersteller des Fahrzeugs oder der Entwickler der Steuerungssoftware sein soll, wurde als schwer lösbares Problem gesehen.[76] Auch in Europa wurden in der Tagespresse unterschiedliche Ansichten dazu vertreten, ob das geltende Recht hinreichend auf die „Schuldfrage" bei Verkehrsunfällen unter Beteiligung autonomer Fahrzeuge vorbereitet ist und ob ein neues Haftungsregime geschaffen werden muss.[77] Während sich der frühere Verkehrsminister *Alexander Dobrindt* dafür aussprach, dass die Haftung auf den Fahrzeughersteller übergehen müsse, sobald der Computer die Steuerung übernimmt,[78] wollen andere die Fahrzeughersteller vor einer ausufernden Inanspruchnahme schützen.[79] Der Gesetzgeber reagierte mit dem 8. Gesetz zur Änderung des Straßenverkehrsgesetzes (8. StVGÄndG) vom 16.6.2017[80] erstmals auf das Phänomen selbstfahrender Fahrzeuge. Mit Wirkung zum 21.6.2017 sind die §§ 1a, 1b, 1c StVG sowie die §§ 63a, 63b StVG neu in das Straßenverkehrsgesetz eingefügt worden, eine Änderung der Haftungsregeln war damit aber nicht verbunden.[81] Zudem hat der deutsche Gesetzgeber die Haftungshöchstbeträge nach § 12 Abs. 1 S. 1 StVG bei der Nutzung einer hoch- oder vollautomatisierten Fahrfunktion verdoppelt.[82]

14 Bevor auf Reformvorschläge eingegangen wird (vgl. Rn. 101 ff.), soll zunächst eine Einordnung autonomer Systeme in das geltende Haftungsrecht (Rn. 16 ff.) erfolgen. Dabei bietet es sich an, nach den Beteiligten zu sortieren: Wird ein Schaden unter Einsatz von autonomen Systemen verursacht, kommt eine Einstandspflicht des Herstellers aber auch des Nutzers oder Betreibers des autonomen Systems in Betracht. Sofern befürchtet wird[83], dass der Einsatz der neuen Technologien zu einer Verschiebung der Haftung vom Anwender zum Hersteller führt, obgleich letzterer nicht die Aktivität des autonomen Systems steuert, ist dem entgegenzuhalten, dass dies aus rechtsökonomischer Sicht folgerichtig ist: Die Haftung trifft diejenige Partei (Hersteller), die zu einer Steuerung der Gefahr durch

---

[75] Vgl. etwa https://www.ntsb.gov/news/press-releases/Pages/NR20191119c.aspx (letzter Zugriff am 1.11.2020).

[76] *Schmelzer*, What happens when self-driving cars kill people?, abrufbar unter https://www.forbes.com/sites/cognitiveworld/2019/09/26/what-happens-with-self-driving-cars-kill-people/ (letzter Zugriff am 1.11.2020).

[77] Vgl. https://t3n.de/news/autonomes-fahren-wer-haftet-bei-verkehrsunfall-1139860/ (letzter Zugriff am 111.2020); oder *Müller*, Automatisierte Fahrzeuge sind geborene Opfer, Süddeutsche Zeitung Online vom 24.1.2019, abrufbar unter https://www.sueddeutsche.de/auto/autonomes-fahren-unfall-haftung-1.4300220 (letzter Zugriff am 1.11.2020).

[78] Nach *Doll*, Selbst der unschuldige Fahrer soll für das autonome Auto haften, Welt Online vom 21.11.2018, abrufbar unter https://www.welt.de/wirtschaft/article184207482/Autonomes-Fahren-Der-Fahrer-soll-immer-haften-selbst-wenn-er-unschuldig-ist.html (letzter Zugriff am 1.11.2020).

[79] *Lutz*, NJW 2015, 119, 120.

[80] BGBl. 2017 I S. 1648.

[81] Näher zu den Änderungen *Freise*, VersR 2019, 65, 66 ff.; *Armbrüster*, ZRP 2017, 83 ff.; *Buck-Heeb/Dieckmann*, in: Oppermann/Stender-Vorwachs, Autonomes Fahren – Rechtsfolgen, Rechtsprobleme, technische Grundlagen, S. 141, 142 f.; *Balke*, SVR 2018, 5; *Lange*, NVZ 2017, 345 f.; *König*, NZV 2017, 123 ff.; *Schirmer*, NZV 2017, 253 ff.

[82] Näher dazu *Buck-Heeb/Dieckmann*, in: Oppermann/Stender-Vorwachs, Autonomes Fahren – Rechtsfolgen, Rechtsprobleme, technische Grundlagen, S. 141, 167 f.

[83] *Lutz*, NJW 2015, 119, 120.

Sorgfaltsmaßnahmen durch die Herstellung eines fehlerfreien Produkts in der Lage ist (*cheapest cost avoider*[84]).[85]

Die folgende Darstellung bedient sich der Einfachheit halber des Beispiels des autonomen Fahrzeugs, um das Haftungsrecht *de lege lata* in seinen Grundzügen zu erläutern und seine Anwendung auf KI Systeme zu untersuchen. Jenseits der spezifischen Regelungen des StVG gelten die folgenden Ausführungen grundsätzlich für alle autonomen Systeme, zu denen etwa auch Produktionsanlagen zählen, die mittels maschinellen Lernens einer laufenden Verbesserung und Fortentwicklung unterliegen. In den folgenden Ausführungen werden dabei nicht die durch fehlerhafte Hardware verursachten Schäden adressiert, sondern auf die Fehlerhaftigkeit der (Steuerungs-)Software abgestellt. Verursacht ein selbstfahrendes Fahrzeug wegen eines von Anfang an fehlerhaften Sensors einen Unfall, liegt unproblematisch ein Produktfehler und damit ein Anknüpfungspunkt für die Haftung des Herstellers vor. In den weiteren Ausführungen soll vielmehr der Frage nachgegangen werden, ob ein Fehler vorliegt, wenn die Software zwar richtige Daten erhält, diese aber beispielsweise falsch interpretiert und deshalb eine Entscheidung trifft, die einen Schaden zur Folge hat.[86]

II. Bestimmung des Sorgfaltsmaßstabs bei autonomen Systemen

Da das Haftungsrecht im Grundsatz auf dem Verschuldensprinzip aufbaut und unabhängig von der dogmatischen Stellung (vertraglicher oder gesetzlicher Schadensersatzanspruch) auf einem Verstoß gegen die gebotene Sorgfalt beruht, ist vorab auf den zentralen Begriff der **Sorgfalt** und des **Sorgfaltsmaßstabs** einzugehen, der in unterschiedlicher Gestalt Relevanz im Haftungsrecht[87] gewinnt.[88] Es besteht nicht der „eine" Sorgfaltsmaßstab, vielmehr korrelieren die Anforderungen an die Sorgfalt jeweils mit Funktionalität und Gefährdungspotenzial der konkreten Anwendung. Zu berücksichtigen sind unter anderem die Schadenshöhe, die Wahrscheinlichkeit des Schadenseintritts und die Kosten für Vorsichts-

---

[84] Zum Begriff *Calabresi*, The Costs of Accidents, S. 135; *Schäfer/Ott*, Lehrbuch der ökonomischen Analyse des Zivilrechts, S. 252 f.
[85] *Wagner*, in: Faust/Schäfer, Travermünder Symposium zur ökonomischen Analyse des Rechts, S. 1, 21; *Wagner*, AcP 217 (2017), 707, 762 f.; *Wagner*, in: Lohsse/Schulze/Staudenmayer, Liability for Artificial Intelligence and the Internt of Things, S. 27, 40 f.
[86] Vgl. hierzu beispielsweise den Beitrag von BR vom 18.11.2019, abrufbar unter https://www.br.de/nachrichten/wissen/farben-und-muster-koennen-selbstfahrende-autos-verwirren,RgO2fSx (letzter Zugriff am 1.11.2020) sowie die Studie von *Ranjan/Janai/Geiger/Black*, Max Planck Institut für Intelligent Systems, Attacking Optical Flow, November 2019.
[87] Zu beachten ist, dass die deliktischen Verkehrspflichten und die vertraglichen Nebenpflichten iSd § 241 Abs. 2 BGB vorbehaltlich der Charakteristika des Schuldverhältnisses übereinstimmen, weshalb auch die materiellen Wertungskriterien für die Entstehung der Pflichten im Ausgangspunkt übereinstimmen. Zu diesem Wechselspiel von Delikts- und Vertragsrecht vgl. näher BGH, NJW 2013, 3366 Rn. 25; BGH, VersR 2008, 1551 Rn. 9; OLG Düsseldorf, VersR 2020, 117; *Wagner*, in: MüKo BGB Vorb. § 823 Rn. 84, § 823 Rn. 60 und 449; *Palandt/Grüneberg* BGB § 280 Rn. 28; *Sutschet*, in: MüKo BGB § 241 Rn. 92; *Ernst*, in: MüKo BGB § 280 Rn. 109; *Riehm*, in: Beck OGK BGB, § 280 Rn. 38, 166.
[88] Zu beachten ist natürlich, dass der Sorgfaltsverstoß einerseits als Pflichtverletzung bzw. Verkehrspflichtenverstoß und andererseits auf Verschuldensebene als Außerachtlassen der im Verkehr erforderlichen Sorgfalt relevant werden kann. Zwischen diesen Ebenen bestehen Überschneidungen und regelmäßig wird aus der Annahme eines objektiven Sorgfaltsverstoßes auch die Bejahung eines fahrlässigen Verhaltens folgen. Insofern sind auch die Wertungskriterien für die Konturierung der Sorgfalt im Grundsatz dieselben. Im Hinblick auf das Verschulden gewinnt allerdings noch der Gesichtspunkt der *Erkennbarkeit* Bedeutung. Vergleiche zum Vertragsrecht: *Riehm*, in: BeckOGK BGB, § 280 Rn. 17, 161, 178, 337; *Schaub*, in: BeckOGK, § 276 Rn. 81 f.; *Lorenz*, in: BeckOK BGB, § 280 Rn. 81; *Grundmann*, in: MüKo BGB § 276 Rn. 55 ff.; zum Deliktsrecht, für welches die Unterscheidung zwischen äußerer und innerer Sorgfalt herrschend ist, *Wagner*, in: MüKo BGB, § 823 Rn. 30 ff., 445 f. mwN; *Larenz/Canaris*, Schuldrecht II/2, § 76 III, S. 426 ff.; *Spindler*, in: BeckOGK BGB, Stand 1.10.2019, § 823 Rn. 450 f.; BGH, VersR 1976, 149, 151; VersR 1990, 1289, 1290 f.; NJW 1994, 2232, 2233; kritisch insofern *Schäfer/Ott*, Lehrbuch der ökonomischen Analyse des Zivilrechts, S. 190; *Wagner*, in: MüKo BGB, § 823 Rn. 34 ff., 57 und 447 f. Vgl. ferner speziell zu autonomen Systemen *Pieper*, in: Kaulartz/Braegelmann, Rechtshandbuch AI, S. 239, 267.

bzw. Schadensvermeidungsmaßnahmen.⁸⁹ Ein Verstoß gegen die Sorgfalt liegt jedenfalls vor, wenn Sicherungsmaßnahmen unterlassen werden, deren Kosten kleiner sind als der Schaden multipliziert mit seiner Eintrittswahrscheinlichkeit (= Kosten-Nutzen-Analyse im Sinne der marginalisierten⁹⁰ *Learned Hand-Formel*⁹¹). Dementsprechend verlangt die Rechtsprechung zurecht keine absolute Sicherheit, was die Sorgfaltspflichten überspannen würde. Vielmehr sind *„diejenigen Sicherheitsvorkehrungen zu treffen, die ein verständiger, umsichtiger und vorsichtiger und gewissenhafter Angehöriger der betroffenen Verkehrskreise […] für ausreichend halten darf, um andere Personen […] vor Schäden zu bewahren und die den Umständen nach zuzumuten sind"*⁹². Die Zumutbarkeit bestimmt sich dabei unter Abwägung der Wahrscheinlichkeit der Gefahrverwirklichung, der Schwere des potenziellen Schadens und der Höhe der Kosten für Sicherungsmaßnahmen.⁹³ In die Zumutbarkeitserwägungen fließen andererseits aber auch mögliche und zumutbare Sorgfaltsvorkehrungen des Geschädigten ein (sog. *Reziprozität* des Sorgfaltsstandards⁹⁴).⁹⁵ Der Sorgfaltsmaßstab ist ein normativer Maßstab, der durch die Erwartungen des angesprochenen Verkehrskreises und dessen Kenntnisse und Gefahrbeherrschungsmöglichkeiten bestimmt wird.⁹⁶ Innerhalb des Verkehrskreises ist auf das Verhalten eines ordentlichen Durchschnittsmenschen abzustellen.⁹⁷ Die Typisierung nach Verkehrskreisen gilt für die Schädiger- und Geschädigtenseite. In diesem Zusammenhang ist hinsichtlich des Umfangs der Sorgfalt das sog. *Vertrauensprinzip* anerkannt, dh die Erwartbarkeit der Einhaltung eines bestimmten Sicherheitsstandards.⁹⁸ Daneben kann auf die Gesichtspunkte der *Gefahrschaffung bzw. -erhöhung,* der *Gefahrbeherrschung* und der *Zusammengehörigkeit von Risikotragung und Vorteilsziehung* zur Konkretisierung rekurriert werden.⁹⁹ Vertragliche Abreden und Modifikationen gehen diesen allgemeinen Erwägungen vor.¹⁰⁰ Erforderlich ist stets eine Gesamtbetrachtung.¹⁰¹

17   An die Herstellung und Entwicklung von *autonomen Systeme*n sind wegen ihres Schadenspotenzials grundsätzlich hohe Anforderungen zu stellen, maßgeblich ist aber eine Einzelfallbetrachtung. So ist es einleuchtend, dass etwa für selbstfahrende Fahrzeuge aufgrund ihres Gefährdungspotenzials für unbeteiligte Dritte und den Fahrer/Nutzer tendenziell

---

⁸⁹ Vgl. nur *Wagner*, in: MüKo, BGB § 823 Rn. 424f.; *Grundmann*, in: MüKo BGB § 276 Rn. 60ff.
⁹⁰ Dabei kommt es nicht auf den Vergleich der Gesamtkosten der möglichen Sicherheitsmaßnahmen mit dem Gesamtschaden an, sondern auf eine *Marginalbetrachtung*; vgl. das instruktive Beispiel bei *Kötz/Wagner*, Deliktsrecht, S. 32. Der potenzielle Schädiger hat seinen Sorgfaltsaufwand so lange auszudehnen, wie die Grenzkosten einer zusätzlichen Sorgfaltseinheit größer sind als der dadurch verhinderte Grenzschaden. Es handelt sich insofern um eine Verfeinerung der *Learned-Hand-Formel* (sog. marginalisierte *Learned-Hand-Formel*) – näher *Posner*, Economic Analysis of Law, § 6.1. S. 191ff.; *Schäfer/Ott*, Lehrbuch der ökonomischen Analyse des Zivilrechts, S. 183; *Wagner*, in: MüKo BGB Vorb. § 823 Rn. 56 und § 823 Rn. 478f.
⁹¹ *United States v. Carroll Towing Co.*, 159 F. 2d 169, 173 (2d Cir. 1947); allgemein dazu *Kötz/Wagner*, Deliktsrecht, S. 34; *Schäfer/Ott*, Lehrbuch der ökonomischen Analyse des Zivilrechts, S. 182ff.
⁹² StRspr vgl. zuletzt *BGH*, NJW 2018, 2956 Rn. 18; NJW 2014, 2104 Rn. 9.
⁹³ Vgl. *BGH*, NJW 2018, 2956 Rn. 18 mwN; *Wagner*, in: MüKo BGB, § 823 Rn. 477.
⁹⁴ Zum rechtsökonomischen Hintergrund instruktiv *Schäfer/Ott*, Lehrbuch der ökonomischen Analyse des Zivilrechts, S. 247ff.; grundlegend *Calabresi*, The Costs of Accidents, S. 135ff. und *Shavall*, 9 Journal of Legal Studies, S. 1ff.; *Shavell*, Economic Analysis of Accident Law, S. 26ff.
⁹⁵ Vgl. nur *Wagner*, in: MüKo BGB, § 823 Rn. 480f. und Rn. 954 zur Produkthaftung; Vorb. § 823 Rn. 58; *Schäfer/Ott*, Lehrbuch der ökonomischen Analyse des Zivilrechts, 5. Aufl. 2012, S. 215ff.
⁹⁶ *Wagner*, in: MüKo BGB, § 823 Rn. 480f.; *Grundmann*, in: MüKo, § 276 Rn. 60.
⁹⁷ *Wagner*, in: MüKo BGB, § 823 Rn. 480 und speziell zur Produkthaftung Rn. 812; *Grundmann*, in: MüKo BGB § 276 Rn. 77.
⁹⁸ Vgl. dazu *Wagner*, in: MüKo BGB, § 823 Rn. 480f.; *Spindler*, in: BeckOGK BGB, § 823 Rn. 475; *Habersack/Zickgraf*, ZHR 182 (2018), 252, 268f.; aus der Rechtsprechung BGHZ 80, 186, 189f. = NJW 1981, 1603; *BGH*, NJW 1987, 1013f.; NJW 1990, 906, 907; NJW 1994, 3348, 3349.
⁹⁹ Zu diesen Wertungskriterien im deliktischen Kontext für die Entstehung von Verkehrssicherungspflichten *Larenz/Canaris*, Schuldrecht II/2, § 76 III, S. 406ff.; *Wagner*, in: MüKo BGB, § 823 Rn. 450ff.; *Habersack/Zickgraf*, ZHR 182 (2018), 253, 268f.; *Spindler*, in: BeckOGK BGB, § 23 Rn. 391ff.
¹⁰⁰ Vgl. auch *BGH*, NJW 2013, 3366 Rn. 25.
¹⁰¹ Vgl. *Larenz/Canaris*, Schuldrecht II/2, § 76 III S. 412, die im Anschluss an *Wilburg* von einem „offenen" bzw. „beweglichen" System sprechen.

strenge Sicherheitsanstrengungen verlangt werden.[102] Auch der Autonomisierungsgrad des Systems, dh welche Aufgaben durch das System selbstständig erledigt werden, ist bei der Bestimmung der erforderlichen Sorgfalt von Bedeutung. Je mehr Aufgaben von dem autonomen System selbstständig übernommen werden, desto mehr darf ein Nutzer grundsätzlich erwarten, dass das System zur Bewältigung auftretender Fragen und Probleme in der Lage ist *(Vertrauensprinzip)*.[103] Andererseits stellt das Inverkehrbringen einer unbeherrschbaren Gefahrenquelle keinen Grund für eine Haftungserleichterung dar, weshalb sich der Hersteller nicht damit verteidigen kann, sein System agiere auch für ihn unvorhersehbar.[104] Autonome Systeme dürfen vielmehr nur dann in den Verkehr gebracht werden, wenn der Hersteller alle objektiv möglichen und zumutbaren Maßnahmen ergriffen hat, um eine Schädigung anderer auszuschließen. Die bei autonomen Systemen auftretende Interaktion und Aufgabenteilung von Mensch und Maschine bergen besondere neue Herausforderungen, die adäquat adressiert werden müssen.[105] Die Konkretisierung des relevanten Sorgfaltsniveaus hängt dabei von den konkreten Umständen (zB Einsatzort, Schädigungspotenzial) und der Funktionalität des autonomen Systems ab.[106]

Bei den möglichen Anspruchsgegnern und Haftungssubjekten ist zwischen Betreibern und bloßen Nutzern eines autonomen Systems zu unterscheiden.[107] Im Fall des selbstfahrenden Fahrzeugs ist der Fahrzeughalter als Betreiber und der Fahrer/Passagier als Nutzer des selbstfahrenden Fahrzeugs anzusehen. Nutzer und Betreiber können auch zusammenfallen. Die Unterscheidung soll verdeutlichen, dass der Nutzer (Fahrgast oder Fahrer) kaum bzw. weniger Einfluss auf das autonome System als dessen Halter hat. Der Fahrer oder der Passagier eines autonomen Fahrzeugs kann nämlich nur noch das Fahrzeug starten. Mit dieser Abnahme an Einfluss- und Steuerungsmöglichkeit korrespondiert eine Reduktion bzw. Umgestaltung der Pflichten des Nutzers *(Prinzip der Gefahrbeherrschung)*.[108] Je autonomer das System agiert, desto mehr darf aber grundsätzlich auch ein Betreiber erwarten, dass ein solches System „mitdenkt" und Gefahren erkennt bzw. verhindert *(Vertrauensprinzip)*.[109]

Das öffentliche Sicherheitsrecht und technische Regelwerke bieten eine wichtige Orientierungshilfe bei der Konkretisierung des zivilrechtlichen Sorgfaltsmaßstabs im Sinne eines Mindeststandards.[110] Ein Unterschreiten dieser Vorgaben kann, muss aber nicht eine zivilrechtliche Haftung auslösen, wie umgekehrt die Einhaltung der Regelwerke keine Haftungsbeschränkung bewirkt.[111] Die Einhaltung eines solchen Standards begründet aber regelmäßig einen *prima-facie*-Beweis für die Einhaltung der Sicherheitspflichten.[112] Bisher bestehen wenig anerkannte Regeln, die den technischen Standard autonomer Systeme umfassend be-

---

[102] Für selbstfahrende Fahrzeuge *Spindler*, in: BeckOGK BGB, § 823 Rn. 733; *Gless/Janal*, JR 2016, 561, 568; *Hey*, Die außervertragliche Haftung des Herstellers autonomer Fahrzeuge, S. 57; *Schrader*, DAR 2016, 242, 243; allgemein *Horner/Kaulartz*, CR 2016, 7, 11.
[103] *Horner/Kaulartz*, CR 2016, 7, 11.
[104] *Zech*, ZfPW 2019, 198, 210; *Wagner*, AcP 217 (2017), 707, 713.
[105] Zur Interaktion von Mensch und Fahrzeug *Färber*, in: Maurer/Gerdes/Lenz/Winner, Autonomes Fahren Technische, rechtliche und gesellschaftliche Aspekte, S. 127 f.; *Joerdan/Matschi*, NZV 2015, 26, 29.
[106] *Horner/Kaulartz*, CR 2016, 7, 11.
[107] Zu dieser Unterscheidung auch *Expert Group on Liability and New Technologies*, Liability Artificial Intelligence and other emerging digital technologies, 21.11.2019, Key Finding 14, S. 39 ff.; *Gless/Janal*, JR 2016, 561, 562; ähnlich *Koch*, VersR 2020, 741, 742 f.; *Zech*, 73. DJT Gutachten A, S. A 55, 83.
[108] *Zech*, ZfPW 2019, 198, 207; *Horner/Kaulartz*, CR 2016, 7, 8; *Horner/Kaulartz*, DSRITB 2015, 501, 509.
[109] Vgl. dazu auch *Horner/Kaulartz*, CR 2016, 7, 12; *Förster*, ZfPW 2019, 419, 424.
[110] StRspr *BGH*, NJW 1987, 372, 373; BGHZ 92, 143, 151 f. = NJW 1985, 47, 49; BGHZ 103, 338, 341 f. = NJW 1988, 2677 f.; BGHZ 114, 273, 275 f. = NJW 1991, 2021, 2022; NJW 1971, 1313, 1314; NJW 1980, 1219, 1221; NJW 1984, 801, 802; NJW 1997, 582, 583; NJW-RR 2002, 525, 526; VersR 2004, 657, 658; NJW 2008, 3779 Rn. 16; *Wagner*, in: MüKo BGB, § 823 Rn. 501; *Foerste*, in: Foerste/v. Westphalen, Produkthaftungshandbuch, § 24 Rn. 46.
[111] *BGH*, NJW 2008, 3779 Rn. 16; *Wagner*, in: MüKo BGB § 823, Rn. 501; aA *Zech*, in: Gless/Seelmann, Intelligente Agenten und das Recht, S. 163, 183.
[112] *Spindler*, in: BeckOGK BGB, § 823 Rn. 101; *Spindler*, in: Hilgendorf, Robotik im Kontext von Recht und Moral, S. 63, 71.

schreiben.¹¹³ In den USA hat das *US Department of Transportation* Sicherheitsstandards für autonome Fahrzeuge erarbeitet.¹¹⁴ Die funktionale Sicherheit elektronischer Systeme in Fahrzeugen nimmt die ISO 26262 in Form von offenen Standards in den Blick, die sich aber schwer für die Konkretisierung des haftungsrechtlichen Sorgfaltsmaßstabs eignen.¹¹⁵ Die IEC 61508 enthält hingegen generellere Normen für sicherheitskritische Systeme.¹¹⁶ Daneben bestehen spezielle Vorgaben für einzelne Bauteile.¹¹⁷ Für automatisierte Fahrzeuge liegt nun der technische Standard ISO/PAS 2144 vor.

III. Vertragliche Haftung für Fehler autonomer Systeme

20   Die vertragliche Haftung für Fehler und Schäden autonomer Systeme ist bisher vergleichsweise wenig erörtert. Die Diskussion dreht sich vor allem um die Frage der Anwendbarkeit des § 278 BGB¹¹⁸ und den Einsatz autonomer Systeme beim Vertragsschluss¹¹⁹. Das vertragliche Verhältnis zwischen Hersteller und Erwerber eines autonomen Systems ist bislang vergleichsweise wenig thematisiert worden.¹²⁰ Weitere Fragen wie die IT-Sicherheit, das Vernetzungsrisiko und vertragliche Updatepflichten werden an anderer Stelle in diesem Handbuch untersucht.¹²¹

1. Die Haftung des Veräußerers eines autonomen Systems

21   Der Einsatz von selbstfahrenden Fahrzeugen im Straßenverkehr berührt die Interessen anderer Verkehrsteilnehmer wie auch die Interessen derjenigen, die solche Fahrzeuge erwerben und nutzen. Dabei ist zunächst der Fall des Erwerbs eines autonomen Systems in den Blick zu nehmen.

---

¹¹³ Für Roboter bestehen die Standards EN ISO 10218-1 und -2 sowie ISO/TS 15066. Dazu ausführlich *Jacobs*, in: Hilgendorf/Günther, Robotik und Recht, S. 73, 82 ff.; *Zech*, in: Gless/Seelmann, Intelligente Agenten und das Recht, S. 163, 183.
¹¹⁴ Abrufbar unter https://www.transportation.gov/AV (letzter Zugriff am 1.11.2020).
¹¹⁵ *Wagner*, AcP 217 (2017), 707, 731; *Helmig*, PHI 2012, 32, 35; *Helmig*, PHI 2016, 188, 191; *Spindler*, CR 2015, 766, 771; *Wilhelm/Ebel/Weitzel*, in: Winner, Handbuch Fahrerassistenzsysteme, S. 85 ff.; *Ebers*, in: Oppermann, Autonomes Fahren – Rechtsfolgen, Rechtsprobleme, technische Grundlagen, 2017, 93, 104; kritisch hinsichtlich ihrer Bedeutung für die Konkretisierung des Sicherheitsmaßstabs *Hey*, Die außervertragliche Haftung des Herstellers autonomer Fahrzeuge, S. 54 f.
¹¹⁶ Hierzu *Reif*, Automobilelektronik, S. 254.
¹¹⁷ ZB ISO/TS 15066, ISO 15622 – dazu näher *Hey*, Die außervertragliche Haftung des Herstellers für autonome Fahrzeuge, S. 54; *Jänisch/Schrader/Reck*, NZV 2015, 313, 316 f.
¹¹⁸ ZB *Spindler*, in: Hilgendorf, Robotik im Kontext von Recht und Moral, S. 64, 66 f.; *Klingbeil*, JZ 2019, 718; *Müller-Hengstenberg/Kirn*, MMR 2014, 307, 309 ff.; monographisch *Günther*, Roboter und rechtliche Verantwortung, S. 91 ff.; *Grapentin*, Vertragsschluss und vertragliches Verschulden beim Einsatz von Künstlicher Intelligenz und Softwareagenten, S. 128 ff.; *Schulz*, Verantwortlichkeit bei autonom agierenden Systemen, S. 136 ff.
¹¹⁹ Dazu zB *Förster*, ZfPW 2019, 419, 424 ff.; *Riehm/Meier*, DGRI Jahrbuch 2018, S. 1 Rn. 11 ff.; *Kainer/Förster*, ZfPW 2020, 275, 282 ff.; *Sosnitza*, CR 2016, 764, 766; *Müller-Hengstenberg/Kirn*, MMR 2014, 307, 308 ff.; *Heuer-James/Chibanguza/Stücker*, BB 2018, 2818, 2820 ff.; *Müller-Hengstenberg/Kirn*, Rechtliche Risiken autonomer und vernetzter Systeme, S. 125 ff.; monographisch *Grapentin*, Vertragsschluss und vertragliches Verschulden beim Einsatz von Künstlicher Intelligenz und Softwareagenten, S. 86 ff.; *Günther*, Roboter und rechtliche Verantwortung, S. 45 ff.
¹²⁰ ZB *Wende*, in: Sassberg/Faber, Rechtshandbuch Industrie 4.0 und Internet of Things, § 4 Rn. 3 ff.; *Pieper*, in: Kaulartz/Braegelmann, Rechtshandbuch AI, S. 239, 262 ff.; *Spindler*, in: Hilgendorf, Robotik im Kontext von Recht und Moral, S. 63, 66; *Günther*, Roboter und rechtliche Verantwortung, S. 63; *Hanisch*, Haftung für Automation, S. 30 ff.; *Söbbing*, Fundamentale Rechtsfragen zur künstlichen Intelligenz (AI Law), S. 155.
¹²¹ → Teil 10.6.

C. Die zivilrechtliche Haftung für autonome Systeme am Beispiel selbstfahrender Fahrzeuge

a) Die Frage nach dem anwendbaren Mängelhaftungsrecht

Das vertragliche Haftungsregime des Veräußerers wie auch das Leitbild für den Prüfungsmaßstab im Rahmen einer Inhaltskontrolle von Allgemeinen Geschäftsbedingungen[122] richten sich nach der **vertragstypologischen Einordnung des zugrundeliegenden Schuldverhältnisses**. Im Hinblick auf Software haben sich durch die Vernetzung und Digitalisierung vielfältige Vertriebs- und Geschäftsmodelle entwickelt, die bisweilen zu Schwierigkeiten bei der typologischen Einordnung führen können.[123] Im Hinblick auf die (Steuerungs-)Software autonomer Systeme ergeben sich indes keine Besonderheiten zu herkömmlicher Software, da es sich auch bei dieser „nur" um Software handelt – wenn auch um hochkomplexe. Insofern darf auf folgende Leitlinien für die vertragstypologische Einordnung beim Erwerb und der Nutzung von Software hingewiesen werden:

22

1. Wird ein **Hardware-Software System,** zB ein Roboter oder ein smart Product, als Einheit veräußert, kommt bei einer dauerhaften Überlassung gegen Entgelt ein einheitlicher Kauf-[124], Werk-[125] bzw. Werklieferungsvertrag[126] bzw. bei Unentgeltlichkeit eine Schenkung in Betracht. Insoweit ergeben sich keine Unterschiede zu herkömmlichen Produkten. Erfolgt die Überlassung nur auf Zeit, kommt eine Einordnung als Miet- oder Leihverhältnis in Betracht. Geringfügige Zusatzleistungen ändern an der vertragstypologischen Einordnung grundsätzlich nichts, gegebenenfalls kann aber ein typengemischter Vertrag[127] anzunehmen sein.
2. Wird **Software** für sich allein weitergegeben *(standalone software)*, gilt es zu differenzieren.[128] Eine Überlassung von Software auf Dauer gegen Entgelt stellt bei Standardsoftware einen Kaufvertrag[129] und bei Individualsoftware einen Werk-[130] oder ggf. Werklieferungsvertrag[131] dar. Bei Unentgeltlichkeit liegt eine Schenkung vor.[132] Erfolgt die Überlassung hingegen zeitlich befristet kommt im Ausgangspunkt ein Miet-[133] oder (bei Annahme

---

[122] *BGH*, NJW 2010, 2661 Rn. 16; näher dazu *Mäsch*, in: Staudinger, Neubearbeitung 2019, Anh zu §§ 305–310 Rn. L 14.
[123] Insbesondere die Einordnung des App-Download fällt nicht immer leicht, vgl. dazu näher → Teil 10.6.
[124] *Stadler*, in: Auer-Reinsdorff/Conrad, Handbuch IT- und Datenschutzrecht, § 15 Rn. 9 ff.; *Kuss*, in: Sassenberg/Faber, Handbuch Industrie 4.0 und Internet of Things, § 12 Rn. 17; *Redeker*, IT-Recht, Rn. 687.
[125] *Stadler*, in: Auer-Reinsdorff/Conrad, Handbuch IT- und Datenschutzrecht, § 15 Rn. 13; *Kuss*, in: Sassenberg/Faber, Handbuch Industrie 4.0 und Internet of Things, § 12 Rn. 31.
[126] Der vor der Schuldrechtsreform zum alten Recht gebräuchliche Begriff des „Werklieferungsvertrages" wird jetzt wieder in die Überschrift zu § 650 BGB nF aufgenommen, vgl. RefE eines Gesetzes zur Umsetzung der Richtlinie über bestimmte vertragsrechtliche Aspekte der Bereitstellung digitaler Inhalte und digitaler Dienstleistungen (Bearbeitungsstand 05.10.2020); vgl. ferner *Kuss*, in: Sassenberg/Faber, Handbuch Industrie 4.0 und Internet of Things, § 12 Rn. 36.
[127] Dazu allgemein Palandt/*Grüneberg*, BGB Vor § 311 Rn. 20 ff.
[128] Differenzierte Regelungen zur Sachmängelhaftung werden sich für den B2C-Bereich aus der Richtlinie über bestimmte vertragsrechtliche Aspekte der Bereitstellung digitale Inhalte und digitaler Dienstleistungen (RL 2019/770/EU) ergeben → Teil 10.6.
[129] *BGH* NJW 2007, 2394; NJW 2000, 1415; NJW 1997, 2043; NJW 1993, 2436; NJW 1990, 3011; NJW 1990, 320 NJW 1988, 406; *Kast*, in: Auer-Reinsdorff/Conrad, Handbuch IT- und Datenschutzrecht, § 12 Rn. 42; *Roth-Neuschild*, in: Auer-Reinsdorff/Conrad, Handbuch IT- und Datenschutzrecht, § 13 Rn. 6 und zur Onlinenutzung Rn. 47; *Redeker*, IT-Recht, Rn. 523 f. mwN; *Marly*, Praxishandbuch Softwarerecht, Rn. 690 ff.
[130] ZB *BGH*, NJW 2010, 1449 Rn. 16; NJW-RR 2004, 782; NJW 1993, 1063; CR 2002, 93; NJW 1990, 3008; NJW 1998, 406; *Mäsch*, in: Staudinger, Neubearbeitung 2019, Anh zu §§ 305–310 Rn. L 21 und L 36 f.; *Busche*, in: MüKo BGB § 631 Rn. 142; Palandt/*Sprau*, BGB Vor § 631 Rn. 25; *Marly*, Praxishandbuch Softwarerecht, Rn. 676 ff.; speziell für autonome Systeme *Ammann*, CR 2020, 295, 298.
[131] Die Abgrenzung zum Werkvertrag ist strittig. Näher zum Streitstand *Busche*, in: MüKo BGB, § 631 Rn. 142; *Redeker*, IT-Recht, Rn. 296 f.; *Martinek*, in: Staudinger, Neubearbeitung 2013, § 453 Rn. 58 ff; *Marly*, Praxishandbuch Softwarerecht, Rn. 676 ff.
[132] *Kast*, in: Auer-Reinsdorff/Conrad, Handbuch IT- und Datenschutzrecht, § 12 Rn. 42; *Roth-Neuschild*, in: Auer-Reinsdorff/Conrad, Handbuch IT- und Datenschutzrecht, § 13 Rn. 29 f.
[133] *BGH*, NJW 2007, 2394; *Kast*, in: Auer-Reinsdorff/Conrad, Handbuch IT- und Datenschutzrecht, § 12 Rn. 42; *Roth-Neuschild*, in: Auer-Reinsdorff/Conrad, Handbuch IT- und Datenschutzrecht, § 13 Rn. 8; *Mäsch*, in: Staudinger, Neubearbeitung 2019, Anh zu §§ 305–310 Rn. L 24 ff.; *Marly*, Praxishandbuch Softwarerecht, Rn. 743 f., 1088, 1133; speziell für autonome Systeme *Ammmann*, CR 2020, 295, 298.

eines Rechtsbindungswillens und unentgeltlicher Überlassung) Leihverhältnis[134] in Betracht. Soweit neben der Bereitstellung der Software noch weitere Leistungen wie zB Datensicherung, Programmupdates oder die Nutzung von Speicherplatz vereinbart werden, ist im Einzelfall zu prüfen, ob es sich um einen zusammengesetzten oder um einen typengemischten Vertrag handelt.[135] Die rechtliche Behandlung des typengemischten Vertrags ist nach wie vor umstritten.[136] Richtigerweise sind zunächst die Vorschriften des der Einzelleistung entsprechenden Vertragstyps heranzuziehen und im Kollisionsfall verschiedener Normen die Vorschriften des Vertragstyps anzuwenden, der den rechtlichen oder wirtschaftlichen Schwerpunkt bildet.[137] Ob die Software in physischer Form auf einem Datenträger weitergegeben wird oder online heruntergeladen werden kann, ist für die vertragliche Einordnung der Softwareüberlassung unbeachtlich.[138] Der digitale Übertragungsvorgang ist nur ein weiterer Vertriebsweg.[139] Für die vertragstypologische Einordnung ist also stets eine sorgfältige Prüfung des Einzelfalls erforderlich.

Wird also ein selbstfahrendes Auto verkauft und handelt es sich um ein Standardfahrzeug, liegt ein Kaufvertrag vor. An der vertragstypologischen Einordnung ändert sich im Ausgangspunkt auch dann nichts, wenn die Standard(steuerungs-)software individuell angepasst wird.[140] Dies gilt auch, wenn das autonome System zum maschinellen Lernen fähig ist und der Lernvorgang beim Nutzer (weiter) erfolgen sollte. Zwar mag sich in diesen Fällen das Entscheidungsverhalten des autonomen Systems noch ändern/verfeinern, gleichwohl ändert dies nichts an der vertragstypologischen Einordnung.

b) Der Sachmangelbegriff bei autonomen Systemen

23 Abhängig von der vertragstypologischen Einordnung (vgl. Rn. 21 f.) bestimmen sich die Sachmängelansprüche des Erwerbers. Zentrale Bedeutung kommt dem Vorliegen eines **Mangels** des autonomen Systems zu. Ein Mangel der Kauf-, Mietsache bzw. des Werks liegt allgemein bei negativer Abweichung der Ist-Beschaffenheit von der Soll-Beschaffenheit vor.[141] Dafür ist zunächst der geschuldete Funktionsumfang des autonomen Systems festzustellen und dann eine etwaige Abweichung hiervon zu ermitteln. Betrachtet man den Sachmangelbegriff in funktionaler Hinsicht und auch in Abgrenzung zum deliktischen und produkthaftungsrechtlichen Fehlerbegriff, ergibt sich für den Sachmangelbegriff als Zielsetzung der Schutz des Nutzungs- und Äquivalenzinteresses und damit der Gebrauchstauglichkeit, auf ein Verschulden kommt es nicht an. Im Delikts- und Produkthaftungsrecht geht es hingegen nur um den Schutz des Integritätsinteresses und damit um die

---

[134] *Roth-Neuschild*, in: Auer-Reinsdorff/Conrad, Handbuch IT- und Datenschutzrecht, § 13 Rn. 49 f.; *Kast*, in: Auer-Reinsdorff/Conrad, Handbuch IT- und Datenschutzrecht, § 12 Rn. 42; *Mäsch*, in: Staudinger, Neubearbeitung 2019, Anh zu §§ 305–310 Rn. L 27; *Marly*, Praxishandbuch Softwarerecht, Rn. 743; kritisch insoweit für kostenlose Apps *Datta/Klein*, CR 2017, 174, 176 ff.
[135] Überblick bei *Emmerich*, in: MüKo BGB, § 311 Rn. 24 ff.
[136] Eine instruktive Übersicht zur Absorptionstheorie, Kombinationstheorie, Theorie der analogen Rechtsanwendung findet sich bei Palandt/*Grüneberg*, BGB Vor § 311 Rn. 25 f.; *Kuss*, in: Sassenberg/Faber, Handbuch Industrie 4.0 und Internet of Things, Teil 3 Kap. C Rn. 11 ff.
[137] Palandt/*Grüneberg*, BGB Vor § 311 Rn. 25 f.; *Roth-Neuschild*, in: Auer-Reinsdorff/Conrad, Handbuch IT- und Datenschutzrecht, § 13 Rn. 52.
[138] BGH, NJW 2007, 2394 Rn. 11 ff.; NJW 2010, 1449 Rn. 19; *Mäsch*, in: Staudinger, Neubearbeitung 2019, Anh zu §§ 305–310 Rn. L 20 mwN; *Marly*, Praxishandbuch Softwarerecht, Rn. 721, 813, 1105; *Günther*, Roboter und rechtliche Verantwortung, S. 94; aA für die zeitlich befristete Onlinenutzung von Software *Roth-Neuschild*, in: Auer-Reinsdorff/Conrad, Handbuch IT- und Datenschutzrecht, § 13 Rn. 47 (Pachtvertrag).
[139] Überblick zur Rechtsprechung zu IT-Leistungen bei *Kirn/Müller-Hengstenberg*, NJW 2017, 433, 434.
[140] Hierzu *Günther*, Roboter und rechtliche Verantwortung, S. 92; allgemein zur vertragstypologischen Einordnung von Softwareveräußerungen *Matusche-Beckmann*, in: Staudinger BGB, Neubearbeitung 2013, § 434 Rn. 14 mwN.
[141] Vgl. hierzu nur BGH, NJW 2017, 1093 Rn. 29. Der kauf-/werkvertragsrechtliche Mangelbegriff und der mietrechtliche Mangelbegriff sind nicht gänzlich deckungsgleich, sie überschneiden sich aber zu großen Teilen, weshalb bei der weiteren Darstellung nicht näher differenziert wird – ausführlich *Marly*, Praxishandbuch Softwarerecht, Rn. 1456.

C. Die zivilrechtliche Haftung für autonome Systeme am Beispiel selbstfahrender Fahrzeuge

Reichweite von Verkehrssicherungspflichten.[142] Anknüpfungspunkt für die Beurteilung der Gebrauchstauglichkeit der Kaufsache ist in erster Linie die Parteiabrede, ergänzend kommen objektive Kriterien (§ 434 Abs. 1 Nr. 2 BGB) zur Anwendung, die sich mit dem (außervertraglichen) Produktfehlerbegriff überschneiden können.[143]

Ein Mangel kann zunächst bei **Fehlern im Hardwarebereich** bestehen.[144] Kann das Auto nicht fahren, weil elektronische Leitungen oder Sensoren schadhaft sind und lag ein solcher Mangel bei Gefahrübergang vor, stehen dem Erwerber abhängig vom Vertragstyp die in § 437 BGB bzw. §§ 536, 536a oder § 634 BGB aufgezählten Sachmängelansprüche zu. Im Hinblick auf **standalone** und **embedded KI-Software** können die Fallgruppen, die zu herkömmlicher Software entwickelt wurden,[145] übernommen werden.[146] Dies sind beispielsweise: Funktionsmängel und -defizite, unzureichende Arbeitsgeschwindigkeit, IT-Sicherheit, und Inkompatibilität. Ein softwarespezifischer Mangelbegriff besteht nicht.[147] In Rechnung ist allerdings zu stellen, dass Softwaresysteme kaum fehlerfrei entwickelt werden können.[148] Die Annahme eines Mangels hängt damit vom Grad der Beeinträchtigung des vertraglich vorausgesetzten oder bestimmungsgemäßen Gebrauchs ab.[149] Benötigt etwa ein selbstfahrendes Auto nach zutreffender Erfassung einer Gefahrensituation für eine Reaktion zu lange und gefährdet damit seine Insassen oder Verkehrsteilnehmer, kann dies einen Sachmangel darstellen. Dasselbe gilt, wenn das autonome System nicht hinreichend gegen Hacker-Angriffe abgesichert ist, so dass diese die Kontrolle über das Fahrzeug übernehmen können. Im Verbraucherkontext werden die neue Richtlinie für digitale Inhalte und Dienstleistungen (RL 2019/770/EU)[150] und die Warenkaufrichtlinie (RL 2019/771/EU)[151] an Bedeutung gewinnen (Fehlerbegriff, Updatepflichten[152]).[153]

Autonome Systeme werfen aufgrund ihrer Charakteristika einige Fragen im Kontext des Sachmangelbegriffs auf. Dies betrifft zunächst Vernetzungs- und Interaktionsrisiken. Diese können als Teil der vertraglichen Beschaffenheitsvereinbarung als Sachmangel zu qualifizieren sein, häufig wird das kaufrechtliche Sachmängelrecht wegen der Fokussierung auf den Zeitpunkt des Gefahrübergangs jedoch nicht passen.[154] Zumindest kann aber ein Sachmangel dann in Betracht kommen, wenn dem Hersteller bekannt war, dass sich aus der Interaktion mit einem anderen System Störungen seines Systems ergeben können, und

---

[142] Instruktiv zum Sachmängelbegriff *Riehm*, in: Schmidt-Kessel/Kramme, Geschäftsmodelle in der digitalen Welt, S. 201, 211; *Förster*, in: BeckOK BGB, § 3 ProdHaftG Rn. 4; *Goehl*, in: BeckOGK BGB, § 3 ProdHaftG Rn. 5; *v. Westphalen*, in: Foerste/von Westphalen, Produkthaftungshandbuch, § 48 Rn. 2.
[143] *Förster*, in: BeckOK BGB, § 3 ProdHaftG Rn. 4; *Goehl*, in: BeckOGK BGB, § 3 ProdHaftG Rn. 6; *v. Westphalen*, in: Foerste/von Westphalen, Produkthaftungshandbuch, § 48 Rn. 2.
[144] *Günther*, Roboter und rechtliche Verantwortung, S. 94; speziell zu Computerhardware *Matusche-Beckmann*, in: Staudinger BGB, Neubearbeitung 2013, § 434 Rn. 283.
[145] Guter Überblick zu den verschiedenen Fallgruppen bei *Redeker*, IT-Recht, Rn. 319ff.; *Marly*, Praxishandbuch Softwarerecht, Rn. 1473ff.; *Matusche-Beckmann*, in: Staudinger BGB, Neubearbeitung 2013, § 434 Rn. 238ff.; *Diedrich*, in Schuster/Grützmacher, IT-Recht, § 434 Rn. 42ff.
[146] *Günther*, Roboter und rechtliche Verantwortung, S. 95ff.; *John*, Haftung für künstliche Intelligenz, S. 235ff.
[147] *Matusche-Beckmann*, in: Staudinger BGB, Neubearbeitung 2013, § 434 Rn. 239; *Marly*, Praxishandbuch Softwarerecht, Rn. 1440.
[148] *Marly*, Praxishandbuch Softwarerecht, Rn. 1438; *Schneider/Conrad*, in: Auer-Reinsdorff/Conrad, HdB IT- und Datenschutzrecht, § 10 Rn. 69.
[149] *Foerste*, in: Foerste/v. Westphalen, Produkthaftungshandbuch, § 24 Rn. 173.
[150] Richtlinie über bestimmte vertragsrechtliche Aspekte der Bereitstellung digitaler Inhalte und digitaler Dienstleistungen (RL 2019/770/EU) vom 22.5.2019, EU ABl. L 136, 1; näher hierzu *Spindler/Sein*, MMR 2019, 488ff.; *Spindler/Sein*, MMR 2019, 415ff.
[151] Richtlinie über vertragliche Aspekte des Warenkaufs, zur Änderung der Verordnung 2017/2394 und der Richtlinie 2009/22/EG sowie zur Aufhebung der Richtlinie 1999/44/EG (RL 2019/771/EU) vom 22.5.2019, EU ABl. L 136, 28; dazu *Bach*, NJW 2019, 1705ff.
[152] Art. 7 Abs. 3 Warenkauf-RL und Art. 8 Abs. 2 Richtlinie für digitale Inhalte und Dienstleistungen; vgl. dazu *Spindler/Sein*, MMR 2019, 488, 489.
[153] Näher, → Teil 10.6; *Spindler/Sein*, MMR 2019, 488, 488f.; *Bach*, NJW 2019, 1705, 1707ff.
[154] Näher → Teil 10.6.

er dies nicht im Rahmen der Programmierung der Software angemessen berücksichtigt hat.

26 Wie eingangs erläutert, sind autonome Systeme zudem in der Lage, ihr Verhalten an neue Umweltbedingungen anzupassen und auf diese zu reagieren. Dies führt dazu, dass das Entscheidungs- verhalten sowie dessen Auswirkungen nicht mehr gänzlich vorhersehbar sind (Entscheidungsrisiko) (vgl. Rn. 4). Ist die vom autonomen System getroffene Entscheidung aus Sicht des Erwerbers unerwünscht, stellt sich die Frage, ob sie auch einen Sachmangel darstellt. Dies kann nach der Parteivereinbarung aber auch bei gewöhnlicher Verwendung zu bejahen sein.[155] So dürfte ein Sachmangel vorliegen, wenn das System mit fehlerhaften oder ungeeigneten bzw. unvollständigen Trainingsdaten angelernt wird, wodurch die Gefahr schädigender Verhaltensweisen des Systems in untrainierten Situationen erhöht wird. Der Umfang des Lernprozesses ist dabei insbesondere auch von der Größe möglicher Schäden abhängig. Da nicht alle in Betracht kommenden Sachverhalte trainiert werden können, kommt es umso mehr darauf an, dass dem System die richtigen Rahmenhandlungsanweisungen mitgegeben werden, um sich auch in unbekannten Situationen im Sinne des Erwerbers verhalten zu können. Ein Mangel der Software liegt somit nahe, wenn dem System unzureichende bzw. fehlerhafte Daten oder eine falsche Schwerpunktsetzung für die Datenauswahl und Auswertung implementiert wurden. Auch das Fehlen der Programmierung von Entscheidungsschranken kann einen Sachmangel begründen.[156]

27 Noch komplexer wird es, wenn das autonome System seinen Lernprozess beim Erwerber fortsetzt und sich hierbei eine unerwünschte Verhaltensweise zulegt (Entscheidungs- und Weiterentwicklungsrisiko). Hier stellt sich vor dem Hintergrund des Gefahrübergangs als maßgeblichen Zeitpunkt für den Übergang des Risikos der Verschlechterung der Kaufsache die Frage, woran die Sachmängelhaftung anzuknüpfen ist. Die Problematik besteht darin, dass der Kaufgegenstand einer – von beiden Parteien gewollten – Weiterentwicklung unterliegt und damit die Kaufsache nicht statisch, sondern dynamisch ist. Gegebenenfalls kann daher schon die kaufvertragliche Einigung dahingehend ausgelegt werden, dass der Veräußerer für die aus der Weiterentwicklung entstehenden Risiken einstehen möchte. Im Übrigen erscheint das Festhalten am Zeitpunkt des Gefahrübergangs für derartige sich weiterentwickelnde Systeme diskussionswürdig. Jedenfalls aber dürfte sich auch *de lege lata* ein Sachmangel dadurch begründen lassen, indem man an die das Lernverhalten und die Weiterentwicklung ermöglichende Software-Programmierung anknüpft.[157] Diese kann fehlerhaft sein, wenn sie das Erlernen einer Verhaltensweise ermöglicht, die die Gebrauchstauglichkeit des autonomen Systems beeinträchtigt. Verstößt der Erwerber allerdings gegen Anweisungen des Herstellers beim Anlernen des autonomen Systems sind dadurch verursachte Fehler des autonomen Systems dem Hersteller nicht zurechenbar.

28 Ferner bestehen **Einweisungs- und Beratungspflichten** des Veräußerers. Die Intensität der Pflichten richtet sich vergleichbar dem Deliktsrecht (vgl. dazu) unter anderem nach dem Einsatzgebiet und dem Gefahrenpotenzial des autonomen Systems sowie auch nach den Kenntnissen und Fähigkeiten des Erwerbers. Zu denken ist ferner auch an vorvertragliche Aufklärungspflichten.[158]

29 Bei Hardware-Software Kombinationen ist der Fall denkbar, dass die fehlerhafte Steuerungssoftware zu Schäden auch an der Hardware führt (sog. Weiterfresserschäden). Diese wären im Rahmen der Nacherfüllung zu beseitigen[159] und können einen Schadensersatz

---

[155] *Hanisch*, Haftung für Automation, S. 32; wohl aA *Müller-Hengstenberg/Kirn*, MMR 2014, 307, 311, die diesen Fall nicht als Funktionsstörung, sondern Lösungsproblem einordnen; *Müller-Hengstenberg/Kirn*, Rechtliche Risiken autonomer und vernetzter Systeme, S. 216.

[156] Zu den Schwierigkeiten bei der Programmierung von Sicherheitsvorkehrungen vgl. *Müller-Hengstenberg/Kirn*, Rechtliche Risiken autonomer und vernetzter Systeme, S. 97 ff.

[157] AA *Hanisch*, Haftung für Automation, S. 31, der das Abstellen auf einen Grundfehler in der Entscheidungs- und Lernarchitektur der Software ablehnt und damit insgesamt eine Sachmängelhaftung des Verkäufers für Weiterentwicklungsfehler ausschließt.

[158] Dazu instruktiv *Stadler*, in: Auer-Reinsdorff/Conrad, HdB IT- und Datenschutzrecht, § 15 Rn. 14 ff.

[159] *Faust*, in: BeckOK BGB, § 439 Rn. 34; *Westermann*, in: MüKo BGB, § 439 Rn. 12.

statt der Leistung begründen[160]. Die Abgrenzung von Äquivalenz- und Integritätsinteresse, wie sie im Deliktsrecht vorgenommen wird, passt nicht für die vertraglichen Schadensersatzansprüche.[161] Schädigt ein mangelhaftes Fahrzeugsteuerungssystem, zu dem neben der Steuerungssoftware ua auch Sensoren zur Erkennung von Fußgängern und Verkehrshindernissen zählen, den Erwerber in seinen Rechtsgütern (zB Eigentum oder Gesundheit), kommt ein Ersatz dieses Mangelfolgeschadens in der Regel nach § 280 Abs. 1 BGB in Betracht.[162]

In Bezug auf die **Darlegungs- und Beweislast** ergeben sich bei autonomen Systemen 30 keine Besonderheiten. Den Nachweis eines Sachmangels iSd § 434 BGB/536 BGB/§ 633 BGB bei Gefahrübergang hat der Käufer bzw. Besteller zu erbringen, es sei denn, es greifen Sonderbestimmungen wie § 477 BGB im Fall des Verbrauchsgüterkaufs oder § 478 BGB beim Unternehmerregress, die zu einer befristeten Beweislastumkehr führen. Besondere Nachweisprobleme könnten entstehen, wenn bei selbstlernenden Systemen erst später Mängel im Zuge der Weiterentwicklung auftreten (→ Rn. 27). Deren Grundlage ist allerdings schon in der ursprünglichen Programmierung angelegt, weshalb es regelmäßig ausreichen dürfte, den später aufgetretenen Lernfehler darzulegen und zu beweisen.[163]

2. Die Haftung des Betreibers/Nutzers autonomer Systeme

Autonome Systeme ersetzen immer mehr menschliches Handeln. Beispielsweise ist der 31 Einsatz selbstfahrender Fahrzeuge zur Personenbeförderung ein durchaus denkbares Zukunftsszenario. Entsteht dabei ein Schaden beim Fahrgast, wird die Frage nach der **Pflichtverletzung** und des **Verschuldens** des Betreibers des autonomen Systems virulent. Der Einsatz des autonomen Systems zur Vertragserfüllung kann sowohl zu einer Störung von Hauptleistungspflichten (Fahrgast kommt nicht an sein Fahrziel, weil das selbstfahrende Auto stehen bleibt) als auch zu einer Verletzung von Nebenpflichten in Form von Schutzpflichten (das selbstfahrende Auto rollt dem Fahrgast beim Aussteigen über den Fuß) führen.

Im Grundsatz sind bei der Bestimmung der Pflichtverletzung wie auch des Verschuldens 32 zwei Anknüpfungspunkte denkbar: Einerseits können eine **eigene Pflichtverletzung** und **ein eigenes Verschulden des Betreibers**[164] vorliegen. Den Betreiber treffen beim Einsatz eines autonomen Systems ebenso wie beim Einsatz jedes anderen technischen Werkzeugs **Auswahl-, Kontroll- und Überwachungspflichten.**[165] Die dogmatische Verortung dieser Pflichten als Pflichtverletzung oder Verschulden hängt von der Art der gestörten Leistung ab.[166] Bei erfolgsbezogenen Leistungspflichten liegt die Pflichtverletzung schlicht im Nichteinhalten des Leistungsversprechens.[167] Kommt beispielsweise das bestellte autonome Taxi nicht beim Fahrgast an, besteht die Pflichtverletzung genau hierin. Im Rahmen des Verschuldens stellt sich dann die Frage, inwiefern das Taxiunternehmen

---

[160] *Kaiser*, in: Staudinger Eckpfeiler des Rechts, Kap. I, Rn. 188; *Oetker/Maultzsch*, Vertragliche Schuldverhältnisse, S. 165; iErg. wohl auch *Faust*, in: BeckOK BGB, § 437 Rn. 65.
[161] *Kaiser*, in: Staudinger Eckpfeiler des Rechts, Kap. I Rn. 188.
[162] *Kaiser*, in: Staudinger Eckpfeiler des Rechts, Kap. I Rn. 188.
[163] Allgemein *Matusche-Beckmann*, in: Staudinger BGB, Neubearbeitung 2013, § 434 Rn. 165.
[164] Zum Begriff → Rn. 18.
[165] ZB *Pieper*, in: Kaulartz/Braegelmann, Rechtshandbuch AI, S. 239, 265 f.; *Horner/Kaulartz*, CR 2016, 7, 8 f.; *Spindler*, in: Hilgendorf, Robotik im Kontext von Recht und Moral, 2014, S. 63, 66 ff.; *Spindler*, JZ 2016, 805, 816; *Spindler*, DB 2018, 41, 48; *Hanisch*, in: Hilgendorf, Robotik im Kontext von Recht und Moral, S. 27 ff.; 32; *Hanisch*, in: Günther/Hilgendorf, Robotik und Gesetzgebung, S. 109, 116; *Förster*, ZfPW 2019, 419, 431; *Grützmacher*, CR 2016, 695, 697.
[166] Insofern ist auch die Kritik von *Teubner*, AcP 218 (2018), 155, 186; *Klingbeil*, JZ 2019, 718, 719 und *Schirmer*, JZ 2016, 660, 664 unscharf, dass die Inbetriebnahme des autonomen Systems als Pflichtverletzung qualifiziert werde. Genauso stellt auch der Einsatz eines Beatmungsgeräts durch den Chirurgen bei einer Operation per se keine Pflichtverletzung dar, wohl aber der Einsatz eines Geräts, das mangels hinreichender Kontrolle nicht ordnungsgemäß funktioniert und dadurch Schäden verursacht.
[167] *Riehm*, in: BeckOGK BGB, § 280 Rn. 14; *Lorenz*, in: BeckOK BGB, § 280 Rn. 12.

schuldhaft gegen erkennbare Auswahl-, Kontroll- und/oder Überwachungspflichten verstoßen hat. Fährt das Taxi dem Passagier dagegen über den Fuß, ist der Sorgfaltsverstoß schon im Rahmen der Pflichtverletzung zu prüfen, und zwar als Verletzung einer verhaltensbezogenen Schutzpflicht (§ 241 Abs. 2 BGB). Konkret stellt sich die Frage, ob das Taxiunternehmen bei der Wahl des selbstfahrenden Fahrzeugs Auswahl-, Kontroll- und Überwachungspflichten eingehalten hat. Häufig wird ein objektiver Sorgfaltsverstoß zur Bejahung des Vertretenmüssens genügen.[168] Die Unterscheidung nach der Art der Pflichtverletzung ist zudem für die Darlegungs- und Beweislast entscheidend (dazu → Rn. 35).

33   Zur Auswahl des autonomen Systems gehört die Wahl des richtigen Systems für den gewünschten Einsatzzweck und zur Überwachung die Wartung des autonomen Systems. Der Betreiber muss seine Sicherheitsvorkehrungen grundsätzlich stets an die aktuellen Erkenntnisse anpassen. Die Intensität dieser Pflichten richtet sich nach dem jeweils konkreten Sorgfaltsmaßstab (vgl. dazu Rn. 16). Verstößt der Betreiber schuldhaft gegen diese Pflichten, muss er für daraus resultierende Schäden einstehen. Vor dem Einsatz muss er gegebenenfalls Testeinsätze des autonomen Systems vornehmen und dieses auf erkennbare Gefahren prüfen. Zudem muss er sein System regelmäßig warten und auf Defekte untersuchen (lassen). Dem wird zwar entgegengehalten, dass der Betreiber beispielsweise in die Software bzw. den Quellcode keinen Einblick hat und auch das Entscheidungsverhalten der (Steuerungs-)Software nicht vorhersehen kann, weshalb er sich regelmäßig exkulpieren können werde.[169] Dieser Einwand ist aber zu pauschal. Richtig ist zwar, dass selbst fachkundige Halter oder Fahrer Fehler in der Steuerungssoftware eines selbstfahrenden Fahrzeugs regelmäßig nicht selbst identifizieren können. Sie müssen aber dafür sorgen, dass eine Überwachung beispielsweise im Zuge der vorausschauenden Wartung *(predictive maintenance)* durch den Fahrzeugherstellers erfolgen kann. Ebenso müssen sie sich regelmäßig davon überzeugen, dass das Fahrzeug mit der neusten Version der Steuerungssoftware ausgestattet ist. Gegebenenfalls müssen sie die Steuerungssoftware aktualisieren (lassen). Ist es bereits zu Auffälligkeiten des Fahrverhaltens des autonomen Fahrzeugs gekommen, muss der Halter dies zum Anlass nehmen, alle zumutbaren Diagnose- und Reparaturmöglichkeiten zu ergreifen. Sein Fahrzeug darf er dann erst wieder im Straßenverkehr nutzen, wenn die Ursache erkannt und behoben wurde. Erhöhte Prüfungspflichten können dem Betreiber eines autonomen Systems ferner dann abverlangt werden, wenn besonders schutzwürdige Rechtsgüter wie Leben und Gesundheit von Menschen betroffen sind. Wird etwa in einer Klinik ein Operationsroboter eingesetzt, muss sich der Betreiber vor jeder Operation davon überzeugen, dass der Roboter die ihm zugewiesenen Aufgaben wie vorgesehen ausführen kann.

34   Als Korrektiv für (vermeintliche) Schwächen (fehlendes Verschulden des Betreibers) wird ein Abstellen **auf das autonome System** selbst erwogen.[170] Dem Vorschlag einer analogen Anwendung des § 278 BGB zur Zurechnung des Verhaltens und Verschuldens des autonomen Systems liegt die Überlegung zugrunde, dass der Geschäftsherr aus der Arbeitsteilung von Mensch und autonomen System keine Vorteile ziehen dürfe.[171] Setzt der Vertragspartner zur Erfüllung seiner vertraglichen Pflichten einen menschlichen Erfüllungsgehilfen ein, müsse er für dessen schuldhaftes Verhalten in gleichem Umfang wie für eigenes einstehen (§ 278 BGB). Dasselbe soll für ein zur Vertragserfüllung eingesetztes KI-System gelten: Baut das selbstfahrende Auto einen Unfall, weil es einen anderen Verkehrsteilnehmer „übersieht"

---

[168] *Lorenz*, in BeckOK BGB, § 280 Rn. 12 und 80 f.; *Riehm*, in: BeckOGK BGB, § 280 Rn. 16 f.
[169] *Teubner*, AcP 218 (2018), 155, 186; *Klingbeil*, JZ 2019, 718, 719; aA *Grundmann*, in: MüKo BGB, § 278 Rn. 46; *Kirn/Müller-Hengstenberg*, MMR 2014, 307, 309 ff.; *Spindler*, in: Hilgendorf, Robotik im Kontext von Recht und Moral, S. 63, 66 ff.; *Spindler*, JZ 2016, 805, 816.
[170] Aus dem neueren Schrifttum *Teubner*, AcP 218 (2018), 155, 186; *Schirmer*, JZ 2016, 660, 665; *Pfeiffer*, in: Soergel, § 278 Rn. 25; *Keßler*, MMR 2017, 589, 592; *Günther*, Roboter und rechtliche Verantwortung, S. 75 ff.; mit Einschränkung *Hacker*, RW 2018, 243, 251; für eine gesetzliche Neuregelung *Klingbeil*, JZ 2019, 718, 721 f.; *Hanisch*, Haftung für Automaten, S. 191 ff.
[171] *Grundmann*, in: MüKo BGB, § 278 Rn. 46; *Teubner*, AcP 218 (2018), 155, 188; *Hacker*, RW 2018, 243, 254 ff.

oder stößt der Pflegeroboter einen Tisch um, soll das Verhalten des autonomen Systems über § 278 BGB (analog) dem Betreiber zugerechnet werden. Eine solche **analoge Anwendung des § 278 BGB** ist indes **abzulehnen**.[172] Zunächst besteht dafür (derzeit) keine praktische Notwendigkeit.[173] Auch jetzt schon werden (hochkomplexe) technische Werkzeuge eingesetzt, ohne dass es im großen Umfang zu Haftungslücken und Schäden kommt. Zudem übergeht die Auffassung die eigentliche Vorfrage: Wann ist ein autonomes System einem menschlichen Erfüllungsgehilfen so ähnlich und vergleichbar, dass eine gesetzliche Regelungslücke vorliegt? Dass dieser Ähnlichkeitsvergleich überhaupt zutrifft, erscheint doch zweifelhaft. Dagegen spricht, dass ein autonomes System immer im vorprogrammierten Rahmen (wenn auch mit einem Entscheidungsermessen) handelt und die Einwirkungs- und Steuerungsmöglichkeiten des Betreibers ungleich andere sind als bei einem menschlichen Erfüllungsgehilfen.[174] Selbst wenn man eine planwidrige Regelungslücke annehmen möchte, stellt sich im Rahmen der vergleichbaren Interessenlage die Folgefrage, wann ein „Roboterverschulden" vorliegt.[175] Hier auf eine menschliche Maßstabsfigur abzustellen, blendet die strukturellen Unterschiede zwischen Mensch und Maschine aus. Die Maschine handelt mathematisch korrekt, sie kann nicht fahrlässig (bewusst oder unbewusst) die im Verkehr erforderliche Sorgfalt unterschreiten.[176] Ihre Fehlerquellen sind anders gelagert als die eines menschlichen Erfüllungsgehilfen. Richtigerweise sollte daher derzeit weiterhin an die Person des Betreibers des autonomen Systems für das Vorliegen eines schuldhaften Pflichtverstoßes angeknüpft werden und etwaige Haftungslücken durch entsprechende Anforderungen an die von ihm einzuhaltenden Betreiberpflichten aufgefangen werden. Im Übrigen sei erneut darauf hingewiesen, dass es dem Wesen der Verschuldenshaftung entspricht, dass es keine absolute Sicherheit gibt, und es damit durchaus systemkonform sein kann, wenn der Betreiber für unverschuldete Schäden nicht haftet. Jede andere Auslegung mit einer strikten Zurechnung liefe auf eine Gefährdungshaftung des Nutzers hinaus.[177] *De lege ferenda* sollte die Ausgestaltung einer (strikten) Zurechnung des „Maschinenverschulden" gleichwohl durchaus diskutiert werden.[178]

Hinsichtlich der **Darlegungs- und Beweispflicht** gelten die allgemeinen Grundsätze. 35 Der Nachweis einer Pflichtverletzung trifft grundsätzlich die geschädigte Vertragspartei. Der Umfang variiert je nach Art der verletzten Pflicht. So reicht bei erfolgsbezogenen Leistungspflichten der Nachweis des Nichteintritts des Erfolges durch den Gläubiger aus,[179] während bei Verletzung von Schutzpflichten oder verhaltensbezogener Leistungspflichten grundsätzlich auch der Sorgfaltsverstoß vom Gläubiger nachgewiesen werden muss.[180] Daneben kann eine Beweiserleichterung des Gläubigers nach den Grundsätzen der Beweis-

---

[172] *Pieper*, in: Kaulartz/Braegelmann, Rechtshandbuch AI, S. 239, 264 f.; *Horner/Kaulartz*, CR 2016, 7, 7 f.; *Günther/Böglmüller*, BB 2017, 53, 55; *Müller-Hengstenberg/Kirn*, MMR 2014, 307, 311; *Schaub*, JZ 2017, 342, 343; *Caspers*, in: Staudinger, Neubearbeitung 2019, § 278 Rn. 5; *Schaub*, in: BeckOGK BGB, Stand 1.12.2019, § 278 Rn. 17; *John*, Haftung für künstliche Intelligenz, S. 247 ff.; *Schulz*, Verantwortlichkeit bei autonom agierenden Systemen, S. 139 ff.; *Grapentin*, Vertragsschluss und vertragliches Verschulden beim Einsatz von Künstlicher Intelligenz und Softwareagenten, S. 129 ff.; *Grundmann*, in: MüKo BGB, § 278 Rn. 46; *Brand*, MedR 2019, 943, 950; *v. Westphalen*, BB 2020, 1859, 1862.
[173] *Grundmann*, in: MüKo BGB, § 278 Rn. 46.
[174] Darauf weist auch *Hacker*, RW 2018, 243, 256 hin.
[175] *Söbbing*, Fundamentale Rechtsfragen zur künstlichen Intelligenz, S. 153; *Müller-Hengstenberg/Kirn*, MMR 2014, 307, 311; *Zech*, ZfPW 2019, 198, 211; *Klingbeil*, JZ 2019, 718, 721 Fn. 38; *Förster*, ZfPW 2019, 419, 431.
[176] *Schulz*, Verantwortlichkeit bei autonom agierenden Systemen, S. 140 f.; kritisch *Hacker*, RW 2018, 243, 256.
[177] So auch *Horner/Kaulartz*, CR 2016, 7, 7.
[178] Näher zur Problematik und möglichen Ausgestaltung *Expert Group on Liability and New Technologies*, Liability for Artificial Intelligence and other emerging digital technologies, 21.11.2019, Key Findings 18, 19, S. 45 f.; *Klingbeil*, JZ 2019, 718, 719 ff.
[179] *Lorenz*, in: BeckOK BGB, § 280 Rn. 80; *Riehm*, in: BeckOGK BGB, § 280 Rn. 340.
[180] *Lorenz*, in: BeckOK BGB, § 280 Rn. 81; *Ernst*, in: MüKo BGB, § 280 Rn. 36; *Riehm*, in: BeckOGK BGB, § 280 Rn. 345; weiter wohl der BGH NJW 2009, 142, Rn. 16; NJW 2018, 2956 Rn. 14 (Entlastung des Schuldners auch hinsichtlich der Pflichtverletzung).

lastverteilung nach Gefahrbereichen in Betracht kommen.[181] Auch aus dem konkreten Schuldverhältnis kann sich im konkreten Einzelfall eine andere Verteilung der Beweislast ergeben (zB § 630h BGB im Rahmen der Arzthaftung). Hinsichtlich des Verschuldens greift die Vermutung des § 280 Abs. 1 S. 2 BGB.

3. Beschränkung der Haftung

36 Eine Einschränkung der Haftung kann zunächst über eine Beschränkung des Umfangs der vertraglichen Pflichten erfolgen. Einem Hersteller eines selbstfahrenden Fahrzeugs, das beispielsweise nur in einer Fabrik speziell gekennzeichnete Wege abfahren muss, kann nicht angelastet werden, wenn das Fahrzeug nicht auf eine öffentliche Straße fahren kann, um Erledigungen zu besorgen. Jenseits dieser eindeutigen Fälle werden sich jedoch Abgrenzungsprobleme ergeben. Wann ist etwa eine medizinische App, die auf einem intelligenten Algorithmus beruht, mangelhaft, wenn sich „Diagnosen" als falsch erweisen? Scheidet ein Mangel aus, wenn der Hersteller in seinen AGB vereinbart, dass die App nicht als Substitut einer ärztlichen Behandlung eingesetzt werden darf?[182] Derartige (negative) Beschaffenheitsvereinbarungen können in AGB eine unangemessene Benachteiligung iSd § 307 BGB darstellen, wenn sie letztlich genau auf den Ausschluss wesentlicher Einsatzmöglichkeiten der Software abzielen.[183]

37 Vertragliche Haftungsbeschränkungen sind üblich und grundsätzlich zulässig. Schranken können sich aus dem jeweiligen schuldrechtlichen Sonderverhältnis ergeben (zB § 444 BGB). Eine Einschränkung der Haftung für Mangelfolgeschäden ist grundsätzlich auch für den Verbraucherbereich möglich.[184] In AGB wird insbesondere die Schranke des § 309 Nr. 7 BGB relevant werden. Diese Norm ist auch im unternehmerischen Verkehr zu berücksichtigen.[185] Neben dem Ausschluss der Haftung wird häufig auch die umfangmäßige Begrenzung der Haftung eine Rolle spielen. Auch hierfür zieht das AGB-Recht Grenzen, eine Begrenzung auf vorhersehbare Schäden oder die Vereinbarung einer Haftungsobergrenze auf den vorhersehbaren Schaden kann jedoch möglich sein.[186]

IV. Außervertragliche Haftung für den Einsatz autonomer Systeme

38 Der Einsatz autonomer Systeme berührt aber nicht nur den Vertragspartner, sondern gerade auch Dritte, wie das Beispiel des selbstfahrenden Fahrzeugs anschaulich zeigt.

1. Die Haftung des Herstellers

39 Der Einsatz autonomer Systeme rückt zweifelsohne die Haftung des Herstellers in den Vordergrund. Dieser kann zum einen gegenüber einem geschädigten Dritten, aber auch gegenüber dem Erwerber und Betreiber des autonomen Systems im Schadensfall haften. Die **Haftung des Herstellers** ruht auf zwei Säulen: der **spezialgesetzlichen Produkthaftung nach dem Produkthaftungsgesetz (ProdHaftG)** und der **deliktischen Produzentenhaftung gem. § 823 Abs. 1 BGB** sowie der **Haftung nach § 823 Abs. 2 BGB iVm einem Schutzgesetz**. Die deliktische wie auch die produkthaftungsrechtliche Herstellerhaftung gelangen überwiegend zu gleichen Ergebnissen.[187] Dies beruht darauf, dass Anknüpfungspunkt jeweils ein Verstoß gegen eine Verkehrssicherungspflicht ist. Das

---

[181] Hierzu *Lorenz*, in: BeckOK BGB, § 280 Rn. 82; *Riehm*, in: BeckOGK BGB, § 280 Rn. 340.
[182] Näher→ Teil 13.
[183] Hinsichtlich medizinischer Expertensysteme *Spindler*, in: FS Jaeger 2015, S. 135, 144; *Spindler*, in: Hilgendorf, Robotik im Kontext von Recht und Moral, S. 63, 67.
[184] *Lorenz*, in: MüKo BGB, § 476 Rn. 18.
[185] *Spindler*, FS Jaeger 2015, S. 135, 141 f.; Palandt/*Grüneberg*, BGB § 309 Rn. 55.
[186] *Spindler*, in: Hilgendorf, Robotik im Kontext von Recht und Moral, S. 63, 67.
[187] *Wagner*, AcP 217 (2017), 707, 711 ff.; *Wagner*, in: MüKo BGB, Einl. ProdHaftG Rn. 16 ff.

Produkthaftungsgesetz baut zwar auf dem Produktfehlerbegriff iSd § 3 ProdHaftG auf, dieser ist aber (zumindest bei der Verletzung von Konstruktions- und Instruktionspflichten) letztlich eine Umschreibung der den Hersteller treffenden Sorgfaltspflichten.[188] Unterschiede ergeben sich aber bei Fabrikationsfehlern und dem persönlichen Anwendungsbereich: „Ausreißer" werden nur vom ProdHaftG, nicht aber von § 823 BGB erfasst.[189] Umgekehrt kennt die deliktische Haftung keine Beschränkung auf den Ersatz von Schäden an privat genutzten Sachen und greift somit auch im B2B Bereich ein. Die Verteilung der Darlegungs- und Beweislast stimmt wieder überein: Gem. § 1 Abs. 4 ProdHaftG trägt der Geschädigte die Beweislast für den Fehler, den Schaden bzw. die Rechtsgutsverletzung und die haftungsbegründende Kausalität zwischen Fehler und Schaden. Nach der gefestigten Rechtsprechung des BGH sind auch im Rahmen der deliktischen Produzentenhaftung die Anforderungen auf den Nachweis des Produktfehlers beschränkt, die Darlegungs- und Beweislast des Geschädigten erstreckt sich insbesondere nicht auf die Vorgänge innerhalb des Herstellerunternehmens.[190] Es ist vielmehr Aufgabe des Herstellers darzulegen und zu beweisen, welche Maßnahmen er ergriffen hat, um das Inverkehrbringen eines fehlerhaften Produkts zu vermeiden.

a) Die Haftung des Herstellers nach dem Produkthaftungsgesetz

aa) Produktbegriff. Die Haftung nach dem ProdHaftG setzt ein fehlerhaftes Produkt iSd § 2 ProdHaftG voraus. Ein Produkt ist jede bewegliche Sache, auch wenn sie einen Teil einer anderen beweglichen Sache bildet. Die Bejahung der Produkteigenschaft bereitet wenig Schwierigkeiten bei Hardware-Software-Systemen. In diesem Fall ist es gleichgültig, ob ein Fehler der Hardware vorliegt, oder ein Fehler der mit dieser verbundenen Steuerungssoftware *(embedded software).*[191] Das System wird als ein Gesamtprodukt betrachtet.[192] Ein selbstfahrendes Fahrzeug stellt also ein Produkt iSd § 2 ProdHaftG dar. Ein Fahrzeughersteller, der in seinem selbstfahrenden Fahrzeug von Anfang an implementierte Steuerungssoftware selbst entwickelt oder von einem Zulieferer bezogen hat und mit dem Fahrzeug in Verkehr gebracht hat, muss somit für die dadurch verursachten Personen oder Sachschäden aufkommen. Das gilt unabhängig davon, ob die Hardware- oder Softwarekomponente der Sache fehlerhaft ist.

40

Auch ein nachträglich drahtlos aufgespieltes **Update,** das zu einem Fehler der Steuerungssoftware führt, ändert nichts an der Produkteigenschaft des Fahrzeugs. Das Update ist – jedenfalls wenn es sich um Bugfixes handelt – einer Reparatur vergleichbar. Im Falle einer Reparatur ändert der Austausch eines Einzelteils nichts daran, dass nach wie vor das ursprüngliche Produkt vorliegt und dessen Hersteller für Produktfehler haftet. Mit anderen Worten haftet der Hersteller des selbstfahrenden Fahrzeugs für Fehler der ursprünglichen Programmierung auch dann, wenn das Fahrzeug in der Zwischenzeit ein Update erhalten hat. Dies gilt auch dann, wenn das Update über eine reine „Softwarereparatur" hinausgeht und geringfügige Neuerungen mit sich bringt. Demgegenüber dürfte nach einem **Upgrade** der Steuerungssoftware regelmäßig ein *neues Produkt* vorliegen. Anhaltspunkt für ein

41

---

[188] BGHZ 181. 253 = NJW 2009, 2952 Rn. 12; NJW 2009, 1669 Rn. 6; *Wagner,* AcP 217 (2017), 707, 711; *Wagner,* in: MüKo BGB, § 3 ProdukftHaftG Rn. 3 mwN; *Oechsler,* in: Staudinger, Neubearbeitung 2018, § 3 ProdHaftG Rn. 13.
[189] Vgl. näher BGHZ, 129, 353, 358 ff. = NJW 1995, 2162; dazu auch *Wagner,* AcP 217 (2017), 707, 712; *Wagner,* in: München Kommentar BGB, § 823 Rn. 976 und § 3 ProdHaftG Rn. 42; *Oechsler,* in: Staudinger, Neubearbeitung 2018, § 3 Rn. 104 f.
[190] StRspr seit BGHZ 51, 91 = NJW 1969, 269; BGHZ 104, 323 = NJW 1988, 2611; dazu auch *Wagner,* in: MüKo BGB, § 823 Rn. 1015.
[191] *Redeker,* IT-Recht, Rn. 830; *Oechsler,* in: Staudinger, Neubearbeitung 2018, § 2 Rn. 67, § 3 Rn. 92; *Wagner,* in: MüKo BGB, § 3 ProdHaftG Rn. 32; *Wagner,* AcP 217 (2017), 707, 715; *v. Westphalen,* in: Foerste/von Westphalen, Produkthaftungshandbuch, § 47 Rn. 40 ff.; *Riehm/Meier,* DGRI Jahrbuch 2018, S. 1 Rn. 20; *European Commission,* Preliminary Concept Paper for the future guidance on the Product Liability Directive 85/374/EEC vom 18. 2. 2019, S. 4 f.
[192] *Redeker,* IT-Recht, Rn. 830.

Upgrade kann die Einführung neuer Funktionalitäten sein, die das Produkt wesentlich von der vorherigen Programmversion unterscheiden.

42   Komplizierter wird die Lage, wenn das Update für neue Fehler am Produkt sorgt. Diese können entweder darin bestehen, dass das Update selbst einen Fehler im Programmcode enthält, oder dass sich ein solcher im Zusammenspiel mit der vorhandenen Software ergibt. Verursacht der Fehler eine Rechtsgutsschädigung, beispielsweise weil das selbstfahrende Fahrzeug nach dem Update nicht mehr die Spur halten kann und mit einem anderen Verkehrsteilnehmer kollidiert, erscheint es angebracht, den Hersteller des Updates haften zu lassen. Als Grundlage für die Haftung kommen die deliktische Produzentenhaftung und die Haftung nach dem ProdHaftG in Betracht. Dabei stellen sich zwei Fragen, nämlich erstens, ob die Haftung an das Update (und nicht an das mit dem Update modifizierte Produkt) anzuknüpfen ist und zweitens, falls ja, ob das Update den Produktbegriff des § 2 ProdHaftG erfüllt. Die haftungsrechtliche Behandlung fehlerhafter Updates wurde bislang kaum erörtert. Teilweise wird vertreten, ein Update führe zu einer Aktualisierung des Zeitpunkts der Inverkehrgabe des aktualisierten Produkts auf den Zeitpunkt des Updates (Dynamisierung des Begriffs der Inverkehrgabe).[193] Dafür spricht, dass dann eine einheitliche haftungsrechtliche Behandlung des autonomen Systems möglich ist. Umgekehrt sorgt die Auffassung allerdings für Probleme, wenn etwa nicht der Assembler als Endhersteller, sondern der Softwarezulieferer das Update zur Verfügung stellt, eine Haftung des Assemblers kann hier eigentlich nicht gewünscht sein. Selbst wenn man die Verantwortlichkeit weiter fasst, so begegnet es doch Bedenken, wenn ein Update dazu führen soll, dass der Zeitpunkt der Inverkehrgabe und damit auch die Sicherheitserwartungen hinsichtlich der kompletten Software auf den Zeitpunkt des Updates hinausgeschoben werden. Dies kann zu einer unangemessenen Verschärfung der Haftung des Softwareherstellers führen. Unklar ist auch, welche Auswirkungen dies auf die Verjährungsvorschriften haben soll. Es ist daher besser, die Haftung an das Update anzuknüpfen. Für dieses haftet dessen Hersteller gem. § 823 Abs. 1 BGB, die Probleme des produkthaftungsrechtlichen Produktbegriffs stellen sich hier nicht. Darüber hinaus dürfte aber auch der Anwendungsbereich des ProdHaftG eröffnet sein.[194] Dem könnte man zwar entgegenhalten, dass das Update vom Charakter her einer Reparatur ähnelt. Es ist aber nur konsequent, den Produktbegriff auch für Updates zu öffnen, zieht man mit der hier vertretenen Auffassung Software in den Anwendungsbereich des ProdHaftG. Dieses Verständnis kann freilich für Nachweisprobleme sorgen, wenn sich der (End-)Hersteller und der Softwarehersteller unterscheiden, weil dann gegebenenfalls die Fehlerursache bestimmt werden muss, um den richtigen Anspruchsgegner zu adressieren. Diese Problematik folgt aber nicht aus dem Produktbegriff, sondern stellt sich ganz allgemein bei vernetzten Systemen, bei denen unterschiedliche Beteiligte Herstellungsbeiträge erbringen. Zudem ermöglicht dieses Verständnis, den Hersteller des Updates auch für Schäden haftbar zu machen, die am aktualisierten – und somit einem anderen – Produkt entstehen.

43   Auch wenn man der hier vertretenen Auffassung nicht folgt, so sollte zumindest rechtspolitisch diskutiert werden, wie man die spezialgesetzliche Produkthaftung auf sich aktualisierende Software erstrecken kann. Nicht nur autonome Systeme, sondern allgemein digitale Produkte hängen von Updates ab, sei es um Fehler zu beseitigen oder das Ausgangsprodukt an gewandelte technische Umweltbedingungen anzupassen und Kompa-

---

[193] *Wagner*, in MüKo BGB, § 823 Rn. 965; *Wagner*, VersR 2020, 717, 729. Eine vergleichbare Fragestellung behandelt *Schrader*, DAR 2018,314, 319 für das nachträgliche Aktivieren einer automatisierten Fahrfunktion. War diese bereits vorhanden und fehlte es nur an der Freischaltung durch den Hersteller, soll diese kein Inverkehrbringen darstellen. Ermöglicht der Hersteller entgegen erst später die automatisierten Funktionen, soll ein verändertes Produkt zu diesem Zeitpunkt in Verkehr kommen.

[194] So ohne weitere Begründung *Reusch*, in: Kaulartz/Braegelmann, Rechtshandbuch AI, S. 77, 115 davon aus, dass Updates ein Produkt iSd. § 2 ProdHaftG; wohl auch *Wagner*, in MüKo BGB, § 2 ProdHaftG Rn. 26.

C. Die zivilrechtliche Haftung für autonome Systeme am Beispiel selbstfahrender Fahrzeuge

tibilitäten zu erhalten.[195] Hierzu passt ein Regelungssystem nicht, dass die Haftung des Herstellers auf den Zeitpunkt der Inverkehrgabe (§ 1 Abs. 2 Nr. 2 ProdHaftG) ausrichtet. Ändert der Hersteller über Updates nachträglich das Produkt, sind daraus entstehende Fehler seiner Sphäre zuzurechnen. Demgegenüber gehen das ProdHaftG und die zugrundeliegende Produkthaftungsrichtlinie von einem Produkt aus, das sich nach Inverkehrbringen nicht mehr aufgrund von Handlungen des Herstellers ändert. Dieses Verständnis passt nicht mehr. Das Produkthaftungsrecht sollte so ausgestaltet werden, dass der Hersteller auch für durch sein Update verursachte Fehler und Schäden haftet.[196] Dafür streitet auch der Umgang mit Updates in der *Warenkaufrichtlinie* (RL 2019/771/EU)[197], wo der Verkäufer von Waren mit digitalen Elementen dafür sorgen muss, dass der Verbraucher Aktualisierungen, insbesondere Sicherheitsaktualisierungen, erhält, die für den Erhalt der Vertragsmäßigkeit der Ware erforderlich sind (Art. 7 Abs. 3 RL 2019/771/EU). Beeinträchtigt die Aktualisierung die Vertragsmäßigkeit der Ware, soll er dafür aber auch einzustehen haben (ErwG 30 S. 3 WK-RL). Die von der EU-Kommission erwogene[198] und von der deutschen Bundesregierung begrüßte[199] Überarbeitung des Begriffs des „Inverkehrbringens" in der Produkthaftungsrichtlinie ist somit geboten, um dem gesteigerten Schadenspotenzial Rechnung zu tragen, das sich aus Produkten ergibt, deren Sicherheitsrelevanz sich auch nach Überlassung an den Erwerber oder Nutzer ändern.

Ferner ist auf die Besonderheit selbstlernender, autonomer Systeme hinzuweisen. Werden diese vom Hersteller angelernt und entsteht dabei ein Fehler, liegt ein Produktfehler des autonomen Systems vor. Erlernt beispielsweise ein selbstfahrendes Auto im Rahmen des überwachten Lernens (sog. *supervised learning*) mittels annotierter Beispiels-Bilder[200], was ein Fußgänger ist, und sind diese Bilder fehlerhaft gekennzeichnet („gelabeled") mit der Folge, dass das selbstfahrende Auto im Betrieb nicht zuverlässig einen Passanten erkennen kann, liegt ein Produktfehler des Fahrzeugs vor. Trainingsdaten, die der Hersteller des autonomen Systems im Rahmen des Lernvorgangs gebraucht, sind nicht Teil des Endprodukts und auch kein eigenständiges Produkt, da sie jedenfalls nicht in Verkehr gebracht werden. Sie sind vielmehr einem Werkzeug vergleichbar, das der Hersteller im Rahmen des Fertigungsprozesses gebraucht. Waren die Trainingsdaten ungeeignet und führt dies zu einem defizitären Entscheidungsverhalten des autonomen Systems, liegt aber ein Produktfehler des Systems vor, der zur Haftung führen kann. Stammen die Trainingsdaten nicht vom Endhersteller des autonomen Systems, sondern von einem dritten Hersteller, stellt sich die Frage nach der Abgrenzung der Verantwortungsbereiche, wenn die Trainingsdaten einen unerwünschten Lerneffekt haben. Für die Abgrenzung kann auf die obigen allgemeinen Ausführungen zum Sorgfaltsbegriff zurückgegriffen werden (vgl. Rn. 15 f.). Entscheidend sind die jeweiligen Einflussmöglichkeiten der Hersteller.[201] Erwirbt der Nutzer hingegen selbst Trainingsdaten, um sein autonomes System anzulernen, stellt sich die Frage, ob diese dann ein Produkt iSd. § 2 ProdHaftG darstellen. Dies dürfte der Fall sein.[202] Zumindest steht die deliktische Produzentenhaftung bereit, um etwaige Lücken zu schlie-

44

---

[195] Vgl. dazu auch *Riehm*, in: Schmidt-Kessel/Krame, Geschäftsmodelle in: der digitalen Welt, S. 201, 204 f.
[196] Ähnlich aber zusätzlich noch für eine Haftung bei unterlassenen Sicherheitsupdates plädierend *Expert Group on Liability and New Technologies,* Liability for Artificial Intelligence and other emerging digital technologis, 21.11.2019, Key Finding 14, S. 28.
[197] Richtlinie über vertragliche Aspekte des Warenkaufs, zur Änderung der Verordnung 2017/2394 und der Richtlinie 2009/22/EG sowie zur Aufhebung der Richtlinie 1999/44/EG (RL 2019/771/EU) vom 22.5. 2019, EU ABl. L 136, 28.
[198] *Europäische Kommission,* Bericht über die Auswirkungen künstlicher Intelligenz, des Internets der Dinge und der Robotik im Hinblick auf Sicherheit und Haftung vom 19.2.2020, COM(2020) 64 final, 2. S. 19.
[199] Stellungnahme der Bundesregierung der Bundesrepublik Deutschland zum Weißbuch für Künstliche Intelligenz – ein europäisches Konzept für Exzellenz und Vertrauen, COM (2020) 65 final, abrufbar unter https://www.bmi.bund.de/SharedDocs/downloads/DE/veroeffentlichungen/2020/stellungnahme-breg-weissbuch-ki.html (zuletzt aufgerufen am 1.11.2020)
[200] Zum überwachten Lernen → Teil 9 Rn. 15.
[201] Ähnlich *Etzkorn,* MMR 2020, 360, 364.
[202] Ausführlich zur Frage der Produkteigenschaft von Informationen → Teil 13.

ßen. Wird der Lernprozess nach dem Willen des Herstellers beim Nutzer fortgesetzt, stellt sich die weitere Frage, ob das durch das Lernverhalten nach Inverkehrbringen geänderte Produkt noch dem Hersteller als sein Produkt zugerechnet werden kann. Dies ist zu bejahen: Die Weiterentwicklung des Algorithmus durch selbständiges Lernen nach Inverkehrbringen ändert an der Produkteigenschaft nichts, weil dieses Lernverhalten bereits in der ursprünglichen Programmierung des Systems durch den Hersteller angelegt war. Dies gilt zumindest dann, wenn sich der Nutzer nicht eigenmächtig über die Vorgaben des Herstellers hinwegsetzt. Sofern das autonome System nicht nachträglich durch den Erwerber oder Dritte verändert wurde, handelt es sich also nach wie vor um das Produkt des Herstellers.

45 Daneben stellt sich allgemein die grundsätzliche Frage, ob Software ein Produkt iSd § 2 ProdHaftG (analog) darstellt, wenn sie allein *(standalone Software)* oder getrennt von der Hardware vertrieben wird. Überwiegend herrscht Einigkeit darüber, dass jedenfalls Software, die mit einem Datenträger verbunden ist, dem ProdHaftG unterfällt.[203] Teilweise soll dies nur für Standardsoftware gelten, da Individualsoftware als Dienstleistung zu qualifizieren sei,[204] überwiegend wird dies generell für Software vertreten[205]. Indes sollte die Produkteigenschaft von (Standard- und Individual-)Software unabhängig von ihrer Verkörperung bejaht werden und auch für Software gelten, die online heruntergeladen werden kann.[206] Dafür lässt sich die Zielsetzung der europäischen Produkthaftungsrichtlinie (RL 85/374/EWG)[207] anführen, nach der die Risiken der modernen technischen Produktion adressiert werden sollten. Das europäische Produkthaftungsrecht wurde in einer Zeit geschaffen, in der Gefahren für Verbraucher vor allem von Erzeugnissen ausgingen, die industriell mit Maschinen oder handwerklich hergestellt wurden und somit unproblematisch Sachen iSd § 90 BGB waren. Gerade die Bedeutung von Software nimmt aber durch die fortschreitende Technisierung und Digitalisierung zu, während Gefahren bei Software genauso bestehen wie bei herkömmlichen physischen Produkten. Zudem hat der Geschädigte auch hier regelmäßig keinen Einblick in die internen Arbeitsprozesse des Herstellers, wodurch ihm der Nachweis einer Verletzung von Sorgfaltspflichten bei der Programmierung autonomer Systeme schwerfallen wird.[208] Ferner spricht für die weite Auslegung des Produktbegriffs die Aufzählung von „Elektrizität" in § 2 ProdHaftG sowie die kaufrechtliche Wertung von Software als Sache (vgl. oben).[209]

46 Auch die Europäische Kommission sieht die Problematik um den Produktbegriff. Eine erste Diskussion fand im Rahmen des Prelimary Concept Paper for the future Guidance on the Product Liability Directive 85/374/EEC vom 18.9.2018 statt. Eine weiterführende

---

[203] *Förster,* in: BeckOK BGB, § 2 ProdHaftG Rn. 22; *Oechsler,* in: Staudinger, Neubearbeitung 2018, § 2 Rn. 64 mwN; *v. Westphalen,* in: Foerste/von Westphalen, Produkthaftungshandbuch, § 47 Rn. 42 f.
[204] ZB *Kort,* CR 1990, 171, 175.
[205] *Förster,* in: BeckOK BGB, § 2 ProdHaftG Rn. 22; *Oechsler,* in: Staudinger, Neubearbeitung 2018, § 2 Rn. 69; *Krause,* in: Soergel, § 2 ProdHaftG Rn. 4; *v. Westphalen,* in: Foerste/v. Westphalen, Produkthaftungshandbuch, § 47 Rn. 43; *Rebin,* in: BeckOGK BGB, § 2 ProdHaftG Rn. 55.
[206] Vgl. dazu *Wagner,* AcP 217 (2017), 707, 717 ff.; *Wagner,* VersR 2020, 741, 742; *Wagner,* in: MüKo BGB, § 2 ProdHaftG Rn. 22 f.; *Rebin,* in: BeckOGK BGB, § 2 ProdHaftG Rn. 49 ff.; *Taeger,* Außervertragliche Haftung für fehlerhafte Computerprogramme, S. 158 f.; *Koch,* in: Lohse/Schulze/Staudenmayer, Liability for Artificial Intelligence and the Internet of Things, 2019, S. 99, 106; *Kreutz,* in: Oppermann/Stender-Vorwachs, Autonomes Fahren – Rechtsfolgen, Rechtsprobleme, technische Grundlagen, S. 177, 185 f.; *Schaub,* JZ 2017, 342, 343; *Hanisch,* Haftung für Automation, S. 71; *Krause,* in: Soergel, § 2 ProdHaftG Rn. 4; *Zech,* ZfPW 2019, 198, 212 *Heyden,* in Schuster/Grützmacher, § 2 ProdHaftG Rn. 4 ff. (analoge Anwendung); *Reusch,* BB 2019, 904, 906; aA *Oechseler,* in: Staudinger, Neubearbeitung 2018, § 2 ProdHaftG Rn. 65; *v. Westphalen,* in: Foerste/v. Westphalen, Produkthaftungshandbuch, § 47 Rn. 44; *Förster,* BeckOK BGB, § 2 ProdHaftG Rn. 23; *Schulz,* Verantwortlichkeit bei autonom agierenden Systemen, 2015, S. 163; *Redeker,* IT-Recht, Rn. 830; *Wende,* in: Sassenberg/Faber, Rechtshandbuch Industrie 4.0 und Internet of Things, § 4 Rn. 34.
[207] Richtlinie 85/374/EWG des Rates vom 25.7.1985 zur Angleichung der Rechts- und Verwaltungsvorschriften der Mitgliedstaaten über die Haftung für fehlerhafte Produkte, ABl. Nr. L 210 vom 7.8.1985, 29.
[208] *Wagner,* AcP 217 (2017), 707, 718; *Wagner,* in: MüKo BGB, § 2 ProdHaftG Rn. 17.
[209] *Wagner,* in: MüKo BGB, § 2 ProdHaftG Rn. 21 ff.

C. Die zivilrechtliche Haftung für autonome Systeme am Beispiel selbstfahrender Fahrzeuge

Guidance der *Europäischen Kommission* wurde für 2019 angekündigt, liegt aber bisher noch nicht vor.[210] Die EU-Kommission hat aber in ihrem 2020 veröffentlichten Bericht über die Auswirkungen künstlicher Intelligenz, des Internets der Dinge und der Robotik im Hinblick auf Sicherheit und Haftung eine weitere „Präzisierung" des Anwendungsbereichs des Produktbegriffs in der Produkthaftungsrichtlinie erwogen, ohne sich dabei auf eine konkrete Neubestimmung oder Ergänzung des Produktbegriffs festzulegen.[211] Auch die *Expert Group on Liability and New Technologies* hat die Frage um den Produktbegriff in ihrem Bericht Liability for Artificial Intelligence erneut aufgeworfen. In erster Linie geht es also weniger um die von der Enquete Kommission Künstliche Intelligenz zu Recht verneinte dringende Notwendigkeit, neue Haftungstatbestände speziell für KI-Systeme zu schaffen,[212] sondern um die Anpassung der Produkthaftungsrichtinie an die neuen Herausforderungen durch Produkte, die sich während ihres gesamten Lebenszyklus laufend verändern. Gerade weil nach der hier vertretenen Auffassung auch unverkörperte (nicht eingebettete) Software produkthaftungsrechtlich als „Produkt" zu behandeln ist, verdient die Überlegung der EU Kommission, den Anwendungsbereich der Produkthaftungsrichtlinie weiter zu präzisieren, „um der Komplexität neuer Technologien besser Rechnung zu tragen und sicherzustellen, dass für durch fehlerhafte Produkte verursachte Schäden, die auf Software oder andere digitale Merkmale zurückzuführen sind, stets Schadensersatz gewährt wird",[213] uneingeschränkte Zustimmung.

bb) Hersteller und Ersatzberechtigter. Haftungssubjekt nach § 1 ProdHaftG ist der **Hersteller.** Nach der Legaldefinition in § 4 Abs. 1 ProdhaftG ist Hersteller, wer das Endprodukt, einen Grundstoff oder ein Teilprodukt hergestellt hat. Hersteller eines selbstfahrenden Fahrzeugs ist daher zum einen der Fahrzeughersteller (sog. *Original Equipment Manufacturer* (OEM)), der die von seinen Zulieferern in seinem Auftrag hergestellten – und nicht selten auch konstruierten – Bauteile in die von ihm unter seinen Marken angebotenen Fahrzeuge einbaut, weshalb er auch als *Assembler* bezeichnet wird.[214] Zum anderen ist aber auch ein Zulieferer („Tier 1" bzw. „Tier 2/3" usw.) **Teilhersteller,** der die (Konstruktion und) Fertigung selbst ausführt und sein Teilprodukt an den OEM liefert.[215] Letzterer trägt aber die Gesamtverantwortung für das Fahrzeug, das er unter seiner Marke in den Verkehr bringt, während der Zulieferer nur für Produktfehler seines Teilprodukts haftet.[216] Der Entwickler der Steuerungssoftware[217] haftet somit neben dem OEM für Schäden, die aufgrund eines ihm unterlaufenen Programmierfehlers entstehen. Dabei gilt es allerdings zu beachten, dass der Zulieferer lediglich dafür einzustehen hat, dass sein Teilprodukt zum Zeitpunkt der Auslieferung an den OEM keinen erkennbaren Fehler aufweist, während maßgeblicher Zeitpunkt für die Produkthaftung des OEM der Zeitpunkt des erstmaligen Inverkehrbringens des Fahrzeugs durch Auslieferung an den Autohändler ist.[218]

Nicht selten werden sich Fehler erst durch die Verbindung des Teilprodukts mit dem Endprodukt (zB der Steuerungssoftware mit der Sensorik des Fahrzeugs und dessen Bremssystem) bzw. aus der Interaktion der verschiedenen Komponenten (zB verschiedene

---

[210] Vgl. https://ec.europa.eu/growth/single-market/goods/free-movement-sectors/liability-defective-products_en (letzter Zugriff am 1.11.2020). Der letzte Entwurf stammt vom 18.2.2019.
[211] COM(2020) 64 final, S. 17.
[212] Kurzfassung des Abschlussberichts der Enquete-Kommission Künstliche Intelligenz des Deutschen Bundestages vom 27.10.2020, S. 17.
[213] COM(2020) 64 final, 3. S. 17.
[214] *v. Westphalen,* in: Foerste/v. Westphalen, Produkthaftungshandbuch, § 49 Rn. 17.
[215] *Oechsler,* in: Staudinger, Neubearbeitung 2018, § 4 ProdHaftG Rn. 14.
[216] *Wagner,* in: MüKo BGB, § 1 ProdHaftG Rn. 63 und § 4 ProdHaftG Rn. 31; *Wagner,* AcP 217 (2017), 707, 720; *Oechsler,* in: Staudinger, Neubearbeitung 2018, § 1 ProdHaftG Rn. 132.
[217] Sofern man die Produkteigenschaft von Software verneint, entsteht über § 823 Abs. 1 BGB wegen Verletzung von Verkehrspflichten keine Haftungslücke für Zulieferer von Software.
[218] *Wagner,* AcP 2017, 707, 720; *Wagner,* in: MüKo BGB, § 4 ProdHaftG Rn. 31.

Softwarekomponenten) untereinander ergeben. Diese Problematik wird vor allem bei vernetzten IoT-Produkten[219] wie auch bei autonomen Systemen vermehrt auftreten. In solchen Fällen fällt die **Abgrenzung der Verantwortungsbereiche zwischen Endhersteller und Teilhersteller** nicht immer leicht. Im Ausgangspunkt hat sie entlang der Wertungen des § 1 Abs. 3 S. 1 ProdHaftG zu erfolgen.[220] Eine Ersatzpflicht des Herstellers eines Teilprodukts (zB des Herstellers der Steuerungssoftware) scheidet aus, wenn der Fehler durch die Konstruktion des Endprodukts oder durch Anleitung des Fahrzeugherstellers verursacht wurde.[221]

Dies gilt – nach umstrittener aber richtiger Ansicht – auch dann, wenn der Zulieferer positive Kenntnis von der Unrichtigkeit der Anleitung oder der Ungeeignetheit des Produkts hat, denn § 1 Abs. 3 ProdhaftG stellt allein auf objektive Kriterien ab.[222] Haftungslücken entstehen dadurch aber nicht, da das Deliktsrecht mit § 823 Abs. 1 BGB bzw. das Vertragsrecht mit der Annahme vertraglicher Aufklärungspflichten bereit stehen.[223] Eine Haftung des Zulieferers kommt aber dann in Betracht, wenn die Software von ihm speziell für den Einsatz in dem komplexen Endprodukt programmiert wird und auf die Interaktion mit anderen Systemen abgestimmt sein soll.[224]

49 Schließlich muss zwischen **geschlossenen (autonomen) Systemen** und **offenen oder sogar gänzlich „unbundled" (autonomen) Systemen**[225] unterschieden werden. Ein geschlossenes System wird als Ganzes vom Hersteller vertrieben, der Zugang Dritter zur Software wird von ihm kontrolliert. Ein Beispiel hierfür wäre ein selbstfahrendes Fahrzeug, bei dem Steuerungssoftware und Hardware/Karosserie als Einheit an den Verbraucher veräußert werden. Dritte haben keinen Zugang zur Steuerungssoftware des Fahrzeugs, allenfalls lässt sich Drittsoftware beispielsweise über ein Smartphone zur Nutzung des Multimediasystems des Fahrzeugs verbinden. Der Nutzer des Fahrzeugs wird sich dann regelmäßig auf die Kontrolle des Herstellers des Fahrzeugs auch hinsichtlich der Drittinhalte verlassen können. Bei Störungen der Steuerungssoftware durch die Drittsoftware wird eine Haftung des Fahrzeugherstellers in Betracht kommen.[226] Wird das System indes geöffnet für Modifikationen/Drittsoftware oder werden Hard- und Softwarekomponenten sogar getrennt voneinander vermarktet (sog. Unbundling), reduziert dies die Verantwortlichkeit des jeweiligen Herstellers. Grundsätzlich hat der Hersteller des Steuerungssystems dann „nur" noch eine Grundsicherheit vor Funktionsstörungen seiner Software durch Drittsoftware zu gewährleisten, im Übrigen trifft die Verantwortung den Dritten bzw. den Nutzer. Zudem muss der Hersteller den Nutzer warnen oder ein Update bereitstellen, wenn ihm bekannt wird, dass Drittsoftware die Sicherheitsmerkmale seiner Software beeinträchtigt (Fall der deliktischen Produktbeobachtungspflicht – dazu noch unten).[227] Der Fehlernachweis und die Qualifizierung des richtigen Haftungssubjekts dürften dem Nutzer

---

[219] Näher → Teil 10.6.
[220] *Wagner*, in: MüKo BGB, § 1 ProdHaftG Rn. 63ff.; *Wagner*, AcP 217 (2017), 707, 720; *Müller-Hengstenberg/Kirn*, Rechtliche Risiken Autonomer und Vernetzter Systeme, 2016, S. 314f.
[221] *Wagner*, AcP 217 (2017), 707, 721; *v. Westphalen*, in: Foerste/v. Westphalen, Produkthaftungshandbuch, § 46 Rn. 83ff.; *Oechsler*, in: Staudinger, Neubearbeitung 2018, § 1 ProdHaftG Rn. 132 und 138a.
[222] *Wagner*, AcP 217 (2017), 707, 722; *Wagner*, in: MüKo BGB, § 1 ProdHaftG Rn. 74 mwN; *Oechsler*, in: Staudinger BGB, Neubearbeitung 2018, § 1 ProdHaftG Rn. 142 mwN.
[223] BGH, NJW-RR 1990, 406; *Wagner*, AcP 217 (2017), 707, 722; zur Frage, wann ein Zulieferer die Fertigung nach Vorgaben des Endherstellers ablehnen muss, wenn diese für ihn erkennbar ein Sicherheitsrisiko darstellen OLG Karlsruhe, NJW-RR 1995, 594, 596.
[224] *Oechsler*, in: Staudinger, Neubearbeitung 2018, § 1 ProdHaftG Rn. 139; *Wagner*, in: MüKo BGB, § 1 ProdHaftG Rn. 69.
[225] *Wagner*, AcP 217 (2017), 707, 753; *Wagner*, in: Lohsse/Schulze/Staudenmayer, Liability for Artificial Intelligence and the Internet of Things, S. 27, 39f. und 47f. *Wagner*, VersR 2020, 717, 733; *Spindler*, in: Lohsse/Schulze/Staudenmayer, Liabililty for Artificial Intelligence and the Internet of Things, S. 125, 137f.
[226] *Wagner*, AcP 217 (2017), 707, 753; *Wagner*, in: Lohsse/Schulze/Staudenmayer, Liability for Artificial Intelligence and the Internet of Things, S. 27, 48.
[227] *Wagner*, AcP 217 (2017), 707, 754.

C. Die zivilrechtliche Haftung für autonome Systeme am Beispiel selbstfahrender Fahrzeuge

dann regelmäßig schwerfallen.[228] Als mögliche Lösung *de lege ferenda* wird diskutiert, dem zusammengesetzten Produkt den Status einer *ePerson* als Zurechnungs- und Haftungssubjekt zu geben (dazu Rn. 102). Letztlich handelt es sich hierbei im Kern nicht um eine neue Problematik, vielmehr stellt sich diese Abgrenzungsfrage ganz allgemein bei Produktkombination und Zubehör[229], sie wird sich aber in Zukunft verstärkt stellen.

Ersatzberechtigt sind alle unmittelbar Geschädigten, die durch das fehlerhafte Produkt in eigenen Rechten verletzt worden sind. Dies kann zum einen ein Endkunde des Produkts, also der Käufer des selbstfahrenden Autos sein, aber auch ein Dritter (sog. innocent bystander), beispielsweise ein Passant, der vom Fahrzeug erfasst wird.

cc) Fehlerbegriff. Voraussetzung für den Anspruch aus § 1 ProdHaftG ist das Vorliegen eines **Produktfehlers iSd § 3 ProdHaftG**. Der Produktfehler stellt letztlich einen Verstoß des Herstellers gegen die ihm obliegende Sorgfalt dar.[230] Die Sorgfaltspflicht und damit auch das Vorliegen eines Produktfehlers bestimmt sich nach den **berechtigten Sicherheitserwartungen des Verkehrs**. Der Verkehr erwartet, dass von einem Produkt bei vorhersehbarer und üblicher Verwendung keine erheblichen Gefahren für Leib und Leben der Nutzer oder unbeteiligter Dritter ausgehen, das Produkt also so konzipiert ist, dass es bei bestimmungsgemäßen Gebrauch und auch bei vorhersehbaren Fehlgebrauch gefahrlos benutzt werden kann.[231] Die Anforderungen an die Konstruktion sind kein starrer Maßstab, sondern bestimmen sich nach den konkreten Umständen (insbesondere nach einer Kosten-Nutzen Analyse).[232] Entscheidend sind die Größe der Gefahr, die Wahrscheinlichkeit des Schadenseintritts und die Höhe des erwarteten Schadens.[233] Zur Vermeidung von Personenschäden an Leib, Leben und Gesundheit ist im Ausgangspunkt ein höherer Aufwand zumutbar als zur Vermeidung von Sach- und Vermögensschäden.[234] Die Feststellung der Sicherheitserwartungen erfolgt unter Rückgriff auf den betroffenen Personenkreis.[235] Dies sind einerseits die Erwerber und Nutzer des vermarkteten Produkts, andererseits aber auch die unbeteiligten Dritten, die mit dem Produkt in Berührung kommen.[236] Ist der Gegenstand für Endverbraucher bestimmt, gelten erhöhte Sicherheitsanforderungen, die das regelmäßig geringere Gefahrenwissen und -steuerungspotenzial des durchschnittlichen Konsumenten auffangen.[237] Technische Standards oder das öffentliche Sicherheitsrecht spielen bei der Bestimmung des wissenschaftlich-technischen Standards eine wichtige Rolle, ihre Einhaltung bedeutet aber nicht automatisch die Fehlerfreiheit des Produkts (dazu schon oben).[238] Der Hersteller ist zur sorgfältigen Konstruktion, Fabrikation und Instruktion verpflichtet. Diese Fehlerkategorien sind ohne weiteres auf autonome Systeme übertragbar.[239]

---

[228] *Wagner*, in: Lohsse/Schulze/Staudenmayer, Liability for Artificial Intelligence and the Internet of Things, S. 27, 48 f.; *Wagner*, VersR 2020, 717, 733.
[229] Dazu *Foerste*, in: Foerste/v. Westphalen, Produkthaftungshandbuch, § 25 Rn. 178 ff.
[230] *Wagner*, in: MüKo BGB § 3 ProdHaftG Rn. 3.
[231] BGH, NJW 2013, 1302 Rn. 14; *Wagner*, in: MüKo BGB, § 3 ProdHaftG Rn. 24 f.; *v. Westphalen*, in: Foerste/v. Westphalen, Produkthaftungshandbuch, § 48 Rn. 26; speziell zu autonomen Systemen *Reusch*, in: Kaulartz/Braegelmann, Rechtshandbuch AI, S. 77, 88.
[232] *Wagner*, in: MüKo BGB, § 3 ProdHaftG Rn. 7.
[233] *Wagner*, in: MüKo BGB, § 3 ProdHaftG Rn. 7.
[234] BGH, NJW 2013, 1302 Rn. 13.
[235] BGH, NJW 2013, 1302 Rn. 12; *Wagner*, in: MüKo BGB, § 3 ProdHaftG Rn. 8.
[236] BGHZ 200, 242 = NJW 2014, 2106 Rn. 8 mit Verweis auf BGH, NJW 2009, 1669 Rn. 6; BGH, NJW 2013, 1302 Rn. 12; *Wagner*, in: MüKo BGB, § 3 ProdHaftG Rn. 8 und Rn. 11; *Förster*, in: BeckOK BGB, § 3 ProdHaftG Rn. 9; *Oechsler*, in: Staudinger, Neubearbeitung 2018, § 3 Rn. 20; *v. Westphalen*, in: Foerste/v. Westphalen, Produkthaftungshandbuch, § 48 Rn. 12 f. und Rn. 17.
[237] BGH, NJW 2009, 1669 Rn. 7; *Wagner*, in: MüKo BGB, § 3 ProdHaftG Rn. 10.
[238] Näher *Wagner*, in: MüKo BGB, § 3 ProdHaftG Rn. 27 ff.; *v. Westphalen*, in: Foerste/v. Westphalen, Produkthaftungshandbuch, § 48 Rn. 25 f.; *Oechsler*, in: Staudinger, Neubearbeitung 2018, § 3 ProdHaftG Rn. 95.
[239] *Spindler*, CR 2015, 766, 769; *Wagner*, AcP 217 (2017), 707, 724 ff.

52 Ein **Fabrikationsfehler** liegt vor, wenn das Produkt planwidrig eine andere Beschaffenheit aufweist als vom Hersteller geplant.[240] Fabrikationsfehler sind Fehler, die erst im Verlauf des Herstellungsprozesses auftreten und ihre Ursache nicht in der Konzeption des Produkts haben. Bei autonomen (Software-)Systemen können Fabrikationsfehler bei der Übertragung der Software oder bei Einschleichen von Schadprogrammen entstehen.[241] Im Übrigen werden Fabrikationsfehler insbesondere hinsichtlich der Hardware-Komponenten in Betracht kommen, insofern ergeben sich keine Besonderheiten gegenüber herkömmlichen Produkten. Bei selbstfahrenden Fahrzeugen sind daher (ähnlich wie bisher) strenge Anforderungen an Qualitätstests zu stellen.[242] Eine etwaige Anfälligkeit des autonomen Systems für Hackerangriffe stellt hingegen keinen Fabrikationsfehler dar, kann aber ihre Ursache in einem Konstruktionsfehler haben.[243]

53 Da sich **Konstruktionsfehler** auf die gesamte Produktserie beziehen, ist ihre haftungsrechtliche Bedeutung für autonome Systeme besonders hoch. Konstruktionsfehler sind Mängel in der vom Hersteller für das Produkt gewählten Bauweise, die dazu führen, dass das Produkt schon seiner Konzeption nach unter dem objektiv gebotenen Sicherheitsstandard bleibt.[244] Erforderlich sind die Sicherungsmaßnahmen, die nach dem im Zeitpunkt des Inverkehrbringens des Produkts vorhandenen neuesten Stand der Wissenschaft und Technik[245] konstruktiv möglich sind und als geeignet und genügend erscheinen, um Schäden zu verhindern.[246] Die Feststellung von Softwarefehlern eines autonomen Systems wird in der Praxis regelmäßig die Einbindung eines technischen Sachverständigen erfordern.

54 Keine Besonderheiten ergeben sich im Hinblick auf Fehler der Hardware autonomer Systeme. Besteht beispielsweise die Gefahr, dass ein Sensor eines selbstfahrenden Fahrzeugs, der Signale von außen empfängt, wegen einer defizitären Konstruktion während der Fahrt ausfällt oder die Signale fehlerhaft verarbeitet, liegt ein Konstruktionsfehler vor.[247] Im Hinblick auf Softwarefehler ist zu berücksichtigen, dass Software ab einer gewissen Komplexität nicht mehr fehlerfrei programmierbar ist.[248] Dies mag im Rahmen der Sicherheitserwartung Berücksichtigung finden, kann die Sicherheitserwartungen in Anbetracht des Gefahrenpotenzials aber nicht in größerem Umfang herabgesetzen. In jedem Fall kann mindestens eine Basissicherheit der zentralen Softwarefunktionen erwartet werden.[249] Programmabstürze oder das Einfrieren der Anwendung kann daher einen Konstruktionsfehler darstellen.[250] Gerade bei selbstfahrenden Fahrzeugen besteht in Anbetracht des Umfangs drohender Schäden daher eine hohe Sicherheitserwartung.[251] Hersteller müs-

---

[240] *Wagner*, in: MüKo BGB, § 3 ProdHaftG Rn. 42.
[241] *Wagner*, AcP 217 (2017), 707, 725; *Gomille*, JZ 2016, 76, 77 f.; *Ebers*, in: Oppermann, Autonomes Fahren – Rechtsfolgen, Rechtsprobleme, technische Grundlagen, S. 93, 100 f.
[242] *Hey*, Die außervertragliche Haftung des Erstellers autonomer Fahrzeuge, S. 80; *Wachenfeld/Winner*, in: Maurer/Gerdes/Lenz/Winner, Autonomes Fahren, S. 439, 443 ff.
[243] *Wagner*, AcP 217 (2017), 707, 725 f.
[244] BGHZ 181, 253 Rn. 15 = NJW 2009, 2952; *Förster*, in: BeckOK BGB, § 823 Rn. 703 und § 3 ProdHaftG Rn. 30; *v. Westphalen*, in: Foerste/v. Westphalen, Produkthaftungshandbuch, § 48 Rn. 25; *Wagner*, in: MüKo BGB, § 3 ProdHaftG Rn. 44 und § 823 Rn. 971 f.
[245] Zum Begriff allgemein *Wagner*, in: MüKo BGB, § 1 ProdHaftG Rn. 56 ff.
[246] Vgl. nur BGHZ 181, 253 Rn. 16 = NJW 2009, 2952.
[247] *Oechsler*, in: Staudinger, Neubearbeitung 2018, § 3 ProdHaftG Rn. 127; *Hey*, Die außervertragliche Haftung des Herstellers autonomer Fahrzeuge, S. 68; allgemein zu Schwachstellen der Sensorentechnik *Dietmayer*, in: Maurer/Gerdes/Lenz/Winner, Autonomes Fahren – Technische, rechtliche und gesellschaftliche Aspekte, S. 419, 422 f.
[248] *Oechsler*, in: Staudinger, Neubearbeitung 2018, § 3 ProdHaftG Rn. 126.
[249] *Oechsler*, in: Staudinger, Neubearbeitung 2018, § 3 ProdHaftG Rn. 88, 126; *Wagner*, AcP 217 (2017), 707, 753 f.; *Wagner*, in: MüKo BGB, § 3 ProdHaftG Rn. 19; *Reusch*, in: Kaulartz/Braegelmann, Rechtshandbuch AI, S. 77, 86; *Hey*, Die außervertragliche Haftung des Herstellers autonomer Fahrzeuge, S. 48; *Taeger*, Außervertragliche Haftung für fehlerhafte Computerprogramme, S. 185 ff.; *Gless/Janal*, JR 2016, 561, 568.
[250] *Wagner*, AcP 217 (2017), 707, 727.
[251] *Hey*, Die außervertragliche Haftung des Herstellers autonomer Fahrzeuge, S. 49; *Ebers*, in: Oppermann, Autonomes Fahren – Rechtsfolgen, Rechtsprobleme, technische Grundlagen, S. 93, 107; *Gless/Janal*, JR 2016, 561, 568.

C. Die zivilrechtliche Haftung für autonome Systeme am Beispiel selbstfahrender Fahrzeuge

sen zudem den Lernprozess selbstlernender Systeme überprüfen und kontrollieren, bevor das System in den Verkehr gebracht werden kann.[252] Eine sichere Konstruktion des selbstfahrenden Autos dürfte regelmäßig einen Sicherheitsmodus voraussetzen, der bei Funktionsstörungen die Fahrt unterbricht und einen sicheren Platz[253] ansteuert.[254] Entsprechendes gilt in Bezug auf die Anfälligkeit der Software für Hackerangriffe.[255] Das autonome System muss eine grundsätzliche Sicherheit gegen Angriffe auf seine Steuerung bieten. Instruktionen und Warnungen des Herstellers insbesondere hinsichtlich des bestimmungsgemäßen Gebrauchs können ergänzend die Haftungsrisiken minimieren.[256]

Teilweise wird speziell für den Fall selbstfahrender Fahrzeuge angenommen, dass der Hersteller zur Vermeidung eines bestimmungswidrigen Gebrauchs den Nutzer nicht nur entsprechend zu instruieren habe, sondern konstruktive Maßnahmen ergreifen müsse.[257] Durch fahrzeuginterne oder sogar -externe Überwachung soll sichergestellt werden, dass das Fahrzeug vom Nutzer ausschließlich innerhalb seiner Systemgrenzen eingesetzt wird. Dies könne beispielsweise durch Sensoren im Lenkrad oder Kameras erfolgen. Genau genommen handelt es sich hier um zwei Fragen, nämlich erstens nach der rechtlichen Zulässigkeit und zweitens nach der Verdichtung einer rechtlich zulässigen Möglichkeit zu einer Pflicht. Beides ist bisher nicht eindeutig und muss sorgfältig (auch datenschutzrechtlich) abgewogen werden, zumal sich die Sicherheitserwartungen des Rechtsverkehrs an selbstfahrende Fahrzeuge gerade erst herausbilden. Je schwerwiegender die Kontrollmaßnahmen in die Privatsphäre und den Willen des Nutzers eingreifen, desto eher wird man eine Konstruktionspflicht ablehnen können. Systeminterne Maßnahmen, wie Sensoren am Lenkrad, die prüfen, ob ein Nutzer einer Übergabeaufforderung nachkommt, dürften aber wohl zulässig und geboten sein.

Im Hinblick auf selbstlernende autonome Systeme stellt sich die Problematik, dass der Hersteller ex ante möglicherweise nicht vorhersagen kann, wie sich das System in einer bestimmten Situation verhalten wird. Dies gilt insbesondere im Fall des *reinforcement learning*[258]. Dies wirft die Frage auf, ob sich der Hersteller seiner Haftung mit dem Hinweis entziehen kann, dass das erst nach Inverkehrgabe aufgetretene, schadensverursachende Verhalten des autonomen Systems kein Konstruktionsfehler sei. Denn diese Verhaltensweise sei vielmehr gerade Folge und notwendige Eigenschaft eines selbstlernenden und adaptiven Systems. Diese Problematik stellt sich sowohl, wenn der Lernprozess schon beim Her-

---

[252] *Hey*, Die außervertragliche Haftung des Herstellers autonomer Fahrzeuge, S. 49; *Günther*, Roboter und rechtliche Verantwortung, S. 155; *Zech*, zivilrechtliche Haftung für den Einsatz von Robotern, S. 163, 193; *Ebers*, in: Oppermann, Autonomes Fahren – Rechtsfolgen, Rechtsprobleme, technische Grundlagen, S. 93, 107.

[253] Ob dies auch notwendig ist, wenn ein menschlicher Insasse die Steuerung des Fahrzeugs in einer Konfliktsituation übernehmen kann, kann nicht abstrakt beantwortet werden. Sofern der Insasse sich vom Verkehr abwenden darf und nicht in ständiger Überwachung und Übernahmebereitschaft sein muss, dürfte wohl erforderlich sein, dass das autonome System einen sicheren Platz ansteuert. Die ansonsten möglichen Verzögerungen bei der Übernahme der Steuerung werden regelmäßig ein zu hohes Gefahrenpotenzial darstellen. Letztlich hängt die Beantwortung der Frage aber von den Umständen des Einzelfalls ab. Vgl. dazu näher *Hey*, Die außervertragliche Haftung des Herstellers autonomer Fahrzeuge, S. 74; Ethik-Kommission, Automatisiertes und Vernetztes Fahren, Bericht 2017, S. 21 (abrufbar unter https://www.bmvi.de/SharedDocs/DE/Publikationen/DG/bericht-der-ethik-kommission.pdf?__blob=publicationFile (letzter Zugriff am 1.11.2020).

[254] *Wagner*, AcP 217 (2017), 707, 727; *Hey*, Die außervertragliche Haftung des Herstellers autonomer Fahrzeuge, S. 73; *Hammel*, Haftung und Versicherung bei Personenkraftwagen mit Fahrerassistenzsystemen, S. 397 f.

[255] *Wagner*, AcP 217 (2017), 707, 727; *Wagner*, VersR 2020, 717, 727; *Wagner*, in MüKo BGB, § 3 ProdHaftG Rn. 34; *Hey*, die außervertragliche Haftung des Herstellers autonomer Fahrzeuge, S. 73; *v. Bodungen/Hoffmann*, NZV 2016, 503, 505; *Droste*, CCZ 2015, 105, 107; allgemein *Bartsch*, CR 2000, 721, 723; *Spindler*, NJW 2004, 3145, 3146.

[256] *Wagner*, AcP 217 (2017), 707, 728; *Wagner*, in: MüKo BGB, § 823 Rn. 981; *Hey*, Die außervertragliche Haftung des Herstellers autonomer Fahrzeuge, S. 74.

[257] *Hey*, Die außervertragliche Haftung des Herstellers autonomer Fahrzeuge, S. 74 f.; *Ebers*, in: Oppermann, Autonomes Fahren – Rechtsfolgen, Rechtsprobleme, technische Grundlagen, S. 94, 113.

[258] → Teil 9.1. Rn. 35.

steller beendet ist, weil auch dann mitunter nicht vorhersehbar ist, wie sich das autonome System in einer noch nicht trainierten Situation verhält *(Entscheidungsrisiko)*. Zum anderen stellt sich diese Frage besonders, wenn das System beim Erwerber und Betreiber noch weiter lernt *(Weiterentwicklungsrisiko* und *Entscheidungsrisiko)*. Flexibilität und Anpassungsfähigkeit des autonomen Systems wie auch das Selbstlernen sind in der Tat gerade vom Hersteller und auch vom Produktnutzer gewollt, als Kehrseite muss der Hersteller aber auch die Gefahr sicherheitsgefährdender Entscheidungen des autonomen Systems tragen, soweit sie für ihn steuerbar und beherrschbar sind.[259] Hat sich ein schädigendes Verhalten also erst nach Inverkehrbringen durch Selbstlernen entwickelt, bleibt als Anknüpfungspunkt für die produkthaftungsrechtliche Verantwortlichkeit, dass diese erlernte Verhaltensweise in der ursprünglichen Programmierung angelegt war. Der Hersteller kann sich davon nur mit dem Einwand des Entwicklungsfehlers (§ 1 Abs. 2 Nr. 5 ProdHaftG) entlasten, wenn er ein bestimmtes Lern- und Entscheidungsverhalten des autonomen Systems nach dem Stand von Wissenschaft und Technik nicht voraussehen konnte.[260] Zusammenfassend kommt ein Produktfehler also durchaus in Betracht, wenn dem System eine unzureichende technische Ausgestaltung der Lern- und Entscheidungsarchitektur zugrunde liegt.[261] Dies kann beispielsweise der Fall sein, wenn der Hersteller keine Maßnahmen ergreift, um unerwünschte Verhaltensweisen des autonomen Systems zu verhindern.

57 Unabhängig von der eben diskutierten Thematik, begründet allein die Schadensverursachung durch ein autonomes System nicht schon die Annahme eines Produktfehlers.[262] Aus der bloßen Unfallbeteiligung eines selbstfahrenden Fahrzeugs lässt sich also noch nicht automatisch auf das Vorliegen eines Produktfehlers des Fahrzeugs schließen. Ein solcher liegt vielmehr erst bei Unterschreitung der Sicherheitserwartungen vor, was die Frage aufwirft, wie diese für autonome Systeme zu bestimmen sind. Muss ein selbstfahrendes Fahrzeug über dieselben oder bessere Gefahrbeherrschungs- und Vermeidungsfähigkeiten wie ein menschlicher Fahrer verfügen? Abstrakt gesprochen geht es hier um die Frage, ob es darauf ankommt, ob ein (sorgfältig agierender) Mensch in der konkreten Verkehrssituation den Schadensfall hätte verhindern können (sog. anthropozentrischer Maßstab[263])[264], oder, ob ein KI-spezifischer, systembezogener Maßstab[265] zu entwickeln ist. Insbesondere bei anthropomorphen Robotern mag ein anthropozentrischer Maßstab auf den ersten Blick bestechend erscheinen und intuitiv liegt es nahe, dass ein Algorithmus, der einen Menschen ersetzt, in der konkreten Situation nicht hinter den Sorgfaltsanforderungen zurückstehen darf, die an einen sorgfältigen Menschen gestellt werden.[266] Indes ist zu beachten, dass die Fehlerquellen (wie auch die Vorteile) des Algorithmus anders gelagert sind als bei einem Menschen: Trunkenheitsfahrt, Geschwindigkeitsverstoß und „Augenblicksversagen"[267] kennt ein selbstfahrendes Fahrzeug nicht.[268] Richtigerweise sollte eine systembezo-

---

[259] *Oechsler,* in: Staudinger, Neubearbeitung 2018, § 3 ProdHaftG Rn. 128.
[260] *Oechsler,* in: Staudinger, Neubearbeitung 2018, § 3 ProdHaftG Rn. 128.
[261] *Oechsler,* in: Staudinger, Neubearbeitung 2018, § 3 ProdHaftG Rn. 128.
[262] *Wagner,* in: Faust/Schäfer, Travermünder Symposium zur ökonomischen Analyse des Zivilrechts, S. 1, 16; *Zech,* in: Gless/Seelmann, Intelligente Agenten und das Recht, S. 163, 192; missverständlich *Zech,* ZfPW 2019, 198, 213.
[263] Begriff nach *Wagner,* AcP 217 (2017), 707, 733.
[264] *Borges,* CR 2016, 272, 275 f.; *Gomille,* JZ 2016, 76, 78; *Freise,* VersR 2019, 65, 70 mit dem idealen menschlichen Fahrer als Vergleichsmaßstab.
[265] *Wagner,* AcP 217 (2017), 707, 733 f.; *Wagner,* in: Lohsse/Schulze/Staudenmayer, Liability for Artificial Intelligence and the Internet of Things, S. 27, 44; *Wagner,* VersR 2020, 717, 727 f.; *Wagner,* in MüKo BGB, § 3 ProdHaftG Rn. 32 f.; zustimmend *Kreutz,* in: Oppermann/Stender-Vorwachs, Autonomes Fahren – Rechtsfolgen, Rechtsprobleme, technische Grundlagen, S. 177, 182; *Zech,* 73. DJT Gutachten A, S. A 69; dazu auch *Geistfeld,* 105 Cal. L. Rev. (2017), 1611, 1644 f.
[266] *Freise,* VersR 2019, 65, 70.
[267] So beruhten beispielsweise 88,4 % der Unfälle im deutschen Straßenverkehr im Jahr 2018 auf menschlichem Fehlverhalten, hingegen nur 0,9 % auf technischen Mängeln – vgl. *Statistisches Bundesamt,* Verkehrsunfälle – Fachserie 8 Reihe 7–2018 (abrufbar unter https://www.destatis.de/DE/Themen/Gesellschaft-Umwelt/Verkehrsunfaelle/_inhalt.html#sprg230562 (letzter Zugriff am 1.11.2020)). Die Aussagekraft die-

C. Die zivilrechtliche Haftung für autonome Systeme am Beispiel selbstfahrender Fahrzeuge

gene Betrachtung gewählt werden: Autonome Systeme zeichnen sich insbesondere durch ihre Anpassungsfähigkeit an bisher noch nicht bekannte Situationen aus. Diese Anpassungsfähigkeit und der häufig zugrundeliegende Lernprozess, aufgrund dessen nicht mehr jede einzelne Verkehrssituation im Voraus programmiert werden muss[269], bezieht sich nicht auf ein konkretes Fahrzeug, sondern auf eine gesamte Produktreihe.[270] Der Vergleich mit der menschlichen Maßstabsfigur vermag demgegenüber nur die grundsätzliche Frage zu beantworten, ob das autonome System überhaupt eingeführt werden kann – nämlich nur dann, wenn das autonome System das (abstrakte) Sicherheitsniveau eines herkömmlichen Systems überbietet.[271] Jenseits dieser Hürde ist der Vergleich nur bedingt aussagekräftig. Die Konkretisierung eines systembezogenen, KI-spezifischen Maßstabs fällt allerdings nicht leicht.[272] Zur Feststellung des Produktfehlers können autonome Systeme zwar an anderen, bereits in Betrieb genommenen autonomen Systemen gemessen werden.[273] Damit ist es aber noch nicht getan, denn auch das beste autonome System kann nicht als Vergleichsmaßstab (*„Benchmark"*) herangezogen werden, wenn es nicht dem Stand von Wissenschaft und Technik entspricht.[274] Auch die Branchenüblichkeit und die Tatsache, dass die führenden Anbieter autonomer Systeme dieselben oder ähnliche Steuerungsalgorithmen einsetzen, begründen für sich genommen noch keinen tauglichen Vergleichsmaßstab für solche Systeme.[275] Andererseits wäre eine Prüfung des Standes von Wissenschaft und Technik unvollständig, wenn sie die bereits am Markt verfügbaren Systeme nicht berücksichtigen würde. Der Weg zur Ermittlung eines KI-spezifischen Haftungsmaßstabs liegt daher –wie so oft– in der Mitte: Entspricht das autonome System, das einen Personen- oder Sachschaden verursacht hat, nicht dem Entwicklungsstand vergleichbarer und bereits verfügbarer Systeme, deutet dies darauf hin, dass der Hersteller den Stand von Wissenschaft und Technik nicht eingehalten hat und er daher für die eingetretenen Schäden zu haften hat. Werden dagegen von dem schadensverursachenden System Algorithmen eingesetzt, die denen anderer Systeme entsprechen und ein vergleichbares Sicherheitsniveau aufweisen, ist weiter zu prüfen, ob nach gesichertem Fachwissen der einschlägigen Fachkreise praktisch einsatz*fähige* (aber noch nicht eingesetzte) Lösungen zur Verfügung standen, die den Fehler und die dadurch verursachten Schäden vermieden hätten. Ist dies der Fall, haftet der Hersteller eines autonomen Systems (nur) dann nicht, wenn er solche Lösungen eingesetzt hat. War die Fehlerhaftigkeit des autonomen Systems hingegen nicht erkennbar, kann sich der Hersteller gegebenenfalls gem. § 1 Abs. 2 Nr. 5 ProdhaftG entlasten und auch die spätere

---

ser Zahlen für die Fehler von intelligenter Software ist aber natürlich nur beschränkt, da sie ja noch gar nicht bzw. kaum im Verkehr zugelassen ist.

[268] *Wagner*, in: Lohsse/Schulze/Staudenmayer, Liability for Artificial Intelligence and the Internet of Things, S. 27, 44; *Wagner*, in: Faust/Schäfer, Travemünder Symposium zur Ökonomischen Analyse des Rechts, S. 1, 17; vgl. ferner auch *Hey*, Die außervertragliche Haftung des Herstellers autonomer Fahrzeuge, 2019, S. 49; *Joerdan/Matschi*, NZV 2015, 26, 27.

[269] Näher *Wachenfeld/Winner*, in: Maurerer/Gerdes/Lenz/Winner, Autonomes Fahren, S. 465, 476 ff.; *Geistfeld*, 105 Cal. L. Rev. (2017), 1611, 1644 f.; *Wagner*, AcP 217 (2017), 707, 733; *v. Westphalen*, ZIP 2019, 889, 889.

[270] *Wagner*, AcP 217 (2017), 707, 734.

[271] *Wagner*, AcP 217 (2017), 707, 734 f.; *Borghetti*, in: Lohsse/Schulze/Staudenmayer, Liability for Artificial Intelligence and the Internet of Things, S. 63, 68. Zum rechtsökonomischen Hintergrund (Einführung, wenn das autonome System halb so viele Durchschnittsschäden verursacht, wie ein herkömmliches System) näher *Geistfeld*, 105 Cal. L. Rev. (2017), 1611, 1651 ff.; darauf bezugnehmend *Wagner*, AcP 217 (2017), 707, 735; *Wagner*, in: Faust/Schäfer, Travemünder Symposium zur ökonomischen Analyse des Rechts, S. 1, 16 f.

[272] Näher *Wagner*, AcP 217 (2017), 707, 735 und 737 f., *Wagner*, in: Faust/Schäfer, Travemünder Symposium zur ökonomischen Analyse des Rechts, S. 1, 17; *Kreutz*, in: Oppermann/Stender-Vorwachs, Autonomes Fahren – Rechtsfolgen, Rechtsprobleme, technische Grundlagen, S. 177, 182.

[273] *Wagner*, in: Faust/Schäfer, Travemünder Symposium zur ökonomischen Analyse des Rechts, S. 1, 17.

[274] *Wagner*, AcP 217 (2017), 707, 737; *Borghetti*, in: Lohsse/Schulze/Staudenmayer, Liability for Artificial Intelligence and the Internet of Things, S. 63, 70.

[275] Allgemein zur Branchenüblichkeit BGHZ, 181, 253 Rn. 16 = NJW 2009, 2952 unter Verweis auf *BGH*, NJW 1994, 3349; NJW 1990, 906; VersR 1971, 80, 82; *OLG Schleswig*, NJW-RR 2008, 691, 692.

Verfügbarkeit einer neuen Fehlerbehebungsmöglichkeit ist dann unbeachtlich. Ein solcher KI-Haftungsmaßstab steht im Einklang mit der bisherigen höchstrichterlichen Rechtsprechung zur Haftung für Konstruktions- und Instruktionsfehler. Er ist auch sachgerecht, da er nicht die bloße Marktführerschaft eines bestimmten Herstellers autonomer Systeme und den von diesem erreichten Sicherheitsstandard belohnt, sondern darauf abstellt, ob alle praktisch einsatzfähigen Lösungen zur Gefahrverminderung auch tatsächlich eingesetzt wurden.

58 Besonders relevant ist auch eine hinreichende **Instruktion** des Produktnutzers. Dieser ist über die zweckentsprechende und risikogerechte Benutzung des Produkts aufzuklären.[276] Die Intensität der Instruktionspflichten richtet sich nach den mit der Nutzung des Produkts verbundenen Gefahren (Umfang und Wahrscheinlichkeit des Schadens) und den Kenntnissen des Nutzers (vgl. dazu auch Rn. 15 f.).[277] Die Aufklärung und Instruktion muss sich dabei auch auf einen vorhersehbaren Fehlgebrauch des Produkts und auf die Kombination mit anderen Gegenständen beziehen.[278] Der Nutzer muss über die Einsatzmöglichkeiten und Schadensrisiken sowie über die unweigerlich bestehenden Restrisiken und Charakteristika eines autonomen Systems aufgeklärt werden (zB die Unvorhersehbarkeit des Verhaltens autonomer Systeme in konkreten Situationen).[279] Er muss wissen, wie er das autonome System bedienen und konfigurieren kann[280], inwiefern er das System überwachen muss und wie auf eine Systemstörung zu reagieren ist.[281] Die zuletzt genannten Pflichten sind für automatisierte Fahrzeuge in § 1b StVG geregelt, bei denen den Nutzer eine (eingeschränkte) Überwachungspflicht trifft (dazu noch unten). Schließlich muss sich die Instruktion auch auf die Wartung der autonomen Systeme beziehen.[282] Zur Erfüllung der Instruktionspflichten kann der Hersteller auch situative Warnungen bzw. Informationen nutzen.[283] Beweisrechtlich kommt dem Nutzer die Vermutung aufklärungsrichtigen Verhaltens zugute.[284]

59 Ferner ist auf die Rechtsprechung des EuGH[285] und des BGH[286] im Kontext von Medizinprodukten hinzuweisen, wonach ein nicht ausräumbarer Verdacht eines Produktfehlers (potenzieller Mangel) einem Produktfehler gleichstehen kann. Begründet wird dies bei

---

[276] Dazu allgemein *BGH*, NJW 1996, 2224, 2226; *Wagner*, in: MüKo BGB, § 3 ProdHaftG Rn. 46 ff. und § 823 Rn. 981 ff.; *Förster*, in: BeckOK BGB, § 823 Rn. 716; *Spindler*, in: BeckOGK BGB, § 823 Rn. 733 f.

[277] Den Hersteller eines autonomen Fahrzeugs treffen bei der Nutzung durch einen Endkunden regelmäßig intensive Instruktionspflichten, vgl. *Ebers*, in: Oppermann, Autonomes Fahren – Rechtsfolgen, Rechtsprobleme, technische Grundlagen, S. 93, 111; *Spindler*, CR 2015, 766, 769; *Jänisch/Schrader/Reck*, NZV 2015, 313, 317 f.; *Lutz/Tang/Lienkamp*, NZV 2013, 57, 61.

[278] *Wagner*, in: MüKo BGB, § 3 ProdHaftG Rn. 47 und § 823 Rn. 979; *Foerste*, in: Foerste/v. Westphalen, Produkthaftungshandbuch, § 24 Rn. 90; speziell im Kontext autonomer Fahrzeuge *Ebers*, in: Oppermann, Autonomes Fahren – Rechtsfolgen, Rechtsprobleme, technische Grundlagen, S. 93, 111 f.

[279] *Wagner*, AcP 217 (2017), 707, 748; *Geistfeld*, 105 Cal. L. Rev. (2017), 1611, 1658; *Günther*, Roboter und rechtliche Verantwortung, S. 157 f.; *Wendt/Oberländer*, InTeR 2016, 58, 62; *Grapentin*, JR 2019, 175, 178; *Gless/Janal*, JR 2016, 561, 568; vertiefend und instruktiv zu autonomen Fahrzeugen *Hey*, Die außervertragliche Haftung des Herstellers autonomer Fahrzeuge, S. 85 ff.; *Hammel*, Haftung und Versicherung bei Personenkraftwagen mit Fahrerassistenzsystemen, S. 413 f.; *v. Bodungen/Hoffmann*, NZV 2016, 503, 505.

[280] *Ebers*, in: Oppermann, Autonomes Fahren – Rechtsfolgen, Rechtsprobleme, technische Grundlagen, S. 93, 111; *Hey*, Die außervertragliche Haftung des Herstellers autonomer Fahrzeuge, S. 87; *Hammel*, Haftung und Versicherung bei Personenkraftwagen mit Fahrerassistenzsystemen, S. 406.

[281] *Hey*, Die außervertragliche Haftung des Herstellers autonomer Fahrzeuge, S. 87; *Hammel*, Haftung und Versicherung bei Personenkraftwagen mit Fahrerassistenzsystemen, S. 407; *Ebers*, in: Oppermann, Autonomes Fahren – Rechtsfolgen, Rechtsprobleme, technische Grundlagen, S. 93, 111.

[282] *Ebers*, in: Oppermann, Autonomes Fahren – Rechtsfolgen, Rechtsprobleme, technische Grundlagen, S. 93, 111; *Hey*, Die außervertragliche Haftung des Herstellers autonomer Fahrzeuge, S. 89.

[283] *Hey*, Die außervertragliche Haftung des Herstellers autonomer Fahrzeuge, S. 85; *v. Bodungen/Hoffmann*, NZV 2016, 503, 505; *Ebers*, in: Oppermann, Autonomes Fahren – Rechtsfolgen, Rechtsprobleme, technische Grundlagen, S. 93, 112 f.

[284] *Wagner*, in: MüKo BGB, § 823 Rn. 1022.

[285] *EuGH*, NJW 2015, 1163 Rn. 39 ff.

[286] *BGH*, NJW 2015, 2507; NJW 2015, 3096; hierzu auch *Koch*, VersR 2015, 1467, 1468 ff.

Medizinprodukten mit der hohen Bedeutung des Gesundheitsschutzes. Inwiefern sich diese Fallgruppe erweitern lässt, ist bisher unklar und bedarf weiterer Diskussion.[287] Zumindest im medizinischen Kontext ist die Rechtsprechung zu beachten.[288]

dd) Dilemmasituationen. Der Einsatz autonomer Systeme bringt es mit sich, dass sich nun der Hersteller im Rahmen der Konstruktion Gedanken über die Bewältigung von **Dilemmasituationen** machen muss.[289] So muss er beispielsweise den Fall bedenken, dass ein selbstfahrendes Fahrzeug in einer konkreten Verkehrssituation nur noch die Wahl hat, einen unbeteiligten Fußgänger zu überfahren oder gegen einen Baum zu fahren und damit seinen Insassen zu schädigen. Nicht mehr der Fahrer des Fahrzeugs, sondern der Hersteller trifft also *ex ante* in der Programmierung des Algorithmus eine Entscheidung, wie bei der Kollision verschiedener Rechtsgüter zu entscheiden ist.[290] Dies sind hochpathologische Fälle und angesichts der mangelnden Ausreifung der autonomen Systeme derzeit eher hypothetischer Natur.[291] Für den Themenbereich des autonomen Fahrens hat das *Bundesministerium für Verkehr und digitale Infrastruktur* eine Ethikkommission zur Erarbeitung konsensfähiger Leitlinien für die Programmierung autonomer Fahrzeuge eingesetzt, deren Bericht seit Juni 2017 vorliegt. Die dortigen Empfehlungen sind allerdings nur bedingt hilfreich.[292] Andere Überlegungen gehen in die Richtung, die Entscheidung von Dilemmasituationen vom Hersteller wieder auf den Nutzer zu verlagern und durch diesen entscheiden zu lassen (zB mittels einer Eingabe vor Inbetriebnahme des Fahrzeugs)[293], sie durch einen Zufallsmechanismus[294] entscheiden zu lassen, oder eine behördliche Kontrolle der Algorithmen zu einzurichten[295].

60

---

[287] Dazu *Koch*, VersR 2015, 1467, 1471; *Oechsler*, in: Staudinger BGB, Neubearbeitung 2018, § 3 ProdHaftG Rn. 121.

[288] Weitreichend möchte *Reusch*, in: Kaulartz/Braegelmann, Rechtshandbuch AI, S. 77, 123 die Kategorie des Fehlerverdachts auf wohl sämtliche autonome Systeme erstrecken. Für eine Übertragung auf selbstfahrende Fahrzeuge offen *Hey*, Die außervertragliche Haftung des Herstellers autonomer Fahrzeuge, S. 132; *Ebers*, in Oppermann, Autonomes Fahren – Rechtsfolgen, Rechtsprobleme, technische Grundlagen, S. 93, 118.

[289] Dazu näher *Wagner*, AcP 217 (2017), 707, 740 ff.; *Hey*, Die außervertragliche Haftung des Herstellers autonomer Fahrzeuge, S. 77 f.; *Schuster*, in: Hilgendorf, Autonome Systeme und neue Mobilität, S. 99 ff.; *Hübner/White/Ahlers*, in: Oppermann, Autonomes Fahren – Rechtsfolgen, Rechtsprobleme, technische Grundlagen, S. 61 ff.; *Ebers*, in: Oppermann, Autonomes Fahren – Rechtsfolgen, Rechtsprobleme, technische Grundlagen, S. 93, 108 ff.; aus strafrechtlicher Sicht *Engländer*, ZIS 2016, 608 ff.; *Weigend*, ZIS 2017, 599 ff.; *Hörnle/Wohlers*, GA 2018, 12 ff.; *Beck*, in: Hilgendorf, Autonome Systeme und neue Mobilität, S. 117, 132 ff.; *Joerden*, in: Hilgendorf, Autonome Systeme und neue Mobilität, 2017, S. 73 ff.; *Sander/Hollering*, NStZ 2017, 193 (201 ff.); *Hilgendorf*, in: Hilgendorf, Autonome Systeme und neue Mobilität, S. 143 ff.; *Hilgendorf*, in: Hilgendorf/Hötitzsch, Das Recht vor den Herausforderungen der modernen Technik, S. 11, 22 ff.; monographisch *Felde*, Notstandsalgorithmen: Dilemmata im automatisierten Straßenverkehr.

[290] *Hilgendorf*, in: Hilgendorf, Autonome Systeme und neue Mobilität, S. 143, 146, 151 und 164; *Schuster*, Das Dilemma-Problem aus Sicht der Automobilhersteller, S. 99, 113 f. *Hörnle/Wohlers*, GA 2018, 12, 20; gegen eine Entscheidung des Herstellers in der Programmierung *Hey*, Die außervertragliche Haftung des Herstellers autonomer Systeme, S. 77 f.

[291] Derzeitige Systeme sind noch gar nicht in der Lage, alle notwendigen Informationen zu sammeln oder die konkreten Schäden/Wahrscheinlichkeiten zu berechnen. Vgl. hierzu *Hey*, Die außervertraglichen Haftung des Herstellers autonomer Fahrzeuge, S. 77; optimistisch insoweit aber *Hilgendorf*, in: Hilgendorf/Hötitzsch, Das Recht vor den Herausforderungen der modernen Technik, S. 11, 22.

[292] *Ethik-Kommission*, Automatisiertes und Vernetztes Fahren, Bericht Juni 2017, Regel 8 S. 11: „Echte dilemmatische Entscheidungen, wie die Entscheidung Leben gegen Leben sind von der konkreten tatsächlichen Situation unter Einschluss ‚unberechenbarer' Verhaltensweisen Betroffener abhängig. Sie sind deshalb nicht eindeutig normierbar und auch nicht ethisch zweifelsfrei programmierbar". Dazu näher *Hörnle/Wohlers*, GA 2018, 12, 20 ff.; *Wagner*, AcP 217 (2017) 707, 741.

[293] Zu dieser Möglichkeit auch *Beck*, in: Hilgendorf, Autonome Systeme und neue Mobilität, S. 117, 138 („Eine derartige Programmierung wäre zweifellos hoch komplex, ist aber theoretisch durchaus vorstellbar."); *Hörnle/Wohlers*, GA 2018, 12, 32.

[294] *Hilgendorf*, in: Hilgendorf, Autonome Systeme und neue Mobilität, S. 143, 156 („annehmbar" aber „nicht überzeugend"); kritisch hinsichtlich der „Zufälligkeit" des Zufallsgenerator *Schuster*, in: Hilgendorf, Autonome Systeme und neue Mobilität, S. 99, 110; ablehnend *Hilgendorf*, in: Hilgendorf/Hötitzsch, Das Recht

61 Die Diskussion um die Dilemmasituationen wird nach wie vor kontrovers geführt. Praktikabel erscheinen folgende allgemeine Leitlinien:

Leitlinie 1: Grundsätzlicher Vorrang von Persönlichkeitsgütern vor Eigentümerinteressen[296]:
Nach dem Prinzip des geringeren Übels muss der Schaden so gering wie möglich gehalten werden. Der Schutz von Menschen geht vor. Entscheidend ist eine Abwägung im Einzelfall unter Beachtung des Verhältnismäßigkeitsprinzips. In Ausnahmefällen können leichteste Körperverletzungen bei Gefahr schwerster Sachschäden in Kauf zu nehmen sein.[297]

Leitlinie 2: Minimierung des Verlustes von Menschenleben in Dilemmasituationen[298]:
Zulässig erscheint eine Differenzierung nach der Verletzungswahrscheinlichkeit.[299] Eine solche ist – mangels technischer Reife – derzeit aber noch hypothetisch. Im Übrigen muss die Zahl der Opfer grundsätzlich so gering wie möglich gehalten werden, weshalb auch die Schädigung einer unschuldigen Person haftungsrechtlich zulässig sein sollte. Inwiefern eine Differenzierung zwischen zwei konkreten Betroffenen zulässig sein kann (also zB die Opferung eines alten für einen jungen Menschen), wird ebenfalls höchst kontrovers diskutiert.[300] Jedenfalls sollte eine Differenzierung aus Gründen der Ethnie oder des Geschlechts unzulässig sein.[301] Eine vergleichbare Problematik stellt sich hinsichtlich der Abwägung zwischen einer Schädigung des Insassen des Fahrzeugs und einer Schädigung unbeteiligter Dritter.[302]

62 **ee) Beschränkung der Herstellerhaftung.** Die Herstellerhaftung ist nach § 1 Abs. 2 ProdHaftG beschränkt. Die Darlegungs- und Beweislast für die Entlastungsgründe trifft den Hersteller. Von Relevanz im vorliegenden Kontext ist zunächst **§ 1 Abs. 2 Nr. 2 ProdHaftG.** Danach ist eine Ersatzpflicht ausgeschlossen, wenn nach den Umständen davon auszugehen ist, dass das Produkt den Schaden verursachenden Fehler noch nicht bei Inverkehrbringen hatte. Entwickelt sich ein schädigendes Fehlverhalten des autonomen

---

vor den Herausforderungen der modernen Technik, S. 11, 22; *Joerden,* in: Hilgendorf, Autonome Systeme und neue Mobilität, S. 73, 88 f.; *Felde,* Notstandsalgorithmen: Dilemmata im automatisierten Straßenverkehr, S. 207 ff.; kritisch auch *Beck,* in: Hilgendorf, Autonome Systeme und neue Mobilität, S. 117, 134.

[295] *Hilgendorf,* in: Hilgendorf, Autonome Systeme und neue Mobilität, S. 143, 171 f.

[296] *Wagner,* AcP 217 (2017), 707, 745; *Hilgendorf,* in: Hilgendorf, Autonome Systeme und neue Mobilität, S. 143, 146; *Hilgendorf,* in: Hilgendorf/Hötitzsch, Das Recht vor den Herausforderungen der modernen Technik, S. 11, 23; *Ethik-Kommission,* Automatisiertes und Vernetztes Fahren, Bericht Juni 2017, Regel 7, S. 11.

[297] *Wagner,* AcP 217 (2017), 707, 745; wohl strenger *Hilgendorf,* in: Hilgendorf, Autonome Systeme und neue Mobilität, S. 143, 146.

[298] *Wagner,* AcP 217 (2017), 707, 745; *Hilgendorf,* in: Hilgendorf, Autonome Systeme und neue Mobilität, S. 143, 155 f. (bei symmetrischer Gefahrengemeinschaft); *Hilgendorf,* in: Hilgendorf/Hötitzsch, Das Recht vor den Herausforderungen der modernen Technik, S. 11, 26; *Schuster,* in: Hilgendorf, Autonome Systeme und neue Mobilität, S. 99, 110 ff.; mit Einschränkungen *Ethik-Kommission,* Automatisiertes und Vernetztes Fahren, Bericht Juni 2017, Regel 9, S. 11; *Hörnle/Wahlers,* GA 2018, 12, 28 f. und 33; vorsichtig auch *Gless/Janal,* JR 2016, 561, 574 f.; grundsätzlich auch *Freise,* VersR 2019, 65, 79; aA wohl *Felde,* Notstandsalgorithmen: Dilemmata im automatisierten Straßenverkehr, S. 231 f.

[299] *Hilgendorf,* in: Hilgendorf, Autonome Systeme und neue Mobilität, S. 143, 160 f.

[300] Näher dazu *Wagner,* AcP 217 (2017), 707, 745 f.; *Hilgendorf,* in: Hilgendorf/Hötitzsch, Das Recht vor den Herausforderungen der modernen Technik, S. 11, 21; *Hilgendorf,* in: Hilgendorf, Autonome Systeme und neue Mobilität, S. 143, 157 f. (Differenzierung wenn Überlebenschancen neu verteilt werden) und S. 160 ff. (Differenzierung nach der Verletzungswahrscheinlichkeit, nicht aber nach Ethnie, Geschlecht, Alter, Gesundheitszustand); *Joerden,* in: Hilgendorf, Autonome Systeme und neue Mobilität, S. 73, 84 ff.; *Hörnle/Wohlers,* GA 2018, 12, 27.

[301] *Hilgendorf,* in: Hilgendorf, Autonome Systeme und neue Mobilität, S. 143, 160; *Wagner,* AcP 217 (2017), 707, 745; *Ethik-Kommission,* Automatisiertes und Vernetztes Fahren, Bericht Juni 2017, Regel 9 S. 11 und S. 18; grundsätzlich offen im Hinblick auf Kinder (Gedanke des § 828 Abs. 2 S. 1 BGB) *Schuster,* in: Hilgendorf, Autonome Systeme und neue Mobilität, S. 99, 111.

[302] Für die Zulässigkeit einer Programmierung grds. zugunsten des Nutzers *Hilgendorf,* in: Hilgendorf, Autonome Systeme und neue Mobilität, S. 143, 170; *Hörnle/Wohlers,* GA 2018, 12, 25; *Schuster,* in: Hilgendorf, Autonome Systeme und neue Mobilität, S. 99, 111; aA *Wagner,* AcP 217 (2017), 707, 746 (Gefahr des „Wettrüstens"); *Geistfeld* 105 Cal. L. Rev. (2017), 1611, 1649 f.

Systems erst nach dessen Inverkehrbringen aufgrund von maschinellem Lernen, gilt § 1 Abs. 2 Nr. 2 ProdHaftG. Zur Haftungsbegründung kann also nicht an das später auftretende, schädigende Verhalten des autonomen Systems angeknüpft werden. Allerdings kann die grundlegende Konzeption der Lern- und Entscheidungsarchitektur unter Umständen als fehlerhaft bewertet werden, wenn der Hersteller nicht alle zumutbaren Maßnahmen ergriff, um das Erlernen der sicherheitsgefährdenden Verhaltensweise zu verhindern (dazu bereits oben).[303] Entsprach die Konzeption hingegen der berechtigten Verkehrserwartung, haftet der Hersteller nach hier vertretener Auffassung auch nicht für spätere Fehlentscheidungen des autonomen Systems, zu denen es erst in der praktischen Anwendung unter den dann herrschenden Bedingungen kommen mag. Zu weitgehend erscheint es aber die Anwendbarkeit des § 1 Abs. 2 Nr. 2 ProdHaftG grundsätzlich in Frage zu stellen.[304]

Besonders intensiv wird die Einschränkung der Haftung für Entwicklungsfehlern gem. **§ 1 Abs. 2 Nr. 5 ProdHaftG** für autonome Systeme diskutiert. Hintergrund der Norm ist die Sorge um eine mangelnde Innovationsbereitschaft der Hersteller wie auch der fehlenden Versicherbarkeit unvorhersehbarer Schadensrisiken bei strikter Haftung.[305] Danach ist eine Ersatzpflicht des Herstellers ausgeschlossen, wenn der Produktfehler nach dem Stand von Wissenschaft und Technik in dem Zeitpunkt, in dem der Hersteller das Produkt in den Verkehr brachte, nicht erkannt werden konnte. Dasselbe gilt selbstverständlich auch für die deliktische Produzentenhaftung.[306] Die Erkennbarkeit bezieht sich nach Ansicht des BGH nicht auf den konkreten Fehler des schadensstiftenden Produkts, sondern auf das zugrundeliegende allgemeine, mit der gewählten Konzeption verbundene Fehlerrisiko.[307]

Wendet man diese Grundsätze auf autonome Systeme an, wirft dies für selbstlernende Systeme die Frage auf, ob ein Fehler, der sich im Zuge des maschinellen Lernens entwickelt, dem Hersteller als Fehler der Programmierung der Lern- und Entscheidungsarchitektur des autonomen Systems zugerechnet werden kann, oder ob es sich um einen haftungsrechtlich nicht erfassten Entwicklungsfehler handelt. Eine genaue Analyse dieser Frage muss zunächst den Begriff des Entwicklungsfehlers in den Blick nehmen. Dieser hat zwei Facetten: Einerseits werden davon Entwicklungsrisiken erfasst, also Gefahren, die im Zeitpunkt der Inverkehrgabe des Produkts nicht erkennbar waren.[308] Andererseits gibt es Gefahren, die zwar erkannt werden, für deren Abwehr es aber nach dem Stand von Wissenschaft und Technik keine Möglichkeiten gibt. Man spricht hier von Entwicklungslücken.[309] Letztere werden von § 1 Abs. 2 Nr. 5 ProdHaftG nicht erfasst, der auf die Erkennbarkeit abstellt. Die fehlende Vorhersehbarkeit der Weiterentwicklung des autonomen Systems stellt ein Entwicklungsrisiko dar, da gerade nicht oder nur grob ersichtlich ist, wie sich das System weiterentwickelt.[310] Man könnte deshalb auf den ersten Blick zu dem Ergebnis kommen, dass eine Entlastung nach § 1 Abs. 2 Nr. 5 ProdHaftG nicht möglich wäre, da dem Hersteller eines autonomen Systems durchaus bekannt ist, dass sich selbstler-

---

[303] *Oechsler*, in: Staudinger BGB, Neubearbeitung 2018, ProdHaftG § 3 Rn. 128; *Etzkorn*, MMR 2020, 360, 362 f.; *Reusch*, in: Kaulartz/Braegelmann, Rechtshandbuch AI, S. 77, 85; *Zech*, 73. DJT Gutachten A, S: A 70 f.; siehe auch *European Commission*, Preliminary Concpet Paper for the future Guidance on the Product Liability Directive 85/374/EEC, 18.2.2019, S. 19: „The Producer should demonstrate that, even with its learnings functions, the defect did not exist at the time the product was put into circulation, for example because it was the result of data or other elements that the producer could not reasonably expect."
[304] So aber wohl *Zech*, ZfPW 2019, 198, 213.
[305] *Wagner*, in: MüKo BGB, § 1 ProdHaftG Rn. 51.
[306] Vgl. nur BGHZ 181, 253 Rn. 27 = NJW 2009, 2952.
[307] BGHZ 181, 253 Rn. 28, NJW 2009, 2952; dazu näher *Oechsler*, Staudinger BGB, Neubearbeitung 2018, § 1 ProdHaftG Rn. 120.
[308] Vgl. *BGH*, NJW 2013, 1302 Rn. 9; BGHZ 181, 253 Rn. 28 = NJW 2009, 2952; *Wagner*, in: MüKo BGB, § 1 Rn. 56; *Förster*, in: BeckOK BGB, § 1 ProdHaftG Rn. 58; *Foerste*, in: Foerste/v. Westphalen, Produkthaftungshandbuch, § 24 Rn. 104.
[309] *Wagner*, in: MüKo BGB, § 823 Rn. 963; *Foerste*, in: Foerste/v. Westphalen, Produkthaftungshandbuch, § 24 Rn. 107; *Krause*, in: Soergel, § 1 ProdHaftG Rn. 13; *Etzkorn*, MMR 2020, 360, 362.
[310] AA *Sosnitza*, CR 2016, 764, 769 und *Etzkorn*, MMR 2020, 360, 363: Einordnung als Entwicklungslücke.

nende Systeme in eine ungewünschte Richtung entwickeln können. Die Anpassung des Algorithmus und das Weiterlernen durch neue Daten werden sogar gerade gewollt sein. Deshalb schließen einige Stimmen in der Literatur die Anwendbarkeit des § 1 Abs. 2 Nr. 5 ProdHaftG auf autonome Systeme grundsätzlich aus.[311] Hingegen bejahen andere die Entlastungsmöglichkeit pauschal.[312] Richtig erscheint eine **differenzierte Betrachtung:** Selbst wenn man mit dem BGH die abstrakte Kenntnis eines mit der Konzeption verbundenen Fehlerrisikos ausreichen lässt, ist zu bedenken, dass der Hersteller nicht immer einzuschätzen vermag, welches schadensstiftende Risiko sich verwirklichen wird. Vor dem Hintergrund, dass es um den Ausschluss von Fehlern geht, die zum Zeitpunkt des Inverkehrbringens des Produkts aufgrund des damaligen Wissensstands nicht erkennbar waren,[313] spricht mehr dafür, zumindest eine bestimmte Vorstellung vom möglichen Fehler zu verlangen und nicht schon die allgemeine Kenntnis von der Unvorhersehbarkeit von selbstlernenden Systemen für den Ausschluss des § 1 Abs. 2 Nr. 5 ProdHaftG genügen zu lassen.[314] Inwiefern der Entlastungsgrund des Entwicklungsrisikos auch künftig beibehalten werden sollte, ist rechtspolitisch höchst umstritten.[315]

65 Ferner ist allgemein auf die Problematik von **Weiterfresserschäden** im Rahmen des ProdHaftG hinzuweisen. Diese stellt sich besonders auch bei hochkomplexen autonomen Systemen. Führt ein Fehler der Steuerungssoftware des Zulieferers dazu, dass das Fahrzeug beschädigt wird, ist fraglich, ob die Beschädigung einer „anderen Sache" iSd § 1 Abs. 1 S. 2 ProdHaftG vorliegt. Insoweit bestehen keine Besonderheiten für autonome Systeme, eine Haftung nach dem ProdHaftG scheidet mit der überwiegenden Meinung aus, da es sich bei dem fehlerhaften Produkt und dem beschädigten Fahrzeug um ein und dieselbe Sache handelt.[316] Die deliktsrechtlichen Grundsätze zum Weiterfresserschaden können nicht in das ProdHaftG übernommen werden.[317]

66 Ein Fehlgebrauch eines autonomen Systems oder eine Falscheingabe von Informationen kann zu einer Anspruchsreduzierung wegen **Mitverschuldens** (§ 6 ProdHaftG) führen. Dies ist eine Standardfrage bei Einsatz von IT-Systemen und stellt keine Besonderheiten bei autonomen Systemen dar. Ein Mitverschulden kommt etwa in Betracht, wenn der Betrei-

---

[311] *Sosnitza*, CR 2016, 764, 769; *Zech*, ZfPW 2019, 198, 213; *Zech*, in: Gless/Seelmann, Intelligente Agenten und das Recht, S. 163, 192; *Wagner*, AcP 217 (2017), 707, 750; *Hey*, Die außervertragliche Haftung des Herstellers autonomer Fahrzeuge, S. 129 und 133; vorsichtiger *Wagner*, in MüKo BGB, § 1 ProdHaftG Rn. 61 (pauschale Entlastung gem. § 1 Abs. 2 Nr. 5 ProdHaftG kommt nicht in Betracht); *Koch*, VersR 2020, 741, 743; dies zumindest im Hinblick auf die zukünftige Ausgestaltung des Haftungssystems fordernd Expert Group on Liability and New Technologies, Liability and New Technologies for emerging digital technologies, 21.11.2019, Key Finding 14, S. 42 ff.

[312] *Oechsler*, in: Staudinger, Neubearbeitung 2018, § 1 ProdHaftG Rn. 128; *Gruber*, in: Hilgendorf, Robotik und Gesetzgebung, S. 139, 144; *Kreutz*, in: Oppermann/Stender-Vorwachs, Autonomes Fahren – Rechtsfolgen, Rechtsprobleme, technische Grundlagen, S. 177, 189; *Teubner*, AcP 218 (2018), 155, 190; *Schaub*, JZ 2017, 342, 343.

[313] Zum Zweck von § 1 Abs. 2 Nr. 5 ProdHaftG vgl. *Oechsler*, in: Staudinger BGB, Neubearbeitung 2018, ProdHaftG § 1 Rn. 111 ff.

[314] So wohl auch *Oechsler*, in: Staudinger BGB, Neubearbeitung 2018, § 3 ProdHaftG Rn. 128: „Den Entwickler schützt hier nur der Einwand des Entwicklungsfehlers (§ 1 Abs. 2 Nr. 5 ProdHaftG), wenn er ein bestimmtes, zum Haftungsfall führendes Lern- und Entscheidungsverhalten des Roboters nach dem Stand von Wissenschaft und Technik nicht voraussehen konnte". Vgl. auch *Etzkorn*, MMR 2020, 360, 363 f. der von einer Entwicklungslücke bei selbstlernenden Systemen ausgeht und die Akzeptanz einer solchen Lücke vom Ergreifen zumutbarer Maßnahmen zur Gewährleistung einer Mindestsicherheit abhängig macht.

[315] Vgl. nur die Empfehlungen der Expert Group on Liability and New Technologies, Liability and New Technologies for emerging digital technologies, 21.11.2019, Key Finding 14, S. 42 f.

[316] ZB *Wagner*, in: MüKo BGB, § 1 ProdHaftG Rn. 9 ff. mwN; *Förster*, in: BeckOK BGB, § 1 ProdHaftG Rn. 24; aA *v. Westphalen*, in: Foerste/v. Westphalen, Produkthaftungshandbuch, § 46 Rn. 6 ff.; *Oechsler*, in: Staudinger BGB, Neubearbeitung 2018, § 1 ProdHaftG Rn. 19 f.; speziell zu autonomen Fahrzeugen: *Hey*, Die außervertragliche Haftung des Herstellers autonomer Fahrzeuge, S. 117; *Wagner*, AcP 217 (2017), 707, 723; *Spindler*, CR 2015, 766, 773; *Sosnitza*, CR 2016, 764, 770; *Hammel*, Haftung und Versicherung bei Personenkraftwagen mit Fahrassistenzsystemen, S. 457.

[317] *Wagner*, in: MüKo BGB, § 1 ProdHaftG Rn. 10; *Förster*, in: BeckOK BGB, § 1 ProdHaftG Rn. 24.

ber die Software des autonomen Systems nicht aktualisiert oder eigenmächtig in das System eingreift.[318]

ff) Beweislast. Gem. § 1 Abs. 4 ProdHaftG ist der Geschädigte hinsichtlich des Produktfehlers beweisbelastet. Im Ausgangspunkt sieht er sich bei autonomen Systemen mit denselben Herausforderungen konfrontiert wie bei herkömmlichen Produkten. Zwar muss der Geschädigte – anders als bei der deliktischen Produzentenhaftung – nicht nachweisen, dass der Fehler aus der Sphäre des Herstellers stammt, ihn trifft aber die Beweislast, dass das autonome System zum Zeitpunkt des Inverkehrbringens einen Fehler aufwies, der als Schadensursache in Betracht kommt. Die genaue Art des Fehlers muss der Geschädigte nicht bezeichnen.[319] Bei typischen Geschehensabläufen kommt ihm ein Anscheinsbeweis zugute.[320] Eine solche Beweiserleichterung dürfte indes bei Fehlern selbstlernender, autonomer Systeme mangels gefestigter Erfahrungssätze derzeit nicht in Betracht kommen.[321] Auch wenn bereits eindringlich gewahrt wird, kann derzeit noch nicht abgeschätzt werden, inwiefern bei autonomen Systemen Beweisprobleme in der Praxis entstehen. Es kann aber mit aller Vorsicht vermutet werden, dass sich Probleme insbesondere bei Einnahme einer systemorientierten Betrachtung des Fehlerbegriffs und allgemein beim maschinellen Lernen (Stichwort *explainable AI*[322]) ergeben.[323] Der Geschädigte muss dann nachweisen, dass eine sicherheitsgefährdende, erlernte Verhaltensweise auf eine fehlerhafte Programmierung zurückzuführen ist und nicht durch ein anderweitiges Verhalten verursacht wurde (zB fehlerhafte Dateneingabe oder fehlerhafte Interaktion/Datenaustausch mit anderen autonomen Systemen/Menschen).[324] Mit einer Umkehr der Beweislast *de lege ferenda*, die nunmehr auch von der EU-Kommission erwogen wird,[325] oder der Zuweisung der sekundären Beweislast dürfte dem Geschädigten im Einzelfall jedoch häufig hinreichend geholfen sein.[326] Eine andere Problematik stellen Fehler dar, die sich aus der Interaktion der

67

---

[318] *Schaub*, JZ 2017, 342, 344.
[319] *Oechsler*, in: Staudinger, Neubearbeitung 2018, § 1 ProdHaftG Rn. 159; *Wagner*, in: MüKo BGB, § 1 ProdHaftG Rn. 80.
[320] *Wagner*, in: MüKo BGB, § 1 ProdHaftG Rn. 80; *Oechsler*, in: Staudinger BGB, Neubearbeitung 2018, § 1 ProdHaftG Rn. 160.
[321] *Ebers*, in: Oppermann, Autonomes Fahren – Rechtsfolgen, Rechtsprobleme, technische Grundlagen, S. 93, 119; *Kütük-Markendorf/Essers*, MMR 2016, 22, 25.
[322] Instruktiver Überblick bei *Holzinger*, Explainable AI, abrufbar unter https://gi.de/informatiklexikon/explainable-ai-ex-ai/ (letzter Zugriff am 1.11.2020). Siehe dazu auch das XAI-Programm der DARPA, abrufbar unter https://www.darpa.mil/program/explainable-artificial-intelligence (letzter Zugriff am 1.11.2020).
[323] Näher zur Thematik zB *Wagner*, in: Lohsse/Schulze/Staudenmayer, Liability for Artificial Intelligence and the Internet of Things, S. 27, 46; *Wagner*, AcP 217 (2017), 707, 747; *Zech*, ZfPW 2019, 198, 217ff.; *Schaub*, JZ 2017, 342, 344; *Hanisch*, Haftung für Automation, S. 91 f.; *Hötitzsch*, in: Hilgendorf/Hötitzsch, Das Recht vor den Herausforderungen der modernen Technik, S. 75, 81 f.; *Grützmacher*, CR 2016, 695, 697; *Koch*, in: Lohsse/Schulze/Staudenmayer, Liability for Artificial Intelligence and the Internet of Things, S. 99, 109; *Gless/Janal*, JR 2016, 561, 572 f.; *Reichwald/Pfitzer*, CR 2016, 208, 211 f.; speziell für selbstfahrende Fahrzeuge *Hey*, Die außervertragliche Haftung des Herstellers autonomer Fahrzeuge, S. 107 und 132; *Ebers*, in: Oppermann, Autonomes Fahren – Rechtsfolgen, Rechtsprobleme, technische Grundlagen, S. 93, 117; weniger Beweisprobleme befürchten hingegen *Gomille*, JZ 2016, 76, 78; *Spindler*, CR 2015, 766, 772.
[324] *Hey*, Die Haftung des Herstellers autonomer Fahrzeuge, S. 106; *Hötitzsch*, in: Hilgendorf/Hötitzsch, Das Recht vor den Herausforderungen der modernen Technik, S. 75, 81; *Gless/Janal*, JR 2016, 561, 572 f.; *Grützmacher*, CR 2016, 695, 697; *Reichwald/Pfitzer*, CR 2016, 208, 211 f.; *Spiecker gen. Döhmann*, CR 2016, 698, 701.
[325] COM (2020) 64 final, S. 17.
[326] *Wagner*, AcP 217 (2017), 707, 747; *Zech*, ZfPW 2019, 198, 218; *Zech*, in: Lohsse/Schulze/Staudenmayer, Liability on Artificial Intelligence and the Internet of Things, S. 187, 198; Vorschläge bei *Expert Group on Liability and New Technologies*, Liability for Artificial Intelligence and other emerging digital technologies, 21.11.2019, Key Finding Nr. 15, S. 44 und Nr. 26, S. 49 f.; restriktiver wohl *Spindler*, CR 2015, 766, 771; *Spindler*, in: Hilgendorf, Robotik im Kontext von Recht und Moral, S. 63, 76; vorsichtiger *Wagner*, in: Lohsse/Schulze/Staudenmayer, Liability on Artificial Intelligence and the Internet of Things, S. 27, 46 und 49 und *Koch*, in: Lohsse/Schulze/Staudenmayer, Liability on Artificial Intelligence and the Internet of Things, S. 99, 110 im Hinblick auf die neuen technischen Möglichkeiten von Logfiles uä.

Systeme untereinander entwickeln.³²⁷ § 830 Abs. 1 S. 2 BGB hilft hier regelmäßig nicht weiter, da für dessen Anwendbarkeit die grundsätzliche Verantwortlichkeit der Beteiligten feststehen müsste.³²⁸

68   Speziell im Hinblick auf *selbstfahrende Fahrzeuge* ist die Vorschrift des § 63a Abs. 1 und 3 StVG zu beachten, die einen geschädigten Dritten bei der Beweisführung unterstützt. Der Geschädigte kann neben den herkömmlichen Beweiserleichterungen bei selbstfahrenden Fahrzeugen auf den Unfalldatenspeicher iSd § 63a StVG zurückgreifen.³²⁹ Nach § 63a Abs. 1 StGB muss aufgezeichnet werden, wer das Fahrzeug zum Unfallzeitpunkt fuhr (Mensch oder Maschine)³³⁰ und gem. § 63a Abs. 3 StVG muss der Halter dem Geschädigten die Daten zur Anspruchsverfolgung zur Verfügung stellen. Ein Anzeichen für die Fehlerhaftigkeit des Steuerungssystems stellt es im Übrigen dar, wenn sich ein selbstfahrendes Fahrzeug nachweisbar verkehrswidrig verhält.³³¹ Die bloße Unfallbeteiligung ist hingegen noch kein tauglicher Anknüpfungspunkt. Vielmehr muss ausgeschlossen werden, dass der Unfall auf anderen Fehlerquellen beruht (zB verschmutzter Sensor, Verschleiß, Hackerangriff, oder Verhalten Dritter).³³² In diesen Fällen kann dann allerdings ein Verstoß gegen Instruktionspflichten oder die deliktische Produktbeobachtungspflicht vorliegen. Zudem hilft der konkurrierende Anspruch aus § 7 StVG gegen den Halter des Fahrzeugs, um etwaige Nachweisprobleme bei der Herstellerhaftung zu umgehen.³³³ Ob die Herausforderung der mangelnden Nachvollziehbarkeit der von KI-Systemen getroffenen Entscheidungen Anlass dazu geben sollte, „die Entwickler der Algorithmen dazu zu verpflichten, bei Unfällen die Konstruktionsparameter und die Metadaten von Datensätzen offenzulegen"³³⁴, mag bezweifelt werden. Welche „Konstruktionsparameter" dies sein sollen, hat die EU-Kommission offen gelassen. In der Literatur wurde jedenfalls zurecht darauf hingewiesen, dass die in KI-Systemen eingesetzten Algorithmen sorgsam gehütete Geschäftsgeheimnisse der Hersteller sind.³³⁵ Seinen darin liegenden Wettbewerbsvorsprung wird so schnell kein Hersteller durch Offenlegung der Algorithmen und Metadaten aufgeben wollen, sodass es wenig aussichtsreich – und auch nicht sinnvoll – sein dürfte, über eine dahingehende gesetzliche Zwangsverpflichtung zu diskutieren. Auch die von der EU-Kommission erwogene Ergänzung der Produktsicherheitsvorschriften der Europäischen Union um „spezifische Anforderungen an die menschliche Aufsicht (…), die sich von der Produktgestaltung über den gesamten Lebenszyklus der KI-Produkte und -Systeme erstrecken",³³⁶ wird die Entscheidungen von KI-Systemen allenfalls und nur dort transparenter machen

---

³²⁷ Näher → Teil 10.6; ferner *Martin-Casals*, in: Lohsse/Schulze/Staudenmayer, Liability on Artificial Intelligence and the Internet of Things, S. 201 und *Expert Group on Liability and New Technologies,* Liability for Artificial Intelligence and other emerging digital technologies, 21.11.2019, S. 20f, Key Finding 20, S. 49 und Key Findings 25, 26, S. 49ff.

³²⁸ *Schaub,* JZ 2017, 342, 344; *Zech,* ZfPW 2019, 198, 207f.; *Horner/Kaulartz,* CR 2016, 7, 10.

³²⁹ Jenseits von selbstfahrenden Autos hinsichtlich des Kausalitätsnachweises kritisch *Beck,* JR 2009, 225, 227; allerdings sind komplexe Kausalitätsnachweise auch bei herkömmlichen Softwaresystemen nicht unbekannt, näher hierzu *Spindler,* in: Lorenz, Karlsruher Forum 2010: Haftung und Versicherung im IT-Bereich, S. 3, 39f.

³³⁰ Näher *Armbrüster,* ZRP 2017, 83, 85; *König,* NZV 2017, 123, 126f.; kritisch *Schirmer,* NZV 2017, 253, 256f.

³³¹ *Ebers,* in: Oppermann, Autonomes Fahren – Rechtsfolgen, Rechtsprobleme, technische Grundlagen, S. 93, 117; *Borges,* CR 2016, 272, 276; *Fleck/Thomas,* NJOZ 2015, 1393, 1397; *Gomille,* JZ 2016, 76, 78; *Hey,* Die Haftung des Herstellers autonomer Fahrzeuge, S. 105; *Sosnitza,* CR 2016, 764, 771; *Hey,* Die außervertragliche Haftung des Herstellers autonomer Fahrzeuge, S. 131.

³³² *Hey,* Die außervertragliche Haftung des Herstellers autonomer Fahrzeuge, S. 106 und 132; *Ebers,* in: Oppermann, Autonomes Fahren – Rechtsfolgen, Rechtsprobleme, technische Grundlagen, S. 93, 117; *Gless/Janal,* JR 2016, 561, 572f.; *Fleck/Thomas,* NJOZ 2015, 1393, 1397; *Gomille,* JZ 2016, 76, 78.

³³³ *Wagner,* AcP 217 (2017), 707, 747.

³³⁴ Dies erwägt die EU-Kommission in ihrem Bericht über die Auswirkungen künstlicher Intelligenz, des Internets der Dinge und der Robotik im Hinblick auf Sicherheit und Haftung vom 19.2.2020, COM(2020) 64 final, S. 11.

³³⁵ *V. Westphalen,* BB 2020, 1859.

³³⁶ Bericht über die Auswirkungen künstlicher Intelligenz, des Internets der Dinge und der Robotik im Hinblick auf Sicherheit und Haftung vom 19.2.2020, COM(2020) 64 final, S. 9.

können, wo noch auf überwachtes Lernen („supervised learning") gesetzt wird und das KI-System sein Verhalten noch nicht an reale Umgebungsbedingungen anpasst („unsupervised learning"), denn unüberwachtes maschinelles Lernen zeichnet sich gerade dadurch aus, dass es keiner menschlichen Aufsicht unterliegt.[337]

b) Die deliktische Produzentenhaftung nach § 823 Abs. 1 BGB

Neben die Herstellerhaftung nach dem ProdHaftG tritt die deliktische Produzentenhaftung nach § 823 Abs. 1 BGB (vgl. § 15 Abs. 2 ProdHaftG). Diese läuft im Wesentlichen parallel (vgl. schon oben). Die folgenden Ausführungen beschränken sich daher auf Unterschiede und Besonderheiten bei der deliktischen Haftung. Ein wichtiger und wesentlicher Unterschied stellt die Produktbeobachtungspflicht (→ Rn. 77 ff.) dar. 69

Da § 823 BGB nicht an die Körperlichkeit eines Produkts anknüpft, sondern es sich um einen Verstoß gegen eine Verkehrssicherungspflicht handelt, stellen sich die Abgrenzungsprobleme des produkthaftungsrechtlichen Produktbegriffs nicht.[338] Unzweifelhaft ist auch für fehlerhafte **Software** der Anwendungsbereich des § 823 Abs. 1 BGB eröffnet.[339] Dasselbe gilt für **Hardware-Software Kombinationen** wie selbstfahrende Autos mit implementierter Steuerungssoftware (embedded software). Auch wenn die Steuerungssoftware einen Unfall verursacht, liegt ein Fehler des Fahrzeugs als solches vor.[340] 70

Wie bei der Produkthaftung stellt sich auch im Rahmen der deliktischen Produzentenhaftung zunächst die Frage, *wer* für Produktfehler haftet. Dies ist der Hersteller des fehlerhaften Produkts, wobei auch in Abwesenheit einer Differenzierung, wie sie § 1 Abs. 3, § 4 ProdHaftG vornimmt, grundsätzlich das oben Gesagte entsprechend gilt.[341] In erster Linie obliegt dem **Endhersteller** die Konstruktionsverantwortung und damit die Sicherheit des Produkts. Endhersteller ist derjenige, der Konstruktion und Fabrikation des später in Verkehr gebrachten Produkts steuert.[342] Er hat grundsätzlich das gefahrlose Zusammenwirken und Funktionieren aller Produktbestandteile zu gewährleisten[343] Hinsichtlich der Einzelteile seiner Zulieferer treffen ihn zwar keine Konstruktionspflichten, wohl aber (reduzierte) Prüfpflichten, da er grundsätzlich darauf vertrauen darf, dass auch die übrigen Glieder der Supply-Chain die gebotenen Sorgfaltsmaßnahmen ergreifen (Stichwort Vertrauensgrundsatz[344]). Die **Zulieferer** in der Absatzkette trifft dagegen *keine* umfassende Verantwortung für Konstruktion und Fabrikation des Endprodukts, vielmehr sind sie im Rahmen ihres jeweiligen Verantwortungs- und Aufgabenbereichs zur Einhaltung der Verkehrspflichten verpflichtet.[345] Somit besteht eine Haftung des Zulieferers grundsätzlich nur für Fehler des eigenen Zulieferteils. Kennt der Zulieferer allerdings den Einsatzzweck des Einzelteils im Endprodukt darf er keine Einzelteile an den Endhersteller ausliefern, die erkennbar ungeeignet sind. Ansonsten haftet er auch für die Konstruktionssicherheit seines Einzelteils im späteren Endprodukt.[346] Die Haftung des Zulieferers steht kumulativ neben der Haftung 71

---

[337] Zur Unterscheidung zwischen diesen Varianten des maschinellen Lernens ausführlich *Alloghani/Al-Jumaily/Mustafina et al.*, in: Berry/Mohamed/Yap, Supervised and Unsupervised Learning for Datascience, Part I Chapter 1 S. 3 ff.
[338] *Wagner*, AcP 217 (2017), 707, 714 und 716; *Wagner*, in: MüKo BGB, § 823 Rn. 923.
[339] ZB *Spindler*, in: BeckOGK BGB, § 823 Rn. 729 f.; *Foerste*, in: Foerste/v. Westphalen, Produkthaftungshandbuch, § 24 Rn. 171 ff. mwN.
[340] *Wagner*, AcP 217 (2017), 707, 714 f.
[341] *Wagner*, in: MüKo BGB, § 823 Rn. 925; *Foerste*, in: Foerste/v. Westphalen, Produkthaftungshandbuch, § 25 Rn. 43 ff.; *Förster*, in: BeckOK BGB, § 823 Rn. 754; vgl. ferner *BGH*, NJW 1992, 1678; *BGH*, NJW 1985, 1769; *BGH*, NJW 1977, 379; *BGH*, NJW 1975, 1827.
[342] *Wagner*, in: MüKo BGB, § 823 Rn. 925.
[343] BGHZ 104, 323, 327 = NJW 1988, 2611, 2612; *BGH*, NJW 1996, 2224, 2225; *BGH*, NJW 1992, 1678; *Wagner*, in: MüKo BGB, § 823 Rn. 927; *Förster*, in: BeckOK BGB, § 823 Rn. 755; *Foerste*, in: Foerste/v. Westphalen, Produkthaftungshandbuch, § 25 Rn. 43 ff.
[344] Zum Vertrauensgrundsatz *Wagner*, in: MüKo BGB, § 823 Rn. 926.
[345] *Förster*, in: BeckOK BGB, § 823 Rn. 758; *Wagner*, in: MüKo BGB, § 823 Rn. 926 und 929.
[346] *Foerste*, in: Foerste/von Westphalen, Produkthaftungshandbuch, § 25 Rn. 93; *Wagner*, in: MüKo BGB, § 823 Rn. 929; *Förster*, in: BeckOK BGB, § 823 Rn. 758.

des Endherstellers.[347] Die Instruktionspflichten des Zulieferers richten sich an den Endhersteller und nicht den Verbraucher.[348]

72 Im Hinblick auf **Weiterfresserschäden** bestehen keine Besonderheiten der Produzentenhaftung bei autonomen Systemen. Die deliktische Haftung kennt keine dem § 1 Abs. 1 S. 2 ProdHaftG entsprechende Beschränkung des Schutzbereichs und unterscheidet sich daher von den Wertungen des ProdHaftG. Der BGH stellt zur Abgrenzung des Äquivalenzinteresses vom deliktsrechtlich allein geschützten Integritätsinteresse darauf ab, ob sich der Fehler des Produkts auf ein funktionell abgrenzbares Einzelteil beschränkt und sich nach dem Inverkehrbringen in das zuvor mangelfreie Resteigentum weitergefressen hat, bzw. unterscheidet nach dem Kriterium der Stoffgleichheit.[349] Für die Abgrenzung kommt es darauf an, ob es technisch möglich und wirtschaftlich vertretbar gewesen wäre, den Mangel zu beheben, sofern er vor dem Weiterfressen in das zuvor unversehrte Eigentum entdeckt worden wäre.[350] Das Vorliegen eines funktionell abgrenzbaren Teils im Hinblick auf die Steuerungssoftware wird teilweise abgelehnt, weil sich die Fahrzeugsteuerung von dem Fahrzeug nicht trennen lasse, ohne dass dieses seine Funktionsfähigkeit einbüße.[351] Dies vermag aber nicht zu überzeugen, insbesondere da sich Fehler der Steuerungssoftware regelmäßig mit vertretbarem Aufwand mit einem – meist sogar drahtlos – aufgespielten Update bzw. Bugfix beseitigen lassen, ohne gleich das ganze Fahrzeug austauschen zu müssen.[352]

73 Auch die deliktische Produzentenhaftung knüpft an einen **Produktfehler** als Umschreibung eines Verstoßes gegen Verkehrssicherungspflichten an.[353] Im Hinblick auf den Sorgfaltsmaßstab gelten die obigen Ausführungen sowie die Fehlerkategorien des Fabrikations-[354], Konstruktions- und Instruktionsfehlers entsprechend. Insofern kann auf die obigen Erläuterungen zum Produktfehler nach dem ProdHaftG im Wesentlichen verwiesen werden (→ Rn. 51 ff.). Maßgeblicher Zeitpunkt für die Konkretisierung der Sicherheitserwartungen ist der Zeitpunkt des Inverkehrbringens.[355] Damit stellen sich im Hinblick auf Updates und das Weiterentwicklungsrisiko selbstlernender autonomer Systeme dieselben Fragen wie im Rahmen der Produkthaftung (→ Rn. 40 f.). Auch für die deliktische Produzentenhaftung gilt der Ausschluss von Entwicklungsfehlern, der auch auf selbstlernende Systeme grundsätzlich Anwendung findet (vgl. dazu oben Rn. 63 f.).[356]

74 Im Rahmen der deliktischen Produzentenhaftung hat der BGH die **Produktbeobachtungspflicht des Herstellers** entwickelt.[357] Dahinter steht die Überlegung, dass der Hersteller am besten in der Lage ist, die Informationen über die sicherheitsrelevanten Eigenschaften seiner Produkte zu sammeln und auszuwerten (Stichwort *cheapest cost avoider*[358]).[359] So kann der Hersteller zudem seine Sorgfaltspflicht bei der zukünftigen Produktion ein-

---

[347] *Wagner*, in: MüKo BGB, § 823 Rn. 929.
[348] *Wagner*, in: MüKo BGB, § 823 Rn. 929.
[349] BGHZ 65, 359 = NJW 1977, 379; BGHZ 86, 256 = NJW 1983, 810 Rn. 10; *BGH*, NJW 1985, 2420; näher *Wagner*, in: MüKo BGB, § 823 Rn. 281 ff.; *Foerste*, in: Foerste/v. Westphalen, Produkthaftungshandbuch, § 21 Rn. 34 ff.
[350] *BGH*, NJW 1992, 1678 f.
[351] *Sosnitza*, CR 2016, 764, 770.
[352] *Wagner*, AcP 217 (2017), 707, 724; *Gless/Janal*, JR 2016, 561, 569: *Regenfus*, JZ 2018, 79, 84; auf den Einzelfall abstellend *Spindler*, CR 2015, 766, 768.
[353] *Wagner*, in: MüKo BGB, § 823 Rn. 949.
[354] Im Unterschied zum ProdHaftG kennt § 823 BGB indes keine Haftung für „Ausreißer" (vgl. *Wagner*, in: MüKo BGB, § 823 Rn. 976).
[355] BGHZ 181, 253 Rn. 16 = NJW 2009, 2952; *Wagner*, in: MüKo BGB, § 823 Rn. 953; *Foerste*, in: Foerste/v. Westphalen, Produkthaftungshandbuch, § 24 Rn. 35.
[356] BGHZ 181, 253 = NJW 2009, 2952 Rn. 27; *Wagner*, in: MüKo BGB, § 823 Rn. 963; *Förster*, in: BeckOK BGB, § 823 Rn. 700.
[357] Grundlegend BGHZ 80, 199, 202.
[358] Zum Begriff *Calabresi*, The Costs of Accidents, S. 135; *Schäfer/Ott*, Lehrbuch der ökonomischen Analyse des Zivilrechts, S. 254 f.
[359] *Wagner*, AcP 217 (2017), 707, 751.

C. Die zivilrechtliche Haftung für autonome Systeme am Beispiel selbstfahrender Fahrzeuge

halten, für die das aktuelle Wissen maßgeblich ist.[360] Aus der Produktbeobachtungspflicht ergeben sich Reaktionspflichten (zB Warnpflichten), wobei Inhalt und Umfang der Reaktionspflichten wesentlich von der Größe der Gefahr (Schadenshöhe und Eintrittswahrscheinlichkeit) und der Effektivität der Gefahrenabwehr abhängen.[361] Besteht die Gefahr von Personenschäden, treffen den Hersteller besonders weitreichende Pflichten.[362] Insgesamt ist der BGH bei Reaktionspflichten, die über eine Warnung hinausgehen,[363] tendenziell zurückhaltend und betont die Grenze der Effektivität der Gefahrbeseitigung und des Schutzes des Integritätsinteresses.[364]

Autonome Systeme unterliegen aufgrund ihrer technischen Jugend und der Fehleranfälligkeit von Software einer tendenziell engmaschigen Produktbeobachtung.[365] Aufgrund der fortschreitenden Vernetzung digitaler Produkte ergeben sich zudem für die Hersteller neue Möglichkeiten der Produktbeobachtung. Erlangt der Hersteller im Zuge seine Beobachtung Kenntnis von einem Fehler in der Software des autonomen Systems, stellt sich die Frage, ob der Hersteller auch gehalten ist, als Reaktion und zur Abhilfe ein Software Update bereitzustellen.[366] Bejaht man eine solche Rechtspflicht, sieht man sich schnell der Kritik ausgesetzt, dass man die deliktische Produktbeobachtungspflicht in die Nähe einer Nachrüstungspflicht rückt und über den Schutz des Integritätsinteresses hinausgeht. Ein Teil der Literatur lehnt deshalb einen (generellen) Anspruch auf Softwareupdates ab.[367] Richtigerweise ist mit der Gegenauffassung eine Pflicht zur Bereitstellung sicherheitsrelevanter Updates (auf Kosten des Herstellers) im Einzelfall zu bejahen.[368] Erkennt der Hersteller eines selbstfahrenden Autos zB eine leicht behebbare Lücke in der Steuerungssoftware, die zur Folge hat, dass bei schlechten Umweltbedingungen bewegte Personen nicht sicher identifiziert werden können, wird eine Abwägung im Einzelfall ergeben, dass die Bereitstellung eines Sicherheitsupdates die gebotene Reaktion des Herstellers ist. Updates verursachen häufig kaum größere Kosten (idR wird eine WLAN-Verbindung in der eigenen Garage oder eine Mobilfunkverbindung ausreichen) und der Hersteller muss diese im Rahmen des Inverkehrbringens künftiger Produkte sowieso einpflegen.[369] Die Konkretisierung der Reaktionspflicht hängt letztlich von einer Kosten-Nutzen-Betrachtung im Sinne der marginalisierten Learned-Hand Formel ab. Zu vergleichen sind der vom Update verursachte Kostenaufwand und der damit einhergehende Sicherheitsgewinn mit dem anderer Reaktionsmöglichkeiten des Herstellers.[370] Unterlässt ein Nutzer ein notwendiges Update

---

[360] *Wagner*, AcP 217 (2017), 707, 751.
[361] *BGH*, NJW 2009, 1081 Rn. 10; speziell zu autonomen Systemen *Reusch*, in: Kaulartz/Braegelmann, Rechtshandbuch AI, S. 77, 107 ff.
[362] *Wagner*, AcP 217 (2017), 707, 754.
[363] Dazu näher *Wagner*, in: MüKo BGB, § 823 Rn. 992 ff. mwN.; speziell zu Robotern *Spindler*, in: Hilgendorf, Robotik im Kontext von Recht und Moral, S. 62, 75.
[364] *BGH*, NJW 2009, 1080 Rn. 19.
[365] *Gomille*, JZ 2016, 76, 80; *Wagner*, AcP 217 (2017), 707, 751; *Grünvogel/Dörrenbächer*, ZVertriebsR 2019, 87, 88 f.; *Droste*, CCZ 2015, 105, 110.
[366] Zur Frage, ob sich eine Updatepflicht aus dem ProdSG ableiten lässt vgl. *Reusch*, BB 2019, 904, 907; *Wiebe*, NJW 2019, 625 ff.
[367] *Schrader/Engstler*, MMR 2018, 356, 360; *Wende*, in: Sassenbach/Faber, Rechtshandbuch Industrie 4.0, § 4 Rn. 59; *Spindler*, CR 2015, 766, 770; *Spindler*, in: Hilgendorf, Robotik im Kontext von Recht und Moral, S. 62, 75 mit dem Argument, dass eine Nichtbenutzung zur Wahrung des Integritätsinteresses genüge; *Lüftenegger*, NJW 2018, 2087, 2091; *Opperman*, InTeR 2018, 110, 113; *Gless/Janal*, JR 2016, 561, 569; *Heydn*, in: Schuster/Grützmacher, IT-Recht, § 3 ProdHaftG Rn. 23.
[368] *Wagner*, AcP 217 (2017), 707, 756; *Wagner*, VersR 2020, 717, 727; *Wagner*, in MüKo BGB, § 823 Rn. 1008 ff.; *Zech*, 73. DJT Gutachten A, S. A 73; *Reusch*, in: Kaulartz/Braegelmann, Rechtshandbuch AI, S. 77, 146; *Grünvogel/Dörrenbächer*, ZVertriebsR 2019, 87, 89; *Gomille*, JZ 2016, 76, 81; *Grapentin*, JR 2019, 175, 179 f.; *Grapentin*, Vertragsschluss und vertragliches Verschulden beim Einsatz von Künstlicher Intelligenz und Softwareagenten, S. 180; *Raue*, NJW 2017, 1841, 1844; *Schrader*, DAR 2016, 242, 244; *Freise*, VersR 2019, 65, 70; grundsätzlich auch *Kreutz*, in: Oppermann/Stender-Vorwachs, Autonomes Fahren – Rechtsfolgen, Rechtsprobleme, technische Grundlagen, S. 177, 194; *Borges*, CR 2016, 272, 276.
[369] *Wagner*, AcP 217 (2017), 707, 756; *Raue*, NJW 2017, 1841, 1844.
[370] Ähnlich *Grünvogel/Dörrenbächer*, ZVertriebsR 2019, 87, 90, der auf das Gefährdungspotential, die Verbreitung der Software und die Effektivität des Updates abstellt.

und kommt es deshalb zu einem Schaden, kann dies im Rahmen des Mitverschuldens bei der Geltendmachung etwaiger Haftungsansprüche gegen den Hersteller berücksichtigt werden.[371] Die Produktbeobachtungspflicht gilt jedoch nicht unbegrenzt, sondern schwächt sich mit dem Zeitablauf ab.[372] Eine zeitliche Grenze für Updates wird man aber jedenfalls dann ziehen können, wenn der Hersteller den Vertrieb des Produkts einstellt.[373] Dann kann sich der Hersteller auf eine Warnung beschränken.[374] Ein Software-Update lässt auch die Instruktionspflicht des Herstellers wieder aufleben, so dass er über Änderungen in der Bedienung des autonomen Systems oder neu entstandene Risiken aufzuklären hat.[375]

76 Darüber hinaus wird diskutiert, inwiefern der Hersteller zu einer eigenmächtigen Fehlerkorrektur und als letzte Möglichkeit sogar zu einer Produktstilllegung (per Fernzugriff) verpflichtet ist. Hier gilt es zwei Fragen auseinanderzuhalten. Zunächst ist zu prüfen, ob eine entsprechende Programmierung technisch zulässig bzw. sogar geboten ist, ihr Fehlen also eine Unterschreitung der Sicherheitserwartungen an das Produkt darstellt. Dies pauschal zu bejahen stößt auf Bedenken, zumal sich datenschutzrechtliche Fragen stellen. Besteht aber eine Möglichkeit zur Produktstillegung per Fernzugriff, so dürfte diese als letztes Mittel wohl tatsächlich in Betracht kommen, wenn hochrangige Rechtsgüter insbesondere von Dritten gefährdet sind und eine effektive Gefahrabwehr auf andere Weise nicht möglich ist.[376] So könnte es im Rahmen der Produktbeobachtungspflicht zulässig sein, einen Autopiloten eines selbstfahrenden Fahrzeugs auszuschalten, wenn der Halter ein Update oder einen Rückruf ignoriert und die Fahrsicherheit des Fahrzeugs erheblich beeinträchtigt ist.[377] An nur vorübergehende Produktstillegungen (etwa bis zu einem notwendigen Update oder einer Reparatur) sind niedrigere Anforderungen zu stellen.[378]

77 Von der Frage nach dem Inhalt der Produktbeobachtungspflicht zu unterscheiden ist die Frage, ob das Fehlen einer Update-Fähigkeit schon für sich genommen einen Konstruktionsfehler bei hochtechnisierten, digitalen Produkten zu begründen vermag. Dies wird teilweise vertreten[379], begegnet aber so pauschal Bedenken. Entspricht die Software im Zeitpunkt der Inverkehrgabe den berechtigten Sicherheitserwartungen, handelt es sich bei der Update-Fähigkeit dann um Fragen der zukünftigen Nutzbarkeit und damit typischerweise um das Äquivalenzinteresse. Dessen Schutz ist aber nicht Aufgabe des Deliktsrechts. Erfährt der Hersteller von Sicherheitsgefahren, muss er hierauf im Rahmen seiner Produktbeobachtungspflicht reagieren, wobei er bei der Wahl der Mittel grundsätzlich frei ist. Freilich wird es sich in der Regel empfehlen, Software updatefähig auszugestalten, und schon der Markt dürfte für eine entsprechende Programmierung sorgen.

78 Die Produktbeobachtungspflicht bezieht sich grundsätzlich auch auf **Zubehör** und damit auf **Software Dritter,** die mit dem eigenen Produkt interagiert. Der BGH bezieht die Produktbeobachtungspflicht auf Zubehör, das (1) für die Inbetriebnahme des eigenen Produkts notwendig ist, oder das (2) vom Hersteller empfohlen wurde, oder (3) dessen Verwendung er durch technische Voraussetzungen ermöglicht hat oder (4) mit dessen

---

[371] *Grünvogel/Dörrenbächer,* ZVertriebsR 2019, 87, 90.
[372] Rechtsökonomisch lässt sich dieses Abschwächen der Produktbeobachtungspflicht mit der marginalisierten Learned-Hand-Formel erklären.
[373] *Grünvogel/Dörrenbächer,* ZVertriebsR 2019, 87, 89; *Raue,* NJW 2017, 1841, 1844; *Wagner,* in: MüKo BGB, § 823 Rn. 1009 („vernünftig bemessene Lebensdauer"); *Wagner,* AcP 217 (2017), 707, 757 (bis zur Aufgabe der Produktweiterentwicklung); vgl. dazu auch die neue Warenkaufrichtlinie (RL 2019/771/EU).
[374] *Raue,* NJW 2017, 1841, 1844; *Wagner,* AcP 217 (2017), 707, 757.
[375] *Wagner,* AcP 217 (2017), 707, 757; *Wagner,* in: MüKo BGB, § 823 Rn. 1010.
[376] Ausführlich *Grünvogel/Dörrenbächer,* ZVertriebsR 2019, 87, 90f. mit Diskussion möglicher Rechtfertigungsgründe wegen der mit der Produktstillegung einhergehenden Eigentumsverletzung; *Wagner,* in MüKo BGB, § 823 Rn. 1005; *Regenfus,* JZ 2018, 79, 82ff.
[377] Ähnlich *Wagner,* in MüKo BGB, § 823 Rn. 1011.
[378] *Grünvogel/Dörrenbächer,* ZVertriebsR 2019, 87, 91.
[379] *Reusch,* in: Kaulartz/Braegelmann, Rechtshandbuch AI, S. 77, 101f.; wohl auch *Wagner,* in MüKo BGB, § 823 Rn. 1008.

Nutzung mit Blick auf allgemeine Verbrauchergewohnheiten zu rechnen ist.[380] Der BGH sieht also ein abgestuftes Pflichtensystem vor, das sich letztlich mit einer Kosten-Nutzen-Betrachtung (iSd. marginalisierten Learned-Hand-Formel) (rechtsökonomisch) erklären lässt. Dies gilt auch, wenn es bei der Produktbeobachtungspflicht zunächst um die Informationssammlung und -auswertung geht. Die Kosten bestehen in den Informationskosten, der Nutzen liegt in der Bedeutung der Information hinsichtlich Sicherheitsrisiken. Eine Verpflichtung des Herstellers zur Prüfung besteht deshalb konsequenterweise, wenn der Hersteller einen konkreten Anlass hat, oder die Zubehörteile so allgemein gebräuchlich sind, dass bei einer etwaigen Unverträglichkeit ein risikoloser Einsatz des Produkts ausgeschlossen ist.[381] Ein solches Verständnis der Produktbeobachtungspflicht steht im Einklang mit ihrem Charakter als besondere Form der Verkehrssicherungspflicht und hilft bei der Konkretisierung. Die Grundsätze der BGH-Rechtsprechung finden auf autonome Systeme Anwendung. Damit mag zwar aufgrund der gewünschten Vernetzung autonomer Systeme der Kreis der zu beobachtenden Drittprodukte möglicherweise weiter sein. Die Beobachtungspflicht ist aber auch nicht uferlos, Kosten und Nutzen müssen in einem angemessenen Verhältnis stehen. Entsprechend hat der BGH in der oben zitierten Honda-Goldwing Entscheidung auf den konkreten Anlass bzw. die Marktüblichkeit der Zubehörteile als auslösendes Moment für die Produktbeobachtungspflicht abgestellt. Hinsichtlich fakultativen Zubehörs (Fallgruppe (3) und (4)) dürfen die Beobachtungspflichten aber auch nicht zu extensiv ausgelegt werden.[382] Die vorbehaltlose Beobachtung jeglicher anderer Produkte, die mit dem autonomen System interagieren und mit diesem verbunden werden können, ist nicht erforderlich.[383] Zusammenfassend besteht eine Beobachtungspflicht jedenfalls für Zubehör und Software Dritter, deren Zugang zum autonomen System der Hersteller bewusst ermöglicht oder bewirbt. Dagegen dürfte die bloße Koppelungsmöglichkeit mit dem autonomen System nicht ausreichen, vielmehr muss ein konkreter Anlass für die Möglichkeit der Beeinträchtigung der Produkteigenschaften vorliegen, oder die sicherheitsrelevanten Zubehörteile müssen so allgemein gebräuchlich sein, dass der Hersteller mit ihrer Nutzung an seinem Produkt rechnen muss.[384] Die Prüfungspflicht erstreckt sich so in erster Linie auf die Produkte der Marktführer.[385] Sie ist dabei auf solche Gefahren begrenzt, die sich aus der Kombination des Zubehörteils mit dem eigenen Produkt ergeben, erstreckt sich also nicht auf Mängel des Zubehörteils.[386] Im Übrigen soll erneut darauf hingewiesen werden, dass ein Hersteller schon im Rahmen der Konstruktion dafür Sorge tragen muss, dass die sicherheitsrelevanten Eigenschaften der Steuerungssoftware seines autonomen Systems vor unerwünschten Eingriffen anderer gekoppelter Produkte gesichert ist (vgl. oben).

Die deliktsrechtliche **Darlegungs- und Beweislast** in Gestalt der richterrechtlichen Fortbildung der Beweislastverteilung für die Produzentenhaftung[387] stimmt im Wesentlichen mit der produkthaftungsrechtlichen (→ Rn. 67 ff.) überein. Auch im Deliktsrecht stellt sich die Frage, ob der Fehlernachweis bei autonomen Systemen durch den Geschä-

79

---

[380] Grundlegend BGHZ 99, 167 = NJW 1987, 1009; Näher *Wagner*, AcP 217 (2017), 707, 752; *Förster*, in: BeckOK BGB, § 823 Rn. 735 f.; *Foerste*, in: Foerste/v. Westphalen, Produkthaftungshandbuch, § 25 Rn. 178 ff.; *Spindler*, in: BeckOGK BGB, § 823 Rn. 660 f.
[381] Grundlegend BGHZ 99, 167 = NJW 1987, 1009.
[382] *Foerste*, in: Foerste/v. Westphalen, Produkthaftungshandbuch, § 25 Rn. 221 f.; *Förster*, in: BeckOK BGB, § 823 Rn. 735 f.
[383] Ähnlich *Wagner*, AcP 217 (2017), 707, 752; *Spindler*, in: Hilgendorf, Robotik im Kontext von Recht und Moral, 2014, 62, 73 f.; *Spindler*, CR 2015, 766, 769; *Grünvogel/Dörrenbächer*, ZVertriebsR 2019, 87, 91; speziell zu autonomen Fahrzeugen *Ebers*, in: Oppermann, Autonomes Fahren – Rechtsfolgen, Rechtsprobleme, technische Grundlagen, S. 93 (Kommunikation mit anderen Fahrzeugen); *Droste*, CCZ 2015, 105, 109.
[384] *Grünvogel/Dörrenbächer*, ZVertriebsR 2019, 87, 91; *Droste*, CCZ 2015, 105, 109.
[385] BGHZ 99, 167, 174 Rn. 24 = NJW 1987, 1009.
[386] *Wagner*, in MüKo BGB, § 823 Rn. 989, 979.
[387] Dazu *Wagner*, in: MüKo BGB, § 823 Rn. 1016 ff.; *Foerste*, in: Foerste/v. Westphalen, Produkthaftungshandbuch, § 30 Rn. 21 ff.

digten überhaupt erbracht werden kann, oder ob Haftungslücken drohen (→ Rn. 67 ff.). Allgemein gilt, dass der Geschädigte den Produktfehler und dessen Kausalität für die eingetretene Rechtsgutsverletzung darlegen muss, während sich der Hersteller hinsichtlich der Sorgfaltspflichtverletzung entlasten muss.[388] Hintergrund der Rechtsprechung ist die Schwierigkeit des Geschädigten, Umstände darzulegen und zu beweisen, die Interna des Herstellers betreffen und die er nicht einsehen kann.[389] Der Geschädigte muss also nachweisen, dass „sein Schaden im Organisations- und Gefahrenbereich des Herstellers, und zwar durch einen objektiven Mangel oder Zustand der Verkehrswidrigkeit ausgelöst worden ist".[390] Maßgeblich ist dabei der Zeitpunkt des Inverkehrbringens des Produkts durch den Hersteller. Die genaue technische Ursache des Fehlers muss der Geschädigte aber nicht aufklären.[391] Anders als im Produkthaftungsrecht obliegt dem Geschädigten zudem auch der Nachweis, dass dieser Produktfehler in der Sphäre des Herstellers entstanden ist.[392] Teilweise drehen spezialgesetzliche Normen die Beweislast um (zB § 84 Abs. 3 AMG), im Übrigen hat der BGH für Fabrikationsfehler in seinen Entscheidungen zu Getränkeflaschen dem Hersteller eine Befundsicherungspflicht auferlegt, bei deren Verletzung die Beweislast für das Entstehen des Fehlers in der Sphäre des Herstellers auf den Hersteller verlagert wird.[393] Die Reichweite und Fortgeltung dieser Rechtsprechung ist allerdings unklar.[394] Teilweise wird eine Befunderhebungspflicht bei für Verbraucher entwickelten Robotern erwogen.[395] Indes sollte eine solche Pflicht – wenn überhaupt – nur mit Zurückhaltung im Einzelfall angenommen werden. Bei typischen Geschehensabläufen kann dem Geschädigten ein Anscheinsbeweis zugutekommen.[396]

c) Die Haftung nach § 823 Abs. 2 BGB

80 Neben der deliktischen Produzentenhaftung nach § 823 Abs. 1 BGB kommt zudem eine Haftung nach § 823 Abs. 2 BGB in Verbindung mit einem Schutzgesetz in Betracht. Wichtige Normen im Kontext autonomer Systeme sind die allgemeinen Vorschriften des ProdSG (§§ 3, 6 ProdSG)[397], für fehlerhafte Medizinprodukte das MPG[398] sowie speziell für selbstfahrende Fahrzeuge die Bestimmungen der StVZO[399]. Eine Haftungsverschärfung gegenüber der Haftung aus § 823 Abs. 1 BGB erfolgt dadurch regelmäßig nicht, da die Vorschriften des öffentlichen Produktsicherheitsrechts und technische Normen bereits im Rahmen des § 823 Abs. 1 BGB zu berücksichtigen sind.[400]

---

[388] StRspr seit BGHZ 51, 91, 102 = NJW 1969, 269, 274; BGHZ 104, 323, 332 = NJW 1988, 2611, 2613; vgl. ferner *Wagner*, in: MüKo BGB, § 823 Rn. 1016 ff.; *Förster*, in: BeckOK BGB, § 823 Rn. 770 ff.
[389] *Wagner*, in: MüKo BGB, § 823 Rn. 1014.
[390] BGHZ 51, 91 = NJW 1969, 269; BGHZ 80, 186, 196 f. = NJW 1981, 1603; BGHZ 104, 323, 332 = NJW 1988, 2611, 2613; BGHZ 114, 284, 296 = NJW 1991, 1948; *BGH*, VersR 1996, 1116, 1117; *Foerste*, in: Foerste/v. Westphalen, Produkthaftungshandbuch, § 30 Rn. 30.
[391] *Wagner*, in: MüKo BGB, § 823 Rn. 1016 und 1019.
[392] *Wagner*, in: MüKo BGB, § 823 Rn. 1019 und § 1 ProdHaftG Rn. 80; *Oechsler*, in: Staudinger BGB, Neubearbeitung 2018, § 1 ProdHaftG Rn. 158 ff.
[393] BGHZ 104, 323, 333 ff. = NJW 1988, 2611, 2613 f.; BGHZ 129, 353, 363 = NJW 1995, 2162, 2164; *BGH*, NJW 1993, 528, 529.
[394] *Förster*, in: BeckOK BGB, § 823 Rn. 712; kritisch *Wagner*, in: MüKo BGB, § 823 Rn. 1019.
[395] *Spindler*, in: Hilgendorf, Robotik im Kontext von Recht und Moral, S. 62, 77; *Spindler*, CR 2015, 766, 772; weitgehender *Reusch*, in: Kaulartz/Braegelmann, Rechtshandbuch AI, S. 77, 132.
[396] *Förster*, in: BeckOK BGB, § 823 Rn. 771; *Wagner*, in: MüKo BGB, § 823 Rn. 1019.
[397] Näher *Wende*, in: Sassenberg/Faber, Rechtshandbuch Industrie 4.0 und Internet of Things, § 4 Rn. 63 ff.; *Foerste*, in: Foerste/v. Westphalen, Produkthaftungshandbuch, § 32 Rn. 19; *Wagner*, in: MüKo BGB, § 823 Rn. 1024 ff.; *Schulz*, Verantwortlichkeit bei autonom agierenden Systemen, S. 174.
[398] Näher → Teil 13; *Wagner*, in: MüKo BGB, § 823 Rn. 1040 ff.
[399] Näher *Ebers*, in: Oppermann, Autonomes Fahren – Rechtsfolgen, Rechtsprobleme, technische Grundlagen, S. 93, 99; *Schulz*, Verantwortlichkeit bei autonom agierenden Systemen, S. 174, 350; *Borges*, CR 2016, 272, 275; *Hey*, Die außervertragliche Haftung des Herstellers autonomer Fahrzeuge, S. 111; *Foerste*, in: Foerste/v. Westpalen, Produkthaftungshandbuch, § 32 Rn. 18.
[400] *Hey*, Die außervertragliche Haftung des Herstellers autonomer Fahrzeuge, S. 111; *Borges*, CR 2016, 272, 275; *Spindler*, CR 2015, 766, 772; *Ebers*, in: Oppermann, Autonomes Fahren – Rechtsfolgen, Rechtspro-

Als zentrale Vorschrift des Sicherheitsrechts soll ein Blick auf **§ 3 ProdSG** geworfen werden. Nach § 3 ProdSG darf ein Produkt nur dann auf dem Markt bereitgestellt werden, wenn es die vorgesehenen Anforderungen erfüllt und die Sicherheit und Gesundheit von Personen oder sonstige in den Rechtsverordnungen nach § 8 Abs. 1 ProdSG aufgeführten Rechtsgüter bei bestimmungsgemäßer oder vorhersehbarer Verwendung nicht gefährdet. Die Schutzgesetzeigenschaft von § 3 ProdSG ist allgemein anerkannt.[401] Der sachliche Schutzbereich ist auf Personenschäden beschränkt.[402] Im Hinblick auf Software stellt sich die Frage, ob sie ein Produkt im Sinne des § 2 Nr. 22 ProdSG darstellt. Hier stellt sich die aus dem ProdHaftG bekannte Frage nach der Produkteigenschaft unter anderer Überschrift erneut. Ist die Software in Hardware eingebunden (*embedded software*) oder allgemein auf einem Datenträger verkörpert, bejaht die überwiegende Auffassung zurecht die Produkteigenschaft.[403] Ob darüber hinaus auch unverkörperte Software (*standalone software*) vom Produktbegriff des ProdSG erfasst wird, ist strittig.[404] Dagegen wird insbesondere der Wortlaut und ein Umkehrschluss zu Art. 2 Medizinprodukte-VO (2017/745/EU) vorgebracht, wo Software eigenständig aufgezählt wird.[405] Indes enthält die Produktsicherheits-RL (RL 2001/95/EG) keine dahingehend einschränkende Vorgabe für die Begriffsbestimmung nach § 2 Nr. 22 ProdSG. Auch der Verweis auf die Medizinprodukte-VO verfängt nicht, da auch standalone software schon vorher dem MPG unterfiel.[406] Zudem kann auch unverkörperte Software eine Gefahrenquelle für Leib und Leben darstellen, da es letztlich keinen Unterschied macht, ob ein Roboter offline oder online gesteuert wird.[407] Die besseren Argumente sprechen daher dafür, Software unabhängig von der Verkörperung als Produkt iSd. § 2 Nr. 22 ProdSG anzusehen.[408] Der Hersteller haftet dann über § 823 Abs. 2 BGB iVm § 3 Abs. 1, 2 ProdSG und ggf. auch iVm § 26 Abs. 2 Nr. 9 ProdSG, wenn er von der Behörde zum Rückruf verpflichtet wird und diesem nicht nachkommt.[409]

2. Die Haftung des Betreibers/Nutzers eines autonomen Systems

a) Die deliktische Haftung des Betreibers/Nutzers eines autonomen Systems

Wird ein autonomes System von einer natürlichen oder einer juristischen Person eingesetzt, treffen diese die allgemeinen deliktischen Verkehrspflichten.[410] Umfang und Intensität der Pflichten bestimmen sich wieder entsprechend der allgemeinen Grundsätze (vgl. Rn. 15 ff.). Sinnvoll erscheint die Unterscheidung von Betreiber und Nutzer eines autonomen Systems abhängig von der Eigentümerstellung und der Verfügungsmacht über das System (*Prinzip der Gefahrbeherrschung*). Den Betreiber treffen regelmäßig weitreichendere Pflichten als den bloßen Nutzer. Betreiber und Nutzer können auch zusammenfallen (Endkunde erwirbt ein selbstfahrendes Fahrzeug zum privaten Gebrauch). Verkehrspflich-

---

bleme, technische Grundlagen, S. 93, 99; allgemein *Spindler*, in: BeckOGK BGB, § 823 Rn. 671; *Wagner*, in: MüKo BGB, § 823 Rn. 498 und 1029.

[401] *Wagner*, in: MüKo BGB, § 823 Rn. 1026; *Spindler*, in: Hilgendorf, Robotik im Kontext von Recht und Moral, S. 62, 77; *Spindler*, in: BeckOGK BGB, § 823 Rn. 673.
[402] *Wagner*, in: MüKo BGB, § 823 Rn. 1028.
[403] *Klindt/Schucht*, in: Klindt, § 2 ProdSG Rn. 164; *Wiebe*, NJW 2019, 625, 626; *Rockstroh/Kunkel*, MMR 2017, 77, 81; *Wende*, in: Sassenberg/Faber, Rechtshandbuch Industrie 4.0 und Internet of Things, § 4 Rn. 63.
[404] Überblick zum Streitstand bei *Heydn*, in: Schuster/Grützmacher, IT-Recht, § 2 ProdSG Rn. 23 ff.
[405] *Wiebe*, NJW 2019, 625, 626; *Klindt/Schucht*, in: Klindt, § 2 ProdSG Rn. 165; *Wende*, in: Sassenberg/Faber, Rechtshandbuch Industrie 4.0 und Internet of Things, § 4 Rn. 63.
[406] Dazu zB *Rübsamen*, MedR 2015, 485, 486.
[407] *Heydn*, in: Schuster/Grützmacher, IT-Recht, § 2 ProdSG Rn. 31; aA *Wiebe*, NJW 2019, 625, 626.
[408] *Heydn*, in: Schuster/Grützmacher, IT-Recht, § 2 ProdSG Rn. 33.
[409] *Wagner*, in: MüKo BGB, § 823 Rn. 1026, 1033; *Spindler*, in: BeckOGK BGB, § 823 Rn. 676; *Heydn*, in: Schuster/Grützmacher, IT-Recht, § 3 ProdSG Rn. 51, § 823 Rn. 64.
[410] *Zech*, ZfPW 2019, 198, 207 und 210; *Spindler*, in: Hilgendorf, Robotik im Kontext von Recht und Moral 2014, 63, 69 f.; *Gless/Janal*, JR 2016, 561, 568 f.

ten des Betreibers können nicht nur gegenüber Dritten, sondern auch gegenüber dem Nutzer seines autonomen Systems bestehen (zB Instruktionspflichten zum Umgang mit dem autonomen System[411]). Gleichzeitig sind die Verkehrspflichten des bloßen Nutzers tendenziell enger zu fassen und zu reduzieren. Der Lesbarkeit halber werden im Folgenden nur noch die Pflichten des Betreibers in den Blick genommen, das Gesagte gilt dabei im Grundsatz auch für den Nutzer.

83 Für Schäden, die durch das autonome System verursacht werden, haftet der Betreiber zunächst aus **§ 823 Abs. 1 BGB**[412], sofern ihn ein schuldhafter Verstoß gegen Verkehrssicherungspflichten trifft. Der maßgebliche Sorgfaltsmaßstab (dazu oben Rn. 15 f.) bestimmt sich dabei nach den konkreten Umständen des Einzelfalls (Gesichtspunkte: Fähigkeiten und Kenntnisse des Betreibers, Umfang und Wahrscheinlichkeit der Gefährdung, Abwehrmöglichkeiten von Schädiger und Geschädigten). Inhaltlich treffen den Betreiber hinsichtlich des eingesetzten autonomen Systems **Auswahl-, Kontroll- und Überwachungspflichten** (dazu schon oben).[413] Der Betreiber muss sich vergewissern, dass das autonome System für den geplanten Einsatzzweck geeignet ist, und er muss es während des Einsatzes überwachen und regelmäßig warten. Bei der Bedienung obliegt es ihm, das System entsprechend der Herstellerangaben zu konfigurieren und die Sicherheitshinweise einzuhalten. Eigene Handlungspflichten des Betreibers treten bei zunehmender Automatisierung sowie Autonomisierung der Systeme jedoch zunehmend in den Hintergrund. Erschöpft sich künftig die Handlung eines Fahrers eines selbstfahrenden Autos darin, das Fahrzeug zu starten, liegt ansonsten keine eigene Handlung vor, an die eine haftungsrechtliche Verantwortlichkeit geknüpft werden kann. Es ist dann zu fragen, ob das Fahrzeug für die Strecke geeignet ist, ob es hinreichend gewartet wurde, oder ob sich sicherheitsrelevante Anomalien beim Betrieb des autonomen Systems gezeigt haben, um die sich der Betreiber nicht gekümmert hat.[414] Der Umstand, dass das konkrete schädigende Verhalten des autonomen Systems für den Betreiber möglicherweise nicht vorhersehbar war, führt für sich genommen allerdings nicht zu einer Einschränkung der Verkehrspflichten.[415]

84 Ein Sorgfaltsverstoß liegt jedenfalls vor, wenn der Betreiber das autonome System falsch oder missbräuchlich einsetzt. Dasselbe gilt für Modifikationen des autonomen Systems, die nicht vom Hersteller vorgesehen sind und aufgrund derer die Produktsicherheit nicht mehr gewährleistet ist. Wird beispielsweise in die Steuerungssoftware eingegriffen und sorgt dies für Programmabstürze, liegt ein Sorgfaltsverstoß des Betreibers vor. Installiert er keine Updates und kommt es deswegen zu einer Schädigung Dritter, verstößt er gegen seine Überwachungspflicht. Auch den Betreiber eines autonomen Systems trifft nämlich die Pflicht, seine Sicherheitsvorkehrungen an neue Erkenntnisse anzupassen.[416] Die **Intensität** der Pflichten richtet sich nach den oben dargestellten allgemeinen Grundsätzen (vgl. Rn. 15 f.). In Korrelation zu den für den Einsatzzweck gebotenen technischen Kenntnissen darf der Betreiber auf das autonome System und die Ordnungsgemäßheit des Funktionsablaufs vertrauen.[417] Von einem Verbraucher, der sein autonomes Fahrzeug lediglich anschaltet und seinen Zielort eingibt, wird man schwerlich erwarten können, vor Inbetrieb-

---

[411] *Gless/Janal*, JR 2016, 561, 568.
[412] Daneben kommt auch eine Haftung nach § 823 Abs. 2 BGB in Betracht. Zu denken ist im Kontext des automatisierten Fahrens beispielsweise an die Vorschriften der StVO. Näher *Buck-Heeb/Dieckmann*, in: Oppermann/Stender-Vorwachs, Autonomes Fahren – Rechtsfolgen, Rechtsprobleme, technische Grundlagen, S. 141, 166.
[413] Ausführlich zur Betreiberhaftung *Riehm/Meier*, DGRI Jahrbuch 2018, S. 1 Rn. 26 ff.; *Spindler*, CR 2015, 766, 768; *Schulz*, Verantwortlichkeit bei autonom agierenden Systemen, S. 137 f.; *Horner/Kaulartz*, CR 2016, 7, 8 f.; *Gless/Janal*, JR 2016, 561, 570; *Expert Group on Liability*, Liability for Artificial Intelligence and other emerging digital technologies, 21.11.2019, Key Finding Nr. 16, S. 46 f.
[414] Allgemein *Horner/Kaulartz*, CR 2016, 7, 8 f.
[415] *Spindler*, DB 2018, 41, 48.
[416] *Spindler*, CR 2015, 766, 771; *Spindler*, in: Hilgendorf, Robotik im Kontext von Recht und Moral, S. 62, 71; differenzierend *Foerste*, in: Foerste/v. Westphalen, Produkthaftungshandbuch, § 27 Rn. 13 f.
[417] *Horner/Kaulartz*, CR 2016, 7, 12; im Ergebnis auch *Zech*, in: Gless/Seelmann, Intelligente Agenten und das Recht, S. 163, 189 ff.

C. Die zivilrechtliche Haftung für autonome Systeme am Beispiel selbstfahrender Fahrzeuge

nahme das Steuerungssystem auf Fehler zu untersuchen. Von einem Arzt, der einen Medizinroboter für eine OP zur Unterstützung einsetzt, wird man jedoch verlangen können, dass er sich vor Inbetriebnahme von der technischen Funktionsfähigkeit des Roboters überzeugt. Eine darüber hinausgehende technische Prüfung des KI-Systems wird man dem Arzt, der regelmäßig nicht über die dafür notwendigen Fachkenntnisse verfügen wird, aber nicht abverlangen können. Dies ändert freilich nichts daran, dass der Betreiber (die Klinik oder der behandelnde Arzt) des Roboters für dessen Instandhaltung zu sorgen hat.

Hinsichtlich des *Verschuldens* wird intensiv diskutiert, ob Haftungslücken drohen. So wird vorgebracht, dass einem Betreiber, der ein autonomes System lediglich anschaltet, häufig kein Fahrlässigkeitsvorwurf gemacht werden könne.[418] Diese Aussage ist jedoch zu pauschal: Die Haftung von Verbrauchern, die ein autonomes System (zB selbstfahrendes Auto) einsetzen, wird wohl tatsächlich abnehmen. Dies ist aber auch konsequent, weil diese eben nicht dem Hersteller vergleichbare Einwirkungsmöglichkeiten haben und deshalb auch nicht für Herstellerfehler einzustehen haben. Indes bleibt es bei einer haftungsrechtlichen Verantwortung des Betreibers, wenn ein für den Einsatzzweck ungeeignetes System ausgewählt wurde, oder dieses nicht hinreichend kontrolliert und gewartet wurde. Der Einsatz des autonomen Systems gerade im industriellen Bereich kann unter Umständen eine Erprobung im Testbetrieb auch zur Sammlung weiterer Daten beim Betreiber erfordern. Gerade wenn autonome Systeme erst noch im Einsatz beim Betreiber lernen sollen, ist in Anbetracht der Neuheit der Systeme ein vorsichtiger Umgang angebracht. Je nach Einsatzgebiet kann es erforderlich sein, auch herkömmliche Systeme oder eingriffsbereite Personen bei Störfällen in Reserve zu haben. Beispielsweise dürfte es angebracht sein, beim Einsatz eines Roboterarztes, der eine Operation durchführt, zumindest zunächst noch einen menschlichen Chirurgen als Reserve und Überwacher vorzuhalten. Ein Versagen des Haftungsrechts und drohende Haftungslücken sind zumindest derzeit nicht erkennbar. Die gleichwohl zu erwartende Haftungsverlagerung auf den Hersteller ist im Übrigen nur eine konsequente Abschichtung der Verantwortungsbereiche und auch rechtsökonomisch nachvollziehbar.

Abweichend von der Anknüpfung an einen eigenen Sorgfaltsverstoß des Nutzers, wird eine **Qualifizierung des autonomen Systems als Verrichtungsgehilfe iSd § 831 BGB** rechtstechnisch über eine Analogiebildung[419] erwogen.[420] Begründet wird dies in unterschiedlicher Form mit Beweislasterwägungen und dem Gedanken der Arbeitsteilung von Mensch und Maschine, aus der der Geschäftsherr keinen haftungsrechtlichen Vorteil ziehen dürfe. Diese Lösung bietet den Vorteil, dass § 831 BGB grundsätzlich kein schuld-

---

[418] Allgemein für autonome Systeme zB *Klingbeil*, JZ 2019, 718, 719; *Denga*, CR 2018, 69, 74; *Hanisch*, in: Hilgendorf/Günther, Robotik und Gesetzgebung, S. 109, 116; *Teubner*, AcP 218 (2018), 155, 189; für selbstfahrende Fahrzeuge: *Hey*, Die außervertragliche Haftung des Herstellers autonomer Fahrzeuge, S. 29; *Fleck/Thomas*, NJOZ 2015, 1393, 1396; *König*, NZV 2017, 123, 126; *Schirmer*, NZV 2017, 253, 255; *Schrader*, NJW 2015, 3537, 3541.

[419] Dafür *Wagner*, VersR 2020, 717, 730; *Wagner*, in: MüKoBGB § 831 Rn. 24; *Hacker*, RW 2018, 243, 265; *Zech*, 73. DJT Gutachten A, S. A 80 f.; *Zech*, ZfPW 2019, 198, 211; zurückhaltender *Zech*, in: Gless/Seelmann, Intelligente Agenten und das Recht, S. 163, 190 (§ 831 BGB denkbar, ohne praktische Relevanz); *Denga*, CR 2018, 69, 75; *Keßler*, MMR 2017, 589, 593; *John*, Haftung für künstliche Intelligenz, S. 272 ff.; *Kluge/Müller*, InTeR 2017, 24, 27; *Horner/Kaulartz*, CR 2016, 7, 9; *Riehm/Meier*, DGRI Jahrbuch 2018, S. 1 Rn. 61; ablehnend *Schulz*, Verantwortlichkeit bei autonom agierenden Systemen, S. 146 ff.; *Schaub*, JZ 2017, 342, 344; *Günther*, in: Gruber/Bung/Ziemann, Autonome Automaten, S. 155, 166; *Hanisch*, Haftung für Automation, S. 195 f.; *Grützmacher*, CR 2016, 695, 697 f.; *Hanisch*, in: Hilgendorf, Robotik im Kontext von Recht und Moral, S. 27, 59.

[420] Daneben wird eine analoge Anwendung von §§ 832, 833, 834 BGB diskutiert *Günther*, Roboter und rechtliche Verantwortung, S. 138 ff.; *Günther*, in: Gruber/Bung/Ziemann, Autonome Automaten, S. 155, 166 f.; *Hanisch*, Haftung für Automation, S. 46, 199 ff.; *Zech*, ZfPW 2019, 198, 214; *Zech*, ZfPW 2019, 198, 214; *Zech*, in: Gless/Seelmann, Intelligente Agenten und das Recht, S. 195 f.; *Wagner*, VersR 2020, 717, 730; *Borges*, NJW 2018, 977, 981; *Schulz*, Verantwortlichkeit bei autonom agierenden Systemen, S. 148 ff.; *Schaub*, JZ 2017, 342, 344; *Hanisch*, Haftung für Automation, S. 199 ff.; *Grützmacher*, CR 2016, 695, 697 f.; *Brand*, MedR 2019, 943, 948 f.

haftes, sondern nur ein widerrechtliches Handeln des Verrichtungsgehilfen voraussetzt, weshalb sich die Probleme wie im Rahmen einer analogen Anwendung des § 278 BGB (Rn. 34) nicht in gleicher Weise stellen.[421] Indes stellt sich auch hier die grundlegende Frage, wann und welche autonomen Systeme einer Person gleichgestellt werden können[422], mit anderen Worten verbleibt sowohl das Vorliegen einer Regelungslücke wie einer vergleichbaren Interessenlage nach wie vor unscharf.[423] Eine praktische Notwendigkeit für die Analogie ist zudem derzeit nicht ersichtlich. Auch dogmatisch vermag eine Lösung über § 831 BGB kaum zu überzeugen: Zum einen ist die Norm des § 831 BGB schon für sich genommen rechtspolitisch zweifelhaft.[424] Zudem zielt die Konstruktion im Kern (nur) auf eine Verschiebung der Beweislast ab.[425] Der Geschäftsherr kann sich nämlich durch den Nachweis sorgfältiger Auswahl, Überwachung und Anleitung entlasten, indem er also die allgemeinen Verkehrspflichten des § 823 Abs. 1 BGB beachtet.[426] Stimmiger ist daher der Weg über § 823 Abs. 1 BGB und die Annahme gegebenenfalls strenger Verkehrspflichten des Betreibers. Verbleibende Haftungslücken müssen *de lege lata* hingenommen werden, möchte man den Nutzer nicht auch für Produktfehler haften lassen oder eine Gefährdungshaftung durch die Hintertür etablieren.

87 Hinsichtlich der **Darlegungs- und Beweislast** gelten die allgemeinen Grundsätze[427]. Somit hat der Geschädigte die Anspruchsvoraussetzungen des § 823 Abs. 1 BGB nachzuweisen, insbesondere die Sorgfaltspflichtverletzung und haftungsbegründende Kausalität. Hier werden Beweislastprobleme des Geschädigten moniert und auch deshalb die eben diskutierte analoge Anwendung des § 831 BGB erwogen. Letztlich sieht das Problem – auch wegen der Grundsätze der sekundären Darlegungslast[428] – aber bislang weniger gefährlich aus als vermutet.

b) Die sondergesetzliche Haftung des Fahrzeughalters nach § 7 StVG

88 Die weit verbreitete Sorge, dass niemand mehr für Unfälle haften werde, wenn die heute noch üblichen Selbstfahrer-PKW durch selbstfahrende PKW abgelöst werden[429], erweist sich bereits bei einem ersten Blick in das Straßenverkehrsrecht als unbegründet. Wird bei dem Betrieb eines Kraftfahrzeugs ein Mensch getötet, der Körper oder die Gesundheit eines Menschen verletzt oder eine Sache beschädigt, so ist gemäß § 7 Abs. 1 StVG der Halter zum Ersatz des daraus entstehenden Schadens verpflichtet. Halter iSd § 7 StVG ist, wer das Fahrzeug für eigene Rechnung in Gebrauch hat und die Verfügungsgewalt darüber besitzt.[430] Wie der BGH in ständiger Rechtsprechung betont, ist „die Haftung nach § 7 Abs. 1 StVG [...] der Preis dafür, dass durch die Verwendung eines Kraftfahrzeugs erlaubterweise eine Gefahrenquelle eröffnet wird; die Vorschrift will daher alle durch den Kraftfahrzeugverkehr beeinflussten Schadensabläufe erfassen. Ein Schaden ist demgemäß bereits dann ‚bei dem Betrieb' eines Kraftfahrzeugs entstanden, wenn sich in ihm die von dem Kraftfahrzeug ausgehenden Gefahren ausgewirkt haben, das heißt, wenn bei der insoweit gebotenen wertenden Betrachtung das Schadensgeschehen durch das Kraftfahrzeug

---

[421] *Wagner*, in: MüKo BGB, § 831 Rn. 24.
[422] Zur Problematik auch *Hilgendorf*, in: Beck, Jenseits von Mensch und Maschine, S. 119 ff.
[423] Ablehnend auch *Schaub*, JZ 2017, 342, 344; *Günther*, in: Gruber/Bung/Ziemann, Autonome Automaten, S. 155, 166; *Schulz*, Verantwortlichkeit bei autonom agierenden Systemen, S. 147 f.; zurückhaltender *Grützmacher*, CR 2016, 695, 697 f.; *Hanisch*, Haftung für Automation, S. 196; *Brand*, MedR 2019, 943, 948 f.
[424] Dazu *Wagner*, in: MüKo BGB, § 831 Rn. 1 ff., 25.
[425] *Riehm/Meier*, DGRI Jahrbuch 2018, S. 1 Rn. 30; *Zech*, 73. DJT Gutachten A, S. A 77.
[426] *Wagner*, in: Faust/Schäfer, Travermünder Symposium zur Ökonomischen Analyse des Rechts, S. 1, 22.
[427] Dazu zB *Wagner*, in: MüKo BGB, § 823 Rn. 85 ff.
[428] Dazu *Förster*, ZfPW 2019, 419, 433; *Förster*, in: BeckOK BGB, § 823 Rn. 393.
[429] Vgl. etwa *Bogost*, Can you sue a Robocar?, abrufbar unter https://www.theatlantic.com/technology/archive/2018/03/can-you-sue-a-robocar/556007/ (letzter Zugriff am 1.11.2020).
[430] StRspr zB *BGH*, NJW 2007, 3120 Rn. 7; *BGH*, NJW 1992, 900, 902; *BGH*, NJW 1983, 1492, 1493; *Burmann*, in: Burmann/Heß/Hühnermann/Jahnke, Straßenverkehrsrecht, § 7 StVG Rn. 5.

(mit) geprägt worden ist"[431]. Mit anderen Worten muss sich diejenige Gefahr ausgewirkt haben, hinsichtlich derer der Verkehr nach dem Sinn der Haftungsvorschrift schadlos gehalten werden soll.[432] Für die Zurechnung der Betriebsgefahr kommt es somit darauf an, dass die Schadensursache in einem nahen örtlichen und zeitlichen Zusammenhang mit einem bestimmten Betriebsvorgang oder einer bestimmten Betriebseinrichtung des Kraftfahrzeugs steht.[433]

Der **Gefährdungshaftungstatbestand des § 7 Abs. 1 StVG** gilt nunmehr auch für **hoch- oder vollautomatisierte Fahrzeuge,** bei denen sich noch ein Fahrer eingriffsbereit halten muss, (vgl. § 1a StVG).[434] Ein rechtliches Vakuum beim Einsatz selbstfahrender Fahrzeuge besteht daher nach der bereits geltenden Rechtslage nicht.[435] Die Benutzung eines solchen Fahrzeugs ändert nichts an der Haltereigenschaft, denn die Bewältigung der Herausforderungen des Straßenverkehrs durch das selbstfahrende Fahrzeug während der Fahrt führt nicht zu einem Verlust der Verfügungsmacht des Halters über das Fahrzeug.[436] Vielmehr hat der Halter regelmäßig für alle Schäden einzustehen, die durch fehlerhaft arbeitende Assistenzsysteme oder den fehlerhaften Umgang mit diesen auftreten. Der durch einen Unfall mit einem solchen Fahrzeug geschädigte Verkehrsteilnehmer muss also nicht den Hersteller des automatisierten PKWs verklagen. Dies kann er der Haftpflichtversicherung des Unfallgegners überlassen, wenn diese den Hersteller des autonomen PKW bzw. dessen Produkthaftpflichtversicherung in Regress nehmen will. Mit dem Haftpflichtversicherer des Halters hat der Geschädigte in aller Regeln auch einen solventen Schuldner, an den er sich halten kann.

Auf **autonome Fahrzeuge** iSd Stufe 5 SAE, die über keinen Fahrer mehr verfügen, findet § 7 StVG derzeit noch keine Anwendung.[437] Indes wäre es die einfachste und sinnvollste Lösung auch bei vollautonomen Fahrzeugen die Halterhaftung Anwendung finden zu lassen[438], da diese als Gefährdungshaftungstatbestand das Aktivitätsniveau[439] des Einsatzes des autonomen Systems zu steuern vermag. Auch der Haftungsgrund des § 7 StVG passt, denn die besondere Gefahr durch die Benutzung eines Fahrzeugs im Straßenverkehr verwirklicht sich auch hier.[440] Zudem hätte eine solche Erstreckung des § 7 StVG den Vorteil, dass sich der Geschädigte nicht darüber informieren muss, ob es sich um ein autonomes Fahrzeug handelt oder „nur" um ein hoch- oder vollautomatisiertes.[441] Die Geltendmachung der Ansprüche würde in allen Fällen gleich verlaufen. Schließlich ließe auch der Wortlaut des § 7 StVG eine Anwendung auf autonome Fahrzeuge ohne weiteres zu. Da es

---

[431] StRspr vgl. nur *BGH*, NJW 2019, 2227 Rn. 8; *BGH*, NJW 2015, 1681 Rn. 5; BGHZ 199, 377 Rn. 5 = NJW 2014; BGHZ 192, 261 Rn. 17 = NJW 2012, 1951.
[432] *BGH*, NJW 2019, 2227 Rn. 8.
[433] StRspr vgl. nur *BGH*, NJW 2019, 2227 Rn. 8; *BGH*, NJW 2015, 1681 Rn. 5.
[434] Zur Sinnhaftigkeit der Regelung vgl. *Buck-Heeb/Dieckmann*, in: Oppermann/Stender-Vorwachs, Autonomes Fahren – Rechtsfolgen, Rechtsprobleme, technische Grundlagen, S. 141, 145; *Borges*, CR 2016, 272, 280; *Spindler*, CR 2017, 767, 775; *Armbrüster*, ZRP 2017, 83, 85.
[435] *Wagner*, AcP 217 (2017), 707, 758; *Hey*, Die außervertragliche Haftung des Herstellers autonomer Fahrzeuge 2019, S. 31; *König*, NZV 2017, 123, 126; *Fleck/Thomas*, NJOZ 2015, 1393, 1394; *Jänisch/Schrader/Reck*, NZV 2015, 313, 315.
[436] *Hey*, Die außervertragliche Haftung des Herstellers autonomer Fahrzeuge, S. 30; *Fleck/Thomas*, NJOZ 2015, 1393 1394.
[437] *Armbrüster*, ZRP 2017, 83, 83; BT-Drs. 18/11300, S. 14, 21.
[438] *Wagner*, in: Lohsse/Schulze/Staudenmayer, Liability for Artificial Intelligence and the Internet of Things, S. 27, 52; *Wagner*, VersR 2020, 717, 731; *Zech*, 73. DJT Gutachten A, S. A 61 ff. *Gless/Janal*, JR 2016, 561, 571; *Armbrüster*, in: Gless/Seelmann, Intelligente Agenten und das Recht, S. 205, 211; *Hammel*, Haftung und Versicherung bei Personenkraftwagen mit Fahrerassistenzsystemen, S. 206.
[439] Zur Steuerung des Aktivitätsniveaus durch die Gefährdungshaftung grundlegend *Shavell*, 9 Journal of Legal Studies (1980), 1 ff.; *Landes/Posner*, Economic Structure of Tort Law, S. 54 ff.; instruktiv *Wagner*, in: MüKo BGB, Vorb. § 823 BGB Rn. 60 f.; *Wagner*, in: Faust/Schäfer, Travermünder Symposium zur Ökonomischen Analyse des Rechts, S. 1, 7 f.; *Schäfer/Ott*, Lehrbuch der ökonomischen Analyse des Zivilrechts, S. 233 ff.
[440] *Buck-Heeb/Dieckmann*, in: Oppermann/Stender-Vorwachs, Autonomes Fahren – Rechtsfolgen, Rechtsprobleme, technische Grundlagen, S. 141, 145 f.; *Armbrüster*, ZRP 2017, 83, 85.
[441] *Armbrüster*, in: Gless/Seelmann, Intelligente Agenten und das Recht, S. 205, 211.

über den Pflichtversicherer regelmäßig zu einem Regress beim Hersteller kommen wird, würde auch der Halter nicht übermäßig belastet werden.[442]

91 Gem. **§ 7 Abs. 2 StVG** wird die Schadensersatzpflicht des Halters ausgeschlossen, wenn der Unfall durch **höhere Gewalt** verursacht wird. Darunter versteht man ein außergewöhnliches, *betriebsfremdes*, von außen durch elementare Naturkräfte oder durch Handlungen dritter (betriebsfremder) Personen herbeigeführtes und nach menschlicher Einsicht und Erfahrung unvorhersehbares Ereignis, das mit wirtschaftlich erträglichen Mitteln auch durch nach den Umständen äußerste, vernünftigerweise zu erwartende Sorgfalt nicht verhütet werden kann und das auch nicht im Hinblick auf seine Häufigkeit in Kauf genommen zu werden braucht.[443] Das Versagen des Steuerungssystems eines hoch- oder vollautomatisierten Fahrzeugs führt somit mangels Betriebsfremdheit nicht zu einem Haftungsausschluss nach § 7 Abs. 2 StVG und stellt auch kein unabwendbares Ereignis iSd. § 17 Abs. 3 StVG dar, das weder auf einem Fehler in der Beschaffenheit des Kraftfahrzeugs noch auf einem Versagen seiner Vorrichtungen beruht.[444] An einen Fall höherer Gewalt könnte man allenfalls denken, wenn die Fehlfunktion des Steuerungssystems durch Fehler externer Systeme verursacht wurde (zB fehlerhafte GPS-Daten).[445] Der Haftungsausschluss würde *de lege ferenda* auch für autonome Fahrzeuge passen.

92 Im Hinblick auf die Anfälligkeit technischer Systeme für **Hackerangriffe** stellt sich die Frage, ob Unfälle, die durch ein gehacktes Fahrzeug verursachen werden, einen Fall höherer Gewalt darstellen.[446] Dafür spricht, dass eine absolute Sicherheit autonomer Systeme vor Eindringen Dritter nicht verlangt werden kann. Indes sind die Gefahren des Hackings bekannt und damit eben kein nach menschlicher Einsicht und Erfahrung unvorhersehbares Ereignis, weshalb **§ 7 Abs. 2 StVG** regelmäßig ausscheiden wird.[447] Ob ein Cyberangriff einen Fall des **§ 7 Abs. 3 S. 1 StVG** darstellen kann, wenn der Hacker die Steuerung des Fahrzeugs ohne Wissen und Willen des Halters per Fernzugriff übernimmt, ist bisher ungeklärt.[448] Dafür ließe sich anführen, dass es nach der Rechtsprechung für die Anwendung des § 7 Abs. 3 StVG nur darauf ankommt, ob sich der Schwarzfahrer eine dem Halter vergleichbare Verfügungsmacht anmaßt.[449] Gleichwohl soll kein Fall des § 7 StVG vorliegen, da es dem Hacker nicht um die Nutzungsmöglichkeit des Fahrzeugs selbst ginge, sondern nur um Störung der normalen Steuerungsfunktion des Kfz.[450] Zudem bestünde die Gefahr von Schutzlücken zulasten von geschädigten Dritten, weil der Halter aus seiner Haftung entlassen würde.[451] Das Erfordernis einer besonderen Nutzungsabsicht geht je-

---

[442] *Wagner*, AcP 217 (2017), 707, 760 f.; *Armbrüster*, ZRP 2017, 83, 85.
[443] *Burmann*, in: Burmann/Heß/Hühnermann/Jahnke, Straßenverkehrsrecht, § 7 Rn. 19 ff.; *Walter*, in BeckOGK, § 7 StVG Rn. 150.
[444] *Buck-Heeb/Dieckmann*, in: Oppermann/Stender-Vorwachs, Autonomes Fahren – Rechtsfolgen, Rechtsprobleme, technische Grundlagen, S. 141, 143; *Ebers*, in: Oppermann, Autonomes Fahren – Rechtsfolgen, Rechtsprobleme, technische Grundlagen, S. 93, 97; *Armbrüster*, ZRP 2017, 83, 84; *König*, JR 2017, 323, 325; *v. Bodungen/Hoffmann*, NZV 2016, 449, 451; *Fleck/Thomas*, NJOZ 2015, 1393, 1394; *Jänich/Schrader/Reck*, NZV 2015, 313, 315; *Schrader*, NJW 2015, 3537, 3538; *Schaub*, JZ 2017, 342, 345.
[445] *König*, JR 2017, 323, 325.
[446] Zu den Gefahren von Hackerangriffen auf selbstfahrende Fahrzeuge vgl. *ADAC*, Autonomes Fahren: Gefahr durch Hacker, abrufbar unter https://www.adac.de/rund-ums-fahrzeug/ausstattung-technik-zubehoer/autonomes-fahren/recht/autonomes-fahren-hacker-angriff/ (letzter Zugriff am 1.11.2020).
[447] *Friese*, VersR 2019, 65, 69; *Hammel*, Haftung und Versicherung bei Personenkraftwagen mit Fahrerassistenzsystemen, S. 207; *Buck-Heeb/Dieckmann*, in: Oppermann/Stender-Vorwachs, Autonomes Fahren – Rechtsfolgen, Rechtsprobleme, technische Grundlagen, S. 141, 143; *Hey*, Die außervertragliche Haftung des Herstellers autonomer Systeme, S. 31.
[448] Ablehnend *Pütz/Maier*, r+s 2019, 444, 446; *Walter*, in BeckOGK, § 7 Rn. 161.1; zumindest *de lege ferenda* befürwortend *Gless/Janal*, JR 2016, 561, 571.
[449] Vgl. *BGH*, NJW 1957, 500, 501 und *BGH*, BB 1961, 310 (Benutzen = Ausübung einer Verfügungsmacht, wie sie einem Halter zusteht); dazu *Pütz/Maier*, r+s 2019, 444, 446; *König*, in: Hentschel/König/Dauer, Straßenverkehrsrecht, § 7 Rn. 52; *Burmann*, in: Burmann/Heß/Hühnermann/Jahnke, Straßenverkehrsrecht, § 7 Rn. 23.
[450] *Pütz/Maier*, r+s 2019, 444, 446.
[451] *Pütz/Maier*, r+s 2019, 444, 446.

denfalls aus dem Wortlaut des § 7 Abs. 3 StVG nicht hervor. Es erscheint daher nicht von vornherein ausgeschlossen, den Cyberangriff unter § 7 Abs. 3 StVG zu subsumieren. Inwiefern dann ein Versicherungsschutz besteht, ist allerdings ebenfalls unklar.[452] Eine gesetzgeberische Klarstellung wäre sinnvoll.

Sofern zudem die Voraussetzungen der deliktischen und produkthaftungsrechtlichen Haftung vorliegen, hat der **Hersteller** neben dem Halter für Schäden als Gesamtschuldner (§§ 840, 426 BGB) aufzukommen.[453] Relevanz wird die Produkthaftung wohl vor allem als Regressinstrument des Pflichtversicherers gewinnen.[454] Teilweise wird zudem eine analoge Anwendung des § 7 StVG auf den Hersteller erwogen, jedoch mangels planwidriger Regelungslücke zurecht abgelehnt.[455]

c) Die sondergesetzliche Haftung des Fahrers nach § 18 StVG

Nach **§ 18 Abs. 1 StVG** haftet der Führer eines Kraftfahrzeugs für ein vermutetes Verschulden, wenn beim Betrieb des Fahrzeugs ein Mensch getötet oder verletzt oder eine Sache beschädigt wird. Übernimmt das autonome Fahrzeug während der gesamten Fahrt den Steuerungsvorgang und alle Fahrentscheidungen, ist der Mensch jedoch nur noch Passagier **(SAE Stufe 5)**. Es gibt dann schon begrifflich keinen Fahrer mehr.[456] Die bloße Inbetriebnahme reicht nicht als Anknüpfungspunkt für die Annahme der Fahrereigenschaft, wenn ansonsten kein Einfluss auf die Fahrfunktion und auch keine Pflicht zur Übernahme der Fahrzeugsteuerung im Einzelfall mehr bestehen. Diesen Fall hat der Gesetzgeber bisher nicht geregelt. Richtigerweise sollte dann allerdings nicht der Hersteller als Fahrzeugführer angesehen werden, schon der Wortlaut des § 18 StVG passt nicht.[457] Der Hersteller bleibt aber Adressat für die Produkthaftung. Den Betreiber eines autonomen Fahrzeugs wird dann möglicherweise die Halterhaftung treffen, in jedem Fall obliegt ihm die Einhaltung der allgemeinen deliktischen Verkehrspflichten. Letztere hat auch der Nutzer zu wahren, obgleich von einem reduzierten Pflichtenprogramm auszugehen ist (vgl. oben). Stellt er fest, dass sich das autonome Fahrzeug nicht verkehrsgerecht verhält, muss er wenigstens alle möglichen Abhilfemaßnahmen ergreifen.

Auch bei hoch- und vollautomatisierten Fahrzeugen **(SAE Stufe 3 und 4)** übernimmt das Fahrzeug selbständig Steuerungsaufgaben, so dass es bei einem Unfall an sich keinen Fahrer gibt. Gleichwohl stellt § 1a Abs. 4 StVG klar, dass Fahrzeugführer derjenige ist, der eine hoch- oder vollautomatisierte Fahrfunktion aktiviert und zur Fahrzeugsteuerung verwendet, auch wenn er im Rahmen der bestimmungsgemäßen Verwendung dieser Funktion das Fahrzeug nicht eigenhändig steuert oder er sich vom Verkehrsgeschehen abwendet. Auch hier kann nicht ergänzend auf den Hersteller zurückgegriffen werden, dieser wird auch bei einem automatisierten Fahrzeug nicht zum Fahrzeugführer (Rn. 93). Zwar gibt er abstrakte Kriterien für die Steuerungssoftware vor, das konkrete Verkehrsverhalten

---

[452] *Pütz/Maier*, r+s 2019, 444, 446 f.
[453] *Wagner*, AcP 217 (2017), 707, 758; *Buck-Heeb/Dieckmann*, in: Oppermann/Stender-Vorwachs, Autonomes Fahren – Rechtsfolgen, Rechtsprobleme, technische Grundlagen, S. 141, 172.
[454] *Gomille*, JZ 2016, 76, 81; *Armbrüster*, in: Gless/Seelmann, Intelligente Agenten und das Recht, S. 205, 216 f.; *Wagner*, AcP 217 (2017), 707, 758.
[455] Diskutiert bei *Borges*, CR 2016, 272, 279 f.; *Hey*, Die außervertragliche Haftung des Herstellers autonomer Fahrzeuge, S. 226 ff.
[456] *Hey*, Die außervertragliche Haftung des Herstellers autonomer Systeme, S. 24; *Lange*, NZV 2017, 345, 349; *Buck-Heeb/Dieckmann*, in: Oppermann/Stender-Vorwachs, Autonomes Fahren – Rechtsfolgen, Rechtsprobleme, technische Grundlagen, S. 141, 146; *Balke*, SVR 2018, 5, 6.
[457] *Borges*, CR 2016, 272, 277; *v. Bodungen/Hoffmann*, NZV 2016, 503, 503 f.; *Sosnitza*, CR 2016, 764, 769; *Zech*, 73. DJT Gutachten A, S. A 165; aA *Schrader*, DAR 2016, 242, 245; *Schrader*, NJW 2015, 3537, 3541; *Buck-Heeb/Dieckmann*, in: Oppermann/Stender-Vorwachs, Autonomes Fahren – Rechtsfolgen, Rechtsprobleme, technische Grundlagen, S. 141, 149 f.

des Fahrzeugs, das sich auch erst aus den Umweltbedingungen ergibt, beherrscht bzw. steuert er indes nicht mehr.[458]

96 Der Fahrer kann sich gem. § 18 Abs. 1 S. 2 StVG durch den Nachweis entlasten, dass der Schaden nicht durch sein Verschulden (§ 276 BGB iVm § 1b StVG) verursacht wurde.[459] Dies ist beispielsweise der Fall, wenn er nachweist, dass er sich verkehrsrichtig verhalten hat oder der Unfall auf einen technischen Fehler zurückging.[460] Hat der Fahrer in der konkreten Unfallsituation seine Pflicht zur Übernahme der Fahrzeugsteuerung nach § 1b Abs. 2 StVG nicht beachtet, trifft ihn die Haftung nach § 18 StVG.[461] Ein Verstoß des Fahrers gegen die Pflichten des § 1b Abs. 2 StVO stellt es dar, wenn der Fahrer die Fahrzeugsteuerung nicht unverzüglich nach Aufforderung durch das autonome System wieder übernimmt, oder wenn er erkennt oder auf Grund offensichtlicher Umstände erkennen muss, dass die Voraussetzungen für eine bestimmungsgemäße Verwendung der hoch- oder vollautomatisierten Fahrfunktionen nicht mehr vorlagen. Eine dauerhafte Verkehrsbeobachtung durch den Fahrer ist also gerade nicht notwendig (§ 1b Abs. 2 StVG).[462] Sich gänzlich jeglicher Wahrnehmung des Straßenverkehrs zu verschließen (Fahrer schläft), ist allerdings sorgfaltswidrig.[463] Vielmehr muss sich der Fahrer in regelmäßigen Abständen einen Überblick verschaffen.[464] Schwierigkeiten bereitet allerdings das Verständnis von § 1b Abs. 2 Nr. 2 StVG. Hier stellt sich nämlich die Frage, wann Umstände so offensichtlich sind, dass der Fahrer hätte erkennen müssen, dass das System nicht mehr bestimmungsgemäß benutzt werden kann.[465] Im Übrigen ist zweifelhaft, ob der Fahrer in einer Unfallsituation tatsächlich überhaupt noch rechtzeitig die Kontrolle des Fahrzeugs übernehmen kann.[466] Inwiefern dem Fahrzeugführer der Entlastungsbeweis in Zukunft gelingen wird, kann derzeit noch nicht abschließend beurteilt werden. Eine wichtige Rolle wird jedenfalls die vorgeschriebene Datenaufzeichnung nach § 63a StGB spielen.[467] Aufgezeichnet

---

[458] *v. Bodungen/Hoffmann*, NZV 2016, 503, 503f.; *Hey*, Die außervertragliche Haftung des Herstellers autonomer Fahrzeuge, S. 218.

[459] Zur Rechtfertigung der Beweislastumkehr bei automatisierten Fahrzeugen *Buck-Heeb/Dieckmann*, in: Oppermann/Stender-Vorwachs, Autonomes Fahren – Rechtsfolgen, Rechtsprobleme, technische Grundlagen, S. 141, 151.

[460] Zu den Sorgfaltspflichten des Fahrers bei automatisierten Fahrzeugen vgl. näher *Grundmann*, in MüKo BGB, § 276 Rn. 147ff.; *Buck-Heeb/Dieckmann*, in: Oppermann/Stender-Vorwachs, Autonomes Fahren – Rechtsfolgen, Rechtsprobleme, technische Grundlagen, S. 141, 151ff.; *Buck-Heeb/Dieckmann*, NZV 2019, 113, 115ff.; *Greger*, NZV 2018, 1, 2ff.

[461] Hierzu ausführlich *Buck-Heeb/Dieckmann*, in: Oppermann/Stender-Vorwachs, Autonomes Fahren – Rechtsfolgen, Rechtsprobleme, technische Grundlagen, S. 141, 156ff.; *Buck-Heeb/Dieckmann*, NZV 2019, 113, 117f.; *Hey*, Die außervertragliche Haftung des Herstellers autonomer Fahrzeuge, S. 25.

[462] Näher BT-Drs. 18/11776, 10; *Hey*, Die außervertragliche Haftung des Herstellers autonomer Fahrzeuge, S. 26; *Buck-Heeb/Dieckmann*, in: Oppermann/Stender-Vorwachs, Autonomes Fahren – Rechtsfolgen, Rechtsprobleme, technische Grundlagen, S. 141, 156ff.; *Buck-Heeb/Dieckmann*, NZV 2019, 113, 118; zu verbleibenden Unsicherheiten *Freise*, VersR 2019, 65, 74.

[463] *Hey*, Die außervertragliche Haftung des Herstellers autonomer Fahrzeuge, S. 27; *Buck-Heeb/Dieckmann*, in: Oppermann/Stender-Vorwachs, Autonomes Fahren – Rechtsfolgen, Rechtsprobleme, technische Grundlagen, S. 141, 161; *Buck-Heeb/Dieckmann*, NZV 2019, 113, 118; *Freise*, VersR 2019, 65, 74.

[464] *Buck-Heeb/Dieckmann*, in: Oppermann/Stender-Vorwachs, Autonomes Fahren – Rechtsfolgen, Rechtsprobleme, technische Grundlagen, S. 141, 156; *Buck-Heeb/Dieckmann*, NZV 2019, 113, 116; *Freise*, VersR 2019, 65, 74.

[465] Näher *Buck-Heeb/Dieckmann*, NZV 2019, 113, 118f.; *Buck-Heeb/Dieckmann*, in: Oppermann/Stender-Vorwachs, Autonomes Fahren – Rechtsfolgen, Rechtsprobleme, technische Grundlagen, S. 141, 161f.; *Hey*, Die außervertragliche Haftung des Herstellers autonomer Fahrzeuge, S. 25; *Freise*, VersR 2019, 65, 75; *Armbrüster*, ZRP 2017, 83, 83f.; *Lange*, NZV 2017, 345, 350.

[466] *Eriksson/Stanton*, 59 Human Factors (2017), 689, 697 nennen eine Reaktionszeit bis zu 25,7 Sekunden; *Damböck et al.*, Übernahmezeiten beim hochautomatisierten Fahren, S. 11 geben eine Zeitspanne von 6–8 Sekunden an (abrufbar unter https://mediatum.ub.tum.de/doc/1142102/1142102.pdf (letzter Zugriff am 1.11.2020)). Näher zur auch Problematik *Hey*, Die außervertragliche Haftung des Herstellers autonomer Fahrzeuge, S. 28.

[467] Dazu näher *Buck-Heeb/Dieckmann*, in: Oppermann/Stender-Vorwachs, Autonomes Fahren – Rechtsfolgen, Rechtsprobleme, technische Grundlagen, S. 141, 170ff.; *Hey*, Die außervertragliche Haftung des Herstellers autonomer Fahrzeuge, S. 28; *König*, NZV 2017, 123, 128.

werden Positions-, Zeit- und Fahrerangaben, Übernahmeaufforderungen iSd § 1b Abs. 2 Nr. 1 StGB und technische Störungen. Ebenso wird festgehalten, ob das Fahrzeug selbst oder der Fahrer es gesteuert hat.

Ferner treffen den Fahrer eines hoch-/vollautomatisierten Fahrzeugs allgemeine Kontrollpflichten. So muss er sich überzeugen, dass das Fahrzeug fahrbereit und sicher ist.[468] Ebenfalls muss er sich mit den Fähigkeiten des Systems vertraut machen.[469] Stellt der Fahrer während der Fahrt fest, dass sein Fahrzeug sich verkehrswidrig verhält, muss er tätig werden und Abhilfemaßnahmen ergreifen.[470]

Im Fall Herzberg verfügte der am Unfall beteiligte PKW nach Angaben von *Uber* über ein automatisches Bremssystem, das aber im Selbstfahrmodus deaktiviert war.[471] Das Testfahrzeug erforderte das Eingreifen des Fahrers in Verkehrssituationen, in denen das Testfahrzeug kein angemessenes Fahrverhalten zeigte[472] und die Testfahrer waren von Uber dazu angehalten worden, sich während der Fahrt jederzeit eingriffsbereit zu halten und keine Mobiltelefone zu nutzen. Im Zuge der weiteren Untersuchung des Unfallgeschehens stellte sich jedoch heraus, dass sich die Fahrerin an diese Vorgaben nicht gehalten hatte, da sie unmittelbar vor dem Unfall auf ihrem Mobiltelefon eine Fernsehshow ansah, die Hände nicht am Steuer hatte und erst eine Sekunde vor dem Aufprall den Blick wieder auf die Fahrbahn richtete.[473] Hätte sich die Fahrerin für den Unfall in Deutschland zu verantworten, so wäre sie gemäß § 18 StVG als Führer des Kraftfahrzeugs zum Ersatz des Schadens nach den Vorschriften der §§ 8 bis 15 StVG verpflichtet, da sie den Schaden durch Nichteinhaltung der Vorgaben des Fahrzeughalters grob fahrlässig und damit schuldhaft verursacht hat. Wie der Fall Herzberg zeigt, sollten vorschnelle Schlüsse auf die vermeintliche Unzuverlässigkeit nicht wirklich „autonomer" Fahrzeuge vermieden und stets überprüft werden, ob nicht menschliches Fehlverhalten die eigentliche Unfallursache war.

d) Die sondergesetzliche Haftung des Pflichtversicherers

Bei einem Unfall mit einem automatisierten und wohl künftig auch vollautonomen Fahrzeug besitzt der Geschädigte einen Direktanspruch gegen den Versicherer nach § 115 Abs. 1 S. 1 Nr. 1 VVG.[474] Gem. § 1 PflVG hat der Halter eines Kraftfahrzeugs für sich, den Eigentümer und den Fahrer eines Kraftfahrzeugs eine Haftpflichtversicherung zur Deckung der durch den Fahrzeuggebrauch verursachten Schäden abzuschließen.[475] Für den Fall, dass das Fahrzeug nicht versichert ist oder es nicht ermittelt werden kann, bestehen nach § 12 Abs. 1 PflVG Ansprüche gegen den Entschädigungsfonds für Schäden aus Kraftfahrzeugunfällen. Ersetzt der Versicherer den Schaden, geht ein etwaiger Anspruch des

---

[468] Hey, Die außervertragliche Haftung des Herstellers autonomer Fahrzeuge, S. 25; *Buck-Heeb/Dieckmann*, in: Oppermann/Stender-Vorwachs, Autonomes Fahren – Rechtsfolgen, Rechtsprobleme, technische Grundlagen, S. 141, 153; *Buck-Heeb/Dieckmann*, NZV 2019, 113, 115.

[469] *Buck-Heeb/Dieckmann*, in: Oppermann/Stender-Vorwachs, Autonomes Fahren – Rechtsfolgen, Rechtsprobleme, technische Grundlagen, S. 141, 153; *Buck-Heeb/Dieckmann*, NZV 2019, 113, 115; allgemein *Horner/Kaulartz*, CR 2016, 7, 9.

[470] Hey, Die außervertragliche Haftung des Herstellers autonomer Fahrzeuge, S. 25; *Buck-Heeb/Dieckmann*, in: Oppermann/Stender-Vorwachs, Autonomes Fahren – Rechtsfolgen, Rechtsprobleme, technische Grundlagen, S. 141, 153; *Buck-Heeb/Dieckmann*, NZV 2019, 113, 118.

[471] Vgl. hierzu den vorläufigen Bericht des *National Safety Transportation Board* (NSTB) vom 24.5.2018, S. 2, abrufbar unter https://www.ntsb.gov/investigations/AccidentReports/Reports/HWY18MH010-prelim.pdf (letzter Zugriff am 1.11.2020).

[472] Vorläufiger Bericht des *National Safety Transportation Board* vom 24.5.2018, S. 2.

[473] Vgl. Executive Summary des *National Safety Transportation Board* (NSTB) vom 29.11.2019 S. 1, abrufbar unter https://www.ntsb.gov/news/events/Documents/2019-HWY18MH010-BMG-abstract.pdf (letzter Zugriff am 1.11.2020).

[474] Näher *Buck-Heeb/Dieckmann*, in: Oppermann/Stender-Vorwachs, Autonomes Fahren – Rechtsfolgen, Rechtsprobleme, technische Grundlagen, S. 141, 144; *v. Bodungen/Hoffmann*, NZV 2016, 449, 451.

[475] Zu den Besonderheiten des Versicherungsschutzes automatisierter Fahrzeuge *Hammel*, Haftung und Versicherung bei Personenkraftwagen mit Fahrerassistenzsystemen, S. 275 ff.; *Eichelberger*, in: Oppermann/Stender-Vorwachs, Autonomes Fahren – Rechtsfolgen, Rechtsprobleme, technische Grundlagen, S. 203 ff.; *Singler*, NZV 2017, 353, 354 ff.

Fahrzeughalters auf Gesamtschuldnerausgleich gegen den Hersteller auf ihn gem. § 86 VVG iVm §§ 840 Abs. 1, 426 BGB über.

D. Update des Haftungsrechts: Gefährdungshaftung und *ePerson* ante portas?

100 Die immer stärkere Verbreitung von Robotern und Künstlicher Intelligenz hat die Frage nach der Notwendigkeit eines „Updates" für das Haftungsrecht hervorgerufen. An der vorstehenden haftungsrechtlichen Ausgangslage *de lege lata* lassen sich vor allem drei Kritikpunkte ausmachen. Einerseits wird diskutiert, inwiefern der Geschädigte seiner Darlegungs- und Beweislast bei Schäden nachkommen kann. Dies betrifft die Hersteller- wie auch die Nutzer/Betreiberhaftung gleichermaßen. Weiterhin wird die Schwerfälligkeit des Produktfehlerbegriffs gerügt. Schließlich scheitere eine Haftung des Nutzers/Betreibers eines autonomen Systems häufig am fehlenden Verschulden. Diese Kritik und Gefahren konnten sich nach der obigen Analyse des Haftungsrechts bisher nicht bestätigen. Im Folgenden soll gleichwohl ein Überblick über die wichtigtsten Vorschläge in der derzeitigen Diskussion um die Anpassung des Haftungsrechts gegeben werden.

101 Am wenigsten invasiv sind Vorschläge, die auf eine **Änderung der Beweislastverteilung (ggf. durch den Gesetzgeber)** zugunsten des Geschädigten abzielen.[476] So soll beispielsweise das Vorliegen eines Produktfehlers vermutet werden, wenn sich das Fahrzeug zum Zeitpunkt des Unfalls selbst gesteuert hat. Ein solches Vorgehen vermag Unbilligkeiten auszugleichen und fügt sich auch in die bisherige Systematik ein.[477] Daneben wird eine Ausweitung der Verschuldenshaftung diskutiert.[478] So soll beispielsweise bei selbstfahrenden Fahrzeugen der Hersteller zum Fahrzeugführer und damit zum Haftungssubjekt nach § 18 StVG gemacht werden. Dem ist jedoch nicht zu folgen (vgl. dazu bereits oben).

102 Daneben bestehen Überlegungen, eine Art **Gesamtschuld zwischen allen Beteiligten** zu etablieren.[479] Ob das Modell in Anbetracht der Notwendigkeit den Kreis der Gesamtschuldner zu konstituieren und die Verursachungsbeiträge im Innenregress abzugrenzen wirklich viele Vorteile birgt, ist jedoch zweifelhaft. Zudem liegen Vorschläge zu einem eigenen **Roboterhaftungstatbestand**[480] vor. Ein weiterer Diskussionskreis dreht sich um die Ausweitung bestehender bzw. Entwicklung neuer **Versicherungsmodelle**.[481] Kriti-

---

[476] ZB *Gless/Janal*, JR 2016, 561, 573 f.; *Horner/Kaulartz*, CR 2016, 7, 9; *Grützmacher*, CR 2016, 695, 698; vgl. ferner *Schaub*, JZ 2017, 342, 344 mwN; instruktiver Problemüberblick auch bei *Expert Group on Liability and New Technologies* der *Europäischen Kommission*, Liability for Artificial Intelligence and other emerging technologies, 21.11.2019, Key Findings 25, 26, 27, S. 49 ff.

[477] Ablehnend zB *Hey*, Die außervertragliche Haftung des Herstellers autonomer Fahrzeuge, S. 217; *Hanisch*, in: Hilgendorf, Robotik im Kontext von Recht und Moral, S. 27, 51; *Schulz*, Verantwortlichkeit bei autonom agierenden Systemen, S. 148 ff.; *Günther*, Roboter und rechtliche Verantwortung, S. 134 ff.

[478] ZB *Günther*, Roboter und rechtliche Verantwortung, S. 133 ff.; *Schulz*, Verantwortlichkeit bei autonom agierenden Systemen, S. 147 ff.; *Borges*, NJW 2018, 977, 981 f.; *Grützmacher*, CR 2016, 695, 697 f.; *Günther*, in: Gruber/Bung/Ziemann, Autonome Automaten, S. 155, 166 f.; *Hanisch*, Haftung für Automation, S. 195 ff.; *Zech*, in: Gless/Seelmann, Intelligente Agenten und das Recht, S. 163, 195.

[479] Diskussion zB bei *Spiecker gen. Döhmann*, CR 2016, 698, 703; *Armbrüster*, in: Gless/Seelman, Intelligente Agenten und das Recht, S. 205, 221 ff.; *Schuhr*, in: Hilgendorf, Robotik im Kontext von Recht und Moral, S. 11, 22; in: ähnliche Richtung *Hanisch*, in: Hilgendorf, Robotik im Kontext von Recht und Moral, S. 27, 55 ff. (abgestuftes Haftungskonzept zwischen Automatenbetreiber und Automatenhersteller); sa *Teubner*, AcP 218 (2018), 155, 195.

[480] *Hanisch*, in: Hilgendorf/Günther, Robotik und Gesetzgebung, S. 109, 117 ff.; *Hanisch*, in: Hilgendorf, Robotik im Kontext von Recht und Moral, S. 27, 46 ff.

[481] *Reusch*, in: Kaulartz/Braegelmann, Rechtshandbuch AI, S. 77, 147 ff.; *Koch*, VersR 2020, 741, 746 ff.; *Borges*, in: Lohsse/Schulze/Staudenmayer, Liabililty for Artificial Intelligence and the Internet of Things, S. 145 ff.; *Boeglin*, 171 Yale J.L. & Tech (2015), 171, 186 ff.; *Europäisches Parlament*, Zivilrechtliche Regelungen im Bereich der Robotik, Entschließung vom 16.2.2017, P8_TA-PROV(2017)0051 Rn. 57 ff.;

sche Fragen betreffen die konkrete Ausgestaltung (zB auch Haftungsbegrenzungen) und der Kreis der Versicherungsnehmer.[482] Zweifelhaft ist, ob ein solches System hinreichende Anreize für die Sorgfalt und die Steuerung des Aktivitätsniveaus bereitstellt.[483] Eine ausreichende Steuerungswirkung eines etwaigen Beitragssatzes wird bezweifelt.[484] Insgesamt erscheint zumindest ein ausschließliches Versicherungsmodell wenig zielführend.[485] Diskutiert wird zudem eine **digitale Assistenzhaftung** nach dem Prinzip des *respondeat superior* vergleichbar § 278 BGB (auch für die außervertragliche Haftung).[486]

Sehr weitreichend ist die Idee der Hochstufung eines autonomen Systems zu einer **elektronischen Person (ePerson),** die vergleichbar einer juristischen Person für Schadensfälle selbst zur Verantwortung gezogen werden kann.[487] Der Vorteil der ePerson besteht in der Vermeidung von Beweisproblemen und einer klaren haftungsrechtlichen Zuordnung von Schäden.[488] Ein herrschendes Konzept einer ePerson hat sich allerdings noch nicht durchgesetzt. Hinsichtlich der Reichweite der Rechte und Pflichten der ePerson (Geschäftsfähigkeit, (Teil-)Rechtsfähigkeit[489]) besteht kein Konsens.[490] Kritische Fragen sind zudem die Haftungsmasse[491], die Willensbildung und Vertretung[492], die zumindest grundsätzlich durch den Nutzer des Systems erfolgen dürfte, und die Identifizierbarkeit im

103

---

[481] *Hey*, Die außervertragliche Haftung des Herstellers autonomer Systeme, S. 209 ff.; *Zech*, 73. DJT Gutachten A, S. A 105 ff.; *Zech*, ZfPW 2019, 198, 216; *Armbrüster*, in: Gless/Seelman, Intelligente Agenten und das Recht, S. 205, 211 ff.; *Hanisch*, in: Hilgendorf/Günther, Robotik und Gesetzgebung, S. 109, 114 f.

[482] *Europäisches Parlament*, Zivilrechtliche Regelungen im Bereich der Robotik, Entschließung vom 16.2.2017, P8_TA-PROV(2017)0051 Rn. 59; *Wagner*, in: Lohsse/Schulze/Staudenmayer, Liability for Artificial Intelligence and the Internet of Things, S. 27, 58.

[483] Näher *Armbrüster*, in: Gless/Seelmann, Intelligente Agenten und das Recht, S. 205, 222; *Hey*, Die außervertragliche Haftung des Herstellers autonomer Fahrzeuge, S. 211; *Hanisch*, Haftung für Automation, S. 185; *Zech*, ZfPW 2019, 198, 217; *Zech*, in: Gless/Seelman, Intelligente Agenten und das Recht, S. 163, 202.

[484] *Hey*, Die außervertragliche Haftung des Herstellers autonomer Fahrzeuge, S. 211.

[485] Ablehnend *Expert Group on Liability and New Technologies*, Liability for Artificial Intelligence and other emerging technologies, 21.11.2019, S. 30; *Hey*, Die außervertraglicher Haftung des Herstellers autonomer Fahrzeuge, S. 211 f.; *Hanisch*, Haftung für Automation, S. 185; *Hanisch*, in: Hilgendorf, Robotik im Kontext von Recht und Moral, S. 27, 43 f.; *Hanisch*, in: Hilgendorf/Günther, Robotik und Gesetzgebung, S. 109, 114 f.

[486] *Teubner*, AcP 218 (2018), 155, 191 ff.; *Wagner*, VersR 2020, 717, 734 ff.; kritisch *Zech*, 73. DJT Gutachten A, S. A 77 ff.

[487] Dazu zB *Europäisches Parlament*, Zivilrechtliche Regelungen im Bereich der Robotik, Entschließung vom 16.2.2017, P8_TA-PROV(2017)0051 Rn. 59 unter f); *Riehm/Meier*, DGRI Jahrbuch 2018, S. 1 Rn. 32 ff.; *Wagner*, in: Lohsse/Schulze/Staudenmayer, Liability for Artificial Intelligence and the Internet of Things, S. 27, 53 f.; *Wagner*, in: Faust/Schäfer, Travermünder Symposium zur ökonomischen Analyse des Rechts, S. 1, 29 f.; *Teubner*, ZRSoz 27 (2006), 5 ff.; *Teubner*, AcP 218 (2018), 155 ff.; *Kainer/Förster*, ZfPW 2020, 275, 294 ff.; *Beck*, in: Hilgendorf/Günther, Robotik und Gesetzgebung, S. 239 ff.; *Beck*, in: Gruber/Bung/Ziemann, Autonome Automaten, S. 173, 181; *Zech*, in: Gless/Seelman, Intelligente Agenten und das Recht, S. 163, 202 f.; *Schaub*, JZ 2017, 342, 345 f.; *Schulz*, Verantwortlichkeit bei autonom agierenden Systemen, S. 89 ff.; *Eidenmüller*, ZEuP 2017, 765, 775 f.; *Schirmer*, JZ 2016, 660, 662 ff.; *Hey*, Die außervertragliche Haftung des Herstellers autonomer Systeme, S. 202 ff.; *Hanisch*, in: Hilgendorf, Robotik im Kontext von Recht und Moral, S. 27, 39 f.; *Hilgendorf*, in: Beck, Jenseits von Mensch und Maschine, S. 119, 127 f.; *Hilgendorf*, in: Hilgendorf/Hötitzsch, Das Recht vor den Herausforderungen der modernen Technik, S. 11, 28; *Gruber*, in: Hilgendorf/Günther, Robotik und Gesetzgebung, S. 123, 154 ff.

[488] ZB *Teubner*, AcP 218 (2018), 155, 198; *Riehm/Meier*, DGRI Jahrbuch 2018, S. 1 Rn. 34.

[489] Zur Teilrechtsfähigkeit *Teubner*, AcP 218 (2018), 155, 182; *Schirmer*, JZ 2016, 660, 662 f.; *Schirmer*, JZ 2019, 711, 716 f.; *Kainer/Förster*, ZfPW 2020, 275, 296 ff.

[490] Überblick zB bei *Hey*, Die außervertragliche Haftung des Herstellers autonomer Systeme, S. 204; *Wagner*, in: Faust/Schäfer, Travermünder Symposium zur ökonomischen Analyse des Rechts, S. 1, 31 f.

[491] Dazu zB *Wagner*, in: Faust/Schäfer, Travermünder Symposium zur ökonomischen Analyse des Rechts, S. 1, 32; *Hanisch*, in: Hilgendorf, Robotik im Kontext von Recht und Moral, S. 27, 39 f.; *Riehm/Meier*, DGRI Jahrbuch 2018, S. 1 Rn. 53; *Schaub*, JZ 2017, 342, 346; *Kluge/Müller*, InTeR 2017, 24, 30; *Fitzi*, in: Hilgendorf/Günther, Robotik und Gesetzgebung, S. 377, 392; *Beck*, in: Gruber/Bung/Ziemann, Autonome Automaten, S. 173, 182; *Schirmer*, JZ 2016, 660, 665; *Hey*, Die außervertragliche Haftung des Herstellers autonomer Systeme, S. 205 f.

[492] Dazu zB *Gless/Janal*, JR 2016, 561, 571.; *Kluge/Müller*, InTeR 2017, 24, 27; *Schulz*, Die Verantwortlichkeit bei autonom agierenden Systemen, S. 94; *Spindler*, CR 2015, 766, 774; *Hey*, Die außervertragliche Haftung des Herstellers autonomer Fahrzeuge, S. 204 f.

Rechtsverkehr.[493] Kritisch anzumerken ist die Gefahr eines Haftungsschildes durch die ePerson insbesondere bei unzureichender Kapitalisierung.[494] Zudem ist fraglich, inwiefern die Haftung das autonome System in seinem Verhalten steuern kann, denn eine finanzielle Haftung stellt keine Bedrohung und umgekehrt auch keinen Anreiz für das autonome System zur Verhaltensanpassung dar.[495] Die Etablierung einer eigenständigen ePerson ist schon wegen der vielen offenen Fragen derzeit nicht empfehlenswert.[496]

104 Diskutiert wird ferner eine **analoge Anwendung von Gefährdungshaftungstatbeständen** (einzeln[497] oder gesamt[498]), um insbesondere beim Nutzer/Betreiber des autonomen Systems unvorhergesehenes, schädigendes Verhalten zu internalisieren. Zutreffend ist, dass die Gefährdungshaftung anders als die reine Verschuldenshaftung nicht nur das Sorgfaltsniveau steuert, sondern vor allem auch das Aktivitätsniveau des Nutzers/Betreibers lenkt.[499] Wird das Risiko unvorhergesehener Handlungen der KI beim Nutzer/Betreiber internalisiert, wird dieser den Umfang des Einsatzes des autonomen Systems entsprechend anpassen. Eine analoge Anwendung bestehender Gefährdungshaftungstatbestände stößt allerdings rechtstechnisch an Grenzen (Stichwort Enumerationsprinzip der Gefährdungshaftungstatbestände).[500] Ein allgemeiner Rechtsgedanke, dass bei Verwirklichung von Gefahren strikt gehaftet werden muss, besteht nicht. Vielmehr ist der Ausgangspunkt eine

---

[493] Dazu zB *Hey,* Die außervertragliche Haftung des Herstellers autonomer Systeme, S. 206 f.; *John,* Haftung für künstliche Intelligenz, S. 382 und 395; *Günther,* Roboter und rechtliche Verantwortung, S. 252; *Beck,* in: Gruber/Bung/Ziemann, Autonome Automaten, S. 173, 182; *Riehm/Meier,* DGRI Jahrbuch 2018, S. 1 Rn. 47.

[494] Dazu zB *Wagner,* in: Lohsse/Schulze/Staudenmayer, Liability for Artificial Intelligence and the Internet of Things, S. 27, 56 f.; *Wagner,* in: Faust/Schäfer, Travermünder Symposium zur Ökonomischen Analyse des Rechts, S. 1, 35; *Hey,* Die außervertragliche Haftung des Herstellers autonomer Systeme, S. 208; *Spindler,* CR 2015, 766, 774 f.; *Koch,* in: Lohsse/Schulze/Staudenmayer, Liability for Artificial Intelligence and the Internet of Things, S. 99, 115.

[495] *Wagner,* in: Lohsse/Schulze/Staudenmayer, Liability for Artificial Intelligence and the Internet of Things, S. 27, 57 f.; *Wagner,* in: Faust/Schäfer, Travermünder Symposium zur ökonomischen Analyse des Rechts, S. 1, 33; *Riehm/Meier,* DGRI Jahrbuch 2018, S. 1 Rn. 49 ff.

[496] Ablehnend zB *Denga,* CR 2018, 69, 77; *Kainer/Förster,* ZfPW 2020, 275, 298; *Karner,* in: Lohsse/Schulze/Staudenmayer, Liability for Artificial Intelligence and the Internet of Things, S. 117, 123; *Riehm/Meier,* DGRI Jahrbuch 2018, S. 1 Rn. 46 ff.; *Zech,* 73. DJT, Gutachten A, S. A 96 f.; *Zech,* in: Gless/Seelmann, Intelligente Agenten und das Recht, S. 163, 202 f.; *Schaub,* JZ 2017, 342, 346; *Spindler,* CR 2015, 766, 774; *Wagner,* in: Faust/Schäfer, Travermünder Symposium zur ökonomischen Analyse des Rechts, S. 1, 29 ff.; *Expert Group on Liability and New Technologies,* Liability for Artificial Intelligence and other emerging technologies, 21.11.2019, Key Finding 8, S. 37 ff.; *Förster,* ZfPW 2019, 419, 435; *Koch,* in: Lohsse/Schulze/Staudenmayer, Liability for Artificial Intelligence and the Internet of Things, S. 99, 115 *Eidenmüller,* ZEuP 2017, 765, 774 ff.; *Hey,* Die außervertragliche Haftung des Herstellers autonomer Systeme, S. 207 f.

[497] ZB *Zech,* in: Gless/Seelmann, Intelligente Agenten und das Recht, S. 163, 195 f.; *Zech,* in: Lohsse/Schulze/Staudenmayer, Artificial Intelligence and the Internet of Things, S. 187, 197; *Günther,* Roboter und rechtliche Verantwortung, S. 138; *Günther,* in: Gruber/Bung/Ziemann, Autonome Automaten, S. 155, 166; *Schulz,* Verantwortlichkeit bei autonom agierenden Systemen, S. 155; *Grützmacher,* CR 2016, 695, 698; *Bräutigam/Klindt,* NJW 2015, 1137, 1139; *Horner/Kaulartz,* CR 2016, 7, 9; *Hey,* Die außervertragliche Haftung des Herstellers autonomer Fahrzeuge, S. 219 ff.; *Borges,* CR 2016, 272, 279 f.

[498] ZB *Zech,* ZfPW 2019, 198, 215; *Teubner,* AcP 218 (2018), 155, 191; *Borges,* NW 2018, 977, 981 f. (§§ 832–834 BGB als Vorbild).

[499] Grundlegend zur Steuerung des Aktivitätsniveaus durch die Gefährdungshaftung *Shavell,* 9 Journal of Legal Studies (1980), 1 ff.; *Landes/Posner,* Economic Structure of Tort Law, S. 54 ff.; instruktiv *Wagner,* in: MüKo BGB, Vorb. § 823 BGB Rn. 59 f.; *Schäfer/Ott,* Lehrbuch der ökonomischen Analyse des Zivilrechts, S. 233 ff.; speziell zu autonomen Systemen *Spindler,* CR 2015, 766, 775; *Wagner,* in: Faust/Schäfer, Travermünder Symposium zur Ökonomischen Analyse des Rechts, S. 1, 7 f.; *Zech,* ZfPW 2019, 198, 214 und *ders.,* in: Gless/Seelmann, Intelligente Agenten und das Recht, S. 163, 201 hebt zudem die Setzung von Anreizen für die technische Weiterentwicklung hervor, indes dürfte sich dieser Effekt bei reiner Verschuldenshaftung einstellen. Die Gefährdungshaftung könnte sich aber möglicherweise wegen der Informationsasymmetrie zwischen Schädiger und Gericht in hochtechnisierten Bereichen als überlegen erweisen.

[500] Vgl. dazu allgemein nur *Larenz/Canaris,* SchuldR II/2, § 84 I 1, S. 601; *Wagner,* in: MüKo BGB, Vorb. § 823 Rn. 26; vgl. ferner zB BGHZ 55, 229, 233 f. = NJW 1973, 607; BGH, NJW 1993, 2173, 2174; konkret zu autonomen Systemen zB *Hey,* Die außervertragliche Haftung des Herstellers autonomer Systeme, S. 226 ff.; *Förster,* ZfPW 2019, 419, 433.

D. Update des Haftungsrechts: Gefährdungshaftung und *ePerson ante portas?*

Verschuldenshaftung, die der Gesetzgeber bereichsspezifisch zugunsten einer Gefährdungshaftung unterbricht.

Vor diesem Hintergrund gibt es verschiedene Vorschläge für eine **eigenen Gefährdungshaftungstatbestand** *de lege ferenda*.[501] Ein herrschendes Konzept hat sich bisher nicht herausgebildet. Schwierigkeiten bereiten die Konturierung des Tatbestands und die Festlegung des Haftungssubjekts. So stellt sich die Frage, ob der Hersteller, der Betreiber bzw Nutzer oder alle[502] strikt haften soll(en). Für die Herstellerhaftung spricht, dass dieser so zur Einhaltung und Festlegung eines effizienten Sorgfaltsniveaus angehalten wird und gleichzeitig sämtliche Schäden durch das autonome System bei ihm internalisiert werden.[503] Einem etwaigen höheren Verkaufspreis stehen Ersparnisse bei der Versicherungsprämie gegenüber.[504] Für eine Nutzer-/Betreiberhaftung spricht indes, dass nur so das Aktivitätsniveau der Personen gesteuert wird, die über den konkreten Umfang der Benutzung des autonomen Systems entscheiden.[505] Ein Nutzer/Betreiber eines autonomen Fahrzeugs hat nämlich sonst – vorbehaltlich einer Berücksichtigung im Rahmen des Mitverschuldens – über eine strikte Herstellerhaftung quasi eine Versicherung sämtlicher Schäden, die durch das Fahrzeug verursacht werden. Dies spräche für eine Anknüpfung an das Verhalten des Nutzers/Betreibers des autonomen Systems.[506] Schließlich wird konträr dazu vor einem Innovationshemmnis gewarnt und eine restriktive Auslegung der Herstellerhaftung gefordert.[507] Diese Kritik verfängt aber nicht, denn andernfalls bestünden keine Anreize mehr für den Hersteller, fehlerfreie Produkte herzustellen.[508] Auch ist zu beachten, dass die Gefährdungshaftung in rechtsökonomischer Betrachtung nicht zu einer Änderung im Sorgfaltsniveau führt, dieses entspricht vielmehr dem der Verschuldenshaftung.[509]

---

[501] Diskussion zB bei *Expert Group on Liability and New Technologies,* Liability for Artificial Intelligence and other emerging technologies, 21.11.2019, Key Findings 9 ff., S. 39 ff.; *Europäisches Parlament,* Zivilrechtliche Regelungen im Bereich der Robotik, Entschließung vom 16.2.2017, P8_TA-PROV(2017)0051 Rn. 53 ff.; *Wagner,* in: Faust/Schäfer, Travermünder Symposium zur ökonomischen Analyse des Rechts, S. 1, 18 ff.; *Wagner,* VersR 2020, 717, 737; *Wagner,* in: Lohsse/Schulze/Staudenmayer, Libilty for Artificial Intelligence and the Internet of Things, S. 27, 45 ff.; *Riehm/Meier,* DGRI Jahrbuch 2018, S. 1 Rn. 25; *Spindler,* in: Lohsse/Schulze/Staudenmayer, Liability for Artificial Intelligence and the Internet of Things, S. 125, 134 ff.; *Spindler,* DB 2018, 41, 50; *Spindler,* CR 2015, 766, 775; *Förster,* ZfPW 2019, 419, 432; *Spindler,* in: Hilgendorf, Robotik im Kontext von Recht und Moral, S. 63, 80; *Schirmer,* JZ 2016, 660, 665; *Wöbbeking,* in: Kaulartz/Braegelmann, Rechtshandbuch AI, S. 154, 158 ff.; *Janal,* in: Gless/Seelmann, Intelligente Agenten und das Recht, S. 141, 155 ff.; *Zech,* 73. DJT Gutachten A, S. A 98 ff.; *Zech,* ZfPW 2019, 198, 215; *Zech,* in: Lohsse/Schulze/Staudenmayer, Liability for Artificial Intelligence and the Internet of Things, S. 187, 197 f.; *Hey,* Die außervertragliche Haftung des Herstellers autonomer Fahrzeuge, S. 231 ff; *Ebers,* in: Oppermann, Autonomes Fahren – Rechtsfolgen, Rechtsprobleme, technische Grundlagen, S. 93, 120; *Sosnitza,* CR 2016, 764, 772; *Gless/Janal,* JR 2016, 561, 574; ablehnend *Denga,* CR 2018, 69, 76 f.; *Teubner,* AcP 218 (2018), 155, 191 f.; zurückhaltend *Horner/Kaulartz,* CR 2016, 7, 14; *Borges,* NJW 2018, 977, 981.

[502] Dafür anscheinend *Zech,* ZfPW 2019, 198, 215 f.; *Zech,* in: Gless/Seelmann, Intelligente Agenten und das Recht, S. 163, 200 f.

[503] ZB *Wagner,* in: Faust/Schäfer, Travermünder Symposium zur ökonomischen Analyse des Rechts, S. 1, 18 f.; *Hey,* Die außervertragliche Haftung des Hersteller autonomer Fahrzeuge, S. 231 ff.; *Ebers,* in: Oppermann, Autonomes Fahren – Rechtsfolgen, Rechtsprobleme, technische Grundlagen, S. 93, 120; *Eidenmüller,* ZEuP 2017, 765, 771 f.

[504] *Borges,* 2016, 272, 279.

[505] *Wagner,* in: Faust/Schäfer, Travermünder Symposium zur ökonomischen Analyse des Rechts, S. 1, 19.

[506] Für eine Betreiberhaftung zB *Spindler,* DB 2018, 41, 50; *Spindler,* CR 2015, 766, 775; *Schulz,* Verantwortlichkeit bei autonom agierenden Systemen, S. 364 ff.; *Janal,* in: Gless/Seelmann, Intelligente Agenten und das Recht, S. 141, 155 ff.; *Gless/Janal,* JR 2016, 561, 574.

[507] *Lutz,* NJW 2015, 119, 120 f.

[508] *Wagner,* AcP 217 (2017), 707, 759; *Wagner,* in: Lohsse/Schulze/Staudenmayer, Liability for Artificial Intelligence and the Internet of Things, S. 27, 52; *Wagner,* in: Faust/Schäfer, Travermünder Symposium zur Ökonomischen Analyse des Rechts, S. 1, 21; *Spindler,* CR 2015, 766, 774; *Sosnitza,* CR 2016, 764, 772; *Kreutz,* in: Oppermann/Stender-Vorwachs, Autonomes Fahren – Rechtsfolgen, Rechtsprobleme, technische Grundlagen, S. 177, 190 f.

[509] Ein Unterschied besteht allerdings darin, dass der erforderliche Sorgfaltsmaß bei einer Verschuldenshaftung *ex post* durch das Gericht festgestellt werden muss, während dies bei einer strikten Haftung *ex ante* vom Schädiger bestimmt werden muss – *Shavell,* Economic Analysis of Accident Law, S. 9. Näher dazu für den

106 **Stellungnahme:** Ausgehend vom bisherigen Entwicklungsstand der Technik wie auch des Haftungsrechts wird nach unserem Dafürhalten das Recht *de lege lata* schon die meisten Haftungsfälle bewältigen und sich als flexibel genug erweisen auf die neuen technischen Entwicklungen angemessen zu reagieren.[510] Die Diskussion erscheint überhitzt in Anbetracht dessen, dass kaum Schadensfälle größeren Umfangs bekannt sind und die technische Entwicklung sowie die kommerzielle Verbreitung noch am Anfang stehen. Hält man gleichwohl eine Anpassung des Haftungsrechts an die vom Einsatz autonomer Systeme ausgehenden Gefahren für notwendig, sollte zunächst eine **punktuelle Anpassung der Beweislast** (in richterrechtlicher Fortentwicklung[511] oder durch gesetzgeberische Initiative) im Rahmen der Herstellerhaftung vorgenommen werden. Die Bedeutung von Beweisschwierigkeiten wird zwar lebhaft diskutiert, die Auseinandersetzung mit der Problematik gerade bei vernetzten, automatisierten und autonomen Systemen hat aber gerade erst begonnen.[512] Insbesondere neue technische Möglichkeiten wie Logfiles sollten verstärkt auf ihre rechtstatsächliche Praktikabilität untersucht werden.[513] Auf den ersten Blick scheint die Technik dem Geschädigten hier Möglichkeiten an die Hand zu geben.

107 Sollte sich dies nicht als ausreichend erweisen, bestünde ein nächster Schritt in der Schaffung einer **bereichsspezifischen Gefährdungshaftung für den Betreiber eines autonomen Systems** (gegebenenfalls in Verbindung mit Haftungshöchstsummen und einer Versicherungspflicht). Für eine bereichsspezifische Lösung spricht, dass nicht ersichtlich ist, dass durch den Einsatz eines autonomen Systems immer eine besondere Gefahr[514] entsteht.[515] So ist nicht ersichtlich, warum der Verbraucher, der einen intelligenten Rasenmähroboter erwirbt und einsetzt, strikt haften soll, wenn dieser über ein Kleintier des Nachbarn fährt, weil er es irrtümlich für einen Laubhaufen hält.[516]

108 Für eine Gefährdungshaftung spricht allgemein, dass sie wie eine Verschuldenshaftung zur Einhaltung effizienter Sorgfalt führt, gleichzeitig aber auch das Aktivitätsniveau zu steuern vermag. Zudem hilft sie grundsätzlich besser über Beweisprobleme hinweg.[517] Dies dürfte insbesondere bei vernetzten autonomen Systemen wichtig werden. Zwar kann es zweifelhaft sein, ob die Gefährdungshaftung auch bei unvorhersehbaren Schäden ihre Steuerungswirkung entfalten kann, da der Schädiger dann sein Aktivitätsniveau kaum anpassen kann.[518] Diese Problematik scheint auf den ersten Blick auch bei autonomen Syste-

---

vorliegenden Kontext *Wagner*, in: Faust/Schäfer, Travemünder Symposium zur ökonomischen Analyse des Rechts, S. 1, 7 und 18.

[510] So zB auch *Wagner*, AcP 217 (2017), 707, 757 ff.; *Wagner*, in: Lohsse/Schulze/Staudenmayer, Liability for Artificial Intelligence and the Internet of Things, S. 27, 46; *Wagner*, in: Faust/Schäfer, Travemünder Symposium zur ökonomischen Analyse des Rechts, S. 1, 36; *Förster*, ZfPW 2019, 419, 435; *v. Bodungen/Hoffmann*, NZV 2016, 503, 508.

[511] Vorschläge bei *Zech*, 73. DJT Gutachten A, S. A 58 ff.

[512] Instruktiv *Expert Group on Liability and New Technologies*, Liability for Artificial Intelligence and other emerging technologies, 21.11.2019, Key Findings 25–27, S. 49 ff.

[513] Dazu näher zB *Expert Group on Liability and New Technologies*, Liability for Artificial Intelligence and other emerging technologies, 21.11.2019, Key Findings 20–23, S. 47 ff.; *Spindler*, in: Lohsse/Schulze/Staudenmayer, Liability for Artificial Intelligence and the Internet of Things, S. 125, 139; *Spindler*, CR 2015, 766, 772; *Koch*, in: Lohsse/Schulze/Staudenmayer, Liability for Artificial Intelligence and the Internet of Things, S. 99, 110; *Horner/Kaulartz*, CR 2016, 7, 10; *Schaub*, JZ 2017, 342, 344 f.; kritisch hinsichtlich des Beweiswerts: *Ebers*, in: Oppermann, Autonomes Fahren – Rechtsfolgen, Rechtsprobleme, technische Grundlagen, S. 93, 118; *Hey*, Die Haftung des Herstellers autonomer Fahrzeuge, S. 107; *Reichwald/Pfisterer*, CR 2016, 208, 211 f.

[514] Zum Begriff statt aller *Larenz/Canaris*, SchuldR II/2, § 84 I 2, S. 605 ff.

[515] *Spindler*, in: Lohsse/Schulze/Staudenmayer, Liability for Artificial Intelligence and the Internet of Things, S. 125, 136.

[516] Dieses Beispiel ist tatsächlich nicht so fernliegend, so gefährden wohl bereits erhältliche Rasenmähroboter Igel – vgl. dazu *Fabricius*, Welt Online vom 16.7.2018, Mähroboter werden für Igel zur Todesfalle (abrufbar unter https://www.welt.de/wirtschaft/article179414672/Garten-Maehroboter-werden-fuer-Igel-zur-Todesfalle.html (letzter Zugriff am 1.11.2010).

[517] *Spindler*, in: Lohsse/Schulze/Staudenmayer, Liability for Artificial Intelligence and the Internet of Things, S. 125, 137; *Borges*, CR 2016, 272, 278.

[518] Zu dieser Problematik *Schäfer/Ott*, Lehrbuch der ökonomischen Analyse des Zivilrechts, S. 239 f.

D. Update des Haftungsrechts: Gefährdungshaftung und *ePerson* ante portas?

men aufzutreten, allerdings ist hier den Beteiligten bekannt, dass autonome Systeme mit einer gewissen Wahrscheinlichkeit fehlerhafte Verhaltensweisen hervorbringen. Demgegenüber könnte es den Gerichten bei einer reinen Verschuldenshaftung schwerfallen, das optimale Sorgfaltsniveau für den Umgang mit autonomen Systemen zu bestimmen.[519] Hinzu kommt die Problematik, dass technische Standards bisher die dynamische Entwicklung autonomer Systeme und Künstlicher Intelligenz nur schwer und verzögert abbilden.[520]

Schwieriger ist indes die Frage zu beantworten, wer Haftungssubjekt einer Gefährdungshaftung werden soll. Gerade die eben genannte Problematik (*ex ante* Erkennbarkeit des Schadens) spricht grundsätzlich für eine Herstellerhaftung, da dieser am ehesten noch die Risiken und Gefahren seines autonomen Systems einschätzen kann. Auch sonst bietet eine strikte Herstellerhaftung einige Vorteile, wie sie insbesondere *Wagner* anschaulich herausgearbeitet hat.[521] Fallen sämtliche Schadenskosten dem Hersteller zur Last, besteht ein Anreiz zur Beachtung eines effizienten Sorgfaltsmaßstabs wie auch für eine effiziente Produktion, da der Preis die gesamten Schadenskosten reflektiert.[522] Gleichzeitig kann der Geschädigte über die Berücksichtigung eines Mitverschuldens zu einer effizienten eigenen Sorgfalt angehalten werden.[523] Andererseits vermag eine strikte Haftung des Herstellers nicht das Aktivitätsniveau auf Nutzer-/Betreiberseite zu steuern. Ferner tritt eine Quersubventionierung zulasten der Erwerber mit geringer Nutzung des autonomen Systems und zugunsten der Erwerber mit einer hohen Nutzung dadurch ein, dass der Hersteller eine pauschale Prämie zur Erfassung der erwarteten Schadenskosten in den Kaufpreis einkalkulieren wird.[524] Schließlich ergeben sich Probleme, wenn das autonome System aus Komponenten verschiedener Hersteller besteht (Problem des Unbundling).[525] Welcher Hersteller soll dann strikt für welche Schäden haften? Daher erscheint eine *strikte Haftung des Betreibers* eines autonomen Systems als bessere Alternative.[526] Ein Wertungswiderspruch zu § 831 BGB beim menschlichen Verrichtungsgehilfen[527] entsteht nicht, da Mensch und Maschine eine unterschiedliche Gefahr- und Fehlerquelle darstellen. Die Steuerungsmöglichkeiten sowie die Weisungsunterworfenheit des autonomen Systems sind deutlich stärker ausgeprägt als bei der menschlichen Hilfsperson. Ebenso erweist sich der Vorwurf als schief, die Gefährdungshaftung des Betreibers führe nicht zu einem effizienten Sorgfaltsanreiz bei der Herstellung des autonomen Systems.[528] Zum einen spricht dies nicht gegen eine strikte Haftung des Betreibers, weil durch sie weiterhin das Aktivitätsniveau des Betreibers gesteuert wird. Zum anderen wäre dies nur der Fall, wenn ein Defizit der Verschuldenshaftung in der Form vorläge, dass die Gerichte zur Bestimmung eines effizienten Sorgfaltsmaßstabs im Rahmen der Produkthaftung nicht in der Lage wären. Schließlich

---

[519] *Wagner*, in: Faust/Schäfer, Travemünder Symposium zur ökonomischen Analyse des Rechts, S. 1, 18.
[520] *Spindler*, in: Lohsse/Schulze/Staudenmayer, Liability for Artificial Intelligence and the Internet of Things, S. 125, 136 f.
[521] *Wagner*, in: Faust/Schäfer, Travemünder Symposium zur ökonomischen Analyse des Rechts, S. 1, 18 ff. und 23 ff.; *Wagner*, in: Lohsse/Schulze/Staudenmayer, Liability for Artificial Intelligence and the Internet of Things, S. 27, 47, 49; *Wagner*, VersR 2020, 717, 736 ff.
[522] *Wagner*, in: Faust/Schäfer, Travemünder Symposium zur ökonomischen Analyse des Rechts, S. 1, 20.
[523] *Shavell*, Economic Analysis of Accident Law, S. 12 f.; *Wagner*, in: Faust/Schäfer, Travemünder Symposium zur ökonomischen Analyse des Rechts, S. 1, 19; *Schäfer/Ott*, Lehrbuch der ökonomischen Analyse des Zivilrechts, S. 265 f.
[524] *Wagner*, in: Faust/Schäfer, Travemünder Symposium zur ökonomischen Analyse des Rechts, S. 1, 19; *Wagner*, AcP 217 (2017), 707, 763 f.
[525] *Wagner*, in: Faust/Schäfer, Travemünder Symposium zur ökonomischen Analyse des Rechts, S. 1, 26 und *Wagner*, in: Lohsse/Schulze/Staudenmayer, Liability for Artificial Intelligence and the Internet of Things, S. 27, 39 f., der in diesem Fall auf eine Nutzerhaftung umschwenken möchte; *Spindler*, in: Lohsse/Schulze/Staudenmayer, Liability for Artificial Intelligence and the Internet of Things, S. 125, 137 f.
[526] Für eine Haftung des Betreibers des autonomen Systems ebenso zB *Schirmer*, JZ 2016, 660, 665; *Hanisch*, in: Hilgendorf, Robotik im Kontext von Recht und Moral, S. 27, 54; *Schulz*, Verantwortlichkeit bei autonom agierenden Systemen, S. 364; *Gless/Janal*, JR 2016, 561, 574; *Förster*, ZfPW 2019, 419, 434.
[527] *Wagner*, in: Faust/Schäfer, Travemünder Symposium zur ökonomischen Analyse des Rechts, S. 1, 23.
[528] *Wagner*, in: Faust/Schäfer, Travemünder Symposium zur ökonomischen Analyse des Rechts, S. 1, 24.

wird vorgebracht, dass nur eine Gefährdungshaftung des Herstellers zu einem effizienten Rechtsgüterschutz beim Betreiber/Nutzer führe.[529] Dies ist dann ein valider Einwand, wenn man annimmt, dass das Produkthaftungsrecht kein ausreichendes Haftungssystem bereithält. Indes steht der Betreiber der Schadensgefahr jedenfalls näher, da er sich freiwillig der Gefahr aussetzt und auch über das Käuferverhalten bzw. über das Sachmängelrecht dürfte eine Steuerung des Herstellers eintreten. Eine denkbare und wahrscheinlich sinnvolle Ergänzung wäre dann eine (verpflichtende) Versicherung des Betreibers.[530] Als Vorbild für einen bereichsspezifischen Gefährdungshaftungstatbestand könnte der sondergesetzliche Haftungstatbestand der Halterhaftung im Straßenverkehr nach § 7 StVG dienen.[531]

---

[529] *Wagner*, in: Faust/Schäfer, Travemünder Symposium zur ökonomischen Analyse des Rechts, S. 1, 25; *Spindler*, in: Lohsse/Schulze/Staudenmayer, Liability for Artificial Intelligence and the Internet of Things, S. 125, 141.

[530] Vgl. *Europäische Kommission*, Bericht über die Auswirkungen künstlicher Intelligenz, des Internets der Dinge und der Robotik im Hinblick auf Sicherheit und Haftung vom 19.2.2020, COM(2020) 64 final, 2. S. 20; *Spindler*, in: Lohsse/Schulze/Staudenmayer, Liability for Artificial Intelligence and the Internet of Things, S. 125, 141.

[531] So zB auch *Kast*, in: Auer-Reinsdorff/Conrad, Handbuch IT- und Datenschutzrecht, § 15 Rn. 185; *Spindler*, in: Lohsse/Schulze/Staudenmayer, Liability for Artificial Intelligence and the Internet of Things, S. 125, 141; *Spindler*, CR 2015, 766, 775.

Teil 10. Das (Industrial) Internet of Things

Teil 10.1 Das Industrial Internet of Things (IIOT)

Übersicht

	Rn.
A. Einleitung	1
B. Technische Grundlagen	2
I. Das Industrial Internet of Things	2
II. Embedded Systems	3
III. Cyber-physische Systeme	5
IV. Big Data Analytics	7
V. Cloud Computing und Edge Computing	8
VI. Predictive Maintenance und künstliche Intelligenz	11
C. Infrastrukturplattformen – Schlüsseltechnologien für die IoT-Kommunikation	15
I. Praxisbeispiel SAP HANA Cloud Plattform	15
II. Architekturmodell für IoT-Plattformen	26
1. Geräteschicht	27
2. Verbindungsschicht	28
3. Verarbeitungsschicht	29
4. Anwendungsschicht	30
5. Sicherheitsschicht	31
III. Architekturkomponenten für IoT-Plattformen	33
1. Konnektivität und Normalisierung	34
2. Gerätemanagement	35
3. Datenbanken	36
4. Verarbeitung und Aktionsmanagement	37
5. Datenvisualisierung	38
6. Zusätzliche Werkzeuge	39
7. Analytics	40
8. Schnittstellen	41
IV. IIoT-Dienste	42

Literatur:

Acatech, Smart Service Welt – Internetbasierte Dienste für die Wirtschaft, 2015; *Andreev,* Internet of Things, Smart Spaces, and Next Generation Networking, 2012; *Bauckhage/Bauernhansl/Beyerer,* Kognitive Systeme und Robotik Intelligente Datennutzung für autonome Systeme, in: Neugebauer, Digitalisierung. Schlüsseltechnologien für Wirtschaft & Gesellschaft, S. 239 ff., 2018; *Bommer/Spindler/Barr,* Softwarewartung: Grundlagen, Management und Wartungstechniken, 2008; *Genreith,* Bewusstsein, Zeit und Symmetrien: Eine Reise durch die Gebiete des menschlichen Wissens zu den Ursprüngen von Intelligenz und Bewusstsein, 2018; *Gronau,* Industrie 4.0 in: Gronau/Becker/Leimeister/Sinz/Suhl (Hrsg.), Enzyklopädie der Wirtschaftsinformatik – Online-Lexikon, http://www.enzyklopaedie-der-wirtschaftsinformatik.de, 9. Aufl. 2015 (zuletzt abgerufen am 18.9.2019); *Gronau,* Identifikation von Potenzialen durch Industrie 4.0 in der Fabrik, Productivity Management 3/2016, S. 21; *Gronau/Thim/Fohrholz,* Wettbewerbsfaktor Analytics im Internet der Dinge, S. 1; 2016; *Heidel/Hoffmeister/Hankel,* Basiswissen RAMI 4.0: Referenzarchitekturmodell und Industrie 4.0-Komponente Industrie 4.0., 2017; *Homann,* Mediatum – Endbenutzer-Entwicklung mobiler ERP-Applikationen durch den Einsatz eines domänenspezifischen Entwicklungswerkzeuges, https://mediatum.ub.tum.de/doc/1231813/file.pdf (zuletzt abgerufen am 7.9.2019); *Kagermann/Wahlster/Helbig,* BMBF – Umsetzungsempfehlungen für das Zukunftsprojekt Industrie 4.0, https://www.bmbf.de/files/Umsetzungsempfehlungen_Industrie4_0.pdf (zuletzt abgerufen am 1.9.2019); *Kavis,* Architecting the Cloud: Design Decisions for Cloud Computing Service Models (SaaS, PaaS, and IaaS), 2014; *König/Schröder/Wiegand,* Big Data Chancen, Risiken, Entwicklungstendenzen, 2017; *Lämmel/Cleve,* Künstliche Intelligenz, 2008; *Lass,* Industrie 4.0 trotz Altsystemen – Integration bestehender Anlagen in CyberPhysische Produktionssysteme, Industrie Management 6/2017, S. 15 ff.; *Leyh/Gäbel,* Industrie-management Industrie 4.0 Disruptive Geschäftsmodellinnovation oder „nur" Geschäftsprozessoptimierung? http://www.industrie-management.de/sites/industrie-management.de/files/pdf/leyh-Industrie40_IM-2017-5.pdf (zuletzt abgerufen am 5.9.2019); *Lueth,* Fünf Dinge, die Sie über IoT-Plattformen wissen sollten, https://digitales-wirtschaftswunder.de/iot-plattformen/ (zuletzt abgerufen am 6.9.2019); *Matyas,* Instandhaltungslogistik: Qualität und Produktivität steigern, 2013; *Russom,* Big

Data Analytics, 2011; *Samulat,* Die Digitalisierung der Welt, 2016; *Sethi/Sarangi,* Internet of Things: Architectures, Protocols, and Applications, S. 25, 2016; *Siebels,* Untersuchung von Transport-, Umschlag- und Lagerprozessen bezüglich ihres Potenzials zur autarken Energieversorgung semi-aktiver multisensorischer RFID-Transponder, TU Dortmund; *VDI,* Cyber-Physical Systems: Chancen und Nutzen aus Sicht der Automation, 2013; *Vogel-Heuser/Bauernhansl/ten Hompel,* Handbuch Industrie 4.0 Bd. 4, 2016; *Weisong/Jie/Quan,* Edge Computing: Vision and Challenges, 2016.

A. Einleitung

1 Auf der Hannover Messe 2011 tauchte der Begriff **„Industrie 4.0"** zum ersten Mal auf. Der Begriff beschreibt eine Abkehr von der klassischen automatisierten Fabrik, die große Mengen gleichartiger Produkte auf der Basis zentraler Produktionspläne herstellt. Vision ist die selbstorganisierte Fabrik, in der intelligente und teilautonome Objekte interagieren und es gelingt, etwa mittels 3D-Druck die zunehmende Individualisierung der Produkte mit den Vorteilen der Großserienproduktion zu verbinden (Mass Customization).[1]

B. Technische Grundlagen

I. Das Industrial Internet of Things

2 Im **„Industrial Internet of Things"** („IIoT") werden intelligente Maschinen eingesetzt, die mit anderen Maschinen, den Werkstücken und den Mitarbeitern selbständig kommunizieren können. Die dabei erzeugten Datenmengen stellen zusammen mit der hierfür notwendigen Überwachung der Datenströme eine große Herausforderung für die Unternehmen dar.

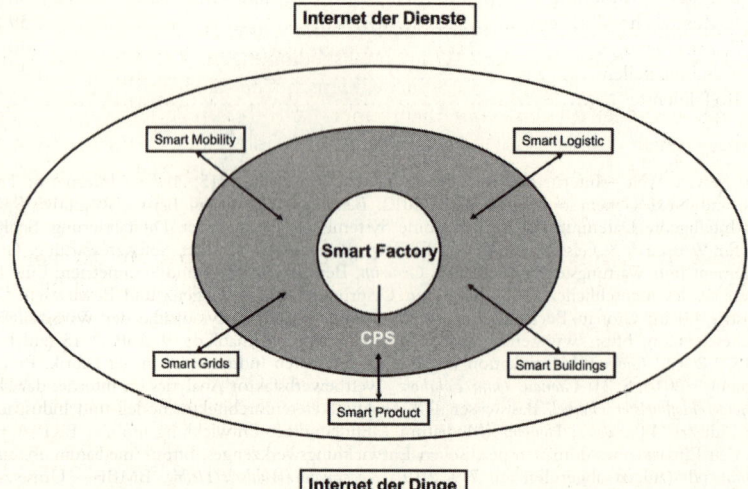

Abbildung 1: Smart Factory als Teil des Internets der Dinge und Dienste innerhalb der Industrie 4.0[2]

---

[1] *Gronau,* Industrie 4.0, in: Gronau/Becker/Leimeister/Sinz/Suhl (Hrsg.), Enzyklopädie der Wirtschaftsinformatik – Online-Lexikon, 9. Auf., http://www.enzyklopaedie-der-wirtschaftsinformatik.de (zuletzt aufgerufen am 18.9.2019).

[2] *Kagermann/Wahlster/Helbig,* BMBF – Umsetzungsempfehlungen für das Zukunftsprojekt Industrie 4.0. https://www.bmbf.de/files/Umsetzungempfehlungen_Industrie4_0.pdf (zuletzt aufgerufen am 1.9.2019).

II. Embedded Systems

Sog. **Embedded Systems** (dh „informationsverarbeitende Systeme, die in ein größeres System oder Produkt integriert sind und dort Steuerungs-, Regelungs- und Datenverarbeitungsaufgaben übernehmen"[3]) bilden den sensorischen Kern des industriellen Internet der Dinge. Sie sind in drahtlose Sensornetzwerke und umfassende, intelligente IT-Infrastrukturen und Dienste eingebunden.[4] Die mit Sensoren ausgerüsteten Objekte, beispielsweise Motoren in Industriepressen, besitzen selbst „unterschiedliche Grade von Smartness, also Fähigkeiten zur Umweltwahrnehmung, Entscheidungsfindung, Speicherung von Informationen sowie zur Vernetzung mit anderen Objekten."[5]

Beispiele für solche eingebetteten Systeme sind Radio-Frequency Identification („**RFID**") Systeme und Bluetooth low energy Systeme (sog. BLE Beacons). Bei RFID Systemen werden mit Hilfe eines Lesegeräts Informationen aus einem Transponder ausgelesen. Mit BLE Beacons wird ein Batterieleistungsgerät definiert, das ein Sensorpaket für Ortung, Orientierung und Zustandsüberwachung unterstützt.[6] Beispielsweise ermöglichen BLE Beacons die Standort-Lokalisierung von Objekten und Personen, wie Maschinen oder deren Benutzern in einem Lagergebäude. Diese Informationen können auf einem Tablet auch ohne Internet Verbindung verfügbar gemacht werden. Der Benutzer kann über eine Applikation auf seinem Endgerät beispielsweise Maschineninformationen aus seinem direkten Umfeld abrufen und weiterverwenden.

3

4

III. Cyber-physische Systeme

Diese intelligenten Anwendungen sind ua die Basis für sogenannte „**Cyber-physische Systeme**", die „Informations- und Softwaretechnologien mit mechanischen und elektronischen Komponenten verbinden, die über das Internet miteinander kommunizieren."[7] Die cyber-physischen Systeme, die mit einem hohen Grad an Bewusstsein, Selbstorganisation und Autonomie ausgerüstet sind, ermöglichen eine schnellere Anpassungsfähigkeit an auftretende Probleme oder veränderte Umgebungsbedingungen. Diese Systeme können kleinere Probleme selbst, dh ohne erforderliche menschliche Eingriffe lösen.[8] Durch die Verbindung der einzelnen Systeme innerhalb einer Fabrik entstehen **Cyber-Physische Produktionssysteme („CPPS")**.[9] Als potenzielle Elemente eines CPPS bedürfen Produktionsobjekte der grundlegenden CPS-Fähigkeit. Dabei wird das Ziel einer ausreichenden Kommunikationsfähigkeit, einer Reduzierung der Autonomie und einer Ausnutzung von Dezentralitäts-Vorteilen verfolgt.[10]

5

Das **Internet der Dinge** („IoT") wird im Kontext der Industrie um das industrielle Internet der Dinge („IIoT") erweitert. Der Fokus des IIoT (zu eng) Industrial Internet of Things, liegt auf der Fabrik als Gesamtheit und deren Komponenten, wie beispielsweise

6

---

[3] *BSI*, IT Grundschutzkompendium, Zweite Edition Februar 2019, abrufbar unter https://www.bsi.bund.de/SharedDocs/Downloads/DE/BSI/Grundschutz/Kompendium/IT_Grundschutz_Kompendium_Edition2019.pdf?__blob=publicationFile&v=5 (zuletzt abgerufen am 29.1.2020).
[4] *Vogel-Heuser/Bauernhansl/Hompel*, Handbuch Industrie 4.0, Bd. 4, S. 299.
[5] *Gronau/Thim/Fohrholz*, Wettbewerbsfaktor Analytics im Internet der Dinge, S. 1.
[6] *Siebels*, Untersuchung von Transport-, Umschlag- und Lagerprozessen bezüglich ihres Potenzials zur autarken Energieversorgung semi-aktiver multisensorischer RFID-Transponder. abrufbar unter https://eldorado.tu-dortmund.de/bitstream/2003/36723/1/Dissertation_Siebels.pdf (zuletzt abgerufen am 29.1.2020).
[7] *Kagermann/Wahlster/Helbig*, BMBF – Umsetzungsempfehlungen für das Zukunftsprojekt Industrie 4.0. https://www.bmbf.de/files/Umsetzungsempfehlungen_Industrie4_0.pdf (zuletzt abgerufen am 1.9.2019).
[8] *Gronau*, Identifikation von Potenzialen durch Industrie 4.0 in der Fabrik, Productivity Management 3/2016, S. 21.
[9] *VDI*, Cyber-Physical Systems: Chancen und Nutzen aus Sicht der Automation; *Samulat*, Die Digitalisierung der Welt, S. 3.
[10] *Lass*, Industrie 4.0 trotz Altsystemen – Integration bestehender Anlagen in CyberPhysische Produktionssysteme, Industrie Management 6/2017, S. 15 ff.

Maschinen, Personal und Sensornetzwerken.[11] Die Produktion soll damit optimiert und damit effizienter gestaltet werden. Um dies zu erreichen, sammeln Unternehmen beachtliche Datenmengen („Big Data") und analysieren diese anschließend.

IV. Big Data Analytics

7 „Big Data ist durch die „4 Vs" Volume (Menge), Velocity (Geschwindigkeit der Mengenzunahme), Variability (Vielfalt bezüglich Inhalt, Quellen und Struktur) und Veracity (Verlässlichkeit oder auch Wahrhaftigkeit) gekennzeichnet."[12] Die im IIoT erzeugten Datenmengen können erst durch ihre Auswertung und Analyse („Big Data Analytics") nutzbar gemacht werden.[13] Aus Sicht der Geschäftsführung bzw. Business Analysten werden dazu Geschäftsdaten, die im Unternehmen aus vorliegenden historischen und gegenwärtigen Daten bestehen, ausgewertet. Diese zumeist unstrukturierten Daten werden in der Praxis regelmäßig zuvor maschinell aufbereitet. So aufbereitet, können diese Daten, evtl. sogar als ausgegebene Empfehlungen, in zukünftige Entscheidungen der entsprechenden Akteure mit einbezogen werden. Ein konkretes industrielles Beispiel stellt hierbei die Neuentwicklung einer Maschine dar. Im Rahmen der Datenauswertung werden dabei nicht nur strukturierte interne Herstellerdaten, wie beispielsweise die durchschnittliche Ausfallzeit herangezogen, sondern auch unstrukturierte externe Daten, wie veröffentlichte Erfahrungsberichte von anderen Marktteilnehmern. Probleme sind bei der Verknüpfung von strukturierten internen Daten und unstrukturierten externen Daten zu erwarten. Ein möglicher Grund kann beispielsweise in der Nutzung von unterschiedlichen Datenformaten liegen. Im anschließenden Entscheidungsprozess der Produktentwicklungsabteilung liefern die aufbereiteten Daten eine Grundlage, um das technische Design der Maschine zukünftig zu verbessern.

V. Cloud Computing und Edge Computing

8 Für die Sammlung dieser großen Datenmengen werden Schnittstellen benötigt, die Daten der Geräte an Rechenserver übertragen. Eine weitere Möglichkeit ist die Speicherung und Bereitstellung in der Cloud. **Cloud Computing** ermöglicht es dem Anwender jederzeit und ortsunabhängig auf Cloud-Dienste über Schnittstellen, die er über das Internet aufruft, auf Konstruktion und Produktionsdaten zuzugreifen.[14] Neben der erhöhten mobilen Verfügbarkeit von Diensten bietet dies Vorteile durch die bedarfsgerechte Bereitstellung von IT-Ressourcen und die Standardisierung der IT-Infrastruktur. Nachteile sind im Rahmen der Anwendernutzung (Zugriffsrechte) und des technischen Betriebs (Absicherung des Rechenzentrums) vor allem beim Thema Sicherheit zu erwarten.

9 Vom Cloud Computing ist das sog. **Edge Computing** zu unterscheiden. Hierunter ist eine Verlagerung von Rechenleistung, Anwendungen, Daten und Services an den Rand eines Netzwerks zu verstehen. Damit ist es möglich, eine Echtzeitverarbeitung von Daten zu unterstützen und langsame Verbindungen im Internet zu vermeiden.[15]

10 Ein wesentliches Werkzeug des industriellen Internet der Dinge ist das **Condition Monitoring**, zu Deutsch „Zustandsüberwachung". Damit wird die Erfassung und Interpretation des Zustands von Komponenten und Maschinen mit dem Ziel der rechtzeitigen Erkennung von Fehlfunktionen oder Verschleiß definiert.[16]

---

[11] *Samulat*, Die Digitalisierung der Welt, S. 14.
[12] *König/Schröder/Wiegand*, Big Data Chancen, Risiken, Entwicklungstendenzen, S. 18.
[13] *Russom*, Big Data Analytics, Renton: TDWI Research, S. 8.
[14] *Vogel-Heuser/Bauernhansl/Hompel*, Handbuch Industrie 4.0 Bd. 4, S. 401.
[15] *Weisong/Quan ua*, Edge Computing: Vision and Challenges, S. 2.
[16] *Matyas*, Instandhaltungslogistik: Qualität und Produktivität steigern, S. 123.

VI. Predictive Maintenance und künstliche Intelligenz

Dadurch wird eine vorausschauende Instandhaltung (**"Predictive Maintenance"**) möglich. Predictive Maintenance erweitert die klassischen Instandhaltungszyklen, bei denen der Defekt erst bei einer Störung behoben wird, durch die Berechnung und Vorhersage des Wartungsbedarfs unter Verwendung von Maschinendaten und deren Auswertung.[17]

Auf dem Arbeitsgebiet wissensbasierter Systeme entwickelte die Firma IBM das Softwareprogramm Watson, um Fragen, die in natürlicher Sprache gestellt wurden, dem System in digitaler Form zu übergeben und auf Basis einer Wissensdatenbank zu beantworten. Watson wurde ursprünglich als Expertensystem geschaffen, um mit Hilfe seines formalisierten Fachwissens logische Schlussfolgerungen zu ziehen und damit Antworten auf gestellte Fragen zu liefern.[18]

Wird **künstliche Intelligenz** unter dem Gesichtspunkt des maschinellen Lernens betrachtet, so wird das Arbeitsgebiet wissensbasierter Systeme erweitert. Beim maschinellen Lernen wird Wissen aus Erfahrungen generiert, die aus Mustern und Gesetzmäßigkeiten bei der Datenanalyse gewonnen werden. Durch Verfahren des maschinellen Lernens sollen zudem kognitive Funktionen des Urteilens und des Handelns für Fertigungsroboter und Automatisierungslösungen geschaffen werden. Die mit diesen Funktionen ausgestatteten Geräte sollen die Fähigkeit gewinnen, in ungeplanten und unbekannten Situationen richtig zu entscheiden.[19]

Mit dem Erkennen von Formen und deren anschließender Analyse mit Hilfe optischer Systeme wird die Grundlage von mobilen Anwendungs-Applikationen ("Apps") zB im Logistikbereich geschaffen. Die Auswertung akustischer Messungen von Schwingungen drehender Maschinen sowie der Einsatz bildverarbeitender Techniken sind weitere Arbeitsgebiete von künstlicher Intelligenz im industriellen Kontext. Beispielsweise werden in diesem Kontext Hochtemperatursensoren im Schmelzofen in der Stahlindustrie oder Dehnungssensoren im Spritzguss von Automobilzulieferern verwendet. Darüber hinaus werden Sensoren in der Lebensmittelindustrie etwa zur Bestimmung der Frische von Frittiertem eingesetzt.[20] Bildverarbeitende Techniken wie 3D-Sensoren werden bereits heute bei Industrierobotern zum Erkennen von Werkstücken angewandt.

---

[17] *Leyh/Gäbel*, Industrie-management Industrie 4.0 Disruptive Geschäftsmodellinnovation oder „nur" Geschäftsprozessoptimierung? http://www.industrie-management.de/sites/industrie-management.de/files/pdf/leyh-Industrie40_IM-2017-5.pdf (zuletzt abgerufen am 5.9.2019); vgl. dazu auch → Teil 14 in diesem Handbuch.

[18] *Genreith*, Bewusstsein, Zeit und Symmetrien: Eine Reise durch die Gebiete des menschlichen Wissens zu den Ursprüngen von Intelligenz und Bewusstsein. Books on Demand; vgl. dazu auch → Teil 9.4 in diesem Handbuch.

[19] *Bauckhage/Bauernhansl/Beyerer ua*, Kognitive Systeme und Robotik Intelligente Datennutzung für autonome Systeme, in: Neugebauer (Hrsg.), Digitalisierung.

[20] *Kress-Rogers*, in: Kress-Rogers/Brimelow (Hrsg.), Instrumentation and sensors for the food industry, Teil III, S. 578, abrufbar unter https://books.google.de/books?id=ElWkAgAAQBAJ&pg=PA482&lpg=PA482&dq=Sensoren+Lebensmittelhygiene&source=bl&ots=tTTaYfOEdA&sig=ACfU3U3a_g47YDzkwI69jANotbi_ElfVaA&hl=en&sa=X&ved=2ahUKEwjtq97VxKjnAhWcA2MBHSQHA4AQ6AEwCXoECAoQAQ#v=onepage&q=Sensoren%20Lebensmittelhygiene&f=false.

C. Infrastrukturplattformen – Schlüsseltechnologien für die IoT-Kommunikation

I. Praxisbeispiel SAP HANA Cloud Plattform

15 Unter **Internet of Things Plattformen** werden im Allgemeinen Softwaresysteme verstanden, die die Entwicklung von intelligenten Produkten und Services im Internet of Things unterstützen.[21]

16 Auf diesen IoT-Plattformen können Applikationen entwickelt und gesammelte Daten gespeichert, analysiert und visualisiert werden. Die Visualisierung der Daten ermöglicht es den Nutzern, einen Überblick über ihre miteinander und mit den Anwendungen externer Dienstleister verbundenen Geräte zu erhalten. Hiermit wird eine Verbindung zwischen der physischen und der digitalen Welt geschaffen. Die gesammelten (Maschinen-) Daten werden von der Plattform-Software oder einer Drittanbietersoftware analysiert und die dabei gewonnen Informationen den Nutzern der IIoT-Systeme in Statusanzeigen und der Anzeige von Leistungskennzahlen zur Verfügung gestellt. Wenn die Plattform eine offene Struktur aufweist, können externe Unternehmen diese Applikationen weiterentwickeln, was dann allen Nutzern zugutekommt.[22] Ein Beispiel für eine solche Plattform ist die SAP HANA Cloud Plattform.

17 Die SAP HANA Cloud Plattform ermöglicht mit ihren In-Memory-Systemen, die schnelle Datenverarbeitung in Echtzeit, indem die Systeme den Arbeitsspeicher intelligent als Datenspeicher nutzen. Diese Architektur spart in der digitalen Fabrik der Industrie 4.0, wo immense Mengen an Sensordaten ausgewertet werden, wertvolle Rechenzeit.[23]

18 Als klassische On-Premise-Lösung ermöglicht diese Lösung im Eigenbetrieb, dh mit stationären Servern außerhalb der Cloud, Daten zu erfassen, zu verarbeiten und zu analysieren.

19 Zusätzlich zur On-Premise-Lösung wird im Rahmen einer agilen Verlagerung der angebotenen Funktionalitäten in die SAP HANA Cloud Plattform das Geschäftsmodell **Platform as a Service** („PaaS") angeboten. Die PaaS Lösung basiert auf der Open-Source-Technologie von Cloud Foundry. Sie setzt sich aus Sensoren, Konnektivitäts-Modulen zu den Endgeräten sowie der Integration von Unternehmensanwendungen zusammen. Zusätzlich werden die Funktionalitäten Sicherheit, Datenmanagement, Streaming und Analyse abgedeckt.[24]

20 Die folgende Abbildung 2 zeigt die Kommunikation der SAP HANA Infrastruktur-Plattform mit der SAP HANA Cloud Plattform unter Einbeziehung dezentraler Systeme.

---

[21] *Andreev,* Internet of Things, Smart Spaces, and Next Generation Networking, S. 584.
[22] *Kavis,* Architecting the Cloud: Design Decisions for Cloud Computing Service Models (SaaS, PaaS, and IaaS), S. 126.
[23] *Schwab/Weiß/Zilch,* AV Finance – AP HANA Architektur – die Auswirkungen, http://www.av-finance.com/aktuelles/newsdetails/seite/4/artikel/184/sap-hana-architektur-die-auswirkungen/ (zuletzt abgerufen am 10.1.2020).
[24] *Rüdiger,* Silicon SAP setzt auch bei IoT auf die HANA Cloud Plattform. https://www.silicon.de/41633069/sap-setzt-auch-bei-iot-auf-die-hana-cloud-platform/?print=print&inf_by=5a9e63b4671db8cc468b5665 (zuletzt abgerufen am 7.1.2020).

C. Infrastrukturplattformen – Schlüsseltechnologien für die IoT-Kommunikation

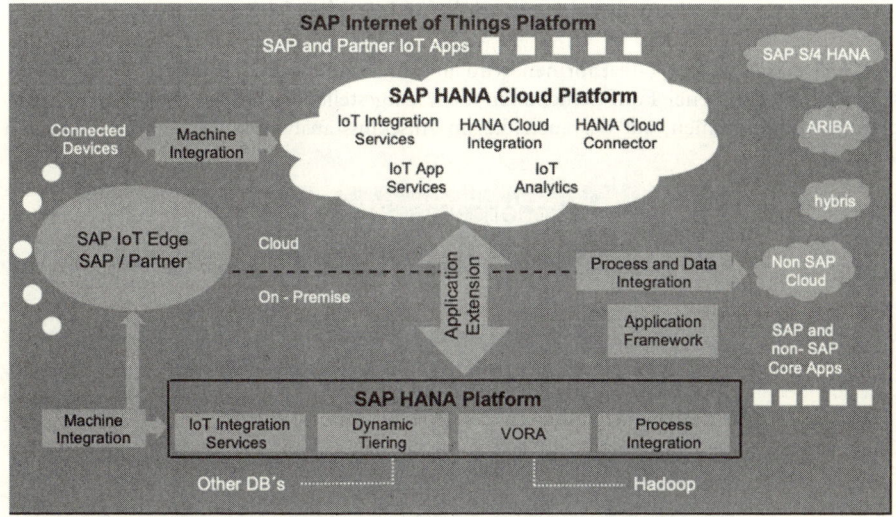

Abbildung 2: SAP- Internet of Things Platform[25]

Die Application-Services von SAP und deren Partnern, wie zB der Firma Bosch verknüpfen unterschiedliche Geräte und Komponenten miteinander. Damit soll die Anbindung von Produktionsmaschinen und Werkzeugen erleichtert werden.[26]

Ein Konnektivitäts-Modul übernimmt die Verwaltung der Edge-Systeme, also von Ressourcen, die nicht permanent mit einem Netzwerk verbunden sind, wie Controller, Notebooks, Smartphones, Tabletcomputer oder Sensoren. In diesem Zusammenhang kommt der Weiterentwicklung der herkömmlichen speicherprogrammierbaren Steuerung von Edge Controllern eine zunehmende Bedeutung zu.

Durch den schrittweisen Übergang von On-Premise-Lösungen zu cloudbasierten PaaS-Lösungen wird in Industrieunternehmen eine digitale Transformation ihrer bestehenden Infrastruktur „im laufenden Betrieb" möglich.[27]

Obwohl der Markt für Platform as a Service-Lösungen zurzeit überproportional wächst, sieht die „Deutschsprachige SAP-Anwendergruppe e.V." auch mittelfristig das klassische On-Premise-Geschäftsmodell als Kerngeschäft von SAP an.[28]

Bei der Analyse von Internet of Things Plattformen ist sowohl eine softwareorientierte als auch betriebswirtschaftliche Betrachtung möglich. Wissenschaftliche Arbeiten zu softwaredefinierten Plattformen richten sich an die Anbieter von Serviceplattformen und Hardware- sowie Anwendungsentwickler. Diesen muss ein domänenneutrales Integrationswissen zur Verfügung stehen, um die Anforderungen zB eine durchgängige Virtualisierung, die Sicherheit, Skalierbarkeit und Performanz erfüllen zu können.[29]

---

[25] *Schindler*, SAP und Bosch kooperieren für IoT. http://www.silicon.de/41634238/sap-und-bosch-kooperieren-fuer-iot/?inf_by=5a466973671db80f168b483d (zuletzt abgerufen am 10.1.2020).
[26] *Schindler*, SAP und Bosch kooperieren für IoT. http://www.silicon.de/41634238/sap-und-bosch-kooperieren-fuer-iot/?inf_by=5a466973671db80f168b483d (zuletzt abgerufen am 10.1.2020).
[27] *SAP SE*, Build Applications to Meet Individual Business Needs – Quickly and Economically, https://www.sap.com/documents/2016/01/a0ba932a-5b7c-0010-82c7-eda71af511fa.html (zuletzt abgerufen am 13.1.2020).
[28] *Lenck*, DSAG-Einschätzung zu den SAP-Quartalszahlen Q4/2017, https://www.dsag.de/pressemitteilungen/dsag-einschatzung-zu-den-sap-quartalszahlen-q42017 (zuletzt abgerufen am 12.1.2020).
[29] *Acatech*, Smart Service Welt – Internetbasierte Dienste für die Wirtschaft, S. 80.

II. Architekturmodell für IoT-Plattformen

26 Die Architektur von IoT-Plattformen wird in den letzten Jahren häufig in Form unterschiedlich geschnittener Fünf-Schichtenmodelle dargestellt. Nachfolgend wird eine Gruppierung vorgenommen, auf der auch die im Anschluss analysierten realen Umsetzungen aufbauen.

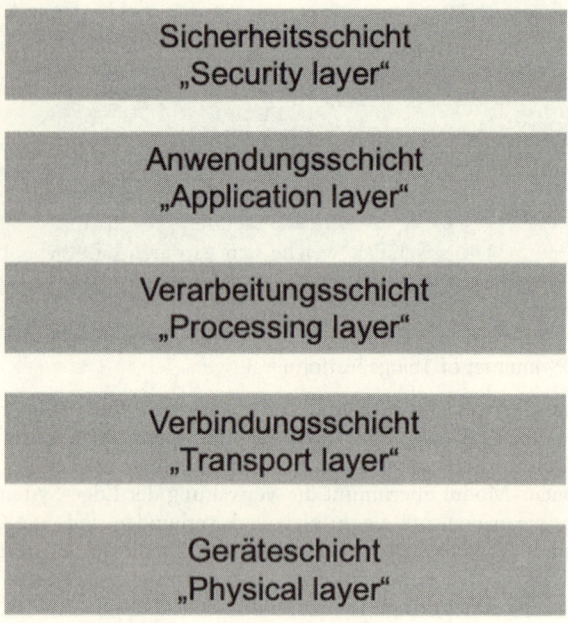

Abbildung 3: Fünf-Schichtenmodell[30]

1. Geräteschicht

27 Die unterste Schicht ist die Geräteschicht. Die Geräte übertragen ihre Daten entweder direkt an die Cloud oder bereiten diese mittels Edge Computing vorher auf. In dieser physischen Schicht werden Sensoren zur Datenerfassung eingesetzt. Mit Hilfe von Sensoren werden physikalische Größen in elektrischen Strom umgewandelt.

2. Verbindungsschicht

28 Die zweite Schicht dient als Verbindungsschicht der Kommunikation mit dem Internet zB über LAN, WLAN oder RFID und dem Datentransport.

3. Verarbeitungsschicht

29 Die dritte Schicht sammelt Daten aus der Geräteschicht, bereitet diese auf und speichert sie. Sie wird als Verarbeitungsschicht, **Middleware,** Betriebssystem oder als Internet of Things Plattform im engeren Sinne bezeichnet. Diese Schicht stellt die Softwarebrücke zwischen den nichtstandardisierten Geräten und der vierten Schicht, der Anwendungsschicht dar. Zu den Aufgaben der Verarbeitungsschicht gehört es, Geräte zu identifizieren und zu verwalten. Dazu verfügt diese Schicht meist über Applikationen, die dazu dienen,

---

[30] *Sethi,* Internet of Things: Architectures, Protocols, and Applications, Journal of Electrical and Computer Engineering, S. 25.

die verbundenen Geräte zu identifizieren und deren technische Zustände anzuzeigen. In dieser Schicht werden zudem große Datenmengen analysiert. Beim Design der Middleware wird entschieden, in welchem Umfang die Software als Open Source- oder als proprietär erstellte Lösung angeboten werden soll. Bei proprietären Lösungen sind die Möglichkeiten der Wieder- und Weiterverwendung sowie Änderung und Anpassung durch den Nutzer eingeschränkt.

4. Anwendungsschicht

Die Anwendungsschicht verwendet die aufbereiteten Daten für mobile Apps und zur Entscheidungsfindung. In diesem Kontext bieten ua Logistik- und Energieversorgungssysteme Anwendungsmöglichkeiten.

5. Sicherheitsschicht

Als Letztes steht die Sicherheitsschicht, welche sich ua durch eine sichere Daten-Überwachung, -Verarbeitung und -Schutz in Form von beispielsweise Verschlüsselung/Entschlüsselung äußert, übergreifend zu den anderen Schichten.[31]

Die betriebswirtschaftliche Betrachtung von IoT-Plattformen richtet sich an Dienstanbieter sowie deren Nutzer. Dabei stehen abhängig von der im Einzelfall zugrunde liegenden Plattform domänenspezifischen Applikationen im Vordergrund. Die mit der betriebswirtschaftlichen Betrachtung über die Prozesse und die Ablauf- und Aufbauorganisation von Plattformen gewonnenen Erkenntnisse werden für die Entwicklung von Geschäftsmodellen benötigt.[32]

III. Architekturkomponenten für IoT-Plattformen

Das deutsche Marktforschungsinstitut *IoT Analytics* definierte im Jahre 2016 acht Komponenten der Architektur einer Internet of Things Application Enablement Platform, die nachfolgend erläutert werden.[33]

1. Konnektivität und Normalisierung

Mit der Komponente „Konnektivität und Normalisierung" werden unterschiedliche Protokolle und Datenformate in einer gemeinsamen Softwareschnittstelle miteinander verbunden. Dadurch werden ein Datenfluss und die Arbeit mit den angeschlossenen Geräten ermöglicht.

2. Gerätemanagement

Das Gerätemanagement bietet die zentrale Funktionalität für die Geräteverwaltung. Mit ihm werden Geräte während ihres gesamten Lebenszyklus verwaltet.

---

[31] *Sethi/Sarangi*, Internet of Things: Architectures, Protocols, and Applications, Journal of Electrical and Computer Engineering, S. 25.
[32] *Homann*, Mediatum – Endbenutzer-Entwicklung mobiler ERP-Applikationen durch den Einsatz eines domänenspezifischen Entwicklungswerkzeuges https://mediatum.ub.tum.de/doc/1231813/file.pdf (zuletzt abgerufen am 7.9.2019).
[33] *Lueth*, Fünf Dinge, die Sie über IoT-Plattformen wissen sollten, https://digitales-wirtschaftswunder.de/iot-plattformen/ (zuletzt abgerufen am 6.9.2019).

3. Datenbanken

36 Bei der Komponente „Datenbanken" werden die Vorteile des Einsatzes von Hybrid-Cloud-Datenbanken beschrieben. Darunter wird die Auslagerung unkritischer Anwendungen auf die öffentliche Cloud und die Datenhaltung datenschutzkritischer Geschäftsprozesse auf die Private Cloud verstanden.

4. Verarbeitung und Aktionsmanagement

37 Bei der Komponente „Verarbeitung und Aktionsmanagement" werden durch entsprechend eingestellte Aktoren Sensordaten geliefert, auf deren Basis es möglich ist, bestimmte Ereignis-Aktionen auszuführen.

5. Datenvisualisierung

38 Mit Hilfe von Visualisierungs-Dashboards werden die ausgewählten Daten grafisch dargestellt. Damit ist es möglich, Muster und Trends zu erkennen.

6. Zusätzliche Werkzeuge

39 Unter dem Begriff „zusätzliche Werkzeuge" werden Entwicklungswerkzeuge verstanden, mit denen getrennt von der produktiven Umgebung Tests zB an Prototypen durchgeführt werden können.

7. Analytics

40 Mit geeigneten Analysetools ist es möglich, prädiktive Analysen zB für die Gerätewartung durchzuführen.

8. Schnittstellen

41 Durch externe Schnittstellen wird die Verbindung zu Maschinensteuerungen und Anlagen außerhalb der IoT-Plattform geschaffen. Damit sind Industrie 4.0-Anwendungen in der Lage, zB speicherprogrammierbare Steuerungen an die Plattform anzubinden und produktionsrelevante Daten mit ERP-Systemen auszutauschen.

IV. IIoT-Dienste

42 Immer mehr produzierende Unternehmen stellen fest, dass sich aus den bei ihnen in der Konstruktion und Produktion anfallenden Daten ein Mehrwert generieren lässt. Dabei wollen sie das gesamte Leistungsspektrum von Hardware und Software nutzen, ohne es tatsächlich zu besitzen und die Kosten für den Betrieb tragen zu müssen. Deshalb ist der Markt für IIoT-Dienstleistungen entstanden, die in der Literatur häufig mit der Architektur von Schnittstellenmodellen verknüpft werden.[34] Solch ein Geschäftsmodell stellt beispielsweise Plattform-„as a Service" dar, welche den kontinuierlichen Übergang der Schnittstellenverantwortung vom Nutzer („you manage") hin zum Dienstleister („others manage") veranschaulicht.[35]

---

[34] *Heidel/Hoffmeister/Hankel ua*, Basiswissen RAMI 4.0: Referenzarchitekturmodell und Industrie 4.0-Komponente Industrie 4.0, S. 38.
[35] Vgl. hierzu → Teil 11.2 in diesem Handbuch.

Teil 10.2 Connected Cars

Übersicht

	Rn.
A. Einleitung	1
B. Technische Grundlagen	3
I. Steuergeräte im Fahrzeug	3
II. Fahrerassistenzsysteme	7
III. Schnittstellen zum Fahrzeug	9
C. Ausgewählte Anwendungsbereiche des Connected Car	12
I. Online-Dienste im Fahrzeug	12
1. eCall-Dienst	13
2. Weitere Beispiele für Online-Dienste	14
II. KFZ-Instandhaltung/-Wartung	19
III. Car2Car/Car2X-Kommunikation	20
D. Datenschutzrechtliche Besonderheiten beim Connected Car	27
I. Anwendbares Recht	28
II. Fahrzeugdaten im Lichte der DS-GVO	29
1. Personenbezug von Fahrzeugdaten	29
2. Datenschutzrechtliche Verantwortlichkeit	32
3. Rechtsgrundlagen	34
4. Allgemeine Datenschutzprinzipien für vernetzte Fahrzeuge	38
5. Telematik-Versicherungen	41

Literatur:

5G Automotive Association, An assessment of LTE-V2X (PC5) and 802.11p direct communications technologies for improved road safety in the EU 5.12.2017, S. 7, abrufbar unter: https://5gaa.org/wp-content/uploads/2017/12/5GAA-Road-safety-FINAL2017-12-05.pdf (5.11.2019); *Article 29 Working Party,* WP 252; *Article 29 Working Party,* WP 260; BayLDA, 8. Tätigkeitsbericht, 2017/2018; *BayLDA,* 7. Tätigkeitsbericht, 2015/2016; *BfDI,* Datenschutzrechtliche Empfehlungen zum automatisierten und vernetzten Fahren, 2017, https://www.bfdi.bund.de/SharedDocs/Publikationen/Entschliessungssammlung/IntDSK/2017_39IDSK_Hong Kong_EntschliessungVernetztenAutos.html;jsessionid=DD4573917262CAF1CA4D755906553C1F.1_cid319?nn=5217016 (9.11.2019); *BMVI,* „Eigentumsordnung" für Mobilitätsdaten?, 2017; *BNetzA,* Jahresbericht 2018, COM (2019) 1789 final, abrufbar unter https://ec.europa.eu/transparency/regdoc/rep/3/2019/DE/C-2019-1789-F1-DE-MAIN-PART-1.PDF (5.11.2019); *Domingue/Fensel/Traverso* (Hrsg.), Future Internet – FIS 2008, 2009; *Droste,* Produktbeobachtungspflichten der Automobilhersteller bei Software in Zeiten vernetzten Fahrens, CCZ 2015, 105; *DSK,* Zur Anwendbarkeit des TMG für nicht-öffentliche Stellen ab dem 25.5.2018; *Ernst,* Die Einwilligung nach der Datenschutzgrundverordnung, ZD 2017, 110; *European Data Protection Board,* Guidelines 2/2019 on the processing of personal data under Article 6(1)(b) GDPR in the context of the provision of online services to data subjects, 8.10.2019; *EU Kommission,* EU-Strategie für eine cooperative, vernetzte und automatisierte Mobilität, 2016, abrufbar unter https://europa.eu/rapid/press-release_MEMO-16-3933_de.htm (9.11.2019); *EU Kommission,* Schlussbericht C-ITS Plattform, 2016; *Gasser/Arzt/Ayoubi/Bartels/Bürkle/Eier/Flemisch/Häcker/Hesse/Huber/Lotz/Maurer/Ruth-Schumacher/Schwarz/Vogt,* Rechtsfolgen zunehmender Fahrzeugautomatisierung, Gemeinsamer Schlussbericht der BASt-Projektgruppe „Rechtsfolgen zunehmender Fahrzeugautomatisierung", 2012, abrufbar unter https://www.bast.de/BASt_2017/DE/Publikationen/Foko/Downloads/2017-2010/2012-11.html;jsessionid=F2CC5430EEDB450796C80E52855F0FB9.live21304?nn=1836812 (8.11.2019); *Geiger,* Connected Car und Car2X Communication, 2018, abrufbar unter https://www.ias.uni-stuttgart.de/service/begriffslexikon/connected-car-und-car2x-communication/ (5.11.2019); *Gola,* Datenschutzgrundverordnung, 2. Aufl. 2018; *Grünwald/Nüßing,* Machine To Machine (M2M)-Kommunikation – Regulatorische Fragen bei der Kommunikation im Internet der Dinge, MMR 2015, 378; *Herrmann,* Telekommunikationsrechtliche Herausforderungen für vernetzte Fahrzeuge, RAW 2017, 19; *Hoeren,* Ein Treuhandmodell für Autodaten? – § 63a StVG und die Datenverarbeitung bei Kraftfahrzeugen mit hoch- oder vollautomatisierter Fahrfunktion, NZV 2018, 153; *Jansen/Grewe,* Datenschutzrechtliche Herausforderungen bei intelligenten Verkehrssystemen, RAW 2019, 2; *Kahl,* Datenschutz im Automotive-Aftersales, RAW 2019, 70; *Kaufmann,* Geschäftsmodelle in Industrie 4.0 und dem Internet der Dinge, 2019; *Kiparski/Sassenberg,* Internet of Things – Aktuelle Entwicklungen und Branchenbesonderheiten bei Connected Cars, eHealth, und Co., CR 2018, 596; *Krügel,* ZD 2017, 455; *Kühling/Buchner,* Datenschutz-Grundverordnung/BDSG, 2. Aufl. 2018; *LfDI BW,* 34. Tätigkeitsbericht, 2018; *LfD NRW,* 22. Tätigkeitsbericht, 2013/2014; *Lüdemann,* ZD 2015, 247; *May/Gaden,* Vernetzte Fahrzeuge, InTer 2018, 110; *Möller/Haas,* Guide to Automotive Connectivity and Cybersecurity, 2019; *Nugel,* Auslesen von Fahrzeugdaten auf Grundlage der DS-GVO, ZD 2019, 341; *Reif,* Bosch Autoelektrik und Autoelektronik, 2011; *Roßna-*

gel, Fahrzeugdaten – wer darf über sie entscheiden?, SVR 2014, 281; *Roßnagel/Hornung* (Hrsg.), Grundrechtsschutz im Smart Car, 2019; *SAE International,* Levels of Driving Automation for On-Road Vehicles Standard J3016; *SAS,* The Connected Vehicle: Big Data, Big Opportunities, 2015, S. 1, abrufbar unter https://www.sas.com/content/dam/SAS/en_us/doc/whitepaper1/connected-vehicle-107832.pdf (10.11.2019); *Sassenberg/Faber* (Hrsg.), Rechtshandbuch Industrie 4.0 und Internet of Things, 2017; *Schulze,* Bürgerliches Gesetzbuch, 10. Aufl. 2019; *Specht/Mantz,* Handbuch Europäisches und deutsches Datenschutzrecht, 2019; *Stender-Vorwachs/Steege,* Kleine SIM-Karte – große Konsequenz: Automobilhersteller als TK-Anbieter?, MMR 2018, 212; *Sydow,* Europäische Datenschutzgrundverordnung, 2. Aufl. 2018; *VDA,* Automatisierung – Von Fahrerassistenzsystemen zum automatisierten Fahren, abrufbar unter https://www.vda.de/de/services/Publikationen/automatisierung.html (6.11.2019); *VDA,* Mustertext zur Datenverarbeitung im Fahrzeug, abrufbar unter https://www.datenschutzkonferenz-online.de/media/ah/201802_ah_vda_mustertext.pdf (4.11.2019); *VDA,* Abbildung vom VDA zu Schnittstellen, abrufbar unter https://www.vda.de/de/themen/innovation-und-technik/datensicherheit/fahrzeug-schuetzen.html (4.11.2019); *VDA,* Position, Zugang zum Fahrzeug und zu im Fahrzeug generierten Daten, 2016, abrufbar unter https://www.vda.de/de/themen/innovation-und-technik/datensicherheit/was-ist.html (9.11.2019); *VDA,* Gemeinsame Erklärung der Konferenz der unabhängigen Datenschutzbehörden des Bundes und der Länder und des Verbandes der Automobilindustrie (VDA) – Datenschutzrechtliche Aspekte bei der Nutzung vernetzter und nicht vernetzter Kraftfahrzeuge, 2016; *VDA,* Landkarte der Daten-Kategorien beim vernetzten Fahrzeug, abrufbar unter https://www.vda.de/de/themen/innovation-und-technik/vernetzung/datenschutz-prinzipien-fuer-vernetzte-fahrzeuge.html (9.11.2019); *VDA,* Datenschutz-Prinzipien für vernetzte Fahrzeuge, 2014; *Voland/Conrady,* Regulatorische und haftungsrechtliche Entwicklungen im Bereich des automatisierten Fahrens, RAW 2019, 75; *Weichert,* Car-to-Car-Communication zwischen Datenbegehrlichkeit und digitaler Selbstbestimmung, SVR 2016, 361; *Weichert,* Der Personenbezug von Kfz-Daten, NZV 2017, 507; *Weisser/Färber,* Rechtliche Rahmenbedingungen bei Connected Car – Überblick über die Rechtsprobleme der automobilen Zukunft, MMR 2015, 506; *Werkmeister/Schröder,* Wer ist verantwortlich für die Daten im Fahrzeug?, RAW 2015, 85; *Werkmeister/Schuler/Böhm,* Telekommunikationsrechtliche Anforderungen an die Autoindustrie, RAW 2019, 64; *Winner/Hakuli/Lotz/Singer* (Hrsg.), Handbuch Fahrerassistenzsysteme, 3. Aufl. 2015.

Internetquellen:
ADAC, Assistenzsysteme: So können sie Autofahrer entlasten, abrufbar unter https://www.adac.de/rund-ums-fahrzeug/ausstattung-technik-zubehoer/assistenzsysteme/fahrerassistenzsysteme/ (6.11.2019); *Allianz,* Telematik-Versicherung: Wer sichert fährt, profitiert, https://www.allianz.de/auto/kfz-versicherung/telematikversicherung/#definition (4.11.2019); *BMWi,* Echtzeitkommunikation zwischen Fahrzeugen über das LTE Mobilfunknetz, abrufbar unter https://www.bmwi.de/Redaktion/DE/Artikel/Digitale-Welt/Intelligente-Vernetzung/KARTE-Best-Practice/037-echtzeitkomm-fahrzeuge-lte-netz-projektsteckbrief.html (8.11.2019); *Delhaes,* WLAN oder LTE? Während Scheuer bremst, vernetzen VW und andere ihre Autos, 2019, in Handelsblatt, abrufbar unter https://www.handelsblatt.com/politik/deutschland/vernetztes-fahren-wlan-oder-lte-waehrend-scheuer-bremst-vernetzen-vw-und-andere-ihre-autos/24700430.html?ticket=ST-77465418-UXbx1SjBjE04K6BnqQex-ap5 (8.11.2019); *Deutscher Bundestag,* Pressemitteilung, Technologien für das vernetzte Fahren, 2019, abrufbar unter https://www.bundestag.de/presse/hib/666388-666388 (9.11.2019); *Hommen,* EU entscheidet über V2X-Standard – Grünes Licht für WLAN, 2019, abrufbar unter https://www.next-mobility.news/eu-entscheidet-ueber-v2x-standard-gruenes-licht-fuer-wlan-a-823761/ (5.11.2019); *Volkswagen AG,* Car2X: die neue Ära intelligenter Fahrzeugvernetzung, abrufbar unter https://www.volkswagenag.com/de/news/stories/2018/10/car2x-networked-driving-comes-to-real-life.html (5.11.2019).

A. Einleitung

1 Der Begriff *Internet of Things* beschreibt die zunehmende Vernetzung von physischen Dingen durch Informations- und Kommunikationstechniken und deren Integration in übergreifende Informationsnetzwerke. Dabei können angeschlossene Geräte, Anlagen und Maschinen aktive Kommunikationsteilnehmer innerhalb der Netzwerke werden und eine Interaktion von Objekten untereinander wird möglich. Dies führt zu einer fortschreitenden Verschmelzung der virtuellen mit der dinglichen Welt.[1] Die Vernetzung von physischen Dingen verzeichnet einen extremen Anstieg. Allein im Jahr 2018 wurden in Deutschland ca. 23,1 Mio. SIM-Karten für die Kommunikation zwischen Maschinen ver-

---

[1] *Haller/Karnouskos/Schroth,* The Internet of Things in an Enterprise Context, in: *Domingue/Fensel/Traverso* (Hrsg.), Future Internet – FIS 2008, 15; *Wagner,* Connected Cars und das Internet of Things, in: *Roßnagel/Hornung* (Hrsg.), Grundrechtsschutz im Smart Car, S. 203.

wendet.² Das Connected Car gilt als ein Teilbereich des *Internet of Things*. War das Fahrzeug früher ein rein mechanisches Fortbewegungsmittel, ist es heute aufgrund der Vielzahl an verbauten elektronischen Steuergeräten in der Lage, große Datenmengen zu verarbeiten. Die ersten Technologien für ein vernetztes Fahrzeug kamen Mitte der 90er Jahre auf. Seitdem ist eine rasante Entwicklung im Bereich der Konnektivität zu verzeichnen. Bis 2025 soll es Schätzungen zufolge weltweit etwa 2 Milliarden vernetzte Fahrzeuge auf den Straßen geben.³

Das Connected Car ist über das Mobilfunknetz, das Internet oder ein anderes Netz verbunden und kann darüber mit seiner Umgebung kommunizieren und die gesammelten und verarbeiteten Informationen austauschen. Dies wird in der Zukunft auch die Interaktion mit anderen Fahrzeugen oder mit der Infrastruktur umfassen. Die Vernetzung des Fahrzeugs führt zu einem großen Angebot an im Fahrzeug verfügbaren digitalen Diensten wie Infotainment- und Navigationsdiensten. Die Sicherheit und der Fahrkomfort werden zudem über die verbauten Assistenzsysteme wie Abstandshalter, Spurwechselassistent oder die Nachterkennung erhöht. Dies sind elektronische Zusatzfunktionen, die den Fahrer in ausgewählten Situationen unterstützen. Die zunehmende Vernetzung steht in Verbindung mit der Entwicklung autonomer Fahrzeuge, bei denen die vollständige Fahrzeugführung dem System obliegt und ein Eingreifen des Fahrers nicht mehr erforderlich ist.⁴ Doch ist das Connected Car nicht nur als Durchgangsstadium zum vollautomatisierten Fahrzeug zu verstehen. Vielmehr kann das vernetzte Fahrzeug als dauerhafte Grundbedingung für das autonom fahrende Fahrzeug gesehen werden, da Informationen aus den Assistenzsystemen und aus der Kommunikation mit der vernetzten Infrastruktur die Entscheidungsfindung des Fahrzeugs unterstützen werden. Zudem könnten auch Schwächen des autonomen Systems, das vor allem mittels Kameras zur Erkennung von Verkehrssituationen und über hochauflösende Karten navigiert, ausgeglichen werden.⁵ Dieser Beitrag konzentriert sich allein auf die Darstellung der Vernetzung des Fahrzeugs. Die selbstständige Entscheidungsfindung eines programmierten Systems ohne das Erfordernis eines menschlichen Eingreifens in den Fahrverlauf wird im Zusammenhang mit dem autonomen Fahren diskutiert.⁶

B. Technische Grundlagen

I. Steuergeräte im Fahrzeug

Das vernetzte Fahrzeug ist mit einer Vielzahl an elektronischen Steuergeräten ausgestattet. So können in einem Fahrzeug nach derzeitigem Stand etwa 45 bis über 120 Steuergeräte verbaut sein.⁷ Ein Steuergerät ist als „Schaltzentrale"⁸ für die Abläufe innerhalb des Fahrzeugs zu verstehen. Es besteht aus Hardware- und Softwareanteilen in Form eines Steuerungsprogramms. Das Steuerungsprogramm ist im Speicher des Steuergeräts abgelegt und wird über einen Mikrocontroller ausgeführt.⁹ Die Entwicklung zeigt, dass der Anteil an Softwarekomponenten gegenüber Hardwarebestandteilen zunehmend ansteigt.¹⁰ Dies ist insbesondere auf die steigende Komplexität der Fahrzeugfunktionen zurückzuführen. Mit

---

² *BNetzA*, Jahresbericht 2018, S. 56.
³ *SAS*, The Connected Vehicle: Big Data, Big Opportunities, S. 1, abrufbar unter https://www.sas.com/content/dam/SAS/en_us/doc/whitepaper1/connected-vehicle-107832.pdf (zuletzt abgerufen am 10.11.2019).
⁴ Vgl. *SAE International*: Levels of Driving Automation for On-Road Vehicles Standard J3016.
⁵ *Weisser/Färber*, MMR 2015, 506 (507); *VDA*, Automatisierung – Von Fahrerassistenzsystemen zum automatisierten Fahren, abrufbar unter https://www.vda.de/de/services/Publikationen/automatisierung.html (zuletzt abgerufen am 6.11.2019).
⁶ Siehe → Teil 9.2 Rn. 1 ff. in diesem Handbuch.
⁷ *Möller/Haas*, Guide to Automotive Connectivity and Cybersecurity, S. 86.
⁸ *Reif*, Steuergeräte, in Reif, Bosch Autoelektrik und Autoelektronik, S. 199.
⁹ *Reif*, Steuergeräte, in Reif, Bosch Autoelektrik und Autoelektronik, S. 198.
¹⁰ *Möller/Haas*, Guide to Automotive Connectivity and Cybersecurity, S. 85.

dieser Entwicklung geht grundsätzlich auch die Updatefähigkeit der Systeme einher. Zum Teil sind Updates auch bereits drahtlos, also „over-the-air", möglich.[11]

4   Mit Informationen werden die Steuergeräte durch Sensoren versorgt, die physikalische Messwerte in lesbare Daten umwandeln.[12] Das Steuergerät empfängt die Signale der Sensoren und berechnet aus den eingegangenen Informationen Ansteuersignale für die Stellglieder (Aktoren), die dann die Befehle wiederum physisch oder in mechanische Bewegungen umsetzen. Zusammen mit den Sensoren stellen die Aktoren die Verbindung zwischen der Datenverarbeitungseinheit im Steuergerät und dem Fahrzeug her. Da die Steuergeräte auf extreme Betriebsbedingungen wie starke Temperaturwechsel und mechanische Einflüsse wie Vibrationen durch den Motor ausgelegt sind, ist ihre Rechenleistung eingeschränkt. Die Verarbeitung der Daten im Fahrzeug beschränkt sich zumeist auf einen Abgleich von Soll- und Ist-Werten der Sensordaten. Im Falle einer Abweichung kann ein Fehlercode generiert werden.[13] Komplexere Rechenleistungen finden in der Regel außerhalb des Fahrzeugs, beispielsweise in der Cloud, statt. Bei diesem Zusammenspiel zwischen Sensoren, Aktoren, Soft- und Hardware spricht man auch von sog. eingebetteten Systemen.[14]

5   Die Steuergeräte sind innerhalb des Fahrzeugs zudem über Bus-Systeme verbunden, sodass empfangene Signale auch an andere Steuergeräte weitergeleitet werden können.[15] Hierbei entstehen große Datenmengen, die für den ordnungsgemäßen Betrieb des Fahrzeugs erforderlich sind. Die meisten dieser Daten sind jedoch flüchtig und werden nicht über die Betriebszeit hinaus im Fahrzeug gespeichert. Zu diesen Betriebsdaten zählen zum Beispiel Fahrzeugstatus-Informationen wie Geschwindigkeit, Bewegungsverzögerung, Querbeschleunigung, Radumdrehungszahl, Anzeige geschlossener Sicherheitsgurte und auch Informationen zum Umgebungszustand wie zB Temperatur, Regensensor oder auch Abstandssensor. Einige Systeme verfügen jedoch über Datenspeicher (zB Fehlerspeicher oder Ringspeicher). Diese ermöglichen die zeitweise oder auch dauerhafte Speicherung von Daten – zB im Fehlerfall, zur Anzeige von Betriebswerten oder zur Überwachung der Fahrzeugteile –, die dann über Schnittstellen aus dem Fahrzeug ausgeleitet werden können.[16] Inwiefern Daten flüchtig bleiben oder sammelbar gemacht werden und auch die etwaige Speicherlogik wird dabei meist durch den Fahrzeughersteller bestimmt.

6   Neben den Daten, die das Fahrzeug selbst aufgrund von Sensorinformationen erzeugt, kann der Nutzer im Rahmen von Komfort- und Entertainmentfunktionen Daten auch selbst über das Display (sog. Human-Machine-Interface, HMI) im Fahrzeug eingeben bzw. wieder löschen. Dies kann beispielsweise Navigationsdaten, Telefonkontakte oder auch Komfortdaten wie die Sitzeinstellung umfassen.

II. Fahrerassistenzsysteme

7   Die Sensorik für die Funktionalität von Fahrerassistenzsystemen umfasst insbesondere Radarsensoren, Ultraschall, Lidar und Kamerasensoren. Hierbei werden Informationen aus der Umgebung erfasst und im Fahrzeug in Echtzeit verarbeitet. Je nach Funktionalität werden unterschiedliche Reaktionen im System ausgelöst. Es gibt Systeme, bei denen der Fahrer lediglich eine Information oder Warnung erhält und er selbstständig darauf reagieren muss. Dies ist beispielsweise bei der Anzeige von Verkehrszeichen im Display der Fall. Darüber hinaus gibt es Funktionen, die dauerhaft die Fahrzeugsteuerung beeinflussen, wie

---

[11] Vgl. zu rechtlichen Fragen in Zusammenhang mit Over-the-Air-Updates *May/Gaden*, InTer 2018, 110; *Voland/Conrady*, RAW 2019, 75 sowie → Teil 9.6 Rn. 43; → Teil 10.6 Rn. 25 in diesem Handbuch.
[12] *Möller/Haas*, Guide to Automotive Connectivity and Cybersecurity, S. 102.
[13] *BMVI*, „Eigentumsordnung" für Mobilitätsdaten?, S. 22.
[14] *Kaufmann*, Geschäftsmodelle in Industrie 4.0 und dem Internet der Dinge, S. 3.
[15] *Möller/Haas*, Guide to Automotive Connectivity and Cybersecurity, S. 114.
[16] Vgl. *VDA*, Mustertext zur Datenverarbeitung im Fahrzeug, abrufbar unter https://www.datenschutzkonferenz-online.de/media/ah/201802_ah_vda_mustertext.pdf (zuletzt abgerufen am 4.11.2019).

B. Technische Grundlagen

beispielsweise der Spurhalteassistent oder die adaptive Geschwindigkeitsregelung (ACC). Die Funktion ist dabei jederzeit durch den Fahrer übersteuerbar. Weiterhin gibt es Sicherheitsfunktionen, die in Notfallsituationen eingreifen, zB das automatische Notbremssystem oder das Nothaltesystem.[17] Hinsichtlich der Assistenzfunktionen, die dauerhaft Einfluss auf die Steuerung nehmen, wurde durch eine Projektgruppe der *Bundesanstalt für Straßenwesen* eine Klassifizierung unter Berücksichtigung des zunehmenden Automatisierungsgrads und der jeweils beim Fahrer verbleibenden Verantwortlichkeit vorgenommen.[18] Weitere Beispiele für Assistenzsysteme sind das Antiblockiersystem, das elektronische Stabilitätsprogramm, der Abbiegeassistent oder auch die Fahrermüdigkeitserkennung.[19]

Ab 2022 sollen nach Entscheidung der *EU-Kommission* Neufahrzeuge verpflichtend mit einer Vielzahl an Fahrerassistenzsystemen ausgestattet sein. Dazu gehören unter anderem ein Notbremssystem, ein Notfall-Spurhalteassistent sowie der intelligente Geschwindigkeitsassistent, der über GPS, Strecken- und Kameradaten den Fahrer auf Geschwindigkeitsüberschreitungen aufmerksam macht. Darüber hinaus soll es die Pflicht zum Verbau eines sog. Event Data Recorders („Black Box") geben. Dieser speichert im Falle einer Kollision unfallrelevante Daten von vor, während und nach dem Ereignis, die dann über Schnittstellen ausgelesen werden und von erheblicher Bedeutung für die Unfallrekonstruktion sein können.[20] Gesetzlich bereits normierte Speicherpflichten von Fahrzeugdaten finden sich im Bereich hoch- oder vollautomatisierter Fahrfunktionen nach § 63a StVG.[21]

III. Schnittstellen zum Fahrzeug

Laut *Bundesnetzagentur* handelt es sich bei der M2M-Kommunikation (Machine to Machine-Kommunikation) um einen zumeist automatisierten Informationsaustausch zwischen technischen Einrichtungen untereinander oder mit einer zentralen Datenverarbeitungsanlage, wobei ein Mensch in der Regel nicht beteiligt ist.[22] Im Bereich der Fahrzeugkommunikation wird unterschieden einerseits zwischen der Kommunikation des Fahrzeugs mit anderen Fahrzeugen (Car-to-Car Kommunikation) oder mit der Infrastruktur direkt (Car-to-Infrastructure) und andererseits mit den Servern des Herstellers oder Drittanbietern.

Es gibt eine Vielzahl an Schnittstellen im Fahrzeug, über die eine Kommunikation mit der Außenwelt ermöglicht wird. Über folgende sechs Schnittstellen kann ein Fahrzeug verfügen:[23]
- Fahrzeug zum Server des Herstellers
- Nutzerschnittstelle (USB, Bluetooth)
- eCall-Schnittstelle

---

[17] *Gasser/Seeck/Smith*, Rahmenbedingungen für die Fahrerassistenzentwicklung, in: *Winner/Hakuli/Lotz/Singer* (Hrsg.), Handbuch Fahrerassistenzsysteme, S. 29.
[18] *Gasser/Arzt/Ayoubi/Bartels/Bürkle/Eier/Flemisch/Häcker/Hesse/Huber/Lotz/Maurer/Ruth-Schumacher/Schwarz/Vogt*, Rechtsfolgen zunehmender Fahrzeugautomatisierung, Gemeinsamer Schlussbericht der BASt-Projektgruppe „Rechtsfolgen zunehmender Fahrzeugautomatisierung", 2012, abrufbar unter https://www.bast.de/BASt_2017/DE/Publikationen/Foko/Downloads/2017-2010/2012-11.html;jsessionid=F2CC5430EEDB450796C80E52855F0FB9.live21304?nn=1836812 (zuletzt abgerufen am 8.11.2019).
[19] Übersicht über Assistenzsysteme bei ADAC, Assistenzsysteme: So können sie Autofahrer entlasten, abrufbar unter https://www.adac.de/rund-ums-fahrzeug/ausstattung-technik-zubehoer/assistenzsysteme/fahrerassistenzsysteme/ (zuletzt abgerufen am 6.11.2019).
[20] Weiterführende Hinweise bei *Nugel*, ZD 2019, 341.
[21] Zur Frage nach dem Speicherort vgl. *Hoeren*, NZV 2018, 153; eine Rechtsverordnung aufgrund der Ermächtigungsgrundlage des § 63b S. 1 StVG wurde noch nicht erlassen. Auf EU- und auf internationaler Ebene (Wirtschaftskommission der Vereinten Nationen für Europa) werden derzeit technische Vorschriften für sogenannte Fahrmodus-Datenspeicher für automatisierte Fahrfunktionen, welche im Rahmen der EU-Typgenehmigung zu Grunde gelegt werden, erarbeitet; BT-Drs. 19/9544, 3.
[22] *BNetzA*, abrufbar unter https://www.bundesnetzagentur.de/DE/Sachgebiete/Telekommunikation/Unternehmen_Institutionen/Nummerierung/Rufnummern/M2M/M2M_node.html (zuletzt abgerufen am 10.11.2019).
[23] Vgl. Abbildung von *VDA*, abrufbar unter https://www.vda.de/de/themen/innovation-und-technik/datensicherheit/fahrzeug-schuetzen.html (zuletzt abgerufen am 4.11.2019).

- OBD-Schnittstelle („On-Board-Diagnose")
- Fahrzeug-zu-Fahrzeug/Fahrzeug-zu-Verkehrsinfrastrukur
- Fahrzeug zu Ladestation

11 Über die Schnittstelle zum Fahrzeughersteller sollen zudem nach dem Konzept des *Verbands der Automobilindustrie (VDA)* Fahrzeugdaten auch Dritten bereitgestellt werden. Das Konzept NEVADA-Share & Secure (NEVADA = Neutral Extended Vehicle for Advanced Data Access) soll die sichere Weitergabe von Fahrzeugdaten an die Industrie und an öffentliche Stellen ermöglichen. Ziel ist es, die Verkehrssicherheit zu verbessern und die Entwicklung eines fairen, diskriminierungsfreien Marktes rund um neue digitale Geschäftsmodelle zu unterstützen.[24] Dabei sollen alle Marktteilnehmer die gleichen im Fahrzeug generierten Daten wie die Fahrzeughersteller erhalten. Dies ist entweder über eine standardisierte Schnittstelle von den Servern der Fahrzeughersteller selbst oder über neutrale Server möglich. Definierte Kategorien von Daten, die geteilt werden sollen, sind 1) Daten für die Verbesserung der Straßensicherheit, 2) Daten für markenübergreifende Services, 3a) Daten für markenspezifische Services, 3b) Daten für die Komponentenanalyse und Produktoptimierung, 4) persönliche Daten.[25] Hinsichtlich des Zugriffs auf diese Fahrzeugdaten hat die *EU-Kommission* die Prinzipien Einwilligung der betroffenen Person, fairer und unverfälschter Wettbewerb, Datenschutz und Datensicherheit, manipulationssicherer Zugriff und Haftung sowie Datensparsamkeit aufgestellt.[26]

C. Ausgewählte Anwendungsbereiche des Connected Car

I. Online-Dienste im Fahrzeug

12 Die Kommunikation mit den Servern des Herstellers erfolgt zumeist „over-the-air" über das Mobilfunknetz. Grundbedingung hierfür ist das Vorhandensein einer Sende- und Empfangseinheit im Fahrzeug. Die technische und vertragliche Ausgestaltung ist dabei unterschiedlich. Eine Möglichkeit ist, dass der Hersteller werksseitig eine SIM-Karte fest im Fahrzeug verbaut (sog. Embedded SIM – eSIM). Der Vertrag über die Mobilfunkleistungen kann in diesem Fall entweder direkt zwischen dem Hersteller und dem Mobilfunkanbieter zustande kommen oder der Hersteller vermittelt diesen Vertrag an den Endnutzer. Eine weitere Möglichkeit ist, dass der Hersteller lediglich die technische Voraussetzung für die Integration einer SIM-Karte schafft und der Kunde eine eigene SIM Karte verwenden muss. Letztlich kann der Kunde auch durch die Kopplung des eigenen Smartphones die Konnektivität im Fahrzeug ermöglichen.[27] Als Nutzerschnittstelle stehen hier USB oder Bluetooth zur Verfügung.

1. eCall-Dienst

13 Gesetzlich vorgeschrieben ist bisher der eCall-Dienst. Die sog. eCall-Verordnung[28] ebnete den Weg für eine flächendeckende Ausstattung von Neufahrzeugen mit einer Mobilfunkschnittstelle. Entsprechend den Vorgaben der Verordnung ist in allen relevanten Neufahr-

---

[24] *VDA* Position, Zugang zum Fahrzeug und zu im Fahrzeug generierten Daten, 2016, abrufbar unter https://www.vda.de/de/themen/innovation-und-technik/datensicherheit/was-ist.html (zuletzt abgerufen am 9.11.2019).
[25] *VDA* Position, Zugang zum Fahrzeug und zu im Fahrzeug generierten Daten, 2016, abrufbar unter https://www.vda.de/de/themen/innovation-und-technik/datensicherheit/was-ist.html (zuletzt abgerufen am 9.11.2019).
[26] *EU Kommission*, Schlussbericht C-ITS Plattform, S. 11; *Kiparski/Sassenberg*, CR 2018, 596 (602).
[27] *Möller/Haas*, Guide to Automotive Connectivity and Cybersecurity, S. 227; *Werkmeister/Schuler/Böhm*, RAW 2019, 64 (67).
[28] Verordnung (EU) 2015/758, Abl. EU L 123/77.

zeugen seit dem 21.3.2018 ein bordeigenes eCall-System zu verbauen, das im Falle eines Unfalls automatisch über die Einwahl ins Mobilfunknetz eine Sprachverbindung zu einer Rettungsleitstelle aufbaut. Alternativ kann diese Verbindung auch über eine separate Notruftaste im Fahrzeug manuell ausgelöst werden, Art. 5 Abs. 2 eCall-VO. Neben der Sprachverbindung wird auch ein Mindestdatensatz an die jeweilige Rettungsleitstelle übermittelt. Dieser enthält ua den Zeitstempel des Unfalls, die Fahrzeug-Identifizierungsnummer, Informationen zum Standort, zur Fahrtrichtung des Fahrzeugs, Treibstoffart sowie die Anzahl der Insassen.[29] Diese Daten nutzt die Rettungsstelle, um die erforderlichen Rettungsmaßnahmen einzuleiten. Zusätzlich erlaubt die eCall-VO in Erwägungsgrund 15 das Angebot zusätzlicher privater Notrufsysteme sowie sonstiger Dienste mit Zusatznutzen, die technisch auf dem eCall-System aufbauen. Wie aus Erwägungsgrund 16 ersichtlich wird, beabsichtigte der Gesetzgeber mit dem eCall-System eine „frei zugängliche, interoperable und standardisierte Plattform" für datenverarbeitende Services im Fahrzeug und legte damit den Grundstein für eine fortschreitende Verkehrsvernetzung.[30] Das System ist vom Nutzer nicht deaktivierbar. Die Umsetzung des gesetzlich vorgesehen eCalls als „schlafendes System"[31], das sich nur im Bedarfsfall ins Mobilfunknetz einwählt, kann als Positivbeispiel für eine datenminimierende Gestaltung von Fahrzeugfunktionen angesehen werden.[32]

2. Weitere Beispiele für Online-Dienste

Neben dem gesetzlich vorgeschriebenen eCall-System gibt es zahlreiche weitere Online-Dienste. Diese werden zumeist beim Fahrzeugkauf mitbestellt. Anbieter können der Hersteller oder Dritte sein. Möglich ist jedoch auch ein nachträglicher Lizenzerwerb, etwa über ein Online-Portal oder über das Display im Fahrzeug. Voraussetzung für die Nutzung einiger Dienste ist das Einrichten eines Nutzerkontos. Sofern der Nutzer den Authentifizierungsprozess durchlaufen hat, können dann auch nutzerspezifische Einstellungen wie die Sitzposition oder andere Einstellungen automatisch übernommen werden.

Meist stehen Navigationsdienste in einem vernetzten Fahrzeug zur Verfügung. Diese enthalten zum Teil Echtzeitinformationen zu der aktuellen Verkehrslage und schlagen im Bedarfsfall Alternativrouten vor. Fahrzeuge können zudem Informationen zu Glatteis, Unfällen oder schlechter Sicht sammeln und diese über die Server des Diensteanbieters an andere Fahrzeuge weitergeben, sodass letztlich alle verbundenen Fahrzeuge von dieser Schwarmintelligenz profitieren. Ferner besteht bei sog. Remote Diensten ein Fernzugriff auf das Fahrzeug über das Smartphone des Nutzers. Daten des vernetzten Fahrzeugs können über verschiedene Frontends zugänglich gemacht werden. Dies sind im Bereich des Automobilsektors vor allem Internetportale, Apps und die Eingabemöglichkeit direkt im Fahrzeugdisplay.[33] Über eine App kann beispielsweise eine Fernabfrage des Fahrzeugstatus oder eine Programmierung der Standheizung erfolgen. Zudem ist denkbar, dass das Fahrzeug in der Zukunft bei erkanntem Wartungsbedarf selbstständig Ersatzteile bestellt oder Werkstatttermine vereinbart.

Für das Zukunftsfeld der Elektromobilität ist eine gute Vernetzung von Vorteil. Eine intelligente Routenplanung unter Einbeziehung des Batterieladezustandes und der verfügbaren Ladesäulen in der Nähe ermöglicht erst den Einsatz von Elektrofahrzeugen und deren Verwendung auch auf der Langstrecke. Teilweise kann auch die Bezahlung des Ladevorgangs über eine App auf dem Smartphone abgewickelt werden oder es werden zusätzlich die Preise der umliegenden Ladesäulen oder etwaige Zusatzangebote, wie Bonuspunkte etc., berücksichtigt. Auch die Parkplatzsuche kann durch konkrete Informatio-

---

[29] Dies ist in der Norm „Intelligente Transportsysteme – Elektronische Sicherheit – Minimaler Datensatz für den elektronischen Notruf eCall" festgelegt (DIN EN 15722:2015).
[30] Kritisch *Lüdemann*, ZD 2015, 247 (248).
[31] Specht/Mantz/*v. Bodungen*, Handbuch Europäisches und deutsches Datenschutzrecht, § 16 Rn. 27.
[32] Specht/Mantz/*v. Bodungen*, Handbuch Europäisches und deutsches Datenschutzrecht, § 16 Rn. 27.
[33] Vgl. allgemein *Grünwald/Nüßing*, MMR 2015, 378 (379).

nen zu frei gewordenen Parkplätzen in der Umgebung vereinfacht werden. Dies kann darüber hinaus zu einer Reduktion des CO_2-Ausstoßes im Straßenverkehr beitragen.

17 Die zunehmende Konnektivität ermöglicht auch das gemeinsame Nutzen von Fahrzeugen im Rahmen des sog. Carsharing. Besonders datenintensiv ist hier das nicht-stationsgebundene Carsharing-Modell. Dabei sind die Fahrzeuge über den öffentlichen Raum verteilt. Die Besonderheit ist, dass der Carsharing-Anbieter in der Regel ein Carsharing-Modul ins Fahrzeug integriert, das verschiedene Funktionen ermöglicht. Dies sind beispielsweise eine Erfassung der Mietdaten zur Abrechnung, die Ermittlung der Fahrzeugposition oder auch der Zugriff auf Sensordaten (zB Tankfüllstand) oder Aktordaten (zB Öffnen und Schließen des Fahrzeugs). Dabei liegt die Verantwortung für dieses Modul beim Carsharing-Anbieter als Halter des Fahrzeugs, und nicht mehr beim Hersteller. Diesem kommt in dieser Konstellation nur noch eine Nebenrolle als Lieferant des Fahrzeugs zu.[34]

18 Letztlich ist ebenso die Vernetzung mit anderen Bereichen möglich, zB mit Smart-Cities zur verbesserten Verkehrsführung oder mit Smart-Homes. So kann etwa die Meldung des Fahrzeugs an die Geräte im Smart-Home über die Ankunftszeit des Nutzers Smart-Heating unterstützen. Durch die Vernetzung mit Home-Charging-Lösungen könnte das Laden des Elektrofahrzeugs zeitlich so abgestimmt werden, dass zu möglichst günstigen Tarifen geladen und auch durch abgestimmte Ladevorgänge der gesamten Flotte in der Nachbarschaft die Netzspannung nicht negativ beeinflusst wird.

II. KFZ-Instandhaltung/-Wartung

19 Diagnosedaten und Fehlerspeichereinträge, die im Fahrzeug gespeichert sind, können über eine standardisierte, technische Schnittstelle (sog. OBD-Schnittstelle) mithilfe spezieller Diagnosewerkzeuge aus dem Fahrzeug ausgelesen werden. Dies erfolgt in der Regel durch eine Werkstatt im Rahmen eines Reparaturvorgangs. Hier schließt der Kunde einen Vertrag über die Reparatur mit dem Händler. In diesem Zusammenhang nutzt der Händler oftmals von den Herstellern bereitgestellte Systeme, zB ein Dealer Management System zur Verwaltung von Aufträgen, Systeme zur Abwicklung von Kostenübernahmen im Rahmen von Garantie- und Gewährleistungsfällen sowie Systeme zur Abfrage von Reparaturinformationen. Zum Teil unterstützt der Hersteller auch die Fehlerdiagnose durch die Erstellung von Fehlerreports. Dies ermöglicht es den Händlern, die Reparatur der immer komplexer werdenden Fahrzeuge ordnungsgemäß durchzuführen.[35] Neben der Möglichkeit die Daten lokal auszulesen, gibt es auch die Möglichkeit der Online-Diagnose. Dabei werden Sensor- und Diagnosedaten direkt über Mobilfunk an den Hersteller übertragen. Hierdurch kann eine Optimierung der Fahrzeugwartung erreicht werden. Insbesondere können Fehlfunktionen zeitnah erkannt werden. Dies ermöglicht dem Hersteller eine Überwachung im Rahmen seiner Produktbeobachtungspflichten und bietet Potenzial in Bezug auf die Produktoptimierung. Darüber hinaus können Werkstatttermine unmittelbar koordiniert werden.[36] Im Zusammenhang mit hoch- und vollautomatisierten Fahrfunktionen wird der Hersteller in der Zukunft zudem ein Interesse daran haben, aufgezeichnete Daten als Nachweis für die Fehlerfreiheit des Produkts zu verwenden.[37]

III. Car2Car/Car2X-Kommunikation

20 Car2Car und Car2X bezeichnen die Kommunikation der Fahrzeuge untereinander beziehungsweise mit der Infrastruktur. Hierbei ist das Fahrzeug in der Lage, mit seiner direkten

---

[34] *BMVI*, „Eigentumsordnung" für Mobilitätsdaten?, S. 25 f.
[35] *Kahl*, RAW 2019, 70 (71).
[36] *BMVI*, „Eigentumsordnung" für Mobilitätsdaten?, S. 21.
[37] *Kahl*, RAW 2019, 70 (72).

Außenwelt in Echtzeit zu kommunizieren (sog. **Nahbereichskommunikation**). In diesem Zusammenhang spricht man auch von sog. Ad-hoc-Verbindungen. Fahrzeuge mit einer entsprechenden Sendeeinheit können spontan Netzwerke mit anderen Fahrzeugen oder der Infrastruktur aufbauen, wobei ein Umweg über einen Server oder eine Cloud nicht erforderlich ist. Momentan beträgt die Reichweite etwa 800 m.[38] Die Nahbereichskommunikation soll dem **Aufbau intelligenter Verkehrssysteme** dienen (sog. Cooperative Intelligent Transport Systems, C-ITS). Über C-ITS sollen Signale zwischen den Verkehrsteilnehmern ausgetauscht werden, die Informationen zur Position und Geschwindigkeit des sendenden Fahrzeugs sowie über bestimmte potenziell gefährliche Situationen (zB Notbremsung eines vorausfahrenden Fahrzeugs, Staus, Glätte) enthalten. Auch können Informationen mit der Infrastruktur direkt ausgetauscht werden, etwa zur Optimierung der Geschwindigkeit für eine „Grüne Welle".

Ziel der *EU-Kommission* ist es, durch eine fortschreitende Vernetzung, Verkehrsüberlastungen, Verkehrsemissionen sowie Unfälle mit Toten und Verletzten zu reduzieren. Vorteil gegenüber anderen Navigationsdiensten ist die höhere Genauigkeit und Präzision der Informationen. Auch werden intelligente Verkehrssysteme eine enorme Bedeutung für die Entwicklung des autonomen Fahrens haben. Die via C-ITS übermittelten Signale werden die Entscheidungsfindung durch das Fahrzeug selbst, das hauptsächlich über Radar-, Lidar- und Kamerasysteme sowie hochauflösendes Kartenmaterial navigiert, erleichtern.[39]

Damit eine Kommunikation zwischen allen Verkehrsteilnehmern stattfinden kann, ist die Einigung auf einen einheitlichen Standard essentiell. Aktuell sind noch **verschiedene Technologien** zur Umsetzung der Nahbereichskommunikation im Verkehrssektor in der Diskussion. Zwei Schlüsseltechnologien stehen momentan im Mittelpunkt der Entwicklung zur Erbringung von C-ITS Diensten: Die auf Mobilfunknetz basierende Spezifikation 3GPP LTE-V2X (PC5) sowie eine WLAN-Technik nach der IEEE-Norm 802.11p.[40] Beide Technologien arbeiten in einem reservierten 5,9-GHz-Frequenzband, auf das man sich europaweit als Standard geeinigt hat.[41]

Die **WLAN-Technik** nach der IEEE-Norm 802.11p wurde explizit für den Zweck der Erbringung von C-ITS Diensten entwickelt und wurde bereits erfolgreich getestet.[42] Die Fahrzeuge kommunizieren hier direkt mit anderen Fahrzeugen über eine besondere WLAN-Spezifikation sowie mit sog. RoadSideUnits (RSUs).[43] Dies sind in die Verkehrsinfrastruktur integrierte digitale Geräte, die aktuelle Verkehrsinformationen beispielsweise zu Baustellen oder der Ampelschaltung senden können.[44] Zudem sind RSUs über Access Router untereinander sowie mit dem Internet verbunden. Darüber wird wiederum eine Anbindung an die Cloud ermöglicht. Somit können komplexere Berechnungen zu möglichen Kollisionspunkten von Fahrzeugen auf der Grundlage der gesendeten Signale in der Cloud stattfinden und die Ergebnisse werden über RSUs wiederum in die Fahrzeuge gesendet.[45] Die WLAN-Technik ermöglicht dabei eine verzögerungsfreie, direkte Kommuni-

---

[38] *Hommen*, EU entscheidet über V2X-Standard – Grünes Licht für WLAN, 2019, abrufbar unter https://www.next-mobility.news/eu-entscheidet-ueber-v2x-standard-gruenes-licht-fuer-wlan-a-823761/ (zuletzt abgerufen am 5.11.2019).
[39] *EU Kommission*, EU-Strategie für eine cooperative, vernetzte und automatisierte Mobilität, 2016, abrufbar unter https://europa.eu/rapid/press-release_MEMO-16-3933_de.htm (zuletzt abgerufen am 9.11.2019).
[40] *5G Automotive Association*, An assessment of LTE-V2X (PC5) and 802.11p direct communications technologies for improved road safety in the EU vom 5.12.2017, S. 7, abrufbar unter: https://5gaa.org/wp-content/uploads/2017/12/5GAA-Road-safety-FINAL2017-12-05.pdf (zuletzt abgerufen am 5.11.2019).
[41] *Weichert*, SVR 2016, 361 (362).
[42] COM (2019) 1789 final, abrufbar unter https://ec.europa.eu/transparency/regdoc/rep/3/2019/DE/C-2019-1789-F1-DE-MAIN-PART-1.PDF (zuletzt abgerufen am 5.11.2019).
[43] *Geiger*, Connected Car und Car2X Communication, 2018, abrufbar unter https://www.ias.uni-stuttgart.de/service/begriffslexikon/connected-car-und-car2x-communication/ (zuletzt abgerufen am 5.11.2019).
[44] *Weichert*, SVR 2016, 361 (362).
[45] *Geiger*, Connected Car und Car2X Communication, 2018, abrufbar unter https://www.ias.uni-stuttgart.de/service/begriffslexikon/connected-car-und-car2x-communication/ (zuletzt abgerufen am 5.11.2019).

kation und erfordert keine flächendeckende Mobilfunkabdeckung.[46] Die Signale werden je nach Nachrichtentyp entweder periodisch oder ereignisbezogen gesendet. Zwei Nachrichtentypen sind zu unterscheiden: Cooperative Awareness Messages (CAM) und Decentralised Environmental Notification Messages (DENM). CAMs sind Statusnachrichten, die periodisch gesendet werden und Informationen wie die Identifikationsnummer, den Zeitstempel und die Geschwindigkeit enthalten. DENMs senden Informationen zu kritischen Verkehrssituationen wie einem Unfall oder Glätte. Diese Informationen sollen über das gesamte Car2Car-Netz verteilt werden.[47] Erste Automobilhersteller verbauen die Funktechnologie bereits serienmäßig und könnten damit Vorreiter in der Etablierung eines möglichen Technologiestandards werden.[48]

24 Demgegenüber besitzt die Technologie LTE-V2X den Vorteil, dass neben der Direktkommunikation auch eine Kommunikation über den kommerziellen Mobilfunk möglich ist und damit unter anderem auch eine Verbindung zu Backend Systemen oder cloudbasierten Anwendungen hergestellt werden kann. Zudem ist diese Technologie kompatibel zu den Entwicklungen im Bereich des Mobilfunks, insbesondere im Hinblick auf den Ausbau zu einer 5G-Abdeckung. Daneben ist ebenso eine Nahbereichskommunikation wie beim WLAN-Standard möglich.[49] Die geringe Übertragungszeit von unter 20 Millisekunden lässt sich dabei durch sog. Cloudlets erreichen. So brauchen Signale nicht erst zu Servern gesendet, sondern können direkt weitergeleitet werden.[50]

25 Der **Entwurf eines delegierten Rechtsakts zu C-ITS** zur Ergänzung der Richtlinie 2010/40/EU sah das Konzept einer ‚hybriden Kommunikation'[51] vor. Diese beinhaltete die Kombination zweier Technologiearten. Zum einen sollte die WLAN-Technik nach der IEEE-Norm 802.11p als Standard festgelegt werden und zum anderen sollte 3G/4G-Mobilfunk für die Fernbereichskommunikation genutzt werden.[52] Der Entwurf wurde letztlich abgelehnt, sodass ein einheitlicher Standard bisher nicht existiert.[53] Dies lässt Raum für einen technologieneutralen Ansatz, den auch die Bundesregierung vertritt.[54]

26 Um den Anforderungen der IT-Sicherheit gerecht zu werden und die Authentizität und Integrität des Systems zu gewährleisten, erfolgt die Kommunikation unter der Vergabe von **Sicherheitszertifikaten.** Nur autorisierte Fahrzeuge dürfen an den Kommunikationsprozessen teilhaben. Die Verwaltung dieser Sicherheitszertifikate erfordert den Aufbau einer sog. Public-Key-Infrastruktur. Im Sinne des Datenschutzes wird eine weitgehende Pseudonymisierung angestrebt. Um der Gefahr eines dauerhaften Trackings entgegen zu wirken,

---

[46] *Jansen/Grewe,* RAW 2019, 2 (2).
[47] *BMVI,* „Eigentumsordnung" für Mobilitätsdaten?, 2017, S. 36.
[48] *Volkswagen AG,* Car2X: die neue Ära intelligenter Fahrzeugvernetzung, abrufbar unter https://www.volkswagenag.com/de/news/stories/2018/10/car2x-networked-driving-comes-to-real-life.html (zuletzt abgerufen am 5.11.2019).
[49] *5G Automotive Association,* An assessment of LTE-V2X (PC5) and 802.11p direct communications technologies for improved road safety in the EU vom 5.12.2017, S. 7, abrufbar unter: https://5gaa.org/wp-content/uploads/2017/12/5GAA-Road-safety-FINAL2017-12-05.pdf (zuletzt abgerufen am 5.11.2019).
[50] *BMWi,* Echtzeitkommunikation zwischen Fahrzeugen über das LTE Mobilfunknetz, abrufbar unter https://www.bmwi.de/Redaktion/DE/Artikel/Digitale-Welt/Intelligente-Vernetzung/KARTE-Best-Practice/037-echtzeitkomm-fahrzeuge-lte-netz-projektsteckbrief.html (zuletzt abgerufen am 8.11.2019).
[51] COM (2019) 1789 final, S. 8, abrufbar unter https://ec.europa.eu/transparency/regdoc/rep/3/2019/DE/C-2019-1789-F1-DE-MAIN-PART-1.PDF (zuletzt abgerufen am 5.11.2019).
[52] COM (2019) 1789 final, S. 8, abrufbar unter https://ec.europa.eu/transparency/regdoc/rep/3/2019/DE/C-2019-1789-F1-DE-MAIN-PART-1.PDF (zuletzt abgerufen am 5.11.2019).
[53] *Delhaes,* WLAN oder LTE? Während Scheuer bremst, vernetzen VW und andere ihre Autos, 2019, in Handelsblatt, abrufbar unter https://www.handelsblatt.com/politik/deutschland/vernetztes-fahren-wlan-oder-lte-waehrend-scheuer-bremst-vernetzen-vw-und-andere-ihre-autos/24700430.html?ticket=ST-774518-UXbx1SjBjE04K6BnqQex-ap5 (zuletzt abgerufen am 8.11.2019).
[54] Deutschland hat ebenfalls gegen den Vorschlag der EU-Kommission gestimmt. Vgl. *Deutscher Bundestag,* Pressemitteilung, Technologien für das vernetzte Fahren, 2019, abrufbar unter https://www.bundestag.de/presse/hib/666388-666388 (zuletzt abgerufen am 9.11.2019); BT-Drs. 19/14249, 3, abrufbar unter http://dip21.bundestag.de/dip21/btd/19/142/1914249.pdf (zuletzt abgerufen am 5.11.2019).

ist ein Wechsel der Pseudonyme über die Zeit erforderlich (Nichtverkettbarkeit der Zertifikate).[55]

D. Datenschutzrechtliche Besonderheiten beim Connected Car

Das vernetzte Fahrzeug generiert eine enorme Menge an Daten. Schätzungen zufolge wird ein vernetztes Fahrzeug in der Zukunft bis zu 30 Terabyte Daten pro Tag verarbeiten.[56] Diese werden mit unterschiedlichen Akteuren geteilt und beispielsweise für die Serviceerbringung, Produktverbesserungen, Bezahlfunktionen und viele weitere Zwecke verwendet. Dies führt zu einer Durchdringung nahezu aller Lebensbereiche des Betroffenen. Besonderes Augenmerk ist daher auf die datenschutzrechtlichen Anforderungen zu legen.

I. Anwendbares Recht

Zunächst stellt sich die Frage, welches Recht Anwendung findet. Datenschutzrechtliche Regelungen finden sich sowohl in der DS-GVO und im BDSG (neu) als auch im TKG und TMG. Gerade im Bereich des Automobilsektors ist eine trennscharfe Abgrenzung problematisch. Sofern in einem vernetzten Fahrzeug beispielsweise ein freier Internetzugang angeboten wird, handelt es sich um eine Signalübertragungsleistung und damit liegt ein Telekommunikationsdienst vor.[57] Damit würden die Vorgaben der §§ 91 ff. TKG zu Bestands-, Verkehrs- und Standortdaten greifen. Sind jedoch weitere Leistungen durch den Hersteller mit dem Zugang verbunden, kommen zugleich die Einordung als Telemediendienst und die Regelungen der §§ 11 ff. TMG in Betracht.[58] Letztlich ist für die Einordnung eine Einzelfallbetrachtung für jeden einzelnen Dienst erforderlich. Unabhängig von der Einordnung des Dienstes stellt sich jedoch die Frage, inwieweit die Regelungen im TKG und TMG nach Inkrafttreten der DS-GVO überhaupt anwendbar bleiben. Dabei ist für die §§ 11 ff. TMG von einer Verdrängung durch die DS-GVO auszugehen.[59] Auch das TKG dürfte in Teilen von der DS-GVO überlagert werden.[60] Daher konzentriert sich dieser Beitrag im Folgenden auf die Regelungen der DS-GVO.

II. Fahrzeugdaten im Lichte der DS-GVO

1. Personenbezug von Fahrzeugdaten

Die DS-GVO findet Anwendung auf Fahrzeugdaten, soweit diese Informationen über eine **identifizierte oder identifizierbare natürliche Person** enthalten (Art. 1 Abs. 1, Art. 4 Abs. 1 DS-GVO). Daten, die **rein technischer Natur** sind, beinhalten dagegen lediglich Informationen über eine Sache und sind als anonym anzusehen. Dies trifft zum Teil auf physikalische Werte zu, die über die Fahrzeugsensoren ermittelt werden, wie die Außentemperatur oder das Einspritzverhalten des Motors. Je nach Datum ist dabei aber

---

[55] *Weichert*, SVR 2016, 361 (364); *Article 29 Working Party*, WP 252, S. 7.
[56] *SAS*, The Connected Vehicle: Big Data, Big Opportunities, S. 1, abrufbar unter https://www.sas.com/content/dam/SAS/en_us/doc/whitepaper1/connected-vehicle-107832.pdf (zuletzt abgerufen am 10.11.2019).
[57] *Herrmann*, RAW 2017, 19 (20).
[58] *Herrmann*, RAW 2017, 19 (20).
[59] Gola/*Piltz*: Datenschutzgrundverordnung, Art. 95 Rn. 19; Specht/Mantz/*von Bodungen*, Handbuch Europäisches und deutsches Datenschutzrecht, § 16 Rn. 5; Positionsbestimmung der Konferenz der unabhängigen Datenschutzbehörden des Bundes und der Länder vom 26.4.2018 zur Anwendbarkeit des TMG für nicht-öffentliche Stellen ab dem 25.5.2018, S. 2.
[60] Specht/Mantz/*v. Bodungen*, Handbuch Europäisches und deutsches Datenschutzrecht, § 16 Rn. 5; ausführliche Auseinandersetzung zum Thema TK-Recht im Bereich des vernetzten Fahrzeugs bei *Herrmann*, RAW 2017, 19; *Werkmeister/Schuler/Böhm*, RAW 2019, 64; *Stender-Vorwachs/Steege*, MMR 2018, 212.

auch ein Rückschluss auf das Verhalten des Halters oder des Fahrers möglich. Daten wie der Füllstand, der Verbrauch, die Durchschnittsgeschwindigkeit oder auch die in den Fehlerspeichern abgelegten Fehlermeldungen können beispielsweise Hinweise auf das Fahrverhalten geben. Entscheidend ist, inwiefern ein persönlichkeitsrechtlicher Bezug besteht.[61] Relevant ist daher, inwiefern zusätzliche **Identifikatoren** einen Personenbezug ermöglichen. Sofern eine Verknüpfung der Daten mit der Fahrzeugidentifikationsnummer (FIN) oder dem KFZ-Kennzeichen gegeben ist, ist jedenfalls von einem Personenbezug auszugehen.[62] Eine Verknüpfung zum **Halter** ist dabei über das Fahrzeugregister des Kraftfahrt-Bundesamts möglich, in dem Name und Anschrift des Fahrzeughalters zusammen mit der FIN bzw. dem KFZ-Kennzeichen gespeichert sind (§ 33 Abs. 1, 2 StVG). Über eine Auskunftsanfrage ist damit die Möglichkeit der Identifizierung gegeben. Sowohl die FIN als auch das KFZ-Kennzeichen werden vor diesem Hintergrund als personenbezogen eingeordnet, § 45 S. 2 StVG.[63]

30 Unproblematisch kann ein Personenbezug von Fahrzeugdaten zu einem **Fahrer** dann angenommen werden, wenn eine Verknüpfung zu einem Online-Nutzerkonto etwa bei einem Carsharing-Anbieter oder beim Hersteller selbst im Rahmen der Nutzung von Online-Diensten besteht. Auch die Vernetzung mit dem Smartphone, mit Smart-Home- oder Smart-City-Applikationen kann zu einer Identifizierbarkeit des jeweiligen Nutzers führen. Neben dem Halter und dem Fahrer können letztlich auch **Mitfahrer** und **andere Verkehrsteilnehmer** als Betroffene angesehen werden. So zeichnet etwa die Spracherkennung im Fahrzeug auch die Stimme des Mitfahrers auf. Im Hinblick auf die Verwendung von Dashcams oder auch die kamerabasierte Navigation von autonom fahrenden Fahrzeugen sind andere Verkehrsteilnehmer als Betroffene anzusehen. Gegebenenfalls kann ein Personenbezug auch durch eine **Kombination von Daten** bzw. durch Big Data Analysen möglich werden.[64] So könnte das Höhenprofil, der Lenkwinkel sowie die Geschwindigkeit einen Rückschluss auf die gefahrene Strecke zulassen. Für die Frage nach der Identifizierbarkeit ist jedoch immer auch der dafür erforderliche Aufwand relevant.[65]

31 Zu berücksichtigen ist zudem die unterschiedliche **Datenschutzrelevanz von Fahrzeugdaten.** Nach Einschätzung des *VDA* sind Sensordaten nicht oder gering datenschutzrelevant, während Navigationsziele und Bewegungsprofile eine mittlere bzw. hohe Datenschutzrelevanz aufweisen.[66] Auch hier kann jedoch die Kombination von Daten zu einer höheren Relevanz führen. Besonders sensibel sind in diesem Zusammenhang Geopositionsdaten, da hier die Gefahr detaillierter Bewegungsprofile besteht. Sofern das GPS-Datum Rückschlüsse zulässt auf einen Wohn- oder Arbeitsort oder auf einen anderen bewusst gewählten Aufenthaltsort, könnten sich aus der Kombination verschiedener Daten aus dem Fahrzeug in Zusammenschau mit den Aufenthaltsorten der Fahrer Einblicke in das Verhalten oder die Vorlieben ergeben.[67] Inwiefern jedoch einzelne GPS-Daten unabhängig davon allgemein als personenbeziehbar angesehen werden sollten, ist fraglich.

---

[61] *Weichert*, NZV 2017, 507 (510).
[62] *Gemeinsame Erklärung der Konferenz der unabhängigen Datenschutzbehörden des Bundes und der Länder und des Verbandes der Automobilindustrie (VDA)* – Datenschutzrechtliche Aspekte bei der Nutzung vernetzter und nicht vernetzter Kraftfahrzeuge, S. 1.
[63] Zweifelhaft ist, ob die Fiktion nach der Vollharmonisierung durch die DS-GVO noch Bestand haben kann, siehe Sydow/*Ziebarth*, DS-GVO, Art. 4 Rn. 18 Fn. 45.
[64] *Roßnagel*, SVR 2014, 281 (284); Personenbezug kritisch, kein irrelevantes Datum mehr, *Krügel*, ZD 2017, 455.
[65] Erwägungsgrund 26 DS-GVO; Sydow/*Ziebarth*, DS-GVO, Art. 4 Rn. 22.
[66] *VDA*, Landkarte der Daten-Kategorien beim vernetzten Fahrzeug, abrufbar unter https://www.vda.de/de/themen/innovation-und-technik/vernetzung/datenschutz-prinzipien-fuer-vernetzte-fahrzeuge.html (zuletzt abgerufen am 9.11.2019).
[67] *Lüdemann*, ZD 2015, 247 (250).

2. Datenschutzrechtliche Verantwortlichkeit

Im Automobilbereich gibt es verschiedene Akteure, die als Verantwortliche der Datenverarbeitung in Betracht kommen. Verantwortlicher ist gemäß Art. 4 Nr. 7 DS-GVO derjenige, der über die Zwecke und Mittel der Verarbeitung entscheidet. Nach der gemeinsamen Erklärung der unabhängigen Datenschutzbehörden des Bundes und der Länder sowie des VDA ist bei Fahrzeugdaten der Zeitpunkt der Datenerhebung entscheidend.[68] Bei **Offline-Fahrzeugen** ohne Funkverbindung findet eine Erhebung der Daten erst beim Auslesen zB zu Reparaturzwecken statt, sodass hier die Verantwortung regelmäßig bei der Werkstatt liegen wird. Bei **Online-Fahrzeugen** hingegen ist bereits das Versenden der Daten aus dem Fahrzeug heraus über die Funkverbindung als Erhebung zu bewerten. In diesem Fall wird die Verantwortlichkeit in der Regel beim Hersteller und etwaigen weiteren Diensteanbietern zu verorten sein.[69] Diese Unterteilung ist auch vor dem Hintergrund des Schutzgedankens der DS-GVO nachvollziehbar. Solange eine Erhebung nicht stattgefunden hat, hat auch noch keine Zweckbestimmung stattgefunden. Allein die technische Ermöglichung der Ausleitung ohne weitergehende Zweckbestimmung für die spätere Datenverarbeitung kann noch nicht zu einer Verantwortlichkeit führen. Der Schutzbereich der informationellen Selbstbestimmung kann erst dann betroffen sein, wenn ein Dritter von den Daten Kenntnis erlangen kann. Vor Erhebung verbleiben die Daten dagegen im Zugriffsbereich des Betroffenen und dem Aspekt der Selbstbestimmung ist ausreichend Rechnung getragen. Erst durch einen bewussten Mitwirkungsakt des Nutzers kann es überhaupt zu einer Verarbeitung der Daten kommen.[70] Dessen ungeachtet sollten jedoch vor dem Hintergrund der Effektivität des Betroffenenschutzes die Grundsätze des *Privacy by Design* bereits bei Programmierung der relevanten Steuergeräte berücksichtigt werden.[71] Insofern bleiben der Hersteller bzw. Zulieferer in der Pflicht.

Eine Verantwortung des Herstellers scheidet in den Fällen aus, in denen er keinerlei Einfluss auf die Zwecke der Datenverarbeitung hat. Dies kommt beispielsweise in Betracht, wenn Dritte eigene Komponenten mit einem Speicher verbauen, auf deren gespeicherte Daten der Hersteller weder Einfluss noch Zugriff hat.[72] Möglich ist auch das Vorliegen einer gemeinsamen Verantwortlichkeit im Sinne des Art. 26 Abs. 1 S. 1 DS-GVO. Eine Verantwortlichkeit des Fahrers hingegen kommt etwa beim Einsatz einer Dash-Cam in Betracht.[73]

3. Rechtsgrundlagen

Für die Verarbeitung von Fahrzeugdaten können unterschiedliche Rechtsgrundlagen herangezogen werden. Soweit die Datenverarbeitung erforderlich ist zur **Erfüllung eines Vertrages,** folgt die Zulässigkeit aus Art. 6 Abs. 1 lit. b DS-GVO. Unter diesen Erlaubnistatbestand fallen allein Daten, die zwingend zur Erreichung des sich aus dem Vertrag ergebenden Zwecks erforderlich sind. Sofern andere Alternativen zur Zweckerreichung in Betracht kommen, entfällt die Erforderlichkeit. Das bloße Aufnehmen der Datenverarbeitung

---

[68] *Gemeinsame Erklärung der Konferenz der unabhängigen Datenschutzbehörden des Bundes und der Länder und des Verbandes der Automobilindustrie (VDA),* Datenschutzrechtliche Aspekte bei der Nutzung vernetzter und nicht vernetzter Kraftfahrzeuge, S. 1.
[69] *Gemeinsame Erklärung der Konferenz der unabhängigen Datenschutzbehörden des Bundes und der Länder und des Verbandes der Automobilindustrie (VDA),* Datenschutzrechtliche Aspekte bei der Nutzung vernetzter und nicht vernetzter Kraftfahrzeuge, S. 2.
[70] So auch *Roßnagel,* SVR 2014, 281 (284).
[71] *Gemeinsame Erklärung der Konferenz der unabhängigen Datenschutzbehörden des Bundes und der Länder und des Verbandes der Automobilindustrie (VDA),* Datenschutzrechtliche Aspekte bei der Nutzung vernetzter und nicht vernetzter Kraftfahrzeuge, S. 2; vgl. auch *European Data Protection Board,* Guidelines 4/2019 on Article 25 Data Protection by Design and by Default, 13.11.2019, S. 4.
[72] *Specht/Mantz/v. Bodungen,* Handbuch Europäisches und deutsches Datenschutzrecht, § 16 Rn. 22.
[73] *Werkmeister/Schröder,* RAW 2015, 82 (85); vgl. zur Zulässigkeit von Dashcams *BayLDA,* 8. Tätigkeitsbericht, 2017/2018, S. 110, 111; *LfDI BW,* 34. Tätigkeitsbericht, 2018, S. 87.

in die Vertragsbedingungen führt nicht zu einer faktischen Erforderlichkeit der Verarbeitung.[74] So ist beispielsweise die Übermittlung des Abstellortes bei Carsharing-Angeboten an den Anbieter erforderlich, damit dieser seine Fahrzeuge wieder findet bzw. diese neu verteilen kann. Nicht erforderlich dürfte hingegen die dauerhafte Aufzeichnung der gesamten Fahrtroute sein.[75] Zu beachten ist zudem, dass die betroffene Person Partei des Vertrages sein muss. Sind **Fahrer und Halter nicht identisch** oder sind **Mitfahrer** vorhanden, ist daher in der Regel eine andere Rechtsgrundlage in Betracht zu ziehen.

35   Auch im Rahmen der **Einwilligung** nach Art. 6 Abs. 1 lit. a DS-GVO führt die Vielzahl an möglichen Betroffenen zu erheblicher Komplexität. Diskutiert wird in diesem Zusammenhang die Höchstpersönlichkeit der Einwilligungserklärung.[76] Jedenfalls gelten aber für eine mögliche Vollmacht die gleichen Anforderungen wie für die Einwilligung selbst.[77] Sofern also Halter und Fahrer nicht identisch sind oder die Fahrer wechseln, ist eine Einwilligung von jedem Betroffenen erforderlich.[78] Dem Verantwortlichen obliegt die Nachweispflicht, dass eine Einwilligung von dem jeweils relevanten Betroffenen vorliegt, von dem die Daten erhoben wurden. Dabei sind beispielsweise Geopositionsdaten zumeist als personenbezogene Daten des Fahrers einzuordnen, sodass stets dessen Einwilligung zum relevanten Zeitpunkt vorliegen muss. Die praktische Umsetzbarkeit ist dabei fraglich. Zum Teil wird die Möglichkeit anerkannt, dass der Verantwortliche die Pflicht zur Einholung der Einwilligung vertraglich auf den Halter abwälzen kann. Offen bleibt, welche Folgen die Nichteinholung der Einwilligung durch den Halter für den Verantwortlichen hat.[79]

36   Möglich ist die Verarbeitung von Fahrzeugdaten zudem auf der Rechtsgrundlage der **berechtigten Interessen** nach Art. 6 Abs. 1 lit. f DS-GVO. Diese Rechtsgrundlage ist jedenfalls dann in Betracht zu ziehen, wenn die betroffene Person wie etwa der Fahrer oder Mitfahrer nicht Vertragspartner des Verantwortlichen ist, sondern allein der Halter.[80] Daneben dürfte einer der Hauptanwendungsfälle im Bereich der **Produktbeobachtung** liegen. Aus § 823 Abs. 1 BGB ergibt sich für Fahrzeughersteller die Pflicht, Ihre Fahrzeuge nach Inverkehrbringen im Hinblick auf etwaige Fehler und Gefahren zu beobachten sowie im Zweifel erforderliche Maßnahmen zu ergreifen.[81] Durch die Vernetzung der Fahrzeuge ist ein Zugriff auf die Daten im Fahrzeug technisch möglich. Zum Teil werden produkthaftungsrechtlich relevante Daten auch bereits auf Basis der Diensterbringung an den Hersteller übermittelt. Die Auswertung dieser Daten zum Zwecke der Produktbeobachtung sollte im Regelfall auf ein berechtigtes Interesse des Herstellers gestützt werden können, jedenfalls sofern weitere Maßnahmen wie etwa eine Pseudonymisierung der Daten vorgenommen wird. Dafür spricht, dass diese Art der Produktbeobachtung sehr effektiv ist, da eine Gefahr in Echtzeit erkannt werden kann.[82] Zudem ist zu berücksichtigen, dass die rasante Entwicklung im Automobilbereich hin zu vollautomatisierten Fahrfunktionen ein erhöhtes Gefahrenpotenzial beinhaltet und eine zeitnahe Überwachung auch im Sinne der Verkehrssicherheit angezeigt ist.[83] Dabei ist zu beachten, dass mit den neuen technischen Möglichkeiten der Datenverarbeitung auch entsprechende Pflichten einhergehen.[84]

---

[74] *European Data Protection Board*, Guidelines 2/2019 on the processing of personal data under Article 6(1)(b) GDPR in the context of the provision of online services to data subjects, zuletzt abgerufen am 8.10.2019, Rn. 23, 24, 25; aA *Engeler*, ZD 2018, 55 (58).
[75] Specht/Mantz/*von Bodungen*, Handbuch Europäisches und deutsches Datenschutzrecht, § 16 Rn. 36.
[76] Für Höchstpersönlichkeit *Lüdemann*, ZD 2015, 247 (252); *Ernst*, ZD 2017, 110 (111); für Höchstpersönlichkeit jedenfalls in Bezug auf den Halter Specht/Mantz/*v. Bodungen*, Handbuch Europäisches und deutsches Datenschutzrecht, § 16 Rn. 35; für die Möglichkeit einer Vertretung Kühling/Buchner/*Buchner/Kühling*, DS-GVO BDSG, Art. 7 Rn. 31.
[77] Kühling/Buchner/*Buchner/Kühling*, DS-GVO BDSG, Art. 7 Rn. 31.
[78] *Lüdemann*, ZD 2015, 247 (252).
[79] Specht/Mantz/*v. Bodungen*, Handbuch Europäisches und deutsches Datenschutzrecht, § 16 Rn. 35.
[80] Specht/Mantz/*v. Bodungen*, Handbuch Europäisches und deutsches Datenschutzrecht, § 16 Rn. 38.
[81] Schulze/*Staudinger*, BGB, § 823 Rn. 176.
[82] *Droste*, CCZ, 2015, 105 (110).
[83] Specht/Mantz/*v. Bodungen*, Handbuch Europäisches und deutsches Datenschutzrecht, § 16 Rn. 39.
[84] *Droste*, CCZ, 2015, 105 (110).

D. Datenschutzrechtliche Besonderheiten beim Connected Car

In Betracht kommt die Rechtsgrundlage der Interessenabwägung auch für die Datenverarbeitung im Rahmen von **intelligenten Verkehrssystemen** (C-ITS). Die Erhöhung der Verkehrssicherheit, die Vermeidung von Unfällen und die Verbesserung des Verkehrsflusses sind dabei als besonders gewichtige Interessen anzusehen, deren Verwirklichung auch dem Gemeinwohl zu Gute kommt. Durch geeignete Pseudonymisierungsmaßnahmen könnte unter Umständen auch die Verarbeitung von Standortdaten gerechtfertigt sein.[85] Vor dem Hintergrund, dass durch die Kommunikation mit unzähligen anderen Verkehrsteilnehmern die konkrete Datenverarbeitung vor Fahrtantritt nicht absehbar ist und auch nicht alle Datenverarbeitungsvorgänge inhaltlich ähnlich sind, ist allerdings eine einheitliche Interessenabwägung für alle theoretisch möglichen Datenverarbeitungen schwierig.[86] Die Erteilung von Einwilligungen in diesem Zusammenhang ist praktisch kaum umsetzbar. Im Endeffekt dürfte hier nur eine spezialgesetzliche Rechtsgrundlage die erforderliche Rechtssicherheit schaffen.[87] Im Übrigen sei auf die allgemeinen Ausführungen zu den Rechtsgrundlagen der DS-GVO in Teil 6 verwiesen.[88]

37

4. Allgemeine Datenschutzprinzipien für vernetzte Fahrzeuge

Elementare Datenschutzprinzipien für vernetzte Fahrzeuge sind **Transparenz**, Selbstbestimmung und Datensicherheit.[89] Betroffene sind umfänglich und transparent über die Datenverarbeitung im vernetzten Fahrzeug aufzuklären. Die Informationen können beispielsweise über das Display im Fahrzeug abrufbar sein. Nach Ansicht der Datenschutzaufsicht ist die Erfüllung der Informationspflichten auch in abgestufter Form möglich (mit „Medienbruch"), sodass auch weitergehende Informationen beispielsweise auf einer Homepage bereitgestellt werden könnten.[90] Der *Europäische Datenschutzausschuss* empfiehlt zudem, relevante Informationen in unterschiedlichen Kanälen und Medien zur Verfügung zu stellen („multi-channel" Ansatz). Neben schriftlichen Informationen sind zum Beispiel kurze Videos auf der Homepage denkbar.[91] Zudem sollte der Kunde über eine Funktionsanzeige im Fahrzeug selbst einen Überblick über aktive Funktionen im Fahrzeug erhalten. Ziel sind standardisierte Symbole im Cockpit, die den Vernetzungsstatus anzeigen.[92]

38

Um dem Gedanken der **Selbstbestimmung** Rechnung zu tragen, sind technische Möglichkeiten im Fahrzeug vorzusehen, wodurch der Zugriff auf einzelne Datenkategorien im Fahrzeug selektiv gewährt oder entzogen werden kann.[93] Zudem sollte der Nutzer seine Daten selbst wieder löschen können, soweit keine rechtlichen Verpflichtungen entgegenstehen. Zu beachten ist, dass der Grundsatz des **Privacy by Design** nach Art. 25 Abs. 1 DS-GVO bereits in der Entwicklungsphase der Funktionen zu bedenken ist.[94] Dabei sollte stets eine Datenverarbeitung innerhalb des Fahrzeugs erwogen werden, soweit

39

---

[85] *Jansen/Grewe*, RAW 2019, 2 (4).
[86] *Jansen/Grewe*, RAW 2019, 2 (4).
[87] *Jansen/Grewe*, RAW 2019, 2 (4).
[88] Siehe → Teil 10.6 Rn. 48 ff. sowie → Teil 6.6 Rn. 245 ff.
[89] *VDA*, Datenschutz-Prinzipien für vernetzte Fahrzeuge, 2014.
[90] *BayLDA*, 8. Tätigkeitsbericht, 2017/2018, Ziff. 7.1.1; siehe auch *Article 29 Working Party*, WP 260, abrufbar unter https://ec.europa.eu/newsroom/article29/item-detail.cfm?item_id=622227 (zuletzt abgerufen am 9.11.2019).
[91] *European Data Protection Board*, Guidelines 4/2019 on Article 25 Data Protection by Design and by Default, 13.11.2019, Rn. 61.
[92] *Gemeinsame Erklärung der Konferenz der unabhängigen Datenschutzbehörden des Bundes und der Länder und des Verbandes der Automobilindustrie (VDA)*, Datenschutzrechtliche Aspekte bei der Nutzung vernetzter und nicht vernetzter Kraftfahrzeuge, S. 3.
[93] *BfDI*, Datenschutzrechtliche Empfehlungen zum automatisierten und vernetzten Fahren, abrufbar unter https://www.bfdi.bund.de/SharedDocs/Publikationen/Entschliessungssammlung/IntDSK/2017_39IDSK_HongKong_EntschliessungVernetztenAutos.html;jsessionid=DD4573917262CAF1CA4D755906553C1F1_cid319?nn=5217016 (zuletzt abgerufen am 9.11.2019).
[94] Für ausführliche Hinweise siehe *European Data Protection Board*, Guidelines 4/2019 on Article 25 Data Protection by Design and by Default, 13.11.2019.

dies technisch möglich ist. Im Hinblick auf die Programmierung von Datenspeichern in den Steuergeräten ist zudem der Grundsatz der Datenminimierung zu beachten. Zudem sind soweit wie möglich effektive Pseudonymisierungs- und Anonymisierungsmaßnahmen zu ergreifen.[95]

40 Weiterhin ist im Rahmen der Entwicklung auf **datenschutzfreundliche Voreinstellungen** zu achten (Art. 25 Abs. 2 DS-GVO). So sollte eine Speicherung von Daten zunächst nur im zwingend erforderlichen Umfang stattfinden. Der Nutzer kann sich dann selbst für eine weiterreichende Datenverarbeitung entscheiden. Im Falle von verschiedenen Fahrern sollten verschiedene Nutzerprofile ermöglicht werden, sodass die vorgenommenen Datenschutzeinstellungen des jeweiligen Fahrers nach erfolgreicher Authentifizierung vor Fahrtantritt aktiviert werden.[96] Die **Datensicherheit** ist unter Berücksichtigung des Stands der Technik zu gewährleisten.

5. Telematik-Versicherungen

41 Die zunehmende Vernetzung der Fahrzeuge wirkt sich auch auf die Entwicklung der Versicherungstarife aus. So gibt es die Möglichkeit von Rabatt-Angeboten, wenn man der Versicherung Zugriff auf seine Fahrdaten gewährt. Dabei werden Informationen zum Fahrverhalten gesammelt wie beispielsweise das Bremsverhalten, die Beschleunigung, das Kurvenfahrverhalten, die Geschwindigkeit bzw. Geschwindigkeitsverstöße, Informationen zum Tag und zur Zeit der Fahrt sowie zur Straßenart. Die verschiedenen Komponenten werden in unterschiedlicher Gewichtung berücksichtigt und daraus wird ein Scorewert errechnet. Daraus berechnet sich dann der Versicherungstarif bzw. Rabatte.[97] Die Datenerhebung erfolgt dabei entweder über den Einbau einer speziellen Telematik-Box im Fahrzeug, der Kopplung des Smartphones oder das Auslesen der Daten über die OBD-Schnittstelle.[98]

42 Die *Datenschutzaufsichtsbehörden in Bayern und Nordrhein-Westfalen* haben datenschutzrechtliche Anforderungen hinsichtlich der Ausgestaltung dieser Versicherungstarife formuliert.[99] Demzufolge sind die **Datenkreise zu trennen.** Die Fahrdaten werden an ein Telematikunternehmen übermittelt und nur der errechnete Score wird an die Versicherung weitergegeben. Allein die Versicherung hat Kenntnis von dem Namen und der Anschrift des Betroffenen. Damit ist eine effektive Pseudonymisierung sichergestellt. Die Rohdaten sind innerhalb festgelegter **Löschfristen** zu löschen. Falls mit ihnen die Algorithmen zur Risikobewertung weiterentwickelt werden sollen, sind die Daten zu anonymisieren. Zudem gelten hohe **Transparenzanforderungen.** Die Versicherungsnehmer müssen umfassend über die stattfindende Datenverarbeitung aufgeklärt werden. Zudem ist Ihnen mitzuteilen, dass sie der Weitergabe der Daten an Werkstätten im Falle eines Unfalls widersprechen können. Dritte, die ebenfalls das Fahrzeug fahren aber nicht selbst Versicherungsnehmer sind, sind über die stattfindende Aufzeichnung zu informieren. Die *Datenschutzaufsicht in NRW* schlägt hier zumindest die Verwendung eines Aufklebers im Fahrzeug vor. Darüber hinaus müssen andere Fahrer vor Fahrtantritt die **Entscheidungsmöglichkeit** haben, ob eine Fahrtaufzeichnung zugelassen wird oder nicht. Zudem sind die Daten nach dem Stand der Technik zu **verschlüsseln** und ein unberechtigter Zugriff von außerhalb des Fahrzeugs auf die Daten ist auszuschließen. Letztlich dürfen die Daten

---

[95] *BfDI*, Datenschutzrechtliche Empfehlungen zum automatisierten und vernetzten Fahren.
[96] Specht/Mantz/*v. Bodungen*, Handbuch Europäisches und deutsches Datenschutzrecht, § 16 Rn. 46.
[97] Vgl. beispielhaft die Bedingungen der Allianz Telematik-Versicherung, Allianz, Telematik-Versicherung: Wer sichert fährt, profitiert, abrufbar unter https://www.allianz.de/auto/kfz-versicherung/telematik-versicherung/#definition (zuletzt abgerufen am 7.11.2019); Sassenberg/Faber/*Schaloske*, RechtsHdB Industrie 4.0 und Internet of Things Teil 4 Kap. D Rn. 27.
[98] *BayLDA,* 7. Tätigkeitsbericht, S. 58.
[99] *LfD NRW,* 22. Tätigkeitsbericht, 2013/2014, Ziff. 5.1; *BayLDA* 7. Tätigkeitsbericht, 2015/2016, Ziff. 9.1 mit Verweis darauf, dass die genannten Anforderungen nach der DS-GVO bestehen bleiben.

D. Datenschutzrechtliche Besonderheiten beim Connected Car

ausschließlich für die Scoreberechnung verwendet werden, nicht jedoch für die Schadensregulierung. Unter Berücksichtigung dieser Voraussetzungen kann eine Datenverarbeitung nach Art. 6 Abs. 1 lit. b DS-GVO zulässig sein.[100] Da die Bewertung des Fahrverhaltens und die Berechnung des Tarifs automatisiert erfolgen, sind die Anforderungen des Art. 22 DS-GVO zu beachten.

Problematisch ist wiederum die Fallgestaltung, dass mehrere Personen ein Fahrzeug führen. Sofern die Datenverarbeitung auch für Dritte hinreichend transparent ist und eine Abschaltmöglichkeit der Fahrtaufzeichnung im Fahrzeug zur Verfügung steht, könnte die Datenverarbeitung wohl auf berechtigte Interessen nach Art. 6 Abs. 1 lit. f DS-GVO gestützt werden.[101]

---

[100] So auch Specht/Mantz/*Spittka*, Handbuch Europäisches und deutsches Datenschutzrecht, § 12 Rn. 60; aA *Datenethikkommission*, Gutachten der Datenethikkommission der Bundesregierung, Langfassung, Oktober 2019, S. 106, abrufbar unter http://www.bmi.bund.de/SharedDocs/downloads/DE/publikationen/themen/it-digitalpolitik/gutachten-datenethikkommission.pdf?__blob=publicationFile&v=6 (zuletzt abgerufen am 18.12.2019), wonach eine Einwilligung erforderlich ist; zudem werden weitere Anforderungen genannt: Klarer ursächlicher Zusammenhang zwischen Daten und Risiko, Kern privater Lebensführung nicht betroffen, maximale Preisdifferenz, Transparenz, Nichtdiskriminierung, Schutz dritter Personen.
[101] So auch Specht/Mantz/*Spittka*, Handbuch Europäisches und deutsches Datenschutzrecht, § 12 Rn. 61.

Teil 10.3 Smart Cities – Normativer Rahmen und die Entwicklung in Deutschland

Übersicht

	Rn.
A. Einleitung	1
B. Definitionen von „Smart City" als Konzept für die digitale Stadtentwicklung	3
C. Normative Rahmen und Förderung der Entwicklung von Smart Cities in Deutschland	7
D. Smart-City-Rankings und der Handlungsbedarf in deutschen Städten	11
I. Indizes und Bewertungen der Entwicklung von Smart Cities	11
II. Der Handlungsbedarf in Deutschland	15
III. Die besondere Relevanz des Bausektors	18
IV. Framework für einen Smart-City-Entwicklungsansatz	20
E. Fazit und Ausblick	24

Literatur:

Albino/Berardi/Dangelico, Smart Cities: Definitions, Dimensions, Performance, and Initiatives, Journal of Urban Technology 2015, S. 3–21; *BMU*, Klimaschutzbericht 2018 zum Aktionsprogramm Klimaschutz 2020 der Bundesregierung, 2018; *Die Weltbank*, Cities and Climate Change: And Urgent Agenda, 2010; *Flügge*, Smart Mobility: Trends, Konzepte, Best Practices für die intelligente Mobilität, 2016; *Gave/Jones/Kukulska-Hulme/Scanlon*, A Citizen-Centred Approach to Education in the Smart City: Incidental Language Learning for Supporting the Inclusion of Recent Migrants, International Journal of Digital Literacy and Digital Competence 2012, S. 50–64; *Heindl/Schüßler/Löschel*, Ist die Energiewende sozial gerecht?, Wirtschaftsdienst 2014, S. 508–514: *v. Kemfert/Schäfer*, Finanzierung der Energiewende in Zeiten großer Finanzmarktinstabilität, DIW-Wochenbericht 2012, S. 3; *Portmann/Finger*, Smart Cities – Ein Überblick!, Smart Cities 2015, S. 12; *Servatius/Schneidewind/Rohlfing*, Smart Energy: Wandel zu einem nachhaltigen Energiesystem, 2011; *Statistische Ämter des Bundes und der Länder*, Gebäude- und Wohnungsbestand in Deutschland, 2014; *UN*, Growing at a slower pace, world population is expected to reach 9.7 billion in 2050 and could peak at nearly 11 billion around 2100: UN Report, 2019; *Wolff/Kortuem/Cavero*, 2015. Towards smart city education, in: 2015 Sustainable Internet and ICT for Sustainability (SustainIT). Presented at the 2015 Sustainable Internet and ICT for Sustainability (SustainIT), IEEE, S. 1–3; *Zirfas*, Smart Health rechtsverträglich gestaltet: Ubiquitous Computing in der Gesundheitspflege und -vorsorge, 2017.

A. Einleitung

1 Die Weltbevölkerung soll bis 2030 von 7,7 Milliarden (2019) auf 8,5 Milliarden und bis 2050 auf 10 Milliarden Menschen anwachsen.[1] Dabei findet eine sehr große räumliche Bewegung der Bevölkerung statt: Während zu Beginn des 20. Jahrhunderts nur ca. 13 Prozent der Menschen in Städten lebten, werden 2050 etwa zwei Drittel in urbanen Räumen wohnen – in Deutschland sollen es sogar über 80 Prozent sein.[2] Die Sicherstellung eines allgemeinen soliden Lebensstandards in immer größer werdenden Ballungsräumen erfordert neue Strategien der Governance[3] und insbesondere der Versorgung. Bereits heute sind angesichts der globalen Klimaveränderungen und der zusehends wachsenden Städte große Herausforderungen entstanden, zum Beispiel die Reduktion der CO_2-Emissionen, eine weitestgehend ökonomische, grüne Energieversorgung und neue Konzepte für die Regelung des Verkehrs. Die Städte mit ihren Industrien, Privathaushalten und riesigen Infrastrukturen für den elektrischen, respektive digitalen Betrieb der Beleuchtungen, des Ver-

---

[1] *Vereinte Nationen*, Growing at a slower pace, world population is expected to reach 9.7 billion in 2050 and could peak at nearly 11 billion around 2100: UN Report, 2019, abrufbar unter https://population.un.org/wpp/Publications/Files/WPP2019_PressRelease_EN.pdf (zuletzt abgerufen am 17.6.2019).

[2] *Deutsche Stiftung Weltbevölkerung, DSW*, Im Jahr 2050 werden zwei Drittel der Weltbevölkerung in Städten leben, 2018, abrufbar unter http://www.dsw.org/wp-content/uploads/2018/05/PI-WUP-im-Layout.pdf (zuletzt abgerufen am 16.5.2018).

[3] *Portmann/Finger*, Smart Cities – Ein Überblick!, S: 471, 476ff.

kehrs etc. beanspruchen heute rund 80 Prozent der weltweiten Energieproduktion[4]. Neben der Problematik einer ausreichenden, ökologisch vertretbaren Energieerzeugung besteht die Herausforderung der systematischen Verteilung von Energie. Im Rahmen der ersten Digitalisierungen und mit der digitalen Transformation, der Umstellung sämtlicher Technologien der Ökonomien auf computer- und softwarebasierte Lösungen, ist die Idee der Smart Grids entstanden: die digital voll automatisierte Verteilung eines aus Wasser-, Wind- oder Sonnenenergie erzeugten Stroms in lokalen Netzen je nach Bedarf der Verbraucher. Das Konzept „Smart City" beruht auf demselben Denkansatz und geht einen Schritt weiter: Neben der intelligenten Versorgung und Verteilung von Energie sollen die Prozesse in nahezu sämtlichen Lebensbereichen digital gesteuert werden – von Smart Mobility und Building & Security (Gebäudesicherheit) über Smart Education (Bildung) bis hin zum Smart Government (elektronische Verwaltung).

Zwar ist sowohl europaweit als auch in Deutschland der Entwicklungsstand von Smart Cities noch weit unter den Möglichkeiten[5]. Doch angesichts der voranschreitenden Aktivitäten der Städte und Kommunen werden in diesem Beitrag zwei Hauptfragen behandelt. Erstens: In welchem normativen Rahmen befindet sich in Europa der Prozess der Smart-City-Entwicklung? Zweitens: Welche Bereiche dieser Entwicklung sind besonders relevant, um zu den von der EU festgelegten strategischen Zielen beizutragen? Das Ziel der folgenden Ausführungen ist es, zur Diskussion über Smart-Cities auf Basis internationaler normativer Regelungen beizutragen und dafür relevante technologische Grundlagen und Begriffe zur Messung der digitalen Transformation in Deutschland zu vermitteln. Durch eine kurze Erörterung des Digitalisierungsstatus deutscher Städte wird außerdem der Handlungsbedarf in Schlüsselbereichen der digitalen Transformation hervorgehoben.

B. Definitionen von „Smart City" als Konzept für die digitale Stadtentwicklung

Der Begriff Smart-City wurde erstmals in den 90er Jahren verwendet.[6] Das Konzept für die moderne Stadtentwicklung beschreibt eine Verbindung von Personen und Informationen durch den Einsatz digitaler Technologien im multisektoralen urbanen Raum. Ziele dieser Entwicklung sind neben der Bewältigung der Energieversorgung[7] und Verkehrssteuerung[8] durch intelligente Technologien eine Erhöhung der Wettbewerbsfähigkeit und Attraktivität von Städten durch die digitale Transformation von Behörden und Verwaltungen,[9] Bildungseinrichtungen[10] und der medizinischen Versorgung[11]. Parallel werden durch diese Innovationen bestehende Geschäftsfelder verändert und neue erschlossen.

---

[4] *Die Weltbank,* Cities and Climate Change: An Urgent Agenda, abrufbar unter https://siteresources.world bank.org/INTUWM/Resources/340232-1205330656272/CitiesandClimateChange.pdf (zuletzt abgerufen am 14.10.2019).
[5] *Roland Berger,* Europäische Städte wollen in Smart City-Lösungen investieren – alleine in Deutschland über 4 Milliarden Euro jährlich, abrufbar unter https://www.presseportal.de/pm/32053/4375844 (zuletzt abgerufen am 16.9.2019).
[6] *Albino/Berardi/Dangelico,* Smart Cities: Definitions, Dimensions, Performance, and Initiatives, Journal of Urban Technology, S. 4.
[7] *Servatius/Schneidewind/Rohlfing,* Smart Energy, S. 7 ff.
[8] *Flügge,* Smart Mobility, S. 158 ff.
[9] *Layne/Lee,* Developing fully functional E-government: A four stage model, Government Information Quarterly 2001, 122.
[10] *Gaved/Jones/Kukulska-Hulme/Scanlon,* A Citizen-Centred Approach to Education in the Smart City: Incidental Language Learning for Supporting the Inclusion of Recent Migrants, International Journal of Digital Literacy and Digital Competence, S. 51 f.; *Wolff/Kortuem/Cavero,* Towards smart city education, 2015 Sustainable Internet and ICT for Sustainability (SustainIT) v. 15.4.2015, abrufbar unter http://ieeexplore. ieee.org/document/7101381/ (zuletzt abgerufen am 13.1.2020).
[11] *Zirfas,* Smart Health rechtsverträglich gestaltet, S. 25 ff.

4   **Praxistipp: Geschäftsmodell Glasfaserausbau**[12]
Die Wirtschaftlichkeit der bestehenden Geschäftsmodelle deutscher Stadtwerke ist vielfach rückläufig. Viele der kommunalen Versorger sind bereits heute intensiv auf der Suche nach neuen ertragreichen, digital getriebenen Geschäftsmodellen, um die Finanzierung der Daseinsvorsorge ihrer Kommunen sicherstellen zu können. Glasfasernetze sind die unabdingbare Voraussetzung der „Digitalen Daseinsvorsorge". Der Netzausbau als neues Geschäftsmodell bietet vielen Stadtwerken die Chance einer strategischen Neupositionierung. Der Ausbau wird von der Bundesregierung gefördert, ist aber auch kommunal finanzierbar, zumal die Investitionen sich nach relativ kurzer Zeit amortisieren. Die sich akut zuspitzende Wettbewerbssituation erfordert jedoch ein schnelles Handeln der kommunalen Akteure.

Praxistipp: Innovative Geschäftsfelder für Energieversorger
Die Stadtwerke in Deutschland haben die Einführung des Smart Metering, der digitalen Messung des Verbrauchs von Strom, Gas und Wasser, relativ weit vorangetrieben. Mit dem **Smart Meter Gateway** verfügen die Versorger durch ihre regionale Verwurzelung über einen großen Wettbewerbsvorteil. Es kann als Schnittstelle zu enorm vielen Endkunden zur Einrichtung digitaler Plattformen dienen für das Angebot von Produkten und Dienstleistungen. Dabei sind zum Beispiel Kooperationen mit Geräteherstellern oder der Wohnungswirtschaft möglich. Ferner können kommunale Versorger lukrative Kooperationen eingehen beim Bau von Windenergieanlagen oder mit Dienstleistern für das E-Carsharing. Entwicklungspotenziale bestehen auch in den Bereichen Telekommunikation und Smart Home.

5   Die **Internationale Fernmeldeunion** (International Telecommunication Union, ITU) definiert 37 Dimensionen und 48 Indikatoren für die Bewertung nachhaltiger und intelligenter Städte. Die Daten der einzelne Bereiche liefern Informationen über die Produktivität, ökologische Nachhaltigkeit, physische Infrastruktur, Lebensqualität, Gerechtigkeit und soziale Integration sowie die Entwicklung der IKT (Informations- und Kommunikationstechnologien).[13] Die **Internationale Organisation für Normung** (International Organisation for Standardization, ISO) legt 18 Indikatoren für intelligente Städte fest.[14] Es gibt dort jedoch keine einheitliche Klassifizierung für die Unterteilung von Smart-City-Bereichen wie zum Beispiel Smart Health, Smart Education und Smart Government. In der Literatur[15] wurde bereits systematisch nach gemeinsamen Ansatzpunkten bei der Definition von Dimensionen und Leistungsindikatoren gesucht, die aus dem Smart-City-Konzept abgeleitet sind. Die Autoren kommen zu dem Ergebnis, dass folgende Eigenschaften für solche Städte typisch sind:
- Vorliegen einer vernetzten Infrastruktur
- Ermöglichen politischer Effizienz sowie sozialer und kultureller Entwicklung
- Wirtschaftlich orientierte Stadtentwicklung
- Soziale Integration

---

[12] *Haselhorst Associates GmbH*, Glasfaser: Die Technologie der Zukunft, https://www.haselhorst-associates.com/fileadmin/user_upload/pdfs_Fallstudien/Haselhorst_Associates_-_Grundsatzpapier_Glasfaserausbau, Stand: 5.11.2019.
[13] *ITU*, ITU-T Y.4900/L.1600 (06/2016), Overview of key performance indicators in smart sustainable cities, S. 4f.; *ITU*, ITU-T Y.4901/L.1601 (06/2016): Key performance indicators related to the use of information and communication technology in smart sustainable cities, 2016, S. 5ff.
[14] Stadtindikatoren: Wirtschaft, Bildung, Energie, Umwelt und Klimawandel, Finanzen, Regierung, Gesundheit, Wohnen, Bevölkerung und soziale Bedingungen, Freizeit, Sicherheit, Abfall, Sport und Kultur, Telekommunikation, Verkehr, städtische und lokale Landwirtschaft und Ernährungssicherheit, Stadtplanung, Abwasser und Wasser; siehe *ISO*, ISO 37122:2019: Sustainable cities and communities – Indicators for smart cities, abrufbar unter https://www.iso.org/standard/69050.html (zuletzt abgerufen am 23.10.2019).
[15] *Albino/Berardi/Dangelico*, Urban Technology, S. 13.

- Sozialkapital
- Berücksichtigen der natürlichen Umwelt für die Zukunft

Das **Europäische Institut für Telekommunikationsnormen** (European Telecommunications Standards Institute, ETSI) zeigt im Dokument ETSI TS 103 462 V1.1.1, dass intelligente Städte auf dem Einsatz von IKT basieren und an ihren Fortschritten in Bezug auf
- Menschen (Gesundheit, Sicherheit, Zugang zu Dienstleistungen, Bildung, sozialer Zusammenhalt, Qualität von Wohnraum und bebauter Umwelt)
- Planet (Energie, Materialien, Wasser, Land, Klimawiderstandsfähigkeit, Umweltverschmutzung, Abfall, Ökosysteme)
- Wohlstand (Erwerbstätigkeit, Gerechtigkeit, grüne Wirtschaft, Wirtschaftsleistung, Innovation, Attraktivität und Wettbewerbsfähigkeit) und
- Governance (Organisation, gesellschaftliches Engagement und Multi-Level-Governance)

gemessen werden können.[16] Die **Governance** ist bei der Entwicklung von Smart Cities sehr wichtig, da alle betroffenen **Stakeholder** – sowohl Verantwortliche der Kommunen als auch deren Energieversorger, ansässige Unternehmen und nicht zuletzt die Bürger – aufgrund der erheblichen Transformation an der innovativen Planung und Gestaltung von Smart Cities beteiligt werden sollten.

C. Normative Rahmen und Förderung der Entwicklung von Smart Cities in Deutschland

Intelligentes, nachhaltiges und integratives Wachstum – das sind die drei Prioritäten der Europäischen Kommission angesichts der aktuellen wirtschaftlichen und sozialen Herausforderungen.[17] Sie sind die Grundlage der Vision Europas für eine soziale Marktwirtschaft im 21. Jahrhundert. Die übergeordnete Strategie **Europa 2020** definiert die konkreten politischen Ziele auf EU-Ebene. Sie wird ergänzt durch die **Leitinitiative der Strategie der Innovationsunion Europa 2020**, die auf Forschung, Wissensaustausch, IKT-Innovation und Wettbewerbsfähigkeit basiert.[18] Darüber hinaus ist die Europäische Innovationspartnerschaft für intelligente Städte und Gemeinden (European Innovation Partnership for Smart Cities and Communities, EIP-SCC) eine von der Europäischen Kommission unterstützte **Initiative zur Förderung der Entwicklung von IKT und innovativem Energie- und Verkehrsmanagement** durch strategische Partnerschaften zwischen Industrien und europäischen Städten.[19] Schließlich legen die **strategischen und operativen Umsetzungspläne der EU** (Strategic and Operational Implementation Plans, SIP/OIP) praktische Konzepte fest und fördern intelligente Städte in den Bereichen urbane Mobilität, Stadtviertel und gebaute Umwelt sowie integrierte Infrastrukturen in den Bereichen Energie, IKT und Verkehr.[20]

---

[16] *ETSI*, Access, Terminals, Transmission and Multiplexing (ATTM); Key Performance Indicators for Sustainable Digital Multiservice Cities, abrufbar unter https://www.etsi.org/deliver/etsi_gs/OEU/001_099/019/01.01.01_60/gs_OEU019v010101p.pdf (zuletzt abgerufen am 23.10.2019).

[17] *Europäische Kommission*, Europa 2020: Eine Strategie für intelligentes, nachhaltiges und integratives Wachstum, abrufbar unter https://ec.europa.eu/eu2020/pdf/COMPLET%20%20DE%SG-2010-80021-06-00-DE-TRA-00.pdf (zuletzt abgerufen am 3.3.2010).

[18] *Europäische Kommission*, Leitinitiative der Strategie Europa 2020 Innovationsunion, abrufbar unter https://op.europa.eu:443/de/publication-detail/-/publication/feb8c03e-523f-4437-9aa0-d27e71fe582c/language-de (zuletzt abgerufen am 31.10.2011).

[19] European Innovation Partnership on Smart Cities and Communities (EIP-SCC), abrufbar unter https://smartcities.at/europe/networking/european-innovation-partnership-on-smart-cities-and-communities-eip-scc/ (zuletzt abgerufen am 1.11.2019).

[20] *European Innovation Partnership on Smart Cities and Communities*, Operational Implementation Plan: First Public Draft, abrufbar unter https://www.etsi.org/deliver/etsi_gs/OEU/001_099/019/01.01.01_60/gs_OEU019v010101p.pdf (zuletzt abgerufen am 23.10.2019); *European Innovation Partnership on Smart Cities and*

8   Die **EU-Kohäsionspolitik** macht mit einem Budget von über 350 Milliarden Euro fast ein Drittel des gesamten EU-Haushalts aus.[21] Darüber hinaus unterstützen die Fonds auch die Förderung der Beschäftigung, der sozialen Integration und Bildung, der landwirtschaftlichen Entwicklung und der nachhaltigen Bewirtschaftung der nationalen Ressourcen. Insbesondere für die **Stadtentwicklung** sind zur Förderung der städtischen Innovation zwischen 2015 und 2020 Mittel in Höhe von 371 Mio. EUR vorgesehen. **URBACT**, ein europäisches Austausch- und Lernprogramm für die nachhaltige Stadtentwicklung, stellt für den Zeitraum von 2014 bis 2020 96 Mio. EUR bereit.[22] Nicht zuletzt leiten sich Initiativen wie die **Leuchtturmprojekte** der EU aus dem größten europäischen Forschungs- und Innovationsprogramm **Horizon 2020** ab.

9   In Deutschland zeigen sich die Bemühungen um weitere Fortschritte sehr deutlich in der **Smart-City-Charta** des Bundesministeriums für Bau, Stadtentwicklung und Raumentwicklung (BBSR). Die Charta entwickelte sich aus einer Smart-City-Dialogplattform des Bundesministeriums für Umwelt, Naturschutz, Bau und Reaktorsicherheit (BMUB)[23] und fordert den **digitalen Wandel** der Städte, um eine nachhaltige und integrierte Stadtentwicklung zu erreichen.[24] Das Ziel ist eine nachhaltige Gestaltung der digitalen Transformation in den Kommunen. Ferner sind in der Charta des BBSR „Leitlinien für Smart Cities" formuliert worden, welche den verantwortlichen Akteuren für die umfangreichen Projekte als Leitbild dienen können.[25] Dazu zählen etwa Aktivitäten in Sachen Strategien und Strukturen, Teilhabe, Mitgestaltung und Kooperation.[26]

10 Um eine ökologisch nachhaltige Stadtentwicklung zu ermöglichen, müssen Kommunen einen komplexen digitalen Transformationsprozess einleiten. Zu diesem Zweck fördert das **Bundesministerium für Inneres, Bau und Inneres** (BMI) die Planung und Umsetzung von Digitalisierungsstrategien. Im Rahmen des Förderprogramms **Smart Cities made in Germany** fördern das BMI und die **Kreditanstalt für Wiederaufbau** (KfW) 50 Modellprojekte mit rund 750 Millionen Euro. Rund 150 Millionen Euro werden auf drei deutsche Großstädte mit über 100.000 Einwohnern (Solingen, Ulm und Wolfsburg), drei mittelgroße Städte mit 20.000 bis 100.000 Einwohnern (Cottbus, Gera und Kaiserslautern), vier Kleinstädte und ländliche Gemeinden mit unter 20.000 Einwohnern (Grevesmühlen, Haßfurt, Süderbrarup und Zwönitz) sowie auf interkommunale Kooperationsgruppen verteilt. Gefördert werden Projekte, in denen „beispielhaft für deutsche Kommunen strategische und integrierte Smart-City-Ansätze entwickelt und erprobt wer-

---

Communities, Strategic Implementation Plan, abrufbar unter https://smartcities.at/assets/Uploads/sip-final-en.pdf (zuletzt abgerufen am 14.10.2013).

[21] Insbesondere umfassen die Europäischen Struktur- und Investitionsfonds (European Structural and Investment Funds, ESIF) Mittel für die regionale Entwicklung, strukturelle Anpassungen der regionalen Wirtschaft, verbesserte Wettbewerbsfähigkeit und territoriale Zusammenarbeit; siehe *European Commission*, Funding for cities, abrufbar unter https://ec.europa.eu/info/eu-regional-and-urban-development/topics/cities-and-urban-development/funding-cities_en (zuletzt abgerufen am 24.10.2019).

[22] *Europäische Kommission*, URBACT III: Operational Programme CCI 2014TC16RFIR003, abrufbar unter https://urbact.eu/sites/default/files/u_iii_op_adopted_12_december_2014.pdf (zuletzt abgerufen am 12.12.2014).

[23] Siehe Beispiele aus der Praxis: *BBSR/BMUB*, Smart City Charta – Digitale Transformation in den Kommunen nachhaltig gestalten, S. 20 ff., abrufbar unter https://www.bmi.bund.de/SharedDocs/downloads/DE/veroeffentlichungen/themen/bauen/wohnen/smart-city-charta-kurzfassung-de-und-en.pdf?__blob=publicationFile&v=4 (zuletzt abgerufen am 1.11.2019).

[24] Die Smart-City-Charta baut auf der Leipziger Charta für nachhaltige europäische Städte, die Nationale Stadtentwicklungspolitik Deutschlands, die EU-Urbanagenda (Amsterdamer Pakt) und die Neue Städteagenda der Vereinten Nationen auf.

[25] *BBSR/BMUB*, Smart City Charta – Digitale Transformation in den Kommunen nachhaltig gestalten, 2017, abrufbar unter https://www.bmi.bund.de/SharedDocs/downloads/DE/veroeffentlichungen/themen/bauen/wohnen/smart-city-charta-kurzfassung-de-und-en.pdf?__blob=publicationFile&v=4 (zuletzt abgerufen am 1.11.2019).

[26] *BBSR/BMUB*, Smart City Charta – Digitale Transformation in den Kommunen nachhaltig gestalten, 2017, abrufbar unter https://www.bmi.bund.de/SharedDocs/downloads/DE/veroeffentlichungen/themen/bauen/wohnen/smart-city-charta-kurzfassung-de-und-en.pdf?__blob=publicationFile&v=4 (zuletzt abgerufen am 1.11.2019).

den sollen".[27] Das Nutzen von Fördermitteln ist ein wichtiger Baustein bei der Finanzierung von Smart-City-Initiativen. Im Rahmen von **SINTEG** fördert das **Bundesministerium für Wirtschaft und Energie (BMWi)** fünf Modellregionen über eine Laufzeit von vier Jahren mit mehr als 200 Millionen Euro.[28] Zusammen mit rund 300 Millionen Euro an Eigenmitteln aus Unternehmen wird über eine halbe Milliarde Euro in die Digitalisierung des Energiesektors investiert.

D. Smart-City-Rankings und der Handlungsbedarf in deutschen Städten

I. Indizes und Bewertungen der Entwicklung von Smart Cities

Es gibt einige Studien und Rankings, die unterschiedliche Standards zur Messung des Fortschritts der Digitalisierung in Städten anwenden. Dazu zählen etwa der **Smart City Strategy Index** von Roland Berger,[29] das **Global Smart City Ranking** von bee smart city[30] und der **IMD Smart City Index,** der in einer Zusammenarbeit zwischen dem IMD World Competitiveness Center und der Singapore University of Technology and Design entstanden ist.[31]

Die Indizes und das Ranking zeigen unter anderem, dass es sowohl in Europa als auch weltweit noch einen großen Nachholbedarf in der Entwicklung gibt. Allerdings kommen sie zu unterschiedlichen Ergebnissen hinsichtlich der in Sachen Smart City weltweit führenden Metropolen.

Die Bewertung des digitalen Wandels **deutscher Städte** basiert bisher im Wesentlichen auf zwei Hauptdatensätzen: Dem **Smart-City-Atlas** der Bitkom sowie dem **Projektatlas** des Verbands kommunaler Unternehmen e.V. (VKU). Der vom Fraunhofer IESE und Bitkom entwickelte Smart-City-Atlas bewertet 81 deutsche Städte mit über 100.000 Einwohnern und kombiniert Informationen aus amtlichen Statistiken mit Rückmeldungen aus den Städten selbst.[32] Der Projektatlas des VKU listet 346 digitale Projekte kommunaler Unternehmen der Versorgungswirtschaft – insbesondere von Stadtwerken – in Deutschland auf.[33]

Die Starnberger Unternehmensberatung *Haselhorst Associates GmbH* hat zwei fundierte Studien zum Status quo der Entwicklung von Smart Cities in Deutschland publiziert: **Digitales Städteranking Deutschland 2018** und **Digitales Deutschland 2019.** Sie bieten im Rahmen eines Smart-City-Rankings die Bewertung der 400 größten Städte.[34] Aus dem Vergleich der Ergebnisse beider Studien lassen sich die Fortschritte und Aktivitäten der untersuchten Kommunen ableiten. Der Hauptunterschied zwischen diesen Rankings und dem Smart-City-Atlas der Bitkom sowie dem Projektatlas des VKU besteht darin, dass nicht nur der Status quo, sondern auch das Digitalisierungspotenzial sowie der aktuelle

---

[27] *BMI,* Modellprojekte Smart Cities: Stadtentwicklung und Digitalisierung, abrufbar unter https://www.smart-cities-made-in.de/ (zuletzt abgerufen 5.11.2019).
[28] *BMWI,* Reallabor SINTEG als Transformationsmodell für die Energiewende, https://www.bmwi.de/Redaktion/DE/Pressemitteilungen/2019/20190205-reallabor-sinteg.html (zuletzt abgerufen am 5.11.2019).
[29] *Roland Berger,* Smart City Index, abrufbar unter https://www.rolandberger.com/en/Media/Smart-City-Index-Vienna-and-London-lead-the-worldwide-ranking.html (zuletzt abgerufen am 28.10.2019).
[30] *Bee smart city,* Global Smart Cities Ranking, abrufbar unter https://beesmart.city/ranking (zuletzt abgerufen am 28.10.2019).
[31] *IMD,* IMD Smart City Index 2019, abrufbar unter/research-knowledge/reports/imd-smart-city-index-2019/ (zuletzt abgerufen am 28.10.2019).
[32] *Bitkom,* Smart City Index, abrufbar unter https://www.bitkom.org/Smart-City-Index (zuletzt abgerufen am 28.10.2019).
[33] *VKU Kommunal Digital,* Der Projektatlas, abrufbar unter https://kommunaldigital.de/der-projektatlas (zuletzt abgerufen am 28.10.2019).
[34] *Haselhorst Associates,* Smart-City-Ranking „Digitales Deutschland", abrufbar unter https://www.haselhorst-associates.com/themen/smart-city/studie-digitales-staedteranking-2019/ (zuletzt abgerufen am 28.10.2019).

Handlungsbedarf einzelner Städte sichtbar werden. Die Studien liefern detaillierte Angaben zur Entwicklung der Basis-Strategie und digitalen Infrastruktur sowie der für die digitale Transformation wesentlichen Bereiche: Mobilität, Energie & Umwelt, Wohnen, Gebäude & Sicherheit, Gesundheit, Bildung und Verwaltung.

II. Der Handlungsbedarf in Deutschland

15 Die Kommunen in Deutschland haben bei der Entwicklung von Smart-Cities zwischen 2018 und 2019 Fortschritte gemacht. Nichtsdestotrotz zeigt das jüngste Ranking, dass bei der Entwicklung individueller Smart-City-Strategien und den Investitionen in die digitale Infrastruktur ein großes Verbesserungspotenzial besteht.[35] Die Kommunen sollten diese Strategien als wesentliche Entwicklungs- und Wachstumskonzepte gestalten, um ihre Attraktivität und Wettbewerbsfähigkeit zu steigern.

16 Besonders gut entwickelt sind zurzeit die populären und öffentlichkeitswirksamen Sektoren Smart Mobility und Smart Energy & Environment. Ohne eine umfassende Investition in *alle* relevanten Bereiche werden sich die Gesamtergebnisse des Digitalisierungsstatus der Städte jedoch nicht wesentlich verbessern. Konkrete Projekte in den Bereichen Smart Home, Building & Security, Smart Health, Smart Education und Smart Government müssen noch optimiert werden. Die Kommunen sind aktiv. Beispielsweise fördert das Ministerium für Wirtschaft, Innovation, Digitalisierung und Energie von Nordrhein-Westfalen den Initiativkreis Ruhr in Essen für den klimagerechten Stadtumbau[36]. In Kiel wird die Verwaltung digitalisiert und auf Bedürfnisse der Bürger ausgerichtet.[37]

17 Das Wichtigste für eine umfassende Digitalisierung und die Entwicklung von Smart Cities ist eine flächendeckende Versorgung mit Glasfasernetzen und Lösungen für den mobilen Datenverkehr. Bis Ende 2025 soll der Glasfaserausbau abgeschlossen sein und ganz Deutschland über Gigabit-Netze versorgt werden. Die **Netzallianz Digitales Deutschland,** eine Initiative des Bundesministeriums für Verkehr und digitale Infrastruktur (BMVI), verpflichtete sich zu Investitionen in Höhe von 8 Milliarden Euro jährlich.[38] Das Bundesförderprogramm für den privatwirtschaftlichen Glasfaserausbau wurde in der aktuellen Legislaturperiode fortgeschrieben. Insbesondere sollen „weiße Flecken" (gigabitfähige Regionen) an die Netze angeschlossen werden. Eine weitere Förderung wird aktuell mit der EU-Kommission abgestimmt: auch graue Flecken (Anschlüsse über 30 Mbit/s, aber nicht gigabitfähig) sollen mithilfe von Fördermitteln an das Gigabitnetz kommen.[39]

III. Die besondere Relevanz des Bausektors

18 Gebäude verursachen rund 40 Prozent der globalen Treibhausgasemissionen[40]. Angesichts des wachsenden Drucks des Klimawandels und steigender Preise für fossile Brennstoffe sollten in Smart Cities vor allem erneuerbare Energien in Kombination mit zentralen und

---

[35] *Haselhorst Associates,* Smart-City-Ranking „Digitales Deutschland", abrufbar unter https://www.haselhorst-associates.com/themen/smart-city/studie-digitales-staedteranking-2019/ (zuletzt abgerufen am 28.10.2019).

[36] *Initiativkreis Ruhr,* Leitprojekt Wirtschaft: InnovationCity Ruhr, abrufbar unter https://i-r.de/projekte/innovationcity-ruhr (zuletzt abgerufen am 5.11.2019).

[37] *Landeshauptstadt Kiel,* Die Digitale Strategie der Landeshauptstadt Kiel, abrufbar unter https://www.kiel.de/de/kiel_zukunft/digitalisierung/digitale_verwaltung.php (zuletzt abgerufen am 5.11.2019).

[38] *BMVI,* Zukunftsoffensive Gigabit-Deutschland: Offensive der Netzallianz zum Ausbau gigabitfähiger konvergenter Netze bis 2025, abrufbar unter https://www.bmvi.de/SharedDocs/DE/Publikationen/DG/netzallianz-digitales-deutschland.pdf?__blob=publicationFile (zuletzt abgerufen am 7.3.2017).

[39] *Die Bundesregierung,* Glasfaserausbau und Fortentwicklung der staatlichen Förderung, abrufbar unter https://www.bundesregierung.de/breg-de/themen/digital-made-in-de/glasfaserausbau-und-fortentwicklung-der-staatlichen-foerderung-1546612 (zuletzt abgerufen am 9.10.2019).

[40] *CCC,* The construction sector must reduce carbon emissions soon, abrufbar unter https://constructionclimatechallenge.com/2018/09/24/construction-sector-must-reduce-carbon-emissions-soon/ (zuletzt abgerufen am 14.10.2019).

dezentralen Versorgungssystemen sowie Energiespeicherkapazitäten eingesetzt werden.[41] Das **Pariser Klimaschutzübereinkommen** von 2015 sieht eine Reduktion der Treibhausgasemissionen sowie die Förderung[42] der Erzeugung und Nutzung erneuerbarer Energien vor, um die globale Erwärmung auf deutlich unter 2° zu reduzieren. Das bedeutet für Deutschland bis 2020 eine Reduktion der Treibhausgasemissionen um 40 Prozent im Vergleich zu 1990.[43]

Die Bundesregierung hat das Ziel, einen nahezu klimaneutralen Gebäudestand zu realisieren. Die Energieeffizienzstrategie Gebäude (ESG)[44] von 2015 ist eine Gesamtstrategie, die den Einsatz erneuerbarer Energien und energieeffizientere Gebäude vorsieht. Bis 2022 werden im Rahmen der Förderinitiative *EnEff.Gebäude.2050* rund 6 Milliarden Euro für Leuchtturmprojekte bereitgestellt.[45] Nah- und Fernwärme für die Quartiers- und Stadtteil-Versorgung werden im Rahmen des Modellvorhabens Wärmenetzsysteme 4.0 (Wärmenetze 4.0)[46] gefördert für die Nutzung klimaneutraler, CO2-armer Wärme. Um die Vorschriften für energieeffizientes Bauen und Sanieren zu vereinheitlichen, wurde der Gesetzentwurf für ein neues Gebäude-Energie-Gesetz (GEG) im Oktober 2019 beschlossen.[47] Es soll den bürokratischen Aufwand im Rahmen des Nachweisverfahrens für neue Wohngebäude reduzieren. Das Energieeinsparungsgesetz (EnEG), die Energieeinsparverordnung (EnEV) und das Erneuerbare-Energien-Wärmegesetz (EEWärmeG) sind vom GEG abgelöst worden.[48] Auf politischer Ebene ermöglicht die Bundesregierung die Umsetzung der Niedrigstenergie-Standards für Neubauten der Europäische Gebäuderichtlinie EPBD 2010.[49] Da der größte Nachholbedarf in den Bundesländern Sachsen-Anhalt, Sachsen und Thüringen mit über 50 Prozent an Gebäuden mit einem Baujahr vor 1950 besteht,[50] ist in diesen Regionen ein enormer Handlungsbedarf gegeben.

IV. Framework für einen Smart-City-Entwicklungsansatz

Das Ziel der Untersuchung des Digitalisierungsstands einer Stadt ist es, für die Umsetzung eines Smart-City-Projekts die individuellen Anforderungen zu identifizieren und geeignete Lösungsansätze zu entwickeln. Es gibt zwei wesentliche Bausteine für den Aufbau einer Smart-City. Der erste ist eine ganzheitliche **Smart-City-Strategie,** der zweite ein physischer Aufbau der **digitalen Infrastruktur.** Die Projekte, die sich aus einer Strategie ergeben und die jeweils eine geeignete Infrastruktur benötigen, werden in die Smart-City-

---

[41] *Bach/Wilhelmer/Palensky,* Smart buildings, smart cities and governing innovation in the new millennium, 2010 8th IEEE International Conference on Industrial Informatics 2010, S. 8 ff.
[42] *Kemfert/Schäfer,* Finanzierung der Energiewende in Zeiten großer Finanzmarktinstabilität, DIW-Wochenbericht 2012, S. 3 ff., abrufbar unter http://hdl.handle.net/10419/61166 (zuletzt abgerufen am 23.10.2019).
[43] *BMU,* Klimaschutzbericht 2018 zum Aktionsprogramm Klimaschutz 2020 der Bundesregierung, abrufbar unter Klimaschutzbericht 2018 zum Aktionsprogramm Klimaschutz 2020 der Bundesregierung (zuletzt abgerufen am 6.2.2019).
[44] *BMWi,* Energieeffizienzstrategie Gebäude, abrufbar unter https://www.bmwi.de/Redaktion/DE/Artikel/Energie/energieeffizienzstrategie-gebaeude.html (zuletzt abgerufen am 14.11.2019).
[45] *PtJ,* Innovative Vorhaben für den nahezu klimaneutralen Gebäudebestand 2050, abrufbar unter https://www.ptj.de/projektfoerderung/eneff-geb-2050 (zuletzt abgerufen am 14.11.2019).
[46] *BMWi,* Förderbekanntmachung zu den Modellvorhaben Wärmenetzsysteme 4.0 („Wärmenetze 4.0"), abrufbar unter https://www.bmwi.de/Redaktion/DE/Downloads/B/bundesanzeiger-foerderbekanntmachung-waermenetz-40.pdf?__blob=publicationFile&v=16 (zuletzt abgerufen am 27.6.2017).
[47] *BMWi/BMI,* Bundeskabinett hat den Gesetzentwurf für das Gebäudeenergiegesetz (GEG) beschlossen, abrufbar unter https://www.bmwi.de/Redaktion/DE/Pressemitteilungrn/2019/20191023-bundeskabinett-hat-den-gesetzentwurf-fuer-das-gebaeudeenergiegesetz-beschlossen.html (zuletzt abgerufen am 23.10.2019).
[48] *EnEV,* Gebäude-Energie-Gesetz – GEG – löst EnEV, EnEG und EEWärmeG ab!, abrufbar unter https://www.enev-online.eu (zuletzt abgerufen am 5.11.2019).
[49] *EnEV,* EU-Gebäuderichtlinie 2010: Niedrigstenergiegebäude, abrufbar unter https://enev-online.de/epbd/2010/epbd_2010_09_niedrigstenergie_gebaeude_passivhaus.htm (zuletzt abgerufen am 14.11.2019).
[50] *Statistische Ämter des Bundes und der Länder,* Gebäude- und Wohnungsbestand in Deutschland, abrufbar unter https://www.statistik.rlp.de/fileadmin/dokumente/gemeinschaftsveroeff/zen/Zensus_GWZ_2014.pdf (zuletzt abgerufen am 5.11.2019).

Bereiche Mobilität, Energie & Umwelt, Wohnen, Gebäude & Sicherheit, Gesundheit, Bildung und Verwaltung eingeteilt (siehe Abbildung 1: Smart-City-Framework).

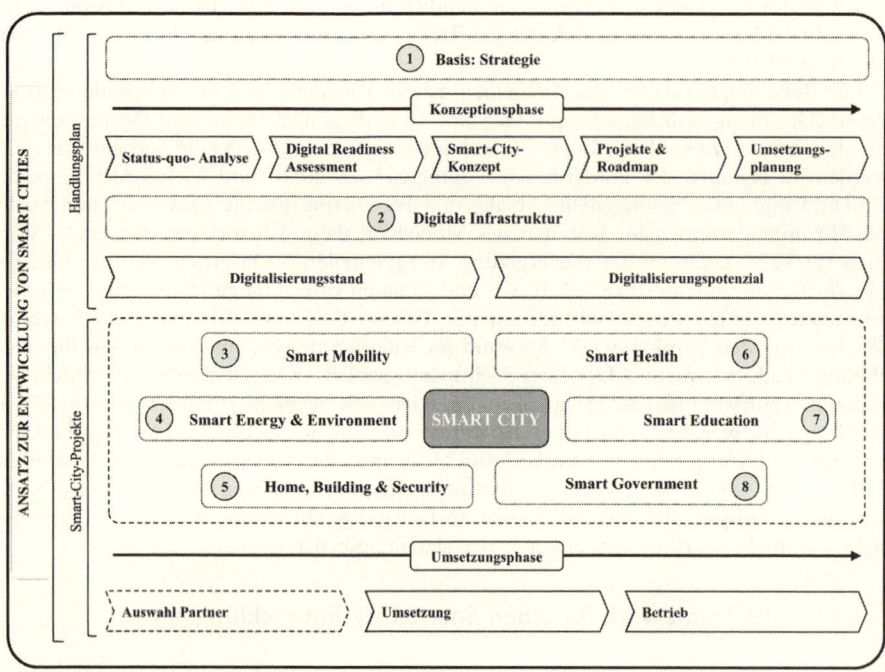

Abbildung 1: Das *Haselhorst Associates* Smart-City-Framework

Das **Smart-City-Framework** von *Haselhorst Associates* ist ein Schema, das bei der Entwicklung einer Smart-City-Strategie die Wirkungszusammenhänge zwischen den verschiedenen Bereichen der Projektarbeit erläutert. In der Konzeptionsphase sollten eine Status-quo-Analyse und eine Bewertung der digital readiness durchgeführt werden; beide führen zur Erarbeitung eines Konzepts und einer Roadmap für die Umsetzung relevanter Projekte. Danach folgen die Auswahl von Partnern (Technologien, Dienstleistungen) und die Entwicklung neuer Geschäftsmodelle. Während der Umsetzung ist ein operatives Projektmanagement erforderlich. Ferner müssen die interne und externe Kommunikation (Beteiligte, Stakeholder) sowie eine permanente Öffentlichkeitsarbeit betrieben werden.

Praxistipp:

Meistens haben die Verantwortlichen in Städten und Kommunen zwar ein klares Bild von den Herausforderungen, vor denen sie stehen, aber keine konkrete Definition der für sie relevanten Smart-City-Lösungen. Anbieter von Industrielösungen haben zwar Produkte und Dienstleistungen für den Smart-City-Markt entwickelt, aber sie erfüllen aufgrund eines standardisierten Angebots nicht die spezifischen Anforderungen der Städte.

Eine moderate Vermittlung zwischen den Anforderungen der Städte und den Industrieunternehmen behebt diese Probleme. Auch eine veränderte Strategie dieser Unternehmen und eine auf den Bedarf der Städte zugeschnittene Markteintrittsstrategie von Start-ups beseitigen die allgemeinen Barrieren auf dem kommunalen Markt.

E. Fazit und Ausblick

Es gibt einen normativen Rahmen in Europa für den Prozess der Entwicklung von Smart Cities. Auf dieser Grundlage – dazu gehört auch das Pariser Klimaabkommen mit dem Bestreben, die CO_2-Emmisiionen zu reduzieren sowie vermehrt erneuerbare Energien einzusetzen – sind verschiedene Ziele definiert und Förderangebote formuliert worden, um die Entwicklung von Smart Cities als einen wesentlichen Teil der digitalen Transformation auch in Deutschland voranzubringen. 24

Gleichwohl besteht heute noch großer Nachholbedarf. Der Netzausbau, die Versorgung mit Glasfaser- oder Gigabit-Netzen ist noch nicht vollständig abgeschlossen. Sie sollten in Kombination mit Lösungen für den mobilen Datentransfer die Basis, die **digitale Infrastruktur für Smart-Cities** bilden. Des Weiteren fehlt zahlreichen Städten und Kommunen bisher eine **Gesamtstrategie** für die Entwicklung der Digitalisierung, was auch für die meisten europäischen Städte gilt. Diese beiden Kernaufgaben stehen an erster Stelle der Tagesordnung – mit dem Blick auf die stetige Entwicklung sämtlicher Bereiche einer Smart City – von der Elektromobilität und einer digitalen Energieversorgung über Smart Health, Smart Education bis hin zu Smart Government, Smart Home Building & Security. 25

Teil 10.4 IoT für Endverbraucher im Smart Home

Übersicht

	Rn.
A. Einleitung	1
B. Chancen und Herausforderungen des Smart Homes für Verbraucher	9
C. Datenschutz und Datensicherheit im Smart Home aus Sicht der Verbraucher	12
I. Datenschutz	12
1. Heuristiken und kognitive Verzerrungen	19
2. Habituation	20
3. Selbstregulationsdefizite	21
4. Soziale Normen	22
II. Datensicherheit	23
1. Heuristiken und kognitive Verzerrungen	30
2. Voreinstellungen und Status Quo-Verzerrung	31
3. Selbstregulationsdefizite	32
4. Selbstüberschätzung und Optimismus-Voreingenommenheit	33
D. Zusammenfassung und Handlungsempfehlungen	35

Literatur:

Acquisti/Adjerid/Balebako/Brandimarte/Cranor/Komanduri/Wang, Nudges for privacy and security: Understanding and assisting users' choices online, ACM Computing Surveys (CSUR), 50(3), 44, 2017; *Bitkom*, Home Smart Home, 2018, abrufbar unter https://www.bitkom.org/sites/default/files/file/import/Bitkom-Praesentation-Home-Smart-Home.pdf (zuletzt abgerufen am 15.10.2019); *Boie*, Lauschangriff im Kinderzimmer, 2015, abgerufen unter https://www.sueddeutsche.de/digital/spielzeug-lauschangriff-im-kinderzimmer-1.2440374 (zuletzt abgerufen am 15.1.2020); *co2online*, Smart Home: intelligentes Zuhause für mehr Komfort, mehr Sicherheit und weniger Energieverbrauch, 2019, abrufbar unter https://www.co2online.de/modernisieren-und-bauen/smart-home/ (zuletzt abgerufen am 15.10.2019); *Deloitte*, Smart Home Consumer Survey 2018 Ausgewählte Ergebnisse für den deutschen Markt, 2018, abrufbar unter https://www2.deloitte.com/content/dam/Deloitte/de/Documents/technology-media-telecommunications/TMT_Smart_Home_Studie_2018_Deloitte_Deutschland.pdf (zuletzt abgerufen am 15.10.2019); *European Commission – DG COMM*, Special Eurobarometer 480: Europeans' attitudes towards Internet security, 2019; *Exzellenzcluster Kognitive Interaktionstechnologie (CITEC)*, KogniHome – die mitdenkende Wohnung, 2019, abrufbar unter https://kogni-home.de (zuletzt abgerufen am 15.10.2019); *Frankfurter Rundschau*, Smart Home oft Einfallstor für größere Netz-Attacken, 2018, abrufbar unter https://www.fr.de/wissen/smart-home-einfallstor-groessere-netz-attacken-10961715.html (zuletzt abgerufen am 15.10.2019); *GfK*, GfK Smart Home Studie 2019 – Aktuelle Trends und Insights zu Smart Home, 2019, abrufbar unter https://insights.gfk.com/gfk-smart-home-study-2019 (zuletzt abgerufen am 15.10.2019); *GfK*, Smart Homes – Doch noch nicht smart genug?, 2019, abrufbar unter https://www.gfk.com/de/insights/press-release/smart-homes-doch-noch-nicht-smart-genug/ (zuletzt abgerufen am 15.10.2019); *IDC*, Growing Acceptance of Smart Home Devices Will Drive Double-Digit Growth Through 2023, According to a New IDC Forecast, 2019, abrufbar unter https://www.idc.com/getdoc.jsp?containerId=prUS45303919 (zuletzt abgerufen am 15.10.2019); *Kahneman/Tversky*, Subjective probability: A judgment of representativeness. Cognitive psychology, 1972, S. 430ff.; *Kang/Dabbish/Fruchter/Kiesler*, „My Data Just Goes Everywhere:" User Mental Models of the Internet and Implications for Privacy and Security. In Eleventh Symposium On Usable Privacy and Security ({SOUPS} 2015), 2015; *Kettner/Thorun*, Wege zur besseren Informiertheit: Verhaltenswissenschaftliche Ergebnisse zur Wirksamkeit des One-Pager-Ansatzes und weiterer Lösungsansätze im Datenschutz, 2018, abrufbar unter https://www.conpolicy.de/data/user_upload/Studien/Bericht_ConPolicy_2018_02_Wege_zur_besseren_Informiertheit.pdf (zuletzt abgerufen am 15.10.2019); *Lenhard/Lenhard*, Berechnung der Lesbarkeitsindex LIX nach Björnson, Bibergau: Psychometrica, 2017, abrufbar unter http://www.psychometrica.de/lix.html (zuletzt abgerufen am 15.10.2019); *Marbotic*, Smart Letters, 2019, abrufbar unter https://www.marbotic.com/smart-letters/ (zuletzt abgerufen am 15.10.2019); *Martin-Jung*, Das intelligente Zuhause ist immer noch ziemlich dumm, 2018, abrufbar unter https://www.sueddeutsche.de/digital/report-schlau-zu-haus-1.4111990 (zuletzt abgerufen am 15.10.2019); *Möller/Michahelles/Diewald/Roalter/Kranz*, Update behavior in app markets and security implications: A case study in google play. In Research in the Large, LARGE 3.0., 2012; *SmartHome Initiative Deutschland*, Smart Living Kompendium – SmartHome, Smart Building, Smart Grid, Smart City, Smart Living an Beispielen erklärt, 2017; *Samsung*, Samsung Ballie at CES 2020, 2020, abrufbar unter https://news.samsung.com/us/samsung-ballie-ces-2020/ (zuletzt abgerufen am 15.1.2020); *Samsung*, Samsung City at CES 2020, 2020, abrufbar unter https://news.samsung.com/us/samsung-city-booth-ces2020/ (zuletzt abgerufen am 15.1.2020); *Scherschel*, Der Hacker im Smart Home: Amazons Ring-Kameras werden immer öfter gehackt, 2019, abrufbar unter https://www.heise.de/security/meldung/Der-Hacker-im-Schlafzimmer-Amazons-Ring-Kameras-werden-massenhaft-gehackt-4617254.html (zuletzt abgerufen am 15.1.2020); *Scheuer*, Spione im Haushalt – Wie

Hacker das Smart Home kapern, 2018, abrufbar unter https://www.handelsblatt.com/unternehmen/it-medien/kongress-35c3-spione-im-haushalt-wie-hacker-das-smart-home-kapern/23812820.html?ticket=ST-3112846-gRCwc3iIJ2iwK4qwWg0f-ap4 (zuletzt abgerufen am 15.10.2019); *Splendid Research,* Smart Home Monitor 2019 – Repräsentative Umfrage zu Status quo und Entwicklung von Smart Home in Deutschland, 2019; *Stobert/Biddle,* The Password Life Cycle: User Behaviour in Managing Passwords. In Proc. SOUPS, 2017; *Tremmel,* Smart-Home-Datenbank mit 2 Milliarden Einträgen im Internet, 2019, abrufbar unter https://www.golem.de/news/datenleck-smart-home-datenbank-mit-2-milliarden-eintraegen-im-internet-1907-142375.html (zuletzt abgerufen am 15.1.2020); *Ur/Bees/Segreti/Bauer/Christin/Cranor,* Do users' perceptions of password security match reality?, in: Proceedings of the 2016 CHI Conference on Human Factors in Computing Systems. ACM, 2016.

A. Einleitung

Connected Home, Smart Living, eLiving und diverse Übersetzungen – die vernetzte Wohnumgebung trägt viele Namen. Insgesamt am bekanntesten ist jedoch der Begriff Smart Home, der wie folgt definiert ist: „Ein Smart Home ist ein intelligent vernetztes Gebäude. (…) Entscheidend ist, dass viele Routinevorgänge automatisiert und damit zuverlässig und exakt ablaufen. (…) Eine Wohnung oder ein Wohnhaus ist „smart", wenn verschiedene Sensoren und Aktoren intelligent miteinander verknüpft werden, um durch automatische Abläufe den darin lebenden bzw. arbeitenden Menschen das Leben zu erleichtern, sicherer zu machen und gleichzeitig den Energieverbrauch des Gebäudes zu reduzieren".[1]

Die Zukunftsvision für das Smart Home ist, in einer Wohnumgebung leben zu können, die lästige Aufgaben übernimmt, Nutzer an alles Notwendige erinnert und sich an ihre persönlichen Bedürfnisse anpasst. Darüber hinaus soll das Smart Home der Zukunft im besten Falle die Autarkie seiner Bewohner stärken, um beispielsweise ältere Bürger effizienter und personalisiert im eigenen Zuhause zu betreuen. In der Forschungswohnung des BMBF-geförderten *KogniHome*-Projekts werden so ua die Einsatzmöglichkeiten eines intelligenten Herds erforscht, der Nutzer beim Kochen unterstützt und Gefahrenpotenziale durch einen falschen Betrieb aufdeckt.[2] Auch im Bildungsbereich sollen Smart Home-Anwendungen in Form von App-gesteuerten, vernetzten Spielzeugen zukünftig stärker Anwendung finden und es existieren bereits erste Smart Toys, die junge Nutzer beim Lernen fördern sollen.[3] Insgesamt sind die Technologien auf dem Verbrauchermarkt jedoch noch nicht ausgereift und übernehmen bisher eher einfache Aufgaben.[4]

Beispiele für aktuelle Anwendungen auf dem Smart-Home-Markt:

(1) Das Zukunftskonzept *Ballie* der Firma Samsung stellt eine neuartige Smart-Home-Entwicklung dar. Dabei ist Ballie ein Ball, der einem Tennisball sehr ähnlich sieht, sich rollend und selbstständig fortbewegen kann und eine integrierte Kamera hat. Darüber hinaus ist Ballie mit dem Heimnetzwerk verbunden. Zu den Funktionen von Ballie zählen ua die Steuerung von Rollläden oder die Bespaßung von Haustieren. Darüber hinaus soll Ballie in der Lage sein, zu erkennen, wenn Böden verschmutzt sind und kann dies dem vernetzten Staubsauger mitteilen, der auf Befehl die Reinigung übernimmt.[5]

---

[1] *SmartHome Initiative Deutschland,* Smart Living Kompendium – SmartHome, Smart Building, Smart Grid, Smart City, Smart Living an Beispielen erklärt, 2017.
[2] *Exzellenzcluster Kognitive Interaktionstechnologie (CITEC),* KogniHome – die mitdenkende Wohnung, abrufbar unter https://kogni-home.de (zuletzt abgerufen am 15.10.2019).
[3] *Marbotic,* Smart Letters, abrufbar unter https://www.marbotic.com/smart-letters/ (zuletzt abgerufen am 15.10.2019).
[4] *Martin-Jung,* Das intelligente Zuhause ist immer noch ziemlich dumm, abrufbar unter https://www.sueddeutsche.de/digital/report-schlau-zu-haus-1.4111990 (zuletzt abgerufen am 15.10.2019).
[5] *Samsung,* Samsung Ballie at CES 2020, abrufbar unter https://news.samsung.com/us/samsung-ballie-ces-2020/ (zuletzt abgerufen am 15.1.2020).

(2) Ein weiterer neuartiger Haushaltshelfer der Firma Samsung für das Zuhause ist die Anwendung *Bot Chef*. Die Kernkompetenzen der Anwendung korrespondieren dabei mit dem Namen der Anwendung, auf Deutsch „Roboter Koch/Küchenchef". Dabei hat der *Bot Chef* Roboterarme, die an hängenden Küchenschränken montiert sind und mit diesen Armen kann er ua die Kaffeemaschine bedienen sowie selbstständig Lebensmittel in einer Pfanne anbraten.[6]

4   Smart-Home-Anwendungen sind innerhalb der deutschen Bevölkerung sehr bekannt und in den vergangenen Jahren konnte ein rapides Wachstum im Verbrauchermarkt beobachtet werden. So lag im Jahr 2018 die Bekanntheit der Begriffe „Smart Home", „Connected Home" bzw. „Heimvernetzung" bei 70 %[7] und nach einer Studie der GfK ist der Smart-Home-Markt in Deutschland zwischen 2015 und 2018 um 39 % gewachsen und umfasste in 2019 ein Volumen von 1,37 Milliarden Euro.[8]

5   Laut Smart-Home-Monitor 2019 nutzen bereits 46 % der Deutschen mindestens eine Smart-Home-Anwendung. Das Marktpotenzial ist hierbei jedoch noch nicht erschöpft und so geben 28 % der Deutschen, die noch keine Smart-Home-Anwendung nutzen, an, zumindest ein grundsätzliches Interesse an der Nutzung zu haben.[9] Diese Zahlen werden auch durch internationale Studien bestätigt, in denen von einem weiteren, massiven Anstieg in der Nutzung von Smart-Home-Anwendungen ausgegangen wird.[10]

6   Interessanterweise ist bei der Mehrheit der Nutzer (88 %) aktuell noch keine Verknüpfung der installierten Anwendungen eingerichtet worden und so gibt es bisher lediglich 12 % „echte Smart-Home-Nutzer", die mehrere Geräte und Anwendungen intelligent verknüpft haben.[11] Die am häufigsten genutzten Anwendungen zählen zum Anwendungsbereich der Unterhaltungselektronik (67 %) mit vernetzten Lautsprechern, TV-Geräten oder Sprachassistenten gefolgt von Energieanwendungen (54 %) beispielsweise zur Licht- und Heizungssteuerung. Sicherheitsanwendungen zur Gebäude- oder Wohnungsüberwachung finden sich bei 37 % der Befragten und Hausautomationsanwendungen zur Steuerung von Fenstern oder Jalousien bei 29 %. Gesundheitsanwendungen, die auch unter dem Stichwort Ambient Assisted Living bekannt sind, sind mit 10 % Nutzungsanteil bisher nicht im Massenmarkt angekommen.[12]

7   Zu den Wachstumsfeldern im Smart-Home-Markt zählt weiterhin der Bereich des Energiemanagements und so geben 45 % der Befragten einer Studie an, sich intelligente Heizungssteuerungssysteme anschaffen zu wollen oder zumindest ein Interesse an diesen zu haben.[13] Selbiges gilt für Leuchten mit 41 % und auch im Sicherheitsbereich sind Anwendungen gefragt, so dass 45 % bzw. 43 % der potenziellen Nutzer äußern, zumindest ein Interesse an Alarmsystemen bzw. Überwachungskameras zu haben. Darüber hinaus finden

---

[6] *Samsung*, Samsung City at CES 2020, abrufbar unter https://news.samsung.com/us/samsung-city-booth-ces2020/ (zuletzt abgerufen am 15.1.2020).

[7] *Bitkom*, Home Smart Home, abrufbar unter https://www.bitkom.org/sites/default/files/file/import/Bitkom-Praesentation-Home-Smart-Home.pdf (zuletzt abgerufen am 15.10.2019).

[8] *GfK*, GfK Smart Home Studie 2019 – Aktuelle Trends und Insights zu Smart Home, abrufbar unter https://insights.gfk.com/gfk-smart-home-study-2019 (zuletzt abgerufen am 15.10.2019) sowie *GfK*, Smart Homes – Doch noch nicht smart genug?, abrufbar unter https://www.gfk.com/de/insights/press-release/smart-homes-doch-noch-nicht-smart-genug/ (zuletzt abgerufen am 15.10.2019).

[9] *Splendid Research*, Smart Home Monitor 2019 – Repräsentative Umfrage zu Status quo und Entwicklung von Smart Home in Deutschland.

[10] *IDC*, Growing Acceptance of Smart Home Devices Will Drive Double-Digit Growth Through 2023, According to a New IDC Forecast, abrufbar unter https://www.idc.com/getdoc.jsp?containerId=prUS45303919 (zuletzt abgerufen am 15.10.2019).

[11] *Splendid Research*, Smart Home Monitor 2019 – Repräsentative Umfrage zu Status quo und Entwicklung von Smart Home in Deutschland.

[12] *Splendid Research*, Smart Home Monitor 2019 – Repräsentative Umfrage zu Status quo und Entwicklung von Smart Home in Deutschland.

[13] *Deloitte*, Smart Home Consumer Survey 2018, Ausgewählte Ergebnisse für den deutschen Markt, abrufbar unter https://www2.deloitte.com/content/dam/Deloitte/de/Documents/technology-media-telecommunications/TMT_Smart_Home_Studie_2018_Deloitte_Deutschland.pdf (zuletzt abgerufen am 15.10.2019).

Hausautomationsanwendungen wie Jalousien- oder Fenstersteuerungssysteme bei 41% der Deutschen Anklang.

In den folgenden Abschnitten gehen wir auf die Chancen und Herausforderungen des Smart Homes für Verbraucher ein (Abschnitt B), hiernach werden Datenschutz und Datensicherheit aus Verbraucherperspektive diskutiert (Abschnitt C) und im letzten Abschnitt werden die Ergebnisse zusammengefasst und politische sowie unternehmensrelevante Handlungsempfehlungen abgeleitet (Abschnitt D).

B. Chancen und Herausforderungen des Smart Homes für Verbraucher

Die Gründe für Verbraucher, Smart-Home-Anwendungen zu nutzen, sind vielfältig. In einer Umfrage gaben 57% der befragten (potenziellen) Smart-Home-Nutzer an, dass insbesondere Komfort ein Anschaffungsgrund für diese Anwendungen sei. Für 39% spielten Sicherheit, für 38% Spaß an den Funktionen, für 28% die Technologiebegeisterung und für 25% Kosteneinsparungen etwa durch sinkende Heiz- und Stromkosten eine kaufentscheidende Rolle.[14] Aus einer weiteren Befragung ergibt sich ein zusätzlicher interessanter Verbraucheraspekt: So stehen für weibliche Verbraucherinnen insbesondere die Steigerung des Komforts und der Energieeffizienz durch Smart-Home-Anwendungen im Vordergrund, während für Männer eine gesteigerte Sicherheit und monetäre Ersparnisse durch den Einsatz von Smart-Home-Anwendungen die Liste der Nutzungsgründe anführen.[15] Das Energiesparpotenzial durch den Einsatz von Smart-Home-Anwendungen ist dabei tatsächlich nicht unerheblich; so berechnete das Energieberatungsunternehmen co2online, dass durch intelligentes Heizen beispielsweise durch Thermostate und Runterregeln der Heizung bei offenen Fenstern zwischen 65 und 210 Euro Einsparpotenzial pro Jahr und Haushalt bestünde.[16]

Trotz der allgemeinen Smart-Home-Begeisterung lehnen aktuell 26% der Deutschen Smart-Home-Anwendungen kategorisch ab.[17] Laut dem Branchenverband Bitkom sind die Gründe für die Nichtnutzung dabei sehr vielfältig. Zum einen werden ein hoher Aufwand bei der Installation (37%), der Anschaffungspreis (36%), die Komplexität der Bedienung (33%) und der geringe Nutzen (27%) genannt. Zum anderen spielen auch externe Faktoren wie Datensicherheits- (26%) und Privatsphärebedenken (24%) eine große Rolle. Technische Hürden wie beispielsweise die mangelnde Ausgereiftheit der Systeme (17%) aber auch ein nicht vorhandener Internetanschluss (13%) werden von Verbrauchern als Hinderungsgründe für die Nutzung genannt.[18] In einer weiteren Befragung werden Privatsphäre- und Sicherheitsbedenken sogar von 51% bzw. 44% der Verbraucher als Grund für die Nichtnutzung des Smart Homes genannt[19] und eine andere Studie zeigt auf, dass Bürger insgesamt eine begrenzte Bereitschaft haben, Nutzungsdaten, die im Smart Home

---

[14] *Splendid Research,* Smart Home Monitor 2019 – Repräsentative Umfrage zu Status quo und Entwicklung von Smart Home in Deutschland.
[15] *Bitkom,* Home Smart Home, 2019, abrufbar unter https://www.bitkom.org/sites/default/files/file/import/Bitkom-Praesentation-Home-Smart-Home.pdf (zuletzt abgerufen am 15.10.2019).
[16] *co2online,* Smart Home: intelligentes Zuhause für mehr Komfort, mehr Sicherheit und weniger Energieverbrauch, abrufbar unter https://www.co2online.de/modernisieren-und-bauen/smart-home/ (zuletzt abgerufen am 15.10.2019).
[17] *Splendid Research,* Smart Home Monitor 2019 – Repräsentative Umfrage zu Status quo und Entwicklung von Smart Home in Deutschland.
[18] *Bitkom,* Home Smart Home, abrufbar unter https://www.bitkom.org/sites/default/files/file/import/Bitkom-Praesentation-Home-Smart-Home.pdf (zuletzt abgerufen am 15.10.2019).
[19] *Splendid Research,* Smart Home Monitor 2019 – Repräsentative Umfrage zu Status quo und Entwicklung von Smart Home in Deutschland.

anfallen, mit Anbietern zu teilen.[20] So geben 40% an, dass sie Daten grundsätzlich nicht teilen würden, bei 34% ist die Bereitschaft Daten aus dem Smart Home weiterzugeben abhängig vom Anbieter und lediglich 14% sind bereit, Daten grundsätzlich zu teilen.

11   Aufgrund der hohen Relevanz der Privatsphäre- und Sicherheitsbedenken gehen wir deshalb in den nächsten beiden Abschnitten auf diese beiden Bereiche detaillierter ein und diskutieren Datenschutz und Datensicherheit im Smart Home aus Sicht der Verbraucher.

C. Datenschutz und Datensicherheit im Smart Home aus Sicht der Verbraucher

I. Datenschutz

12   Datenverarbeitungen im Smart Home unterliegen einer Reihe rechtlicher Anforderungen. Hierzu zählt insbesondere, dass Texte über die Datenverarbeitung in „verständlicher und leicht zugänglicher Form" und „in einer klaren und einfachen Sprache" vorliegen müssen.[21] Sofern die Verarbeitung personenbezogener Daten im Smart Home der Einwilligung der betroffenen Personen bedarf, muss diese freiwillig und in Kenntnis der Verarbeitungszwecke erteilt werden. Der Schwerpunkt der folgenden Darstellung liegt jedoch nicht auf den rechtlichen Aspekten der Verarbeitung von Smart-Home-Daten[22], sondern untersucht und bewertet diese aus **verhaltenswissenschaftlicher Sicht**.

13   In der Praxis werden die Anforderungen der DS-GVO an datenschutzkonforme Smart-Home-Anwendungen und Geräte nur zum Teil umgesetzt. Für die Nutzer sind die Informationen der Hersteller zur Verarbeitung ihrer personenbezogenen Daten oftmals nicht verständlich, inhaltlich vage und wenig zugänglich gestaltet. Dass sich viele Verbraucher ohne juristische Vorkenntnisse bei der Lektüre der Datenschutzhinweise überfordert fühlen, ist nicht überraschend, wenn man sich solche Hinweise einmal ansieht. So hat eine stichprobenartige Auswertung von fünf Datenschutzerklärungen beliebter Smart-Home-Anwendungen gezeigt, dass die Hinweise allesamt **lang und hochkomplex** sind. So umfassen die Datenschutzhinweise zwischen 1.469 und 7.589 Wörtern und die durchschnittliche Satzlänge beträgt ca. 20 Wörter. Berechnet man für die Anwendungen den Lesbarkeitsindex[23] ergibt sich ein ernüchterndes Bild: Alle Datenschutzhinweise fallen in die Komplexitätskategorie „hoch". Darüber hinaus würde ein durchschnittlicher Leser insgesamt über 91 Minuten dafür aufwenden müssen, um nur diese fünf Datenschutzhinweise zu lesen. Stellt man sich vor, dass jeder Smart-Home-Dienst bzw. jede Anwendung eigene Datenverarbeitungen durchführt und somit eine eigene Datenschutzerklärung bereitstellt, steigt die notwendige Zeit zum Lesen für „echte" Smart-Home-Nutzer exponentiell mit der Zahl der genutzten Dienste bzw. Produkte.

14   Auch die **Übersichtlichkeit** der Datenschutzhinweise ist noch ausbaufähig, denn die meisten sind als Textwüsten gestaltet und nur durch grobe Zwischenüberschriften strukturiert. Haben Nutzer das Bedürfnis, sich schnell, kompakt und zielorientiert über bestimmte Datenverarbeitungen zu informieren, ist dies in den seltensten Fällen möglich.

15   Darüber hinaus ist die **Zugänglichkeit** der Datenschutzhinweise oftmals sehr gering. So werden diese hinter Links eingebunden und die Nutzer müssen den Link erst explizit öffnen, um zu erfahren, wie ihre Daten tatsächlich verwendet werden. Dabei kann es vorkommen, dass die Verlinkungen sehr subtil gestaltet werden und so nicht die nötige Auf-

---

[20] *Deloitte*, Smart Home Consumer Survey 2018, Ausgewählte Ergebnisse für den deutschen Markt, abrufbar unter https://www2.deloitte.com/content/dam/Deloitte/de/Documents/technology-media-telecommunications/TMT_Smart_Home_Studie_2018_Deloitte_Deutschland.pdf (zuletzt abgerufen am 15.10.2019).
[21] Art. 12 Abs. 1 DS-GVO.
[22] Vgl. dazu → Teil 10.5 Rn. 46 ff. in diesem Handbuch.
[23] *Lenhard/Lenhard*, Berechnung des Lesbarkeitsindex LIX nach Björnson, Bibergau: Psychometrica, abrufbar unter http://www.psychometrica.de/lix.html (zuletzt abgerufen am 15.10.2019).

merksamkeit der Verbraucher erhalten, die notwendig wäre, um die Verlinkungen tatsächlich zu öffnen.

Insgesamt ist es deshalb nicht überraschend, dass nur ein sehr geringer Anteil der Verbraucher Datenschutztexte überhaupt liest. In einer Feldstudie konnte gezeigt werden, dass beispielsweise in einem Online-Shop lediglich 0,2 % der Kunden im Anmelde- und Bestellprozess die Datenschutzerklärung überhaupt anklickt bzw. öffnet.[24] Ohne Lesen bleiben die Nutzer also uninformiert und willigen in Datenverarbeitungen ein, über die sie nichts wissen.

Eine weitere Herausforderung ist, dass die **Einstellungs- bzw. Differenzierungsmöglichkeiten** bei der Einwilligung aus verhaltenswissenschaftlicher Sicht oft mangelhaft gestaltet sind. So ist es selbst im Falle einer aufmerksam gelesenen Datenschutzerklärung meist nur möglich, Datenverarbeitungen zuzustimmen oder die Nutzung des Dienstes zu unterlassen. Eine wirkliche **Wahlfreiheit,** wie sie inzwischen bei der Verwendung von Cookies zunehmend eingeräumt wird, haben Nutzer häufig nicht.

Neben diesen textuellen und gestalterischen Hürden, die Verbrauchern Datenschutzentscheidungen oftmals schwer machen, werden in der verhaltenswissenschaftlichen Literatur weitere, psychologische Hürden genannt, die dafür sorgen, dass Verbraucher nicht informiert sind:[25]

1. Heuristiken und kognitive Verzerrungen

Verbraucher urteilen in einer Entscheidungssituation häufig danach, wie sehr diese einer repräsentativen Situation entspricht und wenden eine Art „Daumenregel" an, bei der sie ihr Verhalten in einer bekannten, repräsentativen Situation auf das Verhalten in einer neuen Situation übertragen.[26] Sind eine Einwilligung und die zugehörigen Datenschutzhinweise einer Smart-Home-Anwendung vertrauenswürdig, professionell und attraktiv gestaltet, gehen Verbraucher unter Anwendung dieser „Daumenregel" häufig davon aus, dass auch die Datenschutzpraktiken des Anbieters insgesamt vertrauenswürdig sind und dieser gut mit den Daten umgeht. Dies kann dazu führen, dass Verbraucher bereitwilliger einwilligen und somit auch Datenverarbeitungen zustimmen, die eigentlich nicht den eigenen Vorstellungen entsprechen.

2. Habituation

Verbraucher sind in vielen Situationen Gewohnheitstiere. Insbesondere wenn sie häufig mit ähnlichen Entscheidungssituationen konfrontiert werden, gewöhnen sie sich rasch an diese und erlernen ein bestimmtes Verhalten. Wenn Verbraucher bei der Einrichtung ihres Smart Homes zum wiederholten Male einen Datenschutzhinweis angezeigt bekommen und sie in der Vergangenheit bereits eine Einwilligung für andere Datenverarbeitungen ge-

---

[24] *Kettner/Thorun/Vetter,* Wege zur besseren Informiertheit: Verhaltenswissenschaftliche Ergebnisse zur Wirksamkeit des One-Pager-Ansatzes und weiterer Lösungsansätze im Datenschutz, abrufbar unter https://www.conpolicy.de/data/user_upload/Studien/Bericht_ConPolicy_2018_02_Wege_zur_besseren_Informiertheit.pdf (zuletzt abgerufen am 15.10.2019).

[25] Diese werden in *Kettner/Thorun/Vetter,* Wege zur besseren Informiertheit: Verhaltenswissenschaftliche Ergebnisse zur Wirksamkeit des One-Pager-Ansatzes und weiterer Lösungsansätze im Datenschutz, abrufbar unter https://www.conpolicy.de/data/user_upload/Studien/Bericht_ConPolicy_2018_02_Wege_zur_besseren_Informiertheit.pdf (zuletzt abgerufen am 15.10.2019) sowie *Acquisti/Adjerid/Balebako/Brandimarte/Cranor/Komanduri/Wang,* Nudges for privacy and security: Understanding and assisting users' choices online, ACM Computing Surveys (CSUR), 50(3), 44, ausführlich diskutiert und werden hier in zusammengefasster Form dargestellt.

[26] Diese Heuristik bzw. „Daumenregel" ist in der verhaltenswissenschaftlichen Literatur unter der Stichwort „Repräsentativitätsheuristik" bekannt; vgl. *Kahneman/Tversky,* Subjective probability: A judgment of representativeness. Cognitive psychology, S. 430 ff.

geben haben, widmen sie sich den spezifischen Verarbeitungen der neuen Anwendung meist nicht mit der nötigen Aufmerksamkeit und willigen schneller und uninformiert ein.

3. Selbstregulationsdefizite

21 Bei der Installation einer neuen Smart-Home-Anwendung steht die Einwilligung in Datenverarbeitungen und das Lesen der Datenschutztexte zumeist zwischen einer sofortigen Belohnung – nämlich der Nutzung des Dienstes – und dem Vorhaben, sich über die Datenverarbeitungen informieren zu wollen. Je länger die Texte und je komplexer die Einwilligungsprozesse sind, desto höher auch die Kosten, die durch das Warten auf eine sofortige Nutzung entstehen. Wird die Fähigkeit der Verbraucher, auf die Belohnung (Nutzung) zu warten, überstrapaziert, entscheiden sie sich häufig dafür, den Prozess zu beschleunigen und willigen uninformiert ein.

4. Soziale Normen

22 Soziale Normen dienen Verbrauchern oftmals als Orientierungshilfe für das eigene Verhalten. So bilden Verbraucher beispielsweise durch das Beobachten anderer, Annahmen darüber, wie man sich in bestimmten Entscheidungssituationen verhalten sollte. Wenn andere Nutzer ebenfalls Smart-Home-Anwendungen nutzen und in deren Datenverarbeitungen einwilligen oder wenn andere Verbraucher typischerweise die Datenschutzhinweise nicht lesen, kann dies als Rechtfertigung dafür dienen, es den anderen gleichzutun.

II. Datensicherheit

23 Auch die Datensicherheit ist aus Sicht der Verbraucher eine Herausforderung. In den Medien wird immer häufiger über Datenlecks in Smart-Home-Anwendungen und die davon ausgehenden Gefahren berichtet. Die Gefahren liegen dabei jedoch nicht nur im Missbrauch der Daten an sich, sondern auch darin, dass beispielsweise Hausgeräte unbefugt ferngesteuert werden können. Im schlimmsten Fall können sich Dritte so Zugang zu Häusern und Wohnungen verschaffen, die Steuerung von Licht und Heizung übernehmen oder die Nutzer der Geräte ausspionieren.[27]

24 (1) Ein gravierendes Beispiel für eine Sicherheitslücke in Smart-Home-Anwendungen ist der Fall eines chinesischen Anbieters aus dem Sommer 2019. Dabei konnte aufgedeckt werden, dass 2 Milliarden personenbezogene Daten und Account-Daten von Nutzern frei im Internet zugänglich waren. Im schlimmsten Fall hätte das Leck dazu führen können, dass Kriminelle die Anwendungen der betroffenen Nutzer „kapern".[28]

(2) Ein weiterer, gravierender Fall aus dem Jahr 2019 betraf eine smarte Kamera in den USA. So war es einem Hacker gelungen, die Anwendung einer Familie zu hacken, diese über einen längeren Zeitraum auszuspionieren und über die integrierten Lautsprecher zu beschimpfen.[29]

---

[27] Vgl. *Scheuer*, Spione im Haushalt – Wie Hacker das Smart Home kapern, abrufbar unter https://www.handelsblatt.com/unternehmen/it-medien/kongress-35c3-spione-im-haushalt-wie-hacker-das-smart-home-kapern/23812820.html?ticket=ST-3112846-gRCwc3iIJ2iwK4qwWg0f-ap4 (zuletzt abgerufen am 15.10. 2019) sowie *Frankfurter Rundschau*, Smart Home oft Einfallstor für größere Netz-Attacken, abrufbar unter https://www.fr.de/wissen/smart-home-einfallstor-groessere-netz-attacken-10961715.html (zuletzt abgerufen am 15.10.2019).

[28] *Tremmel*, Smart-Home-Datenbank mit 2 Milliarden Einträgen im Internet, abrufbar unter https://www.golem.de/news/datenleck-smart-home-datenbank-mit-2-milliarden-eintraegen-im-internet-1907-142375.html (zuletzt abgerufen am 15.1.2020).

[29] *Scherschel*, Der Hacker im Smart Home: Amazons Ring-Kameras werden immer öfter gehackt, abrufbar unter https://www.heise.de/security/meldung/Der-Hacker-im-Schlafzimmer-Amazons-Ring-Kameras-werden-massenhaft-gehackt-4617254.html (zuletzt abgerufen am 15.1.2020).

Befragungen bestätigen die hohe Besorgnis der Verbraucher und zeigen auf, dass 45 % der Deutschen Angst haben, dass ihre persönlichen Daten missbraucht werden. 86 % geben außerdem an, dass die Bedrohung durch Cyberkriminalität wächst und 63 % gehen davon aus, dass ihre Daten auf Webseiten nicht sicher gespeichert werden.[30]

Die Ursachen für den Missbrauch von Daten liegen dabei oftmals in der Gestaltung der IT-Systeme und bedingen eine unsichere Verwendung durch Nutzer. So wird der **Passwortschutz**, der den Zugang von unbefugten Dritten verhindern soll, in vielen Fällen stiefmütterlich behandelt. Gibt eine Smart-Home-Anwendung beispielsweise bei der ersten Einrichtung des Systems ein Passwort vor (per Werkseinstellung) und werden Nutzer nicht dazu aufgefordert, dieses individuell anzupassen, so belassen es viele bei dem werksseitig voreingestellten Passwort. Wenn Nutzer eigene Passwörter vergeben, kommt es häufig vor, dass diese zu kurz sind und vorhersehbare Wörter oder Daten verwendet werden. Darüber hinaus werden viele Passwörter mehrfach verwendet.[31]

Auch die **Installation von Sicherheitsupdates** stellt ein Problem dar. So konnte im Bereich von Smartphone-Apps gezeigt werden, dass Nutzer Updates nicht sofort installieren und einige Zeit verstreichen lassen, bis ein kritisches Update von Hand installiert wird.[32] Wenn automatische Updates also nicht von einem IT-System vorgesehen werden, besteht eine erhöhte Gefahr, dass Anwendungen erfolgreich angegriffen werden, obwohl dies durch ein Update zu vermeiden gewesen wäre.

Ein weiterer Aspekt, der im Bereich der Datensicherheit eine Rolle spielt, ist das **geringe Verständnis** vieler Verbraucher für komplexe Sicherheitsprobleme.[33] So ist vielen Verbrauchern nicht klar, wie ihre Daten verwendet werden und welche technischen Schnittstellen existieren. Ohne dieses Wissen ist ein selbstbestimmter Schutz der Daten jedoch nur bedingt möglich.

Über diese praktischen Herausforderungen hinaus werden in der verhaltenswissenschaftlichen Literatur weitere, übergeordnete Gründe diskutiert, die dafür sorgen, dass sich Verbraucher möglichen Sicherheitsrisiken im Smart Home aussetzen:[34]

1. Heuristiken und kognitive Verzerrungen

Analog zum Datenschutz, bei dem die „Daumenregel" zur Repräsentativität von Entscheidungssituationen eine Rolle spielt, kommt es auch im Bereich der Datensicherheit vor, dass Verbraucher IT-Umgebungen für vertrauenswürdig halten, obwohl erhebliche Sicherheitsrisiken bestehen. Ist beispielsweise die Smart-Home-Anwendung und der Anmeldeprozess vertrauenswürdig und ansprechend gestaltet, so vertrauen die Nutzer der Anwendung eher und gehen davon aus, dass auch die Verarbeitung ihrer Daten in rechtmäßiger Weise erfolgt und Geräteschnittstellen gegen Angriffe gesichert sind. Diese Fehleinschätzung kann leicht dazu führen, dass Smart-Home-Anwender kein ausreichendes Sicherheitsverhalten an den Tag legen und Passwörter unsicher erstellen oder Sicherheitsupdates auslassen.

---

[30] *European Commission – DG COMM,* Special Eurobarometer 480: Europeans' attitudes towards Internet security.
[31] *Stobert/Biddle,* The Password Life Cycle: User Behaviour in Managing Passwords. In Proc. SOUPS; *Ur/Bees/Segreti/Bauer/Christin/Cranor,* Do users' perceptions of password security match reality?. In Proceedings of the 2016 CHI Conference on Human Factors in Computing Systems. ACM.
[32] *Möller/Michahelles/Diewald/Roalter/Kranz,* Update behavior in app markets and security implications: A case study in google play. In Research in the Large, LARGE 3.0.
[33] *Kang/Dabbish/Fruchter/Kiesler,* „My Data Just Goes Everywhere:" User Mental Models of the Internet and Implications for Privacy and Security. In Eleventh Symposium On Usable Privacy and Security ({SOUPS} 2015).
[34] Vgl. *Acquisti/Adjerid/Balebako/Brandimarte/Cranor/Komanduri/Wang,* Nudges for privacy and security: Understanding and assisting users' choices online, ACM Computing Surveys (CSUR), 50(3), 44.

2. Voreinstellungen und Status Quo-Verzerrung

31 Dass Werkseinstellungen von Smart Home-Anwendungen oftmals nicht angepasst werden und so unsichere Passwörter verwendet werden oder Updates nicht installiert werden, kann aus verhaltenswissenschaftlicher Sicht mit der sogenannten Status-Quo-Verzerrung und der Tendenz von Menschen bei Voreinstellungen zu verbleiben, erklärt werden. So konnte empirisch wiederholt gezeigt werden, dass Verbraucher eine Voreinstellung übermäßig einer Veränderung vorziehen und sie so beispielsweise Smart-Home-Sicherheitseinstellungen nicht an ihre Bedürfnisse anpassen. Auch hier kann in der Konsequenz beobachtet werden, dass das Schutzverhalten der Verbraucher leidet.

3. Selbstregulationsdefizite

32 Ähnlich wie auch im Bereich Datenschutz ist es möglich, dass sogenannte Selbstregulationsdefizite einer sicheren Smart-Home-Bedienung im Wege stehen. So erhalten Verbraucher bei der Installation oder im Betrieb von Anwendungen regelmäßig Sicherheitswarnungen. Wenn diese der (Weiter-)Nutzung im Wege stehen, ist es jedoch möglich, dass diese ungelesen weggeklickt werden und so Sicherheitslücken entstehen.

4. Selbstüberschätzung und Optimismus-Voreingenommenheit

33 Die Nutzer von Smart-Home-Anwendungen überschätzen oftmals ihre eigenen Fähigkeiten oder schätzen die Konsequenzen ihrer Entscheidungen zu optimistisch ein. So verleitet der Einsatz einer Antivirus-Software die Nutzer zu der Annahme, dass sie damit vor allen möglichen IT-Gefahren geschützt sind, obwohl dies tatsächlich nicht der Fall ist. Die Folge ist dann, dass viele Nutzer von Smart-Home-Anwendungen keine Eigeninitiative mehr zeigen und sich nicht mehr mit der Absicherung ihrer Smart-Home-Anwendungen und Geräte befassen.

34 Zusammenfassend kann also festgestellt werden, dass Verbraucher sowohl gestalterischen Hürden bei der Nutzung von Smart-Home-Anwendungen gegenüberstehen, aber auch psychologische Hürden überwinden müssen, um eine selbstbestimmte und sichere Datennutzung zu erreichen. Im Folgenden werden deshalb übergeordnete Handlungsempfehlungen abgeleitet, die aufzeigen sollen, wie Smart-Home-Anwendungen sicher und verbraucherfreundlicher gemacht werden können.

D. Zusammenfassung und Handlungsempfehlungen

35 Dieser Beitrag konnte aufzeigen, dass das Smart Home im Verbrauchermarkt große Chancen bietet. So kann neben dem Wohnkomfort auch die Sicherheit der Bewohner gesteigert werden und Verbrauchskosten können reduziert werden. In Zukunft könnten Anwendungen darüber hinaus auch dazu genutzt werden, um besonders schutzbedürftige Verbraucher in Ihrem Alltag zu unterstützen. Neben den Chancen von Smart-Home-Anwendungen konnte dieser Beitrag jedoch auch aufzeigen, dass es aus Verbrauchersicht eine Reihe von Risiken gibt, die Verbraucher in der Smart-Home-Nutzung sehen.

36 **Handlungsempfehlung 1: Smart-Home-Anwendungen sollten kompatibel, einfach installierbar und preisgünstig sein.**
Übergeordnet ist es aus Verbrauchersicht wichtig, dass die Geräte, die zum Teil sukzessive dem Zuhause hinzugefügt werden, gut zusammenspielen sowie miteinander kompatibel sind und sich der Aufwand der Installation in Maßen hält. Denn Verbraucher erwarten grundsätzlich sogenannte „Plug-and-play"-Lösungen, die sofort und mit wenig

D. Zusammenfassung und Handlungsempfehlungen

Aufwand einsetzbar sind. Auch ist im Hinblick auf die „echte" Smart-Home-Umgebung, dh eine Wohnumgebung, in der mehrere Geräte intelligent vernetzt sind, der Preis ein relevanter Faktor. Je günstiger Geräte in der Anschaffung werden, desto wahrscheinlicher ist es auch, dass Verbraucher ihr Smart Home aufrüsten.

Handlungsempfehlung 2: Datenschutz und Datensicherheit und deren Ausgestaltung im Smart Home sind wichtig für das Vertrauen der Nutzer. Deshalb sollten Anbieter diese Bereiche bei der Entwicklung von Anwendungen nicht vernachlässigen.

Neben diesen Herausforderungen existieren zwei weitere sehr relevante Bereiche, die von Verbrauchern aktuell als Nutzungsrisiko des Smart Homes gesehen werden. Zum einen ist dies der Datenschutz, dh der Umgang und die Weiterverarbeitung der Nutzungsdaten durch Anbieter. Zum anderen stellt die Datensicherheit, dh der Schutz von Nutzungsdaten vor unbefugten Zugriffen, einen Hinderungsgrund für Verbraucher dar. Je mehr Verbraucher durch die Berichterstattung in den Medien über Sicherheitslücken oder unzulässige Datenweitergaben verunsichert werden oder von Datenskandalen selbst betroffen sind, desto weniger sind sie auch bereit, Smart-Home-Anwendungen in ihrem Zuhause zu installieren. Denn die Wohnumgebung ist ein hochgradig intimer Bereich, in dem Bewohner ihre Privatsphäre geschützt sehen wollen. Darüber hinaus kann durch Vernetzung von sicherheitsrelevanten Anwendungen, wie dem Herd oder der Haustür, auch eine Gefahr für Leib und Leben entstehen. Um diesen Herausforderungen zu begegnen, ist es deshalb unabdingbar, Datenschutz und Datensicherheit ab der ersten Entwicklungsstufe mitzudenken („Data Privacy and Security by Design")

Handlungsempfehlung 3: Smart-Home-Anwendungen sollten die informationelle Selbstbestimmung der Verbraucher fördern. Darüber hinaus sollte die Komplexität der Datenschutzinhalte reduziert und echte Wahlmöglichkeiten geboten werden.

Konkret ist für den Datenschutz wichtig, dass Verbraucher befähigt werden, den Umgang mit ihren personenbezogenen Nutzerdaten zu steuern. Hierzu gehört auch, dass Informationen zur Datenverarbeitung in einer praktikablen und nutzerfreundlichen Form bereitgestellt werden und so Inhalte nicht nur von Juristen für Juristen geschrieben werden, sondern für den tatsächlichen Endnutzer, der von der Verarbeitung real betroffen ist. Darüber hinaus ist es wichtig, Datenverarbeitungen personalisierbar zu machen. Verbraucher haben unterschiedliche Präferenzen im Hinblick auf Datenverarbeitungen und sollen diese bei der Nutzung auch ausüben können. Globale Einwilligungen nach dem Motto „Friss oder stirb" sind dabei weder förderlich noch rechtlich zulässig. Stattdessen muss es differenzierte Einwilligungsmöglichkeiten geben.

Handlungsempfehlung 4: Um erfolgreich „Privacy by design" und „by default" in Smart-Home-Anwendungen zu integrieren, bedarf es nicht nur leicht verständlicher Hinweise zu Umfang und Zweck der Verarbeitung personenbezogener Daten, sondern auch intuitiv gestaltete Anwendungen und Nutzungsoberflächen, die über datenschutzfreundliche Voreinstellungen verfügen.

Selbstverständlich sind die datenschutzrechtlichen Anforderungen an Smart-Home-Systeme bei der Entwicklung einzuhalten. Die Nutzer von Smart-Home-Anwendungen und Geräten sind aber meist juristische Laien, die sich unter konkreten Datenverarbeitungen und Zwecken kaum etwas vorstellen können, wenn diese – wie von der DS-GVO gefordert – nicht transparent und leicht verständlich erläutert werden. Gerade wenn Inhalte und Informationen zu Datenverarbeitungen nur oberflächlich konsumiert werden, ist es unabdingbar, den Anmeldeprozess vor der ersten Anwendung nebst Einwilligung so intuitiv und transparent wie möglich zu gestalten. Darüber hinaus ist es für Verbraucher wichtig, dass nur solche Daten erhoben werden, die für den Betrieb der Smart-Home-Anwendung auch tatsächlich notwendig sind; Ist die Datenverarbeitung nicht erforderlich, aber für den Nutzer der Smart-Home-Anwendung mit Vorteilen verbunden, so müssen diese mit Einwilligung des Nutzers erfolgen, sofern kein gesetzlicher Erlaubnistatbestand eingreift. Wegen des auch in der DS-GVO verankerten Grundsatzes der Datenminimierung ist es die Aufgabe von Produktentwicklern, die Nutzungsoberflächen auch entlang der verhaltenswissenschaftlichen Dimension praktikabel zu gestalten und minimalinvasive Produkte zu entwickeln.

Handlungsempfehlung 5: Um die Datensicherheit im Smart Home konkret zu verbessern, sollten notwendige Sicherheitsupdates automatisch installiert werden. Auch ist es sinnvoll, den Passwortschutz effizient zu gestalten.

Auch mit Blick auf die Datensicherheit sollten konkrete Maßnahmen ergriffen werden, um Verbraucher vor Missbrauch zu schützen. Wie beschrieben ist es oftmals eine Herausforderung, Smart-Home-Anwendungen auf dem neuesten Sicherheitsstand zu halten, wenn dies mit Aufwand für die Nutzer verbunden ist. Darüber hinaus sollten Werkseinstellungen beispielsweise beim Passwortschutz nutzerfreundlich und sicher gestaltet werden.

Handlungsempfehlung 6: Um erfolgreich „Security by design" und „by default" in Smart-Home-Anwendungen zu verankern, ist es notwendig, sowohl die technische als auch die verhaltenswissenschaftliche Perspektive zu berücksichtigen. So sollten Anwendungen nach den Bedürfnissen der Nutzer gestaltet und ihnen die Ergreifung von Maßnahmen zur Erhöhung der Datensicherheit erleichtert werden.

Die technische Umsetzung von Sicherheitsmaßnahmen sollte nicht an den Nutzern vorbei geschehen. Je sicherer eine Anwendung an sich gestaltet ist, desto besser ist dies für Verbraucher. Wenn es jedoch notwendig ist, dass Nutzer an den Schutzmaßnahmen partizipieren oder diese sogar selbstständig verantworten, ist es unabdingbar, die Nutzungsoberflächen und Gestaltungsparameter an ihren Bedürfnissen auszurichten.

Handlungsempfehlung 7: Bei der Entwicklung von Smart-Home-Anwendungen sollte auch auf die Anforderungen von besonders schutzbedürftigen Verbrauchergruppen eingegangen werden.

Übergeordnet ist es außerdem notwendig, bei der Gestaltung von Smart-Home-Anwendungen auf besonders schutzbedürftige Verbrauchergruppen einzugehen. Dabei sollten Anbieter sich die Frage stellen, welche Konsequenzen ihre Anwendungen für Menschen mit körperlichen Einschränkungen, Kinder und ältere Menschen haben können. Wenn ein Sensor, der Stürze erkennen und messen soll, im Heim eines älteren Verbrauchers nicht funktioniert, dann bedeutet dies im schlimmsten Fall eine Gefahr für Leib und Leben. Auch im Bereich der smarten Spielzeuge sollten neben dem Ausspähen von personenbezogenen Daten weitere mögliche Konsequenzen nicht außer Acht gelassen werden.[35] So beeinflusst die Nutzung eines Smart Toys möglicherweise die Art und Weise, wie Kinder kommunizieren, und wenn Anwendungen zur Lernförderung genutzt werden, haben die bereitgestellten Inhalte einen Einfluss auf die Wahrnehmung des Kindes. Und schließlich ist darauf zu achten, dass Smart-Home-Anwendungen keine diskriminierenden Inhalte bereitstellen.

---

[35] *Boie*, Lauschangriff im Kinderzimmer, abgerufen unter https://www.sueddeutsche.de/digital/spielzeug-lauschangriff-im-kinderzimmer-1.2440374 (zuletzt abgerufen am 15.1.2020).

Teil 10.5 Datenschutz und Datensicherheit im (I)IoT

Übersicht

Rn.

- A. Einführung 1
- B. Datenschutz im (I)IoT 6
  - I. Datenschutzrechtlicher Regelungsrahmen 7
  - II. Personenbezug als Ausgangspunkt 11
    - 1. Information 13
    - 2. Personenbezug der Information 14
    - 3. Identifizierte oder identifizierbare Person 15
    - 4. Besondere Kategorien personenbezogener Daten 18
    - 5. Anonymisierung/Pseudonymisierung 19
  - III. Datenschutzrechtliche Verantwortlichkeit im (I)IoT 25
    - 1. Normadressat 30
    - 2. Entscheidungsbefugnisse über Zweck und Mittel 33
    - 3. Alleinige oder gemeinsame Verantwortlichkeit 34
  - IV. Datenschutzkonforme Verarbeitung 46
    - 1. Rechtmäßigkeit 48
    - 2. Weitere wichtige Datenschutzgrundsätze im Anwendungsgebiet von (I)IoT .. 62
  - V. Folgen eines Verstoßes 67
- C. Datensicherheit 69
  - I. Verhältnis zu NIS-RL und BSIG 70
  - II. Technische und organisatorische Maßnahmen nach Art. 32 DS-GVO 71
    - 1. Pseudonymisierung und Verschlüsselung 73
    - 2. Belastbarkeit der Systeme 76
  - III. Auswahl der geeigneten Maßnahmen 77
  - IV. Abdingbarkeit des Art. 32 DS-GVO? 79
- D. Weitere Quellen 80
- E. Zusammenfassung und Ausblick 83

Literatur:
DEK, Gutachten der DEK der Bundesregierung v. Oktober 2019; *Gola* (Hrsg.), Datenschutz-Grundverordnung VO (EU) 2016/679, 2017; *Ehmann/Selmayr* (Hrsg.), Datenschutz-Grundverordnung, 2017; *Eßer/Kramer/von Lewinski* (Hrsg.), DSGVO BDSG; *GDD*, GDD-Praxishilfe XV: Die gemeinsame Verantwortlichkeit nach Art. 26 DSGVO (Joint Controllership); *Jaspers/Jacquemain*, Künstliche Intelligenz und ihre Auswirkungen auf den Beschäftigtendatenschutz, RDV 2019, 232 ff.; *Kiparski/Sassenberg*, Internet of Things – Aktuelle Entwicklungen und Branchenbesonderheiten bei Connected Cars, eHealth und CO., CR 2018, 596 ff.; *Kremer*, Gemeinsame Verantwortlichkeit: Die neue Auftragsdatenverarbeitung?, CR 2019, 225 ff.; *Kühling/Buchner* (Hrsg.), DSGVO, 2017; *Kühling/Klar/Sackmann*, Datenschutzrecht, 2018; *Paal/Pauly* (Hrsg.), Datenschutz-Grundverordnung, 2017; *Schantz/Wolff*, Das neue Datenschutzrecht, Datenschutz-Grundverordnung und Bundesdatenschutzgesetz in der Praxis, 2017; 2. Aufl. 2020; *Schwartmann/Jaspers/Thüsing/Kugelmann* (Hrsg.), Heidelberger Kommentar DSGVO/BDSG, 2. Aufl. 2020; *Schwartmann/Jacquemain*, DataAgenda-Arbeitspapier 07 – Joint Controller – Gemeinsam Verantwortliche, 2019; *Schwartmann/Weiß* (Hrsg.), Anforderungen an den datenschutzkonformen Einsatz von Pseudonymisierungslösungen, 2018; *ders.*, Entwurf für einen Code of Conduct zum Einsatz DSGVO konformer Pseudonymisierung, 2019; *Simitis/Hornung/Spiecker gen. Döhmann*, Datenschutzrecht DSGVO mit BDSG, 2019; *Specht/Mantz* (Hrsg.), Handbuch Europäisches und deutsches Datenschutzrecht, Handbuch, 2018; *Specht-Riemenschneider/Schneider*, Die gemeinsame Verantwortlichkeit im Datenschutzrecht, MMR 2019, 503 ff.; *Sydow* (Hrsg.), Europäische Datenschutzgrundverordnung, 2017; *VDMA*, Leitfaden Datennutzung des VDMA – Orientierungshilfe zur Vertragsgestaltung für den Mittelstand, 2019; *Wybitul*, EU-Datenschutz-Grundverordnung im Unternehmen, 2017.

A. Einführung

Anwendungen im **(Industrial) Internet of Things** und in der Industrie 4.0 benötigen 1 immense Datenmengen zum Einsatz unterschiedlicher Geräte und Maschinen mit einer Vielzahl von Eigenschaften, die in einer Cloud – sofern nicht auf das sog. Edge-Computing¹ zurückgegriffen werden kann, wo die Daten auf dem Endgerät verbleiben, ohne dauerhaft an ein Netzwerk oder weltweit an das Internet angebunden werden zu müssen – verbunden werden. Mit zunehmender Digitalisierung, Vernetzung, Automatisierung und dem wachsenden Einsatz von Sensorik erheben, speichern und übermitteln moderne Maschinen immer mehr Daten. In einer smarten Auswertung dieses Datenschatzes liegt für Unternehmen ein enormes wirtschaftliches Potenzial. So können etwa durch ein optimiertes und automatisiertes Monitoring der Produktion die Auslastung unterschiedlicher Fertigstellungen direkt verglichen und dadurch Fehlproduktionen frühzeitig erkannt und vermieden werden.² Auch können Lagerhaltungen optimiert und Störungen oder Schäden an eingesetzten Maschinen mittels vorausschauender Wartung („predictive maintenance") vermieden oder zumindest reduziert werden.³ Die technische Entwicklung nimmt eine rasante Fahrt auf und ein Ende ist nicht absehbar. Neben der Optimierung des Kerngeschäfts durch datenbasierte Anwendungen sind erste Ansätze dafür erkennbar, dass sich die generierten Daten selbst zu einem handelbaren Gut entwickeln werden.⁴ Dadurch lassen sich für Unternehmen neue Wertschöpfungsketten aufbauen und dem Gesamterfolg der Unternehmung neue wirtschaftliche Potenziale eröffnen.

2   Die durch den Einsatz neuer Technologien bedingten Veränderungen führen unweigerlich zu der rechtlichen Frage nach dem zulässigen Zugang zu den generierten Daten sowie deren erlaubter und damit rechtskonformer Verarbeitung und Kommerzialisierung. Besonderen rechtlichen Schutz genießen dabei solche Daten, die einer bestimmbaren Person zugeordnet werden können. Das betrifft viele der im Bereich des (I)IoT generierten Daten, da diese Daten in der Regel aus einem Zusammenspiel von menschlicher Interaktion und softwarebasierten Anwendungen erzeugt werden. Aus diesem Grund kommt datenschutzrechtlichen Fragestellungen insbesondere im Bereich smarter Endgeräte im Smart Home und vernetzten Fabriken eine zentrale Rolle zu.

3   Die steigende Anzahl von Geräten und smarten Anwendungen hat auch einen erheblichen Einfluss auf einen steigenden Datensicherheitsanspruch. Eine Vielzahl der Endgeräte und Maschinen wird auf Grundlage verschiedener Standards vernetzt und in die Lage versetzt, mit Servern oder auch anderen Endgeräten unmittelbar zu kommunizieren. Dadurch ergeben sich neue Risikofaktoren. Die Geräte und Maschinen selbst, die darauf verwendete Software oder die verwendeten Standards können Sicherheitslücken aufweisen, die zumindest dem Grunde nach für jedes Gerät oder jede Maschine separat beurteilt und bei einem identifizierten Risiko geschlossen werden müssen. Bedenkt man dabei auch die steigende Anzahl der Kommunikationswege im (I)IoT, entstehen dadurch immer neue Wege, um unbefugt von außen auf Maschinen zuzugreifen und Sicherheitslücken auszunutzen. So ist es denkbar, dass auf einen maschinellen und autonomen Fertigungsprozess dergestalt durch einen Dritten eingewirkt wird, dass bewusst schädigende Aktionen durchgeführt werden oder ganze Anlagen zerstört werden. Nicht zuletzt besteht die Gefahr, dass personenbezogene Daten unrechtmäßig übermittelt werden, um diese zu veröffentlichen oder für dritte Zwecke zu nutzen.

4   Es ist unverkennbar, dass bei der Einführung von und dem sich anschließenden Betrieb von Anwendungen im Bereich des (I)IoT Datenschutz und Datensicherheit bereits zu Beginn zu berücksichtigen sind, damit aus möglichen tatsächlichen Risiken in der Folge

---

[1] Siehe dazu Gutachten der *Datenethikkommission,* S. 63 f.
[2] Vgl. Leitfaden Datennutzung des *VDMA* – Orientierungshilfe zur Vertragsgestaltung für den Mittelstand, S. 3, abrufbar unter: https://industrie40.vdma.org/viewer/-/v2article/render/34163730 (zuletzt abgerufen am 20.8.2020).
[3] Beispielsweise die von *Bosch* entwickelte Lösung für das sog. condition monitoring für die „permanente Zustandserfassung von Maschinen und Anlagen für maximale Transparenz", siehe https://www.bosch-connected-industry.com/connected-manufacturing/nexeed-production-performance-manager/condition-monitoring/ (zuletzt abgerufen am 20.8.2020).
[4] Vgl. Leitfaden Datennutzung des *VDMA* – Orientierungshilfe zur Vertragsgestaltung für den Mittelstand, S. 3, abrufbar unter: https://industrie40.vdma.org/viewer/-/v2article/render/34163730 (zuletzt abgerufen am 20.8.2020).

keine Rechtsverletzungen werden, die empfindlichen wirtschaftlichen Schaden verursachen können. Dabei ergeben sich für Datenschutz und Datensicherheit zwar unterschiedliche Anforderungen. Im Ergebnis bedingen sie sich jedoch gegenseitig und können nur gemeinsam umgesetzt werden. Ohne die Gewährleistung von Datensicherheit ist ein effektvier und rechtskonformer Datenschutz nicht möglich. Um die Anforderungen von Datenschutz und Datensicherheit umzusetzen, stellen sich in diesem Zusammenhang zunehmend Fragen nach dem Einsatz des sog. Edge-Computing[5], bei dem die Datenverarbeitung am Rande des Netzes, häufig auf einem Endgerät verarbeitet und nicht ins Netz übertragen werden.

Für die datenschutzrechtliche Betrachtung ist dabei im Ausgangspunkt unerheblich, ob es sich um Anwendungen im Bereich des IoT für Endverbraucher oder um Anwendungen im Bereich des IIoT handelt. In der folgenden Bearbeitung wird für den vereinfachten Lesefluss einheitlich der Begriff (I)IoT verwendet, der beide Anwendungsbereiche erfassen soll. Soweit aus datenschutzrechtlicher Sicht spezifische Unterscheidungen dienlich sind, wird darauf gesondert hingewiesen.

B. Datenschutz im (I)IoT

Soweit im Zusammenhang mit Anwendungen im Bereich des (I)IOT personenbezogene Daten verarbeitet werden, sind die datenschutzrechtlichen Regelwerke auf unionsrechtlicher und nationaler Ebene einschlägig.

I. Datenschutzrechtlicher Regelungsrahmen

Der datenschutzrechtliche Rechtsrahmen ergibt sich aus einem Zusammenspiel nationaler und europarechtlicher Vorschriften. Mit der Anwendungspflicht der DS-GVO[6] zum 25.5. 2018 beabsichtigte der europäische Gesetzgeber die Herstellung eines einheitlichen Datenschutzniveaus in Europa. Die DS-GVO ist als Verordnung unmittelbar anwendbares Recht, das keiner Umsetzung durch die nationalen Gesetzgeber bedarf. Damit prägt die DS-GVO den rechtlichen Rahmen für Anwendungen im Bereich des (I)IOT, was die Verarbeitung personenbezogener Daten angeht, wesentlich.

Allerdings sieht die DS-GVO zahlreiche Spezifikationsmöglichkeiten für den nationalen Gesetzgeber vor. Insbesondere im Bereich des Beschäftigtendatenschutzes hat der europäische Gesetzgeber mit Art. 88 DS-GVO die Möglichkeit für die nationalen Gesetzgeber geschaffen, die Verarbeitung von Beschäftigungsdaten im Beschäftigtenkontext eigenständig zu regeln. Der deutsche Gesetzgeber hat von dieser Regelungsbefugnis Gebrauch gemacht und mit § 26 BDSG eine Regelung normiert, die für Datenverarbeitungen im Beschäftigungskontext grundlegend ist. Gerade bei Datenverarbeitungen im industriellen und vernetzten Umfeld ist hier in der Perspektive Handlungsbedarf für den Gesetzgeber zur Anpassung des Rechtsrahmens vorhanden[7].

Neben den Regelungen der DS-GVO sind die Regelungen des TK-Datenschutzes zu beachten. Die Regelungen zum TK-Datenschutz ergeben sich aus RL 2002/58/EG

---

[5] Gutachten der *Datenethikkommission*, S. 63f., abrufbar unter: https://www.bmi.bund.de/SharedDocs/downloads/DE/publikationen/themen/it-digitalpolitik/gutachten-datenethikkommission.pdf;jsessionid=5D81AA9CBD9283B048B653D75E32DEB2.2_cid295?__blob=publicationFile&v=6 (zuletzt abgerufen am 20.8.2020).

[6] Verordnung (EU) 2016/679 des Europäischen Parlaments und des Rates vom 27.4.2016 zum Schutz natürlicher Personen bei der Verarbeitung personenbezogener Daten, zum freien Datenverkehr und zur Aufhebung der Richtlinie 95/46/EG, abrufbar unter: https://eur-lex.europa.eu/legal-content/DE/TXT/HTML/?uri=CELEX:32016R0679 (zuletzt abgerufen am 20.8.2020).

[7] Gutachten der *Datenethikkommission*, S. 112f.

(ePrivacy-RL[8]). Die ePrivacy-RL wurde in Deutschland hauptsächlich durch die Datenschutzregelungen in §§ 88 ff. TKG umgesetzt. Die Anwendbarkeit dieser Regelungen kann für solche (I)IoT-Anwender wichtig werden, die die Übertragungsleitung für ihre (I)IoT-Anwendung nicht von einem Netzbetreiber beziehen, sondern diese selbst erbringen.[9] Mit dem Verhältnis von DS-GVO und ePrivacyRL beschäftigt sich Art. 95 DS-GVO. Im Sinne des Art. 95 DS-GVO kommt die DS-GVO nicht zur Anwendung, soweit der Anwendungsbereich der ePrivacy-RL eröffnet ist und diese Spezialregelungen enthält.[10] Die Frage der Anwendbarkeit der Umsetzungsnormen der ePrivacy-RL seit der Geltung der DS-GVO bereitet in der Praxis erhebliche Schwierigkeiten. Nach überwiegender Ansicht dürften in jedem Fall die in §§ 91 ff. TKG enthaltenen datenschutzrechtlichen Regelungen nunmehr in weiten Teilen von den Vorgaben der DS-GVO überlagert werden, soweit sie eine überschießende nationale Umsetzung des telekommunikationsrechtlichen Sonderregimes der ePrivacy-RL darstellen und mithin keinen Bestandsschutz nach Art. 95 DS-GVO genießen.[11] Davon ausgehend bilden die Regelungen der DS-GVO zur Datenverarbeitung den Mittelpunkt der nachfolgenden Darstellungen zum Themenkomplex des (I)IOT.

10   Aktuell wird auf europäischer Ebene die ePrivacy-RL überarbeitet. Ursprüngliches Ziel war es, mit der Anwendungspflicht der DS-GVO gleichzeitig eine ePrivacy-VO verabschiedet zu haben. Dieser Plan ist gescheitert. Es bleibt abzuwarten, wann die ePrivacy-VO tatsächlich verabschiedet wird. Mit Inkrafttreten der ePrivacy-VO und der gleichzeitigen Aufhebung der ePrivacy-RL würde Art. 95 DS-GVO gegenstandslos.[12] Im Unterschied zur ePrivacy-RL wird die ePrivacy-VO unmittelbar anwendbares Recht darstellen, dass mit ihm kollidierendes Recht der Mitgliedsstaaten im Rahmen seines Anwendungsvorrangs verdrängt.

II. Personenbezug als Ausgangspunkt

11   Das Merkmal des Personenbezugs ist ausschlaggebend dafür, ob datenschutzrechtliche Regelungen überhaupt Anwendung finden.[13] Denn nur dort, wo personenbezogene Daten verarbeitet werden, eröffnet sich der sachliche Anwendungsbereich der datenschutzrechtlichen Regelwerke.[14] Die Bewertung der datenschutzrechtlichen Zulässigkeit von Anwen-

---

[8] Richtlinie 2002/58/EG des Europäischen Parlaments und des Rates vom 12.7.2002 über die Verarbeitung personenbezogener Daten und den Schutz der Privatsphäre in der elektronischen Kommunikation (Datenschutzrichtlinie für elektronische Kommunikation) sowie Richtlinie 2009/136/EG des Europäischen Parlaments und des Rates vom 25.11.2009 zur Änderung der Richtlinie 2002/22/EG über den Universaldienst und Nutzerrechte bei elektronischen Kommunikationsnetzen und -diensten, der Richtlinie 2002/58/EG über die Verarbeitung personenbezogener Daten und den Schutz der Privatsphäre in der elektronischen Kommunikation und der Verordnung (EG) Nr. 2006/2004 über die Zusammenarbeit im Verbraucherschutz, abrufbar unter: https://eur-lex.europa.eu/legal-content/DE/TXT/?uri=CELEX:32009L0136 (zuletzt abgerufen am 20.8.2020).
[9] *Kiparski/Sassenberg*, CR 2018, 596 (600).
[10] Vgl. Schwartmann/Jaspers/Thüsing/Kugelmann/*Richter*, HK-DSGVO/BDSG, Art. 95 Rn. 7.
[11] Vgl. Specht/Mantz/*v. Bodungen*, Handbuch Europäisches und deutsches Datenschutzrecht Teil B § 16 Rn. 5; Eßer/Kramer/v. Lewinski/*Heun/Assion*, DSGVO, Art. 95 Rn. 6; Kühling/Buchner/*Kühling/Raab*, DSGVO, Art. 95 Rn. 11.
[12] Schwartmann/Jaspers/Thüsing/Kugelmann/*Richter*, HK-DSGVO/BDSG, Art. 95 Rn. 14.
[13] Daneben kommt dem Schutz nicht personenbezogener (Maschinen) Daten wachsende Bedeutung zu. Dass fast nur noch der Schutz personenbezogener Daten diskutiert wird, steht in einem Zusammenhang mit der DS-GVO und dem erhöhten Bußgeldrahmen. Dabei hat der Schutz nicht personenbezogener Konstruktions- und Produktionsdaten die gleiche Aufmerksamkeit verdient, die er derzeit noch nicht erhält. Zum Datenschutz jenseits des Personenbezuges: Gutachten der *Datenethikkommission*, S. 141 ff.
[14] Mit Blick auf die Rechtsprechung des EuGH ist denkbar, dass der rechtliche Schutzbereich noch weiter zu fassen ist. In der Rechtssache C-673/17 *(Planet49 GmbH)* hat der *EuGH* in Rn. 70 klargestellt, dass sich der Schutz der RL 2002/58 auf alle in Endgeräten gespeicherte Informationen, unabhängig davon erstreckt, ob es sich um personenbezogene Daten handelt, und insbesondere „Hidden Identifiers" oder ähnliche Instrumente erfasst, die ohne das Wissen der Nutzer in deren Endgeräte eindringen. Es ist zu prüfen

dungen im Bereich des (I)IOT hängt damit entscheidend davon ab, ob überhaupt **personenbezogene Daten** verarbeitet werden. In diesem Zusammenhang ist es geboten, bereits bei der Implementierung neuer Prozesse im Einzelfall zu prüfen, ob es sich beispielsweise um reine Maschinendaten ohne Personenbezug handelt und damit der Anwendungsbereich des Datenschutzrechts nicht eröffnet ist.

Die DS-GVO definiert den Begriff der personenbezogenen Daten in Art. 4 Nr. 1 DS-GVO als alle Informationen, die sich auf eine identifizierte oder identifizierbare natürliche Person beziehen. Als identifizierbar wird eine natürliche Person angesehen, die direkt oder indirekt, insbesondere mittels Zuordnung zu einer Kennung wie einem Namen, zu einer Kennnummer, zu Standortdaten, zu einer Online-Kennung oder zu einem oder mehreren besonderen Merkmalen, die Ausdruck der physischen, physiologischen, genetischen, psychischen, wirtschaftlichen, kulturellen oder sozialen Identität dieser natürlichen Person sind, identifiziert werden kann. 12

1. Information

Wie sich aus dem Normtext des Art. 4 Nr. 1 DS-GVO ergibt, umfasst der Begriff der personenbezogenen Daten zunächst „alle Informationen". Der Begriff ist weit zu verstehen und erfasst sowohl persönliche Informationen wie etwa den Namen oder die Anschrift, als auch äußere Merkmale, wie zum Beispiel das Geschlecht.[15] Ebenfalls erfasst sind innere Zustände wie Meinungen, Motive oder Wünsche sowie sachliche Informationen wie Vermögens- und Eigentumsverhältnisse.[16] Mit Blick auf (I)IoT-Anwendungen und der damit verbundenen Infrastruktur kann es zur Erfassung diverser Informationen natürlicher Personen kommen, soweit diese mit den Anwendungen interagieren. Zu denken ist hier insbesondere an smarte Endgeräte wie Smartwatches, Smartphones oder intelligente Lautsprecher, mit denen der Endnutzer interagieren kann und somit ein erheblicher Datenverkehr stattfindet. 13

2. Personenbezug der Information

Entscheidend nach dem Wortlaut des Art. 4 Nr. 1 DS-GVO ist, dass sich die Information auf eine natürliche Person beziehen muss. Nicht-personenbezogene Daten unterfallen somit nicht dem Anwendungsbereich des Datenschutzes nach der DS-GVO. Keinen Personenbezug weisen Sachdaten auf. Werden beispielsweise in einer vernetzten Fabrik Daten verarbeitet, die sich keiner natürlichen Person zuordnen lassen, finden die datenschutzrechtlichen Regelungen von vornherein keine Anwendung. Einen datenschutzrechtlichen Schutz juristischer Personen sieht die DS-GVO nicht vor.[17] ErwG 14 S. 2 stellt klar, dass die DS-GVO nicht für die Verarbeitung personenbezogener Daten juristischer Personen und insbesondere als juristische Person gegründete Unternehmen gilt. Dabei nennt ErwG 14 S. 2 exemplarisch Name, Rechtsform und Kontaktdaten der juristischen Person. Die datenschutzrechtlichen Regelungen können damit bereits aufgrund ihres Schutzziels keinen Schutz jeglicher in einem Unternehmen anfallender Daten erzeugen. Um dahingehenden Schutz zu erzeugen, bietet es sich für Unternehmen an, Maßnahmen zu ergreifen, mit denen schützenswerte Informationen im Ergebnis dem rechtlichen Schutz von Geschäftsgeheimnissen zugeführt werden. Gerade im Bereich des IIoT können nicht personenbezogene Daten einen erheblichen wirtschaftlichen Wert aufweisen. Insofern sollten diese Daten einen hinreichenden Schutz erfahren, um sie vor einem unberechtigten Zugriff Dritter zu schützen. 14

---

und bleibt abzuwarten, ob diese Entscheidung auch für (I)IoT-Sachverhalte relevant wird, auch wenn es dabei nicht um das Setzen von „Cookies" geht, mit dem sich der *EuGH* befasste.
[15] Schwartmann/Jaspers/Thüsing/Kugelmann/*Schwartmann/Mühlenbeck*, HK-DSGVO/BDSG, Art. 4 Rn. 26.
[16] *Kühling/Klar/Sackmann*, Datenschutzrecht, Rn. 251.
[17] Mit der Forderung nach einer Erstreckung: Gutachten der *Datenethikkommission*, S. 95.

3. Identifizierte oder identifizierbare Person

15 Die Information muss sich auf eine **identifizierte** oder **identifizierbare** Person beziehen. Die Frage, wann eine natürliche Person als identifiziert einzuordnen ist, lässt sich vergleichsweise einfach beantworten. Identifiziert ist eine natürliche Person dann, wenn keine zusätzlichen Informationen mehr notwendig sind, um die Person zu erkennen.[18]

16 Schwieriger ist die Frage zu beantworten, welches Begriffsverständnis der Identifizierbarkeit zugrunde zu legen ist. Entscheidend dafür ist, wann unter rechtlichen Gesichtspunkten bzw. anhand welcher Maßstäbe eine Identifizierbarkeit einer natürlichen Person anzunehmen ist. Hierzu existieren im Ausgangspunkt zwei verschiedene Begründungsansätze, die jedoch im Bereich des (I)IoT zu divergierenden Ergebnissen führen können. Ein relativer Ansatz stellt maßgeblich darauf ab, ob der für die Datenverarbeitung Verantwortliche anhand der ihm zur Verfügung stehenden Informationen und Mittel den Personenbezug herstellen kann, während ein absoluter Ansatz es demgegenüber bereits genügen lässt, dass ein Dritter den Personenbezug herstellen könnte.[19] Stellt man schlicht auf die Möglichkeiten des Verantwortlichen ab, wird in der Regel das Unternehmen, welches sich für den Einsatz von Anwendungen im Umfeld von (I)IoT entschließt, prüfen müssen, ob es anhand der ihm vorliegenden Informationen in der Lage ist, eine natürliche Person durch die in einer vernetzten Fabrik erzeugten Daten zu identifizieren. Mögliches Sonderwissen Dritter spielt bei dieser Frage dann keine Rolle. Lässt man es dagegen genügen, dass ein Dritter den Personenbezug herstellen kann, müssen bei der Prüfung durch den Verantwortlichen auch Informationen berücksichtigt werden, die ihm nicht zwingend vorliegen.

17 Unter der DS-GVO spricht für ein weites Begriffsverständnis Erwägungsgrund 26 S. 3, der neben dem Verantwortlichen auch „andere" Personen nennt. Einschränkend verlangt Erwägungsgrund 26 S. 3 jedoch, dass die Nutzung der Mittel „nach allgemeinem Ermessen wahrscheinlich" ist. Im Zusammenhang mit dem Personenbezug von IP-Adressen hat der EuGH richtungsweisende Ausführungen dazu gemacht, welche Anforderungen an die Berücksichtigung des Wissens und die Mittel Dritter zu stellen sind.[20] Danach ist ein Personenbezug zu bejahen, wenn der Verantwortliche über rechtliche Mittel verfügt, um sich die Daten des Dritten verfügbar zu machen.[21] Für den EuGH sollen gesetzlich verbotene Möglichkeiten außer Betracht bleiben, da sie regelmäßig nicht vernünftigerweise zur Bestimmung der betreffenden Person eingesetzt werden.[22] Der BGH hat sich der Auffassung des EuGH angeschlossen.[23] Daran anlehnend ist für die Identifizierbarkeit von einer vermittelnden Position auszugehen, die maßgeblich von den Kenntnissen, Mitteln und Möglichkeiten des Verantwortlichen abhängt, indem dieser die Identifikation mit den ihm zur Verfügung stehenden rechtlich zulässigen Mitteln vornehmen kann.[24] Ein zu weites Begriffsverständnis würde insbesondere im Umfeld von (I)IoT dazu führen, dass Unternehmen bei der Etablierung und beim Betrieb innovativer Lösungen vor eine fast unlösbare Aufgabe gestellt werden würden, deren Ergebnis zur Folge hätte, dass ein verantwortliches Unternehmen die Frage nach dem Personenbezug von Daten nicht rechtssicher beantworten könnte. Die daraus resultierenden Innovationshemmnisse drängen sich unweigerlich auf. Dennoch gilt es in jedem Einzelfall zu prüfen, ob unter Zugrundelegung des dargestellten vermittelnden Ansatzes die Identifizierbarkeit natürlicher Personen ausgeschlossen werden kann. Erst wenn dies der Fall ist, sollten die sich aus dem Datenschutzrecht ergebenden Anforderungen außer Betracht gelassen werden. Verbleiben auch nach intensiver

---

[18] Vgl. Eßer/Kramer/*von* Lewinski/*Eßer*, DSGVO, Art. 4 Nr. 1 Rn. 12.
[19] Vgl. Schwartmann/Jaspers/Thüsing/Kugelmann/*Schwartmann*/*Mühlenbeck*, HK-DSGVO/BDSG Art. 4 Rn. 38.
[20] EuGH, 19.10.2016 – C-582/14, Rn. 31 ff. – *Breyer*.
[21] EuGH, 19.10.2016 – C-582/14, Rn. 47 ff. – *Breyer*.
[22] EuGH, 19.10.2016 – C-582/14, Rn. 46 ff. – *Breyer*.
[23] BGH, 16.5.2017 – VI ZR 135/13.
[24] Vgl. Schwartmann/Jaspers/Thüsing/Kugelmann/*Schwartmann*/*Mühlenbeck*, HK-DSGVO/BDSG, Art. 4 Rn. 40.

Prüfung weitere Zweifel, dürfte bereits aus Gründen der Rechtssicherheit zur Beachtung der datenschutzrechtlichen Vorgaben geraten werden.

4. Besondere Kategorien personenbezogener Daten

Nach Art. 9 DS-GVO werden bestimmte personenbezogene Daten aus dem allgemeinen Schutzregime der DS-GVO herausgegriffen und besonderen Regelungen unterworfen. Insoweit kommt es auf den konkreten Verwendungszusammenhang der Daten, der typischerweise im Datenschutzrecht von Relevanz ist, nicht an.[25] Art. 9 DS-GVO stellt besondere, restriktive Zulässigkeitsvoraussetzungen für die Verarbeitung von ausgewählten Datenkategorien auf, die bei der Verarbeitung bereits aufgrund ihres inhärenten Aussagegehalts besondere Risiken für die betroffene Person mit sich bringen.[26] Zu beachten ist jedoch, dass auch diese sensiblen Daten einen Personenbezug aufweisen müssen und insoweit die allgemeinen Anforderungen und Voraussetzungen an den Personenbezug Anwendung finden. Werden im Umfeld von (I)IoT, beispielsweise beim Einsatz von vernetzten Maschinen oder auch dem Verkauf von maschinengenerierten Daten, personenbezogene Daten verarbeitet, die die von Art. 9 Abs. 1 DS-GVO benannten Merkmale erfüllen, sind bei der Verarbeitung der Daten die weiteren Vorgaben der DS-GVO zu beachten, denen die Verarbeitung sensitiver Daten unterliegt. 18

5. Anonymisierung/Pseudonymisierung

Nicht unter das Regelungsregime des Datenschutzrechts fällt die Verarbeitung anonymer Daten. Eine eigene Definition von anonymen Daten enthält die DS-GVO nicht. Sie ergibt sich vielmehr aus einem Umkehrschluss aus der Definition der „personenbezogenen Daten" aus Art. 4 Nr. 1 DS-GVO sowie aus ErwG 26 der DS-GVO. Danach sind anonyme Informationen „personenbezogene Daten, die in einer Weise anonymisiert worden sind, dass die betroffene Person nicht oder nicht mehr identifiziert werden kann". 19

Damit wird deutlich, dass der Gesetzgeber von zwei verschiedenen Varianten anonymer Daten ausgeht. Zum einen handelt es sich um anonyme Daten, wenn die Daten im Zeitpunkt ihrer Erhebung keiner natürlichen Person zugeordnet werden können, so wie es typischerweise bei reinen Sachdaten der Fall ist.[27] Im IIoT können dies beispielsweise Auslastungskennzahlen von vernetzten Maschinen oder systematisch festgehaltene Wartungsintervalle sein. 20

Das alternative Anonymisierungsszenario ist dann gegeben, wenn eine betroffene Person nicht mehr identifiziert werden kann. Dies ist nur dann der Fall, wenn ein in seinem Ursprung personenbezogenes Datum dergestalt verändert wird, dass die Information nicht mehr in Zusammenhang mit der natürlichen Person gebracht werden kann. 21

Abzugrenzen ist die Anonymisierung personenbezogener Daten von der Pseudonymisierung personenbezogener Daten. Das ist entscheidend, da es sich bei pseudonymisierten personenbezogenen Daten weiterhin um personenbezogene Daten handelt, die in den Anwendungsbereich des Datenschutzrechts fallen.[28] Der Begriff der Pseudonymisierung[29] wird in Art. 4 Nr. 5 DS-GVO definiert als „die Verarbeitung personenbezogener Daten in einer Weise, dass die personenbezogenen Daten ohne Hinzuziehung zusätzlicher Informationen nicht mehr einer spezifischen betroffenen Person zugeordnet werden können, sofern diese zusätzlichen Informationen gesondert aufbewahrt werden und technischen und organisatorischen Maßnahmen unterliegen, die gewährleisten, dass die personenbezogenen 22

---

[25] *Kühling/Klar/Sackmann*, Datenschutzrecht, Rn. 273.
[26] Gola/*Schulz*, Datenschutz-Grundverordnung, Art. 9 Rn. 1.
[27] Schwartmann/Jaspers/Thüsing/Kugelmann/*Schwartmann/Mühlenbeck*, HK-DSGVO/BDSG, Art. 4 Rn. 30.
[28] Vgl. ErwG 26 S. 2.
[29] Dazu *Schwartmann/Weiß* (Hrsg.), Entwurf für einen Code of Conduct zum Einsatz DS-GVO konformer Pseudonymisierung, S. 8 ff. Gutachten der *Datenethikkommission*, S. 129 ff.

Daten nicht einer identifizierten oder identifizierbaren natürlichen Person zugewiesen werden". Der Unterschied zwischen pseudonymisierten Daten und anonymisierten Daten liegt somit darin, dass pseudonymisierte Daten einer betroffenen Person unter Hinzuziehung gesondert aufbewahrter oder gegebenenfalls öffentlich zugänglicher Informationen wieder zugeordnet werden können und damit die betroffene Person identifiziert werden kann, während dies bei anonymisierten Daten nicht oder nur mit unverhältnismäßigem Aufwand möglich ist.[30] Entscheidend für die Abgrenzung zwischen Anonymisierung und Pseudonymisierung ist die Frage, wann die Identifizierung einer natürlichen Person mit einem unverhältnismäßigen Aufwand verbunden ist. Auch ErwG 26 der DS-GVO gibt Aufschluss darüber, an welchen Kriterien sich diese Verhältnismäßigkeitsprüfung zu orientieren hat. Danach bezieht sie sich auf „alle Mittel (...) die von dem Verantwortlichen oder einer anderen Person nach allgemeinem Ermessen wahrscheinlich genutzt werden, um die natürliche Person (...) zu identifizieren. [Hierbei] sollten alle objektiven Faktoren, wie die Kosten der Identifizierung und der dafür erforderliche Zeitaufwand, herangezogen werden, wobei die zum Zeitpunkt der Verarbeitung verfügbare Technologie und technologischen Entwicklungen zu berücksichtigen sind." Im Ergebnis wird man die Frage des verhältnismäßigen Aufwands in der Praxis im Einzelfall, auch unter Heranziehung der einschlägigen Rechtsprechung[31], beantworten müssen.[32]

23   Bei der Implementierung von neuen Prozessen oder der Fortführung bestehender Prozesse im (I)IoT kommen der **Anonymisierung** und **Pseudonymisierung** besondere Rollen zu. Ist es dem Verantwortlichen möglich, auf jeglichen Personenbezug zu verzichten oder den Personenbezug zu beseitigen, so ist die Datennutzung von den Vorgaben des Datenschutzrechts vollumfänglich befreit.[33] Kommt die Anonymisierung aus tatsächlichen Gründen nicht in Betracht oder sollte sie aufgrund der Eigenart einer spezifischen Datennutzung nicht möglich sein, ist im Einzelfall zu prüfen, ob eine Pseudonymisierung der Daten möglich ist. Die Pseudonymisierung führt zwar nicht dazu, dass die datenschutzrechtlichen Anforderungen keine Anwendung finden. Sie kann aber etwaige Risiken der Verarbeitung im Umfeld von (I)IoT senken und die Einhaltung der Datenschutzpflichten insgesamt unterstützen. Der Verantwortliche hat sich stets die Frage zu stellen, ob es sich tatsächlich um eine wirksame Anonymisierung der personenbezogenen Daten handelt. Nur dann unterfällt die Verarbeitung der Daten nicht den Vorgaben des Datenschutzrechts. Tatsächlich dürfte es allerdings in den wenigstens Fällen gelingen, Daten effektiv zu anonymisieren.[34] Vielmehr ist eine vermeintliche Anonymisierung personenbezogener Daten aufgrund der sich immer weiter entwickelnden, nicht aufwändigen Möglichkeiten der Re-Identifizierung durch Verknüpfung verschiedenster Datensätze als Pseudonymisierung zu qualifizieren.[35]

24   In der Praxis bietet es sich damit an, in jeden Prozess, in dem Daten verarbeitet werden, folgende Prüfungsschritte einzubauen:

---

[30] Vgl. *Schwartmann/Weiß* (Hrsg.), Anforderungen an den datenschutzkonformen Einsatz von Pseudonymisierungslösungen, S. 8; Schwartmann/Jaspers/Thüsing/Kugelmann/*Schwartmann/Mühlenbeck*, HK-DSGVO/BDSG, Art. 4 Rn. 89.

[31] Siehe dazu insbesondere *EuGH,* 19.10.2016 – C-582/14 – *Breyer.*

[32] Zur Identifizierbarkeit insgesamt Schwartmann/Jaspers/Thüsing/Kugelmann/*Schwartmann/Mühlenbeck,* HK-DSGVO/BDSG, Art. 4 Rn. 31 ff.

[33] Vgl. Leitfaden Datennutzung des *VDMA* – Orientierungshilfe zur Vertragsgestaltung für den Mittelstand, S. 16, abrufbar unter: https://industrie40.vdma.org/viewer/-/v2article/render/34163730; der Verantwortliche hat stets zu prüfen, ob es sich tatsächlich um eine Anonymisierung und nicht um eine Pseudonymisierung der personenbezogenen Daten handelt.

[34] Siehe dazu etwa https://dev.to/mlennox/no-such-thing-as-anonymous-data-13kk (zuletzt abgerufen am 20.8.2020).

[35] Dazu vertiefend WP 136 der *Article 29 Datenschutzgruppe,* S. 21 ff., abrufbar unter: https://www.lda.bayern.de/media/wp136_de.pdf (zuletzt abgerufen am 20.8.2020).

1. Werden in dem vorliegenden Prozess personenbezogene Daten verarbeitet?
2. Wenn ja, besteht die Möglichkeit die personenbezogenen Daten effektiv zu anonymisieren, ohne die Durchführbarkeit des Prozesses zu gefährden?
3. Ist sichergestellt, dass die personenbezogenen Daten wirksam anonymisiert sind, dh die Anonymisierung unumkehrbar ist?
4. Sofern eine Anonymisierung unmöglich ist, besteht die Möglichkeit die personenbezogenen Daten zu pseudonymisieren?

III. Datenschutzrechtliche Verantwortlichkeit im (I)IoT

Werden personenbezogene Daten im (I)IoT verarbeitet und ist somit der Anwendungsbereich der DS-GVO eröffnet, ist zu prüfen, wen die sich aus der DS-GVO und dem an die Grundverordnung angepassten nationalen Recht ergebenden Pflichten treffen. Für die Bestimmung der datenschutzrechtlichen Verantwortlichkeit ist es unerheblich, ob es sich um Anwendungen im Bereich des IoT für Endverbraucher oder um Anwendungen im Bereich dem IIoT handelt. Die datenschutzrechtliche Prüfung erfolgt in beiden Anwendungsfeldern grundsätzlich nach denselben Maßstäben.

Der Verantwortliche wird in einem ersten Schritt zum Adressaten der Pflichten der DS-GVO und so zur Einhaltung der datenschutzrechtlichen Grundsätze verpflichtet. Wesentliche Pflichten des Verantwortlichen sind insbesondere die Rechenschaftspflicht aus Art 5 Abs. 2 DS-GVO, die Informationspflichten der Art. 12 ff. DS-GVO, die Erfüllung der Betroffenenrechte nach Art. 15 ff. DS-GVO und, bei Vorliegen der Voraussetzungen, die Führung eines Verarbeitungsverzeichnisses nach Art. 30 DS-GVO. Diese Aufzählung ist nicht abschließend. In der DS-GVO findet sich eine Vielzahl weiterer Pflichten, die der Verantwortliche zu erfüllen hat.[36]

Sollte der Verantwortliche diese Vorgaben nicht einhalten, finden auf ihn in einem zweiten Schritt die Vorschriften über Haftung und Recht auf Schadensersatz der betroffenen Person sowie die Vorschriften über Sanktionen der Aufsichtsbehörden Anwendung.[37] Die Bestimmung der tatsächlich Verantwortlichen für die Verarbeitung ist von entscheidender Bedeutung und bedarf einer sorgfältigen Analyse der Entscheidungsstrukturen im (I)IoT. Hierdurch wird deutlich, welche zentrale Rolle dem Begriff des Verantwortlichen im Rahmen des Datenschutzrechts zukommt. Es muss also jeweils bestimmt werden, wer Verantwortlicher im Sinne der DS-GVO ist.

Der Begriff des Verantwortlichen wird in Art. 4 Nr. 7 DS-GVO definiert. Danach ist Verantwortlicher die natürliche oder juristische Person, Behörde, Einrichtung oder andere Stelle, die allein oder gemeinsam mit anderen Verantwortlichen über Zwecke und Mittel der Verarbeitung von personenbezogenen Daten entscheidet.

Die Feststellung der Verantwortlichkeit lässt sich nach der Definition anhand von drei Hauptkomponenten bestimmen. Es bedarf eines Normadressaten, der eine natürliche oder juristische Person, Behörde, Einrichtung oder eine andere Stelle sein kann. Dieser Normadressat muss allein oder gemeinsam mit anderen Verantwortlichen personenbezogene Daten verarbeiten. Zuletzt muss der Normadressat die Entscheidungsbefugnisse über die Zwecke und Mittel der Verarbeitung haben.[38]

---

[36] Vgl. Übersicht von Schwartmann/Jaspers/Thüsing/Kugelmann/*Schwartmann/Mühlenbeck*, HK-DSGVO/BDSG, Art. 4 Rn. 170.
[37] Schwartmann/Jaspers/Thüsing/Kugelmann/*Schwartmann/Mühlenbeck*, HK-DSGVO/BDSG, Art. 4 Nr. 7 Rn. 129.
[38] Dazu *EuGH*, 5. 6. 2018 – C-210/16 Rn. 29 ff.; *EuGH*, 10. 7. 2018 – C-25/17, Rn. 65 ff. – *Zeugen Jehovas*; *EuGH*, 29. 7. 2019 – C-40/17 Rn. 67 ff. – *FashionID*; s. auch Article 29-Datenschutzgruppe, WP 169, 10.

1. Normadressat

30 Nach dem Wortlaut des Art. 4 Nr. 7 DS-GVO können natürliche oder juristische Personen, Behörden, eine Einrichtung oder eine andere Stelle Verantwortlicher sein. Der Begriff des Verantwortlichen ist daher ein Oberbegriff für verschiedene in Betracht kommende Normadressaten.[39] Aufgrund des Zusammenspiels verschiedener Akteure kommen im Umfeld von (I)IoT verschiedene Adressaten als datenschutzrechtlich Verantwortliche in Betracht. Dies lässt sich durch die Bildung zweier Szenarien veranschaulichen.

31 **Praxisbeispiel 1:**
Ein Automobilzulieferer setzt in seinem Betrieb eine Produktionsanlage ein, die vom Hersteller mittels der sog. vorausschauenden Wartung („Predictive Maintenance") über eine Datenfernverbindung laufend überwacht wird, um einen Bauteile-Verschleiß oder entstehende Bauteildefekte zu erkennen, bevor sie zu einem Maschinenausfall und/oder Schäden an den damit hergestellten Erzeugnissen führen. Hierzu bedarf es einer Auswertung der Maschinendaten, die auch einen Personenbezug zum jeweiligen Bedienpersonal aufweisen können, durch den Hersteller. Der Betreiber der Anlage will damit nicht nur den unterbrechungsfreien Betrieb seiner Produktionsanlage sicherstellen, sondern seinerseits auf die Ergebnisse der Datenauswertung durch den Hersteller zugreifen können, um eine Leistungskontrolle seiner Mitarbeiter durchzuführen und die Produktivität in seinem Betrieb zu steigern.
Wer ist datenschutzrechtlich verantwortlich?

Praxisbeispiel 2:
Auf einer Industrieplattform im Internet können Ingenieure verschiedener Firmen an gemeinsamen Lösungen arbeiten und dazu Konstruktionsdaten in einen vor unbefugten Zugriffen geschützten Bereich hochladen. Die Konstruktionsdaten enthalten ua Angaben dazu, welches Unternehmen die Rechte daran hält und von welcher natürlichen Person sie erstellt wurden. Diese auch personenbezogenen Daten können von Mitarbeitern der verschiedenen, am Projekt beteiligten Unternehmen eingesehen und verarbeitet werden.
Wer ist datenschutzrechtlich verantwortlich?

32 Beide Beispiele führen vor Augen, dass verschiedene Akteure im Zusammenhang mit Anwendungen im Umfeld von (I)IoT beteiligt sein können. Die Zuordnung der datenschutzrechtlichen Verantwortlichkeit kann im Einzelfall schwierig sein und mit steigender Komplexität in den Geschäftsmodellen an Schwierigkeit zunehmen. Grundsätzlich gehören alle in den beiden Szenarien auftretenden Akteure in den potenziellen Kreis der Verantwortlichen nach Art. 4 Nr. 7 DS-GVO. Dabei ist es unerheblich, ob es sich bei den Akteuren um natürliche oder juristische Personen handelt. Sie alle sind Normadressaten des Datenschutzrechts.

2. Entscheidungsbefugnisse über Zweck und Mittel

33 Entscheidender für die Zuweisung der datenschutzrechtlichen Verantwortlichkeit ist die Frage danach, wer der zahlreichen Beteiligten über die Zwecke und Mittel der Verarbeitung entscheidet. Denn Verantwortlicher im Sinne des Art. 4 Nr. 7 DS-GVO kann nur sein, wer die Entscheidungsbefugnisse über Zweck und Mittel der Verarbeitung hat. Was genau darunter zu verstehen ist, lässt sich der DS-GVO nicht unmittelbar entnehmen. Im Ergebnis wird im Wege einer kontextbezogenen Betrachtung zu prüfen sein, wer das Ob, Warum und Wie der Verarbeitung der personenbezogenen Daten festlegt. Dabei ist ausschlaggebend, wie detailliert jemand über Zwecke und Mittel entscheidet und welchen

---

[39] Schwartmann/Jaspers/Thüsing/Kugelmann/*Schwartmann/Mühlenbeck*, HK-DSGVO/BDSG, Art. 4 Nr. 7 Rn. 131.

B. Datenschutz im (I)IoT

Handlungsspielraum er bei seinen Entscheidungen hat.[40] Die Entscheidung über die Mittel beinhaltet sowohl technische als auch organisatorische Fragen.[41] Je nach Kontext der Verarbeitung können die Zwecke oder die Mittel stärker im Vordergrund stehen. Grundsätzlich gilt, dass die Entscheidung über die Zwecke der Verarbeitung stets eine Einstufung als für die Verarbeitung Verantwortlicher bedingt, wohingegen die Entscheidung über die Mittel nur dann die Verantwortung für die Verarbeitung impliziert, wenn über wesentliche Aspekte der Mittel entschieden wird.[42]

3. Alleinige oder gemeinsame Verantwortlichkeit

Nach Art. 4 Nr. 7 DS-GVO ist es für die Verantwortlicheneigenschaft nicht notwendig, dass der Verantwortliche ausnahmslos alleine Daten verarbeitet. Vielmehr kann nach der DS-GVO die Entscheidung über Zwecke und Mittel der Datenverarbeitung allein oder gemeinsam mit Anderen getroffen werden, indem bei der Verarbeitung personenbezogener Daten mehrere Akteure beteiligt sind und somit verschiedene Verantwortliche existieren.[43] Unter der DS-GVO sind grundsätzlich drei Konstellationen, bei der Beteiligung mehrerer an einer Verarbeitung personenbezogener Daten möglich. Entweder, ein allein Verantwortlicher verarbeitet personenbezogene Daten. Dabei entscheidet er **eigenständig über Zwecke und Mittel** der Verarbeitung (Alleinige Verantwortlichkeit, Art. 4 Nr. 7 DS-GVO). Oder zwei oder mehrere Verantwortliche entscheiden **gemeinsam über Zwecke und Mittel** einer Verarbeitung (Gemeinsame Verantwortlichkeit, Art. 4 Nr. 7, Art. 26 DS-GVO. Es ist auch möglich, dass ein oder mehrere Verantwortliche personenbezogene Daten gegenüber einem Auftragsverarbeiter offenlegen, damit dieser die Daten **nach Weisung** der Verantwortlichen verarbeitet (Auftragsverarbeiter, Art. 4 Nr. 8, Art. 28 DS-GVO).

Das zentrale Element der Auftragsverarbeitung ist dabei die Weisungsgebundenheit des Auftragsverarbeiters. In der Regel erfolgt ein Auftrag durch den Verantwortlichen auf Grundlage eines Auftragsverarbeitungsvertrags. Aus diesem Vertrag ergibt sich das Weisungsverhältnis zwischen Verantwortlichem und Auftragsverarbeiter.[44] Dies gilt auch mit dem Fokus auf (I)IoT-Anwendungen.

Diese Weisungsgebundenheit des Auftragnehmers ist auch das entscheidende Kriterium bei der Abgrenzung der Auftragsverarbeitung von der Rechtsfigur der gemeinsamen Verantwortlichkeit.[45] Soweit bei gemeinsam Verantwortlichen jeder Beteiligte selber Verantwortlicher ist und einen steuernden und kontrollierenden Einfluss auf die Zwecke oder wesentlichen Mittel der Verarbeitung nimmt, unterwirft sich der Auftragsverarbeiter dagegen den Weisungen des Verantwortlichen und wird lediglich als dessen „verlängerter Arm" tätig.[46] Expertise und überlegenes Wissen allein führen nicht zur gemeinsamen Verantwortlichkeit, solange und soweit die Entscheidung über die Zwecke und Mittel der Verarbeitung beim Auftraggeber verbleiben. Einer **Auftragsverarbeitung** steht auch nicht entgegen, dass das Konzept einer Datenverarbeitung im (I)IoT inklusive der Zwecke und

---

[40] Schwartmann/Jaspers/Thüsing/Kugelmann/*Schwartmann/Mühlenbeck*, HK-DSGVO/BDSG, Art. 4 Nr. 7 Rn. 139 ff.
[41] *Art.-29-Datenschutzgruppe*, WP 169, 16 f., abrufbar unter: https://ec.europa.eu/justice/article-29/documentation/opinion-recommendation/files/2010/wp169_de.pdf (zuletzt abgerufen am 20.8.2020).
[42] *Art.-29-Datenschutzgruppe*, WP 169, 17, abrufbar unter: https://ec.europa.eu/justice/article-29/documentation/opinion-recommendation/files/2010/wp169_de.pdf (zuletzt abgerufen am 20.8.2020).
[43] Schwartmann/Jaspers/Thüsing/Kugelmann/*Schwartmann/Mühlenbeck*, HK-DSGVO/BDSG, Art. 4 Nr. 7 Rn. 149 ff.
[44] Vgl. Simitis/Hornung/Spiecker gen. Döhmann/*Petri*, DSGVO BDSG, Art. 4 Nr. 8 Rn. 6.
[45] Zur Abgrenzung insgesamt auch *Specht-Riemschneider/Schneider*, 2019, 503 (504); BeckOK DatenSR-*Spoerr* Art. 28 Rn. 22.
[46] Vgl. *GDD-Praxishilfe XV*, Die gemeinsame Verantwortlichkeit nach Art. 26 DS-GVO (Joint Controllership), S. 9, abrufbar unter: https://www.gdd.de/downloads/praxishilfen/GDDPraxishilfe_15_JointControllership_1.0.pdf (zuletzt abgerufen 20.8.2020).

wesentlichen Mittel der Verarbeitung von einem Dienstleister entwickelt wurde, solange der Auftraggeber das Konzept akzeptiert und der Dienstleister im Folgenden nur weisungsgebunden handelt.[47] Indiz für eine Auftragsverarbeitung kann sein, wenn ein Akteur über den Verarbeitungsprozess hinaus keine eigenen Interessen an den Daten hat oder an dem Ergebnis, welches aus der Verarbeitung resultiert.[48] Diese Abgrenzungslinien sind auf das Verhältnis der Beteiligten an (I)IoT-Anwendungen im Einzelfall anzuwenden.

a) Voraussetzungen der gemeinsamen Verantwortlichkeit

37 Dabei ist der Begriff „gemeinsam" nicht nur als gemeinsame Entscheidung über eine Verarbeitung und als gemeinsame Verantwortung auszulegen, sondern vielmehr als „zusammen mit" oder „nicht alleine" in unterschiedlichen Spielarten und Fallgestaltungen.[49] Entscheidend ist insoweit die Feststellung einer gemeinsamen Kontrolle, wobei der Bewertung ein sachbezogener und funktionaler Ansatz zugrunde zu legen ist.[50] Bei gemeinsam Verantwortlichen muss keine vollständige Übereinstimmung hinsichtlich des Zwecks vorliegen. Ein gemeinsamer Teilzweck ist vielmehr ausreichend.[51] Auch muss bei gemeinsam Verantwortlichen nicht jeder Zugriff auf die verarbeiteten personenbezogenen Daten haben.[52]

38 Es ist zu beachten, dass nicht jede Verarbeitung zwischen mehreren Beteiligten als gemeinsame Verantwortlichkeit oder Auftragsverarbeitung zu qualifizieren sein wird. Vielmehr kann es sich auch um die Möglichkeit einer alleinigen Verantwortlichkeit der Beteiligten handeln.[53] Maßgeblich bei der Einordnung ist nicht eine mögliche Vereinbarung der Beteiligten, sondern die tatsächlichen Beziehungen untereinander.[54] Entscheidend bei der Abgrenzung der möglichen Konstellationen unter den Verantwortlichen nach der DS-GVO ist, ob die Entscheidung über die Zwecke und Mittel der Verarbeitung durch einen Verantwortlichen alleine oder durch mehrere Verantwortliche gemeinsam getroffen wird.

b) Formelle Folgen der gemeinsamen Verantwortlichkeit nach Art. 26 DS-GVO

39 Das Institut der **gemeinsamen Verantwortlichkeit** war schon vor der Anwendungspflicht der DS-GVO in Art. 2 lit. d S. 1 DSRL angelegt, in Deutschland aber weitgehend unangewendet und im BDSG aF nicht vorgesehen.[55] Art. 26 DS-GVO regelt das Verhältnis gemeinsam für die Verarbeitung Verantwortlicher (sog. **joint controllers**) ausführlich. Existieren gemeinsam Verantwortliche, haben diese nach Art. 26 DS-GVO ihre Verantwortlichkeiten untereinander zu vereinbaren. In jedem Fall muss den betroffenen Personen gegenüber die Verantwortlichkeit transparent sein.[56]

40 Die gemeinsame Verantwortlichkeit darf jedoch nicht zur Folge haben, dass es zur Beeinträchtigung der Wirksamkeit des Datenschutzes kommt.[57] Deshalb müssen die gemeinsam Verantwortlichen bei Vorliegen der gemeinsamen Verantwortlichkeit nach Art. 26

---

[47] Vgl. *GDD-Praxishilfe XV,* Die gemeinsame Verantwortlichkeit nach Art. 26 DS-GVO (Joint Controllership), S. 10, abrufbar unter: https://www.gdd.de/downloads/praxishilfen/GDDPraxishilfe_15_JointControllership_1.0.pdf (zuletzt abgerufen 20.8.2020).
[48] *GDD-Praxishilfe XV,* Die gemeinsame Verantwortlichkeit nach Art. 26 DS-GVO (Joint Controllership), S. 10, abrufbar unter: https://www.gdd.de/downloads/praxishilfen/GDDPraxishilfe_15_JointControllership_1.0.pdf (zuletzt abgerufen 20.8.2020).
[49] Vgl. *Art.-29-Datenschutzgruppe,* WP 169, 22.
[50] Schwartmann/Jaspers/Thüsing/Kugelmann/*Schwartmann/Mühlenbeck,* HK-DSGVO/BDSG, Art. 4 Nr. 7 Rn. 153f.
[51] *EuGH,* ZD 2018, 357 (361 ff.).
[52] *EuGH,* 10.7.2018 – C-25/17 Rn. 69 – Zeugen Jehovas.
[53] *Kremer,* CR 2019, 225 ff.
[54] Eßer/Kramer/von Lewinski/*Thomale,* DSGVO, Art. 26 Rn. 8f.
[55] Schantz/Wolff/*Schantz,* Das neue Datenschutzrecht, Rn. 367.
[56] Ehman/Selmayr/*Klabunde,* DSGVO, Art. 4 Rn. 25.
[57] *Art.-29-Datenschutzgruppe,* WP 169, 22.

Abs. 1 S. 2 DS-GVO eine Vereinbarung in transparenter Form treffen, wer von ihnen welche Verpflichtung gemäß der DS-GVO erfüllt, insbesondere was die Wahrnehmung der Rechte der betroffenen Person angeht und wer welchen Informationspflichten gemäß den Art. 13 und 14 DS-GVO nachkommt. Nach Art. 26 Abs. 1 S. 3 DS-GVO kann in der Vereinbarung eine Anlaufstelle für die betroffene Person angegeben werden. Art. 26 DS-GVO stellt selbst keine Rechtsgrundlage für eine Verarbeitung durch mehrere Verantwortliche dar, vielmehr bedarf die Verarbeitung durch jeden einzelnen Verantwortlichen einer eigenen Rechtsgrundlage.[58]

Eine bestimmte Form der Vereinbarung sieht Art. 26 DS-GVO nicht vor. Grundsätzlich **41** kann auch eine mündliche Vereinbarung von den gemeinsamen Verantwortlichen getroffen werden.[59] Der mündliche Abschluss der Vereinbarung entbindet die gemeinsam Verantwortlichen jedoch nicht von der Pflicht aus Art. 26 Abs. 2 S. 2 DS-GVO, das Wesentliche der Vereinbarung den betroffenen Personen zur Verfügung zu stellen.[60] Die Vereinbarung in Schriftform zu treffen, ist vor dem Hintergrund ihres Zieles, Nachvollziehbarkeit und Beweisbarkeit herzustellen, sinnvoll.[61]

Nach Art. 26 Abs. 1 S. 2 DS-GVO bedarf die Vereinbarung einer transparenten Form. **42** Dieses Erfordernis meint in der Sache primär nicht die äußere Gestalt, sondern den Inhalt der Vereinbarung.[62] Transparenz ist dann gegeben, wenn der Inhalt an sich erkennbar ist und wesentliche Aussagen nicht verschleiert werden.[63] Dies bedingt, dass eine für die Öffentlichkeit oder die betroffene Person bestimmte Information präzise, leicht zugänglich und verständlich sowie in klarer und einfacher Sprache abgefasst ist und gegebenenfalls zusätzliche visuelle Elemente verwendet werden.[64]

Gegenständlich ist die Vereinbarung gemäß Art. 26 Abs. 1 S. 2 DS-GVO darauf gerichtet, **43** festzulegen, wer von mehreren Verantwortlichen welche nach der DS-GVO obliegenden Aufgaben, Verpflichtungen und Gestaltungsmöglichkeiten im Innenverhältnis jeweils erfüllt.[65] Innerhalb dieser grundsätzlich umfassenden Bezugnahme nennt Art. 26 DS-GVO drei Vereinbarungsgegenstände explizit. Erstens betrifft dies die Festlegung, welche Verantwortlichen sich welchen konkreten Rechten der betroffenen Person dieser gegenüber annehmen. Weiter ist zu vereinbaren, wer welchen Informationspflichten nach Art. 13 f. DS-GVO nachkommt. Optional wird durch Art. 26 Abs. 1 S. 3 DS-GVO die Möglichkeit eingeräumt, in der Vereinbarung eine Anlaufstelle für die betroffene Person anzugeben.

Anknüpfend an diese drei Vereinbarungsgegenstände muss die Vereinbarung transparent **44** machen, welche Verantwortlichen an welchen Verarbeitungen oder Verarbeitungstätigkeiten beteiligt sind sowie wer von diesen gemeinsamen Verantwortlichen diese Verarbeitungen oder Verarbeitungstätigkeiten ausführt.[66] Gemäß Art. 26 Abs. 2 S. 2 DS-GVO ist das Wesentliche der Vereinbarung der betroffenen Person zur Verfügung zu stellen. Was das Wesentliche der Vereinbarung ist, wird in der DS-GVO nicht näher bestimmt. Für die Ermittlung des Wesentlichen ist auf die Sicht der betroffenen Person abzustellen.[67] Wesentlich ist demnach, was für die betroffene Person über die von Art. 26 Abs. 2 S. 2 DS-GVO unberührt bleibenden Informationspflichten gem. Art. 13 und 14 DS-GVO hinaus für die Geltendmachung ihrer Rechte gegenüber den gemeinsam Verantwortlichen von Bedeutung ist.[68] Dadurch soll verhindert werden, dass der betroffenen Person Einsicht

---

[58] Ehmann/Selmayr/*Bertermann*, DSGVO, Art. 26 Rn. 9.
[59] Schwartmann/Jaspers/Thüsing/Kugelmann/*Kremer*, HK-DSGVO/BDSG, Art. 26 Rn. 72.
[60] Schwartmann/Jaspers/Thüsing/Kugelmann/*Kremer*, HK-DSGVO/BDSG, Art. 26 Rn. 72.
[61] Paal/Pauly/*Martini*, DSGVO, Art. 26 Rn. 25.
[62] Vgl. Paal/Pauly/*Martini*, DSGVO, Art. 26 Rn. 24.
[63] Schwartmann/Jaspers/Thüsing/Kugelmann/*Kremer*, HK-DSGVO/BDSG, Art. 26 Rn. 74.
[64] Paal/Pauly/*Martini*, DSGVO, Art. 26 Rn. 25.
[65] Sydow/*Ingold*, HK-EU-DSGVO, Art. 26 Rn. 7.
[66] Schwartmann/Jaspers/Thüsing/Kugelmann/*Kremer*, HK-DSGVO/BDSG, Art. 26 Rn. 79.
[67] Schwartmann/Jaspers/Thüsing/Kugelmann/*Kremer*, HK-DSGVO/BDSG, Art. 26 Rn. 83.
[68] Schwartmann/Jaspers/Thüsing/Kugelmann/*Kremer*, HK-DSGVO/BDSG, Art. 26 Rn. 83.

in Daten einer Vereinbarung zusteht, die für die Wahrnehmung ihrer Rechte irrelevant sind.[69]

45 Durch die Angabe einer Anlaufstelle nach Art. 26 Abs. 1 S. 3 DS-GVO soll es für die betroffene Person einfacher werden, ihre Rechte auch tatsächlich wahrzunehmen.[70] Ungeachtet der Vereinbarung und der Benennung einer Anlaufstelle ermächtigt Art. 26 Abs. 3 DS-GVO die betroffene Person, ihre Rechte bei und gegenüber jedem einzelnen gemeinsamen Verantwortlichen insgesamt geltend zu machen. Macht die betroffene Person bei oder gegenüber einem nach der Pflichtenverteilung im Innenverhältnis unzuständigen gemeinsamen Verantwortlichen ihre Rechte geltend, kann dieser die Erledigung im Innenverhältnis vollständig an den zuständigen gemeinsamen Verantwortlichen übertragen. Er bleibt jedoch für das verordnungskonforme Handeln des zuständigen gemeinsam Verantwortlichen vollumfänglich selbst im Außenverhältnis verantwortlich.[71] Um unter Verantwortlichen im Umfeld von (I)Iot-Anwendungen Transparenz zu wahren, ist eine saubere Dokumentation der Zuweisung der Pflichten unter den Verantwortlichen ratsam. Für die Verantwortlichen selbst ist die Bestimmung und Zuweisung der Pflichten im Bereich von (I)IoT-Anwendungen nach der DS-GVO in großen Einsatzfeldern wie beispielsweise vernetzten Fabriken schwierig. Standardisierte Lösungen haben sich hier in der Praxis noch nicht entwickelt. Die Verantwortlichen sind dazu angehalten, sich mit dieser Problematik auseinanderzusetzen und eine rechtskonforme und vor allem nach Außen transparente Lösung zu finden. Nur so kann sichergestellt werden, dass eine betroffene Person erkennen kann, wer an der Datenverarbeitung wie beteiligt ist und gegenüber wem sie ihre Rechte geltend machen kann.

IV. Datenschutzkonforme Verarbeitung

46 Werden personenbezogene Daten im Zusammenhang mit (I)IOT-Anwendungen verarbeitet, hat sich die Verarbeitung nach den Grundsätzen der DS-GVO zu richten. Dabei ist es im Ausgangspunkt nicht entscheidend, ob es sich um IoT-Anwendungen für Endverbraucher oder ob es sich um Anwendungen im Bereich des IIoT handelt. Die Grundsätze für die Verarbeitung finden sich in Art. 5 DS-GVO. Namentlich sind dies die Rechtmäßigkeit, die Verarbeitung nach Treu und Glauben und die Transparenz (Abs. 1 lit. a), der Grundsatz der Zweckbindung mit Ausnahme für Forschungszwecke (Abs. 1 lit. b), die Datenminimierung (Abs. 1 lit. c), die Datenrichtigkeit (Abs. 1 lit. d), die Speicherbegrenzung (Abs. 1 lit. e) sowie die Integrität und Vertraulichkeit (Abs. 1 lit. f).[72] Die Kenntnis der aufgezeigten Grundsätze ist eine wichtige Basis für das Verständnis der wesentlichen Strukturen und Anforderungen der Verordnung.[73]

47 Da Art. 5 DS-GVO als eine Kernnorm der Verordnung elementare Grundsätze der Datenverarbeitung festlegt, muss jede Datenverarbeitung im Umfeld von (I)IOT-Anwendungen, die in den Anwendungsbereich der DS-GVO fällt, kumulativ den Anforderungen jedem dieser Grundsätze entsprechen.[74] Stellt sich für den Verantwortlichen also ein datenschutzrechtliches Problem, kann dieses Problem gelöst werden, indem der Verarbeitungsprozess anhand der Grundsätze des Art. 5 DS-GVO überprüft und wenn nötig, an die von Art. 5 DS-GVO vorgegebenen Maßstäbe angepasst wird.

---

[69] Wolff/Brink/*Spoerr*, BeckOK Datenschutzrecht, Art. 26 Rn. 35.
[70] Wolff/Brink/*Spoerr*, BeckOK Datenschutzrecht, Art. 26 Rn. 34.
[71] Schwartmann/Jaspers/Thüsing/Kugelmann/*Kremer*, HK-DSGVO/BDSG, Art. 26 Rn. 92.
[72] Schwartmann/Jaspers/Thüsing/Kugelmann/*Jaspers/Schwartmann/Hermann*, HK-DSGVO/BDSG, Art. 5 Rn. 7.
[73] Vgl. *Wybitul*, EU-Datenschutz-Grundverordnung im Unternehmen, Rn. 61.
[74] Vgl. Schwartmann/Jaspers/Thüsing/Kugelmann/*Jaspers/Schwartmann/Hermann*, HK-DSGVO/BDSG, Art. 5 Rn. 13.

1. Rechtmäßigkeit

Die Verarbeitung personenbezogener Daten im Rahmen von Anwendungen im (I)IOT **48** muss rechtmäßig sein. Das bedeutet insbesondere, dass die Datenverarbeitung nur erfolgen darf, wenn entweder die betroffene Person einwilligt oder ein sonstiger gesetzlicher Zulässigkeitstatbestand greift.[75] Somit können personenbezogene Maschinendaten nur dann verarbeitet werden, wenn sich der Verantwortliche auf einen Rechtmäßigkeitstatbestand des Art. 6 Abs. 1 DS-GVO stützen kann. Dabei gilt es zu beachten, dass sich die Rechtmäßigkeit sowohl auf die Entwicklung von (I)IOT-Anwendungen, als auch auf deren Einsatz bezieht. Ist beispielsweise die Verarbeitung personenbezogener Daten für die Entwicklung einer vernetzten Maschine oder einer vergleichbaren Anwendung notwendig, muss der Verantwortliche sicherstellen, dass er sich hierfür auf einen Erlaubnistatbestand stützen kann. Nichts anderes gilt beim späteren Einsatz einer (I)IOT-Anwendung. Entscheidet sich der Verantwortliche zum Einsatz einer personenbezogene Daten verarbeitenden (I)IOT-Anwendung, hat er sicherzustellen, dass dies rechtmäßig geschieht. Dabei ist zu beachten, dass nicht ohne weiteres von der datenschutzrechtlichen Rechtmäßigkeit im Stadium der Entwicklung auf den datenschutzkonformen Einsatz einer Anwendung geschlossen werden kann, denn das Vorliegen des erforderlichen Erlaubnistatbestands ist für jede einzelne Verarbeitungsphase personenbezogener Daten gesondert bzw. erneut zu prüfen.[76] Insbesondere dann, wenn die Verarbeitung personenbezogener Maschinendaten durch eine Einwilligung der betroffenen Person gerechtfertigt wurde, bedeutet das nicht automatisch, dass eine Weiterverarbeitung wie ein Verkauf dieser Daten auch durch diesen Rechtmäßigkeitstatbestand gedeckt ist. Der Verantwortliche hat für jeden Verarbeitungsprozess zu überprüfen, ob die notwendige Rechtmäßigkeit sichergestellt ist. Im Rahmen der Rechenschaftspflicht des Art. 5 Abs. 2 DS-GVO muss er sie zudem auch nachweisen können.[77]

Wenn es um die Verarbeitung personenbezogener Daten im Anwendungsfeld des (I)IoT **49** geht, kommen insbesondere die Einwilligung der betroffenen Person gem. Art. 6 Abs. 1 lit. a DS-GVO, die Vertragsdurchführung gem. Art. 6 Abs. 1 lit. b DS-GVO oder eine Interessenabwägung nach Art. 6 Abs. 1 lit. f DS-GVO in Betracht.

a) Einwilligung bei (I)IoT-Anwendungen

Der Rechtmäßigkeitstatbestand der Einwilligung ist in Art. 6 Abs. 1 lit. a DS-GVO nor- **50** miert. Die Anforderungen an eine rechtswirksame Einwilligung ergeben sich aus Art. 6 Abs. 1 lit. a DS-GVO iVm Art. 7 DS-GVO. Die Einwilligung selbst ist in Art. 4 Nr. 11 DS-GVO legaldefiniert. Danach ist eine Einwilligung „jede freiwillig für den bestimmten Fall, in informierter Weise und unmissverständlich abgegebene Willensbekundung in Form einer Erklärung oder einer sonstigen eindeutigen bestätigenden Handlung, mit der die betroffene Person zu verstehen gibt, dass sie mit der Verarbeitung der sie betreffenden personenbezogenen Daten einverstanden ist". Eine Einwilligung kann für einen oder mehrere bestimmte Zwecke abgegeben werden. Zwar entspricht das Rechtsinstitut der Einwilligung dem deutschen Grundverständnis der informationellen Selbstbestimmung gem. Art 2 Abs. 1 iVm Art. 1 Abs. 1 S. 1 GG am ehesten, da sie idealerweise der betroffenen Person die Möglichkeit gibt, privatautonom über die potenzielle Verarbeitung zu entscheiden.[78] Allerdings genießt die Einwilligung unter den Legitimationsgründen keinen Vorrang. Insbesondere weil der praktische Nutzen der Einwilligung in komplexen Verarbeitungssituationen bezweifelt werden muss, sind die anderen Erlaubnisgründe intensiv zu prüfen. Insbesondere dann, wenn im Rahmen von vernetzten Maschinen und anderen

---

[75] *Kühling/Klar/Sackmann*, Datenschutzrecht, Rn. 323.
[76] Schwartmann/Jaspers/Thüsing/Kugelmann/*Schwartmann/Jacquemain*, HK-DSGVO/BDSG, Art. 6 Rn. 9.
[77] Vgl. dazu vertiefend Schwartmann/Jaspers/Thüsing/Kugelmann/*Jaspers/Schwartmann/Hermann*, HK-DSGVO/BDSG, Art. 5 Rn. 72ff.
[78] Vgl. Specht/Mantz/*Mantz/Marosi*, Handbuch Europäisches und deutsches Datenschutzrecht Teil A § 3 Rn. 55.

Endgeräten künstliche Intelligenzen eingesetzt werden, wird der Verantwortliche große tatsächliche Schwierigkeiten haben, die betroffene Person in der Qualität zu informieren, die für eine informierte Einwilligung notwendig ist. Ein weiterer Problemkreis kann dann entstehen, wenn bei der Entwicklung vernetzter und intelligenter Maschinen und Geräte die Verarbeitung personenbezogener Daten auf eine Einwilligung der betroffenen Person gestützt wurde und die betroffene Person diese Einwilligung widerruft. Zwar wird dadurch die in der Vergangenheit liegende Verarbeitung der Daten nicht rechtwidrig, da der Widerruf nur ex-nunc, also für die Zukunft, Wirkung entfaltet.[79] Eine Verarbeitung für die Zukunft, also beispielsweise der weitere Einsatz einer Maschine, die personenbezogene Daten verarbeitet, wird dadurch jedoch erschwert. Nach alledem dürfte dazu zu raten sein, die Einwilligung mit besonderer Bedachtnahme auf ihre Einschlägigkeit zu prüfen.

b) Vertragsdurchführung bei vernetzten Endgeräten

51 Die Verarbeitung personenbezogener Daten kann dann zulässig sein, wenn sie gem. Art. 6 Abs. 1 lit. b DS-GVO zur Erfüllung eines Vertrags, dessen Vertragspartei die betroffene Person ist, oder zur Durchführung vorvertraglicher Maßnahmen erforderlich ist, die auf Anfrage der betroffenen Person erfolgen. Dabei sollte im Hinblick auf eine immer umfangreichere Vertragsleistung das Merkmal der Erforderlichkeit eng und objektiv ausgelegt werden, um der Gefahr einer zu weiten Ausdehnung der Rechtsgrundlage entgegenzuwirken.[80] Trotzdem kann Art. 6 Abs. 1 lit. b DS-GVO insbesondere im Anwendungsbereich von IoT-Anwendungen für Endverbraucher für viele Verarbeitungssituationen die vorzugswürdige Rechtsgrundlage darstellen. Für viele Anwendungen, die der Nutzer erwartet und vertraglich zugesichert bekommt, ist die Verarbeitung seiner personenbezogenen Daten zweckerforderlich. Einschränkend wird zu beachten sein, dass Art. 6 Abs. 1 lit. b DS-GVO nur die tatsächlich für die Vertragsdurchführung notwendige Datenverarbeitung legitimiert. Eine weitere Verwertung der personenbezogenen Daten wird durch den Erlaubnistatbestand der Vertragsdurchführung in der Regel nicht mehr gedeckt sein.

52 Praxisbeispiel 3:
Beabsichtigt ein Anbieter einer vernetzten IoT-Lösung für eine Wohnung über die Bereitstellung der grundlegenden Infrastruktur hinaus den Verkauf der daraus gewonnen Daten an einen Dritten, dient dieser Verkauf als Weiterverarbeitung nicht mehr der eigentlichen Vertragsdurchführung und setzt Art. 6 Abs. 1 lit. b DS-GVO damit Grenzen.

c) Interessenabwägung im (I)IoT

53 Die Verarbeitung personenbezogener Daten kann dann zulässig sein, wenn sie nach Art. 6 Abs. 1 lit. f DS-GVO zur Wahrung berechtigter Interessen des Verantwortlichen oder eines Dritten erforderlich ist. Dies ist dann der Fall, wenn nicht die Interessen oder Grundrechte und Grundfreiheiten der betroffenen Person, die den Schutz der personenbezogenen Daten erfordern, überwiegen.[81] Dabei steht Art. 6 Abs. 1 lit. f DS-GVO gleichwertig neben anderen Erlaubnistatbeständen des Art. 6 Abs. 1 DS-GVO. Dies gilt auch mit Blick auf die Einwilligung nach Art. 6 Abs. 1 lit. a DS-GVO oder die Erlaubnis im Rahmen der Vertragsdurchführung entsprechend Art. 6 Abs. 1 lit. b DS-GVO, ohne dass die Interessenabwägung die zum Teil spezifischeren Vorgaben dieser Erlaubnistatbestände einhalten muss.[82]

---

[79] Vgl. Schwartmann/Jaspers/Thüsing/Kugelmann/*Schwartmann/Klein*, HK-DSGVO/BDSG, Art. 6 Rn. 33.
[80] Vgl. Specht/Mantz/*Mantz/Marosi*, Handbuch Europäisches und deutsches Datenschutzrecht Teil A § 3 Rn. 58.
[81] Vgl. Erwägungsgrund 17 S. 1.
[82] Vgl. Schwartmann/Jaspers/Thüsing/Kugelmann/*Schwartmann/Klein*, HK-DSGVO/BDSG, Art. 6 Rn. 135.

Grundsätzlich umfasst das berechtigte Interesse des Verantwortlichen oder eines Dritten alle rechtlichen, wirtschaftlichen, tatsächlichen und ideellen Interessen.[83] Denkbar wäre also beispielsweise, dass die Entwicklung und Vernetzung intelligenter Maschinen oder Endgeräte ein berechtigtes Interesse darstellen. Auch der Verkauf personenbezogener Maschinendaten wird sich dem Grunde nach als berechtigtes Interesse des Verantwortlichen oder eines Dritten qualifizieren lassen. 54

Jedoch genügt die Einordnung als berechtigtes Interesse nicht zur Herstellung einer rechtmäßigen Verarbeitung personenbezogener Daten auf Grundlage des Art. 6 Abs. 1 lit. f DS-GVO. Es hat immer eine am Einzelfall orientierte Abwägung durch den Verantwortlichen zu erfolgen, nach deren Ergebnis zur rechtmäßigen Verarbeitung die Interessen, Grundrechte und Grundfreiheiten der betroffenen Person nicht überwiegen dürfen. Erst im Rahmen dieser Interessenabwägung ist festzustellen, ob das Interesse der betroffenen Person das berechtigte Interesse des Verantwortlichen überwiegt. Hierbei dürfte insbesondere entscheidend sein, ob der Verantwortliche die personenbezogenen Daten so verarbeitet, wie sie ihm vorliegen, oder, ob er sie durch Pseudonymisierung dergestalt verarbeitet hat, dass das Risiko für die betroffene Person abgeschwächt wird. An dieser Stelle dürfte die Pseudonymisierung personenbezogener Daten als Instrument einsetzbar sein, welche die Interessenabwägung zu Gunsten des Verantwortlichen beeinflussen kann. Davon ausgehend kann dazu geraten werden, bereits bei der Entwicklung von Anwendungen im weiten Feld des (I)IOT oder zumindest bei deren Einsatz, Pseudonymisierungsmechanismen zu implementieren. Eine solche Maßnahme dürfte im Sinne des risikobasierten Ansatzes der DS-GVO zu begrüßen sein. 55

d) Verarbeitung von Beschäftigtendaten beim Betrieb vernetzter Anlagen

Neben Art. 6 DS-GVO kann sich die Rechtsgrundlage auch, bei Vorhandensein einer entsprechenden Öffnungsklausel, aus dem Recht der Union oder des Mitgliedstaats ergeben. Dies ist im Umfeld von IIoT-Anwendungen insbesondere dann zu beachten, wenn Maschinendaten im Zusammenhang mit der Durchführung von Arbeitsverhältnissen verarbeitet werden. Sowohl Quantität als auch Qualität der Daten sind oftmals Motor und Kraftstoff für die Entwicklung und den Betrieb intelligenter und vernetzter industrieller Lösungen. Im Beschäftigungsverhältnis muss somit der Beschäftigte selbst zum Datenlieferanten werden, damit die Technologie einen effektiven Nutzen entfalten kann.[84] 56

Die Zulässigkeit einer Datenverarbeitung für Zwecke des Beschäftigungsverhältnisses richtet sich gem. § 26 BDSG (neu) nach der Erforderlichkeit für die Entscheidung über die Begründung eines Beschäftigungsverhältnisses oder nach Begründung des Beschäftigungsverhältnisses für dessen Durchführung.[85] Insoweit hat sich der Verantwortliche der Datenverarbeitung im Bereich von IIoT im Einzelfall die Frage zu stellen, inwieweit der Einsatz einer smarten Anwendung als erforderlich qualifiziert werden kann. So dürfte beispielsweise der Einsatz einer intelligenten Lösung zur Sichtung und Bewertung von Bewerberunterlagen als von § 26 Abs. 1 BDSG (neu) gedeckt zu qualifizieren sein.[86] Problematischer dürfte die Erforderlichkeit der Verarbeitung personenbezogener Daten im laufenden Beschäftigungsverhältnis sein. Werden personenbezogene Daten verarbeitet, um eine intelligente Maschine mit den notwendigen Daten zu beliefern, hat diese Verarbeitung nicht mehr die Durchführung des Beschäftigungsverhältnisses zum Zweck, sondern den wirtschaftlichen Nutzen des Verantwortlichen. Auch dann, wenn die gewonnenen 57

---

[83] Gola/*Schulz*, DSGVO, Art. 6 Rn. 18; Kühling/Buchner/*Buchner/Petri*, DSGVO, Art. 6 Rn. 146; Schwartmann/Jaspers/Thüsing/Kugelmann/*Schwartmann/Klein*, HK-DSGVO/BDSG, Art. 6 Rn. 145.
[84] Vgl. *GDD Stellungnahme* „Künstliche Intelligenz und ihre Auswirkungen auf den Beschäftigtendatenschutz", S. 1, abrufbar unter: https://www.gdd.de/downloads/aktuelles/stellungnahmen/KIundBeschäftigtendatenschutz.pdf (zuletzt abgerufen am 20.8.2020).
[85] Vgl. *Gutachten der Datenethikkommission*, S. 112 f.
[86] Vgl. *GDD Stellungnahme* „Künstliche Intelligenz und ihre Auswirkungen auf den Beschäftigtendatenschutz", S. 2; siehe dazu insgesamt *Jaspers/Jacquemain*, RDV 2019, 232 ff.

Daten zur Analyse von Teamstrukturen und zur Arbeitsoptimierung genutzt werden sollen, lässt sich die Zweckbestimmung zur Durchführung des Beschäftigungsverhältnisses schwer bejahen. Durch den gegebenenfalls nicht unerheblichen Eingriff in das Datenschutzrecht der Beschäftigten ist die Zusammenstellung von Arbeitsteams unter Einsatz allein auf Effektivität ausgerichteter intelligenter Lösungen mit der arbeitgeberseitigen Fürsorgepflicht kritisch zu hinterfragen.[87] Da § 26 BDSG (neu) die Verarbeitung personenbezogener Daten nicht abschließend regelt, verbleibt jedoch stets die Möglichkeit, eine rechtmäßige Datenverarbeitung von Beschäftigtendaten im Rahmen von intelligenten Anwendungen im Bereich von IIoT alternativ auf Art. 6 Abs. 1 lit. f DS-GVO zu stützen.[88] Soweit sich der Einsatz einer intelligenten Anwendung im IIoT als berechtigtes Interesse des Verantwortlichen qualifizieren lässt, gilt es den Eingriff in die Rechte des Beschäftigten demgegenüber im Einzelfall abzuwägen.

e) Zweckänderung im (I)IoT

58 Nach Art. 5 Abs. 1 lit. b DS-GVO dürfen personenbezogene Daten nur für festgelegte, eindeutige und rechtmäßige Zwecke verwendet werden. Der Grundsatz der Zweckbindung unterfällt in zwei Elemente, nämlich das Gebot der Zweckfestlegung und das Gebot der Zweckbeachtung.[89] Die Zweckbindung legt also den Rahmen fest, innerhalb dessen Verantwortliche personenbezogene Daten verarbeiten dürfen.

59 Eine Verarbeitung personenbezogener Daten für einen anderen Zweck, sog. **Zweckänderung,** ist nicht vollkommen ausgeschlossen, sie ist jedoch an bestimmte Voraussetzungen geknüpft. Diese ergeben sich aus Art. 6 Abs. 4 DS-GVO.[90] Dabei ist in der Literatur strittig, ob es für eine zweckändernde Weiterverarbeitung einer eigenen Rechtsgrundlage bedarf, oder ob sie bereits von der ursprünglichen Rechtsgrundlage gedeckt ist.[91] Kerninhalt der Vorschrift ist die Frage nach der Vereinbarkeit von ursprünglichem und neuem Zweck der Weiterverarbeitung. Nach Erwägungsgrund 50 muss ein Verantwortlicher schrittweise vorgehen, indem er zunächst prüft, ob eine Einwilligung für die zweckfremde Verarbeitung vorliegt oder eine Rechtsvorschrift der Union oder der Mitgliedstaaten die Verarbeitung rechtfertigen würde. In diesem Fall ist es auch möglich, dass die Verarbeitung trotz nicht miteinander zu vereinbarender Zwecke durchgeführt werden kann.[92] Soweit kein Tatbestand ersichtlich ist, muss der Verantwortliche in die Prüfung der Vereinbarkeit einsteigen. Wann diese Vereinbarkeit vorliegt, definiert die DS-GVO dabei nicht. Vielmehr nennt Art. 6 Abs. 4 DS-GVO bestimmte Kriterien für eine Vereinbarkeit des neuen Zwecks mit dem bisher festgelegten Zweck. Dabei handelt es sich um die folgenden Kriterien:

60 – jede Verbindung des festgelegten Zwecks und des nun für die Weiterverarbeitung beabsichtigten Zwecks,
– den Zusammenhang, in dem die personenbezogenen Daten erhoben wurden, insbesondere das Verhältnis zwischen dem Betroffenen und dem Verantwortlichen,
– die Art der personenbezogenen Daten, insbesondere ob es sich um solche gemäß Art. 9, 10 DS-GVO handelt,
– die möglichen Folgen der beabsichtigten Weiterverarbeitung für die Betroffenen,

---

[87] Vgl. *GDD Stellungnahme* „Künstliche Intelligenz und ihre Auswirkungen auf den Beschäftigtendatenschutz", S. 3.
[88] Vgl. *GDD Stellungnahme* „Künstliche Intelligenz und ihre Auswirkungen auf den Beschäftigtendatenschutz", S. 3.
[89] Vgl. Schantz/*Wolff*, Rn. 400.
[90] Zur Zweckänderung im Rahmen von Big Data-Projekten vertiefend Schwartmann/Jaspers/Thüsing/Kugelmann/*Mühlenbeck*, HK-DSGVO/BDSG, Art. 6 Rn. 281 ff.
[91] Zum Streitstand siehe Schwartmann/Jaspers/Thüsing/Kugelmann/*Mühlenbeck*, HK-DSGVO/BDSG, Art. 6 Rn. 231 ff.
[92] Vgl. Gola/*Schulz*, DSGVO, Art. 6 Rn. 178.

– das Vorhandensein „geeigneter" Garantien, bspw. durch Pseudonymisierung und/oder Verschlüsselung der Daten.

An dieser Stelle wird abermals deutlich, dass der Pseudonymisierung eine Schlüsselrolle im Rahmen der Verarbeitung personenbezogener Daten zukommen kann. Etabliert der Verantwortliche beim Einsatz von Anwendungen im Bereich von (I)IoT wirksame und effektive Maßnahmen zur Pseudonymisierung personenbezogener Daten, hat er damit ein gewichtiges Argument auf seiner Seite, welches für eine vereinbare Weiterverarbeitung streitet. Beachtet man den risikobasierten Ansatz der DS-GVO, wird man davon ausgehen dürfen, dass je höher der Pseudonymisierungsgrad ist, desto eher von der Vereinbarkeit der Zwecke ausgegangen werden kann. Werden die personenbezogenen Daten dergestalt pseudonymisiert, dass sie für einen Dritten faktisch anonyme Daten darstellen, spricht die abgeschwächte Intensität des Eingriffs in die Rechte der betroffenen Person für die Möglichkeit einer zweckändernden Weiterverarbeitung. Dieser Schutzmechanismus dürfte losgelöst davon eingreifen, ob es sich um IoT-Anwendungen für Endverbraucher oder um Anwendungen im Bereich des IIoT handelt. Denn im Gleichlauf mit einem hohen Grad der Pseudonymisierung werden die möglichen Folgen der beabsichtigten Weiterverarbeitung für die betroffene Person in ihrer Eingriffsintensität abnehmen. Es kann deshalb dazu geraten werden, auch mit Blick auf eine beabsichtigte Weiterverarbeitung, geeignete Maßnahmen der Pseudonymisierung in vorhandene und neue Prozesse zu implementieren, um einer zulässigen Weiterverarbeitung nach Art. 6 Abs. 4 DS-GVO Vorschub zu leisten. 61

2. Weitere wichtige Datenschutzgrundsätze im Anwendungsgebiet von (I)IoT

Nach Art. 5 Abs. 1 lit. a DS-GVO müssen personenbezogene Daten in einer für die betroffene Person nachvollziehbaren Weise verarbeitet werden.[93] Die inhaltlichen Anforderungen ergeben sich vor allem aus den Informationspflichten der Art. 12, 13 und 14 DS-GVO. Im Ergebnis wird der Grundsatz transparenter Verarbeitung personenbezogener Daten von der DS-GVO als Gebot verstanden, dass die betroffene Person die Verarbeitung nachvollziehen können muss. Eine Pflicht zu kleinteiligen Informationen über jedes Detail der Verarbeitung im Voraus folgt aus dem Transparenzgrundsatz jedoch nicht.[94] Für betroffene Personen im Umfeld von IoT- oder IIoT-Anwendungen sollte erkennbar sein, dass die betreffenden personenbezogenen Daten erhoben, verwendet, eingesehen oder anderweitig verarbeitet werden sowie in welchem Umfang die Daten verarbeitet werden und künftig noch verarbeitet werden sollen.[95] 62

Personenbezogene Daten müssen nach Art. 5 Abs. 1 lit. c DS-GVO dem Zweck angemessen und sachlich relevant sein.[96] Zudem muss die Datenverarbeitung auf das für den Zweck der Verarbeitung notwendige Maß beschränkt sein. Nach der DS-GVO unzulässig ist damit die Verarbeitung personenbezogener Daten, die für den verfolgten Zweck inadäquat, unerheblich oder entbehrlich sind.[97] Hier wird sich in der Praxis die Frage stellen, ob eine datenschonende Anwendung von Edge-Computing-Lösungen anstelle von cloudbasierten Anwendungen möglich ist. Bei dieser Lösung werden Anwendungen von den zentralen Knoten im Netz, zumindest soweit das möglich ist, an dessen Ränder verlagert. Die Daten werden also am Endgerät oder in der Fertigungsanlage verarbeitet. Die verwendeten Datenverarbeitungspunkte müssen nicht dauerhaft mit dem Netz verbunden sein. 63

---

[93] Vertiefend dazu Schwartmann/Jaspers/Thüsing/Kugelmann/*Jaspers/Schwartmann/Hermann*, HK-DSGVO/BDSG, Art. 5 Rn. 31 ff.
[94] Vgl. Schwartmann/Jaspers/Thüsing/Kugelmann/*Jaspers/Schwartmann/Hermann*, HK-DSGVO/BDSG, Art. 5 Rn. 33.
[95] Vgl. *Wybitul*, EU-Datenschutz-Grundverordnung im Unternehmen, Rn. 68.
[96] Vertiefend dazu Schwartmann/Jaspers/Thüsing/Kugelmann/*Jaspers/Schwartmann/Hermann*, HK-DSGVO/BDSG, Art. 5 Rn. 46.
[97] Schwartmann/Jaspers/Thüsing/Kugelmann/*Jaspers/Schwartmann/Hermann*, HK-DSGVO/BDSG, Art. 5 Rn. 46.

Insbesondere für das Internet der Dinge bieten sich Systemarchitekturen auf dieser dezentralen Basis an.[98]

64 **Datenminimierung (Data Minimisation)** kann unabhängig davon sowohl quantitativ als auch qualitativ verstanden werden. In quantitativer Hinsicht hat der Verantwortliche im (I)IoT sicherzustellen, dass er nur so viele personenbezogene Daten verarbeitet, wie es für den jeweiligen Zweck notwendig ist. In qualitativer Hinsicht ist die wesentliche Ausprägung des Grundsatzes der Datenminimierung die Forderung nach Pseudonymisierung und Anonymisierung, den es auch im Umfeld von IoT- oder IIoT-Anwendungen zu beachten gilt. Vereinfacht ausgedrückt heißt dies, dass nur soweit eine Verarbeitung personenbezogener Daten erforderlich ist, diese Daten in ihrer Erhebungsform verarbeitet werden dürfen. Kann beispielsweise eine Anwendung in einer smarten Fabrik auch mit anonymen Daten erfolgen, ist die Verarbeitung personenbezogener Daten nicht geboten. Im Einzelfall wird zu beurteilen sein, ob unter dem Verzicht der Verarbeitung personenbezogener Daten Qualitätsverluste bei Produktionsergebnissen zu erwarten sind oder sich etwa die intelligente Wartung von Maschinen nicht effektiv durchführen lässt.

65 Weitere Ausprägung des Grundsatzes der Datenminimierung ist die in Art. 25 DS-GVO explizit normierte Verpflichtung Datenschutz durch Technikgestaltung und durch datenschutzfreundliche Voreinstellungen zu gewährleisten. Die in Art 25 DS-GVO geregelten Vorgaben werden häufig mit den Schlagworten **Privacy by Design** bzw. **Privacy by Default** bezeichnet. (I)IoT-Geräte und -Anwendungen müssen demnach so konfiguriert werden, dass damit möglichst wenig personenbezogene Daten verarbeitet werden. Sowohl im Bereich von Heimanwendungen als auch im IIoT ist aber nicht selten das Gegenteil der Fall und die meisten Anbieter werden diesen Anforderungen nicht gerecht. Auch ist für die Anwender oft nicht erkennbar, an wen (I)IoT Daten weitergegeben werden, obschon die Liste der Empfänger nicht selten lang ist.

66 Nach dem Grundsatz der Speicherbegrenzung aus Art. 5 Abs. 1 lit. e DS-GVO dürfen Verantwortliche personenbezogene Daten nur verarbeiten, solange dies für die Verwirklichung der mit ihrer Verarbeitung verfolgten Zwecke erforderlich ist.[99] Eine Identifizierung der betroffenen Person darf nur solange möglich sein, wie dies die Verarbeitungszwecke erfordern. Die Rechtsfolge eines Wegfalls der Zweckbestimmung in zeitlicher Hinsicht ist nach dem Grundsatz der Speicherbegrenzung die Aufhebung des Bezugs der Daten zur betroffenen Person.[100] Danach ist es für den Verantwortlichen im Bereich von (I)IoT-Anwendungen untersagt, personenbezogene Daten nach Wegfall des eigentlichen Verarbeitungszwecks weiter vorzuhalten. Der Umsetzung dieser datenschutzrechtlichen Vorgabe kann nur effektiv Folge geleistet werden, wenn der Verantwortliche ein funktionierendes Löschkonzept vorhalten kann. Verantwortliche im Einsatzfeld von (I)IoT-Anwendungen sind aus diesem Grund dazu angehalten, bereits bei der Entwicklung, spätestens aber beim Einsatz intelligenter und vernetzter Maschinen, die organisatorischen Grundlagen dafür zu schaffen, dass die Einhaltung der Speicherbegrenzung gewährleistet wird.

V. Folgen eines Verstoßes

67 Ein Verstoß des Verantwortlichen gegen die Pflichten der DS-GVO kann verschiedene Folgen haben. Grundsätzlich kann die Verletzung der Pflichten der DS-GVO Schadensersatzansprüche der betroffenen Person gem. Art. 82 DS-GVO und Sanktionen der Aufsichtsbehörden nach sich ziehen. In der Praxis konnte sich seit der Anwendungspflicht der DS-GVO bisher noch keine Orientierungslinie in der Rechtsprechung herausbilden. Hier bleiben folgende Gerichtsentscheidungen abzuwarten und im Blick zu behalten.

---

[98] Gutachten der *Datenethikkommission*, S. 63 f.
[99] *Wybitul*, EU-Datenschutz-Grundverordnung im Unternehmen, Rn. 73.
[100] Schwartmann/Jaspers/Thüsing/Kugelmann/*Jaspers/Schwartmann/Hermann*, HK-DSGVO/BDSG, Art. 5 Rn. 62.

Mit Blick auf die Bemessung von Bußgeldern hat die Konferenz der unabhängigen Datenschutzbehörden des Bundes und der Länder erste Schritte unternommen, um eine nationale Vereinheitlichung zu fördern. Hierzu hat sie ein Konzept zur Zumessung von Geldbußen bei Verstößen gegen die DS-GVO durch Unternehmen vorgelegt.[101] Die Aufsichtsbehörden weisen in ihrem Papier aber auch darauf hin, dass die vorgestellten Leitlinien nicht als erschöpfend zu verstehen sind und die Konkretisierung der Festsetzungsmethodik späteren Leitlinien des Europäischen Datenschutzausschusses vorbehalten bleiben. Trotz dieses Konzepts ist für den datenschutzrechtlich Verantwortlichen einer (I)IoT-Anwendung bei der Verhängung von Bußgeldern weiterhin Art. 83 DS-GVO maßgeblich. Danach sind je nach Einzelfall Geldbußen bis zu einer Höhe von 20.000.000 Euro oder im Fall eines Unternehmens von bis zu 4% des gesamten weltweit erzielten Jahresumsatzes des vorangegangenen Geschäftsjahres möglich. Von diesem Rahmen machen auch die deutschen Aufsichtsbehörden Gebrauch.[102] Um das Risiko etwaiger empfindlicher Geldbußen zu minimieren, ist es für den Verantwortlichen bei (I)IoT-Anwendungen ratsam, bereits bei der Entwicklung und spätestens beim Einsatz vernetzter Endgeräte, die Einhaltung der datenschutzrechtlichen Vorgaben sicherzustellen.

C. Datensicherheit

Der Schutz personenbezogener Daten kann nur dann seine Wirkung entfalten, wenn der Verantwortliche die Sicherheit der Daten gewährleisten kann. Die Sicherheit der Verarbeitung stellt deshalb einen wesentlichen Grundsatz der DS-GVO dar. Im Anwendungsbereich der DS-GVO wird die Sicherheit der Verarbeitung in Art. 5 Abs. 1 lit. f DS-GVO als Grundsatz aufgestellt sowie in Art. 32 DS-GVO in konkreter Form normiert.

I. Verhältnis zu NIS-RL und BSIG

Die DS-GVO stellt nicht abschließend die Anforderungen an die notwendige Datensicherheit auf. Weitere Absicherungspflichten enthält Art. 14 und Art. 16 der NIS-RL[103]. Diese verpflichten Betreiber kritischer Infrastrukturen und Anbieter digitaler Dienste zur Absicherung ihrer IT nach dem Stand der Technik. Dabei dürfte es sich insbesondere bei Cloud-Computing-Dienstleistern, die im Rahmen von (I)IoT-Anwendungen tätig werden, um Anbieter kritischer Infrastrukturen handeln.[104] Die Pflichten der Art. 14 und Art. 16 NIS-RL wurden in Deutschland weitgehend in § 8a und § 8c BSI-Gesetz umgesetzt. Gleichwohl gelten die Anforderungen des Art. 32 DS-GVO, soweit es sich um eine Verarbeitung von Daten im Anwendungsbereich der DS-GVO handelt. In praktischer Hinsicht dürften in der Umsetzung keine Probleme zu erwarten sein. Wer beiden Regelungsregimen unterfällt, wird in der Regel die jeweils höchsten Anforderungen hinsichtlich der Absicherung erfüllen müssen, die sich aus NIS-RL sowie deren nationaler Umsetzung und der DS-GVO ergeben.[105]

---

[101] Konzept der Datenschutzkonferenz zur Zumessung von Geldbußen, abrufbar unter: https://www.datenschutzkonferenz-online.de/media/pm/20191016_pressemitteilung_bußgeldkonzept.pdf (zuletzt abgerufen am 20.8.2020).
[102] Bsp. Geldbuße der Berliner Beauftragten für Datenschutz und Informationsfreiheit gegen die Deutsche Wohnen SE iHv 14,5 Millionen Euro, Pressemitteilung abrufbar unter: https://www.datenschutz-berlin.de/fileadmin/user_upload/pdf/pressemitteilungen/2019/20191105-PM-Bussgeld_DW.pdf (zuletzt abgerufen am 20.8.2020).
[103] Richtlinie über Maßnahmen zur Gewährleistung eines hohen gemeinsamen Sicherheitsniveaus von Netz- und Informationssystemen in der Union, abrufbar unter: https://eur-lex.europa.eu/legal-content/DE/TXT/PDF/?uri=CELEX:32016L1148&from=DE (zuletzt abgerufen am 20.8.2020).
[104] Vgl. Schwartmann/Jaspers/Thüsing/Kugelmann/*Ritter*, HK-DSGVO/BDSG, Art. 32 Rn. 11.
[105] So auch Schwartmann/Jaspers/Thüsing/Kugelmann/*Ritter*, HK-DSGVO/BDSG, Art. 32 Rn. 12.

II. Technische und organisatorische Maßnahmen nach Art. 32 DS-GVO

71 Immer dann, wenn der Anwendungsbereich der DS-GVO eröffnet ist, hat der Verantwortliche nach Art. 32 Abs. 1 DS-GVO technische und organisatorische Schutzmaßnahmen zu treffen, um die Sicherheit der Verarbeitung zu gewährleisten. Die DS-GVO stellt dazu keinen konkreten Kriterienkatalog zur Verfügung, sondern hält den Verantwortlichen dazu an, ein Schutzkonzept zu entwickeln, bei dem insbesondere der Stand der Technik, die Implementierungskosten, Art, Umfang, Umstände und Zweck der Verarbeitung, die Eintrittswahrscheinlichkeit von Risiken sowie die Schwere von Risiken für die Rechte und Freiheiten der betroffenen Person zu berücksichtigen sind. Die von Art. 32 Abs. 1 DS-GVO geforderten Maßnahmen sind aus Sicht des Verantwortlichen im (I)IoT unkonkret. Hinsichtlich der beispielhaft aufgezeigten Maßnahmen verzichtet die DS-GVO auf eine weitere Konkretisierung. Der dahinterstehende Sinn ergibt sich aus dem ganzheitlichen Ansatz der DS-GVO. Die DS-GVO begegnet damit den vielfältigen Konstellationen, Angriffsvektoren und Risikolagen der Praxis und beschränkt sich darauf, den allgemeinen Grundsatz der Sicherheit der Verarbeitung personenbezogener Daten gesetzlich zu regeln.[106] Die Konkretisierung im Einzelfall obliegt also dem jeweils Verantwortlichen der spezifischen Anwendung im Umfeld von (I)IoT.

72 Für den Verantwortlichen besteht nach Art. 32 Abs. 1 DS-GVO nicht die Verpflichtung, alle in lit. a–d genannten Maßnahmen zu ergreifen.[107] Vielmehr führt der Gesetzgeber einige Maßnahmen auf, die in Betracht gezogen werden müssen. Exemplarisch und nicht abschließend werden nachfolgend die Maßnahmen näher erläutert, die eine besondere praktische Relevanz für das (I)IoT haben können.

1. Pseudonymisierung und Verschlüsselung

73 Beispielshaft nennt der Gesetzgeber die Pseudonymisierung sowie die Verschlüsselung personenbezogener Daten als geeignete Maßnahme, um die Sicherheit der Daten zu gewährleisten. Zur Definition der **Pseudonymisierung** gilt das bereits oben Gesagte. Im Rahmen der Datensicherheit kommt der Pseudonymisierung eine risikosenkende Funktion zu, die zu einer Ermöglichung der Datenverarbeitung führen soll.[108] Aufgrund der Pseudonymisierung sinkt das Risiko für die Rechte und Freiheiten der betroffenen Person, wenn deren pseudonymisierte Daten abhandenkommen und Personen Zugriff auf die Daten erhalten, für die sie nicht bestimmt waren. Ohne Kenntnis zusätzlicher Informationen können die personenbezogenen Daten dann nicht wieder im Klartext lesbar gemacht werden, so dass Nachteile und Schäden für die betroffene Person auf ein Minimum reduziert werden oder gar gänzlich ausgeschlossen werden können.[109] Anknüpfend an die obigen Ausführungen zur Rechtmäßigkeit der Datenverarbeitung erfüllt die Pseudonymisierung unter der DS-GVO zwei entscheidende Rollen: Zunächst kann sie positiven Einfluss auf die Rechtmäßigkeit einer Datenverarbeitung haben. Darüber hinaus kommt ihr eine Sicherheitsfunktion zu, die das Risiko im Zuge von Datenpannen für die betroffene Person absenken kann. Für die Verantwortlichen im Bereich von Anwendungen des (I)IoT dürfte es deshalb ratsam sein, sich mit der Implementierung geeigneter Pseudonymisierungsmaßnahmen frühzeitig auseinanderzusetzen.

74 Unter technischer Betrachtung ist eine **Verschlüsselung** ein Vorgang, bei dem klar lesbare Informationen (Klartext) mit Hilfe eines Verschlüsselungsverfahrens (Kryptosystems) in eine nicht einfach interpretierbare Zeichenfolge (Geheimtext) umgewandelt werden.[110]

---

[106] Vgl. Specht/Mantz/*Schneider*, Handbuch Europäisches und deutsches Datenschutzrecht Teil B § 15 Rn. 102.
[107] Vgl. Schwartmann/Jaspers/Thüsing/Kugelmann/*Ritter*, HK-DSGVO/BDSG, Art. 32 Rn. 23.
[108] Dazu Schwartmann/*Weiß* (Hrsg.), Entwurf für einen Code of Conduct zum Einsatz DS-GVO-konformer Pseudonymisierung, S. 8 ff.
[109] Vgl. Schwartmann/Jaspers/Thüsing/Kugelmann/*Ritter*, HK-DSGVO/BDSG, Art. 32 Rn. 28.
[110] Vgl. Kühling/Buchner/*Jandt*, DSGVO, Art. 32 Rn. 19.

Da der personenbezogene Klartext nur durch Hinzuziehung des geheimen Kryptosystems wiederhergestellt werden kann, dürften Verschlüsselungsverfahren gleichzeitig auch eine Methode der Pseudonymisierung darstellen.[111]

Bei vielen Anwendungen, die sich unter dem Begriff des (I)IoT fassen lassen, findet eine Auslagerung von personenbezogenen Daten auf Systeme Dritter statt, insbesondere im Rahmen des Cloud-Computings. Hier dürfte die Verschlüsselung ein geeignetes Mittel darstellen, um personenbezogene Daten zu schützen. Da dies derzeit jedoch nur für die Speicherung der Daten problemlos funktioniert, erscheint es erstrebenswert, dass die Daten verschlüsselt an Dritte übertragen und durch diese so verarbeitet (zB Analyse personenbezogener Maschinendaten) werden, dass erst durch den Verantwortlichen das erhaltene Ergebnis der Verarbeitung wieder entschlüsselt werden kann. Die Verarbeiter könnten dann niemals den Klartext, also das personenbezogene Datum selbst, erlangen.[112] Auch dürfte diese Möglichkeit positiv im Rahmen der Rechtmäßigkeit einer Verarbeitung personenbezogener Daten zu berücksichtigen sein und damit auch Wirkung auf den Datenschutz insgesamt entfalten. So sollten Verantwortliche von Anwendungen im weiten Feld des (I)IoT technische Veränderungen im Blick behalten, die derartige Verfahren einsatzfähig machen und frühzeitig über eine mögliche Implementierung nachdenken. Die rechtlichen Vorteile dürften erhebliche Wettbewerbsvorteile mit sich ziehen.

2. Belastbarkeit der Systeme

Die Belastbarkeit der Systeme ist grundsätzlich kein klassisches Ziel der IT-Sicherheit und eher untypisch.[113] Gemeint mit der Belastbarkeit ist die Fähigkeit eines IT-Systems oder Dienstes seine Funktion auch unter schwierigen Umständen aufrechtzuerhalten.[114] So sollte beispielsweise ein abgeschlossener IIoT-Campus, der die für eine Vernetzung verschiedener Endgeräte oder Maschinen notwendige Infrastruktur bereithält, auch dann noch funktionieren, wenn er unter einer besonderen Belastung steht. So kann ein Schutz gegen Angriffe, die eine besondere Lage erzeugen, durch Systeme geschützt werden, die von vornherein über ihre notwendigen Kapazitäten hinaus geplant werden. Der Nachteil besteht jedoch darin, dass die Systeme dann im Normalfall nie vollständig genutzt werden, gleichzeitig aber die Kosten enorm hoch sind.[115] Deshalb dürfte es wirtschaftlich sinnvoller sein, sich gegen Angriffe, welche die Einschränkung der Belastbarkeit eines Systems als Ziel haben, durch den Einkauf von Leistungen zur Abwehr von Überlastungs- oder Verfügbarkeitsangriffen auf Abruf zu schützen.[116]

III. Auswahl der geeigneten Maßnahmen

Welche Maßnahmen der Verantwortliche auswählen und implementieren muss, gibt die DS-GVO nicht vor. Vielmehr überlässt sie gem. Art. 32 Abs. 1 DS-GVO die Auswahl dem Verantwortlichen selbst. Bei der Auswahl der geeigneten Schutzmaßnahmen sollte der Verantwortliche immer das Ziel, ein dem Risiko angemessenes Schutzniveau zu gewährleisten, vor Augen haben. Dieses angemessene Schutzniveau kann sich mit der Zeit verändern, sodass eine ständige Überprüfung und gegebenenfalls notwendige Anpassung der Sicherheitsmechanismen durch den Verantwortlichen zu erfolgen hat.

---

[111] Vgl. Schwartmann/Jaspers/Thüsing/Kugelmann/*Ritter,* HK-DSGVO/BDSG, Art. 32 Rn. 30ff.
[112] Vgl. Schwartmann/Jaspers/Thüsing/Kugelmann/*Ritter,* HK-DSGVO/BDSG, Art. 32 Rn. 30ff.
[113] Vgl. Schwartmann/Jaspers/Thüsing/Kugelmann/*Ritter,* HK-DSGVO/BDSG, Art. 32 Rn. 30ff.; vgl. Kühling/Buchner/*Jandt,* DSGVO, Art. 32 Rn. 26.
[114] So auch im Ergebnis Schwartmann/Jaspers/Thüsing/Kugelmann/*Ritter,* HK-DSGVO/BDSG, Art. 32 Rn. 61.
[115] Vgl. Schwartmann/Jaspers/Thüsing/Kugelmann/*Ritter,* HK-DSGVO/BDSG, Art. 32 Rn. 62.
[116] Vertiefend dazu Schwartmann/Jaspers/Thüsing/Kugelmann/*Ritter,* HK-DSGVO/BDSG, Art. 32 Rn. 63ff.

78 Bei der Auswahl der geeigneten Maßnahme ist neben weiteren Faktoren nach Art. 32 Abs. 1 DS-GVO insbesondere der Stand der Technik zu berücksichtigen. Eine nähere Definition dieses Begriffes nimmt die DS-GVO nicht vor. So kann im Einzelfall schwer zu ermitteln sein, was genau den Stand der Technik darstellt. Dem Verantwortlichen im Bereich des (I)IoT kann dazu geraten werden zur Konkretisierung auf Fachveröffentlichungen, etwa auch des BSI (BSI-Grundschutzkatalog, Cybersicherheits-Empfehlungen) oder der Datenschutzaufsichtsbehörden zurückzugreifen.[117]

IV. Abdingbarkeit des Art. 32 DS-GVO?

79 Die Implementierung technisch-organisatorischer Maßnahmen zur Förderung der Datensicherheit kann für den Verantwortlichen im Bereich des (I)IoT mit erheblichen Kosten verbunden sein. Insbesondere dann, wenn sich der Verantwortliche zu einer erstmaligen Implementierung gezwungen sieht, liegt es nah, eher eine mit Kosten verbundene Drittlösung einzukaufen, als eine eigene Lösung zu entwickeln. Auch vor diesem Hintergrund wurde bereits im Zusammenhang mit § 9 BDSG aF, der die deutsche Vorgängernorm des Art. 32 DS-GVO ist, darüber diskutiert, ob die betroffene Person in einen Verzicht auf die Einhaltung technischer und organisatorischer Maßnahmen einwilligen kann.[118] Dabei gibt es zu Art. 32 DS-GVO stimmen in der Literatur, die die Abdingbarkeit des Art. 32 DS-GVO für möglich halten, da die Entscheidung darüber, welche Risiken für ihre personenbezogenen Daten noch akzeptabel sind und welche nicht, als Ausfluss der Selbstbestimmung der betroffenen Person von ihr zu treffen sei.[119] Dagegen spricht jedoch zunächst, dass Art. 32 DS-GVO dem nationalen Gesetzgeber keinen eigenen Regelungsspielraum überlässt und damit abschließend ist. Weiter lässt der Wortlaut dem Verantwortlichen und der betroffenen Person keine Wahlmöglichkeit bezügliche des „Ob" der Implementierung technischer und organisatorischer Maßnahmen. Nur mit Blick auf die Auswahl der Mittel steht dem Verantwortlichen eine Entscheidungsbefugnis zu.[120] Verantwortlichen im Bereich von (I)IoT Anwendungen ist deshalb zu einer frühzeitigen Implementierung geeigneter technischer und organisatorischer Maßnahmen zu raten, um die rechtlichen Anforderungen des Art. 32 DS-GVO zu erfüllen.

D. Weitere Quellen

80 Die Regelungen der DS-GVO geben einen rechtlichen Rahmen vor, soweit es um die Datensicherheit im Zusammenhang mit der Verarbeitung personenbezogener Daten geht. (I)IoT Geräte und Anwendungen müssen nach diesen Vorgaben so konfiguriert werden, dass sie die Anforderungen der DS-GVO erfüllen. Darüber hinaus können von (I)IoT Geräten und Anwendungen erhebliche Risiken für die Datensicherheit abseits des Schutzes personenbezogener Daten ausgehen.

81 Praxisbeispiel 4[121]:
Der CEO eines Herstellers von Konsumgütern möchte sein auf dem Produktionsgelände gelegenes Büro verschönern. Deshalb entschließt er sich dazu, ein großes Aquarium in seinem Büro zu platzieren, indem seltene Fische beheimatet werden. Zur Regulierung der Temperatur des Wassers verwendet er einen smarten Thermostat, der über ein WLAN mit

---

[117] Vgl. Schwartmann/Jaspers/Thüsing/Kugelmann/*Ritter*, HK-DSGVO/BDSG, Art. 32 Rn. 84.
[118] Mit Übersicht zum Streitstand unter § 9 BDSG Kühling/Buchner/*Jandt*, DSGVO, Art. 32 Rn. 39.
[119] Vgl. Schwartmann/Jaspers/Thüsing/Kugelmann/*Ritter*, HK-DSGVO/BDSG, Art. 32 Rn. 20.
[120] Zustimmend Schwartmann/Jaspers/Thüsing/Kugelmann/*Ritter*, HK-DSGVO/BDSG, Art. 32 Rn. 49.
[121] Angelehnt an einen Casinohack in Las Vegas 2018: https://www.casinous.com/las-vegas-casino-hacked-via-fish-tank/ (zuletzt abgerufen am 20.8.2020).

dem Firmennetzwerk verbunden ist. Nach Einrichtung des Aquariums verschaffen sich Hacker von außen über den Thermostat Zugang zum Firmennetzwerk und greifen auf Produktionsdaten des Unternehmens zu, um diese gewinnbringend zu veräußern.

Das Beispiel macht deutlich, dass im Anwendungsbereich des (I)IoT weitere Sicherheitsmaßnahmen getroffen werden müssen, damit sich (I)IoT-Geräte und -Anwendungen nicht als Sicherheitslücke im Gesamtsystem entpuppen. Auch wenn es zunächst fernliegend erscheinen mag, wird es in Zukunft verstärkt zu scheinbar abwegigen Angriffsszenarien kommen, die zum „Diebstahl" von Maschinendaten oder zu einer unzulässigen Offenlegung personenbezogener Daten führen können. Da die Daten nach dem „Diebstahl" in aller Regel noch auf den Firmenservern und Produktionsanlagen liegen, werden solche Angriffe idR zunächst unbemerkt bleiben. Anbieter von (I)IoT-Lösungen testen oftmals nur deren Funktionalität und nicht deren Sicherheit und Compliance. Deshalb liegt es oftmals an den Verwendern, die Risiken einer (I)IoT-Lösung zu bewerten und davon die notwendigen Sicherheitsmaßnahmen abzuleiten. Hilfreich können dabei beispielsweise die von *Microsoft* empfohlene Maßnahmen zur Absicherung des (I)IoT[122] oder der Maßnahmenkatalog des Industrial Internet of Things Safety and Security Protocol des *World Economic Forum*[123] sein.

E. Zusammenfassung und Ausblick

Im Anwendungsbereich des (I)IoT spielt Datenschutz- und Datensicherheit eine zentrale Rolle. Spezifische Probleme dürften sich in der Perspektive insbesondere mit Blick auf Fragen des Beschäftigtendatenschutzes, aber auch vor dem Hintergrund der Ausgestaltung von Konstellationen der gemeinsamen Verantwortlichkeit stellen. Bei der Entwicklung einer Systemarchitektur im Bereich des (I)IoT dürften Edge-Computing-Lösungen insbesondere aus Gründen des Datenschutzes tendenziell vorzugswürdig gegenüber Cloud-Lösungen sein. Auch Instrumente wie die Anonymisierung sowie die Pseudonymisierung personenbezogener Daten sollten implementiert werden. Gerade mit Blick auf die Pseudonymisierung personenbezogener Daten fehlt es jedoch noch an anerkannten Standards, an denen sich der Verantwortliche orientieren könnte. Ansätze zur Schaffung eines Codes of Conduct finden sich in der Praxis.[124]

---

[122] Abrufbar unter: https://msrc-blog.microsoft.com/2019/08/05/corporate-iot-a-path-to-intrusion/ (zuletzt abgerufen am 20.8.2020).
[123] Abrufbar unter: http://www3.weforum.org/docs/47498_Industrial_Internet_Things_Safety_Security_Protocol_WP-FINAL.pdf (zuletzt abgerufen am 20.8.2020).
[124] Siehe dazu *Schwartmann/Weiß* (Hrsg.), Entwurf für einen Code of Conduct zum Einsatz DS-GVO konformer Pseudonymisierung, abrufbar unter: https://www.gdd.de/downloads/aktuelles/whitepaper/Fokusgruppe_DatenschutzEntwurf_CoC_Pseudonymisierung_V1.0.pdf (zuletzt abgerufen am 20.8.2020); s. auch ISA 99 Working-Group, https://www.isa.org/intech/201906standards01/ (zuletzt abgerufen am 20.8.2020).

Teil 10.6 Zivilrechtliche Haftung im (Industrial) Internet of Things

Übersicht

	Rn.
A. Das (Industrial) Internet of Things	1
B. Haftungsrechtliche Charakteristika des (I)IoT	4
C. Die vertragliche Haftung bei vernetzten Systemen	6
I. Die Haftung des Veräußerers eines vernetzten Systems	6
1. Vertragsverhältnisse bei vernetzten Systemen	7
2. Vertragliche Haftung bei vernetzten Systemen	14
II. Die Haftung des Anbieters digitaler Dienste und Informationen	33
III. Die Haftung des Betreibers und des Nutzers eines vernetzten Systems	36
D. Die außervertragliche Haftung bei vernetzten Systemen	38
I. Die Haftung des Herstellers eines vernetzten Systems	39
1. Anwendungsbereich	40
2. Produktfehler	41
3. Die digitale Deaktivierung des vernetzten Systems	46
4. Der Hersteller im (Industrial)Internet of Things	47
5. Die deliktische Produktbeobachtungspflicht	48
6. Die Darlegungs- und Beweislast	51
II. Die Haftung des Betreibers/Nutzers eines vernetzten Systems	53

Literatur:

Amstutz, Dateneigentum Funktion und Form, AcP 218 (2018), 438; *Bach,* Neue Richtlinien zum Verbrauchsgüterkauf und zu Verbraucherverträgen über digitale Inhalte, NJW 2019, 1705; *Bach,* in: Schmidt-Kessel/Kramme, Geschäftsmodelle in der digitalen Welt, 2017, Server- und Infrastrukturzugänglichkeit als Qualität, S. 223; *Bach/Wöbbeking,* Das Haltbarkeitserfordernis der Warenkauf-RL als neuer Hebel für mehr Nachhaltigkeit?, NJW 2020, 2672; *Bachmann/Schirmer,* in: Grigoleit/Petersen, Privatrechtsdogmatik im 21. Jahrhundert – FS Canaris 2017, Leistungs- und Schutzpflichten in der Zivilrechtsdogmatik, S. 371; *Bartsch,* Softwarepflege nach neuem Schuldrecht, NJW 2002, 1526; *Baumgartner/Ewald,* Apps und das Recht, 2. Aufl. 2016; *Binder,* Nachsorgende Vertragspflichten? Begründung und Reichweite fortdauernder Schutzpflichten nach Leistungsaustausch in Schuldverhältnissen, AcP 211 (2011), 589; *Bishop,* Economic Loss in Tort, 2 Oxford Journal of Legal Studies 1 (1982); *Bodewig,* Vertragliche Pflichten „post contractum finitum", JURA 2005, 505; *Börding/Jülicher/Röttgen/v. Schönfeld,* Neue Herausforderungen der Digitalisierung für das deutsche Zivilrecht, CR 2017, 134; *Bräutigam/Rücker,* E-Commerce Rechtshandbuch, 2017; *Bräutigam/Klindt,* Industrie 4.0, das Internet der Dinge und das Recht, NJW 2015, 1137; *Bräutigam,* Das Nutzungsverhältnis bei sozialen Netzwerken – Zivilrechtlicher Austausch von IT-Leistungen gegen personenbezogene Daten, MMR 2012, 635; *Brown,* Toward an Economic Theory of Liability, 2 Journal of Legal Studies 323 (1973); *Buck-Heeb/Dieckmann,* in: Oppermann/Stender-Vorwachs, Autonomes Fahren, 2. Aufl. 2020, 3.1.1 Zivilrechtliche Haftung von Halter und Fahrer bei Einsatz (teil-)automatisierter Fahrfunktionen, S. 141; *Buck-Heeb/Dieckmann,* Die Fahrerhaftung nach § 18 I StVG bei (teil)automatisiertem Fahren, NZV 2019, 113; *Calabresi,* The Costs of Accidents, 1970; *Canaris,* in: Canaris/Diederichsen, FS Larenz 1983, Schutzgesetze – Verkehrspflichten – Schutzpflichten, S. 27; *Czipuka/Kliebisch,* Die Beschädigung der Kaufsache bei der Nachbesserung, JuS 2008, 855; *Datta/Kein,* Kostenlose Apps – eine vertragsrechtliche Analyse, CR 2017, 174; *Degmair,* Apps – Die schwierige Suche nach dem Vertragspartner, K&R 2013, 213; *Deusch/Eggendorfer,* Softwaremängel 4.0 – Zu Risiken und Nebenwirkungen fragen sie ihren Softwarehersteller oder Sachverständigen, DSRITB 2015, S. 833; *Droste,* Produktbeobachtungspflichten der Automobilhersteller bei Software in Zeiten vernetzten Fahrens, CCZ 2015, 105; *Faber,* in: Sassenberg/Faber, Rechtshandbuch Industrie 4.0 und Internet of Things, 2. Aufl. 2020, § 10 Vertragsschluss beim IoT-Rechtsgeschäft; *Foerste/v. Westphalen,* Produkthaftungshandbuch, 3. Aufl. 2012; *Förster,* Automatisierung und Verantwortung im Zivilrecht, ZfPW 2019, 418; *Fritzemeyer/Splittgerber,* Verpflichtung zum Abschluss von Softwarepflege- und Hardwarewartungsverträgen?, CR 2007, 209; *Goldberg,* Recovery for pure economic loss in tort: another look at Robins Dry Dock v. Flint, 20 Journal of Legal Studies 249 (1991); *Grigoleit,* in: Heldrich/Prölss/Koller et al., FS Canaris, 2007, Leistungspflichten und Schutzpflichten, S. 275; *Grigoleit/Herresthal,* Grundlagen der Sachmängelhaftung im Kaufrecht, JZ 2003, 118; *Grundmann,* Die Dogmatik der Vertragsnetze, AcP 207 (2007), 718; *Grünberger,* Verträge über digitale Güter, AcP 218 (2018), 213; *Grünvogel/Dörrenbächer,* Smartere Anforderungen an smarte Haushaltsgeräte? – Der Maßstab für die Produktbeobachtungspflicht bei vernetzten Hausgeräten im Wandel, ZVertriebsR 2019, 87; *Gsell/Fervers,* Übungsfall: Einmal Mangel immer Mangel?, ZJS 2016, 443; *Habersack/Zickgraf,* Deliktsrechtliche Verkehrs- und Organisationspflicht im Konzern, ZHR 182 (2018), 252; *Henseler-Unger,* in: Sassenberg/Faber, Rechtshandbuch Industrie 4.0 und Internet of Things, 2. Aufl.

2020, § 1 Auf dem Weg zur Industrie 4.0 und zum Internet of Things; *Heun/Assion*, Internet(recht) der Dinge – Zum Aufeinandertreffen von Sachen- und Informationsrecht, CR 2015, 812; *Heydn*, Internet of Things: Probleme und Vertragsgestaltung – Softwareverträge im digitalen Zeitalter – „Schubladen" des BGB III, MMR 2020, 503; *Hoeren*, Datenbesitz statt Dateneigentum – Erste Ansätze zur Neuausrichtung der Diskussion um die Zuordnung von Daten, MMR 2019, 5; *Hoeren*, Dateneigentum – Versuch einer Anwendung von § 303a StGB im Zivilrecht, MMR 2013, 486; *Horner/Kaulartz*, DSRITB 2015, Rechtliche Herausforderungen durch Industrie 4.0: brauchen wir ein neues Haftungsrecht? – Deliktische und vertragliche Haftung am Beispiel „Smart Factory", S. 501; *Kalamees/Sein*, Connected Consumer Goods: Who is Liable for Devects in the Ancilliary Digital Service, EuCML 2019, 13; *Kaiser*, in: Staudinger Eckpfeiler des Zivilrechts, 6. Aufl. 2018, Kap. I Leistungsstörungen; *Kirn/Müller-Hengstenberg*, Überfordert die digitale Welt der Industrie 4.0 die Vertragstypen des BGB?, NJW 2017, 433; *Kirn/Müller-Hengstenberg*, Rechtliche Risiken autonomer und vernetzter Systeme, 2016; *Klein/Datta*, Vertragsstrukturen beim Erwerb kostenloser Apps, CR 2016, 587; *Klein-Hennig/Schmidt*, Zurück auf Los – Die IT-Sicherheit zurück in der Steinzeit – Haftung und Lösungen für IT-Sicherheitsmängel im Internet of Things, DuD 2017, 605; *Klindt/Wende/Burrer et al.*, in: Digitalisierte Wirtschaft/Industrie 4.0, Rechtsgutachten im Auftrag des BDI, 2015, Teil 7 (Produkt-)Haftung/Haftung für Softwaremängel und versicherungsrechtliche Aspekte, S. 76; *Koch*, Herausforderungen für die Haftpflichtversicherung autonomer Systeme und der Sharing Economy, VersR 2020, 741; *Kornhauser/Revesz*, Sharing Damages Among Multiple Tortfeasors, 98 Yale Law Journal 831 (1989); *Kremer*, Vertragsgestaltung bei Entwicklung und Vertrieb von Apps für mobile Endgeräte, CR 2011, 769; *Kumkar*, Herausforderungen eines Gewährleistungsrechts im digitalen Zeitalter, ZfPW 2020, 306; *Kuschel*, Digitale Eigenmacht – Digitale Eingriffe in vernetzte Systeme als Herausforderungen für den possessorischen Besitzschutz, AcP 220 (2020), 98; *Kuss*, in: Sassenberg/Faber, Rechtshandbuch Industrie 4.0 und Internet of Things, 2. Aufl. 2020, § 12 Vertragstypen und Herausforderungen der Vertragsgestaltung; *Kühne*, Die nachvertragliche Ersatzteilbelieferung, BB 1986, 1527; *Lachenmann*, in: Solmecke/Taeger/Feldmann, Mobile Apps, 2013, Kap. 3 Entwicklungs-, Vertriebs- und Endkundenverträge; *Oechsler*, Vertragliche Schuldverhältnisse, 2. Aufl. 2017; *Landes/Posner*, The Economic Structure of Tort Law, 1987; *Larenz/Canaris*, Lehrbuch des Schuldrechts Bd. II/2, 13. Aufl. 1994; *Lehmann*, Produkt- und Produzentenhaftung für Software, NJW 1992, 1721; *Mansel*, in: Rauscher/Mansel, FS Lorenz 2001, Informationshaftungsrechtliche Verkehrspflichten, S. 215; *Marly*, Praxishandbuch Softwarerecht, 7. Aufl. 2018; *Metzger*, Verträge über digitale Inhalte und digitale Dienstleistungen: Neuer BGB-Vertragstypus oder punktuelle Reform?, JZ 2019, 577; *Metzger*, Dienst gegen Daten: Ein synallagmatischer Vertrag, AcP 216 (2016), 817; *Mischau*, Daten als „Gegenleistung" im neuen Verbrauchervertragsrecht, ZEuP 2019, 335; *Moeschel*, Dogmatische Strukturen des bargeldlosen Zahlungsverkehrs, AcP 186 (1986), 187; *Moritz*, Der Softwarepflegevertrag – Abschlusszwang und Schutz vor Kündigung zur Unzeit?, CR 1999, 541; *Nietsch*, Nachvertragliche Lieferpflichten beim Kauf, JZ 2014, 229; *Oetker/Mautzsch*, Vertragliche Schuldverhältnisse, 5. Aufl. 2018; *Perry*, Relational Economic Loss: An Integrated Economic Justification for the Exclusionary Rule, 56 Rutgers L. Rev. 711 (2004); *Picker*, Vertragliche und deliktische Schadenshaftung, JZ 1987, 1041; *Picker*, Positive Forderungsverletzung und culpa in contrahendo – Zur Problematik der Haftungen „zwischen" Vertrag und Delikt, AcP 183 (1983), 368; *Posner*, Economic Analysis of Law, 9th ed. 2014; *Raue*, Haftung für unsichere Software, NJW 2017, 1841; *Redeker*, IT-Recht, 6. Aufl. 2017, *Regenfus*, Deaktivierte Geräte – Rechte des Nutzers bei Einschränkung der Funktionsfähigkeit „smarter" Produkte durch den Hersteller, JZ 2018, 79; *Riehm/Abold*, Mängelgewährleistungspflichten der Anbieter digitaler Inhalte, ZUM 2018, 82; *Riehm*, Rechte an Daten – Die Perspektive des Haftungsrechts, VersR 2019, 714; *Riehm*, in: Schmidt-Kessel/Kramme, Geschäftsmodelle in der digitalen Welt, 2017, Updates, Patches & Co. – Schutz nachwirkender Qualitätserwartungen, S. 201; *Pilz/Reusch*, Internet der Dinge: Datenschutzrechte Anforderungen bei der Produktbeobachtung, BB 2017, 841; *Rizzo*, A Theory of Economic Loss in the Law of Torts, 11 Journal of Legal Studies 281 (1982); *Rockstroh/Kunkel*, IT-Sicherheit in Produktionsumgebungen – Verantwortlichkeit von Herstellern für Schwachstellen in ihren Industriekomponenten, MMR 2017, 77; *Rohe*, Netzverträge: Rechtsprobleme komplexer Vertragsverbindungen, 1998; *Russel/Norvig*, Artificial Intelligence: a modern approach, 4th ed. 2020; *Salje*, in: Vieweg/Gerhäuser, Digitale Daten in Geräten und Systemen, 2010, Zivilrechtliche Aspekte des Datencontents beim Sacherwerb – Hersteller-Produkthaftung für elektronische Bauteile, S. 221; *Sattler*, Neues EU-Vertragsrecht für digitale Güter – Die Richtlinie (EU) 2019/770 als Herausforderung für das Schuld-, Urheber- und Datenschutzrecht, CR 2020, 145; *Schäfer/Ott*, Lehrbuch der ökonomischen Analyse des Zivilrechts, 5. Aufl. 2012; *Schrader/Engstler*, Anspruch auf Bereitstellung von Software-Updates?, MMR 2018, 356; *Schrader*, Haftung für fehlerhaft zugelieferte Dienste in Fahrzeugen, NZV 2018, 489; *Schuster/Hunzinger*, Vor- und nachvertragliche Pflichten beim IT-Vertrag – Teil II: Nachvertragliche Pflichten, CR 2015, 277; *Shavell*, Uncertainty over causation and the determination of civil liability, 28 Journal of Law & Economics 587 (1985); *Shavell*, Economic Analysis of Accident Law, 1987; *Segger-Piening*, in Beyer/Erler/Hartmann et al. Privatrecht 2050 – Blick in die digitale Zukunft, Jahrbuch Junge Zivilrechtswissenschaft, 2020, Gewährleistung und Haftung im Internet der Dinge – Zugleich eine Analyse der neuen Warenkaufrichtlinie, S. 87; *Solmecke/Vondrlik*, Rechtliche Probleme bei Produkten mit serverbasierten Zusatzdiensten – Was passiert, „wenn der Kühlschrank keine Einkaufsliste mehr schreibt…", MMR 2013, 755; *Spiecker gen. Döhmann*, Zur Zukunft systemischer Digitalisierung – Erste Gedanken zur Haftungs- und Verantwortungszuschreibung bei informationstechnischen Systemen, CR 2016, 698; *Spindler*, in: Lohsse/Schulze/Staudenmayer, Liability for Artificial Intelligence and the Internet of Things, 2019, User Liability and Strict Liability in the Internet of Things and for Robots, S. 125; *Spindler*, in: Grigoleit/Petersen, Privatrechtsdogmatik im 21. Jahrhundert, FS Canaris 2017, Privatrechtsdogmatik und

Herausforderungen der ‚IT-Revolution', S. 709; *Spindler,* in: Hilbig-Lugani/Jakob/Mäsch/Reuß/Schmid, Zwischenbilanz – FS Coester-Waltjen, 2015, Daten im Deliktsrecht, S. 1183; *Spindler,* in: Huber/Jaeger/Luckey, FS Jaeger, 2014, Expertensysteme und Medizin – Haftungsrelevante Bereiche im Schnittfeld zwischen Medizin- und IT-Recht, S. 135; *Spindler,* in: Hilgendorf, Robotik im Kontext von Recht und Moral, 2014, Zivilrechtliche Fragen beim Einsatz von Robotern, S. 63; *Spindler,* IT-Sicherheit- Rechtliche Defizite und rechtspolitische Alternativen, MMR 2008, 7; *Spindler,* IT-Sicherheit und Produkthaftung – Sicherheitslücken, Pflichten der Hersteller und der Softwarenutzer, NJW 2004, 3145; *Spindler/Sein,* Die Richtlinie über Verträge über digitale Inhalte: Gewährleistung, Haftung und Änderungen. MMR 2019, 488; *Spindler/Sein,* Die endgültige Richtlinie über Verträge über digitale Inhalte und Dienstleistungen, MMR 2019, 415; *Staudenmayer,* Auf dem Weg zum digitalen Privatrecht – Verträge über digitale Inhalte, NJW 2019, 2497; *Staudenmayer,* Kauf von Waren mit digitalen Elementen – Die Richtlinie zum Warenkauf, NJW 2019, 2889; *Staudenmayer,* Die Richtlinien zu den digitalen Verträgen, ZEuP 2019, 663; *Taeger/Kremer,* Recht im E-Commerce und Internet – Einführung, 2017; *Taeger,* Produkt- und Produzentenhaftung bei Schäden durch fehlerhafte Computerprogramme, CR 1996, 257; *Teubner,* Netzwerk als Vertragsverbund, 2004; *Tonner,* Die EU-Warenkauf-Richtlinie: auf dem Wege zur Regelung langlebiger Waren mit digitalen Elementen, VuR 2019, 363; *Ulmer,* Produktbeobachtungs-, Prüfungs- und Warnpflichten eines Warenherstellers in bezug auf Fremdprodukte?, ZHR 152 (1988), 564; *v. Bar,* Verkehrspflichten: Richterliche Gefahrsteuerungsgebote im deutschen Deliktsrecht, 1980; *v. Bar,* Entwicklungen und Entwicklungstendenzen im Recht der Verkehrs(sicherungs)pflichten, JuS 1988, 169; *v. Bar,* in: Leser/Isomura, FS Kitagawa, 1992, Zur Struktur der Delikthaftung von juristischen Personen, ihren Organen und ihren Verrichtungsgehilfen, S. 279; *v. Bar,* „Nachwirkende" Vertragspflichten, AcP 179 (1979), 452; *Wagner,* Verantwortlichkeit im Zeichen digitaler Techniken, VersR 2020, 717; *Wagner,* in: Lohsse/Schulze/Staudenmayer, Liability for Artificial Intelligence and the Internet of Things, 2019, Robot Liability, S. 27; *Wagner,* in: Faust/Schäfer, Travermünder Symposium zur ökonomischen Analyse des Rechts, 2019, Roboter als Haftungssubjekte? Konturen eines Haftungsrechts für autonome Systeme, S. 1; *Wagner,* Produkthaftung für autonome Systeme, AcP 217 (2017), 707; *Wagner,* in: Eger/Ott/Bigus/v. Wangenheim, Internationalisierung des Rechts und seine ökonomische Analyse, FS Schäfer, 2008, Proportionalhaftung bei mehreren möglichen Schadensursachen, S. 193; *Wende,* in: Sassenberg/Faber, Rechtshandbuch Industrie 4.0 und Internet of Things, 2. Aufl. 2020, § 4 Haftungsfragen bei vernetzten und autonomen Systemen, S. 93; *Wendehorst,* Sachverständigenrat für Verbraucherfragen, Verbraucherrelevante Problemstellungen zu Besitz- und Eigentumsverhältnissen beim Internet der Dinge, 2016; *Wendehorst,* in: Schulze/Staudenmayer, Digital Revolution, 2016, Consumer Contracts and the Internet of Things, S. 189; *Wendland,* in Weller/Wendland, Digital Single Market, 2019, Digitale Inhalte und die Vertragstypen des BGB, S. 71; *Wilke,* (Verbrauchsgüter-)Kaufrecht 2022 – die Warenkauf-Richtlinie der EU und ihre Auswirkungen, BB 2019, 2434; *v. Bodungen,* in Sassenberg/Faber, Rechtshandbuch Industrie 4.0 und Internet of Things, 2020, § 16 Automatisiertes Fahren (Automotive), S. 537; *Zech,* Entscheidungen digitaler autonomer Systeme: Empfehlen sich Regelungen zu Verantwortung und Haftung?, Gutachten A zum 73. Deutschen Juristentag, 2020; *Zech,* Künstliche Intelligenz und Haftungsfragen, ZfPW 2019, 198; *Zdanowiecki,* DSRITB 2018, Data is cash – Daten als Entgelt, S. 559; *Zöchling-Jud,* Das neue Europäische Gewährleistungsrecht für den Warenhandel, GPR 2019, 115; *Zöchling-Jud,* in: Artz/Gsell, Verbrauchervertragsrecht und digitaler Binnenmarkt, 2018, Vertragsmäßigkeit von Waren und digitalen Inhalten – (rechtzeitige) Bereitstellung digitaler Inhalte, S. 119.

A. Das (Industrial) Internet of Things

1 Das **(Industrial) Internet of Things** ((I)IoT) ist zu *dem* Schlagwort für die fortschreitende Digitalisierung und Vernetzung von Produkten und Dienstleistungen geworden.[1] Anschaulich bezeichnet die Europäische Kommission das „Internet der Dinge" als vierte Entwicklungsstufe des Internets.[2] Ein viel genanntes Beispiel ist das Smart Home, das als ein vernetztes und miteinander interagierendes Ökosystem von Haushaltsgeräten wie Kühlschränken, Thermostaten und Rauchmeldern beschrieben werden kann.[3] Weitere Anwendungsbeispiele sind Smart Devices und Wearables. Das IoT ist aber nicht auf den Verbrau-

---

[1] Einen umfassenden Überblick über die vielfältigen Aktivitäten der Bundesregierung im Bereich des IoT und der Digitalisierung gibt die Umsetzungsstrategie „Digitalisierung gestalten", aktualisiert September 2019, abrufbar unter https://www.bundesregierung.de/resource/blob/975292/1605036/61c3db982d81ec0b4698548fd19e52f1/digitalisierung-gestalten-download-bpa-data.pdf?download=1 (zuletzt abgerufen am 1.11.2020).

[2] *European Commission,* Advancing the Internet of Things in Europe (Commission Staff Working Document), SWD(2016) 110 final, S. 5.

[3] *European Commission,* Liability for emerging digital technologies (Commission Staff Working Document), SWD(2018) 137 final, S. 15 f.

chersektor beschränkt, vielmehr nimmt der Einsatz von IoT-Plattformen und -Systemen auch im industriellen Bereich eine zunehmend wichtige Rolle ein. Eine Umfrage von *Bitkom* ergab, dass 43 Prozent der befragten Unternehmen eine IoT-Plattform nutzen.[4] Zudem führten nach einer Studie von *Microsoft* aus dem Jahr 2019 schon 88 Prozent der deutschen Unternehmen IoT-Projekte durch.[5] Weltweit sollen bereits rund 27 Mrd. vernetzte Geräte im Einsatz sein[6], bis 2025 soll sich diese Zahl auf 41,6 Milliarden Geräte steigern.[7] Eine wichtige Eigenschaft diese smarten, vernetzten Geräte ist, dass sie immer mehr Aufgaben automatisiert für ihren Nutzer durchführen können. Eine wesentliche Grundlage hierfür ist, die „Kommunikation" zwischen den Geräten (sog. M2M-Kommunikation). Diese soll sich nach einer Prognose von *Cisco* bis 2023 mehr als verdoppeln.[8]

Unter dem Sammelbegriff **(Industrial) Internet of Things**[9] lassen sich alle Technologien fassen, die physische und virtuelle Systeme miteinander vernetzen und sie durch Informations- und Kommunikationstechniken zusammenarbeiten lassen (zB mittels Sim-Karten oder RFID-Chips).[10] Mitunter wird in diesem Kontext von cyber-physischen oder cyber-physikalischen Systemen gesprochen. Gebräuchlich ist auch die Bezeichnung solcher vernetzten Geräte und Systeme als smart products. Die Vorteile effizienter Ressourcenallokation und verbesserter Produktivität liegen auf der Hand, wenn beispielsweise eine Smart Factory nicht nur ein Fahrzeug bauen, sondern sich auch selbstständig die dafür benötigten Bauteile nach Bedarf bestellen kann. Ein nächster Schritt wird der Einsatz **künstlich intelligenter Systeme (KI)** sein, also von noch komplexeren Softwaresystemen, die in noch größerem Umfang eigenständig mit der Umwelt agieren können und insbesondere über die Fähigkeit maschinellen Lernens[11] verfügen können.[12] Die Bereiche des IoT und der KI überschneiden sich, haben aber eine andere Ausrichtung. Während beim technischen KI-Begriff vor allem die technischen (Weiter-)Entwicklungen wie das maschinelle Lernen im Vordergrund stehen, geht es bei IoT um die Vernetzung und Automatisierung

---

[4] *Bitkom*, IoT-Plattformen – aktuelle Trends und Herausforderungen, Handlungsempfehlungen auf Basis der Bitkom Umfrage 2018, S. 17, abrufbar unter https://www.bitkom.org/sites/default/files/file/import/180424-LF-IoT-Plattformen-online.pdf (zuletzt abgerufen am 1.11.2020).
[5] *Microsoft*, IoT Signals, 2019, S. 3 abrufbar unter https://azure.microsoft.com/mediahandler/files/resourcefiles/iot-signals/IoT-Signals-Microsoft-072019.pdf (zuletzt abgerufen am 1.11.2020).
[6] *Kroker*, Wirtschaftswoche online, Internet of Things: Knapp 27 Milliarden vernetzte Geräte – oder 3 IoT-Gadgets je Mensch, 9.9.2019, abrufbar unter https://blog.wiwo.de/look-at-it/2019/09/09/internet-of-things-knapp-27-milliarden-vernetzte-geraete-oder-3-iot-gadgets-je-mensch/ (zuletzt abgerufen am 1.11.2020).
[7] *IDC*, Worldwide Global DataSphere IoT Device and Data Forecast, 2019–2023, 05/2019, abrufbar unter https://www.idc.com/getdoc.jsp?containerId=US45066919 (zuletzt abgerufen am 1.11.2020).
[8] Cisco Annual Internet Report (2018–2023), 17.2.2020, Figure 4, abrufbar unter https://www.cisco.com/c/en/us/solutions/service-provider/visual-networking-index-vni/index.html#~complete-forecast (zuletzt abgerufen am 1.11.2020).
[9] Daneben ist der Begriff **Industrie 4.0** gebräuchlich, die als „vierte Revolution" tituliert wird und im Einsatz sog. cyber-physischer Systeme besteht, worunter intelligente technische Systeme aus der Elektronik, Softwaretechnologie, Informationssysteme und Mechatronik zu verstehen sind. Bei der Industrie 4.0 handelt es sich um einen deutschen Begriff, bei dem die Vernetzung von Produktions- und Logistikprozessen im Vordergrund steht. Näher zum Begriff *Wissenschaftlicher Dienst des Deutschen Bundestags*, Aktueller Begriff Industrie 4.0, Nr. 23/16 vom 26.9.2016, S. 1; *Henseler-Unger*, in Sassenberg/Faber, Rechtshandbuch Industrie 4.0 und Internet of Things, § 1 Rn. 16; *Bräutigam/Klindt*, NJW 2015, 1137.
[10] *Wissenschaftlicher Dienst des Deutschen Bundestags*, Aktueller Begriff Industrie 4.0, Nr. 23/16 vom 26.9.2016, S. 1; ähnlich *Spindler*, in Lohsse/Schulze/Staudenmayer, Liability for Artificial Intelligence and the Internet of Things, S. 125; *Henseler-Unger*, in Sassenberg/Faber, Rechtshandbuch Industrie 4.0 und Internet of Things, § 1 Rn. 15; vgl. ferner auch die Definition der *Internationalen Fernmeldeunion*, Empfehlung ITU-T Y.2060, abrufbar unter https://www.itu.int/ITU-T/recommendations/rec.aspx?rec=y.2060 (zuletzt abgerufen am 1.11.2020): „*A global infrastructure for the information society, enabling advanced services by interconnecting (physical and virtual) things based on existing and evolving interoperable information and communication technologies*"
[11] Zum technischen Hintergrund und den verschiedenen Formen des maschinellen Lernens vgl. → Teil 9.1 Rn. 13; *Russel/Norvig*, Artificial Intelligence: a modern approach, S. 651 ff.
[12] Zum Begriff der künstlichen Intelligenz vgl. statt aller *High-Level Expert Group on Artificial Intelligence*, A Definition of AI: Main Capabilities and Disciplines, S. 6; ferner → Teil 9.6.4.

von Systemen und Prozessen. Anschaulich spricht die Europäische Kommission im vorliegenden Kontext allgemein von „emerging digital technologies".[13]

3   Das Internet of Things wirft eine Vielzahl von Fragen auf, deren Diskussion in letzter Zeit stark zugenommen hat. Wichtige Problemkreise sind etwa das Zustandekommen von Verträgen bei Einsatz vernetzter Systeme (Einigung/vertragstypologische Einordnung/Einbezug von AGB)[14], der Datenschutz und die Berechtigung an Daten[15] sowie schließlich die hier zu untersuchende Frage, unter welchen Voraussetzungen für Schäden gehaftet wird, die von einem IoT-Produkt verursacht werden.

B. Haftungsrechtliche Charakteristika des (I)IoT

4   Zum Einstieg der Untersuchung sollen zunächst die **haftungsrechtlichen Charakteristika** und Besonderheiten des (I)IoT herausgearbeitet werden. IoT-Produkte heben sich nämlich in mehrfacher Hinsicht von herkömmlichen Produkten ab, was ihre rechtliche Einordnung erschweren kann.[16] Erstens ist die Software von IoT-Produkten (wie Software allgemein) selten gänzlich fehlerfrei und sicher. Dementsprechend hat sich der Rechtsverkehr darauf eingestellt, das Produkt per Update auf dem Laufenden zu halten **(Dynamik des Produkts)**. Aufgrund der Vielzahl an Einsatzmöglichkeiten weisen IoT-Produkte zweitens ein hohes Maß an Komplexität auf mit der Folge, dass von einem durchschnittlichen Nutzer und insbesondere von einem Verbraucher die Programmabläufe und auftretende Fehler kaum mehr identifiziert und nachvollzogen werden können **(Komplexitätsrisiko)**. Drittens ist die Vernetzung von IoT-Produkten von zentraler Bedeutung für ihre Funktionsfähigkeit **(Vernetzungsrisiko)**. Die Vernetzung vollzieht sich auf verschiedenen Ebenen: Zum einen besteht schon das IoT-Produkt selbst aus einer Vielzahl von Einzelteilen, die miteinander interagieren und aufeinander abgestimmt sein müssen. Dies fängt schon grundlegend mit der Verbindung von Hardware, Sensoren und Software zu einem funktionalen System an. Darüber hinaus sind IoT-Systeme darauf ausgelegt, miteinander zu interagieren (M2M-Kommunikation). Die Funktionalität von IoT-Produkten hängt zudem immer mehr davon ab, dass Daten entweder selbst gesammelt oder über ein Netzwerk bezogen werden **(Abhängigkeit von Daten)**. Dadurch entsteht die Gefahr, dass fehlerhafte Daten im Netzwerk weitergereicht werden und bei an sich ordnungsgemäß funktionierenden Systemen unerwünschte Verhaltensweisen auslösen. Schließlich ersetzen IoT-Produkte und -Dienste immer mehr menschliche Tätigkeiten und führen diese selbstständig aus. Diese Automatisierung von Prozessen evoziert die Frage, inwieweit ein Nutzer auf das ordnungsgemäße Funktionieren der eingesetzten Technik vertrauen darf **(Automatisierungsrisiko)**.

---

[13] *European Comission*, Liability for emerging digital technologies (Commission Staff Working Document), SWD(2018) 137 final, S. 9. Charakteristisch für diese neuen Technologien sei, dass sie „*show certain levels of complexity due to the interdependency between the different components and layers: i) the tangible parts/devices (sensors, actuators, hardware), ii) the different software components and applications, to iii) the data itself, iv) the data services (ie collection processing, curaton, analysing), and v) the connectivity features*" (S. 9).

[14] Hierzu zB *Förster*, ZfPW 2019, 418, 424; *Faber*, in Sassenberg/Faber, Rechtshandbuch Industrie 4.0 und Internet of Things, § 10; *Kuss*, in Sassenberg/Faber, Rechtshandbuch Industrie 4.0 und Internet of Things, § 12 Rn. 4 ff.; *Bräutigam/Klindt*, NJW 2015, 1137; *Spindler*, in FS Canaris, S. 709 (712 ff.).

[15] Hierzu zB *Bräutigam/Klindt*, NJW 2015, 1137 (1139 ff.); *Börding/Jülicher/Röttgen/von Schönfeld*, CR 2017, 134 (134 f.); *Heun/Assion*, CR 2015, 812 ff.; *Schuster/Hunzinger*, CR 2015, 277 (279 f.); *Wendehorst*, SVRV, Verbraucherrelevante Problemstellungen zu Besitz- und Eigentumsverhältnissen beim Internet der Dinge, S. 46 ff.

[16] Ähnliche Charakterisierung der (haftungsrechtlichen) Besonderheiten bei *European Commission*, Liability for emerging digital technologies (Commission Staff Working Paper), SWD(2018) 137 final, S. 22 f.; *Expert Group on Labililty and New Technologies*, Liabililty for Artificial Intelligence and other emerging digital technologies, Key Finding 1, S. 32 f.; *Spindler*, in Lohsse/Schulze/Staudenmayer, Liabililty for Artificial Intelligence and the Internet of Things, S. 125 f.; vgl. ferner *Wendehorst*, in Schulze/Staudenmayer, Digital Revolution, S. 189 (190 ff.).

Zusammenfassend ist hervorzuheben, dass im Internet der Dinge die Grenze zwischen 5
Produkt und Dienstleistung immer mehr verschwimmt. Physische Produkte werden Teil eines digitalen Netzwerks und hängen von diesem ab. Plastisch mag man vom *„Product as a Service"* sprechen und muss sich zunehmend von der klassischen Vorstellung eines gegenständlichen Produkts lösen, das sich, einmal in Verkehr gebracht, nicht mehr verändert. Diese Entwicklung hebt auch die *Europäische Kommission* in einem kürzlich erschienen Bericht hervor und stellt fest, dass „die Trennlinie zwischen Produkten und Dienstleistungen […] möglicherweise nicht mehr so klar wie bisher" ist.[17] Zusammenfassend lässt sich festhalten, dass sich IoT-Produkte aus einer Reihe von Komponenten zusammensetzen. Idealtypisch lässt sich zwischen Hardware (1), in ihr eingebetteter Software (2), ausgelagerten, digitalen Inhalten (zB einer Steuerungsapp auf dem Smartphone) (3) und serverbasierten digitalen Inhalten und Dienstleistungen (4) unterscheiden. Diese vier Bestandteile sollen im Folgenden aus haftungsrechtlicher Perspektive untersucht werden. Dabei wird vor dem Hintergrund der eben beschriebenen haftungsrechtlichen Charakteristika der Begriff des **vernetzten Systems** gebraucht, worunter sowohl physische IoT-Produkte als auch reine Software-Anwendungen gefasst werden. Die folgenden Ausführungen werden sich zudem in erster Linie auf die Besonderheiten von Softwarefehlern fokussieren. Natürlich können auch Fehler in der Hardware vernetzter Systeme vorliegen, diese werfen aber im Grundsatz keine besonderen haftungsrechtlichen Fragen im Vergleich zu herkömmlichen Produkten auf. Auch ein smarter Rauchmelder ist fehlerhaft, wenn sein Sensor wegen eines Defekts die Rauchentwicklung nicht registrieren kann.

C. Die vertragliche Haftung bei vernetzten Systemen

I. Die Haftung des Veräußerers eines vernetzten Systems

Die vertragliche Haftung für vernetzte Systeme ist aufgrund der vielfältige Einsatzmöglich- 6
keiten und Fehlerquellen facettenreich. Die folgenden Ausführungen widmen sich zunächst dem vertraglichen Verhältnis von Nutzer zum Anbieter bzw. Hersteller eines vernetzten Systems. Dabei taucht eine Frage immer wieder auf: Zwischen wem bestehen vertragliche Schuldverhältnisse und mit welchem Inhalt. Von dieser Frage hängt nicht nur ab, wer Haftungsadressat ist, sondern auch, welche Grundlage und Ausgestaltung (insbes. Anwendbarkeit von Haftungsprivilegien) Haftungsansprüche des Nutzers haben können. Deshalb erscheint es sinnvoll, in einem ersten Schritt diese Thematik zu untersuchen und anschließend auf spezifische Fragen im IoT einzugehen. Die Analyse erfordert dabei auch einige Ausführungen zum Sachmängelrecht und insbesondere zum Mangelbegriff. An späterer Stelle wird die Haftung des Anbieters eines digitalen Dienstes sowie des Betreibers bzw. Nutzers eines vernetzten Systems gegenüber Dritten untersucht.

1. Vertragsverhältnisse bei vernetzten Systemen

Die rechtliche Einordnung der Überlassung eines vernetzten Systems wird durch die Ab- 7
kehr von einem klassischen, statischen Produkt zu einem vernetzten, aktualisierungsbedürftigen Produkt erschwert (→ Rn. 4 f.). Wie oben ausgeführt, setzt sich ein IoT-Produkt typischerweise aus verschiedenen Komponenten zusammen (→ Rn. 5), wie Hardware, Software und ausgelagerten digitalen Inhalten und Diensten, was bei der rechtlichen Betrachtung berücksichtigt werden muss. Nimmt der Hersteller mit Aktualisierungen oder digitalen Inhalten und Diensten auf die Funktionalität des vernetzten Systems auch nach Gefahrübergang Einfluss, wirft dies die Frage nach vertraglichen Rechten bei Fehlern oder

---

[17] Bericht über die Auswirkungen künstlicher Intelligenz, des Internets der Dinge und der Robotik in Hinblick auf Sicherheit und Haftung vom 19.2.2020, COM(2020) 64 final, S. 17.

Störungen dieser Dienste auf. Die Verantwortungszuweisung fällt insbesondere dann schwer, wenn ein vom Hersteller verschiedener Händler das vernetzte System dem Nutzer veräußert. Gerade in diesem Fall erweist sich das Kaufrecht mit seiner Fixierung auf den Zeitpunkt des Gefahrübergangs als sperrig. Das schließt es aber nicht aus, mit der gängigen Methodik und Dogmatik zu stimmigen Ergebnissen zu kommen. Auf die zunehmende Verbreitung, Weiterentwicklung und Ausgereiftheit vernetzter Systeme und digitaler Angebote hat auch der europäische Gesetzgeber reagiert und zwei Verbraucherschutzrichtlinien, nämlich die *Richtlinie über digitale Inhalte und digitale Dienstleistungen*[18] (im Folgenden DI-RL) und die *Warenkauf-Richtlinie*[19] (im Folgenden WK-RL), erlassen, die bis Juli 2021 umzusetzen sind.[20] Beide Richtlinien gelten für den Verbraucherbereich und sollen eine Vollharmonisierung bewirken (Art. 4 der jeweiligen Richtlinie). Allerdings bestehen zahlreiche Öffnungsklauseln und Ausnahmebestimmungen. Auf die neuen Richtlinienbestimmungen wird an geeigneter Stelle näher eingegangen. Zum Redaktionsschluss lag der Referentenentwurf zur Umsetzung der DI-RL vor (im Folgenden RefE).[21]

8   Keine Besonderheiten ergeben sich zunächst beim Erwerb von Software (standalone software) im Internet of Things, hier lässt sich auf die Fallgruppen bei Softwareüberlassung zurückgreifen.[22] Der entgeltliche, dauerhafte Erwerb einer Software kann je nach den konkreten Umständen als Kauf-, Werk- oder Werklieferungsvertrag[23] einzuordnen sein.[24] Ein Mietverhältnis kommt bei Überlassung auf Zeit in Betracht.[25] Erfolgt die Überlassung der Software unentgeltlich, ist eine Qualifikation als Schenkung oder Leihe denkbar, die regelmäßig Haftungserleichterungen (zB §§ 521, 524 BGB[26]) mit sich bringen.[27]

Diese Einordnung gilt im Grundsatz auch für Apps, bei denen es sich letztlich auch nur um eine Form von Software mit einem besonderen Vertriebsweg handelt.[28] Bei **Apps** stellt sich allerdings die Frage, zwischen wem vertragliche Beziehungen und mit welchem Inhalt vorliegen, in besonderem Maße. Da Apps über einen App-Store vertrieben werden, muss im Rahmen der (objektiven[29]) Auslegung (§§ 133, 157 BGB)[30] ermittelt werden, ob

---

[18] Richtlinie (EU) 2019/770 über bestimmte vertragsrechtliche Aspekte der Bereitstellung digitaler Inhalte und digitaler Dienstleistungen, EU ABl. 2019 L 136/1.
[19] Richtlinie (EU) 2019/771 über bestimmte vertragsrechtliche Aspekte des Warenkaufs, zur Änderung der Verordnung (EU) 2017/2394 und der Richtlinie 2009/22/EG sowie zur Aufhebung der Richtlinie 1999/44/EG, EU ABl. 2019 L 139/29.
[20] Umsetzungsvorschläge bei *Wendland*, in Weller/Wendland, Digital Single Market, S. 71 (110 ff.); *Metzger*, JZ 2019, 577 (584 ff.); *Bach*, NJW 2019, 1705 (1711); *Grünberger*, AcP 218 (2018), 213 (236 f.); *Sattler*, CR 2020, 145 (149); noch zum Richtlinienentwurf *Faust*, Gutachten A zum 71. DJT, S. A 12 ff.; *Wendehorst*, SVRV, Verbraucherrelevante Problemstellungen zu Besitz- und Eigentumsverhältnissen, S. 89 ff.
[21] RefE eines Gesetzes zur Umsetzung der Richtlinie über bestimmte vertragsrechtliche Aspekte der Bereitstellung digitaler Inhalte und digitaler Dienstleistungen (Bearbeitungsstand 05.10.2020).
[22] Überblick → Teil 2.2 Rn. 82; ferner *Kirn/Müller-Henstenberg*, NJW 2017, 433 ff.; *Riehm*, in Schmidt-Kessel/Kramme, Geschäftsmodelle in der digitalen Welt, S. 201 (205 f.).
[23] Bei Werklieferungsverträgen wird die Umsetzung der DI-RL für Neuerungen sorgen – vgl. § 650 Abs. 2 bis 4 BGB-E in der Fassung des RefE.
[24] Näher → Teil 2.2 Rn. 40 ff.; *Marly*, Praxishandbuch Softwarerecht, Rn. 670 ff.; *Kast*, in Auer-Reinsdorff/Conrad, HdB IT- und Datenschutzrecht, § 12 Rn. 41 ff.
[25] Näher → Teil 2.2 Rn. 68 ff.; *BGH*, NJW 2007, 2394; *Marly*, Praxishandbuch Softwarerecht, Rn. 743 ff.; *Roth-Neuschild*, in Auer-Reinsdorff/Conrad, HdB IT-und Datenschutzrecht, § 13 Rn. 6 ff.
[26] Näher zur Abgrenzung von § 521 BGB und § 524 BGB bei Mangelfolgeschäden → Teil 13.
[27] Näher → Teil 2.2 Rn. 39. In diesem Fällen erfordert allerdings die Annahme eines Rechtsbindungswillens nähere Begründung.
[28] Näher → Teil 13; ferner *Ewald*, in Kilian/Heussen, Computerrechts-Handbuch, Teil 3 Kap. 32.7 Rn. 45; *Ewald*, in Baumgartner/Ewald, Apps und Recht, Kap. 2 Rn. 27 ff.; *Kremer*, in Auer-Reinsdorff/Conrad, HdB IT- und Datenschutzrecht, § 28 Rn. 15 f.; *Marly*, Praxishandbuch Softwarerecht, Rn. 1172.
[29] Für die natürliche Auslegung wird häufig kein Raum sein.
[30] Näher *Ewald*, in Kilian/Heussen, Computerrechts-Handbuch, Teil 3 Kap. 32.7 Rn. 46 ff.; *Degmair*, K&R 2013, 213 (215); *Lachenmann*, in Solmecke/Taeger/Feldmann, Mobile Apps 2013, Kap. 3 Rn. 344; *Kremer*, CR 2011, 769 (771); *Kremer*, in Auer-Reinsdorff/Conrad, HdB IT- und Datenschutzrecht, § 28 Rn. 16; *Marly*, Praxishandbuch Softwarerecht Rn. 1171; *Zdanowiecki*, in Bräutigam/Rücker, E-Commcerce Rechtshandbuch, 11. Teil Kap. C Rn. 13 ff.; *Taeger/Kremer*, Recht im E.Commerce und Internet – Einführung, Kap. 2 Rn. 47.

der Nutzer für die konkrete App ein vertragliches Verhältnis mit dem Hersteller/Anbieter der App oder mit dem App-Store Betreiber eingeht.[31] Die Problematik stellt sich freilich nur bei Apps, die nicht zugleich vom App-Store Betreiber stammen. Für die Annahme vertraglicher Beziehungen nur zum App-Store Betreiber spricht, dass dieser Werbung, Auslieferung, Abrechnung und Versteuerung der heruntergeladenen Apps übernimmt. Andererseits sind Apps Dritter im App Store entsprechend ausgewiesen. Die Einordnung der Apps von dritten Herstellern wird deshalb kontrovers behandelt.[32] Noch anspruchsvoller wird die Auslegung bei vernetzten Systemen und auf sie abgestimmten Apps. Dient eine App gerade dazu, mit einem IoT-Produkt zu interagieren oder dieses zu steuern, muss dies als ein weiterer Gesichtspunkt bei der Auslegung berücksichtigt werden. Ist beispielsweise zur Konfiguration oder Steuerung einer Smart-Watch eine App auf dem Smartphone erforderlich, ist die App im Regelfall bereits Bestandteil der rechtsgeschäftlichen Einigung über den Erwerb der Smart Watch (vgl. auch Art. 3 Abs. 3 WK-RL).[33] Ebenso muss bei der Auslegung Berücksichtigung finden, wenn ein Hersteller für sein Produkt eine App bereit hält, die Zusatzfunktionen oder zusätzliche Einstellungen des Produkts ermöglicht, und er auf diese App im Rahmen der Veräußerung des IoT-Produkts hinweist bzw. einen entsprechenden Downloadlink zum App-Store bereithält. Mit dem Download der App dürfte dann eine vertragliche Abrede zwischen dem Nutzer und dem Hersteller zustande kommen. Hat beispielsweise der Hersteller eines Bluetooth-Kopfhörers eine App programmiert, die unterschiedliche Klangeinstellungen des Kopfhörer ermöglicht, für dessen Benutzung aber an sich nicht erforderlich ist, und bewirbt sie der Hersteller zusammen mit dem Produkt, dann dürfte bei einem späteren App-Download von einer vertraglichen Einigung zwischen dem Hersteller und dem Nutzer auszugehen sein. Anlass für den App-Download war hier nämlich der Erwerb des Kopfhörers. Eine sorgfältige Einzelfallprüfung ist im vorliegenden Kontext vernetzter Systeme gleichwohl unerlässlich.[34] An die Identifikation der Vertragsverhältnisse knüpfen viele Detailfragen zu vertraglichen Rechten und Pflichten an, die hier nicht vertieft werden können.[35] Im Übrigen sei darauf hingewiesen, dass für den Fall eines Vertragsverhältnisses zwischen Nutzer und App-Store-Betreiber die Zurechnung eines Herstellerverschuldens gem. § 278 BGB ausscheidet, da letzterer nur als Händler tätig ist.[36] Damit wird sich der App-Store-Betreiber für Fehler in der Programmierung in der Regel entlasten können. Sofern er jedoch die Aufnahme der App in den App-Store von seiner vorherigen Prüfung und Kontrolle abhängig macht, ist eine Haftung wegen eines eigenen Sorgfaltsverstoßes denkbar.[37]

Bei unentgeltlichen Angeboten, bei denen Nutzerdaten das eigentliche „Entgelt" für die Software darstellen, halten einige Stimmen in der Literatur die Anwendbarkeit der

---

[31] Näher → Teil 13. Daneben besteht noch ein Rechtsverhältnis zwischen dem App-Store Betreiber und dem Nutzer über die Nutzung des App—Stores. Zu diesem näher *Heydn*, MMR 2020, 503, 505 f.

[32] Einige Stimmen in der Literatur nehmen pauschal ein Vertragsverhältnis zwischen den App-Store Betreibern und den Nutzern an (zB *Kremer*, CR 2011, 769 (771); *Kremer*, in Auer-Reinsdorff/Conrad, HdB IT- und Datenschutzrecht, § 28 Rn. 16; *Marly*, Praxishandbuch Softwarerecht, Rn. 1171; *Taeger/Kremer*, Recht im E-Commerce und Internet – Einführung, 2017, Kap. 2 Rn. 48). Überwiegend wird jedoch zwischen den verschiedenen App-Stores differenziert, wobei man beim *Apple* App-Store und beim *Windows* Store eine rechtsgeschäftliche Einigung mit *Apple* bzw. *Microsoft* annimmt, während bei *Googles* Playstore eine Einigung zwischen dem App-Anbieter und dem Nutzer vorliegen soll – vgl. *Ewald*, in Kilian/Heussen, Computerrechts-Handbuch, Teil 3 Kap. 32.7 Rn. 52 ff.; *Zdanowiecki*, in Bräutigam/Rücker, E-Commerce Rechtshandbuch, 2017, 11. Teil Kap. C Rn. 14 ff.; *Klein/Datta*, CR 2016, 587 (589); anders *Datta/Klein*, CR 2017, 174 (175).

[33] *Heydn*, MMR 2020, 503, 506.

[34] Dadurch wird sich voraussichtlich auch nichts durch die Umsetzung der DI-RL ändern – vgl. RefE S. 39.

[35] ZB zum Einbezug von AGB – dazu *Heydn*, MMR 2020, 503, 507 f.

[36] Allgemein zur fehlenden Zurechnung des Herstellerverschuldens *BGH*, NJW 2019, 292 Rn. 97; NJW 2018, 291 Rn. 24; *Grundmann*, in MüKo-BGB, § 278 Rn. 31; *Lorenz*, in BeckOK BGB, § 278 Rn. 27.

[37] Dazu allgemein *Medicus/Petersen*, Bürgerliches Recht, Rn. 806.

Schenkungs- bzw. Leihvorschriften für nicht passend (**"Daten als Entgelt"**).[38] Diese Frage ist insbesondere wegen der Anwendbarkeit vertraglicher Haftungsprivilegien von Interesse. Als Lösung wird teilweise ein Ausweichen auf den Tausch iSd. § 480 BGB erwogen.[39] Ob aber tatsächlich eine Leistungspflicht des Nutzers zur Bereitstellung von Daten begründet werden soll, weckt Zweifel.[40] Auch die Einordnung als Vertrag mit atypischer Gegenleistung oder als Vertrag sui generis[41], hilft wenig bei der Konturierung des Sachmängel- bzw. Haftungsrechts.[42] Die wohl herrschende Auffassung nimmt daher – trotz der nicht zu leugnenden wirtschaftlichen Bedeutung von Daten – keine Korrekturen vor. Bewegung in diese Diskussion hat die DI-RL gebracht, denn nach Art. 3 Abs. 1 UAbs. 1 DI-RL (in Verbindung mit den Erwägungsgründen 24, 25) finden die Bestimmungen der Richtlinie auch dann Anwendung, wenn anstelle eines Entgelts vom Nutzer Daten zur Verfügung gestellt werden.[43] In diesem Fall soll der Nutzer dieselben vertraglichen Rechte wie bei einer Entgeltzahlung haben.[44] Viele Detailfragen lässt die Richtlinie offen (zB ihr Verhältnis zum Datenschutzrecht[45]). Unklar ist insbesondere, welche Folgen die Neuerung für die vertragstypologische Einordnung hat (vgl. Erwägungsgrund 24 DI-RL).[46] Auch der Referentenentwurf lässt dies ausdrücklich offen.[47] Zumindest die Anwendbarkeit vertraglichen Haftungsprivilegien wie des § 523 f. BGB dürfte im Anwendungsbereich der DI-RL künftig ausscheiden, was zu begrüßen ist.[48] Da mit den meisten unentgeltlichen digitalen Diensten und Inhalten tatsächlich kommerzielle Interessen durch die Datenverarbeitung verfolgt werden, wäre der Ausschluss haftungsrechtlicher Privilegien über den Verbraucherkontext hinaus zumindest *de lege ferenda* stimmig.

10   Ein separates Vertragsverhältnis kommt bei nachgelagerten oder separaten **Online-Diensten und Inhalten** in Betracht (zB Softwarepflege[49] oder Cloud-Computing[50]). Dieses kann je nach Funktion als Miet-, Werk- oder Dienstvertrag qualifiziert werden[51] Ein Beispiel wäre das entgeltliche Angebot eines Fahrzeugherstellers von zusätzlichen digitalen Diensten für das Fahrzeug.

---

[38] *Faust*, Gutachten A zum 71. DJT., S. A 24 ff.; *Bräutigam*, MMR 2012, 635 ff.; *Metzger*, AcP 216 (2016), 817 (835 f.); *Datta/Klein*, CR 2017, 174 (177 ff.); im Kontext von IoT-Produkten *Heydn*, MMR 2020, 503 (506).
[39] ZB *Faust*, Gutachten A zum 71. DJT., S. A 43.
[40] *Zdanowiecki*, DSRITB 2018, 559 (571); *Datta/Klein*, CR 2017, 174 (176 f.).
[41] *Metzger*, AcP 216 (2016), 817 (836); *Datta/Klein*, CR 2017, 174 (180).
[42] Vorschläge bei *Metzger*, AcP 216 (2016), 817 (827 f.); *Zdanowiecki*, DSRITB 2018, 559 (572 f.).
[43] Ausgenommen nach Art. 3 Abs. 1 DI-RL ist die Bereitstellung des Nutzers von Daten zur Durchführung und Erfüllung von gesetzlichen und vertraglichen Pflichten (ErwG 25 DI-RL), sofern diese nicht zu kommerziellen Zwecken weiter genutzt werden. Umsetzungsvorschläge bei *Mischau*, ZEuP 2020, 335 (362 f.).
[44] Näher *Mischau*, ZEuP 2020, 335 (347 ff.); *Kumkar*, ZfPW 2019, 304 (322 ff.); *Staudenmayer*, ZEuP 2019, 663 (669 f.); *Spindler/Sein*, MMR 2019, 415 (418). Von einer vergleichbaren Regelung sah man in der WK-RL ab, da man eine kostenlose Bereitstellung physischer Produkte als nicht praxisrelevant ansah (*Staudenmayer*, ZEuP 2019, 633 (669)).
[45] Näher *Kumkar*, ZfPW 2019, 304 (327 ff.).
[46] Näher *Kumkar*, ZfPW 2019, 304 (324 f.); *Mischau*, ZEuP 2020, 335 (339 ff.).
[47] RefE S. 42. Der Verzicht auf eine vertragstypologische Klarstellung ist misslich, denn die Einfügung des neuen § 516a BGB-E ruft die Frage hervor, ob damit nicht bereits eine Wertentscheidung getroffen wird. Nach § 516a BGB soll nämlich ein Verbrauchervertrag über die Schenkung digitaler Produkte vorliegen, wenn sich der Unternehmer zur Schenkung eines digitalen Produkts verpflichtet und der Verbraucher personenbezogene Daten bereitstellt oder sich hierzu verpflichtet (!). Zum einen erscheint es fraglich, ob bei einer Verpflichtung zur Gegenleistung tatsächlich noch von einer Schenkung gesprochen werden kann, zum anderen stellt sich die Frage, welche andere vertragstypologische Einordnung (die der Gesetzgeber offenbar für möglich hält) noch in Betracht kommen kann.
[48] *Spindler/Sein*, MMR 2019, 415 (418). Dies sieht nun auch der RefE mit § 516a BGB-E vor. Vor dem Hintergrund der Unsicherheit bei der Behandlung von Mangelfolgeschäden in den §§ 521 und 524 BGB (näher → Teil 13) wäre eine Klarstellung hierzu wünschenswert.
[49] → Teil 2.2 Rn. 79; ferner *Kuss*, in Sassenberg/Faber, Rechtshandbuch Industrie 4.0 und Internet of Things, § 12 Rn. 65 ff.; *Conrad/Schneider*, in Auer-Reinsdorff/Conrad, § 14 Rn. 107 ff.
[50] Ausführlich *Wendland*, in Weller/Wendland, Digital Single Market, S. 71 (100 ff.).
[51] Näher *Kuss*, in Sassenberg/Faber, Rechtshandbuch Industrie 4.0 und Internet of Things, § 12 Rn. 54 ff.

C. Die vertragliche Haftung bei vernetzten Systemen

Beim Betrieb einer zentralen **IoT-Plattform** (zB Server beim Hersteller), auf die ein vernetztes System zugreift, ist zu prüfen, ob über deren Bereitstellung bereits im Rahmen der Veräußerung des vernetzten Systems eine Absprache getroffen wurde, oder ob ein separates Vertragsverhätnis über deren Nutzung zustandekommt. Dieselbe Frage wurde bereits oben für Apps aufgeworfen, die mit einem IoT-Produkt interagieren. Ein Beispiel wäre ein Fitness-Tracker, der die vom Nutzer erhobenen Trainingsdaten erst in der App auf dem Smartphone visualisiert und darauf basierende Trainingspläne über eine Software auf dem Server des Herstellers erstellt. Ein weiteres anschauliches Beispiel ist das Bewässerungssystem von Gardena, das über einen Server des Herstellers gesteuert werden konnte. Nach einem Serverausfall war eine Steuerung des Bewässerungssystems nicht mehr möglich.[52] Erwirbt ein Nutzer ein solches vernetztes Produkt bei einem Händler, so geht es ihm wirtschaftlich nicht nur um das physische Produkt, sondern auch um die damit verbundenen digitalen Inhalte und Dienste. Das physische Produkt allein nutzt ihm häufig nämlich wenig. Es stellt sich aber die Frage, wie sich dieses „Gesamtpaket" im bilateralen Vertragsverhältnis abbilden lässt. Auch hier handelt es sich um eine Frage der Auslegung der vertraglichen Einigung zwischen Erwerber und Veräußerer. Für eine Einigung über den Serverdienst kann sprechen, dass der Händler das Produkt damit bewirbt.[53] Dafür kann auch sprechen, dass das physische Produkt ohne die weiteren digitalen Inhalte/Dienste nicht nutzbar ist.[54] Nach teilweise vertretener Ansicht verpflichtet sich der Händler zwar nicht zur Erbringung von Serverdiensten, er übernimmt aber eine zumindest begrenzte Einstandspflicht („Garantie") in der Form, dass solche Dienste auch nach Gefahrübergang (zumindest in einem gewissen Umfang) erbracht werden.[55] Der Händler schuldet also nicht selbst die Bereitstellung des Serverdienstes und muss sich auch nicht des Herstellers als Erfüllungsgehilfe iSd. § 278 BGB bedienen. Dem Käufer stehen aber zumindest im Fall der Einstellung des Serverdienstes Sekundäransprüche zu. Diese Überlegungen überzeugen, da die Erwartungshaltung des Nutzers tatsächlich in erster Linie gegenüber dem Hersteller besteht, der Nutzer aber andererseits ein wirtschaftliches Interesse an dem Gesamtpaket hat. Umgekehrt muss auch den Interessen des Verkäufers Rechnung getragen werden, der häufig keinen Einfluss auf das Verhalten des Herstellers haben wird. Zudem droht die Gefahr von Schutzlücken, wenn die Nutzung des Serverdienstes rechtlich sonst überhaupt nicht geschützt wird. Vertragstypologisch kann ein solch gemischtes Rechtsverhältnis am ehesten als typengemischter Vertrag qualifiziert werden.[56] Dabei darf die Qualifizierung als typengemischter Vertrag[57] nicht darüber hinwegtäuschen, dass damit

---

[52] *Greis*, Serverabsturz macht den Garten dumm, 15.8.2017, abrufbar unter https://www.golem.de/news/gardena-smart-garden-serverabsturz-macht-den-garten-dumm-1708-129495.html (letzter Zugriff am 1.11.2020).

[53] *Heydn*, MMR 2020, 503 (507); *Solmecke/Vondrlik* MMR 2013, 755 (756); *Wendehorst*, SVRV, Verbraucherrelevante Problemstellungen zu Besitz- und Eigentumsverhältnissen, S. 32 f.; aA *Bach*, in Schmidt-Kessel/Kramme, Geschäftsmodelle in der digitalen Welt, S. 224 (230) (kein Rechtsbindungswille); offengelassen von *Segger-Piening*, in Beyer/Erler/Hartmann et al. Privatrecht 2050 – Blick in die digitale Zukunft, Jahrbuch Junge Zivilrechtswissenschaft, 2020, S. 87 (99 f.).

[54] *Bräutigam/Klindt*, NJW 2015, 1137 (1138); *Bach*, in Schmidt-Kessel/Kramme, Geschäftsmodelle in der digitalen Welt, S. 223 (226 f.).

[55] Im Detail unterschiedlich *Wendehorst*, SVRV, Verbraucherrelevante Problemstellungen zu Besitz- und Eigentumsverhältnissen, S. 32 f.; *Regenfus*, JZ 2018, 79 (81).

[56] *Bräutigam/Klindt*, NJW 2015, 1137 (1138); *Bach*, in Schmidt-Kessel/Kramme, Geschäftsmodelle in der digitalen Welt, S. 224 (229 f.); *Börding/Jülicher/Röttgen/v. Schönfeld*, CR 2017, 134 (137); aA *Solmecke/Vondrlik*, MMR 2013, 755 (756), die von zwei getrennten Vertragsverhältnissen bzgl. des IoT-Produkts und des Serverdienstes ausgehen; anders *Regenfus*, JZ 2018, 79 (81) und *Diedrich*, in Schuster/Grützmacher, IT-Recht, § 434 Rn. 48: nachvertraglichen Schutzpflicht im Fall der Bereitstellung von Serverdiensten.

[57] Schon der Begriff des typengemischten Vertrags ist nicht eindeutig, hier lassen sich verschiedene Grundformen bestimmen (Typenkombinations-, Typenverschmelzungsverträge und Verträge mit atypischer Gegenleistung) – dazu *Emmerich*, in MüKo-BGB, § 311 Rn. 28 ff.; *Wendland*, in Weller/Wendland, Digital Single Market, S. 71 (93 ff.). Davon zu unterscheiden sind atypische Verträge bzw. Verträge *sui generis* – näher *Emmerich*, in MüKo-BGB, § 311 Rn. 25 ff.; *Wendland*, in Weller/Wendland, Digital Single Market, S. 71 (96 f.).

keineswegs alle Fragen geklärt sind, denn die rechtliche Behandlung und der Umgang mit typengemischten Verträgen sind nach wie vor streitig.[58] Für den Rechtsanwender bedeutet dies, dass er zunächst prüfen muss, ob sich aus der vertraglichen Abrede oder aus der ergänzenden Vertragsauslegung spezielle Regelungen ableiten lassen. Ist dies nicht der Fall, so sind zunächst die Vorschriften des der Einzelleistung entsprechenden Vertragstyps anzuwenden (Trennungs- oder Kombinationsmethode). Sofern auch dies nicht möglich ist oder sich ein Kollisionsfall verschiedener Normen ergibt, sind die Vorschriften des Vertragstyps anzuwenden, der den rechtlichen oder wirtschaftlichen Schwerpunkt bildet (Einheits- oder Absorptionsmethode/Schwerpunktbetrachtung).[59] Zwar ist die Dauer der (ggf. eingeschränkten) Händlerpflicht hinsichtlich eines Serverdienstes ungeklärt, sie muss für den Einzelfall anhand der objektiven Auslegung bestimmt werden. Zumindest während der Gewährleistungsfrist wird man aber davon ausgehen können, dass der Serverdienst zur Verfügung gestellt werden muss.[60] Letztlich bleibt es aber eine Frage des Einzelfalls, schematische Lösungen verbieten sich. Leichter fällt die Auslegung, wenn das vernetzte System direkt vom Hersteller erworben wird, denn hier kann der Hersteller seine Pflichten gegenüber dem Nutzer unmittelbar regeln. Selbst wenn keine ausdrückliche Regelung getroffen wird, wird man doch in diesem Fall viel eher von einer konkludenten Abrede über den Serverdienst ausgehen können. Auch im Fall von Apps, die für die Nutzung des vernetzten Systems notwendig sind, liegt die Annahme nahe, dass der Händler bzw. Hersteller sich zur Bereitstellung von diesen verpflichtet und für sie einzustehen hat (→ Rn. 8).[61]

11 Gelangt man im Zuge der Auslegung allerdings zu dem Ergebnis, dass keine Einigung über den Serverdienst bzw. die Nutzung der IoT-Plattform vorliegt, stellt sich als Folgefrage, ob zumindest zwischen dem Nutzer und Hersteller durch die tatsächliche Zurverfügungstellung eines digitalen Inhalts/Dienstes ein Rechtverhältnis entsteht. Auch dies ist eine Frage der Auslegung. Dass der Nutzer auf das reibungslose Funktionieren der (ausgelagerten) digitalen Inhalte und Dienste faktisch vertraut, sagt für sich genommen noch nichts über dessen rechtliche Schutzwürdigkeit aus. Tatsächlich erscheint das Vorliegen eines Rechtsbindungswillens und die vertragstypologische Einordnung einer etwaigen Einigung zwischen Nutzer und Hersteller zweifelhaft.[62] Zwar erscheint es nicht ausgeschlossen, einen konkludenten Vertragsschluss anzunehmen, denn in der Freischaltung des Zugangs des vernetzten Systems zu den digitalen Inhalten und Diensten des Herstellers ließe sich ein hinreichender Anknüpfungspunkt sehen, ein Anspruch gegen den Hersteller wird dem Nutzer im Regelfall aber praktisch wenig helfen.[63] Im Abschluss der häufig anzutreffenden Endnutzervereinbarung (EULA) einer Software wird man mit der herrschenden Auffassung hingegen im Regelfall nicht zugleich eine Einigung über die Bereitstellung weiterer digitaler Inhalte oder Dienste wie beispielsweise von Updates oder Serverdiensten sehen können.[64] Das EULA dient in der Regel nämlich der Ausgestaltung der Lizenzbedingungen.

---

[58] Instruktive Übersicht bei Palandt/*Grüneberg*, Vor § 311 Rn. 25f.; *Kuss*, in Sassenberg/Faber, Handbuch Industrie 4.0 und Internet of Things, 2017, Teil 3 Kap. C Rn. 11ff.; ausführlich im Kontext des digitalen Vertragsrechts *Wendland*, in Weller/Wendland, Digital Single Market, S. 71 (93ff.).
[59] Palandt/*Grüneberg*, Vor § 311 Rn. 25f.; *Roth-Neuschild*, in Auer-Reinsdorff/Conrad, Handbuch IT- und Datenschutzrecht, § 13 Rn. 52; *Gehrlein*, in BeckOK BGB, § 311 Rn. 21ff.; *Wendland*, in Weller/Wendland, Digital Single Market, S. 71 (94).
[60] *Regenfus*, JZ 2018, 79 (82); *Wendehorst*, SVRV, Verbraucherrelevante Problemstellungen zu Besitz- und Eigentumsverhältnissen, S. 33.
[61] So auch *Wendehorst*, SVRV, Verbraucherrelevante Problemstellungen zu Besitz- und Eigentumsverhältnissen, S. 18f.
[62] *Heydn*, MMR 2020, 503 (506f.).
[63] Darauf weist zurecht *Bach*, in Schmidt-Kessel/Kramme, Geschäftsmodelle in der digitalen Welt, S. 223 (231) hin.
[64] *Segger-Piening*, in Beyer/Erler/Hartmann et al. Privatrecht 2050 – Blick in die digitale Zukunft, Jahrbuch Junge Zivilrechtswissenschaft, 2020, S. 87 (101); *Bach*, in Schmidt-Kessel/Kramme, Geschäftsmodelle in der digitalen Welt, S. 223 (232); *Riehm*, in Schmidt-Kessel/Kramme, Geschäftsmodelle in der digitalen

Wenn auch nicht die eben aufgeworfenen Fragen serverbasierter Online-Dienste adressiert werden, so dürften die eingangs erwähnte Warenkauf-Richtlinie und Digitale Inhalte-Richtlinie zumindest neue Impulse im Hinblick auf IoT-Produkte mit (ausgelagerten) digitalen Inhalten wie Apps geben. Die Richtlinien adressieren zwar die Fragen des Vertragsabschlusses und der vertragstypologischen Einordnung nicht (Erwägungsgrund 17 S. 4 WK-RL; Erwägungsgrund 12 DI-RL). Sie sehen aber ausdifferenzierte Gewährleistungsregeln vor. Dabei ist zunächst zu bestimmen, welche Richtlinie auf das vernetzte System Anwendung findet. Dies ist wichtig, da die Richtlinien inhaltlich nicht deckungsgleich sind. Nach Art. 3 Abs. 3 WK-RL findet die WK-RL auf Waren mit verbundenen digitalen Inhalten (Art. 2 Nr. 5 lit. b WK-RL) Anwendung. Eine solche liegt vor, wenn die Ware bei Fehlen des digitalen Inhaltes/Dienstes ihre Funktion nicht erfüllen kann und eine vertragliche Einigung über die Bereitstellung der digitalen Inhalte oder Dienstleistungen besteht (Erwägungsgrund 15 WK-RL; Erwägungsgrund 21 DI-RL) Als Beispiel nennt die DI-RL in Erwägungsgrund 21 eine Smart Watch mit App für das Smartphone, welche als Ware mit verbundenem digitalem Inhalt der WK-RL unterfallen soll. Dabei soll es keine Rolle spielen, wenn die App erst nach Vertragsschluss heruntergeladen wird (Erwägungsgrund 15 WK-RL). Umgekehrt wäre eine Spiele-App, die über einen App-Store auf ein Smartphone heruntergeladen werden kann, nicht als verbundenes digitales Element des Smartphones anzusehen (vgl. Erwägungsgrund 16 WK-RL). Im Zweifel soll die WK-RL zur Anwendung kommen (Art. 3 Abs. 3 WK-RL; Art. 3 Abs. 4 DI-RL). Im Einzelfall fällt die Unterscheidung bei vernetzten IoT-Produkten nicht unbedingt einfach.[65] Liegt keine „Ware mit verbundenem digitalen Inhalt" vor, muss geprüft werden, ob der (zusätzliche) digitale Inhalt/Dienst den Anwendungsbereich der DI-RL eröffnet. Für den Warenverkäufer ergeben sich aus dem neuen Richtlinienregime Risiken. Der europäische Gesetzgeber favorisiert eindeutig eine verbraucherfreundliche Lösung und versucht (implizit), den Warenverkäufer als einheitliche Ansprechperson zu bestimmen.[66] Bedenken bestehen vor dem Hintergrund der oben skizzierten Interessenlage, die doch die Frage aufwirft, ob die Schaffung von Direktansprüchen gegen den Hersteller nicht zu einer effizienteren Regelung führen würde.[67]

Die Einordnung von **Hardware-Software-Kombinationen,** dh von physischen Produkten mit integrierter (Steuerungs-)Software (emedded software), fällt regelmäßig einfacher, da eine einheitliche Betrachtung des Produkts erfolgen kann.[68] Je nach Einzelfall ist an einen Kauf-, Werk- (zB. Einbau einer Smart-Home Anlage) oder einen Werklieferungsvertrag zu denken.[69] So wäre beispielsweise der Erwerb eines vernetzten, serienmäßig hergestellten Fahrzeugs als Kaufvertrag einzuordnen. Liegt der Schwerpunkt einer vertraglichen Vereinbarung auf der Verschaffung eines IoT-Produkts, ändern auch zusätzliche geringfügige Zusatzdienste wie die Installation von Software die kaufvertragliche Einordnung nicht.[70] Der Veräußerer schuldet dann ein funktionsfähiges Gesamtsystem und hat für Mängel aus Hard- und Software einzustehen.

Welt, S. 201 (207 und 220); *Spindler,* in FS Canaris, S. 709 (723); aA *Wendehorst,* SVRV, Verbraucherrelevante Problemstellungen zu Besitz- und Eigentumsverhältnissen, S. 30.
[65] Näher *Sattler,* CR 2020, 145 (147); *Spindler/Sein,* MMR 2019, 415 (416f.); *Segger-Piening,* in Beyer/Erler/Hartmann et al. Privatrecht 2050 – Blick in die digitale Zukunft, Jahrbuch Junge Zivilrechtswissenschaft, 2020, S. 87 (95 f.). Die Umsetzung soll in Form eines neuen § 327a Abs. 3 BGB-E erfolgen – vgl. RefE.
[66] Grundsätzlich befürwortend *Kumkar,* ZfPW 2019, 306 (322).
[67] Vgl. auch *Spindler,* FS Canaris, S. 709 (723).
[68] *Kast,* in Auer-Reinsdorff/Conrad, HdB IT- und Datenschutzrecht, § 15 Rn. 184ff.; *Marly,* Praxishandbuch Softwarerecht, Rn. 857 ff.; *Wendehorst,* SVRV, Verbraucherrelevante Problemstellungen zu Besitz- und Eigentumsverhältnissen, S. 14; *Kuss,* in Sassenberg/Faber, Rechtshandbuch Industrie 4.0 und Internet of Things, § 12 Rn. 17 f.
[69] Instruktiver Überblick bei *Heydn,* MMR 2020, 503 (504).
[70] *Heydn,* MMR 2020, 503 (504).

2. Vertragliche Haftung bei vernetzten Systemen

14 Aufgrund der haftungsrechtlichen Charakteristika vernetzter Systeme (→ Rn. 4) erscheint es sinnvoll, zunächst einen Blick auf das Sachmängelrecht und zwar speziell den Mangelbegriff bei vernetzten Systemen zu werfen. Die gerade im vorliegenden Kontext interessierenden Fragen etwa nach den Folgen bei Ausfall von Serverdiensten oder bei fehlerhaften Updates sind bisher nicht abschließend geklärt und berühren je nach Einordnung und Verständnis sowohl das Sachmängelrecht als auch das Haftungsrecht. Auch eine haftungsrechtliche Analyse muss daher das Sachmängelrecht im Blick halten, weshalb im Folgenden zunächst der Mangelbegriff allgemein für Software besprochen wird und im Anschluss auf Einzelfragen vernetzter Systeme eingegangen wird.

a) Der Sachmangelbegriff des vernetzten Systems

15 **aa) Allgemeine Grundlagen.** Anknüpfungspunkt für die Sachmängelrechte des Erwerbers eines vernetzten Systems ist das Vorliegen eines **Mangels**.[71] Je nach vertragstypologischer Einordnung können sich Unterschiede beim Mangelbegriff im Detail ergeben.[72] Die folgenden Ausführungen beziehen sich der Lesbarkeit halber auf den kaufvertraglichen Mangelbegriff und die Frage, wann ein Softwarefehler einen Sachmangel begründet. Allgemein liegt ein Mangel dann vor, wenn die Ist-Beschaffenheit der Software von der vertraglichen Soll-Beschaffenheit abweicht. Zu bestimmen ist also der geschuldete Funktionsumfang der Software und eine etwaige Abweichung hiervon. Dafür ist vorrangig auf das vertraglich Vereinbarte (§ 434 Abs. 1 S. 1 BGB), bzw. den vertraglich vorausgesetzten Gebrauch (§ 434 Abs. 1 S. 2 Nr. 1 BGB) abzustellen. Lässt sich die geschuldete Beschaffenheit nicht subjektiv bestimmen, ist das Vorliegen eines Sachmangels nach objektiven Kriterien zu beurteilen wie der Eignung zur gewöhnlichen Verwendung und das Vorhandensein einer Beschaffenheit, die üblicherweise erwartet werden kann (§ 434 Abs. 1 S. 2 Nr. 2 BGB). Letzteres bestimmt sich nach der berechtigten Verkehrserwartung des Käufers, wobei auf den Erwartungshorizont eines vernünftigen Durchschnittskäufers abzustellen ist (normativer Maßstab).[73] Dieser ergibt sich aus einem Vergleich mit anderen Sachen der gleichen Art (herstellerübergreifender Vergleichsmaßstab[74]), grundsätzlich kann der Käufer nicht mehr als den Stand der Technik erwarten.[75] Daneben können auch vorvertragliche Aussagen (§ 434 Abs. 1 S. 3 BGB) Einfluss auf die geschuldete Beschaffenheit haben. Die zu Softwarefehlern bereits entwickelten Fallgruppen (zB Funktionsmängel[76], -defizite[77], Inkompatibilität[78] oder geringe Arbeitsgeschwindigkeit[79]) lassen sich auf vernetzte Systeme mit embedded software übertragen.[80] Bei vernetzten Systemen rücken insbesondere die Komptabilität und Vernetzungsfähigkeit in den Vordergrund. Fehlen diese, kann im Ein-

---

[71] Näher zur Behandlung von Weiterfresserschäden, die auch bei vernetzten System auftreten können, ausführlich → Teil 9.6.4; ferner *Kaiser*, in Staudinger, Eckpfeiler des Zivilrechts, Kap. I Rn. 188; *Oetker/Maultzsch*, Vertragliche Schuldverhältnisse, S. 165.
[72] Näher zum kauf-, werkvertrags- und mietrechtlichen Mangelbegriff und deren Abweichungen im Detail *Marly*, Praxishandbuch Softwarerecht, Rn. 1441 ff.
[73] Dazu instruktiv *Oechsler*, Vertragliche Schuldverhältnisse, § 2 Rn. 118; *Diedrich*, in Schuster/Grützmacher, IT-Recht, § 434 BGB Rn. 24; *Faust*, in BeckOK BGB, § 434 Rn. 76 und 59.
[74] BGH, NJW 2019, 292 Rn. 34; NJW 2009, 2056 Rn. 9 ff.; BGH, Urt. vom 16.5.2017 – VIII ZR 102/16 Rn. 3.
[75] BGH, NJW 2009, 2056 Rn. 11; *Matusche-Beckmann*, in Staudinger, § 434 BGB Rn. 90; *Faust*, in BeckOK BGB, § 434 Rn. 60 ff; *Diedrich*, in Schuster/Grützmacher, IT-Recht, § 434 Rn. 24 f.
[76] Näher *Marly*, Praxishandbuch Softwarerecht, Rn. 1474 ff.; *Diedrich*, in Schuster/Grützmacher, IT-Recht, § 434 Rn. 44 f.
[77] Näher *Marly*, Praxishandbuch Softwarerecht, Rn. 1487 ff.
[78] Näher *Marly*, Praxishandbuch Softwarerecht, Rn. 1499 ff.; *Diedrich*, in Schuster/Grützmacher, IT-Recht, § 434 Rn. 53.
[79] Näher *Marly*, Praxishandbuch Softwarerecht, Rn. 1508 ff.; *Diedrich*, in Schuster/Grützmacher, IT-Recht, § 434 Rn. 55.
[80] Instruktiver Überblick zu Sachmängeln bei Software auch bei *Redeker*, IT-Recht, Rn. 317 ff.

zelfall durchaus ein Sachmangel zu bejahen sein, da sie zur Beschaffenheit des vernetzten Systems gehören können.[81] Vom Beschaffenheitsbegriff werden nach der zutreffenden Auffassung des BGH nämlich auch Umweltbeziehungen erfasst, die nach der Verkehrsauffassung Einfluss auf die Wertschätzung der Sache haben.[82] Rein praktisch fällt die Konkretisierung der Käufererwartung in Ermangelung allgemeiner Standards für IT-Systeme schwer.[83] Auch der Nachweis eines entsprechenden Sachmangels dürfte dem Nutzer bei komplexen, vernetzten Systemen nicht immer leicht fallen (dazu näher unten). Ob sich Beweisprobleme über die sekundäre Beweislast hinreichend adressieren lassen, erscheint fraglich.[84] Zudem wird der Fehlernachweis durch die Gefahr möglicher Urheberrechtsverletzungen behindert (vgl. aber § 69d UrhG).[85] Das Wissen, dass Software kaum fehlerfrei programmierbar ist, führt allerdings nicht zur Annahme eines softwarespezifischen Sachmangelbegriffs.[86] Allenfalls bei völlig unerheblichen Softwarefehlern, welche die Gebrauchstauglichkeit nicht oder nur kaum berühren, kann schon das Vorliegen eines Sachmangels verneint werden.

Eine Neujustierung des Mangelbegriffs ist mit der Umsetzung der WK-RL und der DI-RL zu erwarten. Beide Richtlinien differenzieren den Mangelbegriff weiter aus, so werden nun ausdrücklich die Interoperabilität, Funktionalität und Kompatibilität zur Beschaffenheit der Ware (vgl. Art. 6, 7 und 8 WK-RL) bzw. des erworbenen digitalen Inhalts/Dienstes gezählt (Art. 7, 8 und 9 DI-RL).[87] Zwar wird an der grundsätzlichen Differenzierung in subjektive und objektive Kriterien festgehalten, diese stehen aber nunmehr gleichberechtigt nebeneinander.[88] Eine Abweichung von den objektiven Anforderungen ist nunmehr nur noch unter strengen Voraussetzungen möglich (Information und ausdrückliche Zustimmung des Verbrauchers, Art. 7 Abs. 5 WK-RL bzw. Art. 8 Abs. 5 DI-RL). Auch die Haltbarkeit der Ware wird gem. Art. 7 Abs. 1 lit. d) und Erwägungsgrund 22 WK-RL zur objektiven Beschaffenheit gezählt.[89] Haltbarkeit im Sinne der Richtlinie bedeutet, dass die Ware die Fähigkeit behält, ihre erforderlichen Funktionen und ihre Leistung bei normaler Verwendung zu behalten (Art. 2 Nr. 13 und Erwägungsgrund 32 WK-RL). Es ist allerdings fraglich, was aus dem Haltbarkeitserfordernis konkret folgt. Denn ist die Ware nicht haltbar iSd. Definition wird zugleich auch ein Mangel vorliegen. Für Mängel, die sich innerhalb des Zwei-Jahres-Zeitraums nach Lieferung der Ware zeigen, sieht die Richtlinie aber vergleichbar zur bisherigen Rechtslage Mängelrechte vor. Zugunsten des Erwerbers besteht eine Beweislastumkehr, nach zwei Jahren tritt Verjährung nach nationalem Recht ein. Welcher Platz soll dem Haltbarkeitserfordernis in

---

[81] Ähnlich *Diedrich*, in Schuster/Grützmacher, IT-Recht, § 434 Rn. 9 f.
[82] Zuletzt zB *BGH*, NJW 2016, 2874; NJW 2013, 1671; NJW 2011, 1218. Konkret geht es hier um die bekannte Frage, inwiefern auch Umweltbeziehungen der physischen Sache zu ihrer Beschaffenheit gehören. Für eine weite Auslegung *Faust*, in BeckOK BGB, § 434 Rn. 23 ff.; *Westermann*, in MüKo-BGB § 434 Rn. 9 f.; *Diedrich*, in Schuster/Grützmacher, IT-Recht, § 434 Rn. 8 f.; aA zB *Grigoleit/Herresthal*, JZ 2003, 118 ff.
[83] *Spindler*, in FS Canaris, S. 709 (721); *Diedrich*, in Schuster/Grützmacher, IT-Recht, § 434 BGB Rn. 25.
[84] *Spindler*, in FS Canaris, S. 709 (722) mwN; optimistischer *Faust*, Gutachten A zum 71. DJT, S. A 48.
[85] *Spindler*, in FS Canaris, S. 707 (722).
[86] *Schneider/Conrad*, in Auer-Reinsdorff/Conrad, HdB IT-und Datenschutzrecht, § 10 Rn. 69; *Redeker*, IT-Recht, Rn. 319 f.; vgl. ferner *Matusche-Beckmann*, in Staudinger, § 434 BGB Rn. 239; *Marly*, Praxishandbuch Softwarerecht, Rn. 1438 ff.
[87] Näher zum Mangelbegriff der Richtlinien *Bach*, NJW 2019, 1705 (1707); *Spindler/Sein*, MMR 2019, 415 (415 f.); *Wilke*, BB 2019, 2434 (2437 ff.); *Staudenmayer*, NJW 2019, 2889 (2890); *Staudenmayer*, ZEuP 2019, 663 (678 ff.); *Tönner*, VuR 2019, 363 (363 f.); *Metzger*, JZ 2019, 577 (580).
[88] Näher *Staudenmayer*, NJW 2019, 2889 (2890); *Spindler/Sein*, MMR 2019, 415 (415 f.); *Kumkar*, ZfPW 2020, 306, 311 f.; *Zöchling-Jud*, GPR 2019, 114 (119 f.); noch zum Richtlinienentwurf: *Zöchling-Jud*, in Artz/Gsell, Verbrauchervertragsrecht und digitaler Binnenmarkt, S. 119 (121 ff.); kritisch *Riehm/Abold*, ZUM 2018, 82 (85).
[89] Näher *Staudenmayer*, NJW 2019, 2889 (2890); *Bach*, NJW 2019, 1705 (1707); *Zöchling-Jud*, GPR 2019, 114 (122).

diesem Regelungskonzept zukommen?[90] Hinzuweisen ist ferner auf die Ausdehnung der Beweislastumkehr zugunsten des Verbrauchers, die nun mindestens ein Jahr betragen wird (vgl. Art. 11 WK-RL, Art. 12 DI-RL).[91] Auch die vertraglichen Rechtsbehelfe abgesehen vom Schadensersatz (vgl. Art. 3 Abs. 6, Erwägungsgrund 18 WK-RL; Art. 3 Abs. 10, Erwägungsgrund 73 DI-RL) werden durch die Richtlinien (neu) geregelt (vgl. Art. 10 ff. WK-RL; Art. 11 ff. DI-RL).[92] Eine teilweise Abkehr von der Fokussierung auf den Zeitpunkt des Gefahrübergangs beinhaltet schließlich Art. 10 Abs. 2 S. 1 WK-RL. Sieht der Kaufvertrag die fortlaufende Bereitstellung digitaler Elemente über einen Zeitraum hinweg vor, haftet der Verkäufer für jede Vertragswidrigkeit, die innerhalb von zwei Jahren nach dem Zeitpunkt der Lieferung der Waren mit digitalen Elementen eintritt. Ergänzt wird diese Regelung durch die Beweislastumkehr in Art. 11 Abs. 3 WK-RL. Vor dem Hintergrund der zunehmenden Vernetzung und Abhängigkeit der Produkte von digitalen Inhalten/Diensten ist diese Fortentwicklung grundsätzlich zu begrüßen.

17 **bb) Fehlende Zukunftsfähigkeit und künftige Kompatibilität als Sachmangel?** Im Anbetracht der Schnelllebigkeit vernetzter Systeme mit immer neueren Versionen stellt sich die Frage, ob eine **fehlende Zukunftsfähigkeit** oder **fehlende künftige Kompatibilität** eines vernetzten Systems einen Sachmangel begründen kann. Fehlt es an einer Verständigung über die Zukunftsfähigkeit des Systems, bleibt nur der Rückgriff auf die objektiven Kriterien des § 434 Abs. 1 S. 2 Nr. 2 BGB. Hier fällt die Begründung eines Sachmangels recht schwer, selbst wenn man den Beschaffenheitsbegriff mit dem BGH (→ Rn. 16) weit fasst und zur Beschaffenheit auch Umweltbeziehungen zählt, die Einfluss auf die Wertschätzung der Sache haben. Es geht hier nämlich nicht um die Eigenschaft oder Beschaffenheit im Zeitpunkt des Gefahrübergangs sondern um die künftige Beschaffenheit. Teilweise wird ein Sachmangel gleichwohl bejaht, wenn die Software innerhalb kurzer Zeit nach Erwerb nicht mehr sinnvoll genutzt werden kann und sich dies schon bei Gefahrübergang abgezeichnet hat.[93] Dies dürfte aber den kaufrechtlichen Sachmangelbegriff mit dem Abstellen auf den Zeitpunkt des Gefahrübergangs überspannen.[94] Dogmatisch stimmiger wäre die Annahme der Verletzung einer entsprechenden (vorvertraglichen) Aufklärungspflicht, wenn Aktualisierungen, die für die weitere Nutzung des vernetzten Systems erforderlich sind, in kurzer Zeit nach Vertragsschluss eingestellt werden.[95] Bei fehlender Updatefähigkeit eines vernetzten Systems wird man hingegen einen Sachmangel bejahen können.[96]

18 **cc) IT-Sicherheit und Updates.** Aufgrund der Vernetzung und der Einbettung in eine Systemumgebung gewinnt die Frage der **IT-Sicherheit** für vernetzte Systeme eine besondere Bedeutung. Der Begriff der IT-Sicherheit ist im gewährleistungsrechtlichen Kontext nicht feststehend. Nach allgemeinem Verständnis ist ein System unsicher, wenn es keine hinreichende Sicherheit gegenüber nicht-autorisierten Zugriffen bietet mit der Folge, dass die Unversehrtheit, Verfügbarkeit oder Vertraulichkeit der gespeicherten Informationen

---

[90] *Bach/Wöbbeking*, NJW 2020, 2672, 2674 ff. dort auch mit weiteren Auslegungs- und Umsetzungsvorschlägen.
[91] Näher *Spindler/Sein*, MMR 2019, 488 (490); *Bach*, NJW 2019, 1705 (1708); *Staudenmayer*, NJW 2019, 2497 (2500 f.); *Zöchling-Jud*, GPR 2019, 114 (125); *Wilke*, BB 2019, 2434 (2438).
[92] Dazu *Spindler/Sein*, MMR 2019, 488 (490 ff.); *Bach*, NJW 2019, 1705 (1708); *Staudenmayer*, NJW 2019, 2497 (2499 ff.); *Staudenmayer*, NJW 2019, 2889 (2891 ff.); *Zöchling-Jud*, GPR 2019, 114 (126 ff.); *Metzger*, JZ 2019, 577 (581 ff.).
[93] *Marly*, Praxishandbuch Softwarerecht, Rn. 1495 f.
[94] Dazu auch *Spindler*, in FS Canaris, S. 709 (721 f.); *Segger-Piening*, in Beyer/Erler/Hartmann et al. Privatrecht 2050 – Blick in die digitale Zukunft, Jahrbuch Junge Zivilrechtswissenschaft, 2020, S. 87 (108).
[95] *Diedrich*, in Schuster/Grützmacher, IT-Recht, § 434 Rn. 48; zu restriktiv *OLG Köln*, MMR 2020, 248; dazu allgemein *OLG Koblenz*, Urt. vom 30.4.2009 – 6 U 268/08; *Westermann*, in MüKo-BGB, § 434 Rn. 80, 74.
[96] *Schrader/Engstler*, MMR 2018, 356 (357); *Grunewald*, in Ermann, § 434 Rn. 46; *Diedrich*, in Schuster/Grützmacher, IT-Recht, § 434 Rn. 46.

nicht gewahrt ist.⁹⁷ Kann der Nutzer aufgrund der Sicherheitslücke sein vernetztes System nicht mehr gefahrlos in Betrieb nehmen, kann ein Sachmangel angenommen werden.⁹⁸ Da allgemeine Standards kaum vorhanden sind, bereitet die Feststellung einer Sicherheitslücke rein praktisch Schwierigkeiten.⁹⁹ Nicht jeder Sicherheitsmangel stellt gleichzeitig einen Sachmangel dar und umgekehrt führt das allgemeine Bewusstsein von Sicherheitslücken im Betriebssystem nicht zur Ablehnung eines Mangels.¹⁰⁰ Erforderlich ist vielmehr eine genaue Prüfung des Einzelfalls und (sofern keine vertragliche Vereinbarung besteht) der berechtigten Käufererwartungen.¹⁰¹ Zumindest eine Basissicherheit im Hinblick auf bekannte Bedrohungen wird man erwarten können, insbesondere wenn diese zu weitreichenden Schäden führen können.¹⁰² Zeigt sich eine Sicherheitslücke erst nach Gefahrübergang, spricht dies nicht per se gegen die Annahme eines Sachmangels. Entscheidend ist, dass die Sicherheitslücke schon bei Gefahrübergang vorhanden war. Wird eine Sicherheitslücke erst aufgrund zeitlicher Zufälligkeit später entdeckt, kann ein Sachmangel trotzdem schon bei Gefahrübergang vorgelegen haben.¹⁰³ Diesen hat der Verkäufer beispielsweise durch Bereitstellung eines Sicherheitsupdates nachzubessern (§ 439 BGB). Wird das Eindringen in das vernetzte System jedoch erst durch technische Weiterentwicklung ermöglicht (zB ein Quantencomputer ermöglicht die Entschlüsselung geschützter Daten) liegt kein Sachmangel vor, da nach dem Stand der Technik im Zeitpunkt des Gefahrübergangs ein besserer Schutz nicht verfügbar war.¹⁰⁴

Eine andere Frage stellt die Behandlung **nachträglicher Sicherheitsprobleme** dar, die beispielsweise erst durch Interaktion mit anderer vernetzter Software entstehen. Während im Rahmen der Softwaremiete erforderliche Aktualisierungen Teil des mietrechtlichen Erhaltungsanspruchs (§ 535 Abs. 1 S. 2 BGB) sind, ist die Behandlung im Kaufrecht aufgrund der Fokussierung auf den Zeitpunkt des Gefahrübergangs umstritten. Die rein tatsächliche Erwartungshaltung des Käufers, Aktualisierungen zu erhalten, wirft die Frage auf, inwiefern diese berechtigt ist und eine rechtliche Aktualisierungspflicht besteht. Erster Anknüpfungspunkt hierfür ist die vertragliche Einigung und die Frage, inwiefern die Bereitstellung von (Sicherheits-)Updates Bestandteil der vertraglichen Pflichten des Veräußerers geworden ist. Fehlt es an einer Verständigung wird teilweise eine Aktualisierungspflicht aus einer (nachvertraglichen)¹⁰⁵ Schutzpflicht oder einer nachwirkenden Leistungstreuepflicht abgeleitet.¹⁰⁶ Im Hinblick auf die Dauer der Nebenpflicht orientiert man sich überwie-

---

⁹⁷ *Marly*, Praxishandbuch Softwarerecht, Rn. 1528; *Rockstroh/Kunkel*, MMR 2017, 77 (78).
⁹⁸ *Redeker*, IT-Recht, Rn. 328; *Kremer*, in Auer-Reinsdorff/Conrad, HdB IT- und Datenschutzrecht, § 28 Rn. 33; *Marly*, Praxishandbuch Softwarerecht, Rn. 1528; *Spindler*, Verantwortlichkeiten von IT-Herstellern, Nutzern und Intermediären, Rn. 119. Nach *Klein-Hennig/Schmidt*, DuD 2017, 605 (608) im Anschluss an *Deusch/Eggendorfer*, DSRITB 2015, 833 (840ff.) soll stets zusätzlich eine Beeinträchtigung der Gebrauchstauglichkeit durch die Sicherheitslücke erforderlich sein. Das überzeugt nicht, denn im Bereich der IT-Sicherheit ist der Nutzer durch eine Sicherheitslücke regelmäßig im uneingeschränkten Einsatz seines Systems beeinträchtigt.
⁹⁹ Technische Standards sind beispielsweise IEC 62443 4-1 und 4-2. Hierzu näher *Rockstroh/Kunkel*, MMR 2017, 77 (81); *v. Westpahlen*, in Foerste/von Westphalen, Produkthaftungshandbuch, § 1 Rn. 36.
¹⁰⁰ So auch *Diedrich*, in Schuster/Grützmacher, IT-Recht, § 434 Rn. 65.
¹⁰¹ Zu eng *OLG Köln*, GRUR-RR 2020, 32 Rn. 61, wonach ein Smartphone-Betriebssystem trotz Sicherheitslücken funktionsfähig sei und der Verbraucher von Sicherheitslücken ausgehe.
¹⁰² Näher zur entsprechenden Frage im Rahmen der Produkthaftung → Teil 9.6.4.
¹⁰³ *Riehm*, in Schmidt-Kessel/Kramme, Geschäftsmodelle in der digitalen Welt, S. 201 (210); enger wohl *Diedrich*, in Schuster/Grützmacher, IT-Recht, § 434 Rn. 65.
¹⁰⁴ Ähnlich *Marly*, Praxishandbuch Softwarerecht, Rn. 1528; *Raue*, NJW 2017, 1841 (1843).
¹⁰⁵ Allgemein kritisch zu dieser Terminologie *Bodewig*, JURA 2005, 505; *v. Bar*, AcP 179 (1979), 452 (461).
¹⁰⁶ *LG Köln*, NJW-RR 1999, 1285; *LG Freiburg*, CR 2008, 556; *Westermann*, in MüKo-BGB, § 434 Rn. 74; *Raue*, NJW 2017, 1841 (1843); *Schuster/Hunzinger*, CR 2015, 278 (285); *Regenfus*, JZ 2018, 79 (81f.); zurückhaltend *Schrader/Engstler*, MMR 2018, 356 (358). Allgemein zu (nach-)vertraglichen Schutzpflichten *Westermann*, in MüKo-BGB, § 433 Rn. 63f.; *Beckmann*, in Staudinger, § 433 BGB Rn. 146ff.; *Nietsch*, JZ 2014, 229f.; *v. Bar*, AcP 179 (1979), 452; *Binder*, AcP 211 (2011), 587 (609ff.); BGHZ 61, 176 (179) = WM 1973, 1134; *BGH*, NJW 1990, 507 (508).

gend an der Verjährung der Sachmängelrechte (zumindest als zeitliche Mindestgrenze).[107] Diese Ansicht baut auf der Diskussion um die Pflicht des Herstellers auf, während der Nutzungsdauer der Sache Ersatzteile weiter zu produzieren und zu verkaufen.[108] Auch für Software wurden Pflegepflichten vereinzelt anerkannt.[109] Ein allgemeines Konzept hat sich aber bisher nicht entwickelt. Auch die deliktische Produktbeobachtungspflicht, die den Hersteller abhängig von den Umständen des Einzelfalls zu einer Reaktion ggf. in Form von Updates (dazu näher unten) verpflichtet, scheint auf den ersten Blick für die Etablierung von Update-Pflichten zu sprechen. Die deliktischen Verkehrspflichten werden nämlich im Rahmen des Vertragsverhältnisses zu vertraglichen Pflichten (§ 241 Abs. 2 BGB).[110] Zu beachten ist aber, dass der Charakter und der Zweck des Schuldverhältnisses Umfang und Inhalt der vertraglichen Pflichten beeinflussen.[111] Gerade deshalb begegnet die Herleitung von Aktualisierungspflichten zumindest im Rahmen von klassischen Erwerbssituationen Bedenken.[112] Um nicht die kaufvertragliche Risikoverteilung und den Charakter als Vertrag mit punktuellem Leistungsaustausch zu überspielen, indem man ihn um Dauerschuldelemente[113] anreichert, sollte bei der Etablierung allgemeiner Aktualisierungspflichten Zurückhaltung geübt werden. Schon die zahlreichen offenen Detailfragen verdeutlichen, dass man hier an der Grenze des Zulässigen agiert. Unklar bleiben etwa Reichweite und Inhalt solcher Aktualisierungspflichten (nur Sicherheitsaktualisierungen?). Ebenso fehlt es an einer Auseinandersetzung mit der Frage der Einklagbarkeit der Pflichten und ihrer Sanktionierung.[114] Begründungsbedürftig ist zudem, die Schutzpflicht nur dem Hersteller aufzuerlegen, nicht aber dem Händler. Allenfalls ließe sich entsprechend der deliktischen Produktbeobachtungspflicht die Notwendigkeit von Sicherheitsupdates auf Basis einer vertraglichen Schutzpflicht andenken.

20   Eine Neubewertung der Thematik wird mit der Umsetzung der WK-RL und der DI-RL notwendig werden. Beide Richtlinien sehen eine Pflicht des Unternehmers vor, den Verbraucher über **Aktualisierungen** zu informieren und diese bereitzustellen. Dies soll gerade auch für die einmalige Überlassung einer Ware mit digitalem Inhalt bzw. eines digitalen Inhalts/Dienstes gelten. Sofern Updates nicht vertraglich vereinbart werden, soll die Bereitstellung erforderlicher Updates aus den objektiven Anforderungen an die Ware bzw. den digitalen Inhalt folgen (Art. 7 Abs. 3 mit Erwägungsgrund 30 WK-RL; Art. 8 Abs. 2 mit Erwägungsgrund 47 DI-RL). Der Unternehmer soll aber grundsätzlich nicht dazu verpflichtet sein, eine verbesserte Version zur Verfügung zu stellen, es geht nur um die Erhaltung des vertragsgemäßen Zustands (Erwägungsgrund 30 WK-RL). Mit dieser Umschreibung der Aktualisierungspflicht bleibt allerdings der konkrete Umfang der Updatepflichten immer noch im Vagen. Gehört es noch zur Erhaltung die Software eines

---

[107] *Schuster/Hunzinger*, CR 2015, 277 (286); *Regenfus*, JZ 2018, 79 (82); *Solmecke/Vondrlik*, MMR 2013, 755 (757, 759); für eine flexible Frist abhängig von den Umständen des Einzelfalls *Binder*, AcP 211 (2011), 587 (623).

[108] Dazu *AG München*, NJW 1970, 1852; *AG Rüsselsheim*, DAR 2004, 280; *Kühne*, BB 1986, 1527; *Beckmann*, in Staudinger, § 433 BGB Rn. 165 f.; kritisch *Nietsch*, JZ 2014, 229 (233 ff.).

[109] LG Köln, NJW-RR 1999, 1285; OLG Koblenz, NJW 1993, 3144; dagegen OLG Koblenz, MMR 2005, 472; allgemein zur Thematik *Bartsch*, NJW 2002, 1526 (1530); *Moritz*, CR 1999, 541 ff.; *Fritzemeyer/Splittgerber*, CR 2007, 209 ff.; *Marly*, Praxishandbuch Softwarerecht, Rn. 1045 ff.

[110] BGH, NJW 2013, 3366 Rn. 25; OLG Düsseldorf, VersR 2020, 117; Palandt/*Grüneberger*, § 280 Rn. 28; *Ernst*, in MüKo-BGB, § 280 Rn. 109; *Schäfer/Ott*, Lehrbuch der ökonomischen Analyse des Zivilrechts, S. 319; *Sutschet*, in MüKo-BGB, § 241 Rn. 92.

[111] BGH, NJW 2013, 3366 Rn. 25.

[112] Ablehnend *Schrader/Engstler*, MMR 2018, 356 (358); *Wendland*, in Weller/Wendland, Digital Single Market, S. 71 (99); *Diedrich*, in Schuster/Grützmacher, IT-Recht, § 434 Rn. 65; ohne Begründung *Riehm*, in Schmidt-Kessels/Kramme, Geschäftsmodelle in der digitalen Welt, S. 201 (214); zurückhaltend auch *Spindler*, in FS Canaris, S. 709 (722).

[113] Zu diesem Gesichtspunkt BGHZ 61, 176 (178); *Binder*, AcP 211 (2011), 587 (618 ff.); *Nietsch*, JZ 2014, 220 (231).

[114] Zurecht ablehnend aufgrund des abstrakt-relativen Charakters von Schutzpflichten *Grigoleit*, in FS Canaris, S. 275 (277 f., 289 ff.); *Sutschet*, in BeckOK BGB, § 241 Rn. 91; aA *Bachmann*, in MüKo-BGB, § 241 Rn. 120; *Bachmann/Schirmer*, in FS Canaris, S. 371 ff.

vernetzten Systems diese so weit zu aktualisieren, dass sie in eine neuen Systemumgebung interagiert werden kann und kompatibel ist?[115] Wahrscheinlich ist eine solche weite Auslegung gewollt, wird doch auf die Erhaltung der subjektiven und objektiven Anforderungen verwiesen, zu denen auch die Kompatibilität zählt. Es bleibt zu hoffen, dass die nationale Umsetzung Klarheit bringt. Zu begrüßen ist allerdings, dass die Richtlinienregelung die bisherige Marktpraxis abzubilden versucht. Zumindest bei Apps und Software besteht eine Erwartungshaltung und ein entsprechendes Herstellerverhalten, dass diese durch Updates zumindest für einen gewissen Zeitraum am Laufen gehalten werden. Die vertragstypologische Einordnung des Erwerbsvorgangs des vernetzten Systems spielt dann nur noch im Hinblick auf die Länge der Updatepflicht eine Rolle: Bei einem Dauerschuldverhältnis besteht eine Aktualisierungspflicht während der gesamten Laufzeit, beim Kauf hingegen nur so lange, wie der Käufer vernünftigerweise erwarten kann, mit Updates versorgt zu werden (Erwägungsgrund 31 WK-RL; Erwägungsgrund 47 DI-RL).[116] Dieser Zeitraum soll nach Art und Zweck der Ware bzw. des digitalen Inhalts/Diensts sowie unter Berücksichtigung der Umstände und der Art des Vertrags bestimmt werden (Erwägungsgrund 31 S. 5 WK-RL; Erwägungsgrund 46 DI-RL). Mindestens soll dies der Zeitraum der Gewährleistungsrechte sein (also zwei Jahre) (vgl. Erwägungsgrund 31 S. 6 WK-RL; Erwägungsgrund 47 S. 2 DI-RL). In der Literatur wird eine Orientierung an der durchschnittlichen Nutzungsdauer bzw. Lebensdauer vorgeschlagen (vgl. auch Erwägungsgrund 31 S. 7 WK-RL).[117] Nicht nur sorgt diese Offenheit in zeitlicher Hinsicht für Unsicherheit, auch ist nicht geklärt, wie sich Verstöße gegen die Aktualisierungspflicht auswirken (dazu Erwägungsgrund 30 S. 4 WK-RL).[118] Nicht adressiert wird zudem die Frage, wie mit fehlerhaften Aktualisierungen umzugehen ist. Durch fehlerhafte Updates verursachte Schäden dürften als Schutzpflichtverletzung nach nationalem Recht ersatzfähig sein.[119] Ebenso ist unklar, ob sich die Beweislastumkehr auf fehlerhafte Updates erstreckt.[120] Installiert der Verbraucher erforderliche Updates nicht, hat der Unternehmer für dadurch verursachte Schäden nicht einzustehen, vorausgesetzt er hat hierüber informiert (Art. 7 Abs. 4 WK-RL; Art. 8 Abs. 3 DI-RL).[121]

dd) Vernetzung als Sachmangel? Die Vernetzung und (wechselseitige) Abhängigkeit 21 moderner IoT-Systeme von anderen Systemen und Online-Diensten wirft die Frage nach der Einordnung in das Sachmängelrecht auf. Fehlfunktionen oder eine fehlende Nutzbar-

---

[115] Auch der vorgeschlagene § 327f BGB wird hier nicht konkreter, vielmehr scheint er von einem weiten Verständnis auszugehen, wenn ausdrücklich nicht zwischen Update und Upgrade unterschieden wird, sondern der Begriff der Aktualisierung als Oberbegriff gebraucht wird (vgl. RefE S. 64). Aktualisierungen sollen danach auch erforderlich sein, um Merkmal wie Kompatibilität und Sicherheit zu erfüllen (dort S. 64). Problematisch wird dies im Zusammenhang mit dem offenen Ende der Aktualisierungspflicht. Zu begrüßen ist aber die Klarstellung, dass eine Aktualisierungspflicht auch dann besteht, wenn Sicherheitsmängel keine Auswirkungen auf die Funktionsfähigkeit der Software haben (dort S. 64).
[116] Dazu *Zöchling-Jud*, GPR 2019, 115 (124).
[117] *Segger-Piening*, in Beyer/Erler/Hartmann et al. Privatrecht 2050 – Blick in die digitale Zukunft, Jahrbuch Junge Zivilrechtswissenschaft, 2020, S. 87 (107) (durchschnittliche Lebensdauer); *Kumkar*, ZfPW 2020, 306 (316) (durchschnittliche Nutzungsdauer); *Bach*, NJW 2019, 1705 (1707) (durchschnittliche Lebensdauer); allgemein die Bedeutung von Updates für IoT-Produkte über den Gewährleistungszeitraum hinaus betonend *Staudenmayer*, NJW 2019, 2889 (2891); unentschlossen *Tonner*, VuR 2019, 363 (368) (durchschnittliche Lebensdauer oder Nutzungsdauer). Der RefE benennt auf S. 65 zwar ebenfalls keinen konkreten Endzeitpunkt, verweist aber auf die Notwendigkeit von Differenzierungen. So sollen Betriebssysteme länger mit Aktualisierungen zu versorgen sein als Anwendungssoftware. Eine Steuerungsanlage für Smart-Home-Anwendungen (zB. Steuerung einer Heizung über eine mobile Anwendung) soll beispielsweise während der üblichen Nutzungsdauer der Heizungsanlage aktualisiert werden.
[118] *Kumkar*, ZfPW 2020, 306 (318); *Riehm/Abold*, ZUM 2018, 82 (87) (noch zum Richtlinienentwurf).
[119] *Kumkar*, ZfPW 2020, 306 (317 f.); *Riehm/Abold*, ZUM 2018, 82 (87) (noch zum Richtlinienentwurf).
[120] Der vorgeschlagene § 327k Abs. 1 S. 2 BGB-E erstreckt die Beweislastumkehr ausdrücklich nicht auf die Aktualisierungspflicht. Damit ist aber wohl nicht gemeint, dass die Beweislastumkehr nicht auf akualisierte Software Anwendung findet.
[121] Dies kann auch im Rahmen des Mitverschuldenseinwands nach § 254 BGB Berücksichtigung finden *Spindler/Sein*, MMR 2019, 488 (489); *Kumkar*, ZfPW 2020, 304, 316.

keit des vernetzten Systems können sich aus fehlender Kompatibilität oder aus fehlerhaften Daten ergeben, die das vernetzte System über ein Netzwerk erhält und auf die es reagiert.[122] Im Hinblick auf die Kompatibilität ergeben sich keine Besonderheiten gegenüber herkömmlichen IT-Systemen. Vorrangig ist auch hier der subjektive Fehlerbegriff und hilfsweise der Vergleich innerhalb derselben Produktklasse.[123] Im Hinblick auf fehlerhafte zugelieferte Daten wird diskutiert, ob diese bzw. die dadurch ausgelösten Verhaltensweisen des vernetzten Systems einen Sachmangel[124] oder einen Produktfehler[125] des IoT-Produkts darstellen. Dies ist nicht der Fall. Ein anderes Verständnis würde im Übrigen spätestens an der zeitlichen Grenze des Gefahrübergangs scheitern. Ein Sachmangel kommt aber dann in Betracht, wenn die Software des vernetzten Systems über keine hinreichenden Vorkehrungen gegen unerwünschte Verhaltensweisen verfügt und damit nicht die geschuldete Beschaffenheit aufweist.[126] Ebenso dürfte in der Regel ein Sachmangel anzunehmen sein, wenn die Grundfunktionen eines vernetzten Systems nicht hinreichend gegen Funktionsstörungen einer digitalen Zusatzfunktion abgesichert sind (Beispiel: vernetztes Fahrzeug mit Stauinformationsdienst lässt sich bei Ausfall des Dienstes nicht mehr starten).[127]

b) Der Ausfall der IoT-Plattform bzw. eines Online-Dienstes

22   Fällt ein Server aus, mit dem ein IoT-Produkt verknüpft ist, kann das erhebliche Auswirkungen bis zur völligen Funktionslosigkeit des vernetzten Systems zur Folge haben (vgl. dazu das Beispiel in Rn. 10). Eine vertragliche Haftung hängt von der oben bereits vertieften Frage ab, zwischen welchen Parteien ein Vertragsverhältnis zustandegekommen ist. Dies ist eine Frage der Auslegung und des Einzelfalls. Liegt ein Vertragsverhältnis zum Betreiber des Servers vor, kommt ein Schadensersatzanspruch nach den §§ 280 ff. BGB in Betracht.

23   Gelangt man indes zu dem Ergebnis, dass weder der Veräußerer noch der Hersteller des vernetzten Systems für den Serverdienst einzustehen haben, kann eine Verantwortlichkeit des Veräußerers auch nicht über ein weites Verständnis des Sachmangelbegriffs (Umweltbeziehung des vernetzten Systems) konstruiert werden, zumal eine kaufrechtliche Sachmängelhaftung jedenfalls dann scheitert, wenn der Serverdienst erst nach Gefahrübergang gestört ist.[128] Auch erscheint es zu weitgehend, eine Störung bzw. Einstellung des digitalen Dienstes im Verhältnis zum Verkäufer über das Rechtsinstitut der Störung der Geschäftsgrundlage nach § 313 BGB zu berücksichtigen.[129] Es ist nämlich gerade die Frage, ob die fortwährende Serverbereitstellung durch den Hersteller zur Geschäftsgrundlage wird. Die Interessenlage spricht zumindest auf den ersten Blick nicht dafür. Zudem erweist sich § 313 BGB als ein grobes Schwert.[130] Noch weitergehend wird vorgeschlagen, einen konkludenten Vertragsschluss mit dem Hersteller über den Serverdienst anzunehmen und die beiden Vertragsverhältnisse analog dem Regelungskonzept der §§ 358 ff. BGB zu verbinden.[131] Die Voraussetzungen einer Analogie (insbesondere eine planwidrige Regelungslücke) dürften nicht vorliegen.

---

[122] Näher *Müller-Hengstenberg/Kirn*, Rechtliche Risiken autonomer und vernetzter Systeme, S. 214 f.
[123] *Marly*, Praxishandbuch Softwarerecht, Rn. 1449 f.
[124] Diskutiert bei *Kirn/Müller-Hengstenberg*, Rechtliche Risiken autonomer und vernetzter Systeme, S. 214.
[125] Diskutiert bei *Oechsler*, in Staudinger, § 2 ProdHaftG Rn. 2 und § 3 Rn. 127; *Spindler*, in Lohsse/Schulze/Staudenmayer, Liabililty for Artificial Intelligence and the Internet of Things, S. 125 (137 f.).
[126] Für die außervertragliche Haftung. *Oechsler*, in Staudinger, § 2 ProdHaftG Rn. 2 und § 3 Rn. 127; *Spindler*, in Lohsse/Schulze/Staudenmayer, Liabililty for Artificial Intelligence and the Internet of Things, S. 125 (137 f.).
[127] *Regenfus*, JZ 2018, 79 (82).
[128] *Schrader*, NZV 2018, 489 (490) für zugelieferte Dienste in Fahrzeugen.
[129] *Bach*, in Schmidt-Kessel/Kramme, Geschäftsmodelle in der digitalen Welt, S. 224 (233); kritisch zur vergleichbaren Regelung im estnischen Recht *Kalamees/Sein*, EuCML 2019, 13 (20).
[130] Das räumt auch *Bach*, in Schmidt-Kessel/Kramme, Geschäftsmodelle in der digitalen Welt, S. 223 (233 ff. und 238) ein, der von einem „Notanker" spricht.
[131] *Kalamees/Sein*, EuCML 2019, 13 (21).

Löst man sich von der vertraglichen Ebene könnte man an eine Direkthaftung des Herstellers andenken, wenn man die tatsächliche Zuverfügungstellung des Serverdienstes als Anknüpfungspunkt für eine Gefälligkeit mit rechtsgeschäftsähnlichem Charakter[132] bzw. als Fall der *culpa in contrahendo*[133] einordnet. Beide Instrumente würden aber nur im Hinblick auf Folgeschäden helfen, nicht aber hinsichtlich der fehlenden Nutzbarkeit des vernetzten Systems selbst. Im Übrigen drohen sie die Schranken des Deliktsrechts zu umgehen (kein Ersatz von Vermögensschäden) und sollten daher nur im Einzelfall Anwendung finden.

Auch deliktisch ist der Nutzer des vernetzten Systems vor Ausfall oder Störungen von digitalen Diensten wenig geschützt. Denn eine Beeinträchtigung des Eigentums am physischen IoT-Produkt dürfte selbst dann nicht in Betracht kommen, wenn es wegen eines Serverausfalls nicht mehr zu gebrauchen ist. Die entscheidende Sachfrage lautet hier, wie weit der Schutz des Eigentums bei Beeinträchtigungen der Gebrauchsfähigkeit des vernetzten Systems zu ziehen ist, die nicht zugleich einen Eingriff in die Sachsubstanz darstellen. Abstrakt gesprochen geht es um die Abgrenzung von Eigentum und Vermögen, wobei letzteres aus dem deliktischen Schutzbereich herausgenommen wird.[134] Teilweise wird eine Eigentumsverletzung beim Serverausfall bejaht.[135] Dies überspannt aber den Eigentumsbegriff, eine Eigentumsverletzung liegt nicht vor.[136] Es drängt sich vielmehr eine Paralelle zum Fleet-Fall auf, wo der BGH eine Eigentumsverletzung für ausgesperrte Schiffe verneint hat.[137] Vergleichbar dem Schiff, das ein Gewässer nicht mehr befahren kann, kann das vernetzte System einen digitalen Ort nicht mehr ansteuern. (Folge-)Schäden an anderen Rechtsgütern des Nutzers könnten hingegen zu einer außervertraglichen Haftung führen.

Teilweise wird aufgrund der Schwierigkeiten, die tatsächlichen Gegebenheiten und Interessen in bilateralen vertraglichen Abreden abzubilden, das Institut des **Netzwerkvertrags** wieder in die Diskussion eingeführt.[138] Dieser Weg erscheint nicht zielführend, die meisten Fragestellungen dürften sich mit der herkömmlichen Dogmatik beantworten lassen.[139] Die Bewältigung von Vertragsstörungen im Netzwerkvertrag fällt nämlich nicht weniger schwierig.[140] Die eigentlichen Sachfragen klären sich mit Annahme eines Netzwerkvertrags keineswegs von selbst. Zudem würde die Einführung eines solchen Vertragstypus tiefgreifende Änderungen der Vertragsdogmatik erfordern.[141]

c) Haftung für ausgebliebene und fehlerhafte Updates bzw. Upgrades?

Updates und **Upgrades** sind zu unseren täglichen Begleitern geworden, häufig erfolgen sie gar nicht mehr wahrnehmbar über Nacht und im Hintergrund. Schäden können entstehen, wenn Updates ausbleiben oder fehlerhaft programmiert sind, was die Frage auf-

---

[132] So *Riehm*, in Schmidt-Kessel/Kramme, Geschäftsmodelle in der digitalen Welt, S. 202 (220) im Fall von bereitgestellten Updates.
[133] So *Faust*, Gutachten A zum 71. DJT, S. A 64 im Fall von kostenlosten Diensten wie E-Mail Dienste und sozialen Netzwerken; dazu auch *Spindler*, FS Canaris, S. 709 (718f.).
[134] Näher dazu *Picker*, JZ 1987, 1041 (1051 ff.); *Picker*, AcP 183 (1983), 368 ff.; *Canaris*, FS Larenz, S. 27 ff.; *Wagner*, in MüKo-BGB, § 826 Rn. 13 ff.; aus der Rechtsökonomik *Perry*, 56 Rutgers L. Rev. 711 (2004); *Bishop*, 2 Oxford Journal of Legal Studies 1 (1982); *Rizzo*, 11 Journal of Legal Studies 281 (1982); *Goldberg*, 20 Journal of Legal Studies 249 (1991); *Schäfer/Ott*, Lehrbuch der ökonomischen Analyse des Zivilrechts, S. 319 ff.
[135] *Solmecke/Vondrlik*, MMR 2013, 755 (759).
[136] *Regenfus*, JZ 2018, 79 (83); *Wagner*, in MüKo-BGB, § 823 Rn. 279, 1009; ohne Begründung *Börding/Jülicher/Röttgen/v. Schönfeld*, CR 2017, 134 (137).
[137] BGH, NJW 1971, 886.
[138] Aus der jüngeren Literatur *Grünberger*, AcP 218 (2018), 213 (280 ff.); *Grundmann*, AcP 207 (2007)), 718; *Teubner*, Netzwerk als Vertragsverbund; *Börding/Jülicher/Röttgen/v. Schönfeld*, CR 2017, 134 (137); grundlegend *Möschel*, AcP 186 (1986), 187; *Rohe*, Netzwerkverträge.
[139] So auch *Segger-Piening*, in Beyer/Erler/Hartmann et al. Privatrecht 2050 – Blick in die digitale Zukunft, Jahrbuch Junge Zivilrechtswissenschaft, 2020, S. 87 (102).
[140] *Grundmann*, AcP 207 (2007), 718 (729 f.); kritisch bereits *Picker*, JZ 1987, 1041 (1057).
[141] *Wendehorst*, NJW 2016, 2609 (2610); *Börding/Jülicher/Röttgen/v. Schönfeld*, CR 2017, 134 (137).

wirft, inwiefern und auf welcher Grundlage der Veräußerer oder der Hersteller haftbar gemacht werden kann. Bei der rechtlichen Behandlung von Updates und Upgrades muss genau differenziert werden. Zunächst soll die vertragliche Ebene in den Blick genommen werden. Hier stellen sich wieder die schon bekannte Frage, zwischen wem und mit welchem Inhalt vertragliche Pflichten bestehen. Ein Anspruch auf Updates oder sogar funktionserweiternde Upgrades kann sich aus einer entsprechenden vertraglichen Abrede (Softwarepflegevertrag; Softwaremiete) ohne weiteres ergeben.[142] Nimmt man hingegen die Standard-Kaufsituation eines vernetzten Systems in den Blick, so wurde bereits oben ein Anspruch auf Updates auf Basis einer nachvertraglichen Pflicht für den Regelfall abgelehnt. Anders ist dies freilich, wenn es um Softwaremängel (Funktions- oder Sicherheitsmängel) geht, die bereits bei Gefahrübergang vorlagen. Sind diese durch ein Update behebbar, kann sie der Nutzer auf Grundlage eines kauf- oder werkvertraglichen Nachbesserungsanspruchs verlangen. Die Durchsetzung dieses Anspruchs gegen einen Verkäufer, der nicht zugleich Hersteller ist, ist allerdings wenig ergiebig und läuft an der Realität vorbei, wo Geräte vom Händler meist sogleich zum Hersteller geschickt werden. Der Anspruch wird allerdings in der Regel nicht an § 275 Abs. 1 BGB (Fall der subjektiven Unmöglichkeit) scheitern, weil sich der Händler des Herstellers als Erfüllungsgehilfen bedienen kann.[143] Unterbleibt ein erforderliches Update, kann der Erwerber jedenfalls seine Gewährleistungsrechte (zB Rücktritt/Minderung/Schadensersatz statt der Leistung) ausüben. Mangelfolgeschäden sind nach §§ 437 Nr. 3, 280 Abs. 1 BGB ersatzfähig, wenn der Verkäufer den Mangel schuldhaft zu vertreten hat. Der Entlastungsbeweis wird dem veräußernden Hersteller schwer gelingen, umgekehrt einem Händler leicht fallen. Dasselbe gilt, wenn ein Update zwar erfolgt, den ursprünglichen Mangel aber nicht beseitigt (Fall der mangelhaften Nacherfüllung[144]). Der Erwerber kann dann grundsätzlich ohne erneute Fristsetzung auf sekundäre Mängelrechte übergehen.[145] Verursacht das Update (ggf. zusätzlich) einen neuen Fehler der Software, soll dies nach teilweise vertretener Ansicht nur zu einem Schadensersatz nach §§ 280 Abs. 1, 241 Abs. 2 BGB führen[146], während die Gegenauffassung diese neue Verschlechterung zurecht dem Sachmängelrecht unterstellt.[147] Bedient sich ein Händler zur Erfüllung seiner Nacherfüllungspflicht des Herstellers, kann ein etwaiges Herstellerverschulden bei der Programmierung des Updates nach § 278 BGB zuzurechnen sein.[148]

28 Handelt es sich bei dem Update oder Upgrade nicht um die Beseitigung eines Sachmangels und führt es zu Fehlern und Schäden beim Nutzer des aktualisierten Produkts[149], erwägt *Riehm*, den Hersteller gem. §§ 280 Abs. 1, 241 Abs. 2 BGB für fehlerhafte Updates haften zu lassen.[150] Anknüpfungspunkt soll zwar nicht das EULA sein, mit der Bereitstellung und der Auslieferung des Updates soll jedoch konkludent ein regelmäßig unentgeltli-

---

[142] Bei der Softwaremiete wäre er Teil des mietrechtlichen Erhaltungsanspruchs (§ 535 Abs. 1 S. 2 BGB).
[143] *Riehm*, in Schmidt-Kessel/Kramme, Geschäftsmodelle in der digitalen Welt, S. 202 (215); *Riehm*, in BeckOGK BGB, § 275 Rn. 128.
[144] *Westermann*, in MüKo-BGB, § 439 Rn. 36; *Faust*, in BeckOK BGB, § 439 Rn. 72 f., § 437 Rn. 120; *Matusche-Beckmann*, in Staudinger, § 439 BGB Rn. 144.
[145] *Faust*, in BeckOK BGB, § 437 Rn. 121 und 27; *Matusche-Beckmann*, in Staudinger, § 439 BGB Rn. 144; *Ernst*, in MüKo-BGB, § 323 Rn. 89.
[146] OLG *Saarbrücken*, NJW 2007, 3503; *Riehm*, in Schmidt-Kessel/Kramme, Geschäftsmodelle in der digitalen Welt, S. 202 (220); *Cziupka/Kliebisch*, JuS 2008, 855 ff.; *Stodolkowitz*, ZGS 2010, 448 (451 f.); *Oechsler*, Vertragliche Schuldverhältnisse, Rn. 219 ff.
[147] OLG *Saarbrücken*, NJW-RR 2013, 1388; *Faust*, in BeckOK BGB, § 437 Rn. 121 und § 439 Rn. 72; *Redeker*, IT-Recht, Rn. 556; *Gsell/Fervers*, ZJS 2016, 443 (445); *Höpfner*, in BeckOGK BGB, § 439 Rn. 89.
[148] *Stadler*, in Jauernig, BGB, § 278 Rn. 16.
[149] Vgl. dazu aus der Praxis den Fall von *Apples* Betriebssystem Big Sur, welches bei älteren Mac-Modellen nach Nutzerangaben zu einer Funktionslosigkeit nach dem Update führt – Meldung von heise online vom 16.11.2020 abrufbar unter https://www.heise.de/news/Nutzer-Big-Sur-kann-aeltere-Macs-bricken-4960723.html (zuletzt abgerufen am 16.11.2020).
[150] *Riehm*, in Schmidt-Kessel/Kramme, Geschäftsmodelle in der digitalen Welt, S. 201 (220); vgl. auch *Faust*, Gutachten A 71. DJT, S. A 64, der im Fall unentgeltlichen Onlinedienste den Nutzer über die Anwendung der Regeln der *culpa in contrahendo* schützen möchte.

C. Die vertragliche Haftung bei vernetzten Systemen

cher Vertrag zustandekommen in Form eines Schuldverhältnisses ohne primäre Leistungspflichten aber mit Rücksichtnahmepflichten iSd. § 241 Abs. 2 BGB.[151] Auch wenn die dogmatische Terminologie nicht ganz eindeutig ist, dürfte es sich der Sache nach um die Einordnung des Updates als Gefälligkeitsverhältnis mit rechtsgeschäftsähnlichem Charakter handeln, welches teilweise als Fall der *culpa in contrahendo* verstanden wird.[152] Sowohl Entstehungsgrund als auch die Sanktionierung von Verstößen gegen die aus einer solchen Sonderverbindung abgeleiteten Schutzpflichten sind höchst streitig.[153] Es droht eine Umgehung der Grenzen des Deliktsrechts, weshalb Zurückhaltung geboten ist. Es spricht einiges dafür, zumindest bei Upgrades, die ein neues Betriebssystem mit sich bringen, schon einen Rechtsbindungswillen von Nutzer und Hersteller anzunehmen und von einer rechtsgeschäftlichen Einigung auszugehen mit der Folge von Sachmängelrechten und vertraglichen Schadensersatzansprüchen. Im Übrigen dürfte aber in den meisten Fällen die außervertragliche Haftung ein hinreichendes Schutzniveau bieten.[154]

Der deliktische Schutz bei Updates und Upgrades ist bisher wenig erörtert. Dabei gilt es **29** zwischen dem Unterbleiben von Updates/Upgrades und ihrer Fehlerhaftigkeit zu differenzieren. Liegt ein anfänglicher, durch ein Update behebbarer Softwaremangel vor, der dazu führt, dass das vernetzte System den Sicherheitserwartungen des Verkehrs nicht entspricht (und mithin ein Produktfehler vorliegt), so besteht gleichwohl kein Anspruch des Nutzers auf ein Update. Es liegt aber im Interesse des Herstellers ein solches zur Verfügung zu stellen, da er so den Eintritt von Schäden aufgrund des Softwarefehlers und damit seine Produzentenhaftung vermeiden kann.[155] Werden Fehler hingegen erst nach dem Zeitpunkt der Inverkehrgabe erkennbar, kann sich im Einzelfall aus der deliktischen Produktbeobachtungspflicht die Notwendigkeit von Updates ergeben (→ Rn. 47).[156] Davon zu unterscheiden ist die Frage, wie Schäden, die von fehlerhaften Updates oder Upgrades verursacht wurden, haftungsrechtlich zu adressieren sind. Hier sollte an das jeweilige Update bzw. Upgrade angeknüpft werden.[157] Eine Haftung kann sich dann aus der deliktischen Produzentenhaftung, aber auch aus dem ProdHaftG ergeben.

In diesem Zusammenhang sei schließlich noch darauf hingewiesen, dass nach herr- **30** schender Auffassung ein **Schutz von Daten** im Rahmen des § 823 Abs. 1 BGB reflexiv über das Eigentum oder den berechtigten Besitz erfolgt.[158] Sind Daten auf einem im Eigentum des Geschädigten stehenden Datenträger gespeichert, liegt im Fall ihrer Veränderung oder Löschung eine Eigentumsverletzung vor.[159] Dieser Schutz versagt aber, wenn Daten auf einem Server- oder Cloudspeicher gespeichert sind, an dem der Geschädigte kein Eigentumsrecht hat.[160] Im Einzelfall kann dann ein Schutz über den Besitz an den Daten konstruiert werden, insgesamt erweist sich der deliktische Schutz aber als lückenhaft.[161] Vorgeschlagen wird deshalb die Schaffung eines Rechts am „Dateneigentum" als

---

[151] *Riehm*, in Schmidt-Kessel/Kramme, Geschäftsmodelle in der digitalen Welt, S. 201 (220).
[152] Näher *Bachmann*, in MüKo-BGB, § 241 Rn. 176 ff.; *Medicus/Petersen*, Bürgerliches Recht, Rn. 368.
[153] Näher *Bachmann*, in MüKo-BGB, § 241 Rn. 176 ff. mvwN.
[154] Auch die Problematik der Gehilfenhaftung nach § 831 BGB die *Riehm*, aaO (221) aufwirft, zwingt nicht zu einem anderem Ergebnis, wenn man das Update als Produkt iSd. deliktischen Produzentenhaftung und der Produkthaftung einordnet (dazu → Teil 9.6.4.). Der Unterschied zu einer vertraglichen Haftung besteht dann noch im Schutzumfang (Schutz von Vermögensschäden) und in der Beweislastverteilung (wobei die Produzentenhaftung dem Nutzer entgegenkommt).
[155] *Riehm*, in Schmidt-Kessel/Kramme, Geschäftsmodelle in der digitalen Welt, S. 201 (218 f.).
[156] Ausführlich → Teil 9.6.4.
[157] Ausführlich → Teil 9.6.4.
[158] Instruktiver Überblick zur Problematik des deliktischen Schutzes von Daten bei *Heydn*, in Schuster/Grützmacher, IT-Recht, § 823 Rn. 29 ff.
[159] *Spindler*, in BeckOGK, BGB, § 823 Rn. 136; *Spindler*, in FS Canaris, S. 709 (728); *Spindler*, in FS Coester-Waltjen, S. 1183 (1184); *Förster*, in BeckOK BGB, § 823 Rn. 141; *Spickhoff*, in Soergel, BGB, 823 Rn. 79; *Faust*, Gutachten A zum 71. DJT, S. A 72.
[160] *Wagner*, in MüKo-BGB, § 823 Rn. 247; *Faust*, 71. DJT, Gutachten A, S. 73 (77); *Spindler*, in BeckOGK BGB, § 823 Rn. 137; *Spindler*, in FS Canaris, S. 709 (728).
[161] Näher *Spindler*, in BeckOGK BGB, § 823 Rn. 137 f.; *Spindler*, in FS Canaris, S. 709 (728 f.); *Faust*, Gutachten A zum 71. DJT, S. A 73.

sonstiges Recht.[162] Eine andere Auffassung plädiert hingegen dafür, Daten analog wie Eigentum zu behandeln, und dürfte damit zu vergleichbaren Ergebnissen kommen.[163] Eine gesetzgeberische Klarstellung ist derzeit nicht absehbar.[164] Ein Schutz von Daten kann ferner über das Recht am eingerichteten und ausgeübten Gewerbebetrieb im Einzelfall in Betracht kommen.

d) Haftung für fehlerhafte Apps

31 Im Hinblick auf die vertragliche Haftung für Apps stellen sich im Kontext des Internet of Things drei neue Fragen: Erstens ist im Einzelfall zu prüfen, zwischen wem und mit welchem Inhalt durch das Herunterladen von Apps aus dem App-Store rechtsgeschäftliche Schuldverhältnisse begründet werden. Diese Frage stellt sich sowohl dann, wenn es sich um eigenständige Apps handelt (zB Spiele im App-Store), als auch dann, wenn die App zu einem vernetzten System gehört (zB App für eine Smart-Watch) (dazu näher→ Rn. 8). Die zweite Frage betrifft die Ausgestaltung der Haftung und die Anwendbarkeit von Haftungsprivilegien. Auch dies wurde oben (→ Rn. 8 ff.) bereits näher untersucht. Als dritter Gesichtspunkt ist die besondere Bedeutung von Informationen im Internet of Things zu sehen. Systeme werden miteinander verknüpft und sollen miteinander interagieren. Menschliche Kontrolle und Tätigkeiten sollen zunehmend durch Technik automatisiert und ersetzt werden. Erweisen sich Informationen als falsch, wirft dies die Frage nach der Einstandspflicht des Herstellers bzw. Informationsgebers auf.[165] Ein prädestiniertes Beispiel sind mHealth Anwendungen und Diagnose Apps, die immer größere Verbreitung finden.[166] Im Übrigen gelten die allgemeinen Ausführungen zur Sachmängelhaftung auch für Apps (dazu oben).

e) Darlegungs- und Beweislast

32 Im Hinblick auf die Darlegungs- und Beweislast gelten die allgemeinen Regeln. Der geschädigte Nutzer hat die Pflichtverletzung, die Entstehung des Schadens und die Kausalität zwischen Pflichtverletzung und Schaden nachzuweisen, während sich der Schädiger im Hinblick auf sein fehlendes Verschulden entlasten muss (§ 280 Abs. 1 S. 2 BGB).[167] Liegt ein Fall der Sachmängelhaftung vor, muss der Erwerber vorbehaltlich von Sonderregelungen wie § 477 BGB zudem das Vorliegen des Mangels im Zeitpunkt des Gefahrübergangs nachweisen.

II. Die Haftung des Anbieters digitaler Dienste und Informationen

33 Wie eingangs skizziert lassen sich bei einem vernetzten System verschiedene Komponenten idealtypisch unterscheiden (→ Rn. 5). Deren Fehler und Störungen wurden bereits im vorherigen Abschnitt untersucht. Hier soll der Blick auf ein weiteres Merkmal vernetzter

---

[162] Instruktiv zum Problemkreis *Riehm*, VersR 2019, 714 ff.; *Amstutz*, AcP 218 (2018), 439 ff.; befürwortend *Wagner*, in MüKo-BGB, § 823 Rn. 332 ff.; *Spindler*, in BeckOGK BGB, § 823 Rn. 138 und 183 ff.; *Spindler*, FS Canaris, S. 709 (729); *Spindler*, in FS Coester-Waltjien, S. 1183 (1186); *Hoeren*, MMR 2013, 486 (491); abl. *Faust*, 71. DJT, Gutachten A, S. 84; *Heydn*, in Schuster/Grützmacher, IT-Recht, § 823 Rn. 34 ff.
[163] *Heydn*, in Schuster/Grützmacher, IT-Recht, § 823 Rn. 37.
[164] Vgl. die abl. Haltung der *Arbeitsgruppe „Digitaler Neustart" der Konferenz der Justizministerinnen und Justizminister der Länder*, Bericht von 15.5.2017, S. 7 ff.; dazu *Hoeren*, MMR 2019, 5 ff.; sa *Datenethikkommission*, Gutachten vom 23.10.2019, S. 18, abrufbar unter https://www.bmjv.de/SharedDocs/Downloads/DE/Themen/Fokusthemen/Gutachten_DEK_DE.pdf;jsessionid=48F346B840DF9E51C08A2570C1C6A874.2_cid289?__blob=publicationFile&v=5 (zuletzt abgerufen am 1.11.2020).
[165] Dazu näher → Teil 13.
[166] Dazu näher → Teil 13.
[167] Ausführlich zur Beweislast und den Unterschieden bei Verletzung (nicht) erfolgsbezogener Leistungspflichten und Schutzpflichten vgl. *Lorenz*, in BeckOK BGB, § 280 Rn. 78 ff.

C. Die vertragliche Haftung bei vernetzten Systemen

Systeme gelenkt werden, nämlich die Datenabhängigkeit bzw. die Interaktion mit anderen Systemen. Vernetzte Systeme reagieren und interagieren mit anderen Systemen, was die Bedeutung von Informationen (wie allgemein in der digitalen Welt) in den Vordergrund drängt.[168] Wer haftet aber, wenn Informationen fehlerhaft sind und das vernetzte System zu einer unerwünschten Reaktion veranlassen? Bei dieser Frage geht es also weniger um die Bereitstellung einer Plattform oder eines Servers beim Hersteller, über den ein vernetztes System gesteuert oder nutzbar wird (dazu Rn. 24 ff.), sondern konkret um die Bereitstellung digitaler Daten und Informationen. Ein einfaches Beispiel hierfür ist ein Connected Car, das basierend auf digital übermittelten Stauinformationen, seinem Nutzer eine Fahrroute vorschlägt.

Sofern ein vertragliches Schuldverhältnis zwischen dem Nutzer und dem Diensteanbieter besteht, kann der Nutzer Ersatz etwaiger Schäden über § 280 BGB verlangen. Integritätsschäden sind dabei nach §§ 280 Abs. 1, 241 Abs. 2 BGB ersatzfähig. Im Rahmen des Verschuldens und der haftungsausfüllenden Kausalität ist zu prüfen, ob sich gerade das typische und vorhersehbare Anwendungsrisiko realisiert hat, das der Anbieter geschaffen hat und für welches er einstehen muss.[169] Bei entgeltlichen Diensten wird regelmäßig ein entsprechendes Schuldverhältnis zwischen dem Nutzer und dem Diensteanbieter vorliegen. Hingegen bereitet die Feststellung eines Rechtsbindungswillens bei unentgeltlich bereitgestellten Informationen und Diensten Schwierigkeiten und lässt sich nur für den Einzelfall beantworten.[170] Teilweise wird vorgeschlagen, den Informationsanbieter zumindest einer Haftung nach den Regeln der *culpa in contrahendo* zu unterwerfen.[171] Sowohl Grund als auch Grenzen eines solchen Vorgehens sind bisher nicht ausreichend erörtert, um abschließend Stellung beziehen zu können. Beim Ausweichen auf die cic besteht allerdings immer die Gefahr, den deliktischen Schutz (wie auch dessen Grenzen) auszuhöhlen. Schutzlücken dürften aufgrund des außervertraglichen Schutzes zudem nicht in großem Umfang bestehen.[172]

Eine andere Frage lautet, inwiefern Dritte vom Diensteanbieter Ersatz von Schäden verlangen können, die dadurch verursacht werden, dass das vernetzte System eine fehlerhafte Information erhält. Angenommen, ein Diensteanbieter wandelt für selbstfahrende Fahrzeuge das Signal von Ampeln in ein lesbares Format um und ihm unterläuft hierbei ein Fehler, sodass ein Fußgänger beim Überqueren einer Straße von einem selbstfahrenden Fahrzeug erfasst wird, weil dieses ein fehlerhaftes Signal erhält (Ampel „grün" statt Ampel „rot"). Die Prüfung eines Anspruchs nach § 823 Abs. 1 BGB wird dann zwar nicht an der Kausalität scheitern, denn auch wenn die Information noch im vernetzten System verarbeitet und umgesetzt wird, beruht die Reaktion des Fahrzeugs gerade auf den zugelieferten Daten.[173] Dem Geschädigten wird aber die Benennung der Fehlerquelle schwer fallen. Freilich besteht im Beispiel noch die Halterhaftung nach § 7 StVG. Eine vertragliche Haftung des Diensteanbieters gegenüber dem Geschädigten scheidet hingegen mangels Schuldverhältnisses aus. Ob im Einzelfall auch ein Schutz über die Grundsätze des Vertrags mit Schutzwirkung zugunsten Dritter in Betracht kommt, hängt insbesondere vom Merkmal der Erkennbarkeit des einzubeziehenden Dritten für den Schuldner ab.[174] Aufgrund der Gefahr einer uferlosen Ausweitung der Haftung ist Zurückhaltung geboten, zumal das Deliktsrecht den Geschädigten häufig schützen wird.

---

[168] Instruktive Problemeinführung bei *Spindler*, in FS Canaris, S. 707 (718 ff.).
[169] *Spindler*, in FS Jaeger, S. 135 (152).
[170] Näher zu den Kriterien für die Beurteilung, ob ein Rechtsbindungswillen vorliegt, → Teil 13; instruktiver Überblick bei *Grundmann*, in MüKo-BGB, § 241 Rn. 168 ff.
[171] *Faust*, 71. DJT Gutachten A, S. A 64 für unentgeltliche Online-Dienste.
[172] Dazu näher → Teil 13.
[173] Zur Unterbrechung der Kausalität beim Dazwischentreten Dritter vgl. *BGH*, NJW 2014, 2029 Rn. 55; *Oetker*, in MüKo-BGB, § 249 Rn. 157 ff.; Palandt/*Grüneberg*, Vorb. § 249 Rn. 47 ff.
[174] Für medizinische Expertensysteme diskutierend *Spindler*, in FS Jaeger, S. 135 (140).

III. Die Haftung des Betreibers und des Nutzers eines vernetzten Systems

36 Bevor auf die vertragliche Haftung für Schäden durch den Einsatz eines vernetzten Systems eingegangen wird, soll zunächst eine begriffliche Klarstellung vorgenommen werden. Während in den vorangegangenen Ausführungen schlicht vom Nutzer als Gegenüber des Veräußerers und Herstellers gesprochen wurde, bietet es sich an, für die weitere haftungsrechtliche Analyse stärker zu differenzieren. Angelehnt an die Unterscheidung von Halter und Fahrzeugführer im Straßenverkehrsrecht lässt sich allgemein bei vernetzten Systemen zwischen dem Betreiber und dem Nutzer unterscheiden. Der Betreiber unterhält das vernetzte System und bestimmt allgemein über dessen Einsatz. Mit dem Begriff des Nutzers ist hingegen die Person gemeint, die konkret das vernetzte System im Schadensfall gebraucht. Die begriffliche Differenzierung erscheint deshalb sinnvoll, weil sie verdeutlicht, dass den Betreiber und den Nutzer korrespondierend zu ihren Gefahrbeherrschungs- und -steuerungsmöglichkeiten Sorgfaltspflichten in unterschiedlicher Intensität treffen.[175]

37 Schäden, die durch den Einsatz eines vernetzten Systems verursacht werden (zB vollautomatisiertes Taxi fährt seinem Fahrgast beim Aussteigen über den Fuß) werfen haftungsrechtlich grundsätzlich keine Schwierigkeiten auf. Je nach Form der Pflichtverletzung (Verletzung einer Leistungspflicht oder Schutzpflicht) stellt sich schon im Rahmen des Pflichtverstoßes spätestens aber bei der Prüfung des Verschuldens die Frage, inwiefern sich der Betreiber bzw. Nutzer des vernetzten Systems sorgfaltsgemäß verhalten hat. Hier gilt es zu beachten, dass sich mit zunehmendem Automatisierungsgrad des vernetzten Systems die Sorgfaltspflichten des Betreibers/Nutzers hin zu Auswahl-, Kontroll und Überwachungspflichten wandeln.[176] Die Intensität der Sorgfaltspflichten bestimmt sich insbesondere nach dem Sorgfaltsaufwand und dem Umfang drohender Schäden (Kosten-Nutzen-Analyse iSd. marginalisierten Learned-Hand-Formel).[177] Der Betreiber/Nutzer verhält sich also sorgfaltsgemäß, wenn das vernetzte System zur Erfüllung der Aufgabe geeignet und funktionsfähig ist. Dazu gehört bei vernetzten Systemen auch, dass IT-Sicherheit gewährleistet ist. Zudem muss der Betreiber/Nutzer mit dem Umgang des Systems vertraut sein und das System auf (erkennbare) Fehlfunktionen prüfen. Pflichten wie etwa Instruktionspflichten können auch zwischen Betreiber und Nutzer bestehen, wenn zwischen diesen ein Vertragsverhältnis über die Bereitstellung des vernetzten Systems besteht. Im Hinblick auf die Darlegungs- und Beweislast gelten die allgemeinen Regeln. Somit hat der Geschädigte die Pflichtverletzung, die Entstehung des Schadens und die haftungsausfüllende Kausalität nachzuweisen, während sich der Schädiger im Hinblick auf sein fehlendes Verschulden entlasten muss (§ 280 Abs. 1 S. 2 BGB).[178]

D. Die außervertragliche Haftung bei vernetzten Systemen

38 Während im vorangegangenen Abschnitt der Blick auf die vertragliche Ebene geworfen wurde und bei Detailfragen bereits ergänzende Ausführungen zur außervertraglichen Haftung vorgenommen wurden, soll im Folgenden eine Analyse der Besonderheiten der außervertraglichen Haftung bei vernetzten Systemen erfolgen. Die außervertragliche Haftung wird insbesondere bei Schäden Dritter (sog. innocent bystanders) relevant (zB selbstfahrendes Fahrzeug streift beim Einparken ein anderes Fahrzeug). Der Schwerpunkt der Untersuchung liegt auf der Herstellerhaftung, bei der sich im IoT eine Reihe neuer Fragen stellt.

---

[175] Näher → Teil 9.6.4. Rn. 16 ff.
[176] So bereits *Horner/Kaulartz*, DSRITB 2015, 501 (505).
[177] Ausführlich→ Teil 9.6.4 Rn. 16 ff.
[178] Ausführlich zur Beweislast und den Unterschieden bei Verletzung (nicht) erfolgsbezogener Leistungspflichten und Schutzpflichten vgl. *Lorenz*, in BeckOK BGB§ 280 Rn. 78 ff.

Im Anschluss wird auf die deliktische Haftung von Betreibern bzw. Nutzern eines vernetzten Systems eingegangen.

I. Die Haftung des Herstellers eines vernetzten Systems

Die Haftung des Herstellers eines fehlerhaften vernetzten Systems beruht auf zwei Säulen: der **deliktischen Produzentenhaftung nach § 823 Abs. 1 BGB** und der **spezialgesetzlichen Produkthaftung (ProdHaftG)**, die sich nur in Details unterscheiden.[179] Daneben kann auch eine Haftung nach **§ 823 Abs. 2 BGB** in Verbindung mit einem individualschützenden Schutzgesetz in Betracht kommen. Wichtige Schutzgesetze sind im vorliegenden Kontext die Normen des Produktsicherheitsgesetzes[180] und des Medizinproduktegesetzes[181] bzw. der neuen Medizinprodukteverordnung[182]. Diese werden bereits an anderer Stelle in diesem Handbuch näher untersucht, weshalb sich die folgenden Ausführungen auf die Produzenten- und Produkthaftung im IoT fokussieren.

1. Anwendungsbereich

Sowohl die deliktische Produzentenhaftung als auch das Produkthaftungsgesetz knüpfen an ein fehlerhaftes Produkt an. Der deliktische Produktbegriff als Konkretisierung einer Verkehrspflicht erfasst ohne weiteres auch Software und digitale Inhalte.[183] Das ProdHaftG stellt hingegen in § 2 ProdHaftG auf das Vorliegen einer beweglichen Sache ab. Damit bereitet die Einordnung von vernetzter Software Probleme. Jedenfalls wenn die Software Teil eines physischen Systems ist (sog. embedded software), liegt nach überwiegender Auffassung eine hinreichende Verkörperung iSd § 2 ProdHaftG und damit ein Produkt vor.[184] Kontrovers wird hingegen die Produkteigenschaft reiner Software-Systeme beurteilt (sog. standalone software), die aber zurecht bejaht wird.[185]

2. Produktfehler

a) Allgemeine Grundlagen

Der Produktfehlerbegriff wird gängig in die Fallgruppen der **Konstruktions-, Fabrikations-** und **Instruktionsfehler** unterschieden.[186] Der deliktische und produkthaftungsrechtliche Fehlerbegriff stimmen dabei (weitgehend) überein.[187] Eine wichtige Rolle für

---

[179] Näher→ Teil 9.6.4; sa BGHZ 181, 253 Rn. 12 = NJW 2009, 2952 zur Übereinstimmung von deliktischen und produkthaftungsrechtlichen Produktfehlerbegriff; ausführlich *Wagner*, AcP 217 (2017), 707 (711); *Wagner*, in MüKo-BGB, Einl. ProdHaftG Rn. 17 ff.; *Förster*, in BeckOK BGB, § 1 ProdHaftG Rn. 12 f.
[180] Näher→ Teil 9.6.4; *Wagner*, in MüKo-BGB, § 823 Rn. 1024 ff.; *Förster*, in BeckOK BGB, § 823 Rn. 290; *Rockstroh/Kunkel*, MMR 2017, 77 (81 f.).
[181] Näher→ Teil 13; *Wagner*, in MüKo-BGB, § 823 Rn. 1040 ff.; *Wagner*, in Rehmann/Wagner, MPG, § 4 Rn. 8.
[182] Näher → Teil 13; *Wagner*, in MüKo-BGB, § 823 Rn. 1040.
[183] *Spindler*, in BeckOBK BGB, § 823 Rn. 729; *Spindler*, NJW 2004, 3145; *Droste*, CCZ 2015, 105 (107); *Wagner*, in MüKo-BGB, § 823 Rn. 923.
[184] Näher → Teil 9.6.4; sa *Oechsler*, in Staudinger, § 2 ProdHaftG Rn. 67; *Wagner*, AcP 217 (2017), 707 (715); *Wende*, in Sassenberg/Faber, Rechtshandbuch Industrie 4.0 und Internet of Things, § 4 Rn. 33; *v. Westphalen*, in Foerste/v. Westphalen, Produkthaftungshandbuch, § 47 Rn. 40 ff.; *Redeker*, IT-Recht, Rn. 830.
[185] Näher → Teil 9.6.4; sa *Wagner*, AcP 217 (2017), 707 (717 f.); *Wagner*, in MüKo-BGB, § 2 ProdHaftG Rn. 21 ff.; *Rebin*, in BeckOGK BGB, § 2 ProdHaftG Rn. 49 ff.; *Diedrich*, in Schuster/Grützmacher, IT-Recht, § 2 ProdHaftG Rn. 4 ff.
[186] Hierzu allgemein *Wagner*, in MüKo-BGB, § 823 Rn. 970 ff. und § 3 Rn. 41 ff.; *Förster*, in BeckOK BGB, § 823 Rn. 701 ff. und § 3 Rn. 29 ff.
[187] Näher → Teil 9.6.4; sa BGHZ 181, 253 Rn. 12 = NJW 2009, 2952; *Wagner*, in MüKo-BGB, § 3 ProdHaftG Rn. 41; *Förster*, in BeckOK BGB, § 3 ProdHaftG Rn. 29 ff. Unterschiede ergeben sich im Hinblick auf Fabrikationsfehler und „Ausreißer", die nur von der Haftung nach dem ProdHaftG erfasst werden.

vernetzte Systeme spielen Konstruktionsfehler, da sie sich auf die gesamte Produktserie beziehen. Ein Konstruktionsfehler liegt vor, wenn das Produkt schon nach seiner Konzeption unter dem objektiv gebotenen Sicherheitsstandard bleibt.[188] Erforderlich sind Sicherungsmaßnahmen, die nach dem im Zeitpunkt des Inverkehrbringens des Produkts vorhandenen neuesten Stand der Wissenschaft und Technik[189] konstruktiv möglich sind und als geeignet und genügend erscheinen, um Schäden zu verhindern.[190] Der maßgebliche Stand von Wissenschaft und Technik darf nach gefestigter Rechtsprechung nicht mit der Branchenüblichkeit gleichgesetzt werden. Andererseits muss eine überlegene Alternativkonstruktion serienreif sein, Sicherheitskonzepte, die nur „auf dem Reißbrett" bestehen, müssen nicht umgesetzt werden.[191] Der Hersteller ist nicht zu einer absoluten Sicherheit verpflichtet, muss aber diejenigen Maßnahmen ergreifen, die ein umsichtiger und verständiger, in vernünftigen Grenzen vorsichtiger Mensch für notwendig und ausreichend hält, um andere vor Schäden zu bewahren.[192] Der Sorgfaltsmaßstab ist relativ und normativ.[193] Die Zumutbarkeit bestimmt sich insbesondere nach den Nutzen und Kosten[194] der Sicherheitsmaßnahmen, dh nach Umfang des drohenden Schadens und dem Aufwand (weiterer) Sicherheitsvorkehrungen.[195] In gewissen Grenzen ist auch eine bestimmungswidrige Nutzung des Produkts in die Abwägung miteinzubeziehen.[196] Technische Standards (wie zB IEC 62433[197] für die IT-Sicherheit oder ISO/PAS 21448 für automatisierte Fahrzeuge) und öffentliches Sicherheitsrecht verhelfen in der Praxis zu einer gewissen Konkretisierung, führen aber im Fall ihrer Einhaltung nicht automatisch zur Ablehnung eines Produktfehlers und umgekehrt.[198] Zudem entwickeln sich technische Standards häufig erst zeitlich verzögert und helfen daher kaum bei der Konkretisierung der gebotenen Sorgfalt für neue technische Entwicklungen. Im Kontext von fehlerhafter Software ist zu berücksichtigen, dass die Programmierung einer fehlerfreien Software kaum möglich ist. Dieser Aspekt kann in die Bestimmung der berechtigten Verkehrserwartung einfließen, vermag aber nicht die Sicherheitserwartungen spürbar herabzusetzen.[199] In jedem Fall darf eine Basissicherheit der Software begleitet von Instruktionen über die verbleibenden Risiken und einer intensiven Produktbeobachtung erwartet werden.[200] Die Bedeutung von Up-

---

[188] Vgl. nur BGHZ 181, 253 Rn. 15 = NJW 2009, 2952; *Förster*, in BeckOK BGB, § 823 Rn. 701 ff. und § 3 ProdHaftG Rn. 30; *v. Westphalen*, in Foerste/v. Westphalen, Produkthaftungshandbuch, § 48 Rn. 25; *Wagner*, in MüKo-BGB, § 3 ProdHaftG Rn. 44 und § 823 Rn. 970 f.

[189] Zum Begriff des Stands von Wissenschaft und Technik allgemein *Wagner*, in MüKo-BGB, § 823 Rn. 953 mit § 1 ProdHaftG Rn. 56 ff.

[190] Vgl. BGHZ 181, 253 Rn. 16 = NJW 2009, 2952.

[191] BGHZ 181, 253 Rn. 20 = NJW 2009, 2952.

[192] Vgl. nur *BGH*, NJW 2013, 48 Rn. 6 mwN zur Rechtsprechung; BGHZ 181, 253 Rn. 8 = NJW 2009, 2952; *Wagner*, in MüKo-BGB, § 823 Rn. 475 ff.

[193] Näher → Teil 9.6.4.

[194] Rechtsökonomisch wird teilweise vom *risk-utility test* gesprochen, letztlich geht es auch hier um die Anwendung der marginalisierten Learned-Hand-Formel (grundlegend *United States v. Carroll Towing Co.*, 159 F. 2d 169, 173 (2d Cir. 1947)). Näher → Teil 9.6.4; sa *Posner*, Economic Analysis of Law, § 6.1. S. 191 ff. und § 6.3 S. 231 ff.; *Landes/Posner*, The Economic Structure of Tort Law, S. 291; *Schäfer/Ott*, Lehrbuch der ökonomischen Analyse des Zivilrechts, S. 183, 375; *Wagner*, in MüKo-BGB, Vorb. § 823 Rn. 55 f. und § 823 Rn. 478 f. und 972.

[195] Zu weiteren Gesichtspunkten → Teil 9.6.4; *Spindler*, in BeckOGK, § 823 Rn. 623 und 388.

[196] *BGH*, NJW 2013, 1302 Rn. 14; NJW 2009, 1669 Rn. 11; NJW 1999, 2815; BGHZ 116, 60, 65 = NJW 1992, 560; *Wagner*, in MüKo-BGB, § 823 Rn. 957 und § 3 ProdHaftG Rn. 24; *Förster*, in BeckOK BGB, § 823 Rn. 690 und § 3 ProdHaftG Rn. 17.

[197] Dazu *Kunkel/Rockstroh*, MMR 2017, 77 (80).

[198] *BGH*, NJW 1994, 3349 (3350); NJW 1987, 372 (373); *Wagner*, in MüKo-BGB, § 823 Rn. 958 und § 3 ProdHaftG Rn. 27 ff.; *Foerste*, in Foerste/v. Westphalen, Produkthaftungshandbuch, § 24 Rn. 42 ff.; *Förster*, in BeckOK BGB, § 823 Rn. 694 f.; *Goehl*, in BeckOGK, § 3 ProdHaftG Rn. 63.

[199] *Oechsler*, in Staudinger, § 3 ProdHaftG Rn. 126; *Spindler*, in BeckOGK, § 823 Rn. 729; *Wende*, in Sassenberg/Faber, Rechtshandbuch Industrie 4.0 und Internet of Things, § 4 Rn. 76; *Lehmann*, NJW 1992, 1721 (1725).

[200] *Oechsler*, in Staudinger BGB, § 3 Rn. 126; *Wagner*, in MüKo-BGB, § 3 ProdHaftG Rn. 31; *Spindler*, in BeckOGK BGB, § 823 Rn. 732 ff.

dates für vernetzte Systeme wurde bereits oben hervorgehoben. Im Hinblick auf die Konstruktionspflichten dürfte daraus folgen, dass das vernetzte Produkt regelmäßig updatefähig sein muss.[201] Hinsichtlich von Instruktionspflichten bestehen bei vernetzten Systemen grundsätzlich keine Besonderheiten, der Hersteller muss auf die Risiken, die mit der Nutzung des Systems verbunden sind, hinweisen und den Nutzer in den sicheren Gebrauch des vernetzten Systems einweisen. Der Umfang der Instruktionspflichten bestimmt sich nach den mit der Nutzung des Produkts verbundenen Gefahren (Umfang und Wahrscheinlichkeit des Schadens) und den Kenntnissen des Nutzers.[202] Gegebenenfalls muss der Hersteller zusätzlich akustische oder optische Warnhinweise während der konkreten Nutzung des vernetzten Systems vorsehen (zB wenn die Verbindung zu einem notwendigen Netzwerk abbricht).[203] Wird die Software eines vernetzten Systems im Zuge eines Updates verändert, kann dies eine erneute Einführung in die Bedienung erforderlich machen.[204]

b) Vernetzung als Produktfehler?

Vernetzte Systeme im Internet of Things sind darauf ausgerichtet, miteinander zu interagieren und kommunizieren. Die Abhängigkeit von der digitalen Systemumgebung kann jedoch auch Fehler verursachen (**Vernetzungsrisiko**), die in den Produktfehlerbegriff bzw. die allgemeine Verkehrspflichtendogmatik eingeordnet werden müssen. Es geht dabei insbesondere um die Fälle, in denen Risiken und Fehler durch die Kombination verschiedener Systeme entstehen. Stammt beispielsweise das eine System vom Hersteller A, das andere System vom Hersteller B und sind beide für sich genommen funktionsfähig, stellt sich die Frage, wie die Verantwortung für Kombinationsgefahren zu verteilen ist. Diese Problematik wird nicht nur im Rahmen der Produktbeobachtung (→ Rn. 45 ff.) relevant, sondern sie ist bereits auf der Ebene der Konstruktion zu adressieren. Auch wenn sich diese Thematik im Internet of Things wohl künftig vermehrt stellen wird, handelt es sich bei der Behandlung der Gefahren der Produktkombination an sich um keine neue Frage.[205] Abstrakt lassen sich die Verantwortungsbereiche verschiedener Hersteller anhand der allgemeinen dogmatischen Grundsätze und Wertungskriterien für die Entstehung von Verkehrspflichten abgrenzen, also nach dem Kosten-Nutzen-Prinzip, dem Prinzip der Gefahrerhöhung- und Gefahrbeherrschung und dem Vertrauensprinzip.[206] Zur Konkretisierung des jeweiligen Pflichtenumfangs kann man sich zudem an der Produktbeobachtungspflicht[207] und ihrem abgestuften Pflichtenumfang im Hinblick auf Zubehör orientieren. Daraus folgt die einfache Erkenntnis, dass wenn Hersteller A sein vernetztes System auf die Interaktion mit dem System von Hersteller B ausrichtet, er auch geeignete Maßnahmen zur Verhinderung von Kombinationsrisiken ergreifen muss. Weiterhin lassen sich folgende Leitlinien aufstellen: In einem geschlossenen System[208] kontrolliert dessen Hersteller den Zugang von Drittsoftware zum System. Korrespondierend mit den tatsächlichen Einwirkungs- und Kontrollmöglichkeiten, wachsen auch die Sorgfaltspflichten des Herstellers, so dass er für sicherheitsrelevante Störungen haftbar gemacht werden kann, die durch die

42

---

[201] *Wagner*, in MüKo-BGB, § 823 Rn. 968. Zu weiteren Konstruktionspflichten speziell in Zusammenhang mit selbstfahrenden Fahrzeugen vgl. → Teil 9.6.4.
[202] *Wagner*, in MüKo-BGB, § 823 Rn. 981 ff.
[203] *Spindler*, in BeckOGK, § 823 Rn. 733; *Oechsler*, in Staudinger, § 3 ProdHaftG Rn. 127 und 49.
[204] *Wagner*, in MüKo-BGB, § 823 Rn. 1010.
[205] Ausführlich hierzu *Foerste*, in Foerste/v. Westphalen, Produkthaftungshandbuch, § 25 Rn. 172 ff.
[206] Instruktiver Überblick bei *Habersack/Zickgraf*, ZHR 182 (2018), 252 (268 ff.); ausführlich *Spindler*, in BeckOGK BGB, § 823 Rn. 388 ff.; *Wagner*, in MüKo-BGB, § 823 Rn. 450 ff. und 475 ff.; *Larenz/Canaris*, Schuldrecht II/2, § 76 III, S. 399 ff.; *v. Bar*, Verkehrspflichten, S. 112 ff.; *v. Bar*, JuS 1988, 169 (170 f.); *v. Bar*, FS Kitagawa, S. 279 (291 f.).
[207] *Foerste*, in Foerste/v. Westphalen, Produkthaftungshandbuch, § 25 Rn. 184; BGHZ 99, 167 = NJW 1987, 1009; *Ulmer*, ZHR 152 (1988), 564 ff.; *Spindler*, in BeckOGK BGB, § 823 Rn. 658 ff.; *Wagner*, in MüKo-BGB, § 823 Rn. 988 ff.
[208] Begriff nach *Wagner*, AcP 217 (2017), 707 (753 f.).

Software der Drittanbieter verursacht werden.[209] Reduzierte Pflichten treffen hingegen den Hersteller eines offenen Systems[210], der Dritten den Zugang zu seiner Software ohne weitere Kontrolle öffnet. Sorgt die Drittsoftware für Störungen des offenen Systems, hat diese Gefahr im Grundsatz der Nutzer zu tragen. Der Beitrag des Herstellers zur Gefahrschaffung liegt allein in der Öffnung des Systems, weshalb man regelmäßig nur verlangen kann, dass die Software des offenen Systems eine Basissicherheit gegenüber sicherheitsrelevanten Störungen von Drittprogrammen aufweist.[211] Daneben bestehen natürlich Instruktions-[212] und Produktbeobachtungspflichten (näher → Rn. 45 f.). Wird dem Hersteller bekannt, dass bestimmte Drittsoftware sicherheitsrelevante Störungen des vernetzten Systems verursacht, muss er die Nutzer zumindest darauf hinweisen und ggf. weitere Maßnahmen wie Sicherheitsupdates ergreifen.

43 Schließlich erschwert der Prozess des Unbundling[213], also der getrennten Vermarktung von Hard- und Software(teilen), die Zuordnung und den Nachweis haftungsrechtlicher Verantwortlichkeit. So ist schon jetzt zu beobachten, dass die Funktionalität von vernetzten Systemen von ihrer Verbundenheit mit einer IT-Infrastruktur und digitalen Inhalten und Diensten abhängt. Für einen Geschädigten wird der Fehlernachweis zunehmend schwieriger, weshalb in der Literatur eine Ausweitung des Produktbegriffs *(de lege ferenda)* auf Online-Dienstleistungen erwogen wird.[214] Danach soll wohl letztlich der Hersteller des vernetzten Systems haften, unabhängig davon, ob der Fehler in dem vernetzten System selbst oder einem vernetzten digitalen Dienst liegt. Dies mag noch möglich sein, wenn der Hersteller und der Diensteanbieter identisch sind, schwieriger wird es aber dann, wenn das vernetzte System selbst erst durch den Nutzer aus einzelnen Produkten verschiedener Hersteller (zB bei getrenntem Vertrieb von Software, Hardware und korrespondierendem Online-Dienst) zusammengesetzt wird.[215] Welcher Hersteller soll dann haften? Besser erscheint es, die Probleme direkt im Rahmen der Darlegungs- und Beweislast zu adressieren und den Geschädigten mit einem Anscheinsbeweis oder Vermutungsregeln zu unterstützen.[216] Das Vernetzungsrisiko ist vor allem ein Beweisproblem.[217] Im Übrigen wird eine Haftung des Systemherstellers für Schäden, die durch fehlerhafte Daten eines Dritten ausgelöst werden, in der Regel ausscheiden. Ein haftungsrechtlich relevanter Vorwurf kommt allerdings dann in Betracht, wenn der Hersteller auf die Richtigkeit der zugelieferten Daten nicht hätte vertrauen dürfen, oder er weitere Sicherheitsmaßnahmen hätte ergreifen können und müssen.[218] Ein anderes Verständnis würde zudem zu konstruktiven Problemen im Hinblick auf den Zeitpunkt der Inverkehrgabe (§ 1 Abs. 2 Nr. 2 ProdHaftG) führen.[219]

---

[209] *Wagner,* AcP 217 (2017), 707 (753).
[210] Begriff nach *Wagner,* AcP 217 (2017), 707 (753 f.).
[211] *Wagner,* AcP 217 (2017), 707 (754).
[212] Zu Instruktionspflichten im Hinblick auf Kombinationsrisiken *Wagner,* in MüKo-BGB, § 823 Rn. 979; *Spindler,* in BeckOGK BGB, § 823 Rn. 650.
[213] Dazu näher *Wagner,* in Faust/Schäfer, Travermünder Symposium zur ökonomischen Analyse des Rechts, S. 1, 26; *Wagner,* in Lohsse/Schulze/Staudenmayer, Liability for Artificial Intelligence and the Internet of Things, S. 27 (39 f.); *Spindler,* in Lohsse/Schulze/Staudenmayer, Liability for Artificial Intelligence and the Internet of Things, S. 125 (137 f.).
[214] *Spindler,* in Lohsse/Schulze/Staudenmayer, Liability for Artificial Intelligence and the Internet of Things, 2019, S. 125 (137 f.); *Oechsler,* in Staudinger, § 2 ProdHaftG Rn. 2, § 3 ProdHaftG Rn. 127.
[215] *Spindler,* in Lohsse/Schulze/Staudenmayer, Liability for Artificial Intelligence and the Internet of Things, 2019, S. 125 (137 f.); sa *Wagner,* in Faust/Schäfer, Travermünder Symposium zur ökonomischen Analyse des Rechts, S. 1 (26), *Wagner,* in Lohsse/Schulze/Staudenmayer, Liability for Artificial Intelligence and the Internet of Things, S. 27 (39 f.).
[216] Das entsprechende Problem besteht bei autonomen System → Teil 9.6.4, dort auch zu weiteren beweisrechtlichen Möglichkeiten.
[217] *Wagner,* VersR 2020, 717, 739; *Zech,* 73. DJT Gutachten A, S. A 105.
[218] Anders *Oechsler,* in Staudinger, § 2 ProdHaftG Rn. 2, der zwar das Vorliegens eine Produktfehlers bejaht, dann aber über § 1 Abs. 2 Nr. 2 ProdHaftG zu einer Entlastung des Herstellers für fehlerhafte Dienste Dritter gelangt. Stimmiger erscheint es, schon das Vorliegen eines Produktfehlers abzulehnen, da sich die Sicherheitserwartung nur auf die dem Hersteller möglichen Maßnahmen bezieht.
[219] Dazu näher mit Vorschlägen *Oechsler,* in Staudinger, § 2 Rn. 2 und § 3 ProdHaftG Rn. 127.

c) IT-Sicherheit als Produktsicherheit

Die **IT-Sicherheit** (→ Rn. 19) eines vernetzten Systems ist auch im Rahmen der außer- 44
vertraglichen Haftung zu berücksichtigen. Der außervertragliche Schutz ist jedoch auf Sicherheitsrisiken begrenzt und erfordert die Verletzung eines der in § 823 Abs. 1 BGB oder § 1 ProdHaftG genannten Rechtsgüter. Die IT-Sicherheit als Teil der Produktsicherheit ist also enger zu verstehen als im Rahmen der vertraglichen Haftung.[220] Reine Vermögensschäden werden deliktisch nicht erfasst, allenfalls kann im Einzelfall die Beeinträchtigung des sonstigen Rechts am Gewerbebetrieb[221] in Betracht gezogen werden. Eine Haftung setzt dann jedoch die Betriebsbezogenheit der schädigenden Handlung voraus, woran es häufig fehlen wird.[222] Die Veränderung und Löschung von Daten wird nach herrschender Auffassung reflexiv über das Eigentum oder den berechtigten Besitz erfasst (→ Rn. 30).

Auch wenn die unmittelbar schädigende Handlung von einem Dritten stammt, der in 45
das vernetzte System eindringt, kann dem Hersteller gleichwohl eine Verletzung eigener Verkehrspflichten vorzuwerfen sein, wenn er das Eindringen Dritter (schuldhaft) nicht verhindert hat (Fallgruppe der mittelbaren Verletzungshandlung).[223] Bedeutsam für die Bestimmung des Sorgfaltsniveaus ist die Größe der vom vernetzten Produkt ausgehenden Gefahr, mithin also Wahrscheinlichkeit und Umfang des drohenden Schadens.[224] Das Produkt muss so konzipiert sein, dass es bei bestimmungsgemäßem Gebrauch (oder vorhersehbarem Fehlgebrauch) und bei Beachtung der Anleitung durch den Hersteller gefahrlos benutzt werden kann.[225] Jedenfalls eine Basissicherheit dürfte bei vernetzten Systemen zu verlangen sein (→ Rn. 39). Es können aber nur solche Sicherheitslücken als Produktfehler zu qualifizieren sein, die bereits bei Inverkehrbringen des vernetzten Systems vorlagen. Nachträglich eingetretene Sicherheitsrisiken werden hingegen von der Produktbeobachtungspflicht (→ Rn. 45) erfasst. Zudem muss der Hersteller im Hinblick auf seine künftige Produktion seine Konstruktion, Fertigung und Instruktion an die im Zuge der Produktbeobachtung gewonnenen Erkenntnisse anpassen und nachträglich erkannte Risiken verhindern.[226] Auch im Kontext von Sicherheitslücken kann eine Haftung bei einem **Entwicklungsfehler**[227] (vgl. § 1 Abs. 2 Nr. 5 ProdHaftG) ausscheiden. Die Rechtsprechung versagt eine Entlastung, wenn dem Hersteller das mit der Konzeption verbundene allgemeine Fehlerrisiko objektiv erkennbar war.[228] Daraus folgt aber nicht, dass Sicherheitslücken generell nicht als Entwicklungsfehler angesehen werden könnten, solange sie nicht allgemein bekannt sind. Vielmehr ist zumindest zu verlangen, dass ein spezifisches Fehlerrisiko erkennbar ist.[229] Ein fehlender Selbstschutz des Nutzers kann im Rahmen des Mitverschul-

---

[220] *Spindler*, in FS Canaris, S. 709 (727f.); *Wende*, in Sassenberg/Faber, Rechtshandbuch Industrie 4.0 und Internet of Things, § 4 Rn. 50 und *Rockstroh/Kunkel*, MMR 2017, 77 (78); *Bräutigam/Klindt*, NJW 2015, 1137 (1141).

[221] Dazu allgemein zB BGHZ 166, 84, 110 = NJW 2006, 830; *BGH*, NJW 2003, 1040 (1041); BGHZ 105, 346 (350) = NJW 1989, 707; BGHZ 65, 325 (328) = NJW 1976, 620; *Wagner*, in MüKo-BGB, § 823 Rn. 361ff.; *Spindler*, in BeckOGK BGB, § 823 Rn. 202ff.

[222] *Spindler*, NJW 2004, 3145 (3146).

[223] *Spindler*, NJW 2004, 3145 (3146); *Wende*, in Sassenberg/Faber, Rechtshandbuch Industrie 4.0 und Internet of Things, § 4 Rn. 45ff.; *Rockstroh/Kunkel*, MMR 2017, 77 (81); *Klindt/Wende/Burrer et al.*, Digitalisierte Wirtschaft/Industrie 4.0, Rechtsgutachten im Auftrag des BDI, S. 87f.; grundlegend zur Haftung bei Wirkungslosigkeit von Sicherungsmitteln *BGH*, NJW 1981, 1603; NJW 1981, 1606.

[224] Näher *BGH*, NJW 2013, 1302 Rn. 13.

[225] Vgl. nur *BGH*, NJW 2013, 1302 Rn. 14 mwN; BGHZ 181, 253 Rn. 28 = NJW 2009, 2952; *Wagner*, in MüKo-BGB, § 823 Rn. 475ff.; *Spindler*, in BeckOK BGB, § 823 Rn. 396ff. und 635.

[226] *BGH*, NJW 1994, 3349 (3350); NJW 1990, 906 (908); *Spindler*, NJW 2004, 3145 (3147); *Wagner*, in MüKo-BGB, § 823 Rn. 997.

[227] Ausführlich → Teil 9.6.4; BGHZ 181, 253 Rn. 33f. = NJW 2009, 2955; *Wagner*, in MüKo-BGB, § 823 Rn. 963f. und § 1 ProdHaftG Rn. 51ff.; *Spindler*, in BeckOGK BGB, § 823 Rn. 633; *Oechsler*, in Staudinger, § 1 ProdHaftG Rn. 110ff.

[228] BGHZ 181, 253 Rn. 28f. = NJW 2009, 2955.

[229] Ähnlich aber wohl restriktiver *Wende*, in Sassenberg/Faber, Rechtshandbuch Industrie 4.0 und Internet of Things, § 4 Rn. 71.

dens berücksichtigt werden (§ 254 BGB).[230] Letztlich kommt es bei der Abgrenzung der Verantwortungsbereiche von Hersteller und Nutzer stark auf den Einzelfall an.

3. Die digitale Deaktivierung des vernetzten Systems

46 Die Vernetzung von IoT-Produkten bietet Herstellern die Möglichkeit, auf sie per Fernzugriff einzuwirken und sie unter Umständen sogar zu deaktivieren. Dabei gilt es zu differenzieren: Unzulässig ist eine Deaktivierung von Funktionen zur Durchsetzung zivilrechtlicher Ansprüche des Herstellers gegen den Betreiber/Nutzer des vernetzten Systems (electronic repossesion oder smart enforcement).[231] Die Deaktivierung der Steuerungssoftware des vernetzten Fahrzeugs per Fernzugriff aufgrund offen stehender Entgeltzahlung wird in aller Regel einen Anspruch aus § 823 BGB (ggf. neben einer vertraglichen Haftung) begründen.[232] Davon zu unterscheiden ist die Konstellation einer Deaktivierung im Fall von Sicherheitsgefahren, die anders nicht effektiv behoben werden können. Diese Frage wird an anderer Stelle in diesem Handbuch vertieft. In der Literatur wird eine solche Reaktion als letztes Mittel im Einzelfall zurecht als zulässig angesehen.[233] Auch eine Deaktivierung eines IoT Produkts stellt aber eine Eigentumsverletzung dar, sie kann jedoch insbesondere gem. § 228 BGB gerechtfertigt sein.[234] Unter Umständen besteht dann allerdings eine Ausgleichspflicht des Herstellers gem. § 228 S. 2 BGB.[235] Ergänzend soll an dieser Stelle darauf hingewiesen werden, dass es unerheblich ist, ob die Software des vernetzten Systems vollständig oder nur teilweise (dh einzelne Softwarefunktionen) gesperrt wird.[236] Der Sperrbefehl ist nämlich schon als tatsächliche Einwirkung auf die Speicherzustände der eingebetteten Steuerungssoftware zu bewerten (vgl. dazu oben die Ausführungen zum Schutz von Daten), so dass sich die Frage nicht stellt, wann eine Nutzungsbeeinträchtigung einer Eigentumsverletzung gleichzustellen ist.[237] Sieht man dies anders, stellen sich schwierige Abgrenzungsfragen. Geht beispielsweise bei Deaktivierung der Autopilotenfunktion eines selbstfahrenden Fahrzeugs nur *eine* Nutzungsmöglichkeit des selbstfahrenden Fahrzeugs[238] verloren, oder dessen bestimmungsgemäße Brauchbarkeit insgesamt? Ein restriktives Verständnis an dieser Stelle könnte zu erheblichen Schutzlücken führen, zumal es (jedenfalls bei dem genannten Beispiel) um volkswirtschaftliche/soziale Schäden geht, was zumindest aus rechtsökonomischer Perspekive[239] für einen deliktischen Schutz spricht. Es überzeugt daher, eine Eigentumsverletzung bei vollständiger und teilweiser Softwaredeaktivierung im Grundsatz anzunehmen. Dem kann auch nicht die Überlegung entgegengehalten werden, dass die Sperrung keine Eigentumsverletzung verursache, da die Software(-komponente) wegen des Produktfehlers von vornherein mangelhaft sei (Gedanke des „Weiterfresser-Schadens").[240] Bei der Weiterfresser-Problematik geht

---

[230] *Spindler*, NJW 2004, 3145 (3149).
[231] Näher *Klever*, in Beyer/Erler/Hartmann et al. Privatrecht 2050, S. 379; *Wendehorst*, SVRV, Verbraucherrelevante Problemstellung zu Besitz- und Eigentumsverhältnissen beim Internet der Dinge, S. 31; *Regenfus*, JZ 2018, 79 (83); *Wagner*, in MüKo-BGB, § 823 Rn. 279; zur Frage eines possessorischen Besitzschutzes bei digitalen Eingriffen in vernetzte Systeme *Kuschel*, AcP 220 (2020), 98 ff.
[232] Vgl. dazu den Fall von *Tesla* nach *Hamilton*, Business Insider, Tesla quietly disabled the autopilot feature on a Model S vom 7.2.2020, abrufbar unter https://www.businessinsider.com/tesla-disables-autopilot-on-model-s-without-alerting-owner-2020-2?r=DE&IR=T (zuletzt abgerufen am 1.11.2020).
[233] → Teil 9.6.4; ferner *Wagner*, in MüKo-BGB, § 823 Rn. 1011; *Grünvogel/Dörrenbächer*, ZVertriebsR 2019, 87 (90); *Regenfus*, JZ 2018, 79 (83 ff.).
[234] Näher *Grünvogel/Dörrenbächer*, ZVertriebsR 2019, 87, 90 f.; *Regenfus*, JZ 2018, 79 (84 ff.).
[235] Näher *Grünvogel/Dörrenbächer*, ZVertriebsR 2019, 87, 90 f.; *Regenfus*, JZ 2018, 79 (84 ff.).
[236] So aber differenzierend *Regenfus*, JZ 2018, 79 (83).
[237] Offen gelassen bei *Regenfus*, JZ 2018, 79 (83); allgemein zur Problematik von Nutzungsbeeinträchtigungen *Wagner*, in MüKo BGB, § 823 Rn. 269 ff.
[238] So wohl in letzter Konsequenz *Regenfus*, JZ 2018, 79 (83).
[239] Vgl. dazu die Nachweise in Fn. 210.
[240] Diskussion bei *Regenfus*, JZ 2018, 79 (84 f.).

es um eine andere Sachfrage der Abgrenzung von Vertrags- und Deliktsrecht.[241] Das vertragliche Gewährleistungsrecht soll nicht durch das Deliktsrecht unterlaufen werden, wenn der Schaden des Erwerbers allein darin besteht, dass er Eigentum an einer Sache erhält, die nicht seinem Äquivalenzinteresse entspricht.[242] Darum geht es aber bei der Deaktivierung von Software(komponenten) nicht, sondern um den Schutz des Eigentümers vor Eingriffen des Herstellers in seine Entscheidungsbefugnisse hinsichtlich des vernetzten Systems. Auch wenn eine Eigentumsverletzung bei Deaktivierung des vernetzten Systems vorliegt, kann gleichwohl der Schaden bei Wertlosigkeit des IoT-Produkts entfallen.

4. Der Hersteller im (Industrial)Internet of Things

Die Digitalisierung und das Aufkommen neuer Geschäftsmodelle (zB 3-D Drucken[243]) führen zu einer zunehmenden Dispersion der Produktionsbeiträge im Herstellungsprozess.[244] An der Herstellung eines vernetzten Systems wirkt mitunter eine Vielzahl verschiedener Beteiligter mit, was die Frage nach der Abgrenzung der Verantwortungsbereiche mit sich bringt. § 4 ProdHaftG stellt klar, dass neben dem Endhersteller auch Zulieferer der Produkthaftung unterliegen. Ähnliches gilt für die deliktische Produzentenhaftung.[245] Die Haftung des Zulieferers ist im Grundsatz auf sein (Teil-)Produkt beschränkt, während der Endhersteller die Gesamtverantwortung trägt.[246] Diese grobe Einteilung wird für die spezialgesetzliche Produkthaftung in § 1 Abs. 3 ProdHaftG näher konkretisiert.[247] Grundsätzlich vergleichbar werden in der deliktischen Produzentenhaftung die Verantwortungsbereiche von Hersteller und Zulieferer abgegrenzt.[248] Den Endhersteller treffen im Hinblick auf seinen Zulieferer und dessen (Teil-)Produkt Auswahl-, Organisations- und Kontrollpflichten.[249] Grundsätzlich darf er auf die Einhaltung der Sorgfalt durch seinen Zulieferer vertrauen (sog. Vertrauensgrundsatz).[250] Auch wenn die materiellen Wertungskriterien an sich klar sind, fällt ihre Konkretisierung im Einzelfall schwer – insbesondere bei Mischformen.[251] Vergleichsweise wenig erörtert wurde bisher, wie sich Qualitätssicherungsvereinbarungen auf die deliktischen Pflichten auswirken. Da sie Einfluss auf die Gefahrbeherrschungsmöglichkeiten haben, sind sie konsequenterweise auch im Rahmen der Konkretisierung von Verkehrspflichten zu berücksichtigen.[252] Dieses System der Herstellerverantwortlichkeit lässt sich ohne weiteres auf vernetzte Systeme übertragen, besonderer Anpassungsbedarf ist insoweit nicht ersichtlich.

5. Die deliktische Produktbeobachtungspflicht

Die deliktsrechtliche **Produktbeobachtungspflicht** erklärt sich vor dem Hintergrund, dass sich die Sorgfaltspflichten (Konstruktions-, Fabrikations- und Instruktionspflichten)

---

[241] *Förster*, in BeckOK BGB, § 823 Rn. 134 ff.
[242] *Förster*, in BeckOK BGB, § 823 Rn. 134.
[243] Dazu ausführlich *Leupold/Glossner*, 3D Printing; *Oechsler*, in Staudinger, § 4 ProdHaftG Rn. 30 ff.
[244] *Wagner*, VersR 2020, 717 (725, 733, 739 ff.).
[245] *Wagner*, AcP 217 (2017), 707 (720); *Wagner*, in MüKo-BGB, § 823 Rn. 925 ff.; *Spindler*, in BeckOGK BGB, § 823 Rn. 687 f.
[246] *Wagner*, AcP 217 (2017), 707 (720); *Wagner*, in MüKo-BGB, § 823 Rn. 925.
[247] Dazu ausführlich → Teil 9.6.4; *Wagner*, AcP 217 (2017), 707 (720, 721); *Wagner*, in MüKo-BGB, § 1 ProdHaftG Rn. 63 ff.
[248] *Wagner*, in MüKo-BGB, § 823 Rn. 926 ff.; *Spindler*, in BeckOGK § 823 Rn. 682 ff.; *Foerste*, in Foerste/von Westphalen, Produkthaftungshandbuch, § 25 Rn. 28 ff.
[249] *Spindler*, in BeckOGK, § 823 Rn. 682; *Wagner*, in MüKo-BGB, § 823 Rn. 926.
[250] *Wagner*, in MüKo-BGB, § 823 Rn. 927 und 480 ff.
[251] Näher *Spindler*, in BeckOGK § 823 Rn. 701; *Foerste*, in Foerste/v. Westphalen, Produkthaftungshandbuch, § 25 Rn. 131 ff.
[252] *Wagner*, in MüKo-BGB, § 823 Rn. 928; ähnlich *Spindler*, in BeckOGK, § 823 Rn. 686; *Wende*, in Sassenberg/Faber, Rechtshandbuch Industrie 4.0 und Internet of Things, § 4 Rn. 87.

des Herstellers zeitpunktbezogen auf das Inverkehrbringen beziehen.[253] So liegt ein Fehler in der Konstruktion nur vor, wenn der Hersteller das im Zeitpunkt der Inverkehrgabe verfügbare Sicherheitsniveau unterschritten hat. Damit endet die Verantwortlichkeit des Herstellers aber nicht. Als *cheapest cost avoider*[254] im Vergleich zu den Produktnutzern ist er auch nach Inverkehrbringen noch am besten in der Lage, Gefahren des Produkts zu erkennen und beherrschen.[255] Die Produktbeobachtungspflicht hat eine aktive und passive Dimension.[256] Die aktive Produktbeobachtung betrifft die Sammlung von Informationen über mögliche Sicherheitsrisiken des Produkts und verpflichtet den Hersteller, nach Fehlerquellen Ausschau zu halten. Im Rahmen der passiven Produktbeobachtungspflicht muss der Hersteller Kundenbeschwerden entgegennehmen und ein Beschwerdemanagement einrichten.

49 Die Produktbeobachtungspflicht findet ohne Einschränkung auch bei vernetzten Systemen Anwendung, es stellen sich dabei drei Fragen: Erstens die Intensität der Produktbeobachtungspflicht im Hinblick auf Gefahren des vernetzten Produkts, zweitens die Beobachtungspflicht im Hinblick auf interagierende Systeme bzw. Zubehör und drittens die zeitliche Dauer der Beobachtungspflicht.[257] Diese Fragen stellen sich, weil der Hersteller von vernetzten Systemen typischerweise über einen direkten und damit im Vergleich zu herkömmlichen Produkten besseren Zugang zu Gerätedaten verfügt. Zudem sind vernetzte Systeme in einem noch viel größeren Umfang als bisher auf Interaktion und Kombination mit anderen Systemen und digitalen Diensten ausgelegt. Eine Beantwortung fällt abstrakt grundsätzlich leicht, vergegenwärtigt man sich, dass es bei der Produktbeobachtungspflicht um eine deliktische Verkehrspflicht handelt, die sich insbesondere durch eine Kosten-Nutzen Analyse (iSd. marginalisierten Learned-Hand-Formel) konkretisieren lässt. Daraus ergibt sich, dass korrelierend zu den neuen technischen und rechtlichen Möglichkeiten der Produktbeobachtung sowie dem Gefahrenpotenzial des Produkts der Umfang und die Intensität der Beobachtungspflichten für Hersteller vernetzter Systeme steigen kann.[258] Allerdings führt dies nicht zu einer uferlosen Herstellerpflicht. Im Hinblick auf Zubehör kann man sich an den Grundsätzen der Honda-Goldwing Rechtsprechung des BGH orientieren.[259] Eine Beobachtungspflicht besteht somit zumindest für Zubehör Dritter, dessen Kombination der Hersteller bewusst ermöglicht oder bewirbt. Dagegen dürfte die bloße Koppelungsmöglichkeit mit dem vernetzten System nicht ausreichen, vielmehr muss ein konkreter Anlass für die Möglichkeit der Beeinträchtigung der Produkteigenschaft vorliegen, oder die sicherheitsrelevanten Zubehörteile müssen so allgemeingebräuchlich sein, dass der Hersteller mit ihrer Nutzung an seinem Produkt rechnen muss.[260] Die Prüfungspflicht erstreckt sich daher insbesondere auf die Produkte der Marktführer.[261] Sie bezieht sich dabei auf die Kombinationsgefahren, nicht auf Mängel des Zubehörteils.[262] Erhöhte Beobachtungspflichten bestehen zudem im Hinblick auf die IT-Sicherheit ver-

---

[253] Grundlegend zur Produktbeobachtungspflicht BGHZ 99, 167 = NJW 1987, 1009; *Ulmer*, ZHR 152 (1988), 564; *Spindler*, in BeckOGK, § 823 Rn. 658ff.; *Wagner*, in MüKo-BGB, § 823 Rn. 988ff.
[254] Zum Begriff *Calabresi*, The Cost of Accidents, S. 135; *Schäfer/Ott*, Lehrbuch der ökonomischen Analyse des Zivilrechts, S. 254f.
[255] *Wagner*, AcP 217 (2017), 707, 751.
[256] Diese Kategorisierung ist umstritten, die genaue dogmatische Ausdifferenzierung ist im Grundsatz aber nicht entscheidend. Wie hier *Wagner*, AcP 217 (2017), 707 (751); *Wagner*, in MüKo-BGB, § 823 Rn. 990f.; *Spindler*, in BeckOGK, § 823 Rn. 658; *Wende*, in Sassenberg/Faber, Rechtshandbuch Industrie 4.0 und Internet of Things, § 4 Rn. 20ff.
[257] Ausführlich zum Ganzen bereits → Teil 9.6.4.
[258] Ausführlich → Teil 9.6.4; *Wagner*, AcP 217 (2017), 707 (751); *Droste*, CCZ 2015, 105 (110); *Grünvogel/Dörrenbächer*, ZVertriebsR 2019, 87 (88ff.); *Wende*, in Sassenberg/Faber, Rechtshandbuch Industrie 4.0 und Internet of Things, § 4 Rn. 23; *Piltz/Reusch*, BB 2017, 841 (841f.).
[259] BGHZ 99, 167.
[260] *Grünvogel/Dörrenbächer*, ZVertriebsR 2019, 87 (91); *Droste*, CCZ 2015, 105 (109).
[261] BGHZ 99, 167, 174 Rn. 24 = NJW 1987, 1009; *Grünvogel/Dörrenbächer*, ZVertriebsR 2019, 87 (91).
[262] *Wagner*, in MüKo-BGB, § 823 Rn. 989, 979.

netzter Systeme.²⁶³ Die zeitliche Dauer der Beobachtungspflicht gilt es ebenfalls anhand von Kosten-Nutzen Überlegungen für den Einzelfall zu konkretisieren.²⁶⁴ Eine starre zeitliche Grenze besteht nicht.

Werden Risiken erkennbar, ist der Hersteller zum Zweck effektiver Gefahrenabwehr zur Reaktion verpflichtet. Die Intensität der **Reaktionspflichten** hängt von der Schwere der Gefährdung, von der drohenden Schadenshöhe und der Eintrittswahrscheinlichkeit ab.²⁶⁵ Die Rechtsprechung hat sich im Hinblick auf über Warnungen hinausgehende Reaktionspflichten restriktiv positioniert, was in Anbetracht der Fokussierung des Deliktsrechts auf den Schutz des Integritätsinteresses und nicht des Äquivalenzinteresses nachvollziehbar ist.²⁶⁶ Für die vorliegende Analyse wirft dies die Frage auf, ob nicht die Bereitstellung von Updates die effektivste Möglichkeit ist, um eine Gefährdung von Integritätsinteressen durch Softwarefehler zu verhindern. Es ist nicht zu leugnen, dass eine Updatepflicht in bedenkliche Nähe zum Ausgleich von Äquivalenzstörungen führen kann. Gleichwohl dürfte eine Verpflichtung des Herstelles zur Zuverfügungstellung von Sicherheitsupdates für den Regelfall angenommen werden können.²⁶⁷ Jedenfalls so lange die Software noch vertrieben wird, wird der Hersteller im Regelfall zur Beseitigung von nachträglich erkannten Sicherheitslücken mittels Updates angehalten sein.²⁶⁸ 50

6. Die Darlegungs- und Beweislast

Im Hinblick auf die **Darlegungs- und Beweislast** gelten die allgemeinen Grundsätze.²⁶⁹ Der Geschädigte hat also den Produktfehler und dessen Kausalität für die eingetretene Rechtsgutverletzung nachzuweisen. Es ist zu erwarten, dass die Vernetzung der Systeme und ihre Interaktion untereinander die Identifikation des Fehlers (und damit auch die Identifikation des Anspruchsgegners) sowie dessen Kausalität für die Rechtsgutverletzung für den Geschädigten häufig erschweren werden.²⁷⁰ Mag auch die Zuweisung haftungsrechtlicher Verantwortung abstrakt möglich sein, so muss auch die Nachweisbarkeit für den Geschädigten im Blick behalten werden. Zwar lässt sich an § 830 Abs. 1 S. 2 BGB denken, wenn im Fall von Vernetzungsgefahren und Systemversagen haftungsrechtliche Verantwortlichkeit zugewiesen werden soll, dessen Nutzen ist allerdings begrenzt. Die Anwendbarkeit der Norm setzt nämlich voraus, dass grundsätzlich jeder Beteiligte den Schaden hätte herbeiführen können.²⁷¹ Die Erleichterung bezieht sich nur auf die haftungsbegründende Kausalität nicht aber auf das Bestehen eines pflichtwidrigen Verhaltens.²⁷² Im vorliegenden Kontext wird Unklarheit aber gerade häufig im Hinblick auf die Pflichtwidrigkeit der potenziellen Schädiger bestehen, was dann zunächst eine Aufklärung des Sachverhalts erforderlich macht.²⁷³ 51

---

²⁶³ *Wende*, in Sassenberg/Faber, Rechtshandbuch Industrie 4.0 und Internet of Things, § 4 Rn. 48 und 59; *Droste*, CCZ 2015, 105 (107); *Spindler*, CR 2015, 766 (769); *Spindler*, NJW 2004, 3145 (3147); *Foerste*, in Foerster/v. Westphalen, Produkthaftungshandbuch, § 24 Rn. 175, insbes. wegen fehlender Fehlerfreiheit von Software.
²⁶⁴ Ausführlich → Teil 9.6.4; *Wagner*, in MüKo-BGB, § 823 Rn. 989; *Spindler*, in BeckOGK, § 823 Rn. 660.
²⁶⁵ Ausführlich → Teil 9.6.4; BGHZ 179, 157 Rn. 10 = NJW 2009, 1080; BGHZ 80, 186 (191) = NJW 1981, 1603.
²⁶⁶ Näher *Wagner*, in MüKo-BGB, § 823 Rn. 992 ff.
²⁶⁷ Ausführlich → Teil 9.6.4; *Wagner*, in MüKo-BGB, § 823 Rn. 1008; *Wagner*, AcP 217 (2017), 707 (756); *Zech*, 73. DJT Gutachten A, S. A 73.
²⁶⁸ Näher → Teil 9.6.4; *Raue*, NJW 2017, 1841 (1844); *Grünvogel/Dörrenbächer* ZVertriebsR 2019, 87 (89); wohl iE auch *Wagner*, AcP 217 (2017), 707 (757); *Wagner*, in MüKo-BGB, § 823 Rn. 1009 („vernünftig bemessene Lebensdauer").
²⁶⁹ Instruktiv *Wagner*, in MüKo-BGB, § 823 Rn. 1014 ff. und § 1 ProdHaftG Rn. 77 ff.
²⁷⁰ *Wagner*, VersR 2020, 717 (721); *Zech*, ZfPW 2019, 198 (208 f.).
²⁷¹ Vgl. *Spindler*, in BeckOGK, § 830 Rn. 16.
²⁷² *Wagner*, in MüKo-BGB, § 830 Rn. 57; BGH NJW 1994, 932; OLG Oldenburg, NJW-RR 2004, 1671; OLG Düsseldorf, NJW.RR 2010, 1106.
²⁷³ Ausführlich *Wagner*, VersR 2020, 717 (733); *Zech*, 73. DJT Gutachten A, S. A 57 f.; *Zech*, ZfPW 2019, 198 (207 f.).

52 Zur Vermeidung von Beweisproblemen und daraus resultierenden Schutzlücken werden verschiedene **Lösungen** *de lege ferrenda* diskutiert. Zum einen wird vorgeschlagen, Haftungsnormen tatbestandlich auszudehnen (→ Rn. 40), oder eine Art von Haftungsverbund zwischen den Beteiligten in Form einer Proportionalhaftung[274] bzw. eines (graduellen) Gesamtschuldverhältnisses[275] zu schaffen.[276] Diese Ansätze bewirken in erster Linie eine Verlagerung der Nachweisprobleme und der Frage nach der Abgrenzung von Verantwortungsbereichen in den Innenregress und schaffen damit eine Erleichterung für den Geschädigten.[277] Lassen sich die Kausal- und Verantwortungsbeiträge nicht aufklären, bleibt es im Fall eines Gesamtschuldverhältnisses bei einer kopfteiligen Aufteilung (§ 426 Abs. 1 BGB). Für diese Überlegung spräche, dass so zumindest die Beteiligten mit der Sachverhaltsaufklärung belastet werden, die sie am ehesten bewältigen können. Dieser Vorschlag dürfte indes bei hohem Vernetzungsgrad mit vielen Beteiligten an seine Grenzen stoßen.[278] In ähnliche Richtung geht die Überlegung, eine wirtschaftliche oder technische Einheit (commercial or technical unit) als Haftungseinheit mit gesamtschuldnerischer Haftung der für das vernetzte System Verantwortlichen zu schaffen.[279] Diese Überlegung, die auf der Annahme einer vertraglichen Abrede der Beteiligten basiert, stößt jedenfalls bei offenen Systemen bzw. beim Unbundling an seine Grenzen.[280] Eng damit verwandt sind Überlegungen einen Systemadministrator in haftungsrechtlicher Sicht zu bestimmen, der für ein Systemversagen und Vernetzungsgefahren haftet.[281] Abstrakte Leitlinien zu entwickeln, fällt allerdings schwer. Als Beispiel wird der Infrastrukturbetreiber bei digitalen Verkehrssystemen genannt.[282] Weitere Ansätze wären Versicherungsmodelle[283] oder strikte Haftungsnormen[284]. Versicherungslösungen vermögen dann zur Problemlösung beizutragen, wenn sie über die Versicherungsbeiträge das Schadensrisiko hinreichend berücksichtigen und steuern können.[285] An der Fähigkeit zur adäquaten Adressierung des Vernetzungsrisikos durch Versicherungen werden allerdings Zweifel geäußert.[286] Strikte Haftungsnormen werfen die Fragen nach dem Haftungsadressaten auf.

Stellungnahme: Bevor man größere Reformen des Haftungsrechts angeht, sollte zunächst geprüft werden, ob nicht das gängige Instrumentarium mit Anscheinsbeweis, sekundärer Beweislast und gegebenenfalls Vermutungsregeln in richterlicher Rechtsfortbildung[287] ausreichend wäre.[288] Insbesondere neue technische Möglichkeiten wie Logfiles

---

[274] Eine Proportionalhaftung macht den einzelnen Schädiger nur für den Anteil haftbar, der wahrscheinlich seinem Schadenmitverursachungsbeitrag entspricht. Vgl. näher *Zech*, ZfPW 2019, 198 (208); allgemein zur Proportionalhaftung *Wagner*, in FS Schäfer, S. 193 ff.; *Wagner*, in MüKo-BGB, § 830 Rn. 80 ff.; zur Rechtsökonomik *Schäfer/Ott*, Lehrbuch der ökonomischen Analyse des Zivilrechts, S. 309 ff.; *Shavell*, Economic Analysis of Accident Law, S. 115 f.; *Shavell*, 28 Journal of Law and Economics 587 (1985).

[275] *Spiecker gen. Döhmann*, CR 2016, 698 (703); zum rechtsökonomischen Hintergrund und möglichen Einwänden vgl. *Wagner*, in FS Schäfer, S. 193 (198); *Schäfer/Ott*, Lehrbuch der ökonomischen Analyse des Zivilrechts, S. 313.

[276] Instruktiv zur Problematik multikausaler Schäden aus rechtsökonomischer Sicht *Schäfer/Ott*, Lehrbuch der ökonomischen Analyse des Zivilrechts, S. 306 ff.; *Kornhauser/Revesz*, 98 Yale Law Journal 831 (1989); *Shavell*, 28 Journal of Law and Economics 587 (1985); *Shavell*, Economic Analysis of Accident Law, S. 115 ff.

[277] Nähere Vorschläge bei *Spiecker gen. Döhmann*, CR 2016, 698 (703).

[278] *Wagner*, VersR 2020, 717 (740).

[279] *Expert Group on Liability and New Technologies*, Liability for Artificial Intelligence and other emerging technologies, Key Findings 29 f., S. 55 ff.

[280] *Wagner*, VersR 2020, 717 (740).

[281] Näher *Wagner*, VersR 2020, 717 (740).

[282] *Wagner*, VersR 2020, 717 (740).

[283] Näher → Teil 9.6.4.4.

[284] Näher → Teil 9.6.4.4; *Spindler*, in Schulze/Lohsse/Staudenmayer, Liability for Artificial Intelligence and the Internet of Things, S. 125 (136).

[285] Zum rechtsökonomischen Hintergrund *Calabresi*, The Cost of Accidents, S. 26 ff., 43, 46; *Shavell*, Economic Analysis of Accident Law, S. 186 ff.

[286] *Wagner*, VersR 2020, 717 (740); ausführlich zu den Herausforderungen für die Haftpflichtversicherung durch autonome Systeme *Koch*, VersR 2020, 741.

[287] Vorschläge bei *Zech*, 73. DJT Gutachten A, S. A 58 ff.

D. Die außervertragliche Haftung bei vernetzten Systemen

(vgl. dazu auch den neuen § 63a StVG) sollten auf ihre Praktikabilität[289] untersucht werden.[290]

II. Die Haftung des Betreibers/Nutzers eines vernetzten Systems

Schließlich kann der Einsatz eines vernetzten Systems zu Schäden Dritter führen, für die der Betreiber bzw. Nutzer einzustehen hat. Anspruchsgrundlage ist hier neben etwaigen spezialgesetzlichen Regelungen[291] die allgemeine deliktische Haftungsnorm des § 823 BGB. Den Betreiber eines vernetzten Systems treffen aufgrund seiner umfassenderen Einwirkungsmöglichkeiten grundsätzlich weitreichendere Pflichten als den bloßen Nutzer (→ Rn. 34). Allgemein bestimmen sich Intensität und Umfang der Pflichten nach dem Umfang des drohenden Schadens, dem Aufwand von Sicherungsmaßnahmen und den Gefahrbeherrschungsmöglichkeiten.[292] Abhängig vom Einsatzzweck und dem Umfang drohender Schäden kann es im Einzelfall geboten sein, ein redundantes System oder eine menschliche Hilfsperson als Reserve vorzuhalten, um Gefahren in Störfällen zu vermeiden. Dies dürfte etwa bei Operationsrobotern der Fall sein.[293] Mit zunehmender Automatisierung werden die Pflichten des Betreibers/Nutzers in den Bereich der **Auswahl-, Kontroll- und Überwachung** verlagert.[294] Dementsprechend liegt die Verkehrspflichtverletzung beim Einsatz eines vernetzten Systems nicht in dessen konkretem „Handeln", sondern in den vorgelagerten und begleitenden Pflichten des Betreibers/Nutzers. Der Betreiber bzw. Nutzer muss sich vergewissern, dass das vernetzte System für den geplanten Einsatzzweck geeignet und funktionsfähig ist. Zudem muss er es gegebenfalls während des Einsatzes überwachen, regelmäßig warten und instandhalten. Das System ist entsprechend der Herstellerangaben zu konfigurieren, eine Modifikation der Steuerungssoftware, die nicht vom Hersteller vorgesehen ist, kann einen Verstoß gegen Verkehrspflichten begründen. Ein Sorgfaltsverstoß kommt zudem dann in Betracht, wenn der Betreiber/Nutzer das vernetzte System falsch oder missbräuchlich einsetzt, oder wenn Sicherheitsmaßnahmen vernachlässigt werden.[295]

Wie bei autonomen Systemen, bei denen eine intensive Diskussion geführt wird, ob ein Betreiber/Nutzer mangels **Verschuldens** überhaupt haftet[296], dürfte sich diese Frage auch

---

[288] Auch die *Europäische Kommission* möchte sich noch nicht für konkrete Maßnahmen und Änderungen aussprechen, sondern zunächst weitere Meinungen zum tatsächlichen Reformbedarf einholen – vgl. Bericht über die Auswirkungen künstlicher Intelligenz, des Internets der Dinge und der Robotik in Hinblick auf Sicherheit und Haftung vom 19.2.2020, COM(2020) 64 final, S. 17.

[289] Zur Frage der Herstellerhaftung, wenn ein Datenspeicher, die für die Rekonstruktion des Unfallgeschehens relevanten Daten aufgrund eines Defekts nicht aufzeichnet *Wende*, in Sassenberg/Faber, Rechtshandbuch Industrie 4.0 und Internet of Things, § 4 Rn. 77; *Salje*, in Vieweg/Gerhäuser, Digitale Daten in Geräten und Diensten, S. 221 (231 ff.). Mangels Verletzung eines der in § 1 ProdHaftG oder § 823 BGB genannten Rechtsgüter soll eine Haftung regelmäßig ausscheiden.

[290] Näher *Expert Group on Liabililty and New Technologies*, Liability for Artificial Intelligence and other emerging technologies, Key Findings 20–23, S. 47 ff.; *Spindler*, in Lohsse/Schulze/Staudenmayer, Liabililty for Artificial Intelligence and other emerging technologies, S. 125 (139).

[291] Im Kontext des automatisierten Fahrens ist an die §§ 7, 18 StVG zu denken, die bereits an anderer Stelle in diesem Handbuch erläutert werden → Teil 9.6.4; näher zB. *Buck-Heeb/Dieckmann*, in Oppermann/Stender-Vorwachs, Autonomes Fahren – Rechtsfolgen, Rechtsprobleme, technische Grundlagen, S. 141 ff.; *Buck-Heeb/Dieckmann*, NZV 2019, 113; *v. Bodungen*, in Sassenberg/Faber, Rechtshandbuch Industrie 4.0 und Internet of Things, § 16 S. 537.

[292] Ausführlich → Teil 9.6.4.Rn. 16 f.

[293] → Teil 13; sa *Spindler*, in BeckOGK, § 823 Rn. 1003.

[294] Ausführlich → Teil 9.6.4; zB *Bräutigam/Klindt*, NJW 2015, 1137 (1139); *Spindler*, in FS Canaris, S. 709 (732).

[295] *Spindler*, in Lohsse/Schulze/Staudenmayer, Liability for Artificial Intelligence and the Internet of Things, S. 125 (131 f.); *Spindler*, in Hilgendorf, Robotik im Kontext von Recht und Moral, S. 63 (71); *Spindler*, MMR 2008, 7 (10 f.); *Wende*, in Sassenberg/Faber, Rechtshandbuch Industrie 4.0 und Internet of Things, § 4 Rn. 13 und 68 f.

[296] Ausführlich → Teil 9.6.4.

bei vernetzten Systemen vermehrt stellen. Hier ist jedoch zu beachten, dass vernetzte Systeme zwar automatisiert sind, aber immer noch auf die Vorgaben des menschlichen Nutzers angewiesen sind und damit viel stärker seiner Steuerung unterliegen. Zumindest zum jetzigen Zeitpunkt ist nicht ersichtlich, dass Haftungslücken drohen. Im Hinblick auf die **Darlegungs- und Beweislast** gelten die allgemeinen Grundsätze. Bei selbstfahrenden, automatisierten Fahrzeugen kommt dem Geschädigten der Auskunftsanspruch und die Datenspeicherung nach § 63a StVG zugute.[297]

---

[297] Näher *Buck-Heeb/Dieckmann*, in Oppermann/Stender-Vorwachs, Autonomes Fahren – Rechtsfolgen, Rechtsprobleme, technische Grundlagen, S. 141 (170 ff.).

Teil 11. Cloud Computing

Teil 11.1 Cloud Computing – Vorteile und Risiken

Übersicht

	Rn.
A. Die Vorteile von Cloud Computing	1
I. Die Vorteile für das Unternehmen	2
1. Kosteneinsparungen durch Skaleneffekte	3
2. Mehr Flexibilität bei den Ressourcen und der Skalierung	4
3. Verbesserter Unternehmenswert	5
4. Verbesserte Sicherheit, Zuverlässigkeit und Governance	7
II. Die Vorteile für den Verbraucher	8
1. Die Verfügbarkeit neuer Dienste	9
2. Kostengünstigere oder kostenlose Dienste	11
III. Die Vorteile für die EU-Wirtschaften	12
B. Die Risiken des Cloud Computing	13
I. Unzureichende Datentrennung	14
II. Mangelnde Vertraulichkeit	16
III. Die Beeinträchtigung der (Daten-)Integrität	20
IV. Das Risiko für die Datenverfügbarkeit	21
V. Die fehlende Revisionssicherheit	25
VI. Datenschutz und andere rechtliche Risiken	27

Literatur:

Heidkamp/Pols, Cloud-monitor 2016: Cloud Computing in Deutschland, status quo und Perspektiven, KPMG AG; *Hentschel*, Current cloud challenges in Germany: The perspective of cloud service providers, Journal of Cloud Computing: Advances, Systems and Applications (2018) 7:5; *Mell/Grace*, The NIST Definition of Cloud Computing, National Institute of Standards and Technology, Special Publication 800-145; *Munzl/Pauly/Reti*, Cloud Computing als neue Herausforderung für Management und IT, 2015; *Vehlow/Their* (2015), Cloud Governance in Deutschland – eine Standortbestimmung, PricewaterhouseCoopers AG; *Zacher*, Cloud Computing in Deutschland 2017, IDC Central Europe GmbH.

A. Die Vorteile von Cloud Computing

Die Akzeptanz von Cloud Computing ist aufgrund der erheblichen Vorteile, die es im Vergleich zu anderen Computermodellen bietet, dramatisch gestiegen. Cloud Computing bietet reduzierte Kosten, mehr Flexibilität, eine größere Auswahl an Services, einen verbesserten Geschäftswert und, in der Tat, mehr Sicherheit und Zuverlässigkeit. Diese Vorteile kommen dem Unternehmen, dem Verbraucher und auch der EU-Wirtschaft als Ganzes zugute. Anfangs wurde Cloud Computing vor allem aus Sicherheits- und Datenschutzgründen kritisch betrachtet. Im Laufe der Zeit haben die großen Cloud-Dienstleister aber bewiesen, dass sie in der Lage sind, auch solche Probleme zu lösen. 1

I. Die Vorteile für das Unternehmen

Die wichtigsten Vorteile von Cloud Computing für das Unternehmen lassen sich wie folgt zusammenfassen: 2

1. Kosteneinsparungen durch Skaleneffekte

3   Große Public Cloud-Anbieter sind in der Lage, IT-Ressourcen zu Kosten bereitzustellen, die weit unter denen liegen, die selbst für die größten privaten Unternehmen möglich sind. Der Grund hierfür ist einfach: Grundsätzlich werden die Kosten für die Bereitstellung der IT-Infrastruktur durch die Kosten für Beschaffung, Verwaltung und Betrieb bestimmt. Im Prinzip gilt, dass die Kosten pro Nutzer für die Beschaffung und Verwaltung von IT-Ressourcen mit zunehmender Anzahl der Benutzer sinken. Große Public Cloud-Anbieter können die Fixkosten für die Anschaffung und Verwaltung ihres Rechenzentrums auf Anwendervolumina verteilen, die massiv größer sind als das Anwendervolumen eines einzelnen Kunden. Dies führt zunächst einmal zur Reduzierung der Kosten für die IT-Ressourcen auf Benutzerebene. Dies gilt asymptotisch zu den Kosten für den Strom zur Deckung der Nachfragelast, dh den Grenzkosten für den Betrieb des Rechenzentrums für den jeweiligen aktiven Benutzer. Selbst hier, bei den Grenzkosten für Strom, sind große Public Cloud-Anbieter im Vorteil. Aufgrund ihrer Größe sind sie nämlich in der Lage, energieeffiziente Rechenzentren zu entwickeln und zu betreiben. Außerdem haben sie offensichtlich eine stärkere Position beim Einkauf von Strom. Nicht zuletzt haben sie übrigens einen größeren wirtschaftlichen Anreiz, auf erneuerbare Energien umzusteigen.

2. Mehr Flexibilität bei den Ressourcen und der Skalierung

4   Cloud Computing, ob als Public oder Private Cloud Computing, ermöglicht es Unternehmen, auf eine breitere Palette von Computing-, Speicher-, Netzwerk- und Business Intelligence-Technologien zuzugreifen als es ihnen sonst möglich wäre. Der Kunde kann mit Hilfe von Cloud Computing außerdem leichter auf die neueste und fortschrittlichste Hardware zugreifen. Die Software kann einheitlicher und standardisierter aktualisiert werden. Darüber hinaus können diese Ressourcen sehr schnell hinzugefügt, vergrößert oder verkleinert werden (zB On-Demand).

3. Verbesserter Unternehmenswert

5   Cloud Computing ermöglicht es einem Unternehmen, seine Ressourcen auf das Kerngeschäft zu konzentrieren. Es besteht weniger Notwendigkeit, Zeit und Ressourcen in IT-Bemühungen zu investieren, die dem Kunden letztlich keinen differenzierten Wert bieten. Schließlich muss ein Vertriebsmitarbeiter nicht mehr genau wissen, wo sich die Daten befinden, die er für ein Verkaufsgespräch benötigt. Produktbeschreibungen, die früher in Katalogen zu suchen waren, sind nun etwa auf Anfrage stets in der aktuellsten Version verfügbar. Das bekannte Sprichwort *„Wenn Siemens wüsste, was Siemens weiß"* verliert damit seine Bedeutung. Nicht nur große Unternehmen wie *Siemens,* sondern auch kleine und mittlere Unternehmen sind nun in der Lage, Informationsmanagement auf höchstem Niveau zu betreiben – was ihnen bisher entweder von vornherein unmöglich oder nur mit wirtschaftlich unzumutbaren Kosten möglich war.

6   Kernaspekt ist dabei die Verbesserung des **„Time to Market"**. In Zeiten einer rasanten Entwicklung von Technologien, Märkten und Unternehmen ist die Fähigkeit, schnell zu reagieren, oft der Schlüssel zum Erfolg. Die Informationstechnologie wandelt sich damit von einem Kostenfaktor zu einem Wettbewerbs- und Wirtschaftsfaktor, der oft eine effiziente Abwicklung von Geschäftsprozessen erst ermöglicht.

4. Verbesserte Sicherheit, Zuverlässigkeit und Governance

7   Große Public Cloud-Anbieter haben einerseits den klaren Geschäftsanreiz, verfügen aber auch über die Ressourcen und Kompetenzen, Sicherheits- und Governance-Verfahren umzusetzen. Die Risiken von Public Cloud-Anbietern müssen mit den Schwachstellen ei-

ner privaten und selbst verwalteten IT-Infrastruktur in Relation gesetzt werden. Die IT-Sicherheit und die Sicherstellung der Business Continuity sprechen daher für die Nutzung der Cloud-Infrastruktur, oft zumindest für einen Teil der IT-Infrastruktur, die ein Unternehmen benötigt. Jeder Kunde wird jedoch sicherstellen wollen, dass der Cloud-Service-Provider über ausreichende Sicherheitsvorkehrungen verfügt, die den Empfehlungen der jeweiligen Zertifizierungsstellen und/oder anderer anerkannter Normen und Standards entsprechen.

II. Die Vorteile für den Verbraucher

Die wichtigsten Vorteile von Cloud Computing für den Verbraucher lassen sich wie folgt zusammenfassen: 8

1. Die Verfügbarkeit neuer Dienste

Die Möglichkeit des Cloud Computing hat auch die Entwicklung neuer Angebote und Dienste für den Verbraucher befeuert. Der Verbraucher nimmt die Vorteile von Cloud Computing längst gerne mit, ohne sich dabei immer bewusst zu sein, dass seine Daten in der Cloud gespeichert sind. Zu den ersten Anwendungen, die in der Cloud zur Verfügung standen, gehörten Webmail-Dienste wie *gmail* oder *webmail*. Weitere Dienstleistungen zur Speicherung von Musik, Fotos und Videos folgten. Immer weniger Menschen kaufen CDs oder erstellen eigene Musiksammlungen auf Datenträgern, auch wenn die Schallplatte eine gewisse Renaissance erfährt. Wer Cloud-Services wie *Spotify*[1], *lastfm*[2] oder *Simfy*[3] nutzt, kann nun bis zu 250.000 Tracks in der Cloud speichern. Die Nutzer können ihre Playlists dann nicht nur zu Hause, sondern auch auf dem Handy hören, unabhängig von ihrem Standort[4]. Cloud-basierte Verbraucherdienste ermöglichen Kunden, Textdateien, Tabellen, Fotos[5] und Videos[6] sowie viele andere Inhalte zu speichern. Der Pionier dieser Cloud-Services war *Dropbox*[7], andere Anbieter wie *Google Drive*[8], *Microsoft OneDrive*[9] oder *Amazon Cloud Drive*[10] stimulieren nun den Wettbewerb.[11] Schließlich ist die gesamte Bandbreite der Social Media, einschließlich *Facebook, Twitter, LinkedIn, Xing, Instagram, YouTube* und vielen anderen nur mit einer Cloud-basierten Infrastruktur möglich. 9

Wie bei Cloud-Diensten für gewerbliche Nutzer haben alle diese Angebote gemeinsam, dass sie es ihren Nutzern ermöglichen, unabhängig von Zeit und Ort auf ihre Inhalte zuzugreifen und diese zu teilen. Darüber hinaus müssen sich die Anwender keine Sorgen um die Sicherung ihrer Daten machen und nicht regelmäßig Virenschutzprogramme, teure Software-Updates oder neue Speichermedien kaufen. Der Cloud-Service-Provider übernimmt dies für sie. Ein lokaler Systemabsturz auf dem PC des Verbrauchers hat keine negativen Auswirkungen auf die in der Cloud gespeicherten Daten. Darüber hinaus können durch den Einsatz von browserbasierten oder webbasierten Clients auch komplexe Softwareanwendungen auf weniger leistungsfähigen Computern genutzt werden. 10

---

[1] https://www.spotify.com/de/.
[2] http://www.lastfm.de/.
[3] http://www.simfy.de.
[4] Vgl. hierzu http://www.heise.de/ct/artikel/All-you-can-hear-1766992.html sowie c't Heft 6/2012, S. 114 f.
[5] Vgl. zB www.flickr.com.
[6] So etwa auf www.youtube.com oder www.vimeo.com.
[7] https://www.dropbox.com/tour.
[8] https://drive.google.com. Vgl. hierzu die Einführung auf https://www.google.com/intl/de./drive/start/index.html sowie https://support.google.com/drive/bin/answer.py?hl=de&answer=2424384&topic=14942&ctx=topic.
[9] https://products.office.com/en-us/onedrive-for-business/online-cloud-storage?rtc=1.
[10] http://www.amazon.de/gp/feature.html?ie=UTF8&docId=1000655923.
[11] Zu den Vor- und Nachteilen der verschiedenen Angebote *Kessel/Stöbe/Zlotos*, c't Heft 13/2012, S. 78.

2. Kostengünstigere oder kostenlose Dienste

11 Cloud Computing ermöglicht nicht nur die kostengünstige Bereitstellung neuer Dienste, sondern auch eine ganze Reihe kostenloser Angebote.[12] Die Anbieter solcher Dienstleistungen generieren Umsätze aus anderen Quellen, meist aus der Werbung. Insbesondere konnten viele dieser Anbieter durch die Sammlung und Analyse von so genannten Behavioral Surplus eine neue Wertskala entwickeln, da der Verbraucher Daten und Inhalte für diese Dienste kostenlos zur Verfügung stellt. Dieses Thema hat bedeutende soziale und rechtliche Auswirkungen. Bedenken bleiben da nicht aus, das Wort vom „Überwachungskapitalismus" machte bereits die Runde.[13]

III. Die Vorteile für die EU-Wirtschaften

12 Cloud Computing wird die Art und Weise, wie Unternehmen und Verbraucher Daten verarbeiten, in den nächsten Jahren grundlegend verändern. Aus diesem Grund hat die Europäische Kommission die Europäische Cloud-Computing-Strategie (ECCS) ins Leben gerufen, um die Einführung von Cloud-Computing-Diensten zu fördern.[14] Die Strategie konzentriert sich auf die Entwicklung EU-weiter freiwilliger Zertifizierungssysteme, die Entwicklung von Mustervertragsbedingungen, und die Schaffung einer europäischen Cloud-Partnerschaft, die Innovation und Wachstum im öffentlichen Sektor fördern soll. Auf der Grundlage des ECCS könnten die Einnahmen aus dem Cloud-Computing in der EU bis 2020 auf fast 80 Mrd. EUR steigen, was einer Wachstumsrate von 38% entspricht.[15] Die Europäische Kommission geht davon aus, dass die Strategie einen jährlichen Nettogewinn von 160 Mrd. EUR am BIP der EU ermöglichen wird, was einem Gesamtgewinn von fast 600 Mrd. EUR zwischen 2015 und 2020 entspricht. Diese Vorteile ergeben sich weitgehend daraus, dass die Unternehmen entweder Geld sparen oder Zugang zu Technologien erhalten können, die sie produktiver machen. Darüber hinaus erwartet die Kommission, dass die Strategie 3,8 Millionen neue Arbeitsplätze schaffen und dazu beitragen wird, dass das kumulierte Bruttoinlandsprodukt 957 Milliarden Euro bis 2020 erreicht.[16] Auch wenn solche Schätzungen Marktentwicklungen nicht perfekt vorhersagen können, machen sie deutlich, dass Cloud Computing einen wesentlichen Beitrag zur Stimulierung des IKT-Sektors in der EU leisten kann, von dem auch die Wirtschaft der Mitgliedstaaten profitiert.

B. Die Risiken des Cloud Computing

13 Wie das Beispiel des amerikanischen Journalisten Mat Honan,[17] der durch die Ausspähung seiner Kreditkartendaten gleichsam über Nacht die Kontrolle über seine in der Cloud abgelegten Daten verlor, gezeigt hat, ist Cloud Computing aber auch mit besonderen Risiken behaftet. Deren Lösung kann nicht allein dem Gesetzgeber oder dem Cloud Service

---

[12] Was freilich nicht bedeutet, dass Cloud-Dienste von Verbrauchern kostenlos genutzt werden können, denn bezahlt wird letztlich mit der neuen Währung des Internet: Den Daten der Nutzer.
[13] Siehe zB *Zuboff*, Das Zeitalter des Überwachungskapitalismus", 2018.
[14] *EU Kommission*, European Cloud Computing Strategy 2012, abrufbar unter https://ec.europa.eu/digital-single-market/en/european-cloud-computing-strategy.
[15] *IDC*, Quantitative Estimates of the Demand for Cloud Computing in Europe and the Likely Barriers to Uptake SMART 2011/0045 D4 – Final Report, abrufbar unter http://ec.europa.eu/information_society/activities/cloudcomputing/docs/quantitative_estimates.pdf.
[16] *EU Kommission* „Unleashing the Potential of Cloud Computing in Europe", 27.9.2012, abrufbar unter https://ec.europa.eu/commission/presscorner/detail/en/MEMO_12_713.
[17] http://www.wired.com/gadgetlab/2012/08/apple-amazon-mat-honan-hacking/all/ und die Berichterstattung auf http://www.computerwoche.de/a/us-journalist-mat-honan-digital-ruiniert,2519699.

I. Unzureichende Datentrennung

Ein maßgeblicher Unterschied zwischen Cloud Computing und dem herkömmlichen Outsourcing von IT-Infrastrukturen in ein Rechenzentrum liegt in der sogenannten Multi-Tenant-Architektur. Im Gegensatz zur üblichen Single-Tenant-Architektur wird nicht jedem Cloud-Kunden ein eigener Server zugewiesen. Vielmehr arbeiten alle Kunden des Dienstleisters auf ein und derselben Hard- und Softwareplattform. Dies hat den Vorteil, dass Updates und Upgrades immer gleichzeitig für alle Kunden durchgeführt und Kosten eingespart werden können. Der Nachteil ist jedoch, dass ein Risiko besteht, dass ein Kunde Daten anderer Kunden einsehen kann. Darüber hinaus bietet eine mandantenfähige Architektur auch eine größere Angriffsfläche für bösartige Anwendungen und externe Angriffe.

Beiden Risiken kann jedoch wirksam entgegengewirkt werden. Die Lösung liegt in der Zuweisung separater Benutzerumgebungen durch Virtualisierung. So wird sichergestellt, dass jeder Kunde eine Benutzerumgebung erhält, die nur ihm zugeordnet ist und auf die andere Kunden keinen Zugriff haben. Die vom Dienstanbieter zu diesem Zweck verwendeten Virtual Local Area Networks (VLAN) werden von einem so genannten Virtual Machine Monitor oder Hypervisor überwacht, der sicherstellt, dass die auf einem physischen Server bereitgestellten Benutzerumgebungen voneinander isoliert bleiben.[18] Für die Verarbeitung besonders sensibler Daten kann eine physische Trennung durch den Einsatz separater Server empfohlen werden.

II. Mangelnde Vertraulichkeit

Nach gängiger Definition ist ein IT-System vertraulich, *„wenn in ihm enthaltene Informationen nur berechtigten Subjekten zur Kenntnis gelangen"*.[19] Vertraulichkeit als ein Baustein der IT-Sicherheit wird daher auch als Schutz vor unbefugter Preisgabe von Informationen verstanden.[20] Dieser Schutz wird im Wesentlichen durch die Vergabe von vordefinierten Rollen und die sogenannte **Authentifizierung** und **Autorisierung** des Berechtigten erreicht. Während die Authentifizierung sicherstellt, dass ein bestimmter Benutzer tatsächlich Kunde des Cloud-Service-Providers ist, stellt die Autorisierung sicher, dass der Benutzer nur Zugriff auf die Daten hat, auf die er Zugriff haben soll.

Die **Authentifizierung** kann durch die Vergabe sicherer Passwörter[21], die Ausgabe von Smartcards oder den Vergleich biometrischer Merkmale[22] erfolgen. Das BSI[23] empfiehlt für

---

[18] *Zierstein*, IT-Mittelstand, Ausgabe 6/2011, S. 36, abrufbar unter http://www.bridging-it.de/media/pdf/itmittelstand_ausgabe_62011.pdf; zu den bekanntesten Hypervisor-Lösungen zählt etwa der VMware vSphere Hypervisor.
[19] http://www.qrst.de/wiki/datensicherheit.html.
[20] https://www.bsi.bund.de/ContentBSI/grundschutz/kataloge/glossar/04.html.
[21] Als sicher kann ein Passwort heute nur noch dann gelten, wenn es aus mindestens 10 zufällig ausgewählten Zeichen (Buchstaben und Ziffern) wie etwa „xovr1753tp" besteht; Passwörter, die lediglich das eigene Geburtsdatum oder andere öffentlich zugängliche Daten enthalten, sind dagegen unsicher. Inzwischen setzt sich allerdings die Erkenntnis durch, dass auch komplexe Passwörter heute keinen ausreichenden Schutz mehr bieten, vgl. *Schmidt*, Der Tod der Passworts, c't Heft 6/2013, 92, und http://www.wired.com/gadgetlab/2012/11/ff-mat-honan-password-hacker/.
[22] Zu deren Risiken und Nachteilen vgl. *Schmuhl/Schneemann*, Biometrische Authentifizierungsverfahren in der Mediensicherheit, unter http://www.sebastian-schneemann.de/userfiles/file/mesihandout.pdf.

die Nutzung von Cloud Computing Diensten den Einsatz einer sog. **Zwei-Faktor-Authentifizierung**, wie sie auch im Online-Banking durch Eingabe der PIN und TAN angewandt wird. Alternativ bietet sich die Nutzung sog. **Identity Federation Systeme** wie etwa *OPenID*[24] an, bei denen an die Stelle der Anlegung eigener Benutzerkonten für jeden einzelnen Dienst die Bestätigung der Identität des Nutzers durch den Diensteanbieter oder einen vertrauenswürdigen Dritten (den sog. Open Identity Provider)[25] tritt.

18   Ist die Identität des Kunden nachgewiesen, erteilt ihm das System des Cloud-Service Providers die Autorisierung zur Nutzung des Systems. Dabei darf nicht übersehen werden, dass sowohl der Cloud Service Provider als auch sein Kunde über ein Rechtemanagement verfügen müssen, das genau festlegt, welcher Mitarbeiter auf welche Daten zugreifen und ob er sie nur lesen oder auch überschreiben darf. Den wirksamsten Schutz bietet dabei eine **benutzerbestimmbare Zugriffskontrolle** („Discretionary Access Control", kurz „DAC"), bei der die Zugriffsrechte auf (Daten-) Objekte für jeden Benutzer gesondert festgelegt werden. Für geschäftskritische Daten sollte der Empfehlung des 13S1 folgend das sog. Vier-Augen-Prinzip angewandt werden, bei dem stets eine Authentifizierung durch zwei berechtigte Personen erforderlich ist. Für den Zugriff auf Daten, die keiner besonderen Geheimhaltung bedürfen, kommt alternativ die Zuweisung von Benutzerrollen und Benutzergruppen in Betracht (sog. Role Based Access Control), die einfacher zu handhaben ist und die Produktivität der Nutzer weniger beeinträchtigt.

19   Unternehmen, die Cloud Computing Dienste nutzen wollen, sollten sich daher auch selbst Gedanken dazu machen, welches Sicherheitsniveau für welche Daten tatsächlich benötigt wird. Mit dem Cloud Service Provider muss dann ein Sicherheitskonzept gefunden werden, das einerseits die Vertraulichkeit der in der Cloud verarbeiteten Daten gewährleistet, andererseits aber in der Handhabung keine zu hohen Hürden errichtet, die letztlich einer produktiven Systemnutzung im Wege stehen würden.

III. Die Beeinträchtigung der (Daten-)Integrität

20   Eng mit dem Schutz der Vertraulichkeit der in der Cloud verarbeiteten Daten verbunden und nicht weniger bedeutsam ist die Vermeidung von Beeinträchtigungen der Datenintegrität. Damit ist im Wesentlichen *„die Sicherstellung der Korrektheit (Unversehrtheit) von Daten und der korrekten Funktionsweise von Systemen"* gemeint.[26] Ist die Vertraulichkeit der Daten nicht gesichert, so kann oft auch ihre Unversehrtheit nicht gewährleistet werden; dh es kann nicht verhindert werden, dass sie von dazu nicht Berechtigten verändert bzw. manipuliert werden. Die Integrität der in der Cloud gespeicherten und aus der Cloud zum Kunden übertragenen Daten kann durch verschiedene Maßnahmen überprüft werden, so insbesondere durch die Verwendung sog. **One-Way-Hashfunktionen.**[27]

IV. Das Risiko für die Datenverfügbarkeit

21   Kann auf die in der Cloud abgelegten Daten nicht zugegriffen werden, kann dies für den Kunden schwerwiegende Folgen bis hin zum Betriebsstillstand haben. Die Verfügbarkeit von IT-Infrastrukturen wird auch beim herkömmlichen Outsourcing in sog. **Service-Le-**

---

[23] *Bundesamt für Sicherheit in der Informationstechnik*, Eckpunktepapier „Sicherheitsempfehlungen für Cloud Computing Anbieter", S. 43, abrufbar unter https://www.bsi.bund.de/DE/Themen/CloudComputing/Eckpunktepapier/Eckpunktepapier_node.html.
[24] Vgl. hierzu http://openid.net/.
[25] Mittlerweile gibt es schon eine Reihe solcher Dienste wie etwa den xlogon-Dienst der 4commerce technologies AG, http://www.xlogon.net/de/openid-provider.
[26] Vgl. https://www.bsi.bund.de/cln_174/DE/Themen/weitereThemen/ITGrundschutzKataloge/Inhalt/Glossar/glossar_node.html.
[27] *Wohlmacher*, Sicherheitsanforderungen und Sicherheitsmechanismen bei IT-Systemen, abrufbar unter http://subs.emis.de/LNI/EMISA-Forum/Volume20_1/wohlmacher.pdf.

vel-Agreements (SLA) geregelt. Bei der Nutzung von Cloud-Diensten sind die Szenerien, welche die Datenverfügbarkeit beeinträchtigen können, grundsätzlich dieselben. Zum einen kann die Ursache beim Diensteanbieter und dort im Ausfall von Hard- und/oder Software liegen. Zum anderen kann die Unterbrechung der Datenübertragungswege, die etwa auf DoS Angriffen Dritter[28] oder auf Leitungsproblemen beruhen, dazu führen, dass die Datenverfügbarkeit nicht mehr gegeben ist. Das Gefahrenpotenzial ist bei Cloud-Diensten in der Regel größer als bei der einfachen Auslagerung eines Servers in ein Rechenzentrum, denn die Möglichkeit des Zugriffs auf die in der Cloud liegenden Daten über das Internet und die fortlaufende Verlagerung des Speicherortes macht diese auch verwundbarer gegenüber Angriffen von außen.

Unternehmen, die Cloud-Dienste nutzen wollen, müssen daher sorgfältig prüfen, ob der Anbieter über ein Sicherheitskonzept verfügt, das geeignete Maßnahmen zur Sicherstellung der Datenverfügbarkeit vorsieht. Gegenstand dieser Prüfung sollte auch die Frage sein, ob und wie die Datenverfügbarkeit durch Angriffe von innen, mithin durch die Mitarbeiter des Cloud Service Providers geschützt ist. Die Installation von Firewalls, die immer nur vor Angriffen schützen können, die außerhalb der Cloud initiiert werden, reicht dazu nicht aus. Auch die an anderer Stelle bereits erwähnte Möglichkeit der Verschlüsselung aller in der Cloud gespeicherter Daten durch den Kunden kann diesen nicht davor schützen, dass Datensätze beim Diensteanbieter oder einem von ihm eingesetzten Subunternehmer gelöscht werden. Beide Risiken lassen sich aber durch ein Benutzer- und Rechtemanagement steuern, das auf einem klar definierten Rollen- und Berechtigungskonzept[29] aufsetzt und dessen Einhaltung regelmäßig mittels eines Ist-/Sollabgleichs überprüft wird.

Schließlich kann die Datenverfügbarkeit auch durch eine Insolvenz des Cloud-Diensteanbieters oder eines von ihm eingeschalteten Subunternehmers beeinträchtigt werden. Kann der laufende Betrieb des Rechenzentrums, in dem sich die Daten gerade befinden, nicht mehr sichergestellt werden, gehen die Daten zwar nicht unbedingt verloren. Es muss jedoch dafür gesorgt werden, dass der Kunde in einem solchen Fall zumindest seine Daten in einem für ihn nutzbaren Format zurückerhält und diese zu einem anderen Cloud Service Provider transferieren kann.

Auch wenn es zu keiner Einstellung des Geschäftsbetriebs beim Cloud-Service-Provider oder seinen Subunternehmern kommt, kann die Verfügbarkeit der Daten beeinträchtigt sein. Ist nämlich die sog. Portabilität der Daten nicht gewährleistet, können diese bei einem Anbieterwechsel nicht „mitgenommen" und in der neuen Cloud nicht mehr genutzt werden. Dem dadurch bewirkten, sog. Lock(ed) In-Effekt kann durch ein Migrationskonzept wirksam begegnet werden, dass eine möglichst reibungslose Datenübergabe an den neuen Diensteanbieter ermöglicht. Fehlt es an klaren vertraglichen Vorgaben hierzu, so kann der Kunde alternativ auf einen der Cloud-Umzugsdienste zurückgreifen, die ihn hierbei unterstützen können.[30]

V. Die fehlende Revisionssicherheit

Cloud-Computing-Angebote sind für Unternehmen nur dann sinnvoll nutzbar, wenn sichergestellt ist, dass die Vorgaben des Handelsgesetzbuches (HGB), der Abgabenordnung und der Grundsätze ordnungsmäßiger DV-gestützter Buchführungssysteme (GoBS) einge-

---

[28] Denial of Service (DoS) Angriffe beruhen auf einer gezielten Überlastung von Servern und bewirken, dass letztere nicht mehr erreichbar sind und somit die auf ihnen gespeicherten Daten (vorübergehend) nicht mehr gelesen und/oder bearbeitet werden können; zu den verschiedenen Erscheinungsformen von DoS-Angriffen vgl. http://www.itwissen.info/definition/lexikon/denial-of-service-DoS-DoS-Attacke.html.
[29] Vgl. dazu *Tsolkas/Schmidt*, Rollen und Berechtigungskonzepte: Ansätze für das Identity- und Access Management im Unternehmen, 2010.
[30] Wie etwa den von http://www.audriga.com/.

halten werden.[31] Diese Revisionssicherheit ist jedoch nicht bei allen Cloud-Service-Providern gewährleistet. Gemäß § 239 Abs. 3 HGB darf eine Eintragung oder Aufzeichnung in den Büchern nicht in einer Weise verändert werden, dass der ursprüngliche Inhalt nicht mehr feststellbar ist. Die Führung elektronischer Bücher und elektronischer Aufzeichnungen ist gemäß § 146 Abs. 2a der Abgabenordnung (AO) nur dann genehmigungsfähig, wenn der Steuerpflichtige der zuständigen Finanzbehörde den Standort des Datenverarbeitungssystems und bei Beauftragung eines Dritten dessen Namen und Anschrift mitteilt. Der Steuerpflichtige muss ferner seinen sich aus den §§ 90, 93, 97, 140 bis 147 und 200 Absatz 1 und 2 AO ergebenden Pflichten ordnungsgemäß nachgekommen und ein Datenzugriff nach § 147 Absatz 6 AO in vollem Umfang möglich sein. Die Besteuerung darf insgesamt hierdurch nicht beeinträchtigt werden.[32] Die Erfüllung dieser Anforderungen bereitet dann Schwierigkeiten, wenn der Kunde keine Kenntnis davon hat, auf welchen Servern, und an welchen Orten seine Daten vom Cloud-Service-Provider verarbeitet werden.

26 Gemäß § 146 Abs. 5 S. 2 AO muss bei der Führung der Bücher und der sonst erforderlichen Aufzeichnungen auf Datenträgern zudem sichergestellt sein, dass während der Dauer der Aufbewahrungsfrist die Daten jederzeit verfügbar sind und unverzüglich lesbar gemacht werden können.[33] Dass sich diese besonderen buchhalterischen Anforderungen aber auch bei der Verarbeitung von Geschäftsdaten in der Wolke durchaus erfüllen lassen, haben einige Cloud Service Provider längst bewiesen.

VI. Datenschutz und andere rechtliche Risiken

27 Nicht zuletzt besteht eine Reihe weiterer rechtlicher Risiken, beispielhaft seien die Herausforderungen internationaler Datentransfers und der Zugang ausländischer Regierungen zu den europäischen Clouds genannt (siehe hierzu → Teil 11.4.2).

---

[31] Vgl. hierzu im Einzelnen *Backu,* Steuerliche Aspekte von Cloud Computing und anderen Webservices, ITRB 2011, 184.

[32] Vgl. hierzu auch die Grundsätze ordnungsmäßiger DV-gestützter Buchführungssysteme (GoBS) gemäß BMF-Schreiben v. 7.11.1995, DB 1996, Beilage 2; ferner IDW RS FAIT 3, Grundsätze ordnungsmäßiger Buchführung beim Einsatz elektronischer Archivierungsverfahren, WPg 22/2006, S. 1465 ff., FN-IDW 11/2006, S. 768 ff. vom 11.7.2006 und IDW RS FAIT 4, Anforderungen an die Ordnungsmäßigkeit und Sicherheit IT-gestützter Konsolidierungsprozesse (FN-IDW 10/2012, S. 552 ff.) vom 8.8.2012.

[33] *Brand/Groß/Geis/Lindgens/Zöller,* Steuersicher archivieren: Elektronische Aufbewahrung im Umfeld steuerlicher Anforderungen, 2. Aufl. 2013.

Teil 11.2 Cloud Computing – Servicemodelle

Übersicht

	Rn.
A. Definitionen	1
B. Die Einführung von Cloud Computing	7
C. Die Servicemodelle	10
I. Software as a Service (SaaS)	11
II. Platform as a Service (PaaS)	15
III. Infrastructure as a Service (IaaS)	19
D. Die Bereitstellungsmodelle	23
I. Private Cloud	24
II. Public Cloud	26
III. Hybride Cloud	30
E. Die Sicherheit und Zuverlässigkeit	33

Literatur:
Backu, Steuerliche Aspekte von Cloud Computing und anderen Webservices, ITRB 2011, 184; *Brand/Groß/Gries/Lindgens/Zöller,* Steuersicher archivieren: Elektronische Aufbewahrung im Umfeld steuerlicher Anforderungen, 2. Aufl. 2013; *Bundesamt für Sicherheit in der Informationstechnik,* Eckpunktepapier: Sicherheitsempfehlungen für Cloud Computing Anbieter; *IDC Europe,* Quantitative Estimates of the Demand for Cloud Computing in Europe and the Likely Barrriers to Update, SMART 2011/0045 D4; *Tsolkas/Schmidt,* Rollen und Berechtigungskonzepte: Ansätze für das Identity- und Access Management im Unternehmen, 2010; *Wohlmacher,* Sicherheitsanforderungen und Sicherheitsmechanismen bei IT-Systemen, 2000; *Zuboff,* Das Zeitalter des Überwachungskapitalismus, 2018.

A. Definitionen

Cloud Computing beschreibt ein Netzwerk von Computerressourcen, einschließlich Rechenleistung, Datenspeicherung und Vernetzung, das dem Benutzer über das Internet (dh in der „Cloud") zur Verfügung gestellt wird. Die Computerressourcen erfordern keine direkte, aktive Verwaltung durch den Benutzer, sondern können dynamisch nach den Bedürfnissen des Benutzers eingesetzt werden. Eine gängige Definition für Cloud Computing stammt vom US National Institute of Standards and Technology (NIST): 1

„Cloud computing is a model for enabling ubiquitous, convenient, on-demand network access to a shared pool of configurable computing resources (eg, networks, servers, storage, applications, and services) that can be rapidly provisioned and released with minimal management effort or service provider interaction."[1]

Die Entwicklung von Cloud Computing wurde möglich durch die Entstehung in den letzten Jahren von hochleistungsfähigen Netzwerkverbindungen kostengünstiger Rechen- und Speichertechnologie, Hardware Virtualisierung und der Effizienz von gemeinsam genutzten, hochsicheren, global verteilten und zentral verwalteten Rechenzentren. Cloud Computing ermöglicht es Kunden, die Kosten für die IT-Infrastruktur im Vorfeld zu minimieren und Anwendungen schneller in Betrieb zu nehmen. Hinzu kommt eine verbesserte Verwaltbarkeit bei reduziertem Wartungsaufwand. Eine Anpassung an schwankende Nachfrage ist schnell möglich. In der Folge können sich Unternehmen (wieder) auf ihr Kerngeschäft konzentrieren, statt durch die Herausforderungen bei der Anschaffung, Installation, Verwaltung und Wartung einer dedizierten physischen IT-Infrastruktur Resscourcen zu verlieren. 2

---

[1] National Institute of Standards and Technology/*Mell/Grance,* Special Publication 800-145, „The NIST Definition of Cloud Computing". Aufrufbar unter https://csrc.nist.gov/publications/nistpubs/800-145/sp800-145.pdf.

3   Cloud Computing unterscheidet sich in vielerlei Hinsicht von herkömmlichem **Outsourcing** und **Application Service Provision** (ASP). Beim klassischen IT-Outsourcing werden IT-Infrastrukturen einschließlich Hard- und/oder Software in ein bestimmtes Rechenzentrum ausgelagert, das von einem Dienstleister für den Kunden betrieben wird. Der Dienstleister stellt für den jeweiligen Kunden dedizierte Hardware zur Verfügung und installiert die benötigte Software und die Anwendungen. Der Kunde kann remote auf die Ressourcen zugreifen. Alternativ kann der Kunde auch eigene Hardware für das Rechenzentrum liefern. Das Betriebssystem und die Software werden dann darauf installiert. Im Rahmen von ASP wird dem Kunden auch eine dedizierte Hard- und Anwendungssoftware zur Verfügung gestellt, die nach seinen individuellen Anforderungen in einem bestimmten Rechenzentrum konfiguriert wird. ASPs konzentrieren sich in der Regel auf die Verwaltung und das Hosting von Software von unabhängigen Softwareanbietern, einschließlich traditioneller Client-Server-Anwendungen. Diese erfordern in der Regel die Installation von Software auf dem PC des Benutzers und die Pflege einer separaten Instanz der Anwendung für jeden Kunden. Da sowohl beim Outsourcing als auch beim ASP dedizierte Computerressourcen nur für die Nutzung durch einen einzelnen Kunden bereitgestellt werden, werden diese als **Single Tenant**-Architekturen bezeichnet.

4   Von Outsourcing und ASP unterscheidet sich Cloud Computing dadurch, dass es nicht darum geht, einem einzelnen Kunden dedizierte Hardware zur Verfügung zu stellen. Stattdessen wird dem Kunden vom Dienstleister ein virtueller Server oder Dienst zur Verfügung gestellt. Da der Kunde physische Ressourcen mit anderen Kunden teilt, spricht man von **Multi-Tenant**-Architektur (dh mandantenfähiger Architektur). Im Gegensatz zu einem ASP hat der Kunde Zugriff auf die gleichen Dienste, die auch von anderen Kunden genutzt werden. Für den Cloud Service Provider hat dies den Vorteil, dass er nicht für jeden Kunden dedizierte Server und Anwendungssoftware warten und anpassen muss. Stattdessen richtet der Anbieter seinen Service einmalig auf einer gepoolten Hardware ein, die er dann allen Kunden zur Verfügung stellt. Die Wartungs- und Instandhaltungskosten sind daher geringer als bei einem Application Service Provider, der diese für jeden Kunden separat bereitstellen muss.

5   Eine der wichtigsten Basistechnologien für Cloud Computing ist die **Virtualisierung**. Die Virtualisierung trennt physische Computerhardware in ein oder mehrere virtuelle Geräte. Jedes dieser virtuellen Geräte kann dann verwaltet und für separate Rechenaufgaben verwendet werden. Dadurch können Hard- und Software voneinander entkoppelt werden, so dass physische Hardware-Ressourcen in mehrere, praktisch unabhängige Ressourcen aufgeteilt oder kombiniert werden können. Mit einem so dynamischen, skalierbaren System aus mehreren unabhängigen Rechengeräten können ungenutzte Rechenressourcen effizienter zugewiesen und genutzt werden. Die Virtualisierungssoftware verwaltet die verfügbaren Ressourcen und stellt sicher, dass die einzelnen Benutzer nur auf die ihnen zugeordneten Ressourcen oder Dienste zugreifen können. Die den einzelnen Kunden zur Verfügung stehenden Rechen-, Speicher- und Netzwerkressourcen können dann je nach Bedarf erweitert oder reduziert werden. Darüber hinaus können die physischen Ressourcen auf mehrere Rechenzentren auf der ganzen Welt verteilt werden, was ein hohes Maß an Redundanz und Skalierbarkeit gewährleistet.

6   Eine neuere Entwicklung im Bereich Cloud Computing ist das **Serverless Computing**. Serverless Computing ist ein Modell zur Implementierung von Cloud Computing, bei dem der Cloud-Anbieter die Serverinstanzen betreibt und die Zuweisung von Maschinenressourcen dynamisch verwaltet. Die Preisfindung basiert auf dem tatsächlichen Ressourcenverbrauch einer Anwendung und nicht auf vorab eingekauften Kapazitätseinheiten. Serverless Computing kann den Prozess der Bereitstellung von Anwendungssoftware in der Produktion vereinfachen. Damit ist es möglich, Skalierungs-, Kapazitätsplanungs- und Wartungsarbeiten vor dem Entwickler oder Betreiber zu verstecken. Dies ist besonders wertvoll für SaaS-Serviceangebote, die mit wenig direktem Management signifikant und dynamisch skaliert werden müssen. Serverlose Anwendungssoftware kann in Verbindung

mit anderer Software verwendet werden, die auf herkömmliche Weise bereitgestellt wird, wie beispielsweise Microservices. Alternativ können Anwendungen so geschrieben werden, dass sie rein serverlos sind und überhaupt keine bereitgestellten Server verwenden.

B. Die Einführung von Cloud Computing

Cloud Computing ist heutzutage wesentliches Kernelement der modernen Business-IT-Infrastruktur, sowohl international als auch national. In Deutschland waren Unternehmen zunächst skeptisch und zögerten, Cloud Computing einzusetzen. Heute verfügen deutsche Unternehmen über umfangreiche Erfahrung bei der Einführung und Nutzung von Cloud-Services.[2] Aktuelle Studien zeigen, dass die Zahl der Unternehmen, die Cloud Computing in Deutschland nutzen, seit einigen Jahren stetig steigt.[3,4] Laut einer Studie der Wirtschaftsprüfungsgesellschaft *KPMG* in Zusammenarbeit mit dem Bundesverband der Deutschen Industrie *BITKOM* hatten zwei von drei Unternehmen (65%) bereits 2016 Cloud Services eingesetzt und weitere 18% hatten die Implementierung von Cloud Services geplant.[5] In einer anderen Studie stellte *PricewaterhouseCoopers* (PwC) in Zusammenarbeit mit der *Professional Association Information Systems Audit and Control Association* (ISACA) fest, dass bis zu 69% der Unternehmen in Deutschland Cloud Computing nutzen.[6] Daher ist es für viele Unternehmen keine Frage mehr, ob Cloud Computing eingesetzt wird. Vielmehr stellt sich die Frage, welches Cloud Computing-Modell geeignet ist. 7

Weitere Erkenntnisse über den Einsatz von Cloud Computing im internationalen Umfeld liefert eine Forschungsstudie des Unternehmens *Flexera*. Im Januar 2019 führte die Firma ihre jährliche Studie „*State of the Cloud Survey*" durch.[7] Die Umfrage befragte technische Fachleute aus einem breiten Spektrum von Unternehmen zu ihrer Nutzung von Cloud-Infrastruktur. Die 786 Befragten (456 aus Großunternehmen und 330 aus KMUs) waren technische Führungskräfte, aber auch Manager und Praxisanwender aus Unternehmen unterschiedlicher Größe in zahlreichen Branchen inkl. Technologiedienstleistungen, Software, Finanzdienstleistungen, Telekommunikation, Bildung, Regierung und Gesundheitswesen. Nach dieser Studie nutzen 94% der Befragten Cloud Computing, 91% die Public Cloud und 72% die Private Cloud. 8

Des Weiteren haben 84% der Befragten eine Multicloud-Strategie, dh sie betreiben Anwendungen in mehreren Public oder Private Cloud Umgebungen. Die Befragten, die mehrere Clouds nutzen, haben Anwendungen, die im Durchschnitt in einer Kombination aus mehr als drei Public und Private Cloud Umgebungen laufen, während sie im Durchschnitt mit mindestens noch einer weiteren Anwendung experimentieren. Schließlich hatten 58% der Befragten eine hybride Cloud-Strategie, die sowohl Public als auch Private Cloud-Infrastrukturen umfasst. 9

---

[2] *Hentschel et al.,* Journal of Cloud Computing: Advances, Systems and Applications (2018) 7:5, „Current cloud challenges in Germany: The perspective of cloud service providers", abrufbar unter https://doi.org/10.1186/s13677-018-0107-6.
[3] Springer/*Münzl/Pauly/Reti,* Cloud Computing als neue Herausforderung für Management und IT, 2015.
[4] IDC/*Zacher,* Cloud Computing in Deutschland, 2017.
[5] KPMG/*Heidkamp/Pols,* Cloud-monitor 2016: cloud-computing in Deutschland – status quo und Perspektiven. KPMG AG, 2016.
[6] *PricewaterhouseCoopers/Vehlow/Thier,* Cloud Governance in Deutschland – eine Standortbestimmung. PricewaterhouseCoopers AG, 2015.
[7] Abrufbar unter https://info.flexera.com/SLO-CM-WP-State-of-the-Cloud-2019.

C. Die Servicemodelle

10 Cloud Computing-Anbieter bieten ihre Dienste in der Regel nach einem oder mehreren der drei vom *US National Institute of Standards and Technology* (NIST) definierten Standard-Servicemodelle an. Diese Modelle umfassen **Software as a Service** (SaaS), **Platform as a Service** (PaaS) und **Infrastructure as a Service** (IaaS). Sie werden oft als Schichten in einem Stapel dargestellt, dh Software as a Service, der auf Platform as a Service aufbaut und wiederum auf Infrastructure as a Service aufbaut. Die verschiedenen Dienste müssen jedoch nicht zwangsläufig miteinander verbunden sein. Ein SaaS kann auf einer proprietären physischen Infrastruktur implementiert werden, ohne dass ein zugrunde liegendes PaaS oder IaaS verwendet wird; ein Programm kann auf IaaS laufen, ohne dass es als SaaS oder PaaS konfiguriert ist.

I. Software as a Service (SaaS)

11 Der SaaS Cloud Service Provider ermöglicht es Kunden, Softwareanwendungen zu nutzen, die auf einer Cloud-Infrastruktur installiert sind.[8] Bei den Anwendungen kann es sich um ausgelagerte Softwareanwendungen (zB Legacy-Software) handeln, die der Kunde bereits erworben hat, oder um Anwendungssoftware, die der Cloud Service Provider selbst entwickelt oder von einem Softwarehersteller für die Nutzung durch seine Kunden erworben hat. Die Anwendungen sind von Client-Geräten aus entweder über eine Thin-Client-Oberfläche, wie beispielsweise einen Standard-Webbrowser, oder über eine Programmoberfläche zugänglich. Der Kunde verwaltet oder kontrolliert weder die zugrunde liegende Cloud-Infrastruktur noch spezifische Anwendungsmöglichkeiten. Ausnahme hierzu sind begrenzte benutzerspezifische Anwendungskonfigurationseinstellungen. SaaS-Anbieter können ihren Kunden gestatten, begrenzte Anpassungen vorzunehmen, zB ein benutzerdefiniertes Logo und/oder einen Satz benutzerdefinierter Farben. Dies geschieht typischerweise über eine Self-Service-Schnittstelle oder durch die Zusammenarbeit mit Mitarbeitern von Anwendungsanbietern. Der Kunde kann jedoch nicht die Grundfunktionalität der Anwendung ändern (es sei denn, eine solche Änderungsoption wäre im Design der Standard Service vorgesehen).

12 Aufgrund der erheblichen Vorteile, die SaaS in Bezug auf Kosten, Zuverlässigkeit, Sicherheit und Skalierbarkeit bietet, ist sie zu einem gängigen Bereitstellungsmodell für viele kommerzielle Geschäftsanwendungen geworden. Dazu gehören Büroproduktivitätssoftware, E-Mail-, Text-, Audio- und Videomessaging-Software, Lohnverarbeitungssoftware, Datenbankmanagementsoftware, CAD-Software, Entwicklungssoftware sowie Buchhaltung, Zusammenarbeit, Customer Relationship Management (CRM), Management Informationssysteme (MIS), Enterprise Ressource Planning (ERP), Human Ressource Management (HRM), Content Management (CM) und Service Desk Management Lösungen. SaaS ist heute wesentlicher Bestandteil der Strategie fast aller führenden Unternehmen der Unternehmenssoftwarebranche.

13 SaaS-Anbieter bewerten ihre Angebote in der Regel auf der Grundlage einer Abonnementgebühr, meist auf monatlicher oder jährlicher Basis. Die Preise können pro Nutzung erhoben oder an Nutzungsparameter angeglichen werden, wie zB der Anzahl der Nutzer. Da sich die Kundendaten auf der Infrastruktur des SaaS-Anbieters befinden, gibt es für Anbieter auch die Möglichkeit den Service pro Transaktion, Ereignis oder andere Werteinheiten, wie zB die Anzahl der benötigten Prozessoren, zu berechnen. In der Regel sind die Anschaffungskosten für SaaS für den Kunden niedriger als Unternehmenssoftware selbst zu kaufen, einzusetzen und zu verwalten.

---

[8] National Institute of Standards and Technology/*Mell/Grance,* Special Publication 800-145, „The NIST Definition of Cloud Computing", S. 2.

C. Die Servicemodelle

Manche SaaS-Anbieter bieten Dienstleistungen nach dem so genannten **Freemium**-Modell an. In diesem Modell wird ein Dienst mit eingeschränkter Funktionalität oder begrenztem Umfang kostenlos zur Verfügung gestellt. Für erweiterte Funktionalität oder größeren Umfang werden dann Gebühren erhoben. Einige SaaS-Anwendungen sind für Benutzer sogar völlig kostenlos. Die Anbieter dieser Dienstleistungen erzielen Einnahmen aus alternativen Quellen, wie zB Werbung.

II. Platform as a Service (PaaS)

Der PaaS Cloud Service Provider ermöglicht es Kunden, über eine Softwareumgebung (zB ein Betriebssystem sowie Programmier- und Datenbankressourcen) Anwendungen auf der Cloud-Infrastruktur zu entwickeln, zu hosten und/oder auszuführen.[9] Benutzer haben die Möglichkeit, erworbene Anwendungen bereitzustellen oder eigene Anwendungen mit Hilfe von Programmiersprachen, Bibliotheken, Diensten und Tools, die vom Dienstanbieter unterstützt werden, zu entwickeln. Der Kunde verwaltet oder kontrolliert nicht die zugrunde liegende Cloud-Infrastruktur, sondern hat nur die Kontrolle über die Anwendungen, die er auf ihr entwickelt und bereitstellt. Möglich ist auch, dass Kunden teilweise Kontrolle über die Konfigurationseinstellungen für die Anwendungshosting-Umgebung haben.

So soll Anwendungsentwicklern eine Entwicklungsumgebung zur Verfügung gestellt werden, um den Codeschreibprozess zu vereinfachen, wobei die Infrastruktur und der Betrieb vom PaaS-Anbieter übernommen werden. Bei einigen Anbietern skalieren die zugrunde liegenden Rechen- und Speicherressourcen entsprechend dem Anwendungsbedarf. Dies vereinfacht die Bereitstellung der Anwendung weiter, da der Benutzer keine manuelle Ressourcenzuweisung vornehmen muss. Ursprünglich waren alle PaaS-Anbieter auf Public Cloud-Service-Modellen aufgebaut. Da viele Unternehmen nicht alle ihre Infrastrukturen in der Public Cloud haben wollten, werden inzwischen auch Private und Hybride Cloud-PaaS-Optionen angeboten.

Durch PaaS sparen Entwickler Zeit, Aufwand und Komplexität bei der Einrichtung, Konfiguration und Verwaltung von Infrastrukturen wie Servern und Datenbanken. So kann PaaS die Geschwindigkeit bei der Entwicklung einer Anwendung erhöhen, der Kunde kann sich auf die Anwendung selbst konzentrieren. Die Reduzierung des „**Time to Market**" kann ein wesentlicher Vorteil bei der Entwicklung und Einführung neuer Anwendungsdienste sein.

Es gibt verschiedene Arten von PaaS-Anbietern. Alle bieten Anwendungshosting und eine Bereitstellungsumgebung sowie verschiedene integrierte Services an. Die Services unterscheiden sich je nach Skalierbarkeit, Unterstützung für Public und Private Clouds, der Auswahl der zur Verfügung gestellten Entwicklungssprachen oder -tools oder dem verfügbaren Entwickler-Support und der Wartung. PaaS- Anbieter bieten ihre Dienste typischerweise nach Nutzungsparametern wie Rechenleistung (zB Anzahl der Instanzen virtueller Maschinen), belegtem Speicherplatz oder Volumen ein- und ausgehender Daten an.

III. Infrastructure as a Service (IaaS)

Ein IaaS Cloud Service Provider ermöglicht es Kunden, Hardware-Computing- oder Verarbeitungskapazitäten, Speicherplatz, Netzwerke und andere grundlegende Computerressourcen je nach Bedarf dynamisch abzurufen.[10] Der Benutzer ist in der Lage, spezifische

---

[9] National Institute of Standards and Technology/*Mell/Grance*, Special Publication 800-145, „The NIST Definition of Cloud Computing", S. 2.
[10] National Institute of Standards and Technology/*Mell/Grance*, Special Publication 800-145, „The NIST Definition of Cloud Computing", S. 3.

Software einzusetzen und auszuführen, die sowohl Betriebssysteme als auch Anwendungen umfassen kann. Der Kunde kann die Menge der einzelnen Rechen-, Speicher- oder Netzwerkressourcen, die er nutzt, im Zeitablauf (dh „On Demand") dynamisch verändern, zB um unterschiedlichen Nutzungslasten oder Speicheranforderungen gerecht zu werden. Der Kunde verwaltet oder kontrolliert nicht die zugrunde liegende Cloud-Infrastruktur, sondern hat die Kontrolle über Betriebssysteme, Speicher und die eingesetzten Anwendungen sowie die eingeschränkte Kontrolle über ausgewählte Netzwerkkomponenten (zB Host-Firewalls).

20 Typischerweise beinhaltet IaaS den Einsatz von **Application Programming Interfaces** (APIs) und Cloud Orchestrierungstechnologie, die die Konfiguration, Koordination und Verwaltung der zugrunde liegenden Computersysteme und Software automatisiert. Diese zugrunde liegende Infrastruktur kann physische Ressourcen wie Rechnerkapazität, Speicher und Netzwerke umfassen. Darüber hinaus kann die Orchestrierungstechnologie für die Datenpartitionierung, die Verteilung der Ressourcen über den Standort, die Ressourcenskalierung, das Backup und die Sicherheit sorgen. Dabei verwaltet die Orchestrierungstechnologie die Erstellung virtueller Maschinen und leitet an, welcher physische Host sie ausführen soll. Das ermöglicht die Migration von virtuellen Maschinen zwischen Hosts, ordnet Speicher den virtuellen Maschinen zu und verwaltet Nutzungsinformationen für die Überwachung und Abrechnung.

21 Diese Orchestrierung wird häufig durch die Virtualisierungs-Technologie ermöglicht. Eine Alternative zu virtuellen Maschinen auf Basis von sog. Hypervisoren sind Linux-Container, die in isolierten Partitionen eines einzelnen Linux-Kernels laufen, der direkt auf der physischen Hardware läuft. Linux-Gruppen und -Namensräume sind die zugrunde liegenden Linux-Kerneltechnologien, die zur Isolierung, Sicherung und Verwaltung der Container verwendet werden. Die Containerisierung bietet eine höhere Leistung als die Virtualisierung, da es keinen Hypervisor-Overhead gibt. Außerdem skaliert sich die Containerkapazität automatisch dynamisch mit der Rechenlast, was das Problem der Überbereitstellung beseitigt und eine nutzungsabhängige Abrechnung ermöglicht.

22 IaaS-Anbieter stellen oft zusätzliche Ressourcen wie eine Virtual-Machine-Disk-Image-Bibliothek, Rohblockspeicher, Datei- oder Objektspeicher, Firewalls, Load Balancer, IP-Adressen, Virtual Local Area Networks (VLANs) und Softwarepakete zur Verfügung. Ähnlich wie PaaS-Anbieter bewerten IaaS-Anbieter ihre Dienste in der Regel nach Nutzungsparametern wie Rechenleistung (zB Anzahl der Hardware-Kernprozessoren), genutztem Speicherplatz oder dem Volumen der ein- und ausgehenden Daten.

D. Die Bereitstellungsmodelle

23 Beim Cloud Computing wird zwischen **Private Clouds**, **Public Clouds** und **Hybrid Clouds** unterschieden. Es handelt sich jeweils um verschiedene Arten der Bereitstellung der verschiedenen Cloud-Service-Modelle.

I. Private Cloud

24 In einer Private Cloud wird die Infrastruktur für die ausschließliche Nutzung durch eine einzelne Organisation bereitgestellt. Server werden innerhalb der IT-Umgebung des Unternehmens bereitgestellt, sind standortübergreifend virtualisiert und können in der Regel nicht von externen Dritten genutzt werden. Die Private Cloud steht unter der Kontrolle des jeweiligen Kunden und die Daten verlassen in der Regel nicht die unternehmensspezifische Cloud.

Die Bereitstellung einer Private-Cloud-Infrastruktur erfordert einen erheblichen Aufwand bei der Entwicklung, Installation und Verwaltung der physischen und Software-Ressourcen. Rechenzentren sind kapitalintensiv und erfordern kontinuierliche Investitionen in die Fähigkeiten und Ressourcen für Betrieb, Aktualisierung und Sicherheit. Obwohl Unternehmen, die Private Cloud-Infrastrukturen aufbauen, die Vorteile der Verfügbarkeit von Netzwerken mit hoher Kapazität, kostengünstiger Rechen- und Speichertechnologie, Hardware Virtualisierung nutzen können, erreichen sie kaum das gleiche Maß an Effizienz wie gemeinsame, hochsichere, global verteilte, aber zentral verwaltete Rechenzentren, die von den größten Public Cloud-Anbietern angeboten werden.

II. Public Cloud

In einer Public Cloud ist die Infrastruktur für den Zugriff von Nutzern aus verschiedenen Unternehmen oder der Öffentlichkeit konzipiert. Die Dienste werden über Netze erbracht, die für die öffentliche Nutzung offen sind. Die physischen Ressourcen sind jedoch im Besitz und Betrieb des Cloud-Anbieters und werden in den Räumlichkeiten des Cloud-Anbieters bereitgestellt.

Die größten Anbieter von Public Cloud-Diensten, darunter *Amazon Web Services* (AWS), *Microsoft* und *Google*, werden oft als **„Hyper-Scale"** Cloud-Anbieter bezeichnet. Diese Anbieter verfügen über Hunderte von Rechenzentren, die über den ganzen Globus verteilt sind und mit einer enormen Skalierbarkeit, Redundanz und Zuverlässigkeit aufwarten können. Diese Anbieter investieren derzeit in der Regel jährlich über 10 Milliarden US-Dollar in den Aufbau und die Wartung dieser globalen Netzwerke von Rechenzentren.[11]

Große Public Cloud-Anbieter profitieren nicht nur von kapazitätsstarken Netzwerken, kostengünstiger Rechen- und Speichertechnologie und Hardware Virtualisierung, sondern auch von der erheblichen Effizienz der zentralen Verwaltung von massiv global verteilten Rechenzentren. Das Geschäft der großen Public Cloud-Anbieter ist allerdings auch in hohem Maße abhängig von dem Vertrauen, das Kunden in ihre Dienste haben. Sicherheitsrichtlinien und -programme zu entwickeln, zu verwalten und umzusetzen ist für sie von existenzieller Bedeutung.

Die Ressourcen, die für die Sicherung der Public Cloud-Infrastruktur zur Verfügung stehen, gewinnen in dem Maße an Bedeutung, in dem Cyber-Angriffe drohen. Allein die letzten Jahre haben eine Reihe von raffinierten, gut finanzierten oder auch staatlich geförderten Angriffen gesehen: zB der Ransomware-Angriff „WannaCry" im Mai 2017 (Nordkorea)[12], die NotPetya-Cyberangriffe auf die Ukraine im Juni 2017 (Russland)[13] und der Stuxnet-Virus-Angriff auf den Iran, der 2010 erstmals entdeckt wurde (USA und Israel)[14].

III. Hybride Cloud

In einer hybriden Cloud besteht die Infrastruktur aus einer Mischung von Private Cloud und Public Cloud-Ressourcen. Die verschiedenen Bereitstellungsmodelle werden mit einer Technologie eingesetzt, die es ermöglicht, Daten und/oder Anwendungsressourcen

---

[11] Details zu den Investitionen dieser Cloud Provider finden sich in den Geschäftsberichten der Unternehmen. Diese sind für AWS von der Muttergesellschaft Amazon unter https://ir.aboutamazon.com/annual-reports, für Microsoft unter https://www.microsoft.com/en-us/annualreports/ar2018/annualreport und für Google von der Muttergesellschaft Alphabet unter https://abc.xyz/investor/ verfügbar.
[12] The Wall Street Journal/*Bossert*, „It's Official: North Korea Is Behind WannaCry", The Wall Street Journal, 18.12.2017.
[13] The Washington Post/*Nakashima*, „Russian military was behind 'NotPetya' cyberattack in Ukraine, CIA concludes", The Washington Post, 13.1.2018.
[14] The Washington Post/Nakashima, „Stuxnet was work of U.S. and Israeli experts, officials say", The Washington Post, 2.6.2012.

zwischen den beiden Modellen zu übertragen (zB um die Sicherung von Daten von einer Infrastruktur zur anderen zu ermöglichen oder einen Lastausgleich zwischen Clouds zu bewirken).

31   Es gibt verschiedene Szenarien, die den Einsatz einer Hybriden Cloud-Infrastruktur erfordern. Ein Unternehmen kann beispielsweise sensible Daten in einer Private Cloud auf seiner eigenen **„On Premises"** Infrastruktur speichern, aber Business Intelligence auf diese Daten anwenden, die von einem Public Cloud-Dienst bereitgestellt werden. Alternativ können Kunden Public Cloud-Ressourcen nutzen, um einen temporären Kapazitätsbedarf zu decken, der nicht für Private Cloud-Ressourcen geplant oder effizient bearbeitet werden kann. **Cloud Bursting** ist ein Modell für die Bereitstellung von Anwendungen, bei denen die Anwendung in einer Private Cloud läuft, aber bei steigender Nachfrage zu Public Cloud-Diensten „bursts", also springt. Der Vorteil ist, dass die Kunden die interne oder Private Cloud-Infrastruktur nur für durchschnittliche Auslastungen planen und erstellen müssen. Die Public Cloud wird nur bei Bedarfsspitzen eingesetzt.

32   Größere Unternehmen werden angesichts ihres vielgestaltigen Bedarfs im Allgemeinen eine Mischung aus Modellen, dh Public, Private und Hybride Clouds, einsetzen. Um Abhängigkeiten von einzelnen Anbietern zu vermeiden, werden große Unternehmen ggf. ihre Anwendungen auch über mehrere Public Cloud-Anbieter verteilen. Dies wird als **Multicloud**-Strategie bezeichnet, dh die Nutzung mehrerer Public Cloud-Dienste in einer einzigen heterogenen Architektur, um die Abhängigkeit von einzelnen Anbietern zu reduzieren, die Flexibilität zu erhöhen und Folgeschäden im Katastrophenfall zu minimieren.

E. Die Sicherheit und Zuverlässigkeit

33   Cloud Computing hat in der Vergangenheit Sicherheits- und Datenschutzbedenken aufgeworfen. Bedenken wurden vor allem durch den Umstand ausgelöst, dass der Dienstleister potenziell auf die Daten in der Cloud zugreifen konnte. Der Anbieter könnte hierdurch Informationen versehentlich oder vorsätzlich ändern oder löschen. Cloud-Anbieter können sogar gesetzlich verpflichtet sein, Informationen an Dritte wie lokale Behörden weiterzugeben. Dieses Problem war in den USA Ausgangspunkt für eine Reihe von Gerichtsprozessen zwischen Microsoft und der US-Regierung.[15]

34   Nach der Cloud Security Alliance sind die drei wichtigsten Bedrohungen in der Cloud unsichere Schnittstellen und APIs, Datenverlust und -leckage sowie Hardwareausfälle. Auf diese entfielen 29%, 25% bzw. 10% aller Cloud-Sicherheitsausfälle. Bei einer mandantenfähigen Cloud-Provider-Plattform, dh einer Plattform, die von verschiedenen Benutzern gemeinsam genutzt wird, liegen Informationen verschiedener Kunden auf derselben Infrastruktur. Hacker investieren viel Zeit und Mühe in die Suche nach Wegen in diese Infrastruktur. Da Daten von Hunderten oder Tausenden von Unternehmen auf großen Cloud-Servern gespeichert werden können, könnten Hacker theoretisch durch einen einzigen Angriff, die Kontrolle über riesige Informationsbestände erlangen. Ein solches Szenario wird als „Hyperjacking" bezeichnet. Beispiele dafür sind die Dropbox-Sicherheitsverletzung und das iCloud 2014-Leck. Dropbox wurde im Oktober 2014 durchbrochen, wobei über 7 Millionen Benutzerpasswörter von Hackern gestohlen wurden, um Bitcoins (BTC) zu erpressen. Mit diesen Passwörtern konnten die Hacker sowohl private Daten lesen als auch von Suchmaschinen indizieren lassen (Veröffentlichung der Informationen).

35   Diese mit Public Cloud-Diensten verbundenen Risiken sind jedoch stets im Vergleich zu den Risiken für die „On Premises" Infrastruktur zu sehen. Das BSI gelangte im Jahr 2011 etwa zu dem Ergebnis, dass knapp 20% der untersuchten Unternehmen keine Maß-

---

[15] https://blogs.microsoft.com/datalaw/initiative/legal-cases/microsofts-secrecy-order-lawsuit/.

nahmen zum Schutz ihrer IT-Systeme vor höherer Gewalt wie Brand- oder Wasserschäden umgesetzt hatten. Nur die Hälfte der befragten Unternehmen hatte ihre geschäftskritischen IT-Systeme redundant aufgesetzt.[16] Obwohl die Bedrohungen durch externe Angreifer auf Firmennetzwerke allein im Jahr 2012 um 77% gestiegen sind, verfügen die meisten Unternehmen auch heute noch über keine formale Sicherheitsarchitektur und führen kein Benchmarking und keine Überwachung und Bewertung von Vorfällen durch, die ihre IT-Sicherheit berühren.[17] Eine formale Zertifizierung, die gängigen Sicherheitsstandards wie der ISO 27001 entspricht, können nur die wenigsten Unternehmen vorweisen.

Die physische Kontrolle der Computerausrüstung, zB mit einer Private Cloud, wird oft als sicherer empfunden als jene Situation, in der die Ausrüstung außerhalb unter der Kontrolle eines anderen, zB in einer Public Cloud, steht. Tatsächlich ist die Frage jedoch komplexer; die Bedrohung kommt nämlich oft eher von innen. Größere Verstöße gegen die Datensicherheit sind oft auf ein menschliches Versagen oder das Versäumnis zurückzuführen, branchenübliche Standardverfahren und/oder Software-Updates einzuhalten. Solche Fehler passieren rasch, wenn die IT-Organisation nicht über ausreichende Ressourcen oder die notwendige Erfahrung angesichts der in der Branche herrschenden Bedrohungslage verfügt. **36**

Solche Unternehmen, die über keine adäquate Expertise in der IT-Sicherheit verfügen stellen oft überrascht fest, dass es für sie sicherer ist, eine Public Cloud zu nutzen. Die Bedrohung durch Hacker-Angriffe, die resultierenden negativen Auswirkungen auf die Reputation sowie ein eventueller Vertrauensverlust der Kunden sind für die großen Cloud Anbieter eindeutig ein großes Thema. Der Jahresumsatz von Cloud Services liegt derzeit bei über 26 Milliarden Dollar für *Amazon AWS,* über 30 Milliarden Dollar für *Microsoft* (einschließlich *Azure, Office 365* und *Dynamics 365*) und etwa 8 Milliarden Dollar für *Google Cloud.*[18] Würden ihre Dienste gehackt oder ihre Sicherheits- und Datenschutzrichtlinien als unzureichend erachtet, wäre der Imageschaden immens. Mithin besteht für die Anbieter von Public Cloud Computing-Dienstleistungen ein ganz klarer Anreiz, den Aufbau und die Aufrechterhaltung starker Management- und Sicherheitsdienste zu priorisieren – denn dadurch investieren sie direkt in das Vertrauen ihrer Kunden. **37**

---

[16] https://www.bsi.bund.de/SharedDocs/Downloads/DE/BSI/Publikationen/Studien/KMU/Studie_IT-Sicherheit_KMU.pdf?__blob=publicationFile.

[17] *Ernst & Young,* Fighting to close the gap Global Information Security Survey, S. 14f., abrufbar unter http://www.ey.com/Publication/vwLUAssets/Fighting_to_close_the_gap:_2012_Global_ Information_Security_Survey/$FILE/2012_Global_Information_Security_Survey___Fighting_to_close_ the_gap.pdf.

[18] Details zu den Umsätzen der einzelnen Cloud Provider finden sich in den Geschäftsberichten der Unternehmen. Diese sind für AWS von der Muttergesellschaft Amazon unter https://ir.aboutamazon.com/annual-reports, für Microsoft unter https://www.microsoft.com/en-us/annualreports/ar2018/annualreport und für Google von der Muttergesellschaft Alphabet unter https://abc.xyz/investor/ verfügbar.

Teil 11.3 Cloud Computing – Zertifizierung und Best Practice

Übersicht

	Rn.
A. Cloud-Service Zertifizierungen als vertrauensbildende Maßnahme	1
B. Die Cloud Computing Zertifizierung der EU-Kommission – CCSL und CCSM	3
C. Die ISO/IEC	8
D. Die Cloud Security Alliance (CSA)	14
E. Die EuroCloud Deutschland_eco e.V.	17
F. FedRAMP	19
G. Der IT-Grundschutz des BSI für Cloud Services	20
H. Zusammenfassung	23

Literatur:
Bundesamt für Sicherheit in der Informationstechnik (BSI), IT Grundschutz; *Bundesamt für Sicherheit in der Informationstechnik (BSI)*, Managementsysteme für Informationssicherheit (ISMS), BSI-Standard 100–1, Version 1.5, Mai 2008; *Bundesamt für Sicherheit in der Informationstechnik (BSI)*, IT-Grundschutz-Vorgehensweise, BSI-Standard 100-2, Version 2.0, Mai 2008; *Bundesamt für Sicherheit in der Informationstechnik (BSI)*, Risikoanalyse auf der Basis von IT-Grundschutz, BSI-Standard 100-3, Version 2.5, Mai 2008; *Bundesamt für Sicherheit in der Informationstechnik (BSI)*, IT-Grundschutz-Kataloge – Standard-Sicherheitsmaßnahmen, jährlich aktualisiert; *Cloud Security Alliance*, Security Guidance V 3.0; *Cloud Security Alliance*, Cloud Control Matrix V 1.4; *Cloud Security Alliance*, Open Certification Framework, Vision Statement, August 2012; *EU Commission*, Unleashing the Potential of Cloud Computing in Europe; *ISO/IEC*, JTCI SC27; *ISO/IEC*, Information technology – Security techniques – Information security management system requirements specification, 27001:2005; *ISO/IEC*, Information technology – Code of practice for information security management, 27002:2005; *ISO/IEC*, Information technology – Security techniques – Code of practice for information security controls based on ISO/IEC 27002 for cloud services; 27017:2015; *ISO/IEC*, Information technology – Security techniques – Code of practice for protection of personally identifiable information (PII) in public clouds acting as PII processors, 27018:2019; *National Institute of Standards and Technology*, Recommended Security Controls for Federal Information Systems and Organizations, NIST Special Publication 800-53, Revision 3.

A. Cloud-Service Zertifizierungen als vertrauensbildende Maßnahme

1 Das Cloud Computing konnte erst nach umfangreichen Investitionen in Informationen und Erfahrungen im Bereich der Sicherheit und des Datenschutzes das derzeitige Niveau der breiten Akzeptanz erreichen. Voraussetzungen für den Erfolg des Cloud Computing waren zum einen das Schaffen von Vertrauen, zum anderen das Festlegen von Standards für die Informationssicherheit. Dies gilt unabhängig davon, ob es sich bei den verwendeten Geschäftsprozessen und IT-Services um eine Private Cloud oder eine Public Cloud handelt.

2 Vor der Auswahl eines Cloud-Services möchten die Kunden wissen, ob ein Service sicher und zuverlässig ist. Cloud Computing Services sind jedoch komplex. Für den einzelnen Kunden ist es daher schwierig, alle technischen Details selbst zu überprüfen. Die Anforderung, dass jeder der zahlreichen Kunden eines bestimmten Dienstleisters die Sicherheitsanforderungen separat überprüfen muss, würde einen erheblichen redundanten Aufwand bedeuten. Die Idee eines **Zertifizierungssystems** besteht darin, grundlegende Sicherheitsanforderungen einmal für alle Kunden zu überprüfen. Auf diese Weise kann die Anschaffung von Cloud Services vereinfacht werden. Zertifizierungssysteme ersetzen jedoch nicht die Notwendigkeit einer sorgfältigen Prüfung im Einzelfall durch den Kunden bei der Anschaffung. Vielmehr ist die Zertifizierung nur eine Möglichkeit, diesen Prozess zu vereinfachen. Auf die steigende Nachfrage nach Zertifizierungen für Cloud Computing hin wurden weltweit mehrere Initiativen gegründet, welche Lösungen anbieten.

B. Die Cloud Computing Zertifizierung der EU-Kommission – CCSL und CCSM

Im Jahr 2012 veröffentlichte die Europäische Kommission eine Mitteilung mit dem Titel „Unleashing the Potential of Cloud Computing in Europe"[1]. Eine der dort skizzierten Maßnahmen ist die Entwicklung EU-weiter freiwilliger Zertifizierungssysteme durch Zusammenstellen von Anbieterlisten zu fördern. Die ENISA (damals „European Network and Information Security Agency", ab April 2019 „The European Union Agency for Cybersecurity") entwickelte im Folgenden in Zusammenarbeit mit der Europäischen Kommission und der *Cloud Selected Industry Group on Certification* (sog. C-SIG Certification) die **Cloud Certification Schemes List** (CCSL) und das **Cloud Certification Schemes Meta-Framework** (CSSM).[2]

Die CCSL verschafft einen Überblick über verschiedene bereits existierende Zertifizierungssysteme, und deren Hauptmerkmale. Sie gibt ferner Auskunft über die zugrunde liegenden Standards, die Aussteller der Zertifizierungen, der Auditierung eines Cloud Service Providers und die Person des Auditors.

Die ENISA-Website bietet Links zu einer Liste der Zertifizierungssysteme sowie den Merkmalen der einzelnen Systeme. Die aktuelle Liste umfasst etwa ISO/IEC 27001, die Cloud Security Alliance (CSA), EuroCloud, Service Organization Control (SOC), den Certified Cloud Service – TÜV Rheinland, Leet Security Rating Guide, Payment Card Industry Data Security Standard und den Code of Practice des Cloud Industry Forum. Im Laufe der Zeit werden weitere Zertifizierungssysteme hinzukommen.

Die wichtigsten davon, einschließlich ISO/IEC, CSA und EuroCloud, werden im Folgenden zusammengefasst. Darüber hinaus werden zwei wesentliche länderspezifische Zertifizierungen, die nicht im CCSL enthalten sind, FedRAMP für die USA und das BSI für Deutschland, beschrieben. Das CCSM ist eine Erweiterung von CCSL. Die erste Version dieses Meta-Frameworks wurde im November 2014 von der Cloud-SIG zur Zertifizierung genehmigt und verabschiedet. Ziel des Meta-Frameworks ist es, ein neutrales High-Level-Mapping von den Netzwerk- und Informationssicherheitsanforderungen des Kunden zu den Sicherheitszielen in bestehenden Cloud-Zertifizierungssystemen zu ermöglichen. Dies erleichtert die Nutzung bestehender Zertifizierungssysteme bei Anschaffung.

Basierend auf dem Meta-Framework entwickelte die ENISA ein Online-Tool für Kunden, welches diese während der Anschaffung nutzen können. Das Online-Tool ermöglicht es, eine Reihe relevanter Sicherheitsziele auszuwählen und zu sehen, welche dieser Sicherheitsziele von welchen Cloud-Zertifizierungssystemen abgedeckt werden. Darüber hinaus können Kunden mit dem Tool eine Vielzahl an benutzerdefinierten Formularen und Checklisten für die Beschaffung als Hilfsmittel in ihrem Beschaffungsprozess erstellen (zB als Checklisten zur Auswertung von Angeboten oder als Grundlage für Fragebögen).

C. Die ISO/IEC

Die ISO (International Organization for Standardization) und die IEC (International Electrotechnical Commission) erarbeiten schon seit langer Zeit in einem gemeinsamen Komitee (Joint Technical Committee 1 – JTC1) gemeinsame Standards hinsichtlich Informations- und Kommunikationstechnik. Im Bereich der Informationssicherheit ist hier vor

---

[1] Abrufbar unter https://eur-lex.europa.eu/LexUriServ/LexUriServ.do?uri=COM:2012:0529:FIN:EN:PDF.
[2] https://resilience.enisa.europa.eu/cloud-computing-certification.

allem das Subcommittee SC27 „IT Security Techniques"[3] aktiv, das die Reihe ISO/IEC 270xx entwickelt.

9   Die ISO/IEC 27001[4] ist der grundlegende Standard im Management von Informationssicherheit. Die hierin beschriebenen Prinzipien lassen sich auch auf Cloud Computing anwenden. Im normativen Anhang dieses Standards sind 146 sog. Controls aufgeführt, welche generische Maßnahmen beschreiben, die umgesetzt werden müssen. Diese Maßnahmen sind nicht auf technische Aspekte beschränkt, sondern umfassen insbesondere auch die Bereiche Management, Personal, Gebäude und technische Infrastruktur.

10 Die ISO/IEC 27002[5] unterfüttert diese sehr kurz gehaltenen Controls mit Best Practice Lösungen. Nach eingehenden Beratungen wurde im Subcommittee SC27 ein Projekt aufgesetzt, in dem analysiert wird, welche zusätzlichen Sicherheitsanforderungen beim Cloud Computing zu berücksichtigen sind, die nicht durch den Standard ISO/IEC 27002 abgedeckt sind. Dabei wurde die Notwendigkeit eines neuen Standards erkannt.

11 So wurde die ISO/IEC 27017:2015[6] entwickelt. Sie wurde Ende 2015 veröffentlicht und trägt den Titel „Information technology – Security techniques – Code of practice for information security controls based on ISO/IEC 27002 for cloud services". Die Norm wurde gemeinsam von ISO/IEC und der International Telecommunication Union (ITU) entwickelt und ist daher sowohl als ISO/IEC 27017 als auch als ITU-T X.1631 bekannt. ISO/IEC 27017:2015 enthält Richtlinien für Informationssicherheitskontrollen, die für die Bereitstellung und Nutzung von Cloud-Diensten gelten. Dies geschieht durch zusätzliche Implementierungsrichtlinien für relevante Kontrollen, die in ISO/IEC 27002 näher erläutert sind, und zusätzliche Kontrollen mit Implementierungsrichtlinien, die sich speziell auf Cloud Services beziehen. Dies dient sowohl Cloud Service Providern als auch Cloud Service Kunden als Orientierungshilfe.

12 Eine weitere Norm, ISO/IEC 27018:2019[7], befasst sich speziell mit dem Datenschutz in Public Clouds. Die erste Ausgabe wurde 2014, die zweite Ausgabe 2019 veröffentlicht. Die ISO/IEC 27018:2019 trägt den Titel „Information technology – Security techniques – Code of practice for protection of Personally Identifiable Information (PII) in public clouds acting as PII processors". Die Norm legt allgemein anerkannte Kontrollziele, Kontrollen und Leitlinien für die Durchführung von Maßnahmen zum Schutz personenbezogener Daten (PII) in Übereinstimmung mit den Datenschutzgrundsätzen der ISO/IEC 29100 für die Umgebung des Public Cloud Computing fest. Insbesondere werden Leitlinien auf der Grundlage von ISO/IEC 27002 unter Berücksichtigung der regulatorischen Anforderungen an den Schutz von PII festgelegt.

13 Schließlich gibt es zwei weitere Normen, die vom Subcommittee SC27 als Referenz verwendet werden, die ISO/IEC 17788 und die IS0/IEC 17789. Die Erste, ISO/IEC 17788:2014, „Information technology – Cloud computing – Overview and vocabulary" gibt einen Überblick über Cloud Computing sowie eine Reihe von Begriffen und Definitionen. Es ist die terminologische Grundlage für Cloud Computing-Standards. Die Zweite, ISO/IEC 17789:2014, „Information technology – Cloud computing – Reference architecture", beschreibt die Cloud Computing Reference Architecture (CCRA). Die Referenzarchitektur umfasst die Cloud-Computing-Rollen, Cloud-Computing-Aktivitäten sowie die funktionellen Aspekte des Cloud-Computing und deren Beziehungen.

---

[3] ISO/IEC JTC1 SC27, http://www.iso.org/iso/home/standards_development/list_of_iso_technical_ committees/iso_technical_committee.htm?commid=45306.

[4] ISO/IEC 27001:2005 „Information technology – Security techniques – Information security management systems requirements specification", ISO/IEC JTC1/SC27, www.iso.org.

[5] ISO/IEC 27002:2005 „Information technology – Code of practice for information security management", ISO/IEC JTC1/SC27, www.iso.org.

[6] ISO/IEC 27017:2015 „Information technology – Security techniques – Code of practice for information security controls based on ISO/IEC 27002 for cloud services", www.iso.org.

[7] ISO/IEC 27018:2019 „Information technology – Security techniques – Code of practice for protection of personally identifiable information (PII) in public clouds acting as PII processors", www.iso.org.

D. Die Cloud Security Alliance (CSA)

Die Cloud Security Alliance (CSA) wurde 2009 gegründet und hat inzwischen über 180 Mitglieder aus dem Bereich der Industrie und der Verwaltung.[8] Die CSA stellt eine Vielzahl an hoch anerkannten Publikationen zur Verfügung. Hier seien vor allem die CSA Security Guidance v 3.0 (CSG)[9] und die Cloud Control Matrix V1.4 (CCM)[10] hervorgehoben. Die CSG, die mit vollem Titel „Security Guidance for Critical Areas of Focus in Cloud Computing" heißt, beschreibt in verschiedenen Abschnitten die notwendigen Maßnahmen zur Absicherung von Cloud Computing Diensten und gibt Empfehlungen. Die CCM stellt Sicherheitsempfehlungen der CSA in Kurzform und in Themenfeldern zusammen. Sie ordnet ihnen eine Relevanz für die verschiedenen Bereitstellungsmodelle für Cloud Services (SaaS, PaaS und IaaS) zu. Des Weiteren werden die Controls der CCM auf anderen Standards wie NIST 800-53, ISO/IEC 27001, HIPAA[11] und PCI DSS[12] abgebildet.

Die Vision der CSA für die Zertifizierung ist das sog. Open Certification Framework[13], dem ein dreistufiges Vertrauensmodell („Levels of Trust") zugrunde liegt und das die CSA in Teilen bereits seit 2012 anbietet. Als Einstieg dient CSA STAR. Die CSA Security, Trust & Assurance Registry (STAR) ist eine öffentliche Sammlung von Dokumenten, in denen Unternehmen in einer Selbstauskunft ihre Sicherheitsmaßnahmen anhand der CCM darstellen. Alternativ kann auch das Consensus Assessments Initiative Questionaire (CAIQ) beantwortet werden. Hierin sind die Controls der CCM durch Umsetzungsmöglichkeiten weiter ausgeführt. Auf diese Weise geben die teilnehmenden Firmen potenziellen Geschäftspartnern einen Einblick in ihr Sicherheitsmanagement und die umgesetzten Maßnahmen.

Als zweite Stufe soll eine „STAR Certification" eingeführt werden, die durch ein Third Party Audit erlangt werden kann. Grundlage für die Zertifizierung sind die Forderungen der ISO/IEC 27001, ergänzt durch die Empfehlungen der Cloud Control Matrix der CSA sowie den unternehmenseigenen Anforderungen. Hierfür soll auch ein Reifegradmodell entwickelt und der erzielte Wert ebenfalls veröffentlicht werden. Als dritte Stufe ist dann die „Continuous Monitoring Based Certification" vorgesehen, bei der durch Überwachung bestimmter Parameter zu jeder Zeit festgestellt werden können soll, ob die Kunden-Anforderungen vom Cloud Service Provider (noch) erfüllt werden.

E. Die EuroCloud Deutschland_eco e.V.

Der EuroCloud Deutschland_eco e.V. ist der Verband der Cloud-Computing-Wirtschaft. Dieser setzt sich für die Akzeptanz und die bedarfsgerechte Bereitstellung von Cloud Services am deutschen Markt ein[14]. Im Mittelpunkt der EuroCloud-Zertifizierung stehen nicht nur die technische und organisatorische Sicherheit von Cloud-Angeboten, sondern auch Aspekte der Vertragsgestaltung und des Datenschutzes. Ein wesentlicher Bestandteil der EuroCloud-Zertifizierung ist ein Audit des Cloud-Dienstleisters durch unabhängige

---

[8] https://cloudsecurityalliance.org/.
[9] Cloud Security Alliance, Security Guidance V 3.0, https://cloudsecurityalliance.org/guidance/csaguide.v3.0.pdf.
[10] Cloud Security Alliance, Cloud Control Matrix V1.4, https://downloads.cloudsecurityalliance.org/initiatives/ccm/CSA_CCM_v1.4.xlsx.
[11] HIPAA: Health Insurance Portability and Accountability Act of 1996 (HIPAA) Privacy and Security Rules, U.S. Dept. Of Health and Human Services, http://www.hhs.gov/ocr/privacy/index.html.
[12] Payment Card Industrie Data Security Standard, www.pcisecuritystandards.org.
[13] Cloud Security Alliance, Open Certification Framework, Vision Statement, August 2012, https://cloudsecurityalliance.org/wp-content/uploads/2012/08/OCF_Vision_Statement_Final.pdf.
[14] EuroCloud Deutschland_eco e.V., http://www.eurocloud.de.

Dritte. Unternehmen, die Cloud-Anbieter bewerten, können mit der im Gütesiegel angegebenen Art der Zertifizierung feststellen, ob ein Anbieter ihre Anforderungen erfüllt.

18   Derzeit werden fünf verschiedene Qualitätsstufen zertifiziert. Die Ein-Sterne-Zertifizierung gibt es bei Erreichen der niedrigsten Anforderungen, die Fünf-Sterne-Zertifizierung für die Einhaltung der höchsten Anforderungen. Das Audit selbst wird in sieben Schritten durchgeführt und umfasst einen umfangreichen Katalog an Kriterien.

F. FedRAMP

19   Das „Federal Risk and Authorization Management Programm" (FedRAMP)[15] ist eine Initiative der US-Regierung. Ihr Ziel besteht darin, amerikanischen Bundesbehörden nach dem Motto „do once, use many times" eine standardisierte Vorgehensweise bei der Sicherheitsauditierung von Cloud Services, der Zulassung von Cloud Service Providern und der Aufrechterhaltung der implementierten Sicherheitsprozesse bei Cloud Service Providern an die Hand zu geben. Hierdurch soll Zeit, Geld und Personal gespart, Doppel- oder Mehrfachprüfungen vermieden werden. Inhaltlich basieren die Anforderungen auf den Maßnahmen des US-amerikanischen Standards NIST SP 800–53 Rev. 3[16]. Dabei wurden größtenteils die darin für die Schutzstufen „Low" und „Moderate" beschriebenen Sicherheitsmaßnahmen herangezogen und in den für Cloud Computing kritischen Bereichen ergänzt. Der Zertifizierungsprozess ist bereits etabliert. US-Behörden dürfen nur Cloud Services nutzen, die nach FedRAMP zertifiziert sind.

G. Der IT-Grundschutz des BSI für Cloud Services

20   Der **IT-Grundschutz des BSI**[17] ist der seit Jahrzehnten erprobte Standard für Informationssicherheit in Deutschland und anderen Ländern. Grundsätzlich besteht der IT-Grundschutz aus mehreren BSI-Standards und den IT-Grundschutz-Katalogen. Der BSI-Standard 100-1 „Managementsysteme für Informationssicherheit (ISMS)"[18] beschreibt ein Information Security Management System, das den Anforderungen der Norm ISO/IEC 27001 entspricht. Der BSI-Standard 100-2 „IT-Grundschutz-Vorgehensweise"[19] beschreibt, wie eine Institution zu einem zertifizierten ISMS gelangt, und gibt für die einzelnen Schritte wertvolle Hilfestellung. Das BSI stellt mit dem BSI-Standard 100–3 „Risikoanalyse auf der Basis von IT-Grundschutz"[20] zudem eine mit dem IT-Grundschutz kompatible Risikoanalyse zur Verfügung. Der Ansatz des IT-Grundschutzes ist ganzheitlich, bezieht also neben IT-Systemen auch die Organisation, Personen, Gebäude etc. mit ein.

21   Die IT-Grundschutz-Kataloge (kurz: „GSK")[21] sind eine Sammlung konkreter Sicherheitsmaßnahmen (sog. Best Practices) gegen die Gefahren für Objekte eines Informations-

---

[15] US General Services Adminstration, Federal Risk and Authorization Management Program (FedRAMP), http://www.gsa.gov/portal/category/10237.
[16] NIST Special Publication 800-53, Recommended Security Controls for Federal Information Systems and Organizations, Revision 3, NIST, CSRC, Mai 2010, csrc.nist.gov.
[17] *Bundesamt für Sicherheit in der Informationstechnik (BSI)*, IT-Grundschutz, http://www.bsi.bund.de/grundschutz.
[18] Managementsysteme für Informationssicherheit (ISMS), BSI-Standard 100-1, Version 1.5, Mai 2008, www.bsi.bund.de/grundschutz.
[19] IT-Grundschutz-Vorgehensweise, BSI-Standard 100-2, Version 2.0, Mai 2008, www.bsi.bund.de/grundschutz.
[20] Risikoanalyse auf der Basis von IT-Grundschutz, BSI-Standard 100-3, Version 2.5, Mai 2008, www.bsi.bund.de/grundschutz.
[21] IT-Grundschutz-Kataloge – Standard-Sicherheitsmaßnahmen, BSI, jährlich neu, http://www.bsi.bund.de/grundschutz.

verbundes. In den IT-Grundschutz-Katalogen hat das BSI die Risikoanalyse, die nach der Norm ISO/IEC 27001 für jedes Objekt notwendig ist, für typische Anwendungsfälle bereits durchgeführt. Des Weiteren hat sie Maßnahmenempfehlungen definiert, die für einen normalen, dh üblichen Schutzbedarf genügen. Die individuelle Risikoanalyse kann sich somit auf die kritischsten Geschäftsprozesse konzentrieren, mit dem Ergebnis, dass der Gesamtaufwand der Risikoanalyse deutlich reduziert wird. Durch die Maßnahmen der GSK, die sehr viel konkreter als die der Standards ISO/IEC 27001 und 27002 sind, wird außerdem ein nachvollziehbares und leicht vergleichbares Mindestsicherheitsniveau erreicht.

Ähnlich wie beim Standard ISO/IEC 27001 ist der IT-Grundschutz prinzipiell auch auf 22 Cloud Service Provider bzw. Nutzer anwendbar. Der Anspruch des IT-Grundschutzes ist es jedoch darüber hinaus, den Anwendern möglichst viel Hilfestellung zu geben, damit diese eine klare und transparente Richtlinie für die Einführung und Zertifizierung ihres Information Security Management Systems haben. Zudem ist es mit dem IT-Grundschutz möglich, einem Informationssicherheits-Zertifikat ein Sicherheitsniveau zuzuordnen, was beispielsweise bei einem Zertifikat nach ISO/IEC 27001 nicht möglich ist.

H. Zusammenfassung

Secure Cloud Computing ist ohne ein gut funktionierendes Informationssicherheitsmana- 23 gementsystem nicht möglich. Daher basieren fast alle sinnvollen Zertifizierungsverfahren darauf, dass beim Cloud-Dienstleister ein effektives und effizientes Managementsystem für Informationssicherheit zur Verfügung steht. Für konventionelle IT-Infrastrukturen entwickelte und etablierte Sicherheitsmaßnahmen werden durch spezifische Aspekte des Cloud Computing ergänzt.

Weitere Zertifikate für spezielle Cloud-Angebote sind auch in Zukunft denkbar, zB für 24 bestimmte Branchen mit branchenweiten Sicherheitsanforderungen.

In der Informationssicherheit dominiert das Zertifikat ISO/IEC 27001 auf globaler 25 Ebene. Insofern ist davon auszugehen, dass die auf diesem Standard basierenden Cloud Zertifikate eine solide Grundlage besitzen. Zertifizierungen von CSA, EuroCloud und BSI basieren alle auf diesem Ansatz. Außerhalb der EU kommt den USA aufgrund des enormen Marktpotenzials und der auf dem Markt führenden Position ihrer Cloud-Dienstleister besondere Bedeutung zu. Damit kann die US-Regierung allein durch ihre Marktmacht die Erfüllung der eigenen Standards ohne Vereinbarungen mit Dritten verlangen.

Teil 11.4 Rechtsfragen des Cloud Computing

Literatur:
Berberich/Kanschik, Daten in der Insolvenz, NZI 2017, 1; *Berger/Tunze,* Geistiges Eigentum im Insolvenzverfahren, ZIP 2020, 52; *Bultmann,* Aussonderung von Daten in der Insolvenz, ZInsO 2011, 992; *Ganter,* Sicherungsmaßnahmen gegenüber Aus- und Absonderungsberechtigten im Insolvenzeröffnungsverfahren – Ein Beitrag zum Verständnis des neuen § 21 Absatz II 1 Nr. 5 InsO, NZI 2007, 553; *Grützmacher,* Vertragliche Ansprüche auf Herausgabe von Daten gegenüber dem Outsourcing-Anbieter, ITRB 2004, 260; *ders.,* Außervertragliche Ansprüche auf Herausgabe von Daten gegenüber dem Outsourcing-Anbieter, ITRB 2004, 282; *Hartung,* Datenschutz und Insolvenzverwaltung, ZInsO 2011, 1225; *Hoeren,* Datenbesitz statt Dateneigentum, MMR 2019, 5; *Jülicher,* Die Aussonderung von (Cloud-)Daten nach § 47 InsO, ZIP 2015, 2063; *Krüger/Pape,* Patronatserklärungen und Beseitigung von Zahlungsunfähigkeit, NZI 2011, 617; *Kühling/Sackmann,* Irrweg „Dateneigentum" ZD 2020, 24; *Obermüller,* Lösungsklauseln im Bankgeschäft, ZInsO 2013, 476; *Paul,* Patronatserklärungen in der Insolvenz der Tochtergesellschaften, ZInsO 2004, 1327; *Raue,* Die Rechte des Sacheigentümers bei der Erhebung von Daten, NJW 2019, 2425.

Teil 11.4.1 Cloud Computing in der Insolvenz

Übersicht

	Rn.
A. Insolvenz des Cloud Providers	1
I. Vor Eintritt des Insolvenzfalls	2
1. Verfahrensgang bis zur Eröffnung des Insolvenzverfahrens	3
2. Vertragliches Lösungsrecht des Kunden	6
3. Erlangung einer Kopie der Daten	8
4. Schutz der Maßnahmen gegen Rechte des Insolvenzverwalters	9
II. Nach Eröffnung des Insolvenzverfahrens	11
1. Erfüllungswahlrecht des Insolvenzverwalters	11
2. Nutzung der Software	14
3. Aussonderungsrechte des Kunden	18
4. Weitere vertragliche Instrumente	44
III. Schlussfolgerungen und Formulierungsvorschläge	45
B. Insolvenz des Kunden	47

A. Insolvenz des Cloud Providers

1 Bei der Insolvenz des Cloud Providers stellen sich aus Sicht des Kunden zwei Kernfragen: Wie kann die weitere Erbringung der Dienste bzw. ein möglichst reibungsloser Übergang der Dienste auf einen alternativen Anbieter sichergestellt werden und wie kommt der Kunde an seine Daten? Im Idealfall fällt die Lösung für beide Fragen zusammen, wenn die Daten mit dem Dienst migriert werden können.

I. Vor Eintritt des Insolvenzfalls

2 Als „Vorsorge" für den Insolvenzfall kann der Kunde beim Cloud Computing einerseits versuchen, sich in gewissem Rahmen vertraglich abzusichern (etwa durch ein eigenes Lösungsrecht) und andererseits faktisch absichern, indem er die Daten sichert. In jedem Fall sollte der Kunde beim Cloud Computing – wie auch bei sonstigen Lieferantenbeziehungen – möglichst frühzeitig auf Anzeichen einer möglichen Krise oder gar Insolvenz ach-

ten. Man sollte bei ersten Anzeichen (zB Unregelmäßigkeiten in der Leistungserbringung) Informationen bei einschlägigen Auskunfteien einholen bzw. ab dann den Cloud Provider laufend kontrollieren (lassen) und sich an verändernden Ratings und Risikoerhöhungen durch die Auskunfteien orientieren.[1] Durch eine Anfrage beim Insolvenzgericht lässt sich zwar regelmäßig klären, ob die Eröffnung des Insolvenzverfahrens bereits beantragt wurde, dann ist es aber ggfs. schon zu spät für einige mögliche Reaktionen.

1. Verfahrensgang bis zur Eröffnung des Insolvenzverfahrens

Zu unterscheiden sind die Phase der Krise bis zum Antrag auf ein Insolvenzverfahren, die Phase zwischen Antragstellung und Eröffnung sowie die Phase ab Eröffnung des Insolvenzverfahrens. 3

Bis zum Antrag auf Eröffnung der Insolvenz ist der Cloud Provider selbst handlungsfähig und beide Vertragsparteien müssen grundsätzlich die von ihnen geschuldeten Leistungen erbringen. Mit Antragstellung wird das Insolvenzgericht bis zur Entscheidung über die Eröffnung des Insolvenzverfahrens in der Regel einen vorläufigen Insolvenzverwalter bestellen (und ihm die Führung der Geschäfte übertragen).[2] Der vorläufige Insolvenzverwalter darf nicht gemäß § 103 Abs. 2 InsO die Erfüllung eines bestehenden Dienstleistungsvertrages ablehnen.[3] Der Kunde kann in dieser Phase im Regelfall also den Cloud Service weiter nutzen. Ausnahmsweise kann aber bereits der vorläufige Insolvenzverwalter zur Vermeidung weiter eintretender Verluste mit Zustimmung des Gerichts oder eines vorläufigen Gläubigerausschusses den Geschäftsbetrieb schon im Eröffnungsverfahren insgesamt einstellen. 4

Im Fall der Betriebsfortführung besteht der Cloud Computing Vertrag zunächst fort. Beide Parteien müssen die geschuldeten Leistungen weiter erbringen. Der Cloud Provider hat einen Anspruch darauf, die Leistungen weiter erbringen zu dürfen, um das vereinbarte Entgelt verdienen zu können. 5

2. Vertragliches Lösungsrecht des Kunden

Wenn der Kunde die Leistungen beenden möchte, um die Dienste selbst oder durch einen Dritten zu erbringen und nicht weiter das Entgelt zahlen zu müssen, wird er sich ein Lösungsrecht im Vertrag vorbehalten wollen. Dabei ist zu beachten, dass nach der Rechtsprechung des *BGH* Lösungsklauseln aus Anlass des Insolvenzfalls – grundsätzlich –[4] unwirksam sind.[5] Vertragliche Lösungsklauseln sollten daher vorsorglich vorverlagert werden und zB an eine – der Insolvenz vorgelagerte – Vermögensverschlechterung anknüpfen (vgl. § 321 BGB und § 490 BGB). Als Regelbeispiel für eine solche Vermögensverschlechterung kann das Unterschreiten eines bestimmten, vertraglich definierten Bonitätsratings bei 6

---

[1] Neue Anbieter wie die *STP-Portal GmbH*, offerieren heute schon die Möglichkeit einer fortlaufenden Kontrolle und zeigen mit einer Warnmeldung automatisch Negativereignisse an – dazu kann als Indikator einer Krise oder ggf. einer bevorstehenden Insolvenz auch schon ein sich aus dem elektronischen Handelsregister ergebender Wechsel in der Geschäftsführung oder eine Sitzverlagerung dienen.
[2] Die Insolvenzordnung unterscheidet zwischen dem sog. starken vorläufigen Insolvenzverwalter und dem sog. schwachen vorläufigen Insolvenzverwalter. Während der starke vorläufige Insolvenzverwalter befugt ist, über das Vermögen des (späteren) Insolvenzschuldners zu verfügen, steht dem schwachen vorläufigen Insolvenzverwalter ein solches Recht nicht zu. Vielmehr ist er „lediglich" mit einem Zustimmungsvorbehalt ausgestattet; will also der (spätere) Insolvenzschuldner nach Insolvenzantragstellung, aber vor Insolvenzeröffnung über Gegenstände seines Vermögens verfügen, muss er hierfür die Zustimmung des schwachen vorläufigen Insolvenzverwalters einholen. Ging der Gesetzgeber der Insolvenzordnung davon aus, dass der starke vorläufige Insolvenzverwalter die Regel, der schwache vorläufige Insolvenzverwalter hingegen die Ausnahme sein sollte, ist in der Praxis das Gegenteil der Fall; vgl. Andres/*Leithaus*, InsO § 22 Rn. 3.
[3] Braun/*Böhm*, InsO § 22 Rn. 14.
[4] BGHZ 210, 1: zur Wirksamkeit von insolvenzbedingten Lösungsklauseln in besonderen Vertragskonstellationen (VOB-Bauvertrag).
[5] BGHZ 195, 348.

einer der Auskunfteien (zB SCHUFA) ein wirksamer und objektiver Anknüpfungspunkt sein.

7   Teil jeden vertraglichen Lösungsrechts sollten wie bei anderen IT-Verträgen (zB Outsourcing) konkrete Exit-Regelungen sein, dh Vereinbarungen darüber, wie eine Vertragsbeendigung und eine Rückgabe der Daten bzw. die Überleitung eines Dienstes auf den Kunden bzw. einen anderen Anbieter praktisch abgewickelt werden sollen. Diese dürften, da es sich um Nebenpflichten des Vertrags handelt, selbst nicht vom Wahlrecht des Insolvenzverwalters betroffen sein.

3. Erlangung einer Kopie der Daten

8   Unabhängig vom vertraglichen Lösungsrecht sollte der Kunde sich ein Recht vorbehalten, dass der Cloud Provider entweder regelmäßig oder ad hoc auf Anfrage des Kunden Kopien der Daten an den Kunden übermittelt (die dieser dann als Back-Up nutzen kann).[6] Jedenfalls bei einer Verarbeitung von personenbezogenen Daten in der Cloud ist ein Anspruch auf Herausgabe der Daten auf Weisung des Kunden regelmäßig Bestandteil der Vereinbarung über eine Auftragsverarbeitung. Sofern solche Rechte bestehen, sollte der Kunde sie bei Erkennen von Anzeichen für eine Krise des Anbieters ausüben, unabhängig davon, ob der Vertrag noch läuft.

4. Schutz der Maßnahmen gegen Rechte des Insolvenzverwalters

9   Falls der Kunde schon während des Insolvenzeröffnungsverfahrens aufgrund insolvenzfester vertraglicher Regelungen oder gesonderter Vereinbarungen mit einem vorläufigen Insolvenzverwalter[7] seine Daten bekommen hat, muss er nicht fürchten, dass diese Herausgabe nach §§ 129 ff. InsO, insbesondere § 130 InsO, anfechtbar ist und die Daten wieder zurückgefordert werden könnten. Denn soweit der Kunde im Cloud Computing regelmäßig aussonderungsberechtigt ist, (vgl. dazu Ziffer II.3) darf er seine entsprechenden Forderungen immer realisieren, ob nun vor oder während des Insolvenzverfahrens und ist damit vor Anfechtungen gefeit.

10 Zu beachten ist jedoch, dass der vorläufige Verwalter im Eröffnungsverfahren Aussonderungsansprüche unter Verweis auf den Verwalter im eröffneten Verfahren abwehren kann;[8] denn das Aussonderungsrecht entsteht erst mit der Eröffnung des Insolvenzverfahrens und der vorläufige Verwalter ist vornehmlich zur Sicherung und Erhaltung des Schuldnervermögens verpflichtet. Zudem kann das Insolvenzgericht gemäß § 21 Abs. 2 Nr. 5 InsO festlegen, dass Gegenstände mit Aus- oder Absonderungsrechten vom Gläubiger nicht verwertet oder eingezogen werden dürfen, weil sie für die Betriebsfortführung im Eröffnungsverfahren eingesetzt werden sollen.

II. Nach Eröffnung des Insolvenzverfahrens

1. Erfüllungswahlrecht des Insolvenzverwalters

11 Nach Eröffnung des Insolvenzverfahrens kann der Insolvenzverwalter gemäß § 103 Abs. 1 InsO den Cloud Computing Vertrag erfüllen und von dem Kunden dasselbe verlangen. Alternativ kann der Insolvenzverwalter einseitig gemäß § 103 Abs. 2 InsO die weitere Erfüllung des Cloud Computing Vertrags „endgültig" ablehnen. Damit ist gemeint, dass die Rechtsfolgen dieser Erklärung schon ab Eröffnung des Insolvenzverfahrens eintreten und

---

[6] *Grützmacher*, ITRB 2004, 282 (285).
[7] Zur Möglichkeit des vorläufigen Insolvenzverwalters, auch schon im Eröffnungsverfahren Aussonderungsansprüche zu erfüllen, vgl. MüKo/*Ganter*, InsO § 47 Rn. 471a.
[8] *Ganter*, NZI 2007, 553; MüKo/*Ganter*, InsO § 47 Rn. 471a.

mit der Ablehnung der Erfüllung nur gefestigt bzw. bestätigt werden.[9] Daher bedarf es keiner Vorankündigung oder Frist für die Ablehnung.

Um die Ungewissheit über die Fortführung zu beenden, kann der Cloud Kunde den Insolvenzverwalter gemäß § 103 Abs. 2 S. 2 InsO dazu auffordern, unverzüglich zu erklären, ob er den Vertrag weiter erfüllen wird oder ablehnt. Allerdings muss der Insolvenzverwalter vor der ersten Gläubigerversammlung, dem Berichtstermin, insoweit keine eindeutige Erklärung abgeben.[10] Daher kann ein unsicherer Vertragszustand über mehrere Monate eintreten.

Mit den Ansprüchen des Kunden geschieht – nach Eröffnung vorläufig und nach Ablehnung endgültig – das Folgende:
– Die Hauptansprüche auf Erfüllung sind nicht mehr durchsetzbar.
– Die Ersatzansprüche wegen Nichterfüllung werden quotenmäßig befriedigt.

2. Nutzung der Software

Bestandteil der einheitlichen Leistung von SaaS-Diensten ist unter anderem die Nutzung von Software durch den Kunden, welche vom Cloud Provider zur Verfügung gestellt und von diesem auf seiner (oder von einem Dritten angemieteten) Hardware betrieben wird. Genau genommen nutzt der Kunde bei allen Arten von Cloud-Diensten Software (und sei es nur ein Betriebssystem oder eine Datenbank-Software). Die Frage, ob der Kunde die als Cloud Service angebotene Software auch nach Eröffnung des Insolvenzverfahrens über das Vermögen des Cloud Providers (bzw. sogar ab Insolvenzantragstellung) weiterhin nutzen darf, stellt sich insbesondere dann, wenn der Kunde auf die Nutzung der Software angewiesen ist. Dies wird bei IaaS- oder PaaS-Angeboten regelmäßig nicht der Fall sein, da hierbei Standardkomponenten eingesetzt werden. Anders kann dies in Fällen von SaaS-Angeboten liegen.

Ob Software im Falle der Insolvenz des Cloud Anbieters vom Kunden weiterhin genutzt werden kann, hängt von dem Schicksal der zugrundeliegenden Softwarelizenz ab.[11] Softwarelizenzverträge unterliegen in der Insolvenz gemäß § 103 Abs. 1 InsO dem Wahlrecht des Insolvenzverwalters; verweigert dieser die Erfüllung des Vertrages, hat der Kunde grundsätzlich kein Recht, die Software weiterhin zu nutzen.[12] Ausnahmen hiervon hat die Rechtsprechung bislang nur in wenigen Fällen angenommen; entscheidend waren stets die konkreten Vereinbarungen im Lizenzvertrag.[13] So hat der BGH in einer Entscheidung aus dem Jahr 2005 die aufschiebend bedingte Verfügung über ein künftiges Softwarenutzungsrecht unter bestimmten Voraussetzungen für insolvenzfest erklärt:[14] Wird dem Lizenznehmer im Lizenzvertrag ein außerordentliches Kündigungsrecht[15] eingeräumt, bei deren Geltendmachung alle Nutzungs- und Verwertungsrechte am Lizenzgegenstand gegen eine einmalige Gebühr auf den Lizenznehmer übergehen, so kann der Insolvenzverwalter nach der Rechtsprechung des BGH nicht mehr auf die Nutzungsrechte zugreifen.[16]

---

[9] *Andres*/Leithaus, InsO § 103 Rn. 34.
[10] Uhlenbruck/*Wegener*, InsO § 103 Rn. 129.
[11] Initiativen des Gesetzgebers, (Software-)Lizenzen in der Insolvenz des Lizenzgebers für grundsätzlich insolvenzfest zu erklären, sind bislang erfolglos geblieben; vgl. hierzu Dreier/Schulze/*Dreier*, UrhG § 69c Rn. 43.
[12] *BGH*, NJW 2006, 915.
[13] BeckOGK/*Pahlow*, BGB, § 581 Rn. 343; *Berger/Tunze*, ZIP 2020, 52 (59 f.).
[14] *BGH*, NJW 2006, 915.
[15] Selbstverständlich muss das Kündigungsrecht den Anforderungen, die der *BGH* an (insolvenzbedingte) Lösungsklauseln stellt (vgl. → Rn. ▪), genügen.
[16] *BGH*, NJW 2006, 915. Für das Cloud Computing weniger relevant sind die weiteren Fälle, in denen die Nutzung von Software auch nach Insolvenzeröffnung des Vertragspartners möglich ist (*BGH*, GRUR 2016, 201 zum Lizenzkauf; *BGH*, GRUR 2006, 916 und *BGH*, GRUR 2012, 914 jeweils zur Unterlizenz).

16 Sofern der Kunde darauf angewiesen ist, eine über die Cloud bezogene Anwendung selbst oder durch einen Dritten betreiben zu lassen (zB weil etwa ein für seine Bedürfnisse und Daten passendes alternatives Angebot nicht ohne weiteres von Dritten bezogen werden kann), sollten Kunden beim Cloud Computing demnach versuchen, sich einmal bestimmte Nutzungsrechte an der Software aufschiebend bedingt einräumen zu lassen. Dabei ist zu beachten, dass man beim Cloud Computing derzeit sogar davon ausgeht, dass der Kunde beim Cloud Betrieb keine eigenen Nutzungsrechte benötigt, weil die urheberrechtlich geschützten Vorgänge beim Cloud Provider ablaufen. Insofern wird es sich häufig um die erstmalige Einräumung von Nutzungsrechten handeln. Diese Nutzungsrechte müssen dann in praktischer Hinsicht durch eine Vereinbarung über die Hinterlegung und Herausgabe des Quellcodes und des ausführbaren Maschinen-Codes ergänzt werden (sog. Software Escrow Agreement).[17]

17 Zu beachten ist, dass sich in der Praxis in diesem Zusammenhang einige Probleme stellen. Zunächst ist häufig fraglich, ob der Kunde überhaupt willens bzw. in der Lage wäre, die Software selbst zu betreiben. Außerdem werden Cloud Angebote bei Standard-Angeboten vielfach an zahlreiche Kunden in gleicher Weise erbracht. Diese wären dann in ähnlicher Weise von einer Insolvenz betroffen und müssten sich ebenfalls jeweils ähnliche Rechte vorbehalten. Ob dies – insbesondere angesichts der häufig verwendeten Standardverträge – durchsetzbar ist, wird von der konkreten Verhandlungsmacht der Vertragsparteien abhängen.

3. Aussonderungsrechte des Kunden

18 Fraglich ist, ob der Kunde Aussonderungsrechte an seinen Daten hat, also verlangen kann, dass ein bestimmter Gegenstand oder ein Recht nicht in die Insolvenzmasse fällt, sondern allein dem Aussonderungsberechtigten zufällt. In der Insolvenz gilt grundsätzlich das Prinzip der Gesamtvollstreckung: Es soll kein Wettlauf der Gläubiger stattfinden nach dem Prinzip „wer zuerst kommt, mahlt zuerst"; vielmehr sollen alle Gläubiger gleichen Rechts aus dem noch vorhandenen Vermögen gleichmäßig befriedigt werden, was fast zwangsläufig dazu führt, dass sie nicht den gesamten geschuldeten Betrag erhalten.[18] Ein Anspruch auf Herausgabe von Daten würde also den gewünschten Erfolg nicht zeitigen, wenn er sich gegen die Insolvenzmasse richten würde, also gegen das oben genannte Vermögen, aus dem die Gläubiger befriedigt werden. Nach § 47 InsO ist jedoch kein Insolvenzgläubiger, wer auf Grund eines persönlichen Rechts (hier: eines Herausgabeanspruchs) geltend machen kann, dass ein Gegenstand (hier: die Daten) nicht zur Insolvenzmasse gehört. Er kann ihn dann wie von einem nicht insolventen Unternehmen schlicht herausverlangen und diesen Anspruch ggf. gerichtlich durchsetzen.

a) Aussonderungsgegenstand

19 § 47 InsO spricht ganz abstrakt von „Gegenstand". Von diesem äußerst weiten, durch Kasuistik geprägten und undefinierten Begriff[19] sind Daten erfasst,[20] weil sie Gegenstand besonderer Rechte sein können. Wichtig ist, dass der Gegenstand bestimmt bzw. bestimmbar ist[21]

---

[17] Vgl. hierzu ausführlich *Rath,* CR 2013, 78.
[18] Reul/Heckschen/*Wienberg,* Insolvenzrecht in der Gestaltungspraxis, A. Rn. 3 ff.
[19] Er ist im Grunde nur philosophisch, aber nicht juristisch zu definieren, so heißt es bei *Heintel/Anzenbacher,* Historisches Wörterbuch der Philosophie, Bd. 3, Stichwort: Gegenstand: Gegenstand könne „alles meinen, wovon überhaupt die Rede ist".
[20] Diese sind auch in der Rechtsprechung zumindest als „selbständiges vermögenswertes Gut" anerkannt: BGHZ 133, 155, juris Rn. 17; *Hartung,* ZInsO 2011, 1225 (1233); vgl. auch MüKo/*Ganter,* InsO § 47 Rn. 339p f.
[21] Uhlenbruck/*Brinkmann,* InsO, § 47 Rn. 6.

und das Recht (das muss kein Anspruch sein!) des Gläubigers daran es rechtfertigt, den Gegenstand als nicht zur Insolvenzmasse gehörig zu betrachten.[22]

Bestimmbarkeit liegt vor, denn ein Kunde wird immer nur die Daten herausverlangen, die seinem (virtuellen) Bereich innerhalb der Cloud zugeordnet sind (ähnlich einer Sachgesamtheit in einem bestimmten Warenlager). Meist wird er die ihn interessierenden Daten ganz genau bezeichnen können. Die Möglichkeit der Aussonderung besteht also gerade beim Cloud Computing, wo schon wegen der Virtualisierung der Server und anderer rechtlicher Anforderungen wie dem Datenschutz die Benutzer- bzw. Datenbereiche verschiedener Kunden strukturell säuberlich getrennt und genau zugeordnet sind.[23]

b) Aussonderungsberechtigung

Ausreichend dafür, eine Sache als dem Vermögen eines anderen zugehörig zu betrachten, ist jeglicher zur Drittwiderspruchsklage berechtigender Herausgabeanspruch (im Unterschied zu Verschaffungsansprüchen, die sich auch auf nicht bestimmte Gegenstände richten).[24] In Frage kommende Ansprüche können aus dinglichen oder persönlichen Rechten folgen.

aa) Vertragliche Herausgabeansprüche. In Betracht kommen insbesondere vertragliche Herausgabeansprüche des Kunden. Allerdings können Ansprüche, die nur auf Verschaffung gerichtet sind, im Insolvenzfall nicht durch vertragliche Vereinbarungen zu insolvenzfesten Herausgabeansprüchen umgewandelt werden.[25] Im Vertrag mit dem Cloud Provider sollte daher ein Anspruch auf Herausgabe für den Fall der (außerordentlichen) Kündigung oder für den der Vermögensverschlechterung vereinbart werden. Derartige Herausgabepflichten werden typischerweise im Rahmen der häufig üblichen Exitklauseln geregelt.

Noch besser wäre es, zu vereinbaren, dass der Cloud Provider entweder jederzeit oder regelmäßig die Daten oder einen Teil davon dem Kunden zur Verfügung stellt, damit dieser ein Backup auf seinen eigenen Rechnern anfertigen kann (was natürlich in gewisser Weise dem Gedanken des Cloud Computing zuwiderliefe).

Ohnehin schreibt Art. 28 Abs. 3 lit. g DS-GVO bei einer Auftragsverarbeitung für personenbezogene Daten (die beim Cloud Computing häufig sein dürften) vor, dass im Vertrag Rückgabe- bzw. Löschungspflichten bezüglich der übergebenen Daten vereinbart werden müssen. Die üblichen Muster für Auftragsverarbeitungen sehen ein jederzeitiges Herausgaberecht an den Daten vor. In den EU-Standardvertragsklauseln für die Einschaltung von Auftragsverarbeitern in Drittländern außerhalb des EWR[26] regelt Klausel 12 Abs. 1 aE, dass der Datenimporteur bei Beendigung der Datenverarbeitungsdienste personenbezogene Daten zurückschicken oder löschen muss. Die endgültige Ablehnung der Erfüllung durch den Insolvenzverwalter wird als Beendigung anzusehen sein. Selbst wenn eine solche Vereinbarung nicht existiert, wird diese bei einer Auftragsverarbeitung ergänzend so auszulegen sein, dass ein Anspruch auf Herausgabe besteht. Schließlich ist gerade bei der Auftragsverarbeitung der Auftraggeber nach Art. 4 Nr. 7, Art. 28 Abs. 3 DS-GVO als Verantwortlicher zur Entscheidung über die Zwecke und Mittel der Datenverarbeitung berechtigt, „stellt" die Daten, die verarbeitet werden und darf Weisungen erteilen. Er hat zudem das Recht und die Pflicht, den Auftragnehmer zu kontrollieren, Art. 28 Abs. 3 lit. h DS-GVO. Art. 28 DS-GVO geht also eindeutig von Daten aus, die fremd für den Auftragnehmer sind. Aus alledem folgt, dass ein Herausgabeanspruch der Natur der Sache entspricht und von den Vertragsparteien einer Auftragsverarbeitung vereinbart worden

---

[22] Uhlenbruck/*Brinkmann*, InsO, § 47 Rn. 3.
[23] *Jülicher*, ZIP 2015, 2063 (2064).
[24] Uhlenbruck/*Brinkmann*, InsO, § 47 Rn. 60.
[25] *Bultmann*, ZInsO 2011, 992 (994).
[26] Beschluss der Kommission vom 5.2.2010 über Standardvertragsklauseln für die Übermittlung personenbezogener Daten an Auftragsverarbeiter in Drittländern nach der Richtlinie 95/46/EG des Europäischen Parlaments und des Rates (K(2010) 593).

wäre, wenn sie das Problem gesehen hätten.[27] Schließlich wäre es mit dem Ideal einer einheitlichen Rechtsordnung schwer in Einklang zu bringen, dass derjenige, welcher für die Erfüllung der datenschutzrechtlichen Pflichten einzustehen hat, rechtlich am Zugriff auf die Daten gehindert wäre.[28] Zu beachten ist, dass diese Argumentation natürlich nur für von der DS-GVO erfasste, personenbezogene Daten greift.

25 Eine Pflicht zur Datenherausgabe aus Vertrag wurde auch aus den Grundsätzen von Treu und Glauben hergeleitet,[29] was angesichts der Tatsache, dass sie häufig für die Fortführung der Geschäfte des Kunden wesentlich sein werden und daher dessen Interesse stark überwiegt, zutreffend erscheint.

26 Zu beachten ist, dass sich ein vertraglicher Herausgabeanspruch auch aus vertraglichen Nebenpflichten zu dem Cloud Computing Vertrag ergeben kann. Eine Ablehnung der weiteren Erfüllung des Vertrags durch den Insolvenzverwalter nach § 103 Abs. 2 InsO ändert nichts daran, dass vertragliche Nebenpflichten – wie die auf Herausgabe von Daten – fortbestehen,[30] da eben nur die Hauptpflichten suspendiert werden.

27 **bb) Herausgabeansprüche aus § 667 Alt. 1 BGB.** Als weiterer Anspruch kommt, falls kein ausdrücklicher Herausgabeanspruch vereinbart wurde, § 667 Alt. 1 BGB in Betracht,[31] sofern ein Dienstvertrag vorliegt, der eine Geschäftsbesorgung nach § 675 Abs. 1 BGB zum Gegenstand hat.[32] Danach ist der Beauftragte verpflichtet, dem Auftraggeber alles herauszugeben, was er zur Ausführung des Auftrags vom Kunden erhält. Erfasst wären also alle Daten die der Kunde dem Cloud Provider vor oder während der Vertragslaufzeit übergeben hat.

28 Ein Vertrag nach § 675 Abs. 1 BGB liegt vor, wenn der Cloud Provider versprochen hat, gegen Entgelt eine wirtschaftliche Tätigkeit selbständiger Art auszuführen, die fremden Vermögensinteressen dient.[33] Dabei handelt es sich weniger um fest umrissene Merkmale, die in jedem Fall sämtlich erfüllt sein müssen, sondern um einen Typus, der im Großen und Ganzen zutreffen muss.[34] In einem wichtigen Urteil zum Thema der Aussonderbarkeit von Daten in der Insolvenz hat das *OLG Düsseldorf* beispielsweise den Vertrag mit einer Werbeagentur als Geschäftsbesorgungsvertrag qualifiziert, die für ihren Auftraggeber Werbung mittels E-Mail durchführte und dabei von diesem gelieferte E-Mail-Adressen seiner Kunden verwendete.[35] Die Frage, wie direkt eine solche Tätigkeit den Vermögensinteressen des Auftraggebers dient, wurde dabei nicht aufgeworfen. Letztlich muss beim individuellen Cloud Computing Vertrag die Frage aufgeworfen werden, ob er dem Typus einer Geschäftsbesorgung entspricht.

29 Nach § 667 Alt. 1 BGB ist dann alles herauszugeben, was der Beauftragte zur Ausführung des Auftrags erhalten hat. Davon ist alles erfasst, „was dem Beauftragten zum Zwecke der Geschäftsbesorgung zur Verfügung gestellt worden ist".[36] Das betrifft zunächst einmal zwanglos alle Daten, die der Beauftragte vorab und während der Auftragsausführung erhalten hat, auch wenn er sie anders strukturiert hat.[37] Für den Fall des Cloud Computing sind es also die Daten, die der Kunde dem Cloud Provider vorher zur Verfügung stellt und

---

[27] *Grützmacher*, ITRB 2004, 260 (261).
[28] *Bultmann*, ZInsO 2011, 992 (994).
[29] *OLG München*, CR 1999, 484.
[30] AA wohl *Grützmacher*, ITRB 2004, 282 (284).
[31] Vgl. *OLG Düsseldorf*, NZI 2012, 887; *Bultmann*, ZInsO 2011, 992 (994); *Grützmacher*, ITRB 2004, 260 (261 f.); *Berger/Tunze*, ZIP 2020, 52 (57).
[32] Hier kann sich der Kunde das Bestreben des Cloud Service Providers zu Eigen machen, eher einen Dienst- als einen Werkvertrag zu vereinbaren.
[33] MüKo-BGB/*Heermann*, § 675 Rn. 3 ff.
[34] MüKo-BGB/*Heermann*, § 675 Rn. 4.
[35] *OLG Düsseldorf*, NZI 2012, 887 ff.
[36] *BGH*, NJW 2004, 1290.
[37] *BGH*, NJW 2004, 1290.

– viel wichtiger – während der Nutzung der Cloud Dienste durch seine eigenen Mitarbeiter in die über das Internet bereitgestellten Benutzeroberflächen eingeben lässt.

Nicht als Recht, das die Aussonderung rechtfertigt, sondern als bloßer Verschaffungsanspruch wird von der überwiegenden (nicht speziell IT-rechtlichen) Meinung § 667 Alt. 2 BGB eingeordnet,[38] der einen Anspruch auf dasjenige enthält, was der Auftragnehmer aus der Geschäftsbesorgung erlangt hat. Das soll jeder Vorteil sein, „den der Beauftragte auf Grund eines inneren Zusammenhangs mit dem geführten Geschäft erhalten hat".[39] Im Falle eines Steuerberaters hat der BGH hierunter dessen Arbeitsergebnis gefasst, im Unterschied zu den vom Mandanten bereitgestellten Daten, aus denen jenes gewonnen wurde.[40] Auf das Cloud Computing gemünzt könnten hiervon Daten erfasst sein, die die vom Cloud Provider bereitgestellte Software auf nichttrivialem Wege aus den Daten des Providers gewonnen hat. Das kann aber nur dann der Fall sein, wenn der Cloud Service Betreiber aufgrund gesonderter Vereinbarung nicht nur – wie allgemein üblich – Soft- und Hardware zur Verfügung stellt, sondern darüber hinaus auch Daten bereitstellt oder gewinnt bzw. an der Bereitstellung selbst beteiligt ist (und nicht nur die Bereitstellung der IT Systeme schuldet).

Abweichend hiervon wird der Anspruch aus § 667 Alt. 2 BGB vonseiten der speziell das IT-Recht betreffenden Literatur als ein Recht angesehen, dass eine Aussonderung rechtfertigt, wenn es sich um ein Auftragsverhältnis nach Art. 28 DS-GVO handelt.[41] Sonst würden nämlich die Ziele des Datenschutzrechts nicht erreicht werden können. Hier gilt dasselbe wie oben: Das Datenschutzrecht sieht vor, dass der Auftraggeber in Fällen des Art. 28 DS-GVO Verantwortlicher bleibt und daher die berechtigten Ansprüche der von der Datenverarbeitung Betroffenen erfüllen können muss. Dieses Ziel würde konterkariert, könnte sich der Auftraggeber damit entschuldigen, dass er von Rechts wegen nicht an die Daten herankommen kann, weil sich der Auftragnehmer in der Insolvenz befindet. Das widerspräche der Einheit der Rechtsordnung, dem Grundsatz, dass personenbezogene Daten am ehesten den Betroffenen, keinesfalls jedoch dem Auftragsverarbeiter „gehören" und ließe außer Acht, dass eine Abgrenzung ohnehin nicht trennscharf möglich ist.[42] Trotzdem ist bei § 667 Alt. 2 BGB Vorsicht geboten. Die Tatsache, dass das *OLG Düsseldorf* in seinem Urteil so viel Sorgfalt darauf verwendet hat, bei § 667 Alt. 1 BGB „zu landen", zeigt, dass die Rechtsprechung nicht so einfach bereit ist, beide Alternativen insolvenzrechtlich gleich zu behandeln. Vor diesem Hintergrund sollte im Vertrag ausdrücklich klargestellt werden, wem die bei der Nutzung des Cloud Dienstes ermittelten gewonnenen Arbeitsergebnisse zustehen sollen. Bezüglich der vom Kunden selbst gelieferten und eingestellten Daten dürfte kein Zweifel bestehen, dass hier ein vertraglicher Herausgabeanspruch oder ein Anspruch nach § 667 Alt. 1 BGB besteht.

cc) Weitere aussonderungsrelevante Ansprüche und Rechte. Ein Aussonderungsrecht kann nach § 1004 BGB analog bestehen, falls eines der von § 823 Abs. 1 und 2 BGB geschützten Rechte verletzt wird. § 823 Abs. 1 BGB kommt grundsätzlich bezüglich des Rechts am eingerichteten und ausgeübten Gewerbebetrieb in Betracht, der durch die Vorenthaltung von Daten empfindlich gestört werden könnte.[43] Ein Eigentumsrecht an Daten iSd § 823 Abs. 1 BGB wird im Rahmen der Diskussionen um die Digitalisierung intensiv diskutiert, aber von der ganz überwiegenden Ansicht de lege lata abgelehnt.[44]

---

[38] MüKo/*Ganter*, InsO, § 47 Rn. 341; Uhlenbruck/*Brinkmann*, InsO, § 47 Rn. 62a mit Verweis auf *BGH*, NJW 1962, 587. Vgl. auch *Bultmann*, ZInsO 2011, 992 (994 Fn. 16).
[39] *BGH*, NJW 2004, 1290; *BGH*, NJW-RR 1992, 560.
[40] *BGH*, NJW 2004, 1290.
[41] *Bultmann*, ZInsO 2011, 992 (994); iE auch *Grützmacher*, ITRB 2004, 260 (262).
[42] *Bultmann*, ZInsO 2011, 992 (994 f.).
[43] *Jülicher*, ZIP 2015, 2063 (2065).
[44] *Hoeren*, MMR 2019, 5; *Kühling/Sackmann*, ZD 2020, 24 (26 ff.); *Raue*, NJW 2019, 2425 (2425 ff.); *Berger/Tunze*, ZIP 2020, 52 (57).

33   Falls der Insolvenzverwalter die Erfüllung des Vertrages nach § 103 Abs. 2 InsO verweigert oder einfach ohne vorherige Ankündigung den Dienst einstellt und in diesen Fällen dem Kunden keinen Zugriff mehr auf seine Daten gewährt, erscheint auch § 303a Abs. 1 StGB in der Tatvariante des „Unterdrückens" von Daten nicht ausgeschlossen, was damit den Weg zu § 823 Abs. 2 BGB ebnen würde. Ein Unterdrücken liegt vor, wenn die Daten dem Zugriff des Berechtigten für eine erhebliche Zeitspanne entzogen werden.[45] In extremen Fällen wäre in solchen Situationen dann auch an einen unmittelbar aus § 826 BGB abzuleitenden Anspruch wegen vorsätzlich sittenwidriger Schädigung zu denken.[46]

34   Zudem können auch Urheberrechte an den Daten (bei Datensammlungen insbesondere das Recht des Kunden als Hersteller einer Datenbank nach §§ 87a ff. UrhG)[47] und das Recht der Betroffenen und des Verantwortlichen an den Daten[48] ein Recht darstellen, das die Aussonderung ermöglicht.[49]

c) Die Umsetzung

35   Die Aussonderung bestimmt sich gem. § 47 S. 2 InsO nach den Gesetzen, die außerhalb eines Insolvenzverfahrens gelten. Das betrifft sowohl die jeweilige Anspruchsgrundlage als auch das gerichtliche Verfahren, das sich nach den allgemeinen Regelungen der ZPO richtet. Darlegungs- und beweispflichtig für die tatsächlichen Voraussetzungen eines Aussonderungsrechtes ist derjenige, der sich darauf beruft, dh er muss in jedem Fall die für den Insolvenzverwalter streitende doppelte Vermutung des Eigenbesitzes nach § 1006 Abs. 1 BGB widerlegen.

d) Einwendungen

36   Der mit einem Aussonderungsanspruch konfrontierte Insolvenzverwalter kann Einwendungen und Einreden aus dem Recht des insolventen Cloud Providers sowie aus eigenem insolvenzspezifischem Recht erheben. Es dürfte für einen Insolvenzverwalter aber gewöhnlich nicht möglich sein, sich wegen Gegenansprüchen (noch ausstehende Zahlungsansprüche) auf ein Zurückbehaltungsrecht nach § 273 BGB zu berufen, um sich gegen Ansprüche auf Aussonderung zu verteidigen (davon abgesehen würde das nur zu einer Verurteilung Zug-um-Zug führen).

37   Einem Cloud Provider ist es häufig schon nach § 242 BGB verwehrt, ein Zurückbehaltungsrecht an den Daten geltend zu machen. Schließlich ist in der modernen Wirtschaftswelt die Datenverarbeitung oft ein integraler (quasi lebenswichtiger) Bestandteil der wirtschaftlichen Abläufe in einem Unternehmen und könnte existenzvernichtende Folgen haben, käme sie infolge solcher Umstände zum Erliegen. Bei der Gefahr schwerer Schäden oder der Existenzvernichtung für den anderen Teil darf das Zurückbehaltungsrecht, das selbst nur eine Ausprägung von Treu und Glauben ist, nach § 242 BGB nicht geltend gemacht werden.[50]

38   Das gilt im Fall einer Auftragsverarbeitung unabhängig davon, ob der Insolvenzverwalter die weitere Durchführung des Vertrages verweigert oder einstellt, denn schließlich ist der Auftraggeber Verantwortlicher, hat entsprechende Weisungs- und Verfügungsbefugnisse über die Daten und benötigt die Daten unabhängig von der Situation, etwa um seinen

---

[45] MüKo/*Wieck-Noodt*, StGB, § 303a Rn. 13.
[46] *Grützmacher*, ITRB 2004, 282 (283).
[47] *Jülicher*, ZIP 2015, 2063 (2065).
[48] Gemäß Art. 28 DS-GVO hat der Auftraggeber die hauptsächliche Verantwortung für den Vorgang; vgl. *Grützmacher*, ITRB 2004, 260.
[49] Mit Vorsicht zu genießen ist der Vorschlag, mit einer Meldung an die Datenschutzbehörden zu drohen, falls die aus der Auftragsverarbeitung folgende Weisungsbefugnis seitens des Cloud Providers nicht anerkannt wird (vgl. *Grützmacher*, ITRB 2004, 282 (284)).
[50] MüKo-BGB/*Krüger*, § 273 Rn. 72.

aus der DS-GVO folgenden, umfangreichen Pflichten gegenüber den Betroffenen (zB Art. 12–22 DS-GVO) nachzukommen.[51]

e) Erfüllung

Zur Erfüllung eines solchen Aussonderungsanspruchs hat der *BGH* schon 1996 entschieden, dass der Schuldner die Daten zu übermitteln und bei sich zu löschen hat.[52] Wiederum dürften im Rahmen einer Exitklausel getroffene konkrete Vereinbarungen über Art und Weise einer Herausgabe als vertragliche Nebenpflichten unmittelbar Geltung behalten (regelmäßig im dort vereinbarten bzw. im für die Einbringung vereinbarten Format und Medium). Die Kosten einer solchen Aussonderung fallen der Insolvenzmasse zur Last, der Anspruch ist unentgeltlich zu erfüllen, soweit nicht im Vertrag (etwa in den Exitklauseln) etwas anderes geregelt ist.[53] 39

f) Ersatzansprüche

Wenn bspw. der Insolvenzverwalter die auszusondernde Sache an Dritte veräußert, hier also beispielsweise den gesamten virtuellen Nutzerbereich des Kunden an einen Dritten weitergibt, kann der Aussonderungsberechtigte gemäß § 48 InsO die Aussonderung der Gegenleistung verlangen. Außerdem haftet der Insolvenzverwalter persönlich gemäß § 60 Abs. 1 InsO auf den vollen Schaden gegenüber dem Kunden. Bei personenbezogenen Daten dürften Schadensersatzansprüche der betroffenen Personen nach Art. 82 DS-GVO und möglicherweise Bußgelder nach Art. 83 DS-GVO hinzukommen. 40

g) Prozessual

Sofern die Daten dringend benötigt werden, sollte man eine einstweilige Verfügung nach § 935 ZPO erwirken mit dem Insolvenzverwalter als gegnerische Partei kraft Amtes gemäß § 80 InsO. Problematisch ist die mögliche Vorwegnahme der Hauptsache. Diese ist nur zulässig, wenn besonders schwerwiegende Gründe vorliegen wie eine drohende irreparable Schädigung oder eine Notlage,[54] wobei hier insbesondere ersteres einschlägig sein könnte. Bei der durchzuführenden Abwägung sollte berücksichtigt werden, dass die Daten für den Insolvenzverwalter zur anderweitigen Verwendung nicht geeignet sind. Personenbezogene Daten können aus Datenschutzgesichtspunkten[55] keine beliebige Verfügungsmasse darstellen. Deutlich wurde dies in einer Entscheidung der bayrischen Datenschutzaufsichtsbehörde, die im Fall eines Verkaufs von Kundendaten bei Beendigung eines Betriebs ohne damit zusammenhängende Übertragung der zugrunde liegenden Kundenverträge ein Bußgeld verhängte.[56] 41

h) Zwangsvollstreckung

Eine zunächst naheliegende Herausgabevollstreckung nach § 883 ZPO hätte bei einer Datenübertragung über das Internet oder der Herausgabe auf einem Datenträger wenig Sinn.[57] Denn § 883 ZPO geht von bestimmten körperlichen Gegenständen aus und ein solcher soll ja gerade nicht herausgegeben werden. Es handelt sich vielmehr um eine Kopie der bestimmten Daten, nicht die Herausgabe des physischen Datenträgers des Cloud 42

---

[51] *Bultmann*, ZInsO 2011, 992 (995).
[52] *BGH*, ZIP 1996, 1131; s. auch *BGH*, NJW-RR 2004, 1290.
[53] *LG Bonn*, NZI 2007, 728.
[54] Kindl/Meller-Hannich/Wolf/*Lutz/Haertlein*, Gesamtes Recht der Zwangsvollstreckung, § 935 Rn. 35.
[55] *Bultmann*, ZInsO 2011, 992 (996).
[56] Siehe die Pressemitteilung des *LDA Bayern* vom 31.7.2015: https://www.lda.bayern.de/media/pm2015_10.pdf (zuletzt abgerufen am 7.1.2020).
[57] AA wohl *Bultmann*, ZInsO 2011, 992 (996).

Providers. Diese wäre wegen der Virtualisierung auch nicht ohne weiteres möglich, weil auf den physischen Datenträgern häufig auch Daten anderer Kunden gespeichert sind.

43 Die Vollstreckung von Titeln auf Herausgabe erfolgt regelmäßig gemäß § 888 ZPO, weil die vorzunehmende Handlung unvertretbar sein dürfte, insbesondere weil der Zugang durch Passwortschutz etc. beschränkt sein dürfte. Auch die Mitwirkung bei der technischen Extraktion der Dateien aus den Systemen des Cloud Providers dürfte in einer vertretbaren Zeit nur durch dessen Mitarbeiter bewirkt werden können.[58]

4. Weitere vertragliche Instrumente

44 Ganz allgemein ist zu empfehlen, wenn der Cloud Provider eine Konzerntochter ist, eine Bürgschaft oder Patronatserklärung[59] einzufordern, die sicherstellt, dass die Forderungen in der Insolvenz auch erfüllt werden.[60]

III. Schlussfolgerungen und Formulierungsvorschläge

45 Zusammengefasst kann der Kunde im Fall einer Insolvenz des Cloud Providers die Fortführung des Cloud Computing Vertrags nicht erzwingen, wenn bei Eröffnung des Insolvenzverfahrens der Insolvenzverwalter die Fortführung des Vertrags ablehnt. Daher muss das Hauptaugenmerk des Kunden darauf gerichtet sein, eine Überleitung des Dienstes, aber in jedem Fall die Herausgabe seiner Daten auch für den Fall einer Insolvenz (bzw. bei der drohenden Insolvenz) durch entsprechende Vereinbarung mit einem Cloud Provider sicherzustellen. Dabei sollte der Kunde (1) zur Absicherung der Position als Aussonderungsberechtigter ausdrücklich vereinbaren, dass ausschließlich ihm die Daten zustehen, (2) ausdrücklich einen jederzeitigen Herausgabeanspruch der Daten vereinbaren, (3) genaue Modalitäten einer Übergabe der Daten vereinbaren, (4) bei personenbezogenen Daten eine Art. 28 Abs. 3 DS-GVO genügende Vereinbarung über eine Auftragsvereinbarung abschließen, (5) eine Lösungsklausel für den Fall der Vermögensverschlechterung (inkl. aufschiebend bedingter Rechtsübertragung) vereinbaren, sowie (6) ggf. eine Klausel über die Anfertigung und regelmäßige Übergabe von Backups der Daten in den Vertrag oder gesonderte Abreden aufnehmen.

46 Formulierungsvorschläge:

Sämtliche im Rahmen des XYZ Dienstes vom Kunden und dessen Nutzer in den Dienst eingestellten und gespeicherten sowie die mit dem Dienst und dessen Nutzung durch den Kunden, dessen Nutzer oder vom Anbieter im Auftrag des Kunden generierten, neu erhobenen und gespeicherten Daten stehen ausschließlich dem Kunden zu, der sämtliche Rechte daran erwirbt, einschließlich von Eigentumsrechten und Urheberrechten.

Der Kunde darf seine Daten, sowie die Konfigurationsdateien der benutzten Programme, jederzeit, in jedem Fall aber bei einer Beendigung des Vertrags, vom Cloud Provider herausverlangen, insbesondere personenbezogene Daten. Ein Zurückbehaltungsrecht kann gegen diesen Anspruch nicht geltend gemacht werden; die übrigen vertraglichen Ansprüche bleiben hiervon unberührt.

Im Falle einer Herausgabe der Daten kann der Kunde wählen, ob sie ihm auf einem Datenträger seiner Wahl ausgehändigt oder per Netzwerk übertragen werden sollen. [Die Dateien müssen im Dateiformat XYZ herausgegeben werden.]

Der Kunde hat im Falle einer Vermögensverschlechterung auf Seiten des Anbieters ein Recht zur außerordentlichen Kündigung dieses Vertrages. Als Vermögensverschlechterung

---

[58] *Petzoldt*, JurPC 1990, 857 (860).
[59] Vgl. dazu ausführlich *Krüger/Pape*, NZI 2011, 617 ff.; *Paul*, ZInsO 2004, 1327.
[60] *Grützmacher*, ITRB 2004, 282 (285).

gilt insbesondere ... Bei außerordentlicher Kündigung dieses Vertrags durch den Kunden gehen die Source-Codes von Software XYZ in der zum Zeitpunkt der Kündigung aktuellen Version inklusive der Nutzungs- und Vertriebsrechte dieser Version auf den Kunden über. Für den Übergang der Source-Codes sowie der Nutzungs- und Vertriebsrechte zahlt der Kunde eine einmalige Vergütung in Höhe von EUR XYZ.
Der Cloud Provider fertigt täglich/wöchentlich/monatlich ein Backup aller Daten des Kunden bzw. seiner Nutzer an und übermittelt dieses Backup an den Kunden über das Internet.

B. Insolvenz des Kunden

Weniger komplex als bei der Insolvenz des Cloud Providers stellt sich die Rechtslage bei der Insolvenz des Kunden dar. Auf einige Besonderheiten soll dennoch im Folgenden kurz hingewiesen werden. 47

Ist für den Cloud Provider (zB aufgrund schleppender Zahlungsweise) erkennbar, dass sich der Kunde in einer Krise befindet, besteht die Gefahr, dass ab diesem Zeitpunkt erhaltene Zahlungen im Falle der späteren Insolvenz des Kunden vom Insolvenzverwalter (zB gemäß § 133 InsO) angefochten werden. Um dieses Risiko zu minimieren, wird der Cloud Provider nicht selten für zukünftige Leistungen auf Vorkasse bestehen müssen.[61] Ist der Kunde mit seiner Zahlungsverpflichtung in Verzug, kann es (mit Blick auf § 133 Abs. 3 S. 2 InsO) ratsam sein, mit dem Kunden eine (Raten-)Zahlungsvereinbarung zu treffen.[62] Will sich der Cloud Provider in einer solchen Situation, dh in der Krise des Kunden, von dem Cloud Computing Vertrag lösen, ist dies nur möglich, wenn der Vertrag ein entsprechendes Kündigungsrecht vorsieht. Auch in diesem Zusammenhang sollte darauf geachtet werden, dass das Kündigungsrecht nicht an die Stellung des Insolvenzantrags oder die Eröffnung des Insolvenzverfahrens anknüpft (vgl. → Rn. 6); vielmehr ist auch hier das vertragliche Lösungsrecht vorzuverlegen (zB auf den Eintritt von Vermögensverschlechterungen). 48

Stellt der Kunde einen Insolvenzantrag und möchte er bzw. der vorläufige Insolvenzverwalter weiterhin Leistungen des Cloud Providers beziehen, wird Letzterer diese nur dann erbringen, wenn er hierfür eine vollwertige Gegenleistung erhält, die er zudem auch nach Eröffnung des Insolvenzverfahrens behalten kann. Dies ist möglich, wenn der insolvente Kunde bzw. der vorläufige Insolvenzverwalter (zB aufgrund einer entsprechenden Ermächtigung durch das Insolvenzgericht) Masseverbindlichkeiten begründen kann.[63] 49

Nach der Eröffnung des Insolvenzverfahrens kann der Insolvenzverwalter den Cloud Computing Vertrag erfüllen und von dem Cloud Provider dasselbe verlangen. Andererseits kann er aber einseitig die weitere Erfüllung des Cloud Computing Vertrages ablehnen. In diesem Fall muss der Cloud Provider etwaige Zahlungsansprüche gegen den Kunden als Insolvenzforderungen zur Tabelle anmelden. Hat der Cloud Provider Vorauszahlungen erhalten, sind diese an den Insolvenzverwalter zurückzuzahlen, falls die Leistungen des Cloud Providers nicht in Anspruch genommen werden. Wird der Cloud Computing Vertrag zB durch die Erfüllungsverweigerung des Insolvenzverwalters beendet, hat der Cloud Provider sämtliche Daten an den Insolvenzverwalter zu übermitteln und bei sich zu löschen, vgl. Art. 28 Abs. 3 lit. g DS-GVO. 50

---

[61] Reul/Heckschen/*Wienberg*, Insolvenzrecht in der Gestaltungspraxis, § 9 Rn. 72e (zur Privilegierung des Bargeschäfts aufgrund von Vorkassezahlungen nach der Änderung des § 142 InsO).
[62] *Dahl/Schmitz*, NJW 2017, 1505 (1507) zur Gegenvermutung bei Zahlungsvereinbarung oder Zahlungserleichterung gemäß § 133 Abs. 3 S. 2 InsO.
[63] Während der sog. starke vorläufige Insolvenzverwalter Masseverbindlichkeiten bereits gemäß § 55 Abs. 2 S. 1 InsO begründen kann, bedarf es bei der sog. schwachen vorläufigen Insolvenzverwaltung hierfür einer besonderen gerichtlichen Ermächtigung; vgl. *Laroche*, NZI 2010, 965.

Teil 11.4.2 Datenschutz und Geheimnisschutz

Übersicht

Rn.

- A. Datenschutz beim Cloud Computing 2
  - I. Bestimmung des anwendbaren Datenschutzgesetzes 2
    1. Örtlicher Anwendungsbereich 6
    2. Sachlicher Anwendungsbereich 10
    3. Auslegungshilfen der Aufsichtsbehörden zum Cloud Computing ... 15
  - II. Datenschutzrechtliche Erlaubnistatbestände für Cloud Computing ... 21
    1. Auftragsverarbeitung 22
    2. Gesetzliche Erlaubnistatbestände 29
    3. Einwilligungserklärung 33
  - III. Gestaltung des Auftragsverarbeitungsvertrages 42
    1. Form 43
    2. Mindestkriterien nach § 11 Abs. 2 BDSG 44
    3. Kontrolle des Auftragsverarbeiters und Dokumentation 68
  - IV. Technische und organisatorische Maßnahmen 75
    1. Das grundsätzliche Vorgehen 75
    2. Die Risiko-Analyse für das Cloud Computing 77
    3. Mögliche Maßnahmen 86
    4. Sonstige Maßgaben für das Cloud Computing 88
  - V. Grenzüberschreitender Datenverkehr 91
    1. Grundsätzliche Anforderungen beim Cloud Computing 91
    2. Verbindliche Unternehmensregelungen 95
    3. Ausnahmetatbestände 96
    4. Verwendung des EU-US Privacy Shield 97
    5. Besonderheiten bei Verwendung des EU Standardvertrags für Auftragsverarbeiter 98
    6. Besondere Arten personenbezogener Daten 102
  - VI. Betroffenenrechte und Konsequenzen bei Verstößen 104
    1. Betroffenenrechte 104
    2. Behördliche Maßnahmen 109
    3. Ansprüche auf Schadensersatz 111
    4. Geldbußen 112
- B. Geheimnisschutz nach § 203 StGB beim Cloud Computing 113
  - I. Tatbestand und Problemstellung 114
  - II. Lösungsansätze für das Cloud Computing 119
    1. Technisch-organisatorische Maßnahmen 120
    2. Entbindung von der Verschwiegenheitsverpflichtung 125
    3. Die Funktionsbetrachtung, „Gehilfen-Lösung" etc. 128
    4. Auftragsverarbeitung 131
    5. Die sonstige mitwirkende Person 132
  - III. Zusätzliche Anforderungen aus dem Berufsrecht 137

Literatur:

Auer-Reinsdorff/Conrad (Hrsg.), Handbuch IT- und Datenschutzrecht, 3. Aufl. 2019; *Barnitzke,* Microsoft: Zugriff auf personenbezogene Daten auf Grund US Patriot Act möglich, MMR 2011 Nr. 9, S. VI ff.; *Becker/Nikolaeva,* Das Dilemma der Cloud-Anbieter zwischen US Patriot Act und BDSG, CR 2012, 170 ff.; *Bergt,* Datenschutzrechtliche Erstkontrolle durch vertrauensunwürdige Dritte, ITRB 2012, 45 ff.; *Biewald,* Externe Dienstleister im Krankenhaus und ärztliche Schweigepflicht – eine rechtliche Unsicherheit, DuD 2011, 867 ff.; *Birk/Heinson/Wegener,* Virtuelle Spurensuche, DuD 2011, 329 ff.; *Birk/Wegener,* Über den Wolken: Cloud Computing im Überblick, DuD 2010, 641 ff.; *Boos/Kroschwald/Wicker,* Datenschutz bei Cloud Computing zwischen TKG, TMG und BDSG, ZD 2013, 205 ff.; *Bosesky/Hoffmann/Schulz,* Datenhoheit im Cloud-Umfeld, DuD 2013, 95 ff.; *Bräutigam,* § 203 StGB und der funktionale Unternehmensbegriff, CR 2011, 411 ff.; *Çekin,* Strafbarkeitsrisiken beim IT-Outsourcing, ZIS 2012, 425 ff.; *Conrad/Fechtner,* IT-Outsourcing durch Anwaltskanzleien nach der Inkasso-Entscheidung des EuGH und dem BGH, Urteil vom 7.2. 2013, CR 2013, 137 ff.; *Däubler/Klebe/Wedde* (Hrsg.), Bundesdatenschutzgesetz, 3. Aufl. 2010; *Eckhardt,*

IP-Adresse als personenbezogenes Datum – neues Öl ins Feuer, CR 2011, 339 ff.; *ders.*, EU-DatenschutzVO – Ein Schreckgespenst oder Fortschritt, CR 2012, 195 ff.; *Ehmann/Selmayr* (Hrsg.), Datenschutz-Grundverordnung: DS-GVO, 2. Aufl. 2018; *Fischer*, Strafgesetzbuch, 67. Aufl. 2020; *Funke/Wittmann*, Cloud Computing – ein klassischer Fall der Auftragsdatenverarbeitung?, ZD 2013, 221 ff.; *Giebichenstein/Weiss*, Zertifizierte Cloud durch das EuroCloud Star Audit SaaS, DuD 2011, 338 ff.; *Giesen*, Datenverarbeitung im Auftrag in Drittstaaten – eine misslungene Gesetzgebung, CR 2007, 543 ff.; *Gödeke/Ingwersen*, Die Auslagerung von Unternehmensfunktionen -Zulässigkeit und Grenzen im Hinblick auf § 203 Abs. 1 Nr. 6 StGB, VersR 2010, 1153 ff.; *Gola* (Hrsg.), Datenschutz-Grundverordnung, 2. Aufl. 2018; *Gola/Schomerus* (Hrsg.), Bundesdatenschutzgesetz: BDSG, 11. Aufl. 2012; *Grapentin*, Datenschutz und Globalisierung -Binding Corporate Rules als Lösung?, CR 2009, 693 ff.; *Grupp*, Outsourcing und anwaltliches Berufsgeheimnis: Ein Ende in Sicht, PinG 2017, 55 ff.; *Härting*, Schutz von IP-Adressen – Praxisfolgen der BVerfG-Rechtsprechung zu Onlinedurchsuchung und Vorratsdatenspeicherung, ITRB 2009, 35 ff.; *Hartung/Steinweg*, Cloud-Computing im Lichte der Neuregelung des § 203 StGB, DB 2017, 2081 ff.; *Heghmanns/Niehaus*, Outsourcing im Versicherungswesen und der Gehilfenbegriff des § 203 III 2 StGB, NStZ 2008, 57 ff.; *Heidrich/Wegener*, Sichere Datenwolken, MMR 2010, 803 ff.; *Hennrich*, Compliance in Clouds, CR 2011, 546 ff.; *Hilber/Knorr/Müller*, Serververlagerungen im Konzern, CR 2011, 417 ff.; *Hilgendorf* (Hrsg.), Informationsstrafrecht und Rechtsinformatik, S. 81 ff., 2004; *Hoenike/Hülsdunk*, Outsourcing im Versicherungs- und Gesundheitswesen ohne Einwilligung?, MMR 2004, 788 ff.; *Hornung/Sädtler*, Eitel Sonnenschein oder Wolken am Horizont, DuD 2013, 148 ff.; *Joecks/Miebach* (Hrsg.), Münchener Kommentar zum StGB, 3. Aufl. 2017; *Kilian*, Hilfspersonal in Anwaltskanzleien, AnwBl. 2012, 798 ff.; *Kirchberg-Lennartz/Weber*, Ist die IP-Adresse ein personenbezogenes Datum?, DuD 2010, 479 ff.; *Köpke*, Die Bedeutung des § 203 Abs. 1 Nr. 6 StGB für Private Krankenversicherer, insbesondere bei der innerorganisatorischen Geheimnisweitergabe, Tübingen 2003; *Kramer/Hermann*, Auftragsdatenverarbeitung, CR 2003, 938 ff.; *Kroschwald/Wicker*, Kanzleien und Praxen in der Cloud -Strafbarkeit nach § 203 StGB, CR 2012, 758 ff.; *Kühling/Buchner* (Hrsg.), DS-GVO BDSG, 2. Aufl. 2018; *Lackner/Kühl* (Hrsg.), Strafgesetzbuch, 29. Aufl. 2018; *Langheld*, Umfang und Grenzen der ärztlichen Schweigepflicht gem. § 203 I Nr. 1 StGB, NStZ 1994, 6 ff.; *Leupold/Glossner* (Hrsg.), Münchener Anwaltshandbuch IT-Recht, 3. Aufl. 2013; *Maisch*, Cloud Computing: Datenschutz in den Wolken, AnwZert ITR 15/2009; *Maisch/Seidl*, Cloud-Nutzung für Berufsgeheimnisträger – § 203 als „Showstopper"?, DSB 2012, 127 ff.; *Marnau/Schlehahn*, Cloud Computing und Safe Harbor, DuD 2011, 311 ff.; *Meyerdierks*, Sind IP-Adressen personenbezogene Daten?, MMR 2009, 8 ff.; *Nielen/Thum*, Auftragsdatenverarbeitung durch Unternehmen im Nicht-EU-Ausland, K&R 2006, 171 ff.; *Niemann/Hennrich*, Kontrolle in der Wolken?, CR 2010, 686 ff.; *Nolte/Thelen*, Das Gesetz zur Neuregelung des Schutzes von Geheimnissen bei der Mitwirkung Dritter an der Berufsausübung schweigepflichtiger Personen, jurisPR-Compl 6/2017 Anm. 4; *Opfermann*, Datenschutzkonforme Vertragsgestaltung im „Cloud Computing", ZEuS 2012, 121 ff.; *Otto*, Strafrechtliche Konsequenz auf der Ermöglichung der Kenntnisnahme von Bankgeheimnissen in einem öffentlich-rechtlichen Kreditinstitut durch Wartungs- und Servicepersonal eines Computer-Netzwerkes, wistra 1999, 201 ff.; *Paal/Pauly* (Hrsg.), Datenschutz-Grundverordnung Bundesdatenschutzgesetz: DS-GVO BDSG, 2. Aufl. 2018; *Paulus*, Standards für Trusted Clouds, DuD 2011, 317 ff.; *Plath* (Hrsg.), BDSG, DSGVO, 3. Aufl. 2018; *ders.*, Bundesdatenschutzgesetz, 2013; *Pohle/Ammann*, Software as a Service – auch rechtlich eine Evolution, K&R 2009, 625 ff.; *Pohle/Ghaffari*, Die Neufassung des § 203 StGB – der Befreiungsbeschlag für IT-Outsourcing am Beispiel der Versicherungswirtschaft?!, CR 2017, 489 ff.; *Rather*, Datenschutz und Outsourcing, DuD 2005, 461 ff.; *Reichow/Hartleb/Schmidt*, Möglichkeit medizinischer Datenverarbeitung und Datenschutz, MedR 1998, 162 ff.; *Reintzsch*, Cloud Computing in der anwaltlichen Beratungspraxis, BRJ 2013, 23 ff.; *Rogall*, Die Verletzung von Privatgeheimnissen (§ 203 StGB), NStZ 1983, 1 ff.; *Roßnagel* (Hrsg.), Handbuch Datenschutzrecht, 2003; *Roßnagel/Scholz*, Datenschutz durch Anonymität und Pseudonymität, MMR 2000, 721 ff.; *Ruppert*, Der neue strafrechtliche Geheimnisschutz – Der Weg in die Zukunft des IT-Outsourcings, K&R 2017, 609 ff.; *Schaffland/Wiltfang* (Hrsg.), BDSG, Stand: Lieferung 9/11, April 2011; *Schönke/Schröder* (Hrsg.), Strafgesetzbuch, 30. Aufl. 2019; *Schröder/Haag*, Internationale Anforderungen an Cloud Computing, ZD 2012, 362 ff.; *dies.*, Neue Anforderungen an Cloud Computing für die Praxis – Zusammenfassung und erste Bewertung der „Orientierungshilfe – Cloud Computing, ZD 2011, 147 ff.; *Schuster/Reichel*, Cloud Computing & SaaS: Was sind die wirklich neuen Fragen?, CR 2010, 38 ff.; *Seffer/Horter*, Datenschutzrechtliche Aspekte des EDV-Outsourcings privater Versicherungsunternehmen, ITRB 2004, 165 ff.; *Selzer*, Die Kontrollpflicht nach § 11 Abs. 2 S. 4 BDSG im Zeitalter des Cloud Computing, DuD 2013, 215 ff.; *Simitis* (Hrsg.), Bundesdatenschutzgesetz, 7. Aufl. 2011; *ders.*, (Hrsg.), Bundesdatenschutzgesetz, 8. Aufl. 2014; *ders.* (Hrsg.), Datenschutzrecht, 2019; *Söbbing*, Auswirkungen der BDSG-Novelle II auf Outsourcingprojekte, ITRB 2010, 36 ff.; *Spindler/Schuster* (Hrsg.), Recht der elektronischen Medien, 4. Aufl. 2019; *Splittgerber/Rockstroh*, Sicher durch die Cloud navigieren – Vertragsgestaltung beim Cloud Computing, BB 2011, 2179 ff.; *Stiemerling/Hartung*, Datenschutz und Verschlüsselung, CR 2012, 60 ff.; *Sydow* (Hrsg.), DSGVO, 2. Aufl. 2018; *Szalai/Kopf*, Verrat von Mandantengeheimnissen, ZD 2012, 462 ff.; *Taeger/Gabel* (Hrsg.), BDSG, 2010; *v. Heintschel-Heinegg* (Hrsg.), BeckOK StGB, 46. Edition, Stand 1.5.2020; *Vander*, Auftragsdatenverarbeitung 2.0, K&R 2010, 292 ff.; *Weber/Thounvenin* (Hrsg.), Neuer Regulierungsschub im Datenschutzrecht?, 2012; *Wehrmann/Wellbrock*, Datenschutzrechtliche Anforderungen an die Datenverarbeitung und Kommunikation im medizinischen Bereich, CR 1997, 754 ff.; *Weichert*, Cloud Computing und Datenschutz, DuD 2010, 679 ff.; *Wienke/Sauerborn*, EDV-gestützte Patientendokumentation und Datenschutz in der Arztpraxis, MedR 2000, 517 ff.; *Wolff/Brink* (Hrsg.), BeckOK DatenschutzR, 32. Edition, Stand 1.11.2019; *Wolter* (Hrsg.), SK-StGB -Systematischer Kommentar zum Strafgesetz, Bd. IV, 9. Aufl. 2015.

1 Die allgemeinen Bestimmungen zum Schutz personenbezogener Daten (vgl. → Teil 6.6) sowie zum Geheimnisschutz für bestimmte Daten gelten grundsätzlich auch beim Cloud Computing. Zum generellen Verständnis und Grundsatzfragen wird daher auf die entsprechenden Kapitel verwiesen. Nachstehend werden somit ausschließlich die spezifischen Anwendungsfragen und Problemfelder beim Cloud Computing behandelt.

A. Datenschutz beim Cloud Computing

I. Bestimmung des anwendbaren Datenschutzgesetzes

2 Wie bei anderen Arten der Datenverarbeitung ist beim Cloud Computing im ersten Schritt immer das anwendbare Datenschutzgesetz zu bestimmen. Trotz der weitgehenden Harmonisierung durch die DS-GVO gibt es einerseits ausführende Gesetze auf nationaler Ebene mit gewissen Besonderheiten (zB BDSG, SGB, Landesdatenschutzgesetze, etc.). Zum anderen bleibt weiterhin eine Abgrenzung zu den Regeln des Telekommunikations- und Telemediendatenschutzes erforderlich.

3 Das TKG (bzw. zukünftig die geplante ePrivacy Verordnung) findet Anwendung einerseits auf die Bereitstellung des Internetzugangs, der für den Zugriff auf Cloud Dienste erforderlich ist. Außerdem kann das TKG Anwendung finden, sofern der Schwerpunkt des Cloud-Dienstes in der telekommunikationstechnischen Übertragung von Daten, dh nicht mehr bei Web-basierten E-Mail-Services, aber ggfs. bei in sich geschlossenen Messaging-Diensten, VoIP-Angeboten oder Videokonferenzen liegt.[1] Die Übertragung der Daten innerhalb eines Rechenzentrums oder zwischen verschiedenen Servern, die nur der eigentlichen Datenverarbeitung dient, ist dagegen kein telekommunikativer Vorgang und unterfällt nicht dem TKG.[2]

4 Sofern die im Rahmen des Cloud-Dienstes erfolgende IT- bzw. Softwarenutzung nur eine Hilfsfunktion für den eigentlichen Cloud-Dienst (zB eine Suchmaschine oder eine Versteigerungsplattform) darstellt, ist der Cloud-Dienst ein Telemediendienst und es galten die datenschutzrechtlichen Bestimmungen des TMG. War die IT- bzw. Softwarenutzung die Hauptleistung, so fehlte dem Cloud-Dienst das für einen Telemediendienst erforderliche kommunikative Element und das TMG sollte nicht anwendbar sein.[3] Vor allem Cloud-Filehoster wurden daher regelmäßig als Telemedienanbieter betrachtet.[4] Insofern haben die deutschen Aufsichtsbehörden anlässlich der Einführung der DS-GVO vertreten, dass die datenschutzrechtlichen Bestimmungen des TMG nicht länger Anwendung finden sollen;[5] eine gesetzgeberische Entscheidung steht insoweit noch aus. Stattdessen sind die Bestimmungen der DS-GVO anwendbar. In der geplanten ePrivacy-Verordnung finden sich für diese Dienste keine dem bisherigen TMG entsprechenden Spezialregelungen.

5 Im Übrigen gilt die DS-GVO, ggfs. in Verbindung mit den deutschen Sondervorschriften (vgl. eben). Insbesondere Inhaltsdaten, die eine Dienstleistung oder ein Geschäft selbst betreffen, wie etwa mithilfe des Cloud-Dienstes erstellte E-Mails, bzw. personenbezogene

---

[1] Vgl. *EuGH*, 13.6.2019 – C-193/18, MMR 2019, 514; Beschluss der *DSK* „Sachliche Zuständigkeit für E-Mail und andere Over-the-top (OTT)-Dienste" vom 12.9.2019; *Schmitz*, ZD 2019, 541; vgl. zur Diskussion um die alte Rechtslage: *Boos/Kroschwald/Wicker*, ZD 2013, 205 (206).
[2] *Schuster/Reichl*, CR 2010, 38 (43); *Heidrich/Wegener*, MMR 2010, 803 (805); *Leupold/Glossner*, IT-Recht, 3. Aufl. 2013, Teil 1 Rn. 368; *Opfermann*, Datenschutzkonforme Vertragsgestaltung im Cloud Computing, S. 130; *Boos/Kroschwald/Wicker*, ZD 2013, 205 (206).
[3] *Schuster/Reichl*, CR 2010, 38 (42); *Hilber/Knorr/Müller*, CR 2011, 417 (421); *Hullen/Roggenkamp* in: Plath (Hrsg.), TMG, § 11 Rn. 9; kritisch und differenzierend: *Heidrich/Wegener*, MMR 2010, 803 (805); differenzierend: *Opfermann*, Datenschutzkonforme Vertragsgestaltung im Cloud Computing, S. 130 f. (TMG gilt zwischen Anbieter und Abnehmer; insbesondere gelten für den Anbieter die Haftungserleichterungen der §§ 7–10 TMG).
[4] *Boos/Kroschwald/Wicker*, ZD 2013, 205 (206).
[5] *DSK*, Orientierungshilfe der Aufsichtsbehörden für Anbieter von Telemedien vom 29.3.2019, S. 2ff.

A. Datenschutz beim Cloud Computing

Daten einer außenstehenden Person[6] sollten immer schon den allgemeinen Datenschutzregeln unterfallen.[7]

1. Örtlicher Anwendungsbereich

Nach dem bis zum 25.5.2018 geltenden bisherigen Recht war die örtliche Anwendbarkeit des deutschen Datenschutzrechts umstritten. Sofern man nicht auf den Ort der Niederlassung abstellen konnte, kam es maßgeblich auf den Ort der Datenverarbeitung an, der beim Cloud Computing regelmäßig nicht das entscheidende Kriterium sein soll. Auf der Basis von Art. 3 DS-GVO dürfte die örtliche Anwendbarkeit dagegen in vielen Fällen ohne größere Schwierigkeiten bestimmt werden können.

Nach Art. 3 Abs. 1 DS-GVO kommt es zunächst auf den Ort der Niederlassung an. Entscheidend ist dabei, dass man vor allem auf den Ort der Niederlassung des Verantwortlichen abstellen muss. Hat dieser einen Sitz oder eine sonstige Niederlassung in der EU, die personenbezogene Daten mit Hilfe eines Cloud Angebotes verarbeitet, so gilt dafür das europäische Datenschutzrecht. Sitzt der Verantwortliche oder die relevante Niederlassung für die Verarbeitung personenbezogener Daten dagegen nicht im EWR, so gilt die DS-GVO entgegen dem vermeintlichen Wortlaut auch dann nicht, wenn dieser Verantwortliche Cloud-Dienste eines im EWR-ansässigen Auftragsverarbeiters einsetzt. Dies haben die europäischen Datenschutzbehörden in dem Arbeitspapier 3/2018 zum räumlichen Anwendungsbereich der DS-GVO ausdrücklich klargestellt.[8] Für die Frage der Zulässigkeit der Nutzung des Cloud Dienstes gilt dann nicht das europäische Datenschutzrecht, für interne Fragen der Datenschutzorganisation des Cloud-Anbieters dagegen schon. Diese Auslegung dient insbesondere dem Ziel, europäische Cloud-Anbieter nicht dadurch gegenüber ausländischen Anbietern zu benachteiligen, dass ihre Kunden dann für die Datenverarbeitung in der Cloud der DS-GVO unterfallen, wenn dies ansonsten nicht durch Art. 3 DS-GVO der Fall wäre. Somit wird im B2B-Bereich für die Nutzung von Cloud-Diensten regelmäßig nur Art. 3 Abs. 1 DS-GVO relevant sein.

Im B2C-Bereich dagegen kann sich die Anwendbarkeit des europäischen Datenschutzrechts auch aus den beiden Varianten des Art. 3 Abs. 2 DS-GVO ergeben. Denn Voraussetzung ist in beiden Fällen das Angebot von Diensten bzw. das Überwachen vom Verhalten einzelner Personen. Unternehmen als Kunden sind insoweit nicht relevant (denn bei diesen gilt ja bereits über Art. 3 Abs. 1 DS-GVO regelmäßig bereits das europäische Datenschutzrecht für die Frage der Zulässigkeit und Anwendung auf die von ihnen in Anspruch genommenen Dienste).

Die Anwendbarkeit europäischen Rechts für nicht im EWR sitzende Cloud-Anbieter im B2C Bereich nach Art. 3 Abs. 2 DS-GVO setzt dann voraus, dass Daten über in der EU ansässige Personen entweder beim Angebot von Waren oder Dienstleistungen in der Europäischen Union verarbeitet werden oder sie deren Verhalten beobachten. Zu der ersten Variante gelangt man nach dem Arbeitspapier der europäischen Aufsichtsbehörden regelmäßig dann, wenn vergleichbar der Rechtsprechung des EuGH zur Anwendung des Marktortprinzips im Wettbewerb ein beabsichtigtes zielgerichtetes Angebot an Personen in der EU vorliegt.[9] In der zweiten Variante wird es beim Cloud Computing regelmäßig auf Fälle der Beobachtung des Verhaltens im Online-Bereich ankommen. Hier ist in erster

---

[6] *Opfermann*, Datenschutzkonforme Vertragsgestaltung im Cloud Computing, S. 130.
[7] Zum Ganzen: *Boos/Kroschwald/Wicker*, ZD 2013, 205 (206 f.).
[8] *EDPB*, „Guidelines 3/2018 on the territorial scope of the GDPR (Article 3)", Version 2.0 vom 12.11.2019, S. 11 f.
[9] *EDPB*, „Guidelines 3/2018 on the territorial scope of the GDPR (Article 3)", Version 2.0 vom 12.11.2019, S. 17 f.

Linie an den Einsatz von Cookies und vergleichbarer Technologien bei den in der EU ansässigen Nutzern zu denken.[10]

2. Sachlicher Anwendungsbereich

10 Sofern dem Cloud Anbieter personenbezogene Daten des Kunden offengelegt werden (zB nach Art. 4 Abs. 2 DS-GVO weitergegeben oder zur Einsicht bereitgehalten werden), ist der sachliche Anwendungsbereich des Datenschutzrechts eröffnet. Beim Cloud Computing können das Daten über die Nutzung des Cloud-Dienstes wie Zugangsdaten, IP-Adresse oder Nutzungsverhalten sein sowie Daten, die in der Cloud verarbeitet bzw. gespeichert werden (sog. Inhaltsdaten).[11]

11 Bei fehlender Bestimmbarkeit einer natürlichen Person ist das Datenschutzrecht nicht anwendbar, zB bei statistischen Daten[12] oder Daten über größere Personengruppen, die keine Aussagen über Einzelne zulassen.[13] Auch Daten juristischer Personen sind nicht geschützt.[14]

12 Ob und wann eine Bestimmbarkeit noch gegeben ist, ist im Einzelnen umstritten, zB sollen technische Kennungen nicht immer und per se personenbezogen sein, maßgeblich ist eine Abwägung im Einzelfall unter Berücksichtigung der jeweils zur Verfügung stehenden Mittel etc.[15] In Deutschland war zum Begriff der Bestimmbarkeit natürlicher Personen vor Inkrafttreten der DS-GVO noch lange ein subjektiver Begriff angelegt worden. Man stellte darauf ab, ob der konkrete Verwender von Daten ausreichende Mittel hatte, um eine natürliche Person zu ermitteln.[16] Dieselben Daten konnten danach für die eine Stelle anonym (weil nicht personenbeziehbar) und für eine andere Stelle personenbezogen (da der betroffenen Person zuordenbar) sein.[17] Diese Ansicht entsprach nicht der europäischen Betrachtungsweise und ist durch Art. 4 Abs. 1 DS-GVO nun endgültig hinfällig. Denn bereits nach der Definition der personenbezogenen Daten ist auch auf die Kenntnisse von Dritten abzustellen. Dies hat der EuGH zuvor in seinem Urteil über IP-Adressen dem Grunde nach bestätigt.[18]

13 Für die Praxis des Cloud Computing ist somit beim Anwendungsbereich des Datenschutzrechts allein entscheidend, ob durch eine Anonymisierung personenbezogene Daten derart verändert werden können, dass keine personenbeziehbaren Daten mehr vorliegen. Auf anonymisierte Daten ist nach Erwägungsgrund 26 DS-GVO die DS-GVO nicht mehr anwendbar. Dies wird nur erreicht, wenn Einzelangaben über persönliche oder sachliche Verhältnisse nicht mehr oder nur mit einem unverhältnismäßig großen Aufwand an Zeit,

---

[10] *EDPB,* „Guidelines 3/2018 on the territorial scope of the GDPR (Article 3)", Version 2.0 vom 12.11.2019, S. 20.
[11] *Splittgerber/Rockstroh,* BB 2011, 2179(2180).
[12] *Kühling/Buchner/Klar/Kühling,* DSGVO Art. 4 Nr. 1 Rn. 15.
[13] *Gola,* in: Gola (Hrsg.), DS-GVO Art. 4 Rn. 8; *Splittgerber/Rockstroh,* BB 2011, 2179 (2185), Rechnungswesen im öffentlichen Bereich.
[14] Anders zB in Österreich und der Schweiz; *Splittgerber/Rockstroh,* BB 2011, 2179 (2180).
[15] *Artikel-29-Datenschutzgruppe,* Stellungnahme 4/2007 zum Begriff „personenbezogene Daten" v. 20.6.2007 (01248/07/DE – WP 136).
[16] *Dammann* in Simitis, BDSG, 7. Aufl. 2011, § 3 Rn. 32; *Eckhardt,* IP-Adresse als personenbezogenes Datum – neues Öl ins Feuer, CR 2011, 339; *Gola/Schomerus,* BDSG, 10. Aufl. 2010, § 3 Rn. 10 und § 3 Rn. 44; *Härting,* Schutz von IP-Adressen – Praxisfolgen der BVerfG-Rechtsprechung zu Onlinedurchsuchung und Vorratsdatenspeicherung, ITRB 2009, 35 (37); *Kirchberg-Lennartz/Weber,* Ist die IP-Adresse ein personenbezogenes Datum?, DuD 2010, 479 (480); *Meyerdierks,* Sind IP-Adressen personenbezogene Daten?, MMR 2009, 8 (10); *Roßnagel/Scholz,* Datenschutz durch Anonymität und Pseudonymität, MMR 2000, 721 (722f.); *Schaffland/Wiltfang,* BDSG, Stand: Lieferung 9/11, April 2011, § 3 Rn. 17; *Spindler/Nink,* in Spindler/Schuster, Recht der elektronischen Medien, 2. Aufl. 2011, § 11 TMG Rn. 5b; *Tinnefeld* in Roßnagel, Handbuch Datenschutzrecht, Kap. 4.1 Rn. 21; AG München, K&R 2008, 767ff.; OLG Hamburg – 5 W 126/10 – MMR 2011, 281 (282).
[17] *Dammann* in Simitis, BDSG, 7. Aufl. 2011, § 3 Rn. 32ff.; *Gola/Schomerus,* BDSG, 10. Aufl. 2010, § 3 Rn. 10; *Stiemerling/Hartung,* Datenschutz und Verschlüsselung, CR 2012, 60 (63).
[18] *EuGH,* 19.10.2016 – C-582/14 – Breyer.

Kosten und Arbeitskraft einer bestimmten oder bestimmbaren natürlichen Person zugeordnet werden können. Dies dürfte vor allem für die Inhaltsdaten eine Rolle spielen, weniger für weiterhin durch die Nutzung eines Cloud Dienstes anfallende Nutzungsdaten. Eine Pseudonymisierung nach Art. 4 Abs. 5 DS-GVO, dh das Ersetzen der Identifikationsmerkmale durch ein Kennzeichen (Pseudonym bzw. Zuordnungsschlüssel) mit dem Ziel, dass sie ohne Kenntnis der jeweiligen Zuordnungsregel nicht mehr einer bestimmbaren natürlichen Person zugeordnet werden können, stellt somit keine umfassende Anonymität her.[19] Damit bleibt das Datenschutzrecht auf diese Daten anwendbar.

Damit können auch Verschlüsselungstechnologien[20] beim Cloud Computing nicht länger zur Nicht-Anwendbarkeit des Datenschutzrechts auf verschlüsselte Daten für den Anbieter führen. Die Verschlüsselung kann daher nach der DS-GVO nur noch dafür relevant sein, ob ausreichende bzw. geeignete technisch-organisatorische Maßnahmen getroffen wurden.[21] Die Einsatzmöglichkeiten der Verschlüsselung hängen aber stark vom jeweiligen Cloud Angebot ab. ZB können bei einem Archivierungssystem Daten „stark" verschlüsselt in die Cloud geschickt werden, weil sie dort nicht entschlüsselt werden müssen. Sollen die Daten in der Cloud zur Verarbeitung entschlüsselt werden, kann dieser Verschlüsselungsgrad aber regelmäßig nicht mehr erreicht werden.[22] Somit ist für die Praxis auch zwischen verschiedenen Cloud Diensten zu unterscheiden: Während man bei einem IaaS-Dienst verschlüsselte Daten in der Cloud speichern kann und eine Entschlüsselung nur lokal auf dem Rechner des Kunden erfolgen muss, wird bei SaaS-Diensten häufig die Entschlüsselung beim Anbieter Voraussetzung für den eigentlichen Verarbeitungsvorgang sein (solange dafür entwickelte Verfahren wie die homomorphe Verschlüsselung noch nicht marktreif sind).[23]

3. Auslegungshilfen der Aufsichtsbehörden zum Cloud Computing

Gerichtsurteile zur Auslegung des Datenschutzrechts beim Cloud Computing gibt es bislang wenig bis gar nicht.

Allerdings gibt es einschlägige aufsichtsbehördliche Stellungnahmen mit zahlreichen Empfehlungen zur datenschutzgerechten Umsetzung von Cloud Computing Angeboten. Diese stellen zwar keine verbindliche Feststellung mit Bindungscharakter dar, sind jedoch sehr relevante Auslegungshilfen, aus denen man auf die von den Datenschutzbehörden verfolgte Praxis schließen kann. Die spezifisch zum Cloud Computing ergangenen Stellungnahmen stammen noch aus der Zeit vor Erlass der DS-GVO. Diese bleiben jedoch relevant und anwendbar, soweit sich die zugrundeliegenden gesetzlichen Bestimmungen nicht wesentlich geändert haben. Insbesondere im Bereich der Auftragsverarbeitung ist eher festzustellen, dass einige in diesem Arbeitspapier angesprochenen Punkte der Aufsichtsbehörden durch den Gesetzgeber aufgenommen und umgesetzt wurden. Daher stützen sich die weiteren Ausführungen im Wesentlichen auf diese Auslegungshilfen.

Auf europäischer Ebene ist die Stellungnahme 05/2012 über Cloud Computing vom 1.7.2012 der Artikel-29-Datenschutzgruppe[24] (nachfolgend **„Arbeitspapier 196"**) zu beachten.

Weiter ist auf internationaler Ebene das „Working Paper on Cloud Computing – Privacy and Data Protection Issues – „Sopot Memorandum" – vom 24.4.2012 der internationalen Arbeitsgruppe zum Datenschutz in der Telekommunikation relevant (nachfolgend

---

[19] *Auer-Reinsdorff/Conrad/Treeger*, § 34 Rn. 106.
[20] Vgl. *Roßnagel/Scholz*, Datenschutz durch Anonymität und Pseudonymität, MMR 2000, 721 (722); *Stiemerling/Hartung*, CR 2012, 60 ff.
[21] BeckOK DatenschutzR/*Schild* DSGVO Art. 4 Rn. 80.
[22] *Splittgerber/Rockstroh*, BB 2011, 2179 (2181); *Wagner/Blaufuß*, BB 2012, 1751.
[23] *Stiemerling/Hartung*, CR 2012, 60 (65).
[24] *Artikel-29-Datenschutzgruppe*, Stellungnahme 05/2012 zum Cloud Computing, v. 1.7.2012 (010307/12/DE – WP 196).

„**Sopot Memorandum**"),[25] dessen Schwerpunkt im technischen und vertraglichen Bereich liegt. Das Papier verfolgt dabei weniger einen dogmatischen als einen pragmatischen und lösungsorientierten Ansatz.[26]

19 Die deutschen Aufsichtsbehörden haben als Datenschutzkonferenz bzw. Düsseldorfer Kreis (jetzt „Datenschutzkonferenz") die „Orientierungshilfe – Cloud Computing der Arbeitskreise Technik und Medien der Konferenz der Datenschutzbeauftragten des Bundes und der Länder sowie der Arbeitsgruppe Internationaler Datenverkehr des Düsseldorfer Kreises" in der Version 2.0 vom 9.10.2014 erlassen (nachfolgend **„Orientierungshilfe Cloud Computing"**).[27]

20 Die Kernaussagen dieser Auslegungshilfen lassen sich wie folgt zusammenfassen:

– Cloud Computing Angebote sind datenschutzrechtlich nicht per se unzulässig, wobei die Vorbehalte bei zu besonderer Vertraulichkeit verpflichteten Stellen wie Behörden, Banken, etc. größer sind.[28]

– Es werden erhöhte Risiken durch das Cloud Computing festgestellt, die vorab von Verantwortlichen in einer technischen und rechtlichen Risikoanalyse geprüft werden sollten.[29] Umgekehrt kann Cloud Computing zum Datenschutz beitragen, zB wenn die professionell administrierte Cloud-Umgebung besseren Schutz gewährleistet als es in einer weniger professionell aufgestellten IT-Infrastruktur eines mittelständischen Unternehmens der Fall wäre.[30]

– Anbieter werden grundsätzlich als Auftragsverarbeiter eingestuft, dh der Kunde bleibt Verantwortlicher und darf seine Verantwortung nicht ablegen.[31]

– Die beim Cloud Computing bestehenden spezifischen und bei der vertraglichen Gestaltung zu berücksichtigenden Risiken können zwei wesentlichen Gruppen zugeordnet werden: (1) Drohender Kontrollverlust der verantwortlichen Stelle wegen der fehlenden Möglichkeit des Wechsels auf einen alternativen Anbieter, Risiken für die technische Integrität durch die Nutzung derselben Ressourcen durch verschiedene Kunden, Zugriffsmöglichkeiten durch ausländische Behörden, fehlende Zugriffsmöglichkeiten der verantwortlichen Stelle wegen der Nutzung zahlreicher und wechselnder Subunternehmer, Gefährdung der rechtzeitigen und ordnungsgemäßen Erfüllung der Betroffenenrechte, die Möglichkeit der Zusammenführung der Daten verschiedener Kunden durch

---

[25] *International Working Group on Data Protection in Telecommunications,* Working Paper on Cloud Computing – Privacy and data protection issues – „Sopot Memorandum" v. 24.4.2012, http://www.datenschutz-berlin.de/attachments/873/Sopot_Memorandum_Cloud_Computing.pdf?1335513083; diese Arbeitsgruppe ist ein freiwilliges und im EU-Rechtsrahmen – anders als die Artikel 29 Datenschutzgruppe – nicht gesetzlich verankertes Beratungsgremium von Datenschutzbehörden, Regierungsstellen, Vertreter internationaler Organisationen und Wissenschaftler aus aller Welt, initiiert von dem Berliner Beauftragten für Datenschutz und Informationsfreiheit mit dem Ziel der Verbesserung des Datenschutzes in der Telekommunikation und den Medien. Ausführlich zum Arbeitspapier: *Schröder/Haag,* ZD 2012, 362.
[26] *Schröder/Haag,* ZD 2012, 362 (364).
[27] *Arbeitskreise Technik und Medien der Konferenz der Datenschutzbeauftragten des Bundes und der Länder* sowie der *Arbeitsgruppe Internationaler Datenverkehr des Düsseldorfer Kreises,* Orientierungshilfe – Cloud Computing, Version 2.0 v. 9.10.2014, zu finden unter https://www.datenschutzkonferenz-online.de/media/oh/20141009_oh_cloud_computing.pdf.
[28] *Artikel-29-Datenschutzgruppe,* Stellungnahme 05/2012 zum Cloud Computing, v. 1.7.2012 (010307/12/DE – WP 196), Anhang (S. 31).
[29] *Artikel-29-Datenschutzgruppe,* Stellungnahme 05/2012 zum Cloud Computing, v. 1.7.2012 (010307/12/DE – WP 196), Executive Summary (S. 2), Ziff. 4 (S. 24); International Working Group on Data Protection in Telecommunications, Working Paper on Cloud Computing – Privacy and data protection issues – „Sopot Memorandum" v. 24.4.2012, S. 2 f.
[30] *International Working Group on Data Protection in Telecommunications,* Working Paper on Cloud Computing – Privacy and data protection issues – „Sopot Memorandum" v. 24.4.2012, http://www.datenschutz-berlin.de/attachments/873/Sopot_Memorandum_Cloud_Computing.pdf?1335513083; *Schröder/Haag,* ZD 2012, 362 (363).
[31] *Arbeitskreise Technik und Medien der Konferenz der Datenschutzbeauftragten des Bundes und der Länder,* Orientierungshilfe – Cloud Computing, Version 2.0 v. 9.10.2014, Ziff. 5 (S. 39); *Artikel-29-Datenschutzgruppe,* Stellungnahme 05/2012 zum Cloud Computing, v. 1.7.2012 (010307/12/DE – WP 196), Zusammenfassung (S. 2f.), Ziff. 4.1 (S. 24).

den Anbieter.³² (2) Eingeschränkter Handlungsspielraum der verantwortlichen Stelle und der Betroffenen wegen fehlender Transparenz über technisch-organisatorische Maßnahmen bzw. Sicherheitskonzeption, beteiligte Subunternehmer und den Ort der Datenverarbeitung, insbesondere in Drittländern.³³
- Die technisch-organisatorischen Maßnahmen sind auf Cloud Computing und spezifisch auf die Risiken des jeweiligen Dienstes (IaaS, PaaS oder SaaS) abzustimmen.
- Die Inanspruchnahme von Cloud-Diensten eines nicht-europäischen Anbieters wird nicht per se für unzulässig erklärt, es sind jedoch Maßnahmen zur Herstellung eines ausreichenden Datenschutzniveaus zu treffen. Auch die Möglichkeit des Zugriffs ausländischer Sicherheitsbehörden, Gerichte, usw. auf personenbezogene Daten einer deutschen verantwortlichen Stelle führt nicht per se zur Unzulässigkeit eines Cloud-Angebots im Drittland.

II. Datenschutzrechtliche Erlaubnistatbestände für Cloud Computing

Die datenschutzrechtliche Zulässigkeit von Cloud Computing kann im Grundsatz nach den behördlichen Stellungnahmen³⁴ nicht mehr in Frage gestellt werden. Nach der Orientierungshilfe etwa kann Cloud Computing datenschutzrechtlich zulässig ausgestaltet werden.³⁵ Bei den möglichen Erlaubnisnormen ist zwischen Angeboten an Verbraucher (B2C) sowie Angeboten an Unternehmen (B2B) zu unterscheiden ist. **21**

1. Auftragsverarbeitung

Bei einer Auftragsverarbeitung wird der Auftragsverarbeiter (Cloud Anbieter) im Auftrag und auf Weisung des Auftraggebers (Cloud Kunde) tätig und darf dann im selben Umfang Daten verarbeiten wie der Auftraggeber. **22**

Sind Anbieter und Kunde jeweils Verantwortliche im Sinne von Art. 4 Nr. 7 DS-GVO, stellt das Zugänglichmachen von personenbezogenen Daten an den Anbieter für das Cloud Computing dagegen eine Offenlegung nach Art. 4 Nr. 2 DS-GVO an einen Dritten dar,³⁶ die einer Ermächtigungsgrundlage bedarf, zB einer Einwilligung. Auch die weitere Verwendung der personenbezogenen Daten durch den Anbieter bedarf dann einer solchen Ermächtigungsgrundlage. **23**

Bei einer Auftragsverarbeitung nach Art. 28 DS-GVO gilt der Auftragnehmer nicht als Dritter und es findet keine Übermittlung personenbezogener Daten statt.³⁷ Der Auftragnehmer ist aufgrund derselben rechtlichen Erlaubnis und im gleichen Umfang zur Datenverarbeitung befugt wie der Auftraggeber.³⁸ Somit geht von der Auftragsverarbeitung eine „Privilegierungswirkung" aus. Obwohl zunächst umstritten war, ob diese aufgrund des ge- **24**

---

[32] *Artikel-29-Datenschutzgruppe,* Stellungnahme 05/2012 zum Cloud Computing, v. 1.7.2012 (010307/12/ DE – WP 196), Ziff. 2 (S. 6f.); *International Working Group on Data Protection in Telecommunications,* Working Paper on Cloud Computing – Privacy and data protection issues – „Sopot Memorandum" v. 24.4.2012, S. 2.
[33] *Arbeitskreise Technik und Medien der Konferenz der Datenschutzbeauftragten des Bundes und der Länder,* Orientierungshilfe – Cloud Computing, Version 2.0 v. 9.10.2014, Ziff. 5 (S. 40); *Artikel-29-Datenschutzgruppe,* Stellungnahme 05/2012 zum Cloud Computing, v. 1.7.2012 (010307/12/DE – WP 196), Ziff. 2 (S. 7f.).
[34] 23. Tätigkeitsbericht des Bundesbeauftragten für Datenschutz und Informationsfreiheit, 2009–2010, S. 63f.; Stellungnahme des Deutschen Anwaltsvereins Nr. 43/2011.
[35] *Arbeitskreise Technik und Medien der Konferenz der Datenschutzbeauftragten des Bundes und der Länder,* Orientierungshilfe – Cloud Computing, Version 2.0 v. 9.10.2014.
[36] *Kühling/Buchner/Herbst,* DSGVO Art. 4 Nr. 2 Rn. 29.
[37] Zum bisherigen Recht: *Gola/Schomerus,* BDSG, 11. Aufl. 2012, § 11 Rn. 3 f.; *Petri* in Simitis, BDSG, 7. Aufl. 2011, § 11 Rn. 43; *Taeger/Gabel* (Hrsg.), BDSG, 1. Aufl. 2010, § 11 Rn. 2; *Däubler/Klebe/Wedde/Weichert,* BDSG, 3. Aufl. 2010, § 3 Rn. 63; *Däubler/Klebe/Wedde/*Weichert, BDSG, 3. Aufl. 2010, § 11 Rn. 18; *Schaffland/Wiltfang,* BDSG, § 11 Rn. 1; *Plath* in Plath (Hrsg.), BDSG, § 11 Rn. 2.
[38] *Plath* in Plath, (Hrsg.), DSGVO/BDSG Art. 28 Rn. 2.

änderten Wortlauts der Definition des Auftragsverarbeiters in Art. 4 Nr. 8 DS-GVO weiterhin gilt, ist richtigerweise mit der inzwischen wohl herrschenden Meinung davon auszugehen, dass der Auftragsverarbeiter weiter privilegiert ist und sich bei seiner Tätigkeit somit auf dieselbe Rechtsgrundlage stützten kann wie der Auftraggeber.[39] Der Unterschied zwischen Übermittlung und Auftragsverarbeitung zeigt sich vor allem bei besonderen Arten personenbezogener Daten, weil dort wesentlich enger gefasste gesetzliche Erlaubnistatbestände bestehen, die eine Cloud-Verarbeitung oft nicht zulassen. Es ist anerkannt, dass die Auftragsverarbeitung für besondere Arten personenbezogener Daten möglich ist (sofern geeignete, erhöhte Schutzmaßnahmen getroffen werden).[40]

25 Ob eine Auftragsverarbeitung vorliegt oder nicht, ist nach herrschender Ansicht, unabhängig von den zugrunde liegenden zivilrechtlichen Verträgen, eine Frage der tatsächlichen Gegebenheiten.[41] Entscheidend für die Abgrenzung ist, wer die wesentlichen Entscheidungen über die betroffenen personenbezogenen Daten, die Zweckbestimmung, den Umfang der Verarbeitung und die Auswahl der eingesetzten Mittel und Systeme trifft (vgl. hierzu ausführlich → Teil 6.6 Rn. 206 ff.).[42]

26 Bei einem standardisierten Cloud-Angebot werden die eingesetzten Mittel und Systeme sowie die technisch-organisatorischen Maßnahmen in der Regel vom Anbieter gestaltet. Abgesehen von Private Clouds oder dezidiert für den Kunden gestalteten Angeboten kann man aber jedenfalls die Entscheidungsbefugnis über die einzubeziehenden personenbezogenen Daten, die Zweckbestimmung und den Umfang der Verarbeitung dem Kunden zuschreiben. Im Rahmen der durch einen Dienst vorgegebenen Funktionalitäten und Möglichkeiten entscheidet der Kunde, ob er diesen Dienst überhaupt in Anspruch nehmen möchte, welche Daten er damit verarbeitet und für welche Zwecke.[43] Auch bei der Verwendung von Anwendungen von Dritten (zB SAP oder Microsoft Office) im Eigenbetrieb auf eigener Hardware ist ein Verantwortlicher durch die von der Anwendung ermöglichten Funktionalitäten und deren Begrenzungen limitiert. Insofern ist weitgehend anerkannt, dass es für die Einordnung als Auftragsverarbeiter nicht schädlich ist, wenn der Anbieter weitgehende Entscheidungsbefugnisse über die Mittel einer Datenverarbeitung erhält (vgl. hierzu → Teil 6.6 Rn. 206 ff.), etwa gemäß Arbeitspapier 196.[44] Danach sollte der Kunde jedoch wesentliche Weisungsbefugnisse für den Fall eines möglichen Datenschutzverstoßes nicht aus der Hand geben.[45]

27 Daher lässt sich mit guten Argumenten vertreten, dass der Kunde die wesentliche Entscheidung über die Auswahl der eingesetzten Mittel und Systeme sowie technisch-organisatorische Maßnahmen trifft.[46] Denn er hat regelmäßig die Auswahl zwischen verschiedenen Cloud-Angeboten mit verschiedenen Funktionalitäten, Sicherheitsmerkmalen, etc.

---

[39] *Arbeitskreise Technik und Medien der Konferenz der Datenschutzbeauftragten des Bundes und der Länder*, Orientierungshilfe – Cloud Computing, Version 2.0 v. 9.10.2014, S. 5 bzw. Ziff. 3 (S. 9).
[40] *Paal/Pauly/Martini*, DSGVO Art. 28 Rn. 10.
[41] BeckOK DatenschutzR/*Spoerr*, DSGVO Art. 28 Rn. 2.
[42] *Artikel-29-Datenschutzgruppe*, Stellungnahme 1/2010 zu den Begriffen „für die Verarbeitung Verantwortliche" und „Auftragsverarbeiter" v. 16.2.2010 (00264/10/DE – WP 169), S. 32 f.; *Arbeitskreise Technik und Medien der Konferenz der Datenschutzbeauftragten des Bundes und der Länder*, Orientierungshilfe – Cloud Computing, Version 2.0 v. 9.10.2014, Ziff. 3 (S. 9).
[43] *Artikel-29-Datenschutzgruppe*, Stellungnahme 05/2012 zum Cloud Computing, v. 1.7.2012 (010307/12/DE – WP 196), Ziff. 3.3.1 (S. 7 f.); *Funke/Wittmann*, ZD 2013, 221 (222 f.).
[44] *Artikel-29-Datenschutzgruppe*, Stellungnahme 05/2012 zum Cloud Computing, v. 1.7.2012 (010307/12/DE – WP 196), Ziff. 3.3.1 (S. 10).
[45] *Artikel-29-Datenschutzgruppe*, WP 169 Stellungnahme 1/2010 zu den Begriffen „für die Verarbeitung Verantwortliche" und „Auftragsverarbeiter" vom 16.2.2010, S. 15 (32); *Artikel-29-Datenschutzgruppe*, Stellungnahme 05/2012 zum Cloud Computing, v. 1.7.2012 (010307/12/DE – WP 196), Ziff. 3.3.1 (S. 10 f.); *Arbeitskreise Technik und Medien der Konferenz der Datenschutzbeauftragten des Bundes und der Länder*, Orientierungshilfe – Cloud Computing, Version 2.0 v. 9.10.2014, Ziff. 5 (S. 40); *Artikel-29-Datenschutzgruppe*, Stellungnahme 05/2012 zum Cloud Computing, v. 1.7.2012 (010207/12/DE – WP 196), Zusammenfassung (S. 2 f.), Ziff. 4.1 (S. 20); *Schröder/Haag*, ZD 2011, 147 (148).
[46] Unter Hinweis darauf, dass gerade wegen der Standardisierung beim Anbieter wenig Ausführungsermessen besteht: *Hennrich*, CR 2011, 546 (548).

A. Datenschutz beim Cloud Computing   11

Eine entscheidende Voraussetzung für diese Entscheidungsbefugnis dürfte jedoch ausreichende Transparenz sein.[47] Eine Auftragsverarbeitung[48] nach Art. 28 DS-GVO dürfte somit der Normalfall bei einem Cloud-Angebot sein,[49] wie die Aufsichtsbehörden in ihren Stellungnahmen bestätigen.[50] Ein Anbieter wird aber dann nach Art. 28 Abs. 10 DS-GVO selber zum Verantwortlichen, wenn er Daten für eigene Zwecke verarbeitet.

Die Auftragsverarbeitung durch den Anbieter setzt aber voraus, dass sein Gegenüber, der Kunde, Verantwortlicher im Sinne von Art. 4 Nr. 7 DS-GVO ist. Bei Privatpersonen (vor allem bei B2C Angeboten) ist die DS-GVO, wenn die Verarbeitung der Daten ausschließlich für persönliche oder familiäre Tätigkeiten erfolgt nach Art. 2 Abs. 2 lit. c DS-GVO insgesamt nicht anwendbar. Dann kann der Kunde kein Verantwortlicher sein und der Anbieter sich nicht auf die abgeleitete Befugnis des Kunden zur Datenverarbeitung berufen. Der Anbieter muss für die Verarbeitung personenbezogener Daten daher selbst eine Ermächtigungsgrundlage schaffen. Im Normalfall stellt bei einem Cloud-Angebot für Privatpersonen für deren persönliche oder familiäre Zwecke die Einwilligungserklärung die bevorzugte Ermächtigungsgrundlage dar. 28

2. Gesetzliche Erlaubnistatbestände

Nach Art. 6 Abs. 1 DS-GVO gilt bei jeder Verarbeitung außerhalb einer Auftragsverarbeitung die Notwendigkeit für einen Erlaubnistatbestand. Dabei wird beim Cloud Computing häufig nur der Erlaubnistatbestand des „berechtigten Interesses" nach Art. 6 Abs. 1 lit. f DS-GVO in Betracht kommen.[51] 29

Die Schwierigkeit bei der Anwendung dieses Tatbestandes ist weniger das Vorliegen eines eigenen berechtigten wirtschaftlichen Interesses des Kunden an einer Auslagerung[52] oder eine Erforderlichkeit für diesen Zweck, sondern die Abwägung mit berechtigten Interessen der Betroffenen.[53] Trotz der ausführlichen Leitlinien zur Beurteilung einer entsprechenden Interessenabwägung verbleibt bei diesem Tatbestand jeweils das Risiko, dass das Ergebnis nicht eindeutig ausfällt.[54] 30

Eine Alternative könnte in der Schaffung freiwilliger vertraglicher Vereinbarungen oder Garantien mit dem Anbieter bestehen. Hier bieten sich die von den deutschen Datenschutzbehörden im Bereich der Beschäftigtendaten erarbeiteten Empfehlungen zum Schutze personenbezogener Daten bei einer Funktionsübertragung für eine entsprechende Anwendung an,[55] zB wenn Betroffenen-Rechte weiterhin gegenüber dem Kunden geltend gemacht werden können (selbst wenn nach einer Übermittlung hierfür der Anbieter 31

---

[47] Vgl. *Artikel-29-Datenschutzgruppe*, Stellungnahme 05/2012 zum Cloud Computing, v. 1.7.2012 (010307/12/DE – WP 196), Ziff. 3.4.1.1 (S. 13f.).
[48] *Weichert*, Cloud Computing & Data Privacy, Abschnitt 6.1, https://www.datenschutzzentrum.de/cloud-computing/20100617-cloud-computing-and-data-privacy.pdf.
[49] *BITKOM*, Cloud Computing – Evolution in der Technik, Revolution im Business, S. 52, http://www.bitkom.org/files/documents/BITKOM-Leitfaden-CloudComputing_Web.pdf.
[50] *Artikel-29-Datenschutzgruppe*, Stellungnahme 05/2012 zum Cloud Computing, v. 1.7.2012 (010307/12/DE – WP 196), Ziff. 3.3.1 (S. 10), Ziff. 4.1 (S. 24); *International Working Group on Data Protection in Telecommunications*, Working Paper on Cloud Computing – Privacy and data protection issues – „Sopot Memorandum" v. 24.4.2012, S. 2 (8); *Arbeitskreise Technik und Medien der Konferenz der Datenschutzbeauftragten des Bundes und der Länder*, Orientierungshilfe – Cloud Computing, Version 2.0 v. 9.10.2014, Ziff. 3 (S. 9); so auch *Pohle/Ammann*, K&R 2009, 625 (630); *Weichert*, DuD 2010, 679 (682).
[51] Denn die Versicherungsverträge mit den Betroffenen werden entsprechende Auslagerungen nicht im Sinne des § 28 Abs. 1 Nr. 1 BDSG erfordern (sie sind dafür nur nützlich oder hilfreich aus Sicht des Versicherungsunternehmens). Die meisten Daten werden auch nicht öffentlich zugänglich im Sinne von § 28 Abs. 1 Nr. 3 BDSG. Vgl. auch *Weichert*, DuD 2010, 679 (683); *Splittgerber/Rockstroh*, BB 2011, 2179 (2181); ausführlich: *Opfermann*, Datenschutzkonforme Vertragsgestaltung im Cloud Computing, S. 137 ff.
[52] *Ingold* in Sydow/DSGVO, Art. 18 Rn. 19.
[53] Das berechtigte Interesse ablehnend: *Ehmann/Selmayr/Bertermann*, DSGVO Art. 28 Rn. 6.
[54] *Artikel-29-Datenschutzgruppe*, Arbeitspapier 217.
[55] *Regierungspräsidium Darmstadt*, Arbeitsbericht der ad-hoc-Arbeitsgruppe „Konzerninterner Datentransfer", erstellt am 11.1.2005, S. 11.

zuständig wäre). Auch hierfür haben die europäischen Datenschutzbehörden jedoch längst durch ein aktuelles Arbeitspapier darauf hingewiesen, dass ein echtes Bedürfnis, bzw. eine echte Erforderlichkeit für die Datenverarbeitung gegeben sein muss und nicht über eine Vertragsgestaltung eine Erweiterung der Datenverarbeitung erreicht werden kann.

32 Spezielle Regelungen gelten für besondere Arten personenbezogener Daten nach Art. 9 Abs. 1 DS-GVO: Angaben über rassische und ethnische Herkunft, politische Meinungen, religiöse oder philosophische Überzeugungen, Gewerkschaftszugehörigkeit, Gesundheit oder Sexualleben, biometrische oder genetische Daten. Relevant sind davon in der Praxis vor allem Gesundheitsdaten (etwa bei Versicherungen oder in den Personalsystemen eines Arbeitgebers). Für eine Übermittlung finden nur spezielle gesetzliche Erlaubnistatbestände in Art. 9 Abs. 2 DS-GVO Anwendung, die insbesondere keinen Erlaubnistatbestand des „berechtigten Interesses" enthalten.[56] Cloud Computing zu Zwecken der Effizienzsteigerung kann somit regelmäßig nicht auf die gesetzlichen Erlaubnistatbestände des Art. 9 Abs. 2 DS-GVO gestützt werden, sondern bedarf einer Einwilligung der betroffenen Person.[57]

3. Einwilligungserklärung

33 Einwilligungserklärungen nach Art. 4 Nr. 11, Art. 7, Art. 8 DS-GVO sind eine Möglichkeit, sämtliche der vorgenannten Konstellationen beim Cloud Computing rechtmäßig auszugestalten, einschließlich der Übermittlung von besonderen Arten personenbezogener Daten. In der Praxis ergeben sich jedoch eine Reihe von Schwierigkeiten.

a) Ausreichende Information

34 Bei der erforderlichen, hinreichend detaillierten Information über die Datenverarbeitung (vgl. hierzu ausführlich → Teil 6.6 Rn. 283 ff.) sollten bei den Empfängern nach den Empfehlungen der Datenschutzbehörden Auftragsverarbeiter und deren Subunternehmer genannt werden.[58] Insbesondere dann, wenn sich ein Cloud-Angebot fortlaufend und häufig in der Weise ändert, dass sich damit die in der Einwilligungserklärung beschriebene Datenverarbeitung ändert, ist mit dem Instrument der Einwilligungserklärung ein relativ hoher Aufwand verbunden.

b) Ausdrücklichkeit der Einwilligungserklärung

35 Nach Art. 4 Nr. 11 DS-GVO muss eine Einwilligungserklärung eine für den bestimmten Fall erfolgte eindeutige bestätigende Handlung darstellen. Damit ist das „Verstecken" von Erklärungen in allgemeinen Geschäftsbedingungen oder die Anwendung eines „Implied Consent" nicht mehr möglich.[59] Die Ausdrücklichkeit der Einwilligung ist nach Erwägungsgrund 32 DS-GVO etwa beim Anklicken eines nicht vorausgewählten Kästchens im Rahmen einer Registrierung möglich (vgl. hierzu ausführlich → Teil 6.6 Rn. 288). Dabei ist auch zu beachten, dass man als Verantwortlicher eine entsprechende Nachweispflicht nach Erwägungsgrund 32 DS-GVO für erteilte Einwilligungen hat und diese daher dokumentieren sollte (vgl. hierzu ausführlich → Teil 6.6 Rn. 269).

---

[56] Vgl. die Übersicht bei *Taeger*/Gabel (Hrsg.), BDSG, 1. Aufl. 2010, § 28 Rn. 219 ff.
[57] *International Working Group on Data Protection in Telecommunications*, Working Paper on Cloud Computing – Privacy and data protection issues – „Sopot Memorandum" v. 24.4.2012, Rn. 2.
[58] *Artikel-29-Datenschutzgruppe*, Stellungnahme 05/2012 zum Cloud Computing, v. 1.7.2012 (010307/12/DE – WP 196), Ziff. 3.4.2 (S. 16), Ziff. 4.1 (S. 25).
[59] Vgl. auch *Eckhardt*, CR 2012, 195 (197).

A. Datenschutz beim Cloud Computing

c) Freiwilligkeit

Außerdem muss die Einwilligung nach Art. 4 Nr. 11 DS-GVO freiwillig erfolgen (vgl. 36 hierzu ausführlich → Teil 6.6 Rn. 275 ff.).

Sofern beim Cloud Computing ein Betroffener unmittelbar mit dem Anbieter einen 37 Vertrag abschließt und eine Einwilligungserklärung abgibt, bestehen an der Freiwilligkeit grundsätzlich keine Zweifel. Er hat die Möglichkeit, das Angebot anzunehmen oder abzulehnen und ein anderes Cloud-Angebot auszuwählen. Somit dürfte im B2C-Bereich die Einwilligungserklärung regelmäßig zulässig sein. Wegen des Verbots der Kopplung des Vertragsschlusses an die Abgabe der Einwilligung in Art. 7 Abs. 4 DS-GVO ist dann aber sorgfältig darauf zu achten, dass Einwilligungen in die Leistungserbringung von weiteren Elementen wie etwa Marketing, etc. getrennt werden.

Falls der Cloud Kunde in der Cloud Daten über natürliche Personen verarbeiten will, 38 zB ein Arbeitgeber über seine Arbeitnehmer, ist zu prüfen, ob zwischen ihm und dem Einwilligenden ein Ungleichgewicht in den Beziehungen besteht (vgl. hierzu ausführlich → Teil 6.6 Rn. 276 f.).

d) Formerfordernisse

Das in Deutschland früher nach § 4a Abs. 1 S. 3 BDSG aF bestehende Schriftformerfor- 39 dernis ist weggefallen.

Nach Art. 4 Nr. 11 DS-GVO ist eine Schriftform nicht mehr erforderlich (anders als 40 nach § 4a Abs. 1 S. 3 BDSG aF), durch die jüngste Änderung von § 26 Abs. 2 BDSG auch nicht im Arbeitsverhältnis. Es reicht jede Art des Nachweises einer unmissverständlich abgegebenen Willensbekundung, vgl. auch Erwägungsgrund 32. Damit sind elektronische Einwilligungen zulässig, was für Cloud Angebote meistens praktikabler ist.[60]

e) Praktische Schwierigkeiten und Schlussfolgerungen

Einwilligungen bringen auch praktische Probleme mit, etwa wenn sich das Cloud-Ange- 41 bot und die damit zusammenhängende Datenverarbeitung von Zeit zu Zeit ändert und die erneute Einholung einer Einwilligungserklärung erforderlich wird. Auch bei Verweigerung bzw. Widerruf von Einwilligungen der betroffenen Personen steht ein Cloud Kunde ggfs. vor dem Problem, dass er personenbezogene Daten einer an sich einheitlichen Gruppe (Arbeitnehmer, Kunden etc.) nicht einheitlich verarbeiten kann. Demzufolge dürfte die Einwilligungserklärung häufiger im Verhältnis zu privaten Endkunden als Lösung in Betracht kommen, weniger jedoch im B2B-Umfeld.

III. Gestaltung des Auftragsverarbeitungsvertrages

Wenn man mit den Aufsichtsbehörden davon ausgeht, dass im Falle von Cloud Compu- 42 ting regelmäßig eine Auftragsverarbeitung vorliegt, benötigt man einen Vertrag über die Auftragsverarbeitung mit den nach Art. 28 Abs. 3 DS-GVO zwingend aufzunehmenden Elementen (vgl. hierzu → Teil 6.6 Rn. 211).[61] Dabei sollte der Kunde die spezifischen vertraglichen Risiken beim Cloud Computing angemessen berücksichtigen,[62] selbst wenn der Anbieter seinen Standardvertrag vorgibt und es dem Kunden mangels Verhandlungsmacht

---

[60] *Hartung*, in: Weber/Thonvenin, Neuer Regulierungsschub im Datenschutzrecht?, S. 43 f.
[61] *Arbeitskreise Technik und Medien der Konferenz der Datenschutzbeauftragten des Bundes und der Länder*, Orientierungshilfe – Cloud Computing, Version 2.0 v. 9.10.2014, Ziff. 3 (S. 9); *Weichert*, Cloud Computing & Data Privacy, Abschnitt 9, https://www.datenschutzzentrum.de/cloud-computing/20100617-cloud-computing-and-data-privacy.pdf.
[62] *International Working Group on Data Protection in Telecommunications*, Working Paper on Cloud Computing – Privacy and data protection issues – „Sopot Memorandum" v. 24.4.2012, Rn. 16, 17.

schwer fällt oder unmöglich ist, diesen zu ändern.[63] Nach Inkrafttreten der DS-GVO hat aufgrund des Wortlauts des Art. 28 Abs. 3 DS-GVO allerdings auch der Auftragsverarbeiter eine eigene originäre Verantwortung für den Abschluss eines ausreichenden Vertrages und haftet dafür im Rahmen eines möglichen Bußgeldes nach Art. 83 Abs. 4 lit. a DS-GVO.

1. Form

43 Nach Art. 28 Abs. 9 DS-GVO ist inzwischen auch ein elektronisches Format für den Vertragsabschluss zulässig. Nach richtiger Auslegung muss dies dazu führen, dass eine Textform und ein Vertragsabschluss über eine Internetseite zulässig sind.[64]

2. Mindestkriterien nach § 11 Abs. 2 BDSG

a) Art. 28 Abs. 3 S. 1 DS-GVO/Gegenstand und Dauer, Art und Zweck, Kategorien von Daten und betroffenen Personen

44 Zunächst müssen Gegenstand und Dauer der Auftragsverarbeitung beschrieben und definiert werden.[65] Eine gesonderte und dezidierte Beschreibung innerhalb des Vertrags über die Auftragsverarbeitung ist nicht erforderlich. Ausreichend ist der Verweis auf einen Hauptvertrag. Empfehlenswert ist die Vereinbarung detaillierter Service Level Agreements, in denen die vom Anbieter geschuldeten Leistungen konkretisiert werden.

45 Erforderlich ist ferner die Fixierung von Art und Zweck der Datenverarbeitung, Art der Daten und Kreis der Betroffenen.[66] Der Zweck der Datenverarbeitung ist nicht bloß festzulegen, vielmehr ist der Auftragnehmer ausdrücklich daran zu binden, in Verbindung mit der Weisungsgebundenheit des Auftragnehmers.[67] Die Angaben sollen, genau wie die Leistungsbeschreibung selbst, hinreichend klar beschrieben werden.[68] Verweise auf andere Dokumente sind wiederum zulässig.[69]

b) Art. 28 Abs. 3 S. 2 lit. a DS-GVO/Umfang der Weisungsbefugnis

46 Das Weisungsrecht des Kunden (vgl. hierzu → Teil 6.6 Rn. 210)[70] sollte klarstellend um eine ausdrückliche Regelung über die Bindung des Anbieters an die Weisungen des Kunden ergänzt werden[71] und auch dafür gelten, ob personenbezogene Daten in ein Drittland oder eine internationale Organisation übermittelt werden (dabei darf die Übermittlung nur nach entsprechender Weisung des Kunden erfolgen, es sei denn, es besteht eine rechtliche Anforderung an den Auftragsverarbeiter, eine solche Übermittlung vorzunehmen).

---

[63] *Artikel-29-Datenschutzgruppe,* Stellungnahme 05/2012 zum Cloud Computing, v. 1.7.2012 (010307/12/DE – WP 196), Ziff. 3.4.2. (S. 15), Ziff. 3.5.1 (S. 21), Ziff. 4.1 (S. 24).

[64] *Plath,* in: Plath, DSGVO/BDSG, (Hrsg.), Art. 28 Rn. 31; aA BeckOK DatenschutzR/*Spoerr,* DS-GVO Art. 28 Rn. 103.

[65] So auch die Empfehlung nach europäischem Recht: *Artikel-29-Datenschutzgruppe,* Stellungnahme 05/2012 zum Cloud Computing, v. 1.7.2012 (010307/12/DE – WP 196), Ziff. 3.4.2 (S. 16).

[66] *Gola/Klug,* DSGVO, 2. Aufl. 2018, Art. 28 Rn. 8. So auch die Empfehlung nach europäischem Recht: *Artikel-29-Datenschutzgruppe,* Stellungnahme 05/2012 zum Cloud Computing, v. 1.7.2012 (010307/12/DE – WP 196), Ziff. 3.4.2 (S. 16); *Söbbing,* ITRB 2010, 36 (37).

[67] *Artikel-29-Datenschutzgruppe,* Stellungnahme 05/2012 zum Cloud Computing, v. 1.7.2012 (010307/12/DE – WP 196), Ziff. 3.4.1.2 (S. 16), Ziff. 4.1 (S. 25); *International Working Group on Data Protection in Telecommunications,* Working Paper on Cloud Computing – Privacy and data protection issues – „Sopot Memorandum" v. 24.4.2012, Rn. 13.

[68] *Söbbing,* ITRB 2010, 36 (37); Spindler/Schuster/*Nink,* Recht der elektronischen Medien Rn. 21.

[69] *Gola/Klug,* DSGVO, 2.Aufl. 2018, Art. 28 Rn. 8.

[70] *Artikel-29-Datenschutzgruppe,* Stellungnahme 05/2012 zum Cloud Computing, v. 1.7.2012 (010307/12/DE – WP 196), Ziff. 3.4.2 (S. 15).

[71] *International Working Group on Data Protection in Telecommunications,* Working Paper on Cloud Computing – Privacy and data protection issues – „Sopot Memorandum" v. 24.4.2012, Rn. 12, 13, 41.

Nach Art. 28 Abs. 3 S. 2 lit. a DS-GVO sind Weisungen zu dokumentieren. Eine 47
Schriftform ist nicht zwingend erforderlich, aber im Hinblick auf die nach Art. 5 Abs. 2
DS-GVO geltende Dokumentations- und Nachweispflicht ist jedenfalls eine Textform zu
empfehlen. Ein Großteil der Weisungen wird durch die vertraglichen Vereinbarungen, insbesondere die Leistungsbeschreibung definiert. Insofern sollte man ausdrücklich festhalten,
dass diese, einschließlich der Service Level Agreements, als Weisungen des Auftraggebers
gelten.[72]

Grundsätzlich spricht nichts dagegen, für notwendige Änderungen (oder Einzelweisun- 48
gen) auf vertraglich geregelte Verfahren über Vertragsänderungen (Change Request) zu
verweisen. Sofern dort die Zustimmung des Anbieters zur Änderung erforderlich sein
wird, sollte dies dahingehend ergänzt werden, dass Änderungswünsche des Kunden aus
datenschutzrechtlichen Gründen vom Anbieter verpflichtend umzusetzen sind, etwa gegen
angemessene Erstattung der dabei anfallenden Kosten.

Die Aufsichtsbehörden empfehlen außerdem, Festlegungen zu treffen, die das Wei- 49
sungsrecht des Auftraggebers absichern und ihm insgesamt eine starke Stellung einräumen,
die sicherstellt, dass er „Herr der Daten"[73] bleibt. Es sollten vor allem Regelungen zur
Kündigung bei Datenschutzverstößen, Haftung, Vertragsstrafen und Beweislastumkehr vereinbart werden.[74]

c) Art. 28 Abs. 3 S. 2 lit. b DS-GVO/Verpflichtung auf Verschwiegenheit

Es ist vorzusehen, dass der Auftragsverarbeiter seine Mitarbeiter und beteiligte Dritte auf 50
eine entsprechende Verschwiegenheit verpflichtet (vgl. hierzu → Teil 6.6 Rn. 211). Dabei
ist auch im Sinne des Art. 29 DS-GVO aufzunehmen, dass die entsprechenden Verpflichteten die Daten nur entsprechend der erteilten Weisungen verarbeiten. Zu empfehlen ist
dabei eine entsprechende Belehrung und Verpflichtung der Mitarbeiter.

d) Art. 28 Abs. 3 S. 2 lit. b DS-GVO/technisch-organisatorische Maßnahmen

Dann sind konkrete und den spezifischen Risiken angepasste technisch-organisatorische 51
Maßnahmen zu vereinbaren (vgl. hierzu → Rn. 75 ff.).[75] Die Einbindung von für andere
Zwecke erstellter Dokumente, etwa von Sicherheitskonzepten, ist zulässig. Allerdings muss
der Verantwortliche sicherstellen, dass sämtliche erforderlichen technisch-organisatorischen
Maßnahmen in den Dokumenten abgebildet sind.

Angesichts der Möglichkeit, dass der Auftragsverarbeiter in größerem Umfang über die 52
technisch-organisatorischen Maßnahmen bestimmen kann, kann diesem ein weitgehendes
Gestaltungsrecht eingeräumt werden. Dies ist aber in jedem Fall mit einer Dokumentation
und Nachweispflicht zu verbinden. Außerdem sollten dem Verantwortlichen entsprechende Rechte eingeräumt werden, wenn er die getroffenen Maßnahmen für nicht angemessen bzw. ausreichend hält.

e) Art. 28 Abs. 3 S. 2 lit. d DS-GVO/Unterauftragsverhältnisse

Nach Art. 28 Abs. 3 S. 2 lit. d DS-GVO müssen die gesetzlichen Vorgaben für Unterauf- 53
tragsverarbeiter nach Art. 28 Abs. 2, Abs. 4 DS-GVO abgebildet werden, dh eine Zustim-

---

[72] So auch die Empfehlung nach europäischem Recht: *Artikel-29-Datenschutzgruppe*, Stellungnahme 05/2012 zum Cloud Computing, v. 1.7.2012 (010307/12/DE – WP 196), Ziff. 3.4.2 (S. 15).
[73] *Vander*, K&R 2010, 292 (294); *Leupold/Glossner*, IT-Recht, 3. AUfl. 2013, Teil 5 Rn. 350; *Niemann/Hennrich*, CR 2010, 686 (687); *Maisch*, AnwZert ITR 15/2009, Anm. 4; zur Definition der Datenhoheit: *Bosesky/Hoffmann/Schulz*, DuD 2013, 95 (96 ff., 100).
[74] Arbeitskreise Technik und Medien der Konferenz der Datenschutzbeauftragten des Bundes und der Länder, Orientierungshilfe – Cloud Computing, Version 2.0 v. 9.10.2014, Ziff. 3 (S. 10); *Vander*, K&R 2010, 292 (294); *Splittgerber/Rockstroh*, BB 2011, 2179 (2182); *Reintzsch*, BRJ 2013, 23 (25).
[75] *Artikel-29-Datenschutzgruppe*, Stellungnahme 05/2012 zum Cloud Computing, v. 1.7.2012 (010307/12/ DE – WP 196), Ziff. 3.4.2 (S. 16), Ziff. 4.1 (S. 27).

mung des Auftraggebers im Einzelfall oder, wie es aus praktischen Gründen beim Standard Cloud Computing Angebot unabdingbar sein dürfte, eine generelle Zustimmung vorbehaltlich einer Information des Auftraggebers und dessen Widerspruchsrecht (vgl. hierzu ausführlich → Teil 6.6 Rn. 212 ff.). Unklar ist bislang, ob man dieses Widerspruchsrecht des Auftraggebers an bestimmte Voraussetzungen knüpfen darf, etwa sachliche Gründe, die gegen die Einschaltung des weiteren Auftragsverarbeiters sprechen. Zu empfehlen ist jedenfalls, die Rechtsfolgen eines solchen Widerspruchs zu regeln, denn häufig wird das Cloud Angebot dann nicht, wie ursprünglich vereinbart, fortgeführt werden können. Daher wäre in diesem Fall über angemessene Kündigungslösungen nachzudenken (vgl. hierzu → Teil 6.6 Rn. 212 ff.).

54 Die Verträge des Anbieters mit den Subunternehmern müssen außerdem denjenigen mit dem Kunden entsprechen.[76]

55 Diese neuen gesetzlichen Anforderungen entsprechen inhaltlich den bisherigen Empfehlungen der deutschen Aufsichtsbehörden.[77] Diese empfehlen außerdem eine direkte vertragliche Bindung bzw. Haftung der Subunternehmer im Verhältnis zum Kunden,[78] ebenso wie ein Kündigungsrecht bei Verstoß gegen die oben genannten Vorgaben.[79]

f) Art. 28 Abs. 3 S. 2 lit. e DS-GVO/Betroffenenrechte

56 Die Aufsichtsbehörden empfehlen, die konkrete praktische Umsetzung der Betroffenenrechte etwa durch technische Maßnahmen[80] und die Mitwirkungspflichten des Anbieters zu regeln, wobei es beim Cloud Computing Aufgabe des Verantwortlichen bleibt, diese zu erfüllen.[81] Sofern der Kunde beim Cloud Computing als Verantwortlicher Daten über andere betroffene Personen verarbeitet, ist jeweils zu prüfen und unterschiedlich zu regeln, ob er unmittelbaren Zugriff auf die erforderlichen Informationen hat und die entsprechenden Befugnisse zur Berichtigung, Sperrung oder Löschung. Soweit dies nicht der Fall ist, ist er auf die Unterstützung des Cloud Anbieters angewiesen. In diesem Fall sollten konkrete Verfahren und Fristen geregelt werden, um den Anforderungen der Art. 12 ff. DS-GVO genügen zu können.

g) Art. 28 Abs. 3 S. 2 lit. f DS-GVO/Unterstützung des Verantwortlichen

57 Es ist eine Pflicht des Auftragsverarbeiters, den Verantwortlichen bei der Einhaltung der in Art. 32–36 DS-GVO genannten Pflichten zu unterstützen.

58 Bezogen auf Art. 32 DS-GVO ist der Auftragsverarbeiter zur Umsetzung von technischorganisatorischen Maßnahmen selbst gesetzlich verpflichtet. Relevanz hat diese Norm dann wohl vor allem im Bereich der Schnittstellen sowie der beim Verantwortlichen erforderlichen Informationen, um die nach Art. 32 DS-GVO erforderliche Risikoabwägung auch unter Einbeziehung der vom Auftragsverarbeiter getroffenen Maßnahmen umsetzen zu können.

---

[76] *Artikel-29-Datenschutzgruppe,* Stellungnahme 05/2012 zum Cloud Computing, v. 1.7.2012 (010307/12/DE – WP 196), Ziff. 4.1 (S. 24); *Niemann/Hennrich,* CR 2010, 686 (692).
[77] *Arbeitskreise Technik und Medien der Konferenz der Datenschutzbeauftragten des Bundes und der Länder,* Orientierungshilfe – Cloud Computing, Version 2.0 v. 9.10.2014, Ziff. 3 (S. 9 f.); *Artikel-29-Datenschutzgruppe,* Stellungnahme 05/2012 zum Cloud Computing, v. 1.7.2012 (010307/12/DE – WP 196), Ziff. 3.3.2 (S. 11); *Niemann/Hennrich,* CR 2010, 686 (692).
[78] *Artikel-29-Datenschutzgruppe,* Stellungnahme 05/2012 zum Cloud Computing, v. 1.7.2012 (010307/12/DE – WP 196), Ziff. 3.3.2 (S. 11 f.).
[79] *Artikel-29-Datenschutzgruppe,* Stellungnahme 05/2012 zum Cloud Computing, v. 1.7.2012 (010307/12/DE – WP 196), Ziff. 4.1 (S. 24).
[80] *Arbeitskreise Technik und Medien der Konferenz der Datenschutzbeauftragten des Bundes und der Länder,* Orientierungshilfe – Cloud Computing, Version 2.0 v. 9.10.2014, Ziff. 3 (S. 9).
[81] So die Empfehlung nach europäischem Recht: *Artikel-29-Datenschutzgruppe,* Stellungnahme 05/2012 zum Cloud Computing, v. 1.7.2012 (010307/12/DE – WP 196), Ziff. 3.4.1.3 (S. 14 f.).

A. Datenschutz beim Cloud Computing

Zu den Meldepflichten nach Art 33, 34 DS-GVO (vgl. hierzu ausführlich → Teil 6.6 Rn. 33 ff.) ist eine Vereinbarung notwendig.[82] Der Kunde ist auf Auskünfte des Anbieters angewiesen und kann seinen Benachrichtigungspflichten gegenüber den Aufsichtsbehörden und betroffenen Personen nur nachkommen, wenn er selbst rechtzeitig die erforderlichen Informationen erhält. Es sollte also entsprechend Art. 33 Abs. 2 DS-GVO vereinbart werden, dass der Anbieter den Kunden rechtzeitig informiert,[83] und (nach Ansicht der Behörden deklaratorisch) klargestellt werden, dass nur der Verantwortliche (der Kunde) für entsprechende Benachrichtigungen zuständig ist.[84] Der Auftragsverarbeiter muss bei der Kenntniserlangung über eine Verletzung personenbezogener Daten im Sinne des Art. 4 Nr. 12 DS-GVO dies unverzüglich dem Verantwortlichen melden. Eine rechtliche Prüfung, ob eine Meldung erforderlich ist (dh der weiteren Voraussetzung der Art. 33, 34 DS-GVO) trifft ausschließlich der Verantwortliche. Insofern ist umstritten, ob die 72-Stunden-Frist bereits läuft, wenn die Datenschutzverletzung dem Auftragsverarbeiter bekannt geworden ist. In diesem Fall müsste man diese Frist sinnvoll aufteilen (zB der Auftragsverarbeiter muss spätestens innerhalb von 36 Stunden den Verstoß melden und der Verantwortliche hat weitere 36 Stunden Zeit für die Prüfung der Meldepflicht). Wenn man auf Bekanntwerden des Verstoßes beim Verantwortlichen erst dann abhebt, wenn ihm der Auftragsverarbeiter dies mitgeteilt hat, würde die 72-Stunden-Frist jedoch erst später zu laufen beginnen.

Schließlich sind auch die Pflichten des Auftragsverarbeiters im Rahmen der Datenschutz-Folgenabschätzung nach Art. 35, 36 DS-GVO (vgl. hierzu ausführlich → Teil 6.6 Rn. 59 ff.) zu regeln. Wiederum ist klar, dass die eigentliche Pflicht der Prüfung dem Verantwortlichen obliegt. Der Auftragsverarbeiter wird ihn dabei aber mit den erforderlichen, ausschließlich ihm zugängigen Informationen behilflich sein müssen.

h) Art. 28 Abs. 3 S. 2 lit. g DS-GVO/Rückgabe und Löschung der Daten

Nach Art. 28 Abs. 3 S. 2 lit. g DS-GVO und der Ansicht der Aufsichtsbehörden sind die Möglichkeiten der Löschung und Rückgabe der personenbezogenen Daten zu regeln.[85]

Die konkrete Regelung der Art und Weise der Rückgabe von Daten an den Kunden bzw. einen von diesem benannten Dritten (Stichwort: Datenportabilität) ist ein wesentlicher Bestandteil einer Exit-Regelung.[86] Es sollte auch geregelt werden, wie ein Kunde im Falle eines notwendigen Zugriffs auf die Daten für forensische Zwecke (zB Compliance Prüfungen oder Pre Trial Discovery Verfahren) an „seine" Daten gelangt.[87]

Bei einer Löschung sind die Besonderheiten des Cloud Computing zu berücksichtigen, insbesondere die Tatsache, dass eine physikalische Zerstörung der Datenträger regelmäßig nicht in Betracht kommt, weil die entsprechenden physischen Systeme für mehr als einen Kunden eingesetzt werden. Stattdessen sollen zuverlässige Löschungsverfahren durch Überschreiben der entsprechenden Daten vorgesehen werden, verbunden mit einer Protokollierung der Löschung zur Nachvollziehbarkeit.[88]

---

[82] *International Working Group on Data Protection in Telecommunications,* Working Paper on Cloud Computing – Privacy and data protection issues – „Sopot Memorandum" v. 24.4.2012, Rn. 20.
[83] So auch die Empfehlung nach europäischem Recht: *Artikel-29-Datenschutzgruppe,* Stellungnahme 05/2012 zum Cloud Computing, v. 1.7.2012 (010307/12/DE – WP 196), Ziff. 3.4.2. (S. 15).
[84] Gola/*Klug,* DS-GVO Art. 28 Rn. 10.
[85] So auch die Empfehlung nach europäischem Recht: *Artikel-29-Datenschutzgruppe,* Stellungnahme 05/2012 zum Cloud Computing, v. 1.7.2012 (010307/12/DE – WP 196), Ziff. 3.4.1.3 (S. 15), Ziff. 3.4.2 (S. 16).
[86] *International Working Group on Data Protection in Telecommunications,* Working Paper on Cloud Computing – Privacy and data protection issues – „Sopot Memorandum" v. 24.4.2012, Rn. 18; s. auch *Reintzsch,* BRJ 2013, 23 (25).
[87] Hierzu eingehend *Birk/Heinson/Wegener,* DuD 2011, 329.
[88] *International Working Group on Data Protection in Telecommunications,* Working Paper on Cloud Computing – Privacy and data protection issues – „Sopot Memorandum" v. 24.4.2012, Rn. 4.

i) Art. 28 Abs. 3 S. 2 lit. h DS-GVO/Nachweispflichten

64 Nach bisherigem Recht sollte sich der Auftraggeber ausreichende Kontrollrechte vorbehalten,[89] auch gegenüber Subunternehmern.[90] Ein Verzicht auf Kontrollrechte vor Ort sei trotz der praktischen Schwierigkeiten nicht möglich.[91]

65 Art. 28 Abs. 3 lit. h DS-GVO stellt nunmehr klar, dass der Auftragsverarbeiter erforderliche Nachweise für die Erfüllung seiner Pflichten zur Verfügung stellen muss, aber auch Überprüfungen einschließlich Inspektionen des Verantwortlichen oder einem anderen von diesem beauftragten Prüfer ermöglichen und unterstützen muss (vgl. hierzu → Rn. 68 ff.).

j) Art. 28 Abs. 3 S. 3 DS-GVO/Mitteilungspflicht der Auftragnehmer

66 Der Anbieter muss die Pflicht übernehmen, ihm bekannt gewordene oder mögliche Verstöße durch den Kunden und dessen Weisungen oder dessen Mitarbeiter zu melden und den Kunden darauf hinzuweisen.

k) Standort der Datenverarbeitung

67 Der physische Standort der Daten ist nach wie vor wichtig beim Datenschutz. Zwar bestimmt er nicht mehr maßgeblich das anwendbare Recht. Er hat aber weiterhin Einfluss auf die grundlegende Frage, wer Verantwortlicher und wer Auftragsverarbeiter ist (wegen der Entscheidungshoheit über die wesentlichen Schritte der Datenverarbeitung) und auf die Risikoexposition (die etwa bei Art. 25, 32, 35 DS-GVO zu prüfen ist). Entsprechend haben die Aufsichtsbehörden mehrfach verlangt, dass der Ort der Datenverarbeitung vertraglich fixiert wird,[92] während Veränderungen des Standortes durch Protokollierung nachvollziehbar gemacht werden sollen.[93] Selbst wenn dies in dieser pauschalen Form nicht vorgeschrieben ist,[94] ergibt sich doch aus Art. 28 Abs. 3 S. 2 lit. a DS-GVO das Weisungsrecht des Auftraggebers bei Übermittlungen in Drittländer. Es ist somit weiterhin damit zu rechnen, dass die Aufsichtsbehörden eine entsprechende Vereinbarung im Vertrag über die Auftragsverarbeitung verlangen werden.

3. Kontrolle des Auftragsverarbeiters und Dokumentation

68 Nach altem Recht hatte der Verantwortliche nach § 11 Abs. 2 S. 4 BDSG aF vor Beginn und danach regelmäßig eine zu dokumentierende Prüfung des Anbieters vorzunehmen.[95] Wie die Prüfung genau erfolgen sollte, war im Einzelnen ungeklärt geblieben.[96]

---

[89] So auch die Empfehlung nach europäischem Recht: *Artikel-29-Datenschutzgruppe*, Stellungnahme 05/2012 zum Cloud Computing, v. 1.7.2012 (010307/12/DE – WP 196), Ziff. 3.4.2. (S. 15).
[90] *Artikel-29-Datenschutzgruppe*, Stellungnahme 05/2012 zum Cloud Computing v. 1.7.2012 (01037/12/DE – WP 196, Ziff. 3.4.2 (S. 15); *International Working Group on Data Protection in Telecommunications*, Working Paper on Cloud Computing – Privacy and data protection issues – „Sopot Memorandum" v. 24.4.2012, S. 4 f.; *Wedde* in: Däubler/Klebe/Wedde/Weichert, BDSG, 3. Aufl. 2010, § 11 Rn. 54.
[91] AA *Plath* in: Plath (Hrsg.), BDSG, § 11 Rn. 55.
[92] *Arbeitskreise Technik und Medien der Konferenz der Datenschutzbeauftragten des Bundes und der Länder*, Orientierungshilfe – Cloud Computing, Version 2.0 v. 9.10.2014, Ziff. 5 (S. 40); *Artikel-29-Datenschutzgruppe*, Stellungnahme 05/2012 zum Cloud Computing, v. 1.7.2012 (010307/12/DE – WP 196), Ziff. 3.4.1.1 (S. 13 f.), Ziff. 3.4.2. (S. 17), Ziff. 4.1 (S. 25); *International Working Group on Data Protection in Telecommunications*, Working Paper on Cloud Computing – Privacy and data protection issues – „Sopot Memorandum" v. 24.4.2012, Rn. 3, 10, 11, 22, 34.
[93] *International Working Group on Data Protection in Telecommunications*, Working Paper on Cloud Computing – Privacy and data protection issues – „Sopot Memorandum" v. 24.4.2012, Rn. 3, 11.
[94] *Schröder/Haag*, ZD 2011, 147 (149).
[95] *Arbeitskreise Technik und Medien der Konferenz der Datenschutzbeauftragten des Bundes und der Länder*, Orientierungshilfe – Cloud Computing, Version 2.0 v. 9.10.2014, Ziff. 3 (S. 10); *Bergt*, ITRB 2012, 45 (46); *Schuster/Reichl*, CR 2010, 38 (42); *Vander*, K&R 2010, 292 (295), mwN.
[96] Vgl. hierzu etwa *Gola/Schomerus*, BDSG, 10. Aufl., § 11 Rn. 21; *Schröder/Haag*, ZD 2011, 147 (149); Überblick über die verschiedenen Möglichkeiten bei: *Reintzsch*, BRJ 2013, 23 (25 f.).

A. Datenschutz beim Cloud Computing

Eine solche ausdrückliche Prüfpflicht ist in Art. 28 DS-GVO nicht enthalten. Allerdings darf der Verantwortliche nach Art. 28 Abs. 1 DS-GVO nur solche Auftragsverarbeiter einschalten, die hinreichende Garantien dafür bieten, geeignete technische und organisatorische Maßnahmen zum Schutz der personenbezogenen Daten durchzuführen und muss dies nachweisen können.

Aus der Gesetzesbegründung zum alten BDSG[97] wird deutlich, dass eine Vor-Ort-Prüfung nicht zwingend erforderlich ist.[98] Der Wortlaut des Art. 28 Abs. 3 S. 2 lit. h DS-GVO sieht ein Recht, aber keine Pflicht vor. Beim Cloud Computing spricht dagegen die beim Kunden ggfs. nicht vorhandene Sachkunde,[99] die Schwierigkeiten durch Vielfalt der Datenverarbeitungsstandorte[100] sowie die Gefahrenquellen bei Kontrollrechten für eine Vielzahl von Kunden.[101]

Eigene, vom Anbieter zu beantwortende Fragen- und Kriterienkataloge des Kunden bzw. Standarddokumente des Anbieters stoßen auf Bedenken der Aufsichtsbehörden wegen der mangelnden tatsächlichen Überprüfung.[102]

Art. 28 Abs. 5 DS-GVO sieht Unternehmensregeln oder Zertifikate ausdrücklich als mögliche Nachweise vor. Konkrete Beispiele oder eine Umsetzung gibt es aber noch nicht. Aufsichtsbehörden befürworten bereits zuvor das Abstellen auf Zertifizierungen. Beispiele waren das Siegel von EuroCloud,[103] des ULD Schleswig-Holstein[104] oder mehr auf IT Sicherheit bezogene Zertifizierungen, etwa nach ISO 27001. Es ist jedoch die begrenzte inhaltliche Reichweite dieser Zertifizierungen zu beachten, die der Verantwortliche zu prüfen hat.[105]

Die von der Praxis häufig angewandte Methode des Einsatzes der Auditierung durch zuverlässige und unabhängige Dritte dürfte beim Cloud Computing das bevorzugte Mittel sein.[106] Der Anbieter beauftragt zuverlässige unabhängige Dritte (zB Wirtschaftsprüfer) und macht die Ergebnisse, soweit die Sicherheit nicht durch die Bekanntgabe gefährdet wird,

---

[97] BT-Drs. 16/13 657, 29; dies auch nicht fordernd: *Arbeitskreise Technik und Medien der Konferenz der Datenschutzbeauftragten des Bundes und der Länder*, Orientierungshilfe – Cloud Computing, Version 2.0 v. 9.10.2014, Ziff. 3 (S. 10).

[98] Vgl. auch *Bergt*, ITRB 2012, 45 (46); *Vander*, K&R 2010, 292 (295); *Heidrich/Wegener*, MMR 2010, 803 (806); *Plath* in: Plath (Hrsg.), BDSG, § 11 Rn. 55: „im Falle des Cloud Computing auch praxisfern"; *BITKOM*, Cloud Computing – Evolution in der Technik, Revolution im Business, S. 52, http://www.bitkom.org/files/documents/BITKOM-Leitfaden-CloudComputing_Web.pdf.

[99] *Arbeitskreise Technik und Medien der Konferenz der Datenschutzbeauftragten des Bundes und der Länder*, Orientierungshilfe – Cloud Computing, Version 2.0 v. 9.10.2014, Ziff. 3 (S. 10).

[100] *Niemann/Hennrich*, CR 2010, 686 (691).

[101] Vgl. *Artikel-29-Datenschutzgruppe*, Stellungnahme 05/2012 zum Cloud Computing, v. 1.7.2012 (010307/12/DE – WP 196), Ziff. 4.2 (S. 27); *Selzer*, DuD 2013, 215 f.

[102] *Arbeitskreise Technik und Medien der Konferenz der Datenschutzbeauftragten des Bundes und der Länder*, Orientierungshilfe – Cloud Computing, Version 2.0 v. 9.10.2014, Ziff. 3 (S. 10 f.); *Bergt*, ITRB 2012, 45 (46); *Vander*, K&R 2010, 292 (295); *Selzer*, DuD 2013, 215 (217).

[103] Zu Funktionsweise und Aussagekraft vgl. *Giebichenstein/Weiss*, DuD 2011, 338 ff.

[104] *Arbeitskreise Technik und Medien der Konferenz der Datenschutzbeauftragten des Bundes und der Länder*, Orientierungshilfe – Cloud Computing, Version 2.0 v. 9.10.2014, Ziff. 3 (S. 10).

[105] *Arbeitskreise Technik und Medien der Konferenz der Datenschutzbeauftragten des Bundes und der Länder*, Orientierungshilfe – Cloud Computing, Version 2.0 v. 9.10.2014, Ziff. 3 (S. 10 f.); zB *Bundesamt für Sicherheit in der Informationstechnik*, Sicherheitsempfehlungen für Cloud Computing Anbieter, https://www.bsi.bund.de/SharedDocs/Downloads/DE/BSI/Mindestanforderungen/Eckpunktepapier-Sicherheitsempfehlungen-Cloud Computing-Anbieter.pdf?__blob=publicationFile; vgl. dazu *Hennrich*, CR 2011, 546 (551 f.); *Paulus*, DuD 2011, 317 (318); *Selzer*, DuD 2013, 215 (217 f.); deutlich für diese Methode: *Bergt*, ITRB 2012, 45 (46), mwN; *Vander*, K&R 2010, 292 (295); *Niemann/Hennrich*, CR 2010, 686 (691); *Heidrich/Wegener*, MMR 2010, 803 (806).

[106] *Pohle/Ammann*, K&R 2009, 625 (630); krit.: *International Working Group on Data Protection in Telecommunications*, Working Paper on Cloud Computing – Privacy and data protection issues – „Sopot Memorandum" v. 24.4.2012, http://www.datenschutz-berlin.de/attachments/873/Sopot_Memorandum_Cloud_Computing.pdf?1335513083; *Schröder/Haag*, ZD 2012, 362 (367); ausführlich zur Testatlösung des „Trusted Cloud"-Programms: *Selzer*, DuD 2013, 215 (218 f.).

seinen Kunden zugänglich.[107] Die europäischen Aufsichtsbehörden haben ein solches Vorgehen ausdrücklich für ausreichend erklärt.[108]

74 Nach Ansicht der Aufsichtsbehörden ist es aber trotzdem bedenklich, wenn man sich, gerade im Hinblick auf behördliche Untersuchungen, ein eigenes Kontrollrecht vor Ort nicht wenigstens als ultima ratio vorbehält.[109]

IV. Technische und organisatorische Maßnahmen

1. Das grundsätzliche Vorgehen

75 Für technisch-organisatorische Maßnahmen sind nun insbesondere Art. 25 DS-GVO (Datenschutz durch Technikgestaltung und datenschutzfreundliche Voreinstellungen) sowie Art. 32 DS-GVO (Sicherheit der Verarbeitung) zu beachten. Dabei wird nun eine Ermittlung des „Risikos" und die Vornahme adäquater Maßnahmen gefordert (vgl. zur Systematik ausführlich → Rn. 77 ff). Bis auf wenige Ausnahmen (Pseudonymisierung bzw. Verschlüsselung) enthält der Gesetzestext selbst keine konkreten Maßnahmen.

76 Nach der Orientierungshilfe[110] müssen im Falle des Cloud Computings bei der Festlegung der technisch-organisatorischen Maßnahmen die Schutzziele der Verfügbarkeit, Vertraulichkeit, Integrität, Revisionssicherheit und Transparenz beachtet werden (vgl. hierzu → Teil 6.6 Rn. 316 ff.).

2. Die Risiko-Analyse für das Cloud Computing

a) Allgemeine IT-Risiken

77 Für Cloud-Computing-Systeme bestehen grundsätzlich dieselben Risiken, die sich bei klassischen IT-Systemen ergeben.[111] Hervorzuheben sind etwa Angriffe über Sicherheitslücken, eine nicht hinreichende Trennung der Daten verschiedener Kunden, Mängel bei der Verfügbarkeit von Daten,[112] fehlende Interoperabilität und damit die Abhängigkeit von einem einzelnen Anbieter (sog. Vendor Lock-In), intransparente Verarbeitungsketten.[113]

b) Allgemeine Cloudspezifische Risiken

78 Beim Cloud Computing können, ua durch Virtualisierung, Computer- und sonstige Ressourcen an verschiedenen Orten und von verschiedenen Anbietern und Subunternehmern genutzt werden, wodurch Kunden die Transparenz verlieren können.[114] Ein sich daraus

---

[107] *Vander*, K&R 2010, 292 (296).
[108] *Artikel-29-Datenschutzgruppe*, Stellungnahme 05/2012 zum Cloud Computing, v. 1.7.2012 (010307/12/DE – WP 196), Ziff. 4.2 (S. 27); *International Working Group on Data Protection in Telecommunications*, Working Paper on Cloud Computing – Privacy and data protection issues – „Sopot Memorandum" v. 24.4.2012, Rn. 15, 27, 44; dies begrüßend: *Schröder/Haag*, ZD 2011, 147 (149).
[109] *International Working Group on Data Protection in Telecommunications*, Working Paper on Cloud Computing – Privacy and data protection issues – „Sopot Memorandum" v. 24.4.2012, Rn. 14.
[110] „Orientierungshilfe – Cloud Computing" der *Arbeitskreise Technik und Medien der Konferenz der Datenschutzbeauftragten des Bundes und der Länder*, Version 2.0, Stand 9.10.2014, Ziff. 4.1.1 (S. 23 f.).
[111] „Orientierungshilfe – Cloud Computing" der *Arbeitskreise Technik und Medien der Konferenz der Datenschutzbeauftragten des Bundes und der Länder*, Version 2.0, Stand 9.10.2014, Ziff. 4.1.2 (S. 25 f.).
[112] *Art.-29-Datenschutzgruppe*, Stellungnahme 05/2012 zum Cloud Computing v. 1.7.2012 (01037/12/DE – WP 196), Ziff. 2 (S. 6).
[113] Working Paper on Cloud Computing – Privacy and Data Protection Issues – „Sopot Memorandum" – vom 24.4.2012 der *internationalen Arbeitsgruppe zum Datenschutz in der Telekommunikation*, Einleitung.
[114] „Orientierungshilfe – Cloud Computing" der *Arbeitskreise Technik und Medien der Konferenz der Datenschutzbeauftragten des Bundes und der Länder*, Version 2.0, Stand 9.10.2014, Ziff. 4.1.3 (S. 28 f.); *Hedrich/Wegner*, MMR 2010, 803; *Schröder/Haag*, ZD 2011, 147.

A. Datenschutz beim Cloud Computing

ergebendes Anschlussrisiko ist die fehlende Überprüfbarkeit bzw. Auditierbarkeit der jeweiligen eingeschalteten Subunternehmer.[115]

Durch die erforderlichen breitbandigen Internet-Anbindungen können in kürzester Zeit große Datenmengen an andere Standorte verschoben werden,[116] weshalb automatisierte Protokolle über die Speicherung und Verarbeitungsschritte empfohlen werden.[117] 79

Der Cloud Computing Kunde verliert die ausschließliche Kontrolle über Daten und die Fähigkeit, die technisch-organisatorischen Maßnahmen zu implementieren.[118] 80

Wegen der mangelnden Überprüfbarkeit des Löschens von Daten[119] werden automatisiert angefertigte Protokolle zur Nachvollziehbarkeit von Kopier- und Löschvorgängen empfohlen,[120] ggfs. verbunden mit Vertragsstrafen bei Verstößen.[121] 81

Der Gefahr der übereilten, nicht vorab geprüften Einführung von Cloud Diensten[122] stehen nunmehr allerdings die Pflicht zur vorherigen Prüfung nach Art. 25 DS-GVO beim Privacy by Design und nach Art. 35, 36 DS-GVO der Datenschutzfolgenabschätzung entgegen. 82

c) Spezifische Risiken bei IaaS-Diensten

Bei IaaS-Diensten werden essentielle, meist virtualisierte IT-Ressourcen bereitgestellt,[123] etwa Speicherressourcen, Rechenleistung und Kommunikationsverbindungen. Bei IaaS-Diensten sind etwa folgende Bereiche zu regeln: (1) Schutz der Gebäude und Räume, in denen die zu betrachtenden IT-Komponenten aufgestellt sind, (2) die Absicherung der IT-Systeme, auf denen die Prozesse und Berechnungen des Cloud-Kunden ausgeführt werden, (3) die Kommunikationsverbindungen zwischen Cloud-Anbieter und Cloud-Kunde, sowie (4) solche Maßnahmen, die die Absicherung des Hypervisors bezwecken. 83

d) Spezifische Risiken bei PaaS-Diensten

Soweit ein Anbieter bei PaaS-Diensten Infrastrukturen zur Entwicklung von Cloud-Anwendungen anbietet, in der die Kunden die Anwendungen selbst entwickeln, haben diese direkten Einfluss auf die Anwendungen und sind dafür weitgehend selbst verantwortlich. Der Cloud-Anbieter kann nur sehr schwer eine Umgebung herstellen, die optimale Sicherheitsbedingungen für sämtliche Nutzungsarten gewährleistet.[124] Wiederum ist darauf zu achten, dass sämtliche Protokolle der Verarbeitung personenbezogener Daten, ein- 84

---

[115] *Artikel-29-Datenschutzgruppe*, Stellungnahme 05/2012 zum Cloud Computing v. 1.7.2012 (01037/12/DE – WP 196), Ziff. 4.2 (S. 27); Working Paper on Cloud Computing – Privacy and Data Protection Issues – „Sopot Memorandum" – vom 24.4.2012 der *internationalen Arbeitsgruppe zum Datenschutz in der Telekommunikation*, Rn. 15, 27, 44.

[116] „Orientierungshilfe – Cloud Computing" der *Arbeitskreise Technik und Medien der Konferenz der Datenschutzbeauftragten des Bundes und der Länder*, Version 2.0, Stand 9.10.2014, Ziff. 4.1.3 (S. 28).

[117] Working Paper on Cloud Computing – Privacy and Data Protection Issues – „Sopot Memorandum" – vom 24.4.2012 der *internationalen Arbeitsgruppe zum Datenschutz in der Telekommunikation*, Rn. 15, 27, 44. Das Working Paper ist zB abrufbar unter http://www.datenschutz-berlin.de/attachments/873/Sopot_Memorandum_Cloud_Computing.pdf (zuletzt abgerufen am 10.7.2013).

[118] *Artikel-29-Datenschutzgruppe*, Stellungnahme 05/2012 zum Cloud Computing v. 1.7.2012 (01037/12/DE – WP 196), Ziff. 4.2 (S. 27); Working Paper on Cloud Computing – Privacy and Data Protection Issues – „Sopot Memorandum" – vom 24.4.2012 der *internationalen Arbeitsgruppe zum Datenschutz in der Telekommunikation*, Rn. 15, 27, 44.

[119] „Orientierungshilfe – Cloud Computing" der *Arbeitskreise Technik und Medien der Konferenz der Datenschutzbeauftragten des Bundes und der Länder*, Version 2.0, Stand 9.10.2014, Ziff. 4.1.3 (S. 28).

[120] Working Paper on Cloud Computing – Privacy and Data Protection Issues – „Sopot Memorandum" – vom 24.4.2012 der *internationalen Arbeitsgruppe zum Datenschutz in der Telekommunikation*, Rn. 15, 27, 44.

[121] *Artikel-29-Datenschutzgruppe*, Stellungnahme 05/2012 zum Cloud Computing v. 1.7.2012 (01037/12/DE – WP 196), Ziff. 3.4.1.2 (S. 14).

[122] „Orientierungshilfe – Cloud Computing" der *Arbeitskreise Technik und Medien der Konferenz der Datenschutzbeauftragten des Bundes und der Länder*, Version 2.0, Stand 9.10.2014, Ziff. 4.1.3 (S. 27 ff.).

[123] „Orientierungshilfe – Cloud Computing" der *Arbeitskreise Technik und Medien der Konferenz der Datenschutzbeauftragten des Bundes und der Länder*, Version 2.0, Stand 9.10.2014, Ziff. 4.2.1 (S. 30).

[124] *Schröder/Haag*, ZD 2011, 147 (152).

schließlich des Lesens und des Löschens, sowie ihrer Verlagerung von einem System auf ein anderes (sog. location audit trails), jederzeit und transparent für den Cloud-Kunden vorgehalten werden und einsehbar sind.[125]

e) Spezifische Risiken bei SaaS-Diensten

85 Über die Anforderungen an technisch-organisatorische Maßnahmen bzgl. Infrastruktur und Plattformen hinaus trägt der Kunde die Verantwortung dafür, dass die von ihm über die Cloud bezogene Anwendung zur Datenverarbeitung den gesetzlich normierten Anforderungen entspricht. Im Rahmen der erforderlichen Auswahl nach Art. 25 DS-GVO muss der Kunde vom Anbieter Transparenz verlangen.[126] Empfohlen wird die Festlegung entsprechend umfassender und anspruchsvoller Service Level Agreements.[127]

3. Mögliche Maßnahmen

86 Abgesehen von den allgemein empfohlenen Maßnahmen (vgl. hierzu ausführlich → Teil 6.6 Rn. 316 ff.), nennt Art. 32 Abs. 1 lit. a DS-GVO die Verschlüsselung ausdrücklich als eine mögliche technisch-organisatorische Maßnahme.[128] Eine Verschlüsselung kann beim Cloud Computing eine wichtige Rolle spielen, wobei immer im Einzelfall zu prüfen ist, ob eine Verschlüsselung in Betracht kommt und ob ersatzweise bzw. zusätzlich sonstige technisch-organisatorische Maßnahmen zu treffen sind.[129] Die Reichweite und Sinnhaftigkeit einer Verschlüsselung beim Cloud Computing hängt außerdem vom konkreten Cloud-Dienst ab. Etwa bei der Speicherung von Daten in der Cloud im Rahmen eines IaaS Angebots ist eine Verschlüsselung der gespeicherten Daten durch den Verantwortlichen vielfach technisch ohne weiteres möglich.[130] Die Aufsichtsbehörden empfehlen für die Speicherung außerhalb einer Verarbeitung sowie für die Übertragung eine Verschlüsselung. Schwieriger einzuschätzen ist es aber bei kompletten Verarbeitungsprozessen (zB SaaS): Hier wird man im Einzelfall genau überlegen müssen, für welche Schritte eine Verschlüsselung überhaupt in Betracht kommt.

87 Bestimmte Verschlüsselungsverfahren (zB symmetrisch vs. asymmetrisch) werden nicht gefordert, einzusetzen sind aktuelle, einen hohen Sicherheitsstandard liefernde Verfahren, die marktgängig und praxisbewährt sind, sowie – bezogen auf die jeweiligen Datenverarbeitungsvorgänge – wirtschaftlich betrieben werden können.[131] Sinnvolle Hinweise auf sichere Verfahren veröffentlicht das Bundesamt für Sicherheit in der Informationstechnik (BSI), insbesondere zum Cloud Computing.[132]

4. Sonstige Maßgaben für das Cloud Computing

88 Das Bundesamt für Sicherheit in der Informationstechnik (BSI) hat 2011 ein Eckpunktpapier zu Sicherheitsempfehlungen für Cloud Computing Anbieter veröffentlicht, mit dem es eine Grundlage für die Diskussion zwischen Cloud-Computing Anbietern und Cloud-Abnehmern bieten möchte. Weitergehend soll das Papier Empfehlungen für Behörden und Unternehmen zur Absicherung von Cloud-Services aussprechen, um Standards zu

---

[125] Working Paper on Cloud Computing – Privacy and Data Protection Issues – „Sopot Memorandum" – vom 24.4.2012 der *internationalen Arbeitsgruppe zum Datenschutz in der Telekommunikation*, Handlungsempfehlungen Ziffer 4 und 5.
[126] „Orientierungshilfe – Cloud Computing" der *Arbeitskreise Technik und Medien der Konferenz der Datenschutzbeauftragten des Bundes und der Länder*, Version 2.0, Stand 9.10.2014, Ziff. 4.2.1 (S. 32).
[127] Vgl. auch *Schröder/Haag*, ZD 2011, 147 (152).
[128] BeckOK DatenschutzR/*Paulus* DSGVO, Art. 32 Rn. 5.
[129] *Mantz* in Sydow/DSGVO, Art. 32 Rn. 11.
[130] *Birk/Wegener*, DuD 2010, 641 (643); *Stiemerling/Hartung*, CR 2012, 60 (66).
[131] *Kühling/Buchner/Jandt*, DSGVO, Art. 32 Rn. 10.
[132] *BSI*, Sicherheitsempfehlungen für Anbieter, S. 36 f.; vgl. auch *Hennrich*, Compliance in Clouds, CR 2011, 546 (549 ff.).

schaffen, auf deren Basis die Sicherheit von Cloud Computing Plattformen überprüft werden kann.

Die European Network and Information Security Agency (ENISA) hat sich 2009 in Form eines Berichts dem Cloud Computing gewidmet und ihre Einschätzungen zu den Risiken des Cloud Computing sowie Handlungsempfehlungen für Cloud-Anbieter und Cloud-Abnehmer veröffentlicht.[133]

Die in dem Bericht der ENISA ausgesprochenen Handlungsempfehlungen und dort enthaltene Checklisten sind, sowohl inhaltlich, als auch in der Strukturierung weitestgehend ähnlich mit denjenigen anderer Institutionen, wie zB des BSI. Dies liegt nicht zuletzt daran, dass ENISA sich bei der Strukturierung und den empfohlenen Vorgehensmodellen auf dieselben Modelle, ISO-Normen und Standards, wie zB ITIL, COBIT, ISO 27001/2 und BS 25999 stützt.

V. Grenzüberschreitender Datenverkehr

1. Grundsätzliche Anforderungen beim Cloud Computing

Beim Cloud Computing ermöglichen die Zugriffsmöglichkeit über das Internet sowie die Virtualisierung, die Datenverarbeitung auf verschiedene Standorte aufzuteilen, wobei für das technische Angebot grundsätzlich unerheblich ist, wo diese Standorte sind, die sich rasch ändern können.[134] Eine grenzüberschreitende Datenverarbeitung ist daher eher die Regel als die Ausnahme.[135]

Dabei kommt es nicht nur auf den Speicherort an, regelmäßig das Rechenzentrum des Anbieters. Nach Art. 4 Nr. 2 DS-GVO liegt eine Offenlegung nicht nur bei einer Übermittlung vor, sondern auch bei jeder anderen Form der Bereitstellung der Daten, insbesondere, wenn Mitarbeiter des Anbieters oder seiner Subunternehmer die Möglichkeit eines Zugriffs auf die Daten haben, etwa bei einem Support oder Systembetreuung nach dem „Follow the Sun"-Prinzip.

Cloud Computing im Geltungsbereich der DS-GVO ist unter denselben Voraussetzungen zulässig wie in Deutschland, weil ein einheitliches Datenschutzniveau geschaffen wurde.[136] Die Aufsichtsbehörden empfehlen aber auch in dieser Konstellation die Vereinbarung einer Pflicht des Anbieters, die Standorte der Datenverarbeitung zu offenbaren[137] und (ohne entsprechende Zustimmung des Kunden) nur technische Infrastruktur zu verwenden, die im Gebiet des EU/EWR belegen ist (europäische „Availability Zone").[138]

Beim Cloud Computing außerhalb des Geltungsbereichs des EWR muss zusätzlich zur Zulässigkeit nach der DS-GVO (anhand der in Rn. 129 ff. beschriebenen Erlaubnistatbestände)[139], auf der zweiten Stufe einer der Fälle nach Art. 44 ff. DS-GVO zur Sicherstellung eines angemessenen Datenschutzniveaus im Drittland vorliegen (vgl. hierzu ausführ-

---

[133] Vgl. Bericht der *ENISA*, „Cloud Computing – Benefits, risks and recommendations for information security", zu finden unter: http://www.enisa.europa.eu/activities/risk-management/files/deliverables/cloud-computing-risk-assessment, Stand 9.6.2013.
[134] *Artikel-29-Datenschutzgruppe*, Stellungnahme 05/2012 zum Cloud Computing, v. 1.7.2012 (010307/12/DE – WP 196), Ziff. 3.5 (S. 21).
[135] *International Working Group on Data Protection in Telecommunications*, Working Paper on Cloud Computing – Privacy and data protection issues – „Sopot Memorandum" v. 24.4.2012, Rn. 34, 38.
[136] *Kühling/Buchner/Buchner*, DSGVO Art. 1 Rn. 19.
[137] *Arbeitskreise Technik und Medien der Konferenz der Datenschutzbeauftragten des Bundes und der Länder*, Orientierungshilfe – Cloud Computing, Version 2.0 v. 9.10.2014, Ziff. 3.1.1 (S. 14).
[138] *Arbeitskreise Technik und Medien der Konferenz der Datenschutzbeauftragten des Bundes und der Länder*, Orientierungshilfe – Cloud Computing, Version 2.0 v. 9.10.2014, Ziff. 3.1.1 (S. 14); *Marnau/Schlehahn*, DuD 2011, 311 (316); *Barnitzke*, MMR 2011 Nr. 9, S. VI; *Becker/Nikolaeva*, CR 2012, 170; *Niemann/Hennrich*, CR 2010, 686 (687).
[139] Beachte: bei einer Rechtfertigung nach §§ 28 ff. BDSG ist das Interesse an der Kostenersparnis bzw. an der Vereinfachung von Geschäftsprozessen nicht ausreichend, *Bosesky/Hoffmann/Schulz*, DuD 2013, 95 (100).

lich → Teil 6.6 Rn. 295 ff.).[140] Beim Cloud Computing gibt es hier teilweise Besonderheiten.

2. Verbindliche Unternehmensregelungen

95 Ein angemessenes Datenschutzniveau durch genehmigungspflichtige Binding Corporate Rules („BCR")[141] nach Art. 47 DS-GVO ist nur innerhalb von Unternehmensgruppen einsetzbar.[142] Gehören Anbieter und Abnehmer eines Cloud Computing Angebots zu derselben Unternehmensgruppe (zB bei einer Private Cloud, die durch eine konzerninterne IT-Gesellschaft angeboten wird), so erkennen die deutschen Aufsichtsbehörden BCR als mögliche Lösung an.[143] Zunächst waren BCR nur für Verantwortliche verfügbar. Die Artikel-29-Datenschutzgruppe hatte in ihren Arbeitspapieren 195 und 204 Kriterien für BCR für Auftragsverarbeiter beschlossen.[144] Dies kann für Cloud Anbieter zumindest für die Frage einer Weiterübermittlung der Daten des Kunden eine erfolgversprechende Gestaltungsmöglichkeit darstellen.

3. Ausnahmetatbestände

96 Zusätzliche Maßnahmen zur Herstellung eines ausreichenden Datenschutzniveaus beim Empfänger sind dann entbehrlich, wenn eine der gesetzlichen Ausnahmen nach Art. 49 Abs. 1 DS-GVO vorliegt (vgl. hierzu ausführlich Teil 6.6 Rn. 301 ff.). Dabei kommen in erster Linie die Fälle der Art. 49 Abs. 1 S. 1 lit. a und b DS-GVO in Betracht, dh wenn der Betroffene seine Einwilligung erteilt hat oder die Übermittlung für die Erfüllung eines Vertrages zwischen dem Betroffenen und dem Verantwortlichen erforderlich ist. Es sei aber wiederum auf die begrenzte Reichweite und die in der Praxis beschränkte Einsetzbarkeit der Einwilligungserklärung (vgl. zuvor → Rn. 33 ff.) hingewiesen. Die anderen gesetzlichen Erlaubnistatbestände (Notwendigkeit für die Wahrung öffentlichen Interesses, lebenswichtige Interessen der Betroffenen oder Geltendmachung von Rechtsansprüchen) treffen im Normalfall nicht auf die Wahrnehmung von Cloud Angeboten durch einen Verantwortlichen zu. Außerdem vertreten die europäischen Aufsichtsbehörden die Ansicht, dass sich die gesetzlichen Ausnahmetatbestände nicht für sich stetig wiederholende, massive und strukturelle Datenübermittlungen eignen, wie sie bei einer dauerhaften Nutzung von Cloud Computing gegeben wären.[145]

---

[140] *Arbeitskreise Technik und Medien der Konferenz der Datenschutzbeauftragten des Bundes und der Länder*, Orientierungshilfe – Cloud Computing, Version 2.0 v. 9.10.2014, S. 5 sowie Ziff. 3.1.2 (S. 14); *Artikel-29-Datenschutzgruppe*, Stellungnahme 05/2012 zum Cloud Computing v. 1.7.2012 (01037/12/DE – WP 196), Ziff. 4.1 (S. 26); *Weichert*, Cloud Computing & Data Privacy, Abschnitt 11, https://www.datenschutzzentrum.de/cloud-computing/20100617-cloud-computing-and-data-privacy.pdf; *Opfermann*, Datenschutzkonforme Vertragsgestaltung im Cloud Computing, S. 141 ff.
[141] Ausführlich zu Binding Corporate Rules: *Grapentin*, CR 2009, 693.
[142] *Grapentin*, CR 2009, 693, auch mit Hinweisen auf die Diskussion über die Möglichkeit eines Beitritts eines externen Vertragspartners zu den BCR.
[143] *Arbeitskreise Technik und Medien der Konferenz der Datenschutzbeauftragten des Bundes und der Länder*, Orientierungshilfe – Cloud Computing, Version 2.0 v. 9.10.2014, Ziff. 3.1.2 (S. 18).
[144] *Artikel-29-Datenschutzgruppe*, Arbeitsdokument 02/2012 mit einer Übersicht über die Bestandteile und Grundsätze verbindlicher Unternehmensinterna, Datenschutzregelungen (BCR für Auftragsverarbeiter) v. 6.6.2012 (00930/12/DE – WP195) sowie Explanatory Document on the Processor Binding Corporate Rules v. 19.4.2013 (00658/13/EN – WP 204). Vgl. auch *Artikel-29-Datenschutzgruppe*, Stellungnahme 05/2012 zum Cloud Computing, v. 1.7.2012 (010307/12/DE – WP 196), Ziff. 3.5.4 (S. 23 f.).
[145] *Artikel-29-Datenschutzgruppe*, Stellungnahme 05/2012 zum Cloud Computing, v. 1.7.2012 (010307/12/DE – WP 196), Ziff. 3.5.2 (S. 22 f.).

4. Verwendung des EU-US Privacy Shield

US-Amerikanische Anbieter und Subunternehmer konnten sich grundsätzlich auf das Privacy Shield Abkommen zwischen der EU und den USA stützen. In den Stellungnahmen der deutschen und europäischen Datenschutzbehörden zum Cloud Computing findet sich noch sehr viel Kritik zum seinerzeit noch geltenden EU-US Safe Harbor Abkommen, die nach dem jüngsten Urteil des EuGH über die Nichtigkeit des Privacy Shield wieder aufleben durfte.[146] Die Anforderungen der deutschen Aufsichtsbehörden an die Kontrollpflicht des Verantwortlichen[147] oder der europäischen Aufsichtsbehörden an die Nachweispflicht[148] sind außerdem relevant.

97

5. Besonderheiten bei Verwendung des EU Standardvertrags für Auftragsverarbeiter

Für die Praxis beim Cloud Computing bedeutsam bleiben auch nach dem Urteil des EuGH (Schrems) die Standardvertragsklauseln für die Übermittlung personenbezogener Daten an Auftragsverarbeiter in Drittländern nach der Richtlinie 95/46/EG vom 5.2.2010 (vgl. hierzu ausführlich → Teil 6.6 Rn. 310 ff.).[149]

98

Die Grundkonstellation eines Kunden in der EU und eines Cloud-Anbieters in einem Drittland ist dabei unstreitig: Der Kunde ist als Verantwortlicher Datenexporteur, der Anbieter hingegen Datenimporteur, sofern er in einem Drittstaat ansässig ist.[150] Schwierig zu beurteilen sind Konstellationen, in denen mehrere Anbieter bzw. Subunternehmer existieren und diese teilweise im EWR und teilweise in einem Drittland ansässig sind. Der EU-Standardvertrag vom 5.2.2010 ist anwendbar, wenn sowohl der Anbieter als auch sein Subunternehmer im Drittland sitzen.[151]

99

Für Fallgruppen, die nicht unmittelbar von diesem EU-Standardvertrag abgedeckt sind, hat die Artikel-29-Datenschutzgruppe eine weitere Stellungnahme erlassen.[152] Die

100

---

[146] *Arbeitskreise Technik und Medien der Konferenz der Datenschutzbeauftragten des Bundes und der Länder,* Orientierungshilfe – Cloud Computing, Version 2.0 v. 0.10.2014, Ziff. 3.1.2 (S. 17f.); *Artikel-29-Datenschutzgruppe,* Stellungnahme 05/2012 zum Cloud Computing, v. 1.7.2012 (010307/12/DE – WP 196), Ziff. 3.5.1 (S. 17); *Weichert,* Cloud Computing & Data Privacy, Abschnitt 11, https://www.datenschutzzentrum.de/cloud-computing/20100617-cloud-computing-and-data-privacy.pdf; *Leupold/Glossner,* IT-Recht, 3. Aufl. 2013, Teil 5 Rn. 354; *Thalhofer,* CCZ 2011, 222 (224).

[147] *Arbeitskreise Technik und Medien der Konferenz der Datenschutzbeauftragten des Bundes und der Länder,* Orientierungshilfe – Cloud Computing, Version 2.0 v. 9.10.2014, Ziff. 3.1.2 (S. 18); Beschluss *Düsseldorfer Kreis* v. 28./29.4.2010. So auch die Empfehlung nach europäischem Recht: *Artikel-29-Datenschutzgruppe,* Stellungnahme 05/2012 zum Cloud Computing, v. 1.7.2012 (010307/12/DE – WP 196), Ziff. 3.5.1 (S. 21f.); *Marnau/Schlehahn,* DuD 2011, 311 (314f.); *BITKOM,* Cloud Computing – Was Entscheider wissen müssen, S. 64, http://www.cloud-practice.de/know-how/cloud-computing-was-entscheider-wissen-muessen; EuGH Urt. v. 16.7.2020 – C-311/18 – Schrems II.

[148] *Artikel-29-Datenschutzgruppe,* Stellungnahme 05/2012 zum Cloud Computing, v. 1.7.2012 (010307/12/DE – WP 196), Ziff. 3.5.1 (S. 21f.).

[149] Siehe hierzu die Entscheidungen der EU-Kommission: http://ec.europa.eu/justice/policies/privacy/thridcountries/index_en.htm. Zur Auslegung und Umsetzung dieser Entscheidung siehe die FAQs in WP 176 der *Artikel-29-Gruppe*: http://ec.europa.eu/justice/policies/privacy/workinggroup/wpdocs/2010_en.htm.

[150] *Arbeitskreise Technik und Medien der Konferenz der Datenschutzbeauftragten des Bundes und der Länder,* Orientierungshilfe – Cloud Computing, Version 2.0 v. 9.10.2014, Ziff. 3.1.2 (S. 14).

[151] *Arbeitskreise Technik und Medien der Konferenz der Datenschutzbeauftragten des Bundes und der Länder,* Orientierungshilfe – Cloud Computing, Version 2.0 v. 9.10.2014, Ziff. 3.1.2 (S. 14): „Gibt der im Drittland ansässige Cloud-Anbieter Daten an einen Unter-Anbieter, der ebenfalls seinen Sitz im außereuropäischen Raum hat, so wird Ersterer als Übermittler mitverantwortlich für die Rechtmäßigkeit der Datenübermittlung und -verarbeitung. Gleichwohl verbleibt eine Verantwortlichkeit des Cloud-Anwenders. Der Cloud-Anwender bleibt in jedem Fall haftungsrechtlich für sämtliche Schäden verantwortlich, die der Cloud-Anbieter oder Unter-Anbieter den Betroffenen zufügen."

[152] *Artikel-29-Datenschutzgruppe,* Häufig gestellte Fragen zu bestimmten Aspekten im Zusammenhang mit dem Inkrafttreten des Beschlusses 2010/87/EU der Kommission vom 5.2.2010 über Standardvertragsklauseln für die Übermittlung personenbezogener Daten an Auftragsverarbeiter in Drittländern nach der Richtlinie 95/46/EG v. 12.7.2010 (00070/2010/DE – WP 176).

EU-Standardklauseln sollen nicht unmittelbar anwendbar sein, wenn der Anbieter selbst im EWR sitzt und nur einer oder mehrere seiner Subunternehmer in einem Drittland sitzen.¹⁵³ Daher könne man nicht für beide Übermittlungsschritte (Haupt-Auftragsverarbeitung in der EU und Unter-Auftragsverarbeitung in einem Drittland) denselben Vertrag verwenden (insbesondere weil die Bezeichnung als Datenimporteur und Datenexporteur für eine innerhalb Europas stattfindende Auftragsverarbeitung nicht korrekt ist). Dies führt zu dem unbefriedigenden Ergebnis, dass vom Abnehmer sowohl ein Vertrag über eine Auftragsverarbeitung nach § 11 BDSG mit dem im EWR sitzenden Anbieter, als auch ein EU-Standardvertrag mit den im Drittland sitzenden Subunternehmern abgeschlossen werden müsste. Diese Anforderungen werden derzeit von den Cloud-Anbietern nur teilweise umgesetzt. Etwa bei den Office-365-Angeboten von Microsoft ist dieser Mechanismus in den Standardbedingungen vorgesehen.

101 Umstritten ist außerdem, ob zusätzlich zum EU-Standardvertrag weitere Vereinbarungen nach § 11 Abs. 2 BDSG notwendig sind, um die Anforderungen der ersten Prüfungsstufe zu erfüllen. Der EU-Standardvertrag muss unverändert übernommen werden (weil sonst eine Genehmigung der Aufsichtsbehörden notwendig ist), aber ergänzende, dem Datenschutz dienende zusätzliche Vereinbarungen sind zulässig.¹⁵⁴ Die deutschen Aufsichtsbehörden vertraten die Ansicht, dass in den Standardvertragsklauseln nicht alle nach § 11 Abs. 2 BDSG aF notwendigen Regelungen abgebildet sind und daher zumindest ergänzende Regelungen notwendig sind.¹⁵⁵ Da Art. 28 DS-GVO dieselben Anforderungen stellt, ist davon auszugehen, dass dieser Kritikpunkt weiterhin aufrechterhalten wird. Nach einer vom Datenschutzbeauftragten des Landes Hessen veröffentlichten Synopse¹⁵⁶ sollte zusätzlich eine ausdrückliche Regelung über Berichtigung, Löschung und Sperrung von Daten, den Umfang der Weisungsbefugnisse, die sich der Auftraggeber vorbehält, eine Präzisierung der Rückgabe- und Löschungsverpflichtungen und schließlich die Regelung von konkreten Unteraufträgen, sofern diese von vornherein beabsichtigt sind, vereinbart werden.

6. Besondere Arten personenbezogener Daten

102 Die deutschen Aufsichtsbehörden hatten in der Orientierungshilfe ein Problem nach altem Recht, das sich auf der ersten Stufe der Zulässigkeitsprüfung einer Datenübermittlung ins Drittland ergeben sollte.¹⁵⁷ Es war umstritten, ob die Fiktion nach § 3 Abs. 8 BDSG aF, dass der Auftragsverarbeiter kein Dritter im Sinne des Datenschutzrechts ist, für einen Auftragnehmer in einem Drittland galt.¹⁵⁸ Diese Fiktion sollte nur für im Geltungsbereich der

---

¹⁵³ Der Anwendungsbereich der Regelungen der neuen EU-Standardvertragsklauseln vom 5.2.2010 erfasst den Fall, dass sich ein in der EU ansässiger Auftragnehmer eines Unterauftragnehmers in einem Drittland bedient, nicht unmittelbar. Die EU-Kommission hat es den Mitgliedstaaten aber freigestellt, die Untervergabe eines Auftrags in einem solchen Fall unter den gleichen Voraussetzungen zuzulassen. Von den deutschen Aufsichtsbehörden wurde diesbezüglich der Abschluss eines eigenen Standardvertrages zwischen Auftraggeber, vertreten durch den Auftragnehmer, und Unterauftragnehmer verlangt. Der Abschluss eines Vertrages allein zwischen Auftragnehmer und Unterauftragnehmer wurde dagegen nicht als ausreichend angesehen.
¹⁵⁴ *Artikel-29-Datenschutzgruppe*, Stellungnahme 05/2012 zum Cloud Computing, v. 1.7.2012 (010307/12/DE – WP 196), Ziff. 3.5.3 (S. 23).
¹⁵⁵ *Arbeitskreise Technik und Medien der Konferenz der Datenschutzbeauftragten des Bundes und der Länder*, Orientierungshilfe – Cloud Computing, Version 2.0 v. 9.10.2014, Ziff. 3.1.2 (S. 16); dazu kritisch *Schröder/Haag*, ZD 2011, 147 (150); vgl. auch *Funke/Wittmann*, ZD 2013, 221 (227).
¹⁵⁶ Abgleich der Vorgaben des neuen § 11 BDSG mit denen der neuen und alten EU-Standardvertragsklauseln/Auftragsverarbeitung, Download über: http://www.datenschutz.hessen.de/ft-Auftragsverarbeit.htm.
¹⁵⁷ Vgl. auch *Article 29 Working Party*, Stellungnahme 05/2012 zum Cloud Computing, v. 1.7.2012 (010307/12/DE – WP 196), Ziff. 4 (S. 24).
¹⁵⁸ Dagegen: *Arbeitskreise Technik und Medien der Konferenz der Datenschutzbeauftragten des Bundes und der Länder*, Orientierungshilfe – Cloud Computing, Version 2.0 v. 9.10.2014, Ziff. 3.1.2 (S. 16). Für eine analoge Anwendung: *Nielen/Thum*, Auftragsverarbeitung durch Unternehmen im Nicht-EU-Ausland, K&R 2006, 171 (174); *Rather*, Datenschutz und Outsourcing, DuD 2005, 461 ff. Zweifelnd *Giesen*, Datenverar-

EU-Richtlinie ansässige Auftragsverarbeiter gelten. Damit war die Datenweitergabe an eine Stelle im Drittland eine Übermittlung personenbezogener Daten an einen Dritten, die einer gesetzlichen Ermächtigungsgrundlage bedurfte, welche bei besonderen Arten personenbezogener Daten regelmäßig nicht ohne Einwilligung zu begründen war.[159]

Diese Problematik muss mit Inkrafttreten der DS-GVO als erledigt betrachtet werden. Denn die Definition des Auftragsverarbeiters in Art. 4 Nr. 8 DS-GVO enthält eine Einschränkung auf den Sitz im EWR nicht. Auch die Bestimmung des Art. 28 DS-GVO enthält keinerlei Bestimmungen oder zusätzliche Auflagen für die Einschaltung von Auftragsverarbeitern in Drittländern. Umgekehrt dürfte inzwischen anerkannt sein, dass die „Privilegierungswirkung" der Auftragsverarbeitung auch unter der DS-GVO weiter gelten muss. Damit wird erreicht, dass der Auftragsverarbeiter als verlängerter Arm des Verantwortlichen anzusehen ist und die Datenverarbeitung durch ihn aufgrund derselben Rechtsgrundlage erfolgen kann wie durch den Verantwortlichen selbst. Somit ist auch eine Verarbeitung besonderer Arten personenbezogener Daten, sofern den Verantwortlichen diese aufgrund einer Rechtsgrundlage gestattet ist, durch den Auftragsverarbeiter gestattet. Insofern hat sich die allein von den deutschen Aufsichtsbehörden aufgeworfene Problematik erledigt. 103

VI. Betroffenenrechte und Konsequenzen bei Verstößen

1. Betroffenenrechte

Die in Art. 12–22 DS-GVO geregelten Betroffenenrechte (vgl. hierzu ausführlich → Teil 6.6 Rn. 145 ff.) gelten auch beim Cloud Computing. Verantwortlich für die Einhaltung bleibt bei einer Auftragsverarbeitung der Kunde als Verantwortlicher, der nach Ansicht der Aufsichtsbehörden wegen des eingeschränkten Zugriffs auf die Infrastruktur des Anbieters zur Umsetzung vertragsstrafenbewehrte Weisungsrechte, auch gegenüber Subunternehmern, vereinbaren sollte.[160] In anderen Fällen, wenn der Anbieter selbst Verantwortlicher bleibt, insbesondere bei B2C-Angeboten, hat der Anbieter unmittelbar für die Beachtung der Betroffenenrechte zu sorgen. 104

a) Information/Benachrichtigung des Betroffenen

Für die Erfüllung der Informationspflichten nach Art. 13, 14 DS-GVO ist beim Cloud Computing insbesondere auf eine ausreichende Information über (Kategorien der) Empfänger und über eine Übermittlung in Drittländer zu achten. „Empfänger" umfasst nach Art. 4 Nr. 9 DS-GVO jede Person oder Stelle, die Daten erhält. Nach Ansicht der europäischen Datenschutzbehörden sollte bei Verantwortlichen als Empfänger über die konkreten Einheiten informiert werden, bei Auftragsverarbeitern kann jedoch nach Kategorien ohne Nennung der konkreten Anbieter informiert werden. Dies wurde bereits bisher als zulässig erachtet. 105

b) Auskunftsrecht, Berichtigung, Löschung und Sperrung

Beim Cloud Computing muss der Kunde, soweit er Verantwortlicher und nach Art. 15 DS-GVO zur Auskunft verpflichtet ist, sicherstellen, dass er diesem Begehren tatsächlich 106

---

beitung im Auftrag in Drittstaaten – eine misslungene Gesetzgebung, CR 2007, 543 (545). Dagegen: *Gola/Schomerus*, BDSG, 10. Aufl., § 11 Rn. 16; *Heidrich/Wegener*, Sichere Datenwolken – Cloud Computing und Datenschutz, MMR 2010, 803 (805); *Kramer/Hermann*, Auftragsverarbeitung, CR 2003, 938 ff.; *Walz*, in Simitis, BDSG, 7. Aufl., § 11 Rn. 16.

[159] *Arbeitskreise Technik und Medien der Konferenz der Datenschutzbeauftragten des Bundes und der Länder*, Orientierungshilfe – Cloud Computing, Version 2.0 v. 9.10.2014, Ziff. 3.1.2 (S. 16 f.).

[160] *Arbeitskreise Technik und Medien der Konferenz der Datenschutzbeauftragten des Bundes und der Länder*, Orientierungshilfe – Cloud Computing, Version 2.0 v. 9.10.2014, Ziff. 3 (S. 13).

nachkommen kann, wenn die dafür benötigten Daten oder sonstige Informationen (etwa über die Tätigkeit des Anbieters) nicht unter seiner direkten Kontrolle stehen.

107 Beim Cloud Computing ist insbesondere zu vereinbaren, wie ein Löschungsbegehren einzelner Betroffener nach Art. 17 DS-GVO technisch umgesetzt werden kann. Die Aufsichtsbehörden haben dazu leider keine konkrete Lösungsmöglichkeit unter Berücksichtigung der Besonderheiten des Cloud Computing aufgezeigt.[161]

c) Datenportabilität

108 Gemäß Art. 20 DS-GVO müssen personenbezogene Daten, die die betroffene Person übergeben hat in einem „strukturierten, gängigen elektronischen Format" über- bzw. weitergegeben werden. Dies ist im Rahmen der oben genannten vertraglichen Pflicht, den Umgang mit Betroffenenrechten in einer Auftragsverarbeitung zu regeln, also im Sinne des Kunden das Cloud Computing so zu gestalten, dass dieser in der Lage ist, gegenüber Cloud-Anbietern durchzusetzen, dass er seine Betroffenen entsprechend bedienen kann. Ist der Cloud-Anbieter (im B2B-Bereich) unmittelbar verantwortlich, muss er selbst seinen Kunden die Daten entsprechend übergeben können. Insoweit wird sich die besondere Relevanz und technische Herausforderung am ehesten im Bereich des SaaS stellen, wenn nämlich die spezifischen Anwendungen des Anbieters die Daten in einem eigenen Format verarbeiten und hier ggfs. eine Umwandlung erforderlich ist.

2. Behördliche Maßnahmen

109 Im Hinblick auf die umfangreichen Rechte der Aufsichtsbehörden bei der Aufklärung von Datenschutzverstößen nach Art. 58 DGSVO sollte beim Cloud Computing vereinbart werden, dass der Anbieter sich an solchen Prüfungen und Kontrollen beteiligt und aktiv daran mitwirkt bzw. eine entsprechende Duldungspflicht hat.

110 Außerdem kann die Aufsichtsbehörde nach Art. 58 Abs. 2 DS-GVO Maßnahmen zur Beseitigung festgestellter Verstöße oder technischer bzw. organisatorischer Mängel anordnen bzw. die Datenverarbeitung untersagen. Dies kann zur Beendigung der Cloud-Nutzung und Herausgabe der Daten vom Anbieter an den Kunden führen. Bei der Auftragsverarbeitung dürfte die Umsetzung entsprechender Maßnahmen vom Weisungsrecht des Auftraggebers und den Pflichten des Auftragnehmers bereits abgedeckt sein.

3. Ansprüche auf Schadensersatz

111 Im Bereich des Schadenersatzanspruches haben sich durch die DS-GVO relevante Änderungen ergeben. Zum einen ist nunmehr von Art. 82 Abs. 1 DS-GVO auch ein immaterieller Schadensersatz erfasst. Dies kann insbesondere im Falle von Datenschutzlecks relevant werden, wenn verlorengegangene Daten zu einem Reputationsschaden etc. führen. Zum zweiten besteht der Anspruch auf Schadenersatz nach Art. 82 Abs. 1 DS-GVO nicht nur gegen den Verantwortlichen, sondern auch gegen den Auftragsverarbeiter unmittelbar, während nach dem alten Recht immer von der ausschließlichen Haftung und Verantwortung des Verantwortlichen (mit vertraglichen Regressansprüchen aus dem Vertrag mit dem Auftragsverarbeiter) ausgegangen worden war. Schließlich kann es nach Art. 82 Abs. 4 DS-GVO zu einer gesamtschuldnerischen Haftung des Verantwortlichen und des Auftragsverarbeiters kommen. Bezogen auf diese Themen, sollte in einem Cloud-Vertrag geregelt werden, wie mit einer gesamtschuldnerischen Haftung umzugehen ist, wobei die Regeln des Art. 82 DS-GVO den Gesamtschuldnerausgleich entsprechend dem deutschen Zivilrecht bereits beinhalten. Zum zweiten ist in Verträgen über eine Auftragsverarbeitung häufig umstritten, ob vertraglich vereinbarte Haftungsbeschränkungen auch die Verletzung da-

---

[161] *Schröder/Haag,* ZD 2011, 147 (149).

tenschutzrechtlicher Pflichten umfassen sollen. Die europäischen Aufsichtsbehörden haben betont, dass im Falle einer Auftragsverarbeitung Schadensersatz vom Kunden als Verantwortlichem verlangt werden kann, bei einem Missbrauch von Daten aber auch der Anbieter zur verantwortlichen Stelle und unmittelbar selbst schadensersatzpflichtig werden kann.[162]

4. Geldbußen

Im Bereich der Geldbußen ist nach Art. 83 DS-GVO ebenfalls neu, dass der Auftragsverarbeiter selbst unmittelbar Gegenstand einer Geldbuße werden kann, offensichtlich eigenes Verschulden vorausgesetzt. Insofern sollten in einem Cloud-Vertrag auch die gegenseitigen Mitwirkungs- und Unterstützungspflichten geregelt werden, sowie gegenseitige Pflichten zur Schadensminderung. Dabei sollte durch die Aufsichtsbehörden eine klare Trennung der jeweiligen Verantwortlichkeiten und Pflichtverstöße von Auftragsverarbeiter einerseits und Kunden andererseits vorgenommen werden und nur entsprechend Bußgelder verhängt werden. Aber gesetzt den Fall, dass der Kunde aufgrund eines Verstoßes durch den Auftragsverarbeiter ein Bußgeld zahlen muss, stellt sich wiederum die vorgenannte Frage nach den vertraglichen Regelungen über einen Schadensersatz, insbesondere, ob eine vertragliche Haftungsbeschränkung auf eine Erstattungspflicht der vom Kunden zu leistenden Geldbußen anzuwenden ist. 112

B. Geheimnisschutz nach § 203 StGB beim Cloud Computing

Beim Cloud Computing kann auch der Geheimnisschutz nach § 203 StGB sowie verschiedenen Berufsordnungen einschlägig sein, falls die in § 203 Abs. 1 und Abs. 2 StGB genannten Gruppen von Personen bzw. Unternehmen (sog. Geheimnisträger) Cloud-Services als Kunde in Anspruch nehmen. Sofern ein Offenbaren geschützter Informationen gegenüber dem Cloud Provider droht, muss der Cloud Kunde dafür Sorge tragen, dass eine Möglichkeit zur Kenntnisnahme vermieden wird, oder diese zumindest nicht unbefugt, bzw. nicht rechtswidrig erfolgt. 113

I. Tatbestand und Problemstellung

Der Schutzbereich des § 203 StGB ist weit gefasst und unterscheidet sich von dem Schutzbereich des Datenschutzrechts. Ein Geheimnis iSd § 203 StGB ist eine nicht offenkundige Tatsache, die nur einem beschränkten Personenkreis bekannt ist[163] und an deren Geheimhaltung der betroffene Endkunde ein schutzwürdiges (also sachlich begründetes[164]) Interesse hat.[165] 114

---

[162] *Artikel-29-Datenschutzgruppe*, Stellungnahme 05/2012 zum Cloud Computing, v. 1.7.2012 (010307/12/DE – WP 196), Ziff. 3.4.2 (S. 15).
[163] BGH, NJW 1995, 2915 (2916); MüKo/*Cierniak/Niehaus*, § 203 StGB Rn. 12, 16. Dies ist auch der Fall, wenn das Geheimnis einem individualisierbaren und kontrollierbaren Personenkreis bekannt ist, nicht jedoch, wenn es so vielen Menschen bekannt ist, dass weitere Kenntnisnahmen nicht mehr wesentlich sind. Kein Geheimnis ist, was für jedermann wahrnehmbar ist, Schönke/Schröder/*Eisele*, § 203 StGB Rn. 5.
[164] *Szalai/Kopf*, ZD 2012, 462 (463).
[165] OLG Stuttgart, BeckRS 2009, 10; OLG Dresden, NJW 2007, 3509; OLG Hamm, NJW 2001, 1957 (1958); MüKo/*Cierniak/Niehaus*, § 203 StGB Rn. 21; vgl. *Fischer*, § 203 StGB Rn. 3 ff.; *Lackner/Kühl/Heger*, § 203 StGB Rn. 14; *Langkeit*, NStZ 1994, 6. § 203 schützt vorrangig das Recht auf informationelle Selbstbestimmung, dh die Befugnis des Einzelnen, selbst über die Preisgabe und Verwendung seiner persönlichen Daten zu bestimmen: *BVerfG*, NJW 2002, 2164 mwN; OLG Hamburg, NStZ 1998, 358; *Hilgendorf*, Outsourcing, S. 88 (89); *Lackner/Kühl/Heger*, § 203 StGB Rn. 1 mwN.

115 Geschützt nach § 203 StGB sind sämtliche Informationen, die der Geheimnisverpflichtete über seine Patienten, Mandanten, etc. oder über Dritte („Drittgeheimnis") in Ausübung oder bei Gelegenheit seiner Berufsausübung erhält.[166] Geschützt ist dabei bereits die Information über das Bestehen des entsprechenden Vertrags- und Vertrauensverhältnisses, nicht lediglich inhaltliche Aussagen.[167]

116 Im Unterschied zum Datenschutzrecht bezieht sich der Schutz des § 203 StGB nicht nur auf Angaben über natürliche Personen, sondern jede juristische Person, etc., ist geschützt, etwa als Mandant eines Rechtsanwalts, Wirtschaftsprüfers etc.

117 Der zu einer Strafbarkeit führende Taterfolg des Offenbarens ist immer dann gegeben, wenn eine Kenntnisnahme der geschützten Informationen durch eine unberechtigte Person erfolgt oder, wie nach einer jüngsten Klarstellung in der Gesetzesbegründung deutlich wurde, bereits eine Möglichkeit der Kenntnisnahme besteht.[168]

118 Entsprechend muss der Cloud Kunde dafür sorgen, dass der Cloud Provider (bzw. seine Mitarbeiter und Subunternehmer) keine Kenntnisnahme-Möglichkeit solcher Daten hat, bzw. ein Erlaubnistatbestand oder Rechtfertigungsgrund vorliegt.

II. Lösungsansätze für das Cloud Computing

119 Bis zum Gesetz zur Neuregelung des Schutzes von Geheimnissen bei der Mitwirkung Dritter an der Berufsausübung schweigepflichtiger Personen („Gesetz zur Neuregelung des Geheimnisschutzes") vom 30.10.2017 waren die Möglichkeiten, den Geheimnisschutz des § 203 StGB beim Cloud Computing einzuhalten, begrenzt. Durch das Gesetz zur Neuregelung des Geheimnisschutzes wurden die Möglichkeiten der Einschaltung externer Dienstleister auch für das Cloud Computing erheblich erweitert. In der Praxis bieten sich folgende Möglichkeiten an:

1. Technisch-organisatorische Maßnahmen

120 Sofern der Cloud Kunde darlegen und nachweisen kann, dass die Möglichkeit der Kenntnisnahme der geschützten Informationen durch den Cloud Provider aufgrund technisch-organisatorischer Maßnahmen nicht gegeben ist, scheidet eine Strafbarkeit von Vornherein aus. Dabei wird für das Offenbaren gefordert, dass der Empfänger nicht nur die Tatsache, sondern auch den Betroffenen erfährt: Eine Mitteilung, aus der die geschützte Person nicht erkennbar ist, erfüllt den Tatbestand des § 203 nicht.[169]

121 Konkret sind daher die entsprechenden technischen Gegebenheiten des jeweiligen Cloud Computing Services zu betrachten und jeweils eine Lösung zu suchen. Insbesondere wird man zwischen den verschiedenen Arten des Cloud Computing unterscheiden müssen.

122 Sofern der Cloud Service Provider lediglich Infrastruktur bereitstellt (IaaS oder PaaS) und die Datenbanken bzw. Anwendungen ausschließlich vom Kunden administriert und gepflegt werden, kann häufig eine Verhinderung des Zugangs umgesetzt werden. So ist etwa die Ende-zu-Ende Verschlüsselung der in der Cloud gespeicherten Daten durch den

---

[166] *OLG Karlsruhe*, NJW 1984, 676; vgl. auch MüKo/*Cierniak/Niehaus*, § 203 StGB Rn. 13; *Fischer*, § 203 StGB Rn. 3; *Hilgendorf*, Outsourcing, S. 89; vgl. *Rogall*, NStZ 1983, 1 (5) mwN.

[167] Für Versicherungen: *BGH*, NJW 2010, 2509 (2511 f.) = CR 2010, 332; vgl. auch *Gödeke/Ingwersen*, VersR 2010, 1153; MüKo/*Cierniak/Niehaus*, § 203 StGB Rn. 25; für Ärzte: *BGH*, NJW 2000, 1426; für Rechtsanwälte: *BGH*, NJW 1995, 2026 und deutlich *KG*, NJW 1989, 2893.

[168] BT-Drs. 18/11936, 28; vgl. zur früher vorwiegenden Literaturansicht *Heghmanns/Niehaus*, NStZ 2008, 57 ff. mwN; SK/*Hoyer*, § 203 StGB Rn. 31; *Köpke*, S. 76; Schönke/Schröder/*Eisele*, § 203 StGB Rn. 20; *Maisch/Seidl*, DSB 2012, 127.

[169] *Lackner/Kühl/Heger*, § 203 StGB Rn. 17 mwN; Schönke/Schröder/*Eisele*, § 203 StGB Rn. 20.

Kunden eine Möglichkeit, die Kenntnisnahme zu verhindern.[170] Voraussetzung ist eine hochwertige Verschlüsselung (nicht zu verwechseln mit einem bloßen Passwortschutz) und geeignete Konzepte, um eine Kenntnis des Schlüssels durch den Anbieter zu verhindern.[171] Auch wenn durch sonstige technische Zugriffssperren physische Zugangsmöglichkeiten zu IT-Systemen oder Zugriffe auf entsprechende Datenbanken oder Anwendungen auf technischem Weg unterbunden werden, kann man argumentieren, dass solche Sperren keine Möglichkeit der Kenntnisnahme belassen.[172]

Bei SaaS Diensten dagegen, dh wenn der Cloud Provider die Anwendung betreut und ggfs. im Rahmen des Supports dem Kunden bei Problemen helfen und auf Datenbestände zugreifen muss, ist jedenfalls für diese Fälle eine Möglichkeit der Kenntnisnahme nicht ganz auszuschließen. Daher wird man in diesen Fällen regelmäßig auf eine der anderen Lösungen zurückgreifen müssen. 123

In diesem Zusammenhang sei darauf hingewiesen, dass sich der Schutz durch Pseudonymisierung bzw. Verschlüsselung rechtlich anders auswirkt als im Datenschutzrecht. Während im Datenschutzrecht die pseudonymisierten bzw. verschlüsselten Daten weiterhin personenbezogene Daten bleiben,[173] auf die das Datenschutzrecht Anwendung findet, ist im Bereich des § 203 StGB davon auszugehen, dass die Kenntnisnahme-Möglichkeit effektiv verhindert wird und damit eine Tatbestandsverwirklichung nicht eintreten kann. 124

2. Entbindung von der Verschwiegenheitsverpflichtung

Ein nach wie vor wichtiges Instrument zur Vermeidung einer rechtswidrigen Tatbestandsverwirklichung ist das Einverständnis, bzw. die Schweigepflichtentbindungserklärung zugunsten des Geheimnisverpflichteten.[174] Die jeweilige geschützte Person (Geheimnisträger) muss den Geheimnisverpflichteten für das Cloud Computing von seiner Verschwiegenheit entbinden. 125

Für die Wirksamkeit gelten die Regeln zur rechtfertigenden Einwilligung grundsätzlich entsprechend. Sofern es sich nicht um vermögenswerte Geheimnisse handelt, bei denen die Geschäftsfähigkeit gefordert ist, genügt daher die natürliche Einsichts- und Urteilsfähigkeit.[175] Einer bestimmten Form bedarf es nicht, es kann ausdrücklich, stillschweigend oder konkludent erklärt werden.[176] Dabei ist in der Praxis ein ausdrückliches Einverständnis zu bevorzugen.[177] Denn nur dieses erlaubt die Nachvollziehbarkeit, selbst wenn ein konkludentes Einverständnis strafrechtlich möglich ist.[178] Solch ein Einverständnis kann etwa in Mandatsbedingungen, Patientenaufklärungen bzw. Patientenerklärungen etc. eingeholt werden. In der Praxis wird man häufig Schwierigkeiten haben, als Cloud Kunde zum Zeitpunkt des Abschlusses des Vertrags mit dem Geheimnisträger die möglichen Fälle 126

---

[170] *Stiemerling/Hartung*, CR 2012, 60 (67 f.); *Wehrmann/Wellbrock*, CR 1997, 754 (759) zur externen Archivierung von Patientendaten; *Hornung/Sädtler*, DuD 2013, 148 (152); *Kroschwald/Wicker*, CR 2012, 758 (760).
[171] *Stiemerling/Hartung*, CR 2012, 60 (67 f.); vgl. zu den Anforderungen an Medizinnetze: *Konferenz der Beauftragten für den Datenschutz in Bund und Ländern*, Datenschutz und Telemedizin – Anforderungen an Medizinnetze, S. 20 (21).
[172] MüKo/*Cierniak/Niehaus*, § 203 StGB Rn. 51, 56; *Reichow/Hartleb/Schmidt*, MedR 1998, 163; *Wienke/Sauerborn*, MedR 2000, 519.
[173] Vgl. nur EuGH, 19.10.2016 – C-582/14, wonach eine dynamische IP Adresse, die von einem Online-Mediendienstanbieter beim Webseitenzugriff gespeichert wird, dann ein personenbezogenes Datum darstellt, wenn der Mediendienstanbieter über die rechtlichen Mittel verfügt, den Nutzer anhand von Zusatzinformationen des Internetzugangsanbieters bestimmen zu lassen.
[174] MüKo/*Cierniak/Niehaus*, § 203 StGB Rn. 57 ff.; SK/*Hoyer*, § 203 StGB Rn. 67; Schönke/Schröder/*Eisele*, § 203 StGB Rn. 30; *Otto*, wistra 1999, 204; *Kroschwald/Wicker*, CR 2012, 758 (763); *Hornung/Sädtler*, DuD 2013, 148 (152); *Biewald*, DuD 2011, 867 (869).
[175] Schönke/Schröder/*Eisele*, § 203 StGB Rn. 33.
[176] *Fischer*, § 203 StGB Rn. 66; Schönke/Schröder/*Eisele*, § 203 StGB Rn. 35 f.
[177] *Hoenike/Hülsdunk*, MMR 2004, 788 (789); *König*, NJW 1991, 753 (755); vgl. *Seffer/Horter*, ITRB 2004, 165 (167).
[178] MüKo/*Cierniak/Niehaus*, § 203 StGB Rn. 65.

eines Cloud Computing auch für die Zukunft hinreichend bestimmt genug zu beschreiben, um nicht nachträglich eine solche Erklärung gesondert einholen zu müssen. Denn nach der Rspr. muss der Betroffene wissen, womit er sein Einverständnis erklärt, um Bedeutung und Tragweite, Anlass und Zielsetzung der Entbindung, die entbundenen Personen sowie Art und Umfang der Einschaltung Dritter überblicken zu können.[179]

127 Ein gewichtiger Unterschied zum Datenschutzrecht besteht in der Person des Einwilligenden. Insofern gibt es unterschiedliche Konstellationen im Verhältnis zwischen Cloud Kunden und den Geheimnisträgern. Eine datenschutzrechtliche Einwilligungserklärung muss immer von der natürlichen Person abgegeben werden, deren Daten geschützt werden sollen. Im Gegensatz dazu schützt § 203 StGB, etwa im Bereich der Rechtsanwälte, Steuerberater und Wirtschaftsprüfer, auch Unternehmen, mit denen ein Mandatsverhältnis eingegangen wird. Wer das Einverständnis erteilen muss, hängt somit davon ab, welche Art (persönlicher Bereich vs. geschäftlich) von Geheimnis betroffen ist. Bei juristischen Personen ist es durch das vertretungsberechtigte Organ zu erklären,[180] bei Privatpersonen durch diese selbst.

3. Die Funktionsbetrachtung, „Gehilfen-Lösung" etc.

128 Bis zur Neuregelung des Geheimnisschutzes im Jahr 2017 wurden in der Literatur verschiedene Möglichkeiten diskutiert, eine Befugnis zur Weitergabe an einen Cloud Service Provider (oder andere IT-Anbieter) ohne Einverständnis zu erreichen.

129 Ausgehend von der Rechtsprechung des BGH zur funktionellen Betrachtungsweise,[181] versuchte man IT-Anbieter als berufsmäßige Gehilfen einzuordnen,[182] oder sogar Mehrfach-Arbeitsverträge abzuschließen.[183]

130 Abgesehen von den Problemen mit dem Thema Scheinselbstständigkeit, einer zu starken Einbindung in die Organisation des Kunden durch entsprechende Weisungsrechte und organisatorische Einbindung, ergaben sich zahlreiche Probleme bei der Umsetzung für das Cloud Computing (anders als bei dezidierten, speziell für den Kunden erbrachten IT-Leistungen). Außerdem bestand insoweit Rechtsunsicherheit, weil die Rechtsprechung dies noch nicht anerkannt hatte.

4. Auftragsverarbeitung

131 Bereits bisher war herrschende Meinung, dass das Bestehen einer Vereinbarung über Auftragsverarbeitung nach Art. 28 DS-GVO (früher § 11 BDSG aF) noch nicht ausreicht, um eine Verwirklichung des § 203 StGB zu vermeiden.[184] Dies ergibt sich bereits aus dem unterschiedlichen Schutzzweck und den unterschiedlichen Schutzberechtigten. Insofern sollte, selbst wenn eine Auftragsverarbeitung zwischen Cloud Kunde und Cloud Provider

---

[179] Zuletzt *AG Mannheim*, ZD 2012, 42; *BVerfG*, VersR 2006, 1669; *BGH*, NJW 1992, 2348 = CR 1993, 217; *OLG Frankfurt a. M.*, NJW 1988, 2488 = CR 1989, 39. In der Kommentarliteratur wird sogar vorgebracht, das Einverständnis müsse die konkret geheim zuhaltenden Tatsachen betreffen: BeckOK StGB/*Weidemann*, § 203 Rn. 39.
[180] Schönke/Schröder/*Eisele*, § 203 StGB Rn. 31 f.; *Fischer*, § 203 StGB Rn. 65.
[181] *BGH*, NJW 2010, 2509 (2511 f.); *Gödeke/Ingwersen*, VersR 2010, 1153 (1154). Zurückführen lässt sich diese funktionale Betrachtungsweise auf die Rspr. zu einem funktionalen Behördenbegriff in § 203 Abs. 2 StGB: *Bräutigam*, CR 2011, 411 (414).
[182] Ausführlich zum Gehilfenbegriff: *Szalai/Kopf*, ZD 2012, 462 (466 ff.); *Çekin*, ZIS 2012, 425 (427 ff.); zur Rechtslage beim Outsourcing: *Kilian*, AnwBl. 2012, 798; zur Cloud: *Kroschwald/Wicker*, CR 2012, 758 (761 ff.); *Maisch/Seidl*, DSB 2012, 127 (128); Schönke/Schröder/*Eisele*, § 203 StGB Rn. 46.
[183] Dh zeitlich nicht kollidierende Arbeitsverhältnisse eines Mitarbeiters mit mehreren Arbeitgebern, so *Hilgendorf*, Outsourcing, S. 94 ff.
[184] *Maisch/Seidl*, DSB 2012, 127 (128); *Hoenike/Hülsdunk*, MMR 2004, 788 (789); eingehend *Köpke*, Die Bedeutung des § 203 Abs. 1 Nr. 6 StGB für Private Krankenversicherer, insbesondere bei der innerorganisatorischen Geheimnisweitergabe, 2003, S. 236 ff. mwN; *Seffer/Horter*, ITRB 2004, 165 (166); *Simitis/Petri*, Art. 28 DSGVO Rn. 67; *Conrad/Fechtner*, CR 2013, 137.

abgeschlossen wird, nicht davon ausgegangen werden, dass im Rahmen der Verpflichtung einer mitwirkenden Person erforderliche Verpflichtungen bereits erledigt sind.

5. Die sonstige mitwirkende Person

Insofern bietet sich beim Cloud Computing nunmehr die durch die Neufassung des § 203 Abs. 3 und 4 StGB eingeführte Lösung der „sonstigen mitwirkenden Person" an. Diese Figur kann auf sämtliche Arten von Dienstleistungen durch Dritte Anwendung finden, somit auch IT-Leistungen wie Cloud Computing. Um dies zu ermöglichen, wird der Kreis der berechtigten Mitwisser um die „sonstigen mitwirkenden Personen" erweitert. Der Geheimnisverpflichtete muss die Mitwirkung zulassen.[185] Erforderlich ist dann die (vertragliche) Verpflichtung der sonstigen mitwirkenden Person zur Geheimhaltung, bevor der Geheimnisverpflichtete dieser die Geheimnisse offenbart. Andernfalls macht sich der Geheimnisverpflichtete selbst gem. § 203 Abs. 4 S. 2 Nr. 1 und Nr. 2 StGB strafbar. Insoweit hat der Gesetzgeber durch die Schaffung des § 203 nF den Vorteil der Erlaubnis der Weitergabe für den Geheimnisverpflichteten an den Nachteil der Erweiterung des Pflichtenkreises durch die Einführung der Strafbarkeit für ein Unterlassen der Verpflichtung des Dritten zur Geheimhaltung geknüpft.[186] Außerdem besteht dann auf Seiten der sonstigen mitwirkenden Person das Risiko der eigenen Strafbarkeit.[187] Der Schutz der Informationen wird also dadurch sichergestellt, dass der Kreis der Wissensträger nur auf solche Personen erweitert wird, die selbst bei einer unbefugten Offenbarung strafbar sein können. Entsprechend ist der Geheimnisverpflichtete oder die mitwirkende Person im Falle der Einschaltung weiterer mitwirkender Personen nach § 203 Abs. 4 S. 1 Nr. 1 und 2 StGB strafbar, wenn sie die Geheimnisverpflichtung nicht ihrerseits weiterreichen.

132

Dabei dürfte der Begriff der „Mitwirkung bei der beruflichen oder dienstlichen Tätigkeit" des Cloud Kunden weit zu verstehen sein, da insbesondere auch IT-Leistungen durch mitwirkende Personen ermöglicht werden sollten.[188]

133

Das Merkmal der „Erforderlichkeit" wird sich nicht auf die Frage der Entscheidung über die Auslagerung oder die Inanspruchnahme von Cloud Computing Leistungen (das „Ob") beziehen, sondern auf die Umsetzung (das „Wie").[189] Es ist darauf zu achten, dass nur insoweit durch § 203 StGB geschützte Daten offenbart werden, wie dies für die konkrete Dienstleistung erforderlich ist.[190] Unterschiede sind etwa beim IaaS und PaaS denkbar, wo regelmäßig die Informationen des Kunden nicht zur Kenntnis genommen werden müssen für die Diensterbringung. Anders kann sich dies beim SaaS darstellen, insbesondere im Bereich der Wartung.

134

Hinsichtlich des Inhalts sowie der Form der Belehrung stellt weder der Gesetzeswortlaut noch die Gesetzesbegründung detaillierte Anforderungen.[191] Sinnvoll wird aber in jedem Fall sein, ausdrücklich eine Belehrung bzw. einen Hinweis auf die Strafbarkeit des Offenbarens aufzunehmen und es nicht bei einem allgemeinen Hinweis auf die Vertraulichkeit der Informationen zu belassen.

135

---

[185] Schönke/Schröder/*Eisele*, § 203 StGB Rn. 49.
[186] BT-Drs. 18/11936, 23; *Nolte/Thelen*, jurisPR-Compl 6/2017 Anm.4; BeckOK StGB/*Weidemann*, § 203 Rn. 42.
[187] *Hartung/Steinweg*, DB 2017, 2081 (2086); *Kraus*, PinG 2018, 16 (18); Schönke/Schröder/*Eisele*, § 203 StGB Rn. 50.
[188] BT-Drs. 18/11936, 22; *Ruppert*, K&R 2017, 609 (611); Schönke/Schröder/*Eisele*, § 203 StGB Rn. 49.
[189] BT-Drs. 18/11936, 23; *Grupp*, PinG 2017, 55 (57); *Nolte/Thelen*, jurisPR-Compl 6/2017 Anm. 4.; *Pohle/Ghaffari*, CR 2017, 489 (493); Lackner/Kühl/*Heger*, § 203 StGB Rn. 25a; Schönke/Schröder/*Eisele*, § 203 StGB Rn. 51; aA *Ruppert*, K&R 2017, 609 (612), der auch die Erforderlichkeit der Auslagerung selbst erfasst sehen will.
[190] BT-Drs. 18/11936, 18; Schönke/Schröder/*Eisele*, § 203 StGB Rn. 52.
[191] Schönke/Schröder/*Eisele*, § 203 StGB Rn. 102; abweichend hiervon stellen die einzelnen Berufsordnungen konkrete Anforderungen an Inhalt und Form von derartigen Verpflichtungen. Diese gilt es für eine rechtssichere Ausgestaltung stets zu berücksichtigen, für die Verwirklichung von § 203 Abs. 3 S. 2 StGB sind diese Anforderungen jedoch nicht relevant.

136 Diesbezüglich stellen sich beim Cloud Computing, insbesondere durch große internationale Cloud Provider die Probleme eher bei der Durchsetzbarkeit und Umsetzung als bei den rechtlichen Voraussetzungen, zumal der Gesetzgeber in § 203 StGB darauf verzichtet hat, territoriale Beschränkungen der Möglichkeit der Einschaltung ausländischer mitwirkender Personen vorzusehen.[192] Nach § 203 StGB verpflichtete Cloud Kunden dürften im nationalen und erst recht im globalen Maßstab der Anbieter standardisierter Cloud-Angebote eine Ausnahme sein. Die Übernahme der Funktion einer mitwirkenden Person hat für den Cloud Provider und dessen Mitarbeiter unter Umständen ernsthafte Konsequenzen wegen der Strafbarkeit des Verhaltens der eigenen Mitarbeiter. Zunächst muss also die Bereitschaft bei den Cloud Providern vorhanden sein, diese zusätzliche rechtliche Bürde und mögliche rechtliche Konsequenzen zu tragen. Außerdem wird es im Bereich der standardisierten Cloud-Dienste nicht durchsetzbar und ggfs. sogar praktisch schlicht unmöglich sein, eine entsprechende Geheimnisverpflichtungserklärung vorbeugend von sämtlichen Mitarbeitern des Cloud Providers einzuholen. Von einigen Anbietern wurde daher ein sogenannter „Customer Lockbox" Prozess eingeführt, bzw. angeboten. Der Zugriff auf die Daten des jeweiligen, von § 203 StGB verpflichteten Cloud Kunden wird erst dann technisch zugelassen und durch den Kunden freigegeben, wenn der konkrete Mitarbeiter, der auf die Systeme bzw. Daten des Kunden zugreifen muss, zuvor eine abzustimmende Verpflichtung auf den Geheimnisschutz akzeptiert hat, etwa durch Anklicken eines entsprechenden, ihm angezeigten Textes. Die Schwierigkeiten liegen dabei regelmäßig in der hinreichend klaren Formulierung dieses Hinweises einschließlich der Belehrung über die möglichen strafrechtlichen Konsequenzen.

III. Zusätzliche Anforderungen aus dem Berufsrecht

137 Hinzu kommen für einige Berufsgruppen des § 203 Abs. 1 StGB noch zusätzliche Anforderungen aus den jeweiligen Berufsordnungen.

138 Ein Verstoß gegen die Berufsordnung soll nicht zu einer Strafbarkeit führen, wenn ansonsten die Voraussetzungen des § 203 StGB eingehalten wurden.[193] Unabhängig davon können aber mögliche berufsrechtliche Sanktionen drohen.

139 Diese weiterführenden Anforderungen wurden im Gesetz der Neuregelung von § 203 StGB für einige Berufsordnungen gleichlautend eingeführt. Beispielhaft seien die Regelungen in § 43a Abs. 2, § 43b BRAO genannt. Erwähnt sei insofern die Pflicht, die Verpflichtung auf die Verschwiegenheit in schriftlicher Form zu erlangen (§ 43a Abs. 2 BRAO). Außerdem muss der Dienstleister nachweislich sorgfältig ausgewählt werden und die Zusammenarbeit unverzüglich beendet werden (etwa durch Kündigung), wenn die Vorgaben nicht gewährleistet sind (§ 43e Abs. 2 BRAO). Der Vertrag mit dem Dienstleister ist nach § 43e BRAO in Textform abzuschließen mit einer Belehrung über die strafrechtlichen Folgen. Schließlich dürfen Dienstleistungen aus dem Ausland nur bezogen werden, wenn der dort bestehende Schutz von Geheimnissen dem Schutz im Inland vergleichbar ist (§ 43e Abs. 4 BRAO), was durch die Gesetzesbegründung nur ohne weiteres für die Europäische Union angenommen wurde.

---

[192] Vgl. Pohle/Ghaffari, CR 2017, 489 (493); Schönke/Schröder/*Eisele*, § 203 StGB Rn. 53.
[193] BT-Drs. 18/11936, 22, 33: „Die in Artikel 1 vorgesehene Änderung des § 203 StGB lässt zwar die Strafbarkeit der Geheimnisträger entfallen, eine aufgrund der berufsrechtlichen Verschwiegenheitspflicht zudem erforderliche berufsrechtliche Befugnisnorm ist damit jedoch noch nicht geschaffen."; Schönke/Schröder/*Eisele*, § 203 StGB Rn. 47, 54.

Teil 11.4.3 Vertrags- und Urheberrecht

Übersicht

	Rn.
A. Einleitung	1
B. Vertragsbeziehungen	5
C. Vertragstypologische Einordnung	6
D. Urheberrecht	8
I. Vervielfältigungsrecht (§ 69c Nr. 1 UrhG)	9
1. Verhältnis Softwarehersteller – Cloud Provider	9
2. Verhältnis Cloud Provider – Nutzer	10
II. Verbreitungs- und Vermietrecht (§ 69c Nr. 3 UrhG)	13
III. Recht der öffentlichen Zugänglichmachung (§ 69c Nr. 4 UrhG)	14
1. Verhältnis Softwarehersteller – Cloud Provider	14
2. Verhältnis Cloud Provider – Nutzer	16
IV. Bearbeitungsrecht (§ 69c Nr. 2 UrhG)	24
1. Verhältnis Softwarehersteller – Cloud Provider	24
2. Verhältnis Cloud Provider – Nutzer	25
V. Fehlerberichtigung	28
VI. Zusammenfassung	29
1. Verhältnis Softwarehersteller – Cloud Provider	29
2. Verhältnis Cloud Provider – Nutzer	31
E. Anwendbares Recht	34
I. Anwendbares Vertragsrecht	34
II. Anwendbares Deliktsrecht	37
III. Anwendbares Urheberrecht	40
F. Vertragspflichten des Cloud Providers	43
I. Leistungsbeschreibung	44
II. Überlassung der SaaS-Anwendung	47
III. Erhaltung der SaaS-Anwendung im vertragsgemäßen Zustand	48
IV. Datenschutzkonformität	50
V. Nebenpflichten	51
G. Pflichten des Nutzers	52
I. Vergütungspflicht	52
II. Nebenpflichten	54
H. Wesentliche vertragliche Regelungen in SaaS-Verträgen	57
I. Service Level Agreement	58
1. Verfügbarkeit	59
2. Reaktions- und Wiederherstellungszeiten	62
3. Service Hotline	65
4. Pönalen	66
II. Haftung	67
III. Unterstützungsleistungen bei und nach Vertragsbeendigung	69

Literatur:

Auer-Reinsdorff/Conrad, Handbuch IT- und Datenschutzrecht, 3. Aufl. 2019; *Bierekoven,* Lizenzierung in der Cloud, Neue Formen der Vertragsgestaltung, ITRB 2010, 42; *Bisges,* Urheberrechtliche Aspekte des Cloud Computing – Wirtschaftlicher Vorteil gegenüber herkömmlicher Softwareüberlassung?, MMR 2012, 574; *Bräutigam/Thalhofer,* IT-Outsourcing und Cloud Computing, 4. Aufl. 2019; *Dreier/Schulze,* Urheberrechtsgesetz, 6. Aufl. 2018; *Dümeland,* Sachmangelhaftigkeit von Software bei nicht DSGVO-konformer Entwicklung, K&R 2019, 22; *Gennen/Laue,* in: Redeker, Handbuch der IT-Verträge, Kapitel 1.17 Software as a Service; *Gola,* Datenschutz-Grundverordnung, 2. Aufl. 2018; *Grützmacher,* „Software aus der Datendose" – Outsourcing, Cloud, SaaS & Co., CR 2015, 779; *Heidrich/Wegener,* Sichere Datenwolken – Cloud Computing und Datenschutz, MMR 2010, 803; *Hilber,* Handbuch Cloud Computing, 2014; *Intveen/Gennen/Karger,* Handbuch des Softwarerechts, 2018; *Loewenheim,* Handbuch des Urheberrechts, 2. Aufl. 2010; *Laucken/Oehler,* Fliegender Gerichtsstand mit gestutzten Flügeln?, ZUM 2009, 824; *Lensdorf,* Eine Orientierungshilfe für Unternehmen bei Auslagerungen an Cloud-Anbieter, CR 2019, 8; *Marly,* Praxishandbuch Softwarerecht, 7. Aufl. 2018; *Nägele/Jacobs,* Rechtsfragen des Cloud Computing, ZUM 2010, 281; *Niemann/Paul,* Bewölkt oder wolkenlos – rechtliche Herausforderungen des Cloud Computing, K&R 2009, 444; *Nordmeier,* Cloud

Computing und Internationales Privatrecht, Anwendbares Recht bei der Schädigung von in Datenwolken gespeicherten Daten, MMR 2010, 151; *Pohle/Ammann*, Über den Wolken ... – Chancen und Risiken des Cloud Computing, CR 2009, 273; *Redeker*, IT-Recht, 6. Aufl. 2017; *Söbbing*, Cloud und Grid Computing: IT-Strategien der Zukunft rechtlich betrachtet, MMR 2008, Heft 5, S. XII; *Schneider*, Handbuch EDV-Recht, 5. Aufl. 2017; *Schricker/Loewenheim*, Urheberrecht, 5. Aufl. 2017; *Schuster/Hunzinger*, Pflichten zur Datenschutzeignung von Software, CR 2017, 141; *Spindler/Schuster*, Recht der elektronischen Medien, 4. Aufl. 2019; *Splittgerber/Rockstroh*, Sicher durch die Cloud navigieren – Vertragsgestaltung beim Cloud Computing, BB 2011, 2179; *Stender-Vorwachs/Steege*, Anm. zu EuGH, Urt. v. 26.4.2017, Rs. C-527/15 – „Stichting Brein", MMR 2017, 460; *Stögmüller*, Anm. zu BGH, Urt. v. 12.12.2000 – XI ZR 138/00, CR 2001, 181; *Wiebe*, Produktsicherheitsrechtliche Pflicht zur Bereitstellung sicherheitsrelevanter Software-Updates, NJW 2019, 625.

A. Einleitung

1 Wie bereits oben (→ Teil 11.2 Rn. 1) dargestellt, wird unter dem **Begriff des Cloud Computing** ein Netzwerk von Computerressourcen einschließlich Rechenleistung, Datenspeicherung und Vernetzung verstanden, das dem Nutzer über das Internet (dh in der „Cloud") zur Verfügung gestellt wird und dynamisch nach den Bedürfnissen des Nutzers eingesetzt wird. Cloud Computing basiert auf **informationstechnischen Virtualisierungslösungen,** die es erlauben, Hard- und Software voneinander zu entkoppeln, so dass physische Hardwareressourcen in mehrere, virtuell eigenständige Ressourcen aufgeteilt oder zusammengefasst werden. Dazu wird eine Virtualisierungsebene eingesetzt, die zum einen die zur Verfügung stehenden Ressourcen verwaltet und zum anderen dafür sorgt, dass die einzelnen Anwender jeweils nur auf den ihnen zugeordneten Teilbereich zugreifen können.[1] Mehrere physische Hardware-Teilbereiche werden hierdurch zu virtuell eigenständigen Maschinen, und eine solche „Wolke" lässt sich dem Bedarf des Anwenders folgend erweitern oder verringern. Diese **Skalierbarkeit und Mandantenfähigkeit** ist eine der wesentlichen Vorteile des Cloud Computing. Die Daten des Anwenders werden auf Servern des Cloud Providers, die in der ganzen Welt verteilt sein können, verarbeitet und gespeichert.[2] Sowohl die Bereitstellung der IT-Infrastruktur als auch das Management der Cloud Computing-Plattform und der -Anwendungen erfolgen durch den Cloud Provider. Der Nutzer kann die auf die Cloud Computing-Plattform ausgelagerte oder vom Cloud Provider bereitgestellte und betriebene Software über seinen Client (zumeist gängige Internet-Browser) aufrufen und nutzen.

2 Im Rahmen des Cloud Computing unterscheidet man für die rechtliche Beurteilung zwischen „Private Clouds" und „Public Clouds". Bei einer **Private Cloud** werden Server innerhalb einer Unternehmens-IT, die standortübergreifend virtualisiert ist, und auf die externe Dritte nicht zugreifen können, vernetzt. Die Private Cloud steht unter der Kontrolle des entsprechenden Unternehmens und die Daten verlassen die unternehmensspezifische Wolke nicht.[3]

3 Die Nutzung von **Public Clouds** wird hingegen gegen Vergütung externen Dritten überlassen, die auf die entsprechende IT-Infrastruktur zurückgreifen können. Die nachfolgenden rechtlichen Erwägungen beziehen sich primär auf die Public Cloud, da bei der Private Cloud der praktische Nutzen wie Flexibilität, Skaleneffekt und Kosteneinsparung hinter der Public Cloud zurücksteht[4] und zahlreiche rechtliche Themen wie beispielsweise Vertragsgestaltung und Urheberrecht weniger relevant sind, da die Private Cloud nicht gegenüber Dritten angeboten wird.

---

[1] *Heidrich/Wegener*, Sichere Datenwolken – Cloud Computing und Datenschutz, MMR 2010, 803.
[2] *Pohle/Ammann*, Über den Wolken ... – Chancen und Risiken des Cloud Computing, CR 2009, 273 (274).
[3] *Niemann/Paul*, Bewölkt oder wolkenlos – rechtliche Herausforderungen des Cloud Computing, K&R 2009, 444 (445).
[4] *Niemann/Paul*, K&R 2009, 444 (445).

Die **Vergütung von Cloud Diensten** erfolgt in der Regel nutzungsabhängig, bei Infrastructure as a Service (IaaS) und Platform as a Service (PaaS) zumeist anhand des genutzten Speichervolumens sowie daneben des abgehenden und ankommenden Datenvolumens, bei Software as a Service (SaaS) für die Nutzung einzelner Softwaremodule, ggf. in Kombination mit der Nutzung von Speicherplatz.[5]

B. Vertragsbeziehungen

Hinsichtlich der Vertragsbeziehungen beim Cloud Computing wird unterschieden zwischen dem Vertragsverhältnis zwischen dem Cloud Provider und dem Kunden bzw. Nutzer einerseits und den **Back-to-Back-Verträgen** des Cloud Providers mit seinen Subunternehmern, die ihm die technische Infrastruktur zur Verfügung stellen, andererseits.[6] In den Back-to-Back-Verträgen muss der Cloud Provider sicherstellen, dass er die notwendigen Qualitäts- und Sicherheitsstandards etwa in Bezug auf Service Level und Datenschutz vereinbart, zu denen er sich seinerseits gegenüber seinen Kunden verpflichtet.[7] In der Praxis betreiben zahlreiche SaaS-Anbieter die technische Plattform, auf der sie ihre Software dem Nutzer „as a Service" zur Verfügung stellen, nicht selbst, sondern bedienen sich hierzu IaaS- oder PaaS-Angeboten großer Provider wie etwa *Amazon Elastic Compute Cloud* (Amazon EC2) von *Amazon Web Services* oder *Microsoft Azure*.[8]

C. Vertragstypologische Einordnung

Bei der entgeltlichen Bereitstellung von Cloud-Services des Cloud Providers an den Nutzer handelt es sich um einen **typengemischten Vertrag mit im Wesentlichen mietvertraglichem Charakter,** denn der Cloud Provider überlässt dem Nutzer Hardware und/oder Software zur Nutzung auf Zeit.[9] Der BGH hat einen **ASP-Vertrag,** bei dem Software-Anwendungen zur Online-Nutzung auf dem Rechner des Anbieters zur Verfügung gestellt werden, als Mietvertrag qualifiziert, soweit er auf die entgeltliche Überlassung der Standardsoftware gerichtet ist.[10] Als typische Leistung steht beim ASP-Vertrag danach die Gewährung der Onlinenutzung von Software für eine begrenzte Zeit im Mittelpunkt der vertraglichen Pflichten. Als Rechtsgrundlage für die vertraglichen Ansprüche legt der BGH einen Mietvertrag, der die entgeltliche Gebrauchsüberlassung einer beweglichen oder unbeweglichen Sache zum Gegenstand hat, zu Grunde. Eine Anwendung des Mietrechts scheidet nach dem Urteil des BGH nicht deshalb aus, weil es sich bei der Software nicht um eine Sache iSd § 90 BGB handele, denn eine auf einem Datenträger verkörperte Standardsoftware ist als bewegliche Sache anzusehen, auf die je nach der vereinbarten Überlassungsform Miet- oder Kaufrecht anwendbar ist. Bei einem ASP-Service muss der Anwender stets auf den Datenträger im Rechenzentrum des Anwenders zugreifen, auf dem die Software verkörpert ist, wie etwa eine Festplatte oder ein flüchtiges Speichermedium.[11] Die dem Cloud Computing immanente Virtualisierungstechnik rechtfertigt keine

---

[5] *Bierekoven,* Lizenzierung in der Cloud, Neue Formen der Vertragsgestaltung, ITRB 2010, 42 (43); s. → Rn. 52.
[6] *Söbbing,* Cloud und Grid Computing: IT-Strategien der Zukunft rechtlich betrachtet, MMR 2008, Heft 5, S. XII, XIII bis XIV.
[7] *Söbbing,* MMR 2008, Heft 5, S. XII, XIV.
[8] *Heidrich/Wegener,* MMR 2010, 803 (804); *Bräutigam/Thalhofer,* IT-Outsourcing und Cloud Computing, Teil 14 Rn. 12 f.; s. hierzu: https://azure.microsoft.com/de-de/overview/ und https://aws.amazon.com/de/ec2/ (zuletzt abgerufen am 15.11.2019).
[9] *Pohle/Ammann,* CR 2009, 273 (274 f.); *Niemann/Paul,* K&R 2009, 444 (447).
[10] BGH, 15.11.2006 – XII ZR 120/04, MMR 2007, 243.
[11] BGH MMR 2007, 243 (244).

andere Bewertung, da stets eine physische Ressource zugrunde liegt und die Bereitstellung der Cloud-Dienste über kürzere oder längere Zeitabschnitte erfolgt, was dem mietvertraglichen Charakter entspricht.[12] Hierbei schadet es auch nicht, dass die zur Verfügung gestellten Anwendungen von mehreren Nutzern gleichzeitig genutzt werden können, denn für das Überlassen des Mietgegenstands ist es nicht erforderlich, dass dem Mieter der ausschließliche Gebrauch eingeräumt wird.[13] Ob ausschließlicher Gebrauch einzuräumen ist, richtet sich vielmehr nach dem Inhalt des Mietvertrags.[14] Soweit der Nutzer durch andere Kunden nicht im vertragsgemäßen Gebrauch der ihm zur Verfügung gestellten Anwendung behindert wird, steht dies einem Überlassen nicht entgegen.[15] Aufgrund der beim Cloud Computing eingesetzten **Multi-Tenant-Architektur,** verbunden mit den Vorteilen der besseren Ressourcennutzung, Skalierbarkeit und Mandantenfähigkeit, die den gleichzeitigen Zugriff durch viele Kunden ermöglicht,[16] ist es auch ohne entsprechende ausdrückliche vertragliche Regelung klar, dass dem Kunden kein ausschließlicher Gebrauch der Cloud-Lösung zu gewähren ist. Anforderungen der IT-Sicherheit, Vertraulichkeit und des Datenschutzes an Datentrennung bleiben hiervon unberührt.[17]

7   Neben der Bereitstellung von Hardware und/oder Software zur Nutzung auf Zeit, die dem Mietvertragsrecht unterfällt, werden bei Cloud Computing Anwendungen häufig zusätzlich weitere Leistungen wie Softwarepflege, Updates, Datensicherung, Customizing, Schulung und Hotlineservices erbracht.[18] Wie auch bei einem ASP-Vertrag steht es der Anwendung des Mietvertragsrechts auf einen Cloud Computing-Vertrag nicht entgegen, dass solche weiteren Leistungen vereinbart werden, die anderen Vertragstypen (Dienst- oder Werkvertrag) zugeordnet werden können; insoweit handelt es sich um einen zusammengesetzten Vertrag, bei dem jeder Vertragsteil nach dem Recht des auf ihn zutreffenden Vertragstypus zu beurteilen ist, soweit dies nicht im Widerspruch zum Gesamtvertrag steht.[19] **Die cloud-basierte Bereitstellung von Hard- und Software sowie von Speicherkapazität unterfällt dem Mietrecht.**[20] Sofern der Cloud Provider zusätzlich die Transition oder Retransition von Daten, die Anpassung der cloud-basierten Standardsoftware an Anforderungen des Kunden oder – sofern für Cloud-Anwendungen überhaupt erforderlich – Implementierungs- und Installationsleistungen beim Kunden erbringt, unterliegen solche Leistungen dem Werkvertragsrecht.[21] Auch Pflegeleistungen, die über die Verpflichtungen des Cloud-Anbieters aus § 535 Abs. 1 Satz 2 BGB, die Mietsache dem Mieter in einem zum vertragsgemäßen Gebrauch geeigneten Zustand zu überlassen und sie während der Mietzeit in diesem Zustand zu erhalten, hinausgehen, sind – abhängig davon, ob ein konkreter Erfolg geschuldete wird – dienst- oder werkvertraglich zu qualifizieren.[22] Schulung und Unterstützung des Kunden bei der Nutzung der Cloud-Anwendung sind als Dienstleistungen einzuordnen.[23]

---

[12] *Pohle/Ammann,* CR 2009, 273 (275).
[13] *Gennen/Laue,* in: *Redeker,* Handbuch der IT-Verträge, Kapitel 1.17 Software as a Service, Rn. 56.
[14] Palandt/*Weidenkaff,* § 535 BGB Rn. 35.
[15] *Gennen/Laue,* in: *Redeker,* Handbuch der IT-Verträge, Kapitel 1.17 Software as a Service, Rn. 56.
[16] *Gennen/Laue,* in: *Redeker,* Handbuch der IT-Verträge, Kapitel 1.17 Software as a Service, Rn. 13f.; *Nägele/Jacobs,* Rechtsfragen des Cloud Computing, ZUM 2010, 281 (288).
[17] S. → Teil 11.4.2.
[18] *Pohle/Ammann,* CR 2009, 273 (275).
[19] *BGH,* MMR 2007, 243 (245).
[20] *Pohle/Ammann,* CR 2009, 273 (275); *Niemann/Paul,* K&R 2009, 444 (447); *Schneider,* Handbuch EDV-Recht, Kap. U Rn. 63; aA *Redeker,* IT-Recht, Rn. 1131.
[21] *Schneider,* Kap. U Rn. 63; *Niemann/Paul,* K&R 2009, 444 (447).
[22] *Pohle/Ammann,* CR 2009, 273 (275).
[23] *Niemann/Paul,* K&R 2009, 444 (447).

D. Urheberrecht

Im Falle von Infrastructure as a Service (IaaS) werden vom Anwender lediglich Rechenleistung und Speicherplatz genutzt, die nicht dem urheberrechtlichen Schutz unterfallen, sodass der Anwender für die IaaS-Nutzung keine urheberrechtlichen Nutzungsrechte vom Cloud Provider benötigt.[24] Bei PaaS- und SaaS-Anwendungen ist zunächst darauf abzustellen, ob der Cloud Provider selbst entwickelte Software zur Nutzung bereitstellt, oder Software Dritter. Sofern er selbst entwickelte Software anbietet, wird er entweder selbst Urheber sein oder nach § 69b Abs. 1 UrhG zur Ausübung aller vermögensrechtlichen Befugnisse an dem Computerprogramm berechtigt sein. Bei Software Dritter erfolgt die Rechteeinräumung entlang der Rechtekette Softwarehersteller (Urheber) – Cloud Provider – Kunde (Nutzer).[25] Da es keinen gutgläubigen Erwerb urheberrechtlicher Nutzungsrechte gibt[26], kann der Cloud Provider dem Nutzer nur Nutzungsrechte an der Software in dem Umfang einräumen, wie er sie selber innehat. Sofern der Cloud Provider nicht über die hierfür erforderlichen Lizenzen verfügt, handeln sowohl der Cloud Provider als auch der Nutzer, soweit ihm urheberrechtsrelevante Handlungen zuzurechnen sind, urheberrechtswidrig.[27] Die dem Cloud Provider eingeräumten Lizenzen müssen auch das Recht zur Bereitstellung der Software im Wege des Cloud Computing und zur Vergabe von Unterlizenzen umfassen, da das Cloud Computing als technisch und wirtschaftlich eigenständig zu bewerten ist und eine **eigenständige Nutzungsart** darstellt.[28]

I. Vervielfältigungsrecht (§ 69c Nr. 1 UrhG)

1. Verhältnis Softwarehersteller – Cloud Provider

Der Cloud Provider installiert und speichert die von ihm zur Nutzung bereitgestellte Software auf seinen Servern. Dies stellt eine Vervielfältigung iSd § 69c Nr. 1 UrhG dar, sodass der Cloud Provider bei Drittsoftware über die entsprechenden Nutzungsrechte verfügen muss.[29]

2. Verhältnis Cloud Provider – Nutzer

Der Nutzer, der auf die Software lediglich über einen Browser zugreift, wird regelmäßig **keine Vervielfältigungshandlungen** vornehmen, da auf seinem Rechner nur die Benutzeroberfläche vervielfältigt wird, aber nicht die genutzte Software selbst.[30] Nach der Rechtsprechung des EuGH genießt nämlich die Benutzeroberfläche als solche keinen Urheberrechtsschutz als Computerprogramm.[31] Die grafische Benutzeroberfläche sei hiernach eine Interaktionsschnittstelle, die eine Kommunikation zwischen dem Computerprogramm und dem Benutzer ermöglicht. Daher ermögliche es die grafische Benutzeroberfläche nicht, das Computerprogramm zu vervielfältigen, sondern stelle lediglich ein Element dieses Programms dar, mittels dessen die Benutzer die Funktionen dieses Programms nutzen. Folglich stelle diese Schnittstelle keine Ausdrucksform eines Computerprogramms iSv

---

[24] Bräutigam/*Thalhofer*, Teil 14 Rn. 111.
[25] Auer-Reinsdorff/Conrad/*Strittmatter*, Handbuch IT- und Datenschutzrecht, § 22 Rn. 52; Loewenheim/*Kreuzer*, Handbuch des Urheberrechts, § 95 Rn. 2.
[26] Schricker/Loewenheim/*Ohly*, Urheberrecht, § 31 Rn. 25; Bräutigam/*Thalhofer*, Teil 14 Rn. 113.
[27] Bräutigam/*Thalhofer*, Teil 14 Rn. 113.
[28] Spindler/Schuster/*Wiebe*, § 31 UrhG Rn. 11; *Strittmatter*, § 22 Rn. 65.
[29] Nägele/Jacobs, ZUM 2010, 281 (286); Spindler/Schuster/*Wiebe*, Recht der elektronischen Medien, § 69c UrhG Rn. 62; *Strittmatter*, § 22 Rn. 55.
[30] Spindler/Schuster/*Wiebe*, § 69c UrhG Rn. 65.
[31] *EuGH*, 22.12.2010, Rs. C-393/09, GRUR 2011, 220.

Art. 1 Abs. 2 der Richtlinie über den Rechtsschutz von Computerprogrammen[32] dar und könne demnach nicht in den Genuss des spezifischen Schutzes durch das Urheberrecht für Computerprogramme nach dieser Richtlinie gelangen. Auch eine Zurechnung der Vervielfältigungshandlungen des Cloud Providers zum Nutzer ist abzulehnen, da der Cloud Provider für die Vervielfältigungen auf seiner IT-Systemlandschaft alleine verantwortlich ist und der Nutzer hierauf keinen Einfluss nehmen kann.[33]

11 Falls im Rahmen der Programmausführung **kurzfristige Zwischenspeicherungen** von urheberrechtlich geschützten Teilen der Software selbst erfolgen sollten, beispielsweise im Cache des Browsers oder dem Grafikprozessor, handelt es sich hierbei lediglich um vorübergehende Vervielfältigungshandlungen in Form des Caching oder Browsing iSd § 44a UrhG, die flüchtig oder begleitend sind, deren alleiniger Zweck die rechtmäßige Nutzung der Software ist und die keine eigenständige wirtschaftliche Bedeutung haben.[34] Zudem darf der Nutzer gemäß § 69d Abs. 1 UrhG entsprechende Vervielfältigungen vornehmen, wenn sie für eine bestimmungsgemäße Benutzung des Computerprogramms durch den Berechtigten notwendig sind. Dies ist zu bejahen, da in den genannten Fällen die Nutzung der „Software as a Service" ohne die technischen Zwischenspeicherungen nicht möglich wäre.[35]

12 Im Einzelfall mag es immer noch so sein, dass zur Nutzung der Cloud-Lösung auch Computerprogramme wie eine Client-Software oder Java Applets zum Nutzer übertragen und clientseitig – also auf dem Computer des Nutzers – installiert und ausgeführt werden müssen.[36] Da jedoch aufgrund immer höherer Übertragungsgeschwindigkeiten mittlerweile viele Cloud-Lösungen lediglich im Browser ausgeführt werden, erfolgt eine clientseitige erforderliche Softwareinstallation überwiegend nicht mehr und wird hier nicht näher untersucht.[37]

II. Verbreitungs- und Vermietrecht (§ 69c Nr. 3 UrhG)

13 Eine Verbreitung nach § 69c Nr. 3 UrhG kann etwa in Form der Veräußerung oder des Vermietens erfolgen.[38] Bei Software as a Service wird das Nutzungsrecht zeitlich befristet auf die Laufzeit des SaaS-Vertrags eingeräumt. Gemäß Erwägungsgrund 12 der Richtlinie über den Rechtsschutz von Computerprogrammen bedeutet der Begriff „Vermietung" die Überlassung eines Computerprogramms oder einer Kopie davon zur zeitweiligen Verwendung und zu Erwerbszwecken. Maßgeblich für die Vermietung ist die **zeitlich befristet körperliche Gebrauchsüberlassung** des Computerprogramms oder eines Vervielfältigungsstücks.[39] Zwar wird zum Teil vertreten, dass auch der zeitlich befristete Fernzugriff auf Software als Vermietung anzusehen sei und dass aufgrund des Urteils des EuGH iS UsedSoft[40] das Verbreitungsrecht auch einschlägig sei, wenn Computerprogramme nicht nur in körperlicher Form übertragen werden, sondern auch online durch Datenfernüber-

---

[32] Richtlinie 2009/24/EG vom 23.4.2009 (kodifizierte Fassung).
[33] *Grützmacher*, „Software aus der Datendose" – Outsourcing, Cloud, SaaS & Co., CR 2015, 779 (783f.).
[34] *Bräutigam/Thalhofer*, Teil 14 Rn. 112; vgl. auch *Splittgerber/Rockstroh*, Sicher durch die Cloud navigieren – Vertragsgestaltung beim Cloud Computing, BB 2011, 2179; aA *Bisges*, Urheberrechtliche Aspekte des Cloud Computing – Wirtschaftlicher Vorteil gegenüber herkömmlicher Softwareüberlassung?, MMR 2012, 574 (576).
[35] *Pohle/Ammann*, CR 2009, 273 (276).
[36] *Argyriadou/Bierekoven*, in: Intveen/Gennen/Karger, Handbuch des Softwarerechts, § 14 Application Service Providing/SaaS (Cloud), Rn. 3 und 33.
[37] S. hierzu *Grützmacher*, CR 2015, 779 (783) und *Argyriadou/Bierekoven*, § 14 Rn. 33, wonach sich der Nutzer die möglichen in Betracht kommenden Rechte zur Vervielfältigung der Softwareapplikation in dem SaaS-Vertrag in Anlehnung an die Rechteeinräumung in klassischen Softwareüberlassungsmodellen für die Laufzeit des Vertrags einräumen lassen soll.
[38] *Nägele/Jacobs*, ZUM 2010, 281 (286).
[39] *Schricker/Loewenheim/Spindler*, § 69c Rn. 28; *Grützmacher*, CR 2015, 779 (781, 784).
[40] *EuGH*, 3.7.2012 – Rs. C-128/11, MMR 2012, 586.

tragung.⁴¹ Doch der EuGH hat in seinem UsedSoft-Urteil entschieden, dass die Veräußerung eines Computerprogramms auf CD-ROM oder DVD und die Veräußerung eines Computerprogramms durch Herunterladen aus dem Internet wirtschaftlich gesehen vergleichbar seien und die Onlineübertragung funktionell der Aushändigung eines materiellen Datenträgers entspreche. Die Auslegung von Art. 4 Abs. 2 der Richtlinie über den Rechtsschutz von Computerprogrammen im Licht des Gleichbehandlungsgrundsatzes bestätige, dass die in dieser Vorschrift vorgesehene Erschöpfung des Verbreitungsrechts mit dem Erstverkauf einer Programmkopie in der Union durch den Urheberrechtsinhaber oder mit seiner Zustimmung eintritt. Dies gilt unabhängig davon, ob der Verkauf eine körperliche oder eine nichtkörperliche Kopie des Programms betrifft.⁴² Der EuGH stellt also beim Verbreitungsrecht weiterhin auf eine „Kopie des Programms" ab. Eine solche erhält zwar im Falle von Drittsoftware der Cloud Provider vom Softwarehersteller, aber im Verhältnis zwischen Cloud Provider und Nutzer liegt weder eine Verbreitung noch eine Vermietung der Software vor, da keine körperliche Gebrauchsüberlassung erfolgt. Der Nutzer erhält kein Vervielfältigungsstück, sondern nur die Möglichkeit zur Nutzung der Software über seinen Browser als SaaS-Lösung.⁴³ Zudem ist der Zweck des Cloud Computing die Zurverfügungstellung der Software eins-zu-viele, wohingegen der Miete nach § 69c Nr. 3 UrhG die Übertragung eins-zu-eins zu Eigen ist.⁴⁴ Für den Fall des Angebots zur Nutzung der Software an eine größere Anzahl von nicht miteinander verbundenen Nutzern greift allerdings § 69c Nr. 4 UrhG, und nicht das Vermietrecht des § 69c Nr. 3 UrhG. Bei der SaaS-Nutzung von Software ist daher weder im Verhältnis Softwarehersteller – Cloud Provider noch im Verhältnis Cloud Provider – Nutzer eine Einräumung des Verbreitungs- oder Vermietrechts erforderlich.⁴⁵

III. Recht der öffentlichen Zugänglichmachung (§ 69c Nr. 4 UrhG)

1. Verhältnis Softwarehersteller – Cloud Provider

§ 69c Nr. 4 UrhG regelt entsprechend § 19a UrhG das Recht der öffentlichen Zugänglichmachung von Computerprogrammen als ausschließliches Recht des Urhebers, die drahtgebundene oder drahtlose öffentliche Wiedergabe eines Computerprogramms einschließlich der öffentlichen Zugänglichmachung in der Weise, dass es Mitgliedern der Öffentlichkeit von Orten und zu Zeiten ihrer Wahl zugänglich ist, vorzunehmen oder zu gestatten. Das Recht der öffentlichen Zugänglichmachung erfasst vor allem das Recht zur Nutzung der Software, wenn diese nicht nur einer Person, sondern einer Mehrzahl von Mitgliedern der Öffentlichkeit bereitgestellt wird, wie es bei Cloud Services aufgrund der Multi-Tenant-Architektur und der Mandantenfähigkeit der Fall ist.⁴⁶

Das Recht der öffentlichen Zugänglichmachung unterliegt nicht der Erschöpfung, sodass sich im Falle von Drittsoftware der Cloud Provider vom Softwarehersteller das Recht der öffentlichen Zugänglichmachung einräumen lassen muss, auch wenn er vom Softwarehersteller die Software im Wege der Veräußerung erhalten hat.⁴⁷

---

[41] Vgl. *Nägele/Jacobs*, ZUM 2010, 281 (286); Schricker/*Loewenheim/Spindler*, § 69c Rn. 26 und 28.
[42] *EuGH* MMR 2012, 586, Rn. 61.
[43] *Strittmatter*, § 22 Rn. 57.
[44] *Nägele/Jacobs*, ZUM 2010, 281 (286).
[45] Spindler/Schuster/*Wiebe*, § 69c UrhG Rn. 64; *Nägele/Jacobs*, ZUM 2010, 281 (286); *Strittmatter*, § 22 Rn. 57.
[46] Schricker/*Loewenheim/Spindler*, § 69c Rn. 41.
[47] Schricker/*Loewenheim/Spindler*, § 69c Rn. 41.

2. Verhältnis Cloud Provider – Nutzer

16 Im Verhältnis zwischen Cloud Provider und Nutzer ist strittig, ob es sich seitens des Nutzers um einen urheberrechtsfreien Werkgenuss[48] handelt, oder ob der Nutzer ein Nutzungsrecht nach § 69c Nr. 4 UrhG benötigt. So wird teilweise die Ansicht vertreten, dass eine als SaaS-Lösung zur Verfügung gestellte Software nicht dem Recht der öffentlichen Zugänglichmachung unterliege, sofern nur die Bildschirmmaske bzw. -oberfläche oder Grafikdaten auf den Rechner des Nutzers übertragen werden, und keine urheberrechtlich geschützten Programmteile.[49] Die reine Nutzung der „Software as a Service" sei genauso wie das Lesen eines Buches keine urheberrechtlich relevante Handlung des Nutzers.[50] Verwiesen wird hierbei auf das Urteil des EuGH, wonach eine grafische Benutzeroberfläche keinen Urheberrechtsschutz für Computerprogramme genieße und die Ausstrahlung einer grafischen Benutzeroberfläche im Fernsehen keine öffentliche Wiedergabe eines urheberrechtlich geschützten Werkes darstelle.[51] Da bei einer reinen Online-Nutzung der SaaS-Lösung zB über den Browser beim Nutzer gar keine Vervielfältigungsvorgänge stattfänden, müsse sich der Nutzer vom Cloud Provider keinerlei Nutzungsrechte einräumen lassen, wobei es sich dennoch auf Grund der derzeit bestehenden Diskussion und der damit einhergehenden Rechtsunsicherheit in diesem Bereich empfehle, dem Cloud-Kunden das Recht zur gewünschten Nutzung der Cloud-Lösung einzuräumen, insbesondere auch, um einen möglichen Verstoß gegen andere geschützte Rechtspositionen des Cloud-Anbieters oder des Herstellers der Cloud-Lösung (bspw. Know-how-Schutz oder Betriebsgeheimnisschutz) bei Nutzung der Cloud-Lösung zu vermeiden.[52]

17 Diese Empfehlung zeigt nach hiesiger Ansicht bereits das Störgefühl dieses Ergebnisses, das dazu führen würde, dass eine SaaS-Nutzung von Software ohne entsprechende Zustimmung oder Rechteinräumung durch den Rechtsinhaber oder Cloud Provider keine Urheberrechtsverletzung und damit zulässig wäre, denn ob die Nutzung einer Cloud-Lösung, die generell Kunden angeboten wird, ein Geschäftsgeheimnis des Cloud Providers iSd § 2 Nr. 1 GeschGehG verletzt, erscheint fraglich. Dies würde auch zu einem Wertungswiderspruch zu der vergleichbaren Situation führen, dass ein Nutzer ein Computerprogramm ohne Zustimmung des Rechtsinhabers aus dem Internet herunterlädt und auf seinem Computer nutzt, was zumindest eine Verletzung des Vervielfältigungsrechts nach § 69c Nr. 1 UrhG wäre. Auch die Argumentation, dass der Nutzer sich vom Cloud Provider lediglich zusichern lassen soll, dass der Cloud Provider im Verhältnis zum Softwarehersteller über das Recht der öffentlichen Zugänglichmachung verfügt,[53] überzeugt nicht. Dies mag zwar aus Nutzersicht empfehlenswert sein, um den Cloud Provider in die Pflicht zu nehmen, die erforderlichen Nutzungsrechte zur Bereitstellung der SaaS-Lösung zu erwerben. Umgekehrt kann aber der Cloud Provider hiernach urheberrechtlich nicht gegen einen Nutzer vorgehen, der die SaaS-Lösung ohne entsprechende Lizenz nutzt, etwas weil er sich hierzu unberechtigt Zugang verschafft hat oder den Nutzungsumfang überschreitet.

18 In einem Urteil bezüglich der Zugänglichmachung eines Computerprogramms im Wege des Application Service Providing hat das OLG München in diesem Zusammenhang ausgeführt:

„Der Senat teilt die vom Erstgericht und in der Literatur verschiedentlich vertretene Auffassung, im – dem Streitfall zu Grunde liegenden – ASP-Betrieb sei auch ohne Übertragung von Programmdaten ein öffentliches Zugänglichmachen iSv § 69c Nr. 4 UrhG zu sehen. Der Wortlaut des § 69c Nr. 4 UrhG legt nicht ohne Weiteres nahe, dass die öffentliche Zugänglichmachung eines Computerprogramms notwendigerweise die Über-

---

[48] Dreier/*Schulze*, Urheberrechtsgesetz, 6. Aufl. 2018, § 15 UrhG Rn. 20.
[49] *Grützmacher*, CR 2011, 485; *Nägele/Jacobs*, ZUM 2010, 281 (287); *Grützmacher*, CR 2015, 779 (781); *Paul/Niemann*, in: Hilber, Handbuch Cloud Computing, Teil 3 Rn. 107.
[50] *Paul/Niemann*, in: Hilber, Handbuch Cloud Computing, Teil 3 Rn. 107.
[51] *EuGH*, 22.12.2010 – Rs. C-393/09, GRUR 2011, 220.
[52] *Strittmatter*, § 22 Rn. 62; *Splittgerber/Rockstroh*, BB 2011, 2179 (2180).
[53] *Argyriadou/Bierekoven*, in: Intveen/Gennen/Karger, Handbuch des Softwarerechts, § 14 Rn. 35.

mittlung von Programmteilen beinhalten müsse. Dem Erstgericht ist darin zuzustimmen, dass auch andere Werkarten (Theaterstücke, Musikwerke) in einer Weise der Öffentlichkeit zugänglich gemacht werden, ohne dass dieser das Werk selbst in körperlicher Form (nämlich durch öffentliche Darbietung und nicht durch Überlassung des Textbuches oder der Partitur) präsentiert wird. Zudem entspricht die Auslegung des § 69c Nr. 4 UrhG, wonach als Verwertungshandlung iSv § 69c Nr. 4 UrhG grundsätzlich bereits das Zugänglichmachen eines Computerprogramms zum interaktiven Abruf genüge, dem Willen des Gesetzgebers, einen möglichst frühen Schutz des Rechtsinhabers am Computerprogramm gegen Beeinträchtigungen Dritter zu gewährleisten (vgl. Wandtke/Bullinger/Grützmacher, § 69c Rn. 52 unter Hinw. auf Begr. RegE BR-Dr 684/02, 36 zu §§ 15, 19a, 22 und auf Art. WCT Artikel 8 WCT [WIPO Copyright Treaty], wonach nur bereits das Abstellen auf die Bereithaltung des Computerprogramms dem Anliegen gerecht werde, den Rechtsinhaber bereits im Vorfeld effektiv zu schützen)."[54]

Auch das Urteil des EuGH zu grafischen Benutzeroberflächen[55] führt nach hiesiger Ansicht zu keinem anderen Ergebnis, da der EuGH hierin lediglich darauf abgestellt hat, dass die grafische Benutzeroberfläche selbst keinen Urheberrechtsschutz für Computerprogramme genieße. In Bezug auf das Recht der öffentlichen Wiedergabe bezieht sich der EuGH lediglich auf die Ausstrahlung der grafischen Benutzeroberfläche im Fernsehen und führt hierzu aus: **19**

„Wenn jedoch im Rahmen einer Fernsehsendung eine grafische Benutzeroberfläche angezeigt wird, wird diese Oberfläche den Fernsehzuschauern nur passiv wiedergegeben, ohne dass sie die Möglichkeit zum Tätigwerden haben. Sie können die Funktion dieser Benutzeroberfläche nicht nutzen, die darin besteht, eine Interaktion zwischen dem Computerprogramm und dem Benutzer zu ermöglichen. Da die grafische Benutzeroberfläche durch die Fernsehausstrahlung nicht der Öffentlichkeit in dem Sinne zur Verfügung gestellt wird, dass die Personen, aus denen sich diese zusammensetzt, Zugang zu dem wesentlichen Merkmal der Schnittstelle haben, nämlich der Interaktion mit dem Benutzer, erfolgt keine öffentliche Wiedergabe der grafischen Benutzeroberfläche iSv Art. 3 I der Richtlinie 2001/29 [/EG vom 22. 5. 2001 zur Harmonisierung bestimmter Aspekte des Urheberrechts und der verwandten Schutzrechte in der Informationsgesellschaft]".[56]

Da § 69c Nr. 4 UrhG bereits das **Zugänglichmachen eines Computerprogramms zum interaktiven Abruf** umfasst und nach den Ausführungen des EuGH auf die **Interaktion zwischen dem Computerprogramm und dem Benutzer** abzustellen ist, verletzt nach hiesiger Auffassung die Nutzung einer im Wege des Cloud Computing bzw. SaaS bereitgestellten Software ohne entsprechende Zustimmung des Rechtsinhabers dessen Urheberrechte, sodass der Nutzer für die SaaS-Nutzung von Software eines Nutzungsrechts nach § 69c Nr. 4 UrhG bedarf. Der Nutzer nutzt nämlich nicht nur passiv im Sinne eines Werkgenusses das Computerprogramm, sondern interagiert mit diesem und initiiert daher die öffentliche Zugänglichmachung ihm gegenüber. Die öffentliche Zugänglichmachung ist daher auch dem Nutzer zuzurechnen und führt zu dem vom Gesetzgeber geforderten möglichst frühen Schutz des Rechtsinhabers am Computerprogramm gegen Beeinträchtigungen Dritter. **20**

Zudem darf der Nutzer gemäß § 69d Abs. 1 UrhG Vervielfältigungen wie etwa technische Zwischenspeicherungen nur dann vornehmen, wenn sie für eine bestimmungsgemäße Benutzung des Computerprogramms durch den Berechtigten notwendig sind. Damit allerdings der Nutzer „Berechtigter" iSd § 69d Abs. 1 UrhG ist, muss er an der Software entsprechende Nutzungsrechte erworben habe, sodass auch hiernach eine Nutzungsrechtseinräumung gegenüber dem Nutzer für die bestimmungsgemäße Benutzung der Software als Cloud Computing- bzw. SaaS-Anwendung erforderlich ist.[57] **21**

---

[54] OLG München, 7.2.2008 – 29 U 3520/07, GRUR-RR 2009, 91.
[55] EuGH, 22.12.2010 – Rs. C-393/09, GRUR 2011, 220.
[56] EuGH, 22.12.2010, Rs. C-393/09, GRUR 2011, 220, Rn. 57.
[57] Pohle/Ammann, CR 2009, 273 (276).

22 Dieses Ergebnis, dass ein Nutzer einer SaaS-Lösung ohne entsprechende Lizenz eine Urheberrechtsverletzung begeht, da er nicht über das Recht der öffentlichen Zugänglichmachung nach § 69c Nr. 4 UrhG verfügt und sich bezüglich der flüchtigen oder begleitenden Vervielfältigungshandlungen nicht auf § 69d Abs. 1 UrhG oder § 44a UrhG berufen kann, steht auch im Einklang mit dem Urteil des EuGH „Stichting Brein"[58] betreffend das Streaming von Filmen ohne Zustimmung des Rechtsinhabers. Hierin hat der EuGH entschieden, dass Handlungen der vorübergehenden Vervielfältigung urheberrechtlich geschützter Werke durch Streaming von Websites Dritter, die diese Werke ohne Erlaubnis der Urheberrechtsinhaber anbieten, die normale Verwertung solcher Werke grds. beeinträchtigen und die berechtigten Interessen der Rechtsinhaber ungebührlich verletzen können. Der EuGH begründet dies damit, dass derartige Handlungen normalerweise eine Verringerung der rechtmäßigen Transaktionen im Zusammenhang mit diesen geschützten Werken zur Folge haben, die die Urheberrechtsinhaber in ungebührlicher Weise beeinträchtigt.[59] Sofern sich ein Nutzer freiwillig und in Kenntnis der Sachlage zu einem kostenlosen und nicht zugelassenen Angebot geschützter Werke Zugang verschafft (etwa um einen Film zu streamen, der gerade in einem Kino läuft und den er anderweitig bezahlen müsste), ist dieses Streaming rechtswidrig und nicht durch Art. 5 Abs. 1 der Richtlinie 2001/29/EG vom 22.5.2001 zur Harmonisierung bestimmter Aspekte des Urheberrechts und der verwandten Schutzrechte in der Informationsgesellschaft (umgesetzt in § 44a UrhG) gedeckt.[60]

23 Sofern bei SaaS-Anwendung vorübergehende Vervielfältigungen von geschützten Teilen der Software in Form von kurzfristigen Zwischenspeicherungen erfolgen sollten,[61] sind diese im Falle einer Nutzung durch einen Nutzer, der hierzu nicht berechtigt ist, nicht durch § 44a UrhG oder § 69d Abs. 1 UrhG gedeckt. Doch auch ohne solche vorübergehenden Vervielfältigungen sind nach hiesiger Auffassung die obigen Ausführungen des OLG München und des EuGH einschlägig. Denn die Nutzung einer SaaS-Lösung ohne Erlaubnis bzw. Lizenz des Rechtsinhabers – welcher im Falle eigener Software der Cloud Provider ist – beeinträchtigt die normale Verwertung der SaaS-Lösung und verletzt die berechtigten Interessen des Cloud Providers ungebührlich, da sie eine Verringerung der rechtmäßigen Transaktionen im Zusammenhang mit der geschützten SaaS-Software zur Folge hat. Andernfalls bestände für einen Nutzer keine Notwendigkeit zum Erwerb entsprechender Lizenzen vom Rechtsinhaber bzw. Cloud Provider und er bliebe, wenn er eine SaaS-Software ohne entsprechende Nutzungsrechte nutzt – etwa weil er sich hierzu unbefugt Zugang verschafft oder über zu wenig Lizenzen verfügt – sanktionslos.

IV. Bearbeitungsrecht (§ 69c Nr. 2 UrhG)

1. Verhältnis Softwarehersteller – Cloud Provider

24 Wenn der Cloud Provider Drittsoftware an die Bedürfnisse seiner Nutzer anpassen will, ist hierfür die Einräumung von Bearbeitungsrechten nach § 69c Nr. 2 UrhG erforderlich.[62]

2. Verhältnis Cloud Provider – Nutzer

25 Aufgrund der Multi-Tenant-Architektur und der Mandantenfähigkeit von Cloud Computing-Lösungen handelt es sich hierbei in der Regel um Standardsoftware, die Kunden zur Nutzung über das Internet zur Verfügung gestellt wird. Allerdings können Nutzer indivi-

---

[58] *EuGH*, 26.4.2017 – Rs. C-527/15 – „Stichting Brein", MMR 2017, 460 mAnm *Stender-Vorwachs/Steege*.
[59] *EuGH*, 26.4.2017 – Rs. C-527/15 – „Stichting Brein", MMR 2017, 460, Rn. 70.
[60] *Stender-Vorwachs/Steege*, Anm. zu *EuGH*, 26.4.2017, Rs. C-527/15 – „Stichting Brein", MMR 2017, 460 (466).
[61] S. → Rn. 11.
[62] *Strittmatter*, § 22 Rn. 55.

duelle Bedürfnisse haben, an die diese Standardsoftware anzupassen ist. Üblicherweise sind solche Anpassungen den Nutzern bereits deshalb nicht möglich, weil sie keinen Zugriff auf den Softwarecode haben. Dieser ist vielmehr beim Cloud Provider installiert und wird auf dessen Servern ausgeführt; lediglich die Benutzeroberfläche wird auf dem Computer des Nutzers vervielfältigt, nicht die genutzte Software selbst. Zudem wird der Nutzer den Quellcode der Software nicht kennen, ohne den eine Bearbeitung kaum möglich ist, da nur der Quellcode das Computerprogramm in einer für den Menschen lesbaren Programmiersprache darstellt.[63] Doch auch wenn diese Hindernisse überbrückt werden, indem der Cloud Provider dem Nutzer den Quellcode zur Verfügung stellt, bedarf jede Abänderung eines Computerprogramms, die einen Eingriff in die Programmsubstanz darstellt, einschließlich des Entfernens einzelner Programmteile oder Module, der Zustimmung des Rechtsinhabers nach § 69c Nr. 2 UrhG.[64] Bereits die Herstellung der Umarbeitung ist nach § 69c Nr. 2 UrhG untersagt, nicht nur ihre Veröffentlichung oder Verwertung.[65]

26 In der Praxis finden sich bei Software, die vom Cloud Provider selbst entwickelt wurde, hierzu zwei Modelle, um Nutzern selbst die Vornahme von Bearbeitungen zu ermöglichen: Zum einen kann der Cloud Provider seine Software unter eine **Open Source-Lizenz** stellen, die allen Nutzern entsprechende Bearbeitungsrechte gewährt,[66] und sich lediglich den SaaS-Betrieb der Software vergüten lassen.

27 Zum anderen bieten Cloud Provider ihren Kunden die Teilnahme an **Community Modellen** an. Hierbei können Kunden selbst oder durch autorisierte Partner des Cloud Providers Weiterentwicklungen des Codes des Computerprogramms vornehmen und erhalten diesbezüglich das Bearbeitungsrecht. Eine Vervielfältigung und Verbreitung sind ihnen allerdings untersagt. Die Weiterentwicklung durchläuft sodann eine Qualitätsprüfung durch den Cloud Provider und wird bei entsprechender Freigabe in die SaaS-Anwendung übernommen. Sie steht im Anschluss allen Nutzern des Cloud Providers als Programmteil oder Modul der SaaS-Anwendung zur Verfügung, nicht nur dem Kunden, der die Weiterentwicklungen vorgenommen hat (daher „Community Modell"). Hierzu werden dem Cloud Provider vom Kunden, der die Bearbeitungen vorgenommen hat, entsprechende Nutzungsrechte eingeräumt. Der Vorteil dieses Community Modells liegt darin, dass zum einen Kunden spezifische Anwendungsfälle und Funktionalitäten in einer Multi-Tenant-Architektur, die an sich keine Kundenspezifika zulässt, umsetzen können, zum anderen jeder Kunde von den Weiterentwicklungen anderer Nutzer profitiert und die SaaS-Anwendung dadurch immer weiterwächst.

V. Fehlerberichtigung

28 Das dem Rechtsinhaber nach § 69c Nr. 2 UrhG zustehende Bearbeitungsrecht wird durch das Recht des Nutzers zu zustimmungsfreien Abänderungen nach §§ 69d und 69e UrhG beschränkt.[67] Nach § 69d Abs. 1 UrhG ist der Nutzer zur **Fehlerberichtigung** berechtigt, wenn diese notwendig ist. Eine solche Notwendigkeit besteht dann nicht, wenn der Softwarehersteller oder Cloud Provider sich bereit erklärt, die bestimmungsgemäße Benutzung sicherzustellen,[68] was aufgrund der mietvertragsrechtlichen Einordnung von Cloud Computing-Verträgen in aller Regel der Fall ist.[69] Zudem kann vertraglich das Recht des Nutzers auf Fehlerberichtigung nach § 69d Abs. 1 UrhG ausgeschlossen werden, wenn der Softwarehersteller oder Cloud Provider ein Interesse daran hat, dass der Nutzer nicht in

---

[63] Schricker/*Loewenheim*/*Spindler*, § 69e UrhG Rn. 4.
[64] Schricker/*Loewenheim*/*Spindler*, § 69c UrhG Rn. 14.
[65] Schricker/*Loewenheim*/*Spindler*, § 69c UrhG Rn. 12.
[66] Spindler/Schuster/*Wiebe*, § 69c UrhG Rn. 49.
[67] Schricker/*Loewenheim*/*Spindler*, § 69c UrhG Rn. 14.
[68] Schricker/*Loewenheim*/*Spindler*, § 69d UrhG Rn. 12.
[69] S. → Rn. 6.

das Programm eingreift und er seinerseits die Beseitigung von Fehlern kostenfrei und in einem angemessenen Zeitraum anbietet.[70] Beide Voraussetzungen sind bei Cloud-Lösungen gegeben, denn jegliche Änderungen im Programmcode durch einen Nutzer würden aufgrund der Multi-Tenant-Architektur auch alle anderen Nutzer betreffen, die dies möglicherweise nicht wünschen oder bei denen eine solche Fehlerberichtigung zu anderen negativen Auswirkungen führt, zum Beispiel, weil diese nur als Workaround umgesetzt wird und andere Funktionalitäten beeinträchtigt. Zudem schuldet der Cloud Provider während der Vertragslaufzeit die Fehlerbehebung und ggf. haben die Parteien hierzu Service Level vereinbart.[71] Solche vertraglichen Regelungen des Ausschlusses des Rechts des Nutzers auf Fehlerberichtigung unterfallen nicht der Nichtigkeitsfolge des § 69g Abs. 2 UrhG, allerdings ist der zwingende Kern von Benutzungsbefugnissen des § 69d Abs. 1 UrhG zu beachten.[72]

VI. Zusammenfassung

1. Verhältnis Softwarehersteller – Cloud Provider

29   Zusammenfassend benötigt der Cloud Provider für Software, die er seinen Kunden und somit einer Öffentlichkeit als SaaS-Lösung zur Verfügung stellt, das Vervielfältigungsrecht zur Installation und Speicherung auf seinen Servern, das Recht der öffentlichen Zugänglichmachung und gegebenenfalls das Bearbeitungsrecht.[73] Ein zusätzliches Vermietrecht ist nach hiesiger Auffassung nicht erforderlich, doch sollte der Cloud Provider sich dieses aufgrund der unklaren Rechtslage zum Betrieb der Software als SaaS-Lösung zusätzlich einräumen lassen.

30   Da Cloud Computing als technisch und wirtschaftlich eigenständig zu bewerten ist, stellt es eine eigenständige Nutzungsart dar und sollte im Rahmen der Rechteeinräumung explizit gegenüber dem Cloud Provider lizenziert werden, um etwaige Streitigkeiten über den Umfang der Rechteeinräumung zu vermeiden.[74]

2. Verhältnis Cloud Provider – Nutzer

31   Im Verhältnis zwischen Cloud Provider und Nutzer ist nach hiesiger Auffassung durch die Nutzung der Software als SaaS-Lösung ebenfalls das Recht der öffentlichen Zugänglichmachung betroffen, so dass dieses dem Nutzer einzuräumen ist.[75] Doch auch Vertreter der Auffassung, dass die reine Nutzung der „Software as a Service" – genauso wie das Lesen eines Buches – keine urheberrechtlich relevante Handlung des Nutzers sei, empfehlen, dem Cloud-Kunden das Recht zur gewünschten Nutzung der Cloud-Lösung einzuräumen.[76]

32   Teilweise mag dieses Recht der öffentlichen Zugänglichmachung im SaaS-Vertrag zwischen Cloud Provider und Nutzer als solches nicht explizit ausgestaltet sein. Dies schadet

---

[70] Schricker/*Lowenheim*/*Spindler*, § 69d UrhG Rn. 14.
[71] S. → Rn. 63.
[72] Schricker/*Lowenheim*/*Spindler*, § 69g UrhG Rn. 3.
[73] So auch *Strittmatter*, § 22 Rn. 60, der ebenfalls die Einräumung des Vermietrechts nicht für erforderlich hält.
[74] Spindler/Schuster/*Wiebe*, § 31 UrhG Rn. 11; *Strittmatter*, § 22 Rn. 65.
[75] Nicht in dieser Deutlichkeit aber im Ergebnis ebenso, dass „[d]ie Nutzung einer urheberrechtlich geschützten Software [...] dem Kunden erst vom Rechteinhaber, also vom Provider, gestattet werden [muss]", *Bräutigam*/*Thalhofer*, Teil 14 Rn. 154, sowie *Strittmatter*, § 22 Rn. 133, wonach im Verhältnis Cloud Provider (der zugleich Softwarehersteller ist) – Nutzer ein Recht zur Nutzung der Software eingeräumt werden muss, das sich nach der Zweckübertragungslehre richtet, und *Gennen*/*Laue*, Rn. 40, wonach es zur Hauptleistungspflicht des Cloud Providers gehört, dem Kunden „die zur Nutzung notwendigen Rechte einzuräumen".
[76] Vgl. → Rn. 16.

allerdings nicht, da sich das dem Nutzer eingeräumte Nutzungsrecht aufgrund der **Zweckübertragungslehre** nach § 31 Abs. 4 UrhG auf die Nutzungsarten erstreckt, die nach dem zugrunde gelegten Vertragszweck erforderlich sind. Dies ist die **Nutzung der vertragsgegenständlichen Software als SaaS-Lösung,** auch wenn der SaaS-Vertrag keine Lizenzeinräumungsklausel beinhaltet oder diese lediglich in allgemeiner Art ein Recht zur Nutzung der Software im Wege des Cloud Computings vorsieht.[77] Selbst wenn im Verhältnis Cloud Provider – Nutzer nicht zwingend eine Klausel zur Nutzungsrechtrechtseinräumung erforderlich ist, empfiehlt sich eine solche, um den Umfang der Nutzungsrechte zu regeln – etwa in Bezug auf die Art der Lizenz wie „Concurrent User" oder „Named User", die Anzahl der Nutzer und etwaige räumliche, zeitliche oder inhaltliche Beschränkungen gemäß § 31 Abs. 1 Satz 2 UrhG. Hierdurch wird entsprechende Rechtssicherheit für alle Parteien – auch in Bezug auf die Frage der Erforderlichkeit einer Einräumung des Rechts der öffentlichen Zugänglichmachung (§ 69c Nr. 4 UrhG) – gewährleistet.[78]

Ohne entsprechende ausdrückliche Gestattungen wird der Nutzer jedoch in aller Regel nicht berechtigt sein, das ihm vom Cloud Provider eingeräumte Nutzungsrecht an Dritte unterzulizenzieren oder zu übertragen, da das Recht der öffentlichen Zugänglichmachung nicht der Erschöpfung unterliegt. Auch ist er zur Bearbeitung der Software dann nicht berechtigt. 33

E. Anwendbares Recht

I. Anwendbares Vertragsrecht

Da es weder ein globales noch ein europäisches „besonderes IT-Recht" gibt, ist auch im Rahmen einer grenzüberschreitenden Cloud-Lösung – wie sie aufgrund des Konzepts des Cloud Computing häufig vorliegen wird – das **anwendbare nationale Recht** zu ermitteln.[79] Zunächst ist zu klären, ob der Vertrag zwischen Cloud Provider und Nutzer eine **Rechtswahlklausel** nach Art. 3 Abs. 1 Rom I-VO enthält, die bei internationalem Bezug zulässig ist und auch in Allgemeinen Geschäftsbedingungen wirksam vereinbart werden kann.[80] Eine ausdrückliche und klare Rechtswahl im Cloud Computing- bzw. SaaS-Vertrag ist dringend zu empfehlen.[81] 34

Sollte mangels Rechtswahl eine **objektive Anknüpfung** notwendig sein und bewertet man Cloud Computing als mietrechtliche Konstellation, findet nach Art. 4 Abs. 2 Rom I-VO das Recht des Staates des gewöhnlichen Aufenthalts des Vermieters Anwendung.[82] Der Cloud Provider erbringt nach Art. 4 Abs. 2 Rom I-VO die vertragscharakteristische Leistung, so dass auch hiernach das Recht des gewöhnlichen Aufenthalts des Cloud Providers, dh in der Regel das Recht seiner Hauptverwaltung zur Anwendung gelangt.[83] Zum selben Ergebnis gelangt man aufgrund Art. 4 Abs. 1 lit. b) Rom I-VO für den Fall, dass man im Falle des Cloud Computing von einem Dienstvertrag ausgehe.[84] Im Vertragsverhältnis Cloud Provider – Nutzer findet daher mangels Rechtswahl das Recht des gewöhn- 35

---

[77] Vgl. *Bräutigam/Thalhofer,* Teil 14 Rn. 112; *Argyriadou/Bierekoven,* in: Intveen/Gennen/Karger, Handbuch des Softwarerechts, § 14 Rn. 36; zur Klauselgestaltung s. *Gennen/Laue,* Rn. 205.
[78] *Bräutigam/Thalhofer,* Teil 14 Rn. 112.
[79] *Niemann/Paul,* K&R 2009, 444 (446).
[80] *Niemann/Paul,* K&R 2009, 444, (446); *Nordmeier,* Cloud Computing und Internationales Privatrecht, Anwendbares Recht bei der Schädigung von in Datenwolken gespeicherten Daten, MMR 2010, 151 (152).
[81] *Marly,* Praxishandbuch Softwarerecht, 7. Aufl. 2018, Teil 4 Rn. 1130; *Strittmatter,* § 22 Rn. 45.
[82] Palandt/*Thorn,* Art. 4 Rom I-VO, Rn. 25.
[83] *Nordmeier,* MMR 2010, 151 (152).
[84] *Nordmeier,* MMR 2010, 151 (152).

lichen Aufenthalts des Cloud Providers Anwendung, sofern der Nutzer kein Verbraucher ist.

36   Einige Cloud Computing-Angebote richten sich auch an **Verbraucher**. Auch im Falle einer **Rechtswahl** darf diese bei Verbraucherverträgen gem. Art. 6 Abs. 2 Rom I-VO nicht dazu führen, dass dem Verbraucher zwingende Verbraucherschutzrechte des Staates, in dem er seinen gewöhnlichen Aufenthalt hat, entzogen werden. Der Vertrag unterliegt dann als Mindeststandard den einfach zwingenden Vorschriften zum Schutz des Verbrauchers nach dem Recht seines gewöhnlichen Aufenthalts.[85] Bei **fehlender Rechtswahlklausel** gilt nach Art. 6 Abs. 1 Rom I-VO **das Recht des gewöhnlichen Aufenthalts des Verbrauchers**. Die Ausnahme nach Art. 6 Abs. 4 lit. a) Rom I-VO, wonach Verträge über die Erbringung von Dienstleistungen vom kollisionsrechtlichen Verbraucherschutzregime nicht erfasst werden, wenn die geschuldeten Dienste ausschließlich außerhalb des Staates des gewöhnlichen Aufenthalts des Verbrauchers erbracht werden müssen, ist nicht einschlägig, denn eine per Internet zu erbringende Leistung berührt den Aufenthaltsort des Verbrauchers, wenn dieser die Leistung von dort aus dem Netz abruft.[86] Auch wenn die Nutzung des Cloud Computing ortsungebunden erfolgen kann, wird der Verbraucher in aller Regel zumindest auch aus dem Staat seines gewöhnlichen Aufenthalts darauf zugreifen, sodass die geschuldete Leistung jedenfalls nicht ausschließlich außerhalb des gewöhnlichen Aufenthaltsstaates zu erbringen ist.[87]

II. Anwendbares Deliktsrecht

37   Im Rahmen des Cloud Computing können verschiedene Arten von Schädigungen auftreten, insbesondere können Daten beschädigt, verändert oder unbrauchbar werden. Ansprüche aus unerlaubter Handlung unterliegen bei objektiver Anknüpfung Art. 4 Abs. 1 Rom II-VO. Abzustellen ist auf den **Erfolgsort,** der bei Internetdelikten nach dem Lageort des verletzten Rechtsguts zum Zeitpunkt der Verletzung bestimmt wird, sodass bei Zerstörung oder Manipulation von Datenbeständen der **Lageort des Zielrechners** entscheidend ist, in dem die Datenbestände manipuliert, gelöscht oder beeinträchtigt werden. Denn eine solche Zerstörung oder Manipulation von Datenbeständen steht funktionell einer Eigentumsverletzung gleich.[88] Die Ermittlung des Lageorts des Zielrechners ist beim Cloud Computing schwierig, denn aufgrund der Virtualisierung der Datenverarbeitung und der Verteilung auf eine Vielzahl von Rechnern gibt es entweder gar keinen Zielrechner oder dieser lässt sich nicht eindeutig bestimmen. Es ließe sich argumentieren, dass auf den Rechner abzustellen ist, von dem der Nutzer auf die Cloud zugreift, allerdings liegt weder eine Schädigung dieses Rechners vor, noch könnte man – was gerade einer der Vorteile des Cloud Computing ist – von irgendeinem anderen Rechner auf die in den beschädigten Dateien enthaltenen Daten zugreifen. Die aus der Datenänderung folgende fehlende Abrufbarkeit ist daher nur eine indirekte Schadensfolge, welche nach Art. 4 Abs. 1 Rom II-VO für die Bestimmung des Schadenseintrittsorts außer Betracht bleibt.[89]

38   Als **Schadenseintrittsort** im Sinne des Art. 4 Abs. 1 Rom I-VO könnte auch der Lageort der geschädigten Daten angesehen werden. Aufgrund der im Falle des Cloud Computing auf zahlreiche Server verteilten Daten tritt der Schaden an allen Orten ein, an denen die Handlung des Schädigers zu einer Datenänderung führt, es handelt sich also um einen **Streuschaden**.[90] Dies führt zu zwei Komplikationen: Zum einen wird der Lageort der Daten für den Geschädigten kaum zu ermitteln sein, zum anderen würde die Anwen-

---

[85] Palandt/*Thorn,* Art. 6 Rom I-VO Rn. 8.
[86] MüKo-BGB/*Martiny,* Art. 6 Rom I-VO Rn. 25; *Nordmeier,* MMR 2010, 151 (152 f.).
[87] *Nordmeier,* MMR 2010, 151 (153).
[88] *Nordmeier,* MMR 2010, 151 (153).
[89] *Nordmeier,* MMR 2010, 151, (154).
[90] *Nordmeier,* MMR 2010, 151, (154).

dung der Mosaikbetrachtung[91] dazu führen, dass der Geschädigte seinen Gesamtschaden anteilig nach unterschiedlichen Rechtsregimen liquidieren müsste.[92]

Es erscheint somit sachgerecht, auf die **Ausweichklausel des Art. 4 Abs. 3 Rom II-VO** zurückzugreifen, wonach für den Fall, dass sich aus der Gesamtheit der Umstände ergibt, dass die unerlaubte Handlung eine offensichtlich engere Verbindung mit einem anderen als dem in den Absätzen 1 oder 2 des Art. 4 Rom II-VO bezeichneten Staat aufweist, das Recht dieses anderen Staates anzuwenden ist. Ein zwischen Schädiger und Geschädigtem bereits bestehendes Rechtsverhältnis (wie beispielsweise ein Vertrag) wird bei Angriffen auf die Cloud-Infrastruktur durch Dritte nicht gegeben sein, allenfalls, falls die unerlaubte Handlung seitens des Cloud Providers selbst erfolgt. Der gewöhnliche Abrufort des Nutzers wie auch der Handlungsort des Schädigers stellen keine geeigneten Anknüpfungsmomente dar. Aufgrund der Besonderheiten des Cloud Computing, das einen weltweiten Zugriff ermöglicht und so einen gewöhnlichen Abrufort gerade entbehrlich macht, ist dieser nicht zur Anknüpfung geeignet. Ebenso zufällig ist der Handlungsort des Schädigers, der zudem in der Rom II-VO als Anknüpfungsmoment abgelehnt worden ist.[93] Abstellen ließe sich somit in sinnvollerweise Weise auf die vertragliche Beziehung zwischen dem Cloud Provider und dem Nutzer, denn auf dieser Grundlage kann der Nutzer Zugriff auf die Cloud nehmen und der Schädiger hat auf diese Beziehung keinen Einfluss. Es erscheint daher angemessen, das Deliktsstatut nach Art. 4 Abs. 3 Satz 1 Rom II-VO mit dem Statut des Vertrages zwischen Cloud Provider und Nutzer parallel laufen zu lassen.[94]

III. Anwendbares Urheberrecht

Die Verletzung von Immaterialgüterrechten (einschließlich des Urheberrechts) ist nicht nach dem Deliktsstatut zu beurteilen, sondern nach dem **Schutzlandprinzip** *(lex loci protectionis)*. Art. 8 Rom II-VO sieht bei der Verletzung der Rechte am geistigen Eigentum vor, dass das Recht des Staates anzuwenden ist, für den der Schutz beansprucht wird. Durch Rechtswahl kann hiervon wegen Art. 8 Abs. 3 Rom II-VO nicht abgewichen werden. Eine nur im Ausland begangene Verwertungshandlung ohne Auswirkungen im Inland kann nicht als Verletzung des inländischen Schutzrechts gewertet werden.[95] Falls durch eine Rechtshandlung Immaterialgüterrechte in mehreren Staaten betroffen sind, unterliegt jede Rechtsverletzung jeweils dem Recht des einzelnen Schutzlandes (Mosaikbetrachtung).[96]

Bei Urheberrechtsverletzungen im Internet ist bezüglich der Verletzung des Vervielfältigungsrechts darauf abzustellen, wo die involvierten Vervielfältigungsvorgänge stattfinden, wo sich also die Standorte der beteiligten Rechner mit vorübergehender oder dauerhafter Speicherfunktion einschließlich der Server befinden, derer sich die Inhalteanbieter und/oder Nutzer gegebenenfalls bedienen.[97] Hinsichtlich der öffentlichen Zugänglichmachung ist auf den Ort abzustellen, von dem aus die Einstellung ins Netz veranlasst wird (Eingabeort). Denn durch diese Handlung wird die für § 19a UrhG bzw. § 69c Nr. 4 UrhG maßgebliche Abrufbarkeit bewirkt. Abzustellen ist auch **auf die intendierten Abruforte,** also diejenigen Länder, in denen die geschützten Inhalte bestimmungsgemäß abgerufen werden können.[98]

---

[91] Palandt/*Thorn*, Rom II-VO, Art. 4 Rn. 29.
[92] *Nordmeier*, MMR 2010, 151 (154).
[93] Vgl. Erwägungsgrund 15 der Rom II-VO.
[94] *Nordmeier*, MMR 2010, 151 (156).
[95] Schricker/Loewenheim/*Katzenberger/Metzger*, UrhG vor §§ 120ff. Rn. 131.
[96] Palandt/*Thorn*, Art. 8 Rom II-VO, Rn. 7.
[97] Schricker/Loewenheim/*Katzenberger/Metzger*, UrhG vor §§ 120ff. Rn. 144.
[98] *Laucken/Oehler*, Fliegender Gerichtsstand mit gestutzten Flügeln?, ZUM 2009, 824 (833); Schricker/Loewenheim/*Katzenberger/Metzger*, UrhG vor §§ 120ff. Rn. 145f.

42   Im Falle von Cloud Computing muss der Cloud Provider daher die Urheberrechte in mehreren Ländern wahren. Zum einen in jenen, in denen er die Cloud-Lösung hostet, denn hier finden Vervielfältigungshandlungen statt. Zum anderen muss er sie in den Ländern wahren, in denen die Cloud-Lösung wie etwa die Software, die als SaaS-Anwendung bereitgestellt wird, bestimmungsgemäß abgerufen werden kann. Er muss sich also die Nutzungsrechte für die „Software as a Service" für alle Staaten einräumen lassen, in denen die Nutzung der Software erfolgt.[99] Um hier nicht dem Risiko einer weltweiten urheberrechtlichen Verantwortlichkeit für die SaaS-Anwendung ausgesetzt zu sein, empfiehlt es sich für den Cloud Provider, die Abrufbarkeit durch Geolocation oder Geoblocking auf diejenigen Länder zu beschränken, in denen die Rechtslage abgeklärt ist,[100] oder mit seinen **Kunden vertraglich das Gebiet der Nutzung der SaaS-Anwendung zu regeln**.

F. Vertragspflichten des Cloud Providers

43   Die vertragliche Hauptleistungspflicht des Cloud-Anbieters aus § 535 Abs. 1 Satz 2 BGB liegt darin, die Cloud-Lösung dem Kunden in einem zum vertragsgemäßen Gebrauch geeigneten Zustand zu überlassen und sie während der Laufzeit in diesem Zustand zu erhalten.[101] Nach allgemeinen Beweislastgrundsätzen muss der Vermieter (also der Cloud Provider) beweisen, dass er seine vertragliche Pflicht, dem Kunden die Mietsache (also die Cloud-Lösung) in vertragsgemäßem Zustand zu überlassen, erfüllt hat.[102] Überlassen ist die Mietsache, wenn der Mieter in die Lage versetzt wird, die Mietsache vertragsgemäß zu nutzen. Wann das der Fall ist, beurteilt sich nach dem Umfang der vereinbarten Leistungen. Eine Annahme als Erfüllung, die anders als die Abnahme gem. § 640 BGB kein Rechtsgeschäft, sondern eine tatsächliche Handlung ist, liegt vor, wenn der Mieter durch sein Verhalten zum Ausdruck bringt, dass er die Mietsache als im Wesentlichen vertragsgemäße Leistung ansieht.[103]

I. Leistungsbeschreibung

44   Im Vertrag zwischen Cloud Provider und Kunden ist die Beschreibung der vertragsgegenständlichen Leistung von wesentlicher Bedeutung, da diese den „zum vertragsgemäßen Gebrauch geeigneten Zustand" iSd § 535 Abs. 1 Satz 2 BGB bestimmt. In der Praxis verweist der SaaS-Vertrag häufig auf eine Anlage, die eine **Leistungsbeschreibung** oder eine Beschreibung der Funktionalitäten der vertragsgegenständlichen Software beinhaltet und hierbei sowohl positive als auch negative Leistungsmerkmale und Leistungsabgrenzungen umfasst.[104] Der Cloud Provider wird hierbei die einzelnen Leistungspakete, Module und Funktionalitäten detailliert beschreiben, um so den Vertragsgegenstand und den vertragsgemäßen Gebrauch der Software zu definieren.[105]

45   Sofern eine Einbindung der SaaS-Anwendung in die Systemumgebung des Kunden und ein entsprechender Datenaustausch erfolgt, bspw. zwischen der SaaS-Anwendung und der ERP-Software des Kunden, sind in der Leistungsbeschreibung die hierzu erforderlichen **Schnittstellen** oder API *(Application Programming Interface)* zu definieren.

46   Haben die Vertragsparteien nicht im Einzelnen vereinbart, was die SaaS-Anwendung zu leisten hat, wird eine Software geschuldet, die unter Berücksichtigung des vertraglichen

---

[99] *Strittmatter*, § 22 Rn. 53.
[100] Schricker/Loewenheim/*Katzenberger/Metzger*, UrhG vor §§ 120 ff. Rn. 148.
[101] *Pohle/Ammann*, CR 2009, 273 (275).
[102] *BGH*, MMR 2007, 243 (244).
[103] *BGH*, MMR 2007, 243 (244).
[104] *Strittmatter*, § 22 Rn. 87.
[105] *Argyriadou/Bierekoven*, § 14 Rn. 46.

Zwecks des Programms dem Stand der Technik bei einem **mittleren Ausführungsstandard** entspricht.[106]

II. Überlassung der SaaS-Anwendung

Da es zudem beim SaaS eine klassische Übergabe wie bei anderen Mietgegenständen nicht gibt, sind die Leistungs- und Verantwortungsbereiche von Cloud Provider und Kunden voneinander abzugrenzen,[107] um festzustellen, wann die SaaS-Anwendung an den Kunden überlassen und dieser somit in die Lage versetzt wird, die Anwendung zu nutzen. Sofern die Nutzung der SaaS-Anwendung lediglich über einen gängigen Internet-Browser erfolgt, wird die Software in der Regel dann an den Kunden überlassen sein, wenn diesem etwa über einen entsprechenden Login der Zugriff auf die SaaS-Anwendung möglich ist, unabhängig davon, ob er diese tatsächlich nutzt.[108] In der Regel wird beim SaaS nur die Bereitstellung zur Nutzung der SaaS-Anwendung über das Internet durch den Kunden Vertragspflicht das Cloud Providers sein, nicht jedoch die Internetverbindung des Kunden selbst.[109]

47

III. Erhaltung der SaaS-Anwendung im vertragsgemäßen Zustand

Nach § 535 Abs. 1 Satz 2 BGB muss der Cloud Provider die SaaS-Anwendung während der Vertragslaufzeit in einem zum **vertragsgemäßen Gebrauch geeigneten Zustand** erhalten. Die Erhaltungspflicht des Vermieters umfasst sowohl die Instandsetzung, also die Wiederherstellung des vertrags- und ordnungsgemäßen Zustands der Mietsache durch Beseitigung von Schäden oder Erneuerung nicht reparaturfähiger Teile. Ferner zählt die Instandhaltung, also die Erhaltung des vertrags- und ordnungsgemäßen Zustands durch Beseitigung etwaiger zB durch Alterung entstehender Mängel hinzu.[110] Die Mietsache muss vom Vermieter verkehrssicher gehalten werden, etwa in einem öffentlich-rechtlichen Vorschriften entsprechenden Zustand; eine allgemeine Modernisierungspflicht hat der Vermieter jedoch nicht.[111] Wendet man diese Grundsätze auf die zeitlich befristete Überlassung von Software as a Service an, ist der Cloud Provider verpflichtet, Mängel der SaaS-Anwendung während der Vertragslaufzeit zu beheben, was sowohl durch entsprechende Korrekturprogramme (Patches) erfolgen kann, als auch durch das Einspielen aktualisierter Versionen der Software (Updates). Zur Erweiterung des Funktionsumfangs der SaaS-Anwendung ist er allerdings nicht verpflichtet. Hierzu werden in der Praxis dem Kunden Upgrades mit weiteren Funktionalitäten oder Modulen gegen zusätzliche Vergütung angeboten.

48

Zur **Erhaltungspflicht des Cloud Providers** zählen auch gegebenenfalls vorzunehmende Anpassungsmaßnahmen an geänderte äußere Umstände.[112] Beispiele wären etwa Änderungen beim Umsatzsteuersatz oder einschlägiger öffentlich-rechtlicher Vorschriften.[113] Bei einer SaaS-Anwendung, die beispielsweise die Abrechnung der Tätigkeit von Rechtsanwälten nach dem RVG ermöglicht, müsste eine Änderung der Gebührentabelle nach Anlage 2 zu § 13 Abs. 1 RVG in die SaaS-Anwendung im Rahmen der Erhaltungspflicht eingepflegt werden. Zusätzliche Funktionalitäten, die nicht unter die Abrechnung nach dem RVG fallen, oder anderweitige Änderungen der SaaS-Anwendung wie beispiels-

49

---

[106] *BGH*, 16.12.2003 – X ZR 129/01, NJW-RR 2004, 782.
[107] *Bräutigam/Thalhofer*, Teil 14 Rn. 153.
[108] Vgl. *Marly*, Teil 5 Rn. 1345.
[109] *Bräutigam/Thalhofer*, Teil 14 Rn. 153.
[110] Palandt/*Weidenkaff*, § 535 BGB Rn. 38.
[111] Palandt/*Weidenkaff*, § 535 BGB Rn. 38 f.
[112] *Marly*, Teil 5 Rn. 1346.
[113] *Marly*, Teil 5 Rn. 1346; Palandt/*Weidenkaff*, § 535 BGB Rn. 38.

weise eine Verbesserung der Benutzeroberfläche, muss der Cloud Provider hingegen nicht kostenfrei zur Verfügung stellen. Nach § 13 Abs. 7 TMG ist der Cloud Provider zudem verpflichtet, dargebotene Webseiten, über die sich der Kunde zB auf die Cloud-Lösung einloggen kann, auf dem Stand der Technik zu halten.[114]

IV. Datenschutzkonformität

50 Schließlich ist der Cloud Provider unter den nachstehenden Voraussetzungen verpflichtet, die SaaS-Anwendung im Rahmen des vertragsgemäßen Gebrauchs **in Übereinstimmung mit dem jeweils einschlägigen Datenschutzrecht** zur Verfügung zu stellen: Ein Mangel liegt auch dann vor, wenn einschlägige Gesetze nicht eingehalten werden.[115] Voraussetzung hierfür ist, dass die SaaS-Anwendung ihrer Funktionsnachweise nach gerade auf die Verarbeitung personenbezogener Daten angelegt ist oder eine solche Verarbeitung und die Pflicht des Kunden zur Einhaltung datenschutzrechtlicher Vorschriften für den Cloud Provider klar erkennbar war.[116] Dies wird dann zu bejahen sein, wenn die Parteien eine Vereinbarung zur Auftragsverarbeitung nach Art. 28 DS-GVO schließen. Zudem muss die **fehlende Datenschutzkonformität** der SaaS-Anwendung dazu führen, dass dem Kunden (als Verantwortlicher iSd Art. 4 Nr. 7 DS-GVO) die Nutzung der Software rechtlich oder faktisch verboten ist und er bei fortwährender Nutzung Ansprüchen durch Private oder ordnungsbehördlichen Verfügungen ausgesetzt ist.[117] Sofern allerdings die SaaS-Anwendung eine datenschutzkonforme Anwendung ermöglicht, auch wenn hierfür der Kunde entsprechende Vorkehrungen in seinem Unternehmen oder Einstellungen im Rahmen der Anwendung der Software vornehmen muss, wird kein Mangel der SaaS-Anwendung vorliegen. Die Grundsätze des Art. 25 DS-GVO an **Datenschutz durch Technikgestaltung (Data Protection by Design)** und durch **datenschutzfreundliche Voreinstellungen (Data Protection by Default)** adressieren nämlich lediglich den Kunden als Verantwortlichen, nicht den Softwarehersteller oder den Cloud Provider als Auftragsverarbeiter.[118] Erwägungsgrund 18 der DS-GVO sieht freilich vor, dass in Bezug auf Entwicklung, Gestaltung, Auswahl und Nutzung von Anwendungen, Diensten und Produkten, die entweder auf der Verarbeitung von personenbezogenen Daten beruhen oder zur Erfüllung ihrer Aufgaben personenbezogene Daten verarbeiten, die Hersteller „ermutigt" werden, das Recht auf Datenschutz bei der Entwicklung und Gestaltung zu berücksichtigen und unter gebührender Berücksichtigung des Stands der Technik sicherzustellen, dass die Verantwortlichen und die Verarbeiter in der Lage sind, ihren Datenschutzpflichten nachzukommen. Eine konkrete Verpflichtung für den Hersteller oder den Cloud Provider ergibt sich hieraus jedoch nicht.[119] Die Auffassung, die Grundsätze des Art. 25 DS-GVO hingegen im Rahmen der Mangelbegriffe auf den Softwareentwickler und somit im Falle eigener Software auf den Cloud Provider zu übertragen und ihn hierzu mittelbar zur Einhaltung dieser Grundsätze zu verpflichten,[120] erscheint zu weitgehend. Zum einen sind die konkreten datenschutzrechtlichen Anforderungen, die von Kunde zu Kunde unterschiedlich sein können, in der Leistungsbeschreibung und der Vereinbarung zur Auftragsverarbeitung nach Art. 28 DS-GVO zu regeln. Zum anderen hat der Kunde als Verantwortlicher zu entscheiden, welche konkreten Voreinstellungen er vornimmt.

---

[114] *Wiebe,* Produktsicherheitsrechtliche Pflicht zur Bereitstellung sicherheitsrelevanter Software-Updates, NJW 2019, 625 (626).
[115] *Schuster/Hunzinger,* Pflichten zur Datenschutzeignung von Software, CR 2017, 141 (145).
[116] *Schuster/Hunzinger,* CR 2017, 141 (144).
[117] *Schuster/Hunzinger,* CR 2017, 141 (145).
[118] *Gola/Nolte/Werkmeister,* Datenschutz-Grundverordnung, Art. 25 Rn. 11.
[119] *Gola/Nolte/Werkmeister,* DSGVO Art. 25 Rn. 11.
[120] *Dümeland,* Sachmangelhaftigkeit von Software bei nicht DSGVO-konformer Entwicklung, K&R 2019, 22 (24).

V. Nebenpflichten

Neben den Hauptleistungspflichten des Cloud Providers bestehen **vertragliche Nebenpflichten,** insbesondere allgemeine Sorgfalts- und Schutzpflichten, wie der Schutz vor Viren und die Warnung des Nutzers vor etwaigen Gefahren, etwa im Falle eines Virenbefalls der Software.[121]

51

G. Pflichten des Nutzers

I. Vergütungspflicht

Die **Hauptleistungspflicht des Nutzers** im Gegenseitigkeitsverhältnis ist die Zahlung der vereinbarten Vergütung (§ 535 Abs. 2 BGB).[122] Die **Vergütungsmodelle bei SaaS-Anwendungen** sind vielfältig. Sie können von einer monatlichen Pauschalvergütung für die Nutzung einzelner Softwaremodule über eine Vergütung in Abhängigkeit von der Anzahl der Nutzer bis hin zu Pay-per-Use-Modellen reichen.[123] Auch kann auf die Anzahl der getätigten Transaktionen über die SaaS-Anwendung abgestellt werden, beispielsweise im Falle einer SaaS-Anwendung, die die Abrechnung der Tätigkeit von Rechtsanwälten nach dem RVG ermöglicht, auf die Anzahl der hiermit erstellten Gebührenrechnungen. Sofern dem Kunden Speicherplatz zur Verfügung gestellt wird, kann auch dies in Abhängigkeit vom Speichervolumen zu vergüten sein. Des Weiteren besteht teilweise eine einmalige „Einrichtungsgebühr" für die Einrichtung des Kunden auf der Cloud-Plattform des Cloud Providers. Zudem werden häufig unterschiedliche **Service Level** angeboten (etwa „Silber", „Gold" und „Platin"), die unterschiedliche Reaktionszeiten, Wiederherstellungszeiten und Erreichbarkeiten der Service Hotline des Cloud Providers zum Gegenstand haben und unterschiedlich bepreist sind.[124] Schließlich können neben der Bereitstellung der SaaS-Anwendung zusätzliche vergütungspflichtige Leistungen des Cloud Providers bestehen, wie etwa Customizing oder Schulung des Kunden.

52

Bei länger laufenden SaaS-Verträgen wird häufig eine **Preisanpassungsklausel** vereinbart. Sofern sich diese an einem Preisindex ausrichtet, muss sie in Einklang mit dem Preisklauselverbot bzw. Indexierungsverbot in § 1 Abs. 1 und 2 Preisklauselgesetz stehen. Zudem kann der SaaS-Vertrag eine **Benchmarkklausel** vorsehen, nach der nach Ablauf einer gewissen Laufzeit oder regelmäßig in größeren Zeitabständen eine Überprüfung des Leistungsumfangs und der Vergütung am Marktumfeld vorgenommen wird. Diese Überprüfung kann etwa durch einen unabhängigen Dritten oder die Einholung von Vergleichsangeboten von Wettbewerbern erfolgen und dazu führen, dass entweder die Konditionen anzupassen sind oder dem Kunden oder dem Cloud Provider ein Sonderkündigungsrecht zusteht.[125]

53

II. Nebenpflichten

Den Nutzer treffen zudem Neben- und Mitwirkungspflichten hinsichtlich der ordnungsgemäßen Nutzung der SaaS-Anwendung. Der Nutzer ist hiernach verpflichtet, die **SaaS-Anwendung nur im Rahmen des vertragsgemäßen Gebrauchs,** dh des vertraglich vereinbarten Nutzungs- und Lizenzumfangs zu nutzen. Die vertraglichen Regelungen können vielfältig sein und beispielsweise festlegen, ob es sich um „Concurrent User", also

54

---

[121] *Marly*, Teil 5 Rn. 1295 und 1347.
[122] Palandt/*Weidenkaff*, § 535 BGB Rn. 73.
[123] *Argyriadou/Bierekoven*, § 14 Rn. 55; *Bierekoven*, ITRB 2010, 42 (43).
[124] S. → Rn. 62 ff.
[125] *Bräutigam/Thalhofer*, Teil 13 Rn. 67 ff.

mehrere gleichzeitige Nutzer, oder um bestimmte benannte Nutzer, sog. „Named User" handelt. Sie können ferner regeln, ob die Software nur zum eigenen unternehmensinternen Gebrauch bzw. für die internen Geschäftsvorfälle des Kunden verwendet oder Dritten zur Nutzung überlassen, also untervermietet und unterlizenziert werden darf, und ob der Gebrauch auf eine bestimmte Nutzerzahl beschränkt ist.[126] In diesem Zusammenhang muss der Nutzer auch sicherstellen, dass er Zugriffs- bzw. Login-Daten geheim hält und Maßnahmen zum Schutz vor dem unbefugten Zugriff Dritter auf die SaaS-Anwendung ergreift.[127] Eine weitere Nebenpflicht des Nutzers besteht darin, alles zu unterlassen, was Schaden an oder in Bezug auf die IT-Infrastruktur oder die SaaS-Anwendung des Cloud Providers verursachen kann.[128]

55 Nach § 536c BGB ist der Nutzer verpflichtet, einen Mangel der SaaS-Anwendung, der sich während der Vertragslaufzeit zeigt, dem Cloud Provider unverzüglich anzuzeigen. Zur **Fehlermeldung** wird in der Praxis durch den Cloud Provider häufig eine telefonische oder E-Mail Service Hotline oder ein Ticket-System zur Verfügung gestellt, das der Kunde nutzen muss und über das Fehlermeldungen erhoben werden und der Bearbeitungsstand gegenüber dem Kunden berichtet wird.

56 Auch wenn bei Cloud-Lösungen die Datenspeicherung in der Regel durch den Cloud Provider erfolgt, kann ggf. auch der Kunde zur **regelmäßigen Datensicherung** verpflichtet werden.[129] Schließlich sind im Rahmen des SaaS-Vertrages (zumeist in einer Anlage) die **technischen Systemvoraussetzungen für den Benutzerzugriff** zu spezifizieren, die seitens des Kunden eingehalten werden müssen. Dies wären etwa die Auflistung der Internet-Browser, die mit der Nutzung der SaaS-Anwendung kompatibel sind, die Mindestanforderungen an die technische Ausstattung der Client-Rechner des Kunden (zB Prozessor, Bildschirmauflösung) und die erforderliche Internetanbindung des Kunden samt deren Mindest-Datenübertragungsrate.

H. Wesentliche vertragliche Regelungen in SaaS-Verträgen

57 Im Folgenden werden einige wesentliche vertragliche Regelungen in SaaS-Verträgen näher erörtert.[130]

I. Service Level Agreement

58 Mittels eines Service Level Agreement (SLA) oder sog. Key Performance Indicators (KPI) regeln die Parteien die Qualität der SaaS-Anwendung näher.[131] Sie konkretisieren somit die Vertragspflichten des Cloud Providers, der andernfalls einen mittleren Ausführungsstandard der SaaS-Anwendung zu erbringen hat.[132] Folgende Service Level finden sich häufig in SaaS-Verträgen:

---

[126] Vgl. *Marly*, Teil 5 Rn. 1349 und 1350; *Strittmatter*, § 22 Rn. 134; *Gennen/Laue*, Rn. 240ff.
[127] *Argyriadou/Bierekoven*, § 14 Rn. 51.
[128] *Marly*, Teil 5 Rn. 1295 und 1351.
[129] *Argyriadou/Bierekoven*, § 14 Rn. 51; *Gennen/Laue*, Rn. 240ff.
[130] Ein ausführliches erläutertes Vertragsmuster eines SaaS-Vertrages findet sich zB bei *Gennen/Laue*, in: *Redeker*, Handbuch der IT-Verträge, Kapitel 1.17 Software as a Service; vgl. auch *Strittmatter*, in: Auer-Reinsdorff/Conrad, Handbuch IT- und Datenschutzrecht, § 22 Rn. 80ff. und *Argyriadou/Bierekoven*, in: Intveen/Gennen/Karger, Handbuch des Softwarerechts, § 14 Application Service Providing/SaaS (Cloud).
[131] *Bräutigam/Thalhofer*, Teil 14 Rn. 143.
[132] BGH, 16.12.2003 – X ZR 129/01, NJW-RR 2004, 782; *Argyriadou/Bierekoven*, § 14 Rn. 68.

H. Wesentliche vertragliche Regelungen in SaaS-Verträgen

1. Verfügbarkeit

Nach dem BGH wird etwa beim Online-Banking die versprochene Hauptleistung, nämlich der Zugang der Kunden zum Online-Service, „rund um die Uhr" geschuldet.[133] Dass tatsächlich bei Online-Diensten eine 100%-ige Verfügbarkeit geschuldet ist, erscheint äußerst fraglich, denn der Kunde weiß, dass solche Dienste etwa für Wartungsarbeiten oder Fehlerbehebungsmaßnahmen von Zeit zu Zeit vorübergehend abgeschaltet werden müssen. Daher werden Cloud Computing-Anwendungen samt deren Verfügbarkeit mangels vertraglicher Angaben gemäß § 243 BGB nach **mittlerer Art und Güte** geschuldet.[134]

Zur Vermeidung von Unsicherheiten, was die „mittlere Art und Güte" darstellt, vereinbaren die Parteien regelmäßig in einem SLA die **Verfügbarkeit der SaaS-Anwendung und damit deren Qualität.**[135] Meist wird ein Prozentsatz bezogen auf einen Zeitraum genannt, innerhalb dessen die SaaS-Anwendung verfügbar sein muss und damit vertragskonform erbracht wird. Von Bedeutung sind hierbei der zeitliche Bezugszeitraum – meist Monat oder Jahr – und die Festlegung von Wartungsfenstern für angekündigte oder ungeplante Wartungsarbeiten, bei deren Einhaltung die Ausfallzeit nicht als Nichtverfügbarkeit angesehen wird. Ein Beispiel wäre eine Verfügbarkeit von 98% pro Kalenderjahr, was bedeutet, dass die SaaS-Anwendung an 2% des Kalenderjahres (dies sind ca. 7 Tage 7 Stunden) nicht verfügbar sein darf, ohne dass der Cloud Provider hierdurch seine Leistungspflichten verletzt. Um zu vermeiden, dass ein Ausfall am Stück zu lange andauert, kann ergänzend eine maximal ununterbrochene Ausfallzeit vereinbart werden, zB ein Tag.[136] Als **Wartungsfenster** kann zB jeder erste Sonntag im Monat zwischen 1 Uhr und 5 Uhr festgelegt werden. Dann darf innerhalb dieser Zeit der Cloud Provider Wartungsarbeiten vornehmen, ohne dass hierdurch die vertraglich vereinbarte Verfügbarkeit gemindert wird.

Zu regeln ist schließlich, auf welche Leistung sich die Verfügbarkeit bezieht. Bei SaaS-Anwendungen wird dies regelmäßig nur der Betrieb der SaaS-Lösung auf der IT-Infrastruktur des Cloud Providers bis zum Übergabepunkt zum Internet Backbone sein, da nur dies in der Einflusssphäre des Cloud Providers liegt und der Kunde für seine Anbindung an das Internet selbst verantwortlich ist.[137]

2. Reaktions- und Wiederherstellungszeiten

Die **Reaktions- bzw. Antwortzeiten** regeln, innerhalb welchen Zeitraums der Cloud Provider mit der Bearbeitung einer Fehlermeldung beginnen und den Kunden hierüber unterrichten muss. Gemessen wird der Zeitraum ab Zugang der Fehlermeldung beim Cloud Provider über die vertraglich hierfür vorgesehenen Kommunikationswege wie eine telefonische oder E-Mail Service Hotline oder ein Ticket-System.

Bei kritischen Anwendungen finden sich zudem in SLA zu SaaS-Verträgen **Wiederherstellungs- bzw. Fehlerbehebungszeiten,** die vorgeben, innerhalb welchen Zeitraums eine nicht arbeitende Funktionalität wiederhergestellt oder ein gemeldeter Fehler behoben sein muss.[138]

Reaktions- und Wiederherstellungszeiten richten sich häufig nach der Schwere der Fehler, die im SLA definiert und in verschiedene **Fehlerklassen** kategorisiert werden. Zudem werden – meist ebenfalls in Abhängigkeit der Fehlerklasse – Servicezeiträume festgelegt, innerhalb derer die Fehlerbearbeitung erfolgt.

---

[133] *BGH*, 12.12.2000 – XI ZR 138/00, CR 2001, 181 (182) mAnm *Stögmüller*.
[134] *Stögmüller*, CR 2001, 181 (184); *Argyriadou/Bierekoven*, § 14 Rn. 68; *Niemann/Paul*, K&R 2009, 444 (447).
[135] *Niemann/Paul*, K&R 2009, 444 (447).
[136] *Bräutigam/Thalhofer*, Teil 13 Rn. 446.
[137] *Strittmatter*, § 22 Rn. 113 f.; *Bräutigam/Thalhofer*, Teil 14 Rn. 153.
[138] *Gennen/Laue*, Rn. 168.

3. Service Hotline

65 Wenn der Cloud Provider eine telefonische oder E-Mail Service Hotline betreibt, regelt das SLA regelmäßig die Servicezeiten und die Erreichbarkeit der Hotline.

4. Pönalen

66 Die Nichteinhaltung von Service Levels kann im SaaS-Vertrag oder dem SLA sanktioniert werden. Je nach Ausgestaltung erfolgt dies durch Gutschriften auf die geschuldete Vergütung (sog. **Service Level Credit**) oder den Anspruch des Kunden auf eine Pönale, die in Form einer **Vertragsstrafe** oder eines **pauschalierten Schadensersatzanspruchs** ausgestaltet ist.[139] Bei einer erheblichen Nichteinhaltung von Service Levels kann dem Kunden auch ein **Recht zur Kündigung aus wichtigem Grund** zustehen, wobei es sich empfiehlt, im SaaS-Vertrag den wichtigen Grund iSv § 314 BGB in Bezug auf Service Level zu konkretisieren.[140]

II. Haftung

67 Die vertraglichen Haftungsregelungen in SaaS-Verträgen richten sich nach den allgemeinen gesetzlichen Vorgaben, wobei in Individualverträgen nur die Haftung für Vorsatz (§ 276 Abs. 3 BGB) und im Falle des arglistigen Verschweigens eines Mangels (§ 536d BGB) nicht ausgeschlossen oder beschränkt werden kann.[141] Zudem ist § 14 ProdHaftG zu beachten, wonach die Ersatzpflicht des Herstellers nach dem Produkthaftungsgesetz im Voraus vertraglich weder ausgeschlossen noch beschränkt werden darf. Eine entsprechende haftungsbeschränkende Klausel wäre nichtig.[142] In **Individualverträgen** finden sich daher unter Berücksichtigung dieser Vorgaben vielfältige Regelungen zur Beschränkung der Haftung des Cloud Providers insbesondere im Falle leichter Fahrlässigkeit. Sofern es sich bei den SaaS-Verträgen um **Allgemeine Geschäftsbedingungen** iSd § 305 BGB handelt, darf sowohl gegenüber Verbrauchern als auch gegenüber Unternehmern durch vertragliche Haftungsbeschränkungen nicht gegen das gesetzliche Leitbild des Mietrechts verstoßen oder wesentliche Rechte oder Pflichten so eingeschränkt werden, dass die Erreichung des Vertragszwecks gefährdet ist (§ 307 Abs. 2 BGB).[143]

68 Aufgrund des mietvertraglichen Charakters des SaaS-Vertrages ist die Regelung des **§ 536a Abs. 1 Alt. 1 BGB** von Bedeutung, wonach dem Kunden ein Schadensersatzanspruch auch zusteht, wenn der Mangel bei Vertragsschluss bereits vorhanden ist. Hierbei handelt es sich um eine gesetzliche Garantie des Vermieters, also des Cloud Providers, die auch ohne Verschulden greift.[144] Eine vertragliche Abbedingung dieser verschuldensunabhängigen Haftung auch in AGB ist wohl wirksam, da dieser im System des BGB eher untypischen Regelung keine Leitbildfunktion zukommt.[145]

III. Unterstützungsleistungen bei und nach Vertragsbeendigung

69 Mit Vertragsbeendigung endet auch die Pflicht des Cloud Providers, die SaaS-Anwendung dem Kunden weiterhin zur Nutzung zur Verfügung zu stellen. Bei ausreichend langen

---

[139] *Argyriadou/Bierekoven*, § 14 Rn. 71; *Splittgerber/Rockstroh*, BB 2011, 2179 (2183).
[140] *Lensdorf*, Eine Orientierungshilfe für Unternehmen bei Auslagerungen an Cloud-Anbieter, CR 2019, 8 (14).
[141] Palandt/*Grüneberg*, § 276 BGB Rn. 35; MüKo-BGB/*Häublein*, § 536d BGB Rn. 1 und 5.
[142] Palandt/*Sprau*, § 14 ProdHaftG Rn. 1.
[143] Palandt/*Weidenkaff*, § 14 Rn. 92; zu Haftungsbegrenzungen in Cloud-Verträgen ausführlich *Strittmatter*, § 22 Rn. 126 ff.; *Gennen/Laue*, Rn. 271 ff.
[144] Palandt/*Weidenkaff*, § 536a BGB Rn. 9.
[145] *Gennen/Laue*, Rn. 279; MüKo-BGB/*Häublein*, § 536a Rn. 21.

Kündigungsfristen kann sich der Kunde darauf einstellen und rechtzeitig einen neuen Cloud Provider beauftragen oder eine unternehmensinterne Lösung aufbauen. Dennoch kann der Kunde bei und nach Vertragsbeendigung auf Unterstützungsleistungen des Cloud Providers angewiesen sein. Sofern es sich nicht um nachvertragliche Nebenpflichten handelt, sind diese im SaaS-Vertrag ausdrücklich zu vereinbaren und werden in der Regel dem Cloud Provider zusätzlich aufwandsbezogen vergütet.[146]

In entsprechenden vertraglichen Ausgestaltungen von **Exit-Szenarien** finden sich zumeist Regelungen zur **Rückführung der Daten** des Kunden ins eigene Unternehmen (sog. „Retransition" oder „Insourcing") oder zur Weiterübertragung an einen neuen Cloud Provider (sog. „Second Generation Outsourcing"), in denen ua das Datenformat und das Medium der Datenübertragung geregelt sind.[147] Zudem wird der Cloud Provider häufig gegen entsprechende Vergütung **Migrationsunterstützung** leisten, dh sowohl mit dem Kunden als auch dem übernehmenden Cloud Provider bei der Datenübernahme zusammenarbeiten und sie beim Übergang des operativen Betriebs vom bisherigen zum neuen Cloud Provider unterstützen.[148] 70

Sofern schließlich der Cloud Provider für den Kunden im Rahmen der SaaS-Anwendung **Individualsoftware** entwickelt oder individuelle Anpassungen vorgenommen hat, ist zu regeln, welche Nutzungsrechte der Kunde hieran hat, ob er diese Software oder Anpassungen auch in einer neuen IT-Infrastruktur weiter nutzen und ggf. bearbeiten darf und ob er Zugriff auf deren Quellcode hat.[149] 71

---

[146] *Argyriadou/Bierekoven*, § 14 Rn. 108.
[147] *Marly*, Teil 4 Rn. 1127 f.
[148] *Splittgerber/Rockstroh*, BB 2011, 2179 (2184); zur vertraglichen Ausgestaltung solcher Pflichten bei und nach Vertragsbeendigung ausführlich *Gennen/Laue*, Rn. 295 ff.
[149] *Marly*, Teil 4 Rn. 1128.

Teil 12. Digital Escrow

Übersicht

	Rn.
A. Einführung	1
I. Technologischer Kontext	1
II. Die Kernelemente des Digital Escrow	6
III. Kommerziell-wirtschaftlicher Kontext	11
B. Software Escrow – Grundlagen	18
I. Ursprung im klassischen Lizenzmodell: von Objektcode und Quellcode	18
II. Escrow löst inhärenten Interessenkonflikt für zwei oder mehr Parteien	25
III. Entstehungsgeschichte, Anbieterstruktur und mögliche Auswahlkriterien	30
C. Escrow-Verträge	38
I. Angewandte Vertragspraxis und Vertragstypen	38
II. Vertragstypologische Einordnung und typische Vertragsklauseln	48
III. Insolvenzfestigkeit: rechtstheoretisch spannend, aber begrenzt praxisrelevant	57
IV. Escrow und Smart Contracts à la Blockchain	65
D. Hinterlegungsmaterial, Übergabe und Verwahrung	72
I. Zusammenstellung des Hinterlegungsmaterials	72
II. Übergabe an den Escrow-Agenten	78
III. Verwahrung	84
E. Technische Prüfungen, Gutachten und Garantien	89
I. Eingangs- und Vollverifizierungen	89
II. Technischer Exkurs – Softwareentwicklung	95
F. Escrow coming of age: Evolution im digitalen Wandel	98
I. Einführung	98
II. Cloud oder SaaS/AaaS Escrow (Escrow-Kernelement Kategorie II)	100
III. IP Escrow (Escrow-Kernelement Kategorie III)	111
IV. Key Escrow (Escrow-Kernelement Kategorie IV)	115
V. Data Escrow (Escrow-Kernelement Kategorie V)	120
VI. KI Escrow (Escrow-Kernelement Kategorie VI)	126
G. Fazit und Ausblick	133

Literatur:
Auer-Reinsdorff/Conrad (Hrsg.), Handbuch IT- und Datenschutzrecht, 3. Aufl. 2019; *Bömer*, „Hinterlegung" von Software, NJW 1998, 3321; *Meyer*, Die Hinterlegung von Quellcodes und Prioritätsverhandlungen in der notariellen Praxis, RNotZ 2011, 385; *Redeker*, IT-Recht, 6. Aufl. 2017; *Roth*, Wege zum Quellcode II, ITRB 2005, 383; *Schneider/v. Westphalen* (Hrsg.), Softwareerstellungsverträge, 2. Aufl. 2014.

A. Einführung

I. Technologischer Kontext

Seit dem letzten Beitrag zu Escrow in der 3. Aufl. dieses Handbuchs im Jahr 2013[1] durften wir wieder Zeuge äußerst spannender Entwicklungen in den Bereichen IT und Recht werden. *Marc Andreessen*, Gründer von Netscape und bekannter Venture Capitalist aus dem Silicon Valley, hatte zu dieser Zeit gerade mit dem visionären WSJ-Aufsatz „Why Software is eating up the World"[2] seine frühe Ahnung einer softwaredominierten Welt

1

---

[1] Leupold/Glossner/*Peters*, Münchener Anwaltshandbuch IT-Recht, 3.Aufl. 2013, „Cloud Escrow als Werkzeug zur Risikominimierung", S. 490 ff.
[2] *Andreessen*, „Why Software is eating the World", WSJ/Wall Street Journal, New York, 20.8.2011 (mögl. freie Übersetzung des Titels: „Warum Software die Welt verfrühstücken wird").

durchklingen lassen. Er gab mit diesem „inoffiziellen Motto der Digitalisierung"³ die Marschrichtung vor und nahm die heute hinlänglich bekannte und noch immer andauernde digitale Evolution vorweg, die inzwischen weit über die Gebiete IT und Recht hinaus in fast alle Lebensbereiche hineingreift.

2   Vor diesem Hintergrund wird der vorliegende Beitrag zunächst die Kernidee des juristisch wie technisch spannenden Konzepts „Escrow" aufzeigen. Escrow als spezialisierte Dienstleistung im technisch-kommerziellen Umfeld löste und löst ab den frühen 1980er Jahren damals wie heute einen fundamentalen Interessenkonflikt zwischen zwei oder mehr Geschäftsparteien, die andernfalls nicht oder nur unter stark veränderten ökonomischen Vorzeichen zusammenkommen könnten. Darüber hinaus zeigt dieser Beitrag dann, welche Aspekte des Konzepts seit den erstmalig in 1982 durchgeführten Hinterlegungen bis heute unverändert Gültigkeit haben – und welche sich kontinuierlich weiterentwickeln und an den Lauf der Zeit anpassen.

3   Parallel zur 3. Aufl. des Handbuchs fingen Anfang bis Mitte der 2010er Jahre das Cloud Computing und damit auch Cloud Escrow an, branchenübergreifend ein breites Interesse zu erlangen.[4] Der Fokus wechselte – wie bei fast allen technologischen Innovationen, die den Gartner Lebens- oder Hypezyklus durchlaufen – von einer teilweise emotionalen oder gar irrationalen Diskussion möglicher Erwartungen und Zukunftsvisionen hin zu einer pragmatischen Entwicklung realistischer Anwendungen, die konkreten und messbaren Mehrwert versprachen. Bis zum heutigen Tag werden Cloud Computing und Cloud Escrow weiterentwickelt und verfeinert, und man kann inzwischen bei beiden von etablierten da weithin verwendeten Konzepten sprechen (in der Nomenklatur des Gartner Hypezyklus hat die Cloud das *Tal der Enttäuschungen* durchlaufen und das *Plateau der Produktivität* erreicht).[5] Ähnliches kann man in den kommenden Jahren für die Digitalisierung erwarten und für das in den kommenden Seiten noch zu definierende Digital Escrow.

4   Die technologische Entwicklung ab 2013 bis heute wurde und wird von Schlagworten wie Blockchain und Smart Contracts, Big Data Technologies, lernfähige Maschinen, neuronale Netze und Künstliche Intelligenz[6], embedded Software[7] oder Firmware,[8] SoC,[9] Plattformökonomie, Sensortechnik und M2M[10]-Kommunikation, und natürlich von Industrie 4.0 bzw. IoT und IIoT[11] geprägt.

5   Wie schon beim Cloud Computing, evolviert bzw. noch treffender „evolutioniert"[12] Escrow zusammen mit diesen neuen Konzepten und jüngsten Technologien und passt sich

---

[3] Vgl. auch *Weigert,* „Software has eaten the world: Warum Technologie längst das Weltgeschehen diktiert [Kolumne]", https://t3n.de/news/software-eaten-world-technologie-657917/ (zuletzt abgerufen Oktober 2019).

[4] Vgl. Leupold/Glossner/*Stögmüller,* Münchener Anwaltshandbuch IT-Recht, 3.Aufl. 2013, Teil 4 „Cloud Computing", S. 454 ff.

[5] www.gartner.com/en/information-technology/glossary/hype-cycle [11/19].

[6] Kurz KI, engl. AI = Artificial Intelligence.

[7] Zusammengesetzt aus Embedded Systems und Software Engineering; vgl. Wikipedia (zuletzt abgerufen Oktober 2019): Embedded Software wird zum Steuern von Maschinen geschrieben, die typischerweise nicht als Computer bezeichnet werden; die spezialisierte Hardware hat oft beschränkten Speicherplatz oder andere Einschränkungen wie begrenzte Prozessorkapazität; oft verwendete Programmiersprachen für Embedded Systems sind C, C++, Java oder Python.

[8] Firmware = fest verdrahtetes „Betriebssystem" zB für Smartphones und andere Hardware wie Drucker, CD-Player oder Kühlschränke; essentiell für das Funktionieren der Geräte; eine Aktualisierung oder ein Austausch sind idR nicht oder nur schwer durchzuführen und oft während der Lebenszeit nicht eingeplant; www.it-service24.com/lexikon/f/firmware und https://praxistipps.chip.de/firmware-was-ist-das_39304 [11/19].

[9] SoC = System-on-Chip-Technologie.

[10] M2M = Machine to Machine.

[11] IoT = Internet of Things („Internet der Dinge") bzw. IIoT = Industrial Internet of Things.

[12] Evolutionieren: zB „(ziel)gerichtete Evolution" (Quelle: http://blogs.taz.de/wortistik/2009/02/10/evolutionierung). Oder auch: „alternieren, ändern, changieren, modifizieren, umwandeln, umwerfen, verbessern" (Quelle: http://www.wie-sagt-man-noch.de/synonyme/evolutionieren.html). Weiter: „[Es gibt] Technologien mit disruptiven Eigenschaften rsp. Veränderungspotential […]. Neben diesen revolutionär wirkenden Technologien existieren aber weitere. Diese werden ebenfalls die Wirtschaft und Unternehmen verändern –

A. Einführung

begrifflich und inhaltlich an. Dementsprechend entstanden mit der Zeit unzählige Variationen des klassischen Software Escrow Services mit Namen wie das bereits erwähnte Cloud Escrow (alternativ SaaS[13] Escrow, AaaS[14] Escrow oder in Zuspitzung EaaS[15] genannt), aber auch Escrow 4.0,[16] Key Escrow, Domain Escrow, HTML oder Website Escrow, IP[17] oder Know-how Escrow, Technology Escrow, Embedded Escrow, Data Escrow, Blockchain Escrow oder neuerdings KI/AI Escrow.

II. Die Kernelemente des Digital Escrow

Das vorläufige Ergebnis der im vorherigen Abschnitt skizzierten Entwicklungen wird vom Autor unter dem Sammelbegriff **Digital Escrow** subsumiert. Dabei wird als wesentliches Merkmal der Hinterlegungsgegenstand, also das primäre Schutzobjekt, welches in Escrow oder in Sicherheitsverwahrung gegeben wird, gewählt.

Die folgende **Kategorisierung** der einzelnen Komponenten von Digital Escrow auf Basis des Hinterlegungsgegenstandes orientiert sich an der gelebten Praxis und entspricht weitgehend den aktuell am Markt angebotenen Dienstleistungen der professionellen Hinterlegungsstellen oder Escrow Agenten:
- **Klassisches Software Escrow** (primärer Hinterlegungsgegenstand: Software Quellcode; hier mit zugeordnet: Quellcode von Embedded Software)
- **Cloud Escrow** – auch Escrow-as-as-Service/EaaS (primärer Hinterlegungsgegenstand: Software Quellcode und alle für die Erbringung der SaaS- oder AaaS-Dienstleistung nötigen Komponenten, die vom Cloud-Anbieter[18] direkt kontrolliert werden)
- **IP Escrow** (primärer Hinterlegungsgegenstand: allgemeines Know-how, Geschäftsgeheimnisse – nicht Software; beispielhaft Maschinendaten, Konstruktionsquelldaten wie Baupläne für Platinen, Material- und Stücklisten, Explosionszeichnungen, Angaben zu Zuliefererketten, Inhaltsstoffen für chemische Prozesse und Komponenten für Fertigungsanlagen und deren Aufbau und Konfiguration)
- **Key Escrow** (primärer Hinterlegungsgegenstand: kryptografische Schlüssel, Passwörter, allgemein Zugangsdaten, manchmal Hashwerte)
- **Data Escrow** (primärer Hinterlegungsgegenstand: große Datenmengen; Inputdaten oder Outputdaten oder Daten als Basis für statistische Auswertungen; strukturiert oder unstrukturiert; personenbezogene Daten)
- **KI Escrow** (primärer Hinterlegungsgegenstand: Quellcode und/oder Algorithmen der „leeren" bzw. untrainierten KI Modelle bzw. Neuronalen Netzwerke, und deren Trainingsdaten bzw. möglicherweise im begrenzten Umfang auch Livedaten).

Keine Kernelemente des Digital Escrow:
Begriffsabgrenzung: Nicht behandelt werden in diesem Zusammenhang die zwei großen Bereiche des **Financial Escrow** (auch Payment oder Fund Escrow, welches oft bei Unternehmenskäufen oder -verkäufen/M&A-Transaktionen genutzt oder von Zahlungsabwicklern wie Paypal angeboten werden) und des **Domain Escrow** (auch Domain Name Registry and Registrar Escrow – Handel und Übertragung von Internetdomains

---

allerdings auf etwas „leiseren Sohlen", aus: *Huber*, Technologien, die evolutionieren, in: Industrie 4.0 kompakt – Wie Technologien unsere Wirtschaft und unsere Unternehmen verändern, 2018.
[13] Software as a Service.
[14] Application as a Service.
[15] Escrow as a Service.
[16] Beispielhaft fand am 20.6.2017 der 3. OSE Summer Talk Berlin unter dem Titel „Escrow 4.0: Big Data und digitale Plattformen" statt – ein Branchentreffpunkt, auf dem aktuelle Entwicklungen diskutiert und in konkrete Anwendungen und Handlungsempfehlungen umgesetzt werden; siehe www.ose-international.org.
[17] IP = Intellectual Property („geistiges Eigentum").
[18] CSP = Cloud Service Provider („Cloud-Anbieter").

und ihren Kaufpreisen, beispielhaft angeboten von großen cross-border Payment Plattformen wie Escrow.com, Payoneer.com oder Escrow.domains[19]), da es bei ihnen kein klassisches Hinterlegungsgut wie beim Digital Escrow gibt. Auch kommt beim Financial Escrow und Domain Escrow – anders als eben beim Digital Escrow – der Zahlungsabwicklung zwischen zwei oder mehr Parteien je eine zentrale Bedeutung zu.

HTML oder Website Escrow hingegen hat sich im Markt nicht durchgesetzt, und **Embedded Escrow** wird in diesem Beitrag unter Kategorie I Klassisches Software Escrow mitbehandelt (→ Rn. 8).

Der Begriff **Technology Escrow** wiederum war zeitweise als Abgrenzung zum klassischen Software Escrow genutzt worden, macht aber in der hier angewandten Logik keinen Sinn mehr bzw. könnte höchstens noch als Synonym zu Digital Escrow genutzt werden.

Ebenso wie **Blockchain Escrow** bezeichnet Technology Escrow keinen eigenen, dedizierten Hinterlegungsgegenstand. Dem Begriff Blockchain Escrow kommt insofern eine eigene Bedeutung zu, als dass bestimmte Teile des Escrow-Prozesses gegebenenfalls mit Hilfe von Blockchaintechnologie abgebildet werden können.[20]

10   Die oben erwähnten Kategorien I. bis VI. entsprechen den aktuell aktiv am Markt angebotenen und genutzten Komponenten des Digital Escrow. Nachdem in den folgenden Kapiteln zunächst die allgemeingültigen Grundsätze des Escrowkonzepts anhand des klassischen Software Escrow dargestellt werden, geht Kapitel 6 dieses Beitrags auf die jeweiligen Besonderheiten der relativ neueren „digitalen" Komponenten ein.

III. Kommerziell-wirtschaftlicher Kontext

11   Wie bereits kurz erwähnt, löst Escrow einen Interessenkonflikt zwischen zwei oder mehr Geschäftsparteien, die andernfalls nicht oder nur unter stark veränderten ökonomischen Vorzeichen zusammenkommen könnten (die konkreten Vorteile je einzelnem Beteiligten werden noch später in diesem Beitrag aufgeführt).

12   Die Gebühren für ein Escrow variieren naturgemäß je nach Qualität, Umfang, Dienstleister und Land, in dem sie angeboten werden, liegen aber in der Regel zwischen einigen Hundert und wenigen Tausend Euro je für die Abschluss- und Jahresgebühren[21] sowie zwischen vier- und fünfstelligen Beträgen für die technische Verifizierung.

13   Als mögliche Alternative zu einer Escrow-Regelung müsste der komplette Übergang des Schutzgutes auf den Anwender (Kauf, dauerhafte Überlassung aller Komponenten) in Erwägung gezogen – oder alternativ ein oft unkalkulierbares Risiko in Kauf genommen werden. Letzteres kann aus vielen Gründen nicht erstrebenswert oder sinnvoll sein, ersteres würde kommerziell ganz andere Dimensionen als die Escrow-Gebühren annehmen und stellt oft auch grundsätzlich keine verfügbare Option dar, weil a) der Hinterlegungsgegenstand nicht zum Verkauf steht, b) das konkrete Geschäftsmodell des Anwenders eine solche Diversifizierung nicht vorsieht oder c) die finanziellen Ressourcen des einzelnen Anwenders/Lizenznehmers um ein Vielfaches überfordert wären.

14   Aus Sicht individueller Marktteilnehmer kann Escrow somit ein wichtiges Werkzeug für die Querschnittsfunktionen betriebliches Risikomanagement, betriebliches Kontinuitätsmanagement und betriebliches Innovationsmanagement[22] darstellen. Eine Hinterlegung

---

[19] Führende Marktplätze für Domainreservierungen und -handel in Deutschland sind beispielhaft Sedo und Alternic.
[20] Mehr zur möglichen Anwendung von Blockchaintechnologie für Escrow und Smart Contracts → Rn. 65 ff.
[21] Beinhaltet oft bereits die so genannte Eingangsverifizierung, in Einzelfällen wird hierfür eine separate Vergütung gefordert.
[22] Engl.: Business Risk, Continuity and Innovation Management (BRM, BCM, BIM).

kann beispielhaft durch Absicherung einzelner Stufen der bestehenden Lieferkette (ein gemieteter oder geleaster Maschinenpark, eine fremdprogrammierte Betriebssoftware) dazu beitragen, das Gesamtrisiko eines Produktionsausfalls zu reduzieren oder die Kontinuität wesentlicher Unternehmensprozesse sicherzustellen und damit auch bessere Ratings in Bezug auf Versicherungsleistungen oder Kredit- und Finanzierungsoptionen zu erzielen. Letzteres kann sich wiederum konkret in Kostenvorteilen ausdrücken.

Als weiteres Anwendungsbeispiel auf Unternehmensebene kann die strategische Ausrichtung und Planung eines Unternehmens herangezogen werden, welche per Definition dauerhaft die Sicherung oder (Neu-)Generierung von Wettbewerbsvorteilen[23] zur Aufgabe haben muss: jede Wirtschaftseinheit definiert individuell, ob und wann einzelne Komponenten der angebotenen Produkte oder Dienstleistungen in Eigenproduktion erbracht oder als Fremdleistung eingekauft werden sollen oder können.[24] Eine Verwahrung und damit die Absicherung von innovativen Technologien schafft dabei zusätzliche Optionen für die langfristige Planung und Gestaltung der Wertschöpfungskette, indem die Nutzung von fortschrittlichen oder disruptiven Produkten und Dienstleistungen junger Technologiezulieferer als Handlungsalternativen in Betracht gezogen werden können, die andernfalls nur sehr viel später (wenn die neuen Technologien oder die Anbieterfirmen reifer und damit sicherer sind oder scheinen) oder nie zum Zuge kämen.

Darüber hinaus erfüllt Escrow auch im gesamtwirtschaftlichen Kontext wichtige Aufgaben und bietet einen volkswirtschaftlichen Nutzen. Aufgrund begrenzt verfügbarer Ressourcen muss sich jedes Unternehmen auf die Stärkung seiner Kernkompetenzen[25] konzentrieren. Dabei sollten alle wesentlichen Bereiche (kritisches Know-how, zentrale Wettbewerbsvorteile) vom Unternehmen selbst kontrolliert werden. Wenn aber beispielsweise wichtiges Know-how im Randgebiet wesentlicher Kompetenzen sicher und kontrolliert auch an externe Dienstleister abgegeben werden kann, kann das Unternehmen die freigewordenen Ressourcen stattdessen zur weiteren Stärkung der eigenen Kernkompetenzen einsetzen. Andersherum entstehen dann auch leichter spezialisierte Nischen- und Technologieanbieter bzw. siedeln sich im Land an, da deren innovative Entwicklungen leichter Abnehmer im Markt finden und sie als Zulieferer leichter mit den Großen ihrer jeweiligen Branche konkurrieren können.

Zusammenfassend kann man sagen, dass ein funktionierender Hinterlegungsmarkt[26] im internationalen Wettbewerb einen klaren Standortvorteil darstellen kann: Escrow bietet allen Akteuren neue Handlungsoptionen an und hilft damit, die Wettbewerbsfähigkeit bestehender Unternehmen zu sichern und auszubauen. Darüber hinaus unterstützt Escrow die Stärkung der nationalen Innovations- und Wettbewerbsfähigkeit und hilft Rahmenbedingungen zu schaffen, die wiederum Einfluss auf innovative Unternehmensgründungen und die Entstehung von neuen Arbeitsplätzen haben können.

B. Software Escrow – Grundlagen

I. Ursprung im klassischen Lizenzmodel: von Objektcode und Quellcode

Im klassischen Lizenzmodell betreiben Anwender(firmen) Software von externen Entwicklern eigenverantwortlich auf unternehmensinterner Hardware und IT-Infrastruktur. Dort läuft der so genannte **Objektcode,** dh der maschinenlesbare und -ausführbare Teil der Software. Auch die bei der Verarbeitung generierten Nutzerdaten residieren in inter-

---

[23] Vgl. *Porter,* Wettbewerbsvorteile. Spitzenleistungen erreichen und behaupten, 6. Aufl. 2000.
[24] Eigenfertigung oder Fremdbezug, engl. make-or-buy.
[25] Siehe beispielhaft https://wirtschaftslexikon.gabler.de/definition/kernkompetenz-39649.
[26] Als wichtiger Standortfaktor in Bezug auf Escrow sei hier die Diskussion um die (nationale) Insolvenzfestigkeit [InsF] genannt, die in → Rn. 57 ff. vorgestellt und weiter erläutert wird.

nen Datenbanken unter eigener Kontrolle. Datenschutz und DS-GVO-konforme Datenverarbeitung sind dementsprechend – soweit relevant – eine rein interne Angelegenheit des Anwenders.

19   Der für Anpassungen notwendige **Quellcode** der Software verbleibt hingegen beim Lizenzgeber, der die Programme auf Basis eines Wartungsvertrages zwischen beiden Parteien pflegt und weiterentwickelt, was regelmäßig in neuen Updates oder Releases mündet. Sollte der Entwickler aus irgendeinem Grund nicht mehr verfügbar oder willens sein, die Software zu warten oder weiterzuentwickeln, kann der Anwender zunächst noch genau den Stand der Software weiternutzen, der bei ihm im Zeitpunkt der Wartungsunterbrechung produktiv eingesetzt wird, da diese ja auf seinen eigenen Rechnern laufen.

20   In diesem klassischen Modell besteht somit aus Sicht des Anwenders kein unmittelbares Risiko, ohne eigenes Verschulden und ohne Vorwarnung Daten zu verlieren oder kurzfristig keinen Zugriff mehr auf die durch die Software bereitgestellten Anwendungen oder Dienste zu haben. Es gilt jedoch, die Möglichkeit einer Wartung oder Weiterentwicklung der Software auch mittel- und langfristig durch einen möglichen Zugriff auf den Quellcode zu sichern. Escrow kommt damit eine gewichtige Rolle im gesamtunternehmerischen Risikomanagement des Anwenders zu.

21   Für die Betrachtung von Hinterlegungen insgesamt spielt es dabei grundsätzlich keine Rolle, ob die eingesetzte Software individuell erstellt wurde oder so genannte Standardsoftware ist, oder ob es sich um eine dauerhafte Überlassung der Software („Kauf") oder nur um eine temporäre Überlassung („Miete") handelt.[27]

22   Das resultierende **klassische Software Escrow** basiert in den meisten Anwendungsfällen auf dem Modell der doppelten Treuhand. Ein Anwender schließt zusammen mit seinem Softwarehersteller und einem neutralen Escrow-Agenten einen dreiseitigen Vertrag, in dessen Kern konkret mögliche Herausgabegründe für die Software bzw. dessen Quellcode definiert sind. Neben dem faktischen Zugriff auf den Quellcode müssen dem Anwender auch die entsprechenden Rechte zur weiteren Bearbeitung zugesprochen werden, was entweder im bilateralen Lizenzvertrag (oder Werk- oder Projektvertrag ...) oder im Escrow-Vertrag geregelt sein kann.[28]

23   Der Escrow-Agent übernimmt nach Abschluss des Escrow-Vertrages vom Hersteller das Hinterlegungsmaterial analog zur beim Lizenznehmer eingesetzten Version der Software. Anschließend prüft er dieses nach den Wünschen des Anwenders, dh er führt eine so genannte „technische Verifizierung" durch, eine Serie von Tests auf Vollständigkeit und Brauchbarkeit des übergebenen Materials (→ Rn. 89 ff.). Sodann lagert er diese und zukünftige Versionen sicher ein und garantiert dem Lizenznehmer im Notfall jederzeit Zugriff auf den Quellcode, sollte eine der vorher definierten Herausgabebedingungen eintreten.

24   Wie oben erwähnt, kontrolliert der Anwender auch bei Herausgabe noch die Hardware, auf der die Anwendung läuft und auf der die Daten gespeichert werden. Um auch die mittel- bis langfristige Nutzung sicherzustellen, kann er dann mithilfe des Quellcodes die laufende Pflege, Wartung und Weiterentwicklung der Software selbst organisieren, entweder durch eigene interne Ressourcen, soweit vorhanden, oder durch externe Dienstleister.

---

[27] Der eine wichtige Aspekt, bei dem unter deutschem Recht die letzte Unterscheidung eine wesentliche Bedeutung hat, ist der der Insolvenzfestigkeit [InsF] von Hinterlegungsvereinbarungen, welcher ausführlicher in → Rn. 57 ff. behandelt wird.
[28] Gemeint ist das Recht zur Übersetzung, Bearbeitung oder Hinzufügung von Neuerungen gem. § 69c Nr. 2 UrhG sowie das Recht zur Vervielfältigung der neuen Version des Programms nach § 69c Nr. 1 UrhG.

II. Escrow löst inhärenten Interessenkonflikt für zwei oder mehr Parteien

Wie im vorherigen Abschnitt beschrieben, sind die typischen Hauptbeteiligten in einem Escrow-Vertrag der Lizenzgeber oder Hersteller einer Software und sein Kunde, der Lizenznehmer oder Anwender. Der Lizenzgeber möchte sein Know-how bzw. geistiges Eigentum in Form des Quellcodes schützen (oft ist dies der einzige oder der wesentliche Vermögensgegenstand der Firma) und gleichzeitig aber auch seine Software oder Dienste erfolgreich am Markt platzieren. Der Lizenznehmer wiederum möchte seine Investitionen in die eingekaufte IT-Infrastruktur absichern, vor allem wenn auf dieser kritische eigene Geschäftsprozesse laufen. Er benötigt eine Garantie, dass die Software langfristig zur Verfügung steht, stabil läuft und jederzeit auch an sich wechselnde Anforderungen oder externe Marktbedingungen angepasst werden kann. Dieser Interessenkonflikt wird durch das klassische Software Escrow gelöst, welches von unabhängigen Treuhändern als spezialisierte Dienstleistung angeboten wird.

Neben der klassischen Konstellation ein Lizenzgeber (LG), ein Lizenznehmer (LN) und ein Escrow Agent gibt es auch diverse andere Anwendungsfälle mit weiteren Parteien am Markt, beispielhaft:

– ein **Generalunternehmer (GU)**, der für einen (oft öffentlichen) Auftraggeber bzw. Anwender ein System aufbaut und dafür eigene Komponenten erstellt, aber auch eine oder mehrere Bausteine durch Dritte (Softwarehersteller) hinzukauft; in so einem Fall sichert sich der GU typischerweise durch Escrow gegen Wegfall eines Zulieferers ab, zumal die Laufzeiten für diese Projekte/Aufträge oft 10 oder mehr Jahre betragen. Anwendungsbeispiel: Mautsysteme für LKW oder PKW, die vom Verkehrsministerium an ein Konsortium vergeben werden, welches das System dann über Jahrzehnte betreiben soll.

– eine **Sekundärberechtigte**, die zwar nicht die Software oder das Hinterlegungsgut direkt einsetzt oder nutzt, aber von dessen Ergebnis (Einsatz durch einen LN oder GU) profitiert. Anwendungsbeispiel: das im vorherigen Anwendungsfall erwähnte Verkehrsministerium – als zusätzliche Absicherung, falls das beauftragte Konsortium aus irgendeinem Grund nicht mehr liefern kann oder möchte; oder der Auftraggeber (AG) bzw. Abnehmer eines physischen Produktes, welches von einem Auftragnehmer (AN) mit Hilfe des Know-hows eines dritten Technologieinhabers (TI) erstellt wird; auch hier findet die primäre Escrow-Beziehung zwischen dem AN und dem TI statt, aber der AG möchte sich zusätzlich absichern und im Zweifel (auch) das Recht zum Einsatz der Technologie bekommen.

– ein **Investor oder Risikokapitalgeber**, der sich für den Fall eines Totalverlustes seiner Investition wenigstens das entstandene geistige Eigentum sichern möchte, um es ggf. sinnstiftend in andere Portfoliounternehmen einzubringen; das Technologieunternehmen, welches beispielhaft eine neue Software erstellt, legt in regelmäßigen Abständen Zwischenstände in Escrow; sollte das junge Unternehmen scheitern und abgewickelt werden müssen, bliebe dem Investor wenigstens der aktuelle Stand des mit seinem Geld entwickelten Know-hows.

– ein **Darlehensgeber bzw. eine Bank**, die einem jungen Start-up/Unternehmen einen Kredit oder eine andere Finanzierung gewährt; auch hier sichert sich der Darlehensgeber mit Hilfe von Escrow einen Durchgriff auf den letzten Stand der Technologie/des IP, allerdings mit dem Ziel der Darlehensbesicherung für den Fall ausbleibender Raten- oder Rückzahlungen/Tilgungen.

– ein **Joint Venture**, welches zwischen zwei oder mehr eigenständigen Unternehmen gegründet wurde, um gezielt ein gemeinsames Ergebnis – beispielhaft den Auf- oder Ausbau eines konkreten Dienstes oder einer Software – zu erreichen. Oft werden hierfür bereits bestehendes geistiges Eigentum oder andere Vermögenswerte der einzelnen Part-

ner in das Gemeinschaftsunternehmen eingebracht, welche dann Überkreuz-Escrowverträge für das jeweilige Know-how der anderen Partei(en) abschließen.
– Auch wenn sie meistens keine direkte Vertragspartei für ein Escrow sind, so sollen hier trotzdem die **Anwälte und Juristen** der Parteien erwähnt werden, denen oft eine wesentliche Rolle bei der Gestaltung der Escrowverträge zukommt. Ihnen obliegt beispielhaft idR die wichtige Synchronisation von über- oder untergeordneten Vereinbarungen wie den Lizenz- Werk- oder Projektverträgen oder den Wartungs- und Pflegeverträgen mit dem eigentlichen Escrow-Vertrag. Und auch vorher, während der Findungs- und Verhandlungsphase der (angehenden) Partnerparteien, generieren sie beratend Mehrwert, indem sie im richtigen Moment die passende Escrow-Variante aus ihrem „Werkzeugkasten" ziehen und als Lösungsbaustein vorstellen können.

27 Alle genannten Konstellationen haben gemeinsam, dass ein inhärenter Interessenkonflikt zwischen zwei oder mehr Beteiligten aufgehoben wird. Im Kern geht es dabei auch immer um die Abhängigkeit einer Partei von einer anderen, die durch Escrow gelöst werden kann. Die konkreten Vorteile für die vier häufigsten Parteien sind im Folgenden aufgelistet:

28 **Nutzen einer Hinterlegung von Quellcode:**

Vorteile für Lizenznehmer (Anwender, Kunden, Auftraggeber)
- Sichert den Lizenznehmer gegen Ausfall des Lizenzgebers durch zB Insolvenz, Verkauf oder Geschäftsaufgabe
- Garantiert Zugriff auf den Quellcode einer beim Lizenznehmer eingesetzten Software
- Ermöglicht ununterbrochene Pflege/Wartung/Weiterentwicklung der Software durch eigene Mitarbeiter oder Dritte
- Allgemein: Escrow stellt einen Investitionsschutz für IT-Projekte dar.

Vorteile für Lizenzgeber (Hersteller, Auftragnehmer)
- Wendet erfolgreich eine pauschale Herausgabe des eigenen Quellcodes an Kunden (Lizenznehmer) oder Partner ab
- Schützt effektiv das eigene geistige Eigentum (Intellectual Property, IP)
- Sichert Wettbewerbsvorteile
- Dient als vertrauensbildende Maßnahme und steigert dadurch den Absatz der eigenen Produkte
- Hilft (kleineren) Lizenzgebern, sich im Wettbewerb gegen (größere) Mitbewerber zu positionieren.

Vorteile für Generalunternehmer (GU)
- Reduziert erheblich die durch potenziellen Wegfall eines Zulieferers bestehenden Risiken
- Sichert Verträge und gegenüber Kunden eingegangene Verpflichtungen ab
- Stärkt eigene Glaubwürdigkeit im Markt
- Ermöglicht (Service-) Zusagen bzw. Garantien, die von Drittanbietern (Softwareherstellern, Lizenzgebern) abhängen.

Vorteile für Geldgeber (Investoren, Banken, Risikokapital- oder Darlehensgeber)
- Sichert einen Geldgeber gegen eventuelle Zahlungsausfälle (Raten, Tilgung) eines Technologieunternehmens/Mittelempfängers ab
- Besichert die eingesetzten Mittel durch einen konkreten, (im)materiellen Gegenwert (geistiges Eigentum, IP) – oft der einzige relevante Aktivposten (Asset) eines jungen Technologieunternehmens
- Ermöglicht bei einer eventuellen Herausgabe die Weiterverwendung des Know-hows im eigenen Technologieportfolio, oder ggf. die externe Verwertung.

Zusammenfassend kann man sagen, dass Nutzer von Escrow grundsätzlich immer die gleichen Ziele verfolgen: sie wollen Sicherheit schaffen, Vertrauen aufbauen, zusätzliche Optionen erschließen und eine Zusammenarbeit ermöglichen, die ohne Escrow nicht oder nur unter deutlich anderen Vorzeichen möglich wäre.[29]

III. Entstehungsgeschichte, Anbieterstruktur und mögliche Auswahlkriterien

Der Begriff Software Escrow kann grob mit Hinterlegung von Software Quellcode übersetzt werden, Escrow selbst mit Hinterlegung, Treuhänder, Treuhandvertrag oder Vertragsurkunde. Letzterer stammt ursprünglich vom Altfranzösischen „escroé" (Schriftrolle) ab, welches den Hinterlegungsgegenstand selber bezeichnete. Auf dem Schriftstück war ein an das Eintreten bestimmter Bedingungen oder Umstände geknüpftes Recht verbrieft, dessen Durchsetzung oft mit Hilfe eines neutralen Dritten erwirkt oder überwacht werden sollte.

Vor ca. 40 Jahren wurde dann im anglo-amerikanischen Raum das Konzept Software Escrow als aufschiebend bedingtes Rechtsgeschäft für Quellcode entwickelt. Damals dominierten zunächst noch zentralistische IT-Architekturen und Großrechner einiger weniger Anbieter. Mit dem Erscheinen der ersten Personal Computer um 1980 (Apple I in 1976, Commodore PET und Apple II in 1977, Macintosh in 1984) fing die PC-Ära an. Diese begünstigte Dezentralisierung und flexiblere Strukturen und bot damit deutlich mehr Marktteilnehmern Zugang zum sich entwickelnden Sektor für Geschäftssoftware.

In diesem Umfeld wurde in 1982 in San Diego/USA der Pionier aller professionellen Escrow-Agenten gegründet: die Firma Data Securities International (DSI) Inc. bediente als erste erfolgreich die neu entstehende Nachfrage. In 1997, 15 Jahre später, wurde DSI mit einem Umsatz von $5.2 Millionen an die Firma Iron Mountain Inc. aus Boston verkauft[30]. Obwohl der Bereich Escrow damals wie heute nur eine von vielen Sparten von Iron Mountain repräsentiert, ist die Firma laut eigenen Angaben auf der Firmenwebseite[31] in diesem Segment ein Marktführer.

Ungefähr zum Zeitpunkt der DSI-Übernahme in den USA fing auch die Firma NCC Escrow plc in Manchester/UK mit dem Angebot von Escrowdienstleistungen an, womit diese erstmals in Europa angekommen sein dürften. Über die Jahre tätigte NCC diverse Akquisitionen in diesem Bereich[32]. Heute ist die Firma laut eigenen Angaben auf der Firmenwebseite[33], ebenso wie DSI, in vielen Ländern präsent und ein Marktführer.

Als die Nachfrage nach Escrow in Kontinentaleuropa ankam und dort vertrauenswürdige Institutionen für diese Aufgabe gesucht wurden, wandte man sich mangels Alternative zunächst häufiger an Notare, die öffentlich bestellt und vereidigt und qua Amtes mit hoheitlichen Aufgaben betraut waren[34]. Mit der Zeit stellte sich heraus, dass Notare zwar gut Gegenstände wie Dokumente oder damals auch erste Datenträger entgegennehmen, verwahren und auf Verlangen wieder herausgeben konnten, ein vollständiger Escrow-Service aber noch viele weitere Facetten aufweist und diese zwingend eine Spezialisierung sowie

---

[29] Eine gute Zusammenfassung der Nutzen von Escrow-Verträgen finden sich beispielhaft bei *Huq/Ehm/Lee*, Software-Lebensversicherung, Computerworld 16/2015, Sektion Strategie & Praxis, S. 30.
[30] NY Times, 4.9.1997, www.nytimes.com/1997/09/04/business/iron-mountain-plans-to-buy-2-companies-for-60-million.html/.
[31] www.ironmountain.com.
[32] Manchester Evening News, 29.3.2011, https://www.manchestereveningnews.co.uk/business/business-news/ncc-group-buys-escrow-associates-857350/; sowie die Webseite der Beraterfirma Rickitt Mitchell www.rickittmitchell.com/client/ncc-group-plc/ mit vielen weiteren Beispielen (zuletzt abgerufen Januar 2020).
[33] www.nccgroup.trust/uk/our-services/software-escrow-and-verification/about-us/ (zuletzt abgerufen Januar 2020).
[34] Anders im anglo-amerikanischen Raum, wo sich gleich mit Entstehen der Nachfrage nach Escrow der eigene Berufsstand des Escrow Agents herausbildete: die Public Notaries verfügen typischerweise nicht über vergleichbare Ausbildung oder Kompetenzen und kamen deswegen nicht als echte Alternative in Frage.

fundiertes technisches Know-how benötigen. Wenn auch heute noch manchmal Notare oder Anwälte für diese Aufgabe angesprochen werden, liegt dies idR entweder an der Unwissenheit einer oder beider Parteien oder am Fokus auf Kostenreduktion bei gleichzeitiger Indifferenz in Bezug auf die Aktualität und Tauglichkeit des Hinterlegungsmaterials.[35]

> **35 Hinterlegung von Quellcode und anderen Sicherungsgütern: Notar vs. Escrow-Agent, mögliche Auswahlkriterien**
>
> Viele der Unterschiede zwischen Notaren oder Anwälten und professionellen Escrow-Agenten in Bezug auf Hinterlegungen begründen sich schlicht mit dem technologischen Know-how und der Spezialisierung der Escrow-Agenten auf dieses Geschäftsfeld.
>
> Folgende Differenzierungsmerkmale gibt es zwischen Notaren und Escrow-Agenten – diese können auch gleichzeitig als Auswahlkriterien für professionelle Anbieter dienen:
>
> 1. **(IT-)Sicherheit:** zeitgemäße Infrastruktur – bei Notaren oft ausgerichtet auf ein noch immer papier- und dokumentenzentriertes Geschäftsmodell, bei Escrow-Agenten eher auf das eines spezialisierten IT-Dienstleisters mit Fokus auf Sicherheit und Vertrauen.
> 2. **Technologisches Verständnis und aktuelles Know-how:** essentiell wichtig für eine inhaltliche Bewertung des Hinterlegungsgegenstandes und die Übernahme von Garantien in Bezug auf seine Tauglichkeit für die spätere designierte Verwendung.
> 3. **Qualität der Verträge, Flexibilität:** bewährte Vertragsvorlagen für unterschiedliche Escrow-Dienste, Erfahrung und vor allem Flexibilität bei der Anpassung auf die konkreten Bedürfnisse.
> 4. **Preise:** Gebühren bei Notaren können je nach angesetzter Bemessungsgrundlage variieren; oft liegen diese unter der der Escrow-Agenten, analog zum geringeren Umfang der angebotenen Dienste, manchmal aber auch darüber zB wenn die Gebührenordnung für Notare[36] Anwendung findet und als Bezugsgrundlage der (angenommene) Verkehrswert der Software herangezogen wird.
> 5. **Aktualisierungen:** interne Prozesse sollten auf die regelmäßige oder real-time Übernahme von neuen Releases, Updates und Patches ausgelegt sein; aktives Erinnerungsmanagement.
> 6. **Escrow-Know-how und Übernahme von Verantwortung:** komplettes Vertragsmanagement für alle Prozessschritte inkl. Überwachung von vertraglichen Pflichten, Fristen und Terminen, aktive Übernahme der Gesamtverantwortung als doppelte Treuhand im Sinne beider Vertragsparteien.

36 In Deutschland gab es um die Jahrtausendwende erste kommerzielle Angebote im Markt, und der erste rein deutsche Escrowspezialist wurde 2002 gegründet[37], exakt zwanzig Jahre nach DSI in den USA. Seitdem ist der Markt kontinuierlich gewachsen und es sind viele Anbieter hinzugekommen. Gerade im anglo-amerikanischen Raum gibt es insgesamt eine sehr große Auswahl, wobei viele die klassischen Escrow-Dienste für Software & Co mit Financial Escrow und Domain Escrow kombinieren[38].

37 Innerhalb der EU gibt es teilweise deutliche Landesunterschiede. Während im deutschsprachigen und holländischen Raum je eine gute Handvoll nationaler und internationaler Anbieter präsent sind, wird beispielhaft der französische Markt durch zwei alteingesessene Institutionen dominiert. In Schweden bietet die Stockholm Chamber of Commerce[39] Escrow-Dienste an und in Italien gibt es bisher kein nennenswertes Angebot. Ungeachtet des

---

[35] Man kann in diesem Zusammenhang dann auch vom „Escrow-Feigenblatt" oder „der Amulett-Funktion von Escrow" sprechen.
[36] S. entsprechende Gebührentabellen nach dem Gerichts- und Notarkostengesetz, GNotKG.
[37] S. www.deposix.de.
[38] Vgl. die Abgrenzung der Escrow-Dienste in → Rn. 6 ff., 9.
[39] https://english.chamber.se/escrow-services.htm.

nationalen Ursprungs eines Escrow-Agenten bieten die meisten ihre Dienstleistungen aber auch problemlos über Landesgrenzen hinweg an, wobei die anzuwendende Rechtsordnung nicht bei jedem Anbieter frei gewählt werden kann.

C. Escrow-Verträge

I. Angewandte Vertragspraxis und Vertragstypen

Als Software Escrow Anfang der 80er Jahre in den USA aufkam, wurde dort zunächst die klassische 3-Parteienkonstellation als naheliegende Lösung auf den vorab beschriebenen Interessenkonflikt zwischen einem Softwarehersteller als Lizenzgeber und seinem Kunden, dem Lizenznehmer, angewandt. Dieser Lösungsansatz, fortan typischerweise als **Escrow Einzelvertrag** tituliert, wurde als juristisch eigenständiges Vertragsgebilde gestaltet, welches parallel zu einem bestehenden oder geplanten Lizenz-, Überlassungs-, Werk-, Projekt- oder Wartungsvertrag (im Folgenden der Einfachheit halber einheitlich Lizenzvertrag genannt) zwischen Lizenzgeber und Lizenznehmer bis heute Bestand hat. 38

Ohne einen solchen zugrundeliegenden Lizenzvertrag macht ein Escrow-Vertrag zunächst wenig Sinn. Trotzdem kommt seiner Eigenständigkeit eine große Bedeutung zu, beispielhaft im Falle der Insolvenz des Lizenzgebers und der damit verbundenen Insolvenzfestigkeit des Escrow-Vertrages (mehr hierzu im späteren gleichnamigen Abschnitt, → Rn. 57), oder im Falle einer permanenten Softwareüberlassung (Softwarekauf), nachdem eine eventuelle Verpflichtung zur Weiterentwicklung oder Wartung durch den Lizenzgeber beendet ist, der Lizenznehmer die Software aber weiterhin einsetzt und bei Eintreten bestimmter Herausgabebedingungen Zugriff auf den Quellcode benötigt oder haben möchte. 39

Eine inhaltliche Synchronisation zwischen Lizenzvertrag und Escrow-Vertrag, dh die Homogenität und Parallelität der Vertragsverhältnisse, macht aus verschiedenen Gründen Sinn, wird auch heute noch nicht immer standardmäßig vollzogen, selbst wenn die juristische Betreuung für beide Verträge einheitlich aus einer Hand erfolgt. Während das allgemeine Wissen um und die situationsbedingt sinnvolle Anwendung von Escrow gegenüber dem Stand von vor 20 Jahren erfreulicherweise deutlich zugenommen haben, bleibt die vertragliche Synchronisation vorerst einer der Bereiche, der noch aufklärerischen Nachholbedarf zu haben scheint. Wichtig ist in jedem Fall, im Lizenzvertrag zunächst grundsätzlich die Pflicht zur Hinterlegung zu verankern, gefolgt von den möglichst konkreten Herausgabebedingungen und den Nutzungsrechten, die aufschiebend bedingt für den Fall einer rechtmäßigen Herausgabe eingeräumt werden müssen. 40

Als Teil einer Verhandlungstaktik kann es neben der inhaltlichen Komponente auch von Bedeutung sein, die zeitliche Komponente beim Abschluss von Lizenzvertrag und Escrow-Vertrag zu beachten. Wenn der Lizenzgeber von sich aus kein Escrow anbietet und der Lizenznehmer einen entsprechenden Wunsch erst nach Abschluss des Lizenzvertrages formuliert, wird seine Durchsetzung aus Sicht des Lizenznehmers naturgemäß schwieriger oder teurer sein. Neutral betrachtet wäre eine parallele Verhandlung mit zeitgleicher Ratifizierung von Lizenz- und Escrow-Vertrag sinnvoll, in der Praxis kann dies aber auch die Komplexität der Verhandlungen deutlich erhöhen und die Parteien vor wesentliche zeitliche Herausforderungen stellen. Ein guter Mittelweg könnte a) die Erwähnung von Escrow im Lizenzvertrag sein (lediglich grundsätzliche Pflichtverankerung bzw. Rechtseinräumung), und noch besser b) die Festlegung auf erwähnte wesentliche Regelungen im Lizenzvertrag mit je späterem Abschluss des Escrow-Vertrages. 41

Die Vorteile eines Escrow Einzelvertrages gegenüber anderen Vertragstypen liegen vor allem in der grundsätzlichen Flexibilität (freie Verhandlung aller Vertragselemente je nach individuellen Bedürfnissen) und in den absolut meist geringsten Kosten für Abschluss- und 42

Jahresgebühren. Typischerweise ist ein Einzelvertrag der in der Praxis am häufigsten genutzte Vertragstyp, vor allem wenn die Beteiligten eher selten oder unregelmäßig (geringe Volumina, potenziell lange Zeiten zwischen Neuabschlüssen) Escrow-Dienste in Anspruch nehmen, oder wenn sie diese und/oder den Escrow-Agenten zum ersten Mal testen wollen.

43   Als Alternative zu einem Einzelvertrag werden oft **Escrow Sammel- bzw. Rahmenverträge** angeboten. Diese bieten gegenüber dem Abschluss mehrerer Einzelverträge diverse Vorteile, zB durch Kostendegression, durch die nur einmalig benötigte Überprüfung des Vertrages durch die eigene Rechtsabteilung und durch den möglichen Hinweis oder die Vorgabe an die Vertragspartner, dass der vorliegende Sammelvertrag dem firmeneigenen Standard entspräche, wodurch sich dann ggf. weitere Verhandlungsversuche des Partners unterbinden oder reduzieren lassen. In der Praxis wird der Sammelvertrag zunächst bilateral zwischen einem primären Vertragspartner und dem Escrow-Agenten geschlossen, zu dem die je andere Partei zu einem beliebig späteren Zeitpunkt durch eine individuelle Beitrittserklärung hinzukommt. Formaljuristisch gesehen wird damit unter dem Sammelvertrag je ein neuer, eigenständiger 3-Parteienvertrag geschlossen und die beitretenden Parteien wissen je nichts bzw. keine Details von den anderen Beitritten.

44   Am häufigsten kommt dabei der so genannte Sammelvertrag Lizenzgeber (manchmal auch Escrow Multi Vertrag genannt) zum Einsatz, der es einem Softwarehersteller erlaubt, eine Software für eine beliebige Anzahl Lizenznehmer oder Berechtigte zu hinterlegen. Dabei können, wie idR bei allen Escrowverträgen, mit der Zeit Aktualisierungen und Updates für neue Releases der gleichen Software hinterlegt werden. Für eine mögliche Herausgabe muss dann allerdings sichergestellt sein, dass entweder alle Kunden nur eine, gleiche (die letzte) Version der Software nutzen, oder dass ältere Versionen der Software beim Escrow-Agenten im Depot erhalten bleiben und dass die Herausgabeprozesse vorsehen, dass auch jeder Lizenznehmer genau seine (ggf. unterschiedliche) Version erhält. Ein Sammelvertrag Lizenzgeber sieht idR nicht vor, dass je beigetretenem Lizenznehmer eine individuelle Version der Software mit spezifischen Kundenanpassungen hinterlegt und vorgehalten wird.

45   Letzteres bietet ein so genannter Sammelvertrag Lizenzgeber Multi, der allerdings in der Praxis nicht so häufig vorkommt. Ein Multi ist wie eine Matrix aufgebaut und erlaubt es einem Lizenzgeber, beliebig viele Softwareprodukte oder -varianten je für einen oder auch für mehrere Kunden zu hinterlegen. In der Praxis versuchen die Beteiligten naturgemäß idR, die Anzahl der hinterlegten Versionen oder Softwarevarianten zu minimieren, um damit die Gesamtkosten entsprechend niedrig zu halten.

46   Für einen so genannten Sammelvertrag Lizenznehmer müssen wir kurz die Perspektive wechseln: auch eher selten angeboten, aber mit deutlichen Vorteilen aus Sicht eines Lizenznehmers erlaubt dieser Vertragstyp das Hinterlegen beliebig vieler, unabhängiger Softwareprodukte je von unterschiedlichen Herstellern. Wieder wird zunächst der Sammelvertrag zwischen Escrow-Agenten und Lizenznehmer geschlossen, und in einem zweiten logischen Schritt kann der Lizenznehmer inhaltlich und zeitlich unabhängig voneinander beliebig viele Lizenzgeber und deren Softwareprodukte benennen, die dann beitreten und so das jeweilige Escrow vollziehen können.

47   Während die vorstehend genannten Vertragstypen alle 3-Parteienverträge sind, wird manchmal von einer oder beiden Parteien auch ein **Escrow als 2-Parteienvertrag** gewünscht. Die dabei häufigere Variante ist, dass eine Partei mit dem Escrow-Agenten den Hinterlegungsvertrag schließt und Lizenznehmer und Lizenzgeber separat und ohne Einbindung des Escrow-Agenten eine völlig unabhängige Vereinbarung treffen, die zB die regelmäßige Übergabe des Hinterlegungsmaterials an den Escrow-Agenten regelt. Wenn der Lizenznehmer und der Escrow-Agent den 2-Parteienvertrag schließen, hat das aus Sicht des Lizenzgebers möglicherweise den Vorteil, dass eine bilaterale Vereinbarung mit dem Lizenznehmer weniger rigide als ein (Standard-) Escrow-Vertrag mit einem Escrow-Agenten ausfallen kann und – möglicherweise – dass eine faktische, harte Verpflichtung zu einer

Hinterlegung vermieden werden kann. Der aus Sicht des Autors deutliche Nachteil einer solchen 2-Parteien Vertragskonstellation ist grundsätzlich, dass nicht alle drei Parteien ein Rechtsverhältnis zueinander (und damit kein vertragliches Durchgriffsrecht, keine Haftungsansprüche etc.) haben und dass leichter Regelungslücken (zB zu den Nutzungsrechten im Falle einer Herausgabe, Handhabung des Hinterlegungsmaterials nach regulärer Beendigung des Hinterlegungsvertrages) entstehen können.

II. Vertragstypologische Einordnung und typische Vertragsklauseln

Die typologische Einordnung von Escrow-Verträgen ist nicht leicht. Wenn die Hinterlegung nicht bei einem Notar, sondern wie weit überwiegend, bei einem Escrow Agent erfolgt, kommt ein Hinterlegungsvertrag gemäß den §§ 372 ff. BGB nicht in Betracht, da das hierin geregelte Hinterlegungsverfahren sich nicht auf gängige Escrow-Verträge anwenden lässt.[40] Stattdessen werden Escrow-Verträge überwiegend wohl als Geschäftsbesorgungsverträge eingeordnet.[41] 48

Bei Verhandlung eines Escrow-Vertrags gilt grundsätzlich die freie Gestaltung, es gibt keine gesetzlichen Vorgaben. In jedem Fall sollten mindestens die folgenden vier Punkte geklärt werden: 49
– Welcher Quellcode wird in welcher Version hinterlegt, und ist auch die Hinterlegung einer Entwicklerdokumentation geschuldet?[42]
– Ist der Softwarehersteller verpflichtet, den Quellcode bei Bedarf in aktualisierter Form zu hinterlegen?
– Wer trägt die Kosten der Hinterlegung?
– Unter welchen Voraussetzungen hat der Lizenznehmer Anspruch auf Herausgabe des Quellcodes (sog. Herausgabefälle oder -bedingungen)?

Bei den **Herausgabefällen** sind grundsätzlich so genannte harte und weiche Bedingungen zu unterscheiden. Harte Bedingungen lassen sich beispielsweise durch unabhängige dritte Institutionen wie (Insolvenz-)Gerichte, Handelsregister oder sonstige Behörden zweifelsfrei nachweisen. Weiche Bedingungen sind objektiv nur sehr schwer oder gar nicht nachweisbar und bergen daher deutlich größeres Konfliktpotential – die Kunst der Vertragsgestaltung liegt hier in der Objektivierung aller gewünschten Release-Kriterien oder der Formulierung eindeutiger Regelungen im Falle von unterschiedlichen Auffassungen über das Vorliegen eines weichen Herausgabegrundes. 50

Bei der Definition der Herausgabebedingungen wird naturgemäß zunächst meistens an die Insolvenz gedacht. Doch kommen auch andere Herausgabefälle in Betracht, in denen die mittel- bzw. langfristige Nutzung einer Software durch den Lizenznehmer ebenso bedroht sein kann. Die **Insolvenz des Lizenzgebers** (Eröffnung oder Einstellung des Verfahrens wegen Masselosigkeit) kann noch erweitert werden um die Antragstellung des Verfahrens, soweit nicht der Lizenznehmer oder ein verbundenes Unternehmen die Antragstellerin war. Naheliegend ist auch die reguläre **Einstellung der Geschäftstätigkeit** des Lizenzgebers, oder auch dessen **Einstellung von Pflegeleistungen** für die Software insgesamt oder für die vom Lizenznehmer genutzte Version der Software (sog. End-of-life).[43] 51

Oftmals fordern Lizenznehmer auch eine Herausgabe des Quellcodes bei einer **Schlechtleistung** des Lizenzgebers. Die Problematik liegt hier wie erwähnt häufig in der subjektiven Sichtweise von Lizenznehmer und Lizenzgeber. Lizenznehmer tendieren na- 52

---

[40] Schneider/v. Westphalen/*Schneider*, Teil L Rn. 25 f.; zur Hinterlegung von Quellcodes bei Notaren, *Meyer*, RNotZ 2011, 385 (393).
[41] Auer-Reinsdorff/Conrad/*Auer-Reinsdorff/Kast/Dressler*, Teil F § 38 Rn. 141 ff.; *Roth*, ITRB 2005, 383 (384).
[42] Zu den zu hinterlegenden Gegenständen ausführlich *Bömer*, NJW 1998, 3321 (3321, 3323).
[43] Auer-Reinsdorff/Conrad/*Auer-Reinsdorff/Kast/Dressler*, Teil F § 38 Rn. 154 und 157; *Redeker*, Rn. 587.

turgemäß dazu, das Vorliegen einer Schlechtleistung eher anzunehmen als Lizenzgeber. Zur Vermeidung von entsprechenden Konflikten sollte die Herausgabe von dem Vorliegen eines rechtskräftigen Urteils eines ordentlichen oder eines Schiedsgerichts, in dem eine Schlechtleistung bejaht wurde, abhängig gemacht werden, oder es sollten andere sachlich eindeutige Regelungen gefunden werden.

53 Eine weitere Herausgabebedingung, die seitens des Lizenznehmers vor allem eher für kleine oder sehr kleine Softwarehersteller gewünscht wird, ist der so genannte **„Brain Drain"**. Dabei kann die Herausgabe beispielhaft durch das Ausscheiden eines oder mehrerer zentraler Wissensträger des Lizenzgebers ausgelöst werden. Wenn diese namentlich benannt werden, ist die Bedingung folglich hart, wenn die Formulierung eher offen formuliert wurde, wie „beim Ausscheiden wesentlicher Wissensträger der Organisation", ist sie eher weich.

54 In der Praxis wird häufiger auch eine Veräußerung bzw. Übernahme des Lizenzgebers durch ein anderes Unternehmen (sog. **Change of Control**) als Herausgabefall vereinbart. Eine derartige Klausel kann aus der Sicht des Lizenznehmers sinnvoll sein, um zu verhindern, dass die mittel- bzw. langfristige Weiternutzung der Software ggf. von potentiellen Wettbewerbern von ihm abhängt. Gleichermaßen reduziert der Lizenznehmer das Risiko, dass das den Lizenzgeber übernehmende Unternehmen die Pflegeleistungen zum Nachteil des Lizenznehmers erheblich ändert. Aus Sicht des Lizenzgebers ist eine solche Klausel oft kritisch, weil er befürchtet, dass dadurch ein späterer Verkauf schwieriger oder vom Käufer eine Wertminderung geltend gemacht werden könnte. Die Praxis zeigt aber, dass solche Klauseln bei genügend Erfahrung und Verhandlungsgeschick der Parteien oder des Escrow-Agenten für beide Seiten zufriedenstellend gestaltet werden können.

55 Seltener kommen Regelungen zur Anwendung, die es einem Lizenznehmer zu jedem Zeitpunkt, nach eigenem Ermessen und ohne Widerspruchsmöglichkeit des Lizenzgebers ermöglichen, die Herausgabe vom Escrow-Agenten zu verlangen. Wenn diese Variante angewandt wird, dann am ehesten von wirtschaftlich deutlich überlegenen Anwendern, die ihre starke Position gegenüber dem kleinen Zulieferer ausreizen.

56 Sofern personenbezogene Daten als Teil des Hinterlegungsmaterials durch den Escrow-Agenten verwahrt werden, sollte der Abschluss einer **Auftragsverarbeitungsvereinbarung** gemäß Art. 28 DS-GVO nicht vergessen werden. Auftragsverarbeiter im Sinne dieser Vorschrift ist der Escrow-Agent, gemeinsame Verantwortliche Lizenzgeber und Lizenznehmer.[44]

III. Insolvenzfestigkeit: rechtstheoretisch spannend, aber begrenzt praxisrelevant

57 Die Diskussion um die Insolvenzfestigkeit von Escrowverträgen ist so alt wie die Existenz der Quellcodehinterlegung auf dem europäischen Festland selbst. Seit ihrer Ankunft in Kontinentaleuropa um die Jahrtausendwende wurde hierzu in Fachkreisen leidenschaftlich debattiert und noch mehr veröffentlicht – alleine 4 Dissertationen[45] widmen sich seit 2002 der spannenden Frage, ob und wie Escrow-Vereinbarungen durch die Insolvenz des Lizenzgebers angreifbar wären, wenn Insolvenzverwalter und Gerichte sich gegen eine Herausgabe stellen würden. Dabei beschränkt sich das Phänomen auf den deutschsprachigen Raum, andere Rechtsordnungen kennen die Thematik in dieser Form nicht.

---

[44] Aufgrund dieser gemeinsamen Verantwortlichkeit ergibt sich auch eine Pflicht von Lizenznehmer und Lizenzgeber zum Abschluss einer gesonderten Vereinbarung gemäß Art. 26 DS-GVO.

[45] Die vier Dissertationen sind: *Oberscheidt*, Die Insolvenzfestigkeit der Softwarehinterlegung", 2002; *Scherenberg*, Lizenzverträge in der Insolvenz des Lizenzgebers – unter besonderer Berücksichtigung des Wahlrechts des Insolvenzverwalters nach § 103 Abs. 1 InsO, 2005; *Rapp*, Escrow-Vereinbarungen in der Insolvenz. Ein Beitrag zur Sicherung von IT-Investitionen, 2007; *Vossius-Köbel*, Die Quellcode-Hinterlegung in der Insolvenz, 2019, Auszug in: Taeger (Hrsg.), Die Macht der Daten und Algorithmen, Regulierung von IT, IoT und KI, Tagungsband Herbstakademie 2019.

C. Escrow-Verträge

Hintergrund ist – in verkürzter Form – das seit Inkrafttreten der InsO am 1.1.1999 bestehende Wahlrecht des Insolvenzverwalters gem. § 103 Abs. 1 InsO, welches bei einer Insolvenz des Lizenzgebers greift. Theoretisch, so die Vermutung einiger Diskussionsteilnehmer, wäre eine Escrow-Vereinbarung durch einen Insolvenzverwalter anfechtbar und damit ungültig. Dies gilt wohlgemerkt nur für die eine Herausgabebedingung, die konkret an die Eröffnung eines Insolvenzverfahrens geknüpft ist – die sonstigen, im vorherigen Abschnitt aufgeführten Herausgabebedingungen sind davon unberührt.

Trotzdem sind die Vertragsparteien seit dem 1.1.1999 natürlich bestrebt, insolvenzfeste Lizenz- und Escrowverträge zu gestalten, da die Insolvenz des Lizenzgebers oft das primäre Schutzziel einer Hinterlegung darstellt. Dabei stehen erstrangig zwei Themenbereiche im Fokus: a) das Heraushalten des Hinterlegungsmaterials aus der Masse des insolventen Lizenzgebers (Vermeidung Massezugehörigkeit) und b) die Ausgestaltung einer insolvenzfesten Nutzungsrechtsgewährung nach Herausgabe durch den Escrow-Agenten (wirksame Rechteübertragung).[46]

Bislang liegt zur Thematik der Vermeidung der Massezugehörigkeit nur ein höchstrichterliches Urteil vor[47] in dem eine an die Insolvenz geknüpfte Herausgabebedingung Bestand hatte, da die hinterlegte Software bereits aus der Insolvenzmasse ausgeschieden war.

In den Jahren 2007 und 2012 gab es im Hinblick auf die insolvenzfeste Nutzungsrechtsgewährung nach Herausgabe Versuche, durch Änderung der Insolvenzordnung bzw. Ergänzung eines neuen § 108a InsO-E gesetzliche Klarheit zu schaffen. Pate standen hierbei augenscheinlich die USA, wo es im US Bankruptcy Law seit dem 8.10.1988 den § 365n „Executory Contracts" gibt, der die Insolvenzfestigkeit eben solcher Verträge sicherstellt. Die zwei Versuche für die deutsche Jurisdiktion blieben bisher aus diversen Gründen erfolglos, eine Neuaufnahme ist zum Zeitpunkt der Herausgabe dieses Bandes noch nicht in Sicht.[48] Aufgrund verschiedener Urteile im Zusammenhang mit der insolvenzfesten Nutzungsrechtsgewährung nach Herausgabe ist jedoch auch ohne die gesetzliche Regelung mittlerweile ein recht hoher Grad an Rechtsklarheit erreicht worden.[49]

In Literatur und Praxis finden sich diverse Hinweise auf konkrete Maßnahmen und Beispielklauseln, welche die Herausgabe im Insolvenzfall sicherstellen sollen.[50] Eine Softwareüberlassung auf Dauer („Kauf") gilt sowieso als sicher, bei einem Escrow für eine temporäre Überlassung („Miete") sowie für Cloud-Dienste wird beispielsweise vorgeschlagen, auf die direkte Erwähnung des Wortes „Insolvenz" in der Vertragsklausel oder auf eine Vereinbarung zur Rückgabe des Hinterlegungsmaterials bei regulärem Vertragsende zu verzichten, sondern stattdessen eine Löschung zu vereinbaren (letzteres ist ohnehin zum Standard geworden, seit Hinterlegungen typischerweise nur noch elektronisch und nicht mehr physisch auf Datenträgern erfolgen).

Abschließend kann man sagen, dass bis heute kein Fall bekannt ist, in dem ein Insolvenzverwalter eine Herausgabe erfolgreich durch richterlichen Beschluss verhindert hat.[51] In der Praxis werden in Deutschland täglich Escrowverträge abgeschlossen, und auch Herausgaben (auf Basis aller Gründe, mit oder ohne Bezug zur Insolvenz) kommen regelmä-

---

[46] Vgl. *Vassius-Köbel*, Die Quellcode-Hinterlegung in der Insolvenz, in: Taeger (Hrsg.), Die Macht der Daten und Algorithmen.
[47] BGH, 17.11.2005 – IX ZR 162/04, NJW 2006, 915 = CR 2006, 151.
[48] Vgl. beispielhaft für die Diskussion: https://www.anwaltscontor.de/108a-inso-e/ „§ 108a InsO-E – Eine unendliche Geschichte?", http://ose-international.org/ose-symposien-zum-thema-software-escrow/3-ose-symposium/initiative-108a-inso-e-zur-insolvenzfestigkeit-von-software-lizenzvertraegen/, https://www.jura.uni-hamburg.de/media/ueber-die-fakultaet/personen/hirte-heribert/projekte/gavi.pdf, https://www.roedl.de/themen/geistiges-eigentum-ip/lizenzvertrag-insolvenzverordnung-108a-inso-insolvenzfest.
[49] Vgl. *Seegel/Remmertz/Kast*, Insolvenzfestigkeit von (Software-)Lizenzen, ZinsO 2015, 1993 ff.
[50] Vgl. *Auer-Reinsdorff/Kast/Dressler* in: Auer-Reinsdorff/Conrad, Beck'sches Mandatshandbuch, IT-Recht, § 38 Rn. 111 ff.
[51] Der Autor beruft sich hierbei auf seine rund 20 Jahre Branchenerfahrung als aktiver Marktteilnehmer in Deutschland. Wenn dem geneigten Leser ein entsprechender Fall bekannt sein sollte, bittet der Autor um einen freundlichen Hinweis.

ßig vor. Somit bleibt das Thema eine spannende rechtstheoretische Diskussion, bis zu einer finalen Klärung durch Gesetzesänderung oder BGH-Entscheidung scheint sich aber vorerst auch so weiter die Macht des Faktischen durchzusetzen.

64 **Die Insolvenzfestigkeit von Escrowverträgen: Abstrakt**
1. Nur in Deutschland ein Thema, nur ein möglicher Herausgabefall (Insolvenz) ist betroffen, nur für „Miete" (Kauf/dauerhafte Überlassung ist sicher).
2. Frage nicht abschließend geklärt (noch keine Gesetzesänderung, noch kein letztgültig klärendes BGH-Urteil).
3. Tendenz verschiedener Entscheidungen mit Bezug zu insolvenzfester Nutzungsrechtsgewährung nach Herausgabe und hM deuten in Richtung Insolvenzfestigkeit.
4. Gestaltungsmöglichkeit besteht je nach Rechtsauffassung (wird genutzt: „Insolvenz" vermeiden, Löschung des Hinterlegungsmaterials anstatt Rückgabe nach regulärem Ende, ...).
5. Die Macht des Faktischen: keine Herausgabe wurde je erfolgreich durch einen Insolvenzverwalter angefochten.
6. In Summe: Spannende rechtstheoretische Diskussion, geringe Praxisrelevanz.

IV. Escrow und Smart Contracts à la Blockchain

65 Dieser Abschnitt geht kurz der Frage nach, ob und wie bestimmte Teile des Escrow-Prozesses gegebenenfalls mit Hilfe von Blockchain bzw. DLT[52] abgebildet werden könn(t)en. Diese Analyse stellt sozusagen eine versuchte Selbst-Disintermediation der Escrow-Branche dar, in der einzelne Wertschöpfungsstufen der Escrow-Dienstleistung möglicherweise durch Nutzung der Blockchain oder einer anderen DLT ersetzt werden.[53] Basis ist eine vertrauliche, unternehmensinterne Untersuchung, in welchen Bereichen die Blockchain für die Erbringung von professionellen Escrowdienstleistungen von Nutzen sein könnte – und damit auch, ob und welche Aktivitäten von Escrow Agenten teilweise automatisiert und ersetzt werden könnten. Die öffentlich geteilten Ergebnisse können hier erwartungsgemäß nur Auszüge und kurze Schlaglichter wiedergeben.

66 Bei der Zerlegung und möglichen Digitalisierung des Escrow-Prozesses fiel die Wahl für die weitere Untersuchung auf folgende Einzelschritte (Auszug):
1. Vertragsgestaltung zwischen 3 Parteien
2. Vertragsschluss, rechtl. bindend und durchsetzbar
3. Überprüfung des Hinterlegungsmaterials (Eingangsverifizierung, weiterführende technische Verifizierung)
4. Bedingte Herausgabe des Materials (Entscheidung!)
5. Sichere Speicherung des Materials, langfristige Verfügbarkeit, ggf. Bereitstellung/Herausgabe an den oder die Berechtigten.

67 Die proklamierten Stärken der DLT sind Integrität, Sicherheit und Verfügbarkeit, und das Ziel war deren Nutzung in Kombination mit dem weitestgehenden Verzicht auf Intermediäre (Personen, Institutionen) bei gleichzeitiger „öffentlicher" Kontrolle durch transparente Nachvollziehbarkeit bzw. Nachprüfbarkeit und Erreichung einer „automatisierten Objektivität" zB von Herausgabeentscheidungen. Dabei fällt als erstes auf, dass eine der wesentlichsten Anforderungen an Escrowdienstleistungen, nämlich die absolute Vertraulichkeit, dazu bereits offensichtlich im deutlichen Wiederspruch zu liegen scheint.

68 Ganz zu Anfang wurde versucht, die sich anbahnende Vertragsgestaltung und einen bindenden Vertragsschluss zwischen 3 Parteien (Prozessschritte 1 und 2) mit Hilfe von Smart Contracts abzubilden, dh zu automatisieren, und im Folgenden auch zu einer gesicherten

---

[52] Engl.: Digital Ledger Technology, sinngemäß „verteilte Kassenbücher".
[53] Definition Disintermediation s. www.wirtschaftslexikon24.com/d/disintermediation/disintermediation.htm.

C. Escrow-Verträge

12

Entscheidung: „Herausgabe ja oder nein" (Prozessschritt 4) zu kommen. Bereits diese Aufgabe, konkrete Aktionen und Entscheidungen in Code umzusetzen, schien eine riesige Herausforderung, zumal das DAO-Experiment auf Basis der Etherum DLT als Vorbild ja bekanntermaßen scheiterte bzw. wesentliche Schwachstellen aufwies.[54]

Parallel dazu wurde versucht, die Übergabe/Übernahme des Materials und deren anschließende Prüfung (Prozessschritte 3 und 5) mit der öffentlichen Blockchain oder einer privaten DLT abzubilden. In der Blockchain war eine „Hinterlegung" des verschlüsselten Materials schon aufgrund der involvierten Dateigrößen nicht möglich, dh hier kamen lediglich Passwörter oder Schlüssel in Frage und vielleicht die Hashwerte der Dateien. Dabei – genauso wie beim Aufsetzen einer privaten DLT – stellte sich an dem einen oder anderen Punkt dann immer wieder das alte Problem des Vertrauens: wer verschlüsselte was und wer garantiert für die Sicherheit und Integrität des Materials? Viel wichtiger aber als all das war die fehlende Akzeptanz der Lizenzgeber, die verständlicherweise ihr Know-how nie – auch nicht verschlüsselt – öffentlich zugänglich gemacht haben möchten. **69**

Abkürzend und zusammenfassend ergaben sich (zum aktuellen Stand der Technologie) die folgenden Schwächen der Blockchain oder anderer DLT für das Abbilden aller oder einzelner Stufen des Escrow-Prozesses (Auszug): **70**

1. Die Anforderungen an das Vertragsmanagement (Gestaltung, Abschluss, Ausführung) werden aktuell nicht erfüllt.
2. Die Automatisierung der Herausgabe für harte Bedingungen stellt sich herausfordernd dar (zB Überprüfung Insolvenzstatus), für weiche Bedingungen unmöglich (zB Schlechtleistung komplexer Wartungsleistungen).
3. Die komplett automatisierte Verifizierung der Hinterlegungsmaterialien (technische Bewertung der unterschiedlichsten Quellcodes) bleibt ungelöst; darüber hinaus auch, wer am Ende die Qualität kontrolliert und garantiert und die Werthaltigkeit nachweist.
4. Verschlüsselung: die Abhängigkeit von privaten Keys bleibt, eine Überprüfung, Aufbewahrung und Weitergabe müsste auch weiterhin durch Vertrauenspersonen erfolgen.
5. Die Größe der Inhalte (aktuell oft viele Gigabytes von Quellcode und anderen Materialien) würde Blockchain schnell sprengen (nur Ablage der Hashwerte würde funktionieren), das Hinterlegungsmaterial müsste auch weiterhin sicher außerhalb der Blockchain aufbewahrt werden, mit entsprechenden Schnittstellen, Systembrüchen und Bedarf an vertrauenswürdigen Intermediären.
6. Auch wenn einige Aspekte wie Sicherheit, Integrität und (langfristige) Verfügbarkeit zunächst einen großen Nutzen versprechen, wäre die technische Umsetzung einer Escrow-Anwendung in Teilen extrem aufwendig und würde voraussichtlich zum aktuellen Zeitpunkt einer fundierten Kosten-Nutzen-Analyse nicht standhalten.

Fazit: der Einsatz der Blockchain oder anderer DLT wäre zum aktuellen Stand der Technik für professionelles Escrow-Management nicht sinnvoll oder möglich. In Anbetracht der teilweise existenziellen Bedeutung der Hinterlegungsgegenstände für die Kunden würde eine Umstellung auch nicht die notwendige Akzeptanz erhalten. Das Vertrauen in einen designierten Treuhänder, wenn auch nur noch für bestimmte Teile einer potenziell DLT-basierten Prozesskette benötigt, bleibt langfristig ein zentrales Schlüsselelement – und diese Aufgabe wird auch heute schon, ganz ohne Blockchain oder DLT, von professionellen Escrow-Agenten übernommen. **71**

---

[54] *Grassegger*, Blockchain: Die erste Firma ohne Mensch, 26.5.2016, https://www.zeit.de/digital/internet/2016-05/blockchain-dao-crowdfunding-rekord-ethereum/komplettansicht; *Wentworth*, We're still learning from this failed blockchain experiment", 15.2.2018, https://opensource.com/open-organization/18/2/the-dao-blockchain-experiment.

D. Hinterlegungsmaterial, Übergabe und Verwahrung

I. Zusammenstellung des Hinterlegungsmaterials

72 Der erste Schritt im Escrowprozess nach Programmierung einer Anwendung durch den Lizenzgeber und nach Abschluss der Hinterlegungsvereinbarung ist typischerweise die Zusammenstellung und Übergabe des Hinterlegungsmaterials an den Escrow-Spezialisten. Dabei besteht das Material inklusive aller Dokumentation heute rein aus elektronischen Daten; physische Gegenstände wie Warenproben oder Produktmuster werden nur noch äußerst selten hinterlegt (und ungern, da diese ganz andere Prozesse benötigen).

73 Zielsetzung der Hinterlegung ist es, eine technisch versierte Person mit dem Material in die Lage zu versetzen, die Anwendung bzw. den Dienst ohne Mithilfe Dritter nachzubauen und darüber hinaus die Fehlerbehebung und die Weiterentwicklung zusätzlicher Funktionalitäten eigenständig vornehmen zu können. Die Zusammenstellung ist oft hinreichend komplex, kann aber in der Regel unter Mithilfe aller Beteiligter und mit einem gesunden Anteil an Pragmatismus ohne größere Hürden bewältigt werden.

74 Das Material variiert selbstverständlich von Anwendung zu Anwendung je nach Aufgabenstellung, genutzter Technologie(-umgebung) und Architektur. In der Regel sollte es aber die folgenden Komponenten erhalten:

75 1. Eine Dokumentation der verwendeten Entwicklungsumgebung inklusive aller Drittkomponenten, die nicht vom Lizenzgeber selber entwickelt wurden und für die der Lizenznehmer ggf. eine eigene Drittlizenz erwerben müsste,
2. alle relevanten (Source-, Link-, Library-, Make-, Programm-, ...) Dateien der Anwendung,
3. alle benötigten (Hilfs-) Programme, soweit selbstprogrammiert,
4. alle vorhandene Dokumentation inklusive Architekturübersicht, Programmierhandbuch und Build Guide, ggf. auch der Spezifikation und Testunterlagen,
5. eventuelle Passwörter oder Zugriffsschlüssel,
6. ggf. (unbegrenzte) Lizenzschlüssel für die Aktivierung der Anwendung oder einzelner Komponenten,
7. alle verwendete OSS-Komponenten plus den jeweiligen Lizenzbedingungen,
8. alle sonstigen relevanten Materialien.

76 Ziel muss dabei immer sein, dass eine technisch versierte Person durch den hinterlegten Quellcode und die Dokumentation in die Lage versetzt wird, die Anwendung in angemessener Zeit zu kompilieren, zu linken und in ein ausführbares Programm zu verwandeln. Zur Überprüfung dieser Anforderung wird vom Escrow-Agenten oder einem anderen neutralen Experten nach Eingang des Materials eine so genannte technische Verifizierung[55] durchgeführt.

77 Umstritten ist häufig die Hinterlegung der Namen und geschäftlichen (manchmal sogar privaten) Kontaktdetails der maßgeblich und verantwortlich an der Erstellung der Software beteiligten Programmierer. Die Argumentation der Befürworter weist darauf hin, dass im Falle einer Insolvenz oder Aufgabe des Lizenzgebers beiden Seiten geholfen ist: der Lizenznehmer benötigt ggf. geschultes Personal für die Weiterführung der Software und die ehemaligen Mitarbeiter haben ggf. Interesse an einer neuen Anstellung. Gegner der Regelung führen die Wahrung der Privatsphäre und gültige Datenschutzregelungen an. In der Realität kommt diese Option oft nicht zustande und wenn, dann – wie zu erwarten – nur nach expliziter Zustimmung der Betroffenen.

---

[55] S. dazu → Rn. 89 ff.

D. Hinterlegungsmaterial, Übergabe und Verwahrung

II. Übergabe an den Escrow-Agenten

Nach der Identifizierung und Zusammenstellung des Hinterlegungsmaterials erfolgt idR dessen Übergabe an den Escrow-Agenten. Dabei ist die gängige Praxis in diesem Bereich – vielleicht am stärksten von allen – stark an die technologische Entwicklung geknüpft. Während früher ausschließliche physische Datenträger (alle möglichen Formate von Magnetbändern und später dann Disketten, teilweise auch mit physischem Sicherheitsschlüssel wie Dongle) per Kurier verschickt oder persönlich übergeben wurden, dominiert inzwischen seit langem die elektronische Übermittlung des Materials.[56] Führend ist hierbei die Nutzung von sFTP-Servern, je nach Präferenz entweder denen des Herstellers oder denen des Escrow-Agenten, und wahlweise mit einfachem Passwortschutz oder asynchroner SSL[57]-Verbindung.

In der Regel sind die Zugänge nur temporär aktiv und werden bei Vorliegen eines Updates auf Zuruf je erneut freigeschaltet. Mit der Zeit mehren sich aber auch die Wünsche von Lizenzgebern nach dauerhaften Zugängen, um neu fertig gestelltes Material leichter automatisiert und ohne Zeitverzug oder manuelle Schritte übergeben zu können.

Seltene Ausnahmen zur elektronischen Übergabe findet man bei einigen Escrowanbietern, die auch heute noch nur physische Datenträger für die Übergabe akzeptieren. Diese führen vermeintliche Sicherheitsbedenken ihrer Kunden, der Hersteller, an der unkörperlichen Übertragung als Begründung an sowie rechtliche Rahmenbedingungen, welche mutmaßlich Material auf physischen Datenträgern vor „rein elektronischem" Material bevorzugen würden.[58] Andere Escrow-Anbieter orientieren sich stärker an der Mehrheit ihrer Kunden und versuchen, sich auf die Wünsche nach Nutzung der je neuesten Technologien für die Übertragung anzupassen.

In jedem Fall hat sich auch eine Verschlüsselung des Materials selbst vor und für den Versand durchgesetzt, mit asynchroner Übermittlung des Schlüssels oder Passworts (der Escrow-Agent überprüft diese dann direkt nach sicherem Eingang des Materials). Die Sorglosigkeit einiger Lizenzgeber in früheren Zeiten, die teilweise ihren Quellcode unverschlüsselt direkt per Email übermittelten, gehört heute definitiv der Vergangenheit an.

Den großen Trend aber und voraussichtlich die Zukunft der Übertragung stellen so genannte online Entwicklungsumgebungen dar, die hoch in der Gunst der Entwickler stehen. Dabei werden die für die Herstellung einer Software benötigten Werkzeuge nicht mehr (einzeln) lizenziert und auf den eigenen Rechnern installiert und vorgehalten, sondern spezialisierte Cloud-Anbieter wie *Github, Gitlab, Bitbucket, AWS, Azure* etc. genutzt.

In deren Umgebung ist nach wie vor jederzeit ein „Abzug" des aktuellen Standes des Quellcodes möglich, der dann als offline-Kopie auf dem klassischen Wege zB per sFTP übertragen werden kann. Noch eleganter jedoch ist es, wenn der Escrow-Anbieter sich ebenfalls in der entsprechenden Entwicklungsumgebung einmietet und die Entwicklungsumgebung (teilweise) nachbaut. Dabei werden die vom Entwickler verwendeten Repositories (manchmal auch git repositories oder nur gits genannt – Depots oder Behälter oder Verzeichnis(-bäume), in denen der Code strukturiert abgelegt ist) 1:1 kopiert. Der Lizenzgeber erhält dann so genannte „Forking" Rechte, mit denen er eine automatisierte Übertragung je Repository hin zum Escrow-Agenten einrichten kann, sobald er eine Änderung oder Neuerung seines Codes live schaltet (engl. „deployed"). Diese Methode ermöglicht die einfache Übertragung, automatisiert und in real-time, wodurch diese Art des Escrows auch teilweise – zu Recht – mit Real-time Escrow bezeichnet wird.

---

[56] In Ausnahmefällen, wenn das Material hohen zwei- oder dreistelligen GB(GigaByte)-Umfang hat, werden teilweise auch heute noch physische, externe Harddisks für die Übergabe genutzt.

[57] SSL = Secure Socket Layer, verschlüsselte Netzverbindung zwischen Server und Client (Browser), s. auch https://ssl-trust.com/Lexikon/SSL-Verbindung.

[58] Dies ist Teil der deutschen Diskussion um die Insolvenzfestigkeit von Hinterlegungen bzw. von Herausgaben auf Basis eines Insolvenzfalls, → Rn. 57 ff.

III. Verwahrung

84 Die (dauerhafte) Verwahrung des Hinterlegungsmaterials und damit seine Einlagerung in das permanente Depot beim Escrow-Agenten geschieht in der Regel nach Übergabe und Durchführung aller Eingangs- und sonstigen technischen Verifizierungen des Materials. Die Liste der Anforderungen an Depots wird ganz oben natürlich von Sicherheit und Integrität angeführt, gleich danach folgen Redundanz und Zugriffs- und Versionsmanagement. Auch ein funktionierendes Löschkonzept wird benötigt. Trotzdem weist die konkrete Ausgestaltung in der Praxis teilweise sehr starke Unterschiede auf.

85 Früher, zu Zeiten der physischen Datenträger, wurden regelmäßig Bankschließfächer für die Verwahrung genutzt – heute kommt diese Variante nur noch selten vor. Ein Anbieter aus der Schweiz wirbt seit längerem mit einem Bergwerk in den Alpen, in dem die Einlagerung vorgenommen wird (voraussichtlich auch noch auf physischen Datenträgern, denn sobald ein Netzwerkkabel entlang der Lorenschienen in das Innere läuft, wäre der körperliche Vorteil des Gebirgsmassivs augenblicklich unterlaufen).

86 Ohne weiter auf die Vielzahl der konkret technisch möglichen Ausgestaltungen einzugehen, erfolgt eine elektronische Ablage der Hinterlegungsdaten am Ende auf geeigneten Speichermedien. Dies können SANs[59] sein oder gegen physischen Zugriff und Feuer geschützte Datensafes mit internen, 2- oder 4-fach gespiegelten RAID[60]-Speichern oder sonstige Server oder Speichermedien. Wichtig ist übergeordnet ein geeignetes Rechte- und Zugriffmanagement für die internen Netzwerke, ggf. in Kombination mit dem physischen Kappen von Netzwerkverbindungen, wenn diese nicht konkret für die Ein- oder Auslagerung von Updates benötigt werden (offline-Storage). Als Katastrophenschutz empfiehlt sich dringend ein Backup an einem zweiten, räumlich deutlich getrennten Ort.

87 Früher wurde oft betont, dass auch eine dauerhafte Aufwärtskompatibilität des Depots sichergestellt sein muss, dh dass die Nutzung heute hinterlegter Daten auch noch in 30 oder mehr Jahren möglich sein muss und dass bei einer Hinterlegung daher zwingend auch heutige Hardware zum Bearbeiten und Nutzen des Materials mit hinterlegt werden sollten. In der Realität stellt sich dieses Problem nicht, zum einen weil die Plattformunabhängigkeit bei den meisten Entwicklungen bereits heute eine zwingende Anforderung ist, zum anderen weil idR alle Systeme, die im Einsatz sind, auch gewartet werden und damit a) regelmäßig nutzbare Updates im Depot landen und b) im Zweifel von auslaufender Hardware hin zu aktueller migriert werden.

88 **Gewissensfrage: Auslagerung von anvertrauten Escrowmaterialien in die Wolke?**
Eine im Zusammenhang mit der Cloud häufiger auftretende Frage lautet, ob denn jetzt auch die in Escrow gegebenen Hinterlegungsmaterialien und Daten in der Cloud gespeichert würden. Hiervon ist entschieden abzuraten. Bei allen Fortschritten in der Cloudsicherheit überwiegen eindeutig die Risiken eines online irgendwie erreichbaren Depots in der Cloud – regelmäßige Nachrichten über öffentliche Datenpannen[61] sind Beleg genug. Kurz zusammengefasst gilt: Cloud Escrow für die Absicherung der Anwender, die Cloud Computing Dienste nutzen möchten, macht in vielen Fällen sehr viel Sinn; Escrow in der Wolke, also die anlasslose Speicherung der einem Escrow-Agenten anvertrauten vertraulichen Materialien und Daten in der Cloud, in keinem Fall.

Eine – scheinbare – Ausnahme hierzu ist die Vorab beschriebene Nutzung von online-Entwicklungsumgebungen wie *Github* oder *Bitbucket*. Wobei die Entscheidung zur Nutzung dieser bereits vorab vom Lizenzgeber getroffen worden war und der Escrow-

---

[59] SAN = Storage Area Network, dt.: Speichernetzwerk.
[60] RAID = Redundant array of independent disks, Dt. Redundante Anordnung unabhängiger Festplatten – oft von unterschiedlichen Herstellern, um die Ausfallsicherheit nochmals zu erhöhen.
[61] Eine online-Suchanfrage nach Datenlecks, data leaks oder data breaches zeigt eine Fülle von – jüngst auch DS-GVO-relevanten – Beispielen inklusive offiziell verhängter Strafzahlungen.

> Agent, so er denn seine Dienstleistung flexibel an den Kundenwunsch anpasst, *Github* & Co lediglich als Übertragungsweg des Materials bis in seine eigene Hoheitssphäre akzeptiert. Ab dem Moment des Übergangs ist der Escrow-Agent wie sonst auch für die sichere Verwahrung des ihm anvertrauten Treuguts verantwortlich.

E. Technische Prüfungen, Gutachten und Garantien

I. Eingangs- und Vollverifizierungen

Wenn das Hinterlegungsmaterial identifiziert, zusammengestellt und beim Escrow-Spezialisten hinterlegt ist, erfolgen die bereits erwähnte Eingangsverifizierung und die technische Verifizierung. Diese Schritte sind aus Sicht des Anwenders neben der eigentlichen Übergabe des Materials das Kernstück der Ausfallabsicherung. Eine umfangreiche Verifizierung des hinterlegten Materials stellt faktisch und praktisch sicher, dass es vollständig und lauffähig ist und künftig weiter bearbeitet werden kann.

Oft wird eine Eingangsverifizierung automatisch bei Eingang einer Ersthinterlegung oder eines Updates durchgeführt, ohne weitere Berechnung, dh in der Jahresgebühr enthalten. Technische Verifizierungen sind meistens optional und müssen separat beauftragt werden, entweder pauschal für alle zukünftigen Hinterlegungen oder jeweils nur nach erneuter Auftragsbestätigung.

Manche Escrow-Agenten geben auf Basis Ihrer Untersuchungen, je nach Grad der gewünschten Verifizierung, verbindliche Garantien für die Verwendbarkeit des Materials im Sinne der vertraglichen Nutzungsbestimmung. Eine Verifizierung wird typischerweise in einem schriftlichen Kurzgutachten dokumentiert.

Eine **Eingangsverifizierung** ist ein erster quantitativer Test des Materials und umfasst oft beispielhaft:
- Test des Materials auf Unversehrtheit,
- Lesbarkeit,
- Entschlüsselbarkeit,
- Entpackbarkeit,
- Virenfreiheit,
- Sicherstellung, dass Quellcode und mindestens eine Basisdokumentation wie ein Build Guide vorhanden sind, und
- Sicherstellung, dass eine Identifizierung von Drittkomponenten inklusive Nennung eventueller Fremdlizenzen erfolgt.

Im Rahmen einer **technischen Verifizierung (manchmal auch Vollverifizierung genannt)** von Escrowmaterialien werden nach der Eingangsverifizierung typischerweise die folgenden Schritte durchgeführt:[62]
- Nachbau der Entwicklungsumgebung,[63] dh der „Werkstatt" des Entwicklers;
- Compile & Link und anschließend Deploy & Install, analog zu den Entwicklungsschritten der Softwarehersteller.
- Testen der Anwendung zB durch einen so genannten „Smoke Test";[64] der Schwerpunkt liegt hier nicht auf der funktionalen Abnahme, die ja bereits durch den Anwender erfolgt ist, sondern auf der grundsätzlichen Lauffähigkeit, was man je nach gewünschtem Aufwand an einzelnen, ganz konkreten Funktionen feststellen kann. Ziel dieses Tests ist

---

[62] → Rn. 95 ff., technischer Exkurs zur Softwareentwicklung für weiteren Hintergrund hierzu.
[63] Hierfür werden zunehmend auch VM = Virtual Machines genutzt: eigenständige elektronische Container, die mit den wesentlichen Komponenten (zB der Entwicklungsumgebung) ausgestattet wurden. Eine verbreitete Alternative zu VM sind Docker Images/Docker Container.
[64] Test auf allgemeine Lauffähigkeit durch ausgewählte Nutzung einiger zentraler Funktionen; sollten hierbei keine unerwarteten Fehler auftreten, gilt der Smoke Test als bestanden.

es nicht, eine Fehlerfreiheit der Software an sich zu erreichen, sondern lediglich die Sicherstellung, dass die hinterlegte Anwendung identisch mit der beim Anwender im Einsatz befindlichen Version ist.
- Dokumentation der einzelnen Schritte und Ergebnisse der Verifizierung in einem Kurzgutachten und gegebenenfalls eine Einschätzung zur Eignung des Materials für eine eigenständige Weiterentwicklung durch den Anwender oder einen von ihm beauftragten Experten.

94 **Weitere mögliche Dienste,** die ein Anwender optional beim Escrow-Agenten erhält, können sein:
- Plausicheck Quellcode: Plausibilitätskontrolle des hinterlegten Quellcodes auf Kompilierbarkeit (dies ist vom Umfang her weniger als eine Vollverifizierung und umfasst keine Kompilierung der Anwendung).
- Plausicheck Doku: Plausibilitätskontrolle und Bewertung der eingereichten Dokumentation.
- DD[65] Code Quality: Überprüfung allgemeiner Programmierstandards.
- Backdoor Analysis: Überprüfung aller Datentransfers in/out.
- Weitere Tests und Analysen nach kundenspezifischen Anforderungen oder Wünschen.

II. Technischer Exkurs – Softwareentwicklung

95 Der folgende Exkurs dient zur Verdeutlichung der Aufgabenstellung und des Nutzens der im vorherigen Abschnitt beschriebenen technischen Verifizierung:

96 Der Prozess der Anwendungsentwicklung lässt sich – unabhängig davon, ob sie nun auf herkömmlichem Weg oder in der Cloud erfolgt – grob vereinfacht wie folgt beschreiben:
1. **Design und Spezifikation:** definiert Ziele und Funktionen sowie allgemeine Vorgehensweise zur Erstellung einer Anwendung oder eines Dienstes und dessen Zielumgebung[66] oder Laufzeitumgebung[67], in der sie betrieben werden soll.
2. **Zusammenstellung der „Werkstatt":** für das Bauen der Anwendung wird die so genannte Entwicklungsumgebung[68] ausgewählt und/oder mit konkreten Werkzeugen[69] bestückt. Häufig werden hierfür fertig ausgestattete Umgebungen genutzt, die kommerziell bzw. von Stiftungen betrieben werden. Die folgende Übersicht enthält einige gängige Beispiele:
a) Klassische Entwicklungsumgebungen:
– *.NET und Visual Studio (Microsoft)*
– *Delphi (Borland)*
– *Eclipse-IDE[70] (Eclipse Foundation)*
– *Rational Application Developer (IBM)*

---

[65] DD = Due Diligence.
[66] Allgemein die technische Umgebung, in der die fertige Anwendung ausgeführt und dem Nutzer bereitgestellt werden soll; sie muss zB Antwortzeiten berücksichtigen.
[67] Laufzeitumgebungen (auch RTE = run time environments) stellen sicher, dass Anwendungsprogramme Grundfunktionen wie das Lesen und Schreiben von Daten ohne weitere Anpassungen auf unterschiedlichen Betriebssystemen nutzen können; Beispiel: JRE = Java runtime environment oder NET CLR = common language runtime; vgl. auch www.itwissen.info/RTE-runtime-environment-Laufzeitumgebung.html.
[68] Oft auch als IDE = integrated development environment oder SDK = software development kit bezeichnet.
[69] Beispiele für solche Werkzeuge: 1. Compiler (Übersetzungsprogramme) für Programmiersprachen wie Java, PHP, C++, Delphi, C, Pascal, BASIC; 2. Debugger zur Fehlersuche; 3. Bibliotheken oder Libraries zur Nutzung vorgefertigter Programmteile und Funktionen; Quelle: http://de.wikipedia.org/wiki/Programmierwerkzeug.
[70] IDE = integrated development environment.

- *NetBeans IDE (Open Source Projekt)*
b) Cloud Entwicklungs- und Laufzeitumgebungen (PaaS- oder SaaS-Dienste):
- *Windows Azure (Microsoft* – Basis: *Visual Studio)*
- *force.com (salesforce.com* – Basis: *Eclipse)*
- *AWS (Amazon Web Services)*
- *Netweaver (SAP)*
- *Heroku (Heroku, Inc.)*
- *Cloud9IDE (Cloud9IDE, Inc.)*
- *Cloud Foundry (Open Platform Project)*
- *Github (Microsoft)*
- *Gitlab (GitLab Inc.)*
- *Bitbucket (Atlassian Corporation Plc).*

3. **Programmierung:** Mit den Werkzeugen der „Werkstatt" werden nach und nach die Komponenten der gewünschten Zielanwendung erstellt (= programmiert) und rudimentär getestet.
4. **Compile & Link:** Die einzelnen Komponenten der Anwendung werden soweit nötig in maschinenlesbaren Code übersetzt und anschließend zu einer funktionalen Einheit verbunden.[71]
5. **Deploy & Install:** Die fertige Anwendung wird zur Nutzung „aufgestellt" und in der Zielumgebung installiert; ggf. wird sie mit Hilfe vorhandener Parameter für den laufenden Betrieb bei einem konkreten Kunden angepasst (Parametrisierung).
6. **Testen:** Die Anwendung wird a) auf Erreichung der funktionalen Ziele und b) grundsätzlich auf Fehlerfreiheit hin überprüft; am Ende steht der Abnahmetest durch den Auftraggeber bzw. Anwender.

Die Entwicklung von Software in der Cloud gewinnt gegenüber dem klassischen Software-Entwicklungsmodell beispielhaft häufig dadurch an Komplexität, dass mehr funktionale oder technische Komponenten von Drittherstellern für die Programmierung – bzw. treffender für den „Zusammenbau" – der eigenen Anwendung herangezogen werden. Wenn diese Dienste eines Drittherstellers dann auch noch in der Cloud angesiedelt sind, wird die Entwicklung entsprechend komplexer.

Dies soll das folgende Beispiel verdeutlichen:

Apache Hadoop ist ein frei verfügbares Open-Source „Programmiergerüst" (Programming Framework), welches rechenintensive Prozesse für große Datenmengen („Big Data" im Petabyte[72]-Bereich) auf verteilten Computerclustern unterstützt. Basis ist die Programmiersprache Java und Anwender sind ua *Facebook, IBM, Yahoo* und *Baidu*. Unterstützt wird das Framework von der *Apache Software Foundation* und einer weltweiten Gruppe von „Contributors", dh ehrenamtlichen Programmierern.[73]

Treasure Data, Inc. mit Sitz in Kalifornien entwickelt kommerzielle Anwendungen auf Hadoop-Basis, darunter ua eine Cloud Data Warehousing Lösung auf Grundlage der eigenen Big Data Analytics Platform, welche laut eigenen Angaben sehr schnelle Abfragen und Analysen riesiger verteilter Datenmengen anbietet. Diese Treasure Data Hadoop Anwendung kann zB für eine bestimmte Softwareanwendung das Nutzungsverhalten aller weltweiten Mitarbeiter einer Firma mit vielen Standorten analysieren und umfangreiche KPIs[74] zur Leistungserbringung erstellen.[75]

---

[71] Engl. to compile, to link: Quellcode wird kompiliert und der resultierende Objektcode zur fertigen Anwendung zusammengefügt („gelinkt").
[72] Ein Petabyte (PB) = 10^{15} Byte; die Einheit folgt auf Terabyte (TB, 10^{12} Byte) und Gigabyte (GB, 10^9 Byte).
[73] Quelle: wikipedia.de.
[74] KPIs = Key Performance Indicators, Kennzahlen und deren Auswertungen.
[75] Quellen: www.treasure-data.com, www.linkedin.com. Stichworte: Big Data as a Service oder Data Warehouse as a Service.

> Die Firmen *Heroku, Inc.* und *Cloud9IDE, Inc.* betreiben über ihre Webseiten[76] Cloud Entwicklungs- und Laufzeitumgebungen (PaaS), auf der unabhängige Cloud Service Provider ihre Anwendungen für Endanwender oder ihre eigene Werkzeuge als Dienste anderen Cloud Service Providern anbieten können. *Treasure Data* stellt die eigene Hadoop Anwendung auf beiden Plattformen als Cloud-Dienst nutzungsabhängig gegen ein monatliches Entgelt zur Verfügung.
>
> Ein für dieses Beispiel **fiktiver Cloud Service Provider**, hier „CSP" genannt, könnte jetzt einen beliebigen eigenen Dienst auf Basis von *Heroku* oder *Cloud9IDE* entwickeln und anbieten und die Treasure Data Hadoop Lösung mit wenigen Klicks integrieren.
>
> Ein interessierter **Endanwender**, der den „CSP"-Dienst nutzt, kann dann zusätzlich über die Hadoop-Lösung erfahren, wie viele seiner Mitarbeiter wann, in welcher Art und mit welchem Ergebnis den „CSP"-Dienst weltweit nutzen.
>
> **Fazit:** Der Endanwender abonniert den „CSP"-Dienst, zahlt dafür monatlich an den Plattformbetreiber *Heroku oder Cloud9IDE*, bekommt die von *Treasure Data Hadoop* erstellten Big Data Analysen und nutzt dabei eine Lizenz der *Apache Foundation*.

97   Das Ineinandergreifen der verschiedenen Anwendungsprogramme, Entwicklungsumgebungen und Dienste in dem oben erläuterten Beispiel verdeutlicht anschaulich, welchen Herausforderungen Anwender, Hersteller und Escrow-Spezialisten möglicherweise gegenüberstehen, wenn sie die allgemeinen Ausfallrisiken der in Escrow platzierten Anwendung bzw. einzelner Komponenten eliminieren oder wenigstens abfedern möchten. Eine technische Verifizierung hat das Ziel, dem Anwender trotz aller technischer Komplexität größtmögliche Garantien für die Güte des im Escrow hinterlegten Materials zu geben.

F. Escrow coming of age: Evolution im digitalen Wandel

I. Einführung

98   Wie bereits im ersten Kapitel ausgeführt, kam das klassisches Software Escrow erstmals vor rund 40 Jahren zum Einsatz. Anfänglich unterstütze die damals neue Dienstleistung die Transition von zentralistischen Großrechnern hin zu PC-zentrierten, verteilten Architekturen. Beide IT-Anwendungsformen kommen heute noch zum Einsatz, wenn auch in deutlich geringerem und abnehmendem Umfang. Rund um die Jahrtausendwende initiierte dann *Amazon* mit *AWS*[77] das Cloud Computing, in 2009 wurde die Blockchain als Vorreiter der Digital Ledger Technologie (DLT) aufgesetzt und seit dem vergangenen Jahrzehnt erlebt die Künstliche Intelligenz (KI) eine Renaissance, die viele auch für die kommenden Jahre als Megatrend fortschreiben.

99   Dieses Kapitel widmet sich der flexiblen Weiterentwicklung von Escrow analog zum technischen Umfeld. Nachdem bisher mit der detaillierten Beschreibung des klassischen Software Escrow (Kernelement I des Digital Escrow laut der Klassifizierung in → Rn. 6 ff.) die inhaltliche Basis gelegt wurde, beschreiben die folgenden Seiten nacheinander die Neuerungen und Besonderheiten von Cloud Escrow, IP/Know-how Escrow, Key Escrow, Data Escrow und KI Escrow (Kernelemente II bis VI der Digital Escrow Klassifizierung).

---

[76] www.heroku.com und www.c9.io.
[77] AWS = Amazon Web Services.

II. Cloud oder SaaS/AaaS[78] Escrow (Escrow-Kernelement Kategorie II)

Dieser Abschnitt erläutert das seit ca. 2010 aus dem klassischen Escrow heraus weiterentwickelte Modell des Cloud Escrow und zeigt auf, wie das zentrale Cloud-Risiko Verfügbarkeit – in vielen Augen neben Sicherheitsaspekten nach wie vor eine gewisse Herausforderung und der Hauptgrund für eine eventuelle Zurückhaltung bei der Nutzung von Cloud Computing – durch den Einsatz gängiger Methoden und Dienste deutlich verkleinert oder sogar ganz eliminiert werden kann.

Cloud-Dienste sind seit vielen Jahren etabliert und ihre Nutzung wächst stetig weiter. Zu den Vorteilen gehören verbrauchsabhängige Vergütungen ohne Vorabinvestitionen bei gleichzeitiger Nutzung von leading- und bleeding-edge Technologie, zu den Nachteilen eben der scheinbare oder reale Kontrollverlust über die Verfügbarkeit der Dienste und der eigenen Daten. Der primärere Hinterlegungsgegenstand ist Software Quellcode in Kombination aller für die Erbringung der SaaS- oder AaaS-Dienstleistung nötigen Komponenten, die vom Cloud-Anbieter[79] direkt kontrolliert werden.

Im Cloudmodell erwirbt der Anwender naturgemäß kein dauerhaftes Recht zur Nutzung einer Software, sondern zahlt nutzungsabhängig für die Bereitstellung bestimmter Funktionalitäten oder Dienste (eben SaaS oder AaaS). Anders als beim klassischen Lizenzmodell erhält der Anwender vom Lizenzgeber nicht den Objektcode, um diesen auf eigener Infrastruktur zum Laufen zu bringen. Oder anders ausgedrückt: da Clouddienste und die dabei generierten Anwendungsdaten idR zu 100% auf der Infrastruktur des Cloud Service Providers laufen, könnte der Zugriff – zumindest theoretisch, ohne Eigenverschulden des Anwenders und ohne jegliche Vorwarnung – von einer Sekunde auf die andere komplett wegfallen.

Cloud Service Provider entgegnen dieser Besorgnis, dass die eigens entwickelte oder aufgesetzte technische Infrastruktur Teil ihrer zentralen Kernkompetenz ist und unter anderem aufgrund der gebündelten Skaleneffekte viel größere Ressourcen als jeweils einzeln bei den Anwendern verfügbar sind – ein Argument, dem man durchaus folgen kann. Allerdings verkennt diese Argumentation der Cloud Service Provider, dass Anwender nicht unbedingt immer nur rational handeln – und der Wunsch nach Eigenkontrolle oft einhergeht mit einer unterschiedlichen Selbsteinschätzung der unternehmenseigenen technischen Fähigkeiten. Darüber hinaus kann eine Unterbrechung der Verfügbarkeit diverse weitere technische, rechtliche, operative oder kaufmännische Gründe beim Cloud Service Provider selbst oder seinen Zulieferern haben, und diese Gründe sind im Cloud Computing nochmals zahlreicher als im klassischen Lizenzgeschäft. Fakt ist, dass Clouddienste temporär wegfallen oder ganz eingestellt werden können und dass dies auch tatsächlich vorkommt.[80] Allein deshalb schon gebietet die kaufmännische Sorgfaltspflicht, sich mit einem möglichen Ausfall und den Möglichkeiten einer Absicherung mittels Cloud Escrow zu beschäftigen.

Konkret hat das **Cloud Escrow** zusätzlich zum klassischen Software Escrow die Herausforderung, dass die Anwendung, die jetzt auf der von Cloud Service Providern kontrollierten Hardware läuft, dort meistens nicht nur für einen Anwender betrieben wird (1).

---

[78] Zur Begriffsabgrenzung: SaaS = Software as a Service, AaaS = Application as a Service. Der zweite Begriff wird eher für eine spezifische Anwendung oder generell für stark spezialisierte Anwendungen oder Dienste herangezogen, während SaaS – so wie Software auch – allgemeiner verwendet wird. In diesem Beitrag werden SaaS, AaaS und (Geschäfts-) Anwendungen und Dienste synonym verwendet und nur von IaaS (Infrastructure) und PaaS (Platform) abgegrenzt, analog zur Definition der drei Servicemodelle des Cloud Computing vom National Institute for Standards and Technology (NIST) als Teil des US Departments of Commerce; Quelle: http://www.nist.gov/itl/cloud/index.cfm.

[79] CSP = Cloud Service Provider („Cloud-Anbieter").

[80] Siehe zB *Tsidulko*, The 10 Biggest Cloud Outages Of 2019 (so far), 1.8.2018, https://www.crn.com/slideshows/cloud/the-10-biggest-cloud-outages-of-2019-so-far-; *Raphael*, The worst cloud outages (and what we can learn from them)", InfoWorld, 27.6.2011, www.infoworld.com; *Geier*, Betriebswirtschaftliche Aspekte bei der Einführung von Cloud Computing, Risiken Nr. 12, S. 30.

Die zentralen Vorteile von Cloud Computing bauen ja gerade auf einer geteilten Infrastruktur auf, und Cloud Service Provider stellen durch die Mandantenfähigkeit („multi tenency") ihrer Clouddienste sicher, dass die jeweils spezifischen Anwenderdaten der Kunden sauber getrennt verarbeitet und gespeichert werden. Daraus folgt, dass die vom Cloud Service Provider entworfene und eingesetzte technische Infrastruktur für einen einzelnen Anwender deutlich überdimensioniert sein kann, was im Herausgabefall zu erhöhten Aufwendungen für den Nachbau der Infrastruktur durch den einzelnen Anwender führen könnte.[81]

105 Ein weiterer wichtiger Aspekt des Cloud Escrow ist die Verfügbarkeit der kundenspezifischen Daten (2). Sollte der Cloud Service Provider insolvent gehen oder der Clouddienst aus anderen Gründen nicht mehr verfügbar sein, hat der Anwender nicht nur ein Anrecht auf die seinem Eigentum zuzurechnenden Datensammlungen, er ist regelmäßig auch für die Fortführung seiner Geschäfte davon abhängig. Neben der Hinterlegung des Quellcodes muss somit auch die grundsätzliche Sicherung des individuellen Datenbestandes geregelt sein, was neben der physisch-elektronischen Übermittlung aus dem Hoheitsgebiet des Anbieters in eine vom Escrow-Agenten oder vom Anwender selber kontrollierte Infrastruktur unbedingt auch eine Reihe von Tests auf die Nutzbarkeit der Daten durch den Anwender im Falle des Ausfalls des Cloud Service Providers umfassen sollte.[82]

106 Der dritte, zentrale Teilbereich des Cloud Escrow ist für die Punkte (1) und (2) die Überlegung, wie zeitkritisch eine Wiederherstellung des Dienstes bzw. der Software ist und gleichzeitig mit wie viel potenziellem Datenverlust der Anwender auskommen könnte (3). Da der Clouddienst wie beschrieben theoretisch ohne Vorwarnung von einem Moment auf den anderen ausfallen könnte, muss das Risikomanagement definieren, welche Downtime und welcher Zeitraum eines Datenverlusts aus Geschäftssicht noch akzeptabel wären. Auf dieser Basis kann dann eine technische Escrow-Lösung definiert werden, die anschließend gegebenenfalls unter Kosten-Nutzen-Abwägungen nochmals angepasst werden muss. Grundsätzlich gilt: je kürzer der zulässige Ausfallzeitraum für Cloudanwendungen, desto höher ist der technische Aufwand für die Sicherstellung einer entsprechenden Verfügbarkeit. Oder anders formuliert: je kritischer eine Anwendung für die Kernprozesse des Anwenders ist, desto höher sollte auch das für die Absicherung verfügbare Budget sein.

107 Eine zusätzliche Herausforderung beim Cloud-Modell besteht in der richtigen Zusammenstellung des Hinterlegungsmaterials – konkret darin, die einzelnen Komponenten präzise zu identifizieren, zu isolieren und anschließend so zu sichern, dass sie „eingelagert" und reproduziert werden können. Für alle Elemente von Cloud-Diensten wird dies oft nicht mit einem vertretbaren Aufwand möglich sein. Ein Beispiel sind oft die erwähnten Laufzeitumgebungen. Pragmatisch kann und sollte man hier wohl die Annahme treffen, dass bestimmte PaaS-Dienste einfach verfügbar sind – dies natürlich nur, wenn bzw. nachdem eine Risikoanalyse zu einem entsprechenden Ergebnis gekommen ist. Andernfalls müssten die Kosten für eine Absicherung auch solcher Komponenten berücksichtigt werden oder es müsste ganz auf die Nutzung dieses speziellen Cloud-Dienstes verzichtet werden.

108 Aus rechtlicher Perspektive ergibt sich beim Cloud Computing eine ganze Reihe von spannenden Sonderthemen, die aber auch wieder an anderer Stelle in diesem Handbuch erläutert werden. Beispielhaft seien hier nur die Lizenzbedingungen der oft größeren Anzahl an Komponenten und Parteien genannt, oder der Datenschutz. Auch der Cloud-Escrowvertrag selber unterscheidet sich dementsprechend in einigen wesentlichen Aspekten von der klassischen Hinterlegungsvereinbarung, was sich beispielhaft schon in der Ein-

---

[81] Mehr zum technischen Hintergrund von Softwareentwicklung allgemein und in der Cloud → Rn. 95 ff.
[82] Zu den rechtlichen Aspekten der Rückgewinnung von Cloud Daten in der Insolvenz eines Cloud Service Providers (CSP = Cloud Anbieter) aus Nutzersicht und ohne Escrow-Absicherung s. *Haarmeyer/Hartmann*, Cloud Service Provider in der Insolvenz, in: Leupold/Glossner, Münchener Anwaltshandbuch IT-Recht, 3. Aufl. 2013, S. 499 ff.

ordnung und Benennung der Parteien (CSP = Cloud Service Provider anstatt Lizenzgeber und Anwender/Kunde anstatt Lizenznehmer) widerspiegelt.

> **Praxistipp: Cloud Escrow in a Nutshell** 109
>
> Was ist beim Escrow „in den Wolken" anders als beim klassischen Software Escrow? Die Hauptunterschiede zu klassischem Escrow sind: die Zeitkomponente (Analyse und Absicherung muss auch kurz und mittelfristig angedacht werden), die technische Komplexität und die Handhabung und Verfügbarkeit der Anwenderdaten.
>
> Konkret in Stichworten benannt sind die Unterschiede:
> - Anderer Vertragstyp (Lizenzvertrag wie Escrowvertrag)
> - Komplexität der Anwendungen
> - Anzahl involvierter Komponenten und Parteien
> - Verfügbarkeit der Anwendung, Zeitfaktor bei Ausfallplanung!
> - Datenhoheit aus Sicht des Anwenders!
> - Aufwand für technische Verifizierung (der Tests für den Ernstfall)
> - Rechtliche Fragen (Lizenzen, Datenschutz, …).
>
> Die Vorteile von Escrow für Anbieter (CSP – Cloud Service Provider) und Kunde (Nutzer der angebotenen Clouddienste) unterscheiden sich prinzipiell nicht von denen im klassischen Escrow.

Die folgenden Thesen fassen den heutigen Status von Cloud Escrow und seine zukünftige Entwicklung kurz und prägnant zusammen: 110

(1) Stand bei den klassischen Lizenzmodellen eine mittel- bis langfristige Sicherstellung der Verfügbarkeit der oft dauerhaft erworbenen Software im Mittelpunkt, müssen im Cloud Computing zusätzlich ein möglicher kurzfristiger Ausfall des Dienstes und die Verfügbarkeit der eigenen Daten berücksichtigt und gegebenenfalls abgefangen werden. Escrow ist komplexer geworden – aber gleichzeitig auch spannender und technologisch anspruchsvoller.

(2) Cloud Escrow wird sich noch immer weiterentwickeln und das Wissen über dessen Möglichkeiten und Vorteile im Risikomanagement wird sich bei Anwenderunternehmen noch weiter verbreiten. Dabei bietet Cloud Escrow ein wirksames Sicherheitsnetz für Anwender, ohne gleichzeitig ein Allheilmittel für alle Risiken darzustellen.

(3) Cloud Service Provider werden verstärkt mit Escrow-Anbietern für technische Lösungen zusammenarbeiten und vor allem individuelle, auf die konkreten Dienste und Anwendungsfälle zugeschnittene Testmethoden werden Anwendung finden; mit hoher Wahrscheinlichkeit kristallisieren sich für die technische Verifizierung dann über die Zeit – wie bereits im klassischen Escrow-Model geschehen – noch weiter Standards und Routinen heraus.

(4) Nach wie vor stellt Escrow primär eine Absicherung für den Anwender dar, der dieses Werkzeug im Rahmen einer Kosten-Nutzen-Analyse bewerten muss. Die Anbieter von Cloud-Diensten sollten Cloud Escrow gegebenenfalls im Rahmen einer ganzheitlichen Kostenbetrachtung (TCO – total cost of ownership) offen erwähnen und als sinnvolle Handlungsoption entwickeln helfen, dh aktiv mit Anwendern und dem Escrow-Spezialisten an einer aus Anwendersicht sinnvollen und wirksamen Lösung zusammenarbeiten.

(5) Cloud Escrow wird die Akzeptanz von Cloud Computing – hier konkret von SaaS und AaaS-Diensten – langfristig noch weiter stärken und somit einen kleinen aber wichtigen Teil zur Entfaltung des vollen Potenzials von Cloud Computing beitragen.

III. IP Escrow (Escrow-Kernelement Kategorie III)

111 Der primäre Hinterlegungsgegenstand für IP Escrow ist allgemein Know-how, welches ein Geschäftsgeheimnis darstellt – dazu gehört in diesem Fall explizit nicht Software. Beispielhaft seien hier technische Maschinendaten (keine laufenden Produktionsdaten), Konstruktionsquelldaten wie Baupläne für Platinen, Material- und Stücklisten, Explosionszeichnungen, Angaben zu Zuliefererketten, Inhaltsstoffen für chemische Prozesse und Komponenten für Fertigungsanlagen und deren Aufbau und Konfiguration genannt.

112 Die wesentlichen Unterschiede zum klassischen Escrow basieren dann auch auf dem Charakter des Hinterlegungsgegenstandes: „das" typische Hinterlegungsmaterial gibt es nicht, die Fälle sind insgesamt sehr heterogen und fallen in die unterschiedlichsten Fachbereiche, zB Maschinenbau, allgemein Ingenieurswesen, aber auch für den Bereich Biologie oder Chemie gibt es Beispiele. Als direkt Folge daraus kann man auch schwer einheitlich beschreiben, wie eine typische (technische) Verifizierung aussieht. Gemein ist den meisten Fällen, dass externe (und neutrale) Fachspezialisten als Gutachter hinzugezogen werden müssen, da die meisten Escrow-Agenten intern kein entsprechendes Know-how vorhalten.

113 Darüber hinaus sind Hinterlegungen von IP oft weniger zeitgetrieben bzw. in der Abwicklung weniger zeitkritisch. Beim IP Escrow kommt es meistens seltener zu Updates des Hinterlegungsgegenstandes, da einmal angeschaffte und eingesetzte Produkte zunächst unabhängig genutzt werden können und ein Produktionsprozess ab Auslieferung marktfähiger Produkte oft stabiler läuft und auch weniger angepasst wird (da aufwendiger) als beispielsweise Software. Das Hinterlegungsmaterial wird „nur" für die weitere Produktion und Wartung benötigt. Als Beispiel für ein eingesetztes Produkt sei hier ein Drohnenfuhrpark genannt, den ein Hersteller für einen Logistikdienstleister produziert und wartet. Sollte es zum Ausfall des Herstellers kommen, muss der Anwender mit Hilfe des dann übergebenen Know-hows mittel- bis langfristig für Ersatz sorgen, kann aber in der Zwischenzeit die bestehenden Drohnen weiter nutzen. Das Gleiche gilt für den deutlich größeren Bereich von Windkraftanlagen – auch dort nutzen Hersteller und Betreiberfirmen Escrow, um die Einsatzfähigkeit über die erwartete oder geplante Lebenszeit von oft bis zu 30 Jahren abzusichern.

114 Insgesamt kommt IP Escrow noch deutlich seltener vor als beispielsweise Software oder Cloud Escrow – auch da es in den relevanten Branchen noch viel unbekannter ist. Dementsprechend hat IP Escrow für die Zukunft aber auch noch ein deutlich größeres Potenzial.

IV. Key Escrow (Escrow-Kernelement Kategorie IV)

115 Der primäre Hinterlegungsgegenstand für Key Escrow besteht aus (kryptografischen) Schlüsseln, Passwörtern, allgemein Zugangsdaten und manchmal auch Hashwerten. Typischerweise stellt das Hinterlegungsmaterial nur einen Teil der aus Anwendersicht kritischen Elemente dar, die er im Falle einer berechtigten Herausgabe, zB einer Insolvenz des Herstellers, benötigen würde. In diesem Sinne könnte man ein Key Escrow auch als eine „unvollständige" Hinterlegung bezeichnen.

116 Hintergrund ist oft, dass ein Hersteller keine letztendliche Einsicht in seine Software oder sein Know-how wünscht, auch nicht von einem neutralen Treuhänder. Dies kann verschiedene Gründe haben, allen voran natürlich eventuelle Sicherheitsbedenken am grundsätzlichen Konzept von Escrow oder aber auch Bedenken, dass ein externer Gutachter zu einer negativen oder gar kritischen Bewertung des Hinterlegungsgegenstandes kommen könnte.

117 Konkret wird oft das verschlüsselte Material an den Anwender oder Lizenznehmer übergeben, das Passwort aber an den Escrowagenten. Manchmal vertraut der Anwender auf die Zusicherung, dass im Falle einer Herausgabe mit dem Passwort auf das Material

zugegriffen werden kann, manchmal führt der Lizenzgeber vor Übergabe an den Agenten zusammen mit dem Lizenznehmer einen entsprechenden Test durch. In wenigen Fällen wird vor Verschlüsselung des Materials zusammen mit dem Lizenznehmer auch eine technische Verifizierung durchgeführt – dann allerdings immer auf vom Lizenzgeber kontrollierten Rechnern oder in seinen eigenen Entwicklungsumgebungen. Eine belastbare Garantie hat der Anwender am Ende bei dieser Vorgehensweise nicht, und regelmäßige Aktualisierungen des Materials machen den Prozess insgesamt entsprechend aufwendiger.

Für Cloudanwendungen kommt es manchmal vor, dass Zugangsdaten für die Online-Entwicklungsumgebung wie Github oder Azure in Escrow gelegt werden. Die Umgebungen enthalten dann die Live-Daten des Dienstes, und im Falle einer Insolvenz bekommt der Anwender dann den Zugang zu diesem Dienst, um ihn eigenverantwortlich ohne den Lizenzgeber bzw. Cloud-Anbieter weiter betreiben zu können. Allerdings gibt es auch hier selbst nach einem Test der Zugangsdaten durch den Escrow-Agenten keine Garantie, dass diese auch in alle Zukunft Gültigkeit behalten. Ein anderer kritischer Aspekt kann der Umstand sein, dass die Cloud-Anwendung von vielen Kunden gleichzeitig genutzt wurde bzw. wird: im Falle einer Herausgabe hat der Anwender dann automatisch Zugriff auf die Anwendung und alle Live-Daten, auch die anderer Kunden.

Je nach Anbieter liegen die Kosten für ein Key Escrow oft unter denen für ein „vollständiges" Escrow – dies könnte möglicherweise auch ein Aspekt bei der Auswahl des richtigen Escrow-Dienstes für eine gegebene Ausgangslage (sprich: ein sehr knappes Budget) sein. Allerdings ist die absolute Höhe der Kosten eher gering, vor allem in Bezug zum möglichen Risiko. Wenn ein Key Escrow zum Einsatz kommt, überwiegt in der Praxis dann auch meistens der oben genannte Grund, dh die Weigerung des Lizenzgebers, eine aus Sicht des Anwenders bessere Escrow-Lösung zuzulassen.

V. Data Escrow (Escrow-Kernelement Kategorie V)

Data Escrow findet bereits seit vielen Jahren statt, allerdings noch in recht begrenztem Umfang und in oft kleinen, unbekannten Nischen. Dabei kommen regelmäßig auch Anwendungsfälle vor, in denen eine Insolvenz bzw. die Absicherung dagegen nicht die Hauptmotivation der beteiligten Parteien ist, sondern zB die DS-GVO.

Beispielhaft für bisherige Anwendungen seien hier genannt:
- **Data Escrow zwischen einem Leasinggeber und einer Telekommunikationsfirma (Telco):** die Telco hat Verträge mit Verbrauchern und bietet diesen Telefone mit Zweijahresverträgen an, die wiederum vom Leasinggeber gestellt werden. Der Leasinggeber hat die Geräte als Assets in seiner Bilanz und muss im Zweifel angeben können, wo sich diese Assets befinden – nämlich im Besitz der Endkunden. Da die Telco die Verantwortung über die Kundenbeziehung und die Pflege der Bewegungsdaten hat, und der Leasinggeber schon allein aus datenschutzrechtlichen Gründen kein Interesse an einer Einsicht und ständigen Übertragung der Daten in seinen Hoheitsbereich hat, wurde hier ein Escrow-Agent in der Funktion eines Auftragsverarbeiters (AV) zwischengeschaltet. Der Agent führt bei Erhalt von Aktualisierungen regelmäßige Tests auf Vollständigkeit, Plausibilität etc. durch, dokumentiert die Auswertungen und verwahrt die Daten bis zu einer eventuellen Übergabe auf Basis vorher klar definierter Herausgabefälle.
- **Wearables und Gesundheitsdaten:** viele Gesundheits-Apps, oft in Kombination mit tragbarer Hardware wie kleinen Armbändern oder Uhren, sammeln Daten ihrer Nutzer und senden diese (anonymisiert oder nicht) weiter, mit dem Versprechen diverser Vorteile. Manche Apps konzentrieren sich dabei auf das Messen bestimmter Gesundheits-Vitaldaten in Kombination mit einem Notfallservice, der aktiv vom Nutzer oder passiv über seine Messwerte ausgelöst werden kann. Diese Daten, akkumuliert, sind regelmäßig für groß angelegte klinische Studien interessant, die daraus Erkenntnisse zu neuen

Therapien oder anderen Verbesserungen ableiten. Wenn beispielhaft eine neu gefundene Therapie wieder Individuen zugutekommen soll, müssen Daten de-anonymisiert und wieder einzelnen Nutzern, die dem vorher zugestimmt haben, zugeordnet werden können. Dies ist eine Aufgabe, die Escrow-Agenten als neutrale Treuhänder und Auftragsverarbeiter übernehmen.

– **Deutsche Datentreuhänder:** In 2015 startete die Deutsche Telekom einen Versuch, als Datentreuhänder für die Microsoft-Cloud aufzutreten.[83] Hintergrund war die Angst vieler deutscher Anwender, dass eigene Daten über Microsofts Server ins Ausland – hier konkret die USA – gelangen könnten. Die Lösung sollte die Garantie der Telekom sein, dass zwar Microsofts beliebte Cloud-Lösungen angeboten würden, diese aber auf Telekom-eigenen Rechnern laufen sollten, auf die Microsoft zu keinem Zeitpunkt irgendeinen Zugriff hatte. Der Service wurde inzwischen wieder eingestellt, was wohl an der mangelnden Nachfrage gelegen haben wird (die Dienste der Telekom lagen über dem Marktdurchschnitt ausländischer Konkurrenzangebote).

122 Nach vorne schauend, hat Data Escrow preislich viele weitere potenzielle Einsatzgebiete, die sich nach Auffassung des Autors in naher Zukunft entwickeln werden. Die Bereiche IoT, autonomes Fahren und flankierend KI sind nur einige davon – überall geht es darum, dass zunächst proprietäre Daten irgendwie mit anderen Marktteilnehmern geteilt und anschließend ausgewertet werden sollen, zum Vorteil der Beteiligten oder sogar der Allgemeinheit. Dabei sind die Urheber verständlicherweise auch immer darauf bedacht, nicht zu viel Preis zu geben, damit Wettbewerber möglichst keinen (einseitigen) Vorteil daraus ziehen können.

123 So genannte Daten-Pools sind bereits seit längerem auch Gegenstand gesellschaftlicher oder politischer Versuche, ein geordnetes Umfeld zu kreieren. Daten wird inzwischen fast überall die Rolle als „Game Changer" der digitalen Ökonomie zuerkannt, mit bekannten und erwarteten positiven und negativen Auswirkungen. Neben wettbewerblichen Bedenken spielt dabei auch und vor allem der (europäische) Datenschutz eine große Rolle, darüber hinaus die bereits oft bestehende Datenmacht einzelner Marktteilnehmer. Die Auflistung aller Initiativen durch einzelne Firmen, Konsortien oder Branchenverbände oder durch politische Institutionen zB auf EU-Ebene würde den Rahmen dieses Beitrags sprengen. Dabei kommt aber in regelmäßigen Abständen auch immer wieder die Idee für oder Forderung nach Daten-Treuhändern vor – so beispielhaft für Autodaten von der Allianz Versicherung für Fahrzeugdaten.[84]

124 Vor dem Hintergrund dieser Entwicklung ist dann auch in jüngster Zeit eine verstärkte Nachfrage nach Data Escrow zu beachten. Die primären Hinterlegungsgegenstände sind auch hier schon sehr große Datenmengen: Inputdaten oder Outputdaten für spezifische Systeme oder strukturierte oder unstrukturierte Daten als Basis für statistische Auswertungen. Ziel ist hierbei meistens eine Beweissicherung oder die Auswertung von Datenbeständen nach bestimmten Kriterien und mit konkreten Zielvorgaben durch einen neutralen Dritten und im Auftrag eines Marktteilnehmers, der aus diversen Gründen keinen direkten Zugriff auf die Daten haben möchte oder darf.

125 Für die konkrete Vertragsgestaltung von Data Escrow besteht aktuell oft die Herausforderung, die zu hinterlegenden Daten eindeutig (inhaltlich) zu beschreiben, die Zweckbestimmung korrekt und optimal zu definieren und – wichtig besonders aus Sicht des Treuhänders – eine bestmögliche Verifizierung und Validierung der Daten im Sinne beider Vertragsparteien durchführen zu können. Auf die weitere Entwicklung in allen diesen Bereichen – so wie auch beim Thema des Dateneigentums – können alle Marktteilnehmer

---

[83] Siehe www.telekom.com/medien/konzern/293258 (zuletzt abgerufen Februar 2020).
[84] *FAZ* v. 21.1.2018, Allianz fordert Treuhänder für Autodaten. Im Zentrum des Artikels stand die Frage, wer die beim Fahren generierten Daten nutzen darf: Hersteller/OEM, Werkstätten, Halter, Eigentümer, Leasing- oder Finanzierungsgesellschaft, Versicherung, Polizei, sonstige Dienstleister, Anbieter lokaler Betriebe (zB Restaurants).

gespannt sein. Data Escrow ist somit ein Bereich, über den bereits in einer nächsten Auflage dieses Handbuchs mit vielen Praxisbeispielen zu berichten sein dürfte.

VI. KI Escrow (Escrow-Kernelement Kategorie VI)

Die Grundlagen der Künstlichen Intelligenz werden an anderer Stelle in diesem Handbuch dargelegt. Aufbauend darauf werden hier ein paar wesentliche Herausforderungen der KI aufgegriffen und – nach heutigem Wissenstand – mögliche Lösungsansätze mit und gesicherte Vorteile durch Escrow dargestellt.

Eine Hauptursache für die noch oft vorherrschende Ambivalenz oder Abneigung gegen den Einsatz von KI Systemen liegt wohl im so genannten Black-Box Phänomen begründet: Entscheidungen von einmal fertig trainieren und dann live eingesetzten KI Anwendungen sind für uns Menschen nicht immer vorhersehbar oder nachvollziehbar, was potenziell massive Risiken mit sich bringen kann. Auf der anderen Seite birgt der Einsatz zukunftsträchtiger KI Technologie potenziell riesige Vorteile.

KI Escrow ist, analog zu Entwicklung und Einsatz der KI selbst, aktuell das jüngste Anwendungsgebiet für Escrow und muss sich erst noch etablieren – so wie das Cloud Escrow ab ca. 2010. Als primäre Hinterlegungsgegenstände bei KI Escrow wurde bisher ua auch wieder der Quellcode identifiziert, dazu ggf. in anderer Form dargestellte oder dokumentierte Algorithmen der „leeren" bzw. untrainierten KI Modelle bzw. Neuronalen Netzwerke, deren Trainingsdaten, und möglicherweise in begrenztem Umfang auch deren Livedaten, allen voran getroffene Entscheidungen.

Dabei gelten zunächst auch bei KI Escrow die klassischen Szenarien und Mechanismen in Bezug auf Software oder IP: wichtig sind aus Sicht eines **Lizenzgebers oder Rechteinhabers** der Schutz des eigenen geistigen Eigentums, die Sicherung von Wettbewerbsvorteilen und das Schaffen von Vertrauen und Akzeptanz im Markt für die eigenen Lösungen. Gerade Letzterem kann vor dem Hintergrund der teilweise intensiven Ethikdiskussionen eine besondere Rolle zukommen. Aus Sicht des **Anwenders oder Investors** können, wieder ganz klassisch, der Schutz der eigenen Investitionen, eine Ausfallsicherheit für und ein gesteigertes Vertrauen in den Anbieter wichtige Anliegen sein.

Darüber hinaus können Inputdaten für KI Systeme extrem hohe intrinsische Werte erreichen. Die Bedeutung liegt oft schon allein im großen Aufwand für das Generieren oder Beschaffen der Daten aus teilweise sehr unterschiedlichen und schwer zugänglichen Quellen, der anschließenden Auswahl durch Experten und in weiteren Zusammenführungen, Bereinigungen oder Validierungen einzelner Datensets begründet. Zusätzlich gilt es, dabei die Datenschutzrichtlinien und andere Gesetze wie die Grundrechte zu beachten, was häufig zu Zielkonflikten führt. Neben einer Absicherung der finanziellen Risiken oder Aufwendungen bietet Escrow – wie bereits im Abschnitt zu Data Escrow beschrieben – die Möglichkeit, unerwünschten Zugriff auf bestimmte Datengruppen zu vermeiden oder auf wenige vordefinierte Fälle zu reduzieren.

Das so beschriebene Sichern von Input- oder Trainingsdaten kann auch für eine spätere Beweisführungen oder Abwehr von Klagen Vorteile bieten. Wird ein „fertig" trainiertes System vor seinem erstmaligen Live-Einsatz hinterlegt, könnten später beliebige Tests und Untersuchungen am „Originalzustand" der Anwendung durchgeführt werden. Mögliche Einsatzgebiete sind hier eventuelle Schadenersatzansprüche, Gewährleistungen aller Art oder das Nachweisen der Einhaltung von Sorgfaltspflichten, Gesetzen und Vorschriften, oder von Sicherheitskriterien nach dem neuesten/dem aktuellen „Stand der Technik".

Die folgenden Thesen fassen den heutigen Status von KI Escrow und seine zukünftige Entwicklung kurz und prägnant zusammen:

1. Das „eine", standardisierte KI Escrow gibt es heute noch nicht.
2. Für die aktuellen, teilweise hier beschriebenen Herausforderungen beim Einsatz von KI Technologie wird die Entwicklung einer „perfekten" Lösung durch KI Escrow à la Trial and Error noch eine Weile dauern.
3. Eine treuhänderische Verwaltung von Input-Daten plus untrainiertem/trainiertem Modell kann aus technischer und faktischer Sicht bereits heute zuverlässig durch einen Escrow Agenten erfüllt werden.
4. Escrow von KI Systemen und sonstigen KI Komponenten wie Daten kann ein sinnvoller, wichtiger Baustein für die Verbreitung und Akzeptanz von KI Systemen im Bereich von kritischen Prozessen sein.
5. Nach bestem Wissen und Gewissen: Escrow kann immer schon mindestens „den verwendeten Stand der Technik" nachweisen helfen.
6. Eine Escrow Absicherung von selbstlernenden KI Systemen im Live-Betrieb begegnet (noch) den Herausforderungen ständiger Modellveränderung, ständiger Datenfluss und hohe Datenvolumina.
7. Die aktuelle Dynamik der KI Entwicklung und deren Implikationen sollten nicht unterschätzt werden. Mit ihr einher wird sich die Lösungssuche und -findung für heutige Herausforderungen entwickeln – und Escrow evolutioniert mittendrin.

G. Fazit und Ausblick

133 Auf den vorangegangenen Seiten dieses Kapitels wurden zunächst ausführlich die Entstehung und die Grundlagen des Software Escrow, so wie es seit Aufkommen Anfang der 1980er Jahre ursprünglich entwickelt und gelebt wurde, dargestellt. Darüber hinaus wurde die Weiterentwicklung der Hinterlegung von Software vor dem Spiegel des allgemeinen technologischen Fortschritts und der allgegenwärtigen Digitalisierung dargestellt.

134 Dabei hat sich gezeigt, dass das grundsätzliche Konzept, eine treuhänderische Lösung für den Interessenkonflikt zweier oder mehrerer Parteien anzubieten, bis heute nichts von seiner Aktualität eingebüßt hat. Ebenso unverändert sind die wesentlichen Vorteile von Escrow, sowohl auf individueller Unternehmensebene als auch auf gesamt- bzw. volkswirtschaftlicher Ebene – letzteres zB in Bezug auf die Förderung der Nutzung von neuen, vielversprechenden Technologien noch lange bevor die klassischen Kriterien für Bewertung und Management der damit typischerweise verbundenen Unternehmensrisiken dies zulassen würden.

135 Verändert haben sich über die Jahre ua die technische Ausgestaltung und Umsetzung der einzelnen Escrow-Dienstleistungen, die juristische Einordnung in Bezug auf die Insolvenzfestigkeit in Deutschland und der Umfang und die Zusammensetzung der eigentlichen Hinterlegungsgegenstände. Letztere sind heute deutlich vielfältiger und werden unter dem Sammelbegriff Digital Escrow subsumiert[85] – weitere Entwicklungen und Ergänzungen in den kommenden Jahren und Jahrzenten sind hier gewiss!

136 Der Status von Digital Escrow und die voraussichtlich künftigen Entwicklungen lassen sich abschließend in folgenden Thesen zusammenfassen:
1. Das wichtigste Grundprinzip hinter Escrow ändert sich nicht. Es bleibt über die Jahrzehnte gleich: Escrow löst einen inhärenten Interessenkonflikt zwischen zwei oder mehr Parteien und ermöglicht Geschäftsbeziehungen, die ohne Escrow nicht oder nur schwieriger/unter deutlich anderen ökonomischen Vorzeichen zustande kämen.
2. Gleichzeitig evolutioniert Escrow, entwickelt sich stetig weiter. Das Konzept ist gleichzeitig so robust und flexibel, dass Hinterlegungslösungen auch für neue Technologien

---

[85] Zur Begriffsdefinition von Digital Escrow → Rn. 6.

und aktuelle Herausforderungen entstehen können. Aktuellstes Beispiel ua: KI Escrow bzw. AI Escrow (siehe folgende These).
3. Gab es anfangs nur das klassische Software Escrow, kamen mit der Zeit mehr und mehr Hinterlegungsgegenstände als primäre Schutzobjekte der Hinterlegung hinzu. Heute besteht das Digital Escrow aus folgenden sechs Kernelementen (weitere werden zukünftig voraussichtlich folgen):
   (1) Klassisches Software Escrow (Quellcode, auch Embedded Software)
   (2) Cloud Escrow oder SaaS Escrow (Quellcode eingebettet in online-Entwicklungsumgebungen)
   (3) IP Escrow (allgemeines Know-how, Geschäftsgeheimnisse)
   (4) Keys Escrow (Kryptografische Schlüssel und Passwörter, Zugangsdaten)
   (5) Daten Escrow (große Datenmengen, strukturiert und unstrukturiert, Input/Output)
   (6) KI Escrow oder AI Escrow (alle relevanten Komponenten von neuronalen Netzen und trainierten/untrainierten KI Systemen wie Algorithmen, Quellcode, Trainingsdaten, etc.).
4. Escrow fördert Innovationen und bringt Player der ersten Reihe zusammen. Konkret hilft der Einsatz von Escrow, das ständige Spannungsfeld zwischen a) Einsatz neuester verfügbarer Technologien zum Nutzen der Beteiligten und b) Kontrolle aller (neuen) Elemente der Value Chain und damit einhergehender (neuer) Gefahren besser zu kontrollieren. Oder anders ausgedrückt: es eröffnet neue Chancen mit gleichzeitigem Risikomanagement.
5. Aus Cloud wird KI. Das, was Anfang der 2010er Jahre Cloud Escrow war (neu, noch nicht fertig ausgestaltet, noch nicht etabliert – siehe 3. Aufl. dieses Buches) ist heute KI Escrow. „Das eine", standardisierte KI Escrow gibt es aktuell noch nicht, aber die Hinterlegung von KI Komponenten können je nach Kontext viel Sinn machen und dazu beitragen, dass KI Systeme zukünftig schneller zu größerer Akzeptanz und damit auch zu größerer Verbreitung im innerbetrieblichen Einsatz kommen. Oder anders ausgedrückt: Escrow kann KI ua helfen, die wichtigen Themen Erklärbarkeit, Gerechtigkeit, Vertrauen und Ethik zu adressieren. Cloud Escrow ist diesen Weg bereits gegangen und hat kürzlich das klassische Software Escrow vom ersten Platz bei neuen Escrow-Fällen abgelöst.
6. Hinterlegungen wird es auch in Zukunft geben. Das Konzept von Escrow hat sich über die Jahrzehnte als flexibel und anpassungsfähig, aber gleichzeitig als pragmatisch und lösungsorientiert erwiesen – und damit seine Zukunftstauglichkeit bewiesen. Die Grundidee der Hinterlegung scheint, trotz aller neuer Herausforderungen und teilweise immer mal wieder ungelöster Fragen, gut aufgestellt zu sein. Escrow ist damit solide als wichtige Dienstleistung im High-Tech Umfeld des 21. Jahrhunderts positioniert.

Teil 13. Digitalisierung im Gesundheitssektor: e-Health

Übersicht

	Rn.
A. Die Digitalisierung des Gesundheitssektors	1
B. Elektronische Gesundheitskarte, elektronische Patientenakte und weitere Entwicklungen	4
C. Rechtlicher Rahmen für mHealth, Telemedizin und Gesundheitsportale	9
I. MHealth: Gesundheits-Apps und Wearable Devices	10
1. Begriff und Erscheinungsformen	10
2. Zivilrechtliche Aspekte	11
3. Medizinprodukterecht	22
4. Erstattungsfähigkeit von mHealth Anwendungen durch die Krankenkassen	27
II. Telemedizin	28
1. Begriff	29
2. Rechtlicher Rahmen der Telemedizin	30
III. Ratgebercommunities und Gesundheitsportale	52
D. Haftung für e-Health Anwendungen	57
I. MHealth: Gesundheits-Apps und Wearable Devices	58
1. Haftung des Herstellers, des fernbehandelnden Arztes und der Zertifizierungsstelle für Gesundheitsschäden	59
2. Haftungserleichterungen und Haftungsausschluss	71
II. Telemedizin	73
1. Haftung des fernbehandelnden Arztes	73
2. Haftung des Betreibers einer digitalen Plattform für Telemedizin	85
III. Ratgebercommunities und Gesundheitsportale	86
E. Verarbeitung von Patientendaten	87
I. Konzeption des Schutzes von Gesundheitsdaten	87
II. Verarbeitung der Gesundheitsdaten von Patienten nach der DS-GVO	91
1. Anwendungsbereich	91
2. Gesundheitsdaten	94
3. Rechtsgrundlage der Datenverarbeitung	95
III. Besonderheiten für bestimmte Fallgruppen	96
1. Apps und Wearables	96
2. Telemedizin	100

Literatur:

Ahrens/Schmidt-Murra, Entwicklung und Vertrieb von Wearables und Apps im Gesundheitsbereich – Zuordnung rechtlicher Verantwortlichkeiten, DSRITB 2015, 53; *Albrecht*, Chancen und Risiken von Gesundheits-Apps (CHARISMHA), 2016; *Albrecht/Pramann*, Nobody is perfekt, DÄBl. 2018, A-520; *Bach*, Medical Apps wer haftet bei Fehlern?, Der Gynäkologe 2017, 473; *Bales/v. Schwanenflügel*, Die elektronische Gesundheitskarte – Rechtliche Fragen und zukünftige Herausforderungen, NJW 2012, 2475; *Baumgartner/Gausling*, Datenschutz durch Technikgestaltung und datenschutzfreundliche Voreinstellungen, ZD 2017, 308; *Baumgartner/Ewald*, Apps und Recht, 2. Aufl. 2016; *Beck*, Zum Einsatz von Robotern im Palliativ- und Hospizbereich, MedR 2018, 772; *Bergmann*, Telemedizin und das neue E-Health-Gesetz-Überlegungen aus arzthaftungsrechtlicher Perspektive, MedR 2016, 497; *Bertram/Püschner/Gonçalves et al.*, in Klauber/Geraedts/Friedrich/Wasem, Krankenhaus-Report 2019, S. 3; *Bieresborn*, in Spiecker gen. Döhmann/Wallrabenstein, Gesundheitsversorgung in Zeiten der Datenschutz-Grundverordnung, 2019, Der Schutz von Gesundheitsdaten als Sozialdaten nach Inkrafttreten der DS-GVO-Anpassungsgesetze, S. 23; *Bleckmann*, Anforderungen der Datenschutz-Grundverordnung an Labore, DuD 2019, 137; *Bördner*, Digitalisierung im Gesundheitswesen – eine haftungsrechtliche Bestandsaufnahme, GuP 2019, 131; *Brand*, Haftung und Versicherung beim Einsatz von Robotik in Medizin und Pflege, MedR 2019, 943; *Braun*, Urteilsanmerkung zu LG Hamburg, Urt. v. 3.9.2019 – 406 HK O 56/19. MedR 2020, 391; *Braun*, Das elektronische Rezept und rechtliche Implikationen, PharmR 2020, 315; *Braun*, Die Förderung der Entwicklung digitaler Innovationen durch Krankenkassen nach dem Digitale-Versorgung-Gesetz, NZS 2019, 894; *Braun*, Die Zulässigkeit von ärztlichen Fernbehandlungsleitungen nach der Änderung des § 7 IV MBO-Ä, MedR 2018, 563; *Braun*, Die Zulässigkeit des Ausstellens von Arbeitsunfähigkeitsbescheinigungen im Rahmen der Fernbehandlung, GesR 2018, 409; *Buchner*, Der NEUE Datenschutz im Gesundheitswesen, 2018; *Buchner*, Datenschutz und Datensicherheit in der digitalisierten Medizin, MedR 2016, 660; *Cahn,* Produkthaftung für verkörperte geistige Leistungen, NJW 1996, 2899; *Calabresi,* The Costs of Accidents, 1970; *Datta/Klein,* Kostenlose Apps – eine vertragsrechtliche Analyse, CR 2017, 174; *Dettling,* Künstliche Intelligenz und digitale Unterstützung ärztlicher Entscheidungen in Diagnostik und Therapie, PharmR 2019, 633; *Dettling/Krüger,* Digitalisierung, Algorithmisierung und Künstliche Intelligenz im Pharmarecht, PharmR 2018, 513; *Deutscher Ethikrat,* Big Data und Gesundheit – Datensouveränität als informationelle Freiheitsgestaltung, 30.11.2017; *Deutsch/Spickhoff,* Medizinrecht, 7. Aufl. 2014; *Dietel/Lewalter,* mHealth-Anwendungen als Medizinprodukt – Vereinbarkeit mit dem HWG und Ausblick auf die neue EU-Medizinprodukteverordnung, PharmR 2017, 53; *Dierks,* Der Rechtsrahmen der Fernbehandlung in Deutschland und seine Weiterentwicklung, MedR 2016, 405; *Dierks,* Hinweise und Erläuterungen der Bundesärztekammer zur Fernbehandlung -Was bedeuten sie für die Pflege?, GuP 2016, 88; *Dierks/Kluckert,* Unionsrechtliche „Antworten" zur Frage des anwendbaren nationalen Rechts bei grenzüberschreitenden E-Health-Dienstleistungen, NZS 2017, 687; *Dochow,* Telemedizin und Datenschutz, MedR 2019, 636; *Dochow,* Unterscheidung und Verhältnis von Gesundheitsdatenschutz und ärztlicher Schweigepflicht, MedR 2019, 279 (Teil 1), 363 (Teil 2); *Dochow,* Neuregelungen im Rahmen der ärztlichen Schweigepflicht – Eine Relativierung des Patientengeheimnisschutzes?, GesR 2018, 137; *Dregelies,* Wohin laufen meine Daten?, VuR 2017, 256; *Droste,* Intelligente Medizinprodukte: Verantwortlichkeiten des Herstellers und ärztlicher Sorgfaltspflichten, MPR 2018, 109; *Eberbach,* Wird die ärztliche Aufklärung zur Fiktion? (Teil 1), MedR 2019, 1; *Eberbach,* Personalisierte Prävention: Wirkungen und Auswirkungen, MedR 2014, 449; *Eichelberger,* Kommentar, WRP 2020, S. 1504; *Eichelberger,* in Ahrens et al., FS Harte-Bavendamm, 2020, Werbung für ärztliche Fernbehandlungen, S. 289; *Faust,* Gutachten A zum 71. Deutschen Juristentag, 2016; *Fischer,* Zum Stand des Internationalen Arzthaftungsrechts nach den Verordnungen Rom I und Rom II, MedR 2014, 712; *Filges,* Das Terminservice- und Versorgungsgesetz – besser, schneller, digitaler?, NZS 2020, 201; *Fischer,* in Kern/Walde/Schroeder/Katzenmeier, Humaniora: Medizin – Recht – Geschichte: Festschrift für Adolf Laufs zum 70. Geburtstag, 2006, Ärztliche Verhaltenspflichten und anzuwendendes Recht bei grenzüberschreitender telemedizinischer Behandlung, S. 781; *Fleischer,* Das Digitale-Versorgung-Gesetz (DVG): Überblick über die wesentlichen Regelungen des Gesetzes unter Einbeziehung des gesetzgeberischen Willens, jurisPR-ITR 2/2020 Anm. 2; *Foerste,* Die Produkthaftung für Druckwerke, NJW 1991, 1433; *Frost,* Künstliche Intelligenz in Medizinprodukten und damit verbundene medizinprodukte- und datenschutzrechtliche Herausforderungen, MPR 2019, 117; *Fuhlrott/Fischer,* Corona: Virale Anpassungen des Arbeitsrechts, NZA 2020, 345; *Gassner/Modi,* Anm. zu EuGH, Urt. vom 7.12.2017 – C-329/16, EuZW 2018, 166; *Gassner,* Software als Medizinprodukt – zwischen Regulierung und Selbstregulierung, MPR 2016, 109; *Gassner,* MedTech meets M-Health, MPR 2019, 73; *Gaßner/Strömer,* Mobile Health Applications – haftungsrechtlicher Standard und das Laissez-faire des Gesetzgebers, VersR 2015, 1219; *Gigerenzer/Schlegel-Matthies/Wagner,* eHealth und mHealth – Chancen und Risiken der Digitalisierung im Gesundheitsbereich, 2016; *Gomille,* Herstellerhaftung für automatisierte Fahrzeuge, JZ 2016, 76; *Graf,* Revision des europäischen Rechtsrahmens für Medizinprodukte: Einfluss auf die Klassifizierung von Medizinprodukten, PharmR 2017, 57; *Gierschmann,* Positionsbestimmung der DSK zur Anwendbarkeit des TMG, ZD 2018, 297; *Gruner,* Quo vadis, Fernbehandlungsverbot?, GesR 2017, 288; *Habersack/Zickgraf,* Deliktsrechtliche Verkehrs- und Organisationspflichten im Konzern, ZHR 182 (2018), 252; *Hager,* Vertrag mit Schutzwirkung zugunsten Dritter, Schutzgesetz iSd § 823 II BGB, JA 2020, 545; *Hahn,* Eine fast gelungene „Klarstellung" zur Aufklärung des Patienten über Fernkommunikationsmittel (§ 630e Abs. 1 S. 4 BGB-RefE), MedR 2020, 16; *Hahn,* AU-Schein nach Fernuntersuchung, MedR 2020, 370; *Hahn,* Das „Recht auf Nichtwissen" des Patienten bei algorithmusgesteuerter Auswertung von Big Data, MedR 2019, 197; *Hahn,* Telemedizin – Das Recht der Fernbehandlung, 2019; *Hahn,* Telemedizin und Fernbehandlungsverbot – Eine Bestandsaufnahme zur aktuellen Entwicklung, MedR 2018, 384; *Härting/Gössling,* Gemeinsame Verantwortlichkeit bei einer Facebook-Fanpage, NJW 2018, 2523; *Hartung/Büttgen,* Die Auftragsverarbeitung nach der DS-GVO, DuD 2017, 549; *Heckmann,* Rechtliche Aspekte der Digitalisierung im Gesundheitswesen, vbw Studie, August 2017; *Heider,* Arbeitsunfähigkeitsbescheinigung per WhatsApp, NZA 2019, 288; *Heydn,* Internet of Things: Probleme und Vertragsgestaltung, MMR 2020, 503; *Holzner,* Datenschutz, Dokumentations- und Organisationspflichten in der ärztlichen Praxis, 2020; *Huss,* Künstliche Intelligenz, Robotik und Big Data in der Medizin, 2019; *Ipsen/Britz,* in Spiecker gen. Döhmann/Wallrabenstein, Gesundheitsversorgung in Zeiten der Datenschutz-Grundverordnung, 2019, Datenschutzrechtliche Zulässigkeit von Apps im Gesundheitswesen, S. 165; *Janal,* Die AGB-Einbeziehung im „M-Commerce", NJW 2016, 3201; *Jandt,* Spezifischer Datenschutz für Telemedien und die DS-GVO, ZD 2018, 405; *Kaeding,* Medizinische Behandlung als Distanzgeschäft, MedR 2019, 288; *Jorzig/Sarangi,* Digitalisierung im Gesundheitswesen, 2020; *Kahl/Krüger-Brand,* Unterstützung, aber kein Ersatz, DÄBl. 2018, A-1258; *Kalb,* Rechtliche Aspekte der Telemedizin, GesR 2018, 481; *Karl,* Rechtsfragen grenzüberschreitender telematischer Diagnostik und Therapie, MedR 2016, 675; *Katzenmeier,* Big Data, E-Health, M-Health, KI und Robotik in der Medizin, MedR 2019, 259; *Katzenmeier,* Haftungsrechtliche Grenzen ärztlicher Fernbehandlung, NJW 2019, 1769; *Katzenmeier/Kurz/Jansen,* Rechtsfragen des Medizintourismus, VersR 2019, 1045; *Kirn/Müller-Hengstenberg,* Überfordert die digitale Welt der Industrie 4.0 die Vertragstypen des BGB?, NJW 2017, 433; *Klein/Datta,* Vertragsstrukturen beim Erwerb kostenloser Apps – Der App-Anbieter als Vertragspartner des Nutzers, CR 2016, 587; *Köbler,* Was bringt die Medizinprodukteverordnung?, GuP 2018, 132; *Krüger-Brand,* Fernbehandlung: Weg frei für die Telemedizin, DÄBl. 2018, A-965; *Krüger-Brand,* Fernbehandlung: Aufbruch in die digitale Realität, DÄBl. 2018, A-806; *Kühling/Schildbach,* Die Reform der Datentransparenzvorschriften im SGB V, NZS 2020, 41; *Kuhn,* Grenzen der Digitalisierung der Medizin de lege lata und de lege ferenda, GesR 2016, 748; *Kuhn/Heinz,* Digitalisierung in der

Medizin im Spannungsfeld zwischen technischen und legislativen Möglichkeiten und rechtliche Grenzen, GesR 2018, 691; *Kunz-Schmidt*, Bedienungsfehler beim Einsatz von Medizintechnik voll beherrschbares Risiko und nichtärztliche Mitarbeit, MedR 2009, 517; *Kühling*, Datenschutz im Gesundheitswesen, MedR 2019, 611; *Ladurner*, Das Terminservice- und Versorgungsgesetz – TSVG aus vertragsärztlicher Perspektive, MedR 2019, 440 (Teil 1), 519 (Teil 2); *Lapp*, in Spiecker gen. Döhmann/Wallrabenstein, Gesundheitsversorgung in Zeiten der Datenschutz-Grundverordnung, 2019, Auftragsverarbeitung in der Cloud – Tücken im neuen SGB X und der DS-GVO?, S. 141; *Lehmann/Rettig*, Zusammen kommen wir weiter – Gemeinsame Verantwortlichkeit in Datenschutz und Versicherungsaufsichtsrecht, VersR 2020, 464; *Mansel*, in Rauscher/Mansel, Festschrift für Werner Lorenz zum 80. Geburtstag, 2001, Informationshaftungsrechtliche Verkehrspflichten, S. 215; *Medicus/Petersen*, Bürgerliches Recht, 27. Aufl. 2019; *Meyer*, Die Haftung für fehlerhaft Aussagen in wissenschaftlichen Werken, ZUM 1997, 26; *Möller/Flöter*, Klick dich krank? Der Beweiswert von Online-AU-Bescheinigungen, ArbRAktuell 2019, 501; *Müller*, Krankschreibungen per WhatsApp bzw. Videosprechstunde in der arbeitsrechtlichen Praxis, BB 2019, 2292; *Nußstein*, Ärztliche Behandlung außerhalb des Standards – Anfechtung, Aufklärung und Einwilligung, VersR 2018, 1361; *Ortner/Daubenbüchel*, Medizinprodukte 4.0 – Haftung, Datenschutz, IT-Sicherheit, NJW 2016, 2918; *Paland/Holland*, Das Gesetz für sichere digitale Kommunikation und Anwendungen im Gesundheitswesen, NZS 2016, 247; *Posner*, Economic Analysis of Law, 9th ed. 2014; *Redeker*, IT-Recht, 6. Aufl. 2017; *Prütting/Wolk*; Software unter dem Regime der europäischen Medizinprodukteverordnung (2017/745/EU), MedR 2020, 359; *Reese*, Produkthaftung und Produzentenhaftung für Hard- und Software, DStR 1994, 1121; *Rehmann*, E-Health – Telemonitoring und Telemedizin, A&R 2017, 153; *Reisewitz*, Rechtsfragen des Medizintourismus, 2015; *Reuter/Winkler*, Gentests via Internet – Die Zulässigkeit nach deutschem Recht, MedR 2014, 220; *Rübsamen*, Rechtliche Rahmenbedingungen für mobileHealth, MedR 2015, 485; *Sachverständigenrat zur Begutachtung der Entwicklung im Gesundheitswesen*, Bedarfsgerechte Steuerung der Gesundheitsversorgung, Gutachten 2018; *Schäfer/Ott*, Lehrbuch der ökonomischen Analyse des Zivilrechts, 5. Aufl. 2012; *Schickert/Schweiger/Schuppert*, in Sassenberg/Faber, Rechtshandbuch Industrie 4.0 und Internet of Things, 2. Aufl. 2020, § 15 Digitalisierung des Gesundheitswesens; *Schickert/Schweiger*, in Sassenberg/Faber, Rechtshandbuch Industrie 4.0 und Internet of Things, 2017, Teil 4A. Digitalisierung des Gesundheitswesens (eHealth); *Schrader/Engstler*, Anspruch auf Bereitstellung von Software-Updates, MMR 2018, 356; *Schreiber*, Gemeinsame Verantwortlichkeit gegenüber Betroffenen und Aufsichtsbehörden, ZD 2019, 55; *Schreiber/Gottwald*, Gesundheits-App auf Rezept, ZD 2020, 385; *Sedlmayr*, eHealth als Schlüssel für bessere Patientencompliance – technische Möglichkeiten und medizinische Herausforderungen, GesR 2018, 17; *Seiter*, Auftragsverarbeitung nach der Datenschutz-Grundverordnung, DuD 2019, 127; *Sesing*, Eine Bestandsaufnahme zum bereichsspezifischen Datenschutz für Telemedien, MMR 2019, 347; *Schröder*, Datenschutzrechtliche Fragen aus Sicht der KBV, MedR 2019, 631; *Schulte/Tisch*, Beweiswert der Arbeitsunfähigkeitsbescheinigung im digitalen Umbruch, NZA 2020, 761; *Shavell*, Economic Analysis of Accident Law, 1987; *Shavell*, Strict Liability versus Negligence, 9 Journal of Legal Studies (1980), 1; *Spickhoff*, Rechtsfragen der grenzüberschreitenden Fernbehandlung, MedR 2018, 535; *Spindler/Sein*, Die endgültige Richtlinie über Verträge über digitale Inhalte und Dienstleistungen – Anwendungsbereich und grundsätzliche Ansätze, MMR 2019, 415; *Spindler*, in Grigoleit/Petersen, Privatrechtsdogmatik im 21. Jahrhundert, Festschrift für Claus-Wilhelm Canaris zum 80. Geburtstag, 2017, Privatrechtsdogmatik und Herausforderungen der ‚IT-Revolution', S. 709; *Spindler*, in Huber/Jaeger/Luckey, Festschrift für Lothar Jaeger zum 70. Geburtstag, 2014, Expertensysteme und Medizin – Haftungsrelevante Bereiche im Schnittfeld zwischen Medizin- und IT-Recht, S. 135; *Spindler*, in Lorenz, Karlsruher Forum 2010, Haftung im IT Bereich, S. 1; *Spittka/Mantz*, Datenschutzrechtliche Anforderungen an den Einsatz von Social Plugins, NJW 2019, 2742; *Stellpflug*, Arzthaftung bei der Verwendung telemedizinischer Anwendungen, GesR 2019, 76; *Sträter*, Europäische Regulierung des Medizinprodukterechts, NZS 2020, 530; *Taupitz*, Medizinische Informationstechnologie, leitliniengerechte Medizin und Haftung des Arztes, AcP 211 (2011), 353; *Tillmanns*, Möglichkeiten und Grenzen der Werbung für Fernbehandlungen, A&R 2020, 11; *Ulsenheimer*, Arztstrafrecht in der Praxis, 5. Aufl. 2015; *v. Czettritz/Strelow*, „Beam me up, Scotty" – die Klassifizierung von Medicial Apps als Medizinprodukte, PharmR 2017, 433; *v. Holleben/Knaut*, Die Zukunft der Auftragsverarbeitung – Privilegierung, Haftung, Sanktionen und Datenübermittlung mit Auslandsbezug unter der DSGVO, CR 2017, 299; *v. Pentz*, Tendenzen der neueren höchstrichterlichen Rechtsprechung zur Arzthaftung, MedR 2011, 222; *v. Zezschwitz*, Neue regulatorische Herausforderungen für Anbieter von Gesundheits-Apps, MedR 2020, 196; *Vorberg/Kanschik*, Fernbehandlung: AMG-Novelle und Ärztekammer verfehlen die Realität!, MedR 2016, 411; *Völkel*, Please don't hold the line! Datenschutzrechtliche Anforderungen und Verantwortlichkeiten bei App-basierter Online-Kommunikation mit Versicherten in der Gesetzlichen Krankenversicherung, DSRITB, 2016, 917; *Wagner*, Einflüsse der Dienstleistungsfreiheit auf das nationale und internationale Arzthaftungsrecht, 2008; *Wagner*, Produkthaftung für autonome Systeme, AcP 217 (2017), 707; *Wagner*, Disruption der Verantwortlichkeit – Private Nutzer als datenschutzrechtliche Verantwortliche im Internet of Things, ZD 2018, 307; *Wendelstein*, Kollisionsrechtliche Probleme der Telemedizin, 2012; *Weyd*, Digitalisierung in der Gesetzlichen Krankenversicherung, MedR 2019, 183; *Wilmer*, Wearables und Datenschutz – Gesetze von gestern für die Technik von morgen? DSRITB, 2015, 1; *Wobbe*, Datenschutz im Gesundheitswesen – Fragestellungen aus Sicht der Krankenkassen, MedR 2019, 625; *Wolf*, Die Fernbehandlung nach dem 121. Deutschen Ärztetag im Lichte der Europäischen Datenschutzgrundverordnung, GuP 2018, 129.

A. Die Digitalisierung des Gesundheitssektors

1 Die Digitalisierung ist ein disruptiver Prozess, der vor keinem Sektor Halt macht. Die Transformation analoger Prozesse in eine digitale, vernetzte Welt stellt nicht nur eine Herausforderung für die Gesellschaft, sondern gerade auch für die Rechtswissenschaft und -praxis dar. Die Digitalisierung des Gesundheitssektors wird unter dem Schlagwort **e-Health** zusammengefasst. Dem Begriff kommt keine normative Funktion zu, er stellt lediglich einen Sammel- und Oberbegriff für eine Vielzahl an Entwicklungen im Gesundheitsbereich dar.[1] Konkretisierend lassen sich insbesondere vier Bereiche ausmachen: die elektronische Verwaltung und Vernetzung von Gesundheitsdaten, die Digitalisierung der Beratung und Behandlung des Patienten (Telemedizin[2] und Gesundheitsplattformen), Gesundheits-Apps und Wearables (mHealth)[3] und die Gesundheitsdatenverarbeitung in der medizinischen Forschung und Entwicklung (insbes. computerbasiertes Krankheits- und Wissensmanagement). Die Weite des e-Health Begriffs zeigt sich auch in der juristischen Aufarbeitung. E-Health berührt eine Vielzahl unterschiedlicher Rechtsbereiche wie das Recht des Behandlungsvertrags, die Produkthaftung, das Berufsrecht, das Datenschutzrecht, das Sozialrecht und schließlich auch das internationale Privatrecht.

2 E-Health ist keine Modeerscheinung, sondern wird den Gesundheitsbereich nachhaltig umgestalten. Das wirtschaftliche Potenzial ist enorm, vergegenwärtigt man sich, dass die deutsche Gesundheitswirtschaft mehr als 12 Prozent des Brutto-Inlandsproduktes (BIP) 2018)[4] erwirtschaftete. Bis 2022 soll der Markt für vernetzte Medizinprodukte weltweit ein Volumen von fast 53 Milliarden Dollar erreichen, davon sollen rund 16 Milliarden Dollar auf Wearables/Mobile Medizingeräte entfallen.[5] Nach einer aktuellen Studie von *Roland Berger* sollen die Ausgaben für digitale Gesundheitsanwendungen für Deutschland auf 57 Mrd. Euro und in Europa auf 232 Mrd. Euro bis zum Jahr 2025 steigen.[6] Der deutsche Gesetzgeber reagiert auf diese Entwicklungen und treibt die digitale Umgestaltung mit einer Vielzahl an Gesetzen wie dem e-Health Gesetz[7] und dem Digitale-Versorgung-Gesetz[8] voran. Auch in der Strategie der europäischen Kommission werden e-Health-Anwendungen eine große Bedeutung für die (zukünftige) medizinische Versorgung beigemessen.[9] Internationale Konzerne wie *Amazon* beginnen, die Möglichkeiten digitaler Ge-

---

[1] Begriffsbestimmung und Maßnahmenschwerpunkt der *Europäischen Kommission* abrufbar unter https://ec.europa.eu/health/ehealth/home_de (zuletzt abgerufen am 1.11.2020). Siehe auch die Mitteilung der Kommission über die Umgestaltung der digitalen Gesundheitsversorgung und Pflege (COM(2018) 233 final).
[2] Beispielsweise führte die Online-Arztpraxis *Zava* nach eigenen Angaben bereits über 600.000 Beratungen und Behandlungen in Deutschland durch; Zahlen abrufbar unter https://res.cloudinary.com/zava-www-uk/image/upload/v1566404826/de/generic-pages/presse/lllgx1xinko7u0vtcnkx.pdf (zuletzt abgerufen am 1.11.2020).
[3] Vgl. dazu auch den Bericht der WHO „mHealth: New horizons for health through mobile technologies: second global survey on eHealth", abrufbar unter https://www.who.int/goe/publications/goe_mhealth_web.pdf (zuletzt angerufen am 1.11.2020).
[4] *Bundesministerium für Wirtschaft und Energie*, Gesundheitswirtschaft – Fakten & Zahlen, Stand März 2019, S. 1, abrufbar unter https://www.bmwi.de/Redaktion/DE/Publikationen/Wirtschaft/gesundheitswirtschaft-fakten-zahlen-2018.pdf?__blob=publicationFile&v=3 (zuletzt abgerufen am 1.11.2020).
[5] *Deloitte*, Medtech and the Internet of Medical Things, Juli 2018, S. 12, abrufbar unter: https://www2.deloitte.com/content/dam/Deloitte/global/Documents/Life-Sciences-Health-Care/gx-lshc-medtech-iomt-brochure.pdf (zuletzt abgerufen am 1.11.2020).
[6] *Roland Berger*, Future of Health – Der Aufstieg der Gesundheitsplattformen, 30.9.2020, S. 7, abrufbar unter https://www.rolandberger.com/de/Publications/Future-of-Health-Der-Aufstieg-der-Gesundheitsplattformen.html (zuletzt abgerufen am 1.11.2020).
[7] Gesetz für sichere digitale Kommunikation und Anwendungen im Gesundheitswesen sowie zur Änderung weiterer Gesetze vom 28.12.2015, BGBl. 2015 I S. 2408.
[8] Gesetz für eine bessere Versorgung durch Digitalisierung und Innovation (Digitale-Versorgung-Gesetz – DVG), BGBl. 2019 I S. 2562.
[9] Vgl. Überblick unter https://ec.europa.eu/health/ehealth/home_de (zuletzt abgerufen am 1.11.2020); zuletzt Mitteilung der Kommission vom 25.4.2018, COM(2018), 233 final.

sundheitsversorgung für ihre Mitarbeiter zu testen.[10] An die Digitalisierung des Gesundheitssektors werden hohe Erwartungen und Hoffnungen geknüpft: ein besserer Einbezug der Patienten in die Behandlung, eine zielgenauere Diagnostik, Therapie und Forschung, ein geringerer bürokratischer Aufwand und damit eine bessere Wirtschaftlichkeit und Effizienz, eine Stärkung der medizinischen Versorgung in ländlichen Regionen, die Vermeidung von Ansteckungsrisiken im Wartezimmer, die Chance auf frühzeitigere Feststellung eines Behandlungsbedarfs und schließlich die Überwindung von Offenbarungsängsten der Patienten.[11] Insgesamt hinkt Deutschland bei der Digitalisierung im Gesundheitssektor noch hinterher[12], weshalb es zu begrüßen ist, dass sich der Gesetzgeber bemüht, mit dem technischen Fortschritt auch rechtlich Schritt zu halten.

Schon dieser kurze Aufriss verdeutlicht die zahlreichen Facetten von e-Health. Aufgrund der Vielfalt möglicher Anwendungen und Einsatzbereiche möchte sich der folgende Beitrag auf die Darstellung der Digitalisierung der Arzt-Patienten-Beziehung bzw. ihre Substitution durch mobile Anwendungen konzentrieren. Der Bereich der künstlichen Intelligenz im Gesundheitsbereich wird ausgeklammert, hier stellen sich haftungsrechtliche Grundsatzfragen und spezifische datenschutzrechtliche Fragen.[13] Zudem stellen KI-Anwendungen im Gesundheitssektor wohl noch immer Ausnahmefälle dar, die über die „einfache" Digitalisierung hinausgehen und deren flächendeckender Einsatz noch auf sich warten lässt. Die Digitalisierung der Forschung und insbesondere der Pharmazie bringt ebenso gänzlich andere Fragen mit sich, die hier nicht behandelt werden sollen.[14] 3

B. Elektronische Gesundheitskarte, elektronische Patientenakte und weitere Entwicklungen

Die **elektronische Gesundheitskarte (eGK)** wurde bereits im Jahr 2004 mit dem GKV-Modernisierungsgesetz[15] ins Leben gerufen. Zusammen mit § 291 SGB V regelt § 291a SGB V die Nutzung der eGK. Die Speicherung personenbezogener Gesundheitsdaten auf der eGK soll die Informationen zur bisherigen Behandlung des Versicherten besser verfügbar machen und dadurch die Wirtschaftlichkeit, Qualität und Transparenz der Behandlung verbessern. Zugleich soll die eGK zu einer Stärkung von Patientenrechten, zur Vermeidung unnötiger Doppeluntersuchungen und unerwünschter Wechselwirkungen zwischen 4

---

[10] Vgl. www.amazon.care (zuletzt abgerufen am 1.11.2020)
[11] Für einen Überblick zu Erwartungen und Hoffnung an e-Health vgl. beispielsweise *Sachverständigenrat zur Begutachtung der Entwicklung im Gesundheitswesen*, Bedarfsgerechte Steuerung der Gesundheitsversorgung, Gutachten 2018, Nrn. 800 ff.; *Heckmann*, Rechtliche Aspekte der Digitalisierung des Gesundheitswesens, vbw Studie 08/2017, S. 5 ff.; *Gigerenzer/Schlegel-Matthies/Wagner*, eHealth und mHealth – Chancen und Risiken der Digitalisierung im Gesundheitsbereich, 01/2016, S. 12 ff.; im Hinblick auf die Datenverarbeitung vgl. *Deutscher Ethikrat*, Big Data und Gesundheit vom 30.11.2017, S. 11 ff.; aus der rechtswissenschaftlichen Forschung beispielsweise *Katzenmeier*, MedR 2019, 259; *Hahn*, MedR 2018, 384; *Kalb*, GesR 2018, 481 (483).
[12] So belegte Deutschland in einer Studie der *Bertelsmann Stiftung* im internationalen Vergleich Platz 16 von 17 untersuchten Staaten, vgl. #SmartHealthSystems – Digitalisierungsstrategien im internationalen Vergleich, November 2018, abrufbar unter https://www.bertelsmann-stiftung.de/de/publikationen/publikation/did/smarthealthsystems (zuletzt abgerufen am 1.11.2020).
[13] Hierzu zB *Jorzig/Sarangi*, Digitalisierung im Gesundheitswesen, S. 107 ff. mit Anwendungsbeispielen; *Spindler*, in BeckOGK BGB, § 823 Rn. 1006 ff.; *Droste*, MPR 2018, 109 ff.; *Dettling*, PharmR 2019, 633; *Katzenmeier*, MedR 2019, 259 (268 ff.); *Frost*, MPR 2019, 117; *Huss*, Künstliche Intelligenz, Robotik und Big Data in der Medizin, 2019; *Antes*, DÄBl. 2019, A-18 ff.; *Kahl/Krüger-Brand*, DÄBl. 2018, A-1258 ff.; *Brand*, MedR 2019, 943 (947 ff.); *Beck*, MedR 2018, 772 ff.; allgemein zur haftungsrechtlichen Seite der Künstlichen Intelligenz → Teil 9.6.4.
[14] Hierzu *Dettling/Krüger*, PharmR 2018, 513, (516 ff.); *Schickert/Schweiger/Schuppert*, in Sassenberg/Faber, Rechtshandbuch Industrie 4.0 und Internet of Things, § 15 Rn. 58 ff.; *Hahn*, MedR 2019, 197.
[15] Gesetz zur Modernisierung der gesetzlichen Krankenversicherung (GKV-Modernisierungsgesetz-GMG) vom 14.11.2003, BGBl. I S. 2190. Zu den Grundlagen der elektronischen Gesundheitskarte auch Jorzig/Sarangi, Digitalisierung im Gesundheitswesen, S. 193 f.

Medikamenten sowie zu einer schnelleren Verfügbarkeit von Behandlungsdaten im Notfall beitragen.[16] Der besonderen Schutzwürdigkeit von Gesundheitsdaten wurde in § 291a Abs. 4 ff. aF (jetzt §§ 336 ff., 352 ff.) SGB V durch eine ausdifferenzierte Regelung von Zugriffsrechten und Übermittlungsbefugnissen Rechnung getragen.[17]

5   Das Ansinnen, eine moderne Basis für den Austausch von medizinischen Informationen zu schaffen, erfuhr große Zustimmung und das datenschutzrechtliche Schutzniveau wurde überwiegend als gelungen angesehen.[18] Allerdings setzte § 291a SGB V Rahmenbedingungen voraus, die technisch nicht befriedigend realisierbar waren.[19] So bereitet insbesondere die Umsetzung der §§ 291a Abs. 7 bis 7e aF (jetzt §§ 306 ff.) SGB V (Aufbau und Finanzierung der erforderlichen Telematikinfrastruktur) erhebliche Probleme. Die eGK wird daher seit Jahren als „Dauerbaustelle" bezeichnet.[20] Trotz dieser technischen Umsetzungsprobleme hielt die Bundesregierung an dem Projekt der eGK fest und baute die Vernetzung der verschiedenen Sektoren (Arztpraxen, Krankenhäuser, Apotheken, Pflegeeinrichtungen) und die Anwendungen der eGK aus. Änderungen erfolgten durch das Terminservice- und Versorgungsgesetz (TSVG)[21], das Digitale-Versorgung-Gesetz (DVG) und das Patientendaten-Schutzgesetz (PDSG)[22].[23]

6   Für den Begriff der **elektronischen Patientenakte (ePA)** gab es bisher keine gesetzliche Definition. Inzwischen gibt es eine Vielzahl unterschiedlicher Systeme, die mitunter als ePA bezeichnet werden wie beispielsweise elektronische Fallakten.[24] Auch private Unternehmen bieten unterschiedliche Formen webbasierter elektronischer Patientenakten an, in denen Ärzte oder Patienten Gesundheitsdaten speichern können.[25] Bereits mit dem GKV-Modernisierungsgesetz führte der deutsche Gesetzgeber in § 291a Abs. 3 S. 1 Nr. 4 aF (jetzt § 341) SGB V die Möglichkeit einer ePA ein, in der Befunde, Diagnosen, Therapieempfehlungen sowie Behandlungsberichte für eine fall- und einrichtungsübergreifende Dokumentation gespeichert werden sollen. Bewegung entstand aber erst durch das e-Health Gesetz, das in § 291a Abs. 5c S. 1 aF SGB V die Gesellschaft für Telematik (gematik GmbH) verpflichtete, bis zum 31.12.2018 die Voraussetzungen und Vorgaben für eine systematische Speicherung und Bereitstellung von Daten in einer ePA zu schaffen.[26] Durch das Terminservice- und Versorgungsgesetz wurden die Krankenkassen verpflichtet, ihren Versicherten spätestens ab dem 1.1.2021 eine von der gematik GmbH nach Maßgabe des § 291b Abs. 1a S. 1 aF SGB V zugelassene elektronische Patientenakte zur Verfügung zu stellen (vgl. § 291a Abs. 5c S. 4 aF SGB V) und in allgemein verständlicher Form über ihre Funktionsweise, einschließlich der Art der in ihr zu verarbeitenden Daten, sowie über die Zugriffsrechte zu informieren (§ 291a Abs. 5c S. 5 aF SGB V). Die Nutzung der ePA erfolgt durch den Patienten auf freiwilliger Basis. Durch die elektronische Patientenakte soll die Interoperabilität der bisher angebotenen kassenindividuellen Gesundheitsakten gewähr-

---

[16] *Scholz*, in BeckOK Sozialrecht, § 291a SGB V Rn. 1; *Bales/v. Schwanenflügel*, NJW 2012, 2475 ff.
[17] *Scholz*, in BeckOK Sozialrecht, § 291a SGB V Rn. 2, 10 ff.
[18] *Katzenmeier*, MedR 2019, 259 (263); *Dochow*, MedR 2019, 636 (645); *Buchner*, MedR 2016, 660 (662); *Scholz*, in BeckOK Sozialrecht, § 291a SGB V Rn. 2, 10 ff.
[19] *Katzenmeier*, MedR 2019, 259 (264); *Buchner*, MedR 2016, 660 (663); *Paland/Holland*, NZS 2016, 247 ff.
[20] Überblick zur Entwicklung der eGK bei *Scholz*, in BeckOK Sozialrecht, § 291a SGB V Rn. 4 f.
[21] Gesetz für schnellere Termine und bessere Versorgung (Terminservice- und Versorgungsgesetz – TSVG) vom 6.5.2019, BGBl. 2019 I S. 646; Überblick bei *Ladurner*, MedR 2019, 440 und 519.
[22] Gesetz zum Schutz elektronischer Patientendaten in der Telematikinfrastruktur (Patientendaten-Schutz-Gesetz – PDSG) vom 14.10.2020, BGBl. 2020 I S. 2115.
[23] Weiterführend *Scholz*, in BeckOK Sozialrecht, § 291a SGB V Rn. 4a und *Jorzig/Sarangi*, Digitalisierung im Gesundheitswesen, S. 41 f.
[24] Vgl. dazu auch *Bertram/Püschner/Gonçalves/et al.*, in Krankenhaus Report 2019, S. 4.
[25] ZB CGM Life Gesundheitsakte, abrufbar unter https://www.cgm.com/de/arzt_zahnarzt/versorgung_kostentraeger/digitale_patientenakten/cgm_life_gesundheitsakte.de.jsp (zuletzt abgerufen am 1.11.2020) oder Get Real Health, abrufbar unter https://getrealhealth.com/lydia/ (zuletzt abgerufen am 1.11.2020).
[26] Abrufbar unter https://fachportal.gematik.de/spezifikationen/online-produktivbetrieb/ (zuletzt abgerufen 1.11.2020); siehe ferner das Faktenblatt der gematik GmbH, abrufbar unter https://www.gematik.de/fileadmin/user_upload/gematik/files/Faktenblaetter/Faktenblatt_ePA_web.pdf (zuletzt abgerufen am 1.11.2020).

leistet werden. Einen neuen Impuls erhielt die ePA durch das Patientendaten-Schutzgesetz (PDSG) (dazu Rn. 8). Nach der neuen Legaldefinition in § 341 SGB V handelt es sich bei der elektronischen Patientenakte um eine versichertengeführte, freiwillige elektronische Akte, die den Versicherten von den Krankenkassen auf Antrag zur Verfügung gestellt wird. Dadurch soll der Versicherte Zugang zu seinen Patienteninformationen wie beispielsweise zu Befunden, Diagnosen, durchgeführten oder geplanten Therapiemaßnahmen und Behandlungsberichten erhalten. Die Einrichtung und Nutzungsmöglichkeiten der ePA werden in den §§ 341 ff. SGB V näher ausgestaltet. Der Umfang der speicherbaren Daten soll sukzessive erweitert werden. So sollen neben den in § 334 Abs. 1 Nr. 5 nF (Notfalldatensatz) und Nr. 4 nF SGB V (Medikationsplan) genannten Daten beispielsweise auch Impf- und Mutterpass in der ePA künftig enthalten sein (§ 341 Abs. 2 SGB V). Der Zugriff auf die gespeicherten Gesundheitsdaten soll zudem mittels eines mobilen Endgeräts (Smartphone) erfolgen können (vgl. § 342 Abs. 2 SGB V).

Weitere Neuerungen brachte das **Digital-Versorgung-Gesetz.**[27] Schwerpunkte des Gesetzes waren der Aufbau der Telematikinfrastruktur (§ 291a, b aF (jetzt §§ 306 ff.) SGB V)[28], die IT-Sicherheit (§ 75b SGB V), die Vereinfachung und Beschleunigung von Verwaltungsprozessen (§§ 86, 125, 139e, 188, 291 f. SGB V), die Stärkung der Telemedizin (§§ 87, 291g aF (jetzt §§ 364 ff.) SGB V), die Förderung der Entwicklung digitaler Innovationen durch die Krankenkassen (§§ 68a, 263a SGBV)[29] und die Weiterentwicklung der gesetzlichen Regelungen zur Datentransparenz (§§ 303a bis e SGB V)[30]. Die noch im Rahmen des Referentenentwurfs[31] geplante Regelung der ePA in einem neuen § 291h SGB V wurde gestoppt und erfolgte im PDSG (vgl. → Rn. 8).[32] Eine spannende Neuregelung stellt die Einführung der „App auf Rezept" dar (§ 33a Abs. 1 SGB V).[33] Versicherte haben nunmehr Anspruch auf digitale Gesundheitsanwendungen, bei denen es sich um unterstützende Medizinprodukte niedriger Risikoklasse handelt. Das *Bundesinstitut für Arzneimittel und Medizinprodukte* soll künftig ein Verzeichnis erstattungsfähiger digitaler Gesundheitsanwendungen führen, die nur nach Verordnung durch den Arzt oder mit Zustimmung der Krankenkasse angewendet werden können.[34] Voraussetzung für die Aufnahme in das amtliche Verzeichnis ist dabei der Nachweis „positiver Versorgungseffekte" (vgl. § 139e Abs. 2 SGB V). Weiterhin wird auch die IT-Sicherheit in einem neuen § 75b SGB V adressiert. Obwohl die Kassenärztliche Bundesvereinigung bis zum 30.6.2020 in einer Richtlinie die Anforderungen für die Gewährleistung von IT-Sicherheit in der vertragsärztlichen und vertragszahnärztlichen Versorgung festlegen sollte, wurde eine solche bisher nicht beschlossen.[35] Ferner wurde die Abrechenbarkeit von Telekonsilien in § 87 Abs. 2a S. 13–15 SGB V ausgeweitet. Ein solches Konsil kann erforderlich werden, wenn eine interdisziplinäre Fragestellung außerhalb des Fachgebietes des behandelnden Arztes, oder eine besonders komplexe medizinische Frage vorliegt.[36]

Einen (vorläufigen) Schlusspunkt der Gesetzgebung stellt das **Patientendaten-Schutzgesetz** (PDSG) dar, das eine umfassende Neustrukturierung der Regelungen zur Telematikinfrastruktur und ihrer Anwendungen bezweckt und die elektronische Patientenakte

---

[27] Gesetz für eine bessere Versorgung durch Digitalisierung und Innovation (Digitale-Versorgung-Gesetz – DVG), BGBl. 2019 I S. 2562; Überblick bei *Weyd*, MedR 2019, 183.
[28] Vgl. zum Datenschutzrahmen der Gesundheitstelematik auch *Dochow*, Grundlagen und normativer Rahmen der Telematik im Gesundheitsweisen, S. 987 ff.
[29] Hierzu *Braun*, NZS 2019, 894 ff.
[30] Hierzu *Kühling/Schildbach*, NZS 2020, 41 ff.
[31] Überblick noch zum Referentenentwurf bei *Bördner*, GuP 2019, 131 (131 f.).
[32] Vgl. hierzu auch *Bördner*, GuP 2019, 131. Statt dessen enthält § 291h SGB V nunmehr Regelungen zum elektronischen Verzeichnisdienst der Telematikinfrastruktur.
[33] Hierzu näher *Fleischer*, jurisPR-ITR 2/2020 Anm. 2. Zu den datenschutzrechtlichen Aspekten *Schreiber/Gottwald*, ZD 2020, 385.
[34] Hierzu näher BT-Drs. 19/134838, 35; *Bördner*, GuP 2019, 131; *Weyd*, MedR 2019, 183 (185).
[35] Vgl. näher https://www.kbv.de/html/it-sicherheit.php (zuletzt zugegriffen am 1.11.2020).
[36] BT-Drs. 19/13438, 49.

(§ 341 SGB V) weiterentwickeln möchte. Ab 2021 müssen Krankenkassen ihren Versicherten eine elektronische Patientenakte anbieten. Der Patient hat mit dem PDSG die Entscheidungsfreiheit darüber erhalten, welche Daten in ihr gespeichert und welche gelöscht werden sollen. Der Umfang der ePA soll bis zum Jahr 2023 sukzessive erweitert werden. Die Zugriffsbefugnisse von Leistungserbringern (zB Arzt) auf die gespeicherten Daten kann der Patient selbst festlegen – zukünftig sogar vom Smartphone aus (§ 342 Abs. 2 SGB V). Eine weitere Neuregelung sieht das PDSG für das elektronische Rezept vor, für das es eine App geben soll, mittels derer sich der Patient das E-Rezept direkt auf dem Smartphone anzeigen lassen können soll (§ 311 Abs. 1 Nr. 10 und § 360 SGB V). Zudem soll nun etwa auch die Überweisung zu einem Facharzt digital übermittelt werden können (§ 86a SGB V). Die Regelung des Datenschutzes und der Datensicherheit werden in den §§ 306 Abs. 3, 307 SGB V adressiert. Betreiber von Diensten und Komponenten innerhalb der Telematikinfrastruktur sind nun verpflichtet, Störungen und Sicherheitsmängel unverzüglich der gematik zu melden (§ 329 Abs. 2 SGB V). Bei Verstoß droht ein Bußgeld von bis zu 300.000 Euro (§ 395 Abs. 3 SGB V).

C. Rechtlicher Rahmen für mHealth, Telemedizin und Gesundheitsportale

9 Die Digitalisierung im Gesundheitssektor erfasst nicht nur die Verwaltung, sondern gestaltet auch das Arzt-Patienten-Verhältnis und die Art und Weise um, wie Beratung, Diagnostik und Vorsorge erfolgen. Hier lassen sich vor allem drei Entwicklungen ausmachen: **mHealth** (vgl. → Rn. 1 ff.), die **Telemedizin** (vgl. → Rn. 28 ff.) und **Gesundheitsportale** (→ Rn. 52 ff.).

I. MHealth: Gesundheits-Apps und Wearable Devices

1. Begriff und Erscheinungsformen

10 Der Begriff **mHealth** ist mit dem Begriff e-Health (dazu → Rn. 1) und Telemedizin (vgl. → Rn. 28) verbunden, er weist Überschneidungen und keine klaren Konturen auf.[37] Funktional betrachtet umfasst der Begriff alle Anwendungen im Gesundheitsbereich, die mittels eines mobilen Geräts erfolgen. Dies können einerseits reine Softwarelösungen (insbesondere sog. Apps[38]) sein, die über ein mobiles Endgerät (zB Smartphone, Tablet) betrieben werden. Daneben gibt es eigenständige mobile Endgeräte als Hardware-Software-Kombinationen (sog. **Wearable Devices**). Wearable Devices verfügen wie ein Smartphone über interaktive und sensorische Funktionen und werden in der Regel direkt am Körper getragen.[39] Der mHealth Sektor ist ein recht dynamischer und unübersichtlicher Markt.[40] MHealth Anwendungen bieten eine große Bandbreite an Einsatzmöglichkeiten

---

[37] Vgl. *Europäische Kommission*, Grünbuch mHealth (KOM(2014), 219 end. S. 4): mHealth Anwendungen als „medizinische Verfahren und Praktiken der öffentlichen Gesundheitsfürsorge, die durch Mobilgeräte wie Mobiltelefone, Patientenüberwachungsgeräte, persönliche digitale Assistenten (PDA) und andere drahtlos angebundene Geräte unterstützt werden"; siehe ferner auch *Albrecht* (Hrsg.), Chancen und Risiken von Gesundheits-Apps (Charismha), S. 14 f.; *Gaßner/Strömer*, VersR 2015, 1219 (1226 Fn. 68).
[38] ZB „mySugr" (Blutzucker-Tagebuch), „skinvision" (Krebs-Screening), „ada health" (persönlicher Gesundheitsratgeber).
[39] ZB Fitnesstracker oder Gesundheitsarmbänder. Alphabet (Google) versuchte, eine Kontaktlinse zu entwickeln, die den Blutzuckerspiegel misst und an das Smartphone überträgt. Die Entwicklung wurde jedoch wieder eingestellt, vgl. http://www.heise.de/newsticker/meldung/Smart-Lens-mit-Glukose-Messung-Google-Forschungslabor-stoppt-Diabetiker-Projekt-4224190.html (zuletzt abgerufen am 1.11.2020).
[40] Überblick bei *Albrecht* (Hrsg.), Chancen und Risiken von Gesundheits-Apps (Charismha), S. 15 ff.; *Schickert/Schweiger/Schuppert*, in Sassenberg/Faber, Rechtshandbuch Industrie 4.0 und Internet of Things, § 15 Rn. 26 f.; *Rübsamen*, MedR 2015, 485 (486); *v. Czettritz/Strelow*, PharmR 2017, 433.

von Lifestyle-Anwendungen bis hin zur Telemedizin und der Übermittlung und Verwaltung von Patientendaten. Ihre Bedeutung liegt dabei insbesondere in der Gesundheitsförderung und Prävention, weshalb es kaum verwundert, dass immer mehr mHealth Angebote der gesetzlichen und privaten Krankenkassen zu beobachten sind. Auch die Europäische Kommission betont die Vorteile von mHealth für die Patientenversorgung in ihrer Digital Single Market Strategy.[41] Eine Befragung von Ärzten im deutschen Raum ergab, dass bereits 76% ihr Smart Device (Mobiltelefon, Tablet PC) im beruflichen Alltag nutzen und hierbei auf Health-Apps zurückgreifen, um sich fachlich zu informieren.[42]

2. Zivilrechtliche Aspekte

a) Vertragsverhältnisse bei Wearable Devices und Health-Apps

11 Wenig Probleme bereitet die Feststellung der Vertragsverhältnisse bei nicht vernetzten Wearable Devices wie einem einfachen Pulsmesser ohne Datenfernübertragung. Sofern der Vertrieb nicht über den Hersteller selbst erfolgt, kommt ein Kaufvertrag iSd § 433 BGB mit dem Händler zustande.

12 Bei Health Apps stellt sich hingegen die Frage, zwischen wem etwa im *Apple* App Store oder *Google* Play Store Verträge geschlossen werden. Die Problematik ergibt sich daraus, dass der App-Erwerb bei Smartphones und Tablets in der Regel über einen App Store erfolgt und daher ein zusätzlicher Beteiligter, der App Store Betreiber, auftritt. Der Kreis der Beteiligten bei Apps setzt sich aus dem die App anbietenden Hersteller[43], dem Nutzer, dem Betreiber des App-Stores[44] und gegebenenfalls einem behandelnden Arzt zusammen, der die App im Rahmen seiner Behandlung einsetzt. Die Beurteilung der vertraglichen Vertragsverhältnisse hängt somit vom Einzelfall ab und ist eine Auslegungsfrage.

13 Als allgemeine Grundsätze für Health Apps können festgehalten werden: Vertragliche Beziehungen entstehen zunächst unstreitig zwischen dem Betreiber des App Stores und dem Anbieter der App.[45] Unabhängig hiervon kann zwischen dem Betreiber des App Stores und dem Nutzer ein Vertragsverhältnis mit dem Download einer App entstehen. Dies ist eindeutig, wenn es sich um eigene Apps des Betreibers (also zum Beispiel von *Apple*) handelt. Die Bereitstellung einer App zum Download stellt regelmäßig ein Angebot auf Abschluss eines Vertrags über die dauerhafte Überlassung der App iSd § 145 BGB dar.[46] Die Annahme des Angebots liegt im Anklicken des „Kaufen-" oder „Download-" Buttons.[47] Vertragstypologisch wird die Überlassung von Software allgemein als Kaufvertrag (bei Überlassung auf Dauer) bzw. als Mietvertrag (bei Überlassung auf Zeit) eingeordnet.[48] Bei Unentgeltlichkeit ist eine Schenkung oder Leihe denkbar.[49] Diese vertragstypologische

---

[41] Vgl. https://ec.europa.eu/digital-single-market/en/mhealth (zuletzt abgerufen am 1.11.2020).
[42] *coliquio*, So verändern Smartphone und Apps den Arztalltag, 21.11.2019, abrufbar unter https://www.coliquio-insights.de/infografik-apps-vorlieben-aerzte/ (zuletzt abgerufen am 1.11.2020).
[43] Der Übersichtlichkeit wegen wird im Folgenden davon ausgegangen, dass der Anbieter der App im App Stoare auch der Hersteller der App ist.
[44] Ein solcher ist an sich nicht notwendigerweise involviert. Hier soll aber vom „Standardfall" einer App-Nutzung über ein mobiles Endgerät (Smartphone/Tablet) ausgegangen werden. Bei diesen ist ein direkter Download vom Hersteller regelmäßig nicht möglich, sondern erfolgt über einen App-Store.
[45] Hierzu im Detail *Kremer*, in Auer-Reinsdorff/Conrad, HdB IT- und Datenschutzrecht, § 28 Rn. 12 ff.
[46] *Ewald*, in: Baumgartner/Ewald, Apps und Recht, Kap. 2 S. 17 f.; *Kremer*, in Auer-Reinsdorff/Conrad, HdB IT- und Datenschutzrecht, § 28 Rn. 15; *Klein/Datta*, CR 2016, 587 (588); aA invitatio ad offerendum.
[47] *Kremer*, in Auer-Reinsdorff/Conrad, HdB IT- und Datenschutzrecht, § 28 Rn. 15.
[48] So allgemein bei Softwareüberlassung BGH, NJW 2007, 2394 Rn. 15 ff.; vgl. ferner → Teil 2 Rn. 33 ff. und 68 ff.; *Redeker*, IT-Recht, Rn. 523 ff. und 596 ff.; *Kast*, in Auer-Reinsdorff/Conrad, HdB IT- und Datenschutzrecht, § 12 Rn. 41 ff.; *Roth-Neuschild*, in Auer-Reinsdorff/Conrad, HdB IT- und Datenschutzrecht, § 13 Rn. 6 ff.; *Kirn/Müller-Hengstenberg*, NJW 2017, 433 ff.
[49] So allgemein bei Softwareüberlassung → Teil 2 Rn. 39; *Marly*, Praxishandbuch Softwarerecht, Rn. 679; *Kast*, in Auer-Reinsdorff/Conrad, HdB IT- und Datenschutzrecht, § 12 Rn. 42; *Roth-Neuschild*, in Auer-Reinsdorff/Conrad, HdB IT- und Datenschutzrecht, § 13 Rn. 29 f.; *Colling*, in JurisPK-BGB, § 598 Rn. 46.

Einordnung ist grundsätzlich auch auf den App-Download über den App Store übertragbar, da Apps letztlich nur eine andere Art von Software sind und der Store lediglich eine besondere Vertriebsform ist.[50] Dementsprechend ist der entgeltliche Erwerb einer App als Kaufvertrag einzuordnen.[51] Inhalt des Schuldverhältnisses ist die Funktionsfähigkeit und Fehlerfreiheit der App. Wird hingegen eine App kostenlos angeboten, handelt es sich nach überwiegender Auffassung um eine Schenkung, die mit Bewirkung der versprochenen Leistung (also mit dem Download) wirksam wird (§ 518 Abs. 2 BGB).[52]

14 Im Detail ist hier vieles umstritten, die vertragstypologische Einordnung wird aber spätestens im Rahmen der Haftung und der Frage der Anwendbarkeit etwaiger Haftungsprivilegien relevant. Für Bewegung in der Diskussion wird die Umsetzung der Richtlinie über digitale Inhalte und digitale Dienstleistungen (RL 2019/770/EU)[53] sorgen.[54] Hier soll nur auf zwei Gesichtspunkte hingewiesen werden: Nach Art. 3 Abs. 5 lit. c fallen Gesundheitsdienstleistungen nicht in den Anwendungsbereich der Richtlinie. Dies sind nach der Definition des Art. 3 lit. a RL 2011/24/EU[55] alle Dienstleistungen, die von Angehörigen der Gesundheitsberufe gegenüber Patienten erbracht werden, um deren Gesundheitszustand zu beurteilen, zu erhalten oder wiederherzustellen einschließlich der Verschreibung, Abgabe und Bereitstellung von Arzneimitteln und Medizinprodukten. Somit wird der Telemedizin-Sektor aus der DI-RL herausgenommen.[56] Health-Apps, die ohne Verschreibung heruntergeladen und genutzt werden können, sollen aber den allgemeinen Regelungen der DI-RL (vgl. Erwägungsgrund 19) unterfallen.[57] Hervorzuheben ist ferner noch, dass sich die DI-RL nun ausdrücklich auch auf unentgeltliche digitale Inhalte oder Dienste erstreckt, bei denen aber durch den Unternehmer personenbezogene Daten des Verbrauchers in einem Umfang erhoben werden, der über das für die Durchführung und Erfüllung von gesetzlichen und vertraglichen Pflichten Erforderliche hinausgeht (vgl. Art. 3 Abs. 1 UAbs. 2 DI-RL, Erwägungsgrund 14 und 25) („Daten als Entgelt"). Dies dürfte im Hinblick auf die AGB-Kontrolle (§ 307 Abs. 2 Nr. 1 BGB) und die Anwendbarkeit von Haftungsprivilegien eine Neubewertung erforderlich machen.[58]

15 Ebenso schwierig ist die Frage zu beantworten, wann und wie Allgemeine Geschäftsbedingungen in Vertragsverhältnisse einbezogen werden. Gerade die zumutbare Kenntnisnahme iSd § 305 Abs. 2 BGB wird im Regelfall ein Streitfall sein und tendenziell schwer zu bejahen sein. Diese Problematik stellt sich aber ganz allgemein bei Apps und ist keine Besonderheit von Health-Apps.[59] Ferner ist darauf hinzuweisen, dass die vertraglichen Verhältnisse zum App Store Betreiber bzw. zum Anbieter grundsätzlich dem Fernabsatzrecht nach den §§ 312c ff. BGB unterworfen sind, da Apps über das Internet bezogen werden.[60]

---

[50] *Roth-Neuschild,* in Auer-Reinsdorff/Conrad, HdB IT- und Datenschutzrecht, § 13 Rn. 29 f.; *Kremer,* in Auer-Reinsdorff/Conrad, HdB IT- und Datenschutzrecht, § 28 Rn. 15; *Marly,* Praxishandbuch Softwarerecht, Rn. 1172; *Ewald,* in Kilian/Heussen, Computerrechts-Handbuch, Teil 3, 32.7 Rn. 45; *Lachenmann,* in Solmecke/Taeger/Feldmann, Mobile Apps, S. 110 ff.; *Ewald,* in Baumgartner/Ewald, Kap. 2 S. 11.
[51] *Kremer,* in Auer-Reinsdorff/Conrad, HdB IT- und Datenschutzrecht, § 28 Rn. 15; *Marly,* Praxishandbuch Softwarerecht, Rn. 1172; *Ewald,* in Kilian/Heussen, Computerrechts-Handbuch,, Teil 3, 32.7 Rn. 45; *Lachenmann,* in Solmecke/Taeger/Feldmann, Mobile Apps, S. 110 ff.
[52] Näher → Teil 10.6; *Kremer,* in Auer-Reinsdorff/Conrad, HdB IT- und Datenschutzrecht, § 28 Rn. 15; *Marly,* Praxishandbuch Softwarerecht, Rn. 1172; *Ewald,* in Baumgartner/Ewald, Apps und Recht, Kap. 2 S. 12 ff. insbes. auch zu gemischten Tatbeständen und werbefinanzierten Apps; *Ewald,* in Kilian/Heussen, Computerrechts-Handbuch, Teil 3, 32.7 Rn. 45; aA *Gaßner/Strömer,* VersR 2015, 1219 (1226): Tausch; *Datta/Klein,* CR 2017, 174 (177 ff.): typengemischter Vertrag oder Vertrag sui generis.
[53] Richtlinie (EU) 2019/770 über bestimmte vertragsrechtliche Aspekte der Bereitstellung digitaler Inhalte und digitaler Dienstleistungen, EU ABl. 2019 L 136/1.
[54] Dazu näher → Teil 10.6.
[55] Richtlinie (EU) 2011/24 über die Ausübung der Patientenrechte in der grenzüberschreitenden Gesundheitsversorgung, EU ABl. 2011 L 88/45.
[56] Begrüßend *Spindler/Sein,* MMR 2019, 415 (418).
[57] *Spindler/Sein,* MMR 2019, 415 (418).
[58] *Spindler/Sein,* MMR 2019, 415 (418).
[59] Vgl. hierzu *Heydn,* MMR 2020, 503 (507 f.); *Janal,* NJW 2016, 3201 ff.
[60] *Kremer,* in Auer-Reinsdorff/Conrad, HdB IT- und Datenschutzrecht, § 28 Rn. 27 ff.

Werden Apps von (Dritt-)Anbietern über den App-Store zum Download angeboten, fällt es wesentlich schwerer zu beurteilen, zwischen wem ein vertragliches Verhältnis durch den Download entsteht. Dies beurteilt sich nach den allgemeinen Regeln im Wege der Auslegung nach §§ 133, 157 BGB aus Sicht des objektiven Empfängerhorizonts.[61] Für die natürliche Auslegung wird häufig kein Raum sein. Je nach Ausgestaltung kann für ein vertragliches Verhältnis des Nutzers mit dem App Store-Betreiber sprechen, dass dieser die Abwicklung des App Kaufs organisiert. Teilweise wird der Anbieter auch nicht als Vertragspartner gekennzeichnet, sondern als „Entwickler" oder „Veröffentlicher" dargestellt.[62] Ebenso fehlen häufig die Angabe des Anbieters nach § 5 Abs. 1 TMG und die Pflichtinformationen nach §§ 312d, i, j BGB.[63] Gegen die Annahme eines Vertragsverhältnisses mit dem Betreiber des App Stores spricht indes, dass sich der Betreiber damit auch der Haftung für Mängel der App unterwirft. Dass der Betreiber hierfür einstehen will, ohne in die Entwicklung der App eingebunden zu werden (Stichwort: fehlende Steuerungsfähigkeit) erscheint zweifelhaft.[64] Auch die Nutzungsbedingungen der App Store Betreiber verweisen häufig darauf, dass kein direktes Vertragsverhältnis zum Betreiber entstehen soll.[65] Letztlich lässt sich die Auslegungsfrage nicht abstrakt beantworten, sondern erfordert eine Betrachtung aller maßgeblichen Umstände des Einzelfalls.[66]

Davon zu trennen ist die Frage, ob im Einzelfall eine (weitere) rechtsgeschäftliche Beziehung zwischen Anbieter und Nutzer im Zuge der Benutzung der App entsteht. Auch dies ist wieder eine Frage der Auslegung nach §§ 133, 157 BGB und kann nicht abstrakt beantwortet werden. Insbesondere bei kostenlosen digitalen Diensten und Inhalten, die über die App abrufbar sind, ist das Vorliegen eines Rechtsbindungswillens des Dienste-Anbieters sehr genau zu prüfen.[67] Zumindest wenn über die App weitere Dienstleistungen nur gegen ein Entgelt erbracht werden, liegt ein separater Vertrag vor.[68] Aber auch die Einrichtung eines Nutzerkontos, das erst die Nutzung eines vom App Store Betreiber angebotenen digitalen Dienstes erlaubt, spricht eher für die Annahme eines getrennten Vertragsverhältnisses, das die Erbringung des digitalen Dienstes zum Inhalt hat. Der Anbieter haftet dann vertraglich für Störungen des Online-Dienstes. Andererseits kann aber auch die Annahme eines einheitlichen Rechtsgeschäfts in Betracht kommen, etwa wenn der digitale Dienst/Inhalt ohne die App nicht genutzt werden kann und diese zugleich mit dem digitalen Dienst bereitgestellt wird.[69] Dann kann auch eine fehlende Funktionsfähigkeit

---

[61] *Kremer*, in Auer-Reinsdorff/Conrad, HdB IT- und Datenschutzrecht, § 28 Rn. 16; *Ewald*, in Baugartner/Ewald, Apps und Recht, S. 16.
[62] Dazu *Kremer*, in Auer-Reinsdorff/Conrad, HdB IT- und Datenschutzrecht, § 28 Rn. 16.
[63] *Kremer*, in Auer-Reinsdorff/Conrad, HdB IT- und Datenschutzrecht, § 28 Rn. 16.
[64] Bei *Apple* werden Apps erst nach einer vorherigen Kontrolle in den App-Store aufgenommen. Je nach Ausgestaltung dieser Kontrolle könnte im Einzelfall ein eigenes Verschulden angedacht werden, wenn gegen diese verstoßen wird und deshalb fehlerhafte Apps zum Download bereitgestellt werden.
[65] Analyse der Nutzungsbedingungen des *Apple* App Store, *Google* Playstore und *Windows* Store bei *Ewald*, in Kilian/Heussen, Computerrechts-Handbuch, Teil 3, 32.7 Rn. 52 ff.; *Ewald*, in Baumgartner/Ewald, Apps und Recht, Kap. 2 S. 19.
[66] Einige Stimmen in der Literatur nehmen pauschal ein Vertragsverhältnis zwischen den App-Store Betreibern und den Nutzern an (zB *Kremer*, CR 2011, 769 (771); *Kremer*, in Auer-Reinsdorff/Conrad, HdB IT- und Datenschutzrecht, § 28 Rn. 16; *Marly*, Praxishandbuch Softwarerecht, Rn. 1171; *Taeger/Kremer*, Recht im E-Commerce und Internet – Einführung, 2017, Kap. 2 Rn. 48). Überwiegend wird jedoch zwischen den verschiedenen App-Stores differenziert, wobei man beim *Apple* App-Store und beim *Windows* Store eine rechtsgeschäftliche Einigung mit *Apple* bzw. *Microsoft* annimmt, während bei *Googles* Playstore eine Einigung zwischen dem App-Anbieter und dem Nutzer vorliegen soll – vgl. *Ewald*, in Kilian/Heussen, Computerrechts-Handbuch, Teil 3 Kap. 32.7 Rn. 52 ff.; *Zdanowiecki*, in Bräutigam/Rücker, E-Commerce Rechtshandbuch, 2017, 11. Teil Kap. C Rn. 14 ff.; *Klein/Datta*, CR 2016, 587 (589); anders *Datta/Klein*, CR 2017, 174 (175).
[67] Grundlegend BGHZ 21, 102, 017 = NJW 1956, 1313; NJW 1992, 498, welcher insbesondere folgende Kriterien heranzieht: Art der Gefälligkeit, Grund und Zweck, wirtschaftliche und rechtliche Bedeutung und dabei bestehende Interessenlage der Parteien; vgl. ferner *Bachmann*, in MüKo-BGB, § 241 Rn. 168 ff.
[68] Ähnlich *Kremer*, in Auer-Reinsdorff/Conrad, HdB IT- und Datenschutzrecht, § 28 Rn. 19 (dort auch zu In-App-Käufen); *Datta/Kein*, CR 2017, 174 (175).
[69] Vgl. dazu auch *Ewald*, in Baumgartner/Ewald, Apps und Recht, Kap. 2 S. 11.

der App vertragliche Rechte des Nutzers gegenüber dem Anbieter auslösen. Im Übrigen bleibt es bei der außervertraglichen Haftung des App Anbieters nach den Grundsätzen der deliktischen Produzentenhaftung und des Produkthaftungsgesetzes.

18 Bindet ein Arzt eine mHealth Anwendung in seine Behandlung ein, ist der Behandlungsvertrag zum Patienten von dem Vertag über den Erwerb bzw. die Nutzung des Wearable Device bzw. der Health App zu trennen. Den Arzt treffen insoweit Auswahl- und Kontrollpflichten hinsichtlich der von ihm in der Behandlung eingesetzten Hilfsmittel, er haftet aber nicht für technische Fehler der mHealth Anwendung (→ Rn. 61 f.).

b) Aufklärungs- und Instruktionspflichten bei mHealth Anwendungen

19 Aufklärungs- und Instruktionspflichten für mHealth Anwendungen können sich einerseits aus dem (vor-)vertraglichen Verhältnis zum Nutzer ergeben (§ 241 Abs. 2 BGB). Daneben können sie auf Basis der deliktsrechtlichen Produzentenhaftung und der Produkthaftung bestehen. Allgemein gilt, dass sich Umfang und Intensität von Verkehrs- und damit auch von Aufklärungs- und Instruktionspflichten nach dem angesprochenen Verkehrskreis, dem Umfang drohender Schäden und der Wahrscheinlichkeit des Schadenseintritts richten.[70] Umso höhere Anforderungen sind daher an eine mHealth Anwendung zu stellen, wenn sie ärztliche Tätigkeiten ergänzt oder sogar ersetzt (dazu → Rn. 61). Somit haben sich Aufklärungs- und Instruktionspflichten an die Funktionalität der mHealth Anwendung anzupassen und müssen sich an den hohen Anforderungen einer ärztlichen Aufklärung orientieren, wenn die mHealth Anwendung in ihrer Auswirkung und Funktion einem ärztlichen Handeln gleichkommt (zB Herzschrittmacher, der telemedizinisch überwacht bzw. gesteuert wird).[71] Eine Aufklärung setzt dann eine selbstbestimmte Entscheidung des Nutzers voraus und muss sich inhaltlich auf die technischen Besonderheiten und Risiken der mHealth Anwendung beziehen. Zusammenfassend: Je stärker die mHealth Anwendung ärztliche Tätigkeiten übernimmt und je gravierender mögliche Folgen einer Fehlfunktion für den Gesundheitszustand des Nutzers sind, desto stärker muss der Nutzer durch den Hersteller (vergleichbar einer Patientenaufklärung durch einen Arzt) aufgeklärt und instruiert werden.

20 Nutzt ein Arzt eine mHealth Anwendung zur Behandlung eines Patienten, muss auch er den Nutzer über die Nutzung und die damit verbundenen Risiken aufklären (vgl. § 630e BGB).[72] Der Arzt ist zudem angehalten, seinem Patienten die Risiken und Alternativen zur mHealth Anwendung zu erläutern (näher → Rn. 43). Soweit sich für den Einsatz der Anwendung noch kein ärztlicher Standard herausgebildet hat, muss sich die Aufklärung auch darauf beziehen, dass die Nutzung der neuen mHealth Anwendung die Möglichkeit unbekannter Risiken birgt.[73] Es gilt der allgemeine Grundsatz, dass die Aufklärungspflicht umso weiter reicht, je stärker der Arzt von einer etablierten Behandlungsmethode abweicht.

c) Anwendbares Recht

21 **Kollisionsrechtlich** unterliegt das Vertragsverhältnis der Rom-I-VO (593/2008/EG)[74]. Regelmäßig wird es sich um einen Verbrauchervertrag iSd Art. 6 Rom-I-VO handeln, so dass zumindest zwingendes deutsches Recht Anwendung findet (Art. 6 Abs. 2 Rom I-VO) (→ Rn. 40 ff.).[75] Im Übrigen bleibt es bei der Rechtswahlfreiheit nach Art. 3 Rom-I-VO. Gerade bei (internationalen) Herstellern mit Sitz im Ausland werden Rechtswahlklauseln

---

[70] *Wagner*, in MüKo-BGB, § 823 BGB Rn. 981 ff.
[71] Ähnlich auch *Gaßner/Strömer*, VersR 2015, 1219 (1223 f.).
[72] Vgl. *Dettling*, PharmR 2019, 633 (641).
[73] BGH, NJW 2006, 2477; sa LG Köln, Urt. vom 3.9.2014 – 25 O 300/11; *Brand*, MedR 2019, 943 (946).
[74] Verordnung (593/2008/EG) über das auf vertragliche Schuldverhältnisse anzuwendende Recht, EU ABl. 2008 L 177/6.
[75] *Kremer*, in Auer-Reinsdorff/Conrad, HdB IT- und Datenschutzrecht, § 28 Rn. 11.

in AGB häufig vorkommen.[76] Diese wird man nach der überwiegenden Auffassung jedoch allenfalls dann als rechtswirksam ansehen können, wenn sie auch einen Hinweis darauf enthalten, dass das nach Art. 6 Abs. 2 ROM-I-VO zwingende Recht anwendbar bleibt.[77]

3. Medizinprodukterecht

Eine besondere Rolle für die Regulierung von mHealth Anwendungen spielt das **Medizinproduktegesetz (MPG)**. Das MPG sollte ab Mai 2020 durch die **Medizinprodukteverordnung** (Medical Devices Regulation – MDR) (2017/745/EU)[78] schrittweise abgelöst werden, wegen der Covid-19 Pandemie wurde ihr Geltungsbeginn jedoch auf den 26. 5. 2021 verschoben.[79] Die Anwendbarkeit der MDR wird vom Medizinprodukte-EU-Anpassungsgesetz (MPEUAnpG)[80] begleitet. Damit wird das bisherige Regelungsregime aus MPG und auf diesem basierenden Verordnungen (zB MPSV)[81] ersetzt. Hervorzuheben ist, dass die MDR für Software eine neue Klassifizierungsregel 11 in Anhang VIII einführt, was für Rechtsklarheit sorgt.[82] Die hier relevanten Fragen der Einordnung von mHealth Anwendungen sind dennoch im Wesentlichen dieselben wie unter der Geltung des MPG. Daneben bringt die MDR aber ein ganzes Bündel an Neuerungen mit sich (zB ein System zur eindeutigen Produktidentifikation, Art. 27 MDR; erweiterte Produktbeobachtungspflichten nach Inverkehrbringen, Art. 83 MDR).[83]

Entscheidend für das **Vorliegen eines Medizinprodukts** sind nach § 3 Nr. 1 MPG und Art. 2 Nr. 1 MDR die Verfolgung medizinischer Zwecke und die entsprechende Zweckbestimmung durch den Hersteller. Die medizinischen Zwecke umfassen die Erkennung, Verhütung, Überwachung, Behandlung oder Linderung von Krankheiten/Verletzungen/Behinderungen sowie die Empfängnisregelung (§ 3 Nr. 1 MPG). Art. 2 Nr. 1 MDR zieht einen noch präziseren Anwendungsbereich und erfasst insbesondere Software, die zur Diagnose, Verhütung, Überwachung, Vorhersage, Prognose, Behandlung oder Linderung von Krankheiten bestimmt ist. Die Zweckbestimmung erfolgt durch den Hersteller beispielsweise durch eine entsprechende Etikettierung, Gebrauchsanweisung oder Werbematerialien (vgl. dazu jetzt auch Art. 2 Nr. 12 MDR).[84] Dabei unterliegt der Hersteller

---

[76] Instruktiv *Wurmnest*, in MüKo-BGB, § 307 Rn. 253 ff.; vgl. zu Rechtswahlklauseln in Verbraucherverträgen insbes. *EuGH*, 3. 10. 2019 – C-272/18; *EuGH*, NJW 2016, 2727 und *BGH*, GRUR 2013, 421.
[77] *EuGH*, NJW 2016, 2727 und *EuGH*, WM 2019, 2258; Fehrenbach in: BeckOGK BGB, § 307 Rn. 98; Wurmnest in MüKo-BGB, § 307, Rn. 253 ff.
[78] Verordnung über Medizinprodukte, zur Änderung der Richtlinie 2001/83/EG, der Verordnung (EG) Nr. 178/2002 und der Verordnung (EG) Nr. 1223/2009 und zur Aufhebung der Richtlinien 90/385/EWG und 93/42/EWG des Rates, EU ABl. L 117/2017, S. 1. Näher zum Hintergrund der Reform und dem Regulierungssystem der MDR *Sträter*, NZ 2020, 532 f.; *Köbler*, GuP 2018, 132 f.; *Graf*, PharmR 2017, 57 ff.
[79] VO (EU) 2020/561; Übersicht zu den Übergangsfristen abrufbar unter https://ec.europa.eu/docsroom/documents/34907/attachments/1/translations/de/renditions/native (zuletzt abgerufen am 11. 11. 2020). Die Übersicht berücksichtigt allerdings die Verschiebung des Geltungsbeginns der MDR noch nicht. Instruktiver Überblick zu den Übergangsfristen bei *v. Zezschwitz*, MedR 2020, 196 (199 f.).
[80] Gesetz zur Anpassung des Medizinprodukterechts an die Verordnung (EU) 2017/745 und die Verordnung (EU) 2017/746 (Medizinprodukte-EU-Anpassungsgesetz – MPEUAnpG), BGBl. 2020 I S. 960. Aufgrund des zeitlichen Hinausschiebens der MDR wurde auch das Inkrafttreten des MPEUAnpG bis zum 26. 5. 2021 durch das Zweite Gesetz zum Schutz der Bevölkerung bei einer epidemischen Lage von nationaler Tragweite, BGBl. 2020 I S. 1018 aufgeschoben.
[81] Übersicht zum System der Medizinprodukteregulierung bei *Sträter*, NZS 2020, 530 (531).
[82] Vgl. dazu *Dettling*, PharmR 2019, 633 (638); *Prütting/Wolk*, MedR 2020, 359 (362 f.); *v. Czettritz/Strelow*, PharmR 2017, 433 (435); *Dietel/Lewalter*, PharmR 2017, 53 ff.; kritisch *Gassner*, MPR 2016, 109 (113 f.).
[83] Dazu instruktiv *Köbler*, GuP 2018, 132 ff.; *Graf*, PharmR 2017, 57 ff.; vgl. ferner das Factsheet der Europäischen Kommission, abrufbar unter https://ec.europa.eu/docsroom/documents/35963 (zuletzt abgerufen am 1. 11. 2020).
[84] *BGH*, GRUR 2013, 1261; *Katzenmeier*, MedR 2019, 259 (265); *Schickert/Schweiger*, in Sassenbach/Faber, Rechtshandbuch Industrie 4.0 und Internet of Things, Teil A Rn. 55; *Rübsamen*, MedR 2015, 485; *Ortner/Dauenbüchel*, NJW 2016, 2918 (2919); *Dietel/Lewalter*, PharmR 2017, 53 (54 f.).

bisher lediglich einem Willkürverbot.[85] Dies dürfte in gleicher Weise für die MDR gelten. Ein schlichter Disclaimer, mit dem die medizinische Zweckrichtung pauschal ausgeschlossen werden soll, wird somit regelmäßig nicht ausreichen.[86] Eine Willkür des Herstellers liegt auch dann vor, wenn ein nach seinem Wesen allein der medizinischen Verwendung dienendes Produkt durch widersprüchliche oder wissenschaftlich unhaltbare Herstellerangaben der Regulierung entzogen werden soll.[87] Dann ist die objektive Eignung maßgeblich. Zur weiteren Orientierung bei der Qualifikation kann auch auf den unverbindlichen Leitfaden der Europäischen Kommission zurückgegriffen werden.[88] Über die Zweckbestimmung des Herstellers erfolgt nach Erwägungsgrund 19 MDR auch die Abgrenzung zu sonstigen Lifestyle- und Wellness Anwendungen, von denen keine (bzw. nur eine geringe) Gefahr für die Gesundheit ausgeht.[89] So wird es in der Regel keine medizinische Leistung darstellen, wenn in einer mobilen Anwendung lediglich körperliche oder sportliche Aktivitäten registriert werden, ohne dass gesundheitsbezogene Empfehlungen für den Nutzer ausgesprochen werden.[90] Es ist aber eine Frage des Einzelfalls, wann eine allgemeine und abstrakte Empfehlung durch die mHealth Anwendung generiert wird, die dem Bereich der allgemeinen Lebensführung zugeordnet werden kann, und wann eine konkrete und individuelle Empfehlung erteilt wird, bei der man dann die medizinische Zweckbestimmung nicht mehr verneinen kann.[91] Der Einzelfallbezug und die Konkretheit der Empfehlung/Anwendung sind für die Willkürfreiheit wichtige Gesichtspunkte.[92] Jedenfalls dürfte eine medizinische Zweckbestimmung gegeben sein, wenn die mHealth Anwendung eine Leistung vornimmt, die typischerweise auch von einem Arzt im Rahmen einer Behandlung erbracht wird, und der Hersteller eine solche Funktion und Verwendung auch nicht mit hinreichender Deutlichkeit und willkürfrei ausschließt.[93] Auch wenn eine mHealth Anwendung bestimmungsgemäß in eine medizinische Behandlung eingebunden ist (zB zum Telemonitoring), wird sie als Medizinprodukt zu qualifizieren sein.[94]

24 Bei der Einordnung von Software ist zunächst danach zu differenzieren, ob diese fest in die Hardware integriert ist (Embedded Software) oder nicht (sog. Standalone Software).[95] So unterliegt beispielsweise die Steuerungssoftware eines Medizinprodukts denselben Regelungen wie das körperliche Produkt, in welches sie integriert wird. Im Fall von Software, die bei Auslieferung des Geräts nicht darin integriert ist, sondern gesondert bezogen

---

[85] *BGH*, GRUR 2013, 1261.
[86] *Schickert/Schweiger/Schuppert*, in Sassenberg/Faber, Rechtshandbuch Industrie 4.0 und Internet of Things, § 15 Rn. 81.
[87] *Rübsamen*, MedR 2015, 485 (486); *Gaßner*, MPR 2015, 73 (78): „Dem Hersteller steht die Definitionsmacht, nicht aber die Definitionssouveränität zu."; dazu auch *BGH*, NJW-RR 2014, 46 Rn. 15.
[88] Insbesondere *Guidelines on the qualification and classification of stand alone software used in healthcare within the regulatory framework of medical devices* (MEDDEV 2.1/6) von Juli 2016, Ref. Ares(2016)3473012, abrufbar unter: https://ec.europa.eu/health/sites/health/files/md_topics-interest/docs/md_meddev-guidance-216_en.pdf (zuletzt abgerufen am 1.11.2020); MEDDEV 2.1/1 von April 1994, Ref. Ares(2015)2028735 und MEDDEV 2.4/1 Rev. 9 von Juni 2010, jeweils abrufbar unter: https://ec.europa.eu/health/md_sector/current_directives_en (zuletzt abgerufen am 1.11.2010); *Manual on Borderline and Classification in the Community Framework for Medical Devices*, Version 1.22 vom Mai 2019, abrufbar unter https://ec.europa.eu/docsroom/documents/35582 (zuletzt abgerufen am 1.11.2020). Diese greift auch der *EuGH* zur Konkretisierung in seiner Rechtsprechung auf (vgl. *EuGH*, EuZW 2018, 166 Rn. 33). Auch das BfArM stellt auf seiner Homepage eine „Orientierungshilfe Medical Apps" zur Verfügung, abrufbar unter https://www.bfarm.de/DE/Medizinprodukte/Abgrenzung/MedicalApps/_node.html (zuletzt abgerufen am 1.11.2020).
[89] Vgl. dazu die Hinweise von *Dietel*, PharmR 2017, 53 (54f.); zum Hintergrund *EuGH*, EuZW 2013, 117 Rn. 27 ff.
[90] *Gaßner/Strömer*, VersR 2015, 1219 (1222); angedeutet in *EuGH*, EuZW 2013, 117 Rn. 31.
[91] Siehe auch *Bach*, Gynäkologe, 2017, 473 (476); *v. Czettritz/Strelow*, PharmR 2017, 433 (434).
[92] *Gaßner/Strömer*, VersR 2015, 1219 (1222); *Gaßner*, MPR 2015, 73 (78).
[93] Vgl. *EuGH*, EuZW 2018, 166 Rn. 24; *Schickert/Schweiger*, in Sassenbach/Faber, Rechtshandbuch Industrie 4.0 und Internet of Things, Teil 4A Rn. 55.
[94] Vgl. *EuGH*, EuZW 2018, 166 Rn. 25.
[95] Näher zur Einordnung von Software und Apps nach der MDR siehe *v. Zezschwitz*, MedR 2020, 196 (197 ff.); *Jorzig/Sarangi*, Digitalisierung im Gesundheitswesen, S. 215 ff.; *Schickert/Schweiger/Schuppert*, in Sassenberg/Faber, Rechtshandbuch Industrie 4.0 und Internet of Things, § 15 Rn. 76 ff.

C. Rechtlicher Rahmen für mHealth, Telemedizin und Gesundheitsportale

wird, ist hingegen nur für diese die Medizinprodukteigenschaft zu prüfen. Die Beurteilung hängt von der Funktionalität der Software ab. So ist etwa ein Smartphone typischerweise nicht als Medizinprodukt einzuordnen, eine Health App hingegen kann sehr wohl dem MPG/der MDR unterfallen.[96] Eine weitere Einschränkung ergibt sich aus der Funktion der Software. Dient die Software allein der Speicherung, Archivierung, Übermittlung oder der Suche von Daten liegt kein relevanter Zweck iSd § 3 Nr. 1 MPG[97] und (wohl auch) nicht iSd Art. 2 Nr. 1 MDR vor. Insofern fehlt es am Individualbezug der Software.[98] Bei Software mit verschiedenen Modulen erstreckt sich die Medizinprodukteigenschaft nur auf die Module, die medizinische Zwecke bestimmungsgemäß verfolgen.[99] Den Hersteller der Software als Verantwortlichen iSd § 5 MPG treffen zudem Pflichten zur Produktbeobachtung und zu korrektiven Maßnahmen nach Vorgabe der MPSV (zB Austausch/Nachrüstung fehlerhafter Medizinprodukte) (vgl. jetzt Art. 10 Abs. 10, 83 ff. MDR).[100] Instruktive Hinweise für die Qualifikation von Software lassen sich ferner dem Leitfaden der Medical Device Coordination Group entnehmen.[101]

Die Qualifizierung einer mHealth Anwendung als Medizinprodukt hat zur Folge, dass die Anwendung nach bisherigem Recht nur dann in den Verkehr gebracht werden darf, wenn sie mit einer CE-Kennzeichnung versehen ist (vgl. § 6 MPG). Dies setzt voraus, dass das digitale Gesundheitsprodukt die grundlegenden Anforderungen aus Anhang I RL 93/42/EWG iVm § 7 MPG erfüllt und ein Konformitätsverfahren in Abhängigkeit von der Risikoklasse (§ 13 Abs. 1 MPG iVm. Anhang IX RL 93/42/EWG) durchlaufen hat.[102] Entsprechendes gilt auch im Rahmen der neuen MDR.[103] Das Medizinprodukt muss den in Art. 5 Abs. 1 und Abs. 2 iVm Anhang I MDR festgelegten Sicherheits- und Leistungsanforderungen genügen. Software muss dabei insbesondere die Anforderungen gemäß Anhang I Nr. 17 MDR erfüllen. Sie muss so ausgelegt sein, dass „Wiederholbarkeit, Zuverlässigkeit und Leistung" gewährleistet sind.[104] Zudem ist Software gem. Anhang I Nr. 17.2 MDR entsprechend dem Stand der Technik zu entwickeln und herzustellen, wobei die Grundsätze des Software-Lebenszyklus, des Risikomanagements einschließlich der Informationssicherheit, der Verifizierung und Validierung zu berücksichtigen sind.[105] Zudem muss der Hersteller ein Konformitätsverfahren (Art. 52 iVm Anhängen IX bis XI MDR) in Abhängigkeit von der Klassifizierung des Medizinprodukts (Art. 51 iVm Anhang VIII MDR) durchführen, um das Produkt mit einer CE-Kennzeichnung (Art. 20, 10 Abs. 6 MDR) versehen und es in den Verkehr bringen zu können. Ergibt das Konformitätsverfahren, dass das Medizinprodukt den geltenden Anforderungen genügt, ist der Hersteller gem. Art. 10 Abs. 6 MDR verpflichtet, eine EU-Konformitätserklärung gem. Art. 19 MDR auszustellen. Die MDR hält insoweit zwar am Konzept der Klassifizierung fest, bringt für digitale Medizinprodukte jedoch regelmäßig eine Verschärfung mit sich. Während die meisten digitalen Gesundheitsanwendungen bisher der Klasse I angehören dürften

---

[96] So auch *Schickert/Schweiger/Schuppert*, in Sassenbach/Faber, Rechtshandbuch Industrie 4.0 und Internet of Things, § 15 Rn. 79; *Rübsamen*, MedR 2015, 485 (487); *Ortner/Daubenbüchel*, NJW 2016, 2918 (2919); *Ahrens/Schmidt-Murra*, DSRITB 2015, 53 (64); *v. Zezschwitz*, MedR 2020, 196 (198).
[97] *EuGH*, EuZW 2018, 166 Rn. 26.
[98] Zu diesem Gesichtspunkt vgl. auch die Urteilsanmerkung zum Urteil des *EuGH* vom 7.12.2017 (Az. C-329/16) von *Gassner/Modi* in EuZW 2018, 166 (168).
[99] *EuGH*, EuZW 2018, 166 Rn. 36.
[100] *Ortner/Daubenbüchel*, NJW 2016, 2918 (2919); *Schickert/Schweiger/Schuppert*, in Sassenberg/Faber, Rechtshandbuch Industrie 4.0 und Internet of Things, § 15 Rn. 102.
[101] *Medical Device Coordination Group*, Guidance on Qualification and Classification of Software in Regulation (EU) 2017/745 – MDR and Regulation (EU) 2017/746 – IVDR, Okt. 2019, vor, abrufbar unter https://ec.europa.eu/docsroom/documents/37581?locale=de (zuletzt abgerufen am 1.11.2020).
[102] Ausführlich *Friedrich*, in MAH MedR, § 17 Rn. 286 ff.
[103] Überblick bei *Dettling*, PharmR 2019, 633 (637 ff.).
[104] Anhang I Nr. 17.1 MDR.
[105] Näher zur Einordnung von Software und Apps nach der MDR *v. Zezschwitz*, MedR 2020, 196 (197 ff.); *Schikert/Schweiger/Schuppert*, in Sassenberg/Faber, Rechtshandbuch Industrie 4.0 und Internet of Things, § 15 Rn. 76 ff.; *Jorzig/Sarangi*, Digitalisierung im Gesundheitswesen, S. 215 ff.

(vgl. Klassifizierungsregeln in Anhang IX III. RL 93/42/EWG), dürfte Software nunmehr häufig mindestens der Klasse IIa zuzuordnen sein (Klassifizierungsregel 11 Anhang VIII MDR).[106] Nach der neuen Klassifizierungsregel 11 ist beispielsweise Software, die dazu bestimmt ist, Informationen zur Entscheidungsfindung für diagnostische oder therapeutische Zwecke zu liefern oder physiologische Prozesse zu kontrollieren, im Ausgangspunkt der Klasse IIa zuzuordnen. Bei Gefahrenverdacht dürfen die digitalen Gesundheitsprodukte nicht in den Verkehr gebracht werden (§ 4 Abs. 1 MPG; § 12 MPEU AnpG). Bei Verstößen gegen die CE-Kennzeichnungspflicht drohen straf- und ordnungsrechtliche Konsequenzen nach §§ 40 ff. MPG (Art. 113 MDR iVm §§ 92 ff. MPEU AnpG). Zudem kann in einem Verstoß zugleich eine unlautere Handlung nach §§ 3 Abs. 1, 4 UWG liegen. In der Praxis sind CE-Kennzeichnungen bisher selten[107] und viele Anwendungen sind nicht qualitätsgesichert.[108]

26   Das MPG enthält keine spezifischen Haftungsnormen, es bleibt eine Haftung aus dem Vertragsrecht, dem Deliktsrecht oder dem Produkthaftungsrecht. Auswirkungen auf die Haftung dürfte allerdings die MDR haben. Hier sei nur auf die Haftung des bevollmächtigten Vertreters (Art. 11 Abs. 5 MDR), der für außereuropäische Hersteller zu bestellen ist, und das Erfordernis einer ausreichenden finanziellen Deckung des Herstellers zur Erfüllung von Produkthaftungsansprüchen (Art. 10 Abs. 16 MDR) hingewiesen. Auch Händler trifft nun nach Art. 14 Abs. 2 MDR unter anderem die Pflicht, vor Vertrieb der Produkte zu überprüfen, ob das Produkt die CE-Kennzeichnung trägt und eine EU-Konformitätserklärung ausgestellt worden ist. Die Prüfpflicht erstreckt sich auch darauf, ob die vom Hersteller gem. Art. 10 Abs. 11 MDR beizufügenden Informationen und Gebrauchshinweise (Anhang I Abschnitt 23 MDR) beigefügt sind. Personen, die Medizinprodukte betreiben und anwenden, müssen zudem bereits jetzt die Anforderungen der MPBetriebV beachten. Diese regelt beispielsweise, dass Medizinprodukte nur ihrer Zweckbestimmung entsprechend von ausgebildeten und erfahrenen Personen betrieben und angewendet werden dürfen (§ 4 Abs. 1 und 2 MPBetriebV).

4. Erstattungsfähigkeit von mHealth Anwendungen durch die Krankenkassen

27   Eine Erstattung von Kosten für mHealth Geräte oder digitale Anwendungen war bisher kaum bzw. gar nicht möglich. Insbesondere bestand keine Erstattungsfähigkeit im Rahmen der Regelversorgung der gesetzlichen Krankenversicherungen.[109] Abhilfe verspricht das Digitale-Versorgung-Gesetz (→ Rn. 7). Nach § 33a SGB V haben Versicherte nunmehr einen Anspruch auf digitale Gesundheitsanwendungen. Entscheidend für die Einordnung als digitale Gesundheitsanwendung ist, ob die Hauptfunktion des Medizinprodukts durch digitale Technologien umgesetzt wird, die bloße Ergänzung oder Steuerung anderer Medizinprodukte genügt hingegen nicht.[110] Zudem muss die Anwendung in das Verzeichnis nach § 139e SGB V aufgenommen und entweder vom behandelnden Arzt verordnet oder von der Krankenkasse genehmigt worden sein. Ergänzend zu § 33a SGB V adressiert § 134

---

[106] *Schickert/Schweiger/Schuppert*, in Sassenberg/Faber, Rechtshandbuch Industrie 4.0 und Internet of Things, § 15 Rn. 85; *Graf*, PharmR 2017, 57 (59); *Prüttig/Wolk*, MeDR 2020, 359 (362 ff.); *v. Zetschwitz*, MedR 2020, 196 (199).

[107] Eine CE-Kennzeichnung besitzt beispielsweise die App „ada health" (vgl. https://ada.com/de/about/ (zuletzt abgerufen am 1.11.2020).

[108] *Katzenmeier*, MedR 2019, 259 (265); *Rübsamen*, MedR 2015, 485 (487); *Albrecht/Pramann*, DÄBl. 2019, A-520, A-521; *Albrecht* (Hrsg.), Chancen und Risiken von Gesundheits-Apps (Charismha), 2016, S. 286; eine Checkliste für die Nutzung von Gesundheits-Apps bietet das *Aktionsbündnis Patientensicherheit* zur Verfügung, abrufbar unter https://www.aps-ev.de/wp-content/uploads/2018/05/2018_APS-Checkliste_GesundheitsApps.pdf (zuletzt abgerufen am 1.11.2020).

[109] Vgl. *Katzenmeier*, MedR 2019, 259 (266); *Schickert/Schweiger/Schuppert*, in Sassenberg/Faber, Rechtshandbuch Industrie 4.0 und Internet of Things, § 15 Rn. 29 ff. auch zu anderen denkbaren aber im Ergebnis nicht genutzten Erstattungsmöglichkeiten nach dem SGB V; *Rübsamen*, MedR 2015, 485 (490).

[110] BT-Drs. 19/13438, 44; vgl. auch *Kircher*, in Becker/Kingreen, SGB V, § 33a SGB V Rn. 10.

C. Rechtlicher Rahmen für mHealth, Telemedizin und Gesundheitsportale

SGB V die Vergütung der Hersteller digitaler Gesundheitsanwendungen. Der Vergütungsbetrag soll sich im ersten Jahr grundsätzlich nach dem herstellerseitig festgelegten Abgabepreis richten, anschließend soll eine Preisfestsetzung entweder durch Vereinbarung zwischen dem GKV-Spitzenverband und dem jeweiligen Hersteller oder im Schiedsverfahren erfolgen.[111] Das Verzeichnis über die erstattungsfähigen digitalen Gesundheitsanwendungen wird gem. § 139e SGB V durch das *Bundesinstitut für Arzneimittel und Medizinprodukte* geführt.

II. Telemedizin

Einen zweiten Schwerpunkt der digitalen Transformation des Gesundheitswesens bildet die **Telemedizin.** Zwar ist die telemedizinische Behandlung und Beratung als solche nicht neu[112] und es war auch schon bisher die Hinzuziehung telemedizinischer Anwendungen im Rahmen der ärztlichen Behandlung möglich.[113] Die Entwicklungen in der Telemedizin sind daher in erster Linie eine Evolution und keine Revolution. Gleichwohl ist das Angebot telemedizinischer Leistungen in der Praxis mit einiger Rechtsunsicherheit verbunden. Vor allem ausländische Anbieter drängen auf den deutschen Markt und haben sich teilweise bereits etabliert.[114] Einen Überblick über die vielfältigen telemedizinischen Projekte bietet das Deutsche Telemedizinische Portal.[115] Auch der deutsche Gesetzgeber treibt die Etablierung der Telemedizin voran und insbesondere durch das Digitale Versorgung-Gesetz (DVG) sind weitere Hemmnisse für telemedizinische Angebote gefallen.

1. Begriff

Eine Legaldefinition für den Begriff der **Fernbehandlung** findet sich in § 9 HWG. Danach ist die Fernbehandlung

„die Erkennung oder Behandlung von Krankheiten, Leiden, Körperschäden oder krankhaften Beschwerden, die nicht auf eigener Wahrnehmung an dem zu behandelnden Menschen oder Tier beruht."

Die Norm des § 9 HWG regelt zwar nicht die Zulässigkeit der Fernbehandlung, sondern befasst sich lediglich mit deren Bewerbung, es lassen sich anhand dieser Legaldefinition aber die Charakteristika auch der telemedizinischen Behandlung ableiten.[116] Diese wird vor allem durch zwei Gesichtspunkte gekennzeichnet: zum einen durch das Fehlen einer physischen Präsenz des Behandlers am Ort des Patienten (bzw. deren Überbrückung durch Fernkommunikationsmittel und Datenübertragung) und zum anderen durch die Individualität des Betroffenen und seiner Erkrankung.[117] Die Bundesärztekammer[118] definiert denn auch den Begriff der Telemedizin als

---

[111] BT-Drs. 19/13438, 57.
[112] Ausführlich zur Ferndiagnostik bei der Seeschifffahrt *Gaßner/Strömer,* VersR 2015, 1219f.; zur historischen Entwicklung des Fernbehandlungsrechts auch *Hahn,* Telemedizin – Das Recht der Fernbehandlung, S. 2; *Hahn,* MedR 2018, 384f.; *Dierks,* MedR 2016, 405f.; *Kalb,* GesR 2018, 481 (483).
[113] ZB *Scholz,* in Spickhoff, Medizinrecht, § 7 MBO-Ä Rn. 17; *Braun,* MedR 2018, 563; *Dierks,* MedR 2016, 405 (406); *Vorberg/Kanschik,* MedR 2016, 411 (412); *Kuhn,* GesR 2016, 748 (749); *Rehmann,* A&R 2017, 153 (155); *Schickert/Schweiger/Schuppert,* in Sassenberg/Faber, Rechtshandbuch Industrie 4.0 und Internet of Things, § 15 Rn. 42; *Rehmann,* A&R 2017, 153 (155); *Jorzig/Sarangi,* Digitalisierung im Gesundheitswesen, S. 169.
[114] ZB Zava (vorher DrEd) mit Sitz in Großbritannien und MedGate und Medi24 mit Sitz in der Schweiz. Als deutscher Anbieter ist beispielsweise die TeleClinic GmbH zu nennen.
[115] Abrufbar unter https://www.informationsportal.vesta-gematik.de/ (zuletzt abgerufen am 1.11.2020).
[116] *Hahn,* Telemedizin – Das Recht der Fernbehandlung, S. 1.
[117] *Hahn,* Telemedizin – Das Recht der Fernbehandlung, S. 1; *Schickert/Schweiger,* in Sassenberg/Faber, Rechtshandbuch Industrie 4.0 und Internet of Things, Teil 4A Rn. 30; *Dochow,* MedR 2019, 636 (637);

„ein[en] Sammelbegriff für verschiedenartige ärztliche Versorgungskonzepte, die als Gemeinsamkeit den prinzipiellen Ansatz aufweisen, dass medizinische Leistungen der Gesundheitsversorgung der Bevölkerung in den Bereichen Diagnostik, Therapie und Rehabilitation sowie bei der ärztlichen Entscheidungsberatung über räumliche Entfernungen (oder zeitlichen Versatz) hinweg erbracht werden. Hierbei werden Informations- und Kommunikationstechnologien eingesetzt."

Die Begriffe der Fernbehandlung und der Telemedizin sind demnach austauschbar und werden auch synonym verwendet.[119] Eine Form der Fernbehandlung stellt es auch dar, wenn ein Arzt auf seiner Website Fragen von Website-Nutzern beantwortet, die über allgemeine Gesundheitsinformationen hinausgehen, oder wenn er im Rahmen einer mHealth Anwendung medizinische Leistungen erbringt. Von einer *ausschließlichen* Fernbehandlung spricht man, wenn die Behandlung/Beratung vollständig ohne physischen Arzt-Patienten-Kontakt erfolgt.[120]

2. Rechtlicher Rahmen der Telemedizin

a) Berufsrecht

30 Berufsrechtlich regelt § 7 Abs. 4 MBO-Ä die Fernbehandlung.[121] Die Norm ist in ihrer derzeitigen Fassung das Ergebnis einer Liberalisierung des Berufsrechts durch den 121. Deutschen Ärztetag im Mai 2018. **§ 7 Abs. 4 S. 3 MBO-Ä** bestimmt nun, dass eine

„ausschließliche Beratung oder Behandlung über Kommunikationsmedien [...] im Einzelfall erlaubt [ist], wenn dies ärztlich vertretbar ist und die erforderliche ärztliche Sorgfalt insbesondere durch die Art und Weise der Befunderhebung, Beratung, Behandlung sowie Dokumentation gewahrt wird und die Patientin oder der Patient auch über die Besonderheiten der ausschließlichen Beratung und Behandlung über Kommunikationsmedien aufgeklärt wird".

31 Bereits zuvor war eine Einbindung telekommunikativer Anwendungen in die Behandlung zulässig. Das galt jedoch nur, wenn die Fernbehandlung nicht den Erstkontakt zwischen Arzt und Patient hergestellt hat. Ebenso wurde die Einschaltung eines Telekonsiliarius bereits als zulässig angesehen.[122] Mit der Reform und der Öffnung zur ausschließlichen Fernbehandlung versucht die Ärzteschaft auf die Entwicklungen im Gesundheitswesen und das Aufkommen ausländischer Gesundheitsportale zu reagieren.[123] Der Beschlussfassung war eine intensive Diskussion über „Callcenter-Medizin"[124] und „telemedizinische Primärversorgung"[125] vorangegangen. Trotz der Intention der MBO-Ä eine möglichst einheitliche Regelung der ärztlichen Berufspflichten zu schaffen, zeigte sich anfangs bei der ausschließlichen Fernbehandlung noch eine gewisse Zersplitterung des Berufsrechts, da nicht alle Landesärztekammern den Empfehlungen gefolgt sind und ihre Berufsordnungen angepasst haben. Nachdem seit dem 01.6.2020 auch die Landesärztekam-

---

ausführlich auch *Dochow*, Grundlagen und normativer Rahmen der Telematik im Gesundheitswesen, S. 85 ff.; *Gruner*, GesR 2017, 288 (289); *Jorzig/Sarangi*, Digitalisierung im Gesundheitswesen, S. 170.

[118] *Bundesärztekammer*, Hinweise und Erläuterungen zu § 7 Abs. 4 MBO-Ä, Stand 22.3.2019, S. 2, abrufbar unter: https://www.bundesaerztekammer.de/fileadmin/user_upload/downloads/pdf-Ordner/Recht/HinweiseErlaeuterungenFernbehandlung.pdf (zuletzt abgerufen am 1.11.2020).

[119] So etwa von *Hahn*, Telemedizin – Das Recht der Fernbehandlung, 2019.

[120] *Hahn*, Telemedizin – Das Recht der Fernbehandlung, S. 2.

[121] Zum Berufsrecht von Zahnärzten, Heilpraktiker und Psychotherapeuten vgl. *Hahn*, Telemedizin – Das Recht der Fernbehandlung, S. 12 ff. und *Jorzig/Sarangi*, Digitalisierung im Gesundheitswesen, S. 23 ff.

[122] *Scholz*, in Spickhoff, Medizinrecht, § 7 MBO-Ä Rn. 17; zu Haftungsfragen ausführlich *Wendelstein*, Kollisionsrechtliche Probleme der Telemedizin, S. 91 ff.; *Wagner*, in MüKo-BGB, § 630a Rn. 115.

[123] *Katzenmeier*, NJW 2019, 1769 ff.; *Katzenmeier*, MedR 2019, 259 (267); *Hahn*, Telemedizin – Das Recht der Fernbehandlung, S. 5; vgl. auch den Begründungstext des Vorstands der BÄK in der Sitzung am 15./16.3.2018, abrufbar unter: https://www.bundesaerztekammer.de/fileadmin/user_upload/downloads/pdf-Ordner/MBO/Synopse_MBO-AE_zu_AEnderungen____7_Abs._4.pdf (zuletzt abgerufen am 1.11.2020).

[124] Vgl. 121. DÄT 2018, TOP IV-07, S. 1.

[125] Nach *Krüger-Brand*, DÄBl. 2018, A-965, 966.

C. Rechtlicher Rahmen für mHealth, Telemedizin und Gesundheitsportale

mer Baden-Württemberg die ausschließliche Fernbehandlung in ihrem § 7 Abs. 4 Berufsordnung zulässt, sperrt sich jetzt nur noch das Land Brandenburg. Der befürchtete „Flickenteppich" im Berufsrecht besteht also kaum mehr.

Auch die Neufassung des § 7 Abs. 4 MBO-Ä stellt klar, dass die ärztliche Beratung grundsätzlich immer noch im persönlichen Kontakt erfolgen soll.[126] Dies stelle den „Goldstandard"[127] dar. Die Abkehr vom „Dogma des persönlichen Erstkontakts" trifft im juristischen Schrifttum überwiegend auf Zustimmung.[128] Gleichwohl ist zu beachten, dass der Arzt nun vor allem auf die subjektiven Schilderungen des Patienten angewiesen ist und dass andererseits gerade die verbal-persönliche Kommunikation und Zuwendung eine wichtige Komponente im Rahmen der Behandlung sein kann.[129] Von einer völligen Lockerung durch das Berufsrecht kann daher auch jetzt nicht gesprochen werden, vielmehr bestehen immer noch klare Grenzen. Im Einzelnen gilt es Folgendes zu beachten: 32

aa) Beratung/Behandlung im Einzelfall. Die Regelung bezieht sich sowohl auf die Beratung als auch die Behandlung, die sich regelmäßig nicht voneinander trennen lassen. Die Begriffe sind weit auszulegen, ausreichend dürfte bereits eine Verdachts- oder Negativdiagnose sein.[130] Entscheidend ist, ob dem Patienten eine individuelle Diagnose/Behandlung angeboten wird. Nicht erfasst sind hingegen allgemeine Gesundheitsinformationen ohne konkreten Bezug zum Patienten. Das Merkmal des Einzelfalls zielt auf den konkreten Patientenfall ab und erfordert eine Prüfung, ob dieser für eine ausschließliche Fernbehandlung geeignet ist.[131] Der Arzt hat also zu prüfen, ob die (fernmündlichen) Schilderungen des Patienten und/oder seine über einen Bildschirm sichtbare Verfassung für eine medizinisch fachgerechte Behandlung/Beratung ausreichen, oder ob dafür ein unmittelbarer persönlicher Eindruck erforderlich ist.[132] Diese Prüfung umfasst auch die Kontrolle der eingesetzten digitalen Technik und deren Fähigkeit, im konkreten Einzelfall alle notwendigen Daten zu ermitteln und zu übertragen.[133] Kommt der Arzt zu dem Ergebnis, dass eine unmittelbare ärztliche Untersuchung erforderlich ist, hat er den Patienten darauf hinzuweisen und eine schon begonnene Fernbehandlung zu unterbrechen.[134] Eine Einschränkung dahingehend, dass eine wiederholte ärztliche Fernbehandlung desselben Patienten nicht erfolgen darf, lässt sich dem Merkmal des Einzelfalls dagegen nicht entnehmen und würde die Fernbehandlung zu stark einschränken. 33

bb) Kommunikationsmedien. Der Begriff der Kommunikationsmedien lehnt sich an den Wortlaut des § 312c Abs. 2 BGB zu den Fernabsatzverträgen an.[135] Erfasst sind alle Kommunikationsmittel, die zur Behandlung eingesetzt werden können, ohne dass der Arzt und der Patient gleichzeitig körperlich anwesend sind (zB Telefon, E-Mail, Videotelefonie). Printmedien werden durch diese Definition zwar nicht ausgeschlossen, dürften aber regelmäßig medizinisch nicht vertretbar sein.[136] 34

---

[126] *Hahn*, Telemedizin – Das Recht der Fernbehandlung, S. 6; *Stellpflug*, GesR 2019, 76 (77).
[127] 121. DÄT 2018, TOP IV-01, S. 2; *Bundesärztekammer*, Hinweise und Erläuterungen zu § 7 Abs. 4 MBO-Ä, Stand 22.3.2019, S. 1.
[128] ZB *Kaeding*, MedR 2019, 288; *Hahn*, MedR 2018, 384 (387 f.).
[129] *Katzenmeier*, MedR 2019, 259 (266); *Katzenmeier*, NJW 2019, 1769.
[130] Zu § 7 Abs. 4 MBO-Ä aF *OLG München*, Urt. vom 8.10.2015 – 6 U 1509/15; dazu *Wolf*, GuP 2018, 129.
[131] *Hahn*, Telemedizin – Das Recht der Fernbehandlung, S. 7 f.; *Bundesärztekammer*, Hinweise und Erläuterungen zu § 7 Abs. 4 MBO-Ä, Stand 22.3.2019, S. 3.
[132] *Braun*, MedR 2018, 563 (565); *Kuhn/Heinz*, GesR 2018, 691 (693).
[133] *Braun*, MedR 2018, 563 (565); *Bergmann*, MedR 2016, 497 (500); *Rehmann*, A&R 2017, 153 (156).
[134] *Braun*, MedR 2018, 563 (565); *Kuhn/Heinz*, GesR 2018, 691 (693); *Hahn*, Telemedizin – Das Recht der Fernbehandlung, S. 9; *Bundesärztekammer*, Hinweise und Erläuterungen zu § 7 Abs. 4 MBO-Ä vom 22.3.2019, S. 3.
[135] *Hahn*, Telemedizin – Das Recht der Fernbehandlung, S. 7; *Bundesärztekammer*, Hinweise und Erläuterungen zu § 7 Abs. 4 MBO-Ä vom 22.3.2019, S. 3.
[136] *Hahn*, Telemedizin – Das Recht der Fernbehandlung, S. 7; aA wohl *Braun*, MedR 2018, 563 (564).

35 **cc) Dokumentation.** Für den fernbehandelnden Arzt spielt die Dokumentation eine elementare Rolle. Der Umfang und die Verpflichtung zur Dokumentation ergeben sich bereits aus § 10 MBO-Ä und dem Behandlungsvertrag (vgl. § 630f BGB). Der Hinweis in § 7 Abs. 4 MBO-Ä unterstreicht die Bedeutung der Dokumentation zusätzlich. Diese muss sich gerade auch auf die Aspekte der ausschließlichen Fernbehandlung beziehen und verdeutlichen, warum diese aus Sicht des Arztes im konkreten Fall vertretbar war.[137]

36 **dd) Ärztliche Vertretbarkeit.** Die Beurteilung liegt in der Verantwortung des Arztes. Dieser muss prüfen, ob eine Fernbehandlung einen sinnvollen Beitrag zur Heilung des Patienten leisten kann und die Nachteile dieser Behandlungsart nicht entgegenstehen.[138] Dabei muss der Arzt die Fernbehandlung unterbrechen, wenn sie nicht mehr für eine adäquate Behandlung ausreicht. Gerade die Videosprechstunde dürfte aber künftig etwa im Rahmen der Anamnese durchaus eine Alternative zum persönlichen Patientenkontakt darstellen. Bei der Prüfung der ärztlichen Vertretbarkeit dürften vor allem folgende Gesichtspunkte von Bedeutung sein: die Art und das Stadium der Erkrankung, die Diagnose- und Therapiemöglichkeiten, die Mitwirkung des Patienten, die zur Verfügung stehenden technischen Hilfsmittel und die Qualität der damit gewonnenen Informationen.

37 **ee) Einhaltung der ärztlichen Sorgfalt.** Dieses Merkmal ist vor allem eine Klarstellung. Die Pflicht, die erforderliche ärztliche Sorgfalt zu wahren, folgt bereits aus § 2 Abs. 2 und 3, § 11 MBO-Ä.[139] Die Einhaltung der ärztlichen Sorgfalt erfordert die notwendige fachliche Qualifikation und Beachtung des anerkannten Standes medizinischer Erkenntnisse. Die Befunderhebung, Beratung und Behandlung müssen diesem anerkannten medizinischen Erkenntnisstand entsprechen.

38 **ff) Aufklärung.** Die Aufklärungspflicht im letzten Halbsatz von § 7 Abs. 4 MBO-Ä geht über die allgemeine Aufklärungspflicht nach § 8 MBO-Ä hinaus und erstreckt sich auf die Besonderheiten der Fernbehandlung und deren Abhängigkeit von einer hinreichenden Kommunikationsübertragung.[140] Dem Patienten muss verdeutlicht werden, dass eine rein telemedizinische Diagnostik andere Möglichkeiten bietet als eine persönliche Untersuchung durch den Arzt.[141] Die Aufklärung muss sich daher auch auf den gesteigerten Mitwirkungsbedarf durch den Patienten beziehen.[142] Zudem sollte auf die Alternative einer Behandlung im persönlichen Kontakt hingewiesen werden, wenn diese bessere Heilungschancen im Einzelfall bietet.[143]

39 Dass eine Aufklärung in Form der **Fernaufklärung** zulässig ist, wird in § 7 Abs. 4 S. 3 MBO-Ä zwar nicht ausdrücklich angeordnet, von der Regelung aber vorausgesetzt.[144] Nach § 8 S. 2 MBO-Ä hat die Aufklärung im persönlichen Gespräch vor Beginn der Beratung/Behandlung zu erfolgen. Aus der Vorgabe des persönlichen Gesprächs folgt weiter, dass Formulare oder Filme nur vorbereitende bzw. unterstützende Funktion haben und das Aufklärungsgespräch nicht ersetzen können.[145] Die Dokumentation im Zusammenhang

---

[137] *Bundesärztekammer*, Hinweise und Erläuterungen zu § 7 Abs. 4 MBO-Ä vom 22.3.2019, S. 4.
[138] *Hahn*, Telemedizin – Das Recht der Fernbehandlung, S. 8.
[139] *Hahn*, Telemedizin – Das Recht der Fernbehandlung, S. 9; *Bundesärztekammer*, Hinweise und Erläuterungen zu § 7 Abs. 4 MBO-Ä, Stand 22.3.2019, S. 4; *Bundesärztekammer*, Synopse zur Änderung von § 7 Abs. 4 MBO-Ä vom 21.3.2018, S. 2.
[140] *Hahn*, Telemedizin – Das Recht der Fernbehandlung, S. 10; *Kuhn/Heinz*, GesR 2018, 691 (693); *Bundesärztekammer*, Hinweise und Erläuterungen zu § 7 Abs. 4 MBO-Ä, Stand 22.3.2019, S. 4.
[141] *Hahn*, Telemedizin – Das Recht der Fernbehandlung, S. 10; *Bergmann*, MedR 2016, 497 (500); *Stellpflug*, GesR 2019, 76 (78).
[142] *Hahn*, Telemedizin – Das Recht der Fernbehandlung, S. 10.
[143] *Bundesärztekammer*, Hinweise und Erläuterungen zu § 7 Abs. 4 MBO-Ä, Stand 22.3.2019, S. 4.
[144] *Hahn*, Telemedizin – Das Recht der Fernbehandlung, S. 32; i.Erg. auch *Kaeding*, MedR 2019, 288 (289).
[145] *Scholz*, in Spickhoff, Medizinrecht, § 8 MBO-Ä Rn. 2.

mit dem Aufklärungsgespräch wird eine wichtige Rolle zur Vermeidung etwaiger Haftungsansprüche spielen.

gg) Anwendbarkeit des Berufsrechts bei grenzüberschreitenden Sachverhalten. 40
Weitgehend ungeklärt ist die Reichweite des Berufsrechts bei grenzüberschreitenden Fernbehandlungen, mit anderen Worten also, wann sich ein ausländischer Anbieter telemedizinischer Leistungen an deutsches Berufsrecht halten muss. Trotz der Unsicherheiten, darf die Frage nicht überbewertet werden, da mit der Liberalisierung des § 7 Abs. 4 MBO-Ä keine zu starken Unterschiede zu Nachbarstaaten mehr vorliegen dürften und es zum anderen an Zugriffsmöglichkeiten deutscher Berufskammern größtenteils fehlt.[146] Im Ergebnis finden die jeweiligen berufsrechtlichen Landesregelungen bei grenzüberschreitender Tätigkeit fernbehandelnder Ärzte aus folgenden Gründen keine (auch keine mittelbare) Anwendung:
– Zum einen findet das Berufsrecht **keinen Eingang in das zivilrechtliche Behandlungsverhältnis.** Ausgehend von der Rechtswahlfreiheit in Art. 3 Abs. 1 Rom-I-VO[147] unterliegt der Behandlungsvertrag den Einschränkungen des Art. 6 Abs. 1 und 2 Rom-I-VO, da es sich bei Verträgen über die medizinische Behandlung grundsätzlich um Verbraucherverträge handelt.[148] Ein Ausrichten der Tätigkeit iSd Art. 6 Abs. 1 lit. b Rom-I-VO auf das deutsche Staatsgebiet ist regelmäßig gegeben, wenn der Arzt über eine Website gezielt Werbung bzw. Behandlungsangebote an deutsche Patienten richtet.[149] Eine Einschränkung der Sonderregelungen des Art. 6 Abs. 1 und 2 Rom-I-VO gem. Art. 6 Abs. 4 lit. a Rom I-VO findet nicht statt. Nach der verbraucherschützenden Zielsetzung des Art. 6 Rom-I-VO berührt eine Leistung auch dann das Aufenthaltsland des Verbrauchers, wenn sie ausschließlich im Internet erbracht wird, insbesondere wenn der Patient sie online abruft.[150] Danach ist eine Rechtswahl noch möglich, es findet jedoch – vorbehaltlich des Günstigkeitsvergleichs – zwingendes deutsches Behandlungsvertragsrecht Anwendung (Art. 6 Abs. 2 S. 2 Rom-I-VO).[151] Über § 134 BGB sollen zwar auch Verstöße des Berufsrechts erfasst werden.[152] Dem wird aber zu Recht entgegengehalten, dass dadurch reines Berufs-Binnenrecht Außenwirkung zum Nachteil von Nicht-Kammerangehörigen entfaltet.[153] Ebenso sprechen das Territorialitätsprinzip und Art. 1 Abs. 1 S. 2 Rom-I-VO dagegen, ausländische Teleärzte dem Berufsrecht zu unterwerfen.[154] Auch über sonstige Eingriffsnormen wie Art. 9 Abs. 2 Rom-I-VO lässt sich die Anwendbarkeit des Berufsrechts nicht begründen.[155] In extremen Ausnahmefällen könnte allenfalls der ordre public Vorbehalt iSd Art. 21 Rom-I-VO eingreifen.[156]
– Ebenso findet das nationale Berufsrecht auch nicht über **§ 2 Abs. 7 MBO-Ä** bzw. dessen landesrechtlicher Umsetzung Anwendung. Diese Frage hat das OLG München in

---

[146] *Spickhoff*, MedR 2018, 535 (537).
[147] Verordnung (EG) Nr. 593/2008 des Europäishcen Parlamants und des Rates vom 17.6.2008 über das auf vertragliche Schuldverhältnisse anzuwendende Recht (Rom I), ABl. Nr. L 177 vom 4.7.2008, S. 6 ff.
[148] *Spickhoff*, MedR 2018, 535 (536); *Wagner*, in MüKo-BGB, Vor § 630a BGB Rn. 59; *Martiny*, in MüKo-BGB, Art. 6 Rom-I-VO Rn. 14; *Hahn*, Telemedizin – Das Recht der Fernbehandlung, S. 34; *Reisewitz*, Rechtsfragen des Medizintourismus, S. 182.
[149] *Spickhoff*, MedR 2018, 535 (536); vgl. auch den Kriterienkatalog des EuGHs zur Parallelregelung in Art. 15 Abs. 1 lit. c Alt. 2 EuGVVO (EuZW 2011, 98 (104)).
[150] *Spickhoff*, MedR 2018, 535 (536); *Spickhoff*, in BeckOK BGB, Art. 6 Rom-I-VO Rn. 14; *Magnus*, in Staudinger BGB, Art. 6 Rom-I-VO Rn. 73.
[151] Näher *Wagner*, in MüKo-BGB, Vor § 630a BGB Rn. 59.
[152] BGH, NJW 1986, 2360 (2361).
[153] *Spickhoff*, MedR 2018, 535 (537).
[154] *Spickhoff*, MedR 2018, 535 (537); vgl. ferner *Wendelsstein*, Kollisionsrechtliche Probleme der Telemedizin, S. 29 und S. 360.
[155] *Spickhoff*, MedR 2018, 535 (539).
[156] *Spickhoff*, MedR 2018, 535 (539 f.).

seiner Entscheidung vom 8.10.2015[157] beschäftigt. Die Beantwortung bereitet Schwierigkeiten, da grenzüberschreitende telemedizinische Leistungen gleich drei europäische Richtlinien berühren: In der Patientenmobilitäts-Richtlinie (RL 2011/24/EU) wird in Art. 4 Abs. 1 lit. a und lit. b iVm Art. 3 Abs. 1 lit. d recht deutlich das **Herkunftslandprinzip** für telemedizinische Leistungen betont.[158] Im Einklang dazu steht die e-Commerce-Richtlinie (RL 2000/31/EG) und ihre Umsetzung in § 3 TMG.[159] Zwar wird insbesondere unter Verweis auf Erwägungsgrund 18 e-Commerce-RL versucht, deren Anwendungsbereich einzuschränken[160], dabei wird aber übersehen, dass es in diesem Erwägungsgrund offensichtlich nicht um die Telemedizin geht.[161] Demgegenüber verweist Art. 5 Abs. 3 Berufsqualifikations-RL (RL 2005/36/EG) auf das **Bestimmungslandprinzip.** Zweifelhaft ist aber, ob eine telemedizinische Dienstleistung als Korrespondenzdienstleistung von Art. 5 Berufsqualifikations-RL erfasst wird und ob ein „Begeben" auch ohne körperlichen Ortswechsel erfolgen kann.[162] Dies lässt sich weder dem Wortlaut der Norm entnehmen, noch passt es zum Sinn und Zweck der Regelung. Blendet man den Einsatz von Fernkommunikationsmitteln als bloße Kommunikationsmittel aus, liegt eine Dienstleistung am Ort des behandelnden Arztes vor.[163] Das OLG München stellt in seiner Entscheidung[164] auf die Patientenmobilitäts-RL ab und kommt zurecht zur fehlenden Anwendbarkeit der MBO-Ä. Dieses Ergebnis ist auch interessengerecht, die Gegenauffassung ruft die Folgefrage hervor, welches Landes-Berufsrecht im konkreten Fall Anwendung findet.[165] Auch ist fraglich, welche Folgerungen sich aus den Einschränkungen der EuGH Judikatur zu Art. 5 Berufsqualifikations-RL ergeben.[166]

41 Zusammenfassend unterliegen ausländische Teleärzte als Nicht-Kammerangehörige (nur) dem Standesrecht am Ort ihrer Niederlassung. Umgekehrt unterliegen deutsche Ärzte bei Behandlung ausländischer Patienten unabhängig vom vereinbarten Recht des Behandlungsvertrages dem deutschen Berufsrecht.[167]

b) Zivilrechtliche Aspekte

42 Die Einpassung der telemedizinischen Behandlung in das Recht des Behandlungsvertrages bereitet keine größeren Probleme. Keine Besonderheiten ergeben sich zunächst hinsichtlich des **Abschlusses des Behandlungsvertrags** nach den §§ 630a ff. BGB. Ein Formerfordernis besteht (grundsätzlich) nicht, ein Vertragsschluss per Video-Chat oder per E-Mail ist also möglich.[168] Wegen der Ausnahme in § 312 Abs. 2 Nr. 7 BGB unterliegt der Behandlungsvertrag allerdings nur eingeschränkt dem Fernabsatzrecht, insbesondere besteht

---

[157] *OLG München*, Urt. vom 8.10.2015 – 6 U 1509/15.
[158] *Karl*, MedR 2016, 676 (677); *Dierks/Kluckert*, NZS 2017, 687 (691).
[159] Vgl. *Karl*, MedR 2016, 676 (677); *Dierks/Kluckert*, NZS 2017, 687 (689); *Spickhoff*, MedR 2018, 535 (538); *Hahn*, Telemedizin – Das Recht der Fernbehandlung, S. 21.
[160] So *Dierks/Kluckert*, NZS 2017, 687 (689).
[161] *Spickhoff*, MedR 2018, 535 (539).
[162] Unter Verweis auf Erwägungsgrund 1 Berufsqualifikations-RL *Karl*, MedR 2016, 675 (678); *Hahn*, Telemedizin – Das Recht der Fernbehandlung, S. 21; *Dierks/Kluckert*, NZS 2017, 687 (690).
[163] Ähnlich *Rehmann*, A&R 2017, 153 (157).
[164] *OLG München*, Urt. vom 8.10.2015 – 6 U 1509/15 Rn. 62; i.Erg. auch *Wagner*, Einflüsse der Dienstleistungsfreiheit auf das nationale und internationale Arzthaftungsrecht, S. 145; *Rehmann*, A&R 2017, 153 (157); *Fischer*, in FS Laufs, 2006, 781 (790); im Hinblick auf die verschiedenen landesrechtlichen Regelungen *Kuhn/Heinz*, GesR 2018, 691 (692): nur Berufsrecht am Ort der Niederlassung des behandelnden Arztes.
[165] Zu diesem Gesichtspunkt auch *OLG München*, Urt. vom 8.10.2015 – 6 U 1509/15 Rn. 59.
[166] *EuGH*, 12.9.2013 – C-475/11. Dazu *Karl*, MedR 2016, 675 (679); *Dierks/Kluckert*, NZS 2017, 687 (690); *Hahn*, Telemedizin – Das Recht der Fernbehandlung, S. 21 ff.
[167] Wie hier *Spickhoff*, MedR 2018, 535 (539); *Fischer*, FS Laufs, 2006, S. 781 (790); sich nicht klar festlegend *Dierks/Kluckert*, NZS 2017, 687 (690); aA *Hahn*, Telemedizin – Das Recht der Fernbehandlung, S. 21; *Wagner*, in MüKo-BGB, Vor § 630a Rn. 58; *Karl*, MedR 2016, 675 (678 f.).
[168] *Walter*, BeckOK BGB, § 630a Rn. 57 ff. auch zu den Ausnahmen; *Katzenmeier*, BeckOK BGB, § 630a Rn. 45.

C. Rechtlicher Rahmen für mHealth, Telemedizin und Gesundheitsportale

kein Widerrufsrecht.[169] Zwar greift die Norm nicht bei Abgabe von Arzneimitteln und Medizinprodukten, hierunter fallen aber nur solche Arzneimittel oder Medizinprodukte, die nicht bereits Teil des Entgelts für die medizinische Leistung sind und die dem Patienten zur eigenverantwortlichen Anwendung überlassen werden.[170] Zusätzlich ist der behandelnde Arzt sowohl nach § 630c Abs. 3 S. 1 BGB als auch berufsrechtlich nach § 12 Abs. 5 MBO-Ä zur Information der Patienten über erkennbar nicht von der gesetzlichen Krankenversicherung übernommene Kosten verpflichtet.[171] Verstöße dagegen berühren aber nicht die Gültigkeit des Behandlungsvertrages, sondern führen nur zu berufsrechtlichen Sanktionen oder zu einer Schadenersatzpflicht.[172]

§ 630e Abs. 1 BGB verlangt die **Aufklärung des Patienten.**[173] Der behandelnde Arzt muss über sämtliche für die Einwilligung wesentlichen Umstände aufklären, das heißt insbesondere über Art und Umfang der Behandlung, die zu erwartenden Folgen und Risiken sowie die Notwendigkeit und Erfolgsaussichten der Behandlung (§ 630e Abs. 1 S. 2 BGB). Dabei ist auch auf alternative Behandlungsmöglichkeiten hinzuweisen, wenn sie zu wesentlich unterschiedlichen Belastungen, Risiken oder Heilungschancen führen können (§ 630e Abs. 1 S. 3 BGB). Wählt der Arzt die Fernbehandlung, hat er somit auch auf die Alternative einer Beratung und Behandlung im persönlichen Kontakt hinzuweisen. Kann er diese wegen der räumlichen Entfernung zum Patienten nicht selbst erbringen, so muss er diesen auf die Möglichkeit hinweisen, eine andere, nähergelegene Arztpraxis oder Klinik aufzusuchen. Zudem muss er über die besonderen Risiken der Fernbehandlung aufklären. Der Hinweispflicht unterliegen kann etwa die Information, dass die Behandlung durch die Qualität der Datenübertragung beeinflusst werden kann und möglicherweise unterbrochen oder abgebrochen werden muss.[174] Auch kann es erforderlich sein, den Patienten in die Bedienung der erforderlichen Hard- und Software einzuführen und Anweisungen für den Fall zu geben, dass die Datenverbindung abbricht oder eine Anwendung abstürzt. Die Beweislast für die Ordnungsgemäßheit der Aufklärung trägt der Arzt (vgl. § 630h Abs. 2 BGB[175]). Eine Aufklärung in Text- oder durch Schriftform ersetzt das Aufklärungsgespräch nicht, sie kann aber unterstützend eingesetzt werden (vgl. § 630e Abs. 2 S. 1 BGB). Zudem stellt sie ein wichtiges Indiz für Durchführung und Umfang der erfolgten Aufklärung dar.[176] Sie sollte damit auch bei der telemedizinischen Behandlung zum Einsatz kommen. Eine Aufklärung über E-Mail oder in einem Chat-Programm allein ohne sprachliche Unterstützung dürfte hingegen nicht genügen.[177] Lediglich in Ausnahmefällen kann ein (konkludenter) Aufklärungsverzicht gem. § 630e Abs. 3 BGB angenommen werden.[178]

Die Aufklärung muss gemäß § 630e Abs. 2 Nr. 1 BGB mündlich erfolgen. Dem Merkmal der Mündlichkeit lässt sich keine besondere Form entnehmen, die Rechtsprechung

---

[169] Wie hier *Hahn*, Telemedizin – Das Recht der Fernbehandlung, S. 25; *Wendehorst*, in MüKo-BGB, § 312 Rn. 66; *Kaiser*, in Staudinger BGB, § 312 Rn. 7; aA *Kaeding*, MedR 2019, 288 (289); *Scholz*, in Spickhoff, Medizinrecht, § 7 MBO-Ä Rn. 15; *Kalb*, GesR 2018, 481 (487); *Wagner*, in MüKo-BGB, Vor § 630a Rn. 59.
[170] *Wendehorst*, in MüKo-BGB, § 312 Rn. 67.
[171] Vgl. auch *BGH*, NJW 2020, 1211.
[172] *Hahn*, Telemedizin – Das Recht der Fernbehandlung, S. 26; zur Schadenersatzpflicht *Wagner*, in MüKo-BGB, § 630c Rn. 67.
[173] Vgl. auch *BGH*, NJW 2020, 1358; NJW 2006, 2477.
[174] *Katzenmeier*, NJW 2019, 1769 (1773); *Hahn*, Telemedizin – Das Recht der Fernbehandlung, S. 32: Daneben sollen die Grundsätze der *Neulandmethode* (vgl. hierzu *OLG Hamm*, MedR 2017, 812) auf die Telemedizin Anwendung finden. Danach müsste der Patient auch auf die Gefahr von Gesundheitsschäden hinweisen, die als solche unvorhersehbar sind. Außerdem sei bei ihm das Bewusstsein zu schaffen, dass auch das Ausmaß grundsätzlich bekannter Risiken wegen der Neuheit des Verfahrens nicht zuverlässig eingeschätzt werden kann.
[175] Zu den Einzelheiten des Entlastungsbeweises *Wagner*, in MüKo-BGB, § 630h Rn. 36 f.
[176] *Wagner*, in MüKo-BGB, § 630e Rn. 50, 58.
[177] *Spickhoff*, Spickhoff, Medizinrecht, § 630e BGB Rn. 3a; *Stellpflug*, GesR 2019, 76 (81).
[178] *Hahn*, Telemedizin – Das Recht der Fernbehandlung, S. 33.

versteht darunter ein „vertrauensvolles Gespräch zwischen Arzt und Patient"[179]. Nur durch ein solches Gespräch könne gewährleistet werden, dass der Patient die mitgeteilten Informationen verstanden hat und Rückfragen stellen konnte.[180] Die Rechtsprechung geht dabei im Regelfall von einem persönlichen Gespräch aus, eine telefonische Aufklärung sei nur in einfach gelagerten Fällen zulässig.[181] Diese Argumentation steht allerdings einer Aufklärung im Rahmen einer Videosprechstunde nicht entgegen, da auch hier eine dem unmittelbaren Arzt-Patienten-Kontakt vergleichbare Gesprächssituation gegeben ist.[182] Zudem sollte versteckt über die Form der Aufklärung die Telemedizin nicht wieder eingeschränkt werden. Im Übrigen stellt das BGB eine telefonische Verbindung einem mündlichen Kontakt auch an anderer Stelle gleich (vgl. § 147 Abs. 1 S. 2 BGB).[183] Anders als noch im Referentenentwurf hielt der Gesetzgeber im Digitale-Versorgung-Gesetz daher eine Klarstellung auch nicht mehr für notwendig.[184] Angesichts der verbleibenden Unsicherheit wäre gleichwohl eine gesetzliche Klarstellung wünschenswert gewesen.[185] Zusammenfassend sollte eine fernmündliche Aufklärung nicht nur bei einfach gelagerten Fällen sondern immer dann zulässig sein, wenn gesichert ist, dass der Patient die relevanten Informationen erhält und ihm die Möglichkeit zu Rückfragen und damit zur selbstbestimmten Entscheidung verbleibt. Das trifft insbesondere bei einer **Telesprechstunde** zu.

45   Gerade eingesetzt hat die Diskussion, inwiefern **Arbeitsunfähigkeitsbescheinigungen** im Rahmen einer ausschließlichen Fernbehandlung ausgestellt werden dürfen und welcher Beweiswert ihnen für das Arbeitsverhältnis zukommt. Wegen ihres hohen Beweiswerts haben sich die Delegierten auf dem 121. Deutschen Ärztetag aus Gründen der „Behandlungsqualität" und der „Rechtssicherheit" gegen die Möglichkeit einer Arbeitsunfähigkeitsbescheinigung auf Basis einer ausschließlichen Fernbehandlung ausgesprochen.[186] Ein (pauschaler) Ausschluss einer fernmedizinischen Arbeitsunfähigkeitsbescheinigung ist demgegenüber nicht sinnvoll.[187] Gerade bei einer Videosprechstunde kann sich ein Arzt ein gutes Bild von der Verfassung des Patienten machen, so dass eine Arbeitsunfähigkeitsbeurteilung unter Wahrung der ärztlichen Sorgfalt erfolgen kann.[188] Bei Zweifeln ist es dem behandelnden Arzt unbenommen, den Patienten vor seiner Entscheidung auf einen persönlichen Praxisbesuch zu verweisen. Eine zu restriktive Auffassung würde zu dem befremdlichen Ergebnis führen, dass eine Behandlung des Patienten möglich wäre, nicht aber die Feststellung von dessen Arbeitsunfähigkeit.[189] Auch berufsrechtlich wird die Ausstellung einer AU für zulässig erachtet (§§ 7 Abs. 4, 25 S. 1 MBO-Ä).[190] Entscheidend sollte sein, ob sich der Arzt im Einzelfall über die Mittel der Telemedizin eine hinreichende Gewissheit über die Arbeitsunfähigkeit seines Patienten verschaffen kann. Dabei müssen beispielsweise die Art der Erkrankung und der Arbeit, die dadurch bedingte Dauer der Arbeitsunfähigkeit und die technischen Diagnosemöglichkeiten in die ärztliche Abwägung einfließen. Demgegenüber entschied das LG Hamburg, dass die Ausstellung von Arbeits-

---

[179] BGHZ 144, 1, 13 = NJW 2000, 1784 (1787); NJW 1985, 1399.
[180] Vgl. *Wagner*, in MüKo-BGB, § 630e Rn. 49.
[181] BGH, NJW 2010, 2430 Rn. 20; dazu *Hahn*, MedR 2020, 16, 18; *v. Pentz*, MedR 2011, 222 (226); BT-Drs. 17/10488, 24.
[182] *Hahn*, Telemedizin – Das Recht der Fernbehandlung, S. 33; *Kaeding*, MedR 2109, 288 (289); *Reuter/Winkler*, MedR 2014, 220 (225); zurückhaltender wohl *Katzenmeier*, BeckOK BGB, § 630e Rn. 32 (bisherige Grenzen der Rechtsprechung gelten auch für die Telemedizin fort).
[183] *Hahn*, MedR 2020, 16 (17).
[184] BT-Drs. 19/13438, 70.
[185] *Hahn*, MedR 2020, 16 (21 f.).
[186] 121. DÄT 2018, TOP IV-04, S. 298.
[187] Die Ausstellung einer Arbeitsunfähigkeitsbescheinigung hielten bereits zum alten Recht für möglich *Schulte/Tisch*, NZA 2020, 761 (763 f.); *Braun*, GesR 2018, 409 (411); *Hahn*, Telemedizin – Das Recht der Fernbehandlung, S. 51; *Fleßner*, in MAH MedR, § 5 Rn. 311; *Müller*, BB 2019, 2292 (2294); unklar *Heider*, NZA 2019, 288 (289 f.).
[188] *Braun*, GesR 2018, 409 (411); *Hahn*, Telemedizin – Das Recht der Fernbehandlung, S. 51.
[189] Ähnlich *Schulte/Tisch*, NZA 2020, 761 (763 f.).
[190] *Bundesärztekammer*, Hinweise und Erläuterungen zu § 7 Abs. 4 MBO-Ä vom 22.3.2019, S. 6.

unfähigkeitsbescheinigungen ohne unmittelbaren persönlichen Kontakt einen Verstoß gegen die ärztliche Sorgfalt (§ 25 HmbBOÄ) darstelle.[191] In dem konkreten Fall ging es um Atteste, die nicht nur im Einzelfall und auch nicht nur bei leichteren Erkrankungen wie Erkältungen erteilt wurden. Inwiefern sich daher die Aussagen des Gerichts generalisieren lassen ist fraglich, zumal das Urteil die Änderung des § 7 Abs. 3 HmbBOÄ (= § 7 Abs. 4 MBO-Ä) nicht würdigt.[192] Zusammenfassend sollte ein Verstoß gegen die ärztliche Sorgfalt bei Beurteilung der Arbeitsfähigkeit im Rahmen einer ausschließlichen Fernbehandlung nicht mehr pauschal angenommen werden.[193]

Nachdem weder das EFZG (§ 5 EFZG), die beamtenrechtlichen Parallelregelungen oder die **Arbeitsunfähigkeitsrichtlinie des Gemeinsamen Bundesausschuss (G-BA)** (§§ 2 Abs. 5 S. 2, 4 Abs. 1 AU-RL aF) Regelungen in formeller Hinsicht enthielten, ist es zu begrüßen, dass der G-BA mit seinem Beschluss vom 16.7.2020 eine klare Regelung getroffen hat.[194] § 4 Abs. 5 nF AU-RL bestimmt nun, dass eine Arbeitsunfähigkeit auch „mittelbar persönlich im Rahmen von Videosprechstunden festgestellt werden kann". Einschränkend soll dies aber nur zulässig sein, wenn der Patient dem behandelnden Arzt aufgrund früherer Behandlung unmittelbar persönlich bekannt ist und die Erkrankung eine Beurteilung zulässt. Eine erstmalige Feststellung der Arbeitsunfähigkeit ist zudem nur für einen Zeitraum von bis zu sieben Kalendertagen möglich. Auch wenn die Änderung der AU-RL sinnvoll erscheint, schimmert doch eine nach wie vor bestehende Skepsis gegenüber der Fernbehandlung durch, was in Anbetracht des Missbrauchspotenzials sicherlich ein valider Einwand ist. Eine maßvolle Ausweitung der Möglichkeiten der Feststellung der Arbeitsunfähigkeit im Rahmen einer ausschließlichen Fernbehandlung wäre aber insgesamt wünschenswert. Andere Formen der Fernbehandlung neben der Videosprechstunde werden nicht ermöglicht[195], allerdings erscheint hier eine sorgfaltsgemäße Beurteilung der Arbeitsunfähigkeit tatsächlich schwer möglich[196]. Etwas anderes mag vielleicht dann gelten, wenn der Patient und seine Erkrankung dem behandelnden Arzt bereits bekannt sind.[197] Eine Folgefrage betrifft den Beweiswert einer solchen Arbeitsunfähigkeitsbescheinigung iSd. § 4 Abs. 5 AU-RL. Teilweise wird für eine Absenkung des Beweiswerts plädiert.[198] Dies erscheint (jedenfalls derzeit) nicht angebracht. Die Zulässigkeitsvoraussetzungen des § 4 Abs. 5 AU-RL sind restriktiv und für einen hohen Missbrauch von Arbeitsunfähigkeitsbescheinigungen in Folge einer fernmedizinischen Behandlung fehlt es an Hinweisen.[199]

In Zusammenhang mit der **Covid-19 Pandemie** hat der G-BA zudem die Feststellung von Arbeitsunfähigkeit aufgrund telefonischer Anamnese (erneut) vorgesehen (§ 8 AU-RL).[200] Für einen Zeitraum von bis zu sieben Kalendertagen kann eine Feststellung der Arbeitsunfähigkeit durch eingehende telefonische Befragung erfolgen. Eine Verlängerung um weitere sieben Kalendertage ist möglich. Es handelt sich um eine zeitlich befris-

---

[191] LG Hamburg, Urt. vom 03.9.2019 – 406 HOK O 56/19.
[192] Kritisch zur Entscheidung *Braun*, MedR 2020, 391 (392); *Hahn*, MedR 2020, 370 (371 f.); ähnlich *Schulte/Tisch*, NZA 2020, 761 (764).
[193] *Braun*, MedR 2020, 391 (392); *Hahn*, MedR 2020, 370 (372).
[194] *Gemeinsamer Bundesausschuss*, Beschluss vom 16.7.2020 (BAnz AT 06.10.2020 B1). § 92 Abs. 1 SGB V ermächtigt den G-BA, normkonkretisierende Richtlinien zu beschließen, die gem. § 92 Abs. 8 SGB V Bestandteil der Bundesmantelverträge werden.
[195] *Gemeinsamer Bundesausschuss*, Tragende Gründe zum Beschluss über eine Änderung der Richtlinie über die Beurteilung der Arbeitsunfähigkeit und die Maßnahmen zur stufenweisen Wiedereingliederung nach § 2 Abs. 1 S. 2 Nr. 7 SGB V (Arbeitsunfähigkeits-Richtlinie) vom 16.7.2020, S. 5.
[196] Ähnlich *Schulte/Tisch*, NZA 2020, 761 (764); vgl. auch BSG, Urt. vom 16.12.2014 – B 1 KR 25/14 R (dazu *Hahn*, MedR 2020, 370 (373)).
[197] *Schulte/Tisch*, NZA 2020, 761 (764).
[198] *Ricken*, in BeckOK ArbR, § 5 EFZG Rn. 27.3; vorsichtiger *Schulte/Tisch*, NZA 2020, 761 (765); *Möller/Flöter*, ArbRAktuell 2019, 501 (502) (für AUs per WhatsApp).
[199] Ebenso *Müller*, BB 2019, 2292 (2294) für die Videosprechstunde.
[200] *Gemeinsamer Bundesausschuss*, Beschluss vom 17.9.2020 (BAnz AT 30.9.2020 B2) und vom 15.10.2020 (BAnz AT 12.11.2020 B3).

tete und regional geltende Sonderregelung, die bereits im Mai 2020 angewendet wurde. Diese Regelung gilt nun bis zum 31.12.2020. Auch insoweit wird der Beweiswert für das arbeitsrechtliche Verhältnis in Frage gestellt.[201]

Schließlich ist darauf hinzuweisen, dass künftig die derzeit gebräuchlichen AU-Formulare durch eine **elektronische Arbeitsunfähigkeitsbescheinigung** abgelöst werden sollen.[202] Anstelle der Pflicht zur Vorlage der Arbeitsunfähigkeitsbescheinigung stellen die Krankenkassen den Arbeitgebern die in der AU-Bescheinigung enthaltenen Daten zum Abruf zur Verfügung (vgl. § 109 Abs. 1 SGB IV nF). Diese Regelungen treten ab dem 01.1.2022 in Kraft. Bereits ab dem 01.1.2021 sollen auf der Grundlage des Terminservice- und Versorgungsgesetzes Arbeitsunfähigkeitsbescheinigungen ausschließlich elektronisch an die Krankenkassen übermittelt werden (§ 295 Abs. 1 Nr. 1 SGB V nF).

46 **Kollisionsrechtlich** richtet sich das Vertragsstatut nach der Rom-I-VO (593/2008/EU) (→ Rn. 40). Behandlungsverträge sind regelmäßig als Verbrauchervertrag iSd Art. 6 Rom-I-VO zu beurteilen, so dass deutsches Behandlungsrecht nach Art. 6 Abs. 1 Rom-I-VO Anwendung findet. Auch bei anderweitiger Rechtswahl findet zwingendes deutsches Recht über Art. 6 Abs. 2 Rom-I-VO Anwendung (Günstigkeitsvergleich). Zwar sind die §§ 630a ff. BGB im Grundsatz keine zwingenden verbraucherschützenden Normen.[203] Wegen der engen Grenzen für Haftungserleichterungen (§ 138 BGB bzw. §§ 305 Abs. 1, 309 Nr. 7a BGB) kann die Arzthaftung wegen Verstoßes gegen den medizinischen Standard (einschließlich der Haftung für Aufklärungs- und Organisationsfehler) aber nicht ohne weiteres durch die Wahl einer ausländischen Rechtsordnung ausgehebelt werden.[204] Gemäß Art. 2 Rom-I-VO gilt die Verordnung universell und damit auch gegenüber Drittstaaten.[205] Schließlich kommen Sonderanknüpfungen beispielsweise hinsichtlich des Beweisrechts (vgl. Art. 18 Rom-I-VO) und der Beurteilung der Einwilligungsfähigkeit in Betracht.[206]

c) Arzneimittelgesetz und elektronisches Rezept

47 Ein Hemmnis für die Telemedizin stellte bisher § 48 Abs. 1 S. 2 AMG aF dar, der die Abgabe von Arzneimitteln ohne vorherigen direkten Kontakt des Arztes mit dem Patienten grundsätzlich verbot. Die Norm war auf das Fernbehandlungsverbot in § 7 Abs. 4 MBO-Ä aF abgestimmt (**„lex-Dr. ED"**[207]). Nachdem im Zuge der Digitalisierung des Gesundheitssektors Reformen angemahnt wurden[208], wurde § 48 Abs. 1 S. 2 AMG aF zum 16.8.2019 mit Inkrafttreten des Gesetzes für mehr Sicherheit in der Arzneimittelversorgung (GSAV)[209] aufgehoben. Auch die Ausstellung eines elektronischen Rezept unter Nutzung einer qualifizierten elektronischen Signatur ist nun möglich (vgl. § 48 Abs. 2 Nr. 7 AMG iVm § 2 Abs. 1 Nr. 10 Arzneimittelverschreibungsverordnung sowie §§ 86, 129 Abs. 4a, 300 SGB V nF).[210]

---

[201] *Ricken*, in BeckOK ArbR, § 5 EFZG Rn. 27.5; aA *Fuhlrott/Fischer*, NZA 2020, 345 (346).
[202] Vgl. Drittes Gesetz zur Entlastung insbesondere der mittelständischen Wirtschaft von Bürokratie (Drittes Bürokratieentlastungsgesetz) von 22.11.2019, BGBl. I 2019, 1746. Dazu näher *Schulte/Tisch*, NZA 2020, 761 (765).
[203] *Wagner*, in MüKo-BGB, Vor § 630a Rn. 59.
[204] *Spickhoff*, MedR 2018, 535 (536 f.); *Wagner*, in MüKo-BGB, Vor § 630a Rn. 59 und Rn. 39 f.
[205] *Wagner*, in Münchner Kommentar BGB, Vor § 630a Rn. 49.
[206] Einzelheiten bei *Spickhoff*, in Spickhoff, MedR, Rom-II-VO Art. 26 Rn. 19 ff.; *Hahn*, Telemedizin – Das Recht der Fernbehandlung, S. 37 f.
[207] *Vorberg/Kanschik*, MedR 2016, 411.
[208] ZB *Hahn*, Telemedizin – Das Recht der Fernbehandlung, S. 40; *Hahn*, MedR 2018, 384 (390); *Vorberg/Kanschik*, MedR 2016, 411 ff.
[209] Gesetz für mehr Sicherheit in der Arzneimittelversorgung vom 9.8.2019, BGBl. I S. 1202.
[210] Näher *Braun*, PharmR 2020, 315.

C. Rechtlicher Rahmen für mHealth, Telemedizin und Gesundheitsportale

d) Verbot der Werbung für Fernbehandlungen

Auch nach der Neufassung des § 9 HWG durch das Digitale-Versorgung-Gesetz ist nicht vollständig geklärt, wann ein Arzt für telemedizinische Angebote werben darf.[211] In der Vergangenheit wurden bereits das allgemeine Angebot medizinischer Auskünfte am Telefon wie auch Behandlungs- und Beratungsangebote in Internetforen als unzulässig angesehen[212], aber eine Fernberatung über die Verhütung oder Vorbeugung von Krankheiten für zulässig erachtet.[213] Nach § 9 S. 1 HWG nF ist eine Werbung für Fernbehandlungen auch weiterhin grundsätzlich unzulässig. Dieses Verbot ist gemäß § 9 S. 2 HWG nF aber nicht anzuwenden 48

„auf die Werbung für Fernbehandlungen, die unter Verwendung von Kommunikationsmedien erfolgen, wenn nach allgemein anerkannten fachlichen Standards ein persönlicher ärztlicher Kontakt mit dem zu behandelnden Menschen nicht erforderlich ist."

Die neue Ausnahmevorschrift ruft bereits jetzt schwierige Abgrenzungsfragen in der Praxis hervor. Für die zivil- und berufsrechtliche Zulässigkeit der (beworbenen) Behandlung ist auf den konkreten Einzel- und Krankheitsfall abzustellen. Die Beurteilung durch den fernbehandelnden Arzt wird dabei in der Regel erst mit dem Behandlungsbeginn erfolgen können. Demgegenüber ist für die Bewertung der Werbung für entsprechende Behandlungsmodelle eine ex ante Perspektive und eine abstrakte, generalisierende Betrachtung vorzunehmen, worauf in der Gesetzesbegründung hingewiesen wird.[214] Nach der Vorstellung des Gesetzgebers sollen nur solche Fernbehandlungen beworben werden, bei denen die Einhaltung eines allgemein anerkannten medizinischen Standards gesichert ist, was dann der Fall sei, wenn nach dem anerkannten medizinischen Stand der Erkenntnisse eine ordnungsgemäße Behandlung und Beratung unter Einsatz von Kommunikationsmedien grundsätzlich möglich ist.[215] Vor diesem Hintergrund sind zwei Auslegungsrichtungen des § 9 S. 2 HWG möglich.

– Man könnte die Norm dahingehend verstehen, dass eine Werbung nur zulässig ist, wenn die Fernbehandlung auch in jedem möglichen Einzelfall zulässig wäre. Dieser Auffassung nähert sich das OLG München in einer aktuellen Entscheidung wohl an, indem der Senat die streitgegenständliche Werbung für Fernbehandlungen als unzulässig qualifiziert, da sie auf nicht näher konkretisierte Behandlungsfälle und -situationen abstelle.[216] Die Ausnahmevorschrift des § 9 S. 2 HWG setze voraus, dass ein ärztlicher Kontakt nach allgemein anerkannten Standards in den beworbenen Fällen nicht erforderlich sei.[217] Inwiefern sich die Aussagen des Senats als eine enge Auslegung des § 9 S. 2 HWG verstehen und generalisieren lassen, erscheint fraglich, da die streitgegenständliche Werbung recht pauschal war und mit einer kompletten ärztlichen Versorgung geworben wurde.[218]
– Noch restriktiver versteht allerdings das KG Berlin die Norm und hält die Werbung für eine Fernbehandlung von Impotenz, Adipositas und bei Raucherentwöhnung für unzulässig. Begründet wird dies mit der Möglichkeit psychischer Ursachen, die ein persönliches Gespräch zwischen Arzt und Patienten erforderlich machen würden.[219] Ein solch

---

[211] Eine Reformierung der Norm um einen Gleichlauf mit dem berufsrechtlich Zulässigem zu erreichen wurde auch schon in der Literatur angemahnt vgl. *Braun*, MedR 2018, 563 (566); *Hahn*, MedR 2018, 384 (389); *Rehmann*, A&R 2017, 153 (156); *Kuhn/Heinz*, GesR 2018, 691 (693f.).
[212] Vgl. *Fritzsche*, in Spickhoff, Medizinrecht, § 9 HWG Rn. 2; OLG Köln, GRUR-RR 2012, 437 (438f.); *OLG München*, MMR 2012, 824 (825); *Kuhn/Heinz*, GesR 2018, 691 (694); *Braun*, MedR 2018, 563 (566).
[213] *Fritzsche*, in Spickhoff, Medizinrecht, § 9 HWG Rn. 3.
[214] BT-Drs. 19/13438, 78.
[215] BT-Drs. 19/13438, 78.
[216] *OLG München*, GRUR-RR 2020, 461 Rn. 48.
[217] *OLG München*, GRUR-RR 2020, 461 Rn. 48.
[218] *OLG München*, GRUR-RR 2020, 461 Rn. 48.
[219] *KG Berlin*, Urt. vom 03.12.2019 – 5 U 45/19 Rn. 27.

enges Verständnis des § 9 S. 2 HWG wirft die Frage auf, welcher Anwendungsbereich der Ausnahmevorschrift dann noch zukommt, denn in der überwiegenden Mehrzahl der Krankheitsfälle dürfte zumindest die Möglichkeit bestehen, dass die Fernbehandlung wegen der konkreten Umstände des Einzelfalls nicht mehr ausreicht. Dies lässt sich unserer Meinung nach nur noch schwer mit der Gesetzesbegründung in Einklang bringen, nach der Werbung für Fernbehandlungen zulässig sein soll, die grundsätzlich als Fernbehandlung dem medizinischen Standard entsprechen können.[220] Zudem darf angenommen werden, dass Patienten die beschränkten Diagnose- und Behandlungsmöglichkeiten einer Fernbehandlung bewusst sind.[221] Um der Vorschrift des § 9 S. 2 HWG einen Anwendungsbereich zu belassen, sollte sie nicht zu restriktiv ausgelegt werden, es sollte vielmehr ausreichen, nur Werbung für solche Behandlungen als unzulässig anzusehen, bei denen offensichtlich eine Fernbehandlung ausscheidet, weil ein persönlicher Patientenkontakt erforderlich ist.[222] Insbesondere bei Erkrankungen, bei denen die visuelle Diagnose im Vordergrund steht, ist Werbung für eine Videosprechstunde nach der hier vertetenen Auffassung zulässig.[223] Zusätzlich zu der skizierten Problematik erweist sich auch das Merkmal des „allgemein anerkannten fachlichen Standards" iRd. § 9 S. 2 HWG als auslegungsbedürftig, denn es entwickelt sich gerade erst ein Standard für die Fernbehandlung (vgl. dazu unten).[224] Eine insgesamt zu enge Auslegung der Ausnahmevorschrift des § 9 S. 2 HWG würde die gerade gewonnene Liberalisierung des Berufsrechts und die fortschreitende Digitalisierung der Patientenversorgung ausbremsen.[225] Der Patient ist zudem hinreichend geschützt, denn der behandelnde Arzt muss im konkreten Fall stets prüfen, ob eine ausschließliche Fernbehandlung den allgemeinen medizinischen Standard wahrt. Schließlich streitet auch die Bußgeldbewehrung (§ 15 Abs. 3 iVm. Abs. 1 Nr. 6 HWG) für eine großzügigere Auslegung.

Wie die Entscheidungen des OLG München und des Kammergerichts Berlin gezeigt haben, ist die Norm des § 9 S. 2 HWG mit hoher Rechtsunsicherheit behaftet. Es wäre daher wünschenswert, wenn der Gesetzgeber eine Klarstellung vornimmt, denn Kriterien für eine zulässige Werbung lassen sich aus § 9 S. 2 HWG oder der Gesetzesbegründung kaum ableiten.[226] Im Übrigen ist darauf hinzuweisen, dass sich die Ausnahmevorschrift des § 9 S. 2 HWG nicht auf die Bewerbung von Fernbehandlungen durch Personen beziehen soll, deren Handeln durch keine rechtlich verbindliche Berufsordnung geregelt ist (zB Heilpraktiker).[227]

49 Schließlich stellt sich noch **kollisionsrechtlich** die Frage, inwiefern ausländische Anbieter dem Werbeverbot nach § 9 HWG unterfallen. Einschlägige Kollisionsnorm ist Art. 6 Abs. 1 Rom-II-VO (864/2007/EG).[228] Danach ist auf außervertragliche Schuldverhältnisse aus unlauterem Wettbewerbsverhalten das Recht des Staates anzuwenden, in dessen Gebiet die Wettbewerbsbeziehung oder die kollektiven Interessen der Verbraucher beeinträchtigt worden sind oder wahrscheinlich beeinträchtigt werden (sog. **Marktortprinzip**[229]). Folglich reicht es für die Anwendbarkeit des § 9 HWG, wenn sich die Werbung (zumindest auch) an Kunden in Deutschland richtet, wofür insbesondere der Ge-

---

[220] Ähnlich *Eichelberger*, WRP 2020, 1504 (1505).
[221] Vgl. auch *OLG München*, GRUR-RR 2020, 461 Rn. 48.
[222] Ähnlich *Eichelberger*, WRP 2020, 1504 (1505); *Eichelberger*, in Ahrens et al., FS Harte-Bavendamm, S. 289 (299); wohl enger *Tillmanns*, A&R 2020, 11 (14 f.) (bei beworbener Fernbehandlung muss ein persönlicher Kontakt zwischen Arzt und Patient im Regelfall nicht erforderlich sein.).
[223] *Tillmanns*, A&R 2020, 12 (15).
[224] Darauf zurecht hinweisend *Tillmanns*, A&R 2020, 12 (15).
[225] So auch *Eichelberger*, in Ahrens et al., FS Harte-Bavendamm, S. 289 (299).
[226] Zu weiteren Auslegungsfragen hinsichtlich des Begriffs der „Kommunikationsmedien" ausführlich *Tillmanns*, A&R 2020, 12 (16 f.); *Eichelberger*, in Ahrens et al., FS Harte-Bavendamm, S. 289 (302).
[227] BT-Drs. 19/1348, 77 f.; *Eichelberger*, in Ahrens et al, in FS Harte-Bavendamm, S. 289 (300 f.).
[228] *OLG München*, GRUR-RR 2020, 461 Rn. 36.
[229] Zum Begriff des Marktorts auch Erwägungsgrund 11 S. 2 Rom-II-VO; vgl. ferner *Spickhoff*, MedR 2018, 535 (540).

brauch deutscher Sprache oder eines entsprechenden Domain-Namens ausreichen.[230] Schließlich stellt sich die Frage, inwiefern die Norm des § 9 HWG aufgrund der akzessorischen Ausrichtung am Berufsrecht dahingehend ausgelegt werden kann, dass sie nicht anwendbar ist, wenn sich die Werbenden berufsrechtsgemäß verhalten.[231] In einer aktuellen Entscheidung lehnt dies das OLG München mit Verweis auf den eigenen Regelungsgehalt des § 9 HWG und dessen Normziel (Schutz vor konkreten Gesundheitsgefährdungen) zurecht ab.[232] Wendet sich ein Anbieter konkret an Patienten in Deutschland, so überzeugt es nicht, das Werbeverbot nicht anzuwenden, nur weil der Anbieter einen Sitz außerhalb Deutschlands hat und sich dort berufsrechtskonform verhält. Aufgrund der Liberalisierung des Berufsrechts dürfte sich diese Frage allerdings künftig kaum mehr stellen.

e) Durchführung einer Videosprechstunde

Vergleichsweise weit fortgeschritten ist die Umsetzung der Videosprechstunde. Deren technische Durchführung ist für Kassenpatienten nunmehr in Anlage 31b BMV-Ä geregelt.[233] Danach muss der Anbieter insbesondere gewährleisten, dass sämtliche Inhalte der Videosprechstunde während des gesamten Übertragungsprozesses nach dem Stand der Technik Ende-zu-Ende verschlüsselt sind (§ 2 Abs. 5 Anlage 31b BMV-Ä). Inhalte der Videosprechstunde dürfen durch den Videodiensteanbieter weder eingesehen noch gespeichert werden (§ 2 Abs. 6 Anlage 31b BMV-Ä). Auch dürfen nur Server in Europa genutzt werden, wobei alle Metadaten nach spätestens drei Monaten gelöscht werden müssen. Weitere Anforderungen für den Vertragsarzt und die technische Durchführung ergeben sich aus §§ 4, 5 Anlage 31b BMV-Ä sowie der Anlage 1. Aufzeichnungen während der Videosprechstunde sind nicht gestattet (§ 3 S. 4 Anlage 31b BMV-Ä).[234]

Die Vorschriften zur Vergütung telemedizinischer Leistungen befinden sich in einem steten Fluss.[235] Als Momentaufnahme kann festgehalten werden, dass die Vergütung der Videosprechstunde seit dem 1.10.2019 über die Versicherten-, Grund- oder Konsiliarpauschale erfolgt, daneben gibt es für die Kosten des zertifizierten Videodienstes einen Technikzuschlag (GOP 01450).[236]

III. Ratgebercommunities und Gesundheitsportale

Es besteht eine bunte Vielfalt an Ratgebercommunities, Lifestyle-Websites und Gesundheitsportalen. Gemein ist diesen Websites die Weitergabe von Informationen im Bereich der Gesundheit. Der Markt ist sehr vielgestaltig, ein Qualitätsstandard hat sich kaum ent-

---

[230] *Spickhoff*, MedR 2018, 535 (540) mwN.
[231] *Spickhoff*, MedR 2018, 535 (542); *Braun*, MedR 2018, 563 (565); *Fritzsche*, in Spickhoff, Medizinrecht, § 9 HWG Rn. 1; *Rehmann*, A&R 2017, 153 (156).
[232] OLG München, GRUR-RR 2020, 461 Rn. 44f.; LG Berlin, Urt. vom 11.11.2019 – 101 O 134/18 Rn. 35ff.; KG Berlin, Urt. vom 03.12.2019 – 5 U 45/19 Rn. 18; so bereits *Kuhn/Heinz*, GesR 2018, 691 (693).
[233] Hierzu auch *Schifferdecker*, in Kasseler Kommentar Sozialversicherungsrecht, 107. EL. 2019, § 291g SGB V Rn. 12ff. und *Jorzig/Sarangi*, Digitalisierung im Gesundheitswesen, S. 185f.
[234] Übersicht zu den technischen Anforderungen abrufbar unter https://www.kbv.de/html/videosprechstunde.php und http://www.kbv.de/media/sp/Anlage_31b_Videosprechstunde.pdf (zuletzt abgerufen jeweils am 1.11.2020).
[235] Näher *Jorzig/Sarangi*, Digitalisierung im Gesundheitswesen, S. 186 *Hahn*, NZS 2019, 253ff.; *Hahn*, Telemedizin – Das Recht der Fernbehandlung S. 43ff.
[236] Übersicht zur Vergütung der Videosprechstunde (Stand 1.10.2019) abrufbar unter https://www.kbv.de/media/sp/Videosprechstunde__uebersicht_Verguetung.pdf (zuletzt abgerufen am 1.11.2020). Weiterführende Hinweise zur Videosprechstunde abrufbar unter https://www.kbv.de/html/videosprechstunde.php (zuletzt abgerufen am 1.11.2020).

wickelt.[237] Ebenso besteht kein Zertifizierungserfordernis.[238] **Gesundheitsportale** lassen sich grob in drei Kategorien einteilen, die unterschiedlichen Rechtsfolgen unterliegen:

53   Zum einen können Gesundheitsportale **telemedizinische Dienstleistungen** ermöglichen. Dann unterliegen sie dem spezifischen rechtlichen Rahmen für die Telemedizin (vgl. → Rn. 28 ff.).

54   Andererseits können Websites nur **allgemeine Informationen zu Gesundheit/Lifestyle/Ernährung** geben.[239] Diese können durch Angehörige der Heilberufe oder durch Dritte/Laien betrieben werden. Ein Vertragsverhältnis kann zwar in Betracht kommen, wenn die Nutzung von einer Registrierung abhängig gemacht wird. Dieses Vertragsverhältnis wird sich aber regelmäßig auf die Bereitstellung der Inhalte und die technische Abrufbarkeit beschränken. Darüberhinausgehende Pflichten gegenüber dem Nutzer werden bei allgemeinen und abstrakten Informationen im Normalfall ausscheiden.

55   Als dritte Kategorie lassen sich **Ratgebercommunities** ansehen, die eine Zwischenstellung zwischen den anderen beiden anderen Kategorien einnehmen. Unter Ratgebercommunities sind all jene Websites zu fassen, auf denen Nutzer mit oder ohne Anmeldung gesundheitliche Fragen an eine Community stellen können. Bei einem Registrierungserfordernis kann zwar ein Vertragsverhältnis zwischen dem Nutzer und dem Plattformbetreiber zustande kommen, dieses erschöpft sich aber im Normalfall in der Pflicht des Betreibers, die technische Funktionalität der Website aufrechtzuerhalten. Gegebenenfalls kann der Betreiber der Störerhaftung nach § 823 BGB unterliegen.[240] Handelt es sich bei dem Rat gebenden Nutzer um einen Angehörigen der Heilberufe, kann eine telemedizinische Dienstleistung vorliegen, wenn sich Frage und Antwort auf einen konkreten Krankheitsfall beziehen.

56   Im Übrigen ist bei reinen Laien-Ratgebern das Bestehen eines Vertragsverhältnisses zweifelhaft. In der Regel wird aber zwischen den Nutzern der Community, dh zwischen dem ratsuchenden und dem ratgebenden Nutzer kein Vertragsverhältnis entstehen.[241] Dies ist eine Frage des Einzelfalls und hängt auch von der konkreten Ausgestaltung der Website ab.[242] Nach hM ist das **Vorliegen eines Rechtsbindungswillens** durch Auslegung gem. §§ 133, 157 BGB aus Sicht des objektiven Betrachters im konkreten Einzelfall zu bestimmen.[243] Dabei sind insbesondere folgende Gesichtspunkte zu berücksichtigen: die wirtschaftliche und rechtliche Bedeutung der Angelegenheit, Art, Grund und Zweck der Gefälligkeit und die Interessenlage der Beteiligten.[244] Der BGH nimmt den stillschweigenden Abschluss eines Auskunftsvertrags dann an, wenn die Auskunft für den Empfänger von erkennbarer Bedeutung ist und er sie zur Grundlage wesentlicher Entschlüsse macht.[245] Dabei spielt im Besonderen die Sachkundigkeit des Auskunftsgebers eine entscheidende Rolle.[246] Gesundheitsfragen werden regelmäßig von Bedeutung sein, allerdings ist der Annahme eines Rechtsbindungswillens gleichwohl mit Zurückhaltung zu begegnen. Der ratsuchende Nutzer hat stets die Möglichkeit, einen medizinischen Fachmann zu konsultie-

---

[237] Vgl. die „Checkliste" der *Verbraucherzentrale NRW* abrufbar unter https://www.verbraucherzentrale.de/wissen/gesundheit-pflege/medikamente/symptome-googeln-vorsicht-bei-gesundheitlichem-rat-aus-dem-internet-10424 (zuletzt abgerufen am 1.11.2020).

[238] Vgl. auch die Studie der Zeitschrift ökotest aus dem Jahr 2017: https://www.oekotest.de/gesundheit-medikamente/12-Gesundheitsportale-im-Internet-im-Test_109610_1.html (zuletzt abgerufen am 1.11.2010).

[239] ZB https://www.apotheken-umschau.de/ (zuletzt abgerufen am 1.11.2020) oder www.gesundheit.com (zuletzt abgerufen am 1.11.2020).

[240] Dazu allgemein *Specht-Riemenschneider*, in BeckOGK BGB, § 823 Rn. 1538 ff.

[241] Die Norm des § 675 Abs. 2 BGB hat demgegenüber für den vorliegenden Kontext keine Aussagekraft. Sie bringt lediglich zum Ausdruck, dass eine Haftung für eine falsche Auskunft besteht, wenn es dafür eine vertragliche/gesetzliche Grundlage gibt – vgl. *Herrmann*, in MüKo-BGB, § 675 Rn. 119.

[242] Vgl. dazu auch *Gaßner/Strömer*, VersR 2015, 1219 (1226).

[243] Vgl. zB *Bachmann*, in MüKo-BGB, § 241 Rn. 168.

[244] Grundlegend BGHZ 21, 102, 107 = NJW 1956, 1313; vgl. *Bachmann*, in MüKo-BGB, § 241 Rn. 171.

[245] ZB *BGH*, NJW 2009, 1141 Rn. 10 mit weiteren Nachweisen zur Rechtsprechung; vgl. ferner *Fischer*, in BeckOK BGB, § 675 Rn. 93 ff.

[246] *BGH*, NJW 2009, 1141 Rn. 10 mit weiteren Nachweisen zur Rechtsprechung.

ren, ihm ist bewusst, dass ein Rat regelmäßig von einem anderen Laien kommt, der nur auf die Schilderung des Nutzers reagiert und über kein Fachwissen verfügt. Auch die Interessenlage dürfte nicht für die Annahme eines Rechtsbindungswillens sprechen. Ratgebercommunities dienen in erster Linie dem Erfahrungsaustausch und sollen erste Eindrücke vermitteln, konkrete Diagnosen und Therapieempfehlungen werden aber nicht erwartet. Zudem wird der ratgebende Nutzer im Regelfall keine wirtschaftlichen Interessen mit einer Antwort verbinden und wäre andernfalls einem unvertretbaren Haftungsrisiko ausgesetzt.[247] Im Regelfall wird daher eine Antwort nur als rein tatsächliche Gefälligkeit im gesellschaftlichen Bereich ohne primäre Leistungs- und ohne Sorgfaltspflichten iSd § 241 Abs. 2 BGB einzuordnen sein.[248] Auch eine deliktische Haftung über § 823 Abs. 1 BGB[249] wird regelmäßig mangels (schuldhafter) Verletzung einer Verkehrssicherungspflicht ausscheiden.

D. Haftung für e-Health Anwendungen

Aufgrund der vielfältigen Erscheinungsformen von e-Health und mHealth Anwendungen können die folgenden Ausführungen nur einen Überblick über die haftungsrechtlichen Fragen verschaffen. Die exakte Einordnung hängt im Einzelfall von der konkreten Funktionalität der e-Health Anwendung ab. 57

I. MHealth: Gesundheits-Apps und Wearable Devices

MHealth Anwendungen sind aus haftungsrechtlicher Perspektive nur wenig erörtert worden.[250] Der folgende Beitrag nimmt die Haftung nach dem Inverkehrbringen eines Produkts in den Blick.[251] Dabei liegt der Fokus auf den Besonderheiten beim Einsatz einer mHealth Anwendung zu Gesundheitszwecken, die allgemeinen haftungsrechtlichen Fragen bei Software können hier nicht nachgezeichnet werden.[252] 58

1. Haftung des Herstellers, des fernbehandelnden Arztes und der Zertifizierungsstelle für Gesundheitsschäden

a) Bestimmung des relevanten Sorgfaltsmaßstabs

Da das Haftungsrecht im Grundsatz auf dem Verschuldensprinzip aufbaut und unabhängig von der dogmatischen Einkleidung (vertraglicher oder gesetzlicher Schadensersatzanspruch) auf einem Verstoß gegen die gebotene Sorgfalt beruht, ist vorab auf den zentralen Begriff der **Sorgfalt** und des **Sorgfaltsmaßstabs** einzugehen.[253] Es besteht nicht der *eine* Sorgfaltsmaßstab, vielmehr korrelieren die Anforderungen an die Sorgfalt mit dem Umfang der drohenden Gefahr und den Gefahrsteuerungsmöglichkeiten. Gesichtspunkte sind unter anderem die Schadenshöhe, die Wahrscheinlichkeit des Schadenseintritts und die Kosten für Vorsichtsmaßnahmen.[254] Ein Verstoß gegen die Sorgfalt liegt vor, wenn Sicherungsmaßnahmen unterlassen werden, deren Kosten geringer sind als der Schaden multipliziert mit seiner Eintrittswahrscheinlichkeit (= Kosten-Nutzen-Analyse im Sinne der marginali- 59

---

[247] Zu diesem Gesichtspunkt *BGH*, NJW 1974, 1705; vgl. ferner *Bachmann*, in MüKo-BGB, § 241 Rn. 171; *Mansel*, in Staudinger BGB, Vorb. § 823 Rn. 48.
[248] Vgl. dazu auch *Spindler*, in FS Canaris, S. 709 (718 ff.); *Faust*, Gutachten A zum 71. DJT, 2016, S. A 61 ff.
[249] Vgl. dazu → Rn. 68.
[250] *Gaßner/Strömer*, VersR 2015, 1219; *Ortner/Daubenbüchel*, NJW 2016, 2918.
[251] Zur Haftung in der Erprobungsphase *Ortner/Daubenbüchel*, NJW 2016, 2918 (2921 f.).
[252] Dazu sehr ausführlich *Spindler*, in Lorenz, Karlsruher Forum, S. 1 ff.
[253] Vertiefend → Teil 9.6.4 Rn. 16.
[254] Vgl. nur *Wagner*, in MüKo-BGB, § 823 Rn. 478 f.; *Grundmann*, in MüKo-BGB, § 276 Rn. 60 ff.

sierten Learned Hand-Formel)²⁵⁵. Dementsprechend verlangt die Rechtsprechung zurecht keine absolute Sicherheit, was die Sorgfaltspflichten überspannen würde. Vielmehr sind „diejenigen Sicherheitsvorkehrungen zu treffen, die ein verständiger, umsichtiger und vorsichtiger und gewissenhafter Angehöriger der betroffenen Verkehrskreise [...] für ausreichend halten darf, um andere Personen [...] vor Schäden zu bewahren und die den Umständen nach zuzumuten sind"²⁵⁶. Die Zumutbarkeit bestimmt sich nach dem Nutzen und den Kosten möglicher Sicherheitsmaßnahmen.²⁵⁷ In die Zumutbarkeitserwägungen fließen auch mögliche und zumutbare Sorgfaltsvorkehrungen des Geschädigten ein (sog. Reziprozität des Sorgfaltsstandards²⁵⁸).²⁵⁹ Der Sorgfaltsmaßstab ist ein normativer Maßstab, der durch die Erwartungen des angesprochenen Verkehrskreises und dessen Kenntnisse und Gefahrbeherrschungsmöglichkeiten bestimmt wird.²⁶⁰ Innerhalb des Verkehrskreises ist auf das Verhalten eines ordentlichen Durchschnittsmenschen abzustellen.²⁶¹ Die Typisierung nach Verkehrskreisen gilt für die Schädiger- und Geschädigtenseite. Im Hinblick auf den Umfang der Sorgfalt ist das sog. Vertrauensprinzip anerkannt, dh die Erwartbarkeit der Einhaltung eines bestimmten Sicherheitsstandards.²⁶²

60 Folglich gibt es auch für **mHealth Anwendungen** nicht den einen Sorgfaltsmaßstab, vielmehr ist die erforderliche Sorgfalt für die konkrete Anwendung und abhängig von ihrer Funktionalität zu bestimmen. Entscheidende Gesichtspunkte für die Konkretisierung sind, ob allgemeine und abstrakte (medizinische) Informationen vermittelt, oder körperliche Aktivitäten (selbstständig oder mittels Eingabe durch den Nutzer) aufgezeichnet werden, ohne dass daraus weitere Empfehlungen abgeleitet werden. In diesem Fall wird sich die Verkehrserwartung in erster Linie auf die technische Funktionsfähigkeit der Anwendung beziehen.²⁶³ Je konkreter und individueller die Information, Empfehlung oder Leistung auf die Gesundheit des Nutzers bezogen ist, desto höher wird der Haftungsmaßstab anzusetzen sein und auch eine inhaltliche Richtigkeit der Angaben erwartet. Je mehr also eine mHealth Anwendung Leistungen erbringt, die typischerweise dem ärztlichen Bereich zuzuordnen sind, desto strenger werden die Sorgfaltsanforderungen.²⁶⁴ Es liegt ein dynamischer Maßstab vor, der von den Funktionen der mHealth Anwendung, vom Individualbezug zur Gesundheit des Nutzers sowie von der Komplexität der Leistung abhängt. Zudem ist der Sorgfaltsmaßstab umso strenger, je stärker der Nutzer von der Einholung ärztlichen Rats abgehalten wird (Vertrauensprinzip), der mHealth Anwendung also ein Substitutionscharakter zukommt.²⁶⁵ Darüber hinaus entspricht es den allgemeinen (deliktischen) Grundsätzen, dass der Schädiger wegen seiner regelmäßig überlegenen Steuerungsmöglichkeiten zum Ausgleich und zur Vermeidung auch solcher Schäden angehalten ist, die

---

[255] *United States v. Carroll Towing Co.*, 159 F. 2d 169, 173 (2d Cir. 1947); *Schäfer/Ott*, Lehrbuch der ökonomischen Analyse des Zivilrechts, S. 182 ff.; *Wagner*, in MüKo-BGB, Vor § 823 Rn. 56 und § 823 Rn. 478 f.; *Posner*, Economic Analysis of Law, § 6.1. S. 191 ff.
[256] StRspr vgl. zuletzt *BGH*, NJW 2018, 2956 Rn. 18; NJW 2014, 2104 Rn. 9.
[257] Vgl. nur *Wagner*, in MüKo-BGB, § 823 Rn. 477.
[258] Zum rechtsökonomischen Hintergrund instruktiv *Schäfer/Ott*, Lehrbuch der ökonomischen Analyse des Zivilrechts, S. 247 ff. Die Erkenntnisse zur Reziprozität der Sorgfalt gehen vor allem auf *Calabresi*, The Costs of Accidents, S. 135 ff. und *Shavall*, 9 Journal of Legal Studies (1980), S. 1 ff.; *Shavell*, Economic Analysis of Accident Law, S. 26 ff. zurück.
[259] Vgl. nur *Wagner*, in MüKo-BGB, § 823 Rn. 489 f. und Rn. 954 zur Produkthaftung sowie Vor § 823 Rn. 58; *Schäfer/Ott*, Lehrbuch der ökonomischen Analyse des Zivilrechts, S. 215 ff.
[260] *Wagner*, in MüKo-BGB, § 823 Rn. 481 f.; *Grundmann*, in MüKo-BGB, § 276 Rn. 60.
[261] *Wagner*, in MüKo-BGB, § 823 Rn. 481 f. und Rn. 955 zur Produkthaftung; *Grundmann*, in MüKo-BGB, § 276 Rn. 77.
[262] Vgl. dazu im deliktsrechtlichen Kontext *Wagner*, in MüKo-BGB, § 823 Rn. 481 f.; *Spindler*, in BeckOGK BGB, § 823 Rn. 407; *Habersack/Zickgraf*, ZHR 182 (2018), 252 (268 f.); aus der Rechtsprechung BGHZ 80, 186, 189 f. = NJW 1981, 1603; *BGH*, NJW 1987, 1013 f.; NJW 1990, 906 (907); NJW 1994, 3348 (3349).
[263] So auch *Gaßner/Strömer*, VersR 2015, 1219 (1222).
[264] Ähnlich *Gaßner/Strömer*, VersR 2015, 1219 (1222 f.); *Dettling*, PharmR 2019, 633 (642).
[265] Vgl. zu diesem Gedanken im Rahmen der deliktischen Verkehrspflichten BGHZ 80, 186, 189 f. = NJW 1981, 1603 (1604); *Habersack/Zickgraf*, ZHR 182 (2018), 252 (269 ff.).

erst durch ein zwar sorgfaltswidriges, aber doch vorhersehbares Fehlverhalten des Geschädigten entstehen.[266] In letzter Konsequenz müssen mHealth Anwendungen sich dann am Stand der medizinischen Kenntnisse und Erfahrung orientieren. Die Einordnung der mHealth Anwendung als Medizinprodukt kann insofern als Indiz herangezogen werden.

b) Einzelfälle

aa) MHealth Anwendungen in der ärztlichen Behandlung. Wird eine **mHealth Anwendung in eine ärztliche Behandlung** eingebunden (zB in Form eines Telemonitoring), erfolgt dies im Rahmen des Behandlungsverhältnisses zwischen Arzt und Patienten. Dass eine Behandlung dann (teilweise) über ein automatisiertes System stattfindet, ändert an der vertragstypologischen Zu- und Einordnung nichts. 61

Bei Gesundheitsschäden des Nutzers/Patienten durch den Einsatz der mHealth Anwendung kommt eine **vertragliche Haftung des behandelnden Arztes** gem. § 280 Abs. 1 BGB in Betracht.[267] Dafür müssen die verletzte Pflicht des Arztes genau bestimmt und die Verantwortungsbereiche von Arzt und Hersteller abgegrenzt werden. Der Arzt hat nämlich nicht für technische Fehler der mHealth Anwendung einzustehen, wenn er diese nicht erkennen konnte (Gedanke der fehlenden Steuerungsfähigkeit und Risikobeherrschung).[268] Ihn treffen aber **Auswahl-, Überwachungs-** und **Kontrollpflichten.** Insbesondere muss die mHealth Anwendung für den geplanten Einsatz geeignet und funktionsfähig sein und es dürfen keine Produktfehler für den Arzt erkennbar sein.[269] Ansonsten kommt eine Haftung neben dem Hersteller in Gestalt eines Gesamtschuldverhältnisses iSd § 840 BGB in Betracht.[270] Zudem muss der Arzt mit der Funktionsweise des technischen Geräts vertraut und in der Lage sein, dieses instand zu halten und zu kontrollieren.[271] Fehlen ihm die für eine Instandhaltung nötigen Fachkenntnisse, so muss er diese einem Dienstleister übertragen. Zur Überwachung und Kontrolle gehört auch die Wartung technischer Geräte wie beispielsweise durch Updates. Abhängig von der Schwere möglicher Gesundheitsschädigungen kann es unter Umständen angebracht sein, ein weiteres Sicherungssystem einzusetzen.[272] Die Intensität der Pflichten richtet sich nach den allgemeinen Grundsätzen zur Bestimmung der gebotenen Sorgfalt (→ Rn. 59) und damit insbesondere nach der Schwere drohender Gesundheitsschäden. 62

Näher lassen sich Pflichtverstöße des Arztes in **Aufklärungs-**[273], **Diagnose-**[274] oder **Behandlungsfehlern**[275] unterscheiden, die sich auch auf den Einsatz einer mHealth Anwendung übertragen lassen. Beispielsweise muss sich bei Einsatz einer mHealth Anwendung die Aufklärung auch auf die damit verbundenen Risiken beziehen, weshalb der Arzt über ein entsprechendes technisches Wissen verfügen muss. Im Hinblick auf Diagnose- und Behandlungsfehler gilt es zu berücksichtigen, dass sich die Pflichten des Arztes bei Einsatz von technischen Anwendungen zu den eben genannten Auswahl-, Überwachungs- und Kontrollpflichten wandeln. Ein Behandlungsfehler kann somit darin bestehen, dass der Arzt eine ungeeignete oder unzuverlässige mHealth Anwendung auswählt.[276] Zudem kann eine Haftung wegen defizitärer Einweisung in die Handhabung der Anwendung durch den Patienten in Betracht kommen. Kontrolliert der Arzt sein technisches 63

---

[266] *Wagner*, in MüKo-BGB, § 823 Rn. 483 und Rn. 957 zur Produkthaftung.
[267] Eine andere Konstellation betrifft die Haftung der Krankenkasse, wenn diese den Einsatz einer Health-App empfiehlt – dazu *Gaßner/Strömer*, VersR 2015, 1219 (1223 f.) und *Brödner*, GuP 2019, 131 (134).
[268] Allgemein zum Einsatz von Medizinprodukten im Rahmen der Behandlung *Wagner*, in MüKo-BGB, § 630a Rn. 155; *Spindler*, in BeckOGK BGB, § 823 Rn. 920 ff.
[269] Ähnlich *Spindler*, in BeckOGK BGB § 823 Rn. 1003.
[270] *Wagner*, in MüKo-BGB, § 630a Rn. 155.
[271] *Spindler*, in BeckOGK BGB, § 823 Rn. 921.
[272] *Spindler*, in BeckOGK BGB, § 823 Rn. 1003.
[273] Hierzu allgemein *Wagner*, in MüKo-BGB, § 630e Rn. 71 ff.
[274] Hierzu allgemein *Wagner*, in MüKo-BGB, § 630a Rn. 145 ff.
[275] Hierzu allgemein *Wagner*, in MüKo-BGB, § 630a Rn. 102 ff.
[276] Ähnlich *Albrecht/Pramann*, DÄBl. 2019, A-520.

Hilfsmittel nicht hinreichend und tritt deshalb eine Gesundheitsschädigung auf, liegt eine Pflichtverletzung vor. Unsicherheiten bestehen – vermeintlich – im Hinblick auf die Intensität der Pflichten des Arztes.[277] Entscheidend für den konkreten Umfang der ärztlichen Pflichten sind immer die Umstände des Einzelfalls, dabei lässt sich zur weiteren Konkretisierung der Pflichten auf folgende Gesichtspunkte zurückgreifen (→ Rn. 59): Umfang und Wahrscheinlichkeit von Gesundheitsschäden, Komplexität der Anwendung, Nachvollziehbarkeit der Funktionsweise und der Ergebnisse der mHealth Anwendung für den Arzt, Kontrollmöglichkeiten und Bewährung in der Praxis. Je einfacher eine mHealth Anwendung ist bzw. je länger sie sich in der Praxis bewährt hat, desto mehr darf sich der Arzt auf ihre Funktions- und Leistungsfähigkeit verlassen. Stellt sich heraus, dass eine mHealth Anwendung fehlerbehaftet war, trifft den Arzt die Pflicht, den Patienten zu informieren und bei begründetem Verdacht einer Gesundheitsschädigung Kontrolluntersuchungen durchzuführen. **Beweisrechtlich** kann § 630h Abs. 1 BGB für den Nachweis einer Pflichtverletzung von Bedeutung sein. Insofern gelten die allgemeinen Ausführungen zur Telemedizin entsprechend (vgl. → Rn. 82). Eine Beweislastumkehr nach § 630h Abs. 1 BGB wird insbesondere bei Verletzung von Wartungspflichten des Arztes in Betracht kommen (vollbeherrschbares Risiko).[278]

64 Der behandelnde Arzt kann zudem **deliktisch gem. § 823 BGB** haften.[279] Inhalt und Reichweite der deliktischen (Verkehrs-)Pflichten nach § 823 Abs. 1 BGB stimmen im Wesentlichen mit den vertraglichen Pflichten überein, so dass obige Ausführungen entsprechend gelten.[280] **Beweisrechtlich** gelten die richterrechtlichen Grundsätze zur Beweislastverteilung im Arzthaftungsprozess, die das gesetzgeberische Vorbild für die Ausgestaltung der §§ 630a ff. BGB waren und der Kodifizierung weitgehend inhaltlich entsprechen.[281]

65 **bb) Haftung des Herstellers einer mHealth Anwendung.** Eine Haftung des **Herstellers** einer mHealth Anwendung wie beispielsweise eines Wearable Device oder einer Health-App für Gesundheitsschäden des Nutzers kommt für Software- und Hardwarefehler in Betracht.[282] Hat der Hersteller die Anwendung dem geschädigten Nutzer verkauft, kommt eine vertragliche Haftung für alle Schäden, die durch die fehlerhafte Anwendung verursacht wurden, nach **§§ 437 Nr. 3, 280 BGB** in Betracht. Insbesondere Gesundheitsschäden sind dann nach §§ 280 Abs. 1, 241 Abs. 2, 437 Nr. 3 BGB ersatzfähig. Der Sachmangel kann in einer fehlerhaften Programmierung der Software[283], einem Hardwarefehler oder fehlerhaften Informationen liegen. Beruht ein Gesundheitsschaden auf einer fehlerhaften Information muss im Rahmen der Prüfung des Sachmangels, des Verschuldens und der haftungsausfüllenden Kausalität genau geprüft werden, ob sich gerade das konkrete, erkennbare und beherrschbare Risiko verwirklicht hat, das der Hersteller durch die Information geschaffen hat und für welches er somit einzustehen hat.[284] Über eine genaue Leistungsbeschreibung kann der Hersteller das Risiko seiner Haftung einschränken.[285] Dane-

---

[277] *Bach*, Gynäkologe, 2017, 473 (477): Plausibilitätskontrolle; Freigiebig *Bördner*, GuP 2019, 131 (134) zum Einsatz von KI, wonach „dem Arzt im Rahmen der Anwendung eines intelligenten Medizinprodukts nur selten ein Verschuldensvorwurf zu machen sei".
[278] Hierzu allgemein *Wagner*, in MüKo-BGB, § 630h Rn. 21 ff.
[279] Zur „Zweispurigkeit" des Arzthaftungsrechts vgl. *Wagner*, in MüKo-BGB, Vor § 630a Rn. 24 ff.
[280] Zu den Gemeinsamkeiten und Unterschieden der vertraglichen und deliktischen Arzthaftung vgl. *Wagner*, in MüKo-BGB, Vor § 630a Rn. 26 ff.
[281] Hierzu *Wagner*, in MüKo-BGB, § 630h Rn. 6 und § 823 Rn. 1075 ff.; *Spindler*, in BeckOGK BGB, § 823 Rn. 1073 ff.
[282] Ausführlich zur Haftung für medizinische Datenbanken *Spindler*, in FS Jäger, S. 135.
[283] Näher → Teil 10.6; *Schickert/Schweiger/Schuppert*, in Sassenberg/Faber, Rechtshandbuch Industrie 4.0 und Internet of Things, § 15 Rn. 92 und 95 f.; *Ortner/Daubenbüchel*, NJW 2016, 2918 (2923); vgl. ferner die Cyber Security Guidelines für den U.S.-amerikanischen FDA, abrufbar unter https://www.fda.gov/medical-devices/digital-health-center-excellence/cybersecurity#guidance (zuletzt abgerufen am 1.11.2020).
[284] *Spindler*, in FS Jaeger, S. 135 (152); allgemein *Faust*, in BeckOKBGB, § 434 BGB Rn. 72; *Matusche-Beckmann*, in Staudinger BGB, § 434 Rn. 245; *BGH*, NJW 1973, 843.
[285] *Spindler*, in FS Jaeger, 2014, S. 135 (152).

ben können auch eine defizitäre Aufklärung über die Eigenschaften des Produkts, oder das Fehlen einer ordnungsgemäßen Gebrauchsanleitung haftungsrechtlich relevant werden. Der einzuhaltende Sorgfaltsmaßstab des Hersteller lässt sich entsprechend der oben genannten allgemeinen Kriterien bestimmen (vgl. → Rn. 59 ff.). Im Fall eines Medizinprodukts wird die zivilrechtliche Haftung nicht dadurch ausgeschlossen, dass ein Produkt vor dem Inverkehrbringen das nach dem MPG geforderte Konformitätsbewertungsverfahren durchlaufen hat, § 6 Abs. 4 MPG.

Komplexer wird es, wenn zusätzlich noch Geräte anderer Hersteller ins Spiel kommen wie ein Smartphone, auf das die Health App heruntergeladen und installiert wird, oder ein Wearable Device, das über eine App vom Smartphone gesteuert wird. Gerade im Fall einer App stellt sich dann schon die oben angesprochene Frage, zwischen wem und mit welchem Inhalt vertragliche Beziehungen entstehen (vgl. → Rn. 11 ff.). Zudem ist fraglich, wem und in welchem Umfang Schäden zuzurechnen sind, die sich aus einer fehlerbehafteten Interaktion der Geräte ergeben. Diese Thematik stellt sich beispielsweise im Fall eine EKG-App, die auf den Pulsmesser der intelligenten Armbanduhr zugreift. Werden vom Sensor falsche Messdaten erhoben oder führt die Software der Uhr zu Störungen der App-Software mit der Folge, dass falsche Messdaten anzeigt werden, müssen die Verantwortungsbereiche zwischen den Herstellern abgegrenzt werden.[286] Selbst wenn sich die Verantwortungssphären vom Hersteller der App und dem Hersteller der Armbanduhr bzw. des Smartphone im Beispiel abstrakt grundsätzlich ohne Schwierigkeiten abgrenzen lassen, so sind vor allem Nachweisprobleme für den Geschädigten zu befürchten. Spätestens aber dann, wenn Fehler erst durch die Interaktion verschiedener Geräte entstehen, fällt die Haftungszuweisung schwer. Wenigstens wird man verlangen können, dass die Software der mHealth Anwendung Vorkehrungen gegen sicherheitsrelevante Störungen durch Drittprogramme vorsieht. Wird dem Hersteller bekannt, dass Drittsoftware zu Störungen der Betriebssoftware seiner mHealth Anwendung führt, muss er darauf beispielsweise mit Warnungen oder einem Softwareupdate reagieren.[287] Beweisrechtlich muss der Geschädigte den Pflichtverstoß und den Schaden, der Hersteller sein fehlendes Verschulden (vgl. § 280 Abs. 1 S. 2 BGB) nachweisen. Im Übrigen ist erneut die Bedeutung der Instruktionspflichten des Herstellers der mHealth Anwendung hervorzuheben. Mindestanforderungen lassen sich bei Medizinprodukten aus Anhang I Ziff. 13 RL 93/42/EWG bzw. künftig aus Anhang I Ziff. 23 MDR ziehen. Ferner ist allgemein auf technische Standards wie die IEC/DIN EN 80001-1 und IEC/DIN EN 60601-1 hinzuweisen.

Daneben kann sich eine Haftung des Herstellers der mHealth Anwendung aus der **deliktischen Produzentenhaftung** sowie dem **Produkthaftungsgesetz** ergeben. Für **§ 823 Abs. 1 BGB** lassen sich die allgemeinen Grundsätze der deliktischen Produzentenhaftung problemlos auf Apps und Wearable Devices übertragen. Im Hinblick auf den Produktfehlerbegriff als vertypte Verkehrssicherungspflicht unterscheidet man gängig zwischen **Konstruktions-, Fabrikations- und Instruktionsfehlern.**[288] Für eine sichere Konstruktion sind die Erwartungen der Nutzer und das Sicherheitsniveau des Produktes maßgebend, das nach dem jeweiligen Erkenntnisstand von Wissenschaft und Technik möglich und zumutbar ist.[289] Zur Konkretisierung des Sorgfaltsmaßstabs und des Sicherheitsniveaus können die Vorschriften der Medizinprodukte-Richtlinie (RL 93/42/EWG) bzw. der Medizinprodukteverordnung (2017/745/EU) (Art. 5 iVm Anhang I MDR) herangezogen werden.[290] Allgemein sind die Anforderungen an die Sorgfalt umso höher, je mehr die mHealth Anwendung eine ärztliche Tätigkeit ersetzt bzw. den Nutzer vom Aufsuchen

---

[286] Näher → Teil 10.6.
[287] Näher → Teil 10.6.
[288] Vgl. nur *Wagner*, in MüKo-BGB, § 823 Rn. 970 ff.
[289] Allgemein *BGH*, NJW 2009, 2952 Rn. 12 ff.; *Wagner*, in MüKo-BGB, § 823 Rn. 970 ff.; konkret zu Medizinprodukten *Droste*, MPR 2018, 109 (110).
[290] *Schickert/Schweiger/Schuppert*, in Sassenberg/Faber, Rechtshandbuch Industrie 4.0 und Internet of Things, § 15 Rn. 95.

ärztlichen Rats abhält. Aus der deliktischen Produktbeobachtungsplicht kann im Einzelfall nach umstrittener aber zutreffender Auffassung die Notwendigkeit von Updates[291] und unter Umständen auch eines Rückrufs[292] folgen. Ein Update geht in die Richtung einer Nachrüstung des Produkts, weshalb sich eine entsprechende Rechtspflicht nur im Einzelfall zum Zweck effektiven Rechtsgüterschutzes (hier insbes. des Gesundheitsschutzes) und unter Berücksichtigung der Zumutbarkeit für den Hersteller ergeben kann. **Beweisrechtlich** gelten auch im Fall von mHealth Anwendungen die von der Rechtsprechung entwickelten Grundsätze zur Beweislastverteilung bei der Produzentenhaftung.[293] Daneben kommt eine Haftung aus **§ 823 Abs. 2 BGB** in Verbindung mit einem Schutzgesetz in Betracht. Insbesondere die Vorschriften des MPG und künftig auch der MDR[294] sind als Schutzgesetze zu qualifizieren (zB § 4 und § 6 MPG).[295] Nach § 4 MPG ist es verboten, ein Medizinprodukt in den Verkehr zu bringen, zu betreiben oder anzuwenden, wenn der begründete Verdacht besteht, dass es die Sicherheit und die Gesundheit der Patienten, der Anwender oder Dritter unmittelbar oder mittelbar gefährdet. Dies ist der Fall, wenn tragfähige Anhaltspunkte für einen Kausalzusammenhang zwischen dem angewendeten Medizinprodukt und der eingetretenen Gesundheitsschädigung trotz eines bestimmungsgemäßen Gebrauchs vorliegen.[296] Dabei ist zu beachten, dass ein Verstoß gegen die Pflichten des MPG nicht automatisch zu einer Haftung für Gesundheitsschäden führt, vielmehr muss der Geschädigte noch den Nachweis führen, dass der Gesetzesverstoß kausal für den eingetretenen Schaden war.[297]

68   Ob auch eine Haftung nach dem **Produkthaftungsgesetz (ProdHaftG)** zur Anwendung kommt, ist gerade im Fall von Gesundheits-Apps und Software streitig. Hier stellt sich die bekannte Frage, inwiefern Software dem Produktbegriff des § 2 ProdHaftG unterfällt.[298] Für eine Qualifizierung als Produkt spricht insbesondere der Schutzzweck des ProdHaftG. Eine weitere Problematik ergibt sich für Schäden, die auf fehlerhaften Informationen der mHealth Anwendung beruhen (zB fehlerhafte medizinische Datenbank-App). Insofern ist fraglich, ob auch „bloße" Informationen dem Produktbegriff unterfallen. Diese Frage wird bislang vor allem im Hinblick auf fehlerhafte Informationen in Druckwerken diskutiert[299], sie strahlt aber auch auf die Digitalisierung und Gesundheitssoftware aus. Es besteht nämlich kein relevanter Unterschied, ob Informationen in physischen oder digitalen Produkten wiedergegeben werden. Die Gefahr, die von fehlerhaften Informationen ausgeht, besteht in beiden Fällen. Wohl überwiegend wird die Produkteigenschaft und damit auch die Produkthaftung nach dem ProdHaftG für inhaltliche Fehler in Druckwerken abgelehnt, was etwa mit der Gefahr einer zu weit greifenden verschuldensunabhängigen Haftung begründet wird.[300] Auch würde sonst die Grenze zu Dienstleistungen verwischt werden, für die nach dem gesetzgeberischen Willen nicht nach dem

---

[291] Näher → Teil 9.6.4.
[292] Dazu insbes. *BGH*, NJW 2009, 1080 Rn. 19 ff.; allgemein *Wagner*, in MüKo-BGB, § 823 Rn. 1000 ff.
[293] *Wagner*, in MüKo-BGB, § 823 Rn. 1014 ff.
[294] *Wagner*, in MüKo-BGB, § 823 Rn. 1040.
[295] *OLG Frankfurt*, 13.1.2015 – 8 U 168/13; *OLG Saarbrücken*, 3.8.2011 – 1 U 316/10; *Wagner*, in MüKo-BGB, § 823 Rn. 1040 ff.; *Wagner*, in Rehmann/Wagner MPG, § 4 MPG Rn. 8; *Rübsamen*, MedR 2015, 485 (489).
[296] *Wagner*, in Rehmann/Wagner MPG, § 4 MPG Rn. 26; *Wagner*, in MüKo-BGB, § 823 Rn. 1040.
[297] *OLG Frankfurt*, 13.1.2015 – 8 U 168/13 Rn. 19; *Wagner*, in MüKo-BGB, § 823 Rn. 1043.
[298] Dafür *Wagner*, in MüKo-BGB, § 2 ProdHaftG Rn. 21 ff.; *Gaßner/Strömer*, VersR 2015, 1219 (1223); *Albrecht/Pramann*, DÄBl. 2019, A-520 (A-521); *Bach*, Gynäkologe, 2017, 473 (474); aA *Katzenmeier*, MedR 2019, 259 (265); *Ortner/Daubenbüchel*, NJW 2016, 2918 (2919); ausführlich zum Streitstand *Oechsler*, Staudinger BGB, § 2 ProdHaftG Rn. 65 ff. mwN.; *Littbarski*, in Kilian/Heussen, Computerrechts-Handbuch, Teil 18 Rn. 42 ff.
[299] BGH, NJW 1970, 1963; Übersicht zur Diskussion in der Literatur bei *Förster*, in BeckOK BGB, § 2 ProdHaftG Rn. 20 mwN.; *Wagner*, in MüKo-BGB, § 2 ProdHaftG Rn. 16 ff.
[300] *Förster*, in BeckOK BGB, § 2 ProdHaftG Rn. 20; *Foerste*, NJW 1991, 1433, 1439.

ProdHaftG gehaftet werden soll.[301] Diese Argumente überzeugen allerdings nur bedingt, denn das Gefahrenpotenzial fehlerhafter Informationen ist (gerade bei vernetzten und digitalen Produkten) genauso hoch wie das von physischen Eigenschaften des Produkts.[302] Zudem steht mit der Bejahung der Produkteigenschaft nicht zugleich fest, dass auch ein Produktfehler besteht. Die Annahme eines Produktfehlers erfordert als typisierte Verkehrspflicht eine Beurteilung des konkreten Einzelfalls, für den die Sicherheitserwartungen des angesprochenen Verkehrs zu bestimmen sind.[303] Meinungen kommt dabei grundsätzlich ein haftungsrechtlicher Schutz zu, nicht aber der Darstellung von Tatsachen.[304] Auch Grundrechte dürften dabei zu berücksichtigen sein. Auf der Stufe des Produktfehlers ist eine Feinsteuerung durchaus möglich und die Gefahr einer uferlosen Haftung besteht nicht. Angewendet auf das Beispiel einer Gesundheitsapp, deren Software bei Eingabe von Symptomen eine Diagnose erstellt, wirft dies die Farge auf, warum Programmierungsfehler, die zur Überhitzung des Smartphones in der Hosentasche führen, eine verschuldensunabhängige Haftung auslösen sollen, nicht aber Fehlinformationen die zu einer Gesundheitsschädigung des Nutzers führen. Es überzeugt nicht, die Haftung davon abhängig machen zu wollen, ob der Produktfehler unmittelbar zu einer Schädigung der Rechtsgüter führt, oder erst auf dem „Umweg" über die Willensbeeinflussung des Lesers der Information.[305] Besser ist es, die Prüfung in den Fehlerbegriff zu heben. Eine Klärung dieser Frage ist bald vom EuGH zu erwarten, dem vom Obersten Gerichtshof Österreichs die Frage vorgelegt wurde, ob eine Tageszeitung, die einen fachlich unrichtigen Gesundheitstipp enthält, als ein (fehlerhaftes) Produkt iSd. Art. 2 iVm. Art. 1 und 6 Produkthaftungs-RL angesehen werden kann.[306] Zumindest *de lege ferrenda* wäre eine Erstreckung des ProdHaftG wünschenswert, da die Unterscheidung von Software und in ihr enthaltenen Gesundheitsinformationen Abgrenzungsschwierigkeiten hervorrufen wird und in der Sache nicht überzeugt.

Selbst wenn man allerdings die Anwendbarkeit des ProdHaftG ablehnen möchte, bleibt die deliktische Haftung nach § 823 Abs. 1 BGB (deliktische Produzentenhaftung) und § 826 BGB.[307] Hier stellt sich die Frage, wann eine deliktische Verkehrspflicht durch fehlerhafte Informationen verletzt wird.[308] Ein maßgeblicher Gesichtspunkt ist zunächst das Schadenspotenzial der Informationen und die Kosten von möglichen Sicherungsvorkehrungen (Kosten-Nutzen-Prinzip).[309] Zu berücksichtigen ist weiter, inwiefern der Informationsgeber über (Spezial-)Wissen verfügt und zur Kontrolle der Information in der Lage ist (Gedanke der Gefahrschaffung und -beherrschung).[310] Auch die Abhaltung von eigenen Sicherungsmaßnahmen des Informationsverwenders etwa aufgrund der Rolle des Informa-

---

[301] *Förster*, in BeckOK BGB, § 2 ProdHaftG Rn. 20; *Wagner*, in MüKo, BGB, § 2 ProdHaftG Rn. 16 (der allerdings in Rn. 29 CAD-Dateien wieder dem Produktbegriff unterwerfen möchte).
[302] *Spindler* in FS Jaeger, S. 135, 149 f.; *Littbarski*, in Kilian/Heussen, Computerrechts-Handbuch, 35. EL 2020, Teil 18 Rn. 47 und 120; eine Haftung für verkörperte Informationen bejahen allgemein *Rebin*, in BeckOGK BGB, § 2 ProdHaftG Rn. 45 f.; *v. Westphalen*, in Foerste/von Westphalen, Produkthaftungshandbuch, § 47 Rn. 16; *Krause*, in Soergel, § 2 ProdHaftG Rn. 4; *Cahn*, NJW 1996, 2899 (2903); *Meyer*, ZUM 1997, 26 (27 ff.); differenzierend *Bach*, Gynäkologe 2017, 473 (475) (allgemeine Informationen erfüllen den Produktbegriff; Antworten auf konkret eingegebene Fragen stellen hingegen Dienstleistungen dar und erfüllen den Produktbegriff nicht); aA *Oechsler*, in Staudinger, § 2 ProdHaftG Rn. 78 f.; *Reese*, DStR 1994, 1121 (1222 f.).
[303] *Foerste*, NJW 1991, 1433 (1435).
[304] Näher *Oechsler*, in Staudinger, § 2 ProdHaftG Rn. 75; *Spindler*, BeckOGK BGB, § 823 Rn. 728; *Cahn*, NJW 1996, 2899 (2904).
[305] *Rebin*, in BeckOGK BGB, § 2 ProdHaftG Rn. 46; aA *Förster*, in BeckOK BGB, § 2 ProdHaftG Rn. 20.
[306] EuGH, Vorabentscheidungsgesuch vom 21.1.2020, Rs. C-65/20.
[307] *Wagner*, in MüKo-BGB, § 2 ProdHaftG Rn. 19 und § 823 Rn. 923; *Spindler*, in BeckOGK BGB, § 823 Rn. 728 ff.
[308] Instruktiv *Mansel*, in FS Lorenz, S. 215 (220 ff.) und *Spindler*, in FS Jaeger, S. 135 (144 ff.); *Spindler*, in BeckOGK BGB, § 823 Rn. 728 und 731; *Meyer*, ZUM 1997, 26 und insb. 33 zur Haftung für wissenschaftliche Aussagen im Internet.
[309] *Mansel*, in FS Lorenz, S. 215 (220 und 222); *Spindler*, in FS Jaeger, S. 135 (145).
[310] *Mansel*, in FS Lorenz, S. 215 (220); *Spindler*, in FS Jaeger, S. 135 (145).

tionsgebers (Auftreten in beruflicher Funktion) kann eine Verkehrssicherungspflicht begründen.[311] Erst recht gilt dies, wenn der Informationsgeber mit der Bereitstellung der Information kommerzielle Interessen verfolgt.[312] Ein Verkehrspflichtenverstoß wird hingegen eher ausscheiden, wenn nur allgemeine Ratschläge erteilt werden.[313] Schließlich bleibt noch zu prüfen, ob die Verantwortlichkeit des Informationsgebers durch das (selbst-)schädigende Handeln des Informationsverwenders unterbrochen wird.[314] Durch die Beschreibung des Produkts und seine Zweckbestimmung lassen sich die (Sicherheits-)Erwartungen beeinflussen, Basispflichten können aber nicht ausgeschlossen werden.[315] Je stärker die gesundheitsbezogenen Verwendungszwecke im Vordergrund stehen, desto höhere Sicherheitserwartungen bestehen. Angewendet auf das Beispiel einer Health-App bedeutet dies, dass fehlerhafte Gesundheitstipps in Lifestyle Apps in der Regel keine Haftung auslösen. Ähnliches dürfte gelten, wenn Privatpersonen Informationen kostenlos zur Verfügung stellen. Umgekehrt haften Hersteller von Apps, die konkrete Diagnosetätigkeiten und Behandlungsempfehlungen auf Basis von ärztlichem Wissen erbringen wollen, für Fehlinformationen. Entsprechendes gilt für die Haftung nach dem ProdHaftG[316], sofern man dessen Anwendungsbereich für eröffnet hält.

69 Einzugehen ist schließlich noch auf solche mHealth Anwendungen, die als Medizinprodukte zu qualifizieren sind (→ Rn. 19 ff.). Hier stellt sich die Frage, ob auf sie der potenzielle Fehlerbegriff des EuGH[317] für Medizinprodukte Anwendung findet. An die EuGH-Rechtsprechung anknüpfend, lässt der BGH für die Annahme eines Produktfehlers nämlich den bloßen Fehlerverdacht genügen.[318] Dies wird mit der besonderen Verletzlichkeit des Patienten und dem außergewöhnlichen Schadenspotenzial (zB bei einem Herzschrittmacher) begründet. Inwiefern sich diese Rechtsprechung erweitern lässt, ist bisher unklar.[319] Der Vorteil der Beweiserleichterung für den Geschädigten ist allerdings deutlich. Zumindest in Ausnahmefällen dürfte diese Rechtsprechung auf mHealth Anwendungen übertragbar sein, bei denen ein außergewöhnliches Schadenspotenzial besteht.[320]

70 **cc) Haftung der zertifizierenden Stelle für Medizinprodukte.** Im Hinblick auf mHealth Anwendungen, die dem MPG bzw. künftig der MDR unterfallen, ist auf die Haftung der zertifizierenden Stelle hinzuweisen.[321] Im Brustimplantate-Fall hat der BGH zunächst eine Haftung des TÜV Rheinland nach § 823 Abs. 2 BGB bzw. nach den Grundsätzen des Vertrags mit Schutzwirkung zugunsten Dritter angedacht, konnte die Frage aber offen lassen.[322] Die Äußerungen des EuGH legten die Annahme einer Dritthaftung allerdings nahe.[323] Klärung brachte nun die kürzlich ergangene Entscheidung des BGH, in der das Gericht eine Haftung aus einem Vertrag mit Schutzwirkung zugunsten Dritter oder aus einer vertraglichen Expertenhaftung abgelehnt, hingegen eine deliktische Haftung des TÜV Rheinland als Benannte Stelle im Sinne der Medizinprodukte-Richtlinie nach § 823 Abs. 2 BGB iVm. §§ 6 Abs. 1 und 2, 37 MPG, § 7 Abs. 1 Nr. 1 MPV und

---

[311] *Mansel,* in FS Lorenz, S. 215 (221).
[312] *Mansel,* in FS Lorenz, S. 215 (221 f.); *Spindler,* in FS Jaeger, S. 135 (146).
[313] *Spindler,* in FS Jaeger, S. 135 (145).
[314] *Mansel,* in FS Lorenz, S. 215 (225). Fallen Informationsverwender und Geschädigter auseinander, wie bei einem Arzt und einem Patienten, stellt sich die Frage, ob das Dazwischentreten des Arztes die Kausalität unterbricht.Vgl. dazu *BGH,* NJW 2014, 2029 Rn. 55; *Oetker,* in MüKo-BGB, § 249 Rn. 157 ff.
[315] *Spindler,* in FS Jaeger S. 135 (145).
[316] Vgl. auch BGH, VersR 2009, 639 Rn. 6 (Kongruenz der objektiven Maßstäbe von § 823 Abs. 1 BGB und § 3 ProdhaftG); ferner *Wagner,* AcP 217 (2017), 707, 711 f.; *Wagner,* in MüKo-BGB, § 823 Rn. 860 und § 3 ProdHaftG Rn. 6 f.
[317] Vgl. *EuGH,* NJW 2015, 1163 ff.
[318] *BGH,* NJW 2015, 3096 Rn. 14.
[319] Vgl. dazu *Oechsler,* in Staudinger BGB, § 3 ProdHaftG Rn. 121.
[320] Weiter wohl *Ortner/Daubenbüchel,* NJW 2016, 2918 (2923).
[321] Allgemein *Wagner,* in MüKo-BGB, § 823 Rn. 943 ff.
[322] *BGH,* NJW 2017, 2617 Rn. 36 mit vielen weiteren Nachweisen zum Streitstand.
[323] Vgl. *EuGH,* NJW 2017, 1161 Rn. 58 f.

Anhang II RL 93/42/EWG für möglich hielt.[324] Daneben könne auch eine Haftung nach § 823 Abs. 1 BGB in Betracht kommen.[325]

2. Haftungserleichterungen und Haftungsausschluss

71 Im Besonderen bei kostenlosen Health Apps, deren Überlassung vertragstypologisch nach überwiegender Meinung als Schenkung eingeordnet wird (vgl. → Rn. 12), stellt sich die Frage, ob **Haftungsprivilegien** zur Anwendung gelangen, wenn die geschenkte App eine Gesundheitsschädigung des Nutzers verursacht.[326] Bei der Bestimmung, welche haftungsrechtliche Privilegierung zur Anwendung kommt, gilt es zu beachten, dass § 521 BGB allgemein für Integritätsschäden im Zusammenhang mit der Schenkung gilt.[327] Diese Regelung wird auch nicht von § 524 BGB im Fall von Mangelfolgeschäden verdrängt.[328] Für Gesundheitsschäden haftet der Hersteller also bei grob fahrlässigem Verhalten. Dieser abgesenkte Haftungsmaßstab schlägt auch auf die konkurrierenden deliktischen Ansprüche durch.[329]

72 Im Hinblick auf **allgemeine Geschäftsbedingungen** bestehen zahlreiche Rechtsfragen, die hier nicht umfassend erörtert werden können.[330] Eingegangen werden soll aber auf den in der Praxis verbreiteten Hinweis, wonach die mHealth Anwendung keine Diagnose für gesundheitliche Beschwerden darstelle und eine ärztliche Behandlung nicht ersetze. Grundsätzlich können derartige Hinweise die Pflichten des Anbieters der mHealth Anwendung einschränken mit der Folge, dass erst gar keine Grundlage für die Haftung entsteht.[331] Gerade aber bei Anwendungen, deren Funktionalität in der Generierung und Weitergabe von Informationen liegt und die insbesondere funktional eine ärztliche Tätigkeit übernehmen, wird ein allgemeiner „Disclaimer" oder Verweis auf die Notwendigkeit ärztlicher Konsultation nicht als Pflichtbeschränkung, sondern als (versteckte) Haftungsbeschränkung einzuordnen sein.[332] Derartige Formulierungen und ein damit beabsichtigter Haftungsausschluss können als eine unangemessene Benachteiligung iSd § 307 Abs. 1 BGB zu bewerten sein, wenn die mHealth Leistung in einer medizinischen Leistung besteht (dh in einer konkret gesundheitsbezogenen und individuellen Leistung). Zudem wird häufig ein Verstoß gegen § 309 Nr. 7 BGB vorliegen.[333] Dieser ist auch im unternehmerischen

---

[324] *BGH*, NJW 2020, 1514 Rn. 20ff. zum Vertrag mit Schutzwirkung zugunsten Dritter und Rn. 31ff. zu § 823 Abs. 2 BGB; Urteilsbesprechung bei *Hager*, JA 2020, 545.
[325] *BGH*, NJW 2020, 1514 Rn. 47; so bereits *Wagner*, in MüKo-BGB, § 823 Rn. 946.
[326] Dieselben Fragen stellen sich im Hinblick auf die Haftungsprivilegien der Leihe (§§ 599, 600 BGB). Nach hier vertretener Ansicht bleibt es bei der Anwendbarkeit des § 599 BGB, vgl. dazu *Häublein*, in MüKo-BGB, § 599 Rn. 4 und 8 mwN zum Streitstand. Die Haftungsprivilegierung schlägt auch auf konkurrierende deliktische Ansprüche durch – vgl. *BGH*, NJW 1992, 2474 (2475); BGHZ 46, 140 (145) = NJW 1967, 42; *Wagner*, in BeckOK BGB, § 599 Rn. 3; aA *Häublin*, in MüKo-BGB, § 599 Rn. 5f. *Datta/Klein*, CR 2017, 174 (178ff.), sprechen sich hingegen für eine teleologische Reduktion der Haftungsprivilegien oder Annahme eines typengemischten Vertrags/Vertrags sui generis aus.
[327] BGHZ 93, 23, 27ff. = NJW 1985, 794; OLG Saarbrücken, NJW-RR 2014, 139; *Koch*, in MüKo-BGB, § 521 Rn. 5; *Gehrlein*, in BeckOK BGB, § 521 Rn. 5; *Chiusi*, in Staudinger BGB, § 521 Rn. 10 mwN auch zur Gegenansicht, die bei Integritätsschäden einfache Fahrlässigkeit genügen lassen möchte.
[328] *Koch*, in MüKo-BGB, § 521 Rn. 7 und § 524 Rn. 2; *Kühle*, in jurisPK BGB, § 521 Rn. 25; ohne Differenzierung *Schickert/Schweiger/Schuppert*, in Sassenberg/Faber, Rechtshandbuch Industrie 4.0 und Internet of Things, § 15 Rn. 104; aA BGHZ 93, 23 = NJW 1985, 794; *Chiusi*, in Staudinger BGB, § 521 Rn. 4; *Gehrlein*, in BeckOK BGB, § 521 Rn. 5; wohl auch *Kremer*, in Auer-Reinsdorff/Conrad, HdB IT- und Datenschutzrecht, § 28 Rn. 35.
[329] *Chiusi*, in Staudinger BGB, Neubearbeitung 2013, § 521 Rn. 11; *Koch*, in MüKo-BGB, § 521 Rn. 6.
[330] Instruktiv *Lachenmann*, in Solmecke/Taeger/Feldmann, Mobile Apps 2013, Kap. 2 Rn. 318ff.; *Spindler*, in FS Jaeger, S. 135 (140f.).
[331] *Mansel*, FS Lorenz, S. 215 (226); *Spindler*, in FS Jaeger, S. 135 (146).
[332] Näher *Spindler*, in FS Jäger, S. 135 (144). Vgl. zur Problematik der Einschränkung von Hauptleistungspflichten als versteckte Haftungsbeschränkung auch schon *BGH*, NJW 2001, 751.
[333] So auch *Gaßner/Strömer*, VersR 2015, 1219 (1225); speziell zu Expertensystem und weiteren Fragen wie Haftungshöchstsummen *Spindler*, FS Jäger, S. 135 (140ff.).

Verkehr zu beachten.[334] Unbeachtlich ist insofern, dass der Nutzer (formularmäßig) bestätigt, dass er selbst für seine Gesundheit verantwortlich ist.

II. Telemedizin

1. Haftung des fernbehandelnden Arztes

73 Eine Haftung des fernbehandelnden Arztes kann sich vertraglich aus **§ 280 BGB iVm dem Behandlungsvertrag** und deliktisch aus **§ 823 Abs. 1 BGB** ergeben.[335] Jeweils von Bedeutung ist dabei der anwendbare Sorgfaltsmaßstab.[336] Dieser objektiv zu bestimmende Maßstab muss für den individuellen Fall konkretisiert werden.[337] Nach der höchstrichterlichen Rechtsprechung gibt der vom Arzt einzuhaltende **medizinische Standard**

„Auskunft darüber, welches Verhalten von einem gewissenhaften und aufmerksamen Arzt in der konkreten Behandlungssituation aus der berufsfachlichen Sicht seines Fachbereichs im Zeitpunkt der Behandlung erwartet werden kann. Er repräsentiert den jeweiligen Stand der naturwissenschaftlichen Erkenntnisse und der ärztlichen Erfahrung, der zur Erreichung des ärztlichen Behandlungsziels erforderlich ist und sich in der Erprobung bewährt hat"[338].

74 Der einzuhaltende medizinische Standard ist ein normativer Idealtypus[339], er zeichnet sich durch seine Dynamik aus, die eine fortwährende Anpassung an neue Erkenntnisse und Möglichkeiten erfordert.[340] § 630a Abs. 2 BGB nimmt auf den medizinischen Standardbegriff Bezug, konkretisiert ihn aber nicht. Besondere (indizielle) Bedeutung bei der Standardbestimmung kommt der berufsrechtlichen Zulässigkeit eines Verhaltens zu.[341] Aus den Besonderheiten der ärztlichen Pflichten (ein Handlungserfolg ist nicht grundsätzlich geschuldet) folgt zudem, dass Pflichtverletzung und Vertretenmüssen regelmäßig zusammenfallen: Wird der Sorgfaltsmaßstab nicht gewahrt, steht häufig zugleich fest, dass der Arzt die Pflichtverletzung zu vertreten hat.[342]

75 Der medizinische Standard wird im Rahmen der Arzthaftung für die Behandlung von Patienten im Krankenhaus und in der Facharztpraxis häufig mit dem Begriff des **Facharztstandards** umschrieben. Insbesondere bei operativen Eingriffen muss der Umfang der für eine vertragsgemäße Behandlung erforderlichen Fähigkeiten und Kenntnisse denen eines durchschnittlichen Facharztes des betroffenen Gebiets entsprechen.[343] Bietet beispielsweise eine Fachärztin für Hautkrankheiten Ferndiagnosen oder auch Fernbehandlungen an, so muss sie auch den für ihre Fachrichtung geltenden Standard einhalten, wenn sie in ihrem Fachgebiet Leistungen der Telemedizin erbringt. Leistet dieselbe Fachärztin die tele-

---

[334] *Spindler*, FS Jäger, S. 135 (141 f.); Palandt/*Grünberg*, § 309 Rn. 55.
[335] Daneben sind Fälle denkbar, in denen der Telearzt einen Arzt vor Ort in die Behandlung einschaltet oder umgekehrt ein Arzt vor Ort, einen Spezialisten per Telekonsil einbindet. In solchen Fällen stellt sich die Frage nach der Abgrenzung der Verantwortungsbereiche und der Reichweite des Vertrauensgrundsatzes. Dazu näher *Wagner*, in MüKo-BGB, § 630a Rn. 115; *Wendelstein*, Kollisionsrechtliche Probleme der Telemedizin, S. 91 ff.; *Bergmann*, MedR 2016, 497 (500).
[336] Die vertragliche Haftung ist eng an die Deliktshaftung angelehnt, was insbesondere bei der Pflichtwidrigkeit und dem Verschulden durchscheint (vgl. *Wagner*, in MüKo-BGB, Vor § 630a Rn. 2 und 17 ff.).
[337] *Wagner*, in MüKo-BGB, Vor § 630a Rn. 21 f. und § 630a Rn. 117; *Taupitz*, AcP 211 (2011), 353 (354).
[338] BGH, NJW 2016, 713 (714); dazu auch BT-Drs. 17/10488, 19; Palandt/*Weidenkaff*, § 630a BGB Rn. 10; *Taupitz*, AcP 211 (2011), 353 (360).
[339] *Taupitz*, AcP 211 (2011), 353 (358); *Katzenmeier*, NJW 2019, 1769 (1771).
[340] *Taupitz*, AcP 211 (2011), 353 (358); *Spickhoff*, Spickhoff, Medizinrecht, § 630a BGB Rn. 37.
[341] *Hahn*, Telemedizin – Das Recht der Fernbehandlung, S. 8; *Scholz*, Spickhoff, Medizinrecht, § 7 MBO-Ä Rn. 14.
[342] StRspr *BGH*, NJW 2003, 2311; NJW 2001, 1786; NJW 2000, 2737; NJW 1991, 1535; zustimmend *Wagner*; in MüKo-BGB, Vor § 630a Rn. 20 und 22 zu Gegenauffassungen in der Literatur; *Taupitz*, AcP 211 (2011), 353 (354).
[343] *Martis/Winkhart*, Arzthaftungsrecht, Fallgruppenkommentar, Rn. A 104 f.; *Lipp*, in Laufs/Katzenmeier/ Lipp, Arztrecht, Kap. III Rn. 34; *Hahn*, Telemedizin – Das Recht der Fernbehandlung, S. 27.

medizinische Erstversorgung für ein Unfallopfer in einem entlegenen ländlichen Gebiet, so unterliegt sie dabei aber nicht demselben Standard wie ein Kollege, der das Recht zur Führung der Zusatzbezeichnung „Klinische Akut- und Notfallmedizin" erworben hat. Bereits dieses Beispiel zeigt, dass es nicht einen allgemeinverbindlichen „Facharztstandard" für alle Behandlungssituationen gibt, mit denen ein Arzt konfrontiert wird. Von jedem Arzt, der eine Fernbehandlung durchführt zu verlangen, dass er dabei das Niveau einer Behandlung sicherstellen müsse, wie sie von einem Facharzt für die Erkrankung des Patienten erwartet werden kann, würde über das damit verfolgte Ziel eines angemessenen Patientenschutzes hinausschießen. Im Ergebnis würde es dazu führen, dass Allgemeinärzte ohne Facharztausbildung keine Fernbehandlungen vornehmen könnten, ohne sich einem erheblichen Haftungsrisiko auszusetzen, weil sie über keine fachärztlichen Kenntnisse und/oder nicht über die technische Ausstattung eines Facharztes verfügen. Dies dürfte auch der vom 121. Deutschen Ärztetag mit großer Mehrheit getroffenen Grundsatzentscheidung widersprechen, allen Ärzten den Weg zu einer ausschließlichen Fernbehandlung zu ebnen. Auch der Gesetzgeber verlangt in § 630a Abs. 2 BGB nicht etwa die Einhaltung eines „Facharztstandards", sondern lediglich eine Behandlung „nach den zum Zeitpunkt der Behandlung bestehenden, allgemein anerkannten fachlichen Standards". Dass die Ausfüllung dieses Begriffs von Fall zu Fall durchaus unterschiedlich ausfallen kann und immer von den konkreten Umständen des Einzelfalls abhängt, belegt auch ein Blick in die höchstrichterliche Rechtsprechung. So hat der BGH für die Behandlung von Patienten im Krankenhaus zu Recht darauf hingewiesen, dass

„der rasche Fortschritt in der medizinischen Technik und die damit einhergehende Gewinnung immer neuer Erfahrungen und Erkenntnisse [mit sich] bringen, dass es zwangsläufig zu Qualitätsunterschieden in der Behandlung von Patienten kommt, je nachdem, ob sie sich etwa in eine größere Universitätsklinik oder eine personell und apparativ besonders gut ausgestattete Spezialklinik oder aber in ein Krankenhaus der Allgemeinversorgung begeben. In Grenzen ist deshalb der zu fordernde medizinische Standard je nach den personellen und sachlichen Möglichkeiten verschieden. Er kann in einem mittleren oder kleineren Krankenhaus gewahrt sein, wenn jedenfalls die Grundausstattung modernen medizinischen Anforderungen entspricht"[344].

Demnach darf auch der einfache Arzt Fernbehandlungen grundsätzlich dann vornehmen, wenn diese nicht einem Standard entsprechen, wie er nur von einer Facharztpraxis erwartet werden kann. Dies steht im Einklang mit der Auffassung des BGH, wonach

„das Vertrauen des Patienten in eine sorgfältige und gute ärztliche Behandlung nicht enttäuscht [wird], wenn ihm diejenige Behandlungsqualität geboten wird, die jeweils vom behandelnden Arzt bzw. seiner Praxis/Klinik nach dem Stand der medizinischen Kenntnisse und Erfahrung erwartet werden muss"[345].

Ebenso wie in den Fällen, in denen der Patient die Praxis eines Arztes persönlich aufsucht, muss der die Fernbehandlung vornehmende Arzt den Patienten aber an einen Facharzt oder eine geeignete (Spezial-) Klinik verweisen, wenn der Patient und die Art seiner Erkrankung „der Behandlung durch Ärzte mit besonderen medizinischen Kenntnissen und Erfahrungen bedarf"[346]. Ein Arzt, der telemedizinische Leistungen erbringt, muss folglich seinen Patienten nicht nur über die Einschränkungen und Grenzen einer ausschließlichen Fernbehandlung aufklären, sondern sich im Verlauf der Diagnose und Behandlung auch selbst laufend vergewissern, dass seine medizinischen Kenntnisse und Fähigkeiten ausreichen, um eine angemessene Versorgung des Patienten zu gewährleisten.

---

[344] BGHZ 102, 17, 24 = NJW 1988, 763; dazu auch *Katzenmeier*, in Laufs/Katzenmeier/Lipp, Arztrecht, Teil X Rn. 17 ff.
[345] BGHZ 102, 17 (24) = NJW 1988, 763; vgl. dazu auch BGH, NJW 2016, 713 (714).
[346] BGHZ 102, 17 (24) = NJW 1988, 763.

78 Die Frage nach der Ausfüllung des Sorgfaltsmaßstabs stellt sich in Anbetracht der immer stärkeren Technisierung des Gesundheitssektors ganz grundsätzlich. Da die Fernbehandlung eine Behandlungsalternative zur physischen Behandlung darstellt, muss für sie auch ein **eigener medizinischer Standard** entwickelt werden.[347] Als erster Ansatzpunkt für die Entwicklung eines solchen Standards sind die Anforderungen des § 7 Abs. 4 S. 3 MBO-Ä (vgl. dazu → Rn. 30 ff.) zu würdigen.[348] Im Übrigen sind die allgemeinen Grundsätze zu beachten (vgl. → Rn. 59).[349] Dies setzt eine sorgfältige und gewissenhafte medizinische Abwägung von Vor- und Nachteilen der Fernbehandlung unter Berücksichtigung aller Umstände des Einzelfalls und des Wohls des konkreten Patienten voraus.[350] Bei Fehlen eines Standards hat der Arzt die Sorgfalt eines vorsichtigen Arztes einzuhalten.[351] Als Leitlinie für die Abwägung gilt, dass je schwerer der Eingriff in die körperliche Unversehrtheit wiegt, desto höher die Anforderungen an die medizinische Vertretbarkeit der gewählten Behandlungsmethode sind.[352] Der behandelnde Arzt hat die konkreten, individuellen Umstände zu berücksichtigen (gesundheitliche Situation des Patienten, technische Möglichkeiten), die für und gegen die Fernbehandlung sprechen. Dabei sind mögliche Erkenntnisdefizite aufgrund der technischen Ausstattung zu berücksichtigen.[353] Es stellt folglich einen Sorgfaltsverstoß dar, wenn der Arzt nicht ausreichend prüft, ob er alle notwendigen Erkenntnisse per Telemedizin überhaupt gewinnen kann (Übernahmeverschulden).[354] Ebenso stellt es einen Sorgfaltsverstoß dar, wenn der Telearzt den Patienten nicht auf die Notwendigkeit einer weiteren diagnostischen Abklärung oder Behandlung durch einen anderen (Fach-)Arzt hinweist, obwohl er diese Notwendigkeit erkennen musste. Abhängig von der Schwere der Gesundheitsgefahren ist auch ein effektives Einschreiten vor Ort bei Zwischenfällen zu gewährleisten.[355] Bei Zweifeln sollte der behandelnde Arzt immer auf eine persönliche Behandlung drängen.[356]

79 Hält sich der Arzt an diese Sorgfaltspflichten, kann ihm haftungsrechtlich nicht ex post zum Vorwurf gemacht werden, dass eine Gesundheitsschädigung bei Wahrnehmung einer persönlichen, physischen Behandlung unter Umständen hätte vermieden werden können.[357]

80 Sollte eine Fernbehandlung diesen Anforderungen nicht genügen, kann sie aber aufgrund einer **abweichenden Vereinbarung nach § 630a Abs. 2 BGB** (Standardunterschreitung) gleichwohl zulässig sein.[358] Kann der Patient auch gänzlich von einer Behandlung absehen, muss als Ausfluss der Privatautonomie auch eine Standardunterschreitung möglich sein.[359] In einem solchen Fall treffen den Arzt jedoch besondere Aufklärungspflichten über die damit verbundenen Risiken.[360] Die Vereinbarung einer telemedizinischen Behandlung als solche enthält regelmäßig noch keine Vereinbarung einer Standard-

---

[347] *Hahn*, Telemedizin – Das Recht der Fernbehandlung, S. 30; *Bergmann*, MedR 2016, 497 (500 f.).
[348] *Hahn*, Telemedizin – Das Recht der Fernbehandlung, S. 29; *Braun*, MedR 2018, 563 (565); *Stellpflug*, GesR 2019, 76 (77).
[349] *Wagner*, in MüKo-BGB, § 630a Rn. 136.
[350] BGH, NJW 2017, 2685 Rn. 7.
[351] BGH, NJW 2017, 2685 Rn. 6 f.; NJW 2007, 2774 Rn. 19; so für die Telemedizin *Bergmann*, MedR 2016, 497 (501).
[352] BGH, NJW 2017, 2685 Rn. 7.
[353] *Hahn*, Telemedizin – Das Recht der Fernbehandlung, S. 30; *Dierks*, MedR 2016, 405 (408); *Stellpflug*, GesR 2019, 76 (77).
[354] *Stellpflug*, GesR 2019, 76 (78); *Bergmann*, MedR 2016, 497 (500); *Rehmann*, A&R 2017, 153 (156).
[355] *Stellpflug*, GesR 2019, 76 (77).
[356] Vgl. auch *Katzenmeier*, NJW 2019, 1769 (1773); *Eberbach*, MedR 2019, 1 (5).
[357] Unklar *Katzenmeier*, MedR 2019, 259 (268); *Katzenmeier*, NJW 2019, 1769 (1772); *Hahn*, Telemedizin – Das Recht der Fernbehandlung, S. 31; *Stellpflug*, GesR 2019, 76 (79).
[358] *Hahn*, Telemedizin – Das Recht der Fernbehandlung, S. 30; *Stellpflug*, GesR 2019, 76 (79); vertiefend *Nußstein*, VersR 2018, 1361 ff.
[359] *Hahn*, Telemedizin – Das Recht der Fernbehandlung, S. 30; *Hahn*, MedR 2018, 384 (385); *Vorberg/Kannschik*, MedR 2016, 411 (414); *Stellpflug*, GesR 2019, 76 (79).
[360] *Hahn*, Telemedizin – Das Recht der Fernbehandlung, S. 30.

unterschreitung.³⁶¹ Im Übrigen gelten für die Vereinbarung die Grenzen der §§ 138 BGB, 228 StGB.³⁶² Die Vereinbarung eines abweichenden Behandlungsstandards in AGB ist hingegen unzulässig (vgl. § 309 Nr. 7 lit. a BGB).³⁶³ Auch individualvertragliche Haftungsbeschränkungen werden regelmäßig als unwirksam angesehen.³⁶⁴

81 Um die für Fernbehandlungen notwendige Rechtssicherheit zu schaffen, ist zu wünschen, dass nicht nur für mHealth Anwendungen und Geräte,³⁶⁵ sondern auch für telemedizinische Leistungen **Leitlinien** entwickelt werden, die den Ärzten neben einer Orientierung zur korrekten Aufklärung des Patienten über die Chancen und Risiken einer Fernbehandlung für das Anamnesegespräch und die Ferndiagnose und -behandlung (auch beispielhafte) Kriterien an die Hand geben, die bei der Entscheidung über den Abbruch der Fernbehandlung und die Verweisung des Patienten an einen Facharzt berücksichtigt werden können.³⁶⁶

82 **Beweisrechtlich** bestehen für die telemedizinische Behandlung und Beratung keine Besonderheiten, die allgemeinen Beweisgrundsätze der Arzthaftung gelten auch insoweit.³⁶⁷ Besondere Bedeutung für die Telemedizin kommt der Beweislastumkehr nach § 630h Abs. 1 BGB zu. Der Begriff des voll beherrschbaren Risikos ist letztlich eine Umschreibung der Abgrenzung von Gefahrbereichen (Rechtsgedanke des § 282 BGB aF).³⁶⁸ Der Arzt hat für alle von ihm beherrschbaren Gefahren aus seinem Bereich einzustehen. Dies betrifft auch die Eignung und Funktionstüchtigkeit der bei einer Fernbehandlung genutzten technischen Geräte. Für Produktionsfehler des Herstellers hat er hingegen nicht einzustehen.³⁶⁹ Sein Gefahrenbereich endet, wo der des Herstellers (zB Produktionsfehler) oder des Patienten (zB für den Arzt nicht erkennbare Fehler seiner technischen Ausstattung, die einen Behandlungsfehler hervorrufen) beginnt (Stichwort: Beherrschbarkeit und Steuerbarkeit der Gefahr). Die Beweislast des Arztes reicht also nur so weit, wie er auf den technisch-apparativen Bereich des Behandlungsbetriebs zurechenbaren Einfluss hat.³⁷⁰ Ihn treffen somit vor allem Sicherheits-, Wartungs- und Kontrollpflichten hinsichtlich der zur Fernbehandlung eingesetzten Medizintechnik.³⁷¹ Zu weit geht es aber Kommunikationsdefizite, die aus dem fehlenden persönlichen Kontakt herrühren, als voll beherrschbares Risiko des Arztes zu klassifizieren.³⁷²

83 Gerade bei der Telemedizin wird die **Mitwirkung des Patienten** eine erhebliche Rolle spielen.³⁷³ Nach § 630c Abs. 1 BGB sollen behandelnder Arzt und der Patient zur Durchführung der Behandlung zusammenwirken. Dogmatisch stellt diese Aufforderung

---

³⁶¹ *Hahn*, Telemedizin – Das Recht der Fernbehandlung, S. 30; *Katzenmeier*, MedR 2019, 497 (500); *Katzenmeier*, in BeckOK BGB, § 630a Rn. 191; allgemein *Spickhoff*, in Spickhoff, Medizinrecht, § 630a Rn. 41.
³⁶² Vgl. dazu näher *Katzenmeier*, in BeckOK BGB, § 630a Rn. 191; *Deutsch/Spickhoff*, Medizinrecht, Rn. 159; *Deutsch/Spickhoff*, Medizinrecht, Rn. 159; *Stellpflug*, GesR 2019, 76 (79).
³⁶³ *Katzenmeier*, in BeckOK BGB, § 630a Rn. 191; Palandt/*Weidenkaff*, BGB § 630a Rn. 12; *Deutsch/Spickhoff*, Medizinrecht, Rn. 159; *Lafontaine*, in jurisPK-BGB, § 630a Rn. 354.
³⁶⁴ *Katzenmeier*, in BeckOK BGB, § 630a Rn. 191; Palandt/*Weidenkaff*, BGB § 630a Rn. 6.
³⁶⁵ Zur Schaffung von Leitlinien vgl. schon *Gaßner/Strömer*, VersR 2015, 1219 (1227).
³⁶⁶ Ein Beispiel für solche Leitlinien ist der Leitfaden der *Deutschen Dermatologischen Gesellschaft*, Praxis der Teledermatologie – Leitfaden für deutschsprachigen Dermatologen vom 11.1.2019, abrufbar unter https://www.bvdd.de/positionen/telemedizin/ (zuletzt abgerufen am 1.11.2020).
³⁶⁷ Zu diesen allgemein *Wagner*, in MüKo-BGB, § 630a Rn. 195 und § 630h Rn. 7 ff. Zur vergleichbaren Beweislastverteilung im Deliktsrecht *Spindler*, in BeckOK BGB, § 823 Rn. 1028 ff.
³⁶⁸ *Wagner*, in MüKo-BGB, § 630h Rn. 21; BGH, NJW 1991, 1540.
³⁶⁹ *Kunz-Schmidt*, MedR 2009, 517 (519); *Spindler*, in BeckOGK BGB, § 823 Rn. 1003; dazu auch BGH, VersR 2007, 1416.
³⁷⁰ *Bergmann*, MedR 2016, 497 (502); *Kunz-Schmidt*, MedR 2009, 517 (519); *Bördner*, GuP 2019, 131 (132); wohl auch *Stellpflug*, GesR 2018, 76 (79).
³⁷¹ *Bördner*, GuP 2019, 131 (132); *Kunz-Schmidt*, MedR 2009, 517 (519); *Wagner*, in MüKo-BGB, § 630h Rn. 25 ff.
³⁷² So aber wohl *Stellpflug*, GesR 2018, 76 (79); *Hahn*, Telemedizin – Das Recht der Fernbehandlung, S. 30.
³⁷³ Zu weiteren Pflichten des Patienten insbesondere im Hinblick auf die Vergütungspflicht darf auf die übersichtliche Darstellung bei *Wagner*, in MüKo-BGB, § 630a Rn. 55 ff. verwiesen werden. Hier ergeben sich keine Besonderheiten im Fall einer telemedizinischen Behandlung.

zur Mitwirkung eine Obliegenheit dar und keine echte Rechtspflicht.[374] Inhaltlich ist sie auf die Information des Arztes über den Gesundheitszustand gerichtet. Die Verletzung einer Mitwirkungsobliegenheit kann über § 254 BGB im Schadensfall zu einer Minderung oder sogar zu einem Ausschluss der Haftung des behandelnden Arztes führen.[375]

84 **Kollisionsrechtlich** richten sich vertragliche Schadensansprüche gem. Art. 12 Abs. 1 lit. c Rom-I-VO (593/2008/EG) nach dem auf den Behandlungsvertrag anwendbaren Recht (zur Rechtswahl vgl. oben → Rn. 40).[376] Das Deliktsstatut richtet sich (vorbehaltlich einer Rechtswahl nach Art. 14 Abs. 1 und Art. 4 Abs. 2 Rom-II-VO) nach der Grundregel des Art. 4 Abs. 1 Rom-II-VO (864/2007/EG) und damit grundsätzlich nach dem Verletzungsort, an dem der Schaden eintritt.[377] Besteht zwischen Schädiger und Verletztem allerdings eine vertragliche Beziehung – wie etwa durch einen Behandlungsvertrag – wird nach Art. 4 Abs. 3 S. 2 Rom-II-VO regelmäßig eine engere Verbindung zum Ort des Vertragsstatuts begründet, dem das Deliktsrecht dann nach Art. 4 Abs. 3 S. 1 Rom-II-VO folgt. Es tritt dadurch ein Gleichlauf von Vertrags- und Deliktsstatut ein.[378]

2. Haftung des Betreibers einer digitalen Plattform für Telemedizin

85 Sofern die telemedizinische Behandlung durch den Arzt über die digitale Plattform eines Dritten erfolgt, kann auch deren Betreiber einer vertraglichen Haftung nach § 280 Abs. 1 BGB unterfallen, sofern ein eigenständiges vertragliches Verhältnis zum Nutzer/Patienten besteht. Dies ist eine Frage des Einzelfalls und hängt entscheidend davon ab, wie der Betreiber nach außen auftritt. Stellt der Betreiber nur die Infrastruktur für den Arzt zur Verfügung und tritt auch nur dieser nach außen in Erscheinung, besteht ein vertragliches Verhältnis nur zwischen dem Patienten und dem Arzt. Ein gesondertes Vertragsverhältnis zum Betreiber der Website entsteht mangels Rechtsbindungswillen dann regelmäßig nicht. Dies ist etwa der Fall, wenn der Betreiber eine Website im Auftrag des Arztes erstellt und deren Verwaltung übernimmt. Dann ist der Betreiber Erfüllungsgehilfe des Arztes iSd § 278 BGB. Kommt hingegen ein Vertragsverhältnis mit dem Betreiber zustande, gilt es wieder die Verantwortungsbereiche zum Arzt abzugrenzen: Für ärztliche Fehler trifft den Betreiber – vorbehaltlich der Reichweite der vertraglichen Einigung – grundsätzlich keine vertragliche Haftung. Dem Plattformbetreiber obliegen aber die Bereitstellung und der Erhalt der Funktionsfähigkeit der digitalen Infrastruktur. Arbeitet diese nicht fehlerfrei und entstehen dadurch Gesundheitsschäden, können Schadensersatzansprüche des Patienten gegen den Plattformbetreiber bestehen. Haftungsrechtliche Privilegierungen bzw. Freistellungen für Gesundheitsschäden insbesondere in AGB werden dabei regelmäßig nicht in Betracht kommen. Im Ergebnis abzulehnen ist unseres Erachtens auch eine Störerhaftung des Plattformbetreibers nach § 823 BGB bzw. § 1004 BGB (analog) für fehlerhafte unzulässige telemedizinische Dienstleistungen der seine Plattform nutzenden Ärzte. Dagegen spricht schon, dass der Plattformbetreiber nicht zu beurteilen vermag, ob eine bestimmte Fernbehandlung aus medizinischer Sicht zu beanstanden ist oder ordnungsgemäß erbracht wurde. Er nimmt auch nicht an den Videosprechstunden des Arztes teil und kann diese nicht überwachen. Deshalb wird man von ihm zwar verlangen können, dass er die Ärzte, die auf seiner Plattform Fernbehandlungen anbieten dürfen, sorgfältig auswählt und dabei neben der Qualifikation auch die Erfüllung technischer Anforderungen durch den behandelnden

---

[374] *Wagner*, in MüKo-BGB, § 630a Rn. 68.
[375] *Wagner*, in MüKo-BGB, § 630a Rn. 68.
[376] Instruktiv *Wagner*, in MüKo-BGB, Vor § 630a Rn. 58 f.; *Magnus*, in Staudinger BGB, Art. 12 Rom-I-VO Rn. 44; *Fischer*, MedR 2014, 712 ff. auch zu weiteren Einzelheiten; aA *Wendelstein*, Kollisionsrechtliche Probleme der Telemedizin, S. 134 ff. mit einer deliktsrechtlichen Qualifikation auch der vertraglichen Arzthaftungsansprüche.
[377] Vgl. hierzu auch *Spickhoff*, Spickhoff, Medizinrecht, Rom-II-VO Art. 26 Rn. 18 ff.; *Wagner*, in MüKo-BGB, Vor § 630a Rn. 60.
[378] *Wagner*, in MüKo-BGB, § 823 Rn. 60: *Spickhoff* in Spickhoff, Medizinrecht, Rom-II-VO Art. 26 Rn. 17.

Arzt berücksichtigt; auch wird man von ihm erwarten dürfen, dass er Hinweisen auf die Verletzung berufs- oder strafrechtlicher Normen durch den die Fernbehandlung ausführenden Arzt nachgeht und „Wiederholungstäter" nach fruchtloser Verwarnung von der weiteren Nutzung seiner Plattform ausschließt. Eine laufende Überwachung bestimmter Ärzte zur Verhinderung künftiger Rechtsverletzungen wird man ihm aber angesichts der fehlenden Kontrollmöglichkeiten nicht zumuten können.

III. Ratgebercommunities und Gesundheitsportale

Ausgehend von der oben getroffenen Einteilung (vgl. → Rn. 52ff.), scheidet eine Haftung für fehlerhafte allgemeine Ratschläge oder Gesundheitsinformationen regelmäßig aus. Im Fall von Ratgebercommunities wird es vielfach schon an einem vertraglichen Verhältnis zwischen ratsuchendem und ratgebendem Nutzer fehlen. Eine deliktische Haftung bleibt davon unberührt[379], vielfach wird es aber an einer (Verkehrs-)Pflichtverletzung bzw. sittenwidrigen Schädigung oder am Schutzzweckzusammenhang fehlen.[380] Zu berücksichtigen sein wird häufig auch ein Mitverschulden iSd § 254 BGB des ratsuchenden Nutzers. 86

E. Verarbeitung von Patientendaten

I. Konzeption des Schutzes von Gesundheitsdaten

Der Schutz von Gesundheitsdaten ist ein wichtiger Baustein, um das Vertrauen in die digitale Weiterentwicklung des Gesundheitssektors zu sichern. Wie die Berichterstattung in den Medien zeigt, kommt es aber auch im Gesundheitssektor immer wieder zu „Datenpannen", bei denen nicht befugte Personen Zugriff auf Patientendaten erlangen.[381] Mediale Aufmerksamkeit erregte das Datenleck bei *Vastaamo*, einem Psychotherapiezentrum in Finnland, wo Hacker Akten von 40.000 Patienten in ihren Besitz brachten und diese anschließend erpressten.[382] Auch in Deutschland sind Fälle von Datenpannen bekannt geworden.[383] Schon zuvor waren Daten von mehreren Millionen Patienten über einen längeren Zeitraum offen im Netz einsehbar, weil die Daten nicht Passwort geschützt und auch nicht verschlüsselt waren.[384] 87

Am rechtlichen Schutz für Gesundheitsdaten mangelt es grundsätzlich nicht: Erfolgt eine Behandlung durch einen Arzt, ist dessen Verschwiegenheit ein elementarer Bestandteil der Arzt-Patienten-Beziehung. Sie wird abgesichert durch das **ärztliche Berufsgeheimnis in § 9 MBO-Ä und § 203 StGB**.[385] Nach § 203 StGB ist eine Übermittlung 88

---

[379] Dazu insbesondere *Mansel*, in FS Lorenz, S. 215 ff.; *Spindler*, in FS Jaeger, S. 135 ff.
[380] *Hönn*, in jurisPK BGB, 8. Aufl. 2017, § 675 Rn. 117.
[381] So zog beispielsweise die Gesundheits-App *Ada* den Vorwurf zu, Gesundheitsdaten unzulässigerweise mit Dritten zu teilen, vgl. Mitteilung auf Heise-online vom 17.10.2019, abrufbar unter www.heise.de/newsticker/meldung/Ada-Health-uebertraegt-weiterhin-Krankheitssymptome-an-Dritte-4558341.html (zuletzt abgerufen am 1.11.2020).
[382] Vgl. Mitteilung der FAZ vom 28.10.2020, abrufbar unter https://www.faz.net/aktuell/feuilleton/debatten/finnland-hackerangriff-auf-psychotherapeutische-krankenakten-17022624.html (zuletzt abgerufen am 1.11.2020).
[383] So berichtete das Magazin c't im November 2019 über einen Fall, in dem Krankenakten von 30.000 Patienten einer Celler Arztpraxis für jeden im Internet abrufbar waren (abrufbar unter https://www.heise.de/ct/artikel/Warum-eine-komplette-Arztpraxis-offen-im-Netz-stand-4590103.html (zuletzt abgerufen am 1.11.2020)).
[384] Vgl. Beitrag auf BR-Online vom 17.9.2019 https://www.br.de/nachrichten/deutschland-welt/millionenfach-patientendaten-ungeschuetzt-im-netz,RcF09BW (zuletzt abgerufen am 1.11.2020).
[385] Instruktiver Überblick bei *Bieresborn*, in Forgó/Helfrich/Schneider, Betrieblicher Datenschutz, Teil X Kap. 1 Rn. 3 ff.; näher zum Verhältnis von Datenschutzrecht und Schweigepflicht *Kühling*, MedR 2019, 611 (619); *Dochow*, MedR 2019, 279 und 363. Zum Verhältnis von Berufsrecht und Datenschutz instruktiv Uwer, in BeckOK Datenschutzrecht, Syst. F B.

von Patientendaten nur dann straffrei, wenn eine gesetzliche Grundlage dies legitimiert oder eine Einwilligung vorliegt.[386] Zu den zur Verschwiegenheit Verpflichteten zählen neben dem Arzt auch dessen Gehilfen wie Sekretärinnen (vgl. § 203 Abs. 4 StGB).[387] Ein Verstoß kann auch eine zivilrechtliche Haftung nach §§ 280 Abs. 1, 241 Abs. 2 BGB und § 823 Abs. 1 BGB iVm Art. 2 Abs. 1, Art. 1 Abs. 1 GG begründen.[388]

89 Daneben erfolgt der Schutz von Gesundheitsdaten allgemein durch die **Datenschutzgrundverordnung (DS-GVO)**[389]. Für Gesundheitsdaten in Form von **Sozialdaten** (§ 67 Abs. 2 SGB X) besteht zudem ein bereichsspezifischer Schutz im Sozialrecht, das die Öffnungsklauseln der DS-GVO ausfüllt.[390] Sozialdaten sind sämtliche gesundheitsbezogene Daten iSd Art. 4 Nr. 1 DS-GVO, die von einer in § 35 SGB I genannten Stelle insbesondere den Leistungsträgern (Krankenkassen) verarbeitet werden. Die Datenverarbeitung wird insbesondere in den §§ 67 ff. SGB X geregelt.[391]

90 Schließlich enthalten das TMG und das TKG sektorspezifische datenschutzrechtliche Vorschriften. Apps und Wearables (zumindest, wenn sie nicht ausschließlich offline agieren) sowie Websites mit telemedizinischen Angeboten können regelmäßig dem TMG unterfallen. Die Einordnung hängt von der Funktionalität der Anwendung ab. Für die verarbeiteten Nutzer-/Patientendaten sind gleichwohl die Anforderungen der DS-GVO maßgeblich. Nach überwiegender Auffassung verdrängt die DS-GVO die datenschutzrechtlichen Bestimmungen des TMG[392], für den Schutz der gesundheitlichen Daten ist die DS-GVO also vorrangig.[393] Anders mag das Verhältnis der DS-GVO zu den §§ 91 ff. TKG zu beurteilen sein, soweit sie die ePrivacy-Richtlinie (RL 2002/58/EG) umsetzen.[394] Diese können über Art. 95 DS-GVO bereichsspezifisch zur Anwendung gelangen. Der Anwendungsbereich für e-Health Anwendungen dürfte jedoch vernachlässigbar sein, da nach § 3 Nr. 24 TKG nur solche Dienste dem TKG unterfallen, die ganz oder überwiegend in der Übertragung von Signalen über Telekommunikationsnetze bestehen.[395]

---

[386] § 203 StGB wurde im Herbst 2017 reformiert, um der Digitalisierung auch im Gesundheitswesen Rechnung zu tragen. Unter bestimmten Voraussetzungen ist die Weitergabe von Patientendaten durch einen Arzt an externe Dienstleister gestattet, die ihrerseits zur Verschwiegenheit verpflichtet werden (§ 203 Abs. 3 StGB); siehe dazu auch BT-Drs. 18/11936, 3, 25; *Weidemann*, in BeckOK StGB, § 203 Rn. 35 ff.; kritisch *Dochow*, GesR 2018, 137 (152).

[387] Dazu *Weidemann*, in BeckOKStGB, § 203 Rn. 27 ff.

[388] *Bieresborn*, in Forgó/Helfrich/Schneider, Betrieblicher Datenschutz, Teil X Kap. 1 Rn. 4.

[389] Verordnung zum Schutz natürlicher Personen bei der Verarbeitung personenbezogener Daten, um freien Datenverkehr und zur Aufhebung der Richtlinie 95/46/EG (Datenschutz-Grundverordnung), EU ABl. 2016 L 119/1.

[390] Zum Sozialdatenschutzschutz ausführlich *Bieresborn*, in Spiecker gen. Döhmann/Wallrabenstein, Gesundheitsversorgung in Zeiten der Datenschutz-Grundverordnung, S. 23 ff.; *Bieresborn*, in Forgó/Helfrich/Schneider, Betrieblicher Datenschutz, Teil X Kap. 1 Rn. 33 ff. und 64 ff.; *Wobbe*, MeDR 2019, 625 ff.; *Schröder*, MedR 2019, 631 (632); *Wobbe*, MedR 2019, 625 (626 f.).

[391] Zur Systematik des Sozialdatenschutzes instruktiv *Bieresborn*, in Spiecker gen. Döhmann/Wallrabenstein, Gesundheitsversorgung in Zeiten der Datenschutz-Grundverordnung, S. 23 (30); *Schröder*, MedR 2019, 631 (632).

[392] *Kremer*, in Auer-Reinsdorff/Conrad, HdB IT-und Datenschutzrecht, § 28 Rn. 55; *Conrad/Hausen*, in Auer-Reinsdorff/Conrad, HdB IT-und Datenschutzrecht, § 36 Rn. 20 ff.; *Jandt*, ZD 2018, 405 (406 ff.); *Sesing*, MMR 2019, 347 (349 f.); *Nink*, in Spindler/Schuster, Recht der elektronischen Medien, § 15 TMG Rn. 1 ff.; *Datenschutzkonferenz*, Positionsbestimmung zur Anwendbarkeit des TMG für nicht-öffentliche Stellen ab dem 25.5.2018, Stand 26.4 2018; *Stemmer*, in BeckOK Datenschutzrecht, Art. 7 DS-GVO Rn. 20 f.; *Dregelies*, VuR 2017, 256 (257); *Völkel*, DSRITB, 2016, 917 (922); siehe ferner zum Streitstand *Breyer*, ZD 2018, 302; *Gierschmann*, ZD 2018, 297 ff.; *Jandt*, ZD 2018, 405 ff.; *Holländer*, in BeckOK Datenschutzrecht, Art. 95 DS-GVO Rn. 6.3; *Helfrich*, in Forgó/Helfrich/Schneider, Betrieblicher Datenschutz, Teil XI Kap. 3 Rn. 20 ff.

[393] Übersicht zu diesem Regelungsnebeneinander bei *Conrad/Hausen*, in Auer-Reinsdorff/Conrad, HdB IT- und Datenschutzrecht, § 36 Rn. 20.

[394] Vgl. *Kremer*, in Auer-Reinsdorff/Conrad, HdB IT- und Datenschutzrecht, § 28 Rn. 60 ff.; *Völkel*, DSRITB, 2016, 917 (922 f.); *Pauly*, in Paal/Pauly, DS-GVO/BDSG, Art. 95 Rn. 2; *Klabunde/Selmayr*, in Ehmann/Selmayr, DS-GVO, Art. 95 Rn. 9; *Holländer*, in BeckOK Datenschutzrecht, Art. 95 Rn. 5.

[395] Vgl. *Kremer*, in Auer-Reinsdorff/Conrad, HdB IT- und Datenschutzrecht, § 28 Rn. 60 ff. *Wilmer*, DSRITB, 2015, 1 (15).

II. Verarbeitung der Gesundheitsdaten von Patienten nach der DS-GVO

1. Anwendungsbereich

Gemäß Art. 2 Abs. 1 findet die DS-GVO auf die Verarbeitung **personenbezogener Daten** Anwendung. Personenbezogene Daten sind Informationen, die sich auf eine identifizierte oder identifizierbare Person[396] beziehen, Art. 4 Nr. 1 DS-GVO. Name, Kontaktdaten oder ein Geburtsdatum wären Beispiele für personenbezogene Daten. 91

Der räumliche Geltungsbereich der DS-GVO ist in Art. 3 DS-GVO geregelt. Anwendbar ist die DS-GVO, wenn der für die Datenverarbeitung Verantwortliche (Art. 4 Nr. 7 DS-GVO) oder der Auftragsverarbeiter (Art. 4 Nr. 8 DS-GVO) seine Niederlassung im Unionsgebiet hat (Art. 3 Abs. 1 DS-GVO).[397] Darüber hinaus gilt die DS-GVO im Ergebnis für jede Verarbeitung personenbezogener Daten, sofern diese im Rahmen einer Tätigkeit innerhalb der Europäischen Union stattfindet.[398] So erklärt etwa Art. 3 Abs. 2 lit. a) DS-GVO die DS-GVO für anwendbar, wenn die Datenverarbeitung im Zusammenhang mit dem Angebot von Waren oder Dienstleistungen an Personen in der EU erfolgt (Marktortprinzip). Konkretisiert wird dies in Erwägungsgrund 23, wonach für das Vorliegen eines solchen Angebots die offensichtliche Absicht ausreichend ist, an einen Betroffenen innerhalb der Union zu leisten.[399] Anhaltspunkt hierfür kann beispielsweise die verwendete Sprache sein (Erwägungsgrund 23 S. 3 DS-GVO). Unabhängig vom Sitz des für die Datenverarbeitung Verantwortlichen oder des Auftragsverarbeiters gilt dann der Schutz des europäischen Rechts. Befindet sich also beispielsweise der Sitz des Herstellers einer Health-App außerhalb der EU, bietet er diese App aber innerhalb der EU Nutzern an, so ist die DS-GVO auf die Datenverarbeitung anwendbar. 92

Daneben sieht die DS-GVO Öffnungsmöglichkeiten für das nationale Recht vor, welches dann ergänzend zur Anwendung kommt. Diese werden in Deutschland insbesondere durch das BDSG ausgefüllt. Sachlich gilt das BDSG gem. § 1 BDSG für die Verarbeitung personenbezogener Daten durch öffentliche Stellen des Bundes (zB Bundeswehrkrankenhäuser) und unter den dort genannten Voraussetzungen auch durch Stellen der Länder. Umgekehrt wird das allgemeine Datenschutzrecht an einigen Stellen von bereichsspezifischen Regelungen verdrängt (zB Landeskrankenhausgesetze).[400] Zudem enthält § 1 S. 2 BDSG eine entsprechende Regelung für nicht-öffentliche Stellen, also natürliche und juristische Personen, Gesellschaften und andere Personenvereinigungen des privaten Rechts (§ 2 Abs. 4 BDSG). Dazu zählen beispielsweise privatrechtlich organisierte Leistungserbringer wie niedergelassene Ärzte.[401] Der räumliche Anwendungsbereich des BDSG wird in § 1 Abs. 4 Nrn. 1 und 2 BDSG (Sitzlandprinzip) und in § 1 Abs. 4 Nr. 3 BDSG (Marktortprinzip) geregelt. Die Regelung ist an Art. 3 DS-GVO angelehnt.[402] 93

2. Gesundheitsdaten

Gesundheitsdaten genießen in der DS-GVO einen besonders hohen Schutz. Nach der Legaldefinition in Art. 4 Nr. 15 DS-GVO sind dies alle personenbezogenen Daten, die sich auf die körperliche oder geistige Gesundheit einer natürlichen Person, einschließlich der Erbringung von Gesundheitsdienstleistungen, beziehen und aus denen Informationen 94

---

[396] Zur weiterhin ungeklärten Frage, ob eine absolute oder relative Identifizierbarkeit der Person zu fordern ist vgl. *Spindler/Dalby*, in Spindler/Schuster, Recht der elektronischen Medien, Art. 4 DS-GVO Rn. 7.
[397] Näher zum Begriff der Niederlassung zB *Hanloser*, in BeckOK Datenschutzrecht Rn. 13 ff.
[398] Näher *Ernst*, in Paal/Pauly, DS-GVO/BDSG, Art. 3 DS-GVO Rn. 13 ff.; *Hanloser*, in BekOK, Datenschutzrecht, Art. 3 DS-GVO Rn. 30 ff.
[399] *Ernst*, in Paal/Pauly, DS-GVO/BDSG, Art. 3 DS-GVO Rn. 15 ff.
[400] Näher *Kühling*, MedR 2019, 611 (618 f.).
[401] *Kühling*, MedR 2019, 611 (618).
[402] Vertiefend *Spindler/Dalby*, in Spindler/Schuster, Recht der elektronischen Medien, Art. 3 DS-GVO Rn. 15.

über deren Gesundheitszustand hervorgehen. Der Begriff ist weit auszulegen.[403] Nach Erwägungsgrund 35 S. 2 DS-GVO gehören zu den Gesundheitsdaten auch Informationen über eine natürliche Person, die im Zuge der Anmeldung für sowie der Erbringung von Gesundheitsdienstleistungen erhoben werden[404], sowie Nummern, Symbole oder Kennzeichen, die einer natürlichen Person zugeteilt wurden, um sie für gesundheitliche Zwecke eindeutig zu identifizieren, und schließlich Informationen über Krankheiten, Behinderungen, Krankheitsrisiken, Vorerkrankungen und klinische Behandlungen oder den physiologischen oder biomedizinischen Zustand der betroffenen Person unabhängig von der Herkunft der Daten. Somit fallen regelmäßig auch Daten, die eine Gesundheits-App oder ein Wearable erfasst, unter den Begriff der Gesundheitsdaten.[405] Hinzuweisen ist ferner darauf, dass auch pseudonymisierte Daten der DS-GVO unterfallen (Erwägungsgrund 26 und Art. 4 Nr. 5 DS-GVO). Nur bei anonymisierten Daten findet die DS-GVO keine Anwendung. Der Begriff der Anonymisierung ist nicht legaldefiniert, allgemein versteht man darunter, dass eine Zuordnung zu einer bestimmten oder bestimmbaren Person nicht mehr möglich ist.[406]

3. Rechtsgrundlage der Datenverarbeitung

95 Rechtsgrundlage für die Verarbeitung (Art. 4 Nr. 2 DS-GVO) von Daten ist Art. 6 DS-GVO. Im Hinblick auf Gesundheitsdaten wird dieser von der einschränkenden Regelung des Art. 9 DS-GVO flankiert.[407] Eine Datenverarbeitung ist somit nur dann zulässig, wenn die Voraussetzungen beider Normen gewahrt sind. Art. 9 Abs. 1 DS-GVO untersagt grundsätzlich die Verarbeitung von Gesundheitsdaten. Dieses grundsätzliche Verbot greift gemäß Art. 9 Abs. 2 DS-GVO in den dort genannten Ausnahmefällen aber nicht ein. Besonders relevant sind für den Gesundheitsbereich die Einwilligung nach Art. 9 Abs. 2 lit. a DS-GVO und die Sonderregelung für die individuelle Versorgung im Gesundheitsbereich in Art. 9 Abs. 2 lit. h iVm Abs. 3, 4 DS-GVO für Berufsgeheimnisträger einschließlich der korrespondierenden Erwägungsgründe 52 und 53 DS-GVO. Aufgrund der Öffnung in Art. 9 Abs. 2 lit. h, Abs. 3 und 4 DS-GVO zugunsten des mitgliedstaatlichen Rechts beruht der Gesundheitsdatenschutz in Deutschland zusätzlich auf nationalem Datenschutzrecht.[408] Besonders hervorzuheben ist hier die Regelung des § 22 BDSG, der insbesondere Art. 9 Abs. 2 lit. h und Abs. 3 und 4 DS-GVO ausfüllt (dazu näher unten).[409] Neben der ausdrücklichen Einwilligung lässt Art. 9 Abs. 2 lit. c DS-GVO auch die mutmaßliche Einwilligung zu. Daneben sieht Art. 9 Abs. 2 lit. j iVm. Art. 89 DS-GVO eine Ausnahme für die Verarbeitung von Gesundheitsdaten vor, insbesondere wenn sie der wissenschaftlichen Forschung oder statistischen Zwecken dient. Ausgefüllt werden die Bestimmungen des Art. 9 Abs. 2 lit. j bzw. Art. 89 Abs. 2 DS-GVO durch § 27 BDSG.[410]

---

[403] *Kühling*, MedR 2019, 611 (615) mwN.; *Schild*, in BeckOK Datenschutzrecht, Art. 4 DS-GVO Rn. 143.
[404] Zu insoweit bestehenden Auslegungsunsicherheiten vgl. *Kühling*, MedR 2019, 611 (615); allgemein zum Begriff *Ernst*, in Paal/Pauly, DS-GVO BDSG, Art. 4 Rn. 106 ff.
[405] *Schild*, in BeckOK Datenschutzrecht, Art. 4 DS-GVO Rn. 144; *Ernst*, in Paal/Pauly, DS-GVO BDSG, Art. 4 Rn. 110; *Kühling*, MedR 2019, 611 (615); *Dregelies*, VuR 2017, 256 (258 f.); *v. Zezschwitz*, MedR 2020, 196 (200).
[406] *Ernst*, in Paal/Pauly, DS-GVO BDSG, Art. 4 Rn. 49; *Kuhn/Heinz*, GesR 2018, 691 (695).
[407] *Ipsen/Britz*, in Spiecker gen. Döhmann/Wallrabenstein, Gesundheitsversorgung in Zeiten der Datenschutz-Grundverordnung, S. 165 (167); *Albers/Veit*, in BeckOK Datenschutzrecht, Art. 9 DS-GVO Rn. 24; instruktiv *Bundesministerium für Wirtschaft und Energie*, Orientierungshilfe zum Gesundheitsdatenschutz, 2018, S. 19 ff., abrufbar unter https://www.bmwi.de/Redaktion/DE/Publikationen/Wirtschaft/orientierungshilfe-gesundheitsdatenschutz.html (zuletzt abgerufen am 1.11.2020).
[408] *Kühling*, MedR 2019, 611 (618).
[409] Näher *Albers/Veit*, in BeckOK Datenschutzrecht, § 22 Rn. 14 ff.
[410] Näher dazu *Schickert/Shweiger/Schuppert*, in Sassenberg/Faber, Rechtshandbuch Industrie 4.0 und Internet of Things, § 15 Rn. 36 f. und 89; *Jorzig/Sarangi*, Digitalisierung im Gesundheitswesen, S. 56 f.

E. Verarbeitung von Patientendaten

III. Besonderheiten für bestimmte Fallgruppen

1. Apps und Wearables

Verarbeiten Apps und Wearable Devices Daten und insbesondere Gesundheitsdaten iSd. Art. 4 Nr. 15 DS-GVO, muss dies den Vorschriften der DS-GVO entsprechen.[411] Als **Verarbeitungsgrundlage** kommt der Einwilligung (Art. 6 Abs. 1 lit. a und Art. 9 Abs. 2 lit. a DS-GVO) eine zentrale Stellung zu. Der ansonsten in Betracht kommende Rechtsfertigungsgrund des Art. 6 Abs. 1 lit. b DS-GVO (Verarbeitung zur Durchführung eines Vertrages) wird wegen der begrenzenden Regelung des Art. 9 Abs. 2 lit. h, Abs. 3 DS-GVO in der Regel nicht zur Anwendung kommen.[412] Art. 9 Abs. 2 lit. h, Abs. 3 DS-GVO verlangt nämlich eine Datenverarbeitung durch einen Berufsgeheimnisträger. Die bloße Empfehlung einer App oder eines Wearable Devices im Rahmen einer ärztlichen Behandlung begründet aber für sich noch keine datenschutzrechtliche Verantwortlichkeit auch des Arztes.[413] Dies gilt daher insbesondere bei bloßen Fitness-Apps.[414] Ebenfalls wird Art. 6 Abs. 1 lit. f DS-GVO als Verarbeitungsgrundlage bei Gesundheitsdaten regelmäßig ausscheiden.[415] Soweit andere personenbezogene Daten (zB Angaben über die Nutzung der App) verarbeitet werden, die keine Gesundheitsdaten iSd. Art. 4 Nr. 11 DS-GVO sind, bedarf es nur der Rechtsgrundlage nach Art. 6 DS-GVO.[416] Regelmäßig wird dann eine Verarbeitung solcher Daten gem. Art. 6 Abs. 1 lit. b DS-GVO erfolgen können. Eine Datenverarbeitung ist in diesem Fall rechtmäßig, wenn sie für die Erfüllung eines Vertrags mit dem betroffenen Nutzer oder zur Durchführung vorvertraglicher Maßnahmen erforderlich ist.

96

Hinsichtlich der **Einwilligung** gilt es die Anforderungen der Artt. 6, 7 DS-GVO sowie des Art. 9 DS-GVO zu wahren. Sie soll Ausdruck einer freien Entscheidung des Betroffenen sein. Die Inanspruchnahme einer durch einen Arzt „verordneten" Gesundheits-App ändert nichts daran, dass der Betroffene bei der Nutzung der App einwilligt.[417] Im Übrigen muss die Einwilligung zweckgebunden, ausdrücklich, informiert, rechtzeitig und widerruflich erfolgen.[418] Hinzuweisen ist ferner darauf, dass ein Opt-Out nach der DSGVO nicht möglich ist, da Art. 4 Nr. 11 DSGVO eine unmissverständlich abgegebene Willensbekundung erfordert.[419] Besteht die Möglichkeit, dass die App oder das Wearable Device von mehreren Nutzern gebraucht wird, sollte durch eine technische Ausgestaltung (zB Benutzerkonto) dafür gesorgt werden, dass von jedem Nutzer eine Einwilligung vorliegt.[420] Richten sich Apps an Minderjährige, gelten gem. Art. 8 DS-GVO besondere Anforderungen. Bei unter Sechzehnjährigen muss der App-Anbieter sicherstellen, dass die Einwilligung durch die Träger der elterlichen Verantwortung erfolgt.[421]

97

Hinsichtlich der Programmierung von Apps und allgemein von Software gelten die zwei zentralen Grundsätze datenschutzkonformer und -freundlicher Programmierung (Da-

98

---

[411] Zur Verarbeitung von Sozialdaten etwa bei Apps der Krankenkassen siehe näher *Holzner*, Datenschutz, S. 271 f.; *Kremer*, in Auer-Reinsdorff/Conrad, HdB IT- und Datenschutzrecht, § 28 Rn. 69.
[412] *Ipsen/Britz*, in Spiecker gen. Döhmann/Wallrabenstein, Gesundheitsversorgung in Zeiten der Datenschutz-Grundverordnung, S. 165 (168).
[413] *Dochow*, MedR 2019, 636 (643).
[414] *Ipsen/Britz*, in Spiecker gen. Döhmann/Wallrabenstein, Gesundheitsversorgung in Zeiten der Datenschutz-Grundverordnung, S. 165 (168); *Dregelies*, VuR 2017, 256 (259).
[415] *Kremer*, in Auer-Reinsdorff/Conrad, HdB IT- und Datenschutzrecht, § 28 Rn. 68.
[416] Speziell zur Analyse von Nutzerverhalten und Tracking *Ipsen/Britz*, in Spiecker gen. Döhmann/Wallrabenstein, Gesundheitsversorgung in Zeiten der Datenschutz-Grundverordnung, S. 165 (171 f.).
[417] AA *Dregelies*, VuR 2017, 256 (259 f.).
[418] Näher zu den Einzelnen Merkmalen *Ipsen/Britz*, in Spiecker gen. Döhmann/Wallrabenstein, Gesundheitsversorgung in Zeiten der Datenschutz-Grundverordnung, S. 165 (168 f.); allgemein zu Einwilligung bei Apps *Kremer*, in Auer-Reinsdorff/Conrad, HdB IT- und Datenschutzrecht, § 28 Rn. 55 f.
[419] Dazu auch EuGH, NJW 2019, 3433 Rn. 61; *Schild*, in BeckOK Datenschutz, Art. 4 DS-GVO Rn. 124.
[420] *Ipsen/Britz*, in Spiecker gen. Döhmann/Wallrabenstein, Gesundheitsversorgung in Zeiten der Datenschutz-Grundverordnung, S. 165 (170); vgl. auch *Kremer*, in Auer-Reinsdorff/Conrad, HdB IT- und Datenschutzrecht, § 28 Rn. 57.
[421] Näher *Holzner*, Datenschutz, S. 269.

tenschutz „by Design" (Art. 25 Abs. 1 DS-GVO) und Datenschutz „by Default" (Art. 25 Abs. 2 DS-GVO)). Hiernach sollen Daten sparsam, zweckgebunden, aggregiert und transparent verarbeitet werden.[422] Zudem müssen Apps und Wearable Devices ein angemessenes Sicherheitsniveau gem. Art. 32 DSGVO gewährleisten. Im Rahmen der Abwägung sind das Risiko für die Rechte und Freiheiten des Betroffenen, die wirtschaftlichen Belastungen des Verarbeiters sowie die technischen Möglichkeiten zu berücksichtigen.[423] Die genannten Regelungen sind Konkretisierungen der zu beachtenden allgemeinen Grundsätze des Art. 5 DSGVO.[424]

99 Nutzer, deren Daten verarbeitet werden, verfügen über eine Reihe von Betroffenenrechte.[425] Unternehmen müssen den Betroffenen gem. Artt. 13, 14, 21 DS-GVO bestimmte Informationen über die Datenverarbeitungen zur Verfügung stellen. Diese Pflichten gelten auch für die Datenverarbeitung in Apps.[426] Weitere Betroffenenrechte sind in den Artt. 12ff. DS-GVO und §§ 32ff. BDSG geregelt.[427] Hierzu gehört auch das Recht auf Datenübertragung gem. Art. 20 DS-GVO. Dieses verpflichtet dazu, dem Betroffenen die (Gesundheits-)Daten in einem strukturierten, gängigen und maschinenlesbaren Format bereitzustellen. Im Übrigen ist darauf hinzuweisen, dass Apps mit Online-Anbindung regelmäßig dem TMG unterfallen und die Impressumspflicht nach § 5 TMG wahren müssen.[428] Je nach Funktionsweise der mHealth Anwendung kann zudem eine Datenschutzfolgeabschätzung (DSFA) erforderlich werden (dazu näher im folgenden Abschnitt 2.).

2. Telemedizin

100 Die Datenverarbeitung im Rahmen einer telemedizinischen Behandlung kann auf Grundlage einer Einwilligung (dazu Rn. 97) oder zur Vertragserfüllung (Art. 6 Abs. 1 lit. b DS-GVO) erfolgen.[429] Die Einwilligung führt zur Zulässigkeit auch der Verarbeitung von Gesundheitsdaten, sofern die zusätzlichen Anforderungen des Art. 9 Abs. 2 lit. a DS-GVO (Ausdrücklichkeit der Einwilligung) gewahrt sind.[430] Im Übrigen ermöglicht der bereits oben angesprochene Art. 9 Abs. 2 lit. h, Abs. 3 DSGVO iVm. § 22 BDSG eine Gesundheitsdatenverarbeitung. Gemäß § 22 Abs. 1 lit. b BDSG ist eine Verarbeitung von Gesundheitsdaten möglich, wenn dies zum Zweck der Gesundheitsvorsorge, für die Beurteilung der Arbeitsfähigkeit, für die medizinische Diagnostik, die Versorgung oder Behandlung im Gesundheits- oder Sozialbereich oder aufgrund eines Vertrages erfolgt.[431] Die Datenverarbeitung muss dabei erforderlich sein und auch eine Interessenabwägung muss für die Verarbeitung sprechen (§ 22 Abs. 1 aE BDSG). Die Verarbeitung darf dann durch das ärztliche Fachpersonal und sonstige Personen erfolgen, die einer entsprechenden Geheimhaltungspflicht unterliegen. Eine besondere datenschutzrechtliche Einwilligungserklärung des Pati-

---

[422] *Baumgartner/Gausling*, ZD 2017, 308ff.; *Martini*, in Paal/Pauly, DS-GVO/BDSG, Art. 25 Rn. 29ff.; *Ipsen/Britz*, in Spiecker gen. Döhmann/Wallrabenstein, Gesundheitsversorgung in Zeiten der Datenschutz-Grundverordnung, S. 165 (173f.).
[423] Näher *Martini*, in Paal/Pauly, DS-GVO/BDSG, Art. 32 DSG-VO Rn. 46ff.; *Ipsen/Britz*, in Spiecker gen. Döhmann/Wallrabenstein, Gesundheitsversorgung in Zeiten der Datenschutz-Grundverordnung, S. 165 (175ff.).
[424] *Martini*, in Paal/Pauly, DS-GVO/BDSG, Art. 25 DS-GVO Rn. 2 und Art. 32 DS-GVO Rn. 2.
[425] Instruktiver allgemeiner Überblick bei *Jorzig/Sarangi*, Digitalisierung im Gesundheitswesen, S. 64ff.
[426] Näher zur Datenschutzerklärung bei Apps *Ipsen/Britz*, in Spiecker gen. Döhmann/Wallrabenstein, Gesundheitsversorgung in Zeiten der Datenschutz-Grundverordnung, S. 165 (178); *Koreng/Lachenmann*, Formularhandbuch Datenschutzrecht, F. I. 2.
[427] Vgl. dazu auch den Flyer „Gesundheits-Apps" des Bundesbeauftragten für den Datenschutz und die Informationsfreiheit von Januar 2019, abrufbar unter https://www.bfdi.bund.de/SharedDocs/Publikationen/Faltblaetter/Gesundheitsapps.html (zuletzt abgerufen am 1.11.2020). Wenig praxisrelevant dürfte die dort ausgesprochene Empfehlung sein, die erhobenen Daten lokal auf dem Gerät selbst zu speichern.
[428] *Kremer*, in Auer-Reinsdorff/Conrad, HdB IT- und Datenschutzrecht, § 28 Rn. 21f.
[429] *Kuhn/Heinz*, GesR 2018, 691 (696).
[430] *Albers/Veit*, in BeckOK Datenschutzrecht, Art. 9 DS-GVO Rn. 50.
[431] Ausführlich *Dochow*, MedR 2019, 636 (644f.).

E. Verarbeitung von Patientendaten

enten ist nicht mehr erforderlich.⁴³² Die datenschutzrechtlichen Pflichten treffen den (fernbehandelnden) Arzt als Verantwortlichen selbst. Seine Verantwortungssphäre umfasst auch die Verarbeitungstätigkeit von nicht-selbstständigen Mitarbeitern. Diese sind als Beschäftigte in den Organisationsbereich des behandelnden Arztes eingebunden und damit ein unselbstständiger Teil des Verantwortlichen.⁴³³ § 22 BDSG ermöglicht auch Ärzten in einem Praxisverbund die Datenverarbeitung im Rahmen einer telemedizinischen Behandlung.⁴³⁴ Im Übrigen verpflichtet § 4 Abs. 2 Anlage 31b BMV-Ä den behandelnden Arzt, für eine Videosprechstunde die Einwilligung des Patienten in die Datenverarbeitung des genutzten Videodienstanbieters einzuholen. Diese muss den Anforderungen der Artt. 7, 9 Abs. 2 lit. a DS-GVO genügen. Die Weitergabe der Daten an Dritte oder weiter behandelnde Ärzte (zB Facharzt) bedarf der Einwilligung des Patienten.⁴³⁵ Eine Sondervorschrift für die Koordination der Betreuung von Hausarzt und behandelndem Arzt enthält § 73 Abs. 1b SGB V. Durch das TSVG wurde das bisher enthaltene schriftliche Einwilligungserfordernis aufgehoben.⁴³⁶ Die Datenweitergabe zur Dokumentation und weiteren Behandlung hängt nunmehr nur noch von der Zustimmung des Betroffenen ab, der nach der Vorstellung des Gesetzgebers keine datenschutzrechtliche Relevanz zukommen soll.⁴³⁷ Die datenschutzrechtlichen Vorgaben wurden aus § 73 Abs. 1b SGB V gestrichen. Die Datenverarbeitung von Gesundheitsdaten durch mehrere an der Behandlung beteiligte Ärzte kann danach auf der Grundlage des Art. 9 DS-GVO iVm. § 22 Abs. 1 lit. b BDSG erfolgen, eine datenschutzrechtliche Einwilligung ist grundsätzlich nicht erforderlich.⁴³⁸

Erfolgt die Fernbehandlung über eine Plattform, stellt sich die Frage, ob das Kooperationsverhältnis mit dem Betreiber der Plattform rechtlich als eine **Auftragsverarbeitung** (Art. 4 Nr. 8 und Art. 28 DS-GVO) einzuordnen ist, oder, ob eine **gemeinsame Verantwortlichkeit** (Art. 26 DS-GVO) vorliegt. Liegt ein Fall der Auftragsverarbeitung vor, treffen die datenschutzrechtlichen Pflichten allein den (fernbehandelnden) Arzt. Eine gesonderte Rechtsgrundlage für die Datenverarbeitung des Betreibers ist dann nicht erforderlich.⁴³⁹ Den Arzt trifft die Pflicht, den Auftragsverarbeiter sorgfältig auszuwählen (Art. 28 Abs. 1 DS-GVO). Die Auftragsverarbeitung gründet auf einem Vertrag zwischen dem Verantwortlichen und dem Auftragsverarbeiter oder einem anderen Rechtsinstrument (vgl.

101

---

⁴³² *Dochow*, MedR 2019, 636 (644); *Schröder*, MedR 2019, 631 (636); *Kuhn/Heinz*, GesR 2018, 691 (696) die aus dem Grundsatz der Zweckbindung und Datenminimierung (Art. 5 DS-GVO) ableiten, dass der Behandlungsvertrag nur eine eng an der Behandlung orientierte Datenverarbeitung erlaube. Dementsprechend sei für darüber hinausgehende Zwecke (zB Versand einer Terminerinnerung) eine Einwilligung erforderlich. Dies erscheint zu weitgehend, wenn die Terminerinnerung von der Arztpraxis selbst versandt wird. Soll der Patient dagegen von einem externen Dienstleister per SMS oder E-Mail an seinen Termin erinnert werden, so bedarf es unseres Erachtens hierzu der Einwilligung des Patienten in die Übermittlung seiner Daten an den Dienstleister, oder – wenn der Dienstleister als Auftragsverarbeiter für den Arzt tätig werden soll – des Abschlusses einer Auftragsverarbeitungsvereinbarung zwischen dem behandelnden Arzt und Dienstleister sowie der vorherigen Information des Patienten über die Verarbeitung seiner Daten durch den Dienstleister im Auftrag des Arztes.
⁴³³ *Dochow*, MedR 2019, 636 (640).
⁴³⁴ *Dochow*, MedR 2019, 636 (644 f.).
⁴³⁵ *Kuhn/Heinz*, GesR 2018, 691 (697).
⁴³⁶ Dazu *Warner*, in BeckOK Sozialrecht, § 73 SGB V Rn. 17; *Schröder*, MedR 2019, 631 (636); *Dochow*, MedR 2019, 636 (644); *Kuhn/Heinz*, GesR 2018, 691 (699).
⁴³⁷ Vgl. BT-Drs. 19/8351 S. 178; *Rademacker*, in Kasseler Kommentar Sozialversicherungsrecht, § 73 SGB V Rn. 16; kritisch *Dochow*, MedR 2019, 636 (644) (Zustimmung unterliegt den Anforderungen des Art. 9 Abs. 2 lit. a DSGVO)
⁴³⁸ BT-Drs. 19/8351 S. 178; *Warner*, in BeckOK Sozialrecht, § 73 SGB V Rn. 17; *Dochow*, MedR 2019, 636 (644).
⁴³⁹ *Dochow*, MedR 2019, 636 (641); *Datenschutzkonferenz*, Kurzpapier Nr. 13 vom 16.1.2018, S. 2. Die Reichweite der Privilegierung des Auftragsverarbeiters ist strittig, im praktischen Ergebnis sollten sich aber kaum Unterschiede ergeben, vgl. näher *Spoerr*, BeckOK Datenschutzrecht, Art. 28 DS-GVO Rn. 29 ff.; *Martini*, in Paal/Pauly, DS-GVO/BDSG, Art. 28 DS-GVO Rn. 8a ff.; *v. Holleben/Knaut*, CR 2017, 299 (301 f.). Zu möglichen Konstruktionen vgl. *Bleckmann*, DuD 2019, 137 (140); *Härting/Gössling*, NJW 2018, 2523 (2524); *Seiter*, DuD 2019, 127 (128 f.).

Art. 28 DS-GVO).⁴⁴⁰ Gem. Art. 28 Abs. 3 S. 2 lit. c iVm Art. 32 DS-GVO hat der Auftragsverarbeiter angemessene technische und organisatorische Schutzmaßnahmen zu ergreifen, um die Gesundheitsdaten zu schützen.⁴⁴¹

102 **Auftragsverarbeiter** ist nach Art. 4 Nr. 8 DS-GVO eine natürliche oder juristische Person, die personenbezogene Daten im Auftrag verarbeitet. Beispiele für die Auftragsverarbeitung sind das Outsourcing von Datenverarbeitungen im Rahmen bestimmter Formen des Cloud-Computing.⁴⁴² Maßgebliches Kriterium für die Beurteilung ist, wer über die Zwecke und Mittel der Verarbeitung entscheidet (vgl. Art. 4 Nr. 7 DS-GVO).⁴⁴³ Bei der schwierigen Abgrenzung zwischen Auftragsverarbeitung und gemeinsamer Verantwortlichkeit sind die Vertragsverhältnisse der Kooperationspartner und aber auch die tatsächlichen Verhältnisse hinsichtlich des Datenverarbeitungsprozesse zu betrachten.⁴⁴⁴ Dabei spielt für die Beurteilung im Einzelfall eine Rolle, inwiefern der Auftraggeber dem Auftragsverarbeiter Weisungen erteilen kann und ob Kontroll- und Einflussmöglichkeiten bestehen.⁴⁴⁵ Es genügt, wenn der Auftraggeber die wesentlichen Umstände der Tätigkeit bestimmt, gewisse verbleibende Entscheidungsspielräume (zB hinsichtlich technischer Maßnahmen des Auftragsverarbeiters) schaden in der Regel nicht.⁴⁴⁶ Wird der Dienstleister etwa nur unterstützend tätig, kommt eine Auftragsverarbeitung in Betracht (zB bei einer Pflege der Website, die auch Datensicherungen einschließt).⁴⁴⁷ Andererseits spricht ein Auftreten des vermeintlichen Auftragsverarbeiters als Anbieter des telemedizinischen Dienstes gegenüber dem betroffenen Patienten gegen eine Auftragsverarbeitung.⁴⁴⁸ In diesem Zusammenhang ist auch die Rechtsprechung des EuGH zu würdigen, der den Begriff der gemeinsamen Verantwortung weit auslegt.⁴⁴⁹ Eine gleichwertige Verantwortlichkeit der Akteure sei nicht erforderlich, vielmehr können die Parteien in die Zweck-/Mittelentscheidung unterschiedlich stark und in unterschiedlicher Weise eingebunden sein.⁴⁵⁰ Eine Einbeziehung in verschiedene Phasen der Verarbeitungstätigkeit schade nicht, sofern sich die gemeinsame Zweck-/Mittelentscheidung hierauf bezöge.⁴⁵¹ Auch setze die Annahme einer gemeinsamen Verantwortlichkeit nicht voraus, dass jeder der Beteiligten einen Zugang zu den be-

---

⁴⁴⁰ Ausführlich dazu *Lapp*, in Spiecker gen. Döhmann/Wallrabenstein, Gesundheitsversorgung in Zeiten der Datenschutz-Grundverordnung, S. 141 (148 ff.).

⁴⁴¹ Dazu näher *Martini*, in Paal/Pauly, DS-GVO/BDSG, Art. 28 Rn. 44 ff.

⁴⁴² *Datenschutzkonferenz*, Kurzpapier Nr. 13 vom 17.12.2018, S. 4. Speziell zur Auftragsverarbeitung von Gesundheitsdaten in der Cloud vgl. *Lapp*, in Spiecker gen. Döhmann/Wallrabenstein, Gesundheitsversorgung in Zeiten der Datenschutz-Grundverordnung, S. 141 ff.

⁴⁴³ *Dochow*, MedR 2019, 636 (641); *Schild*, in BeckOK Datenschutzrecht, Art. 4 DS-GVO Rn. 87 ff.; Art. 29-Datenschutzgruppe, WP 169 vom 16.2.2010.

⁴⁴⁴ Speziell für die Telemedizin *Dochow*, MedR 2019, 636 (641); allgemein *Spoerr*, in Beck, Datenschutzrecht, Art. 26 DS-GVO Rn. 13 f. und Art. 28 DS-GVO Rn. 22; *Martini*, in Paal/Pauly, DS-GVO/BDSG, Art. 26 Rn. 19; *Lehmann/Rettig*, VersR 2020, 464, 466; *Datenschutzkonferenz*, Kurzpapier Nr. 16 vom 19.3.2018, S. 3.

⁴⁴⁵ Speziell für die Telemedizin *Dochow*, MedR 2019, 636 (641); allgemein *Spoerr*, in Beck, Datenschutzrecht, Art. 28 DS-GVO Rn. 22; *Lehmann/Rettig*, VersR 2020, 464 (467).

⁴⁴⁶ *Dochow*, MedR 2019, 636 (641); *Hartung/Büttgen*, DuD 2017, 549 (551); *Buchner*, Der NEUE Datenschutz im Gesundheitswesen, A/3.4.1, S. 69; *Lapp*, in Spiecker gen. Döhmann/Wallrabenstein, Gesundheitsversorgung in Zeiten der Datenschutz-Grundverordnung, S. 141 (146); *Spoerr*, in BeckOK Datenschutzrecht, Art. 26 DS-GVO Rn. 13e; *Datenschutzkonferenz*, Kurzpapier Nr. 13 vom 16.1.2019, S. 1; *Art. 29 Datenschutzgruppe*, WP 169 vom 16.2.2010, S. 17 f., 34, 40.

⁴⁴⁷ *Dochow*, MedR 2019, 636 (642).

⁴⁴⁸ *Dochow*, MedR 2019, 636 (641).

⁴⁴⁹ *EuGH*, NJW 2018, 2537; bestätigt in NJW 2019, 285 ff.; *Spoerr*, in BeckOK Datenschutzrecht, Art. 26 DS-GVO Rn. 13 f. und Art. 28 DS-GVO Rn. 22; dazu auch *Härting/Gössling*, NJW 2018, 2523 ff.; *Wagner*, ZD 2018, 307 (309).

⁴⁵⁰ EuGH, NJW 2019, 2755 Rn. 70; NJW 2018, 2537 Rn. 43; NJW 2018, 534 Rn. 43; vgl. ferner *Härting/Gössling*, NJW 2018, 2524 ff.

⁴⁵¹ EuGH, NJW 2019, 2755 Rn. 70; NJW 2018, 2537 Rn. 43; NJW 2018, 534 Rn. 43. Vgl. zur Einschränkung der Verantwortlichkeit bei vor- und nachgelagerten Phasen in EuGH, NJW 2019, 2755 Rn. 74 – dazu näher *Spoerr*, in BeckOK Datenschutzrecht, Art. 26 DS-GVO Rn. 16; *Spittka/Mantz*, NJW 2019, 2742 (2744); *Dochow*, MedR 2019, 636 (642).

E. Verarbeitung von Patientendaten

treffenden personenbezogenen Daten hat.[452] Dies macht aber eine genaue Prüfung des Einzelfalls erforderlich. Die gegenseitige Förderung in der Verfolgung wirtschaftlicher Interessen spricht für eine gemeinsame Verantwortlichkeit.[453] Der EuGH sieht denjenigen als Verantwortlichen an, der auf die Datenverarbeitung aus eigenem Interesse Einfluss nimmt.[454]

103 Häufig dürfte daher eine gemeinsame Verantwortlichkeit nach Art. 26 DS-GVO von Betreiber und Telearzt vorliegen, insbesondere wenn der Arzt keine Einflussmöglichkeiten auf die Gestaltung der Plattform und die einzelnen Verarbeitungsvorgänge hat.[455] Der Betreiber wird nämlich regelmäßig auch eigene Geschäftszwecke verfolgen.[456] Er und der Arzt werden jedoch in der Regel bei der jeweiligen Zweckverfolgung zusammenwirken müssen, so dass eine gemeinsame Entscheidung über die Zwecke und Mittel der Datenverarbeitung vorliegen wird.[457] Rechtsgrundlage für die Verarbeitung von Gesundheitsdaten durch den Betreiber der Plattform wird dann regelmäßig eine Einwilligung sein.[458] Im Falle einer gemeinsamen Verantwortlichkeit fordert Art. 26 Abs. 1 S. 2 DS-GVO eine transparente vertragliche Vereinbarung und klare Zuweisung der datenschutzrechtlichen Verantwortung und der Pflichten auf Grundlage der tatsächlichen Gegebenheiten (Art. 26 Abs. 2 DS-GVO).[459] Die wesentlichen Punkte der Vereinbarung müssen dem betroffenen Patienten zB auf einer Website zur Verfügung gestellt werden (vgl. Art. 26 Abs. 2 S. 2 DS-GVO).[460] Der Betroffene kann seine Rechte bei jedem der gemeinsam Verantwortlichen geltend machen (Art. 26 Abs. 3 DS-GVO). Diese haften als Gesamtschuldner (vgl. Art. 82 Abs. 3, 4 DS-GVO). Die Beurteilung, wann eine gemeinsame oder alleinige Verantwortung vorliegt, fällt in der Praxis nicht leicht. Sie erfordert eine genaue Betrachtung und Prüfung der jeweiligen einzelnen Datenverarbeitungsvorgänge.

104 Bei der Fernbehandlung stehen dem Patienten die Betroffenenrechte (Art. 13 ff. DS-GVO) zu.[461] Dies gilt grundsätzlich auch für das Recht auf Datenportabilität aus Art. 20 DS-GVO, denn die Verarbeitung durch den behandelnden Arzt erfolgt in der Regel entweder aufgrund einer Einwilligung, oder durch Vertrag. Sofern teilweise darauf abgestellt wird, dass Art. 9 Abs. 2 lit. h) DS-GVO in Art. 20 DS-GVO nicht aufgezählt wird,[462] ist dies zu pauschal und übersieht, dass eine Datenverarbeitung auf Grundlage des Behandlungsvertrags (Art 6 Abs. 1 lit. b) DS-GVO stattfinden kann.[463]

105 Schließlich kann eine Datenschutz-Folgenabschätzung gem. Art. 35 DS-GV erforderlich werden. Bei dieser geht es um eine Bewertung des Risikos bei Datenverarbeitungsvorgängen im Vorfeld der Datenverarbeitung. Damit sollen die Rechte und Freiheiten von Patienten geschützt werden und die Einhaltung des Datenschutzes sichergestellt werden. Sofern ein Datenschutzbeauftragter besteht, muss der Verantwortliche dessen Rat einholen.

---

[452] *EuGH*, NJW 2019, 2755 Rn. 69; NJW 2019, 285 Rn. 69; NJW 2018, 2537 Rn. 38; NJW 2018, 534 Rn. 38.
[453] *EuGH*, NJW 2019, 2755 Rn. 80; *Dochow*, MedR 2019, 636 (643); *Spoerr*, in BeckOK Datenschutzrecht, Art. 26 DS-GVO Rn. 17.
[454] *EuGH*, NJW 2019, 285 Rn. 68; näher *Spoerr*, in BeckOK Datenschutzrecht, Art. 26 DS-GVO Rn. 16.
[455] *Hahn*, Telemedizin – Das Recht der Fernbehandlung, S. 48; *Wolf*, GuP 2018, 129 (130); *Kuhn/Heinz*, GesR 2018, 691 (697); *Dochow*, MedR 2019, 636 (641).
[456] Zu diesem Gesichtspunkt auch *Dochow*, MedR 2019, 636 (641); vgl. aber auch *Kassenärztliche Vereinigung Bayerns*, Fragen und Antworten zur Datenschutz-Grundverordnung (DS-GVO) und Datenschutz in der Arztpraxis, Stand 17.3.2020, S. 25, abrufbar unter https://www.kvb.de/fileadmin/kvb/dokumente/Praxis/Praxisfuehrung/KVB-Infoblatt-FAQ-DSGVO.pdf (zuletzt abgerufen am 1.11.2020).
[457] *Wolf*, GuP 2018, 129 (131); *Dochow*, MedR 2019, 636 (643).
[458] *Hahn*, Telemedizin – Das Recht der Fernbehandlung, S. 48; *Dochow*, MedR 2019, 636 (645); *Kuhn/Heinz*, GesR 2018, 691 (697); aA *Wolf*, GuP 2018, 129 (130): Art. 6 Abs. 1 lit. b DS-GVO.
[459] Näher *Schreiber*, ZD 2019, 55 ff.; *Dochow*, MedR, 2019, 636 (643).
[460] *Spoerr*, in BeckOK Datenschutz, Art. 26 Rn. 29.
[461] Dazu schon Rn. 98; ausführlich *Schröder*, MedR 2019, 631 (634 f.).
[462] *Hahn*, Das Recht der Fernbehandlung, S. 48; *Kuhn/Heinz*, GesR 2018, 691(697); *Wolf*, GuP 2018, 129 (130).
[463] So auch *Deutsche Gesellschaft für Medizinische Informatik, Biometrie und Epidemiologie e.V.*, Hinweise/Stellungnahme zum „Recht auf Datenübertragbarkeit" gemäß Art. 20 DS-GVO, S. 10.

Ob der Verantwortliche einen Datenschutzbeauftragten zu ernennen hat, bestimmt sich nach Art. 37 DS-GVO iVm. § 38 BDSG.[464] Für die Arztpraxis sind insbesondere Art. 37 Abs. 1 lit. c DS-GVO und § 38 S. 2 BDSG relevant. Auch wenn es sich bei der Telemedizin an sich nicht um eine „neue Technologie" handelt, dürfte ein hohes Risiko iSd. Art. 35 Abs. 1 DS-GVO zumindest bei ihrem flächendeckenden Einsatz und den neuen Möglichkeiten im Zuge der Liberalisierung des Berufsrechts vermehrt vorliegen.[465] Das Regelungsbeispiel des Art. 35 Abs. 3 lit. b DS-GVO sieht eine Datenschutz-Folgeabschätzung insbesondere bei umfangreicher Verarbeitung personenbezogener Daten gem. Art. 9 Abs. 1 DS-GVO vor und damit bei Gesundheitsdaten. Wann eine solche umfangreiche Verarbeitung vorliegt ist nicht rechtssicher geklärt.[466] Insbesondere ist unklar, inwiefern zur Bestimmung des Umfangs der Verarbeitung rein quantitative oder auch qualitative Kriterien heranzuziehen sind.[467] Einen Anknüpfungspunkt liefert Erwägungsgrund 91 DS-GVO, der eine Datenschutz-Folgenabschätzung für umfangreiche Verarbeitungsvorgänge bestimmt, die dazu dienen große Mengen personenbezogener Daten zu verarbeiten, die eine große Zahl von Personen betreffen können und die ein hohes Risiko mit sich bringen. Allerdings soll nach Erwägungsgrund 91 S. 4 die Verarbeitung personenbezogener Daten von Patienten durch einen einzelnen Arzt keine umfangreiche Verarbeitung darstellen. Offen bleibt damit, wie der Maßstab des privilegierten Einzelarztes zu begreifen ist. Im Bereich der Telemedizin wird man von der Erforderlichkeit einer Datenschutz-Folgenabschätzung im Zweifel ausgehen müssen, insbesondere wenn die telemedizinische Tätigkeit nicht ganz untergeordnet ist und eine entsprechende Infrastruktur errichtet wird, auf die mehrere Beteiligte Zugriff haben.[468] Bei Zweifeln sollte Rücksprache mit der zuständigen Aufsichtsbehörde gesucht werden. Die Notwendigkeit einer DSFA für telemedizinische Behandlungen ergibt sich ferner aus der Positivliste gem. Art. 35 Abs. 4 DS-GVO. In Deutschland haben sich die Aufsichtsbehörden des Bundes und der Länder auf eine Positivliste verständigt, die von der *Datenschutzkonferenz* beschlossen wurde.[469] Gemäß Ziff. 16 der DSK-Liste ist eine Datenschutz-Folgenabschätzung bei „Einsatz von Telemedizin-Lösungen zur detaillierten Bearbeitung von Krankheitsdaten" auch dann vorzunehmen, wenn die Voraussetzungen des Art. 35 Abs. 3 DS-GVO nicht vorliegen. Eine Datenschutzfolgeabschätzung ist demnach erforderlich, „wenn eine Datenverarbeitung mittels Sensoren oder mobilen Anwendungen nicht nur einmalig erfolgt und die Daten von einer zentralen Stelle empfangen und aufbereitet werden". Als Beispiel wird ein Arzt angeführt, der „ein Webportal oder (...) eine App [nutzt], um mit Patienten mittels Videotelefonie zu kommunizieren und Gesundheitsdaten durch Sensoren beim Patienten (...) detailliert und systematisch zu erheben und zu verarbeiten". Im Übrigen ist auf die Leitlinien der *Art. 29-Datenschutzgruppe* hinzuweisen.[470] Ist eine DSFA für ein telemedizinisches Verfah-

---

[464] Dazu näher *Jorzig/Sarangi*, Digitalisierung im Gesundheitswesen S. 76 f.; *Schröder*, MedR 2019, 631 (633); vgl. auch Bayerisches Landesamt für Datenschutzaufsicht, Auslegungshilfe Datenschutzbeauftragter im medizinischen Bereich, Dezember 2019, abrufbar unter https://www.lda.bayern.de/media/veroeffentlichungen/FAQ_DSB_im_medizinischen_Bereich.pdf (zuletzt abgerufen am 1.11.2020).
[465] Kritisch *Dochow*, MedR 2019, 636 (646).
[466] Vgl. auch *Bundesärztekammer* und *Kassenärztliche Bundesvereinigung*, Hinweise und Empfehlungen zur ärztlichen Schweigepflicht, Datenschutz und Datenverarbeitung in der Arztpraxis, A 12, abrufbar unter https://www.kbv.de/media/sp/Empfehlungen_aerztliche_Schweigepflicht_Datenschutz.pdf (zuletzt abgerufen am 1.11.2020).
[467] *Dochow*, MedR 2019, 636 (646); *Laue*, in Spindler/Schuster, Recht der elektronischen Medien, Art. 35 DS-GVO Rn. 15 (Verarbeitung von Daten von mehr als 5000 Personen innerhalb von zwölf Monaten).
[468] Ähnlich *Dochow*, MedR 2019, 636 (646 f.); *Jorzig/Sarangi*, Digitalisierung im Gesundheitswesen, S. 71, mit Betonung der Notwendigkeit der Einzelfallprüfung; für den Fall des Telemonitorings *Günther*, in Forgó/Helfrich/Schneider, Betrieblicher Datenschutz, Kap. X Teil 3 Rn. 23.; vgl. ferner *Datenschutzkonferenz*, Kurzpapier Nr. 16 vom 19.3.2018, S. 4 (Erforderlichkeit der Datenschutz-Folgenprüfung bei gemeinsamer Verantwortlichkeit).
[469] *Datenschutzkonferenz*, Liste von Verarbeitungstätigkeiten mit obligatorischer Datenschutz-Folgenabschätzung vom 17.10.2018; dazu näher *Schröder*, MedR 2019, 631, 634.
[470] *Art. 29-Datenschutzgruppe*, WP 248 Rev. 01. vom 04.10.2017; dazu näher *Dochow*, MedR 2019, 636 (647 f.).

ren erforderlich und verwenden mehrere Verantwortliche dieses über eine Plattform, reicht es aus, wenn die DSFA einmal für die Plattform durchgeführt wird (vgl. Art. 35 Abs. 1 S. 2 DS-GVO).[471]

---

[471] *Dochow,* MedR 2019, 636 (648).

Teil 14. Digitale Transformation in der Industrie

Teil 14.1 Industrieller 3D-Druck

Übersicht

	Rn.
A. Vorteile und Anwendungsfälle der additiven Fertigung	2
B. Rechtsfragen der additiven Fertigung	4
I. Additive Fertigung von Ersatzteilen	5
1. Vermeidung von Schutzrechtsverletzungen	5
2. Produkthaftung für additiv gefertigte Bauteile	13
II. Haftung der Betreiber von Marktplätzen für 3D-Modelle	21
III. Schutz von Konstruktions- und Produktionsdaten	25
IV. Arbeitssicherheit in der additiven Fertigung	26

Literatur:
Ballardini/Norrgard/Partanen, (Hrsg.), 3D Printing, Intellectual Property and Innovation, 2016; *Blanke-Roeser*, GRUR 2017, 467; *Calabresi*, The Cost of Accidents, 1977; *Chua/Wong/Yeong*, Standards, Quality Control in 3D Printing and Additive Manufacturing, 2017; *Heyne*, Immaterialgüterrechte und Objektreplikation, Juristische Risiken und Lösungsmöglichkeiten bei der Vermarktung von 3D-Druckvorlagen, 2016; *Hornick*, 3D Printing Will Rock the World; *Leupold/Glossner*, 3D Printing 2017; *Leupold/Glossner*, 3D-Druck, Additive Fertigung und Rapid Manufacturing, 2016; *Mengden*, MMR 2014, 79; *Oechsler*, NJW 2018, 1569; *Partsch/Rump*, NJW 2020, 118; *Schäfer/Rüberg/Nordemann*, NJW 2015, 1265; *Schäfer/Ott*, Lehrbuch der ökonomischen Analyse des Zivilrechts, 5. Aufl. 2012; *Tobuschat*, Kaufgewährleistung und Produkthaftung bei Generativen Fertigungsdienstleistungen, 2016; *Unfricht*, 3D-Druck & Recht: Innovation vs. geistiges Eigentum: Der 3D-Druck und Fragen zum Musterschutz, Urheberrecht, Patentrecht und Markenrecht, 2016.

Der industrielle 3D-Druck, oder die **additive Fertigung,** wie sie in Fachkreisen genannt wird,[1] ist geradezu ein exemplarischer Fall der vielzitierten Industrie 4.0 und macht den Begriff der digitalen Transformation greifbar. In der additiven Fertigung werden aus Daten Produkte, ohne dass dafür Formen oder Werkzeuge benötigt werden, mit denen das Werkstück gegossen oder aus einem Materialblock gedreht oder gefräst werden muss. Stattdessen wird das Werkstück Schicht für Schicht und somit „additiv" aufgebaut und anschließend nachbearbeitet. Die Steuerung des Druckers und die Überwachung des Fertigungsprozesses erfolgt dabei mittels des sog. G-Codes, der dem Drucker vorgibt, auf welchen Bahnen er den Druckkopf zu bewegen hat. Die dafür benötigten Daten sind in einem dreidimensionalen Modell des Werkstücks gespeichert, das gewissermaßen die Blaupause für das gewünschte Produkt enthält. Damit kann derjenige, der im Besitz des 3D-Modells ist, das Produkt auch herstellen, sofern er nur über einen geeigneten 3D-Drucker und die für seine Bedienung benötigten Kenntnisse verfügt. Als datengetriebenes Fertigungsverfahren wirft der industrielle 3D-Druck verschiedene Rechtsfragen auf, die im Folgenden kurz dargestellt werden.[2] Zum besseren Verständnis der Möglichkeiten und Grenzen additiver Herstellungsverfahren wird jedoch zunächst gezeigt, was damit schon heute möglich ist und worin sich die additive Konstruktion und Fertigung von der Art, wie Produkte sonst entwickelt und hergestellt werden, unterscheidet.

1

---

[1] Genau genommen handelt es sich beim 3D-Druck nur um eine von vielen Varianten der additiven Fertigung, beide Begriffe werden im Folgenden jedoch entsprechend dem allgemeinen Sprachgebrauch synonym verwendet. Zu den Unterschieden vgl. https://www.additivemanufacturing.media/blog/post/additive-manufacturing-and-3d-printing-are-two-different-things.

[2] Für eine vertiefte Erörterung der rechtlichen, wirtschaftlichen und technischen Aspekte vgl. *Leupold/Glossner*, 3D Printing; ferner *Ballardini/Norrgard/Partanen*, (Hrsg.), 3D Printing, Intellectual Property and Innovation.

A. Vorteile und Anwendungsfälle der additiven Fertigung

2   Auch über 30 Jahre nach der Erfindung der sog. **Stereolitografie** durch Chuck Hall[3] wird gelegentlich angenommen, dass die additive Fertigung lediglich ein anderes Herstellungsverfahren sei, dass weder zu anderen Ergebnissen führe noch besondere Rechtsfragen aufwerfe. Beides ist jedoch unzutreffend. Dass der industrielle 3D-Druck anders ist als alle anderen Herstellungsverfahren und sich seine Vorteile nicht auf den eigentlichen Herstellungsprozess beschränken, zeigt sich bereits beim Produktdesign. Die additive Fertigung bietet dem technischen Produktdesigner nie dagewesene konstruktive Freiheiten und ermöglicht Leichtbaukonstruktionen, die deutlich weniger Materialeinsatz bei gleicher oder sogar besserer Belastbarkeit der Werkstücke erfordern und mit den bislang eingesetzten Herstellungsverfahren nicht realisiert werden konnten.[4] Das ist insbesondere im Flugzeugbau ein entscheidender Vorteil, denn je weniger ein Bauteil wiegt, desto geringer ist auch der Treibstoffverbrauch des Flugzeugs. Außerdem können mit der additiven Fertigung bionische Formen verwirklicht werden, die bislang der Natur vorbehalten waren. Ihre besonderen Vorteile spielt die additive Fertigung derzeit vor allem noch dort aus, wo kleine Losgrößen benötigt werden, die sich mit herkömmlichen Verfahren nicht wirtschaftlich herstellen lassen. Will etwa die Deutsche Bahn, die bereits mit über 10.000 additiv gefertigten Bauteilen Erfahrungen gesammelt hat, in ihren Zügen Kleiderhaken in geringen Stückzahlen ersetzen, macht es keinen Sinn, diese im Spritzgussverfahren herstellen zu lassen, wenn sie deutlich schneller und kostengünstiger gedruckt werden können.

3   Dass der 3D-Druck „disruptiv" ist[5], verdeutlicht auch der Einsatz additiver Fertigungsverfahren in der Medizin und in der Zahntechnik. Zwar ist es noch ein weiter Weg bis zum 3D-Druck von Organen,[6] aber was früher Zahntechniker in vielen Stunden handwerklich hergestellt haben, kommt heute schon aus dem 3D-Drucker.[7] Additiv gefertigte Bauteile haben inzwischen ihre sprichwörtliche Feuerprobe in Raketentriebwerken überstanden[8] und haben das Potenzial, ganze Branchen und Industriesektoren nachhaltig zu verändern.

B. Rechtsfragen der additiven Fertigung

4   Unternehmen, die sich mit Hilfe der additiven Fertigung neue Märkte erschließen, damit neue Geschäftsmodelle aufsetzen oder einfach nur schnell und kostengünstig Ersatzteile herstellen wollen, denken meist nicht darüber nach, ob und wie sich ihr Vorhaben rechtssicher umsetzen lässt und sind sich der rechtlichen Risiken oft nicht bewusst. Dies liegt insbesondere daran, dass regelmäßig die technische Machbarkeit und Wirtschaftlichkeitsfragen im Vordergrund stehen und das Thema die Rechtsabteilungen meist noch nicht erreicht hat. Zugleich fehlt vielen Unternehmen aber auch noch das technische Know-how, um selbst additiv fertigen zu können. Dies führt nicht selten dazu, dass bei der Auslagerung der additiven Fertigung auf dieselben Vertragsmuster zurückgegriffen wird, die der Einkauf auch sonst verwendet. Die Folge ist dann, dass wichtige Fragen nicht oder falsch

---

[3] https://edition.cnn.com/2014/02/13/tech/innovation/the-night-i-invented-3d-printing-chuck-hall/ (zuletzt abgerufen am 5.2.2020).
[4] Siehe https://www.youtube.com/watch?v=GevAJkS_if0 (zuletzt abgerufen am 5.2.2020).
[5] Das Gabler Wirtschaftslexikon nennt den 3D-Druck als Beispiel für disruptive Technologien, vgl. https://wirtschaftslexikon.gabler.de/definition/disruptive-technologien-54194; vgl. dazu auch *Hornick*, 3D Printing will rock the world, S. 128f.
[6] Vgl. dazu *Gassner*, in: Leupold/Glossner, 3D Printing, Teil 9 Kap. 1 S. 665 ff.
[7] Siehe dazu https://www.youtube.com/watch?v=u_rUvvlGsJQ (zuletzt abgerufen am 5.2.2020).
[8] https://www.researchgate.net/publication/326263055_Additive_Manufacturing_of_Liquid_Rocket_Engine_Combustion_Devices_A_Summary_of_Process_Developments_and_Hot-Fire_Testing_Results und https://www.rocket.com/innovation/additive-manufacturing (zuletzt abgerufen am 5.2.2020).

geregelt und Haftungsrisiken eingegangen werden, die ein erhebliches Schadenspotenzial begründen, dessen sich niemand bewusst ist. In den folgenden Abschnitten werden einige besonders häufig vernachlässigte rechtliche Aspekte der additiven Fertigung adressiert und Empfehlungen für risikovermindernde Maßnahmen gegeben.

I. Additive Fertigung von Ersatzteilen

1. Vermeidung von Schutzrechtsverletzungen

Die Herstellung von Ersatzteilen ist heute immer noch einer der häufigsten Anwendungsfälle der additiven Fertigung, was an den eingangs schon beschriebenen (→ Rn. 2) Vorteilen liegt. Allerdings wird oft keine sog. **freedom to operate analysis** durchgeführt und somit nicht geprüft, ob dem gewerbliche Schutzrechte Dritter und insbesondere des Originalteileherstellers entgegenstehen. Dabei geht es nicht nur um Rechte an technischen Erfindungen, die Gegenstand des Patent- und Gebrauchsmusterschutzes sein können, sondern auch um eine mögliche Verletzung von eingetragenen Designs, (dreidimensionalen) Marken und Urheberrechten[9], die Unterlassungs- und Schadensersatzansprüche nach sich ziehen können.

a) Erstellung des 3D-Modells

Um ein Ersatzteil mittels eines additiven Fertigungsverfahrens herstellen zu können, wird ein dreidimensionales Modell des Originalbauteils benötigt. Da die wenigsten Unternehmen heute schon über ein virtuelles Ersatzteilelager verfügen, stellt es eher den Regelfall als die Ausnahme dar, dass zunächst ein 3D-Modell vom Originalbauteil erstellt werden muss. Ist das Bauteil noch in unbeschädigtem Zustand vorhanden, kann davon mit einem 3D-Scanner ein dreidimensionales Abbild erstellt werden, dass dann am Bildschirm weiterbearbeitet und von der so erzeugten CAD Datei zB in eine druckfähige.STL[10] oder.3MF Datei[11] umgewandelt werden kann. Allerdings gilt es dabei zu beachten, dass bereits der 3D Scan des Bauteils die Vervielfältigung eines urheberrechtlich geschützten Werkes darstellen kann.[12]

Weiterhin ist zu prüfen, ob das benötigte Bauteil Designschutz genießt. Designschutz kann nach § 1 Nr. 1 iVm § 2 Abs. 1 DesignG für die zweidimensionale oder dreidimensionale Erscheinungsform eines ganzen Erzeugnisses oder eines Teils davon beansprucht werden, wenn es neu ist und Eigenart hat. Ein Design hat nach § 2 Abs. 3 DesignG Eigenart, wenn sich der Gesamteindruck, den es beim informierten Benutzer hervorruft, von dem Gesamteindruck unterscheidet, den ein anderes Design bei diesem Benutzer her-

---

[9] Zu den Rechtsfragen des geistigen Eigentums in der additiven Fertigung *Wiebe*, in: Leupold/Glossner (Hrsg.), 3D Printing, Teil 8 Kap. 4; *Schmoll/Ballestrem/Hellenbrand/Soppe*, 3D-Druck & Recht, GRUR 2015, 1041; Innovation vs. geistiges Eigentum: Der 3D-Druck und Fragen zum Musterschutz, Urheberrecht, Patentrecht und Markenrecht; *Nordemann/Schäfer*, NJW 2015, 1265; *Ballardini/Norrgard/Partanen*, (Hrsg.), 3D Printing, Intellectual Property and Innovation.
[10] Die Abkürzung „ STL" steht für **ST**ereo**L**ithographie oder auch „Standard Triangulation/Tesselation Language". Es handelt sich dabei um ein von 3D Systems entwickeltes Dateiformat zur Umrechnung von CAD Dateien in Dateien, die von einem 3D-Drucker verarbeitet werden können. Dazu wird die dreidimensionale Form des gewünschten Werkstücks mittels eine Vielzahl von Dreiecken abgebildet. Obwohl inzwischen verschiedene alternative Dateiformate für die additive Fertigung entwickelt wurden, ist das .STL Format immer noch das meistgenutzte Format, näher dazu *Leupold/Glossner*, 3D-Druck, Additive Fertigung und Rapid Manufacturing, S. 28 ff. und https://de.3dsystems.com/quickparts/learning-center/what-is-stl-file (zuletzt abgerufen am 5.2.2020).
[11] Das 3MF-Dateiformat wurde vom 3MF Consortium entwickelt, um die Einschränkungen des STL Formats zu überwinden. Im Gegensatz zum STL Format unterstützt es den Farbdruck und Multimaterialdruck des 3D-.Druckers, vgl. https://3mf.io/specification/.
[12] Vgl. *BGH*, GRUR 2002, 246 – „Scanner" und *Leupold/Glossner*, 3D-Druck, Additive Fertigung und Rapid Manufacturing, S. 101 f. und *Wiebe*, in: Leupold/Glossner (Hrsg.), 3D Printing, Teil 8 Kap. 4 Rn. 22 (S. 365); zu den urheberrechtlichen Aspekten des 3D-Drucks ferner *Mengden*, MMR 2014, 79.

vorruft, das vor dem Anmeldetag offenbart worden ist. Bei der Beurteilung der Eigenart wird —ähnlich wie bei der Prüfung der Urheberrechtsschutzfähigkeit— der Grad der Gestaltungsfreiheit des Entwerfers bei der Entwicklung des Designs berücksichtigt, § 2 Abs. 3 S. 2 DesignG. Der Designschutz erstreckt sich deshalb nicht auf solche Bestandteile eines Produkts, deren Formgebung rein technisch bedingt ist. Außerdem genießen gemäß § 4 DesignG nur solche Bauteile Designschutz, die nach ihrem Einbau in das Produkt noch sichtbar sind. Bei Ersatzteilen muss zudem geprüft werden, ob es sich um bloße **„must fit"** Ersatzteile handelt, die keinen Designschutz genießen, oder um **„must match"** Ersatzteile, für die ein solcher Schutz in Betracht kommt, wenn ihre Formgebung neu ist und die erforderliche Eigenart aufweist. Must match-Bauteile sind solche, die sichtbar sind und mit dem Ziel verwendet werden, die Reparatur eines komplexen Erzeugnisses zu ermöglichen, um diesem wieder sein ursprüngliches Erscheinungsbild zu verleihen.[13] Von der Rechtsprechung noch nicht entschieden wurde die Frage, ob bereits in der Erstellung des 3D-Modells die Benutzung eines eingetragenen Designs liegt. Gemäß § 38 Abs. 1 DesignG gewährt ein eingetragenes Design seinem Rechtsinhaber das ausschließliche Recht, es zu benutzen und Dritten zu verbieten, es ohne seine Zustimmung zu benutzen. Eine Benutzung schließt nach § 38 Abs. 1 S. 2 DesignG insbesondere die Herstellung, das Anbieten, das Inverkehrbringen, die Einfuhr, die Ausfuhr, den Gebrauch eines Erzeugnisses, in das das eingetragene Design aufgenommen oder bei dem es verwendet wird, und den Besitz eines solchen Erzeugnisses zu den genannten Zwecken ein. Ein Erzeugnis ist gemäß § 1 Nr. 2 DesignG „jeder industrielle oder handwerkliche Gegenstand, einschließlich Verpackung, Ausstattung, grafischer Symbole und typografischer Schriftzeichen sowie von Einzelteilen, die zu einem komplexen Erzeugnis zusammengebaut werden sollen; ein Computerprogramm gilt demnach nicht als Erzeugnis. Da das 3D-Modell als solches keine Steuerungsbefehle enthält, kann es nicht als Computerprogramm angesehen werden. Auch kann der Begriff des „Gegenstandes" nicht im Sinne des körperlichen Sachbegriffs in § 90 BGB ausgelegt werden, da das BGB geraume Zeit vor dem Geschmacksmustergesetz entstanden ist und § 1 Nr. 2 DesignG der Umsetzung von Art. 1 lit. b) der Geschmacksmusterrichtlinie dient.[14] Geht man deshalb davon aus, dass jedes Objekt mit einer zwei- oder dreidimensionalen Erscheinungsform grundsätzlich Gegenstand im Sinne des § 1 Nr. 2 DesignG sein kann,[15] spricht einiges dafür, auch 3D-Modelle als Erzeugnisse im Sinne des § 1 Nr. 2 DesignG zu behandeln deren Erstellung in die Ausschließlichkeitsrechte eines Designinhabers eingreifen kann. Bis zu einer hiervon abweichenden Beschränkung des Erzeugnisbegriffes durch den EuGH ist daher anzuraten, 3D-Modelle von Ersatzteilen oder anderen Produkten, deren Erscheinungsform durch ein eingetragenes Design geschützt ist, nicht ohne vorherige Zustimmung des Designinhabers zu erstellen.

8   Unabhängig von der Frage nach dem Eingriff in Urheberrechte oder Rechte an einem (eingetragenen) Design muss zudem geklärt werden, ob Patente[16] oder Gebrauchsmuster am Bauteil verletzt werden. Hierzu ist zunächst zu klären, ob das Bauteil und nicht nur das Produkt, in das es eingebaut wurde, Patentschutz genießt. Der einfachste und zugleich ökonomischste Weg dies festzustellen, ist eine Anfrage beim Originalhersteller. Ist dies nicht möglich —etwa, weil der Originalhersteller nicht (mehr) ermittelt werden kann— oder ist eine Direktanfrage beim Hersteller aus anderen Gründen nicht erwünscht, so empfiehlt sich eine Patentrecherche, mit der etwaige Patente an dem konkreten Bauteil ermittelt werden können. Ergibt diese, dass tatsächlich – wie meist – nicht nur die gesamte Anlage oder Maschine als technische Erfindung Patentschutz genießt, sondern (auch) das benötigte Bauteil, liegt in der Erzeugung des 3D-Modells aber noch keine Patentverletzung, da damit noch nicht in das Ausschließlichkeitsrecht des Patentinhabers aus § 9 PatG

---

[13] Vgl. Erwägungsgrund 13 der Verordnung (EG) Nr. 6/2002 des Rates vom 12.12.2001 über das Gemeinschaftsgeschmacksmuster, Amtsblatt Nr. L 003 vom 5.1.2002, S. 1–24.
[14] *Eichmann*, in: Eichmann/v. Falckenstein/Kühne, Designgesetz, § 1 Rn. 15.
[15] So *Eichmann/v. Falckenstein/Kühne,* Designgesetz, § 1 Rn. 15 aE.
[16] Zum Europäischen Patentschutz im 3D-Druck vgl. *Blanke-Roeser,* GRUR 2017, 467.

eingegriffen wird. Die Herstellung des 3D-Modells dient allenfalls der Vorbereitung der Herstellung eines patentierten Erzeugnisses. Allerdings kann in der Überlassung des 3D-Modells an einen sog. Dienstleister (Auftragsproduzenten) nach der hier vertretenen Auffassung eine **mittelbare Patentverletzung** liegen, wenn der Dienstleister weiß oder es auf Grund der Umstände offensichtlich ist, dass das 3D-Modell oder die Druckdatei dazu geeignet und bestimmt ist, für die Benutzung der Erfindung verwendet zu werden, § 10 Abs. 1 PatG.[17] Dies wird regelmäßig der Fall sein, da das 3D-Modell gerade der Herstellung eines 3D-Druckerzeugnisses dient, das ohne das 3D-Modell nicht gedruckt werden kann.

Schließlich kann die dreidimensionale Gestaltung eines Produkts einschließlich der Form als Marke geschützt sein. Die Hürden für den Schutz sog. Formmarken sind jedoch recht hoch. Die höchstrichterliche Rechtsprechung verlangt, dass die Form, für die der Markenschutz beansprucht wird, erheblich vom Branchenüblichen abweicht; ist dies nicht der Fall, fehlt es ihr an der notwendigen Unterscheidungskraft von anderen Kennzeichen[18] und damit auch an der Schutzfähigkeit als Marke.

Soll das benötigte Bauteil nicht nur unverändert als Ersatzteil hergestellt, sondern auch konstruktiv verbessert werden, muss nicht nur geprüft werden, ob damit in Schutzrechte des Originalherstellers eingegriffen wird, sondern darüber hinaus sichergestellt werden, dass die konstruktiven Verbesserungen nicht ihrerseits Schutzrechte Dritter verletzen.

b) Additive Fertigung des Ersatzteils

Der oben behandelten Abgrenzung zwischen einer bloßen Vorbereitung einer Patentbenutzung und der eigentlichen Verletzungshandlung bedarf es nicht mehr, sobald die Druckdatei an den 3D-Drucker gesendet und mit der additiven Fertigung begonnen wurde, denn dann besteht das unmittelbare Risiko der Verletzung eines Erzeugnispatents durch Herstellung des Bauteils.

Sofern die Druckvorlage für das Ersatzteil Urheberrechts- oder Designschutz genießt, verletzt auch das fertige 3D-Druckerzeugnis die dem Inhaber daraus zustehenden Ausschließlichkeitsrechte zur Vervielfältigung (§ 17 UrhG) und Verbreitung (§ 18 UrhG) bzw. des Rechts zur Herstellung eines Erzeugnisses, in das das eingetragene Design aufgenommen oder bei dem es verwendet wird § (§ 38 Abs. 1 DesignG). Ist das Originalteil als dreidimensionale Formmarke geschützt und wird diese für das additiv gefertigte Ersatzteil im geschäftlichen Verkehr benutzt, liegt darin ein Eingriff in die Ausschließlichkeitsrechte des Markeninhabers aus § 14 MarkenG.

> Praxistipp:
> Bevor Ersatzteile für Industrieanlagen oder Maschinen vom Betreiber und/oder Eigentümer mittels 3D-Druck selbst hergestellt werden, sollten im Zuge einer sog. **freedom to operate Analyse** folgende Fragen beantwortet werden:
> - Gibt es für das benötigte Bauteil bereits ein rechtmäßig erzeugtes 3D-Modell, aus dem eine von 3D-Druckern lesbare Druckdatei erzeugt werden kann?
> - Falls nicht: Verletzt die Erstellung eines 3D-Modells vom Bauteil ausschließliche Nutzungsrechte des Originalherstellers und/oder **Urheberrechte des Produktdesigners?**
> Falls ja: Kann die Zustimmung des oder der Rechteinhaber zur Erstellung eines 3D-Modells eingeholt werden? Ist dies nicht möglich, muss die Erstellung des 3D-Modells und damit auch die Herstellung des Ersatzteils unterbleiben.

---

[17] Ebenso *Melullis*, in: Leupold/Glossner, 3D Printing, Teil 8 Kap. 5, S. 433 Rn. 52 ff.
[18] *EuGH*, GRUR 2004, 957 – Fehlende Unterscheidungskraft von Wasch- und Geschirrspülmittel in Tablettenform; *Melullis*, in: Leupold/Glossner, 3D Printing, Teil 8 Kap. 5, S. 433 Rn. 52 ff.; *EuGH*, GRUR Int. 2004, 631 (634) – Dreidimensionale Tablettenform I; *Leupold/Glossner*, 3D-Druck, Additive Fertigung und Rapid Manufacturing, S. 93.

- Genießt die dreidimensionale Erscheinungsform des Bauteils **Designschutz?** Falls ja: kann die Zustimmung des Rechtsinhabers zur Herstellung des Bauteils eingeholt werden? Ist dies nicht möglich, muss jedenfalls die Herstellung des Ersatzteils unterbleiben und sollte auch auf die Erstellung des dafür benötigten 3D-Modells verzichtet werden.
- Ist die **dreidimensionale Form des Bauteils als Marke** geschützt? Falls ja: Bedarf die beabsichtigte Verwendung der Formmarke der Zustimmung des Markeninhabers Falls ja: kann diese eingeholt werden? Ist dies nicht möglich, muss die Benutzung unterbleiben.
- Besteht für das benötigte Bauteil **Patentschutz oder Gebrauchsmusterschutz?** Falls ja: Kann die Zustimmung des Patent- oder Gebrauchsmusterinhabers zur Herstellung des Bauteils eingeholt werden? Ist dies nicht möglich, muss die Herstellung des Ersatzteils unterbleiben.

Erst wenn alle vorstehend aufgeworfenen Fragen eindeutig beantwortet wurden und geklärt ist, dass die Erstellung des 3D-Modells keine Schutzrechte des Originalherstellers oder Dritter verletzt, ist die erste Hürde zum Ersatzteil aus dem 3D-Drucker genommen. Die Durchführung einer solchen Freedom to operate Analysis wird auch nicht dadurch überflüssig, dass in Zukunft vermehrt Algorithmen über das technische und ästhetische Produktdesign entscheiden werden[19]; zwar wird die Verletzung von Urheberrechten und Rechten an Geschmacksmustern und Designs regelmäßig ausscheiden, wenn das Design durch die Anforderungen an die technische Funktion des Produkts bestimmt wird („form follows function"), es kann aber nicht ohne weiteres davon ausgegangen werden, dass ein von Algorithmen erzeugtes, technisches Produktdesign keine Patente oder Gebrauchsmuster Dritter verletzt.

2. Produkthaftung für additiv gefertigte Bauteile

13 Unternehmen, die Konsum- oder Industriegüter herstellen, sind sich oft nicht der Haftungsrisiken bewusst, die sich aus fehlerhaften Produkten für sie ergeben können. Nicht selten werden beim Einsatz neuer Herstellungsverfahren wie der additiven Fertigung sonst übliche Maßnahmen zur Steuerung von Produkthaftungsrisiken nicht ergriffen. Dies liegt zum einen an rechtlichen Fehleinschätzungen, zum anderen aber auch daran, dass sich die für andere Herstellungsverfahren eingeführten und bewährten Qualitätssicherungsmaßnahmen nicht ohne weiteres auf die additive Fertigung und die dabei eingesetzten, neuen Materialien und Prozesse übertragen lassen. Folgende Aspekte der Produkt- und Produzentenhaftung verdienen bei datengetriebenen Herstellungsverfahren wie der additiven Fertigung besondere Beachtung:

a) Konstruktionsfehler im 3D-Modell

14 Wie bei den subtraktiven Herstellungsverfahren ist auch in der additiven Fertigung zwischen Konstruktions-, Fabrikations- und Instruktionsfehlern zu unterscheiden. Konstruktionsfehler finden sich regelmäßig im 3D-Modell, das mittels handelsüblicher CAD-Programme oder 3D-Scanner erstellt wird und die Vorstufe zur Druckdatei darstellt. Weist das 3D-Modell einen Fehler auf, sind unweigerlich auch alle Werkstücke, die damit gedruckt werden, fehlerhaft. Noch nicht entschieden wurde allerdings die Frage, ob das 3D-Modell überhaupt ein Produkt im Sinne des § 2 ProdhaftG darstellt. Danach ist ein Produkt „jede bewegliche Sache, auch wenn sie einen Teil einer anderen beweglichen Sache oder einer unbeweglichen Sache bildet, sowie Elektrizität." 3D-Modelle sind aber keine beweglichen Sachen, sondern mit Hilfe eines Computers erzeugte Dateien. Dennoch sollten sich Un-

---

[19] Dazu https://www.faz.net/aktuell/wirtschaft/digitec/start-up-hyperganic-der-computer-wird-zum-designer-16613716.html (zuletzt abgerufen am 4.2.2020).

ternehmen aber nicht darauf verlassen, dass sie deshalb für fehlerhafte 3D-Modelle nicht haften. Zwar wurde in einer Expertenanhörung zu den Fragen, die von der Produkthaftungsrichtlinie nicht geregelt werden sollen die Auffassung vertreten, dass es sich bei CAD-3D-Modellen für die additive Fertigung lediglich um bloße „Informationen" und nicht um ein Produkt handele.[20] Dass diese Auffassung jedoch zu kurz greift, wird deutlich, wenn man die Regelungsintention der Produkthaftungsrichtlinie und das Schadenspotenzial von 3D-Modellen in der additiven Fertigung berücksichtigt. So wurde in der Produkthaftungsrichtlinie[21] darauf hingewiesen, dass nur bei einer verschuldensunabhängigen Haftung des Herstellers „das unserem Zeitalter fortschreitender Technisierung eigene Problem einer gerechten Zuweisung der mit der modernen technischen Produktion verbundenen Risiken in sachgerechter Weise gelöst werden" kann.[22] 3D-Modelle für die additive Fertigung haben ein erhebliches Schadenspotenzial, weil sie maßgeblich die Eigenschaften der damit hergestellten Produkte bestimmen. Das 3D-Modell ist eine dreidimensionale Abbildung der Konstruktion eines Produkts und zugleich auch selbst Produkt, wenn es von einem Zulieferer -etwa im Zuge einer additiven Neukonstruktion- für den Assembler erstellt wurde.[23] Ein Gleiches gilt nach der hier vertretenen Auffassung für 3D-Modelle, die auf den im Folgenden noch gesondert erörterten Marktplätzen für Druckvorlagen angeboten werden. Das Produkthaftungsrecht beruht auf dem Grundsatz, dass die Kosten, die aus einer durch die industrielle Herstellung von Konsumgütern eröffneten Gefahrenquelle entstehen, vom Hersteller zu tragen sind, der über die dazu erforderlichen fachlichen, personellen und finanziellen Mittel verfügt (**„cheapest cost avoider"**).[24] Für Personen- und Sachschäden, die von fehlerhaften Produkten verursacht werden, die zu gewerblichen Zwecken eingesetzt werden, gilt im Rahmen der deliktischen Produzentenhaftung nach § 823 BGB nichts anderes. Das Produkthaftungsrecht wird im Zuge der digitalen Transformation seine Funktion nur dann erfüllen können, wenn es sich einem dynamischen Produktbegriff öffnet, der nicht darauf abstellt, ob ein fehlerhaftes Produkt in verkörperter oder digitaler Form einen Schaden an anderen Gütern verursacht hat.

Angesichts der gerade erst begonnenen Diskussion um den Produktbegriff im europäischen Produkthaftungsrecht und der Tatsache, dass diese Frage auch vom EuGH noch nicht entschieden wurde, sollten sich Unternehmen, die ihre Produktentwicklung ganz oder teilweise auf externe Zulieferer auslagern, gegen Konstruktionsfehler in 3D-Modellen vertraglich absichern. Die in Lohnfertigungsverträgen gelegentlich verwendete Klausel, der zufolge der Zulieferer dem Auftraggeber Schäden aus der Lieferung fehlerhafter Produkte zu ersetzen hat, könnte im Ernstfall zu einer Auseinandersetzung über die Produkteigenschaft des mit einem Konstruktionsfehler behafteten 3D-Modells führen und ist damit zur Risikoabsicherung nicht geeignet; sie muss durch eine vertragliche Regelung ersetzt werden, die Klarheit über die Reichweite der damit vom Lieferanten übernommenen Haftung schafft.

---

[20] Expert's views on matters not covered by the future guidance on the product liability directive 85/374/EEC, meeting of the product liability formation of the expert group on liability and new technologies of 18 February 2019, S. 3.
[21] Richtlinie 85/374/EWG des Rates vom 25.7.1985 zur Angleichung der Rechts- und Verwaltungsvorschriften der Mitgliedstaaten über die Haftung für fehlerhafte Produkte, Amtsblatt L 210, vom 7.8.1985, S. 29 ff.
[22] 2. Erwägungsgrund der Richtlinie 85/374/EWG.
[23] Ebenso *Leupold/Glossner*, 3D-Druck, Additive Fertigung und Rapid Manufacturing, S. 208 mwN; *Kreutz*, in: Leupold/Glossner (Hrsg.), 3D Printing, S. 513 Rn. 56; *Tobuschat*, Kaufgewährleistung und Produkthaftung bei Generativen Fertigungsdienstleistungen, S. 176 ff. (186, 187); *Oechsler*, NJW 2018, 1569, allerdings noch in Anknüpfung an einen Datenträger, an dem es meist fehlen wird und auf den es für die Ausfüllung des Produktbegriffs auch nicht ankommen kann.
[24] Vgl. dazu *Schäfer/Ott*, Lehrbuch der ökonomischen Analyse des Zivilrechts, S. 252 f.; *Calabresi*, The Cost of Accidents, S. 135.

b) Produkthaftung in der digitalen Supply Chain

16 Zulieferer, die (additive) Auftragsfertigung betreiben und 3D-Druckerzeugnisse für sog. OEMs[25] liefern, unterliegen zuweilen dem Fehlschluss, dass nur ihr Kunde als Hersteller des Endprodukts für dessen Sicherheit und eventuelle Schäden hafte, die durch eine fehlerhafte Konstruktion oder Produktion verursacht werden. Richtig ist zwar, dass die Ersatzpflicht des Herstellers eines Teilprodukts nach § 1 Abs. 3 ProdhaftG ausgeschlossen ist, wenn der Fehler durch die Konstruktion des Produkts, in welches das Teilprodukt eingearbeitet wurde, oder durch die Anleitungen des Herstellers des Produkts verursacht worden ist. Entsprechendes gilt auch für die Lieferung der zur Herstellung verwendeten Grundstoffe, wie einem in der additiven Fertigung eingesetzten Metallpulver. Dabei darf jedoch nicht verkannt werden, dass abgesehen von dieser Ausnahmeregelung jedes Glied der Lieferkette als verantwortlicher Hersteller im Sinne des § 4 ProdhaftG in Anspruch genommen werden kann, in dessen Organisationsbereich das Produkt oder Teile desselben entstanden sind.[26] Die branchenübliche Bezeichnung der Lieferanten von additiv gefertigten Bauteilen als „Dienstleister" ändert daran nichts, da diese nicht nur eine Dienstleistung im Sinne eines bloßen Tätigwerdens, sondern ein konkretes Arbeitsergebnis und damit einen werkvertraglichen Erfolg schulden, den sie als Teilprodukthersteller herbeizuführen haben.

17 Dabei haftet jeder Lieferant freilich nur für solche Schäden, die durch das von ihm gelieferte Teilprodukt verursacht wurden. Gleichwohl kann der Geschädigte nach § 5 ProdhaftG den Teilproduktlieferanten und seinen Auftraggeber als Gesamtschuldner in Anspruch nehmen mit der Folge, dass der Geschädigte Ersatz des ihm entstandenen Schadens nach seinem Belieben ganz oder zu einem Teil vom Auftraggeber oder seinem Lieferanten verlangen kann, § 421 Abs. 1 BGB. Begehrt der Geschädigte Ersatz des gesamten, ihm entstandenen Schadens vom Hersteller des Endprodukts (dem Assembler oder OEM) so muss dieser dem nachkommen und kann dem nicht entgegenhalten, dass der Zulieferer das fehlerhafte Bauteil geliefert hat, das den Schaden verursacht hat. Er kann aber im Innenverhältnis seinen Zulieferer für den von diesem zu vertretenden Schaden in Regress nehmen.

18 **Praxistipp:**

Zulieferer sollten in Verträgen mit ihren Auftraggebern darauf achten, dass Vorgaben des Auftraggebers für die Konstruktion oder die zur Herstellung einzusetzenden Ausgangsmaterialien und Verfahren schriftlich festgehalten werden; ist für den Lieferanten erkennbar, dass ein vom Auftraggeber gewünschtes Material oder Verfahren für den beabsichtigten Verwendungszweck des Endprodukts nicht geeignet ist und/oder die Anforderungen des Auftraggebers nicht erfüllen kann, muss er den Auftraggeber darauf hinweisen und dies im eigenen Interesse dokumentieren, um sich bei späteren Beanstandungen keinen ungerechtfertigten Produkthaftungsansprüchen auszusetzen.

Sog. Assembler und OEMs, die ihre (additive) Konstruktion und/oder Fertigung ganz oder teilweise ausgelagert haben, sollen ebenfalls dafür sorgen, dass in ihrer gesamten digitalen Supply Chain die jeweiligen Verantwortlichkeiten klar abgegrenzt und geregelt sind. Hierzu müssen Qualitätssicherungsvereinbarungen geschlossen werden, mit denen die Pflichten der Zulieferer unter Berücksichtigung der einzusetzenden Materialien und Verfahren prozessspezifisch geregelt werden.

19 Eine ebenfalls häufig anzutreffende Fehlvorstellung betrifft den vom Hersteller zur Vermeidung einer deliktischen Produzentenhaftung einzuhaltenden Sorgfaltsmaßstab. Vielfach

---

[25] Engl. für Original Equipment Manufacturer, in der Automobilindustrie der Fahrzeughersteller, der das Fahrzeug unser seiner Marke in den Verkehr bringt.
[26] *Leupold/Glossner*, 3D-Druck, Additive Fertigung und Rapid Manufacturing, S. 212 mwN.

wird angenommen, wer sich an die geltenden technischen Normen[27] halte, sei auf der sicheren Seite und gegen Schadensersatzansprüche aus Produktfehlern immunisiert. Das ist aber ein Fehlschluss, denn wie der BGH unmissverständlich klargestellt hat, sind technische Normen keine verbindlichen Rechtsnormen, sondern private technische Regeln mit Empfehlungscharakter, welche die anerkannten Regeln der Technik wiedergeben oder hinter diesen zurückbleiben können.[28] Überdies hat sich der Hersteller, der sich nicht dem Risiko einer Produzentenhaftung aussetzen will, nicht nur an die „allgemein anerkannten Regeln der Technik" oder den „Stand der Technik" zu halten, sondern auch an den „Stand von Wissenschaft und Technik". **Technische Normenwerke** wie ISO oder DIN Normen, aber auch die europäischen EN Normen geben jedoch selten den aktuellen Stand von Wissenschaft und Technik wieder, da sie in der Regel das Ergebnis eines Kompromisses der an ihrer Entstehung beteiligten Interessengruppen sind und zudem nur eine Momentaufnahme darstellen, die der laufenden Überprüfung und Anpassung an die rasch fortschreitende technische Entwicklung bedarf. Für den produkthaftungsrechtlich relevanten **„Stand von Wissenschaft und Technik"** gibt es keine gesetzliche Definition, lediglich für den „Stand der Technik" findet sich eine Begriffsbestimmung in § 3 Abs. 6 des Bundesimmissionsschutzgesetzes (BImSchG), die für die Sorgfaltspflichtenbestimmung des Herstellers in der digitalen Supply Chain aber nicht hilfreich ist.[29] Anhaltspunkte für die Ausfüllung des unbestimmten (Rechts-)begriffs vom Stand der Wissenschaft und Technik hat der BGH jedoch in seiner Entscheidung zur Produzentenhaftung für Schäden, die durch die unkontrollierte Selbstauslösung von Airbags entstanden waren, gegeben. Demnach

„darf der insoweit maßgebliche Stand der Wissenschaft und Technik nicht mit Branchenüblichkeit gleichgesetzt werden; die in der jeweiligen Branche tatsächlich praktizierten Sicherheitsvorkehrungen können durchaus hinter der technischen Entwicklung und damit hinter den rechtlich gebotenen Maßnahmen zurückbleiben...) Die Möglichkeit der Gefahrvermeidung ist gegeben, wenn nach gesichertem Fachwissen der einschlägigen Fachkreise praktisch einsatzfähige Lösungen zur Verfügung stehen."[30]

Der Hersteller eines Teilprodukts muss daher ebenso wie der Assembler des Endprodukts alle ihm zur Verfügung stehenden und zugänglichen Erkenntnisquellen nutzen, um sich über neue wissenschaftliche Erkenntnisse auf dem Laufenden zu halten, die praktisch einsetzbare Lösungen zur Vermeidung von Gefahren aufzeigen. „Einsatzfähige" Lösungen liegen nicht erst dann vor, wenn sie am Markt bereits angeboten werden oder branchenüblich geworden sind, sondern bereits dann, wenn sie vom Hersteller eingesetzt werden können, aber praktisch noch nicht erprobt sind.[31]

Aus diesen hohen Anforderungen der Rechtsprechung an die Sorgfaltspflichten der Hersteller folgt aber im Umkehrschluss nicht zwingend, dass derjenige, der technische Normen nicht eingehalten hat, stets für Schäden haftbar gemacht werden kann, die durch die Verwendung seines Produkts entstehen. Gerade weil technische Normen nur unverbindlichen Charakter haben, bleibt es dem Hersteller vielmehr unbenommen, eine davon

---

[27] Einen Überblick über die Roadmap der technischen Normen für die additive Fertigung geben *Chua/Wong/Yeong*, Standards, Quality Control, in: 3D Printing and Additive Manufacturing, S. 31 ff.
[28] *BGH*, NJW 1998, 2814.
[29] Danach ist Stand der Technik im Sinne des BImSchG „der Entwicklungsstand fortschrittlicher Verfahren, Einrichtungen oder Betriebsweisen, der die praktische Eignung einer Maßnahme zur Begrenzung von Emissionen in Luft, Wasser und Boden, zur Gewährleistung der Anlagensicherheit, zur Gewährleistung einer umweltverträglichen Abfallentsorgung oder sonst zur Vermeidung oder Verminderung von Auswirkungen auf die Umwelt zur Erreichung eines allgemein hohen Schutzniveaus für die Umwelt insgesamt gesichert erscheinen lässt."
[30] *BGH*, NJW 2009, 2952 (2953) – „Airbag" unter Verweis auf *BGH*, NJW-RR 1990; *BGH*, NJW 1994, 3349; *BGH*, VersR 1971, 80 (82) = BeckRS 1970, 30404653; *OLG Schleswig*, NJW-RR 2008, 691 (692) und die Literatur.
[31] *Bayerlein*, DS 2008, 49 (52).

abweichende technische Lösung zu wählen, mit der dasselbe oder ein höheres Produktsicherheitsniveau erreicht wird.[32]

II. Haftung der Betreiber von Marktplätzen für 3D-Modelle

21 Während Druckvorlagen anfangs nur auf Endverbraucherplattformen wie Thingiverse[33] angeboten wurden, sind in den letzten Jahren vermehrt Industrieplattformen online gegangen, auf denen eine große Anzahl druckfertiger 3D-Modelle angeboten wird und Konstrukteure standort- und unternehmensübergreifend an neuen Produkten arbeiten können.[34] Auf den für jeden Anbieter von 3D-Modellen öffentlich zugänglichen Verbraucherplattformen werden 3D-Modelle für eine Vielzahl von Markenartikeln oder anderweitig geschützten Gebrauchsgütern angeboten. Deshalb stellt sich wie bisher schon bei den Online-Marktplätzen ohne besondere Ausrichtung auf den 3D-Druck die Frage, wer für schutzrechtsverletzende Angebote auf solchen Plattformen verantwortlich gemacht werden kann.[35]

22 Dass die Betreiber von Online Marktplätzen regelmäßig nicht als Täter oder Teilnehmer einer Verletzung gewerblicher Schutzrechte auf Unterlassung und/oder Schadensersatz in Anspruch genommen werden können, steht nach der höchstrichterlichen Rechtsprechung inzwischen außer Frage.[36] Etwas anderes wird man allenfalls dann annehmen können, wenn die Betreiber alle von den Nutzern auf ihrer Plattform angebotenen Inhalte einer redaktionellen Kontrolle unterziehen, bevor sie diese „frei schalten" und sich die Inhalte damit zu Eigen machen.[37]

23 Auch für die Betreiber von Online-Plattformen, auf denen 3D-Modelle für die additive Fertigung angeboten werden, ergeben sich jedoch Risiken aus der Rechtsprechung des BGH zur Störerhaftung von Host-Providern für die von den Nutzern ihrer Plattformen begangenen Schutzrechtsverletzungen. Auch die Betreiber von Online-Plattformen für 3D-Modelle und Druckvorlagen haften danach aber allenfalls dann für Schutzrechtsverletzungen ihrer Nutzer, wenn sie in vorwerfbarer Weise Prüfungspflichten verletzt haben. Ob dies der Fall ist, muss anhand aller Umstände des Einzelfalls und der als verletzt gerügten Schutzrechte geprüft werden. Grundsätzlich gilt, dass der Betreiber nur dann tätig werden und das beanstandete Angebot unverzüglich sperren muss, wenn er auf eine klare Rechtsverletzung hingewiesen wurde; zu einer fortlaufenden, anlasslosen und generellen Überwachung seiner Plattform auf möglicherweise (schutz-)rechtsverletzende Inhalte der Nutzer ist er dagegen nicht verpflichtet. Nur wenn er einen hinreichend qualifizierten Hinweis auf eine Rechtsverletzung erhalten hat, muss er nach der vom BGH vertretenen Auffassung auch Vorsorge dafür treffen, dass es möglichst nicht zu weiteren derartigen Schutzrechtsverletzungen kommt.[38]

---

[32] So schon die Gesetzesbegründung zu § 1 Abs. 2 Nr. 4 ProdhaftG, BT-Drs. 11/2447, 15.
[33] www.thinigiverse.com (zuletzt aufgerufen am 12.2.2020).
[34] Vgl. etwa die 3DExperience Plattform von Dassault unter https://www.3ds.com/products-services/3dexperience/?wockw=3dexperience%20platform und das Additive Manufacturing Network von Siemens unter https://additive-manufacturing-network.sws.siemens.com/.
[35] Zu den rechtlichen Risiken beim Vertrieb von 3D-Modellen vgl. *Heyne*, Immaterialgüterrechte und Objektreplikation. Juristische Risiken und Lösungsmöglichkeiten bei der Vermarktung von 3D-Druckvorlagen.
[36] *EuGH*, 12.7.2011 – C-324/09, GRUR 2011, 1025 Rn. 101f. – „L'Oréal/eBay"; ebenso schon *BGH*, GRUR 2004, 860 – „Internet-Versteigerung I" und *BGH*, GRUR 2007, 708 (711) Rn. 28 – „Internet-Versteigerung II".
[37] *BGH*, MMR 2010, 556 – „Marions Kochbuch".
[38] *BGH*, GRUR 2004, 860 –„Internet-Versteigerung I"; beachte dazu aber auch → Fn. 39.

> **Praxistipp:**
> Betreiber von Online-Plattformen, auf denen die Nutzer 3D-Modelle und/oder Druckdateien anbieten können, sollten auf eine redaktionelle Prüfung und anschließende Freischaltung der von den Nutzern eingestellten Inhalte absehen, um sich keine schutzrechtsverletzenden Inhalte zu eigen zu machen. Hinweisen auf schutzrechtsverletzende Angebote ihrer Nutzer sollten sie unverzüglich nachgehen, eine geforderte strafbewehrte Unterlassungserklärung jedoch erst und allenfalls dann abgeben, wenn sie ihnen zumutbare Prüfungspflichten verletzt haben und eine genaue rechtliche Prüfung ergeben hat, dass (a) das beanstandete Angebot des Nutzers tatsächlich Schutzrechte des Anspruchstellers verletzt oder wettbewerbswidrig ist, (b) der Verstoß vom Anspruchsteller geltend gemacht werden kann, (c) der Hinweis genaue Angaben zu dem konkreten, beanstandeten Angebot enthält, die dem Plattformbetreiber eine eigene Überprüfung des Angebots ermöglicht, (d) es sich um eine klare und für den Plattformbetreiber ohne weiteres erkennbare Rechtsverletzung handelt, (e) der Plattformbetreiber nicht die ihm möglichen und zumutbaren Maßnahmen ergriffen hat, um gleichartige Verstöße in Zukunft möglichst zu verhindern und (f) es zu mindestens einem erkenn- und vermeidbaren Wiederholungsverstoß gekommen ist.[39] Nicht selten fehlt es an einer oder mehreren dieser Voraussetzungen, weshalb eine Ablehnung oder Anerkennung geltend gemachter Ansprüche immer erst nach vollständiger Klärung der Sach- und Rechtslage erfolgen sollte. In jedem Fall sinnvoll und geboten sind jedoch eine zügige Kontaktaufnahme zum Anspruchsteller und eine Prüfung der Haftungsvoraussetzungen innerhalb der gesetzten Frist, sofern diese im Einzelfall angemessen ist.

III. Schutz von Konstruktions- und Produktionsdaten

Da grundsätzlich jeder, der im Besitz des 3D-Modells ist, auch das darin abgebildete Produkt herstellen kann, ist die Frage, wer Zugriff auf die Konstruktions- und Produktionsdaten erhalten soll, von erheblicher Bedeutung. Jedes Unternehmen, das selbst additiv fertigt, sollte angemessene Maßnahmen treffen, um in den 3D-Modellen enthaltene **Geschäftsgeheimnisse** angemessen vor einer nicht ausdrücklich gestatten Kenntnisnahme zu schützen.[40] 3D-Drucker für den gewerblichen Gebrauch werden heute meist mittels einer vorausschauenden Wartung (**„Predictive Maintenance"**) in Stand gehalten. Das hat für den Betreiber den nicht zu unterschätzenden Vorteil, dass Bauteile ersetzt werden können, bevor ihr Ausfall zu einem Maschinen- und Produktionsstillstand führt. Eine solche Wartung erfordert aber den Zugriff des Anlagenherstellers auf die Maschine und damit auch auf die Produktionsdaten. Sie bedarf deshalb einer sorgfältigen vertraglichen Regelung und angemessener technischer und organisatorischer Geheimhaltungsmaßnahmen auch bei dem oder den Empfängern.[41] Außerdem sollte geregelt werden, wem welche Nutzungsrechte an welchen Daten zustehen sollen und zu welchen Bedingungen nicht nur der Anlagenhersteller, sondern auch der Anlagenbetreiber Zugang zu den vom

---

[39] Ob es eines solchen Hinweises auch in Zukunft bedarf, um Unterlassungsansprüche gegen den Plattformbetreiber geltend machen zu können, hängt für Urheberrechtsverletzungen allerdings maßgeblich davon ab, ob und inwieweit der EuGH den Schlussanträgen des Generalanwalts Saugmandsgaard vom 16.7.2020 in den verbundenen Rechtssachen C-682/18 und C-683/18 (Peterson gegen Google LLC ua folgen wird. In Rn. 212 seiner Schlussanträge hat der Generalanwalt nämlich die Auffassung vertreten, dass ein (Urheber)Rechtsinhaber die Möglichkeit haben müsse, eine gerichtliche Anordnung zu beantragen, die den Plattformbetreiber zum Schutz der Interessen des (Urheber)Rechtsinhabers verpflichtet, „sobald feststeht, dass Dritte über den Dienst des Vermittlers seine Rechte verletzen, ohne einen Wiederholungsfall abwarten zu müssen und ohne ein Fehlverhalten des Vermittlers beweisen zu müssen".
[40] Vgl. dazu im Einzelnen *Leupold,* in: Leupold/Glossner (Hrsg.) 3D Printing, Teil 8 Kap. 1 S. 269 ff.
[41] Zur Frage der Angemessenheit von Geheimhaltungsmaßnahmen allgemein *Partsch/Rump,* NJW 2020, 118 f.

Anlagenhersteller erhobenen Produktionsdaten und den Auswertungsergebnissen des Herstellers erhält. Anlagenhersteller sollten diese Fragen in ihren Wartungsbedingungen transparent und für den Betreiber nachvollziehbar regeln, Anlagenbetreiber sollten entsprechende Geschäftsbedingungen der Hersteller nicht ungeprüft akzeptieren. Einzelheiten zu Fragen des Dateneigentums, und des Schutzes von Maschinendaten finden sich in → Teil 6, weitere Informationen zur Informations- und Anlagensicherheit in → Teil 7 dieses Handbuches, der Schutz von Geschäftsgeheimnissen wird in → Teil 11 behandelt.

IV. Arbeitssicherheit in der additiven Fertigung

26   Gemäß § 3 ArbSchG ist der Arbeitgeber gesetzlich verpflichtet, die erforderlichen Maßnahmen des Arbeitsschutzes unter Berücksichtigung der Umstände zu treffen, welche die Sicherheit und Gesundheit der Beschäftigten bei der Arbeit beeinflussen. Er hat die dazu ergriffenen Maßnahmen auf ihre Wirksamkeit zu überprüfen und erforderlichenfalls sich ändernden Gegebenheiten anzupassen und dabei eine Verbesserung von Sicherheit und Gesundheitsschutz der Beschäftigten anzustreben. Diese Grundpflichten des Arbeitgebers gelten auch in der additiven Fertigung, die derzeit noch—abhängig vom eingesetzten Verfahren und der Prozesskette— manuelle Arbeitsschritte des Bedienpersonals erfordert, die dabei mit Metallstaub und anderen gefährlichen Stoffen in Berührung kommen können. Einzelheiten zum Arbeitsschutz sind im Arbeitsschutzgesetz und den dazu erlassenen Verordnungen geregelt, zu denen ua die Arbeitsstättenverordnung (ArbStättV), die Betriebssicherheitsverordnung (BetrSichV) und die Gefahrstoffverordnung (GefStoffV), gehören.

27   Bei der Kalkulation der Kosten für einen Einstieg in die additive Fertigung wird indes oft kein Budget für Arbeitsschutzmaßnahmen eingeplant und die neue Anlage ohne Berücksichtigung der Anforderungen an einen effektiven Arbeitsschutz aufgestellt und in Betrieb genommen. Da bestimmte Verstöße gegen die o. g. Ausführungsverordnungen des Arbeitsschutzgesetzes als Ordnungswidrigkeit geahndet werden und bußgeldbewehrt sind, liegt es jedoch im eigenen Interesse des Arbeitgebers, die gesetzlichen Anforderungen des Arbeitsschutzes einzuhalten und bereits bei der Planung neuer Arbeitsplätze zu berücksichtigen. Dazu gehört insbesondere die **Erstellung eines Arbeitsschutzkonzeptes,** das nicht nur geeignete Schutzmaßnahmen für jeden Prozessschritt der additiven Fertigung einschließlich der zumeist noch manuellen Nachbearbeitung, sondern auch die zur Anlagenwartung und Instandhaltung notwendigen Arbeiten berücksichtigt.[42] Für Laser-Strahlschmelzen von Metallpulvern kann dazu auf die VDI Richtlinie 3405 Blatt 6.1[43] zurückgegriffen werden.

---

[42] *Seidel*, in: Leupold/Glossner, 3D Printing, Teil 7, S. 267 Rn. 24.
[43] VDI 3405 Blatt 6.1 Additive Fertigungsverfahren – Anwendersicherheit beim Betrieb der Fertigungsanlagen – Laser-Strahlschmelzen von Metallpulvern, abrufbar unter https://www.vdi.de/richtlinien/details/vdi-3405-blatt-61-additive-fertigungsverfahren-anwendersicherheit-beim-betrieb-der-fertigungsanlagen-laser-strahlschmelzen-von-metallpulvern (zuletzt abgerufen am 5. 2. 2020).

Teil 14.2 Blockchains

Übersicht

	Rn.
A. Einführung	1
B. Technische Grundlagen	2
I. Dezentralität	9
II. Blockchain-Varianten	10
III. Möglichkeiten nachträglicher Veränderung	15
IV. Token	17
V. Smart Contracts	18
C. Rechtliche Fragestellungen im Einzelnen	24
I. Schutz personenbezogener Daten	24
1. Territorialer Anwendungsbereich der DS-GVO	25
2. Personenbezogene Daten	26
3. Verantwortlicher	28
4. Betroffenenrechte	30
5. Privacy by Design/Default	31
II. Schuldrecht	32
III. Kartellrecht	37
D. Anwendungsgebiete	44
I. Industrie	45
II. Finanzsektor	48
III. Lieferketten und Logistik	51
IV. Stromtransfer	53
V. Versicherungswirtschaft	54
VI. Gesundheitssektor	55
VII. Kreativwirtschaft	59

Literatur:

Art.–29-Datenschutzgruppe, Stellungnahme 5/2014 zu Anonymisierungstechniken, 0829/14/DE, WP216, 2014; *Bartsch,* Anwendungsszenarien für die Blockchain-Technologie in der Industrie 4.0, 2018; *Bechtolf/Vogt,* Datenschutz in der Blockchain – Eine Frage der Technik: Technologische Hürden und konzeptionelle Chancen, ZD 2018, 66; *Beck/König,* Bitcoins als Gegenstand von sekundären Leistungspflichten: Erfassung dem Grunde und der Höhe nach, AcP 215 (2015), 655; *Bertram,* Smart Contracts: Praxisrelevante Fragen zu Vertragsabschluss, Leistungsstörungen und Auslegung, MDR 2018, 1416; *Böhme/Pesch,* Technische Grundlagen und datenschutzrechtliche Fragen der Blockchain-Technologie, DuD 2017, 473; *Braegelmann/Kaulartz* (Hrsg.), Rechtshandbuch smart contracts, 2019; *Breidenbach/Glatz* (Hrsg.), Rechtshandbuch Legal Tech, 2018; *Deng,* Smart Contracts and Blockchains: Steroid for Collusion?, 2018; *Djazayeri,* Rechtliche Herausforderungen durch Smart Contracts, jurisPR-BKR 12/2016 Anm. 1; *Dohrn/Huck,* Der Algorithmus als „Kartellgehilfe"? – Kartellrechtliche Compliance im Zeitalter der Digitalisierung, DB 2018, 173; *Finck,* Blockchains and Data Protection in the European Union, EDPL 1/2018, 17; *Fraunhofer-Institut für Angewandte Informationstechnik FIT,* Chancen und Herausforderungen von DLT (Blockchain) in Mobilität und Logistik, 2019; *Fries,* Smart Contracts: Brauchen schlaue Verträge noch Anwälte? Zusammenspiel von Smart Contracts mit dem Beweismittelrecht der ZPO, AnwBl 2018, 86; *Göhsl,* Algorithm Pricing and Article 101 TFEU: Can Competition Law deal with algorithm pricing?, WuW 2018, 121; *Guggenberger,* Datenschutz durch Blockchain – eine große Chance, ZD 2017, 49; *Heckelmann,* Zulässigkeit und Handhabung von Smart Contracts, NJW 2018, 504; *Hofert,* Blockchain-Profiling: Verarbeitung von Blockchain-Daten innerhalb und außerhalb der Netzwerke, ZD 2017, 161; *Hoffer/Mirtchev,* Erfordert die Blockchain ein neues Kartellrecht? Die Anwendung von Art. 101 und 102 AEUV sowie der Zusammenschlusskontrolle im Kontext der Blockchain-Technologie, NZKart 2019, 239; *Hyperledger White Paper Working Group,* An Introduction to Hyperledger, 2018; *Janicki/Saive,* Privacy by Design in Blockchain-Netzwerken: Verantwortlichkeit und datenschutzkonforme Ausgestaltung von Blockchains, ZD 2019, 251; *Kaulartz,* Die Blockchain-Technologie, CR 2016, 474; *Kaulartz/Heckmann,* Smart Contracts – Anwendungen der Blockchain-Technologie, CR 2016, 618; *Kaulartz/Matzke,* Die Tokenisierung des Rechts, NJW 2018, 3278; *Kreutzer,* Blockchain und Smart Contracts: Technologien, Forschungsfragen und Anwendungen, 2017; *Kütük/Sorge,* Bitcoin im deutschen Vollstreckungsrecht: Von der „Tulpenmanie" zur „Bitcoinmanie", MMR 2014, 643; *Lessig,* Code and other laws of cyberspace, 1999; *Loewenheim/Meessen/Riesenkampff/Kersting/Meyer-Lindemann* (Hrsg.), Kartellrecht: Kommentar zum Deutschen und Europäischen Recht, 4. Aufl. 2020; *Louven,* Antitrust by Design – Kartellrechtliche Technik-Compliance für Algorithmen, Blockchain und Plattformen?, InTeR 2018, 176; *Louven/Saive,*

Antitrust by Design – Das Verbot wettbewerbsbeschränkender Abstimmungen und der Konsensmechanismus der Blockchain, NZKart 2018, 348; *Medicalchain,* Whitepaper 2.1, 2018; *Möslein,* Smart Contracts im Zivil- und Handelsrecht, ZHR 2019, 254; *Möslein/Omlor* (Hrsg.), FinTech-Handbuch, 2019; *Nakamoto,* Bitcoin: A Peer-to-Peer Electronic Cash System, 2008; *OECD,* Blockchain Technology and Competition Policy – Issues paper by the Secretariat, DAF/COMP/WD(2018)47, 2018; *Overkamp/Schings,* Blockchain im Strom- und Verkehrssektor: Potenziale und rechtliche Herausforderungen, EnWZ 2019, 3; *Paulus/Matzke,* Smart Contracts und das BGB – Viel Lärm um nichts?, ZfPW 2018, 431; *Saive,* Blockchain in der Transportwirtschaft, RdTW 2018, 85; *ders.,* Haftungsprivilegierung von Blockchain-Dienstleistern gem. §§ 7 ff. TMG, CR 2018, 186; *ders.,* Rückabwicklung von Blockchain-Transaktionen, DuD 2018, 764; *Schawe,* Blockchain und Smart Contracts in der Kreativwirtschaft – mehr Probleme als Lösungen? Einsatz von Blockchain-Anwendungen im Immaterialgüterrecht, MMR 2019, 218; *Schrepel,* Collusion by Blockchain and Smart Contracts, Harvard Journal of Law and Technology, 33 Harv. J.L. & Tech. 117; *Schrey/Thalhofer,* Rechtliche Aspekte der Blockchain, NJW 2017, 1431; *Schurr,* Anbahnung, Abschluss und Durchführung von Smart Contracts im Rechtsvergleich, ZVglRWiss 2019, 257; *Simmchen,* Blockchain (R)Evolution: Verwendungsmöglichkeiten und Risiken, MMR 2017, 162; *Sorge/Krohn-Grimberghe,* Bitcoin: Eine erste Einordnung, DuD 2012, 479; *Taeger* (Hrsg.), Rechtsfragen digitaler Transformationen: Gestaltung digitaler Veränderungsprozesse durch Recht, 2018; *Tian,* A supply chain traceability system for food safety based on HACCP, blockchain & Internet of things, in 2017 International Conference on Service Systems and Service Management, Dalian 2017; *Vfa,* Whitepaper Blockchain als Treiber-Technologie für die digitale Transformation von Gesundheitswirtschaft und Gesundheitsversorgung?

A. Einführung

1 Die Blockchain-Technologie ist eine Mischform aus digitaler dezentralisierter Buchführung (sog. **Distributed Ledger Technology, kurz DLT**) und kryptographischer Verschlüsselungstechnik. Auch wenn erste verwandte Konzepte bereits in den 1990er Jahren vorgestellt wurden, gilt das White Paper zur Kryptowährung Bitcoin[1] aus dem Jahr 2008 als erster voll funktionsfähiger Anwendungsfall dessen, was heutzutage unter der Blockchain-Technologie verstanden wird.[2] Das **Bitcoin Netzwerk,** die Infrastruktur der bekanntesten virtuellen Währung, ermöglicht sichere, dezentrale Transaktionen, dh Transaktionen ohne Intermediäre, unmittelbar zwischen den Beteiligten (Peer-to-Peer).[3] Weitere Kerncharakteristika der Technologie sind die Unveränderlichkeit und die Transparenz der Transaktionshistorie. Während die Blockchain-Technologie ihre ersten Erfolge im Bereich der Kryptowährungen[4] feiern konnte, beschränken sich die möglichen Anwendungsfälle weder auf Bitcoin im Speziellen noch auf Kryptowährungen im Allgemeinen.[5] Die Funktionsweise einer Blockchain wird durch ihre zugrundeliegende Client-Software festgelegt. Die Kombination mit Smart Contracts, soweit solche nicht bereits zwangsläufig als in jeder Blockchain angelegt angesehen werden, birgt Potential für die automatisierte Abwicklung von Rechtsgeschäften.

B. Technische Grundlagen

2 Eine Blockchain besteht aus miteinander verknüpften (Daten-)Blöcken, in denen jeweils eine bestimmte Anzahl an Transaktionen gespeichert wird.[6] Die Art und Weise wie eine Transaktion technisch durchgeführt wird, hängt von der Architektur der Blockchain-Infrastruktur ab. Zumindest bei öffentlich einsehbaren Blockchains wird im Regelfall ein **asymmetrisches Verschlüsselungsverfahren** eingesetzt, was eine Pseudonymisierung der Teilnehmer mit sich bringt. Die bei der Nutzung eines asymmetrischen Verschlüsse-

---

[1] *Nakamoto,* Bitcoin: A Peer-to-Peer Electronic Cash System (abrufbar unter www.bitcoin.org/bitcoin.pdf).
[2] *Finck,* EDPL 1/2018, 17 (18).
[3] *Simmchen,* MMR 2017, 162.
[4] Vgl. dazu im Einzelnen → Teil 16 Rn. 1 ff.
[5] *Simmchen,* MMR 2017, 162 (163).
[6] *Thalhofer/Schrey,* NJW 2017, 1431; *Saive,* CR 2018, 186 (187).

lungsverfahrens verwendeten Schlüssel dienen der Auslösung und Zuordnung der Transaktionen.[7] Während der private Schlüssel **(private key)** die Verfügung über den jeweiligen Wert ermöglicht, dient der öffentliche Schlüssel **(public key)** als eine Art Adresse oder Kontonummer der Netzwerkteilnehmer und ist zusammen mit den Transaktionsdaten Teil der (öffentlich) einsehbaren Blockchain-Datenbank.

Die Kapazität der einzelnen Datenblöcke hängt von der Architektur des Netzwerks ab. Jeder Block enthält einen unveränderbaren Zeitstempel, der eine chronologische Verknüpfung der Blöcke gewährleistet.[8] Für die Gesamtheit eines Blocks wird ein **Hash-Wert**[9] gebildet.[10] Dabei handelt es sich um das Ergebnis einer mathematischen Funktion (Hash-Funktion), die bei unverändertem Input immer dasselbe Ergebnis produziert und garantiert, dass der Ausgangswert nicht verändert wurde.[11] Die Blockchain stellt vereinfacht gesagt eine Verkettung der Hash-Werte der einzelnen Blöcke dar.[12]

Die Teilnehmer des Blockchain-Netzwerks, die **Miner**, konkurrieren darum als erste einen neuen Block an eine bestehende Blockchain anzuschließen. Für die Erschaffung jedes neuen Blocks können die Miner sich nämlich selbst eine Transaktion mit neu geschaffenen Bitcoins und damit Werten als Belohnung zuweisen.[13] Diesen Prozess nennt man **Mining**. Die Belohnung ist der Anreiz für die Miner ein **kryptographisches „Rätsel"** zu lösen. Miner werden dabei stets nur an die längste Kette von Datenblöcken anbauen. So ist die Chance am höchsten, dass der Block und damit die Belohnung bestehen bleiben. Da im Regelfall alle Netzwerkteilnehmer so handeln, bildet die längste Kette den validen Zustand ab. Aus diesem Zusammenspiel von Anreiz und Rätsel ergibt sich mit der Zeit ein Verfahren zur Konsensfindung für eine valide Version der dezentralisierten Datenbank.[14] Die Konsensfindung ist notwendig, um auszuschließen, dass Werte mehrfach ausgegeben werden können bzw. Datenblöcke mit konfligierendem Inhalt an die Blockchain angehängt werden.[15] Bei einem Vorsprung von etwa sechs Blöcken ist mit nahezu absoluter Sicherheit davon auszugehen, dass eine Transaktion tatsächlich permanent ist.[16] Das bedeutet, der Datenblock kann dann praktisch nicht mehr durch einen Block in einem anderen Zweig der Kette überholt und damit entwertet werden.

Das hier beschriebene Verfahren, auf dem unter anderem die Bitcoin Blockchain beruht,[17] wird als **„Proof of Work"**-Verfahren bezeichnet. Die bewiesene „Arbeit" steckt in der Lösung des kryptographischen Rätsels, einen Hashwert zu finden, der bestimmten Kriterien genügt. So muss der Hashwert mit einer bestimmten Anzahl Nullen beginnen. Dazu wird dem zu validierenden Datenblock eine Zahl hinzugefügt, um dessen Hashwert zu verändern. Die notwendige Zahl kann ausschließlich durch Ausprobieren gefunden werden, da es unmöglich ist, aus einem vorgegebenen Hashwert den Input zu berechnen.[18] Die Anzahl der Nullen reduziert dabei die Wahrscheinlichkeit den Hashwert richtig zu erraten und wird im Falle des Bitcoin Netzwerks regelmäßig so angepasst, dass etwa alle zehn Minuten ein neuer Datenblock entsteht. Mit zunehmenden Investitionen in Rechenleistung, steigt somit die Komplexität des Rätsels.

---

[7] *Böhme/Pesch*, DuD 2017, 473 (476).
[8] *Finck*, EDPL 1/2018, 17 (19).
[9] Zum Begriff vgl. *Kaulartz*, CR 2017, 474 (475).
[10] *Janicki/Saive*, ZD 2019, 251.
[11] *González-Meneses/Martínez-Echevarría*, in: Möslein/Omlor (Hrsg.), FinTech-Handbuch, § 23 Rn. 66 f.
[12] *González-Meneses/Martínez-Echevarría*, in: Möslein/Omlor (Hrsg.), FinTech-Handbuch, § 23 Rn. 70 f.
[13] *Sorge/Krohn-Grimberghe*, DuD 2012, 479 (480).
[14] Einen vertieften Einblick in die technischen Grundlagen bietet FIT, Chancen und Herausforderungen von DLT (Blockchain) in Mobilität und Logistik, S. 29 ff. (abrufbar unter: https://www.bmvi.de/SharedDocs/DE/Artikel/DG/blockchain-grundgutachten.html).
[15] *González-Meneses/Martínez-Echevarría*, in: Möslein/Omlor (Hrsg.), FinTech-Handbuch, § 23 Rn. 81.
[16] *González-Meneses/Martínez-Echevarría*, in: Möslein/Omlor (Hrsg.), FinTech-Handbuch, § 23 Rn. 99 f.
[17] *Nakamoto*, Bitcoin: A Peer-to-Peer Electronic Cash System, S. 3.
[18] *González-Meneses/Martínez-Echevarría*, in: Möslein/Omlor (Hrsg.), FinTech-Handbuch, § 23 Rn. 82 ff.

6 Je nach Architektur der Blockchain kann die Belohnung (zusätzlich) aus direkten Transaktionsgebühren bestehen, welche die Miner von den Initiatoren der Transaktion erhalten. Auch das Konsensverfahren variiert mit der Ausgestaltung des Netzwerks. Eine Alternative bietet beispielsweise das **„Proof of Stake"-Verfahren,** bei dem das Anhängen eines neuen Blocks nicht von der Rechenleistung, sondern vom Anteil des jeweiligen Miners am Netzwerk abhängt[19].

7 Ist schließlich der Hashwert erstellt, wird er dem nachfolgenden Block als sog. **Header** vorangestellt, sodass eine lückenlose Verbindung zum Vorgängerblock und letztlich zum ersten Block (dem **Genesis-Block**) der Blockchain hergestellt wird.[20] Insbesondere **Nodes** können einfach und schnell überprüfen, ob der Header eines neuen Datenblocks mit dem Hashwert des vorigen Blocks übereinstimmt. Nodes sind die Knotenpunkte des dezentralen Netzwerks, dh alle teilnehmenden Rechner. Nachdem ein Node einen neuen Block als korrekt identifiziert hat, übernimmt er diese Version der Blockchain als aktuell gültige. Es gibt Nodes, die unter Einsatz von Rechenleistung an der Bildung neuer Blöcke beteiligt sind (sog. **Full Nodes**) und solche, die eine Blockchain lediglich speichern und dem Netzwerk zur Übernahme zur Verfügung stellen.

8 Wird eine in einem Block gespeicherte Information nachträglich manipuliert, ändert sich gleichzeitig der Hash-Wert des gesamten Blocks.[21] Er stimmt somit nicht mehr mit dem Header des Nachfolgeblocks überein. Für die Teilnehmer des Blockchain-Netzwerks ist die nachträgliche Veränderung ohne Weiteres erkennbar, weil sie den bei anderen Teilnehmern gespeicherten Ketten widerspricht. Da es praktisch ausgeschlossen ist, für Blöcke, die unterschiedliche Informationen enthalten, denselben Hash-Wert zu erstellen, sind Manipulationen der Transaktionsgeschichte nahezu unmöglich.[22] Das Vertrauen der Teilnehmer in die Integrität der Kette beruht auf diesen technischen Prozessen und nicht auf Intermediären (zB Banken oder Behörden) und deren Reputation, wie dies bei herkömmlichen Registern gewöhnlicherweise der Fall ist.

I. Dezentralität

9 Die dezentrale Speicherung der Blockchain bei den jeweiligen Nodes ist ein elementarer Bestandteil der Blockchain-Technologie. Dadurch wird verhindert, dass eine einzelne Stelle die Blockchain manipulieren kann. Je größer die Anzahl der Nodes ist, die eine identische, fehlerlose Version der Blockchain gespeichert haben, desto unwahrscheinlicher ist die Verbreitung einer fehlerhaften Version der Blockchain. Nur wenn eine Mehrheit der Nodes durch kollusives Verhalten fehlerhafte Transaktionen bestätigt, (sog. **51%-Attacke**), kann das bestehende Netzwerk kompromittiert werden.[23] Aufgrund der Dezentralität des Systems ist die Rechenleistung, jedenfalls in großen offenen Systemen wie der Bitcoin Blockchain, auf unzählige Nodes verteilt. Aus praktischer Sicht ist es daher schwierig, eine Koordination zwischen so vielen Nodes herzustellen, dass mehr als 50% der Rechenleistung erreicht werden. Abspaltungen, sogenannte „Forks" sind stets möglich, manipulieren die bestehende Datenbank aber nicht, sondern begründen vielmehr eine neue, die aber natürlich inhaltlich andere Zustände wiedergeben kann. Ein **Fork** ist eine Umprogrammierung der Client-Software, welche die Funktionen einer Blockchain bestimmt. Durch einen Fork kann der Funktionsumfang einer Blockchain erweitert, begrenzt oder schlicht verändert werden.

---

[19] *Roßbach,* in: Möslein/Omlor (Hrsg.), FinTech-Handbuch, § 4 Rn. 59 ff.
[20] *Thalhofer/Schrey,* NJW 2017, 1431 (1432).
[21] *Saive,* CR 2018, 186 (187).
[22] *Finck,* EDPL 1/2018, 17 (19).
[23] *Thalhofer/Schrey,* NJW 2017, 1431 (1432); *Bechtolf/Vogt,* ZD 2018, 66 (70).

II. Blockchain-Varianten[24]

Es gibt verschiedene Spielarten der Blockchain, insbesondere öffentliche und private Blockchains.[25] Innerhalb dieser beiden Varianten gibt es jeweils weitere Ausgestaltungsmöglichkeiten, die sich insbesondere darauf beziehen, ob die jeweilige Blockchain zulassungsbeschränkt **(permissioned)** ist oder nicht **(unpermissioned bzw. permissionless)**.[26] 10

Das ursprüngliche Blockchain-Konzept im Rahmen der Entwicklung von Bitcoin ist eine **öffentliche zulassungsfreie Blockchain**. In dieser Variante sind die Eintragungen öffentlich, nicht nur von Teilnehmern der Blockchain einsehbar und damit äußerst transparent.[27] Darüber hinaus ist es jedem mit einem Computer und der darauf installierten Client-Software zumindest theoretisch möglich, Teilnehmer des Netzwerks zu werden. Öffentliche, zulassungsfreie Blockchains, wie Bitcoin oder Ethereum, haben in der Regel eine sehr große Anzahl an Nodes. Dies führt dazu, dass das Risiko von 51%-Attacken vergleichsweise gering ist und dass diese Netzwerke insgesamt über eine gigantische Rechenleistung verfügen. 11

Eine davon abzugrenzende Variante sind öffentliche, aber zulassungsbeschränkte Blockchains. Die gespeicherte Transaktionshistorie ist zwar öffentlich einsehbar, für die Aufnahme als Teilnehmer des Netzwerks sind jedoch bestimmte Bedingungen zu erfüllen. Denkbar (aber nicht zwangsläufig sinnvoll) wäre etwa ein öffentlich einsehbares Blockchain-Grundbuch, das aber nur durch Grundbuchämter als autorisierte Stelle verändert werden darf. 12

Davon zu unterscheiden sind **private Blockchains**. Diese sind gerade nicht öffentlich einsehbar. Auch hier gibt es zulassungsfreie und – beschränkte Varianten. Bei privaten zulassungsfreien Blockchains werden die Transaktionen erst mit dem Eintritt als Teilnehmer in das Netzwerk einsehbar. Die restriktivste, weil von dem ursprünglichen Blockchain-Konzept entfernteste Variante, ist die private zulassungsbeschränkte Blockchain.[28] Bei dieser muss eine Instanz **(Gatekeeper)** der Aufnahme eines neuen Teilnehmers zustimmen.[29] Diese Rolle kann beispielsweise von einzelnen Unternehmen oder Konsortien eingenommen werden.[30] An welche Bedingungen eine Aufnahme geknüpft ist, variiert je nach Anwendungsfall. Zulassungsbeschränkte Blockchains können folglich nicht vollkommen auf vertrauensschaffende Intermediäre verzichten, da die Erfüllung der Bedingung durch den Gatekeeper geprüft und verifiziert werden muss. Auch kann der Gatekeeper den Teilnehmern unterschiedliche Rechte bezüglich des Umfangs ihrer Handlungsmöglichkeiten im Rahmen des Netzwerks zuteilen, beispielsweise die Rolle einer Full Node. 13

Hyperledger Fabric[31]: Hyperledger Fabric stellt einen Teil des Hyperledger-Projekts der Linux Foundation dar[32] und bildet die Grundlage der IBM Blockchain Platform[33]. Das System soll eine für verschiedenste unternehmerische Anwendungsfälle nutzbare Plattform bieten. Es ist modular und erlaubt die Anpassung der Komponenten an die jeweiligen Bedürfnisse. 14

---

[24] Dazu grundlegend: *Fraunhofer FIT*, Chancen und Herausforderungen von DLT (Blockchain) in Mobilität und Logistik, S. 36 ff. (abrufbar unter: https://www.bmvi.de/SharedDocs/DE/Artikel/DG/blockchain-grundgutachten.html).
[25] *Kaulartz*, CR 2017, 474 (475); *Saive*, CR 2018, 186 (187); *Hoffer/Mirtchev*, NZKart 2019, 239 (240).
[26] Vgl. *Saive*, CR 2018, 186 (187); *Finck*, EDPL 1/2018, 17 (19).
[27] *Hoffer/Mirtchev*, NZKart 2019, 239 (240).
[28] *Saive*, RdTW 2018, 85 (87).
[29] *Saive*, CR 2018, 186 (187).
[30] Vgl. *Fraunhofer FIT*, Chancen und Herausforderungen von DLT (Blockchain) in Mobilität und Logistik, S. 101 f. (abrufbar unter: https://www.bmvi.de/SharedDocs/DE/Artikel/DG/blockchain-grundgutachten.html).
[31] https://www.hyperldeger.org/projects/fabric.
[32] https://www.hyperldeger.org/projects.
[33] https://www.ibm.com/blockchain/hyperledger.

So können zum Beispiel verschiedene Konsensmechanismen implementiert oder private, nur für bestimmte Teilnehmer sichtbare Transaktionen durchgeführt werden.[34]

14 Technisch mögen private Blockchains genauso wie öffentliche Blockchains ausgestaltet sein, jedoch weisen sie einige Kerneigenschaften des ursprünglichen Blockchain-Konzeptes nicht auf.[35] Je kleiner die Anzahl der zugelassenen Teilnehmer eines Netzwerkes ist, desto weniger stark ist der technisch prozedurale Schutz durch einen **Proof of Work**-basierten Konsensfindungsmechanismus. Die Hoffnungen ruhen insoweit eher auf einem **Proof-of-Stake-Verfahren**.[36] Die Bedeutung des durch Technik geschaffenen Vertrauens wird geringer, je stärker die Befugnisse der Gatekeeper sind. Gleichzeitig nimmt aber die technische Effizienz und damit Skalierbarkeit tendenziell zu. Inwieweit man in derartigen Fällen überhaupt noch von Blockchains sprechen kann, ist fraglich.

III. Möglichkeiten nachträglicher Veränderung

15 Eine nachträgliche Manipulation von Proof of Work-basierten Blockchains ist nahezu ausgeschlossen. Ein solches Unterfangen bedürfte der Vereinigung von mehr als der Hälfte der verfügbaren Rechenleistung. Die Grenze, ab der im Bitcoin Netzwerk eine Manipulation nahezu ausgeschlossen ist, liegt bei etwa sechs Blöcken Vorsprung.[37] Trotz der kryptographischen Sicherung und der dezentralen Struktur einer Blockchain gibt es die Möglichkeit eine Transaktionshistorie inhaltlich neu aufzusetzen. Einen solchen Eingriff nennt man **Fork** (s. o.). Die meisten öffentlichen zulassungsfreien Blockchains (zB Bitcoin und Ethereum) haben eine Open-Source-Client-Software und sind daher frei verfüg- und veränderbar. Wenn ein Programmierer den Programmcode ändert und im Netzwerk veröffentlicht, entscheiden die Full Nodes, ob sie auf die neue Software upgraden möchten.

16 Es gibt zwei Arten von Software-Änderungen: Zunächst gibt es Änderungen, die rückwärtskompatibel sind. Das bedeutet, dass Full Nodes valide neue Blöcke erstellen können, unabhängig davon, ob sie die alte oder neue Version der Software nutzen. Diese Variante nennt man einen **Soft Fork**. Im Gegensatz dazu steht ein **Hard Fork**, bei dem die alte und die neue Software nicht kompatibel sind. Wenn nun kein Konsens unter den Nodes bezüglich der Verwendung der neuen Software besteht, sondern ein Teil der Nodes weiterhin die alte Software nutzt, kommt es zur Spaltung der Blockchain. Daraus folgt eine Variante, die auf Grundlage der alten Software fortgesetzt wird und eine weitere Blockchain, die nach den Regeln der neuen Software funktioniert. Zu einem Hard Fork kam es beispielsweise bei der Ethereum-Blockchain, woraus „Ethereum Classic" und „Ethereum" resultierten, die beide fortgesetzt wurden, aber verschiedene inhaltliche Zustände abbildeten und abbilden.[38] Grund hierfür war der sog. „DAO-Hack" im Jahr 2016. Dabei gelang es einem Angreifer, einen Programmierfehler im Smart Contract-Code des Projekts „The DAO" (Decentralized Autonomous Organization) auszunutzen und eine virtuelle Währung im Wert von 60 Mio. USD abzuzweigen.[39] Ein Teil der Community entschied sich dann für die Durchführung eines Hard Fork, in diesem Fall einer Zurücksetzung der Blockchain Historie auf einen Zeitpunkt vor dem Angriff. Ein anderer Teil der Community entschied sich, die ursprüngliche Blockchain als Ethereum Classic weiterzuführen. Generell variieren die Gründe für die Vornahme eines Fork. Sie reichen von einer Vergrößerung der Anzahl der in einem Block gespeicherten Transaktionen, wie es bei Bitcoin

---

[34] *Hyperledger White Paper Working Group*, An Introduction to Hyperledger, S. 23 (abrufbar unter https://www.ibm.com/downloads/cas/0XMOQJNP).
[35] So auch *Saive*, CR 2018, 186 (187).
[36] *Kreutzer et al.*, Blockchain und Smart Contracts, S. 18. (abrufbar unter: https://www.sit.fraunhofer.de/de/reports/).
[37] *González-Meneses/Martínez-Echevarría*, in: Möslein/Omlor (Hrsg.), FinTech-Handbuch, § 23 Rn. 99 f.
[38] https://www.bloomberg.com/features/2017-the-ether-thief/.
[39] Eingehend *Blocher*, in: Braegelmann/Kaulartz, Kapitel 10 Rn. 14 ff.

teilweise sehr kontrovers diskutiert wurde, bis hin zur Korrektur einer unerwünschten Ausnutzung einer Schwachstelle der Client-Software, wie bei Ethereum.

IV. Token

Token sind eine nicht verkörperte Folge zusammenhängender Zeichen. Sie stehen für beliebige Informationen, beispielsweise einen Geldwert oder die Eigentümerstellung an einer Sache. Virtuelle Währungen wie Bitcoin werden oft als **Currency Token** bezeichnet. Token können aber etwa auch andere Werte, wie Anteile oder Nutzungsberechtigungen abbilden. Da es sich bei Token lediglich um Datenbankeinträge handelt, führt eine **Token-Transaktion** nicht etwa zu der Übertragung einer Datenmenge vom Übertragenden zum Empfänger, sondern allein zu einer Änderung der Verfügungsmöglichkeit über einen bestimmten Datenbankeintrag.[40]

17

V. Smart Contracts[41]

Smart Contracts sind Programmcodes, die zu einem gewissen Grad einen automatisierten digitalen Leistungsaustausch ermöglichen.[42] Mit dem Eintritt eines vordefinierten, digital erfassbaren Ereignisses wird ein anderes vordefiniertes Ereignis ausgelöst. Dieses Ereignis kann etwa in einer Transaktion bestehen. Smart Contracts funktionieren als Programmcode nach einem starren Wenn-Dann-Prinzip.

18

Im Kontext einer Warenlieferung wird der geschuldete Betrag vorab an einen Smart Contract übertragen. Diesem Smart Contract wird dann die Ankunft der Ware am vereinbarten Ort mitgeteilt und der Smart Contract löst automatisch eine Auszahlung des Betrags aus. Umgekehrt kann auch die Ausführung einer Leistung von der Registrierung eines Zahlungseingangs abhängig gemacht werden. Ein Smart Contract kann grundsätzlich nur auf Daten auf der Blockchain zurückgreifen. Informationen über Ereignisse außerhalb der Datenbank und vor allem zu nicht-digitalen Ereignissen, wie zum Beispiel einer Warenlieferung, müssen über technische Schnittstellen, sogenannte **Orakel** eingespeist werden. Das Orakel wird damit selbst zu einem Intermediär, dem die Transaktionspartner vertrauen müssen.

19

Smart Contacts dienen dazu, die Ausführung bestimmter Transaktionen zu garantieren. In der Theorie beseitigen sie das sogenannte Gegenparteirisiko: Ob die Gegenpartei zahlungsunfähig oder zahlungsunwillig wird, spielt dann, zumindest auf den ersten Blick und hinsichtlich der in den Smart Contract aufgenommenen Bedingungen keine Rolle mehr. Die Ausführung der definierten Bedingungen kann nämlich nicht mehr einseitig verhindert werden.

20

Die Idee deterministischer, codierter Verträge ist im Ausgangspunkt zumindest technologieneutral. Das bedeutet, dass kein zwangsläufiger Zusammenhang zwischen Smart Contracts und der Blockchain-Technologie besteht. Gleichzeitig bietet die Blockchain-Technologie aber bestimmte Eigenschaften, die wesentlich für Smart Contracts und so anderweitig nicht verfügbar sind. Dazu gehören insbesondere die dezentrale Übermittlung digitaler Werte und die Manipulationssicherheit der Technologie.

21

Smart Contracts können Vertragssprache, Vertragsdokument oder Vertragsausführung sein. Smart Contracts selbst sind aber keine Verträge im Rechtssinne, sondern bilden allenfalls bestimmte Aspekte eines rechtlichen Vertrags ab.[43]

22

---

[40] *Kaulartz/Matzke*, NJW 2018, 3278; *Paulus/Matzke*, ZfPW 2018, 431 (437).
[41] Vgl. dazu im Einzelnen → Teil 9.5 Rn. 2 ff. in diesem Handbuch.
[42] Vgl. *Kaulartz/Heckmann*, CR 2016, 618.
[43] Differenziert dazu → Teil 9.5 Rn. 17 ff. in diesem Handbuch; *Siedler*, in Möslein/Omlor (Hrsg.), Fintech-Handbuch, § 5 Rn. 11; *Djazayeri*, jurisPR-BKR 12/2016 Anm. 1; *Kaulartz/Heckmann*, CR 2016, 618 (619); *Paulus/Matzke*, ZfPW. 2018, 431 (433 f.); *Glatz*, in Breidenbach/Glatz (Hrsg.), § 5.3 Rn. 24.

23 **Self-sovereign Identity (SSI)** ist ein auf Blockchain-Basis angebotenes Produkt von Sovrin. Die Idee ist, dass sich natürliche Personen, Unternehmen und Maschinen im IoT sich bei der Interaktion miteinander sicher identifizieren können müssen. SSI soll dies ohne staatliche Instanzen ermöglichen. Stattdessen sollen natürliche und juristische Personen in die Lage versetzt werden, Elemente ihrer Identität und deren Offenlegung vollständig selbst zu kontrollieren.[44] Die Konzepte haben bislang keinen signifikanten Anklang gefunden.

C. Rechtliche Fragestellungen im Einzelnen

I. Schutz personenbezogener Daten

24 Wesentliche Beschränkungen für den Einsatz von Blockchain-Lösungen ergeben sich aus dem Datenschutzrecht.[45] Besondere Schwierigkeiten bereitet die dezentrale Architektur und damit schwer festzustellende Gesamtverantwortlichkeit für einen Verarbeitungsprozess. Gleichzeitig inkorporiert die Technologie mit der Pseudonymisierung aber ebenfalls direkt in der Architektur einen in der DS-GVO vorgesehenen Ansatz zur Minimierung der entsprechenden Gefährdungslage.[46]

1. Territorialer Anwendungsbereich der DS-GVO

25 Der territoriale Anwendungsbereich der DS-GVO ergibt sich aus Art. 3 DS-GVO. Nach Art. 3 Abs. 1 DS-GVO ist der erste Anknüpfungspunkt die Niederlassung des Verantwortlichen oder Auftragsverarbeiters in der EU. Dies gilt unabhängig davon, ob die konkrete Verarbeitung ebenfalls in der EU stattfindet. Nach Art. 3 Abs. 2 lit. a DS-GVO gelten die Anforderungen auch für nicht in der EU niedergelassene Verantwortliche und Auftragsverarbeiter, wenn die Datenverarbeitung im Zusammenhang mit dem Anbieten von Waren oder Dienstleistungen erfolgt. Allerdings muss sich die betroffene Person in der EU befinden. Bei Blockchains, deren Teilnehmer ausschließlich Pseudonyme verwenden, ist die Niederlassung der Transaktionsparteien meist nicht unmittelbar festzustellen.

2. Personenbezogene Daten

26 Der sachliche Anwendungsbereich der DS-GVO beschränkt sich nach Art. 2 Abs. 1 DS-GVO auf personenbezogenen Daten. Der Begriff des personenbezogenen Datums ist in Art. 4 Nr. 1 DS-GVO legaldefiniert. Als personenbezogene Daten in Betracht kommen die auf der Blockchain gespeicherten Transaktionsdaten und die Public Keys.[47] Nur irreversibel anonymisierte Daten, bei denen auch mit Zusatzinformationen vernünftigerweise keine Identifizierung einer natürlichen Person möglich ist, fallen aus dem sachlichen Anwendungsbereich der DS-GVO heraus.[48] Die gängigen Blockchain-Varianten bringen lediglich eine Pseudonymisierung, aber keine Anonymisierung der Transaktionsdaten mit sich.[49]

27 Zwar ist es nicht möglich, ausschließlich aufgrund der Zahlenfolge des Public Keys die Identität der dahinterstehenden Person zu ermitteln. Mit variierendem investigativem Aufwand und den entsprechenden Analysewerkzeugen können aber oftmals Verbindungen zu

---

[44] https://sovrin.org/faqs/.
[45] Vgl. insbes. *Finck*, EDPL 1/2018, 17; *Guggenberger*, ZD 2017, 49; *Hofert*, ZD 2017, 161; *Böhme/Pesch*, DuD 2017, 473.
[46] *Guggenberger*, ZD 2017, 49.
[47] *Finck*, EDPL 1/2018, 17 (22).
[48] *Art.–29-Datenschutzgruppe*, WP216, S. 9 ff.
[49] *Art.–29-Datenschutzgruppe*, WP216, S. 24 f.

wahren Identitäten hergestellt werden. Soweit sich ein Public Key einer wahren Identität zuordnen lässt, wird die gesamte entsprechende Transaktionshistorie vollkommen transparent. Es ist durchaus wahrscheinlich[50], dass es zu einer solchen Zuordnung kommt. Derartige Szenarien umfassen die freiwillige Bekanntgabe durch den Inhaber des Public Keys, das unfreiwillige Veröffentlichen durch einen Dritten oder die Erfüllung von Anti-Geldwäsche-Auflagen.[51] Es ist demnach nicht auszuschließen, dass Public Keys personenbezogene Daten darstellen.

3. Verantwortlicher[52]

Bei der Bestimmung des Verantwortlichen iSv Art. 4 Nr. 7 DS-GVO ist eine Unterscheidung zwischen **permissioned** und **permissionless Blockchains** nötig. Im ersten Fall, wenn also ein **Gatekeeper** bzw. eine **zentrale Instanz** eine geschlossene Blockchain verwaltet, entscheidet dieser über Zwecke und Mittel der Verarbeitung und ist damit Verantwortlicher.[53] Existieren mehrere zentrale Instanzen, zB im Rahmen eines Joint Venture, kann auch eine gemeinsame Verantwortlichkeit vorliegen. Die zentrale Instanz legt durch die Client-Software den Funktionsumfang, mithin den Zweck, fest. Durch die Aufnahmeprüfung und Zuweisung von Rechten an neue Teilnehmer bestimmt der Gatekeeper den Zugang zu den Daten. Ob für die einzelnen Verarbeitungsvorgänge im Rahmen der Transaktionen und Blockbildungen die beteiligten Nodes ebenfalls verantwortlich sind, hängt von ihren Rechten und Einflussmöglichkeiten ab. Infolge der Entscheidungen des EuGH in den Rechtssachen *Zeugen Jehovas*[54], *Facebook Fanpages*[55] und *Fashion ID*[56], nach der bereits ein geringer Beitrag zur Verarbeitung, beispielsweise deren Ermöglichung, zu einer datenschutzrechtlichen Verantwortlichkeit führen kann, erscheint es sehr wahrscheinlich, dass die Nodes einer privaten Blockchain für die Datenverarbeitung Verantwortliche sind. Ob es sich um eine gemeinsame Verantwortlichkeit iSv Art. 26 DS-GVO handelt, hängt vom Einzelfall ab.

Bei zulassungsfreien Blockchains entscheidet jeder Node durch die Übernahme und Nutzung einer bestimmten Version der Client-Software über die Zwecke und Mittel der Datenverarbeitung. Soweit in den Blöcken personenbezogene Daten enthalten sind, ist jeder Node bezüglich der Verarbeitung dieser personenbezogenen Daten Verantwortlicher im Sinne der DS-GVO. Bei zulassungsfreien Blockchains, die sich meistens durch eine enorme Anzahl an Nodes auszeichnen, kommt eine gemeinsame Verantwortlichkeit im Sinne von Art. 26 DS-GVO grundsätzlich nicht in Betracht, da von einem bewussten gemeinsamen Entscheidungsvorgang bezüglich der Zwecke und Mittel der Verarbeitung nicht ausgegangen werden kann.[57] Jeder Node ist folglich bezüglich seiner Verarbeitungstätigkeiten alleiniger Verantwortlicher. Aufgrund der dezentralen und internationalen Struktur gerade zulassungsfreier Blockchains dürfte es den Verantwortlichen faktisch nahezu unmöglich sein, ihre datenschutzrechtlichen Pflichten zu erfüllen.

4. Betroffenenrechte

Das rechtebasierte Modell der DS-GVO kollidiert auf sehr grundsätzlicher Ebene mit der Architektur der Blockchain-Technologie. Jedenfalls bei zulassungsfreien, offenen Blockchains ist es den Datensubjekten nämlich faktisch unmöglich ihre Betroffenenrechte durch-

---

[50] Dies ist der Maßstab nach Erwägungsgrund 16 S. 3 und 4 DS-GVO.
[51] *Finck*, EDPL 1/2018, 17 (24).
[52] *Bechtolf/Vogt*, ZD 2018, 66.
[53] Finck, EDPL 1/2018, 17 (26).
[54] *EuGH*, 10.7.2018 – Rs. C-25/17, ZD 2018, 469 (mAnm *Hoeren*).
[55] *EuGH*, 5.6.2018 – Rs. C-210/16, EuZW 2018, 534.
[56] *EuGH*, 29.7.2019 – Rs. C-40/17, MMR 2019, 57.
[57] *Finck*, EDPL 1/2018, 17 (26).

zusetzen.[58] Die Durchsetzung scheitert regelmäßig bereits an der fehlenden Kenntnis der Verarbeitung und der Identität der Verarbeiter. Datenschutzkonform dürften zulassungsfreie, offene Blockchains nur sein, soweit keine personenbezogenen Daten in die Blockchain selbst aufgenommen werden.[59] Wie funktional solche Ansätze sind, bleibt abzuwarten. Gerade im industriellen Bereich dürften aber hauptsächlich permissioned Blockchains zum Einsatz kommen, sodass dort eine Bestimmung der Verantwortlichen und die Durchsetzung der Betroffenenrechte ohne Weiteres möglich sein werden.

5. Privacy by Design/Default

31   Die Architektur einer öffentlichen zulassungsfreien Blockchain, insbesondere die asymmetrische Verschlüsslung, erlaubt eine pseudonyme Nutzung des Transaktionsnetzwerks. Lediglich die Schnittstellen, wie etwa Wallets, arbeiten mit wahren Identitäten. Ein solches Modell kann den Anforderungen, den Prinzipien von Privacy by Design und Default des Art. 25 DS-GVO entsprechen.[60] Bei zulassungsbeschränkten Blockchains hängt dies davon ab, welche Informationen zur Aufnahme ins Netzwerk offengelegt werden müssen. Voraussetzung dafür ist, dass lediglich die mindestens erforderlichen Daten erhoben werden und eine starke IT-Sicherheit gewährleistet ist. Fraglich ist allerdings, ob die Tatsache, dass Full Nodes jeweils eine gesamte Kopie der Kette speichern, mit dem Privacy-by-Design-Grundsatz vereinbar ist.[61] Dies wäre nur durch eine weite Auslegung des Begriffs der Erforderlichkeit denkbar. Eine mögliche Grundlage für eine weite Auslegung könnten Sicherheits- und Resilienzargumente sein: Die Architektur der Blockchain wird stabiler, je mehr Duplikate existieren und lokal gespeichert werden.

II. Schuldrecht

32   Mit dem Einsatz von Smart Contracts wird die Frage eines möglichen Vertragsschlusses relevant. Der Smart Contract selbst ist dabei allerdings nicht der Vertrag (s. o.). Zunächst kann ein Vertragsschluss außerhalb der Blockchain stattfinden, wobei der Smart Contract nur die Abwicklung bestimmter Vertragselemente implementiert und automatisiert.[62] Insoweit fungiert der Smart Contract wie ein digitaler Warenautomat.[63] Eine Spielart dieser Variante ist es, die entsprechenden Willenserklärungen inhaltlich direkt durch Programmcode auszudrücken. Der Smart Contract verkörpert in diesem Fall den Vertragsinhalt und wird so (auch) zu einem digitalen Vertragsdokument.[64]

33   Die durch den Programmcode ausgedrückten Vertragsbedingungen können rechtlich als AGB zu qualifizieren sein.[65] Jedenfalls gegenüber Verbrauchern können AGB in Programmiersprache aber nicht wirksam Vertragsbestandteil werden, weil die Möglichkeit einer zumutbaren Kenntnisnahme fehlt (§ 305 Abs. 2 Nr. 2 BGB)[66] oder aber jedenfalls das Trans-

---

[58] *Finck*, EDPL 1/2018, 17 (26 f.).
[59] Zu verschiedenen Lösungsansätzen vgl. *Böhme/Pesch*, DuD 2017, 473.
[60] *Guggenberger*, ZD 2017, 49.
[61] *Finck*, EDPL 1/2018, 17 (32).
[62] *Möslein*, ZHR 2019, 254 (264); *ders.*, in Braegelmann/Kaulartz (Hrsg.), Kapitel 8 Rn. 4; *Paulus/Matzke*, ZfPW 2018, 431 (438, 447); *Djazayeri*, jurisPR-BKR 12/2016 Anm. 1; *Kaulartz/Heckmann*, CR 2016, 618 (621); vgl. *Bertram*, MDR 2018, 1416 (1419); vgl. *Heckelmann*, NJW 2018, 504 (507).
[63] Vgl. *Kaulartz/Heckmann*, CR 2016, 618 (621).
[64] *Kaulartz/Heckmann*, CR 2016, 618 (621 f.); *Heckelmann*, NJW 2018, 504 (505); *Schurr*, ZVglRWiss 2019, 257 (266); *Riehm*, in Braegelmann/Kaulartz (Hrsg.), Kapitel 9 Rn. 8; die Möglichkeit Willenserklärungen in Form von Code auszudrücken ablehnend *Djazayeri*, jurisPR-BKR 12/2016 Anm. 1.
[65] *Kaulartz/Heckmann*, CR 2016, 618, (622); *Riehm*, in Braegelmann/Kaulartz (Hrsg.), Kapitel 9 Rn. 16; vgl. *Siedler*, in Möslein/Omlor (Hg.), Fintech-Handbuch, § 5 Rn. 12; aA *Paulus/Matzke*, ZfPW 2018, 431 (459).
[66] *Fries*, AnwBl 2018, 86 (88); *Riehm*, in Braegelmann/Kaulartz (Hrsg.), Kapitel 9 Rn. 37 f.; *Kaulartz/Heckmann*, CR 2016, 618 (622) lehnen eine Anwendung von § 305 Abs. 2 Nr. 2 BGB im Fall von Smart Contracts ab.

parenzgebot (§ 307 Abs. 1 S. 2 BGB) verletzt ist.[67] In Individualverträgen oder gegenüber Unternehmern kann hingegen grundsätzlich auf Code als Ausdrucksform zurückgegriffen werden.

Unabhängig von der Wahl der Sprache gibt es keinen Grundsatz, nach dem ein automatisiertes Ergebnis normativ anzuerkennen wäre. Weicht zB das Ergebnis der Programmierung von der vertraglichen, durch Auslegung ermittelten Vereinbarung ab, muss der vereinbarte Zustand hergestellt werden.[68] Die Wirkungen des Smart Contracts müssen weiter auch mit geltendem Recht in Einklang stehen bzw. dahingehend korrigiert werden.[69] Verweise auf **„Code is Law"** gehen regelmäßig auf ein falsches Verständnis dieser Formulierung zurück.[70] 34

Mit Blick auf die Rückabwicklung von Verträgen im Rahmen von Anfechtung, Rücktritt oder Widerruf resultieren aus der Unveränderlichkeit des **Ledgers** unmittelbar keine Sonderprobleme. Die Einträge in der dezentralisierten Datenbank sagen nichts über die materiell-rechtliche Richtigkeit der Transaktion oder eines bestimmten Zustands aus.[71] Es ist völlig ausreichend den Zustand, welcher der Rechtslage entspricht, wirtschaftlich wiederherzustellen.[72] Dazu genügt eine Rückübertragung oder Transaktion in Gegenrichtung. Bei einer Barzahlung wäre dies nicht anders. 35

Ein praktisches Problem ergibt sich aber bei der Rechtsdurchsetzung, insbesondere wenn die Gegenpartei unbekannt ist. Nur der Inhaber des Private Keys kann nämlich die notwendige (rückwärtsgerichtete) Transaktion ausführen, was rechtlich eine unvertretbare Handlung iSv § 888 Abs. 1 S. 1 ZPO darstellt.[73] Je nach Einzelfall könnte eine Kryptoschuld zwar als Fremdwährungsschuld, § 244 Abs. 1 BGB, charakterisiert werden, was eine Vollstreckung als Geldschuld ermöglicht. Dies hilft aber nicht darüber hinweg, dass der Schuldner identifiziert werden muss. Bei Anwendungsszenarien in der Industrie erscheinen solche Szenarien unbekannter Gegenparteien aber unwahrscheinlich. 36

III. Kartellrecht

Blockchain Netzwerke basieren regelmäßig auf ökonomischen Anreizen, die auf die Teilnehmer wirken und diese zu einem Verhalten motivieren, das die Funktion des Gesamtnetzwerks garantiert. Wettbewerb zwischen den Teilnehmern ist ein wesentlicher Baustein. Der Wettbewerb und die im Wettbewerb einzusetzenden Ressourcen fungieren nämlich als Substitute für das Vertrauen, das die Teilnehmer in einer zentralen Datenbank dem Intermediär gegenüber aufbringen müssten. Ein solches Netzwerk bzw. ein solcher Markt muss aber geschaffen und unterhalten werden. Dies wiederum setzt ein gewisses Niveau an Kooperation zwischen den Teilnehmern voraus. Außerdem wird durch Blockchain Lösungen regelmäßig ein signifikantes Transparenzniveau auf Transaktionsebene erreicht. 37

---

[67] *Fraunhofer FIT*, Chancen und Herausforderungen von DLT (Blockchain) in Mobilität und Logistik, S. 115.
[68] *Djazayeri*, jurisPR-BKR 12/2016 Anm. 1.
[69] *Heckelmann*, NJW 2018, 504 (509); *Kaulartz/Heckmann*, CR 2016, 618 (623); *Djazayeri*, jurisPR-BKR 12/2016 Anm. 1; *Froitzheim* in Taeger, Rechtsfragen digitaler Transformationen, S. 311 (314); *Paulus/Matzke*, ZfPW 2018, 431 (448).
[70] Die Formulierung „Code is Law" geht zurück auf *Lessig*, Code and Other Laws of Cyberspace, 1999, wird dort aber verwendet, um die Bedeutung von Programmcode zu beschreiben, nicht aber, um diesen als normativ richtig anzuerkennen.
[71] *Paulus/Matzke*, ZfPW 2018, 431 (437).
[72] *Paulus/Matzke*, ZfPW 2018, 431 (460); vgl. *Beck/König*, AcP 215 (2015), 655 (662); vgl. *Bertram*, MDR 2018, 1416 (1420); vgl. *Saive*, DuD 2018, 764 (766).
[73] *Saive*, DuD 2018, 764 (767); *Paulus/Matzke*, ZfPW 2018, 431 (464); vgl. *Kütük/Sorge*, MMR 2014, 643 (645); *Kaulartz*, CR 2016, 474 (479) weist darauf hin, dass die Datei, in der der private Schlüssel gespeichert ist, herausgegeben werden oder der Herausgabeanspruch gegen den Wallet-Anbieter übertragen werden kann.

38 Es ist geradezu charakteristisch für Blockchain Anwendungen, dass zwischen Beteiligten reger Informationsaustausch stattfindet.[74] Transparenz kann auch zu **„tacit coordination"** (stillschweigende Koordinierung) führen, ohne dass Unternehmen miteinander in Kontakt treten müssen.[75] Schon in der konkreten Ausgestaltung eines Netzwerks kann mithin ein erhebliches kartellrechtliches Haftungsrisiko liegen; die kartellrechtlichen Prüfanforderungen sind entsprechend hoch.[76] Unter welchen Umständen sich Unternehmen gerade in öffentlichen Blockchains wettbewerbswidrig verhalten ist ungeklärt. *Louven* und *Saive* schlagen deshalb vor, „die Koordinierung und den damit verbundenen Informationsaustausch als Fühlungnahme anzusehen" und fordern, dass „die etablierten Grundsätze des Kooperationsverbots angewendet werden".[77] Bei der Ausgestaltung von Blockchain-basierten Anwendungen sollte die Offenlegung und der Austausch kartellrechtlich problematischer Informationen möglichst bereits auf der Ebene der Netzwerkarchitektur vermieden werden.[78]

39 Das Kartellrecht beschränkt Kooperationen zwischen Unternehmen, zu denen auch der bloße Austausch von Informationen gehören kann, insbesondere durch das Kartellverbot in Art. 101 AEUV bzw. § 1 GWB. Allein aus der Schaffung bzw. Nutzung einer öffentlichen Blockchain resultiert aber noch kein Kartellverstoß, außer wenn die Blockchain gerade dazu dient, Informationen über zukünftiges Verhalten mitzuteilen und Unternehmen so eine Kollusion zu ermöglichen.[79] Verschiedene Konsensmechanismen bergen unterschiedlich hohe Kollusionspotentiale zwischen den Minern.[80] Beim Proof-of-Work-Verfahren ist dieses Risiko vergleichsweise gering, weil die Architektur auf eine wiederkehrende Handlung bzw. die Investitionen in diese Handlung abstellt, nicht aber auf einen Zustand oder festen Anteil am Netzwerk.[81]

40 Die Transparenz öffentlicher Blockchains kann es **Kartellen** erleichtern, Abweichungen von Kartellabsprachen zu erkennen. Die Transaktionshistorien sind nämlich sämtlich öffentlich einsehbar. Dadurch werden Kartellabsprachen leichter überwachbar und durchsetzbar.[82] Zusätzlich können Smart Contracts eingesetzt werden, die solche Abweichungen ahnden,[83] indem sie etwa aufbauend auf sensorischen Daten vereinbarte Produktionsmengen überwachen und automatisch bestimmte Zahlungen auslösen.[84] Smart Contracts können weiterhin zur Preisregulierung eingesetzt werden.[85]

41 Echte **Kollusion** dürfte generell in privaten Blockchains einfacher umzusetzen und damit wahrscheinlicher sein.[86] Auf private Blockchains mit zentraler Instanz können die zu Hub-and-Spoke-Kartellen bzw. zur Abstimmung über Plattformen entwickelten Grundsätze[87] übertragen werden.[88] Wenn mehrere Unternehmen eine private Blockchain kontrollieren und andere Unternehmen nicht zulassen, nachträglich ausschließen oder ihnen wettbewerbswidrige Nutzungsbedingungen auferlegen (zB wenn nicht alle Teilnehmer

---

[74] *Louven/Saive*, NZKart 2018, 348 (350).
[75] OECD, DAF/COMP/WD(2018)47, Rn. 18; *Schrepel*, Collusion by Blockchain and Smart Contracts, 33 Harv. J.L. & Tech. (forthcoming 2019), S. 28; *Deng*, Smart Contracts and Blockchains: Steroid for Collusion?, S. 5.
[76] *Louven*, InTeR 2018, 176 (179).
[77] *Louven/Saive*, NZKart 2018, 348 (351).
[78] *Louven/Saive*, NZKart 2018, 348 (353).
[79] *Schrepel*, Collusion by Blockchain and Smart Contracts, 33 Harv. J.L. & Tech. (forthcoming 2019), S. 18.
[80] *Schrepel*, Collusion by Blockchain and Smart Contracts, 33 Harv. J.L. & Tech. (forthcoming 2019), S. 21 f.
[81] *Schrepel*, Collusion by Blockchain and Smart Contracts, 33 Harv. J.L. & Tech. (forthcoming 2019), S. 22.
[82] OECD, DAF/COMP/WD(2018)47, Rn. 17; vgl. *Schrepel*, Collusion by Blockchain and Smart Contracts, 33 Harv. J.L. & Tech. (forthcoming 2019), S. 25 ff.
[83] OECD, DAF/COMP/WD(2018)47, Rn. 17; vgl. *Schrepel*, Collusion by Blockchain and Smart Contracts, 33 Harv. J.L. & Tech. (forthcoming 2019), S. 25 ff.
[84] *Deng*, Smart Contracts and Blockchains: Steroid for Collusion?, S. 4 f.
[85] *Schrepel*, Collusion by Blockchain and Smart Contracts, 33 Harv. J.L. & Tech. (forthcoming 2019), S. 27 f.
[86] Hoffer/Mirtchev, NZKart 2019, 239 (243).
[87] *Dohrn/Huck*, DB 2018, 173; *Göhsl*, WuW 2018, 121.
[88] *Louven/Saive*, NZKart 2018, 348 (351).

Zugang zu den gleichen Informationen haben), kann dieses gemeinsame Verhalten unter Art. 101 AEUV fallen.[89] Bei public Blockchains fehlt ein Mechanismus, bestimmte Nutzergruppen auszuschließen. Außerdem erfolgt die Koordinierung zwischen den Teilnehmern nicht durch eine zentrale Instanz, sondern durch einen **algorithmischen Konsensmechanismus**.[90]

Neben dem Kartellverbot ergeben sich auch aus dem Missbrauchsverbot aus Art. 102 AEUV und § 19 GWB relevante Grenzen. Diese Grenzen stehen aber nicht in unmittelbarem Zusammenhang mit der Architektur oder der Technologie. Allenfalls der Eigenschaft als Netzwerk bzw. Plattform kann insoweit besondere Relevanz zukommen. Im Fall von öffentlichen Blockchains fehlt es im Regelfall an einer steuernden Zentralinstanz, weshalb einseitiges Verhalten kaum vorstellbar ist.[91] Eine Ausnahme könnte sich dann ergeben, wenn ein einzelner Miner oder Mining Pool allein eine marktbeherrschende Stellung innehat. Bei permissioned Blockchains kommen als Verstöße zB die unberechtigte Weigerung, Unternehmen zuzulassen (Blockchain als wesentliche Einrichtung), überhöhte Preise für Transaktionen oder die Bildung überhöhter Preise durch Dritte, die auf Blockchain-verwandten Märkten Marktmacht haben (zB Unternehmen, die Mining Hardware verkaufen), in Betracht.[92]

Die Verschlüsselungstechnik und Pseudonymität in Blockchain Netzwerken kann Behörden die Verfolgung von Kartellen erschweren,[93] die vergleichsweise hohe Transparenz und Dauerhaftigkeit der Aufzeichnungen kann Ermittlungen demgegenüber erleichtern. Wie bereits im Kontext des Datenschutzrechts kann bei öffentlichen Blockchains auch im Kartellrecht die Identifikation des Normadressaten erhebliche Schwierigkeiten mit sich bringen, da ein Blockchain Netzwerk keine Einheit bildet, das Kartellrecht aber an den Unternehmensbegriff[94] anknüpft.[95]

D. Anwendungsgebiete

Die Einsatzmöglichkeiten der Blockchain-Technologie bzw. der DLT sind vielfältig und im Grundsatz nicht auf bestimmte Sektoren beschränkt. Blockchain ist eine Technologie zur Synchronisierung von Daten und Informationen. Sie ermöglicht digitale Transaktionen ohne zentralen Intermediär oder Vertrauen in die jeweilige Gegenpartei. Aus diesen Charakteristika ergeben sich aber auch die Beschränkungen des Einsatzes von Blockchains. Zunächst lassen sich direkt nur Vertrauensdefizite auf der Ebene der Datenbank adressieren, nicht aber Defizite an den Schnittstellen. Sicherheitslücken durch fehlerhafte Programmierung werden durch die Technologie nicht ausgeschlossen. Blockchains garantieren die Validität von Informationen nach den Vorgaben des Netzwerks, nicht aber deren materielle Wahrheit. Wenig überraschend fehlt es nach wie vor an der Skalierbarkeit der vorgeschlagenen Lösungen. Das Vertrauen in die Gegenpartei und den zentralen Intermediär wird ersetzt durch technische Prozesse und Investitionen. Die Reibung im System ist notwendig, um Manipulationen zu vermeiden. Bei denkbaren Anwendungsfällen ist daher kritisch zu hinterfragen, ob es sich um ein Problem handelt, das auf fehlendes Vertrauen gegenüber einem zentralen Datenbankbetreiber zurückgeht. Teil dieses Vertrauens ist auch die Resilienz des Netzwerks. Besteht ein solches Vertrauen zum Betreiber der Datenbank, so spricht viel dafür, dass eine traditionelle Datenbank effizienter ist.

---

[89] *Schrepel*, Collusion by Blockchain and Smart Contracts, 33 Harv. J.L. & Tech. (forthcoming 2019), S. 18 f.
[90] *Louven/Saive*, NZKart 2018, 348 (351).
[91] Hoffer/Mirtchev, NZKart 2019, 239 (244).
[92] OECD, DAF/COMP/WD(2018)47, Rn. 19; *Schrepel*, Collusion by Blockchain and Smart Contracts, 33 Harv. J.L. & Tech. (forthcoming 2019), S. 19.
[93] *Schrepel*, Collusion by Blockchain and Smart Contracts, 33 Harv. J.L. & Tech. (forthcoming 2019), S. 32.
[94] ZB LMRKM/*Grave/Nyberg*, AEUV Art. 101 Rn. 133.
[95] Hoffer/Mirtchev, NZKart 2019, 239 (245).

I. Industrie

45 In der Industrie werden Ansätze zur Smart Maintenance diskutiert.[96] Dabei werden Maschinen aus der Ferne gewartet. Es ist jedoch noch nicht bewiesen, dass Blockchain-Lösungen tatsächlichen Mehrwert liefern. Als Argument für einen Mehrwert wird vorgebracht, dass mittels Smart Maintenance Maschinen- und Servicedaten kontrolliert und selektiv geteilt werden (Datenhoheit) und Serviceaufträge fälschungssicher dokumentiert werden können. Dies setzt aber voraus, dass die bisherigen Probleme im fehlenden Vertrauen in die Datenbank begründet liegen. Smart Contracts sollen dann für die Abwicklung des Serviceprozesses zum Einsatz kommen.

46 Vorteile werden weiter beim Austausch von Daten, zB im Zusammenhang mit 3D-Druck gesehen. Anwendungsbeispiele sind OpenDXM und GlobalX. Die Blockchain-Anwendungen sollen insoweit sicherstellen, dass Fertigungs- und Auftragsdaten manipulationssicher an den Hersteller übertragen werden können. Der Hauptzweck liegt im Schutz vor Produktpiraterie.[97] Auf diesem Gedanken aufbauend soll die „Secure Additive Manufacturing Platform" (SAMPL)[98] „die Entwicklung einer durchgängigen Sicherheitslösung – auch als Chain of Trust bezeichnet – für additive Fertigungsverfahren" liefern. „Hierbei wird der gesamte Prozess von der Entstehung der digitalen 3D-Druckdaten über den Austausch mit einem 3D-Druckdienstleister und seinen durch spezielle Secure Elements abgesicherten Trusted 3D-Druckern bis zur Kennzeichnung der gedruckten Bauteile mittels RFID-Chip betrachtet. Dazu soll in Ergänzung zu den heute verfügbaren Mechanismen für die Verschlüsselung von 3D-Daten ein digitales Lizenzmanagement auf Basis der Blockchain-Technologie in die Datenaustauschlösung OpenDXM GlobalX der PROSTEP AG integriert werden."[99] Ein weiteres Beispiel ist Moog Inc., ein Hersteller von Flugzeugbauteilen, der eine Kombination aus 3D-Druck und Blockchain testet, um die Ersatzteilbeschaffung zu beschleunigen. Dabei werden Daten für Bauteile digital hinterlegt und sollen so on demand hergestellt werden können.[100]

47 In offenen Blockchain-Architekturen ergibt sich freilich ein rechtliches Spannungsverhältnis zwischen der Transparenz der Blockchain als wesentlichem Charakteristikum und dem Schutz von Geschäftsgeheimnissen und geistigem Eigentum. Aus den in der Blockchain gespeicherten Informationen können Konkurrenten möglicherweise Rückschlüsse über unternehmensinterne Prozesse ziehen. Gleichzeitig bietet die Blockchain-Technologie eventuell neue Möglichkeiten des Daten- und Rechtemanagements, zB das direkte Übertragen von Daten und Lizenzen und die Überprüfung von Nutzungsberechtigungen. Blockchain-Anwendungen versprechen so zum Schutz von Immaterialgüterrechten und Geschäftsgeheimnissen beizutragen.[101] Ferner sollen so Datenzugriffe besser dokumentiert werden können, was es für den Inhaber wiederum leichter macht, einen Missbrauch festzustellen. Private Blokchains reduzieren die aus der Transparenz resultierenden Gefahren für Geschäftsgeheimnisse.

II. Finanzsektor

48 Im Bereich der Finanzdienstleistungen kann die Blockchain-Technologie peer-to-peer-Zahlungen und dezentrale Transaktionsnetze ermöglichen. Nicht zufällig war der erste praktische voll funktionsfähige Anwendungsfall einer Blockchain die Kryptowährung Bit-

---

[96] Vgl. etwa https://medium.com/@philippsandner/mit-blockchain-auf-dem-weg-zur-smart-maintenance-3e53625b4244.
[97] https://www.opendxmglobalx.com/blockchain-technology/?limit=all&cHash=ec600087ed50821da58b83f19b77f919.
[98] https://sampl.fks.tuhh.de/de/home.html.
[99] https://sampl.fks.tuhh.de/de/home.html.
[100] https://www.wsj.com/articles/blockchain-3-d-printing-combie-to-make-aircraft-parts-11574809371.
[101] *Bartsch et al.*, Anwendungsszenarien für die Blockchain-Technologie in der Industrie 4.0.

coin. Beispiele für Anwendungen im Finanzsektor sind etwa Bitbond[102], eine **peer-to-peer-Lending-Plattform**, R3, ein Konsortium zur Abwicklung von Finanztransaktionen zwischen Finanzinstituten und Ripple, ein Kommunikationsprotokoll für Banken. Blockchain-Lösungen, insbesondere zulassungsbeschränkte Modelle, können Transaktionsketten im Finanzsektor abkürzen und insbesondere über die Grenzen von Jurisdiktionen hinweg technisches Vertrauen schaffen.

Hoffnungen bestehen auch im Bereich des Reporting gegenüber Finanzaufsichtsbehörden und der Compliance mit dem Regulierungsregime. Insoweit sind insbesondere die Transparenz der Transaktionen und die Unveränderlichkeit des Ledgers von Bedeutung. Außerdem werden verschiedene Versionen elektronischen Geldes diskutiert, von E-Geld im Sinne der E-Geld-Richtlinie hin zu Zentralbankgeld auf Blockchain-Basis. Letzteres würde digitale Direkttransaktionen in staatlichen Währungen ermöglichen, wie sie bislang nur mit Bargeld möglich sind. 49

Sämtliche Anwendungen haben die Vorgaben des Finanz- und Kapitalmarktrechts zu beachten, wie etwa die spezifischen Erlaubnispflichten. Zentral sind dabei insbesondere die Anforderungen der 5. Geldwäscherichtlinie[103]. Hierbei sind vor allem die Identitätsprüfungen im Rahmen der sogenannten **KYC** oder **Know-Your-Costumer**-Anforderungen relevant. 50

III. Lieferketten und Logistik

In Lieferketten versprechen verschiedene Blockchain-Anwendungen ein transparentes und unveränderliches Logbuch, das globale Handelsströme abbilden kann. Sektorunabhängig soll so eine lückenlose Dokumentation von Warenströmen ermöglicht werden. So sollen die Echtheit von Produkten und die Einhaltung bestimmter Qualitäts- und Herkunftsversprechen, etwa von Medikamenten, Diamanten, Nahrungsmitteln oder Transportbedingungen nachvollziehbar und kontrollierbar werden.[104] Soweit die Herausforderungen in der Manipulierbarkeit von Datenbanken liegen, können Blockchain-Anwendungen grundsätzlich entscheidende Beiträge zur Transparenz leisten. Liegen die Probleme allerdings im Bereich des Dateninputs, also an der Schnittstelle der Datenbank, so ist der Mehrwert von Blockchain-Lösungen schwerer darstellbar. 51

Ladungsspezifische Dokumente, wie Packlisten, Ausfuhrgenehmigungen und Warenzertifikate können mit Zeitstempeln versehen und mit Blockchain basierten Datenbanken verlinkt werden.[105] Im Bereich der Seefracht gilt dies besonders für Traditionspapiere.[106] Diese sind hochstandardisiert und eignen sich mithin besonders für eine Übersetzung in Programmcode. Studien und Experimente befassen sich ebenfalls mit digitalen Fahrtenbüchern auf Blockchain-Basis[107] und Abrechnungsfragen beim **Platooning**[108] von LKW.[109] 52

---

[102] www.bitbond.com.
[103] Richtlinie (EU) 2018/843 des Europäischen Parlaments und des Rates vom 30.5.2018 zur Änderung der Richtlinie (EU) 2015/849 zur Verhinderung der Nutzung des Finanzsystems zum Zwecke der Geldwäsche und der Terrorismusfinanzierung und zur Änderung der Richtlinien 2009/138/EG und 2013/36/EU.
[104] *Tian*, A supply chain traceability system for food safety based on HACCP, blockchain & Internet of things, 2017 International Conference on Service Systems and Service Management.
[105] *Saive*, RdTW 2018, 85 (88).
[106] *Saive*, RdTW 2018, 85 (88).
[107] https://www.tuv.com/de/Deutschland/gk/fahrzeuge_verkehr/newsletter_mobilitaet_nr_2_2017/tachomanipulaion.html.
[108] Platooning bezeichnet eine Konstellation, in der mehrere Fahrzeuge unter Einsatz (teil-)automatisierter Technologien in äußerst geringem Abstand hintereinanderfahren. Dies soll zur Einsparung von Kraftstoff bei allen beteiligten Fahrzeugen führen.
[109] *FIT*, Chancen und Herausforderungen von DLT (Blockchain) in Mobilität und Logistik, (abrufbar unter: https://www.bmvi.de/SharedDocs/DE/Artikel/DG/blockchain-grundgutachten.html).

IV. Stromtransfer

53 Im Zusammenhang mit dezentraler Stromversorgung und sogenannten **Microgrids** als Verbindung lokaler Stromerzeuger mit lokalen Stromverbrauchern wird diskutiert, zum Zwecke der Abrechnungen auf die Blockchain Technologie zurückzugreifen.[110] Dabei soll die Architektur der Netzwerke einen unmittelbaren und gegebenenfalls wechselseitigen Ausgleich zwischen lokalen Produzenten und Verbrauchern ermöglichen, ohne auf einen zentralen Intermediär zurückgreifen zu müssen. Entsprechendes wird für das Management der Ladeinfrastruktur für die Elektromobilität diskutiert.[111]

V. Versicherungswirtschaft

54 Für die Versicherungswirtschaft könnte besonders der Einsatz von Smart Contracts Bedeutung erlangen. Dies gilt insbesondere dann, wenn das Versicherungsereignis klar definiert und objektiv feststellbar ist. Eine Auszahlung kann dann mit dem Eintritt einer vordefinierten Bedingung verknüpft und so automatisiert werden.

VI. Gesundheitssektor

55 Gerade im Gesundheitssektor ist die Sicherung von Datenintegrität und -sicherheit auf allen Ebenen, auf denen Gesundheitsdaten gespeichert werden, zB der Inhalt der elektronischen Patientenakten, von höchster Priorität.[112] In diesem Zusammenhang können sich Blockchain-Anwendungen deshalb anbieten, weil sie eine besondere Sicherung gegen nachträgliche Manipulationen bieten können. Ein Beispiel ist Medicalchain, eine digitale Sammlung von Patientendaten, über die der Patient die Kontrolle hat. Er kann Zugang zu den Daten gewähren und jede Interaktion mit den Daten wird dokumentiert und ist nachvollziehbar.[113] Ferner ist auf Estland zu verweisen und das dortige Projekt rund um e-Health-Records.[114] Das System vereint Gesundheitsdaten aus verschiedenen Quellen und macht sie für Patienten und Ärzte gesammelt zugänglich. Die Blockchain-Technologie dient auch hier dazu, die Integrität der Daten zu sichern und Zugriffe nachvollziehbar zu machen.

56 Blockchain-Anwendungen versprechen Unterstützung bei ePrescription (eRezept) und eDispensing (Medikamentausgabe)[115] und mehr Kontrolle des Datenaustauschs bei klinischen Studien. So soll sichergestellt werden, dass Daten punktuell und nur soweit geteilt werden, als dies im Einzelfall notwendig ist.[116]

57 Eine Kooperation von Merck und Cryptotec soll zu sichereren Medikamenten beitragen. Dabei soll die Echtheit von Arzneimitteln verifiziert werden, was einen Unterfall des Lieferketten-Managements beschreibt. Medikamenten werden Codes zugewiesen, die ent-

---

[110] *Overkamp/Schings,* EnWZ 2019, 3 (4f.).
[111] *Overkamp/Schings,* EnWZ 2019, 3 (4ff.).
[112] *Vfa,* Whitepaper „Blockchain als Treiber-Technologie für die digitale Transformation von Gesundheitswirtschaft und Gesundheitsversorgung?", S. 2, abrufbar unter https://www.vfa.de/de/wirtschaft-politik/pharma-digital/blockchain-ein-blick-in-die-zukunft.
[113] *Medicalchain,* Whitepaper 2.1, abrufbar unter https://medicalchain.com/Medicalchain-Whitepaper-EN.pdf.
[114] https://e-estonia.com/solutions/healthcare/e-health-record.
[115] *Vfa,* Whitepaper „Blockchain als Treiber-Technologie für die digitale Transformation von Gesundheitswirtschaft und Gesundheitsversorgung?", S. 2, abrufbar unter https://www.vfa.de/de/wirtschaft-politik/pharma-digital/blockchain-ein-blick-in-die-zukunft.
[116] *Vfa,* Whitepaper „Blockchain als Treiber-Technologie für die digitale Transformation von Gesundheitswirtschaft und Gesundheitsversorgung?", S. 3, abrufbar unter https://www.vfa.de/de/wirtschaft-politik/pharma-digital/blockchain-ein-blick-in-die-zukunft.

haltenen Informationen werden in der Blockchain hinterlegt und können durch Abscannen überprüft werden.[117]

Gerade im Kontext von Gesundheitsdaten sind die datenschutzrechtlichen Anforderungen kritisch zu prüfen. Bei Gesundheitsdaten handelt es sich nämlich um besonders sensible Daten. Insoweit finden die strengeren Anforderungen des Art. 9 DS-GVO Anwendung. Außerdem müssen angemessene Sicherungsmechanismen getroffen werden um die Einhaltung der ärztlichen Schweigepflicht zu gewährleisten.

VII. Kreativwirtschaft

In der Kreativwirtschaft beziehen sich die vorgeschlagenen Einsatzmöglichkeiten vor allem auf das oft komplexe Lizenzmanagement,[118] das durch Smart Contracts eventuell automatisiert werden kann. Mit Hilfe von Smart Contracts könnte die Berechtigung und die Bezahlung für die entsprechende Lizenz automatisch abgeglichen werden. Daraus erwächst auch ein Schutz vor Falschabrechnungen.[119]

---

[117] Vgl. https://mednic.de/mit-blockchain-gegen-medikamentenfaelschungen/6320; https://www.sueddeutsche.de/wirtschaft/michael-mertens-und-seine-start-ups-blockchain-ein-thema-von-2004-1.3932465.
[118] *Schawe*, MMR 2019, 218 (219 ff.).
[119] *Schawe*, MMR 2019, 218 (219 ff.).

Teil 14.3 Virtual Engineering & Remote Collaboration

Übersicht

	Rn.
A. Einleitung	1
B. Virtuelle Realität und immersive Umgebungen	4
I. Begriff der virtuellen Realität	5
II. Haupteigenschaften der virtuellen Realität	7
III. Lösungsansatz	8
C. Zielsetzung des Virtual Engineering	11
D. Methodische Grundlagen	13
I. Datenintegration	14
II. Arbeitsablauf	20
E. Anwendungen des Virtual Engineering	28
I. Digitaler Zwilling	29
II. Smart Factory	34
F. Zusammenfassung	37

Literatur:
Badra/Ovtcharova/Alshubbak, Smart Factory of the Future -More efficient, more flexible, faster and more sustainable, in: Challenges of the Digital World, Proceedings of the 9th FDIBA Conference Sofia, Bulgaria, 28.–29.11.2019, S. 67 ff.; *Burdea/Coiffet*, Virtual Reality Technology, Ausgabe 2, Neuauflage 2017; *Bente/Krämer/Petersen (Hrsg.)*, Virtuelle Realität als Gegenstand und Methode in der Psychologie, 2002; *Katicic*, Methodik für Erfassung und Bewertung von emotionalem Kundenfeedback für variantenreiche virtuelle Produkte in immersiver Umgebung, Reihe Informationsmanagement im Engineering Karlsruhe, KIT Scientific Publishing, 2014; *Ovtcharova*, Warum Virtual Engineering eine neue Dimension des Entwickelns bedeutet, in: Deutsche Wissenschafts- und Innovationshäuser, JAHRESBERICHT 2018, Deutscher Akademischer Austauschdienst (DAAD), S. 81 ff.; *Ovtcharova/Grethler*, Beyond the digital twin – making analytics come alive, in: visIT Industrial IoT – Digital Twin 2018, S. 4 f.; *Ovtcharova/Häfner/Häfner/Katicic/Vinke*, Innovation braucht Resourceful Humans – Aufbruch in eine neue Arbeitskultur durch Virtual Engineering, in: Zukunft der Arbeit in Industrie 4.0, in: Botthof/Hartmann (Hrsg.), 2015, S. 111 ff.; *Sherman/Craig*, Understanding Virtual Reality: Interface, Application, and Design, Morgan Kaufmann Publishers, 2018.

A. Einleitung

1 Die Digitalisierung versetzt die Welt, in der wir leben und arbeiten, in einen fundamentalen Umbruch. Wie nie zuvor wandeln sich ganze Branchen und Berufe. Zahlreiche Einsätze digitaler Technologien in der Fläche wie Data Hubs und Kommunikationsnetze zeigen, dass die Märkte auf Lösungen setzen, die überall verfügbar und intuitiv zu bedienen sind, die Kundenerfahrung verbessern und Daten in Echtzeit auf unkonventionelle Weise erfassen und auswerten. In den letzten Jahren haben sich auch die Augmented Reality (AR) und Virtual Reality (VR) zum „Steckenpferd" der Digitalisierung entwickelt. So kann ein Wartungstechniker im Bereich Anlagenbau mit seinem Smartphone und einer AR-App eine Serviceaufgabe einfacher und schneller erledigen, da er alle relevanten Informationen zur Montage und Demontage direkt auf dem Live-Bild der Anlage angezeigt bekommt. Auch wenn sich eine Anlage erst in Planung befindet, lohnt sich der VR-Einsatz. Dabei wird das Computermodell der Anlage realitätsgetreu abgebildet um Entwicklungsingenieuren und Kunden in die Lage zu versetzen, die Funktionsfähigkeit der Anlage vorab rein virtuell zu prüfen. Auf diese Weise verschiebt sich der Schwerpunkt der Betrachtung von der Technologie auf den Menschen. So steigt auch die Anzahl der Sinneseindrücke, da sowohl AR/VR-Brillen, Smart Watches, Bluetooth-Kopfhörer und -Lautsprecher als auch andere Peripheriegeräte zunehmend Verbreitung finden.

2 Die wichtigsten technologischen Trends deuten klar darauf hin, dass es sich bei der digitalen Transformation nicht nur um die nächste Innovationswelle, sondern eher um

einen Wendepunkt in der Geschichte der Menschheit handelt. Dabei spielen immaterielle Ressourcen und Vermögenswerte eine zentrale Rolle. Maschinelles Lernen und künstliche Intelligenz, das Internet der Dinge, Cloud und Edge Computing und Digitale Zwillinge schaffen physisch nichtexistierende Welten und Märkte. Die Liste der technologischen Trendsetter ist lang. Dass Computersysteme weiterhin eine wichtige Rolle spielen werden, ist unbestreitbar. Anders als bei den konventionellen technologiegetriebenen Lösungen, wie zum Beispiel dem rechnerunterstützten Konstruieren, müssen sich die Menschen jedoch nicht mehr an die Funktionsweise der Computersysteme anpassen um diese zu bedienen. Stattdessen übernehmen sie selbst die aktive Rolle, überwachen die Maschinen mit Hilfe intelligenter Assistenzsysteme, analysieren komplexe Abläufe und setzen deren Auffassungskraft und Potenzial sinnvoll und gewinnbringend für das Unternehmen ein.

Der Übergang zum „Mensch im Mittelpunkt der Betrachtung" setzt heutzutage neue Modellierungsmethoden und Kollaborationswerkzeuge voraus, die unter dem Begriff Virtual Engineering (VE) zusammengefasst werden und ein grundlegend verändertes Verständnis der menschlichen Möglichkeiten und Bedürfnisse im Umgang mit den digitalen Technologien erfordert. So bietet das Virtual Engineering eine personalisierte Sicht auf Produkte und Dienstleistungen und ermöglicht unterschiedlichen Benutzergruppen, unter anderem Entwicklern, Lieferanten, Herstellern und Kunden gleichermaßen, physisch noch nicht existierende Produkte rein virtuell zu handhaben und ihre Eigenschaften und Funktionen realitätsnah und ganzheitlich zu beurteilen (Abbildung 1).

Abbildung 1: Menschenzentrierter Fokus des Virtual Engineering am Beispiel der Entwurfsprüfung

B. Virtuelle Realität und immersive Umgebungen

4   Betrachtet man den heutigen Stand der Arbeit und Technik ist festzustellen, dass trotz des Einsatzes moderner Technologien, ua der virtuellen Realität, das „Windows, Icons, Menus, Pointer (WIMP)"-Paradigma der 1980er Jahre unseren Alltag immer noch bestimmt. Lange Zeit haben Benutzer sich an die Arbeitsweise der Computer angepasst. Sie haben gelernt, verschiedene Softwareprogramme zu bedienen und mit Maus und Tastatur umzugehen. Ihre Intuition und Erfahrungen konnten sie auf diese Weise jedoch nicht richtig einbringen. Aus dieser Erkenntnis ergibt sich die zentrale Fragestellung des Virtual Engineering: Inwieweit trägt die Weiterentwicklung der VR-Technologien zu einer Veränderung der Mensch-Maschine-Interaktion als Voraussetzung für eine natürliche und intuitive Form der Kollaboration von Menschen mit Maschinen bei? Hierbei soll in einem ersten Schritt diskutiert werden, welche Bedeutung die Virtuelle Realität und die sogenannten immersiven Umgebungen für die Unterstützung der menschlichen Intuition und der natürlichen Interaktion von Menschen mit Maschinen haben.

I. Begriff der virtuellen Realität

5   Der Begriff „Virtuelle Realität (VR)" ist ein Oxymoron, das von *Jaron Lanier* im Jahr 1989 geprägt wurde und seitdem für unterschiedliche Formen digital generierter künstlicher Welten verwendet wird. Die wichtigste Herausforderung der VR ist die realistische Wahrnehmung der Umgebung seitens der Benutzer. Bereits am Anfang des VR-Einsatzes wurde dafür plädiert, dass VR vor allem als mentaler Prozess zu verstehen ist, dessen Ziel nicht die vollkommen realistische Darstellung, sondern die Akzeptanz der Darstellung als realistisch seitens der Nutzer sein soll. Wegen des in sich widersprüchlichen Begriffs „Virtuelle Realität" werden häufig in wissenschaftlichen Kreisen Synonyme wie „Cyberspace" (nicht zu verwechseln mit dem Internet) bevorzugt. Die ursprüngliche Bezeichnung von Lanier findet jedoch, wohl auch wegen der aus der Gegensätzlichkeit hervorgehenden Einprägsamkeit, die breiteste Anwendung.

6   Im engeren Sinne wird die Virtuelle Realität als ein Medium bezeichnet, das aus interaktiven Computersimulationen besteht, welche die Lage und Handlungen des Nutzers verfolgen und das Feedback zu einem oder mehreren menschlichen Sinnen ersetzen oder erweitern. So entsteht bei dem Nutzer der Eindruck, in der Simulation mental präsent zu sein. Dabei geht es um sein Gesamtverhalten, wie zB seine Körperhaltung, Gestik und Sprache. So wird der Mensch mit seinem ganzen Körper und seiner Denkweise zur Interaktion in eine VR-Umgebung eingebettet, was mit dem Fachbegriff Immersion gekennzeichnet und im nächsten Abschnitt ausführlicher erläutert wird. Er nimmt Informationen mit seinen fünf Sinnen gleichzeitig auf und reagiert darauf mit Sprache, Handlungen und unbewusster Körpersprache. Aufgabe einer immersiven Umgebung ist es daher, dieses breite Spektrum menschlicher „Ein-und Ausgangskanäle" mit Hilfe von VR-Systemen abzubilden, um eine vollkommene Mensch-Maschine -Interaktion zu ermöglichen (s. Abschnitt B. II). So wird der Mensch vom Bediener eines Computersystems zum Bedienten, was heutzutage eine der größten Herausforderungen der Digitalen Transformation von Wirtschaft und Gesellschaft darstellt. Damit ist die Zukunft von Organisationen, Arbeitskulturen und Lebensstilen gemeint, in der Menschen nicht mehr in Prozessen, sondern verstärkt in Erfahrungen und Sinneseindrücken denken.

II. Haupteigenschaften der virtuellen Realität

7   Eine immersive Umgebung stellt die Zusammenhänge und Wechselwirkungen von Menschen und virtuellen Gegenständen dar, die sich symbolisch in einem Aktionsraum erfassen

lassen. Sie ist durch die drei Haupteigenschaften, Immersion, Imagination und Interaktion (Abbildung 2), gekennzeichnet. Unter Immersion (auch „Eintauchen") versteht man die Einbettung des Benutzers in eine virtuelle Umgebung, die durch eine Kombination von Hardware- und Softwarekomponenten generiert wird. Die Einbettung erfolgt in Echtzeit und hängt stark von der Fähigkeit der Hardware und Software ab, die menschlichen Sinne natürlich anzusprechen. Dies geschieht in der Regel durch Optimierung von technischen Faktoren wie der Erweiterung des Sichtfeldes des Benutzers, Erhöhung der Bildauflösung sowie Einbindung von akustischen Signalen, Vibrationen und Kraft-Feedback, die allesamt den Eindruck der persönlichen Anwesenheit in der virtuellen Umgebung fördern. Die Imagination steht für die realitätsgetreue Einrichtung der virtuellen Umgebung als Abbildung der Wirklichkeit und ihrer physikalischen Eigenschaften. Einerseits wird die Imagination durch das Rendering (die Bildsynthese) der virtuellen Abbildung (auch Szene genannt) bestimmt. Anderseits sind statische, dynamische und funktionelle Überprüfungen in einem sog. digitalen Mock-Up (Vorführmodell oder Attrappe) entscheidend für die Tauglichkeit und Leistungsfähigkeit der virtuellen Umgebung. Die Interaktion dient dazu, eine personalisierte und intuitive Verbindung des Menschen mit der virtuellen Umgebung zu erstellen. Durch Bewegung im Raum kann der Mensch, besser als auf einem Bildschirm und ähnlich wie im realen Leben, virtuelle Welten erkunden.

Abbildung 2: Aktionsraum der virtuellen Realität

III. Lösungsansatz

Die virtuelle Realität gelangt seit Mitte-Ende der 1990-er Jahre vorwiegend in der produzierenden Wirtschaft zum Einsatz. Alle Unternehmen der Automobil- und Flugzeugindustrie weltweit und vorwiegend große Zulieferer nutzen bereits VR-Systeme typischerweise bei der Entwicklung, Produktion, Marketing und remote Kollaboration.

Ein Praxisbeispiel für eine bereits im industriellen Einsatz befindliche neuartige VR-Anwendung ist die virtuelle Sitzlösung der Firma ESI Group. Diese wird von Flugzeugherstellern und Sitzzulieferern eingesetzt um die traditionellen Trial-and-Error-Verfahren auf der Basis von physischen Prototypen zu ersetzen. Die Vorteile dieser Lösung bestehen insbesondere in der Simulation der Sitzergonomie, der Raumoptimierung der Bestuhlung in einem Flugzeug, sowie der Berechnung des Wärmekomforts.

10   Trotz dieses langjährigen Einsatzes hat sich die VR-Technologie jedoch noch nicht in der Breite durchsetzen können. Dies lag bislang vor allem an den hohen Anschaffungs- und Wartungskosten der Hardware, wie im Fall einer CAVE (Cave Automatic Virtual Environment), sowie an oft nicht ausgereiften Softwarelösungen. In den letzten Jahren ist jedoch ein wichtiger Paradigmenwechsel, insbesondere in der Spieleindustrie zu beobachten, der auch im Ingenieurbereich Beachtung gefunden hat. Laut der Prognose von Statista soll der Umsatz mit Virtual Reality im Jahr 2021 weiter steigen und sich weltweit auf rund 19 Milliarden US-Dollar belaufen. Diese Entwicklung beruht vor allem auf der zunehmenden Verbreitung mobiler Endgeräte und entsprechender Anwendungen. VR-Brillen wie die Oculus Rift S, HTC Vive Pro und andere, sind als ausgereifte Produkte mit klaren Konzepten bereits auf den Markt gekommen. Dadurch wird die Desktop-Umgebung als klassische Mensch-Maschine-Schnittstelle im mobilen Bereich nun abgelöst. Durch den Einsatz moderner und leistungsfähiger (auch internetbasierter) VR-Lösungen ergeben sich wichtige Vorteile, ua eine wesentlich schnellere Aufbereitung und Übertragung von Daten und Informationen an den Nutzer, da sich dieser mit seinen Sinnen viel präsenter und eingebundener fühlt. Daraus folgen kürzere Einarbeitungszeiten, eine effizientere Kommunikation und ein besseres Einschätzungsvermögen.

C. Zielsetzung des Virtual Engineering

11   Das Ziel des Virtual Engineering ist es, physische und virtuelle (dh computergenerierte, betretbare) Ingenieursumgebungen zusammenzuführen, um die realitätsnahe Mensch-Maschine-Kollaboration in einem Realitäts-Virtualitätskontinuum zu ermöglichen. Ein Realitäts-Virtualitätskontinuum ist dabei eine Skala zwischen der vollständig virtuellen und der vollständig physischen Realität und umfasst daher alle möglichen Varianten und Aufstellungen von realen und virtuellen Objekten. Die Realitätsnähe wird dadurch erreicht, dass alle Interaktionen von Menschen mit Maschinen oder Computern personalisiert und logisch nachvollziehbar in Echtzeit aufgebaut werden. Die menschlichen Sinne werden durch technische Geräte getäuscht, um den individuellen Empfindungsgrad in virtuellen Räumen zu erhöhen.

12   Bei den angesprochenen menschlichen Sinnen handelt es sich meist um das Sehen (idR von 3D-Projektionen), das Hören (idR räumlichen Schalls) und den Tastsinn (unterstützt durch haptische Geräte). Technologien wie Head- oder Finger-Tracking ermitteln in Echtzeit die Lage und Orientierung des Nutzers im Raum und passen die Simulation an seine Aktionen an. Der Nutzer kann mit Hilfe von Eingabegeräten oder Gesten durch die virtuelle Welt navigieren und sie manipulieren. Die drei in Abbildung 2 dargestellten Haupteigenschaften der virtuellen Realität bilden einen Aktionsraum auch für das Virtual Engineering. Das Virtual Engineering hilft dabei die Realität von morgen zu gestalten, auszuforschen und ihre Entwicklung mitzubestimmen. So können Situationen wie die Wartung und Reparatur von Windkraftanlagen oder Kernreaktoren simuliert werden, die real schwer abbildbar oder sehr gefährlich wären. Dadurch können die menschlichen Fähigkeiten und Sinne trainiert werden, Entscheidungen auf Basis rein virtueller Überprüfungen zu treffen, zum Beispiel bereits in der Konzeptentwicklung eines Produkts, ohne unnötig Material und Zeit zu verschwenden. Das ist ein Paradigmenwechsel in der Arbeitswelt.

D. Methodische Grundlagen

Für den Einsatz des Virtual Engineering (VE) in der industriellen Praxis reicht eine gut funktionierende VR-Umgebung alleine nicht aus. Ingenieuraufgaben sind durch konstruktive Tätigkeiten sowie durch Prüfung der Eignung eines Produkts bezogen auf seinen Einsatzzweck gekennzeichnet. Heutzutage werden die in Abschnitt B. II. bereits erwähnten Digital Mock-Ups (DMU) eingesetzt um die Überprüfung mittels physischer Versuchsmodelle zu minimieren. Auf reale Tests kann dennoch nicht vollständig verzichtet werden. In der Automobilindustrie kann beispielsweise kein Fahrzeug produziert werden, das nicht vorher als physischer Prototyp getestet wurde. Im Virtual Engineering geht es aber auch nicht darum, die Überprüfung mit physischen Prototypen komplett zu eliminieren. Es geht vielmehr darum, den Weg zu den physischen Produkten zu verkürzen um dadurch Zeit und Materialkosten zu sparen. Digitale Mock-Ups bilden dabei eine Kollaborations- und Entscheidungsplattform und verkürzen die Feedback-Zeit um schneller darüber entscheiden zu können, ob ein Produkt weiterentwickelt werden soll. Das Virtual Engineering baut einerseits auf Datenintegration auf und andererseits auf der methodischen Verzahnung von digitalen und virtuellen Arbeitsschritten.

I. Datenintegration

Die Datenintegration erfolgt auf fünf hierarchisch strukturierten, in Abbildung 3 dargestellten Ebenen:

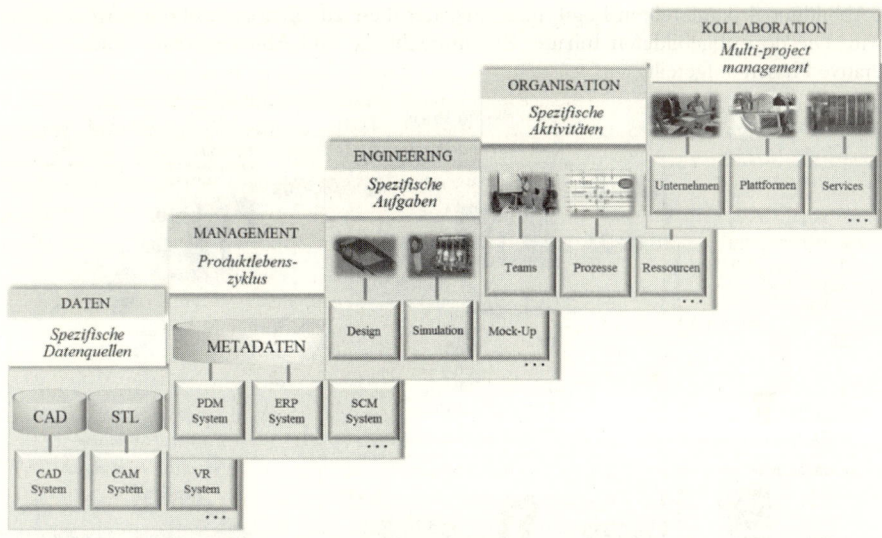

Abbildung 3: Datenintegrationsebenen des Virtual Engineering

Ebene 1: In dieser Ebene erfolgt die Erstellung sogenannter Nutzungsdaten, zB aus Computer Aided Systemen (CAx) sowie Dokumenten, wie Zeichnungen und Plänen. Dies muss strukturiert erfolgen, um die Daten für einen späteren Zeitpunkt verfügbar zu machen.

Ebene 2: Hier findet das Management der Daten statt, zB durch eine Product Lifecycle Management (PLM) Systemlösung, die die Haltung, Verwaltung und Wiederverwendung der Nutzungsdaten über den gesamten Produktlebenszyklus strukturiert abdeckt. Das Managementsystem operiert auf Basis von beschreibenden Daten, sogenannten Metadaten.

17 **Ebene 3:** Hier werden die generierten und abgelegten Nutzungsdaten für spezifische Ingenieuraufgaben, wie Design/Konstruktion, Simulation oder Digital Mock-Up eingesetzt. Dabei reicht es jedoch nicht aus, nur festzulegen, wie man mit den Daten umgeht, diese erstellt oder speichert. Zusätzlich benötigt man eine Unterstützung des allgemeinen Workflows. Hier sind auch entsprechende organisatorische Maßnahmen nötig.

18 **Ebene 4:** In dieser Ebene werden die Geschäftsprozesse und Arbeitsabläufe (sog. Workflows) der gesamten Organisation abgebildet. Diese dienen insbesondere der Teamarbeit und -kommunikation. Sollte sich beispielsweise eine Entwicklung verzögern, können die Folge-Abläufe angepasst werden. Dadurch wird im Voraus die Möglichkeit gesichert, agil auf unvorhersehbare Situationen zu reagieren. So wird zum Beispiel ein virtuelles Produkt nicht nur auf eine spezifische Funktionalität, sondern auf alle im Anforderungskatalog definierten Produktfunktionen überprüft. Dazu werden Daten aus verschiedenen Ingenieursdisziplinen miteinander verknüpft, vorwiegend mechanische, elektrische/elektronische und Softwaredaten.

19 **Ebene 5:** Hier werden die Kollaborationswerkzeuge zusammengefasst, die für ein verteiltes remote Projektmanagement nötig sind. Hierzu werden auch die Zugriffsberechtigungen mit Zugriffsprofilen in Abhängigkeit der jeweiligen Tätigkeiten verwaltet. Ebenso wird die Kommunikation und Zusammenarbeit zwischen den einzelnen Bereichen und Beteiligten über Engineering-Plattformen koordiniert.

II. Arbeitsablauf

20 Die methodische Verzahnung von Arbeitsschritten des Virtual Engineering unterliegt der in Abbildung 4 dargestellten Logik und integriert diese zu einer einheitlichen Arbeitsplattform. Die dort abgebildeten Inhalte, Zusammenhänge und Abhängigkeiten sind in sechs iterative Phasen aufgeteilt:

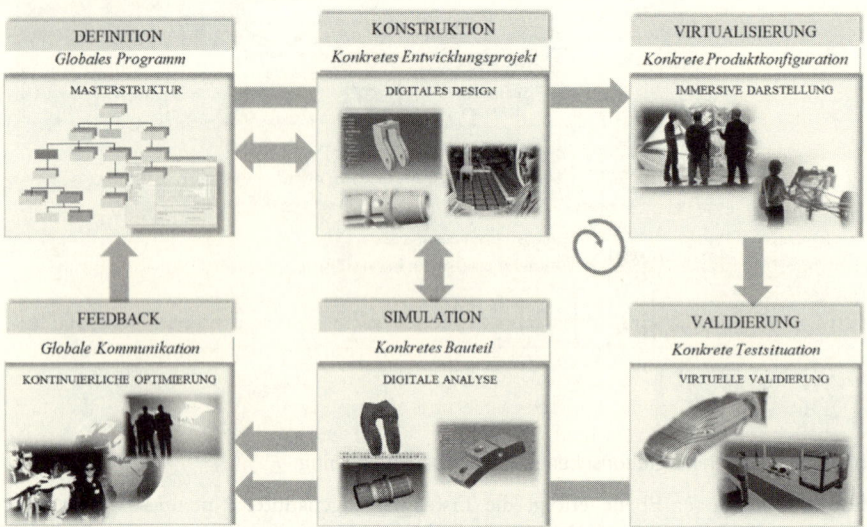

Abbildung 4: Methodische Verzahnung von Arbeitsschritten des Virtual Engineering

21 **Phase 1:** Definition und Modifikation des globalen Produktprogramms im Produktlebenszyklus. Die Daten des globalen Produktprogramms werden über dessen gesamten Produktlebenszyklus hinweg mit Hilfe von PLM (Product Lifecycle Management)-Systemen gespeichert. Es werden alle Bauteile und Baugruppen mit allen Varianten und Versionen erfasst. Es sind verschiedene Sichten auf die Produktstruktur verfügbar, wie zum Beispiel

die funktionale, geometrische oder organisatorische Sicht. So können die Positionierung und Orientierung der Bauteile im 3D-Raum sowie die Zusammenbau- und -wirkregeln in der geometrischen Sicht betrachtet werden. Die funktionale Sicht enthält eine hierarchische Einordnung der Bauteile, -komponenten und -systeme nach deren Funktion, und die organisatorische Sicht ordnet die Bauteile, Baugruppen und Systeme nach der spezifischen Unternehmensstruktur.

Phase 2: Digitale Konstruktion, bzw. Änderung von Bauteilen und Baugruppen in CAD -Systemen. Hier wird aus dem gesamten Produktprogramm ein konkretes Modell eines Produktes ausgewählt. Im Fall eines Fahrzeugs wird zB eine konkrete Variante aus vorhandenen Bauteilen/Baugruppen konfiguriert, zB eine Limousine, ein SUV oder Coupé. Im Fall einer Änderung werden die betroffenen Bauteile/Baugruppen wieder in die globale Produktstruktur zurückgeschrieben.

Phase 3: Digitale Berechnung einzelner Bauteile und Baugruppen des spezifischen Produktmodells mit CAE -Systemen inklusive Fertigungs- und Montageplanung der Bauteile und Baugruppen mit CAM -Systemen. Zu den in dieser Phase durchgeführten typischen Untersuchungen gehören Geometrie- und Kollisionsanalysen, Ein- und Ausbauuntersuchungen, Werkzeugwegeoptimierungen, Kinematik- und Mehrkörpersimulationen sowie Verformungs- und Belastungsanalysen. Aufgrund der hohen Datenkomplexität und der begrenzten Rechnerkapazität können meist nur spezifische (auf eine bestimmte Anzahl von Baugruppen beschränkte) Berechnungen stattfinden.

Phase 4: Erstellung eines virtuellen Modells und immersive Visualisierung im Kontext des gesamten Produktes in einer VR-Umgebung. Aufgrund der Echtzeitvisualisierung und -interaktion, die, wie in der Realität, fließend erfolgen muss, werden die digitalen Daten stark reduziert. Man spricht von einer „Tesselierung" (Zerlegung der Modelloberfläche in sog. Polygone). Nur die für die Visualisierung wesentlichen Daten werden beibehalten. Die reduzierten Daten werden zu einem DMU eines spezifischen Produktes und zu einem bestimmten Entwicklungsstand zusammengestellt. Bei so einem DMU kann man beispielsweise durch das komplette Produkt „fliegen". Man spricht auch davon, dass das virtuelle Produkt aus der Bildschirmebene „herauskommt". So sitzt der Betrachter nicht mehr vor dem Bildschirm und dreht einzelne mögliche Blickwinkel eines Produktes, sondern befindet sich in der virtuellen Welt des Produktes und interagiert mit diesem, indem er um das virtuelle Produkt herumläuft und/oder durch das virtuelle Produkt hindurchläuft.

Phase 5: Virtuelle immersive Validierung (Testuntersuchung) des gesamten Produkts inklusive Simulation der Herstellung. Die immersive Validierung wird am DMU-Datensatz durchgeführt. Der DMU besteht dabei aus Produktstruktur, Positionierung und Ausrichtung der Bauteile und der vereinfachten Geometrie der Bauteile, sowie physische und logische Eigenschaften. Man unterscheidet zwischen statischen, dynamischen und funktionalen virtuellen Tests.

- Ein statischer DMU kann für komplexe geometrische Untersuchungen eingesetzt werden, wie Überschneidungen und Minimalabstände im Hinblick auf den statischen Bewegungs- und Funktionalitätsraum, Untersuchung und Optimierung der Montage- und Demontageabläufe, sowie Werkzeugwege und ergonomische Untersuchungen mit digitalen Testdummies in verschiedenen Rollen. Die DMUs können auch für komplexe thermische, schwingungs- und strömungstechnische Untersuchungen sowie für Crashtests im Kontext des gesamten Produktes genutzt werden.
- Im Fall des dynamischen DMU wird der Bewegungsraum von Bauteilen und Baugruppen untersucht. Die Modelle können sich mit Hilfe von definierten Freiheitsgraden bewegen. Auch Elastizität und Schwingungen der Bauteile lassen sich untersuchen. Mehrkörpersimulationen, sowie die Kombination von Mehrkörpersimulation und Spannungsanalyse werden um den Aspekt der Elastizität ergänzt.
- Ein funktionaler DMU ist eine Erweiterung des dynamischen DMU um logische, mechanische, elektrische und elektronische Eigenschaften und Restriktionen. Virtuelle Prototypen können auch für die Simulation des gesamten Produktverhaltens auf virtuel-

len Prüfständen eingesetzt werden. Dadurch werden die virtuellen Prototypen äquivalenten Versuchsreihen wie reale Prototypen unterzogen.

26 **Phase 6:** Übernahme der Erkenntnisse und notwendigen Änderungen für das spezifische Modell in das globale Produktprogramm. Der Vorgang kann über den Entwicklungsprozess hinaus auf dem gesamten Lebenszyklus des Produktes verwendet werden. Durch wiederholte Feedback-Iterationen reift das virtuelle Produkt kontinuierlich aus. Konstruktionsfehler und Redundanzen werden rechtzeitig behoben und die Entwicklungsschleifen minimiert.

27 Nachfolgend ist an dem Anwendungsfall Sondermaschinenbau dargestellt, wie das Virtual Engineering in der Praxis heute und künftig eingesetzt wird. Der virtuelle Einsatz beginnt bereits in den frühen Phasen der Entwicklung. Die zentrale Anforderung besteht in der virtuellen Abbildung der Wandlungsfähigkeit einer Anlage hinsichtlich verschiedener Einflussfaktoren wie zB der steigenden Maschinenvielfalt und -komplexität, der interdisziplinären Kollaboration von Teams ua aus den Bereichen Mechanik, Elektronik, Förder- und Messtechnik, sowie der kurzen Entwicklungszeit und hochspezialisierten Fertigung. Dabei können neue oder modernisierte Anlagen vorab virtuell in Betrieb genommen werden (Abbildung 5) um somit die Ausfallzeiten bei der realen Inbetriebnahme und Re-konfiguration möglichst gering zu gehalten.

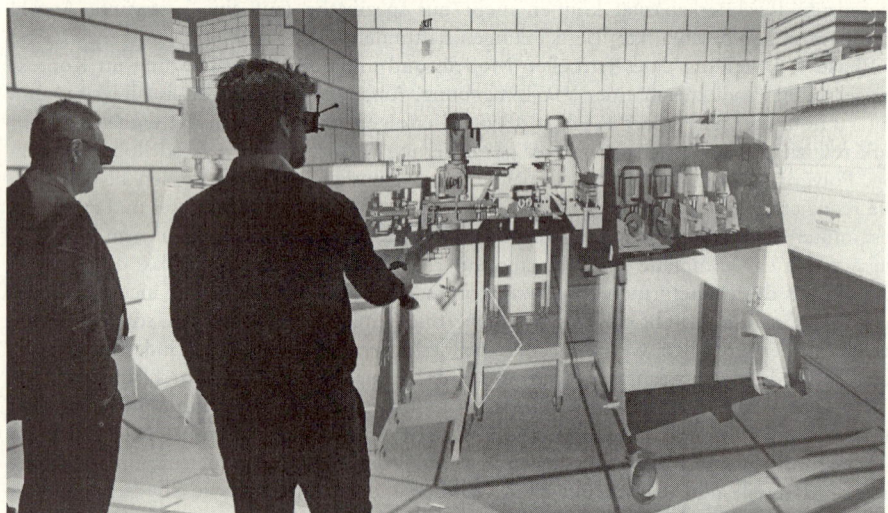

Abbildung 5: Virtuelle Inbetriebnahme einer Anlage in der Nahrungsmittelindustrie

E. Anwendungen des Virtual Engineering

28 Heutige Fabriken werden fast ausnahmslos außerhalb ihrer optimalen Betriebspunkte gefahren, da der aktuelle Zustand nicht exakt genug bekannt ist und damit auch nicht optimal auf Änderungen und Störungen von außen reagiert werden kann. Virtual Engineering-Ansätze können aber in diesem Zusammenhang die Abtast-, Mess- und Daten-Latenz reduzieren. Die Individualisierung der Produkte benötigt eine flexible Produktion. Maschinen sollen automatisch ohne Unterbrechung Produkte mit unterschiedlichen Parametern fertigen. Die Programme von einzelnen Maschinen bis hin zu kompletten Produktionslinien können virtuell in Betrieb genommen und auf unterschiedliche Aspekte wie Korrektheit, Sicherheit, etc. getestet werden. Dabei kommt es zu keinem Verschleiß oder keiner Zerstörung von Werkzeugen und keinem unnötigen Materialverbrauch. Hier bietet

das Virtual Engineering die Möglichkeit, ua Digitale Zwillinge einzusetzen um die Produktionsanlagen virtuell zu validieren, bevor sie in der realen Welt in Betrieb genommen werden, und die gesamte Fabrik im Sinne einer Smart Factory zu planen und zu überwachen. Darüber hinaus werden digitale Zwillinge auch in der Konstruktion und laufenden Produktion eingesetzt.

I. Digitaler Zwilling

Unter dem Begriff „Digitaler Zwilling" wird eine Modellbildung verstanden, mit dem Produkte sowie Maschinen und ihre Komponenten einheitlich modelliert werden, und zwar einschließlich sämtlicher Geometrie-, Kinematik- und Fertigungsdaten. Im Ingenieurumfeld ist ein Digitaler Zwilling das Abbild eines physischen Gegenstandes, zB in der realen Fabrik, um den optimalen Betrieb mittels Simulationen zu verbessern. Anders als ein Digitaler Mock-Up, der für spezifische Entwicklungszwecke eingesetzt wird, stellt der Digitale Zwilling ein ganzheitliches Abbild eines realen Gegenstands dar, von der Produktentwicklung bis hin zur Wartung und Entsorgung. Der Digitale Zwilling wird durch die Struktur und das Verhalten von Komponenten beschrieben, die Echtzeitdaten erzeugen. Diese Daten werden analysiert, normalerweise in der Cloud, und mit anderen Daten vernetzt, die sich auf die laufende Umgebung um sie herum beziehen. Sie werden dann dem Benutzer aus verschiedenen Perspektiven präsentiert, damit er ihren Status remote verstehen kann.

Die Geschichte der Digitalen Zwillinge begann in den 80er-Jahren. Zu dieser Zeit stellte sich die US-Luftfahrtbehörde NASA (National Aeronautics and Space Administration) der Herausforderung, Flugkörper zu entwerfen, die so weit reisen können, dass sie die menschliche Fähigkeit, sie direkt zu sehen, zu überwachen oder zu modifizieren, übersteigen würden. Die Innovation der NASA war der „Digitale Zwilling" eines physikalischen Systems – eines umfassenden digitalen Doppels, mit dem Menschen ein von der Physik geführtes System bedienen, simulieren und analysieren konnten. Der Begriff des „Digitalen Zwillings" wurde von der Industrie weitgehend übernommen. Er entwickelte sich rasch zur Technologie der Wahl für die Virtualisierung der physischen Welt. So vielseitig und leistungsstark die digitalen Technologien auch sein mögen, der ursprüngliche Zweck des digitalen Zwillings bleibt unverändert: Menschen in die Lage zu versetzen, Probleme leichter zu untersuchen, auf den Punkt zu kommen, zu verstehen und pragmatisch und schnell vorzugehen. Das „Internet der Dinge (IoT)" wird zum „Internet der Zwillinge" – es stärkt die Mensch-Maschine-Kommunikation all dessen, was wir tun, und macht es dynamischer, schneller lernend und auch in hohem Maße interaktiv.

Als Lösungsansatz zB für den optimalen Betrieb einer Maschine umfasst der Digitale Zwilling die 3D-Geometrie der physischen Maschine in Verbindung mit weiteren physikalischen Eigenschaften, wie Produktionsparametern und Schnittstellen zu externen Systemen. So ist es zB möglich, mittels des Digitalen Zwillings die manuelle oder automatisierte Steuerung und Konfiguration von Anlagen über intuitive Mensch-Maschinen-Schnittstellen (zB Web-Oberflächen oder Smartwatches) durchzuführen. Damit lassen sich in einem komplexen Fabrikumfeld Entscheidungen auf der Basis aktueller, transparenter Informationen treffen. Zudem können mit Hilfe von Simulationen Wartungsprognosen auf der Basis von Echtzeitdaten aus der Produktion erstellt werden. Durch das Verschmelzen von realen und virtuellen Umgebungen ist so eine Annäherung an die Vision der automatisierten, intelligenten virtuellen Inbetriebnahme einer gesamten Fabrik möglich.

Praxisbeispiel:
Im Institut für Informationsmanagement im Ingenieurwesen (IMI) des Karlsruher Instituts für Technologie (KIT) wurden in Kooperation mit Industriepartnern neue Bedienkonzepte für CNC-Werkzeugmaschinen erarbeitet. Diese Konzepte beinhalten eine intuitive Bedie-

nung, sodass sie sich auch für den Einsatz zum Rapid Prototyping eignen. Ziel ist es, durch eine Bedienoberfläche auch Nichtfachkräften die Fertigung eines Werkstücks an einer Fräsmaschine zu ermöglichen. Die Virtuelle Realität gestattet per Definition eine intuitive Benutzung, weil sie die physikalischen Gegebenheiten der Realität möglichst genau abbildet. Darum hat der Einsatz von VR-Technologien bei der Entwicklung neuer Bedienkonzepte wie etwa haptischer Steuerungen systemimmanente Vorteile. Mit einer Web-Schnittstelle kann eine intuitive Bedienung auch über mobile Geräte ermöglicht werden.

33 Mit dem Umsetzungskonzept in Abbildung 6 kann durch einen methodischen Ansatz von dem Auftragseingang über die Konstruktion bis zur Produktion ein bidirektionaler Informationsfluss zwischen den einzelnen Systemen sichergestellt werden. Dadurch können bereits in den frühen Phasen des Produktlebenszyklus technische und wirtschaftliche Vorteile realisiert werden. Als Demonstrations- und Forschungsumgebung wurde dazu eine IT-Systemlandschaft mit den Industriepartnern realisiert. Eine in das System integrierte Fräse simuliert die Produktion und ist bidirektional mit der Systemumgebung verbunden. Der Vorteil dieser Lösung besteht darin, dass durch Informationen aus der Produktion zusätzliche Verbesserungszyklen in der Produktentwicklung angestoßen werden. Die Bedienung einer Maschine erfordert Kenntnisse, über die in den Unternehmen meist nur wenige Personen verfügen. Eine Fehlbedienung der Maschine beeinflusst nicht nur die Eigenschaften des Werkstücks, sie kann im schlimmsten Fall auch zu Personenschäden oder zur Zerstörung der Maschine selbst führen.

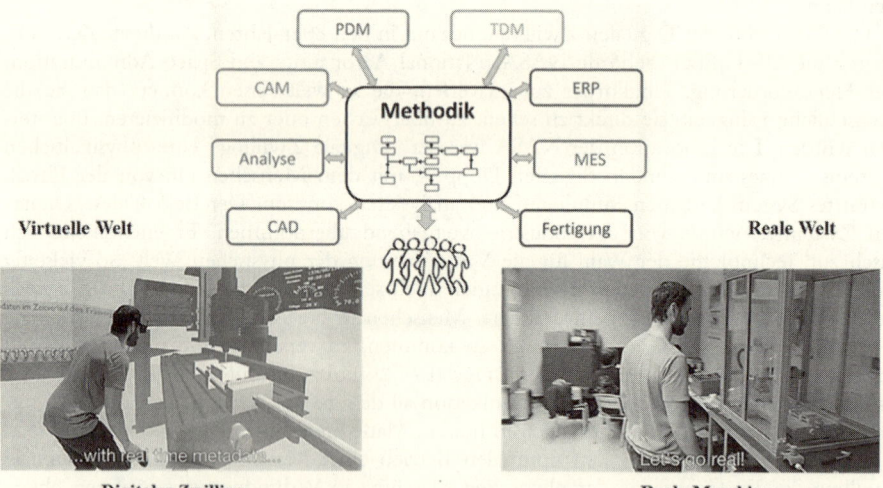

Abbildung 6: IT-Systemlandschaft und Vernetzung eines Digitalen Zwillings mit einer realen Maschine am Beispiel einer Fräse

II. Smart Factory

34 Die Smart Factory wird als Oberbegriff für ein umfassendes Netzwerk von digitalen Modellen und Methoden unter anderem der Simulation und 3D-Visualisierung definiert. Ihr Zweck ist die ganzheitliche Planung, Realisierung, Steuerung und laufende Verbesserung aller wesentlichen Fabrikprozesse und -ressourcen in Verbindung mit dem Produkt. Heute existieren umfangreiche Software-Landschaften, in denen Hersteller wie Siemens Industrie Software, Dassault Systèmes oder PTC versuchen, ihre zahlreichen Planungssysteme (für Produktgestaltung, Arbeitsplanung, Prozessplanung, Materialfluss, Robotik, Ergonomie, etc.) in ein Gesamtmodell basierend auf den Grundsätzen des Virtual Engineerings (VE) zu integrieren.

F. Zusammenfassung

Fabriken, die nicht mehr traditionell, sondern nach den Prinzipien der Industrie 4.0 organisiert sind, benötigen neue Planungs- und Entwicklungswerkzeuge. So kann die Echtzeitkopplung von einem virtuellen mit einem realen Modell einer Fabrik implementiert werden, und die Energieverbrauchsmessung in Echtzeit und Raum mit Nutzung von Virtual-Reality-Interaktionstechnik, Gesteneingaben und Web-Interfaces erfolgen. Nicht nur alle materiellen Ressourcen in einer Fabrik sind Teil des „Internets der Dinge", sondern auch die Mitarbeiter. Zu diesem Zweck müssen Mitarbeiter über geeignete Hardware- und Software-Schnittstellen für den mobilen Zugriff auf digitale Informationen verfügen. Der Bereich der mobilen Endgeräte (wie Tablet PCs, Smartphones, Datenbrillen) hat sich in den letzten Jahren rasant entwickelt und bietet große Chancen für den Themenkomplex Industrie 4.0. (Abbildung 7).

Ein Virtuelles Abbild einer Fabrik schafft den Schritt zwischen der Betrachtung eines einzelnen virtuellen Produktes oder einer Maschine zu einer gesamtheitlichen virtuellen Produktion. Dafür müssen einerseits die CAD-Geometrien mit Dynamik, Kinematik und Physik verknüpft werden. Andererseits wird die semantische Ebene mit Prozessen und Schnittstellen zu externen Systemen und Simulationen integriert. Die Herausforderung besteht in der Automatisierung und Standardisierung der Prozesse, die für den Aufbau der virtuellen Produktion notwendig sind. Werkzeuge für VR-Anwendungen verfolgen das Ziel, mit möglichst wenig Aufwand auf Basis der CAD-Daten der Produkte und Anlagen die komplette virtuelle Inbetriebnahme der smarten Fabrik zu ermöglichen. Ein solches Modell kann auch für Schulungen und Training sowie für Wartung und Konfigurationsmanagement genutzt werden.

Abbildung 7: Auftrag-, -Robotersimulation und Mensch-Maschine-Interaktion in der Smart Factory

F. Zusammenfassung

Anders als der heutige Stand der Industrialisierung mittels Maschinen, automatisierter Prozessabläufe und IT-Systeme wird das Herzstück der digitalen Transformation inklusive Industrie 4.0 in deren „selbstbestimmten" oder „intelligenten" Einsatz durch Echtzeitvernetzung über das Internet gesehen. Grundvoraussetzung dafür ist das Vorhandensein von Produktionsnetzwerken, bestehend aus flexiblen Wertschöpfungsketten mit unternehmensübergreifenden, in Echtzeit verfügbaren Informationen. Das Virtual Engineering steht für die Verschmelzung der virtuellen mit der realen Welt, um ua die Integration von Produktdesign und Produktions-Engineering für reduzierte Markteinführungszeiten zu unterstützen. Ziel ist es dabei, Produkte und Anlagen aus modularen Produktionseinheiten mit vollständigem und konsistentem virtuellen Abbild bereitzustellen, die untereinander vernetzt sind. Hier spielen die sogenannten „Cyber Physical Systems" (CPS) eine entscheidende Rolle. Anders als die Computersysteme, die auf einer strikten Trennung der realen und virtuellen Welt beruhen, erkennen die cyber-physikalischen Systeme ihre reale Umgebung, verarbeiten die daraus gewonnenen Informationen und können die physische Umwelt auch koordiniert beeinflussen. Ziel ist es, möglichst schnell ein virtuelles Abbild eines Produkts oder einer Anlage zu generieren. Dieses lässt sich dann für die Fabrik- und Prozessplanung, Produktionsüberwachung und Training einsetzen. Eine der größten Herausforderungen ist dabei die automatisierte Aufbereitung großer, heterogener Datenmengen, deren Herkunft und Bedeutung in Echtzeit interpretiert und weiterverarbeitet werden müssen.

38   Die gravierende Veränderung, die durch das Virtual Engineering auf uns zukommt, betrifft jedoch nicht nur die Wirtschaft, sondern unmittelbar auch die breite Gesellschaft – diese tritt zum ersten Mal in der Geschichte der Menschheit als Mitgestalter der Industrialisierung auf. Dies geht mit einer entsprechend veränderten Besitz- und Benutzermotivation einher, Emotion, Erlebnis- und Begeisterungsaspekte treten in den Vordergrund. Immer mehr Menschen teilen Bilder und Inhalte, kommentieren Aktionen in sozialen Netzwerken, sprechen Weiterempfehlungen aus, fühlen sich bestimmten Marken, Produkten und Dienstleistungen gegenüber verbunden oder werden in sog. FabLabs mit Hilfe von 3D-Druckern selbst zum Hersteller von Ersatzteilen für Haushaltsgeräte oder andere Produkte. Der Mensch als Individuum tritt dabei in einer oder mehreren „Rollen" gleichzeitig auf, ua als Produzent, Dienstleister, Kunde oder Wissensempfänger.

39   Die hier vorgestellten Grundlagen und Anwendungsbeispiele zeigen, dass Virtual Engineering-Methoden in der Zukunft eine noch bedeutendere Rolle in dem gesamten Produktlebenszyklus spielen werden. Ob der Übergang von technologie- zu menschgerechten Arbeitssystemen, Produkten und Dienstleistungen gelingt, hängt sehr stark von der Innovationskraft der Unternehmen ab. Ökonomisch entscheidend ist ein hoher Innovationsgrad bei geringen Kosten und kompromissloser Qualität. Aufgrund der Wertschöpfung durch Einsatz intelligenter Komponenten und Cyber-Physischer Systeme sind innovative und menschzentrierte Produkte jedoch von hoher interdisziplinärer und damit komplexer Natur. Hierzu ist eine starke Kopplung eines physischen und eines Computermodells nötig. Diese Kopplung stellt die ultimative informationstechnische Basis des Virtual Engineering dar, die das daraus resultierende Zusammenwachsen realer und virtueller Welten ingenieurmäßig in weitreichende und alle Lebensbereiche durchdringende Lösungen wie Digitale Zwillinge und intelligente Fabriken umsetzen.

Teil 14.4 Arbeitsrechtliche Aspekte digitaler Transformation

Übersicht

	Rn.
A. Neue Formen von Arbeitszeit und -ort	5
I. Änderung des Arbeitsortes (Home Office, Remote Working etc.)	5
1. Qualifikation des Arbeitsortes	6
2. Vertragliche Ausgestaltung	16
II. Flexible Arbeitszeitmodelle	23
1. Starre gesetzliche Rahmenbedingungen	24
2. Arbeitszeiterfassung und Gesundheitsschutz	31
3. Gesetzliche Flexibilisierungsformen	36
B. Arbeitsrecht in der Transformation	46
I. Die Transformation in flexible Arbeitswelten	47
1. Ablösung klassischer Organisationsstrukturen	47
2. Betriebliche Mitbestimmung im Rahmen der digitalen Transformation	54
3. Übergreifende funktionale Zusammenfassungen	87
II. Der Betriebsbegriff in der Matrix	95
III. Arbeitsrechtliche Sonderprobleme der Matrix	99
1. Schaffung oder Anpassung einer Matrixorganisation	99
2. Strukturen und Zuständigkeiten bei Durchführung der Matrixorganisation	103
3. Anwendungsbereich von Betriebsvereinbarungen	113
4. Besonderheiten bezüglich personeller Einzelmaßnahmen	116
5. Kündigungsschutz in der Matrix	125
6. Datenschutzrechtliche Fragestellungen	132
IV. Besonderheiten Agiler Arbeitsweisen und flexibler Organisationsformen	133
1. Hierarchieformen („Shared Leadership")	133
2. Organisationsdesign (Kanban, Scrum, Lean etc.)	134
3. Fremdpersonaleinsatz und Agile Methoden	137
4. Bürokonzepte (Open Space, Desk-Sharing, Ruhe- und Teamplätze, Sozialräume)	143
V. Crowdworking	144
C. Qualifikation und Weiterbildung	145
I. Ermittlung des Qualifizierungsbedarfs	146
II. Mitbestimmung bei der Durchführung beruflicher Qualifikationsmaßnahmen	153
III. Kompetenzverschiebungen und Anspruch auf Weiterbildung	154
1. Allgemeines	154
2. Kollektivrechtlich vermittelter Weiterbildungsanspruch?	158
3. Weiterbildungspflichten des Arbeitnehmers?	161
D. Beschäftigtendatenschutz	162
I. Allgemeines	163
II. Rechtsgrundlagen	164
1. Gesetz	165
2. Kollektivregelung	172
3. Einwilligung	173
III. Sonderprobleme	175
1. Pre-employment-Screening von Bewerbern	175
2. Big-Data-Analysen im Bewerbungsverfahren	184

Literatur:

Bachner/Rupp, Die originäre Zuständigkeit des Konzernbetriebsrats bei der Einführung technischer Einrichtungen, NZA 2016, 207; *Bayreuther,* Mehr Flexibilität hinsichtlich des Arbeitsumfangs, NZA-Beilage 2018, 103; *Göpfert/Brune,* Moderne Führungsinstrumente auf dem arbeitsrechtlichen Prüfstand, NZA-Beilage 2018, 87; *Grimm/Singraven,* Desk-Sharing und Co-Working als neue Arbeitsplatz-Modelle, ArbRB 2019, 175; *Günther/Böglmüller,* Digital Leadership – Mitarbeiterführung in der Arbeitswelt 4.0, NZA 2017, 546; *Heise/Friedl,* Flexible („agile") Zusammenarbeit zwischen Unternehmen versus illegale Arbeitnehmerüberlassung – das Ende von Scrum?, NZA 2015, 129; *Hoffmann-Remy,* Active Sourcing: Unnötige Risiken vermeiden, PersF 2017, 70; *ders.,* Agile Arbeitsweisen rechtssicher einführen, PersF 2018, 72; *ders.,* Arbeitsrechtliche

Herausforderungen bei der Agilen Transformation von Unternehmen, DB 2018, 2575; *Hoffmann-Remy/Tödtmann*, Sicherung der Arbeitgeberrechte an Social Media-Kontakten, NZA 2016, 792; *Kania/Sansone*, Möglichkeiten und Grenzen des Pre-Employment-Screenings, NZA 2012, 360; *Kleinebrink*, Initiativrechte des Betriebsrats auf digitale Weiterbildung der Arbeitnehmer, DB 2018, 254; *Kort*, Matrix-Strukturen und Betriebsverfassungsrecht, NZA 2013, 1318; *Kühn/Weaver*, DS-GVO vs. AGILE? – Prozess- und Produktgestaltung in agilen Projekten unter datenschutzrechtlichen Aspekten, BB 2019, 2485; *Kurt*, Die berufliche Weiterbildung im Zeitalter der Digitalisierung als milderes Mittel im Kündigungsschutzrecht, RdA 2017, 230; *Litschen/Yacoubi*, Arbeitnehmerüberlassung und agile Prozess- und Organisationsmethoden, NZA 2017, 484; *Podewin*, Die Insolvenzsicherung von Wertguthaben in Arbeitszeitkonten – Parallelen und Unterschiede von § 7d SGB IV und § 8a AltTZG, RdA 2005, 295; *Richter*, Flexibilisierung der Arbeitszeit durch Arbeitszeitkonten – Möglichkeiten und Grenzen, ArbRAktuell 2018, 241; *Röder/Gebert*, Technologischer Wandel und Betriebsänderung – Bringen Industrie 4.0 und E-Mobilität den „Qualifizierungssozialplan"?, NZA 2017, 1289; *Schiefer/Worzalla*, Moderne Arbeitswelt (Teil 1): Spannungsfeld zwischen technischer Entwicklung und Individualarbeitsrecht, DB 2019, 1904; *Schwarz*, Datenschutzrechtliche Zulässigkeit des Pre-Employment Screening, ZD 2018, 353; *Waas*, Zur rechtlichen Qualifizierung von Beschäftigten in der „Gig Economy" – ein Blick in das Ausland, AuR 2018, 548; *Wisskirchen/Bissels/Schmidt*, „Der unzeitgemäße Arbeitnehmer": Die Änderung von Anforderungen an Mitarbeiter als Kündigungsgrund, NZA 2008, 1386.

1   Die **digitale Transformation** von Unternehmen ist denknotwendig auch arbeitsrechtlich relevant – ob man den Wandel positiv oder negativ wahrnimmt, ist eine Frage des Blickwinkels: Wo sich Formen der Zusammenarbeit verändern, die Führungskultur einem Wandel unterworfen ist und streng hierarchische Strukturen durch flachere und flexiblere Organisationsformen ersetzt werden, mag der Arbeitgeber diese Entwicklung als dringend notwendigen **Kulturwandel** seines Unternehmens verstehen.

2   Die betroffenen Arbeitnehmer sehen aber nicht nur neue Freiheiten, sondern können die Veränderung auch als aufgezwungen, den Leistungsdruck als gestiegen, das „Mehr" an Eigenverantwortung als überfordernd und Ausdruck von **Führungslosigkeit** wahrnehmen. Entsteht hierbei eine Abwehrhaltung, die durch Betriebsräte und Gewerkschaften gespiegelt wird, knirscht es nicht nur, sondern kann die digitale Transformation zu einem ganz analogen Halt gelangen.

3   Jeder Transformationsprozess bedarf einer detaillierten und transparenten Begleitung durch die Unternehmenskommunikation. Werden Ängste nicht identifiziert und abgebaut, mag die rechtliche Umsetzung auch noch so belastbar erfolgen – die Belegschaft wird den Wandel nicht mit vollziehen. Wer sich darüber hinaus der bestehenden Gestaltungsmacht – und der bestehenden Gestaltungsgrenzen insbesondere durch individuelles und kollektives Arbeitsrecht – nicht genau bewusst ist, sollte erst gar nicht in einen Transformationsprozess starten. Dieser wird erwartbar scheitern und nimmt der Belegschaft jeglichen Willen zu späteren, „besser" vorbereiteten Veränderungsprozessen.

4   Im Folgenden sollen die praxisrelevantesten arbeitsrechtlichen Aspekte der digitalen Transformation von Unternehmen beleuchtet werden.

A. Neue Formen von Arbeitszeit und -ort

I. Änderung des Arbeitsortes (Home Office, Remote Working etc.)

5   Als Teil der digitalen Transformation kommt es verstärkt zu einer **Auflösung des „Betriebs"** im Sinne der klassischen, fest verorteten Betriebsstätte mit Arbeitsplätzen für jeden Arbeitnehmer. An Stelle des festen Arbeitsplatzes treten verstärkt Konzepte, wonach Arbeitnehmer ortsungebunden arbeiten können – vom fast schon wieder „oldschool"-Format des mobilen Arbeitens mit Laptop im Zug bis hin zu Architekten und Ingenieuren, die gemeinsam von den unterschiedlichsten Orten der Erde in virtuellen Umgebungen kollaborieren. Das lenkt verstärkt den Blick auf die rechtlichen Rahmenbedingungen solcher Arbeitsplatzkonzepte.

1. Qualifikation des Arbeitsortes

Arbeitet der Arbeitnehmer außerhalb der Betriebsstätte, ist regelmäßig zwischen einem so genannten **Telearbeitsplatz** sowie **anderen Formen des mobilen Arbeitens** zu differenzieren. Der Begriff „Home Office" ist weder korrektes Englisch noch begrifflich hilfreich.

a) Telearbeitsplatz

Telearbeitsplätze sind nach § 2 Abs. 7 ArbStättV[1] vom Arbeitgeber fest eingerichtete Bildschirmarbeitsplätze im Privatbereich der Beschäftigten, für die der Arbeitgeber eine mit den Beschäftigten vereinbarte wöchentliche Arbeitszeit und die Dauer der Einrichtung vereinbart hat.

Aus der Definition des Telearbeitsplatzes wird dabei bereits ersichtlich, dass es einer Vereinbarung zwischen dem Arbeitgeber und dem Arbeitnehmer über die Einrichtung und Bedingungen der Tätigkeit bedarf. Allein über das **Direktionsrecht** kann der Arbeitgeber keine wirksame Einführung der Tätigkeit des Arbeitnehmers in einer außerbetrieblichen Tätigkeitsstätte erreichen.[2] Gleichzeitig ist mit der Zuweisung bzw. dem Entzug einer außerbetrieblichen Tätigkeitsstätte eine Änderung des Arbeitsorts und insoweit eine Versetzung iSv § 95 Abs. 3 BetrVG[3] verbunden, welche nach § 99 BetrVG ein Mitbestimmungsrecht des Betriebsrates auslöst.[4]

Hinsichtlich der Ausstattung mit Arbeitsmitteln legt § 2 Abs. 7 ArbStättV zunächst fest, dass diese grundsätzlich **durch den Arbeitgeber** vorzunehmen ist. Dies ist auch gleichzeitig das entscheidende Abgrenzungskriterium zu sonstigen Formen nicht-betriebsgebundenen Arbeitens: Stellt der Arbeitgeber nicht nur mobile IT-Endgeräte, sondern auch die feste IT-Ausstattung (Monitore, Dockingstation, Eingabegeräte, Drucker), die Möblierung des Arbeitsplatzes etc., treffen ihn auch arbeitsschutzrechtlich vertiefte Pflichten.

Am praxisrelevantesten ist hierbei die Verpflichtung zur Durchführung einer **Gefährdungsbeurteilung** für diese Arbeitsplätze. Eine Beurteilung des Telearbeitsplatzes ist unter der ArbStättV erforderlich, soweit der Arbeitsplatz in seiner Ausgestaltung von der im Betrieb bereits vorhandenen abweicht (hinsichtlich derer bereits eine Gefährdungsbeurteilung existieren sollte!).

Es ist aber nicht erforderlich, dass die Arbeitsbedingungen am Bildschirmarbeitsplatz zuhause **exakt** den Bedingungen im Betrieb entsprechen. Der Arbeitgeber darf die Eigenart von Telearbeitsplätzen – namentlich das Arbeiten in Privaträumen – berücksichtigen. Der Telearbeitsplatz muss (Anhang 6 zur ArbStättV) lediglich **sicher und geeignet für die Art der Tätigkeit** (Bildschirmarbeit) sein; die Gesundheit der Beschäftigten darf nicht gefährdet werden. Eine weitergehende Kontrolle der Sanitärräume, der Fluchtwege, etc. muss nicht vorgenommen werden. Auch ist keine wiederholte Kontrolle des außerbetrieblichen Arbeitsplatzes erforderlich.

§ 2 Abs. 7 ArbStättV ist kein Hindernis für die Vereinbarung etwa eines „**Bring your own device**" Programms (dazu noch weiter → Rn. 78 ff.).[5]

---

[1] Arbeitsstättenverordnung vom 12.8.2004 (BGBl. I S. 2179), zuletzt geändert durch Art. 5 Abs. 1 der Verordnung vom 18.10.2017 (BGBl. I S. 3584).
[2] *LAG Berlin-Brandenburg*, 14.11.2018 – 17 Sa 562/18, NZA-RR 2019, 287; *LAG Düsseldorf*, 10.9.2014 – 12 Sa 505/14, BeckRS 2014, 73155; *Müller*, DB 2019, 1624 (1626).
[3] Betriebsverfassungsgesetz idF der Bek. vom 25.9.2001 (BGBl. I S. 2518), zuletzt geändert durch Art. 4e des Gesetzes vom 18.12.2018 (BGBl. I S. 2651).
[4] *LAG Düsseldorf*, 10.9.2014 – 12 Sa 505/14, BeckRS 2014, 73155; Schaub/*Vogelsang*, § 164 Rn. 43; *Fitting*, § 99 BetrVG Rn. 145.
[5] So auch *Schiefer/Worzalla*, DB 2019, 1904 (1906).

b) Mobiles Arbeiten

13 Gegenstück zum Telearbeitsplatz ist das sog. **mobile Arbeiten.** Dieses liegt vor, wenn die Arbeitsleistung gelegentlich unabhängig von einem festen Arbeitsplatz erbracht wird, wobei es nicht darauf ankommt, ob die Arbeitsleistung beim Kunden, während der Reisetätigkeit, im Hotel, oder auch von zu Hause erfolgt.[6]

14 Aufgrund der zunehmenden Verbreitung moderner Kommunikationsmittel arbeitet eine stetig wachsende Anzahl der Arbeitnehmer außerhalb des festen Arbeitsplatzes unter Nutzung mobiler Endgeräte (ua Smartphones und Tablets). Der Gesetzgeber hat dies in der Neufassung der ArbStättV berücksichtigt und das Kriterium einer gewissen zeitlichen Verfestigung ab 2016 gestrichen. Seither gilt: Durch mobiles Arbeiten wird **keine externe Arbeitsstätte** iSd § 2 Abs. 2 und 3 ArbStättV begründet, da beispielsweise weder eine die Einrichtung eines Bildschirmarbeitsplatzes erfolgt noch Mietkosten gezahlt werden müssen.[7]

15 Wenig beachtet ist bislang eine **Abweichung zwischen nationaler und europäischer Rechtslage:** Die Anforderungen der Bildschirmarbeitsrichtlinie 90/270/EWG gelten für jede Arbeit an einem Bildschirmgerät, ganz egal von welchem Ort aus; eine „Einrichtung" eines Arbeitsplatzes ist für die daran anknüpfenden arbeitsschutzrechtlichen Folgen nicht relevant. Ob § 2 Abs. 7 ArbStättV daher europarechtskonform ist, ist derzeit mit einem Fragezeichen zu versehen.

> **Gestaltungshinweis:**
> Bis zu einer Klärung der Frage können Arbeitgeber das Risiko nur begrenzen, indem sie, bei vertraglichen und/oder kollektiven Regelungen zum mobilen Arbeiten auch bestimmte Mindeststandards und Verpflichtungen für die Nutzung von Bildschirmgeräten aufnehmen. Die Frage spielt in der Praxis derzeit (noch) keine große Rolle.

2. Vertragliche Ausgestaltung

16 Probleme stellen sich in der Praxis häufig im Zusammenhang mit der **vertraglichen Ausgestaltung** sowohl von Telearbeitsplätzen als auch mobilem Arbeiten.

17 Nicht selten haben Arbeitnehmer ein hohes Interesse daran, ihre Arbeit von zu Hause aus zu verrichten – bequemer, flexibler, und mit weniger unmittelbarer Kontrolle durch den Arbeitgeber. Viele Unternehmen nutzen die Einräumung eines außerbetrieblichen Arbeitsplatzes bewusst als Incentive und zur Verbesserung der **Work-Life-Balance.**

18 In Deutschland gibt es **keinen allgemeinen gesetzlichen Anspruch auf einen „Home-Office-Arbeitsplatz".** Entsprechende Absichtserklärungen der Großen Koalition im Koalitionsvertrag von 2018 sind ohne Umsetzung geblieben. Auch das „Mobile Arbeit Gesetz" des BMAS, welches Ende 2020 mit großem Widerhall angekündigt, dann aber schnell wieder zurückgezogen wurde, sah in der ersten Entwurfsfassung keinen solchen Anspruch vor. Über den Arbeitsort entscheidet daher – anders als etwa in den Niederlanden, wo seit 2015 zwar kein Rechtsanspruch auf Homeoffice besteht, ein Antrag des Arbeitnehmers aber nur aus berechtigten Gründen zurückgewiesen werden kann – allein der Arbeitgeber im Rahmen seines arbeitsvertraglichen Weisungsrechts aus § 106 S. 1 GewO. Mit anderen Worten: Ob es Telearbeit gibt oder nicht, entscheidet allein der Arbeitgeber im Rahmen seiner unternehmerischen Konzeption.

19 Lässt sich der Arbeitgeber daher auf die Gewährung eines außerbetrieblichen Arbeitsplatzes ein, schränkt er damit sein arbeitsvertragliches Weisungsrecht ein, wonach er unter anderem den Arbeitsort nach **billigem Ermessen** näher bestimmen kann. Gleichzeitig unterliegt der außerbetriebliche Arbeitsplatz regelmäßig aber auch nicht der Disposition

---

[6] Küttner/*Röller,* Mobiles Arbeiten Rn. 1.
[7] BR-Drs. 506/16; *Schiefer/Worzalla,* DB 2019, 1904 (1908).

A. Neue Formen von Arbeitszeit und -ort

des Arbeitgebers: Dass Arbeitnehmer zB zur besseren Vereinbarung von Familie und Beruf an einer Telearbeit interessiert sein können, führt grundsätzlich nicht zu einer diesbezüglichen Erweiterung des Weisungsrechts des Arbeitgebers: Die einseitige Anordnung etwa der Arbeit „aus dem Home Office heraus" ist insbesondere wegen des durch Art. 13 I GG gewährleisteten Schutzes der Wohnung grundsätzlich nicht zulässig. Anderes kann jedoch etwa in Zeiten einer Pandemie gelten: Aufgrund der Pflicht des Arbeitgebers aus § 618 BGB müssen für den Gesundheitsschutz erforderliche und zugleich zumutbare Maßnahmen ergriffen werden. Dies kann auch eine Versetzung „ins Home Office" erforderlich machen.[8] Insofern ist dem Arbeitgeber besonders zu Zeiten einer Pandemie ein erweiterter Spielraum hinsichtlich der Bestimmung des Ortes der Arbeitsleistung einzuräumen. Umgekehrt begründet die Schutzpflicht des Arbeitgebers aus § 618 BGB aber keinen Anspruch des Arbeitnehmers auf eine außerbetriebliche Tätigkeitsstätte, solange der Arbeitgeber die erforderlichen Maßnahmen zum Gesundheitsschutz der Beschäftigten trifft.[9]

Werden derartige außerbetriebliche Arbeitsplätze qua **Zusatzvereinbarung** fixiert und will der Arbeitgeber später den Arbeitnehmer in einen festen Betrieb „reintegrieren", steht er regelmäßig vor der Herausforderung, ob er dies auch einseitig umsetzen kann. Zwar sehen derartige Vereinbarungen typischerweise Kündigungsmöglichkeiten vor. Ob eine solche **(Teil-) Kündigung des Arbeitsverhältnisses** unter dem KSchG aber voraussetzungslos möglich ist und ob das Kündigungsrecht hinreichend transparent ausgestaltet ist, ist rechtlich noch kaum problematisiert worden.

Hinweis:
Unter Best Practice-Gesichtspunkten empfiehlt es sich, in „Home Office"-Konstellationen mit dem Arbeitnehmer lediglich eine Direktionsrechtserweiterung dahingehend zu vereinbaren, dass der Arbeitgeber auch den heimischen Arbeitsplatz des Arbeitnehmers als Arbeitsort zuweisen darf – und mit einer angemessenen Ankündigungsfrist erforderlichenfalls eben auch wieder **entziehen** kann. Da entsprechende Regelungen typischerweise der AGB-Kontrolle unterliegen, ist Wert auf transparente Formulierungen und inhaltlich angemessene Ausgestaltungen zu legen.

Weitere in „Home-Office-Vereinbarungen" empfehlenswerte Regelungsmaterien umfassen:
- die Begründung und Aufrechterhaltung einer privaten **Unfallversicherung;** nicht jeder Unfall im häuslichen Arbeitsumfeld ist von der gesetzlichen Unfallversicherung umfasst, da nicht hinreichend eindeutig „in Ausübung der versicherten Tätigkeit";[10]
- **Kontrollmöglichkeiten,** die validen Interessen des Arbeitgebers (zB bei echter Telearbeit: Arbeitsschutz; die Vermeidung von Arbeitszeitbetrug und ähnlichen Missbrauchsrisiken; Erfüllung datenschutzrechtlicher Kontrollpflichten) sowie das Interesse des Arbeitnehmers auf Privatsphäre berücksichtigen und entsprechende Zutrittsrechte vorsehen. Insoweit ist zu beachten, dass die ArbStättV trotz Anerkennung solcher berechtigter Interessen *de lege lata* kein Zutrittsrecht des Arbeitgebers vorsieht – ohne vertragliche Regelung ist also eine Kontrolle des „Home Office" durch den Arbeitgeber ausgeschlossen.
- Regelungen zur **Einhaltung gesetzlicher Höchstarbeitszeiten und Dokumentationspflichten** hinsichtlich Arbeits-, Krankheits- und sonstigen Ausfallzeiten unter monatlicher Vorlage bei dem Arbeitgeber, die auch mögliche Gesetzesänderungen nach der Entscheidung des EuGH vom 14.5.2019 in der Rechtssache C-55/18 berücksichtigen;
- **Eigentumszuordnung** von Gegenständen, die dem Arbeitnehmer zur Nutzung im Homeoffice überlassen wurden; ansonsten besteht das Risiko, dass der Arbeitnehmer

---
[8] *VG Berlin,* 14.4.2020 – VG 28 L 119/20, BeckRS 2020, 5731, Rn. 13 ff.
[9] *ArbG Augsburg,* 7.5.2020 – 3 Ga 9/20, BeckRS 2020, 11711.
[10] *BSG,* 5.7.2016 – B 2 U 5/15 R, NJW 2017, 508; 12.12.2006 – B 2 U 28/05 R, FD-ArbR 2007, 220258; *BSG,* 30.1.2020 – B 2 U 19/18 R, BeckRS 2020, 1741.

Zurückbehaltungsrechte (zB im Hinblick auf eine ausstehende Vergütung) geltend macht.
- **Begrenzung** bzw. Pauschalierung des Ersatzanspruchs aus § 670 BGB, um die Geltendmachung jeglicher anfallender Aufwandsersatzansprüche (zB anteilig Heizkosten, Stromkosten) durch Arbeitnehmer zu vermeiden.
- Regelungen zum **Schutz personenbezogener Daten Dritter** und von **Geschäftsgeheimnissen.** So kann beispielsweise vereinbart werden, dass der Arbeitnehmer zur Nutzung eines VPN (Virtual Private Network) verpflichtet ist, seinen Arbeitsraum durch Abschließen in Abwesenheit vor dem Zutritt Dritter zu schützen hat, usw. Verarbeitet der Arbeitnehmer im Rahmen seiner Tätigkeit personenbezogene Daten, bleibt der Arbeitgeber Verantwortlicher iSv Art. 4 Nr. 7 DSGVO.[11] Er hat daher sicherzustellen, dass technische und organisatorische Maßnahmen zum Schutz personenbezogener Daten auch an einem Telearbeitsplatz des Arbeitnehmers implementiert werden.
- Regelungen zum **Daten- und Geheimnisschutz,** um vertrauliche Dokumente vor unbefugtem Zugriff Dritter (Öffentlichkeit, Familienmitglieder, Freunde) zu schützen.

22 Die außerbetriebliche Tätigkeitsstätte stellt **(steuerrechtlich)** unter Umständen eine eigenständige Betriebsstätte dar, was insbesondere für Arbeitgeber, die bis dato noch keine Betriebsstätten in Deutschland hatten, zu einer echten Herausforderung führen kann.

II. Flexible Arbeitszeitmodelle

23 Einer der Kerngedanken „moderner" Arbeitszeitgestaltung ist aus Arbeitgebersicht ein Gewinn an **Flexibilität,** aus Arbeitnehmersicht gesteigerte **Arbeitszeitsouveränität.** Die verschiedenen, in der Praxis etablierten Modelle können teilweise aufgrund rechtlicher Restriktionen nicht jede beliebige Flexibilisierungsform abdecken, weswegen vor Einführung einer Regelung wohl bedacht werden sollte, ob diese überhaupt geeignet ist, alle von den Parteien gewünschten Zwecke abzudecken.

1. Starre gesetzliche Rahmenbedingungen

a) Ausprägung de lege lata

24 Immanent ist sämtlichen flexiblen Arbeitszeitmodellen das Problem der **starren Höchstgrenzen** des (insbesondere nationalen) Arbeitszeitrechts. So ergeben sich insbesondere aus den zwingenden Höchstarbeitszeiten wie auch den zwingenden Mindestruhezeiten Schranken, die zB Flexzeiten mit Unterbrechungszeiträumen, eine Verteilung von Arbeitszeiten über die gesamte Woche oder „Vorarbeiten" am Wochenende erschweren.

25 § 3 ArbZG[12] legt die **tägliche Höchstarbeitszeit** auf acht Stunden fest, die nur in den gesetzlichen Ausnahmetatbeständen überschritten werden darf[13]. Ausnahmsweise kann diese nach § 3 S. 1 ArbZG auf bis zu zehn Stunden ausgedehnt werden, wenn innerhalb von sechs Kalendermonaten oder innerhalb von 24 Wochen im Durchschnitt eine werktägliche Arbeitszeit von acht Stunden nicht überschritten wird.

26 Die Grenzen des § 3 ArbZG gelten dabei für jeden Arbeitnehmer im Sinne des Arbeitszeitrechts, dementsprechend auch bei Gleitzeit- und ähnlichen flexiblen Arbeitszeitregelungen. Sie können auch durch flexible Arbeitszeitmodelle, **Arbeitszeitkonten und Vertrauensarbeitszeit** nicht überschritten werden.[14]

---

[11] Flyer des Bundesbeauftragten für den Datenschutz und die Informationsfreiheit: Telearbeit und Mobiles Arbeiten, Ein Datenschutz- Wegweiser, Juli 2020, S. 6.
[12] Arbeitszeitgesetz vom 6.6.1994 (BGBl. I S. 1170, 1171), zuletzt geändert durch Art. 12a des Gesetzes vom 11.11.2016 (BGBl. I S. 2500).
[13] Kohte/Faber/Feldhoff/*Reim*, Gesamtes Arbeitsschutzrecht, ArbZG § 3 Rn. 12.
[14] *Bayreuther*, NZA-Beilage 2018, 103, der darüber hinaus auch eine Anpassung hinsichtlich der Sonn- und Feiertagsarbeit für sinnvoll hält.

Auf unionsrechtlicher Ebene findet eine Begrenzung der Höchstarbeitszeit durch Art. 6 lit. b RL 2003/88/EG statt, welcher die Höchstarbeitszeit **auf 48 Stunden für einen Siebentageszeitraum** begrenzt. Eine elfstündige Ruhezeit ist hier nach Art. 3 RL ebenso vorgesehen wie in der Vorschrift des § 5 Abs. 1 ArbZG. 27

b) Kritik

Eine Beschränkung (nur) auf eine Wochenarbeitszeit würde der modernen Arbeitswelt weit besser entgegenkommen. Arbeitsspitzen und konjunkturelle Dellen könnten so erheblich besser abgebildet werden. Auch hinsichtlich der Einführung von agilen Arbeitsmethoden könnten Probleme vermieden werden: Innerhalb bzw. häufig zum Ende eines Projektes müssen schnelle (Zwischen-) Ergebnisse erzielt werden, gewisse Arbeitszyklen bedürfen einer höheren Arbeitsintensität, andere erfordern hingegen weniger Arbeitszeit.[15] 28

Entsprechend fordern auch die Arbeitgeberverbände seit Langem eine Verabschiedung von der täglichen Höchstarbeitszeit und eine **Umstellung auf eine wöchentliche Höchstarbeitszeit**[16]. Die europäische Arbeitszeitrichtlinie ließe eine solche Umstellung zu, verlangt sie doch lediglich die Einhaltung einer wöchentlichen Höchstgrenze von 48 Stunden. Für die Arbeitsvertragsparteien wäre insoweit zumindest ein Teil an Flexibilität gewonnen, würde man sich an den Bemessens- und Übertragungszeiträumen an der Richtlinie orientieren. Auch aus arbeitsmedizinischer Sicht gibt es bisher keine Belege dafür, dass Arbeitstage mit mehr als 10 Stunden Arbeitszeit bei zeitnahem Ausgleich zu einem erhöhten Risiko psychischer oder physischer Erkrankungen führen würden. Im Gegenteil: Untersuchungen der Bundesanstalt für Arbeitsschutz und Arbeitsmedizin („BAUA")[17] sehen die Themen der Selbstbestimmung, der guten Führung, der Motivation und Freude an der Arbeit als viel gewichtiger als den Umfang der Arbeit an. 29

Die Parteien der Großen Koalition,[18] und mit ihnen das Bundesministerium für Arbeit und Soziales („BMAS") und die Gewerkschaften, möchten an den bestehenden Grenzen festhalten und verweisen zunehmend apologetisch auf die Möglichkeit tariflicher Öffnungsklauseln. Zwar enthält das Arbeitszeitgesetz für Tarifpartner solche **Öffnungsklauseln.** Zum einen sind jedoch nicht alle Branchen tarifdurchdrungen oder möchten dies überhaupt sein; zum anderen bieten auch die Öffnungsklauseln keinen Ausweg aus den genannten Höchst- und Mindestgrenzen. 30

2. Arbeitszeiterfassung und Gesundheitsschutz

Der EuGH hat durch seine Entscheidung vom 14. 5. 2019 in der Rechtssache CCOO/ Deutsche Bank[19] die Koordinaten des Arbeitszeitrechts in vielen Mitgliedsstaaten verschoben. Zusammengefasst sind die Kernaussagen des EuGH folgende: 31
- Die Mitgliedsstaaten seien dazu verpflichtet, alle erforderlichen Maßnahmen zu treffen, um die **Beachtung der Mindestruhezeiten zu gewährleisten** und jede Überschreitung der wöchentlichen Höchstarbeitszeit zu verhindern.
- Zu den erforderlichen Maßnahmen zähle insbesondere eine Verpflichtung der Arbeitgeber, ein objektives, verlässliches und zugängliches **System einzuführen,** mit dem die von einem jeden Arbeitnehmer geleistete tägliche Arbeitszeit gemessen werden könne.

---

[15] *Günther/Böglmüller*, NZA 2019, 273 (278).
[16] So beispielsweise das Positionspapier „NEW WORK – Zeit für eine neue Arbeitszeit" des BDA, abrufbar unter https://www.arbeitgeber.de/www/arbeitgeber.nsf/res/BDA_New_Work.pdf/$file/BDA_New_Work.pdf, zuletzt abgerufen am 21.11.2019.
[17] Report „Arbeitswelt im Wandel (2019)", abrufbar über https://www.baua.de/DE/Angebote/Publikationen/Praxis/A100.html, zuletzt abgerufen am 21.11.2019.
[18] Koalitionsvertrag zwischen CDU, CSU und SPD v. 12.3.2018, 19. Legislaturperiode, S. 52.
[19] *EuGH*, 14. 5. 2019 – C-55/18 [Federación de Servicios de Comisiones Obreras (CCOO)/Deutsche Bank SAE], NZA 2019, 683.

- Es obliege schließlich den einzelnen Mitgliedsstaaten, im Rahmen des ihnen insoweit eröffneten Spielraums die **konkreten Modalitäten** zur Umsetzung eines solchen Systems, insbesondere dessen Form, **festzulegen**. Hierbei könne eine Berücksichtigung der Besonderheiten des jeweiligen Tätigkeitsbereichs, sogar der Größe und Eigenheiten bestimmter Unternehmen, erfolgen.

32 Aus der zweiten Feststellung wird man ableiten können: Dem Arbeitnehmer darf nicht selber die Wertungsentscheidung darüber obliegen, **was als Arbeitszeit zu erfassen ist**; die Erfassung muss vielmehr nach einem objektiven Maßstab erfolgen (Objektivität). Die Ausgestaltung des Zeiterfassungssystems muss gewährleisten, dass **keine Manipulationen** der erfassten Arbeitszeit möglich sind (Zuverlässigkeit). Und: Die Möglichkeit zur Einsichtnahme in die **Arbeitszeitdokumentation** für Betriebsparteien, Arbeitnehmer und Kontrollbehörden muss gewährleistet werden (Zugänglichkeit).

33 Die Konsequenzen dieser Entscheidung für flexible Arbeitszeitgestaltungen sind nicht zu unterschätzen. Der EuGH betont vor allem den **Zweck der Arbeitszeitrichtlinie,** den Arbeitnehmern einen hinreichenden und effektiv durchsetzbaren Arbeitsschutz zu gewähren. Er verlangt die Einrichtung eines Systems, das ein besonders wirksames Mittel darstellt, einfach zu objektiven und verlässlichen Daten zu gelangen. Nur so sei auch gesichert, dass die zuständigen Kontrollorgane auf Basis dieser Daten ihren Kontrollauftrag wirksam ausüben könnten.

34 Der EuGH hat jedoch auch darauf hingewiesen, dass nach Art. 17 Abs. 1 EU-RL 2003/88 die Mitgliedsstaaten unter Beachtung der allgemeinen Grundsätze des Schutzes der Sicherheit und Gesundheit der Arbeitnehmer **Ausnahmen** ua von den Vorschriften zur täglichen Ruhezeit (Art. 3 EU-RL 2003/88), zur wöchentlichen Ruhezeit (Art. 5 EU-RL 2003/88) und zur wöchentlichen Höchstarbeitszeit (Art. 6 EU-RL 2003/88) vorsehen dürfen. Ausnahmeregelungen dieser Art durch den nationalen Gesetzgeber sind insbesondere zulässig, wenn und soweit
- die Dauer der Arbeitszeit wegen besonderer Merkmale der ausgeübten Tätigkeit nicht bemessen und/oder vorherbestimmt werden kann, und/oder
- die Dauer der Arbeitszeit von den Arbeitnehmern selbst bestimmt werden kann.

35 Aus Sicht der Praxis begründet die Entscheidung **keinen unmittelbaren Handlungsbedarf,** können doch jedenfalls keine (straf- oder ordnungswidrigkeitenrechtlichen) Konsequenzen gegen einen Arbeitgeber verhängt werden, dessen Arbeitszeitaufzeichnung sich als möglicherweise noncompliant herausstellt (nulla poena sine lege). Jedoch sollte die bestehende Unternehmenspraxis bereits jetzt einmal sorgfältig **erfasst und überprüft** werden, um auf mögliche gesetzgeberische Anpassungen und damit geänderte Rahmenbedingungen schnell reagieren zu können.

3. Gesetzliche Flexibilisierungsformen

36 Unter den oben dargestellten Kautelen hält das deutsche Arbeitsrecht derzeit insbesondere folgende flexible Arbeitszeitmodelle bereit:

a) Arbeit auf Abruf, § 12 TzBfG.[20]

37 **Arbeit auf Abruf** liegt nach § 12 TzBfG vor, wenn der Arbeitnehmer seine Arbeitsleistung nur entsprechend dem Arbeitsanfall zu erbringen hat. Arbeit fällt (nur) dann an, wenn aus Sicht des Arbeitgebers die Arbeitsleistung des Arbeitnehmers benötigt wird.[21]

---

[20] Teilzeit- und Befristungsgesetz vom 21.12.2000 (BGBl. I S. 1966), zuletzt geändert durch Art. 10 des Gesetzes vom 22.11.2019 (BGBl. I S. 1746).
[21] *Bayreuther*, NZA-Beilage 2018, 103 (104).

Besonderes Merkmal der Arbeit auf Abruf ist insofern das Recht des Arbeitgebers, entsprechend des Arbeitsanfalls Lage und Dauer der Arbeit bestimmen zu können.²²

Praktisch betrachtet **findet Arbeit auf Abruf kaum statt** – weil die rechtlichen Rahmenbedingungen derart starr sind, dass sie den Interessen der Beteiligten kaum entsprechen: 38

- Unter dem Gesichtspunkt der **AGB-Kontrolle** und der unangemessen Benachteiligung des Arbeitnehmers kann Abrufarbeit nur in einem bestimmten Umfang vereinbart werden. So darf einseitig vom Arbeitgeber abrufbare Arbeit nicht mehr als 25 % der vereinbarten wöchentlichen Mindestarbeitszeit umfassen.²³ 39
- Im Übrigen unterliegt die Ausgestaltung den **strengen Grenzen des § 12 TzBfG**: Danach ist eine bestimmte Dauer der wöchentlichen und täglichen Arbeitszeit festzulegen; ist dies nicht erfolgt, gilt nach dem Gesetz eine wöchentliche Arbeitszeit von 10 Stunden bzw. eine tägliche Arbeitszeit von 3 Stunden als vereinbart. Darüber hinaus hat der Arbeitgeber die Lage der Arbeitszeit jeweils mindestens 4 Tage im Voraus mitzuteilen.²⁴ Von dieser Ankündigungsfrist kann nicht wirksam zu Ungunsten des Arbeitnehmers abgewichen werden, da eine solche nach § 12 Abs. 2 TzBfG iVm § 134 BGB unwirksam ist.²⁵ Abgesehen davon muss zumindest eine Korrespondenz zwischen Arbeitszeit und Vergütung vorliegen, weshalb bei der Flexibilisierung der Arbeitszeit häufig eine Anpassung der Vergütung stattfinden wird.²⁶
- Weiter problematisch ist, dass die Festlegung des **Urlaubsanspruches** sich kaum beherrschen lässt. Das BUrlG stellt für die Festlegung des (gesetzlichen) Urlaubsanspruches auf die regelmäßig zu leistenden Wochenarbeitstage ab. Bei flexiblen Arbeitszeiten (mit abweichender Verteilung der regelmäßigen Arbeitszeit) vertritt das BAG, dass die für die betroffenen Arbeitnehmer maßgebliche Anzahl von Urlaubstagen durch Umrechnung zu ermitteln sei²⁷. Hierfür setzt es die Anzahl der Tage mit Arbeitspflicht pro Kalenderwoche ins Verhältnis zu der Anzahl der Urlaubstage. Ist die regelmäßige Arbeitszeit nicht gleichmäßig auf alle Kalenderwochen des Jahres verteilt, muss für diese Verhältnismäßigkeitsrechnung auf den Zeitabschnitt abgestellt werden, in dem im Durchschnitt die regelmäßige wöchentliche Arbeitszeit erreicht wird. Stehen auch die zu arbeitenden Tage nicht fest, kann nicht einfach stundenbasiert gerechnet werden, da das BUrlG dies nicht vorsieht. Vielmehr muss festgestellt werden, an wie vielen Tagen pro Woche der Arbeitnehmer durchschnittlich zu arbeiten hat. Auch dies hilft aber nur begrenzt: Was, wenn die tägliche Arbeitszeit – wie so häufig – schwankt? Und kann es sein, dass der Arbeitnehmer dem Arbeitgeber einen Urlaubswunsch mitteilt (und der Arbeitgeber diesen schlicht umgeht, indem er diesen in dem besagten Zeitraum nicht abruft)? Da es letztendlich darum geht, dem Arbeitnehmer eine vorhersehbare und planbare Befreiung von der Arbeitspflicht zu verschaffen, muss der Urlaubsanspruch (wohl) anhand der Tage ermittelt werden, die als potentielle Arbeitstage in Betracht kommen. Das bedeutet bei maximal flexiblen Abrufarbeitsverhältnissen: Urlaub anhand einer Fünftagewoche!

Praxisbeispiel:
Eine Arbeitnehmerin arbeitet in einem Einzelhandelsgeschäft auf Abruf. Der Arbeitsvertrag gibt weder die tägliche Arbeitszeit noch die Anzahl an Wochenarbeitstagen vor. Der Arbeitgeber ruft die Arbeitnehmerin aufgrund einer wöchentlich neu erstellten Planung ab; sie arbeitet in Woche 1 fünf Tage je zwei Stunden, in Woche 2 einen Tag acht Stunden lang, in Woche 3 drei Tage à drei Stunden. In Woche 4 will die Arbeitnehmerin

---

²² *BAG*, 7.12.2005 – 5 AZR 535/04, NZA 2006, 423.
²³ *BAG*, 7.12.2005 – 5 AZR 535/04, NZA 2006, 423.
²⁴ ErfK/*Preis*, § 12 TzBfG Rn. 25.
²⁵ ErfK/*Preis*, § 12 TzBfG Rn. 25.
²⁶ Noch weitergehend *Bayreuther*, NZA-Beilage 2018, 103 (104), der sogar eine zwingende Anpassung der Vergütung bei Verringerung der Arbeitszeit fordert.
²⁷ *BAG*, 30.10.2001 – 9 AZR 314/00, NZA 2002, 815 (Ls.); 8.9.1998 – 9 AZR 161/97, NZA 1999, 665.

> Urlaub nehmen; der Arbeitgeber meint, das sei nicht nötig, da er sie in dieser Woche gar nicht einsetzen wolle (was er erst nach Erhalt des Urlaubsantrages mitteilt). Aus Sicht der Praxis führt Arbeit auf Abruf, wenn sie wirklich zur Flexibilisierung genutzt werden soll, regelmäßig zu solchen Problemen und (rechtlichen) Konflikten. Derzeit kann von diesem Gestaltungselement bis auf Sonderkonstellationen eigentlich nur abgeraten werden.

40 Mit diesen Einschränkungen ist Arbeit auf Abruf für die meisten Arbeitgeber schlicht nicht handhabbar und kein zukunftsfähiges Arbeitszeitkonzept.

b) Zeitwertkonten/Flexikonten nach dem SGB IV, „Flexzeit"

41 Eine Option für eine flexiblere Arbeitszeitgestaltung besteht in der Errichtung von **Zeitwertkonten** bzw. so genannten Flexikonten nach dem SGB IV[28]. Interesse des einzelnen Arbeitnehmers nach individueller Arbeits- und Freizeitgestaltung als auch das Unternehmensinteresse an einer flexiblen Personalplanung kann bedient werden, in dem Arbeitnehmer einen Teil der Bruttobezüge nicht ausgezahlt erhalten, sondern diese als Wertguthaben ansparen[29]. Die Guthaben werden verzinst und finanzieren zu einem späteren Zeitpunkt Freistellungsphasen während des aktiven Beschäftigungsverhältnisses (zB **Sabbaticals**) oder zum Ende der Beschäftigung hin (zB **Vorruhestandsmodelle**).[30]

42 § 7c SGB IV enthält einen Katalog beispielhafter Zwecke, für die ein Wertguthaben in Anspruch genommen werden kann, ohne dass das Beschäftigungsverhältnis sozialversicherungsrechtlich während der Freistellung endet. Unmittelbar benannt sind hier etwa für die Finanzierung von Pflege- und Elternzeiten sowie Fort- und Weiterbildungszeiten oder auch die Aufstockung des Arbeitsentgelts bei Teilzeittätigkeiten zB nach dem TzBfG und dem BEEG[31]. Da der Katalog des § 7c SGB IV jedoch nicht abschließend ist, kann das Wertguthaben auch für die Finanzierung anderweitiger Freistellungsphasen genutzt werden, soweit es hierüber eine entsprechende Vereinbarung gibt. Neben Sabbaticals finden sich in der Praxis häufig die so genannten Teilzeit-Invest-Modelle, bei denen der Arbeitnehmer zwar in Vollzeit arbeitet, jedoch nur eine (mindestlohnkonforme) Teilzeitvergütung bezieht und die nicht laufend vergüteten Arbeitszeiten als Wertguthaben einem Langzeitarbeitszeitkonto zugeführt und dort angespart werden. Diese Wertguthaben können dann zu einem späteren Zeitpunkt in der Freistellungsphase in Anspruch genommen werden.[32]

43 Die Arbeitsvertragsparteien müssen nach § 7b SGB IV eine schriftliche Vereinbarung über die Einrichtung und Ausgestaltung des Zeitwertkontos treffen. Dabei ist zunächst festzulegen, in welchem Umfang und nach welchen Kriterien Lohnbestandteile in das Zeitwertkonto einzubringen sind. Sodann ist die **Entsparphase** zu gestalten. Da die im Zeitwertkonto angesparten Beträge dazu verwendet werden sollen, Phasen der Freistellung oder der Teilzeit zu finanzieren, können neben den klassischen Freistellungsphasen der Elternzeit oder eines vorzeitigen Ruhestands auch jegliche sonstige Zeiträume mit einer Entnahme aus dem Zeitwertkonto unterlegt werden. Dabei obliegt es den Vertragsparteien (bzw. ergänzend den Betriebsparteien oder Tarifparteien), die persönlichen wie betrieblichen Zwecke in Einklang zu bringen und praxistaugliche Modelle mit Ankündigungsfristen, Ablehnungsgründen und einvernehmlichen Vereinbarungsmodellen Flexibilität zu schaffen.

---

[28] Viertes Buch Sozialgesetzbuch – Gemeinsame Vorschriften für die Sozialversicherung – idF der Bekanntmachung vom 12.11.2009 (BGBl. I S. 3710, 3973; 2011 I S. 363), zuletzt geändert durch Art. 7a des Gesetzes vom 14.12.2019 (BGBl. I S. 2789).
[29] *Langohr-Plato*, NZA 2008, 1377.
[30] *Peiter*, Arbeitgeberhaftung für den Werterhalt von Wertguthaben, S. 17 ff.
[31] Bundeselterngeld- und Elternzeitgesetz idF der Bekanntmachung vom 27.1.2015 (BGBl. I S. 33), zuletzt geändert durch Art. 36 des Gesetzes vom 12.12.2019 (BGBl. I S. 2451).
[32] *Oberthür/Seitz*, Betriebsvereinbarungen, III. Betriebsvereinbarungen zur Arbeitszeit Rn. 36.

Werden Wertkonten als **Langzeit- bzw. Lebensarbeitszeitkonten** ausgestaltet, werden teilweise große Wertguthaben angespart. Daher besteht nach § 7d IV SGB IV für Langzeitkonten ab einer bestimmten „Größenordnung" eine Verpflichtung zur Insolvenzsicherung.[33]

Durch Tarifvertrag (oder aufgrund Tarifvertrags) können weiterhin Kurzzeitkonten, sog. **Flexkonten**, eingerichtet werden. Diese ermöglichen den Arbeitnehmern, abweichend von der regelmäßigen (tarifvertraglichen) Arbeitszeit für einen befristeten Zeitraum Mehr- oder Minderarbeit zu leisten.[34] Typischerweise kann die Wochenarbeitszeit um bis zu zwei Stunden aufgestockt oder reduziert werden – und dies für einen befristeten Zeitraum von zwei Jahren. Für diesen Zeitraum werden die abweichenden Arbeitszeiten jeweils als Regelarbeitszeit behandelt, so dass zB für die „Mehrarbeit" auch keine Zuschläge anfallen. So haben beide Vertragsparteien die Möglichkeit, für einen gesicherten Zeitraum zu planen, sich auf die veränderten Zeiten wie auch die Rückkehr zur Regelarbeitszeit einzulassen und insgesamt unter Berücksichtigung betrieblicher und/oder privater Belange eine nachhaltige Anpassung der Arbeitszeit zu ermöglichen. Kurzeitkonten sind insoweit auf einen kurzzeitigen Ausgleich gerichtet, wohingegen Langzeitkonten auch längere Freistellungsphasen ermöglichen und so insgesamt eine höhere Flexibilität erreicht werden kann.[35]

B. Arbeitsrecht in der Transformation

Arbeitsplätze, Funktionen und betriebliche Strukturen verändern und wandeln sich grundlegend und nachhaltig. IT-gestützte Abläufe nehmen zu. Mitarbeiter werden in teilweise schnelllebige **agile Strukturen** oder betriebs- und unternehmensübergreifende **Matrixeinheiten** eingebunden. Fachliche und disziplinarische Weisungsrechte werden aufgespalten und teilweise global delegiert – nicht immer für alle Beteiligten überschaubar. Diese Abläufe vertragen sich teilweise nur schwer mit den rigiden gesetzlichen Vorgaben des deutschen Arbeitsrechts, insbesondere der betrieblichen Mitbestimmung. Insbesondere kurzfristige Veränderungen und eigenbestimmtes Arbeiten lassen sich häufig kaum mit den **formellen Vorgaben der Betriebsverfassung** (Formen und Fristen) und der zwingenden Beteiligung Dritter in Einklang bringen.

I. Die Transformation in flexible Arbeitswelten

1. Ablösung klassischer Organisationsstrukturen

a) Auflösung klassischer Abteilungsstrukturen

Übergreifendes Prinzip der „New Work" ist, dass eingefahrene und starre Organisationsformen vermieden werden sollen. Vielmehr soll das agile Arbeiten in **flachen Hierarchien** stattfinden sowie eine verstärkte Partizipation der Arbeitnehmer durch Entscheidungsfreiheit und Eigenverantwortung im Unternehmen etabliert werden.

Anstelle des Arbeitens in hierarchisch streng gegliederten Berichtsketten und feststehenden Fachabteilungen sollen Arbeitnehmer sich in einer möglichst durchlässigen und flexiblen Organisationsform mit „flachen" Hierarchien fähigkeits- und aufgabenbezogen zusammenschließen, um an einem bestimmten Produkt oder einer Dienstleistung **interdisziplinär** zusammenzuarbeiten. Die agil arbeitenden Einheiten übernehmen als Gesamtheit die Verantwortung für ihre Arbeit und entscheiden kollegial über das Vorgehen im

---

[33] *Podewin*, RdA 2005, 295, mit Überlegungen zur Art und Weise der Insolvenzsicherung.
[34] BT-Drs. 16/10289, 14.
[35] *Richter*, ArbRAktuell 2018, 241 (242).

Einzelnen, anstelle dies detailliert vorgegeben zu bekommen.[36] Während sich die **Terminologie** für die Bezeichnung der neugeschaffenen Einheiten oftmals unterscheidet (beispielsweise spricht man von „Squads", „Swarms" oder „Cells"), ähnelt sich die Umsetzungslogik zumeist.

49 Vorgaben erfolgen häufig nur hinsichtlich des Arbeitsergebnisses bzw. der generellen Entwicklungsrichtung. Der Arbeitsprozess wird **iterativ** gedacht, um auf Veränderungen entlang des Weges besser reagieren zu können. Häufig wird dieser Ansatz auch mit dem eines sog. minimum viable prototype kombiniert, dh der Schaffung eines Ergebnisses, welches gerade gut genug ist, um die gewünschten Anforderungen zu erfüllen; seine Weiterentwicklung bleibt dann zukünftigen Prozessen vorbehalten.

50 Arbeitnehmer sollen insgesamt flexibel zwischen Einheiten wechseln können, je nach Aufgabenstellung und persönlichen **Fachkenntnissen und Erfahrungen** („die richtige Expertise am richtigen Ort"). So soll eine Steigerung der Wettbewerbsfähigkeit, ein ressourcengenauer Einsatz der Arbeitnehmer und ein fachgerechter **Wissenstransfer** ermöglicht werden.[37]

b) Sonderprobleme des Weisungsrechts

51 Soll der Arbeitnehmer **erstmalig** in eine solche neue Organisationsform wechseln (oder im laufenden Betrieb zwischen solchen Organisationseinheiten wechseln), stellt sich jeweils die Frage, ob und inwieweit der Arbeitsvertrag Grenzen setzt bzw. inwieweit der Arbeitgeber sich auf sein **Weisungsrecht** berufen kann.

52 Grundsätzlich sind Fragen nach den Strukturen, in welchen der Arbeitnehmer eingesetzt wird („Team", „Squad" usw.), der räumlichen Gestaltung des Arbeitsplatzes (Einzel- oder Großraumbüros, Hotelling-Konzepte etc.) sowie der Teilhabe an bestimmten Besprechungen, Projekten oder Abstimmungsmeetings an **§ 106 GewO** zu messen.

53 Soweit das Arbeitsverhältnis keine Einschränkungen enthält, kann der Arbeitgeber einseitig **weitgehende Regelungen zur Art und Weise der Erbringung der Arbeitsleistung** treffen.[38] Das Weisungsrecht stößt jedoch dort an seine Grenzen, wo eine Tätigkeit sich so sehr verändern würde, dass sich die Arbeitsinhalte wesentlich ändern und/oder das sog. **Sozialbild** der Stelle betroffen ist.[39] Weiterhin gilt der allgemeine Grundsatz: Ist eine zugewiesene Tätigkeit nicht nach der Verkehrsauffassung (wie im Betrieb üblich) als gleichwertig anzusehen, kann sie nicht per Direktionsrecht zugewiesen werden.[40]

2. Betriebliche Mitbestimmung im Rahmen der digitalen Transformation

54 Die Umstellung auf **„New Work"-Arbeitsformen** kann unter vielfältigen Gesichtspunkten betriebliche Mitbestimmungsthemen berühren. Geht eine Umstellung auf eine „New Work"-Organisation mit einer wesentlichen Veränderung von Umfang, Inhalt und Abläufen der Arbeit einher, kann dies eine interessenausgleichspflichtige **Betriebsänderung** unter dem Gesichtspunkt einer grundlegenden Änderung der Betriebsorganisation darstellen (§ 111 S. 3 Nr. 4 BetrVG). Das BAG bejaht dies, wenn der Betriebsaufbau, insbesondere hinsichtlich Zuständigkeiten und Verantwortung, umgewandelt wird und die Änderung insgesamt einschneidende Auswirkungen auf den Betriebsablauf, die Arbeitsweise oder die Arbeitsbedingungen der Arbeitnehmer hat[41].

---

[36] *Trost*, Neue Personalstrategien zwischen Stabilität und Agilität, S. 8.
[37] *Trost*, Neue Personalstrategien zwischen Stabilität und Agilität, S. 431.
[38] ErfK/*Preis*, § 106 GewO Rn. 1 ff.
[39] *LAG Schleswig-Holstein*, 2.6.2015 – 1 Sa 452 c/14, BeckRS 2015, 71971; *BAG*, 30.8.1995 – 1 AZR 47/95, NZA 1996, 440.
[40] *BAG*, 17.8.2011 – 10 AZR 322/10, NZA-RR 2012, 106.
[41] *BAG*, 22.3.2016 – 1 ABR 12/14, NZA 2016, 894; 18.3.2008 – 1 ABR 77/06, NZA 2008, 957.

a) Zuständigkeitsfragen

Die Themen rund um den Themenkomplex der digitalen Transformation sind dabei nicht immer zwingend auf derselben **Zuständigkeitsebene** zu verorten, weshalb es insbesondere im Hinblick auf die Einführung neuer Strukturen im Unternehmen unerlässlich ist, den richtigen Ansprechpartner zu wählen.

Nach der Grundkonzeption des Betriebsverfassungsgesetzes ist zunächst der **lokale** Betriebsrat zur Wahrnehmung der Mitbestimmungsrechte zuständig. In Abweichung von dieser Grundregel kann jedoch auch der Konzern- oder Gesamtbetriebsrat zuständig sein. Der Gesamtbetriebsrat ist nach § 50 Abs. 1 S. 1 BetrVG insofern zuständig für Angelegenheiten des Unternehmens, die nicht auf betrieblicher Ebene geregelt werden können. Entsprechendes gilt für den Konzernbetriebsrat, dessen Zuständigkeit sich aus § 58 Abs. 1 S. 1 BetrVG für die nur **unternehmensübergreifend** zu regelnden Angelegenheiten ergibt. Primär jedoch ist der Einzelbetriebsrat zuständig.

Maßgeblich für eine Zuständigkeitsübertragung auf die nächsthöhere Ebene ist, dass ein **zwingendes Erfordernis** für eine einheitliche Regelung gegeben ist.[42] Nicht ausreichend ist es, dass eine solche übergreifende Regelung bloß zweckmäßig ist.[43] Es kommt deshalb für die Abgrenzung der Zuständigkeiten zB beim Einsatz von HR-Tools darauf an, inwieweit eine einheitliche Steuerung – insbesondere technisch – **notwendig** ist.[44]

Bringt der Konzern zB innerhalb einer Matrixstruktur gesellschaftsübergreifend ein einheitliches Einsatztool zum Einsatz, bedarf es aus technischen Gründen auch einer **einheitlichen Ausgestaltung der technischen Plattform, der Zugriffsrechte und der Ausgestaltungsmerkmale** – zuständig ist daher der Konzernbetriebsrat. Betreibt weiter ein Unternehmen ein einziges Unternehmensprofil auf einem sozialen Netzwerk, so ist eine einheitliche betriebsübergreifende Regelung diesbezüglich unerlässlich. Auch wenn das Unternehmen eine einheitliche Außendarstellung verfolgt, indem eine einheitliche Gestaltung des Auftritts und des Verhaltens auf den verschiedenen Internetseiten angestrebt wird, kann dieses Erfordernis zu bejahen sein.[45] Maßgeblich sind insoweit immer die Umstände des Konzerns, der einzelnen Unternehmen und der jeweiligen technischen Einrichtungen.[46]

b) Ordnungsverhalten, § 87 Abs. 1 Nr. 1 BetrVG

Weitere typische Konfliktpunkte im Rahmen des digitalen Wandels und damit einhergehender Veränderungen der Arbeitsweisen bestehen im Rahmen insbesondere der **sozialen Mitbestimmung**.

Die Einführung neuer Regeln im Zuge der fortschreitenden Digitalisierung betrifft häufig das **Ordnungsverhalten** iSv § 87 Abs. 1 Nr. 1 BetrVG. Gegenstand des Mitbestimmungsrechts ist das betriebliche Zusammenleben und Zusammenwirken der Arbeitnehmer. Dieses kann der Arbeitgeber kraft seiner Leitungsmacht durch Verhaltensregeln oder sonstige Maßnahmen beeinflussen und koordinieren. Zweck des Mitbestimmungsrechts ist es, die Arbeitnehmer hieran zu beteiligen. Sie sollen an der Gestaltung des betrieblichen Zusammenlebens gleichberechtigt teilnehmen.[47]

Praxisrelevant ist die **Abgrenzung** zwischen Arbeits- und Ordnungsverhalten. Nicht mitbestimmungspflichtig sind solche Maßnahmen, mit denen die Arbeitspflicht unmittelbar konkretisiert und abgefordert wird (sog. Arbeitsverhalten).[48] Auch die Ausgabe mobiler Endgeräte mit der Weisung, damit sei keine konkludente Aufforderung verbunden, in der

---

[42] *BAG*, 26.4.2005 – 1 AZR 76/04, NZA 2005, 892.
[43] *BAG*, 18.5.2010 – 1 ABR 96/08, NZA 2011, 171; 8.6.2004 – 1 ABR 4/03, NZA 2005, 227.
[44] *BAG*, 25.9.2012 – 1 ABR 45/11, NZA 2013, 275; 14.11.2006 – 1 ABR 4/06, NZA 2007, 399.
[45] *BAG*, 22.7.2008 – 1 ABR 40/07, NZA 2008, 1248 (Konzerneinheitlicher Verhaltenskodex).
[46] Im Detail *Bachner/Rupp* NZA 2016, 207.
[47] *BAG*, 23.2.2016 – 1 ABR 18/14, NZA 2016, 838 mwN.
[48] *BAG*, 17.3.2015 – 1 ABR 48/13, NZA 2015, 885 (887); 7.2.2012 – 1 ABR 63/10, NZA 2012, 685.

Freizeit zu arbeiten, unterliegt der Mitbestimmung nicht, da eine damit einhergehende Konkretisierung des Weisungsrechts das Arbeitsverhalten und nicht das betriebliche Verhalten der Arbeitnehmer untereinander betrifft.[49] Dies erfasst auch sämtliche Software, die im Betrieb eingesetzt wird. Hingegen kann die IT-Nutzung als solche zB durch allgemeine Anweisungen zur Nutzung von **Social Media** als Ordnungsverhalten „im Betrieb" verstanden werden.

62 Betrifft eine Maßnahme sowohl das Ordnungs- als auch das Arbeitsverhalten ist auf ihren überwiegenden Regelungszweck abzustellen.[50] So können etwa **Clean Desk-Policies** dem Ordnungsverhalten unterfallen, genauso wie die Anweisung, bei nur limitiert vorgehaltenen Präsenzarbeitsplätzen morgens beim Betreten des Betriebes einen freien Arbeitsplatz zu suchen (**„Hotelling"**).

c) Arbeitszeitänderungen, § 87 Abs. 1 Nr. 2 und 3 BetrVG)

63 Häufig geht mit der Einführung agiler Strukturen auch eine **Wandlung der Arbeitszeiten** bzw. ein Eingriff in bestehende **Arbeitszeitmodelle** einher. So sollen die Mitarbeiter – zumindest in den vom ArbZG gesetzten Grenzen – vor allem eigenverantwortlicher über ihre Arbeitszeiten entscheiden können.[51] Derartige Veränderungen sind typischerweise klar – örtlich – mitbestimmt.

d) IT-Tools und Plattformen, § 87 Abs. 1 Nr. 6 BetrVG

64 Im Rahmen der digitalen Transformation wird insbesondere das Mitbestimmungsrecht des § 87 Abs. 1 Nr. 6 BetrVG häufig tangiert werden, insbesondere vor dem Hintergrund der im Zusammenhang mit der Einführung agiler Methoden erforderlichen **Anpassung von Softwaresystemen**, Einführung von IT-Plattformen und Kollaborationstools zur Verbesserung der Zusammenarbeit.

65 Gemäß § 87 Abs. 1 Nr. 6 BetrVG darf der Betriebsrat mitbestimmen, wenn der Arbeitgeber „technische Einrichtungen" einführt oder anwendet, die dazu bestimmt sind, das Verhalten oder die Leistung der Arbeitnehmer zu überwachen. Hierunter fallen alle optischen, mechanischen, akustischen oder elektronischen Geräte, mit deren Hilfe Arbeitnehmerdaten technisch aufgenommen, übermittelt oder ausgewertet werden können.[52]

66 Dabei reicht es bereits aus, dass die technischen Einrichtungen **geeignet** sind, die Arbeitnehmer zu kontrollieren.[53] Es ist nicht erforderlich, dass die technische Einrichtung dem Überwachungszweck dient oder zu diesem Zweck eingesetzt wird. Ob die Einrichtung zur Überwachung von Verhalten und Leistung der Arbeitnehmer geeignet ist, bestimmt sich nach dem Charakter der Daten am Ende der Auswertung und nicht nach dem der eingespeisten Daten.[54] Die Informationen müssen auf technische Weise ermittelt und dokumentiert werden, so dass sie zumindest für eine gewisse Dauer verfügbar bleiben und vom Arbeitgeber herangezogen werden können.[55]

67 Soweit der Arbeitgeber im Rahmen der Einführung von IT-Systemen keine Leistungs- und Verhaltenskontrolle durchführen will und bereit ist, diese **positiv auszuschließen**, können neue Systeme häufig „schlank" und ohne große mitbestimmungsrechtliche Verzögerungen live geschaltet werden.

---

[49] *BAG*, 22.8.2017 – 1 ABR 52/14, NZA 2018, 50 (53).
[50] *BAG*, 11.6.2002 – 1 ABR 46/01, NZA 2002, 1299.
[51] So auch *Günther/Böglmüller*, NZA 2019, 417 (421).
[52] *BAG*, 8.11.1994 – 1 ABR 20/94, NZA 1995, 313.
[53] *BAG*, 14.11.2006 – 1 ABR 4/06, NZA 2007, 399; 6.12.1983 – 1 ABR 43/81, NJW 1984, 1476.
[54] StRspr seit *BAG*, 9.9.1975 – 1 ABR 20/74, NJW 1976, 261.
[55] *BAG*, 10.12.2013 – 1 ABR 43/12, NZA 2014, 439.

68 Das Mitbestimmungsrecht besteht nicht nur bei der erstmaligen Einführung, sondern auch, wenn die technische Einrichtung verändert oder ergänzt wird. Dies ist insbesondere im Bereich von Software-Systemen häufig der Fall, bei denen **Stabilitätsupdates** eingespielt, Sicherheitslücken geschlossen und weitergehende Funktionsumfänge freigeschaltet werden. Hier ist es von enormer Bedeutung, mit dem Betriebsrat gemeinsam einen – den gegenseitigen Interessen angemessenen – Prozess zu definieren, der der Mitbestimmungsrelevanz dieser Themen gerecht wird und es dem Arbeitgeber gestattet, zB Bugfixes auch **ohne aufwändiges Mitbestimmungsprozedere** dann einzuspielen, wenn sie released werden (dazu siehe auch sogleich → Rn. 70 ff.).

69 Wichtig ist schließlich der Hinweis: § 87 Abs. 1 Nr. 6 BetrVG sieht keine Mitbestimmung für den Datenschutz vor. Die praktisch häufig auffindbaren Betriebsvereinbarungen zu **Löschkonzepten** etc. sind rechtlich schlicht unnötig und verkomplizieren das betriebliche Miteinander zumeist nur. Sinnvoll kann es hingegen sein, in Betriebsvereinbarungen zu IT-Systemen auch gleichzeitig eine **Rechtsgrundlage** für die Datenverarbeitung insbesondere in konzernweiten oder internationalen Kontexten aufzunehmen bzw. dort, wo mehr als nur die für die Durchführung des Arbeitsverhältnisses erforderlichen Daten verarbeitet werden sollen.

e) Insbesondere: Cloudbasierte ERP-Systeme (SaaS)

70 Vor große Probleme stellt die Mitbestimmung des Betriebsrates insbesondere die Einführung von IT-Systemen wie Workday, SAP SuccessFactors, HRWorks oder Infor Global HR, um einige der verbreitetsten zu nennen. Hierbei handelt es sich um Systeme zur Planung und Allokation von Ressourcenbedarf, Finanzen und Personal, die in der Cloud gehostet werden und ein komplexes Rollen- und Berechtigungskonzept mit sich bringen.

71 Hier zahlen sich (freiwillige)[56] **Rahmen-IT-Betriebsvereinbarungen** aus: Die Einführung und Anpassung solcher IT-Systeme muss mit hoher Geschwindigkeit und Verlässlichkeit erfolgen können; Verzögerungen sind echte Nachteile gegenüber internationalen Wettbewerbern, die flexibler agieren können. Rahmenvereinbarungen können helfen, durch die Festlegung von Prozessen, Informationsflüssen und Eskalationsmechanismen Transparenz und Belastbarkeit zu schaffen.

72 Die meisten derartigen Systeme sind mit einem globalen Anwendungsfall im Kopf entwickelt worden: die gesamte Architektur, der Funktionsumfang und die Aufstellung des Herstellersupports beschränken sich typischerweise nicht auf einen rein nationalen – erst recht: rein deutschen – Blickwinkel. Das kann häufig zu Problemen führen, wenn etwa das Hosting der Software innerhalb der Europäischen Union erfolgt, die Supportleistungen des Herstellers aber aus den USA oder von den Philippinen erfolgt und entsprechende Zugriffe auf die Daten möglich sein müssen. Dann bedarf es einerseits des Abschlusses einer entsprechenden **Auftragsverarbeitungsvereinbarung**, zum anderen der sorgfältigen Prüfung, wie das erforderliche Datenschutzniveau im Drittland sichergestellt werden kann (zB via EU-Standardvertragsklauseln oder durch Binding Corporate Rules). Bislang konnten Datentransfers in die USA oder bestimmte andere Drittländer auf zwischenstaatliche Abkommen wie etwa das „EU-US-Privacy-Shield" gestützt werden. Der Europäische Gerichtshof hat diesen Mechanismus jedoch mit Urteil in der Rechtssache „Schrems II" hinsichtlich Datentransfers in die USA für ungültig erklärt.[57] Zwar können zur Übermittlung personenbezogener Daten in die USA und in Drittländer ohne Angemessenheitsbeschluss grundsätzlich weiterhin Standardvertragsklauseln (SCCs) und Binding Corporate Rules (BCRs) eingesetzt werden, darüber hinaus ist allerdings nunmehr eine Einzelfallprüfung durchzuführen. Demnach müssen die verantwortlichen Stellen prüfen, ob die übermittelten Daten im jeweiligen Drittland bei Anwendung der geeigneten Garantien einen im Wesentlichen gleichwertigen Schutz genießen. Verhindert das Recht des Drittlandes die

---

[56] Zur Spruchfähigkeit in der Einigungsstelle Dahl/Brink, NZA 2018, 1231 (1233).
[57] EuGH, Urteil vom 16.7.2020 – C-311/18 *(Facebook Ireland/Schrems)*, NJW 2020, 2613.

Einhaltung der Garantien, etwa weil unspezifische und kaum regulierte geheimdienstliche Zugriffsrechte bestehen, müssen zusätzliche Maßnahmen ergriffen werden, die im konkreten Einzelfall diesen Schutz herstellen.[58] Wie dies konkret umgesetzt werden kann, etwa mit Bezug auf die USA oder das Vereinigte Königreich nach erfolgtem Brexit, bleibt das Geheimnis des EuGH.

73 Typischerweise unterteilt sich die Einführung eines solchen Systems in drei **Phasen:** (1) die Planungsphase, in der existierende Systeme, soweit erforderlich, mit Schnittstellen für einen Datenexport versehen werden, (2) die Pilotierungsphase, in der das System eingespielt wird, jedoch nur mit Testdaten befüllt wird, um zu prüfen, ob alle Prozesse sauber abgebildet werden können, und diese anzulegen; (3) den Go-Live. Konflikte entstehen häufig schon in der ersten Phase, wenn die Qualifizierung und Schulung von early adopters im Unternehmen geregelt werden soll (Mitbestimmtheit als Maßnahme der Berufsbildung, dazu unten → Rn. 153) sowie hinsichtlich der zweiten Phase, wenn Arbeitgeber mit Realdaten statt mit Testdaten arbeiten wollen; in diesem Fall greifen auch schon in der Pilotierungsphase Mitbestimmungsrechte und könnte der Betriebsrat entsprechend Unterlassungsansprüche geltend machen.

74 Weiterer Schwerpunkt der Mitbestimmung ist nach der praktischen Erfahrung zumeist die Frage, welche **Auswertungen** vom System erstellt werden können (sowohl Standard-Reports des Herstellers, bei denen sich die Frage nach der Deaktivierbarkeit stellt, als auch benutzerdefinierte Reports, die das Unternehmen benötigt). Auch die in derartigen Softwares häufig verfügbaren Cockpits bzw. Dashboards werden von Betriebsräten oftmals kritisch gesehen, solange keine vollständige Transparenz darüber hergestellt ist, welche Daten dort angezeigt werden (können). Gleichzeitig bieten solche Reports aber auch eine elegante Möglichkeit, die Informationsrechte des Betriebsrats nach dem BetrVG zu Standard-Personalthemen (exemplarisch: Personalbestand, auslaufende Befristungen, Stand Azubis etc.) zu implementieren.

75 Eine besondere Herausforderung stellt mit Blick auf die Weiterentwicklung von SaaS-Modellen regelmäßig die Handhabung von **Updates** dar, die typischerweise automatisiert und ohne vorherige Möglichkeit der Einflussnahme durch den Hersteller/Dienstleister eingespielt werden. Wo Updates rein der Stabilität oder Sicherheit dienen, haben sie typischerweise keinen Einfluss auf eine Leistungs- und Verhaltenskontrolle. Jedoch sind die Grenzen fließend; wenn sich mit einem Update gleichzeitig etwas an dem Umfang der Verarbeitung personenbezogener Daten ändert, kann sich ein Einfluss auf die Leistungs- und Verhaltenskontrolle und daher eine Mitbestimmungspflichtigkeit ergeben.

> **Praxistipp:**
> Es bietet sich an, insoweit ein gestaffeltes System der Mitbestimmung zu vereinbaren, welches von bloßen Informationsrechten bei Sicherheits- und Stabilitätsupdates bis hin zur echten vorgelagerten Mitbestimmung bei neuen Moduleinführungen reicht. In jedem Fall sollte ein klares Prozedere vereinbart werden, das die Parteien im Falle unterschiedlicher rechtlicher Einschätzungen einzuhalten haben, damit es nicht zu „wilden" mitbestimmungswidrigen Zuständen kommt und der Arbeitgeber riskieren muss, durch einen Unterlassungsanspruch nach § 87 Abs. 1 BetrVG vom einen Tag auf den anderen das System insgesamt abschalten zu müssen, nur weil ein Update eingespielt wurde, welches er nicht einmal beeinflussen konnte.

76 Hinsichtlich der **Leistungs- und Verhaltenskontrollmöglichkeit** siehe → Rn. 67 ff.

77 Viele Human Resources Management-Systeme beinhalten zwischenzeitlich auch die systemisch hinterlegte **Rolle eines Betriebsrates,** um Mitbestimmungsprozesse zunehmend digitalisiert abbilden zu können. Das BetrVG lässt hier – da es in vielen Fällen keine

---

[58] Europäischer Datenschutzausschuss, Frequently Asked Questions on the judgment of the Court of Justice of the European Union in Case C-311/18, verabschiedet am 23.7.2020, S. 3.

„harten" Formerfordernisse gibt – einige Möglichkeiten zu. Jedoch muss hier zusätzlich Zeit eingeplant werden, um dem Betriebsrat die Sorge zu nehmen, durch die Digitalisierung würden seine Rechte eingeschränkt oder es entstünden Umgehungsmöglichkeiten.

f) BYOD, Social Media Nutzung etc., § 87 Abs. 1 Nr. 6 BetrVG

Auch die Nutzung von sozialen Medien hat bereits die Rechtsprechung bewegt. Die Grundentscheidung des Arbeitgebers zum Einsatz von Sozialen Medien und Plattformen im Internet ist an sich nicht mitbestimmungspflichtig. Jedoch kann, je nach Ausprägung im Einzelfall, ein **Mitbestimmungsrecht des Betriebsrates** hinsichtlich der konkreten Umsetzung bestehen, bei dessen Missachtung der Arbeitgeber am Betreiben zB eines Facebook-Auftrittes gehindert sein kann[59]. Das BAG hat dies etwa für Fälle angenommen, in denen Besucher des Facebook-Auftrittes Kommentare hinterlegen konnten und dies nutzten, um einzelne Mitarbeiter zu „bewerten". Dies mag man als aus der Zeit gefallene Ansicht betrachten – Arbeitgeber müssen sich in der Praxis jedoch hieran orientieren. 78

Soweit Arbeitgeber so genannte **Bring Your Own Device (BYOD)**-Konzepte verabschieden, steht dahinter zumeist ein Interesse, Kosten einzusparen und gleichzeitig den Arbeitnehmern jedenfalls gefühlt eine höhere Flexibilität einzuräumen: sie können ihre privaten, typischerweise höherwertigeren Mobilendgeräte nutzen statt der oft „langweiligen" Corporate Phones des Arbeitgebers. Jedoch bergen BYOD-Konzepte eine Reihe von Stolperfallen, angefangen von der unklaren Abgrenzung privater und dienstlicher Nutzung, der Haftung des Arbeitgebers bei versehentlichem Zugriff auf private Daten bis zu dem Risiko von Datenverlusten bzw. Zweckentfremdung von Daten. Technische Lösungen (**„Sandboxes"**) können einen Teil dieser Risiken auffangen. 79

g) Gesundheitsschutz (IT-Ergonomie, Open Spaces, Desk-Sharing, Google Glass), § 87 Abs. 1 Nr. 7 BetrVG

Nicht selten wird auch die Mitbestimmung nach § 87 Abs. 1 Nr. 7 BetrVG in Betracht kommen. Dieser Tatbestand gewährt dem Betriebsrat ein Mitbestimmungsrecht bei der **betrieblichen Umsetzung der Regelungen des Arbeits- und Gesundheitsschutzes** unter der Voraussetzung, dass dem Arbeitgeber hierbei eigene Regelungsspielräume verbleiben. Insoweit ergibt sich aus der Formulierung „im Rahmen der gesetzlichen Vorschriften oder der Unfallverhütungsvorschriften" eine Begrenzung des Mitbestimmungsrechts, die über den Gesetzesvorbehalt nach § 87 Abs. 1 BetrVG hinausgeht. Maßnahmen mit nur **mittelbarer** Auswirkung auf den Arbeits-und Gesundheitsschutz sind hingegen nicht umfasst.[60] 80

Relevant wird das Mitbestimmungsrecht aus § 87 Abs. 1 Nr. 7 BetrVG insbesondere bei der Änderung bzw. Anpassung der Raumplanung, zB flexiblen **Sitz- und Raumkonzepten.** Werden Mitarbeitern keine festen Arbeitsplätze zugewiesen, stellen sich eine Reihe von Fragen, insbesondere hinsichtlich der Hygiene, psychischer Belastungen, Belastungen durch Bildschirmarbeit, aber auch hinsichtlich aufkommender Lärmbelastungen. 81

Aber auch im Hinblick auf die Einführung neuer IT-gestützter Arbeitsplattformen kommt eine Mitbestimmung nach § 87 Abs. 1 Nr. 7 BetrVG in Betracht. Insbesondere die **IT-Ergonomie** wird in diesem Zusammenhang regelmäßig als Stichwort fallen. Derartige Ansatzpunkte können auch beim Einsatz von **Assistenzsystemen** wie zB kontextbasierten Montageanweisungen über „Google Glass" und ähnliche Systeme in Zukunft stärkere Relevanz bekommen. Wichtig ist in diesem Zusammenhang der Hinweis, dass der Arbeitgeber nicht mittelbar über § 87 Abs. 1 Nr. 7 BetrVG vorgeschrieben bekommen kann, welche IT-Systeme er einzusetzen hat. Wenn bestimmte Standardsysteme nur in bestimmter Konfiguration vorgesehen sind und eine technische Anpassung ausscheidet, kann der 82

---

[59] *BAG*, 13.12.2016 – 1 ABR 7/15, NZA 2017, 657.
[60] *Grimm/Singraven,* ArbRB 2019, 175 (177) mwN.

Betriebsrat nicht über die Mitbestimmung den Einsatz zB von MS Office verhindern, nur weil er einzelne Buttons für unergonomisch platziert hält.

h) Neue Vergütungssysteme, § 87 Abs. 1 Nr. 10 BetrVG

83 Der digitale Wandel geht häufig mit einer Änderung von Funktionen und der Schaffung neuer Stellen (**Scrum Master, Product Owner** etc.) einher, welche in die betrieblichen Entgeltsysteme eingeordnet werden müssen. Dies löst regelmäßig eine Entgeltmitbestimmung nach § 87 Abs. 1 Nr. 10 BetrVG aus. Aber auch altbewährte leistungsorientierte Vergütungssysteme wie Boni oder Tantiemen müssen häufig neu ausgerichtet werden, um den Anforderungen der neu geschaffenen Strukturen gerecht zu werden. Hier können beispielsweise statt klassischen Zielvereinbarungen in Zukunft stärker unternehmensbezogene Ziele oder rein ermessensbezogene Individualboni eine stärkere Rolle spielen.

i) „Gruppenarbeit", § 87 Abs. 1 Nr. 13 BetrVG

84 Schließlich wird häufig der Mitbestimmungstatbestand der Gruppenarbeit aus § 87 Abs. 1 Nr. 13 BetrVG in Rede stehen. „**Gruppenarbeit**" wird dabei in § 87 Abs. 1 Nr. 13 BetrVG ausdrücklich legaldefiniert als die Organisationsform, in der im Rahmen des betrieblichen Arbeitsablaufs eine Gruppe von Arbeitnehmern eine ihr übertragene Gesamtaufgabe im Wesentlichen eigenverantwortlich erledigt. Die Rechtsprechung versteht unter Gruppenarbeit eine Arbeitsform, bei der einer Einheit Selbstverantwortung für bestimmte Inhalte und Ergebnisse übertragen wird.[61] Die gemeinsame Verantwortung rückt insoweit in den Vordergrund.[62] Je nach Ausgestaltung neuer, insbesondere agiler Organisationsformen können diese (müssen aber nicht) unter diesem Gesichtspunkt mitbestimmungspflichtig sein.

j) Sonstige Mitbestimmungstatbestände

85 Weiter bieten sich Friktionspunkte auch bei **sonstigen Beteiligungsrechten** des Betriebsrates an. Dieser kann bei Schulungs- und Qualifizierungsmodellen, bei der Personalentwicklung und im Rahmen der Digitalisierung neu entstehenden Berufsbildern mitreden und hat dort teilweise weitreichende Informations- und Konsultationsrechte bis hin zu echter Mitbestimmung (siehe dazu → Rn. 145 ff.).

86 Schließlich stellt auch die **personelle Mitbestimmung** im Einzelfall durchaus eine Herausforderung für agile und flexible Organisationen dar: Stets wird im Einzelfall zu prüfen sein, welche Veränderungen der Tätigkeit eine Versetzung iSd §§ 95 Abs. 3, 99 BetrVG darstellen können – insbesondere im Zusammenhang zu Veränderungen der (räumlichen) Arbeitsumgebung, Wechsel der Vorgesetzten, Berichtslinien und Teamzuordnungen. Es empfiehlt sich, bei häufig neu zusammengestellten Organisationseinheiten mit dem Betriebsrat einen praktisch lebbaren Weg zu finden, solche Veränderungen abzubilden, ohne in jedem Fall ein volles Mitbestimmungsprocedere durchlaufen zu müssen. Jedenfalls aber sollte versucht werden, die entsprechenden Vorgänge weitgehend zu standardisieren und zu digitalisieren.

3. Übergreifende funktionale Zusammenfassungen

a) Matrixorganisationen

87 Neben der Auflösung der innerbetrieblichen Strukturen arbeiten Unternehmen auch „per Standard" immer häufiger in **Matrixstrukturen.** Hiervon spricht man, wenn die Unternehmensleitungen sowie die Zuordnung von Aufgaben und Funktionen in einem Mehrli-

---

[61] *BAG*, 24. 4. 1974 – 5 AZR 480/73, NJW 1974, 2255.
[62] *Fitting*, § 87 BetrVG Rn. 566; *Richardi*, § 87 BetrVG Rn. 979.

niensystem strukturiert werden. Häufig werden die Arbeitsorganisationen länder- und gesellschaftsübergreifend gegliedert, und dies typischerweise nach Funktionsbereichen (Produktion, Einkauf, Vertrieb) einerseits und Produktbereichen (Länder/Märkte, Produkte, Kunden) andererseits.

Insbesondere Unternehmen, die aufgrund ihrer angebotenen Produkte und Dienstleistungen stark **virtualisiert** sind, lösen sich teilweise vollständig von Betriebsorganisationen im hergebrachten Sinne und damit unflexiblen Standorten und damit zusammenhängenden Fixkosten. So können insbesondere Personalressourcen unternehmensübergreifend ideal genutzt werden, ohne dass die Komplexitäten einer Entsendung, Versetzung oder Arbeitnehmerüberlassung überwunden werden müssen. Die Unternehmensleitung wird durch eine **flachere Hierarchie** entlastet; die fachlichen Kompetenzen der Arbeitnehmer werden betont. Allgemein wird die Steuerung der Unternehmensgruppe beschleunigt und das Controlling durch direktere Zugriffsmöglichkeiten verbessert.

Dem gegenüber stehen eine erhöhte Komplexität (die teilweise nicht einmal für in der Matrix tätige Arbeitnehmer durchschaubar ist), erhöhte Kommunikations- und Koordinationsbedarfe sowie das Risiko der Schaffung **arbeitsrechtlicher Doppelstrukturen**.

b) Weisungsrecht in der Matrix

Das deutsche Arbeitsrecht wurde nicht mit dem Gedanken einer Matrixorganisation im Hinterkopf erschaffen. Das führt häufig zu Problemen, die sich insbesondere am **Weisungsrecht** entzünden:

Die Arbeitsleistung stellt nach § 613 S. 2 BGB eine **höchstpersönliche** Pflicht dar, die typischerweise nicht beliebig auf Dritte übertragen werden kann. Werden Arbeitnehmer im Rahmen einer Matrix betriebs- und unternehmensübergreifend nicht nur „bei" ihrem Vertragsarbeitgeber beschäftigt, sondern auch in matrixmäßig organisierten Teams, verlieren viele Arbeitgeber aus den Augen, ob sie denn überhaupt noch fachliche und/oder disziplinarische Weisungsrechte ausüben oder diese schon längst „faktisch" auf einen Dritten **übertragen** haben.

Hier setzt das Arbeitsrecht klare Grenzen: Während das fachliche Weisungsrecht auf Dritte delegiert werden kann, muss das **disziplinarische** Weisungsrecht bei dem Vertragsarbeitgeber verbleiben. Ist schon von vornherein absehbar, dass ein Einsatz in einer Matrixorganisation geplant ist, können entsprechende Regelungen bereits im Arbeitsvertrag Eingang finden. Das arbeitgeberseitige Weisungsrecht kann jedenfalls (auch) den Einsatz in einem Konzernunternehmen decken[63].

> Unkritisch ist vor diesem Hintergrund etwa die Einrichtung einer Matrixorganisation rein innerhalb des Vertragsarbeitgebers oder aber die Einrichtung einer unternehmensübergreifenden Matrix, bei der entweder nur das fachliche Weisungsrecht übertragen wird oder aber der Arbeitsvertrag eine so genannte **Matrixklausel** enthält. Diese bedingt § 613 S. 2 BGB ausdrücklich ab, muss aber auch sicherstellen, dass keine geringerwertigere Tätigkeit als die originär geschuldete verlangt werden kann.
>
> Alternativ hierzu können Konzernversetzungsklauseln oder Zusatzvereinbarungen vor dem Einsatz in einem anderen Matrixunternehmen helfen.

Nicht zu empfehlen ist ein so genannter **Einheitsarbeitsvertrag** mit mehreren Konzernunternehmen. Nicht nur ist dieser in der Abwicklung umständlicher, sondern die Konzernunternehmen können typischerweise auch nur gemeinsam kündigen, was voraussetzt, dass der Kündigungsgrund sie jeweils alle betrifft. Dies ist das Gegenteil von Flexibilität. Auch die früher häufig auffindbaren konzerninternen Arbeitnehmerüberlassungskonstellationen sind seit dem Wegfall des Konzernprivilegs im AÜG keine Dauerlösung mehr.

---

[63] *BAG*, 10.3.1998 – 1 AZR 658/97, NZA 1998, 1242.

II. Der Betriebsbegriff in der Matrix

95 Das Erstarken von Matrixorganisationen hat auch den klassischen **Betriebsbegriff** des BetrVG in Frage gestellt. Nach althergebrachtem Verständnis handelt es sich bei einem Betrieb um die „organisatorische Einheit von sachlichen und immateriellen Arbeitsmitteln, mit deren Hilfe jemand allein oder in Gemeinschaft mit seinen Arbeitnehmern einen bestimmten arbeitstechnischen Zweck fortgesetzt verfolgt und nicht nur den Eigenbedarf deckt." Maßgeblich für die Existenz eines Betriebes – an den die **betriebliche Mitbestimmung** anknüpft – ist daher die einheitliche Leitung in organisatorischer Hinsicht zu einem gemeinsamen arbeitstechnischen Zweck sowie eine gewisse Verstetigung in zeitlicher, typischerweise aber auch räumlicher Hinsicht (Betriebsstätten). An den Betriebsbegriff anknüpfend stellen sich die folgenden Fragen:
- Sind Arbeitnehmer in der Matrix grundsätzlich mehreren Betrieben zugeordnet oder lediglich einem? Welche **kündigungsschutzrechtlichen und betriebsverfassungsrechtlichen** Folgen knüpfen hieran an?
- Ist nur **ein Betriebsrat** für die Arbeitnehmer zuständig und zu beteiligen, oder gar mehrere?
- Bilden Matrixunternehmen **gemeinsame Betriebe**?

96 Insbesondere Formen der Zusammenarbeit, bei denen unter Auflösung von Raum (und Zeit) auf moderne Kommunikationsmittel zurückgegriffen wird, lassen sich mit einem klassischen Betrieb nur schwer in Einklang bringen. Werden fachliche und disziplinarische Weisungsrechte **aufgespalten,** stehen diese Kriterien ebenfalls massiv in Frage. Gleichzeitig kann der Betriebsbegriff als Anknüpfungspunkt der Betriebsverfassung nicht der freien Disposition der Beteiligten unterliegen.

97 Auch in grenzüberschreitenden Sachverhalten darf nicht automatisch unterstellt werden, eine **nichtvorhandene einheitliche Leitung in Deutschland** stehe der Existenz eines Betriebs (auch) in Deutschland entgegen[64]. Vielmehr ist nach einer Entscheidung des LAG Hessen nicht entscheidend, ob eine übergreifende Leitungsfunktion in dem Betrieb selbst bzw. in Deutschland angesiedelt ist. Die verfassungsrechtlich gebotene enge Auslegung des Betriebsbegriffs verbiete es, die Annahme des Betriebes davon abhängig zu machen, wie ein Unternehmen Berichtslinien organisiere, ob es diese für einzelne Abteilungen oder Bereiche außerhalb Deutschlands ansiedele und eine umfassende Leitung erst auf höherer Hierarchieebene oder außerhalb Deutschlands etabliere.

98 Für die Bildung des Gemeinschaftsbetriebes ist eine **gemeinsame Leitungs- und Führungsvereinbarung** erforderlich, die jedoch nicht ausdrücklich oder gar schriftlich getroffen sein muss. Es muss lediglich eine einheitliche Leitung in personellen und sozialen Angelegenheiten gegeben sein. Kennzeichnend für eine Matrixstruktur sind unterschiedliche Leitungs- und Führungsebenen über die verschiedenen Matrixdimensionen. Übertragen werden (können) nur fachliche Weisungsrechte. Dies schließt – nicht in jedem, aber in den meisten Fällen – eine einheitliche Leitung im Sinne eines Gemeinschaftsbetriebes aus.

III. Arbeitsrechtliche Sonderprobleme der Matrix

1. Schaffung oder Anpassung einer Matrixorganisation

99 Die erstmalige Einführung einer Matrixorganisation im Unternehmen bzw. Konzern oder deren Veränderung kann für die Betriebe zu einer **Betriebsänderung iSv § 111 BetrVG** führen, muss dies aber nicht notwendigerweise.[65] Hier kommt es darauf an, ob die organisatorische Maßnahme im Einzelfall zu einer grundlegenden Änderung der Betriebsorgani-

---

[64] *LAG Hessen*, 13.4.2011 – 8 Sa 922/10, BeckRS 2011, 75839.
[65] *Kort*, NZA 2013, 1318 (1326); *Müller-Bonanni/Mehrens*, ZIP 2010, 2228 (2230).

sation, des Betriebszwecks oder der Betriebsanlagen führen (§ 111 S. 3 Nr. 4 BetrVG) oder grundlegend neue Arbeitsmethoden bzw. Fertigungsverfahren eingeführt werden (§ 111 S. 3 Nr. 5 BetrVG).

100 Der Begriff der Betriebsorganisation im Sinne des § 111 S. 3 Nr. 4 BetrVG beschreibt eine Organisation, die zur Verfolgung des arbeitstechnischen Zwecks im Betrieb geschaffen wird.[66] Sie ist nicht gleichbedeutend mit der Organisation des Unternehmens. Nur **Änderungen des Betriebsaufbaus oder der Organisation des Leitungsapparates** (Untergliederungen, Verantwortungsbereiche usw.) können Relevanz für die Betriebsorganisation haben. In Betracht kommen daher etwa folgende Szenarien, die im Rahmen der Schaffung einer Matrixorganisation eine Rolle spielen können:
- Werden im Rahmen der Matrixeinführung Entscheidungsbefugnisse dezentralisiert, beispielsweise durch die Einführung so genannter lokaler **Profit Center** oder aber einer Spartenorganisation, wird häufig eine Betriebsänderung anzunehmen sein.[67]
- Gleiches gilt, wenn die Betriebsabläufe erheblich verändert werden, weil sich Zuständigkeiten und Verantwortlichkeiten verschieben. Dies kann etwa anzunehmen sein, wenn **Zwischenebenen** in der Betriebshierarchie entfallen[68] und diese insgesamt „flacher" gestaltet wird, wie häufig auch als Teil agiler Transformationsprojekte zu beobachten.
- Wird die Organisation insgesamt gestrafft und werden dabei Betriebsteile neu zusammengefasst, ist dies ebenso nach § 111 BetrVG relevant wie die **Einstellung und/oder das Outsourcing** bestimmter vor- und nachgelagerter Tätigkeiten (zB Logistik, Forschung & Entwicklung, externes Marketing).
- Wird ein Betrieb **aufgespalten** und ändert sich dabei die Verfolgung des arbeitstechnischen Zwecks, liegt hierin ebenfalls regelmäßig eine Betriebsänderung.[69] Nicht maßgeblich ist demgegenüber das Ziel der wirtschaftlichen Tätigkeit; dieses bildet lediglich den Unternehmenszweck.

101 Ob eine Änderung der Betriebsorganisation „**grundlegend**" ist, hängt davon ab, welche Relevanz sie für die betrieblichen Abläufe insgesamt hat.[70] Hierfür kann als (ein!) Indiz etwa die Anzahl der betroffenen Arbeitnehmer herangezogen werden.

102 Weniger häufig kommt es vor, dass gleichzeitig mit der Einführung einer Matrix gleichzeitig grundlegend neue **Arbeitsmethoden und Fertigungsverfahren** eingeführt werden – zwei Projekte dieser Größenordnung gleichzeitig überfordern die meisten Organisationen. Arbeitsmethoden sind hierbei alle Betriebsmittel, die zur Verfolgung des arbeitstechnischen Zwecks des Betriebs eingesetzt werden, sowie darüber hinaus die Art und Weise der Einbindung der menschlichen Arbeitskraft in diese Zweckverfolgung (insbesondere deren Organisation).[71] In besonders gelagerten Fällen kann daher schon die Einführung von besonderen Arbeitsformen wie selbstverantwortlicher Gruppenarbeit als Betriebsänderung in Betracht kommen[72].

---

[66] *BAG,* 26.3.2009 – 2 AZR 879/07, NZA 2009, 679; 26.10.2004 – 1 AZR 493/03, NZA 2005, 237; 16.6.1987 – 1 ABR 41/85, NZA 1987, 671; ErfK/*Kania*, § 111 BetrVG Rn. 17; *Fitting,* § 111 BetrVG Rn. 92.
[67] ErfK/*Kania*, § 111 BetrVG Rn. 17.
[68] *BAG,* 26.10.2004 – 1 AZR 493/03, NZA 2005, 237; GK-BetrVG/*Oetker,* § 111 Rn. 147.
[69] *BAG,* 17.2.1981 – 1 ABR 101/78, NJW 1981, 2716; ErfK/*Kania*, § 111 BetrVG Rn. 16; GK-BetrVG/*Oetker,* § 111 Rn. 152.
[70] *LAG Düsseldorf,* 20.4.2016 – 4 TaBV 70/15, BeckRS 2016, 71599.
[71] *LAG Nürnberg,* 1.8.2000, AiB 2004, 438f.; *Fitting,* § 111 BetrVG Rn. 98; GK-BetrVG/*Oetker,* § 111 Rn. 168.
[72] (Zu) weitgehend *ArbG Frankfurt a. M.,* 8.1.2003 – 2 BVGa 587/02, AiB 2003, 697f.: Desk-Sharing als Betriebsänderung.

2. Strukturen und Zuständigkeiten bei Durchführung der Matrixorganisation

103 Soweit klassische Betriebsstrukturen durch Matrixeinheiten überlagert werden und die Matrixvorgesetzten die eigentlichen Arbeitsabläufe steuern, stellt sich gerade bei matrixweit zentral ausgerollten mitbestimmungsrelevanten Themen häufig die Frage, wer auf Betriebsratsseite eigentlich der richtige **Ansprechpartner** ist.

104 Eine Verhandlung entlang der lokalen Strukturen ist häufig nicht sachgerecht. Daher empfiehlt es sich für in der Matrix tätige Arbeitgeber, die Ausgestaltung der Unternehmensorganisation immer auch unter dem Aspekt des Nutzens betriebsverfassungsrechtlicher Kollektivregelungen zu prüfen. In manchen Fällen mag es sogar sinnvoll sein, neben der Matrixeinheit eine tatsächliche Einbindung in eine lokale Betriebsstruktur aufrecht zu erhalten. In anderen Fällen können zB Spartenbetriebsräte oder sonstige **abweichende Betriebsratsstrukturen nach § 3 BetrVG** (wo gesetzlich zulässig)[73] weiterhelfen.

105 Ebenfalls sollte geprüft werden, welche Mitbestimmungsthemen – abgestimmt mit den Arbeitnehmervertretungen und/oder durch die **arbeitgeberseitige Zwecksetzung** – auf die Ebene eines Gesamt- oder Konzernbetriebsrats gezogen werden können, um beispielsweise einheitliche Arbeitsbedingungen in der Matrix umsetzen zu können. Es ist zu erwarten, dass die (bislang noch sehr zurückhaltende) Rechtsprechung in Zukunft das praktische Bedürfnis nach matrixweiter Vereinheitlichung stärker berücksichtigen wird.

a) Aufspaltung des Weisungsrechts und die Folgen

106 Typisch für eine Tätigkeit in Matrixorganisationen ist, dass der Arbeitnehmer nur zeitweise (oder jedenfalls nicht nur) in den Betrieb des Vertragsarbeitgebers eingegliedert ist, sondern auch für weitere Konzernunternehmen tätig wird[74]. Es handelt sich um eine Form **drittbezogenen Personaleinsatzes.** Das BetrVG sieht „klassischerweise" vor, dass der Arbeitnehmer (nur) für seinen Vertragsarbeitgeber tätig ist; jedoch setzt nicht jedes Beteiligungsrecht des Betriebsrates eine solche Vertragsbeziehung voraus – oftmals genügt auch die (faktische) Eingliederung in den Betrieb. Die Frage in Matrixorganisationen ist also weniger, ob Mitbestimmungsrechte bestehen (diese werden durch die Organisationsform nicht tangiert), sondern eher, **wem diese zustehen** und ob ihre Effektivität insgesamt gewährleistet ist.

b) Beteiligungsrechte in sozialen Angelegenheiten

107 Beteiligungsrechte des Betriebsrats in sozialen Angelegenheiten bestehen typischerweise uneingeschränkt – auch in der Matrixorganisation – **im Betrieb des Vertragsarbeitgebers,** soweit der in der Matrix tätige Arbeitnehmer hiervon betroffen ist. Darüber hinaus werden jedoch auch Beteiligungsrechte des Betriebsrats im tatsächlichen Einsatzbetrieb bestehen, unabhängig von einer vertraglichen Beziehung zum dortigen Arbeitgeber.[75]

108 Ausgenommen von vorstehendem Grundsatz sind Beteiligungsrechte, die aufgrund ihrer Natur nur für die Arbeitnehmer eines Vertragsarbeitgebers verbindlich sind. Dies kann etwa bei den vergütungsbezogenen Beteiligungsrechten nach § 87 Abs. 1 Nr. 4, Nr. 10, Nr. 11 BetrVG der Fall sein.[76]

109 Liegen betriebsübergreifende Maßnahmen vor, können **mehrere Betriebsräte** oder aber **übergeordnete** Mitbestimmungsgremien wie Gesamt- oder Konzernbetriebsräte zu beteiligen sein.[77]

---

[73] *BAG,* 29.7.2009 – 7 ABR 27/08, NZA 2009, 1424 (Rn. 22).
[74] *Kort,* NZA 2013, 1318 (1325).
[75] *Kort,* NZA 2013, 1318 (1325); *Lambrich/Schwab,* NZA-RR 2013, 169 (172f.).
[76] *Kort,* NZA 2013, 1318 (1325); *Lambrich/Schwab,* NZA-RR 2013, 169 (172f.).
[77] *Henssler,* NZA-Beil. 2014, 95 (103); *Kort,* NZA 2013, 1318 (1325).

c) Beteiligungsrechte in personellen Angelegenheiten

Das Auseinanderfallen von Vertragsarbeitgeber und Inhaber des Einsatzbetriebs beeinflusst insbesondere die **Mitbestimmung nach § 99 BetrVG**. Hier ist zu unterscheiden: Während § 99 Abs. 1 BetrVG hinsichtlich der Einstellung und Versetzung keinen Arbeitsvertrag voraussetzt, sondern nur an faktische Veränderungen anknüpft, kann eine Ein- und Umgruppierung nur dann ein Beteiligungserfordernis auslösen, wenn auch ein Arbeitsverhältnis besteht. Hierzu im Detail unter → Rn. 116 ff.

Eine **Mitbestimmung nach § 102 BetrVG** kommt nur beim Vertragsarbeitgeber in Betracht, da das Beteiligungsrecht denknotwendig ein Vertragsverhältnis voraussetzt.[78] Strukturell problematisch wird hierbei häufig wahrgenommen, dass der Betriebsrat im Betrieb des Vertragsarbeitgebers regelmäßig wenige oder keine Informationen über Weiterbeschäftigungsmöglichkeiten im Einsatzbetrieb bzw. -unternehmen des Arbeitnehmers haben wird. Die ordnungsgemäße Information hierüber gehört jedoch zu den Pflichten des Arbeitgebers nach § 102 Abs. 1 BetrVG.

Für den Sonderfall des **§ 103 BetrVG** kann stets nur der Betriebsrat zuständig sein, dessen Mitglied vor einer Kündigung geschützt werden soll und dessen Funktionsfähigkeit sichergestellt werden soll.[79]

3. Anwendungsbereich von Betriebsvereinbarungen

Ob Betriebsvereinbarungen im Einsatzbetrieb auf die dort beschäftigten Matrixarbeitnehmer anwendbar sind, hängt in erster Linie von ihrem **persönlichen Geltungsbereich** ab. Matrixarbeitgeber tun also gut daran, hier beim Drafting der entsprechenden Dokumente Vorsicht walten zu lassen. Ist die Betriebsvereinbarung dahingehend nicht klar, ob sie einen Arbeitsvertrag zum Betriebsinhaber voraussetzt, ist sie auszulegen. Bestimmte Regelungskomplexe schließen Arbeitnehmer ohne Arbeitsvertrag zum Betriebsinhaber von vorneherein aus.

Im Rahmen der Auslegung ist auch zu berücksichtigen, ob die Betriebsvereinbarung darauf ausgelegt ist, dass Arbeitnehmer räumlich zusammenarbeiten oder nicht (zB also nur eine Verbindung über Kommunikationsmedien besteht). Im ersteren Fall kann ein Bedürfnis für Regelungen etwa zu **sozialen Angelegenheiten der Mitbestimmung** bestehen. Insoweit können also Matrixarbeitnehmer im Einsatzbetrieb etwa Alkoholverboten, Tor- und Taschenkontrollen unterliegen. Regelmäßig im Einsatzbetrieb mitbestimmt sind Einrichtungen zur Leistungs- und Verhaltenskontrolle der Arbeitnehmer (§ 87 Abs. 1 Nr. 6 BetrVG).

Differenzierter zu betrachten sind Arbeitszeitregelungen, bei denen es darauf ankommt, ob die Regelung gerade das **soziale Miteinander im räumlichen Zusammenwirken** betrifft oder nur aus „Praktikabilitätsgründen" gleichlaufende Arbeitszeiten an räumlich weit voneinander entfernten Arbeitsorten zum Gegenstand hat.

4. Besonderheiten bezüglich personeller Einzelmaßnahmen

a) Einstellung

Einstellungen in Matrixkonstellationen sind **schwerer fassbar** als „klassische" Einstellungen, da häufig Vorgesetzte mit Hilfe von IT-gestützten Einrichtungen auch über große Distanzen ganze Sparten, Unternehmen und Betriebe leiten. Hierbei müssen sie nicht notwendigerweise zu jedem der betroffenen Betriebsinhaber in einem Arbeitsverhältnis stehen. Sind sie aber in diesen „eingestellt"?

---

[78] *Bodenstedt/Schnabel*, BB 2014, 1525 (1527); *Kort*, NZA 2013, 1318 (1325); *Müller-Bonanni/Mehrens*, ZIP 2010, 2228 (2233); *Witschen*, RdA 2016, 38 (46).
[79] *Richardi/Thüsing*, § 103 BetrVG Rn. 2.

117 Eine Einstellung gemäß § 99 Abs. 1 BetrVG liegt vor, wenn eine Person in den Betrieb des Arbeitgebers **eingegliedert** wird, um dort weisungsunterworfen (und in der Regel gemeinsam mit weiteren Personen) den arbeitstechnischen Zweck des Arbeitgebers zu realisieren[80]. In welchem Rechtsverhältnis die Person zu dem Arbeitgeber steht, ist für die Einstellung nicht relevant;[81] es kommt lediglich darauf an, dass die geschuldete Tätigkeit bezüglich Zeit, Ort und Inhalt der Arbeitsleistung weisungsgebunden erbracht wird und durch den Arbeitgeber mit Blick auf seinen Betriebszweck organisiert wird.[82] Wenn und soweit der Betriebsinhaber also Weisungen „wie ein Arbeitgeber" erteilen kann, stellt er iSv § 99 BetrVG ein.[83]

b) Einstellung durch Einsatz in der Matrixorganisation

118 Unter diesem weiten Einstellungsbegriff stellt regelmäßig auch der Einsatz des Arbeitnehmers innerhalb einer Matrixorganisation eine Einstellung im Einsatzbetrieb dar,[84] unabhängig davon, wo und welche vertraglichen Beziehungen bestehen.[85] Das gilt jedenfalls dann, wenn dem Betriebsinhaber des Einsatzbetriebes das **Weisungsrecht** insoweit übertragen ist, dass er Art, Zeit und Ort der Arbeitsleistung ähnlich einem Vertragsarbeitgeber bestimmen kann (qua Delegation des fachlichen Weisungsrechtes).

119 Hier sollten jedoch keine zu vorschnellen Schlüsse gezogen werden, sondern jeder Einzelfall sorgfältig geprüft werden: Ist der Vorgesetzte, auf den fachliche Weisungsrechte oder einzelne Aufgaben delegiert worden sind, seinerseits nicht in den Betrieb eingegliedert, gehört er nicht zum Betrieb des Betriebsinhabers, in dem wiederum andere Matrixarbeitnehmer eingesetzt werden können. Ein solcher Vorgesetzter bleibt **„Dritter"** im Verhältnis zu solchen anderen (ebenfalls betriebsfremden) Arbeitnehmern.[86]

120 Ein etwaiges Mitbestimmungsrecht des Betriebsrates nach § 99 BetrVG ist auch dann zu prüfen, wenn der Matrixmanager in seiner Anstellungsgesellschaft Leitender Angestellter iSd § 5 Abs. 3 BetrVG ist. Die **Eigenschaft als Leitender Angestellter** ist nicht unternehmensbezogen oder konzernübergreifend einheitlich zu beurteilen; vielmehr ist für jedes Unternehmen getrennt zu prüfen, ob der Arbeitnehmer in dem jeweiligen Unternehmen Aufgaben eines leitenden Angestellten ausübt oder nicht[87]. Hierbei ist zu beachten, dass die Kriterien nach § 5 Abs. 3 BetrVG sämtlich auf Befugnisse spezifisch im Verhältnis zum Arbeitgeber bzw. Betriebsinhaber abstellen. Nur die (hilfsweisen) Kriterien nach § 5 Abs. 4 Nr. 3 und Nr. 4 BetrVG sind hiervon unabhängig und können in Extremfällen dazu führen, den Matrixmanager hinsichtlich aller relevanten Konzernunternehmen als leitenden Angestellten zu qualifizieren.

c) Die Versetzung in der Matrix

121 Eine **Versetzung** liegt nach allgemeinen Kriterien vor, wenn einem Arbeitnehmer ein neuer Arbeitsbereich für mehr als einen Monat oder unter erheblich geänderten tatsächli-

---

[80] *BAG*, 15.10.2013 – 1 ABR 25/12, NZA 2014, 214; 12.11.2002 – 1 ABR 60/01, NZA 2004, 1289; 16.12.1986 – 1 ABR 52/85, NZA 1987, 424; 15.4.1986 – 1 ABR 44/84, NZA 1986, 688; *Richardi*, NZA 2009, 1 ff.; differenzierend GK-BetrVG/*Raab*, § 99 Rn. 28 f.
[81] *BAG*, 12.11.2002 – 1 ABR 60/01, NZA 2004, 1289.
[82] *BAG*, 12.11.2002 – 1 ABR 60/01, NZA 2004, 1289; *Fitting*, § 99 BetrVG Rn. 33 ff.; *Richardi*, NZA 2009, 1 (2 ff.); differenzierend wiederum GK-BetrVG/*Raab*, § 99 Rn. 28 f.
[83] *BAG*, 23.6.2010 – 7 ABR 1/09, NZA 2010, 1302; 12.11.2002 – 1 ABR 60/01, NZA 2004, 1289.
[84] *Kort*, NZA 2013, 1318 (1325); *Müller-Bonanni/Mehrens*, ZIP 2010, 2228 (2231); *Fitting*, BetrVG, § 99 Rn. 37a.
[85] *LAG Düsseldorf*, 10.2.2016 – 7 TaBV 63/15, DB 2016, 1508; *LAG Berlin-Brandenburg*, 17.6.2015 – 17 TaBV 277/15, NZA-RR 2015, 529; *LAG Baden-Württemberg*, 28.5.2014 – 4 TaBV 7/13, BB 2014, 2298.
[86] *Ricken*, ZfA 2016, 535, 545 f.; *Lunk*, ArbRB 2014, 334; *Kort*, NZA 2013, 1318 (1325).
[87] *LAG Düsseldorf*, 10.2.2016 – 7 TaBV 63/15, DB 2016, 1508; *LAG Baden-Württemberg*, 28.5.2014 – 4 TaBV 7/13, BB 2014, 2298; *BAG*, 20.4.2005, NZA 2005, 1006 (1009 f.).

chen Umständen zugewiesen wird (vgl. § 95 Abs. 3 BetrVG).[88] Die Abgrenzung des „Arbeitsbereiches" iSv §§ 95, 99 BetrVG erfolgt räumlich und funktional. Es geht maßgeblich darum welche Aufgabe und Verantwortung der Arbeitnehmer innehatte bzw. künftig innehaben soll, die Art der Tätigkeit und ihre Einordnung in den Betriebsablauf und dessen Organisation.[89]

> Vereinfacht gesprochen: Ändert die bisherige Tätigkeit eines Arbeitnehmers sich so stark, dass sie aus dem Blickwinkel eines mit dem Betrieb vertrauten Betrachters im **Gesamtbild** als eine andere erscheint, wird man von einer Versetzung ausgehen können.

Die Einführung einer Matrixorganisation muss daher nicht notwendigerweise eine Versetzung von Arbeitnehmern nach sich ziehen. Kommt es zu **Belegschaftswechseln** derart, dass sich Team- und Abteilungszusammensetzungen aufgrund (betrieblicher) Veränderungen so ändern, und ist die enge persönliche Zusammenarbeit nach dem Betriebszweck prägend, kann dennoch nur in Extremfällen eine Versetzung anzunehmen sein.[90] Nicht ausreichend sind jedenfalls bloße **Vorgesetztenwechsel** ohne deutliche Veränderungen der (auch disziplinarischen) Befugnisse.[91] Damit ist regelmäßig auch die Einsetzung eines Matrixmanagers, der nur fachliche Weisungsrechte übertragen erhält, nicht gleichzeitig eine Versetzung der ihm nachgeordneten Arbeitnehmer.[92] 122

Wo Arbeitnehmer stetig zwischen „klassischen" Abteilungsstrukturen und agil arbeitenden Organisationsformen **wechseln**, liegt in Anlehnung an § 95 Abs. 3 S. 2 BetrVG keine Versetzung vor.[93] 123

d) Eingruppierung

Die **Ein- und (häufig so genannte) Umgruppierung** betrifft den Vollzug der betrieblichen Entgeltordnung, die typischerweise aufgrund vertraglicher, betriebsverfassungs- oder tarifvertraglicher Vereinbarung gilt. Die Zuständigkeit für die Mitbestimmung liegt insoweit bei dem Betriebsrat des Vertragsarbeitgebers, da nur mit diesem die Entgeltordnung vereinbart ist. Der Betriebsinhaber des Einsatzbetriebes hat typischerweise nichts mit den Entgeltregelungen zu tun, weshalb hier eine Mitbestimmung ausscheidet. Das **strukturelle Informationsdefizit** ist – ähnlich wie bei § 102 BetrVG – durch den Arbeitgeber auszugleichen. Jedoch besteht kein über § 99 Abs. 1 BetrVG hinausgehender Auskunftsanspruch. Insbesondere erlaubt § 80 Abs. 2 BetrVG nur ein Beiziehen von betriebsangehörigen Auskunftspersonen, was – freiwillige Vereinbarungen einmal beiseitegelassen – eine Beteiligung von Betriebsratsmitgliedern oder sachkundigen Arbeitnehmern des Einsatzbetriebes im Eingruppierungsverfahren verbietet. 124

5. Kündigungsschutz in der Matrix

Ebenfalls komplex sind die Diskussionen um den **Kündigungsschutz in der Matrix**. Wichtig zu verstehen ist zunächst, dass die klassische Matrixstruktur nicht unmittelbar zu einer Auflösung der hergebrachten Betriebsstrukturen führt, sondern vielmehr über die bekannte Struktur gelegt wird. Die Matrixeinheit ist daher nicht zwingend mit dem Betrieb iSd Kündigungsschutzgesetzes gleichzusetzen. 125

---

[88] *BAG*, 28.8.2007 – 1 ABR 70/06, NZA 2008, 188; 19.2.1991 – 1 ABR 36/90, NZA 1991, 565; *Fitting*, § 99 BetrVG Rn. 125; GK-BetrVG/*Raab*, § 99 Rn. 73.
[89] *BAG*, 11.12.2007 – 1 ABR 73/06, NZA-RR 2008, 353; 17.6.2008 – 1 ABR 38/07, BeckRS 2008, 57503; 27.6.2006 – 1 ABR 35/05, NZA 2006, 1289; *Fitting*, § 99 BetrVG Rn. 124.
[90] *BAG*, 17.8.2008, 1 ABR 38/07, BeckRS 2008, 57503.
[91] *BAG*, 17.6.2008 – 1 ABR 38/07, BeckRS 2008, 57503; 10.4.1984 – 1 ABR 67/82, NZA 1984, 233.
[92] *Kort*, NZA 2013, 1318 (1325); *Müller-Bonanni/Mehrens*, ZIP 2010, 2228 (2231); *Seibt/Wollenschläger*, AG 2013, 229 (236).
[93] So auch *Günther/Böglmüller*, NZA 2019, 417 (421).

126 Bei internationalen Matrixorganisationen ist weiterhin zu beachten, dass das Kündigungsschutzgesetz **nur auf in Deutschland gelegene Betriebe** Anwendung findet. Eine internationale Matrixorganisation führt daher nicht zwangsläufig zu einer internationalen Ausdehnung des Kündigungsschutzes, solange und soweit dies nicht durch zB kollektivrechtliche Regelungen hinterlegt ist.

127 Die relevantesten Fragestellungen zum matrixdimensionalen Kündigungsschutz stellen sich regelmäßig im Rahmen international angelegter Restrukturierungsmaßnahmen. § 1 KSchG verlangt, dass betriebsbedingte Kündigungen durch ein dringendes betriebliches Erfordernis begründet werden, um sozial gerechtfertigt sein zu können.

128 Dies setzt zunächst eine taugliche Unternehmerentscheidung voraus. In der Praxis finden sich häufig Konstellationen, in denen „das globale Management" oder „die globale Business Unit-Leitung" eines matrixorganisierten Konzerns eine Entscheidung trifft (meist schlecht oder gar nicht dokumentiert), die dann entlang der fachlichen Berichtslinien in die lokalen Organisationseinheiten weitergegeben und dort schlicht umgesetzt wird. In derartigen Fällen mangelt es an einer **unternehmerischen Entscheidung des Vertragsarbeitgebers iSd § 1 KSchG;** jedenfalls aber wird es nahezu unmöglich sein, eine solche in einem etwaigen Kündigungsschutzprozess ordnungsgemäß darzulegen.

> Zu empfehlen ist daher, dass die Entscheidung über Kündigungen in einer Matrixorganisation durch den lokal disziplinarisch vorgesetzten Vorstand oder Geschäftsführer **konkretisiert, getroffen und dokumentiert** wird.

129 Hat man diese Hürde überwunden, stellt sich regelmäßig die Frage nach der Reichweite der **Sozialauswahl** nach § 1 Abs. 3 KSchG. Die auswahlrelevante Vergleichsgruppe ist nach dem Gesetz betriebsbezogen zu bestimmen. Das bedeutet im Regelfall:
- Ist eine bestimmte Funktion in dem (kündigungsschutzrechtlichen) Betrieb nur einmal vorhanden und gibt es keine anderen vergleichbaren Funktionen, ist keine Sozialauswahl durchzuführen. Ansonsten beschränkt sich die Sozialauswahl auf diesen Betrieb.
- Zu einer **unternehmensübergreifenden** Sozialauswahl kommt es grundsätzlich (nur), falls die in der Matrix organisierten Unternehmen einen Gemeinschaftsbetrieb im kündigungsschutzrechtlichen Sinne unterhalten[94].

130 Schließlich stellt sich die Frage nach dem Umfang der **Weiterbeschäftigungspflicht**, die gesetzlich als unternehmensbezogen ausgestaltet ist. Sie erstreckt sich grundsätzlich auf das Unternehmen des Vertragsarbeitgebers, kann jedoch auch einen Gemeinschaftsbetrieb umfassen[95].

131 Ist nichts Anderes positiv geregelt, besteht jedenfalls keine Verpflichtung zur Weiterbeschäftigung in ausländischen Standorten oder gar Unternehmen der Gruppe.[96] Erforderlich für eine solche Ausweitung der Weiterbeschäftigungsobliegenheit wäre, dass der Arbeitnehmer am ausländischen Standort vertraglich einsetzbar ist, dass die Weiterbeschäftigung durch den Vertragsarbeitgeber tatsächlich durchsetzbar ist (gesellschaftsrechtliche Weisungskette)[97] oder sich das aufnehmende Unternehmen im Wege der Selbstbindung dazu verpflichtet hat (zB durch die Bereitstellung von Konzern-Jobmärkten).

---

[94] *BAG,* 18.10.2012 – 6 AZR 41/11; NZA 2013, 1007; 24.2.2005 – 2 AZR 214/04, BeckRS 2005, 41739.
[95] *BAG,* 18.10.2012 – 6 AZR 41/11, NZA 2013, 1007; 14.8.2007 – 8 AZR 1043/06, NZA 2007, 1431; 24.2.2005 – 2 AZR 214/04, BeckRS 2005, 41739.
[96] *BAG,* 29.8.2013 – 2 AZR 809/12, NZA 2014, 730; ebenso schon vorher *Hoffmann-Remy/Zaumseil,* DB 2012, 1624.
[97] *BAG,* 22.11.2012 – 2 AZR 673/11, NZA 2013, 730; 18.10.2012 – 6 AZR 41/11; NZA 2013, 1007; 24.5.2012 – 2 AZR 62/11, NZA 2013, 277.

6. Datenschutzrechtliche Fragestellungen

Besonders kritisch kann eine Unklarheit hinsichtlich des richtigen Verhandlungspartners auf Mitbestimmungsseite dort sein, wo eine kollektivrechtliche Vereinbarung Rechtsgrundlage für eine **Datenverarbeitung innerhalb einer Matrixstruktur** zB im Konzern sein soll. Ein Austausch personenbezogener Daten ist regelmäßig in Matrixstrukturen zwingend erforderlich, um die unternehmensbezogene Zusammenarbeit zu ermöglichen. Da jedoch weder DS-GVO noch BDSG ein echtes Konzernprivileg[98] vorsehen, sondern jeden Vertragsarbeitgeber als eigene verantwortliche Stelle behandeln, bedarf jeglicher darüber hinaus gehende Verarbeitungsvorgang einer eigenständigen datenschutzrechtlichen Rechtfertigung, bei Verarbeitungen im Ausland gekoppelt mit der Prüfung an einen gleichwertigen Datenschutzstandard. 132

IV. Besonderheiten Agiler Arbeitsweisen und flexibler Organisationsformen

1. Hierarchieformen („Shared Leadership")

Agilen Arbeitsformen aller Art ist gemein, dass die Führungsstrukturen auf weniger Ebenen verteilt werden und mehr **Eigenverantwortung** auf die Arbeitnehmer an sich verteilt wird. Hier wird im Einzelfall zu prüfen sein, ob eine Übertragung erhöhter Verantwortung auch rechtlich relevant sein kann. Insbesondere ist an folgende Fragen zu denken: 133
- Liegt eine **Versetzung** vor, weil ein deutliches Mehr an Verantwortung dazukommt?
- Ist eine erneute **Eingruppierung** erforderlich, ggf. sogar in eine höhere Entgeltgruppe, wenn – wie häufig – das Kriterium der Verantwortung entgeltrelevant ist?
- Ergeben sich – eine häufige Sorge der Arbeitnehmer – **haftungsrechtliche** Konsequenzen, dh haftet der einzelne Arbeitnehmer nunmehr für den Misserfolg der Organisationseinheit, nur weil er als „Product Owner" oÄ deklariert ist?
- Welche **datenschutzrechtlichen** Konsequenzen[99] ergeben sich aus der veränderten Arbeitsweise?
- Und schließlich: Welche Konsequenzen hat die veränderte Hierarchie auf existierende Regelungen zur **variablen Vergütung** – ergeben existierende Individualziele noch Sinn?

2. Organisationsdesign (Kanban, Scrum, Lean etc.)

Insbesondere im IT-Umfeld sind **alternative Arbeitskonzepte** wie Scrum, Kanban, Waterfall, Six Sigma oder Xtreme[100] schon gang und gäbe; sukzessive wurden diese Konzepte jedoch auch auf die industrielle Produktion und andere Unternehmenstypen übersetzt. Im Rahmen der Digitalisierung der Arbeitswelt stellen sich sogar „traditioneller" geprägte Branchen wie zB die Finanz- und Versicherungsbranche die Frage, ob sie durch eine Transformation ihrer Organisation nicht als Arbeitgeber an Attraktivität gewinnen sowie ihre Produkte und Dienstleistungen verbessern und effizienter gestalten können. 134

Ohne die Einzelheiten zu vertiefen, geht es bei allen Arbeitsmethoden darum, sich von starren Arbeitsprozessen zu lösen, diese in ihre Einzelteile **aufzubrechen,** und den Entwicklungsprozess nicht als unerwünschte Vorstufe, sondern gewollten Teil des Produktionsprozesses zu sehen. So werden etwa im Scrum Prozesse in verschiedene Einzel-Arbeits- 135

---

[98] Argumentationsspielräume eröffnet lediglich Erwägungsgrund 18: „Verantwortliche, die Teil einer Unternehmensgruppe oder einer Gruppe von Einrichtungen sind, die einer zentralen Stelle zugeordnet sind können ein berechtigtes Interesse haben, personenbezogene Daten innerhalb der Unternehmensgruppe für interne Verwaltungszwecke, einschließlich der Verarbeitung personenbezogener Daten von Kunden und Beschäftigten, zu übermitteln."
[99] Instruktiv *Kühn/Weaver*, BB 2019, 2485.
[100] Eine Abgrenzung der verschiedenen Arbeitsformen findet sich etwa in englischer Sprache unter http://hbfm.link/3991 (zuletzt abgerufen am 21.11.2019).

zyklen aufgeteilt **(„Sprints")**[101], in denen dann Zwischenergebnisse erzielt und das Produkt iterativ verbessert wird.

136   Ebenfalls typisch ist es, dass unabhängig von den vertraglichen Rollen prozedurale Funktionen an einzelne Arbeitgeber vergeben werden. Am Beispiel von Scrum: Der Product Owner trägt die Verantwortung für das Gesamtprodukt und priorisiert die Arbeitsaufgaben im so genannten **Backlog**[102]; der Scrum Master überwacht die Einhaltung der Scrum-Methoden und vermittelt diese wie ein Coach und/oder Moderator. Er ist in dieser Funktion nicht weisungsbefugt gegenüber den anderen am Produkt arbeitenden Arbeitnehmern.[103]

3. Fremdpersonaleinsatz und Agile Methoden

137   Im Rahmen des Agilen Arbeitens stellen sich regelmäßig Probleme im Zusammenhang mit dem **Einsatz von Fremdpersonal.** Durch den Ursprung agiler Arbeitsmethoden im IT-Umfeld finden sich gerade dort häufig Arbeitsumfelder, in denen früher keine klare Trennung zwischen eigenen Arbeitnehmern, überlassenen Arbeitnehmern und Dienstleistern auf Werk- oder Dienstvertragsbasis umgesetzt wurde; stattdessen haben diese Personenkreise munter zusammengearbeitet. Dieses „Potpourri" an personellen Ressourcen versuchen viele Arbeitgeber nun dadurch zu legitimieren, dass sie auf agile Arbeitsmethoden umstellen. Dies ist jedoch ein Trugschluss: Auch agile Arbeitsweisen ändern nichts an den Kriterien, die für die Abgrenzung von Arbeitsverhältnis, Werk- und Dienstvertrag gelten. Eine Integration in die betrieblichen Strukturen des Kunden ist dabei ein Hochrisikofaktor für die Annahme einer Scheinselbständigkeit und die daraus folgenden Haftungsrisiken (insbes. Haftung für ausstehende Sozialversicherungsbeiträge zzgl. Säumniszuschlägen, ggf. Lohnsteuer, sowie die strafrechtliche Haftung der Geschäftsführung etwa mit Blick auf § 266a StGB[104]).

138   Bei echter **Arbeitnehmerüberlassung** im Sinne des AÜG darf der Arbeitgeber zusätzliche personelle Ressourcen einsetzen, als wären es eigene Arbeitnehmer, dh sie können insbesondere bestehenden Organisationseinheiten mit eigenen Arbeitnehmern zugewiesen und mit diesen durchmischt werden, ohne dass dadurch Risiken entstünden. Ob solche Einheiten agil arbeiten oder nicht, kann insoweit dahinstehen.

139   Praktisch betrachtet harmonisieren **Arbeitnehmerüberlassung und agile Arbeitsweisen** aus verschiedenen – insbesondere kommerziellen – Gesichtspunkten nicht sonderlich gut.[105] Zudem stehen Arbeitgeber insoweit vor der Herausforderung, dass bestimmte Skillsets und Qualifikationen (gerade im IT-Umfeld) schlicht nicht über Arbeitnehmerüberlassung verfügbar sind, da die betreffenden Personen eine selbständige Tätigkeit vorziehen.

140   Nahezu nicht umsetzbar ist in der Praxis die **Integration von Externen auf Dienst- oder Werkvertragsbasis in agile Teams**[106]: Bei dem typischerweise empfohlenen „Brückenkopfmodell" sehen Arbeitgeber und externer Dienstleister jeweils einen projektverantwortlichen Ansprechpartner vor, über den die vertragsspezifischen gegenseitigen Willenserklärungen (insbes. Weisungen) ausgetauscht werden. Dieses Vorgehen lässt sich kaum mit einem sich selbst organisierenden Team vereinbaren, in dem sowohl eigene Arbeitnehmer als auch Fremdpersonal eines Werkunternehmers oder Dienstleisters angesiedelt sind. Die für das agile Arbeiten kennzeichnenden spontanen oder geplanten Zusammenkünfte

---

[101] *Heise/Friedl*, NZA 2015, 129.
[102] *Günther/Böglmüller*, NZA 2019, 273 (275); *Heise/Friedl* NZA 2015, 129 (130).
[103] *Günther/Böglmüller*, NZA 2019, 273 (275); *Litschen/Yacoubi*, NZA 2017, 484 (487).
[104] Strafgesetzbuch idF der Bekanntmachung vom 13.11.1998 (BGBl. I S. 3322), zuletzt geändert durch Art. 62 des Gesetzes vom 20.11.2019 (BGBl. I S. 1626).
[105] Ebenso *Heise/Friedl*, NZA 2015, 129 (135).
[106] *Hoffmann-Remy*, DB 2018, 2762; überblicksartig zu Risiken bei der Vertragsgestaltung *Hoeren/Pinelli*, MMR 2018, 199.

zum **Ideenaustausch** („Huddles", „Dailies" oÄ) und zur Aufgabenverteilung aus dem „Backlog" sind extrem problematisch im Hinblick auf eine Integration von Externen in die betrieblichen Strukturen des Arbeitgebers, da dies eines der Kernkriterien für die Ermittlung einer Arbeitnehmereigenschaft darstellt.

Lediglich Status- und Meilensteingespräche können relativ risikofrei umgesetzt werden,[107] wobei auch diese das tatsächliche Risiko nicht ausschalten können, dass die Beteiligten doch einen (unerlaubten) Austausch bzw. Anweisungen vornehmen. Ebenfalls denkbar sind rein beratende Funktionen, wie zB die eines **Coaches für agile Methodiken,** die auch mit Externen besetzt – dann aber nicht in die Arbeitsabläufe im Operativen integriert – werden dürfen.

Best Practice in diesem Zusammenhang sind Organisationsformen, bei denen neben einer internen Organisationseinheit eine (rein durch Externe) besetzte weitere Organisationseinheit gebildet wird, Beide Einheiten können jeweils in agiler Methodik arbeiten und über einen **Brückenkopf** miteinander interagieren.[108]

4. Bürokonzepte (Open Space, Desk-Sharing, Ruhe- und Teamplätze, Sozialräume)

Um agile Strukturen und eine offene Kommunikation zu fördern, schaffen Arbeitgeber häufig auch neue **Raum- und Bürokonzepte.** Arbeitsrechtlich können diese unter einer Vielfalt von Gesichtspunkten – insbesondere: der Mitbestimmung beim Arbeits- und Gesundheitsschutz – relevant werden (dazu → Rn. 80 ff.). Auch wenn die entstehenden Fragestellungen teilweise ins Absurde gehen – wie etwa die Anzahl der arbeitgeberfinanzierten Reinigungstücher pro Arbeitnehmer im Falle eines **„Desk-Sharings"**[109] – werden diese in der Praxis mit großer Ernsthaftigkeit diskutiert und können teilweise zu echten Roadblocks bei der Umsetzung verkommen. Arbeitgeber sind daher gut beraten, Raum- und Arbeitsplatzkonzepte gut zu durchdenken und sie unter arbeitsrechtlichen, mitbestimmungsrechtlichen, Arbeitsschutz – und arbeitsmedizinischen Gesichtspunkten sorgfältig auszuplanen.

V. Crowdworking

Arbeitsrechtlich trotz einer Vielzahl von Stellungnahmen in der Literatur kaum diskutierenswert ist das so genannte „Crowdworking" bzw. die **„Gig Economy".** Hiervon spricht man, wenn überschaubare Aufträge kurzfristig an (typischerweise) eine Vielzahl von Selbständigen vergeben werden.[110] Liegt ein Crowdworking in diesem Sinn vor, hat Arbeitsrecht keinen Platz. Problematisch können lediglich Konstellationen sein, in denen statt einer selbständigen Tätigkeit **in Wahrheit eine abhängige Beschäftigung,** etwa für den abrufenden Kunden (qua Dauereinsatz und wirtschaftlicher Abhängigkeit sowie Weisungsunterworfenheit „jenseits der Plattform") oder (seltener) den Plattformbetreiber vorliegt. Dann gelten die allgemeinen Grundsätze zur Abgrenzung von Scheinselbständigkeit (Arbeitnehmerstatus) und selbständiger Beschäftigung.

---

[107] *Litschen/Yacoubi*, NZA 2017, 484 (489).
[108] *Litschen/Yacoubi*, NZA 2017, 484 (489).
[109] Zum Begriff: Küttner/*Röller*, Mobiles Arbeiten Rn. 1.
[110] *Waas*, AuR 2018, 548.

C. Qualifikation und Weiterbildung

145   Die fachliche Qualifikation der Arbeitnehmer erweist sich zunehmend als eines der wichtigsten Kriterien für die Wettbewerbsfähigkeit und Innovationsfähigkeit von Unternehmen. Im Zeitalter der Digitalisierung, in dem insbesondere **standardisierbare und repetitive Tätigkeiten** zunehmend automatisiert werden, stellen sich gleich zwei Herausforderungen für Arbeitgeber: Sie müssen ihre Belegschaft fit machen, um auch in der neuen Arbeitsumgebung mit „Roboterkollegen" arbeiten zu können, und sie müssen dort, wo bestimmte Tätigkeiten schlicht nicht mehr vorgehalten werden, dafür sorgen, dass die betroffenen Mitarbeiter **umqualifiziert** und deren Erfahrungsschatz und Fähigkeiten anderweitig zum Wohle des Unternehmens genutzt werden können. Bereits jetzt bilden daher nach einer Studie von TÜV und BITKOM aus 2018 fast zwei Drittel aller deutschen Unternehmen ihre Arbeitnehmer zu Digitalthemen weiter.

I. Ermittlung des Qualifizierungsbedarfs

146   Neben ausdrücklichen Vereinbarungen der Betriebs- und Tarifparteien, etwa zur Schaffung von Qualifizierungsbetrieben, sieht das Gesetz auch eine aktive Förderungspflicht der Betriebsparteien bezüglich **Maßnahmen der Berufsbildung** vor, die hierfür fruchtbar gemacht werden kann.

147   Der Betriebsrat kann sich auf umfassende Beteiligungsrechte im Zusammenhang mit Maßnahmen der beruflichen Bildung berufen. Er kann zunächst verlangen, dass der vorhandene Bedarf an Berufsbildungsmaßnahmen im Betrieb **ermittelt** wird (§ 96 Abs. 1 S. 2 BetrVG). Dieses Recht komplettiert den nach § 81 Abs. 4 S. 2 BetrVG bestehenden Anspruch des Arbeitnehmers auf Erörterung des „individuellen" Qualifizierungsbedarfs.

148   Zur „Berufsbildung" gehören nach § 1 Abs. 3 BBiG[111] alle Maßnahmen, die Arbeitnehmern in systemischer Weise Kenntnisse und Erfahrungen vermitteln, die diese für ihre berufliche Tätigkeit benötigen. Erforderlich ist aber auch, dass es sich um eine **„betriebliche" Berufsbildungsmaßnahme** handelt. Das führt zu einer Beschränkung auf solche Maßnahmen, die vom Arbeitgeber getragen oder veranstaltet werden. Bedient der Arbeitgeber sich eines Dritten, muss er einen beherrschenden Einfluss auf Inhalt und Durchführung der Veranstaltung besitzen.

149   Der betriebliche Bildungsbedarf soll sich nach der Gesetzesbegründung aus der Durchführung einer Ist-Analyse und einer Soll-Analyse ergeben.[112] Der Arbeitgeber hat zunächst innerhalb der Ist-Analyse zu ermitteln, welche Qualifikationen die von den Änderungen betroffenen Arbeitnehmer **bereits besitzen und im Anschluss innerhalb der Soll-Analyse festzustellen,** welches Anforderungsprofil sich aus seiner Sicht zukünftig für die Arbeitnehmer ergibt.[113] Nach Durchführung der Analyse hat der Arbeitgeber dem Betriebsrat auf dessen Verlangen den von ihm ermittelten Weiterbildungsbedarf mitzuteilen und mit dem Betriebsrat hierüber zu beraten.

150   Dem Betriebsrat kommt insoweit ein **Initiativrecht** zu, welches er selbst dann ausüben kann, wenn der Arbeitgeber keinen aktuellen oder künftigen Bedarf sieht oder in absehbarer Zeit keine Investitionen vornehmen will.[114] Der Arbeitgeber hat nach § 1 Abs. 1 S. 2 BBiG mit dem Betriebsrat auf dessen Verlangen alle Fragen zu beraten, die die Berufsbildung der Arbeitnehmer im Betrieb und damit auch das Ergebnis des ermittelten Bildungsbedarfs betreffen. Dazu gehören die Beratung über betriebliche und außerbetriebli-

---

[111] Berufsbildungsgesetz vom 23.3.2005 (BGBl. I S. 931), zuletzt geändert durch Art. 1 des Gesetzes vom 12.12.2019 (BGBl. I S. 2522).
[112] BT-Drs. 14/5741, 49.
[113] *Fitting*, § 96 BetrVG Rn. 33f.
[114] *Fitting*, § 96 BetrVG Rn. 36.

che Berufsbildungsmaßnahmen, Probleme der individualrechtlichen Gestaltung bei der **Teilnahme der Arbeitnehmer an solchen Maßnahmen** und die Grundlagen der Bedarfsermittlung sowie die darauf gestützten Prognosen.[115]

Eine mündliche Information und eine mündliche Beratung sind dabei ausreichend; der Betriebsrat kann beispielsweise **keine Vorlage von Listen** verlangen. Nach § 96 Abs. 1 S. 3 BetrVG kann er allerdings eigene Vorstellungen darlegen und Vorschläge machen. Dem Betriebsrat steht insoweit ein Vorschlagsrecht zu, welches den Arbeitgeber allerdings nicht verpflichtet, die Anregungen letztlich auch befolgen zu müssen.[116] 151

Anknüpfend an vorstehende Rechte hat der Betriebsrat gemäß §§ 97 f. BetrVG bei der **Planung und Durchführung betrieblicher Weiterbildungsmaßnahmen** ein Mitbestimmungsrecht bezüglich des „Ob" der Maßnahme. Ziel dieses Mitbestimmungsrechts ist es, durch Qualifizierungsmaßnahmen präventiv einem Arbeitsplatzverlust infolge eines Qualifikationsdefizits vorzubeugen. 152

II. Mitbestimmung bei der Durchführung beruflicher Qualifikationsmaßnahmen

Der Betriebsrat hat weiter ein Mitbestimmungsrecht hinsichtlich **Einrichtungen und Maßnahmen der Berufsbildung** sowie der konkreten Durchführung der Qualifizierungsmaßnahme (§§ 97, 98 BetrVG). Mitbestimmt ist damit insbesondere die Frage, ob die Weiterbildung (ganz oder teilweise) während der regulären Arbeitszeit stattfindet. 153

> Da § 98 Abs. 5 BetrVG das Mitbestimmungsrecht auch auf „sonstige" Bildungsmaßnahmen ausweitet, wird in der Praxis häufig übersehen, dass jede Form von Weiterbildungs- oder Trainingsmaßnahme, die den Arbeitnehmer konkret zur Erbringung seiner Arbeitsleistung befähigt oder ihn dabei unterstützt (zB Schulungen zu agilen Methoden) der vollen Mitbestimmung unterliegt. Ausgenommen sind lediglich sehr allgemein gehaltene Themen ohne konkreten Bezug zum Arbeitsverhältnis. Streitigkeiten entzünden sich hier häufig an Themen wie allgemeinen Geldwäsche- oder Compliance-Schulungen.

III. Kompetenzverschiebungen und Anspruch auf Weiterbildung

1. Allgemeines

Die Etablierung neuer Techniken und Arbeitsweisen erfordern den **Erwerb neuer Kenntnisse und Fähigkeiten.** Das Anforderungsprofil vieler Arbeitsplätze, ungeachtet des Qualifikationsgrades, wird sich – wenn auch durch die schnelle (Weiter-) Entwicklung der Arbeitswelt noch nicht konkret absehbar- ändern.[117] Die so genannte **„Datability"** wird künftig stärker in den Fokus rücken; der Umgang mit Daten in Cloud und Crowd muss den Mitarbeitern – je nach relevantem Geschäftsmodell stärker oder schwächer – durch qualifizierte Weiterbildungsmaßnahmen näher gebracht werden. Eine entsprechende Qualifizierung von Arbeitnehmern und die Aktualisierung von Systemen und Technik führen mittelfristig nicht nur zum Erhalt der beruflichen Qualifikation, sondern auch zu neuen Einsatzmöglichkeiten und Aufstiegschancen. 154

Ein konkreter **Anspruch des Arbeitnehmers auf Weiterbildung** ist in der betrieblichen Praxis sowohl in Arbeits- als auch in Tarifverträgen sowie Betriebsvereinbarungen bisher kaum zu finden. Üblich sind bislang vorrangig Rahmenvereinbarungen zu Fort- 155

---

[115] NK-ArbR/*Eylert/Waskow,* § 96 BetrVG Rn. 10.
[116] *Fitting,* § 96 BetrVG Rn. 40.
[117] *Wisskirchen/Bissels/Schmidt,* NZA 2008, 1386.

bildungsmaßnahmen sowie „reflexhafte" Regelungen bezüglich der Folgen einer Weiterbildung, dh zB zur Übernahme von Weiterbildungskosten, der Anrechnung von Weiterbildungszeiten auf die Arbeitszeit oder unbezahlte Freistellung zur persönlichen Weiterbildung. Teilweise finden sich auch befristete Rückkehrrechte nach Ende der persönlichen Weiterbildung.

156 Arbeitnehmer haben in den meisten Bundesländern die Möglichkeit, im Rahmen des Landesrechts **bezahlten Bildungsurlaub** zu beantragen. Lediglich Bayern und Sachsen sehen diese Möglichkeit derzeit nicht vor. Gegenstand der Bildungsmaßnahme können Maßnahmen der beruflichen oder politischen Weiterbildung sein. Die entsprechenden Regelungen sehen typischerweise eine bezahlte Freistellung von bis zu fünf Arbeitstagen im Kalenderjahr vor. Die Bildungsmaßnahmen müssen behördlich anerkannt sein. Häufig hängt der Anspruch von einer betrieblichen Mindestgröße bzw. einer Mindestbeschäftigungsdauer des Arbeitnehmers ab. Die Kosten der Anreise sowie der Maßnahme selbst trägt der Arbeitnehmer. Insgesamt kann man diese Regelungen daher nur als „Tropfen auf den heißen Stein" bewerten: Inhalte, die die grundlegende Veränderung der Arbeitswelt durch die Digitalisierung nahebringen, können nicht innerhalb von fünf Tagen im Jahr vermittelt werden. Dennoch wäre es das falsche Signal, nun lautstark nach einem zeitlich umfangreicheren gesetzlichen Anspruch zu rufen. Der individuelle Qualifizierungsbedarf kann je nach Tätigkeit stark schwanken und sollte nicht nach dem „Gießkannenprinzip" gelöst werden.

157 Politisch gewollt, aber bislang nicht umgesetzt ist das im **„Weißbuch Arbeiten 4.0"** des Bundesministeriums für Arbeit und Soziales (BMAS) beschriebene Recht auf Weiterbildung des Arbeitnehmers.[118] Das ist nicht unbedingt zu bedauern: eine generelle Verpflichtung des Arbeitgebers passt nicht in die betriebliche Praxis;[119] die Vertrags-, Betriebs- oder Tarifparteien sind deutlich sachnäher bezüglich des Qualifikationsbedarfs einer bestimmten Branche als der Gesetzgeber.

2. Kollektivrechtlich vermittelter Weiterbildungsanspruch?

158 Soweit in der Literatur[120] und Rechtsprechung[121] vereinzelt vertreten wird, dass der Arbeitgeber vor diesem Hintergrund daran gehindert sei, das **Anforderungsprofil** eines Arbeitsplatzes zu ändern, solange und soweit er nicht durch das Angebot von Weiterbildungsangeboten dem Arbeitnehmer die Veränderung annehmbar gestalte und den Bestand des Arbeitsverhältnisses nicht gefährde, ist dieser Ansatz wenig überzeugend.

159 Richtig ist, dass das Bundesarbeitsgericht in einer Einzelfallentscheidung[122] einen sich aus der Fürsorgepflicht des Arbeitgebers ergebenden Umschulungsanspruch für möglich gehalten hat (ohne jedoch die Voraussetzungen zu konkretisieren). Jedoch ist es Sache des Arbeitgebers, wie er seinen Betrieb strukturiert; es ist Ausfluss der unter Art. 12 GG geschützten **Unternehmerfreiheit,** mit wie vielen oder wie wenigen Arbeitnehmern er seinen Betriebszweck verfolgt, ob er überhaupt mit Arbeitnehmern arbeiten will, wie er die Arbeitsprozesse gestaltet und daraus resultierend, welche Qualifikationsanforderungen er an die einzelnen Stelleninhaber stellen muss oder – aus Qualitätsgründen – will. Eine **vertragliche Nebenpflicht** zur Erhaltung des Arbeitsplatzes kann daher, wenn überhaupt, nur in Extremfällen angenommen werden – etwa, wenn sich das Tätigkeits- und Anforde-

---

[118] *BMAS,* Weißbuch Arbeiten 4.0, S. 114, Stand: März 2017, 6 (114), abrufbar unter http://www.bmas.de/DE/Service/Medien/Publikationen/a883-weissbuch.html.
[119] *Kleinebrink,* DB 2018, 254 (258); *Röder/Gebert,* NZA 2017, 1289 (1290); ErfK/*Kania,* § 81 BetrVG Rn. 15; *Wisskirchen/Bissels/Schmidt,* NZA 2008, 1386 (1389).
[120] *Kurt,* RdA 2017, 230 (231); *Vogt/Oltmanns* NZA 2012, 599 (601).
[121] LAG Hessen, 19.7.1999 – 16 Sa 1898/98, BeckRS 1999, 30450604; ArbG Bonn, 4.7.1990 – 4 Ca 751/90, NZA 1991, 512.
[122] BAG, 20.6.1995 – 8 AZR 689/94, BeckRS 1995, 30755363.

rungsprofil derart weit ändert, dass eine Erfüllung der Tätigkeit mit den bisherigen Kenntnissen und technischen Fähigkeiten faktisch nicht mehr möglich ist.[123]

Im Wesentlichen ist daher für den Moment zu konstatieren, dass mangels genereller Ansprüche bzw. Pflichten zur Weiterbildung von Arbeitnehmern die Frage nach einer (vorrangigen) Weiterbildung **hauptsächlich unter kündigungsschutzrechtlichem Blickwinkel** zu diskutieren ist (§ 1 Abs. 2 S. 3 KSchG, § 102 Abs. 3 S. 4 BetrVG, § 97 Abs. 2 BetrVG).[124]

3. Weiterbildungspflichten des Arbeitnehmers?

Trotz der grundsätzlich fehlenden Qualifizierungspflicht des Arbeitgebers kann dieser im Rahmen seines Direktionsrechts aus § 106 GewO anordnen, dass der Arbeitnehmer im Rahmen des jeweiligen Tätigkeitsbildes auch an **Maßnahmen zur Erhaltung und Weiterentwicklung seiner Qualifikation** teilnimmt. Die Pflicht ist begrenzt auf die Fortbildungen und Schulungen, die erforderlich sind, um das nötige Fachwissen auf dem aktuellen Stand zu halten und daher weiter den arbeitsvertraglichen Pflichten nachkommen zu können.

D. Beschäftigtendatenschutz

Ein wesentlicher Aspekt der digitalen Transformation ist die digitale Vernetzung als Grundlage für eine Vielzahl neuer Formen der Zusammenarbeit. Insofern sind sowohl beim Einsatz diverser HR-Tools als auch beim Einsatz neuer Arbeits- und Kommunikationsplattformen insbesondere die seit Inkrafttreten der DS-GVO nicht kleiner gewordenen **datenschutzrechtlichen Anforderungen** zu beachten. Die Rechte der Arbeitnehmer auf Schutz ihrer Daten sind im gesamten Beschäftigungszyklus zu berücksichtigen, dh ausgehend von der Bewerbungsphase bis hin zur Beendigung des Arbeitsverhältnisses und darüber hinaus.

I. Allgemeines

Nahezu jegliche im Betrieb eingesetzten IT-Systeme, HR-Tools und Kommunikationsplattformen speichern und nutzen personenbezogene Daten der Arbeitnehmer. Dies betrifft sowohl **Meta- und Nutzungsdaten,** die eine Kontrolle der Arbeitnehmer hinsichtlich Zeit und Art der IT-Nutzung ermöglichen, als auch die jeweiligen Inhaltsdaten. Hierdurch werden eine Vielzahl personenbezogener oder personenbeziehbarer Daten verarbeitet.

Beispiel:
Erstellt der Arbeitnehmer ein Dokument in MS Office oder überarbeitet dies, wird in den Metadaten des Dokuments gespeichert, welcher User das Dokument wann und wie lange geöffnet hatte, ob er es bearbeitet oder gespeichert hat, ob er der Urheber des Dokuments ist oder nicht.

II. Rechtsgrundlagen

Für die Verarbeitung personenbezogener Daten benötigt der Arbeitgeber eine **Rechtsgrundlage,** die sich im Wesentlichen aus drei Quellen speisen kann: einer gesetzlichen

---
[123] So auch *Göpfert/Brune,* NZA-Beilage 2018, 81 (91); *Wisskirchen/Bissels/Schmidt,* NZA 2008, 1386 (1389); *Kurt,* RdA 2017, 30 (31).
[124] *Göpfert/Brune,* NZA-Beilage 2018, 81; ErfK/*Kania,* § 81 BetrVG Rn. 15.

Grundlage, einer kollektivrechtlichen Vereinbarung oder der individuellen und jederzeit widerruflichen Einwilligung des einzelnen Arbeitnehmers. Weitreichende Fehlverständnisse existieren in der Praxis hinsichtlich der **Reichweite der gesetzlichen Erlaubnistatbestände,** die weitaus mehr gestatten, als häufig gedacht.

1. Gesetz

a) Grundtatbestand: Zwecke des Beschäftigungsverhältnisses

165 § 26 BDSG gestattet die Verarbeitung personenbezogener Daten von Beschäftigten „für Zwecke des Beschäftigungsverhältnisses". Abgedeckt ist der gesamte Lebenszyklus des Arbeitsverhältnisses, von der Bewerbung über die Durchführung bis hin zur Beendigung. Zentrales Kriterium für die Wirksamkeit eines Verarbeitungsvorgangs ist die **Erforderlichkeit der Datenerhebung** für die Begründung, Durchführung oder Beendigung des Beschäftigungsverhältnisses. Nach der Intention des Gesetzgebers soll damit an die langjährige Rechtsprechung des BAG angeknüpft werden. Sie verlangt einen angemessenen Interessensausgleich der betroffenen Grundrechtspositionen von Arbeitgeber und Beschäftigten nach dem Grundsatz der **Verhältnismäßigkeit.**[125]

166 Auf Seiten des Arbeitgebers muss ein **berechtigtes Interesse** an der Datenverarbeitung vorliegen, welches aus dem bestehenden Arbeitsverhältnis herrühren muss.[126] Zudem darf die Datenverarbeitung für den Arbeitnehmer keine übermäßige Belastung darstellen und muss der Bedeutung des Informationsinteresses des Arbeitgebers entsprechen.[127] Es ist deshalb für jeden Verarbeitungsvorgang konkret **abzuwägen,** ob die Datenverarbeitung erforderlich ist und ob nicht ein anderes, weniger grundrechtsbeschränkendes Mittel zur Gewinnung der gewünschten Informationen zur Verfügung stünde.

167 Neben der Erforderlichkeit ist zwingend der sich aus Art. 5 Abs. 1 lit. b DS-GVO ergebende Grundsatz der strengen Zweckbindung zu beachten, weshalb Beschäftigtendaten nur zu den in § 26 Abs. 1 BDSG vorgesehenen Verwendungszwecken verarbeitet werden dürfen, die bereits vor der Erhebung eindeutig **festgelegt** sein müssen.[128] So sollen insbesondere Big-Data Analysen im Personalbereich verhindert werden.[129] Der Grundsatz der **Zweckbindung** verbietet jedoch nicht spätere Zweckänderungen (die dann transparent gemacht werden müssen); er verhindert nur, dass „uferlos" Daten auf Vorrat erhoben werden.

Beispiel:

Der Arbeitgeber verarbeitet **Bewerberdaten** zunächst mit der Zwecksetzung, die Eignung des Bewerbers für eine offene Stelle zu prüfen und eine Einstellungs- oder Ablehnungsentscheidung vornehmen zu können. Mit Ablehnung des Bewerbers ist dieser Zweck erreicht. Meldet sich jedoch der Bewerber innerhalb der laufenden materiellrechtlichen Ausschlussfristen und rügt eine Diskriminierung im Sinne des AGG, können die Bewerberdaten weiterhin zum (neuen) Zweck der Rechtsverteidigung des Arbeitgebers verwendet werden.

168 Die Zweckbestimmung obliegt in vielerlei Hinsicht dem **Arbeitgeber.** Dies bedeutet insbesondere: Der Arbeitgeber ist frei darin, ob er bestimmte Tätigkeiten inhouse oder mittels Dienstleistern abwickelt (zB Fuhrparkmanagement, Firmenkreditkarten, usw.) – er muss ggf. eine entsprechende **Auftragsverarbeitungsvereinbarung** abschließen, benötigt aber für eine solche Abwicklung des Arbeitsverhältnisses keine gesonderte Einwilligung.

169 Sitzen die Dienstleister im Ausland, muss zusätzlich zu der Auftragsverarbeitungsvereinbarung noch sichergestellt sein, dass der Datenschutz im Ausland ein **vergleichbares Ni-**

---

[125] *BAG,* 17.11.2016 – 2 AZR 730/15, NZA 2017, 394.
[126] *BAG,* 17.11.2016 – 2 AZR 730/15, NZA 2017, 394.
[127] *BAG,* 17.11.2016 – 2 AZR 730/15, NZA 2017, 394.
[128] Richardi/*Maschmann,* § 75 BetrVG Rn. 67.
[129] Richardi/*Maschmann,* § 75 BetrVG Rn. 67 mwN.

veau wie unter der DS-GVO erreicht. Vollkommen unkritisch ist dies in anderen EU-Staaten. Wo für Drittländer so genannte **Angemessenheitsbeschlüsse** der Europäischen Kommission nach Art. 45 Abs. 3 DS-GVO vorliegen, besteht ebenfalls kein Problem. Da von der Europäischen Kommission bisher noch kein Angemessenheitsbeschluss für Datentransfers nach Großbritannien erlassen wurde, ist damit zu rechnen, dass auch Großbritannien mit erfolgtem Brexit datenschutzrechtlich zum Drittland werden könnte. Erfolgen Datentransfers in Drittländer, für die kein Angemessenheitsbeschluss besteht, muss nach der Rechtsprechung des Europäischen Gerichtshofes in der Rechtssache „Schrems II" und den Vorgaben der deutschen[130] und europäischen[131] Datenschutzbehörden in einer Einzelfallprüfung evaluiert werden, ob für die vom Transfer betroffenen Daten ein angemessenes Schutzniveau im Empfängerland gewährleistet ist. Die Nutzung von EU-Standardvertragsklauseln (SCCs) und Corporate Bindung Rules (CBRs) ist nach dem „Schrems II" Urteil des Europäischen Gerichtshofes zwar noch zulässig, ohne die Einzelfallprüfung jedoch nicht mehr ausreichend, um Datentransfers in Drittländer als rechtskonform zu qualifizieren. Empfehlenswert ist daher, den jeweiligen Datenempfänger zur Rechtslage im Zielland zu befragen und sich ggf. die Einhaltung der Standardvertragsklauseln zusichern zu lassen. Insbesondere bei Datentransfers an US-Unternehmen, die dem Foreign Intelligence Surveillance Act (FISA), der Executive Order (EO) 12.333 oder dem CLOUD Act unterliegen, wird idR kein angemessenes Datenschutzniveau gewährleistet sein, weshalb zusätzliche Garantien erforderlich sind. Wo zwischenstaatliche Abkommen einen Datenschutzstandard gewährleisten – das relevanteste Beispiel ist hier wohl das **„Privacy Shield"** bezüglich der Vereinigten Staaten von Amerika – ist bei allen Bedenken hinsichtlich der Wirksamkeit dieser Regelungen im Einzelfall jedenfalls zu konstatieren, dass diese bis zu einer etwaigen Überprüfung durch den EuGH als wirksam zu behandeln sind.

b) Insbesondere: Verdachtsmomente und Vertragsbeendigung

Steht der Verdacht einer Straftat (bzw. entgegen dem Wortlaut alternativ der Verdacht einer gravierenden arbeitsvertraglichen Pflichtverletzung!)[132] im Raum (zB Arbeitszeitbetrug oder Verrat von Geschäftsgeheimnissen), bietet § 26 Abs. 1 S. 2 BDSG eine weitergehende Eingriffsbefugnis. Der Arbeitgeber muss in derartigen Fällen **konkrete Verdachtsmomente haben und dokumentieren,** um dann – immer noch begrenzt durch die Erforderlichkeit – Daten verarbeiten zu dürfen. Dies ermöglicht insbesondere die verdachtsabhängige Kontrolle dienstlicher IT-Einrichtungen.

Zur Vorgängernorm des § 26 BDSG, dem § 32 BDSG-alt, hat das BAG entsprechend entschieden, dass eine technische Dauerüberwachung ohne einen konkreten Anfangsverdacht unverhältnismäßig in die Persönlichkeitsrechte der Arbeitnehmer eingreift („Keylogger-Entscheidung").[133] Eine **offene Aufzeichnung und Überwachung** von Datenverarbeitungsvorgängen ist stets einer „heimlichen" Kontrolle wie etwa der Ortung des Diensthandys, der Aufzeichnung von Zugriffszeiten oÄ vorzuziehen, da sonst ein Verstoß gegen das Recht auf informationelle Selbstbestimmung gem. Art. 2 Abs. 1 GG iVm Art. 1 Abs. 1 GG droht.[134] Stichprobenartige Kontrollen der Verlaufsdaten eines Internetbrowsers sind jedoch zulässig, da der Arbeitgeber die Einhaltung des Verbots der Privatnutzung seiner IT-Einrichtungen ansonsten nicht überprüfen könnte.[135]

---

[130] Bundesbeauftragter für den Datenschutz und die Informationsfreiheit: Informationsschreiben zur Auswirkung der Rechtsprechung des EuGH auf den internationalen Datentransfer (Rechtssache C-311/18 „Schrems II") vom 08.10.2020.
[131] Europäischer Datenschutzausschuss, Frequently Asked Questions on the judgment of the Court of Justice of the European Union in Case C-311/18, verabschiedet am 23.7.2020.
[132] *BAG*, 29.6.2017 – 2 AZR 597/16, NJW 2017, 2853 (2857).
[133] *BAG*, 27.7.2017 – 2 AZR 681/16, NZA 2017, 1327.
[134] *Wallisch*, NZA-Beilage 2018, 81 (84).
[135] BAG, 27.7.2017 – 2 AZR 681/16, NZA 2017, 1327, Rn. 31.

2. Kollektivregelung

172 Nach § 28 Abs. 1, 4 BDSG-neu können auch **Kollektivvereinbarungen** wie Betriebsvereinbarungen eine Rechtsgrundlage für eine Datenerhebung darstellen. Dies war zwar bereits vor Inkrafttreten der DS-GVO in der Rechtsprechung des BAG anerkannt, gibt den Betriebs- bzw. Tarifparteien nunmehr aber einen höheren Grad an Rechtssicherheit. Gerade bei konzernweit eingesetzten IT-Tools, Mitarbeiterumfragen unter Einbeziehung von Arbeitnehmern im Ausland einer Matrixstruktur usw. können Kollektivvereinbarungen einen praktischen und pragmatischen Ermächtigungstatbestand für die Datenverarbeitung darstellen.

3. Einwilligung

173 Eine **freiwillige Einwilligung des Betroffenen** rechtfertigt ebenfalls eine Datenverarbeitung. Diskussionen entzünden sich lediglich an der Frage, was „Freiwilligkeit" in diesem Kontext bedeutet, und ob in einem – behaupteten – Über-Unterordnungsverhältnis im Arbeitsverhältnis überhaupt denkbar ist, dass ein Arbeitnehmer freiwillig in eine Datenverarbeitung einwilligen kann. Die Sinnhaftigkeit dieser Diskussion einmal dahingestellt, ist jedenfalls für die Praxis seit der Stellungnahme Nr. 2/2017 der Art.–29-EU-Datenschutzgruppe[136] (nunmehr European Data Protection Board, EDPB) hinreichende Klarheit geschaffen. Dort heißt es, Arbeitnehmer seien „fast niemals" (almost never) in einer Position, freiwillig eine Einwilligung zu erteilen, jedoch sei dies in „außergewöhnlichen Umständen" (exceptional circumstances) denkbar, wenn keine Konsequenzen an die Annahme oder Ablehnung eines solchen Angebotes geknüpft seien.

> **Praxishinweis:**
> Für die Praxis heißt das: Die Einwilligungserklärung kann nicht im Arbeitsvertrag erfolgen, sondern muss durch eine gesonderte Erklärung ohne Verknüpfung mit sonstigen Themen abgebildet werden.

174 Der Arbeitnehmer muss transparent über den Verarbeitungsvorgang und damit zusammenhängende Umstände sowie seine Rechte als Verarbeitungssubjekt aufgeklärt werden – insbesondere darüber, dass die Einwilligung jederzeit widerruflich ist. Das macht die Einwilligung für den Arbeitgeber zum zweischneidigen Schwert: Bestimmte nicht „erforderliche" Vorgänge im Beschäftigungsverhältnis (zB die Veröffentlichung von Mitarbeiterfotos im Intranet oder in Broschüren) können so umgesetzt und abgebildet werden. Wenn der Arbeitnehmer jedoch seine Einwilligung **widerruft**, müsste das betreffende Datum sofort aus dem Verkehr gezogen werden. Je nach Komplexität des zugrundeliegenden Prozesses kann dies das Unternehmen des Arbeitgebers massiv einschränken, weshalb dazu zu raten ist, Einwilligungserklärungen in der Praxis nicht – oder allenfalls als letztes Mittel bzw. flankierend zu einer Berufung auf gesetzliche oder kollektivrechtliche Erlaubnistatbestände – zu nutzen.

III. Sonderprobleme

1. Pre-employment-Screening von Bewerbern

175 Viele (insbesondere international geprägte) Arbeitgeber führen als Teil ihrer Einstellungsprozesse so genannte Background Checks bzw. Pre-Employment Screenings durch, dh sie überprüfen den **Hintergrund eines Bewerbers** im Vorfeld einer Einstellungsentschei-

---

[136] *Art.–29-Datenschutzgruppe*, Working Paper 249 vom 8.6.2017, Opinion 2/2017 on data processing at work, S. 12, abrufbar im englischen Original unter ec.europa.eu/newsroom/document.cfm?doc_id=45631 (zuletzt abgerufen am 26.1.2020).

dung. Hierbei geht es zum einen darum, zu verifizieren, ob die Angaben des Bewerbers zur Eignung für die in Aussicht genommene Stelle auch wahrheitsgemäß erfolgt sind, da anzunehmen ist, dass ein erheblicher Anteil der Bewerber unrichtige Referenzen angibt[137]. Zum anderen geht es um Maßnahmen zur Verbesserung der Sicherheit des Unternehmens und zur Compliance mit geltenden Regelungen; in Betracht kommen etwa die EU-Regelungen zum Verbot von Terrorismusfinanzierung (Blacklist Screenings) oder zur Erlangung der Zertifizierung als „Zugelassener Wirtschaftsbeteiligter" [Authorized Economic Operator, AEO], um als Logistikunternehmen vereinfachte und dadurch beschleunigte Verzollungsprozesse durchführen zu können), weshalb problematische Bewerber durch Hintergrundanalysen aus dem Bewerbungsprozess ausgeschlossen werden sollen.

Unter dem Begriff des Pre-Employment Screenings sind diverse Maßnahmen von **unterschiedlicher Eingriffsintensität** denkbar. Häufig finden sich eine Prüfung der Referenzen (Lebenslauf, Zeugnisse), der finanziellen Lage des Bewerbers sowie einer etwaigen kriminellen Historie. Gelegentlich werden auch Prüfungen des körperlichen und/oder psychischen Gesundheitszustands des Arbeitnehmers vorgenommen.[138]

Für die Erhebung solcher Bewerberdaten gilt uneingeschränkt § 26 BDSG, dh auch und insbesondere der Grundsatz der Erforderlichkeit. Wo bestimmte Tätigkeitsverbote bestehen, wenn etwa Vorverurteilungen im Raume stehen oder der Bewerber auf einer „Blacklist" der Europäischen Union steht, wird man regelmäßig unmittelbar zu einer Erforderlichkeit der Datenverarbeitung gelangen können. Aber auch darüber hinaus ist zu beachten, dass Erwägungsgrund Nr. 47 zur DS-GVO dem Arbeitgeber zubilligt, Betrugsverhinderung als **berechtigtes Interesse** der verarbeitenden Stelle anzuerkennen.[139] Entsprechend geht auch die Artikel 29-Datenschutzgruppe in ihrer Stellungnahme zur Datenverarbeitung im Arbeitsverhältnis von einer grundsätzlich rechtskonformen Möglichkeit zum Einsatz von Pre-Employment Screenings aus, die auf Art. 6 Abs. 1 lit. f DS-GVO gestützt wird (in Deutschland subsidiär zu § 26 BDSG).[140]

Wo eine Erforderlichkeit nicht gegeben ist, wird man dem Bewerber im Einzelfall auch zubilligen müssen, falsche Angaben zu diesem Punkt machen zu dürfen.[141] Insoweit besteht kein schutzwürdiges Interesse des Arbeitgebers.[142] Jedoch ergibt sich hieraus **kein Recht zur Fälschung von Unterlagen,** die zur Verwendung im Rechtsverkehr vorgesehen sind (§ 267 StGB).[143]

Demnach wird man wie folgt differenzieren können:
- Der Arbeitgeber hat grundsätzlich ein schutzwürdiges Interesse an der Überprüfung der fachlichen Eignung des Bewerbers. Daher sind Fragen des Arbeitgebers nach den **Qualifikationen,** dem beruflichen Werdegang des Bewerbers und der Art und Dauer der vorherigen Beschäftigungsverhältnisse grundsätzlich erforderlich, wenn und soweit die ausgeschriebene Stelle gewisse Mindestanforderungen vorsieht.[144] Hierfür erforderliche Unterlagen dürfen angefordert werden (insbes. Prüfungs- und Arbeitszeugnisse), zur Vermeidung von Täuschungen auch in beglaubigter Kopie oder im Original.[145]
- Eine Überprüfung der **finanziellen Verhältnisse** des Bewerbers wird nur erforderlich sein, wenn der zu besetzende Arbeitsplatz eine besondere Vertrauensstellung erfordert. Das kann etwa gelten, weil ein Risiko von Bestechung oder des Geheimnisverrats besteht oder der Bewerber mit größeren Vermögenswerten umzugehen hätte. Nicht erforderlich sind hingegen regelmäßig die (mittelbare) Anforderung einer SCHUFA-Aus-

---

[137] *Lelley,* Personal 4/2009, 52: bis zu 30% falsche Angaben.
[138] *Thum/Szczesny,* BB 2007, 2405 (2406).
[139] So auch *Schwarz,* ZD 2018, 353 (354).
[140] *Art.-29-Datenschutzgruppe,* Working Paper 249 vom 8.6.2017, Opinion 2/2017 on data processing at work, S. 11.
[141] *Kania/Sansone,* NZA 2012, 360 (361); *BAG,* 6.2.2003 – 2 AZR 621/01, NZA 2003, 848.
[142] *BAG,* 20.5.1999 – 2 AZR 320/98, NZA 1999, 975.
[143] *Kania/Sansone,* NZA 2012, 360 (361).
[144] *BAG, 12.2.1970 – 2 AZR 184/69,* NJW 1970, 1565 (1566).
[145] *Hohenstatt/Stamer/Hinrichs,* NZA 2006, 1065 (1069).

kunft oder Auskünfte ähnlicher Scoring-Agenturen, einer Bankauskunft oder eines Gewerberegisterauszuges.[146]
- **Vorstrafen und laufende Ermittlungsverfahren** dürfen nur abgefragt werden, wenn und soweit sie für die Art des zu besetzenden Arbeitsplatzes einschlägig sind[147] und soweit sie nicht bereits aus dem Bundeszentralregister getilgt worden sind. Unzulässig, da nicht erforderlich, ist die (mittelbare) Anforderung eines polizeilichen Führungszeugnisses, soweit nicht jegliches strafrechtliche Vorverhalten eine Eignung für die Tätigkeit im Einzelfall ausschließt.
- **Gesundheitsdaten** sind besonders sensitive Daten im Sinne der DS-GVO; sie unterliegen besonderem Schutz. Zulässig ist eine Frage hiernach daher nur, wenn das Fehlen einer Krankheit (oder auch einer Behinderung) ein entscheidendes und wesentliches berufliches Anforderungsmerkmal darstellt, was die Ausnahme sein dürfte. Typische Fälle sind hier ansteckende Krankheiten insbesondere im Hotel- und Gaststättengewerbe oder eine bestehende Alkohol- oder Drogenabhängigkeit, die Kollegen und Kunden in Mitleidenschaft ziehen oder Einfluss auf die Arbeitsleistung haben können. Gesundheitszeugnisse dürfen nur angefordert bzw. ärztliche/psychologische Einstellungsuntersuchungen nur durchgeführt werden, wenn dies im Einklang mit vorstehenden Maßstäben erfolgt.

180 Soweit Arbeitgeber die bei dem Bewerber erhobenen Daten gerne über Dritte bzw. öffentlich zugängliche Quellen verifizieren möchten, ergeben sich zunächst Probleme mit Blick auf den Grundsatz der Direkterhebung. Während der strikte **Vorrang der Direkterhebung** im BDSG nF entfallen ist, ergeben sich zu beachtende Informationspflichten nach Art. 14 DS-GVO, erhebt die verarbeitende Stelle die Daten bei Dritten.

181 Erkundigt sich der Arbeitgeber bei dem bisherigen Arbeitgeber oder bei Informationsdiensten wie zB Anbietern von Compliance-Datenbanken, ist dies nach Ansicht des BAG grundsätzlich zulässig.[148] Die genaue Ausprägung dieses Rechts ist jedoch mit Vorsicht zu genießen.

182 Recherchiert der Arbeitgeber den Bewerber im Internet, zumeist über Suchmaschinen, wird eingewandt, es fehle an einer Erforderlichkeit, da auch nicht-einstellungsrelevante Daten zu Tage treten könnten[149]. Im Rahmen der Erforderlichkeit ist ferner zu beachten, dass das Risiko im Internet kursierender Falschinformationen dadurch beherrscht werden kann, dass Bewerber gegen Suchmaschinen beispielsweise **Löschungsansprüche** bei falschen/verzerrenden Suchergebnissen geltend machen können.[150] Tut der Bewerber dies nicht, kann dies nicht zu Lasten des Arbeitgebers gehen.

183 Recherchiert der Arbeitgeber in sozialen Netzwerken, ist nach allgemeiner Ansicht nach der Zugänglichkeit der Daten sowie der Ausrichtung des Netzwerks als berufliches oder privates Netzwerk zu differenzieren. Insoweit können die **AGB des jeweiligen Netzwerks** eine Rolle spielen, soweit sie eine geschäftliche Nutzung ausschließen. Angesichts der zunehmenden Kommerzialisierung auch (früher) eher freizeitorientierter Netzwerke, wie zB Facebook fragt sich allerdings, ob dieses Kriterium so trennscharf ist. Es ist **realitätsfern,** auszublenden, dass Bewerber Karrierenetzwerke freiwillig und gerade mit dem Willen mit Informationen befüttern, dass ein zukünftiger Arbeitgeber (wer er auch sein möge) den Bewerber aufgrund dieser Informationen für interessant befindet und berücksichtigt.[151] Auch wenn man nicht so weit gehen muss, dass auch private soziale Netzwerke grundsätzlich „öffentlich" und daher allgemein zugänglich sind[152], ist jedenfalls bei berufsbezogenen sozialen Netzwerken regelmäßig von einer Erforderlichkeit der Datener-

---

[146] *Hohenstatt/Stamer/Hinrichs,* NZA 2006, 1065 (1069); *Thum/Szczesny,* BB 2007, 2405 (2407).
[147] *BAG,* 20. 5. 1999 – 2 AZR 320/98, NZA 1999, 975; ErfK/*Preis,* § 611 Rn. 281.
[148] *BAG,* 18. 12. 1984 – 3 AZR 389/83, NJW 1986, 341.
[149] *Kania/Sansone,* NZA 2012, 360 (363) mwN.
[150] *EuGH,* 13. 5. 2014 – C-131/12, ZD 2014, 350 (Google Spain und Google).
[151] *Schwarz,* ZD 2018, 353 (354).
[152] *Ernst,* NJOZ 2011, 953 (955 f.).

hebung auszugehen. Schwierigkeiten können sich jedoch in diesem Zusammenhang beim **Active Sourcing** (aktive Bewerberansprache ohne deren vorherige Zustimmung oder Interessensbekundung) von Bewerbern ergeben.[153]

2. Big-Data-Analysen im Bewerbungsverfahren

Gesondert zu betrachten sind Initiativen, auch den **Recruitingprozess** mit Hilfe algorithmenbasierter Prozesse (teil) zu automatisieren. In den USA sind solche Gedanken schon deutlich weiter fortgeschritten.[154] In Deutschland sind strikte regulatorische Rahmenbedingungen zu beachten:

184

- Ein „vollautomatisiertes" Recruiting würde nicht nur „kulturell" als atypisch wahrgenommen, sondern wäre auch rechtlich unzulässig. Datenschutzrechtliche Vorgaben verbieten es dem Arbeitgeber, sofern er nicht ausdrücklich auf Ausnahmetatbestände (§ 6a Abs. 1 BDSG bzw. Art. 22 DS-GVO) zurückgreifen kann, **automatisierte Einzelentscheidungen** mit rechtlich nachteiligen Folgen. Ein Algorithmus darf alleine keine Entscheidung über die Einstellung und Ablehnung eines von mehreren gleich geeigneten Kandidaten treffen. Diese Entscheidung muss immer final bei einem Menschen verbleiben, und zwar unabhängig davon, wie groß der Bewerberkreis tatsächlich ist. Zulässig wäre es jedoch, wenn eine Software „vorfiltert" und beispielsweise Kandidaten ablehnt, die wegen der Nichterfüllung bestimmter „harter" Anforderungen aus formalen Gründen nicht in Betracht kommen. Ebenfalls wird es noch zulässig sein, wenn die Software nur eine Vorauswahl trifft, die dem letztlich entscheidungsbefugten Personaler nur als Vorschlag unterbreitet wird.
- Weiterhin ist bei dem Einsatz softwarebasierten Recruitings darauf zu achten, dass die vermeintlich „neutralen" Algorithmen von Softwareprogrammen erwiesenermaßen menschliche Bewertungen (und damit auch mögliche **Vorurteile**) der Programmierer abbilden können.[155] Auch verhindert ein softwarebasiertes Recruiting nicht, dass in der „realen" Welt existierende Fehlgewichtungen von Kriterien (zB eine zu hohe Fixierung auf Abschlussnoten) ausgeschlossen würden.

---

[153] *Hoffmann-Remy,* PersF 2017, 70.
[154] *Reuters Online,* Wall Street hopes artifical intelligence software helps it hire loyal bankers, abrufbar über https://www.reuters.com/article/us-banks-hiring-ai-idUSKCN0YT163 (zuletzt abgerufen am 21.11.2019).
[155] *New York Times* vom 9.7.2015, When Algorithms Discriminate, abrufbar unter https://www.nytimes.com/2015/07/10/upshot/when-algorithms-discriminate.html?_r=0 (zuletzt abgerufen am 21.11.2019).

Teil 15. Social Media

Teil 15.1 Social Media im Arbeitsverhältnis

Übersicht

	Rn.
A. Rechtslage und Praxisprobleme	1
I. Dispositionsbefugnis: Wem „gehört" ein Account?	2
II. Herausgabeansprüche: Nur unzureichende Gesetzeslage	8
III. Unterlassungsansprüche	13
IV. Schadenersatzansprüche	19
B. Vertragsgestaltung	20

Literatur:
Elking/Fürsen, Unternehmenszugehörigkeit im Internet – Sind Mitarbeiter in beruflichen Portalen unkündbar?, NZA 2014, 1111; *Frik/Klühe*, Nutzung von Kontakten aus sozialen Netzwerken während und bei Beendigung des Arbeitsverhältnisses, DB 2013, 1174; *Hoffmann-Remy/Tödtmann*, Sicherung der Arbeitgeberrechte an Social Media-Kontakten, NZA 2016, 792; *Oberwetter,* Soziale Netzwerke im Fadenkreuz des Arbeitsrechts, NJW 2011, 417.

A. Rechtslage und Praxisprobleme

Auseinandersetzungen zwischen Arbeitnehmern und Arbeitgebern um die Nutzungsrechte an Social Media-Accounts und -Kontakten bzw. deren Herausgabe insbesondere im Zuge einer Beendigung des Arbeitsverhältnisses haben insbesondere in öffentlichkeitsaffinen Branchen immer mehr an Bedeutung zugenommen. Dies spiegelt die **wachsende Bedeutung von Social Media im Arbeitsverhältnis**, die auch von Arbeitnehmern außerhalb der Public Relations zunehmend erwartet, jedenfalls aber erwünscht und häufig sogar aktiv gefördert wird. Dieser wachsenden Bedeutung steht jedoch zumeist ein erstaunliches Defizit an klaren Regeln gegenüber. Das wiederum führt dazu, dass nur die wenigsten der daraus resultierenden Streitigkeiten vor die Arbeitsgerichte gelangen[1], da rein auf gesetzlicher Grundlage die Durchsetzbarkeit von Herausgabeansprüchen für den Arbeitgeber nicht gesichert ist. Wichtig ist daher eine vorausschauende Vertragsgestaltung, die auch die steigende wirtschaftliche Bedeutung (virtueller) Kontakte und Accounts reflektiert. 1

I. Dispositionsbefugnis: Wem „gehört" ein Account?

Social Media Accounts und zugehörige Daten unterfallen nicht dem **Eigentumsschutz** (§ 903 S. 1 iVm § 90 BGB). Allenfalls die Speichermedien, auf denen sie aufzufinden sind, können dem Eigentumsschutz unterliegen. Typischerweise liegen die Daten jedoch nicht auf einem im Eigentum des Arbeitnehmers stehenden Server, sondern im Zeitalter von AWS und vergleichbaren Serverfarmen auf „irgendeinem" Server weltweit, der einem Dienstleister gehört. In vielen Fällen werden zudem durch die Netzwerke Backup-Kopien gespeichert, deren Speicherort gar nicht bestimmbar ist; die Löschung von Accounts führt auch nicht in jedem Fall dazu, dass die Daten endgültig nicht mehr vorhanden sind.[2] Der 2

---

[1] Maßgeblich *BGH,* 19.12.2002 – I ZR 119/00, BeckRS 2002, 30299781 sowie *ArbG Hamburg,* 24.1.2013 – 29 Ga 2/13, BeckRS 2013, 68150.
[2] Beispielhaft hierfür ein Auszug aus dem Hilfebereich von Facebook zum Unterschied zwischen Deaktivierung und Löschung eines Kontos, online abrufbar unter https://de-de.facebook.com/help/125338004213029 (zuletzt abgerufen am 21.11.2019). Selbst bei dauerhafter Löschung bleiben Daten bei Facebook gespeichert.

Eigentumsschutz ist daher regelmäßig **kein belastbarer Ansatzpunkt** für eine Rechtsdurchsetzung.

3   Auch ein Schutz als sonstiges (eigentumsähnliches) Recht im Sinne des § 823 Abs. 1 BGB lehnt die Rechtsprechung bislang ab.[3] „Gehören" in dem o.g. Sinne kann daher allenfalls eine relative **Dispositionsbefugnis** der Parteien meinen, die dazu führt, dass der Accountinhaber zu bestimmten Handlungen oder Unterlassungen berechtigt ist bzw. veranlasst werden kann.

4   Im Falle **„rein" dienstlicher Accounts** ergeben sich insoweit keine besonderen Probleme. Von einem solchen Fall ist insbesondere auszugehen, wenn schon das **äußere Erscheinungsbild** des Accounts funktions- und unternehmensbezogen ausgestaltet ist (zB Twitter-Handle „@SocialMedia_Unternehmen"). In diesem Fall ist der gesamte Account – dh in diesem Fall: die Zugangsdaten zu dem Account sowie jegliche potenziell lokal gespeicherten Datensätze – herauszugeben bzw. wo eine Herausgabe nicht möglich ist, zu löschen.

5   Auch **rein privat genutzte Accounts** erzeugen keine größeren Zuordnungsprobleme: Hier hat der Arbeitgeber schon kein relatives Recht gegenüber dem Arbeitnehmer – mit einer Ausnahme: hat dieser als Teil der dienstlichen Tätigkeit geschäftliche Kontakte erlangt und dem privaten Account hinzugefügt, hat der Arbeitgeber den Anspruch auf Zurverfügungstellung aller Datensätze, die der Arbeitgeber bei ordnungsgemäßer Organisation für seine weitere Tätigkeit benötigt. Alle weiteren Daten unterliegen dem Schutz des Persönlichkeitsrechts und sind für den Arbeitgeber tabu. Praktisch betrachtet stellt sich aber auch hier die Problematik, dass der Arbeitgeber von außen kaum mehr als die vorhandenen Kontakte verifizieren kann, nicht aber die Kommunikationsinhalte.

6   Der größte Teil der in der Praxis vorhandenen Social Media Accounts dürfte im Graubereich zwischen nicht klar verbotener Privatnutzung, schleichender „Verdienstlichung" des Accounts und fehlender Trennung geschäftlicher und privater Kontakte liegen (**„Mischnutzung"**). In derartigen Fällen muss der Account unter Heranziehung aller Umstände des Einzelfalls als „eher geschäftlich" oder „eher privat" klassifiziert werden[4], um daraus Rechte herleiten zu können. Allein diese Diagnose spricht bereits Bände. Betrachtet man die anzulegenden Kriterien, sind auch diese in den meisten Fällen mehrdeutig.

7   Typischerweise anerkannt sind insbesondere die folgenden Gesichtspunkte:
- Bei **beruflichen Netzwerken** üblich ist eine Aufteilung in kostenlose Basiszugänge mit eingeschränktem Funktionsumfang und kostenpflichtige Premium-Accounts. Erklärt der Arbeitgeber eine Kostenübernahme, ist davon auszugehen, dass er sich hiervon auch einen geschäftlichen Nutzen verspricht.[5] Jedoch kann eine Kostenübernahme auch im Einzelfall durch den Arbeitnehmer verhandelt sein oder schlicht als Nebenleistung dem Arbeitnehmer im Rahmen eines Leistungskataloges zustehen. Nachdem eine Kostenübernahme auch steuerlich motiviert sein kann, weil insoweit kein geldwerter Vorteil durch den Arbeitnehmer zu versteuern ist[6], der Arbeitgeber die Kosten aber als Betriebsaufwand absetzen kann, gibt es hier jedenfalls Argumentationsspielräume.
- Die meisten Social Networks erlauben entweder nur **personalisierte Accounts** oder lassen Unternehmensaktivitäten nur in engen Grenzen zu (zB in Form von „Seiten"). Unternehmensaccounts müssen nach den AGB der jeweiligen Netzwerke als solche gekennzeichnet sein. Ob daher der Arbeitgeber oder der Arbeitnehmer den jeweiligen, in der Regel auf die persönlichen Daten des Arbeitnehmers spezifizierten Account angelegt hat, bietet wenig Unterscheidungskraft.

---

[3] *OLG Dresden*, 5.9.2012 – 4 W 961/12, 4 W 0961/12, NJW-RR 2013, 27.
[4] Explizit Däubler/Bonin/Deinert/*Däubler*, AGB-Kontrolle im Arbeitsrecht, Anhang Rn. 259; in diese Richtung wohl auch *Oberwetter*, NJW 2011, 417 (420); *Elking/Fürsen*, NZA 2014, 1111.
[5] *Oberwetter*, NJW 2011, 417 (420).
[6] § 3 Nr. 45 EStG.

- Hilfreicher ist da schon die **Bezeichnung des Accounts** selbst. Geht es um den Arbeitnehmer oder einen Spitznamen oder Kürzel seines Namens, liegt eine private Nutzung nahe. Enthält der Accountname das Unternehmen oder dessen Abkürzung, spricht viel für eine geschäftliche Nutzung.
- Die Prüfung der als **Kontaktadresse** hinterlegten E-Mail-Adresse mag eine Zuordnung zur privaten oder dienstlichen Sphäre ermöglichen. Typischerweise hinterlegen Nutzer jedoch mehrere E-Mail-Adressen, um unter ihrer dienstlichen E-Mail-Adresse Benachrichtigungen über Aktivitäten im Netzwerk zugestellt zu erhalten.
- Ob der Arbeitgeber **im Profil benannt** ist oder nicht, ist nicht aussagekräftig. Hierbei handelt es sich schlicht um eine sozialtypische Üblichkeit in Social Networks. Jedoch kann die Frage, ob dem Profil ein Impressum beigegeben ist, durchaus Rückschlüsse gestatten. Impressumsangaben auch für Social Media-Accounts werden typischerweise empfohlen, um dem Risiko von Abmahnungen wegen unlauteren Wettbewerbs vorzubeugen. Andererseits kann eine geschäftliche Nutzung uU schon dann vorliegen, wenn der Arbeitnehmer Meldungen seines Arbeitgebers in den Netzwerken „liked" oder teilt. Dies geschieht vielerorts unkritisch, weshalb Arbeitgeber zunehmend von allen ihren Arbeitnehmern vorsorgliche Impressumsangaben verlangen.

Letztendlich ist eine rein **schematische** Abgrenzung geschäftlicher und privater Nutzung regelmäßig kaum möglich. Der Arbeitgeber muss im Einzelfall eine konkret überwiegende geschäftliche Nutzung des Accounts/der Kontakte darstellen und gerichtlich nachweisen.

II. Herausgabeansprüche: Nur unzureichende Gesetzeslage

Das Interesse des Arbeitgebers ist im Streitfall regelmäßig auf die **Herausgabe eines** 8 **kompletten Accounts** (Kontaktliste, Nachrichten etc.) oder aber zumindest der zugehörigen Zugangsdaten gerichtet. Eine Herausgabe kann insoweit durch eine Mitteilung der benötigten Daten bei gleichzeitiger **Löschung** der Kontakte im Account des Arbeitnehmers durch diesen, realisiert werden.[7] Die geltende Rechtslage scheint auf den ersten Blick zwar verschiedene Möglichkeiten für den Arbeitgeber zu bieten, im Streitfall eine Herausgabe von Accountdaten oder -inhalten zu erzwingen. Diese sind bei näherer Betrachtung jedoch fast nie effektiv durchsetzbar.

Soweit das Arbeitsverhältnis einen Herausgabeanspruch gegen den Arbeitnehmer hin- 9 sichtlich all dessen beinhaltet, was dieser zur Ausführung der ihm übertragenen Arbeit erhalten und was er aus dem Arbeitsverhältnis erlangt hat (Herausgabe „wie ein Beauftragter"[8] oder „entsprechend § 667 BG*B*"[9]). Jedoch ist ein solcher Anspruch naturgemäß begrenzt auf Vorteile, die „**der Beauftragte im inneren Zusammenhang mit der Führung des Geschäftes, nicht nur bei der Gelegenheit, erhält.**"[10] Das führt bereits zu ersten schwierigen Abgrenzungsfragen.

Klar ist, dass auch Geschäftskontakte, welche im Rahmen der arbeitsvertraglich geschul- 10 deten Tätigkeit entstanden sind und geschäftlich veranlasst waren, an den Arbeitgeber herauszugeben sind, ganz gleich, ob diese Daten verkörpert oder rein virtuell in einer Datenbank gespeichert sind.[11] Eindeutig lösbar sind insoweit also Fälle, in denen der Arbeitgeber dem Arbeitnehmer zur Erfüllung seiner Arbeitsaufgaben **einen Account nebst Zugangsdaten zur Verfügung stellt**. Dieser ist mitsamt Zugangsdaten bei Beendigung des Arbeitsverhältnisses herauszugeben. Diskussionen können aber um die Frage entstehen, welche neu erworbenen Kontakte aus der Anstellung erlangt worden sind und welche nur

---

[7] *Frik/Klühe*, DB 2013, 1174 (1175) mwN (lediglich Herausgabe bejahend).
[8] ErfK/*Preis*, § 611 BGB Rn. 754.
[9] *BAG*, 14.12.2011 – 10 AZR 283/10, NZA 2012, 501.
[10] *BGH*, 19.12.2002 – I ZR 119/00, BeckRS 2002, 30299781.
[11] Ähnlich für die Herausgabe von durch den Arbeitnehmer erlangten Bonusflugmeilen schon *BAG*, 11.4.2006 – 9 AZR 500/05, NZA 2006, 1089.

bei Gelegenheit der Anstellung erworben sind. Der Arbeitgeber kann – außer durch Vorgaben, zB in einer Policy – rein tatsächlich nicht verhindern, dass der Arbeitnehmer nicht nur Kontakte seinem Netzwerk hinzufügt, die bestehende Geschäftsbeziehungen oder -interessen spiegeln. Regelmäßig werden auch sonstige Dritte, zB im Rahmen von Veranstaltungen, oder Dienstleister den Kontakt suchen.[12] Nachdem der Arbeitgeber den Herausgabeanspruch konkretisieren (und auf das zulässige Maß beschränken) muss, bietet sich hier schon ein erhebliches **Durchsetzbarkeitshindernis**.

11 Weitere Hürden bietet das Datenschutzrecht: Social Media Accounts beinhalten insbesondere bei gestatteter auch privater Nutzung des Accounts (oder der praktisch häufigen „schleichenden" auch dienstlichen Nutzung eines zuvor privaten Accounts) sowohl dienstliche als auch private Kommunikation des Arbeitnehmers und berühren somit auch Rechte Dritter. In der Praxis mag der Arbeitgeber dem Arbeitnehmer zur Vermeidung eines Konflikts hier zwar **Vorgaben** machen, etwa Kontakte in „geschäftlich" und „privat" zu kategorisieren[13], wie auf vielen Netzwerken möglich – jedoch droht immer das Risiko eines Zugriffs auf versehentlich fehlerhaft kategorisierte Kontakte. Zudem muss dem Arbeitnehmer vor einer Herausgabe/Löschung des Accounts die Möglichkeit eingeräumt werden, rein private Kontakte und Korrespondenz **zu sichern bzw. zu löschen**.[14] Etwas entschärft wurden die Rechtsrisiken für die Arbeitgeberseite möglicherweise durch die Entscheidung des BGH zum „Digitalen Nachlass"[15]. Dieser entschied, der Nutzungsvertrag mit einem sozialen Netzwerk enthalte in der Regel keine (stillschweigende) Gewährleistung, dass nicht eine andere Person als der Adressat eines bestimmten Inhalts, wie zB einer Nachricht, Zugriff auf diesen Inhalt bekomme.[16] Übertragen auf die hiesige Rechtsfrage hieße dies: die Nutzung des sozialen Netzwerks hinsichtlich der Gefahr, dass ein Dritter Zugriff auf ausgetauschte Inhalte bekommt, erfolgt in Eigenverantwortung und auf eigenes Risiko der Nutzer.

12 Hält sich der Arbeitgeber nicht daran und veranlasst er eine **Sperrung des Accounts** oder löscht gar private Daten insgesamt, kann er sich unter gewissen Umständen schadensersatzpflichtig[17] machen. Hinzu tritt das Risiko ordnungswidrigkeiten- und strafrechtlich relevanten Verhaltens.

III. Unterlassungsansprüche

13 Kann der Arbeitgeber aber schon kaum die Herausgabe bestimmter Daten realisieren, stellt sich „wenigstens" die Frage nach **Unterlassungsansprüchen** – dh dem Recht, die Nutzung eines Social Media-Accounts oder der daraus entspringenden Kontakte und Geschäftsbeziehungen zu unterlassen.

14 Das arbeitsvertragliche Wettbewerbsverbot umfasst die Nutzung sämtlicher Arbeitsmittel – und auch geschäftlicher Kontakte des Arbeitgebers – zu Wettbewerbszwecken.[18] Handlungen nach Beendigung des Arbeitsverhältnisses können typischerweise (nur) durch ein ausdrücklich vereinbartes **nachvertragliches Wettbewerbsverbot** mit entsprechendem Kompensationserfordernis abgedeckt werden. Darüber hinaus trifft den Arbeitnehmer eine Verschwiegenheitspflicht aus dem Arbeitsverhältnis. Diese erstreckt sich auf Betriebs- und Geschäftsgeheimnisse des Arbeitgebers, also auch auf bestimmte Kontakte oder Informationen zu diesen Kontakten.

---

[12] Differenzierend *Frik/Klühe*, DB 2013, 1174 (1176).
[13] ZB über die Kategorisierung von Kontakten in geschäftlich und privat über sogenannte „Tags".
[14] *Oberwetter*, NJW 2011, 417 (420).
[15] BGH, 12.7.2018 – III ZR 183/17, NJW 2018, 3178.
[16] BGH, 12.7.2018 – III ZR 183/17, NJW 2018, 3178, Rn. 39 ff.
[17] Für die Sperrung eines E-Mail-Postfaches *OLG Dresden*, 5.9.2012 – 4 W 961/12, 4 W 0961/12, NJW-RR 2013, 27.
[18] *Frik/Klühe*, DB 2013, 1174 (1175) mwN.

Weiterhin könnte der Arbeitgeber auf die Idee kommen, sich auf Beseitigungs- und 15
Unterlassungsansprüche nach § 6 GeschGehG zu berufen. Das GeschGehG verbietet das
Erlangen, Nutzen oder Offenlegen von **Geschäftgeheimnissen**. Geschäftsgeheimnis iSd
§ 2 GeschGehG ist jede Information, die weder insgesamt noch in der genauen Anordnung und Zusammensetzung ihrer Bestandteile den Personen in den Kreisen, die üblicherweise mit dieser Art von Informationen umgehen, allgemein bekannt oder ohne Weiteres zugänglich ist und daher von wirtschaftlichem Wert ist, die weiter Gegenstand von den Umständen nach angemessenen Geheimhaltungsmaßnahmen durch ihren rechtmäßigen Inhaber ist und hinsichtlich derer ein berechtigtes Interesse an der Geheimhaltung besteht.

Der BGH hat noch zu § 17 UWG zu den geschäftlichen Kontakten eines Handelsver- 16
treters entschieden, dass dieser die im Rahmen seines Arbeitsauftrags gesammelten Kontakte nach dem Ausscheiden aus dem Unternehmen nicht kopieren und für sich oder neue Geschäftsherrn nutzen dürfe, wolle er sich nicht wegen des **Verrats von Geschäfts- oder Betriebsgeheimnissen** strafbar machen. Zulässig sei lediglich die Verwertung gesammelter Kontakte, an die er sich persönlich erinnere.[19] Das ArbG Hamburg[20] hat für das Arbeitsverhältnis entschieden, dass die Daten von Geschäftskontakten (dort: Kunden) grundsätzlich ein Geschäftsgeheimnis darstellen können, auch wenn diese Daten in einem sozialen Netzwerk mit beruflichem Bezug gespeichert seien. Jedoch sei weiter zu beachten, dass es sich bei den Daten nicht um Angaben handeln dürfe, die jederzeit ohne großen Aufwand aus allgemein zugänglichen Quellen erstellt werden könnten. Schließlich müsse auch die Kontaktaufnahme über das soziale Netzwerk, die zur Speicherung dieser Daten geführt habe, **im Rahmen der geschäftlichen Tätigkeit** erfolgt sein. Sofern Kontakte vor dem Anstellungsverhältnis begründet wurden oder schon bestanden, bevor sie geschäftliche Relevanz erlangten, scheide ein Unterlassungsanspruch aus.

Für den Arbeitgeber haben sich diese Anforderungen unter dem neuen GeschGehG nur 17
erhöht. Schon zum UWG hatte das ArbG Hamburg darüber hinaus entschieden, die Darlegungslast für die Geschäftsbezogenheit liege unmittelbar bei der Arbeitgeberin, da es dieser **nicht von vornherein unzumutbar** sei, selbst zu versuchen, sich die streitgegenständlichen Informationen (hier zB Kontaktdaten) zu verschaffen, zum Beispiel durch Befragen der Fachvorgesetzten und Kontaktpartner des Arbeitnehmers. Das dürfte in den meisten Fällen vollkommen lebensfremd sein, wird doch der Arbeitnehmer gerade alleiniger Inhaber aller Kontaktdaten und der einzige sein, der Zugriff auf die Daten hat. Ob und inwieweit derartige Ansprüche daher unter der neuen Gesetzeslage überhaupt praktikabel sein werden, ist mit einem Fragezeichen zu versehen.

Nur in Ausnahmefällen wird der klug beratene Arbeitgeber auf Grundlage des Ar- 18
bNErfG oder des **Urheberrechts** vorgehen können und insoweit zumindest die weitere Nutzung eines Accounts durch den Arbeitnehmer unterbinden können. Gleiches gilt dort, wo das **Namensrecht** (§ 12 BGB analog)[21] sowie **Markenrechte** fruchtbar gemacht werden können, wenn der Arbeitnehmer etwa weiter unter dem alten Arbeitgeber „firmiert" oder dessen geschützte oder schutzfähige Corporate Identity im eigenen Interesse im Netzwerk nutzt, zB um sich aus einer anscheinend fortbestehenden Stellung neu zu bewerben.[22]

IV. Schadenersatzansprüche

Schadenersatzansprüche des Arbeitgebers auf vertraglicher Grundlage (schuldhafte Verlet- 19
zung der arbeitsvertraglichen Herausgabepflicht) bzw. aufgrund Ausführungsverschuldens

---

[19] *BGH*, 19.12.2002 – I ZR 119/00, BeckRS 2002, 30299781.
[20] *ArbG Hamburg*, 24.1.2013, 29 Ga 2/13, BeckRS 2013, 68150.
[21] HK-BGB/*Dörner*, § 12 Rn. 6, 8f.
[22] *Elking/Fürsen*, NZA 2014, 1111 (1113).

im Rahmen der Geschäftsbesorgung bzw. des Auftragsverhältnisses werden zumeist ausscheiden, da der Arbeitgeber **keinen kausalen Schaden beziffern** können wird. Ihm ist nicht bekannt, ob und in welchem Umfang der Arbeitnehmer bestimmte Kontakte nicht herausgibt, die Accountdaten für den Unternehmens-Social-Media-Account geheim hält oder erworbene geschäftliche Kontakte schlicht weiter nutzt.

B. Vertragsgestaltung

20 Auch wenn Social Media-Nutzung insbesondere in den typischen Graubereichen der privaten und geschäftlichen Nutzung **nicht zu 100 % rechtlich erfassbar** sein wird, kann eine vorausschauende Vertragsgestaltung dennoch helfen, ein gemeinsames Verständnis zu schaffen und Risiken wo möglich zu reduzieren.

21 In Betracht kommen sowohl betriebsverfassungsrechtliche Regelungen, vertragliche Absprachen als auch die schlichte Ausübung des Direktionsrechts durch den Arbeitgeber. Sollen Regelungen getroffen werden, die die bestehenden arbeitsvertraglichen oder gesetzlichen Haupt- und Nebenpflichten lediglich für die Sonderthematik Social Media **konkretisieren,** ist die einseitige Einführung von Social Media Policies oder Guidelines vorzugswürdig. Für neu zu begründende Pflichten des Arbeitnehmers bedarf es einer eigenständigen Rechtsgrundlage. Einzelverträge sind hierbei für viele allgemeingültige Themen kein praktisch sinnvolles Mittel, da keine einheitliche Rechtslage „in der Fläche" geschaffen werden kann und spätere Änderungen durchaus komplex sind. Ideales Mittel ist daher eine kollektivrechtliche Grundlage, mit der gleichzeitig bestehende Mitbestimmungsrechte des Betriebsrates abgedeckt werden können, gegebenenfalls flankiert durch Ergänzungsvereinbarungen für bestimmte Themenkreise.

22 Taugliche und praxisrelevante **Regelungsgegenstände** können unter anderem sein[23]:
- Regelungen, die die **Nutzung der Social Media Accounts** selbst betreffen (zB Regelungen zur Zuordnung eines Accounts als dienstlich oder privat, zu möglichen Übertragungen des Accounts bzw. der Kontakte daraus und etwaigen finanziellen Gegenleistungen; zu Vertragsstrafen oder Ähnlichem, zur Hinterlegung von Logindaten);
- Regelungen zur **Anlage und Pflege der Kontakte** im Account bzw. zur Synchronisation der Kontakte mit anderen Datensätzen (zB Exchange-Export), sowie
- Regelungen für den Fall der **Beendigung des Arbeitsverhältnisses** (Löschung, Kopien, Herausgabe von Zugangsdaten etc.; Regelungen zur Darlegung der Geschäftsbezogenheit bestimmter Kontakte).

---

[23] Im Detail *Hoffmann-Remy/Tödtmann,* NZA 2016, 792 (797).

Teil 15.2 Bewertungen im Internet

Übersicht

Rn.

A. Einführung 1
   I. Sinn und Funktionsweise von Bewertungsangeboten 1
   II. „Influencer"-Bewertungen und -Empfehlungen 4
B. Zulässigkeit von Bewertungen im Internet 7
C. Das Angreifen von Bewertungen im Internet 13
   I. Unterlassungsanspruch aus § 1004 Abs. 1 BGB analog 13
   II. Löschungsanspruch aus Art. 17 DS-GVO 23
D. Haftung für Bewertungen 24
   I. Haftung für eigene Bewertungen 24
   II. Haftung für zu eigen gemachte Bewertungen 25
   III. Haftung des Diensteanbieters für fremde Bewertungen 26
      1. Notifizierung des Portalbetreibers 28
      2. Prüfpflichten des Portalbetreibers 31
      3. Neutralität des Portalbetreibers 34
      4. Anspruch auf Wiedereinstellung von Bewertungen 35
   IV. Probleme der Rechtsdurchsetzung 36
   V. Stellungnahme 43
E. Bewertungen und Wettbewerbsrecht 44
   I. Bewertungsaufforderungen und Kundenzufriedenheitsumfragen 44
   II. Irreführende Bewertungen 45
   III. Haftung der Portalbetreiber als Mitbewerber 46

Literatur:

Ahrens, Influencer Marketing – Regulierungsrahmen und Konsequenzen seiner Anwendung (Teil 1), GRUR 2018, 1211; *Bach,* Fake News und Cyber Mobbing – Zur internationalen Zuständigkeit bei Persönlichkeitsrechtsverletzungen, EuZW 2018, 68; *Boehme-Neßler,* Das Rating von Menschen, K&R 2016, 637; *Büscher,* Soziale Medien, Bewertungsplattformen & Co – Die lauterkeitsrechtliche Haftung von Internetdienstleistern, GRUR 2017, 433; *Dix,* Testberichte über Hochschullehrer, DuD 2006, 330; *Dorn,* Lehrerbenotung im Internet – Eine kritische Würdigung des Urteils des OLG Köln vom 27.11.2007, DuD 2008, 98; *Franz,* Der digitale Pranger: Bewertungsportale im Internet, Berlin/Boston 2018; *Gomille,* Prangerwirkung und Manipulationsgefahr bei Bewertungsforen im Internet, ZUM 2009, 815; *Gräbig,* Aktuelle Entwicklungen bei Haftung für mittelbare Rechtsverletzungen. Vom Störer zum Täter – ein neues einheitliches Haftungskonzept?, MMR 2011, 504; *Greve/Schärdel,* Der digitale Pranger – Bewertungsportale im Internet, MMR 2008, 644; *Grisse,* Was bleibt von der Störerhaftung? Bedeutung der 3. Änderung des TMG für die zivilrechtliche Systematik und Umsetzung der Vermittlerhaftung in Deutschland, GRUR 2017, 1073; *Hacker,* Mehrstufige Informationsanbieterverhältnisse zwischen Datenschutz und Störerhaftung: Gestufte Kontrolle – gemeinsame Verantwortung?, MMR 2018, 779; *Hofmann,* Mittelbare Verantwortlichkeit im Internet, JuS 2017, 713; *Kaiser,* Bewertungsportale im Internet – Die spickmich-Entscheidung des BGH, NVwZ 2009, 1474; *Köhler/Bornkamm/Feddersen,* Gesetz gegen den unlauteren Wettbewerb: UWG, 37. Auflage 2019; *Koreng,* Das „Unternehmenspersönlichkeitsrecht" als Element des gewerblichen Reputationsschutzes, GRUR 2010, 1065; *Kühling,* Im Dauerlicht der Öffentlichkeit – Freifahrt für personenbezogene Bewertungsportale!?, NJW 2015, 447, 449; *Kühling/Buchner,* Kommentar Datenschutz-Grundverordnung, Bundesdatenschutzgesetz: DS-GVO/BDSG, 2. Aufl. 2018; *Lauber-Rönsberg,* Rechtsdurchsetzung bei Persönlichkeitsrechtsverletzungen im Internet – Verantwortlichkeit von Intermediären und Nutzern in Meinungsforen und Personenbewertungsportalen, MMR 2014, 10; *Leistner,* Die Haftung von Kauf-und Buchungsportalen mit Bewertungsfunktion, in: Alexander/Bornkamm/Buchner/Fritzsche/Lettl (Hrsg.), Festschrift für Helmut Köhler zum 70. Geburtstag, München 2014, S. 415f.; *Michel,* Bewertungsportale und das Medienprivileg – Neue Impulse durch Art. 85 DSGVO?, ZUM 2018, 836; *Nieland,* Störerhaftung bei Meinungsforen im Internet – Nachträgliche Löschungspflicht oder Pflicht zur Eingangskontrolle?, NJW 2010, 1494; *Paal,* Persönlichkeitsrechtsschutz in Online-Bewertungsportalen, NJW 2016, 2081; *Peifer,* Influencer Marketing – Rechtlicher Rahmen und Regulierungsbedürfnis (Teil 2), GRUR 2018, 1218; *Petruzzelli,* Bewertungsplattformen, MMR 2017, 800; *Pille,* Meinungsmacht sozialer Netzwerke, Baden-Baden 2016; *Pille,* Der Grundsatz der Eigenverantwortlichkeit im Internet, Baden-Baden 2018, 3545; *Schmidt,* Äußerungsrechtlicher Schutz gegenüber Bewertungsportalen im Internet, Baden-Baden 2015; *Terhaag/Schwarz,* Influencer – Die Wundertüte des Online-Marketings, K&R 2019, 612; *Wilkat,* Bewertungsportale im Internet, Baden-Baden 2013; *Zurth/Pless,* #transparenz: Die Kennzeichnung nutzergenerierter Werbung in sozialen Netzwerken unter der neuen AVMD-Richtlinie – Teil 1, ZUM 2019, 414.

A. Einführung

I. Sinn und Funktionsweise von Bewertungsangeboten

1 Die Bedeutung des Internets für Kauf- und **Auswahlentscheidungen** von Kunden ist heute unbestritten. Eigene Unternehmenswebseiten gehören ebenso selbstverständlich zu einer erfolgreichen Geschäftsstrategie wie Social-Media-Auftritte oder eigene Social-Media-Kanäle, die häufig von professionellen Social Media Beratern gepflegt werden. Neben dem Onlinehandel und sonstigen online-basierten Geschäftsmodellen ist das Internet auch für die nicht internetbasierte Geschäftswelt von erheblicher Bedeutung. Potentielle Kunden, Mandanten oder Patienten informieren sich dort über Produkte, Dienstleistungen oder Vorzüge der Werbenden und machen ihre Entscheidung für oder gegen ein Unternehmen nicht selten von dem im Internet gewonnenen Eindruck abhängig. Natürlich geben die allein der Eigenwerbung dienenden Unternehmenswebseiten nur wenig Aufschluss über die wirkliche Leistungsqualität. Aus diesem Grund sind Internetnutzer zunehmend auf der Suche nach neutralen Bewertungen Dritter, insbesondere nach persönlichen Erfahrungen anderer Nutzer, die mit dem Unternehmen oder dessen Leistungen bereits konfrontiert waren.[1]

2 Im Internet haben sich zahlreiche Angebote herausgebildet, die branchenübergreifend im weitesten Sinne der Bewertung von Personen, Unternehmen und deren Leistungen dienen.[2] Sie lassen sich grob in Angebote differenzieren, bei denen die Bewertungen vom jeweiligen Diensteanbieter selbst (bspw. Testberichte) oder aber von den Nutzern des Angebots, also von Dritten stammen. Die letztgenannten Nutzerbewertungsangebote zeichnen sich dadurch aus, dass der Diensteanbieter lediglich die **Bewertungsplattform** oder -möglichkeit zur Verfügung stellt, die eigentlichen Bewertungen jedoch von den Nutzern der Plattform abgegeben werden. Auf diese Weise entsteht eine Dreieckskonstellation zwischen dem Bewertenden, dem Portalbetreiber und dem Bewerteten.[3] Bei Nutzerbewertungsportalen ist wiederum zu differenzieren zwischen Angeboten, die, wie etwa *jameda* oder *yelp*, im Wesentlichen auf **Nutzerbewertungen** und deren Auswertung ausgerichtet sind, und solchen Angeboten, bei denen, wie etwa bei *eBay, amazon* oder *Google,* die Nutzerbewertung lediglich eine Zusatzfunktion darstellt. Letztere Kategorie zeichnet sich häufig dadurch aus, dass die Portalbetreiber neben der Bewertungsmöglichkeit eigene Leistungsangebote bereithalten, die mit jenen der Bewerteten in Konkurrenz stehen.[4]

3 Ziel sämtlicher Nutzerbewertungsportale ist es, anderen Nutzern neutrale und authentische Erfahrungswerte und damit letztlich Vertrauen zu vermitteln. Die Glaubwürdigkeit einer (Gesamt-)Bewertung steigt dabei regelmäßig mit der Anzahl ähnlicher abgegebener Bewertungen.[5] Berichten etwa zahlreiche Nutzer übereinstimmend, dass sie nach einem Besuch des bewerteten Restaurants Magenbeschwerden hatten, sie bei dem bewerteten Arzt mehrere Stunden im Wartezimmer verbringen mussten oder der bewertete Onlinehändler trotz Zahlung die gekaufte Ware nicht verschickt hat, misst der Rezipient den Bewertungen eine erhöhte **Authentizität** bei. Viele Bewertungsplattformen ermöglichen dem Nutzer daneben auch die Veröffentlichung einer pauschalen Gesamtbewertung, etwa durch die Bewertung mit Sternen, Punkten oder Schulnoten auf einer vom Betreiber vorgegebenen Skala. Gerade dort, wo der Rezipient sich nicht mehr mit konkreten, inhaltlichen Erfahrungsberichten und deren Glaubwürdigkeit auseinandersetzen kann, sondern sich lediglich mit Pauschalbewertungen durch Sterne oder Punkte konfrontiert sieht, hängt die Verlässlichkeit der Gesamtbewertung von der Anzahl gleicher oder ähnlicher Be-

---

[1] Vgl. *Leistner,* FS Köhler, S. 415 (426); *Franz,* Der digitale Pranger, S. 1.
[2] Zur Entwicklung s. *Wilkat,* Bewertungsportale im Internet, S. 37 ff.; vgl. auch *Schmidt,* Äußerungsrechtlicher Schutz gegenüber Bewertungsportalen im Internet, S. 31 ff.
[3] Vgl. *Paal,* NJW 2016, 2081; *Wilkat,* Bewertungsportale im Internet, S. 52 ff.
[4] Vgl. auch *Büscher,* GRUR 2017, 433.
[5] Vgl. auch *Franz,* Der digitale Pranger, S. 2.

A. Einführung

wertungen ab. Wenn zahlreiche Nutzer einen Arzt oder Rechtsanwalt durch die Vergabe einer guten Gesamtnote empfehlen oder einen Arbeitgeber mit nur einem Stern bewerten, spricht aus Sicht des Rezipienten viel für die Richtigkeit der Bewertung. Hinzu kommt, dass zahlenmäßigen Bewertungen allgemein eine größere Objektivität zugeschrieben wird als artikulierten subjektiven Meinungen.[6] Damit leben Bewertungsangebote im Internet stets auch von einer gewissen **„Schwarmintelligenz"**.[7] Die vorstehend aufgeführten Eigenschaftszuschreibungen für Nutzerbewertungen dürften heute nach wie vor Geltung beanspruchen, obgleich inzwischen allgemein bekannt ist, dass positive Bewertungen im Internet mitunter von den Bewerteten gekauft werden.

II. „Influencer"-Bewertungen und -Empfehlungen

Neben gewöhnlichen Nutzerbewertungen hat das sog. **Influencer-Marketing** für Unternehmen eine besondere Bedeutung erlangt, bei dem „Influencer" Produkte oder Dienstleistungen bewerten und empfehlen.[8] Der Begriff des **„Influencers"** ist nicht klar umrissen. Im Grundsatz beschreibt er Personen, die aufgrund ihrer besonderen Bekanntheit oder ihrer starken Präsenz im Internet als Werbeträger in Betracht kommen. Das Influencer-Marketing knüpft an das besondere Vertrauensverhältnis zwischen dem Influencer als Vorbild und Identifikationsfigur und seinen **„Followern"** an. Letztere messen einer Produktbewertung und -empfehlung des Influencers besondere Glaubwürdigkeit bei, wodurch ein besonders hoher Werbewert bei einem Massenpublikum erreicht wird. Damit geht das Influencer-Marketing über gewöhnliche Nutzerbewertungen von Waren oder Dienstleistungen auf Bewertungsplattformen hinaus. Verstärkt wird die Werbewirkung des Influencer-Marketings dadurch, dass die Bewertungen als persönliche Empfehlungen des Influencers an seine Follower dargestellt werden und ihr werblicher Charakter häufig verschleiert wird, wodurch werberechtliche Probleme entstehen (→ Rn. 5 f.).

4

Praxishinweis:

In der anwaltlichen Praxis nehmen Verträge zwischen Influencern und werbenden Unternehmen **(Influencer-Verträge)** eine immer wichtigere Rolle ein. Die vertragscharakteristische Leistung des Influencers besteht regelmäßig darin, eine bestimmte Anzahl von „Posts" oder Videos im Internet zu veröffentlichen, in denen das Produkt oder die Dienstleistung beworben wird. Besonderes Augenmerk ist insoweit auf die Einhaltung der gesetzlichen **Werbevorgaben** zu legen. Neben dem TMG (§ 6 Abs. 1 Nr. 1) und dem Rundfunkstaatsvertrag (§§ 7 Abs. 1 Nr. 3, Abs. 7, 58 Abs. 1) spielt hier vor allem das Wettbewerbsrecht eine Rolle, das über § 3a UWG und § 5a Abs. 6 UWG Werbemaßnahmen, die als solche nicht erkennbar sind **(Schleichwerbung)**, sanktioniert. Das Influencer-Marketing war bereits mehrfach Gegenstand gerichtlicher Entscheidungen. Die Gerichte gehen insoweit übereinstimmend davon aus, dass **nicht** eindeutig als Werbung **gekennzeichnete Produktempfehlungen** des Influencers, für die dieser eine **Gegenleistung** erhalten hat, grundsätzlich rechtswidrig sind.[9]

5

Da dem werbenden Unternehmen rechtswidrige Handlungen des Influencers im Zusammenhang mit der werblichen Handlung über § 8 Abs. 2 UWG zugerechnet werden können,[10] sollte aus Unternehmenssicht darauf geachtet werden, dass die Einhaltung der

6

---

[6] *Kaiser*, NVwZ 2009, 1474.
[7] Vgl. auch *Boehme-Neßler*, K&R 2016, 637.
[8] Vgl. dazu *Ahrens*, GRUR 2018, 1211; *Terhaag/Schwarz*, K&R 2019, 612; *Peifer*, GRUR 2018, 1218; *Zurth/Pless*, ZUM 2019, 414.
[9] Vgl. *OLG Frankfurt a. M.*, BeckRS 2019, 14246 Rn. 8; 24.10.2019 – 6 W 68/19; *KG*, BeckRS 2019, 410 Rn. 87; BeckRS 2017, 133162 Rn. 20; *LG Karlsruhe*, BeckRS 2019, 3975; einschränkend *LG München I*, BeckRS 2019, 7496 Rn. 41 f.
[10] Vgl. *Zurth/Pless*, ZUM 2019, 414 (423).

werberechtlichen Grundsätze vertraglich stets dem Influencer obliegt und für etwaige Sanktionen (**Bußgelder**) oder Ansprüche Dritter (zB **Abmahnungen** von Mitbewerbern) eine Freistellung vereinbart wird. Darüber hinaus sollte neben einem konkurrenzbezogenen Wettbewerbsverbot auch eine nachvertragliche **Wohlverhaltenspflicht** vereinbart werden, um die positive Wirkung einer solchen Werbemaßnahme nicht durch späteres Handeln des Influencers zu konterkarieren. Schließlich hat sich in der Praxis noch ein eher profanes, aus der Beratungsperspektive aber gleichwohl haftungsträchtiges Problem gezeigt, dem es vertraglich entgegenzuwirken gilt: Regelmäßig vereinbaren die Parteien, dass wenigstens ein Teil des vom Influencer einzustellenden Contents gemeinsam mit dem werbenden Unternehmen produziert wird. In diesem Zusammenhang sind Unternehmen bereits mehrfach beträchtliche Schäden entstanden, weil vereinbarte und aufwendig vorbereitete Produktionstermine vom Influencer grundlos kurzfristig abgesagt wurden. Insofern ist zur Vermeidung von Streitigkeiten eine Verbindlichkeit von Terminabsprachen in den Vertrag aufzunehmen, ungeachtet der Frage, ob sich eine Verbindlichkeit nicht auch als vertragliche Nebenpflicht (§ 241 Abs. 2 BGB) oder aus dem Grundsatz von Treu und Glauben (§ 242 BGB) herleiten lässt.

B. Zulässigkeit von Bewertungen im Internet

7 Bewertungsangebote, gleich, ob es sich um Nutzerbewertungsplattformen handelt oder ob die Bewertungen von den Diensteanbietern selbst stammen, ziehen spezifische rechtliche Probleme nach sich. Zuvorderst stellt sich die Frage nach der generellen Zulässigkeit von öffentlich abgegebenen Bewertungen im Internet. Es liegt auf der Hand, dass es bewertenden Nutzern wie Diensteanbietern erlaubt ist, ihre wertende **Meinung** über Personen und Unternehmen und deren jeweilige Leistungen zu äußern. Hierbei handelt es sich gewissermaßen um das Paradebeispiel der von Art. 5 Abs. 1 S. 1 GG garantierten **Meinungsfreiheit**.[11] Dementsprechend kommt es auch nicht darauf an, ob eine subjektive Nutzerbewertung („echt das Letzte"[12]) begründet oder grundlos, emotional oder rational, wertvoll oder wertlos oder sonst wie nachvollziehbar ist.[13] Deshalb ist auch die Ansicht des *LG Lübeck* unzutreffend, wonach der Nutzer eine schlechte 1-Sterne-Bewertung (zur Einordnung von Sterne-Bewertungen als Meinungsäußerungen s. → Rn. 16) nicht ohne weiteren begründenden Kommentar veröffentlichen dürfe.[14] Ebenso ist es Nutzern wie Anbietern grundsätzlich gestattet, **wahre Tatsachen** über den Bewerteten zu äußern. Denn wahre Tatsachenbehauptungen fallen – anders als bewusst unwahre Tatsachenbehauptungen[15] – ebenfalls unter den Schutz von Art. 5 Abs. 1 S. 1 GG. Irrelevant ist, ob eine Bewertung – sei sie nun Werturteil oder Tatsachenbehauptung – unter dem **Klarnamen** oder unter einem **Pseudonym** veröffentlicht wird, weil auch die anonyme Veröffentlichung von Werturteilen und Tatsachenbehauptungen grundrechtlich geschützt ist.[16] Schließlich ist auch die Wahl des „Kommunikationskanals Internet" von Art. 5 Abs. 1 S. 1 GG gedeckt. Denn der sich Äußernde kann sich von Verfassungs wegen die Form und die Mittel aussuchen, mit denen er seiner Meinungsäußerung nach seiner Auffassung bestmögliche Wirkung verschaffen kann.[17] Entscheidet sich ein Nutzer für die Abgabe einer

---

[11] Vgl. *BGH*, 20.2.2020, I ZR 193/18 zu Kundenbewertungen bei *amazon,* NJW 2020, 1520.
[12] *LG Berlin,* BeckRS 2007, 18369.
[13] *BVerfG,* NJW 2010, 47 Rn. 49.
[14] *LG Lübeck,* BeckRS 2018, 13241; zutreffend insoweit *LG Augsburg,* BeckRS 2017, 125365.
[15] *BVerfG,* NJW 1999, 1322 Rn. 52.
[16] *BGH,* NJW 2009, 2888 Rn. 38 – Spickmich; *OLG Frankfurt a. M.,* NJW 2012, 2896; ein eigenes Grundrecht auf Anonymität besteht entgegen *Heckmann,* NJW 2012, 2631 allerdings nicht.
[17] *BVerfG,* NJW 1995, 3303.

Bewertung über eine vertragliche Leistung, stellt es im Verhältnis zum Vertragspartner eine vertragliche Nebenpflicht dar, die Bewertung wahrheitsgemäß abzugeben.[18]

Ein Anspruch eines **Unternehmens,** präventiv die Abgabe **unerwünschter Kundenbewertungen** zu unterbinden, besteht nicht. Als am Wirtschaftsverkehr Teilnehmende haben es Unternehmen grundsätzlich hinzunehmen, dass ihre Leistungen von Dritten bewertet und diese Bewertungen auch veröffentlicht werden. Eine Untersagung von Bewertungen stellte sich zudem als unzulässiger Eingriff in die Meinungsfreiheit der bewertenden Nutzer dar (vgl. → Rn. 7). Denn obgleich es sich bei den Grundrechten im Grundsatz um Abwehrrechte des Einzelnen gegen den Staat handelt, wirken die Grundrechte mittelbar auch zwischen Privatrechtssubjekten.[19] Das aus Art. 2 Abs. 1, 19 Abs. 3 GG abzuleitende **Unternehmenspersönlichkeitsrecht**[20] schützt das Unternehmen somit regelmäßig nur vor **unwahren Tatsachenbehauptungen** oder **Schmähkritik** (vgl. → Rn. 17). Aus diesem Grund können auch **allgemeine Geschäftsbedingungen,** die dem Vertragspartner Bewertungen generell untersagen, als überraschende (§ 305c BGB) und unangemessen benachteiligende Klauseln (§ 307 BGB) keinen Bestand haben. 8

Deutlich kontroverser zu diskutieren ist die Frage, ob **natürliche Personen** es ebenfalls hinnehmen müssen, ohne ihre Einwilligung oder gar gegen ihren Willen Gegenstand einer Bewertung im Internet zu werden. Denn der Bewertete wird durch eine Bewertung seiner Leistungen im Internet in das Licht der Öffentlichkeit gezogen, ohne hierfür Anlass gegeben zu haben. Die **namentliche Nennung** und Bewertung natürlicher Personen bedeutet zweifelsohne einen Eingriff in das Grundrecht der **informationellen Selbstbestimmung** (Art. 1 Abs. 1, 2 Abs. 1 GG).[21] Die wesentliche Rechtfertigung für diesen Eingriff liegt nach Auffassung des *Bundesverfassungsgerichts* darin begründet, dass die hier in Rede stehenden Leistungsbewertungen lediglich die ohnehin nach außen gerichtete (berufliche) **Sozialsphäre** betreffen,[22] es bei den Bewertungen also nicht um Privatangelegenheiten des Bewerteten geht. Äußerungen, die allein die Sozialsphäre eines Dritten tangieren, dürfen nach der Rechtsprechung nur im Fall schwerwiegender Auswirkungen auf das Persönlichkeitsrecht sanktioniert werden, was etwa bei Stigmatisierung, sozialer Ausgrenzung oder einer **Prangerwirkung** der Fall sein soll.[23] Eine Prangerwirkung ist grundsätzlich anzunehmen, wenn die Folgen der Veröffentlichung außer Verhältnis zu dem mit ihr verfolgten Zweck stehen.[24] 9

Die von der Rechtsprechung, vor allem in der vielbesprochenen „Spickmich"-Entscheidung des *BGH*[25] angenommene Dichotomie zwischen Sozial- und Privatsphäre bei der Bewertung natürlicher Personen erscheint zumindest in der hier in Rede stehenden Bewertungssituation im Internet mehr als zweifelhaftes juristisches Konstrukt denn als tatsächliche Gegebenheit.[26] Die **Privatsphäre** sichert dem Grundrechtsträger einen autonomen Bereich privater Lebensgestaltung, in dem er seine Individualität entwickeln und wahren kann, in dem er „in Ruhe gelassen wird".[27] Berufliches Wirken und persönliche Lebensgestaltung einer Person sind jedoch derart eng miteinander verwoben, dass die dauerhafte persönliche Vorführung des Bewerteten im Internet zu einer ganzheitlichen, nicht in verschiedene Sphären differenzierbaren Belastung für den Bewerteten und sein persönli- 10

---

[18] *AG München,* 29.9.2016 – 142 C 12436/16.
[19] *BGH,* NJW 2015, 489 – Ärztebewertung II, Tz. 26–28 und 32ff.; *LG München I,* BeckRS 2019, 6146 Rn. 43; *Pille,* Meinungsmacht sozialer Netzwerke, S. 374ff.
[20] Vgl. hierzu *BGH,* NJW 2017, 2029 Rn. 15 – klinikbewertungen.de; NJW 1994, 1281; *OLG Stuttgart,* BeckRS 2015, 12149; kritisch *Koreng,* GRUR 2010, 1065.
[21] *BGH,* NJW 2018, 1884 Rn. 14 – Ärztebewertungsportal III.
[22] *BVerfG,* NJW 1990, 563.
[23] *BVerfG,* NJW 2000, 2413; NJW 2003, 1109; NJW 2010, 1587; NJW 2011, 47; *BGH,* NJW 2009, 2888 Rn. 31 – Spickmich.
[24] Vgl. *BVerfG,* NJW 1998, 2889; *Gomille,* ZUM 2009, 815.
[25] *BGH,* NJW 2009, 2888 Rn. 31 – Spickmich.
[26] Ähnlich auch *Franz,* Der digitale Pranger, S. 11; *Kühling,* NJW 2015, 447 (449).
[27] *BVerfG,* NJW 1989, 891.

ches Umfeld werden kann.[28] Sicherlich knüpfen die Bewertungen im Ansatz vordergründig an berufliche und damit der Sozialsphäre zuzuordnende Leistungen der Person an. Aber abgesehen davon, dass auch eine rein leistungsbezogene Bewertung einer Person („ein miserabler Anwalt") nachvollziehbare Auswirkungen auf und für die Person haben kann, sind Bewertungen vielfach auch mit Aspekten vermengt, die jedenfalls mittelbar eine Bewertung der Person und ihrer charakterlichen Eigenschaften darstellen. So liegt es auf der Hand, dass etwa die Bewertungsrubrik „Freundlichkeit" auf dem Ärztebewertungsportal *jameda* oder die Attribute „cool und witzig", „beliebt" und „menschlich" in der „Spickmich"-Entscheidung[29] die Person als solche und nicht deren fachliche Fähigkeiten betreffen.[30] Daran ändert auch die Feststellung nichts, dass, wie es der *BGH* in der „Spickmich"-Entscheidung betont, diese Attribute dem Bewerteten aufgrund seines Auftretens innerhalb seines beruflichen Wirkungskreises beigemessen werden.

11 Die Wahl des Internet als Medium für die Veröffentlichung einer Bewertung führt zu einer signifikanten Intensivierung des Persönlichkeitsrechtseingriffes. Zwar sind soziale Kontrolle und Persönlichkeits- und Leistungsbewertungen dem zwischenmenschlichen Zusammenleben immanent. Allerdings erzeugen Bewertungen vor einem (potentiellen) **Millionenpublikum** im Internet eine gewollte, besonders intensive Wirkung.[31] Während eine persönlich geäußerte Kritik schon wegen des beschränkten Adressatenkreises nicht mit einer online veröffentlichten Bewertung vergleichbar ist, verflüchtigen sich Bewertungen in den tradierten Medien, Rundfunk und Presse, unmittelbar nach ihrer Veröffentlichung durch Zeitablauf. Im Internet veröffentlichte Bewertungen sind hingegen **persistent** und stehen dem Nutzer zum jederzeitigen Abruf bereit. Hinzu kommt, dass einmal im Internet veröffentlichte Daten und Informationen kaum getilgt werden können.[32] Die Angst vor einer schlechten Bewertung im Internet kann den Einzelnen somit veranlassen, seine Verhaltensweise präventiv im Hinblick auf mögliche Bewertungen Dritter auszurichten. Bezeichnenderweise war es ebendiese Gefahr der sozial erzwungenen **Verhaltensanpassung**, die der *BGH* in der „Spickmich"-Entscheidung zur Rechtfertigung der Anonymität der Nutzerbewertungen angeführt hat.[33]

12 Die Rechtsprechung nimmt die besondere **Wirkweise des Internets** – massenhafte und dauerhafte Zugänglichkeit für jedermann – bei der Abwägung der widerstreitenden Grundrechtsinteressen (→ Rn. 14 ff.) zu wenig in den Blick. Insbesondere verfängt die auch vom *BGH* in der „Spickmich"-Entscheidung angesprochene Erwägung nicht, dass Bewertungsportale regelmäßig eine **Registrierung** verlangen und sich der **Adressatenkreis** der Bewertungen auf Personen verdichtet, die mit dem Bewerteten in Kontakt stehen.[34] Denn gerade dieser Adressatenkreis, der den Bewerteten kennt oder Beziehungen mit dem Bewerteten pflegt, ist für den Bewerteten von besonderer Bedeutung. Die angedeutete persönliche Belastung, unfreiwillig zum Gegenstand öffentlicher Bewertungen gemacht zu werden, ist im Rahmen der Grundrechtsabwägung grundsätzlich höher zu gewichten als das Interesse des Bewertenden, gerade das Internet für seine Kritik zu wählen. Auch das im Grundsatz anzuerkennende **Interesse der Allgemeinheit,** sich über den Bewerteten und dessen Leistungen zu informieren, vermag die Grundrechtsbeeinträchtigung des Betroffenen nicht zu rechtfertigen. Schließlich führt auch die Berücksichtigung der **Interessen der Portalbetreiber** nicht zu einem abweichenden Ergebnis. Denn die Bewertung namentlich genannter Personen im Internet dient primär der Monetarisierung

---

[28] Vgl. auch *Franz,* Der digitale Pranger, S. 9 f.; *Gomille,* ZUM 2009, 815; *Dorn,* DuD 2008, 98; *Dix,* DuD 2006, 330.
[29] *BGH,* NJW 2009, 2888 Rn. 1 – Spickmich.
[30] Vgl. auch *Petruzzelli,* MMR 2017, 800 (801 f.).
[31] Vgl. auch *Wilkat,* Bewertungsportale im Internet, S. 222 f.
[32] Vgl. *Greve/Schärdel,* MMR 2008, 644; *Franz,* Der digitale Pranger, S. 12; *Schmidt,* Äußerungsrechtlicher Schutz gegenüber Bewertungsportalen im Internet, S. 39.
[33] Vgl. *BGH,* NJW 2009, 2888 Rn. 38 – Spickmich.
[34] *BGH,* NJW 2009, 2888 Rn. 37 – Spickmich.

privater Daten. Bewertungsportale fußen damit letztlich auf intendierten Grundrechtseingriffen zulasten der Bewerteten. Um die widerstreitenden Interessen in einen gerechten Ausgleich zu bringen, ist es entgegen der Rechtsprechung indiziert, Bewertungen über natürliche Personen im Internet nur solange zuzulassen, wie der Betroffene seiner Bewertung nicht gegenüber dem Bewertungsportal **widersprochen** hat. Eine andere Beurteilung schiene allenfalls dort gerechtfertigt, wo der Betroffene nicht erst durch die Bewertung in die Öffentlichkeit gezogen wird, sondern schon zuvor eine Person des öffentlichen Diskurses ist.[35]

C. Das Angreifen von Bewertungen im Internet

I. Unterlassungsanspruch aus § 1004 Abs. 1 BGB analog

In der anwaltlichen Praxis mehren sich Anfragen von Mandanten, die gegen sie betreffende Bewertungen im Internet vorgehen möchten. Die Rechtsgrundlage für die Entfernung einer Bewertung findet sich im – verschuldensunabhängigen – **Unterlassungsanspruch** aus § 1004 BGB, je nach Inhalt und Wirkung der Bewertung iVm §§ 824, 823 Abs. 2 BGB iVm §§ 185 ff. StGB, § 823 Abs. 1 BGB iVm dem **(Unternehmens-)Persönlichkeitsrecht** oder iVm dem **Recht am eingerichteten und ausgeübten Gewerbebetrieb** (etwa im Falle einer Rufschädigung). Da der Unterlassungsanspruch stets auch die Beseitigung des bestehenden Störungszustandes umfasst,[36] ist der Anspruchsgegner verpflichtet, eine rechtswidrige Bewertung zu entfernen.[37] Ist dem Bewertenden die **Löschung** selbst nicht möglich, hat er den Portalbetreiber zur Löschung aufzufordern.[38] Die Beseitigung kann – im Falle einer unwahren Tatsachenbehauptung – zudem auch einen **Widerruf** umfassen.[39] Neben einer Haftung auf Unterlassung und Beseitigung kommen auch **Auskunfts- und Schadensersatzansprüche** des Bewerteten in Betracht, etwa wenn eine falsche Bewertung zur Kündigung eines Vertragsverhältnisses oder zu sonstigen Schäden geführt hat. Freilich ist die Darlegung eines Kausalzusammenhangs zwischen konkreter Bewertung und Schaden in der Praxis häufig kaum möglich. Etwas anderes kann allerdings gelten, wenn eine konkrete Bewertung nachweislich zur Sperrung eines Verkäuferkontos, etwa auf *amazon* oder *eBay*, führt und dem Bewerteten dadurch nachweisbare **Umsatzeinbußen** entstehen.[40]

Die konkreten Erfolgsaussichten für die jeweiligen Ansprüche hängen in der Regel von der **Abwägung der widerstreitenden Grundrechtspositionen** – Persönlichkeitsrecht auf der einen, Meinungsfreiheit, Informationsinteresse[41] und unternehmerische Freiheit auf der anderen Seite – ab. Das Abwägungsergebnis wird maßgeblich durch die Frage determiniert, ob es sich bei der in Rede stehenden Bewertung um ein Werturteil oder um eine Tatsachenbehauptung handelt.

Die **Abgrenzung zwischen Werturteilen und Tatsachenbehauptungen** ist mitunter schwierig, zumal die Grenzen fließend sind. Im Grundsatz zeichnen sich Werturteile durch eine persönliche Beziehung des sich Äußernden zu seiner Aussage aus, die sich in einem subjektiven Meinen oder Dafürhalten manifestiert.[42] Es geht also im klassischen Sin-

---

[35] Ohne Belang ist entgegen *Gomille*, ZUM 2009, 815, ob der Bewertete angestellt oder selbstständig tätig ist, weil dies nichts über die Schutzbedürftigkeit des Bewerteten aussagt.
[36] *BGH*, BeckRS 2015, 1819 – CT-Paradies.
[37] *AG Peine*, NJW-RR 2005, 275.
[38] *AG Eggenfelden*, BeckRS 9998, 52567.
[39] *LG Konstanz*, NJW-RR 2004, 1635; *Schmidt*, Äußerungsrechtlicher Schutz gegenüber Bewertungsportalen im Internet, S. 90 ff.
[40] Vgl. *OLG München*, BeckRS 2015, 3686.
[41] Zum fehlenden Informationsinteresse an einer öffentlichen Bewertung von Autofahrern vgl. *OVG NRW*, BeckRS 2017, 136577; vgl. auch *Franz*, Der digitale Pranger, S. 7 f.
[42] *BVerfG*, NJW 2009, 3016 Rn. 27 mwN.

ne um ein „(Be-)Werten" („die Kanzlei ist scheinbar nur auf Profit aus"[43]; „der Anwalt hat von seinem Job keine Ahnung, ist desorganisiert und inkompetent"[44]). Tatsachenbehauptungen („auf dem Nachttisch klebten Kaugummis von früheren Gästen"[45]; „die Betten waren mit Bettwanzen befallen"[46]; „mit diesem Rechtsanwalt habe ich sämtliche Verfahren verloren") sind hingegen dadurch gekennzeichnet, dass sie einem objektiven Wahrheitsbeweis (als richtig oder falsch) zugänglich sind.[47] Als Tatsachenbehauptung des Diensteanbieters dürfte deshalb auch *Googles* „Stoßzeiten"-Angaben einzustufen sein, die den Nutzer (live) über die Frequentierung eines für den Publikumsverkehr geöffneten Ortes (Restaurants, Kinos usw.) informiert. Für die Einordnung einer Äußerung ist darauf abzustellen, wie sie unter Berücksichtigung des allgemeinen Sprachgebrauchs von einem unvoreingenommenen Durchschnittsrezipienten verstanden wird, wobei eine isolierte Betrachtung einzelner Äußerungsteile regelmäßig nicht zulässig ist, sondern auch der sprachliche Kontext und die sonstigen erkennbaren Begleitumstände zu berücksichtigen sind.[48] In vielen Fällen lassen sich Bewertungen nicht stringent der einen oder anderen Kategorie zuordnen, weil sie sowohl wertende als auch tatsächliche Elemente in sich tragen.[49] In diesen praktisch sehr bedeutsamen Fällen ist stets zu prüfen, ob der Schwerpunkt der Aussage wertender oder tatsächlicher Natur ist,[50] mit der Folge, dass eine vielschichtige Aussage insgesamt entweder als Werturteil oder als Tatsachenbehauptung einzustufen ist. Dabei ist zu berücksichtigen, ob der tatsächliche Gehalt der Äußerung so substanzarm ist, dass er gegenüber der subjektiven Wertung in den Hintergrund tritt oder der in einem Werturteil enthaltene Tatsachenkern nur unbestimmt angedeutet ist (dann insgesamt Werturteil) oder ob sich das Werturteil als zusammenfassender Ausdruck von Tatsachenbehauptungen darstellt (dann insgesamt Tatsachenbehauptung).[51]

16   Fraglich ist, ob reine **Punkte-, Sterne- oder Schulnotenbewertungen** der Nutzer als Tatsachenbehauptung oder aber als Werturteil zu klassifizieren sind. Für eine Behandlung als Tatsachenbehauptung spräche eine etwaige Erwartungshaltung der Rezipienten, die davon ausgehen, dass gute oder schlechte Bewertungen auf tatsächlichen Umständen fußen. Letztlich drücken Punkte, Sterne oder Schulnoten aber eine subjektive (Un-)Zufriedenheit des Nutzers mit dem Bewerteten und/oder dessen Leistungen aus, was eine Einordnung als Werturteil zur Folge hat.[52] Zudem fehlt es an greifbaren tatsächlichen Momenten, die eine Punkte-, Sterne-, oder Schulnotenbewertung als „richtig" oder „falsch" be- oder widerlegen könnten. Das einzige tatsächliche Element, das einer solchen Skalabewertung innewohnt, ist die konkludent erhobene Behauptung, mit dem Bewerteten oder dessen Leistungen derart in **Kontakt** gekommen zu sein, dass die Bewertung nicht „ins Blaue" hinein abgegeben wurde.[53] Anders liegt die Sache allerdings im Hinblick auf die aus den einzelnen Nutzerbewertungen generierten **Gesamt- oder Durchschnittsbewertungen,** die stets eine eigene Bewertung des jeweiligen Portalbetreibers darstellen, unabhängig davon, ob der Portalbetreiber das Gesamtergebnis aktiv durch bestimmte manuelle oder automatisierte Verfahren[54] beeinflusst hat. Denn die errechnete Gesamt- oder Durchschnittsbewertung stammt allein vom Portalbetreiber, nicht aber von den Nutzern. Anders

---

[43] *LG Hamburg,* 24.3.2017 – 324 O 148/16.
[44] *EGMR* BeckRS 2016, 80406 Rn. 4.
[45] *LG Hamburg,* NJW-RR 2017, 1323.
[46] *BGH,* NJW 2015, 3443.
[47] Vgl. zum Ganzen *BVerfG,* NJW-RR 2017, 1003 Rn. 13f.
[48] *BGH,* NJW 2005, 27.
[49] Vgl. *LG Köln,* BeckRS 2009, 87171: „nie, nie, nie wieder! Geld zurück, Ware trotzdem einbehalten – frech & dreist!!!".
[50] *BVerfG,* BeckRS 2016, 50714 Rn. 13 mwN.
[51] Vgl. *BGH,* GRUR 1972, 435.
[52] *LG Hamburg,* BeckRS 2018, 726; *Leistner,* FS Köhler, S. 415 (426).
[53] *OLG Nürnberg,* BeckRS 2019, 15781 Rn. 33; *LG Lübeck,* BeckRS 2018, 13241 Rn. 55; *LG Augsburg,* BeckRS 2017, 125365 Rn. 19.
[54] *BGH,* 14.1.2020 – VI ZR 496/18, NJW 2020, 1587; *OLG München,* BeckRS 2018, 29195 Rn. 43.

C. Das Angreifen von Bewertungen im Internet

als die Sterne- oder Punktebewertungen der Nutzer handelt es sich bei der vom Portalbetreiber angezeigten Gesamt- oder Durchschnittsbewertung auch nicht um ein Werturteil, sondern um eine Tatsachenbehauptung, die der Rezipient grundsätzlich dahingehend versteht, dass sich in der Gesamt- oder Durchschnittsbewertung der mathematisch errechnete Schnitt sämtlicher abgegebener Nutzerbewertungen widerspiegelt. Greift der Portalbetreiber aktiv in den Auswertungsprozess ein, indem er beispielsweise nur bestimmte Bewertungen berücksichtigt, stellt er jedenfalls dann eine unwahre Tatsachenbehauptung auf, wenn nicht offengelegt wird, dass ein Auswahlprozess stattfindet.[55]

Nach der Rechtsprechung sind **Werturteile** wegen der überragenden Bedeutung der Meinungsfreiheit vom Bewerteten grundsätzlich hinzunehmen, solange es sich nicht um eine Formalbeleidigung oder Schmähkritik handelt.[56] Letztere zeichnet sich dadurch aus, dass die Äußerung nicht mehr der Auseinandersetzung in der Sache dient, sondern die Schmähung und Diffamierung des Bewerteten im Vordergrund steht.[57] Da die Einordnung einer Äußerung als **Schmähkritik** zum weitgehenden Entfall des grundrechtlich verbürgten Äußerungsschutzes führt, ist die Rechtsprechung bei der Annahme einer Schmähkritik sehr zurückhaltend.[58] Die gegenwärtig zu beobachtende Verschiebung der Grenzen zugunsten der freien Rede und zulasten des Persönlichkeitsschutzes hat jedoch mitunter groteske Dimensionen angenommen. So nahm der *BGH* beispielsweise an, dass die Bezeichnung einer Person im Internet als „Arschkriecher" nicht zwingend den Sachbezug verloren haben muss.[59] Noch einen Schritt weiter ging das *LG Berlin* in seiner medial viel besprochenen Entscheidung vom 9.9.2019.[60] Das Landgericht hatte in unvertretbarer Weise angenommen, die Beleidigungen einer bekannten Politikerin bei *Facebook* als „Stück Scheisse", „Krank im Kopf", „altes grünes Drecksschwein", „Schlampe", „Gehirn Amputiert", „Drecks Fotze" und „Sondermüll" seien (noch) zulässige Meinungsäußerungen der Nutzer. Dass bei diesen Beschimpfungen die Herabwürdigung der Person im Vordergrund steht, sollte an sich auf der Hand liegen. Auch zur Stärkung der Kommunikationsfreiheit leisten Urteile wie die vorgenannten keinen Beitrag, weil durch sie nicht dem inhaltlichen Diskurs, sondern allein der Verrohung der Kommunikation im Internet Vorschub geleistet wird.

Stellt sich eine Bewertung als **Tatsachenbehauptung** dar, hängt ihre Zulässigkeit maßgeblich davon ab, ob die Behauptung wahr oder unwahr ist. Weil unwahre Tatsachenbehauptungen keinen schützenswerten Beitrag zum Kommunikationsprozess leisten,[61] treten sie im Rahmen der stets gebotenen Abwägung hinter dem Persönlichkeitsrecht des Betroffenen zurück. Demgegenüber genießen wahre Tatsachenbehauptungen in der Regel Vorrang vor widerstreitenden Grundrechtsinteressen.[62] Dies gilt auch dann, wenn es sich um eine für den Bewerteten unliebsame Bewertung handelt, da niemand einen Anspruch darauf hat, in der Öffentlichkeit nur so dargestellt zu werden, wie es ihm recht ist.[63] Eine Ausnahme von dem Grundsatz, dass wahre Tatsachenbehauptungen vom Betroffenen hinzunehmen sind, ist, wie angedeutet (vgl. → Rn. 9), nur dort zu machen, wo die Bewertung zu einer Stigmatisierung oder Prangerwirkung für den Betroffenen führt. Eine solche Prangerwirkung ist jedoch nicht schon dann anzunehmen, wenn die Bewertung für den Betroffenen unangenehm ist oder ihm nachteilige Konsequenzen aufgrund einer Bewer-

---

[55] Zulässig soll hingegen die offengelegte Berücksichtigung lediglich „empfohlener" Bewertungen für das dargestellte Gesamtergebnis sein, *BGH*, 14.1.2020 – VI ZR 496/18, NJW 2020, 1587; aA *OLG München*, BeckRS 2018, 29195.
[56] *BVerfG*, NJW 2009, 3016 Rn. 28.
[57] *BGH*, NJW 2005, 279.
[58] *BGH*, NJW 2018, 2324 Rn. 28.
[59] *BGH*, NJW 2018, 2324 Rn. 39.
[60] *LG Berlin*, BeckRS 2019, 21753.
[61] *BGH*, NJW 2017, 2029 Rn. 27.
[62] *BVerfG*, NJW 1998, 2889.
[63] *BVerfG*, NJW 2012, 1500 Rn. 37; *BGH*, NJW 2013, 3029 Rn. 13; *Franz*, Der digitale Pranger, S. 21.

tung drohen. Allenfalls dann, wenn eine wahrheitsgemäße Bewertung völlig außer Verhältnis zur Belastung des Betroffenen steht, kommt eine Untersagung in Betracht.[64]

19   Praxishinweis:
Die vorstehenden Ausführungen haben gezeigt, dass die Erfolgsaussichten im Falle unliebsamer Bewertungen maßgeblich davon abhängen, ob es sich bei den angegriffenen Bewertungen um Werturteile oder Tatsachenbehauptungen handelt. Insofern ist auch die anwaltliche Beratungsstrategie darauf abzustimmen, ob die Bewertung angegriffen oder verteidigt werden soll. Im ersten Fall ist zu argumentieren, dass und warum es sich bei der Bewertung um eine (falsche) Tatsachenbehauptung handelt, im zweiten Fall ist die Einordnung der Bewertung als Werturteil zu begründen, da Werturteile grundsätzlich einen weitreichenderen Schutz genießen. Da, wie gezeigt (→ Rn. 16 f.), allerdings auch Werturteilen, einschließlich der Skalabewertungen, stets die konkludent erhobene Tatsachenbehauptung des tatsächlichen Kontaktes innewohnt, besteht aus anwaltlicher Perspektive ein probates Angriffsmittel darin, (substantiiert) zu bestreiten, dass der Bewertende überhaupt jemals Berührungspunkte mit dem Bewerteten oder dessen Leistungen hatte.[65] Da die Nutzerbewertungen in aller Regel anonym abgegeben werden, genügt es mitunter, mitzuteilen, dass dem Bewerteten kein Mandant, Patient oder Kunde mit dem (Nutzer-)Namen des Bewertenden geläufig ist und sich der Name auch im Übrigen unter Ausschöpfung der zur Verfügung stehenden Erkenntnisquellen nicht zuordnen lässt.

20   Im Falle einer Tatsachenbehauptung hängen die Erfolgsaussichten darüber hinaus entscheidend davon ab, wer die **Beweislast** dafür trägt, dass die Behauptung zutreffend ist. Im gerichtlichen Verfahren hat – entsprechend den allgemeinen Beweislastregeln – der Anspruchsteller, also im Regelfall der Betroffene, der sich gegen eine Bewertung zur Wehr setzen möchte, zu beweisen, dass eine Bewertung unwahr ist. Gerade bei Negativtatsachen bringt die Beweislast jedoch erhebliche Schwierigkeiten mit sich, etwa wenn das Restaurant beweisen muss, dass an dem Tag der Bewertung keine Mäuse aus der Küche gelaufen sind. In diesen Fällen trifft den Bewertenden jedoch eine sekundäre Darlegungslast in Bezug auf die von ihm aufgestellten Behauptungen.[66]

21   Eine andere Beweislastverteilung gilt allerdings, wenn die Bewertung zugleich den Straftatbestand der **üblen Nachrede** (§ 186 StGB) erfüllt, etwa bei der Behauptung, der bewertete Rechtsanwalt habe Fremdgelder widerrechtlich nicht an den Bewertenden ausgekehrt. Die in das Zivilrecht übertragene Beweislastregel des § 186 StGB führt dazu, dass derjenige, der die Bewertung veröffentlicht hat, beweisen muss, dass eine von ihm aufgestellte Tatsachenbehauptung zutrifft.[67] Diese **Beweislastumkehr** gilt allerdings nicht, wenn – wie häufig im **einstweiligen Rechtsschutz** der Fall – der Bewertende an dem gerichtlichen Verfahren nicht beteiligt ist. In diesem Fall muss der Anspruchsteller ungeachtet der Frage, ob die Bewertung den Tatbestand der üblen Nachrede erfüllt, glaubhaft machen, dass die ihn betreffende Bewertung falsch ist[68] oder aber die Unwahrheit muss offensichtlich sein.[69] Ebenso nicht zur Anwendung kommt § 186 StGB in den praktisch sehr relevanten Verfahren des Bewerteten gegen den Portalbetreiber (→ Rn. 26 ff.), weil es sich eben nicht um eine üble Nachrede des Portalbetreibers handelt. In diesen Fällen muss also ebenfalls der Bewertete nachweisen, dass die aufgestellte Behauptung unwahr ist.[70]

---

[64] Vgl. *BVerfG*, BeckRS 2016, 49485 Rn. 14.
[65] Vgl. *LG Hamburg*, BeckRS 2018, 726; *Paal*, NJW 2016, 2081.
[66] *BGH*, NJW 2016, 2106 Rn. 47 – Ärztebewertungsportal III.
[67] *BGH*, NJW 2014, 2029 Rn. 24.
[68] *OLG Brandenburg*, 5. 2. 2019 – 1 W 2/19 mwN.
[69] *LG Düsseldorf*, BeckRS 2007, 4426.
[70] Vgl. *OLG Hamburg*, BeckRS 2018, 21565 Rn. 44.

C. Das Angreifen von Bewertungen im Internet

Zu einer erneuten Umkehr der Beweislast kommt es schließlich dann, wenn derjenige, der die Bewertung veröffentlicht hat, in **Wahrnehmung berechtigter Interessen** (§ 193 StGB) gehandelt hat.[71] Neben Eigeninteressen kommen hierbei insbesondere auch berechtigte Interessen der Allgemeinheit, etwa Gesundheitsinteressen, als Rechtfertigungsgrund in Betracht. Entscheidend ist jedoch, dass der Bewertende seine Bewertung nicht leichtfertig abgegeben hat, sondern angemessene **Recherchen** angestellt hat, die sein Bewertungsergebnis tragen. Je schwerwiegender die aufgestellte Behauptung in das Persönlichkeitsrecht des Betroffenen eingreift, desto höher sind die Anforderungen an die Nachforschungspflicht.[72] Die Behauptung, ein elektrisches Gerät berge erhebliche Gefahren für Leib und Leben seiner Verwender, dürfte also unter keinen Umständen „ins Blaue" hinein veröffentlicht werden. Der konkrete Umfang der Nachforschungspflicht ist unter Berücksichtigung der Aufklärungsmöglichkeiten im Einzelfall zu bestimmen. Die Anforderungen sind dabei für die Presse in der Regel strenger als für Privatpersonen.[73]

II. Löschungsanspruch aus Art. 17 DS-GVO

Nicht überzeugend geklärt ist die Frage, unter welchen Voraussetzungen der Bewertete, soweit es sich bei ihm um eine natürliche Person handelt, vom Portalbetreiber eine dauerhafte Entfernung einer ihn betreffenden Bewertung über Art. 17 DS-GVO erreichen kann. Dass die DS-GVO in diesen Fällen grundsätzlich anwendbar ist[74] und es sich bei der Bewertung einer genannten oder identifizierbaren Person um **personenbezogene Daten** (Art. 4 Nr. 1 DS-GVO) handelt,[75] ist unstreitig. Auf das **Medienprivileg** (Art. 85 Abs. 2 DS-GVO) können sich Bewertungsportale grundsätzlich nicht berufen.[76] Der *BGH* hatte zum alten Recht entschieden, dass die Verarbeitung der Daten zum Zwecke der Bewertung rechtmäßig sei, weil nach der gebotenen Abwägung die Datenverarbeitung kein schutzwürdiges Interesse (vgl. § 29 Abs. 1 Nr. 1 BDSG aF) des Bewerteten verletze.[77] Nach Art. 17 Abs. 1 DS-GVO kann der Bewertete vom Portalbetreiber – auch mit Wirkung für die Zukunft[78] – die unverzügliche Löschung seiner personenbezogenen Daten verlangen, wenn der Zweck der Speicherung entfallen ist (lit. a) oder die Daten unrechtmäßig verarbeitet wurden (lit. d).[79] Ein Löschungsanspruch wegen Zweckfortfalls dürfte jedenfalls bei veralteten Bewertungen, etwa wenn der bewertete Arzt bereits im Ruhestand ist, anzunehmen sein. Eine unrechtmäßige Verarbeitung ist gegeben, wenn der Portalbetreiber als Verantwortlicher die Datenverarbeitung nicht auf eine der in Art. 6 Abs. 1 DS-GVO genannten **Rechtsgrundlagen** zu stützen vermag, wobei anerkanntermaßen auch eine ursprünglich rechtmäßige Verarbeitung nachträglich unrechtmäßig werden kann.[80] Als Rechtsgrundlage für die Speicherung personenbezogener Daten zum Zwecke der öffentlichen Bewertung im Internet kommt allein Art. 6 Abs. 1 lit. f DS-GVO in Betracht, der eine Verarbeitung gestattet, wenn auf Seiten des Verantwortlichen ein **berech-**

---

[71] Vgl. *OLG Hamburg*, ZUM-RD 2006, 236; *LG Berlin*, BeckRS 2011, 8913.
[72] *BVerfG*, NJW 2016, 3360 Rn. 20 – Doping in der DDR.
[73] *BVerfG*, NJW 2016, 3360 Rn. 21 – Doping in der DDR.
[74] *OLG Frankfurt a. M.*, BeckRS 2018, 21748 Rn. 38; *OLG Dresden*, NJW-RR 2019, 676 Rn. 17; *OLG Hamburg*, BeckRS 2018, 21565.
[75] *BGH*, NJW 2009, 2888 Rn. 19 – Spickmich; *LG Bonn*, BeckRS 2019, 13060 Rn. 11.
[76] *OLG Köln*, BeckRS 2019, 28520 Rn. 30 ff.; zum alten Recht bereits *BGH*, NJW 2018, 1884 Rn. 10 – Ärztebewertung III; *Michel*, ZUM 2018, 836.
[77] *BGH*, NJW 2018, 1884 Rn. 14 – Ärztebewertung III; NJW 2015, 489 Rn. 30 – Ärztebewertung II; NJW 2009, 2888 – Spickmich.
[78] *OLG Frankfurt a. M.*, BeckRS 2018, 21748 Rn. 37; *OLG Hamburg*, BeckRS 2018, 21565; *LG Frankfurt a. M.*, BeckRS 2019, 13139 Rn. 31.
[79] *LG Bonn*, BeckRS 2019, 13060 Rn. 9f.
[80] *OLG Frankfurt a. M.*, BeckRS 2018, 21748; Kühling/Buchner/*Herbst*, DSGVO/BDSG, Art. 17 Rn. 28.

tigtes Interesse an der Verarbeitung besteht und die (Grundrechts-)Interessen des Betroffenen nicht überwiegen. In die Abwägung der gegenläufigen Interessen stellt die Rechtsprechung indes dieselben Kriterien ein wie im Rahmen des Unterlassungsanspruches nach § 1004 BGB (→ Rn. 13 ff.),[81] so dass sich faktisch kein Unterschied ergibt, ob der Unterlassungsanspruch auf §§ 1004, 823 Abs. 1 BGB iVm Art. 1 Abs. 1, 2 Abs. 1 GG oder auf Art. 17 DS-GVO gestützt wird.[82] Auch bei der Frage des Anspruchsausschlusses nach Art. 17 Abs. 3 lit. a DS-GVO für den Fall, dass die Datenverarbeitung zur Ausübung des Rechts auf freie Meinungsäußerung und Information erforderlich ist, sind nach der Rechtsprechung die vom *BGH* zu §§ 1004, 823 BGB entwickelten Grundsätze maßgeblich,[83] so dass Art. 17 Abs. 1 lit. d DS-GVO und Art. 17 Abs. 3 lit. a stets zum selben Abwägungsergebnis führen. Interessant ist allerdings, dass nach der Rechtsprechung für den auf Art. 17 DS-GVO gestützten Löschungs-/Unterlassungsanspruch **keine Wiederholungsgefahr** vorliegen muss.[84] Ob die gegenwärtige Praxis der Gerichte, die tradierten Anspruchsvoraussetzungen schlicht in das Gewand des Art. 17 DS-GVO zu kleiden, den hohen Ansprüchen der DS-GVO an den Schutz personenbezogener Daten wirklich gerecht wird, erscheint zumindest zweifelhaft.

D. Haftung für Bewertungen

I. Haftung für eigene Bewertungen

24 Nutzer wie Diensteanbieter haften für von ihnen selbst eingestellte Bewertungen nach den allgemeinen Gesetzen (§ 7 Abs. 1 TMG). Materiell-rechtlich besteht ein Anspruch nach § 1004 BGB oder Art. 17 DS-GVO, wie gezeigt (→ Rn. 13 ff.), dann, wenn die grundrechtlich geschützten Interessen des Bewerteten die des Bewertenden im Rahmen der Abwägung überwiegen, also insbesondere dann, wenn es sich bei der Bewertung um Schmähkritik oder um eine unwahre Tatsachenbehauptung handelt. Gegen ein gewöhnliches Werturteil oder eine wahre Tatsachenbehauptung kommt ein Unterlassungsanspruch hingegen, wie dargestellt (→ Rn. 18), nur in absoluten Ausnahmefällen in Betracht.

II. Haftung für zu eigen gemachte Bewertungen

25 Für fremde Bewertungen haften Nutzer und Diensteanbieter nach den zuvor dargelegten Grundsätzen dann, wenn sie sich diese zu Eigen machen.[85] Von einem Zu-eigen-Machen ist auszugehen, wenn aus der Sicht eines verständigen Durchschnittsnutzers und unter Berücksichtigung der Gesamtumstände[86] nach außen erkennbar die **inhaltliche Verantwortung** für die Bewertung übernommen wird.[87] Bei der Annahme dieser Voraussetzung ist nach der Rechtsprechung allerdings Zurückhaltung geboten.[88] Ein Zu-eigen-Machen ist anzunehmen, wenn Fremdinhalte in eigene redaktionelle Beiträge aufgenommen[89] oder aber eingestellte Nutzerbewertungen vor ihrer Veröffentlichung auf Vollständigkeit und Richtigkeit geprüft[90] oder ohne Rücksprache mit dem Bewertenden bearbeitet werden[91].

---

[81] Vgl. *LG Frankfurt a. M.*, BeckRS 2019, 13139 Rn. 43 ff.; *LG Bonn*, BeckRS 2019, 13060 Rn. 17.
[82] Vgl. *LG Frankfurt a. M.*, BeckRS 2019, 13139; *LG Bonn*, BeckRS 2019, 13060.
[83] *LG Frankfurt a. M.*, BeckRS 2019, 13139.
[84] *LG Frankfurt a. M.*, BeckRS 2019, 13139 Rn. 60.
[85] Vgl. *Paal*, NJW 2016, 2081; *Franz*, Der digitale Pranger, S. 22 f.
[86] Vgl. *BGH*, NJW-RR 2010, 1276 Rn. 23 – marions-kochbuch.de.
[87] *BGH*, NJW 2017, 2029 Rn. 18; vgl. auch *Hofmann*, JuS 2017, 713; *Hacker*, MMR 2018, 779 (781).
[88] *BGH*, NJW 2017, 2029 Rn. 18; NJW 2016, 2106 Rn. 17 – Ärztebewertungsportal II; NJW 2015, 3443 Rn. 25 – Hotelbewertungsportal.
[89] *BGH*, NJW 2015, 3443 Rn. 25 – Hotelbewertungsportal.
[90] *BGH*, NJW 2017, 2029 Rn. 18.

Ein Zu-eigen-Machen ist allerdings noch nicht anzunehmen, wenn der Portalbetreiber die Nutzerbewertungen statistisch auswertet oder einen Wortfilter nebst manueller Nachkontrolle einsetzt, um rechtsverletzende Bewertungen von vornherein auszuschließen.[92] Liegen die Voraussetzungen für ein Zu-eigen-Machen – ausnahmsweise – vor, sind die zu eigen gemachten Fremdinhalte wie eigene Inhalte zu behandeln, so dass die zuvor (oben → Rn. 24) dargestellten Haftungsprinzipien greifen.

III. Haftung des Diensteanbieters für fremde Bewertungen

Gelingt es dem Bewerteten nicht, den Bewertenden zu identifizieren, bleibt dem Betroffenen, möchte er es nicht hinnehmen, dass die aus seiner Sicht rechtswidrige Bewertung dauerhaft im Internet abrufbar ist, nur die Möglichkeit, eine Entfernung durch den Portalbetreiber selbst zu erwirken. Der Inanspruchnahme des Diensteanbieters wird im Vergleich zu der Inanspruchnahme des Nutzers zudem eine höhere **Effizienz** zugeschrieben. Dieses Effizienz-Argument trägt jedoch nur vordergründig. Denn der Diensteanbieter hat auch in Anbetracht möglicher Filtersysteme faktisch kaum Möglichkeiten, die erneute Veröffentlichung der Bewertung zu verhindern, etwa wenn diese anders formuliert oder unter einem anderen Nutzernamen veröffentlicht wird. Eine unmittelbare Inanspruchnahme des Nutzers führt hingegen dazu, dass der Nutzer die Bewertung sowie kerngleiche Bewertungen generell nicht mehr veröffentlichen darf, gleich unter welchem Nutzernamen und gleich auf welcher Bewertungsplattform.[93]

26

Nutzerbewertungen sind, sofern sich der Portalbetreiber diese nicht zu eigen gemacht hat (→ Rn. 25), **keine eigenen Inhalte** des Portalbetreibers.[94] Hieran ändert auch der Umstand nichts, dass die Diensteanbieter den Nutzern die erforderliche Infrastruktur zur Verfügung stellen und die Bewertungsportale final darauf ausgerichtet sind, dass Nutzer (unter Umständen rechtswidrige) Bewertungen hinterlassen. Da eine täterschaftliche Haftung des Portalbetreibers somit ausscheidet, kommt dessen Inanspruchnahme nur über die sog. **Störerhaftung** in Betracht.[95] Täter- und Störerhaftung stehen in **keinem Subsidiaritätsverhältnis,**[96] so dass es dem Bewerteten überlassen bleibt, ob er den bewertenden Nutzer oder den Portalbetreiber in Anspruch nimmt. Die Störerhaftung fußt dogmatisch auf einer Analogie zu § 1004 BGB.[97] Als Störer haftet bei der Verletzung absoluter Rechte, wer, ohne Täter oder Teilnehmer zu sein, willentlich und kausal an einer Rechtsgutsverletzung mitwirkt.[98] Der **Verursachungsbeitrag** der Portalbetreiber besteht darin, dass die rechtswidrige Bewertung über ihr Angebot im Internet zugänglich gemacht wird. Um die Haftung nicht uferlos werden zu lassen, erfordert die Störerhaftung eine über den bloßen Verursachungsbeitrag hinausgehende **Verletzung von Prüfpflichten.** Da Hostprovider grundsätzlich nicht verpflichtet sind, die von den Nutzern ins Internet gestellten Beiträge vor der Veröffentlichung auf eventuelle Rechtsverletzungen zu überprüfen (§§ 7 Abs. 2, 10 TMG), ist eine Verletzung von Prüfpflichten erst anzunehmen, wenn der Diensteanbieter durch eine **ordnungsgemäße Beanstandung** auf eine rechtswidrige Bewertung hingewiesen worden ist (Notifizierung), er die rechtswidrige Bewertung aber

27

---

[91] *BGH,* NJW 2017, 2029 Rn. 20.
[92] *BGH,* NJW 2015, 3443 Rn. 35 – Hotelbewertungsportal; *Leistner,* FS Köhler, S. 415 (425).
[93] *Pille,* NJW 2018, 3545.
[94] *BGH,* NJW 2015, 3443 Rn. 16 – Hotelbewertungsportal.
[95] Vgl. hierzu *Pille,* NJW 2018, 3545; *Hofmann,* JuS 2017, 713; *Nieland,* NJW 2010, 1494.
[96] *BGH,* NJW 2018, 2324 Rn. 45; einschränkend zur Haftung von Access-Providern *BGH,* NJW 2016, 794 Rn. 83 – Störerhaftung des Access-Providers.
[97] Vgl. *Grisse,* GRUR 2017, 1073 mwN.
[98] *BGH,* BeckRS 2013, 15389 Rn. 30 – File-Hosting-Dienst.

gleichwohl nicht entfernt.⁹⁹ Diese Voraussetzungen entsprechen im Wesentlichen der Haftungsprivilegierung des § 10 TMG.

1. Notifizierung des Portalbetreibers

28 Die Abfassung der Notifizierung, die ihrerseits die Prüfpflichten des Diensteanbieters auslösen soll, bereitet in der Praxis erhebliche Schwierigkeiten. Nach der Rechtsprechung ist der Portalbetreiber so konkret über den rechtswidrigen Inhalt zu unterrichten, „dass der Rechtsverstoß auf der Grundlage der Behauptungen des Betroffenen unschwer – das heißt **ohne eingehende rechtliche und tatsächliche Überprüfung** – bejaht werden kann".¹⁰⁰ Erforderlich ist also eine „offensichtliche und auf den ersten Blick klar erkennbare Rechtsverletzung".¹⁰¹ Eine ordnungsgemäße Notifizierung erfordert in tatsächlicher Hinsicht zunächst, was nicht selten vernachlässigt wird, dem Portalbetreiber durch Nennung **exakter URLs**¹⁰² und gegebenenfalls weiterer, eingrenzender Angaben mitzuteilen, welche konkrete Bewertung beanstandet wird und wo der Portalbetreiber sie finden kann. Dies gilt auch, wenn beispielsweise eine Google-Bewertung angegriffen wird, da *Google* nicht gehalten ist, selbst nach der beanstandeten Bewertung zu googlen.¹⁰³ Sodann hat der Bewertete – soweit ihm dies möglich ist – konkret zu schildern, welcher tatsächliche Sachverhalt der nach seiner Auffassung rechtswidrigen Bewertung zugrunde liegt und aus welchen Gründen die Bewertung rechtswidrig sein soll. Die **tatsächliche Schilderung** und die **rechtliche Analyse** sind so detailliert zu verfassen, dass sie eine eigene Überprüfung durch den Diensteanbieter überflüssig machen. Die Notifizierung kann sich allerdings auch darin erschöpfen, mitzuteilen, dass der Bewertende unbekannt ist und der Bewertete auch den der Bewertung zugrunde liegenden Sachverhalt nicht kennt (vgl. → Rn. 19).

29 Da vor der Notifizierung durch den Betroffenen noch **kein (Unterlassungs-)Anspruch** gegen den Portalbetreiber besteht,¹⁰⁴ sollte das Notifizierungsschreiben nicht als Abmahnung, sondern als formlose Aufforderung zur Entfernung der Bewertung innerhalb einer angemessenen Frist formuliert werden. Ein Kostenerstattungsanspruch steht dem Betroffenen für das Notifizierungsschreiben nicht zu. Insbesondere lässt sich der für die Abmahnung herangezogene Erstattungsanspruch nach §§ 683 S. 1, 677, 670 BGB nicht auf das Notifizierungsschreiben übertragen, weil die Inkenntnissetzung der Auslösung von Prüfpflichten, nicht aber einer Verfahrensvermeidung dient.¹⁰⁵ Anders als bei einer unsorgfältig abgefassten Abmahnung, die ihrerseits keine Voraussetzung für den Unterlassungsanspruch ist, wirken sich im Rahmen der Notifizierung begangene Fehler unmittelbar auf das Bestehen des Anspruchs aus: Nimmt der Bewertete den Portalbetreiber gerichtlich auf Unterlassung und damit auf Entfernung einer Bewertung in Anspruch, nachdem dieser vorprozessual nicht auf die Notifizierung reagiert hat, prüft das Gericht zuvorderst, ob der Portalbetreiber aufgrund der Notifizierung gehalten war, die Bewertung zu löschen oder zumindest weitere Nachforschungen anzustellen. Ist dies nicht der Fall, etwa weil die konkrete URL nicht angegeben wurde, kommt eine Störerhaftung des Portalbetreibers nicht in Betracht, mit der Folge, dass die Klage abgewiesen wird. Selbst dann, wenn der Betroffene die erforderlichen Angaben im gerichtlichen Verfahren

---

⁹⁹ *BGH*, NJW 2018, 2324 Rn. 32; eine Ausnahme von diesem Grundsatz macht die Rechtsprechung allerdings dort, wo das jeweilige Geschäftsmodell auf Rechtsverletzungen ausgelegt ist, *BGH*, NJW 2013, 784 Rn. 22. Dies dürfte jedenfalls für Bewertungsportale anzunehmen sein, die den Nutzer bewusst zu falschen oder schmähenden Bewertungen auffordern, etwa um einen Konkurrenten des Bewerteten zu stärken.
¹⁰⁰ *BGH*, NJW 2012, 148 Rn. 26.
¹⁰¹ *BGH*, NJW 2018, 2324 Rn. 36.
¹⁰² Vgl. *LG Frankfurt a. M.*, BeckRS 2019, 13139 Rn. 47.
¹⁰³ *OLG Karlsruhe*, BeckRS 2016, 115437.
¹⁰⁴ Vgl. *BGH*, NJW 2015, 3443 Rn. 42 – Hotelbewertungsportal.
¹⁰⁵ *OLG Hamburg*, BeckRS 2009, 18635 – Mettenden.

D. Haftung für Bewertungen

(bspw. in der Klageschrift) nachholt, werden erst in diesem Augenblick die Prüfpflichten ausgelöst, so dass der Portalbetreiber die Bewertung auch erst in diesem Moment entfernen muss. Der Bewertete hat in diesem Fall die Hauptsache für erledigt zu erklären und trägt die Kosten des Rechtsstreits.

Unklar ist, wann die von der Rechtsprechung geforderte „**offensichtliche Rechtsverletzung**" anzunehmen ist. Offensichtlich ist eine Rechtsverletzung, wie gezeigt, dann, wenn sie ohne eingehende rechtliche und tatsächliche Überprüfung des Diensteanbieters bejaht werden kann.[106] Dies sei jedenfalls bei „Aufruf zur Gewalt gegen Personen, offensichtlichen Personenverwechslungen, Vorliegen eines rechtskräftigen Titels gegen den unmittelbaren Störer, Erledigung jeglichen Informationsinteresses durch Zeitablauf, Hassreden oder eindeutiger Schmähkritik" der Fall.[107] Hat der Bewertete also beispielsweise eine gerichtliche Unterlassungsverfügung gegen den Nutzer erwirkt oder kann er belegen, dass der der Bewertung zugrunde liegende Sachverhalt Jahrzehnte zurückliegt, muss der Portalbetreiber die Bewertung nach einer entsprechenden Benachrichtigung entfernen. Bei genauer Betrachtung ist eine „offensichtliche Rechtsverletzung" allerdings auch in den vorgenannten Beispielsfällen in Wahrheit selten gegeben, weil auch sie lediglich das Ergebnis einer Abwägung ist. Wann bspw. das Informationsinteresse an einer Bewertung durch Zeitablauf gänzlich erloschen ist, hängt von einer Vielzahl von Faktoren ab, die gegeneinander abzuwägen sind.[108] Ebenso erscheint es – nicht zuletzt in Ansehung der jüngsten Judikatur (vgl. → Rn. 17) – für Diensteanbieter kaum möglich, zu beurteilen, wann eine Bewertung als „eindeutige Schmähkritik" zu beurteilen ist. Hinzu kommt schließlich, dass Bewertungen häufig Tatsachenbehauptungen enthalten, deren Wahrheitsgehalt der Diensteanbieter schlicht nicht beurteilen kann. Für den Bewerteten ist es in diesen Fällen kaum möglich, die von der Rechtsprechung geforderte „offensichtliche Rechtswidrigkeit" in seiner Notifizierung darzulegen.

2. Prüfpflichten des Portalbetreibers

Ist es dem Bewerteten gelungen, den Diensteanbieter auf eine offensichtlich rechtswidrige Bewertung hinzuweisen, löst die Notifizierung Prüfpflichten aus, deren Verletzung eine eigenständige Haftung des Diensteanbieters als Störer begründet.[109] Der **Umfang dieser Prüfpflichten** bestimmt sich danach, welche weiteren Informationen der Diensteanbieter benötigt, um die Rechtswidrigkeit der beanstandeten Bewertung abschließend beurteilen zu können. Welche Anstrengungen der Portalbetreiber für die Sachverhaltsermittlung auf sich nehmen muss, bestimmt sich einerseits nach dem **Gewicht der angezeigten Rechtsverletzung** und andererseits nach den konkreten **Erkenntnismöglichkeiten** des Portalbetreibers.[110] Stellt der Nutzer in seiner Bewertung eine Tatsachenbehauptung über den Bewerteten auf, deren Unwahrheit der Bewertete in seiner Notifizierung nachvollziehbar behauptet, hat der Portalbetreiber dem Nutzer diese Notifizierung zum Zwecke der **Stellungnahme** weiterzuleiten.[111] Zu etwaigem neuen Vortrag des Nutzers hat sodann der Bewertete Stellung zu nehmen. Beide Parteien haben dem Diensteanbieter auch **Nachweise** zum Beleg ihrer jeweiligen Behauptungen zu übermitteln. Der Diensteanbieter soll sodann anhand der eingereichten Stellungnahmen abwägen und beurteilen, ob die beanstandete Bewertung rechtswidrig und damit zu entfernen ist. Eine Verpflichtung des

---

[106] *BGH*, NJW 2012, 148 Rn. 26.
[107] *BGH*, NJW 2018, 2324 Rn. 36.
[108] Vgl. etwa *LG Frankfurt a. M.*, ZD 2019, 410 Rn. 44 ff.
[109] *BGH*, NJW 2015, 3443 Rn. 42 – Hotelbewertungsportal.
[110] *Pille*, NJW 2018, 3545.
[111] *BGH*, NJW 2016, 2106 Rn. 24 – Ärztebewertungsportal III; *LG München I*, BeckRS 2019, 6146; *Büscher*, GRUR 2017, 433.

Diensteanbieters zur Einholung eines Sachverständigengutachtens besteht in diesem Zusammenhang allerdings nicht.[112]

32 Die Aufklärungs- und Beurteilungspflichten des Diensteanbieters stehen in einem erkennbaren Widerspruch zu der im Rahmen der Notifizierung geforderten „offensichtlichen Rechtsverletzung", da letztere gerade vorsieht, dass die Rechtsverletzung „ohne eingehende tatsächliche oder rechtliche Überprüfung" bejaht werden kann. Nähme man das Kriterium der „Offensichtlichkeit" ernst, wäre es in den praktisch relevanten „Abwägungsfällen" folglich nicht möglich, den Portalbetreiber überhaupt so zu notifizieren, dass weitere Prüfpflichten ausgelöst werden. Das *LG Frankfurt a. M.*[113] weist insoweit zutreffend darauf hin, dass die vom *BGH* aufgestellten Anforderungen an die Notifizierung nicht derart hoch sein dürfen, dass es dem Betroffenen „faktisch nie gelingt, einen diese Prüfpflichten auslösenden Hinweis zu erteilen". Dementsprechend müsse weder der Betroffene in der Notifizierung alle nur denkbaren Aspekte ansprechen und entkräften, die theoretisch zu einem anderen Abwägungsergebnis führen könnten, noch stehe es der Erkennbarkeit und Offensichtlichkeit des Rechtsverstoßes entgegen, dass der Diensteanbieter die vorgetragenen Tatsachen selbst überprüfen und rechtlich bewerten müsse.[114] Es muss richtigerweise also darauf ankommen, dass der Bewertete in der Notifizierung eine Rechtsverletzung **schlüssig** darlegt.

33 Hat der Portalbetreiber den bewertenden Nutzer nach Erhalt einer ordnungsgemäßen Notifizierung zu einer Stellungnahme aufgefordert, ist die Bewertung zu löschen, wenn der Nutzer nicht in angemessener Zeit reagiert.[115] Ergibt sich aus der Durchführung des Stellungnahmeverfahrens die Rechtswidrigkeit der Bewertung, ist diese ebenfalls zu löschen.[116] Zudem bewirkt der Hinweis auf die rechtswidrige Bewertung, dass der Portalbetreiber **zumutbare Vorkehrungen** zu treffen hat, etwa durch technische (Wort-)Filter, dass es nicht zu einer erneuten Rechtsverletzung kommt.[117] Unklar ist die Rechtslage, wenn der Portalbetreiber nach Anhörung der Beteiligten zu dem Ergebnis kommt, dass die beanstandete Bewertung nicht rechtswidrig ist, etwa weil er die Bezeichnung eines bewerteten Unternehmens als „Scheißladen" als noch von der Meinungsfreiheit gedeckt ansieht. Will der Bewertete dieses Ergebnis nicht hinnehmen, muss er den Diensteanbieter gerichtlich auf Unterlassung in Anspruch nehmen. Genau genommen dürfte der Portalbetreiber jedoch selbst dann nicht als Störer haften, wenn die Bewertung wirklich rechtswidrig ist, weil er seine Prüfpflichten ordnungsgemäß erfüllt hat. Diese Konsequenz würde jedoch zu dem absurden Ergebnis führen, dass sich der Bewertete gegen eine rechtswidrige Bewertung überhaupt nicht wehren kann. Eine Verletzung der Prüfpflichten ist ungeachtet der dogmatischen Schieflage also auch dann anzunehmen, wenn der Diensteanbieter die Rechtswidrigkeit einer Bewertung falsch beurteilt. Dass dieses Ergebnis auch unter Berücksichtigung der wirtschaftlichen Interessen der Portalbetreiber unbillig ist, liegt auf der Hand: Der Portalbetreiber wird von der Rechtsprechung gezwungen, aufwendig festzustellen, ob eine Bewertung unter Berücksichtigung der Gesamtumstände rechtswidrig ist, und trägt zusätzlich das Risiko, mit seiner Einschätzung der Rechtmäßigkeit falsch zu liegen. Auch aus rechtspolitischer Sicht ist dieses Ergebnis, vorsichtig formuliert, fragwürdig. Denn aus anwaltlicher Perspektive ist den Diensteanbietern zu raten, beanstandete Bewertungen ohne weitere Prüfung sofort zu löschen. Denn abgesehen davon, dass der Portalbetreiber den Aufwand der Rechtmäßigkeitsermittlung spart, schließt er mit dieser Strategie eine Störerhaftung von vornherein aus. Dieses, die Kommunikationsfreiheit beschneidende **„Overblocking"** dürfte zwar – im Falle rechtmäßiger Bewertungen – An-

---

[112] *OLG Hamm,* BeckRS 2018, 2837 Rn. 55.
[113] *LG Frankfurt a. M.,* BeckRS 2019, 13139 Rn. 55.
[114] *LG Frankfurt a. M.,* BeckRS 2019, 13139 Rn. 55f.
[115] *BGH,* NJW 2012, 148 Rn. 27.
[116] *BGH,* NJW 2012, 148 Rn. 27.
[117] *BGH,* NJW 2004, 3102 – Internet-Versteigerung I.

sprüche der bewertenden Nutzer auf **Wiedereinstellung** ihrer Bewertung auslösen.[118] Die Wahrscheinlichkeit, dass einzelne Nutzer diesen Anspruch tatsächlich einklagen, dürfte jedoch eher gering ausfallen.

3. Neutralität des Portalbetreibers

Im Rahmen der Abwägung der widerstreitenden (Grundrechts-)Interessen ist nach der Rechtsprechung schließlich zu berücksichtigen, ob der Diensteanbieter ggf. seine **neutrale Vermittlerposition** verlässt.[119] Dies ist jedenfalls dann der Fall, wenn der Diensteanbieter das Profil des Bewerteten nutzt, um darauf **Werbung** für zahlende Konkurrenten zu schalten.[120] Grundsätzlich genügt für einen Fortfall der Neutralität bereits die **Bevorzugung** bestimmter zahlender Bewerteter im Rahmen der Ergebnisdarstellung, etwa im Hinblick auf das Ranking oder die Profilattraktivität. Ob die Vorteilsgewährung „verdeckt" erfolgt und somit zusätzlich geeignet ist, eine Fehlvorstellung der Informationssuchenden hervorzurufen, ist demgegenüber unerheblich, da auch eine „offene" Bevorzugung dazu führt, dass der Portalbetreiber sich nicht mehr neutral verhält.[121] Das Verlassen der neutralen Vermittlerposition bewirkt, dass der Portalbetreiber die für ihn streitenden Grundrechte nur noch mit geringerem Gewicht in den Abwägungsprozess einstellen kann, was (wie wohl regelmäßig) zu einem Überwiegen der Rechte des Betroffenen und damit zu einem Anspruch auf Entfernung der Bewertung führen kann.[122] Darüber hinaus kann das Verlassen der Vermittlerrolle im Einzelfall mit einem Zu-eigen-Machen der Bewertung einhergehen, mit der Folge, dass der Portalbetreiber als Täter und nicht lediglich als Störer haftet.[123]

4. Anspruch auf Wiedereinstellung von Bewertungen

Der in einem Bewertungsportal Bewertete hat – ebenso wie der Bewertende (vgl. → Rn. 33) – grundsätzlich einen Anspruch gegen den Portalbetreiber auf die Wiedereinstellung positiver Bewertungen, die der Portalbetreiber gelöscht hat, sofern die Bewertungen rechtmäßig waren und ein spezifischer Löschungsgrund, wie etwa erkennbare „Fake"-Bewertungen (→ Rn. 45), nicht gegeben war. Es handelt sich insoweit um einen eigenen Rechtsanspruch des Bewerteten, den dieser nicht etwa in Prozessstandschaft für die Bewertenden geltend macht.[124] Für die Beurteilung der Rechtmäßigkeit der gelöschten Bewertung hat der Portalbetreiber ebenfalls ein Stellungnahmeverfahren durchzuführen.[125]

IV. Probleme der Rechtsdurchsetzung

Die Rechtsverfolgung gegenüber einzelnen Nutzern, die in Bewertungsportalen rechtswidrige Bewertungen veröffentlichen, scheitert in der Praxis regelmäßig daran, dass die Nutzer **anonym** handeln.[126] Die Möglichkeit, das Internet anonym zu nutzen, ist vom Gesetzgeber gewollt (vgl. § 13 Abs. 6 TMG) und soll, wie der *BGH* in der „Spickmich"-Entscheidung herausgestellt hat, dazu beitragen, dass die Nutzer ihre Meinung möglichst

---

[118] Vgl. *OLG München*, NJW 2018, 3115 Rn. 20, *LG Frankfurt a. M.*, MMR 2018, 545 Rn. 8 f.; einschränkend *OLG Dresden*, NJW 2018, 3111 unter Verweis auf das virtuelle Hausrecht; *OLG Karlsruhe*, NJW 2018, 3110 Rn. 18 (kein Rückgriff auf Art. 5 Abs. 1 GG).
[119] *BGH*, NJW 2018, 1884 – Ärztebewertungsportal III; NJW 2015, 3443 Rn. 34 – Hotelbewertungsportal; s. auch *Hacker*, MMR 2018, 779 (782).
[120] *BGH*, NJW 2018, 1884 Rn. 18 f. – Ärztebewertungsportal III; *LG Bonn*, BeckRS 2019, 13060 Rn. 25.
[121] AA *OLG Köln*, BeckRS 2019, 28520 Rn. 46 ff. mit Verweis auf *BGH*, NJW 2018, 1884 – Ärztebewertungsportal III.
[122] *BGH*, NJW 2018, 1884 Rn. 19 – Ärztebewertungsportal III.
[123] *BGH*, NJW 2017, 2029 Rn. 20 – klinikbewertungen.de.
[124] *LG München I*, BeckRS 2019, 6146 Rn. 26.
[125] *LG München I*, BeckRS 2019, 6146 Rn. 38.
[126] Vgl. auch *Paal*, NJW 2016, 2081; *Franz*, Der digitale Pranger, S. 17 f.

frei und ohne Angst vor persönlichen Anfeindungen oder gar Repressionen äußern können.[127] Allerdings führt die anonyme Nutzungsmöglichkeit ebenfalls dazu, dass die Nutzer für falsche oder herabwürdigende Bewertungen in aller Regel keine negativen Konsequenzen fürchten müssen.[128]

37 Soweit es dem Betroffenen nicht gelingt, den anonym handelnden Nutzer anhand der Angaben in der Bewertung zu identifizieren, stellt sich die Frage nach einem etwaigen **Auskunftsanspruch** gegenüber dem Portalbetreiber. Eine solche Konstellation lag auch der ersten „*jameda*"-Entscheidung des *BGH*[129] zugrunde: Der in dem Ärztebewertungsportal bewertete Arzt, dem ein Nutzer neben einer Fehldiagnose ua vorgeworfen hatte, Patientenakten in Wäschekörben aufzubewahren, verlangte vom Portalbetreiber die Herausgabe der Nutzerdaten, um Ansprüche gegen den Nutzer persönlich geltend machen zu können. Den von den Vorinstanzen zugebilligten, allgemeinen Auskunftsanspruch aus § 242 BGB lehnte der *BGH* im Ergebnis mit einem Verweis auf § 12 Abs. 2 TMG aF ab, der eine Weitergabe von Nutzerdaten untersagte. Eine Ausnahme von diesem Verbot nach § 15 Abs. 5 TMG aF scheiterte daran, dass diese – augenscheinlich lobbyismusgeprägte – Norm neben der Gefahrenabwehr eine Auskunft über die Nutzerdaten nur für Verletzungen des geistigen Eigentums vorsah, nicht aber für Persönlichkeitsrechtsverletzungen.

38 Der Gesetzgeber hat auf die Auskunftsproblematik mit einer Änderung des § 14 Abs. 3 TMG reagiert, der nun dem Diensteanbieter auf richterliche Anordnung (§ 14 Abs. 4 TMG) eine **Auskunftserteilung** wegen der Verletzung absolut geschützter Rechte gestattet. Diese Neuregelung beseitigt die bestehenden Probleme indes nur zum Teil. Zwar gilt § 14 Abs. 3 TMG nicht nur für soziale Netzwerke, sondern für **sämtliche Diensteanbieter**.[130] Die Vorschrift erfasst jedoch ausdrücklich nur die in § 1 Abs. 3 NetzDG genannten **Straftatbestände**, so dass etwa im Hinblick auf rechtswidrige Bewertungen, die nicht zugleich die Voraussetzungen der §§ 185 ff. StGB erfüllen, kein Auskunftsanspruch besteht. Hinzu kommt, dass es an einer rechtlichen Verpflichtung der Diensteanbieter fehlt, überhaupt die Identität ihrer Nutzer zu erfassen, so dass ein Auskunftsanspruch dort ins Leere läuft, wo der Diensteanbieter keine Informationen über den Nutzer gespeichert hat. Wie zurückhaltend die Gerichte bei der Anwendung des § 14 Abs. 3 TMG in der Praxis sind, verdeutlicht nicht zuletzt die oben (→ Rn. 17) zitierte Entscheidung des *LG Berlin*, das den von der Grünen-Politikerin geltend gemachten Gestattungsanspruch aus § 14 Abs. 3 TMG zurückgewiesen hatte, obgleich dessen Voraussetzungen evident vorlagen. Selbst wenn aber ein Gericht tatsächlich die Auskunftserteilung gestattet, müsste der Betroffene, sofern der Diensteanbieter die Auskunft nicht freiwillig erteilt, nachweisen, dass ihm ein Auskunftsanspruch zusteht. Hier kommt allein der allgemeine Auskunftsanspruch aus § 242 BGB in Betracht, der jedoch eine „besondere rechtliche Beziehung zwischen Berechtigtem und Verpflichtetem"[131] voraussetzt, die vor Beginn einer etwaigen Störerhaftung (→ Rn. 27 ff.) jedenfalls zweifelhaft sein dürfte.[132]

39 Offen ist schließlich, ob der im Zuge der DS-GVO eingeführte **§ 24 BDSG** eine generelle Erteilung von Auskünften zulässt. § 24 Abs. 1 Nr. 2 BDSG gestattet dem Portalbetreiber als dem für die Datenverarbeitung Verantwortlichen die Verarbeitung, mithin also auch die Weitergabe der Nutzerdaten zur Geltendmachung zivilrechtlicher Ansprüche. Die Rechtsprechung hält jedoch § 14 TMG wegen § 1 Abs. 2 BDSG als speziellere Vorschrift für allein anwendbar.[133] Allerdings ist § 14 TMG bewusst als Übergangsregelung bis

---

[127] *BGH*, NJW 2009, 2888 Rn. 38 – Spickmich.
[128] Vgl. zu dieser Problematik *Pille*, NJW 2018, 3545; *Gomille*, ZUM 2009, 815.
[129] *BGH*, NJW 2014, 2651.
[130] *BGH*, BeckRS 2019, 28976 Rn. 50; *Pille*, NJW 2018, 3545; aA *OLG Frankfurt a. M.*, BeckRS 2018, 23780 Rn. 38 f.; *OLG Nürnberg*, BeckRS 2019, 15781.
[131] *BGH*, NJW 2014, 2651 Rn. 6 – Ärztebewertungsportal I.
[132] Vgl. *OLG Frankfurt a. M.*, BeckRS 2018, 23780.
[133] *BGH*, BeckRS 2019, 28976 Rn. 30; *OLG Frankfurt a. M.*, BeckRS 2018, 23780; offen gelassen von *LG Frankfurt a. M.*, BeckRS 2019, 3545.

zum Inkrafttreten der DS-GVO konzipiert worden, was, auch in Ansehung des zwingenden Charakters der DS-GVO, für einen Vorrang von § 24 BDSG sprechen könnte.[134] Insofern könnte § 24 Abs. 1 Nr. 2 BDSG dahingehend ausgelegt werden, dass die Auskunftsgestattung allein zivilrechtliche Ansprüche des Verantwortlichen, nicht aber solche Dritter erfasst, womit (Unterlassungs-)Ansprüche des Bewerteten ausgeklammert wären.[135]

Sofern man von einem Vorrang von § 14 TMG gegenüber § 24 BDSG ausgeht, dessen Voraussetzungen aber nicht erfüllt sind, ist es den Diensteanbietern datenschutzrechtlich verwehrt, dem Bewerteten Auskunft über die Person des Bewertenden zu erteilen. In diesem Fall verbleibt allein die Möglichkeit, ein **strafrechtliches Ermittlungsverfahren** zu initiieren, um auf diesem Weg Informationen zur Identität des Täters zu erlangen.[136] Diese wenig betroffenenfreundliche Option kommt aber ohnehin nur in Betracht, wenn die Bewertung einen Straftatbestand erfüllt, die Auskunftsgestattung nach § 14 Abs. 3 TMG aber – zu Unrecht (→ Rn. 39) – deshalb abgelehnt wird, weil die Bewertung nicht in einem sozialen Netzwerk im Sinne des § 1 Abs. 1 NetzDG veröffentlicht wurde.

Die Durchsetzung von Ansprüchen gegen Portalbetreiber, gleich, ob täterschaftliche oder solche im Rahmen der Störerhaftung, bereitet zumindest dann keine besonderen Probleme, wenn es sich um einen deutschen Anbieter handelt, da dessen Kontaktinformationen über das vorzuhaltende **Impressum** (§ 5 TMG) problemlos auffindbar sind. Da sich Internetbewertungen über Bewertete, die ihren Wohn- oder Geschäftssitz in Deutschland haben, bestimmungsgemäß jedenfalls an alle (potentiellen) Rezipienten in Deutschland richten, kann der Bewertete das Gericht örtlich frei wählen (§ 32 ZPO). Hat der Diensteanbieter seinen **Sitz im EU-Ausland** folgt die Zuständigkeit deutscher Gerichte aus Art. 7 Nr. 2 der Verordnung Nr. 1215/2012 (Brüssel-Ia-VO), sofern der Bewertete den „Mittelpunkt seiner Interessen" in Deutschland hat.[137] Richten sich die Ansprüche gegen einen Portalbetreiber im **Nicht-EU-Ausland** sind deutsche Gerichte nach dem insoweit doppelfunktionalen[138] § 32 ZPO zuständig, wenn die Bewertung einen über die bloße Abrufbarkeit hinausgehenden Inlandsbezug aufweist. Dies ist grundsätzlich dann der Fall, wenn eine Rezeption der Bewertung in Deutschland nahe liegt und somit auch der **Verletzungserfolg** in Deutschland eintritt.[139] Die Anwendbarkeit des deutschen Sachrechts folgt aus Art. 40 Abs. 1 S. 2 EGBGB, der nicht von § 3 Abs. 2 TMG verdrängt wird und ebenfalls an den Erfolgsort anknüpft.[140] Soweit der Anspruchsgegner seinen Sitz im EU-Ausland hat, ist allerdings zu berücksichtigen, dass der geltend gemachte Anspruch wegen des **Herkunftslandprinzips** (§ 3 Abs. 2 TMG) auch im jeweiligen Sitzland bestehen muss.[141] Wird der Unterlassungs- bzw. Löschungsanspruch auf Art. 17 DS-GVO gestützt (→ Rn. 23), sind deutsche Gerichte zuständig, wenn der Betroffene seinen gewöhnlichen Aufenthaltsort in Deutschland hat (Art. 79 Abs. 2 S. 2 DS-GVO). Die (universale) Anwendbarkeit der DS-GVO folgt auch im Hinblick auf Diensteanbieter mit Sitz im Nicht-EU-Ausland aus Art. 3 Abs. 2 lit. a DS-GVO.

Eine **faktische Schwierigkeit** zeigt sich schließlich in der Durchsetzung von Ansprüchen gegen Diensteanbieter wie *Google, Facebook* oder *amazon*, die ihren Sitz im Nicht-EU-Ausland haben. Ein unmittelbarer Kontakt in die zuständigen Rechtsabteilungen wird hier regelmäßig bewusst unterbunden. Der Bewertete wird dazu genötigt, sein Löschungsanliegen über vorgefertigte **Online-Beschwerdeformulare** an den allgemeinen Support zu richten. Von dort findet eine Weiterleitung an die zuständige Rechtsabteilung nur spo-

---
[134] AA *BGH*, BeckRS 2019, 28976 Rn. 30 ff.
[135] So auch die Stellungnahme des Bundesrates BT-Drs. 18/11655, 13 f.
[136] Vgl. auch *Franz*, Der digitale Pranger, S. 20 f.
[137] *EuGH*, BeckRS 2011, 81548 Rn. 48 – eDate Advertising GmbH; *Bach*, EuZW 2018, 68.
[138] *LG Frankfurt a. M.*, BeckRS 2019, 13139.
[139] Vgl. *BGH*, BeckRS 2018, 32622 Rn. 21 – Internetforum; *OLG Dresden*, NJW-RR 2019, 676; *OLG Frankfurt a. M.*, BeckRS 2018, 21748; *Bach*, EuZW 2018, 68.
[140] *OLG Dresden*, NJW-RR 2019, 676; *OLG München*, BeckRS 2018, 29195.
[141] Vgl. *OLG München*, BeckRS 2018, 29195 Rn. 90 f.; *OLG Hamburg*, BeckRS 2009, 87699; *LG Berlin*, BeckRS 2012, 20988.

radisch statt, so dass sich der Bewertete darauf einzustellen hat, dass sein Anliegen mit vorgefertigten Standard-E-Mails des Supports beantwortet wird und er, falls er die Angelegenheit nicht auf sich beruhen lassen will, gerichtliche Hilfe in Anspruch nehmen wird müssen.[142] Hier ist es am Gesetzgeber, sämtliche Diensteanbieter, die auf dem deutschen Markt agieren, zu der Benennung eines Zustellungsbevollmächtigten nebst gängigen Kontaktinformationen zu verpflichten, wie dies in § 5 NetzDG für soziale Netzwerke bereits geschehen ist.

V. Stellungnahme

43 Die gegenwärtige Anwendung der Störerhaftung auf die Diensteanbieter führt dazu, dass gerichtliche Auseinandersetzungen vielfach nicht zwischen den eigentlich Beteiligten, dem Bewerteten und dem Bewertenden, sondern zwischen dem Bewerteten und dem Portalanbieter ausgetragen werden. Der Portalbetreiber muss in diesen Verfahren ohne Kenntnis der tatsächlichen Umstände Bewertungen Dritter verteidigen, obgleich er zu den Bewertungen keinen Bezug hat.[143] Gleichzeitig wird dem Portalbetreiber von der Rechtsprechung die verantwortungs- und voraussetzungsvolle Aufgabe aufgebürdet, über die **Reichweite des Grundrechtsschutzes** der übrigen Beteiligten zu befinden, will er nicht selbst haften. Das hiermit einhergehende **Legitimationsdefizit** ist evident und auch nicht mit den geschäftlichen Eigeninteressen des Portalbetreibers zu rechtfertigen.[144] Die Auflösung dieser vielschichtigen Problematik dürfte durch eine stärkere Betonung der **Eigenverantwortlichkeit** der bewertenden Nutzer gelingen[145]: Die Diensteanbieter sollten von Gesetzes wegen verpflichtet werden, die Daten ihrer Nutzer zu registrieren.[146] Das „Recht" auf anonymes Handeln im Internet wird hierdurch nicht tangiert, weil der Nutzer nach außen hin weiter unter einem Pseudonym agieren kann. Die in § 14 Abs. 3 TMG geregelte Auskunftsgestattung sollte durch einen **vollwertigen Auskunftsanspruch** nach dem Vorbild des § 101 Abs. 2 UrhG ersetzt werden. Auf diese Weise würden die eigentlichen Täter der Rechtsverletzung in die Verantwortung genommen. Die damit einhergehende disziplinierende Wirkung auf die Nutzer ist auch ohne weiteres mit der Kommunikationsfreiheit vereinbar, weil sie, wie in der „analogen" Welt selbstverständlich, lediglich dazu führt, dass der Bewertende die Verantwortung für sein Handeln übernimmt.

E. Bewertungen und Wettbewerbsrecht

I. Bewertungsaufforderungen und Kundenzufriedenheitsumfragen

44 Da Unternehmen um die wirtschaftliche Bedeutung von positiven Nutzerbewertungen wissen, fordern sie ihre Kunden häufig per E-Mail auf, den Service oder das Produkt zu bewerten oder an einer Kundenzufriedenheitsumfrage teilzunehmen. Diese Maßnahme ist jedoch mit Vorsicht zu genießen, weil es sich hierbei um **belästigende (Direkt-)Werbung** im Sinne des § 7 Abs. 2 Nr. 3 UWG handelt, die grundsätzlich nur mit einer vor-

---

[142] Nicht nachvollziehbar ist deshalb die Ansicht des *OLG Düsseldorf,* BeckRS 2011, 5482, wonach es am Verfügungsgrund für eine einstweilige Verfügung fehle, wenn der Bewertete in dem Bewertungsportal auf eine Bewertung erwidern konnte.
[143] *Franz,* Der digitale Pranger, S. 21 spricht treffend von einem „Stellvertreterprozess".
[144] Diese Problematik übersieht auch *Wilkat,* Bewertungsportale im Internet, S. 116 f.
[145] *Pille,* NJW 2018, 3545.
[146] Zur Zulässigkeit einer Registrierungsverpflichtung vgl. *EuGH,* BeckRS 2011, 81084 Rn. 142; Lauber-Rönsberg, MMR 2014, 10.

herigen **Einwilligung** des Nutzers zulässig ist.[147] Die Einordnung als (Direkt-)Werbung wird auch nicht dadurch in Frage gestellt, dass die Aufforderung zur Abgabe einer Bewertung mit anderen Aspekten des Geschäftsabschlusses verbunden wird, etwa mit der Rechnungsübermittlung.[148] Die Ausnahmevoraussetzungen des § 7 Abs. 3 UWG dürften im Hinblick auf die Aufforderungen zur Abgabe von Kundenbewertungen generell nicht greifen. Denn § 7 Abs. 3 Nr. 2 UWG setzt voraus, dass die (Direkt-)Werbung für „ähnliche Waren oder Dienstleistungen" eingesetzt wird. Eine generelle Leistungs-, Produkt- oder Unternehmensbewertung hat jedoch nichts mit der eigentlichen Leistung zu tun. Das Versenden von Bewertungsaufforderungen per E-Mail ohne vorherige ausdrückliche Zustimmung des Kunden begründet nicht nur Unterlassungsansprüche des Kunden wegen eines rechtswidrigen Eingriffs in das Persönlichkeitsrecht bzw. in den eingerichteten und ausgeübten Gewerbebetrieb, sondern auch wettbewerbsrechtliche Ansprüche der Mitbewerber.[149]

II. Irreführende Bewertungen

Da die **Veröffentlichung von Nutzerbewertungen** durch den Bewerteten der Absatzförderung dient, handelt es sich um Werbung und damit um eine „geschäftliche Handlung" im Sinne des § 2 Abs. 1 Nr. 1 UWG.[150] Dementsprechend haftet ein Unternehmen, das auf seiner Website Bewertungen eigener Kunden veröffentlicht, für deren Richtigkeit,[151] ohne dass es auf ein weiteres Zu-eigen-Machen ankommt[152]. Für rechtswidrige Kundenbewertungen auf Online-Marktplätzen wie *amazon* haftet der Verkäufer jedenfalls dann nicht, wenn er auf die Bewertungen und das Bewertungssystem keinerlei Einfluss hat.[153] Dass die Werbung mit **gekauften Bewertungen** irreführend und daher wettbewerbswidrig ist,[154] bedarf keiner weiteren Begründung. Demgegenüber soll die Werbung mit Bewertungen von Angehörigen, Freunden oder Mitarbeitern des Unternehmens grundsätzlich zulässig sein.[155] Fraglich ist aber, ob der Bewertete einen Anspruch gegen das Bewertungsportal hat, dass sich sämtliche abgegebenen Bewertungen auch im dargestellten Gesamtergebnis widerspiegeln. Dies ist nach Ansicht des *OLG Hamburg* zu verneinen, weil der Anbieter in diesem Falle gezwungen wäre, auch **„Fake"**- oder reine **Gefälligkeitsbewertungen** zu berücksichtigen.[156] Dem Portalbetreiber ist es insoweit zuzugestehen, Bewertungen, deren Validität nicht feststeht, im Zweifel zu löschen, vorausgesetzt, die Löschung erfolgt nicht willkürlich.[157] Ebenso ist es dem Portalbetreiber gestattet, rechtswidrige (regelmäßig auch gegen die Nutzungsbedingungen verstoßende) Bewertungen von vornherein auszusondern.[158] Eine darüber hinausgehende **Auswahl** der Bewertungen ist nach Auffassung des *BGH* jedenfalls dann zulässig, wenn diese offengelegt wird.[159] An-

---

[147] Vgl. *BGH*, NJW 2018, 3506; *KG*, NJW-RR 2017, 811; *OLG Dresden*, BeckRS 2016, 8003; *OLG Köln*, GRUR-RR 2014, 80; *LG Hannover*, BeckRS 2017, 143855; zur Einwilligung durch das öffentliche Angebot einer Leistung unter Angabe einer E-Mail-Adresse vgl. *OLG Frankfurt a. M.*, NJW-RR 2017, 878.
[148] *BGH*, NJW 2018, 3506; zweifelhaft *OLG Nürnberg*, BeckRS 2019, 572.
[149] Vgl. *OLG Nürnberg*, BeckRS 2019, 572; *LG Arnsberg*, BeckRS 2010, 65301.
[150] *OLG Köln*, BeckRS 2017, 113446; *Leistner*, FS Köhler, S. 415 (416); *Wilkat*, Bewertungsportale im Internet, S. 132 f.
[151] *OLG Celle*, GRUR-RR 2016, 213, die Nichtzulassungsbeschwerde wurde zurückgewiesen: *BGH*, BeckRS 2016, 112021.
[152] *OLG Köln*, BeckRS 2017, 113446 Rn. 47 f.
[153] *BGH*, 20. 2. 2020 – I ZR 193/18, NJW 2020, 1520.
[154] Vgl. *OLG Frankfurt a. M.*, BeckRS 2019, 3548; *LG Bielefeld*, BeckRS 2017, 135092; *LG Stuttgart*, BeckRS 2015, 3267.
[155] *LG München I*, BeckRS 2018, 41959.
[156] *OLG Hamburg*, BeckRS 2016, 2911; *OLG München*, BeckRS 2018, 29195.
[157] *LG München I*, BeckRS 2019, 6146.
[158] *BGH*, NJW 2015, 3443 Rn. 35 – Hotelbewertungsportal.
[159] *BGH*, 14. 1. 2020 – Az. VI ZR 496/18, NJW 2020, 1587; *OLG Hamburg*, BeckRS 2016, 2911; *KG*, BeckRS 2016, 2912: „unternehmerische Entscheidung von der Meinungsfreiheit gedeckt".

dernfalls würde die berechtigte Erwartung des Verkehrs enttäuscht, dass sich in dem dargestellten Gesamtergebnis sämtliche (zulässigen) Bewertungen wiederfinden (vgl. → Rn. 16, 47).[160] Ebenso kann es irreführend sein, wenn der Bewertete Bewertungen von anderen Portalen übernimmt, ohne dies entsprechend zu kennzeichnen.[161] Schließlich ist auch die auf eine Sternebewertung gestützte Werbung als „4-Sterne Hotel" irreführend, weil hierdurch der unzutreffende Eindruck einer offiziellen Klassifizierung erweckt wird.[162]

III. Haftung der Portalbetreiber als Mitbewerber

46 Von besonderem Interesse ist, inwieweit Bewertungsportale selbst als Mitbewerber des Bewerteten im Sinne des § 2 Abs. 1 Nr. 3 UWG anzusehen sind. Das ist jedenfalls dann anzunehmen, wenn sie auf dem Portal zugleich **Eigen- oder Fremdleistungen** anbieten, die zu den Leistungen des Bewerteten in Konkurrenz stehen.[163] Aber auch dann, wenn es sich um (reine) Bewertungsportale ohne eigenes oder fremdes Leistungsangebot handelt, ist eine Mitbewerbereigenschaft zu den Bewerteten nach hier vertretener Ansicht zu bejahen.[164] Das hierfür erforderliche, **konkrete Wettbewerbsverhältnis** ist grundsätzlich anzunehmen, wenn zwischen den Vorteilen, die die eine Partei durch eine Maßnahme für ihr Unternehmen oder das eines Dritten zu erreichen sucht und den Nachteilen, die die andere Partei dadurch erleidet, eine Wechselwirkung in dem Sinne besteht, dass der eigene Wettbewerb gefördert und der fremde Wettbewerb beeinträchtigt werden kann.[165] Auch reine Bewertungsportale handeln in Gewinnerzielungsabsicht, insbesondere durch die Vermarktung von Online-Werbung oder Premium-Mitgliedschaften. Die abgegebenen Bewertungen wirken sich unmittelbar sowohl auf die Attraktivität der Plattform als auch auf die Reputation der Bewerteten aus. Die Portalbetreiber fördern auf diese Weise mittelbar den Absatz von Waren und Dienstleistungen aller Bewerteten, was für die Annahme eines konkreten Wettbewerbsverhältnisses genügt. Der „Eingriff" in den Wettbewerb der Bewerteten durch den Portalbetreiber geschieht auch nicht etwa reflexartig, sondern ist letztlich das intendierte Geschäftsmodell der Portalbetreiber.

47 Die grundsätzliche Einstufung der Bewertungsveröffentlichung als geschäftliche Handlung führt indes nicht dazu, dass die Portalbetreiber den Tatbestand der **Anschwärzung** (§ 4 Nr. 2 UWG) verwirklichen, wenn sie nicht erweislich wahre, rufschädigende Bewertungen ihrer Nutzer veröffentlichen.[166] Vielmehr sind auch im Rahmen der wettbewerbsrechtlichen Haftung die Haftungsprivilegierungen der §§ 7 ff. TMG zu berücksichtigen, so dass ein Verbreiten nicht zu eigen gemachter Bewertungen im Sinne des § 4 Nr. 2 UWG nur anzunehmen ist, wenn der Portalbetreiber vom Vorliegen einer klaren Rechtsverletzung Kenntnis erlangt und sie gleichwohl nicht beseitigt hat.[167] Allerdings ist zu beachten, dass im Rahmen des § 4 Nr. 2 UWG die Beweislast für die Richtigkeit einer Tatsachenbehauptung grundsätzlich beim Portalbetreiber liegt.[168] Eine Haftung der Portalbetreiber wegen irreführender geschäftlicher Handlungen kommt ferner dann in Betracht, wenn sie nicht hinreichend deutlich machen, dass eine gute Platzierung in einem **Bewertungsranking** nicht das Bewertungsergebnis widerspiegelt, sondern aufgrund einer bestimmten (kostenpflichtigen) Buchungsoption erfolgt.[169] Schließlich kommt eine Irreführung in Be-

---

[160] *BGH*, NJW-RR 2016, 1010 Rn. 38 – Kundenbewertungen im Internet.
[161] *LG Köln*, BeckRS 2017, 121956.
[162] *LG Koblenz*, BeckRS 2014, 3937; vgl. auch *LG Oldenburg*, BeckRS 2018, 4429.
[163] *BGH*, NJW 2015, 3443 Rn. 16 – Hotelbewertungsportal; *LG Hamburg*, BeckRS 2011, 22322; *LG Berlin*, 21.10.2010 – 52 O 229/10; *Leistner*, FS Köhler, S. 415 (418).
[164] AA *LG München I*, BeckRS 2019, 6146 Rn. 47 ff.; *Büscher*, GRUR 2017, 433.
[165] *BGH*, NJW 2015, 3443 Rn. 19 – Hotelbewertungsportal.
[166] AA *LG Hamburg*, BeckRS 2011, 22322.
[167] *BGH*, NJW 2015, 3443 Rn. 38 – Hotelbewertungsportal.
[168] Vgl. *Büscher*, GRUR 2017, 433 (437).
[169] *LG München I*, BeckRS 2015, 9469.

E. Bewertungen und Wettbewerbsrecht

tracht, wenn der Portalbetreiber verschleiert, dass das von ihm dargestellte Gesamtergebnis entgegen der Verkehrserwartung nicht alle zulässigen Bewertungen berücksichtigt (vgl. → Rn. 16, 45).

Neben einer Haftung aus § 4 Nr. 2 UWG kommt schließlich eine Haftung des Portalbetreibers nach § 3 UWG in Betracht, wenn diesem eine Verletzung **wettbewerbsrechtlicher Verkehrspflichten** vorzuwerfen ist.[170] Nach der Rechtsprechung trifft denjenigen, der durch sein Handeln im geschäftlichen Verkehr eine ernsthafte Gefahr dafür schafft, dass **Dritte wettbewerbsrechtliche Interessen anderer Marktteilnehmer** verletzen, eine Verkehrspflicht, diese Gefahr im Rahmen des Möglichen und Zumutbaren zu begrenzen. Andernfalls haftet er als Täter einer unlauteren Wettbewerbshandlung.[171] Anders als die bei der Verletzung absoluter Rechte (insbes. Persönlichkeitsrecht und Markenrecht) anwendbare Störerhaftung,[172] fußt die wettbewerbsrechtliche Verkehrspflicht nicht auf einem willentlichen Verursachungsbeitrag des Diensteanbieters, sondern auf dessen Garantenstellung. Gleichwohl laufen die zur Begrenzung der Störerhaftung entwickelten Prüfpflichten und die wettbewerbsrechtlichen Verkehrspflichten zumindest im Hinblick auf die Betreiberhaftung regelmäßig parallel,[173] so dass auf die oben unter → Rn. 26 ff. dargelegten Haftungsgrundsätze verwiesen werden kann.

48

---

[170] *BGH,* NJW 2015, 3443 Rn. 42 – Hotelbewertungsportal; *OLG Hamburg,* GRUR-RR 2017, 148 Rn. 35; *Köhler*/Bornkamm/Feddersen, UWG, § 4 Rn. 2.18c.
[171] *BGH,* GRUR 2007, 890 – Jugendgefährdende Medien bei *eBay.*
[172] Vgl. zur Aufgabe der Störerhaftung im Wettbewerbsrecht *BGH,* GRUR 2011, 152 – Kinderhochstühle im Internet.
[173] Vgl. auch *Gräbig,* MMR 2011, 504; zur „Prozedualisierung" sämtlicher Verkehrspflichten s. *Hofmann,* JuS 2017, 713.

Teil 15.3 Social Media und Datenschutz

Übersicht

	Rn.
A. Einführung	1
B. Soziale Medien als Werkzeuge für Unternehmen – grundlegende datenschutzrechtliche Weichenstellungen	8
C. Datenschutzrechtliche Vorgaben im Einzelnen	16
I. Anwendungsbereich	17
1. DS-GVO als maßgebliche datenschutzrechtliche Regelung	17
2. Anwendungsvoraussetzungen der DS-GVO	27
II. Verantwortlichkeit für den Datenumgang in sozialen Medien	33
1. Das Konzept der Verantwortlichkeit in der DS-GVO	34
2. Verantwortungsbereiche in sozialen Netzwerken	50
III. Rechtmäßigkeit der Verarbeitung in sozialen Netzwerken	57
1. Rechtsgrundlagen in sozialen Netzwerken	57
2. Erlaubnistatbestände im Verantwortungsbereich des Nutzers	59
3. Erlaubnistatbestände im Verantwortungsbereich des Fanpage-Betreibers	66
4. Erlaubnistatbestände im Verantwortungsbereich des Netzwerkanbieters	67
5. Umgang mit sensiblen Daten	87
IV. Betroffenenrechte	91
1. Informationspflichten	93
2. Löschungsrecht	99
3. Recht auf Datenübertragbarkeit	106
V. Weitere Pflichten für Verantwortliche	113
1. Gewährleistung der Datenschutzgrundsätze (Art. 5 DS-GVO)	114
2. Datenschutz durch Technikgestaltung und durch datenschutzfreundliche Voreinstellungen (Art. 25 DS-GVO)	116
3. Datenübermittlung in Drittländer nach Schrems II	121

Literatur:

Arning/Moos, Location Based Advertising – Datenschutzkonforme Verwendung von Ortsdaten bei verhaltensbezogener Online-Werbung, ZD 2014, 126; *Auer-Reinsdorff/Conrad (Hrsg.),* Handbuch IT- und Datenschutzrecht, 3. Aufl. 2019; *Art.-29-Datenschutzgruppe,* Stellungnahme 1/2010 v. 16.2.2010 zu den Begriffen „für die Verarbeitung Verantwortlicher" und „Auftragsverarbeiter", WP 169; *Art.-29-Datenschutzgruppe,* Stellungnahme 04/2012 v. 7.6.2012 zur Ausnahme von Cookies von der Einwilligungspflicht, WP 194; *Art.-29-Datenschutzgruppe,* Leitlinien zum Recht auf Datenübertragbarkeit v. 13.12.2016, WP 242; *Beck,* Freundschaft im Dienst sozialer Netzwerke – Zur Regulierungsbedürftigkeit kommerzieller Datenabschöpfung, ZRP 2019, 112; *Buchner,* Grundsätze und Rechtmäßigkeit der Datenverarbeitung unter der DS-GVO, DuD 2016, 155; *Datenschutzkonferenz,* Kurzpapier Nr. 3: Verarbeitung personenbezogener Daten für Werbung, Stand: 17.12.2018; *Datenschutzkonferenz,* Orientierungshilfe der Aufsichtsbehörden für Anbieter von Telemedien, Stand: März 2019; *Determann,* Gegen Eigentumsrechte an Daten – Warum Gedanken und andere Informationen frei sind und bleiben sollten, ZD 2018, 503; *Dovas,* Joint Controllership – Möglichkeiten oder Risiken der Datennutzung?: Regelung der gemeinsamen datenschutzrechtlichen Verantwortlichkeit in der DS-GVO, ZD 2016, 512; *Ehmann/Selmayr (Hrsg.),* Kommentar Datenschutz-Grundverordnung, 2. Aufl. 2018; *Gierschmann/Schlender/Stentzel/Veil (Hrsg.),* Kommentar Datenschutz-Grundverordnung, 2018; *Gola (Hrsg.),* Kommentar Datenschutz-Grundverordnung, 2. Aufl. 2018; *Golland,* Datenschutzrechtliche Anforderungen an internationale Datentransfers, NJW 2020, 2593; *ders.,* Das Kopplungsverbot in der Datenschutz-Grundverordnung – Anwendungsbereich, ökonomische Auswirkungen auf Web 2.0-Dienste und Lösungsvorschlag; *ders.,* Der räumliche Anwendungsbereich der DS-GVO, DuD 2018, 351; *ders.,* Datenverarbeitung in sozialen Netzwerken, 2019, und Universität Bochum, Diss. 2018; *ders.,* Reichweite des „Joint Controllership": Neue Fragen der Gemeinsamen Verantwortlichkeit: Zugleich Kommentar zu EuGH, Urteil vom 29.7.2019 – C-40/17, K&R 2019, 533; *Härting/Gössling,* Gemeinsame Verantwortlichkeit bei einer Facebook-Fanpage, NJW 2018, 2523; *Heinzke,* Schrems II: Neue Anforderungen an den Transfer personenbezogener Daten in Drittländer, GRUR-Prax 2020, 436; *Hennemann,* Das Recht auf Löschung gemäß Art. 17 Datenschutz-Grundverordnung, PinG 2016, 176; *Hoeren/Sieber/Holznagel (Hrsg.),* Multimedia-Recht, Loseblattsammlung, 50. Lieferung 2019; *Holthaus/Park/Stock-Homburg,* People Analytics und Datenschutz – Ein Widerspruch?, DuD 2015, 676; *Homburg/Pflesser,* A Multiple-Layer Model of Market-Oriented Organizational Culture: Measurement Issues and Performance Outcomes, Journal of Marketing Research Volume 37(4), 2000, 449; *Hornung/Hoffmann,* Ein „Recht auf Vergessenwerden"?, JZ 2013, 163; *Hornung/Müller-*

Terpitz (Hrsg.), Rechtshandbuch Social Media, 2015; *Huff/Götz,* Evidenz statt Bauchgefühl? – Möglichkeiten und rechtliche Grenzen von Big Data im HR-Bereich, NZA-Beilage 2019, 73; *Jandt/Roßnagel,* Datenschutz in Social Networks: Kollektive Verantwortlichkeit für die Datenverarbeitung, ZD 2011, 160; *Jandt/Steidle (Hrsg.),* Datenschutz im Internet, 2018; *Jaspers,* Die EU-Datenschutz-Grundverordnung – Auswirkungen der EU-Datenschutz-Grundverordnung auf die Datenschutzorganisation des Unternehmens, DuD 2012, 571; *Jandt,* Spezifischer Datenschutz für Telemedien und die DS-GVO – Zwischen Rechtsetzung und Anwendung, ZD 2018, 405; *Jülicher/Röttgen/v. Schönfeld,* Das Recht auf Datenübertragbarkeit – Ein datenschutzrechtliches Novum, ZD 2016, 358; *Kampert,* Datenschutz in sozialen Online-Netzwerken de lege lata und de lege ferenda, 2016, Universität Münster, Diss. 2015; *Karg/Fahl,* Rechtsgrundlagen für den Datenschutz in sozialen Netzwerken, K&R 2011, 453; *Kipker/Voskamp,* Datenschutz in sozialen Netzwerken nach der Datenschutzgrundverordnung, DuD 2012, 737; *Kremer,* Gemeinsame Verantwortlichkeit: Die neue Auftragsverarbeitung?, CR 2019, 225; *Kühling/Buchner (Hrsg.),* Kommentar Datenschutz-Grundverordnung/BDSG, 3. Aufl. 2020; *Kühling/Martini,* Die Datenschutz-Grundverordnung: Revolution oder Evolution im europäischen und deutschen Datenschutzrecht?, EuZW 2016, 448; *Kühling/Buchner (Hrsg.),* Kommentar Datenschutz-Grundverordnung/BDSG, 3. Aufl. 2020; *Kühling/Sackmann,* Irrweg „Dateneigentum" – Neue Großkonzepte als Hemmnis für die Nutzung und Kommerzialisierung von Daten, ZD 2020, 24; *Laue/Kremer,* Das neue Datenschutzrecht in der betrieblichen Praxis, 2. Aufl. 2019; *Lee/Cross,* (Gemeinsame) Verantwortlichkeit beim Einsatz von Drittinhalten auf Websites: Wird das Rad unnötig neu erfunden?, MMR 2019, 559; *Mainusch/Burtchen,* Kontrolle über eigene Daten in sozialen Netzwerken, DuD 2010, 448; *Marler/Boudreau,* An evidence-based review of HR Analytics, The international Journal of Human Resource Management Volume 28(1), 2017, 3; *Maunz/Dürig,* Kommentar Grundgesetz, Loseblattsammlung, 88. Lieferung 2019; *Micklitz/Reisch/Joost/Zander-Hayat (Hrsg.),* Verbraucherrecht 2.0 – Verbraucher in der digitalen Welt, 2017; *Monreal,* Der für die Verarbeitung Verantwortliche – das unbekannte Wesen des deutschen Datenschutzrechts: Mögliche Konsequenzen aus einem deutschen Missverständnis, ZD 2014, 611; *Möhrke-Sobolewski/Klas,* Zur Gestaltung des Minderjährigendatenschutzes in digitalen Informationsdiensten, K&R 2016, 373; *Paal/Pauly (Hrsg.),* Datenschutz-Grundverordnung und Bundesdatenschutzgesetz, 2. Aufl. 2018; *Plath (Hrsg.),* Kommentar zu DS-GVO/BDSG und den Datenschutzbestimmungen des TMG und TKG, 3. Aufl. 2018; *Remmertz,* Aktuelle Entwicklungen im Social Media-Recht – Überblick der relevanten Themen aus Unternehmenssicht, MMR 2018, 507; *Roßnagel,* Kein „Verbotsprinzip" und kein „Verbot mit Erlaubnisvorbehalt" im Datenschutzrecht – Zur Dogmatik der Datenverarbeitung als Grundrechtseingriff, NJW 2019, 1; *Sattler,* Gemeinsame Verantwortlichkeit – Getrennte Pflichten: Zugleich Besprechung von EuGH „Fashion ID/Verbraucherzentrale NRW", GRUR 2019, 1023; *Schantz,* Die Datenschutz-Grundverordnung – Beginn einer neuen Zeitrechnung im Datenschutzrecht, NJW 2016, 1841; *Schneider/Härting,* Wird der Datenschutz nun endlich internettauglich? Warum der Entwurf einer Datenschutz-Grundverordnung enttäuscht, ZD 2012, 199; *Schneider,* WhatsApp & Co. – Dilemma um anwendbare Datenschutzregeln – Problemstellung und Regelungsbedarf bei Smartphone-Messengern, ZD 2014, 231; *Schwartmann/Jaspers/Thüsing/Kugelmann (Hrsg.),* Datenschutz-Grundverordnung und Bundesdatenschutzgesetz, 2. Aufl. 2020; *Simitis/Hornung/Spiecker gen. Döhmann (Hrsg.),* Großkommentar Datenschutzrecht – DS-GVO mit BDSG, 2019; *Siwek,* Social Media in Unternehmen, Studie Bundesverband Digitale Wirtschaft (BVDW), Stand: 26.8.2014; *Specht/Mantz (Hrsg.),* Handbuch Europäisches und deutsches Datenschutzrecht, 2019; *Spindler/Schuster (Hrsg.),* Kommentar Recht der elektronischen Medien, 4. Aufl. 2019; *Stender-Vorwachs/Steege,* Wem gehören unsere Daten? Zivilrechtliche Analyse zur Notwendigkeit eines dinglichen Eigentums an Daten, der Datenzuordnung und des Datenzugangs, NJOZ 2018, 1361; *Stiemerling/Lachenmann,* Erhebung personenbezogener Daten beim Aufruf von Webseiten – Notwendige Informationen in Datenschutzerklärungen, ZD 2014, 133; *Stock-Homburg/Groß,* Social-Media-Nutzung und Datensicherheit – Schlüssel für Innovationen oder Damoklesschwert?, DuD 2016, 446; *Sydow (Hrsg.),* Handkommentar Europäische Datenschutzgrundverordnung, 2. Aufl. 2018; *Taeger/Gabel (Hrsg.),* Kommentar DS-GVO – BDSG, 3. Aufl. 2019; *Trentmann,* Das „Recht auf Vergessenwerden" bei Suchmaschinentrefferlinks – Google und Co. im Lichte von DS-GVO, DSRL und EuGH, CR 2017, 26; *Wagner,* Disruption der Verantwortlichkeit: Private Nutzer als datenschutzrechtliche Verantwortliche im Internet of Things, ZD 2018, 307; *Wendehorst/Graf v. Westphalen,* Das Verhältnis zwischen Datenschutz-Grundverordnung und AGB-Recht, NJW 2016, 3745; *Wenhold,* Nutzerprofilbildung durch Webtracking, Baden-Baden 2018, zugl.: Universität Göttingen, Diss. 2018; *Wiebe/Helmschrot,* Untersuchung der Umsetzung der Datenschutz-Grundverordnung (DS-GVO) durch Online-Dienste, Studie für das Bundesministerium der Justiz und für Verbraucherschutz, Stand: 30.10.2019; *Zuboff,* Das Zeitalter des Überwachungskapitalismus, 2018.

A. Einführung

Social Media-Plattformen wie bspw. Facebook, Instagram, Snapchat oder auch nicht zuletzt Twitter sind aus dem Alltag vieler Menschen inzwischen nicht mehr wegzudenken. Aufgrund ihrer hohen Reichweite über nahezu alle Altersschichten hinweg kommt ihnen ein nicht zu unterschätzender steuernder Einfluss auf die zukünftige gesellschaftliche Entwicklung zu. Dieser Umstand fasziniert nicht nur private Nutzer, sondern auch Unternehmen, die längst das **Potential der Reichweite für innovative Marketing- und PR-Strategien** erkannt haben. Demgegenüber stehen jedoch die häufig nicht leicht zu bewertenden **rechtlichen Risiken für alle Beteiligten,** wobei gegenwärtig vor allem Fragen des Datenschutzrechts herausstechen.

2   Die Herausforderungen bei der Vereinbarkeit von datenschutzrechtlichen Vorgaben mit der Funktionsweise von Social Media-Plattformen werden durch die **hohe Dynamik von Technologie und Wettbewerb** zunehmend größer. Diensteanbieter entwickeln sich kontinuierlich weiter und bauen ihre Geschäftsmodelle aus, indem neue Datenquellen erschlossen und die Wertschöpfung im Zusammenhang mit der Datenverarbeitung durch **präzisierte Analysemethoden** stetig gesteigert wird.[1] Über die Nutzung von Social Media erlangte Informationen von Verbrauchern liefern Erkenntnisse über deren Interessen, den Standort, die Aktivitäten, Beziehungen und weitere Verhaltensweisen und werden in immer neueren und komplexeren Mustern gesammelt, analysiert, kombiniert, aggregiert, geteilt und verkauft.

3   Dabei erweist es sich schon im Ausgangspunkt als problematisch, dass die Markteinführung von digitalen Produkten häufig auf dem **Prinzip des sog. Minimum Viable Product**[2] basiert. Danach wird zunächst die Kernfunktion des Produkts bereitgestellt und erst im Anschluss entwickelt der Anbieter die weitere Produktinfrastruktur, in welcher sich dann bspw. um die Einhaltung von datenschutzrechtlichen Vorgaben gekümmert wird. Dies hängt vor allem damit zusammen, dass der Einsatz von angemessenen Maßnahmen zum Schutz von personenbezogenen Daten Geld, Zeit und Expertise bei der Entwicklung, dem Design und der Implementierung erfordert. Dennoch ist von einer solchen Vorgehensweise nicht zuletzt angesichts der **bei Datenschutzverstößen drohenden, enorm hohen Bußgelder**[3] dringend abzuraten.

4   Nahezu zwangsläufig führt jedoch die Entwicklung und Implementierung neuer Technologien zur Entdeckung neuer Schwachstellen vor allem in Bezug auf die geforderte **Datensicherheit (Art. 32 DS-GVO).** Ein Beispiel ist die Anfälligkeit von Systemen für die Offenlegung personenbezogener Daten durch De-Anonymisierung.[4] Als mögliches Einfallstor wurde dafür eine Schwachstelle bei sog. Cascading Style Sheets (CSS), einer Stylesheet-Sprache zur Beschreibung der Präsentation eines in HTML oder XML geschriebenen Dokuments, genutzt, welche das Ausspähen des Browserverlaufs vom Benutzer ermöglichte. Auf diese Weise konnten Rückschlüsse auf die Identität des Benutzers durch Informationen über die von ihm besuchten Links gezogen werden.

5   Ein weiterer Aspekt, der vor allem zur Verunsicherung auf Verbraucherseite beiträgt, sind die weitgehend **intransparenten Abläufe bei der Datenverarbeitung im Zusammenhang mit sozialen Medien.**[5] Diese bieten dadurch potentiell eine breite Angriffsfläche für den Missbrauch großer Mengen an personenbezogenen Daten. Insbesondere der „Datenskandal" um *Cambridge Analytica*[6] veranschaulichte dieses Risiko: Dabei entwickelte das Unternehmen ein Einwilligungsverfahren für eine zu Forschungszwecken gestaltete App, bei der sich mehrere hunderttausend Facebook-Nutzer bereit erklärten, eine Umfrage nur für den wissenschaftlichen Gebrauch auszufüllen. Die Architektur von Facebook ermöglichte es dieser App jedoch, nicht nur Daten von Personen zu erfassen, die an der Umfrage teilgenommen haben, sondern darüber hinaus auch die Daten von allen mit diesen Personen verbundenen Nutzern des Netzwerks. In der Folge verwendete *Cambridge*

---

[1] Dazu umfassend: *Zuboff,* Das Zeitalter des Überwachungskapitalismus.
[2] Vgl. https://venturehacks.com/minimum-viable-product (zuletzt abgerufen am 6.2.2020).
[3] Siehe dazu Art. 83 DS-GVO.
[4] Vgl. dazu schon *Mainusch/Burtchen,* DuD 2010, 448 (451 ff.).
[5] Vgl. *Beck,* ZRP 2019, 112 (113).
[6] Vgl. *Cadwalladr/Graham-Harrison,* Revealed: 50 million Facebook profiles harvested for Cambridge Analytica in major data breach, https://www.theguardian.com/news/2018/mar/17/cambridge-analytica-facebook-influence-us-election (zuletzt abgerufen am 6.2.2020).

A. Einführung

Analytica die personenbezogenen Daten aus den Facebook-Profilen von Millionen von Menschen ohne deren Wissen für die Adressierung von politischer Werbung.

In vielen Fällen handelt es sich bei Social Media-Plattformen zudem um **werbefinanzierte Angebote,** die mehr oder weniger intensiv auf Online Behavioral Advertising[7] zurückgreifen.[8] Um möglichst effektiv bei der Schaltung von Werbeanzeigen vorgehen zu können, werden zur dafür notwendigen (vorgelagerten) Informationsgewinnung verschiedene **sog. Tracking-Tools**[9] eingesetzt. Ziel derartiger Maßnahmen ist eine – meist webseitenübergreifende – Nachverfolgung des individuellen Verhaltens von Verbrauchern.[10] Die meisten Anbieter von Social Media-Plattformen setzen dazu eigene Cookies[11] ein oder lassen jedenfalls Drittanbieter-Cookies zu. Von diesen gesammelte Daten enthalten häufig Cookie-IDs, welche als sog. Online-Kennungen zur Nutzeridentifizierung verwendet werden können und in diesem Fall gemäß Art. 4 Nr. 1 DS-GVO personenbezogene Daten darstellen.[12] Unter diesen Umständen bedarf es für den Einsatz von Cookies wegen des gemäß Art. 8 Abs. 2 GRCh iVm Art. 6, 9 DS-GVO grundsätzlich geltenden Verbots[13] der Verarbeitung von personenbezogenen Daten einer **hinreichenden Rechtsgrundlage.**

Insgesamt sollte beachtet werden, dass der Begriff **Social Media nicht mit sozialen Netzwerken wie Facebook oder Xing gleichzusetzen ist,** sondern als Oberbegriff für diverse weitere Angebote im Internet wie bspw. Blogs, Podcasts und Bewertungsplattformen dient.[14] Nichtsdestotrotz stehen aus datenschutzrechtlicher Perspektive vor allem soziale Netzwerke wegen ihrer intensiven Nutzung und damit einhergehenden großen Menge an verarbeiteten personenbezogenen Daten sowie ihres umfangreichen Leistungsportfolios, das je nach genutzter Funktion **stellvertretend für andere Social Media-Angebote** betrachtet werden kann, besonders im Fokus. Als soziale Netzwerke gelten dabei Dienste, die die Möglichkeit zur Teilhabe in Form des Hochladens und Veröffentlichens von selbstgenerierten Inhalten bieten, aktiv die Erstellung eines selbst generierten öffentlichen oder halb-öffentlichen persönlichen „Profils" einfordern und zudem den unmittelbaren Informationsaustausch mit Kontakten innerhalb desselben Netzwerks unterstützen.[15] Im Rahmen der näheren datenschutzrechtlichen Auseinandersetzung (dazu → Rn. 16 ff.) wirkt sich diese Funktionsweise auf der Beteiligtenseite aus, auf der **grundlegend zwischen Netzwerkanbieter, Fanpage-Betreiber und Nutzer als handelnden Akteuren zu differenzieren** ist.

---

[7] Gemeint ist eine verhaltensbezogene und damit personalisierte Ansprache von Verbrauchern zu Werbezwecken, vgl. *Arning/Moos* ZD 2014, 126 (127).
[8] Vgl. zum Geschäftsmodell auch *Beck,* ZRP 2019, 112 (113 f.).
[9] Vgl. zum *Webtracking* instruktiv auch Jandt/Steidle/*Jandt,* Datenschutz im Internet, A. I. Rn. 34 ff.
[10] Vgl. *Artikel-29-Datenschutzgruppe,* WP 194, S. 10; *EDPB,* Leitlinie zur Einwilligung, S. 4. Siehe zu den datenschutzrechtlichen Anforderungen beim *Tracking* im Einzelnen: *DSK,* Orientierungshilfe der Aufsichtsbehörden für Anbieter von Telemedien.
[11] Cookies dienen allgemein der Erfassung von Nutzungsdaten und ermöglichen damit das Tracking von Webseitenbesuchern, vgl. dazu nur *Wenhold,* Nutzerprofilbildung durch Webtracking, S. 55 ff. mwN.
[12] Vgl. dazu DS-GVO-Erwägungsgrund 30, sowie auch Hoeren/Sieber/Holznagel/*Hackenberg,* Multimedia-Recht, Teil 15.2 Rn. 13; zum Personenbezug von *Cookies* ohne expliziten Bezug zur DS-GVO auch schon: *BGH,* 5.10.2017 – I ZR 7/16 = GRUR 2018, 96 Rn. 24.
[13] Meist wird in diesem Zusammenhang vom sog. Verbot mit Erlaubnisvorbehalt gesprochen, vgl. etwa *BGH,* 5.10.2017 – I ZR 7/16 = GRUR 2018, 96 Rn. 22; Gierschmann/Schlender/Stenzel/Veil/*Assion/ Nolte/Veil,* DS-GVO Art. 6 Rn. 41; Kühling/Buchner/*Buchner/Petri,* DS-GVO Art. 6 Rn. 1, 10 f.; Schwartmann/Jaspers/Thüsing/Kugelmann/*Schwartmann/Jacquemain,* DS-GVO Art. 6 Rn. 6. Krit. zur Verwendung des Begriffs im datenschutzrechtlichen Kontext mit beachtlichen Argumenten: *Roßnagel,* NJW 2019, 1 (5); sowie auch schon Simitis/*Scholz/Sokol,* BDSG § 4 Rn. 3.
[14] Vgl. Hoeren/Sieber/Holznagel/*Solmecke,* Multimedia-Recht, Teil 21.1 Rn. 1.
[15] Vgl. *Artikel-29-Datenschutzgruppe,* WP 163, S. 5.

B. Soziale Medien als Werkzeuge für Unternehmen – grundlegende datenschutzrechtliche Weichenstellungen

8   Viele Unternehmen sehen in der Nutzung von Social Media und dabei in besonderem Maße von sozialen Netzwerken eine große Chance für eine erfolgreiche Unternehmenskommunikation.[16] Derartige Plattformen werden inzwischen regelmäßig zur **Unterstützung externer Aktivitäten,** vor allem für Marketing, Öffentlichkeitsarbeit (PR) und Personalakquise eingebunden. Als Hauptgründe für die Nutzung von sozialen Medien benennen Unternehmen die Steigerung des Bekanntheitsgrades, die Verbesserung der Kundenbindung und die Aufwertung des Images.[17] Zuweilen aus dem Blick gerät dabei, dass schon das Betreiben einer sog. Fanpage in einem sozialen Netzwerk zu eigener datenschutzrechtlicher Verantwortlichkeit führt (siehe dazu Rn. → 42 ff.).

9   Des Weiteren nutzen Unternehmen soziale Medien für die **interne Kommunikation, Zusammenarbeit und Innovation.** Angestellte greifen auf soziale Medien nicht nur zurück, um sich mit Freunden und Bekannten zu vernetzen, sondern auch, um digitale Inhalte und Meinungen innerhalb eines Unternehmens oder einer Branche auszutauschen. Durch den internen Gebrauch, dh durch interne Interaktion und Zusammenarbeit, können erhebliche wirtschaftliche Vorteile wie Effizienzsteigerung und Innovationsgenerierung erzielt werden.[18]

10 Vor allem bei der Anwendung von *People Analytics*[19] im Bereich des Personalmanagements sowie auch für das Pre-Employment-Screening von Bewerbern[20] stützen sich Unternehmen inzwischen nicht selten in umfangreicher Art und Weise auf soziale Medien. Dass diese Vorgehensweisen einer **exakten datenschutzrechtlichen Prüfung** bedürfen, liegt auf der Hand.[21]

11 Unternehmen müssen daher zunächst im Blick behalten, wie und wofür sie Social Media einsetzen, um ein den gesetzlichen Anforderungen genügendes Datenschutzkonzept entwickeln zu können. Eine besondere Herausforderung liegt dabei darin, dass sich soziale Medien in Bezug auf Technologien und Plattformen dynamisch verhalten und ständig weiterentwickeln. Darüber hinaus ist das Vertrauen der Kunden (zu extern fokussierten sozialen Medien) und der Mitarbeiter (zu intern fokussierten sozialen Medien) für Unternehmen unerlässlich. Für alle wirtschaftlichen Anwendungsfelder von sozialen Medien, einschließlich der Marketing- und Rekrutierungsbedürfnisse von Unternehmen, ihrer internen Kommunikation und Innovation sowie auch im Bereich Personalmanagement wird daher ein ganzheitliches, „lebendiges" Datenschutzkonzept benötigt.

12 Dazu sollte ein **duales Datenschutzkonzept** gewählt werden, welches auf zwei zentralen Elementen basiert: den **technisch-organisatorischen Maßnahmen (TOM),** die im konventionellen Datenschutz weit verbreitet sind, sowie den **strategisch-organischen Maßnahmen (SOM).**[22] In den TOM werden die strukturellen und prozessbezogenen Voraussetzungen für die Einhaltung der gesetzlichen Anforderungen (zB aus DS-GVO, TKG oder BetrVG) definiert. Dazu gehört der Umgang mit Informationstechnologien (zB technische Zugangskontrollen, Umfang der Datenspeicherung). Wesentliche daten-

---

[16] Vgl. *Stock-Homburg/Groß*, DuD 2016, 446 ff., *Remmertz*, MMR 2018, 507.
[17] Vgl. *Siwek*, BVDW-Studie: Social Media in Unternehmen, https://www.bvdw.org/themen/publikationen/detail/artikel/bvdw-studie-social-media-in-unternehmen/ (zuletzt abgerufen am 6.2.2020).
[18] Vgl. zur Nutzung von Social Media im Arbeitsverhältnis und den damit einhergehenden Rechtsfragen bereits → Teil 15.1 Rn. 1 ff. in diesem Handbuch.
[19] Darunter ist eine Methode zu verstehen, die „mithilfe von Informationstechnologie deskriptive, visuelle und statistische Analysen von Daten über Personalprozesse, Humankapital, Unternehmensleistung und externe Benchmarks nutzt, um (…) eine datengestützte Entscheidungsfindung zu etablieren", *Marler/Boudreau*, International Journal of Human Resource Management 2017, An evidence-based review of HR Analytics, S. 15.
[20] Nähere Erläuterungen dazu unter → Teil 14.4 Rn. 175 ff. in diesem Handbuch.
[21] Vgl. etwa zur Zulässigkeit von People Analytics unter der DS-GVO: *Huff/Götz*, NZA-Beilage 2019, 73 ff.
[22] Vgl. *Holthaus/Park/Stock-Homburg*, DuD 2015, 676 ff.

schutzrechtliche Anforderungen an die arbeitsbezogene Social Media-Nutzung, die im Rahmen von TOM zu berücksichtigen sind, umfassen sowohl Kontrollanforderungen (Art. 24 ff. DS-GVO) als auch Mitbestimmungspflichten (§ 87 BetrVG).

Über die technische Umsetzung auf Prozessebene hinaus ist es von nicht zu unterschätzender Bedeutung, dass **Datenschutz auch im Bewusstsein und Handeln der Führungskräfte und Mitarbeiter** des Unternehmens verankert ist.[23] Deswegen sind für die nachhaltige Umsetzung des Datenschutzes im Unternehmen bei der Nutzung von sozialen Medien auch sogenannte strategisch-organische Maßnahmen (SOM) notwendig. Diese müssen von der Unternehmensleitung von oben nach unten initiiert werden. Sie ermöglichen es dem Unternehmen, schnell auf neue Herausforderungen und technische Möglichkeiten zu reagieren. Zu den SOM gehört vor allem die Verankerung des Datenschutzes in der Unternehmenskultur, die im Wesentlichen drei Facetten umfasst, nämlich Werte, Standards und Artefakte.[24]

Als übergreifender Orientierungsrahmen für die beiden Säulen TOM und SOM sollten Unternehmen sog. **Social Media-Guidelines** für den Umgang mit sozialen Medien durch ein Unternehmen sowohl für interne als auch für externe Zwecke definieren. Neben der Umsetzung von rechtlichen Vorgaben sollten diese Richtlinien auch moralische und ethische Aspekte der Nutzung von sozialen Medien im Unternehmen behandeln.[25]

Die Umsetzung technisch-organisatorischer Maßnahmen (TOM) unter Berücksichtigung der Besonderheiten spezifischer sozialer Medien ist eine **gesetzliche Verpflichtung** für Unternehmen. Ergänzend ist die Umsetzung von strategisch-organischen Maßnahmen (SOM) zu einer **praktischen Notwendigkeit** geworden, um kurzfristig auf neue Anforderungen im Bereich des Datenschutzes und der Privatsphäre reagieren zu können.

C. Datenschutzrechtliche Vorgaben im Einzelnen

Die Datenverarbeitung auf Social Media-Plattformen und dabei vor allem in sozialen Netzwerken wirft aus datenschutzrechtlicher Sicht zahlreiche Probleme auf. Im Folgenden werden wesentliche Rechtsfragen sowie die damit einhergehenden technischen und praktischen Herausforderungen aufgegriffen und – soweit abstrakt möglich – Lösungsvorschläge unterbreitet.

I. Anwendungsbereich

1. DS-GVO als maßgebliche datenschutzrechtliche Regelung

Solange sich die ePrivacy-Verordnung weiterhin im Wartestand befindet,[26] erfolgt die Regulierung der Datenverarbeitung in sozialen Medien grundsätzlich auf Basis der DS-GVO, jedoch muss deren Anwendungsbereich im Hinblick auf die jeweils genutzte Funktion des Dienstes genau geprüft werden. So kommen als spezialgesetzliche Grundlagen noch das TMG und das TKG in Betracht, soweit es sich bei den dortigen Datenschutzvorschriften um Umsetzungen der sog. ePrivacy-Richtlinie[27] handelt. Im Gegensatz zur DS-GVO ist die ePrivacy-RL gemäß Art. 288 UAbs. 3 AEUV nicht unmittelbar anzuwenden, sondern bedarf einer Umsetzung durch nationales Recht. Ist eine solche Umsetzung erfolgt, sind

---

[23] Vgl. *Holthaus/Park/Stock-Homburg,* DuD 2015, 676 (680).
[24] Vgl. *Homburg/Pflesser,* A multiple-layer model of market-oriented organizational culture: measurement issues and performance outcomes. Journal of Marketing Research, 37(4), 449 ff.
[25] Vgl. *Stock-Homburg/Groß,* DuD 2016, 446 (450).
[26] Voraussichtlich erfolgt eine Verabschiedung nicht vor 2021 (Stand 1.2.2020). Hinzu kommt eine zweijährige Übergangszeit, sodass mit der Anwendbarkeit frühestens ab 2023 zu rechnen ist.
[27] Richtlinie 2002/58/EG in der durch die Richtlinie 2009/136/EG aktualisierten Fassung.

die nationalen Regelungen gemäß Art. 95 DS-GVO weiterhin anwendbar und sollen im Hinblick auf die dort statuierten Pflichten von der DS-GVO grundsätzlich unberührt bleiben. Unabhängig davon wären TMG und TKG anwendbar, wenn diese eine zulässige Ausgestaltung von in der DS-GVO enthaltenen Öffnungsklauseln darstellen.

a) Keine Anwendung des TMG

18 Zum Teil wird davon ausgegangen, dass für den Telemedienbereich die spezifischen deutschen Regelungen der §§ 11 ff. TMG auch unter Geltung der DS-GVO Anwendung finden und insoweit Vorrang genießen.[28] Dies überzeugt jedoch nicht.

19 Zum einen handelt es sich bei den dortigen Vorschriften um **keine Umsetzung der ePrivacy-RL**.[29] Dies zeigt sich daran, dass der Anwendungsbereich der Richtlinie gemäß Art. 3 Abs. 1 ePrivacy-RL auf Kommunikationsdienste beschränkt ist. Damit sind ausschließlich Dienste gemeint, deren Funktion ganz oder überwiegend in der Übertragung von Signalen besteht und die somit keine Inhalte in relevantem Umfang anbieten.[30] Der negativ definierte Anwendungsbereich des TMG bezieht sich hingegen nur auf solche Dienste, die nicht ganz in der Übertragung von Signalen bestehen, vgl. § 1 Abs. 1 TMG. Aber auch soweit es sich um Dienste handelt, die nur überwiegend in der Übertragung von Signalen bestehen und damit unter das TMG fallen, finden gemäß § 11 Abs. 3 TMG ausschließlich die § 15 Abs. 8 TMG und § 16 Abs. 2 Nr. 4 TMG als datenschutzspezifische Vorschriften Anwendung, welche jedoch nicht in Zusammenhang mit der ePrivacy-Richtlinie stehen. Da Social Media-Plattformen in der Regel primär Inhalte anbieten und damit weder ganz noch überwiegend eine Übertragung von Signalen leisten, befinden diese sich somit außerhalb des Anwendungsbereichs der ePrivacy-Richtlinie.[31]

20 Aber auch wenn man entgegen der hier vertretenen Auffassung davon ausgeht, dass die Regelungen des TMG einen Umsetzungsversuch der ePrivacy-RL darstellen sollen, stünden deren wortlautgetreuer Anwendung zum Teil **eklatante Wertungswidersprüche zwischen den §§ 11 ff. TMG und den Vorgaben der ePrivacy-Richtlinie** entgegen. Besonders deutlich wird dies am Beispiel des § 15 Abs. 3 TMG. Dieser stellt nach seinem momentanen Wortlaut[32] eine eigene Rechtsgrundlage für den Einsatz von sog. Tracking-Tools[33] wie bspw. Cookies[34] zur Verarbeitung von personenbezogenen Daten insbesondere zum Zwecke der verhaltensbezogenen Werbung (Online Behavioral Advertising, siehe dazu auch → Rn. 6) dar.

21 Gemäß § 15 Abs. 3 TMG bedarf es dafür keiner Einwilligung in die Verarbeitung, soweit die Nutzerprofile unter Verwendung von Pseudonymen erstellt werden. Der betroffenen Person wird lediglich ein Recht zum Widerspruch eingeräumt. Demgegenüber steht der Wortlaut von Art. 5 Abs. 3 ePrivacy-RL in der aktuell gültigen Fassung von 2009,[35] wonach ausdrücklich die Einwilligung eingeholt werden muss, außer, die Datenverarbeitung ist zur Erbringung des vom Nutzer gewünschten Dienstes zwingend aus technischen Gründen erforderlich. Schon weil es sich um eine Ausnahmevorschrift handelt, ist das Merkmal der Erforderlichkeit eng auszulegen, sodass bloße umsatzsteigernde Aspekte – wie im Fall der Datenverarbeitung zu Werbezwecken – keinesfalls darunter subsumiert werden können. Dementsprechend stellt § 15 Abs. 3 TMG eine Rechtsgrundlage dar, die

---

[28] Vgl. dazu *Gierschmann*, ZD 2018, 297, 298 mwN.
[29] Vgl. nur *Jandt*, ZD 2018, 405 (406 ff.) mwN.
[30] Vgl. die Definition in Art. 2 lit. c der insoweit relevanten Rahmenrichtlinie 2002/21/EG.
[31] Vgl. Schwartmann/Jasper/Thüsing/Kugelmann/*Richter*, DS-GVO/BDSG, Art. 95 Rn. 3. So auch *Golland*, Datenverarbeitung in sozialen Netzwerken, S. 44.
[32] Stand: 5.2.2020.
[33] Zum Webtracking instruktiv Jandt/Steidle/*Jandt*, Datenschutz im Internet, A. I. Rn. 34 ff.
[34] Cookies dienen allgemein der Erfassung von Nutzungsdaten und ermöglichen damit das *Tracking* von Webseitenbesuchern, vgl. dazu nur *Wenhold*, Nutzerprofilbildung durch Webtracking, S. 55 ff. mwN.
[35] Aktualisiert durch die Richtlinie 2009/136/EG.

nicht mit der ePrivacy-Richtlinie zu vereinbaren ist.[36] Aufgrund des wie gezeigt klar entgegenstehenden Wortlauts ist auch eine unionsrechtskonforme Auslegung nicht mehr sinnvoll möglich.[37]

Zum anderen besteht **keine Öffnungsklausel innerhalb der DS-GVO,** die den Mitgliedstaaten jedenfalls im Hinblick auf den für soziale Netzwerke relevanten privatrechtlichen Bereich einen entsprechenden Gestaltungsspielraum einräumt, den die Normen des TMG zulässigerweise ausfüllen könnten.[38]

Im Ergebnis ist festzuhalten, dass die datenschutzspezifischen Regelungen des TMG bei einer Datenverarbeitung durch privatrechtliche Verantwortliche nicht mehr angewandt werden können. In Bezug auf die Zulässigkeit von sog. Tracking-Tools wie bspw. Cookies wird man zukünftig die Maßstäbe der DS-GVO heranziehen müssen**, solange sich die ePrivacy-Verordnung im Wartestand befindet.** Dabei sollte aber nicht außer Acht gelassen werden, dass nach dem Status quo mit der bestehenden ePrivacy-RL und insbesondere deren Art. 5 Abs. 3 eine gesetzgeberische Wertung zugunsten eines weitreichenden Einwilligungsvorbehalts existiert, der im Rahmen der Prüfung der Erlaubnistatbestände für den Einsatz von Tracking-Tools zu berücksichtigen ist.[39] Dem steht auch die fehlende Umsetzung durch den deutschen Gesetzgeber nicht entgegen, wie der direkte Verweis auf die Richtlinie und nicht etwa auf nationale Umsetzungsgesetze in Art. 95 DS-GVO deutlich macht.

b) Eingeschränkte Anwendbarkeit des TKG

Viele Social Media-Plattformen und insbesondere soziale Netzwerke bieten in ihrem Leistungsportfolio unter anderem eine Chatfunktion für ihre Nutzer an. In Bezug auf die Übertragung von Nachrichten – und zwar ausschließlich in diesem Kontext – sind soziale Medien als Kommunikationsdienste im Sinne von Art. 3 Abs. 1 ePrivacy-RL sowie entsprechend auch § 3 Nr. 24 TKG zu betrachten, mit der Folge, dass die Vorgaben der §§ 91 ff. TKG Anwendung finden.[40] Im Gegensatz zum TMG handelt es sich bei den datenschutzrechtlichen Vorschriften des TKG ganz überwiegend um eine Umsetzung der ePrivacy-RL, sodass der **Anwendungsvorrang der DS-GVO hier außer Kraft** gesetzt wird, vgl. Art. 95 DS-GVO.

Die Regelungen des TKG als Ausgestaltung des Fernmeldegeheimnisses knüpfen dabei eng an die zu erbringende Kommunikationsleistung an und erfassen daher **nur solche Daten, die unmittelbar mit der Nachrichtenübertragung verbunden sind,** hier konkret etwa Datum, Uhrzeit, Absender und Empfänger einer Nachricht.[41] Dazu zählt auch die unter regelmäßigen Umständen als personenbezogenes Datum einzuordnende IP-Adresse des Nutzers.[42] Datenschutzrechtlich nicht vom TKG erfasst wird hingegen die

---

[36] Vgl. dazu auch *Generalanwalt beim EuGH (Szpunar)*, Schlussantrag vom 21.3.2019 – C-673/17 Rn. 109 – BeckRS 2019, 3909.
[37] Vgl. *DSK*, Orientierungshilfe der Aufsichtsbehörden für Anbieter von Telemedien, S. 5 f. Der BGH hält dies gleichwohl im Wege einer teleologischen Reduktion für durchführbar, vgl. *BGH*, GRUR 2020, 891 Rn. 52 ff.
[38] Vgl. Spindler/Schuster/*Nink*, Recht der Elektronischen Medien, TMG § 15 Rn. 4.
[39] Vgl. Auer-Reinsdorff/Conrad/*Conrad/Hausen*, IT-R-HdB, § 36 Rn. 18.
[40] Vgl. ausführlich zur rechtlichen und technischen Einordnung der Chatfunktion mit Blick auf das TKG: *Golland*, Datenverarbeitung in sozialen Netzwerken, S. 38 ff. mwN.
[41] Vgl. *Karg/Fahl*, K&R 2011, 453 (457).
[42] Ob die IP-Adresse ein personenbezogenes Datum darstellt, hängt im Einzelfall davon ab, ob dem Webseitenbetreiber rechtlich zulässige Mittel zur Verfügung stehen, die ihm einen Zugriff auf die Zusatzinformationen des Internetzugangsanbieters einräumen können, vgl. *EuGH*, 19.10.2016 – C-582/14 (Breyer) = ZD 2017, 24. Zur Einordnung von IP-Adressen als dem TKG unterliegende Verbindungsdaten vgl. *Golland*, Datenverarbeitung in sozialen Netzwerken, S. 81.

Bedeutungsebene, also die tatsächlich kommunizierten Inhalte, welche vollständig der DS-GVO unterliegen.[43]

26 Im Ergebnis kann das TKG bei der Datenverarbeitung im Bereich der sozialen Medien somit nur im kleinen Fenster des Nachrichtenübermittlungsvorgangs und auch dort nur auf die sog. Verkehrsdaten (§ 3 Nr. 30 TKG iVm § 96 TKG) als „Kommunikationsrahmendaten" Anwendung finden. Dies gilt jedoch auch nur insoweit, wie die dortigen Normen keine von der ePrivacy-RL abweichende, **überschießende nationale Regelung** darstellen.[44] Im Übrigen bildet gegenwärtig die DS-GVO den Maßstab für die Datenverarbeitung.

2. Anwendungsvoraussetzungen der DS-GVO

27 Mit Blick auf den Anwendungsbereich der DS-GVO müssen bestimmte **sachliche** (Art. 2 DS-GVO) und **örtliche Voraussetzungen** (Art. 3 DS-GVO) gegeben sein. Sachlich ist eine automatisierte Verarbeitung von personenbezogenen Daten notwendig, wobei das ohnehin weit zu verstehende[45] Merkmal der automatisierten Verarbeitung[46] vor dem Hintergrund der algorithmenbasierten Funktionsweise von Social Media-Plattformen offenkundig erfüllt wird. Komplexer ist die Lage im Hinblick auf das Kriterium der personenbezogenen Daten, welche in Art. 4 Nr. 1 DS-GVO definiert sind. Danach findet die DS-GVO nur auf solche Informationen Anwendung, die sich auf eine **identifizierte oder identifizierbare natürliche Person** – sog. betroffene Person – beziehen.[47] Der Umgang mit anonymen oder anonymisierten Daten unterliegt folglich keiner Regulierung durch die DS-GVO.[48]

28 Bekanntlich führt bereits die gängige Internetnutzung in Form des bloßen Aufrufs von Webseiten dazu, dass eine Vielzahl an Verbindungs- und Nutzungsdaten an den jeweiligen Webseitenbetreiber übertragen wird.[49] Bei sozialen Medien und insbesondere sozialen Netzwerken kommen als Besonderheit noch die häufig in großem Umfang vom Nutzer freiwillig angegebenen Informationen wie bspw. Name, Geburtsdatum, Geschlecht, Ausbildung, Arbeitgeber, Statusupdates, etc. hinzu, die als Inhaltsdaten bezeichnet werden können.[50] Diese Daten werden im Rahmen des Nutzerprofils miteinander verknüpft, wodurch aus zuvor für sich genommen nicht unmittelbar zur Identifikation einer einzelnen Person geeigneten Informationen durch eine **Gesamtschau** dann personenbezogene Daten entstehen können.[51]

29 Wie oben unter → Rn. 7 bereits geschildert, betrifft die datenschutzrechtliche Regulierung nicht ausschließlich den Plattformanbieter, sondern erstreckt sich jedenfalls im Fall von sozialen Netzwerken ebenso auf die zumeist gewerblich handelnden Fanpage-Betreiber[52] und zudem auch auf natürliche Personen als private Plattformnutzer, soweit diese Daten von Dritten (bspw. anderen Nutzern) verarbeiten. In Bezug auf private Nutzer findet die DS-GVO allerdings dann keine Anwendung, wenn die Datenverarbeitung aus-

---

[43] Vgl. *Golland*, Datenverarbeitung in sozialen Netzwerken, S. 41. Zum insoweit vergleichbaren Verhältnis von TKG und vormaligem BDSG schon *Karg/Fahl*, K&R 2011, 453 (457) sowie *Schneider*, ZD 2014, 231 (233).
[44] Siehe dazu schon → Teil 10.6 Rn. 9 in diesem Handbuch.
[45] Vgl. Paal/*Pauly/Ernst*, DS-GVO, Art. 2 Rn. 5; *Laue/Nink/Kremer*, Das neue Datenschutzrecht in der betrieblichen Praxis, § 1 Rn. 9f. Siehe dazu auch DS-GVO-Erwägungsgrund 15.
[46] Der Begriff der „Verarbeitung" ist in Art. 4 Nr. 2 DS-GVO denkbar weit definiert und umfasst praktisch jede Form des Umgangs mit personenbezogenen Daten.
[47] Siehe zu den Kriterien im Einzelnen → Teil 10.6 Rn. 11 ff. in diesem Handbuch.
[48] Siehe dazu auch → Teil 6.6 Rn. 134, Rn. 174 in diesem Handbuch.
[49] Ein Überblick findet sich dazu bei *Stiemerling/Lachenmann*, ZD 2014, 133 (135 f.).
[50] Vgl. schon *ULD*, Datenschutzrechtliche Bewertung der Reichweitenanalyse durch Facebook, S. 19.
[51] Eine umfassende Einordnung zum Personenbezug von Einzelangaben in sozialen Netzwerken findet sich bei *Golland*, Datenverarbeitung in sozialen Netzwerken, S. 66 ff. mwN.
[52] Vgl. dazu *EuGH*, 5.6.2018 – C-210/16 (Unabhängiges Landeszentrum für Datenschutz Schleswig-Holstein/Wirtschaftsakademie Schleswig-Holstein GmbH) = EuZW 2018, 534.

C. Datenschutzrechtliche Vorgaben im Einzelnen

schließlich zu persönlichen oder familiären Zwecken erfolgt, vgl. Art. 2 Abs. 2 lit. c DS-GVO. Die sog. **Haushaltsausnahme** soll explizit auch auf die private Nutzung sozialer Netzwerke Anwendung finden, wie sich DS-GVO-Erwägungsgrund 18 S. 2 entnehmen lässt. Dabei ist jedoch ausgehend von dem Maßstab, den der EuGH in der sog. Lindqvist-Entscheidung[53] anlegt, zu berücksichtigen, dass diese Ausnahme nur dann greift, wenn zusätzlich zum rein privaten Zweck ausschließlich ein dem persönlich-familiären Umfeld zuzurechnender Personenkreis – also tatsächliche Freunde und Verwandte – adressiert wird.[54] Insbesondere letzteres Kriterium steht in unmittelbarer Abhängigkeit zu den **Privatsphäre-Einstellungen des Nutzers,** wobei im Fall der öffentlich einsehbaren Profilnutzung ebenso wie bei der häufig gewählten Beschränkung der Sichtbarkeit auf „Freunde von Freunden" erkennbar kein privater Adressatenkreis mehr gegeben ist und die DS-GVO unter diesen Umständen dementsprechend auch auf den privaten Nutzer Anwendung findet.

Im Hinblick auf den **örtlichen Anwendungsbereich** ist Art. 3 DS-GVO maßgeblich. 30 Nach dessen Abs. 1 ist zunächst zu prüfen, ob eine mit der Verarbeitung personenbezogener Daten in Beziehung[55] stehende Niederlassung im Gebiet der Europäischen Union existiert. Handelt es sich bei dem für die Datenverarbeitung Verantwortlichen um eine natürliche Person, wie im Fall des Privatnutzers und zum Teil auch bei Fanpage-Betreibern, soll es entsprechend auf deren gewöhnlichen Aufenthaltsort ankommen.[56] Sofern es an Niederlassung bzw. gewöhnlichem Aufenthaltsort des Verantwortlichen im Unionsgebiet fehlt, kommt die DS-GVO nach dem sog. **Marktortprinzip** gemäß Art. 3 Abs. 2 DS-GVO dennoch zur Anwendung, wenn sich der gewöhnliche Aufenthaltsort[57] der betroffenen Person im Unionsgebiet befindet und ihr eine Ware oder Dienstleistung angeboten (lit. a) oder ihr Verhalten beobachtet wird (lit. b).

Da die Datenverarbeitung durch Social Media-Plattformen häufig über Server im au- 31 ßereuropäischen Ausland erfolgt und nicht zwingend mit einer Niederlassung innerhalb der europäischen Union verbunden ist, hat nicht selten ein Rückgriff auf das Marktortprinzip zu erfolgen. Das oben beschriebene **„Anbieten einer Dienstleistung" (Art. 3 Abs. 2 lit. a DS-GVO)** ist dann anzunehmen, wenn bspw. eine länderspezifische Domain vorliegt oder entsprechende Spracheinstellungen möglich sind[58] oder bei Eingabe des Wohnortes durch den Nutzer Staaten innerhalb der EU vorgeschlagen werden, was insbesondere bei reichweitenstarken sozialen Netzwerken in der Regel der Fall ist.[59] In Bezug auf die usergenerierten Nutzungsdaten,[60] welche häufig über Cookies gewonnen werden und für werbefinanzierte Plattformen von hoher Bedeutung sind, liegt eine Verhaltensbeobachtung vor, sodass die DS-GVO über Art. 3 Abs. 2 lit. b auf diese Anwendung findet.[61]

Die genannten Anforderungen gelten auch für **Unternehmen, die eine Fanpage in** 32 **einem sozialen Netzwerk betreiben** mit der Folge, dass Unternehmen ohne Niederlassung in der Europäischen Union nur dann einer Regulierung durch die DS-GVO unterliegen, wenn ihre Aktivitäten wie bspw. ihre Werbeanzeigen auf EU-Bürger ausgerichtet sind.[62] Schon aufgrund der eindeutig auch verbraucherschützenden Zielrichtung der

---

[53] *EuGH,* 6.11.2003 – C-101/01 (Lindqvist) = EuZW 2004, 245.
[54] Vgl. hierzu und zum Folgenden *Golland,* Datenverarbeitung in sozialen Netzwerken, S. 84 ff., 90 ff., 94 mwN.
[55] Der *EuGH* legt in Bezug auf den Zusammenhang zwischen Niederlassung und Datenverarbeitung einen sehr weiten Ansatz zugrunde, vgl. *EuGH,* 13.5.2014 – C-131/12 (Google Spain) = GRUR 2014, 895.
[56] Vgl. *Golland,* DuD 2018, 351 (355).
[57] Eine überzeugende Begründung dazu, dass es auf den gewöhnlichen und nicht auf den ggf. sehr vorübergehenden aktuellen Aufenthaltsort der betroffenen Person in der Union ankommen muss, findet sich bei *Golland,* Datenverarbeitung in sozialen Netzwerken, S. 108 ff.
[58] Vgl. DS-GVO-Erwägungsgrund 23 S. 3.
[59] Vgl. dazu *Golland,* Datenverarbeitung in sozialen Netzwerken, S. 112 f. mwN.
[60] Siehe dazu oben unter → Rn. 6.
[61] Vgl. Micklitz/Reisch/Joost/Zander-Hayat/*Schmechel,* Verbraucherrecht 2.0 – Verbraucher in der digitalen Welt, S. 270 f.
[62] Vgl. dazu *Golland,* Datenverarbeitung in sozialen Netzwerken, S. 113.

DS-GVO besteht in Bezug auf die datenschutzrechtliche Regulierung **unter keinen Umständen die Möglichkeit zur Rechtswahl**.[63]

II. Verantwortlichkeit für den Datenumgang in sozialen Medien

33　Im **Bereich der sozialen Medien** erfolgen zahlreiche für das Datenschutzrecht relevante Handlungen durch eine Vielzahl von Beteiligten. Die gleichzeitig verfolgten Zwecke der Beteiligten können sich stark voneinander unterscheiden und auch die Rollen der handelnden Akteure sind von einem steten Wechsel geprägt. In diesen multipolaren Datenverarbeitungsszenarien, in deren Rahmen verschiedene Akteure auf unterschiedliche Weise miteinander interagieren, **gestaltet sich die Zuordnung der datenschutzrechtlichen Verantwortlichkeit als schwierig.** Gleichzeitig besteht ein hohes Bedürfnis, festzustellen, welche datenschutzrechtlich relevanten Handlungen in sozialen Netzwerken tatsächlich stattfinden und wer für die entsprechenden Vorgänge verantwortlich ist. Die Bestimmung des Verantwortlichen entscheidet unmittelbar darüber, wen die Rechte und Pflichten der DS-GVO treffen, und wem als zentraler Adressat des Datenschutzrechts die Rechenschaftspflicht aus Art. 5 Abs. 2 DS-GVO auferlegt wird. Eine pauschale, an Themenkomplexen orientierte Verantwortlichkeitszuordnung an den einen oder anderen Beteiligten scheidet dabei aus.[64] Für die Einordnung der einzelnen Aktivitäten der Beteiligten in das datenschutzrechtliche Ordnungsgefüge ist auf abstrakter Ebene der gesetzliche Rahmen der datenschutzrechtlichen Verantwortlichkeit entscheidend.

1. Das Konzept der Verantwortlichkeit in der DS-GVO

34　Im Verantwortlichkeitskonzept der DS-GVO ist der **Begriff des „Verantwortlichen"** zentral, der sowohl im nationalen als auch im europäischen Datenschutzrecht dazu dient, die Verantwortung für die Einhaltung des Datenschutzes zuzuweisen und den Schutz der Rechte der betroffenen Personen sicherzustellen.[65] Nachgelagert bestimmt sich durch die Zuweisung der Stellung als „Verantwortlicher" somit, gegenüber welcher Stelle betroffene Personen ihre Rechte nach Art. 12 ff. DS-GVO sowie Art. 82 DS-GVO ausüben können.[66]

35　Neben dem Begriff des „Verantwortlichen" sind der Systematik der DS-GVO **weitere Akteure** zu entnehmen, die exakt voneinander abgegrenzt werden müssen.[67] Aus der Definition des Dritten in Art. 4 Nr. 10 DS-GVO wird deutlich, dass eine Unterscheidung zwischen Verantwortlichen, den betroffenen Personen, den Auftragsverarbeitern, den Auftragsverarbeitern oder Verantwortlichen unterstellten Personen sowie Dritten erforderlich ist.

a) Bestimmung des für die Verarbeitung Verantwortlichen

36　Der datenschutzrechtlich „Verantwortliche" ist die natürliche oder juristische Person, Behörde, Einrichtung oder jede andere Stelle, die allein oder gemeinsam mit anderen über die Zwecke und Mittel der Verarbeitung von personenbezogenen Daten entscheidet (vgl. Art. 4 Nr. 7 Hs. 1 DS-GVO). Diese Legaldefinition lässt zugleich jede Menge **Raum zur Interpretation.** Denn weder die Begriffe „Zwecke" und „Mittel" der Verarbeitung noch der Begriff „gemeinsam" wird in der DS-GVO definiert. Aufgrund dieser Tatbestandsof-

---

[63] Vgl. nur Gola/*Piltz*, DS-GVO Art. 3 Rn. 42 ff.; Kühling/Buchner/*Klar*, DS-GVO Art. 3 Rn. 105 f.
[64] Vgl. dazu auch *Golland*, Datenverarbeitung in sozialen Netzwerken, S. 121 f.
[65] Siehe *Artikel-29-Datenschutzgruppe*, WP 169, S. 6; *Monreal*, ZD 2014, 611; Kühling/Buchner/*Hartung*, DS-GVO/BDSG, Art. 4 Nr. 7 Rn. 1; Gierschmann/Schlender/Stentzel/Veil/*Kramer*, DS-GVO, Vorbemerkung zu Art. 4 Nr. 7.
[66] Vgl. Sydow/*Raschauer*, DS-GVO, Art. 4 Rn. 120 ff.
[67] Vgl. Kühling/Buchner/*Hartung*, DS-GVO/BDSG, Art. 4 Nr. 7 Rn. 7.

C. Datenschutzrechtliche Vorgaben im Einzelnen

fenheit wurde schon der für die Verarbeitung Verantwortliche als „das unbekannte Wesen des deutschen Datenschutzrechts"[68] bezeichnet. Und auch unter der DS-GVO hat sich diese Tatbestandsoffenheit und weitgehende Unbestimmtheit des Begriffs nicht aufgelöst, sodass eine eingehendere Betrachtung erforderlich ist.

aa) Gegenständlicher Anknüpfungspunkt. Die Bestimmung der datenschutzrechtlichen Verantwortlichkeit knüpft an **den einzelnen datenschutzrelevanten Verarbeitungsvorgang** an.[69] Die reine Anzahl von Tätigkeiten, die als „Verarbeitung" iSd Art. 4 Nr. 2 DS-GVO zu klassifizieren sind, ist durch die Digitalisierung exponentiell gestiegen und wird sich auch insbesondere im Kontext sozialer Medien weiter vervielfachen. Aus dem vorgangsbezogenen Begriffsverständnis ergibt sich, dass eine Handlung im tatsächlichen Sinne, die mehrere Verarbeitungsschritte zur Folge hat, in Abhängigkeit der jeweiligen sequentiellen Verarbeitungsschritte verschiedene für die Verarbeitung Verantwortliche haben kann.[70] Ferner können auch mehrere Stellen für gewisse Abschnitte gemeinsam (dazu → Rn. 39 ff.) oder getrennt voneinander Verantwortung tragen.

bb) Entscheidungsbefugnis über Zwecke und Mittel der Datenverarbeitung. Zentrales Merkmal für die Bestimmung des Verantwortlichen ist, dass dieser **über die Zwecke und Mittel eines Datenverarbeitungsvorgangs bestimmt**. Gleichzeitig ist dies das Kriterium, anhand dessen zwischen Verantwortlichen und Auftragsverarbeitern, Verantwortlichen untereinander sowie eventuell anderen in einem Datenverarbeitungsvorgang involvierten Akteuren eine Abgrenzung erfolgt.[71] Die *Artikel-29-Datenschutzgruppe* definiert den Zweck der Verarbeitung als „erwartetes Ergebnis, das beabsichtigt ist oder die geplanten Aktionen leitet" und das Mittel als „Art und Weise, wie ein Ergebnis oder Ziel erreicht wird".[72] Vereinfacht ist die Bestimmung des Zwecks und der Mittel gleichbedeutend mit der Bestimmung des „Warum" und des „Wie" im Hinblick auf die Verarbeitung der personenbezogenen Daten.[73] Anhand der tatsächlichen Gegebenheiten ist zu ermitteln, wer die wesentlichen Entscheidungen trifft.[74] Maßgeblich ist die **tatsächliche oder rechtliche Einflussmöglichkeit** auf den jeweiligen Datenverarbeitungsvorgang.[75] Die Anforderungen an das **Ausmaß der Einflussmöglichkeiten** sind mit Blick auf die aktuelle EuGH-Rechtsprechung[76] zu bestimmen (dazu → Rn. 41 ff.).

b) Die gemeinsame Verantwortlichkeit

In den komplexen Strukturen sozialer Netzwerke sind häufig mehrere Akteure beteiligt. Die Möglichkeit, dass der für die Verarbeitung Verantwortliche „allein oder gemeinsam mit anderen" handelt, wurde explizit in die Definition des Art. 4 Nr. 7 DS-GVO über-

---

[68] Vgl. *Monreal*, ZD 2014, 611.
[69] Vgl. *Art.-29-Datenschutzgruppe*, WP 169, S. 5; *Monreal*, ZD 2014, 611 (614); Taeger/Gabel/*Arning/Rothkegel*, DS-GVO/BDSG, Art. 4 Rn. 173; vgl. auch *EuGH*, 29.7.2019 – Rs. C-40/17 (Fashion ID) Rn. 76, der zwischen dem Erheben, der Weitergabe durch Übermittlung und den nach der Übermittlung vorgenommen Datenverarbeitungsvorgängen unterscheidet.
[70] Vgl. Konferenz der Datenschutzbeauftragten des Bundes und der Länder, Orientierungshilfe soziale Netzwerke, S. 10; *Golland*, K&R 2018, 433 (434).
[71] Vgl. Taeger/Gabel/*Arning/Rothkegel*, DS-GVO/BDSG, Art. 4 Rn. 168.
[72] *Artikel-29-Datenschutzgruppe*, WP 169, S. 16.
[73] *Artikel-29-Datenschutzgruppe*, WP 169, S. 16 f.
[74] Vgl. *Artikel-29-Datenschutzgruppe*, WP 169, S. 11 f. (39); *Monreal*, ZD 2014, 611 (612).
[75] Vgl. *Artikel-29-Datenschutzgruppe*, WP 169, S. 15; Taeger/Gabel/*Arning/Rothkegel*, DS-GVO/BDSG, Art. 4 Rn. 170.
[76] *EuGH*, 5.6.2018 – Rs. C-210/16 (ULD S-H/Wirtschaftsakademie Schleswig-Holstein); *EuGH*, 10.7.2018 – Rs. C-25/17 (Zeugen Jehovas); *EuGH*, 29.7.2019 – Rs. C-40/17 (Fashion ID): Urteile zur RL 95/46/EG des Europäischen Parlaments und des Rates vom 24.10.1995 zum Schutz natürlicher Personen bei der Verarbeitung personenbezogener Daten und zum freien Datenverkehr. Die Entscheidungen ergingen zwar zur „alten" Datenschutz-RL, haben aber gleiche Bedeutung unter der DS-GVO, deren Begrifflichkeiten sich an diesen Stellen nicht wesentlich unterscheiden.

nommen. Flankiert von Art. 26 DS-GVO normiert Art. 4 Nr. 7 DS-GVO die Anforderungen, die an gemeinsam für die Verarbeitung Verantwortliche zu stellen sind. Eine gemeinsame Verantwortlichkeit liegt dann vor, wenn zwei oder mehrere Verantwortliche die **Zwecke und Mittel** der Datenverarbeitung **gemeinsam festlegen** (vgl. auch DS-GVO-Erwägungsgrund 79). Die in Art. 26 Abs. 1 DS-GVO verlangte Vereinbarung selbst wirkt nicht konstitutiv, sodass eine formale Benennung eines Beteiligten als Verantwortlicher irrelevant ist, sofern durch die Vereinbarung nicht die tatsächlichen Einflussmöglichkeiten abgebildet werden.[77]

40   Wie bei der alleinigen Verantwortlichkeit ist auch die gemeinsame Verantwortlichkeit **anhand objektiver Kriterien** und mit Blick auf den einzelnen datenschutzrelevanten Vorgang zu bestimmen.[78] Auch im Rahmen der gemeinsamen Verantwortlichkeit wird die Zuweisung der Verantwortlichkeit durch den tatsächlichen Einfluss legitimiert, den ein Akteur auf den jeweiligen datenschutzrelevanten Vorgang hat. Wirken mehrere Beteiligte als Verantwortliche auf die Zwecke und Mittel eines Verarbeitungsprozesses ein, besteht gleichzeitig das Bedürfnis nach einer klaren Grenzziehung ihrer Verantwortungssphären durch transparente Verantwortungsstrukturen.[79] Liegt eine gemeinsame Verantwortlichkeit vor, werden die Einzelheiten der Kooperation durch **Art. 26 DS-GVO** geregelt, der die unmittelbaren **Rechtsfolgen** an das Vorliegen der gemeinsamen Verantwortung knüpft.

c) EuGH-Rechtsprechung zur (gemeinsamen) Verantwortlichkeit

41   Die Frage nach den Voraussetzungen und Grenzen der (gemeinsamen) Verantwortlichkeit hat unmittelbare Bedeutung für die Beteiligten auf Social-Media-Plattformen, die für ihre Angebote die Plattform eines anderen Verantwortlichen nutzen.[80] Wann in multipolaren Verarbeitungsszenarien tatsächlich von einer (Mit-)Entscheidung bzw. „gemeinsamen Kontrolle" ausgegangen werden kann, muss unter Berücksichtigung der **aktuellen Rechtsprechung des EuGH** beurteilt werden.

42   Am 5.6.2018 hat der EuGH in der vielbeachteten Entscheidung ULD Schleswig-Holstein/Wirtschaftsakademie Schleswig-Holstein zu der datenschutzrechtlichen Verantwortlichkeit der Betreiber sog. Fanpages auf sozialen Netzwerken Stellung genommen.[81] Der EuGH stellt klar, dass der Betreiber einer Facebook-Fanpage zusammen mit Facebook für die Verarbeitung der personenbezogenen Daten der Besucher der Seite Verantwortung trägt. Im Ergebnis stellte der EuGH einen niedrigen Maßstab für die Annahme einer gemeinsamen Verantwortlichkeit auf. Das Urteil spricht sich für eine weite Auslegung der gemeinsamen Verantwortlichkeit aus und überträgt diese Konstruktion im Bereich sozialer Netzwerke auf das Verhältnis zwischen Fanpage-Betreiber und Netzwerkanbieter.[82]

43   Dem EuGH zufolge sind bei der Bestimmung einer datenschutzrechtlichen Mitverantwortlichkeit des Betreibers einer Fanpage drei Kriterien entscheidend: Erstens **veranlasst** der Betreiber mit der Einrichtung der Fanpage Personen dazu, sein Informationsangebot in Anspruch zu nehmen und **ermöglicht** zugleich Facebook das Platzieren von Cookies auf den IT-Geräten der Fanpage-Besucher, um personenbezogene Daten zu sammeln, unabhängig davon ob der Nutzer selbst über ein Konto bei Facebook verfügt.[83] Zweitens wirkt der Betreiber der Fanpage unmittelbar auf die Datenauswertung von Facebook ein, indem er die Kriterien von Auswertestatistiken seiner Seite für Facebook bestimmt. Der

---

[77] So auch Gola/*Piltz,* DS-GVO, Art. 26 Rn. 9; Taeger/Gabel/*Arning/Rothkegel,* DS-GVO/BDSG, Art. 4 Rn. 171, 179; Paal/Pauly/*Martini,* DS-GVO/BDSG, Art. 26 Rn. 22.
[78] Vgl. *Dovas,* ZD 2016, 512 (514 f.).
[79] Vgl. Paal/Pauly/*Martini,* DS-GVO/BDSG, Art. 26 Rn. 1.
[80] Vgl. Ehmann/Selmayr/*Bertermann,* DS-GVO, Art. 26 Rn. 9.
[81] *EuGH,* 5.6.2018 – Rs. C-210/16 (ULD S-H/Wirtschaftsakademie Schleswig-Holstein).
[82] AA *Golland,* Datenverarbeitung in sozialen Netzwerken, S. 125, der eine restriktive Auslegung der gemeinsamen Verantwortlichkeit befürwortet.
[83] *EuGH,* 5.6.2018 – Rs. C-210/16 (ULD S-H/Wirtschaftsakademie Schleswig-Holstein) Rn. 35.

C. Datenschutzrechtliche Vorgaben im Einzelnen

EuGH spricht insoweit von **„Parametrierung".**[84] Und drittens kann der Betreiber einer Fanpage von Facebook verlangen, dass Facebook ihm **demografische Daten seiner Zielgruppe** mitteilt, die ihm ganz allgemein ermöglichen, sein Informationsangebot so zielgerichtet wie möglich zu gestalten. Dabei ist unerheblich, ob die Mitteilung selbst in anonymisierter Form erfolgt oder nicht, da für die Auswertung seitens Facebook personenbezogene Daten verarbeitet werden.[85]

Am 29.7.2019 hat der EuGH erneut die Gelegenheit genutzt, um seine Rechtsprechung zur (gemeinsamen) Verantwortlichkeit zu präzisieren.[86] Im Rahmen des Urteils wurde grundsätzlich festgestellt, dass derjenige Website-Betreiber (hier Fashion ID), der ein Social Plugin[87] in seine Website einbaut, gemeinsam mit dem Anbieter des Plugins (hier Facebook) iSd Art. 2 lit. d RL 95/46/EG verantwortlich ist, der die an ihn übermittelten Daten anschließend verwertet.[88] Durch die Integration des Plugins werden die IP-Adressen und der Browser-String des Nutzers bei jedem Aufruf der Website erhoben und an Facebook übermittelt. 44

Zur Begründung der Verantwortlichkeit führt der EuGH die folgenden Argumente an: Erstens **ermöglicht** die Einbindung des Plugins erst die Erhebung, Übermittlung und sonstige Verarbeitung der Daten.[89] Auf einen gestaltenden Einfluss einer „Parametrierung", wie er noch in der Entscheidung ULD S-H/Wirtschaftsakademie Schleswig-Holstein[90] festgestellt wurde, wird verzichtet. Ferner bestätigt der EuGH erneut, dass es der Annahme einer gemeinsamen Verantwortlichkeit nicht entgegensteht, wenn nicht jeder Beteiligte Zugriff auf die personenbezogenen Daten hat.[91] Zweitens habe Fashion ID „[...] entscheidend das Erheben und die Übermittlung von personenbezogenen Daten [...] **beeinflusst,** die ohne Einbindung dieses Plugins nicht erfolgen würden".[92] Drittens erfolgt die Einbindung in dem **Wissen,** dass dieses Plugin „[...] als Werkzeug zum Erheben und zur Übermittlung von personenbezogenen Daten der Besucher dient, unabhängig davon, ob es sich dabei um Mitglieder des sozialen Netzwerks Facebook handelt oder nicht".[93] Viertens **profitiert** Fashion ID selbst **wirtschaftlich** von der Einbindung des Plugins.[94] 45

Der EuGH führt durch diese Rechtsprechung seine **weite Auslegung der Definition des Begriffs des „Verantwortlichen"** weiter, die für einen „wirksamen und umfassenden Schutz der betroffenen Person"[95] erforderlich sei. Um einen Akteur als „Verantwortlichen" zu qualifizieren, reiche es aus, wenn dieser **aus Eigeninteresse** auf die Verarbeitung **Einfluss nimmt** und somit auch über Zwecke und Mittel mitentscheidet.[96] Der EuGH betont zugleich, dass die Verantwortlichkeit stets auf die Verarbeitungsvorgänge beschränkt sei, für die der Website-Betreiber tatsächlich einen Beitrag zur Entscheidung über die Mit- 46

---

[84] *EuGH,* 5.6.2018 – Rs. C-210/16 (ULD S-H/Wirtschaftsakademie Schleswig-Holstein) Rn. 36.
[85] *EuGH,* 5.6.2018 – Rs. C-210/16 (ULD S-H/Wirtschaftsakademie Schleswig-Holstein) Rn. 37–39.
[86] *EuGH,* 29.7.2019 – Rs. C-40/17 (Fashion ID).
[87] Sog. Social Plugins übernehmen aus Sicht der bereitstellenden Unternehmen vor allem die Funktion, das Verhalten der Datensubjekte nachzuverfolgen *(Tracking),* um auf dieser Grundlage zunächst Verhaltensprofile zu erstellen (Profiling) und diese anschließend durch das Angebot von Werbung zu kommerzialisieren (Targeted Advertising bzw. Online Behavioral Advertising), vgl. Sattler, GRUR 2019, 1023 (1024).
[88] *EuGH,* 29.7.2019 – Rs. C-40/17 (Fashion ID) Rn. 81, 85.
[89] *EuGH,* 29.7.2019 – Rs. C-40/17 (Fashion ID) Rn. 75.
[90] *EuGH,* 5.6.2018 – Rs. C-210/16 (ULD S-H/Wirtschaftsakademie Schleswig-Holstein) Rn. 36.
[91] *EuGH,* 29.7.2019 – Rs. C-40/17 (Fashion ID) Rn. 69, 82; so bereits *EuGH,* 10.7.2018 – Rs. C-25/17 (Zeugen Jehovas) Rn. 69 mit Verweis auf *EuGH,* 5.6.2018 – Rs. C-210/16 (ULD S-H/Wirtschaftsakademie Schleswig-Holstein) Rn. 38.
[92] *EuGH,* 29.7.2019 – Rs. C-40/17 (Fashion ID) Rn. 78.
[93] *EuGH,* 29.7.2019 – Rs. C-40/17 (Fashion ID) Rn. 77.
[94] Vgl. *EuGH,* 29.7.2019 – Rs. C-40/17 (Fashion ID) Rn. 80.
[95] Vgl. *EuGH,* 29.7.2019 – Rs. C-40/17 (Fashion ID) Rn. 66; im Anschluss an *EuGH,* 13.5.2014 – Rs. C-131/12 (Google Spain SL u. Google Inc./Agencia Española de Protección de Datos u. Mario Costeja González) Rn. 34 und *EuGH,* 5.6.2018 – Rs. C-210/16 (ULD S-H/Wirtschaftsakademie Schleswig-Holstein) Rn. 28.
[96] Vgl. *EuGH,* Rs. C-40/17, *Fashion ID,* ECLI:EU:C:2019:629 Rn. 68; so bereits in *EuGH,* 10.7.2018 – Rs. C-25/17 (Zeugen Jehovas) Rn. 68.

tel und Zwecke der Verarbeitung der personenbezogenen Daten leistet.[97] Für vor- oder nachgelagerte Vorgänge in einer Verarbeitungskette, für die ein Beteiligter weder die Zwecke noch die Mittel festlegt, könne er nicht als im Sinne dieser Vorschrift verantwortlich angesehen werden.[98]

47 Für die Annahme einer **gemeinsamen Verantwortlichkeit** setzt der EuGH in seiner bisherigen Rechtsprechung eine **niedrige Schwelle** an. Die Voraussetzungen, die sowohl an das gemeinsame Mittel (reine „Parametrierung" bzw. „Ermöglichung der Erhebung")[99] als auch an den gemeinsamen Zweck („im wirtschaftlichen Interesse" beider Parteien)[100] angelegt werden, sind in hohem Maße abstrakt. Der EuGH fordert gerade keine Zweckidentität, sondern lässt „wirtschaftliche Interessen" als Zweckeinheit genügen.[101] Dieser Rechtsprechung folgend, wird bei mehreren an einem Datenverarbeitungsvorgang Beteiligten vermehrt von einer gemeinsamen Verantwortlichkeit auszugehen sein. Die Folge dieser Rechtsprechung wird sein, dass zunehmend „Micro-Joint-Controllerships" entstehen werden, für die jeweils Verträge nach Art. 26 Abs. 1 DS-GVO geschlossen werden müssen.

48 Zusätzliche Relevanz erhalten die vorstehenden Erläuterungen durch das Urteil des BVerwG vom 11.9.2019, in dem festgestellt wurde, dass die Datenschutzbehörden im Sinne einer effektiven Durchsetzung des hohen Datenschutzniveaus unmittelbar den Betreiber der Facebook Fanpage in die Pflicht nehmen können und nicht zuvor gegen Facebook vorgehen müssen.[102]

d) Auftragsverarbeitung in sozialen Netzwerken

49 In sozialen Netzwerken stellt sich die Frage, ob der Netzwerkanbieter für andere Beteiligte, insbesondere den Nutzer oder den Fanpage-Betreiber, als Auftragsverarbeiter tätig wird. Die Rechtsfigur der Auftragsverarbeitung kommt prinzipiell immer dann in Betracht, wenn ein Beteiligter personenbezogene Daten im Auftrag und auf Weisung eines anderen Beteiligten verarbeitet (vgl. Art. 4 Nr. 8 DS-GVO). Charakteristisch ist die **auftrags- bzw. weisungsgebundene Verarbeitung** personenbezogener Daten.[103] Faktisch kann der Anbieter eines sozialen Netzwerks jedoch eigenständig über die von ihm vorgenommene Datenverarbeitung entscheiden, sodass dieses Kriterium im Bereich sozialer Netzwerke regelmäßig nicht erfüllt ist.[104] Auch der EuGH ließ in der Entscheidung Facebook-Fanpages keinen Zweifel an der Verantwortlichkeit des Netzwerkanbieters.[105] Die Folge ist, dass eine Auftragsverarbeitung in diesen Konstellationen regelmäßig ausscheidet.

2. Verantwortungsbereiche in sozialen Netzwerken

50 Dem Akteursgeflecht sozialer Netzwerke sind diverse Datenverarbeitungsvorgänge zu entnehmen, die den Beteiligten mit Blick auf die datenschutzrechtliche Verantwortlichkeit und unter Bezugnahme auf die zuvor ermittelten Grundsätze zuzuordnen sind. Dabei gilt es zwischen den Verantwortungsbereichen von natürlichen Personen als Nutzern, von Fanpage-Betreibern und von Netzwerkanbietern zu unterscheiden.

---

[97] Vgl. *EuGH*, 29.7.2019 – Rs. C-40/17 (Fashion ID) Rn. 85.
[98] Vgl. *EuGH*, 29.7.2019 – Rs. C-40/17 (Fashion ID) Rn. 74.
[99] Vgl. *EuGH*, 29.7.2019 – Rs. C-40/17 (Fashion ID) Rn. 75.
[100] Vgl. *EuGH*, 29.7.2019 – Rs. C-40/17 (Fashion ID) Rn. 80.
[101] Vgl. *EuGH*, 29.7.2019 – Rs. C-40/17 (Fashion ID) Rn. 80; kritisch bezüglich des abstrakten Zweckbegriffs *Kremer*, CR 2019, 225 (227), *Golland*, K&R 2019, 533 (535).
[102] *BVerwG*, 11.9.2019, 6 C 15.18.
[103] Vgl. Art. 28 Abs. 3 lit. a DS-GVO.
[104] Vgl. *Härting/Gössling*, NJW 2018, 2523 (2524); Jandt/Steidle/*Aßmus*, Datenschutz im Internet, Kap. B. III. Rn. 240.
[105] Vgl. *EuGH*, 5.6.2018 – Rs. C-210/16 (ULD S-H/Wirtschaftsakademie Schleswig-Holstein) Rn. 30.

C. Datenschutzrechtliche Vorgaben im Einzelnen

a) Nutzer

Die **Nutzer** sozialer Netzwerke haben in der Regel die Möglichkeit, Inhalte zu veröffentlichen, die einen Personenbezug zu sich selbst oder zu Dritten aufweisen. Aus der systematischen Gegenüberstellung der Begriffe „betroffene Person" und „Verantwortlicher" folgt jedoch, dass ein Betroffener nicht gleichzeitig Verantwortlicher sein kann.[106] Nutzer, die personenbezogene Daten von sich selbst verarbeiten, sind daher keine datenschutzrechtlich Verantwortlichen. Eine datenschutzrechtliche Verantwortlichkeit der Nutzer kommt hingegen gegenüber Dritten in Betracht. Nutzen Privatpersonen Online-Dienste, bei denen (auch) personenbezogene Daten von Dritten, zB in Statusupdates oder Kommentaren, verarbeitet werden, so können auch sie grundsätzlich Verantwortliche sein.[107] Insbesondere in Netzwerken, in denen die Nutzer frei und individuell Inhalte generieren können, ist davon auszugehen, dass auch die Nutzer datenschutzrechtlich Verantwortliche im Sinne des Art. 4 Nr. 7 DS-GVO gegenüber Dritten sind.[108] Allgemein ist anzunehmen, dass es durch die zunehmenden Nutzungsmöglichkeiten in sozialen Netzwerken auch zu einer zunehmenden datenschutzrechtlichen Verantwortung für die Nutzer kommt.[109]

Gleichzeitig gilt es zu beachten, dass eine datenschutzrechtliche Verantwortlichkeit der Nutzer ausscheidet, wenn die Verarbeitung der personenbezogenen Daten im Rahmen einer ausschließlich persönlichen oder familiären Tätigkeit erfolgt, sog. **Haushaltsausnahme** (siehe dazu → Rn. 29). Insbesondere die bilaterale Kommunikation zwischen Nutzern sozialer Netzwerke wird regelmäßig unter die Bereichsausnahme des Art. 2 Abs. 2 lit. c DS-GVO fallen und ist insoweit datenschutzrechtlich nicht von Belang.

b) Fanpage-Betreiber

In Bezug auf die **Fanpage-Betreiber** hat der EuGH klargestellt, dass im Verhältnis zwischen Fanpage-Betreiber und Netzwerkanbieter regelmäßig von einer gemeinsamen Verantwortlichkeit bei der Verarbeitung personenbezogener Daten auszugehen ist (siehe dazu → Rn. 42 ff.). Der EuGH nimmt an, dass der Fanpage-Betreiber sowohl über das „Ob" der Einrichtung einer Fanpage als auch über die Zwecke und Mittel entscheidet und damit in den Fokus der datenschutzrechtlichen Verantwortlichkeit gerät.[110]

Insgesamt führt die bislang ergangene EuGH-Rechtsprechung zur (gemeinsamen) Verantwortlichkeit, in welcher der Verantwortungsbereich des Fanpage-Betreibers bedeutend erweitert wurde, dazu, dass in gesteigertem Maße auch durch den Fanpage-Betreiber ermöglichte Datenverarbeitungsvorgänge (zB durch den Netzwerkanbieter betriebene Social-Media-Analysen oder die Erstellung von Nutzer- und Interessenprofilen) rechtfertigungsbedürftig sind. Fanpage-Betreiber müssen die Rechtmäßigkeit der gemeinsam zu verantwortenden Datenverarbeitungen gewährleisten und die Einhaltung der Grundsätze für die Verarbeitung personenbezogener Daten aus Art. 5 Abs. 1 DS-GVO nachweisen können.

Gleichzeitig sollte auch die bisher ergangene EuGH-Rechtsprechung nicht dazu führen, pauschale Aussagen über Verantwortlichkeitszuweisungen in sozialen Netzwerken im Allgemeinen zu treffen. Die Voraussetzungen an eine (gemeinsame) Verantwortlichkeit müssen auch in Zukunft mit Blick auf den konkreten Datenverarbeitungsvorgang im Einzelfall geprüft werden. Dies gilt sowohl für das Verhältnis zwischen dem Anbieter des sozialen Netzwerkes und den Fanpage-Betreibern als auch zwischen dem Anbieter und den Nutzern. Mit Blick auf die Voraussetzung der gemeinsamen Entscheidung über die Zwecke der Datenverarbeitung sollte beachtet werden, dass sich die von den Beteiligten verfolgten

---

[106] Vgl. Sydow/*Raschauer*, DS-GVO, Art. 4 Rn. 119.
[107] Vgl. *Artikel-29-Datenschutzgruppe*, WP 169, S. 26; *Jandt/Roßnagel*, ZD 2011, 160 (161); *Wagner*, ZD 2018, 307 (312).
[108] Vgl. Jandt/Steidle/*Aßmus*, Datenschutz im Internet, Kap. B. III. Rn. 218.
[109] So auch *Wagner*, ZD 2018, 307 (312).
[110] Vgl. *EuGH*, 5.6.2018 – Rs. C-210/16 (ULD S-H/Wirtschaftsakademie Schleswig-Holstein).

Zwecke stark unterscheiden können. Statt pauschal von einer gemeinsamen Verantwortlichkeit auszugehen, sollte auch die Möglichkeit in Betracht gezogen werden, bei einem Auseinanderfallen der verfolgten Zwecke von einer jeweils eigenständigen Verantwortlichkeit der Beteiligten auszugehen.[111] Eine Übertragbarkeit der Entscheidungen des EuGH auf ähnlich gelagerte Konstellationen ist sorgfältig und auf den Einzelfall bezogen zu prüfen.[112]

c) Netzwerkanbieter

56 Im Verhältnis zu den Nutzern ist der **Anbieter des sozialen Netzwerkes** in den meisten Fällen als datenschutzrechtlich Verantwortlicher zu qualifizieren. Aber auch im Verhältnis zu Dritten wird in der Regel davon auszugehen sein, dass der Anbieter des sozialen Netzwerkes Verantwortlicher im Sinne des Art. 4 Nr. 7 DS-GVO ist, sofern personenbezogene Daten des Dritten in dem sozialen Netzwerk verarbeitet werden.[113] Der Anbieter entscheidet jeweils unmittelbar über die technische und organisatorische Ausgestaltung des sozialen Netzwerkes und legt die Zwecke der Verarbeitung fest. Die datenschutzrechtliche Verantwortlichkeit umfasst diverse Bereiche. Sowohl die Eingabe personenbezogener Daten bei der Registrierung als auch das Ausfüllen des Profils wird durch den Netzwerkanbieter inhaltlich vorstrukturiert, sodass grundsätzlich ein Erheben durch den Anbieter des sozialen Netzwerkes vorliegt.[114] Ebenso sind Netzwerkanbieter auch für die Verarbeitungsvorgänge der Speicherung und Offenlegung der Nutzerdaten als für die Verarbeitung Verantwortliche zu betrachten. Weitere datenschutzrechtlich relevante Verarbeitungsvorgänge stellen insbesondere die Bildung von Interessenprofilen zur Ausspielung von personalisierter Werbung und die Durchführung von Social-Media-Analysen dar. Auch hier sind die Netzwerkanbieter jeweils als datenschutzrechtlich Verantwortliche anzusehen.

III. Rechtmäßigkeit der Verarbeitung in sozialen Netzwerken

1. Rechtsgrundlagen in sozialen Netzwerken

57 Auch für die Zulässigkeit von Datenverarbeitungen in sozialen Netzwerken gilt der Grundsatz, dass die Verarbeitung von personenbezogenen Daten grundsätzlich untersagt und nur ausnahmsweise zulässig ist (sog. **Verbot mit Erlaubnisvorbehalt**[115]). Als Ausnahmen von diesem Grundsatz finden sich in Art. 6 Abs. 1 lit. a bis f DS-GVO Rechtfertigungstatbestände, die an den Verantwortlichen als Adressat anknüpfen und bei deren Vorliegen der jeweilige Datenverarbeitungsvorgang rechtmäßig ist. Dies gilt auch für die Beteiligten an einer gemeinsamen Verantwortlichkeit. Es ist erforderlich, dass jeder der Akteure einen Erlaubnistatbestand nach Art. 6 Abs. 1 DS-GVO geltend machen kann, um eine gemeinsam verantwortete Datenverarbeitung zu legitimieren.[116]

58 Die für den Bereich der sozialen Medien relevantesten Rechtfertigungsgründe sind die in **Art. 6 Abs. 1 lit. a DS-GVO** geregelte Einwilligung, die in **Art. 6 Abs. 1 lit. b DS-GVO** geregelte Datenverarbeitung zur Durchführung eines Vertrags und die in **Art. 6 Abs. 1 lit. f DS-GVO** normierte Datenverarbeitung zu legitimen Zwecken des Datenverarbeiters.[117] Für die einzelnen Beteiligten haben die Rechtfertigungstatbestände jeweils unterschiedliche Relevanz. Die Voraussetzungen an die Erlaubnistatbestände sind mit Blick auf die verschiedenen Verantwortungsbereiche und deren Verarbeitungsvorgänge zu beur-

---

[111] Vgl. *Lee/Cross*, MMR 2019, 559 (561 f.).
[112] Vgl. Taeger/Gabel/*Arning/Rothkegel*, DS-GVO/BDSG, Art. 4 Rn. 170.
[113] Vgl. Jandt/Steidle/*Aßmus*, Datenschutz im Internet, Kap. B. III. Rn. 214 f.
[114] Vgl. *Golland*, Datenverarbeitung in sozialen Netzwerken, S. 146 (150).
[115] Ausführlich dazu Kühling/Buchner/*Buchner/Petri*, DS-GVO/BDSG, Art. 6 Rn. 11 ff.; s. auch schon → Rn. 6.
[116] Vgl. Ehmann/Selmayr/*Bertermann*, DS-GVO, Art. 26 Rn. 11.
[117] Ausführlich dazu *Golland*, Datenverarbeitung in sozialen Netzwerken, S. 186.

2. Erlaubnistatbestände im Verantwortungsbereich des Nutzers

Im Verantwortungsbereich des Nutzers stellt die Interessenabwägungsklausel nach Art. 6 Abs. 1 lit. f DS-GVO den zentralen Rechtfertigungstatbestand dar, um einzelne Datenverarbeitungsvorgänge wie etwa die Verarbeitung von personenbezogenen Daten in Statusupdates und Kommentaren zu legitimieren. Die Einholung einer Einwilligung gem. Art. 6 Abs. 1 lit. a DS-GVO hat dagegen im Verhältnis zwischen Nutzer und betroffener Person kaum praktische Relevanz und auch Art. 6 Abs. 1 lit. b DS-GVO kann von Nutzern regelmäßig nicht fruchtbar gemacht werden, da es an einer vertragsrechtlichen Grundlage zwischen Nutzer und Betroffenem mangelt.[118]

59

Voraussetzung der Interessenabwägungsklausel ist, dass die Verarbeitung zur Wahrung der berechtigten Interessen des Verantwortlichen oder eines Dritten erforderlich ist und nicht die Interessen oder Grundrechte und Grundfreiheiten der betroffenen Person, die den Schutz personenbezogener Daten erfordern, überwiegen (Art. 6 Abs. 1 lit. f DS-GVO). Erforderlich ist eine **Abwägung im Einzelfall** im Rahmen derer den Verantwortlichen die Darlegungslast trifft.

60

Im Verhältnis zwischen Nutzer und Betroffenem fungiert die Interessenabwägungsklausel dazu, einen Ausgleich zwischen der informationellen Selbstbestimmung des Betroffenen und den Kommunikationsfreiheiten des Nutzers des sozialen Netzwerks zu erwirken.[119] Auf europäischer Ebene werden die wesentlichen Interessen der Beteiligten durch die Art. 7, 8, 11 GRCh geschützt und müssen im Rahmen der einzelfallbezogenen Abwägung berücksichtigt werden.[120]

61

Eine differenzierte Abwägung ist in Konstellationen entbehrlich, in denen einzelne Datenverarbeitungsvorgänge kategorisch unzulässig sind und die Interessen des Betroffenen mithin stets überwiegen.[121] Dies ist dann der Fall, wenn sich der Nutzer nicht auf Grundrechte oder rechtlich geschützte Interessen berufen kann. Aus dem Schutzbereich der Meinungsfreiheit heraus fallen insbesondere Beiträge, die der Schmähkritik unterfallen oder Beleidigungen darstellen[122] sowie unwahre Tatsachenbehauptungen.[123] Zudem sind Eingriffe in den „Kernbereich privater Lebensgestaltung" (= „Intimsphäre") nicht zu rechtfertigen.[124] Das abgestufte Schutzkonzept, das der BGH für die Presseberichterstattung im Zusammenhang mit dem allgemeinen Persönlichkeitsrecht entwickelt hat, kann hier auch im Rahmen der datenschutzrechtlichen Abwägung als Vorbild dienen.[125] Ein Rückgriff auf die Interessenabwägungsklausel scheidet des Weiteren bei der Verarbeitung nicht öffentlich gemachter, sensibler Daten aus, die dem besonderen Schutz durch Art. 9 Abs. 1 DS-GVO unterliegen (siehe dazu ausführlich → Rn. 87 ff.).[126]

62

In den übrigen abwägungsoffenen Verarbeitungsszenarien ist vor allem auf die vernünftigen Erwartungen der betroffenen Person aufgrund deren Beziehung zum Verantwortli-

63

---

[118] Vgl. zur Rechtslage vor Inkrafttreten der DS-GVO *Kampert,* Datenschutz in sozialen Netzwerken, S. 109 ff.
[119] Vgl. *Golland,* Datenverarbeitung in sozialen Netzwerken., S. 226 ff.
[120] *EuGH,* 13.5.2014 – C-131/12 (Google Spain und Google) Rn. 74; *EuGH,* 24.11.2011 – C-468/10 u. C-469/10 (ASNEF und FECEMD) Rn. 40.
[121] Ausführlich dazu *Golland,* Datenverarbeitung in sozialen Netzwerken, S. 238 f.
[122] Grundlegend BVerfGE 54, 208, 219 – (Heinrich Böll).
[123] BVerfGE 99, 185 Rn. 53 – (Scientology).
[124] Vgl. Maunz/Dürig/*Di Fabio,* GG, Art. 2 Rn. 158.
[125] So *Schneider/Härting,* ZD 2012, 199 (200).
[126] Vgl. Taeger/Gabel/*Taeger,* DS-GVO/BDSG, Art. 6 Rn. 102.

chen abzustellen.[127] Vernünftigerweise nicht absehbare und damit intransparente Datenverarbeitungen können ein gewichtiger Anhaltspunkt dafür sein, dass die Interessen und Grundrechte des Betroffenen das berechtigte Verarbeitungsinteresse des Verantwortlichen überwiegen.[128] Demgegenüber ist derjenige, der Daten über sich selbst in einem allgemein zugänglichen sozialen Netzwerk zur Verfügung stellt weniger schutzwürdig, weil er auf den durch die DS-GVO gewährten Schutz in freier Selbstbestimmung verzichtet.[129]

64 Von einem Öffentlichmachen personenbezogener Daten in sozialen Netzwerken kann allerdings erst ausgegangen werden, wenn die Daten allen Nutzern und nicht nur einer geschlossenen Benutzergruppe zur Verfügung gestellt werden.[130] Weitere Kriterien, die im Rahmen der Abwägung einer Berücksichtigung bedürfen, sind die mit der Datenverarbeitung verbundene Eingriffsintensität, der Umfang des Adressatenkreises, eine etwaige Stellung des Betroffenen als Person des öffentlichen Lebens und die sachliche Richtigkeit der Daten gem. Art. 5 Abs. 1 lit. d DS-GVO.[131]

65 Ein weiteres Abwägungskriterium ist das Alter der betroffenen Person. Eine Abwägung hat stets unter Berücksichtigung der besonderen Schutzbedürftigkeit der betroffenen Person und unter Beachtung der Grundsätze des DS-GVO-Erwägungsgrundes 38 zu erfolgen.[132] Art. 6 Abs. 1 lit. f aE DS-GVO ist zu entnehmen, dass die Interessen oder Grundrechte und Grundfreiheiten der betroffenen Person regelmäßig überwiegen, wenn es sich bei dem Betroffenen um ein Kind handelt.[133]

3. Erlaubnistatbestände im Verantwortungsbereich des Fanpage-Betreibers

66 Die Interessenabwägungsklausel aus Art. 6 Abs. 1 lit. f DS-GVO stellt auch im insbesondere durch die Entscheidung Facebook-Fanpages ausgeweiteten Verantwortungsbereich des Fanpage-Betreibers (siehe dazu → Rn. 53 ff.) den wichtigsten Erlaubnistatbestand dar, um die ihm zurechenbaren Datenverarbeitungsvorgänge zu legitimieren. Auch bei dessen Verarbeitung personenbezogener Daten hat sich die Abwägung an den Vorgaben zu orientieren, die an die Interessenabwägungsklausel zu stellen sind (siehe dazu → Rn. 60 ff.). Insbesondere das Kriterium der Beziehung zwischen Betroffenem und Fanpage-Betreiber wird hier in der Regel zu Lasten des Fanpage-Betreibers auszulegen sein, da ein Näheverhältnis zwischen den Beteiligten regelmäßig nicht besteht. Und auch der Umfang des meist deutlich größeren Adressatenkreises kann als Indiz gesehen werden, das gegen die Zulässigkeit von Datenverarbeitungsvorgängen spricht.[134]

4. Erlaubnistatbestände im Verantwortungsbereich des Netzwerkanbieters

a) Datenverarbeitungen auf Grundlage des Nutzungsvertrages

67 Im Verhältnis zwischen dem Nutzer und dem Netzwerkanbieter werden durch den Nutzer eingestellte personenbezogene Daten in weitem Umfang **auf der Grundlage des Nutzungsvertrages** verarbeitet. Hauptvoraussetzung des Erlaubnistatbestandes ist, dass die

---

[127] Vgl. DS-GVO-Erwägungsgrund 47 S. 1 und 3.
[128] Vgl. DS-GVO-Erwägungsgrund 47 S. 4; Ehmann/Selmayr/*Heberlin*, DS-GVO, Art. 6 Rn. 28.
[129] Vgl. Sydow/*Kampert*, DS-GVO, Art. 9 Rn. 30; Kühling/Buchner/*Weichert*, DS-GVO/BDSG, Art. 9 Rn. 77.
[130] Vgl. Schwartmann/Jaspers/Thüsing/Kugelmann/*Jaspers/Schwartmann/Mühlenbeck*, DS-GVO/BDSG, Art. 9 Rn. 164. Siehe zu insoweit unzulässigen Voreinstellungen des Anbieters → Rn. 119.
[131] Ausführlich dazu *Golland*, Datenverarbeitung in sozialen Netzwerken, S. 239 ff.; Jandt/Steidle/*Aßmus*, Datenschutz im Internet, Kap. B. III. Rn. 239.
[132] Vgl. Schwartmann/Jaspers/Thüsing/Kugelmann/*Schwartmann/Klein*, DS-GVO/BDSG, Art. 6 Rn. 163.
[133] Mit Blick auf die Wertung von Art. 8 Abs. 1 DS-GVO ist die Vollendung des sechzehnten Lebensjahres von zentraler Bedeutung als Abwägungskriterium. Bei Betroffenen im Alter zwischen 16 und 18 Jahren bleibt Raum für eine Interessenabwägung im Einzelfall, vgl. Kühling/Buchner/*Buchner/Petri*, DS-GVO/BDSG, Art. 6 Rn. 155.
[134] Vgl. *Golland*, Datenverarbeitung in sozialen Netzwerken, S. 255 f.

C. Datenschutzrechtliche Vorgaben im Einzelnen

Verarbeitung für die Erfüllung des Vertrages mit der betroffenen Person oder zur Durchführung vorvertraglicher Maßnahmen erforderlich ist (Art. 6 Abs. 1 lit. b DS-GVO). Im Hinblick auf die digitalisierte Welt, in der es immer weniger um die schlichte Erfüllung klassischer Verträge geht, wirft der Rechtsgrund der Vertragserfüllung allerdings einige Fragen auf. Denn die digitale Welt wird zunehmend von komplexen Vertragsmodellen geprägt, die in weitem Umfang auf der Verarbeitung personenbezogener Daten basieren.[135]

Das für den Fall der Einwilligung hohe Schutzniveau der DS-GVO darf in diesen Konstellationen jedoch nicht dadurch ausgehebelt werden, dass infolge stetig weiter gefasster vertraglicher „Leistungen" der Erlaubnistatbestand der Vertragserfüllung in immer weiterem Umfang an die Stelle des Erlaubnistatbestandes der Einwilligung tritt.[136] Geboten sind deshalb eine **enge Auslegung des Kriteriums der Erforderlichkeit** und eine Bemessung nach objektiven Maßstäben.[137] Wesentliche Beurteilungsgrundlagen sind der Vertragsinhalt und die echte, vertragscharakteristische Leistung, die auch dem Nutzer dient.[138]

Für die in der Online-Welt üblichen Geschäftsmodelle, die eine „kostenlose" Leistung im Tausch gegen personenbezogene Daten, die in der Folge etwa zu Werbezwecken kommerzialisiert werden, anbieten, ist Art. 6 Abs. 1 lit. b DS-GVO regelmäßig nicht der einschlägige Erlaubnistatbestand.[139] Datenverarbeitungen zum Anlegen eines Profils, welches der Schaltung personalisierter Werbung oder Social-Media-Analysen dient, sind für die vertragscharakteristische Leistungserbringung regelmäßig nicht erforderlich und können mithin nicht auf einen Vertrag mit dem Betroffenen gestützt werden.[140]

Legitimationsfähig sind stattdessen Verarbeitungsvorgänge, die sich auf notwendige Registrierungsdaten (Name, E-Mail-Adresse, Geburtsdatum, Wohnort und – bei entgeltlichen Angeboten – Zahlungsinformationen) oder auf Nutzerdaten beziehen, die der Netzwerkanbieter verarbeitet, um sein Leistungsversprechen umzusetzen, nämlich dem Nutzer ein Netzwerk mit bestimmten Funktionalitäten zur Verfügung zu stellen.[141]

Des Weiteren setzt der Rechtfertigungstatbestand des Art. 6 Abs. 1 lit. b DS-GVO einen materiell-rechtlich wirksamen Nutzungsvertrag voraus, dessen Voraussetzungen sich nach dem allgemeinen Vertragsrecht richten.[142] Von der Wirksamkeit des zugrunde liegenden Nutzungsvertrages kann regelmäßig dann nicht ausgegangen werden, wenn es sich um einen **minderjährigen Nutzer** handelt.[143] Denn aufgrund der Preisgabe eigener personenbezogener Daten und dem damit einhergehenden Eingriff in das informationelle Selbstbestimmungsrecht, handelt es sich bei den Nutzungsverträgen sozialer Netzwerke um nicht lediglich rechtlich vorteilhafte Geschäfte, sodass für Minderjährige regelmäßig nicht von einem wirksamen Vertragsschluss ausgegangen werden kann.[144]

b) Datenverarbeitungen auf Grundlage der Einwilligung

Auch unter der DS-GVO kommt dem Erlaubnistatbestand der Einwilligung eine zentrale Rolle zu, um Datenverarbeitungsvorgänge der Netzwerkanbieter zu legitimieren. Die **Wirksamkeitsvoraussetzungen der Einwilligung** ergeben sich aus einer Gesamtschau von Art. 4 Nr. 11, Art. 6 Abs. 1 lit. a und Art. 7 DS-GVO iVm den DS-GVO-Erwägungsgründen 32 f. und 42 f. Durch eine freiwillige, bestätigende Handlung soll die betrof-

---

[135] Vgl. Kühling/Buchner/*Buchner/Petri*, DS-GVO/BDSG, Art. 6 Rn. 26.
[136] Ausführlich *Wendehorst/Graf v. Westphalen*, NJW 2016, 3745 (3746 f.).
[137] Vgl. Kühling/Buchner/*Buchner/Petri*, DS-GVO/BDSG, Art. 6 Rn. 26, 38.
[138] Vgl. Kühling/Buchner/*Buchner/Petri*, DS-GVO/BDSG, Art. 6 Rn. 39; *Golland*, MMR 2018, 130 (132).
[139] Vgl. Kühling/Buchner/*Buchner/Petri*, DS-GVO/BDSG, Art. 6 Rn. 41.
[140] Vgl. Taeger/Gabel/*Taeger*, DS-GVO/BDSG, Art. 6 Rn. 54; *Golland*, MMR 2018, 130 (133).
[141] Vgl. *Kampert*, Datenschutz in sozialen Online-Netzwerken, S. 223.
[142] Vgl. Sydow/*Reimer*, DS-GVO, Art. 6 Rn. 19.
[143] Vgl. Kühling/Buchner/*Buchner/Petri*, DS-GVO/BDSG, Art. 6 Rn. 31.
[144] Siehe dazu auch *Golland*, Datenverarbeitung in sozialen Netzwerken, S. 282 ff., der bei Personen, die europarechtlich zur selbstständigen Ausübung des informationellen Selbstbestimmungsrechts befugt sind, davon ausgeht, dass gleichsam auch eine Wirksamkeit nach allgemeinen zivilrechtlichen Regeln über eine analoge Anwendung von § 110 BGB anzunehmen sei.

fene Person in informierter Weise und unmissverständlich zum Ausdruck bringen, dass sie mit der Verarbeitung der sie betreffenden personenbezogenen Daten einverstanden ist.[145] Wesentliche Wirksamkeitsvoraussetzung sind vor allem die Transparenz (Art. 7 Abs. 2 DS-GVO) und die Freiwilligkeit (Art. 7 Abs. 4 DS-GVO) der Einwilligung.

73 Der Erlaubnistatbestand des Art. 6 Abs. 1 lit. a DS-GVO wird im Rahmen sozialer Netzwerke typischerweise geltend gemacht, um die Verarbeitung von Nutzungsdaten zu Zwecken von Social-Media-Analysen oder der individualisierten Werbung (Online Behavioral Advertising) zu legitimieren. An der Wirksamkeit der diesbezüglichen Einwilligungen bestehen, mit Blick auf das in Art. 7 Abs. 4 DS-GVO normierte **Kopplungsverbot**, das zugleich ein wichtiges Kriterium für die Beurteilung der Freiwilligkeit darstellt, einige Zweifel.

74 Nach Art. 7 Abs. 4 DS-GVO muss „dem Umstand in größtmöglichem Umfang Rechnung getragen werden, ob unter anderem die Erfüllung eines Vertrages, einschließlich der Erbringung einer Dienstleistung, von der Einwilligung in die Verarbeitung von personenbezogenen Daten abhängig ist, die für die Erfüllung des Vertrages nicht erforderlich ist".

75 Insbesondere in Fällen, in denen die Nutzung des Dienstes von der Erteilung einer Einwilligung abhängig gemacht wird, um Social-Media-Analysen oder auf Nutzer- und Interessenprofilen basierende individualisierte Werbung zu legitimieren, kann regelmäßig nicht davon ausgegangen werden, dass die Freiwilligkeit der Einwilligung gewahrt ist. Denn für die Erbringung der Grundfunktionen eines sozialen Netzwerkes ist es gerade nicht erforderlich, die personenbezogenen Daten der Nutzer zu kommerziellen Zwecken auszuwerten.

76 Gleichzeitig macht der Wortlaut, wonach dem Umstand einer Kopplung von Leistung mit einer Einwilligung in nicht erforderliche Verarbeitungen „in größtmöglichem Umfang Rechnung getragen werden soll" deutlich, dass eine solche **Kopplung nicht generell untersagt** ist und ein „absolutes" Kopplungsverbot mithin nicht besteht.[146] Die Einwilligung als Rechtsgrund würde nutzlos werden, wenn es grundsätzlich untersagt wäre, eine Einwilligung bei Vertragsschluss in nicht erforderliche Verarbeitungen einzuholen. Denn die Einwilligung wird erst dann relevant, wenn die Verarbeitung nicht bereits zur Vertragserfüllung erforderlich ist.[147]

77 Im Rahmen der Auslegung von Art. 7 Abs. 4 DS-GVO gilt es somit auch, die Vertragsgestaltungsfreiheit des Verantwortlichen zu achten und die Grundrechte und Grundfreiheiten des Verantwortlichen in ein ausgewogenes Verhältnis zu den Grundrechten und Grundfreiheiten des Betroffenen zu bringen.[148] Erforderlich ist eine Einzelfallbetrachtung, im Rahmen derer verschiedene Umstände zu berücksichtigen sind, die die Freiwilligkeit der Einwilligung ausschließen können.[149] Zu berücksichtigen ist unter anderem, inwieweit der Betroffene auf den Vertrag angewiesen ist, ob eine klare Machtasymmetrie zwischen der betroffenen Person und dem Verantwortlichen der Datenverarbeitung besteht und ob aufgrund dessen ein „Zwangselement"[150] anzunehmen ist, das gegen eine echte Wahlfreiheit des Betroffenen spricht.[151]

78 Vor dem Hintergrund des relativen Kopplungsverbots ist es grundsätzlich denkbar, dass Anbieter auch künftig ihre Dienste im Tausch gegen personenbezogene Daten der Nutzer anbieten. Von einer „Erforderlichkeit" iSd Art. 7 Abs. 4 DS-GVO zur kommerziellen Nutzung personenbezogener Daten durch Diensteanbieter kann auch weiterhin dann aus-

---

[145] Vgl. Schwartmann/Jaspers/Thüsing/Kugelmann/*Schwartmann/Klein*, DS-GVO/BDSG, Art. 6 Rn. 13 ff.
[146] So auch Ehmann/Selmayr/*Heckmann/Paschke*, DS-GVO, Art. 7 Rn. 95 ff. mwN; Gierschmann/Schlender/Stentzel/Veil/*Gierschmann*, DS-GVO, Art. 7 Rn. 62.
[147] Vgl. Gierschmann/Schlender/Stentzel/Veil/*Gierschmann*, DS-GVO, Art. 7 Rn. 66.
[148] Vgl. Gierschmann/Schlender/Stentzel/Veil/*Gierschmann*, DS-GVO, Art. 7 Rn. 64.
[149] Vgl. Ehmann/Selmayr/*Heckmann/Paschke*, DS-GVO, Art. 7 Rn. 97 f. und Rn. 4 ff. mit weiteren Kriterien, die eine Freiwilligkeit der Einwilligung ausschließen können.
[150] Vgl. Gierschmann/Schlender/Stentzel/Veil/*Gierschmann*, DS-GVO, Art. 7 Rn. 64.
[151] Vgl. DS-GVO-Erwägungsgründe 42 und 43; Ehmann/Selmayr/*Heckmann/Paschke*, DS-GVO, Art. 7 Rn. 49 ff.

C. Datenschutzrechtliche Vorgaben im Einzelnen

gegangen werden, wenn für die vertragscharakteristische Leistung nicht auf das soziale Netzwerk abgestellt wird, sondern auf den Tausch **Leistung gegen Daten**.[152] Weil die Grenzen der Erforderlichkeit einer Datenverarbeitung auch im Rahmen des Art. 7 Abs. 4 DS-GVO nicht willkürlich ausgeweitet werden dürfen, steht das Angebot „Leistung gegen Daten" jedoch unter einem **erhöhten Legitimationsdruck** und muss einer **Gesamtwürdigung** unterzogen werden, im Rahmen derer unter anderem zu berücksichtigen ist, wie weit die Erlaubnis zur Datenverarbeitung durch den Verantwortlichen reicht und ob die betroffene Person auf die angebotene Leistung angewiesen ist.[153] Zudem ist es entscheidend, dass der Nutzer transparent darüber informiert wird, dass ein Datenhandel erfolgen soll.[154] Das bisher übliche Geschäftsmodell, auf der Grundlage umfassender Einwilligungserklärungen vermeintlich „kostenlose" Leistungen zu erbringen, ist dagegen unter der Geltung der DS-GVO in der Form unzulässig.[155]

In formeller Hinsicht hat der EuGH in seiner Planet 49-Entscheidung klargestellt, dass eine Einwilligung nicht den gesetzlichen Anforderungen genügt, wenn das entsprechende Einwilligungskästchen bereits als Voreinstellung aktiviert ist und vom Webseitenbesucher abgewählt werden muss.[156] Erforderlich ist stattdessen die Einholung einer Einwilligung im Wege des sog. Opt-in, indem der Betroffene seine Einwilligung in die Datenverarbeitung in aktiver Art und Weise erklärt.[157]

Vor allem in sozialen Medien kommt der Frage, unter welchen Voraussetzungen die **Einwilligung Minderjähriger** wirksam eingeholt werden kann, besondere Relevanz zu. Art. 8 DS-GVO stellt in diesem Zusammenhang eine Spezialregelung von datenschutzrechtlichen Einwilligungen für und durch Kinder dar, dessen Voraussetzungen zusätzlich zu den allgemeinen Anforderungen an eine rechtswirksame Einwilligungserklärung zu beachten sind.[158] Grundsätzlich sind Social Media-Angebote vom Begriff des Dienstes der Informationsgesellschaft erfasst.[159] Des Weiteren muss der Dienst ein direktes Angebot für das Kind darstellen. Die Anforderungen an dieses Tatbestandsmerkmal sind gering, sodass es für die Anwendbarkeit regelmäßig genügt, wenn ein entsprechender Dienst faktisch einem Kind gegenüber angeboten wird.[160] Der effektive Schutz von Minderjährigen gibt es, auch solche Dienste unter den Anwendungsbereich zu subsumieren, die sich sowohl an Erwachsene als auch an Minderjährige richten („dual use").[161] Für soziale Netzwerke bedeutet dies, dass die Einwilligung bei Betroffenen unter 16 Jahren nur dann einen wirksamen Rechtsgrund darstellen kann, wenn die Einwilligung durch den gesetzlichen Vertreter oder mit dessen Zustimmung erteilt wird (vgl. Art. 8 Abs. 1 S. 2 DS-GVO). Dagegen wird durch Art. 8 Abs. 1 S. 1 DS-GVO eine unwiderlegbare Annahme der Einsichtsfähigkeit jedenfalls ab dem vollendeten 16. Lebensjahr normiert.[162]

Für den Verantwortlichen besonders relevant ist dessen Prüfpflicht nach Art. 8 Abs. 2 DS-GVO. Der Verantwortliche muss „angemessene Anstrengungen" zur Sicherstellung einer wirksamen Einwilligung unternehmen, wobei die verfügbare Technik zu berücksichtigen ist. Konkrete technische Überprüfungs- und Verifikationsverfahren sind der DS-GVO nicht zu entnehmen. Jedenfalls einfachste Schutzmaßnahmen, wie etwa eine Checkbox, die das Kind anklickt, um zu belegen, dass es bereits über sechzehn Jahre alt ist oder die

---

[152] Vgl. Paal/Pauly/*Frenzel*, DS-GVO/BDSG, Art. 7 Rn. 21.
[153] Vgl. Kühling/Buchner/*Buchner/Kühling*, DS-GVO/BDSG, Art. 7 Rn. 51a.
[154] Vgl. Gola/*Schulz*, DS-GVO, Art. 7 Rn. 30.
[155] Vgl. Kühling/Buchner/*Buchner/Kühling*, DS-GVO/BDSG, Art. 7 Rn. 50.
[156] *EuGH*, 1.10.2019 – Rs. C-673/17 (Planet 49).
[157] Vgl. Kühling/Buchner/*Buchner/Kühling*, DS-GVO/BDSG, Art. 7 Rn. 57.
[158] Vgl. Ehmann/Selmayr/*Heckmann/Paschke*, DS-GVO, Art. 8 Rn. 8 mwN.
[159] Ausführlich dazu Gola/*Schulz*, DS-GVO, Art. 8 Rn. 12 f.
[160] Vgl. Kühling/Buchner/*Buchner/Kühling*, DS-GVO/BDSG, Art. 8 Rn. 18.
[161] Dazu ausführlich Schwartmann/Jaspers/Thüsing/Kugelmann/*Schwartmann/Hilgert*, DS-GVO/BDSG, Art. 8 Rn. 30 ff.
[162] Vgl. Kühling/Buchner/*Buchner/Kühling*, DS-GVO/BDSG, Art. 8 Rn. 19.

Zustimmung der Eltern vorliegt, sind jedenfalls nicht ausreichend.[163] Ebenso ungenügend ist die bloße Ergänzung allgemeiner Geschäftsbedingungen, wonach nur Personen über sechzehn Jahren einwilligen dürfen.[164] Um der Prüfpflicht hinreichend Rechnung zu tragen, wird es erforderlich sein, eine Rückmeldung des Trägers der elterlichen Verantwortung einzuholen.[165] Hinsichtlich der technischen Umsetzung ist der Verantwortliche grundsätzlich frei. Zu denken ist etwa an ein Double-Opt-In-Verfahren[166] oder die Implementierung eines Altersverifikations- sowie Identifizierungssystems.

c) Datenverarbeitungen auf Grundlage der Interessenabwägungsklausel

82 Für die Erstellung von Nutzerprofilen und deren Verknüpfung mit dem Account des Nutzers zu Analysezwecken oder zur Schaltung personalisierter Werbung kommt auch eine Legitimation über den Rechtsgrund aus Art. 6 Abs. 1 lit. f DS-GVO in Betracht.[167]

83 Wie jedes rechtlich anerkannte Interesse, sind auch die mit der Verarbeitung verfolgten wirtschaftlichen Interessen des Netzwerkanbieters zu berücksichtigen. Im Wege einer Interessenabwägung kann grundsätzlich auch die Schaltung von Werbung gerechtfertigt werden.[168] DS-GVO-Erwägungsgrund 47 S. 7 ist ausdrücklich zu entnehmen, dass auch die Verarbeitung personenbezogener Daten zum Zwecke der Direktwerbung als eine dem berechtigten Interesse dienende Verarbeitung betrachtet wird. Dennoch gehen die deutschen Datenschutzbehörden davon aus, dass bei eingriffsintensiveren Maßnahmen, wie der Profilerstellung zur werblichen Ansprache (Werbescores), die Informationen aus sozialen Netzwerken berücksichtigen, anzunehmen sei, dass die Interessen der betroffenen Person am Ausschluss der Datenverarbeitung überwiegen.[169]

84 Wie stets bei der Berufung auf die Interessenabwägungsklausel, hat auch im Hinblick auf diese Datenverarbeitungsvorgänge eine Abwägung der widerstreitenden Interessen zu erfolgen. Das Recht der werbetreibenden Unternehmen findet dort seine Grenze, wo die schutzwürdigen Interessen der betroffenen Person im Einzelfall überwiegen. Neben den „vernünftigen Erwartungen" der betroffenen Person sind vor allem das „Verhältnis" der betroffenen Person zum Verantwortlichen, die „Absehbarkeit"[170] einer möglichen Datenverarbeitung sowie die Stärke des berechtigten Interesses des Verantwortlichen zu berücksichtigen (vgl. DS-GVO-Erwägungsgrund 47).

85 Im Rahmen der Abwägung ist zudem auf die „Beziehung" zwischen Verantwortlichem und betroffener Person abzustellen. Wird die Profilbildung durch das Unternehmen durchgeführt, welches in direkter Kundenbeziehung zu den registrierten Nutzern steht, so kann dies für eine Zulässigkeit der Datenverarbeitung sprechen.[171] In Bezug auf nicht-registrierte Dritte, die in keinerlei „Beziehung" zum Verantwortlichen stehen, sollte demgegenüber von einer Unzulässigkeit der diesbezüglichen Datenverarbeitung ausgegangen werden.

86 Zu berücksichtigen ist des Weiteren, inwieweit die verarbeiteten Daten zuvor vom Betroffenen bewusst veröffentlicht wurden. Für die Verarbeitung von Daten, die der Nutzer bewusst veröffentlicht hat, ist eine Legitimation durch die Interessenabwägungsklausel in

---

[163] Vgl. Paal/Pauly/*Frenzel*, DS-GVO/BDSG, Art. 8 Rn. 13; Kühling/Buchner/*Buchner/Kühling*, DS-GVO/BDSG, Art. 8 Rn. 23; aA Plath/*Plath*, BDSG/DS-GVO, Art. 8 Rn. 12.
[164] Vgl. Möhrke-Sobolewski/*Klas*, K&R 2016, 373 (377).
[165] Vgl. Paal/Pauly/*Frenzel*, DS-GVO/BDSG, Art. 8 Rn. 13; Möhrke-Sobolewski/*Klas*, K&R 2016, 373 (377 f.).
[166] Dazu ausführlich Kühling/Buchner/*Buchner/Kühling*, DS-GVO/BDSG, Art. 8 Rn. 24; Gola/*Schulz*, DS-GVO, Art. 8 Rn. 22.
[167] Vgl. Plath/*Kamlah*, DS-GVO/BDSG, Art. 22 Rn. 9.
[168] Ausführlich dazu Plath/*Plath*, DS-GVO/BDSG, Art. 6 Rn. 68 ff.
[169] Vgl. DSK, Kurzpapier Nr. 3: Verarbeitung personenbezogener Daten für Werbung, S. 1 f.
[170] Die vernünftigen Erwartungen des Betroffenen werden maßgebend durch die Informationen nach Art. 13, 14 DS-GVO bestimmt, vgl. *DSK*, Kurzpapier Nr. 3: Verarbeitung personenbezogener Daten für Werbung, S. 2.
[171] Vgl. Plath/*Plath*, DS-GVO/BDSG, Art. 6 Rn. 78.

deutlich weiterem Ausmaß denkbar, als für Daten, die das Kriterium der Öffentlichkeit nicht erfüllen.[172] Für nicht öffentlich gemachte Daten von Betroffenen liegt es dagegen nahe, von einem Überwiegen der Interessen des Betroffenen auszugehen. Mit Blick auf die Grundrechte und Grundfreiheiten der betroffenen Personen muss zudem stets berücksichtigt werden, wie intensiv der Eingriff in das Persönlichkeitsrecht des Betroffenen tatsächlich ist.

5. Umgang mit sensiblen Daten

In sozialen Netzwerken werden in großem Umfang auch **sensible Daten** verarbeitet. Art. 9 Abs. 1 DS-GVO normiert diese unter dem Begriff der besonderen Kategorien personenbezogener Daten,[173] die eines **speziellen Schutzes bedürfen.** Ein weitergehender Schutz ist geboten, da im Zusammenhang mit deren Verarbeitung erhöhte Risiken für die Grundrechte und Grundfreiheiten der Betroffenen Person auftreten können (vgl. DS-GVO-Erwägungsgrund 51 S. 1 DS-GVO). Erhebliche Risiken bestehen insbesondere im Hinblick auf eine diskriminierende Verwendung oder einer Weitergabe der Daten an Dritte.[174] Gemein ist den besonderen Kategorien personenbezogener Daten, dass sie einen höchstpersönlichen Charakter haben und für die Betroffenen in vielen Fällen identitätsstiftend sind.[175] Vom besonderen Schutz umfasst sind dabei nicht nur Daten, die die aufgeführten Merkmale direkt beschreiben, sondern auch indirekte Hinweise auf diese Merkmale, da es ausweislich des Wortlautes genügt, dass bestimmte Merkmale aus Daten „hervorgehen".[176]

87

Für die Zulässigkeit der Verarbeitung sensibler Daten normiert Art. 9 DS-GVO spezielle, über die Mindestvoraussetzungen von Art. 6 DS-GVO hinausgehende Anforderungen.[177] Art. 9 Abs. 1 DS-GVO bestimmt ein striktes Datenverarbeitungsverbot von Daten dieser abschließenden Kategorien. Ausnahmen von diesem Grundsatz sind Art. 9 Abs. 2 lit. a bis j DS-GVO zu entnehmen. Im Kontext von Social Media sind vor allem die **Ausnahmetatbestände Art. 9 Abs. 2 lit. a und e DS-GVO** von Bedeutung.

88

Nach Art. 9 Abs. 2 lit. a DS-GVO greift das Verarbeitungsverbot dann nicht, wenn die betroffene Person in die Verarbeitung **„ausdrücklich"** einwilligt. Der Vergleich mit dem Wortlaut von Art. 6 Abs. 1 lit. a DS-GVO verdeutlicht, dass aufgrund der engeren Formulierung gegenüber der allgemeinen Einwilligung erhöhte Anforderungen an deren Erteilung zu stellen sind. Der Inhalt der Einwilligung erfordert ein erhöhtes Maß an Bestimmtheit und Genauigkeit.[178] So muss sich die Einwilligung explizit auf die Verarbeitung sensibler Daten beziehen und die Verwendungszwecke müssen konkret benannt werden.[179]

89

---

[172] Vgl. *Golland*, Datenverarbeitung in sozialen Netzwerken, S. 291, der bei bewusst veröffentlichten Nutzerdaten von einer Zulässigkeit der Nutzung dieser Daten für Social-Media-Analysen oder personalisierte Werbung ausgeht.

[173] Dies sind personenbezogene Daten, aus denen die rassische und ethnische Herkunft, politische Meinungen, religiöse oder weltanschauliche Überzeugungen oder die Gewerkschaftszugehörigkeit hervorgehen, sowie von genetischen Daten, biometrischen Daten zur eindeutigen Identifizierung einer Person oder Daten über Gesundheit oder Sexualleben oder sexuelle Ausrichtung, vgl. Art. 9 Abs. 1 DS-GVO.

[174] Zu den Risiken einer Diskriminierung oder einer Weitergabe an Dritte vgl. Schwartmann/Jaspers/Thüsing/Kugelmann/*Schwartmann/Mühlenbeck*, DS-GVO/BDSG, Art. 4 Nr. 13 Rn. 243 und Schwartmann/Jaspers/Thüsing/Kugelmann/*Schwartmann/Hermann*, DS-GVO/BDSG, Art. 4 Nr. 15 Rn. 265.

[175] Vgl. Paal/Pauly/*Frenzel*, DS-GVO/BDSG, Art. 9 Rn. 6.

[176] Vgl. Kühling/Buchner/*Weichert*, DS-GVO/BDSG, Art. 9 Rn. 22 ff.; zur Reichweite des Begriffs der besonderen Arten personenbezogener Daten siehe *Golland*, Datenverarbeitung in sozialen Netzwerken, S. 206 ff.

[177] Vgl. Kühling/Buchner/*Weichert*, DS-GVO/BDSG, Art. 9 Rn. 4.

[178] Vgl. Kühling/Buchner/*Weichert*, DS-GVO/BDSG, Art. 9 Rn. 47.

[179] Vgl. Gola/*Schulz*, DS-GVO, Art. 9 Rn. 16.

Eine Einwilligung lediglich durch schlüssiges Verhalten (konkludent) scheidet zudem aus.[180]

90 Von Bedeutung ist des Weiteren Art. 9 Abs. 2 lit. e DS-GVO, wonach Daten verarbeitet werden können, wenn die betroffene Person die Daten „offensichtlich öffentlich gemacht hat". Relevant sind etwa Aussagen zum Beziehungsstatus einer Person sowie das Hochladen entsprechender Daten und Fotos. Der Wegfall der besonderen Schutzbedürftigkeit der öffentlichen Daten hat zur Folge, dass sich die Rechtmäßigkeit der Verarbeitung dann allein nach den allgemeinen Erlaubnistatbeständen des Art. 6 Abs. 1 DS-GVO richtet.[181] Als **Öffentlichkeit** ist die Allgemeinheit und damit ein nicht individuell bestimmbarer Personenkreis zu verstehen (zB frei zugängliche Bereiche des Internets, die einer unbestimmten Anzahl von Personen ohne wesentliche Zulassungsschranke offenstehen).[182] Bei der Angabe personenbezogener Daten in sozialen Netzwerken ist entscheidend, welche Privatsphäre-Einstellungen die betroffene Person hinsichtlich der betreffenden Information gewählt hat.[183] Die betroffene Person muss die personenbezogenen Daten zudem **„offensichtlich"** öffentlich gemacht haben. Voraussetzung ist demnach ein unzweideutiger und bewusster Willensakt der betroffenen Person, der auf die Entäußerung der Information in die Öffentlichkeit gerichtet ist.[184]

IV. Betroffenenrechte

91 Die in Kapitel III der DS-GVO (Art. 12 bis 23 DS-GVO) ausgestalteten Rechte der von einer Datenverarbeitung betroffenen Person weisen im Kontext von Social Media vor allem **im Verhältnis zum Plattformanbieter eine hohe Praxisrelevanz** auf. Bei dem Kreis der in Betracht kommenden betroffenen Personen als Anspruchsteller ist zunächst an die (registrierten) User zu denken, also an natürliche Personen als private Plattformnutzer sowie im Fall von sozialen Netzwerken auch an Fanpage-Betreiber, soweit es sich bei diesen um natürliche Personen und nicht um Unternehmen handelt. Darüber hinaus erfolgt aber unter Umständen auch eine Verarbeitung von personenbezogenen Daten Dritter, etwa im Fall von unregistrierten Seitenbesuchern, die auf von der Plattform öffentlich vorgehaltene Inhalte zugreifen.[185] Zudem kommt es nicht selten zu der Situation, dass personenbezogene Daten Dritter ohne deren Zutun auf die Plattform transportiert werden, bspw. in Form des Hochladens von Fotos. In diesen Fällen kommt als Adressat für die Betroffenenrechte nicht nur der Plattformanbieter in Betracht, sondern auch der jeweils **für die Verbreitung verantwortliche Fanpage-Betreiber oder private Nutzer**, sofern die sog. Haushaltsausnahme hier nicht eingreift (dazu → Rn. 29).

92 Im Folgenden werden die Informationspflichten, das Recht auf Löschung und das Recht auf Datenübertragbarkeit näher beleuchtet. Eine hohe Praxisrelevanz sowohl für die betroffene Person als auch für den Verantwortlichen ist zudem in Bezug auf das **Auskunftsrecht** (Art. 15 DS-GVO) denkbar. Dabei ist vor allem die Frage nach dem Umfang der geschuldeten Auskunft von ganz wesentlicher Bedeutung, bislang jedoch noch nicht verbindlich geklärt.[186]

---

[180] Vgl. Ehmann/Selmayr/*Schiff*, DS-GVO, Art. 9 Rn. 33; Sydow/*Kampert*, DS-GVO, Art. 9 Rn. 14; Gola/*Schulz*, DS-GVO, Art. 9 Rn. 16.
[181] Vgl. Gola/*Schulz*, DS-GVO, Art. 9 Rn. 25; Taeger/Gabel/*Mester*, DS-GVO/BDSG, Art. 9 Rn. 25.
[182] Vgl. Ehmann/Selmayr/*Schiff*, DS-GVO, Art. 9 Rn. 45.
[183] Vgl. Ehmann/Selmayr/*Schiff*, DS-GVO, Art. 9 Rn. 45; Gola/*Schulz*, DS-GVO, Art. 9 Rn. 26.
[184] Vgl. Ehmann/Selmayr/*Schiff*, DS-GVO, Art. 9 Rn. 45. Siehe zu unzulässigen Voreinstellungen des Anbieters → Rn. 119.
[185] Zu den dabei verarbeiteten Nutzungs- und Verbindungsdaten siehe → Rn. 28.
[186] Nähere Ausführungen finden sich dazu in → Teil 6.6 Rn. 164 ff. in diesem Handbuch.

C. Datenschutzrechtliche Vorgaben im Einzelnen

1. Informationspflichten

Nach Maßgabe der Art. 13 und 14 DS-GVO und unter Berücksichtigung der in Art. 12 DS-GVO statuierten formalen Modalitäten bestehen für den Verantwortlichen umfangreiche Pflichten zur Information über **alle Datenverarbeitungsvorgänge**, welche **unabhängig von einer konkreten Rechtsausübung durch die betroffene Person** zu erfüllen sind.[187] Art. 13 DS-GVO findet Anwendung, wenn die Daten unmittelbar bei der betroffenen Person erhoben wurden, also ganz überwiegend auf die durch Nutzeraktivitäten gewonnenen personenbezogenen Daten. Befinden sich in diesen Datensätzen jedoch Daten Dritter, wie es etwa häufig bei einem Upload von Fotos der Fall ist, kommt Art. 14 DS-GVO zum Tragen, der auf nicht unmittelbar bei der betroffenen Person erhobene Daten abstellt. Beide Artikel laufen inhaltlich weitgehend parallel. Ein erheblicher Unterschied besteht jedoch in Bezug auf die Ausnahmen von der Informationspflicht, hier bietet Art. 14 DS-GVO wesentlich mehr Spielraum für den Verantwortlichen an.

93

Üblicherweise versuchen Verantwortliche den Informationspflichten durch die Bereitstellung sog. **Datenschutzerklärungen** nachzukommen, die meist am unteren Ende jeder Website über einen Link abgerufen werden können. Dabei muss betont werden, dass diese weder eine Einwilligungserklärung ersetzen, noch eigenständig eine Datenverarbeitung legitimieren können.[188] Eine Datenschutzerklärung dient allein der Information der betroffenen Person über die Datenverarbeitungsvorgänge, ist getrennt von den Erlaubnistatbeständen zu betrachten und keinesfalls zustimmungsbedürftig.

94

Praktische Probleme bereiten bei der Erstellung von Datenschutzerklärungen vor allem der große Umfang an Informationen und die Frage nach dem richtigen Detailgrad im Verhältnis zu der vom Gesetzgeber intendierten Transparenz. Übergeordnetes Ziel bei der Erstellung muss es daher sein, dass die Erklärung **informativ und zugleich auch für Leser ohne besondere technische Vorkenntnisse gut verständlich** ist. Schon im Hinblick auf die äußere Gestaltung ist es daher empfehlenswert, durch die Bildung von Oberpunkten und wenigstens einer bis höchstens zwei Unterebenen die Wahrnehmbarkeit der aufgelisteten Informationen zu optimieren und damit den Vorgaben von Art. 12 Abs. 1 DS-GVO gerecht zu werden. Abhängig vom Umfang der Datenschutzerklärung kann auch die Einbindung einer spezifischen Suchfunktion ebenso wie die Erklärung von technischen Begrifflichkeiten über weiterführende Links hilfreich sein.

95

Findet eine Verknüpfung zwischen Social Media-Plattformen und dritten Webseitenbetreibern über sog. **Social Media-Plugins** statt, wie bspw. durch die Einbindung eines „Gefällt mir"-Buttons von Facebook auf der dritten Website, muss auch der Webseitenbetreiber infolge der daraus resultierenden gemeinsamen Verantwortlichkeit (siehe dazu → Rn. 44 ff.) über die mit Social Media Plugins ausgelösten Datenverarbeitungsvorgänge gemäß Art. 13 DS-GVO informieren.[189] Bei der Einbindung der Plugins sollte der Webseitenbetreiber auf Methoden wie die sog. **Zwei-Klick-Lösung** zurückgreifen, bei der die Datenübermittlung durch die Plugins von der zielgerichteten Inanspruchnahme durch die betroffene Person abhängt, wodurch wesentliche Vorteile in puncto Kontrolle und Transparenz erzielt werden können.[190]

96

Darüber hinaus stellen sich zahlreiche Einzelfragen mit Blick auf die Art und Weise der Informationsaufbereitung im Kontext von Social Media-Plattformen, insbesondere auf-

97

---

[187] Siehe für eine allgemeine Übersicht zu den Informationspflichten nach der DS-GVO → Teil 6.6 Rn. 94 ff. in diesem Handbuch. Ein Vorschlag für eine strukturierte Vorgehensweise bei der Erfassung und Aufbereitung der gesetzlich erforderlichen Informationen durch Verantwortliche findet sich in → Teil 6.6 Rn. 102 ff. in diesem Handbuch.
[188] Vgl. *Wiebe/Helmschrot*, Untersuchung der Umsetzung der Datenschutz-Grundverordnung (DS-GVO) durch Online-Dienste, S. 31.
[189] Vgl. zum Verhältnis von sozialem Netzwerkanbieter und drittem Webseitenbetreiber *EuGH*, 29.7.2019 – C-40/17 (Fashion ID) = NJW 2019, 2755.
[190] Vgl. *Wiebe/Helmschrot*, Untersuchung der Umsetzung der Datenschutz-Grundverordnung (DS-GVO) durch Online-Dienste, S. 28 f.

grund der dort regelmäßig erfolgenden Verarbeitungsvorgänge wie **Tracking** und **Profiling**.[191] Bei dem häufig durch das Setzen von Cookies ermöglichten Tracking handelt es sich um eine Datenerfassung zur – meist webseitenübergreifenden – Nachverfolgung des individuellen Verhaltens von Verbrauchern (siehe zur datenschutzrechtlichen Relevanz von Cookies und sog. Tracking-Tools bereits → Rn. 6).[192] Profiling definiert Art. 4 Nr. 4 DS-GVO als „jede Art der automatisierten Verarbeitung personenbezogener Daten, die darin besteht, dass diese personenbezogenen Daten verwendet werden, um bestimmte persönliche Aspekte, die sich auf eine natürliche Person beziehen, zu bewerten, insbesondere um Aspekte bezüglich Arbeitsleistung, wirtschaftliche Lage, Gesundheit, persönliche Vorlieben, Interessen, Zuverlässigkeit, Verhalten, Aufenthaltsort oder Ortswechsel dieser natürlichen Person zu analysieren oder vorherzusagen".

98 Da diese Prozesse praktisch ausschließlich außerhalb der üblichen Wahrnehmung von betroffenen Personen ablaufen, sind hier **umso höhere Ansprüche an die Information und Transparenz** gegenüber der betroffenen Person zu stellen. In Bezug auf das Profiling hat auch der Gesetzgeber die Gefahr erkannt, verlangt jedoch lediglich in besonders gravierenden Fällen eine Aufklärung über die „involvierte Logik", vgl. Art. 13 Abs. 2 lit. f und Art. 14 Abs. 2 lit. g iVm Art. 22 DS-GVO.

2. Löschungsrecht

99 Auch wenn sich ein Großteil der Social Media-Angebote wachsender Beliebtheit erfreut, kommt es immer wieder zu der Situation, dass registrierte Nutzer die Plattform verlassen, ihr Konto und damit auch ihre personenbezogenen Daten löschen möchten. Einen entsprechenden **Löschungsanspruch** kann Art. 17 Abs. 1 DS-GVO bieten.

100 Eine unverzügliche Löschung ist vorbehaltlich der in Art. 17 Abs. 3 DS-GVO geregelten Ausnahmen insbesondere dann angezeigt, wenn der Erlaubnistatbestand, auf den die Datenverarbeitung gestützt wurde, nicht mehr erfüllt ist. Dies ist bspw. der Fall, wenn die betroffene Person ihre Einwilligung in die Verarbeitung ihrer Daten durch den Plattformanbieter widerrufen hat und keine andere Rechtsgrundlage vorliegt (Art. 17 Abs. 1 lit. b iVm Art. 7 Abs. 3 DS-GVO).

101 Dass eine Löschverpflichtung auch schon ohne ausdrückliche Aufforderung durch die betroffene Person greifen kann und somit dem **Verantwortlichen eine eigene entsprechende Prüf- und Kontrollpflicht obliegt,** ergibt sich zum einen aus dem Wortlaut in Art. 17 Abs. 1 DS-GVO sowie zum anderen unmittelbar aus den Grundsätzen der Zweckbindung, Datenminimierung und Speicherbegrenzung in Art. 5 DS-GVO.[193] Diese beschränkt sich dabei jedoch gemäß DS-GVO-Erwägungsgrund 39 auf „alle vertretbaren Schritte" und ist daher nicht unzumutbar weit auszudehnen.

102 Art. 17 Abs. 2 DS-GVO enthält eine ergänzende Verpflichtung des Verantwortlichen, weitere (dritte) Verantwortliche darüber zu informieren, dass die betroffene Person die Löschung der Daten verlangt hat. Dieser **Informationspflicht** wurde unter der plakativen Bezeichnung **„Recht auf Vergessenwerden"** erhebliche Aufmerksamkeit im Gesetzgebungsprozess zuteil.[194] Primäres Ziel ist es dabei, die potentiell unbegrenzte Auffindbarkeit von öffentlich zugänglichen personenbezogenen Daten im Internet verringern zu kön-

---

[191] Dazu umfassend *Wiebe/Helmschrot*, Untersuchung der Umsetzung der Datenschutz-Grundverordnung (DS-GVO) durch Online-Dienste, S. 25 ff.

[192] Vgl. *Artikel-29-Datenschutzgruppe*, WP 194, S. 10; *EDPB*, Leitlinie zur Einwilligung, S. 4. Siehe zu den datenschutzrechtlichen Anforderungen beim *Tracking* im Einzelnen: *DSK*, Orientierungshilfe der Aufsichtsbehörden für Anbieter von Telemedien.

[193] Vgl. dazu Ehmann/Selmayr/*Kamann/Braun*, DS-GVO, Art. 17 Rn. 33; Paal/Pauly/*Paal*, DS-GVO/BDSG, Art. 17 Rn. 7; Sydow/*Peuker*, DS-GVO, Art. 17 Rn. 43; *Golland*, Datenverarbeitung in sozialen Netzwerken, S. 322; aA: Plath/*Kamlah*, DS-GVO/BDSG, Art. 17 Rn. 5; Gola/*Nolte/Werkmeister*, DS-GVO, Art. 17 Rn. 9. Siehe auch schon → Teil 6.6 Rn. 176 in diesem Handbuch.

[194] Vgl. Paal/Pauly/*Paal*, DS-GVO/BDSG, Art. 17 Rn. 1.

nen.[195] Nichtsdestotrotz hängt die Löschung der Daten bei jenen dritten Verantwortlichen dann von ihrer jeweiligen Verarbeitungsbefugnis ab, die eigenständig zu prüfen ist.[196]

Die Verpflichtung zur Information besteht nur, wenn der nach Art. 17 Abs. 1 DS-GVO zur Löschung verpflichtete Verantwortliche die Daten zuvor – zumindest vorübergehend – **„öffentlich gemacht"** hat und wird zudem unter Berücksichtigung von technischen Möglichkeiten und Implementierungskosten auf angemessene Maßnahmen beschränkt. Darüber hinaus bedarf es für das Auslösen dieser Pflicht einer spezifischen Aufforderung durch die betroffene Person.[197]

Problematisch ist die Voraussetzung des Öffentlichmachens der Daten insbesondere im Kontext von sozialen Netzwerken, da es üblicherweise von den **Privatsphäre-Einstellungen des Nutzers** abhängt, ob Daten veröffentlicht werden oder nicht. Daraus folgt, dass als Adressat für die Informationspflicht grundsätzlich nicht der Anbieter des sozialen Netzwerks sondern nur der jeweilige Nutzer selbst für die von ihm öffentlich geteilten personenbezogenen Daten Dritter in Betracht kommt.[198] Denkbar erscheint unter diesen Umständen allenfalls noch die Annahme einer gemeinsamen Verantwortlichkeit von Netzwerkanbieter und Nutzer im Hinblick auf die Veröffentlichung der Daten[199], um den hier vom Gesetzgeber offenkundig intendierten Schutz der betroffenen Person nicht vollständig leerlaufen zu lassen.

Auch aus technischer Perspektive gibt es erhebliche Bedenken, inwieweit eine derartige Informationspflicht überhaupt umsetzbar ist.[200] Diese stützen sich vor allem darauf, dass eine **Verarbeitung von öffentlich vorgehaltenen Daten durch Dritte kaum feststellbar** ist, insbesondere wenn diese unregistriert außerhalb der jeweiligen Plattform agieren und auf nicht nachvollziehbare Speichermöglichkeiten wie etwa Screenshots zurückgreifen. Auch können bereits minimale Veränderungen an den Informationen dazu führen, dass die technische Auffindbarkeit auf Basis der vormaligen Datensätze nahezu unmöglich wird.

3. Recht auf Datenübertragbarkeit

Vollständiges Neuland stellt das in Art. 20 DS-GVO normierte Recht auf Datenübertragbarkeit bzw. **Datenportabilität** dar, welches erkennbar der **Verhinderung von sog. Lock-In-Effekten**[201] dienen soll und damit verbraucherschutz- sowie kartellrechtliche Zielsetzungen in der DS-GVO verankert.[202] In Abs. 1 wird dazu ein Anspruch gegen den Verantwortlichen auf Herausgabe von personenbezogenen Daten an die betroffene Person statuiert, sofern die betroffene Person die Daten selbst bereitgestellt hat. Abs. 2 eröffnet der betroffenen Person darüber hinaus die Möglichkeit, diese Daten direkt vom bisherigen Verantwortlichen an einen anderen Verantwortlichen übertragen zu lassen. Dabei ist zu beachten, dass eine Geltendmachung des Rechts auf Datenportabilität keinen weiteren Einfluss auf die Verarbeitung der Daten durch den bisherigen Verantwortlichen hat und

---

[195] Vgl. *Hennemann*, PinG 2016, 176 (177); Paal/Pauly/*Paal*, DS-GVO/BDSG, Art. 17 Rn. 4. In diese Richtung ging auch schon – freilich vor Verabschiedung der DS-GVO – die insofern wegweisende Entscheidung des *EuGH*, 13.5.2014 – C-131/12 (Google Spain) = NJW 2014, 2257 Rn. 99.
[196] Vgl. Paal/Pauly/*Paal*, DS-GVO, Art. 17 Rn. 32; *Trentmann*, CR 2017, 26 (32).
[197] Vgl. Taeger/Gabel/*Meents/Hinzpeter*, DS-GVO, Art. 17 Rn. 103; Kühling/Buchner/*Herbst*, DS-GVO/BDSG, Art. 17 Rn. 52.
[198] Vgl. *Hornung/Hoffmann*, JZ 2013, 163 (168); *Jaspers*, DuD 2012, 571 (572 f.); *Kipker/Voskamp*, DuD 2012, 737 (741 f.).
[199] Vgl. dazu Taeger/Gabel/*Meents/Hinzpeter*, DS-GVO, Art. 17 Rn. 102.
[200] Vgl. hierzu und zum Folgenden *Golland*, Datenverarbeitung in sozialen Netzwerken, S. 328 ff. mwN.
[201] Vgl. Gola/*Piltz*, DS-GVO Art. 20 Rn. 3 mwN; s. dazu auch schon → Teil 6.6 Rn. 184 in diesem Handbuch.
[202] Vgl. *Kühling/Martini*, EuZW 2016, 448 (450); *Schantz*, NJW 2016, 1841 (1845); Kühling/Buchner/*Herbst*, DS-GVO/BDSG, Art. 20 Rn. 4 mwN.

somit nicht dazu führt, dass dieser die Daten nicht mehr verarbeiten darf.[203] Begehrt die anspruchstellende Person die Löschung der Daten im Anschluss an die Herausgabe, so richtet sich dieser Vorgang ausschließlich nach Art. 17 DS-GVO, wie Art. 20 Abs. 3 S. 1 DS-GVO deutlich macht.

107 Der **Umfang des Herausgabeanspruchs** wird gemäß Art. 20 Abs. 4 DS-GVO dadurch begrenzt, dass die Rechte und Freiheiten anderer Personen nicht beeinträchtigt werden dürfen. Schwierigkeiten wirft hierbei der Umstand auf, dass bspw. in sozialen Netzwerken regelmäßig eine praktisch untrennbare Verbindung zwischen personenbezogenen Daten eines Nutzer mit denen eines anderen Nutzers vorliegt, wie bspw. im Fall von Statusmeldungen über gemeinsam besuchte Orte oder zusammen unternommene Tätigkeiten.[204] Gerade diese Verknüpfungsmöglichkeit der Nutzer untereinander stellt ein Kernelement der angebotenen Dienste dar. Daran schließt sich die Frage an, ob der Anspruch ausschließlich auf personenbezogene Daten beschränkt ist, die allein den Nutzer betreffen[205] oder dieser auch die **Herausgabe von verbundenen personenbezogenen Daten Dritter** fordern kann.[206]

108 Letzteres würde jedenfalls das Recht auf Schutz personenbezogener Daten von dritten Personen berühren, sodass der Verantwortliche einer **hinreichenden Rechtsgrundlage für die Herausgabe** bedürfte.[207] Dabei könnte zunächst an überwiegende Interessen des Verantwortlichen oder des Anspruchstellers gegenüber denen von (dritten) betroffenen Personen nach Art. 6 Abs. 1 lit. f DS-GVO gedacht werden, welche allerdings im Rahmen einer Einzelfallabwägung mit Blick auf das jeweils in Rede stehende Datum geprüft werden müssten. Dies erscheint überaus müßig, sodass es vor allem auch technisch für Verantwortliche einfacher umzusetzen sein dürfte, eine Einwilligung von dritten Personen in die Übermittlung ihrer verbundenen personenbezogenen Daten einzuholen.[208] So könnte bspw. in Bezug auf Fotos, auf denen mehrere Nutzer „markiert" sind, vom Netzwerkanbieter automatisiert Kontakt zu den dort abgebildeten Nutzern aufgenommen und um deren Einwilligung in den Herausgabevorgang nach Art. 20 DS-GVO gebeten werden. Dabei ist aber zu beachten, dass das jeweilige Foto vom Anspruchsteller hochgeladen worden sein muss, schließlich erfasst Art. 20 DS-GVO nur die von der betroffenen Person selbst bereitgestellten Daten.

109 Die **Art und Weise der Datenherausgabe** soll nach dem Willen des Gesetzgebers in einem „strukturierten, gängigen und maschinenlesbaren Format" erfolgen, worin eine Anforderung liegt, die sowohl die Herausgabe durch den ursprünglichen Verantwortlichen als auch die spätere Implementierung bei einem anderen Anbieter betrifft. Gefordert ist hier nach DS-GVO-Erwägungsgrund 68 eine sog. Interoperabilität des Dateiformats. Führt man sich die hochkomplexe sowie zugleich sehr individuelle Struktur der meisten Social Media-Plattformen vor Augen, wird deutlich, dass darin eine technisch kaum zu bewältigende Herausforderung liegt.[209]

110 Eine für die Praxis durchaus relevante Frage ist die der **Abtretbarkeit des Rechts aus Art. 20 DS-GVO** entsprechend den §§ 398 ff. BGB. Vor dem Hintergrund der zurecht überwiegend ablehnenden Haltung in der Literatur gegenüber neuen eigentumsähnlichen absoluten Rechten an Daten[210] sowie des weit verstandenen Kriteriums des Personenbe-

---

[203] Vgl. *Artikel-29-Datenschutzgruppe*, WP 242 rev.01, S. 8; Simitis/Hornung/Spiecker gen. Döhmann/*Dix*, DS-GVO Art. 20 Rn. 12.
[204] Vgl. dazu umfassend *Golland*, Datenverarbeitung in sozialen Netzwerken, S. 315 ff. mwN.
[205] In diese restriktive Richtung geht Gola/*Piltz*, DS-GVO Art. 20 Rn. 40 mwN; ähnlich auch *Golland*, Datenverarbeitung in sozialen Netzwerken, S. 318.
[206] Mit dem Hinweis darauf, dass Art. 20 DS-GVO ansonsten leer liefe: *Schantz*, NJW 2016, 1841 (1845).
[207] Vgl. Gola/*Piltz*, DS-GVO Art. 20 Rn. 40 mwN; Kühling/Buchner/*Herbst*, DS-GVO/BDSG, Art. 20 Rn. 3.
[208] Vgl. dazu Spindler/Schuster/*Spindler/Dalby*, Recht der Elektronischen Medien, DS-GVO Art. 20 Rn. 6.
[209] So bereits *Kipker/Voskamp*, DuD 2012, 737 (740); *Jülicher/Röttgen/v. Schönfeld*, ZD 2016, 358 (361 f.).
[210] Vgl. zuletzt nur *Kühling/Sackmann*, ZD 2020, 24; siehe auch *Stender-Vorwachs/Steege*, NJOZ 2018, 1361; *Determann*, ZD 2018, 503.

zugs ließe sich auf diesem Wege für konkurrierende Anbieter, aber auch etwa für in Produktionsketten eines datenverarbeitenden Produktes involvierte Unternehmen ein Datenzugang finden, der ansonsten üblicherweise nur dem Diensteanbieter bzw. Hersteller des Produkts als dem für die Datenverarbeitung Verantwortlichen eröffnet ist. Auch für Anbieter aus anderen Branchen[211] könnte es reizvoll sein, aus abgetretenem Recht **unmittelbar Zugriff auf entsprechende Datensätze** durchsetzen zu können. Damit würde zugleich der betroffenen Person der Einstieg in einen neuen Dienst attraktiv gemacht, da diese sich nicht persönlich um die Übermittlung ihrer Daten von einem an den anderen Anbieter kümmern müsste.

Einer Abtretbarkeit entgegenstehen könnte jedoch schon der Wortlaut von Art. 20 DS-GVO, der das Recht auf Datenübertragbarkeit explizit nur der betroffenen Person einräumt. Mit Verweis auf die ausgeprägte kartellrechtliche und damit wettbewerbsfördernde Dimension der Norm[212] sowie der grundsätzlichen Anerkennung des freien Datenverkehrs als Schutzobjekt (Art. 1 Abs. 1 DS-GVO), lassen sich zwar Argumente dafür finden, den höchstpersönlichen Rechtscharakter von Art. 20 DS-GVO im Vergleich zu den insoweit einseitig ausgerichteten weiteren Betroffenenrechten[213] infrage zu stellen. Beachtet werden muss jedoch, dass das Recht auf Datenübertragbarkeit auch der „**Kontrolle über die eigenen Daten**"[214] **dienen soll** und damit zugleich eine klassisch datenschutzrechtliche Zielsetzung verfolgt.[215] Davon ausgehend erscheint eine Abtretung in diesem Zusammenhang **systemwidrig:** Diese kann hier effektiv nicht zum Anspruchsübergang vom Zedenten auf den Zessionar führen, schließlich muss die betroffene Person nach der ratio legis der DS-GVO[216] auch weiterhin in der Lage sein, ihren Anspruch auf Datenübertragbarkeit geltend zu machen. 111

Um der geschilderten Doppelnatur der Norm und den praktischen Bedürfnissen gleichermaßen gerecht zu werden, sollte hingegen eine **rechtsgeschäftliche Stellvertretung iSd §§ 164 ff. BGB** als Lösung in Erwägung gezogen werden.[217] Auf diese Weise könnte die betroffene Person dem an ihren Daten interessierten Verantwortlichen (eng beschränkte) Vollmacht zur Ausübung ihres Rechts auf Datenübertragbarkeit gegen den ihre Daten bereits verarbeitenden Verantwortlichen einräumen. Hier kommt insbesondere Art. 20 Abs. 2 DS-GVO eine wichtige Funktion zu: Durch die nach dieser Vorschrift mögliche Direktübermittlung zwischen neuem und bisherigem Verantwortlichen bedürfte es keines weiteren Zwischenschritts für die Herausgabe der Daten an den neuen Verantwortlichen. 112

V. Weitere Pflichten für Verantwortliche

Den für die Datenverarbeitung Verantwortlichen treffen über die Auswahl einer geeigneten und hinreichenden Rechtsgrundlage (dazu oben unter III.) und die Gewährleistung der Betroffenenrechte (dazu oben unter IV.) hinaus alle weiteren Pflichten nach der DS-GVO, die für eine rechtmäßige Verarbeitung von personenbezogenen Daten zwingend beachtet werden müssen. Spezifische Pflichten finden sich vor allem in den Art. 24 ff. 113

---

[211] Vgl. *Artikel-29-Datenschutzgruppe*, WP 242 rev.01, S. 6.
[212] Vgl. Kühling/Buchner/*Herbst*, DS-GVO/BDSG, Art. 20 Rn. 4 mwN.
[213] In Bezug auf das Auskunftsrecht aus Art. 15 DS-GVO hat etwa das OVG Lüneburg entschieden, dass es sich dabei um ein nicht übertragbares, höchstpersönliches Recht handelt und dieses daher zu Lebzeiten ausschließlich von der betroffenen Person geltend gemacht werden kann, vgl. *OVG Lüneburg*, ZD 2019, 473 Rn. 46 ff.
[214] DS-GVO-Erwägungsgrund 68.
[215] Vgl. *Jülicher/Röttgen/v. Schönfeld*, ZD 2016, 358 (360).
[216] Die Betroffenenrechte sollen nicht durch Rechtsgeschäft beschränkt oder ausgeschlossen werden können, vgl. Ehmann/Selmayr/*Kamann/Braun*, DS-GVO Art. 20 Rn. 4.
[217] Für eine Zulässigkeit der Stellvertretung im Rahmen von Art. 20 DS-GVO: Gierschmann/Schlender/Stenzel/Veil/*Veil*, DS-GVO Art. 20 Rn. 35.

DS-GVO. Im Folgenden wird auf einige besonders relevante Bestimmungen im Wirkungsbereich von Social Media-Plattformen näher eingegangen.

1. Gewährleistung der Datenschutzgrundsätze (Art. 5 DS-GVO)

114 Auch im Kontext der Datenverarbeitung in sozialen Netzwerken finden die in Art. 5 DS-GVO normierten „Grundsätze für die Verarbeitung personenbezogener Daten" vollumfänglich Anwendung. An vielen Stellen innerhalb der DS-GVO werden diese sehr abstrakt gehaltenen Vorgaben und Zielsetzungen durch spezifische Normen konkretisiert, wie dies bspw. im Fall des Transparenzgebots (Art. 5 Abs. 1 lit. a DS-GVO) vor allem durch die Informationspflichten und das Auskunftsrecht (Art. 12 bis 15 DS-GVO) erfolgt. In diesen spezifischen Normen erschöpft sich jedoch nicht der Wirkungsbereich der Grundsätze, diese müssen vielmehr bei jedem Datenverarbeitungsvorgang zumindest für eine **rechtskonforme Anwendung der konkreten Normen** zur Rate gezogen werden.[218]

115 Äußerst fragwürdig mit Blick auf das rechtsstaatliche Bestimmtheitsgebot ist angesichts der unbestimmten Terminologie der Grundsätze allerdings der gemäß Art. 83 Abs. 5 lit. a DS-GVO isoliert mit einem Bußgeld sanktionierbare Verstoß.[219] Durch diese Sanktionsmöglichkeit kann es zu der Situation kommen, dass eine Verarbeitung unrechtmäßig ist, wenn spezifische Regelungen – vermeintlich – erfüllt sind, die Verarbeitung jedoch erkennbar nicht in Einklang mit den Grundsätzen nach Art. 5 DS-GVO steht.[220] Dies kann jedoch wegen des Vorrangs der spezifischen Norm vor der allgemeinen (lex specialis derogat legi generali) nur insoweit gelten, wie die spezifische Norm den betreffenden Sachverhalt nicht abschließend regelt.

2. Datenschutz durch Technikgestaltung und durch datenschutzfreundliche Voreinstellungen (Art. 25 DS-GVO)

116 Art. 25 DS-GVO enthält die Pflicht zum Datenschutz durch Technikgestaltung (Abs. 1) sowie durch datenschutzfreundliche Voreinstellungen (Abs. 2). Häufig werden diese Prinzipien als Privacy by Design bzw. Privacy by Default bezeichnet. Begrifflich passender ist es, von Data Protection by Design bzw. Data Protection by Default zu sprechen, da die Schutzrichtung der DS-GVO im Allgemeinen und von Art. 25 DS-GVO im Besonderen primär auf Art. 8 GRCh abhebt und eine Verbindung zur Privatsphäre der betroffenen Person (Privacy), welche durch Art. 7 GRCh geschützt wird, nicht zwingend vorliegen muss.[221] Beiden Ansätzen liegt insbesondere der Grundsatz der Datenminimierung zugrunde,[222] wonach – abstrakt formuliert – die Menge der verarbeiteten Daten unter Berücksichtigung des Verarbeitungszwecks auf das funktionsnotwendige Minimum zu beschränken ist.[223]

117 Vor dem Hintergrund dieser Zielsetzung können mit Blick auf die jeweilige Rechtsgrundlage für die Verarbeitung, die materiell-rechtlich den zulässigen Umfang der Verarbeitung bestimmt, Verständnisschwierigkeiten in Bezug auf die Reichweite von Art. 25 DS-GVO auftreten. In besonderem Maße scheint dieser Konflikt bei der Einwilligung zutage zu treten, die den Verantwortlichen grundsätzlich zu einer Verarbeitung von personenbezogenen Daten in jedem Umfang legitimieren kann, solange ihre – gewiss anspruchsvollen – formalen Voraussetzungen gewahrt werden. Das Verhältnis von

---

[218] Vgl. Paal/Pauly/*Frenzel*, DS-GVO Art. 5 Rn. 2.
[219] Vgl. Gierschmann/Schlender/Stenzel/Veil/*Buchholtz*/*Stenzel*, DS-GVO Art. 5 Rn. 54.; Paal/Pauly/*Frenzel*, DS-GVO Art. 83 Rn. 24 mwN.
[220] Beispiele für eine solche Situation finden sich bei Taeger/Gabel/*Voigt*, DS-GVO, Art. 5 Rn. 7.
[221] Vgl. Simitis/Hornung/Spiecker gen. Döhmann/*Hansen*, DS-GVO Art. 25 Rn. 23.
[222] Vgl. Specht/Mantz/*Specht*, Handbuch Europäisches und deutsches Datenschutzrecht, § 9 Verbraucherdatenschutz Rn. 84.
[223] Vgl. Kühling/Buchner/*Herbst*, DS-GVO/BDSG, Art. 5 Rn. 57.

C. Datenschutzrechtliche Vorgaben im Einzelnen

Rechtsgrundlage und Art. 25 DS-GVO sollte jedoch so verstanden werden, dass dieser primär eine steuernde Wirkung auf die konkrete Art und Weise („wie") des Verarbeitungsvorgangs in Anbetracht von dessen Zweck ausübt, während sich die grundlegende Frage nach der Zulässigkeit der Verarbeitung („ob") allein nach dem Vorliegen einer geeigneten und hinreichenden Rechtsgrundlage beurteilt.

Das technisch ausgerichtete **Data Protection by Design** bezieht sich unmittelbar auf die Systemgestaltung des datenverarbeitenden Produkts und steht demnach in gewisser Abhängigkeit zu dessen Funktionsweise und Zielsetzung. Entsprechend muss auch im Rahmen des Angebots von sozialen Medien auf eine datenschutzfördernde Programmierung geachtet werden, wodurch angesichts des häufig datengetriebenen Geschäftsmodells ein kaum aufzulösendes Spannungsverhältnis besteht. **118**

Als wesentlich konkreter und damit auch leichter umsetzbar erweist sich hingegen die Vorgabe des **Data Protection by Default** für Social Media-Plattformen und dabei insbesondere soziale Netzwerke, da diese ihren Nutzern typischerweise verschiedene Einstellmöglichkeiten in Bezug auf die bspw. auf verbundene Nutzer beschränkte oder netzwerkinterne oder öffentliche Datenpreisgabe einräumen. Der Nutzer muss jedoch bei der Registrierung keine eigene Wahl treffen, sondern kann auch ohne Weiteres die vom Anbieter festgelegten Voreinstellungen akzeptieren. Es hat sich gezeigt, dass sich ein Großteil der Nutzer für letztere Vorgehensweise entscheidet und damit weitgehend auf den Anbieter verlässt, der jedoch aufgrund seines Geschäftsmodells eigene Interessen verfolgt und in aller Regel eine möglichst große Reichweite anstrebt.[224] Diesen Umstand greift Art. 25 Abs. 2 S. 3 DS-GVO auf und spricht die Verpflichtung aus, dass derartige Voreinstellungen nicht ohne Eingreifen der betroffenen Person dazu führen dürfen, dass personenbezogene Daten einem unbestimmten Adressatenkreis zugänglich gemacht werden. Ob ein unbestimmter Adressatenkreis vorliegt, ist dabei aus der Perspektive der betroffenen Person zu bewerten.[225] Konkret bedeutet dies, dass vom Plattformanbieter vorausgewählte Sichtbarkeitseinstellungen wie „Freunde von Freunden" oder „öffentlich" zu einem gemäß Art. 83 Abs. 4 DS-GVO sanktionierbaren Verstoß führen. **119**

Durch die Umsetzung von Data Protection by Default iSv Art. 25 Abs. 2 S. 3 DS-GVO sollen somit Zugriffsmöglichkeiten sowohl von plattformexternen wie auch -internen Dritten im Interesse der betroffenen Person effektiv beschränkt werden, ohne dass dieser die Möglichkeit zu einer weitergehenden Verbreitung ihrer Daten genommen würde. **120**

3. Datenübermittlung in Drittländer nach Schrems II

Durch das Urteil des EuGH in der Rechtssache Schrems II[226] wurde der Angemessenheitsbeschluss zum **EU-U.S. Privacy Shield** für **ungültig** erklärt. Weil fast alle relevanten Plattformdienste in den USA angesiedelt sind, hat das Urteil weitreichende Auswirkungen auf deren Datentransfers aus der Europäischen Union in die USA. Personenbezogene Daten können nun nicht mehr auf der Grundlage dieses Angemessenheitsbeschlusses in die USA übertragen werden. Das Urteil wirkt sich darüber hinaus auch auf die anderen Transfermechanismen nach Art. 46 Abs. 2 DS-GVO aus, wie zB Standardvertragsklauseln und verbindliche interne Datenschutzvorschriften. **121**

Nach der EuGH-Entscheidung muss der Datenexporteur **zusätzliche Maßnahmen** ergreifen, die sicherstellen, dass für die personenbezogenen Daten auch bei und nach ihrer Übermittlung ein im Wesentlichen gleichwertiges Schutzniveau wie das in der EU gewährleistet wird.[227] Insgesamt stellt der EuGH damit strenge Anforderungen an die Zulässigkeit eines Transfers personenbezogener Daten in Drittländer. **122**

---

[224] Vgl. *Golland*, Datenverarbeitung in sozialen Netzwerken, S. 310 ff. mwN.
[225] Vgl. Taeger/Gabel/*Lang*, DS-GVO Art. 25 Rn. 71.
[226] *EuGH*, 16.7.2020 – C-311/18 (Facebook Ireland u. Schrems II) = NJW 2020, 2613.
[227] Ausführlich dazu *Heinzke*, GRUR-Prax 2020, 436 (437 ff.); *Golland*, NJW 2020, 2593 ff.

Teil 16. Kryptowährungen

Teil 16.1 Grundlegende technische, wirtschaftliche und rechtliche Aspekte

Übersicht

	Rn.
A. Einleitung	1
B. Technische Grundlagen	7
I. Grundlegende Eigenschaften der Blockchain-Technologie	7
1. Ziel von DLT-Plattformen	8
2. Arten von DLT-Plattformen	9
3. Datenstruktur von Blockchains	10
4. Konsensmechanismen am Beispiel von Proof-of-Work	14
II. Abgeleitete Eigenschaften typischer Kryptowährungen	19
1. Single State of Truth	20
2. Skalierbarkeit	21
3. Energiebedarf	22
4. Grad an Dezentralisierung	23
5. Sicherheit des Protokolls	24
6. Praktische Unveränderbarkeit	27
7. Transparenz	28
8. Sicherheit der Private Keys	30
C. Einordnung von Kryptowährungen und relevante Fragestellungen	33
I. Ökonomische Einordnung	33
1. Kryptowährungen von Zentralbanken	38
2. Geldfunktionen	40
3. Fazit zur ökonomischen Einordnung	47
II. Zivilrechtliche Einordnung	48
1. Kryptowährungen als „immaterielles Wirtschaftsgut"	48
2. Deliktischer Schutz von Kryptowährungen	51
3. Kryptowährungen in der Zwangsvollstreckung	54
III. Kapitalmarktrechtliche Einordung	55
1. Kryptowährungen weder Geld noch E-Geld	55
2. Kryptowährungen als Finanzinstrumente nach dem KWG	56
3. Kryptowährungen als Finanzinstrumente nach dem WpHG	67
IV. Rechtsbeziehungen zwischen den Beteiligten von DLT-Plattformen	69
1. Verhältnis zwischen den Nutzern einer DLT-Plattform	70
2. Verhältnis zwischen den Nutzern und den Entwicklern der Plattform	73
V. Datenschutzrecht	77
1. Personenbezogene Daten bei DLT-Transaktionen	79
2. Der Verantwortliche für die Verarbeitung von DLT-Transaktionen	80
3. Umsetzung von Lösch- und Berichtigungspflichten	85
4. Ausblick	86

Literatur:

Ammous, Can cryptocurrencies fulfil the functions of money?, 2016; *Ammous/Saifedean,* Blockchain Technology: What is it good for?, 2016; *Ateniese/Magri/Venturi/Andrade,* Redactable Blockchain – or – Rewriting History in Bitcoin and Friends, in: IEEE European Symposium on Security and Privacy (EuroS&P) 11 ff., 2017; *Auffenberg,* E-Geld auf Blockchain-Basis, BKR 2019, 341 ff.; *BaFin,* Virtuelle Währungen/Virtual Currency (VC), https://www.bafin.de/DE/Aufsicht/FinTech/VirtualCurrency/virtual_currency_node.html; *Bagaria/Kannan/Tse/Fanti/Viswanath,* Deconstructing the blockchain to approach physical limits, 2018; *Barber,* A Crypto Exchange CEO Dies – With the Only Key to $137 Million, in Wired, https://www.wired.com/story/crypto-exchange-ceo-dies-holding-only-key/; *Bechtolf/Vogt,* Datenschutz in der Blockchain – Eine Frage der Technik, Technologische Hürden und konzeptionelle Chancen, ZD 2018, 66 ff.; *Boehm/Pesch,* Bitcoins, Rechtliche Herausforderungen einer virtuellen Währung – Eine erste juristische Einordnung, MMR 2014,

75 ff.; *Berentsen/Schär*, Bitcoin, Blockchain und Kryptoassets: Eine umfassende Einführung, 2017; *dies.*, The case for central bank electronic money and the non-case for central bank cryptocurrencies, 2018; *Clarke*, After Ethereum Classic Suffers 51% Hack, Experts Consider – Will Bitcoin Be Next? in: Forbes, abrufbar unter https://www.forbes.com/sites/ginaclarke/2019/01/09/after-ethereum-classic-suffers-51-hack-experts-consider-will-bitcoin-be-next/#9abdbdea56b4; *Conley*, Blockchain and the economics of crypto-tokens and initial coin offerings, Vanderbilt University Department of economics working papers 17–00008, 2017; *Danwerth/Hildner*, Nach dem Pyrrhussieg vor dem KG Berlin – Neue Lösungsansätze zur Regulierung von Bitcoins – zugleich eine Besprechung des Urteils des KG Berlin v. 25.9.2018, BKR 2019, 57 ff.; *David*, Clio and the Economics of QWERTY, The American economic review 75.2 (1985), 332 ff.; *Ehrsam*, Blockchain Tokens and the dawn of the Decentralized Business Model, https://blog.coinbase.com/app-coins-and-the-dawn-of-the-decentralized-business-model-8b8c951e734f, 2016; *Engelhardt/Klein*, Bitcoins – Geschäfte mit Geld, das keines ist – Technische Grundlagen und zivilrechtliche Betrachtung, MMR 2014, 355 ff.; *Evans*, Economic aspects of Bitcoin and other decentralized public-ledger currency platforms, University of Chicago Coase-Sandor Institute for Law & Economics Research Paper 685, 2014; *Filippi/Wright*, Blockchain and the Law, Cambridge (Massachusetts), 2018; *Finck*, Blockchains and Data Protection in the European Union, EDPL 2018, 17 ff.; *Fraunhofer FIT*, Chancen und Herausforderungen von DLT (Blockchain) in Mobilität und Logistik, abrufbar unter: https://www.bmvi.de/SharedDocs/DE/Anlage/DG/blockchain-gutachten.pdf?__blob=publicationFile; *Fung/Halaburda*, Central bank digital currencies: a framework for assessing why and how, 2016; *Gischer/Herz/Menkhoff*, Geld, Kredit und Banken, 3. Aufl. 2013; *Goldman Sachs*, All About Bitcoin, in: Global Market Research, Issue 21, März 2014; *Halaburda/Sarvary*, Beyond bitcoin: The economics of digital currencies, 2016; *Hanl/Michaelis*, Kryptowährungen – ein Problem für die Geldpolitik?, Wirtschaftsdienst 97.5, 363 ff., 2017; *Hauck/Blaut*, Die (quasi-)vertragliche Haftung von Plattformbetreibern, NJW 2018, 1425 ff.; *Kaulartz*, Die Blockchain-Technologie, CR 2016, 474 ff.; *Kaulartz/Heckmann*, DAO Hack, Wenn der Smart Contract sich als Dumb Contract erweist, CMS Blog 2016, abrufbar unter: https://www.cmshs-bloggt.de/tmc/it-recht/dao-hack-wenn-der-smart-contract-sich-als-dumb-contract-erweist/; *Kütük-Markendorf*, Rechtliche Einordnung von Internetwährungen im deutschen Rechtssystem am Beispiel von Bitcoin, 2016; *Kütük/Sorge*, Bitcoin im deutschen Vollstreckungsrecht – Von der „Tulpenmanie" zur „Bitcoinmanie", MMR 2014, 643 ff.; *Liebowitz/Margolis*, Path Dependence, Lock-In, and History, Journal of Law, Economics, and Organization 11(1): 205 ff.; *Luther*, Cryptocurrencies, network effects, and switching costs, Contemporary Economic Policy 34., 553 ff., 2016; *Marnau*, Die Blockchain im Spannungsfeld der Grundsätze der Datenschutzgrundverordnung, in: Eibl/Gaedke (Hrsg.) INFORMATIK 2017, 1025 ff.; *Maume/Haffke/Zimmermann*, Bitcoin versus Bargeld – Die geldwäscherechtliche Verpflichtung von Güterhändlern bei Zahlungen mit Kryptowährungen, CCZ 2019, 149 ff.; *Nakamoto*, Bitcoin: A peer-to-peer electronic cash system, 2008; *Oliveira/Zavolokina/Bauer/Schwabe*, To token or not to token: Tools for understanding blockchain tokens, 2018; *Omlor*, Blockchain-basierte Zahlungsmittel – Ein Arbeitsprogramm für Gesetzgeber und Rechtswissenschaft, ZRP 2018, 85 ff.; *Patz*, Handelsplattformen für Kryptowährungen und Kryptoassets, BKR 2019, 435 ff.; *Pesch*, Cryptocoin-Schulden – Haftung und Risikoverteilung bei der Verschaffung von Bitcoins und Alt-Coins, 2017; *Pilkington*, Blockchain Technology: Principles and Applications, Research Handbook on Digital Transformations; *Schrey/Thalhofer*, Rechtliche Aspekte der Blockchain, NJW 2017, 1431 ff.; *Schwintowski/Klausmann/Kadgien*, Das Verhältnis von Blockchain-Governance und Gesellschaftsrecht, NJOZ 2018, 1401 ff.; *Shamir*, How to share a secret, MIT, 1979, Programming Techniques; *Spindler/Bille*, Rechtsprobleme von Bitcoins als virtuelle Währung, WM 2014, 1357 ff.; *Sveriges Riksbank*, The Riksbank's e-krona project – Report 2, 2018; *Taylor*, Principles of microeconomics. OpenStax College, Rice University, 2014; *Tomaino*, The Token Economy, https://thecontrol.co/the-token-economy-81becd26b9de, 2017; *Walch*, In Code(rs) we trust: software developers as fiduciaries in public blockchains, in: Hacker/Lianos/Dimitropoulos/Eich (Hrsg.), Regulating Blockchain – Techno-Social and Legal Challenges, 2019; *Walker*, Money (B. from the collections of Harvard University, Hrsg.); *Wenger*, Crypto Tokens and the Coming Age of Protocol Innovation, https://continuations.com/post/148098927445/crypto-tokens-and-the-coming-age-of-protocol, 2016; *Yermack*, Is Bitcoin a real currency? An economic appraisal, 31 ff., 2015.

A. Einleitung

1 Kryptowährungen sind spätestens seit der Kursrallye Ende des Jahres 2017 in aller Munde und ein lebendiger Bestandteil des Finanzmarktgeschehens. Aktuell beträgt alleine die Marktkapitalisierung der bekanntesten Kryptowährung, **Bitcoin,** ca. 150 Mrd. US-Dollar[1]. Kryptowährungen könnten der Beginn eines umfassenden Umbruchs im Finanzsystem sein, indem sie Intermediäre wie Zentralbanken und Geschäftsbanken obsolet machen. Gleichzeitig weisen Kryptowährungen in vielfacher Hinsicht spezielle technische

---

[1] Stand 17.10.2019, abrufbar unter https://coinmarketcap.com/currencies/bitcoin/.

Eigenschaften auf, die in der Praxis wiederum zahlreiche juristische Fragestellungen nach sich ziehen.[2]

Die intuitive Herangehensweise, eine digitale Währung umzusetzen, wäre wohl der eigenständige Entwurf einer „digitalen Münze". Dies könnte etwa ein digitaler Euro in Form eines charakteristischen Datenpakets sein. Hierbei entstünden jedoch sofort Umsetzungsprobleme, da digitale Objekte im Prinzip beliebig oft kopierbar sind, also die Kopien vom Original nicht unterschieden werden können. Entsprechend hätte eine digitale Münze keinen Wert, da eine einzelne Münze genauso viel wert wäre wie beliebig viele Münzen. Diese Umsetzungsproblematik ist der fundamentale Grund dafür, dass bei herkömmlichen elektronischen Zahlungen zentrale Institutionen, sogenannte **Intermediäre** – in der Regel Banken oder andere Finanzdienstleister – eingebunden werden müssen. Dadurch, dass in Kontenbüchern dieser Institutionen die Kontostände der beteiligten Personen dokumentiert werden, garantieren sie, dass digitales Geld nicht beliebig vervielfältigt werden kann. Eine „Überweisung" in diesen Systemen besteht demnach nicht aus dem Übertragen von „digitalen Münzen", sondern dem Eintragen von **Transaktionen** der Form „A überweist x Einheiten der Währung an B" in das Kontenbuch. Trotz dieser Tatsache werden in diesem Sinne häufig Begriffe wie „digitale Münzen" verwendet.

Nach der Finanzkrise in den Jahren 2007 und 2008 gab es in der Gesellschaft stellenweise den Wunsch nach von Banken (und auch von Regulatorik) unabhängigen digitalen Währungssystemen. Die Grundidee für diese sogenannten **Kryptowährungen** besteht darin, dass anstelle der Intermediäre nun jeder eine Kopie des entsprechenden Kontenbuchs („Ledgers") bei sich speichern kann. Die Kopie wird dann mit Hilfe der sogenannten **Blockchain-Technologie** bzw. **Distributed-Ledger-Technologie** durch Synchronisation zwischen den Teilnehmern aktuell gehalten. Anders als bei herkömmlichen Währungssystemen werden Guthaben und Transaktionen wie Zahlungen bei Kryptowährungen also nicht von einer einzelnen Identität (einer Bank) in einem nur dieser zugeordneten Kontobuch dokumentiert, sondern in allen Kopien des „verteilten Kontobuches" (Distributed Ledgers). Computer, auf denen eine Kopie des Kontenbuchs abliegt und die an der Entscheidungsfindung, welche Transaktionen ausgeführt werden, beteiligt sind, werden dabei üblicherweise als **„Nodes"** bezeichnet. Die Personen, die diese Nodes betreiben, sind somit auch die Betreiber der DLT-Plattform. Jedoch müssen Nutzer von Kryptowährungen, also Personen, die Transaktionen veranlassen oder einsehen wollen, nicht notwendigerweise selbst einen eigenen Node mit einer Kopie des Kontenbuchs vorhalten, sondern können sich dazu mit anderen Nodes in Verbindung setzen.

> **Blockchain- und Distributed-Ledger-Technologie (DLT)**
>
> Bei der Blockchain-Technologie handelt es sich um eine spezifische Distributed-Ledger-Technologie (DLT). Neben Blockchains existieren weitere Beispiele für DLT mit ähnlichen Eigenschaften, jedoch stellenweise abweichender technischer Umsetzung. Da die meisten existierenden Kryptowährungen derzeit auf Blockchain-Technologie aufbauen, fokussieren wir uns bei den technischen Erläuterungen auf die Blockchain-Technologie. Die abstrakten Eigenschaften von Blockchains und DLT, wie etwa synchronisierte, redundante Datenhaltung, haben zur Folge, dass viele ökonomische und juristische Fragestellungen von der technischen Umsetzung abstrahieren können. Um diese größere Allgemeinheit unserer Betrachtungen in solchen Kontexten hervorzuheben, werden wir daher im Folgenden oft entsprechend die übergeordnete Kategorie von **DLT-Plattformen** adressieren.

Dies löst die Probleme bisheriger digitalen Währungen ohne vertrauenswürdige Intermediäre: Die Redundanz ermöglicht eine Kontrolle der Einhaltung von vereinbarten Re-

---

[2] Zum deutschen Recht beispielhaft allgemein *Schrey/Thalhofer*, NJW 2017, 1431 ff.; im amerikanischen Recht auch umfassend *Filippi/Wright*, Blockchain and the Law: The Rule of Code.

geln durch alle Nodes statt durch eine zentrale Institution. Dabei verhindert die Synchronisierung und Ordnung, dass eine Person Einheiten der Kryptowährung gleichzeitig bei unterschiedlichen Empfängern und damit mehrmals ausgibt. Satoshi Nakamoto veröffentlichte in seinem Whitepaper 2008 mit der Bitcoin-Blockchain die erste Lösung für dieses sog. Double-Spending-Problem ohne Intermediäre.[3] Allgemein lösen DLT-Plattformen das Problem der unregulierten Vervielfältigbarkeit und des Handels digitaler Inhalte mittels sogenannter **Token**. Diese bilden knappe Güter auf einer DLT-Plattform digital ab, indem sie, wie oben beschrieben, Eigentumsverhältnisse dokumentieren.[4] Kryptowährungen basieren auf einer speziellen Art von Token, den **Currency Token**. Diese haben den Zweck der Übertragung von Wert[5], Rechnungseinheiten[6] und Vermögen selbst[7]. Daneben gibt es weitere Token-Arten, wie etwa Utility Token, die vorwiegend dazu genutzt werden, ihrem Eigentümer Zugang zu bestimmten Funktionen bzw. Services des Blockchain-Netzwerks zu geben.[8]

6 Dieses Kapitel soll dazu beitragen, ein grundlegendes Verständnis für die rechtlichen Fragestellungen, die sich im Kontext von Kryptowährungen auftun, zu vermitteln. Um beim Leser das für die juristische Analyse notwendige Verständnis von Kryptowährungen zu schaffen, beschreiben wir zunächst ausführlich deren technische Funktionsweise. Davon leiten wir dann wichtige Eigenschaften wie etwa Sicherheitsrisiken ab. Anschließend grenzen wir den Begriff der Kryptowährung von Währungen im Allgemeinen ab. Dabei gehen wir insbesondere auf geldtheoretische Aspekte und die Geldfunktionen ein, um zu klären, ob und in welchem Maße Kryptowährungen dazu geeignet sind, diese zu erfüllen. Anschließend geben wir einen detaillierten Überblick über naheliegende juristische Fragestellungen, die sich in diesem Rahmen aufspannen. Diskussionswürdig ist dabei zunächst die Rechtsnatur von Kryptowährungen. Diese lässt sich sowohl zivilrechtlich als auch kapitalmarktrechtlich vornehmen. Für die Frage, inwieweit Ansprüche zwischen den Teilnehmern des dezentralen Netzwerks bestehen, müssen deren Rechtsbeziehungen näher untersucht werden, da das geltende Datenschutzrecht große Herausforderungen für die Verbreitung von Kryptowährungen mit sich bringt. Zuletzt schließen wir mit einem Fazit und zeigen weiterführende Fragestellungen auf, deren Beantwortung Inhalt weiterer Überlegungen zu dieser Thematik, sowohl aus ökonomischer und technischer als auch aus rechtlicher Perspektive, sein sollte.

B. Technische Grundlagen

I. Grundlegende Eigenschaften der Blockchain-Technologie

7 Um ein grundlegendes Verständnis für die Rechtsfragen, die sich im Kontext von Kryptowährungen auftun, entwickeln zu können, gehen wir in diesem Abschnitt zunächst ausführlich auf deren technische Funktionsweise ein. Daraus leiten sich dann sowohl Sekun-

---

[3] *Nakamoto*, Bitcoin: A peer-to-peer electronic cash system.
[4] *Pilkington*, Blockchain technology: principles and applications, in: *Olleros/Zhegu* (Hrsg.) Research handbook on digital transformations, S. 232.
[5] *Pilkington*, Blockchain technology: principles and applications, in: *Olleros/Zhegu* (Hrsg.) Research handbook on digital transformations, S. 231; *Evans*, Economic aspects of Bitcoin and other decentralized public-ledger currency platforms, S. 1.
[6] *Conley*, Blockchain and the economics of crypto-tokens and initial coin offerings, S. 1.
[7] *Wenger*, Crypto Tokens and the Coming Age of Protocol Innovation, abrufbar unter https://continuations.com/post/148098927445/crypto-tokens-and-the-coming-age-of-protocol; *Ehrsam*, Blockchain Tokens and the dawn of the Decentralized Business Model, abrufbar unter https://blog.coinbase.com/app-coins-and-the-dawn-of-the-decentralized-business-model-8b8c951e734f (zuletzt abgerufen am 15.1.2020); *Tomaino*, The Token Economy, abrufbar unter https://thecontrol.co/the-token-economy-81becd26b9de.
[8] *Oliveira/Zavolokina/Bauer/Schwabe*, To token or not to token: Tools for understanding blockchain tokens, S. 10.

däreigenschaften als auch potenzielle Angriffs- und Betrugsszenarien ab, die mit den gewonnenen Einsichten nachvollzogen werden können.

1. Ziel von DLT-Plattformen

Aus technischer Perspektive ist – wie bereits erläutert – die Grundherausforderung von Kryptowährungen, eine redundante („dezentrale"), stets synchronisierte Datenhaltung zwischen vielen, sich nicht notwendigerweise kennenden oder vertrauenden Akteuren zu schaffen. Dies ist allgemeines Ziel der Distributed-Ledger-Technologie. Sie ist durch eine redundante Datenhaltung bei allen Nodes charakterisiert, so dass aber dennoch stets ein einheitlicher Wissensstand, ein sogenannter **Single State of Truth,** gewährleistet ist. **Blockchain-Technologie,** welche aktuell die verbreitetste und bekannteste Distributed-Ledger-Technologie darstellt, erreicht dies durch eine sogenannte Append Only Structure: Daten können hier praktisch niemals entfernt, sondern nur chronologisch hinzugefügt werden. Da ein solches System nachträgliche Manipulationen unmöglich macht, müssen sich die Nodes nur einigen, welche Daten neu aufgenommen werden, um einen einheitlichen, synchronisierten Status der Daten zu gewährleisten. Natürlich ist es nicht möglich, sicherzustellen, dass jeder Teilnehmer in seiner eigenen, lokalen Kopie der Datenbank Änderungen vornimmt. Vielmehr ist im Sinne des Gesamtsystems zu vermeiden, dass böswillige Nodes so viele andere Nodes von ihrer manipulierten Version der Datenbank überzeugen können, bis die Mehrheit des Systems deren Version übernimmt. Es wird also in einem gewissen Sinne vorausgesetzt, dass die Mehrheit[9] der Nodes sich „an die Regeln hält" – unter diesen Umständen kann eine Minderheit von Nodes, die sich „nicht an die Regeln halten", ohne negative Auswirkungen toleriert werden.[10]

8

2. Arten von DLT-Plattformen

DLT-Plattformen können ähnlich wie Cloud Computing Lösungen hinsichtlich ihres Zugangs als privat **(„private")** oder öffentlich **(„public")** eingestuft werden. Bei private Blockchains ist zum Einsehen der Datenbank eine Registrierung, die an Auflagen gebunden sein kann, erforderlich. Im Gegensatz dazu kann an public Blockchains im Prinzip jeder, der die entsprechende (Open Source) Software herunterlädt, teilnehmen. Eine weitere Dimension, anhand derer sich DLT-Plattformen unterscheiden lassen, sind Berechtigungen: Bei **„permissioned"** Systemen haben unterschiedliche Teilnehmer auch unterschiedliche Berechtigungen, etwa beim Hinzufügen von Daten oder Abstimmungen über die technische Weiterentwicklung **(„Governance").** Dagegen haben in **„permissionless"** Systemen alle Teilnehmer dieselben Rechte. Wir verstehen unter einer Kryptowährung ein a priori jedem mit denselben Rechten offenstehendes, digitales Währungssystem, also eine virtuelle Währung basierend auf einer **public permissionless DLT-Plattform.** Insbesondere sind hier keine Know-Your-Customer- und sonstigen Registrierungsprozesse vorgesehen.

9

3. Datenstruktur von Blockchains

Wie bereits beschrieben ist eine Blockchain eine Append-Only-Datenstruktur. Bestehende Daten sollen hier nie entfernt oder rückwirkend geändert werden können. Neue Daten werden in neuen Blöcken an die bestehende lineare Struktur (Kette, „Chain") angehängt. Dieses Vorgehen stellt sicher, dass einmal bestätigte Transaktionen nicht erneut validiert werden müssen. Die Verbindung der Blöcke basiert auf Kryptographie; sie bezweckt, dass

10

---

[9] Die Metrik, bezüglich der der Begriff „Mehrheit" zu interpretieren ist, hängt von der Art der Blockchain ab.
[10] Diese Eigenschaft wird auch „Byzantine Fault Tolerance" genannt. Details hierzu finden sich in → B.II.9.

nachträgliche Manipulationen alter Blöcke kaum[11] möglich sind. Dies geschieht in dem Sinne, dass eine manipulierte Kette offensichtlich inkonsistent oder schwer zu berechnen ist und somit der „ehrliche" Teil des Netzwerks nicht überzeugt werden kann, dass eine solche Kette dem echten Status quo entspricht. Der Konsensmechanismus sorgt dafür, dass sich die Teilnehmer am System einigen, welche neuen Daten hinzugefügt werden.

11   Um die beschriebenen Anforderungen zu erreichen, weisen Blockchains – wie der Name „Block-Kette" bereits signalisiert – eine spezielle Datenstruktur auf. Sie bestehen aus miteinander verketteten, chronologisch geordneten Blöcken. Jeder Block enthält wiederum eine **geordnete Menge von Transaktionen** der Form „A überweist x Einheiten der Kryptowährung an B". Damit eine solche Transaktion für sich alleine als valide angesehen werden kann, müssen zwei Bedingungen erfüllt sein[12]: Zum einen muss laut der vollständigen Transaktionshistorie A saldiert mindestens x Einheiten der Währung besitzen. Dies stellt sicher, dass niemand mehr Einheiten der Kryptowährung ausgeben kann, als er besitzt.[13] Zum anderen muss die Transaktion von A signiert[14] sein. Dies stellt wiederum sicher, dass nicht ein Unberechtigter eine Transaktion mit A als Zahlendem veranlassen kann. Weiter enthält jeder Block den **Hashwert** des vorhergehenden Blockes.

12   **Hashfunktionen**

Eine Hashfunktion ist eine Abbildung, die jedem beliebigen Input („Bit-String") ein eindeutiges Datenpaket der festen Länge n („n-Bit-String") zuordnet. Eine kryptographische Hashfunktion (Secure Hashing Algorithm) ist eine besondere Art von Hashfunktion mit folgenden Zusatzeigenschaften:

Leichte Berechenbarkeit: Den Hashwert eines Bit-Strings zu berechnen ist schnell und ohne großen Rechenaufwand möglich.

Praktische Unumkehrbarkeit: Aus dem Hashwert lassen sich nach heutigem Kenntnisstand keine Aussagen über den zugrundeliegenden Input ableiten, wenn man diesen nicht bereits kennt.

Kollisionsresistenz: Zwei unterschiedliche Inputs haben mit extrem hoher Wahrscheinlichkeit[15] unterschiedliche Hashwerte als Output.

Beispielsweise ist der Hashwert, also das Ergebnis einer bestimmten Hashfunktion (hier: Secure Hashing Algorithm SHA256, dh das Ergebnis dieser Hashfunktion hat immer eine Länge von n=256 Bit) des vorangegangenen Satzes durch d9b0d9a2b93314c89-421cf2c732f06ce2941670c2adc40c3558d98bac00ec940[16] gegeben. Die Berechnung dieses Ergebnisses basiert auf einem speziellen und wiederholten (aber deterministischen) Durchmischen und Verrechnen aller Bits des Inputs. Durch das wiederholte Mischen wird erreicht, dass jedes Bit des Ergebnisses von jedem Bit des Inputs abhängt, sodass eine minimale Änderung des Inputs zu einem völlig anderen Hashwert führt. Insbesondere wird dadurch ein Rückwärtsrechnen, also das Finden eines Inputs, das zu ei-

---

[11] Siehe dazu weiter unten in diesem Abschnitt sowie → B.II.6.
[12] Diese Bedingungen sind zwingend erforderlich, damit das in Kapitel 1 beschriebene Double-Spending nicht möglich wird.
[13] In Kryptowährungen gibt es – wie wir in Abschnitt → C.I.1. aufgreifen werden – keine Verbindlichkeiten und somit auch kein Kreditverhältnis.
[14] Digitale Signaturen sind eine digitale Form der Unterschrift und in jeder Hinsicht sicherer als handschriftliche Signaturen. Mit ihnen kann ein Beweis über Absender und Integrität von Nachrichten sichergestellt werden. Technisch sind digitale Signaturen nichts weiter als eine Kombination von asymmetrischer Verschlüsselung (PKI) und Hashfunktionen.
[15] Beispielsweise müsste man für den im Bitcoin-Netzwerk genutzten SHA256 bei der aktuellen Rechenleistung des Systems – welche nach einigen Quellen größer ist als die der 500 weltgrößten Supercomputer – in etwa so lange rechnen, wie das Universum alt ist, um mit einer Wahrscheinlichkeit von 50% mindestens eine Hashkollision zu finden.
[16] Hier in Hexadezimaldarstellung (Basis 16 = 2^4), somit hat das Ergebnis eine Länge von 256/4=64 Stellen.

> nem gewünschten Output führt, so komplex, dass dies nach aktuellem Stand der Forschung nicht möglich ist.
>
> Eine Hashfunktion liefert also Ergebnisse, die völlig zufällig und unvorhersehbar scheinen, aber dennoch deterministisch und somit vorherbestimmbar sind. Ein Hashwert ist in gewisser Weise ein Fingerabdruck digitaler Daten: Er lässt sich schnell aufnehmen und abgleichen („leichte Berechenbarkeit"), von dem Fingerabdruck lassen sich aber praktisch keine Rückschlüsse auf eine Person ziehen, wenn ihr Fingerabdruck nicht bereits bekannt ist („praktische Unumkehrbarkeit"), und es ist äußerst unwahrscheinlich, zwei Personen mit identischem Fingerabdruck zu finden („Kollisionsresistenz").

Durch das Referenzieren des Hash-Wertes des Vorgängerblocks in jedem Block entsteht nun eine Verkettung, die sogenannte Blockchain (Block-Kette): Wenn man in einem Block A nachträglich einen Eintrag ändert, beispielsweise den Empfänger einer Transaktion, so ändert sich wegen der Kollisionsresistenz von Hashfunktionen auch der Hashwert dieses Blocks und stimmt dann nicht mehr mit dem im Folgeblock referenzierten Wert überein. Wegen der praktischen Unumkehrbarkeit von Hashfunktionen kann auch kein alternativer Block vom Angreifer gefunden werden, der zum selben Hashwert führt. Damit die Manipulation nicht auffällt, müsste also der im Folgeblock eingetragene Hashwert für Block A abgeändert werden. Entsprechend ändert sich dann aber der Hashwert des Folgeblocks, der wiederum im übernächsten Block angegeben wird. Diese Kaskade führt dazu, dass nachträgliche Manipulationen – dank der oben beschriebenen leichten Berechenbarkeit von Hashwerten – sehr leicht ersichtlich werden, wenn nicht die gesamte „Hash-Kette" ab dem manipulierten Block neu berechnet wird. 13

4. Konsensmechanismen am Beispiel von Proof-of-Work

Bei private permissioned DLT-Plattformen ist es vergleichsweise einfach, Manipulationen auf einen Teilnehmer zurückzuführen und technisch oder durch das Schließen von Verträgen zweckmäßiges Verhalten sicherzustellen. In öffentlichen, nicht zugangsbeschränkten Systemen ist dies im Allgemeinen nicht möglich. Akteure treten dort in der Regel unter Pseudonymen auf, was ein aufwändiges und konzeptionell kompliziertes Anreizsystem erfordert, welches das System gegenüber unehrlichen Akteuren unempfindlich macht, den sogenannten **Konsensmechanismus.** Diesen wollen wir im Folgenden anhand des wohl bekanntesten Konsensmechanismus in Kryptowährungen erläutern. 14

Wie in → B.I.3. bereits erläutert, erfordert die Manipulation eines einzelnen Eintrags in einer Blockchain das Neuberechnen der gesamten Hash-Kette ab dem manipulierten Block, um nicht aufzufallen. Um diese Neuberechnung als einzige Möglichkeit einer unbemerkten, nachträglichen Manipulation zu unterbinden, wird meist der sogenannte **„Proof-of-Work-Konsensmechanismus"** verwendet. Die Grundidee davon ist es, dass „Neuberechnen" bzw. Erweitern einer Kette sehr aufwändig zu machen – so aufwändig, dass es kaum möglich ist, wenn nicht eine im Verhältnis zum Gesamtsystem nennenswerte Rechenleistung eingesetzt wird.[17] Diese Idee wurde in Satoshi Nakamotos Whitepaper von 2008 vorgestellt.[18] Die Grundidee von Proof-of-Work ist es, eine zusätzliche Regel für die Gültigkeit einer Kette einzuführen. Diese besagt, dass der Hashwert eines Blockes stets eine bestimmte Form haben muss – idR, dass er mit einer bestimmten Zahl an Nullen beginnt. Entsprechend muss die sogenannte **Nonce** – eine Zufallszahl, die ebenfalls Teil jedes Blocks ist – so lange modifiziert werden, bis der Hashwert des Blockes die gewünschte Form hat. Wegen der praktischen Unumkehrbarkeit von Hashfunktionen kann dies nur durch zufälliges Ausprobieren geschehen – obwohl das Berechnen von Hashwer- 15

---

[17] Da es um das Verhältnis der Rechenleistung zum Gesamtsystem geht, besteht praktisch keine Abhängigkeit von technologischen Weiterentwicklungen.
[18] *Nakamoto*, Bitcoin: A peer-to-peer electronic cash system.

ten sehr schnell geht, ist das häufige Ausprobieren dennoch sehr rechenintensiv. Muss der Hashwert in Binärdarstellung etwa mit 60 Nullen beginnen, sind im Mittel etwa $2^{60} \approx 10^{18} = 1$ Trillion Versuche nötig.[19] Dies ist das bekannte „kryptographische/mathematische Rätsel", welches bei Proof-of-Work-Blockchains „gelöst" werden muss. Gibt es nun noch zwischen den Teilnehmern am System einen Wettbewerb, bei dem es darum geht, neue Blöcke zu finden und die bestehende Kette zu verlängern, wird ein signifikanter Anteil an der Gesamtrechenleistung aller Akteure benötigt, um mit einer „eigenen Version" Schritt halten zu können und insbesondere, einen Eintrag zu manipulieren und dennoch eine ebenso lange, gültige Kette vorweisen zu können.[20] Besteht die Wahl zwischen mehreren validen Ketten, wird man entsprechend diejenige als vertrauenswürdig betrachten, die am längsten ist, weil darin die größte aggregierte Rechenleistung steckt.

16   Der Anreiz für die Knoten, an diesem ressourcenintensiven „Rechenwettbewerb" teilzunehmen besteht darin, dass sich der **„Miner"** eines Blockes, also derjenige, der eine Nonce gefunden hat, die zu einem gültigen Hashwert führt, eine Transaktion der Form „ich erhalte x Einheiten der Kryptowährung aus dem Nichts" in den Block schreiben darf. Wie viele Einheiten dies sind, ist bei jeder Kryptowährung im Protokoll festgelegt[21] – bei Bitcoin etwa sind es aktuell 12,5.[22] Diese Belohnung stellt aktuell den Haupt-Anreiz für die Teilnahme am Rechenwettbewerb dar.[23]

17   Damit das System stabil bleibt, also nicht gleichzeitig zu wenige (dann hat das System kaum Funktionalität, weil nur wenige Transaktionen ausgeführt werden können) oder zu viele gültige Blöcke gefunden werden (dann entstehen zu oft ohne Absicht konkurrierende, gleich lange Ketten) und um mit einem gewöhnlichen Computer an der Kryptowährung teilhaben zu können, gibt es weitere Regeln: Die Schwierigkeit des Rechenrätsels ist so gestaltet, dass im Mittel nur alle 10 Minuten[24] ein Block gefunden wird. Des Weiteren kann pro Block nur eine a priori beschränkte Zahl an Transaktionen aufgenommen werden[25]. Diese Tatsache erklärt auch den enormen Energieverbrauch von derartigen Blockchains: Je höher der Börsenkurs der Kryptowährungen, desto höher der Anreiz, einen neuen Block zu finden, desto eher lohnt es sich, entsprechende Hardware zu kaufen und Strom dafür bereitzustellen, desto höher der Gesamtrechenaufwand für die Lösung des kryptografischen Rätsels, desto höher muss die Schwierigkeit des Rätsels sein, und damit steigt wiederum der Energieverbrauch.

18   **Pseudonyme und Public Key Infrastructure (PKI)**
Wie auch beim Online-Banking ist bei Kryptowährungen für das Autorisieren von Transaktionen ein Nachweis erforderlich, dass ein Nutzer die entsprechende Berechtigung hat, also der Eigentümer des verbundenen Kontos ist. Allerdings gibt es in einem verteilten DLT-System keine zentrale Institution, die Accounts in Form von Nutzernamen und Passwörtern vergeben und bei sich hinterlegen kann. Es müssen also alle Nodes in der

---

[19] Dies entspricht von der Größenordnung bereits recht gut der Schwierigkeit des „Rätsels" einiger Kryptowährungen.
[20] In einem statischen Szenario könnte dies mit genügend Zeit immer erreicht werden. Wenn aber die längste Kette stets weiterwächst, weil alle „ehrlichen" Teilnehmer an der Kryptowährung an dieser Kette „arbeiten", muss die Rechenleistung eines „unehrlichen" Teilnehmers in der Größenordnung der Gesamtrechenleistung aller Teilnehmer liegen, um erfolgreich eine konkurrenzfähige Kette erstellen zu können.
[21] Dieses wird zwar initial von den Entwicklern vorgegeben, kann aber durch Abstimmungen auf der DLT-Plattform geändert werden.
[22] Das entspricht Stand 17.10.2019 insgesamt etwa 90.000 EUR. Inflation ist also Teil der Entwicklung, und etwa im Jahre 2140 werden es final 21 Mio. Bitcoin sein.
[23] Hinzu kommen noch Transaktionskosten, auf die hier aber nicht näher eingegangen werden soll, weil sie für das grundlegende Verständnis irrelevant sind.
[24] Dies gilt für Bitcoin, bei anderen Kryptowährungen gibt es andere Parameter.
[25] Bei größeren Blöcken wäre der Speicherbedarf so groß, dass eine Teilnahme mit einem handelsüblichen Computer nicht mehr möglich wäre – aktuell hat die Bitcoin-Blockchain eine Größe von etwa 250 Gigabyte. (https://www.statista.com/statistics/647523/worldwide-bitcoin-blockchain-size/).

Lage sein können, nachzuvollziehen, dass eine Transaktion auch legitimiert ist, gleichzeitig kann aber kein Passwort o. ä. bei allen Nodes hinterlegt sein, da diese sich ja nicht gegenseitig vertrauen. Glücklicherweise gibt es eine Lösung dieses Problems, nämlich die asymmetrische Schlüsselung.

Dies ist eine spezielle Form der Verschlüsselung, bei der zwei unterschiedliche Schlüssel verwendet werden. Wird mit einem der beiden Schlüssel verschlüsselt, so kann mit dem jeweils anderen entschlüsselt werden. Einer von beiden Schlüsseln, der Private Key, wird geheim gehalten, wohingegen der andere, der sogenannte Public Key, öffentlich bekanntgegeben wird. Dabei ist es mit heutigen Computern praktisch nicht möglich, aus dem Public Key den Private Key zu berechnen. Auf einer Blockchain bildet der Public Key stets das Pseudonym („den Nutzernamen") eines Nutzers – vergleichbar einer Briefkastenadresse – während der Private Key („Passwort"), in dieser Analogie der Briefkastenschlüssel, sicher vom Nutzer verwahrt wird. Der Private Key wird dann für Verschlüsseln einer Transaktion (bzw. in der Praxis ihres Hash-Wertes, siehe → B.I.3.) verwendet, und jeder Node kann durch Entschlüsseln mit Hilfe des Public Keys prüfen, dass auch tatsächlich der richtige Private Key vorlag. Dies ist gerade die technische Umsetzung von digitalen Signaturen, die damit Transaktionen legitimieren. Ein System, bei dem jeder Akteur einen Public Key besitzt und diesen dem Rest des Netzwerks mitteilen kann, nennt man „Public Key Infrastructure" (PKI).

II. Abgeleitete Eigenschaften typischer Kryptowährungen

Aus der beschriebenen Architektur und grundlegenden Funktionsweise von Kryptowährungen bzw. public permissionless Blockchains mit Proof-of-Work-Konsensmechanismus, wie Bitcoin oder Ethereum, lassen sich die nachfolgenden Eigenschaften ableiten.

1. Single State of Truth

Die Historie ist kurzfristig potenziell mehrdeutig, langfristig aber eindeutig: Dass es mehrere, gleich lange Ketten gibt, die alle valide sind, ist möglich, wenn nahezu zeitgleich zwei unterschiedliche, gültige neue Blöcke gefunden werden („Soft Fork"). Dann versucht jeweils ein Teil des Systems, die entsprechende Kette zu verlängern. Dass dann wieder gleichzeitig ein neuer Block für beide gefunden wird, ist bereits sehr unwahrscheinlich. Wenn die Miner erfahren, dass es bereits eine längere Kette gibt, so haben sie keinen Anreiz, bei ihrer kürzeren Kette weiterzumachen, denn sie bekommen nur dann die Belohnung für das Mining, wenn der selbst gefundene Block auch in der Kette steht, die schließlich dominiert. Dies ist – da nur recht selten ein neuer Block gefunden wird – am wahrscheinlichsten bei der Kette, die aktuell bereits am längsten ist (immer vorausgesetzt, dass der Großteil des Systems auch daran interessiert ist, die Regeln zu befolgen – dann hat jeder am meisten davon, sich ebenfalls an die Regeln zu halten). Daraus ergibt sich die Empfehlung, eine Transaktion in einem neu aufgenommenen Block nicht sofort als durchgeführt anzusehen, denn es könnte sein, dass es an anderer Stelle eine ebenso lange Kette gibt, in der die Transaktion nicht enthalten ist. Erst wenn bereits einige neue Blöcke auf denjenigen mit der Transaktion aufgebaut haben, ist mit hoher Wahrscheinlichkeit davon auszugehen, dass sie auch in der langfristig dominierenden Kette enthalten ist. In Bitcoin wird empfohlen, etwa sechs Blöcke oder eine Stunde lang zu warten, bevor die Transaktion als final getätigt erachtet werden kann.

2. Skalierbarkeit

21 Die derzeitigen Implementierungen von Kryptowährungen sind vergleichsweise langsam und energieaufwändig: Wie bereits beschrieben, sollte ein Nutzer einige Zeit warten, bis er eine Transaktion, die in die Blockchain aufgenommen wurde, auch tatsächlich als final oder endgültig behandelt. Verschärft wird das Problem, wenn gleichzeitig mehr Anfragen für Transaktionen bestehen, als die Blockchain in die limitierte Anzahl an Blöcken pro Zeiteinheit aufnehmen kann. Die Größe der Blöcke kann dabei auch nicht beliebig vergrößert werden, weil sonst die Speichergröße der Blockchain und die Downloadrate, die benötigt wird, um sie aktuell zu halten, so groß werden würde, dass nicht mehr alle potenziellen Nodes dies mit ihrer Hardware bzw. ihrer Internetverbindung abdecken können. Dies würde de facto zu einer nicht gewollten Zentralisierung führen.

3. Energiebedarf

22 Kryptowährungen, die auf Blockchains mit dem bisher beschriebenen Proof-of-Work-Konsensmechanismus basieren, haben einen hohen Energiebedarf[26]: Das Lösen des kryptografischen Rätsels dient nur der Sicherheit. Proof-of-Work ist **by design** dafür gemacht, viel Energie zu verbrauchen. Um den hohen Energieverbrauch von Proof-of-Work zu adressieren, gibt es schon lange Bemühungen, eine weniger energieintensive Alternative zu finden. Der populärste und aussichtsreichste Kandidat ist „Proof-of-Stake". Sehr grob beschrieben garantieren dort die Akteure – statt mit dem Bereitstellen von Rechenleistung und dem Investieren in Energie – mit dem Hinterlegen von Anteilen an der Kryptowährung dafür, dass sie „fair spielen".

4. Grad an Dezentralisierung

23 Kryptowährungen sind häufig nicht so dezentralisiert wie ursprünglich erhofft: Es gibt spezialisierte Hardware, die Hashwerte besonders effizient berechnet. Durch deren Einsatz lassen sich Skaleneffekte realisieren. Entsprechend ist beispielsweise Bitcoin mittlerweile – was die Rechenleistung angeht – praktisch in der Hand von wenigen großen Mining-Unternehmen, die über spezielle Hardware verfügen. Das Mining mit herkömmlichen Computern ist mittlerweile finanziell nicht mehr lukrativ.

5. Sicherheit des Protokolls

24 Kryptowährungen sind relativ unempfindlich gegenüber Angriffen: Die verteilte Datenbank kann mit einer gewissen Menge an (bzw. Rechenleistung von) manipulierenden Akteuren umgehen.[27] Der genaue Grad der Manipulationstoleranz hängt von verschiedenen Faktoren wie dem verwendeten Konsensmechanismus, der Anzahl der Teilnehmer etc. ab. Gerade die Kopplung des Konsensmechanismus, also des Minings, an die Rechenleistung der Teilnehmer macht das offene System auch sicher: In einem nicht zugangsbeschränkten System kann kein wahlbasiertes Abstimmungsverfahren stattfinden, denn dann könnte sich ein bösartiger Akteur auf einen Schlag mit vielen neuen Teilnehmern registrieren und die bisherigen Teilnehmer überstimmen. Durch die Kopplung an die knappe Ressource Energie wird dies ausgeschlossen. Kryptowährungen sind aber bei aller Robustheit nicht frei von Sicherheitsrisiken: Wenn ein Teilnehmer oder eine Gruppe von Teilnehmern einen Anteil von x% an der aggregierten Rechenleistung im System hat, ließe sich – obwohl

---

[26] Das Bitcoin-Netzwerk benötigt aktuell etwa so viel Strom wie ganz Österreich. Eine einzige Transaktion verbraucht so viel elektrische Energie, wie ein durchschnittlicher deutscher Haushalt in 2 Monaten.
[27] Bei Proof-of-Work-Blockchains können beispielsweise langfristig Manipulationen nur mit mehr als 25% der kumulativen Rechenleistung des Gesamtsystems abgewehrt werden – für kurzfristige Effekte siehe auch → B.II.5.

Kryptowährungen gerade designed wurden, um das zu verhindern – versuchen, „Double Spends" zu erreichen, dh, Einheiten einer Kryptowährung mehrfach auszugeben.

Dies funktioniert (stark vereinfacht) wie folgt: Die Wahrscheinlichkeit, dass der nächste Block gefunden wird, ist etwa x %. Wie oben beschrieben wird bei Bitcoin empfohlen, eine Transaktion erst als gültig anzusehen, wenn danach bereits etwa sechs Blöcke dazugekommen sind. Nun ist die Wahrscheinlichkeit für das eigene Finden einer Kette, die um sieben Blöcke länger ist, etwa x^7. Es kann also Rechenleistung für den Versuch verwendet werden, „heimlich" eine deutlich längere Kette zu bauen. Wird diese gefunden, so kann beispielsweise in der „offiziellen" Kette eine große Transaktion, etwa an eine Tauschbörse, veranlasst werden, bei der alle eigenen Anteile an der Kryptowährung verkauft werden. Nachdem die nötige Anzahl an „Sicherheitsblöcken", also bspw. sechs Blöcke, noch hinzugekommen ist, bekommt der Nutzer sein Geld von der Tauschbörse. Sodann schickt er allen anderen Teilnehmern am Bitcoin-Netzwerk seine bislang geheim gehaltene Kette, die ja immer noch länger ist als die offizielle. Daher wird diese angenommen. In der eigenen Version der Kette ist aber die Transaktion an der Tauschbörse nicht mehr enthalten. Nach dem nun neuen, offiziellen Stand des verteilten Kontenbuchs gab es diese Transaktion also nie. Dadurch wurde das Geld von der Tauschbörse erhalten, der Bösewicht kann seine Anteile an der Kryptowährung aber dennoch behalten, und die Tauschbörse hat das Geld „grundlos" ausbezahlt. Man nennt solche Double Spends, basierend auf einem signifikanten Anteil an der Rechenleistung, sog. **51-%-Attacken** – allerdings besteht auch bei $x < 51\%$ eine nicht zu vernachlässigende Wahrscheinlichkeit, dass ein solches Szenario eintritt.

Wenn der Anteil an Rechenleistung einer Partei über 50 % ist, ist die Wahrscheinlichkeit, dass ein Double-Spending-Angriff gelingt, sehr groß, denn dann kann man alleine langfristig stets die längste Kette bauen bzw. jeden Vorsprung ein- und überholen. Dies ist auch in der Realität bereits vorgekommen: Manchmal verwenden mehrere Kryptowährungen denselben Hash-Algorithmus (sodass dieselbe spezialisierte Hardware verwendet werden kann). Wenn dann die Rechenleistung des einen Systems deutlich geringer ist als die des anderen,[28] kann es wie in einem Fall im Jahr 2019 dazu kommen, dass für relativ wenig Geld (etwa 10.000 EUR) für eine Stunde lang aus Ressourcen, die üblicherweise für die eine Blockchain rechnen, gekauft werden konnten und damit mehr als 50 % an der aggregierten Rechenleistung der anderen Blockchain in Besitz gelangt sind. Dies geschah auch tatsächlich, und Double-Spends wurden getätigt.[29]

6. Praktische Unveränderbarkeit

Daten, die einmal in der Historie (Blockchain) eingetragen sind, sind **praktisch unveränderbar.** Da der Inhalt der Historie auf die Systeme aller Teilnehmer kopiert wird, liegen diese redundant vor, und eine Änderung oder gar Löschung der Inhalte würde von den anderen Teilnehmern nicht akzeptiert werden. Der Status kann zwar durch das Hinzufügen von Transaktionen geändert oder korrigiert werden, die alten Daten sind aber nach wie vor in der Historie enthalten. Dies ist besonders vor dem Hintergrund stetig wachsender konventioneller Rechenleistung sowie der Möglichkeit, dass in naher Zukunft Quantencomputer unsere herkömmlichen kryptographischen Methoden herausfordern werden, relevant: Selbst verschlüsselte oder gehashte Daten auf einer Blockchain können wegen der

---

[28] Solche Szenarien bestehen insbesondere bei Hard-Forks, also bei Ereignissen, bei denen sich ein Netzwerk bspw. nicht auf ein gemeinsames Software-Update einigen kann und sich zwei Gruppen gegenüberstehen und sich die Währung in zwei Zweige aufteilt, von denen der eine deutlich größer ist/stärker entwickelt als der andere.

[29] Weiterführende Hinweise bei *Clarke*, After Ethereum Classic Suffers 51% Hack, Experts Consider – Will Bitcoin Be Next?, in: Forbes, abrufbar unter https://www.forbes.com/sites/ginaclarke/2019/01/09/after-ethereum-classic-suffers-51-hack-experts-consider-will-bitcoin-be-next/#9abdbdea56b4 (zuletzt abgerufen am 8.11.2019).

praktischen Unveränderbarkeit und damit Unlöschbarkeit der Daten problematisch sein. Denn auch wenn sich die Blockchain-Technologie selbst weiterentwickelt und technische Fortschritte erreicht werden, so bleiben doch die alten Blöcke von aktuell genutzten Blockchains dauerhaft in unmodifizierter Form erhalten.

7. Transparenz

28   Die Daten in der Historie müssen unverschlüsselt sein, da jeder Node nachvollziehen können muss, ob ein Transaktionsgesuch auch von dem entsprechenden Kontoinhaber autorisiert ist. Zudem muss er aus der Historie den aktuellen Kontostand jedes Nodes nachrechnen können. Nur so lässt sich die Validität eines Transaktionsgesuchs für jeden Teilnehmer prüfen. Die Tatsache, dass Blockchains von Kryptowährungen unverschlüsselt sein müssen, macht diese zusätzlich datenschutzrechtlich problematisch.

29   Aktuell gibt es verstärkt Bemühungen, diese Problematik mit Hilfe von Anonymisierungsmethoden („eine neue Adresse für jede Transaktion") oder kryptographischen Methoden wie Zero Knowledge Proofs und Secure Multiparty Computation[30] zu lösen. Beispielsweise können Beträge von Transaktionen verschlüsselt werden, und es wird, statt den Kontostand nachzurechnen, nur noch ein Beweis geführt, dass man noch genügend Einheiten der Kryptowährung besitzt. Beispiele für solche Kryptowährungen sind etwa Monero oder Z-Cash.

8. Sicherheit der Private Keys

30   Ein weiterer wichtiger Aspekt bei Kryptowährungen besteht in der Abhängigkeit von den privaten Schlüsseln: Nur der Besitzer eines privaten Schlüssels hat Zugriff auf das entsprechende Konto. Bei Verlust oder Diebstahl dieses Schlüssels gibt es technisch keine Möglichkeiten mehr, auf den entsprechenden Anteil an Kryptowährung zuzugreifen. Dies impliziert auch eine Reihe rechtlicher Fragestellungen. Gleichzeitig gibt es für die Nutzer von Kryptowährungen einen hohen Bedarf an sicheren Speichermöglichkeiten (**„Wallets"** auf ihren Geräten oder **„Online-Wallets"** von Drittanbietern) der privaten Schlüssel, analog einem sicheren Ablageort für Passwörter.[31] Da eine öffentliche Blockchain niemandem gehört, wäre die einzige Möglichkeit, den Verlust eines privaten Schlüssels folgenlos zu machen, dass man alle Nutzer von einer Änderung im Protokoll überzeugt, die etwa das Geld auf ein neues Konto überweist – somit ist diese Möglichkeit bei großen Systemen praktisch aussichtslos.

31   Es ist also stets eine große Vorsicht beim Umgang mit den privaten Schlüsseln geboten, da es Hacker und Kriminelle wegen der oben skizzierten hohen Sicherheit des Protokolls in der Regel auf die Sicherheitsmaßnahmen zum Schutz der privaten Schlüssel abgesehen haben, da sie sich auf diesem Weg am leichtesten Zugang zu Kryptocoins verschaffen können. Auch gab es bereits Fälle, in denen Besitzer von Tauschbörsen verstorben oder untergetaucht sind und daher auf Einheiten an Kryptowährungen in Höhe von Millionen von Euro nicht mehr zugegriffen werden konnte.[32] In einem solchen Fall sind bei den bekannten Kryptowährungen auch Judikative und Exekutive sämtlicher Staaten machtlos, da auch sie nicht die Regeln der Mathematik bzw. Kryptographie ändern können und eine Durchsetzung bei allen (pseudonymen) Teilnehmern am System kaum möglich ist.[33]

---

[30] Weiterführende Hinweise bei *Fraunhofer BlockchainLab,* abrufbar unter https://medium.com/@Fraunhofer Lab/closing-the-privacy-gap-of-distributed-ledger-technology-an-introduction-to-zero-knowledge-proofs-bec67df2e241.
[31] Passwörter lassen sich im Gegensatz zu privaten Schlüsseln idR mit Hilfe eines Ansprechpartners bei dem Unternehmen, dass eine entsprechende Plattform besitzt, zurücksetzen.
[32] *Barber,* A Crypto Exchange CEO Dies -With the Only Key to $137 Million, in Wired, abrufbar unter https://www.wired.com/story/crypto-exchange-ceo-dies-holding-only-key/.
[33] Schätzungen gehen etwa bei Bitcoin von mehreren Hunderttausend Nutzern aus.

Glücklicherweise bietet aber moderne Kryptografie auch für den Schutz von Passwörtern viele Möglichkeiten, die aber meist erst am Anfang eines flächendeckenden Einsatzes sind. So ermöglicht das sogenannte „Shamir Secret Sharing"[34] etwa ein digitales Aufteilen von Informationen, sodass diese nur nach vorher festgelegten Regeln oder durch festgelegte Personen bzw. Instanzen wieder zusammengesetzt werden können. So lässt sich beispielsweise vermeiden, dass durch das Hacken von nur einer Wallet gleich ein ganzer Schlüssel preisgegeben wird oder durch das Abhandenkommen eines Gerätes, beispielsweise eines Handys, oder das Verschwinden einer Person Schlüssel komplett verloren gehen.

C. Einordnung von Kryptowährungen und relevante Fragestellungen

I. Ökonomische Einordnung

Um die verschiedenen Dimensionen von Kryptowährungen verstehen zu können, ist es wichtig, sie aus ökonomischer Perspektive gegenüber traditionellen Währungen einzuordnen. Dafür soll in diesem Abschnitt ein grundsätzliches Verständnis von Geldfunktionen geschaffen werden. Hierbei findet eine Bewertung der Erfüllung dieser Funktionen durch Kryptowährungen im Vergleich zu etablierten, von Zentralbanken emittierten und regulierten Währungen statt.

In einer zunehmend globalisierten Welt ist es für die Relevanz einer Währung essentiell, ökonomische Vorteile beim Handel gegenüber dem direkten Tausch zweier Güter zu realisieren. Das zum Wechseln verschiedener Währungen entwickelte Korrespondenzbankensystem unserer Zeit ist oft ineffizient, weil es teilweise zu sehr hohen Transaktionsgebühren führt und aus regulatorischen Gründen oft langsam ist.[35] Dabei können die von traditionellen Finanzintermediären erhobenen Bearbeitungs- bzw. Überweisungsgebühren als grobe Schätzung für das Einsparpotential angesehen werden. Hier nehmen grenzüberschreitende Überweisungen mit durchschnittlich 8,9 % eine besonders hohe Position ein.[36] Im Vergleich dazu erhebt Paypal eine Gebühr von 1,9 % des Verkaufswertes zusätzlich zu 0,39 EUR pro Transaktion, und Kreditunternehmen wie Master- und Visacard erheben eine Gebühr von 2 % bis 3 % des Verkaufswertes.

Eine für alle zugängliche „Weltwährung" bietet das Potenzial, Effizienzen zu heben.[37] Jedoch ist eine solche Weltwährung mittels herkömmlicher digitaler Geldsysteme schwer durchzusetzen, da die Fragestellung, welche Organisation oder welches Land eine so mächtige Institution innehaben und kontrollieren sollte, unbeantwortet bleibt. Mit Kryptowährungen werden nun genau solche, von Ländergrenzen, Banken und anderen Institutionen unabhängige, dezentrale Währungssysteme ermöglicht, deren Geldmenge von keiner zentralen Institution bestimmt wird. Insbesondere kennen Kryptowährungen keine Staatsgrenzen und keine regionalen oder geografischen Hindernisse, die die Nutzung einschränken. Dies könnte eine massive Konkurrenz im Bereich der Zahlungssysteme für die Zentralbanken zur Folge haben. Diese könnten nicht mehr die Stabilität des Zahlungsver-

---

[34] *Shamir*, How to share a secret, Communications of the ACM, S. 612f.
[35] Dies liegt daran, dass Überweisungen eines Tages gesammelt und an die European Banking Association (EBA) Clearing weitergegeben werden. Die EBA verarbeitet die Überweisungen und schreibt sie anschließen mittels des Gironetzes dem Empfängerkonto gut. Teil der Verarbeitung ist die Prüfung, ob der Sender ausreichend Geld auf seinem Konto hat und ob es ein Embargo gegen den Empfänger gibt.
[36] Vgl. *Goldman Sachs*, All About Bitcoin, in: Global Market Research, Esomar (Hrsg.) 2014, in jüngster Zeit sind die Gebühren, insbes. auf EU-Ebene, etwas gesunken.
[37] Um dies zu realisieren, gibt es bereits Bestrebungen eine solche Weltwährung auf einer Blockchain-Plattform, auf der viele, aber nicht alle Banken teilnehmen, abzubilden *Cawrey*, Ripple Labs' grand plan to build a global payment protocol, in: CoinCoindesk, abrufbar unter: https://www.coindesk.com/ripple-labs-grand-plan-build-global-payment-protocol, (zuletzt abgerufen am 26.1.2020); für technische Details siehe *Armknecht/Karame/Mandal/Youssef/Zenner*, Ripple: Overview and outlook.

kehrs gewährleisten, wenn grenzüberschreitende Zahlungen mittels eines Peer-to-Peer-Systems abgewickelt werden würden.

36   Eine solche vollkommen dezentrale und digitale Währung kann sowohl die heutigen Finanzintermediäre als auch die geldpolitischen Behörden vor ernsthafte Herausforderungen stellen. Diesem Szenario nehmen sich einige Zentralbanken aktiv an, indem sie darüber nachdenken, Distributed-Ledger-Technologien für eigene digitale Währungen zu nutzen.[38] Die Forschung steht noch am Anfang, wenn es um Auswirkungen von politischen Maßnahmen auf Kryptowährungen geht.

37   Beispielsweise ist hier die veränderte Rolle von Geschäftsbanken im Transmissionsprozess der Geldpolitik, also wie sich geldpolitische Entscheidungen auf die Wirtschaft auswirken, offen, da Geschäftsbanken bei einer auf einer Distributed Leder Technologie beruhenden Währung eine andere oder sogar keine Rolle mehr spielen. Traditionell werden durch die Geldpolitik die Geldmenge und das Zinsniveau gesteuert. Ziel ist es hierbei, beides stabil zu halten und so Geldwertstabilität zu garantieren. Hierzu werden geldpolitische Impulse über die vier Transmissionskanäle (Zins-, Kredit-, Wechselkurs- und Vermögenskanal) übertragen. Im Euroraum wird die Geldpolitik zentral von der EZB gesteuert. Bei der Einführung von Kryptowährungen durch Zentralbanken ist anzunehmen, dass die Geldpolitik an Effizienz verlieren würde, da staatliche Institutionen keinen direkten Zugriff auf die Geldmenge haben würden und es keine Zinsen gibt.[39]

1. Kryptowährungen von Zentralbanken

38 Aufgrund des Potenzials von Kryptowährungen wird auch eine von Zentralbanken emittierte Kryptowährung intensiv diskutiert. Erste Bestrebungen zeigt etwa Schweden mit dem staatlichen digitalen Währungsprojekt „e-Krone", welche im Verhältnis 1:1 zur herkömmlichen Krone emittiert werden soll. Mit ihr versucht sich die schwedische Reichsbank auf eine immer präsenter werdende bargeldlose Gesellschaft einzustellen, die nicht mehr die traditionellen Anforderungen an eine Zentralbank hat.[40] Ein Vorteil einer solchen Währung wäre der direkte Zugang zu einem Konto bei einer Zentralbank, der bisher zwar technisch möglich, aber institutionell nicht gewollt ist.

39 Diese Bemühungen widersprechen jedoch der in diesem Kapitel verwendeten Definition von Kryptowährungen in einigen Dimensionen. Ganz entscheidend ist, dass die emittierende Institution immer wichtiger wäre, als die anderen Instanzen, was einer Gleichberechtigung im dezentralen System widersprechen würde. Des Weiteren würden fundamentale Eigenschaften der bisherigen Kryptowährungen, wie etwa Pseudonym oder der intermediärsfreie Transfer, verloren gehen.[41] Daher ist auch die „e-Krone" nur als digitale Währung und nicht als Kryptowährung einzuordnen. Kryptowährungen haben, ähnlich dem Bargeld, eine weitere Besonderheit. Da sie keine Verbindlichkeiten darstellen und demnach kein Kreditverhältnis besteht, wird jede Schuld sofort beglichen. Es besteht kein Gegenparteirisiko und getätigte Transaktionen gelten als endgültig.[42] Durch diese Sicherheit können die beteiligten Akteure direkt miteinander Handel treiben, auch wenn sie sich gegenseitig nicht vertrauen. Damit geht einher, dass Zentralbanken die Geldmenge bei Kryptowährungen deutlich direkter steuern könnten, da es keine Möglichkeit für ungedeckte Verbindlichkeiten gibt.

---

[38] Vgl. *Committee on Payments and Market Infrastructures*, Central bank digital currencies, S. 14.
[39] *Hanl/Michaelis*, Kryptowährungen – ein Problem für die Geldpolitik?, S. 13.
[40] *Sveriges Riksbank*, The Riksbank's e-krona project – Report 2, abrufbar unter https://www.riksbank.se/globalassets/media/rapporter/e-krona/2018/the-riksbanks-e-krona-project-report-2.pdf.
[41] *Berentsen/Schär*, Bitcoin, Blockchain und Kryptoassets, S. 15.
[42] Für bestimmte Situationen ist jedoch eine Fremdfinanzierung und dadurch der Aufbau von Verbindlichkeiten erwünscht; etwa bei der Unternehmensfinanzierung, um eine höhere Eigenkapitalrendite zu realisieren.

2. Geldfunktionen

Grundsätzlich kann jedes Konsumgut als Tauschmittel verwendet werden, sofern sich eine hinreichend große Anzahl an Individuen darauf einigt: „Money is that money does."[43] Es gibt jedoch klassische funktionale Aufgaben, anhand derer sich eine grobe Prüfung darüber durchführen lässt, ob ein Finanzinstrument potenziell in den Geldkontext eingeordnet werden kann. Darüber hinaus lassen diese Aufgaben eine Bewertung von Qualität und Eignung des zu prüfenden Geldmittels zu. Diese sogenannten Geldfunktionen sind **Wertaufbewahrungsmittel, Tauschmittel und Rechnungseinheit.** Damit Geld dazu dienen kann, die Transaktionskosten des Handels zu senken, sollte eine Währung alle genannten Eigenschaften angemessen ausfüllen können.[44]

a) Geld als Wertaufbewahrungsmittel

Um ein Sparen und späteres Ausgeben der Geldeinheiten ohne drastische Wertverluste zu ermöglichen, sollte Geld einen intertemporalen, dh vorübergehenden oder dauerhaften Vermögenstransfer ermöglichen.[45] Dafür sollte die reale Kaufkraft des Geldes relativ stabil sein. Bei hoher Inflation oder gar Hyperinflation ist häufig eine Abkehr von und Substitution hin zu alternativen Währungen zu beobachten. Jedoch wird oft auch bei Konsumgütern, die lediglich eine geringe Wertstabilität aufweisen, von Währungen gesprochen. Wird diese Einordnung getroffen, so verlieren Preise schnell ihre Informationsfunktion, da Wirtschaftssubjekte den Hintergrund für Preisänderungen nicht absehen können. Die Änderungen können sowohl im Kontext eines allgemeinen Preisanstiegs als auch relativ zu anderen Gütern stehen.[46] Der Kurswert vieler Kryptowährungen ist hoch volatil. Diese Volatilität ist zwar nicht per se negativ für Wertanlagen, für Geldeinheiten ist sie aber aus oben genannten Gründen keine wünschenswerte Eigenschaft.[47] Händler könnten sich nicht auf eine kurz- bis mittelfristig stabil bleibende Kaufkraft verlassen, sollten sie die Bezahlung mit einer Kryptowährung akzeptieren. Besondere Notwendigkeit erfährt dabei das Anpassen der Preise an das vorherrschende Kaufkraftniveau, was mit Transaktionskosten verbunden ist. Diese machen volatiles Geld nachteilhaft im Vergleich zu stabilen Währungen.

Durch die Deckelung auf eine gewisse Zahl an Einheiten sind Kryptowährungen dagegen in der Regel eine potenziell attraktive Wertanlage. Knappheit ist sogar eine notwendige Eigenschaft von Geld. Das Eintauschen von Waren und Dienstleistungen gegen Geld verliert an Sinnhaftigkeit, wenn sich des Tauschmittels, allein durch dessen ständige Verfügbarkeit, problemlos und ohne Handel habhaft gemacht werden kann.[48] Allgemein lässt sich sagen, dass je breiter Vermögen unter den Teilnehmern am Zahlungsverkehr verteilt ist, desto geringer der Kurswert dessen schwankt. Einer anfangs extremen Preisvolatilität – mit teilweise Vervielfachungen des Wertes innerhalb kürzester Zeit – stehen mittlerweile weniger hohe Kursschwankungen bei Kryptowährungen gegenüber.[49] Jedoch kommt das Stabilitätsniveau nicht an das einer staatlichen Währung heran, da der Kurs einzig von Angebot und Nachfrage bestimmt wird, welches das Vertrauen in die zugrundeliegende Funktionsweise und die daraus resultierenden Vorteile voraussetzt. Im strengen Gegensatz dazu wird der Wert von Zentralbankgeld durch dafür vorgesehene und kontrollierte Instanzen stabil gehalten, die dem Versprechen folgen, den Wert von Geldeinheiten nicht zu verwässern oder aufzuwerten.

---

[43] *Walker*, Money.
[44] *Halaburda*/Sarvary, Beyond bitcoin: The economics of digital currencies, S. 23.
[45] *Berentsen*/*Schär*, Bitcoin, Blockchain und Kryptoassets, S. 15; *Illing*, Geld und asymmetrische Informationen, S. 77.
[46] *Gischer*/*Herz*/*Menkhoff*, Geld, Kredit und Banken, S. 264 f.
[47] *Berentsen*/*Schär*, Bitcoin, Blockchain und Kryptoassets, S. 255 ff.
[48] *Halaburda*/*Sarvary*, Beyond bitcoin: The economics of digital currencies, S. 27.
[49] Bitcoin Price Volatility.

b) Geld als Tauschmittel

43 Kryptowährungen haben, ähnlich dem Bargeld oder dem Buchgeld der Geschäftsbanken („Giralgeld"), keinen intrinsischen Wert. Die Nutzer eines Blockchain-Systems werden die jeweilige Kryptowährung nur als Tauschmittel akzeptieren, wenn sie darauf vertrauen, dass zu einem zukünftigen Zeitpunkt eine hinreichend große Zahl von anderen Akteuren bereit sein wird, diese wieder gegen Güter und Dienstleistungen einzutauschen. Die Tauschmittelfunktion beschreibt demnach, dass Geld gegen Waren und Dienstleistungen getauscht wird, anstelle eines direkten Tausches von Waren oder Dienstleistungen. Eine Koinzidenz von übereinstimmenden Bedürfnissen ist dementsprechend nicht mehr notwendig, da Geld als universelles Tauschmittel eingesetzt wird. Des Weiteren sind insbesondere die Transaktionskosten von Währungen zu beachten. Bei Bitcoin sind diese in den letzten Jahren sehr hoch.[50] Jedoch gibt es auch alternative Kryptowährungen, die zum Ziel haben, ohne Transaktionskosten auszukommen. Bei Währungen mit hohen Transaktionskosten führt die Geldhaltung, die sog. Buy-and-Hold-Strategie, zu einem höheren Nutzen als der Einsatz als Tauschmittel. Sie werden somit in erster Linie als Wertanlage genutzt. Die Opportunitätskosten der Geldhaltung müssen entsprechend hinreichend hoch sein, um Investitionen zu stimulieren.

44 Bei Kryptowährungen ist zudem zu beachten, dass es, je nach Ausgestaltung des Konsensmechanismus, zu langen Bestätigungszeiten einer Transaktion kommen kann, die durch Anreize in Form von Gebühren an den Miner reduziert werden können. Außerdem gibt es eine, durch die Technologie bedingte Anzahl an Transaktionen pro Sekunde, die ein Netzwerk maximal leisten kann. Über das klassische Visa-Netzwerk können bis zu 24.000 Transaktionen pro Sekunde abgewickelt werden,[51] bei Bitcoin sind technisch nur etwa zehn Transaktionen pro Sekunde möglich.[52] Zwar sind beim Visa-Netzwerk die Überweisungen an sich aus technischer Perspektive heutzutage unmittelbar, jedoch werden sie durch Regulatorik und die Geschäftszeiten von Banken verlangsamt. Dadurch empfinden die meisten Anwender Kryptowährungen aktuell noch als deutlich schneller, da sie nur eine Latenz von ein paar Sekunden bis hin zu einigen Stunden haben. Mittlerweile versuchen allerdings auch einige traditionelle Anbieter, wie beispielsweise Sparkassen, Volks- und Raiffeisenbanken oder N26 als Vorreiter, Überweisungen zumindest innerhalb des Anbieters unmittelbar abzubilden. Des Weiteren verbreitet sich auch die Funktion der Sofort-Überweisung, wobei es sich hierbei allerdings um ein Pseudo-Vorkassensystem handelt.

45 Bei digitalen Währungen ist neben dem Transaktionsvolumen auch die Verbreitung einer digitalen Infrastruktur relevant, weil sie ein Netzwerk-Gut sind. Ihr Erfolg hängt maßgeblich vom Erreichen einer kritischen Masse an Teilnehmern ab. Jedoch können Netzwerkeffekte und Wechselkosten für den Übergang zu einer neuen Technologie, aufgrund einer unzureichenden Bereitstellung, selbst wenn allen Beteiligten die grundsätzliche Überlegenheit bekannt und von ihnen akzeptiert ist, die Einführung von digitalen Währungen, verhindern. Aus der industrieökonomischen Literatur ist bekannt, dass die Tatsache, dass ein Standard überlegen ist, nicht automatisch seine Durchsetzung am Markt zur Folge hat.[53] Denn nur, wenn ein Tauschmittel auch verfügbar ist und im alltäglichen Gebrauch verwendet werden kann, bietet es die Funktionalitäten eines Zahlungsmittels. Hier bleibt abzuwarten, ob Kryptowährungen aus ihrem Nischendasein mit experimentellem

---

[50] Die Transaktionskosten sind hoch volatil und liegen beispielsweise bei Bitcoin nach einem Allzeithoch (zum Jahreswechsel 2017/18) von über 30 EUR/Transaktion derzeit (Januar 2020) bei 0,44 EUR/Transaktion, abrufbar unter https://www.cryptopolitan.com/bitcoin-transaction-fees-has-been-the-highest-in-2019/.
[51] Abrufbar unter https://usa.visa.com/run-your-business/small-business-tools/retail.html.
[52] *Bagaria/Kannan/Tse/Fanti/Viswanath*, Deconstructing the Blockchain to Approach Physical Limits.
[53] Vgl. *David*, Clio and the Economics of QWERTY, in: The American economic review; vgl. *Leibowitz/Margolis*, The Fable of the Keys, in: Journal of Law and Economics, Vol. 33.

Charakter herauskommen und sich aus den vereinzelten Möglichkeiten der Bezahlung heraus zu einem etablierten Konzept entwickeln.⁵⁴

c) Geld als Rechnungseinheit

Aktuell werden Güter und Dienstleistungen außerhalb der Euro-Zone vorwiegend in der jeweiligen nationalen Landeswährung denominiert, um ihre Kosten im Zeitablauf und zwischen Händlern vergleichen zu können. Dadurch soll der Vergleich von Gütern und Dienstleistungen transparenter gemacht und somit Handel erleichtert werden. Bei der Verwendung von Kryptowährungen wäre jedoch ein Zwischenschritt mit einer Umrechnung zu dem aktuellen Kurs der jeweiligen Landeswährungen notwendig. Auch in einer Kryptowährung sind denominierte Güter nicht nativ, sondern deren Preise wurden aus der jeweiligen Landeswährung in den möglichst aktuellen Kurs der entsprechenden Kryptowährung umgerechnet. Damit diese Anwendungen nützlich sind, benötigen die Anwender die Möglichkeit, Erlöse und Kosten mit einer sinnvollen Rechnungseinheit zu berechnen. Im allgemeinen Gebrauch ist heutzutage jedoch keine Kryptowährung als fester Wertmaßstab etabliert. Dies ist aber für die Qualität bzw. die allgemeine Nutzbarkeit von Geldmitteln essentiell. Bis ein klarer Vorteil gegenüber etablierten staatlichen Währungen sichtbar wird, dürfte keine breite Annahme durch Privatpersonen und Unternehmen zu erwarten sein. Daher gibt es aktuell sowohl angebots- als auch nachfrageseitig kaum einen Grund für die flächendeckende Substitution traditioneller Währungen. So lässt sich festhalten, dass Kryptowährungen derzeit als Rechnungseinheit unzureichend sind, da die Nachfrage schwankt, das Angebot unflexibel ist und es keine Institution gibt, die das Angebot verwalten kann, um einen konstanten Wert zu halten.⁵⁵

3. Fazit zur ökonomischen Einordnung

Abschließend lässt sich festhalten, dass Kryptowährungen verschiedene Eigenschaften haben, die sie von klassischen, von Zentralbanken regulierten Währungen abgrenzen. Sie sind rein elektronisch und werden direkt zwischen Transaktionspartnern, also Peer-to-Peer, ausgetauscht. Zudem sind sie keine Verbindlichkeit einer Institution oder Privatperson. Hieraus resultieren Unterschiede im Hinblick auf die klassischen funktionalen Aufgaben, anhand derer sich eine grobe Prüfung durchführen lässt, ob ein Finanzinstrument potenziell in den Geldkontext eingeordnet wird. Hinsichtlich dieser können Kryptowährungen, wie wir sie heute kennen, vermutlich nicht als Geld eingeordnet werden.⁵⁶ Kryptowährungen wurden und werden vorwiegend als spekulative Wertanlage verwendet, auch wenn die zugrundeliegende Distributed-Ledger-Technologie noch viele weitere Einsatzmöglichkeiten und Eigenschaften bietet. Auch wenn sie heutzutage zum Teil zur Wertaufbewahrung genutzt werden und auch vereinzelt als Zahlungsmittel dienen, sind sie wohl zu wertinstabil und auch noch nicht weit genug verbreitet. Damit Kryptowährungen sich als Zahlungsmittel durchsetzen können, müssen sie zumindest bezüglich einzelner Eigenschaften gegenüber bisherigen Währungen eingestuft werden können. Es bleibt aber festzuhalten, dass es offenbar einen Bedarf an digitalen Währungssystemen mit den Eigenschaften, die Kryptowährungen bieten können, gibt.

---

⁵⁴ Vgl. *Luther*, Cryptocurrencies, Network Effects, and Switching Costs, in: Contemporary Economic Policy, Heft 34/2016, S. 569.
⁵⁵ *Ammous*, Blockchain Technology: What is it good for?, S. 2.
⁵⁶ *Ammous*, Can cryptocurrencies fulfil the functions of money?, S. 26.

II. Zivilrechtliche Einordnung

1. Kryptowährungen als „immaterielles Wirtschaftsgut"

48 Die zivilrechtliche Qualifizierung von Kryptowährungen bereitet Schwierigkeiten. Zwar können Kryptocoins aufgrund ihrer technischen Eigenheiten zwischen einzelnen Wallet-Adressen übertragen, aber nicht vervielfältigt werden.[57] Für die Einordnung als „Sache" iSd § 90 BGB fehlt es ihnen jedoch an einer Verkörperung.[58] Das **Sachenrecht** kann daher nicht ohne Weiteres auf Kryptowährungen Anwendung finden. Für die Übereignung von Kryptowährungen wird teilweise eine analoge Anwendung der §§ 929 ff. BGB erwogen,[59] überwiegend jedoch mit dem Verweis darauf, dass es sich bei deren Übertragung um einen Realakt handelt, abgelehnt.[60] Eine dingliche Rechtsposition an Kryptowährungen gibt es folglich nicht. Folgt man dem, so ist auch ein gutgläubiger Erwerb nicht möglich, indes auch nicht nötig, da die Verfügungsbefugnis über die Kryptowährung mit der tatsächlichen Verfügungsmacht über den privaten Schlüssel derjenigen Wallet-Adresse verknüpft ist, der die Kryptocoins zugeordnet sind.

49 Auch **Immaterialgüterrechte** bestehen nach allgemeiner Auffassung nicht an Kryptowährungen. Aufgrund des numerus clausus der Immaterialgüterrechte käme nur ein urheberrechtlicher Schutz als Computerprogramm nach § 2 Abs. 1 Nr. 1, §§ 69a ff. UrhG in Betracht. Die Kryptowerte stellen jedoch nicht selbst das Computerprogramm dar, sondern sind nur Produkte der Software, welche die jeweilige DLT-Plattform steuert.[61] Sie werden in dem bereits beschriebenen Sinne durch Mining „erschaffen", wobei dieses einen rein technischen Vorgang darstellen. Eine persönliche geistige Schöpfung ist hierin nicht zu sehen.[62]

50 Kryptowährungen kommt im Wirtschaftsverkehr ein gewisser Wert zu. Dieser entsteht durch die Tatsache, dass ihre Verfügbarkeit durch technische Vorkehrungen begrenzt ist und am Markt eine Nachfrage besteht, die zu einer Preisbildung für die Kryptowährung führt. Die Kryptowährungen können daher als ein Wirtschaftsgut gesehen werden, dass sich nicht dem klassischen Sachen- und Immaterialgüterrecht unterordnen lässt. Es verbleibt damit nur die Einordnung als sonstiges **„immaterielles Wirtschaftsgut"**.[63] Für den Erwerb von Kryptowährungen wird zudem teilweise angenommen, dass diese „sonstige Gegenstände" im Sinne des § 453 Abs. 1 BGB sein können, womit über sie auch Kaufverträge geschlossen werden können.[64]

2. Deliktischer Schutz von Kryptowährungen

51 Durch Angriffe auf Wallets oder die DLT-Plattform kann es bei den Verfügungsberechtigten der Wallet-Adressen zu Verlusten der Kryptowährung kommen.[65] Teilweise wird vorgebracht, dass Kryptowährungen zu den geschützten **Daten nach § 303a StGB** zählen.[66] Ist dem so, so wäre ein unbefugter Angriff auf die DLT-Plattform oder einzelne Wallet-Adressen nicht nur strafbar, sondern könnte eine deliktische Haftung nach § 823 Abs. 2 BGB iVm § 303a StGB nach sich ziehen. Der Angreifer hätte dem Geschädigten dann

---

[57] Siehe hierzu bereits oben unter → A.
[58] *Boehm/Pesch*, MMR 2014, 75 (77); *Kaulartz*, CR 2016, 474 (478); *Kütük/Sorge*, MMR 2014, 643 (644); *Spindler/Bille*, WM 2014, 1357 (1359).
[59] *Spindler/Bille*, WM 2014, 1357 (1363).
[60] *Engelhardt/Klein*, MMR 2014, 355 (357); *Kaulartz*, CR 2016, 474 (478).
[61] *Pesch*, S. 98.
[62] Übereinstimmend *Boehm/Pesch*, MMR 2014, 75 (78); *Kaulartz*, CR 2016, 474 (478); *Spindler/Bille*, WM 2014, 1357 (1360).
[63] *Engelhardt/Klein*, MMR 2014, 355 (356).
[64] *Pesch*, S. 103.
[65] Siehe hierzu bereits → B.II.9.
[66] *Engelhardt/Klein*, MMR 2014, 355 (358); *Kaulartz*, CR 2016, 474 (479).

nach § 249 Abs. 1 BGB im Wege der Naturalrestitution den Wert der „vernichteten" bzw. entzogenen Kryptowerte zu ersetzen. Fraglich kann dabei sein, wann ein Angriff als „rechtswidrig" im Sinne des § 303a StGB einzuordnen ist. Man wird dies wohl annehmen können, wenn sich der Angreifer der Passwörter von Wallet-Adressen durch „Brute-Force-" oder Hacking-Angriffe bemächtigt. Auch Angriffe auf die Infrastruktur der DLT-Plattform könnten hierunter zählen. Schwieriger wird die Beurteilung jedoch, wenn der „Angriff" nach den Regeln der die Plattform steuernden Software erfolgt oder der Angreifer lediglich vermeintliche Fehler im Code ausnutzt.[67] Hier ist unklar, ob dieses Verhalten als „rechtswidrig" im Sinne des § 303a StGB angesehen werden kann.

Möglich erscheint aber die Annahme eines **Betrugs nach § 263 StGB**, soweit es dem Angreifer gelingt, durch Einsatz einer entsprechend hohen Rechenleistung, ein Double-Spending auszulösen,[68] auf diese Weise den Empfängern von Kryptowährungen eine erfolgreiche Transaktion als falsche Tatsache vorzuspiegeln und ihnen damit einen Vermögensschaden zuzufügen. Auch hier erscheint dann eine deliktische Haftung nach § 823 Abs. 2 BGB denkbar. 52

Neben einer deliktischen Haftung nach § 823 Abs. 2 BGB wird zudem eine Haftung nach § 823 Abs. 1 BGB vorgeschlagen, mit dem Hinweis, dass es sich bei Kryptowährungen um ein **„sonstiges Recht"** iSd Norm handeln könnte.[69] 53

3. Kryptowährungen in der Zwangsvollstreckung

Die Herausgabe von Kryptowährungen kann nur durch denjenigen bewirkt werden, der die Verfügungsmacht über den privaten Schlüssel der Wallet-Adresse hält, der die Kryptocoins zugeordnet sind. Folglich wird man in der Zwangsvollstreckung davon ausgehen können, dass die Herausgabe als nicht **vertretbare Handlung** nach § 888 ZPO vollstreckt werden kann.[70] 54

III. Kapitalmarktrechtliche Einordung

1. Kryptowährungen weder Geld noch E-Geld

Bereits seit längerer Zeit kann als ausdiskutiert gelten, dass es sich bei Kryptowährungen nicht um „Geld" im Rechtssinne handelt, da diese weder von staatlicher Seite als Zahlungsmittel anerkannt noch von diesem kontrolliert werden können.[71] Zudem entspricht es der allgemeinen Meinung, dass Kryptowährungen **nicht als E-Geld** nach § 1 Abs. 3 ZAG klassifiziert werden können, da es an einer Forderung der einzelnen Nutzer gegenüber den Nodes des Netzwerks fehlt.[72] 55

2. Kryptowährungen als Finanzinstrumente nach dem KWG

Gegenstand kontroverser Diskussionen war in den vergangenen Jahren die Einordnung von Kryptowährungen als **„Finanzinstrumente"** nach dem **Kreditwesengesetz** (KWG). Diese Einordnung ist insofern bedeutend, da daran nicht nur eine Erlaubnispflicht für bestimmte Tätigkeiten mit Kryptowährungen nach § 32 KWG geknüpft ist, sondern zudem 56

---

[67] Ein bekanntes Beispiel war das Ausnutzen einer Schwachstelle im Code des Projekts „The DAO" auf der DLT-Plattform Ethereum, *Kaulartz/Heckmann*, DAO Hack: Wenn der Smart Contract sich als Dumb Contract erweist.
[68] Siehe hierzu bereits → B.II.9.
[69] *Spindler/Bille*, WM 2014, 1357 (1363).
[70] *Kaulartz*, CR 2016, 474 (479); *Kütük/Sorge*, MMR 2014, 643 (645).
[71] *Engelhardt/Klein*, MMR 2014, 355 (356); *Pesch*, S. 72.
[72] *Kaulartz*, CR 2016, 474 (477); *Pesch*, S. 73 ff.; *Spindler/Bille*, WM 2014, 1357 (1360 f.); zur potenziellen Möglichkeit der Ausgabe von E-Geld auf einer DLT-Plattform, *Auffenberg*, BKR 2019, 341 ff.

die Einhaltung des **Geldwäschegesetzes** (GWG) verpflichtend sein kann. Bezüglich der Einordnung sorgten zum einen eine Stellungnahme der BaFin und ein der BaFin widersprechendes Urteil des KG Berlin für Aufsehen. Der Streit hat sich inzwischen durch das Gesetz zur Umsetzung der Änderungsrichtlinie zur Vierten EU-Geldwäscherichtlinie vom 12.12.2019 erübrigt. Dieses Gesetz setzt die Vorgaben der AMLD5[73] mit Wirkung zum 1.1.2020 in nationales Recht um. Im Folgenden soll dennoch zunächst die Rechtslage vor Umsetzung der AMLD5 dargestellt werden. Im Anschluss werden die Änderungen durch die Umsetzung der Richtlinie erläutert.

a) Rechtslage vor Umsetzung der AMLD5

57 **aa) Streit um die Einordnung als Rechnungseinheit.** Im Rahmen der der BaFin zugewiesenen Missstandsaufsicht nach § 6 KWG hat diese eine Stellungnahme zur Einordnung von „virtuellen Währungen"[74] unter dem KWG veröffentlicht. Demnach handelt es sich bei Kryptowährungen um **„Rechnungseinheiten"** iSd § 1 Abs. 11 S. 1 KWG. Rechnungseinheiten sind den Devisen ähnlich, lauten jedoch nicht auf gesetzliche Zahlungsmittel. Kryptowährungen seien demnach mit einem Tauschmittel vergleichbar, das als privatrechtlich vereinbarte Werteeinheit zwischen den teilnehmenden Parteien gehandelt wird.[75]

58 Dieser Ansicht hat das *KG Berlin* mit Urteil vom 25.9.2018 widersprochen.[76] Das Gericht verweist auf die Gesetzesbegründung zum KWG. Diese nennt als Beispiel für Rechnungseinheiten die European Currency Unit (ECU).[77] Rechnungseinheiten sollen demnach „die Vergleichbarkeit von Waren und Dienstleistungen innerhalb unterschiedlicher Länder durch Verwendung einer allgemeingültigen und verständlichen Einheit ermöglichen"[78]. Diese Vergleichbarkeit sei nur dann gegeben, wenn das Zahlungsmittel im internationalen Wirtschaftsverkehr als wertbeständige Einheit eingesetzt werden kann. Kryptowährungen unterlägen hingegen starken **Wertschwankungen,** die von Angebot und Nachfrage der jeweils teilnehmenden Parteien abhängen. Auf diese Weise seien sie nicht geeignet, die Vergleichbarkeit von Waren- und Dienstleistungen zwischen unterschiedlichen Ländern herzustellen. Es fehle bei Kryptowährungen auch an einem staatlich überwachten Emittenten oder einer Kontrollinstanz, die dies sicherstellen könnte.[79]

59 Da das Urteil des KG Berlin zunächst nur die Strafbarkeit der Zuwiderhandlung gegen die Pflicht zur Einholung der Erlaubnis betraf, ist nicht auszuschließen, dass die BaFin an ihrer Verwaltungspraxis und der Einordnung von Kryptowährungen als Rechnungseinheiten festhält.[80]

60 **bb) Folgen der Einordnung als Rechnungseinheiten.** Soweit man Kryptowährungen als Rechnungseinheiten und damit als Finanzinstrumente im Sinne des KWG einordnet, kann der Umgang mit diesen bei Vorliegen der Voraussetzungen des § 1 Abs. 1 KWG ein **Bankgeschäft** oder nach § 1 Abs. 1a KWG eine **Finanzdienstleistung** darstellen. Werden Kryptowährungen lediglich als Tauschmittel im Austauschgeschäft eingesetzt, erfüllt dies die Voraussetzungen des § 1 Abs. 1a KWG allerdings nicht. Nach Ansicht der BaFin liegt auch im Mining keine Emission oder Platzierung von Finanzinstrumenten vor. Das

---

[73] Richtlinie (EU) 2018/843 des Europäischen Parlaments und des Rates vom 30.5.2018 zur Änderung der Richtlinie (EU) 2015/849 zur Verhinderung der Nutzung des Finanzsystems zum Zwecke der Geldwäsche und der Terrorismusfinanzierung und zur Änderung der Richtlinien 2009/138/EG und 2013/36/EU.
[74] Die BaFin verwendet den Begriff „virtuelle Währung", wobei hier weiter der Begriff Kryptowährung verwendet werden soll.
[75] *BaFin*, „Virtuelle Währungen/Virtual Currency (VC)", abrufbar unter: https://www.bafin.de/DE/Aufsicht/FinTech/VirtualCurrency/virtual_currency_node.html.
[76] *KG Berlin*, 25.9.2018 – (4) 161 Ss 28/18 (35/18), NJW 2018, 3734 ff.
[77] BT-Drs. 13/7142, 69.
[78] *KG Berlin*, 25.9.2018 – (4) 161 Ss 28/18 (35/18), NJW 2018, 3734 (3735).
[79] *KG Berlin*, 25.9.2018 – (4) 161 Ss 28/18 (35/18), NJW 2018, 3734 (3735).
[80] So auch *Danwerth/Hildner*, BKR 2019, 57 (59 f.).

bloße „Schürfen", der Ankauf und Verkauf sowie der Einsatz oder die Entgegennahme als Zahlungsmittel, stellen demnach keine erlaubnispflichtigen Tätigkeiten dar.

Anders kann es dagegen für den Betrieb von **Austauschplattformen und Börsen** aussehen, auf denen Kryptowährungen zwischen Nutzern des Netzwerks getauscht werden können. Erfolgt dabei der An- und Verkauf von den Nutzern durch die Plattform im eigenen Namen und auf Rechnung der Nutzer, so liege ein **Finanzkommissionsgeschäft** nach § 1 Abs. 1 S. 2 Nr. 4 KWG vor. Ist dies nicht der Fall, so könnten Plattformen auch ein **multilaterales Handelssystem** nach § 1 Abs. 1a S. 2 Nr. 1b KWG betreiben, wenn sie lediglich Käufer und Verkäufer von Kryptowährungen nach einem festgelegten Regelwerk zusammenbringen und sich diese Tätigkeit nicht auf die Vornahme von Einzelgeschäften beschränkt. Schließlich ist es möglich, dass eine „Wechselstube" betrieben wird, auf der Kryptowährungen gegen gesetzliche Zahlungsmittel getauscht werden. In diesem Fall kann ein **Eigengeschäft** des Betreibers nach § 1 Abs. 1a S. 2 Nr. 4 KWG vorliegen, wenn er durch kontinuierliche Tätigkeit dafür sorgt, dass ein Markt geschaffen oder erhalten wird.[81]

61

Die Einordnung als Bankgeschäft oder Finanzdienstleistung hat zur Folge, dass für das Geschäft eine **Erlaubnispflicht nach § 32 KWG** besteht. Die Erbringung von Finanzdienstleistungen ohne die erforderliche Erlaubnis stellt sogar regelmäßig eine **Straftat nach § 54 Abs. 1 Nr. 2 KWG** dar.[82] Neben den Verpflichtungen nach dem KWG können die betroffenen Anbieter auch zum Kreis der Verpflichteten nach § 2 GWG gehören.

62

b) Änderungen durch Umsetzung der AMLD5

Auf unionsrechtlicher Ebene wurde derweil bereits reagiert. Durch die AMLD5[83] soll das Risiko, welches durch den Handel mit Kryptowährungen bezüglich ihres Einsatzes für Geldwäsche oder zur Terrorismusfinanzierung entstanden ist, begrenzt werden. In den Kreis der Verpflichteten wurden daher Dienstleister, die Kryptowährungen in Fiatgeld tauschen oder umgekehrt, aufgenommen. Unter Fiatgeld oder einer Fiat-Währung ist ein Tauschmittel zu verstehen, das von staatlicher Stelle als gesetzliches Zahlungsmittel vorgeschrieben ist und dessen Wert durch den Staat gesichert wird. Die AMLD5 verwendet statt dem Begriff „Kryptowährung" den Begriff **„virtuelle Währung"**. Eine solche wird näher definiert als „eine digitale Darstellung eines Werts, die von keiner Zentralbank oder öffentlichen Stelle emittiert wurde oder garantiert wird und nicht zwangsläufig an eine gesetzlich festgelegte Währung angebunden ist und die nicht den gesetzlichen Status einer Währung oder von Geld besitzt, aber von natürlichen oder juristischen Personen als Tauschmittel akzeptiert wird und die auf elektronischem Wege übertragen, gespeichert und gehandelt werden kann". Hiervon werden die hier untersuchten **Currency Token**[84] erfasst sein. Verpflichtete sind die Betreiber von Tauschbörsen. Ein weiterer Verpflichteter ist der Anbieter von **„elektronischen Geldbörsen"**. Als solcher gilt ein Anbieter, der Dienste zur Sicherung privater kryptographischer Schlüssel im Namen seiner Kunden anbietet, um virtuelle Währungen zu halten, zu speichern und zu übertragen. Hiervon dürften die Betreiber von Online Wallets erfasst sein.

63

Kritisch anzumerken bleibt, dass die AMLD5 Geldwäsche auf diese Weise nur bekämpfen kann, wenn der Tauschhandel zwischen Fiat-Währung und virtueller Währung inner-

64

---

[81] *BaFin*, „Virtuelle Währungen/Virtual Currency (VC)", abrufbar unter: https://www.bafin.de/DE/Aufsicht/FinTech/VirtualCurrency/virtual_currency_node.html.
[82] Siehe hierzu aber bereits das oben diskutierte Urteil des *KG Berlin*, 25.9.2018 – (4) 161 Ss 28/18 (35/18), NJW 2018, 3734 ff.
[83] Richtlinie (EU) 2018/843 des Europäischen Parlaments und des Rates vom 30.5.2018 zur Änderung der Richtlinie (EU) 2015/849 zur Verhinderung der Nutzung des Finanzsystems zum Zwecke der Geldwäsche und der Terrorismusfinanzierung und zur Änderung der Richtlinien 2009/138/EG und 2013/36/EU.
[84] Siehe zu den unterschiedlichen Klassifikationen von Token bereits → Rn. 5.

halb der EU stattfindet. Betreiber von Tauschbörsen außerhalb der EU sind dagegen nicht erfasst.[85]

65   Der nationale Gesetzgeber hat auf die Änderungen durch die AMLD5 mit dem Gesetz zur Umsetzung der Änderungsrichtlinie zur Vierten EU-Geldwäscherichtlinie vom 12.12. 2019 reagiert. Angepasst wurden dabei nicht nur das GWG, sondern auch das KWG, da beiden Gesetzen dieselben Begriffe zugrunde liegen. Damit geht der nationale Gesetzgeber über die Vorgaben der Richtlinie hinaus. Mit Wirkung zum 1.1.2020 wurden **„Kryptowerte"** als Finanzinstrument unter § 1 Abs. 11 S. 1 Nr. 10 KWG nF eingeführt. Ein „Kryptowert" wird in § 1 Abs. 11 S. 4 KWG nF ähnlich der virtuellen Währung in der AMLD5 legaldefiniert. Eine neue Finanzdienstleistung stellt nach § 1 Abs. 1a S. 2 Nr. 6 KWG nF das **„Kryptoverwahrgeschäft"** dar, welches dem Begriff des „Anbieters von elektronischen Geldbörsen" aus der AMLD5 entspricht.

66   Durch die Änderung wird der oben aufgeführte Streit um die Einordnung als Rechnungseinheiten hinfällig. Auch wenn es sich bei diesen nicht um Rechnungseinheiten handelt, sind sie nunmehr dennoch Finanzinstrumente. Es gelten daher die oben aufgeführten Rechtsfolgen.[86] Erlaubnispflichtige Finanzdienstleistungen können – neben dem neu eingeführten Kryptoverwahrgeschäft – das Finanzkommissionsgeschäft, der Betrieb eines multilateralen Handelssystems oder ein Eigengeschäft sein. In diesen Fällen liegt die oben erläuterte Erlaubnispflicht nach § 32 KWG vor. Wer die Dienstleistung ohne die Erlaubnis erbringt, macht sich nach § 54 Abs. 1 Nr. 2 KWG strafbar.

3. Kryptowährungen als Finanzinstrumente nach dem WpHG

67   Eine weitere Diskussion ist um die Einordnung von Kryptowährungen als Finanzinstrumente nach dem WpHG entfacht. Dahinter steht insbesondere die Frage nach möglichen Pflichten bei der Ausgabe von Kryptowährungen an Anleger. Das WpHG setzt teilweise die Vorgaben der MiFiD II-Richtlinie[87] um. Voraussetzung für eine Einordnung als Finanzinstrument nach Anhang 1 Abschnitt C der MiFiD II wäre die Subsumtion unter den Begriff des **„übertragbaren Wertpapiers"** nach Art. 4 Abs. 1 Nr. 44 MiFiD II.

68   Hierbei muss zwischen verschiedenen Klassifikationen von Token[88] unterschieden werden. Während für sogenannte Utility- und Security-Token über eine solche Einordnung diskutiert wird, ist sie für reine Currency-Token abzulehnen. Nach geltendem Recht sind daher die hier untersuchten Kryptowährungen nicht vom Wertpapierbegriff der MiFiD II umfasst und daher keine Finanzinstrumente.[89] Der Gesetzgeber hat auf eine Novellierung des WpHG im Rahmen des Gesetzes zur Anpassung der AMLD5 verzichtet. Notwendig wäre zunächst eine Anpassung der MiFID II auf Unionsebene. Eine solche sollte jedoch eine umfassende Regulierung von Token vornehmen, die auch die Unterschiede zwischen den einzelnen Token-Klassifikationen beachtet.

IV. Rechtsbeziehungen zwischen den Beteiligten von DLT-Plattformen

69   Die Rechtsbeziehungen zwischen den Nutzern einer DLT-Plattform untereinander und zwischen den Nutzern und den Entwicklern der Plattform sind bislang kaum diskutiert. Dies bringt einige Rechtsunsicherheiten mit sich. Während in herkömmlichen Zahlungssystemen Vertragspartner der Nutzer, in Gestalt der Intermediäre, klar identifizierbar sind,

---

[85] So auch *Maume/Haffke/Zimmermann*, CCZ 2019, 149 (156).
[86] Siehe hierzu → Rn. 61 ff.
[87] Richtlinie 2004/39/EG des Europäischen Parlaments und des Rates vom 21.4.2004 über Märkte für Finanzinstrumente, zur Änderung der Richtlinien 85/611/EWG und 93/6/EWG des Rates und der Richtlinie 2000/12/EG des Europäischen Parlaments und des Rates und zur Aufhebung der Richtlinie 93/22/EWG des Rates.
[88] Siehe hierzu bereits → A.
[89] *Patz*, BKR 2019, 435 (436).

fehlt es beim Betrieb eines Zahlungssystems über eine DLT-Plattform oftmals an diesen. Dadurch ist unklar, ob und gegen wen Ansprüche der Nutzer bei Fehlfunktionen des Netzwerks entstehen. Auch ist klärungsbedürftig, inwieweit von den Nutzern ein „regelkonformes" Verhalten (was beispielsweise auch das Unterlassen von Angriffen, wie eine 51-%-Attacke[90], umfasst) gefordert werden kann.

1. Verhältnis zwischen den Nutzern einer DLT-Plattform

In der bisherigen Literatur wird das Vorhandensein einer Rechtsbeziehung zwischen den Nutzern einer DLT-Plattform überwiegend abgelehnt.[91] Stattdessen wird die Nutzung einer DLT-Plattform mit der **Nutzung eines öffentlichen Guts** verglichen.[92] Das öffentliche Gut ist, wie die DLT-Plattform, für jedermann nach festgelegten Regeln nutzbar. Diese Regeln lassen sich durch die Nutzer aber nicht beeinflussen. Zwar wissen die Nutzer um den Umstand, dass auch andere Nutzer das Gut in Anspruch nehmen. Sie stehen mit diesen jedoch in keiner Verbindung und müssen diese nicht kennen. Nehmen die Nutzer an einer DLT-Plattform lediglich teil, indem sie Kryptocoins empfangen und versenden, so fehlt es zwischen ihnen an einem verbindenden rechtlichen Element.[93]

Aufgrund dessen wird der Abschluss eines **Gesellschaftsvertrages** zwischen den Nutzern **abgelehnt**. Aus dem Willen zur bloßen Teilnahme nach den Regeln der Software kann nicht der Wille zur Verpflichtung zur Förderung eines gemeinsamen Zwecks geschlossen werden.[94] Das bedeutete jedoch nicht, dass sich ein solcher Zweck nicht in anderen Konstellationen ergeben kann, in denen nicht nur die DLT-Plattform, sondern darauf aufbauende Dienste genutzt werden.[95]

Für die **Bruchteilsgemeinschaft** fehlt es an einem Recht, das den Beteiligten gemeinschaftlich zusteht.[96]

2. Verhältnis zwischen den Nutzern und den Entwicklern der Plattform

Die Tatsache, dass zwischen den Nutzern einer DLT-Plattform ein Rechtsverhältnis nicht identifiziert werden kann, führt zunächst zum Ergebnis einer Nutzung auf eigene Gefahr. Die Teilnehmer vertrauen nicht einander, sondern alleine auf die Funktionsfähigkeit der Software. Kommt es zu unerwarteten Fehlern oder werden Schwachstellen der Software durch Dritte ausgenutzt, stünden die Nutzer ohne Anspruch dar.

Es kann sich dann die Frage stellen, ob Ansprüche gegen die „Betreiber" der DLT-Plattform bestehen. Insbesondere in public permissionless DLT-Plattformen kann die Suche nach einem solchen Betreiber jedoch bereits Schwierigkeiten bereiten. Die Plattformen sind gerade durch ihre Dezentralität und dem Mangel zentraler Verantwortlichkeit gekennzeichnet.

Die Praxis zeigt jedoch, dass auch public permissionless DLT-Plattformen nicht gänzlich ohne eine Leitung auskommen. Hinter den großen DLT-Plattformen steht meist eine **Entwicklergruppe,** welche die Plattform betreut, Updates vorschlägt und im Zweifel sogar Einfluss auf die Nodes des Netzwerks nimmt, um diese zur Übernahme von geplanten

---

[90] Siehe hierzu bereits oben unter → B.II.9.
[91] Siehe bereits *Spindler/Bille,* WM 2014, 1357 (1360).
[92] Siehe hierzu auch die Ausführungen zu DLT als digitale Infrastruktur, *Fraunhofer FIT,* Chancen und Herausforderungen von DLT (Blockchain) in Mobilität und Logistik, S. 80 f., abrufbar unter: https://www.bmvi.de/SharedDocs/DE/Anlage/DG/blockchain-gutachten.pdf?__blob=publicationFile.
[93] *Schwintowski/Klausmann/Kadgien,* NJOZ 2018, 1401 (1404).
[94] *Omlor,* ZRP 2018, 85 (86); *Pesch,* S. 73; *Spindler/Bille,* WM 2014, 1357 (1360).
[95] So auch *Schwintowski/Klausmann/Kadgien,* NJOZ 2018, 1401 (1406).
[96] *Schwintowski/Klausmann/Kadgien,* NJOZ 2018, 1401 (1404); eine analoge Anwendung der §§ 741 ff. BGB erwägend, *Omlor,* ZRP 2018, 85 (86).

Änderungen in der Software-Architektur zu bewegen.[97] Ist eine solche Gruppe identifizierbar, kann sich die Frage stellen, ob diese ähnlich einem Betreiber der Plattform agieren und im Falle von Fehlern der Software, welche zu Verlusten bei den Nutzern führen, in Anspruch genommen werden kann. In der amerikanischen Literatur wird an dieser Stelle über die Anwendung des **Treuhandrechts** diskutiert.[98] Ein solches Treuhandverhältnis bedürfte im deutschen Recht eines Geschäftsbesorgungs- oder Auftragsverhältnisses, dessen Abschluss aber ohne weiteres nicht vermutet werden kann. Weiter bestünde zwar grundsätzlich die Möglichkeit einer **Sachwalterhaftung** nach §§ 280 Abs. 1, 311 Abs. 2, 241 Abs. 2 BGB.[99] Dabei ist jedoch hochgradig zweifelhaft, ob das wirtschaftliche Interesse der Entwicklergruppe hinter der DLT-Plattform so groß ist, dass diese als eigentlicher Vertragspartner der Geschäfte anzusehen sind, die zwischen den Nutzern der Plattform abgewickelt werden.

76 Es zeigt sich, dass auch die Konstruktion einer Rechtsbeziehung zwischen den Nutzern und den Plattform-Entwicklern Schwierigkeiten bereitet. Wird kein Vertrag zwischen den Nutzern und identifizierbaren Plattform-Betreibern geschlossen (wie dies in private permissioned DLT-Projekten oftmals der Fall sein dürfte), so vertrauen die Nutzer tatsächlich alleine auf die Funktionsweise der Technologie. Im Falle von Softwarefehlern und dem Missbrauch bestehender Lücken der Software bestünde dann grundsätzlich keine Möglichkeit zur Geltendmachung von Ansprüchen.

V. Datenschutzrecht

77 Während viele der Rechtsfragen, welche durch den Einsatz der DLT entstanden sind, nach dem geltenden Recht interessensgerechten Lösungen zugeführt werden können, gestaltet sich dies im Datenschutzrecht ungleich schwieriger. Hauptgrund hierfür ist, dass das geltende Datenschutzrecht (insbesondere die EU-DSGVO) als Adressaten stets **Verantwortliche** (Controllers) oder **Auftragsverarbeiter** (Processors) kennt. In dezentralen Netzwerken findet man diese jedoch nicht unmittelbar. Das geltende Datenschutzrecht lässt sich zwar auf dezentrale DLT-Applikationen anwenden, kommt dabei aber nicht immer zu zufriedenstellenden Ergebnissen.

78 Ein weiteres Problem entsteht durch die praktische **Unveränderbarkeit** des dezentralen Kontenbuchs.[100] Auf diese Weise wird die Durchsetzung von datenschutzrechtlich geforderten Lösch- und Berichtigungspflichten verhindert oder zumindest erschwert.

1. Personenbezogene Daten bei DLT-Transaktionen

79 Eine datenschutzrechtliche Relevanz entfalten DLT-Transaktionen nur, soweit dabei personenbezogene Daten verarbeitet werden. Im Falle des Einsatzes einer DLT-Plattform für den Zahlungsverkehr kann sich ein solcher Personenbezug in erster Linie zu den Inhabern der an der Transaktion beteiligten **Wallet-Adressen** ergeben. Alle Teilnehmer des Netzwerks nehmen mit einem öffentlichen Schlüssel am Netzwerk teil, welcher ein Pseudonym darstellt. Unter diesem Schlüssel können sie Transaktionen senden und empfangen. Dabei wird der Schlüssel in das dezentrale Kontenbuch zusammen mit weiteren Informationen zur Transaktion eingespeichert. Auf diese Weise lassen sich auch aktuelle Kontostände und die komplette Transaktionshistorie der einzelnen Wallet-Adressen ermitteln. Soweit eine natürliche Person als Inhaber einer Wallet-Adresse identifizierbar wird, ist ein

---

[97] Beispiel hierfür ist die Reaktion der Ethereum Foundation auf den DAO-Hack, bei welchem ein Hard Fork entschieden und durchgesetzt wurde.
[98] *Walch,* in: Hacker/Lianos/Dimitropoulos/Eich.
[99] Vgl. *Schwintowski/Klausmann/Kadgien,* NJOZ 2018, 1401 (1406). Näher zur Sachwalterhaftung *Hauck/Blaut,* NJW 2018, 1425 (1428 f.).
[100] Siehe hierzu bereits → B.II.10.

Personenbezug gegeben. Die **Identifizierbarkeit** ist gegeben, soweit die Verknüpfung zwischen Wallet-Adresse und Person mit vertretbarem Aufwand möglich ist.[101] Da im Peer-to-Peer-Netzwerk auch **IP-Adressen** der Teilnehmer einsehbar sind,[102] ist die Herstellung eines solchen Personenbezugs nicht ausgeschlossen. Zudem ist anzunehmen, dass die Verknüpfung zwischen einzelnen Wallet-Adressen und natürlichen Personen im Einzelfall auch auf andere Weise hergestellt werden kann.

2. Der Verantwortliche für die Verarbeitung von DLT-Transaktionen

Nach Art. 4 Nr. 7 DS-GVO ist Verantwortlicher die natürliche oder juristische Person, Behörde, Einrichtung oder andere Stelle, die alleine oder gemeinsam mit anderen über die Zwecke und Mittel der Verarbeitung von personenbezogenen Daten entscheidet. Eine Entscheidung liegt dann vor, wenn tatsächlicher Einfluss auf die Entscheidung genommen wird.[103] 80

Die bei einer DLT-Transaktion stattfindenden **Datenverarbeitungen** lassen sich in das **Absenden** der Transaktion durch den Sender, das **Auslesen** der Datenbestände des Kontenbuchs durch die Teilnehmer sowie die zur **Fortführung des Kontenbuchs** von den Nodes vorgenommen Speichervorgänge unterteilen. Während für das Absenden und Auslesen die jeweils tätige Stelle als verantwortliche Stelle identifiziert werden kann, ist die Frage nach der Verantwortlichkeit für die Speichervorgänge zur Fortführung des Kontenbuchs schwerer zu beantworten. 81

Die Schwierigkeit entsteht dadurch, dass unmittelbar keine Zentralinstanz als Kontrollstelle der stattfindenden Datenverarbeitungen identifiziert werden kann. In der Literatur wird daher überwiegend vertreten, dass all diejenigen, welche auf ihrem Rechner eine Kopie des Kontenbuchs halten **(Nodes),** als Verantwortliche anzusehen sind.[104] Die Nodes entscheiden sich, die zur Verfügung gestellte Software für die Verarbeitung der Daten einzusetzen. Da sie die hierfür eingesetzte Datenverarbeitungsanlage unter ihrer alleinigen Kontrolle haben, erscheint es nachvollziehbar, ihnen deshalb auch die Entscheidung über die Zwecke und Mittel der Verarbeitung zuzusprechen. Zweifel hieran könnten sich lediglich aus dem Umstand ergeben, dass die Nodes in aller Regel auf die Arbeitsweise der Software faktisch keinen Einfluss nehmen, sondern diese lediglich so einsetzen, wie es die Mehrheit der Nutzer verlangt. Insofern nehmen sie eine Rolle ein, die mehr der eines **Auftragsverarbeiters** entspricht. Es fehlt dann jedoch am verantwortlichen Auftraggeber. Auch in anderen Fällen des Einsatzes einer Software wird man jedoch den Anwender der Software für die dabei stattfindenden Datenverarbeitungen als Verantwortlichen einstufen müssen. 82

Teilweise werden die Nodes in der Gesamtheit als **gemeinsam Verantwortliche** nach Art. 26 DS-GVO gesehen.[105] Eine solche würde jedoch erfordern, dass die Entscheidung über Zwecke und Mittel der Datenverarbeitung von allen Nodes gemeinsam getroffen wird. Zwischen den Nodes ist jedoch ein solches kooperatives Zusammenwirken nicht erkennbar. Vielmehr ist von autonomen Entscheidungen auszugehen. Naheliegender ist daher die Annahme von eigenständig Verantwortlichen.[106] 83

---

[101] DS-GVO, Erwägungsgrund 26.
[102] Bei den IP-Adressen handelt es sich um personenbezogene Daten, *EuGH*, 19.10.2016 – C-582/14 Rn. 49.
[103] *Artikel-29-Datenschutzgruppe*, Stellungnahme 1/2010 zu den Begriffen „für die Verarbeitung Verantwortlicher" und „Auftragsverarbeiter", WP 169, 00264/10/DE, S. 15.
[104] *Bechtolf/Vogt*, ZD 2018, 66 (69); *Bitkom*, Blockchain und Datenschutz – Faktenpapier., S. 28 f.; *Martini/Weinzierl*, NVwZ 2017, 1251 (1253 f.); *Schrey/Thalhofer*, NJW 2017, 1431 (1433 f.).
[105] Vgl. *Schrey/Thalhofer*, NJW 2017, 1431 (1434).
[106] *Fraunhofer FIT*, Chancen und Herausforderungen von DLT (Blockchain) in Mobilität und Logistik, S. 135, abrufbar unter: https://www.bmvi.de/SharedDocs/DE/Anlage/DG/blockchain-gutachten.pdf?__blob=publicationFile.

84 Dieses Ergebnis ist insofern unbefriedigend, als dass der Betroffene seine Rechte gegen alle Nodes praktisch schwerlich geltend machen kann. Derzeit wird daher an **Lösungsansätzen** geforscht. Hierzu zählen die Einführung von Zentralstellen oder die in → B.III.7 ff. genannten technischen Mittel mit dem Ziel der Aufhebung des Personenbezugs der Transaktionen.[107]

3. Umsetzung von Lösch- und Berichtigungspflichten

85 Ein weiteres datenschutzrechtliches Problem ergibt sich hinsichtlich der Umsetzung der Lösch- und Berichtigungspflichten nach Art. 16 und 17 DS-GVO. Aufgrund der technisch bedingten praktischen **Unveränderbarkeit der DLT-Plattform** können einmal ins Kontenbuch eingepflegte Informationen nicht nachträglich gelöscht werden. Sofern nicht bereits eine Anonymisierung der im Kontenbuch gespeicherten Daten erfolgt ist, müssten auch hier alternative **technische Lösungen** gefunden werden. Als Beispiel wurde eine „Redactable Blockchain" vorgestellt.[108] Diese würde jedoch den Gedanken einer DLT-Plattform ohne kontrollierende Zentralstelle aufgeben.

4. Ausblick

86 Seit der Entstehung der ersten Kryptowährung auf Blockchain-Basis im Jahr 2008 waren auf diesem Gebiet viele Entwicklungen zu beobachten. Insbesondere im Rahmen der Kursrallye Ende 2017 gelangten Kryptowährungen und die zugrundeliegende Blockchain-Technologie in den Wahrnehmungsbereich der Öffentlichkeit und erfuhren so Verbreitung und Aufmerksamkeit. Für ein umfassendes Verständnis der Thematik ist eine enge Zusammenarbeit von Ökonomie, Technik und Rechtslehre erforderlich. Wir hoffen, mit diesem Buchkapitel einen verständlichen und gleichzeitig umfassenden Überblick über den aktuellen Stand des Diskurses sowie mögliche zukünftige Fragestellungen und Erkenntnisse geben zu können. Aus ökonomischer Perspektive sind gewichtige Unterschiede zwischen staatlich regulierten Währungen und Kryptowährungen ersichtlich, sowohl hinsichtlich zentraler geldtheoretischer Eigenschaften als auch ihrer technischen Umsetzung und der beteiligten Akteure. Aus technischer Sicht ist es besonders die Eigenschaft der bei allen Teilnehmern redundanten und synchronisierten Historie und der praktischen Unveränderbarkeit von Daten, die Kryptowährungen besonders machen und Herausforderungen hinsichtlich Skalierbarkeit und Datenschutz aufwerfen. Zudem bieten Kryptowährungen für Angreifer durchaus Angriffsvektoren, sei es über die Verwundbarkeit privater Wallets und damit verbundenem Diebstahl oder Verlust privater Schlüssel oder durch gezielte 51-%-Attacken, die insbesondere bei Vorhandensein mehrerer ähnlicher Proof-of-Work-Blockchains oder einem vergleichsweise hohen Zentralisierungsgrad der Rechenleistung drohen. Diese technischen Herausforderungen müssen mehrdimensional, aus sowohl technischer Sicht (Weiterentwicklung und Verbreitung von kryptographischen Methoden), aber auch ökonomischer Sicht (Anreizmechanismen, die ein faires Verhalten der Teilnehmer incentivieren) und rechtlicher Sicht (Regulierung), adressiert werden.

87 Aus rechtlicher Sicht ist insbesondere eine weitere Regulierung des Finanz- und Kapitalmarktrechts zu erwarten. So kann auf Unionsebene durch Anpassung der MiFiD II mehr Rechtssicherheit beim Umgang mit Token geschaffen werden. Gravierende Probleme können die mangelnden Rechtsbeziehungen zwischen den Teilnehmern von dezentra-

---

[107] Ausführlich dazu *Fraunhofer FIT,* Chancen und Herausforderungen von DLT (Blockchain) in Mobilität und Logistik, S. 135 ff., abrufbar unter: https://www.bmvi.de/SharedDocs/DE/Anlage/DG/blockchain-gutachten.pdf?__blob=publicationFile.

[108] Siehe *Ateniese/Magri/Venturi/Andrade,* EuroS&P 2017, 111 ff. Ebenfalls vorgeschlagen wird es von *Martini/Weinzierl,* NVwZ 2017, 1251 (1256 f.); *Marnau* in Eibl/Gaedke, Die Blockchain im Spannungsfeld der Grundsätze der Datenschutzgrundverordnung, S. 1025 (1030); *Bechtolf/Vogt,* ZD 2018, 66 (70); *Finck,* EDPL 2018, 17 (31).

len Netzwerken bereiten. Derzeit muss davon ausgegangen werden, dass bei der Nutzung von Kryptowährungen auf public permissionless DLT-Plattformen keine rechtlichen oder finanziellen Ansprüche gegen Entwickler oder andere Teilnehmer bestehen, womit die Teilnahme allein im Vertrauen auf die Funktionsfähigkeit der Technologie erfolgt. Weitere Hürden für den rechtssicheren Einsatz von Kryptowährungen stellt auch das Datenschutzrecht. In public permissionless DLT-Plattformen werden datenschutzkonforme Transaktionen nur möglich sein, wenn auf die Speicherung personenbezogener Daten im dezentralen Kontenbuch gänzlich verzichtet wird; eine Anforderung, die indes große technische Herausforderungen birgt.

Die enorme Spannweite der Thematik erschwert das Aufzeigen einer umfassenden, globalen Sicht. Kryptowährungen und die Blockchain-Technologie beinhalten viele weitere relevante Themen und weisen Schnittpunkte zu vielfältigen Einsatzgebieten auf. Wertvolle Ergänzungen zu unseren Ausführungen bieten alternative Konsensmechanismen, die die Nachteile von Proof-of-Work adressieren jenseits des beschriebenen Proof-of-Stake. Hier gibt es zahlreiche weitere Alternativen, die jeweils spezifische Eigenschaften innehaben, die entsprechend des Anwendungsfalles abzuwägen und auszuwählen sind. Weitere Berücksichtigung sollten Weiterentwicklungen von Kryptowährungen finden, bei denen die wichtigsten und datenschutzrechtlich relevanten Kennzahlen von Transaktionen, wie etwa die Menge an übertragener Kryptowährung, deren Absender oder deren Empfänger, mittels kryptographischer Methoden verschleiert oder vollkommen unkenntlich gemacht werden. Bekannte Beispiele für solche Kryptowährungen sind etwa Monero oder Z-Cash. Auch die Ausführung von Programmierlogik, sogenannte Smart Contracts,[109] wie sie bei manchen Kryptowährungen wie beispielsweise Ethereum möglich sind, bietet zahlreiche Besonderheiten, deren ökonomische, technische und rechtliche Betrachtung wertvoll für die zukünftige Forschung und Entwicklung sein kann.

Es bleibt festzuhalten, dass das Themengebiet Kryptowährungen sowohl aus ökonomischer und technischer als auch aus rechtlicher Perspektive noch weiterer Forschung bedarf. Fortschritte auf den Gebieten beeinflussen sich hier sehr stark gegenseitig, so dass eine intensive Zusammenarbeit von Experten anzustreben ist.

---

[109] Vgl. dazu auch → Teil 9.5 in diesem Handbuch.

Teil 16.2 Besteuerung von Gewinnen

Übersicht

	Rn.
A. Einleitung	1
B. Abgrenzung zwischen Gewerbebetrieb (gewerblichem Kryptohandel) und privater Vermögensverwaltung	9
C. Besteuerung von Gewinnen aus der Veräußerung von Kryptowährungen im Privatvermögen	30
I. Originärer Erwerb von Kryptowährungen mittels Mining	33
II. Derivativer Erwerb von Kryptowährungen	41
1. Derivativer Erwerb über Kryptobörsen	43
2. Derivativer Erwerb über Termingeschäfte mit Kryptowährungen	46
3. Derivativer Erwerb mittels Staking und Masternodes?	47
4. Derivativer Erwerb durch Lending?	49
5. Derivativer Erwerb durch Airdrop oder Faucet?	52
6. Derivativer Erwerb durch Abspaltung mittels Hard Fork?	54
III. Besteuerung von Veräußerungsgewinnen bei Vorliegen einer Anschaffung	60
1. Begriff der Veräußerung	60
2. Berechnung des Veräußerungsgewinns	61
3. Berechnung der steuerrelevanten Haltefrist	65
4. Dokumentation der Transaktionen durch den Steuerpflichtigen	69
5. Verfassungswidrigkeit der Besteuerung von Veräußerungsgewinnen?	70
D. Die Besteuerung von Gewinnen aus Kryptowährungen im Betriebsvermögen	73
E. Umsatzsteuerliche Aspekte	88

Literatur:

Beck'sches Steuer- und Bilanzrechtslexikon, Stand 1.4.2019, Kryptowährung; *Brinkmann/Meseck,* Besteuerung von Kryptowährungen im Privatvermögen in Deutschland, RdF 2018, 231; *Dietsch,* Umsatzsteuerliche Einordnung von Initial Coin Offerings, MwStR 2018, 546; *Dürr,* Bitcoin-Einheiten als Sachzuwendungen – eine Analyse, NWB 2019, 2556; *Eckert,* Steuerliche Betrachtung elektronischer Zahlungsmittel am Beispiel sog. Bitcoin-Geschäfte, DB 2013, 2108, DB 2019, 488; *Ernstberger/Keiling/Reuter/Romeike,* Anwendungsfälle der Blockchain-Technologie in Rechnungswesen und Wirtschaftsprüfung, WPg 2019, 488; *Hakert/Kirschbaum,* Ether Classic und Bitcoin Cash: Bilanzierung und Besteuerung von Kryptowährungen aus einer Hard Fork, DStR 2018, 881; *Heuel/Matthey,* Im Privatvermögen gehaltene Kryptowährungen (I), EStB 2018, 263; *dies.,* Spezialfälle und Abgrenzungskriterien zur Gewerblichkeit, EStB 2018, 300; *dies.,* Im Betriebsvermögen gehaltene Kryptowährungen, EStB 2018, 342; *dies.,* Steuerliche Behandlung von Kryptowährungen im Privatvermögen NWB 2018, 1037; *Hötzel,* Virtuelle Währungen im System des deutschen Steuerrechts, 2018, 210 ff.; *Kanders/Thonemann-Micker/Gräfe,* Geschäfte mit Kryptowährungen – Abgrenzung zwischen Gewerbebetrieb und Vermögensverwaltung und weitere Problemstellungen aus Anlegerperspektive, ErbStB 2018, 145; *Kraus/Blöchle,* Einkommensteuerliche Behandlung von direkten und indirekten Investments in Kryptowährungen, DStR 2018, 1210; *Krüger,* Kryptowährungen: Gewinne aus Token-Verkäufen als Einkünfte aus privaten Veräußerungsgeschäften, BB 2018, 1887; *Lutzenberger,* Die Besteuerung von Bitcoin und sonstigen Blockchain-Währungen, GmbHR 2018, 794; *Martini/Weinzierl,* Die Blockchain-Technologie und das Recht auf Vergessenwerden, NVwZ 2017, 1251; *Pielke,* Besteuerung digitaler Währungen – Steuerliche Aspekte von Bitcoin und anderen blockchain basierten Zahlungsmitteln, IWB 2018, 234; *Pinkernell,* Digitale Wirtschaft – Aktuelle Themen aus Beratungspraxis und Steuerpolitik, Ubg 2018, 139; *ders.,* Ertrags- und umsatzsteuerliche Behandlung von Bitcoin-Transaktionen, Ubg 2015, 19; *Prinz/Ludwig,* Bitcoins, ICOs und Token – Neue Welten im Steuerbilanzrecht? StuB 2019, 257; *Reiter/Nolte,* Bitcoin und Krypto-Assets – ein Überblick zur steuerlichen Behandlung beim Privatanleger und im Unternehmen, BB 2018, 1179; *Reiter/Massoner,* Privatinvestments in Kryptowährungen – Update zur internationalen Besteuerung in Deutschland und Österreich, ISR 2018, 424; *Richter/Augel,* Zur Besteuerung abgespaltener Bitcoin Cash, FR 2018, 308; *Schiemzik/Kübler,* Neue Finanz- und Krypto-Geschäftsmodelle im Fokus der Finanzaufsicht, NWB 2018, 2038; *Schlund/Pongratz,* Distributed-Ledger-Technologie und Kryptowährungen – eine rechtliche Betrachtung, DStR 2018, 598; *Schroen,* Sind „Bitcoin und Co." Wirtschaftsgüter gemäß der gefestigten BFH Rechtsprechung?, DStR 2019, 1369; *ders.,* Besteuerung von „Bitcoin & Co." verfassungswidrig? NWB 2019, 2084; *Stein/Lupberger,* Bitcoins in der Erbschaftssteuer – Gibt es am Ende eine Bitcoin-GmbH?, DStR 2019, 311; *Weiss,* Zivilrechtliche Grundlagenprobleme von Blockchain und Kryptowährungen, JuS 2019, 1050; *Weitnauer,* Handbuch Venture Capital, 6. Aufl. 2019; *Zickgraf,* Initial Coin Offerings – Ein Fall für das Kapitalmarktrecht? AG 2018, 293.

A. Einleitung

Mit Kryptowährungen, insbesondere mit den bekanntesten, Bitcoin und Ether, haben Anleger in den vergangenen Jahren beträchtliche Gewinne erzielt.[1] Dabei stellt sich nicht nur für die in Kryptowährungen investierenden Anleger und deren Berater, sondern auch für die Finanzverwaltung die Frage, wie eine solche Investmenttätigkeit steuerlich zu behandeln ist.[2] 1

Neben Bitcoin und Ether haben sich aber weitere Kryptowährungen entwickelt, die sich in Bezug auf ihre technische Funktionsweise und Einsatzzwecke deutlich unterscheiden. Die zwischen den einzelnen Kryptowährungen bestehenden Unterschiede sind für die steuerliche Würdigung zwar oft – aber nicht in allen Fällen – unbeachtlich[3] und dort, wo es auf sie ankommt, können sie die steuerrechtliche Einstufung und Beurteilung erheblich erschweren. 2

Mit Kryptowährungen können grundsätzlich Einkünfte aus Gewerbebetrieb (§ 15 EStG), Einkünfte aus sonstigen Leistungen (§ 22 Nr. 3 EStG), Einkünfte aus Kapitalvermögen (§ 20 EStG) oder Einkünfte aus privaten Veräußerungsgeschäften (§ 23 Abs. 1 Nr. 2 EStG) erzielt werden.[4] 3

Die folgenden Ausführungen befassen sich schwerpunktmäßig mit der nationalen Besteuerung von Gewinnen aus der Veräußerung von **reinen Kryptowährungen.** Die **Currency Token**[5] sind dadurch gekennzeichnet, dass dem Token – Inhaber neben dem Eigentum an den Token selbst keine weitergehenden Rechtspositionen verschafft werden,[6] sondern diesem hauptsächlich als Zahlungsmittel dienen (deswegen auch als „Payment Token" bezeichnet).[7] 4

Hiervon abzugrenzen sind Token, die dem Inhaber die (vergünstigte) Nutzung oder den Erwerb von spezifischen Dienstleistungen oder Produkten ermöglichen, Stimmrechte (zB bei der Umsetzung eines Geschäftsmodells) verleihen oder Ansprüche auf künftige Einnahmen gewähren (sog. Utility Token bzw. Investment Token).[8] Die Entwicklung weiterer Geschäftsmodelle im Zusammenhang mit der Funktionalität von Token, zB die Verkörperung von Gesellschaftsrechten (Aktien, Geschäftsanteilen) durch Token (sog. „Equity Token") ist derzeit noch im Fluss und bleibt abzuwarten.[9] 5

Entscheidend für die Beurteilung der Ertragsbesteuerung von Gewinnen aus der Veräußerung von Kryptowährungen ist zunächst, ob diese dem **Betriebsvermögen** oder dem **Privatvermögen** des Veräußerers zuzurechnen sind. Diese Frage der Zugehörigkeit stellt sich vor allem dann, wenn private Anleger oder eine nicht gewerblich tätige oder gewerblich geprägte Personengesellschaft mit Kryptowährungen handeln (Kauf und Verkauf von Kryptowährungen).Für diese Anleger entscheidet sich die Zugehörigkeit der Kryptowährung zu ihrem Betriebsvermögen danach, ob sie bei dem Handel mit Kryptowährung die **Grenze privater Vermögensverwaltung** überschreiten und damit einen gewerblichen Handel mit Kryptowährungen betreiben, der dazu führt, dass der Gegenstand des Handels zwingend dem Betriebsvermögen zuzuordnen ist. Relevant wird diese Abgrenzung nicht 6

---

[1] *Heuel/Matthey,* EStB 2018, 264.
[2] *Kanders/Thonemann-Micker/Gräfe,* ErbStB 2018, 145.
[3] *Heuel/Matthey,* EStB 2018, 264.
[4] BT-Drs. 17/14062, 25.
[5] Hierbei handelt es sich um Token, die als Zahlungsmittel ua für außerhalb der Token-Plattform angebotene Waren und Dienstleistungen eingesetzt werden und somit als dezentrale Währung dienen, vgl. *Weitnauer,* Handbuch Venture Capital, Rn. 110, ferner https://cryptocurrencyfacts.com/what-is-a-cryptocurrency-token/.
[6] *Krüger,* BB 2018, 1887 (1888).
[7] *Brinkmann/Meseck,* RdF 2018, 231 (233).
[8] *Brinkmann/Meseck,* RdF 2018, 231 (233).
[9] *Brinkmann/Meseck,* RdF 2018, 231 (233).

nur bei Direktanlagen dieses Anlegerkreises, sondern auch bei Beteiligungen an geschlossenen oder offenen Fonds (geschlossene oder offene Alternative Investmentfonds (AIFs)).[10]

7 Handelt es sich bei der Veräußerung von Kryptowährungen noch um einen Fall der privaten Vermögensverwaltung, beurteilt sich die weitere Besteuerung nach dem einschlägigen Besteuerungstatbestand innerhalb der Überschusseinkünfte des Einkommensteuersystems (§ 2 S. 1 Abs. 2 Nr. 2 EStG iVm Abs. 1 S. 1 Nr. 4−7 EStG).

8 Im Gegensatz dazu liegen immer steuerpflichtige gewerbliche Betriebseinnahmen vor, wenn eine Kapitalgesellschaft, eine gewerblich tätige oder gewerblich geprägte Personengesellschaft oder ein gewerbliches Einzelunternehmen mit Kryptowährungen handelt.[11] Verluste resultierend aus dem Handel mit Kryptowährungen sind korrespondierend als Betriebsausgaben abziehbar. Die Gewinne aus dem gewerblichen Kryptoinvestment unterliegen auch der Gewerbesteuer.

B. Abgrenzung zwischen Gewerbebetrieb (gewerblichem Kryptohandel) und privater Vermögensverwaltung

9 Zur Abgrenzung zwischen privater Vermögensverwaltung und gewerblichem Handel mit Kryptowährungen hat bislang weder die Finanzverwaltung klar Stellung genommen noch liegt eine einschlägige finanzgerichtliche Rechtsprechung vor, die als Orientierung zur Klärung dieser Rechtsfrage dienen könnte.

10 Es existiert lediglich ein Erlass der FinMin. Hamburg vom 11.12.2017,[12] der erstmals Aussagen einer Finanzverwaltung zur ertragsteuerlichen Behandlung des Handels mit Bitcoins auf der privaten Vermögensebene enthält. Daraus lässt sich aber nicht folgern, dass die Finanzverwaltung bei Geschäften mit Kryptowährungen regelmäßig von einer privaten Vermögensverwaltung ausgeht,[13] da in diesem kurzen Erlass keinerlei Aussagen zu dieser Abgrenzungsfrage getroffen worden sind.

11 Diese Abgrenzung ist daher anhand der allgemeinen Grundsätze zur Abgrenzung zwischen Gewerbebetrieb und privater Vermögensverwaltung vorzunehmen.[14] Ausgangspunkt ist dabei § 15 Abs. 2 EStG. Danach ist ein Gewerbetrieb gegeben, wenn eine selbständige nachhaltige Betätigung vorliegt, die mit Gewinnerzielungsabsicht unternommen wird und sich als Beteiligung am allgemeinen wirtschaftlichen Verkehr darstellt und weder als Ausübung von Land- und Forstwirtschaft noch als Ausübung eines freien Berufs noch als eine andere selbständige Tätigkeit anzusehen ist. Als weiteres von der Rechtsprechung entwickeltes, ungeschriebenes negatives Tatbestandsmerkmal darf die jeweilige Betätigung nicht mehr als **private Vermögensverwaltung** anzusehen sein.[15]

12 Eine private Vermögensverwaltung liegt im Allgemeinen vor, wenn sich die Betätigung noch als Nutzung von Vermögen im Sinne einer Fruchtziehung aus zu erhaltenden Substanzwerten darstellt und die Ausnutzung substanzieller Vermögenswerte durch Umschichtung nicht entscheidend in den Vordergrund tritt.[16] Maßgebend ist dabei auf das Gesamtbild der Verhältnisse und die Verkehrsanschauung abzustellen; die einzelnen Kriterien sind im Zusammenhang zu würdigen.[17]

---

[10] Zur Unterscheidung und steuerlichen Behandlung von geschlossenen oder offenen AIFs *Krauß/Blöchle*, DStR 2018, 1210 unter 3.1 und 3.4.
[11] *Krauß/Blöchle*, DStR 2018, 1210 (1211).
[12] *FinMin. Hamburg*, DStR 2018, 527.
[13] *Krauß/Blöchle*, DStR 2018, 1210 (1211); *Kanders/Thonemann-Micker/Gräfe*, ErbStB 2018, 145 (146).
[14] *Kanders/Thonemann-Micker/Gräfe*, ErbStB 2018, 145 (146).
[15] *BFH (Großer Senat)*, 25.6.1984 – GrS 4/82, BStBl II 1984, 751; *BFH*, 28.9.2017 – IV R/50/15, BStBl II 2018, 89.
[16] *Krauß/Blöchle*, DStR 2018, 1210 (1211); *BFH*, 10.12.2001 – GrS 1/98, BStBl II 2002, 291.
[17] *BFH*, 10.12.2001 – GrS 1/98, BStBl II 2002, 291.

B. Abgrenzung zwischen Gewerbebetrieb und privater Vermögensverwaltung

Für die Rechtsprechung entscheidet sich die Abgrenzung danach, ob die konkret zu beurteilende Tätigkeit noch dem Bild entspricht, das nach der Verkehrsanschauung einen Gewebebetrieb ausmacht und einer privaten Vermögensverwaltung fremd ist.[18] Dabei orientiert sich die Rechtsprechung an unmittelbar bereits bestehenden Berufsbildern, die nachweislich dem Bild eines Gewerbebetriebs entsprechen und prüft, ob die konkret zu beurteilende Tätigkeit einem solchen bereits existierenden Berufsbild entspricht.[19]

Dabei differenzieren die Gerichte und die Finanzverwaltung nach der Art des Anlagegegenstandes sowie den Modalitäten der jeweiligen Anlageform wie der Einfachheit und Häufigkeit des Umschlages des jeweiligen Anlageguts (zB Wertpapiere, Gold oder Grundstücke).[20]

Zunächst wäre es naheliegend, sich zur Einstufung eines möglichen gewerblichen Kryptowährungshandels an dem typischen Berufsbild eines gewerblichen Kryptowährungshändlers in Abgrenzung zur typischen Vermögensverwaltung in diesem Anlagebereich zu orientieren.[21] Der Handel mit Kryptowährungen entwickelt sich aber erst und existiert noch nicht lange genug, um bereits jetzt nach der Verkehrsanschauung ein greifbares typisches Berufsbild eines gewerblichen Kryptowährungshändlers zu zeichnen, das als Abgrenzungskriterium zur privaten Vermögensverwaltung geeignet ist.

Solange sich nach der Verkehrsanschauung noch kein typisches Berufsbild im Bereich des gewerblichen Kryptowährungshandels herausgebildet hat, werden in der Literatur und im Schrifttum die von der Rechtsprechung herausgearbeiteten Kriterien zur Bestimmung eines gewerblichen **Wertpapierhändlers** oder **Goldhändlers** für die Abgrenzung beim Handel mit Kryptowährungen entsprechend herangezogen, da der schnelle wie einfache Marktzugang per Internet hinsichtlich der Abwicklung von Kryptowährungs-Investments und das Spekulieren auf Wertsteigerungen für eine strukturelle Vergleichbarkeit von Kryptowährungs-Investments mit einer Anlage in Wertpapiere und Rohstoffe wie Gold sprechen.[22]

Ein gewerblicher Wertpapierhandel soll nach der Rechtsprechung nur dann vorliegen, wenn die zu beurteilende Tätigkeit dem Leitbild eines Wertpapierhandelsunternehmens (Handeln für fremde Rechnung) oder eines Finanzunternehmens (Handeln für eigene Rechnung) als Haupttätigkeit und ohne Zwischenschaltung von Banken iSd KWG entspricht.[23] Dabei wurden von der Rechtsprechung Indizien für den An- und Verkauf von Wertpapieren entwickelt, bei deren Vorliegen ein gewerblicher Wertpapierhandel vorliegen kann. Abzustellen ist dabei wiederum auf das Gesamtbild der Umstände, sodass das Vorliegen eines dieser Indizien für sich noch nicht für die Annahme der Gewerblichkeit der Tätigkeit ausreicht.[24]

> Indizien für einen gewerblichen Wertpapierhandel sind ua[25]
> - das Unterhalten eines Büros oder einer Organisation zur Durchführung von Geschäften,
> - die Ausnutzung des Marktes unter Einsatz beruflicher Erfahrung,
> - das Anbieten von Wertpapiergeschäften gegenüber einer breiteren Öffentlichkeit,
> - die Fremdfinanzierung, das Ausnutzen von Kursdifferenzen ohne Einsatz eigenen Vermögens in „banktypischer" Weise.

---

[18] *Kanders/Thonemann-Micker/Gräfe*, ErbStB 2018, 145 (146); BFH, 10.12.2001 – GrS 1/98, BStBl II 2002, 291.
[19] BFH, 30.7.2003 – XR 7/99, BStBl. II 2004, 408; BFH, 19.1.2017 – IV R50/14, BStBl. II 2017, 456; vgl. auch *Kanders/Thonemann-Micker/Gräfe*, ErbStB 2018, 145 (146).
[20] BFH, 30.7.2003 – XR 7/99, BStBl. II 2004, 408; BFH, 19.1.2017 – IV R50/14, BStBl. II 2017, 456; vgl. auch *Krauß/Blöchle*, DStR 2018, 1210 (1211) mwN in Fn. 16.
[21] *Kanders/Thonemann-Micker/Gräfe*, ErbStB 2018, 145 (146).
[22] *Krauß/Blöchle*, DStR 2018, 1210 (1211, 1212); *Kanders/Thonemann-Micker/Gräfe*, ErbStB 2018, 145 (146 ff.); *Krüger*, BB 2018, 1887 (1888 ff.); Beck'sches Steuer- und Bilanzrechtslexikon, Stand 1.4.2019, Kryptowährung, Rn. 10.
[23] BFH, 19.8.2009 – III R 31/07, BFH NV 2010, 844; vgl. auch *Krumm*, in Kirchhof, EStG, § 15 Rn. 131a.
[24] BFH, 20.12.2000 – X R 1/97, BStBl. II 2001, 706.
[25] *Krumm*, in Kirchhof, EStG, § 15 Rn. 135a.

19   Dagegen sind häufige Umschichtungen, selbst im erheblichen Umfang, beim Wertpapierhandel alleine noch nicht ausreichend um die Gewerblichkeit zu begründen, da nach der Verkehrsauffassung die häufige Umschichtung in der Natur des Wertpapierhandels liegt und noch zur privaten Vermögensverwaltung gehört.[26]

20   Im Gegensatz dazu hat der BFH in einer jüngeren Entscheidung[27] zum Goldhandel die zum gewerblichen Wertpapierhandel entwickelten Indizien als nicht oder nur eingeschränkt auf den Goldhandel anwendbar erklärt. Dabei kann nach Ansicht des BFH mangels staatlicher Regulierung des Goldhandels und mangels gesetzlicher, den Goldhandel betreffender Vorschriften, nicht auf ein gesetzlich vorgegebenes Leitbild zurückgegriffen werden, sodass sich der BFH bei der Abgrenzung an den artspezifischen Besonderheiten des handelbaren Wirtschaftsguts Gold orientiert.[28]

21   Der BFH misst im Wesentlichen zwei Kriterien eine hohe Indizwirkung für die Annahme eines gewerblichen Goldhandels bei.[29] Für das Vorliegen eines Gewerbebetriebs können die Anzahl der getätigten Geschäfte, insbesondere der kurzfristige und häufige Umschlag von Gold und der Einsatz erheblicher Fremdmittel zur Erreichung einer Hebelwirkung, entscheidende Kriterien sein.[30] Darüber hinaus kommen für den BFH noch die konkrete Ausgestaltung des Geschäftsbetriebes und das Volumen einzelner oder der insgesamt getätigten Geschäfte als zusätzliche Kriterien für die Annahme eines gewerblichen Goldhandels hinzu.[31] Für den BFH ist es hingegen nicht ausschlaggebend, ob Goldgeschäfte auch für Rechnung Dritter getätigt werden, weil in Abgrenzung zum gewerblichen Dienstleister, das Bild des Handelns typischerweise dem Tätigwerden für eigene Rechnung entspricht.[32]

22   Welche der oben beschriebenen, für den Gold- und Wertpapierhandel entwickelten Rechtsprechungskriterien für die Beurteilung eines möglichen gewerblichen Kryptowährungshandels herangezogen werden können, hat sich an den artspezifischen Charakteristika von Kryptowährungen zu orientieren.

23   So ist zunächst festzustellen, dass Anleger, die in Kryptowährungen bzw. -anlagen investieren, häufig typischerweise ihre Bestände umschichten, um damit vermeintlich schlechtere Anlagen gegen solche mit besseren Erwartungen einzutauschen, denn der verbreitete Handel mit Kryptowährungen zielt auf die Ausnutzung von Kursunterschieden zur Realisierung eines Kursgewinnes ab und ist damit typischerweise, wie beim Wertpapierhandel, durch Umschichtungen gekennzeichnet.[33] Aufgrund der hohen Volatilität der einzelnen Währungskurse ist es typisch für den Handel mit Kryptowährungen, dass Anleger ihre erworbenen Kryptowährungen teils nach kurzer Haltedauer durch Tausch in andere Kryptowährungen umschichten.[34]

24   Das Kriterium der Umschichtungshäufigkeit ist deshalb bei Kryptowährungen wie auch beim Wertpapierhandel nicht geeignet, eine Gewerblichkeit der Tätigkeit zu begründen.[35] Es sind deshalb auch umfangreiche Kryptogeschäfte mit hoher Umschlaghäufigkeit, ohne Vorliegen weiterer für eine Gewerblichkeit sprechender Indizien, noch der Privatsphäre des Anlegers zuzuordnen.[36]

---

[26] *Krüger*, BB 2018, 1887 (1889); *Kanders/Thonemann-Micker/Gräfe*, ErbStB 2018, 145 (146).
[27] *BFH*, 19.1.2017 – IV R50/14, BStBl II 2017, 456.
[28] *BFH*, 19.1.2017 – IV R50/14, BStBl II 2017, 456.
[29] *BFH*, 19.1.2017 – IV R50/14, BStBl. II 2017, 456; vgl. ferner *Kanders/Thonemann-Micker/Gräfe*, ErbStB 2018, 145 (147).
[30] *Kanders/Thonemann-Micker/Gräfe*, ErbStB 2018, 145 (147).
[31] *BFH*, 19.1.2017 – IV R50/14, BStBl II 2017, 456.
[32] *Kanders/Thonemann-Micker/Gräfe*, ErbStB 2018, 145 (147); *BFH*, 19.1.2017 – IV R50/14, BStBl II 2017, 456.
[33] *Kanders/Thonemann-Micker/Gräfe*, ErbStB 2018, 145 (147, 148).
[34] *Krüger*, BB 2018, 1887 (1889).
[35] *Kanders/Thonemann-Micker/Gräfe*, ErbStB 2018, 145 (147).
[36] *Krauß/Blöchle*, DStR 2018, 1210 (1212).

Ebenso wenig ist das von der Rechtsprechung zum gewerblichen Goldhandel entwickelte Kriterium des Fremdkapitaleinsatzes für sich allein beim Kryptowährungshandel maßgeblich, um eine Gewerblichkeit zu begründen, da es sowohl im Bereich der privaten Vermögensanlage mit Wertpapieren als auch bei Kryptowährungsgeschäften durchaus üblich ist, Fremdkapital einzusetzen und dies somit gerade nicht dem Berufsbild eines gewerblichen Wertpapier- bzw. Kryptowährungshändlers entspricht.[37] 25

Eine Gewerblichkeit des Kryptowährungshandels kann aber bei Vorliegen der anderen von der Rechtsprechung zum Wertpapierhandel entwickelten Kriterien gegeben sein, insbesondere wenn ein Anleger entgeltlich Krypto-Investments auch für andere Anleger ausführt (entgeltliches Tätigwerden für fremde Rechnung)[38] oder sich selbst an den breiten Markt wendet,[39] indem er den Handel nicht über eine Depotbank abwickelt, sondern selbst Kontrahenten sucht und der Anleger damit unmittelbar gegenüber den Marktteilnehmern tätig wird.[40] Das Unterhalten einer professionellen „händlertypischen" Organisationsstruktur und Büroorganisation kann ergänzend zu den anderen Kriterien die Indizien für das Vorliegen einer gewerblichen Betätigung verstärken. Dieses Kriterium hat aber aufgrund der Möglichkeit den An- und Verkauf von Wertpapieren und Kryptowährungen über herkömmliche Computer abzuwickeln, an Bedeutung und Aussagekraft verloren.[41] 26

Aufgrund dieser hohen Hürden wird nur selten bei Vorliegen besonderer Fälle ein gewerblicher Kryptowährungshandel begründbar sein.[42] Die von Privatleuten getätigten Geschäfte im Bereich des Kryptowährungshandels werden daher regelmäßig nicht im Rahmen einer gewerblichen Tätigkeit erfolgen, selbst wenn dabei eine Vielzahl einzelner Transaktionen und Vermögensumschichtungen unter Einsatz von Fremdmitteln ausgeführt werden.[43] 27

Handelt es sich nach den oben beschriebenen Grundsätzen beim Handel (An- und Verkauf) von Kryptowährungen noch um einen Fall von privater Vermögensverwaltung bzw. ist der Veräußerer auch keine Kapitalgesellschaft oder gewerblich tätige oder gewerblich geprägte Personengesellschaft, so richtet sich die Besteuerung der Veräußerungsgewinne nach dem einschlägigen Besteuerungstatbestand innerhalb der Überschusseinkünfte des deutschen Einkommensteuersystems.[44] 28

In zweifelhaften Einzelfällen mag es empfehlenswert sein, um Rechtssicherheit zu erlangen, einen Antrag auf Erteilung einer verbindlichen Auskunft (§ 89 Abs. 2 AO) beim zuständigen Finanzamt zu stellen.[45] 29

C. Besteuerung von Gewinnen aus der Veräußerung von Kryptowährungen im Privatvermögen

Mangels der Einstufung und Definition von Kryptowährungen als gesetzliches Zahlungsmittel und mangels Fremdwährungscharakter sind Kryptowährungen nicht dem in § 20 Abs. 1, 2 EStG genannten Katalog der Nutzungsüberlassungen von Kapitalvermögen oder Gesellschaftsanteilen zuzuordnen,[46] sodass es sich bei den Erträgen aus Kryptowährungen 30

---

[37] *Kanders/Thonemann-Micker/Gräfe*, ErbStB 2018, 145 (148).
[38] BFH, 30.7.2003 – X R 7/99, BStBl II 2007, 408; *Krauß/Blöchle*, DStR 2018, 1210 (1212).
[39] *Krauß/Blöchle*, DStR 2018, 1210 (1212).
[40] *Kanders/Thonemann-Micker/Gräfe*, ErbStB 2018, 145 (148).
[41] *Kanders/Thonemann-Micker/Gräfe*, ErbStB 2018, 145 (149).
[42] *Krauß/Blöchle*, DStR 2018, 1210 (1212).
[43] *Kanders/Thonemann-Micker/Gräfe*, ErbStB 2018, 145 (149); ebenso *Krauß/Blöchle*, DStR 2018, 1210 (1212); *Krüger*, BB 2018, 1887 (1889).
[44] *Krüger*, BB 2018, 1887 (1889).
[45] *Krauß/Blöchle*, DStR 2018, 1210 (1212).
[46] Beck'sches Steuer- und Bilanzrechtslexikon, Stand 1.4.2019, Kryptowährung Rn. 10; *Eckert*, DB 2013, 2108 (2110); *Reiter/Nolte*, BB 2018, 1179 (1180).

im Privatvermögen nicht um Einkünfte aus Kapitalvermögen handelt.[47] Wertentwicklungen bei Kryptowährungen im Privatvermögen werden regelmäßig nur punktuell durch Gewinn oder Verlust realisiert.[48]

31 Sofern keine indirekten Investments mit Kryptowährungen in derivative Finanzinstrumente oder Zertifikate vorliegen und deshalb eine Qualifikation der Einkünfte aus der Veräußerung von Kryptowährungen als Einkünfte aus Kapitalvermögen nach § 20 EStG grundsätzlich ausscheidet, bleibt dabei nur ein Rückgriff auf die subsidiäre Besteuerung der Veräußerungsgewinne als sonstige Einkünfte aus privaten Veräußerungsgeschäften nach §§ 22 Nr. 2, 23 Abs. 1 S. 1 Nr. 2 EStG.[49]

32 Eine Kryptowährung, als nicht körperlicher Gegenstand, ist kein Gegenstand des täglichen Gebrauchs, sodass die Ausnahme von der Besteuerung als privates Veräußerungsgeschäft nach § 23 Abs. 1 S. 1 Nr. 2 S. 2 EStG nicht einschlägig ist.[50] Der Gewinn aus der Veräußerung der Kryptowährung ist als privater Veräußerungsgewinn daher steuerpflichtig, wenn zwischen der Anschaffung und der Veräußerung der Kryptowährung nicht mehr als ein Jahr liegt.[51] Voraussetzung ist somit, dass ein Anschaffungs- und ein Veräußerungsvorgang gegeben sind.[52] **Anschaffung** iSv § 23 EStG ist der entgeltliche Erwerb eines Wirtschaftsguts als rechtlicher oder wirtschaftlicher Eigentümer von einem Dritten,[53] dabei ist grundsätzlich der Zeitpunkt des Abschlusses des schuldrechtlichen Verpflichtungsgeschäftes maßgeblich für die Fristberechnung.[54] Wie sogleich noch gezeigt, erfolgt die Anschaffung von Kryptowährungen regelmäßig entgeltlich, entweder gegen Hingabe eines gesetzlichen Zahlungsmittels (sog. Fiatgeld) oder im Tausch gegen andere Kryptowährungen untereinander.[55] Durch einen Tausch zwischen zwei verschiedenen Kryptowährungen wird die hingegebene Kryptowährung veräußert und gleichzeitig die dafür erhaltene angeschafft.[56] Bevor darauf in → Rn. 41 ff. näher eingegangen wird, soll aber zunächst der originäre Erwerb von Kryptowährungen mittels Mining betrachtet und die Frage beantwortet werden, ob auch darin eine steuerrelevante Anschaffung von Kryptowährungen gesehen werden kann.

I. Originärer Erwerb von Kryptowährungen mittels Mining

33 Beim **Mining** wird die virtuelle Währung durch Rechenleistung und den zugrundeliegenden Algorithmus selbst erzeugt (originärer Erwerb). Dabei bedeutet Mining, dass die Betreiber von Rechnern für ihren Einsatz an Rechnerkapazität im Rahmen einer Blockchain, die eine wachsende Liste von Transaktionsdatensätzen, vergleichbar mit einem dezentral geführten Kassenbuch, beinhaltet, neu geschaffene virtuelle Währungen (den sog. **Block Reward**) und Transaktionsgebühren in der jeweiligen virtuellen Währung als Gegenleistung erhalten.[57] Es ist also zu unterscheiden zwischen Block Reward und der Transaktionsgebühr. Bei den im Rahmen des Block Rewards erhaltenen Coins liegt **kein An-**

---

[47] *Heuel/Matthey*, EStB 2018, 263 (265).
[48] Beck'sches Steuer- und Bilanzrechtslexikon, Stand 1.4.2019, Kryptowährung Rn. 10; *Reiter/Massoner*, ISR 2018, 424 (425).
[49] *Krüger*, BB 2018, 1887 (1889); FinMin. Hamburg, 11.12.2017, DStR 2018, 527; FG Berlin-Brandenburg, 20.6.2019 – 13 V 13100/19, DStR 2019, 1329.
[50] *Heuel/Matthey*, EStB 2018, 263 (265); *Pielke*, IWB 2018, 234 (238); *Brinkmann/Meseck*, RdF 2018, 231 (234).
[51] *Brinkmann/Meseck*, RdF 2018, 231 (234).
[52] *Heuel/Matthey*, EStB 2018, 263 (265).
[53] *Kanders/Thonemann-Micker/Gräfe*, ErbStB 2018, 145 (149); Weber-Grellet in Schmidt, EStG, 37.Aufl. 2018, § 23 Rn. 31.
[54] *Heuel/Matthey*, NWB 2018, 1037 (1040).
[55] *Kanders/Thonemann-Micker/Gräfe*, ErbStB 2018, 145 (149).
[56] *Kanders/Thonemann.Micker/Gräfe*, ErbStB 2018, 145 (149).
[57] *Haufe Steuer Office Kanzlei* – Edition Online, Stand Produktdatenbank: 25.8.2019, Private Veräußerungsgeschäfte Ziff. 8, Einkommensteuerrechtliche Behandlung von Kryptowährungen (zB Bitcoin).

schaffungsvorgang vor, da beim Miningvorgang kein für die Annahme eines Anschaffungsvorganges notwendiger entgeltlicher Erwerb von einem Dritten vorliegt.[58] Mangels Anschaffung ist im Falle der Veräußerung der im Rahmen des Block Rewards erhaltenen Coins der Tatbestand eines steuerbaren privaten Veräußerungsgeschäftes nach § 23 EStG nicht gegeben.[59] Selbst erzeugte Kryptowährungen sind damit grundsätzlich aufgrund fehlender einschlägiger Einkunftsart der unbeachtlichen privaten Vermögenssphäre zuzuordnen, wenn das Mining nur in begrenzten Umfang oder vorübergehend stattfindet.[60]

34 Etwas anderes könnte für die vereinnahmte Transaktionsgebühr gelten, die von einem anderen Teilnehmer an den Miner entrichtet wird, da dieser die Transaktion bestätigt.[61] Auch hier erwirbt der Miner die dafür erhaltene Kryptowährung nicht, sie stellt vielmehr ein Entgelt für die von ihm erbrachte Leistung dar.[62] Eine spätere Veräußerung der als Transaktionsgebühr erhaltenen Kryptowährung innerhalb eines Jahres ist daher ebenfalls nicht nach § 23 EStG steuerbar.[63]

35 Sämtliche im Rahmen des (nicht gewerblichen) Minings erhaltenen Kryptowährungen können damit unabhängig von der einjährigen Haltefrist steuerfrei veräußert werden.[64]

36 Fraglich ist, ob der Erhalt des Block Rewards und der Transaktionsgebühr nicht unter einen anderen Besteuerungstatbestand innerhalb der Überschusseinkünfte fällt.

37 Das Schrifttum vertritt überwiegend die Auffassung, dass es hinsichtlich des Erhalts des Block Rewards an einer Verknüpfung von Leistung und Gegenleistung, mithin an einer Leistungsbeziehung zu einem Dritten und folglich an einer Gegenleistung fehlt, da der Block-Reward weder von einer zentralen Stelle noch von den anderen Teilnehmern gewährt wird, also keine Partei die Gegenleistung bewirkt[65] Nach anderer Auffassung des BMF führt nicht gewerbliches Mining insofern aber zu Einkünften aus sonstigen Leistungen nach § 22 Nr. 3 EStG.[66]

38 Durch die Transaktionsgebühr hingegen werden dem erfolgreichen Miner durch den Initiator (einer Gegenpartei) der Transaktion die Transaktionskosten vergütet. Dies erfüllt grundsätzlich den Besteuerungstatbestand des § 22 Nr. 3 EStG.[67] In der Praxis wird dies aber nicht ins Gewicht fallen, da von den Einnahmen in Höhe der Transaktionsgebühren die für die Betätigung anfallenden Werbungskosten, wie Ausgaben für die Hardware und Stromkosten, abgezogen werden dürfen und eine Freigrenze von 256 EUR besteht, sodass wohl kaum ein zu versteuernder positiver Saldo entstehen wird.[68]

39 Da ein gelegentliches Mining in begrenztem Umfang in der Praxis kaum erfolgversprechend sein dürfte und nur durch Investitionen in hohe Rechnerleistungen sowie in laufend hohe Stromkosten ein Erfolg erzielbar sein wird, stellt sich die Abgrenzungsfrage, ob dann nicht schon nach den oben beschriebenen Kriterien eine gewerbliche Miningtätigkeit vorliegt.[69]

40 Werden Kryptowährungen im Rahmen eines **Mining Pools** geschürft, liegen die Voraussetzungen für eine gewerbliche Miningtätigkeit vor. Im Rahmen eines Mining-Pools bündeln mehrere Nutzer Hardware und erhöhen damit die Rechenleistung über einen zentralen Dienstleister, so dass die Chancen auf den Block Reward gesteigert werden.[70]

---

[58] *Brinkmann/Meseck,* RdF 2018, 231 (234); *Pinkernell,* Ubg 2018, 19.
[59] *Pinkernell,* Ubg 2018, 19.
[60] *Schlund/Pongratz,* DStR 2018, 598 (602).
[61] *Brinkmann/Meseck,* RdF 2018, 231 (234).
[62] *Brinkmann/Meseck,* RdF 2018, 231 (234).
[63] *Brinkmann/Meseck,* RdF 2018, 231 (234).
[64] *Brinkmann/Meseck,* RdF 2018, 231 (234).
[65] *Brinkmann/Meseck,* RdF 2018, 231 (235); *Heuel/Matthey,* NWB 2018, 1037.
[66] *Brinkmann/Meseck,* RdF 2018, 231 (235); BT-Drs. 19/370, 21.
[67] *Pinkernell,* Ubg 2018, 19; *Heuel/Matthey,* NWB 2018, 1037.
[68] *Schlund/Pongratz,* DStR 2018, 598 (603); *Brinkmann/Meseck,* RdF 2018, 231 (235).
[69] Bejahend *Brinkmann/Meseck,* RdF 2018, 231 (235); OFD NRW, 20.4.2018 – Kurzinformation ESt Nr. 04/2018, DB 2018, 1185.
[70] *Beck'sches Steuer- und Bilanzrechtslexikon,* Edition 47, 2019, Stand 1.4.2019, Kryptowährung, Rn. 5; *Richter/Augel,* RF 2017, 937 (947).

Indem sich verschiedene Nutzer initiativ als Mitunternehmer mit entsprechendem Unternehmerrisiko zusammenschließen, liegen die Voraussetzungen einer gewerblichen Miningtätigkeit nach § 15 Abs. 1, 2 EStG vor.[71]

II. Derivativer Erwerb von Kryptowährungen

41 Da beim sog. Mining, wie oben erläutert, keine Anschaffung eines Wirtschaftsguts vorliegt, kann ein zu versteuernder Veräußerungsgewinn nur bei einem derivativen, also abgeleiteten Erwerb von Kryptowährungen anfallen.

42 Im Einzelnen sind bei Kryptowährungen folgende derivative Erwerbsfälle zu unterscheiden, von denen nur ein Teil auf einer steuerrelevanten Anschaffung beruht, die dann eine Besteuerung der Veräußerungsgewinne nach § 23 EStG zur Folge haben kann.

1. Derivativer Erwerb über Kryptobörsen

43 Kryptowährungen können durch unterschiedliche (Erwerbs)Vorgänge dem privaten Anleger zugeordnet werden. Für die weitere Besteuerung als privates Veräußerungsgeschäft ist dabei entscheidend, dass es sich bei den jeweiligen Vorgängen um eine Anschaffung nach obiger Definition handeln muss.

44 Wird die Kryptowährung von **Dritten** oder über eine **Kryptobörse** gegen andere Kryptowährungen (Tausch) oder gegen staatliche Währungen erworben, liegt ein **Anschaffungsvorgang** (derivativer Erwerb) vor mit der Folge, dass spätere Veräußerungsgewinne gemäß § 23 EStG zu versteuern sind. Gewinne aus dem Handel mit Kryptowährungen unterliegen als private Veräußerungsgeschäfte der Besteuerung mit dem individuellen progressiven Einkommensteuersatz nach § 32a EStG.[72] Nach herrschender Auffassung im Schrifttum[73] und in der Finanzverwaltung[74] werden Kryptowährungen als andere (immaterielle) Wirtschaftsgüter iSd § 23 Abs. 1 S. 1 Nr. 2 EStG eingeordnet, da ihnen ein eigenständiger, der Bewertung zugänglicher Wert im Rechtsverkehr zukommt, der vor allem im Falle einer Verwendung der Kryptowährung als Zahlungsmittel für Waren und Dienstleistungen realisiert wird.[75] Das Finanzgericht Berlin-Brandenburg hat in einer aktuellen Entscheidung im Rahmen eines AdV Verfahrens mit ausführlicher Begründung dargestellt, dass Kryptowährungen als Wirtschaftsgut einzuordnen sind und deshalb eine Besteuerung von Veräußerungsgewinnen bei sog. Krypto-Assets gemäß § 22 Nr. 2, § 23 Abs. 1 S. 1 Nr. 2 EStG zulässig ist.[76]

45 Auch bei einem Erwerb der Kryptowährung im Rahmen eines **Initial Coin Offering (ICO)** handelt es sich um einen Anschaffungsvorgang (derivativer Erwerb).[77] Unter einem ICO versteht man eine Form des Crowdfundings, bei dem Unternehmen Kryptocoins oder Kryptotokens gegen staatliche Währungen oder andere Kryptowährungen der Anleger tauschen, um so Kapital zur Entwicklung und Umsetzung neuer Geschäftsmodelle zu erhalten.[78] Die auf diese Art und Weise erstmals der Öffentlichkeit angebotenen Coins und

---

[71] *Beck'sches Steuer- und Bilanzrechtslexikon*, Edition 47, 2019, Stand 1.4.2019, Kryptowährung, Rn. 5.
[72] *Heuel/Matthey*, EStB 2018, 263 (265); *Krüger*, BB 2018, 1887 (1889).
[73] *Heuel/Matthey*, NWB 2018, 1037; *Krauß/Blöchle*, DStR 2018, 1210 (1212); *Pinkernell*, UbG 2015, 9; *Eckert*, DB 2013, 2108; aA *Schroen*, DStR 2019, 1369 ff, demzufolge viel dafür spricht, dass Kryptowährungen keine Wirtschaftsgüter darstellen, da sie nicht die vom BFH geforderten Eigenschaften besitzen.
[74] Antwort des Parlamentarischen Staatssekretärs vom 7.8.2013 – IV C 1 – S2256/0-01 auf Anfrage des Bundestagsabgeordneten *Schäffler*; OFD NRW, Kurzinformation EStG Nr. 04/2018 vom 20.4.2018, DB1269856; FinMin. Hamburg, 11.12.2017 – S2256-2017/003-52, DStR 2018, 527.
[75] *Krüger*, BB 2018, 1887 (1889).
[76] FG Berlin-Brandenburg, 20.6.2019 – 13 V 13100/19 rkr., DStR 2019, 1329.
[77] *Brinkmann/Meseck*, RdF 2018, 231 (234).
[78] Beck'sches Steuer- und Bilanzrechtslexikon, Stand 1.4.2019, Kryptowährung, Rn. 6; *Brinkmann/Meseck*, RdF 2018, 231 (234).

C. Besteuerung von Gewinnen aus der Veräußerung von Kryptowährungen

Token einer neuen Kryptowährung sind mit digitalen Gutscheinen vergleichbar, die später für Waren oder Dienstleistungen eingetauscht werden können.[79]

2. Derivativer Erwerb über Termingeschäfte mit Kryptowährungen

Investiert der private Anleger mit der Kryptowährung indirekt in derivative Finanzinstrumente oder Zertifikate und gelten die Kryptowährungen lediglich als Basiswert dieser Finanzinstrumente, sind Einkünfte aus Kapitalvermögen denkbar. Derivative, als Termingeschäfte ausgestaltete Finanzinstrumente (zB Optionen, Futures), können sich auch auf die Wertentwicklung von Kryptowährungen beziehen. Hier entstehen dann steuerpflichtige Einkünfte aus Kapitalvermögen nach § 20 Abs. 2 S. 1 Nr. 3 EStG, die nach §§ 43 Abs. 1 S. 1 Nr. 11, 43a Abs. 1 S. 1 Nr. 1 EStG dem Kapitalertragsteuerabzug (25 % zzgl. Solz) unterliegen, wenn der private Anleger durch die Derivate einen Differenzausgleich oder einen von der Wertentwicklung einer Kryptowährung abhängigen Geldbetrag oder Vorteil bzw. einen Gewinn aus der Veräußerung eines derartigen Finanzinstruments erzielt. Mit dem Einbehalt der Kapitalertragsteuer durch die die Erträge auszahlende Stelle (in der Regel das inländische Kredit- oder Finanzdienstleistungsinstitut) nach § 44 Abs. 1 S. 3, S. 4 Nr. 1 EStG ist die Steuer beim Privatinvestor abgegolten. Im Verlustfalle sind die Verluste nur mit Einkünften aus Kapitalvermögen nach § 20 Abs. 6 EStG verrechenbar. Ein Werbungskostenabzug ist nach § 20 Abs. 9 EStG nur bis zu einem Pauschalbetrag in Höhe von 801 EUR möglich. Ist die auszahlende Stelle im Ausland, so hat diese keine Kapitalertragsteuer einzubehalten und abzuführen. Der Privatinvestor hat dann die entsprechenden Gewinne und Verluste im Rahmen seiner Steuerveranlagung im Jahr des Zuflusses in seiner Steuererklärung in Deutschland zu deklarieren und zu versteuern.

3. Derivativer Erwerb mittels Staking und Masternodes?

Sowohl durch **Staking** (Proof of Stake)[80] als auch durch **Masternodes**[81] werden die neu geschaffenen Kryptowährungen **nicht angeschafft,** da jeweils kein entgeltlicher, derivativer, sondern ein originärer Erwerb, vorliegt. In beiden Fällen erhält der Staker bzw. der Masternode-Betreiber eine gewisse Anzahl an neu geschaffenen Coins (originärer Erwerb) und die Transaktionsgebühr.[82] Mangels Anschaffungsvorgang können die erhaltenen Coins auch innerhalb der einjährigen Haltefrist steuerfrei veräußert werden.[83] Ebenso, wie vorher beschrieben beim Mining, liegen sowohl beim Staking als auch beim Masternode-Betrieb hinsichtlich des Block Rewards keine Leistungsbeziehungen zu Dritten vor und somit mangels Gegenleistung durch eine andere Partei auch keine steuerbare sonstige Leistung nach § 22 Nr. 3 EStG.[84]

Hinsichtlich der Transaktionsgebühr gilt das zum Mining Gesagte, sodass insoweit auch hier der Besteuerungstatbestand des § 22 Nr. 3 EStG erfüllt ist.[85]

---

[79] *Zickgraf,* AG 2018, 293 (294); *Dietsch,* MwStR 2018, 546 (546 f.).
[80] Dies ist ein Konsensmechanismus, bei dem nach dem Zufallsprinzip, auf Basis der gehaltenen Tokens, Netzwerkteilnehmer ausgewählt werden, die dann Transaktionen validieren, vgl. *Brinkmann/Meseck,* RdF 2018, 231 (232); *Ernstberger/Keiling/Reuter/Romeike,* WPg 2019, 488 (494).
[81] Ein Masternode ist als Netzwerkknoten ein Server innerhalb eines dezentralen Netzwerks, welcher weitere Funktionen wie das Anonymisieren von Transaktionen (private send) oder die sofortige Bestätigung von Transaktionen (instant send) übernimmt, vgl. *Brinkmann/Meseck,* RdF 2018, 231 (232); *Beck'sches Steuer- und Bilanzrechtslexikon,* Edition 47, 2019, Stand 1.4.2019, Kryptowährung, Rn. 8.
[82] *Brinkmann/Meseck,* RdF 2018, 231 (235).
[83] *Brinkmann/Meseck,* RdF 2018, 231 (235).
[84] *Pinkernell,* Ubg 2015, 19 (25).
[85] *Brinkmann/Meseck,* RdF 2018, 231 (235).

4. Derivativer Erwerb durch Lending?

49 Das **Lending** ist die entgeltliche Verleihung von Kryptowährungen an Händler[86] und wird von Kryptobörsen angeboten. Verleiher und Entleiher einigen sich dabei über die Laufzeit, Anzahl und Art der Token sowie das Entgelt für deren Überlassung.[87] Das Entleihen der Token stellt **keine entgeltliche Anschaffung** dar.[88] Das für die Überlassung erhaltene Entgelt unterfällt dabei nicht dem Besteuerungstatbestand des § 20 Abs. 1 Nr. 7 EStG, da es sich um keine auf Geldleistung gerichtete Forderung aus Kapitalüberlassung handelt.[89] Vielmehr ist das Entgelt nach § 22 Nr. 3 EStG als sonstige Einkunft zu versteuern.[90]

50 Eine weitere Transaktionsart im Zusammenhang mit dem Lending stellen **Leergeschäfte** dar. Dies sind Veräußerungen vor dem eigentlichen Erwerb der Kryptowährung.[91] Dabei unterscheidet man **ungedeckte Leerverkäufe und gedeckte Leerverkäufe,** bei letzteren entleiht sich ein Veräußerer zunächst die Kryptowährung, veräußert sie anschließend, um sie im Anschluss zu einem späteren Zeitpunkt wieder zu erwerben und bei Beendigung des Leihezeitraums an den Verleiher zurückzugeben.[92] Bei Leerverkäufen ist der Veräußerungsgewinn stets unabhängig von einer Haltefrist nach § 23 Abs. 1 S. 1 Nr. 3 EStG steuerpflichtig, dh dass die Wertveränderung der Kryptowährung zwischen Veräußerung und Erwerb, also der **Veräußerungsgewinn des Entleihers, immer steuerpflichtig** ist.[93]

51 Besteht im Rahmen des Lendings das Entgelt für die Überlassung der Kryptowährung wiederum in einer Kryptowährung, ist fraglich, ob die als Entgelt empfangenen Token vom Verleiher angeschafft wurden mit der steuerlichen Konsequenz, dass bei Veräußerung innerhalb der einjährigen Haltefrist ein Veräußerungsgewinn nach § 23 Abs. 1 S. 1 Nr. 2 EStG zu versteuern ist. Nach einer Literaturmeinung[94] liegt in dem Zufluss von Token als Entgelt für das Lending beim Verleiher keine Anschaffung vor, da es an einem entgeltlichen Erwerb fehlt; dieser Fall sei vergleichbar mit dem Erfüllen einer Forderung, zB durch Zufluss von Zinsen auf Fremdwährungsguthaben, bei dem auch keine Anschaffung vorliegt. Eine Rechtsprechung oder herrschende Literaturmeinung hierzu gibt es noch nicht. Die erhaltenen Token sind aber nach § 22 Nr. 3 EStG zu versteuern.[95]

5. Derivativer Erwerb durch Airdrop oder Faucet?

52 Bei einem **Airdrop oder Faucet** werden den Nutzern kostenlos neue Token einer Kryptowährung zur Verfügung gestellt, mit dem Ziel, ein neu erstelltes Blockchain-Projekt bekannt zu machen.[96] Wer Token ohne Gegenleistung erhält, hat diese nicht selbst angeschafft, sondern unentgeltlich erworben.[97] Dabei ist dem Empfänger der Token als Einzelrechtsnachfolger die Anschaffung des Rechtsvorgängers für die Berechnung der Haltefrist zuzurechnen (§ 23 Abs. 1 S. 3 EStG).[98] Beim Rechtsvorgänger handelt es sich aber meistens um das die Token ausgebende Unternehmen, welches vermutlich diese selbst hergestellt hat, sodass auch beim Rechtsvorgänger kein Anschaffungsvorgang vorliegen dürfte.[99] Mangels Anschaffungsvorgang sowohl beim Einzelrechtsnachfolger als auch beim

---

[86] *Beck'sches Steuer- und Bilanzrechtslexikon,* Edition 47, 2019, Stand 1. 4. 2019, Kryptowährung, Rn. 9.
[87] *Brinkmann/Meseck,* RdF 2018, 231 (235).
[88] *BB Entscheidungsreport Hahne,* BB 2011, 1127; *Brinkmann/Meseck,* RdF 2018, 231 (235).
[89] *Lutzenberger,* GmbHR 2018, 794 (797).
[90] *Heuel/Matthey,* NWB 2018, 1037 (1042); *Kanders/Thonemann-Micker/Gräfe,* ErbStB 2018, 145 (150).
[91] *Brinkmann/Meseck,* RdF 2018, 231 (235).
[92] *Brinkmann/Meseck,* RdF 2018, 231 (235).
[93] *Brinkmann/Meseck,* RdF 2018, 231 (235, 236).
[94] *Brinkmann/Meseck,* RdF 2018, 231 (236).
[95] *Heuel/Matthey,* EStB 2018, 263 (266).
[96] *Beck'sches Steuer- und Bilanzrechtslexikon,* Edition 47, 2019, Stand 1. 4. 2019, Kryptowährung, Rn. 6.
[97] *Heuel/Matthey,* EStB 2018, 300 (302).
[98] *Brinkman/Meseck,* RdF 2018, 231 (236).
[99] *Heuel/Matthey,* NWB 2018, 1037.

Rechtsvorgänger unterliegt die spätere Veräußerung nicht der Besteuerung nach § 23 Abs. 1 S. 1 Nr. 2 EStG.[100]

Der Bezug der neuen Token stellt beim Erwerber infolge der Unentgeltlichkeit auch keine sonstige Leistung im Sinne des § 22 Nr. 3 EStG dar, sodass die erhaltenen Token nicht steuerpflichtig sind.[101]

6. Derivativer Erwerb durch Abspaltung mittels Hard Fork?

Umstritten ist in der Literatur die steuerliche Behandlung bei Veräußerung von neuen Kryptowährungseinheiten, die im Rahmen einer sog. **Hard Fork** von einer Ausgangskryptowährung abgespalten wurden (zB Bitcoin Cash, Ethereum Cash oder Litecoin Cash).[102]

Im Zusammenhang mit einer **Hard Fork** gibt es zwei Sachverhalte, die einer Besteuerung unterliegen können: Claim der neuen Kryptowährung im Wallet und direkte Veräußerung der neuen abgespaltenen Kryptowährung bzw. Tausch der neu entstandenen Kryptowährung in eine am Markt gehandelte Kryptowährung.[103]

Da die Nutzer die neuen abgespaltenen Kryptowährungen ohne jegliches eigenes Zutun im Wallet, also ohne Leistung, erhalten, unterliegt der Claim nicht der Besteuerung nach § 22 Nr. 3 EStG.[104]

Bei der steuerlichen Beurteilung der Veräußerung bzw. des Tausches der neuen Kryptowährung stellt eine überwiegende Literaturmeinung darauf ab, dass der unentgeltliche Erwerb der abgespaltenen Kryptowährung **keine Anschaffung** nach § 23 Abs. 1 S. 1 Nr. 2 EStG darstelle, da der Hard Fork eben ohne jegliches Zutun der Nutzer erfolgt, sodass die Veräußerung dieser neuen Kryptowährung nicht zur Realisierung eines privaten Veräußerungsgewinns führen kann.[105]

Die gegenteilige Literaturmeinung ist der Ansicht, dass die abgespaltene neue Kryptowährung mit der Ausgangskryptowährung wirtschaftlich identisch ist, sodass der Anschaffungszeitpunkt der neuen Kryptowährung dem der Ausgangswährung entspricht und deshalb bei Veräußerung der neuen Kryptowährung innerhalb eines Jahres seit Anschaffung der Ausgangswährung ein zu versteuerndes privates Veräußerungsgeschäft nach § 23 Abs. 1 S. 1 Nr. 2 EStG gegeben ist.[106]

Eine Stellungnahme der Finanzverwaltung hierzu ist noch nicht erfolgt, es gibt auch noch keine einschlägigen Finanzgerichtsurteile, die zu diesem strittigen Thema Aussagen treffen.

III. Besteuerung von Veräußerungsgewinnen bei Vorliegen einer Anschaffung

1. Begriff der Veräußerung

Wird Kryptowährung, die zuvor entgeltlich angeschafft worden ist, innerhalb eines Jahres beginnend mit dem Anschaffungszeitpunkt veräußert (entscheidend für den Veräußerungs-

---

[100] *Heuel/Matthey*, EStB 2018, 300 (302).
[101] *Brinkmann/Meseck*, RdF 2018, 231 (236).
[102] Zur technischen Umsetzung eines Hard Fork, siehe *Beck'sches Steuer- und Bilanzrechtslexikon*, Edition 47, 2019, Stand 1.4.2019, Kryptowährung, Rn. 7.
[103] *Beck'sches Steuer- und Bilanzrechtslexikon*, Edition 47, 2019, Stand 1.4.2019, Kryptowährung, Rn. 7.
[104] *Beck'sches Steuer- und Bilanzrechtslexikon*, Edition 47, 2019, Stand 1.4.2019, Kryptowährung, Rn. 7.
[105] *Kanders/Thonemann-Micker/Gräfe*, ErbStB 2018, 145 (149); *Brinkmann/Meseck*, RdF 2018, 231 (236); *Richter/Augel*, FR 2018, 308; *Heuel/Matthey*, EStB 2018, 300 (301).
[106] *Krauß/Blöchle*, DStR 2018, 1210 (1212); *Hacker/Kirschbaum*, DStR 2018, 881 (884f.); *Reiter/Massoner*, iSR 2018, 424 (426); *Siegel*, FR 2018, 21; aA *Richter/Augel*, FR 2018, 308; es findet kein Substanzübertrag auf die neu abgespaltete Kryptowährung statt; krit. zur Annahme einer wirtschaftlichen Identität mit ausführlicher Begründung, siehe *Brinkmann/Meseck*, RdF 2018, 231 (236).

zeitpunkt ist wie beim Anschaffungszeitpunkt der Abschluss des schuldrechtlichen Verpflichtungsgeschäfts), so unterliegt der Veräußerungsgewinn der Besteuerung als privates Veräußerungsgeschäft nach §§ 23 Abs. 1 S. 1 Nr. 2, 22 Nr. 2 EStG. **Veräußerung** ist korrespondierend zur Anschaffung die entgeltliche Übertragung der angeschafften Kryptowährung/Token auf einen Dritten.[107] Diese umfasst neben der Veräußerung gegen Fiatgeld (EUR oder US-Dollar) auch den Tausch gegen andere Kryptowährungen.[108] Eine Veräußerung soll nach Meinung der Finanzverwaltung[109] generell auch die Verwendung von **Kryptowährung als Zahlungsmittel** für Waren und Dienstleistungen darstellen und der Wert der im Gegenzug erhaltenen Ware oder Dienstleistung als Veräußerungspreis angesetzt werden. Diese Auffassung wird im Schrifttum überwiegend nicht geteilt. Als Begründung wird teilweise ein Vergleich mit den Geschäften mit Fremdwährungsbeträgen herangezogen, bei denen der Einsatz von Fremdwährungen zum Bestreiten von Ausgaben der privaten Lebensführung oder zur Begleichung von Verbindlichkeiten (zB aus vertraglichen Verpflichtungen) keine Veräußerung des Wirtschaftsgutes Fremdwährung darstellt.[110] Diese Grundsätze sind auch auf den Einsatz von Kryptowährungen zu übertragen, insbesondere deshalb, weil Fremdwährungen und Kryptowährungen auch in der Umsatzsteuer gleichbehandelt werden.[111] Als weitere Begründung der von der Ansicht der Finanzverwaltung abweichenden Beurteilung wird aufgeführt, dass bei der Zahlung mit Kryptowährungen für Waren und Dienstleistungen weder ein für die Bejahung eines Veräußerungsvorganges notwendiger Tausch noch ein tauschähnlicher Vorgang gegeben ist, da für die Hingabe der Kryptowährung als anderes Wirtschaftsgut keine Gegenleistung in Geld entrichtet wird.[112] Eine Rechtsprechung zur steuerlichen Beurteilung des Einsatzes von Kryptowährungen als Zahlungsmittel liegt noch nicht vor.

2. Berechnung des Veräußerungsgewinns

61 Der zu versteuernde **Veräußerungsgewinn** ergibt sich aus dem Unterschiedsbetrag zwischen Veräußerungspreis (erhaltenes Fiatgeld bzw. der gemeine Wert der erhaltenen Kryptowährung beim Tausch) einerseits und den Anschaffungskosten (Einkaufspreis nebst Anschaffungsnebenkosten wie zB Marktplatzgebühren, Transaktionsgebühren) und den Werbungskosten (Marktplatzgebühren, Transaktionsgebühren bzw. der Preis für die Dienstleistung) andererseits.[113] Der Gewinn ist in dem Zeitpunkt realisiert, in welchem die Einnahme dem Veräußerer zufließt, dh in welchem er die wirtschaftliche Verfügungsmacht über das Fiatgeld (in der Regel mit der Kontogutschrift) oder über die eingetauschten Kryptowährungen erhält.[114] Der Gewinn wird mit dem regulären individuellen Einkommensteuersatz besteuert, soweit durch die Veräußerungen die Freigrenze iHv EUR 600 im Kalenderjahr (§ 23 Abs. 3 S. 5 EStG) überschritten wird.[115]

62 Werden durch die Veräußerung innerhalb der Jahresfrist **Verluste** erzielt, können diese ausschließlich mit Gewinnen aus privaten Veräußerungsgeschäften im selben Kalenderjahr ausgeglichen werden. Ferner besteht nach § 23 Abs. 3 S. 7 und 8 EStG die Möglichkeit nach Maßgabe des § 10d EStG diese Verluste mit den Einkünften aus privaten Veräuße-

---

[107] *Weber-Gellet*, in: Schmidt, EStG, § 23 Rn. 50.
[108] *Kanders/Thonemann-Micker/Gräfe*, ErbStB 2018, 145 (150).
[109] *FinMin. Hamburg*, 11.12.2017 – S2256-2017/003-52, DStR 2018, 527; BT-Drs. 19/370, 21 f.; *Heuel/Matthey*, EStB 2018, 263 (270); *OFD NRW*, Kurzinformation Einkommensteuer Nr. 04/2018 vom 20.4.2018, DB 2018, 1185.
[110] *Hötzel*, Virtuelle Währungen im System des deutschen Steuerrechts, 2018, S. 210 ff.; *Brinkmann/Meseck*, RdF 2018, 231 (236, 237); *Kanders/Thonemann-Micker/Gräfe*, ErbStB 2018, 145 (150); *Krüger*, BB 2018, 1887 (1891, 1892).
[111] *Brinkmann/Meseck*, RdF 2018, 231 (237); *Kanders/Thonemann-Micker/Gräfe*, ErbStB 2018, 145 (150).
[112] *Krüger*, BB 2018, 1887 (1892).
[113] *Heuel/Matthey*, EStB 2018, 263 (265).
[114] *Heuel/Matthey*, EStB 2018, 263 (266).
[115] *Krauß/Blöchle*, DStR 2018, 1210 (1212).

rungsgeschäften des unmittelbar vorangegangenen Veranlagungszeitraumes oder der folgenden Veranlagungszeiträume zu verrechnen (eingeschränkter horizontaler Verlustausgleich und Verlustabzug).[116]

Bei Ankauf und Verkauf gleichartiger Kryptowährung/Token in mehreren Tranchen zu unterschiedlichen Zeitpunkten muss für die Ermittlung eines eventuellen Veräußerungsgewinns aus privaten Veräußerungsgeschäften die **Verbrauchsfolge** ermittelt werden, dh welche konkreten Kryptowährungen/Token wieder verkauft wurden (Festlegung des Anschaffungszeitpunkts und der steuerlichen Anschaffungskosten), sofern nicht die gesamte(n) Kryptowährung/Token veräußert wurden.[117] Teilweise bejaht die Literatur[118] unter Verweis auf die strukturelle Vergleichbarkeit der Kryptowährungen mit Fremdwährungsbeträgen die Anwendung der Fifo-Methode (First in – First out) analog § 23 Abs. 1 Nr. 2 S. 3 EStG auch auf gleichartige Kryptowährungen. Diese Methode unterstellt als eine Art Verwendungsfiktion bzw. Verbrauchfolgefiktion, dass bei Anschaffung und Veräußerung mehrerer gleichartiger Kryptowährungen, die zuerst angeschafften auch zuerst veräußert wurden.[119] Dieser Literaturmeinung hat sich die Finanzverwaltung angeschlossen.[120] Andere Stimmen in der Literatur verneinen die analoge Anwendung der Fifo-Methode, da Kryptowährungen aufgrund ihres fehlenden Währungscharakters nicht mit gleichartigen Fremdwährungsbeträge vergleichbar und somit die Voraussetzungen für eine Analogie nicht gegeben seien, sodass vielmehr eine Bewertung nach Durchschnittswerten vorzunehmen ist.[121] Vorzug verdient die Anwendbarkeit der Fifo-Methode aufgrund der strukturellen Vergleichbarkeit der Kryptowährung mit Fremdwährungsbeträgen und der daraus folgenden vergleichbaren Interessenslage. 63

Ist eine hinreichende Individualisierung der zu veräußernden Kryptowährungseinheit durch einen entsprechenden gegenständlichen Nachweis für das Finanzamt darstellbar, so sollte auch eine Einzelbewertung möglich sein.[122] Diskutiert werden etwa die Nachweisführung über eine Exceltabelle,[123] durch" Verschiebung" gleichartiger Kryptowährungen auf mehrere Wallets[124] oder über eine digitale Signatur.[125] 64

3. Berechnung der steuerrelevanten Haltefrist

Ein kontroverses Diskussionsthema im Zusammenhang mit dem Handel mit Kryptowährungen im privaten Bereich ist die Frage, ob sich die bei Vorliegen eines privaten Veräußerungsgeschäftes grundsätzlich steuerrelevante Haltefrist von einem Jahr nach § 23 Abs. 1 S. 1 Nr. 2 S. 4 EStG auf **zehn Jahre** verlängert, wenn mit den zuvor gehaltenen, jetzt veräußerten Kryptowährungen aus deren Nutzung als Einkunftsquelle zumindest in einem Jahr Einkünfte erzielt werden.[126] Derartige Einkünfte, die der Besteuerung als sonstige Einkünfte nach § 22 Nr. 3 EStG unterliegen, können in den oben beschriebenen Er- 65

---

[116] *Krauß/Blöchle*, DStR 2018, 1210 (1212); *Heuel/Matthey*, EStB 2018, 263 (267).
[117] *Heuel/Matthey*, EStB 2018, 263 (267); *Krauß/Blöchle*, DStR 2018, 1210 (1212).
[118] *Blank/Christ*, StB 2018, 47 (48); *Eckert*, DB 2013, 2108 (2111); *Krauß/Blöchle*, DStR 2018, 1210 (1212); *Richter/Augel*, FR 2017, 937 (948).
[119] *Heuel/Matthey*, EStB 2018, 263 (267).
[120] *FinMin. Hamburg*, 11.12.2017 – S2256-2017/003-52, DStR 2018, 527; *OFD NRW*, Kurzinformation, ESt Nr. 04/2018 vom 20.4.2018, DB1269856.
[121] *Richter/Augel*, FR 2017, 937 (948); *Ronig*, NWB-EV 2018, 132 (134); Erläuterung der Bewertung nach der Durchschnittsmethode bei *Heuel/Matthey*, EStB 2018, 264 (268).
[122] *Heuel/Matthey*, EStB 2018, 264 (268); *Krauß/Blöchle*, DStR 2018, 1210 (1212); *Pielke*, JWB 2018, 234 (238); ablehnend *Krüger*, BB 2018, 1887 (1890).
[123] *Heuel/Matthey*, EStB 2018, 264 (268, 269).
[124] *Heuel/Matthey*, EStB 2018, 264 (268); *Krauß/Blöchle*, DStR 2018, 1210 (1212); krit. *Brinkmann/Meseck*, RDF 2018, 231 (237).
[125] *Krauß/Blöchle*, DStR 2018, 1210 (1212).
[126] *Krüger*, BB 2018, 1887 (1890); *Heuel/Matthey*, EStB 2018, 263 (266).

werbsvorgängen grundsätzlich durch entgeltliches Lending, Mining oder Staking erzielt werden.[127]

66 Die **Verlängerung der Spekulationsfrist** auf zehn Jahre nach § 23 Abs. 1 Nr. 2 S. 4 EStG wurde für nach dem 31.12.2008 erworbene Wirtschaftsgüter als Missbrauchsverhütungsvorschrift zur Vermeidung von Steuersparmodellen eingefügt[128] und weist im Hinblick auf ihren Zweck und der weiten Formulierung eine stark überschießende Tendenz auf.[129] Das Schrifttum vertritt daher überwiegend die Meinung, dass die weiten Wirkungen durch eine teleologische Reduktion der Vorschrift begrenzt werden müssen.[130] Diese Vorschrift wird daher im Wege einer teleologischen Reduktion restriktiv ausgelegt, nach der man nur jene Wirtschaftsgüter zum Begriff der Einkunftsquelle zählt, die eine eigenständige Erwerbsquelle bilden, also zweckgerichtet erworben wurden, um unabhängig von der § 23 EStG unterliegenden Wertsteigerung zusätzliche Erträge zu generieren, sodass – über eine Vermögensverwaltung hinausgehend – eine Existenzgrundlage geschaffen werden kann.[131] Nach dieser Meinung ist deshalb eine Verlängerung der Haltefrist bei Kryptowährungsgeschäften, die diese Voraussetzungen nicht erfüllen, von einem auf zehn Jahre nach § 23 Abs. 1 S. 1 Nr. 2 S. 4 EStG insgesamt abzulehnen.[132] Zu dieser Ansicht in Bezug auf Kryptowährungsgeschäfte gibt es jedoch bisher weder höchstrichterliche Rechtsprechung, noch kann sie durch Verwaltungsanweisungen als gesichert bezeichnet werden.[133]

67 Die Finanzverwaltung[134] nimmt lediglich in Bezug auf verzinsliche Fremdwährungsanlagen eine einschränkende Auslegung des § 23 Abs. 1 S. 1 Nr. 2 S. 4 EStG mit der Begründung vor, dass die Zinsen Ausfluss der Darlehensforderung und nicht des Wirtschaftsgutes Fremdwährungsguthaben sind.

68 Ohne nähere Begründung wird in der Literatur auch die Ansicht vertreten, dass die verlängerte zehnjährige Spekulationsfrist uneingeschränkt auch auf virtuelle Währungen anwendbar ist.[135]

4. Dokumentation der Transaktionen durch den Steuerpflichtigen

69 Nicht geklärt ist auch der **Umfang der Mitwirkungspflichten** des Steuerpflichtigen im Rahmen der Abgabe seiner Einkommensteuererklärung, wenn steuerpflichtige private Veräußerungsgeschäfte vorliegen, insbesondere beim Nachweis des erzielten Kursgewinns, vor allem dann, wenn dieser auf einem Tausch der Kryptowährung gegen eine andere Kryptowährung beruht.[136] Die Finanzverwaltung geht wohl im Hinblick auf den kryptowährungsimmanenten weltweiten und dezentralen Handel davon aus, dass es sich bei der Veräußerung von Kryptowährungen stets um Sachverhalte mit Auslandsbezug handelt.[137] Dies hat nach § 90 Abs. 2 AO zur Folge, dass der Steuerpflichtige unter Ausschöpfung aller rechtlichen und tatsächlichen Möglichkeiten, selbst den Sachverhalt aufzuklären und die erforderlichen Beweismittel (Beweisvorsorge) zu beschaffen hat (erhöhte Mitwirkungspflichten).[138] Mangels Konkretisierung dieser erhöhten Mitwirkungspflichten durch die Fi-

---

[127] *Brinkmann/Meseck,* RdF 2018, 231 (237).
[128] *Kanders/Thonemann-Micker/Gräfe,* ErbStB 2018, 145 (150); *Heuel/Matthey,* EStB 2018, 263 (266).
[129] *Heuel/Matthey,* EStB 2018, 263 (267); *Brinkmann/Meseck,* RdF 2018, 231 (237); *Krüger,* BB 2018, 1887 (1897).
[130] *Krüger,* BB 2018, 1887 (1897); *Heuel/Matthey,* EStB 2018, 263 (267); *Kanders/Thonemann-Micker/Gräfe,* ErbStB 2018, 145 (150); *Brinkmann/Meseck,* RdF 2018, 231 (237, 238).
[131] Heuel/Matthey, NWB 2018, 1037 (1042); *Kanders/Thonemann-Micker/Gräfe,* ErbStB 2018, 145 (150); *Heuel/Matthey,* EStB 2018, 263 (267).
[132] *Kanders/Thonemann-Micker/Gräfe,* ErbStB 2018, 145 (150).
[133] *Heuel/Matthey,* EStB 2018, 263 (267).
[134] BayLfSt, 12.3.2013 – S2256.1.1–614 St32, StEK EStG § 23 Nr. 110.
[135] *Heuel/Matthey,* EStB 2018, 263 (267); *Pielke,* NWB 2018, 234 (238); *Ronig,* NWB-EV Nr. 04/2018, 132 (133).
[136] *Krüger,* BB 2018, 1887 (1891); *Heuel/Matthey,* EStB 2018, 263 (269).
[137] *Krüger,* BB 2018, 1887 (1891).
[138] *Rätke,* in: Klein, AO, § 90 Rn. 25.

nanzverwaltung ist dem Steuerpflichtigen anzuraten, jede einzelne Veräußerung, etwa mittels elektronischer Aufzeichnung der Transaktionshistorie auf den Internetseiten der jeweiligen Handelsplattformen oder des eigenen Wallets oder mittels Screenshots der einzelnen Transaktionen, zu dokumentieren, soweit sich daraus der Umfang und der jeweilige Kurswert der jeweiligen Kryptowährung ablesen lässt.[139] Ob Aufzeichnungen in Form von Eintragungen in eine Exceltabelle wegen der Möglichkeit der nachträglichen Änderbarkeit dafür ausreichen und von der Finanzverwaltung anerkannt werden, ist noch nicht geklärt und umstritten.[140]

5. Verfassungswidrigkeit der Besteuerung von Veräußerungsgewinnen?

Im Schrifttum[141] wird unter Bezugnahme auf ein Urteil des FG Baden-Württemberg vom 2.3.2018[142] die Frage aufgeworfen, ob die momentane Besteuerung von privaten Veräußerungsgeschäften in Bezug auf den Handel mit Kryptowährungen nach § 23 EStG **verfassungswidrig** ist, weil durch ein vorhandenes **strukturelles Vollzugsdefizit** eine gleichheitsgerechte (Art. 3 Abs. 1 GG) Durchsetzung des diesbezüglichen Steueranspruchs nicht gewährleistet ist. Das FG Baden-Württemberg stellte die Verfassungswidrigkeit der Besteuerung von privaten Veräußerungsgeschäften mit UEFA Champions League Eintrittskarten wegen Vorhandenseins eines strukturellen Vollzugsdefizits und dadurch bedingt, wegen Verhinderung einer gleichheitsgerechten Durchsetzung des diesbezüglichen Steueranspruches, fest und wies auf eine ähnlich gelagerte Problematik bei Kryptowährungen hin. Das Finanzgericht bezog sich bei seiner Entscheidung auf ein Urteil des BVerfG vom 9.3.2004,[143] welches für die Jahre 1997 und 1998 wegen eines strukturellen Vollzugsdefizits hinsichtlich Spekulationsgewinnen aus Wertpapieren/Aktien insoweit die Nichtigkeit von § 23 EStG feststellte.[144] Gegen dieses Finanzgerichtsurteil wurde Revision beim BFH eingelegt.[145]

Das FG Berlin-Brandenburg hat in seiner aktuellen Entscheidung[146] im Rahmen eines AdV-Verfahrens im Gegensatz dazu entschieden, dass die Besteuerung in Bezug auf Kryptowährungen auch im Hinblick auf ein strukturelles Vollzugsdefizit nicht zu einem verfassungswidrigen Zustand führt. Für das Finanzgericht haben die Ermittlungsmöglichkeiten für den Handel mit Fußballeintrittskarten zunächst keine Aussagekraft für den Umgang mit Vorgängen um virtuelle Währungen. Für das Finanzgericht reicht es offensichtlich aus, dass man die Veräußerungsvorgänge in den sog. Blockchains verfolgen kann, da stichhaltige Gründe für ein strukturelles Vollzugsdefizit darüber hinaus nicht substantiiert dargelegt wurden. Allein die Erwähnung der Kryptowährung als eine den Fußballkarten ähnliche Problematik im Urteil des FG Baden-Württemberg reicht nicht aus, um ernstliche Zweifel an der Rechtmäßigkeit der Besteuerung nach § 23 EStG zu begründen.

Beim AdV-Verfahren handelt es sich lediglich aber um ein summarisches Verfahren, sodass die Antragsteller, ausgehend von den Gründen im AdV-Beschluss, im Hauptsacheverfahren noch die Gründe für ein strukturelles Vollzugdefizit substantiiert ausführen und vortragen können. Das Ergebnis des Hauptsacheverfahrens bleibt deshalb abzuwarten.

---

[139] *Krüger*, BB 2018, 1887 (1891).
[140] *Krüger*, BB 2018, 1887 (1891); *Heuel/Matthey*, EStB 2018, 263 (269).
[141] *Schroen*, NWB 2019, 2084 ff. mit ausführlicher Begründung und Darstellung.
[142] FG Baden-Württemberg, 2.3.2018 – 5 K 2508/17, EFG 2018, 1167.
[143] Urteil des *BVerfG*, 9.3.2004 – 2 BvL 17/02, BStBl II 2005, S. 56.
[144] *Schroen*, NWB 2018, 2084.
[145] Das Verfahren wird beim *BFH* unter dem Aktenzeichen BFH IX R 10/18 geführt.
[146] FG Berlin-Brandenburg, 20.6.2019 – 13 V 13100/19, DStR 2019, 1329 (1331).

D. Die Besteuerung von Gewinnen aus Kryptowährungen im Betriebsvermögen

73   Kryptowährungen sind einem Betriebsvermögen zuzuordnen, wenn Kryptowährungs-Investments durch eine Kapitalgesellschaft, eine gewerblich tätige bzw. gewerblich geprägte Personengesellschaft oder in einem gewerblichen Einzelunternehmen (dies ist auch dann der Fall, wenn der Handel mit Kryptowährungen einer privaten Person keine private Vermögensverwaltung mehr ist) vorgenommen werden.[147]

74   Bitcoins oder andere Kryptowährungen zählen zu den **immateriellen Wirtschaftsgütern**,[148] die je nach der jeweiligen Verwendungsabsicht, dem **Umlaufvermögen** oder dem **Anlagevermögen**, wenn diese **ausnahmsweise** dazu bestimmt sind, dem jeweiligen Betrieb dauerhaft zu dienen (dauerhafte Halteabsicht), angehören können.[149] Kryptowährungen stellen eine objektiv werthaltige Position dar, die als Einzeleinheit ins Gewicht fallen und die anhand der Kursverläufe selbständig bewertet werden kann.[150]

75   Gehören die Kryptowährungen zum Umlaufvermögen (was meist der Fall ist), sind sie in der Steuerbilanz **beim bilanzierenden Steuerpflichtigen** mit den Anschaffungskosten oder Herstellungskosten zu aktivieren (§ 4 Abs. 1, § 5 Abs. 1, § 6 Abs. Nr. 2 EStG).[151] Gehören sie ausnahmsweise zum Anlagevermögen, ist eine Aktivierung mit den Anschaffungskosten (§ 6 Abs. 1 Nr. 1 EStG) nur möglich, wenn die Kryptowährung entgeltlich (durch Kauf oder Tausch) erworben wurde (§ 5 Abs. 2 EStG, Aktivierungsverbot für selbst hergestellte Anlagegüter).[152]

76   Zu den **Anschaffungskosten**, die sich nach § 255 Abs. 1 HGB, § 5 Abs. 1 EStG richten, gehören auch die Anschaffungsnebenkosten wie zB Nutzungsgebühren der Handelsplattformen und Transaktionsgebühren.[153] Wallet-Gebühren gehören hingegen nicht zu den Anschaffungsnebenkosten, da sie der Anschaffung nicht einzeln zuordenbar sind. Sie sind somit als Betriebsausgaben sofort abziehbar (§ 4 Abs. 4 EStG).[154]

77   Steuerrechtlich sind Kryptowährungen **nicht abnutzbare Wirtschaftsgüter**,[155] die bei **voraussichtlich dauerhafter Wertminderung** auf den niedrigeren Teilwert abgeschrieben werden können (§ 6 Abs. 1 Nr. 2 EStG).[156] Bei Wirtschaftsgütern des Umlaufvermögens sind für die Bestimmung des Teilwertes grundsätzlich die Wiederbeschaffungskosten, mithin der Marktpreis (Kurswert), maßgeblich.[157] Noch **nicht realisierte Wertsteigerungen** der bilanzierten Kryptowährung über die historischen Anschaffungskosten hinaus sind nach allgemeinen Bilanzierungsgrundsätzen unzulässig.[158]

78   In diesem Zusammenhang stellt sich die Frage, ob die im Rahmen eines Miningvorganges geschürfte neue Kryptowährung steuerbilanziell als Herstellung[159] eines immateriellen Wirtschaftsguts zu werten ist oder ob es sich bei den entstandenen und final zuzuordnenden Aufwendungen um zu aktivierende Anschaffungskosten[160] für die neue Kryptowäh-

---

[147] *Krauß/Blöchle*, DStR 2018, 1210 (1211).
[148] *Heuel/Matthey*, EStB 2018, 342; *Prinz/Ludwig*, StuB 2019, 257 (258); *FG Berlin-Brandenburg*, 20.6.2019 – 13 V 13100/19, DStR 2019, 1329 (1330).
[149] *Heuel/Matthey*, EStB 2018, 342.
[150] *Heuel/Matthey*, EStB 2018, 342 mwN.
[151] *Heuel/Matthey*, EStB 2018, 342.
[152] *Heuel/Matthey*, EStB 2018, 342 (343).
[153] *Richter/Augel*, FR 2017, 937 (942).
[154] *Prinz/Ludwig*, StuB 2019, 257 (259).
[155] *Richter/Augel*, FR 2017, 937 (942).
[156] *Prinz/Ludwig*, StuB 2019, 257 (259).
[157] *Heuel/Matthey*, EStB 2018, 342 (343).
[158] *Prinz/Ludwig*, StuB 2019, 257 (259).
[159] *Heuel/Matthey*, EStB 2018, 342 (348); *Richter/Augel*, FR 2017, 937 (941).
[160] *Hötzel*, Virtuelle Währungen im System des deutschen Steuerrechts, S. 235 ff.; *Ronig*, NWB-EV Nr. 04/2018, 132 (163).

D. Die Besteuerung von Gewinnen aus Kryptowährungen im Betriebsvermögen

rung handelt.[161] Bei einer Zugehörigkeit zum Anlagevermögen ergäbe sich ein Aktivierungsverbot für selbst hergestellte Wirtschaftsgüter (§ 5 Abs. 2 EStG) und die dem Miner entstandenen Aufwendungen wären als laufende Betriebsausgaben abziehbar.[162]

Nach hM gehört Kryptowährung in der Regel zum Umlaufvermögen, da sie meist nicht dazu bestimmt ist, dauerhaft dem Geschäftsbetrieb zu dienen, sondern einer zeitnahen Veräußerung als einmaligen Verbrauchszweck zugeführt werden soll.[163] Im Ergebnis dürfte die im Rahmen des Mining gutgeschriebene Kryptowährung einen Herstellungsvorgang begründen der üblicherweise im Umlaufvermögen erfolgt und mit den Herstellungskosten (§ 6 Abs. 1 Nr. 2 S. 1 EStG, § 255 Abs. 2 HGB, § 5 Abs. 1 S. 1 Hs. 1 EStG) zu bilanzieren ist.[164] Die im Rahmen des Minings erhaltenen Transaktionsgebühren stellen steuerpflichtige Betriebseinnahmen dar.[165] 79

Die Verwendung von Kryptowährungen als Entgelt für den Erwerb oder die Veräußerung von Wirtschaftsgütern (zB andere Kryptowährungen) oder Dienstleistungen stellt mangels Qualifikation der Kryptowährung als Zahlungsmittel jeweils einen **Tausch** nach § 6 Abs. 6 EStG dar.[166] Steuerrechtlich ist beim Tausch für die Bestimmung der Anschaffungskosten des erhaltenen Wirtschaftsguts/Vermögensgegenstands der gemeine Wert des hingegebenen Wirtschaftsguts unter Berücksichtigung einer eventuell geleisteten bzw. erhaltenen Baraufgabe ausschlaggebend.[167] 80

Beim Verkauf von Kryptowährungen im Betriebsvermögen eines Bilanzierenden ist als Gewinn oder Verlust die Differenz zwischen dem Buchwert der Kryptowährung und dem Veräußerungspreis anzusetzen.[168] Gewinne sind unabhängig von einer Haltefrist vollumfänglich als Betriebseinnahmen steuerpflichtig, Verluste sind ohne Beschränkungen vollumfänglich als Betriebsausgaben abzugsfähig.[169] Bei einem Tausch ist für die Ermittlung des Veräußerungspreises der gemeine Wert des hingegebenen Wirtschaftsgutes und nicht die empfangene Gegenleistung maßgebend.[170] 81

Bei der Festlegung in welcher Reihenfolge der Anschaffung eine Veräußerung von gleichartiger Kryptowährung unterstellt wird, ist steuerrechtlich nur die Lifo-Methode anwendbar (§ 6 Abs. 1 Nr. 2a EStG).[171] 82

Der Veräußerungsgewinn unterliegt auch der Gewerbesteuer, wobei der festgesetzte Gewerbesteuer-Messbetrag nach Maßgabe des § 35 EStG bei gewerblichen Einzelunternehmern und Mitunternehmern einer gewerblich tätigen oder geprägten Personengesellschaft zu einer Ermäßigung der Einkommensteuer führen kann.[172] 83

Bei einem **Einnahme-Überschuss-Rechner** als weitere neben der Bilanzierung bestehende Gewinnermittlungsart nach § 4 Abs. 3 EStG wird der Gewinn als Überschuss der Betriebseinnahmen über die Betriebsausgaben ermittelt. Beim Kauf einer Kryptowährung als Umlaufvermögen sind die Anschaffungskosten sofort als Betriebsausgaben abziehbar.[173] Eine Veräußerung der Kryptowährung führt in Höhe des Veräußerungserlöses zu Betriebs- 84

---

[161] *Prinz/Ludwig*, StuB 2019, 257 (260).
[162] *Prinz/Ludwig*, StuB 2019, 257 (260).
[163] *Pinkernell*, Ubg 2015, 19 (24); *Blank/Christ*, StB 2018, 47 (50); *Heuel/Matthey*, EStB 2018, 342 (346); *Schlund/Pongratz*, DStR 2018, 598 (603).
[164] *Prinz/Ludwig*, StuB 2019, 257 (260); *Heuel/Matthey*, EStG 2018, 342 (347).
[165] *Prinz/Ludwig*, StuB 2019, 257 (260).
[166] *Eckert*, DB 2013, 2108 (2111); *Pinkernell*, Ubg 2015, 19 (25); *Prinz/Ludwig*, StuB 2019, 257 (258, 261).
[167] *Heuel/Matthey*, EStB 2018, 342 (349), stellt auch die steuerlichen Auswirkungen bei Verwendung von Kryptowährungen für den Erhalt einer Dienstleistung, bzw. für die Erbringung einer Dienstleistung dar, auf S. 349.
[168] *Schlund/Pongratz*, DStR 2018, 598 (603).
[169] *Krauß/Blöchle*, DStR 2018, 1210 (1211).
[170] *Heuel/Matthey*, EStB 2018, 342 (349).
[171] *Heeul/Matthey*, EStB 2018, 342 (344).
[172] *Krauß/Blöchle*, DStR 2018, 1210 (1211).
[173] *Pinkernell*, Ubg 2015, 19 (24); *Heuel/Matthey*, EStB 2018, 342 (344).

einnahmen ohne Beachtung einer Verwendungsreihenfolge, da mangels Aktivierung auch kein Buchwertabgang zu beachten ist.[174]

85　Verwendet der Einnahme-Überschuss-Rechner die Kryptowährung als Entgelt für den Erwerb oder für die Veräußerung von Wirtschaftsgütern (zB andere Kryptowährungen) oder Dienstleistungen liegt ebenfalls ein Tausch nach § 6 Abs. 6 EStG in Form von Anschaffung und Veräußerung vor.[175]

86　Im Zeitpunkt der Verschaffung der Verfügungsmacht des erhaltenen Wirtschaftsgutes entsteht eine Betriebseinnahme in Höhe des gemeinen Werts (§ 9 BewG) des erworbenen Wirtschaftsguts Kryptowährung, gleichzeitig stellen die Anschaffungskosten durch die Zuordnung der Kryptowährung zum Umlaufvermögen sofort abziehbare Betriebsausgaben dar, sodass dieser Vorgang erfolgsneutral ist.[176]

87　Handelt es sich beim veräußerten (im Rahmen des Tausches hingegebenen) Wirtschaftsgut um Umlaufvermögen, so sind die entsprechenden Betriebsausgaben bereits bei seiner Anschaffung als Betriebsausgaben berücksichtigt worden.[177] Wird hingegen ein Wirtschaftsgut des Anlagevermögens hingegeben, entsteht im Zeitpunkt des Zuflusses des Veräußerungsgewinns nach § 4 Abs. 3 S. 4 EStG eine Betriebsausgabe in Höhe des gemeinen Werts des hingegebenen Wirtschaftsguts.[178]

E. Umsatzsteuerliche Aspekte

88　Nach der Rechtsprechung des EuGH[179] handelt es sich beim Umtausch von herkömmlichen Währungen in Bitcoin und umgekehrt um Dienstleistungen, die jedoch nach Art. 135 Abs. 1 lit. e MwStSystRL steuerfrei sind, da die Umsätze mit einem herkömmlichen Währungsumtausch vergleichbar seien.[180] Der EuGH hat Bitcoins damit als vertragliches Zahlungsmittel und als Währung qualifiziert. Diese Qualifikation hat die Bundesregierung für den Umtausch von Bitcoins in eine konventionelle Währung übernommen.[181]

89　Das BMF[182] hat in einem kürzlichen Erlass zur umsatzsteuerlichen Behandlung von Bitcoins und anderen virtuellen Währungen Stellung bezogen und hinsichtlich des Umtauschs die Vorgaben des EuGH übernommen. Wird die Kryptowährung als Zahlungsmittel verwendet, ist dies schon nicht steuerbar.[183] Das BMF geht im Rahmen der umsatzsteuerlichen Behandlung des Minings bei den Leistungen der Miner von nicht steuerbaren Vorgängen aus. Bei der Schöpfung fehlt es für die Steuerbarkeit an bestimmbaren Leistungsempfängern, hinsichtlich der für die Inanspruchnahme einer elektronischen Dienstleistung erhaltenen Transaktionsgebühren fehlt es für die diesbezügliche Steuerbarkeit an einem bestimmbaren Leistungsort; sie werden darüber hinaus freiwillig bezahlt, sodass es an einem Zusammenhang mit den Leistungen (kein Leistungsaustausch) der Miner fehlt.[184]

90　Wird unter Verwendung eines Wallet eine Gebühr bezahlt, handelt es sich um eine auf elektronischem Weg erbrachte sonstige Leistung nach § 3a Abs. 5 S. 2 Nr. 3 UStG, die

---

[174] *Heuel/Matthey*, EStB 2018, 342 (344).
[175] *Heuel/Matthey*, EStB 2018, 342 (349).
[176] *Heuel/Matthey*, EStB 2018, 342 (349).
[177] *Heuel/Matthey*, EStB 2018, 342 (349).
[178] *Pinkernell*, Ubg 2015, 19 (26); *Heuel/Matthey*, EStB 2018, 342 (349, 350), mit Darstellung der steuerlichen Auswirkungen bei Verwendung von Kryptowährung als Gegenleistung für den Erhalt bzw. die Erbringung von Dienstleistungen.
[179] *EuGH*, 14.4.1998 – Rs. L-172/96, DStRE 1998, 680; *EuGH*, 22.10.2015 – L-264/14, DStR 2015, 2433.
[180] *Beck'sches Steuer- und Bilanzrechtslexikon*, Edition 47, 2019, Stand 1.4.2019, Kryptowährung, Rn. 10.
[181] BT-Drs. 19/370, 21 f.; *Schlund/Pongratz*, DStR 2019, 598 (602).
[182] *BMF*, 27.2.2018 – III C3-S7160-b/13/1001 BStBl II 2018, 316.
[183] *BMF*, 27.2.2018, – III C3-S7160-b/13/1001 BStBl II 2018, 316 unter I.
[184] *BMF*, 27.2.2018, – III C3-S7160-b/13/1001 BStBl II 2018, 316 unter I. 1.

E. Umsatzsteuerliche Aspekte

nach Maßgabe des § 3a Abs. 2 bzw. Abs. 5 S. 1 UStG grundsätzlich steuerbar und steuerpflichtig ist, wenn der Leistungsort im Inland liegt.[185]

Bei Handelsplattformen, die der Betreiber für den Erwerb von bzw. Handel mit Bitcoins den Marktteilnehmern zur Verfügung stellt, handelt es sich um die Ermöglichung der rein EDV-technischen Abwicklung von Transaktionen. In diesem Zusammenhang kommt eine Steuerbefreiung nach § 4 Nr. 8 UStG nicht in Betracht.[186] Wenn der Plattformbetreiber den Kauf und Verkauf von Bitcoins als Mittelsperson im eigenen Namen vornimmt, kommt die Steuerbefreiung nach § 4 Nr. 8 Buchst. b UStG in Betracht.[187]

Das BMF wendet obige Grundsätze unter Berücksichtigung des Gleichbehandlungsgrundsatzes auch auf andere virtuelle Währungen an und stellt sie den gesetzlichen Zahlungsmitteln gleich, wenn diese von den an der Transaktion Beteiligten als alternatives vertragliches und unmittelbares Zahlungsmittel akzeptiert worden sind und keinem anderen Zweck als der Verwendung als Zahlungsmittel dienen.[188]

---

[185] *BMF*, 27. 2. 2018, – III C3-S7160-b/13/1001 BStBl II 2018, 316 unter I. 2.
[186] *BMF*, 27. 2. 2018, – III C3-S7160-b/13/1001 BStBl II 2018, 316 unter I. 3.
[187] *BMF*, 27. 2. 2018, – III C3-S7160-b/13/1001 BStBl II 2018, 316 unter I. 3 neuer Absatz.
[188] *BMF*, 27. 2. 2018, – III C3-S7160-b/13/1001 BStBl II 2018, 316 unter II.

Teil 17. Augmented Reality[1]

Übersicht

	Rn.
A. Begriff und Anwendungsfälle der Augmented Reality	2
I. VR, AR und der Immersive Space	3
II. Anwendungsbeispiele für Augmented Reality	6
1. Einzelhandel und Vertrieb	9
2. Navigation/Fahrzeugsteuerung	13
3. Mobile Games	15
4. Medizin	18
5. Pflege	21
6. Sicherheit	22
B. Datenschutz	23
I. Einsatz im privaten Bereich	25
II. Einsatz in der Öffentlichkeit	26
1. Datenerhebung und Transparenzgebot	27
2. Rechtsprechung zu Dashcams	29
3. Übertragbarkeit auf AR-Anwendungen	34
4. Fazit	35
III. Tracking des Nutzers	37
C. Recht am eigenen Bild	39
I. Anwendungsbereich des KUG	40
II. Bildnisse	42
1. Grundsätzliches	42
2. Hinreichende Anonymisierung durch „Verpixelung" oder Augenbalken?	43
3. Handlungsformen	44
4. Einwilligungserfordernis und Ausnahmen	46
D. Urheberrecht	50
I. Vervielfältigung durch AR-Einsatz	51
1. Vorübergehende Vervielfältigungshandlung (§ 44a UrhG)	52
2. Panoramafreiheit (§ 59 UrhG)	56
3. Privatkopie (§ 53 UrhG)	62
4. Einwilligung des Rechteinhabers	64
II. Bearbeitung durch Informationsanreicherung	67
1. Grundsätzliche Bearbeitungsfreiheit	68
2. Die Person des Bearbeiters	70
E. Markenrecht	73
I. Grundsätze des Markenschutzes	75
II. Markennutzung in AR-Anwendungen	78
F. Lauterkeitsrecht	81
G. Arbeitsrechtliche Besonderheiten	87
H. AR im Straßenverkehr	93
I. Nutzung einer Videobrille	94
II. Nutzung eines Head-up-Displays	95
I. Haftung	98
I. Schäden durch Verwendung von AR-Anwendungen	99
II. Abwehransprüche gegen die Platzierung von AR-Gegenständen	105
1. Inanspruchnahme der Spieler	108
2. Inanspruchnahme der Anbieter	110
3. Persönlichkeitsrecht: Beeinträchtigung durch Platzierung virtueller Items	128

---

[1] Der Verfasser dankt Rechtsanwalt Philipp Sümmermann, Rechtsreferendar Dr. Tobias Lutzi und Frau Isabel Plum für die äußerst hilfreiche Mitwirkung an diesem Kapitel.

Literatur:
Ahlberg/Götting, BeckOK-Urheberrecht, 26. Edition 2019; *Auer-Reinsdorff/Conrad*, Handbuch IT- und Datenschutzrecht, 3. Aufl. 2019; *Bachmeier*, Smartwatches, Smartglasses, sonstige Wearables und das Handy-Verbot – oder: Technik und das Fehlen effektiver Normensetzung, VersR 2019, 1393 ff.; *Bamberger/Roth/Hau/Poseck*, BeckOK-BGB, 52. Edition 2019; *Bartuschka*, Tax-Compliance-Management und neue Technologien, CB 2018, 281 ff.; *Benedict/Kranig*, DS-GVO und KUG – ein gespanntes Verhältnis. Ende des KUG nach 111 Jahren? ZD 2019, 4 ff.; *Binder/Vesting*, Kommentar zum Rundfunkrecht, 4. Aufl. 2018; *Bockslaff/Grosche*, Markenmäßiger Gebrauch geschützter Kennzeichen in Computerspielen, IPRB 2018, 276 ff.; *Broll*, Virtual und Augmented Reality und deren Auswirkung auf unsere Realität, ITRV 2017, 83 ff.; *Burhoff*, Elektronische Geräte/Mobiltelefon im Straßenverkehr, ZAP 2018, 389 ff.; *Danckwerts*, Neues vom Störer: Was ist ein „von der Rechtsordnung gebilligtes Geschäftsmodell"?, GRUR-Prax 2011, 260 ff.; *Dörner/Broll/Grimm/Jung*, Virtual und Augmented Reality (AR/AR), 2. Aufl. 2019; *Dreier/Schulze*, Urheberrechtsgesetz, Verwertungsgesellschaftengesetz. Kunsturhebergesetz, 6. Aufl. 2018; *Dreier/Spiecker genannt Döhmann*, Die systematische Aufnahme des Straßenbildes, 2010; *Dreyer/Kotthoff/Meckel/Hentsch*, Urheberrecht, 4. Aufl. 2018; *Ebert*, Entwicklung und Tendenzen im Recht der Gefahrenabwehr, LKV 2017, 10 ff.; *Ernst*, Google-Street-View: Urheber- und persönlichkeitsrechtliche Fragen zum Straßenpanorama, CR 2010, 178 ff.; *Ernst*, Zur Un-Zulässigkeit von Dashcams, CR 2015, 620 ff.; *Franck/Müller-Peltzer*, Wettbewerbs- und datenschutzrechtliche Grenzen des Location Based Marketings mittels Geofencing, K&R 2016, 718 ff.; *v. Fuchs*, Die Marke in der virtuellen Realität, GRUR-Prax 2019, 104 ff.; *Gersdorf/Paal*, BeckOK-Informations- und Medienrecht, 26. Edition 2019; *Gurlit*, Hotelverbot für Rechtsextremisten, NZG 2012, 698 ff.; *Hans*, Automotive Software 2.0: Risiken und Haftungsfragen, GWR 2016, 393 ff.; *Hansen/Brechtel*, KUG vs. DS-GVO: Kann das KUG anwendbar bleiben?, GRUR-Prax 2018, 369 ff.; *Hänold*, EDSB: Smart Glasses – erster Technologiereport, ZD-Aktuell 2019, 06565; *Heckmann*, jurisPK-Internetrecht, Kapitel 8 Rn. 440 ff., 6. Aufl. 2019; *Heermann/Schlingloff*, MüKo-Lauterkeitsrecht, 3. Aufl. 2020; *Hilgert*, Augmented Reality, CR 2017, 472 ff.; *Hilgert/Sümmermann*, Hausverbot für Pokémons? Die Abwehr virtueller Gegenstände auf Privatgrundstücken, CR 2016, 580 ff.; *Hilgert/Sümmermann*, Jugendschutz in der virtuellen Realität, CR 2016, 104 ff.; *Hoeren*, Rechtsprobleme im Zusammenhang mit der Nutzung von Augmented-Reality-Apps, FS für Helmut Köhler zum 70. Geburtstag, 2014; *Hoeren/Sieber/Holznagel*, Handbuch Multimedia Recht, 49. EL 2019; *Holznagel/Stenner*, Die Zulässigkeit neuer Werbeformen, ZUM 2004, 617 ff.; *Jacobs/Lotz/Maschmann*, No-Go für Pokémon Go? – Abwehransprüche von Betriebsinhabern gegen Betreiber von augmented-reality-Software, BB 2016, 2997 ff.; *Johannes*, Pokémon, Augmented Reality und die Verschleierung von Positionsdaten, ZD-Aktuell 2016, 05321; *Klink-Straub/Straub*, Nächste Ausfahrt DS-GVO – Datenschutzrechtliche Herausforderungen beim automatisierten Fahren, NJW 2018, 3201 ff.; *Klindt*, Produktsicherheitsgesetz, 2. Aufl. 2015; *Köhler/Bornkamm/Feddersen*, Gesetz gegen den unlauteren Wettbewerb, 38. Aufl. 2020; *Kopp/Sokoll*, Wearables am Arbeitsplatz – Einfallstore für Alltagsüberwachung?, NZW 2015, 1352 ff.; *Körber/Lee*, Rechtliche Bewertung der Markenbenutzung in Computerspielen nach dem Opel-Blitz-Urteil des EuGH, WRP 2007, 609 ff.; *Kreile*, Die Neuregelung der Werbung im 4. Rundfunkänderungsstaatsvertrag, ZUM 2000, 194 ff.; *Krämer*, Das gefährliche Spiel mit der „Dashcam", SVR 2016, 23 ff.; *Krüger*, Der Störerbegriff, ZUM 2016, 335 ff.; *Krüger/Wiencke*, Bitte recht freundlich – Verhältnis zwischen KUG und DS-GVO, Herstellung und Veröffentlichung von Personenbildnissen nach Inkrafttreten der DS-GVO, MMR 2019, 76 ff.; *Lauber-Rönsberg/Hartlaub*, Personenbildnisse im Spannungsfeld zwischen Äußerungs- und Datenschutz, NJW 2017, 1057 ff.; *Louis/Meléndez/Steg*, Öffentlich-rechtliche und strafrechtliche Probleme des Geocaching, NuR 2011, 619 ff.; *Libertus*, Virtual Reality im Journalismus, CR 2018, 616 ff.; *Lindner*, Persönlichkeitsrecht und Geo-Dienste im Internet – zB Google Street View/Google Earth, ZUM 2010, 292 ff.; *Ohly/Sosnitza*, Gesetz gegen den unlauteren Wettbewerb mit Preisgabenverordnung, 7. Aufl. 2016; *Peddie*, Augmented Reality, 2017; *Peifer*, Beseitigungsansprüche im digitalen Äußerungsrecht. Ausweitung der Pflichten des Erstverbreiters, NJW 2016, 23 ff.; *Peifer*, Konvergenz in der Störer- und Verbreiterhaftung – Vom Störer zum Verbreiter?, AfP 2014, 18 ff.; *v. Pentz*, Ausgewählte Fragen des Medien- und Persönlichkeitsrechts im Lichte der aktuellen Rechtsprechung des VI. Zivilsenats, AfP 2014, 8 ff.; *Prütting/Wilke*, Pokémon GO – Ein rechtlich bedenkliches Vergnügen. Datenschutz- und haftungsrechtliche Analyse, K&R 2016, 545 ff.; *Rauda*, Recht der Computerspiele, 2013; *Redeker*, IT-Recht, 6. Aufl. 2017; *Rose*, „Smart Cams" im öffentlichen Raum. Regulierungsdefizite und Optionen künftiger Regulierung, ZD 2017, 64 ff.; *Säcker/Rixecker/Oetker/Limperg*, MüKo-BGB, 7. Aufl. 2017; *Schabenberger/Nemeczek*, Mein Schloss, mein Garten, meine Verwertungserlöse? – Konsequenzen aus den BGH-Entscheidungen „Preußische Schlösser und Gärten", GRUR-Prax 2011, 139 ff.; *Schürmann*, Location Based Advertising. Eine Analyse aus datenschutz- und wettbewerbsrechtlicher Sicht, RDV 2018, 193 ff.; *Schricker/Loewenheim*, Urheberrecht, 5. Aufl. München 2017; *Schwartmann/Jaspers/Thüsing/Kugelmann*, DS-GVO/BDSG, 2. Aufl. 2020; *Schwenke*, Google Glass – Eine Herausforderung für das Recht, K&R 2013, 685 ff.; *Schwenke*, Google Glass – Herausforderung für das Recht, DSRITB 2013, 215 ff.; *Schwenke*, Schnittstellen zum „Cyborgspace" – Erkenntnisse zu Datenbrillen nach Ende des „Google Glass"-Experiments, DuD 2015, 161 ff.; *Schwenke*, Zulässigkeit der Nutzung von Smartcams und biometrischen Daten nach der DS-GVO, NJW 2018, 823 ff.; *Simitis/Hornung/Spiecker genannt Döhmann*, Datenschutzrecht, 2019; *Söbbing*, Pokémon Go und seine rechtlichen Implikationen. Was tun gegen störende Pokéstops?, MMR 2016, 719 ff.; *Spindler/Schuster*, Recht der elektronischen Medien, 4. Aufl. 2019; *Stürner*, in: Jauernig (Hrsg.), BGB, 17. Aufl. 2018; *Tech*, Kommerzialisierung von Augmented und Virtual Reality, ITRB 2017, 85 f.; *Tinnefeld*, Zur Verantwortung des Spielanbieters für reale Störungen durch ein virtuelles Spiel – oder:

Wie wird man die Pokémon wieder los?, K&R 2016, 551 ff.; *Wandtke/Bullinger,* Praxiskommentar zum Urheberrecht, 5 Aufl. 2019; *Weichert,* Die Verarbeitung von Wearable-Sensordaten bei Beschäftigen, NZA 2017, 565 ff.; *Weisser/Färber,* Rechtliche Rahmenbedingungen bei Connected Car, Überblick über die Rechtsprobleme der automobilen Zukunft, MMR 2015, 506 ff.; *Will,* Nutzung elektronischer Geräte bei der Fahrzeugführung, NJW 2019, 1633 ff.; *Wintermann,* Von der Arbeit 4.0 zur Zukunft der Arbeit, NZA 2017, 537 ff.; *Ziebarth/Elsaß,* Neue Maßstäbe für die Rechtsmäßigkeit der Nutzung von Personenbildnissen in der Unternehmenskommunikation, ZUM 2018, 578 ff.

Anwendungen von Augmented Reality („erweiterte Realität" oder „AR") sind längst sowohl im industriellen wie im privaten Alltag angekommen. Nicht immer ist spezielle Hardware erforderlich – auf vielen Einsatzgebieten genügen handelsübliche Smartphones, die ebenso gut in der Lage sind, ihre Umgebung zu erfassen und mit zusätzlichen Informationen angereichert dem Nutzer anzuzeigen. Sowohl im Bereich der privaten Nutzung als auch bei gewerblichen und industriellen Anwendungen stellen sich für Entwickler wie Anwender zahlreiche Rechtsfragen, die nicht immer neu sind, im Zuge der Verbreitung von AR-Anwendungen aber neue Bedeutung erlangen werden.

A. Begriff und Anwendungsfälle der Augmented Reality

Unter Augmented Reality wird allgemein die Darstellung von Informationen in einem Spektrum „alternativer" Realitäten bezeichnet, denen gemein ist, dass der Nutzer zu einem bestimmten Grad in eine Darstellung eintauchen kann, statt diese nur passiv wahrzunehmen. Sie ist gemeinsam mit anderen Technologien, die kaum trennscharf voneinander abgegrenzt werden können, teil des sogenannten „Immersive Space".[2]

I. VR, AR und der Immersive Space

Der Begriff Virtual Reality (VR) beschreibt eine vollständig computergenerierte Simulation einer dreidimensionalen Umgebung, in der sich der Nutzer frei umsehen und mit der er interagieren kann. Dieser Grad der Immersion kann nur mit speziellem Zubehör erreicht werden,[3] wobei einfache Datenbrillen auch lediglich in Halterungen für Smartphones bestehen, die den Blick vorbei am Bildschirm für den Nutzer blockieren.

Augmented Reality (AR) bezeichnet im Gegensatz dazu eine bloße Ergänzung („augmentation") der realen Umgebung durch zusätzliche Inhalte, die die Wahrnehmung des Nutzers ergänzen oder erweitern.[4] Die zusätzlichen Informationen können dabei entweder vom Endgerät des Nutzers – häufig ein Smartphone mit Kameras, GPS und anderer Sensorik – oder durch einen Onlinedienst bereitgestellt oder berechnet werden. Die Auslagerung von Analyse- und Anreicherungsfunktionen auf dritte Dienstleister kann dabei Auswirkungen auf die rechtliche Bewertung haben, worauf unten im Einzelnen eingegangen wird.

Im Immersive Space zwischen VR und AR ist schließlich auch die Mixed Reality (MR) angesiedelt. Hier werden virtuelle Inhalte in die reale Welt derart integriert, dass bestehende, reale Objekte durch virtuelle Objekte überlagert bzw. ersetzt werden und damit als real erscheinen.[5] Nutzer nehmen hier somit die reale und die virtuelle Welt als einheitliche Realität wahr.[6]

---

[2] Vgl. *Hilgert,* CR 2017, 472 (473).
[3] Vgl. *Hilgert/Sümmermann,* CR 2016, 104.
[4] Insgesamt zu den Begriffen von VR und AR mit jeweils weiteren Nachweisen: *Dörner/Jung/Grimm/Broll/Gröbel,* in: Dörner/Broll/Grimm/Jung, Virtual und Augmented Reality (VR/AR), S. 1 (12 ff.); *Broll,* in: Dörner/Broll/Grimm/Jung, Virtual und Augmented Reality (VR/AR), S. 241 (241 f.); *Schwenke,* DuD 2015, 161 (162); *Manegold/Czernik,* in: Wandtke/Bullinger, Urheberrecht, vor § 88 Rn. 116b.
[5] Vgl. ua: *Peddie,* Augmented Reality, 2017, S. 23 f.
[6] *Schwenke,* DuD 2015, 161 (162).

II. Anwendungsbeispiele für Augmented Reality

6 Ähnlich wie mit dem Begriff Virtual Reality verbindet ein breites Publikum mit Augmented Reality häufig zuerst Computerspiele für mobile Endgeräte, in denen Abbildungen der echten Umgebung eines Spielers durch rein virtuelle Spielinhalte ergänzt werden, und die sich neben reinen Tastendrücken zumindest teilweise auch durch andere Handlungen in der realen Umgebung steuern lassen.

7 Die Einsatzmöglichkeiten in der Praxis sind vielfältig und gehen weit über den Spielebereich hinaus. So spielen AR-Anwendungen nach einer Befragung des Bundesverbands Digitale Wirtschaft (BVDW) für mehr als die Hälfte aller Unternehmen bei ihrer Unternehmensstrategie eine maßgebliche Rolle.[7] Dieses große Zukunftspotenzial von AR-Anwendungen hat auch die Bundesregierung erkannt, weshalb sie mit der Hightech-Strategie 2025 gezielt Forschungsaktivitäten in gesellschaftlich relevanten Themenfeldern wie Gesundheit, Pflege, Mobilität oder Sicherheit fördern will.[8]

8 Gemeinsam ist den nachstehenden Anwendungsbeispielen[9] ein Erfordernis: Die AR-Anwendung muss ihre Umgebung erfassen, analysieren und mit Informationen anreichern, und schließlich dem Nutzer das Ergebnis dieses Verarbeitungsprozesses präsentieren.

1. Einzelhandel und Vertrieb

9 AR-Technologien werden vermehrt im Einzelhandel eingesetzt, um das Einkaufserlebnis des Kunden zu verbessern.

10 Beispielsweise erweckte eine große Modekette mithilfe einer AR-Anwendung seine Schaufensterpuppen zum Leben. So konnte der Kunde sehen wie sich die Modelle bewegten und sprachen, wenn er das Outfit mit einer entsprechenden Handy-App scannte.[10] Darüber hinaus gibt es in einigen Geschäften bereits AR-Spiegel, welche ua die Farbe des Kleidungsstückes anpassen können, wodurch der Kunde in kürzester Zeit viele Modelle und Varianten „anprobieren" kann.[11] In einigen LEGO-Geschäften kann sich der Kunde nach einem ähnlichen Prinzip durch Vorhalten einer Schachtel eine 3D-Darstellung des fertig aufgebauten Modells anzeigen lassen.

11 Nutzt der Kunde erst einmal ein AR-fähiges Gerät, lassen sich darüber auch weitere Dienste erbringen und Werbung anzeigen, die jeweils individuell auf ihn und sein Einkaufsverhalten zugeschnitten sind.

12 Daneben können AR-Anwendungen auch dort hilfreich und zeitsparend sein, wo die Anpassung eines Produkts an örtliche Gegebenheiten beim Kunden komplizierte Messungen und gegebenenfalls die Erarbeitung und Präsentation unterschiedlicher Lösungsalternativen erfordert.[12]

2. Navigation/Fahrzeugsteuerung

13 Weitere Einsatzgebiete gibt es in der Navigation und Fahrzeugsteuerung, wo die Projektion von Informationen in das Sichtfeld (sog. Head-up Display) es dem Fahrer ermöglicht, stets die Straße im Auge zu behalten.

---

[7] Umfrage zum Thema Virtual & Augmented Reality, abrufbar unter: https://www.bvdw.org/fileadmin/user_upload/BVDW_Marktforschung_VR_AR_Trendumfrage.pdf, zuletzt abgerufen am 10.8.2020.
[8] MMR-Aktuell 2019, 415402.
[9] Weitere Beispiele bei *Hilgert*, CR, 472 (473f.).
[10] Die Modekette Zara bediente sich dieser AR-Technologie für ihre Frühjahr-/Sommerkampagne 2018, vgl. https://www.harpersbazaar.de/fashion/zara-app, zuletzt abgerufen am 10.8.2020.
[11] Eine entsprechende Funktion bietet zB der Memory Mirror, vgl. https://memorymirror.com/, zuletzt abgerufen am 10.8.2020.
[12] ThyssenKrupp etwa verwendet die Microsoft Hololens zum Vermessen von Treppen, um so vor Ort beim Kunden in Echtzeit Preisangebote für passende Treppenlifte zu erstellen, vgl. https://news.microsoft.com/de-de/microsoft-hololens-unterstuetzt-thyssenkrupp/, zuletzt abgerufen am 10.8.2020.

Auch für die Wegfindung lassen sich AR-Anwendungen einsetzen, die ihre Umgebung erkennen – dies ist besonders innerhalb von Gebäuden sinnvoll, wo andere Navigationsmethoden wie GPS nicht immer funktionieren. Persönliche Mobilitätsagenten sollen Reisende bei herausfordernden Verkehrsmittelwechseln unterstützen. Der lernende Agent verwaltet das erforderliche Umgebungswissen zu Verkehrsknoten und stellt dem Nutzer die navigationsrelevanten Daten in AR zur Verfügung.[13]

3. Mobile Games

In der Praxis beliebt und verbreitet sind vor allem mobile location-based Gaming-Apps wie Pokémon Go oder Wizards Unite, sowie deren bereits 2013 veröffentlichter Vorgänger Ingress. Der rasante Anstieg der Rechenleistung bei Smartphones in den vergangenen Jahren hat es möglich gemacht, auch komplexe AR-Spiele für mobile Endgeräte zu entwickeln.

Diese Spiele nutzen die Ortungsfunktionen der Smartphones, um die Position des Spielers auf einer Karte zu erfassen. In die Kartendarstellung blenden sie dann zusätzliche Spielelemente ein. Teilweise nutzen sie zudem Kamerafunktionen, um Objekte des Spiels in Echtzeit in Darstellungen der Umgebung zu integrieren. In dem Spiel Ingress schließen sich Spieler beispielsweise einem Team an, um möglichst viele Gebiete in der realen Welt zu „erobern". Das Spiel SpecTrek lässt Spieler mit der Kamera des Handys Geister „jagen", bei Pokémon Go „fangen" Spieler virtuelle Fantasiewesen und „trainieren" diese für Kämpfe.

Als moderne Varianten der Schnitzeljagd, bei der es darum geht, bestimmte Gegenstände oder Figuren zu finden oder zu sammeln, ähneln diese Spielprinzipien dem beliebten Geocaching mit virtuellen Caches.[14] Die Position der virtuellen Gegenstände wird auf einer Karte angezeigt. Um sie einzusammeln, müssen sich die Spieler physisch zum jeweiligen Ort bewegen. Teils finden auch besondere Spielereignisse an ausgewählten Orten statt, beispielsweise können Spieler gemeinsam Aufgaben erfüllen, in Wettkämpfen gegeneinander antreten oder virtuelle Spielgegenstände miteinander tauschen.

4. Medizin

Auch im medizinischen Bereich spielen AR-Anwendungen eine immer wichtigere Rolle. So lassen sich beispielsweise mit einer Datenbrille Röntgenaufnahmen oder Operationspläne direkt auf den Patienten projizieren und damit Eingriffe präziser durchführen – etwa ohne dass der Chirurg laufend zwischen Röntgenbild und Patient hin und her blicken muss, was jeweils die Konzentration stören kann.[15]

Darüber hinaus nutzen Therapeuten die psychophysische Wirkung von AR-Anwendungen bei der Behandlung von körperbezogenen Gesundheitsstörungen, indem sie einen virtuellen Avatar der Betroffenen erzeugen und ihn in seinem Aussehen verändern.[16] Auch für die Diagnose und Behandlung zahlreicher Verletzter an einem Unfallort werden derzeit AR-Anwendungen erforscht. So soll ein System entwickelt werden, das alle verfügbaren, aber nicht vor Ort befindlichen Experten virtuell an den Ort des Geschehens bringt, um die behandelnden Ärzte bei ihrer Diagnose und Behandlung zu unterstützen.[17]

---

[13] Vgl. Reiseassistenzsystem für dynamische Umgebungen auf der Basis von Augmented Reality, https://radarplus.de/, zuletzt abgerufen am 10.8.2020.
[14] Zu den Formen des Geocachings *Louis/Meléndez/Steg,* NuR 2011, 533 ff.
[15] https://berliner-zeitung.de/zukunft-technologie/medizin-wie-chirurgen-mithilfe-von-virtual-reality-operieren-li27461, zuletzt aufgerufen am 10.8.2020.
[16] Virtual-Reality-Therapie durch Stimulation modulierter Körperwahrnehmung, abrufbar unter: https://www.technik-zum-menschen-bringen.de/projekte/vitras, zuletzt abgerufen am 10.8.2020.
[17] Nicht vor Ort, aber doch verfügbar: Virtuelle Präsenz im medizinischen Notfallbereich, abrufbar unter: https://www.technik-zum-menschen-bringen.de/projekte/artekmed, zuletzt abgerufen am 10.8.2020.

20 Ferner können AR-Anwendungen eingesetzt werden, um Menschen mit Behinderungen die Erfassung ihrer Umwelt zu erleichtern, etwa durch eine Texterkennung mit Vorlesefunktion für Sehbehinderte oder eine explizite Anzeige nonverbaler Kommunikationsinhalte für Menschen mit autistischen Störungen.[18]

5. Pflege

21 Daneben wird AR auch in der Krankenpflege eingesetzt, um professionelles Pflegepersonal und pflegende Angehörige in der Intensiv- und Palliativpflege zu entlasten. So sollen sog. AR-Pflegebrillen eingesetzt werden, die während der Durchführung unterschiedliche Informationen zur Erleichterung und Verbesserung der Pflege anzeigen und damit die Pflegequalität, Sicherheit und Zufriedenheit aller beteiligten Akteure erhöhen sollen.[19]

6. Sicherheit

22 Darüber hinaus können AR-Technologien zur Förderung der zivilen Sicherheit und Ordnung eingesetzt werden. Polizeibeamte sollen zukünftig „AR-Brillen" tragen, um Informationen abrufen und mit der Leitstelle kommunizieren zu können.[20] Zudem sollen AR-Anwendungen die durch eine Drohne aufgezeichneten Lage- und Missionsdaten bei der Erkundung ungeklärter Gefahrensituationen visualisieren, damit sich Polizeikräfte und Feuerwehrmänner in Zukunft nicht mehr selber in Gefahr begeben müssen.[21] In einigen Ländern kommen derartige Anwendungen bereits zum Einsatz.[22]

B. Datenschutz

23 Die bei AR-Anwendungen praktizierte Erfassung von Umgebungsbildern vergleichbar einer Videoüberwachung führt dazu, dass in der anwaltlichen Praxis ein Beratungsschwerpunkt oft im datenschutzrechtlichen Bereich liegen wird. Denn diese Umgebungsbilder können auch mannigfaltige personenbezogene Daten enthalten. Auch in einem nur ganz kurzzeitigen Erfassen liegt nach dem weiten Begriffsverständnis der DS-GVO bereits eine datenschutzrechtlich relevante Verarbeitung,[23] die grundsätzlich einer datenschutzrechtlichen Rechtfertigung bedarf.[24]

24 Die Zulässigkeit einer Videoüberwachung durch nicht-öffentliche Stellen richtet sich – da eine Einwilligung der gefilmten Personen regelmäßig ausscheiden dürfte[25] – nach der Generalklausel des Art. 6 Abs. 1 S. 1 lit. f DS-GVO.[26] Ob die Aufnahmen gespeichert oder

---

[18] Zu Datenbrillen und AR Anwendungen als Hilfe bei der Ausführung von Alltagsaufgaben siehe das Adaptive and Mobile Action Assistance in Daily Living Activities (ADAMAAS) Projekt, abrufbar unter https://www.uni-bielefeld.de/sport/arbeitsbereiche/ab_ii/research/adamaas.html, zuletzt aufgerufen am 10.8.2020.
[19] Die Pflegebrille zur Unterstützung professionell und informell Pflegender, abrufbar unter: https://www.pflegebrille.de/index.php/de/, zuletzt abgerufen am 10.8.2020.
[20] *Ebert*, LKV 2017, 10 (12).
[21] Vgl. die Forschungsprojekte „Indoor-Lageerkundung für Spezialeinheiten mit Drohnen (InLaSeD)", abrufbar unter: https://www.sifo.de/de/bewilligte-projekte-aus-der-bekanntmachung-anwender-innovativ-forschung-fuer-die-zivile-2256.html und „Effizienter Einsatz von Unbemannten Flugsystemen für Werkfeuerwehren", abrufbar unter https://artcom.de/project/efffeu/, beide zuletzt abgerufen am 10.8.2020.
[22] Vgl. European Data Protection Supervisor, Technology report No. 1: Smart glasses and data protection, January 2019 (https://edps.europa.eu/sites/edp/files/publication/19-01-18_edps-tech-report-1-smart_glasses_en.pdf), S. 9 (14).
[23] *Schwartmann/Hermann*, in: Schwartmann/Jaspers/Thüsing/Kugelmann, DS-GVO/BDSG, Art. 4 Rn. 56 mwN.
[24] Vgl. ausführlich *Schwenke*, NJW 2018, 823 (824f.).
[25] *Schwenke*, NJW 2018, 823 (826).
[26] Vgl. *DSK*, Kurzpapier Nr. 15 v. 17.12.2018, S. 1.

I. Einsatz im privaten Bereich

Ausgenommen vom Anwendungsbereich der DS-GVO sind nach Art. 2 Abs. 2 lit. c rein persönliche oder familiäre Tätigkeiten natürlicher Personen.[28] Zwar ist diese Ausnahme eng auszulegen,[29] dennoch ist der Einsatz von AR-Anwendungen ausschließlich im häuslichen Bereich damit datenschutzrechtlich ohne weiteres möglich.

II. Einsatz in der Öffentlichkeit

Anders liegt es beim Einsatz von AR-Anwendungen im öffentlichen Bereich. Insbesondere bei der Nutzung von AR-Anwendungen für Smartphones oder Datenbrillen besteht ein großes Potential, in die Persönlichkeitsrechte Dritter einzugreifen. Problematisch ist neben der Quantität der potenziell erfassten Daten vor allem auch ihre Qualität. Eine Grenze zieht Art. 9 Abs. 1 DS-GVO, der insbesondere die Verarbeitung biometrischer Daten in Fällen von AR-Anwendungen generell ausschließen sollte.[30]

1. Datenerhebung und Transparenzgebot

Bei der Nutzung von AR-Anwendungen auf mobilen Geräten – anders als mit zB festmontierten Überwachungskameras – kann leicht in höchstpersönliche Lebensbereiche eingedrungen werden. Dabei können sensible Daten wie Gesundheitsinformationen des Nutzers und Dritter oder Passwörter festgehalten werden.[31]

Der Erfassungsvorgang selbst ist dabei oft intransparent. Bei Datenbrillen etwa fehlt üblicherweise eine deutlich wahrnehmbare Aufnahmegeste (zB das Führen des Geräts zum Gesicht vor der Aufnahme) oder ein besonderes Signal, das auf eine Aufnahmeaktivität hinweist. Dies ist vor dem Hintergrund des Transparenzerfordernisses in Art. 5 Abs. 1 lit. a DS-GVO und den betroffenen Personen in Art 12–23 DS-GVO eingeräumten Rechten, die mit umfangreichen Informationspflichten (Art. 12–15 DS-GVO) korrespondieren, nicht unproblematisch.[32] Zwar mag Art. 11 Abs. 1 DS-GVO die Verwender von AR-Anwendungen in vielen Fällen von diesen Informationspflichten entbinden. Gleichwohl steigt einerseits die Gefahr einer ungewollten Datenpreisgabe; andererseits entsteht durch die jederzeitige Aufnahmemöglichkeit insbesondere von Datenbrillen eine beeinträchtigende Wirkung auch ohne tatsächlich vorgenommenen Aufnahmen.[33]

2. Rechtsprechung zu Dashcams

Hilfreiche Ansatzpunkte zum Umgang mit diesen Problemen finden sich in der bereits weiter fortgeschrittenen Debatte und Rechtsprechung zu sog. Dashcams. Dabei handelt es sich um Kameras, die an Bord von Kraftfahrzeugen eingesetzt werden, um das Verkehrsgeschehen zu beobachten und aufzuzeichnen. Die Parallelen zur Umgebungsbeobachtung mit AR-Anwendungen liegen auf der Hand.

---

[27] Vgl. *Schwenke*, NJW 2018, 823 (824); *DSK*, Kurzpapier Nr. 15 v. 17.12.2018, S. 3.
[28] S. auch § 1 Abs. 1 S. 2 BDSG aE.
[29] *EuGH*, 11.12.2014 – C 212/13, ZD 2015, 77, mAnm *Lachenmann*.
[30] Ausf. *Schwenke*, NJW 2018, 823 (825f.).
[31] Vgl. *Schwenke*, DuD 2015, 161 (164).
[32] Vgl. *Hänold*, ZD-Aktuell 2019, 06565.
[33] Vgl. *Schwenke*, NJW 2018, 823 (827); *ders.*, K&R 2013. 685 (686); *ders.*, DuD 2015, 161 (164).

30 Die Rechtsprechung musste sich mit der Verwendung von Dashcams bereits unter dem Gesichtspunkt der datenschutzrechtlichen Zulässigkeit entsprechender Aufnahmen wie auch unter dem Gesichtspunkt ihrer gerichtlichen Verwertbarkeit in zivil- und ordnungswidrigkeitenrechtlichen Verfahren befassen.[34]

31 Die verwaltungsgerichtliche Rechtsprechung sieht die anlasslose Beobachtung des öffentlichen Straßenraums dabei bisher einhellig als datenschutzwidrig an.[35] So hatten etwa das VG Göttingen[36] und das VG Ansbach[37] einen Verstoß gegen § 6b BDSG aF bejaht. Dabei darf allerdings nicht übersehen werden, dass § 6b BDSG aF eine Interessenabwägung erfordert, die anhand der Umstände des Einzelfalls vorzunehmen ist. Auch die nun maßgebliche[38] Generalklausel des Art. 6 Abs. 1 S. 1 lit. f DS-GVO verlangt letztlich eine Abwägung zwischen den berechtigten Interessen des Verantwortlichen (oder Dritter) und den Rechten und Interessen der betroffenen Person.[39]

32 Demgegenüber weist das *OLG Stuttgart* in einer Entscheidung gegen ein Beweisverwertungsverbot im Hinblick auf private Dashcam-Aufnahmen zutreffend darauf hin, dass der Eingriff in das Recht des Einzelnen durch eine Aufzeichnung des fließenden Verkehrs von „sehr geringer" Intensität sei,[40] und dass für die datenschutzrechtliche Abwägung zur Feststellung eines Verstoßes insbesondere Bedeutung erlangen könnte, ob die Aufnahmen längerfristig gespeichert würden.[41]

33 Der *BGH* vertritt ebenfalls die Ansicht, dass unter Achtung des Prinzips „privacy by design" zwar nicht die dauerhafte anlasslose Aufzeichnung, wohl aber eine dauernde „Beobachtung" zulässig ist, die dann nach einer zusätzlichen Interessenabwägung im Einzelfall auch die längerfristige Speicherung einer angefertigten Aufzeichnung erlaubt.[42] Zwar ist das Urteil noch zur alten Rechtslage vor Inkrafttreten der DS-GVO ergangen, gleichwohl ergibt sich zwischen den Zeilen der Urteilsbegründung, dass der BGH auch das neue Recht bereits „mitbedacht" hat.

3. Übertragbarkeit auf AR-Anwendungen

34 Insbesondere die verwaltungsgerichtliche Rechtsprechung zur Unzulässigkeit der Dashcam-Verwendung kann nicht automatisch auf die technisch erforderliche Umgebungsbeobachtung durch AR-Anwendungen übertragen werden. Deren Einsatz wird häufig nicht von einer Überwachungs- oder Beweissicherungsintention getragen sein. Die Beobachtung und Auswertung der Umgebung durch AR-Anwendungen macht eine Aufzeichnung von Daten oft nur für einen kurzen Zeitraum, die Übermittlung meist gar nicht erforderlich. Die Rechte der aufgenommenen Personen dürften daher regelmäßig deutlich weniger stark betroffen sein, was in einigen Fällen, insbesondere bei eigenen schützenswerten (auch wirtschaftlichen) Interessen des Verwenders zu einer Zulässigkeit des AR-Einsatzes führen dürfte.

---

[34] Ein Überblick hierzu findet sich bei *Krämer*, SVR 2016, 23; *Ernst*, CR 2015, 620.
[35] *VG Ansbach*, ZD 2014, 590 mAnm *Schröder*; *VG Göttingen*, NJW 2017, 1336.
[36] *VG Göttingen*, NJW 2017, 1336.
[37] *VG Ansbach*, ZD 2014, 590 mAnm *Schröder*.
[38] Die etwas weiter gefasste Vorschrift des § 4 Abs. 1 S. 1 BDSG ist dagegen (wohl) europarechtswidrig, s. *BVerwG*, ZD 2019, 372 (373 f.) mAnm *Lachenmann*.
[39] Vgl. *Schwenke*, NJW 2018, 823 (827 f.); grundlegend *Schantz*, in: Simitis/Hornung/Spiecker gen. Döhmann, Datenschutzrecht, Art. 6 Abs. 1 DSGVO Rn. 105 ff.
[40] *OLG Stuttgart*, CR 2016, 516 (519). Zur Überwachung eines Grundstücks durch eine Dashcam in einem parkenden KfZ: *LG Memmingen*, CR 2016, 240 mAnm *Starnecker/Wessels*.
[41] *OLG Stuttgart*, CR 2016, 516 (517); in diesem Sinne auch *Starnecker/Wessels*, ZD 2017, 46 (47).
[42] *BGH*, NJW 2018, 2883 (2884 f.).

4. Fazit

Um das Risiko von Datenschutzverstößen zu minimieren, sollten Hersteller und Anbieter von AR-Anwendungen ihre Produkte entsprechend gestalten und insbesondere den Grundsatz der Datensparsamkeit berücksichtigen, dem im Rahmen der Abwägung nach Art. 6 Abs. 1 S. 1 lit. f DS-GVO oft zentrale Bedeutung zukommen wird. Das Erfordernis nach „privacy by design" gemäß Art. 25 DS-GVO trifft sie dabei nur indirekt, denn Adressat ist nur derjenige Hersteller, der selbst auch für eine Datenverarbeitung verantwortlich ist.[43]

35

Im Übrigen liegt es in der Hand des Verwenders, von den mithilfe von AR-Anwendungen gefertigten Aufzeichnungen keinen überschießenden Gebrauch zu machen. Dies kann es etwa erforderlich machen, auf die Nutzung solcher Dienste zu verzichten, die eine Löschung der Aufnahmen nach Abschluss der situations- und anwendungsspezifischen Verwertung nicht gewährleisten.

36

III. Tracking des Nutzers

Manche Nutzerdaten müssen bereits für die Funktion bestimmter AR-Anwendungen (zB Tracking von Nutzern durch Erfassung von Positionsdaten) zwingend erhoben werden. Jedoch dürften die Anbieter von AR-Anwendungen häufig auch aufgrund der bereits aufgezeigten Qualität und Quantität an potenziell erfassbaren Daten ein kommerzielles Interesse an der Erhebung und Nutzung dieser (und weiterer) Daten zu anderen Zwecken, etwa der Markt- und Zielgruppenforschung, zur gezielten Einblendung von Werbeinhalten oder als Datengrundlage für selbstlernende Algorithmen, haben.[44]

37

Erfolgt die Datenerhebung und/oder -nutzung für die Erfüllung eigener Geschäftszwecke, sieht Art. 6 Abs. 1 lit. b DS-GVO) eine Rechtfertigung jedenfalls für den Fall vor, dass die jeweiligen Daten für den entsprechenden Service auch erforderlich sind. Das wird insbesondere insoweit der Fall sein, wie die AR-Anwendung auch zur Anzeige ortsbezogener Informationen genutzt wird. Zu beachten ist jedoch, dass die Verwendung der personenbezogenen Daten dann auch nur zu diesem Zweck zulässig ist. In allen anderen Fällen ist dagegen eine Einwilligung des Nutzers gem. Art. 6 Abs. 1 lit. a DS-GVO erforderlich.

38

C. Recht am eigenen Bild

Einen Sonderfall personenbezogener Daten stellen Bildnisse von Personen dar. Konflikte mit dem Bildnisschutz (§§ 22 ff. KUG) ergeben sich, wenn in einer AR-Anwendung Personen abgebildet werden.[45] Es stellt sich daher die Frage, inwieweit Bilder und Bildnisse von Menschen wiedergegeben werden dürfen, ohne dass unzulässigerweise in ihr Recht am eigenen Bild eingegriffen wird.[46]

39

I. Anwendungsbereich des KUG

Nach Inkrafttreten der DS-GVO ist der verbleibende Anwendungsbereich der §§ 22 ff. KUG umstritten. Grundsätzlich beansprucht die DS-GVO insoweit Vorrang, sieht aber in

40

---

[43] *Rose*, ZD 2017, 64 (68).
[44] Vgl. auch *Johannes*, ZD-Aktuell 2016, 05321; *Picot*, in: Auer-Reinsdorff/Conrad, Handbuch IT- und Datenschutzrecht, § 29 Rn. 66.
[45] *Söbbing*, MMR 2016, 719 (721).
[46] *Schwenke*, DSRITB 2013, 215 (220).

Art. 85 DS-GVO einige Öffnungsklauseln vor, die jedenfalls für journalistische, wissenschaftliche, künstlerische und literarische Zwecke greifen. Teilweise wird vertreten, dass für §§ 22 ff. KUG trotz Öffnungsklausel kein Anwendungsbereich mehr verbleibe,[47] oder jedenfalls nur noch bei professioneller journalistischer (etc.) Tätigkeit noch Raum verbleibe, was insbesondere sonstigen Unternehmen, die etwa zu Werbe- und Marketingzwecken Bildnisse verbreiten möchten, die Berufung auf das KUG verwehren würde.[48] Teilweise wird aber Art. 85 Abs. 1 DS-GVO als eigene Öffnungsklausel gesehen, mit der Konsequenz dass §§ 22 ff. KUG insgesamt anwendbar bleiben.[49] Allerdings erfassen diese Normen nur die Verbreitung, nicht die – datenschutzrechtlich ebenfalls relevante – Anfertigung des Bildnisses (vgl. oben → Rn. 12).[50]

41 In jedem Fall müssen §§ 22 ff. KUG außerhalb des Anwendungsbereichs der DS-GVO anwendbar bleiben, also insbesondere in Bezug auf rein persönliche oder familiäre Tätigkeiten natürlicher Personen (Art. 2 Abs. 2 lit. c) DS-GVO).

II. Bildnisse

1. Grundsätzliches

42 Unter einem Bildnis versteht man die Wiedergabe des äußeren Erscheinungsbildes einer Person in einer für Dritte erkennbaren Weise.[51] Hinsichtlich der Erkennbarkeit ist entscheidend, dass der Abgebildete begründeten Anlass zu der Annahme hat, er könne möglicherweise von einem – mehr oder minder großen – Bekanntenkreis erkannt werden.[52] Dazu kann nicht nur die Wiedergabe der Gesichtszüge führen, sondern auch die Wiedergabe sonstiger Merkmale, die einer Person eigen sind.[53] Solche zusätzlichen Umstände können der Name, das Autokennzeichen oder die Angabe der Hausnummer sein.[54] Unerheblich ist, in welcher Form die betroffene Person abgebildet wird,[55] allerdings dürfte dies bei einer AR-Anwendung in der Regel durch Foto oder Film erfolgen.

2. Hinreichende Anonymisierung durch „Verpixelung" oder Augenbalken?

43 Die geforderte Erkennbarkeit könnte jedoch fehlen, wenn das Gesicht des Betroffenen durch Augenbalken abgedeckt oder „verpixelt" ist. Allerdings entfalten diese Maßnahmen

---

[47] *Benedikt/Kranig*, ZD 2019, 4.
[48] Vgl. *Hansen/Brechtel*, GRUR-Prax 2018, 369, 370 mwN.
[49] *Ziebarth/Elsaß*, ZUM 2018, 578 (582 ff.); *Frey*, in: Schwartmann/Jaspers/Thüsing/Kugelmann, DS-GVO/BDSG, Art. 85 Rn. 33; *Lauber-Rönsberg/Hartlaub*, NJW 2017, 1057; *Krüger/Wiencke*, MMR 2019, 76 (78); offen gelassen von *OLG Köln*, ZD 2018, 434 (435).
[50] Hierzu im Einzelnen auch *Krüger/Wiencke*, MMR 2019, 76.
[51] Vgl. *BGH*, NJW 2000, 2201 (2202) – Blauer Engel; *BGH*, NJW 1965, 2148; *BGH*, GRUR 1958, 408 – Herrenreiter.
[52] *BGH*, GRUR 1979, 732 – Fußballtor; *OLG Stuttgart*, AfP 2014, 352; *OLG Hamburg*, NJW-RR 1993, 923; *Engels*, in: Ahlberg/Götting, BeckOK Urheberrecht, § 22 KUG Rn. 23 f.; *Specht*, in: Dreier/Schulze, UrhG, § 22 KUG Rn. 4.
[53] *BGH*, GRUR 2000, 715 (716) – Der blaue Engel: nachgestellte Pose Marlene Dietrichs aus dem gleichnamigen Film; *BGH*, GRUR 1979, 732 – Fußballtor: von hinten fotografierter Torwart; *OLG Köln*, ZUM 2014, 902: Namensnennung nicht erforderlich; *OLG München*, Schulze OLGZ 270 – Paul Breitner: Erkennbarkeit trotz verdeckten Gesichts anhand typischer Haartracht; *OLG Hamburg*, ZUM 2004, 309: technisch verfremdete Darstellung eines Torwarts in Computerspiel; *OLG Nürnberg*, GRUR 1973, 40 – Kunstflieger: Erkennbarkeit eines kaum 1 mm groß abgebildeten Kunstfliegers anhand seines Flugzeuges, insoweit zweifelnd jedoch *BGH*, GRUR 1979, 732; *LG München I*, Schulze LGZ 197: durch Bekleidung und Sprungposition erkennbarer Trickskifahrer; Erkennbarkeit verneinend *OLG Karlsruhe*, GRUR 2004, 1058 – Bildfragment, wenn lediglich „geistiges Erinnerungsbild" ohne konkrete Personenidentifizierung hervorgerufen; s. auch *KG*, AfP 2006, 567: zur Erkennbarkeit vgl. eingehend *Dreier/Spieker gen. Döhmann*, Die systematische Aufnahme des Straßenbildes, S. 39; *Schwenke*, DSRITB 2013, 215 (221); *Specht*, in: Dreier/Schulze, UrhG, § 22 KUG Rn. 3.
[54] *Schwenke*, DSRITB 2013, 215 (221).
[55] *Ernst*, CR 2010, 178 (179); *Specht*, in: Dreier/Schulze, UrhG, § 22 KUG Rn. 1.

C. Recht am eigenen Bild

in Bezug auf die Erkennbarkeit des Abgebildeten teilweise nur sehr wenig Wirkung, sodass sie diese nicht notwendigerweise beseitigen.[56] Vielmehr kann die abgebildete Person aufgrund der Begleitumstände sowie der nicht abgedeckten Merkmale weiterhin innerhalb ihres Bekanntenkreises erkannt werden.[57] Dies gilt insbesondere dann, wenn die AR-Anwendung die abgebildete Person nicht auf „neutralem" Grund, sondern in ihrer unmittelbaren Wohn- oder Arbeitsumgebung, darstellt.

3. Handlungsformen

a) Verbreitung

Unter einer Verbreitung versteht man jede Art der körperlichen Weitergabe des Originals oder von Vervielfältigungsstücken an Dritte,[58] während die Verbreitung unkörperlicher Exemplare nur eine öffentliche Zurschaustellung darstellen kann.[59] In der Regel wird das Bildnis in der AR-Anwendung in unkörperlicher Form wiedergegeben, sodass primär eine öffentliche Zurschaustellung in Betracht kommt.[60]

44

b) Öffentliche Zurschaustellung

Eine Zurschaustellung liegt vor, wenn Dritten die Möglichkeit verschafft wird, das Bildnis wahrzunehmen.[61] Diese muss „öffentlich" erfolgen, wofür nach hM der Öffentlichkeitsbegriff des § 15 Abs. 3 UrhG maßgeblich ist. Eine Zurschaustellung ist danach öffentlich, wenn sie für eine Mehrzahl von Mitgliedern der Öffentlichkeit bestimmt ist, wobei der Personenkreis nicht abgegrenzt bzw. nicht durch gegenseitige oder Beziehungen zum Veranstalter persönlich untereinander verbunden sein darf. Dies liegt zB dann vor, wenn der Nutzer einer Datenbrille Aufnahmen von Dritten macht und diese – ohne Eingrenzung – in soziale Netzwerke hochlädt[62] oder der Betreiber eines AR-Spiegels die Bilder seiner Kunden einer Mehrzahl von Personen zur Verfügung stellt.

45

4. Einwilligungserfordernis und Ausnahmen

Grundsätzlich dürfen Bildnisse nur mit Einwilligung des Abgebildeten verbreitet oder öffentlich zur Schau gestellt werden, § 22 S. 1 KUG. Davon ist gem. § 23 Abs. 1 Nr. 2 KUG eine Ausnahme zu machen, wenn der Abgebildete lediglich als Beiwerk neben einer Landschaft oder sonstigen Örtlichkeit erscheint.

46

Ist die Darstellung einer Person neben der Landschaft, Versammlung oder anderen Umgebung derart untergeordnet, dass sie auch entfallen könnte, ohne dass sich der Gegenstand und der Charakter des Bildes verändern würde, liegt ein solches Beiwerk vor.[63] Bei einem Bild prägt folglich die Landschaft oder sonstige Örtlichkeit den Gehalt des Bildes, während bei einem Bildnis (vgl. § 23 Abs. 1 Nr. 1 und 4 KUG) die Darstellung der Person

47

---

[56] *Engels*, in: Ahlberg/Götting, BeckOK Urheberrecht, § 22 KUG Rn. 26; *Specht*, in: Dreier/Schulze, UrhG, § 22 KUG Rn. 4.
[57] *OLG Stuttgart*, GRUR-RR 2015, 80; *LG Hamburg*, BeckRS 2009, 18575.
[58] *Engels*, in: Ahlberg/Götting, BeckOK Urheberrecht, § 22 KUG Rn. 51.; *Specht*, in: Dreier/Schulze, UrhG, § 23 KUG Rn. 9.
[59] *Specht*, in: Dreier/Schulze, UrhG, § 23 KUG Rn. 9.
[60] *Schwenke*, DSRITB 2013, 215 (221); vgl. auch *Söbbing*, MMR 2016, 719 (721).
[61] *Hermann*, in: Gersdorf/Paal, BeckOK InfoMedienR, § 22 KUG Rn. 12; *Specht*, in: Dreier/Schulze, UrhG, § 22 KUG Rn. 10.
[62] *Schwenke*, DSRITB 2013, 215 (221).
[63] *OLG Karlsruhe*, GRUR 1989, 823 – Unfallfoto; vgl. auch *OLG Brandenburg*, ZUM 2013, 219: Vater des Inhabers einer Cannabisplantage als Beiwerk einer Aufnahme des Grundstücks; *OLG Oldenburg*, NJW 1989, 400.

im Vordergrund steht.⁶⁴ Für die Frage, was eigentlich „das Bild" ist, wird darauf abgestellt, was ein verständiger, durchschnittlicher Betrachter als einheitliches Bild ansehen würde.⁶⁵

48 Bei den meisten Anwendungen steht die Beobachtung und Auswertung der Umgebung eines AR-Nutzers, welche mit zusätzlichen Informationen überlagert werden soll, im Vordergrund. Zwar werden dabei auch Personen, welche sich in der Umgebung des Nutzers aufhalten, abgebildet, allerdings können diese in der Regel ohne weiteres aus den Bildern herausfallen, ohne dass sich deren Aussagegehalt ändert. Die zufällig abgebildeten Personen können folglich als Beiwerk iSd § 23 Abs. 1 Nr. 2 KUG angesehen werden, sodass die Bilder ohne deren Einwilligung verbreitet und zur Schau gestellt werden dürfen.

49 Diese untergeordnete Personendarstellung dürfte auf viele AR-Anwendungen zutreffen, sodass es in den meisten Fällen keiner Einwilligung der abgebildeten Person bedarf. Nichtsdestotrotz sind im AR-Bereich Konstellationen denkbar, in denen diese Ausnahme nicht greift. Dies ist zum Beispiel der Fall, wenn ein AR-Spiegel das äußere Erscheinungsbild des Betrachters abbildet, da es hierbei gerade auf die möglichst detailgetreue Darstellung des ganzen Körpers oder Portraits ankommt und die Umgebungsdarstellung keine Rolle spielt.

D. Urheberrecht

50 Immaterialgüterrechtliche Fragen stellen sich insbesondere aus der Perspektive des Urheberrechts, nämlich zunächst im Hinblick auf die Beobachtung und Auswertung der Umgebung eines AR-Nutzers, und sodann bei der Überlagerung dieser sichtbaren Realität mit zusätzlichen Informationen.⁶⁶

I. Vervielfältigung durch AR-Einsatz

51 AR-Geräten ist immanent, dass sie ihre Umgebung filmen. Dies kann auch in alltäglichen Situation urheberrechtliche Fragen aufwerfen.⁶⁷ Denn die Kameras können jederzeit auch urheberrechtlich geschützte Inhalte von Dritten in der Umgebung des Nutzers erfassen. Deren Erfassung und der damit verbundenen Festlegung jedenfalls im Arbeitsspeicher eines AR-Systems dürfte eine Vervielfältigung iSd § 16 Abs. 1 UrhG darstellen.⁶⁸

1. Vorübergehende Vervielfältigungshandlung (§ 44a UrhG)

52 Grundsätzlich zulässig gem. § 44a UrhG sind vorübergehende Vervielfältigungshandlungen, die einen integralen und wesentlichen Teil eines technischen Verfahrens darstellen und flüchtig oder begleitend sind. Eine flüchtige Vervielfältigung liegt bei AR-Einsätzen regelmäßig vor, da die Speicherung nur kurzlebig erfolgt und die Aufnahmen nur aus technischen Gründen temporär im Arbeitsspeicher des Gerätes zwischengespeichert werden. Probleme bereiten dabei allerdings zwei Voraussetzungen des § 44a UrhG.

53 Zunächst greift die Privilegierung nach ihrem Wortlaut nur, wenn der „alleinige" Zweck die ansonsten rechtmäßige Nutzung des Werkes (oder sonstigen Schutzgegenstandes) ist. Der private Werkgenuss, insbesondere also die Betrachtung eines Werkes, ist urheberrechtlich stets erlaubt, so dass die Privilegierung insoweit greift.⁶⁹ Zwar mag die Aus-

---

⁶⁴ *Specht*, in: Dreier/Schulze, UrhG, § 23 KUG Rn. 35.
⁶⁵ *Lindner*, ZUM 2010, 292 (295 f.); *Söbbing*, MMR 2016, 719 (722).
⁶⁶ Hierzu grundlegend *Hoeren*, FS Köhler, S. 298 ff.
⁶⁷ Vgl. *Johannes*, ZD-Aktuell 2016, 05321.
⁶⁸ So auch *Libertus*, CR 2018, 616 (619).
⁶⁹ BGH, GRUR 1994, 363 (365); BGH, GRUR 1991, 449 (453); *Heerma*, in: Wandtke/Bullinger, Urheberrecht, § 15 UrhG Rn. 10; differenziert *Schulze*, in: Dreier/Schulze, UrhG, § 15 Rn. 20.

wertung der Umgebung durch eine AR-Anwendung noch weiteren Zielen dienen – sei es der Orientierung (Beispiel: Erkennen der geografischen Position anhand des Blickwinkels auf ein markantes Bauwerk) oder der Anreicherung des in der Umgebung Vorgefundenen mit eingeblendeten Informationen (Beispiel: Anzeige von Informationen zu einem Künstler beim Betrachten eines Gemäldes im Museum). Allerdings sind auch Orientierung oder Einblendung von Zusatzinformationen (dazu sogleich) grundsätzlich keine urheberrechtlich relevanten Nutzungen des geschützten Werkes und bedürfen daher grundsätzlich keiner eigenen Rechtfertigung, sodass auch diese weiterführenden Handlungen der Privilegierung unterfallen.

Die Privilegierung des § 44a UrhG greift aber nur dann ein, wenn die flüchtige oder begleitende Speicherung keine eigenständige wirtschaftliche Bedeutung hat. Die Datenspeicherung als Vervielfältigungshandlung darf keine eigenständige, isoliert verwertbare Nutzungsmöglichkeit verschaffen.[70] Es ist daher stets im Einzelfall zu prüfen, ob die wirtschaftliche Bedeutung des Vorgangs sich gerade auf die Verwertung des Werks bezieht; wirtschaftliche Vorteile, die unabhängig von dem konkreten Werk erzielt werden (beispielsweise die allgemeine Beschleunigung des Browsens durch Caching von Inhalten), werden nicht erfasst.[71]

Verneint wurde eine solche eigenständige wirtschaftliche Bedeutung für die Zwischenspeicherung von TV-Signalen in einem Satellitenreceiver,[72] bejaht dagegen für die Darstellung von Vorschaubildern durch Internetsuchmaschinen[73] sowie für Vervielfältigungen, die es ermöglichen, das geschützte Werk durch Einblendung von Werbung zu monetisieren.[74] Letzteres dürfte bei manchen AR-Anwendungen der Fall sein, die dann von einer Privilegierung durch § 44a UrhG ausgeschlossen wären.

2. Panoramafreiheit (§ 59 UrhG)

Ist die Vervielfältigung nicht durch § 44a UrhG privilegiert, könnte sie, soweit Aufnahmen im öffentlichen Raum getätigt werden, von der in § 59 UrhG geschützten Panoramafreiheit gedeckt sein.

Gemäß § 59 Abs. 1 UrhG ist eine Vervielfältigung und Verwertung von Werken zulässig, die sich bleibend an öffentlichen Wegen, Straßen oder Plätzen befinden, solange sie mit Mitteln der Malerei, der Graphik, des Lichtbilds oder durch Film erfolgt. Auch eine computergenerierte Darstellung dürfte hierunter fallen.[75]

Der Panoramafreiheit unterfallen damit zahlreiche Werke vor allem aus dem Bereich der bildenden Kunst (zB Statuen) und der Baukunst (zB Fassaden).[76] Erforderlich ist jedoch, dass der Urheber das Werk auf Dauer an einen Platz („bleibend") verbracht hat.[77] Abgelehnt wurde dies zB bei der von Anfang an als zeitlich befristete Kunstinstallation geplanten Reichstagsverhüllung,[78] angenommen jedoch zuletzt bei Fahrzeugen (zB Kfz,

---

[70] *EuGH*, MMR 2011, 817 (824) – Football Association Premier League/Murphy; *EuGH*, MMR 2013, 45 (48) – Infopaq II; *Dreier*, in: Dreier/Schulze, UrhG, § 44a Rn. 10; *Wiebe*, in: Spindler/Schuster, Recht der elektronischen Medien, § 44a UrhG Rn. 6; *Loewenheim*, in: Schricker/Loewenheim, Urheberrecht, § 44a UrhG Rn. 13.
[71] *v. Welser*, in: Wandtke/Bullinger, Urheberrecht, § 44a Rn. 21.
[72] *EuGH*, MMR 2011, 817 (824) – Football Association Premier League/Murphy.
[73] *BGH*, GRUR 2010, 628 (630).
[74] *Wiebe*, in: Spindler/Schuster, Recht der elektronischen Medien, § 44a UrhG Rn. 6.
[75] *Hilgert*, in: Online.Spiele.Recht v. 28.10.2013, http://spielerecht.de/panoramafreiheit-in-computerspielen-ruckenwind-vom-olg-koln-teil-2-von-2/, zuletzt abgerufen am 10.8.2020; vgl. auch *OLG Köln*, BeckRS 2012, 19759.
[76] *Vogel*, in: Schricker/Loewenheim, Urheberrecht, § 59 UrhG Rn. 13 f.; *Dreier*, in: Dreier/Schulze, UrhG, § 59 Rn. 2.
[77] *Lüft*, in: Wandtke/Bullinger, Urheberrecht, § 59 Rn. 21.
[78] *BGH*, GRUR 2002, 605.

Straßenbahnen, Schiffe), die zwar nicht ortsfest, aber bestimmungsgemäß bleibend an wechselnden Stellen im öffentlichen Raum eingesetzt werden.[79]

59 Allerdings privilegiert § 59 UrhG nur solche Aufnahmen und Darstellungen, die den Blick von der öffentlichen Straße aus wiedergeben.[80] Nicht privilegiert sind hingegen Aufnahmen, bei denen auf normaler Augenhöhe ansonsten nicht einsehbare Werke/Werkteile (zB Innenhöfe, Werke im Hausinnern) erst durch zusätzliche Hilfsmittel (zB Leitern) sichtbar gemacht werden.[81]

60 Bewegt sich demnach der AR-Nutzer im Freien auf öffentlichen Straßen, wird nach Maßgabe der geschilderten Grundsätze regelmäßig die Privilegierung des § 59 UrhG greifen. Jedenfalls die Nutzung einer Datenbrille stellt dabei auch kein unzulässiges Hilfsmittel dar, weil die Aufnahmen grundsätzlich dem Sichtfeld des Nutzers entsprechen.

61 Außerhalb des öffentlichen Raums ist demgegenüber zu beachten, dass der BGH in seiner sog. Sanssouci-Rechtsprechung[82] aus einer Parallelwertung zu § 59 UrhG geschlossen hat, dass das Recht zur Anfertigung und Verwertung von Fotografien auch urheberrechtlich nicht geschützter Bauwerke allein dem Grundstückseigentümer zustehe, soweit die Fotografien vom Grundstück aus angefertigt worden sind; für den Eigentümer ergibt sich daraus ein Abwehranspruch aus § 1004 BGB. Das OLG Stuttgart hat diese Rechtsprechung jüngst auf bewegliche Sachen übertragen.[83]

3. Privatkopie (§ 53 UrhG)

62 Für die reine Vervielfältigung kommt schließlich auch eine Privilegierung nach § 53 UrhG in Betracht. Hiernach sind Vervielfältigungen zum privaten und sonstigen eigenen Gebrauch zulässig. Auch insoweit sind allerdings Einschränkungen zu beachten.

63 So darf zunächst grundsätzlich keine Weitergabe an Dritte erfolgen.[84] Die Vervielfältigung darf auch nicht (un)mittelbaren Erwerbszwecken dienen. Solche liegen bereits dann vor, wenn die Vervielfältigung nicht ausschließlich, sondern zugleich auch der beruflichen Tätigkeit dient.[85] Eine Berufung auf die Privatkopieschranke scheidet folglich insbesondere dann aus, wenn AR-Anwendungen (auch) für berufliche Zwecke eingesetzt werden.

4. Einwilligung des Rechteinhabers

64 Der BGH hat in Zusammenhang der Abbildung von Werken als Vorschaubilder („Thumbnails") in der Trefferliste von Suchmaschinen entschieden, dass ein Urheber, der Abbildungen seiner Werke ins Internet einstellt, ohne diese gegen das Auffinden durch Suchmaschinen technisch zu sichern, seine Einwilligung in eine Wiedergabe von Vorschaubildern der Abbildung erklärt und damit ein vorliegender Eingriff in das Recht auf öffentliche Zugänglichmachung des Werks (§ 19a UrhG) nicht rechtswidrig ist.[86] Dabei soll, so der BGH in einer Folgeentscheidung, eine entsprechende Einwilligung selbst dann vorliegen, wenn die Abbildung eines Werks von einem Dritten mit Zustimmung des Urhebers ohne Schutzvorkehrungen ins Internet eingestellt worden ist, und zwar auch in Bezug auf sonstige Werke des Urhebers, die von dieser Zustimmung dem Dritten gegen-

---

[79] *BGH*, GRUR 2017, 798 – AIDA Kussmund.
[80] *BGH*, GRUR 2003, 1035 (1037).
[81] *Vogel*, in: Schricker/Loewenheim, Urheberrecht, § 59 UrhG Rn. 17 f.; *Dreier*, in: Dreier/Schulze, UrhG, § 59 Rn. 4; *Lüft*, in: Wandtke/Bullinger, Urheberrecht, § 59 Rn. 3.
[82] *BGH*, GRUR 2011, 323 – Preußische Gärten und Parkanlagen; *BGH*, GRUR 2013, 623 – Preußische Gärten und Parkanlagen II. Kritisch dazu *Schack*, JZ 2011, 375; *ders.*, JZ 2013, 743.
[83] *OLG Stuttgart*, GRUR 2017, 905 – Reiss-Engelhorn-Museen, mkritAnm *Lutzi*, 878; insoweit offen gelassen in *BGH*, GRUR 2019, 284 (291) mAnm *Zech*.
[84] *Lüft*, in: Wandtke/Bullinger, Urheberrecht, § 53 Rn. 25 mwN.
[85] *BGH*, GRUR 1993, 899 (900).
[86] *BGH*, MMR 2010, 475 mAnm *Rössel* – Vorschaubilder.

D. Urheberrecht

über gar nicht erfasst waren,[87] jedenfalls wenn der Suchmaschinenbetreiber hiervon keine Kenntnis hatte (wobei die Kenntnis nicht vermutet wird).[88]

Die Entscheidungen sind Ausdruck eines – freilich nicht deutlich ausgesprochenen – vom Ergebnis her gedachten Willens des BGH, die Anzeige von Vorschaubildern in Suchmaschinen rechtlich zu ermöglichen, weil dies für das technische Funktionieren einer Bildersuchmaschine unerlässlich ist.[89]

Es liegt nahe, diesen Gedanken jedenfalls auf die technisch notwendige flüchtige Vervielfältigung im Rahmen des AR-Einsatzes zu übertragen und damit etwaige Privilegierungslücken zu schließen. Zwar trifft der Rechteinhaber insoweit regelmäßig keine mit dem Hochladen auf eine Webseite vergleichbare aktive Entscheidung; wohl aber kontrolliert er durch die Ausübung seines Veröffentlichungsrechts (§ 12 UrhG) und die Gestaltung sonstiger Rechteeinräumungen an Dritte jedenfalls im Grunde, ob sein Werk überhaupt für potenzielle AR-Nutzer sichtbar wird. Mit der zunehmenden Verbreitung von AR-Anwendungen wird man ähnlich wie der BGH in den Vorschaubilder-Entscheidungen argumentieren können, dass die gelegentliche flüchtige Vervielfältigung eines Werkes zum Zweck der Ermöglichung von AR-Anwendungen zu einer nicht zu verhindernden Lebensrealität gehört. Dennoch wäre eine gesetzgeberische Klarstellung insoweit im Sinne der Rechtssicherheit zu begrüßen.

II. Bearbeitung durch Informationsanreicherung

In der Aufbereitung und Ergänzung der erfassten Daten kann – bei entsprechender urheberrechtlicher Schutzfähigkeit des Substrats – auch eine Bearbeitung iSd § 23 UrhG liegen.

1. Grundsätzliche Bearbeitungsfreiheit

Bei einer Bearbeitung wird das jeweilige Werk für weitere Nutzungsformen angepasst oder in einen anderen Werkstoff übertragen.[90] Die bloße Herstellung einer Bearbeitung ist nach § 23 S. 1 UrhG grundsätzlich gestattet, nur die Verwertung einwilligungspflichtig.[91] Die in § 23 S. 2 UrhG sowie § 69c UrhG geregelten Ausnahmen vom Grundsatz der Herstellungsfreiheit sind für den AR-Einsatz kaum einschlägig. Allenfalls in Grenzfällen könnte überlegt werden, ob besonders komplexe und bewegte AR-Ergänzungen eines Werkes eine nach § 23 S. 2 UrhG einwilligungspflichtige Verfilmung darstellen könnten.[92]

Ob bereits die bloße Anzeige von zusätzlichen Informationen durch die AR-Anwendung – auch als Überlagerung des Werkes in der Realität – als Bearbeitung angesehen werden kann, lässt sich diskutieren. Denn ein Eingriff in die (physische) Substanz des Werkes ist für eine Bearbeitung nicht unbedingt erforderlich.[93] Jedenfalls bei Übersetzungsleistungen durch die AR-Anwendung liegt aber sicher eine Bearbeitung vor.[94]

---

[87] *BGH*, MMR 2012, 383 mAnm *Spindler* – Vorschaubilder II.
[88] *BGH*, GRUR 2018, 178 mAnm *Ohly* – Vorschaubilder III.
[89] S. bspw. *Redeker*, in: Redeker, IT-Recht, Rn. 1323: „eine im Ergebnis begrüßte, in der Begründung aber auch umstrittene Lösung. Letztlich geht es aber um die Funktionsfähigkeit des Internets."
[90] Vgl. *Loewenheim*, in: Schricker/Loewenheim, Urheberrecht, § 23 UrhG Rn. 4 mit Verweis auf die amtl. Begr. zu § 23 UrhG, BT-Drs. IV/270, 51.
[91] *Schulze*, in: Dreier/Schulze, UrhG, § 23 Rn. 16; *Dreyer*, in: Dreyer/Kotthoff/Meckel/Hentsch, Urheberrecht, § 23 UrhG Rn. 14.
[92] Grds. können nicht nur Sprachwerke, sondern auch andere Werke verfilmt werden, wenn diese in bewegte Bilder umgesetzt werden, vgl. *Dreyer*, in: Dreyer/Kotthoff/Meckel/Hentsch, Urheberrecht, § 23 UrhG Rn. 18. Die bloße Aufzeichnung einer Konzertaufführung ist allerdings noch keine Verfilmung des Musikwerks, vgl. *BGH*, GRUR 2006, 319 – Alpensinfonie. Krit zu dieser Entscheidung: *Schulze*, in: Dreier/Schulze, UrhG, § 23 Rn. 21; *Dreyer*, in: Dreyer/Kotthoff/Meckel/Hentsch, Urheberrecht, § 23 UrhG Rn. 18.
[93] *Schulze*, in: Dreier/Schulze, UrhG, § 23 Rn. 8 mit Verweis auf *BGH*, GRUR 2002, 532.

2. Die Person des Bearbeiters

70   Wird das Vorliegen einer Bearbeitung bejaht, stellt sich jedoch ein Folgeproblem, das sich am Beispiel der Übersetzung durch die AR-Anwendung zeigen lässt: Oftmals werden die hierfür erforderlichen Algorithmen und Wörterbücher nicht auf dem AR-Endgerät des Nutzers vorgehalten, sondern von einem dritten Dienstleister als Cloud-Service erbracht. Dann stellt sich die Frage nach der Person des Bearbeiters, und damit zusammenhängend, ob nur eine (zulässige) Bearbeitung durch den Nutzer oder doch vielmehr eine (von der Einwilligung des Urhebers abhängige) Verwertung der Werkbearbeitung durch den Drittanbieter erfolgt.

71   Im Einzelnen mag das von der Gestaltung der entsprechenden Vertragsverhältnisse zwischen Nutzer und AR-Anbieter abhängen. Im Grundsatz aber weist die Konstellation Parallelen zu der Diskussion um die Anwendbarkeit von § 53 Abs. 1 UrhG bei Vervielfältigungshandlungen durch Online-Videorekorder auf. Auch hier stellte sich die letztlich entscheidende Frage nach der Person des Bearbeiters. Der BGH hat dazu entschieden, dass Hersteller iSd § 53 Abs. 1 UrhG nur derjenige ist, der tatsächlich die Vervielfältigung vornimmt, selbst wenn er sich hierzu technischer Hilfsmittel bedient, die Dritte zur Verfügung gestellt haben.[95] Diese Sichtweise hat auch der EuGH bestätigt.[96]

72   AR-Anwendungen lassen sich demnach jedenfalls so anbieten, dass der (AR-)Nutzer urheberrechtlich als Bearbeiter anzusehen ist.

E. Markenrecht

73   Die Fülle der von AR-Anwendungen eingeblendeten Informationen ist mittlerweile immens und reicht von einfachen Symbolgrafiken bis zu aufwändigen 3D-Animationen. Je realitätsnäher bzw. komplexer die von solchen Anwendungen dargestellten virtuellen Informationen sind, desto höher die Wahrscheinlichkeit, dass sie auch geschützte Marken enthalten.

74   Erfolgt eine bewusste Nutzung durch den Markeninhaber selbst, wie oftmals bei Figuren in AR-Spielen, ist dies markenrechtlich unproblematisch. Binden Dritte jedoch Marken in ihre Anwendungen ein, ohne hierfür entsprechende Nutzungsvereinbarungen mit den Markeninhabern abgeschlossen zu haben, stellt sich die Frage nach möglichen Abwehransprüchen.

I. Grundsätze des Markenschutzes

75   Das Markenrecht gewährt Markeninhabern einen umfassenden Schutz. Üblicherweise entsteht dieser Schutz durch die Eintragung der Marke in das Markenregister gem. § 4 Nr. 1 MarkenG (sog. Registermarke). Ebenfalls möglich ist zwar die Entstehung eines Markenschutzes durch Benutzung oder aufgrund notorischer Bekanntheit, aufgrund der hohen Hürden haben diese Entstehungsformen jedoch eine nur untergeordnete Bedeutung.

76   Dem jeweiligen Inhaber gewährt der Markenschutz ein ausschließliches Recht. Gegen seine Rechte verletzende Nutzungen kann er sich insbesondere durch Geltendmachung von Unterlassungs- und Schadensersatzansprüchen wehren. Voraussetzung für entsprechende Ansprüche ist gem. § 14 Abs. 2 MarkenG insbesondere, dass ein Dritter die Marke im geschäftlichen Verkehr ohne Zustimmung des Inhabers markenmäßig nutzt.

---

[94] Amtl. Begründung zu § 23 UrhG, BT-Drs. IV/270, 51; *Loewenheim*, in: Schricker/Loewenheim, Urheberrecht, § 23 UrhG Rn. 8; *Schulze*, in: Dreier/Schulze, UrhG, § 23 Rn. 6.
[95] BGH, *GRUR* 2013, 618 – Internet-Videorekorder II; *BGH*, GRUR 2009, 845 – Internet-Videorekorder; so bereits (krit. zur gegensätzlichen Position der Vorinstanzen) *Fringuelli/Nink*, CR 2008, 791 (792f.).
[96] *EuGH*, ZUM 2018, 115 (118) – VCAST.

Regelmäßig bleibt aber die reine Nennung einer Marke zulässig. Mit der Frage, wann 77
dies vorliegt, hat sich unter anderem der EuGH in einem Fall zu Spielzeugautos befasst.
Der Autohersteller Opel wollte einem Nürnberger Spielzeughersteller untersagen lassen,
ein ferngesteuertes Modell des Opel Astra V8 Coupé zu vermarkten, auf dessen Kühlergrill dieser originalgetreu das Opel-Logo angebracht hatte. Der EuGH entschied, dass die
Anbringung des – als Marke ua für Kraftfahrzeuge eingetragenen – Logos nicht dazu diene, eine Angabe über die Herkunft zu machen, sondern ausschließlich Teil der originalgetreuen Nachbildung der Originalfahrzeuge sei.[97]

II. Markennutzung in AR-Anwendungen

Überträgt man die in der Entscheidung aufgestellten Grundsätze auf AR-Anwendungen, 78
dürfte eine Markenverletzung in den meisten Fällen ausscheiden.[98] Im AR-Bereich kommen Marken primär im Zusammenhang mit virtuellen Produktabbildungen vor. Bei einer solchen dekorativen Nutzung von Marken fehlt es bereits an einer markenmäßigen Nutzung.[99] In den meisten Fällen ist keine der markenrechtlichen Schutzfunktionen berührt.[100]

Die Herkunftsfunktion der Marke lassen Darstellungen realer Gegenstände in AR-Umgebungen regelmäßig unberührt. Solche virtuellen Abbildungen erwecken im Regelfall 79
beim Nutzer nicht den Eindruck, dass der Markeninhaber auch Hersteller des digitalen
Objektes wäre. Gleiches gilt auch für die Garantiefunktion: Nutzer sind in der Lage, zwischen dem Original und virtuellen Abbildungen zu differenzieren. Dementsprechend gehen sie auch nicht davon aus, dass die Qualität der digitalen Abbildung losgelöst von der
des Originalprodukts ist. Es besteht keine Erwartungshaltung, dass der Hersteller des Originals auch für etwaige Qualitätsversprechen bei der digitalen Abbildung einstehen würde.[101]

In Ausnahmefällen kann sich die Verwendung von Marken jedoch gleichwohl als 80
rechtswidrig darstellen. Dies ist insbesondere dann der Fall, wenn die Nutzung auf eine
Rufbeeinträchtigung oder Rufausbeutung ausgerichtet ist, also ein Imagetransfer erfolgt.
Hiervon kann insbesondere ausgegangen werden, wenn die Marken auch abseits der
AR-Anwendung, also insbesondere in der Werbung hierfür, besonders hervorgehoben
werden.[102] In einem solchen Fall kann der Markeninhaber nach § 14 MarkenG Ansprüche
auf Schadensersatz und Unterlassung geltend machen.

F. Lauterkeitsrecht

Die Möglichkeit, den Nutzern einer AR-Anwendung abhängig von deren Standort und 81
Blickwinkel für sie „passende" Informationen anzeigen zu können, ist für viele Werbetreibende attraktiv. Schon heute wird bei international übertragenen Sportveranstaltungen oft
in jedem Land individuelle Bandenwerbung angezeigt.[103] Das gleiche Prinzip kommt zum
Tragen, wenn Nutzern kontextabhängig Sonderangebote einblendet werden.

---

[97] *EuGH*, 25. 1. 2007 – C-48/05.
[98] Vgl. für Computerspiele *Rauda*, Recht der Computerspiele, Rn. 358; *v. Fuchs*, GRUR-Prax 2019, 104 (104 f.); *Bockslaff/Grosche*, IPRB 2018, 276 (277); *Körber/Lee*, WRP 2007, 609 (612).
[99] *v. Fuchs*, GRUR-Prax 2019, 104.
[100] Ausf. zu Computerspielen *Bockslaff/Grosche*, IPRB 2018, 276 (277 ff.); s. *BGH*, GRUR 2010, 726 – Opel-Blitz II.
[101] *Bockslaff/Grosche*, IPRB 2018, 276 (277).
[102] *Rauda*, Recht der Computerspiele, Rn. 359; *Körber/Lee*, WRP 2007, 609 (614).
[103] Solche Werbeformen (sog. virtuelle Werbung) werden in Deutschland seit 1999 eingesetzt und sind für den Fernsehbereich in § 7 Abs. 6 RStV (künftig: § 8 Abs. 6 MStV) geregelt, vgl. hierzu: *Ladeur*, in:

82 Hierbei sind lauterkeitsrechtliche Grenzen zu beachten. Nicht nur die Werbung auf dem Grundstück des betroffenen Mitbewerbers kann als unlauter zu beurteilen sein.[104] Vielmehr verbietet § 4 Nr. 4 UWG auch das unlautere Abfangen von Kunden als gezielte Behinderung von Mitbewerbern. Hierbei ist jedoch zu beachten, dass das Abfangen von Kunden grundsätzlich zum Wesen des Wettbewerbs zählt; für die Annahme der Wettbewerbswidrigkeit ist daher das Hinzutreten von die Unlauterkeit begründenden Umständen erforderlich.[105] Ein unlauteres Abwerben wird von der Rechtsprechung insbesondere für den Fall angenommen, dass sich der Werbende gewissermaßen zwischen den Mitbewerber und dessen Kunden stellt, um diesem eine Änderung seines Kaufentschlusses aufzudrängen.[106]

83 Problematisch ist daher insbesondere die Werbung in räumlicher Nähe zum Mitbewerber. Der BGH hat entsprechende Werbemaßnahmen bisher relativ streng beurteilt und demnach zB das Ansprechen von potenziellen Kunden,[107] aber auch das Verteilen von Werbeflyern[108] in räumlicher Nähe zum Mitbewerber für unzulässig gehalten.[109] Mittlerweile wird jedoch hier eine gewisse „Liberalisierung" in der Rechtsprechung gesehen.[110]

84 Diese Grundsätze wird man auch auf die Werbung in AR-Anwendungen übertragen müssen, wobei freilich der sich ändernden Verkehrsanschauung Rechnung zu tragen ist. Ist der Nutzer solche Einblendungen an allen möglichen Orten, einschließlich in räumlicher Nähe des jeweiligen Konkurrenten gewohnt oder nutzt er gar bewusst die AR-Anwendung eines von ihm favorisierten Markenartikels, dürfte der Abfangeffekt geringer ausfallen und dann nicht unbedingt unlauter sein.

85 Auch dürfte die bloße Einblendung von Informationen von geringerer Intensität sein als insbesondere die persönliche Ansprache. Anders könnte es aber liegen, wenn Werbung gezielt und flächendeckend dort geschaltet wird, wo der Nutzer mit Angeboten eines Konkurrenten in Berührung kommt.

86 Hier besteht zudem eine Parallele zum Keyword Advertising, das bei Verwendung generisch-deskriptiver Begriffe grundsätzlich zulässig, bei Nutzung fremder Kennzeichen dagegen sowohl gegen Markenrecht als auch gegen Lauterkeitsrecht verstoßen kann.[111] In beiden Fällen kommt es maßgeblich darauf an, ob die Werbung fälschlich eine wirtschaftliche Verbindung zwischen dem Werbenden und dem Markeninhaber suggeriert.[112] Auch diese Maßstäbe dürften auf die Einblendung von Informationen in AR-Anwendungen übertragbar sein.

G. Arbeitsrechtliche Besonderheiten

87 Besondere datenschutzrechtliche Probleme stellen sich beim (verpflichtenden) Einsatz von AR-Werkzeugen im betrieblichen Umfeld. Die Erhebung und Auswertung von Arbeitnehmerdaten war nach altem Recht besonders problematisch, weil hier zum Teil sogar

---

Hahn/Vesting, RStV, § 7 RStV, Rn. 73f.; *Holznagel/Stenner*, ZUM 2004, 617 (620f.); *Kreile*, ZUM 2000, 194 (199f.).
[104] *OLG Brandenburg*, NJW-RR 1996, 1514.
[105] StRspr, vgl. nur *BGH*, GRUR 2016, 825 (827); vgl. auch *Ohly*, in: Ohly/Sosnitza, UWG, § 4 UWG, Rn. 4/45.
[106] *BGH*, GRUR 2009, 876 (878); *BGH*, GRUR 2001, 1061 (1063) mwN.
[107] *BGH*, GRUR 1960, 431 (433).
[108] Vgl. hierzu ua: *BGH*, GRUR 1963, 197 (200f.); *BGH*, GRUR 1986, 547 (548).
[109] Die bisherige Judikatur des BGH stößt dabei aber auf deutliche Kritik in der Literatur, vgl.: *Köhler*, in: Köhler/Bornkamm/Feddersen, UWG, § 4 Rn. 4.29; *Jänich*, in: MüKo-Lauterkeitsrecht, § 4 Nr. 4 Rn. 25; *Ohly*, in: Ohly/Sosnitza, UWG, § 4/47.
[110] So *Jänich*, in: MüKo-Lauterkeitsrecht, § 4 Nr. 4 Rn. 25 mit Verweis ua auf eine Entscheidung zur Zulässigkeit der Verteilung von Handzetteln: *OLG Hamm*, BeckRS 2010, 03257.
[111] Vgl. ausführlich *Ohly*, in: Ohly/Sosnitza, UWG, § 4 UWG, Rn. 4/53b.
[112] *EuGH*, GRUR 2010, 445 – Google France; *BGH*, GRUR 2011, 828 (830) – Bananabay II.

angenommen wurde, dass eine freiwillige Einwilligung des Arbeitnehmers wegen des Abhängigkeitsverhältnisses vom Arbeitgeber gar nicht möglich sei. Hier haben DS-GVO und BDSG-neu zu einer begrüßenswerten Entschärfung geführt; in § 26 BDSG sind nunmehr konkrete Kriterien für die Prüfung der Freiwilligkeit der Einwilligung im Arbeitsverhältnis normiert.[113]

Datenbrillen, aber auch andere AR-Anwendungen, können darüber hinaus „technische 88 Überwachungseinrichtungen" iSd § 87 Abs. 1 Nr. 6 BetrVG bzw. § 75 Abs. 3 Nr. 17 BPersVG sein, und zwar auch dann, wenn der Arbeitgeber gar nicht die Absicht hat, diese Geräte bzw. Anwendungen tatsächlich auch für Überwachungszwecke zu nutzen. Vielmehr reicht hier bereits eine objektive Überwachungsmöglichkeit aus,[114] die bei AR-Anwendungen zu bejahen sein wird:[115]

Eine Überwachung von Mitarbeitern kann dabei direkt durch die von ihnen genutzten 89 AR-Anwendungen, aber auch indirekt nur durch Auswertung von Kundenreaktionen erfolgen, etwa, wenn deren Reaktion auf Beratungssituationen erfasst wird.

Zwar ist es für den bestimmungsgemäßen Einsatz – etwa auch zum Feedback an Mitar- 90 beiter, ob die ausgeführten Arbeitsschritte korrekt sind – nicht erforderlich, dass die AR-Anwendung die Leistungen des einzelnen Mitarbeiters auswertet und abrufbar macht. Allerdings dürften Unternehmen zumindest an einer anonymen Auswertung von häufigen Fehlern interessiert sein, um Fehlerquellen abstellen zu können.

Möchte ein Unternehmen Datenbrillen in seinem Betrieb einführen bzw. einsetzen, 91 besteht somit hier ein Mitbestimmungsrecht des Betriebsrats bzw. der jeweiligen Personalvertretung.

Das Spielen von AR-Spielen während der Arbeitszeit kann der Arbeitgeber unproble- 92 matisch aufgrund seines Direktionsrechtes verbieten.[116]

H. AR im Straßenverkehr

Für den Straßenverkehr enthält § 23 Abs. 1a StVO spezielle Regelungen zur Nutzung von 93 elektronischen Geräten, die der Kommunikation, Information oder Organisation dienen oder zu dienen bestimmt sind (§ 23 Abs. 1a S. 1 StVO). Dazu gehören gem. § 23 Abs. 1a S. 2 StVO auch Geräte der Unterhaltungselektronik oder Geräte zur Ortsbestimmung, insbesondere Mobiltelefone oder Autotelefone, Berührungsbildschirme, tragbare Flachrechner, Navigationsgeräte, Fernseher oder Abspielgeräte mit Videofunktion oder Audiorekorder. Auch „typische" AR-Geräte wie Videobrillen und Head-up-Displays sind erfasst.

I. Nutzung einer Videobrille

Der Einsatz eines auf dem Kopf getragenen visuellen Ausgabegeräts bei der Fahrzeugfüh- 94 rung ist gem. § 23 Abs. 1a S. 3 StVO unzulässig. Damit wollte der Gesetzeber dem Umstand Rechnung tragen, dass der Fahrzeugführer durch das Aufsetzen einer solchen Videobrille vollständig vom Verkehrsgeschehen abgeschirmt wird.[117] Zwar koppeln „Augmented-Reality-Brillen" (zB Google Glass oder Magic Leap One) den Nutzer visuell nicht vollständig vom Verkehrsgeschehen ab, da sie zusätzliche Informationen lediglich auf

---

[113] Ausf. *Conrad/Treeger*, in: Auer-Reinsdorff/Conrad, Handbuch IT- und Datenschutzrecht, Rn. 338 ff.
[114] Vgl. *BAG*, NJW 1976, 262; *Elschner*, in: Hoeren/Sieber/Holznagel, Multimedia-Recht, Teil 22.1 Rn. 210 mwN.
[115] Vgl. *Schwenke*, K&R 2013, 685 (691); allgemein für sog. Wearables bejahend: *Weichert*, NZA 2017, 565 (569); *Kopp/Sokoll*, NZA 2015, 1352 (1356).
[116] *Jacobs/Lotz/Maschmann*, BB 2016, 2997.
[117] Vgl. BR-Drs. 556/17, 27.

einem Display in den Brillengläsern abbilden und die reale Umgebung ergänzen,[118] jedoch unterfallen sie nach dem Willen des Gesetzgebers dennoch dem Benutzungsverbot nach § 23 Abs. 1a S. 3 StVO.[119] Folglich dürfen sie während der Fahrt – ungeachtet der technologisch unzutreffenden Begründung – nicht benutzt werden.[120]

II. Nutzung eines Head-up-Displays

95 Im Gegensatz dazu sind Head-up-Displays, bei denen Informationen in das Sichtfeld des Fahrzeugführers projiziert werden, erlaubt, wenn sie für fahrzeugbezogene, verkehrszeichenbezogene, fahrtbezogene oder fahrtbegleitende Informationen benutzt werden (§ 23 Abs. 1a S. 4 StVO). Die Nutzungsbeschränkung auf Daten, welche den Fahrzeugführer bei der sicheren Verkehrsteilnahme unterstützen, geht auf den Gedanken zurück, dass die Blickabwendung auf das förderliche Maß reduziert sein soll.[121]

96 Aufgrund dessen ist die Angabe des Radiosenders oder des aktuell abgespielten Musiktitels in einem Head-up-Display zulässig, da dies den Fahrzeugführer weniger ablenkt, als wenn er – wie sonst üblich – seinen Blick auf das Autoradio in der Mittelkonsole richten muss. Das gleiche muss für die Anzeige von Informationen gelten, die der Navigation dienen,[122] also beispielsweise auch eine Markierung der optimalen Fahrspur, von der aus spätere Abbiegevorgänge am Leichtesten möglich sind.

97 Im Gegensatz dazu dürften weitergehende Daten den Blick des Fahrzeugführers unnötig binden, sodass deren Projektion verboten ist.[123] Unzulässig sind zudem Informationen zum Standort von Geschwindigkeitsmessanlagen („Radarfallen"), da diese weder verkehrszeichen- noch fahrtbezogene Informationen vermitteln.[124]

I. Haftung

98 AR-Anwendungen lösen unter mehreren Gesichtspunkten spezifische Haftungsfragen für Anbieter aus. So stehen Schadenersatz- oder Regressansprüche im Raum, wenn AR-Nutzer im Zusammenhang mit ihrer Nutzung der Anwendung ihrerseits Fehler machen oder Schäden verursachen. Außerdem stellt sich die Frage, ob und inwieweit AR-Anbieter für das Verhalten ihrer Nutzer haften.

I. Schäden durch Verwendung von AR-Anwendungen

99 Schäden durch AR-Nutzung sind insbesondere denkbar, wenn eine AR-Anwendung nicht korrekt funktioniert, der Nutzer sich aber auf ihre Informationen verlässt, oder wenn der Nutzer durch die Anwendung abgelenkt wird. Besonders relevant dürfte das im Straßenverkehr sein, aber auch beim industriellen AR-Einsatz sind solche Fälle naheliegend.

100 Hinsichtlich der Haftung des Herstellers kommt neben einer Haftung unter den Voraussetzungen der §§ 1 ff. ProdHaftG auch eine Haftung nach den Regeln der deliktsrechtlichen Produzentenhaftung für Produktfehler in Betracht. So hat der Hersteller grundsätzlich Sicherungsmaßnahmen zu ergreifen, die nicht nur den neuesten Stand von Wissenschaft und Technik, sondern auch die Erwartungen der Produktnutzer zu beachten

---

[118] *Will*, NJW 2019, 1633 (1636).
[119] Vgl. BR-Drs. 556/17, 27.
[120] *Will*, NJW 2019, 1633 (1636).
[121] Vgl. BR-Drs. 556/17, 27; *Burhoff*, ZAP 2018, 389 (392).
[122] *Will*, NJW 2019, 1633 (1636).
[123] Vgl. BR-Drs. 556/17, 27.
[124] Vgl. BR-Drs. 556/17, 27; *Burhoff*, ZAP 2018, 389 (392).

haben.¹²⁵ Einschlägig ist hier auch die Vorschrift des § 3 Abs. 2 S. 1 ProdSG, die als allgemeine Anforderung an das Inverkehrbringen von Produkten auch die Berücksichtigung vorhersehbarer nicht-bestimmungsgemäßer Nutzungen statuiert. Hersteller können das entsprechende Haftungsrisiko aber mit geeigneten Warn- und Gebrauchshinweisen abmildern, die nach § 3 Abs. 2. S. 2 Nr. 3 ProdSG bei der Beurteilung zu beachten sind. Bei § 3 ProdSG handelt es sich um ein Schutzgesetz iSd § 823 Abs. 2 BGB; Verstöße haben zudem deutlichen Indizcharakter im Kontext der Produzentenhaftung.¹²⁶

Im Hinblick auf den Einsatz von Navigationsgeräten wird gefordert, dass der Hersteller 101 Maßnahmen ergreifen muss, um eine Ablenkung durch fehlerhafte Ansagen zu verhindern.¹²⁷ Fahrer dürfen sich allerdings dennoch nicht „blind" auf Navigationsgeräte verlassen.¹²⁸. Darüber hinaus hat das AG München entschieden, dass ein Fahrzeugführer sich nicht darauf verlassen dürfe, dass Einparkhilfen in einem Kfz zuverlässig bei jedem Hindernis ein Warnsignal abgeben.¹²⁹

Ein bloßes Berufen auf eine fehlerhafte Darstellung wird daher auch beim Nutzer einer 102 AR-Anwendung grundsätzlich nicht eine etwaige Fahrlässigkeit eigenen Handelns entfallen lassen können, was über § 254 BGB auch etwaige Regressansprüche gegen den Hersteller bzw. Anbieter begrenzt.

Stets ist die Eigenverantwortung des Nutzers als demjenigen, der die rechtswidrige Be- 103 einträchtigung selbst unmittelbar vorgenommen hat, zu berücksichtigen.¹³⁰ Dieser verwendet sein Smartphone bzw. eine Datenbrille, die Ablenkungssituation ist vergleichbar der sonstigen Handynutzung. Als allgemein bekannt wird vorausgesetzt, dass ablenkende Interaktionen mit elektronischen Geräten nur im Stand zu erfolgen haben.¹³¹ Privilegierend ist anzusehen, wenn Apps beim Start darauf hinweisen, dass Spieler auf ihre Umgebung zu achten haben und gewisse Anwendungen (insbes. Spiele) nicht beim Autofahren und in vergleichbaren Situationen zu nutzen seien.¹³²

Eine deliktische Haftung von AR-Anbietern für von Nutzern aufgrund eigener Ablen- 104 kung verursachte Schäden kommt regelmäßig nicht in Betracht, da der Anbieter weder als Täter noch als Teilnehmer eventueller Taten anzusehen ist.¹³³

II. Abwehransprüche gegen die Platzierung von AR-Gegenständen

Bei ortsbasierten AR-Diensten, wie den sog. location-based Games, machen sich Spieler 105 auf, um virtuelle Figuren zu jagen, Gegenstände einzusammeln oder bestimmte Orte zu erreichen.

Die Platzierung der zu suchenden Gegenstände kann bei ortsbasierten Spielen zu Men- 106 schenaufläufen an zentralen Orten führen. Je nach Algorithmus zur Verteilung der „Items" können diese auch auf privaten Grundstücken landen und so Spieler verleiten, bei ihrer Suche in fremde Gärten einzusteigen.

Fraglich ist dann, wie Hausrechtsinhaber sich gegen diese Beeinträchtigungen wehren 107 können. Zivilrechtlich kommen grundsätzlich zwei Anspruchsgegner in Betracht: Die Spieler selbst und der Anbieter des Spiels.

---

¹²⁵ *Wagner*, in: MüKo-BGB, § 823 Rn. 810f.
¹²⁶ *Klindt*, Produktsicherheitsgesetz, § 3 Rn. 55f.
¹²⁷ *Weisser/Färber*, MMR 2015, 506 (511).
¹²⁸ *Hans*, GWR 2016, 393 (396).
¹²⁹ *AG München*, NZV 2008, 35.
¹³⁰ S. auch *Prütting/Wilke*, K&R 2016, 545 (550).
¹³¹ So für Eingaben bei Navigationssystemen *LG Potsdam*, BeckRS 2009, 86070.
¹³² Vgl. für Navigationssysteme *LG Potsdam*, BeckRS 2009, 86070.
¹³³ *Prütting/Wilke*, K&R 2016, 545 (550); ähnl. *Tinnefeld*, K&R 2016, 551 (553).

1. Inanspruchnahme der Spieler

108 Betreten Spieler private Grundstücke, können sich Eigentümer und Mieter mittels des ihnen zustehenden Hausrechts wehren (§§ 903, 858 ff., 1004 BGB).[134] Ein allgemeines Betretungsverbot für ihr Grundstück müssen die Hausrechtsinhaber nicht aussprechen. Es steht ihnen selbstredend frei, den Zutritt nur zu bestimmten Zwecken zu erlauben.[135] Umgekehrt können sie den Zutritt auch lediglich zu bestimmten Zwecken untersagen (beispielsweise ausschließlich für Spieler von AR-Spielen).

109 Einschränkungen des Hausrechts können sich zwar daraus ergeben, dass ein Grundstück für den allgemeinen Publikumsverkehr geöffnet ist.[136] Gestattet wird hier jedoch nur der generelle Zutritt für die übliche Nutzung, zB bei einem Supermarkt nur im Rahmen „üblichen Käuferverhaltens".[137] Eine Öffnung unter Bedingungen ist zulässig.[138] Diskriminierungsfreien Hausverboten, die sich gegen Beeinträchtigungen einer Eigentumsnutzung durch exzessive Aufenthalte von Spielern richten, stehen demnach keine rechtlichen Bedenken entgegen.

2. Inanspruchnahme der Anbieter

110 Die Erteilung von Hausverboten gegen individuelle Spieler ist aus Sicht der Betroffenen oftmals wenig zielführend, auch allgemeine Hausverbote haben bei öffentlich zugänglichen Räumlichkeiten selten den erhofften Erfolg.[139] Das Interesse der Beeinträchtigten wird deshalb regelmäßig darauf gerichtet sein, gegen die „Quelle" vorzugehen, also eine Löschung oder Verschiebung der virtuellen Objekte zu erwirken.

a) Keine Ansprüche gegen Objektplatzierung

111 Für das direkte „Platzieren" virtueller Gegenstände auf einem Grundstück können Betroffene grundsätzlich keine Unterlassungs- oder Beseitigungsansprüche gegen Anbieter geltend machen.[140] Die Platzierung der virtuellen Figuren stellt nämlich keine Eigentumsbeeinträchtigung dar. Es fehlt an einem dem Inhalt des Eigentums (§ 903 BGB) widersprechenden Zustand.[141]

112 Von einer Beeinträchtigung kann zwar nicht nur bei tatsächlichen Einwirkungen ausgegangen werden, sondern auch, wenn das Eigentum, „ohne beschädigt zu werden, in einer dem Willen des Eigentümers widersprechenden Weise genutzt wird".[142] Bei der Beeinträchtigung von Grundstücken greift dies aufgrund der räumlich-körperlichen Begrenzung des Eigentums jedoch nur bei solchen Handlungen, die vom Grundstück aus und entgegen dem verlautbarten Willen des Eigentümers oder Besitzers erfolgen.[143] In seiner Friesenhaus-Rechtsprechung hat der BGH deutlich klargestellt, dass Fotografieren (jedenfalls von öffentlichem Grund aus) als Realakt die Verfügungsbefugnis des Eigentümers unberührt lasse. Dies habe „keinerlei Auswirkungen auf die Nutzung der Sache selbst. Er hindert den Eigentümer nicht daran, mit der Sache nach Belieben zu verfahren und stört ihn auch nicht in seinem Besitz."[144]

---

[134] *Prütting/Wilke*, K&R 2016, 545 (549); *Tinnefeld*, K&R 2016, 551 (552); vgl. *BGH*, NJW 2012, 1725; *BGH*, NJW 2006, 1054; *Berger*, in: Jauernig, § 858 BGB Rn. 1; *Gurlit*, NZG 2012, 698 (699).
[135] Vgl. *BGH*, GRUR 2011, 323 (324); *BGH*, NJW 2006, 1054.
[136] *BGH*, NJW 2012, 1725 (1727); *BGH*, NJW 1994, 188 mwN; *Gurlit*, NZG 2012, 698 (699).
[137] *BGH*, NJW 1994, 188 mwN.
[138] *BGH*, GRUR 2011, 323 (324) mwN – Preußische Gärten und Parkanlagen.
[139] Ebenso *Tinnefeld*, K&R 2016, 551 (552).
[140] Ebenso *Tinnefeld*, K&R 2016, 551 (552 f.); *Prütting/Wilke*, K&R 2016, 545 (549).
[141] *Fritzsche*, in: BeckOK BGB, § 903 Rn. 27; dies ist hierfür Voraussetzung, vgl. *BGH*, NJW 2007, 432; *BGH*, NJW 2005, 1366 (1367); *Berger*, in: Jauernig, § 1004 BGB Rn. 4.
[142] *BGH*, GRUR 2011, 323 (324) mwN – Preußische Gärten und Parkanlagen.
[143] Vgl. *Schabenberger/Nemeczek*, GRUR-Prax 2011, 139 (141).
[144] *BGH*, NJW 1989, 2251 (2252) – Friesenhaus.

I. Haftung

Auf virtuelle Spielobjekte lässt sich dies übertragen. Nur wer die App selbst nutzt, erhält von den Gegenständen überhaupt Kenntnis. Mangels Verkörperung können virtuelle Objekte von Dritten nicht wahrgenommen werden. Die Platzierung ist vergleichbar einer schlichten Markierung auf einer Karte, die ebenfalls keine Beeinträchtigung des Eigentums darstellt.[145]

Zu weit gehen dürfte insbesondere die Ansicht, wonach bereits die Platzierung virtueller Objekte auf einem Betriebsgelände einen Eingriff in das Recht am eingerichteten und ausgeübten Gewerbebetrieb in Form einer Verleitung der Mitarbeiter zum Vertragsbruch darstellen soll.[146] Ein betriebsbezogener Eingriff dürfte in dieser Konstellation jedenfalls dann nicht vorliegen, wenn das AR-Angebot wie herkömmliche andere Internetangebote auch grundsätzlich überall und nicht gezielt nur auf einem bestimmten Betriebsgelände nutzbar ist.

b) Störerhaftung wegen Beeinträchtigungen durch Spieler

Mittelbar beeinträchtigend kann sich jedoch die Möglichkeit auswirken, dass Spieler eines AR-Spiels im Rahmen des Spiels unbefugt fremde Grundstücke betreten. Daraus resultierende Ansprüche gegen den Anbieter können sich aus den Grundsätzen der Störerhaftung (§ 1004 BGB) ergeben.

Die Termini und Kriterien der Rechtsprechung divergieren teils stark, auch da das Haftungsregime von unterschiedlichen BGH-Senaten für sehr verschiedene Sachverhalte, von Marken- und Urheberrecht über das Immobiliarsachenrecht bis hin zu äußerungsrechtlichen Streitigkeiten entwickelt wurde.[147] Die Platzierung virtueller Elemente befindet sich in der Schnittmenge dieser Materien. Führt man die dort entwickelten Kriterien zusammen, kann eine Verletzung des digitalen Hausrechts durch Anbieter von AR-Spielen nur dann angenommen werden, wenn dem Anbieter eine Beeinträchtigung zuzurechnen ist und, um den Umfang der Störerhaftung nicht ausufern zu lassen, dieser angemessene Prüfpflichten verletzt hat.[148]

Halten sich Spieler auf einem fremden Grundstück auf oder überqueren sie es im Rahmen eines Spiels, beeinträchtigen sie dadurch den Eigentümer in der ungestörten Nutzung seines Eigentums.[149] Aber auch Zugangs- und Zufahrtsbeschränkungen können den Eigentümer in der ungestörten Nutzung seines Eigentums beeinträchtigen, unabhängig davon, ob sie auf dem Privatgrundstück oder im öffentlichen Straßenraum stattfinden.[150] Im Rahmen von größeren Events im Rahmen eines Spiels oder anderen Zusammentreffen größerer Spielergruppen ist es denkbar, dass es zu solchen Beeinträchtigungen kommt. Das ist jedoch eine Frage des Einzelfalls und nur restriktiv anzunehmen.

Da die genannten Beeinträchtigungen nicht vom Spieleanbieter unmittelbar ausgehen, haftet dieser nur, wenn ihm zumindest ein mittelbarer Verursachungsbeitrag zurechenbar ist.

Unmittelbarer Störer ist im Rahmen des Unterlassungsanspruchs nach § 1004 BGB, wer durch sein Verhalten selbst die Beeinträchtigung adäquat verursacht hat.[151] Primär erfasst dies diejenigen Spieler, die fremde Grundstücke unbefugt betreten. Mittelbarer Störer ist, wer „ohne unmittelbarer Störer zu sein, in irgendeiner Weise willentlich und adäquat kau-

---

[145] Vgl. hierzu auch *LG Berlin*, 26.9.2006 – 27 O 618/06 (nv).
[146] So *Jacobs/Lotz/Maschmann*, BB 2016, 2997 (2998).
[147] Ausf. zum divergierenden Störerbegriff der Senate *Peifer*, NJW 2016, 23 (24); *ders.*, AfP 2014, 18 (20); *v. Pentz*, AfP 2014, 8 (16); s. auch *Krüger*, ZUM 2016, 335 (336f.).
[148] Ausf. hierzu und zum Begriff des digitalen Hausrechts *Hilgert/Sümmermann*, CR 2016, 580.
[149] *Fritzsche*, in: Bamberger/Roth, BeckOK BGB, § 1004 Rn. 41; *Berger*, in: Jauernig, § 1004 BGB Rn. 4; für Geocaching *Louis/Meléndez/Steg*, NuR 2011, 533 (534).
[150] BGH, NJW-RR 2011, 1476 (1477) mwN; *Baldus*, in: MüKo BGB, § 1004 Rn. 111f.; *Fritzsche*, in: Bamberger/Roth, BeckOK BGB, § 903 BGB Rn. 23.
[151] BGH, NJW 2016, 56 (59); s. auch *Volkmann*, in: Spindler/Schuster, Recht der elektronischen Medien, § 1004 BGB Rn. 9; dies entspricht dem Täter- oder Teilnehmerbegriff in der wettbewerbsrechtlichen Diktion des I. BGH-Senats.

sal zur Beeinträchtigung des Rechtsguts beiträgt. Dabei kann als Beitrag auch die Unterstützung oder Ausnutzung der Handlung eines eigenverantwortlich handelnden Dritten genügen, sofern der in Anspruch Genommene die rechtliche und tatsächliche Möglichkeit zur Verhinderung dieser Handlung hatte."[152] Die „Störerhaftung" betrifft diese Fälle mittelbarer Haftung.

120 Ab wann Anbieter von Spiele-Apps als Störer zu betrachten sind, ist ua davon abhängig, wie die geographische Verteilung und Darstellung der Spielinhalte vorgenommen wird. Hierbei muss zwischen drei Varianten unterschieden werden: Einer Platzierung durch die Nutzer bzw. anhand ihrer Vorschläge, einer algorithmusbasierten Auswahl oder einer manuell vorgenommenen Platzierung durch den Anbieter selbst.

121 Erfolgt die Platzierung von Spielelementen durch die Nutzer des Spiels selbst, handelt es sich um klassischen user-generated-content. Sofern die Darstellung im Spiel die Platzierung durch Dritte erkennen lässt und kein Zu-Eigen-Machen des Anbieters erfolgt, ist der Anbieter als Host-Provider zunächst nach § 10 TMG privilegiert.[153] Eine Haftung des Anbieters kommt somit erst ab Kenntnis einer Rechtsverletzung in Betracht.

122 Ist die Platzierung der Objekte hingegen Sache des Anbieters, ist wiederum je nach Ausgestaltung des dazugehörigen Verfahrens (automatisiert oder manuell) zu differenzieren. Auch bei einer automatisierten Verteilung erfolgt die Platzierung aber durch die Software des Spieleanbieters, so dass ihm die Platzierung der Objekte grundsätzlich zuzurechnen ist.[154] Eine generelle Pflicht, die geographische Verteilung von Spielobjekten vorab auf das mögliche Verursachen von Beeinträchtigungen nachzuprüfen, würde aber den Betrieb ortsbasierter Spiele unmöglich machen bzw. in nicht mehr zumutbarem Maße erschweren. In Anlehnung an die Autocomplete-Rechtsprechung des BGH ist daher auch hier nur von einer reaktiven Prüfungspflicht ab Kenntnis auszugehen.[155] Gleichwohl stellt die Platzierung noch keine Beeinträchtigung dar (s. → Rn. 111 ff.), der Anbieter haftet für Beeinträchtigungen daher nur als mittelbarer Störer.[156]

123 Nur sofern Anbieter AR-Objekte manuell auf einer Karte platzieren, ist ihnen eine verschärfte Haftung zumutbar, insbesondere dann, wenn dies bewusst auf einem öffentlich nicht zugänglichen Privatgrundstück geschieht. Dies kann in Einzelfällen auch eine Haftung als unmittelbarer Störer (in Form der Teilnehmerschaft) begründen. Dabei ist aber zu berücksichtigen, dass auch bei einer manuellen Platzierung Anbieter nicht unmittelbar Kenntnis von eventuellen, durch Nutzer ausgelösten Beeinträchtigungen haben.

124 Bei durch Nutzer von ortsbasierten AR-Spielen ausgehenden Beeinträchtigungen ist regelmäßig von einer (mittelbaren) Störereigenschaft des Anbieters auszugehen. Nutzer suchen die Orte auf, die ihnen im jeweiligen Spiel angezeigt werden; das Auffinden der angezeigten Orte ist zentrales Spielprinzip. Durch Änderungen der Datenbank bzw. der im Spiel hinterlegten Informationen hat der Anbieter im Übrigen auch die Möglichkeit, die geographische Platzierung von Spielobjekten zu verändern oder sie gänzlich zu entfernen. Sobald ein Element aber nicht mehr im Spiel angezeigt wird, fällt es als Ziel weg – weitere Beeinträchtigungen sind dann nicht mehr zu erwarten.

125 Die Haftung eines (mittelbaren) Störers setzt nach ständiger Rechtsprechung voraus, dass dieser Prüfpflichten verletzt hat; die Haftung darf nicht über Gebühr auf Dritte erstreckt werden, die nicht selbst die rechtswidrige Beeinträchtigung vorgenommen ha-

---

[152] *BGH,* NJW 2018, 2324 (2327); *BGH,* NJW 2016, 2106 (2107 f.) – Ärztebewertungsportal III; *BGH,* NJW 2016, 56 (59) je mwN. Der I. Zivilsenat verwendet im Urheber- und Markenrecht einen engeren Störerbegriff, der Täter und Teilnehmer bereits definitorisch ausschließt, s. zuletzt *BGH,* GRUR 2015, 485 (490) – Kinderhochstühle im Internet III; *BGH,* GRUR 2011, 152 (155) mwN – Kinderhochstühle im Internet I.
[153] Vgl. *BGH,* NJW 2018, 2324 (2327); *BGH,* NJW 2016, 2106 (2107) – Ärztebewertungsportal III.
[154] Vgl. *BGH,* GRUR 2013, 751 (753) – Autocomplete.
[155] Vgl. *BGH,* GRUR 2013, 751 (753 f.) – Autocomplete; *OLG Köln,* MMR 2015, 204 (206).
[156] Vgl. *Höbel,* Pokémon auf Privatgrundstücken: Ein Gegengift für Eigentümer?, Legal Tribune Online v. 17.8.2016, http://www.lto.de/persistent/a_id/20309/.

ben.[157] Diese Einschränkung der Haftung hat der VI. BGH-Senat auch bei unmittelbaren Störern angenommen.[158]

Der Umfang der Prüfpflichten bestimmt sich danach, „ob und inwieweit dem als mittelbaren Störer in Anspruch Genommenen nach den Umständen des Einzelfalls eine Verhinderung der Verletzung zuzumuten ist."[159] Zu berücksichtigen ist ua die Funktion und Aufgabenstellung des Störers.[160] Ebenfalls eine Rolle spielt die Eigenverantwortung desjenigen, der die rechtswidrige Beeinträchtigung selbst unmittelbar vorgenommen hat.[161] 126

Da es sich beim Angebot eines Onlinespiels um eine erlaubte Teilnahme am geschäftlichen Verkehr handelt, dürfen an die Prüfpflichten keine überspannten Anforderungen gestellt werden.[162] Die Prüfpflicht trifft Anbieter von AR-Spielen regelmäßig erst ab Kenntnis. Sie müssen dafür Sorge tragen, dass zukünftige Beeinträchtigungen unterbleiben. Der Umfang ihrer Prüfpflichten ist wiederum abhängig von der Ausgestaltung des jeweiligen Spiels. 127

3. Persönlichkeitsrecht: Beeinträchtigung durch Platzierung virtueller Items

Zu den absolut geschützten Rechten gehört neben dem Eigentum auch das Persönlichkeitsrecht.[163] Eine Beeinträchtigung durch die Platzierung von virtuellen Items ist allerdings nur in Ausnahmefällen denkbar. In der Regel sind sowohl die platzierten Gegenstände als auch Orte persönlichkeitsrechtlich neutral. Denkbar ist eine Beeinträchtigung aber bei der Platzierung rufschädigender Items an sensiblen Orten wie Grabmälern oder anderen, mit einer konkreten Person verbundenen Stätten. So könnte die Aufgabe in einem Spiel, am Mahnmal für eine kürzlich verstorbene Person einen Tanz aufzuführen oder eine virtuelle Bombe an einer (namentlich oder anderweitig zuordenbar konkretisierten) Adresse abzulegen, eine Persönlichkeitsrechtsverletzung darstellen. 128

Die Verletzung von Persönlichkeitsrechten durch die Platzierung virtueller Objekte begründet je nach Ausgestaltung (s. → Rn. 120ff.) eine unmittelbare oder mittelbare Haftung des Anbieters. Sofern die Platzierung nicht manuell erfolgt, wird regelmäßig eine Haftung jedoch erst ab Kenntnis nach den zum Persönlichkeitsrecht entwickelten Maßstäben anzunehmen sein. 129

---

[157] StRspr, s. *BGH*, NJW 2018, 2324 (2327); *BGH*, NJW 2016, 2106 (2108) – Ärztebewertungsportal III; *BGH*, GRUR 2013, 751 (753); *BGH*, GRUR 2007, 708 (711) – Internet-Versteigerung II.
[158] *BGH*, GRUR 2013, 751 (753f.) – Autocomplete; klarstellend insoweit *v. Pentz*, AfP 2014, 8 (16f.).
[159] *BGH*, NJW 2016, 2106 (2108) – Ärztebewertungsportal III mwN.
[160] *BGH*, GRUR 2013, 751 (753) – Autocomplete; *BGH*, GRUR 2012, 311 – Blog-Eintrag.
[161] *BGH*, GRUR 2013, 751 (753) – Autocomplete; *BGH*, GRUR 2012, 311 – Blog-Eintrag.
[162] Vgl. *BGH*, GRUR 2013, 751 (754) – Autocomplete; Ausf. hierzu *Danckwerts*, GRUR-Prax 2011, 260.
[163] *Volkmann*, in: Spindler/Schuster, Recht der elektronischen Medien, § 1004 BGB Rn. 2.

Teil 18. Verfahrens- und Prozessführung, alternative Streitbeilegung

Übersicht

	Rn.
A. Die Klage vor dem Zivilgericht	4
I. Überlegungen zum Streitgegenstand sowie zur Eingrenzung und Darstellung des Prozessstoffes sowie zur Einreichung der Klage	6
1. Eingrenzung des Prozessstoffes	7
2. Die Darstellung in der Klage	13
3. Die Einreichung der Klage im elektronischen Rechtsverkehr	15
4. Das selbstständige Beweisverfahren	20
II. Das zuständige Gericht	26
1. Eröffnung des Rechtswegs zu den Zivilgerichten	27
2. Der gewillkürte Gerichtsstand	28
3. Der gesetzliche Gerichtsstand	33
4. Die Geschäftsverteilung	34
III. Überlegungen zur Beweisführung	50
1. Allgemeines zur Beweisführung	51
2. Die zulässigen Beweismittel	62
IV. Überlegungen zu den Verfahrensbeteiligten	82
1. Überlegungen zu den Parteien	83
2. Überlegungen zu weiteren Verfahrensbeteiligten: die Streitverkündung	88
V. Überlegungen zur Beendigung des Rechtsstreits durch Vergleich	112
B. Einstweiliger Rechtsschutz	114
I. Voraussetzungen für den Erlass einer einstweiligen Verfügung	116
1. Verfügungsanspruch	117
2. Verfügungsgrund	119
3. Abmahnung	121
II. Verfahren	122
1. Zuständigkeit	123
2. Glaubhaftmachung	125
3. Schutzschrift	126
4. Mündliche Verhandlung und rechtliches Gehör	129
5. Vollziehung der einstweiligen Verfügung	130
III. Die Rechtsbehelfe	132
1. Rechtsbehelfe des Antragsstellers	133
2. Rechtsbehelfe des Antragsgegners	134
3. Anspruch auf Schadenersatz	139
C. Alternative Streitbeilegung	140
I. Merkmale der alternativen Streitbeilegung	144
1. Freiwilligkeit	145
2. Wahl des Verfahrensführers	146
3. Flexible Verfahrensgestaltung	148
II. Die verschiedenen Verfahren	157
1. Schiedsgerichtsverfahren	158
2. Schiedsgutachten	177
3. Mediation	181
4. Schlichtung	205

Literatur:
Ahrens, Reform des Sachverständigenbeweises, ZRP 2015, 105; *Al-Deb'i/Weidt,* Die E-Mail im Zivilprozess, JA 2017, 618; *Auer-Reinsdorff/Conrad* (Hrsg.), Handbuch IT- und Datenschutzrecht, 2. Aufl. 2016; *Augenhofer,* Die Reform des Verbraucherrechts durch den „New Deal" – ein Schritt zu einer effektiven Rechtsdurchsetzung? EuZW 2019, 5; *Bening,* Plädoyer für ein statusbezogenes Verständnis des Unternehmerbegriffs, VuR 2019, 455; *Biallaß,* Der Umgang mit dem elektronischen Empfangsbekenntnis NJW 2019, 3495; *Christl,*

Massenklagen via Internet – ein Ersatz für Muster- und Sammelklagen? NJ 2017, 309; *Dölling,* Die Voraussetzungen der Beweiserhebung im Zivilprozess, NJW 2013, 2131; *Ehrhardt,* Privatgutachten rechtssicher per E-Mail versenden, DS 2016, 54; *Engel,* Außergerichtliche Streitbeilegung in Verbraucherangelegenheiten – Mehr Zugang zu weniger Recht, NJW 2015, 1633; *Fischer,* Elektronischer Rechtsverkehr und „Elektronifizierung" der Ziviljustiz, ZAP 2019, 147; *Flessner,* Deutscher Zivilprozess auf Englisch, NJOZ 2011, 1913; *Gaier,* Strukturiertes Parteivorbringen im Zivilprozess, 2015, 101; *v. Frankenberg,* Öffentlichkeit und Gemeinwohlorientierung als Kontrollinstanz und Zielpunkt staatlichen Handelns, myops 2016, 55 ff.; *Ghassemi-Tabar/Nober,* Der Privatgutachter im Zivilprozess, NJW 2016, 552; *Greger/Weber,* Das neue Güterichterverfahren, MDR 2012, Sonderheft, 3; *Gössl,* Das Gesetz über die alternative Streitbeilegung in Verbrauchersachen – Chancen und Risiken, NJW 2016, 838; *Greger,* Der Zivilprozess auf dem Weg in die digitale Sackgasse, NJW 2019, 3429; *Heinrichs,* Vorbild Europa/Mehr Wohnsitzgerichtsstände in der ZPO? Braucht der Verbraucher mehr Schutzgerichtsstände an seinem Wohnsitz? DAR 2018, 127; *Heß/Burmann,* Gesamtschuldnerausgleich und Verjährung, NJW- Spezial 2010, 393; *Hoffmann,* Die Entwicklung des Internetrechts bis Ende 2018, NJW 2019, 481; *Kiwitt,* Die (virtuelle) Kanzlei und die Zweigstelle – Kanzleianschriften im digitalen Zeitalter, ZAP 2019, 1029; *Kopp,* Fallstricke der Tatsachenfeststellung im Zivilprozess, NJOZ 2017, 330; *Lederer,* Grenzüberschreitender E-Commerce und internetbasierte Streitbeilegung, CR 2015, 380; *Leuering,* Das beA und bestimmende Schriftsätze, NJW 2019, 2739; *Linz,* Die Befangenheit des gerichtlichen Sachverständigen, DS 2017, 145; *Litzenberger/Strieder,* Das selbständige Beweisverfahren in der Praxis, JA 2017, 374; *Lorenz,* Die Fachanwaltschaften für Gewerblichen Rechtsschutz, Urheber- und Medienrecht sowie IT-Recht, MMR 2016, 652; *Mantz,* Die Entwicklung des Internetrechts bis Mitte 2019, NJW 2019, 2441; *ders.,* Das Recht auf Waffengleichheit und die Praxis im Verfahren der einstweiligen Verfügung, NJW 2019, 953; *Meier,* Fremdsprachige Verhandlung vor deutschen Gerichten? WM 2018, 1827; *Meller-Hannich/Nöhre,* Ein zeitgemäßer Rahmen für Zivilrechtsstreitigkeiten, NJW 2019, 2522; *Milde,* Die Ablehnung eines Sachverständigen im Zivilprozess, NJW 2018, 1149; Münchener Kommentar zur Zivilprozessordnung, 4. Aufl. 2013; *Ory/Weth,* Schriftstücke und elektronische Dokumente im Zivilprozess – von der Papierform zur elektronischen Form, NJW-Beil. 2016, 96; *Riehm,* Die Rolle des materiellen Verbraucherrechts in der neuen Verbraucherstreitbeilegung, JZ 2016, 866, 869; *Rohrlich,* Virtuelle Kanzlei, Webinare, Video- Beratung & Co. – Der Anwaltsberuf im Umbruch, ZAP 2019, 873; *Rößner,* 15 Gebote für Sachverständige, DS 2011, 191; *Siegmund,* Das beA von A bis Z, NJW 2017, 3134; *Specht,* Die Entwicklung des IT-Rechts im Jahr 2018, NJW 2018, 3686; *ders.,* Chancen und Risiken einer digitalen Justiz für den Zivilprozess, MMR 2019, 153; *Stackmann,* Zivilprozess- Effizienz, Utopie und Stückwerk, ZRP 2019, 193; *Stamm,* Die Verzinsung des zivilprozessualen Kostenerstattungsanspruchs NJW 2019, 3473; *Thomas/Putzo,* ZPO, 40. Aufl. 2019; *Thora,* Die Streitverkündung – vielschichtig und haftungsträchtig, NJW 2019, 3624; *Tombrink,* Der deutsche Zivilprozess – „alternativlos"? IWRZ 2018, 275; *Ulrich,* Besorgnis der Befangenheit des Sachverständigen wegen seiner Reaktion auf Vorhaltungen der Parteien, DS 2018, 288; *Ulrich/Schmieder,* Die elektronische Einreichung in der Praxis, NJW 2019, 113; *Vonwerk,* Strukturiertes Verfahren im Zivilprozess, NJW 2017, 2326; *Willer,* Das selbständige Beweisverfahren und die Grenzen richterlicher Vorlageanordnungen, NJW 2014, 22; *Wolf,* Der Schlüssel zu einem effizienten Zivilprozessrecht, ZRP 2018, 183; *ders.,* Ist der „Justizstandort Deutschland" international wettbewerbsfähig? RIW 2019, 258; *Zimmermann,* ZPO, 10. Aufl. 2015.

1   Auch wenn das Recht der Informationstechnologie per se natürlich keine gesonderte, eigene Verfahrens- oder Prozessordnung hat, gibt es doch einige **Besonderheiten,** die es wert sind, an dieser Stelle näher beleuchtet zu werden. Oft wird es im Zusammenhang mit IT-rechtlichen Problemstellungen beispielsweise um Schutzrechte gehen.[1] Wird um den Bestand eines Schutzrechts gestritten, ist für das Prozessrecht das Verfahren vor dem Bundespatentgericht relevant, §§ 73 ff. PatG, §§ 66 ff. MarkenG. Die **Verletzungsprozesse** hingegen werden vor den Gerichten der **ordentlichen Gerichtsbarkeit geführt.** Im Zusammenhang mit der Verletzung von Schutzrechten wird – ebenso wie bei zahlreichen, insbesondere wettbewerbsrechtlich relevanten Fragestellungen des Online-Handels und des elektronischen Geschäftsverkehrs – besonders häufig mit **einstweiligen Verfügungen** gearbeitet. Zur Verteidigung gegen mögliche einstweilige Verfügungen empfehlen sich wiederum Schutzschriften, die im Zentralen Schutzschriftenregister zu hinterlegen sind. Nach Erlass einer einstweiligen Verfügung wird häufig mit Abschlussschreiben bzw. Abschlusserklärungen gearbeitet.

2   Wird ein Rechtsstreit vor den **ordentlichen Gerichten in einem Hauptsacheverfahren** geführt, stellen sich im IT-Recht nicht zuletzt aufgrund der technischen Komplexität vieler Sachverhalte besondere Herausforderungen bei der Darstellung des Prozessstoffes und der Beweisführung. Wo die Parteien gewillt sind, gemeinsam einen Konflikt zu

---

[1] Siehe hierzu → Teil 2.1 Rn. ■ und Teil 3 Rn. ■ in diesem Handbuch.

bewältigen, taucht indes eher die Frage nach **Möglichkeiten der alternativen Streitbeilegung** auf.

Diese Reihe ließe sich hier noch eine ganze Weile lang fortsetzen. Entsprechend sieht auch die **Fachanwaltsordnung** für den Fachanwalt im Recht der Informationstechnologie in § 14k FAO vor, dass besondere Kenntnisse bezüglich der Besonderheiten der Verfahrens- und Prozessführung nachzuweisen sind.[2] Die folgende Darstellung soll einen hilfreichen Überblick geben über die oft speziellen Herausforderungen jener Rechtsstreitigkeiten, die ihren Ausgang nehmen im Zusammenhang mit den ganz unterschiedlichen Fragen des IT-Rechts. 3

A. Die Klage vor dem Zivilgericht

Im Grundsatz gilt, dass der Einzelne frei darin ist, zu entscheiden, ob er den Weg zu den staatlichen Gerichten einschlägt. Streitende Parteien können auch eine Konfliktlösung außerhalb eines Gerichtssaales versuchen, etwa indem sie eine Mediation durchführen oder sich einem Schiedsverfahren unterwerfen.[3] 4

Fällt die Wahl auf ein Verfahren vor den staatlichen Gerichten, gilt im Zivilprozess die **Dispositionsmaxime.** Die Parteien haben es in der Hand, dem Gericht vorzugeben, in welchem Umfang das Gericht über den von den Parteien definierten Streitgegenstand entscheiden soll. Bis zur Rechtskraft einer gerichtlichen Entscheidung können der oder die Kläger, können der oder die Beklagten durch ihr Verhalten den Streitgegenstand bestimmen – etwa durch Klageänderungen, Widerklagen, Anerkenntnis oder Verzicht, usw. Zu Beginn eines Zivilverfahrens ist es der Kläger, der den Streitgegenstand bestimmt. An ihm liegt es, zu entscheiden, welchen Streitgegenstand er dem zuständigen Gericht unter Beteiligung welcher Verfahrensbeteiligten zur Entscheidung unterbreiten möchte. 5

I. Überlegungen zum Streitgegenstand sowie zur Eingrenzung und Darstellung des Prozessstoffes sowie zur Einreichung der Klage

Nach dem sog. zweigliedrigen **Streitgegenstandsbegriff** wird der Streitgegenstand definiert durch den **Antrag** und den vorgetragenen **Lebenssachverhalt.** Im Einzelfall ist die Abgrenzung verschiedener Lebenssachverhalte im Bereich des Gewerblichen Rechtsschutzes genauer zu prüfen. So wird etwa das Fehlen von Widerrufsbelehrungen in verschiedenen Angeboten eines Onlinehändlers als ein einheitlicher Streitgegenstand angesehen.[4] 6

1. Eingrenzung des Prozessstoffes

Die **Bestimmung des Prozesszieles** und die Umgrenzung des Streitgegenstandes sind die wesentliche Weichenstellung für den Prozess. Bei der Eingrenzung des Prozessstoffes ist entsprechend sorgfältig zu verfahren. Gerade bei komplexen technischen Sachverhalten mag es bereits im Vorfeld eines Zivilprozesses überlegenswert sein, zur Ermittlung und Aufbereitung der Faktenlage technischen Sachverstand beizuziehen.[5] Spätere Änderungen etwa durch Erweiterung oder Beschränkungen der Klage sind nicht immer risikolos möglich[6] und bedeuten oft ein Vielfaches an Aufwand und Kosten. 7

---

[2] Zum Fachanwalt für IT-Recht vgl. *Lorenz,* MMR 2016, 652.
[3] Zu den aktuellen Herausforderungen in der gerichtlichen und außergerichtlichen Rechtsdurchsetzung vgl. *Meller-Hannich/Nöhre,* NJW 2019, 2522; *Tombrink,* IWRZ 2018, 275.
[4] *LG Würzburg,* BeckRS 2018, 26838.
[5] Vgl. hierzu → Rn. 75 ff.
[6] So bedarf beispielsweise eine Klagerücknahme nach Beginn der Hauptverhandlung der Einwilligung des Beklagten, § 269 Abs. 1 ZPO, ebenso die beiderseitige Erledigterklärung, § 91a ZPO. Eine einseitige Erle-

8 Mitunter bietet es sich an, den Streitgegenstand auf die erfolgversprechendsten Ansprüche zu fokussieren, beispielsweise nur bestimmte Mängel einer Software geltend zu machen. Außerdem kann es in bestimmten Konstellationen sinnvoll sein, den Streitgegenstand taktisch zu gestalten. So kann sich etwa eine **Teilklage**[7] empfehlen, bei der ein Anspruch nur teilweise eingeklagt wird. Für die Erhebung einer Teilklage mag zunächst sprechen, die Prozesskosten, die sich nach dem Gebührenstreitwert richten, zu minimieren. Maßgeblicher Beweggrund für eine Teilklage wird es aber weit häufiger sein, den **Prozessstoff schlank zu halten** um zu einer möglichst schnellen gerichtlichen (Teil-)Lösung zu kommen. Eine solche Teillösung kann dann nämlich ihrerseits Ausgangspunkt einer weiteren gerichtlichen oder außergerichtlichen Einigung sein.

9 In der Praxis häufig ein weiterer Beweggrund für eine Teilklage ist der Wunsch, den Aufwand in der Prozessaufbereitung zu minimieren und nicht Arbeitsstunden des eigenen Personals auf die notwendige präzise Dokumentation von Mängeln o. ä. zu verwenden. Tatsächlich sind solche **Kosten für die Vorbereitung eines Gerichtsverfahrens** − oft auch als „**hidden costs**" bezeichnet − ein Faktor, den Parteien vielfach unterschätzen. Derartige Kosten der Aufbereitung des Prozessstoffes fallen nicht unter die Kostenentscheidung des Gerichts nach §§ 91 ff. ZPO, sind also auch im Falle eines Obsiegens nicht als außergerichtliche Prozesskosten erstattungsfähig.

10 Entscheidet sich der Kläger, nur einen Teil seiner Ansprüche einzuklagen, gilt folgendes: eine **Teilklageerhebung** ist möglich, wenn der Streitgegenstand teilbar ist. Der Kläger ist nicht verpflichtet, seinen gesamten Anspruch gerichtlich geltend zu machen. Es muss klar erkennbar sein, welcher Teil des gesamten Anspruchs Prozessgegenstand sein soll.[8] Rechtshängigkeit tritt entsprechend nur für den eingeklagten Teil ein.[9] Daran ändert sich auch dann nichts, wenn in der Klagebegründung der Anspruch in seinem ganzen Umfang begründet und die Geltendmachung der restlichen Forderung weiterhin vorbehalten wird.

11 Die Teilklage zeigt indes auch Nachteile, die es zu beachten gilt. Es können nur für die eingeklagten Teilbeträge die an die **Rechtshängigkeit** anknüpfenden Folgen eintreten – eine Haftungsfalle für den Rechtsanwalt. Brisant ist dies etwa für die **Verjährungsunterbrechung** nach § 204 BGB.[10] Entsprechend vermag auch eine nach Verjährungseintritt vorgenommene Klageerweiterung die Verjährung nicht mehr zu retten. Auch ein etwaiger **Anspruch auf Prozesszinsen** nach § 291 BGB kann nur im Hinblick auf den eingeklagten Betrag geltend gemacht werden.[11]

12 **Bei der Formulierung der Klage** ist die Teilklage sinnvollerweise explizit als solche zu bezeichnen. Eine verdeckte Teilklage birgt zum einen das Risiko späterer Auseinandersetzungen hinsichtlich des Umfangs der Rechtskraft des Ersturteils.[12] Zum anderen besteht die Gefahr, dass in der verdeckten Teilklage unter Umständen ein konkludenter Verzicht auf die überschießende Forderung gesehen werden kann.[13]

2. Die Darstellung in der Klage

13 In seiner Klage hat der Kläger **schlüssig** und lückenlos sämtliche anspruchsbegründenden Voraussetzungen vorzutragen. Ist die Klage unschlüssig, so ist sie − nach entsprechendem Hinweis durch das Gericht, § 139 ZPO − ohne Durchführung einer Beweisaufnahme als unbegründet (nicht als unzulässig) abzuweisen. Insbesondere bei der Darstellung komple-

---

digterklärung hätte nur Aussicht auf Erfolg, wenn sich die Klage durch ein erledigendes Ereignis nach Rechtshängigkeit erledigt hätte, Thomas/Putzo/*Hüßtege*, ZPO, § 91a Rn. 31 ff.
[7] Zu den Chancen und Risiken einer Teilklage vgl. *Prechtel*, ZAP 2010, 341.
[8] Thomas/Putzo/*Seiler*, ZPO, § 253 Rn. 8; *Zimmermann*, ZPO, § 253 Rn. 13.
[9] Vgl. nur *BGH*, NJW 2009, 1950; Thomas/Putzo/*Seiler*, ZPO, § 253 Rn. 9, § 322 Rn. 22.
[10] MüKo-BGB/*Grothe*, § 204 Rn. 15.
[11] Vgl. hierzu auch die Darstellung bei MüKo-BGB/*Grothe*, § 204 Rn. 15.
[12] Zu den Begrifflichkeiten: Auch auf eine Teilklage ergeht ein „normales Endurteil", nicht etwa ein Teilurteil. Ein Teilurteil betrifft hingegen nur einen Teil des eingeklagten Anspruchs.
[13] MüKo-ZPO/*Gottwald*, § 322 Rn. 130.

xerer technischer Zusammenhänge hilft eine bewusst präzise und verständliche Darstellung, um das Verfahren auf das Wesentliche zu konzentrieren. Sind in einem Schriftsatz umfangreiche – technische – Ausführungen unausweichlich, empfiehlt es sich gegebenenfalls, diesem eine kurze, auf die rechtlichen Fragen zugespitzte Zusammenfassung voranzustellen. Im Hinblick auf die Digitalisierung der Justiz wird immer öfter der Ruf nach stärkeren Vorgaben für die Struktur eines Schriftsatzes laut. So wird vielfach eine Änderung des § 130 ZPO dahingehend angemahnt, dass der Streitstoff strikt „entlang der Tatbestandsvoraussetzungen" strukturiert werden müsse.[14] An diesem Leitgedanken kann man sich bereits jetzt orientieren.

Die **Gerichtssprache** in der Bundesrepublik Deutschland ist deutsch. In einzelnen Bundesländern – zB im Bezirk des OLG Köln – gibt es allerdings Pilotversuche, bei denen Verhandlungen, insbesondere vor den Handelskammern, auf Englisch erprobt werden.[15] Auch hier sind allerdings die Schriftsätze in deutscher Sprache zu fertigen. Aktuell wurde vom Bundesrat eine Gesetzesinitiative zur Einrichtung von Kammern für internationale Handelssachen mit englischer Verhandlungssprache eingebracht.[16] Im Moment weichen Parteien, die ein gesamtes Verfahren komplett in Englisch führen wollen, oft auf ein Schiedsverfahren aus.

3. Die Einreichung der Klage im elektronischen Rechtsverkehr

Seit Anfang 2018 kann vor den deutschen Zivilgerichten im **Rahmen des elektronischen Rechtsverkehrs** eine Klage auf elektronischem Wege eingereicht werden, § 130a Abs. 1 ZPO. Zum 1.1.2022 wird § 130d ZPO in Kraft treten, der eine **Nutzungspflicht** des elektronischen Rechtsverkehrs vorsieht.[17] Nach diesem Zeitpunkt ist die Kommunikation mit dem Gericht mittels in Papierform eingereichter Schriftsätze nicht mehr möglich, eine derart eingereichte Klage wäre unzulässig und durch Prozessurteil abzuweisen. Eine Heilung durch rügelose Einlassung des Gegners soll nicht möglich sein.[18]

Das elektronische Dokument kann zum einen mit einer **qualifizierten elektronischen Signatur** der verantwortenden Person – vor den Landgerichten der eines Rechtsanwaltes – versehen sein. Nach Art. 3 Nr. 10 der Verordnung über elektronische Identifizierung und Vertrauensdienste (eIDAS-VO)[19] besteht eine elektronische Signatur aus Daten in elektronischer Form, die anderen elektronischen Daten beigefügt oder logisch mit ihnen verbunden werden und die der Unterzeichner zum Unterzeichnen verwendet. Damit ist eine „elektronische Signatur" also weniger eine Signatur oder Unterschrift im herkömmlichen sprachlichen Sinn, sondern vielmehr ein **digitales Siegel**. Eine **qualifizierte elektronische Signatur** liegt vor, wenn diese ausschließlich dem Schlüsselinhaber zugeordnet ist und dessen Identifizierung ermöglicht. Ferner muss sie mit solchen Mitteln erzeugt worden sein, die der Inhaber unter seiner alleinigen Kontrolle halten kann und sie muss mit den Daten, auf die sie sich bezieht, so eng verknüpft werden, dass eine nachträgliche Manipulation erkannt wird. Schlussendlich muss sie auf einem im Zeitpunkt ihrer Erzeugung gültigen qualifizierten Zertifikat beruhen und mit einer sicheren Signaturerstellungseinrichtung erzeugt worden sein. Die qualifizierte elektronische Signatur hat allerdings bislang noch nicht die praktische Verbreitung gefunden, die man sich für sie erhoffte.

---

[14] Vgl. *Specht,* MMR 2019, 153; *Gaier,* ZRP 2015, 101; *Vorwerk,* NJW 2017, 2326.
[15] Ein entsprechendes Modell läuft aktuell zB auch in Saarbrücken mit der französischen Sprache.
[16] BR-Drs. 19/1717. Vgl. hierzu insgesamt *Podszun/Rohner,* Initiative der Landesjustizminister für Commercial Courts ZRP 2019, 190.
[17] Vgl. hierzu *Ory/Weth,* NJW-Beil. 2016, 96.
[18] BR-Drs. 818/12, 36.
[19] Das Gesetz über Rahmenbedingungen für elektronische Signaturen – SigG wurde aufgehoben durch Art. 12 Abs. 1 Nr. 1 eIDAS-Durchführungsgesetz vom 18.7.2017; *Leuering* vertritt, dass die Definition der eIDAS-VO nicht die für § 130a ZPO maßgebliche Definition sein kann und dem Verständnis weiterhin § 2 SigG zu Grunde zu legen ist, NJW 2019, 2739 (2741).

17 Alternativ sieht § 130a ZPO daher vor, dass ein elektronisches Dokument auch von der verantwortenden Person signiert und auf einem sicheren Übermittlungsweg eingereicht werden kann. Rechtsanwälten steht damit die Möglichkeit offen, ein elektronisches Dokument als verantwortende Person zu signieren und über das **besondere elektronische Anwaltspostfach** (**beA**) einzureichen, § 130a Abs. 3 Alt. 2, Abs. 4 ZPO. Einer qualifizierten elektronischen Signatur bedarf es dafür seit dem 1.1.2018 grundsätzlich nicht mehr.[20]

18 Durch diese Vorgaben soll die Authentizität und die Vollständigkeit der Klage gewährleistet werden. Eine Klageerhebung mittels einfacher E-Mail ist auch künftig nicht möglich, da eine E-Mail die in § 130 ZPO vorausgesetzte Schriftform für vorbereitende und bestimmende Schriftsätze nicht wahren kann.[21] § 130a ZPO erfasst im Übrigen nicht nur die Klage, sondern alle bei Gericht einzureichenden Schriftsätze, Erklärungen und Anträge.[22]

19 Ergänzend hierzu regeln § 174 Abs. 3 und § 195 ZPO die **Zustellung von Schriftstücken** in elektronischer Form gegenüber dem **Prozessbevollmächtigten**. Eine elektronische Zustellung an den Prozessbevollmächtigten wird durch ein **elektronisches Empfangsbekenntnis** nachgewiesen, § 174 Abs. 4 S. 3 ZPO.[23] Sie hat gem. § 174 Abs. 3 S. 3 ZPO auf einem sicheren Übermittlungsweg zu erfolgen. Die sicheren Übermittlungswege sind in § 130a Abs. 4 ZPO definiert; Rechtsanwälte werden danach über das **besondere elektronische Anwaltspostfach** (**beA**) nach § 31a BRAO zustellen.[24] Die **elektronische Aktenführung der Gerichte** regeln §§ 298, 298a ZPO. Die Möglichkeit der Einsichtnahme in elektronisch geführte Akten ergibt sich aus § 299 Abs. 3 ZPO.

4. Das selbstständige Beweisverfahren

20 Bereits vor Erhebung einer Klage oder aber auch parallel dazu kann der Kläger ein **selbständiges Beweisverfahren** nach §§ 485 ff. ZPO anstreben.[25] Dieses wird bei Gericht als sog. „OH- Sache" geführt. Es endet nicht mit einem Urteil durch das Gericht. Sein Ziel ist vielmehr und allein die Sicherung von Beweisen.[26] Es ist eine prozesstaktische Entscheidung, ob eine Partei zunächst ein **selbständiges Beweisverfahren** anstrebt und/oder gleichzeitig Klage erhebt.

21 Wann empfiehlt sich eine solche Vorgehensweise? Denkbar ist zum einen, dass es in einem bestimmten Streitfall allein um die **Bewertung von Tatsachen** geht, etwa die Frage, ob ein bestimmter Materialfehler vorlag oder nicht. Alles, was die Parteien benötigen, um ihren Konflikt aufzulösen, ist die Klärung dieser Frage. In solchen Fällen gelingt eine Einigung oft schon auf der Basis des selbständigen Beweisverfahrens. Das Gericht kann nach § 492 Abs. 3 ZPO die Parteien auch zur mündlichen Erörterung der Beweisaufnahme laden und einen Vergleich zu Protokoll nehmen, § 492 Abs. 3 ZPO. Die Parteien können also hier bereits einen Prozessvergleich schließen, der einen Vollstreckungstitel nach § 794 Abs. 1 Nr. 1 ZPO darstellt.

22 Empfehlenswert ist ein selbständiges Beweisverfahren außerdem und vor allem immer dann, wenn **der Verlust eines Beweismittels** zu besorgen ist.[27] Insbesondere bei Streit

---

[20] *Leuering,* NJW 2019, 2739.
[21] *BGH,* NJW- RR 2009, 357. Zu den Anforderungen an ein E-Dokument/Beschwerdebegründungsschrift mittels ausgedrucktem pdf-Dokument s. *BGH,* NJW 2019, 2096.
[22] Vgl. hierzu im Einzelnen *Leuering,* NJW 2019, 2739 (2740).
[23] Zum elektronischen Empfangsbekenntnis s. die Darstellung von *Biallaß,* NJW 2019, 3495.
[24] Einen Überblick zum beA gibt *Siegmund,* NJW 2017, 3134; *Leuering,* NJW 2019, 2739 (2740).
[25] Praktische Hinweise zum selbständigen Beweisverfahren geben *Litzenberger/Strieder,* JA 2017, 374.
[26] Hierin liegt auch ein wesentlicher Unterschied zum einstweiligen Rechtsschutz, der die Vollstreckung (sprich: die Durchsetzung) eines Anspruchs sichern soll.
[27] Ist eine Verschlechterung der Beweislage aufgrund gegnerischen Verhaltens zu besorgen, ist auch an eine Beweiserleichterung für die beweisbelastete Partei nach den Grundsätzen der Beweisvereitelung zu denken, vgl. MüKo-ZPO/*Prütting,* § 286 Rn. 80 ff.

um mangelhafte Werkleistungen zB bei Softwareverträgen sind selbständige Beweisverfahren in der Praxis häufig.

Die **Zulässigkeit des Antrags** auf Durchführung eines selbständigen Beweisverfahrens richtet sich nach § 485 ZPO. Der **Inhalt** des Antrags bestimmt sich nach § 487 ZPO. Der Antrag muss die Bezeichnung der **Tatsache,** über die Beweis erhoben werden soll, sowie das **Beweismittel** enthalten. Allerdings genügt bei der Benennung des Beweisthemas die Darlegung der Schadstelle und der aufgetretenen Schäden. Eine Benennung der Ursache kann nach der sog. **Symptomtheorie des BGH**[28] nicht verlangt werden. Es ist ausreichend, die Symptome einer Mangelerscheinung eindeutig zu bezeichnen. Darüber hinaus sind noch jene Tatsachen **glaubhaft zu machen,** die die Zulässigkeit des selbständigen Beweissicherungsverfahrens und die Zuständigkeit des Gerichts begründen. **Der Streitwert** richtet sich im Übrigen nach dem Interesse des Antragstellers an der beantragten Beweisaufnahme.[29]

Ist ein Rechtsstreit zwischen den Parteien bereits anhängig, ist der Antrag beim Prozessgericht geltend zu machen. Das Gericht entscheidet dann im Beschlusswege über die Durchführung des Verfahrens, § 490 ZPO. Schließt sich an das OH-Verfahren später ein normales Zivilverfahren an, so steht die Beweiserhebung in ersterem der Beweisaufnahme vor dem Prozessgericht gleich, § 493 Abs. 1 ZPO.

Dem Antragsgegner obliegt es bereits im selbständigen Beweisverfahren, alle ihm zumutbaren Einwendungen gegen das Verfahren und die Behauptungen des Antragstellers vorzutragen. Tut er dies nicht, trägt er später die volle Beweislast dafür, dass das im selbständigen Beweisverfahren erzielte Beweisergebnis unzutreffend ist. Soll ein Dritter an dieses Beweisergebnis gebunden werden, wäre diesem der Streit zu verkünden (hierzu sogleich). Eine **Streitverkündung** ist auch im selbständigen Beweisverfahren möglich.[30]

II. Das zuständige Gericht

Die Klage muss, das versteht sich von selbst, bei einem sachlich und örtlich zuständigen Gericht erhoben werden. Wo insoweit ein **Wahlrecht** besteht, ist es Teil der Prozesstaktik, eine vorteilhafte Wahl zu treffen. Das mag zum Beispiel jenes Landgericht sein, bei dem eine entsprechende Spezialkammer (etwa für Patentstreitigkeiten, etc.) besteht.

1. Eröffnung des Rechtswegs zu den Zivilgerichten

Die Frage, ob der **Rechtsweg zu den Zivilgerichten** eröffnet ist, verdient dann besondere Aufmerksamkeit, wenn einer der Beteiligten Träger hoheitlicher Gewalt ist. So kann sich zB im Zusammenhang mit dem Internetauftritt einer Kommune durchaus die Frage stellen, welcher Rechtsweg der Richtige ist. Ob eine Streitigkeit öffentlich- rechtlich oder bürgerlich-rechtlich ist, richtet sich nach der Natur des Rechtsverhältnisses, aus dem der Kläger seinen Anspruch herleiten möchte. Regelmäßig ist darauf abzustellen, ob die an der Streitigkeit Beteiligten zueinander in einem hoheitlichen Verhältnis der Über- und Unterordnung stehen.[31] So entschied das OLG Hamm,[32] dass für eine Streitigkeit zwischen einem Verlag und der Stadt Essen im Hinblick auf deren teilweise werbefinanzierten Internetauftritts der Zivilrechtsweg eröffnet war.

---

[28] *BGH,* NJW- RR 1992, 913.
[29] Thomas/Putzo/*Hüßtege,* ZPO, § 3 Rn. 33.
[30] Thomas/Putzo/*Hüßtege,* ZPO, § 66 Rn. 2; zu den Kosten einer Nebenintervention im selbständigen Beweisverfahren *Kießling,* NJW 2001, 3668.
[31] *GmS OBG,* NJW 1986, 2359.
[32] *OLG Hamm,* MMR 2019, 692.

2. Der gewillkürte Gerichtsstand

28 Soweit grundsätzlich nach der Zivilprozessordnung die Möglichkeit besteht, wirksame **Gerichtsstandsvereinbarungen** zu treffen, können Vereinbarungen über die internationale, die örtliche und sachliche Zuständigkeit eines Gerichts getroffen werden.[33] Die Möglichkeit, die Zuständigkeit eines an sich unzuständigen Gerichts zu vereinbaren, haben gemäß § 38 Abs. 1 ZPO **Kaufleute** sowie juristische Personen des öffentlichen Rechts und öffentlich-rechtliches Sondervermögen. Das gilt nach dem klaren Wortlaut der Norm aber nur für die erste Instanz.

29 Zwar können auch **Nichtkaufleute** grundsätzlich eine Gerichtsstandsvereinbarung treffen, allerdings ist die praktische Relevanz hier gering. Denn eine solche Vereinbarung muss schriftlich abgeschlossen werden und kann nur Gültigkeit haben, wenn sie **nach dem Entstehen** der Streitigkeit getroffen wurde oder wenn eine der Parteien keinen inländischen Gerichtsstand hat (§ 38 Abs. 2, 3 ZPO). Die Vereinbarung muss sich nach § 40 ZPO auf ein konkretes Rechtsverhältnis und die damit verbundenen Rechtsstreitigkeiten beziehen. Eine Vereinbarung gegenüber Verbrauchern in Allgemeinen Geschäftsbedingungen ist nicht möglich. Behauptet der Gegner im Prozess die Zuständigkeit eines Gerichts aufgrund einer Prorogation, ist deren Wirksamkeit im Einzelfall daher stets kritisch zu hinterfragen.

30 Eine Gerichtsstandsvereinbarung ist außerdem **immer dann unzulässig,** wenn für die Klage ein **ausschließlicher Gerichtsstand** begründet ist, § 40 Abs. 2 S. 2 ZPO. Neben den ausschließlichen Zuständigkeiten, die im 2. Titel der ZPO genannt werden, bestimmt auch § 802 ZPO für Auseinandersetzungen in der Zwangsvollstreckung einen ausschließlichen Gerichtsstand. Dies wird in der Praxis oft übersehen.

31 Seit Kurzem findet sich in § 29c Abs. 1 S. 2 ZPO die Bestimmung, dass am **Wohnort des Verbrauchers**[34] ein **ausschließlicher Gerichtsstand für die gegen einen Verbraucher** gerichteten Klagen aus einem außerhalb von Geschäftsräumen geschlossenen Vertrag (§ 312b BGB) besteht. § 29c Abs. 2 ZPO definiert einen **eigenen prozessrechtlichen Verbraucherbegriff.** Dieser unterscheidet sich vom Verbraucherbegriff des § 13 BGB dahingehend, dass es nicht auf den Zweck des Vertragsabschlusses, sondern – rein objektiv – auf das nicht überwiegende Handeln im Rahmen einer gewerblichen oder selbständigen beruflichen Tätigkeit ankommt.[35] **Klagt hingegen der Verbraucher** gegen den Unternehmer, besteht nach § 29c Abs. 1 ZPO nur ein **besonderer Gerichtsstand.**

32 Nach § 39 ZPO kann ein an sich unzuständiges Gericht auch zuständig werden, wenn der Beklagte rügelos zur Sache verhandelt, also ohne die fehlende Zuständigkeit zu monieren. Dies ist allerdings nicht möglich, wenn ein **ausschließlicher Gerichtsstand** besteht. Insofern läuft die Möglichkeit der rügelosen Einlassung parallel mit der Möglichkeit einer Gerichtsstandsvereinbarung.

3. Der gesetzliche Gerichtsstand

33 Wo keine Gerichtsstandsvereinbarung greift, gelten die gesetzlichen Regeln. Die ZPO kennt neben den bereits erwähnten ausschließlichen Gerichtsständen (die zwingend sind) allgemeine und besondere Gerichtsstände. Zwischen den Gerichten der beiden letzteren Gerichtsstände kann der Kläger wählen, § 35 ZPO. Durch die Wahl des angegangenen Gerichts (örtliche Nähe, Existenz von Spezialkammern, etc.) können dann bereits zentrale Weichen für den Ablauf des Zivilprozesses gestellt werden.

---

[33] Thomas/Putzo/*Hüßtege,* ZPO, § 38 Vorb. Rn. 3; *Zimmermann,* ZPO, § 38 Rn. 3.
[34] S. hierzu auch *Heinrichs,* DAR 2018, 127.
[35] *OLG Braunschweig,* VuR 2019, 106.

4. Die Geschäftsverteilung

Soweit ein Prozess vor dem Landgericht geführt wird (zB bei Streitwerten über 5.000 EUR), stellt sich die Frage, wer denn am zuständigen Gericht den Fall entscheiden soll. Denkbar ist zunächst, dass der Streit vor einer Handelskammer geführt wird; daneben ist auch zu überlegen, ob nicht eine andere Spezialkammer zur Entscheidung berufen ist. Ist weder eine Handels- noch Spezialkammer zuständig, geht die Sache in den allgemeinen Turnus des Landgerichts. Damit wird eine allgemeine Zivilkammer zuständig.

a) Die Zuständigkeit einer Handelskammer

Bestehen an dem zuständigen Landgericht Kammern für Handelssachen (KfH) als spezielle Spruchkörper, ist zu überlegen, ob eine Verhandlung vor der Handelskammer für die Partei möglich und vorzugswürdig ist, § 348 Abs. 1 Nr. 2 lit. f ZPO iVm § 95 GVG. Die Handelskammer tritt dann an die Stelle der Zivilkammer.

Die Kammern für Handelssachen unterscheiden sich in ihrer **Besetzung** von den anderen Kammern eines Landgerichts. Sie sind nicht mit drei Berufsrichtern besetzt, sondern mit einem **Berufsrichter** als Vorsitzendem und **zwei ehrenamtlichen Richtern,** § 105 GVG. Letztere kommen aus der Praxis und sollen ihren besonderen Sachverstand einbringen.

> **Zum Hintergrund:**
> Diese ehrenamtlichen Beisitzer werden gem. § 45a DRiG als **Handelsrichter** bezeichnet. In § 109 GVG ist geregelt, wer zum Handelsrichter berufen werden kann. Neben der deutschen Staatsangehörigkeit und einem Alter von mehr als 30 Jahren muss man selbständiger Kaufmann, Vorstandsmitglied oder Geschäftsführer einer juristischen Person sein oder als Prokurist eine eigenverantwortliche Tätigkeit ausüben und grundsätzlich in das Handels- oder Genossenschaftsregister eingetragen sein. Handelsrichter werden nach § 108 GVG **auf Vorschlag der Industrie- und Handelskammern** durch das Justizministerium des jeweiligen Landes für die Dauer von fünf Jahren ernannt. § 21 Abs. 2 GVG regelt, welcher Handelsrichter für das jeweilige Zivilverfahren eingeteilt wird.

Durch die besondere Rückkoppelung der Handelsrichter an die Praxis kann die Handelskammer insbesondere dort eine gute Wahl sein, wo es auf praktische Erfahrung, „common sense" und Kenntnisse etwa von Handelsbrauch ankommt.

Voraussetzung dafür, dass eine Handelskammer entscheiden kann, ist, dass es sich um eine sog. **Handelssache** handelt. Dieser Begriff ist in § 95 GVG definiert. Praxisrelevant im IT-Recht sind die Fälle, in denen ein Kaufmann aus einem **beiderseitigen Handelsgeschäft** in Anspruch genommen wird (§ 95 Abs. 1 Nr. 1 GVG). Ferner die Fälle, in denen ein Anspruch aus **Marken-, Design- oder Kennzeichenschutz** (§ 95 Abs. 1 Nr. 4c GVG) oder aufgrund des **Gesetzes gegen den unlauteren Wettbewerb** (§ 95 Abs. 1 Nr. 5 GVG) geltend gemacht wird. Ob ein solcher Fall vorliegt, ist auf der Basis des insoweit schlüssigen klägerischen Vortrags zu entscheiden.[36]

> **Praxistipp:**
> Nach hM kann prinzipiell ein Rechtsstreit **nur insgesamt eine Handelssache** sein (oder eben nicht). Bei einer subjektiven oder objektiven Klagehäufung muss die Zuständigkeit der Handelskammer daher **für alle Ansprüche** gegeben sein.[37]

In diesen Fällen ist die Handelskammer dann zur Entscheidung berufen, wenn der Kläger dieses in der Klageschrift **beantragt,** § 96 GVG. Wichtig: Der Antrag ist nach Anhän-

---
[36] Vgl. nur *BGH*, NJW 1955, 707.
[37] Musielak/Voit/*Wittschier,* GVG, § 95 Rn. 5.

gigkeit der Klage nicht nachholbar.[38] Alternativ kann eine Handelskammer entscheiden, wenn der Beklagte in der Verhandlung vor einer allgemeinen Zivilkammer einen entsprechenden **Antrag auf Verweisung** stellt, § 98 GVG. Eine Verweisung von der allgemeinen Zivilkammer an die Handelskammer von Amts wegen gibt es hingegen nicht, § 98 Abs. 3 GVG.[39]

b) Die Zuständigkeit einer Spezialkammer

42 Es kann daneben oder alternativ auch die Zuständigkeit einer weiteren Spezialkammer greifen, die durch den Rechtsanwalt in der Prozessvorbereitung ggf. bereits zu bedenken ist. In einigen wenigen, durch Gesetz bestimmten Fällen müssen die Landgerichte durch Geschäftsverteilungsplan Spezialkammern einrichten, § 72a GVG.[40] Von diesen verpflichtend einzurichtenden Spezialkammern kommt im Bereich des IT-Rechts eventuell einmal die Zuständigkeit einer **Baukammer** in Betracht, etwa im Zusammenhang mit einem Anlagenbau. Im Übrigen ist zu prüfen, ob am gewählten Landgericht eine fakultative Spezialkammer eingerichtet worden ist.[41]

43 Daneben können durch die Landgerichte weitere **Spezialkammern** eingerichtet werden; hierüber entscheidet das jeweilige Präsidium. Unter diesen weiteren möglichen Spezialkammern sind für den IT-Rechtler von besonderem Interesse die Kammern für Streitigkeiten aus dem Bereich des **Urheberrechts** (§ 348 Abs. 1 S. 2 Nr. 2 lit. i ZPO) und insbesondere die **Kammer für Streitigkeiten aus dem Bereich der Kommunikations- und Informationstechnologie** (§ 348 Abs. 1 S. 2 Nr. 2 lit. j ZPO). Nach der Intention des Gesetzgebers befassen sich letztere schwerpunktmäßig mit Verträgen sowie Ansprüchen aus unerlaubter Handlung einschließlich Produkthaftung bei Datenverarbeitungsprogrammen, Computern und Telekommunikation.[42]

c) Entscheidung durch den Einzelrichter oder die Kammer?

44 Ist bereits bei Klageerhebung zum Landgericht absehbar, dass ein Rechtsstreit umfangreicher werden wird, ist auch zu überlegen, ob die Streitigkeit vor einer Kammer oder vor dem Einzelrichter besser aufgehoben ist.[43] Gerade bei – auch technisch – anspruchsvollen und umfangreichen Sachverhalten und hohem Streitwert kann es wünschenswert sein, dass eine Kammer und nicht ein einzelner Richter entscheidet. Andererseits ist auch der **Zeithorizont** ein wesentlicher Faktor. Hier zeigt die Erfahrung, dass Termine vor einem Einzelrichter wesentlich schneller zu erlangen sind als vor den Kammern, die oft auf Monate austerminiert sind. Bei der Frage, wann am Landgericht ein Einzelrichter und wann die Kammer entscheidet, ist danach zu differenzieren, ob eine allgemeine Kammer oder eine Spezialkammer zuständig ist.

45 **aa) Bei Zuständigkeit einer Spezialkammer.** Ist eine Spezialkammer zuständig, entscheidet **originär die Kammer.** Die Kammer ist mit drei Berufsrichtern besetzt, dem Vorsitzenden und zwei Beisitzern, von denen einer der Berichterstatter ist. Üblicherweise wird eine solche Verhandlung der Kammer durch den Berichterstatter vorbereitet, der dann auch das Urteil schreibt. Die Verhandlungsleitung übernimmt trotzdem oft der Vorsitzende selbst.

46 Allerdings kann die Kammer ihrerseits die Sache einem ihrer Mitglieder als **Einzelrichter übertragen,** wenn die Sache keine besonderen Schwierigkeiten tatsächlicher oder rechtlicher Art aufweist und nicht von grundsätzlicher Bedeutung ist (§ 348a Abs. 1 ZPO).

---

[38] *OLG Brandenburg,* NJW-RR 2001, 429 (430).
[39] Musielak/Voit/*Wittschier,* GVG § 96 Rn. 1.
[40] Die Oberlandesgerichte haben ihrerseits entsprechende Spezialsenate einzurichten, § 119a GVG.
[41] Zur Modernisierung der Justiz durch Einrichtung von Spezialkammern vgl. *Kilian,* ZRP 2017, 21.
[42] BT-Drs. 14/4722, 89.
[43] Bei den Amtsgerichten gibt es keine Kammern. Hier entscheidet stets ein einzelner Richter.

Wurde bereits vor der Kammer zur Hauptsache verhandelt, ist eine Entscheidung durch den Einzelrichter nicht mehr möglich. Wollen Kläger oder Beklagter eine Verhandlung vor der Kammer (und nicht vor dem Einzelrichter) empfiehlt es sich daher, möglichst früh zu § 348a ZPO Stellung zu nehmen und beispielsweise darzulegen, warum die Streitigkeit besondere Herausforderungen etwa technischer Art bietet.

Hat die Kammer die Sache dem Einzelrichter bereits übertragen, ist eine **Rückübertragung** an die Kammer unter den Voraussetzungen des § 348a ZPO möglich. Der Einzelrichter legt zum einen den Rechtsstreit der Zivilkammer zur Entscheidung über eine Übernahme vor, wenn sich aus einer wesentlichen Änderung der Prozesslage besondere tatsächliche oder rechtliche Schwierigkeiten der Sache oder ihre grundsätzliche Bedeutung ergeben. Zum anderen können die Parteien eine solche Rückübertragung auch **gemeinsam beantragen** (§ 348a Abs. 2 Nr. 2 ZPO). Bei einem absehbar komplexen Verfahren empfiehlt es sich aber natürlich statt dieses hürdenreichen Umwegs über den § 348a Abs. 2 ZPO gleich bei der Klageerhebung darauf hinzuwirken, dass die Sache bei der Kammer verbleibt. 47

> **Praxistipp:** 48
> Der **Einzelrichter** ist nicht zu verwechseln mit dem **beauftragten Richter** nach § 355 ZPO. Der Einzelrichter entscheidet die Sache allein. Der – von seiner Kammer – beauftragte Richter führt für diese (allein) eine Beweisaufnahme durch. Es entscheidet aber dann nach wie vor die Kammer.

bb) Bei Zuständigkeit einer allgemeinen Zivilkammer. Bei einer Zuständigkeit einer allgemeinen Zivilkammer ist nach der ZPO von Hause aus der Einzelrichter originär zuständig, § 348 ZPO. Der Einzelrichter legt aber den Rechtsstreit der Kammer zur Entscheidung vor, wenn die Sache besondere Schwierigkeiten (tatsächlicher oder rechtlicher Art) aufweist oder die Rechtssache grundsätzliche Bedeutung hat. Eine solche Vorlage kann auch wieder von beiden Parteien beantragt werden. Über die Übernahme unter den Voraussetzungen des § 348 Abs. 3 S. 1 Nr. 1, Nr. 2 ZPO entscheidet die Kammer durch Beschluss. 49

III. Überlegungen zur Beweisführung

Trägt der Kläger für bestimmte Tatsachen die Darlegungs- und Beweislast, hat der Kläger die entsprechenden Beweisangebote in der Klage zu erbringen, soweit die Tatsachen vom Gegner bestritten werden.[44] Von den Tatsachen zu unterscheiden sind die Rechtsfragen, die (auch) zwischen Parteien umstritten sein können; nachdem aber nur Tatsachen bewiesen werden können, sind nur für diese auch Beweise anzubieten. 50

1. Allgemeines zur Beweisführung

Jede Partei trägt grundsätzlich die Darlegungs- und Beweislast für den Tatbestand der ihr günstigen Rechtsnorm. Das bedeutet nichts anderes, als dass der Kläger, der eine Rechtsfolge für sich in Anspruch nimmt, die rechtsbegründenden Tatsachen vorzutragen und gegebenenfalls zu beweisen hat. Dieser allgemeine Grundsatz ist zum einen immer dort durchbrochen, wo das Gesetz etwas anderes regelt. Zum anderen – und das ist ein wichtiger Aspekt für die Vertragsgestaltung – sind abweichende **rechtsgeschäftliche Vereinbarungen** über die Beweislast im Rahmen des gesetzlich Zulässigen möglich. 51

---

[44] Zu den Voraussetzungen der Beweiserhebung im Zivilprozess *Dölling*, NJW 2013, 3121; *Kopp* NJOZ 2017, 330.

52 Der Beklagte hat sich nach § 138 Abs. 2 ZPO zu den vom Gegner vorgetragenen Tatsachen zu erklären; er kann sie entweder unstreitig stellen oder bestreiten. Tatsachen, die nicht ausdrücklich bestritten werden, sind grundsätzlich als zugestanden anzusehen, § 138 Abs. 3 ZPO.

a) Die Notwendigkeit einer Beweisaufnahme

53 Zur gerichtlichen Beweisaufnahme kommt es, wenn die Tatsache zwischen den Parteien streitig ist und die beweisbelastete Partei zulässig Beweis angeboten hat. Eine Tatsache ist dann nicht beweisbedürftig, wenn sie zugestanden wurde oder offenkundig ist, § 291 ZPO. Hat der Gegner allerdings in zulässiger Weise bestritten, ist Beweis zu erheben.[45]

54 Unter Umständen kann der Gegner auch **mit Nichtwissen bestreiten,** sofern es sich nicht um eigene Handlungen oder Wahrnehmungen handelt, § 138 Abs. 4 ZPO. Allerdings gilt, dass die Partei eine **Erkundungspflicht** trifft, wenn die maßgebliche Tatsache Personen bekannt ist, die unter Anleitung, Aufsicht oder Verantwortung der Partei tätig waren.[46] Vor diesem Hintergrund kann das Bestreiten mit Nichtwissen einer **von einem Mitarbeiter versandten E-Mail unzulässig** sein. Denn Informationspflichten bestehen auch hinsichtlich der Unterlagen, die einer Partei vorliegen. Bei E-Mail-Korrespondenz eines Mitarbeiters wäre für einen zulässigen Vortrag erforderlich, diese gesichtet zu haben oder hierzu nicht (mehr) in der Lage zu sein.[47] Eine Partei darf sich also auch nicht durch arbeitsteilige Organisation ihrer prozessualen Erklärungspflichten entziehen.[48] So wird die materiell-rechtliche Haftung einer Partei für das Verschulden ihrer Erfüllungsgehilfen im Prozess ergänzt durch die nur eingeschränkte Möglichkeit, den gegnerischen Vortrag mit Nichtwissen zu bestreiten.

b) Die Anordnung einer Beweisaufnahme

55 Die Beweisaufnahme dient der Gewinnung richterlicher Überzeugung von den entscheidungserheblichen Tatsachen. Die Durchführung der Beweisaufnahme kann auch dann, wenn eine Kammer entscheidet, durch den beauftragten oder ersuchten Richter erfolgen, §§ 355, 358a S. 2 Nr. 1 iVm §§ 361, 362 ZPO.

56 Zum Hintergrund:
Der **beauftragte Richter** ist Mitglied der Kammer des erkennenden Prozessgerichts, § 361 ZPO. In der Praxis wird die Beweisaufnahme nicht selten aus Gründen der Beschleunigung von der Kammer einem beauftragten Richter übertragen. Der **ersuchte Richter** hingegen ist Mitglied eines anderen Gerichts, § 362 ZPO, beispielsweise wenn das LG München I das LG Hamburg um eine Beweisaufnahme ersucht.

57 Die Beweisaufnahme kann grundsätzlich entweder nach **formloser Beweisanordnung** oder nach einem **Beweisbeschluss** geschehen, § 358a ZPO. Ein förmlicher Beweisbeschluss ist notwendig, wenn die Beweisaufnahme ein besonderes Verfahren erfordert, zB die Einholung eines Sachverständigengutachtens, § 358 ZPO. Ein Beweisbeschluss ist auch bereits vor der ersten mündlichen Verhandlung möglich. Bei der Anordnung einer solchen frühen Beweisaufnahme wird das Gericht auch wägen, ob ein frühes Beweisergebnis einen Vergleichsabschluss erleichtert.[49] Entsprechend können die Parteien durch ihren Vortrag auch Einfluss auf die Prozessgestaltung nehmen, zB indem sie darauf hinweisen, dass ein

---

[45] Zu den Möglichkeiten des Bestreitens bei Beweisführung durch E-Mail vgl. *Al-Deb'i/Weidt*, JA 2017, 618 (619).
[46] Thomas/Putzo/*Reichold*, ZPO, § 138 Rn. 20.
[47] *BGH*, MMR 2019, 617.
[48] *BGH*, 22.4.2016 – V ZR 256/14, BeckRS 2016, 12559.
[49] Instruktiv hierzu *Schober*, Zivilrichter-Leitfaden, S. 110.

Vergleich nicht möglich ist, solange nicht bestimmte zentrale Fragen (zB die Existenz eines Mangels) geklärt sind.

Einen **Beweisbeschluss** sollten die Parteien zum Anlass nehmen, sich Inhalt und Umfang einer geplanten Beweisaufnahme noch einmal zu verdeutlichen und ggf. mitzuwirken, den Prozessstoff auf das Wesentliche hin zu kanalisieren.[50] Der Beweisbeschluss kann nach § 355 Abs. 2 ZPO nicht angefochten werden; dies verhindert, dass eine Partei durch Anfechtung der Beweiserhebung die Feststellung ungünstiger Tatsachen und den Prozess insgesamt verzögern kann. 58

Mit dem Beweisbeschluss, der Beweisthema und Beweismittel benennt, wird in der Regel von der beweisbelasteten Partei ein **Kostenvorschuss** angefordert. Die Höhe des Vorschusses liegt im Ermessen des Richters; sie ist nicht isoliert anfechtbar, selbst wenn der Kostenvorschuss überhöht sein sollte.[51] Dahinter steht klar der Gedanke der Prozessökonomie – wäre die Vorschusshöhe angreifbar, müsste das Gericht schlimmstenfalls ein Gutachten einholen zur Frage, welcher Vorschuss für den Gutachter angemessen ist.[52] Geht der geforderte Vorschuss nicht innerhalb der gesetzten Frist ein, wird das Gericht eine Beibringungsfrist nach § 356 ZPO bestimmen. Nach Ablauf der Frist droht der beweisbelasteten Partei die Präklusion mit diesem Beweismittel. 59

c) Der Termin zur Beweisaufnahme

Eine Beweisaufnahme wird auch dann durchgeführt, wenn eine Partei (oder beide Parteien) nicht zum **Beweisaufnahmetermin** erscheinen, § 367 ZPO. Ein **Versäumnisurteil** kann hier nicht ergehen. Allerdings sieht § 370 ZPO vor, dass der Beweisaufnahmetermin zugleich Termin zur mündlichen Verhandlung sein soll – mit der Folge, dass im Anschluss an die Beweisaufnahme ein Versäumnisurteil gegen die säumige Partei ergehen kann. Dies gilt allerdings nur dann, wenn die Beweisaufnahme vor dem Prozessgericht stattfindet; bei einer Beweisaufnahme allein durch ein Kammermitglied als beauftragtem Richter ist ein Versäumnisurteil also nicht möglich. 60

Den Parteien kann allerdings nur dringend angeraten werden, den Beweisaufnahmetermin als **Dreh- und Angelpunkt eines Zivilprozesses** wahrzunehmen bzw. informierte und mit der Sache vertraute Vertreter zu senden. Im Anschluss an die Beweisaufnahme muss das Gericht den Parteien die Gelegenheit geben, über das Ergebnis der Beweisaufnahme zu verhandeln, § 285 ZPO. Ist den Parteien eine sofortige Stellungnahme nicht möglich, ist Gelegenheit zur Aufarbeitung der Beweisaufnahme in einem Schriftsatz zu geben.[53] Das Gericht ist verpflichtet, die rechtzeitig eingehende Stellungnahme in seine Beweiswürdigung einzubeziehen. Für ein Verhandeln über das Beweisergebnis ist die mündliche Verhandlung wieder zu eröffnen. Häufig erklären die Parteien allerdings auch ihr Einverständnis mit einer Entscheidung im schriftlichen Verfahren, § 128 Abs. 2 ZPO. 61

2. Die zulässigen Beweismittel

Im Zivilprozess gilt nach der ZPO grundsätzlich der Strengbeweis. Möglich ist ein Beweis nur durch die in der ZPO selbst vorgesehenen förmlichen Beweismittel, also Zeugen, Sachverständige, Urkunde, Augenschein oder Parteieinvernahme. Hingegen ist eine **eidesstattliche Versicherung** kein taugliches Beweismittel in einem Strengbeweisverfahren, sondern kann nur der **Glaubhaftmachung** eines Umstandes dienen. Um ungute Überraschungen zu vermeiden, sollten bei Klageeinreichung bereits sämtliche Beweismittel vorliegen bzw. bekannt sein. 62

---

[50] In der Praxis verbinden die Gerichte daher auch nicht selten einen Beweisbeschluss mit einem Vergleichsvorschlag.
[51] *BGH*, NJW- RR 2009, 1434.
[52] Vgl. hierzu *Zimmermann*, ZPO, § 379 Rn. 1.
[53] Vgl. nur *BGH*, NJW 2011, 3040.

a) Der Sachverständigenbeweis

63 **aa) Der gerichtlich bestellte Sachverständige.** Unter den Beweismitteln ragt in der Bedeutung bei technischen Zusammenhängen ein Beweismittel deutlich hervor – der Sachverständigenbeweis, der in den §§ 402 ff. ZPO geregelt ist. Die zentrale Bedeutung des Sachverständigenbeweises im Zivilprozess hat sich gerade in den letzten Jahren besonders herauskristallisiert. Entsprechend haben die Normen zum 1.1.2018 eine Neuregelung erfahren, weitere Änderungen zur noch stärkeren Einbindung von Sachverständigen in den Zivilprozess sind angedacht.[54]

64 Der Sachverständige vermittelt dem Gericht das zur Beurteilung eines tatsächlichen Sachverhaltes erforderliche Fachwissen.[55] Der Sachverständigenbeweis ist also erforderlich, wenn das Gericht über keine eigene Sachkunde verfügt. Dabei darf der Sachverständige selbst **nur Tatsachen beurteilen,** aber keine rechtlichen Wertungen vornehmen. Die rechtliche Wertung obliegt immer dem entscheidenden Gericht.

65 **Zur Beauftragung eines Sachverständigen** kann es auf zwei Wegen kommen: entweder bietet eine Partei entsprechenden Beweis an. Dies dürfte der Regelfall sein. Aber auch das Gericht kann nach § 144 S. 1 ZPO von Amts wegen die Begutachtung durch einen Sachverständigen anordnen.

66 **Die Auswahl des Sachverständigen** trifft das Gericht nach seinem Ermessen, einem gemeinsamen Vorschlag beider Parteien hat das Gericht dabei Folge zu leisten, § 404 Abs. 5 ZPO. Das Gericht kann vor einer Bestellung die Parteien zur Person des Sachverständigen anhören, § 404 Abs. 2 ZPO. Die öffentliche Bestellung eines Sachverständigen ist zwar keine Voraussetzung für dessen Heranziehung, aber schon wegen § 404 Abs. 3 ZPO der Regelfall. Aus Gründen, die die Ablehnung eines Richters rechtfertigen würden, kann auch ein Sachverständiger später noch abgelehnt werden, § 406 ZPO.[56]

67 Der gerichtlich bestellte Sachverständige ist nach § 407a ZPO verpflichtet, zunächst unverzüglich zu prüfen, ob der Auftrag in sein Fachgebiet fällt und ohne die Hinzuziehung weiterer Sachverständiger erledigt werden kann. Immer wieder taucht in diesem Zusammenhang die Frage auf, ob eine **frühere Tätigkeit als Privatgutachter** die Besorgnis der Befangenheit und damit die Ablehnung als Sachverständiger rechtfertigt. Der BGH[57] hält hierzu zunächst fest, dass auch ein Privatgutachter sein Gutachten unparteiisch und nach bestem Wissen und Gewissen zu erstellen hat. Weil er aber aufgrund eines Vertragsverhältnisses mit einer der Parteien tätig wurde, setzt er sich später gegebenenfalls dem Vorwurf der Vertragsverletzung aus, wenn er als Sachverständiger im Prozess eine andere Einschätzung abgibt. Unabhängig davon, ob ein solcher Vorwurf gerechtfertigt ist, entsteht hier jedenfalls eine Konfliktsituation, die geeignet ist, das Vertrauen in eine unvoreingenommene Gutachtenerstattung zu beeinträchtigen. Ist der Sachverständige also für eine der Parteien bereits als Privatgutachter tätig geworden, so ist die Besorgnis der Befangenheit in der Regel begründet.

68 Bei einer **Tätigkeit für einen Dritten** ist bei einer Kollision mit den Interessen der jeweiligen Partei jedenfalls dann von einer Befangenheit auszugehen, wenn es sich um einen gleichgelagerten Sachverhalt handelt. Dass diese Einschätzung des BGH die Auswahl eines Sachverständigen dort verkompliziert, wo überhaupt nur wenige Spezialisten als Sachverständige in Frage kommen (zB im Bereich Künstliche Intelligenz, 3D-Druck, o. ä.) erkennt auch der BGH, meint aber, dass dies hinzunehmen sei.[58]

69 Der Sachverständige ist nicht von sich aus befugt, den Auftrag auf einen anderen Sachverständigen zu übertragen. Bedient er sich der Mitarbeit anderer Personen (zB eines An-

---

[54] Vgl. hierzu *Stackmann,* ZRP 2019, 193.
[55] Vgl. nur *BGH,* NJW 1993, 1796.
[56] Zur Ablehnung eines Sachverständigen im Zivilprozess s. auch *Milde,* NJW 2018, 1149; *Linz,* DS 2017, 145; *Ulrich,* DS 2018, 288.
[57] *BGH,* NJW-RR 2017, 569.
[58] *BGH,* NJW-RR 2017, 569.

gestellten), hat er diese und den Umfang ihrer Tätigkeit im Gutachten zu benennen. Ausgenommen sind lediglich Hilfsdienste von untergeordneter Bedeutung, zB Schreibarbeiten. Die Verantwortung für das Gutachten muss er erkennbar selbst übernehmen.

Das Gericht hat den Sachverständigen in dessen Tätigkeit anzuleiten, § 404a ZPO, auch um den Prozess zu beschleunigen.[59] Bei komplexen Beweisfragen kann das Gericht einen Einweisungstermin bestimmen. Mit zielführenden Anregungen können die Parteien dazu beitragen, die Arbeit des Sachverständigen effektiv und kostengünstig zu gestalten. Möglichst sollten sämtliche Fragen in einem Gutachten geklärt, Ergänzungsgutachten vermieden werden. Führt der Sachverständige einen **Augenschein** durch – besichtigt er etwa eine Fertigungsanlage – haben die Parteien ein **Anwesenheitsrecht**. Das Gericht legt fest, welche Tatsachen der Sachverständige der Begutachtung zugrunde legen soll. Von sich aus darf ein Sachverständiger keine Tatsachen ermitteln. Bei Unklarheiten hat er Rücksprache mit dem Gericht zu halten. 70

Das fertig gestellte Gutachten übersendet das Gericht den Parteien zur Stellungnahme. Bei umfangreichen Begutachtungen kann, das zeigt die Erfahrung in der Praxis, die Arbeit des Sachverständigen auch länger dauern. Ein Parteivertreter kann aber mit regelmäßigen **Sachstandsanfragen** an das Gericht helfen, überlange Bearbeitungszeiten durch den Sachverständigen zu vermeiden. 71

Hat eine Partei Sachverständigenbeweis angeboten, wird von dieser Partei vor der Beweisaufnahme ein **Kostenvorschuss** verlangt, § 379 S. 1 ZPO. Stellt sich im Laufe der Begutachtung heraus, dass der Vorschuss nicht ausreichend ist, können weitere Vorschüsse angefordert werden. Die **Vergütung des Sachverständigen** richtet sich im Übrigen nach dem Justizvergütungs- und Entschädigungsgesetz, **JVEG**. In der Praxis beantragt ein vorgesehener Sachverständiger allerdings nicht selten auch einmal eine höhere Vergütung. Gerade in innovativen Spitzentechnologien, bei denen nur wenige die erforderliche Kompetenz besitzen, ist hiermit zu rechnen. Das Gericht wird die Parteien dann um Mitteilung bitten, ob diese mit einem erhöhten Stundensatz einverstanden sind, § 13 JVEG. Stimmt nur eine der Parteien zu, kann unter den Voraussetzungen des § 13 Abs. 2 JVEG die Zustimmung der anderen Seite gerichtlich ersetzt werden. Voraussetzung hierfür ist, dass der beantragte erhöhte Stundensatz maximal das Doppelte des gesetzlich Vorgesehenen beträgt und dass kein anderer geeigneter Sachverständiger zur Übernahme des Auftrags zum gesetzlich vorgesehenen Honorar bereit ist. In der Regel teilen die Gerichte bereits im Rahmen ihrer Anfrage an die Parteien mit, ob sie beabsichtigen, ihrerseits einem erhöhten Stundensatz zuzustimmen; ansonsten wäre noch einmal rechtliches Gehör zu gewähren, § 13 Abs. 2 S. 3 JVEG. 72

Eine **Gutachtenserstattung** kann grundsätzlich auf zwei Arten geschehen. Möglich ist zum einen die **Erstattung eines mündlichen Gutachtens** direkt in der Sitzung, § 411 Abs. 3 ZPO. Dies ist in komplizierten Verfahren vor dem Landgericht jedoch praxisunüblich. Hier findet man häufig die Erstattung durch **schriftliches Gutachten.** In den Prozess wird das Gutachten eingeführt, in dem man es zum Gegenstand der mündlichen Verhandlung macht, §§ 137 Abs. 3, 285 Abs. 2 ZPO. Die Parteien können in ihren Stellungnahmen ggf. Ergänzungsfragen stellen. Das Gericht entscheidet dann, ob diese in einem weiteren schriftlichen Gutachten oder in einem mündlichen Termin geklärt werden sollen. Allerdings kann der Sachverständige auch im Fall eines schriftlichen Gutachtens zur mündlichen Erläuterung desselben geladen werden, § 411 Abs. 3 ZPO. Das Gericht ist nach §§ 402, 397 ZPO verpflichtet, auf entsprechenden Antrag einer Partei den Sachverständigen zu laden, damit er zu seinem Gutachten befragt werden kann.[60] Dem Antrag hat das Gericht auch dann zu entsprechen, wenn es selbst keinen weiteren Aufklärungsbedarf 73

---

[59] Vgl. im Einzelnen Thomas/Putzo/*Reichold*, ZPO, § 404a Rn. 1.
[60] *BGH*, NJW-RR 2001, 1431.

sieht.[61] Die Partei kann sich zu diesem Termin auch von einem privaten Gutachter begleiten lassen (hierzu sogleich).

74 Gegebenenfalls ist es zielführend, dass das Gericht den Sachverständigen so zum Termin lädt, dass er bei der **Vernehmung weiterer Zeugen anwesend** ist. So kann der Sachverständige durch Nachfragen an die (unter Umständen ja auch selbst sachverständigen) Zeugen dazu beitragen, die wesentlichen Problemstellungen einzugrenzen.

75 **bb) Exkurs: Der Privatgutachter.** Vom gerichtlichen Sachverständigen **strikt zu unterscheiden** ist der **private Gutachter,** der nicht unter §§ 402 ff. ZPO fällt.[62] Solche privaten Gutachten werden von den Parteien bisweilen im Vorfeld einer gerichtlichen Auseinandersetzung eingeholt. Die Kosten hierfür sind allerdings nur in ganz wenigen Ausnahmefällen als außergerichtliche Kosten im Rahmen der Kostenentscheidung nach §§ 91 ff. ZPO erstattbar.[63] Eine gesonderte Geltendmachung als materiell-rechtlicher Anspruch, zB als Schadensersatzanspruch, ist aber möglich.[64]

76 Solche privaten Gutachten haben dennoch ihre Daseinsberechtigung. Sie können zum einen einer Partei dabei helfen, ihre **Chancen und Risiken** im Prozess besser einzuschätzen. Zum anderen zeigt die Erfahrung, dass oft bereits auf der Basis eines Privatgutachtens ein (Teil-)**Vergleich** geschlossen werden kann. Dies ist bei der Auswahl eines Privatgutachters ggf. ein bestimmender Faktor: wählt man einen renommierten unparteiischen Gutachter statt eines „Gefälligkeitsgutachters", steigen die Chancen auf Akzeptanz des Ergebnisses beim Gegner erheblich. Auch ist es gar nicht so selten, dass der Gegner, wenn er sich schon nicht vergleicht, doch auf der Basis eines solchen Gutachtens bestimmte Teilsachverhalte (zB eine Kausalitätsfrage o. ä.) **unstreitig stellt.**

77 Nicht zuletzt ist auch das privat beauftragte Gutachten mittelbar für die gerichtliche Entscheidung relevant. Zwar bleibt Vortrag, der auf ein privates Gutachten gestützt wird, Parteivortrag; er ist jedoch sog. **qualifizierter Parteivortrag.** Ein Privatgutachten kann entsprechend als Urkundenbeweis vorgelegt werden. Es kann hiermit allerdings nur der Beweis geführt werden, dass der Gutachter die von ihm dokumentierten Wahrnehmungen gemacht hat.

78 Das Gericht hat solchen qualifizierten Parteivortrag zu beachten und ernsthaft zu wägen. In die Entscheidungsfindung ist er einzubeziehen.[65] Folglich hat ein später gerichtlich bestellter Sachverständiger sich im Prozess mit den sachkundigen Ausführungen in einem von einer Partei vorgelegten Privatgutachten auseinanderzusetzen und diese wiederum bei der Erstellung seines Sachverständigengutachtens einzubeziehen.[66] In der mündlichen Verhandlung kann sich die Partei vom Privatgutachter zu ihrer Unterstützung begleiten lassen. Sie kann ihm auch ihr Fragerecht übertragen.[67]

b) Urkunde und Augenscheinsbeweis

79 Im Zusammenhang mit dem IT-Recht stellt sich oft die Frage nach der Rechtsqualität von Ausdrucken und der Einbringung von E-Mails, Screenshots oder Internetseiten als Beweismittel. Denkbar ist bei Letzteren zunächst die Beweisführung **mittels eines elektronischen Dokuments,** § 371 Abs. 1 S. 2 ZPO; dann wird der Beweis durch Vorlage oder **Übermittlung der Datei** angetreten.

---

[61] *BGH,* NJW-RR 2009, 1361.
[62] Zum Privatgutachter im Zivilprozess auch *Ghassemi-Tabar/Nober,* NJW 2016, 552.
[63] Thomas/Putzo/*Hüßtege,* ZPO, § 91 Rn. 49 ff.
[64] Thomas/Putzo/*Hüßtege,* ZPO, vor § 91 Rn. 13 ff.
[65] *BVerfG,* NJW 1997, 122.
[66] *BGH,* NJW-RR 2009, 1192; *BGH,* NJW 1986, 1930.
[67] *BGH,* NJW-RR 2009, 409.

Ein einfacher Ausdruck „aus dem Internet", einer E-Mail oder auch eines Screenshots ist hingegen kein elektronisches Dokument im Sinne von § 371 Abs. 1 S. 2 ZPO.[68] Nach herrschender Auffassung ist ein solcher Ausdruck auch **keine Urkunde** im Sinne der ZPO.[69] In der Konsequenz bedeutet das, dass eine ausgedruckte E-Mail kein taugliches Beweismittel für den **Urkundsprozess** nach §§ 592 ff. ZPO darstellt. Diese Auffassung ist allerdings nicht unumstritten.[70] 80

> **Zum Hintergrund:**
> Der **Urkundsprozess** gemäß §§ 592 ff. ZPO ist eine besondere Verfahrensart der Zivilprozessordnung. Das Urkundsverfahren ermöglicht es dem Kläger, besonders schnell einen Titel zu erlangen. Voraussetzung ist, dass der Kläger seinen Anspruch allein durch Urkunden beweisen kann; die Beweismittel sind mithin beschränkt und damit auch die Möglichkeit einer Beweisaufnahme. Die Verhandlung ist auf den eigentlichen Anspruch beschränkt, eine Widerklage ist nicht statthaft, § 595 Abs. 1 ZPO.

Bei einem derartigen Ausdruck handelt es sich vielmehr um ein **Augenscheinsobjekt**, § 371 Abs. 1 S. 1 ZPO in Form eines Augenscheinsurrogates. Für die Qualifikation als Beweismittel ist es gleichgültig, ob die E-Mail mit einer qualifizierten elektronischen Signatur erstellt wurde; die qualifizierte elektronische Signatur wird erst bei der Frage nach der Beweisqualität relevant.

Eine einfache ausgedruckte E-Mail unterliegt der freien Beweiswürdigung des Gerichts nach § 286 ZPO, nicht aber den gesetzlichen Beweisregeln der §§ 415 ff. ZPO, an die das Gericht nach § 286 Abs. 2 ZPO nicht gebunden ist. So hatte sich kürzlich das OLG Jena in einer lesenswerten Entscheidung mit dem Ausdruck eines Screenshots als Nachweis für den Inhalt eines eBay Angebotes zu beschäftigen; da es Zweifel an der Richtigkeit des Ausdrucks hatte, sah das OLG den Beweis als nicht geführt an.[71] 81

IV. Überlegungen zu den Verfahrensbeteiligten

Eine weitere wesentliche Weichenstellung zu Beginn eines Zivilprozesses ist die Auswahl des Gegners. Stehen dem Kläger beispielsweise mehrere Gesamtschuldner gegenüber, könnte der Kläger Klage nur gegen den Solventesten erheben. Schließlich können die Parteien an ihrem Verfahren auch noch andere Personen beteiligen. Der Kläger bestimmt in der Klage den (oder die) Beklagten. Der Beklagte wiederum kann Widerklage erheben und durch eine Drittwiderklage ebenfalls den Kreis der Parteien erweitern. Beiden Parteien steht es außerdem frei, Dritten **den Streit zu verkünden.** Dritte können ihrerseits dem Streit als **Nebenintervenienten** beitreten. 82

1. Überlegungen zu den Parteien

a) Bei einer Mehrheit von Schuldnern

Mit der Klageeinreichung muss sich der Kläger entscheiden, wen er verklagen möchte. Was zunächst banal klingt, kann weitreichende Folgen (auch: Kostenfolgen) haben. Stehen einem Gläubiger aus einem Lebenssachverhalt (zB einem Vertrag über Softwareerstellung) mehrere Schuldner gegenüber, ist er frei in der Wahl, ob er sie gemeinsam oder einzeln 83

---

[68] Vgl. zur Rolle der E-Mail im Zivilprozess insgesamt *Al-Deb'i/Weidt*, JA 2017, 618; *OLG Jena*, MMR 2019, 471 Rn. 12.
[69] *OLG Jena*, MMR 2019, 471 unter Bezug auf *OLG Hamburg*, MDR 1988, 684.
[70] AA *Ortner* in Hoeren/Sieber/Holznagel, Multimedia-Recht, Juli 2019, Teil 13.2 Rn. 18.
[71] *OLG Jena*, MMR 2019, 471 Rn. 12. Zum Anscheinsbeweis für den Zugang durch Ausdruck einer E-Mail vgl. *AG Hamburg*, MMR 2018, 551.

verklagt. Das gilt auch bei einer Gesamtschuld.[72] Eine hilfsweise Klageerhebung unter der Bedingung, dass die Klage gegen eine Partei nur erhoben wird, wenn die Klage gegen die andere Partei abgewiesen wird, wäre unzulässig. Die Klage ist als Prozesshandlung nämlich bedingungsfeindlich. Die unzulässige Bedingung würde die gesamte Prozesshandlung unzulässig machen, sodass die Klage insgesamt abgewiesen würde.

84 Will der Kläger **mehrere Beklagte** verklagen, ist die Zulässigkeit einer solchen einfachen **Streitgenossenschaft** an §§ 59, 60 ZPO zu messen. Die §§ 59, 60 ZPO regeln aber nicht nur das Schicksal der Beklagtenseite, sondern auch das der Klägerseite. Es können also mehrere Kläger gemeinsam klagen und/oder mehrere Beklagte gemeinsam verklagt werden, wenn die gemeinsame Verhandlung und Entscheidung zweckmäßig ist. Die Voraussetzungen der §§ 59, 60 ZPO werden von der Rechtsprechung aus prozessökonomischen Gründen extensiv ausgelegt. Auch bei mehreren Klägern oder Beklagten in einem Zivilprozess handelt es sich um jeweils voneinander unabhängige Prozessrechtsverhältnisse innerhalb eines Zivilprozesses. Jeder Streitgenosse führt seinen Prozess selbst und kann diesen auch selbst und unabhängig von den anderen ggf. durch einen Vergleichsschluss beenden. Die Behauptungen und Beweisantritte eines Streitgenossen sind grundsätzlich allen Streitgenossen zuzurechnen, es sei denn, einer der Streitgenossen hätte sich hiergegen verwahrt.

85 **Für einen einheitlichen Prozess** gegen mehrere Beklagte mag aus Klägersicht sprechen, dass der Kläger so **schneller an ein einheitliches Ziel** gelangt als bei einem Nebeneinander von Prozessen. Diese könnten zudem grundsätzlich einen unterschiedlichen Ausgang nehmen. Auch wären die **Kosten des Rechtsstreits** günstiger. Die Verfahrenskosten sind – schon wegen der degressiven Gebührenstaffelung- bei einem einheitlichen Verfahren günstiger als bei einer Mehrzahl von Prozessen, die nebeneinander oder nacheinander geführt werden. Auch fallen beispielsweise die Kosten für eine Beweisaufnahme dann nur einmal an. **Gegen** einen einheitlichen Prozess mag allerdings sprechen, dass bei klarer Sach- und Rechtslage gegen einen Gegner die Klage gegen die weiteren Beklagten das Verfahren in die Länge zieht. Es kann sein, dass dem Kläger mehr damit gedient ist, schnell einen „ersten Titel" gegen einen seiner Schuldner zu erlangen, um aus diesem zügig vollstrecken zu können.

b) Insbesondere: die Gesamtschuld

86 Liegt auf gegnerischer Seite eine Gesamtschuld vor, kann der Kläger sämtliche Gesamtschuldner als einfache Streitgenossen verklagen; er muss es aber nicht. Er kann auch die Forderung in voller Höhe nur bei einem der Gesamtschuldner einklagen. Bei ungleichmäßiger Solvenz der Gesamtschuldner wird die Wahl wohl auf den Leistungsfähigsten fallen. Kommt es zur Verurteilung dieses Beklagten, ist es Sache der Gesamtschuldner untereinander (aber nicht Sache des Klägers), den Ausgleich zu suchen.[73]

87 Praxistipp:
Bei der Klageerhebung bzw. weiteren prozessualen Handlungen wie der Streitverkündung ist die materiell-rechtliche Seite im Blick zu behalten. Die Klage unterbricht durch sie stets die **Verjährung** nur gegen den jeweiligen Gegner, das gilt auch bei einer Gesamtschuld auf gegnerischer Seite. Gegebenenfalls müssen entsprechende verjährungsunterbrechende Maßnahmen getroffen werden. Dies muss nicht zwangsläufig durch eine Klage geschehen. Denkbar ist auch eine entsprechende vertragliche Vereinbarung oder eine (weitere) Streitverkündung.

---

[72] Eine Ausnahme gilt nur im Fall der – praktisch seltenen – notwendigen Streitgenossenschaft aus materiellrechtlichen Gründen. Hier wäre die Klage gegen einen der notwendigen Streitgenossen allein schon unzulässig; der Kläger müsste gleichzeitig Klage gegen alle notwendigen Streitgenossen erheben. Vgl. hierzu im Einzelnen Thomas/Putzo/*Hüßtege*, ZPO, § 62 Rn. 11 ff.

[73] *Heß/Burmann*, NJW-Spezial 2010, 393.

2. Überlegungen zu weiteren Verfahrensbeteiligten: die Streitverkündung

Sind eine Mehrzahl von Beteiligten in einen Streit verwickelt – etwa bei Lieferketten, einer Mehrzahl von Werkerstellern oder Produzenten o. ä. – so gewinnt in der juristischen Aufarbeitung das **Institut der Streitverkündung** besondere Bedeutung. Mit Hilfe des Instituts der Streitverkündung können Verfahrensergebnisse Wirkung auch gegen Dritte erzielen.

Beispiel:
Der Käufer einer Sache verklagt den Verkäufer wegen eines Mangels der Kaufsache. Der Verkäufer hat seinerseits im Falle des Unterliegens Regressansprüche gegen den Hersteller. Allerdings läuft der Verkäufer Gefahr, dass in seinem Regressprozess gegen den Hersteller streitentscheidende Fragen (zB das Vorliegen eines Mangels) anders beurteilt werden als im Ausgangsverfahren mit dem Käufer. So könnte theoretisch im Ausgangsprozess ein Mangel bejaht, im Folgeprozess ein Mangel verneint werden. Denn eine Bindung des Gerichts im Folgeprozess an das Ergebnis des Ausgangsprozesses besteht grundsätzlich nicht.

Möchte eine Partei sicherstellen, dass ein Gericht in einem Folgeverfahren gegen einen Dritten den Prozessausgang im Ausgangsverfahren berücksichtigen muss, kann sie dem Dritten den Streit verkünden. **Die große Bedeutung** der Streitverkündung liegt darin, dass durch eine bloße förmliche Zustellung einer einfachen Streitverkündungsschrift ein Dritter mit prozessualer und materiell-rechtlicher Wirkung in den Prozess einbezogen wird. Die sog. **Interventionswirkung des § 68 ZPO** greift unabhängig davon, ob der Dritte als sog. Streitverkündungsempfänger dem Rechtsstreit beitritt oder nicht, § 74 ZPO. Mit der Streitverkündung kann also ein Dritter **auch gegen seinen Willen** an einen laufenden Prozess und dessen Ergebnis gebunden werden. Daneben entfaltet die Streitverkündung **auch materiell-rechtliche Wirkung,** namentlich wird die Verjährung bis 6 Monate nach der Rechtskraft des Ausgangsprozesses gehemmt, § 204 Nr. 6 BGB.

> **Praxistipp:**
> Die Streitverkündung führt auf der zivilprozessualen Ebene zur Interventionswirkung, §§ 74 Abs. 3, 68 ZPO. Auf der materiell-rechtlichen Ebene führt sie zur Hemmung der Verjährung, § 204 Nr. 6 ZPO.

a) Zulässigkeit einer Streitverkündung

Die Zulässigkeit der Streitverkündung regelt § 72 ZPO.[74] Nach dem Wortlaut der Norm ist sie möglich, wenn der Streitverkünder für den Fall des ungünstigen Ausgangs des Rechtsstreits „einen Anspruch auf Gewährleistung oder Schadloshaltung erheben zu können glaubt oder den Anspruch eines Dritten besorgt". Der Streitverkünder kann **der Kläger wie der Beklagte** sein. Die Rechtsprechung legt § 72 ZPO weit aus. Sie erachtet die Streitverkündung schon immer dann für zulässig, wenn der Streitverkündende nach der materiell-rechtlichen Lage grundsätzlich in einem der beiden Prozesse obsiegen müsste und ihm nur wegen der mangelnden Bindung des Gerichts im Folgeprozess ein Verlust beider Prozesse droht.

Die häufigsten Fallgruppen sind demnach
- Gewährleistungsansprüche wegen Sach- oder Rechtsmängeln
- Schadloshaltung, also etwa Regress- oder Schadenersatzansprüche sowie Ausgleichsansprüche unter Gesamtschuldnern nach § 426 Abs. 1 BGB[75]
- Besorgnis des Anspruchs eines Dritten

---

[74] Zu den Haftungsfallen für den Rechtsanwalt bei einer Streitverkündung vgl. *Thora,* NJW 2019, 3624.
[75] Bei der Gesamtschuld ist allerdings genau zu prüfen, auf Basis welchen Anspruchs der Streit verkündet wird; denn der Umstand der kumulativen Haftung allein genügt nicht, vgl. *BGH,* NJW 1978, 1894.

- Anspruch aus Alternativverhältnissen. Hier besteht der Anspruch des Klägers entweder gegen den Beklagten oder gegen den Dritten.

94 Eine weitere Streitverkündung durch den Streitverkündungsempfänger lässt § 72 Abs. 3 ZPO ausdrücklich zu. Bedeutung gewinnt dies beispielsweise bei Lieferketten. Unzulässig ist nach § 72 Abs. 3 ZPO allerdings die Streitverkündung gegenüber einem vom Prozessgericht ernannten Sachverständigen zur Vorbereitung von Haftungsklagen gegen diesen wegen fehlerhafter Gutachterleistung.

b) Form der Streitverkündung

95 Die Streitverkündung ist wie die Klage eine Prozesshandlung und deshalb **bedingungsfeindlich.** Sie erfolgt nach § 73 ZPO durch bestimmenden Schriftsatz an das Gericht. Dieser wird von Amts wegen dem Verkündungsgegner (also dem Dritten) zugestellt und der anderen Partei im Prozess mitgeteilt. Erst mit der Zustellung an den Dritten wird die Streitverkündung wirksam. Die Streitverkündung muss dabei zwei wesentliche Dinge enthalten: Zum einen den **Grund der Streitverkündung,** also die Darlegung, aus welchen tatsächlichen oder rechtlichen Gründen der Verkündende glaubt, im Falle des Unterliegens einen Regressanspruch gegen den Verkündungsgegner zu haben.

96 Zum anderen muss die Streitverkündung angeben, in welcher Lage des Rechtsstreits man sich befindet. Es bedarf Angaben darüber, worüber die Parteien streiten und in welchem Stadium sich das Verfahren befindet. Ist ein Termin zur mündlichen Verhandlung anberaumt, sind Ort und Zeit anzugeben, sodass der Verkündungsempfänger den Termin wahrnehmen kann. In der Praxis erfolgt meist die Übermittlung eines kompletten Aktenauszugs, also eine Kopie der bisherigen Schriftsätze der Parteien und der gerichtlichen Verfügungen sowie der Protokolle und ggf. des Urteils.

97 Andererseits kann eine Streitverkündung noch **nach Schluss der mündlichen Verhandlung** und nach Urteilsverkündung bis zur Rechtskraft erfolgen. In solchen Fällen ist in der Streitverkündung der Zeitpunkt der Urteilsverkündung mitzuteilen, damit der Verkündungsempfänger in die Lage versetzt wird, aus eigenem Recht ein Rechtsmittel gegen das Urteil einzulegen oder sich dem Rechtsmittel des Streitverkündenden anzuschließen.

98 Praxistipp:
Wichtig: Eine Zustellung des Urteils an den Streitverkündungsempfänger durch das Gericht erfolgt nicht – denn dieser ist gerade nicht Partei des Rechtsstreits. Im Urteil wird er nicht erwähnt – es sei denn, er tritt als Nebenintervenient bei (dazu sogleich). In der Konsequenz läuft daher auch keine eigene Frist für den Streitverkündungsempfänger, für ihn ist die Frist für die Partei maßgeblich (Haftungsfalle in der Praxis!).

c) Rechtsfolgen der Streitverkündung

99 **aa) Im Ausgangsprozess.** Im Ausgangsprozess hat der Streitverkündungsempfänger die Wahl, ob er **dem Rechtsstreit beitritt** und damit zum sog. **Nebenintervenienten (auch: Streithelfer)** wird oder **keinen Beitritt** erklärt. Tritt er bei, wird er gemäß § 74 Abs. 1 ZPO zum Nebenintervenienten auch mit Konsequenzen für die Kostenentscheidung, § 66 ZPO. Ein Dritter kann theoretisch immer auch von sich aus einem fremden Rechtsstreit als Nebenintervenient beitreten. In der Praxis ist die Nebenintervention tatsächlich meist aber die **Folge einer Streitverkündung** nach §§ 72 ff. ZPO.

100 Der Streitverkündungsempfänger muss als Nebenintervenient dem Prozess nicht auf Seiten des Streitverkünders beitreten. Er kann alternativ dem Gegner beitreten. In diesem Fall tritt die Interventionswirkung gegenüber beiden Parteien des Prozesses ein: einmal aufgrund der Streitverkündung im Verhältnis Streitverkünder und Streitverkündungsempfänger (zB Kläger und Dritter). Zum anderen greift sie aufgrund der Nebeninterventions-

wirkung im Verhältnis Nebenintervenient und der Partei, der er beitritt (im Beispiel also Dritter und Beklagter).

(1) Beitritt des Streitverkündungsempfängers als Nebenintervenient. Tritt der Dritte bei, wird er also Nebenintervenient oder Streithelfer. Dieser Begriff ist nicht zu verwechseln mit dem Begriff des „Streitgenossen". Dies ist der Streithelfer, da er nicht Partei des Rechtsstreits wird, eben gerade nicht. Der Nebenintervenient handelt im eigenen Namen statt oder neben der unterstützten Partei. Er kann deshalb auch weiterhin als Zeuge vernommen werden. Da er aber nicht Partei wird, kann er in diesem Prozess in der Hauptsache nichts zugesprochen bekommen oder zu etwas verurteilt werden. Im Tenor der Entscheidung taucht er nur bei den Kosten auf, weil das Gericht nach § 101 ZPO auch über die Kosten der Nebenintervention zu entscheiden ist. 101

Der Beitritt erfolgt durch **Schriftsatz**, §§ 70, 74 Abs. 1 ZPO, für den die allgemeinen Vorschriften über die vorbereitenden Schriftsätze gelten. Das bedeutet, dass sich der Nebenintervenient vor dem Landgericht durch einen postulationsfähigen Rechtsanwalt vertreten lassen muss. Der Schriftsatz wird sodann beiden Parteien zugestellt. Er muss die Beitrittserklärung, die Bezeichnung der Parteien und des Rechtsstreits und die Darlegung des Interesses an der Nebenintervention enthalten. 102

Die Rechtsstellung des Nebenintervenienten ergibt sich aus § 67 ZPO. Er kann Prozesshandlungen wirksam vornehmen und Angriffs- und Verteidigungsmittel geltend machen, soweit dies nicht gegen den Willen der Hauptpartei erfolgt.[76] Er kann außerdem die Säumnis der Hauptpartei im Termin durch sein Erscheinen abwenden, wobei er zu jedem Termin zu laden ist. Nur bei ordnungsgemäßer Ladung des Nebenintervenienten ist im Übrigen auch die Hauptpartei ordnungsgemäß geladen im Sinne von § 335 Abs. 1 Nr. 2 ZPO.[77] Tatsächlich findet man in der Praxis nicht so selten den Fall, dass die Hauptpartei dem Nebenintervenienten die Prozessführung mehr oder weniger ganz überlässt. Hintergrund hierfür kann sein, dass die Hauptpartei selbst kein Interesse mehr an dem Prozess hat, zB weil sie sich in wirtschaftlichen Schwierigkeiten befindet oder meint, sich ohnehin im Regresswege beim Nebenintervenienten schadlos halten zu können. Auf der anderen Seite kann es sein, dass der Nebenintervenient über die besseren Tatsachen- oder Fachkenntnisse verfügt, zB weil er der Subunternehmer ist, der das streitgegenständliche Produkt gefertigt hat. 103

> **Praxistipp:** 104
> Bei Beteiligung eines Nebenintervenienten sollte nach der Urteilsverkündung sofort geprüft werden, ob **die Kosten der Nebenintervention im Urteil** verbeschieden wurden. Bisweilen werden diese nämlich schlicht vergessen. Liegt insoweit nicht lediglich ein Schreibfehler vor (etwa: § 101 ZPO wird in den Entscheidungsgründen im Rahmen der Kostenentscheidung erörtert, aber im Tenor fehlen die Kosten der Nebenintervention), so ist ein Ergänzungsurteil nach § 321 ZPO notwendig. Ein solches kann aber nur binnen zwei Wochen ab Zustellung des Urteils im Sinne von § 317 ZPO beantragt werden, § 321 Abs. 2 ZPO.

(2) Kein Beitritt des Streitverkündungsempfängers. Erklärt der Streitverkündungsempfänger keinen Beitritt zum Verfahren, § 74 Abs. 2 ZPO, nimmt das **Ausgangsverfahren** zwischen den Parteien seinen normalen Lauf. Die Tatsache der Streitverkündung wird im Tatbestand dieses Urteils nicht einmal erwähnt, denn auf diese Entscheidung ist sie ja ohne Einfluss geblieben. Der Verkündungsempfänger trägt auch kein Kostenrisiko. Ein solches würde er nach § 101 ZPO nur dann tragen, wenn er als Nebenintervenient beige- 105

---

[76] Wird der Nebenintervenient allerdings so gehindert, Angriffs- oder Verteidigungsmittel geltend zu machen, kann ihm das im Folgeprozess nicht zum Nachteil gereichen, § 68 ZPO.
[77] Thomas/Putzo/*Hüßtege*, ZPO, § 67 Rn. 7 f.

treten ist. Die Kosten einer reinen Streitverkündung trägt der Streitverkünder. Diese Kosten kann er ggf. im Folgeprozess gegen den Streitverkündungsempfänger als materiellrechtlichen Schaden geltend machen.[78]

106 **bb) Im Folgeprozess.** Vom Ausgangsprozess strikt zu trennen ist der **Folgeprozess** zwischen dem Streitverkünder und dem Streitverkündeten, die nun zu Kläger und Beklagten werden. Bei einer wirksamen Verkündung tritt die Interventionswirkung des § 68 ZPO ein. Dies ordnet § 74 Abs. 3 ZPO mit der Besonderheit an, dass der gem. § 68 ZPO maßgebliche Zeitpunkt der ist, zu dem der Dritte im Vorprozess hätte beitreten können.

107 Die **Interventionswirkung** besteht in einer **rechtskraftähnlichen Bindungswirkung im Folgeprozess** (meist einem Regressprozess) an das im Ausgangsverfahren ergangene Urteil. Sie entfaltet sich im Folgeprozess zwischen Hauptpartei und Nebenintervenienten, nach hM aber nur zugunsten der Hauptpartei, nicht zu ihren Lasten.[79] Der Nebenintervenient wird also im Folgeprozess **nicht mit der Behauptung gehört,** der vorangegangene Rechtsstreit sei unrichtig entschieden worden. Er kann folglich nicht mehr vorbringen, der Urteilsausspruch oder die tatsächlichen und rechtlichen Feststellungen seien unrichtig.

108 **(1) Abschluss des Vorprozesses durch rechtskräftiges Urteil.** Die Interventionswirkung greift erst ein, wenn der Vorprozess durch rechtskräftiges Urteil abgeschlossen wurde. Sie greift insbesondere dann **nicht,** wenn der Vorprozess durch einen **Vergleich** abgeschlossen wurde. In der Praxis bedeutet dies faktisch, dass bei Streitverkündung ein Vergleich im Vorprozess meist nur dann gelingt, wenn die Streitverkündeten in die Vergleichsverhandlungen und dann in den Vergleichsschluss mit einbezogen werden. Dies ist ohne weiteres möglich, da § 794 Abs. 1 Nr. 1 ZPO ausdrücklich davon spricht, dass ein **Prozessvergleich auch mit Dritten,** die nicht Partei des Rechtsstreits sind, geschlossen werden kann. Dabei muss sich der Dritte vor dem Landgericht nicht durch einen Rechtsanwalt vertreten lassen; ein Umstand, der eine „kostengünstige Gesamtlösung" ermöglicht.

109 **(2) Umfang der Bindungswirkung.** Die Bindungswirkung gilt für jedes entscheidungserhebliche Tatbestandsmerkmal im Folgeprozess, soweit das frühere Urteil darauf beruht. Davon erfasst sind die Feststellung aller im Vorprozess festgestellten entscheidungserheblichen Tatsachen und deren rechtliche Beurteilung. Das gilt auch für die Feststellung präjudizieller Rechtsverhältnisse. Das gilt sogar dann, wenn im Vorprozess nur eine Teilforderung eingeklagt war.[80] Die Interventionswirkung geht also **sehr viel weiter als die Rechtskraftwirkung** nach § 322 ZPO, die grundsätzlich nur die Urteilsformel umfasst.

110 **Voraussetzung der Interventionswirkung** ist dabei zum einen, dass der Beitritt nicht nach § 71 ZPO im Vorverfahren zurückgewiesen wurde.[81] Ist der Dritte auf Grund der Streitverkündung dem Vorprozess nicht beigetreten, so muss zusätzlich geprüft werden, ob die Streitverkündung zulässig war. Es ist dabei zunächst zu prüfen, ob die Verkündungsschrift formell wirksam zugestellt wurde (§ 73 ZPO) und ein Streitverkündungsgrund nach § 72 ZPO zum Zeitpunkt der Streitverkündung vorlag. Zum anderen darf nicht wirksam die **Einrede der mangelhaften Prozessführung** erhoben werden können. Diese Einrede ist möglich, wenn der Streitverkündete verhindert war, bestimmte Angriffs- oder Verteidigungsmittel geltend zu machen. Dies kann beispielsweise der Fall sein, wenn bei einer Nebenintervention die unterstützte Partei dem Vortrag des Nebenintervenienten widersprochen hat. Dann hatte dieser keine Möglichkeit, mit seiner Sicht der Dinge

---

[78] Vgl. nur *BGH,* NJW 1971, 134.
[79] Vgl. etwa BGHZ 100, 257; Thomas/Putzo/*Hüßtege,* ZPO, § 67 Rn. 1.
[80] Vgl. nur *BGH,* NJW 1969, 1480.
[81] Fehlt im Vorverfahren ein Zurückweisungsurteil, darf im Folgeverfahren nicht mehr geprüft werden, ob der Beitritt fehlerhaft war oder das Interesse gem. § 66 ZPO fehlte, *BGH,* WM 1972, 346.

durchzudringen. Im Übrigen wird der Streitverkündungsempfänger nicht mit der Behauptung gehört, dass der vorangegangene Rechtsstreit unrichtig entschieden worden sei.

Die Bindungswirkung bringt dem Streitverkünder mithin den erheblichen Vorteil, dass dem Streitverkündungsempfänger im Folgeprozess grundsätzlich alle Einreden abgeschnitten sind, die sich gegen die tatsächlichen und rechtlichen Feststellungen im Ausgangsprozess richten. 111

V. Überlegungen zur Beendigung des Rechtsstreits durch Vergleich

Entscheiden sich Parteien, einen Rechtsstreit durch einen Prozessvergleich zu beenden, so sind sie bei der **inhaltlichen Ausgestaltung des Vergleichs nicht auf den Streitgegenstand** beschränkt. Es ist ohne weiteres möglich, auch weitere, in diesem Zivilverfahren nicht rechtshängige Punkte mit zu regeln. Das können gänzlich andere Streitpunkte zwischen den Parteien sein, Gewährleistungsfragen, Fragen der Geheimhaltung (auch über den Inhalt der Einigung), Vertragsstrafen etc. Damit haben die Parteien es in der Hand, sich über Fragestellungen rechtsverbindlich zu einigen, über die das Gericht in einem Urteil nicht entscheiden könnte. Gelingt ein solcher, auch überschießender Vergleich, hat der Kläger insofern einen **Titel** gegen den Beklagten nach § 794 Abs. 1 Nr. 1 ZPO, aus dem er die Zwangsvollstreckung betreiben kann. 112

Schließlich können auch **Dritte,** die nicht Partei des Rechtsstreits sind, in den Vergleich mit einbezogen werden. § 794 Abs. 1 ZPO sieht diese Möglichkeit explizit vor. Das bedeutet, dass bei einem Streit, in den mehrere Personen involviert sind (zB bei mehrseitigen Verträgen, Lieferketten, Subunternehmerverhältnissen), **für alle Beteiligten eine verbindliche Lösung** gefunden werden kann; damit kann etwa auch ein Regressanspruch eines Beklagten gegen einen Dritten im Vergleich mitgeregelt werden. Soweit solche Ansprüche von oder gegen Dritte vom Vergleich erfasst sind, sind sie auch tituliert. Ein besonderer **Anreiz für den Dritten,** sich zu beteiligen, ergibt sich daraus, dass er sich auch bei einem Vergleich vor einem Landgericht nicht durch einen Rechtsanwalt vertreten lassen muss.[82] 113

B. Einstweiliger Rechtsschutz

Hauptsachverfahren vor den staatlichen Gerichten nehmen einen gewissen Zeitraum in Anspruch. Bei komplexen Verfahren, in denen Sachverständige herangezogen werden, dauert das Verfahren oftmals Jahre. Im Rahmen der alternativen Streitbeilegung können Verfahren zwar in der Regel schneller durchgeführt werden, bedürfen aber der Zustimmung sämtlicher Parteien. Mitunter ist aber weder ausreichend Zeit noch Konsens vorhanden. Beispielsweise muss ein Konflikt **rasch gelöst** werden, wenn durch Zeitablauf unwiederbringlich Fakten geschaffen werden würden oder eine Rechtsverletzung akut andauert. Etwa, wenn auf Messen ein Konkurrenzunternehmen ein patentverletzendes Produkt zur Schau stellt, oder wenn auf Webseiten wettbewerbswidrige Anpreisungen vorgenommen werden. In derartigen Situationen kann **schnelle Abhilfe durch das Verfahren des einstweiligen Rechtsschutzes** erhalten werden. In diesem kann das Gericht auf einen entsprechenden **Antrag** hin bei Vorliegen der erforderlichen Voraussetzungen eine **einstweilige Verfügung** zur **vorläufigen zwangsweisen Sicherung** eines Anspruchs oder eines streitigen Rechtsverhältnisses erlassen. 114

Verfahren des einstweiligen Rechtsschutzes sind vor den staatlichen Gerichten sowie den **Schiedsgerichten** vorgesehen. Auch wenn zwischen den Parteien für den gegebenen 115

---

[82] *BGH,* NJW 1983, 1433. In der zivilprozessualen Literatur ist diese Frage allerdings nicht ganz unumstritten.

Rechtsstreit die Zuständigkeit der staatlichen Gerichte durch eine Schiedsgerichtsklausel ausgeschlossen ist, kann einstweiliger Rechtsschutz nicht nur vor dem Schiedsgericht, sondern auch vor den staatlichen Gerichten beantragt werden, siehe §§ 1033, 1042 ZPO. Die Wahlmöglichkeit besteht, um effektiven Rechtsschutz zu garantieren. Ist das Schiedsgericht noch nicht konstituiert, würde allein die Benennung der Schiedsrichter sehr und gegebenenfalls zu viel Zeit in Anspruch nehmen. Im Folgenden wird das Verfahren des **einstweiligen Rechtsschutzes vor den staatlichen Gerichten** nach der Zivilprozessordnung dargestellt. Das Verfahren vor den Schiedsgerichten richtet sich nach der jeweils gewählten Verfahrensordnung für das Schiedsverfahren.

I. Voraussetzungen für den Erlass einer einstweiligen Verfügung

116 Im Rahmen des einstweiligen Rechtsschutzes kann ein staatliches Gericht eine einstweilige Verfügung[83] gemäß §§ 935 ZPO ff. erlassen, mit der dem begehrten Antrag entsprochen wird. In dem summarischen Verfahren wird geprüft, ob dem Gläubiger ein vorläufiger Anspruch auf zwangsweise Sicherung zusteht. **Voraussetzungen** hierfür sind neben dem Vorliegen der sonstigen Prozessvoraussetzungen das Bestehen eines **Verfügungsanspruchs** sowie eines **Verfügungsgrunds,** wobei die Voraussetzungen hierfür glaubhaft gemacht werden müssen. Daneben darf im Verfahren des einstweiligen Rechtsschutzes die Hauptsache grundsätzlich nicht vorweggenommen werden.

1. Verfügungsanspruch

117 Ein Verfügungsanspruch iSd § 935 ZPO ist ein nicht auf eine Geldleistung gerichteter[84] zivilrechtlicher **Individualanspruch,** also ein Anspruch auf **Handlung, Duldung oder Unterlassung** (sogenannte **Sicherungsverfügung**)[85]. Soweit ein Konkurrent unlautere Geschäftspraktiken wie beispielsweise irreführende Werbung im Internet betreibt, kann dieser aufgefordert werden, die beanstandeten Verhaltensweisen zu unterlassen. Daneben kommt nach § 940 ZPO eine einstweilige Verfügung zur vorläufigen **Regelung eines streitigen Rechtsverhältnisses** wie etwa bei einem Streit über Nutzungsrechte sowie der Verletzung von Patenten oder ähnlichen Rechten in Betracht (sogenannte **Regelungsverfügung**).

118 Grundsätzlich darf eine Entscheidung im Verfahren des einstweiligen Rechtsschutzes die **Hauptsache nicht vorwegnehmen.** Durch die weniger strengen Beweisanforderungen im Verfahren des einstweiligen Rechtsschutzes sollen die Regeln des Hauptsacheverfahrens nicht ausgehebelt werden. **Ausnahmsweise** kann dennoch ein Anspruch auf **vorläufige Befriedigung** durch eine sogenannte **Leistungsverfügung** zugesprochen werden, die oftmals zu einer faktischen endgültigen Befriedigung führt: Beispielsweise kann eine einstweilige Verfügung eine presserechtliche Gegendarstellung anordnen, wenn der Antragsteller so dringend auf diese angewiesen ist, dass er ein Hauptsacheverfahren nicht abwarten kann, ohne unverhältnismäßig großen Schaden zu erleiden. Im Urheberrecht und gewerblichen Rechtsschutz etwa kann bei **offensichtlichen Rechtsverletzungen** im Rahmen des einstweiligen Rechtsschutzes ein **Anspruch auf Auskunft** geltend gemacht werden (siehe nur § 101 Abs. 3 UrhG, § 19 Abs. 3 MarkenG, § 46 Abs. 3 DesignG). Der An-

---

[83] Neben bzw. anstelle einer einstweiligen Verfügung kann im Verfahren des einstweiligen Rechtsschutzes grundsätzlich auch ein Arrest nach § 916 ZPO beantragt werden. Dieser dient der Sicherung der Zwangsvollstreckung wegen einer Geldforderung oder eines Anspruchs, der in eine solche übergehen kann, und hat somit eine geringe praktische Bedeutung.
[84] Geldforderungen werden durch den Arrest gesichert.
[85] Die Unterschiede zwischen den verschiedenen Verfügungsarten sind fließend und in der Praxis von geringer Bedeutung, da der Antragsteller lediglich sein Rechtsschutzziel anzugeben hat, nicht aber die Art der begehrten Verfügung; vgl. Zöller/*Vollkommer*, ZPO, § 935 Rn. 2.

spruch auf Auskunft kann auf Auskunft an einen zur Vertraulichkeit verpflichteten Sachverständigen beschränkt werden.

2. Verfügungsgrund

Eine einstweilige Verfügung wird nur erlassen, wenn ein Verfügungsgrund vorliegt: die Verfügung muss **notwendig** sein, weil etwa zu besorgen ist, dass durch eine **Veränderung** des bestehenden Zustandes die Verwirklichung des Rechts einer Partei **vereitelt oder wesentlich erschwert** werden könnte, vgl. § 935 ZPO. Hierbei ist unerheblich, dass der Schuldner Schadenersatz in Geld leisten könnte. In der Antragsschrift ist der Verfügungsgrund **konkret darzustellen,** es ist nicht ausreichend, sich beispielsweise abstrakt auf das Eintreten eines schweren Schadens zu berufen. Die geforderte **Dringlichkeit** fehlt grundsätzlich, wenn der Antragsteller trotz Kenntnis der maßgeblichen Umstände zunächst untätig bleibt und den Antrag auf Erlass einer einstweiligen Verfügung erst nach längerer Zeit stellt[86] oder das Verfahren im einstweiligen Rechtsschutz nur zögerlich betreibt.[87]

119

Im **Wettbewerbsrecht** besteht für die Geltendmachung wettbewerbsrechtlicher Unterlassungsansprüche aus dem UWG nach **§ 12 Abs. 2 UWG eine widerlegbare Dringlichkeitsvermutung.** Nicht der Anspruchssteller muss hiernach die Dringlichkeit darlegen, sondern der Verletzer und Anspruchsgegner muss die vermutete Dringlichkeit entkräften. Das **Markenrecht** sieht in seiner Fassung vom 14.1.2019 nunmehr in § 140 Abs. 3 MarkenG ebenfalls eine Dringlichkeitsvermutung vor. Auf die Verletzung anderer gewerblicher Schutzrechte ist die Dringlichkeitsvermutung nach hM nicht übertragbar, da keine Regelungslücke besteht.[88]

120

3. Abmahnung

Im Bereich des gewerblichen Rechtsschutzes, des Urheberrechts sowie des Kartellrechts ist es üblich, bei Streitigkeiten über Unterlassungspflichten aufgrund von Verletzungshandlungen den Schuldner **vor der Einleitung gerichtlicher Schritte abzumahnen.** Hierbei teilt der Anspruchsberechtigte dem Schuldner mit, dass er sich durch ein konkret bezeichnetes Verhalten rechtswidrig verhalten habe. Der Schuldner wird aufgefordert, dieses Verhalten zukünftig zu unterlassen und binnen einer bestimmten Frist eine **strafbewehrte Unterwerfungserklärung** abzugeben. In § 12 Abs. 1 S. 1 UWG sowie in § 97a Abs. 1, 2 UrhG ist dieses richterrechtlich entwickelte Institut[89] normiert. Die Abmahnung ist aber **keine Prozessvoraussetzung** für eine Verfügung im Rahmen des einstweiligen Rechtsschutzes. Verzichtet der Antragsteller auf eine vorausgehende Abmahnung, läuft er lediglich nach § 93 ZPO die Gefahr, die Verfahrenskosten zu tragen, wenn der Gegner den geltend gemachten Anspruch sofort anerkennt. Grundsätzlich ist die Abmahnung als kostengünstige **Möglichkeit der außerprozessualen Streitbeilegung** zu empfehlen; es sei denn, der Anspruchsinhaber will bei der gerichtlichen Durchsetzung den Überraschungseffekt auf seiner Seite haben, um beispielsweise die Beseitigung von Beweismitteln zu verhindern. Antwortet der Antragsgegner auf eine Abmahnung, müssen seine Ausführungen dem Gericht bei Beantragung des Erlasses einer einstweiligen Verfügung vorgelegt wer-

121

---

[86] In der Praxis werden hierfür unterschiedlich lange Zeiträume angesetzt. Laut *OLG München* entfällt die Dringlichkeit, wenn der Antragsteller erst einen Monat nach Kenntnis der Rechtsverletzung tätig wird, *OLG München,* 20.10.2016 – 6 U 2046/16; während nach der Rechtsprechung des *OLG Düsseldorf* ein Zuwarten von zwei Monaten im Allgemeinen als nicht dringlichkeitsschädlich erachtet wird, *OLG Düsseldorf,* 13.2.2014 – I 6 U 84/13.
[87] MüKo-ZPO/*Drescher,* § 935 Rn. 20 mwN.
[88] Köhler/Bornkamm/Feddersen/*Köhler,* UWG, § 12 Rn. 3.14.
[89] Köhler/Bornkamm/Feddersen/*Bornkamm,* UWG, § 12 Rn. 1.1.

den.[90] Es lohnt sich daher, fundiert, umfassend und gegebenenfalls unter der Beifügung von Belegen auf eine Abmahnung **zu antworten**.

> **Praxistipp:**
> In der Antragsschrift sollte das Gericht stets um kurze, gerne auch telefonische Mitteilung gebeten werden, sollte es die beantragte Verfügung nicht erlassen wollen. Diese **Rücksprache** eröffnet die Möglichkeit, den Antrag kostenneutral und ohne Kenntnis des Antragsgegners von dem Antrag zurück zu nehmen oder diesen an die vom Gericht geforderten Voraussetzungen anzupassen. Es versteht sich von selbst, dass die angegebene Telefonnummer stets mit einem kundigen Gesprächspartner besetzt sein muss.

II. Verfahren

122 Gegenüber dem Hauptsacheverfahren weist das **summarische Verfahren** im einstweiligen Rechtsschutz einige Besonderheiten auf. Neben der **kurzen Verfahrensdauer,** gegebenenfalls unter Verzicht auf die mündliche Verhandlung, sind vor allem die Zuständigkeitsregeln, die durch die Möglichkeit der Glaubhaftmachung erleichterte Beweisführung, das Institut der Schutzschrift sowie das mögliche Erfordernis der Zustellung im Parteibetrieb zu beachten.

1. Zuständigkeit

123 Ist die Hauptsache noch nicht anhängig, ist jedes Gericht für den Erlass einer einstweiligen Verfügung **zuständig,** bei dem die Hauptsacheklage erhoben werden könnte, vgl. § 937 Abs. 1 ZPO. Ist die Hauptsache bereits anhängig, ist das damit befasste Gericht für den einstweiligen Rechtsschutz nach § 943 Abs. 1 ZPO zuständig.

124 Unterschiedlich wird von den Gerichten das sogenannte **forum shopping** beurteilt. Wird der Antrag auf Erlass einer einstweiligen Verfügung beispielsweise nach einem richterlichen Hinweis auf die fehlende Erfolgsaussicht zurückgenommen, kann der Antrag bei einem anderen, ebenfalls zuständigen und als klägerfreundlich geltenden Gericht nochmals gestellt werden. Während manche Gerichte in einem solchen Fall von einem **fehlenden Rechtsschutzinteresse** für den zweiten Antrag ausgehen,[91] halten andere Gerichte ein solches Vorgehen für legitim, wenn der zweite Antrag unverzüglich nach Rücknahme des ersten Antrags gestellt wird, das zuerst angerufene Gericht noch nicht über den Antrag entschieden und auch keinen Termin zur mündlichen Verhandlung anberaumt hat.[92]

2. Glaubhaftmachung

125 Der Verfügungsanspruch und Verfügungsgrund sind neben den sonstigen Prozessvoraussetzungen darzulegen und nach §§ 936, 920 Abs. 2, 294 ZPO glaubhaft zu machen. Die **Glaubhaftmachung** ist eine Beweisführung, nach der ein geringerer Grad von Wahrscheinlichkeit ausreicht: im Gegensatz zu der sonst erforderlichen vollen Überzeugung des Gerichts **genügt die überwiegende Wahrscheinlichkeit,** dass die behaupteten Tatsachen zutreffen. Zur Glaubhaftmachung kann nach § 294 Abs. 1 ZPO auf alle **präsenten Beweismittel** zurückgegriffen werden, wobei neben dem Augenschein, der Urkundenvorlage und dem Zeugenbeweis die zugelassenen **eidesstattlichen bzw. anwaltlichen Versicherungen** von besonderer Relevanz sind, da sie einfach beizubringen sind.

---

[90] BVerfG, 30.9.2018 – 1 BvR 1783/17.
[91] OLG *München,* 27.12.2010 – 6 U 4861/10. Das *OLG Frankfurt a. M.* geht von einer Unzulässigkeit des Antrags aufgrund fehlender Dringlichkeit aus, OLG *Frankfurt a. M.,* 14.7.2005 – 16 U 23/05.
[92] OLG *Hamburg,* 7.2.2008 – 3 U 156/07; OLG *Düsseldorf,* 13.4.2006 – U 23/05.

3. Schutzschrift

Die sogenannte Schutzschrift beinhaltet nach § 945a Abs. 1 ZPO einen **vorbeugenden Verteidigungsschriftsatz** gegen erwartete Anträge auf Erlass einer einstweiligen Verfügung. In ihr wird regelmäßig dargelegt, dass kein Verfügungsanspruch und/oder Verfügungsgrund besteht und keinesfalls ohne mündliche Verhandlung zu entscheiden ist. 126

Eingereicht werden kann die Schutzschrift entweder durch die Partei in Papierform bei dem/den voraussichtlich zuständigen Gericht(en) oder durch die Partei oder ihren Rechtsanwalt beim **elektronischen Schutzschriftenregister**.[93] Soweit eine Schutzschrift in das elektronische Schutzschriftenregister eingestellt ist, gilt sie für einen **Zeitraum von sechs Monaten** als bei allen ordentlichen Gerichten eingereicht, § 945a Abs. 2 ZPO. Dadurch verbessert das Register vor allem im Bereich des Urheberrechts, des gewerblichen Rechtsschutzes sowie des Kartellrechts, wo aufgrund der regelmäßig in Streit stehenden unerlaubten Handlungen mehrere Gerichtsstände in Betracht kommen, die Position des Antragsgegners: Er muss nur eine Schutzschrift zum Register einreichen, um sie bei allen potentiell zuständigen Zivilgerichten zu hinterlegen. 127

Die Erstattung der **Kosten für die Schutzschrift** nach § 91 ZPO kommt nicht in Betracht, wenn kein Antrag auf Erlass einer Reihe einer einstweiligen Verfügung gestellt wird oder der Antrag auf Erlass einer solchen vor Eingang der Schutzschrift zurückgenommen wird.[94] 128

4. Mündliche Verhandlung und rechtliches Gehör

Nach § 937 Abs. 2 ZPO kann die Entscheidung über den **Erlass** einer einstweiligen Verfügung in **dringenden Fällen** ebenso wie bei einer **Zurückweisung** des Antrags **ohne die Durchführung einer mündlichen Verhandlung durch Beschluss** erfolgen. Ein dringender Fall ist nur gegeben, wenn die Eilbedürftigkeit über die im Rahmen des Verfügungsgrunds erforderliche Dringlichkeit hinausgeht, wenn selbst eine innerhalb kürzester Zeit terminierte Verhandlung nicht abgewartet werden kann oder der Zweck der einstweiligen Verfügung einen Überraschungseffekt erfordert.[95] In der Praxis ist auch bei Erlass einer einstweiligen Verfügung die Durchführung einer mündlichen Verhandlung die Ausnahme. Das BVerfG billigt den Gerichten bei der Beurteilung, ob auf eine mündliche Verhandlung verzichtet werden kann, einen weiten Wertungsspielraum zu, wenn entsprechend dem grundrechtsgleichen **Recht auf prozessuale Waffengleichheit** nach Art. 3 Abs. 1 GG iVm Art. 20 Abs. 3 GG der Antragsgegner zuvor die Gelegenheit hatte, auf das Vorbringen des Antragstellers zu erwidern.[96] Hierbei ist es ausreichend, wenn der Antragsgegner seinem Standpunkt durch seine vorgerichtliche Reaktion auf eine inhaltsgleiche Abmahnung **rechtliches Gehör** verschafft, die der Antragsteller dem Gericht vorzulegen hat; oder er bringt seine Argumente mittels einer Schutzschrift in das Verfahren ein. Andernfalls hat das Gericht dem Antragsgegner grundsätzlich zumindest schriftlich die Gelegenheit zur Stellungnahme zu gewähren. Auch wenn das Gericht dem Antragsteller einen **inhaltlich relevanten Hinweis** gibt, soll es nach der Rechtsprechung des BVerfG grundsätzlich nicht mehr wie bislang oftmals gehandhabt möglich sein, eine einstweilige Verfügung nach einer eventuellen Nachbesserung ohne **rechtliches Gehör** des Antragsgegners zu diesem Hinweis zu erlassen.[97] Eine vorherige Anhörung des Antragsgegners vor Erlass der einstweiligen Verfügung ist nur dann verzichtbar, wenn sie den Zweck des Verfahrens vereiteln würde. 129

---

[93] Rechtsanwälte sind nach § 94 BRAO verpflichtet, die Schutzschrift elektronisch einzureichen. Das Register findet sich unter www.schutzschriftenregister.de.
[94] *BGH*, 23.11.2006 – I ZB 39/06.
[95] *Zöller/Vollkommer*, ZPO, § 937 Rn. 2.
[96] Zuletzt *BVerfG*, 30.9.2018 – 1 BvR 1783/17; 30.9.2018 – 1 BvR 2421/17. Lesenswert dazu *Mantz*, NJW 2019, 953.
[97] *BVerfG*, 30.9.2018 – 1 BvR 1783/17.

5. Vollziehung der einstweiligen Verfügung

130 Wird die einstweilige Verfügung vom Gericht ohne vorherige Anhörung des Antragsgegners im Prozess per Beschluss erlassen, stellt das Gericht den Verfügungsbeschluss dem im Inland ansässigen Antragsgegner nicht zu. Der Antragsteller, der den Beschluss erhält, muss selbst dafür Sorge tragen, dass der Beschluss dem Antragsgegner **binnen Monatsfrist** gemäß §§ 936, 922 Abs. 2, 929 Abs. 2 ZPO **im Parteibetrieb gemäß § 191 ZPO zugestellt** wird. Erst mit der Zustellung, die in der Regel durch den Gerichtsvollzieher nach § 192 ZPO Euro vorgenommen wird, wird die einstweilige Verfügung vollzogen und entfaltet ihre rechtliche Wirkung. Zuzustellen sind entweder[98] eine Ausfertigung oder nach § 169 Abs. 2 ZPO eine beglaubigte Abschrift des Beschlusses[99] sowie der Anlagen und gegebenenfalls gerichtlichen Verfügungen[100], auf die im Beschluss Bezug genommen wird. Die Zustellung hat grundsätzlich an den Antragsgegner zu erfolgen. Eine Zustellung an seinen Anwalt ist nur dann ausreichend und erforderlich, wenn dieser nicht nur die vorprozessuale Korrespondenz geführt hat, sondern sich auch zum Prozessbevollmächtigten bestellt hat. Soweit der Antragsgegner seinen **Sitz im Ausland** hat, ist eine Zustellung durch den deutschen Gerichtsvollzieher nicht möglich. Es ist daher eine Zustellung im Ausland bei Gericht in Übereinstimmung mit § 183 ZPO zu beantragen.[101]

131 Die Zustellung und damit Vollziehung der einstweiligen Verfügung ist nach §§ 936, 928 ZPO eine **Maßnahme der Zwangsvollstreckung.** Verstößt der Antragsgegner gegen die einstweilige Verfügung, indem er beispielsweise sein rechtswidriges Verhalten fortsetzt, kann der Antragsteller gemäß § 890 Abs. 1 ZPO die **Verhängung eines Ordnungsgeldes** und gegebenenfalls die Anordnung von Ordnungshaft durch das Gericht beantragen, wenn in der einstweiligen Verfügung bereits Ordnungsmittel für den Fall der Zuwiderhandlung **angedroht** worden sind. Andernfalls muss dies gemäß § 890 Abs. 2 ZPO zunächst durch das Gericht nachgeholt werden.

III. Die Rechtsbehelfe

132 Im Verfahren des einstweiligen Rechtsschutzes kommen verschiedene Rechtsbehelfe in Betracht.

1. Rechtsbehelfe des Antragstellers

133 Wird der Verfügungsantrag durch **Beschluss** zurückgewiesen, kann der Antragsteller **sofortige Beschwerde** gemäß § 569 ZPO binnen einer Notfrist von zwei Wochen bei dem Gericht, dessen Entscheidung angefochten wird, oder beim Beschwerdegericht einlegen. Hat das Gericht hingegen den Antrag auf Erlass einer einstweiligen Verfügung **nach der Durchführung einer mündlichen Verhandlung** durch **Urteil** abgewiesen, ist hiergegen die **Berufung** zulässig.

---

[98] Die Zustellung einer Kombination aus Teilen von Kopien einer Ausfertigung der Beschlussverfügung sowie einer beglaubigten Abschrift der Beschlussverfügung stellen keine wirksame Zustellung dar; vgl. *LG Köln* 4.7.2019 – 14 O 86/19.

[99] *BGH*, 21.2.2019 – III ZR 115/18; *OLG Düsseldorf*, 7.2.2019 – 20 U101/18 Rn. 19 ff.

[100] Hat das Gericht dem Antragsteller im Verfahren vor Erlass der einstweiligen Verfügung einen Hinweis erteilt, wird das Gericht verfügen, dass der Aktenvermerk über einen telefonischen Hinweis oder der schriftliche Hinweis zur Wahrung des Rechts auf prozessuale Waffengleichheit der Zustellung beizufügen ist, wenn das Gericht nicht ohnehin schon den Antragsgegner zu dem Hinweis hat Stellung nehmen lassen.

[101] Sollte sich das Gericht weigern, eine Auslandszustellung wie beantragt durchzuführen, ist statthafter Rechtsbehelf die sofortige Beschwerde; *OLG Dresden*, 6.11.2018 – 4 W 883/18, 4 W 917/18, 4 W 940/18.

2. Rechtsbehelfe des Antragsgegners

Wird die Verfügung antragsgemäß durch Beschluss erlassen, kann der **Antragsgegner** 134
nach §§ 936, 924 ZPO durch Einreichung eines Schriftsatzes dagegen **Widerspruch** einlegen. Der nicht fristgebundene Widerspruch hat **keine aufschiebende Wirkung,** weshalb die Verfügung inhaltlich zu beachten ist. Der Anspruchsgegner kann und sollte daher mit Einlegung des Widerspruchs beantragen, die **Vollstreckung** aus der einstweiligen Verfügung **einstweilen einzustellen,** §§ 936, 924 Abs. 3, 707 ZPO. Soweit der Widerspruch durch Urteil des Gerichtes nach §§ 936, 925 ZPO zurückgewiesen und somit die einstweilige Verfügung bestätigt wird, kann der **Antragsgegner Berufung** einlegen.

Nach §§ 936, 926 Abs. 1 ZPO kann der Antragsgegner, soweit die Hauptsache nicht 135
anhängig ist, bei Gericht die **Anordnung einer bestimmten Frist beantragen,** innerhalb derer der Antragsteller die **Hauptsacheklage zu erheben** hat. Kommt der Antragsteller dieser Aufforderung nicht fristgerecht nach, wird nach §§ 936, 926 Abs. 2 ZPO die einstweilige Verfügung durch Urteil aufgehoben.

Daneben kann die Aufhebung der einstweiligen Verfügung durch Urteil **wegen verän-** 136
derter Umstände und insbesondere wegen Erledigung des Verfügungsgrunds nach §§ 936, 927 ZPO beantragt werden.

Gegen eine einstweilige Verfügung kann zudem unmittelbar **Verfassungsbeschwerde** 137
innerhalb der Monatsfrist des § 93 Abs. 1 BVerfGG erhoben werden, wenn im Verfahren das grundrechtsgleiche Recht des Antragstellers auf **prozessuale Waffengleichheit** nach Art. 3 Abs. 1 GG iVm Art. 20 Abs. 3 GG verletzt worden ist, etwa indem einseitig dem Antragsteller inhaltlich relevante telefonische Hinweise erteilt wurden.[102]

> **Praxistipp:** 138
> Der einstweiligen Verfügung kommt nur eine vorläufige Wirkung zu. Um zu wissen, ob die Erhebung einer Hauptsacheklage für die **dauerhafte Vollstreckung** und die **Anspruchsverjährung** erforderlich ist, kann der Anspruchssteller und Gläubiger den Anspruchsgegner und Schuldner in dem sogenannten **Abschlussschreiben** zur Abgabe einer **Abschlusserklärung** innerhalb einer **angemessenen Frist** auffordern. Von dieser Frist zu unterscheiden ist die zweiwöchige **Wartefrist**, die erforderlich ist, bevor der Schuldner zur Abgabe der Abschlusserklärung aufgefordert werden darf.[103] In der Abschlusserklärung erkennt der Schuldner die einstweilige Verfügung unter Verzicht auf Rechtsmittel (die Einlegung eines Widerspruches nach §§ 936, 924 ZPO, der Stellung eines Antrags auf Erhebung der Hauptsacheklage nach §§ 936, 926 ZPO und der Beantragung der Aufhebung der Verfügung wegen veränderter Umstände nach §§ 936, 927 ZPO) sowie unter Verzicht auf die Einrede der Verjährung als **endgültige Regelung** an. Im Abschlussschreiben muss die Erhebung der Hauptsache Klage für den Fall angedroht werden, dass die einstweilige Verfügung nicht als endgültige Regelung anerkannt wird.[104] Selbst wenn der Schuldner gegen die einstweilige Verfügung Widerspruch eingelegt hat, ist die Aufforderung zur Abgabe einer Abschlusserklärung sinnvoll, wenn der Widerspruch zurückgewiesen wurde.

3. Anspruch auf Schadenersatz

Die Kehrseite der erleichterten Beweisführung und der fehlenden Rechtskraft im Verfah- 139
ren des einstweiligen Rechtschutzes ist im potentiellen Schadenersatzanspruch des Anspruchsgegners nach § 945 ZPO zu sehen. Das Risiko der Vollstreckung trägt nach dieser

---

[102] *BVerfG*, 6.6.2017 – 1 BvQ 16/17, 1 BvR 764/17, 1 BvR 770/17.
[103] *BGH*, 30.3.2017 – I ZR 263/15. Die Einhaltung der Wartefrist ist erforderlich für die Begründung des Anspruchs auf Kostenersatz der durch das Abschlussschreiben entstandenen Rechtsanwaltsgebühren.
[104] Köhler/Bornkamm/Feddersen/*Köhler*, UWG, § 12 Rn. 3.71.

Vorschrift der Antragsteller: Dem Anspruchsgegner steht ein **verschuldensunabhängiger Schadenersatzanspruch** für die durch die Vollziehung der einstweiligen Verfügung verursachten Schäden zu, wenn die Anordnung der einstweiligen Verfügung **von Anfang an unberechtigt** war oder die angeordnete Maßregel auf Grund des Rechtsbehelfs des Antragsstellers nach § 926 Abs. 2 ZPO **aufgehoben** wird, weil der Antragsteller **nicht fristgerecht die Hauptsacheklage erhoben** hat. Von Anfang an unberechtigt war die einstweilige Verfügung, wenn die **materiellen Voraussetzungen für den Erlass gefehlt** haben, also Verfügungsanspruch und/oder Verfügungsgrund nicht gegeben waren. Der Anspruch auf Schadenersatz wird entsprechend auf die Schäden angewandt, die entstehen, wenn die einstweilige Verfügung zwar nicht vollzogen wird, der Schuldner aber aufgrund des **Vollstreckungsdrucks** leistet, der durch die Zustellung einer mit Ordnungsmittelandrohung versehenen einstweiligen Verfügung entsteht.[105] Für die Schadensberechnung gelten die §§ 249 ff. BGB.

C. Alternative Streitbeilegung

140 Neben dem staatlichen Gerichtsverfahren bieten alternative Streitbeilegungsverfahren vielfältige Möglichkeiten zur Lösung eines Konfliktes an. In Kenntnis der verschiedenen Varianten kann für den jeweiligen Konflikt das passende und zielführende Verfahren gewählt werden.

141 Unter dem Überbegriff der alternativen Streitbeilegungen werden verschiedene Verfahren zusammengefasst, durch die ein (Rechts-)Streit ohne Urteil eines staatlichen Gerichtes beigelegt werden kann. Zu den alternativen Streitbeilegungsverfahren zählen in erster Linie die **Mediation** und die **Schlichtung.** Bei beiden Verfahren unterstützt eine dritte Person die Parteien bei der Bewältigung ihres Konflikts, ohne eine verbindliche Entscheidung zu treffen.

142 Das **Schiedsverfahren** wird vorliegend ebenfalls zu den Verfahren der alternativen Streitbeilegung gezählt, wenngleich aufgrund des kontradiktorischen Verfahrens vor einem Gericht und der rechtlichen Streitbeilegung dieses mitunter von den verschiedenen Mechanismen der alternativen Streitbeilegung ausgenommen wird.

143 Ob und wenn ja welche alternative Streitbeilegung die Parteien wählen, richtet sich nach den **jeweiligen Bedürfnissen** und obliegt allein deren Entscheidungsgewalt. Bei der Auswahl des passenden Verfahrens sind die jeweiligen **Eigenheiten des Verfahrens** zu berücksichtigen und es ist zu prüfen, ob den Interessen der Partei im konkreten Fall damit entsprochen wird.[106] Ein maßgebliches Kriterium ist hierbei die gewünschte Möglichkeit der Einflussnahme auf das Streitbeilegungsverfahren und dessen aktive Gestaltung. Ebenfalls wichtig ist die Frage, welche Bindungswirkung das Ergebnis des Streitbeilegungsverfahrens zeitigen soll.

I. Merkmale der alternativen Streitbeilegung

144 Die Verfahren der alternativen Streitbeilegung sind in der Regel **flexibler** als ein herkömmliches staatliches Gerichtsverfahren, welches durch die zwingenden Vorschriften der ZPO reguliert wird. Gemeinsam stehen den Parteien vielfältige Wahlmöglichkeiten zur Gestaltung der Verfahren zur Verfügung. Neben der freiwilligen Entscheidung, ein alternatives Streitbeilegungsverfahren zu wählen, entscheiden die Parteien unter anderem auch frei über den Verfahrensführer und die Verfahrensgestaltung, insbesondere hinsichtlich Sprache, Verfahrensdauer und Kostenverteilung. Durch die Möglichkeit, unter Ausschluss

---
[105] *BGH*, 10.7.2014 – I ZR 249/12.
[106] *Greger/Unberath/Steffek*, Recht der alternativen Konfliktlösung, Rn. 40.

der Öffentlichkeit zu tagen, kann darüber hinaus auch die vertrauliche Behandlung der Existenz und des Ausgangs des Verfahrens sichergestellt werden. Im Gegenzug verzichten die Parteien auf den **wirkungsvollen staatlichen Rechtsschutz,** wie beispielsweise die zwangsläufige Erlangung eines vollstreckbaren Titels. Im Detail unterscheiden sich die Verfahren der alternativen Streitbeilegung von dem Verfahren vor einem staatlichen Gericht insbesondere durch die im Folgenden genannten Charakteristika.

1. Freiwilligkeit

Wählen die Parteien ein Verfahren der alternativen Streitbeilegung, verzichten sie (möglicherweise auch nur zunächst) auf die Beschreitung des staatlichen Rechtswegs vor den Gerichten und damit auf den ihnen durch das Grundgesetz in Art. 19 Abs. 4 GG garantierten **Justizgewährungsanspruch,** der die Behandlung ihrer Angelegenheit durch ein staatliches Gericht vorsieht. Daher müssen die Parteien eines Rechtsstreits der Wahl eines alternativen Streitbeilegungsverfahrens freiwillig zustimmen. Auch während des Verfahrens der alternativen Streitbeilegung kann dieses jederzeit von den jeweiligen Beteiligten abgebrochen und beendet werden. Es bleibt die Möglichkeit der Klage vor einem staatlichen Gericht. 145

2. Wahl des Verfahrensführers

Bei staatlichen Gerichtsverfahren bestimmt die Geschäftsordnung des Gerichts den für den jeweiligen Rechtsstreit zuständigen gesetzlichen Richter. Demgegenüber können bei alternativen Streitbeilegungsverfahren die **Parteien selbst den Schiedsrichter, Schiedsgutachter, Mediator oder Schlichter bestimmen.** In allen Varianten dürfen die Parteien vom Verfahrensführer erwarten, dass dieser neutral und unparteiisch ist. 146

Bei einer Streitigkeit mit IT-Bezug kann somit ein Verfahrensführer bestimmt werden, der bereits über die **Sachkunde** verfügt, die nicht nur rechtlich, sondern auch technisch und ökonomisch anspruchsvollen Sachverhalte zu durchdringen. Bei einem staatlichen Gerichtsverfahren hingegen müsste die Sachkunde dem Richter gegebenenfalls erst vermittelt werden; beispielsweise durch erläuternde Schriftsätze oder Anhörungen von Sachverständigen. Dennoch ist nicht immer die bereits sachkundige Person der bessere Verhandlungsführer. Soweit im gewählten Verfahren eine Entscheidung gewünscht ist, wird kaum jemand einen derart neutralen und von jeglichem Eigeninteresse fehlenden Blick auf ein Verfahren haben wie ein unabhängiger Berufsrichter. 147

3. Flexible Verfahrensgestaltung

In der Regel können die Parteien des Verfahrens dieses hinsichtlich Sprachwahl, Verfahrensdauer, Kosten und Vertraulichkeit nach ihren **Bedürfnissen** ausgestalten. Sie können zwischen bereits bestehenden Verfahrensordnungen wählen oder ihr Verfahren gänzlich selbstbestimmt ausrichten. Die wenigen zwingenden Verfahrensvorschriften, die es zu beachten gilt, hängen von der gewählten Art der alternativen Streitbeilegung ab und werden im Rahmen der Beschreibung der einzelnen Verfahren genannt. 148

a) Sprachwahl

Bei Verfahren mit internationalem Bezug bieten alternative Streitbeilegungsverfahren den Parteien des Verfahrens die Möglichkeit, die **Verfahrenssprache(n) eigenständig zu bestimmen.** Hierdurch können gegenüber dem staatlichen Gerichtsverfahren, welches als Verfahrenssprache grundsätzlich die deutsche Sprache vorsieht, in nicht unerheblichem Maße Übersetzungskosten gespart werden. 149

b) Verfahrensdauer

150 Die Parteien können bei alternativen Streitbeilegungsverfahren ebenfalls über die **Verfahrensdauer und einen möglichen Instanzenzug disponieren.** Besteht zwischen den Parteien in dieser Hinsicht Einigkeit, können sie sich beispielsweise auf ein Verfahren mit nur einem Termin zur mündlichen Verhandlung einigen. Zudem kann bei Schiedsverfahren auf den Instanzenzug verzichtet werden. Dennoch kann nicht zwingend davon ausgegangen werden, dass etwa ein Schiedsverfahren grundsätzlich schneller zu einem Schiedsurteil führt als ein Verfahren vor staatlichen Gerichten. Halten sich die Parteien nicht an die vereinbarten Fristen, fehlt dem Schiedsgericht oftmals eine Handhabe, Fristen durchzusetzen. Zudem kann sich in der Praxis allein die Auswahl der Schiedsrichter in die Länge ziehen. Durch Mediationsverfahren können streitige Konflikte in der Regel in einer deutlich kürzeren Zeitspanne gelöst und befriedet werden, als dies vor staatlichen Gerichten im streitigen Verfahren oder Schiedsgerichten möglich ist.

c) Kosten

151 Die Kosten eines Verfahrens vor staatlichen Gerichten und die Erstattung der Rechtsanwaltskosten in einem solchen Verfahren werden in einem Urteil oder einem Vergleich in Abhängigkeit zu dem Streitwert des Verfahrens festgesetzt. Demgegenüber sind die Kosten eines alternativen Streitbeilegungsverfahrens insbesondere abhängig von der Honorarnote des Verhandlungsführers, dem gegebenenfalls für einen Termin zur mündlichen Verhandlung gemieteten Raum und der Vereinbarung, inwieweit tatsächlich angefallene gegnerischen Rechtsanwaltskosten zu ersetzen sind. Die mitunter vertretene Behauptung, alternative Streitbeilegungsverfahren seien billiger als das gerichtliche Verfahren, ist daher nicht immer zutreffend. Allerdings sind die Kosten im Rahmen eines alternativen Streitbeilegungsverfahrens, gerade aufgrund der möglichen Einflussnahme der Parteien bspw. auf die Länge des Verfahrens, meist besser **steuerbar.**

d) Keine Öffentlichkeit

152 Während ein staatliches Gerichtsverfahren grundsätzlich öffentlich stattfindet, wird bei den alternativen Streitbeilegungsverfahren in der Regel unter **Ausschluss der Öffentlichkeit** getagt. Die in § 169 GVG normierte grundsätzliche Öffentlichkeit gerichtlicher Verfahren dient nicht nur der Transparenz der richterlichen Tätigkeit, sondern soll auch eine Kontrolle der Unabhängigkeit des Gerichts ermöglichen und das Vertrauen in das Gericht stärken. Mit der Entscheidung, auf den staatlichen Rechtsweg zu verzichten, entfällt das Bedürfnis der Kontrolle, weshalb keine Öffentlichkeit erforderlich ist. Die Parteien können entscheiden, sofern die im alternativen Verfahren gewählte Verfahrensordnung nicht zwingend den Ausschluss der Öffentlichkeit vorsieht, ob sie das Verfahren öffentlich führen wollen oder nicht.

e) Vertraulichkeit

153 Durch die fehlende Öffentlichkeit eines Verfahrens ist es möglich, die **Existenz des Verfahrens, seinen Inhalt und gegebenenfalls den Abschluss vertraulich** zu behandeln. Dies kann vor allem vor dem Hintergrund attraktiv sein, dass streitige Gerichtsverfahren häufig einen tiefen Einblick in die jeweiligen Geschäftsmodelle und Lizenzierungspraktiken der Parteien gewähren. In einem staatlichen Gerichtsverfahren müsste ein Antrag auf Ausschluss der Öffentlichkeit gestellt werden, dem nur unter engen Voraussetzungen stattgegeben wird. Daneben ist es im staatlichen Gerichtsverfahren möglich, einen verfahrensbeendenden Vergleich zu schließen, der eine Verpflichtung zum Stillschweigen hinsichtlich des Inhalts des Vergleiches enthält.

> **Praxistipp:**
> Soweit die gewählte Verfahrensordnung für das alternative Streitbeilegungsverfahren keine Verpflichtung zur Vertraulichkeit enthält, sollte, wenn Stillschweigen hinsichtlich des Verfahrens beabsichtigt ist, an den Abschluss einer schriftlichen und strafbewehrten Vertraulichkeitsabrede mit der gegnerischen Partei gedacht werden.

154

f) Vollstreckungstitel

Das staatliche Gerichtsverfahren endet grundsätzlich mit einem Vergleich oder einem Urteil. Sowohl Vergleich als auch Urteil stellen einen vollstreckbaren Titel dar; sollte die unterlegene Partei nicht freiwillig ihrer Verpflichtung aus dem Vergleich oder dem Urteil nachkommen, kann der Gläubiger die Verpflichtung aus dem Titel vollstrecken und damit **zwangsweise durchsetzen.** Diesen Vorteil bieten die privaten alternativen Streitbeilegungsverfahren nicht. Ein inländisches Schiedsurteil stellt zwar zumindest einen Titel dar, bedarf aber der Anerkennung durch ein staatliches Gericht, um für vollstreckbar erklärt zu werden und damit zwangsweise durchgesetzt werden zu können. Soweit hingegen alternative Streitbeilegungsverfahren nicht privat, sondern wie die gerichtsinterne Mediation durch den Güterichter oder die Schlichtung durch die Einigungsstelle im staatlichen Auftrag durchgeführt werden, kann ein dort gefundener verfahrensbeendender Vergleich ebenfalls zwangsweise vollstreckt werden.

155

g) Vermeidung von Parallelverfahren

Die alternativen Streitbeilegungsmechanismen bieten den Vorteil, Konflikte im Hinblick auf ihren Gegenstand und ihre räumliche Auswirkung umfassender behandeln zu können, als dies vor nationalen Gerichten möglich wäre. Insbesondere wenn die zu lösenden Konflikte einen internationalen Bezug aufweisen (zB weil Patente Gegenstand des Streits sind, die in unterschiedlichen Rechtsordnungen erteilt wurden), kann dies Anlass für **Rechtsstreitigkeiten vor einer Vielzahl von unterschiedlichen Gerichten** sein. Hierdurch drohen Parallelverfahren, hohe Kosten sowie sich widersprechende Entscheidungen. Mechanismen der alternativen Streitbeilegung hingegen lassen sich derart ausgestalten, dass eine **globale Lösung für den Konflikt** gefunden werden kann.

156

II. Die verschiedenen Verfahren

Neben den gemeinsamen Merkmalen weisen das Schiedsgerichtsverfahren, das Schiedsgutachten, die Mediation und die Schlichtung ihrerseits **Besonderheiten** auf.

157

1. Schiedsgerichtsverfahren

a) Merkmale des Schiedsgerichtsverfahrens

Neben den bereits oben genannten Merkmalen der Freiwilligkeit, der Auswahl der Schiedsrichter, der Flexibilität des Verfahrens, der fehlenden Öffentlichkeit, der Vertraulichkeit sowie der fehlenden zwangsläufigen Vollstreckbarkeit zeichnet das Schiedsgerichtsverfahren insbesondere die Beendigung des Verfahrens durch einen **Schiedsspruch** oder einen **Vergleich** aus, dh das schiedsrichterliche Verfahren tritt an die Stelle des ordentlichen Zivilprozesses. Ebenso wie bei einem Verfahren vor staatlichen Gerichten ist das Schiedsgericht zur Entscheidung über den Rechtsstreit befugt. Es fällt eine **endgültige Entscheidung** aufgrund der anzuwendenden Gesetze. Wie bei einem herkömmlichen staatlichen Gerichtsverfahren ist der zu beachtende **Prüfungsmaßstab ein rechtlicher.** Hierbei orientiert sich das Schiedsgericht vor allem an dem Rechtsrahmen, der ihm von

158

den Parteien konsensual vorgegeben wird. Die hinter den Rechtspositionen stehenden (über die rechtlichen hinausgehenden) Interessen der Parteien werden grundsätzlich nicht berücksichtigt. Das Schiedsgerichtsverfahren findet seinen Abschluss regelmäßig in **einer Instanz,**[107] während bei einem Verfahren vor den staatlichen Gerichten häufig der Instanzenzug beschritten wird. Mit Beginn des Schiedsverfahrens wird gemäß § 204 Abs. 1 Nr. 11 BGB die **Verjährung** des geltend gemachten Anspruches **gehemmt.**

159 Ein Schiedsgerichtsverfahren wird unter **Ausschluss der staatlichen Gerichtsbarkeit** geführt. Die staatlichen Gerichte haben nach § 1032 Abs. 1 ZPO einen Rechtsstreit, der Gegenstand einer wirksamen und durchführbaren Schiedsvereinbarung ist, als unzulässig abzuweisen, wenn sich der Beklagte einredeweise auf diese beruft. Etwas anderes gilt, wenn die Schiedsvereinbarung nichtig, unwirksam oder undurchführbar ist, was im Streitfall durch das erkennende Gericht durch Prozessurteil entschieden wird.

b) Schiedsvereinbarung

160 Die Schiedsvereinbarung (§ 1029 ZPO) ist die **vertragliche Abrede der Parteien,** im Streitfall die Entscheidung eines privaten Gerichts herbeizuführen und die nach § 1055 ZPO verbindliche Entscheidung des Schiedsgerichts zu akzeptieren. Diese Vereinbarung bindet die Parteien an die Durchführung eines Schiedsverfahrens. Sie ist legitimiert durch die **Privatautonomie** der Parteien. Von der Schiedsvereinbarung zu unterscheiden ist der sogenannte **Schiedsrichtervertrag,** in dem das Verhältnis der Parteien zu den Schiedsrichtern geregelt wird.

161 **aa) Inhalt.** Die Schiedsvereinbarung beinhaltet gemäß § 1029 Abs. 1 ZPO die Vereinbarung der Parteien, alle oder einzelne Streitigkeiten, die zwischen ihnen in Bezug auf ein **bestimmtes Rechtsverhältnis** vertraglicher oder nichtvertraglicher Art entstanden sind oder künftig entstehen werden, der Entscheidung durch ein Schiedsgericht zu unterwerfen. Nicht wirksam ist dagegen eine Schiedsvereinbarung, die das Rechtsverhältnis selbst nicht hinreichend genau bezeichnet; zum Beispiel eine Vereinbarung, die ein Schiedsverfahren für alle Streitfragen zwischen zwei Parteien vorsieht.[108] Zudem wird in der Regel der **Schiedsort** zur Bestellung des Schiedsgerichts festgelegt. Die Wahl des Schiedsortes bestimmt das **Verfahrensrecht,** dessen zwingende Vorschriften auf das Schiedsgerichtsverfahren anzuwenden sind. Gemäß § 1025 Abs. 1 ZPO gelten die Vorschriften des deutschen Schiedsgerichtsverfahrensrechts, wenn der Ort des schiedsrichterlichen Verfahrens in Deutschland liegt. Dieser sogenannte Verfahrensort muss nicht der Ort sein, an dem das Schiedsgericht tatsächlich tagt und verhandelt.

162 Aus Gründen der Rechtsklarheit empfiehlt es sich darüber hinaus, in der Schiedsvereinbarung das **anwendbare materielle Recht** zu vereinbaren, das der Entscheidung zugrunde zu legen ist. Treffen die Parteien keine Entscheidung über das anwendbare Recht, hat das Schiedsgericht gemäß § 1051 Abs. 2 ZPO das Recht des Staates anzuwenden, mit dem der Gegenstand des Verfahrens die engsten Verbindungen aufweist.

163 **bb) Wirksamkeit.** Auch wenn sich die Schiedsvereinbarung in einem Vertrag befindet, ist die Schiedsabrede in ihrer **Wirksamkeit unabhängig vom sonstigen Vertragsinhalt** des Hauptvertrags zu beurteilen; vgl. § 1040 Abs. 1 S. 1 ZPO. Angesichts der Wirkung der Schiedsvereinbarung, die den Rechtsweg zu den staatlichen Gerichten ausschließt, ist die Schiedsvereinbarung als Prozessvertrag einzuordnen.[109] Soweit ein Auslandsbezug vorliegt und daher das anwendbare Recht zu ermitteln ist, ist die Schiedsvereinbarung kollisions-

---

[107] Wobei die Schiedsgerichtsordnungen ständiger Schiedsgerichte häufig einen Instanzenzug vorsehen.
[108] Musielak/*Voit*, ZPO, § 1029 Rn. 16.
[109] So auch *BGH*, 6.4.2009 – II ZR 255/08; Zöller/*Geimer*, ZPO, § 1029 Rn. 1, 15; aA *BGH*, 25.1.2011 – XI ZR 350/08.

rechtlich unabhängig vom Hauptvertrag zu beurteilen und kann daher einer anderen Rechtsordnung unterliegen.

cc) Form. Nach § 1029 Abs. 2 ZPO kann die Schiedsvereinbarung in Form einer selbständigen Vereinbarung, einer sogenannten Schiedsabrede, oder in Form einer Klausel in einem Vertrag, einer sogenannten Schiedsklausel, geschlossen werden. Im Übrigen ist zu unterscheiden, ob an der Schiedsvereinbarung ein **Verbraucher beteiligt** ist. Nach § 1031 Abs. 5 ZPO muss eine Schiedsvereinbarung mit einem Verbraucher schriftlich oder in elektronischer Form in einer Urkunde geschlossen oder von einem Notar beurkundet werden. Soweit sie sich in einem Hauptvertrag befindet, muss sie von diesem **deutlich abgesetzt und eigens unterschrieben** werden. Ist kein Verbraucher beteiligt, gilt ein abgeschwächtes Schriftformerfordernis: die Schiedsvereinbarung kann nach § 1031 Abs. 1 ZPO durch Briefwechsel, Fax und E-Mail[110] sowie nach § 1031 Abs. 2 ZPO durch Schweigen auf ein kaufmännisches Bestätigungsschreiben zustande kommen. Gemäß § 1031 Abs. 6 ZPO kann ein Formmangel durch die Einlassung auf die schiedsgerichtliche Verhandlung zur Hauptsache geheilt werden. 164

Eine Schiedsvereinbarung kann gemäß § 1031 Abs. 3 ZPO in Allgemeinen Geschäftsbedingungen niedergelegt und bei Beachtung der Vorschriften für die Einbeziehung und Inhaltskontrolle nach §§ 305 ff. BGB wirksam einbezogen sein. Auch bei der Beteiligung eines Verbrauchers ist es möglich, die Schiedsvereinbarung in **Allgemeinen Geschäftsbedingungen** niederzulegen; allerdings muss auch hier die Schiedsvereinbarung deutlich von den übrigen Geschäftsbedingungen abgesetzt sein und gesondert unterschrieben werden. Da der Gesetzgeber den schiedsgerichtlichen Rechtsschutz grundsätzlich dem Rechtsschutz durch staatliche Gerichte gleichstellt, ist eine Schiedsvereinbarung als solche nicht als unangemessene Benachteiligung einzuordnen. Eine unbillige Benachteiligung kann sich jedoch aus der konkreten Ausgestaltung der Schiedsvereinbarung ergeben. 165

c) Verfahren

Die Parteien sind in der Ausgestaltung des Schiedsgerichtsverfahrens grundsätzlich frei. Gerade wegen seiner besonderen Flexibilität ist deshalb eine kompetente, an die Umstände angepasste Verfahrensführung im Schiedsverfahren besonders wichtig. Neben bindenden Vorgaben bilden konsensuale Parteivorgaben den Regelrahmen für die Verfahrensführung. **Zwingende Vorschriften** für das Verfahren ergeben sich aus dem nationalen Recht des Ortes des Schiedsgerichtsverfahrens. Liegt der Ort des Schiedsgerichtsverfahrens in Deutschland, sind die zwingenden Vorschriften der ZPO zu beachten, die gemäß § 1042 Abs. 3 ZPO die Gebote der Gleichbehandlung und des rechtlichen Gehörs sowie die Möglichkeit der anwaltlichen Vertretung beinhalten. Zudem muss es sich, soll die Schiedsvereinbarung und das Schiedsurteil Beachtung vor den staatlichen Gerichten finden, bei dem Schiedsgericht um ein sog. echtes Schiedsgericht handeln, also um eine unabhängige und neutrale Instanz.[111] 166

Im Übrigen können die Parteien das Verfahren selbst oder durch Bezugnahme auf eine bereits bestehende Schiedsgerichtsordnung wie beispielsweise die UNCITRAL-Schiedsgerichtsordnung vom 25.6.2010 regeln. Daneben stellen **institutionelle Schiedsgerichte** Schiedsgerichtsordnungen zur Verfügung; im internationalen Kontext spielt die Schiedsgerichtsordnung der Internationalen Handelskammer in Paris (ICC) eine große Rolle, in Deutschland beispielsweise die der Deutsche Institution für Schiedsgerichtsbarkeit (DIS). Soweit eine solche Schiedsinstitution von den Parteien vertraglich in ihr Schiedsverfahren eingebunden wird, übernimmt sie unter anderem die organisatorische Abwicklung des Verfahrens. 167

---

[110] Musielak/*Voit*, ZPO, § 1031 Rn. 4.
[111] *BGH*, 7.6.2016 – KZR 6/15.

d) Schiedsrichter

168 Das Schiedsgericht kann aus einem oder mehreren Richtern bestehen, wobei die Parteien die Anzahl der Schiedsrichter vereinbaren können, § 1034 ZPO. Gemäß § 1034 Abs. 1 S. 2 ZPO ist ein Schiedsgericht mit drei Schiedsrichtern zu besetzen, wenn die Parteien keine Anzahl festlegen.

169 Die Auswahl der Schiedsrichter ist von **grundlegender Bedeutung** für das Schiedsgerichtsverfahren. Die Parteien wählen die Schiedsrichter aufgrund ihrer Sachkunde, Erfahrung, Sprachkenntnisse, zeitlichen Verfügbarkeit und des Vertrauens aus, welches sie in sie, ihre Neutralität und Unabhängigkeit haben. Üblicherweise wählt jede Partei einen Schiedsrichter aus; diese einigen sich ihrerseits dann auf einen Dritten als Vorsitzenden.

e) Titel

170 Gemäß § 1055 ZPO hat ein **Schiedsspruch** unter den Parteien die Wirkungen eines rechtskräftigen gerichtlichen Urteils; es stellt somit einen Titel dar und **verhindert weitere Entscheidungen** in derselben Sache, wenn sich eine der Parteien darauf beruft. Nach § 1057 ZPO entscheidet das Schiedsgericht, soweit die Parteien keine anderweitige Regelung getroffen haben, auch über die Kostenverteilung hinsichtlich des schiedsrichterlichen Verfahrens.

171 Schließen die Parteien in dem Schiedsgerichtsverfahren einen **Vergleich,** kommt diesem Vergleich die gleiche Wirkung wie einem Schiedsspruch zu, wenn das Schiedsgericht (auf Antrag der Parteien) gemäß § 1053 Abs. 1 S. 2 ZPO den Vergleich in der Form eines Schiedsspruches festhält. Allerdings fehlt dem auf einem Schiedsspruch basierenden Titel **die Vollstreckbarkeit,** die ein staatliches Urteil aufweist.

172 **Inländische** Schiedssprüche, die eine Verurteilung beinhalten, werden nach § 1060 ZPO von einem staatlichen Gericht für vollstreckbar erklärt, wenn keine gem. § 1060 Abs. 2, § 1059 Abs. 2 ZPO zu beachtenden Versagungsgründe wie beispielsweise ein grober Verfahrensverstoß oder ein Verstoß gegen den ordre public, die wesentlichen Grundsätze des deutschen Rechts, vorliegen. Eine Überprüfung der inhaltlichen Richtigkeit des Schiedsspruchs ist ausgeschlossen. **Ausländische** Schiedssprüche bedürfen nicht nur einer Vollstreckbarkeitserklärung, sondern auch einer Anerkennung durch die staatlichen Gerichte, die sich nach § 1061 Abs. 1 ZPO nach den Vorschriften des internationalen Übereinkommens vom 10.6.1958 über die Anerkennung und Vollstreckung ausländischer Schiedssprüche richtet.[112] Gegen die Entscheidung zur Vollstreckbarerklärung ist nur die Rechtsbeschwerde zum BGH zulässig, § 1065 ZPO.

173 Die in § 1059 Abs. 2 ZPO genannten Gründe, aufgrund derer die Vollstreckbarkeitserklärung nach § 1060 Abs. 2 ZPO versagt werden kann, sind ebenfalls die Gründe, die auf Antrag hin zu einer **Aufhebung des Schiedsspruchs** durch staatliche Gerichte führen können, siehe § 1059 Abs. 1 ZPO.

f) Einstweiliger Rechtsschutz

174 Schiedsgerichte können **vorläufige oder sichernde Maßnahmen** anordnen. Die Durchsetzung dieser Maßnahmen ist den Schiedsgerichten jedoch nicht möglich, sondern sie kann aufgrund des staatlichen Gewaltmonopols nur durch die ordentliche Gerichtsbarkeit erfolgen. Um möglichst schnell einen durchsetzbaren Titel zu erlangen, können daher Maßnahmen des einstweiligen Rechtsschutzes auch bei den staatlichen Gerichten beantragt werden, selbst wenn für den Rechtsstreit eine Schiedsabrede vorliegt, vergleiche §§ 1033, 1041 ZPO.

---

[112] Dies gilt auch für europäische Schiedssprüche, da die Brüssel Ia Verordnung (Verordnung Nr. 1215/2012 vom 12.12.2012) in Art. 1 Abs. 2 lit. d die Schiedsgerichtsbarkeit von ihrem Anwendungsbereich ausnimmt.

g) Kritik

In jüngster Zeit hat das Schiedsverfahren in der Öffentlichkeit viel Kritik erfahren. Vorgeworfen werden dem Verfahren vor allem mangelnde Transparenz, fehlende Unabhängigkeit und, bei der Beteiligung von Staaten, eine fehlende Orientierung am Gemeinwohl. In der Tat stehen bei einem nicht öffentlich geführten Schiedsverfahren im Handelsbereich Wirtschaftsinteressen im Vordergrund. Auch wenn Interessen Dritter berührt sein sollten, muss ein privater Schiedsrichter diese nicht in dem Maße berücksichtigen wie ein staatlicher Richter, der an das staatliche Recht gebunden ist, welches auch die soziale Gerechtigkeit zu verkörpern sucht.[113]

175

> **Praxistipp:**
> Die Vereinbarung eines Schiedsverfahrens bietet sich insbesondere bei internationalen Verträgen mit ausländischen Vertragspartnern an, da keine Partei eine eventuelle Streitigkeit vor den staatlichen Gerichten eines Vertragspartners austragen muss, wo der Prozessgegner sich nicht zuletzt aufgrund besserer Sprach- und Rechtskenntnisse im Vorteil befinden könnte. Eine Anerkennung ausländischer Schiedssprüche im Inland ist relativ problemlos möglich. Darüber hinaus bietet sich ein Schiedsverfahren an, wenn das Verfahren insgesamt geheim gehalten werden soll, da vor staatlichen Gerichten ein Verfahren nicht vertraulich geführt werden kann, sondern die Öffentlichkeit nur für Teile der Verhandlung, die Geschäftsgeheimnisse betreffen, ausgeschlossen werden kann.

176

2. Schiedsgutachten

Das Schiedsgericht entscheidet im Schiedsgerichtsverfahren den Rechtsstreit abschließend anstelle des staatlichen Gerichts. Ein **Schiedsgutachter** hingegen befindet lediglich über **Vorfragen** des Rechtsstreits, welche tatsächlicher oder auch rechtlicher Art sein können. Indem ein neutraler Dritter über eine zentrale Streitfrage isoliert und frühzeitig entscheidet, bietet das Schiedsgutachten die Möglichkeit, eine Eskalation und Ausweitung des Streits zu vermeiden.

177

Mit der sogenannten **Schiedsgutachtenvereinbarung** bestimmen die Parteien, gewisse Vorfragen (oder auch Leistungen) durch einen Schiedsgutachter entscheiden zu lassen. Der **Schiedsgutachtervertrag** hingegen regelt das Verhältnis der Parteien zum Schiedsgutachter.[114]

178

Die Entscheidung des Schiedsgutachters ist **verbindlich,** weshalb ein Gericht in einem späteren Verfahren an die Feststellungen des Schiedsgutachters gebunden ist. Im Gegensatz zum Schiedsverfahren kann ein Schiedsgutachten **nicht für vollstreckbar** erklärt werden. Erfüllt eine Partei die durch Schiedsgutachten festgelegte Verpflichtung nicht, bedarf es zur Durchsetzung der Klage vor einem staatlichen Gericht oder Schiedsgericht.[115]

179

> **Praxistipp:**
> Die Vereinbarung eines Schiedsgutachten bietet sich an, wenn lediglich Tatsachen zwischen den Parteien streitig sind und/oder beispielsweise Feststellungen zu einem Wert oder einem Schaden getroffen werden müssen. Ein Schiedsgutachten kann auch mit anderen Instrumenten der alternativen Streitbeilegung kombiniert werden.

180

---

[113] *Frankenberg,* myops 2016, 55 (58).
[114] BeckOGK BGB/*Netzer*, Stand 1.7.2019, § 317 Rn. 41 ff., 59 ff.
[115] BeckOGK BGB/*Netzer*, Stand 1.7.2019, § 317 Rn. 36 mwN.

3. Mediation

181 In Deutschland hat das Mediationsverfahren eine gesetzliche Regelung im **Gesetz zur Förderung der Mediation und anderer Arten der Konfliktbeilegung** vom 21.7. 2012 (MediationsG) erfahren, welches die Mediations-Richtlinie der EU umsetzt.[116] Mit der Regelung in § 278 Abs. 5 ZPO wurde darüber hinaus auch das staatliche Gerichtsverfahren für Mediationen geöffnet, weshalb hierfür speziell ausgebildete staatliche Richter (die sogenannten Güterichter) ebenfalls Mediationen durchführen.

a) Merkmale der Mediation

182 Neben den bereits oben genannten Merkmalen der Freiwilligkeit, der freien Auswahl des Mediators, der Flexibilität des Verfahrens, der fehlenden Öffentlichkeit und der Vertraulichkeit zeichnet die Mediation vor allem die **fehlende Entscheidungsbefugnis** des Mediators aus. Im staatlichen Gerichtsverfahren sowie im Schiedsgerichtsverfahren entscheiden staatliche bzw. private Richter über den ihnen unterbreiteten Rechtsstreit. In der Mediation hingegen sollen die **Parteien selbstbestimmt** eine interessengerechte Lösung für ihren Konflikt finden. Dabei unterstützt sie ein unabhängiger und neutraler Mediator.

183 Grundlegend in der Mediation ist die Trennung der unterschiedlichen (Rechts-)Positionen der Parteien von ihren jeweiligen dahinter liegenden Interessen. Während im herkömmlichen staatlichen Gerichtsverfahren und beim Schiedsgerichtsverfahren die Richter auf der Grundlage von Recht und Gesetz entscheiden, bieten beim Mediationsverfahren die im Raum stehenden Rechtsfragen keinen Ansatz für die Lösung des Konfliktes. Vielmehr stehen die Interessen der Parteien im Vordergrund. Der Mediator unterstützt mit Hilfe des strukturierten Mediationsverfahrens die Parteien dabei, für ihren unterbreiteten Konflikt eine **sach- und interessengerechte Lösung** zu finden. Das berühmte und viel zitierte Exempel einer solchen Lösung ist das Orangenbeispel:[117] Zwei Schwestern streiten sich um eine Orange. Die Mutter schneidet – als Lösung – die Orange in zwei Hälften und gibt jedem Kind eine Hälfte. Tatsächlich wollte die eine Schwester nur den Saft der Orange trinken, die andere die Schale der Orange zum Backen verwenden. Hätten die beiden Schwestern ihre Interessen ergründet, statt auf ihrer Position (ich will die Orange) zu beharren, hätte die eine Schwester den gesamten Saft und die andere die gesamte Schale erhalten.

184 Die **Freiwilligkeit** der Mediation bezieht sich nicht nur auf die Vereinbarung, das Verfahren der Mediation zu wählen, sondern erstreckt sich auf das gesamte Verfahren. Sowohl die Parteien als auch der Mediator können das Verfahren jederzeit beenden, vgl. § 2 Abs. 5 MediationsG.

185 Soweit die Parteien anwaltlich vertreten sind, stehen die **Rechtsanwälte** im Mediationsverfahren nicht im Vordergrund. Sie sind Begleiter und Berater der Parteien, nicht ihre Vertreter.

b) Mediationsvereinbarung und Mediatorenvertrag

186 Den konkreten rechtlichen Rahmen der Mediation regeln die Mediationsvereinbarung sowie der Mediatorvertrag. In der Mediationsvereinbarung bestimmen die Parteien ihre **Rechte und Pflichten im Zusammenhang mit dem Mediationsverfahren.** Typische Regelungspunkte, über welche sich die Parteien im Sinne einer umfassenden Vorbereitung der Mediation Klarheit verschaffen sollten, sind die Vertraulichkeit der Mediation, welche Personen auf Seiten der jeweiligen Partei an der Mediation teilnehmen sollen, wer das

---

[116] Richtlinie 2008/52/EG vom 21.5.2008 über bestimmte Aspekte der Mediation in Zivil- und Handelssachen.
[117] Der Ursprung des Beispiels ist ungeklärt, s. *Fries,* Streit um die Orange: Wer hat das Orangenbeispiel erfunden?, 2.1.2016, siehe: https://www.mediatorenausbildung.org/streit-um-die-orange-orangenbeispiel/ (zuletzt abgerufen am 4.10.2019).

Verfahren als Mediator leitet bzw. wie diese Person bestimmt wird und wie die Kosten der Mediation verteilt werden. Darüber hinaus sind auch Fragen, wie sich das zu mediierende Verfahren zu einem eventuellen Parallelverfahren verhält oder ob von dem Mediationsverfahren auch materiellrechtliche Fragen wie beispielsweise die Verjährung der Ansprüche betroffen werden, typische Gegenstände einer Mediationsvereinbarung.[118] Im Mediatorvertrag hingegen wird das **Verhältnis der Parteien zum Mediator** geregelt.

In Deutschland stehen den Parteien zunehmend Institutionen zur Seite, welche mit Hilfe ihrer Musterverfahrensordnungen die Parteien bei der Gestaltung und Organisation ihres Mediationsverfahrens unterstützen. Genannt seien hier stellvertretend die Deutsche Institution für Schiedsgerichtsbarkeit (DIS), die Verfahrensordnung des Europäischen Instituts für Conflict Management (eucon), die Verfahrensordnung der Schlichtungsstelle der Industrie- und Handelskammer für München und Oberbayern und des Münchner Anwalt Vereins e.V. sowie die Schlichtungsordnung der International Chamber of Commerce Deutschland (ICC).[119] 187

c) Verfahren der Mediation

Das Mediationsverfahren stellt eine **kooperative Verhandlungsform** dar. Die beteiligten Parteien stehen nicht gegeneinander im Wettstreit um ein für sie bestes Ergebnis, sondern sie entwickeln gemeinsam eine Lösung, die ihren jeweiligen Interessen gerecht wird und somit einen Gewinn für alle darstellt. Beispielsweise können **Wertschöpfungspotentiale** durch das Vergrößern der Verhandlungsmasse erkannt werden. 188

Grundlage dieser Verhandlungsmethode ist das sogenannte **Harvard-Konzept**,[120] bei dem vor allem folgende vier Prinzipien zu beachten sind: 189
- Die Trennung von Sach- und Beziehungsebene, 190
- die Konzentration auf Interessen statt auf Positionen,
- das Entwickeln möglichst vieler Lösungsansätze,
- Heranziehung neutraler Beurteilungskriterien.

Entsprechend dem Harvard-Konzept gliedert sich die Mediation üblicherweise in folgende fünf Phasen: 191

aa) Phase 1: Einführung Zunächst begrüßt der Mediator die Anwesenden und stellt diese, sich selbst sowie das Mediationsverfahren und dessen Ablauf vor. Die Parteien einigen sich auf das **Zeitmanagement** und die **Gesprächsregeln** der Mediation, die das gegenseitige Ausreden lassen sowie Zuhören umfassen. Soweit eine Mediationsvereinbarung noch nicht vorab geschlossen wurde, wird sie in der Phase der Einführung vereinbart. Zudem sollten sich die Parteien spätestens in dieser Phase gegebenenfalls auf eine **Vertraulichkeitsvereinbarung** verständigen. Auch die Frage, inwiefern die der an der Mediation Beteiligten in der Lage sind Entscheidungen bspw. für sein Unternehmen zu treffen, ist eine relevante Information für das weitere Mediationsverfahren. 192

bb) Phase 2: Bestandsaufnahme Im Rahmen der Bestandsaufnahme stellen die Parteien jeweils den klärungsbedürftigen Sachverhalt aus ihrer Sichtweise nacheinander ausführlich dar. Gesprächsführer sind die Parteien selber oder ihre Entscheidungsträger, nicht aber etwaige anwaltliche Berater. Der Blick ist hierbei in die Vergangenheit gerichtet und soll einen umfassenden Überblick über die einzelnen Konfliktfelder sowie die für die Parteien relevanten Themen geben. Die **Themensammlung**, welche vom Mediator für die Parteien visualisiert wird, orientiert sich ergebnisoffen an den genannten Themen und Konfliktfeldern der Parteien. 193

---

[118] *Duve/Eidenmüller/Hacke*, Mediation in der Wirtschaft, S. 317.
[119] *Duve/Eidenmüller/Hacke*, Mediation in der Wirtschaft, S. 318 ff.
[120] *Fisher/Ury/Patton*, Das Harvard-Konzept.

194 **cc) Phase 3: Interessenforschung** Anschließend wird die Perspektive gewechselt: Der Blick wendet sich weg von der Bestandsaufnahme, die sich auf die Vergangenheit bezieht, hin in die Zukunft, zu den **Interessen der Parteien,** ihren Wünschen, Bedürfnissen und Gefühlen. Der Mediator unterstützt die Parteien dabei durch entsprechende Fragen und durch das Instrument des sogenannten aktiven Zuhörens, das gezieltes Paraphrasieren und Nachfragen beinhaltet. Ziel ist es, den Fokus der Medianten weg von gegenseitigen Schuldzuweisungen hin zu einer gemeinsamen Lösung zu wenden. Die gefundenen Interessen sollen hierbei wechselseitig erkannt werden und als zukünftiger Entscheidungsmaßstab dienen. Auch in dieser dritten Phase der Interessensforschung findet eine Visualisierung der gefundenen Interessen durch den Mediator statt. In einem abschließenden Schritt werden die gefundenen Interessen gemeinsam mit den Parteien vom Mediator priorisiert.

195 **dd) Phase 4: Lösungen entwickeln und bewerten** In einer vierten Phase entwickeln die Anwesenden mögliche Lösungen. In einer die Kreativität fördernden Weise werden zunächst **sämtliche Ideen** unabhängig von ihrer Realisierbarkeit gesammelt und veranschaulicht. Davon streng zu trennen ist die Bewertung der einzelnen Optionen, die erst nach dem Abschluss der Zusammenstellung der Ideen stattfindet. Verschiedene Ansätze können in befruchtender Weise miteinander verknüpft werden. In dieser Phase soll Wert geschöpft, nicht Wert verteilt werden. Der Mediator unterstützt die Parteien dabei, eine akzeptable Lösung zu finden, indem er beispielsweise gegebenenfalls Nichteinigungsalternativen aufzeigt, Einzelgespräche führt und Prozessrisikoanalysen durchführt.

196 **ee) Phase 5: Verfahrensabschluss** Einigen sich die Parteien auf eine Lösung, wird die Vereinbarung in einer von den Parteien gewählten Form niedergelegt. Nicht zuletzt aus Gründen der Beweisbarkeit ist zu einem schriftlichen Abschluss zu raten. Sind die Parteien anwaltlich vertreten, unterstützen die Parteivertreter die Parteien dabei, die gefundene Lösung beispielsweise in einen schriftlichen Vergleich zu fassen. Ein geschlossener Vergleich ist ein zwischen den Beteiligten getätigtes Rechtsgeschäft, welches, soweit ein Streit oder eine Ungewissheit über ein Rechtsverhältnis beendigt wird, einen **Vergleichsvertrag** iSd § 779 BGB darstellt. Ein solcher Vergleich beendet bei einer außergerichtlichen Mediation nicht einen gerichtlichen Prozess, kann aber als Einrede geltend gemacht und somit als Verteidigungsmittel einem Anspruch entgegengehalten werden. Ein außergerichtlicher Vergleich berechtigt **nicht zur Zwangsvollstreckung.** Aus einem Vertrag geschuldete und nicht erbrachte Leistungen müssen daher gegebenenfalls eingeklagt werden, um dann aus dem Urteil die Zwangsvollstreckung betreiben zu können. War der Konflikt zum Zeitpunkt der Mediation bereits rechtshängig, kann ein Vergleich als Verfahrensabschluss vom Gericht als Prozessvergleich nach § 794 Abs. 1 Nr. 1 ZPO beurkundet werden. Die Beteiligten können einen Verfahrensabschluss auch in Form einer vollstreckbaren notariellen Urkunde nach § 794 Abs. 1 Nr. 5 ZPO oder eines Anwaltsvergleichs nach §§ 796a, 796b ZPO erstellen.[121]

d) Vorzüge und mögliche Nachteile der Mediation

197 Die Mediation stellt eine attraktive **zeitsparende** Alternative zu einem gegebenenfalls langwierigen gerichtlichen Prozess dar; eine Einigung kann möglicherweise schon in einem Mediationstermin erreicht werden. Die Lösung im Mediationsverfahren orientiert sich an den Interessen der Parteien, und nicht an einer rechtlichen Streitentscheidung. Deshalb kann auf eine umfassende Ermittlung des Sachverhalts verzichtet werden, die Grundlage der rechtlichen Streitbeilegung und abhängig von den den Parteien zur Verfügung stehenden Beweismitteln ist. Darin liegt zugleich ein weiterer Vorteil der Mediation: Die von den Parteien gefundene Lösung ist für die Parteien passend, sie kann **nicht rich-**

---

[121] *Greger/Unrath/Steffek,* Recht der alternativen Konfliktlösung, Rn. 331.

tig oder falsch sein. Bei der rechtlichen Streitbeilegung vor Gerichten hingegen ist eine materielle Fehlerhaftigkeit möglich: Eine prozessual ordnungsgemäß ergangene Entscheidung kann inhaltlich unzutreffend sein, weil das Gericht angesichts seiner begrenzten Erkenntnismöglichkeiten nicht immer vom tatsächlichen Sachverhalt ausgehen kann.[122]

Darüber hinaus ist eine **umfassende Konfliktlösung** möglich: Es können Nebenkriegsschauplätze Eingang in eine einvernehmliche Einigung finden, die man bei einem gerichtlichen Verfahren außen vor gelassen hätte. Zudem können **Dritte,** die an einem gerichtlichen Verfahren nicht beteiligt wären, in die Verhandlung und Konfliktlösung miteinbezogen werden. Nicht zuletzt ist eine konsensuale Streitbeilegung dem Rechtsfrieden stets zuträglicher als eine kontradiktorische.

Nachteilig kann sich ein Mediationsverfahren auswirken, wenn es von einer Seite lediglich als Mittel der Verzögerung eingesetzt oder als **Verhandlungstaktik** betrieben wird, beispielsweise um der gegnerischen Partei Zahlen zu entlocken. Bei einem größeren Machtungleichgewicht zwischen den Parteien könnte es der schwächeren Partei schwerfallen, sich zu behaupten.

e) Mediation durch den Güterichter

Das Mediationsverfahren wird auch von **staatlichen Gerichten** angewandt.[123] Die Zivilprozessordnung spricht in ihrem § 278 Abs. 5 S. 1 ZPO allerdings nicht explizit von der Mediation, sondern von „Güteversuche[n] vor eine[m] hierfür bestimmten und nicht entscheidungsbefugten Richter (Güterichter)". Dieser sogenannte Güterichter wendet in aller Regel hierbei das herkömmliche Mediationsverfahren an.

Die güterichterliche Verhandlung beziehungsweise die Mediation findet nicht vor dem Richter statt, der das streitige Verfahren führt. Vielmehr wird das Verfahren zur Durchführung der Mediation einem anderen Richter übertragen, der als Güterichter ausgebildet wurde und nicht zur Entscheidung über den Rechtsstreit befugt ist. Dementsprechend trägt der Richter keine Robe und die Verhandlung findet nicht in einem herkömmlichen Sitzungssaal statt. Der Güterichter ist gegenüber dem für die Entscheidung des Rechtsstreits zuständigen Richter zur **Verschwiegenheit** über den Ablauf und den Inhalt des Mediationsverfahrens verpflichtet. Dementsprechend erfolgt eine separate Aktenführung für das güterichterliche Verfahren.

Das güterichterliche Verfahren an den Gerichten kann in jeder Lage des Verfahrens eingeleitet werden. Voraussetzung ist lediglich die Rechtshängigkeit des Verfahrens und grundsätzlich die Zustimmung der Parteien, ein solches Verfahren zu wählen. Das güterichterliche Mediationsverfahren bietet einige **Vorteile:** Durch das güterichterliche Verfahren entstehen keine weiteren Gerichtskosten; der Mediator und die Räume für die Mediation werden den Parteien somit ohne Gegenleistung zur Verfügung gestellt. Zudem vermag ein Güterichter eine sehr authentische Prozessrisikoanalyse sowie eine überzeugende Nichteinigungsalternative aufzuzeigen, da er die Erfolgsaussichten des Rechtsstreits vor Gericht realistisch einzuschätzen vermag. Kraft seiner Profession wird der Güterichter von den Parteien als unabhängig wahrgenommen werden. Ein weiterer Vorteil des gerichtlichen Mediationsverfahrens stellt der Verfahrensabschluss dar: Einigen sich die Parteien, kann der Güterrichter einen prozessbeendigenden und ohne weiteres vollstreckbaren Prozessvergleich nach § 794 Abs. 1 Nr. 1 ZPO beurkunden.

Einen besonderen Service bietet etwa das Landgericht München I Parteien im Bereich des gewerblichen Rechtsschutzes an: Mediationen aus dem Bereich des gewerblichen Rechtsschutzes werden von Güterichtern durchgeführt, die ihrerseits im gewerblichen Rechtsschutz spezialisiert sind.

---

[122] *Riehm*, JZ 2016, 866 (869).
[123] Grundlegend und umfassend zum Güterichterverfahren *Greger/Weber*, Das neue Güterichterverfahren, MDR 2012, Sonderheft, S. 3.

204 Praxistipp:
Eine Mediation ist immer einen Versuch wert. Durch die Berücksichtigung der hinter dem Konflikt stehenden Interessen ist es oftmals möglich, eine flexible und für die Parteien maßgeschneiderte Lösung zu finden. Besonders bietet sich die Durchführung eines Mediationsverfahrens dann an, wenn die Parteien unabhängig von der Lösung des konkreten Konflikts weiter miteinander verbunden sein werden. Auch wenn der konkrete Rechtsstreit nur Teil eines größeren Konfliktes ist oder die Parteien im Verhandlungswege eine schnelle Lösung suchen, kann die Mediation vorteilhaft sein.

Es empfiehlt sich, den Entscheidungsträger zum Termin der Mediation hinzuzuziehen. Zudem sollten zu dem Termin sämtliche Unterlagen sowie ausreichend Zeit mitgebracht werden.

4. Schlichtung

205 Das Schlichtungsverfahren beabsichtigt, den zwischen den Parteien bestehenden Streit durch einen **gütlichen Ausgleich** zu beenden. Im Gegensatz zur Mediation schlägt der Schlichter als neutrale Instanz den Parteien unverbindliche **Lösungsmöglichkeiten** für den Konflikt vor, nachdem er sich die dafür erforderliche Sachverhaltskenntnis verschafft hat. Einigen sich die Parteien nicht, fehlt der Schiedsstelle die Kompetenz für eine Entscheidung in der Sache.

206 Daneben kennzeichnen das Schlichtungsverfahren grundsätzlich die bereits oben genannten Merkmale der Freiwilligkeit, der freien Auswahl des Schlichters, der Flexibilität des Verfahrens, der fehlenden Öffentlichkeit und der Vertraulichkeit. In einem Schlichtungsverfahren können insbesondere auch wirtschaftliche, finanzielle und/oder persönliche Interessen der Parteien Berücksichtigung finden. Den Parteien ist es jederzeit möglich, zur Lösung ihres Konfliktes ein Schlichtungsverfahren durchzuführen und dieses nach ihren Vorstellungen auszugestalten.

207 Im Kontext des IT-Rechts gibt es zudem einige besonders relevante gesetzlich geregelte Schlichtungsverfahren, wie beispielsweise die aufgrund § 15 UWG eingerichteten Einigungsstellen, die Verbraucherschlichtungsstellen sowie die Schlichtung im Rahmen von Domainstreitigkeiten (UDRP und ADR).

a) Einigungsstellen nach § 15 UWG

208 Gemäß § 15 Abs. 1 UWG haben die Landesregierungen bei den Industrie- und Handelskammern **Einigungsstellen** zur Beilegung von Rechtsstreitigkeiten errichtet, in denen ein Anspruch wegen eines Verstoßes gegen das Gesetz gegen den unlauteren Wettbewerb geltend gemacht werden kann. Das Verfahren vor der Einigungsstelle dient der Herbeiführung eines gütlichen Ausgleichs zwischen den Parteien aufgrund einer Aussprache vor der unabhängigen und sachkundigen Einigungsstelle.

209 Die Einigungsstellen sind mit einem zum Richteramt befähigten Juristen besetzt, der den Vorsitz führt. Beisitzende Personen sind Unternehmer oder Unternehmer und Verbraucher, je nachdem, wer die Einigungsstelle angerufen hat. Die **Antragsberechtigung** steht jedem zu, der bei bürgerlichen Rechtsstreitigkeiten einen Anspruch auf Grund des UWG oder nach dem Unterlassungsklagegesetz geltend machen kann, oder bei einem solchen passivlegitimiert wäre. Nach § 8 Abs. 3 UWG sind somit Mitbewerber, rechtsfähige Verbände zur Förderung gewerblicher oder selbstständiger beruflicher Interessen, qualifizierte Einrichtungen, Industrie- und Handelskammern sowie Handwerkskammern antragsberechtigt. Der Antragsgegner hat dem Verfahren vor der Einigungsstelle grundsätzlich zuzustimmen. Eine **Zustimmung** ist nach § 15 Abs. 3 UWG entbehrlich, wenn die im Streit stehenden Wettbewerbshandlungen Verbraucher betreffen, was in der Praxis regelmäßig der Fall ist.

Kommt eine Einigung zwischen den Parteien zustande, wird sie von der Einigungsstelle in einem schriftlichen Vergleich in einer besonderen Urkunde niedergelegt. Ein solcher Vergleich ist sehr effektiv: da die Einigungsstelle ein mit hoheitlichen Befugnissen ausgestatteter Träger öffentlicher Verwaltung unter staatlicher (Rechts-)Aufsicht ist, kann gemäß § 15 Abs. 7 UWG aus dem Vergleich die **Zwangsvollstreckung** betrieben werden. Wird keine Einigung erreicht, stellt die Einigungsstelle das Scheitern des Verfahrens fest, und die Parteien können zur Durchsetzung ihrer Rechtsposition staatliche Gerichte oder, wenn eine entsprechende Vereinbarung zwischen den Parteien getroffen wurde, Schiedsgerichte in Anspruch nehmen. Die Einigungsstelle kann keine Sachentscheidung treffen, hierfür fehlt ihr die Entscheidungskompetenz.

210

> **Praxistipp:**
>
> Da die Einigungsstellen keine Verfahrenskosten erheben und keine Vertretung durch einen Rechtsanwalt erforderlich ist, stellt ein Schlichtungsverfahren vor den Einigungsstellen eine kostengünstige Alternative zu einem Verfahren vor den staatlichen Gerichten dar. Zudem werden die Schlichtungsverfahren relativ schnell durchgeführt und die Besetzung der Schlichter mit erfahrenen Wettbewerbsrechtlern und Praktikern ermöglicht konstruktive Lösungsvorschläge.

211

b) Verbraucherschlichtungsstellen

Bei Verkäufen von Produkten an den Endkonsumenten, der ein Verbraucher ist, sind die durch das Gesetz über die alternative Streitbeilegung in Verbrauchersachen vom 19.2.2016 (Verbraucherstreitbeilegungsgesetz – VSBG) etablierten Verbraucherschlichtungsstellen zu beachten. Das VSBG ergänzt die bestehende Landschaft der außergerichtlichen Streitbeilegung. Ziel ist es, Verbraucherstreitigkeiten, welche aufgrund des **geringen Streitwerts oder ihres internationalen Kontexts** selten vor Gericht ausgetragen werden, einem rechtsstaatlichen nicht gerichtlichen Verfahren zuzuführen. Der Verbraucher soll sich unkompliziert an eine neutrale Stelle wenden können, die durch schnelle und einfache Verfahrensdurchführung auf die private Beilegung der Streitigkeit hinwirkt.[124] Die anerkannten privaten oder behördlichen Verbraucherschlichtungsstellen führen gemäß § 4 Abs. 1 VSBG Verfahren zur außergerichtlichen Beilegung von Streitigkeiten im Zusammenhang mit einem Verbrauchervertrag nach § 310 Abs. 3 BGB auf Antrag des Verbrauchers durch.

212

Die unabhängigen und unparteiischen Verfahrensführer, die sogenannten **Streitmittler**, müssen Juristen mit der Befähigung zum Richteramt oder zertifizierte Mediatoren sein. Die Verfahrensordnung der Verbraucherschlichtungsstelle kann vorsehen, dass der Streitmittler mit den Parteien eine **Mediation** durchführt oder ihnen einen **Schlichtungsvorschlag** unterbreitet. Diesen Vorschlag soll der Streitmittler gemäß § 19 Abs. 1 S. 2 VSGB am geltenden Recht ausrichten und insbesondere zwingende Verbraucherschutzgesetze beachten. Der Streitmittler muss seinen Vorschlag somit nicht an der tatsächlichen Rechtslage orientieren. Den Parteien, die selbst entscheiden können, ob sie den Vorschlag annehmen oder nicht, ist es kraft ihrer Privatautonomie möglich, einen Vergleich zu treffen, der sich nicht an der geltenden Rechtslage orientiert.[125] Führt der Streitmittler mit den Parteien eine Mediation durch, gelten die Vorschriften des Mediationsgesetzes mit Ausnahme des § 2 Abs. 1 MediationsG (Auswahl des Mediators) ergänzend und gehen als Spezialvorschrift vor (§ 18 VSBG).

213

Die Kosten der Durchführung eines Verfahrens vor einer Verbraucherschlichtungsstelle trägt nach § 23 VSGB bei einem Konflikt zwischen einem Unternehmen und einem Verbraucher grundsätzlich das Unternehmen. Gemäß § 204 Abs. 1 Nr. 4 BGB hemmt der

214

---

[124] *Gössl*, NJW 2016, 838.
[125] Da dem Schlichtungsvorschlag eine gewisse Autorität zukommt, ist die Möglichkeit der Abweichung von zwingenden Verbrauchervorschriften umstritten, kritisch *Eidenmüller/Engel*, ZZP 128 (2015), 149 ff.

Antrag auf Durchführung eines Verfahrens gemäß dem VSBG die **Verjährung** des streitbefangenen Anspruchs, wenn er der anderen Seite (demnächst) bekannt gegeben wird.

215 Im Zusammenhang mit dem VSBG sei darüber hinaus erwähnt, dass dieses in seinen §§ 36 und 37 VSGB seit dem 1.2.2017 weitreichende zwingende **Informationspflichten** für Unternehmen begründet. Soweit Unternehmen, die mehr als zehn Personen beschäftigen, eine Website oder Allgemeine Geschäftsbedingungen verwenden, müssen sie in dem jeweiligen Medium den Verbraucher klar und verständlich davon unterrichten, ob sie an Streitbeilegungsverfahren vor einer Verbraucherschlichtungsstelle teilnehmen und welche Schlichtungsstelle für sie zuständig ist. Unabhängig von der Anzahl der beschäftigten Personen muss ein Unternehmen auf die für es zuständige Verbraucherschlichtungsstelle hinweisen, wenn eine bestehende Streitigkeit zwischen dem Unternehmen und einem Verbraucher aus einem Verbrauchervertrag nicht beigelegt werden konnte.

216 Ergänzt wird das VSBG durch die Verordnung über **Online-Streitbeilegung in Verbraucherangelegenheiten** (ODR-Verordnung) der Europäischen Union.[126] Die ODR-Verordnung etabliert auf EU-Ebene eine Online-Streitbeilegungsplattform (OS-Plattform)[127], welche der effektiven, schnellen und fairen Beilegung von Streitigkeiten dienen soll, die sich aus dem **Online-Verkauf von Waren** oder der Bereitstellung von **Online-Dienstleistungen an Verbraucher** innerhalb der gesamten Union ergeben, indem sie unter anderem die Zusammenarbeit mit den nationalen Stellen für die alternative Streitbeilegung koordiniert. Grundsätzlich sind alle im Internet tätigen Einzelhändler und Unternehmer in der EU **verpflichtet, einen leicht zugänglichen Link zur OS-Plattform einzurichten** und eine E-Mail-Adresse für die OS-Plattform zur Kontaktaufnahme anzugeben (Art. 14 VO (EU) Nr. 524/2013).

c) UDRP und ADR Schlichtungsverfahren

217 Aus einem praktischen Bedürfnis heraus haben sich in den letzten Jahren spezielle Formen der alternativen Streitbeilegung für verbraucherrelevante Wirtschaftssektoren etabliert. Zu erwähnen ist insbesondere die am 24.10.1999 von der ICANN (Internet Corporation for Assigned Names and Numbers) zur Erleichterung beim **Vorgehen gegen missbräuchliche Domainregistrierungen** verabschiedete „**Uniform Domain Dispute Resolution Policy – UDRP**". Mit dieser ist ein erfolgreiches internationales Schlichtungsverfahren eingeführt worden, dessen Anwendungsbereich sich auf generische TLDs (.com,.org,.net) sowie auf einige ccTLDs (.tv,.ro,.ws) im Bereich der Waren- und Dienstleistungsmarken erstreckt. Die Geltung der UDRP Verfahrensregeln[128] sowie der Schlichtungsordnung wird bei Registrierung der Domain vereinbart. Derzeit sind sechs verschiedene Institutionen als Schiedsstellen akkreditiert, darunter die WIPO.[129] In dem Verfahren, das auch auf elektronischem Wege durchgeführt werden kann, wird über die Löschung der streitbefangenen Domain oder deren Übertragung entschieden. Die Gebühren des sehr kostengünstigen Verfahrens werden von den jeweiligen Schiedsstellen bestimmt und variieren nach der Zahl der Domains und der Anzahl der gewählten Richter.[130] Für die Durchführung des Verfahrens ist ein Zeitrahmen von rund 50 Tagen angesetzt.

---

[126] Verordnung (EG) Nr. 524/2013 des Europäischen Parlaments und des Rates vom 21.5.2013 über die Online-Beilegung verbraucherrechtlicher Streitigkeiten und zur Änderung der Verordnung (EG) Nr. 2006/2004 und der Richtlinie 2009/22/EG (anzuwenden ab 9.1.2016).
[127] Zu finden unter https://ec.europa.eu/consumers/odr/main/index.cfm?event=main.home2.show&lng=DE.
[128] Rules for Uniform Domain Name Dispute Resolution Policy in der Fassung vom 31.7.2015, https://www.icann.org/resources/pages/udrp-rules-2015-03-11-en.
[129] Liste der Institutionen unter https://www.icann.org/resources/pages/providers-6d-2012-02-25-en.
[130] Bei dem für das Verfahren akkreditierten Schiedsgericht bei der Wirtschaftskammer der Tschechischen Republik betragen die Gebühren zwischen 400 EUR und 5.600 EUR, https://udrp.adr.eu/arbitration_platform/udrp_supplemental_rules.php#17.

C. Alternative Streitbeilegung

Für Streitigkeiten zwischen Registraren hinsichtlich der **Übertragung von Domain-** 218
registrierungen ist von der ICANN ebenfalls ein Schlichtungsverfahren vorgesehen.[131]
Zum gleichen Zweck und nach dem Vorbild des UDRP-Verfahrens ist für **.eu Domains**
durch Art. 22 VO (EG) 874/2004[132] ebenfalls ein Verfahren zur alternativen Streitbeilegung eingeführt worden; das nach seiner englischen Abkürzung benannte **ADR Verfahren.**[133] Als Schiedsstellen akkreditiert sind die WIPO und das Schiedsgericht bei der Wirtschaftskammer der Tschechischen Republik.

Da es sich bei den zeit- und kosteneffektiv ausgestalteten UDRP und ADR Verfahren 219
um Schlichtungsverfahren und nicht um Schiedsverfahren im Sinne der §§ 1025 ff. ZPO
handelt, kann unabhängig von dem UDRP oder ADR Verfahren ein Verfahren vor den
ordentlichen Gerichten geführt werden.

---

[131] Transfer Dispute Resolution Policy (TDRP), https://www.icann.org/resources/pages/tdrp-2016-06-01-en.
[132] Verordnung (EG) Nr. 874/2004 der Kommission vom 28.4.2004 zur Festlegung von allgemeinen Regeln für die Durchführung und die Funktionen der Domäne oberster Stufe „.eu" und der allgemeinen Grundregeln für die Registrierung.
[133] ADR Verfahrensregeln in der Fassung vom 19.10.2019, https://eu.adr.eu/html/de/adr/adr_rules/ADR_rules.pdf.

Teil 19. Straf- und Strafprozessrecht

Übersicht

Rn.

A. Anwendbarkeit deutschen Strafrechts im Internet 1
   I. Erfolgsort 13
   II. Handlungsort 23
B. Klassische Computerdelikte 28
   I. Ausspähen von Daten 28
      1. Rechtsgut und Datenbegriff 31
      2. Tatbestand 37
      3. Rechtswidrigkeit und Schuld 53
      4. Konkurrenzen 54
   II. Abfangen von Daten (§ 202b StGB) 56
   III. Datenhehlerei (§ 202d StGB) 64
      1. Überblick und Schutzgut 64
      2. Tatbestand 66
      3. Tatbestandsausschluss 75
      4. Strafrahmenlimitierung und Strafantrag 78
   IV. Datenveränderung und Computersabotage (§§ 303a, 303b StGB) 80
      1. Datenveränderung 81
      2. Computersabotage 93
   V. Vorbereitung des Ausspähens und Abfangens von Daten (§ 202c StGB) 105
      1. Allgemeines 105
      2. Vorbereitungsstrafbarkeit nach Abs. 1 Nr. 1 107
      3. Vorbereitungsstrafbarkeit nach Abs. 1 Nr. 2 insbesondere Hackertools 108
      4. Tathandlungen 121
      5. Vorsatz 124
   VI. Computerbetrug (§ 263a StGB) 129
      1. Allgemeines 130
      2. Tatbestand 133
      3. Vorbereitung eines Computerbetruges (§ 263a Abs. 3 StGB) 169
      4. Besonderheiten 172
C. Elektronische Urkundendelikte 177
   I. Fälschung beweiserheblicher Daten (§§ 269, 270 StGB) 177
   II. Fälschung technischer Aufzeichnungen (§ 268 StGB) 189
   III. Unterdrückung technischer Aufzeichnungen und beweiserheblicher Daten (§ 274 StGB) 203

Literatur:

Arning/Moos/Becker, Vertragliche Absicherung von Bring Your Own Device, CR 2012, 592 ff.; *Arnold,* Rechtmäßige Anwendungsmöglichkeiten zur Umgehung von technischen Kopierschutzmaßnahmen? MMR 2008, 144 ff.; *Bär/Arnold,* Computerkriminalität, in: Wabnitz/Janovsky (Hrsg.), Handbuch des Wirtschafts- und Steuerstrafrechts, S. 801 ff., 3. Aufl. 2007; *Band/Schruers,* Grokster in the International Arena, CRi 2006, 6 ff.; *Barton/Band,* E-Mail Kontrolle durch den Arbeitgeber, CR 2003, 839 ff.; *Beucher/Engels,* Harmonisierung des Rechtsschutzes verschlüsselter Pay-TV-Dienste gegen Pirateriakte, CR 1998, 101; *Borges/Stuckenberg/Wegener,* Bekämpfung der Computerkriminalität, DuD 2007, 275 ff.; *Brand,* Missbrauch eines Geldausgabeautomaten durch den berechtigten EC-Karteninhaber, JR 2008, 496; *Breuer,* Anwendbarkeit deutschen Strafrechts auf exterritorial handelnde Internet-Benutzer, MMR 1998, 141 ff.; *Brinkel,* Anmerkung zu OLG Hamburg, Urt. v. 8.2.2006 – 5 U 78/05, CR 2006, 299 ff.; *Busching,* Der Begehungsort von Äußerungsdelikten im Internet – Grenzüberschreitende Sachverhalte und Zuständigkeitsprobleme, MMR 2015, 295; *Cornelius,* Zur Strafbarkeit des Anbietens von Hackertools, CR 2007, 682 ff.; *ders.,* Strafrechtliche Verantwortlichkeiten bei der Strategischen Telekommunikationsüberwachung, JZ 2015, 693; *Cornils,* Der Begehungsort von Äußerungsdelikten im Internet, JZ 1999, 394; *Dietrich,* Die Rechtsschutzbegrenzung auf besonders gesicherte Daten des § 202a StGB, NStZ 2011, 247 ff.; *Dölling/Duttge/Rössner,* Gesamtes Strafrecht, Handkommentar, 2. Aufl. 2017 (zit.: HK-GS/*Bearb.*); *Ernst,* Das neue Computerstrafrecht, NJW 2007, 2661 ff.; *Fahl,* Kassenschmuggel an Selbstbedienungskassen, NStZ 2014, 244; *Fischer,* Strafgesetzbuch und Nebengesetze, 67. Aufl. 2020; *Gampp,* Die Haftung der Technologie-Hersteller für mittels ihrer Produkte begangene Urheberrechtsverletzungen in den USA, ZUM 2005, 794 ff.; *ders.*, Die Entwicklung des Internetstrafrechts im Jahre 2007, ZUM 2008, 545 ff.; *ders.*, Die Entwicklung des Internetstrafrechts im Jahre 2008, ZUM 2009, 526 ff.; *ders.*, Die Entwicklung des Internetstrafrechts 2011/2012, ZUM 2012, 625 ff.; *ders.*, Die Entwicklung des Internetstrafrechts 2015/2016, ZUM 2016, 825 ff.; *Gercke/Brunst*, Praxishandbuch Internetstrafrecht, Stuttgart 2009; *Graf*, „Phishing" derzeit nicht generell strafbar, NStZ 2007, 129 ff.; *Graf/Jäger/Wittig*, Wirtschafts- und Steuerstrafrecht, 2. Aufl. 2017 (zit.: GJW/*Bearb.*); *Gröseling/Höfinger*, Computersabotage und Vorfeldkriminalisierung – Auswirkungen des 41. StrÄndG zur Bekämpfung der Computerkriminalität, MMR 2007, 626 ff.; *Handel*, Anwendbarkeit des deutschen Strafrechts bei Internetsachverhalten, ZUM-RD 2017, 202; *ders.*, Hate Speech – Gilt deutsches Strafrecht gegenüber ausländischen Anbietern sozialer Netzwerke?, MMR 2017, 227; *Hefendehl/Joecks*, Münchener Kommentar zum Strafgesetzbuch Bd. 5: §§ 263–358 StGB, 3. Aufl. 2019; *Heghmanns*, Computersabotage, in: Joerden (Hrsg.), Vergleichende Strafrechtswissenschaft – Frankfurter Festschrift für Szwarc zum 70. Geburtstag, S. 319 ff., 2011; *Heymann*, Inducement as Contributory Copyright Infringement: Metro-Goldwyn-Mayer Studios Inc. v. Grokster, Ltd., IIC 2006, S. 31 ff.; *Hilgendorf*, Überlegungen zur strafrechtlichen Interpretation des Ubiquitätsprinzips im Zeitalter des Internet, NJW 1997, 1873; *ders.*, Scheckkartenmißbrauch und Computerbetrug – OLG Düsseldorf, NStZ-RR 1998, 137, JuS 1999, 542 ff.; *ders.*, Neue Medien und das Strafrecht, ZStW 113 (2001), 650 ff.; *Hilgendorf/Valerius*, Computer- und Internetstrafrecht: ein Grundriss, 2. Aufl. 2011; *Hilgert/Hilgert*, Nutzung von Streaming-Portalen, MMR 2014, 88; *Hoffmanns*, Die „Lufthansa-Blockade" 2001 – eine (strafbare) Online-Demonstration?, ZIS 2012, 409 ff.; *Keppeler*, Datenschutzrechtliche und strafrechtliche Implikationen bei der SSL-Decryption, K&R 2017, 453 ff.; *Kindhäuser/Hilgendorf*, Lehr- und Praxiskommentar, 8. Aufl. 2019; *Kindhäuser/Neumann/Paeffgen*, Strafgesetzbuch, 5. Aufl. 2017 (zit. als NK-StGB/*Bearb.*); *Kitz*, Anmerkung zu Supreme Court of the United States, Entscheidung vom 27.6.2005 – (Metro-Goldwyn-Mayers Studios Inc. vs. Grokster Ltd.), GRURInt 2005, 863 ff.; *Klas/Blatt*, Ausnutzen eines (Geld-)Automatendefekts – strafbar als Computerbetrug?, CR 2012, 136; *Koch*, Nationales Strafrecht und globale Internet-Kriminalität, GA 2002, 703; *Koch*, Strafrechtliche Probleme des Angriffs und der Verteidigung in Computernetzen, 2008; *Krischker*, Datenschutzkontrollen und Hacking – Zulässigkeit von aktiven Sicherheitsanalysen, ZD 2015, 464; *Krüger/Maucher*, Ist die IP-Adresse wirklich ein personenbezogenes Datum? Ein falscher Trend mit großen Auswirkungen auf die Praxis, MMR 2011, 433 ff.; *Kudlich*, Anmerkung zu BGHSt 46, 212 ff., StV 2001, 397 ff.; *ders.*, Stellungnahme zum 41. StrÄndG, http://www.bundestag.de/ausschuesse/a06/anhoerungen/15_Computerkriminalitaet/04_Stellungnahmen/Stellungnahme_Kudlich.pdf; *Kuner*, Internationale Zuständigkeitskonflikte im Internet, CR 1996, 453; *Lackner*, Zum Stellenwert der Gesetzestechnik, in: Jescheck, (Hrsg.), Festschrift Tröndle zum 70. Geburtstag, S. 41 ff.; 1989; *Lackner/Kühl/Heger*, StGB, 29. Aufl. 2018; *Laufhütte/Rissing-van Saan/Tiedemann*, Leipziger Kommentar, StGB, Bd. 6: §§ 146–210, 12. Aufl. 2009, Bd. 9/1: §§ 263–266b, 12. Aufl. 2012 (zit.: LK-StGB/*Bearb.*); *Leipold/Tsambikakis/Zöller*, Anwaltkommentar StGB, 2011 (zit.: AnwK-StGB/*Bearb.*); *Matt/Renzikowski*, Strafgesetzbuch, 2013; *Miebach/Joecks*, Münchener Kommentar zum Strafgesetzbuch Bd. 4: §§ 185–262 StGB, 3. Aufl. 2017; *Naumann/Illmer*, Von Napster zu Grokster: Urheberrechtliche Haftung der Anbieter von Peer-to-Peer Software, K&R 2005, 550 ff.; *Obermann*, Der einarmige Bandit und die „Geisterjetons" – zum unbefugten Verhalten iSv § 263a StGB, NStZ 2015, 197; *Planert*, „Einer zahlt, viele genießen" – Die Strafbarkeit von Cardsharing, StV 2014, 430; *Pelz*, Die Strafbarkeit von Online-Anbietern, wistra 1999, 53; *Popp/Pelz*, Zur Umsetzung der „Convention on Cybercrime in Deutschland und Österreich, MR-Int 2007, 84 ff.; *Popp*, § 202c StGB und der neue Typus des europäischen „Software-Delikts", GA 2008, 375 ff.; *ders.*, Informationstechnologie und Strafrecht, JuS 2011, 385; *Pühler*, Will Grokster Prevail On The Merits Of Sony?, CRi 2005, 65 ff.; *Rammos*, The future ist near … field communication? Rechtliche Rahmenbedingungen bei kontaktlosen Zahlungen mittels mobiler Endgeräte, CR 2014, 67; *Rengier*, Strafrecht Besonderer Teil I, 21. Aufl. 2019; *ders.*, Strafrecht AT, 11. Aufl. 2019; *ders.*, Der missbräuchliche Einsatz von girocards durch den berechtigten Karteninhaber aus strafrechtlicher Sicht, in: Festschrift Stürner zum 70. Geburtstag, S. 891 ff., 2013; *Rudolphi*, Systematischer Kommentar zum Strafgesetzbuch, Berlin, Stand: 2009 (zit. SK-StGB/*Bearb.*); *Rösler*, Pauschalvergütung für digitale Medieninhalte – Reflexionen der U.S.-amerikanischen Rechtswissenschaft zum Urheberrecht im digitalen Zeitalter, GRURint 2005, 991; *ders.*, Haftung von Medientauschbörsen und ihrer Nutzer in Nordamerika, Australien und Europa, MMR 2006, 503 ff.; *Roos/Schumacher*, Botnetze als Herausforderung für Recht und Gesellschaft – Zombies außer Kontrolle?, MMR 2014, 377; *Ruß/Jähnke*, Leipziger Kommentar StGB, Bd. 5: §§ 146–222, 11. Aufl. 2005; *Schönke/Schröder/Eser*, Strafgesetzbuch, 30. Aufl. 2019 (zit. Schönke/Schröder/*Bearb.*); *Schultz*, Neue Strafbarkeiten und Probleme – Der Entwurf des Strafrechtsänderungsgesetzes (StrafÄndG) zur Bekämpfung der Computerkriminalität vom 20.9.2006, MIR Dok. 180–2006, http://medien-internet-und-recht.de/volltext.php?mir_dok_id=398; *Schumann*, Das 41. StrÄndG zur Bekämpfung der Computerkriminalität, NStZ 2007, 675 ff.; *Sieber*, Internationales Strafrecht im Internet – Das Territorialitätsprinzip der §§ 3, 9 StGB im globalen Cyberspace, NJW 1999, 2065 ff.; *ders.*, Die Bekämpfung von Hass im Internet – Technische, rechtliche und strategische Grundlagen für ein Präventionskonzept, ZRP 2001, 97 ff.; *Schuhr*, Analogie und Verhaltensnorm im Computerstrafrecht, ZIS 2012, 441 ff.; *Singelnstein*, Ausufernd und fehlplaziert: Der Tatbestand der Datenhehlerei (§ 202d StGB) im System des strafrechtlichen Daten- und Informationsschutzes, ZIS 2016, 432 ff.; *Schwiddessen*, Medienbezogenes Straf- und Ordnungswidrigkeitenrecht bei Sachverhalten mit Auslandsbezug – Teil 1 CR 2017, 443 ff.; *Spindler/Leistner*, Die Verantwortlichkeit für Urheberrechtsverletzungen im Internet – Neue Entwicklungen in Deutschland und den USA, GRURInt 2005, 773 ff.; *Spindler/Schuster*, Recht der elektronischen Medien, 4. Aufl. 2019; *Strasser*, The Final Act: The Supreme Court Rules in Metro-Goldwyn-Mayers Studios vs. Grokster Ltd., MR-Int 2005, 87 ff.; *Stam*, Strafbarkeit des Aufbaus von Botnetzen, ZIS 2017, 547 ff.; *ders.*, Die Datenhehlerei nach § 202d StGB – Anmerkungen zu einem sinnlosen Tatbestand, StV 2017, 488; *Stammer*, Einblick in die Cybercrime am Beispiel des Phishings, Rpfleger 2015, 315; *Stuckenberg*, Zur Strafbarkeit des „Phishing", ZStW 118 (2006), 878 ff.; *ders.*, Stellungnahme zum 41. StRÄndG, http://www.bundestag.de/ausschuesse/a06/anhoerungen/15_Computerkriminalitaet/04_Stellungnahmen/Stellungnahme_Stuckenberg.pdf; *ders.*, Viel Lärm um nichts? – Keine Kriminalisierung der „IT-Sicherheit" durch § 202c StGB, wistra 2010, 41 ff.; *ders.*, Der missratene Tatbestand der neuen Datenhehlerei (§ 202d StGB), ZIS 2016, 526; *Süße/Eckstein*, Aktuelle Entwicklungen im Bereich „Internet Untersuchung", Newsdienst Compliance 2014, 71009; *Taradantchik*, Wettbewerbsrechtliche Aspekte kartengesteuerter Zahlungssysteme, Diss. Halle 2005, http://sundoc.bibliothek.uni-halle.de/diss-online/06/06H061/prom.pdf; *Tiedemann*, Schwerpunktstudium Jura, Wirtschaftsstrafrecht: Besonderer Teil, mit wichtigen Gesetzes- und Verordnungstexten, 4. Aufl. 2014; *Ulrich*, Computerbetrug (§ 263a StGB), JurPC WebDok. 189/1999, http://www.jurpc.de/aufsatz/19990189.htm; *Vassilaki*, Das 41. StRÄndG – Die neuen strafrechtlichen Regelungen und ihre Wirkung auf die Praxis, CR 2008, 131 ff.; *dies.*, Anmerkung zu BGHSt 46, 212 ff., CR 2001, 262 ff.; *Vogelgesang*, Auf der Jagd nach Schwachstellen – Eine strafrechtliche Bewertung von Portscans, DuD 2017, 501 ff.; *Vogelgesang/Hessel/Möllers*, Hardware-Keylogger: Die Tastatur in der Hand des Feindes, DuD 2016, 729 ff.; *Wandtke/Bullinger*, Praxiskommentar zum Urheberrecht, 5. Aufl. 2019; *Weißgerber*, Das Einsehen kennwortgeschützter Privatdaten des Arbeitnehmers durch den Arbeitgeber, NZA 2003, 1005 ff.; *Werkmeister/Steinbeck*, Anwendbarkeit des deutschen Strafrechts bei grenzüberschreitender Cyberkriminalität, wistra 2015, 209; *Wessels/Beulke/Satzger*, Strafrecht, Allgemeiner Teil, 49. Aufl. 2019; *Wessels/Hillenkamp/Schuhr*, Straftaten gegen Vermögenswerte, 42. Aufl. 2019; *Wolff/Jähnke*, Leipziger Kommentar StGB, Bd. 8: §§ 302a–335a, 11. Aufl. 2005; *Zech*, Daten als Wirtschaftsgut – Überlegungen zu einem „Recht des Datenerzeugers" – Gibt es für Anwenderdaten ein eigenes Vermögensrecht bzw. ein übertragbares Ausschließlichkeitsrecht?, CR 2015, 137.

A. Anwendbarkeit deutschen Strafrechts im Internet

Der Anwendbarkeit deutschen Strafrechts kommt bei den die Computerkriminalität betreffenden Delikten eine besondere Rolle zu.[1] Denn da die räumliche Entfernung eine äußerst untergeordnete Rolle spielt, ist die Begehung dieser Delikte von jedem – mit einem Netzwerk verbundenen – Computer der Welt möglich. Wegen dieser räumlichen Ungebundenheit haben – quasi als Kehrseite – viele Internetdienstanbieter ihren Sitz nicht in Deutschland, sondern im Ausland.[2]

Als Grundprinzip gilt, dass jeder Staat auf seinem Territorium der alleinige Träger der Hoheitsgewalt ist. Seit der Lotus-Entscheidung des StIGH vom 7.9.1927 ist es anerkannt, dass eine Ausdehnung der Strafgewalt über das eigene Territorium hinaus nur innerhalb der Grenzen des Völkerrechts möglich ist.[3] Dieses soll einen „Strafrechtsimperialismus" durch willkürliche Ausdehnung der Strafgewalt eines Staates verhindern. Durch das Völkerrecht wird der Umfang der Strafgewalt des jeweiligen Staates bestimmt. Danach ist ein legitimierender völkerrechtlicher Anknüpfungspunkt notwendig. Als solche sind die völkerrechtlichen Prinzipien des internationalen Strafrechts (Territorialitätsprinzip, Flaggenprinzip, aktives und passives Personalitätsprinzip, Schutzprinzip, Weltrechtsprinzip und Prinzip der stellvertretenden Strafrechtspflege) anerkannt.[4] Für die Anwendbarkeit des deutschen Strafrechts im Rahmen der Computerkriminalität sind insbesondere das **Territorialitätsprinzip** nach § 3 StGB iVm dem **Ubiquitätsprinzip** nach § 9 StGB, das Schutzprinzip nach § 5 StGB sowie das **Weltrechtsprinzip** nach § 6 StGB relevant.

Eine Anwendbarkeit deutschen Strafrechts über das **Schutzprinzip** kommt insbesondere nach § 5 Nr. 4 StGB für Straftaten des Landesverrats und der Gefährdung der äußeren Sicherheit (§§ 94–100a StGB) und nach § 5 Nr. 7 StGB bei der Verletzung von Betriebs- oder Geschäftsgeheimnissen in Betracht.[5] So sind über § 5 Nr. 7 StGB die Straftatbestände der §§ 201–204 StGB, welche dem Schutz des gesprochenen Wortes oder Geheimnisbe-

---

[1] Im Rahmen dieses Beitrages ist nur eine kurze Einführung möglich; weiterführend *Sieber*, NJW 1999, 2065 ff.; *Hilgendorf*, ZStW 113, 650; *Koch*, GA 2002, 703.
[2] Vgl. *Gercke*, CR 2005, 469.
[3] StIGHE 5, 73 ff.
[4] *Schiemann*, JR 2017, 339.
[5] Vgl. *Cornelius*, Journal of Self-Regulation and Regulation, S. 1, 4.

reiches dienen, dann anwendbar, wenn inländische Betriebe oder Unternehmen von den Ausspähaktionen betroffen sind.[6] Daneben kann mit Blick auf die Computerkriminalität noch § 5 Nr. 8 StGB zum Tragen kommen, wenn ein Deutscher mit den Mitteln des Internets auf das Opfer einwirkt und so Straftaten der sexuellen Selbstbestimmung verwirklicht (§ 174 Abs. 1, 2 und 4 StGB sowie §§ 176–178 und § 182 StGB).

4   Das **Weltrechtsprinzip** ist für den Bereich der Computerkriminalität wegen der in § 6 Nr. 6 StGB niedergelegten Anwendbarkeit deutschen Strafrechts bei der Verbreitung pornographischer Schriften in den Fällen der §§ 184a, 184b Abs. 1–3 StGB und § 184c Abs. 1–3 StGB, jeweils auch in Verbindung mit § 184d S. 1 StGB relevant.

5   Bei Tatbeständen, die nach §§ 5, 6 StGB tatortunabhängig anwendbar sind, treten keine internetspezifischen Probleme auf. So ist die Verbreitung kinderpornographischer Darstellungen nach § 6 Nr. 6 StGB immer auch nach deutschem Strafrecht verfolgbar. Allerdings ging der Zweite Strafsenat des BGH außerhalb der völkerrechtlichen Kernverbrechen auch dann, wenn das Weltrechtsprinzip zum Tragen kommt, davon aus, dass zur Legitimation der Ausdehnung der deutschen Strafgewalt auf Auslandstaten ein Inlandsbezug notwendig sei.[7] Diese Auffassung hat er zwar ausdrücklich aufgegeben, allerdings mit der Einschränkung, dass eine Beschränkung des Weltrechtsprinzips aus völkerrechtlicher Sicht mit Blick auf den **Nichteinmischungsgrundsatz** geboten sein kann.[8] Außerdem gilt dies allein für das Weltrechtsprinzip nach § 6 StGB, nicht aber für das Schutzprinzip nach § 5 StGB.[9] Bei Letzterem wird nach wie vor ein besonderer Inlandsbezug verlangt (vgl. die Überschrift „Auslandstaten mit besonderem Inlandsbezug").

6   Darüber hinaus ist eine Anwendbarkeit deutschen Strafrechts für die durch oder gegen einen Deutschen begangenen Straftaten möglich, sofern die nach § 7 Abs. 1 und Abs. 2 StGB erforderliche Tatortstrafbarkeit gegeben ist.[10] Das betrifft jedoch nur natürliche Personen. Wenn das Opfer eine juristische Person ist, ist § 7 StGB nicht anwendbar, selbst wenn die übrigen Voraussetzungen vorliegen.[11]

7   Nach dem in § 3 StGB niedergelegten **Territorialitätsprinzip** gilt das deutsche Strafrecht für alle Taten, die im Inland begangen werden. Den Tatort bestimmt das Ubiquitätsprinzip des § 9 Abs. 1 StGB. Danach begründen sowohl der Handlungs- als auch der Erfolgsort eine Strafbarkeit. Bei Distanzdelikten führt dies regelmäßig zu mehreren Tatorten. Mangels eines tatbestandlichen Erfolges kommt dem Handlungsort besondere Bedeutung für die Tätigkeitsdelikte (zB Aussagedelikte) zu.[12] Die Bestimmung des Erfolgsortes – das heißt des Ortes, an dem der zum Tatbestand gehörende Erfolg eintritt – ist wichtig für die Verletzungsdelikte. Diese lassen sich in klassische Erfolgsdelikte (wie die Datenveränderung und Computersabotage, §§ 303a, 303b StGB und die Beleidigung nach § 185 StGB) und konkrete Gefährdungsdelikte[13] (zB § 130 Abs. 4 StGB) unterteilen. Dagegen fehlt es den abstrakten Gefährdungsdelikten (wie dem Verbreiten von Propagandamitteln verfassungswidriger Organisationen nach § 86 StGB, dem Verwenden von Kennzeichen verfassungswidriger Organisationen nach § 86a StGB, der Gewaltdarstellung nach § 131 StGB und der Verbreitung pornographischer Schriften nach § 184 StGB sowie § 130 Abs. 2 StGB) an einem Tatortfolg,[14] so dass dort nur der Handlungsort für die Bestimmung des Tatortes herangezogen werden kann.[15] Eine Mittelstellung nehmen die potentiellen (abstrakt-konkreten) Gefährdungsdelikte (wie die Volksverhetzung nach § 130 Abs. 1 und Abs. 3 StGB)

---

[6] *Werkmeister/Steinbeck*, wistra 2015, 209 (210).
[7] *BGH*, NStZ 2015, 568; offengelassen von *BGH*, StV 1992, 155.
[8] *BGH*, NStZ 2017, 295 f.; zustimmend *Schiemann*, JR 2017, 339 (342).
[9] *BGH*, NStZ 2017, 295 (296).
[10] Schönke/Schröder/*Eser*, StGB, § 9 Rn. 7; vgl. zur so begründeten Strafbarkeit nach deutschem Strafrecht für eine in der Schweiz begangene Holocaustleugnung *BGH*, NStZ 2017, 146 ff.
[11] *Schiemann*, JR 2017, 339 (344).
[12] Zum Tathandlungserfolg vgl. *Sieber*, NJW 1999, 2065 (2068 f.).
[13] Bei diesen Delikten muss sich die Gefahr im Einzelfall konkret eintreten, diese ist Tatertfolg.
[14] Wessels/*Beulke/Satzger*, Strafrecht AT Rn. 43.
[15] *BGH*, NStZ 2015, 81; *OLG München*, StV 1991, 504.

A. Anwendbarkeit deutschen Strafrechts im Internet

ein: Bei diesen muss zwar keine konkrete Gefahr eintreten, die Tathandlung soll aber zur Herbeiführung einer solchen konkreten Gefahr zumindest geeignet sein,[16] wobei dies nach neuerer höchstrichterlicher Rechtsprechung nicht mehr für die Begründung eines Erfolgsortes ausreicht.[17]

Bei der Teilnahme (Anstiftung oder Beihilfe) kommt nach § 9 Abs. 2 S. 1 StGB neben dem durch den Täter begründeten Tatort als weiterer Tatort noch der Ort in Betracht, an dem der Teilnehmer gehandelt hat oder im Falle des Unterlassens hätte handeln müssen oder an dem nach seiner Vorstellung die Tat begangen werden sollte. Falls die Haupttat eine Auslandstat ist, der Teilnehmer aber im Inland gehandelt hat, ist nach der Regelung des § 9 Abs. 2 S. 2 StGB deutsches Strafrecht selbst dann anwendbar, wenn die Tat nach dem Recht des ausländischen Tatorts nicht mit Strafe bedroht ist.

Unter Umständen kann eine so begründete Anwendbarkeit deutschen Strafrechts nach dem im § 3 TMG normierten **Herkunftslandprinzip** ausgeschlossen sein, wenn ein entsprechendes Verhalten zwar in Deutschland, nicht aber im Sitzland eines Telemediendienstanbieters strafbar ist und es so zu einer Einschränkung des freien Dienstleistungsverkehrs kommt. Dieser darf für Anbieter von Telemedien – wie sozialen Netzwerken – nicht eingeschränkt werden, wenn sie in einem anderen Staat innerhalb des Geltungsbereichs der Richtlinien 2000/31/EG und 89/552/EWG niedergelassen sind, § 3 Abs. 2 TMG. Dabei kommt es auf den Mittelpunkt der tatsächlichen Geschäftstätigkeit im Hinblick auf den bereitgestellten Telemediendienst (also nicht auf den Serverstandort) an, § 2a TMG.[18] Dieser Anwendungsbereich wird auf die für den Dienstanbieter tätigen Personen ausgedehnt, da ansonsten das Herkunftslandprinzip leerlaufen würde.[19] Damit kann eine Gehilfenstrafbarkeit für die Angestellten eines Telemediendienstes trotz der Verbreitung von (nach deutschem Recht) strafbaren Inhalten ausgeschlossen sein. Eine echte Bereichsausnahme für das Strafrecht ist nicht anzuerkennen, da dieses – im Gegensatz beispielsweise zum Urheberrecht (§ 3 Abs. 4 Nr. 6 TMG) oder zum Kartellrecht (§ 3 Abs. 4 Nr. 8 TMG) nicht in der enumerativen Aufzählung des § 3 Abs. 4 TMG enthalten ist.[20] Jedoch ist zu beachten, dass die Anwendbarkeit des Herkunftslandprinzips dann ausgeschlossen ist, wenn eine „ernsthafte und schwerwiegende Gefahr" oder eine Beeinträchtigung der öffentlichen Sicherheit „insbesondere im Hinblick auf die Verhütung, Ermittlung, Aufklärung, Verfolgung, und Vollstreckung von Straftaten" vorliegt, § 3 Abs. 5 Nr. 1 TMG. Eine solche Gefahr wird bei der Vollendung eines Erfolgsdeliktes (einschließlich eines konkreten Gefährdungsdeliktes) regelmäßig gegeben sein.[21] Gleiches gilt auch für den Tatbestand der Volksverhetzung nach § 130 StGB, wenn die dort normierte Tatbestandsvoraussetzung erfüllt ist, dass sie in einer Weise erfolgt, die geeignet ist, den öffentlichen Frieden zu stören.[22]

Teilweise wird bei abstrakten Gefährdungsdelikten vertreten, dass die Ausnahme vom Herkunftslandprinzip nur dann gelte, wenn im Einzelfall eine konkrete Gefahr eingetreten sei und diese bekämpft werden soll, während latente bzw. vage Gefahren hinzunehmen seien.[23] Hierfür spricht, dass das Strafrecht nicht bei den echten Bereichsausnahmen aufgeführt ist, also eine Differenzierung auch innerhalb der jeweiligen Straftatbestände erforderlich ist. Dies sollte jedoch nicht anhand der Einordnung als abstraktes oder konkretes Gefährdungsdelikt oder als Erfolgsdelikt erfolgen. Vielmehr ist auf den (auf die E-Commerce-Richtlinie zurückgehenden) Wortlaut des § 3 Abs. 5 abzustellen und im Einzelfall zu untersuchen, ob jeweils eine Beeinträchtigung oder „ernste oder schwerwiegende Ge-

---

[16] Vgl. BGHSt 46, 212f. zu § 130 StGB; Schönke/Schröder/*Eser*, § 9 Rn. 7a.
[17] *BGH*, NStZ 2017, 146 (nachfolgend noch ausführlicher hierzu).
[18] *Handel*, MMR 2017, 227 (230).
[19] *Handel*, MMR 2017, 227 (230).
[20] *Schwiddessen*, CR 2017, 443 (450); BeckOK/*Weller*, § 3 TMG Rn. 13.
[21] *Handel*, MMR 2017, 227 (230).
[22] Im Ergebnis ebenso *Handel*, MMR 2017, 227 (231).
[23] MK-StGB/*Altenhain*, § 3 TMG Rn. 57.

fahr" abgewehrt werden soll. Wenn man sich vor Augen hält, dass der Gesetzgeber abstrakte Gefährdungsdelikte gerade in den Bereichen normiert, in denen er eine Gefahr für das zu schützende Rechtsgut schon dann annimmt, wenn nur eine Tathandlung verwirklicht wird, ist es zu weitgehend, abstrakte Gefährdungsdelikte generell von der Bereichsausnahme auszunehmen, also im Endeffekt das Herkunftslandprinzip anzuwenden und damit eine Strafbarkeit auch bei einer nach §§ 3 ff. StGB generell gegebenen Anwendbarkeit deutschen Strafrechts auszuschließen. Vielmehr ist insbesondere bei den Strafvorschriften, die dem in § 3 Abs. 5 S. 1 Nr. 1 TMG explizit genannten Jugendschutz und der Bekämpfung der Hetze aus Gründen der Rasse, des Geschlechts, des Glaubens oder der Nationalität sowie der Verletzung der Menschenwürde einzelner Personen, aber auch der Wahrung nationaler Sicherheits- und Verteidigungsinteressen dienen, im Regelfall von dem Vorliegen einer solchen Gefahr auszugehen. Das betrifft beispielsweise die Tatbestände der §§ 86, 86a, 130, 131 StGB.[24]

11   Die weitere Voraussetzung für eine Ausnahme der Anwendbarkeit des Herkunftslandprinzips ist, dass die Maßnahme des innerstaatlichen Rechts in einem angemessenen Verhältnis zum Schutzgut stehen muss.[25] Dabei ist es zu weitgehend, bei jeder strafrechtlichen Maßnahme ein verhältnismäßiges Einschreiten anzunehmen.[26] Denn dann würde es keinen Sinn machen, das Strafrecht nicht bei den echten Bereichsausnahmen des § 3 Abs. 4 TMG aufzuführen.[27] Vielmehr ist eine Interessenabwägung im Einzelfall erforderlich. In diese ist insbesondere einzustellen, inwieweit das Verhalten nicht nur nach deutschem Recht, sondern auch nach dem Recht anderer Staaten der Europäischen Union strafbar ist[28] bzw. zumindest öffentlich-rechtliche Sanktionen vorgesehen sind.[29] Insbesondere wenn Deutschland mit der strafrechtlichen Bewertung des Verhaltens allein steht, hat die Strafverfolgungsbehörde zu ermitteln, ob es zwingende Gründe für die Anwendung dieses hohen Schutzstandards gibt.[30] So kann sich eine entsprechende Rechtfertigung auf die Erfüllung grundrechtlicher Schutzpflichten stützen, wobei insbesondere die Persönlichkeitsentwicklung Minderjähriger als Grundlage des Jugendmedienschutzes in Frage kommt.[31]

12   Das grundsätzlich für beschränkende Verfahren geltende Konsultationsverfahren gilt nach dem ausdrücklichen Wortlaut von § 3 Abs. 5 S. 2 TMG nicht für gerichtliche Verfahren einschließlich etwaiger Vorverfahren und die Verfolgung von Straftaten einschließlich der Strafvollstreckung und von Ordnungswidrigkeiten. Diese Ausnahme vom Informations- und Konsultationsverfahren ist nachvollziehbar, da ein letztinstanzliches Gericht der Vorlagepflicht nach Art. 267 Abs. 3 AEUV unterliegt.[32]

I. Erfolgsort

13   Bei den Verletzungsdelikten ist die Feststellung des Erfolgsortes regelmäßig unproblematisch. Dieser liegt dort, wo die für die Tatbestandsverwirklichung erforderliche Wirkung eintritt. Das ist beispielsweise bei der Datenveränderung dort der Fall, wo die betreffenden Daten gespeichert sind, während dies bei den konkreten Gefährdungsdelikten der Ort ist, an dem die tatbestandliche konkrete Gefahr eintritt.[33] Bei Internet-Publikationen mit beleidigendem Charakter liegt der Erfolgsort in Deutschland, da die Inhalte hier empfangen werden können. Dies bedeutet in der Konsequenz, dass das deutsche Strafrecht auf alle iSd

---

[24] *Schwiddessen*, CR 2017, 443 (451).
[25] *Schwiddessen*, CR 2017, 443 (451).
[26] *OLG Hamburg*, NJW-RR 2003, 760 (761).
[27] MK-StGB/*Altenhain*, § 3 TMG Rn. 58.
[28] MK-StGB/*Altenhain*, § 3 TMG Rn. 60.
[29] MK-StGB/*Altenhain*, § 3 TMG Rn. 61.
[30] MK-StGB/*Altenhain*, § 3 TMG Rn. 60.
[31] *Schwiddessen*, CR 2017, 443 (453).
[32] Spindler/Schuster/*Nordmeier*, § 3 TMG Rn. 23.
[33] *Cornils*, JZ 1999, 394 (395).

StGB tatbestandsmäßigen beleidigenden oder verleumderischen Publikationen anwendbar ist. Diese allumfassende Anwendbarkeit verstößt gegen das völkerrechtliche **Nichteinmischungsprinzip**. Nur in Ausnahmefällen ist die Ausübung der Hoheitsgewalt auf fremdem Territorium gestattet.

Dabei werden verschiedene Theorien zur Einschränkung vertreten:[34] 14
- Anlehnung an die Anknüpfungspunkte des § 7 StGB, dh Berücksichtigung der lex loci (die Tat muss auch am Handlungsort mit Strafe bedroht sein) sowie zusätzlich, dass sich die Tat gegen einen Deutschen richtet (arg. § 7 Abs. 1 StGB), der Täter zur Zeit der Tat ein Deutscher war oder es danach geworden ist (arg. § 7 Abs. 2 Nr. 1 StGB), oder der Täter zur Zeit der Tat Ausländer war, im Inland betroffen wurde und nicht ausgeliefert werden konnte (arg. § 7 Abs. 2 Nr. 2 StGB)[35]
- Subjektivierung des Erfolgsortes (Erfolgseintritt in Deutschland als finales Ziel des Täters)[36]
- Aufgabe der Differenzierung zwischen Verletzungs- und Gefährdungsdelikten und Abstellen auf den Tathandlungserfolg, wobei zwischen Push-Technologie (zielgerichtetes Senden und Übertragen strafbarer Inhalte) und Pull-Technologien (durch selbstständiges Abrufen der Inhalte wird nicht der notwendige Inlandsbezug hergestellt) unterschieden werden soll[37]
- Erstmaliger Erfolgseintritt (keine computerrechtliche Konzeption, sondern ältere Literatur)[38]

Die Anknüpfung an die Kriterien des § 7 StGB zur **Einschränkung des Territorialitätsprinzips** engt die Anwendbarkeit des deutschen Strafrechts zu sehr ein, so dass diese abzulehnen ist. Die auf einen Tathandlungserfolg abstellende Meinung vermag ebenso nicht zu überzeugen. Dieser Erfolg ist notwendiger Bestandteil der Handlung selbst, so dass diese Ansicht zu einer Vermischung von Tathandlung und Tatererfolg führt.[39] Die auf den erstmaligen Erfolgseintritt abstellende Konzeption ist jedenfalls für im Internet begangene Äußerungsdelikte nicht tauglich, da regelmäßig nicht nachvollziehbar ist, ob und wo bereits ein vorheriger Abruf erfolgt ist oder nicht. Überzeugender ist die wohl hM, welche einen objektiv erkennbaren „vernünftigen legitimierenden Anknüpfungspunkt" zu Deutschland verlangt. Denkbare Kriterien sind die Veröffentlichung der Internetpublikationen in deutscher Sprache, die Benutzung einer deutschen Top-Level-Domain, ein spezieller Bezug der Äußerungen auf deutsche Sachverhalte oder Personen oder das Nichtvorhandensein eines Anknüpfungspunktes für andere Länder aus sonstigen Gründen. Subjektive Ziele können mitberücksichtigt werden.[40] 15

Unproblematisch in Bezug auf den Erfolgsort müssten eigentlich die so genannten abstrakten Gefährdungsdelikte sein. Da diese keinen Tatererfolg voraussetzen, wäre die Schlussfolgerung folgerichtig, dass sie auch keine Anwendbarkeit deutschen Strafrechts über den Erfolgsort begründen können.[41] Allerdings wird teilweise vertreten, dass auch abstrakte Gefährdungsdelikte einen Erfolgsort aufweisen würden, wonach eine von der Tathandlung abtrennbare Gefahr (als Tatererfolg) an jedem Ort eintrete, an dem sich die Tathandlung auswirken könne.[42] 16

---

[34] Vgl. zu weiteren Ansätzen auch Schönke/Schröder/*Eser*, § 9 Rn. 7d.
[35] Vgl. *Breuer*, MMR 1998, 141 (144); *Hilgendorf/Valerius*, Computer- und Internetstrafrecht, Rn. 162.
[36] Vgl. *Collardin*, CR 1995, 618 ff.
[37] *Sieber*, NJW 1999, 2065 (2071).
[38] Vgl. *Hippel*, ZStW 37 (1916), 1 ff.
[39] *Cornils*, JZ 1999, 394 (396); *Handel*, ZUM-RD. 2017, 202 (204).
[40] Vgl. *Hilgendorf*, NJW 1997, 1876; *ders.*, ZStW 2001, 650 (669); *Hilgendorf/Valerius*, Computer- und Internetstrafrecht, Rn. 160; eine besondere Nähebeziehung zu einem Staat wird von *Busching* MMR 2015, 295 (298) angezweifelt, dieser muss der Ort der persönlichen Anwesenheit des Täters entspricht.
[41] So auch *Hilgendorf*, NJW 1997, 1873; Lackner/*Kühl/Heger*, § 9 Rn. 2; Schönke/Schröder/*Eser*, § 9 Rn. 6.
[42] Vgl. LK-StGB/*Werle/Jeßberger*, § 9 Rn. 32 ff., Rn. 89; *Rengier*, Strafrecht AT, § 6 Rn. 17.

17 Nach einer zunächst vom BGH vertretenen Ansicht sollen die „abstrakt-konkreten Gefährdungsdelikte" (potentielle Gefährdungsdelikte) als Verletzungsdelikte anzusehen sein.[43] Der BGH versuchte dann in einem zweiten Schritt die extensive Interpretation von § 9 Abs. 1 Var. 3 StGB mittels eines „völkerrechtlich legitimierenden Anknüpfungspunktes" einzuschränken. Dieser solle bei Vorliegen eines „gewichtigen inländischen Rechtsguts" gegeben sein.

18 Hierzu hatte er einen grundlegenden Fall zu entscheiden (Fall „Toben"):[44] Der australische Staatsbürger N unterhielt in Australien einen Webserver, auf dem er in englischer Sprache zur „Reinhaltung der arischen Rasse" aufrief. Im Zusammenhang mit Ausführungen zur Erreichung dieses Ziels, enthielt die Webseite unter anderem ein ausführliches Argumentationspapier zur Führung eines vermeintlichen Beweises für die Unwahrheit des Holocaust.

19 Das LG Mannheim[45] sah den Tatbestand der §§ 185, 189 StGB als gegeben an, da der Erfolg in Deutschland eintrat. Dagegen wandte es § 9 Abs. 1 Var. 3 StGB auf Volksverhetzung (§ 130 StGB) nicht an, da es dieses als ein abstraktes Gefährdungsdelikt einstufte. Der BGH argumentierte dagegen, dass die ratio legis des § 9 StGB bedeute, dass bei Schädigung oder Gefährdung von Rechtsgütern im Inland deutsches Strafrecht anwendbar sei. Er stufte die Volksverhetzung als „abstrakt-konkretes" oder „potentielles" Gefährdungsdelikt ein. Sobald Äußerungen konkret zur Friedensstörung im Inland geeignet sind, sei der Tatererfolg gegeben. Dies wurde deshalb als gegeben angenommen, da die Äußerungen einen nahezu ausschließlichen Bezug zu Deutschland hatten und auch ohne Weiteres in Deutschland zugänglich waren.[46]

20 An dieser Entscheidung wurde deutlich das Bestreben des BGH erkennbar, rechtsradikaler und nazistischer Propaganda global entgegenzutreten. Das Problem ist die strafrechtsdogmatische und völkerrechtliche Tragfähigkeit. Kritisch hieran ist, dass die extraterritoriale Anwendbarkeit deutschen Strafrechts mit im alleinigen Ermessen des nationalen Gesetzgebers stehenden „gewichtigen inländischen Rechtsgütern" sehr bedenklich und ein Zeichen für die „Flexibilisierung" des Strafrechts ist[47] und letztlich zu „einer Einführung des Weltrechtsprinzips durch die Hintertür"[48] führt. Offen ließ der BGH damals, ob bei rein abstrakten Gefährdungsdelikten ein Erfolgsort „jedenfalls dann anzunehmen wäre, wenn die Gefahr sich realisiert hat".[49] In welcher Form dieser Erfolg (Verletzungserfolg oder als Verdichtung zu einer konkreten Gefahr?) eintreten soll, beschrieb der BGH nicht näher.[50]

21 Allerdings kippte diese Rechtsprechung. Zunächst hat der BGH in einer neueren Entscheidung festgestellt, dass das Verwenden von Kennzeichen verfassungswidriger Organisationen (§ 86a StGB) als abstraktes Gefährdungsdelikt keinen zum Tatbestand gehörenden Erfolg hat und konsequenterweise alleine auf den Handlungsort abgestellt.[51] In einer weiteren Entscheidung, bei der es wie auch im Fall „Toben" um eine Holocaustleugnung im Ausland ging, hat der Dritte Senat des BGH tragend judiziert, dass die Friedensstörung iSd § 130 Abs. 3 StGB keinen tatbestandlichen Erfolg umschreibt und damit auch keine An-

---

[43] Diese Wortschöpfung ist ein Paradebeispiel für gegensatzaufhebende Begriffsbildung, so dass der auch gebräuchliche Begriff potentielle Gefährdungsdelikte besser passt; *Hilgendorf*, ZStW 113 (2001), 650 (672).
[44] BGHSt 46, 212ff.
[45] *LG Mannheim*, 10.11.1999 – 5 KLs 503 Js 9551/99.
[46] BGHSt 46, 212ff.
[47] Vgl. *Kudlich*, StV 2001, 397; *Lagodny*, JZ 2001, 1198; *Sieber*, ZRP 2001, 97; *Vassilaki*, CR 2001, 262.
[48] *Hilgendorf*, NJW 1997, 1873 (1878).
[49] Vgl. auch *BGH*, NJW 2004, 2158 – Schöner Wetten, wonach ein nicht in Deutschland ansässiges Glückspielunternehmen gegen § 284 StGB verstößt, wenn es über das Internet in Deutschland für die Teilnahme an seinen Glücksspielen wirbt.
[50] Vgl. *Hilgendorf/Valerius*, Computer- und Internetstrafrecht, Rn. 161. Auch die australische Justiz hat sich mit diesem Thema beschäftigt. So hat letztinstanzlich der australische *Federal Court* am 27.6.2003 *Toben* jegliche Äußerung zum Holocaust untersagt; s. die Entscheidung unter http://www.austlii.edu.au/au/cases/cth/FCAFC/2003/137.html.
[51] *BGH*, NStZ 2015, 81.

wendbarkeit des deutschen Strafrechts nach §§ 3, 9 StGB begründet.[52] Da nach dem seit 2014 geltenden Geschäftsverteilungsplan des BGH allein der Dritte Strafsenat über die eine Volksverhetzung betreffenden Revisionen entscheidet, kann derzeit davon ausgegangen werden, dass es bei dieser geänderten Rechtsprechungslinie verbleibt.[53]

> **Praxistipp:** 22
> Für die Beratungspraxis ist die Klarstellung durch die beiden beschriebenen neueren Entscheidungen des BGH zu begrüßen. Danach geht die höchstrichterliche Rechtsprechung sowohl bei abstrakten als auch bei abstrakt-konkreten Gefährdungsdelikten nicht mehr davon aus, dass diese einen Erfolg iSd § 9 StGB haben. Damit ist bei diesen Deliktskategorien eine Begründung der Anwendbarkeit deutschen Strafrechts über den Erfolgsort ausgeschlossen. Allerdings können auch Personen, welche aus dem Ausland mittels des Internets Verbreitungsdelikte begehen, nach deutschem Strafrecht bestraft werden, wenn diese Tat auch in dem Staat, in welchem sich der Täter körperlich aufhielt (und damit einen Handlungsort begründete) nach deutschem Strafrecht bestraft werden, § 7 StGB. Ebenso kann bei einem dem Weltrechtsprinzip unterfallenden Delikt (wie der Kinderpornografie) nach § 6 StGB und bei Auslandstaten mit einem besonderen Inlandsbezug (wie der Verletzung von Geschäfts- und Betriebsgeheimnissen) nach § 5 StGB die Anwendbarkeit deutschen Strafrechts begründet werden.

II. Handlungsort

Für die Bestimmung des Handlungsortes kommt es darauf an, wo die auf Tatbestandsverwirklichung gerichtete Tätigkeit vorgenommen wird.[54] Grundsätzlich ist dies am Ort der körperlichen Anwesenheit des Täters.[55] Teilweise wurde diskutiert, ob unter den Bedingungen des Cyberspace auch eine „virtuelle Anwesenheit" für die Begründung eines Tatortes ausreichen soll.[56] Dies würde bedeuten, dass die Tathandlung dort begangen ist, wo die vom Täter in ein Netzwerk eingespeisten Daten abrufbar sind.[57] Einschränkend – aber in Anlehnung an diese Argumentation – soll neben dem Ort der körperlichen Anwesenheit des Täters auch noch der Standort desjenigen Servers in Betracht kommen, auf dem der Täter kontrolliert und gezielt eine Datei abspeichert.[58] Dabei sei die Steuerung des Geschehens durch den Täter entscheidend, so dass automatische Vorgänge wie das Weiterleiten von Daten durch einen Verbindungsrechner oder das Zwischenspeichern in einem Proxy-Cache-Server keinen Tatort begründen könnten.[59] Zwar ist dieser Meinung zuzugestehen, dass es bei mehraktigen Delikten wie dem Raub durchaus anerkannt ist, dass mehrere Handlungsorte begründet werden können. Allerdings ist es etwas fundamental anderes, ob der Tatbestand selbst schon mehrere aufeinander aufbauende Tathandlungen enthält (bei dem Raub sowohl die Gewaltanwendung als auch die Wegnahme) oder ob – wie bei der Verwendung von Kennzeichen verfassungsfeindlicher Organisationen nach § 86a StGB – die Tat schon durch *eine* Handlung verwirklicht werden kann. 23

Außerdem soll auch der Ort der Entfaltung einer Handlung in Betracht kommen. Bei telekommunikativer Übermittlung ist das die Stelle, an der die Kundgabehandlung optisch oder akustisch wahrgenommen werden kann. Das KG Berlin hatte diesbezüglich zu entscheiden, ob das Zeigen des Hitlergrußes bei einem Spiel in Polen, welches über den 24

---

[52] *BGH*, NStZ 2017, 146 ff.
[53] *Schwiddessen*, CR 2017, 443 (448).
[54] *Hilgendorf/Valerius*, Computer- und Internetstrafrecht, Rn. 135.
[55] Schönke/Schröder/*Eser*, StGB § 9 Rn. 4.
[56] *Kuner*, CR 1996, 453 (454).
[57] *Buschinger*, MMR 2015, 295 (296).
[58] *Cornils*, JZ 1999, 394 (397).
[59] *Cornils*, JZ 1999, 394 (397).

Fernseher direkt auch in Deutschland wahrnehmbar war, nach deutschem Strafrecht geahndet werden kann.[60] Die Anknüpfung an den Erfolgsort (§ 9 Abs. 1 Var. 3 StGB) scheidet für die Verwendung von Kennzeichen verfassungswidriger Organisationen nach § 86a Abs. 1 Nr. 1 StGB aus, weil der Tatbestand keinen von der Handlung abtrennbaren Erfolg voraussetzt. Auf abstrakte Gefährdungsdelikte, zu denen § 86a Abs. 1 Nr. 1 StGB gehört[61], ist § 9 Abs. 1 Var. 3 StGB nicht anwendbar.

25 Nach der Rechtsprechung ist der Begriff der Handlung in § 9 Abs. 1 Var. 1 StGB als auf die Tatbestandsverwirklichung gerichtete Tätigkeit zu verstehen.[62] Zur Begründung eines inländischen Tatorts reicht es danach aus, wenn die Handlung nur teilweise im Inland begangen wurde; das gilt etwa für Teilakte eines Dauerdelikts oder eines mehraktigen Delikts.

26 Die Handlung des Verwendens von Kennzeichen verfassungswidriger Organisationen gemäß § 86a Abs. 1 Nr. 1 StGB besteht in einem Gebrauch, der das Kennzeichen optisch oder akustisch wahrnehmbar macht.[63] Auf Grund ihres Charakters als Kundgabehandlung soll diese dann nicht auf den Standort des Handelnden beschränkt sein, sondern auch den Bereich einbeziehen, innerhalb dessen eine Wahrnehmung ermöglicht wird. Die Handlung, an die der strafrechtliche Vorwurf anknüpft, besteht dann in dem kommunikativen Akt einer Wahrnehmungsaufforderung, die überall dort erfolgt, wo das Kennzeichen als Wahrnehmungsgegenstand hörbar oder sichtbar dargeboten wird.

27 Deshalb soll es einen inländischen Handlungsort begründen, wenn im Grenzbereich von ausländischer Seite herübergerufene Parolen, eventuell durch Lautsprecherübertragung verstärkt, im Inland vernehmbar sind. Moderne Übertragungstechniken erweitern den Wirkungsbereich von Kundgabehandlungen. Das KG Berlin folgert daraus, dass dies eine Erweiterung des Anwendungsbereichs von § 9 Abs. 1 Var. 1 StGB bei derartigen Delikten zur Folge hat. Werden also Kennzeichen im Sinne von § 86a StGB von einem im Ausland befindlichen Täter zB mittels Rundfunk- oder Fernsehübertragung im Inland wahrnehmbar gemacht, dann ist nach dieser Rechtsprechung auch ein inländischer Handlungsort gegeben. Dieser Ansicht hat der BGH eine explizite Absage erteilt. Zutreffend hat er darauf abgestellt, dass der Radius der Wahrnehmbarkeit einer Handlung nicht Teil derselben ist und dass auch nicht etwa im Abruf von im Internet bereitgestellten Inhalten der Abschluss einer Handlung des Täters (hier des Verbreitens von Schriften) angesehen werden kann.[64]

B. Klassische Computerdelikte

I. Ausspähen von Daten

28 Bis zum Inkrafttreten des 41. Strafrechtsänderungsgesetzes zur Bekämpfung der Computerkriminalität[65] am 11.8.2007 wurde nach § 202a StGB bestraft,[66] wer unbefugt Daten, die nicht für ihn bestimmt und die gegen unberechtigten Zugang besonders gesichert waren, sich oder einem anderen verschaffte. Damit wollte der Gesetzgeber dem gestiegenen Wert von Informationen Rechnung tragen, Lücken im geltenden Strafrecht schließen und sie in umfassender Weise strafrechtlich gegen Spionage schützen.[67] Dieser Straftatbestand wurde dann dahingehend ausgeweitet, dass es nicht mehr darauf ankommt, dass der Täter sich die Daten auch tatsächlich verschafft. Nach der Neufassung des § 202a StGB ist be-

---

[60] *KG,* NJW 1999, 3500.
[61] Vgl. BGHSt 23, 267 (268).
[62] Vgl. BGHSt 34, 101 (106); *BGH,* NJW 1975, 1610 (1611); *KG,* JR 1981, 37 (38).
[63] Vgl. BGHSt 23, 267 (268f.); *OLG Hamm,* NJW 1982, 1656 (1657).
[64] *BGH,* NStZ 2015, 81 (82).
[65] BGBl. I 2007 S. 1786ff.
[66] Die alte Fassung gilt für alle Straftaten, die bis zum Inkrafttreten der Gesetzesänderung begangen wurden, § 2 StGB.
[67] BT-Drs. 10/5058, 28.

reits das Verschaffen des Zugangs (und nicht mehr notwendig auch des Informationsgehalts) zu Daten unter Überwindung einer Zugangssicherung ausreichend.[68] Wegen des engen Zusammenhangs mit den §§ 201, 202 StGB wurde dieser Tatbestand in den fünfzehnten Abschnitt des Strafgesetzbuches (Verletzung des persönlichen Lebens- und Geheimbereichs) eingestellt, währenddessen beispielsweise die Schweiz das unbefugte Eindringen in ein Datenverarbeitungssystem (Art. 143bis StGB) in den zweiten Titel des Strafgesetzbuches (Strafbare Handlungen gegen das Vermögen) eingeordnet hat.

Eine Versuchsstrafbarkeit existiert nicht, Vorbereitungshandlungen sind dagegen nach § 202c StGB strafbar. Hier besteht ein Wertungswiderspruch, da der Gesetzgeber einerseits auf eine Versuchsstrafbarkeit verzichtet, aber andererseits zeitlich noch vor der Versuchsstrafbarkeit einzuordnende Vorbereitungshandlungen nach § 202c StGB unter Strafe stellt.[69] Die Datenausspähung ist Antragsdelikt, § 205 StGB. **29**

Praxistipp: **30**
Beachten Sie, wer tatsächlich der Antragsberechtigte ist und ob der Antrag fristgerecht gestellt wurde! Berechtigter ist beispielsweise bei einem Ausspähen von auf Zahlungskarten gespeicherten Daten allein die kartenausgebende Stelle. Nur diese ist Verfügungsberechtigte über diese Daten. Dagegen ist der Inhaber der Zahlungskarte kein Berechtigter an den auf der Karte gespeicherten Daten, so dass dieser auch keinen wirksamen Strafantrag stellen kann. Denn nur der Verletzte ist antragsberechtigt, § 77 StGB. Dabei ist der Strafantrag innerhalb einer Frist von drei Monaten ab Kenntnis des Berechtigten von der Tat und der Person des Täters zu stellen, § 77b StGB. Der Antrag kann jederzeit bis zum Abschluss des Strafverfahrens zurückgenommen werden, § 77d StGB. Dies eröffnet ein Betätigungsfeld für den Verteidiger – es ist zulässig, wenn er den Strafantragsberechtigten bittet, einen Strafantrag zurückzunehmen. Selbstverständlich darf dies nicht unter dem Einsatz von rechtswidriger Täuschung oder Drohung geschehen. Eine Geldzahlung ist jedoch unschädlich, wenn sie auch als Wiedergutmachung (Schmerzensgeld!) geleistet wird.[70]

1. Rechtsgut und Datenbegriff

Die Ausgestaltung des Tatbestandes orientiert sich an der Verletzung des Briefgeheimnisses (§ 202 StGB).[71] Das durch § 202a StGB geschützte Rechtsgut ist das individuelle Geheimhaltungsinteresse des Verfügungsberechtigten; dabei ist es unerheblich, ob die Daten selbst Geheimnisse sind oder nicht.[72] Der Berechtigte soll unabhängig von den Eigentumsverhältnissen darüber bestimmen können, wem er diese zugänglich macht (formelle Verfügungsbefugnis).[73] Der Begriff **„formell"** soll bedeuten, dass es auf den Inhalt der Informationen nicht ankommt, sondern allein auf das Interesse an der Aufrechterhaltung des Herrschaftsverhältnisses über eine Information.[74] Aufgrund dieses Schutzgutes ist vom Schutzbereich des § 202a StGB das Benutzen von bereits ausgespähten Daten nicht umfasst.[75] Bei einem Unternehmen kommt es auf die Delegation der Entscheidungsbefugnis bezüglich des Zugangs zu Daten an.[76] **31**

---

[68] *Ernst*, NJW 2007, 2661; *Schumann*, NStZ 2007, 675.
[69] So auch *Borges/Stuckenberg/Wegener*, DuD 2007, 275; *Ernst*, NJW 2007, 2661 (2662).
[70] Vgl. *BGH*, StV 2000, 427.
[71] *Schumann*, NStZ 2007, 675; *Tiedemann*, Wirtschaftsstrafrecht BT, Rn. 495.
[72] *Hilgendorf/Valerius*, Computer- und Internetstrafrecht, Rn. 536; SK-StGB/*Hoyer*, § 202a Rn. 1; *Tiedemann*, Wirtschaftsstrafrecht BT, Rn. 496.
[73] Schönke/Schröder/*Lenckner/Eisele*, StGB § 202a Rn. 1; *Zech*, CR 2015, 137 (143).
[74] *Stuckenberg*, ZIS 2016, 526 (531).
[75] *Beucher/Engels*, CR 1998, 104; *Planert*, StV 2014, 430 (433).
[76] *BayObLG*, wistra 1993, 304; MüKo-StGB/*Graf*, § 202a Rn. 17.

32 **Praxistipp:**
Wenn es sich bei einer Verwirklichung von § 202a StGB um den unbefugten Zugriff auf personenbezogene intime Daten des Geschädigten handelt, liegt eine Verletzung des Persönlichkeitsrechts vor. Da § 202a StGB ein Schutzgesetz iSd § 823 Abs. 2 BGB ist, kann der Geschädigte daher Ersatz seines immateriellen Schadens verlangen. Die Höhe des Schadensersatzes bemisst sich dabei nach der Schwere der Persönlichkeitsrechtsverletzung.[77]

33 Ausgehend von diesem geschützten Rechtsgut wird der Datenbegriff weit bestimmt. **Daten** sind alle Darstellungen von Informationen, die sich als Gegenstand oder Mittel der Datenverarbeitung für eine Datenverarbeitungsanlage codieren lassen oder die das Ergebnis eines Datenverarbeitungsvorgangs sind.[78] Teilweise findet sich auch die kürzere Definition, dass unter Daten die Darstellung von Informationen mittels bestimmter Codes zu verstehen ist.[79] Kurz: Daten sind codierte Informationen, wobei Informationen Angaben über einen Gegenstand, einen Zustand oder ein Ereignis der realen oder irrealen Welt sind.[80]

34 Durch § 202a Abs. 2 StGB wird dieser weite Datenbegriff auf solche Daten eingeschränkt, die nicht unmittelbar wahrnehmbar sind und entweder in gespeicherter Form vorliegen oder übermittelt werden. **Nicht unmittelbar wahrnehmbar** sind die Daten dann, wenn sie nur mittels eines Lesegerätes (Computer, mp3-player, Bildschirm, Drucker) wahrnehmbar gemacht werden können.[81] Eine Umsetzung in andere Zeichen ist nicht erforderlich; lediglich solche Hilfsmittel bleiben außer Betracht, die der Korrektur eines abgeschwächten Wahrnehmungsvermögens auf durchschnittliche Werte dienen. Damit sind Mikroficheaufnahmen, die der Vergrößerung durch ein Mikroskop bedürfen, nicht unmittelbar wahrnehmbar, während Brillen und Hörgeräte außer Betracht bleiben.[82] Die unmittelbare Wahrnehmbarkeit bezieht sich aber nur auf die visuelle Erkennbarkeit der Zeichen, die zur Datendarstellung benutzt werden (also auf die Syntax). Es kommt nicht auf die Erkennbarkeit der Bedeutung dieser Zeichen (also die Semantik) an. Dies bedeutet, dass Barcodes und Lochkarten – obwohl der Betrachter ohne Zuhilfenahme von Technik nicht die Bedeutung und damit den Informationsgehalt erfassen kann – dennoch keine Daten iSd § 202a StGB sind, da die Zeichen (Striche beim Barcode) ohne Zuhilfenahme von Hilfsmitteln direkt optisch wahrgenommen werden können.[83] Die Daten als syntaktische Codierung machen den semantischen Gehalt der an sich nicht fixierten Information erst in einer bestimmten Hardware physikalisch existent.[84]

35 **Gespeichert** sind Daten dann, wenn sie zum Zwecke ihrer Verarbeitung oder Nutzung auf einem Datenträger erfasst, aufgenommen oder aufbewahrt sind. Unstrittig trifft dies auf Daten zu, die dauerhaft fixiert wurden.[85] Eine weitergehende Ansicht sieht auch Daten, die lediglich in den Arbeitsspeicher geladen wurden, als taugliches Tatobjekt iSd § 202a Abs. 2 StGB an.[86] Dieser Auffassung ist insofern zuzustimmen, als es nach dem Wortlaut des Gesetzes weder auf die Art des Datenträgers ankommt noch darauf, wie lange ein

---

[77] Vgl. *AG Frankfurt*, RDV 2002, 86f., welches ein Schmerzensgeld von 5.000 DM zusprach; zum Schutzgesetzcharakter s. auch *OLG Celle*, MMR 2011, 208.
[78] *Hilgendorf/Valerius*, Computer- und Internetstrafrecht, Rn. 538; MüKo-StGB/*Graf*, § 202a Rn. 8; Schönke/Schröder/*Lenckner/Eisele*, StGB § 202a Rn. 3; *Planert*, StV 2014, 430 (433).
[79] NK-StGB/*Kargl*, § 202a Rn. 4.
[80] *Stuckenberg*, ZIS 2016, 526 (527).
[81] *Hilgendorf/Valerius*, Computer- und Internetstrafrecht, Rn. 539; SK-StGB/*Hoyer*, § 202a Rn. 4.
[82] *Hilgendorf/Valerius*, Computer- und Internetstrafrecht, Rn. 539; MüKo-StGB/*Graf*, § 202a Rn. 8; Schönke/Schröder/*Lenckner/Eisele*, StGB § 202a Rn. 5.
[83] So auch NKStGB/*Kargl*, § 202a Rn. 5.
[84] Vgl. *Stuckenberg*, ZIS 2016, 526 (531).
[85] *Bär*, Computerkriminalität, Rn. 44; LK-StGB/*Schünemann*, § 202a Rn. 4; SK-StGB/*Hoyer*, § 202a Rn. 4.
[86] *Gröseling/Höfinger*, MMR 2007, 627; MüKo-StGB/*Graf*, § 202a Rn. 16; NK-StGB/*Kargl*, § 202a Rn. 6; *Vassilaki*, CR 2008, 131 (134).

Computer/Server angeschaltet[87] ist und damit die Daten im Arbeitsspeicher bleiben. Deshalb macht es keinen Sinn, nach der Art des Speichers zu differenzieren, sondern vielmehr ist darauf abzustellen, ob Daten für eine gewisse Dauer verfügbar sind.[88] Diese Stabilität wird bei den Daten im Arbeitsspeicher regelmäßig gegeben sein.

Übermittelt werden Daten bei einem Datentransfer (Weiterleitung), insbesondere innerhalb eines Netzwerkes. Deshalb kann auch das Anzapfen von Datenübertragungsleitungen unter diesen Tatbestand zu subsumieren sein.[89]

2. Tatbestand

a) Nicht für den Täter bestimmt

Die Daten sind dann nicht für den Täter bestimmt, wenn sie ihm nach dem Willen des Verfügungsberechtigten zum Zeitpunkt der Tathandlung nicht zur Verfügung stehen sollen.[90] Der Verfügungsberechtigte wird bei gespeicherten Daten regelmäßig die Stelle sein, welche die Daten rechtlich zurechenbar gespeichert hat.[91] Der Inhalt der Daten ist ebenso wie das Eigentum an den Datenträgern unerheblich. Selbst der Personenbezug von Daten führt nicht zu einer Verfügungsbefugnis. Aus diesem Grund scheidet eine Strafbarkeit des Arbeitgebers, der die E-Mails von ausschließlich betrieblich genutzten E-Mail Konten seiner Arbeitnehmer untersucht, aus. Denn die E-Mails werden im Interesse des Arbeitgebers versendet und empfangen und sind daher für den Arbeitgeber bestimmt.[92]

> **Praxistipp:**
> Da der Personenbezug der Daten unerheblich ist, kommt es nicht darauf an, ob eine Einwilligung des von den Daten Betroffenen vorliegt. Entscheidend ist allein das Einverständnis des Verfügungsberechtigten.

Bei einer Übermittlung von Daten ist Verfügungsberechtigter zunächst die übermittelnde Stelle und nach Erhalt regelmäßig der Empfänger der Daten.[93] Es kommt allein auf die Bestimmung zum Tatzeitpunkt an, so dass spätere missbräuchliche Verwendungen nicht von § 202a StGB (aber unter Umständen von § 23 GeschGehG) erfasst sind.

> **Praxistipp:**
> Die Zugriffsberechtigung kann beispielsweise vertraglich geregelt sein. Mit Beendigung dieses Vertrages endet auch die Bestimmung gem. § 202a StGB, selbst wenn die Zugangsdaten unverändert bleiben und dem vormals Berechtigten der Zugriff faktisch möglich ist.

Da die Bestimmung für den Täter bereits den Tatbestand ausschließt und somit die Regeln für ein tatbestandsausschließendes Einverständnis gelten, kommt es allein auf das tatsächliche Vorliegen dieses Einverständnisses an.[94] Ebenso wie bei der Diebesfalle ist es deshalb unerheblich, ob der Dritte Kenntnis von dem Vorliegen des Einverständnisses hat oder nicht.

---

[87] Dieser ist unter Umständen immer angeschaltet.
[88] *Koch*, Strafrechtliche Probleme, S. 114.
[89] *Hilgendorf/Valerius*, Computer- und Internetstrafrecht, Rn. 541; NK-StGB/*Kargl*, § 202a Rn. 6; SK-StGB/*Hoyer*, § 202a Rn. 4; ergänzend zum Schutz durch § 202b StGB, s. → Rn. 56ff.
[90] *Hilgendorf/Valerius*, Computer- und Internetstrafrecht, Rn. 542.
[91] Ähnlich *Bär*, Computerkriminalität, Rn. 49; Schönke/Schröder/*Lenckner/Eisele*, StGB § 202a Rn. 9; SK-StGB/*Hoyer*, § 202a Rn. 13; OLG Naumburg, BeckRS 2014, 19058 Rn. 21; LG Halle, 5.12.2013 – 5 O 110/13.
[92] Vgl. *Süße/Eckstein*, Newsdienst Compliance 2014, 71009.
[93] OLG Naumburg, BeckRS 2014, 19058 Rn. 21; NK-StGB/*Kargl*, § 202a Rn. 7; *Planert*, StV 2014, 430 (433).
[94] NK-StGB/*Kargl*, § 202a Rn. 8.

b) Zugangssicherung

42 Des Weiteren müssen die Daten gegen unberechtigten Zugang besonders gesichert sein. Der Zweck einer solchen besonderen Sicherung muss darin bestehen, den Zugang Unbefugter zu den Daten zu verhindern oder zumindest zu erschweren.[95] Entscheidend ist die Dokumentation des Geheimhaltungsinteresses durch den Berechtigten.[96] Damit ist unter einer Zugangssicherung jedes Hindernis zu verstehen, das den tatsächlichen Zugriff auf Daten nicht ganz unerheblich zu erschweren geeignet und bestimmt ist.[97] Dies bedeutet, dass das Vorhandensein von Sicherheitslücken nicht dazu führt, eine besondere Zugangssicherung abzulehnen, solange eine erhebliche Erschwerung des Zugriffs auf Daten vorliegt. Dabei ist es zu weitgehend, wenn teilweise verlangt wird, dass eine besondere Sicherung nur dann vorliegen solle, wenn der Nutzer selbst tätig wurde und nicht etwa nur ein vorinstalliertes Programm als Zugangssicherung übernommen habe. Denn nur bei einer aktiven Erhöhung des Schutzniveaus solle sich das Geheimhaltungsinteresse des Nutzers manifestieren.[98] Dem ist entgegenzuhalten, dass sich die Dokumentation des Geheimhaltungsinteresses auch durch konkludentes Handeln manifestieren kann. Der Nutzer, welcher eine bereits vorinstallierte Zugangssicherung benutzt, kann auch allein durch die Benutzung (und Nicht-Abschaltung) derselben dokumentieren, dass er sein informationstechnisches System gesichert sehen möchte.

43 Außerdem kommt es darauf an, dass sich die Sicherung gegen die spezifische Angriffsart selbst richtet. Denn wenn auch solche Schutzmaßnahmen als ausreichend angesehen werden, die den konkreten Angriff überhaupt nicht abwehren können, würde sich das Einrichten einer Zugangssicherung auf einen symbolischen Akt reduzieren.[99] Damit ist auf den jeweiligen Zweck der eingesetzten Zugangssicherung abzustellen. So kann ein Antivirenprogramm als eine Zugangssicherung gegen das Eindringen von Trojanern oder Bots anzusehen sein,[100] nicht aber als Sicherung gegen den direkten Zugriff durch dritte Personen. Bei Zugrundelegung der Differenzierung nach den Angriffsarten kommt es beispielsweise bei dem Einrichten einer Firewall darauf an, welche Funktionen sie erfüllt und auf welche Art das System angegriffen wurde.[101] Handelt es sich etwa nur um eine Proxy-Firewall, die für eine bestimmte Anwendung als Gateway von einem Netzwerk zu einem anderen dient, ist diese nicht als Zugangssicherung iSd § 202a StGB anzusehen. Wenn dagegen eine Unified Threat Management Firewall (UTM) oder Next-Generation Firewall (NGFW) eingesetzt wird, die auch Intrusion Prevention und Antivirus-Funktionen enthalten, können diese durchaus als Zugangssicherung gegen die Angriffe von Viren und Trojanern eingeordnet werden. Entscheidend ist, ob neben der objektiven Eignung der Erschwerung des unberechtigten Eindringens das Geheimhaltungsinteresse des Berechtigten entsprechend dokumentiert ist.

44 Eine mittelbare Sicherung (zB durch das Betriebssystem oder mechanische Sicherheitsvorkehrungen) ist ausreichend.[102] Dafür ist aber die Verfolgung eines selbständigen Sicherungszweckes erforderlich.[103] Dagegen sind organisatorische Maßnahmen oder Registrierungspflichten nicht als Zugangssicherung anzusehen.[104] Der Umstand, dass Daten nicht

---

[95] MüKo-StGB/*Graf*, § 202a Rn. 31; *Vassilaki*, CR 2008, 131.
[96] BT-Drs. 10/5058, 29; MüKo-StGB/*Graf*, § 202a Rn. 28; *Schumann*, NStZ 2007, 675; *Tiedemann*, Wirtschaftsstrafrecht BT, Rn. 515; kritisch *Dietrich*, NStZ 2011, 247 ff.
[97] Schönke/Schröder/*Lenckner*/*Eisele*, StGB § 202a Rn. 14; SK-StGB/*Hoyer*, § 202a Rn. 5.
[98] *Stam*, ZIS 2017, 547 (550).
[99] *Stam*, ZIS 2017, 547 (549).
[100] *Stam*, ZIS 2017, 547 (549).
[101] Die jeweilige technische Ausgestaltung hervorhebend BGH, NStZ 2016, 339 (340).
[102] *Hilgendorf*/*Valerius*, Computer- und Internetstrafrecht, Rn. 546.
[103] Bei diesen wird teilweise ein „computerspezifischer" Bezug gefordert; vgl. LPK-*Kindhäuser*/*Hilgendorf*, § 202a Rn. 4 bzw. die Erkennbarkeit der Finalität des Geheimhaltungszwecks; *Dietrich*, NStZ 2011, 247 (250).
[104] Vgl. LK-StGB/*Schünemann*, § 202a Rn. 14; MüKo-StGB/*Graf*, § 202a Rn. 31; *Vassilaki*, CR 2008, 131 (132).

unmittelbar wahrnehmbar sind, begründet keine Zugangssicherung, sondern ist vielmehr allen Daten nach § 202a Abs. 2 StGB immanent.[105] Ebenso genügt lediglich die Beschreibung von Daten mittels Codierung beispielsweise auf dem Magnetstreifen einer Kreditkarte, welche mit einem handelsüblichen Lesegerät ausgelesen werden können, nicht den Anforderungen einer Zugangssicherung.[106]

> **Praxistipp:** 45
> Wenn ein System durch ein standardmäßig vorgegebenes Passwort (zB „0000") abgesichert ist, wird damit nicht das Geheimhaltungsinteresse des Verwenders dokumentiert. Nur bei einem individuellen Passwort handelt es sich um eine Zugangssicherung.[107]

Mit der weitaus hM ist das Merkmal des **unberechtigten Zugangs** im Gleichlauf mit dem Merkmal „nicht für ihn bestimmt" zu sehen. Dies bedeutet, dass derjenige, für den die Daten nicht bestimmt sind, als Unberechtigter vom Zugang ausgeschlossen werden soll; anders gewendet – der Zugang zu den Daten ist dann nicht unberechtigt, wenn diese für den Täter bestimmt sind.[108] Dabei ist auf den Willen des Berechtigten zum Zeitpunkt der Tat abzustellen. Maßgeblich dafür ist die Verfügungsbefugnis. Zur Bestimmung derselben wird meist auf die durch das Herstellen (Eingabe oder Speicherung) der Daten vermittelte Urheberschaft (den Skripturakt) abgestellt.[109] Das bloß zweckwidrige Verwenden von Daten durch einen grundsätzlich Berechtigten ist nicht erfasst. Dies gilt auch, wenn der eigentlich Berechtigte ihm gewährte Zugangscodes unberechtigt weitergibt, wobei dann jedoch Beihilfe zur Datenausspähung in Betracht kommt, wenn die Empfänger der Zugangscodes diese benutzen um an verschlüsselte Daten zu gelangen.[110] 46

> **Praxistipp:** 47
> An den Daten und auch den Datentransfers, die durch Angestellte im Auftrag des Arbeitgebers angestoßen bzw. erzeugt werden, steht dem Arbeitgeber die Verfügungsbefugnis zu. Sobald private Daten von Arbeitnehmern auf Unternehmensrechnern gespeichert werden, wird dadurch kein Schutz dieser Arbeitnehmerdaten gegenüber einem unternehmerseitigen Zugriff nach § 202a StGB etabliert. Bezüglich dieser Daten fehlt es an der Dokumentation des Geheimhaltungsinteresses des Arbeitnehmers gegenüber dem Arbeitgeber, zumindest solange der Arbeitnehmer nicht ein eigenes Passwort benutzt.[111] Wenn aus Sicherheitsgründen eine SSL-Decryption (Entschlüsselung des Internetverkehrs, um eine Prüfung auf Schadsoftware vornehmen zu können) im Unternehmen erfolgen soll und private Internetnutzung zugelassen ist, muss unbedingt darauf geachtet werden, dass die Mitarbeiter davon umfassend und zuvor in Kenntnis gesetzt wurden. So lässt sich eine Strafbarkeit nach § 202a StGB vermeiden, da in diesem Fall davon ausgegangen werden kann, dass der Mitarbeiter bei einer Nutzung des Internets im Wissen um die SS-Decryption zumindest konkludent sein Einverständnis damit erklärt.[112]

---

[105] *Popp*, JuS 2011, 385 (387).
[106] *Rammos*, CR 2014, 67 (71).
[107] So auch *Vassilaki*, CR 2008, 131 (132).
[108] MüKo-StGB/*Graf*, § 202a Rn. 30; NK-StGB/*Kargl*, § 202a Rn. 11; Schönke/Schröder/*Lenckner/Eisele*, StGB § 202a Rn. 17; SK-StGB/*Hoyer*, § 202a Rn. 13.
[109] Ausführlich hierzu unter → Rn. 84.
[110] Vgl. zum Card Sharing bei Sky-TV *OLG Celle*, CR 2017, 130 (133).
[111] Vgl. *Barton*, CR 2003, 839 (842); *Weißgerber*, NZA 2003, 1007.
[112] Ausführlich zu den Strafbarkeitsrisiken bei der SSL-Decryption *Keppeler*, K&R 2017, 453 ff.

c) Tathandlung

48 Nachdem die ursprüngliche Regelung des § 202a StGB erst beim Verschaffen von Daten angesetzt hatte,[113] ist jetzt bereits das Verschaffen des Zugangs zu Daten ausreichend. Während der Täter bei dem Überwinden einer Zugangssicherung vor dem 11.8.2007 straflos blieb, solange er keine Herrschaftsgewalt über die Daten erlangte und von diesen auch keine (reproduzierbare) Kenntnis nahm,[114] ist nun der erfolgreiche Systemeinbruch vom Tatbestand des § 202a StGB erfasst. Damit wird den Vorgaben von Art. 2 des EU-Rahmenbeschlusses über Angriffe auf Informationssysteme sowie von Art. 6 des Übereinkommens über Computerkriminalität entsprochen.[115] Das Verschaffen des Zugangs zu Daten kann – wie bei der ursprünglichen Fassung des § 202a StGB – dadurch geschehen, dass der Täter die tatsächliche Herrschaftsmacht über die Daten erlangt.[116] Dies bedeutet in der Regel Herrschaftsmacht an dem Datenträger, auf dem die Daten bereits gespeichert sind oder im Rahmen des Systemeinbruchs gespeichert werden. Datenträger können nicht nur eine Festplatte, Diskette, CD-Rom oder ähnliches sein, sondern auch der RAM eines Computers, Papier, auf das die Daten gedruckt wurden, ein Foto des Bildschirms oder eine Abschrift. Allerdings ist das Verschaffen des Zugangs zu Daten dem tatsächlichen Verschaffen der Daten zeitlich vorgelagert. Deshalb ist es nach Überwindung der Zugangssicherung nicht mehr erforderlich, dass sich der Täter die Daten durch reproduzierbare Kenntnisnahme oder durch Erlangen der Herrschaftsmacht tatsächlich verschafft. Bereits die Möglichkeit hierzu ist ausreichend. Dann hat der Täter schon Zugang zu den Daten. Damit kommt es nicht mehr darauf an, dass die Strafverfolgungsbehörden dem Täter nachweisen müssen, dass er tatsächlich die Herrschaftsgewalt über Daten erlangt hat oder diese zumindest reproduzierbar zur Kenntnis genommen hat.

49 Der Täter muss sich den Zugang zu Daten gerade unter **Überwindung der Zugangssicherung** verschafft haben. Das ist bei jeder Handlung gegeben, die geeignet ist, die jeweilige Sicherung auszuschalten, wobei es nicht auf einen erheblichen zeitlichen oder technischen Aufwand ankommt.[117] Demnach sind reine Dateneingaben (wie beispielsweise die Eingabe von durch Phishing erlangten Zugangsdaten zum Zugriff auf die Kontodaten) erfasst[118], während die Gewährung eines Zugangs (zum Beispiel zur Erfüllung der gesetzlichen Verpflichtung zur Durchführung der strategischen Telekommunikationsüberwachung) ausscheiden[119]. Auch das Ausnutzen bestehender Systemlücken ist als ein Überwinden einer Zugangssicherung anzunehmen, obwohl im technischen Sinne keine Überwindung der Sicherung erfolgt.[120]

50 Praxistipp:

Beim **Port-Scanning** (dem systematischen Untersuchen eines Computersystems auf offene Ports, um so aktive Netzwerkdienste erkennen zu können) wird bei üblicher Konfiguration des Zielsystems keine Zugangssicherung überwunden. Denn es wird eine Anfrage an das auszukundschaftende System gesendet, die von diesem ohne eine weitere Prüfung einer Zugangsberechtigung beantwortet, also sozusagen „freiwillig" preisgegeben wird.[121] Außerdem erfolgt durch den Scannenden auch kein Eindringen in das informationstechnische System selbst, da die Anfrage an der Grenze des Systems halt macht und dann entweder vom Zielsystem beantwortet oder ignoriert wird.

---

[113] NK-StGB/*Kargl*, § 202a Rn. 12f.; SK-StGB/*Hoyer*, § 202a Rn. 11.
[114] Nach alter Gesetzeslage war das bloße Hacking straflos, BT-Drs. 10/5058, 28; NK-StGB/*Kargl*, § 202a Rn. 12.
[115] Vgl. die Begründung, BR-Drs. 676/06, 11 f.; *Popp*, MR-Int. 2007, 84.
[116] NK-StGB/*Kargl*, § 202a Rn. 12.
[117] *Fischer*, StGB § 202a Rn. 11b.
[118] *Stammer*, Rpfleger 2015, 315 (320); aA *Graf*, NStZ 2007, 129 (131).
[119] *Cornelius*, JZ 2015, 693 (695).
[120] *Buermeyer/Golla*, K&R 2017, 14 (15); *Krischker*, ZD 2015, 464 (467).
[121] Ausführlich zur strafrechtlichen Bewertung von Portscans *Vogelgesang*, DuD 2017, 501 ff.

d) Vorsatz

Für die Verwirklichung des § 202a StGB muss der Täter bei Begehung der Tathandlungen zumindest bedingten Vorsatz haben. Dieser muss sich auf alle Merkmale des objektiven Tatbestandes beziehen. Demnach muss er erkennen, dass es sich bei dem Tatobjekt um Daten iSv § 202a StGB handelt, die nicht für ihn bestimmt und gegen unberechtigten Zugang besonders gesichert sind.[122] 51

Ein vorsatzausschließender Tatbestandsirrtum liegt dann vor, wenn der Täter fälschlich annimmt, dass die verschafften Daten für ihn bestimmt sind, oder von einer fortdauernden Bestimmung ausgeht, obwohl die Berechtigung zwischenzeitlich widerrufen wurde.[123] Wenn der Täter irrig annimmt, dass der Widerruf einer Datenbestimmung ihm gegenüber unwirksam sei, liegt ein Verbotsirrtum vor.[124] 52

3. Rechtswidrigkeit und Schuld

Das Merkmal **„unbefugt"** hat nur klarstellende Funktion und bezieht sich auf das allgemeine Merkmal der Rechtswidrigkeit.[125] Nicht strafbar macht sich daher derjenige, der Sicherheitslücken in einem EDV-System eines Unternehmens aufspürt, soweit er vom Inhaber des Unternehmens hierzu beauftragt wurde.[126] Zu beachten ist, dass auch bei einem Auskunftsanspruch nach datenschutzrechtlichen Vorschriften keine eigenmächtige Verfügungsbefugnis besteht. Bei Vorliegen der Voraussetzungen der strafprozessualen Ermächtigungsgrundlagen sind diese ein Rechtfertigungsgrund für den Zugriff auf geschützte Daten. So kann § 94 StPO als Rechtfertigungsgrund greifen, wenn der Datenträger in behördlichen Gewahrsam genommen wird. § 100a StPO kommt bei einem Zugriff auf in Datenspeicher abgelegte Daten in Betracht. Auch Maßnahmen der präventiven Gefahrenabwehr haben rechtfertigende Wirkung (§ 1 Abs. 1 G10 Gesetz). Generalklauseln der Polizeigesetze sind wegen eines regelmäßig vorliegenden Eingriffs in den Schutzbereich des Grundrechts auf Vertraulichkeit und Integrität informationstechnischer Systeme (ggf. auch Art. 10 GG) jedoch nicht ausreichend.[127] Zur Schuld gibt es keine Besonderheiten. 53

4. Konkurrenzen

Wegen der unterschiedlichen Schutzrichtungen besteht zu anderen Datendelikten **Idealkonkurrenz:** zu § 23 GeschGehG, wenn die verschafften Daten Geschäfts- und Betriebsgeheimnisse betreffen und zu §§ 42 BDSG, wenn der vom Dateninhalt Betroffene nicht zugleich verfügungsberechtigt über die Daten ist.[128] Dasselbe gilt für § 106 UrhG sowie bei einem Diebstahl an dem Datenträger für § 242 StGB sowie für § 274 Abs. 1 Nr. 2 StGB.[129] 54

> **Praxistipp:** 55
> Wenn der Täter sich neben Daten unter Ausnutzung von an dem Computer angeschlossenen Webcams auch noch Bilder aus den Wohnungen seiner Opfer verschafft, kommt neben der Datenausspähung auch die Verletzung des höchstpersönlichen Lebensbereichs durch Bildaufnahmen gem. § 201a StGB in Betracht.[130]

---

[122] MüKo-StGB/*Graf,* § 202a Rn. 60.
[123] MüKo-StGB/*Graf,* § 202a Rn. 61.
[124] MüKo-StGB/*Graf,* 202a Rn. 61.
[125] *Bär,* Computerkriminalität, Rn. 53; SK-StGB/*Hoyer,* § 202a Rn. 17.
[126] Gesetzesbegründung zum 41. Strafrechtsänderungsgesetz zur Bekämpfung der Computerkriminalität, BT-Drs. 16/3656, 10.
[127] Vgl. *Zöller,* GA 2000, 574.
[128] LK-StGB/*Hilgendorf,* § 202a Rn. 43; MüKo-StGB/*Graf,* § 202a Rn. 84; SK-StGB/*Hoyer,* § 202a Rn. 18.
[129] Schönke/Schröder/*Lenckner/Eisele,* StGB § 202a Rn. 13; SK-StGB/*Hoyer,* § 202a Rn. 18.
[130] Vgl. hierzu *AG Düren,* K&R 2011, 216.

II. Abfangen von Daten (§ 202b StGB)

56 Mit dem 41. Strafrechtsänderungsgesetz zur Bekämpfung der Computerkriminalität wurde auch Art. 3 des Übereinkommens über Computerkriminalität umgesetzt und die Strafbarkeit auf das Abfangen von Daten mit dem § 202b StGB erweitert.[131] Danach macht sich derjenige strafbar, der sich oder einem anderen unter Anwendung technischer Mittel unbefugt nicht für ihn bestimmte Daten verschafft, die aus einer nichtöffentlichen Datenübermittlung oder aus der elektromagnetischen Abstrahlung einer Datenverarbeitungsanlage stammen. Die Vorschrift des § 202b StGB stellt die Ergänzung zur Strafbarkeit nach § 201 StGB (Abhören und Aufzeichnen von Telefongesprächen) dar. Das geschützte Rechtsgut ist das formelle Geheimhaltungsinteresse des Verfügungsberechtigten. Da im Gegensatz zu § 202a StGB keine Zugangssicherung erforderlich ist, gilt dies jedoch nur soweit, als sich das Geheimhaltungsinteresse aus dem allgemeinen Recht auf Nichtöffentlichkeit privater Kommunikation herleiten lässt.[132] Ausdrücklich wird auf § 202a Abs. 2 StGB verwiesen, wonach die tauglichen Tatobjekte auf solche Daten[133] eingeschränkt werden, die elektronisch, magnetisch oder sonst nicht unmittelbar wahrnehmbar gespeichert sind oder übermittelt werden. Da § 202b StGB zusätzlich verlangt, dass die Daten übermittelt oder elektromagnetisch abgestrahlt werden, erfolgt dadurch eine nochmalige Einschränkung.

57 Daten befinden sich in der **Übermittlungsphase,** wenn sie bewusst an einen bestimmten oder bestimmbaren Adressaten geleitet werden. Dies umfasst auch Prozesse innerhalb eines Computersystems.[134] Zwischenspeicherungen sind dann mit in den Schutzbereich einbezogen, wenn der Absender diese Speichervorgänge nicht selbst bewirkt oder beeinflussen kann.[135] Solche Daten sind zwar bereits vom Anwendungsbereich des § 202a StGB erfasst, aber nur dann, wenn diese gegen Zugang besonders gesichert (verschlüsselt) sind.[136] Damit werden alle Formen der elektronischen Datenübermittlung wie E-Mail, Fax und Telefon erfasst.[137] Der Zugriff auf bereits gespeicherte Daten, die früher übermittelt wurden, ist von § 202b StGB nicht erfasst.[138] Die Daten dürfen – wie bei § 202a StGB – nicht für den Täter bestimmt sein: Berechtigter ist, wer die formelle Verfügungsbefugnis über die Daten besitzt.[139]

58 Diese müssen **„nichtöffentlich"** übermittelt werden, wobei diesbezüglich auf die Regelung des § 201 Abs. 2 Nr. 2 StGB zurückgegriffen werden kann.[140] Danach ist jede Datenübermittlung nichtöffentlich, wenn sie nicht an einen größeren, nach Zahl und Individualität unbestimmten oder nicht durch persönliche oder sachliche Beziehungen miteinander verbundenen Personenkreis gerichtet ist.[141] Es kommt dabei nicht auf die Art oder den Inhalt der Daten, sondern allein auf den Übertragungsvorgang an.[142]

59 Da Daten nicht nur bei einem Übermittlungsvorgang abgefangen werden können, sondern eine Rekonstruktion auch aus elektromagnetischen Abstrahlungen möglich ist, sollen

---

[131] BT-Drs. 16/3656, 10; *Vassilaki,* CR 2008, 131 (132).
[132] *Fischer,* StGB § 202b Rn. 2; LK-StGB/*Hilgendorf,* 2010, § 202b Rn. 2.
[133] § 202a Abs. 2 StGB definiert nicht den Begriff der Daten, sondern nimmt nur eine Einschränkung an einem vorausgesetzten Datenbegriff vor, vgl. hierzu → Rn. 33f.
[134] Spindler/Schuster/*Gercke,* § 202b StGB Rn. 3. Dies ergibt sich schon aus einer völkerrechtsfreundlichen Auslegung des § 202b StGB, da Art. 3 des Übereinkommens über Computerkriminalität explizit die Prozesse innerhalb eines Computersystems einbezieht.
[135] *Schumann,* NStZ 2007, 675 (677).
[136] Vgl. → Rn. 42.
[137] BT-Drs. 16/3656, 11; *Roos/Schumacher,* MMR 2014, 377 (379).
[138] *Roos/Schumacher,* MMR 2014, 377 (379); deshalb scheidet beispielsweise der Tatbestand des § 202b StGB bei dem Auslesen von zahlungsrelevanten Daten, die bereits in einem mobilen Endgerät gespeichert sind, aus: *Rammos,* CR 2014, 67 (72).
[139] Vgl. hierzu → Rn. 31, 37.
[140] BT-Drs. 16/3656, 11; *Schumann,* NStZ 2007, 675 (677).
[141] Vgl. Lackner/*Kühl/Heger,* StGB § 201 Rn. 2; Schönke/Schröder/*Lenckner/Eisele,* StGB § 201 Rn. 6.
[142] BT-Drs. 16/3656, 11.

B. Klassische Computerdelikte

diese gleichfalls in den Schutzbereich des § 202b StGB einbezogen werden.[143] Diese Tatvariante beschränkt sich auf elektromagnetische Abstrahlungen, die sich auf bereits gespeicherte Daten beziehen,[144] da Daten in der Übertragungsphase bereits von der ersten Tatvariante erfasst sind.

Bezüglich der Tathandlung – dem Verschaffen von Daten – kann an die bisherige Tathandlung des § 202a StGB aF angeknüpft werden, da diese deckungsgleich ist. Dabei ist zwischen einem Verschaffen durch Inbesitznahme oder durch Kenntnisnahme zu unterscheiden.[145] Das Verschaffen durch Inbesitznahme (Abspeichern oder Aufzeichnen) setzt eine Verfügungsgewalt des Täters über die Daten voraus; eine Kenntnisnahme selbst ist nicht erforderlich.[146] Für das Verschaffen durch Kenntnisnahme genügt es, wenn der Täter in der Lage ist, die Daten oder deren Bedeutungsgehalt geistig so zu erfassen, dass er diesen zu reproduzieren vermag.[147] Grundsätzlich dürfte diese Voraussetzung bei dem Mithören von Telefonaten oder Mitlesen von E-Mails erfüllt sein.[148] Ein Zugriff auf Daten iSd § 202b StGB wird regelmäßig mit technischen Mitteln erfolgen. Insofern kommt dem Tatbestandsmerkmal der technischen Mittel keine einschränkende Wirkung zu.[149]

60

An die subjektive Tatseite werden keine besonderen Anforderungen gestellt, sodass Eventualvorsatz reicht. Ferner muss der Täter wie in § 202a StGB unbefugt handeln.[150] Das Sniffen – Abhören des Netzverkehrs – ist dann unter Strafe gestellt, wenn es unbefugt erfolgt.[151]

61

Der § 202b StGB enthält eine formelle **Subsidiaritätsklausel.** Sobald andere Vorschriften (zB § 148 iVm § 89 TKG, § 202 Abs. 2 S. 1 Nr. 1 StGB, § 202a StGB) die Tat mit einer schwereren Strafe bedrohen, tritt § 202b StGB zurück.[152] Der Versuch ist straflos. Da auch hier eine Vorbereitungshandlung nach § 202c StGB strafbar ist, ergibt sich der gleiche Wertungswiderspruch wie im Verhältnis von § 202a StGB zu § 202c StGB, dass die zeitlich vorgelagerte Vorbereitungshandlung im Gegensatz zum Versuch strafbar ist. § 202b StGB ist ein gemischtes Antragsdelikt, § 205 StGB.

62

Praxistipp:

63

Der Einsatz von Hardware-Keyloggern, welche Daten direkt bei der Eingabe vor einer etwaigen Verschlüsselung abgreifen, ist regelmäßig nicht nach § 202a StGB strafbar, da sich der Täter die Daten gerade nicht unter Überwindung einer Zugangssicherung verschafft. Hierfür wäre Voraussetzung, dass die Überwindung der Zugangssicherung kausal für den dann verschafften Zugang zu den Daten ist, die jeweilige Sicherung also der Sache nach ausgeschaltet wird.[153] Gerade das wird beim Mitschneiden der Tastatureingaben *vor* Erreichen des eigentlichen informationstechnischen Systems umgangen. Jedoch kommt eine Strafbarkeit nach § 202b StGB in Betracht, wenn die Daten aus einer nicht allgemein zugänglichen Übermittlung unbefugt abgefangen werden, dh also der Täter Zugriff auf die vom Keylogger mitgeschnittenen Daten erlangt.[154]

---

[143] BT-Drs. 16/3656, 11; *Rammos*, CR 2014, 67 (72).
[144] Spindler/Schuster/*Gercke*, § 202b StGB Rn. 5.
[145] NK-StGB/*Kargl*, § 202a Rn. 12 f.; SK-StGB/*Hoyer*, § 202a Rn. 11.
[146] *Bär*, Computerkriminalität, Rn. 53; LK-StGB/*Hilgendorf*, § 202b Rn. 13 f.; NK-StGB/*Kargl*, § 202a Rn. 12; SK-StGB/*Hoyer*, § 202a Rn. 11.
[147] LK-StGB/*Schünemann*, § 263a Rn. 6; NK-StGB/*Kargl*, § 202b Rn. 6.
[148] BT-Drs. 13/3656, 11; vgl. AG Kamen, 4.7.2008 – 16 Ds 104 Js 770/07, wonach die Umleitung des Chatverkehrs auf einen anderen Rechner den Tatbestand des Abfangens von Daten erfüllt; zust. *Gercke*, ZUM 2009, 526 (533 f.).
[149] *Ernst*, NJW 2007, 2661 (2662).
[150] *Vassilaki*, CR 2008, 131 (132); vgl. → Rn. 53.
[151] *Vassilaki*, CR 2008, 131 (132).
[152] *Ernst*, NJW 2007, 2661 (2662); *Popp*, MR-Int 2007, 84.
[153] *Fischer*, StGB § 202a Rn. 11b.
[154] Ausführlich zur Strafbarkeit des Einsatzes von Keyloggern *Vogelgesang/Hessel/Möllers*, DuD 2016, 729 ff.

III. Datenhehlerei (§ 202d StGB)

1. Überblick und Schutzgut

64 Mit dem Vorratsdatenspeichergesetz wurde gleichzeitig mit Wirkung zum 18.12.2015 der Tatbestand der **Datenhehlerei** (§ 202d StGB) eingeführt. Danach macht sich derjenige strafbar, der „Daten (§ 202a Abs. 2), die nicht allgemein zugänglich sind und die ein anderer durch eine rechtswidrige Tat erlangt hat, sich oder einem anderen verschafft, einem anderen überlässt, verbreitet oder sonst zugänglich macht, um sich oder einen Dritten zu bereichern oder einen anderen zu schädigen". Wie die Hehlerei ist auch die Datenhehlerei als Anschlussdelikt ausgestaltet, so dass konsequenterweise die Strafe nach dieser Vorschrift nicht schwerer sein darf als die für die Vortat angedrohte (Abs. 2). Nach Abs. 3 sind Handlungen nicht nach Abs. 1 strafbar, wenn sie „der Erfüllung rechtmäßiger dienstlicher oder beruflicher Pflichten dienen". Dazu zählt der Gesetzgeber explizit „solche Handlungen von Amtsträgern oder deren Beauftragten, mit denen Daten ausschließlich der Verwertung in einem Besteuerungsverfahren, einem Strafverfahren oder einem Ordnungswidrigkeitenverfahren zugeführt werden sollen, sowie solche beruflichen Handlungen der in § 53 Abs. 1 S. 1 Nr. 5 der Strafprozessordnung genannten Personen, mit denen Daten entgegengenommen, ausgewertet oder veröffentlicht werden."

65 Dem Gesetzgeber ging es darum, den **Handel mit Daten** (insbesondere Kreditkartendaten, Zugangsdaten zu Online-Banking, E-Mail-Diensten oder sozialen Netzwerken), die auf rechtswidrige Weise erlangt wurden, unter Strafe zu stellen, damit auch die zwischen dem Erlangen und Verwenden dieser Daten stehenden Mittler belangt werden können.[155] Allerdings waren viele Verhaltensweisen des Datenmittlers unter Berücksichtigung auch der möglichen Täterschafts- und Teilnahmeformen bereits erfasst, so dass die Legitimation der Einführung dieses neuen Straftatbestandes fraglich ist.[156] Entsprechend dieser Zielsetzung ist das **Schutzgut** das formelle Datengeheimnis und die formelle Verfügungsbefugnis des Berechtigten und entspricht damit dem der §§ 202a StGB ff.[157]

2. Tatbestand

66 Das **Tatobjekt** der Datenhehlerei muss – ebenso wie bei der Hehlerei nach § 259 StGB – identisch mit dem der Vortat sein.[158] Wegen des expliziten Verweises auf § 202a Abs. 2 StGB sind dieselben tatbestandlichen Voraussetzungen wie bei der Datenausspähung zu erfüllen. Bereits dort wurde ausgeführt, dass dabei entscheidend die Informationen sind, die durch die Daten selbst nur dargestellt und mittels einer entsprechenden Codierung einer Datenverarbeitung zugänglich gemacht werden. Entsprechend der Natur der Daten mit ihrer leichten Veränderbarkeit (zB durch Kompression, Formatumwandlung u. ä.) ist bei der Feststellung der Identität des Tatobjektes nicht auf die Unveränderbarkeit der Daten (als Träger der Informationen) abzustellen, sondern es geht vielmehr darum, ob der äquivalente Informationsgehalt Gegenstand der Hehlerei ist oder nicht, unabhängig davon, ob die Codierung selbst gleich ist oder nicht.[159] Allerdings kann auf den äquivalenten Informationsgehalt nur insoweit abgestellt werden, als die Daten nach wie vor nicht unmittelbar wahrnehmbar gespeichert sind. Eine darüber hinausgehende Auslegung ist wegen des strafrechtlichen Bestimmtheitsgebotes (Art. 103 Abs. 2 GG) nicht möglich. Damit sind beispielsweise physische Ausdrucke von rechtswidrig erlangten Daten nicht erfasst.[160]

---

[155] *Stam*, StV 2017, 488 (489).
[156] Vgl. zur Reichweite von bereits vor der Datenhehlerei vorhandenen Regelungen *Beck/Meinicke*, CR 2015, 481 f.
[157] So ausdrücklich BT-Drs. 18/5088, 45; NK-StGB/*Kargl*, § 202d Rn. 5.
[158] *Brodowski/Marnau*, NStZ 2017, 377 (379).
[159] Ausführlich *Brodowski/Marnau*, NStZ 2017, 377 (380 f.).
[160] *Gercke*, ZUM 2016, 825 (827).

B. Klassische Computerdelikte

Allerdings ist als weitere einschränkende Voraussetzung erforderlich, dass die Daten nicht allgemein zugänglich sind. Die Gesetzesbegründung knüpft an den damaligen § 10 Abs. 5 S. 2 BDSG an, wonach Daten allgemein zugänglich sind, „die jedermann, sei es ohne oder nach vorheriger Anmeldung, Zulassung oder Entrichtung eines Entgelts, nutzen kann".[161] Hier kann darauf abgestellt werden, ob die Informationsquelle technisch geeignet ist, einem individuell nicht bestimmbaren Personenkreis Informationen zu verschaffen.[162] Dies ist bei veröffentlichten Druckwerken, Rundfunk, Fernsehen und dem allgemein zugänglichen Internet der Fall. Nach dieser Ansicht sind veröffentlichte, aber urheberrechtlich geschützte Werke auch dann allgemein zugänglich, wenn für diese ein Entgelt verlangt wird.[163] **67**

Jedoch ist fraglich, ob diese Verknüpfung mit dem BDSG gelungen ist.[164] Bei dem Schutz der personenbezogenen Daten geht es um die Absicherung des Rechts auf informationelle Selbstbestimmung. Aus dem Blickwinkel dieser Schutzrichtung ist es nachvollziehbar, nicht danach zu trennen, ob eine Anmeldung und ggf. auch die Zahlung eines Entgelts für den Zugriff auf die Daten erforderlich ist oder nicht. Jedoch muss die datenschutzrechtliche Betroffenheit nicht übereinstimmen mit der formellen Verfügungsbefugnis, welche über § 202d StGB geschützt werden soll.[165] So ist es nach § 202a StGB – der gleichfalls die formelle Verfügungsbefugnis schützt – ausreichend, dass eine Zugangssicherung überwunden wird, die die Verwertung urheberrechtlich geschützten Materials von der Zahlung eines Entgeltes abhängig macht.[166] Insoweit ist es inkonsequent, dass bei einer gleichlaufenden Schutzrichtung einerseits eine Strafbarkeit nach § 202a StGB in Betracht kommen soll, andererseits aber eine Weiterverwertung der so erlangten Daten nicht von der Strafandrohung des § 202d StGB erfasst sein soll.[167] **68**

Taugliche **Vortaten** sind alle rechtswidrigen Taten (§ 11 Abs. 1 Nr. 5 StGB), die sich gegen die formelle Verfügungsberechtigung des Berechtigten richten und zum Zeitpunkt des abgeleiteten Erwerbs bereits abgeschlossen sind; das betrifft nicht nur Computerdelikte wie die Datenausspähung und das Abfangen von Daten, sondern auch andere Delikte wie Diebstahl, Betrug, Nötigung, die Datenhehlerei selbst oder Straftaten nach dem BDSG.[168] Eine Vortat, die weder den Handlungs- noch den Erfolgsort in Deutschland hat, ist nur dann taugliche Anknüpfungstat für eine Datenhehlerei, wenn sie auch nach dem Tatortstrafrecht strafbar ist.[169] Zu beachten ist, dass die Datenhehlerei nicht gegen die Weiterverbreitung von Daten durch einen Innentäter schützt, der einen Straftatbestand erst durch die Weitergabe der Daten selbst (und nicht bei dem Erlangen derselben) begeht. Insoweit ist der Wortlaut des § 202d StGB eindeutig, der verlangt, dass der Vortäter die Daten „durch eine rechtswidrige Tat erlangt hat".[170] Damit ist beispielsweise ein Journalist, der **69**

---

[161] BT-Drs. 18/5088, 45.
[162] Vgl. *BVerfG*, NJW 1970, 235.
[163] BT-Drs. 18/5088, 45; vgl. *Stam*, StV 2017, 488 (489), der darauf hinweist, dass damit auch Kreditkartendaten, die auf „Marktplätzen" im Darknet angeboten und allein nach Zahlung eines Entgeltes an potenziell jedermann verkauft werden, keine tauglichen Tatobjekte sind.
[164] Vgl. zur generellen Kritik an der Schließung von Strafbarkeitslücken mittels „cut and paste" durch „falsche Analogien, unbedachte Verallgemeinerungen und dogmatische Unbekümmertheit" bei *Stuckenberg*, ZIS 2016, 526.
[165] Diese Differenzierung hebt die Gesetzesbegründung (allerdings in einem anderen Zusammenhang) selbst hervor, BT-Drs. 18/5088, 46.
[166] Vgl. *OLG Celle*, CR 2017, 130 (133), wonach derjenige nach § 202a StGB strafbar ist, der Pay-TV-Programme entschlüsselt ohne selbst Kunde dieses Senders zu sein.
[167] Vgl. *Singelnstein*, ZIS 2016, 432 (435) mit der Forderung, „konsequenter zwischen dem formalen Schutz der Integrität von Datenbeständen einerseits und dem inhaltsbezogenen Schutzkonzept bezüglich der in den Daten enthaltenen Informationen andererseits zu differenzieren.
[168] NK-StGB/*Kargl*, § 202d Rn. 8.
[169] *Brodowski/Marnau*, NStZ 2017, 377 (386 ff.).
[170] *Brodowski/Marnau*, NStZ 2017, 377 (382 f.).

Daten nutzt, die ihm von einem Whistleblower, der Zugriff auf diese Daten hatte, zur Verfügung gestellt wurden, kein Datenhehler.[171]

70 Die **Tathandlungen** des „Sich – (oder einem anderen) Verschaffens", „Überlassens", „Verbreitens" oder „sonst Zugänglich-Machens" knüpfen an die Vorschrift des § 202c Abs. 1 StGB an. Entscheidend ist, dass der Täter durch die Tathandlung die tatsächliche Verfügungsmacht über die Daten erlangt.[172]

71 Der **subjektive Tatbestand** lässt Eventualvorsatz bezüglich der objektiven Tatbestandsmerkmale ausreichen. Dabei müssen dem Täter weder die näheren Umstände der Vortat noch die Person des Vortäters oder die Art der Beteiligung an der Vortat bekannt sein, so dass das Bewusstsein ausreicht, dass die Daten mittels einer rechtswidrigen Tat erlangt wurden.[173]

72 Außerdem muss der Täter in Bereicherungs- oder Schädigungsabsicht handeln. Die **Bereicherungsabsicht** muss auf die Erlangung eines Vermögensvorteils gerichtet sein. Subjektiv ist dolus directus 1. Grades (Absicht) erforderlich. Die Bereicherung muss aber nicht das alleinige Ziel des Handelns sein.[174] Drittbereicherungsabsicht ist ausreichend.[175] Da es sich um eine überschießende Innentendenz handelt, muss objektiv weder eine Vereinbarung zur Erlangung eines Vermögensvorteils vorliegen noch die Bereicherung tatsächlich eintreten.[176]

> **Praxistipp:**
> Bei der Drittbereicherungsabsicht muss es dem Täter gerade darauf ankommen, dass der Dritte einen Vermögensvorteil erlangt. Dies kann man bei einem Angestellten in Bezug auf ein von dem Arbeitgeber zu zahlendes Honorar nicht ohne weiteres unterstellen, wenn diesem sein Gehalt auf der Grundlage eines Dienstvertrages ohne eine Erfolgsbeteiligung gezahlt wird.[177]

73 Strittig ist, ob es auf die Rechtswidrigkeit der Bereicherungsabsicht ankommt, also darauf, dass der Täter keinen Anspruch auf den erlangten Vermögensvorteil hat. Für das Erfordernis einer Rechtswidrigkeit der Bereicherung wurde nach Rechtslage von DS-GVO ins Feld geführt, dass eine Bereicherung, die an sich rechtmäßig ist, nicht die Begehung einer Ordnungswidrigkeit nach § 43 Abs. 2 BDSG zu einer Straftat qualifizieren könne.[178] Dagegen sprach jedoch, dass in so einem Fall eine Verknüpfung von Datenmissbrauch und Vermögensmehrungswille vorlag, die für die Begründung strafwürdigen Unrechts ausreiche.[179] Dies kann wegen der insoweit wortgleichen Formulierung und der kongruenten Schutzrichtung des § 42 Abs. 2 BDSG (der vorherige § 44 Abs. 1 BDSG war bezüglich der zusätzlichen objektiven Merkmale identisch) auch aus dem Meinungsstand zu § 203 Abs. 5 StGB (Qualifizierung der Verletzung von Geheimnissen) geschlossen werden.[180] Dort ist es von der herrschenden Meinung in Literatur und Rechtsprechung anerkannt, dass die einfache Verknüpfung von Datenmissbrauch und Bereicherungsabsicht für die Be-

---

[171] *Brodowski/Marnau*, NStZ 2017, 377 (383).
[172] BT-Drs. 18/5088, 47; NK-StGB/*Kargl*, § 202d Rn. 9.
[173] NK-StGB/*Kargl*, § 202d, Rn. 10.
[174] Wessels/*Hillenkamp*/Schuh, Rn. 583.
[175] *Wybitul/Reuling*, CR 2010, 829 (831).
[176] GJW/*Glaser*, § 44 BDSG Rn. 3; *Cornelius*, in: Forgó/Helfrich/Schneider, Kap. Datenschutzstrafrecht Rn. 38.
[177] *Cornelius*, NJW 2013, 3340 (3341).
[178] *Ambs*, in: Erbs/Kohlhaas, § 44 BDSG Rn. 2.
[179] *Heghmanns/Niehaus*, wistra 2008, 161; GJW/*Glaser*, § 44 BDSG Rn. 3; *Cornelius*, in: Forgó/Helfrich/Schneider, Kap. Datenschutzstrafrecht Rn. 39.
[180] *LG Aachen*, 18.2.2011 – 71 Ns-504 Js 506/09 – 129/10, BeckRS 2011, 20917.

B. Klassische Computerdelikte

gründung strafwürdigen Unrechts ausreicht, es also nicht auf die Erlangung eines rechtswidrigen Vorteils ankommt.[181]

Die **Schädigungsabsicht** ist dann gegeben, wenn der Täter einen irgendwie gearteten (auch immateriellen) Nachteil beabsichtigt. Dieser Nachteil kann sich auch gegen jemand anderes als den Betroffenen richten,[182] muss aber über den datenschutzrechtlichen Verstoß hinaus selbstständig sein.[183] Ansonsten wäre jede vorsätzliche Ordnungswidrigkeit nach § 43 Abs. 2 OWiG immer eine Straftat nach § 44 Abs. 1 StGB, da deren Verwirklichung immer mit einer Verletzung von Persönlichkeitsrechten verbunden ist.[184]

74

3. Tatbestandsausschluss

In Anlehnung an die Regelung in § 184b Abs. 5 StGB (Besitz kinderpornographischer Schriften) ist der Tatbestand der Datenhehlerei ausgeschlossen, wenn ausschließlich in Erfüllung rechtmäßiger dienstlicher oder beruflicher Pflichten gehandelt wird. Beispielhaft enthält § 202d Abs. 3 S. 2 Nr. 1 StGB die Klarstellung, dass dies insbesondere für Amtsträger (§ 11 Abs. 1 Nr. 2 StGB) und deren Beauftragte gilt, die die Daten in einem Besteuerungs-, Straf- oder Ordnungswidrigkeitenverfahren verwenden.

75

Nach dem beispielhaften Verweis in § 202d Abs. 3 S. 2 Nr. 2 StGB machen sich die in § 53 Abs. 1 Nr. 5 genannten Personen (also solche, die bei der Vorbereitung, Herstellung oder Verbreitung von Druckwerken, Rundfunksendungen, Filmberichten oder der Unterrichtung oder Meinungsbildung dienenden Informations- und Kommunikationsdiensten berufsmäßig mitwirken oder mitgewirkt haben) dann nicht nach § 202d StGB strafbar, wenn dessen Tatbestand allein zur Erfüllung beruflicher Pflichten verwirklicht wird. Damit sollen insbesondere journalistische Tätigkeiten zur Vorbereitung einer Veröffentlichung erfasst werden.[185] Eine Beschränkung auf konkrete Veröffentlichungsvorhaben, wie dies nach der Gesetzesbegründung auszulegen sein soll,[186] ist abzulehnen. Denn häufig kann ein Journalist erst nach einer Sichtung von angebotenem Material (und damit der Erfüllung des Tatbestandes § 202d StGB) entscheiden, ob fußend auf diesem Material eine Veröffentlichung vorgenommen wird oder nicht.[187] Insoweit sollte auch die erste Sichtung von Material, die generell für journalistische Zwecke erfolgt, vom Tatbestandsausschluss erfasst sein.[188]

76

Jedoch ist fraglich, inwieweit eine nebenberufliche Mitwirkung bei einer Datenauswertung von diesem Tatbestandsausschluss erfasst ist. Deshalb wurde im Januar 2017 Verfassungsbeschwerde gegen diese Vorschrift erhoben, da nach Meinung der Kläger die Mitwirkung nebenberuflich tätiger Journalisten, Blogger etc. nicht erfasst werde. Allerdings lässt es der Wortlaut zu, auch diese Personen mit einzubeziehen. Allein entscheidend ist, dass die Handlungen ausschließlich zur Erfüllung beruflicher Pflichten vorgenommen werden. Nach der ganz hM zu dem ausdrücklich in Bezug genommenen § 53 Abs. 1 S. 1 Nr. 5 StPO, kommt es allein darauf an, ob eine Tätigkeit wiederholt ausgeübt wird, ohne dass eine Entgeltlichkeit notwendig ist.[189] Eine davon abweichende Differenzierung dahingehend, dass die Tätigkeit der Person haupt- oder nebenberuflich sein muss, lässt sich weder dem Wortlaut, noch der Systematik oder auch der Gesetzesbegründung entnehmen

77

---

[181] *BGH*, 7.7.1993 – 5 StR 303/93, NStZ 1993, 538 (539); LK-StGB/*Schünemann*, § 203 Rn. 50; *Fischer*, StGB § 203 Rn. 50; Schönke/Schröder/*Lenckner/Eisele*, StGB § 203 Rn. 74; NK-StGB/*Kargl*, § 203 Rn. 83.
[182] *Gola/Schomerus*, BDSG § 44 Rn. 7.
[183] GJW/*Glaser*, § 44 BDSG Rn. 5.
[184] *Wybitul/Reuling*, CR 2010, 829 (831); *Cornelius*, in: Forgó/Helfrich/Schneider, Kap. Datenschutzstrafrecht Rn. 40.
[185] NK-StGB/*Kargl*, § 202d Rn. 15.
[186] BT-Drs. 18/5088, 48.
[187] *Stam*, StV 2017, 488 (491).
[188] *Stam*, StV 2017, 488 (491); *Singelnstein*, ZIS 2016, 432 (436).
[189] *Stam*, StV 2017, 488 (491) mwN in Fn. 27.

und ist damit verfehlt. Selbst eine ehrenamtliche Tätigkeit ist davon erfasst, sobald zumindest die Absicht besteht, die entsprechende Tätigkeit wiederkehrend auszuüben.[190]

4. Strafrahmenlimitierung und Strafantrag

78 In Parallele zur Begünstigung (§ 257 Abs. 2 StGB) und der Strafvereitelung (§ 258 Abs. 3 StGB) ist der Strafrahmen durch denjenigen der Vortat begrenzt. Ausweislich der Gesetzesbegründung soll damit dem Umstand Rechnung getragen werden, dass die Rechtsgutsverletzung des Anschlussdeliktes der Hehlerei nicht schwerer wiegt als die der Vortat.[191]

79 Die Datenhehlerei ist ein relatives Antragsdelikt, § 205 Abs. 1 S. 2 StGB. Danach ist die Strafverfolgung nur nach Stellung eines entsprechenden Strafantrages oder bei Bejahung des besonderen öffentlichen Interesses durch die Staatsanwaltschaft möglich. Die Strafantragsberechtigung bestimmt sich im Gleichlauf mit der Verfügungsbefugnis des Betroffenen, in welche durch den Täter eingegriffen wurde.[192]

IV. Datenveränderung und Computersabotage (§§ 303a, 303b StGB)

80 Die Tatbestände der §§ 303a, 303b StGB lehnen sich eng an den klassischen Straftatbestand der Sachbeschädigung (§ 303 StGB) an.[193] Dennoch ist die vom Gesetzgeber durchaus bezweckte gesetzestechnische Analogie missglückt.[194]

1. Datenveränderung

81 Nach § 303a StGB wird bestraft, wer rechtswidrig Daten löscht, unterdrückt, unbrauchbar macht oder verändert. Die geschützten Rechtsgüter sind die Verfügungsgewalt des Berechtigten über die in den Datenspeichern enthaltenen Informationen bzw. sein Interesse an der unversehrten Verwendbarkeit von als Daten gespeicherten Informationen (Nähe zu Sachbeschädigung).[195] Damit ist das taugliche Tatobjekt nicht jedes nicht unmittelbar wahrnehmbare Datum schlechthin, sondern nur die Information, die in dem Datum gespeichert ist. Gerade der Informationswert muss für den Berechtigten von Interesse sein, so dass in Parallele zur Sachbeschädigung die ungehinderte Verwendbarkeit der Daten zur Nutzung dieser Information durch den Berechtigten geschützt wird.[196] Angriffsobjekt können nur Daten im Sinne von § 202a Abs. 2 StGB sein. Allerdings ist keine besondere Zugangssicherung oder Beweiseignung (§ 274 Abs. 1 Nr. 2 StGB) erforderlich.[197] Es kommt weder auf die Art der Daten noch auf ihren wirtschaftlichen Wert an; auch Daten ohne jeglichen wissenschaftlichen, künstlerischen oder ideellen Wert sind geschützt.[198]

82 Praxistipp:
SIM-Lock-Sperren sind keine Daten iSv § 303a StGB, da ihnen kein Informationswert zukommt, sondern sie lediglich die technische Funktion einer Netzzugangsbeschränkung

---

[190] *Stam*, StV 2017, 488 (491); *Singelnstein*, ZIS 2016, 432 (436); kritisch *Meinicke/Eidam*, K&R 2016, 315 (316).
[191] BT-Drs. 18/5088, 47.
[192] *Brodowski/Marnau*, NStZ 2017, 377 (379).
[193] *Tiedemann*, Wirtschaftsstrafrecht BT, Rn. 495.
[194] Vgl. zur Datenveränderung *Schuhr*, ZIS 2012, 441 (444 ff.).
[195] BT-Drs. 10/5058, 34; *Fischer*, StGB § 303a Rn. 2; LK-StGB/*Tolksdorf*, § 303a Rn. 2; MüKo-StGB/*Wieck-Noodt*, § 303a Rn. 2; NK-StGB/*Zaczyk*, § 303a Rn. 2.
[196] *Neubauer*, MMR 2011, 626 (628).
[197] *Fischer*, StGB § 303a Rn. 3; *Hilgendorf/Valerius*, Computer- und Internetstrafrecht, Rn. 588.
[198] MüKo-StGB/*Wieck-Noodt*, § 303a Rn. 8; Wessels/Hillenkamp/Schuhr, Rn. 59.

erfüllen. Dies verkennt die bisherige Rechtsprechung des *AG Nürtingen* sowie des *AG Göttingen*.[199]

Da die tatbestandliche Fassung ersichtlich zu weit geraten ist und neben nachteiligen Einwirkungen auch neutrale bzw. gar vorteilhafte Handlungen erfasst,[200] ist dieser einzuschränken. Strittig ist nur, ob das ungeschriebene Tatbestandsmerkmal „fremd" hineingelesen wird,[201] oder „rechtswidrig" als einschränkendes Tatbestandsmerkmal anzusehen ist,[202] welches letztlich nur bei der willenswidrigen Verwendung „fremder" Daten bejaht wird[203]. Auf das Ergebnis hat dieser Streit keine praktischen Auswirkungen.[204] Da im Gegensatz zur Sachbeschädigung mit der Verweisung auf den zivilrechtlichen Eigentumsbegriff durch das Tatbestandsmerkmal „fremd" kein ausgearbeitetes „Datenrecht" existiert, an das angeknüpft werden könnte,[205] ist diese Möglichkeit einer dazu akzessorischen Bestimmung der Verfügungsbefugnis nicht gegeben. Als Daten mit einer „fremden" Verfügungsbefugnis werden solche angesehen, an denen ein unmittelbares Recht eines anderen auf Verarbeitung, Löschung oder Nutzung besteht.[206] 83

Als Anknüpfungspunkte für die Zuordnung dieses Rechts kommen in Betracht:[207] 84
– Die nach den Regeln des Zivilrechts zu beurteilenden dinglichen und obligatorischen Rechte am Datenträger (teilweise unter Einbeziehung der Wertungen des § 950 BGB).[208] Für den Fall, dass das Eigentum an dem Datenträger und das Nutzungsrecht auseinander fallen, soll sich die Verfügungsbefugnis nach dem vertraglichen Rechtsverhältnis der Beteiligten bestimmen.[209]
– Die durch das Herstellen (Eingabe oder Speicherung) der Daten vermittelte Urheberschaft (Skripturakt).[210] Nur für den Fall, dass das Datenwerk detailliert auf Grund von Weisungen des Auftraggebers erstellt wird, soll eine Ausnahme von diesem Grundsatz in Betracht kommen.[211]
– Die Wertungen des Urhebergesetzes sollen insbesondere dann zur Anwendung kommen, wenn es sich bei den Daten um Computerprogramme oder Datenbankwerke handelt.[212]
– Bei einer Auftragsdatenverarbeitung liegt es nahe, in Bezug auf die Daten, die übermittelt werden, den Inhaber der gespeicherten Originaldaten als verfügungsbefugt anzusehen.

---

[199] *AG Nürtingen*, MMR 2011, 121; *AG Göttingen*, MMR 2011, 626.
[200] *Schuhr*, ZIS 2012, 441 (448); deshalb die Verfassungswidrigkeit annehmend NK-StGB/*Zaczyk*, § 303a StGB Rn. 44.
[201] *Fischer*, StGB § 303a Rn. 4; Matt/Renzikowski/*Altenhain*, StGB § 303a Rn. 4; Schönke/Schröder/Stree/*Hecker*, StGB § 303a Rn. 3.
[202] So *Hilgendorf*, JuS 96, 892; LPK-Kindhäuser/*Hilgendorf*, StGB § 303a Rn. 9; Lackner/Kühl/*Heger*, StGB § 303a Rn. 4; LK-StGB/*Wolff*, § 303a Rn. 8; SSW/*Hilgendorf*, StGB § 303a Rn. 5, 12.
[203] MK-StGB/*Wieck-Noodt*, § 303a Rn. 9, 17; *Popp*, JuS 2011, 388; *Rengier*, Strafrecht BT I, § 26 Rn. 7; SK-StGB/*Hoyer*, § 303a Rn. 2, 12.
[204] *OLG Nürnberg*, CR 2013, 212 (213); Wessels/Hillenkamp/*Schuhr*, Rn. 61.
[205] Vgl. AnwK-StGB/*Popp*, § 303a Rn. 4; GJW/*Bär*, § 303a Rn. 11; *Schuhr*, ZIS 2012, 441 (450 ff.).
[206] *Fischer*, StGB § 303a Rn. 4; MüKo-StGB/*Wieck-Noodt*, § 303a Rn. 2.
[207] *BayObLG*, CR 1993, 779 f.; *OLG Nürnberg*, BeckRS 2013, 3553; LK-StGB/*Tolksdorf*, § 303a Rn. 9; bei der ec-Karte ist Verfügungsberechtigter nicht der Karteninhaber, sondern die ausstellende Bank.
[208] LPK-Kindhäuser/*Hilgendorf*, StGB § 303a Rn. 10; Matt/Renzikowski/*Altenhain*, StGB § 303a Rn. 4; *Popp*, JuS 11, 388; SK-StGB/*Hoyer*, § 303a Rn. 6.
[209] *Fischer*, StGB § 303a Rn. 6; MK-StGB/*Wieck-Noodt*, § 303a Rn. 10; Schönke/Schröder/Stree/*Hecker*, StGB § 303a Rn. 3; zur Verfügungsbefugnis über dienstliche Daten auf dem privaten Endgerät eines Arbeitnehmers Arning/Moos/*Becker*, CR 2012, 592 (595 f.).
[210] *BayObLGSt*, CR 1993, 779; *OLG Naumburg*, BeckRS 2014, 19058, Rn. 21; *Hilgendorf*, JuS 96, 892; LPK-Kindhäuser/*Hilgendorf*, StGB § 303a Rn. 10; *Rengier*, Strafrecht BT I § 26 Rn. 7; SSW/*Hilgendorf*, StGB § 303a Rn. 56.
[211] *OLG Nürnberg*, CR 2013, 212 (213).
[212] LK-StGB/*Wolff*, § 303a Rn. 2.

– Beim E-Mail-Verkehr sind Verfügungsberechtigte entweder der Absender oder der Empfänger der Nachricht, keinesfalls aber der Provider oder andere mit der Übermittlung betraute Personen. Dabei ist von einem Wechsel der Verfügungsberechtigung vom Absender zum Empfänger dann auszugehen, sobald die Nachricht im elektronischen Postfach abgelegt wurde.[213]

> **Praxistipp:**
> Im Rahmen eines Arbeits- oder Dienstverhältnisses soll derjenige, der die Datenspeicherung bewirkt hat, solange Verfügungsberechtigter bleiben, bis er die Daten an den Auftraggeber ausgehändigt hat.[214]

85   Tathandlung ist jedes Löschen, Unterdrücken, Unbrauchbarmachen oder Verändern von Daten. Zur Vermeidung von Strafbarkeitslücken hat der Gesetzgeber bewusst in Kauf genommen, dass sich die verschiedenen Tatbestandsvarianten überschneiden.[215] Zur Auslegung der einzelnen Tathandlungen hat der Gesetzgeber selbst an die entsprechenden Bestimmungen des damaligen § 3 Abs. 4 BDSG angeknüpft.[216]

86   Das **Löschen** von Daten liegt dann vor, wenn diese vollständig und unwiederbringlich unkenntlich gemacht werden[217] und damit nicht mehr rekonstruierbar, sondern für immer verloren sind. Hierfür maßgeblich ist allein die konkrete Speicherung. Ob diese Daten noch auf einer Sicherungskopie vorhanden sind, soll unerheblich sein.[218] Die Vollendung auch bei einer unmittelbar verfügbaren Sicherungskopie anzunehmen, ist jedoch zu weitgehend. Denn die Nutzung des eigentlich geschützten Informationswertes ist weiterhin möglich. Jedoch kommt Versuch in Betracht, wenn der Täter nichts von dem Vorhandensein der Kopie wusste.

87   Ein **Unterdrücken** von Daten ist gegeben, wenn sie dem Zugriff des Verfügungsberechtigten entzogen werden und deshalb von diesem nicht mehr verwendet werden können, ohne dass eine Datenlöschung vorliegt.[219] Ein zeitweiliges Entziehen genügt; nur solche Zeitspannen bleiben außer Betracht, die für den Verfügungsberechtigten keine Beeinträchtigung bedeuten.[220] Als Beispiele kommen in Betracht die Entwendung des Datenträgers oder die Vorschaltung eines unbekannten Passwortes. Ob die Umbenennung einer Datei ein Unterdrücken ist, entscheidet sich nach dem Einzelfall. Wenn eines der heute gebräuchlichen Betriebssysteme mit der Möglichkeit einer Volltextsuche verwandt wird, welches das unproblematische Auffinden einer Datei ohne Kenntnis des verwandten Dateinamens ermöglicht, wird ein Unterdrücken regelmäßig ausscheiden.

88   Ein **Unbrauchbarmachen** von Daten liegt dann vor, wenn die bestimmungsgemäße Verwendbarkeit des Datenmaterials aufgehoben wird, ohne dass eine Datenlöschung oder Datenunterdrückung gegeben ist. Die Gebrauchsfähigkeit muss so beeinträchtigt sein, dass die ordnungsgemäße Verwendung unmöglich ist.[221] Dies kann durch Teillöschungen, inhaltliche Umgestaltungen oder Hinzufügen weiterer Daten erreicht werden. Das Hinzufügen durch bloßes Beschreiben von leerem Speicher ist nicht ausreichend, wenn der Bedeutungsgehalt der übrigen Daten erhalten bleibt.[222] Für das Unbrauchbarmachen verbleibt neben dem Löschen und Unterdrücken von Daten kaum ein eigener Anwendungsbereich.[223]

---

[213] GJW/*Bär*, StGB § 303a Rn. 13.
[214] *OLG Nürnberg*, CR 2013, 212 (213).
[215] *Hilgendorf/Valerius*, Computer- und Internetstrafrecht, Rn. 589; MüKo-StGB/*Wieck-Noodt*, § 303a Rn. 11.
[216] BT-Drs. 10/5058, 34.
[217] BT-Drs. 10/5058, 34.
[218] Schönke/Schröder/*Stree/Hecker*, StGB § 303a Rn. 5.
[219] BT-Drs. 10/5058, 35.
[220] Schönke/Schröder/*Stree/Hecker*, StGB § 303a Rn. 6.
[221] *OLG Dresden*, NJW-RR 2013, 27 (28).
[222] *Hilgendorf/Valerius*, Computer- und Internetstrafrecht, Rn. 593.
[223] GJW/*Bär*, StGB § 303a Rn. 19.

Verändert werden Daten bei jeder inhaltlichen Modifikation einzelner Daten, die zur 89
Änderung des Informationswertes (Aussagegehaltes) und damit zur Beeinträchtigung des
ursprünglichen Verwendungszweckes führt.[224] Hierbei ist der Wille des Gesetzgebers zum
lückenlosen Schutz vor Datenmanipulationen zu beachten.[225] Deshalb sollen bereits Manipulationen reichen, die nur den Kontext der Daten verändern, aber die Daten selbst nicht
inhaltlich modifizieren. So wird bereits die Übersetzung einer Datei in den Code einer
anderen Programmiersprache als ausreichend angesehen.[226] Dies ist allerdings vor dem
Hintergrund des geschützten Rechtsguts kritisch zu sehen, da der Informationsgehalt der
Daten bei einer Übersetzung regelmäßig nicht verändert wird.[227]

> **Praxistipp:**
> Um eine Überschneidung mit anderen Tatvarianten zu vermeiden, sollte diese Tathandlung gelesen werden als „oder sonst wie ändert".

Zum Vorsatz gibt es keine Besonderheiten. Bei irriger Annahme des Täters, über die 90
Daten verfügungsbefugt zu sein, liegt ein vorsatzausschließender Tatbestandsirrtum (§ 16
StGB) vor.[228] Da der Gesetzgeber explizit ausspricht, dass die Daten rechtswidrig zu ändern sind, ist umstritten, ob hiermit ein Hinweis auf das allgemeine Merkmal der Rechtswidrigkeit gegeben ist, oder ob der Rechtswidrigkeit tatbestandseinschränkende Wirkung
zukommt.[229] Der wichtigste in Betracht kommende Rechtfertigungsgrund ist die Einwilligung des Betroffenen. Zur Schuld wiederum gibt es keine Besonderheiten.

> **Praxistipp:** 91
> Denken Sie in der Beratungspraxis auch an die arbeitsrechtlichen Konsequenzen. So
> kommt eine fristlose Kündigung in Betracht, wenn ein Arbeitnehmer für nicht nur vorübergehende Dauer vorsätzlich die Zugriffsmöglichkeit bezüglich des von ihm arbeitstechnisch genutzten PC für den Arbeitgeber verhindert (zB durch Aktivierung eines Kindersicherungsprogramms). Denn mit der Erfüllung des Tatbestandes des § 303a StGB ist
> auch ein wichtiger Kündigungsgrund iSd § 626 Abs. 1 BGB gegeben. Eine vorherige Abmahnung ist ausnahmsweise dann entbehrlich, wenn der Arbeitgeber zwingend betriebsnotwendig auf die Verwendung der elektronischen Datenverarbeitung angewiesen
> ist.[230] Dies folgt dem Grundsatz, dass strafbare Handlungen gegenüber einem Arbeitgeber diesen regelmäßig zur außerordentlichen Kündigung berechtigen und „an sich" geeignet sind, einen wichtigen Kündigungsgrund iSd § 626 Abs. 1 BGB darzustellen.[231]

Die versuchte Datenveränderung ist strafbar, § 303a Abs. 2 StGB. Der Versuch beginnt 92
erst dann, wenn die Zugangssperre der Datenverarbeitungsanlage angegriffen oder das zu
verändernde Programm geöffnet wird.[232] Durch das 41. Strafrechtsänderungsgesetz zur
Bekämpfung der Computerkriminalität wurde Abs. 3 angefügt, der für die Vorbereitung

---

[224] *Hilgendorf/Valerius,* Computer- und Internetstrafrecht, Rn. 594.
[225] Wenn Dialerprogramme die Standardinternetverbindung auf den Computern der Geschädigten von diesen unbemerkt verändern, soll eine Datenveränderung iSd § 303a StGB vorliegen; *AG Hamburg St.-Georg,* MMR 2006, 345 ff.
[226] AnwK-StGB/*Popp,* § 303a Rn. 10; GJW/*Bär,* StGB § 303a Rn. 19.
[227] Unter Umständen kann aber eine Datenunterdrückung in Betracht kommen, wenn der Berechtigte wegen der Übersetzung nicht in der Lage ist, auf den Informationsgehalt zuzugreifen; *Bär,* Computerkriminalität, Rn. 69.
[228] *Bär,* Computerkriminalität, Rn. 69.
[229] *Hilgendorf/Valerius,* Computer- und Internetstrafrecht, Rn. 598 mwN. Dies bezieht sich auf den Anknüpfungspunkt der Verfügungsbefugnis bzw. die Fremdheit der Daten; damit geht es nicht darum, „ob" der Tatbestand einzugrenzen ist, sondern nur „wie"; vgl. *Bär,* Computerkriminalität, Rn. 68.
[230] *LAG Mecklenburg-Vorpommern,* 18. 7. 2006 – 3 Sa 474/05; vgl. auch *LAG Saarland,* CR 1994, 296 ff. zu einer Verdachtskündigung auf Implementierung eines Virus in die EDV-Anlage des Arbeitgebers.
[231] ErfK/*Müller-Glöge,* Arbeitsrecht, § 626 BGB Rn. 133 mwN.
[232] *OLG Braunschweig,* StV 2013, 708.

einer Straftat eine entsprechende Anwendung des § 202c StGB anordnet.²³³ Zu den Konkurrenzen ist anzumerken, dass § 303a StGB bei Verwirklichung des Qualifikationstatbestandes des § 303b Abs. 1 Nr. 1 StGB hinter diesen zurück tritt. Bei einer Verwirklichung der §§ 263a, 269, 303 StGB ist regelmäßig von einer tateinheitlichen Verwirklichung auszugehen.²³⁴

2. Computersabotage

93 Das geschützte Rechtsgut ist das Interesse der Betreiber und Nutzer von Datenverarbeitungssystemen an deren ordnungsgemäßem Funktionieren.²³⁵ Diese Norm soll eine fremde Datenverarbeitung von wesentlicher Bedeutung schützen. Ursprünglich war der Schutzbereich des § 303b StGB begrenzt auf fremde Betriebe, Unternehmen oder eine Behörde. Mit der Neufassung durch das 41. Strafrechtsänderungsgesetz sind auch Privatpersonen in den Schutzbereich einbezogen, während die anfängliche Regelung nur noch eine Rolle für die Qualifikation des Abs. 2 spielt.²³⁶ Die Norm sichert damit das Grundrecht auf Integrität und Vertraulichkeit informationstechnischer Systeme.²³⁷

94 Derjenige macht sich strafbar, der eine Datenverarbeitung, die für einen anderen von wesentlicher Bedeutung ist, erheblich stört. Die Tatbegehung ist durch eine softwarebezogene Tat entsprechend § 303a Abs. 1 StGB (§ 303b Abs. 1 Nr. 1 StGB) mit unmittelbarer Einwirkung auf die Daten, durch das Eingeben und Übermitteln von Daten in Nachteilszufügungsabsicht (§ 303b Abs. 1 Nr. 2 StGB)²³⁸ oder durch eine hardwarebezogene Tat (§ 303b Abs. 1 Nr. 3 StGB, bisherige Nr. 2) mit einer körperlichen Einwirkung auf die Substanz des die Daten enthaltenden Gegenstandes möglich.²³⁹

95 Die Tathandlung muss kausal für eine Störung der Datenverarbeitung sein. Dies ist der gemeinsame Tatererfolg aller drei Handlungsvarianten. Eine Störung liegt vor, wenn der reibungslose Ablauf der Datenverarbeitung nicht nur unerheblich beeinträchtigt wird.²⁴⁰ Das ist dann der Fall, wenn die Beeinträchtigung so groß ist, dass sie überhaupt nicht oder nur mit einem größeren finanziellen oder zeitlichen Aufwand beseitigt werden kann.²⁴¹ Eine bloße Gefährdung der Datenverarbeitung ist nicht ausreichend.²⁴²

96 **Datenverarbeitung** bezieht sich auf technische Vorgänge zur Speicherung und Verarbeitung von Daten mittels EDV und erfasst den gesamten Umgang mit elektronisch gespeicherten Daten (dh von ihrer Erhebung bis zu ihrer Verwendung).²⁴³ Damit bleiben nur solche Vorgänge ausgeklammert, die nicht in der Form einer elektronischen Datenverarbeitung erfolgen (wie die Versendung von Datenträgern per Post oder die Verwendung von Ausdrucken).²⁴⁴

97 Die **wesentliche Bedeutung** für einen Betrieb, ein Unternehmen oder eine Behörde ist dann gegeben, wenn die anstehenden Aufgaben nicht mehr oder nur unter erheblichem Mehraufwand erfüllt werden können (Beeinträchtigung der Funktionsfähigkeit der

---

[233] Damit sollen Art. 3 des EU-Rahmenbeschlusses über Angriffe auf Informationssysteme und Art. 5 des Übereinkommens über Computerkriminalität umgesetzt werden, BT-Drs. 16/3656, 12.
[234] *Bär*, Computerkriminalität, Rn. 69.
[235] BT-Drs. 16/3656, 13; *Schumann*, NStZ 2007, 675 (679); *Vassilaki*, CR 2008, 131 (133).
[236] Zu den europäischen Einflüssen bei der Neugestaltung des Tatbestandes durch das 41. Strafrechtsänderungsgesetz vgl. *Heghmanns*, Computersabotage, S. 319 ff.
[237] GJW/*Bär*, StGB § 303b Rn. 4.
[238] Diese Tatvariante wurde durch das 41. Strafrechtsänderungsgesetz zur Bekämpfung der Computerkriminalität neu eingefügt. Damit wird den Vorgaben von Art. 3 des Rahmenbeschlusses über Angriffe auf Informationssysteme sowie Art. 5 des Übereinkommens über die Computerkriminalität entsprochen; *Popp*, MR-Int 2007, 84 (85).
[239] Vgl. *Hilgendorf/Valerius*, Computer- und Internetstrafrecht, Rn. 606.
[240] *Fischer*, StGB § 303b Rn. 10; *Schönke/Schröder/Stree/Hecker*, StGB § 303b Rn. 9f.; *Schuhr*, JA 2015, 189.
[241] SSW/*Hilgendorf*, StGB § 303b Rn. 8.
[242] *Bär*, Computerkriminalität, Rn. 73.
[243] Vgl. BT-Drs. 10/5058, 35; *Lackner/Kühl/Heger*, StGB § 303b Rn. 2.
[244] GJW/*Bär*, StGB § 303b Rn. 7.

B. Klassische Computerdelikte

gesamten Einrichtung).²⁴⁵ Bei Privatpersonen soll darauf abgestellt werden, ob die Datenverarbeitung eine „zentrale Funktion" für die Lebensgestaltung einnimmt.²⁴⁶ In diesem Zusammenhang ist auch das neu eingefügte Merkmal der Erheblichkeit einer Störung zu sehen. Dadurch wird bereits im Tatbestand klargestellt, dass nicht jede Beeinträchtigung des reibungslosen Funktionierens einer Datenverarbeitung die Strafbarkeitsschwelle der Computersabotage überschreitet.²⁴⁷ Dabei ist es unerheblich, ob die beeinträchtigte Datenverarbeitung rechtmäßigen oder rechtswidrigen Zwecken dient.²⁴⁸

Eine Tat nach § 303b Abs. 1 Nr. 1 StGB kann nur durch eine Datenveränderung nach § 303a StGB begangen werden. Damit ist vor allem eine Fremdheit der Daten im Sinne nicht tätereigener Verfügungsbefugnis erforderlich.²⁴⁹ 98

Nach Nr. 2 des § 303b Abs. 1 StGB ist darüber hinaus auch das Eingeben und Übermitteln von Daten in Nachteilszufügungsabsicht unter Strafe gestellt. Hierunter sollen insbesondere (Distributed) **Denial-of-Service** (engl. für: Dienstablehnung) Attacken fallen.²⁵⁰ Kennzeichnend hierfür ist, dass es durch den Angriff zu einer Überlastung des Computersystems kommt mit der Folge des Ausfalls von einem oder mehreren Diensten.²⁵¹ Die Frage der Zulässigkeit einer Online-Demonstration zumindest in Form von Massen-E-Mail-Protesten wird durch diese Vorschrift nicht erfasst,²⁵² da diese „ohne Nachteilszufügungsabsicht geschähen und von der Meinungsfreiheit nach Art. 5 GG gedeckt seien".²⁵³ Durch den Verweis auf den Datenbegriff des § 202a Abs. 2 StGB ist fraglich, ob der manuelle Input von Daten unter die „Eingabe von Daten" nach Nr. 2 fällt.²⁵⁴ Allerdings werden bei DoS-Angriffen im Netzwerk regelmäßig Daten übermittelt, die auch bei vorheriger manueller Eingabe zumindest im Arbeitsspeicher eines Systems gespeichert werden müssen und nach hier vertretener Auffassung (siehe Rn. 6) unter den Datenbegriff des § 202a StGB fallen, sodass DoS-Attacken jedenfalls von der Übermittlungsalternative der Nr. 2 erfasst sind.²⁵⁵ Wenn (wie beispielsweise bei gemeinsamen Angriffen nach Aufrufen von Gruppen wie *Anonymous*)²⁵⁶ viele Täter zusammenwirken und gemeinsam den Tatterfolg – Blockieren der Webseite – herbeiführen, dann sind dem Einzelnen die Tatbeiträge der Anderen über die Mittäterschaft (§ 25 Abs. 2 StGB) zuzurechnen.²⁵⁷ 99

---

²⁴⁵ Vgl. NK-StGB/*Zaczyk*, § 303b Rn. 5, der die Norm wegen der Unbestimmtheit (ua) dieses Begriffes für verfassungswidrig hält.
²⁴⁶ Dies wird insbesondere bei einer Datenverarbeitung zu Erwerbszwecken bejaht, während jeglicher Kommunikationsvorgang im privaten Bereich und Computerspiele ausgenommen sein sollen, BT-Drs. 16/3656, 13.
²⁴⁷ BT-Drs. 16/3656, 13.
²⁴⁸ BGH, NJW 2017, 838 (839 f.) mAnm *Ernst*.
²⁴⁹ *Fischer*, StGB § 303b Rn. 11.
²⁵⁰ BT-Drs. 16/3656, 13; *LG Düsseldorf*, MMR 2011, 624 mAnm *Bär*; *Gercke*, Anm. zu OLG Franfurt a. M., MMR 2006, 547 (553); *Schumann*, NStZ 2007, 675 (679).
²⁵¹ Eine Distributed Denial of Service Attacke (DDoS) im Internet ist das Blockieren einer Website durch das Überlasten eines Webservers mittels massenhafter Anfragen. Eine weiterentwickelte Abwandlung hiervon ist die DRDoS (Distributed Reflected Denial of Service)-Attacke. Bei dieser Angriffsform sendet der Angreifer die Datenpakete nicht direkt an das Opfer, sondern an eine Vielzahl von Internetdiensten, wobei jedoch die Absenderangabe durch IP-Spoofing in die des Opfers geändert wurde und es erst durch die Antworten der Internetdienste zum eigentlichen DoS-Angriff kommt; vgl. *Bär*, MMR 2011, 626.
²⁵² Nach der Rechtslage vor dem 41. Strafrechtsänderungsgesetz wurde die Strafbarkeit einer DDoS-Attacke abgelehnt. Weder sei der Nötigungstatbestand gem. § 240 StGB erfüllt, noch liege eine Strafbarkeit nach den §§ 303a, 303b und 317 StGB vor; *OLG Frankfurt a. M.*, MMR 2006, 547.
²⁵³ BT-Drs. 16/5449, 5; einschränkend *Hoffmanns*, ZIS 2012, 409 (413), der eine Online-Demonstration als Ausdruck der in Art. 2 Abs. 1 GG geschützten allgemeinen Handlungsfreiheit ansieht, aber nur solange ausschließlich der Internet-Browser genutzt wird.
²⁵⁴ *Gröseling/Höfinger*, MMR 2007, 626 (627); *Vassilaki*, CR 2008, 131 (134).
²⁵⁵ So auch *Gröseling/Höfinger*, MMR 2007, 626 (627); *Vassilaki*, CR 2008, 131 (134).
²⁵⁶ Siehe der Aufruf zum Blockieren der GEMA-Webseite, dem mehrere hundert Personen folgten, vgl. Pressemitteilung der Generalstaatsanwaltschaft Frankfurt/Main v. 14.6.2012, http://www.irights.info/userfiles/Pressemitteilung_14_06_12_Durchsuchungen_Computersabotage_GEMA.pdf.
²⁵⁷ *Gercke*, ZUM 2012, 625 (632).

100 Eine **Datenverarbeitungsanlage** im Sinne von § 303b Abs. 1 Nr. 3 StGB ist eine Funktionseinheit technischer Geräte, die die Verarbeitung von Daten ermöglicht.[258] Datenträger sind Magnetbänder, Festplatten, Disketten, USB-Sticks etc.[259]

101 Die Tathandlungen des § 303b Abs. 1 Nr. 3 StGB lassen sich wie folgt charakterisieren:
– Zerstörung (Var. 1): Aufhebung der bestimmungsgemäßen Verwendbarkeit,
– Beschädigung (Var. 2): bei nicht ganz unerheblicher Substanzverletzung,
– Unbrauchbar machen (Var. 3): wenn die Gebrauchsfähigkeit nicht nur unerheblich beeinträchtigt wird, sodass eine ordnungsgemäße Verwendung nicht mehr möglich ist,
– Beseitigung (Var. 4): Entfernung von Datenverarbeitungsanlagen oder Datenträgern aus dem Verfügungsbereich des Berechtigten durch örtliche Veränderung,
– Veränderung (Var. 5): sonstige Modifikation der Hardware (lies: „sonstwie verändert").[260]

102 Grundsätzlich reicht dolus eventualis. Nur für Abs. 1 Nr. 2 ist **Nachteilszufügungsabsicht** erforderlich. Dabei ist Nachteil jede ungünstige Folge oder Beeinträchtigung rechtmäßiger Interessen, wobei ein Vermögensschaden nicht vorausgesetzt ist.[261] Für die Absicht reicht das Bewusstsein, dass der Nachteil notwendige Folge der Tat ist.[262] Die Rechtswidrigkeit und die Schuld werfen keine besonderen Probleme auf. Bezüglich der in der Qualifikation des Abs. 2 verwandten Begriffe Betrieb und Unternehmen gilt § 14 Abs. 2 StGB. Damit sind Rechtsform, Art der Betriebs- oder Unternehmenstätigkeit und Gewinnerzielungsabsicht unerheblich. Fremd sind diese, wenn der Täter nicht selbst Inhaber oder vertretungsberechtigter Repräsentant des Inhabers ist.[263]

103 Der Abs. 1 Nr. 1 ist eine Qualifikation des § 303a Abs. 1 StGB. Dagegen stellt Nr. 3 eine Qualifikation des § 303 StGB dar, wenn körperliche Sachen (Hardware) iSd § 303 StGB zum Zwecke der Betriebsstörung beeinträchtigt werden.[264] Die Computersabotage ist bezüglich der Abs. 1–3 ein Antragsdelikt (§ 303c StGB). Der Versuch ist strafbar, § 303b Abs. 3 StGB.

104 Im Abs. 4 ist eine benannte Strafzumessungsregel enthalten, die bei einem Vermögensverlust großen Ausmaßes, gewerbsmäßigen Handeln oder Handeln als Mitglied einer Bande zur fortgesetzten Begehung,[265] Beeinträchtigung der Versorgung der Bevölkerung mit lebenswichtigen Gütern oder Dienstleistungen oder Beeinträchtigung der Sicherheit des Staates eine Strafschärfung anordnet. Schließlich enthält Abs. 5 einen Verweis auf § 202c StGB zur Strafbarkeit von Vorbereitungshandlungen.

V. Vorbereitung des Ausspähens und Abfangens von Daten (§ 202c StGB)

1. Allgemeines

105 Der § 202c StGB soll Art. 6 Abs. 1 des Übereinkommens über Computerkriminalität umsetzen. Nach dieser Vorschrift wird derjenige bestraft, der das Ausspähen oder Abfangen von Daten (§§ 202a, 202b StGB) vorbereitet. Durch die Verweisungen in §§ 303a Abs. 3, 303b Abs. 5 StGB auf die Vorschrift des § 202c StGB wird auch die Vorbereitung einer Datenveränderung sowie einer Computersabotage unter Strafe gestellt. Wegen des Charakters als Vorbereitungsdelikt orientiert sich das geschützte Rechtsgut an den jeweils in Bezug genommenen Vorschriften, also der Verfügungsgewalt über Daten (§§ 202a, 202b, 303a StGB) bzw. dem Vermögen (§ 303b StGB).[266] Die für die Vorbereitung der Fäl-

---

[258] *Hilgendorf/Valerius*, Computer- und Internetstrafrecht, Rn. 607.
[259] *Bär*, Computerkriminalität, Rn. 74.
[260] *Hilgendorf/Valerius*, Computer- und Internetstrafrecht, Rn. 608.
[261] BT-Drs. 16/3656, 13.
[262] *Fischer*, StGB § 303b Rn. 12a.
[263] *Fischer*, StGB § 303b Rn. 15.
[264] NK-StGB/*Zaczyk*, § 303b Rn. 30.
[265] Vgl. → Rn. 172.
[266] LK-StGB/*Hilgendorf*, § 202c Rn. 2; Spindler/Schuster/*Gercke*, StGB § 202c Rn. 1.

schung von Geld und Wertzeichen geltenden Vorschriften über die tätige Reue (§ 149 Abs. 2 und 3 StGB) finden entsprechende Anwendung (§ 202c Abs. 2 StGB).[267] Der Gesetzgeber hat den Plural (Passwörter/Sicherheitscodes/Computerprogramme) nur aus sprachlichen Gründen verwandt. Damit sollte eine Angleichung an andere Tatbestände, die Vorbereitungshandlungen unter Strafe stellen (zB §§ 149 Abs. 1, 263a Abs. 3, 275 StGB), erreicht werden.[268] Die Rechtsprechung hat bereits mehrmals festgestellt, dass aus der Verwendung des Plurals keine begrifflichen Folgerungen zu ziehen sind.[269] Damit reicht es für die Tatbestandserfüllung, wenn sich die Tathandlung nur auf ein Passwort, Sicherungscode oder Computerprogramm bezieht.[270] Nach dem Willen des Gesetzgebers soll es sich um ein abstraktes Gefährdungsdelikt handeln.[271] Demnach wäre nicht das Vorbereiten von konkreten Straftaten erforderlich, sondern bereits das abstrakte Ermöglichen und Fördern von potentiellen Straftaten ausreichend.[272] Deshalb ist die Charakterisierung als „abstraktes Gefährdungsdelikt mit überschießender Verletzungstendenz"[273] sachgerechter.

Insbesondere § 202c Abs. 1 Nr. 2 StGB hat in der IT-Sicherheitsindustrie für erhebliche Verunsicherung gesorgt. Es wurde diskutiert, dass bereits das Herstellen, Verschaffen, Verkaufen, Überlassen, Verbreiten oder sonstige Zugänglichmachen von illegalen Hackertools unter Strafe gestellt werde.[274] Dies ist auch darin begründet, dass § 202c StGB kein leuchtendes Beispiel für eine gute Gesetzgebungskunst ist. So erfordert das Vorbereitungsdelikt des § 202c StGB keinen Strafantrag, ist also Offizialdelikt, während die eigentlichen Verletzungsdelikte Antragsdelikte sind. Die gleichen Widersprüche sind bei der Versuchsstrafbarkeit erkennbar. Während der Versuch der §§ 202a, 202b StGB nicht strafbar ist, sind die – zeitlich dem Versuch vorgelagerten – Vorbereitungshandlungen nach § 202c StGB strafbar.

106

2. Vorbereitungsstrafbarkeit nach Abs. 1 Nr. 1

Die Tatbestandsvariante des § 202c Abs. 1 Nr. 1 StGB ermöglicht die Bestrafung von Tätern, die Passwörter und Sicherheitscodes – ob online oder offline (zB durch social engineering) ist unerheblich – ausspähen. Zwar ist nicht der Einsatz von technischen Mitteln erforderlich, allerdings muss es sich zum Tatzeitpunkt um Passwörter oder Sicherheitscodes handeln, welche gültig sind und tatsächlich den Zugang zu Daten gewähren. Dies kann aus dem Tatbestandsmerkmal „ermöglichen" gefolgert werden.[275] Sicherungscodes sind dabei der Oberbegriff zu den vom Gesetzgeber beispielhaft hervorgehobenen Passwörtern und umfassen Zugangscodes oder Ver- bzw. Entschlüsselungssoftware, wenn sie den Zugang zu Daten iSd § 202a Abs. 2 StGB ermöglichen.[276] Dabei ist es aber nicht notwendig, dass die den Sicherungscode bildenden Daten selbst in der Form des § 202a StGB vorliegen. Sie können auch unmittelbar wahrnehmbar sein (Notizen, Listen, Computerausdrucke).[277] Die Beschreibung von Sicherheitslücken fällt aber nicht unter diesen Tatbestand.[278]

107

---

[267] *Popp*, MR-Int. 2007, 84 (85).
[268] BT-Drs. 16/3656, 12.
[269] RGSt 55, 101 (102); BGHSt 46, 146 (150).
[270] BT-Drs. 16/3656, 12; *Schumann*, NStZ 2007, 675 (678).
[271] BT-Drs. 16/3656, 12.
[272] So auch *Borges/Stuckenberg/Wegener*, DuD 2007, 275 (276); beachte aber die Gegenäußerung der Bundesregierung auf die Einwände des Bundesrates, wonach es entscheidend für die Tatbestandserfüllung des § 202c StGB sei, dass „der Täter eine eigene oder fremde Computerstraftat in Aussicht genommen hat"; BT-Drs. 16/3656, 19.
[273] *Popp*, GA 2008, 375 (378).
[274] Zutreffend kritisiert hier *Schumann* die fehlende sprachliche Gewandtheit des Gesetzgebers bei der Umsetzung internationaler Vorgaben, NStZ 2007, 675 (678).
[275] So auch *Ernst*, NJW 2007, 2662 (2663).
[276] *Fischer*, StGB § 202a Rn. 3.
[277] AnwK-StGB/*Popp*, § 202c Rn. 3.
[278] *Gercke/Brunst*, Praxishandbuch Internetstrafrecht, Rn. 118.

Als speziellere Vorschrift verdrängt § 202c Abs. 1 Nr. 1 StGB eine etwaige Strafbarkeit nach § 42 BDSG.[279]

3. Vorbereitungsstrafbarkeit nach Abs. 1 Nr. 2 insbesondere Hackertools

108 Damit ein taugliches Tatobjekt vorliegt, muss es sich zunächst einmal um ein **Computerprogramm** handeln. Unter einem Computerprogramm wird – vereinfacht gesprochen – eine Reihe von Befehlsanweisungen an einen Computer zur Erzielung einer Wirkung verstanden.[280] Ausführlicher lässt sich ein Computerprogramm unter Rückgriff auf die Mustervorschriften der WIPO definieren als „eine Folge von Befehlen, die nach Aufnahme in einen maschinenlesbaren Träger fähig sind, zu bewirken, dass eine Maschine mit informationsverarbeitenden Fähigkeiten eine bestimmte Funktion oder Aufgabe oder ein bestimmtes Ergebnis anzeigt, ausführt oder erzielt".[281]

109 Ferner muss der Zweck eines solchen Computerprogramms in der Begehung einer der von § 202c StGB in Bezug genommenen Taten (§§ 202a, 202b, 303a, 303b StGB) sein. Es muss sich also – wie es in der Gesetzesbegründung heißt – um „Hackertools" handeln, „die darauf angelegt sind, illegalen Zwecken zu dienen".[282] Da Grundlage für die deutsche Regelung des § 202c StGB der Art. 6 des Übereinkommens über die Computerkriminalität ist, wird zunächst ein Blick auf die Definition der Konvention geworfen, um dann auf ein illegales Hackertool iSd § 202c StGB einzugehen.

a) Illegales Hackertool nach Art. 6 CCC

110 Der Art. 6 des Übereinkommens über die Computerkriminalität (CCC[283]) bezieht solche Computerprogramme ein, die zur Begehung der entsprechenden Straftaten „ausgelegt oder hergerichtet" worden sind. Darunter sollen solche Programme fallen, die zur Veränderung oder Zerstörung von Daten oder für Systemeingriffe (Virusprogramme) oder zur Ermöglichung des Zugangs zu Computersystemen dienen.[284] Nach ausführlichen Diskussionen[285] wurde die Konvention in ihrem Anwendungsbereich auf solche Fälle beschränkt, in denen die Vorrichtungen aus objektiver Sicht hauptsächlich zu dem Zweck (primarily for the purpose) hergestellt oder angepasst wurden, eine Straftat zu begehen. Damit sollen üblicherweise Programme mit einem doppelten Verwendungszweck ausgeschlossen werden.[286] Allerdings gibt die Konvention keine Klarheit, wie es möglich sein soll, einen Zweck, der wegen der vom jeweiligen Nutzer verfolgten Zielsetzung subjektiv zu bestimmen ist, im objektiven Tatbestand zu berücksichtigen.[287]

---

[279] Vgl. §§ 44, 43 Abs. 2 Nr. 5 BDSG aF.
[280] *KG*, 17.3.2010 – 24 U 117/08; vgl. auch *OLG Hamburg*, CR 1998, 332: „Ein Computerprogramm ist ein Satz von Anweisungen an ein informationsverarbeitendes Gerät und an den mit diesem Gerät arbeitenden Menschen zur Erzielung eines Ergebnisses".
[281] Spindler/Schuster/*Gercke*, StGB § 202c Rn. 3.
[282] BT-Drs. 16/3656, 12.
[283] CCC steht für Convention on Cybercrime.
[284] *Convention on Cybercrime*, Explanatory Report, Nr. 72 S. 4, http://conventions.coe.int/Treaty/EN/Reports/Html/185.htm.
[285] *Convention on Cybercrime*, Explanatory Report, Nr. 73 S. 1, http://conventions.coe.int/Treaty/EN/Reports/Html/185.htm.
[286] *Cornelius*, CR 2007, 684; wörtlich heißt es hierzu: „As a reasonable compromise the Convention restricts its scope to cases where the devices are objectively designed, or adapted, primarily for the purpose of committing an offence. This alone will usually exclude dual-use devices." Convention on Cybercrime, Explanatory Report, Nr. 73 S. 6f. http://conventions.coe.int/Treaty/EN/Reports/Html/185.htm.
[287] *Cornelius*, CR 2007, 682 (684); vgl. *Popp*, MR-Int 2007, 84 (86); kritisch zum Begriff der „objektiven Zweckbestimmung" auch *Vassilaki*, CR 2008, 131 (135).

b) Illegales Hackertool nach § 202c StGB

Ebenso wie den Vertragsparteien des Übereinkommens über Computerkriminalität geht es aber auch dem deutschen Gesetzgeber um „die (objektivierte) Zweckbestimmung des Programms", wobei es ausreichen soll, „wenn die objektive Zweckbestimmung des Tools auch [Hervorhebung durch d. Verf.] die Begehung einer solchen Straftat ist".[288] Um tatsächlich zu erreichen, dass nicht „die allgemeinen Programmier-Tools, -Sprachen oder sonstigen Anwendungsprogramme bereits … unter den objektiven Tatbestand der Strafvorschrift fallen"[289] seien anhand objektiver Kriterien die Eigenschaften des Programms für eine strafbare Nutzung zu bestimmen. Diesbezüglich hat der mit der abschließenden Stellungnahme beauftragte Rechtsausschuss ausgeführt, dass § 202c StGB iSd Art. 6 Abs. 2 CCC auszulegen sei und nur solche Computerprogramme betroffen seien, „die in erster Linie dafür ausgelegt oder hergestellt würden", um die in Bezug genommenen Computerdelikte zu begehen.[290] Danach müsse die geforderte Zweckbestimmung „eine Eigenschaft des Computerprogramms in dem Sinne darstellen, dass es sich um so genannte Schadsoftware handele."[291]

111

aa) Gesetzesauslegung. Eine Zusammenschau dieser – widersprüchlichen – Ausführungen[292] in der Gesetzesbegründung sowie die vom Rechtsausschuss geforderte Einbeziehung der völkerrechtlichen Grundlage des Übereinkommens über Computerkriminalität lassen darauf schließen, dass es sich um Software handeln muss, deren hauptsächlicher, aber nicht ausschließlicher Zweck die deliktische Verwendung ist.[293]

112

Ähnliche Vorschriften finden sich im Urheberrecht. Zunächst ist § 69f UrhG zu betrachten: Dieser gibt dem Rechteinhaber einen Vernichtungsanspruch gegenüber allen Mitteln (also auch Computerprogrammen), wenn diese allein dazu bestimmt sind, die unerlaubte Beseitigung oder Umgehung technischer Programmschutzmechanismen zu erleichtern. Aber jedes Umgehungsmittel hat auch einen zumindest potentiellen legalen Anwendungsbereich.[294] So verwundert es nicht, dass hinsichtlich der Einzelheiten der Auslegung Uneinigkeit besteht. Einerseits wird verlangt, dass das Umgehungsmittel nicht auch noch zu einem anderen, rechtmäßigen Zweck eingesetzt werden kann.[295] Weitergehend wird darauf abgestellt, ob die Hard- oder Software mit der entsprechenden Funktion objektiv allein deshalb versehen wurde, um die rechtswidrige Umgehung oder Beseitigung zu ermöglichen[296] bzw. ob der wesentliche Zweck des Mittels darin liegt, den Programmschutzmechanismus zu unterwandern.[297] Teilweise wird es bereits als ausreichend erachtet, ob das Mittel nach der allgemeinen Lebenserfahrung den Hauptzweck hat, einen Pro-

113

---

[288] BT-Drs. 16/3656, 12.
[289] BT-Drs. 16/3656, 12.
[290] BT-Drs. 16/5449, 4.
[291] BT-Drs. 16/5449, 4; kritisch zur widersprüchlichen Gesetzesbegründung *Gröseling/Höfinger*, MMR 2007, 626 (629); *Schumann*, NStZ 2007, 675 (678); *Vassilaki*, CR 2008, 131 (135); vgl. auch BT-Drs. 16/3656, 19, wonach dual use tools vom Tatbestand des § 202c StGB ausgeschlossen sein sollen.
[292] Insbesondere die Gegenäußerung der Bundesregierung zur Stellungnahme des Bundesrates setzt sich in Widerspruch sowohl zur übrigen Gesetzesbegründung, zur Einschätzung des Rechtsausschusses als auch zu den Vorgaben des Übereinkommens über Computerkriminalität, wenn es heißt: „Bei Programmen, deren funktionaler Zweck nicht eindeutig ein krimineller ist und die erst durch ihre Anwendung zu einem Tatwerkzeug eines Kriminellen oder zu einem legitimen Werkzeug … werden, (sog. dual use tools), ist der objektive Tatbestand des § 202c StGB-E nicht erfüllt." BT-Drs. 16/3656, 19.
[293] So auch *Borges/Stuckenberg/Wegener*, DuD 2007, 275 (276); *Cornelius*, CR 2007, 682f.; *Schumann*, NStZ 2007, 675 (678); *Vassilaki*, CR 2008, 131 (135); enger *Gröseling/Höfinger*, die nur ausschließlich deliktisch verwendbare Programme erfasst sehen wollen, MMR 2007, 626 (629).
[294] *Arnold*, MMR 2008, 144 (145).
[295] *Dreier/Schulze*, § 69f UrhG Rn. 13; Möhring/Nicolini/*Hoeren*, § 69f Rn. 16.
[296] Wandtke/Bullinger/*Grützmacher*, § 69f Rn. 21.
[297] Dreyer/Kotthoff/Meckel/*Kotthoff*, § 69f Rn. 7.

grammschutzmechanismus zu umgehen.[298] Allerdings ist dies allein ein zivilrechtlicher Anspruch. Eine Strafbarkeit knüpft sich daran nicht.

114   Die oben vorgenommene Gesetzesauslegung, dass es sich um Computerprogramme handeln muss, deren hauptsächlicher, aber nicht ausschließlicher Zweck die deliktische Verwendung ist, ähnelt mehr einer anderen Vorschrift. Nach § 95a Abs. 3 Nr. 3 UrhG in Verbindung mit § 108b Abs. 2 UrhG sind Vorbereitungshandlungen strafbar, die auch mit Tools begangen werden können, die „hauptsächlich entworfen, hergestellt, angepasst oder erbracht werden, um die Umgehung wirksamer technischer Maßnahmen zu ermöglichen oder zu erleichtern".[299] Das LG München hat in seiner Entscheidung vom 7.3.2005 zur Software *AnyDVD* und der Einordnung als Erzeugnis, das hauptsächlich entworfen und hergestellt wurde, um die Umgehung wirksamer technischer Maßnahmen zu ermöglichen,[300] entscheidend auf den entsprechenden Internetauftritt und die Bewerbung des Produkts durch den Hersteller abgestellt.[301] Wenn auch nicht in Bezug auf § 95a UrhG, sondern im Hinblick auf die Verletzung des Senderechtes eines Pay-TV-Anbieters nach § 87 UrhG urteilend, fügt sich hier auch die Entscheidung des OLG Hamburg vom 8.2.2006[302] ein, nach der die „Produktankündigung, Absatzwerbung bzw. Nutzungsbeschreibung" entscheidend für den Anwendungsbereich dieses Produktes seien.[303] Auch der BGH hat mit Bezug zur Software „CloneCD" auf die Werbung des Herstellers abgestellt und daraus geschlossen, dass dieses Programm „gerade auch" dazu bestimmt ist, den Kopierschutz von CDs zu überwinden.[304] Erwähnenswert ist auch die Entscheidung des OLG Celle vom 27.1.2010, in der eine fristlose Kündigung eines Geschäftsführers wegen des Herunterladens von Hackersoftware bestätigt wurde, Hierbei handelt es sich um die Software „Cain",[305] die in dem Prozess als „Computerprogramm zum Ausspähen von Daten" bezeichnet wurde, das „ua das Cracking verschlüsselter Passwörter" ermöglicht. Daraus schloss das Gericht, dass der Hauptzweck die Umgehung wirksamer technischer Maßnahmen nach § 95a Abs. 1 UrhG und bereits das Herunterladen nach § 95a Abs. 3 UrhG rechtswidrig sei.[306] Mit dem Abstellen auf das Schaffen gezielter Anreize für Urheberrechtsverletzungen durch Produktgestaltung, und Werbung versucht die Rechtsprechung dem Problem zu begegnen, dass letztlich jedes Umgehungsmittel einen potentiellen legalen Anwendungsbereich hat.[307]

115   Bei einem Blick über die Grenzen ist in erster Linie[308] die bemerkenswerte[309] Entscheidung des U.S. Supreme Court im Fall *Grokster* zu erwähnen. Dort stellt das Gericht nicht auf die Eigenschaften des Produkts und die Kenntnis des Herstellers von einer etwaigen

---

[298] *Fromm/Nordemann*, § 69f Rn. 3.
[299] Ausführlich hierzu *Cornelius*, CR 2007, 682 (686).
[300] Dies betrifft die Voraussetzungen des § 95a Abs. 3 Nr. 3 UrhG, obwohl das Gericht nur § 95a Abs. 3 UrhG zitiert.
[301] *LG München I*, ZUM 2005, 494 (495); vgl. auch *LG Köln*, MMR 2006, 412 (415). Das *OLG München* als Berufungsinstanz kommt unter Berücksichtigung derselben Erwägungen zu dem Schluss, dass das Produkt *AnyDVD* Gegenstand einer Verkaufsförderung iSd § 95a Abs. 3 Nr. 1 UrhG ist, ohne sich weiter mit einer möglichen Subsumtion unter Nr. 3 zu befassen, *OLG München*, ZUM 2005, 896 (899).
[302] *OLG Hamburg*, CR 2006, 299.
[303] Mit Recht weist *Brinkel* in seiner Anmerkung zu dieser Entscheidung darauf hin, dass dem § 95a Abs. 3 UrhG als gesetzlich geregelten Fall einer Störerhaftung für Multifunktionswerkzeuge ein gleiches Verständnis zugrunde liegt, *Brinkel*, CR 2006, 306 (307f.).
[304] *BGH*, NJW 2008, 3565.
[305] Vgl. die Beschreibung bei Wikipedia, http://de.wikipedia.org/wiki/Cain_%26_Abel.
[306] *OLG Celle*, GRUR-RR 2010, 282.
[307] Vgl. *Arnold*, MMR 2008, 144.
[308] Vgl. auch die Entscheidung des *Federal Court of Australia*, Cri 2005, 140ff. (Universal Music Australia Pty Ltd. V. Sharman License Holdings Ltd., (2005) FCA 1242), mit ähnlichen Ergebnissen wie die Grokster-Entscheidung des *U.S. Supreme Courts; Band/Schruers*, CRi 2006, 6 (10).
[309] Vgl. nur *Band/Schruers*, CRi 2006, 6; *Gampp*, ZUM 2005, 794; *Heymann*, IIC 2006, 31; *Naumann/Illmer*, K&R 2005, 550; *Pühler*, CRi 2005, 65; *Rösler*, GRUR Int. 2005, 991; *Spindler/Leistner*, GRUR Int. 2005, 773 (780ff.); *Strasser*, MR-Int 2005, 87.

rechtsverletzenden Nutzung des Produktes ab,[310] sondern darauf, ob Erklärungen und Handlungen vorgenommen werden, die gerade darauf abzielen, diese Rechtsverletzungen zu fördern.[311] Das Gericht hat insgesamt drei objektive Faktoren identifiziert, aus denen sich eine subjektive Unterstützung für Rechtsverletzungen ableiten lasse, nämlich die Werbung, welche gezielt die illegale Nutzung betraf, das Fehlen von Vorkehrungen, um Urheberrechtsverletzungen zu verhindern oder einzuschränken, sowie die Finanzierung durch Werbung.[312] Dabei hat der Supreme Court selbst darauf hingewiesen, dass das Fehlen von Vorkehrungen gegen Rechtsverletzungen[313] ebenso wie eine Gewinnerzielungsabsicht[314] für sich genommen noch nicht als Indiz zu bewerten wäre, sondern erst die Gesamtschau entscheidend sei.[315] Damit besteht für sich genommen keine Rechtspflicht für die Entwickler neuer Technologien, Vorkehrungen in die Produkte zu implementieren, die Urheberrechtsverletzungen von vornherein unmöglich machen.[316]

Bei einer Berücksichtigung der obigen Erwägungen[317] ergeben sich folgende Leitlinien für die Bestimmung des tauglichen Tatobjektes iSd § 202c Abs. 1 Nr. 2 StGB: Bei der Klassifizierung eines Computerprogramms als illegales Hackertool ist zunächst festzustellen, ob die Software geeignet ist, eine der in Bezug genommenen Straftaten zu begehen (Hackertool). Danach ist zu untersuchen, ob der spezielle Verwendungszweck hauptsächlich, aber nicht ausschließlich, die Begehung einer der jeweils in Bezug genommenen Straftaten ist. Um die vom Gesetzgeber gewollte Überkriminalisierung zu vermeiden, sind weitere objektivierbare Kriterien notwendig, damit das Programm als illegales Hackertool eingestuft werden kann. Hierfür ist entscheidend, ob kriminelle Aktivitäten gefördert werden sollen. Anhaltspunkte können das Vertriebskonzept des Herstellers und insbesondere die Bewerbung des Produktes (Produktankündigung, Absatzwerbung, Nutzungsbeschreibung) sein. Der (potentiellen) Möglichkeit eines Programm-Missbrauchs kommt noch keine Bedeutung zu, solange nur das Potential für eine legale Nutzung besteht. Auf eine Gewinnerzielungsabsicht des Herstellers/Verkäufers allein sollte es nicht ankommen.[318]

Dagegen ist nicht zu berücksichtigen, welche der Verwendungsmöglichkeiten tatsächlich überwiegen.[319] Zumindest sollte dies für neu entwickelte Technologien gelten. Denn bei der Entwicklung einer neuen Technologie ist nicht immer von vornherein deutlich, wie sich die tatsächliche Nutzung entwickeln wird.[320] Je neuer eine Technologie ist, desto anfälliger scheint sie für eine illegale Nutzung zu sein.[321] Dies schließt aber nicht die Entwicklung von legalen und profitablen Märkten von vornherein aus.[322]

---

[310] Diesbezüglich hatte der *U.S Supreme Court* in seiner 1984 ergangenen Entscheidung zum Sony-Rekorder *Betamax* festgestellt, dass der alleinige Vertrieb von Videorekordern, deren Nutzung massenhafte Urheberrechtsverstöße ermöglichen, noch keine Haftung begründet; Sony Corp. of America v. Universal City Studios, 464 U.S. 417, 434 = 104 S. Ct. 774 (1984); hierzu auch *Gampp*, ZUM 2005, 794 (794 f.); *Heymann*, IIC 2006, 31 (35 f.); *Pühler*, CRi 2005, 65 (66 f.); *Rösler*, MMR 2006, 503 (505).
[311] 125 S. Ct. 2764 (2005) = CRi 2005, 109 = GRUR Int. 2005, 859.
[312] 125 S. Ct. 2764 (2781); *Band/Schruers*, CRi 2006, 6 (8); *Rösler*, MMR 2006, 503 (506 f.); *Spindler/Leistner*, GRUR Int. 2005, 773 (781).
[313] 125 S. Ct. 2764 (2781): „Of course, in the absence of other evidence of intent, a court would be unable to find contributory infringement liability merely based on a failure to take affirmative steps to prevent infringement, if the device otherwise was capable of substantial noninfringing uses."
[314] 125 S. Ct. 2764 (2779): „This evidence alone would not justify an inference of unlawful intent, but viewed in the context of the entire record its import is clear"; s. hierzu auch *Kitz*, GRUR Int. 2005, 863 (864), der zutreffend darauf hinweist, dass bei der Entwicklung einer neuen Technologie regelmäßig ein wirtschaftliches Interesse gegeben ist.
[315] Vgl. hierzu *Rösler*, MMR 2006, 503 (505 f.); *Spindler/Leistner*, GRUR Int. 2005, 773 (781).
[316] So auch *Gampp*, ZUM 2005, 794 (799); *Kitz*, GRUR Int. 2005, 863 (864), der zutreffend darauf hinweist, dass damit nicht den Entwicklern neuer Technologie der Kampf gegen die Zweckentfremdung aufgebürdet wird.
[317] Zur Übertragung der Grundsätze siehe *Cornelius*, CR 2007, 682 (687).
[318] *Cornelius*, CR 2007, 682 (688).
[319] AA *Schultz*, MIR Dok. 180–2006, Rn. 32.
[320] *Kitz*, GRUR Int. 2005, 863 (864).
[321] Vgl. die Beispiele bei *Gampp*, ZUM 2005, 794 (800) im Hinblick auf die zunächst von der Filmindustrie mit allen Mitteln bekämpfte Einführung des Videorekorders, wobei gerade dieser sich dann entwickelnde

118 **bb) Rechtsprechung.** Zunächst ist eine Betrachtung des parallelen § 22b Abs. 1 Nr. 3 StVG angezeigt.[323] Diese Vorschrift erfasst Computerprogramme, deren Zweck die Begehung einer Straftat nach § 22b Abs. 1 Nr. 1 oder 2 StVG (Missbrauch von Wegstreckenzählern und Geschwindigkeitsbegrenzern) ist. Die Struktur der Norm entspricht der des § 263a Abs. 3 StGB, bei dem die Begehung eines Straftat des Computerbetruges objektiver Zweck des Computerprogramms sein muss.[324] In einer Entscheidung zu dieser Vorschrift führt das BVerfG aus: „Die von der Vorschrift geforderte Zweckbestimmung muss vielmehr eine Eigenschaft des Computerprogramms darstellen; es muss sich also um ,Verfälschungssoftware' für die strafbare Manipulation von Wegstreckenzählern oder Geschwindigkeitsbegrenzern handeln."[325] Weiter grenzt das BVerfG danach ab, ob die Software von professionellen Anbietern stammt, die „die durch die Bereitstellung von Computerprogrammen, die für die Begehung von Straftaten geschrieben werden' (Prot. der 182. Sitzung des Dt. BT, 15. Wahlperiode, S. 17245B), ein vom Gesetzgeber als unerwünscht oder strafbar angesehenes Verhalten unterstützen und daraus Kapital schlagen". Wenn der „objektive Zweck" der hergestellten Software die Reparatur, Justierung und Umstellung von Wegstreckenzählern ist, begründe dies keine Strafbarkeit nach § 22b Abs. 1 Nr. 3 StVG.[326] Ähnlich hat das BVerfG in seiner Entscheidung vom 18.5.2009 – explizit zu § 202c StGB – festgestellt:[327] „Tatobjekt des § 202c Abs. 1 Nr. 2 StGB kann nur ein Programm sein, dessen Zweck die Begehung einer Straftat nach § 202a StGB oder § 202b StGB ist. Danach muss das Programm mit der Absicht entwickelt oder modifiziert worden sein, es zur Begehung der genannten Straftaten einzusetzen. Diese Absicht muss sich ferner objektiv manifestiert haben. Nach der Entstehungsgeschichte, der Systematik und dem Wortlaut des § 202c Abs. 1 Nr. 2 StGB ist es nicht ausreichend, dass ein Programm – wie das für sogenannte Dual-Use-Tools gilt – für die Begehung der genannten Computerstraftaten lediglich geeignet oder auch besonders geeignet ist."

119 Das BVerfG führt weiter aus, dass die Zweckbestimmung vielmehr eindeutig kriminell sein müsse. Maßgebend für die Zweckbestimmung sei der Wille des Entwicklers, der sich objektiv manifestiert haben müsse, etwa in der Gestalt des Programms selbst oder in einer eindeutig auf illegale Verwendungen abzielenden Vertriebspolitik und Werbung des Herstellers.

120 **Praxistipp:**
Zur Feststellung des Verwendungszwecks ist auf objektivierbare Kriterien abzustellen. Es kommt darauf an, ob die Software hauptsächlich entworfen, hergestellt oder angepasst wurde, um eine Straftat nach §§ 202a, 202b, 303a, 303b StGB zu begehen die Umgehung wirksamer technischer Maßnahmen zu ermöglichen oder zu erleichtern. Anhaltspunkte können das Vertriebskonzept des Herstellers und insbesondere die Bewerbung des Produktes (Produktankündigung, Absatzwerbung, Nutzungsbeschreibung) sein. Nach der bisherigen Praxis der Staatsanwaltschaften und der Entscheidung des BVerfG können Sie bei der Beratung von IT-Sicherheitsunternehmen (vorsichtig) Entwarnung geben. Die befürchtete Kriminalisierung von IT-Sicherheitsunternehmen ist nicht eingetreten. Im Gegenteil erfolgte bisher keine rechtskräftige Verurteilung nach § 202c StGB.

Markt der Filmindustrie erhebliche Lizenzeinnahmen bescherte. Gleiches wiederholte sich zunächst im Bereich des Online-Vertriebs durch Streaming von Musik und Filmen.
[322] *Cornelius*, CR 2007, 682 (688).
[323] Vgl. zu §§ 149, 275 StGB *Cornelius*, CR 2007, 682 (685); zu § 263a Abs. 3 StGB s. → Rn. 169 ff.
[324] BT-Dr 15/1720, 10 f.
[325] *BVerfG*, NJW 2006, 2318 (2319) unter Verweis auf BT-Drs. 15/5315, 8.
[326] *Cornelius*, CR 2007, 682 (685).
[327] *BVerfG*, ZUM 2009, 745.

4. Tathandlungen

Der Täter muss eine der in Abs. 1 genannten Handlungen vornehmen, also eines der Tatobjekte herstellen, verschaffen, überlassen, verbreiten oder sonst zugänglich machen. Dabei entsprechen die Tatvarianten des „Herstellens", des „Sich- oder einem anderen Verschaffens" und des „Überlassens" denen in §§ 149 Abs. 1, 263a Abs. 3 StGB.[328] Herstellen ist jede Form des Erzeugens, Verschaffen ist das Erlangen der tatsächlichen Verfügungsmacht, Verkaufen das Übertragen der Verfügungsmacht im Wege des Kaufes, Überlassen die Aufgabe der Verfügungsmacht zu Gunsten eines anderen.[329], Verbreiten die Weitergabe des Tatobjektes an einen größeren, nicht notwendig unbestimmten Personenkreis.[330] Das Tatobjekt ist dann zugänglich gemacht, wenn einem anderen die Möglichkeit auf den Zugriff eröffnet wird.[331]

Der bloße Besitz ist nicht erfasst. Der Verzicht auf den Besitztatbestand ist nicht „faktisch bedeutungslos".[332] Denn allein aus dem Umstand, dass jemand ein Tatobjekt im Besitz hat, lässt sich nicht immer schließen, dass er sich dieses auch in strafbarer Art und Weise verschafft hat. So kommt beispielsweise in Betracht, dass das Tatobjekt durch den Besitzer eines Laptops in einem Land, dass keine dem § 202c StGB entsprechende Strafvorschrift kennt, heruntergeladen wurde und dieser anschließend nach Deutschland – mit seinem Laptop – einreiste. Außerdem besteht die Möglichkeit bei Computern, welche von mehreren Personen benutzt werden, dass ein anderer ein entsprechendes Tatobjekt auf den Rechner spielt, der Eigentümer das später erkennt, aber nicht löscht. Dann hat es der Eigentümer in Besitz, sich aber nicht in irgendeiner Form verschafft.

Weiter verlangt der Tatbestand, dass der Täter eine Computerstraftat (§§ 202a, 202b, 303a, 303b StGB) vorbereitet. Unter Vorbereitung wird jede unmittelbare oder mittelbare Förderung einer Tat verstanden. Da diese Voraussetzung bereits mit den explizit im Gesetz genannten Tathandlungen erfüllt ist, kommt dem „Vorbereiten" im objektiven Tatbestand keine selbständige Bedeutung zu, sondern beschreibt vielmehr das subjektive Verhältnis des Täters zu den Tathandlungen.[333]

5. Vorsatz

Ferner ist für die Verwirklichung des Tatbestandes des § 202c StGB Vorsatz notwendig, der sich nach dem Wortlaut auf ein Handeln des Täters „zur Vorbereitung einer Tat nach §§ 202a und 202b" sowie die § 202c StGB in Bezug nehmenden §§ 303a, 303b StGB beziehen muss. Die Widersprüchlichkeit der Gesetzesbegründung führt aber auch hier zu Auslegungsproblemen. Denn einerseits soll es sich um ein abstraktes Gefährdungsdelikt handeln. Bei dieser Deliktsgruppe ist die Gefährlichkeit der Tathandlung kein Tatbestandsmerkmal, sondern der Grund für die Existenz dieser Vorschrift, sodass es nicht darauf ankommt, ob im Einzelfall tatsächlich eine Gefährdung eingetreten ist oder nicht.[334] Dann wäre keine besondere Innentendenz erforderlich.[335] Andererseits soll § 202c StGB nur anwendbar sein, wenn der Täter eine Computerstraftat in Aussicht genommen hat und das alleinige Herstellen, Verschaffen, Verkaufen, Überlassen, Verbreiten oder sonstige Zugänglichmachen von illegalen Hackertools gerade nicht den Tatbestand des § 202c StGB erfüllen.[336] Diese Begründung widerspricht der Erklärung, dass es sich um ein abstraktes Gefährdungsdelikt handelt, befindet sich aber im Einklang mit dem Wortlaut des Gesetzes

---

[328] NK-StGB/*Kargl*, § 202c Rn. 9.
[329] LK-StGB/*Hilgendorf*, § 202c Rn. 22.
[330] NK-StGB/*Kargl*, § 202c Rn. 11.
[331] LK-StGB/*Hilgendorf*, § 202c Rn. 22.
[332] NK-StGB/*Kargl*, § 202c Rn. 11.
[333] LK-StGB/*Hilgendorf*, § 202c Rn. 22; NK-StGB/*Kargl*, § 202c Rn. 13.
[334] Wessels/*Beulke*/*Satzger*, Strafrecht AT, Rn. 43 mwN.
[335] *Schumann*, NStZ 2007, 675 (678).
[336] BT-Drs. 16/3656, 19.

und ist damit vorzugswürdig. Demnach muss der Täter durch sein Handeln eine eigene oder fremde Computerstraftat vorbereiten.[337]

125 Fraglich ist, welche Vorsatzform erforderlich ist (dolus eventualis oder dolus directus). Bei dem parallelen § 263a Abs. 3 StGB wird nicht vorausgesetzt, dass der Täter die künftige Deliktsbegehung beabsichtigt oder als sicher voraussieht, sodass bereits bedingter Vorsatz für die Erfüllung des subjektiven Tatbestandes ausreichend ist.[338] Unter Berücksichtigung des dem § 202c Abs. 1 Nr. 2 StGB zu Grunde liegenden Art. 6 Abs. 1a) ii. des Übereinkommens über Computerkriminalität, welches „intent that it be used for the purpose of committing any of the offences" voraussetzt, wäre aber der Eventualvorsatz ausgeschlossen.[339]

126 Dies entspricht auch den Erläuterungen zum Übereinkommen über Computerkriminalität. Im offiziellen Explanatory Report heißt es unter No. 76:

„The offence requires that it be committed intentionally and without right. In order to avoid the danger of overcriminalisation where devices are produced and put on the market for legitimate purposes, eg to counter-attacks against computer systems, further elements are added to restrict the offence. Apart from the general intent requirement, there must be the specific (i.e. direct) intent that the device is used for the purpose of committing any of the offences established in Articles 2–5 of the Convention."

127 Entsprechende Vorschläge[340] einer Begrenzung des subjektiven Straftatbestandes im Gesetzgebungsverfahren wurden jedoch nicht berücksichtigt.[341] Demnach ist Eventualvorsatz ausreichend, wobei dieser zumindest eine in den wesentlichen Umrissen in Aussicht genommene konkretisierte Computerstraftat betreffen muss.[342]

128 **Praxistipp:**
In jedem Fall ist der Vorsatz nicht gegeben, wenn das Computerprogramm für eine Sicherheitsüberprüfung, zur Entwicklung von Sicherheitssoftware oder zu Ausbildungszwecken hergestellt, erworben oder einem anderen überlassen wurde.[343]

VI. Computerbetrug (§ 263a StGB)

129 Nach § 263a StGB wird bestraft, wer in der Absicht, sich oder einem Dritten einen rechtswidrigen Vermögensvorteil zu verschaffen, das Vermögen eines anderen dadurch beschädigt, dass er das Ergebnis eines Datenverarbeitungsvorgangs durch unrichtige Gestaltung des Programms, durch Verwendung unrichtiger oder unvollständiger Daten, durch unbefugte Verwendung von Daten oder sonst durch unbefugte Einwirkung auf den Ablauf beeinflusst.

1. Allgemeines

130 Das durch § 263a StGB geschützte Rechtsgut ist nach ganz herrschender Auffassung allein das Vermögen des Berechtigten (Betreibers) und nicht die Sicherheit und Funktionsfähig-

---

[337] *Popp*, MR-Int. 2007, 84 (86); vgl. auch *Borges/Stuckenberg/Wegener*, DuD 2007, 275 (276).
[338] *Popp*, MR-Int. 2007, 84 (86).
[339] *Popp*, MR-Int. 2007, 84 (86); *Stuckenberg*, wistra 2010, 41 (45).
[340] *Gercke*, ZUM 2008, 545 (551); *Kudlich*, Stellungnahme zum StRÄndG, S. 8; *Stuckenberg*, Stellungnahme zum StRÄndG, S. 6.
[341] *Vassilaki*, CR 2008, 131 (136).
[342] *Gröseling/Höfinger*, MMR 2007, 626 (629); *Schumann*, NStZ 2007, 675 (678f.).
[343] BT-Drs. 16/3656, 19.

keit der EDV-Anlagen.³⁴⁴ Das Allgemeininteresse an deren Funktionieren wird lediglich als Schutzreflex angesehen.³⁴⁵

Der Computerbetrug soll strafrechtliche Lücken schließen, die dadurch entstehen, dass im Gegensatz zum Betrug kein Mensch getäuscht und zu einer irrtumsbedingten Vermögensverfügung veranlasst wurde, sondern der Schaden durch eine Manipulation eines Datenverarbeitungssystems herbeigeführt wird.³⁴⁶ So ist die Tatbestandsvariante der „Verwendung unrichtiger oder unvollständiger Daten" (unumstritten) betrugsähnlich, während bei der dritten Variante der „unbefugten Verwendung von Daten" zumindest die herrschende Meinung eine betrugsnahe restriktive Auslegung fordert.³⁴⁷ Letztlich kommt man der Forderung nach einer betrugsnahen Auslegung³⁴⁸ dadurch entgegen, dass das Ergebnis der Datenverarbeitung in § 263a StGB in Gedanken daraufhin geprüft wird, ob dieser dem Irrtum eines Menschen beim § 263 StGB entspricht.³⁴⁹ Anhand der Differenzierung zwischen (maschineller) Datenverarbeitung und (menschlichem) Irrtum ist die Abgrenzung des Betruges vom Computerbetrug möglich.³⁵⁰ **131**

Bei § 263a StGB handelt es sich um ein klassisches Erfolgsdelikt – durch die im Tatbestand beschriebenen Handlungsmodalitäten muss der Täter das Ergebnis eines Datenverarbeitungsvorganges so beeinflusst haben, dass dadurch ein Vermögensschaden bei einem Dritten eingetreten ist.³⁵¹ Der § 263a StGB steht als Selbstschädigungsdelikt im Exklusivverhältnis zum Diebstahl (§ 242 StGB) als Fremdschädigungsdelikt.³⁵² Die vier Tatmodalitäten beziehen sich jeweils auf Daten. Es sollen alle Arten von Einwirkungen auf einen Datenverarbeitungsvorgang erfasst werden, durch die dessen Ergebnis manipuliert werden kann. Dies betrifft sowohl die Eingabe der Daten (als Inputmanipulation) und den programmgemäßen Datenfluss einschließlich der Kontrolle über die Konsole (Programm- oder Konsolenmanipulation). Auch Eingriffe in die Hardware sind ausreichend, wenn diese den Datenverarbeitungsvorgang beeinflussen.³⁵³ **132**

2. Tatbestand

a) Objektiv

Für alle vier Tathandlungen des objektiven Tatbestandes des § 263a StGB gilt, dass das Ergebnis eines Datenverarbeitungsvorganges beeinflusst werden muss. Dadurch werden der Irrtum und die Vermögensverfügung beim Betrug ersetzt.³⁵⁴ **133**

Daten sind kodierte Informationen.³⁵⁵ Der Unterschied zwischen Daten und Information besteht darin, dass die Daten die Träger der Informationen (des Bedeutungsgehaltes) sind. Deshalb ist eine noch nicht durch bestimmte Zeichen dargestellte (kodierte und da- **134**

---

[344] BGHSt 40, 331 (334); MüKo-StGB/*Wohlers/Mühlbauer*, § 263a Rn. 1; *Tiedemann*, Wirtschaftsstrafrecht BT, Rn. 496.
[345] LK-StGB/*Tiedemann/Valerius*, § 263a Rn. 13.
[346] Wessels/Hillenkamp/Schuhr, Rn. 601; ausführlich *Lackner*, Zum Stellenwert der Gesetzestechnik, S. 43 ff.
[347] *Tiedemann*, Wirtschaftsstrafrecht BT, Rn. 495.
[348] BGHSt 47, 160 (162 f.); Wessels/Hillenkamp/Schuhr, Rn. 603; vgl. dagegen MüKo-StGB/*Wohlers/Mühlbauer*, § 263a Rn. 4, der darauf hinweist, dass wegen des Fehlens von selbstständigen Entscheidungen des Computers dem Computerbetrug im Gegensatz zum Betrug eher Fremdschädigungs- als Selbstschädigungscharakter zukomme.
[349] Vgl. *Hilgendorf/Valerius*, Computer- und Internetstrafrecht, Rn. 496.
[350] So auch *Hilgendorf/Valerius*, Computer- und Internetstrafrecht, Rn. 507; nach *BGH*, NStZ 2014, 42 soll Wahlfeststellung zwischen Betrug und Computerbetrug grundsätzlich möglich sein; vgl. aber der Anfragebeschluss des Zweiten Strafsenats (*BGH*, NStZ 2014, 392), ob die übrigen Strafsenate bereit sind, aus verfassungsrechtlichen Gründen die Rechtsprechung zur gesetzesalternativen Wahlfeststellung aufzugeben.
[351] MüKo-StGB/*Wohlers/Mühlbauer*, § 263a Rn. 2.
[352] OLG Hamm, wistra 2014, 36.
[353] NK-StGB/*Kindhäuser*, § 263a Rn. 7.
[354] *Ulrich*, JuRPC 189/1999, Abs. 30; Wessels/Hillenkamp/Schuhr, Rn. 604.
[355] NK-StGB/*Kindhäuser*, § 263a Rn. 10; Wessels/Hillenkamp/Schuhr, Rn. 605.

mit in eine maschinenlesbare Form umgewandelte)[356] Information noch kein Datum.[357] Weder § 202a Abs. 2 StGB noch § 268 Abs. 2 StGB sind von Relevanz für den Datenbegriff des § 263a StGB.[358] Auf Grund dieser weiten Definition des Datenbegriffes werden neben verarbeitenden und programmsteuernden Informationen auch Programme oder Teile von Programmen sowie Ein- und Ausgabedaten hiervon umfasst.[359]

135 Unter dem Begriff der **Datenverarbeitung** werden die Vorgänge in EDV-Systemen[360] subsumiert, die durch die Aufnahme von Daten und deren Verknüpfung nach Programmen bestimmte Arbeitsergebnisse produzieren.[361] Damit ist immer sowohl ein Input als auch ein Output von Daten erforderlich. Dabei ist eine Outputmanipulation (alleinige Veränderungen der ausgegebenen Daten) nicht mehr tatbestandsrelevant, da diese nicht mehr kausal für das Ergebnis eines Datenverarbeitungsvorgangs sein kann.[362]

136 Das Ergebnis des Datenverarbeitungsvorganges wird dann **beeinflusst,** wenn eine der pönalisierten Tathandlungen den Ablauf eines Verarbeitungsvorganges so mitbestimmt, dass eine Vermögensdisposition ausgelöst wird.[363] Damit ist immer ein Resultat erforderlich, das ohne die Beeinflussung überhaupt nicht oder mit einem anderen Inhalt entstanden wäre.[364] Auch das Anstoßen oder Auslösen eines Vorgangs ist hiervon erfasst.[365] Durch dieses Tatbestandsmerkmal werden nicht computerbetrugsspezifische Vermögensschädigungen ausgeschlossen, die nicht das unmittelbare Ergebnis einer Beeinflussung des Datenverarbeitungsvorgangs sind, sondern erst durch spätere Handlungen hervorgerufen werden.[366] Das Erfordernis der unmittelbar vermögensmindernden Wirkung[367] besteht zur Gewährleistung der Strukturgleichheit mit dem Betrug. Diese Unmittelbarkeitsbeziehung ist beispielsweise dann gegeben, wenn das Resultat des Datenverarbeitungsvorganges einer zivilrechtlichen Verfügung oder einer anderweitig verpflichtenden Erklärung des Geschädigten (wie einem Rentenbescheid) gleich steht.[368] Sobald noch weitere Verfügungen vorgenommen werden, ist dahingehend zu unterscheiden, ob eine Kontrolle durch eine Person erfolgt (dann § 263 StGB), oder ob das Ergebnis des Datenverarbeitungsvorganges ohne eigene Entscheidungsbefugnis und ohne Inhaltskontrolle einfach umgesetzt wird (dann § 263a StGB).[369] Ebenso fehlt es an einer Unmittelbarkeit, wenn durch die Manipulation der Datenverarbeitung nur die Voraussetzungen für eine vermögensmindernde Straftat geschaffen werden.[370] Unerheblich ist, ob der Vermögensschaden erst eintritt, nachdem der Computer weitere Arbeitsschritte vorgenommen hat, wenn das beeinflusste Ergebnis direkt einfließt.[371]

---

[356] Vgl. AnwK-StGB/*Gaede*, § 263a Rn. 4.
[357] SK-StGB/*Hoyer*, § 263a Rn. 11.
[358] MüKo-StGB/*Wohlers/Mühlbauer*, § 263a Rn. 14; SK-StGB/*Hoyer*, § 263a Rn. 10.
[359] NK-StGB/*Kindhäuser*, § 263a Rn. 10.
[360] Rein mechanische Abläufe wie bei Warenautomaten werden nicht erfasst; NK-StGB/*Kindhäuser*, § 263a Rn. 12.
[361] MüKo-StGB/*Wohlers/Mühlbauer*, § 263a Rn. 13; Wessels/Hillenkamp/Schuhr, Rn. 605; zu dem weitergehenden Vorschlag in der Literatur, die Anwendung auf besonders komplexe, intellektersetzende Computersysteme zu beschränken vgl. *Hilgendorf*, JuS 1999, 542 (543 f.).
[362] Vgl. NK-StGB/*Kindhäuser*, § 263a Rn. 7.
[363] Wessels/Hillenkamp/Schuhr, Rn. 605.
[364] MüKo-StGB/*Wohlers/Mühlbauer*, § 263a Rn. 18; Schönke/Schröder/*Perron*, § 263a Rn. 19; SK-StGB/*Hoyer*, § 263a Rn. 48.
[365] BGHSt 38, 120, 121; Hilgendorf/Valerius, Computer- und Internetstrafrecht, Rn. 520; Schönke/Schröder/*Perron*, § 263a Rn. 18; krit. AnwK-StGB/*Gaede*, § 263a Rn. 19; MüKo-StGB/*Hefendehl/Wohlers/Mühlbauer*, § 263a Rn. 19.
[366] *BGH*, NStZ 2013, 525 (526; 586, 587); Spindler/Schuster/*Gercke*, StGB § 263a Rn. 9.
[367] Schönke/Schröder/*Perron*, StGB § 263a Rn. 21.
[368] SK-StGB/*Hoyer*, § 263a Rn. 50; Wessels/Hillenkamp/Schuhr, Rn. 606.
[369] *BGH*, NStZ 2013, 586; MüKo-StGB/*Wohlers/Mühlbauer*, § 263a Rn. 85; SK-StGB/*Hoyer*, § 263a Rn. 51.
[370] *Fahl*, NStZ 2014, 244 (246).
[371] Schönke/Schröder/*Perron*, StGB § 263a Rn. 21.

B. Klassische Computerdelikte

> **Praxistipp:** 137
> Die Inanspruchnahme von Versicherungsleistungen unter Vorlage einer Krankenversicherungskarte trotz Kündigung der Mitgliedschaft erfüllt nicht den Tatbestand des Computerbetrugs nach § 263a StGB. Es fehlt die Unmittelbarkeit der Vermögensminderung durch den Datenverarbeitungsvorgang. Denn das Einlesen der Daten der Krankenversicherungskarte in den Computer des Arztes führt noch nicht zu einer vermögensrelevanten Disposition des Computers. Die eigentliche Vermögensverfügung wird durch den Arzt vorgenommen, indem er eine Sachleistung selbst erbringt oder Leistungen verordnet. Endet die Anspruchsberechtigung eines Versicherten bei seiner Krankenkasse, ohne dass dies dem Kassenarzt bei der Behandlung bekannt wird, so hat die Krankenkasse die Vergütung für die bis zum Zeitpunkt der Unterrichtung des Kassenarztes erbrachten Leistungen zu entrichten (§ 19 Abs. 8 BMV-Ä). Allerdings kommt eine Strafbarkeit wegen Betrugs in Betracht.[372]

Durch die Beeinflussung des Datenverarbeitungsvorganges muss eine Vermögensschädigung eintreten. Es gelten dieselben Grundsätze wie beim Betrug.[373] Damit bleiben Kompensationsansprüche für den Geschädigten grundsätzlich unberücksichtigt.[374] Aus diesem Grund werden in der Praxis Ausgleichsansprüche nicht berücksichtigt, die Banken gegenüber ihren Kunden wegen einer nicht sorgfältigen Aufbewahrung von ec-Karte und PIN im Falle einer unbefugten Verwendung der ec-Karte haben.[375] Eine Vermögensverschiebung liegt dann nicht vor, wenn nur die Datenverarbeitung selbst (zB durch Computersabotage) beeinträchtigt oder für eigene Zwecke in Anspruch genommen wird (sog. Zeitdiebstahl). Dies gilt selbst dann, wenn durch die Benutzung besondere Kosten (wie bei Datentarifen auf Volumenbasis) zu Lasten des Berechtigten anfallen.[376] 138

Wenn Systembetreiber und Geschädigter – wie in den meisten Fällen – nicht identisch sind, kommt ein Dreieckscomputerbetrug in Betracht. Ebenso wie beim Dreiecksbetrug muss zwischen Geschädigtem und Systembetreiber ein **Näheverhältnis** bestehen.[377] Dieses Näheverhältnis wird nach der hM schon dann angenommen, wenn der Systembetreiber befugt ist, Verfügungen im Wege der elektronischen Verarbeitung zu Lasten des betroffenen Dritten vorzunehmen (das ist beim Missbrauch von Geldautomaten gegeben).[378] 139

> **Praxistipp:** 140
> Unter Rückgriff auf die eindeutige Intention des Gesetzgebers wird der Missbrauch von Bankkarten, sonstigen Codekarten und vergleichbaren technischen Zahlungsvorgängen ausschließlich nach § 263a StGB beurteilt.[379] Damit greift für jedes Abheben von Bargeld durch den Nichtberechtigten über diese entsprechenden technischen Einrichtungen § 263a StGB als lex specialis.[380]

aa) Unrichtige Gestaltung des Programms. Zur Betonung der Gefährlichkeit[381] beginnen die Tatbestandsvarianten mit der Programmmanipulation. Ein Programm[382] ist eine 141

---

[372] Vgl. *OLG Hamm*, NJW 2006, 2341.
[373] Wessels/*Hillenkamp*/Schuhr, Rn. 606.
[374] AnwK-StGB/*Gaede*, § 263a Rn. 20.
[375] *BGH*, NStZ 2001, 316 (317).
[376] NK-StGB/*Kindhäuser*, § 263a Rn. 31.
[377] Schönke/Schröder/*Perron*, StGB § 263a Rn. 22.
[378] AnwK-StGB/*Gaede*, § 263a Rn. 22; HK-GS/*Duttge*, StGB § 263a Rn. 26; SSW/*Hilgendorf*, StGB § 263a Rn. 33.
[379] Schönke/Schröder/*Perron*, StGB § 263a Rn. 23.
[380] BGHSt 38, 120; *LG Frankfurt a. M.*, NJW 1998, 3785; Schönke/Schröder/*Perron*, StGB § 263a Rn. 23.
[381] NK-StGB/*Kindhäuser*, § 263a Rn. 13.

Arbeitsanweisung an den Computer, die durch Daten fixiert wird.[383] Ausführlicher lässt sich ein Computerprogramm unter Rückgriff auf die Mustervorschriften der WIPO definieren als „eine Folge von Befehlen, die nach Aufnahme in einen maschinenlesbaren Träger fähig sind, zu bewirken, dass eine Maschine mit informationsverarbeitenden Fähigkeiten eine bestimmte Funktion oder Aufgabe oder ein bestimmtes Ergebnis anzeigt, ausführt oder erzielt".[384] Umstritten ist, ob es auf den subjektiven Willen des Verfügungsberechtigten[385] oder auf eine objektiv richtige Verarbeitung[386] ankommt. Wegen der Parallele zum Betrug wird zutreffend mit der hM davon auszugehen sein, dass allein maßgeblich ist, ob eine objektive Abweichung vom korrekten Ergebnis vorliegt, welches am Ende eines unbeeinflussten Datenverarbeitungsvorganges stehen würde. Damit handelt es sich bei der ersten Tatbestandsvariante nur um einen Spezialfall der in der zweiten Tatbestandsvariante erfassten Inputmanipulation.[387]

142 Auf diese Weise kann Täter einer **Inputmanipulation** auch der Programmierer sein, der eine „unrichtige" Gestaltung eines Programms vornimmt. So ist ein vom Arbeitgeber gestaltetes Programm unrichtig, wenn es den Lohn des Arbeitnehmers niedriger errechnet als es einem vereinbarten Tarifvertrag entspricht.[388]

143 **bb) Verwendung unrichtiger oder unvollständiger Daten.** Die zweite Handlungsvariante betrifft vor allem Inputmanipulationen durch die Eingabe falscher Daten.[389] Bezüglich der Unrichtigkeit und Unvollständigkeit gilt ebenso wie bei der Unrichtigkeit der Programmgestaltung, dass es auf eine objektive Betrachtung ankommt.[390] Daten sind damit dann falsch, wenn die in ihnen enthaltenen Informationen nicht mit der Wirklichkeit übereinstimmen.[391] Mit Blick auf die Parallelität zum Betrug entspricht die Verwendung unrichtiger Daten der ausdrücklichen und die Verwendung unvollständiger Daten der konkludenten Täuschung.[392] Damit sind Daten dann unvollständig, wenn sie den zu Grunde liegenden Lebenssachverhalt nicht ausreichend erkennen lassen,[393] also wahre Tatsachen, die zum Verständnis kommuniziert werden müssen, vorenthalten werden.[394]

144 Eine Verwendung liegt jedenfalls dann vor, wenn Daten unmittelbar in den beginnenden oder bereits laufenden Datenverarbeitungsprozess eingespeist werden.[395] Die Verwendung kann sowohl unmittelbar (zB durch die Eingabe der Daten) als auch mittelbar (zB durch Veranlassung der Eingabe) geschehen.[396] Eine Tatbegehung durch Unterlassen ist

---

[382] Obwohl von den Begrifflichkeiten her unterschiedlich, wird zwischen Programm iSd Abs. 1 und Computerprogramm iSd Abs. 3 nicht unterschieden, vgl. *Fischer*, StGB § 263a Rn. 30; HK-GS/*Duttge*, StGB § 263a Rn. 35; Spindler/Schuster/*Gercke*, StGB § 263a Rn. 12.
[383] *Hilgendorf/Valerius*, Computer- und Internetstrafrecht, Rn. 497.
[384] Insoweit sei auf die Ausführungen zum Computerprogramm unter § 202c StGB (Rn. 41) verwiesen.
[385] BT-Drs. 10/318, 20; NK-StGB/*Kindhäuser*, § 263a Rn. 14; Schönke/Schröder/*Perron*, StGB § 263a Rn. 5.
[386] BeckOKStGB/*Beckemper*, § 263a Rn. 13; *Hilgendorf/Valerius*, Computer- und Internetstrafrecht, Rn. 498; SK-StGB/*Hoyer*, § 263a Rn. 24; *Tiedemann*, Wirtschaftsstrafrecht BT, Rn. 501; Wessels/Hillenkamp/Schuhr, Rn. 609.
[387] *Hilgendorf/Valerius*, Computer- und Internetstrafrecht, Rn. 498; *Tiedemann*, Wirtschaftsstrafrecht BT, Rn. 500.
[388] *Tiedemann*, Wirtschaftsstrafrecht BT, Rn. 501.
[389] BGH, NStZ 2013, 525 (527); BGH, BeckRS 2015, 12153 Rn. 6; MüKo-StGB/*Wohlers/Mühlbauer*, § 263a Rn. 27; NK-StGB/*Kindhäuser*, § 263a Rn. 16; *Tiedemann*, Wirtschaftsstrafrecht BT, Rn. 502.
[390] *Hilgendorf/Valerius*, Computer- und Internetstrafrecht, Rn. 500; *Tiedemann*, Wirtschaftsstrafrecht BT, Rn. 502; für diese Tatmodalität auch NK-StGB/*Kindhäuser*, § 263a Rn. 17.
[391] NK-StGB/*Kindhäuser*, § 263a Rn. 17; *Tiedemann*, Wirtschaftsstrafrecht BT, Rn. 502.
[392] SK-StGB/*Hoyer*, § 263a Rn. 26.
[393] SK-StGB/*Hoyer*, § 263a Rn. 26; *Tiedemann*, Wirtschaftsstrafrecht BT, Rn. 502.
[394] *Fahl*, NStZ 2014, 244 (245).
[395] BGH, NStZ 2013, 525 (527); *Fischer*, StGB § 263a Rn. 8; weiter SSW/*Hilgendorf*, StGB § 263a Rn. 7, der auch das Nutzen vorhandener Daten ausreichen lässt, da der Gesetzgeber nicht von „Eingabe" gesprochen habe.
[396] Spindler/Schuster/*Gercke*, StGB § 263a Rn. 5.

möglich. Voraussetzung dafür ist, dass überhaupt ein Datenverarbeitungsvorgang vorliegt und dann in einem zweiten Schritt pflichtwidrig keine Daten eingegeben werden.[397]

Das Abheben von Geld an einem Bankomaten durch einen unberechtigten Dritten ist nicht von dieser Tathandlung erfasst, wenn die zutreffenden Daten des Berechtigten eingegeben werden.[398] **145**

> **Praxistipp:**
> Computerbetrug soll gegeben sein, wenn in einem Antrag auf Erlass eines Mahnbescheides im automatisierten Mahnverfahren falsche Angaben gemacht werden.[399] Dem ist nicht zuzustimmen: Trotz der prozessualen Wahrheitspflicht wird weder die Richtigkeit der Angaben noch die Schlüssigkeit des Anspruches geprüft (§ 692 Abs. 1 S. 2 ZPO). Bei einer Gleichsetzung der Einwirkung auf den Ablauf eines Datenverarbeitungsprogramms nach § 263a StGB mit der zu einem Irrtum führenden Täuschungshandlung nach § 263 StGB fehlt es im Mahnverfahren an diesem Merkmal.[400] Denn ein Rechtspfleger würde wegen fehlender Prüfung keinem Irrtum über die Richtigkeit der Angaben unterliegen.[401] Selbst wenn dieser Ansicht nicht gefolgt wird, ist der Mahnbescheid für sich nicht ausreichend, um eine Zahlung gegenüber dem Getäuschten durchsetzen zu können. Das Überschreiten der Strafbarkeitsschwelle mit dem unmittelbaren Ansetzen (Versuchsbeginn) kommt entgegen der Ansicht des OLG Celle[402] erst mit der Stellung des Antrages auf Erlass eines Vollstreckungsbescheids in Betracht.[403] Dieser Antrag kann nicht mit dem Antrag auf Erlass eines Mahnbescheids kombiniert werden. Vielmehr ist diese Antragstellung erst nach Ablauf der Widerspruchsfrist möglich.[404]

cc) Unbefugte Verwendung von Daten. Nach dieser Handlungsvariante ist die unbefugte Verwendung von Daten strafbar. Bei dem hochumstrittenen Merkmal „unbefugt" besteht zumindest dahingehend (weitgehende) Einigkeit, dass dieses auf der Ebene des Tatbestands und nicht der Rechtswidrigkeit anzusiedeln ist.[405] Mit der Formulierung dieser Variante ging es dem Gesetzgeber darum, die Anwendbarkeit des § 263a StGB für die missbräuchliche Verwendung von ec-Karten sicherzustellen.[406] Dies bedeutet, dass die verwendeten Daten richtig sind. Der Täter täuscht nur darüber, dass er persönlich zur Verwendung der Daten berechtigt ist.[407] Dabei ist abzustellen auf den Berechtigten des Datenverarbeitungsvorgangs und nicht auf eine im Verhältnis zum Dritten unberechtigte Datenverwendung.[408] Er verwendet die Daten, sobald er diese täterschaftlich in den Datenverarbeitungsprozess eingeführt hat.[409] Damit ist es nicht ausreichend, dass der Täter aus den ausgespähten Daten und den daraus gewonnenen Informationen einen Nutzen zieht.[410] **146**

---

[397] *Fischer*, StGB § 263a Rn. 8; SSW/*Hilgendorf*, StGB § 263a Rn. 7.
[398] NK-StGB/*Kindhäuser*, § 263a Rn. 17; iE auch SK-StGB/*Hoyer*, § 263a Rn. 29.
[399] *BGH*, NJW 2014, 711 (712); *OLG Celle*, wistra 2012, 158 (159); NK-StGB/*Kindhäuser*, § 263a StGB Rn. 18.
[400] So auch Schönke/Schröder/*Perron*, StGB § 263a Rn. 6; SK-StGB/*Hoyer*, § 263a Rn. 30; vgl. LK-StGB/*Tiedemann/Valerius*, StGB, § 263a Rn. 9, 68.
[401] *Wessels/Hillenkamp/Schuhr*, Rn. 610.
[402] *OLG Celle*, wistra, 2012, 158 (159).
[403] Vgl. *BGH*, NJW 2014, 711 (712), wonach eine unmittelbare Vermögensminderung bereits im Falle der Erwirkung des Vollstreckungsbescheides besteht.
[404] *Thomas/Putzo*, ZPO; § 699 Rn. 4; *Zöller*, ZPO, § 699 Rn. 3; LK-StGB/*Tiedemann/Valerius*, § 263a, Rn. 68; *Rengier*, Strafrecht BT I, § 13 Rn. 48.
[405] *Fischer*, StGB § 263a Rn. 10; *Stuckenberg*, ZStW 118 (2006), 908; zweifelnd *Arloth*, Jura 1996, 358.
[406] BT-Drs. 10/5058, 29 f.
[407] BGHSt 47, 160 (162); SK-StGB/*Hoyer*, § 263a Rn. 31; SSW/*Hilgendorf*, StGB § 263a Rn. 8.
[408] *LG Gießen*, NStZ-RR 2013, 312 (313).
[409] SK-StGB/*Hoyer*, § 263a Rn. 32.
[410] NK-StGB/*Kindhäuser*, § 263a Rn. 20; SK-StGB/*Hoyer*, § 263a Rn. 32.

147 **Praxistipp:**
In seinem Beschluss vom 12.2.2008 (4 StR 623/07) hat der BGH entschieden, dass ein Täter, der sich unbefugt Gelder von fremden Konten verschafft, indem er Überweisungsträger der betreffenden Konten fälscht, bei automatisierter Überprüfung der Echtheit der Überweisungsträger den Tatbestand des Computerbetruges in der Variante der unbefugten Verwendung von Daten erfüllt. Wenn sich der Ablauf der Überweisung bei der bezogenen Bank nicht mehr aufklären lasse, komme regelmäßig eine wahlweise Verurteilung wegen Betruges oder Computerbetruges in Betracht.[411]

148 Die Bestimmung des Merkmals **„unbefugt"** ist strittig. Dies hat besondere Relevanz beim Geldautomatenmissbrauch. Weitgehende Einigkeit herrscht noch insoweit, dass der nichtberechtigte Karteninhaber, der eine manipulierte oder durch verbotene Eigenmacht rechtswidrig erlangte Codekarte zum Abheben von Geld am Bankomaten nutzt, das Tatbestandsmerkmal „unbefugt" erfüllt.[412]

149 Unterschiedlich sind die Meinungen bei einem **Geldautomatenmissbrauch.** Nach einer **subjektiven Ansicht** ist jede Verwendung unbefugt, die dem wirklichen oder mutmaßlichen Willen des Betreibers der Computeranlage oder den vereinbarten Vertragsbedingungen widerspricht.[413] Nach dieser Ansicht macht sich nicht nur der unberechtigte Kartennutzer strafbar, sondern auch der rechtmäßige Karteninhaber, der entgegen dem vertraglichen Dürfen bzw. dem Willen der kartenausgebenden Bank zuwiderhandelt.[414] Diese Meinung stützt sich darauf, dass das Merkmal unbefugt in den Tatbeständen zum Schutze von Individualrechtsgütern immer auf das Innenverhältnis zwischen dem Einwilligenden und dem Einwilligungsempfänger abstellt, weshalb es ein Systembruch sei, wenn im Rahmen des § 263a StGB der Wille des betroffenen Rechtsgutinhabers auf die „Befugnis" des Täters keinen Einfluss haben könnte. Dies bestätige auch ein Vergleich mit dem ebenfalls durch das Zweite Gesetz zur Bekämpfung der Wirtschaftskriminalität veränderten damaligen § 17 II UWG, dessen Schutzzweck dem des § 263a StGB ähnelte. Auch dort werde „unbefugt" als „gegen den ausdrücklichen oder mutmaßlichen Willen des Geheimnisinhabers" interpretiert.[415] Außerdem sei dem Wortlaut des Merkmals unbefugt nicht zu entnehmen, dass der Tatbestand auf solche Fälle beschränkt sein solle, die Täuschungscharakter haben.[416] Gegen diese Meinung spricht, dass der Computerbetrug unter Einbeziehung reinen Vertragsunrechts (Überschreitung des im Innenverhältnis vereinbarten Dürfens mit Wirksamkeit im Außenverhältnis) in eine Computeruntreue verwandelt wird.[417]

150 Eine **computerspezifische Auffassung** stellt dagegen darauf ab, dass der einer Datenverwendung entgegenstehende Wille des Systembetreibers im Computerprogramm enthalten sein muss und durch eine ordnungswidrige Einwirkung auf den Ablauf des Computerprogramms überwunden wird.[418] Eine solche Manifestation des Willens wird insbesondere in programmspezifischen Sicherungen gesehen, die durch den Täter unterlaufen oder umgangen werden.[419] Gegen diese Lösung wird vorgebracht, dass damit die Handlungsvariante der unbefugten Datenverwendung nicht auf den Missbrauch von Codekarten anwend-

---

[411] *BGH*, NJW 2008, 1394.
[412] *Wessels/Hillenkamp/Schuhr*, Rn. 614 mwN; nur die sog. enge computerspezifische Auffassung kommt zu einem anderen Ergebnis; *OLG Celle*, NStZ 1989, 367 mkritAnm *Mitsch*, JuS 1998, 313f.; *OLG Hamm*, RDV 1991, 269; *LG Freiburg*, NJW 1990, 2635; *LG Ravensburg*, StV 1991, 215.
[413] BGHSt 40, 331 (335).
[414] Vgl. HK-GS/*Duttge*, § 263a Rn. 13, der allerdings selbst diese Auffassung ablehnt.
[415] *Scheffler/Dressel*, NJW 2000, 2645 (2646).
[416] SSW/*Hilgendorf*, StGB § 263a Rn. 14.
[417] *Wessels/Hillenkamp/Schuhr*, Rn. 613.
[418] *OLG Celle*, NStZ 1989, 367.
[419] *LG Duisburg*, CR 1988, 1027 f.; *LG Freiburg*, NJW 1990, 2635 (2636); *LG Ravensburg*, StV 1991, 214 (215).

bar sei, obwohl der Gesetzgeber die Vorschrift gerade für solche Fälle geschaffen habe.[420] Für die unbefugte Verwendung von Daten würde kein sinnvoller Anwendungsbereich verbleiben: Entweder das Computerprogramm enthalte eine funktionsfähige Missbrauchserkennung die bei einer fehlenden Befugnis ausgelöst werde, so dass nur versuchter Computerbetrug in Frage komme, oder die Missbrauchserkennung wird trotz fehlender Befugnis überwunden, was aber zu einer Verwendung unrichtiger Daten im Sinne der zweiten Handlungsvariante führen würde. Außerdem widerspreche diese Auffassung dem Willen des Gesetzgebers.[421]

Die hM knüpft an die **Wertungsgleichheit** mit dem Betrug an – nur **betrugsspezifisches Verhalten** sei tatbestandsmäßig.[422] Hierfür müsse die Datenverwendung Täuschungsqualität haben.[423] Dies sei dann der Fall, wenn die Verwendung von Daten eine Täuschungshandlung darstellen würde, falls sie gegenüber einem Menschen erfolgt wäre.[424] 151

Die systematische Stellung des § 263a StGB gleich hinter § 263 StGB und die amtliche Überschrift „Computerbetrug" sprechen für eine betrugsspezifische Auslegung dieses Tatbestandes. Die Struktur- und Wertgleichheit des Computerbetrugs zum Betrug kann deshalb nur dann gewahrt werden, wenn man eine der Täuschungshandlung iSd § 263 StGB vergleichbare Tathandlung fordert. Für die dritte Variante des Tatbestandes lässt sich diese Forderung nur erfüllen, wenn man „unbefugt" so versteht, dass die Verwendung der Daten gegenüber einem Menschen in vergleichbarer Form Täuschungscharakter hätte. 152

Selbst unter den Verfechtern der betrugsnahen Auslegung ist umstritten, wie sich das vertragswidrige Überziehen eines eingeräumten Kreditrahmens durch Geldabheben am Bankomaten seitens des Kontoinhabers auswirkt. Eine Auffassung vergleicht bei der **Täuschungsäquivalenz** mit einem fiktiven Bankangestellten, der eine umfassende Prüfung der Interessen der Bank vornimmt,[425] während die andere Auffassung als Grundlage nur eine solche Prüfung nimmt, die auch tatsächlich durch den Computer erfolgt (dh die Maßstabsfigur des fiktiven Bankangestellten nimmt dieselben Prüfungsschritte vor wie der Geldautomat)[426]. 153

Hintergrund hierbei ist, dass die Echtzeitabfrage von Kontoständen an anderen nicht der kontoführenden Bank gehörenden Geldautomaten zunächst nicht üblich war. Damit war es dem Karteninhaber möglich, sein Konto über einen vereinbarten Betrag hinaus zu überziehen. Allerdings hat sich heutzutage eine nahezu flächendeckende Online-Überprüfung durchgesetzt, die eine Autorisierung des angeforderten Geldbetrages nur dann vornimmt, wenn dieser Betrag gedeckt ist oder sich innerhalb des vereinbarten Kreditlimits bewegt.[427] Eine Überschreitung des eingeräumten Limits durch den Kartenberechtigten selbst ohne weitere Manipulationen dürfte damit der Vergangenheit angehören. 154

Sollte es – vielleicht auf Grund einer Nutzung eines Geldautomaten im Ausland[428] – dem Karteninhaber doch gelingen, einen über das eingeräumte Limit hinausgehenden 155

---

[420] HK-GS/*Duttge*, StGB § 263a Rn. 14.
[421] Vgl. MüKo-StGB/*Wohlers/Mühlbauer*, § 263a Rn. 42.
[422] *BGH,* NJW 2013, 1017 (1018); NJW 2014, 711 (712); *KG,* NStZ-RR 2015, 111 (112); *Ambrosy,* juris-PR-StrafR 15/2015 Anm. 3; *Obermann,* NStZ 2015, 197; *Fahl,* NStZ 2014, 244 (245).
[423] BGHSt 47, 160 (162); vgl. aber BGHSt 40, 331 (334f.) – dort ging der *BGH* noch von der subjektivierenden Auffassung aus; Wessels/Hillenkamp/Schuhr, Rn. 613.
[424] Schönke/Schröder/*Perron*, StGB § 263a Rn. 10; Wessels/Hillenkamp/Schuhr, Rn. 613.
[425] *Jerouschek/Kölbel,* JuS 2001, 781; Lackner/Kühl/Heger, StGB § 263a Rn. 13; Wessels/Hillenkamp/Schuhr, Rn. 615.
[426] BGHSt 47, 160 (163); *OLG Hamm,* NStZ 2014, 275; AnwK-StGB/*Gaede,* § 263a Rn. 13; *Brand,* JR 2008, 496 (497); SK-StGB/*Hoyer,* § 263a Rn. 33; LK-StGB/*Tiedemann/Valerius,* § 263a Rn. 51 weisen darauf hin, dass das Abstellen auf die tatsächliche Prüfung durch den Computer weniger die betrugsäquivalente als die computerspezifische Auslegung betrifft.
[427] Vgl. *Rengier,* in: FS Stürner, S. 899; *Taradantchik,* Wettbewerbsrechtliche Aspekte, S. 11.
[428] Bei Ausnutzen einer im Risikobereich des Systembetreibers liegenden technischen Störung ist zumindest nach der betrugsnahen Auslegung kein Computerbetrug gegeben; bei Anlegung des Betrugsmaßstabes sei diese Konstellation mit dem ohne aus einer Garantenstellung fließenden Aufklärungspflicht tatbestandslo-

Geldbetrag abzuheben, ist zu beachten, dass in der Anforderung auf Auszahlung des Geldbetrages nicht dessen konkludente Behauptung enthalten ist, tatsächlich auch Inhaber dieser Forderung zu sein.[429] Die mögliche Tathandlung kann nicht bereits das Eingeben der PIN, sondern erst das Eintippen des begehrten Auszahlungsbetrages sein.[430] Dann muss die eine Täuschungsäquivalenz annehmende Meinung konsequenterweise bereits in jedem erfolglosen Eintippen eines über den Kreditrahmen hinausgehenden Auszahlungsbetrages den Versuch einer unbefugten Datenverarbeitung sehen.[431] Dies ist überzogen. Denn wenn es dem Kunden gelingt, über ein eingeräumtes Limit hinaus zu verfügen und diese Überziehung geduldet wird, „bestraft" ihn die Bank dafür, dass sie ihm sog. „Überziehungszinsen" mit einem erhöhten Zinssatz berechnet. Allerdings ist hierfür erforderlich, dass eine Vereinbarung gem. § 505 Abs. 1 BGB vorliegt, wenn der Kunde ein Verbraucher ist. Danach müssen Entgelte für solche geduldeten Überziehungen vertraglich (zB im Kontoeröffnungsvertrag oder im Rahmenvertrag für Dispositionskredite) vereinbart werden.[432] Bei einer derart geduldeten Überziehung macht der Kontoinhaber den ersten Schritt, wenn er eine Auszahlung begehrt, obwohl sein Verfügungsrahmen einschließlich Dispositionslimit bereits erreicht ist.[433] Damit verbindet der Verkehr aber nicht die schlüssige Erklärung, dass der Kontoinhaber einen entsprechenden Anspruch auf Überweisung/Auszahlung hat,[434] sondern die Auszahlungsanforderung enthält vielmehr ein Angebot auf Gewährung eines Verbraucherdarlehens über die bestehende Kreditlinie hinaus. Ob dieses Angebot angenommen und die Überziehung „geduldet" wird, weiß der Kunde nicht vorher. Denn es liegt im Wesen dieser geduldeten Überziehung, dass vorher kein bestimmtes Limit festgelegt wird, innerhalb dessen eine Überziehung möglich ist (ansonsten würde es sich um die Einräumung einer Kreditlinie handeln, vgl. § 504 BGB). Vielmehr führt der Verbraucher sein Konto ohne entsprechende vorherige Absprache über ein Limit im Soll, allerdings mit Duldung des Zahlungsdienstleisters.[435] Die Höhe dieser geduldeten Überziehung liegt allein im Belieben der Bank. Diese wird sich von vergleichbaren Erwägungen wie bei der Gewährung eines Dispositionskredites leiten lassen.[436] Wenn die Bank die begehrte Transaktion veranlasst, nimmt sie das Angebot des Kontoinhabers konkludent an.[437] Falls keine vertragliche Vereinbarung für geduldete Überziehungen entsprechend § 505 BGB vorliegt und es dennoch zu einer solchen Überziehung kommt, dann hat der Zahlungsdienstleister gegen seine Pflichten nach § 505 Abs. 1 BGB verstoßen, so dass er keine entsprechenden Überziehungszinsen verlangen kann, § 505 Abs. 3 BGB.[438]

156 Damit kann der Rechtsverkehr in dem Eintippen eines Auszahlungsbetrages nicht die Erklärung sehen, dass der Kontoinhaber tatsächlich einen Anspruch auf Auszahlung dieses eingetippten Betrages hat. Ebenso wie bei der Vorlage eines entsprechenden Auszahlungsauftrages gegenüber einem Bankangestellten ist dies vielmehr nur als Testballon zu sehen „was noch geht", wieweit das Vertrauen der Bank noch reicht. Dies ist unabhängig davon, ob die Bank tatsächlich mit dem Kunden entsprechende erhöhte Zinsen für eine geduldete Überziehung vereinbart hat. Denn wie schon die Regelung des § 505 Abs. 3 BGB zeigt, erscheint es selbst dem Gesetzgeber nicht ausgeschlossen, dass eine Überziehung auch geduldet wird, ohne das für diesen Fall entsprechende Zinsen vereinbart werden.

---

sen Ausnutzen eines Irrtums bei einem Menschen vergleichbar; nach *OLG Braunschweig*, NJW 2008, 1464, soll in einem solchen Fall die 4. Var. des § 263a StGB erfüllt sein.
[429] SK-StGB/*Hoyer*, § 263a Rn. 35; jetzt auch *Hilgendorf/Valerius*, Computer- und Internetstrafrecht, Rn. 510.
[430] *Fischer*, StGB § 263a Rn. 14.
[431] *Fischer*, StGB § 263a Rn. 14a.
[432] Schimansky/Bunte/Lwowski/*Jungmann*, Bankrechts-Handbuch, § 81a Rn. 133 f.
[433] Schimansky/Bunte/Lwowski/*Jungmann*, Bankrechts-Handbuch, § 81a Rn. 138.
[434] Diesen Anspruch hat er tatsächlich nicht, auch nicht bei Vereinbarung von Überziehungszinsen; Schimansky/Bunte/Lwowski/*Jungmann*, Bankrechts-Handbuch, § 81a Rn. 134.
[435] Schimansky/Bunte/Lwowski/*Jungmann*, Bankrechts-Handbuch, § 81a Rn. 132.
[436] *Rengier*, BT I § 14 Rn. 23.
[437] Schimansky/Bunte/Lwowski/*Jungmann*, Bankrechts-Handbuch, § 81a Rn. 138.
[438] Schimansky/Bunte/Lwowski/*Jungmann*, Bankrechts-Handbuch, § 81a Rn. 139.

B. Klassische Computerdelikte

Ferner lässt sich aus der Existenz des gleichzeitig mit der Vorschrift des Computerbetruges durch das zweite Gesetz zur Bekämpfung der Wirtschaftskriminalität eingeführten § 266b StGB die Schlussfolgerung ziehen,[439] dass § 263a StGB keine Anwendung finden soll, wenn der Kartenberechtigte selbst die Karte missbraucht.[440] Damit ist keine unbefugte Nutzung von Daten bei Verwendung der Kontokarte am Geldautomaten durch den berechtigten Karteninhaber gegeben, selbst wenn es zum Überziehen eines (ursprünglich) vereinbarten Verfügungsrahmens kommt.[441]

157

Konsequent ist dann auch, die im Verhältnis zu Dritten unbefugte Nutzung von Daten (wie die Nutzung eines Diensthandys für private Telefonate oder eines dienstlichen Internetanschlusses zum privaten Surfen) nicht unter § 263a StGB zu subsumieren.[442]

158

> **Praxistipp:**
> Folgende Leitlinien der Rechtsprechung lassen sich aufstellen:
> 1. Hebt jemand an einem Geldautomaten vom Konto eines anderen mit dessen Codekarte und der Geheimnummer Geld ab, so schließt die Rechtsprechung einen Computerbetrug durch unbefugte Verwendung von Daten dann aus, wenn ihm die Daten vom Kontoinhaber überlassen wurden und er lediglich absprachewidrig handelt.[443]
> 2. Ebenso wenig macht sich der berechtigte Inhaber einer Scheckkarte, der unter Verwendung der Karte und der PIN an einem Geldautomaten Bargeld abhebt, ohne zum Ausgleich des erlangten Betrages willens und in der Lage zu sein, nach § 263a StGB strafbar.[444]
> 3. Durch § 263a Abs. 1 Var. 3 StGB werden Abhebungen an einem Geldautomaten durch einen Nichtberechtigten erfasst, der eine gefälschte, manipulierte oder mittels verbotener Eigenmacht erlangte Karte verwendet.[445]
> 4. Bei der Begründung der Täuschungsqualität ist für den fiktiven Vergleich zwischen der Prüfung einer Person und der eines Computers darauf zu achten, dass der Prüfungsumfang sich auf Fragen beschränkt, die der Computer prüft. Dies bedeutet bei einem Geldautomatenmissbrauch, dass die für die Betrugsäquivalenz ausschlaggebende „Vergleichbarkeit" von einem „Schalterangestellten" ausgehen muss, „der sich (nur) mit Fragen befasst, die auch der Computer prüft". Diese Prüfung umfasst – im Gegensatz zu älteren Fällen – jetzt auch die Bonität des berechtigten Karteninhabers und nicht nur die Frage, ob sich dieser innerhalb des Verfügungsrahmens bewegt.[446] Unabhängig davon ergibt sich schon aus der Regelung des § 505 BGB, dass in dem Versuch der Bargeldauszahlung trotz Überschreitens einer eingeräumten Kreditlinie keine konkludente Täuschung enthalten ist, Inhaber einer entsprechenden Forderung zu sein bzw. einen Anspruch auf Auszahlung dieses Betrages zu haben, sondern dies vielmehr ein Angebot des Bankkunden auf Gewährung einer geduldeten Überziehung ist.

159

dd) Sonstige unbefugte Einwirkung auf den Ablauf. Der vierten Tatbestandsvariante kommt Auffangfunktion zu, wodurch auch bisher unbekannte Techniken von § 263a

160

---

[439] Soweit noch in der Literatur die Meinung vertreten wird, dass § 266b StGB bei einem Missbrauch durch den Berechtigten als speziellere Norm vorgehe, ist zu beachten, dass dies für einen Geldautomatenmissbrauch durch maestro- (früher ec-) Karten noch fragwürdiger geworden ist, da die ec-Karten zum 31.12. 2001 die Scheckfunktion verloren haben; vgl. *Rengier*, BT I, § 19 Rn. 2.
[440] SK-StGB/*Hoyer*, § 263a Rn. 35; vgl. auch BGHSt 47, 160 (166).
[441] I.E. ebenso *Rengier*, BT I § 14 Rn. 23.
[442] OLG Karlsruhe, NStZ 2004, 333 (334).
[443] BGH, 17.12.2002 – 1 StR 412/02.
[444] BGHSt 47, 160 – Leitsatz K.
[445] BGHSt 47, 160 (162).
[446] Zu den tatsächlichen Gegebenheiten im Online-Verbund der Banken vgl. *Rengier*, in: FS Stürner, S. 891 ff.

StGB – insbesondere aber Ausgabe-Manipulationen – erfasst werden können.[447] Bei der Auslegung des Tatbestandsmerkmals „unbefugt" wird überwiegend keine Differenzierung zwischen der 3. und 4. Var. des § 263a Abs. 1 StGB vorgenommen.[448] Nach der Rechtsprechung des BGH[449] liegt ein sonstiges unbefugtes Einwirken auf den Ablauf einer Datenverarbeitung jedenfalls dann vor, wenn jemand den Programmablauf zulasten des Automatenbetreibers, dessen Willen als Rechteinhaber maßgebliche Bedeutung zukommt, mit rechtswidrig erlangtem Wissen beeinflusst. Als klassischer Anwendungsfall wird das Leerspielen eines Geldspielautomaten (der Täter weiß, wann er die Risikotaste zu drücken hat) gesehen.[450]

161 Das OLG Braunschweig hat diese Handlungsvariante bereits bei dem Ausnutzen des Defekts einer vollautomatischen Selbstbedienungstankstelle zum bargeldlosen Tanken mittels einer Bankkarte angenommen und ausdrücklich darauf hingewiesen, dass es nicht auf die Rechtswidrigkeit der Wissensbeschaffung ankäme, wenn mit dem besonderen Wissen der Defekt eines Automaten ausgenutzt würde.[451]

162 Dieser Ansicht kann bei betrugsspezifischer Auslegung des Merkmals unbefugt nicht gefolgt werden. Denn die Ausnutzung eines ausschließlich im Risikobereich des Automatenbetreibers liegenden Defekts stellt sich nicht anders dar als die Ausnutzung einer bereits vorhandenen Fehlvorstellung eines Verfügenden. In diesen Fällen ist eine Strafbarkeit wegen Betruges ausgeschlossen.[452] Gleiches gilt dann für die Strafbarkeit nach § 263a StGB.[453]

163 Das OLG München sah zumindest den Versuch einer sonstigen unbefugten Einwirkung als gegeben an, wenn der Inhaber eines Mietkartentelefons mit zu seinen Gunsten vereinbarter Entgeltgutschrift die unter Benutzung einer gültigen Telefonkarte angewählte Verbindung sofort nach deren Herstellung und Erfassung des fälligen Gebührenaufkommens, aber noch vor dessen Abbuchung von der Telefonkarte durch Ziehen der Karte abbricht; die mangelnde Befugnis ergebe sich hier aus der fehlenden Zahlungsbereitschaft.[454] Nach dieser Rechtsprechung kommt es nicht mehr auf die Rechtswidrigkeit der Erlangung des Wissens (und damit auf einen Verstoß gegen das GeschGehG und eine daraus folgende Garantenstellung) an.

164 Dieses Ergebnis überzeugt auch bei Anwendung auf die Konstellation des Leerspielens von Geldspielautomaten. Bei Abstellen auf die Betrugsähnlichkeit des Verhaltens ist in Parallele zum Wettbetrug von einer täuschungsäquivalenten Einwirkung auf den Datenverarbeitungsvorgang auszugehen. Der Beteiligte einer Sportwette erklärt bei der Abgabe seines Wettscheins, dass er „das wettgegenständliche Risiko nicht durch eine von ihm veranlasste, dem Vertragspartner unbekannte Manipulation des Ereignisses zu seinen Gunsten verändern wird".[455] Ebenso gibt der Spieler an einem Geldspielautomaten die Erklärung ab, dass er kein diesbezügliches (evtl. gar rechtswidriges) Sonderwissen habe.[456]

---

[447] Schönke/Schröder/*Perron*, StGB § 263a Rn. 16; *Tiedemann*, Wirtschaftsstrafrecht BT, Rn. 510; Wessels/Hillenkamp/Schuhr, Rn. 617.

[448] *Busch/Giessler*, MMR 2001, 595; *Jerouschek/Kölbel*, JuS 2001, 782; vgl. auch die Entscheidung BGHSt 40, 334, die „unerörtert" lässt, ob statt der 4. auch die 3. Var. des § 263a StGB vorliegt; aA LK-StGB/*Tiedemann/Valerius*, § 263a Rn. 62; *Schönauer*, wistra 2008, 446; *Tiedemann*, Wirtschaftsstrafrecht BT, Rn. 510, die das Verlangen nach einer „Täuschungsäquivalenz" in dieser Variante als „fiktiv" bezeichnen.

[449] *BGH*, NJW 1995, 669.

[450] *Hilgendorf/Valerius*, Computer- und Internetstrafrecht, Rn. 519; Wessels/Hillenkamp/Schuhr, Rn. 617; offen gelassen BGHSt 40, 331, 334.

[451] *OLG Braunschweig*, NStZ 2008, 402.

[452] BGHSt 39, 392 (398); BGHR, StGB § 263 Irrtum 6; Wessels/Hillenkamp/Schuhr, Rn. 509, 514.

[453] So auch *OLG Karlsruhe*, NStZ 2004, 333 (334); Wessels/Hillenkamp/Schuhr, Rn. 613, 617; Klas/Blatt, CR 2012, 136 (139).

[454] *OLG München*, NStZ 2008, 403 (404f.).

[455] *BGH*, NStZ 2007, 151 (153); jetzt ausdrücklich für den Computerbetrug durch manipulierte Sportwetten *BGH*, NJW 2013, 1017f.

[456] So auch HK-GS/*Duttge*, StGB § 263a Rn. 24.

b) Subjektiver Tatbestand, Rechtswidrigkeit und Schuld

Ebenso wie für den Betrug erfordert der subjektive Tatbestand des § 263a StGB den Vorsatz (dolus eventualis ist ausreichend) zur Verwirklichung der objektiven Tatbestandsmerkmale und die Absicht rechtswidriger Bereicherung.[457]

Für den Vorsatz muss der Täter das Bewusstsein haben, dass er durch eine der Tathandlungen den Datenverarbeitungsvorgang so beeinflusst hat, dass bei einer anderen Person ein Schaden herbeigeführt wird. Bezüglich des Tatbestandsmerkmals „unbefugt" muss der Täter zumindest nach der Parallelwertung in der Laiensphäre erkennen, dass er keine Berechtigung hat. Befindet er sich bezüglich seiner Befugnis in einem Irrtum, schließt dieser den Vorsatz aus (§ 16 StGB).[458]

Irrt sich der Täter dahingehend, dass er fälschlich annimmt, dass vor einer Vermögensverfügung eine menschliche Kontrollperson eine Überprüfung des Ergebnisses des Datenverarbeitungsvorganges vornimmt, so handelt es sich auf dem Boden der betrugsnahen Auslegung um eine unwesentliche Abweichung vom Kausalverlauf zwischen dem tatsächlich verwirklichten § 263a StGB und dem intendierten § 263 StGB.

Für die Absicht der rechtswidrigen Bereicherung muss der Wille des Täters dahin gehen, dass er sich oder einem Dritten gerade durch das Ergebnis des Datenverarbeitungsvorganges einen rechtswidrigen Vermögensvorteil verschafft. Ebenso wie beim Betrug muss zwischen dem Vermögensschaden und dem erstrebten Vorteil Stoffgleichheit bestehen.[459] Für die Rechtswidrigkeit und die Schuld gelten die allgemeinen Regeln.

3. Vorbereitung eines Computerbetruges (§ 263a Abs. 3 StGB)

Wer solche Computerprogramme (dieser Begriff ist gleichbedeutend mit dem im § 202c StGB verwandten), deren objektiver Zweck die Begehung eines Computerbetruges ist, herstellt, sich oder einem anderen verschafft, feilhält, verwahrt oder anderen überlässt, wird gleichfalls bestraft. Die selbstständige Strafbarkeit dieser Vorbereitungshandlung wurde auf Grund europarechtlicher Einflüsse eingeführt,[460] tritt aber als subsidiär zurück, sobald die vorbereiteten Delikte das Versuchsstadium erreicht haben[461]. In diesem Zusammenhang ergibt sich die zu § 202c StGB parallel gelagerte Problematik, wie Programme, die sowohl für legale als auch für illegale Zwecke eingesetzt werden können, einzuschätzen sind. Der Gesetzgeber hat ausdrücklich darauf hingewiesen, dass gleichfalls solche Produkte erfasst sein sollen, die nicht ausschließlich für die Begehung eines Computerbetruges bestimmt sind.[462]

In solchen Fällen kann es nicht nur auf die objektive Eignung ankommen, sondern es müssen zusätzliche Merkmale hinzutreten. In der Literatur wird gefordert, dass auf den Willen des Verwenders abzustellen sei und eine subjektive Komponente dergestalt hinzukommen müsse, dass das Programm in seiner konkreten Gestaltung unmittelbar zu einem (versuchten) Computerbetrug verwendet werden könne.[463] Das LG Karlsruhe sieht Computerprogramme (entgegen dem gesetzgeberischen Willen aber in Übereinstimmung mit der Rechtsprechung zu § 202c StGB) nur dann als taugliche Tatobjekte des § 263a Abs. 3 StGB, wenn sie „als tatvorbereitende Programme gerade im Hinblick auf eine spezielle

---

[457] Wessels/Hillenkamp/Schuhr, Rn. 607.
[458] Wessels/Hillenkamp/Schuhr, Rn. 607.
[459] MüKo-StGB/Wohlers/Mühlbauer, § 263a Rn. 71; Wessels/Hillenkamp/Schuhr, Rn. 607.
[460] 35. Strafrechtsänderungsgesetz zur Umsetzung des Rahmenbeschlusses des Rates der Europäischen Union vom 28.5.2001 zur Bekämpfung von Betrug und Fälschung im Zusammenhang mit unbaren Zahlungsmitteln, BGBl. I S. 2838.
[461] BGH, BeckRS 2014, 16408.
[462] BT-Drs. 15/1720, 11; BR-Drs. 564/03, 16.
[463] Fischer, StGB § 263a Rn. 32; Hilgendorf/Valerius, Computer- und Internetstrafrecht, Rn. 531; SK-StGB/Hoyer, § 263a Rn. 59; BeckOKStGB/Valerius, § 263a Rn. 48.

Tatmodalität einer Tat nach § 263a Abs. 1 StGB geschrieben sind ...".[464] Nach dem BVerfG zu dem insoweit gleichgelagerten Problem bei § 202c Abs. 1 Nr. 2 StGB kann taugliches Tatobjekt nur ein Programm sein, das mit der Absicht entwickelt oder modifiziert worden ist, eine der in Bezug genommenen Straftaten zu begehen (hier also einen Computerbetrug), so dass es nicht ausreichend ist, wenn ein Programm für die Begehung dieser Computerstraftaten (besonders) geeignet ist. Nach dieser Rechtsprechung scheiden Dual-Use-Tools aus dem Anwendungsbereich aus.

171 Nach dieser Rechtsprechung kommt es darauf an, ob die Software dafür entworfen, hergestellt oder angepasst wurde, um einen Computerbetrug zu begehen. Dabei kann wie bei § 202c StGB auf zusätzliche, durch den jeweiligen Hersteller, Verkäufer oder Nutzer gesetzte Merkmale abgestellt werden. Als solche Kriterien kommen insbesondere die Vertriebspolitik und die Werbung (Produktankündigung, Absatzwerbung, Nutzungsbeschreibung) in Betracht.[465]

4. Besonderheiten

172 Der Computerbetrug schließt als Sonderregelung die §§ 242, 246 StGB beim Geldautomatenmissbrauch aus.[466] Wenn jedoch eine Karte entwendet wird, um den Missbrauch zu ermöglichen, ist der Diebstahl keine mitbestrafte Vortat, sondern steht vielmehr in Tatmehrheit zu § 263a StGB.[467] Durch § 263a Abs. 2 StGB wird auf § 263 Abs. 2–7 StGB verwiesen. Deshalb ist der versuchte Computerbetrug strafbar (§ 263 Abs. 2 StGB). Eine Erhöhung des Strafrahmens sind für einen besonders schweren Fall (§ 263 Abs. 2 StGB) sowie für den qualifizierten Computerbetrug (§ 263 Abs. 5 StGB) vorgesehen. Durch den gewerbsmäßigen Bandencomputerbetrug wird die Tat zu einem Verbrechen qualifiziert. Die Verjährungsfrist beträgt dann zehn Jahre (§ 78 Abs. 3 Nr. 3 StGB).

173 **Praxistipp:**

Die **Gewerbsmäßigkeit** liegt dann vor, wenn die Tat in der Absicht begangen wird, sich durch wiederholte Begehung eine fortlaufende Einnahmequelle von einiger Dauer und einigem Umfang zu verschaffen.[468] Beachten Sie, dass die Höhe der aus einer Tat erlangten Gesamtbeträge nicht relevant für die Annahme einer Gewerbsmäßigkeit ist.[469] Denn eine Gewerbsmäßigkeit setzt die Absicht wiederholter Tatbegehung voraus. Deshalb kann diese zwar durchaus schon bei der ersten Tat vorliegen. Zusätzlich muss der Täter jedoch mehrere gleichartige Taten geplant haben.

Eine Bande wird definiert als Zusammenschluss von mindestens drei Personen zur fortgesetzten Begehung mehrerer selbstständiger, im Einzelnen nicht notwendig feststehender Taten; ein Mindestmaß an konkreter Organisation oder festgelegter Strukturen ist nicht erforderlich.[470] Ebenso wenig kommt es darauf an, ob ein Beteiligter nach der Bandenabrede bei allen Taten nur Gehilfe sein soll.[471] Dies bedeutet in der Praxis, dass alleinige Feststellungen zur Mittäterschaft oder Beihilfe nicht ausreichend sind. Vielmehr müssen immer noch fallübergreifende Absprachen nachweisbar sein.[472]

---

[464] *LG Karlsruhe*, NStZ-RR 2007, 19.
[465] *Cornelius*, CR 2007, 682 (688); ausführlicher zur Problematik der Dual-Use-Tools vgl. die Ausführungen zu § 202c StGB → Rn. 116 ff.
[466] BGHSt 38, 120, 124 f.; Wessels/*Hillenkamp*/*Schuhr*, Rn. 619; vgl. zur Anwendbarkeit des § 242 StGB bei der Ausgabe von Gewinnen durch Manipulation der Mechanik eines Geldspielautomaten *KG*, 29.10.2013 – (2) 121 Ss 126/13 (48/13).
[467] *BGH*, NJW 2001, 1508.
[468] Ständige Rechtsprechung seit BGHSt 1, 383.
[469] Das ist der entscheidende Unterschied zur „Gewerblichkeit".
[470] BGHSt 46, 321 (329).
[471] *BGH*, NJW 2002, 1662.
[472] *KG*, 13.6.2012 – (4) 121 Ss 79/12 (138/12).

Eine Anwendung der **Grundsätze der Postpendenz** kommt in Betracht, wenn feststeht, dass ein Computerbetrug begangen wurde, aber nicht sicher ist, ob der Täter zuvor einen Betrug begangen hat.[473] Wenn eine fremde Karte innerhalb kürzester Zeit an ein und demselben Geldautomaten eingesetzt wird und der Täter von vornherein einen auf die Erlangung einer möglichst hohen Bargeldsumme gerichteten Vorsatz hatte, sind die einzelnen Zugriffsversuche Teile einer einheitlichen Tat nach § 263a StGB.[474]

174

Das Herstellen zahlreicher Zahlungskarten mit Garantiefunktion ist nur eine Tat iSd § 152a StGB, wenn die Herstellung im engen räumlichen und zeitlichen Zusammenhang erfolgt. Die Verbindung des Nachmachens und des Gebrauchens zu einer deliktischen Einheit erfolgt dann, wenn die Dubletten in der Absicht hergestellt wurden, sie später zu gebrauchen.[475] Dazu steht dann der Computerbetrug in Tateinheit.[476] Das gilt auch dann, wenn der Täter sich in einem Vorbereitungsakt mehrere gefälschte Karten in der Absicht verschafft, diese alsbald einzusetzen.[477]

175

Praxistipp:
Der Tatbestand der Steuerhinterziehung nach § 370 AO erfasst vollständig den Unrechtsgehalt einer Manipulation von Datenverarbeitungsvorgängen der Finanzverwaltung, wenn der Täter keine über die Verkürzung von Steuereinnahmen oder die Erlangung ungerechtfertigter Steuervorteile hinausgehenden Vorteile erstrebt hat, so dass eine Strafbarkeit nach § 263a StGB ausscheidet.[478]

176

C. Elektronische Urkundendelikte

I. Fälschung beweiserheblicher Daten (§§ 269, 270 StGB)

Nach § 269 StGB wird bestraft, wer zur Täuschung im Rechtsverkehr beweiserhebliche Daten so speichert oder verändert, dass bei ihrer Wahrnehmung eine unechte oder verfälschte Urkunde vorliegen würde, oder derart gespeicherte oder veränderte Daten gebraucht. Mit der Vorschrift § 270 StGB werden die Fälle einer fälschlichen Beeinflussung einer Datenverarbeitung der Täuschung im Rechtsverkehr gleichgestellt. Dies ist vor allem dann bedeutsam, wenn gefälschte Daten oder Urkunden sofort in den Computer eingegeben werden und deshalb nicht deutlich ist, ob der Täter zur „Täuschung im Rechtsverkehr" gehandelt hat.[479] Voraussetzung für die fälschliche Beeinflussung einer Datenverarbeitung ist, dass die Datenverarbeitung zum Treffen rechtlicher Dispositionen auf die gefälschten Daten eine Zugriffsmöglichkeit hat, also dieser Datensatz in den Rechtsverkehr gelangen soll.[480]

177

Der Tatbestand der Datenfälschung (§ 269 StGB) lehnt sich deutlich an den klassischen Straftatbestand der Urkundenfälschung an. So wird bei der Rechtsanwendung ein hypothetischer Vergleich zwischen § 269 StGB und § 267 StGB vorgenommen.[481] Das durch diese Vorschriften geschützte (überindividuelle) Rechtsgut ist identisch – die Sicherheit

178

---

[473] *BGH*, NStZ 2008, 396.
[474] *BGH*, wistra 2008, 220; *BGH*, NStZ-RR 2013, 13.
[475] *BGH*, NStZ 2005, 566.
[476] *BGH*, NStZ-RR 2013, 109.
[477] *BGH*, wistra 2010, 406.
[478] *BGH*, NJW 2007, 2864 (2866 f.); s. auch BT-Dr 10/5058, 30, wonach dann, wenn § 370 AO dem Betrugstatbestand vorgeht, dies auch im Verhältnis zu § 263a StGB gilt.
[479] *Bär*, Computerkriminalität, Rn. 39; *Hilgendorf/Valerius*, Computer- und Internetstrafrecht, Rn. 640.
[480] *Neubauer*, MMR 2011, 628; NK-StGB/*Puppe*, § 270 Rn. 6, spricht davon, dass die Datenverarbeitungsanlage „bildlich gesprochen, die eigentliche Entscheidungsinstanz sein" muss, und das ist dann der Fall, wenn sie die inhaltliche Gestaltung der Disposition im Rechtsverkehr für die Person übernimmt, der sie zugerechnet wird.
[481] *Fischer*, StGB § 269 Rn. 2a; *Tiedemann*, Wirtschaftsstrafrecht BT, Rn. 495.

und Zuverlässigkeit des Beweisverkehrs.[482] Die Echtheit der beweiserheblichen Informationen soll geschützt werden, um den Einzelnen davor zu bewahren, seine rechtserheblichen Entscheidungen auf der Grundlage falscher Vorstellungen über den Inhalt von Erklärungen anderer Teilnehmer am Rechtsverkehr zu treffen.[483]

179 **Praxistipp:**
Diese Vorschrift soll also die Strafbarkeitslücken im Bereich der Urkundsdelikte auffangen, die wegen der fehlenden Verkörperung elektronischer Daten auftreten können.[484] Dies gilt insbesondere für veränderte EC- und Kreditkarten,[485] Telefonwertkarten,[486] oder E-Mails mit falschen Absenderinformationen, soweit sie für rechtsgeschäftliche Korrespondenz verwendet werden.[487] Auch im Bereich des Phishing ist diese Vorschrift von besonderer Relevanz.[488]

180   Der Datenbegriff ist zumindest dann mit dem im § 202a StGB verwandten identisch, wenn diese Daten gespeichert wurden.[489] Darüber hinaus werden die Daten auch in der Eingabephase geschützt.[490] Beweiserheblich sind diese Daten dann, wenn die Erklärung bestimmt und geeignet ist, einen Beitrag zur Überzeugungsbildung über rechtlich erhebliche Tatsachen zu leisten.[491] Bei nur intern gespeicherten Daten ist eine solche Beweiserheblichkeit nicht gegeben.[492]

181   Das Tatbestandsmerkmal der Täuschung im Rechtsverkehr entspricht § 267 Abs. 1 StGB (§ 270 StGB beachten). Zur Erfüllung der Garantiefunktion muss deshalb ein Aussteller erkennbar sein. Dies erfordert, dass deutlich wird, wem die Daten ihrem geistigen Inhalt nach zuzurechnen sind. Demzufolge ist der Aussteller meist der Inhaber oder Betreiber der EDV-Anlage, nicht aber der Nutzer, der den Computer (als Hilfspersonal) bedient.[493]

182   Divergierend war die Rechtsprechung der Obergerichte zu der Frage, ob die Anmeldung eines eBay Accounts unter falschen Namen und der anschließende Verkauf von Waren unter diesen Account eine Fälschung beweiserheblicher Daten ist. Das OLG Hamm lehnte eine Strafbarkeit nach § 269 StGB ab.[494] Bei der Eröffnung eines Accounts fehle es an einer Gedankenerklärung, da es sich um einen lediglich internen Vorgang ohne nach außen wirkenden Erklärungscharakter handele. Allein die Begründung einer Zugangsberechtigung und die Zuordnung eines Pseudonyms seien nicht ausreichend. Die Strafbarkeit nach § 269 StGB bezüglich der Verkaufsfälle lehnte das OLG Hamm ab, da die Käufer während der Gebotsphase nur das Pseudonym des Verkäufers wahrnehmen und daher nicht getäuscht würden.

183   Dagegen äußerte das KG Berlin die Auffassung, dass bei einer Eröffnung eines eBay-Accounts unter falschem Namen beweiserhebliche Daten so gespeichert würden, dass bei ihrer Wahrnehmung eine unechte Urkunde iSd § 267 Abs. 1 StGB vorliegen würde. Denn bei der Eröffnung des Mitgliedskontos unter Angabe der Personal- und Adressdaten einer anderen Person wird eine Gedankenerklärung abgegeben, dass sich gerade diese Person anmelde und unter Anerkennung der Allgemeinen Geschäftsbedingungen die Platt-

---

[482] *Bär*, Computerkriminalität, Rn. 31; *Tiedemann*, Wirtschaftsstrafrecht BT, Rn. 496.
[483] NK-StGB/*Puppe*, § 269 Rn. 7.
[484] OLG Köln, MMR 2014, 314.
[485] *Hilgendorf*, JuS 1997, 130 (134).
[486] BGH, NStZ-RR 2003, 265 ff.
[487] *Buggisch*, NJW 2004, 3519 (3520).
[488] *Stuckenberg*, ZStW 118 (2006), 878 (886 ff.).
[489] *Bär*, Computerkriminalität, Rn. 41.
[490] *Hilgendorf/Valerius*, Computer- und Internetstrafrecht, Rn. 623.
[491] *Stammer*, Rpfleger 2015, 315 (319).
[492] *Hilgendorf/Valerius*, Computer- und Internetstrafrecht, Rn. 629.
[493] *Bär*, Computerkriminalität, Rn. 37; *Hilgendorf/Valerius*, Computer- und Internetstrafrecht, Rn. 631.
[494] OLG Hamm, MMR 2009, 775.

C. Elektronische Urkundendelikte

form nutzen wolle. Damit sei diese andere Person Aussteller der Erklärung, während dem Betreiber die wahre Identität des Anmeldenden verborgen blieb. Die Beweiserheblichkeit der Daten sieht das KG Berlin darin, dass damit eine nach außen gerichtete und rechtlich wirkende Erklärung abgegeben werde, die für die Ausgestaltung der Rechtsbeziehung zwischen dem Nutzer der Plattform und deren Betreiber maßgeblich sei. Denn mit der Anmeldung komme unter Zugrundelegung der Allgemeinen Geschäftsbedingungen zwischen dem Mitglied und dem Betreiber der Plattform ein Nutzungsvertrag zustande, der rechtliche Wirkungen entfalte. Das KG Berlin wies darauf hin, dass diese Daten auch zum Beweis geeignet und bestimmt seien. So betreffe der vom OLG Hamm in seiner Entscheidung herangezogene Gesichtspunkt, dass es den Daten an einer hinreichenden Authentizität fehle, wenn sie ohne Verwendung einer elektronischen Signatur gespeichert werden, keine Frage der Beweiseignung, sondern der Beweiskraft. Das Vorhandensein eines technischen Fälschungsschutzes sei für eine Strafbarkeit nach § 269 StGB ebenso entbehrlich wie die Verwendung von Unterschrift und Siegel als Instrumente zur Erschwerung von Nachahmungen bei der Ausfertigung von Urkunden.[495]

> **Praxistipp:** 184
> Nach dem Beschluss des BGH vom 21.4.2015[496] dürfte sich diese Streitfrage erledigt haben. Zwar ging es im Sachverhalt dieser Entscheidung darum, dass sich die Angeklagten in einen Ebay-Account einhackten (also diesen nicht neu eröffnet haben). Dennoch lässt sich das dortige Ergebnis auf die hier diskutierte Konstellation übertragen, wonach die Änderung der Daten des Ebay-Accounts eine Fälschung beweiserheblicher Daten ist.

Die Tathandlung ist das Speichern, Verändern oder Gebrauchen von Daten, sodass bei 185 unmittelbarer Wahrnehmung eine unechte oder verfälschte Urkunde vorliegen würde. Dabei ist die Speicherung die Erfassung, Aufnahme und Aufbewahrung auf einem Datenträger zum Zwecke ihrer weiteren Verwendung.[497] Die Veränderung liegt vor, wenn eine inhaltliche Umgestaltung erfolgt, sodass ein Falsifikat entsteht. Wie bei einer Urkunde sind Daten dann unecht, wenn sie nicht von demjenigen stammen, der aus ihr als Aussteller erkennbar ist.[498] Wenn der Täter die Daten löscht, liegt keine Veränderung, sondern eine Datenunterdrückung nach § 274 Abs. 1 Nr. 2 StGB vor. Der Gebrauch ist gegeben bei einer Nutzung veränderter oder gespeicherter Daten.[499] Wegen der Ähnlichkeit zur Urkundenfälschung muss das Ergebnis der Tathandlung – gleichgültig in welcher Variante – so sein, dass bei einer visuellen Darstellung eine unechte Urkunde vorliegen würde.[500]

Der Täter muss mindestens dolus eventualis bezüglich der objektiven Tatbestandsmerkmale aufweisen sowie Täuschungsabsicht haben. Diese ist nach hM bereits bei dolus directus 2. Grades (= sicheres Wissen über die Täuschung im Rechtsverkehr) gegeben.[501] Rechtswidrigkeit und Schuld werfen keine Besonderheiten auf. 186

Wenn der Täter Daten fälscht, um sie später zu gebrauchen, so liegt nur eine einzige Tat 187 vor. Sobald er allerdings erst im Nachhinein den Entschluss fasst, die gefälschten Daten zu gebrauchen, ist Tatmehrheit gegeben.[502] Eine tateinheitliche Begehung kommt in Betracht mit §§ 263, 263a, 266, 267, 268, 274 Abs. 1 Nr. 1, 2 StGB sowie den §§ 303, 303a, 303b StGB. Der Versuch ist strafbar gem. § 269 Abs. 2 StGB. Durch den Verweis des § 269 Abs. 3 StGB auf § 267 Abs. 3 StGB greifen die Qualifikationen zur Urkundenfälschung auch beim Fälschen beweiserheblicher Daten.

---
[495] *KG Berlin*, NStZ 2010, 576.
[496] *BGH*, NStZ 2015, 636.
[497] *Fischer*, StGB § 269 Rn. 6.
[498] *OLG Stuttgart*, 25.3.2013 – 2 Ws 42/13; *Hilgendorf/Valerius*, Computer- und Internetstrafrecht, Rn. 636.
[499] *Lackner/Kühl/Heger*, StGB § 269 Rn. 10.
[500] *Bär*, Computerkriminalität, Rn. 38; *Hilgendorf Valerius*, Computer- und Internetstrafrecht, Rn. 624.
[501] LK-StGB/*Gribbohm*, § 267 Rn. 270.
[502] Vgl. BGHSt 5, 291.

188 Praxistipp:
Bei gescannten und dann vor einem Ausdruck veränderten Texten kommt keine Strafbarkeit nach § 269 StGB, sondern wegen der verkörperten Gedankenerklärung höchstens eine Strafbarkeit nach § 267 StGB in Betracht. Im Wege computertechnischer Maßnahmen wie der Veränderung eingescannter Dokumente kann eine (unechte) Urkunde hergestellt werden. Voraussetzung dafür ist jedoch, dass die Reproduktion einer Originalurkunde so ähnlich ist, dass die Möglichkeit einer Verwechslung nicht ausgeschlossen werden kann. Wenn es sich dagegen für den Betrachter erkennbar nur um ein Abbild eines anderen Schriftstücks handelt, steht dieses einer bloßen Fotokopie gleich. Dieser kommt nach ständiger Rechtsprechung des BGH mangels Beweiseignung und Erkennbarkeit des Ausstellers kein Urkundencharakter zu.[503]

II. Fälschung technischer Aufzeichnungen (§ 268 StGB)

189 Mit dem § 268 StGB werden auch Datenverarbeitungsvorgänge erfasst. Ebenso wie bei den §§ 269, 270 StGB ist das geschützte Rechtsgut die Sicherheit und Zuverlässigkeit des Rechts- und Beweisverkehrs durch Gewährleistung der Sicherheit der Informationsgewinnung mittels technischer Geräte.[504] Es wird die Herstellung unechter und das Verfälschen echter technischer Aufzeichnungen ebenso erfasst (Abs. 1 Nr. 1) wie der Gebrauch unechter oder verfälschter technischer Aufzeichnungen (Abs. 1 Nr. 2).

190 Nach der Legaldefinition des § 268 Abs. 2 StGB ist eine **technische Aufzeichnung** eine Darstellung von Daten, Mess- oder Rechenwerten, Zuständen oder Geschehensabläufen, die durch ein technisches Gerät ganz oder zum Teil selbsttätig bewirkt wird, den Gegenstand der Aufzeichnung allgemein oder für Eingeweihte erkennen lässt und zum Beweis einer rechtlich erheblichen Tatsache bestimmt ist, gleichviel ob ihr die Bestimmung schon bei der Herstellung oder erst später gegeben wird. Um die Vergleichbarkeit mit den Urkundendelikten zu gewährleisten, muss der technischen Aufzeichnung ebenso wie der Urkunde eine Perpetuierungsfunktion zukommen, dh, es ist eine gewisse Dauerhaftigkeit gefordert, die in einem vom Gerät abtrennbaren Stück verkörpert werden muss.[505]

191 Es werden nur Aufzeichnungsprozesse erfasst, die durch ein technisches Gerät ganz oder teilweise selbsttätig bewirkt werden. Sobald eine Person den Aufzeichnungsvorgang maßgeblich bestimmt, ist der Anwendungsbereich des § 268 StGB ausgeschlossen.[506] Wenn zweifelhaft ist, ob es sich um eine teilautomatisierte oder manuelle Aufzeichnung handelt, ist eine Funktionsanalyse durchzuführen.[507]

192 Erforderlich ist, dass als Ergebnis des voll- oder teilautomatischen Aufzeichnungsprozesses ein neuer Informationsgehalt produziert wird, der über die Informationen der erfassten Werke hinausgeht.[508] Ferner muss der Gegenstand der Aufzeichnung (also das Bezugsobjekt) erkennbar sein, für das die technische Aufzeichnung gefertigt wird.[509]

193 Praxistipp:
Ein zusätzlicher Informationsgehalt wird bei eingescannten Daten, Fotokopien, Tonbandaufnahmen und Fotografien abgelehnt. Dagegen wird dies bei Verkehrsüberwa-

---

[503] Vgl. *BGH*, 27.1.2010 – 5 StR 488/09.
[504] *Hilgendorf/Valerius*, Computer- und Internetstrafrecht, Rn. 641; *BGH*, BeckRS 2015, 10759 Rn. 30.
[505] *Hilgendorf/Valerius*, Computer- und Internetstrafrecht, Rn. 642; *BGH*, BeckRS 2015, 10759 Rn. 33, 38.
[506] LK-StGB/*Gribbohm*, § 268 Rn. 16.
[507] *Gercke/Brunst*, Praxishandbuch Internetstrafrecht, Rn. 225.
[508] LK-StGB/*Gribbohm*, § 268 Rn. 16; Schönke/Schröder/*Heine/Schuster*, StGB § 268 Rn. 16.
[509] *Gercke/Brunst*, Praxishandbuch Internetstrafrecht, Rn. 227.

C. Elektronische Urkundendelikte

chungskameras mit automatischer Geschwindigkeitsmessung und Anfertigung von Beweisfotos angenommen.[510]

Die Tathandlungen des § 268 StGB orientieren sich ersichtlich an der Urkundenfälschung nach § 267 StGB. Erfasst werden das Herstellen einer unechten technischen Aufzeichnung, das Verfälschen einer technischen Aufzeichnung, der Gebrauch einer unechten oder verfälschten Aufzeichnung sowie die störende Einwirkung auf den Aufzeichnungsvorgang. **194**

Das Herstellen einer unechten technischen Aufzeichnung ist gegeben, wenn der Täter manuell oder unter Verwendung von Hilfsmitteln technische Aufzeichnungsprozesse nachahmt und so den Eindruck erweckt, dass die Aufzeichnung von einem selbstständig arbeitenden Gerät produziert wurde.[511] Dies ist zum Beispiel bei dem manuellen Nachzeichnen von Aufzeichnungskurven gegeben.[512] Unecht iSd § 268 StGB ist die Aufzeichnung, wenn sie nicht das Ergebnis eines selbständigen und ungestörten Aufzeichnungsprozesses ist, obwohl sowohl ihr Inhalt als auch ihre Herkunft darauf hindeuten.[513] **195**

> **Praxistipp:** **196**
> Bedenken Sie, dass damit der Begriff unecht bei der Urkundenfälschung nach § 267 StGB und der Fälschung technischer Aufzeichnungen nach § 268 StGB einen unterschiedlichen Bedeutungsgehalt hat. Während es bei der Urkundenfälschung um die Ausstellereigenschaft geht, bezieht sich der Begriff unecht bei der Fälschung technischer Aufzeichnungen auf die Authentizität des Aufzeichnungsvorganges.[514]

Nach § 268 Abs. 3 StGB steht es der Herstellung einer unechten technischen Aufzeichnung gleich, wenn der Täter durch störende Einwirkung auf den Aufzeichnungsvorgang das Ergebnis der Aufzeichnung beeinflusst. Dies ist als Unterfall des Herstellens einer unechten technischen Aufzeichnung anzusehen, sodass technische Aufzeichnungen, die durch störende Einwirkungen zustande kommen, immer auch von § 268 Abs. 1 Nr. 1 Var. 1 StGB erfasst sind.[515] **197**

Diese Regelung hat keine Entsprechung in § 267 StGB. Erforderlich ist, dass der Täter den Funktionsablauf des aufzeichnenden Geräts so in Mitleidenschaft zieht, dass es im Ergebnis zu einer inhaltlichen Fehlerhaftigkeit der Aufzeichnung kommt.[516] Es geht also um eine spezifische Einwirkung auf den Beweiswert des Aufzeichnungsvorgangs. Eine solche ist bei der Veränderung der Aufzeichnungsmechanik oder Softwarekonfiguration eines Gerätes,[517] wegen des Fehlens einer Einwirkung auf den automatischen Ablauf nicht aber bei dem Füttern eines Computers mit falschen Daten (Inputmanipulation)[518] gegeben. **198**

Die Tathandlung des Verfälschens einer technischen Aufzeichnung nach § 268 Abs. 1 Nr. 1 Var. 2 StGB erfordert, dass zunächst eine fehlerfrei erstellte technische Aufzeichnung vorliegt, welche so in beweiserheblicher Weise manipuliert wird, dass der Anschein eines ordnungsgemäßen Aufzeichnungsvorganges erweckt wird.[519] Hierfür können Aufzeichnungselemente hinzugefügt oder entfernt werden.[520] Damit ist jedes Verfälschen einer technischen Aufzeichnung gleichzeitig die Herstellung einer unechten technischen Aufzeichnung sowie regelmäßig auch eine Beschädigung einer technischen Aufzeichnung, die **199**

---

[510] Vgl. *Gercke/Brunst*, Praxishandbuch Internetstrafrecht, Rn. 226 mwN.
[511] SK-StGB/*Hoyer*, § 268 Rn. 24.
[512] BayObLGSt 1973, 156.
[513] OLG Hamm, NJW 1984, 2173.
[514] *Gercke/Brunst*, Praxishandbuch Internetstrafrecht, Rn. 231.
[515] BGHSt 28, 303.
[516] BGHSt 28, 305; Schönke/Schröder/*Heine/Schuster*, StGB § 268 Rn. 51.
[517] *Gercke/Brunst*, Praxishandbuch Internetstrafrecht, Rn. 232.
[518] *Hilgendorf/Valerius*, Computer- und Internetstrafrecht, Rn. 645.
[519] Schönke/Schröder/*Heine/Schuster*, StGB § 268 Rn. 40.
[520] *Gercke/Brunst*, Praxishandbuch Internetstrafrecht, Rn. 232.

nach § 274 Abs. 1 Nr. 1 StGB strafbar ist. Wenn die Verfälschung zur Täuschung im Rechtsverkehr erfolgte, tritt § 274 StGB jedoch zurück.[521]

200 Das Gebrauchen einer unechten oder verfälschten technischen Aufzeichnung liegt vor, wenn dem Beweisadressaten die Möglichkeit der Kenntnisnahme gegeben wird.[522] Allerdings ist umstritten, ob auch der Gebrauch von Aufzeichnungen strafbar ist, die nicht vorsätzlich erstellt oder verfälscht wurden.[523]

201 Der Täter muss mindestens dolus eventualis bezüglich der objektiven Tatbestandsmerkmale aufweisen sowie Täuschungsabsicht haben. Diese ist nach hM bereits bei dolus directus 2. Grades (= sicheres Wissen über die Täuschung im Rechtsverkehr) gegeben.[524] Rechtswidrigkeit und Schuld werfen keine Besonderheiten auf.

202 Der Versuch der Fälschung technischer Aufzeichnungen ist nach § 268 Abs. 4 StGB strafbar. Der Verweis des § 268 Abs. 5 StGB auf § 267 Abs. 4 StGB sieht eine Qualifikation für die gewerbs- und bandenmäßige[525] Fälschung technischer Aufzeichnungen vor. Dabei handelt es sich auf Grund des Mindeststrafrahmens von einem Jahr um ein Verbrechen, § 12 Abs. 1 StGB.

III. Unterdrückung technischer Aufzeichnungen und beweiserheblicher Daten (§ 274 StGB)

203 Die Vorschrift des § 274 Abs. 1 Nr. 1 StGB erfasst auch die Unterdrückung technischer Aufzeichnungen. Das Tatobjekt entspricht mithin dem des § 268 Abs. 2 StGB. Geschützt wird durch diese Vorschrift nicht der Beweisverkehr als solcher, sondern nur der durch das Beweismittel Berechtigte.[526] Tathandlungen sind das Vernichten, Beschädigen oder Unterdrücken von technischen Aufzeichnungen. Wenn die technische Aufzeichnung nicht mehr existent ist, wurde sie vernichtet.[527] Dies liegt sowohl bei einer physischen Zerstörung des Trägermediums als auch der unwiederbringlichen Löschung der technischen Aufzeichnung vor.[528] Eine Beschädigung ist dagegen bei einer negativen Beeinträchtigung des Wertes als Beweismittel gegeben.[529] Bei einer Entziehung oder Vorenthaltung der technischen Aufzeichnung gegenüber dem zur Beweisführung Berechtigten liegt ein Unterdrücken vor.[530]

204 Nach § 274 Abs. 1 Nr. 2 StGB wird derjenige bestraft, der **beweiserhebliche Daten** (§ 202a Abs. 2 StGB), über die er nicht oder nicht ausschließlich verfügen darf, in der Absicht, einem anderen Nachteil zuzufügen, löscht, unterdrückt, unbrauchbar macht oder verändert.[531] Diese Vorschrift wurde vom Gesetzgeber lediglich als eine Folgeänderung zu § 269 StGB aufgenommen. Dennoch kann sie unabhängig vom § 269 StGB greifen, so zB wenn die Daten bei einem hypothetischen Vergleich keine Urkundenqualität erreichen.[532] Das geschützte Rechtsgut ist das Interesse des Verfügungsberechtigten an der Unversehrtheit seiner Daten, insbesondere solcher zu Beweiszwecken. Da § 274 StGB eine besondere Nachteilzufügungsabsicht verlangt, ist diese Vorschrift lex specialis gegenüber den Delikten zur Datenveränderung.[533] Bezüglich der Tathandlungen (Löschen, Unterdrückung, Un-

---

[521] Schönke/Schröder/*Heine/Schuster*, StGB § 274 Rn. 22.
[522] *Gercke/Brunst*, Praxishandbuch Internetstrafrecht, Rn. 234.
[523] Zum Streitstand siehe LK-StGB/*Gribbohm*, § 268 Rn. 44 f.; Schönke/Schröder/*Heine/Schuster*, StGB § 268 Rn. 61 ff.
[524] *BayObLG*, NJW 1998, 2917.
[525] Vgl. → Rn. 173.
[526] Schönke/Schröder/*Heine/Schuster*, § 274 Rn. 2.
[527] Schönke/Schröder/*Heine/Schuster*, § 274 Rn. 7.
[528] *Gercke/Brunst*, Praxishandbuch Internetstrafrecht, Rn. 250.
[529] Schönke/Schröder/*Heine/Schuster*, StGB § 274 Rn. 8.
[530] SK-StGB/*Hoyer*, § 274 Rn. 13.
[531] Das Vereiteln des staatlichen Strafanspruchs ist kein Nachteil iSd Vorschrift, vgl. OLG Braunschweig, 18.10. 2013 – 1 Ss 6/13.
[532] LK-StGB/*Zieschang*, § 274 Rn. 15.
[533] *Bär*, Computerkriminalität, Rn. 40.

C. Elektronische Urkundendelikte

brauchbarmachen und Veränderung der Daten) wird auf die obigen Ausführungen zu § 274 Abs. 1 Nr. 1 StGB verwiesen.

> **Praxistipp:** 205
> Das Anbringen von Reflektoren im Fahrzeuginneren, um bei einer Geschwindigkeitsmessung mittels Blitzanlage zu erreichen, dass das Lichtbild im Bereich des Fahrzeugführers überbelichtet ist, so dass eine Fahreridentifizierung unmöglich ist, erfüllt nicht den Tatbestand des § 268 StGB. Zwar sind Fotos, die von einer automatischen mit einer Messvorrichtung gekoppelten Kamera einer Verkehrsüberwachungsanlage gefertigt werden, technische Aufzeichnungen. Allerdings scheitert hier die Anwendung von § 268 StGB daran, dass die Aufzeichnung völlig verhindert wurde. Das Anbringen der Reflektoren führt dazu, dass überhaupt kein Foto entstehen konnte. Damit scheidet wegen Fehlens einer technischen Aufzeichnung auch eine Strafbarkeit nach § 274 Abs. 1 Nr. 1 StGB aus. Aus demselben Grund greift § 303a StGB nicht. Denn auch dieser Tatbestand setzt voraus, dass solche Daten zuvor schon vorhanden waren. Nach Auffassung des OLG München liegt allerdings in einem solchen Fall eine Sachbeschädigung vor. Der Begriff der Beschädigung einer Sache verlange keine Verletzung ihrer Substanz. Es genüge, dass durch körperliche Einwirkung auf die Sache die bestimmungsgemäße (technische) Brauchbarkeit nachhaltig gemindert werde. Genau dies werde durch das Anbringen der Reflektoren erreicht. Dass der Eingriff – das Hervorrufen der Reflektion beim Auftreten des Blitzlichts – nur eine ganz kurze Zeitspanne andauere, sei unerheblich, weil dadurch das Aufnahmegerät in der vorgesehenen Funktion im entscheidenden und allein maßgeblichen Moment unbrauchbar gemacht wird.[534]

---

[534] *OLG München*, NJW 2006, 2132 f.

Begriffserklärungen

51%-Attacke Szenario, bei dem ein Teilnehmer an einer Blockchain mit Proof-of-Work Konsensmechanismus so viel Rechenleistung unter sich vereinigt, dass er nachträglich Änderungen am Distributed Ledger vornehmen kann

Abmahnung Aufforderung an ein Unternehmen oder eine natürliche Person, eine bestimmte Handlung künftig zu unterlassen oder eine bestimmte Handlung künftig vorzunehmen, beispielsweise im Rahmen eines Arbeitsvertrags oder eines Wettbewerbsverhältnisses.

Abofalle Umgangssprachlich für ein vermeintlich kostenloses, meist in betrügerischer Absicht eingestelltes Angebot im Internet, bei dessen Inanspruchnahme sich der Nutzer tatsächlich oft in teure langfristige Vertragsbeziehungen begibt (beispielsweise Abonnements von bestimmten Inhalten)

Access-Provider, auch „Internet Service Provider" (ISP) Internetdienstanbieter; Anbieter (lediglich) von Diensten und (technischen) Leistungen, die den Zugang zum Internet und die Nutzung und den Betrieb von Inhalten im Internet gewährleistet. Der Access-Provider gewährleistet den Transfer von IP-Paketen ohne hierauf inhaltlich Einfluss zu nehmen.

Account (eigentl. engl. für „Konto") Im IT-Recht meist im Sinne von Zugangsberechtigung.

Additive Fertigung Herstellungsverfahren, bei dem das Werkstück Schicht um Schicht („additiv") aufgebaut wird.

Admin-c (administrative contact) Der administrative Ansprechpartner einer Domain, der als Bindeglied zwischen der Domainvergabestelle Denic und dem Domaininhaber fungiert.

Administrator Betreuer eines Computersystems.

ADR (engl. „Alternative Dispute Resolution") Alternative Streitbeilegung.

Adversarial Attack Angriff auf ein neuronales Netz, indem Eingangswerte minimal verändert werden mit dem Ziel, das Netz zu falschen Ergebnissen zu verleiten

Affiliate-Programm Internetgestützte Vertriebsform, bei der in der Regel ein kommerzieller Anbieter eines bestimmten Artikels (der sog. „Merchant") einem oder mehreren Partnerunternehmen (den sog. „Affiliates") seine Werbemittel zur Verfügung stellt, damit diese vom Affiliate zur Generierung von Neukunden des Merchants eingesetzt werden können.

AGB (Abk. für Allgemeine Geschäftsbedingungen) Für eine Vielzahl von Verträgen vorformulierte Vertragsbedingungen, die eine Vertragspartei (Verwender) der anderen Vertragspartei bei Abschluss eines Vertrages stellt, vgl. auch die gesetzliche Definition in § 305 BGB.

Agentenerklärung Diese Variante der Computererklärung wird von einem autonom handelnden elektronischen Agenten abgegeben und übermittelt.

Airdrop Kostenlose Vergabe von neuen Token, um ein neues Blockchain-Projekt bekannt zu machen.

Algorithmus Eindeutige Handlungsvorschrift zur Lösung eines Problems, meist in Form von programmiersprachlichen Anweisungen (Software) ausgedrückt.

Amazon Eigenname einer der bekanntesten Handelsplattformen im Internet, www.amazon.de.

Anchored license s. per seat license

Begriffserklärungen

Anlagevermögen Alle Vermögensgegenstände (Wirtschaftsgüter), die bestimmt sind, dauernd dem Betrieb zu dienen.

Annotation Anmerkung bzw. ergänzende Information (vgl. „Label")

Anomaly Detection s. Ausreißererkennung

Anreizfunktion Aus ökonomischer Sicht soll das Urheberrecht Anreiz zur Produktion von Werken der Kunst, Literatur und Wissenschaft schaffen und damit dem Interesse des Urhebers dienen.

API (Abk. für Application Programming Interface) Schnittstelle

Applet, oft auch kurz „App" Java-Programm, das auf den Rechner des Nutzers übertragen und dort vom Browser ausgeführt wird. Dabei handelt es sich um eine Anwendungssoftware, welche unterschiedliche Funktionen erfüllen kann und die Funktionalität des Systems erweitert, auf dem sie gespeichert ist. Bekanntes Beispiel sind mobile Apps auf dem Smartphone oder Tablet.

AR-Brille (Datenbrille) Brille mit einem integrierten tragbaren (wearable) Computer, die Informationen zum Sichtfeld des Benutzers in Echtzeit hinzufügt, wie Anweisungen, Emails, Graphiken, Navigationsdienste, etc. (sa Augmented Reality)

Arbeitspapier 196 Stellungnahme 05/2012 über Cloud Computing vom 1.7.2012 der Artikel 29-Datenschutzgruppe

Artikel-29-Arbeitsgruppe Unabhängiges Beratungsgremium der Europäischen Kommission in datenschutzrechtlichen Angelegenheiten.

Augmented Reality Eine Ergänzung („augmentation") der realen Umgebung eines Nutzers durch Einblendung zusätzlicher Inhalte auf einem Endgerät, die die Wahrnehmung des Nutzers erweitern. Die zusätzlichen Informationen können vom Endgerät des Nutzers – Smartphone, Datenbrille mit Kamera, GPS, etc. – oder durch einen Onlinedienst bereitgestellt werden.

Auftragsdatenverarbeitung Verarbeitung personenbezogener Daten durch einen damit beauftragten Dritten, bei der die Verantwortung beim Auftraggeber verbleibt.

Auktionsplattform Umgangssprachliche Bezeichnung für Handelsplattformen wie beispielsweise (↑) *eBay*, über die Nutzer Gegenstände gegen Höchstgebot verkaufen können; es finden indes dort keine Auktionen im Rechtssinne statt, da kein Zuschlag durch einen Auktionator erfolgt.

Ausreißererkennung Aufgabenstellung für maschinelle Lernverfahren, bei der es um die Erkennung von Datenpunkten („Ausreißern") geht, die andersartig als die Mehrheit aller Datenpunkte sind

Automatisierung Ein automatisiertes System reagiert selbstständig auf Reize von außen. Die zugrundeliegenden Verhaltensregeln sind im System definiert und vorgegeben, dh sie bleiben gleich.

Automatisierte Datenverarbeitung Erhebung, Verarbeitung oder Nutzung personenbezogener Daten unter Einsatz von Datenverarbeitungsanlagen (§ 3 Abs. 2 S. 1 BDSG).

Autonom Ein technisches System handelt autonom, wenn es derart programmiert ist, dass es selbstständig und nicht vorprogrammiert auf Eingaben reagieren kann und damit zu einem gewissen eigendynamischen Verhalten fähig ist.

Autonomie Der Begriff der Autonomie wird mit unterschiedlichen Bedeutungen verwendet. Im Zusammenhang mit der künstlichen Intelligenz wird damit zum Ausdruck gebracht, dass sich ein System auf die eigene Wahrnehmung des gespeicherten Wissens verlässt, statt auf Eingabe des Anwenders angewiesen zu sein.

Begriffserklärungen

Avatar Künstliche Figur in einer virtuellen Welt, meist in einem Computerspiel, die oft als Stellvertreter des menschlichen Spielers fungiert und meist auch menschliche Züge aufweist.

B2B (Abk. für „Business-to-Business") Handel zwischen Unternehmen (im Gegensatz zum Handel mit Endverbrauchern (siehe auch B2C) bzw. unter Endverbrauchern).

B2C (Abk. für „Business to Consumer") Handel zwischen einem Unternehmen und einem Endverbraucher.

Back-Up Sicherung von Daten, in der Regel auf einem anderen Speichermedium.

Batch Size Die Menge an Trainingsdaten, die in einer Iteration zum Trainieren eines Modells im Bereich Maschinelles Lernen verwendet werden.

Bannerwerbung Werbegrafikdatei, die üblicherweise im Kopf- oder Seitenbereich einer Web-Seite angezeigt wird.

Bearbeiterurheberrecht Ein vom Ersturheber abgeleitetes Recht zur Bearbeitung von Computerprogrammen mit eigenschöpferischem Charakter, vgl. § 69c I Nr. 2 UrhG.

Bestärktes Lernen Lernstrategie, die das Lernen anhand von Exploration und Feedback beschreibt

Bestandsdaten Daten eines Telekommunikations-Teilnehmers, die für die Begründung, inhaltliche Ausgestaltung, Änderung oder Beendigung eines Vertragsverhältnisses über Telekommunikationsdienste erhoben werden (vgl. § 3 Nr. 3 TKG).

Betriebliche Übung Regelmäßige Wiederholung bestimmter Verhaltensweisen des Arbeitgebers, aus der die Arbeitnehmer schließen können, dass ihnen aufgrund dieser Verhaltensweise gewährte Leistungen oder Vergünstigungen auch künftig auf Dauer gewährt werden sollen.

Betriebsstätte Eine Betriebsstätte ist eine feste Geschäftseinrichtung oder Anlage von gewisser Dauer, die der Tätigkeit des Unternehmens dient.

Betriebsvereinbarung Vereinbarung zwischen Arbeitgeber und Betriebsrat, die Rechte und Pflichten dieser Betriebsparteien begründet sowie (wie ein Gesetz oder Tarifvertrag) verbindliche Normen für alle Arbeitnehmer eines Betriebes festlegt.

Bietergemeinschaft (im Vergaberecht) Zwei oder mehr Unternehmen, die sich zusammen um eine Ausschreibung bewerben. Bei der Bietergemeinschaft handelt es sich idR um eine Gesellschaft bürgerlichen Rechts.

Big Data Extrem große Menge an vielfältigen Daten, deren Analyse evtl. zu neuen Erkenntnissen führt.

„Big Eight" (im Lebensmittelrecht) Angabe von Brennwert, Eiweiß, Kohlenhydraten, Zucker, Fett, gesättigten Fettsäuren, Ballaststoffen und Natrium im Rahmen der Nährwertkennzeichnung von Lebensmitteln.

„Big Four" (im Lebensmittelrecht) Angabe von Brennwert, Eiweiß, Kohlenhydraten und Fett im Rahmen einer Nährwertkennzeichnung von Lebensmitteln.

Binding Corporate Rules (BCR) (engl. „verbindliche Unternehmensregelungen") Regelungen, durch die innerhalb eines Unternehmenskonzerns ein ausreichendes Datenschutzniveau garantiert wird, sodass Datenübermittlungen ins Ausland innerhalb weltweit tätiger Konzerne gem. § 4c II BDSG durch die Aufsichtsbehörde genehmigt werden können.

BIOS Kurz für „Basic Input Output System", das die wesentlichen Programme zur Steuerung der Hardware enthält und das Laden des Betriebssystems ermöglicht.

Begriffserklärungen

Blockchain Verkettete Datenstruktur, die nachträgliche Manipulationen leicht ersichtlich macht. Meist auch der Oberbegriff für die Datenstruktur gemeinsam mit einem Konsensmechanismus, in diesem Fall ist Blockchain eine Unterkategorie von Distributed Ledger Technologie

Block Reward Belohnung für die erbrachte Rechenleistung beim Mining, in Form der neu geschaffenen virtuellen Währung.

Blog (Kurzform von Weblog) Website mit einem tagebuchähnlichen Inhalt, der in kurzen Abständen aktualisiert wird.

Borderline-Produkte (im Lebensmittelrecht) Grenzprodukte zwischen den Bereichen Lebensmittel, Kosmetika und Arzneimittel.

Bottleneck (engl. „Flaschenhals") Bezeichnung für ein natürliches Monopol, das besonders auf infrastrukturbasierten Märkten daraus resultiert, dass eine Duplizierung bestimmter Infrastrukturen sehr kostenintensiv und darüber hinaus oftmals volkswirtschaftlich nicht sinnvoll ist.

Browser (engl. „Stöberer") Programm zur Internetnutzung, insbesondere für das Aufsuchen von Adressen.

Brute-Force Lösungsmethode für Probleme kryptographische Probleme (meist das Finden eines Passworts) durch Ausprobieren aller möglichen Fälle.

Cache-Provider Diensteanbieter, der Daten auf sog. Proxy-Servern speichert (zB als Usenet) und Dritten das Herunterladen dieser Daten mit hohen Geschwindigkeiten ermöglicht.

Caching Meist verborgenes Erstellen einer (Puff-) Speicherung für eine gewisse Dauer, um Inhalte kurzzeitig schneller abrufen zu können, vgl. auch „Zwischenspeicherung".

CAVE (Cave Automatic Virtual Environment) Brille mit einem integrierten tragbaren (wearable) Computer, die Informationen zum Sichtfeld des Benutzers in Echtzeit hinzufügt, wie Anweisungen, Emails, Graphiken, Navigationsdienste, etc.

CAx Oberbegriff für computerunterstützte („Computer Aided") Technologien, die stark auf die Entwicklung und die nachgelagerten Fertigungsschritte bezogen sind. Das „x" steht dabei als Platzhalter für die unterschiedlichen Ausprägungen, wie Computer Aided Design (CAD) für die rechnerunterstützte Konstruktion, Computer Aided Engineering (CAE) für die rechnerunterstützte Berechnung und Simulation, Computer Aided Manufacturing (CAM) für die rechnerunterstützte Fertigung, usw.

Change Request (engl.) Änderungsverlangen, insbesondere im Rahmen von Softwareverträgen

CISG Abk. der „United Nations Convention on Contracts for the International Sale of Goods" = Übereinkommen der Vereinten Nationen über Verträge über den internationalen Warenkauf. Es regelt den internationalen Warenkauf von seinem Abschluss über die Durchführung bis zu den Rechtsfolgen der (mangelhaften) Vertragserfüllung einschließlich der Ausschlussfristen für Mängelrügen; anwendbar, wenn die Vertragsparteien ihre Niederlassung in verschiedenen Vertragsstaaten haben oder das IPR zur Anwendung des Rechts eines Vertragsstaates führt.

Click-wrap-Vertrag Vertrag, der über das Internet abgewickelt wird. Der Käufer erklärt sein Einverständnis mit den Vertragsbedingungen mit einem Klick auf einen Button auf der Website.

Client (engl. „Kunde") Der Client stellt eine Anfrage zur Benutzung eines bestimmten Dienstes an den Server, dieser nimmt die Anfrage entgegen, wertet sie aus und bedient den Client durch das Bereitstellen des gewünschten Dienstes.

Begriffserklärungen

Cloud Computing IT-Dienst mit dezentralen Hard- und Software-Ressourcen, die von einem oder mehreren Providern über ein Netzwerk zur Verfügung gestellt und auf Anforderung genutzt werden können.

Clustering Aufgabenstellung für maschinelle Lernverfahren, bei der es um die Identifikation von Gruppen jeweils ähnlicher Datenpunkte geht.

Code Compliance Übereinstimmung von Software-Code mit geltendem Recht.

Cold calling Unzulässiger Werbeanruf von Unternehmen an Verbraucher ohne deren vorherige Einwilligung.

Computererklärung Eine Computererklärung wird von einer Software ohne menschlichem Beitrag erzeugt und elektronisch übermittelt. Sie wird dem Nutzer der Software zugerechnet.

Cookies (eigentl. engl. „Kekse") Daten, die von einem Web-Server auf dem Rechner des Besuchers abgespeichert werden und mit deren Hilfe der Besucher bei einem späteren Besuch auf der Website identifiziert und wieder erkannt werden kann.

Copyleft Klausel bei Lizenzverträgen, ursprünglich bei freier Software, nach welcher Bearbeitungen nur unter Erhalt und Weitergabe der ursprünglichen Lizenzbedingungen vorgenommen werden können; im Gegensatz zum Copyright wird hier ein generelles Recht zum Kopieren geschützt.

Copyright-Vermerk (vom engl. „copyright"= Urheberrecht) Hinweis auf das Bestehen von Urheberrechten.

Currency-Token Token (sa Token), der eine „Währungsfunktion" besitzt und vorzugsweise für die Bezahlung von Waren oder Dienstleistungen über eine DLT-Plattform verwendet wird.

Cybercrime Strafbare Handlung, die unter Einsatz des Internets geschieht.

Dashcam Kamera am Armaturenbrett (engl. „dashboard"), die das Verkehrsgeschehen aufzeichnet, um im Falle eines Unfalls einen Videobeweis führen zu können.

Data Analytics Analyse großer Datenmengen (vgl. Big Data) mit dem Ziel, daraus neue Erkenntnisse zu ziehen.

Data Hub Datenplattform für die Konsolidierung, Verteilung und gemeinsame Nutzung von Daten aus mehreren Quellen wie Webanwendungen, IoT-Geräte und SaaS-Lösungen. Ein Daten Hub verwaltet die Verbindungen zu jeder Quelle und orchestriert den Datenfluss zwischen ihnen.

Data Mining siehe Data Analytics

Data Mining Systematisches Durchsuchen und Auswerten großer Datenbestände, vor allem unter Verwendung von Computern zur automatischen Suche nach Mustern und Gesetzmäßigkeiten.

Datenbank Sammelwerk, dessen Elemente systematisch oder methodisch angeordnet und einzeln mit Hilfe elektronischer Mittel oder auf andere Weise zugänglich sind, vgl. die gesetzliche Definition in § 4 I, II UrhG.

Datenschutzaudit Prüfung und Bewertung des Datenschutzkonzepts und der technischen Einrichtungen eines Anbieters von Datenverarbeitungssystemen durch unabhängige und zugelassene Gutachter zwecks Verbesserung des Datenschutzes und der Datensicherheit (vgl. § 9a BDSG).

Datenschutzbeauftragter Person, die für eine Behörde oder ein Unternehmen der Privatwirtschaft bestellt wird und damit betraut ist, auf die Einhaltung des Datenschutzes hinzuwirken.

Begriffserklärungen

Datenschutzrichtlinie Richtlinie 95/46/EG vom 24.10.1995 zum Schutz natürlicher Personen bei der Verarbeitung personenbezogener Daten und zum freien Datenverkehr. Sie sorgt für ein gleichwertiges Schutzniveau in den Mitgliedstaaten und beseitigt die Hemmnisse für den Verkehr personenbezogener Daten.

Datenschutzrichtlinie für elektronische Kommunikation Richtlinie 2002/58/EG vom 7.3.2002 über die Verarbeitung personenbezogener Daten und den Schutz der Privatsphäre in der elektronischen Kommunikation.

DBA (Abk. für Doppelbesteuerungsabkommen) Bilaterale Verträge, die verbindliche Regelungen für die Zuordnung des Besteuerungsrechts der jeweiligen Einkünfte an die beteiligten Staaten aufstellen.

Dedicated license s. per seat license

Deep-Learning Spezielle Form des sogenannten sub-symbolischen maschinellen Lernens mit neuronalen Netzwerken.

Deutsches Lebensmittelbuch Eine Sammlung von Leitsätzen, in denen Herstellung, Beschaffenheit oder sonstige Merkmale von Lebensmitteln, die für die Verkehrsfähigkeit der Lebensmittel von Bedeutung sind, beschrieben werden.

Deutsche Lebensmittelbuch-Kommission Die Deutsche Lebensmittelbuch-Kommission wird beim Bundesministerium für Ernährung, Landwirtschaft und Verbraucherschutz gebildet. Sie beschließt die Leitsätze des Deutschen Lebensmittelbuchs unter Berücksichtigung des von der Bundesregierung anerkannten internationalen Lebensmittelstandards.

Dialer Anwählprogramme, die über eine (↑) Mehrwertdienste-Rufnummer eine Verbindung ins Internet herstellen.

Dienstanweisung Einseitige Anweisung des Arbeitgebers an den Arbeitnehmer.

Diensteanbieter Gem. § 2 Nr. 1 TMG jede natürliche oder juristische Person, die eigene oder fremde Telemedien zur Nutzung bereithält oder den Zugang zur Nutzung vermittelt.

Dienstleistungsrichtlinie Richtlinie 2006/123/EG vom 12.12.2006, mit der Inhalt, Umfang und Art der Informationen geregelt werden, die ein Dienstleistungserbringer seinem Dienstleistungsempfänger allgemein und auf Anforderung zur Verfügung stellen muss. Die Richtlinie wurde durch die Dienstleistungs-Informationspflichten-Verordnung vom 12.3.2010 umgesetzt, die am 17.5.2010 in Kraft getreten ist.

Dienstvereinbarung Durch eine Dienstvereinbarung werden zwischen Arbeitgeber und Personalrat die betriebliche und betriebsverfassungsrechtliche Ordnung sowie die Rechtsbeziehungen zwischen Arbeitgeber und Arbeitnehmern geregelt und gestaltet.

Digitale Dividende Frequenzbereich von 790–862 MHz, der durch die Digitalisierung des Rundfunks frei geworden ist und im Jahr 2010 an die Mobilfunkanbieter zur Internetanbindung im ländlichen Raum („weiße Flecken") versteigert wurde.

Digitaler Mock-Up (DMU) Ein möglichst wirklichkeitsgetreues 3D-Versuchsmodell (Vorführmodell, Attrappe) für Beurteilung der Tauglichkeit und Leistungsfähigkeit einer virtuellen Umgebung oder eines virtuellen Gegenstands. Das DMU wird in verschiedenen Produktentwicklungsphasen verwendet, um sehr kosten- und zeitintensiven realen Produktprüfungen durch Computersimulationen zu ersetzen

Digitale Währung Währungen, die rein digital abgebildet werden

Digitaler Zwilling Ganzheitliches, physikbasiertes 3D-Abbild eines realen Gegenstands, in dem Daten über das Verhalten des realen Gegenstücks in Echtzeit erfasst und analysiert werden um ua eine optimale Zustandsüberwachung oder vorausschauende Wartung zu gewährleisten.

Disclaimer (vom engl. „to disclaim" =„in Abrede stellen") Haftungsausschluss

Begriffserklärungen

Distributed Ledger Datenbank, die redundant auf mehreren Computern abliegt und zur Synchronisierung einen Konsensmechanismus statt eines vertrauenswürdigen Dritten verwendet.

Distributed-Ledger-Technologie Sammelbegriff für Distributed Ledgers und dazugehörige Konsensmechanismen

Distributor (engl. „Großhändler") Im Bereich des IT-Rechts versteht man darunter einen Großhändler von Hard- und Software, der in der Vertriebskette zwischen Softwarehersteller und Wiederverkäufer (Reseller) steht.

DOCSIS 3.0 (Abk. für „Data Over Cable Service Interface Specification 3.0") Neue Schnittstellenspezifikation für Kabelmodems, mit der Bandbreiten über das Kabelnetz von bis zu 100 MBit/s realisiert werden können.

Double Opt-In Zweimalige Zustimmung zum Nachweis einer Einwilligung in E-Mail-Werbung. Nach dem Ankreuzen eines entsprechendes Feldes auf einer Webseite muss der Nutzer einen Bestätigungslink in einer ihm zugesandten E-Mail anklicken.

Double-Spending-Problem Die Möglichkeit, digital abgebildete Werte durch Vervielfältigung mehrfach auszugeben. Durch DLT soll dieses Problem gelöst werden und eine rein digitale, fälschungssichere Übertragung von Werten ermöglicht werden.

DPO (Abk. für „Data Privacy Officer") Datenschutzbeauftragter.

DSL (Abk. für „Digital Subscriber Line", engl. „Digitaler Teilnehmeranschluss") Übertragungsstandard zur Realisierung von breitbandigem Internet über das Festnetz.

Düsseldorfer Kreis Vereinigung der obersten Landesaufsichtsbehörden, die in Deutschland die Einhaltung des Datenschutzes im nicht-öffentlichen Bereich überwachen.

eBay (Eigenname) Wohl die bekannteste Handelsplattform im Internet, auf der Nutzer (Unternehmer wie Verbraucher) Waren gegen Höchstgebot verkaufen oder im Wege des Sofortkaufs auch ohne Bietprozess erwerben oder veräußern können, www.ebay.de.

E-Commerce-Richtlinie Richtlinie 2000/31/EG des Europäischen Parlaments und des Rates vom 8.6.2000 über bestimmte rechtliche Aspekte der Dienste der Informationsgesellschaft, insbesondere des elektronischen Geschäftsverkehrs, im Binnenmarkt („Richtlinie über den elektronischen Geschäftsverkehr").

Effet utile Grundsatz, wonach die Anwendung einer nationalen Rechtsnorm nicht dazu führen darf, die volle Wirksamkeit des EU-Rechts zu gefährden oder einzuschränken.

EFTA (Abk. für European Free Trade Association) Europäische Freihandelszone. Die EFTA besteht gegenwärtig aus vier Mitgliedern (Island, Liechtenstein, Norwegen, Schweiz).

EFTA-Gerichtshof Supranationaler Gerichtshof mit Sitz in Luxemburg. Er ist für die Auslegung des Rechts des Abkommens über den Europäischen Wirtschaftsraum (EWR) im Vorlageverfahren zuständig.

e-Health Bezeichnet die Anwendung von Hilfsmitteln und Dienstleistungen im Gesundheitssektor, bei denen Informations- und Kommunikationstechnologien zum Einsatz kommen. Einsatzbereiche sind unter anderem die Gesundheitsprävention, Diagnose und Behandlung, Überwachung und Verwaltung.

Elektronische Gesundheitskarte Ist eine Chipkarte für die Versicherten der gesetzlichen Krankenversicherungen mit erweiterbaren Funktionen und gilt als ausschließlicher Versicherungsnachweis, um medizinische Leistungen in Anspruch nehmen zu können.

Elektronische Patientenakte Bezeichnet eine digitale Akte, in der Daten über Befunde, Diagnosen, Therapiemaßnahmen, Behandlungsberichte sowie Impfungen für eine fall-

Begriffserklärungen

und einrichtungsübergreifende Dokumentation gespeichert und zur Verfügung gestellt werden (vgl. § 291a Abs. 3 Nr. 4 SGB V).

Elektronische Person (ePerson) Unter dem Schlagwort „elektronische Person" wird die Anerkennung einer autonom agierenden Maschine als Rechtssubjekt diskutiert.

Elektronische Signatur Ein mit einem geheimen Schlüssel erzeugtes elektronisches Dokument, welches eine kryptographische Prüfsumme hat, die mit dem öffentlichen Schlüssel des Urhebers des Dokuments überprüft werden kann.

Embedded System Der Begriff setzt sich aus den Worten Embedded Systems und Software Engineering zusammen. Ein „eingebettetes" System ist ein Computersystem, das in Geräten, Anlagen oder Maschinen eingebettet ist und spezielle Anwendungen vornimmt.

Endnutzervereinbarung (EULA) Spezielle Form der Lizenzvereinbarung, welche die Benutzung von Software regeln soll.

ERG (Abk. für European Regulators Group) Europäische Regulierungsgruppe. Beratungsgremium, dessen Hauptaufgabe es war, die Kooperation zwischen den Regulierungsbehörden zu verstärken. Die ERG wurde durch die Verordnung (EG) Nr. 1211/2009 vom 25.11.2009 durch die GEREK ersetzt.

Erschöpfungsgrundsatz Grundlegendes Prinzip des Immaterialgüterrechts welches besagt, dass, nachdem ein Werkstück mit Berechtigung des Rechteinhabers in den Verkehr gebracht wurde, dieser kein Verbreitungsrecht mehr daran geltend machen kann. Der Schutz des Vervielfältigungsrechts bleibt unberührt.

EVN (Abk. für „Einzelverbindungsnachweis") Eine nach Einzelverbindungen aufgeschlüsselte Telefonrechnung, vgl. § 45e Abs. 1 S. 1 TKG.

EWR (Abk. für Europäischer Wirtschaftsraum) Der Europäische Wirtschaftsraum wurde zwischen den Mitgliedstaaten der EG und der EFTA gegründet; Mitgliedstaaten sind derzeit nur noch Island, Liechtenstein und Norwegen.

Expertensystem Eine Software, welche gespeichertes Wissen mit Hilfe von „wenn, dann"-Bedingungen einem Nutzer zur Verfügung stellt.

Explainable AI Verständlichkeit der Art und Weise, wie eine künstliche Intelligenz (KI) Daten verarbeitet und Vorhersagen generiert.

Fachlos (im Vergaberecht) Unterteilung der Gesamtleistung in einzelne Fachgebiete oder Gewerke.

FAQ (kurz für „frequently asked questions") Auf Websites oft zu findende Zusammenfassung der wichtigsten Informationen zu der aufgerufenen Website in Frage- und Antwortform.

Faucet Im Bereich der Kryptowährungen ist ein Faucet eine Website, welche kostenlos Coins verschenkt.

Fernabsatzrichtlinie Richtlinie 97/7/EG vom 20.5.1997 über den Verbraucherschutz bei Vertragsabschlüssen im Fernabsatz. Im Rahmen der zum 1.1.2002 in Kraft getretenen Schuldrechtsreform wurden die ursprünglich im Fernabsatzgesetz umgesetzten Regelungen in das BGB sowie das EGBGB übernommen.

Fernabsatzvertrag Vertrag über Lieferung von Waren oder Erbringung von Dienstleistungen, der zwischen einem Unternehmer und einem Verbraucher über Fernkommunikationsmittel (zB per Brief, Telefonanruf, Fax, E-Mail und Internet) abgeschlossen wurde.

Fiatgeld Tauschmittel, das von staatlicher Stelle als gesetzliches Zahlungsmittel vorgeschrieben ist und dessen Wert durch den Staat gesichert wird

Fiatwährung s. Fiatgeld

File engl. für „Datei".

Begriffserklärungen

File-Sharing-System (engl. „Teilen von Dateien-System") Internetplattform, auf der Nutzer Dateien zum Abruf für andere Nutzer bereitstellen.

freedom to operate analysis Schutzrechteprüfung

Fremdbesitzverbot (im Arzneimittelrecht) Die Apothekenbetriebserlaubnis verpflichtet den Apotheker zur persönlichen Leitung der Apotheke in eigener Verantwortung, so dass nur natürliche Personen, nicht aber eine Kapitalgesellschaft oder berufsfremde Dritte als Betreiber einer Apotheke in Betracht kommen.

Forum (auch Internetforum) Spezielle Art von Website, auf der Nutzer miteinander in Kontakt treten können und Einträge austauschen können; Foren betreffen meist bestimmte Themen.

Funktionsarzneimittel Alle Stoffe oder Stoffzusammensetzungen, die im oder am menschlichen Körper verwendet oder einem Menschen verabreicht werden können, um entweder die menschlichen physiologischen Funktionen durch eine pharmakologische, immunologische oder metabolische Wirkung wiederherzustellen, zu korrigieren oder zu beeinflussen oder eine medizinische Diagnose zu erstellen.

GDPdU (Abk. f. Grundsätze zum Datenzugriff und zur Prüfbarkeit digitaler Unterlagen) Verwaltungsanweisung des Bundesministeriums der Finanzen vom 16.7.2001, die regelt, wie Finanzprüfer die mit Computern erstellte Finanzbuchhaltung von Unternehmen prüfen.

Gebrauchtsoftware Software, die ein Lizenznehmer nicht mehr benötigt und die deshalb – meist durch darauf spezialisierte Händler oder Vermittler – an einen anderen Lizenznehmer veräußert wird, der diese „gebrauchte" Software bzw. die Lizenzen hieran nutzen möchte.

Gefahr (im Lebensmittelrecht) Ein biologisches, chemisches oder physikalisches Agens in einem Lebensmittel oder Futtermittel oder der Zustand eines Lebensmittels oder Futtermittels, der eine Gesundheitsbeeinträchtigung verursachen kann.

Geldfunktionen Verschiedene Formen von Nutzen, die Geld stiften kann. Dabei wird zwischen Wertaufbewahrungsmittel-, Tauschmittel- und Rechenmittelfunktion unterschieden.

Genehmigungsrichtlinie Richtlinie 2002/20/EG vom 7.3.2002 über die Genehmigung elektronischer Kommunikationsnetze und -dienste. Sie ist Teil des Richtlinienpaketes der Europäischen Union, auf dem das Telekommunikationsgesetz in seiner reformierten Fassung vom 22.6.2004 beruht. Die Genehmigungsrichtlinie wurde durch Richtlinie 2009/140/EG geändert.

GEREK (Abk. f. Gremium Europäischer Regulierungsstellen für elektronische Kommunikation) Das Gremium ersetzte die ERG durch Verordnung (EG) Nr. 1211/2009 und wirkt beratend am Regulierungsprozess mit.

Gesamtzusage Begünstigende Zusage des Arbeitgebers, die der Arbeitgeber einem Teil oder der gesamten Belegschaft durch allgemeine Bekanntgabe bekannt gibt.

GoB (Abk. f. Grundsätze ordnungsgemäßer Buchführung) Regelwerk des Rechnungswesens mit Rechtsnormcharakter. Nur ein Teil der GoB ist in Gesetzestexten niedergelegt (zB im Handelsgesetzbuch); nicht kodifizierte GoB beruhen auf Empfehlungen, Gutachten, wissenschaftlichen Diskussionen und Gepflogenheiten der Praxis.

GoBS (Abk. f. Grundsätze ordnungsgemäßer DV-gestützter Buchführungssysteme).

Grenzkosten Die Kosten einer zusätzlichen Einheit eines Gutes.

Grenznutzen Der Nutzen einer zusätzlichen Einheit eines Gutes.

Begriffserklärungen

Grid Computing Zusammenschluss einer Vielzahl über das Internet miteinander verbundener Rechner zu einem weltweit verteilten virtuellen Großrechner. Hierdurch können Nutzer solcher „Grids", also Gitter, auf die Ressourcen der Grid-Rechner je nach Bedarf zugreifen.

Googeln Umgangssprachlich für: „die Internet-Suchmaschine google benutzen", um einen Inhalt im Internet zu finden (beispielsweise eine bestimmte Homepage); www.google.de.

Handshake-Verfahren (im Telekommunikationsrecht) Verfahren zum Abschluss eines Vertrages über die Erbringung bestimmter Kurzwahldienste bzw. über Kurzwahldiensteabonnements. Das Verfahren besteht regelmäßig aus einer Informations-SMS des Anbieters und einer Bestätigung des Kunden.

Harmonisierungsrichtlinie Richtlinie 2001/29/EG vom 22.5.2001 zur Harmonisierung bestimmter Aspekte des Urheberrechts und der verwandten Schutzrechte in der Informationsgesellschaft. Sie wird auch „InfoSoc-Richtlinie" genannt. Die Harmonisierungsrichtlinie dient unter anderem der Umsetzung des WCT.

Hashfunktion/Hashwert Kryptographische Methode, mit deren Hilfe die Integrität von Daten überprüft werden kann und die bei Blockchains maßgeblich für die „Verkettung" der Daten verantwortlich ist.

Herkunftslandprinzip Das Herkunftslandprinzip ist im Falle einer grenzüberschreitenden Dienstleistungserbringung anwendbar und hat zur Folge, dass sich ein in Deutschland ansässiger Internet-Diensteanbieter hinsichtlich seiner Telemedien auch für seine Angebote im EU-Ausland nach deutschem Recht zu richten hat. Das Herkunftslandprinzip findet auf zahlreiche Bereiche wie das Urheberrecht, gewerbliche Schutzrecht, Datenschutzrecht und Verbraucherverträge keine Anwendung.

HGÜ (Abk. f. Haager Übereinkommen über Gerichtsstandsvereinbarungen) am 30.6.2005 von den Mitgliedstaaten der Haager Konferenz geschlossen.

HMI (Abk. für „human-machine interface") Benutzerschnittstelle.

HTML (Abk. f. Hypertext Markup Language) Sprache für die Beschreibung von Websites (Markup-Language). HTML ermöglicht die Darstellung nach dem Hypertext-Prinzip, dh von jedem in HTML erstellten Dokument im Internet (zB Website) lässt sich eine Verknüpfung zu jedem beliebigen anderen HTML Dokument im Internet mit Hilfe eines sog. Links herstellen.

Horizontale Regelung (im Lebensmittelrecht) Produktgruppenübergreifende (und keine produktgruppenspezifische) Regelung, die sich auf eine Vielzahl von Lebensmitteln erstreckt.

Host Provider Diensteanbieter, der fremde Informationen und Inhalte auf seinem eigenen Webserver und den eigenen Seiten einstellt und speichert (Hosting).

Hyperlinks Kurzform „Link", engl. für „Verknüpfung". Querverweis (auch „Verlinkung" genannt) auf eine andere Stelle oder ein anderes Dokument, welches durch Benutzen des Hyperlinks unmittelbar aufgerufen werden kann. Hyperlinks sind meist farblich vom Text abgehoben oder als Grafiken aufgeführt.

IaaS (Abk. f. Infrastructure as a Service) Geschäftsmodell des Cloud Computing. Der Service Provider stellt seinen Kunden eine IT-Infrastruktur (Hardware und Netzwerkkomponenten) zur Verfügung und übernimmt deren laufenden Betrieb und Unterhalt. Vergütet wird dabei regelmäßig nur die vom Kunden tatsächlich genutzte Rechenleistung.

ICO (Initial Coin Offering) Eine Art von Crowdfunding, die von Firmen verwendet wird, um Investoren für anstehende Projekte durch Ausgabe eigener Tokens zu gewinnen.

Begriffserklärungen

Immersive Umgebung Einbettung (auch „Eintauchen") des Benutzers in eine virtuelle Umgebung mittels VR-Eingabe und -Ausgabegeräte und Interaktion in Echtzeit.

(Industrial) Internet of Things Unter dem Sammelbegriff werden alle Technologien gefasst, die es ermöglichen, physische und virtuelle Systeme miteinander zu vernetzen und sie durch Informations- und Kommunikationstechniken zusammenarbeiten zu lassen. Das Industrial Internet of Things bezeichnet die industrielle Ausprägung des Internet of Things.

Industrie 4.0 Wird auch als „vierte Revolution" bezeichnet und besteht im Einsatz von sog. cyberphysischen Systemen (intelligente technische Systeme aus der Elektronik, Softwaretechnologie, Informationssysteme und Mechantronik).

Internet der Dinge Internetinfrastruktur aus miteinander verbundenen Objekten, Systemen und Informationsressourcen und Menschen zusammen mit intelligenten Diensten, die es ermöglichen, Informationen aus der physischen und der virtuellen Welt gemeinsam zu verarbeiten und zu steuern.

Impressum Ursprünglich ein Begriff aus dem Presserecht; im Recht des elektronischen Geschäftsverkehrs bezeichnet er die gesetzlich vorgeschriebenen Angaben zu einer Veröffentlichung gleich welchen Inhalts, zB Zeitung, Website, etc; Anbieterkennzeichnung.

Informationsfunktion Aus ökonomischer Sicht soll das Urheberrecht auch eine Diffusion des Wissens eines urheberrechtlichen Werkes und damit dem Interesse der Allgemeinheit dienen.

Interessenausgleich Aus ökonomischer Sicht soll das Urheberrecht einen Interessenausgleich zwischen den Interessen der Urheber und der Allgemeinheit erlauben.

Internet-Kiosk Interaktive Computeranlagen, die im öffentlichen Raum oder an halböffentlichen Standorten genutzt werden. Sie stellen den Nutzern Informationen zur Verfügung und bieten auch die Möglichkeit zum Geschäftsabschluss (zB Selbstbedienungsterminals).

IT (Abk. für Informationstechnologie auch „Informationstechnik", engl. „information technology") Als Oberbegriff für die Informations- und Datenverarbeitung wird damit die Verbindung der Elektrotechnik mit der Informatik bezeichnet und umfasst zunehmend den Bereich der Computertechnik, (Tele-) Kommunikationstechnik und der (digitalen) Verarbeitung von Daten.

IT-Grundschutz Standard für Informationssicherheit in Deutschland, den das BSI (Bundesamt für Sicherheit in der Informationstechnik) vorgibt.

Internet-Apotheke Offizinapotheke, der die Erlaubnis erteilt wurde, Versandhandel mit Arzneimitteln zu betreiben.

Internet Provider (engl. „Internet-Diensteanbieter") Anbieter von Diensten, Inhalten oder technischen Leistungen, die für die Nutzung von Inhalten oder den Betrieb von Diensten im Internet erforderlich sind.

Intranet Internes (dh nicht öffentliches) Rechnernetz beispielsweise innerhalb eines Unternehmens.

IP (Abk. für „Internet-Protokoll") Netzwerkprotokoll, auf dem das Internet basiert.

IR-Marke International registrierte Marke gemäß des Madrider Abkommens.

Java Programmiersprache.
Junk-Mail s. Spam.

Begriffserklärungen

Kardinalpflicht Vertragliche Verpflichtungen, deren Erfüllung die ordnungsgemäße Durchführung des Vertrags überhaupt erst ermöglichen und auf deren Einhaltung der Vertragspartner regelmäßig vertraut oder vertrauen darf.

KeL (Abk. für „Kosten der effizienten Leistungsbereitstellung") Preisobergrenze für genehmigungsbedürftige Entgelte, die sich aus den langfristigen zusätzlichen Kosten der Leistungsbereitstellung und einem angemessenen Zuschlag für leistungsmengenneutrale Gemeinkosten, einschließlich einer angemessenen Verzinsung des eingesetzten Kapitals, soweit diese Kosten jeweils für die Leistungsbereitstellung notwendig sind, ergibt, vgl. § 31 Abs. 2 S. 1 TKG.

Keyword (eigentl. engl. „Schlüsselwort") Begriff, der in eine Suchmaschine, beispielsweise google eingegeben wird, um einen bestimmten Inhalt im Internet zu finden.

Keyword-Advertising Eine Form der Werbung bei Suchmaschinen. Hierbei werden bei Eingabe eines Suchbegriffs durch den Nutzer parallel dazu dem Suchwort entsprechende Werbebanner angezeigt.

Klammeraffe Umgangssprachlich für das Zeichen „@" (gesprochen „at") verwendeter Ausdruck; das Zeichen wird im Rahmen von E-Mail-Adressen verwendet.

Klassifikation Aufgabenstellung für maschinelle Lernverfahren, bei der es um die Zuordnung von Datenpunkten zu vorgegebenen diskreten Klassen geht.

„Kleine Münze des Urheberechts" Werke, bei denen bereits ein geringer Grad individuellen Schaffens und eine geringe Gestaltungshöhe für die Bejahung urheberrechtlichen Schutzes ausreichen.

Kommunikationsnetz System von netzartig verzweigten Verbindungen für die Übermittlung von Daten, Sprache, Bildern und sonstigen Nachrichten zwischen Endteilnehmern resp. Teilnehmergeräten.

Konsensmechanismus Verfahren, nach dem die Teilnehmer an einem Distributed Ledger entscheiden, welche neuen Einträge in die verteilte Datenbank aufgenommen werden.

Konzessionsrichtlinie Richtlinie 2014/23/EU des Europäischen Parlaments und des Rates vom 26.2.2014 über die Konzessionsvergabe

Kryptocoins s. Currency-Token

Kryptographie Lehre von der Verschlüsselung von Informationen bzw. Nachrichten als Schutz der Vertraulichkeit (Privacy).

Kryptowährung Digitale Währung, die nicht von einem Staat oder einer Zentralbank ausgegeben und kontrolliert wird, sondern auf Basis der Distributed-Ledger-Technologie durch ein dezentrales Kontenbuch Peer-to-Peer betrieben wird

Kryptowerte s. Token

Künstliche Intelligenz (KI) Als künstlich intelligent wird eine Software bezeichnet, die selbstständig komplexe Aufgaben bewältigen kann, indem sie Daten verarbeitet und interpretiert. Auf Basis von Regeln, die nicht explizit durch den menschlichen Programmierer vorgegeben sein müssen, leitet das KI-System eine Handlungsweise für die konkrete Situation ab. Als wissenschaftliche Disziplin umfasst die Künstliche Intelligenz verschiedene Ansätze und Techniken, wie maschinelles Lernen, maschinelles Schlussfolgern und Robotik.

Kurzwahldienste Mehrwertdienste, die über eine kurze – idR fünfstellige – Rufnummer angeboten/erbracht werden. Besonders praxisrelevant sind Kurzwahl-Datendienste, wie beispielsweise der Versand von Handy-Logos und Klingeltönen.

KVz (Abk. für „Kabelverzweiger"; umgangssprachlich auch als „graue Kästen" bezeichnet) Teil der Festnetzinfrastruktur, an dem eine vom Hauptverteiler ausgehende Teilnehmeranschlussleitung zu den einzelnen Endverzweiger hin aufgezweigt wird.

Begriffserklärungen

Label Zusätzliche, meist manuell ergänzte Information zu einem Datenpunkt (Annotation), welche die Bedeutung des Datenpunkts erläutert bzw. das für diesen Datenpunkt gewünschte Systemverhalten beschreibt. Anhand dieser Informationen wird ein KI-System angelernt (trainiert).

Labeled Examples Eine Datenmenge, die einer künstlichen Intelligenz zum Trainieren von Modellen beim Maschinellen Lernen eingegeben wird und nach gewissen Kategorien vorkategorisiert ist. → nicht klassifizierte Daten

LAN (Abk. für „Local Area Network") Lokales Rechnernetz, oft als (↑) W-LAN, das beispielsweise mehrere Räume eines Hauses umfasst.

Leitender Angestellter (im Arbeitsrecht) Leitenden Angestellten werden wesentliche Arbeitgeberbefugnisse übertragen. Dazu gehören zB Einstellungs- und Entlassungsbefugnis oder eine umfassende Prokura. Leitender Angestellter kann auch sein, wer keine der vorgenannten Befugnisse hat, aber aufgrund der Betriebsstruktur oder des Gehaltes eine vergleichbare Stellung einnimmt. Für leitende Angestellte gelten das Betriebsverfassungsgesetz und das Arbeitszeitgesetz nicht. Das Kündigungsschutzgesetz ist nur eingeschränkt anwendbar.

Link Verknüpfung von einer (↑) HTML-Seite zu einer anderen HTML-Seite im Internet, die beliebig gesetzt werden kann und das schnelle Navigieren von Website zu Website erlaubt; siehe auch Hyperlink.

Loss Function Eine Funktion, die die Parameterabweichung des zu untersuchenden Algorithmus von den Dateneingaben ermittelt.

LTE (Abk. für „Long Term Evolution") Leistungsfähiger Nachfolger des UMTS-Mobilfunkstandards mit dem ua die Breitbanderschließung der „weißen Flecken" gesichert werden soll.

M2M-Kommunikation Bezeichnet den automatisierten Informations- und Datenaustausch zwischen Endgeräten wie Maschinen, Automaten oder Fahrzeugen über Kommunikations- und Informationstechnologien.

Marktverhältnis Verhältnis zwischen zwei Nutzern derselben Handelsplattform (beispielsweise eBay); der Begriff wird in Abgrenzung zum sog. Nutzungsverhältnis verwendet, das die Beziehung zwischen Plattformbetreiber und Nutzer bezeichnet.

Maschinelles Lernen Algorithmen, die Abstraktionen (Modelle) großer Datenmengen bilden und somit erlauben, aus Daten zu lernen. Dabei werden Muster und Regeln anhand von Beispielen identifiziert, die Algorithmen nach Beendigung der Lernphase verallgemeinern und auf unbekannte Sachverhalte anwenden können.

Masternode Ist als Netzwerkknoten ein Server innerhalb eines dezentralen Netzwerks, welcher weitere Funktionen, wie das Anonymisieren von Transaktionen (private send) oder die sofortige Bestätigung von Transaktionen (instant send).

Mehrwertdienste (im Telekommunikationsrecht) Im Bereich der Telekommunikation versteht man darunter Dienste, bei denen neben der Verbindungsleistung zusätzliche (Inhalts-)Dienste erbracht werden, die dann über die Telefonrechnung des Kunden abgerechnet werden.

Meta-Daten Allgemeine Bezeichnung von Daten, welche Informationen über andere Daten enthalten. Bei diesen Informationen handelt es sich zumeist um übergeordnete Daten, Datenbanken, oder Dateien.

Meta-Tags Elemente in der Kopfzeile eines (↑) HTML-Dokuments. Sie beinhalten die Informationen, welche von Suchmaschinen zum Auffinden von Webseiten benötigt werden.

Begriffserklärungen

m-Health Bezeichnet einen Teilbereich der Digitalisierung des Gesundheitsbereichs (e-Health). Der Begriff zielt auf den Einsatz mobiler Endgeräte wie etwa Smartphone und Tablets für die medizinische Versorgung ab. Ein bekanntes Beispiel sind Health-Apps.

Middleware Software, mit der allgemeine Services und Funktionen für Anwendungen bereitgestellt werden (zB Datenverwaltung, Anwendungsservices, Messaging, Authentifizierung und API-Management). Middleware unterstützt die Kommunikation zwischen Prozessen.

Mining Pool Zusammenschluss mehrerer Nutzer, durch Bündelung der Hardware zur Erhöhung der Rechenleistung und dadurch Steigerung der Chancen auf einen Block Reward, Gewinnbeteiligung orientiert sich im Erfolgsfall am Verhältnis zur beigesteuerten Rechenleistung.

Monistische Theorie (im Urheberrecht) In Deutschland vorherrschende Theorie, nach der das Urheberrecht ein einheitliches Recht darstellt, das sowohl vermögens- wie auch persönlichkeitsrechtliche Befugnisse umfasst.

Monitoring (im Lebensmittelrecht) (engl. für „Überwachung") Ein System wiederholter Beobachtungen, Messungen und Bewertungen von Gehalten an gesundheitlich nicht erwünschten Stoffen wie Pflanzenschutzmitteln, Stoffen mit pharmakologischer Wirkung, Schwermetallen, Mykotoxinen und Mikroorganismen in und auf Erzeugnissen, die zum frühzeitigen Erkennen von Gefahren für die menschliche Gesundheit unter Verwendung repräsentativer Proben einzelner Erzeugnisse oder Tiere, der Gesamtnahrung oder einer anderen Gesamtheit desselben Erzeugnisses durchgeführt werden.

Multicasting Nachrichtenübertragung im Internet von einem Punkt zu mehreren Teilnehmern einer bestimmten Gruppe.

Multi-Tenancy Architektur Bereitstellung ein und derselben Software auf einer Hardwareplattform, die von einer Mehrzahl von Kunden (den sog. Tenants) genutzt wird. Im Cloud Computing und insbesondere bei der Nutzung von SaaS Angeboten werden die Kundendaten durch die Server-Virtualisierung getrennt vorgehalten, dh mehrere Kunden teilen sich einen physischen Server, auf dem sie ihre Daten, die sie mit der vom SaaS-Provider zur Verfügung gestellten Software erstellen, virtuell separiert speichern.

Mustererkennung Ein Verfahren, mit dem künstliche Intelligenz durch Maschinelles Lernen Daten auf Gemeinsamkeiten und Unterschiede vergleicht, Anomalien erkennt und Zusammenhänge herausarbeitet.

Netzexternalität Die aus einer Vergrößerung des Telekommunikationsnetzes durch neue Kunden oder durch die Einbeziehung neuer Netze resultierenden (positiven) Effekte auf andere Nutzer.

Neuronales Netz Datenverarbeitungsmodell welches die Arbeitsweise des menschlichen Gehirns mit über Synapsen verbundenen Neuronen nachempfindet.

NGA (Abk. für Next Generation Access Network, engl. für Netzzugang der nächsten Generation) Der Begriff umschreibt die Weiterentwicklung moderner Telekommunikationsnetze und die Schaffung einer leistungsfähigen Breitbandinfrastruktur.

NGN (Abk. für „Next Generation Networks", engl. für „Netze der nächsten Generation") Oberbegriff für neue und leistungsfähigere Netze. Zu NGN gehören beispielsweise FTTx-Glasfaserinfrastrukturen oder mit neuen Standards aufgerüstete Mobilfunk- und Kabelnetze.

Nicht klassifizierte Daten Eine Datenmenge, die einer künstlichen Intelligenz zum Trainieren von Modellen beim Maschinellen Lernen eingegeben wird, die aber nicht vorkategorisiert. → Labeled Examples

Begriffserklärungen

Nicht-Rivalität im Konsum Von Nicht-Rivalität im Konsum spricht man, wenn der Konsum eines Gutes durch den Einen den Nutzen aus dem Konsum desselben Gutes eines Anderen nicht einschränkt (zB Autobahn).

Nutzername Meist frei wählbarer Name (Klarname oder Pseudonym), unter dem die Dienste eines Internetangebotes genutzt werden können.

Nutzungsexternalitäten Bezeichnung der Tatsache, dass nur ein Teilnehmer eines zwei- oder mehrseitigen Telekommunikationsvorgangs diesen einleitet, während auch der oder die anderen Teilnehmer davon profitieren.

Nutzungsverhältnis Beziehung zwischen dem Betreiber einer Handelsplattform (zB eBay) und einem Nutzer; der Begriff wird in Abgrenzung zum sog. (↑) Marktverhältnis verwendet, das die Beziehung zwischen zwei Nutzern einer solchen Handelsplattform bezeichnet.

OECD-MA Musterabkommen der OECD (Organisation for Economic Cooperation and Development) für Aufbau und Regelungsinhalte von Doppelbesteuerungsabkommen.

Öffentliche Ausschreibung Der Begriff wird häufig verwendet, um ein Vergabeverfahren an sich zu beschreiben. Im Sinne der Vertragsordnungen ist die öffentliche Ausschreibung jedoch nur das Verfahren, das dem offenen Verfahren unterhalb der Schwellenwerte entspricht.

Öffentlicher Auftrag Entgeltliche Verträge zwischen einem öffentlichen Auftraggeber und einem Unternehmen zur Beschaffung von Bau-, Liefer- oder Dienstleistungen.

Öffentliches Gut Ein öffentliches Gut ist durch Nicht-Rivalität im Konsum und durch Nicht-Ausschließbarkeit charakterisiert und führt üblicherweise zu einem Unterangebot aufgrund des fehlenden Anreizes zur Investition in die Produktion des Gutes.

OEM-Software (Abk. für Original Equipment Manufacturer Software) Software eines Herstellers, die von diesem zwar erstellt, aber nicht selbst in den Handel gebracht wird. Bei OEM-Software erfolgt deren Vertrieb über den Verkäufer eines anderen Produkts – in der Regel eines PC – mit dem zusammen die Software ausgeliefert wird.

Offizinapotheke Gewerbetrieb zur Herstellung und Prüfung von Arzneimitteln und zu deren Abgabe gegen ärztliche Verschreibung und zum Handverkauf in einem öffentlich zugänglichen Verkaufsraum.

On-demand-Dienste (engl. für „auf Abruf") Dienste, welche Waren oder Dienstleistungen auf Anforderung oder Nachfrage, ggf. entgeltlich erbringen. Verbreitet ist ein derartiger Zugang im Internet zu Büchern, Videos oder Software (zB „Video-on-Demand").

Online Behavioral Advertising Werbliche Ansprache von Verbrauchern im Internet, die auf deren individueller Internetnutzung basiert und damit zielgruppenspezifisch und personalisiert erfolgen kann.

Online-Wallet Wallet (s. Wallet), deren Zugang von einem Dienstleister bereitgestellt wird und von diesem verwaltet wird.

Open Source Vielzahl von Lizenzen für Software, deren Quellcode offen gelegt ist und verändert werden darf; Open-Source-Software steht unter einer von der Open Source Initiative (OSI) anerkannten Lizenz; auch „freie Software" genannt.

Opt-Out/Opt-In-Verfahren Beim Opt-Out-Verfahren erfolgt eine automatische Aufnahme in einen Datenbestand, vor allem in Listen, wobei der Empfänger erst nachträglich die Möglichkeit erhält, sich bzw. seine Daten wieder entfernen zu lassen. Im Gegensatz dazu erfolgt beim Opt-In-Verfahren vorab eine explizite Zustimmung des Betroffenen bezüglich einer solchen Datenerhebung.

Begriffserklärungen

Oracles Eine Schnittstelle einer Blockchain zur Erfassung von Informationen aus der realen Welt.

Ordre Public Vorbehaltsklausel des Internationalen Privatrechts (Art. 6 EGBGB). Danach ist die Rechtsnorm eines anderen Staates nicht anzuwenden, wenn sie mit wesentlichen Grundsätzen des deutschen Rechts, insbesondere den Grundrechten, offensichtlich unvereinbar ist.

PaaS (Abk. für Platform as a Service) Geschäftsmodell des Cloud Computing. Der Service Provider stellt seinen Kunden Netzwerke, Server, Speicherplatz und andere Dienste zur Verfügung, mit deren Hilfe sie neue Software entwickeln können.

Patch (engl., eigentl. Flicken) Korrektursoftware

Pattern Recognition → Mustererkennung

per seat license (auch dedicated license oder anchored license) Software-Lizenzmodelle, die auf der Anzahl der einzelnen Benutzer basieren, die Zugang zu einem digitalen Dienst oder Produkt haben.

Personalrat Interessenvertretung der Beschäftigten einer Dienststelle der öffentlichen Verwaltung (in Bund, Ländern, Gemeinden, sonstigen Körperschaften und Anstalten des öffentlichen Rechtes), vergleichbar einem Betriebsrat. Das Recht der Personalvertretung wird in den Personalvertretungsgesetzen des Bundes und der Bundesländer geregelt.

Personenbezogene Daten Einzelangaben über persönliche oder sachliche Verhältnisse einer bestimmten oder bestimmbaren natürlichen Person (§ 3 Abs. 1 BDSG).

Pharming Spezielle Form des (↑) Phishing. Strafbare Handlung, bei der Nutzer beispielsweise durch die Manipulation von Webbrowsern auf gefälschte Webseiten umgeleitet werden.

Phishing Straftat, bei der die Täter versuchen, rechtswidrig an Nutzerdaten zu gelangen, beispielsweise in dem sie Websites fälschen oder E-Mails an die Opfer versenden, in denen sie über die Identität des Absenders täuschen (sich beispielsweise als Bank ausgeben); sa Pharming.

PIN (Abk. für Persönliche Identifikationsnummer) Geheimzahl.

Ping-Calls (Auch „Lockvogel-Anrufe") Unlautere, zumeist computergesteuerte Kurzanrufe, bei denen die Verbindung nach einmaligem Klingeln beim Angerufenen unter Hinterlassung einer (getarnten) (↑) Mehrwertdiensterufnummer automatisch getrennt wird, um den Angerufen – in der Sorge einen wichtigen Anruf verpasst zu haben – zu einem Rückruf auf eine teure Mehrwertdiensterufnummer zu veranlassen.

Pixel Bildpunkt.

Pönale Strafbestimmung in Verträgen, zB Vertragsstrafen.

Popup (-Fenster) Ein Fenster, das beim Aufruf einer Website von selbst aufspringt; enthält meist Werbung.

Präsentationsarzneimittel Alle Stoffe oder Stoffzusammensetzungen, die als Mittel zur Heilung oder Verhütung menschlicher Krankheiten bestimmt sind.

Präqualifikation (im Vergaberecht) Verfahren, das Auftraggebern die Möglichkeit gibt, die generelle Eignung von Unternehmen für bestimmte öffentliche Aufträge festzustellen. Es findet quasi eine vorweggenommene Eignungsprüfung statt.

Private-Permissioned DLT/Blockchain Zugangsbeschränkte nicht öffentliche Blockchain/DLT-Plattform, die nur von einem beschränkten Personenkreis eingesehen und genutzt werden kann.

Begriffserklärungen

Privatkopie Eine Kopie eines urheberrechtlich geschützten Werkes für den nicht gewerblichen und nicht öffentlichen Gebrauch, vgl. § 53 UrhG.

Private/Public Key Ein kryptographisches Schlüsselpaar, bei dem ein Schlüssel öffentlich bekanntgegeben und der andere Schlüssel geheim gehalten wird (analog zu einem Passwort). Damit ist Authentifizierung möglich, ohne sich bei einer Partei registrieren zu müssen.

Predictive Maintenance Vorbeugende Wartung.

Privacy Policy Datenschutzhinweise auf einer Webseite, in denen auch Informationspflichten nach dem Telemediengesetz (TMG) erfüllt werden können.

Private Cloud Die Private Cloud steht unter der Kontrolle des entsprechenden Unternehmens und die Daten verlassen die unternehmensspezifische Wolke nicht. (Gegensatz → Public Cloud).

Probabilistische Inferenz Bildung wahrscheinlichkeitsbehafteter (probabilistischer) Schlussfolgerungen (Inferenz).

Product Lifecycle Management (PLM) Strukturierte Erfassung, Verwaltung und Wiederverwendung von Nutzungsdaten über den gesamten Produktlebenszyklus auf Basis von beschreibenden Daten, sogenannten Metadaten.

Produktions-, Verarbeitungs- und Vertriebsstufen (im Lebensmittelrecht) Alle Stufen, einschließlich der Einfuhr und der Primärproduktion eines Lebensmittels bis – einschließlich – zu seiner Lagerung, seiner Beförderung, seinem Verkauf oder zu seiner Abgabe an den Endverbraucher und, soweit relevant, die Einfuhr, die Erzeugung, die Herstellung, die Lagerung, die Beförderung, der Vertrieb, der Verkauf und die Lieferung von Futtermitteln.

Profiling Jede Art der automatisierten Verarbeitung personenbezogener Daten, die darin besteht, dass diese personenbezogenen Daten verwendet werden, um bestimmte persönliche Aspekte, die sich auf eine natürliche Person beziehen, zu bewerten, insbesondere um Aspekte bezüglich Arbeitsleistung, wirtschaftliche Lage, Gesundheit, persönliche Vorlieben, Interessen, Zuverlässigkeit, Verhalten, Aufenthaltsort oder Ortswechsel dieser natürlichen Person zu analysieren oder vorherzusagen (Art. 4 Nr. 4 DS-GVO).

Projektant Unternehmen, die für den öffentlichen Auftraggeber vor der eigentlichen Ausschreibung Arbeiten im Vorfeld eines Vergabeverfahrens übernommen haben.

Projektausschuss (insbesondere bei IT-Projekten wie Softwareverträgen etc.) Ausschuss, der mit Vertretern des Auftraggebers und des Auftragnehmers besetzt ist, die laufend und federführend mit der Umsetzung des Projekts betraut sind.

Proof of Stake Konsensmechanismus, bei dem nach dem Zufallsprinzip, auf Basis der gehaltenen Tokens, Netzwerkteilnehmer ausgewählt werden, die dann Transaktionen validieren.

Proof-of-Work Ein spezieller und aktuell für die meisten Kryptowährungen verwendeter Konsensmechanismus, bei dem derjenige, der ein kompliziertes kryptographisches Rechenrätsel zuerst löst, einige neue Transaktionen hinzufügen darf und eine Entlohnung erhält.

Pseudonymisieren Ersetzen des Namens und anderer Identifikationsmerkmale durch ein Kennzeichen zu dem Zweck, die Bestimmung des Betroffenen auszuschließen oder wesentlich zu erschweren (§ 3 Abs. 6a BDSG).

PSTN (Abk. für „Public Switched Telephone Network") Bezeichnung des „klassischen" leitungsgebundenen Festnetzes. Bei einem Sprachanruf über das Festnetz wird im Gegensatz zu (↑) VoIP exklusiv eine Leitung zwischen dem Anschluss des Anrufenden und des Angerufenen geschaltet.

Begriffserklärungen

Public Cloud Hier werden beim → Cloud Computing Computerressourcen (einschließlich Rechenleistung, Datenspeicherung und Vernetzung), die dem Nutzer über das Internet (dh in der „Cloud") zur Verfügung gestellt wird und dynamisch nach den Bedürfnissen des Nutzers eingesetzt werden, gegen Vergütung von externen Dritten betrieben.

Public Domain-Software Software die mit einer Lizenz versehen ist, welche dem Nutzer die gebührenfreie Benutzung, Verbreitung und Bearbeitung der Software erlaubt. Eine kommerzielle Verwertung bleibt ausgeschlossen.

Public-Permissionless DLT/Blockchain Öffentliche Blockchain/DLT-Plattform, die über keine Zugangsbeschränkung verfügt und von jedermann eingesehen und genutzt werden kann.

Pull-Dienste („to pull" engl. „ziehen") Verbreitung von Inhalten, bei welcher durch gezielte Anforderung des Nutzers einmalig Informationen vom Server erhalten werden; Gegenteil „Push-Dienste".

Push-Dienste („to push" engl. „drücken") Verbreitung von Inhalten, bei welcher die Verbreitung von Informationen von einem Server an seine Abonnenten ohne vorherige Anfrage übermittelt wird, sa „Multicasting".

Quellensteuer Ist als Abzugssteuer eine besondere Erhebungsform der Einkommensteuer und der Körperschaftsteuer, die direkt vom Vergütungsschuldner für den Vergütungsgläubiger von der ausgezahlten Vergütung (Quelle) einbehalten und an das Finanzamt abgeführt wird.

Rahmenrichtlinie Richtlinie 2002/21/EG vom 7.3.2002 über einen gemeinsamen Rechtsrahmen für Kommunikationsnetze und -dienste. Sie ist Teil des Richtlinienpaketes der Europäischen Union, auf dem das Telekommunikationsgesetz in seiner reformierten Fassung vom 22.6.2004 beruht. Die Rahmenrichtlinie wurde durch Richtlinie 2009/140/EG geändert.

Raubkopie Nicht lizenzierte, daher meist illegale Kopie (einer Software).

RBÜ (Abk. für Revidierte Berner Übereinkunft zum Schutz von Werken der Literatur und Kunst) Wichtigster Staatsvertrag auf dem Gebiet des Urheberrechts. Die Anzahl der Verbandsländer beträgt gegenwärtig 164 Staaten, darunter auch Deutschland.

Regelungsabrede (im Arbeitsrecht) Schuldrechtlicher Vertrag zwischen Arbeitgeber und Betriebsrat. Die Regelungsabrede hat keine der Betriebsvereinbarung vergleichbare normative Wirkung für alle Arbeitnehmer.

Regression Statistisches Analyseverfahren zur Modellierung (Lernen) der Beziehungen zwischen Variablen (Eigenschaften von Datenpunkten).

Reinforcement Learning s. Bestärktes Lernen.

Remedies (im Telekommunikationsrecht) Abhilfemaßnahmen, dh Zugangs- oder Zusammenschaltungsverpflichtungen sowie begleitende Verpflichtungen, die dem regulierten Unternehmen im Rahmen einer Regulierungsverfügung auferlegt werden.

Remote Access Fernzugang.

Reseller (engl. „Wiederverkäufer") Der Wiederverkäufer steht in der Vertriebskette zwischen dem Hersteller oder dem Distributor und dem Endabnehmer/Kunden.

Retransition Rückführung, meist von Daten (zB bei Beendigung eines Outsourcing-Vertrages).

Begriffserklärungen

Reverse Charge System In bestimmten Fällen schuldet nicht der leistende Unternehmer, sondern ausnahmsweise der Leistungsempfänger die Umsatzsteuer gegenüber dem Finanzamt (Umkehr der Steuerschuldnerschaft).

R-Gespräch (Abgeleitet von „reverse charge call", engl. „rückwärts abgerechneter Anruf") Telefongespräch, bei dem nicht – wie üblich – der Anschlussinhaber des Anrufers, sondern der Anschlussinhaber des angerufenen Anschlusses die Kosten für das Gespräch trägt.

Rivalität im Konsum Von Rivalität im Konsum spricht man, wenn der Konsum eines Gutes durch den Einen den Nutzen aus dem Konsum desselben Gutes eines Anderen einschränkt (zB Stau auf der Autobahn).

Roboter Unter einem Roboter versteht man einen physischen Automaten, der mit Sensoren und Werkzeugen ausgestattet sein kann. Im Zusammenhang mit der künstlichen Intelligenz stellt ein Roboter eine Verkörperung der KI in der physischen Welt dar, durch den die KI mit dieser agieren kann.

ROM-I-Verordnung Verordnung EG Nr. 593/2008 des Europäischen Parlaments und des Rates vom 17.6.2008. Die Verordnung ist anwendbar auf vertragliche Schuldverhältnisse in Zivil- und Handelssachen, die eine Verbindung zum Recht verschiedener Staaten aufweisen. Sie ist am 24.7.2008 in Kraft getreten.

ROM-II-Verordnung Verordnung (EG) Nr. 864/2007 des Europäischen Parlaments und des Rates vom 11.7.2007. Im Fall einer Normenkollision legt diese Verordnung das auf außervertragliche Schuldverhältnisse in Zivil- und Handelssachen anzuwendende Recht fest. Die Verordnung gilt ab dem 11.1.2009 in allen EU-Mitgliedstaaten ausgenommen Dänemark.

Rufnummernportabilität Möglichkeit des Kunden, seine Rufnummer auch bei einem Anbieterwechsel beizubehalten.

SaaS (Abk. für Software as a Service) Geschäftsmodell des Cloud Computing. Dabei bieten Service Provider ihren Nutzern an, Software-Applikationen auf ihre Rechner auszulagern oder eine vom Service Provider bereitgestellte Software auf der vom Service Provider oder seinen Subunternehmern betriebenen Hardware zu nutzen. Der Kunde kann die entsprechenden Programme in der Regel mit Hilfe seines Browsers über das Internet aufrufen.

Safe Harbor Principles (Englisch für „Grundsätze des sicheren Hafens") Vereinbarung zwischen den USA und der Europäischen Union, die es europäischen Unternehmen ermöglicht, personenbezogene Daten an Stellen in den USA zu übermitteln, für die aufgrund des Beitritts zu diesem Abkommen vom Vorliegen eines angemessenen Schutzniveau auszugehen ist.

Schnittstelle Verbindungsstück zwischen zwei Geräten, das den Datenaustausch erlaubt, zB eine USB-Schnittstelle (USB = Universal Serial Bus).

Schwellenwert (im Vergaberecht) Wert, ab dem die Pflicht zur EU-weiten Ausschreibung besteht. Dieser Schwellenwert wird von der EU festgelegt.

Scoring Statistische Verfahren, die aufgrund von Erfahrungswerten eine Wahrscheinlichkeitsaussage treffen (zB beim Kredit-Scoring zur Zahlungskräftigkeit einer Person).

Sektorenrichtlinie Richtlinie 2014/25/EU des Europäischen Parlaments und des Rates vom 26.2.2014 über die Vergabe von Aufträgen durch Auftraggeber im Bereich der Wasser-, Energie- und Verkehrsversorgung sowie der Postdienste und zur Aufhebung der Richtlinie 2004/17/EG.

Begriffserklärungen

Sensitive Daten Besonders schutzwürdige Art personenbezogener Daten, namentlich Angaben über die rassische und ethnische Herkunft, politische Meinungen, religiöse oder philosophische Überzeugungen, Gewerkschaftszugehörigkeit, Gesundheit oder Sexualleben (vgl. § 3 Abs. 9 Bundesdatenschutzgesetz BDSG).

Server Er stellt Dienste bereit und reagiert auf Anfragen der Clients, indem er deren Anfragen entgegennimmt, auswertet und den Client durch das Bereitstellen des gewünschten Dienstes bedient.

Shareware („to share" engl. „teilen") Vertriebsform von Software bei der diese bis zum Ablauf eines gewissen Zeitraums unentgeltlich getestet, (unverändert) verbreitet und kopiert werden kann.

Shrink-wrap-Vertrag (engl. „Schutzhüllenvertrag") Verträge, bei denen der Hersteller die Ware (etwa eine Software) und die Lizenzbedingungen bzw. AGB in eine Hülle einschweißt, so dass ohne das Aufreißen der Schutzhülle oder des Öffnens der Verpackung die Ware nicht verwendet werden kann.

Sicherungskopie Teilweises oder vollständiges Kopieren von Daten auf einem weiteren Speichermedium; § 69d II UrhG zB erlaubt eine Kopie zur Sicherung bei Computerprogrammen durch die berechtigte Person.

Skimming (vom engl. „to skim", abschöpfen) Illegales Ausspähen von Kartendaten, zB Kreditkartendaten.

Smart city Konzept der modernen Stadtentwicklung zur Verbesserung des Lebensraums für Bürgerinnen und Bürger auf Basis umfassender digitaler Infrastrukturen. Es verbindet Personen, Daten und den Einsatz neuer Informations- und Kommunikationstechnologien im urbanen, multisektoralen Raum durch eine umfassende Digitalisierung aller wesentlichen Bereiche – von der grünen Energieversorgung, der Elektromobilität und intelligenten Verkehrssteuerung über Gebäude- und Sicherheitstechnologien bis hin zu digitalen Lösungen für die Bildung, Gesundheitsversorgung und elektronische Verwaltung.

Smart Factory Oberbegriff für ein umfassendes Netzwerk von digitalen Modellen und Methoden für die ganzheitliche Planung, Realisierung, Steuerung und laufende Verbesserung aller wesentlichen Fabrikprozesse und -ressourcen in Verbindung mit dem Produkt.

Smart Watch Elektronische Armbanduhr mit integrierten Sensoren, Aktuatoren und Computerfunktionalitäten, die Programme („Apps") über das Internet individuell bedienbar macht.

SMP (Abk. für „Significant Market Power", engl. „beträchtliche Marktmacht") Liegt vor, wenn ein Unternehmen entweder allein oder gemeinsam mit anderen eine der Beherrschung gleichkommende Stellung einnimmt, das heißt eine wirtschaftlich starke Stellung, die es ihm gestattet, sich in beträchtlichem Umfang unabhängig von Wettbewerbern und Endnutzern zu verhalten, vgl. § 11 Abs. 1 S. 3 TKG.

SMS (Abk. für „Short Message Service", engl. „Kurzmitteilungsdienst") Ein Dienst zur Übertragung von kurzen Textnachrichten mit aktuell maximal 160 Zeichen.

Socket Vom Betriebssystem bereitgestelltes Objekt, das als Kommunikationsendpunkt zwischen zwei Programmen dient.

Softwareverträge Softwareüberlassungs- und Softwarenutzungsverträge, die nach Maßgabe der in den §§ 69c, 69d UrhG bezeichneten Rechte gestaltet werden. Sie betreffen die Überlassung, Nutzung und Herstellung von Software.

Sondermaschinenbau Einzel- oder Kleinserienanfertigung, die kundenspezifisch konstruiert und gefertigt werden muss.

Spam Nicht angeforderte kommerzielle Kommunikation per E-Mail, auch „Junk-Mail" genannt.

Begriffserklärungen

SSL-Verbindung Eine durch das sog. SSL =Secure Sockets Layer-Verschlüsselungsprotokoll gesicherte Verbindung, bei der Daten mit einem öffentlich zugänglichen Schlüssel codiert und mit einem dazugehörigen privaten Schlüssel wieder decodiert werden.

Ständiger Vertreter Eine Person, die nachhaltig die Geschäfte eines Unternehmens besorgt und dabei dessen Sachweisungen unterliegt, ist ein Unterfall einer Betriebsstätte.

Standardsoftware Ein Softwaresystem, das einen klar definierten Anwendungsbereich abdeckt und als vorgefertigtes Produkt erworben werden kann.

Standalone Software Bezeichnet Software, die eigenständig und ohne weitere Zusatzsoftware oder -geräte ihre Funktion erfüllen kann. Ein Beispiel hierfür wären Apps.

Standortdaten Daten, die in einem Telekommunikationsnetz erhoben oder verwendet werden und die den Standort des Endgeräts eines Endnutzers eines Telekommunikationsdienstes für die Öffentlichkeit angeben, vgl. § 3 Nr. 19 TKG.

Stereolitografie Ein von Chuck Hall entwickeltes Verfahren zur additiven Fertigung, üblicherweise unter Verwendung nicht aushärtender Kunststoffe.

Streaming Vorgang der Datenübertragung, bei der Audio- oder Videodaten von Rechnern empfangen und gleichzeitig Wiedergegeben werden, auch „Livestream" genannt.

TAE (Abk. für „Teilnehmer-Anschluss-Einheit") Anschlussdose, die den Abschluss der Teilnehmeranschlussleitung beim Kunden bildet.

TAL (Abk. für „Teilnehmeranschlussleitung") auch „Letzte Meile" oder „Local Loop" genannt.

Teilnahmewettbewerb (im Vergaberecht) Vorgeschaltetes Verfahren, in dem die Eignung der Bieter festgestellt wird.

Telekommunikationsnetze In der Regel gegen Entgelt erbrachte Dienste, die ganz oder überwiegend in der Übertragung von Signalen über Telekommunikationsnetze bestehen, einschließlich Übertragungsdienste in Rundfunknetzen.

Telematikinfrastruktur Der Begriff setzt sich aus den Wörtern Telekommunikation und Informatik zusammen und umschreibt die Vernetzung verschiedener IT-Systeme sowie die Verknüpfung von Informationen aus verschiedenen Quellen.

Telemedien Elektronische Informations- und Kommunikationsdienste, die nicht Telekommunikationsdienste nach § 3 Nr. 24 TKG, welche ganz in der Übertragung von Signalen über Telekommunikationsnetze bestehen, und auch keine telekommunikationsgestützten Dienste nach § 3 Nr. 25 TKG oder Rundfunk nach § 2 des Rundfunkstaatsvertrages sind.

Telemedizin Bezeichnet die Diagnostik, Therapie und Beratung eines Patienten ohne die physische Anwesenheit des behandelnden Arztes über eine räumliche Entfernung mittels Informations- und Kommunikationstechnologien.

Territorialitätsprinzip Nach dem Territorialitätsprinzip ist der Urheber nicht Inhaber eines einheitlichen, weltweit gültigen Urheberrechts, sondern ihm steht ein Bündel von nationalen Urheberrechten zu. Das Urheberrecht ist damit räumlich auf die Grenzen des jeweiligen Staates beschränkt.

Tiefes Lernen Maschinelles Lernverfahren auf der Basis tiefer neuronaler Netze, heißt neuronaler Netze mit vielen (mindestens 4) Ebenen von Neuronen zwischen Eingangs- und Ausgangsebene.

Thumbnail (eigtl. engl. „Daumennagel") Verkleinerte Version eines Bildes, welche insbesondere von Suchmaschinen oder Bildbearbeitungsprogrammen als Vorschaubild generiert und angezeigt wird.

Begriffserklärungen

Token In der Regel übertragbare Werteinheit, die auf einer DLT-Plattform zwischen einzelnen Wallet-Adressen übertragen werden kann.

Tracking Meist webseitenübergreifende Nachverfolgung des individuellen Verhaltens von Verbrauchern, ermöglicht durch den Einsatz von unterschiedlichen technischen Mitteln (sog. Trackingtools) wie bspw. kleinen Datenpaketen, die während des Besuchs einer Website im Browser des Nutzers gespeichert werden (sog. Cookies) und dessen Wiedererkennung ermöglichen.

Trainingsdaten Daten, mit denen eine künstliche Intelligenz mit Maschinellem Lernen Modelle trainiert.

Transaktionsgebühr Die Transaktionsgebühr ist eine Art Aufwandsgebühr, denn damit soll der Aufwand des jeweiligen Miners entschädigt werden, der die Transaktion bestätigt.

TRIPS Abkommen über die handelsbezogenen Aspekte der Rechte an Geistigem Eigentum; es bildet einen Eckpfeiler des (→) WTO-Systems.

Trittbrettfahrerproblem Aufgrund der (→) Nicht-Ausschließbarkeit hat keiner einen Anreiz sich an der Investition des (öffentlichen) Gutes zu beteiligen.

Trojanisches Pferd Zumeist schädliches Programm, das ohne Wissen des Nutzers auf dem Computer des Nutzers aufgespielt wird.

TT-GVO Gruppenfreistellungsverordnung für Technologietransfervereinbarungen. Sie enthält eine kartellrechtliche Freistellung für bestimmte Technologietransfervereinbarungen zwischen zwei Unternehmen, die die Produktion der Vertragsprodukte ermöglichen. Unter den Begriff „Technologietransfervereinbarung" fallen zum Beispiel Patentlizenzvereinbarungen oder Softwarelizenzvereinbarungen.

Überwachtes Lernen Ansatz des maschinellen Lernens, bei welchem anhand von annotierten (vgl. „Labels") Beispiel- bzw. Trainingsdaten gelernt wird.

Ubiquitätsprinzip Danach ist in dem Fall, dass Handlungs- und Erfolgsort in verschiedenen Staaten liegen, der Tatort sowohl der Handlungs- als auch der Erfolgsort.

Umlaufvermögen alle Vermögensgegenstände (Wirtschaftsgüter), die nicht dauernd dem (Geschäfts-)Betrieb dienen. Sie sind dazu bestimmt, veräußert, verarbeitet oder verbraucht zu werden.

UMTS (3G) (Abk. für „Universal Mobile Telecommunications System") Mobilfunkstandard der dritten Generation, der den GSM-Standard abgelöst hat.

Universaldiensterichtlinie Richtlinie 2002/22/EG vom 7.3.2002 über den Universaldienst und Nutzerrechte bei elektronischen Kommunikationsnetzen und -diensten. Sie ist Teil des Richtlinienpaketes der Europäischen Union, auf dem das Telekommunikationsgesetz in seiner reformierten Fassung vom 22.6.2004 beruht. Die Universaldiensterichtlinie wurde durch die Richtlinie 2009/136/EG geändert.

Unüberwachtes Lernen Ansatz des maschinellen Lernens, bei welchem ohne spezifisch für den Lernvorgang aufbereitete Daten gelernt wird.

Update Bezeichnet eine Softwareaktualisierung.

Upgrade Bezeichnet eine verbesserte Version einer Software.

URL (Uniform Resource Locator) Internetadresse.

USB (kurz für „Universal Serial Bus") Spezielle Form einer seriellen (↑) Schnittstelle.

Usenet Dezentrale Vernetzung von Servern, die von diversen Anbietern zu unterschiedlichen News-Gruppen betrieben werden.

Begriffserklärungen

Validation oder Validierung Überprüfung und Sicherstellung des sinnvollen und gewünschten Verhaltens eines technischen Systems.

VDSL (Abk. für „Very High Speed Digital Subscriber Line") Spezielle Form der (↑)DSL mit Bandbreiten bis zu 50 MBit/s.

Verbundvorteile Liegen vor, wenn die Produktion mehrerer Güter durch ein Unternehmen zu niedrigeren Kosten führt als die Produktion der einzelnen Güter durch unterschiedliche Unternehmen.

Vergaberichtlinie Richtlinie 2014/24/EU des Europäischen Parlaments und des Rates vom 26.2.2014 über die öffentliche Auftragsvergabe und zur Aufhebung der Richtlinie 2004/18/EG

Verkehrsdaten Daten, die bei der Erbringung eines Telekommunikationsdienstes erhoben, verarbeitet oder genutzt werden, vgl. § 3 Nr. 30 Telekommunikationsgesetz TKG.

Verlinkung → Hyperlink.

Versunkene Kosten Auf einem Markt getätigte Investitionen, die bei einem Marktaustritt nicht wiedererlangt werden könne.

Vertikale Regelung (im Lebensmittelrecht) Produktgruppenspezifische Regelung, die nur für bestimmte Lebensmittel gilt.

Vertikal-GVO Gruppenfreistellungsverordnung für Vertikalvereinbarungen. Sie ist grundsätzlich auf alle Vertikalvereinbarungen anwendbar, also auf Vereinbarungen und aufeinander abgestimmte Verhaltensweisen zwischen zwei oder mehr Unternehmen, von denen jedes zwecks Durchführung der Vereinbarung auf einer unterschiedlichen Produktions- oder Vertriebsstufe tätig ist, welche die Bedingungen betreffen, zu denen die Parteien bestimmte Waren oder Dienstleistungen beziehen, verkaufen oder weiterverkaufen können.

Verwertungsrecht Recht des Urhebers sein Werk zu vervielfältigen (§ 16 UrhG), zu verbreiten (§ 17 UrhG) und auszustellen (§ 18 UrhG); besondere Vorschrift für die Verwertung von Computerprogrammen ist § 69c UrhG.

Virtual Reality Eine vollständig computergenerierte Simulation einer dreidimensionalen Umgebung, die dem Nutzer über eine sein Sichtfeld vollständig abdeckende Datenbrille angezeigt wird, sodass der Nutzer die Realität um ihn herum nicht mehr visuell wahrnimmt. Stattdessen kann sich der Nutzer frei in einer virtuellen Umgebung umsehen und mit dieser interagieren.

Virtuelle Währung Der von der AMLD5 verwendete Begriff für „Kryptowährung" (s. Kryptowährung).

VOB Vertragsordnung für Bauleistungen bestehend aus den Teilen A, B, und C. In Teil A werden Regelungen zum Ausschreibungsverfahren getroffen.

VOF Vertragsordnung für die Vergabe von freiberuflichen Leistungen.

VOL Vertragsordnung für Leistungen, bestehend aus den Teilen A und B. Teil A der VOL trifft Regelungen zur Vergabe von Aufträgen, die VOL/B beinhaltet standardisierte Vertragsbedingungen für die Ausführung von Leistungen.

VoIP (Abk. für „Voice over IP"; auch „Internet-Telefonie" oder „IP-Telefonie" genannt) Die Telefonie erfolgt anders als bei der „klassischen" Telefonie nicht leitungsvermittelt, sondern paketvermittelt über (→) DSL.

Vorabkontrolle Prüfung automatisierter Verarbeitungen durch den Datenschutzbeauftragten schon vor Beginn der Datenverarbeitung, sofern sich aus dieser erhöhte Risiken für Rechte und Freiheiten der Betroffenen ergeben (vgl. § 4d Abs. 5, 6 BDSG).

VPN-Verbindung Verschlüsselte „Virtual Private Network"-Verbindungen zwischen Rechnern und/oder Netzwerken, die innerhalb eines öffentlichen Netzes als in sich geschlossene Teilnetze fungieren.

Begriffserklärungen

Virtual Engineering (VE) Frühzeitige und kontinuierliche Unterstützung (aus Prozess- und Infrastruktursicht) des gesamten Produktlebenszyklus hinsichtlich der Koordination, Bewertung und Fertigstellung der Aktivitäten aller Partner in immersiven virtuellen Umgebungen mittels Virtual Reality (VR).

Virtual Reality (VR) Computergenerierte, realitätsgetreue und interaktive Abbildung der Wirklichkeit und ihre gleichzeitige Wahrnehmung durch die Benutzer durch Täuschung seiner Sinne mittels technische Geräte in Echtzeit.

VR-Brille Brillenartiges, auf dem Kopf zu tragendes visuelles Ausgabegerät für virtuelle Realität, bestehend aus zwei Bildschirmen und Linsen für jedes Auge.

VR-Szene Zusammensetzung aus VR-Modellen von Objekten und Lichtquellen aus der Position und Blickrichtung eines Betrachters.

Wallet Öffentliche Adresse (→ Public/Private Key), mit der eine Teilnahme auf der DLT-Plattform erfolgt und von der aus Kryptowerte (→ Kryptowerte) gesendet und empfangen werden können.

WCT (WIPO Copyright Treaty) WIPO-Urheberrechtsvertrag. Gegenwärtig gibt es hierzu 88 Vertragsparteien. Zum 14.3.2010 ist das WCT auch in der Europäischen Union sowie zahlreichen europäischen Ländern einschließlich Deutschland in Kraft getreten.

Wearable Der Begriff steht für kleine, vernetzte Computer-Systeme, die am Körper getragen werden und Daten über ihren Träger sammeln. Dadurch soll der Nutzer in seinen Tätigkeiten unterstützt werden. Einsatz finden Wearables vor allem in den Bereichen Gesundheit, Fitness und Lifestyle. Ein bekanntes Beispiel sind Smartwatches und Fitnessarmbänder.

Weiße Flecken Bezeichnung derjenigen Gebiete in der Bundesrepublik, die nicht über einen Internetanschluss mit einer Mindestbandbreite von 1 MBit/s verfügen.

Werk (im Urheberrecht) Gem. §§ 1, 2 UrhG sind Werke persönliche geistige Schöpfungen der Literatur, Wissenschaft und Kunst. Gefordert ist dabei eine gewisse Schöpfungshöhe; in § 2 I UrhG sind verschiedene Formen der Werke (nicht abschließend) beschrieben, wie zB Sprachwerke (Schriftwerke, Computerprogramme), Werke der Musik, Filmwerke, etc.

Wettbewerblicher Dialog (im Vergaberecht) Vergabeverfahrensart.

White Collar Crime Wirtschaftskriminalität (white collar – wörtlich eigtl. „weißer Kragen" (des Geschäftsmannes) im Gegensatz zum „blue collar", dem „blauen Kragen" des Arbeiters).

Wiki Wie zB in Wikipedia, Wikilieaks (Wiki = eigtl. Hawaiianisch für „schnell"); Bezeichnung für eine bestimmte Art von Website, die der Nutzer via Internet selbst mitgestalten kann.

WIPO (World Intellectual Property Organization) Weltorganisation für geistiges Eigentum. Die WIPO hat die Förderung des weltweiten Schutzes des geistigen Eigentums zum Ziel. Derzeit beträgt die Anzahl der Mitgliedstaaten 184, darunter auch Deutschland.

W-LAN (Abk. für „Wireless Local Area Network") Lokales, drahtloses Rechnernetzwerk.

WPPT (WIPO Performances and Phonograms Treaty) WIPO-Vertrag über Darbietungen und Tonträger. Der Vertrag wurde am 20.12.1996 geschlossen und ist ua in Deutschland, der Europäischen Union, Japan und den USA in Kraft getreten.

WTO (Abk. für World Trade Organisation) Welthandelsorganisation. Internationale Organisation mit Sitz in Genf, die sich mit der Regelung von Handels- und Wirtschaftsbeziehungen beschäftigt.

Begriffserklärungen

WUA (Abk. für = Welturheberrechtsabkommen) Das WUA hat nur eine untergeordnete Bedeutung, da nach Art. XVII WUA die Revidierte Berner Übereinkunft Vorrang hat. Das WUA hat gegenwärtig 65 Mitgliedstaaten, darunter auch Deutschland.

WWW (Abk. für „World Wide Web") An sich nur der wichtigste Teil des Internets, umgangssprachlich werden beide Begriffe aber oft synonym verwendet.

Zahlenvektor Eine Liste von Zahlen (Zahlentupel).

Zugang (im Telekommunikationsrecht) Bereitstellung von Einrichtungen oder Diensten für ein anderes Unternehmen unter bestimmten Bedingungen zum Zwecke der Erbringung von Telekommunikationsdiensten, vgl. § 3 Nr. 32 TKG.

Zugangspetent Anbieter von Telekommunikation, der (→) Zugang begehrt.

Zusammenschaltung Zugangsform, bei der eine physische und logische Verbindung zwischen zwei öffentlichen Telekommunikationsnetzen hergestellt wird, um Nutzern eines Unternehmens die Kommunikation mit Nutzern desselben oder eines anderen Unternehmens oder die Inanspruchnahme von Diensten eines anderen Unternehmens zu ermöglichen, vgl. § 3 Nr. 34 TKG.

Zugangsrichtlinie Richtlinie 2002/19/EG vom 7.3.2002 über den Zugang zu elektronischen Kommunikationsnetzen und zugehörigen Einrichtungen sowie deren Zusammenschaltung. Sie ist Teil des Richtlinienpaketes der Europäischen Union, auf dem das Telekommunikationsgesetz in seiner reformierten Fassung vom 22.6.2004 beruht. Die Zugangsrichtlinie wurde durch Richtlinie 2009/140/EG geändert.

Zuschlag (im Vergaberecht) Mit dem Zuschlag nimmt der Auftraggeber im Vergabeverfahren das Angebot des erfolgreichen Bieters an; ist der Zuschlag erteilt, wird ein Nachprüfungsverfahren unzulässig.

Zuschlagskriterien (im Vergaberecht) Kriterien, anhand derer im Vergabeverfahren das wirtschaftlichste Angebot ermittelt wird. Der Auftraggeber ist verpflichtet, die Zuschlagskriterien in der Bekanntmachung bzw. den Ausschreibungsunterlagen anzugeben. Er darf diese nicht mehr nachträglich zu Gunsten oder zu Lasten eines Bieters ändern.

Zustandsraum Die Menge aller Eigenschaften (Variablen) in der Umgebung eines technischen Systems, die vom System beobachtet werden (müssen) und die das System beeinflussen.

„Zweiter Korb" Als „zweiter Korb" der Urheberrechtsnovelle wird das Zweite Gesetz zur Regelung des Urheberrechts in der Informationsgesellschaft bezeichnet, das seit 1.1.2008 in Kraft ist.

Zwischenspeicherung Auch „Puffer" genannt; zeitweise Speicherung/Zwischenablage von Daten, um kurzzeitig schneller darauf zugreifen zu können, vgl. „Caching".

Stichwortverzeichnis

Fette Zahlen bezeichnen die Teile des Bandes, magere die Randnummern.

2-Tier Modell **2.4.1** 4
51%-Attacke **14.2** 9

Abbruchjäger **5.2** 41, 47, 101
Abfangen von Daten **19** 56 ff.
Abgabeverpflichtung **5.5** 84
Abgrenzung Private und Unternehmer **5.2** 16 ff.
Abkommensrecht **2.4.3** 37 f., 43, 47
Abmahnung **5.1** 36, 153, 183; **18** 121
– Rechtsschutz **18** 121
Abnahme
– Fiktion **2.6** 127
– Protokoll **2.6** 124
– Teilabnahme **2.6** 126
– Verweigerung **2.6** 124, 131
– Werkvertrag Softwareerstellung **2.6** 121 ff.
Abnahmeverfahren **2.6** 121 ff.
Access-Provider **5.3** 15, 17, 19, 39, 52, 54, 57 f., 61 f., 67 ff., 71 ff., 77
Active Sourcing **14.4** 183
additive Fertigung
– industrieller 3D-Druck **14.1** 1 ff., 11, 23, 25, 27
Admin-c **5.3** 76 ff.
Adversarial Attack **9.1** 32
Affiliate Partner **5.3** 99 f.
Affiliates **5.3** 99
AGB **2.2** 84 ff.; 91 ff.; **2.6** 61 ff., 94 ff., 171 ff.; **5.1** 151 ff; **5.2** 1, 37 ff., 41, 46; **6.6** 129 ff.
– Definition **2.2** 83; **5.1** 152
– Einbeziehung **2.2** 92 ff.; **5.1** 151, 158 ff., 171 ff.
– Einverständnis **5.1** 157
– Elektronischer Geschäftsverkehr **5.1** 151, 157, 162
– Gewährleistungsausschluss bei der GPL **2.4.2** 21
– Haftungsausschluss bei der GPL **2.4.2** 22
– Kenntnisnahme **5.1** 157, 160
– Klauselverbote
 – mit Wertungsmöglichkeit **5.1** 168
 – ohne Wertungsmöglichkeit **5.1** 167
– Link **5.1** 159
– Plattformbetreiber **5.1** 172 ff.
– Softwareerstellung **2.6** 127, 148 ff.
– Verbrauchervertrag **5.1** 158
agile Methode **2.3.3** 42 f.
agile Programmierung **2.1** 20; **2.2** 51
agile Vorgehensmodelle **2.3.1** 4, 42 ff.
Akteneinsicht **4** 21, 322 f.
Algorithmen
– Vorurteile beim Recruiting **14.4** 184
Algorithmik **9.4** 6
Algorithmische Intelligenz **9.3** 9 ff.

Algorithmus **9.4** 19, 22
– zur Evaluation der Repräsentation der Daten **9.4** 19
– zur Repräsentation der Daten **9.4** 19
Allgemeine Geschäftsbedingungen *siehe AGB*
Allgemeininteresse **4** 30 ff.
Allgemeinzuteilung / Allgemeinverfügung **8.2** 27 f.
Altdatenübernahme **2.6** 14, 114
alternative Streitbeilegung **18** 140 ff.
Altersverifikation **5.1** 135, 137, 202
Anbieter digitaler Dienste **7.1** 10, 17 f., 39 ff., 51 ff.
Anbieterkennzeichnung **5.5** 8, 11
Anbieterwechsel **8.7** 63 ff.
Anerkenntnis, sofortiges **5.1** 36
Anfechtung
– Anfechtungserklärung **5.1** 80
– Anfechtungsgründe **5.1** 66 ff.
– arglistige Täuschung **5.1** 78
– Erklärungsirrtum **5.1** 70
– Frist **5.1** 80 ff.
– Inhaltsirrtum **5.1** 67 ff.
– Motivirrtum **5.1** 76
– Rechtsfolgen **5.1** 83 f.
– Übermittlungsirrtum **5.1** 77
– verkehrswesentliche Eigenschaft **5.1** 73, 75
Anforderungsprofil
– arbeitsrechtliche Aspekte digitaler Transformation **14.4** 149, 154, 158 ff.
Angebotsfrist **4** 76, 190, 192, 239
Angebotsphase **4** 123, 129 ff.
Angebotsumstellungsflexibilität **8.1** 12
Angemessenheitsbeschluss **6.6** 121, 298, 310, 315
Annahme **5.1** 60 ff.
Annahmefrist **5.1** 61
Anomaly Detection **9.1** 19, 23
Anonymisierung **6.4** 6, 43; **6.5** 7 ff., 25; **8.6** 37; **10.5** 19 ff., 64, 83; **11.4.2** 13; **13** 96; **14.2** 26; **16.1** 86; **17** 43
– Datenverarbeitung **10.5** 19 ff.
– Recht am eigenen Bild **17** 43
Anpassung von Standardsoftware **2.2** 29, 49, 62 ff.
Anrufsperren **8.7** 9
Anscheinsbeweis **5.1** 34, 37, 123 ff.; **8.7** 31, 45
Anscheinsvollmacht **5.1** 113 f., 116 f.; **8.7** 47
Anschreiben **4** 170 f.
Anwaltspostfach
– beA **18** 19
– Verfahrens- und Prozessführung **18** 19
Anwaltsvertrag **5.1** 206
Apothekenabgabepreis **5.5** 105

1755

Stichwortverzeichnis

Apothekenbetriebserlaubnis **5.5** 75, 79
Application Service Providing **1** 21; **2.4.3** 1, 27
– Unterschiede zum Cloud-Computing **11.2** 3
Application Programming Interfaces
– Cloud-Computing **11.2** 20
Arbeitspapier ▪ 196
– Datenschutz beim Cloud-Computing **11.4.2** 17, 26
Arbeitsrecht
– Augmented Reality **17** 87ff.
Arbeitsschutz
– im Bereich der additiven Fertigung **14.1** 26f.
Arbeitszeit
– Arbeitszeiterfassung **14.4** 31
– Höchstarbeitszeit **14.4** 29
– Mitbestimmung **14.4** 46, 54
arglistige Täuschung **5.1** 78
Artificial Intelligence **9.1** 1
ASP-Vertrag **2.2** 7, 76; **2.6** 161ff.
– Cloud-Computing und Vertragsrecht **11.4.3** 6
Audit **2.6** 71, 175
Auditplanung **6.6** 350ff.
audiovisuelle Mediendienste **7.1** 48
Aufbewahrungspflicht **4** 292
Aufgabe der Vergabeabsicht **4** 265
Aufhebung der Ausschreibung **4** 159, 254, 261, 263ff., 308
Aufhebungsgründe **4** 254f., 260
Aufschalten **8.6** 42
Aufspaltungsverbot **2.6** 65
Auftragsverarbeiter **6.6** 19ff., 42, 50ff., 88f., 94, 201ff., 239, 310f., 315f., 330, 335f.
Auftragsverarbeitung **6.6** 202ff., 210ff., 220ff., 236ff., 312, 315
– Berufsgeheimnis **6.6** 222
– Checkliste **6.6** 205, 211, 294
– Datenschutz und Cloud-Computing **11.4.2** 22ff., 42ff., 100, 131f.
– Drittland **6.6** 223
– Verantwortlichkeit **10.5** 35f.
Aufzeichnungspflicht **5.2** 3
Augenscheinsobjekt **18** 80
Augenscheinsurrogat **18** 80
Augmented Reality
– Begriff **17** 1ff.
– im Zusammenhang mit Virtual Engineering **14.3** 1
– Produzentenhaftung **17** 100
– Urheberrecht **17** 50ff.
– Vervielfältigung **17** 51
– Videoüberwachung **17** 23
Ausgangsverfahren
– Rechtsschutz **18** 89f.
Ausgleichspflicht **8.3** 10
Auskunftsdienst **8.7** 32, 54, 67, 69, 76f.
Auskunftsrecht **8.3** 14, 17
Auskunftsrecht (Datenschutz) **6.6** 164, 323
Auslegung
– richtlinienkonforme **8.7** 54

Ausnahmen **4** 56; **5.1** 233ff.; **6.6** 53, 75ff., 301ff.; **17** 46ff.
Ausreißererkennung **9.1** 19, 23f.
Ausschließlichkeitsrecht (an Daten) **6.8** 2, 59
Ausschlussgrund **4** 212, 215, 218, 235, 239, 245
Ausschreibungsverpflichtung **4** 10, 60
Ausspähen von Daten **19** 28ff.
Ausweisung der Frequenzen **8.2** 34
Authentifizierung
– Cloud-Computing **11.1** 16ff.
Authentizität **7.1** 25, 27
Auto-Reply **5.1** 14, 70
automatisierte Erklärung **5.1** 14ff., 58, 70
automatisiertes System **9.1** 12
autonome Lenkanlagen **9.2** 53f.
autonomes Fahren **9.2** 2ff., 38, 47
– Fahrerhaftung **9.6.4** 94ff.
– Halterhaftung **9.6.4** 88ff.
– Hacking **9.6.4** 92
– höhere Gewalt **9.6.4** 91f.
– Pflichtversicherer **9.6.4** 89, 92f., 99
autonomes System **9.1** 6, 12; **9.6.3** 13
– Begriff **9.6.4** 4
– Charakteristika **9.6.4** 4
– Europa **9.6.4** 6ff.
Autorisierung
– Cloud-Computing **11.1** 16ff.

Bagging **9.4** 22
Banderole **5.5** 45
Banner **5.5** 43
Basisdaten **8.7** 69
Bauauftrag **4** 52
Baukammer **18** 42
Beanstandung **8.7** 35, 39f., 53
beauftragter Richter **18** 50ff.
Bedarfsermittlung **8.2** 53, 57f., 92
Behebungs-/Beseitigungsfristen **2.5.2** 9
Beiladung **4** 322, 331
Beitritt des Streitverkündeten **18** 101
Bekanntmachung **4** 11, 76, 85, 96, 118, 120f., 126f., 134f., 149ff., 191, 202, 205, 219, 280, 291, 317
benutzerbestimmbare Zugriffskontrolle
– Cloud-Computing **11.1** 18
Benutzerhandbuch **2.6** 4ff.
Berechnungsmethoden Kosten **8.1** 103f.
Berichtigungsrecht (Datenschutz) **6.6** 135, 172ff.
Berkeley-Software-Distribution-Lizenz (BSD-Lizenz)
– Besonderheiten **2.4.2** 48ff.
– Regelungsgehalt **2.4.2** 43ff.
Berufsgeheimnisträger **6.6** 69, 222
Beschaffungsbedarf **4** 9, 289
Beschäftigten-Richtlinie zur Datensicherheit **6.6** 325
Beschlusskammer **8.1** 142, 146ff., 149f., 168; **8.3** 25
beschränkte Ausschreibung **4** 74f., 81ff., 117

Stichwortverzeichnis

beschränkte Geschäftsfähigkeit *siehe Minderjährige*
beschränkte Steuerpflicht **2.4.3** 3f., 6, 12, 24, 26ff., 30, 35
Bestandsdaten **8.6** 12, 20, 23ff., 43, 60, 69, 74
bestandsgefährdende Entwicklung **7.1** 87ff.
bestärktes Lernen **9.1** 35
Bestätigungsmail **5.1** 38
Bestellbestätigung **5.1** 278ff.
Bestellbutton *siehe Buttonpflicht*
Bestellkorrektur **5.1** 26f., 277
Bestellsituation
– Beweislast **5.1** 297
– Schaltfläche **5.1** 291, 293
bestimmungsgemäßer Gebrauch **2.4.3** 10, 12, 15, 19ff., 46
bestimmungsgemäße Nutzung **2.4.3** 12, 17
Bestreiten mit Nichtwissen **18** 54
Betriebsänderung
– Zuständigkeit **14.4** 88
Betriebsdaten **10.2** 5
Betriebsrat
– Augmented Reality und Arbeitsrecht **17** 91
Betriebsstätte **14.4** 5f., 22, 96
Betriebsstättenvorbehalt **2.4.3** 37f.
Betroffenenrechte **6.6** 132ff.
Beurteilungsspielraum **8.1** 16f., 21, 46, 105, 116, 173; **8.2** 40, 61f., 5
Beweisaufnahme
– selbstständiges Beweisverfahren **18** 20f.
– Urkunde **18** 62
– Verfahren **18** 51ff.
Beweisbeschluss **18** 57
Beweisführung
– Verfahren **18** 51ff.
Beweislast **18** 50ff.
Beweismittel **18** 62ff.
Bewerbungsbedingungen **4** 170, 172f., 257
Bewerbungsfrist **4** 190f., 312
Bewertung **5.2** 21, 23ff.
Bewertungen im Internet
– Bewertungsaufforderung **15.2** 44
– Funktionsweise **15.2** 1ff.
– Haftung **15.2** 24ff.
– irreführende Bewertung **15.2** 45
– Kundenbewertung **15.2** 1, 4
– Kundenzufriedenheitsumfragen **15.2** 44
– Löschungsanspruch **15.2** 23
– Punktebewertung **15.2** 16
– Sternebewertung **15.2** 16
– Unterlassensanspruch **15.2** 13ff.
– Wettbewerbsrecht **15.2** 44ff.
– Wiederherstellung **15.2** 35
Bewertungssystem
– Manipulation **5.2** 27ff.
Bias **9.4** 21ff., 28
Bietagent **5.1** 14; **9.6.3** 11ff.
Bietergemeinschaft **4** 14, 143, 147, 216, 268ff.
Big Data **6.3** 1, 3, 8, 11f., 15f., 20, 30f.; **9.1** 24
Big Data Analytics **10.1** 7

Big Data Anwendungsszenario
– Value **6.3** 10, 20
– Variety **6.3** 10, 15, 18
– Velocity **6.3** 10, 13, 18
– Veracity **6.3** 10, 16, 20
– Volume **6.3** 10, 11, 18
Bildnis
– Augmented Reality **17** 43ff.
Bindefrist **4** 193ff., 248
Bitcoin Blockchain
– Blockchainverfahren **14.2** 5, 9
Blacklist **6.6** 74
Blanketterklärung **9.6.3** 13
Blockchain **9.5** 4, 7ff., 11, 15f., 18, 30, 32
– 3D-Druck **14.2** 46
– Dezentralität **14.2** 9
– Einsatz bei Kryptowährungen **16.1** 7ff.
– Kartellrecht **14.2** 37ff.
– Mining **14.2** 4, 42
– öffentliche **14.2** 14
– permissioned **14.2** 30
– private **14.2** 10ff., 41
– technische Grundlagen **14.2** 1ff.
– unpermissioned **14.2** 10
– Varianten **14.2** 10ff.
– Verschlüsselung **14.2** 2ff., 15
Blogs **9.4** 35
BNetzA **7.1** 62, 68ff.
Bonus-System **5.5** 106
Bonus/Malus-Regelungen **2.5.2** 17
Boosting **9.4** 22
BOS-Funk **8.2** 30
branchenspezifische Sicherheitsstandards **7.1** 30, 42
Breitbandanschluss **8.7** 9
Breitbandzugang **8.1** 50
Bring Your Own Device (BYOD)
– Arbeitsschutz **14.4** 12, 79
– Mitbestimmung **14.4** 78
– Brute-Force
– im Zusammenhang mit Kryptowährungen **16.1** 51
BSIG **7.1** 7ff., 17ff., 51, 73ff.
– BSI **7.1** 7, 19, 30f., 34, 43ff., 50, 53, 74, 77
Buchführungspflichten
– elektronische Buchführung **7.1** 104ff.
Bundesnetzagentur **8.6** 43; **8.7** 81, 97
– BNetzA **7.1** 62, 68f.
Business Continuity Management **7.2** 16
Business-Process-as-a-Service **1** 19
Bußgeld
– DS-GVO-Verstoß **10.5** 68.
Button **5.1** 108, 291; **5.5** 43

Call-by-Call **8.7** 79
Car to Car Kommunikation **10.2** 9, 20ff.
Car to Infrastructure Kommunikation **10.2** 9
Change Request **2.6** 130
Chatbot **9.6.3** 9, 16ff.

Stichwortverzeichnis

Cheapest Cost Avoider
– Rechtsfragen der additiven Fertigung **14.1** 14
Cloud Bursting
– Cloud-Computing **11.2** 31
Cloud Certification Schemes List
– Cloud-Computing **11.3** 3 ff.
Cloud Certification Schemes Meta-Framework
– Cloud-Computing **11.3** ff.
Cloud Provider
– Cloud-Computing in der Insolvenz **11.4.1** 1 ff.
– Vertragspflichten des Cloud-Providers **11.4.3** 43 ff.
Cloud-Computing
– Datenschutz **11.4.2** 2 ff.
– Geheimnisschutz **11.4.2** 113 ff.
– grenzüberschreitender Datenverkehr **11.4.2** 91 ff.
– vertragstypologische Einordnung **11.4.3** 6 ff.
Cloud-Computing-Dienste **7.1** 10, 40
Clustering **6.5** 10, 18; **9.1** 22 f.
CO_2-Emissionen **10.3** 1
Cognitive Computing **9.4** 1 f., 5, 8 ff., 11
cold calling **8.7** 57
Compliance **7.1** 84 f., 93, 101 f., 116 ff., 130
Computerbetrug **19** 129 ff.
Computerdelikt **19** 28 ff.
Computersabotage **19** 80, 93 ff.
Concurrent User **2.4.1** 24 ff.
Connected Cars **10.2** 2 f., 27 ff.
Connected Home **10.4** 1
Content-Provider **5.3** 15, 17, 21
Cookies **5.5** 10
– Einsatz in Social Media **15.3** 6, 20, 23, 43, 97
Cooperative Awareness Messages (CAM) **10.2** 23
Cooperative Intelligent Transport Systems **10.2** 20 f.
Copyleft **2.4.2** 5 ff.; **2.6** 55 f.
CPU-Klausel **2.1** 77; **2.6** 75, 77
Crowdworking
– Arbeitsrecht **14.4** 144
culpa in contrahendo **7.1** 120
Customizing **2.2** 63; **2.4.1** 5; **2.5.1** 12; **11.4.3** 7, 52
Cyber-physische Systeme **10.1** 5 f.
Cyberangriff **7.1** 2, 119

Dashcam
– Augmented Reality **17** 29 ff.
Data Analytics **9.1** 24
Data Mining **9.1** 24
Data Protection by Default **15.3** 116 ff.
Data Protection by Design **15.3** 118
Daten **6.7** 3; **6.9** 7; **9.4** 7, 12, 14, 16 f., 19, 22 ff., 29, 35, 54
– als Ware **6.4** 1
– als Zahlungsmittel **6.4** 1, 3 f., 40 ff., 44
– Auswertung **6.9** 5, 13, 31, 34

– Benutzungsrecht **6.9** 18 ff., 22
– Bestand **6.9** 5, 10, 18 f., 22, 24 f., 31
– data ownership **6.7** 48, 64
– data sharing **6.7** 53
– Datenbankherstellerrecht **6.7** 11 ff.
– Datenstruktur **6.7** 9
– Disponibilität **6.4** 10 ff.
– Inhaltskontrolle **6.4** 28
– Klassifizierung **6.4** 6, 20
– Kommerzialisierung **6.4** 1 f., 16, 43
– Lizenzierung **6.9** 17 ff.
– maschinengeneriert **6.7** 1, 48
– Nutzungsrecht **6.9** 24
– Produktionsdaten **6.7** 24
– Leistungsschutzrecht **6.7** 50 ff.
– Open Data **6.7** 54
– Patentrecht **6.7** 7 ff.
– Schutz von Minderjährigen **6.4** 22
– strukturierte **9.4** 24, 35
– unstrukturierte **9.4** 7, 24, 35
– Urheberrecht **6.7** 5 f.
– Vertragsschluss **6.4** 21
– Wert **6.4** 9
– zeitliche Überlassung **6.9** 16 ff.
– Zugangsrecht **6.7** 62 ff.; **6.9** 25
Datenbanken **9.4** 35
Datenbankschutz
– Datenbankbegriff **3** 9 ff.
– Meta-Daten **3** 16
– sui-generis-Schutz **3** 19, 35
– Urheberrecht **3** 16 f.
– wesentliche Investition **3** 19 ff.
– Datenhehlerei **19** 64 ff.
Datenkauf **6.9** 7 ff.
– AGB **6.9** 14 f.
– anwendbares Recht **6.9** 7 ff.
– Erfüllung **6.9** 11
– Gewährleistung **6.9** 12 f.
Datenleck **7.2** 1 ff., 6, 11 ff., 15, 22 f., 26, 32, 39, 45 ff., 58 ff.
Datenlizenz **6.9** 16 ff.
– AGB **6.9** 30
– Ausgestaltung **6.9** 21 ff.
– Gewährleistung **6.9** 27
– Kartellrecht **6.9** 29
– Datenmonetarisierung **6.2** 1 ff.
Datennutzungsvertrag **6.9** 8 ff.
Datenökonomie **6.1** 6
Datenportabilität **6.6** 184 ff.
– Datenschutz **11.4.2** 108 f.
– im Bereich von Social Media **15.3** 106
Datenquellen **9.4** 25
Datenschuldrecht **6.4** 42
Datenschutz
– Datenschutzorganisation **6.6** 3, 6 ff., 26 ff., 114, 145, 350
– operativer **6.6** 6
– im Gesundheitssektor **13** 88 ff., 93 ff., 98
– in der Blockchain **14.2** 24 ff.

Stichwortverzeichnis

– in sozialen Medien **15.3** 114
Datenschutz-Folgeabschätzung **7.1** 129
Datenschutzbeauftragter **6.6** 9 ff.
– externer **6.6** 10
Datenschutzinformation **6.6** 106 ff.
– Checkliste **6.6** 131
Datenschutzmanagementkonzept **6.6** 2, 225, 313
Datenschutzorganisation **6.6** 3, 6 ff., 26 ff.
– Anforderungen **6.6** 114 f., 145 ff.
– Checkliste **6.6** 32
– Richtlinie **6.6** 26 ff.
Datenschutzrelevanz von Fahrzeugdaten **10.2** 31
Datenschutzrecht
– DS-GVO, Datenschutz **7.1** 13, 27, 104, 128 ff.
Datenschutzverletzungen **6.6** 31, 33 ff.
– Checkliste **6.6** 35
Datensicherheit **7.1** 13, 129, 131; **10.4** 10 ff., 23 ff.
– Schutz personenbezogener Daten **10.5** 69 ff., 73, 79
Datensicherheitskonzept **6.6** 31
Datenspeicher **10.2** 5, 39
Datenübermittlung **6.6** 201, 206 ff.
Datenübertragbarkeit **6.6** 184 ff.
Datenübertragungsgleichheit **8.4** 9
Datenveränderung **19** 80 ff.
Datenverträge **6.9** 2 f.
– Allgemeines **6.9** 2 f.
– Vertragstypologie **6.9** 4 ff.
Datenverwendung **8.6** 24, 30
Datenzugangsplattformen **6.2** 24 f.
De-Facto Vergabe **4** 340 f.
Deliktsrecht **7.1** 35 f., 119
– Deliktshaftung **7.1** 36, 58, 121 f., 125 ff.
Decentralised Environmental Notification Messages (DENM) **10.2** 23
Deep Blue Chess **9.4** 3
Deep Learning **9.1** 1, 29 ff.; **9.3** 8 f.
Deep Neural Networks **9.2** 42
Designschutz
– additive Fertigung von Ersatzteilen **14.1** 7, 12
deterministisches System **9.1** 12
Diagnosedaten **10.2** 19
Dialer **8.7** 50, 87 f.
dialogorientierte Interaktion **9.4** 37
Dialogphase **4** 123, 127 ff.
Diensteanbieter **5.2** 10 f., 13, 15, 22, 27, 38, 40 f., 42, 49 f., 52, 54, 59 f.
Dienstleistungen **2.4.3** 25, 27, 29
Dienstleistungsauftrag **4** 53, 55, 70
Digital Humanities **6.3** 7
Digital Mock-Up
– Grundlagen des Virtual Engineering **14.3** 13, 17
digitale Ökonomie **6.1** 9
digitale Ökosysteme **6.1** 21 ff.
digitale Transformation **10.3** 23
digitale Zwillinge **6.1** 16 f.

Digitale-Versorgung-Gesetz
– Auswirkungen **13** 5, 27
Digitalisierung **6.1** 4, 11, 13 ff.; **6.2** 9 ff.; **9.5** 10 ff.; **13**
Digitalisierungsstrategien **10.3** 10
Direkterhebung **6.6** 120 ff., 240
Direktionsrecht **14.4** 8, 20, 53, 161
Direktmarketing **6.6** 257
Diskriminierungspotenzial **8.1** 3
Dispositionsmaxime **18** 5
Distributed Ledger-Technologie
– Begriff **16.1** 3
DocCheck **5.5** 26
Dokumentation **2.6** 4, 103, 155, 159
Dokumentationspflicht **7.1** 66, 91
Domain **5.3** 76 f., 80
Double-Spending-Problem **16.1** 5
Drei-Kriterien-Test **8.1** 9, 14 ff.
Drittländer **5.2** 3 f., 14
Drittlandstransfer **6.6** 295 ff.
DS-GVO **7.1** 13, 129 f.
DSL-Anschluss **8.7** 63
Duldungsvollmacht **5.1** 114, 120
Durchschnittsverbraucher **8.7** 79
dynamisches Beschaffungssystem **4** 133 ff.

e-Health
– Begriff **13** 1, 4 f.
– Bedeutung **13** 1, 4 f., 9 ff.
– Digitale-Versorgung-Gesetz **13** 5, 27
– elektronische Gesundheitskarte **13** 4
– elektronische Patientenakte **13** 4
E-Rezept **5.5** 70
eBay **5.2** 20 f., 32 ff., 42
eBay Powerseller *siehe Powerseller*
eCall **10.2** 10, 13 ff.
Edge-Computing
– Datenschutz **10.5** 4, 63, 83
eIDAS-VO **5.1** 93
Eignung **4** 83, 85, 199, 208, 219, 222, 227, 238, 257, 270
Eignungsprüfung **4** 11, 77, 79, 85 f., 208, 211, 219 ff., 228
Einigungsstelle
– Rechtsschutz **18** 204
Eilverfahren **4** 333 ff.
Einbeziehung von AGB **2.2** 86, 92 ff.; **5.1** 151, 157 ff., 171 ff.
Einfuhrumsatzsteuer **2.4.3** 66
Eingabefehler
– Korrektur **5.1** 65, 275
Eingangsbestätigung *siehe Bestellbestätigung*
Einrede der mangelhaften Prozessführung **18** 110
einstweilige Verfügung
– Rechtsschutz **18** 114 ff.
– einstweiliger Rechtsschutz
– Verfahren **18** 114 ff.
– Einwilligung

Stichwortverzeichnis

- Augmented Reality **17** 64, 70, 87
- Verarbeitung **10.5** 50, 53, 59

Einwilligung (Datenschutz) **6.6** 245 ff.
- datenschutzrechtliche **6.4** 11 ff., 19, 21 f., 28, 34, 41, 44
- Gestaltung **6.6** 253 ff.
- Widerruf **6.4** 35 ff., 39 f.

Einwilligungserklärung (Datenschutz) **6.6** 275 ff.
- Gestaltung **6.6** 29
- Einzelhandel
- und Augmented Reality **17** 9 ff.
- Einzelrichter **18** 44 f.

Einzelverbindungsnachweis **8.6** 28, 33, 35, 47, 78; **8.7** 30, 33, 42

elektromagnetische Einrichtungen **8.1** 45, 60
elektronische Auktion **4** 138
elektronische Form **5.1** 86 f., 91 ff., 96
elektronischer Geschäftsverkehr
- Anforderungen **5.1** 86, 88, 93
- Anwendungsbereich **5.1** 184 ff.; 267 ff.
elektronische Person **9.6.4** 7, 10, 103
elektronischer Versandhandel **5.5** 69
elektronische Verschreibung **5.5** 77
eLiving **10.4** 1
embedded SIM **10.2** 12
embedded System **10.1** 3 f.
Emotionen **9.4** 5
Empfängerortprinzip **2.4.3** 71
Empfangsbestätigung
- Werbung **5.1** 35, 58, 214
Empfehlungsdienste **6.3** 5
EMVG **8.2** 14; **8.4** 49
Ende-zu-Ende-Verfügbarkeit/-Verbund **8.1** 9
Endnutzer **8.7** 15, 17, 20, 22, 49, 65, 67, 74, 77, 79 ff., 85, 89, 91
Entbündelung **8.1** 49
Entgeltnachweis **8.7** 41 f., 44
Entgeltregulierung **8.1** 6, 65 ff., 134, 139
Ensemble Learning **9.4**13
Erfolgsort
- im Strafrecht **19** 13 ff.
Erheblichkeitsschwelle **7.1** 32
Erheblichkeitszuschlag **8.1** 75
Erinnerungswerbung **5.5** 33, 39
Erkennung von **9.4** 41 f.
- Farben **9.4** 41
- Objekten in Bildern **9.4** 41
- Personen **9.4** 41
- Speisen **9.4** 41

erklärbare KI **9.1** 33
Erklärungsbewusstsein **5.1** 19, 22, 295
Erklärungsirrtum **5.1** 70 f.
Erlaubnistatbestand
- Einwilligung **10.5** 48
Ermessen **8.1** 26 f., 46 f., 50 f., 53, 57, 64, 90 ff., 100, 104, 115 f., 132, 138, 153 f., 173, 182 f.; **8.2** 10, 18, 41, 45, 50, 63 f., 83 f., 95; **8.4** 55; **8.6** 87 f.
Ermittlungsbefugnis **8.6** 81

Eröffnungsbilanz **7.1** 109
ERP-Systeme
- arbeitsrechtliche Aspekte **14.4** 70
Erstattungsverfahren **2.4.3** 32, 52
Escrow **2.6** 112; **12**
- AaaS **12** 100 ff.
- Agent **12** 22, 32, 42 ff., 78 ff., 105, 121
- Begriff **12** 1 ff.
- Cloud **12** 3, 8, 99 ff., 109 ff., 128
- Data **12** 120 ff.
- Dienste **12** 36, 42, 119
- Digital Escrow **12** 3, 6 ff., 136
- EaaS **12** 5 f.
- Eingangsverifizierung **12** 66, 89 ff.
- Gutachten **12** 89
- IP **12** 111 ff.
- Key **12** 8, 99, 115 ff.
- KI **12** 126 ff.
- Sammelvertrag **12** 43 ff.
- Service **12** 34
- Software **12** 18 ff., 38, 98, 109, 133
- technische Verifizierung **12** 89 ff.
- Vertrag **12** 41, 108 f.
ethische Fragen **9.4** 54
EU NIS-RL **7.1** 8, 38 f., 52
Europäische Fälschungsrichtlinie **5.5** 8
europäische Harmonisierung **8.2** 10 f.
europäisches Sicherheitslogo **5.5** 78
European Data Protection Board
- arbeitsrechtliche Bezüge **14.4** 173
EVB – IT **4** 176 f., 179 ff.
Event Data Recorder **10.2** 8
Evidence-Based Decision-Making **9.4** 3
Exit-Management **2.3.3** 36 ff.
Explainable AI **9.1** 33
externe Berater **4** 296, 298
eXtreme Programming **2.3.1** 27, 40 f., 47 f.

Facebook **5.5** 50 f.; **6.4** 29 ff.
- Social Media und Datenschutz **15.3** 5, 7 ff.
Fachanwalt für Datenschutzrecht **6.6** 1
Fachkreise **5.5** 21 ff., 32, 40
Fachkunde **4** 208 f., 219, 227, 229, 270
fachlos **4** 145
Fachzeitschrift **5.5** 23
Fahrdaten **10.2** 41 f.
Fahrerassistenzsysteme **9.2** 1, 9
Fahrzeugkommunikation **10.2** 9
Fälschung
- beweiserheblicher Daten **19** 177 ff.
- technischer Aufzeichnungen **19** 189 ff.
- Fanpage-Betreiber
- datenschutzrechtliche Vorgaben **15.3** 66
Feature Engineering **9.4** 13 f.
Fehlerbeseitigung **2.6** 18
Fernabsatz
- Anwaltsvertrag **5.1** 206
- Ausnahme **5.1** 207
- Informationspflichten **5.1** 181, 208 ff.

Stichwortverzeichnis

– Maklervertrag **5.1** 205
– Pflichtangaben **5.1** 209
Fernabsatzrecht
– Anwendungsbereich **5.1** 184 ff.
Fernabsatzverträge **5.5** 100
Fernkommunikationsmittel **5.1** 184, 203
Fiatgeld **16.1** 64; **16.2** 32
Filesharing **5.1** 143, 149; **5.3** 82
Fiskalvertreter **2.4.3** 65
Flexkonten **14.4** 45
Floating Lizenz **2.4.1** 24 ff.
Folgeprozess **18** 89
Forced Glossary **9.4** 45
Foren **5.5** 53, 57, 59
Fork
– Blockchains **14.2** 9, 15 ff.
– form follows function
– additive Fertigung von Ersatzteilen **14.1** 12
– Formmarken
– additive Fertigung von Ersatzteilen **14.1** 9
Formvorschriften **5.1** 85 ff.
Forum-Shopping **18** 124
Framing **3** 35
Free Software Foundation (FSF) **2.4.2** 3
Freedom to operate Analyse
– additive Fertigung von Ersatzteilen **14.1** 12
– Freemium
– Cloud-Computing **11.2** 14
Freeware **2.4.1** 17; **2.4.2** 2; **2.6** 84 f.
freiberufliche Leistungen **4** 68
Freihalteklauseln **2.6** 80
freihändige Vergabe **4** 74, 88
Freistellungsverfahren **2.4.3** 32, 52
Fremdbesitzverbot **5.5** 79
Fremdpersonaleinsatz **14.4** 137 ff.
Frequenznutzung/Frequenzplan **8.2** 6, 11 ff., 20 f., 29 f., 36, 39 ff., 44 ff., 59, 67, 74, 82 ff., 89, 93 f.
Frequenznutzungskonzept **8.2** 74
Frequenzpooling **8.2** 47
Frequenzversteigerung **8.2** 62

Garantiefunktion
– Augmented Reality **17** 79
– Gebrauchtsoftware **2.6** 30, 85
– Gefährdungsbeurteilung **14.4** 10
Geheimhaltung **6.8** 6, 9, 24, 26, 28
Geheimhaltungsmaßnahmen **6.8** 8 f., 23 f., 27, 35 f., 39, 50, 60
Geheimhaltungsvereinbarung **2.3.3** 1 ff.; **6.8** 35 ff.
Geheimnis *siehe Geschäftsgeheimnis*
Geheimnisschutz **6.8** 4 f., 10 ff., 17 ff., 28 ff., 35 ff., 43, 57
– Ausgestaltung **6.8** 28 ff.
– Schutzkonzept **6.8** 30, 43
– Vertragsgestaltung **6.8** 35 ff.
Geheimsein **6.8** 14
Geldautomatenmissbrauch **19** 49

Geldfunktionen **16.1** 6, 32, 40 ff.
gemeinsame Verantwortlichkeit
– Datenschutz **10.5** 34 ff.
– gemeinsamer Internetauftritt **5.5** 11
– Gemeinschaftsbetrieb **14.4** 98, 129 f.
Gemeinschaftskodex **5.5** 13, 42
Gemeinwohlbelange **8.1** 3
gemischter Vertrag **2.4.3** 25
Geoblocking **5.5** 29
Geopositionsdaten **10.2** 35
GEREK **8.1** 32, 36 ff., 140, 143 ff., 149; **8.4** 56, 58
Gerichtsstand
– Gerichtsstandsvereinbarung **18** 28 f.
– Verfahren **18** 26 ff.
– Geschäftsfähigkeit **5.1** 128
Geschäftsgeheimnis **6.8** 3, 5 f., 7 ff., 13 ff., 27, 37, 43, 47, 54, 57 ff., 60 ff.
– Begriff **6.8** 8
– Geheimhaltungsmaßnahme **6.8** 23 ff.
– IT **6.8** 34
– kommerzieller Wert **6.8** 20 ff.
– Schutz von Daten **6.8** 13 ff.
– Schutzvoraussetzungen **6.8** 9
– Verletzungshandlung **6.8** 53 ff.
– Zuordnung **6.8** 60 ff.
Geschäftsgeheimnisgesetz **6.8** 7 ff., 13 ff., 20 ff., 26, 37 f., 53 ff., 60 ff.
Geschäftsmodell **6.2** 7
Gesetz zur Kontrolle und Transparenz im Unternehmensbereich
– KonTraG **7.1** 12
gestuftes Verfahren **8.1** 88; **8.2** 91
Gesundheitsportale
– Begriff **13** 52
– Haftung **13** 87
GoBD-Grundsätze **7.1** 104 ff.
Glasfasernetz **10.3** 4, 17
Glaubhaftmachung
– Verfahren **18** 125
– Gleichbehandlungsgebot **4** 16
– Gleichbehandlungsgrundsatz **4** 16, 127, 234 f., 239, 265, 280
GNU General Public Licence (GPL)
– Application Service Providing (ASP) **2.4.2** 26
– Einräumung von Nutzungsrechten **2.4.2** 25 f.
– im deutschen Rechtssystem **2.4.2** 19 ff.
– Kontrolle anhand des AGB-Rechts **2.4.2** 20 ff.
– Outsourcing **2.4.2** 18
– Rechtsprechung **2.4.2** 27 ff.
– Software as a Service (SaaS) **2.4.2** 26
– viraler Effekt **2.4.2** 16
– wesentliche Bestimmungen **2.4.2** 14 f.
– wesentliche Merkmale **2.4.2** 3
GNU GPL Nutzungsbedingungen **2.2** 102
GNU Lesser General Public Licence (LGPL)
– lizenzrechtliche Besonderheiten **2.4.2** 35 ff.
– Rechtsprechung **2.4.2** 42
– wesentliche Bestimmungen **2.4.2** 34

Stichwortverzeichnis

Google AdWords **5.5** 37
Google Analytics **5.5** 10
Google Glass **14.4** 80
Governance **10.3** 1, 6
grenzüberschreitenden Nutzungsüberlassung **2.4.2** 8
Gründungszweck **4** 32
Gutachterverfahren **9.6.3** 33 ff.
Güterichter **18** 194 f.

Hackertools **19** 108 f.
Hadoop **6.3** 22 ff.
Haftung **2.6** 32 f., 47 ff., 93; **5.3**; **5.5** 57 f.
Haftung für autonome Systeme
– Betreiber und Nutzer **9.6.4** 14, 18, 32 ff., 82 ff., 100, 104 f., 109
– Darlegungs- und Beweislast **9.6.4** 31, 36, 41, 63, 68, 79, 87, 100 f.
– Dilemmasituationen **9.6.4** 61 f.
– Entwicklungsfehler **9.6.4** 57, 65, 74
– Gewährleistungsrecht **9.6.4** 23 f.
– Haftungsbeschränkung **9.6.4** 37 ff.
– Hersteller **9.6.4** 41 ff.
– Instruktion **9.6.4** 41, 53, 56, 58 f., 67, 72, 74, 76
– Konstruktionsfehler bei Künstlicher Intelligenz **9.6.4** 55 ff.
– offene und geschlossene Systeme **9.6.4** 51
– Produkt- und Produzentenhaftung **9.6.4** 41 ff., 44 f., 47, 49, 64, 68, 70 ff., 80 ff.
– Produktbeobachtungspflicht **9.6.4** 51, 69 f., 75 ff.
– Produktfehler **9.6.4** 15, 25, 41, 43 ff., 53, 58 ff., 64, 72, 74, 79, 86, 101
– Produktsicherheitsgesetz **9.6.4** 80 f.
– rechtspolitische Änderungsvorschläge **9.6.4** 100 ff.
– Sorgfaltsmaßstab **9.6.4** 16 ff.
– Straßenverkehr *siehe autonomes Fahren*
– Updates **9.6.4** 44 f., 74, 76
– Veräußerer **9.6.4** 21 ff.
– vertragliche Haftung **9.6.4** 20 ff.
– KI als Erfüllungsgehilfe **9.6.4** 36
– KI als Verrichtungsgehilfe **9.6.4** 86
– Weiterentwicklung und Produktbegriff **9.6.4** 28, 42 ff., 46, 65
– Weiterfresserschäden **9.6.4** 30, 66, 73
– Zulieferer **9.6.4** 42, 49 f., 66, 72
Haftungsausschluss **2.4.2** 2; **5.2** 8 f.; **9.6.3** 26, 29; **13** 71 f.
Haftungsbescheid **2.4.3** 33
Haftungsbeschränkung **7.1** 86; **8.7** 74
Haftungshöchstgrenze **8.7** 74
Haftungsprivilegierungen **5.3** 1, 4, 12, 35, 62
Haftungsrisiko **5.2** 6
Handelskammer
– Verfahren **18** 35 ff.
Handelsplattform **5.5** 109 f.

Handlungsort
– im Strafrecht **19** 23
Handlungswille **5.1** 18, 20
Hard Fork
– Blockchains **14.2** 16
Hardware
– as-a-Service **1** 19 ff., 30
– Betriebsfähigkeit **1** 9
– Beratungspflichten **1** 4 f., 28
– Exit-Management **1** 22, 31
– Garantie **1** 11 ff.
– Kauf **1** 1 ff.
– Leasing **1** 32 ff.
– Miete **1** 18, 27
– Mitwirkungspflichten **1** 14
– Open-Source **1** 40 ff.
– Wartung **1** 2, 46 ff.
– Haushaltsausnahme **15.3** 29
Haushaltsmittel **4** 9, 83
Hausrecht
– Augmented Reality **17** 107 ff.
HD-Maps **9.2** 31, 36
HDFS **6.3** 22
Hemmung der Verjährung **18** 91
Herkunftsfunktion
– Augmented Reality **17** 79
Herkunftslandprinzip **5.3** 6; **19** 9 ff.
Hinsendung **5.1** 255
Home Office **14.4** 5 f., 20 f.
Homogenität der Wettbewerbsbedingungen **8.1** 13
homomorphe Verschlüsselung **6.8** 48, 50
Horizon 2020 **10.3** 8
Host-Provider **5.3** 15, 17, 19, 24 f., 33, 35 ff., 51, 71
Human Machine Interface (HMI) **10.2** 6
Humanarzneimittel **5.5** 3, 13
Humanoid-Systeme **9.3** 8
Hybrid Clouds
– Cloud-Computing **11.2** 23
– Hyper-Scale
– Cloud-Computing **11.2** 27
Hyperlinks **3** 34 ff., 45, 55; **5.5** 42; **5.3** 9, 95 ff.; **5.5** 42

IaaS **2.2** 77; **11.2** 19 ff.
IBM **9.4** 1 ff., 5 ff., 10 f., 27, 29 ff., 39 ff.,
IBM Cloud Private **9.4** 10, 32, 34, 36, 40
IBM Hybrid Cloud **9.4** 10
IBM Public Cloud **9.4** 10, 32, 40
IBM Watson **9.4** 8, 10 f., 39 ff.
IBM Watson Knowledge Catalog **9.4** 27
IBM Watson Language Translator **9.4** 45
IBM Watson Machine Learning **9.4** 27
IBM Watson Natural Language Classifier **9.4** 46 f.
IBM Watson OpenScale **9.4** 27
IBM Watson Personality Insights **9.4** 48 ff.
IBM Watson Studio **9.4** 27

Stichwortverzeichnis

IBM Watson Text to Speech **9.4** 43 f.
IBM Watson Tone Analyzer **9.4** 51 f.
IBM Watson Visual Recognition **9.4** 41 f.
Idealkonkurrenz **8.4** 64 f.
Identifizierbarkeit
– Personenbezug **10.5** 16
– Identity Federation Systeme
– Cloud-Computing **11.1** 17
IKT **10.3** 5 ff.
im Allgemeininteresse liegende Aufgaben nicht gewerblicher Art **4** 28, 30, 32
Imagewerbung **5.5** 14
Imagination
– Virtuelle Realität und immersive Umgebungen **14.3** 7
– Immersion
– Virtuelle Realität und immersive Umgebungen **14.3** 6 f.
immunologische Wirkung **5.5** 4
Individualsoftware **2.2** 5, 14, 21 ff., 29, 40 ff., 67
Individualvertrag **2.2** 88, 91; **2.6** 47
Industrie 4.0 **10.1** 1 f., 17, 41
– Datenschutz **10.5** 1
Industrial Internet of Things **10.1** 2, 6
– Infrastrukturplattformen **10.1** 15 ff.
– Architekturmodell **10.1** 26 ff.
– Sicherheitsmaßnahmen **10.5** 82
Influencer **5.1** 193
– Begriff **15.2** 4 ff.
– Follower **15.2** 4 ff.
– Marketing **15.2** 4
– Vertrag **15.2** 5 f.
Informationen **6.1** 1, 3 f., 9, 37 f.
Informationsasymmetrien **8.7** 2
Informationspflicht **5.1** 74 f., 181, 208 ff., 215, 265, 276 f., 284, 287, 290; **5.4** 23 ff., 50 ff.; 59 ff; **6.6** 96 ff., 100 ff., 116 ff.; **8.7** 18 ff.; **15.3** 93 ff.
Informationstechnologie **7.1** 4 f.
informationstechnologische Infrastrukturen **7.1** 2
Infrastructure-as-a-Service **1** 19, 24, 27; **11.2** 10, 19 ff.
– Cloud-Computing **11.2** 19 ff.
– Vergütung von Cloud-Diensten **11.4.3** 4
Infrastruktur/Duplizierung von Infrastruktur **8.1** 5 f., 19, 45, 48; **8.3** 1, 11, 14, 20, 23
Infrastrukturatlas **8.3** 14 ff., 17, 30
Inhaltsirrtum **5.1** 67 ff.
Inhouse Vergabe **4** 43 ff.
inländische Betriebsstätte **2.4.3** 6, 24, 27, 35 f.
inländische Einkünfte **2.4.3** 6, 23
inländische Einrichtung **2.4.3** 24
innergemeinschaftliche Lieferung **2.4.3** 64
innergemeinschaftlicher Erwerb **2.4.3** 64
Inputmanipulation **19** 132, 142, 198
Insolvenz
– Aussonderungsberechtigung **11.4.1** 21 f.
– Aussonderungsgegenstand **11.4.1** 19
– Aussonderungsrecht **11.4.1** 35

– Insolvenzverfahren **11.4.1** 2, 11 ff.
– Insolvenzverwalter **11.4.1** 9, 11 ff.
Instagram
– Social Media und Datenschutz **15.3** 5, 7 ff.
Installation der Software **2.6** 7 ff., 113
Integrität **7.1** 3, 25 ff.
Internes Kontrollsystem
– IKS **7.1** 108
Internet of Things (IoT) **6.1** 11; **10.1** 2, 6, 10, 15, 20, 25, 29, 33; **10.4**; **10.5**; **10.6**
– Begriff **9.6.4** 5; **10.6** 1
– Datenschutz **10.5** 1, 82
– Deaktivierung von Softwarefunktionen **10.6** 44
– Gewährleistungsrecht **10.6** 18 f.
– Hersteller **10.6** 33
– Intermediäre **10.6** 45
– Produktbeobachtungspflicht **10.6** 22, 36, 42 ff.
– Produktfehler **10.6** 35 ff.
– Produkthaftung und deliktische Produzentenhaftung **10.6** 32 ff.
– Rechtsverhältnisse **10.6** 1 ff.
– Updates **10.6** 25 f.
– Warenkauf-Richtlinie **10.6** 17
Internetauktion
– Manipulation **5.2** 43 ff.
Internetdomains **5.3** 9
Internetradios **3** 68
Interventionswirkung **18** 100
Inzidenzkontrolle **8.2** 89
Irrtum **5.1** 65, 67 ff., 96, 275
ISA-Planung/Mitnutzung/Baustelle **8.3** 14 ff.
IT-Grundschutz des BSI
– Sicherheitsstandards für Cloud-Services **11.3** 20 f.
IT-Sicherheit
– IT-Sicherheitsvorfall, IT-sicherheitsspezifisch **7.1** 1, 5
– IT-Sicherheitsvorfall, IT-sicherheitsspezifisch, IT-sicherheitsbezogen **7.1** 1, 44
– Systembelastbarkeit **10.5** 76
IT-Sicherheitsbeauftragter **7.1** 15 f., 67, 115
IT-Sicherheitsmaßnahmen **7.1** 13, 30, 42, 46, 80, 99, 129 f.
IT-Sicherheitspflichten **7.1** 24, 26, 39, 57, 59, 61, 73, 78 ff., 86, 105, 123 f., 128
IT-SiG **7.1** 1, 11, 16 f., 47, 59, 63
IT-Strafrecht **7.1** 14 f.

Jahresabschluss **7.1** 92, 114
Jeopardy! **9.4** 5 ff.
Joint Controllers
– gemeinsame Verantwortlichkeit **10.5** 39
juristische Personen des öffentlichen Rechts **4** 29
juristische Personen des privaten Rechts **4** 29
Justizschnittstelle **9.5** 42
JVEG **18** 72 f.

Kalkulationsirrtum *siehe Motivirrtum*

1763

Stichwortverzeichnis

Kaufpreis **2.6** 16
Kaufvertrag **2.2** 33, 37 f., 43, 63, 66, 71, 82
Kernbotschaften **7.2** 31, 43 f.
Keyword Advertising **5.5** 37 ff., 86
– Augmented Reality **17** 86
KI **9.6.1** 1 ff., 4 ff., 9 ff., 16
– Erfindungen **9.6.1** 1, 5, 9 ff., 16
– Erfinderbegriff **9.6.1** 10 ff.
KI-Modell **9.4** 12 ff., 23 ff., 27 ff., 41 f., 45 ff., 50
Kinematische Intelligenz **9.3** 4 ff., 12 ff.
Klagebefugnis **8.1** 170, 178; **8.4** 60
Klassifikation **9.1** 19 ff.
Klassifikationsverfahren **9.4** 16
Know-how **6.8** 1 ff., 5 f., 30, 33, 36
Knowledge Management **9.4** 24 ff., 28
Kombinationsmodell **8.7** 10
Konfliktlösung **9.6.3** 31 ff.
Konsensmechanismus
– bei Kryptowährungen **16.1** 10, 14 ff., 19, 44
Konsistenzgebot **8.1** 68 f., 146
Konsolidierungsverfahren **8.1** 30 ff., 170, 177
Konstruktionsfehler
– im Bereich der additiven Fertigung **14.1** 15
– Kontaktnummer **5.2** 52
Kontaktstelle **7.1** 31, 44, 46
Kontrollmechanismen **5.2** 23, 32 ff.
Kontrollmeldeverfahren **2.4.3** 52
Konzernabschluss **7.1** 109
Konzerndatenschutzbeauftragter **6.6** 13
Konzession **4** 42
Kopplungsvorschrift **8.1** 46
Kosten der effizienten Leistungsbereitstellung **8.7** 13
Kostenfallen **5.1** 79
Kostenvereinbarungen **5.1** 225 f.
Kostenvorschuss **18** 59
Krisenhandbuch **7.2** 29 ff.
Krisenkommunikation **7.2** 18 ff., 37 ff., 45, 53
Krisenmanagement **7.2** 5 ff., 15 ff., 22 ff., 58 ff.
Krisenstab **7.2** 33 ff.
kritische Infrastrukturen
– KRITIS, KRITIS-Betreiber **7.1** 1, 8 ff., 17 ff., 39 ff., 59, 75
Kryptocoins **16.1** 31, 48, 54, 71
Kryptowerte **16.1** 49 ff., 66
Kunden Obliegenheiten **2.6** 11
Künstliche Intelligenz **5.1** 14, 17; **6.1** 16; **6.3** 30 f.; **6.5** 1 ff.; **9.1** 1 ff., 7 ff., 20, 25 ff., 30; **9.2** 1, 40 ff; **9.3** 1 ff, 11 ff., 15, 18 ff., 21; **9.4** 1, 53 f.; **9.5** 1; **9.6.1** 1 ff.; **9.6.2** 1, 3, 10; **9.6.3** 1 ff., 8 ff., 19 ff., 36 f.; **9.6.4.** 1 ff., 7 ff., 11 ff., 100 ff.; **10.1** 11 ff.; **10.5** 50; **12** 4, 98, 126 ff.; **14.3** 2
– als Urheber **9.6.2** 14 ff., 18 ff.
– Begriff **9.6.4** 2
– Datenbankherstellerrecht **9.6.2** 8
– e-Person **9.6.2** 14 f., 23
– Europa **9.6.4** 6 ff
– funktionale **9.3** 20 f.

– Haftung *siehe Haftung für autonome Systeme*
– integrierte **9.3** 20
– Leistungsschutzrecht **9.6.2** 9 f.
– maschinelles Lernen **9.6.4** 2
– Schöpfungshöhe **9.6.2** 20
– Urheberrecht **9.6.2** 1 ff., 4 ff., 9, 10 ff., 23 ff.
– Verträge mit **9.6.3** 8 ff.
Kundenschutzvorschriften **8.4** 6
Kurzwahldienst **8.7** 25 ff., 76 f.

Labeling von Daten **9.1** 15, 31
Labels/gelabelte Daten **9.1** 15, 20, 27 f., 34 ff.
Landesmedienanstalt **8.1** 140
Langzeitarbeitszeitkonto **14.4** 42
Lastenheft **2.2** 55; **2.3.3** 5 f.
Lauterkeitsrecht
– Augmented Reality **17** 86
Layer Ad **5.5** 44
Learning Algorithm **9.4** 13, 19 f.
Learning Approaches **9.4** 13, 15 ff., 19
Leasing **1** 32 ff.; **2.2** 71 ff.; **2.6** 177 ff.
Leasingvertrag **1** 34; **2.2** 67, 71 f.; **2.6** 177, 179
Lebensmittel
– Auslobung von Frische **5.4** 74, 76
– Automaten/automatisierte Anlagen **5.4** 56 ff.
– Bestell-Button **5.4** 66 ff.
– Eigenschaften **5.4** 61, 70 f.
– Fernabsatz **5.4** 3, 18, 20, 22, 24, 29, 44 f., 48, 53, 60, 64
– gemeinsame Zentralstelle **5.4** 95
– Gesamtpreisangabe **5.4** 3, 62, 65, 68
– Grundpreisangabe **5.4** 3, 63, 65, 66
– Kennzeichnung **5.4** 5, 17, 43, 80, 86, 89
– Kinderwerbung **5.4** 79
– lose Ware **5.4** 51 f.
– nährwert-/gesundheitsbezogene Angaben **5.4** 70, 79 ff.
– naturbelassen/natürlich **5.4** 77
– Pflichtinformationen **5.4** 17 ff.
– Preisklarheit **5.4** 65
– Preiswahrheit **5.4** 65
– qualitätserhöhende Angaben **5.4** 74 ff.
– Risikofaktor **5.4** 79 f.
– Verbot der Irreführung **5.4** 70 ff.
– Verkehrsfähigkeit **5.4** 2 f., 5, 17
– vorverpackte **5.4** 19, 24 ff., 31, 33 f., 42, 50
Lebenszykluskosten **4** 158, 165
Leihvertrag **2.2** 67, 78
Leistungsbeschreibung **1** 6 ff.; **4** 10, 141, 154 ff., 161 ff., 165, 174, 193, 297 f.; **11.4.3** 44 ff.
Leistungsfähigkeit **4** 210
leitender Angestellter **14.4** 120
Lernen durch Feedback **9.1** 13, 17 f., 35 f.
Lernstrategie **9.1** 17, 35 f.
Lesebestätigung **5.1** 37 f.
Lieferauftrag **4** 51, 55, 70
Lieferbeschränkungen **5.1** 284
Lieferung **2.4.3** 59 f., 64 f.; **5.1** 196, 209, 230, 235, 238 f., 242, 249, 255, 258, 269

Stichwortverzeichnis

Lifecycle Management Tools **9.4** 10 ff., 29
Lizenzanalogie **2.4.2** 30 f.
Lizenzierung
– Daten **6.9** 17 ff.
Lizenzgebühr **2.4.3** 18, 22, 28, 40 f.
Lizenzgebühren **2.4.3** 3, 5 f., 22, 28, 31, 37 ff., 40 ff., 50 ff., 56
Lizenzkompatibilität
– Lösungen von Kompatibilitätsproblemen **2.4.2** 54 ff.
Lizenzpflichten **2.4.2** 4, 31, 33
Lizenztypen **2.4.2** 5 ff.
Lkw-Platooning **9.2** 19
Lockvogelanruf **8.7** 93
Löschung (Daten) **6.6** 135, 175 ff., 326 ff.
loseweise Vergabe **4** 143

m-Health
– Arzthaftung **13** 11, 58 f.
– Aufklärungspflichten **13** 11
– Begriff **13** 9 f.
– Datenschutz **13** 11, 88
– Erstattungsfähigkeit **13** 27
– Fernabsatzrecht **13** 11, 58
– Haftung **13** 58 ff., 71
– Health-Apps **13** 10 f.
– Herstellerhaftung **13** 58 ff.
– Internationales Privatrecht **13** 11
– Medizinprodukterecht **13** 22
– Produkthaftung **13** 58 f.
– Richtlinie über digitale Inhalte und digitale Dienstleistungen **13** 14
– Vertragsverhältnisse beim Erwerb von m-Health Anwendungen **13** 9 ff.
– Wearable Device **13** 10
– zertifizierende Stelle für Medizinprodukte **13** 70
Machine Learning **9.1** 8, 35; **9.2** 40 ff.; **9.6.3** 4
Mängelansprüche **2.6** 19 ff., 36 ff.
Mängelgewährleistung **2.6** 39, 42
MapReduce **6.3** 22
Markenrecht
– Augmented Reality **17** 73 ff.
Markt (Definition, Abgrenzung) **8.1** 9 ff.
Marktanalyse **8.1** 8, 10, 12, 14, 18 ff., 31, 39, 62, 135
Märkteempfehlung der Kommission **8.1** 14
Marktmacht **8.1** 10 ff., 14 f., 18 ff., 23, 28, 34, 43, 46, 62, 65, 67, 70, 73 f., 90, 131, 135 ff.; **8.4** 63; **8.6** 25; **8.7** 16, 69
Marktortprinzip
– Social Media und Datenschutz **15.3** 30
Marktregulierung **8.1** 1, 6 ff., 19, 22, 25, 27, 33, 39, 42, 62, 65, 98, 135, 144, 155, 157, 160, 168, 172, 181, 184; **8.2** 1; **8.4** 63
Marktzutrittsschranken **8.1** 15, 21
maschinelle Wahrnehmung **9.2** 23 ff.
maschinelles Lernen **9.1** 8 ff., 13 ff., 18 ff., 22, 25
Massenmedium **5.5** 3

Maßnahmen der Berufsbildung **14.4** 146
Matrixorganisation
Betriebsbegriff **14.4** 95
– Datenschutz **14.4** 132
– Eingruppierung **14.4** 124
– Einstellung **14.4** 118
– Kündigungsschutz **14.4** 125
– Mitbestimmung in sozialen Angelegenheiten **14.4** 107
– Sozialauswahl **14.4** 129
– Weiterbeschäftigungspflicht **14.4** 130
maximal tolerierbare Ausfallzeit **7.2** 16
Maximalgebot **5.1** 63
Maximalversorgung **8.4** 23
Mediation
– Verfahren **18** 181 ff.
Mehrwertdienste **8.7** 1, 76 f., 85, 89 f.
Mehrwertdiensteanbieter **8.7** 26, 28
Meldewege **7.2** 17, 31
Mensch-Maschine-Interaktion
– Virtual Engineering **14.3** 4
Merchant **5.3** 99 f.
metabolische Wirkung **5.5** 4
Mietvertrag **2.2** 4, 25, 67, 76, 82
Migrationsunterstützung
– Vertragsbeendigung mit einem Cloud-Service **11.4.3** 70
Minderjährige
– deliktische Verantwortlichkeit **5.1** 139 ff.
– Einsichtsfähigkeit **5.1** 140 f.
– elterliche Einwilligung **5.1** 131
– Geschäftsfähigkeit **5.1** 128
– Nutzung soziale Netzwerke **5.1** 130
– vertragliche Haftung **5.1** 127 ff.
Mindestanforderungen **4** 156, 246, 279, 281 ff., 288; **8.2** 69
Mindestübertragungsqualität **8.4** 23, 43
Mindestvertragslaufzeit **8.7** 22
Mischformen von IT-Verträgen **2.2** 28
Mitarbeiterdatenschutz
– Auftragsverarbeitung **14.4** 72, 168
– berechtigtes Interesse **14.4** 166
– Datenschutzniveau im Ausland **14.4** 72
– Einwilligung **14.4** 164
– Erforderlichkeit **14.4** 165
– Kontrolle bei Verdachtsmomenten **14.4** 170
– Löschkonzepte **14.4** 69
– Zweckbindung **14.4** 167
Mitbestimmung
– Arbeits- und Gesundheitsschutz **14.4** 143
– Assistenzsysteme **14.4** 82
– berufliche Bildung **14.4** 146 ff.
– Betriebsrat nach § 3 BetrVG **14.4** 104
– Entgeltsysteme **14.4** 83
– Gruppenarbeit **14.4** 84
– IT-Systeme **14.4** 85
– Raumkonzepte **14.4** 81
– soziale Angelegenheiten **14.4** 107
Mitfahrer **10.2** 30, 34, 36

Stichwortverzeichnis

Mixed Reality
– Augmented Reality **17** 5
– Mobile Game
– Augmented Reality **17** 15 ff.
– mobiles Arbeiten **14.4** 13
Mobilfunknetz **8.7** 9 f., 49, 77
Mobilität **9.2** 1, 4, 6
Mobility-as-a-Service **9.2** 4
Modellerstellung **6.5** 16 ff.
Monetarisierung **6.2** 36 ff.
Monitoringsysteme **7.3** 27, 32, 69
Moss-Verfahren (Mini-One-Stop-Shop) **2.4.3** 72
Motivirrtum **5.1** 76
Multi-Tenant
– Cloud-Computing **11.2** 4
Multicasting **3** 62
Multicloud
– Cloud-Computing **11.2** 32
– Must Fit Ersatzteile
– Rechtsfragen der additiven Fertigung **14.1** 7
– Must Match Ersatzteile
– Rechtsfragen der additiven Fertigung **14.1** 7
Muster-Widerrufsformular **5.1** 216
Musterberufsordnung für Ärzte **5.5** 12
Mustererkennung **9.6.3** 4 f., 21
Musterwiderrufsbelehrung **5.1** 221

Nachfilter **5.3** 11
Nachforderungsbescheid **2.4.3** 33
Nachfrager **8.7** 1 f.
Nachprüfungsverfahren **4** 12, 21 f., 24, 194, 250, 266, 289, 293, 301, 309, 315, 324 f., 326, 330 ff., 340
Named User Lizenz **2.4.1** 17, 21
Named User Plus **2.4.1** 22 f.
nationale Vergabe **4** 25
natürliche Monopole **8.1** 2 f., 6, 20
Naturschutz **10.3** 9
Nebenangebote **4** 10, 246, 278 ff., 283
Nebenintervention
– Verfahren **18** 101 ff.
Netzabschlusspunkt **8.7** 9
Netzbetreiber **8.7** 35, 57, 89
Netzintegrität **8.1** 52; **8.4** 37
Netzneutralität **8.4** 1, 5 f., 7 ff., 10 f., 40 f., 45, 47, 52, 54, 58, 61 ff.
Netzwerk **2.6** 73, 160, 163
Netzwerkeffekte **8.1** 2, 41
Netzzugang **8.7** 9, 32, 45, 50, 52, 60
Neural Networks **9.1** 25
neuronale Netze **9.1** 14, 25 ff.
neutraler Server **10.2** 11
NEVADA **10.2** 11
New Work **14.4** 47, 54
Newsfeeds **9.4**, 35
nicht offenes Verfahren **4** 79
nicht-symbolisches Modell **9.1** 14
Nichtgewerblichkeit **4** 31
Nichtigkeitsgründe **4** 252, 318

numerische Vorhersageverfahren **9.4** 16
Nummerierung **8.7** 1, 8, 75 ff.
Nummerngasse **8.7** 89
Nummernplan **8.7** 75
Nummernraum **8.7** 75
Nutzer **8.7** 7, 25, 41, 67, 87
Nutzerkennung
– missbräuchliche Verwendung **5.1** 112
– Nutzername **5.1** 116, 123
Nutzungsberechtigung **8.3** 6 f., 24, 28 f., 32 f.
OBD-Schnittstelle (On Board Diagnose Schnittstelle) **10.2** 10, 19, 41
Off-Label **5.5** 28, 57, 64 f.
Off-Label Marketings **5.5** 28
offenes Verfahren **4** 76
öffentliche Auftraggeber **4** 19, 25 ff., 32, 46, 71, 114
öffentliche Ausschreibung **4** 1, 75 f., 83
öffentlicher Auftrag **4** 10, 25, 40, 43
Offizinapotheke **5.5** 73
Offline-/Online-Fahrzeuge **10.2** 31
On Premises
– Cloud-Computing **11.2** 31
One-Way-Hashfunktionen
– Cloud-Computing **11.1** 20
Online Behavioral Advertising **15.3** 0
Online Enzyklopädien **5.5** 48
Online-Marktplatz
– Kontaktaufnahme **5.2** 48, 52
Online-Wallet **16.1** 30
Open-Source-Lizenz
– BSD-Lizenz **2.4.2** 9, 10, 43, 48
– European Union Public Licence (EUPL) **2.4.2** 58
– GNU General Public Licence (GPL) **2.4.2** 14 ff.
– Lesser General Public Licence (LGPL) **2.4.2** 34 ff.
– Mozilla Public Licence (MPL) **2.4.2** 8, 10, 61
Open-Source-Software
– Copyleft-Effekt **2.4.2** 5, 28, 37, 48, 53
– beschränktes Copyleft **2.4.2** 7
– ohne Copyleft **2.4.2** 9
– schwaches Copyleft **2.4.2** 7 f., 10, 36
– strenges Copyleft **2.4.2** 6, 10, 14
ordentliche Gerichtsbarkeit **18** 174
Ordnungswidrigkeit **5.5** 76
ortsbasierte Dienste
– Augmented Reality **17** 105
Outsourcing
– Cloud-Computing **11.2** f.
Overfitting **9.4** 13, 21 f.

PaaS **2.2** 77; **11.2** 15 ff.
Panoramafreiheit
– Augmented Reality **17** 56 ff.
paralleler Korpus **9.4** 45

Stichwortverzeichnis

Parametrierung
– im Zusammenhang mit Social Media **15.3** 43 ff.
Pariser Klimaschutzübereinkommen **10.3** 18, 24
Passwortschutz **10.4** 36
pauschalierter Schadensersatz **2.5.2** 15
Pauschalpreisverträge **2.6** 146
Pay per Use **2.4.1** 29
personenbezogene Daten
– Datenschutz **10.5** 6 ff., 14, 18, 34, 46, 58 ff., 75
– Offenlegung **6.6** 201 ff.
Persönlichkeitsrecht
– Augmented Reality **17** 128
Penetrationstest **7.2** 23
Pflicht zur plan. Konfliktbewältigung **8.1** 27
Pflichtangaben **5.1** 209; **5.4** 32 ff.; **5.5** 32 ff., 37 ff., 43 ff., 47
Pflichtenheft **2.2** 52; **2.3.3** 5, 7 f.
– Erstellung **2.3.3** 10 ff.
– Mitwirkungspflicht **2.3.3** 9
pharmakologische Wirkung **5.5** 4
Pharmakovigilanz **5.5** 50, 52 ff.
pharmazeutisches Personal **5.5** 90
Platform as a Service **1** 19; **10.1** 24; **11.2** 10, 15 ff.
– Cloud-Computing **11.2** 15
– Cloud-Computing und Vertragsrecht **11.4.3** 4
Plattformen **5.3** 31, 41
Pönalen **2.5.2** 15
Portalbetreiber
– Auskunftsanspruch **15.2** 37 f.
– Haftung als Mitbewerber **15.2** 46 f.
– Neutralität **15.2** 34
– Notifizierung **15.2** 28
– Prüfpflicht **15.2** 31
– Unternehmenspersönlichkeitsrecht **15.2** 8
Portscanning **19** 50
Powerseller **5.1** 193 f.
prädiktive Instandhaltung **6.3** 4
Pragmatik **9.4** 6
Pre-Built Applications **9.4** 10, 29 ff.
Pre-Employment-Screenings **14.4** 175
Predictive Maintenance **1** 57 ff.; **10.1** 11 ff.
– Rechtsfragen der additiven Fertigung **14.1** 25
Preisansage **8.7** 79 f.
Preisanzeige **8.7** 79 f.
Preishöchstgrenze **8.7** 82 ff.
Preisklarheit **8.7** 79
Premiumdienst **8.7** 25, 51, 76 f., 79, 82 ff.
Prepaid-Produkt **8.7** 38, 42
Price-Cap-Verfahren **8.1** 106 ff., 115, 119
Privacy by Default
– Datenschutz **10.5** 65
Privacy by Design
– Augmented Reality **17** 33
– Datenschutz **10.5** 68
Privacy Shield **6.6** 300
– Datenschutz und Cloud-Services **11.4.2** 97

Private Clouds
– Cloud-Computing **11.2** 23 ff.
– Cloud-Computing und Vertragsrecht **11.4.3** 2 f.
Privatgutachter **18** 75
Privatkopie **3** 63 ff.
– Augmented Reality **17** 62 ff.
probabilistische Inferenz **9.1** 19 ff.
produktbezogene Werbung **5.5** 19 ff.
Produkthaftung **1** 45; **5.3** 8; **14.1** 13 ff.
produktneutrale Ausschreibung **4** 166 ff.
Profiling
– in sozialen Medien **15.3** 97 f.
Programmsperren **2.6** 26 ff., 177
Projektantenproblematik **4** 214, 296
Projektdokumentation **2.3.3** 5 ff.
Projektpflichten (IT- Projekte)
– Abnahme **2.3.3** 7, 33 f.
– Exit Management **2.3.3** 36 ff.
– Rechtemanagement **2.3.3** 32
Projektsteuerung
– Regelung **2.3.3** 13, 19 ff.
Proof-of-Work
– bei Kryptowährungen **16.1** 15, 19, 22, 87 f.
prozessorbasierte Lizenz **2.4.1** 27 f.
prozessualer Verbraucherbegriff **18** 198
Prozessvergleich **18** 112
Prüfung der Angebote **4** 231 ff.
Pseudonymisierung **6.6** 58, 317 f.
– Datenschutz **10.5** 73, 83
Public Cloud
– Cloud-Computing **11.2** 26
– Cloud-Computing und Vertragsrecht **11.4.3** 3
Public Domain **2.6** 84 f.
Publikumswerbung **5.5** 21, 23 f.
Pull-Informationen **5.5** 65 f.
Psychopharmaka **5.5** 24
PVU-Lizenz **2.4.1** 30 f.

qualifizierte elektronische Signatur **5.1** 87, 91, 93, 96, 103; **18** 87
Qualitätssicherungssystem **5.5** 85
Quellcode **2.6** 15

R-Gespräch **8.7** 47, 90 ff.
Rahmen-IT-Betriebsvereinbarungen **14.4** 71
Rahmenvereinbarung **4** 133, 139 ff.
Rahmenvertrag **2.2** 91; **2.3.3** 38 ff., 43 f., 46, 50
Reaktionszeiten **2.5.2** 8
Rechenschaftspflicht **6.6** 57 f.
Recht auf informationelle Selbstbestimmung **8.6** 4, 19, 48, 72
Recht auf Integrität informationstechn. Systeme **8.6** 4
Recht auf Vergessenwerden **6.6** 179 f.
Rechtschutz **4** 5, 24, 63, 251, 263, 276, 300 f., 310, 338 f.
Rechtsgeschäftswille **5.1** 17, 19 f.
Rechtsmangel **2.6** 19, 22, 56, 92

1767

Stichwortverzeichnis

Rechtsprechung **2.2** 42; **2.4.2** 27 ff., 42; **5.2** 69 ff.
Rechtsweg zu den Zivilgerichten **18** 27
Rectangle **5.5** 43
Redirect-Verfahren **8.7** 10
Redundanzsysteme **7.2** 17
Registrierungspflichten **2.6** 79
Regression **9.1** 21
Regulierungsbehörde **8.1** 18 ff., 32, 36, 133, 143 f., 162; **8.4** 7, 23, 57 f.; **8.5** 3, 17
Regulierungsermessen **8.1** 26, 46, 91 f., 100, 115 f., 132, 182 f.; **8.2** 41, 95
Regulierungsverfügung **8.1** 8, 22 ff., 31, 35, 39, 42 f., 49, 54, 57, 62, 88, 93, 117, 122, 127, 134, 138, 158, 173 ff., 176 ff., 184
Regulierungsziele **8.1** 5, 10, 17, 27, 36, 47 f., 67 ff., 72, 89 f., 100, 130, 174, 177; **8.2** 6, 10, 18, 39, 44, 66; **8.3** 6
Reinforcement Learning **9.1** 17, 34 ff.
Repositories
– Escrow **12** 83
Reputation **7.2** 8 ff., 14, 18 ff., 50 f., 62, 68 f.
Resale-Verpflichtung **8.1** 50, 112
Reseller **2.2** 107, 114; **8.7** 6, 54
Reserve-Charge-System **2.4.3** 67
Reverse Engineering **6.8** 37 f., 53
RFID **10.1** 4, 28
Risikobeteiligungsmodell **8.1** 85
Risikobewertung
– Checkliste **6.6** 92
RoadSideUnits (RSUs) **10.2** 23
Roaming **8.1** 131; **8.5** 1 ff., 7 f., 10 ff., 16 ff., 20 f.
Roaming-Verordnung **8.1** 131; **8.5** 8, 20
Roboter
– Begriff **9.6.4** 3
– Europa **9.6.4** 6 ff.
– Haftung *siehe Haftung für autonome Systeme*
Robotik **9.3** 10, 14, 21
– Manipulation **9.3** 10
– Umfelderkennung **9.3** 10
Rücknahme des Nachprüfungsantrags **4** 325
Rufnummer **8.7** 57, 64 f., 67, 69, 75, 77, 82, 89, 93, 96
Rufnummernmitnahme **8.7** 65
Rufnummernportierung **8.7** 63
Rüge **4** 197, 309 ff.
Rügefrist **4** 190, 197
RVU-Lizenz **2.4.1** 32

SaaS *siehe Software as a Service*
Sabbatical **14.4** 41 f.
Sachmangel **2.6** 19, 27, 92, 169
Sachverständiger
– Auswahl **18** 66 f.
– Beweis **18** 63 ff.
– Stundensatz **18** 72 ff.
SAP HANA **6.3** 24; **10.1** 15 ff
Schadensersatz **4** 254, 267, 275, 339; **6.6** 243; **8.7** 20, 72, 78; **11.4.2** 111

Schadensersatzanspruch **2.4.2** 30 f.
Schaltfläche **5.1** 10, 108, 227, 288, 291, 293 f.
Scheingebote **5.1** 47, 63
Scheinprivate **5.2** 11 f., 17
Schenkung **2.2** 82; **2.6** 85, 87, 90
Schiedsgerichtsverfahren
– Schiedsgutachten **18** 177
– Schiedsrichter **18** 168
– Schiedsspruch **18** 158, 170
– Schiedsvereinbarung **8.7** 70; **18** 160
Schleichwerbung
– im Rahmen von Online-Bewertungen **15.2** 5
Schlichtungsverfahren **8.7** 70 f.
– Verfahren **18** 199 ff.
– ADR **18** 211 f.
– UDRP **18** 211 f.
Schriftform **5.1** 85 f., 90 f.
Schutz von Minderjährigen **6.4** 22
Schutznormlehre **8.1** 177, 179 f.; **8.2** 92; **8.4** 60
Schutzschrift **18** 126
Schwellenwerte **4** 6 f., 10, 12 f., 17, 25, 42, 57 ff., 61 ff., 73 f., 79, 81, 149 f., 229, 249, 284, 300 f., 338 ff.
Screen-Scraping **3** 24, 29
SCRUM **2.2** 52; **2.3.1** 48, 50
Secure Multiparty Computation **6.8** 49
Sektorenauftraggeber **4** 5, 37 f., 40, 71 f.
Sektorenbereich **4** 37 f., 65, 72
Sektorenverordnung **4** 2, 5, 64, 66, 71
Sekundärrechtsschutz **4** 339
Selbstkontrolle **8.1** 39
Semantik **9.4** 6
Sensorik **9.2** 1, 24 ff., 42, 72
Serverless Computing
– Cloud-Computing **11.2** 6
Service Level Agreement **1** 30, 54; **7.2** 25
– Cloud-Computing und Vertragsrecht **11.4.3** 58 ff.
Service Level Agreements (SLAs) **2.5.2** 2 ff.; **2.6** 162, 176, 188
Shared Leadership **14.4** 133
Shill Bidding **5.2** 40, 43 ff.
Shrinkwrap **2.2** 92, 95
Sicherungskopie **2.1** 61 f.; **2.6** 74
Sigmatik **9.4** 6
SIM-Lock-Sperre **19** 82
Single Tenant
– Cloud-Computing **11.2** 3
SINTEG **10.3** 10
Skyscraper **5.5** 43
SLAM **9.2** 36
Smart Contract **1** 60 ff.; **9.5** 1 ff., 10 ff., 14 ff., 17 ff., 39 f., 41 ff., 44
– technische Grundlagen der Blockchain **14.2** 18 ff.
Smart Factory **10.1** 2
– Anwendungsbereiche des Virtual Engineering **14.3** 34 ff.
Smart Government **10.3** 1, 5, 16, 25

Stichwortverzeichnis

Smart Grids **10.3** 1
Smart Home **10.4** 1 ff., 9 ff., 12 ff., 35 f.
Smart Metering **10.3** 4
Smart Mobility **10.3** 16
Smart-City-Charta **10.3** 9
Snapchat
– Social Media und Datenschutz **15.3** 5, 7 ff.
Snippets **5.3** 93
Social Media **5.5** 50 ff.
– Abgrenzung dienstlicher und privater Accounts **15.1** 1 ff.
– Herausgabeansprüche **15.1** 8 ff.
– Kontakte als Geschäftsgeheimnis **15.1** 15
– Mitbestimmung **14.4** 61
– Nutzung im Arbeitsverhältnis **15.1** 1
– Urheberrechte **15.1** 18
– vertragliche Regelungen **15.1** 20 ff.
Social-Media-Plattform
– Social Media und Datenschutz **15.3** 5, 7 ff.
Social Media-Plugin **15.3** 96
sofortige Beschwerde **4** 328 ff., 337
Soft Fork
– Blockchains **14.2** 16
Software
– agile Programmierung **2.1** 20; **2.2** 51
– Algorithmen **2.1** 12 f.
– Ausdrucksformen **2.1** 5 ff.
– Barrierefreiheit **2.3.2** 15
– Benutzeroberflächen **2.1** 23, 27, 97
– Betriebssysteme **2.1** 19
– Code Reviews **2.3.2** 33 f.
– Compliance **2.3.2** 13
– Computerprogramm **2.1** 2, 4 ff.
– CPU-Klauseln **2.1** 77; **2.6** 3, 75 ff.
– Designschutz **2.1** 97
– Effizienz **2.3.2** 16
– Entwicklungsmaterial **2.1** 2
– ergänzender Leistungsschutz **2.1** 91
– Ergonomie **2.3.2** 14
– Erschöpfungsgrundsatz **2.1** 40 ff., 45, 49, 74, 80
– Fehler **2.5.1** 10, 19, 23
– Fehlerberichtigung **2.1** 37, 56 f.
– Fehlertoleranz **2.3.2** 17
– Geheimnisschutz **2.1** 92, 94
– Individualität **2.1** 6, 15, 17 f.
– Kauf **2.4.1** 7
– Kopierschutz **2.1** 57, 62
– Korrektheit **2.3.2** 8
– Lizenzmodelle **2.4.1** 15 ff.
– Maintenance **2.5.1** 16
– Markenrecht **2.1** 41, 95 f.
– Miete **2.4.1** 9
– Mitwirkungspflicht bei Erstellung **2.6** 119
– Netzwerkklauseln **2.1** 81; **2.6** 73, 172
– Neuherstellung bei Mängeln **2.6** 132, 134
– Nutzungsarten **2.1** 55, 69 f.
– objektorientierte Programmierung **2.1** 20, 25

– Open Source Software **2.1** 65; **2.4.2** 1 ff.; **2.6** 54 ff., 96 ff.; **4** 168 f.
– Patentschutz **2.1** 84 ff.
– Penetrationstests **2.3.2** 35 ff.
– Pflege **2.5.1** 16
– Programmiersprachen **2.1** 3, 6 f., 9, 29
– Prozeduren **2.5.1** 3, 5 f.
– Qualität **2.3.2** 1, 4 ff.
– Quellformat **2.1** 6
– Regressionstest **2.3.2** 31; **2.5.1** 41
– Robustheit **2.3.2** 17
– Sicherungskopie **2.1** 41, 61 f.
– Störfall **2.5.1** 23
– Urheberrecht **2.1** 1, 15, 20, 30, 32, 34, 36, 38, 60, 63 ff., 69, 74, 91
– Validität **2.3.2** 2, 5, 7
– Vertriebsmodell **2.4.1** 4 ff.
– Vertriebsweg **2.4.1** 2
– Verwertungsrechte **2.1** 1, 30 ff.
Software als Sache **2.2** 14, 17, 38
Software as a Service (SaaS) **2.4.1** 9; **2.4.3** 1, 27, 28, 61; **6.1** 8; **11.2** 11 ff.
– Cloud-Computing **11.2** 11 ff.
– Cloud-Computing und Vertragsrecht **11.4.3** 4, 11, 13, 16 f., 31, 48
– Escrow **12** 8, 100
– Nachteile **2.4.1** 14
– Vorteile **2.4.1** 13
Softwaredownload **2.2** 38
Softwareentwicklungsvertrag **9.6.3** 20 ff.
Softwarepflege **2.2** 79 ff.; **2.5**; **2.6** 182 ff.
Softwareüberlassung auf Dauer **2.2** 31
Softwareüberlassungsvertrag **9.6.3** 24
Sonderkündigungsrecht **8.7** 66
sonstige Leistung **2.4.3** 59 ff., 67 f., 70
Sopot Memorandum
– Datenschutz und Cloud-Computing **11.4.2** 18 f.
soziale Medien
– Betroffenenrechte **15.3** 91 ff.
– Datenschutz **15.3** 17 ff.
– Datenschutzkonzept **15.3** 11
– Guidelines **15.3** 14
– Informationsrechte **15.3** 93 ff.
– Löschungsrecht **15.3** 99 ff.
– Minderjährige **15.3** 71, 80
– Privatsphäre-Einstellungen **15.3** 29, 90, 104
– sensible Daten **15.3** 87 ff.
– TKG **15.3** 18 ff.
– TMG **15.3** 24 ff.
– Verantwortliche **15.3** 33 ff.
soziales Netzwerk
– Anbieter **15.3** 8 ff.
– Verantwortungsbereiche **15.3** 50 ff.
Spaßbieter **5.1** 19
Speech to Text **9.4** 31 f.
Speicherpflicht **8.6** 77 ff.
Speicherung des Vertragstexts **5.1** 276
Sperre **8.7** 2, 9, 58 ff.

Stichwortverzeichnis

Spezialkammer **18** 26
Sprachausgabe **9.4** 43
Sprachdomäne **9.4** 31, 39, 45
Sprache **9.4** 2, 6, 33, 38, 43 ff.
– Übersetzung **9.4** 2
Spracherkennung **9.4** 2, 6, 31
Sprachton **9.4** 51 f.
SSNIP-Test **8.1** 11
Staatsnähe **4** 26, 28, 33, 35, 38
Stacking **9.4** 22
Stadtentwicklung **10.3** 3 ff., 8 ff.
Stadtwerke **10.3** 4, 13
Stand der Technik
– Rechtsfragen der additiven Fertigung **14.1** 19
Stand von Wissenschaft und Technik
– Rechtsfragen der additiven Fertigung **14.1** 19
Standardnachweis **8.7** 30
Standardsoftware **2.2** 5, 22 ff., 33 ff., 61 ff., 65; **2.3** 14 ff.; **2.5.1** 14; **2.6** 2 ff., 107, 155, 183; **4** 180, 182 f., 185, 187 f.
ständige Vertreter **2.4.3** 6
Standortdaten **8.6** 12, 36 ff., 59 f., 77
Startpreis (bei Internetauktion) **5.1** 21, 23, 25, 69
statistisches Modell **9.1** 13
stehender Text **5.5** 44
Stellvertretung
Anscheinsvollmacht **5.1** 113 f., 116 f., 120
– Duldungsvollmacht **5.1** 113 f., 120
– Vertretungsmacht **5.1** 111, 113, 119
Stereolitografie
– Anwendungsbereiche der additive Fertigung **14.1** 2
Steuerabzug **2.4.3** 4, 27, 30 ff.
Steuerklausel **2.4.3** 34
Störer **5.3** 46, 50 f., 80, 86, 102
Störerhaftung **3** 35, 69; **5.3** 13, 44 f., 50, 53, 57, 63, 74, 79 f., 86, 90, 92, 97, 102; **5.5** 62
– Augmented Reality **17** 115 f.
Steuergeräte **10.2** 1, 3 ff., 32
Störung **8.7** 16, 43
Straßenverkehr
– Augmented Reality **17** 93 ff.
Strategie Europa 2020 **10.3** 7
Streaming **3** 60, 72, 74, 78 f.
Streitbeilegungsverfahren
– außergerichtliches **8.7** 70 f.
Streitgenossenschaft **18** 84
Streitverkündung
– Streitverkündungsempfänger **18** 105 f.
– Verfahren **18** 88 ff.
Streitwert
– Verfahren **18** 151
Strengbeweis **18** 62
subadditive Strukturen **8.1** 2
Substitutionsverbot **5.5** 84
Suchmaschinen **3** 29, 31; **5.3** 41
Suchmaschinenbetreiber **5.3** 90 ff.
Superioritätstest **8.1** 116

Supervised Learning **9.4** 15 f., 46
Suspensiveffekt **8.1** 158
symbolisches Modell **9.1** 14
Symptomtheorie **18** 23
Syntaktik **9.4** 6
Synthetisierung **6.5** 7 ff., 22 ff.

Taschengeld *siehe Taschengeldparagraph*
Taschengeldparagraph **5.1** 132
technische Aufzeichnung
– Fälschung **19** 189 f.
– Legaldefinition **19** 189
– Unterdrückung **19** 203 ff.
technische Normenwerke
– Rechtsfragen der additiven Fertigung **14.1** 19
technische und organisatorische Maßnahme
– Datenschutz **10.5** 71 ff.
Technologieneutralität **8.2** 19; **8.4** 13, 46
Teilklage **18** 8
teillos **4** 145
Teilnehmer **8.7** 2, 7 ff., 11 f., 15 f., 18, 22, 26 ff., 54 ff., 93
Teilnehmerdaten **8.7** 67 f.
Teilprojektvertrag **2.3.3** 49 f.
Teilzahlung **8.7** 32, 37
Telearbeitsplatz **14.4** 7 ff.
Telefonanschluss **8.7** 36, 51, 62
Telefonrechnung **8.7** 2, 31, 45, 51
Telekommunikationsanlagen **8.7** 16
Telekommunikationsrecht (TKG) **8.1** 1, 4 ff., 10, 16 ff., 22 ff., 26, 28 ff., 39 ff., 58 ff., 65 ff., 134 ff., 139 ff., 143 f., 146 ff., 149 f., 151 ff., 155 ff., 168 ff., 184 ff.; **8.2** 1 ff., 4 ff., 12 ff., 21 ff., 83 ff., 88 ff.; **8.3** 1, 3 ff., 12 ff., 24 ff., 32 f.; **8.4** 5 f., 49 f., 53 ff., 59; **8.5** 20; **8.6** 1, 6 ff., 19 ff., 57 ff., 86 ff., 89
Telematik-Versicherung **10.2** 41 ff.
Telemedien **5.3** 5
Telemediendiensteanbieter **5.3** 1
Telemedizin
– Arbeitsunfähigkeitsbescheinigungen **13** 28, 102
– Arzneimittelgesetz **13** 0
– Aufklärungspflichten **13** 30 ff.
– Begriff **13** 29
– Berufsrecht **13** 30 ff., 73
– Darlegungs- und Beweislast **13** 73 ff.
– Datenschutz **13** 88, 93, 102
– elektronisches Rezept **13** 34
– Haftung des Betreibers einer telemedizinischen Plattform **13** 86
– Haftung **13** 73, 86
– Heilmittelgesetz **13** 30 ff.
– Internationales Privatrecht **13** 50 ff., 102
– Leitlinien **13** 30 ff.
– medizinischer Standard **13** 32 ff.
– Rechtsnatur **13** 31 f.
– Videosprechstunde **13** 36
teleoperiertes Fahren **9.2** 19

Stichwortverzeichnis

Territorialitätsprinzip
– im Strafrecht **19** 2, 7, 15
Tethering **8.4** 13
Textform **5.1** 86, 88, 101 ff., 105, 219; **8.7** 65
Thumbnail **3** 56, 71
– Augmented Reality **17** 64
tiefes Lernen **9.1** 29
Time to Market
– Cloud-Computing **11.1** 6, 17
– Servicemodelle **11.2** 17
TKG-Novelle **8.4** 5
Token **9.5** 8 f., 11, 18, 27, 40
– Currency Token **14.2** 17; **16.1** 5, 69
– Transaktion **14.2** 17
Tracking
– Augmented Reality **17** 37 f.
– in sozialen Medien **15.3** 6, 20, 23, 97
Traffic-Shaping **8.4** 26 ff., 33
Training von neuronalen Netzen **9.1** 27 f.
Trainingsdaten **9.6.3** 15, 25
Transparenz **6.6** 94 ff.
– Datenschutz **10.5** 42, 46, 62
Transparenzgebot **4** 15; **5.1** 169, 223
Transparenzverordnung **8.4** 49; **8.7** 24
Transportversicherung **5.5** 97
Treibhausgasemissionen **10.3** 18
Trial and Error Methode **9.4** 18
Turingmaschine **9.3** 1
Twitter **5.5** 50 f.
– Social Media und Datenschutz **15.3** 5, 7 ff.
typengemischte Verträge **2.2** 7 ff.

Übermittlungsirrtum **5.1** 77
überwachtes Lernen **9.1** 13, 15
UfAB V **4** 203
Umsatzsteuer **2.4.3** 65, 67,69; **5.2** 7, 11 f., 14
Umsatzsteuerbescheinigung **5.2** 12
Umwelt **10.3** 5 ff., 9, 14, 20
unbeschränkt steuerpflichtig **2.4.3** 56
Unentgeltlichkeit
– Datenschutz **6.4** 41
Universaldienstleistung **8.7** 38
Universaldienstrecht **8** 1
Unsupervised Learning **9.4** 15, 17
Unterauftragsverarbeitung **6.6** 315
Unterhaltung der Verkehrswege **8.3** 7
Unternehmensgewinne **2.4.3** 37 ff., 44, 46, 49
Unternehmer **5.1** 185 f., 189 ff.
Unternehmerpflicht **8.1** 59, 70; **8.4** 8, 17, 20, 36, 48, 56; **8.4** 57 ff., 65 f., 82
Unterschrift **5.1** 85, 90 f., 103, 107
Untersuchungs- und Rügepflicht **2.6** 41
Untervermietungsverbot **2.6** 172
unüberwachtes Lernen **9.1** 13, 16
Updates **2.6** 15, 18, 158, 164, 184
URBACT **10.3** 8
Urheberpersönlichkeitsrechte **2.4.3** 13
urheberrechtliche Besonderheiten **2.4.2** 11 ff.
Urkundendelikt **19** 177 ff.

Urkundprozess **18** 80 f.; *siehe Urkundsverfahren*
Urkundsverfahren **5.1** 99 f.
Urlaubsanspruch **14.4** 39
Used-Soft-Urteil **2.2** 15
Usenet **5.3** 70, 72
Usenet-Provider **5.3** 70 ff.

V-Modell **2.3.1** 27, 29 f.
V2X-Kommunikation **9.2** 32 f.
Validation (eines Systems) **9.1** 33
Value Added Reseller Modell **2.4.1** 5
Variance **9.4** 21 f.
Verarbeitungsverzeichnis **6.6** 50 ff.
– erweitertes **6.6** 54 ff.
Verbindungsnetzbetreiberkennzahl **8.7** 75
Verbindungstrennung **8.7** 85 f.
Verbraucher **8.7** 7, 10, 18 f., 22, 24, 49, 66, 73 f., 84, 96
– Ausschluss **5.1** 199
Verbraucherschlichtungsstelle **18** 206 ff.
Verbrauchsgüterkauf **2.6** 53; **5.1** 179, 228, 242 f., 257
Verdingungsunterlagen **4** 10, 76, 85, 151, 154 ff., 245, 278, 280
Verfahren der Marktregulierung **8.1** 7 ff., 22, 25, 40, 42, 139, 157
Verfahrensarten **4** 8, 38, 60 ff., 74, 127
Verfahrensbeschleunigung **8.1** 157
Verfügbarkeit von IT-Leistungen **2.5.2** 2, 5
Verfügungsanspruch **18** 117 ff.
Verfügungsgrund **18** 119 ff.
Vergabeunterlagen **4** 134, 136, 170, 225, 287, 291, 313
Vergabeverfahren **4** 8 ff., 13, 16, 20, 26, 59, 62, 76, 105, 151, 170, 172, 218, 247, 255 f., 258 f., 261, 266 f, 284, 286 f. 289, 291, 295 ff., 323, 327, 333, 337, 339
Vergabevermerk **4** 15, 84, 88. 116, 119, 143, 223 f., 240, 284 ff., 288 ff., 293, 299, 323
Vergleichbarkeit **5.5** 104
Vergleichsmarktmethode **8.1** 105
Verhaltenskodex **5.1** 277
Verhandlungsverfahren **4** 28, 68, 71, 74, 87 ff., 118 ff., 126, 129, 138, 173, 192, 265, 285, 287
Verhandlungsvergabe **4** 74 f., 88, 117
Verjährungsfrist für Mängelansprüche **2.6** 44, 49, 52, 80
Verjährungsunterbrechung **18** 11 f.
Verkehrsdaten **8.6** 12, 26 ff., 31 ff., 41, 48, 75, 79
Verkehrssicherungspflichten **5.3** 40, 46, 80
Vermutungsregel **8.1** 80, 82, 137
vernetzte Systeme
– Begriff **10.6** 6 f., 32
– Charakteristika **10.6** 6
Vernetzung **6.1** 11, 13 f.
Verpflichtungsadressat **8.1** 45; **8.6** 15 ff.
Versandapotheke **5.5** 69, 73, 76, 78, 84 f., 91, 102 ff.
Verschlüsselung **6.6** 318

Stichwortverzeichnis

Verschlüsselungstechnologie **6.8** 43 ff.
- asymmetrische **6.8** 44 ff.
- homomorphe **6.8** 48 f.
- symmetrische **6.8** 44 ff.
Verschreibungspflichtige Arzneimittel **5.5** 24, 29, 40, 48, 70, 102 f., 105
Verschwiegenheitsverpflichtung
- Geheimnisschutz und Cloud-Computing **11.4.2** 125 f.
Versetzung
- arbeitsrechtliche Gesichtspunkte **14.4** 86, 121
Versteigerungsverfahren **8.2** 66 f., 74 f., 80
vertikal integrierte Tel.kom.unternehmen **8.1** 134
Vertragsänderungen **4** 48 f.
Vertragsbedingungen Speichermöglichkeit **5.1** 280 ff.
Vertragsgestaltung **9.6.3** 1, 8, 25
Vertragsschluss
- Grundsätze **5.1** 39 ff.
- im elektronischen Rechtsverkehr **5.1** 7, 12 ff.
Vertragsstrafen **2.5.2** 15
Vertragstypologisierung **2.2** 4, 54 f., 79, 82
Vertragsunterlagen **4** 170, 174 ff.
Vertragsverletzungsverfahren **4** 341; **8.1** 169
Vertrauensarbeitszeit **14.4** 26
Vertraulichkeit **6.6** 319
Verwaltungsrechtsweg **8.1** 155; **8.3** 27
Verwertung **2.4.3** 8 ff.
Verzug **8.7** 44, 58
Veto-Recht (der Kommission) **8.1** 170
Video **5.5** 44, 46
viraler Effekt **2.4.2** 10, 16 f., 28; **2.6** 55
Virtual Engineering
- Anwendungen **14.3** 28 ff., 37 ff.
- Begriff **14.3** 3 f.
- Zielsetzung **14.3** 11
Virtual Reality
- im Zusammenhang mit Virtual Engineering **14.3** 1, 10
- und Augmented Reality **17** 1
Virtualisierung
- Cloud-Computing **11.2** 5, 21, 25, 28
Virtualisierungslösung
- Cloud-Computing und Vertragsrecht **11.4.3** 1
virtuelle Währung
- Kryptowährungen **16.1** 9, 64
Vollprüfung **8.7** 43
Vorabinformation **4** 249 ff., 318
Vorfilter **5.3** 11
Vorratsdatenspeicherung **8.6** 75 ff.
Vorruhestand **14.4** 41
Vorsteuererstattungsanspruch **2.4.3** 67
Wallet
- Besteuerung und Kryptowährungen **16.2** 55, 64, 90
- Kryptowährungen **16.1** 30 ff., 48, 51, 64, 80, 87

Wallpaper **5.5** 43
Warteschleife **8.7** 95
Wasserfallmodell
- Alternativen **2.3.1** 3, 42
- Phasen **2.3.1** 18
- Probleme **2.3.1** 21 ff.
Webseiten **3** 10, 29, 43, 45, 48, 54
Webseitenbetreiber **5.3** 92, 94 ff.
Weisungsrecht **8.1** 141
Weiterbildung
- Anspruch auf **14.4** 154 ff.
- Bildungsurlaub **14.4** 156
- Qualifizierungspflicht **14.4** 161
Weitergabeverbote **2.6** 62 ff., 152
Werbeanruf **8.7** 57
Werbescores **15.3** 83
Werbevideos **5.5** 46
Werkarten **3** 42 f.
Werklieferungsvertrag **2.2** 40, 82, 101
Werkvertrag **2.2** 4, 22, 25, 40, 42, 55, 59, 66, 76, 82; **2.6** 100 ff.
- freies Kündigungsrecht **2.6** 145 ff.
- Mängelansprüche **2.6** 131 ff.
- Mängelbegriff **2.6** 128 ff.
- Minderung **2.6** 138 ff., 143
- Rücktritt **2.6** 138 ff., 143
- Schadensersatz **2.6** 122, 125, 132, 138, 142 f., 149
- Selbstbeseitigungsrecht **2.6** 137
- Teilvergütungspflicht **2.6** 144
- Time and Material-Vergütung **2.6** 117
- vereinbarte Beschaffenheit **2.6** 128 ff.
- Vergütung **2.6** 121 ff.
Wertfeststellung **8.1** 99
Wertungskriterien **4** 120, 199 f.
wettbewerblicher Dialog **4** 74 f., 90, 92 f., 95, 122, 124
Wettbewerbsgrundsatz **4** 14, 119, 127
Widerruf **6.6** 199 f., 271 ff.
- absolute Grenze **5.1** 228, 243
- Auktion **5.1** 21 ff., 29, 42 ff
- Dienstleistung **5.1** 206, 234, 242
- digitale Inhalte **5.1** 239, 249, 252, 258
- Hinsendekosten **5.1** 230
- Hygieneartikel **5.1** 237
- Kosten der Rücksendung **5.1** 255
- Matratzenkauf **5.1** 237
- Musterwiderrufsbelehrung **5.1** 221
- Prüfung der Ware **5.1** 237, 261
- Rechtsfolgen **5.1** 228
- verderbliche Waren **5.1** 235
- Versteigerung **5.1** 240
Widerrufsfrist **5.1** 215, 217, 228, 230, 241 ff., 248, 290
Widerrufsrecht
- Auftragswerk **5.1** 234
- Ausnahmen **5.1** 233 ff.
- Beweislast **5.1** 233, 261
- Informationspflicht **5.1** 215

Stichwortverzeichnis

– vertraglich **5.1** 233
– Werkverträge **5.1** 234
widersprechende AGB **2.2** 101
Widerspruch **6.6** 127 f., 191 ff., 324
Widerspruchsrecht **6.6** 127 f., 191 ff.
Wikipedia **5.5** 48
Willenserklärung **9.6.3** 10 ff., 16 f.
– Abgabe **5.1** 28
– abhandengekommene **5.1** 28
– Annahme **5.1** 60 ff.
– Auslegung **5.1** 15 f., 48 ff., 56
– objektiver Tatbestand **5.1** 16 ff.
– subjektiver Tatbestand **5.1** 18 ff.
– Zugang **5.1** 30 ff.
Willingness to Accept **6.4** 9
wirtschaftlichen Verwertung **2.4.3** 10, 18, 21, 30
WLAN-Betreiber **5.3** 62 f.
Wissensforschung **9.4** 4
Workday *siehe ERP-Systeme*

YARN **6.3** 22
YouTube **5.5** 46, 51

Zahlung mit Daten **6.4** 15, 25 ff., 34 ff., 41, 44
Zahlungsmittel **5.1** 256, 284
Zeitwertkonten **14.4** 41

zentrale Ansprechstellen Cybercrime der Polizei für Wirtschaftsunternehmen **7.2** 46
Zertifizierungssysteme
– für Cloud-Services **11.3** 2
Zivilkammer **18** 34 ff., 49
Zitatrecht **3** 70
Zugang **5.1** 28, 30 ff., 59 f., 246, 273
Zugangsanordnung **8.1** 45, 57, 65, 174, 178 f.
Zugangsbeschränkung, technische **6.8** 41 f.
Zugangsverpflichtung **8.1** 26, 28, 43 f., 47 ff., 55
Zulassungsverfahren **8.2** 74, 79
Zurschaustellung
– Augmented Reality **17** 44
Zuschlag **4** 11, 16, 85, 121, 130, 142, 194, 205, 208, 247 ff., 252 f., 318, 332, 334 ff.
Zuschlagskriterien **4** 127, 129 f., 137, 141, 150, 170, 172, 201 f., 283
Zuschlagsverbot **4** 321, 332
Zustellung
– im elektronischen Rechtsverkehr **18** 15 ff.
Zuverlässigkeit **4** 208, 227
Zweckbestimmung **9.6.3** 28
Zwei-Faktor-Authentifizierung
– Cloud-Computing **11.1** 17
Zweitzustellung **5.5** 95